Klallam Dictionary

TIMOTHY MONTLER

UNIVERSITY OF WASHINGTON PRESS
Seattle and London

© 2012 by Timothy Montler
Printed and bound in the United States of America
Design and composition by Timothy Montler
16 15 14 13 12   5 4 3 2 1

All rights reserved. No part of this publication may be reproduced or transmitted in any form or by any means, electronic or mechanical, including photocopy, recording, or any information storage or retrieval system, without permission in writing from the publisher.

UNIVERSITY OF WASHINGTON PRESS
PO Box 50096, Seattle, WA 98145, USA
www.washington.edu/uwpress

All royalties proceeding from the sales of this dictionary go to the Klallam Language Program for the furtherance of the language revitalization program.

LIBRARY OF CONGRESS CATALOGING-IN-PUBLICATION DATA
Montler, Timothy.
Klallam dictionary / Timothy Montler.
      p. cm.
Includes bibliographical references and index.
ISBN 978-0-295-99207-5 (hardcover : alk. paper)
1. Clallam language—Dictionaries.
I. Title.
PM895.Z5M66 2012   497'.94—dc23   2012009226

The paper used in this publication is acid-free and meets the minimum requirements of American National Standard for Information Sciences—Permanence of Paper for Printed Library Materials, ANSI Z39.48-1984.∞

DEDICATED TO
Larry and Terry Thompson, Bob Hsu, and Tony Mattina,
who taught me how to do all this,
and to the nəxʷsƛ̓áy̓əm̓ people,
who encouraged me to do it

CONTENTS

Preface	vii
Acknowledgements	vii
Contributing Native-Speaking Elders	viii
A Brief Introduction to the Klallam Language	x
The Klallam Sounds	x
The Klallam Word	xii
The Klallam Sentence	xiii
About the Dictionary	xiii
Organization of Entries	xiv
Example Entry	xvi
List of Abbreviations	xvi
References	xviii
KLALLAM-ENGLISH DICTIONARY	1
English-Klallam Index	545
Klallam Affix Index	753
Prefixes	753
Suffixes	767
Lexical Suffixes	801
Klallam Root Index	815

Preface

Klallam is a language of the Straits subgroup within the Central Coast branch of the Salishan language family. It is closely related to Northern Straits, which is known by its various dialect names: Sooke, Songish, Saanich, Lummi, and Samish. Klallam has been spoken from time immemorial along the north coast of the Olympic Peninsula along the Strait of Juan de Fuca in what is now the state of Washington, USA, and also at locations on the southern tip of Vancouver Island in what is now British Columbia, Canada. The Klallam people today live on and around three reservations on the Olympic Peninsula—Elwha, Jamestown, and Port Gamble—and on one reserve in British Columbia—Becher Bay. The remaining native speaking elders live at Elwha.

The spelling "Klallam" has been traditionally used in anthropological and linguistic literature, but "Clallam" has occasionally been used (particularly influential was Thompson & Thompson 1971). Since the mid 1970s people at all four Klallam reservations have officially adopted the spelling with "K," and most prefer it over the spelling with "C," in part to avoid confusion with "Clallam County" and a number of commercial enterprises that use the word "Clallam." In the local media, "Clallam people" refers to people of all descents of Clallam County while "Klallam people" refers only to the native people. There have been a variety of other renderings of the native word for "Klallam"; Hodge (1905:302) lists over twenty spellings. The spelling "S'Klallam" was used in the Point No Point Treaty and is favored by Port Gamble and Jamestown. The Klallam word for themselves is nəxʷsƛ̕áy̕əm; the word "Klallam" and the spellings with "s" probably come from the Northern Straits cognate xʷsƛ̕ǽləm (y̕:l is a regular sound correspondence between the two languages). While at Fort Victoria in Northern Straits linguistic territory in 1847, the artist Paul Kane (1925:145) learned of a people called "Clal-lums." He visited and painted the Klallam village ʔiʔínəs at the mouth of Ennis Creek, now Port Angeles. This is one of the first mentions in print of the Klallam people and the beginning of the English use of that name for them.

In 1978, when I first started learning Klallam, around a hundred people spoke it as their first language. In 2012, there were only two elders—aged 93 and 101—who grew up speaking Klallam. Thanks to the efforts of the Klallam Language Program (KLP), however, there are a growing number—in the hundreds—of younger people learning Klallam as their second language; some of them have achieved a high level of fluency. Teaching the language from early pre-school through high school and adult classes, the KLP is dedicated to the revival of the Klallam language and the cultural richness that it holds.

This dictionary was built at the direct request of the Klallam language teachers. In the furtherance of their goal of language revitalization, all of the royalties proceeding from the sales of this dictionary go to the Klallam Language Program.

Acknowledgements

My research on the Klallam language over the past twenty years has been funded by grants from the National Science Foundation (SBR9507467), the Administration for Native Americans, the National Park Service, the Jacobs Funds of the Whatcom Museum, and the University of North Texas. This dictionary is the direct product of a Documenting Endangered Languages (DEL) grant from the National Endowment for the Humanities (NEH), which requires the inclusion of this statement: Any views, findings, conclusions, or recommendations expressed in this publication do not necessarily represent those of the National Endowment for the Humanities.

I thank the Klallam people for their friendship and their help with this project. I especially thank the elders, listed on page *viii*, who have given their knowledge and support. Two of the elders deserve special thanks: Adeline Smith and the late Beatrice Charles. Their friendship, joyful giving of their time, and deep appreciation of the importance of this work have been an inspiration to me. mán̕ cn ʔuʔ háʔnəŋ, saƛ́ám, ʔaʔ cə ʔənsʔə́ŋaʔc.

Without the participants in the Klallam Language Program (KLP) this dictionary might not have been started. Making a dictionary is not a little job, and for years I had been putting it off. In 2006, teachers in the KLP told me that they needed a dictionary and asked me to make it. I explained what a big project it would be, that it may take ten years or more, and that I would have to get a grant. But they would not let me out of it. They sent me a letter of support, and within a week or so I had a DEL proposal in. The comments, suggestions, and encouragement of Klallam language teachers Jamie Valadez, Wendy Sampson, Georgianne Charles, and their students have been crucially important in the making of this dictionary. Jamie Valadez, Port Angeles High School Klallam language teacher and the leader of the KLP since its inception, deserves special thanks. I am grateful for the continuing support of the various tribal councils and chairmen over the years. Current Elwha chairwoman, Frances Charles, and Port Gamble cultural resources director, Marie Hebert, have been especially supportive from the beginning of this dictionary project. Without the tribes' guaranteed bulk purchases, the printing of this dictionary would not have been possible. mán̕ cn ʔuʔ háʔnəŋ, siʔám̕ nəscə́y̕aʔčaʔ.

I was first introduced to the Klallam language and Klallam people in 1978 by Laurence C. Thompson, my dissertation director, and M. Terry Thompson. Although circumstances led me to abandon work on Klallam and switch to the Saanich dialect of Northern Straits after two summers, that experience was invaluable in developing my understanding of Straits language and culture. After their retirement, the Thompsons generously gave me copies of their audio recordings and handwritten field notes. All of the material they collected has been incorporated into this dictionary. I am very grateful to the Thompsons for their generosity and for their example of how to do careful field work and take care of data. I and this dictionary owe a great deal to their pioneering work. *ŋə́nʼ cə nəskʷə́s čʔiyá ʔaʔ tiə siʔám̕ nəsxʷskʷáʔ.*

Like many of the language revival programs in the Northwest, the KLP owes a debt to Leon Metcalf, who traveled the area with a portable tape recorder in the early 1950s and had people from many tribes speak their languages into it. This dictionary incorporates all of the material from Metcalf's Klallam recordings in the Burke Museum.

In 1942, John P. Harrington visited the Olympic Peninsula and recorded on paper around a thousand vocabulary items (Harrington 1981). The Klallam material has been re-transcribed, interpreting Harrington's transcriptions, with the help of Pamela M. Brooks (Brooks 1997) and incorporated into the dictionary. Harrington's is the only material recorded solely on paper without audio that is incorporated into this dictionary. Although his glosses are often vague and off the mark, his transcriptions are amazingly fine grained and accurate for someone who spent only ten days working on the language.

Anthropologist Pamela T. Amoss visited the Klallam area in 1955, recording songs and an extensive word list. I have transcribed those audio recordings and included them in the dictionary.

This dictionary project was built with Field Linguist's Toolbox software. I thank Alan and Karen Buseman for their hard work in maintaining this important tool and especially for their advice in helping me overcome some frustrating problems with the various versions of Toolbox. For the finderlist and subentry structure, I used the Lexware system developed by Robert Hsu. For flexibility, transparency, and ease of conversion there is no other software today better than these two systems.

I received invaluable advice on formatting from Erin Friess and Ryan Boettger of the Technical Communication faculty at UNT. The dictionary is not only more readable, but also more compact thanks to them. I thank Donna Gerdts for her careful reading and suggestions, which have improved the usability.

Ivy Doak has been my constant advisor on Salishan linguistics and lexicography. She has assisted in all aspects of this project from use of Toolbox to suggestions on entry structure. She has been especially helpful as an extra ear in the transcription of noisy old audio recordings and an extra eye in proofreading—these very words, in fact, so if there are any mistakes, you can blame her. *límtmn.*

CONTRIBUTING NATIVE SPEAKING ELDERS

Thirty-eight elders contributed the words, sentences, and stories that made this dictionary possible. They are listed here in alphabetical order according to their last names. Throughout the dictionary, their initials mark them as the source of information:

George Adams (1859-?) of Port Gamble was interviewed by J.P. Harrington in 1942. He and his sister Louise Butner spoke Chemakum as well as Klallam.

Amy Allen (1887-1973) of Jamestown recorded several stories for Leon Metcalf in the 1950s and briefly with the Thompsons in the late 1960s. She was the last living speaker of Klallam as a first language at Jamestown. Her stories were transcribed and translated by me with the assistance of Beatrice Charles and Adeline Smith. She is a source of over 500 items in the dictionary.

Josie Anderson (1877-?) of Port Gamble worked briefly with Martha John and the Thompsons in 1967 recording place names and personal names.

Emma Balch (1866-1961) of Jamestown moved to Lummi when her daughter, Aurelia Celestine, married there. She was recorded on one tape in the early 1950s by Leon Metcalf. Her speech was transcribed and translated by me with the assistance of Beatrice Charles and Adeline Smith. She is a source of around 80 items in the dictionary.

Annie Bennett (1893-1980) of Elwha worked for a few weeks with the Thompsons in 1974 as they helped her put together the first set of lessons on the Klallam language. For religious reasons she did not want her voice recorded; the Thompsons respected her beliefs and honored her request for no audio recording. She was, however, happy to have them write the language down. She is a source of around 300 items in the dictionary.

Walter Bennett (1918-2007) of Elwha was the son of Annie Bennett. He lived most of his adult life outside of Klallam territory, but he returned to Elwha in 1998 to help with the Klallam Language Program. He is a source of around 70 items in the dictionary.

Louise Butner (1849-?) of Port Gamble was interviewed in 1942 by J.P. Harrington. She was born at Point No Point and was present at the signing of the treaty. She and her brother George Adams spoke Chemakum as well as Klallam. She was Harrington's main consultant and the source of over 600 items in the dictionary.

Aurelia Celestine (1886-1982) of Jamestown moved to Lummi to live there with her husband. She was recorded in conversation with her mother, Emma Balch, by Leon Metcalf in the 1950s. Her speech was transcribed and translated by me with the assistance of Beatrice Charles and Adeline Smith. She is a source of around 50 items in the dictionary.

Beatrice Charles (1919-2009) of Elwha was a major contributor to the dictionary and worked tirelessly for the Klallam Language Program from its beginnings in 1992 until her passing. Almost all of the stories told by Edward Sampson, Thomas Charles, Amy Allen, Emma Johnson, Billy Hall, Emma Balch, and Martha John were transcribed and translated with her help. She is a source of over 5,000 items in the dictionary.

Flora Charles (1919-?) was a native speaker of Nitinaht and sister of well-known Nitinaht teacher John Thomas. She grew up around and eventually married Songhees and Klallam speakers and knew both of those languages. She was the wife of Thomas Charles and contributed a beautiful version of a Klallam song she learned in her youth.

Irene Charles (1918-1987) of Elwha worked for a few weeks with Annie Bennett and the Thompsons in 1974 as they put together the first set of lessons on the Klallam language. Out of respect for the religious beliefs of Mrs. Bennett, she declined to have her voice recorded. She did allow her words to be written down and made major contributions in the development of the lesson book. She is a source of around 200 items in the dictionary.

Jasper Charles (1907-?) of Becher Bay was the older brother of Thomas, Lillian, and Richard Charles. He was recorded briefly in 1965 by the Thompsons.

Lillian Charles (c. 1917-1996) of Becher Bay worked with me when I was a beginning learner of the Klallam language in 1979 and 1980. She was helpful in the early days of the Klallam Language Program after 1992 for information on some words via telephone to Hazel Sampson. She is a source of over 800 items in the dictionary.

Richard Charles (1924-2007) of Becher Bay was the youngest brother of Jasper, Lillian, and Thomas Charles. He worked briefly with the Thompsons in 1964 and with me in 1979. He hesitated to contribute because he felt his Klallam language was "too mixed up with Cowichan."

Thomas Charles (c. 1920-1999) of Becher Bay was a major contributor to the dictionary and the Klallam Language Program. I recorded words, sentences, and stories in 1979 and 1980. Then in 1992 he moved to Elwha to help with the Klallam Language Program. He told many stories that he learned from his father and uncle. Much of our knowledge of the grammar of Klallam comes from him. He is a source of over 9,000 items in the dictionary.

James Cook (1908-?) of Jamestown was recorded in 1955 by Pamela T. Amoss. He is a source of over 100 items in the dictionary.

Bennie George (1885-1971) of Port Gamble worked one day with the Thompsons in 1968 contributing around 100 words, including words for counting various things.

Louis George (b. 1891) of Port Gamble was interviewed by J.P. Harrington in 1942.

Billy Hall (1869-1955) of Jamestown was recorded by Leon Metcalf in 1951 giving a sermon while he was living at Elwha with his daughter, Hazel Sampson. His words were translated and transcribed by me with the assistance of Adeline Smith and Beatrice Charles. His one recording is a source of over 100 items in the dictionary.

Louis James (b. 1875) was interviewed at Port Angeles by J.P. Harrington in 1942.

Martha John (1891-1980) of Port Gamble was a major contributor to the dictionary. The Thompsons worked with her intensively from 1964 to 1971. They recorded words, sentences, and many stories that I have transcribed and translated with the help of Adeline Smith and Beatrice Charles. She is a source of over 7,000 items in the dictionary.

Emma Johnson (1871-1957) of Jamestown lived at Elwha for most of her adult life. She was recorded in 1951 by Leon Metcalf. She is probably also the person referred to by Harrington as "Lizzie Johnson." Her words were translated and transcribed by me with the assistance of Adeline Smith and Beatrice Charles. She is a source of around 30 items in the dictionary.

Henry Johnson (1865-1952) of Elwha was interviewed by J.P. Harrington in 1942.

Clara Jones (1903-1989) of Port Gamble was consulted by Martha John and the Thompsons in 1971 on the meanings of a few words.

Elizabeth Prince (1889-1973) of Jamestown was a major contributor to the dictionary. She was recorded by the Thompsons from 1964 to 1967 and is a source of over 1,800 items in the dictionary.

Edward Sampson (1901-1995) of Elwha was a major contributor to the dictionary. He was acknowledged by everyone, including Martha John, as the best speaker of old-time Klallam. He was recorded telling stories by Olympic National Park anthropologist Jacilee Wray in 1991, then worked with the Klallam Language Program from 1992 until he passed away. He told many stories and taught us a great deal about the Klallam language. All of his stories have been translated and transcribed with the help of his sister, Adeline Smith, and his niece, Beatrice Charles. He is a source of over 7,000 items in the dictionary.

Hazel Sampson (1910-) of Jamestown and Elwha is the daughter of Billy Hall. Ed Sampson, her husband of 75 years, said that he never realized how much Klallam language she knew until we started working together in 1992. She is the source of over 400 items in the dictionary.

Richard Sampson (1924-2011) of Elwha was the first person I heard speak the Klallam language. He declined to participate after 1978, but his initial instruction was invaluable. He is a source of 200 items in the dictionary.

Leo Sawyer (1884-?) of Becher Bay worked one day with the Thompsons in 1964, contributing around 40 words.

Joe Sly (1852-1949) was interviewed at Neah Bay by J.P. Harrington in 1942. He is a source of around 40 items in the dictionary.

Adeline Smith (1918-) of Elwha is a major contributor to the dictionary. She has been a pillar of the Klallam Language Program since it began in 1992. At age 93 she continues to work tirelessly for the revitalization of the Klallam language. All of the stories told by Ed Sampson, Tom Charles, Amy Allen, Emma Johnson, Billy Hall, Emma Balch, and Martha John were transcribed and translated with her help. She is a source of over 12,000 items in the dictionary.

George Sparks (b. 1866) of Port Gamble was interviewed by J.P. Harrington in 1942.

Louisa Sparks (b. 1883) of Port Gamble was interviewed by J.P. Harrington in 1942. She is remembered by Adeline Smith and Bea Charles as a woman of great energy who spoke Klallam all the time very fast.

Nellie Sullivan (1905-1990) of Elwha worked with the Thompsons, Irene Charles, Annie Bennett, and Josephine Williams in 1974 on the creation of the first Klallam lesson book. It is her voice along with Josephine Williams' that is heard on the tapes that accompanied those lessons. She is a source of over 200 items in the dictionary.

Marion Vincent (1878-1965) of Jamestown was recorded by Leon Metcalf in 1951 and by the Thompsons in 1964. Her primary contribution was in recording Klallam traditional names.

Cy Webster (b. 1890) of Port Gamble was interviewed by J.P. Harrington in 1942. He is a source of over 300 items in the dictionary.

Emily Webster (b. 1883) of Port Gamble was interviewed by J.P. Harrington in 1942. She is a source of around 200 items in the dictionary

Josephine Williams (1919-1984) of Elwha worked with the Thompsons, Irene Charles, Annie Bennett, and Nellie Sullivan in 1974 on the first Klallam lesson book. It is her voice along with Nellie Sullivan's that is heard on the tapes that accompany those lessons. She is a source of over 200 items in the dictionary.

A BRIEF INTRODUCTION TO THE KLALLAM LANGUAGE

The Klallam Sounds

The Klallam alphabet is based on a standard set of phonetic symbols used in writing many of the Native American languages of the Northwest. Since the Klallam language has several sounds not found in European languages like English, some special symbols must be used to represent these sounds. The following is a list of all of the letters of the Klallam alphabet shown in the alphabetical order used in this dictionary:

ʔ a c c̓ č č̓ e ə h i k kʷ k̓ʷ l ɬ ƛ̓ m m̓ n n̓ ŋ ŋ̓ p p̓ q q̓ qʷ q̓ʷ s š t t̓ ɬ u w w̓ xʷ x x̣ʷ y y̓

The following describes the sounds represented by the letters of the alphabet taken in groups from the front of the mouth to the back.

p, p̓, m, m̓ These four sounds are produced with the lips together.

p is the same as the sound at the beginning and end of English "pop."

p̓ is ejective. It is like *p* but the sound is "ejected" out of the mouth with a strong pop.

m is the same as the sound at the beginning and end of English "mom."

m̓ is like *m* but produced with a sort of tightness in the throat called a "creaky voice."

t, t̓, n, n̓ These three sounds are produced with the tip of the tongue against the area above the gums behind the upper teeth called the alveolar ridge.

t is the same as the sound at the beginning and end of English "tot."

t̓ is ejective. It is like *t* but "ejected" out of the mouth with a strong pop.

n is the same as the sound at the beginning and end of English "none."

n̓ is like *n* but produced with a sort of tightness in the throat called a "creaky voice."

c, c̓, s These three sounds are produced with the tongue in about the same position as for *t, t̓,* and *n*.

c is pronounced as a combination of *t* and *s* as in the English word "hats." In English this *ts* sound never occurs at the beginnings of words. But in Klallam, as in many other languages, it commonly occurs at the beginnings of words.

c̓ is ejective. It is like *c* but "ejected" out of the mouth with a strong pop.

s is the same as the sound at the beginning and end of English "sis."

č, č̓, š, y These sounds are produced with the tongue toward the front part of the roof of the mouth—a little farther back than for *t, t̓,* and *n*.

č is the same as the sound at the beginning and end of English "church."

č̓ is ejective. It is like *č* but "ejected" out of the mouth with a strong pop.

š is the same as the sound at the beginning of English "sugar" or "shoe."

y is the same as the sound at the beginning of English "yes" and at the end of "buy."

y̓ is like *y* but produced with a sort of tightness in the throat called a "creaky voice."

λ̓, ɬ, l These three sounds are all produced with the tip of the tongue positioned as for *t* but with the air flowing around the side of the tongue.

λ̓ is ejective. It like a *tł* combination produced with a strong pop. This is one sound that usually requires some practice. Have someone produce it for you and try to imitate.

ɬ is a "juicy" sound. Put your tongue in the position for t and blow. It's easier to demonstrate than describe.

l is just like the sound at the beginning of English "loop." It is very rare in Klallam.

k This sound is very rare in Klallam. It occurs only in a few words borrowed from English or French. It is the same as the sound at the beginning and end of English "kick."

kʷ, k̓ʷ, xʷ, w These four sounds are produced with the lips rounded and the back of the tongue raised toward the back and roof of the mouth.

kʷ is the same as the sound at the beginning of English "quick."

k̓ʷ is ejective. It is like *kʷ* but ejected out of the mouth with a strong pop.

xʷ is similar to the sound at the beginning of English "which" (if you pronounce it differently from "witch"). It is pronounced with the tongue in the same position as for *kʷ*, but the air is blown continuously through.

w is the same as the sound at the beginning and end of English "wow."

w̓ is like *w* but produced with a sort of tightness in the throat called a "creaky voice."

q, q̓, x̣, ŋ These sounds are all produced with the tongue pulled extremely far back in the mouth.

q is similar to the sound at the beginning of the English word "call", but the back of the tongue is touching farther back.

q̓ is ejective. It is like *q* but ejected out of the mouth with a strong pop.

x̣ is unlike any English sound. It is produced with the tongue touching far back as for *q*, but the air flows continuously making a rough throat-clearing sound.

ŋ is similar to the sound at the end of English "sung."

ŋ̓ is like *ŋ* but produced with a sort of tightness in the throat called a "creaky voice."

qʷ, q̓ʷ, x̣ʷ These sounds are similar to the preceding sounds but are produced with the lips rounded.

qʷ is like *q* with the lips rounded.

q̓ʷ is ejective. It is like *qʷ* but ejected out of the mouth with a strong pop.

x̣ʷ is the same as *x̣* but produced with the lips rounded.

ʔ, h These sounds are both produced deep in the throat right at the vocal chords.

ʔ is called "glottal stop." It sounds like a catch or abrupt stoppage of air in the throat. This sound is what separates the two vowel sounds in English "uh-oh."

h is the same as the first sound in English "hat."

i, e, ə, u, a These are the vowel sounds of Klallam.

i is the same as the *i* in English "machine."

e is rare in Klallam and usually occurs before *ʔ*. It is the same as the *e* in English "bet."

ə is called "schwa." It is pronounced like the a and o of English "above" or like the u in English "cut." It also can sound like the vowels of English "hook" or "hit" or "hot," depending on what sounds it is next to. For most Klallam speakers this vowel is usually dropped entirely when it has no accent mark above it.

u is usually pronounced like the *oo* in English "hoot." It also sometimes sounds like the vowel of English "boat," especially when it comes before *ʔ*.

a is usually slightly longer than the other vowels. It is pronounced somewhat like the *a* vowel in English "father."

An accent mark over a vowel indicates that it is produced a little stronger than other vowels. Only stressable words have accents—verbs, nouns, adjectives, numbers, focus pronouns, and intensifiers. Short grammatical words such as *u* 'question marker' and *yaʔ* 'past tense' are never stressed. In words with more than one vowel, the accented vowel is a little louder and longer than the unaccented vowels in the word. Some roots are always stressed, and other roots become unstressed when certain affixes are attached. Similarly, some affixes are always stressed. Prefixes are never stressed. Although some roots occurring with certain stressed lexical suffixes retain a secondary stress, the vowels of an unstressed root usually reduce to schwa or delete.

For most speakers of Klallam, schwa (*ə*) vowels become silent in rapid, fluent speech if they are unstressed. For some speakers, unstressed schwas are almost always silent. When unstressed schwa is pronounced, it always takes on some of the features of neighboring consonants. Before *ʔ* it sounds like a; around *č* or *č̓* it sounds like the vowel in American English "hit"; and before *kʷ, xʷ, x̣ʷ,* or *qʷ* it sounds like the vowel in American English "book." The deletion in casual speech of an unstressed schwa causes a preceding *m, n,* or *ŋ* following a stressed vowel to be pronounced long.

Although the consonant *c* was described above as like the *ts* in English "hats," *c* in Klallam is not pronounced the same as *ts*. The pronunciation of *c* starts with the tongue in the same position as for *t*, then the tongue slides directly into an *s* sound; the *t* is released into *s* and pronounced as one sound. The sequence *ts*, however, is pronounced as two distinct sounds. The *t* is pronounced, then released. The tongue then goes back up to produce the *s*. For example, the two words *k̓ʷənc* 'look at me' and k̕ʷənts 'he looks at it' sound similar to ears used to English, but they are pronounced distinctly in Klallam.

The Klallam Word

A Klallam word is made up of at least one root; there are very few words with more than one root. There are free roots, but typically words contain one or more of 212 prefixes and suffixes: 36 prefixes, 98 lexical suffixes, and 78 other suffixes. See the affix index (page 753) for a complete list. Reduplication, infixation, and metathesis are also active morphological processes in the language.

Aspectual notions are marked by a few prefixes with meanings such as 'still', 'already/realized', 'just now', and 'stative', but the most pervasive aspectual distinction in the language is the 'actual' versus 'non-actual'. The 'actual' is a kind of 'continuative' or 'imperfective' and is marked in a variety of ways, most commonly by a glottal stop infix after the stressed vowel. It can also be marked, depending on the shape of the stem, by reduplication, glottalization of sonorant consonants, or metathesis of a vowel and the second consonant of the root. In this dictionary, the recorded 'actual' forms have separate entries from the corresponding 'non-actual'. (See Thompson & Thompson 1969 and Montler 1989 for discussions of the form and function of the 'actual' in the Straits languages.)

It is important to understand that what is called 'plural' in this dictionary is functionally unlike the inflectional 'plural' category applied to nouns in European languages. The 'plural' in Klallam is really a 'collective'. It is used to refer to a number of participants or events as a group. Other than in the first person, the plural is not obligatory; it is used only to make explicit that it is a group as opposed to an individual participant or event that is being discussed. The plural applies equally to verbs and adjectives as well as nouns. Applied to a verb it indicates either a plural action or a plural third person participant—plural subject in the intransitive and object in the transitive. Applied to an adjective it indicates a group of things with that quality.

The plural is usually formed with an infix involving /y/ or /ʔy/ with a number of phonologically predictable alternants. Some words form the plural with $C_1 \partial C_2$- reduplication. A few other words reduplicate the first root consonant and either follow it with /i/ or change the stressed root schwa to /i/. Although all stems having the Ci reduplication pattern have a stressed schwa, it is, apparently, not phonologically predictable which form of the plural a word will take. Some words have multiple acceptable plural forms. In this dictionary, the plural is listed in its own entry.

Klallam has a regular process for forming diminutives. The diminutive applies to all categories; it is not just nominal morphology. On nouns the diminutive adds the idea of 'smallness' to the meaning of the stem. On verbs the diminutive adds the notion 'do a little' or 'done by or to something small'. On adjectives the diminutive indicates lesser of the quality or the quality tempered or something small having the quality.

The diminutive is marked by a process of reduplication that, as do all the reduplicative processes in Klallam, makes reference to the left edge of the root, ignoring all prefixes. To form the diminutive of any word in Klallam, copy the first consonant of the root, follow the first instance of it with aʔ, and infix a glottal stop after the first vowel in the root. The formation of the diminutive can be schematized as $C_1 a ʔ C_1 ... V ʔ ...$. If the first consonant after the first vowel is a sonorant, then the infixed glottal stop merges with it to form a glottalized sonorant consonant. In this dictionary, each diminutive recorded has its own entry.

Two other, less common, reduplication patterns are a C_1- 'inceptive' pattern meaning 'just starting to…' and $C_1 i$- 'affective' pattern meaning 'cute little thing', which seems to be unrelated to the diminutive.

Approximately 98 lexical suffixes have been identified in Klallam, but only about 50 of them are regularly used. These are suffixes with noun-like meanings that refer to salient things in the environment (house, plant, container, child, etc.). Most of them refer to body parts (head, nose, mouth, hand, foot, etc.). They are often used with metaphorically extended meanings. For example, the 'nose' suffix can refer to a point; the 'mouth' suffix can mean 'language'. The lexical suffixes attach either directly to a root or to another lexical suffix. Often the lexical suffix is preceded by a short, semantically empty, stem-extending formative. The lexical suffixes are usually distinct from the corresponding independent word (cp. =awtxʷ vs. ʔáʔyəŋ 'house'). Occasionally, a lexical suffix will be similar to the independent word (cp. =ucən vs. cúcən 'mouth').

The lexical suffixes have three general functions. A lexical suffix can function as an incorporated noun referring to a participant undergoing the action. For example, the verb meaning 'bump' with the lexical suffix for 'head' makes a syntactically intransitive verb meaning 'bump the head'. This function is found only with verbs with high semantic transitivity. More commonly, lexical suffixes attach to roots to make compound-like words. For example, a root meaning 'sleep' with the 'house' suffix makes a word meaning 'bedroom, dormitory'. The third way lexical suffixes are used is as numeral classifiers. For example, the 'house' suffix attached to the root meaning 'three' means 'three houses'. In these cases, the suffix substitutes for the independent word; it is not obligatory. It is equally acceptable to use the free root meaning 'three' followed by the independent word for 'house' to mean 'three houses'.

There are a few prefixes in Klallam that have substantive semantics. In contrast to the nominal lexical suffixes, the prefixes have verbal semantics. These typically create a verb from a noun by adding meanings such as 'have', 'go to', 'go from', and 'be affected by'.

Other prefixes and suffixes are listed and exemplified in the affix index (page 753) and throughout the dictionary. A detailed grammatical description of the Klallam language is planned as a separate volume.

The Klallam Sentence

The main verb comes first in the Klallam sentence. It may be preceded by an auxiliary or intensifier connected to it by an ʔuʔ or ʔiʔ particle, depending on the intensifier. The verb is intransitive unless marked by one of several transitivizing suffixes that indicate controlling and noncontrolling agent and various causative and applicative semantics.

A transitivized verb may have one of a third-person subject suffix, first-person object suffix, second-person object suffix, or a passive suffix. Third-person objects are zero marked. A sentence with a third-person acting on a first- or second-person requires the passive. (Montler 1996 lays out the transitive paradigms, and Montler 2010a describes the passive constructions.) See the affix index (beginning on page 753) for a complete list of prefixes and suffixes in Klallam.

Transitive sentences with two nonpronominal, third-person participants are uncommon, but they do occur in natural narratives. When the subject and object are of equal animacy and neither possesses the other, the subject precedes the object. When they are not of equal animacy or when one is possessed by the other, either subject or object may come first with the more animate or the possessor interpreted as subject. Thus, Klallam is basically a VSO language with VOS as a frequent alternative.

In main clauses, the third-person intransitive subject, like the third-person transitive object, is zero marked. In subordinate clauses, the subject is marked in all three persons. Thus, Klallam displays an ergative pattern of participant marking in the main clause, third-person. In first and second persons in the main clause and all persons in subordinate clauses, the pattern is accusative.

The first word of the sentence—either main verb or auxiliary—may be followed by one or more enclitic particles that serve to situate the speech act. These include various evidential, question, modal, and tense markers as well as the first- and second-person subject markers.

There is one all-purpose preposition in Klallam, ʔaʔ. This marks all sorts of oblique participants, including possessors and the agent in a passive. Notions of location and direction, which are marked by prepositions in a language like English, are indicated in Klallam with special location and directed motion verbs. These verbs typically occur serially in a clause with one subject; strings of four or five verbs in a clause are not uncommon. (See Montler 2008 for a discussion of these location and directed motion verbs in serial construction.)

There are several types of subordinate clauses in Klallam. Relative clauses follow their heads, and there are headless relative clauses. (Their structure is cognate with that described for Saanich in Montler 1993.) There are two types of conditional clauses. One type is introduced by kʷaʔ and has special subordinate subject markers on the predicate. The other is not actually subordinate, but a coordinate structure with the conditional predicate húʔ as the main verb of the first conjunct. Other types of subordinate clauses have the possessive affixes marking the subject.

There are two classes of verb where possessive affixes regularly mark the translational subject in a main clause. One of these classes includes some of the mental state verbs such as ƛ́éʔ 'like, want'; the other class involves verbs that inherently imply an object, such as qə́čaʔ 'catch/harvest (game animals, etc.).'

There are over 25 demonstrative determiners in Klallam. These mark categories of nonspecific, feminine, invisible, far, near, obviative, and definite. These function as required heads for any noun phrase, and any but the nonspecific may occur without a following noun and function as a demonstrative pronoun.

ABOUT THE DICTIONARY

The bulk of the information in this dictionary is from material recorded by me from native speaking Klallam elders at Elwha and Becher Bay from 1978 to 1980 and from 1992 to 2011 in about 9,000 pages of hand-written notes and about 240 hours of audio. These data were substantially augmented by material recorded by Laurence C. Thompson and M. Terry Thompson from elders at Jamestown, Port Gamble, Elwha, and Becher Bay from 1964 to 1975 in about 800 pages of handwritten notes and about 27 hours of audio. For the sake of consistency, all of the Thompson material was retranscribed from the audio recordings by me with the assistance of elders Adeline Smith and Beatrice Charles. Sources marked with 'T' in the dictionary are retranscribed words and sentences from the Thompsons' elicited field notes. All of the material from Martha John (MJ) not marked with 'T' is from narratives collected on audio by the Thompsons but not transcribed by them.

The dictionary contains almost every word recorded in the Klallam language. In the main dictionary entries, the head word is the most common or most precisely pronounced variant. Other variants are listed toward the end of an entry. To keep the dictionary as accessible as possible to the widest range of users, all entries are fully usable words; there are no 'underlying forms' or unpronounceable stems in any of the head words. Plurals, diminutives, actuals, and verbs marked for direct object are each given their own entries. Roots and forms derived from them are given in a separate index (beginning on page 815).

Traditional personal names are one class of exceptions to the statement that every word recorded is in the dictionary. There are many Klallam names, and they are as much a part of the language as any other word in the dictionary. Due to their high cultural importance and the concern that names might be misused, however, the Klallam Language Program participants decided not to have them included in this dictionary. A small dictionary (Montler 2010b) containing several hundred of the recorded traditional names has been privately published by the Klallam Language Program.

This dictionary also does not include material from published word lists earlier than Harrington. Scouler 1841, apparently the earliest such collection, lists 106 "Noosdalum" words and phrases collected by William F. Tolmie. Gibbs 1863 collected and published a list of over 700 Klallam words and phrases. Curtis 1913 provides a list of words under the heading "Clallam." They are apparently Songhees, however, not Klallam. These lists are readily available in libraries and may be of some interest for historical/comparative study, but there is little in them that has not been recorded more recently and more accurately. Also not used was any of the material recorded by Myron Eels, who as a missionary and government agent in the 1870s and 1880s wrote much about Klallam culture. I have not found his renderings of the language useful.

In the summer of 2006, I was told by the teachers of the Klallam Language Program that the most pressing need in their efforts to revitalize the language was a full-scale dictionary. They had a preliminary dictionary of about 2,600 entries that the Thompsons had produced and a classified word list with about 3,500 words, but both were incomplete and difficult for students and teachers to use. I had been collecting all kinds of Klallam language material for 16 years, but none of it was organized in the format of a dictionary and almost none none was in any sort of systematic database. That fall I submitted a proposal to the DEL program of NSF/NEH. When I received notice of funding in the spring of 2007, I put everything else aside and focused on the production of a dictionary.

After deciding on a format for entries, the work became straightforward. Using the Field Linguist's Toolbox software, I entered all of my handwritten notes as analyzed interlinear text with word, morpheme, and free glosses. As the text was interlinearized, new words were inserted into the dictionary with definitions. The Klallam sentences from the interlinear text were put with their free translations into the entries as examples. Every item in the dictionary was coded for speaker with the notebook, page, and line number. As each notebook item was entered, I listened again to the audio and made corrections. The DEL grant allowed me to devote myself fulltime to this procedure for three years. It also allowed me to visit the reservation several times each year to check items and collect new words and examples to fill gaps in the dictionary. After two years, the bulk of my original data had been entered. I then followed the same procedure for the Thompsons' notebooks. Then the Harrington material was entered after all checking had been done. Finally the material recorded by Amoss was entered.

When all the data were entered in the Toolbox database, I converted the Unicode file into an 8-bit character code for further processing. While Toolbox is excellent for data entry and interlinearization, it lacks good support for sub-entry structure and for the generation of an inverted dictionary or finderlist. The Lexware system for bilingual dictionary making was created by Robert Hsu at the University of Hawaii in the 1970s and 1980s. Lexware is a modular, batch-oriented system using the Spitbol programming language, which cannot easily process Unicode. Although it is dated as software goes, there is not yet anything superior to the way Lexware handles sub-entries and generates an inverted dictionary. Lexware format is as flexible as Toolbox format, and conversion between them and XML is easy.

In Lexware format, programs generated the finder list, extracted affixes and roots from the analysis records, and generated the root and affix indexes. After editing, those indexes, the main dictionary, and the finder list were formatted with HTML using another Spitbol program and a CSS style sheet file. The HTML files were then converted to Unicode and formatted in MS Word. The process may seem complicated, but going from database to fully formatted dictionary, finderlist, and indexes took only a few hours. I have found that it takes longer to explain to a programmer what I need than to do it myself. All data entry, analysis, programming, and processing were done by me. Only I, not the elders or anyone else, am responsible for any errors.

In considering this dictionary for publication, the University of Washington Press was concerned that the size would make the final cost of printing prohibitive. Therefore, some reduction had to be done. No entries or example sentences were removed, but all of the notebook, page, and line numbers for the sources have been removed in the print version. An on-line version of the full unreduced dictionary will be made available for anyone interested in pursuing an entry in more depth. The entire notebook database will eventually also be made available.

ORGANIZATION OF ENTRIES

An entry in the main Klallam-to-English section has a headword in boldface type. The headword is followed by an analysis showing the root and all identifiable prefixes, suffixes, infixes, and reduplication. The analysis represents my current understanding of the language showing hypothetical underlying forms for the morphemes. An index icon ☞ points to a word that represents the immediate stem or a closely related word. More information about the grammatical, semantic, and pragmatic details of the word can be found by going to that entry.

The definition, in a contrasting, sans serif typeface, follows the analysis. A word may have more than one definition. If so, each definition is preceded by a numeral. The definition gives as much of the full range of meaning of the word as possible. Verbs in definitions are preceded by 'to' as in 'to go.' There are no infinitives, as such, in Klallam. The 'to' here simply indicates that the word is used to distinguish verbs from nouns both in the definition in the main section and in the English-Klallam index.

There may be etymological, usage, cultural, or other commentary after the definition. The contributing elders' initials are listed in parentheses with the earliest recorded first. So, for example, the material recorded by Harrington precedes that recorded by Metcalf, then Amoss, Thompson, and finally my recordings in the order in which I recorded them. A comma between elders' initials indicates that they were together and agreed on the word. Every speaker who affirmed the word is listed as a source. If, for example, a word is listed with only one source speaker, then that word was not recorded from any other speaker.

After the definition, commentary, and source initials, there usually are a number of example sentences. Each example with its English free translation is set off between braces. The headword's occurrence in the examples is marked with bold italic. At the end of each example translation are the initials of the source elder. The examples provide models for usage and often develop the meaning given in the definition.

At the end of many entries are variant forms of the word, marked by VAR:. These typically are simply variant pronunciations, but they may be more substantially different from the head word. For some a separate analysis is given. Example sentences often also follow the variant. An attempt was made to show every variant pronunciation. Variants that are particularly distinct have their own headwords that simply point back to the main entry.

After the definition or after an example sentence there may be special commentary marked by a heavy asterisk, ✱. This provides more specific cultural and historical context that the elders wanted to add to make the meaning and use of the word clear or to add interest.

Two sample entries are given below to illustrate the structure. These entries were chosen because they happen to be the only two consecutive entries in the dictionary that show all the organizational features.

EXAMPLE ENTRY

siʔámʼ 〖√syamʼ √high_class〗
1. person of high class, an important person, gentleman; boss, foreman; government official, council member, chief, lord, big shot, distinguished. (LBH; LB,CWH; ERT; AS,BC; TC) 《Usage: This word was not used by children in addressing anyone-only by adults.》 (ABT) [This may be related to the word for 'strong'. The plural /siʔsiʔámʼ/, however, shows that the /s/ is not a prefix.] cp. ʔiyémʼ {ʔənsiʔámʼ. your boss (ES) | nił skʷáʔł siʔámʼ. He is our Lord. (BH) | ʔəcʼ kʷi nuʔsiʔámʼ. I'm the one being bossy. (MJT) | yəcust caʔn kʷə kʷə siʔámʼ. I'll tell our boss. (AS) | taʔkʷáyŋən cə cícł siʔámʼ. I want to go home, Lord (from a Shaker song). (BC) | siʔámʼ cn swə́yqaʔ. I am a rich man. (TC) | łəŋ cn ʔuʔ siʔámʼ. I'm just like a rich man. (TC) | mánʼ ʔuʔ siʔámʼ kʷiʔə cə́tł. Our father is very important. (AA) | siʔámʼ ʔaʔ cə nəxʷsƛ̕ayəmúcən. Klallam Language Board. (AS,BC) | ʔułx̌ənʔátəŋ či nskʷént kʷə siʔámʼ. I was told to see the boss. (AS) | kʷłhíc ʔuʔ kʷłuʔáx̌əŋs ʔəł ʔuʔšátəŋəs tiəwnił siʔámʼ. A long time ago you spoke to this traveling gentleman. (RSh) | cíłəŋ cxʷ, siʔámʼ Tim. ʔəŋaʔtəŋ cxʷ ʔaʔ tiə sémiʔ. Stand up, Tim. You are being given this blanket. ✶ Said when formally giving a gift at a naming or other ceremony. (TC) | ŋə́nʼ cə táləs cə siʔámʼ. The boss has a lot of money. (TC,AS,BC) | sátəŋ cn ʔaʔ cə siʔámʼ kʷaʔ čáčtn cə x̣ʷéʔləm. I was told by the boss to work on the rope. (TC) | nił suʔƛ̕ʷiyastís či shiyís ti ʔəcłtáyŋxʷ tə siʔámʼ. The bosses don't care about an Indian's life. (ES) | siʔámʼs. Their boss. / ten of trumps in pinochle. (MJT)}
2. to be rich, well off; to be high class; respected, distinguished; dear (in address); noble. (AS,BC; ES) {nił suʔkʷə́nəxʷs cə siʔámʼ swə́yqaʔ. Then they saw a rich man. (TC) | ʔuʔhúy kʷ ʔuʔ siʔámʼ. Well, she's rich. (AS,BC) | háʔnəŋ cn kʷaʔčaʔ siʔámʼ nəsƛ̕əyéʔƛ̕qł ʔaʔ ł nsuʔyaʔyánəŋʔaʔ tiə nəsqʷáy. Thank you my dear children for listening to my words. (TC)} VAR: siyám VAR: siyámʼ

siʔámʼəct 〖√syamʼ-cut √high_class-rflxv〗 ☞ siʔámʼ to get bossy, start acting bossy. (ES) {mánʼ cxʷ ʔuʔ siʔámʼəct. You're getting too bossy. (ES)}

— Head word of an entry.
— Grammatical analysis and analysis gloss
— First definition
— Source elders' initials
— Usage note
— Etymological comment
— Reference to a possibly related word
— Example sentences (with head word in bold italics)
— Special cultural information
— Second definition
— Acceptable variant forms
— Reference to an entry where more information about the word can be found

LIST OF ABBREVIATIONS

-1obj/2obj .... First person singular and second person object, 'me', 'you'
-1pl_subord_subj .... First person plural subordinate subject
-1plobj .... First person plural object
-1sg_subord_subj .... First person singular subordinate subject
1sgpos- .... First person singular possessive
2pos- .... Second person possessive
-2subord_subj ... Second person subordinate subject
-3pos .... Third person possessive
-3subsubj .... Third person subordinate subject
-3trnssubj .... Third person transitive main clause subject
-activ .... Structured activity suffix
actl .... Actual (imperfective, continuative) aspect
aff .... Affective
alrdy- .... Already, realized
becm- .... Become, mutative

-bene	Beneficiary applicative
-caus	Causative
char	Characteristic
-comit	Comitative, 'with', 'together'
-compl	Completely
conj-	Conjunction
contr-	Contrast
-cstm	Customary
-dev	Developmental
dim	Diminutive
dimin	Diminutive
-dirtrns	Directional applicative transitivizer
distr	Distributive
-dur	Durative
-emot	Object of emotion transitivizer
-ext	Stem extender
first-	First, before
for-	Reason, thing, place for, causal
-hab	Habitual
immed-	Immediate
impact-	Affected by, under the impact
-inancaus	Inanimate causative
incep	Inceptive
-intent	Intent transitivizer
kind_of-	Kind of, like, seem
-letcaus	Let causative
loc-	Locative
-mdl	Middle voice
-ncmdl	Non-control middle
-ncontrol	Non-control
-ncrcprcl	Non-control reciprocal
-nctrns	Non-control transitivizer
now-	Now, turn
or-	Or in conjoined yes/no questions
-ord	Ordinal
part-	Part, apart
-persist	Persistent
pl	Plural
proc-	Process
-psv	Passive
-ptcaus	Put, locative causative
-rcpnt	Recipient applicative
-rcprcl	Reciprocal
-rel	Relational
-rflxv	Reflexive
rslt	Resultative
s-	S-nominalizer
-scs	Success
-stat	Stative suffix
stat-	Stative prefix
still-	Still, yet
-trns	Basic transitivizer
VAR:	Variant form

A plus (+) marks reduplication, and the root sign (√) marks the root of the word. In addition to these abbreviations, the source of the word or example sentence is indicated with the initials of the native-speaking elders (listed beginning on page *viii*). A T following the elder's initials, as in MJT or EPT, indicates words and sentences elicited by Laurence C. Thompson and entered in his notebooks. An H indicates material from Harrington's notes

REFERENCES

Brooks, Pamela M. 1997. John Peabody Harrington's Klallam and Chemakum place names. *Papers for the 32nd International Conference on Salish and Neighboring Languages*, ed. Timothy Montler, 144-188. Port Angeles, Washington: Elwha Klallam Tribe.

Curtis, Edward S. 1913. *The North American Indian; being a series of volumes picturing and describing the Indians of the United States, and Alaska,* Volume 9. New York: Johnson Reprint Corporation, 1970.

Elmendorf, William W. 1993. *Twana Narratives: Native Historical Accounts of a Coast Salish Culture.* Seattle: University of Washington Press.

Galloway, Brent D. 2009. *Dictionary of Upriver Halkomelem.* Berkeley: University of California Press.

Gibbs, George. 1863. *Alphabetical vocabularies of the Clallam and Lummi.* New York: Cramoisy Press.

Harrington, John P. 1981. *The Papers of John Peabody Harrington in the Smithsonian Institution, 1907-1957.* Microfilm ed. Millwood, New York: Kraus International Publications.

Hodge, Frederick W. 1905. *Handbook of American Indians north of Mexico, Part 1.* New York: Pageant Books.

Kane, Paul. 1925. *Wanderings of an artist among the Indians of North America.* Toronto: Radisson Society of Canada Limited. Originally published by Longman, Brown, et al. in 1859.

Montler, Timothy. 1989. Infixation, reduplication, and metathesis in the Saanich actual aspect. *Southwest Journal of Linguistics* 9:92-107.

Montler, Timothy. 1993. Relative clauses and other attributive constructions in Saanich. *American Indian Linguistics and Ethnography in Honor of Laurence C. Thompson*, ed. Anthony Mattina and Timothy Montler, 241-264. Missoula: Linguistics Laboratory, University of Montana.

Montler, Timothy. 1996. Some Klallam paradigms. *Papers for the 31st International Conference on Salish and Neighbouring Languages*, 257-263. Vancouver: University of British Columbia Linguistics Department.

Montler, Timothy. 2008. Serial verbs and complex paths in Klallam. *Northwest Journal of Linguistics* 2.2:1-26.

Montler, Timothy. 2010a. A double passive construction in Klallam. *Festschrift for Thomas M. Hess on the Occasion of his Seventieth Birthday*, Whatcom Museum Publication No. 21, ed. David Beck, 113-132. Bellingham, WA: Whatcom Museum.

Montler, Timothy. 2010b. *Dictionary of Klallam Traditional Names.* Port Angeles: Klallam Language Program, Lower Elwha Klallam Tribe.

Montler, Timothy. forthcoming. Klallam Grammar.

Scouler, John. 1841. Observations on the indigenous tribes of the N.W. coast of America. *Journal of the Royal Geographical Society of London* 11:215-251.

Thompson, Laurence C., and M. Terry Thompson. 1969. Metathesis as a grammatical device. *International Journal of American Linguistics* 35:213–219.

Thompson, Laurence C., and M. Terry Thompson. 1971. Clallam: a preview. *Studies in American Indian languages*, ed. by Jesse Sawyer, 251-294. University of California Publications in Linguistics.

KLALLAM-ENGLISH DICTIONARY

ʔ

ʔá¹ ⟦ʔa oh⟧ [interjection] oh. {*ʔá, ʔáwə. Oh, no.* (MJ)}

ʔá² yes. *See under:* háaʔ

ʔaʔ ⟦ʔaʔ obl⟧
1. **oblique object** preposition. (RS; ES) {*ʔíɬən u cxʷ ʔaʔ cə nəsʔíɬən? Are you going to eat what I'm eating?* (TC) | *ʔə́c nuʔsíqi ʔaʔ nə́kʷ. I'm heavier than you.* (TC) | *xčníns ʔaʔ či shiyáʔs. He thought he went.* (TC) | *k̓ʷə́nəs ʔaʔ či sɬániʔs. He saw that it was a woman.* (TC) | *suʔhiyá··ʔs q̓taʔáwəɬ ʔaʔ cə sqayʔaʔqiyáyŋəxʷ. So he went around the little trees.* (ES) | *ɬə́yəqʷtəŋ cə snə́xʷɬ ʔaʔ cə swə́yqaʔ. The man smashed the canoe.* (TC) | *xənátəŋ ʔaʔ nə́wə. Noah told him.* (TC) | *k̓ʷə́nəŋ cn ʔaʔ Terry. Terry saw me.* (MJT) | *ʔíyəwəɬ cn ʔaʔ nə́kʷ. I'm beside you.* (TC) | *k̓ʷsács cn ʔaʔ cə sčə́qʷuc. I burned my hand on the fire.* (TC) | *k̓ʷsács cn ʔaʔ cə čk̓ʷə́xən. I burned my hand on the frying pan.* (TC) | *ɬíyəm caʔn ʔaʔ či ɬáʔči. I'm going to sing for cold.* (MJ) | *híyəŋ cə swə́yqaʔ ʔaʔ cə sŋiyánt. The man fell off the rocks.* (TC) | *sqíyəŋ cn txə́nəŋ ʔaʔ cə súɬ. I'm going out through the door.* (TC) | *taʔčéʔx̣ʷiʔ cn ʔaʔ cə nəŋə́na. I'm having trouble with my kid.* (TC) | *níɬ nsuʔúŋəst ʔaʔ Gypsy ʔaʔ tə scúm̓. Then I gave Gypsy the bone.* (MJ) | *q̓ʷíŋi či ʔiʔ ʔúyɬ ʔaʔ cə snə́xʷɬ. Get out of the water and board the canoe!* (TC) | *qə́kʷ cn ʔaʔ tə nəsɬaʔk̓ʷə́yuʔ ʔaʔ cə sčánnəxʷ. I'm sored up from hooking salmon.* (TC) | *qanít cn cə nəcə́t ʔaʔ cə tálə. I stole my dad's money.* (TC)}
2. **marks time expressions.** {*ʔaʔ kʷi sčaʔtáčiɬ… when we first got here…* (TC) | *ʔaʔ kʷi kʷɬí··c yaʔ… A long time ago…* (TC,AS,BC) | *hiyáʔ cə swə́yqaʔ ʔaʔ c skʷə́nnəxʷs. The man left on seeing it.* (TC) | *nəčə́xʷ ʔaʔ kʷi kʷɬíc. It was once, long ago.* (TC) | *ʔəɬáʔ u yaʔ cxʷ ʔaʔ kʷi čiʔáqɬ? Were you here yesterday?* (TC) | *k̓ʷəníɬ cn ʔaʔ kʷi sx̣̓kʷə́ts. I was watching when they took it.* (LC)}
3. **determiner before proper noun and focus pronouns.** {*štə́ŋ ʔaʔ tím ɬákʷi ʔaʔ kʷi stúʔwiʔ. Tim walked across the river.* (ES) | *níɬ suʔk̓ʷáʔətəŋ ʔaʔ tím. Then they let Tim go.* (ES) | *níɬ suʔk̓ʷáʔətəŋ ʔaʔ tím ʔaʔ cə čáʔsaʔ. Then the two let Tim go.* (ES) | *ʔánəɬ cə ŋə́nŋəna? ʔaʔ nə́wə. Noah's children obeyed.* (TC) | *ɬúyəs cn ʔaʔ Jamie. I left Jamie.* (TC) | *k̓ʷə́nəxʷ cn ʔaʔ Terry. I saw Terry.* (MJT) | *q̓ʷiŋiyústxʷ cn ʔaʔ Jamie. I lent it to Jamie.* (AS) | *hiyíct č ixʷ ʔaʔ Herbert. Herbert must have stopped fussing.* (MJ) | *suʔqaʔyúsəŋ ʔaʔ ʔaʔʔsxʷ. So Little Seal turned away.* (MJT) | *suʔnə́čəŋ ʔaʔ haháʔli. Harry laughed.* (MJ) | *ɬúyəs cn ʔaʔ Jamie ʔiyá ʔaʔ čix̌ʷícən. I left Jamie in Port Angeles.* (TC) | *ɬúyəs cn ʔaʔ čixʷícən. I left Port Angeles.* (TC) | *ččás cn ʔaʔ nə́kʷ. I chased you.* (TC) | *húy či páʔət tuŋəɬ ʔaʔ Timmy. Let's test Timmy.* (MJ) | *níɬ nsuʔúŋəst ʔaʔ Gypsy ʔaʔ tə scúm̓. Then I gave Gypsy the bone.* (MJ) | *suʔk̓ʷánəŋət ʔaʔ Timmy ɬcú. So Timmy ran down to the beach.* (MJ) | *ʔúŋəstəŋ ʔaʔ Gypsy ʔaʔ cə ɬaʔɬíqəŋ sqaʔqáx̌a ʔaʔ t táŋən. Gypsy was given a hot dog in the evening.* (MJ) | *čŋík̓ʷs cn t nəsqʷáy x̣ʷəná ʔaʔ Ed. I don't know my language as Ed does.* (TC) | *ʔáwənə či čúk̓ʷən či nəshiyáʔ ʔúx̌ʷnəs ʔaʔ nə́kʷ. I've got nothing to use to go after you.* (TC) | *txə́nəŋ caʔn ʔaʔ táwn. I'm going through town.* (TC) | *txə́nəŋ cn ʔaʔ cə táwn. I'm going through the town.* (TC) | *suʔhiyáʔ ʔaʔ ʔáʔčx̣ ʔúx̣ʷ ʔaʔ cə slapúʔ. So Crab went over to Slapu.* (MJ) | *k̓ʷə́nəxʷ yaʔ cn ʔaʔ ə́c. I saw myself.* (TC) | *k̓ʷə́nəxʷ yaʔ cn ʔaʔ nə́kʷ. I saw you.* (TC) | *k̓ʷə́nəxʷ yaʔ cn ʔaʔ Jamie. I saw Jamie.* (TC) | *nəxčnin ʔaʔ či sné̓ʔs ixʷ či scáʔi ʔaʔ Mudd. I think Mr. Mudd must be doing something.* (MJT) | *ʔuʔk̓ʷə́nəxʷ cxʷ ixʷ tə suʔɬúyŋs ʔaʔ sx̣áʔis. You can see what the Changer left.* (MJ) | *níɬ suʔhiyáʔ ʔaʔ Josie ƛ̓k̓ʷə́ts cə nə́cuʔ ŋə́naʔs. Then Josie went to get another one of her children.* (MJ) | *q̓ʷaʔčútəŋ ʔaʔ Gypsy cə k̓ʷáɬən ʔaʔ kʷi nəscə́ń. Gypsy was killing the rat when I came home.* (MJT) | *níɬ suʔqʷáy ʔaʔ ʔaʔčšəməlú ʔəcɬtiŋíxʷəŋ, "ʔə́š, čəwíń ʔiʔ ʔuʔpáʔstənəŋ." Then Louisa said in Indian, "Aw, even he speaks English."* (MJT) | *q̓əyús ʔaʔ Simon či sʔənŋátəŋs či čə́nəŋs ʔiʔ čənəŋísts cə táns. Simon paid to have their Shakers brought to shake over his mother.* (MJ)}
4. **other functions.** {*šaʔšúʔɬ cn ʔaʔ tə nəštə́ń. I'm glad I can walk.* (TC) | *čʔíɬən cn ʔaʔ cə smánəš. I smoke a lot. / I consume a lot of tobacco.* (TC) | *suʔx̣ənəŋ ʔaʔ míməšču, "ʔó, ʔó." So Little Mink said, "Oh, oh."* (MJ) | *ʔáwənə yaʔ ʔaʔ nəsx̣čít ʔaʔ či ńshiyá. I didn't know you were going.* (TC) | *x̣čít cn ʔaʔ či shiyáʔs. I know that he's going.* (TC) | *hiyáʔ cn ʔaʔ tə ńsmáń ʔuʔ qʷáqʷiʔ. I'm going because you talk too much.* (TC) | *šaʔšúʔɬ cn ʔaʔ či ństáči. I'm happy you got here.* (TC) | *šaʔšúʔɬ cn ʔaʔ tə nəsʔáɬaʔ. I'm glad that I'm here.* (TC) | *k̓ʷə́nəxʷ u cxʷ ʔaʔ kʷi nəscə́tən? Did you see him hit me?* (TC)} VAR: *ʔə* {*q̓ʷə́yəŋ ʔə či sčánnəxʷ. Roast the salmon.* (EPT) | *k̓ʷíc u caʔ cxʷ ʔə či salmon? Are you going to butcher salmon?* (EPT) | *huʔnéʔ kʷi ti čšƛ̓éʔ ʔə ʔə́c. There is someone that likes me. / Somebody loves me.* (MJT) | *čk̓ʷútəŋ u cxʷ ʔə tə nəqʷáysən? Did you get shot by my cane?* (MJT)} VAR: *ʔəʔ* {*cicx̌ʷánəŋ cn ʔəʔ kʷɬi nəməhúy. I lost my basket.* (MJT)}

ʔaʔáʔawk̓ʷ ⟦ʔa + ʔá + √aw< ʔ > k̓ʷ dim + pl + √belongings < dim >⟧ ☞ *ʔáwk̓ʷ* **little belongings.** (AS,BC) VAR: *ʔáʔaʔawk̓ʷ* {*k̓ʷə́nts cə ʔáʔaʔawk̓ʷs ʔəsmaʔk̓ʷéʔič. She looked at their little belongings in a pile.* (MJ)}

ʔaʔáčəń ⟦ʔa + √ʔa < ʔ > čń dim + √maggot < dim >⟧ ☞ *ʔáčəń* **small maggot.** (MJT; ES) {*ŋə́ń ʔaʔáčəń. It's a lot of small maggots.* (ES)} VAR: *ʔəʔáčəń* (MJT)

ʔaʔáʔčx̣ ⟦ʔa + √aʔčx̣ dim + √crab⟧ ☞ *ʔáʔčx̣* **small crab.** {*ʔiʔšátəŋ cə ʔaʔáʔčx̣s sqə́čaʔ ʔaʔ míməšču.*

The little crab caught by Little Mink was walking. (MJ) | čúwəɬ ʔaʔáʔčx či ŋə́qsəns. *She has a nose like a little crab.* (MJT)}

ʔaʔáʔənc ⟦ʔa+√ʔa<ʔ>n-t-c actl+√comply<actl>-trns-1obj/2obj⟧ ☞ ʔánət acknowledging me; acknowledging you. {nshuʔaʔáʔənc kʷi ʔaʔ či n̓suʔkʷəmk̓ʷaʔmáyəmš. *I'm acknowledging you for your concern.* (BH)}

ʔaʔáʔiʔ ⟦ʔa+√ʔəʔyi actl+√borrow⟧ ☞ ʔáʔiʔ to be borrowing. (TC; ES) {**ʔaʔáʔiʔ** caʔn. *I'm going to borrow.* (TC) | **ʔaʔáʔiʔ** cn ʔaʔ cə n̓snə́xʷɬ. *I'm borrowing your canoe.* (TC) | nəs**ʔaʔáʔiʔ** cə n̓sná. *I'm borrowing your name.* (TC) | **ʔaʔáʔiʔ** cn ʔaʔ či scáʔčaʔkʷaʔyúɬ. *I'm borrowing a little canoe.* (MJT)}

ʔaʔáʔic ⟦ʔa+√ʔəʔyi-t-c actl+√borrow-trns-1obj/2obj⟧ ☞ ʔáʔitxʷ lend me (something); lend you (something). {**ʔaʔáʔic** či ʔaʔ či tálə. *Lend me some money.* (MJT)}

ʔaʔáʔiɬ ⟦ʔa+√ʔəy-ɬ dimutive+√good-dur⟧ ☞ ʔə́y̓ cute, beautiful, pretty, good-looking, handsome. (RS; EPT; LC; ES; TC) {**ʔaʔáʔiɬ** cə n̓ṇ́ṇənaʔ. *Your baby is cute.* (ES) | níɬ mán ʔuʔ **ʔaʔáʔiɬ** tə ƛ̓aʔƛ̓úʔaʔ. *That little one is pretty.* (RS) | **ʔaʔáʔiɬ** kʷɬəs ʔáʔyəŋɬ. *We've got a pretty little house.* (EPT)} VAR: ʔaʔáʔyəɬ (TC)

ʔaʔʔkʷsáy̓s ⟦ʔa+√ʔaʔkʷus-ay̓s actl+√teach-activ⟧ ☞ ʔaʔkʷúst to be advising, teaching. (ES) {**ʔaʔʔkʷsáy̓s** cn. *I'm advising. / I'm teaching.* (ES) | **ʔaʔʔkʷsáy̓s** cn ʔaʔ či xʷaʔnéʔtamqən̓. *I'm teaching English.* (ES)}

ʔaʔʔkʷtán̓əq teacher. *See under:* ʔaʔkʷustán̓əq.

ʔaʔʔkʷúsc ⟦ʔa+√ʔaʔkʷus-t-c actl+√teach-trns-1obj/2obj⟧ ☞ ʔaʔkʷúst teaching me; teaching you. {**ʔaʔʔkʷúsc** cn. *I'm teaching you.* (ES)}

ʔaʔʔkʷúst ⟦ʔa+√ʔaʔkʷus-t actl+√teach-trns⟧ ☞ ʔaʔkʷúst to be advising, teaching someone, showing someone how. (AS,BC; TC) {**ʔaʔʔkʷúst** cn. *I'm teaching him.* (ES) | **ʔaʔʔkʷúst** cn ʔaʔ či nəxʷsƛ̓áy̓əm sqʷáy̓. *I'm teaching them the Klallam language.* (ES)} VAR: ʔaʔakʷúst {**ʔaʔakʷúst** cn. *I taught him.* (AS)}

ʔaʔʔkʷústəŋ ⟦ʔa+√ʔaʔkʷus-t-ŋ<ʔ> actl+√teach-trns-psv<actl>⟧ ☞ ʔaʔkʷústəŋ being advised, taught, shown how by someone. {**ʔaʔʔkʷústəŋ** cn. *He's teaching me.* (ES)}

ʔaʔáʔmət ⟦ʔə+√ʔə<ʔ>mut actl+√sit<actl>⟧ ☞ ʔə́mət
1. to sit, be sitting, be assuming a sitting position. (JCo; EPT; MJT; LC; TC; ES; AS) {**ʔaʔáʔmət** cn. *I'm sitting.* (JCo; ES) | **ʔaʔáʔmət** cn sxʷaʔŋáʔɬ. *I'm sitting resting.* (TC) | nəsƛ̓éʔ ti nsu**ʔaʔáʔmət**. *I like to sit around.* (ES) | **ʔaʔáʔmət** kʷsanu. *He's sitting down.* (EPT) | ʔuʔ húy tə nsu**ʔaʔáʔmət**. *I'm only sitting around.* (ES) | stáŋ ʔuč cə **ʔaʔáʔmət**? *What is that sitting there?* (LC) | **ʔaʔáʔmət** ʔuʔəskʷáqɬ cə sɬipúykʷts. *He's sitting with his shirt open.* (MJ) | qʷúsəŋ cn kʷi ʔaʔ kʷi ns**ʔaʔáʔmət** ʔaʔ cə scaʔwáčən. *I rocked when I was sitting on the chair.* (AS) | ʔuʔníɬ ʔənsu**ʔaʔáʔmət** ʔáwənə x̣čít tiə sqʷáqʷiʔɬ. *You're sitting there not understanding our talking.* (TC) | ʔiʔ **ʔaʔáʔmət** ʔaʔ cə q̓ʷúʔq̓ʷiʔ sqiyáyŋxʷ. *And he was sitting on a dead tree.* (ES) | kʷə́ns cə ʔəcɬtáyŋxʷ **ʔaʔáʔmət**. *He saw a person sitting.* (ES) | **ʔaʔáʔmət** kʷaʔčaʔɬ ʔuʔhúy č ʔuʔ kʷənits cə scánnəxʷ ʔaʔ táʔaʔis. *He was sitting and, apparently, just watching the salmon go up the river.* (ES) | níɬ suʔkʷéʔits tsə kʷɬčə́q **ʔaʔáʔmət**? ʔaʔ cə saʔsúɬ. *Then he peeked at the old woman sitting by our path.* (ES) | ʔiʔ níɬ suʔyə́cəms ʔaʔ či sʔíyas kʷsi kʷɬčə́q ʔiʔ **ʔaʔáʔmət** ʔaʔ tə saʔsúɬ ʔáwənə sʔácss ʔuʔčaʔscúm. *And then he told about the old woman that had no face, only bone, who was sitting there on the path.* (ES)}
2. to be at home, stay home. (EPT; MJT; ES) {ʔu**ʔaʔáʔmət** caʔn. *I'm going to stay home.* (TC) | **ʔaʔáʔmət** u caʔ cxʷ? *Are you staying home?* (ES) | ʔu**ʔaʔáʔmət** cə tálə. *The money was at home.* (MJ)} VAR: ʔáʔmət (TC) ⟦√ʔə<ʔ>mut √sit<actl>⟧ {ʔu**ʔaʔáʔmət** cn. *I'm sitting.* (MJT) | ɬčíkʷs cn ʔaʔ tə nəs**ʔáʔmət**. *I'm tired of sitting.* (TC) | hiyáʔ cn ʔuʔyíy̓ ʔuʔ haʔhúʔi tə ns**ʔáʔmət**. *I went far away and was sitting alone.* (MJ)} VAR: ʔaʔə́mət {**ʔaʔə́mət** kʷi tiə swə́y̓qaʔ. *The man is sitting down.* (MV) VAR: ʔə́mt {kʷɬi**ʔə́mt**. *He's taking a seat. / He's getting out of bed.* (MJT) | ʔawkʷɬqaʔqiʔám̓ kʷə nəsu**ʔə́mt** n ʔaʔ tiə nsx̣ə́ɬ ʔaʔ scúm ti nsqaʔqiʔám. *Because I'm weak when I try to get up because of the sickness in my bones, I'm weak.* (EB)}

ʔaʔáʔməttxʷ ⟦ʔə+√ʔə<ʔ>mut-txʷ actl+√sit<actl>-letcaus⟧ ☞ ʔaʔáʔmət to let someone stay home. {ʔuʔáwətxʷ c ʔiʔwáʔwaʔ tə sƛ̓əyéʔƛ̓qɬ. ʔu**ʔaʔáʔməttxʷ**. *The children were not to come along. Let them stay home.* (MJ)}

ʔaʔáʔnəɬ ⟦ʔa+√ʔa<ʔ>n-ɬ actl+√comply<actl>-dur⟧ ☞ ʔánəɬ to be complying, agreeing (with someone), obeying, minding (someone). {ʔáwə c **ʔaʔáʔnəɬ**. *Don't comply. / Refuse to do it.* (MJT)} · VAR: ʔaʔə́nəɬ ⟦√ʔa<ʔ>n-ɬ √comply<actl>-dur⟧ {ʔáwə či c **ʔáʔənəɬ**. *Don't mind him.* (MJT)} VAR: ʔáʔn̓əɬ (TC)

ʔaʔʔstúʔŋət doing what. *See under:* ʔaʔstúʔŋət.

ʔaʔáʔsxʷ ⟦ʔa+√ʔa<ʔ>sxʷ dim+√seal<dim>⟧ ☞ ʔásxʷ small seal. (MJT; TC; ES) {xʷúʔəŋ ixʷ kʷi cə **ʔaʔáʔsxʷ**. *The little seal must have been crying.* (MJT) | suʔčxčnín ʔaʔ **ʔaʔáʔsxʷ** ʔaʔ či sníɬs Oscar. *So the little seal thought he was Oscar.* (MJT)}

ʔaʔáʔúʔtxs ⟦ʔa+√ʔəʔuʔtxs dim+√freight_canoe⟧ ☞ ʔuʔútxs a small freight canoe. (MJT)

ʔaʔáʔyəŋ ⟦ʔaʔ-√ʔaʔyŋ at-√home⟧ ☞ ʔáʔyəŋ to be at home. (TC; ES,TC) {ʔu**ʔaʔáʔyəŋ** cn. *I'm at home.* (TC) | ʔáwənə **ʔaʔáʔyəŋ**. *Nobody's home.* (TC) | ʔu**ʔaʔáʔyəŋ** u kʷaʔ? *Is he at home?* (AB,ICT) | ʔuʔhúy caʔn ʔu**ʔaʔáʔyəŋ**. *I'm just going to stay home.* (TC) | ʔuʔhúy caʔ či nəsu**ʔaʔáʔiŋ**. *I'm just going to stay home.* (TC) | txʷʔáw caʔn c **ʔaʔáʔyəŋ**. *I'm not going to be at home.* (TC) | húy ti suʔx̣ə́nəŋs ʔaʔ či nsu**ʔaʔáʔyəŋ**. *She only said that you were at home.* (RSh)} VAR: ʔaʔáʔiŋ {ʔu**ʔaʔáʔiŋ** caʔn. *I'm going to stay home.* (ES) | hú? cn kʷi

ʔaʔáʔiŋ ʔiʔ cəŋcáŋ ʔaʔ ti nə́cuʔ skʷáči ti nsúkʷəŋ. *When I'm at home I bathe twice a day.* (ES)}

ʔaʔáʔyəŋ [ʔa+√ʔaʔyŋ<ʔ> dim+√house<dim>] ☞ ʔáʔyəŋ *a small house.* (TC) VAR: ʔaʔáʔiŋ (ES)

ʔaʔáʔyəs [ʔa+√ʔa<ʔ>ys dim+√sister<dim>] ☞ ʔáyəs *little sister, little sibling or cousin of the opposite sex.* (MJT)

ʔáʔaʔyət [ʔá+√ʔaʔy-t actl+√put_away-trns] ☞ ʔáʔyət *to be putting away something, storing something.* {kʷɬʔáʔaʔyət cn. *I'm putting it away.* (MJT) | ʔáʔaʔyəts ti táləs. *He's putting away his money.* (MJT)} VAR: ʔaʔáʔyət (MJT)

ʔaʔátəŋ [√ʔaʔał-ŋ √fix_bed-mdl] *to prepare, make a bed or nest.* (AS,BC) {ʔaʔátəŋ či. *Fix your bed.* (BC) | húy̓ či ʔaʔátəŋ. *fix your bed* (HS) | ʔaʔátəŋ kʷsə húʔpt. *The deer made its nest.* (AS)}

ʔaʔánət [ʔa+√ʔan<ʔ>-t actl+√comply<actl>-trns] ☞ ʔánət *to be complying, agreeing with someone, allowing, obeying someone.* (TC)

ʔaʔaŋí [√ʔaʔaŋí √oldsquaw] [onomatopoeia - it calls its own name] *oldsquaw, sea pigeon. Clangula hyemalis.* (EPT; ES; AS,BC; TC) {ŋaʔŋéʔŋənaʔ ʔaʔaŋí. *baby sea pigeon.* (ES) | ŋə́n̓ ʔaʔaŋí. *It's lots of sea pigeons.* (ES)}

ʔáʔašit [√ʔaʔašit √Olympic_range] *Olympic mountains south of Crescent Bay and Port Angeles.* (LB,CWH)

ʔaʔáwk̓ʷ [ʔa+√awk̓ʷ dim+√belongings] ☞ ʔáwk̓ʷ *small belongings, few belongings.* {súk̓ʷəŋ k̓ʷi ʔáʔčt tə n̓ʔaʔáwk̓ʷ. *Bathe and change your small things.* (MJ) | mán̓ ʔuʔ ƛ̓úx̌aʔ tiə n̓ʔaʔáwk̓ʷ. *Your clothes are very small.* (MJ) | hiyáʔ cə nəsʔúk̓ʷɬ ʔiʔ ƛ̓k̓ʷáts cə ʔaʔáwk̓ʷs. *My babysittee went, and he took his things.* (MJ) | suʔƛ̓áyəmts cə x̌áčəŋ ʔaʔáwk̓ʷs. *So he put on his dried little clothes.* (MJ) | nɬ suʔx̌ʷtíŋəts cə ʔaʔáwk̓ʷs ʔiʔ x̌íŋəts ʔiʔ čqʷə́ts. *Then she sprang at their belongings, and she grabbed them, and she burned them.* (MJ) | ʔáwənə nəʔaʔáwk̓ʷ nsuʔaʔčsikʷə́təŋ k̓ʷaʔ čəm̓cəmúʔəŋ̓s qɬ. *I have no things to change into if I would get all wet.* (MJ) | hiyáʔ cn ʔiʔ ƛ̓k̓ʷát tə n̓ʔaʔáwk̓ʷ ʔiʔ cák̓ʷs cə kitchen. *I went and took my things and put them down in the kitchen.* (MJ) | nɬ nəsuʔsúk̓ʷəŋ ʔiʔ nəsʔačsikʷə́təŋ ʔiʔ ɬəyámət cə ʔəscéʔcəŋ nəʔaʔáwk̓ʷ. *Then I bathed and changed clothes and put on the things that were nearby.* (MJ)} VAR: ʔáʔəwk̓ʷ [unusual stress on diminutive] {ƛ̓k̓ʷáts cə nəsʔəsnáw̓ɬs tə nəʔáʔəwk̓ʷ. *He took what my few belongings were in.* (MJ)}

ʔaʔcáʔkʷɬ [√ʔaʔcaʔkʷɬ √thunder] *thunder, thunderstorm, thunderbolt and accompanying lightning; thunderbird.* (EPT; ES; TC; AS,BC) ✻The ʔaʔcáʔkʷɬ chases the salmon up the rivers. When there is a lot of thunder in the spring, it will be a good year for salmon. {ččástəŋ k̓ʷi sčánnəxʷ ʔaʔ kʷə ʔaʔcáʔkʷɬ; ʔə́y̓ ixʷ caʔ tiə sčiʔánəŋ. *The salmon are chased by the thunderbird; it must be a good year.* (AS,BC) | táči k̓ʷsə ʔaʔcáʔkʷɬ. *The thunder got here.* (AS) | tə́yi tə sčánnəxʷ čiʔástəŋ ʔaʔ cə ʔaʔcáʔkʷɬ. *The salmon went upstream chased by the thunder.* (AS)} VAR: ʔáʔcaʔkʷɬ (MJT; LC; ES:) VAR: ʔə́cəkʷɬ (LB,EWH)

ʔaʔccúʔət *I want to be it. See under:* ʔəccúʔət

ʔaʔck̓ʷíyŋ *go far out. See under:* ʔəck̓ʷíyəŋ

ʔaʔcɬtiŋíxʷəŋ [√ʔ<əʔ>cɬtay=ŋ<ʔ>ixʷ-ŋ<ʔ> √Indian<actl>=being<actl>-mdl<actl>] ☞ ʔəcɬtiŋíxʷəŋ *to be speaking in a Native American language, talking Indian.* (MJ) {ʔaʔcɬtiŋíxʷəŋ či! *Speak your native language!* (TC) | ʔaʔcɬtiŋíxʷəŋ cn. *I'm speaking Indian.* (ES; MJ) | yaʔyáʔnəŋ čtə u tiə swéʔwəs ʔaʔ tiə ʔaʔcɬtiŋíxʷəŋ. *This young man probably understands this Indian language.* (MJ) | sx̌íʔs ixʷ ti syaʔyəŋ̓ícs tə nəsʔaʔcɬtiŋíxʷəŋ. *He must have liked to listen to me singing in the Indian language.* (MJ)}

ʔaʔcúst *tell someone. See under:* yəcúst

ʔaʔcústəŋ *being told. See under:* yaʔcústəŋ

ʔaʔčaʔŋə́y̓ɬ [√ʔi<ʔ>ča<ʔ>-ŋ=əy̓ɬ √dress<actl>-mdl=child] ☞ ʔíčəŋ *to be dressing a child.* (MJT)

ʔaʔčáŋ [√ʔi<ʔ>č-as-ŋ<ʔ> √dress<actl>-ptcaus-psv<actl>] ☞ ʔaʔčás *being put on (of clothing).* cp. ʔéʔčəŋ ☞ ʔíčəŋ {kʷɬʔaʔčáŋ. *He's dressed now.* (MJT) | ʔaʔčáŋ k̓ʷi. *Put your clothes on.* (AS)} VAR: ʔaʔčáʔəŋ {ʔaʔčáʔəŋ či; hiyáʔ caʔ st štəŋ. *Put your clothes on; we'll go for a walk.* (AS)} VAR: ʔaʔčáŋ (TC)

ʔaʔčás [√ʔi<ʔ>ča-as √dress<actl>-ptcaus] ☞ ʔíčəŋ *to be putting on clothing, have something on.* {ʔaʔčás cn. *I have it on.* (TC) | ʔáwənə ʔaʔčás ʔət čə́cs. *They had nothing on when they woke up.* (ES) | ʔáwənə ʔaʔčáss. *He has no clothes on.* (TC) | ʔáwə c ʔaʔčáss. *He didn't have it on.* (TC) | sɬuʔícaʔ cə ʔəcɬtáyŋxʷ; ʔáwənə ʔaʔčáss. *That person is naked; he has no clothes on.* (TC)}

ʔaʔčaʔwíyŋ *flank. See under:* ʔəčaʔwíyŋ

ʔaʔčáyŋ̓ət *pausing. See under:* haʔčáyŋən

ʔaʔčəŋ́itəŋ [√ʔa<ʔ>čn̓-i-t-ŋ √maggot<actl>-persist-trns-psv] ☞ ʔáčən *to be getting maggoty, food is getting maggots in it.* (TC) VAR: ʔaʔčaʔnítəŋ (MJT)

ʔáʔčš [√ʔaʔčš √change] *to change.* (ES; AS,BC) {ʔáʔčš txʷaʔhúʔpt. *He changed into a deer.* (TC) | ʔáʔčš txʷaʔsŋánt. *It changed into a rock.* (TC) | ʔáʔčš tə nsčaʔkʷaʔyúɬ. *I changed my car.* (AS,BC) | ʔáʔčš tiə ntálə. *I changed my money.* (AS,BC)}

ʔaʔčšíct [√ʔaʔčš-i-cut √change-persist-rflxv] ☞ ʔáʔčšt *to change oneself, change over, switch to something else, change places.* (ES; AS,BC) {ʔaʔčšíct či. *Change places.* (AS) | húy̓ či ʔaʔčšíct. *Let's change places.* (AS)}

ʔaʔčšíkʷən [√ʔaʔčš=iwən √change=interior] ☞ ʔáʔčš *to change, exchange (especially clothes).* (AS) {ʔaʔčšíkʷən k̓ʷi. *Change his clothes.* (BC) | ʔaʔčšíkʷən či. *Change your clothes.* (AS) | ʔaʔčšíkʷən cə tálə. *Change the money.* (AS)}

ʔaʔčšikʷə́təŋ [√ʔaʔčš=uykʷət-ŋ √change=clothing-mdl] ☞ ʔáʔčš *to change clothes.* (TC; HS; AS,BC) {ʔaʔčšikʷə́təŋ cn. *I'll change clothes. / I changed* clothes. (MJ) | ʔaʔčsikʷə́təŋ či. *Change your clothes.* (MJT) | nsuʔaʔčsikʷə́təŋ. *So I changed.* (MJ) | hiyáʔ caʔn ʔaʔčsikʷə́təŋ. *I'm going to change my clothes.* (AS) | nə́kʷtxʷ ʔaʔčsikʷə́təŋ. *You change your clothes!* (TC,BC) | x̌áy cn kʷaʔčaʔ ʔuʔ ʔaʔčsikʷə́təŋ. *I also changed my clothes.* (MJ) | x̌ə́nəŋ ʔaʔ či stúkʷs caʔ ʔiʔ ʔaʔčsikʷə́təŋ ʔiʔ ʔənʔá. *He said he was going to go home and change clothes and come.* (MJ) | suʔhúys cə nsʔaʔčsikʷə́təŋ ʔiʔ ṯəyámt tə nkapú ʔiʔ hiyáʔ sqíyŋ. *So I finished changing and put on my coat and went outside.* (MJ)} VAR: ʔačsikʷə́təŋ {nít nəsuʔsúkʷəŋ ʔiʔ nəsʔačsikʷə́təŋ ʔiʔ ṯəyámət cə ʔəscéʔčəŋ nəʔaʔáwkʷ. *Then I bathed and changed clothes and put on the things that were nearby.* (MJ)} VAR: ʔaʔčsíkʷtəŋ (AS,BC; AS)

ʔaʔčsikʷə́təŋ [√ʔaʔčs = uykʷət-ŋ <ʔ> √change = clothing-mdl <actl>] ☞ ʔaʔčsikʷə́təŋ to be changing clothes. {kʷiʔaʔčsikʷə́təŋ cn. *I'm changing my clothes.* (MJT) | ʔáwənə nəʔaʔáwkʷ nsuʔaʔčsikʷə́təŋ kʷaʔ cəmcəmúʔəŋs qł. *I have no things to change into if I would get all wet.* (MJ)}

ʔaʔčsikʷətt [√ʔaʔčs = uykʷət-t √change = clothing-trns] ☞ ʔaʔčsikʷə́təŋ to change someone's clothes. (MJ) {ʔaʔčsikʷə́tt cə sx̌íx̌aʔx̌ł. *Change the child's clothes.* (AS)}

ʔaʔčsikʷəttəŋ [√ʔaʔčs = uykʷət-t-ŋ √change = clothing-trns-psv] ☞ ʔaʔčsikʷətt to have ones clothes changed by someone. {ʔaʔčsikʷə́ttəŋ ʔaʔ kʷi nəsíyaʔ. *My clothes were changed by my grandmother.* (MJ)}

ʔaʔčsít [√ʔaʔčs-i-t √change-persist-trns] ☞ ʔáʔčšt to change, exchange, switch, trade something. (AS,BC; AS) {ʔaʔčsít cn kʷsiə nəxčŋín. *I changed my mind.* (ES,HS) | hiyáʔ caʔn ʔaʔčsít cə nłqít. *I'm going to go change my clothes.* (AS,BC) VAR: ʔəčsít {ʔəčsít cn. *I changed it. / I exchanged it.* (AS,BC) | ʔəčsít cn ʔaʔ cə scayíqʷł ʔaʔ kʷi nkʷítšən. *I exchanged fruit for my fish.* (AS,BC) | ʔəčsít cn ʔaʔ kʷi nkʷítšən ʔaʔ cə scayíqʷł. *I exchanged fruit for my fish.* (AS,BC)}

ʔaʔčsítəŋ [√ʔaʔčs-i-t-ŋ √change-persist-trns-psv] ☞ ʔaʔčsít to be changed, exchanged, switched by someone or something. (MJ; AS,BC) {ʔaʔčsítəŋ cn. *He changed me (my coat).* (AS) | ʔaʔčsítəŋ cn ʔaʔ cə kapú. *I switched coats.* (AS) | ʔaʔčsítəŋ kʷaʔ ʔaʔ kʷə kapús. *He changed to a different coat.* (AS) | ʔaʔčsítəŋ caʔn ʔaʔ cə nstáni. *My wife is going to exchange me (for someone else).* (AS) | ʔaʔčsítəŋ cn ʔaʔ cə ntán. *My mother changed me (my clothes).* (AS)} VAR: ʔəčsítəŋ {ʔəčsítəŋ cə nkapú. *My coat is changed.* (AS,BC)}

ʔaʔčsíti [√ʔaʔčs-ŋi-ty √change-rel-rcprcl] ☞ ʔáʔčšt to exchange, trade. (ES; TC) {ʔaʔčsíti st. *We traded.* (ES) | ʔaʔčsíti ʔaʔ cə q̓áyaʔŋis ʔaʔ či sʔíłən. *They exchanged their girls for food.* (TC) | nít suʔčłqənxʷs ʔiʔ nít suʔaʔčsítis ʔaʔ cə q̓áyaʔŋis ŋə́nŋənaʔs. *They were starving, so they traded their daughters.* (ES) | ʔaʔčsíti ʔaʔ či sʔíłən. *They exchanged them for food.* (ES)} VAR: ʔə́čsti (AS) VAR: ʔəčsíti (ES)

ʔáʔčšt [√ʔaʔčs-t √change-trns] ☞ ʔáʔčs to change something. (MJT; ES; TC; AS,BC) {ʔáʔčšt cn. *I changed it.* (MJT; ES,HS; ES; TC; AS,BC) | ʔáʔčšt cn kʷi nəxčŋín. *I changed my mind.* (ES,HS) | ʔáʔčšt cn txʷaʔsŋánt. *I changed it into a rock.* (TC)} VAR: ʔáʔčt (TC)

ʔáʔčšúŋət [√ʔaʔčš = uŋt √change = place] [analysis uncertain - suffix is unique to this word] ☞ ʔáʔčš to change, exchange, switch places. (AS) {ʔaʔčšúŋət čaʔkʷi. *He changed as usual.* (AS) | ʔaʔčšúŋət čaʔkʷi ʔaʔ tə stiqéws. *As usual, he changed horses.* (AS)}

ʔaʔčšúsc [√ʔaʔčš-us-t-c √change-rcpnt-trns-1obj/2obj] ☞ ʔáʔčšúst exchange for me; exchange for you. {ʔaʔčšúsc cn. *I took your place.* (TC)}

ʔaʔčšúsəŋ [√ʔaʔčš-us-ŋ √change-rcpnt-mdl] ☞ ʔáʔčš to exchange, trade. {ʔaʔčšúsəŋ cn. *I'm trading, exchanging.* (AS) | ʔəctíxʷ kʷi ʔənsʔaʔčšúsəŋ. *Let me be your replacement.* (AA; TC)}

ʔaʔčšúst [√ʔaʔčš-us-t √change-rcpnt-trns] ☞ ʔáʔčš to exchange something or someone. {ʔaʔčšúst cn. *I exchanged it.* (AS) | ʔáwə č c sxʷaʔníŋ či nsʔaʔčšúst. *There is no way you can be exchanged.* (AA) | ʔaʔčšúst cn cə nətálə. *I exchanged my money.* (TC)}

ʔaʔčšústəŋ [√ʔaʔčš-us-t-ŋ √change-rcpnt-trns-psv] ☞ ʔaʔčšúst to be exchanged, changed places with. (AS) {ʔaʔčšústəŋ cn. *They exchanged me.* (TC) | ʔəctíxʷ kʷi ʔənsʔaʔčšústəŋ. *Let me change places with you.* (MJT) | ʔaʔčšústəŋ č yaʔ ʔaʔ tə scəyíqʷł. *They exchanged fruit.* (AS)}

ʔaʔčtay [ʔaʔčtay speculate] [a speech act enclitic indicating the speaker's lack of knowledge concerning the proposition] speculative. ⟪USAGE: This is used to express curiosity similar to the way "I wonder" or "I'm not sure" are used in English.⟫ ⟪It's like you're questioning yourself. (AS)⟫ {stáŋ ʔaʔčtay? *What do you think that is?* (AS) | cán ʔaʔčtay cə swéʔwəs? *I wonder who that boy is?* (AS) | nít suʔkʷaʔkʷənłnáts ʔaʔčtay ʔiʔ čáyəŋ tə ʔiyáʔiŋs. *Then in a few days (I don't know how many) their mother got home.* (MJ)}

ʔaʔčúct forming. See under: haʔčúct

ʔáʔčx̣ [√ʔaʔčx̣ √crab] crab, Dungeness crab. *Cancer magister.* (EPT; TC; AS,BC; HS,AS,BC) {tčət cə ʔáʔčx̣! *Spear the crab!* (MJ) | ctə́kʷtəŋ cn ʔaʔ cə ʔáʔčx̣. *I got pinched by a crab.* (TC) | čʔíłən ʔaʔ či ʔáʔčx̣. *He eats crab all the time.* (AS,BC) | ʔiʔ nít suʔx̌iʔáŋs ʔaʔ či ʔáʔčx̣ ʔiʔ cqə́čaʔ ʔaʔ tə nə́cuʔ. *And so he was looking for crabs, and he got one.* (MJ) | suʔx̌ə́nəŋs cə mimə́ščú ʔaʔ cə ʔáʔčx̣, "ʔúxʷəns ʔiʔ cəŋə́t." *Little Mink said to Crab, "Go over to her and bite her."* (MJ) | hiyáʔ č caʔ tčə́yu ʔaʔ či p̓əwi ʔiʔ či xʷə́čt, ʔiʔ či ʔáʔčx̣. *He'll go spear the flounder and the grunt-fish and the crab.* (MJ)}

ʔaʔčáʔtəŋ [√ʔa<ʔ>č<aʔ>-t-ŋ <ʔ> √wipe<actl>-trns-psv<actl>] [metathesis with passive] ☞ ʔáʔčt being wiped. (TC; AS,BC) VAR: ʔaʔčátəŋ {ʔaʔčátəŋ cn. *I was wiped.* (AS,BC)}

ʔačáʔwəɬ ⟦√ʔə<ʔ>č=əʔəw<ʔ>-ɬ √between<actl>=side<actl>-dur⟧ being wedged between, passing between. (AS) [possibly based on word meaning 'flank'] *cp.* ʔəčaʔáwəɬ

ʔaʔčáct ⟦√ʔa<ʔ>č-cut √wipe<actl>-rflxv⟧ [metathesis with reflexive] ☞ ʔáʔčt to be wiping, drying oneself. (TC; AS,BC) {*ʔaʔčáct* cn. *I'm drying myself.* (ES; AS,BC) | *ʔaʔčáct* či. *Wipe yourself.* (AS,BC) VAR: ʔaʔčəct {*ʔáʔčəct* cn. *I'm wiping myself.* (MJT)}

ʔaʔččísəŋ ⟦√ʔa<ʔ>č=acis-ŋ<ʔ> √wipe<actl>=hand-mdl⟧ ☞ ʔəčəcísəŋ to be wiping one's hands. (EPT) {*ʔaʔččísəŋ* cn. *I'm wiping my hands.* (MJT) VAR: ʔaʔččísəŋ (TC)}

ʔaʔčéʔŋəɬ ⟦√ʔa<ʔ>č-i<ʔ>-ŋɬ √wipe<actl>-cstm<actl>⟧ ☞ ʔačíŋəɬ to be wiping up an area. (EPT) {*ʔaʔčéʔŋəɬ* kʷlə nsɬáni. *My wife was wiping up.* (AS)} VAR: ʔaʔčéʔəŋəɬ {*ʔaʔčéʔəŋəɬ* yaʔ cn kʷi. *I wiped up (a big area).* (AS)}

ʔaʔčənúkʷən ⟦√ʔa<ʔ>č=ənukʷ=ən √wipe<actual>=ground=instr⟧ mop, broom. (AS)

ʔaʔčəŋ ⟦√ʔa<ʔ>č-ŋ<ʔ> √wipe<actl>-mdl<actl>⟧ ☞ ʔáčəŋ to be wiping. {*ʔáʔčəŋ* cn. *I'm wiping.* (AS,BC)}

ʔaʔčíkʷsəŋ wipe body. See under: ʔəčíkʷsəŋ

ʔaʔčíwsəŋ ⟦√ʔa<ʔ>č=iw<ʔ>s-ŋ √wipe<actl>=body<actl>-mdl⟧ ☞ ʔəčíkʷsəŋ to be wiping, drying one's body. {*ʔaʔčíwsəŋ* cn. *I'm wiping my body (dry).* (ES) VAR: ʔaʔčíkʷsəŋ (MJT)}

ʔáʔčt ⟦√ʔa<ʔ>č-t √wipe<actl>-trns⟧ ☞ ʔáčt to be wiping something. (MJT; TC) {*ʔáʔčt* cn *I am wiping it.* (MJT) | *ʔáʔčt* cn tiʔə nəstáckʷɬ. *I'm wiping my back.* (MJT)}

ʔaʔčúsəŋ ⟦√ʔa<ʔ>č=us-ŋ<ʔ> √wipe<actl>=face-mdl<actl>⟧ ☞ ʔəčúsəŋ to be wiping the face. {*ʔaʔčúsəŋ* yaʔ cn. *I was wiping my face.* (MJT)}

ʔaʔeʔéʔɬən ⟦ʔa+ʔi+√ʔi<ʔ>ɬn dim+aff+√eat<actl>⟧ [This combination of diminutive and affect reduplications is not common, but the usage is clear.] ☞ ʔíɬən to be eating (humble). {*čaʔaʔeʔéʔɬən* cn. *I'm just now eating (being humble).* ⟪Usage: This is used if you are feeling small, humble.⟫ (MJT)}

ʔaʔéʔnət saying what. See under: ʔeʔéʔnət

ʔaʔéʔpəṅ small apron. See under: ʔeʔéʔpəṅ

ʔaʔcɬtáyŋəxʷ ⟦ʔa+√ʔcɬtay<ʔ>=ŋixʷ dim+√person<dim>=being⟧ ☞ ʔcɬtáyŋxʷ small person, Indian. (HS) VAR: ʔaʔcɬtáyŋəxʷ (ES)

ʔáʔəɬ ⟦√ʔaɬ √hurry⟧ to hurry. (MJT; TC; ES) {*ʔáʔəɬ* či! *Hurry up!* (MJT; AS; TC,BC; AS,BC) | *nuʔáʔəɬ* či. *Hurry up!* (TC) | *hiʔáʔəɬ* st. *We hurried.* (MJT) | *hiʔáʔəɬ* cn. *I'm in a hurry.* (MJT) | *ʔáwə* c máṅ ʔuʔ qaʔqáṅəṅ; *ʔáʔəɬ* či. *Don't be so slow; hurry.* (BC) | *ʔáʔəɬ* cn; *ƛ̓aʔtáwn* cn. *I'm hurrying; I'm going to town.* (AS)}

ʔáʔənəɬ complying. See under: ʔaʔáʔnəɬ

ʔaʔəncqʷáw̓txʷ ⟦ʔa+√ʔn<ʔ>cəqʷ=awtxʷ dim+√red<dim>=house⟧ ☞ ʔnəcqʷáw̓txʷ small red house. (ES) [This diminutive shows that the /ʔə/ that occurs on several color terms is not a prefix, but part of the root.] ⟪Other speakers do not recognize this. AS and BC prefer the periphrastic form.⟫ {*ƛ̓aʔƛ̓úƛ̓aʔ nəcəqʷáw̓txʷ*. *small red house* (AS,BC)}

ʔáʔəwk̓ʷ small belongings. See under: ʔaʔáwk̓ʷ

ʔáʔi ⟦√ʔaʔy √imitate⟧ to imitate to mock. {*ʔáʔi* cn. *I'm mocking.* (BC)}

ʔáʔiʔ¹ ⟦ʔə+√ʔəy̓ rslt+√good⟧ ☞ ʔəy̓ to be nice, pleasant, at peace, calm, happy. {*ʔiʔ* níɬ nsuʔtxʷ *ʔáʔiʔ*. *And then I felt nice.* (TC) | *ʔáʔiʔ* yaʔ tə skʷáči ʔiʔ kʷaʔkʷéʔiŋ ʔaʔ kʷi čiʔáw ʔaʔ qéyt. *The weather was nice, but it turned bad in the afternoon.* (AS)}

ʔáʔiʔ² ⟦√ʔəʔyi √borrow⟧ to borrow (something which can itself be returned), rent. ⟪Another word is used to refer to borrowing something that will be used up and returned in kind.⟫ (TC) *cp.* q̓ʷíŋəyu {*ʔáʔiʔ* cn ʔaʔ cə ṅsnóxʷɬ. *I'm going to borrow your canoe.* (TC) | *nəsʔáʔiʔ* ʔaʔ cə ṅsnóxʷɬ. *I borrowed your canoe.* (TC) | *nəsʔáʔiʔ* cə ṅsná. *I borrowed your name.* (TC) | čixʷətəŋ *ʔáʔiʔ* cə nəsxcáʔi. *They were put in to borrow my grass.* (MJ) | *ʔuʔáʔiʔ* caʔn ʔaʔ cə ṅsčaʔkʷaʔyúɬ. *I'm going to borrow your car.* (BC)}

ʔáʔiʔ³ ⟦√ʔaʔy √continue⟧ to continue, keep going, carry on. ⟪Usage: said to someone to encourage them to keep doing what they are doing⟫ (TC) {*ʔáʔiʔ* cxʷ. *Keep going!* (TC) | *ʔáʔiʔ* cn. *I'm doing it.* (TC) | *ʔáʔiʔ* kʷsə sútč. *The north wind is blowing on.* (EPT) | *ʔáʔiʔ* č kʷsə q̓ʷiʔéʔiš. *They're continuing to dance.* (EPT) | *ʔuʔáʔiʔ* cxʷ; yaʔyá?nəŋ cn. *Keep going; I'm listening.* (TC) | *ʔáʔiʔ* č kʷsə nəxʷxaʔčústəŋ. *Face scratching is continuing.* (EPT) | *ʔáʔiʔ* tə čənəŋ ʔiyá ʔaʔéʔɬʷaʔ. *A Shake was going on at Elwha.* (MJ) | *ʔuʔáʔiʔ* č ʔi ʔuʔtəs ʔaʔ cə sʔíyəṅs cə cícɬ qʷɬáy̓. *That continued until she reached the end of the high log.* (TC) | *ʔiʔ* níɬ ʔaʔ kʷi su*ʔáʔiʔ*s ʔaʔ cə ʔuʔnáč swə́yqaʔ. *But she was carrying on with a different man.* (AA)}

ʔaʔicɬtáyŋxʷ people. See under: ʔaʔyəcɬtáyŋxʷ

ʔaʔíɬən eat (pl). See under: ʔəyʔíɬən

ʔáʔiŋ house. See under: ʔáʔyəŋ

ʔaʔíst ⟦ʔa+√ʔis-t actl+√do_with-trns⟧ ☞ ʔístxʷ to be doing (something) with something. {*ʔuʔaʔísts* ʔiʔ ʔuʔk̓ʷənəs ti qəyəŋs ti húʔpt. *He was doing that with it, and he sees the eyes of the deer.* (TC)}

ʔáʔit store it. See under: ʔáʔyət

ʔáʔitxʷ¹ ⟦√ʔəʔyi-txʷ √borrow-letcaus⟧ ☞ ʔáʔiʔ to lend somebody (something), let somebody borrow (something). {*ʔáʔitxʷ* cn. *I loaned it to him.* (AS) | *ʔáʔitxʷ* cn ʔaʔ cə ntálə. *I let him borrow my money.* (AS)}

ʔáʔitxʷ² store it. See under: ʔáʔyət

ʔaʔixʷíynəxʷ village. *See under:* ʔayxʷíynəxʷ

ʔaʔixʷənúkʷən 〚√ʔ<aʔy>ixʷ=ənukʷ=ən √gather_up<pl>=ground=instr〛 ☞ ʔəxʷənúkʷən several brooms. (EPT)

ʔaʔkʷə́łtəŋ 〚√ʔaʔkʷɬ-t-ŋ √protect-trns-psv〛 ☞ ʔaʔkʷə́łt to be protected, taken care of by someone or something. {ʔaʔkʷə́łtəŋ cn. *They take care of me.* (AS)}

ʔáʔkʷiʔ 〚√ʔə<ʔ>kʷəy<ʔ> √weave<actl>〛 ☞ ʔəkʷə́yəŋ to be weaving. (AB,MJT) {ʔáwə či c čáʔpc; ʔáʔkʷiʔ cn. *Don't bother me; I'm weaving.* (MJT)}

ʔaʔkʷúsc 〚√ʔaʔkʷus-t-c √teach-trns-1obj/2obj〛 ☞ ʔaʔkʷúst teach me; teach you. (ES) {ʔaʔkʷúsc cn. *I'm teaching you.* (ES) | ʔaʔkʷúsc u cxʷ? *Will you show me how?* (TC) | ʔaʔkʷúsc caʔn či ṅsnəxʷsx̌ʷayəṁúcən. *I'm going to teach you to talk Klallam.* (TC) | ʔaʔkʷúsc caʔn kʷaʔ čáyəɬ. *I'll teach you if we work.* (TC) | ʔaʔkʷúsc caʔn ʔəɬ čáyəɬ. *I'll teach you while we work.* (TC)}

ʔaʔkʷúst 〚√ʔaʔkʷus-t √teach-trns〛 to advise, teach someone, show someone how. (ES; TC; AS,BC) {ʔaʔkʷúst cn. *I showed him how.* (ES; TC) | ʔaʔkʷúst cn ʔaʔ cə sčáys. *I showed him how to work.* (TC) | ʔaʔkʷúst cn cə nəsʔúqʷaʔ ʔaʔ či sčáys. *I showed my brother how to work.* (TC) | ʔaʔkʷúst caʔn ciʔə sx̌iƛ́áʔx̌q̓ɬ či snəxʷsx̌ʷayəṁúcəns. *I'm going to teach this child to speak Klallam.* (TC)} VAR: ʔakʷúst (AS) {ʔakʷúst caʔn ʔaʔ tiə sqʷáy. *I'm going to teach this language.* (AS)}

ʔaʔkʷustáʔnəq 〚ʔa+√ʔaʔkʷus-t-ən<ʔ>əq actl+√teach-trns-hab<actl>〛 ☞ ʔaʔaʔkʷúst teacher. (AS) {níɬ kʷi ʔaʔkʷustáʔnəq cə táči. *It was the teacher that got here.* (AS)} VAR: ʔaʔaʔkʷtáṅəq (AB,ICT)

ʔaʔkʷústəŋ 〚√ʔaʔkʷus-t-ŋ √teach-trns-psv〛 ☞ ʔaʔkʷúst to be advised, taught, shown how by someone. {ʔaʔkʷústəŋ cn. *He's teaching me. / They showed me how.* (ES; TC; AS,BC) | ʔaʔkʷústəŋ cn ʔaʔ či nəscáy. *He showed me how to do my job.* (TC) | níɬ nəsʔaʔkʷústəŋ ʔaʔ cícɬsiʔám̓. *That's what I was taught by the Lord.* (BH; TC) | ʔiʔ níɬ suʔčaʔhákʷs ʔaʔ či sʔaʔkʷústəŋs qʷiṅitəŋs ʔaʔ čisʔiʔáyəxʷs. *And just then he remembered what he had learned that his elders told him.* (ES)} VAR: ʔakʷústəŋ {ʔakʷústəŋ cn. *I was taught.* (AS,BC) | ʔakʷústəŋ caʔ st ʔaʔ tiə sqʷáy. *We are going to teach this language.* (AS,BC) | ʔakʷústəŋ tiə sx̌ayéʔx̌q̓ɬ ʔaʔ tiə sqʷáy. *These children are being taught this language.* (AS)}

ʔaʔkʷústxʷ 〚√ʔaʔkʷus-txʷ √teach-letcaus〛 ☞ ʔaʔkʷúst to let someone know, teach someone, make someone understand. {ʔaʔkʷústxʷ ʔaʔ tiə sqʷáys yaʔ kʷi ṅsčičiyáŋən yaʔ. *Teach them that this language is your heritage.* (TC)}

ʔaʔkʷə́łt 〚√ʔaʔkʷɬ-t √protect-trns〛 ☞ ʔáʔkʷɬ to protect, take care of someone or something. (AS) {ʔaʔkʷə́łt cn. *I take care of him.* (AS)}

ʔaʔkʷín 〚ʔaʔ-√kʷin at-√how_many〛 ☞ kʷín what time, when. {ʔaʔkʷín ʔuč? *What time is it?* (EPT; TC) | ʔaʔkʷín kʷi ʔuč? *What time is it?* (ES) | ʔaʔkʷín yəxʷ ʔuč? *What time must it be?* (TC) | ʔaʔkʷín ʔuč kʷsə ṅwáč? *What time is it?* (EPT) | ʔaʔkʷín cə ʔiʔ hiyáʔ cxʷ? *What time are you going?* (TC) | ʔaʔkʷín kʷi ṅwéʔč. *What time is it?* (AS,BC) | ʔaʔkʷín caʔ ʔiʔ ʔənʔá cn ʔúxʷ ʔaʔ nə́kʷ? *What time will I come over to your place?* (TC)}

ʔáʔkʷɬ 〚√ʔaʔkʷɬ √protect〛 cp. ʔúkʷɬ to protect, care for, babysit. (AS) {ʔuʔáʔkʷɬ. *He's babysitting.* (ES) | ʔuʔáʔkʷɬ cn. *I babysit.* (ES)}

ʔaʔkʷɬníc 〚√ʔaʔkʷɬ-ni-t-c √protect-rel-trns-1obj/2obj〛 ☞ ʔaʔkʷɬnít protect me; protect you. (AS) {ʔaʔkʷɬníc u cxʷ? *Will you protect me?* (AS) | ʔaʔkʷɬníc caʔn. *I will protect you.* (AS)} VAR: ʔəkʷɬníc (ES)

ʔaʔkʷɬnít 〚√ʔaʔkʷɬ-ni-t √protect-rel-trns〛 ☞ ʔaʔkʷə́łt to protect, take care of, nurse, adopt someone or something. (AS,BC) {ʔaʔkʷɬnít cn. *I take care of it.* (TC; AS) | ʔaʔkʷɬníts ti sxix̌ə́ɬ. *She nurses sick people.* (ES) | ʔaʔkʷɬnít cn cə ṅsqáxaʔ. *I'm taking care of your dog.* (TC) | ʔaʔkʷɬnít cn kʷiə nsíyaʔ. *I'm taking care of grandpa.* (AS)} VAR: ʔəkʷɬnít (ES) {ʔəkʷɬnít cə ṅŋáʔnaʔ. *Protect your baby.* (ES) | níɬ cə Beatrice ʔəkʷɬnít. *It will be Beatrice who takes care of it.* (ES) | ʔəkʷɬnít cn cə sx̌iƛ́áʔx̌q̓ɬ. *I took care of the child.* (AS)}

ʔaʔkʷɬnítəŋ be protected. *See under:* ʔəkʷɬnítəŋ

ʔaʔɬcúʔət being it. *See under:* naʔɬcúʔət

ʔaʔmáʔnaʔ 〚√ʔu<ʔ>mə<ʔ>niʔ √hunt<actl>〛 ☞ ʔəsʔúmənaʔ to be hunting. {ʔaʔmáʔnaʔ cn. *I'm hunting.* (ES)}

ʔáʔmət sitting. *See under:* ʔaʔáʔmət

ʔaʔmúx̌ʷəŋ 〚√ʔaʔmux̌ʷ-ŋ √rumble-mdl〛 to rumble, make a buzzing, humming, rumbling noise, the sound a machine makes. (ES; ES,HS; AS,BC) {ʔaʔmúx̌ʷəŋ kʷi kʷə sčaʔkʷaʔyúɬ. *The car is running (making sound).* (AS) | ʔaʔmúx̌ʷəŋ kʷi kʷə staʔɬákʷəŋ. *The bee is buzzing.* (AS)}

ʔaʔnaʔíct 〚√ʔ<aʔ>in<aʔ>-ŋi-cut √appear<actl>-rel-rflxv〛 ☞ ʔənəŋíct to be showing oneself, making oneself visible, letting oneself be seen. (ES; TC) {ʔaʔnaʔíct cə sxʷnáʔəm. *The monster was showing itself.* (ES)} VAR: ʔənaŋíct (ES) VAR: ʔənaʔíct (ES)

ʔaʔnáttxʷ 〚√ʔi<ʔ>nat-txʷ √say_what<actl>-caus〛 [rightward stress shift with actual] ☞ ʔínət what is one saying to someone. {ʔaʔnáttxʷ cxʷ ʔuč? *What are you saying to him?* (MJT)}

ʔaʔníqəŋ 〚√ʔə<ʔ>niq-ŋ<ʔ> √grunt<actl>-mdl<actl>〛 ☞ ʔəníqəŋ to be grunting, moaning, groaning. (ES; AS,BC) {ʔaʔníqəŋ cn. *I'm groaning.* (ES) | ʔunú ʔu? ʔaʔníqəŋ. *Notice her grunting (the baby nursing).* (AS)}

ʔáʔŋaʔc 〚√ʔə<ʔ>ŋaʔ-t-c √give<actl>-trns-1obj/2obj〛 ☞ ʔáʔŋaʔt giving me; giving you. {čúxʷt cxʷ cə ṅsʔáʔŋaʔc. *You're giving me more than you're supposed to.* (ES)}

ʔáʔŋaʔt ⟦√ʔə<ʔ>ŋaʔ-t √give<actl>-trns⟧ ☞ ʔə́ŋaʔt to be giving (something) to someone. {**ʔáʔŋaʔt** caʔn cə nəŋə́naʔ. *I'm giving it to my child.* (AS) | **ʔáʔŋaʔt** cn cə nŋə́naʔ ʔaʔ tə sʔíɬən. *I'm giving my child the food.* (AS)}

ʔáʔŋaʔtəŋ ⟦√ʔə<ʔ>ŋaʔ-t-ŋ<ʾ> √give<actl>-trns-psv<actl>⟧ ☞ ʔə́ŋaʔtəŋ being given (something) by someone. {**ʔáʔŋaʔtəŋ** cn. *He's giving me something.* (ES)}

ʔaʔŋít ⟦√ʔi<ʔ>ŋ-i-t √step_on<actl>-persist-trns⟧ ☞ ʔíŋət Stem: ʔaʔŋətí [stem for subject suffixes] to be stepping on something. (TC) {**ʔaʔŋít** cn. *I'm stepping on it.* (ES) | kʷɬ**ʔaʔŋít** cn. *I'm stepping on it now.* (TC) | **ʔaʔŋít** cxʷ tsə. *You're stepping on it.* (EPT) | ʔiʔ kʷɬ**ʔaʔŋəti**s. *And he was stepping on it.* (ES)}

ʔaʔŋítəŋ ⟦√ʔi<ʔ>ŋ-t-ŋ<ʾ> √step_on-trns-psv⟧ ☞ ʔíŋətəŋ being stepped on by someone or something. (TC) {**ʔaʔŋítəŋ** cn. *They're stepping on me.* (ES)}

ʔaʔŋúsc ⟦√ʔu<ʔ>ŋ-us-t-c √give<actl>-rcpnt-trns-1obj/2obj⟧ ☞ ʔaʔŋúst giving me; giving you. {ʔúʔ qɬ yáʔ cə nxčŋín xʷənáŋ ʔaʔ nə́kʷ ʔiʔ ƛ̓áy qɬ cn ʔuʔxənʔáxʷ kʷi nəsíyaʔ kʷaʔ ʔáwə c č**ʔaʔŋúsc** ʔaʔcə ɬqíyns. *If I had thought like you, I would also tell my grandmother not to give me her power.* (MJ)}

ʔaʔŋúst ⟦√ʔu<ʔ>ŋ-us-t √give<actl>-rcpnt-trns⟧ [rightward stress shift with actual] ☞ ʔúŋəst to be giving someone (something). {kʷɬ**ʔaʔŋúst** cn ʔaʔ tə qʷúʔ. *I'm giving him some water.* (MJT)}

ʔaʔŋústəŋ ⟦√ʔu<ʔ>ŋ-us-t-ŋ √give<actl>-rcpnt-trns-psv⟧ [rightward stress shift with actual] ☞ ʔúŋəstəŋ being given, handed (something) by someone. {**ʔaʔŋústəŋ** cn ʔaʔ či stáyŋxʷ. *I was being given medicine.* (MJ)}

ʔaʔq̓ʷə́təŋ ⟦√ʔu<ʔ>q̓ʷ<ə́>-t-ŋ √extract<actl>-trns-psv⟧ ☞ ʔúq̓ʷtəŋ being extracted, pulled out by someone. {**ʔaʔq̓ʷə́təŋ** cn. *I'm getting pried out.* (AS)}

ʔaʔq̓ʷə́yuʔ ⟦√ʔu<ʔ>q̓ʷ-əyu<ʔ> √extract<actl>-activ<actl>⟧ ☞ ʔúq̓ʷ to be prying up. {**ʔaʔq̓ʷə́yuʔ** cn ʔaʔ cə tə́ŋsəwéʔč. *I'm prying up the chiton.* (AS)}

ʔaʔq̓ʷiʔnísəŋ ⟦√ʔu<ʔ>q̓ʷ-iʔ=nis-ŋ<ʾ> √extract<actl>-ext<actl>=tooth-mdl<actl>⟧ ☞ ʔúq̓ʷt to be extracting, pulling out a tooth. (ES)

ʔaʔq̓ʷúʔtəŋ ⟦ʔaʔ-√q̓ʷuʔ-txʷ-ŋ at-√join-caus-psv⟧ [analysis uncertain - This is not the typical usage for the 'at' prefix.] ☞ q̓ʷúʔtxʷ to be joined in on by someone. {**ʔaʔq̓ʷúʔtəŋ** cn. *Someone joined me.* (AS,BC) | **ʔaʔq̓ʷúʔtəŋ** kʷi ʔaʔ kʷi kʷánəŋət. *He joined in running.* (AS,BC)}

ʔaʔsq̓əmə́yuʔ Saturday. *See under:* sq̓əmə́yu

ʔaʔstástəŋ ⟦ʔ<aʔ>s-√t<á>s-t-ŋ<ʾ> stat<actl>-√arrive_there<rslt>-trns-psv<actl>⟧ ☞ ʔəstásɬ being towed (in a car or boat), being pulled right next to by someone or something. (ES) {**ʔaʔstástəŋ** cn. *They're towing me.* (ES) | **ʔaʔstástəŋ** u cxʷ? *Are they towing you?* (ES) | ʔuʔɬən ʔuʔ xʷə́ŋ či **ʔaʔstástəŋ**s. *It was very quickly towing him.* (ES)}

ʔaʔstúʔŋət ⟦√ʔə<ʔ>stu<ʔ>ŋt √do_what<actl>⟧ ☞ ʔəstúŋət to be doing what, what's happening, what's going on. ⟪a verb used to ask what someone is doing⟫ (TC) {**ʔaʔstúʔŋət** cxʷ ʔay̓? *What are you doing?* (ES) | **ʔaʔstúʔŋət** cxʷ ʔəwč? *What are you doing?* (TC; TC,AS,BC; AS,BC) | **ʔaʔstúʔŋət** yaʔ cxʷ ʔəwč? *What were you doing?* (TC) | **ʔaʔstúʔŋət** caʔ cxʷ ʔuč? *What are you going to do?* (TC) | **ʔaʔstúʔŋət** cn? *What am I doing?* (TC) | **ʔaʔstúʔŋət** cxʷ ʔuč ʔay̓? *What are you doing, now?* (AS) | **ʔaʔstúʔŋət** caʔ cxʷ kʷaʔča? ʔaʔ tiə ʔáynəkʷ? *What are you going to do today?* (TC) | **ʔaʔstúʔŋət** cn kʷaʔča? nəsxʷʔáɬaʔ? *What am I doing here? / Why am I here?* (TC) | **ʔaʔstúʔŋət** cxʷ ʔay̓ ʔənsxʷsáqɬ? *What are you doing outside?* (ES) | **ʔaʔstúʔŋət** ʔuč či ńsʔáwə kʷaʔ hiyáʔəxʷ ʔiʔ kʷə́nt wəcqínca? ʔiʔ čtát ʔaʔ či sxʷiʔám? *Why don't you go and see Mary Ann and ask her for a story?* (MJ) VAR: ʔəstúʔŋət (LC; AS,BC) {**ʔaʔstúʔŋət** kʷaʔča? ʔənsxʷhiyá?? *Why are you going?* (TC) | **ʔəstúʔŋət** kʷaʔča? ʔənsxʷšaʔšúʔɬ. *Why are you glad?* (TC) | ʔáwənə nəsxčít kʷaʔ **ʔaʔstúʔŋət**s. *I don't know what's the matter with him.* (MJ) | **ʔəstúʔŋət** kʷaʔčə ʔənšaʔšúʔɬ ʔaʔ tə nsq̓ʷuʔqʷaʔ ʔaʔ tə coffee? *Why are you glad that you're drinking the coffee?* (TC) | **ʔəstúʔŋət** cxʷ ʔuč? *What are you doing?* (AS,BC)} VAR: ʔstúʔŋət {**ʔstúʔŋət** cxʷ kʷaʔča? ʔənsxənáŋ? *Why did you do that?* (TC) | **ʔstúʔŋət** cxʷ kʷaʔča? ʔənsxʷʔəná? *Why did you come?* (TC) | **ʔstúʔŋət** ʔuč kʷaʔča? ʔənsxʷčə́ŋtəŋ ńcáys. *Why are you biting your hand?* (TC)} VAR: stúʔŋət (TC) {**stúʔŋət** yaʔ cxʷ? *What did you do?* (TC) | **stúʔŋət** ʔənsxʷhiyá?? *Why did you go?* (TC)} VAR: ʔaʔaʔstúʔŋət (AS) VAR: ʔaʔstúŋət {**ʔaʔstúŋət** cxʷ ʔuč? *What are you doing?* (NS,JW) | **ʔaʔstúŋət** cxʷ ʔuč hay̓? *What are you people doing?* (NS,JW) | čtátəŋ cn kʷaʔ **ʔaʔstúŋət**ən. *She asked me what I was doing.* (MJ)}

ʔaʔtást ⟦ʔaʔ-√t<á>s-t at-√arrive_there<rslt>-trns⟧ ☞ ʔəstásɬ to bring something or someone up next to, pull next to someone or something. (AS,BC) {**ʔaʔtást** cn. *I pulled up next to him.* (AS,BC)} {**ʔaʔtást** cn cə qʷɬáy̓. *I pulled the log up next to me.* (AS)}

ʔaʔtšaʔmənít ⟦√ʔa<ʔ>tšə<ʔ>mn-ŋi-t √raid<actl>-rel-trns⟧ ☞ ʔaʔtšə́nəmən to be going on a raid, clashing in battle against someone. (AS,BC) {**ʔaʔtšaʔmənít** caʔ st. *We're going to raid them.* (ES)}

ʔaʔtšaʔmənítəŋ ⟦√ʔaʔtšə<ʔ>man-ŋi-t-ŋ<ʾ> √raid<actl>-rel-trns-psv<actl>⟧ ☞ ʔaʔtšəmənítəŋ being raided by enemies. (ES)

ʔaʔtšəmənít ⟦√ʔaʔtšəman-ŋi-t √raid-rel-trns⟧ [analysis uncertain - The /i/ may be metathesized from the stem. This is certainly related to /ʔaʔtšə́nəmən/ 'raid', but an /n/ is inexplicably

ʔaʔtšəmənítəŋ ☞ ʔaʔtšónəmən to go on a raid, clash in battle against someone (especially in retaliation). {níɫ kʷi suʔaʔtšəmaníts. *Then they clashed with them (to fight it out).* (AS)} missing here. It also must be related to /šəmán/ 'enemy', but the initial elements are unexplained.]

ʔaʔtšəmənítəŋ ⟦√ʔaʔtšəman-ŋi-t-ŋ √raid-rel-trns-psv⟧ ☞ ʔaʔtšónəmən to be raided by enemies. {*ʔaʔtšəmənítəŋ* cn. *I got raided.* (AS,BC)}

ʔaʔtšónəmən ⟦√ʔaʔtšənman √raid⟧ [analysis uncertain - This is an unusual root shape. It may contain /šəmán/ 'enemy'.] *cp.* šəmán
1. to raid, go on the warpath. (ES) {*ʔaʔtšónəmən* cn. *I'm raiding.* (ES)}
2. raider, invader, warrior, enemy scout or scouting party. (AS,BC) {suʔtə́ss ʔiʔ x̣ə́ṅəŋ, "ʔəɬʔúɫ! ʔəɬʔúɫ! táči kʷə kʷə *ʔaʔtšónəmən*!" *She got there as said, "ʔəɬʔúɫ! ʔəɬʔúɫ! The raiders have arrived!"* (AS) | kʷónəs cə *ʔaʔtšónəmən* kʷéʔwənti čaʔkʷúti ʔaʔ ti yə́čt. *He saw warriors fighting, shooting at each other with arrows.* (MJ)} VAR: ʔətšónəmən (MJT; AS,BC)

ʔaʔtšónəmən skʷáči ⟦√ʔaʔtšənman ʔs-√kʷayiy √raid stat-√day⟧ ☞ ʔaʔtšónəmən ☞ skʷáči Veteran's Day. (AS,BC)

ʔaʔttənúʔŋət ⟦√ʔi<ʔ>tut-nu<ʔ>ŋt √sleep<actl>-ncmdl<actl>⟧ ☞ ʔəttnúŋət to be managing to go to sleep, dropping off to sleep, falling asleep. (MJT) VAR: ʔəttənúʔŋət {kʷɬi*ʔəttənúʔŋət*. *He's just going to sleep.* (MJT)}

ʔaʔttə́yɬ ⟦√ʔi<ʔ>tut=əy<ʔ>ɬ √sleep<actl>=child<actl>⟧ ☞ ʔəttə́čɬ to be putting a child to sleep. (MJT)

ʔaʔtútəŋ ⟦√ʔi<ʔ>tut-ŋ √sleep<actl>-mdl⟧ ☞ ʔítt to be sleepy. (LB,CWH; ES; TC; AS,BC) {*ʔaʔtútəŋ* u cxʷ? *Are you sleepy?* (AS,BC; AS,BC) | *ʔaʔtútəŋ* cn. *I'm sleepy.* (HS; AS,BC; MJ) | ʔáwə cn c *ʔaʔtútəŋ*. *I'm not sleepy.* (MJ) | húʔ *ʔaʔtútəŋ* ʔiʔ ʔítt. *If she's sleepy, sleep.* (MJ) | ɬəyəmtástxʷ cn tə nəsaʔčuwíɬ ʔəɬ *ʔaʔtútəŋ*əs. *I sang to my younger siblings when they got sleepy.* (MJ)} VAR: ʔaʔtútəŋ (MJT) {*ʔaʔtútəŋ* cn. *I'm sleepy.* (MJT) | mán u cxʷ ʔuʔ *ʔaʔtútəŋ*? *Are you very sleepy?* (EPT)} VAR: ʔətútəŋ (TC) {x̣ənáɬ ti su*ʔətútəŋ*s. *She's always sleepy.* (MJT) | níɬ č su*ʔətútəŋ*s cə q̓áʔŋi. *Then the girl got sleepy.* (MJ)}

ʔaʔtúttxʷ ⟦√ʔi<ʔ>tut-txʷ √sleep<actl>-caus⟧ ☞ ʔítt to be putting someone to bed. {*ʔəʔtúttxʷ* cn. *I'm putting him to bed.* (MJT)}

ʔaʔx̣ənúkʷəŋ ⟦√ʔi<ʔ>x̣=ənukʷ-ŋ<ʔ> √scrape<actl>=ground-mdl<actl>⟧ ☞ ʔíx̣t to be raking. (ES)

ʔaʔx̣əẃáčəŋ ⟦√ʔi<ʔ>x̣=əw<ʔ>ač-ŋ √scrape<actl>=bottom<actl>-mdl⟧ ☞ ʔəx̣əẃáčt to be scraping bottom. (MJT)

ʔaʔx̣əẃáčt ⟦√ʔi<ʔ>x̣=əw<ʔ>ač-t √scrape<actl>=bottom<actl>-trns⟧ ☞ ʔəx̣əẃáčt to be scraping the bottom of something. (MJT) {*ʔəʔx̣əẃáčts* tə sx̣ʷtaləháys. *She's scraping the bottom of her purse.* (MJT)}

ʔaʔx̣ítəŋ ⟦√ʔi<ʔ>x̣-t-ŋ<ʔ> √scrape<actl>-trns-psv<actl>⟧ ☞ ʔəx̣ítəŋ being scraped by someone or something. (EPT) VAR: ʔaʔx̣ítəŋ (MJT) VAR: yíx̣təŋ ⟦√y<í>x̣-t-ŋ √scrape<actl>-trns-psv⟧ [actual counter-metathesis] (AS) {*yíx̣təŋ* tə scúɬ. *The wood is being scraped.* (AS)}

ʔaʔx̣íyn where. *See under:* ʔəx̣ín

ʔaʔx̣téʔt fix it. *See under:* ʔəx̣téʔt

ʔaʔx̣téʔtəŋ ⟦√ʔ<aʔ>x̣tiʔ-t-ŋ<ʔ> √fix<actl>-trns-psv<actl>⟧ ☞ ʔəx̣téʔtəŋ being fixed, repaired, worked on by someone. {níɬ kʷi kʷə scéʔiŋ *ʔaʔx̣téʔtəŋ*. *It's the stairs that they're working on.* (AS)}

ʔaʔx̣ʷə́yən ⟦√ʔə<ʔ>x̣ʷəy=ən<ʔ> √net<actl>=instr<actl>⟧ ☞ ʔəx̣ʷə́yən to be fishing with a net. (MJT)

ʔaʔx̣ʷə́yuʔ ⟦√ʔi<ʔ>x̣ʷ-əyu<ʔ> √gather_up<actl>-activ<actl>⟧ ☞ ʔəx̣ʷə́yu to be sweeping, moving clutter out of the way. (ES)

ʔaʔx̣ʷíct ⟦√ʔi<ʔ>x̣ʷ-cut √gather_up<actl>-rflxv⟧ [metathesis with reflexive] ☞ ʔíx̣ʷəŋ to be sweeping up, moving clutter out of the way. (AS,BC) {*ʔaʔx̣ʷíct* cn. *I'm sweeping up.* (AS,BC) | kʷɬ*ʔaʔx̣ʷíct* cn. *I'm sweeping the floor.* (MJT)}

ʔaʔyaʔáʔčəṅ ⟦ʔ<aʔy>a+√a<ʔ>čṅ dim<pl>+√maggot<dim>⟧ ☞ ʔaʔáʔčən several small maggots. (MJT) VAR: ʔayaʔáʔčən (TC)

ʔaʔyaʔáʔiɬ ⟦ʔa<ʔya>+√ʔəy-ɬ dimutive<pl>+√good-dur⟧ ☞ ʔaʔáʔiɬ several cute people or things. {twawx̣ʷənáṅ ʔiʔkʷónnəs cə sx̣ʷənʔáŋ ʔaʔ kʷi qqiʔatúš *ʔaʔyaʔáʔiɬ*. *They were still walking like that when they saw something like cute kittens.* (AA)}

ʔaʔyaʔáʔsxʷ ⟦ʔ<aʔy>a+√a<ʔ>sxʷ dim<pl>+√seal<dim>⟧ ☞ ʔaʔáʔsxʷ a group of small seals. (MJT; ES) VAR: ʔayaʔáʔsxʷ (TC)

ʔaʔyaʔáʔyəs ⟦ʔ<aʔy>a+√a<ʔ>ys dim<pl>+√sister<dim>⟧ ☞ ʔaʔáʔyəs several little sisters, little siblings or cousins of the opposite sex. (MJT)

ʔaʔyáʔčš ⟦√ʔ<aʔy>aʔčš √change<pl>⟧ ☞ ʔáʔčš to change (of several). {*ʔaʔyáʔčš* ti sx̣ʷqʷáytəns. *Their voice changes.* (MJT)}

ʔaʔyaʔeʔéʔɬən ⟦ʔ<aʔy>+ʔi+√ʔi<ʔ>ɬn dim<pl>+aff+√eat<actl>⟧ ☞ ʔaʔeʔéʔɬən to be eating (of a group). (MJT) {ča*ʔaʔyaʔeʔéʔɬən* st. *We're just now eating (being humble).* (MJT)}

ʔaʔyaʔmútəŋ ⟦√ʔ<əʔ>yə<ʔ>m̓-u-t-ŋ<ʔ> √strong<actl>-?-trns-psv<actl>⟧ ☞ ʔiyəmútəŋ being made strong by someone. (ES) {*ʔaʔyaʔmútəŋ* cn. *They're making me strong.* (ES)}

ʔaʔyaʔnəŋ́íct ⟦√ʔə<ʔ>ỳ=aṅ-<ʔ>ŋí-cut √good<actl>=ear-rel-rflxv⟧ ☞ ʔiyáṅəŋ to be listening. {ʔáw cxʷ c *ʔaʔyaʔnəŋ́íct*. *Don't listen (to him). / You're not listening.* (ES) | ʔiʔ šaʔšúʔɬ cn kʷə či nəsʔiyánəxʷ ʔəɬə ʔaʔ tiə sxʷ*ʔaʔyaʔnəŋ́íct* sqʷáqʷiʔ. *I am happy to hear it here in this thing* for listening to talking (tape recorder). (EJ)} VAR: ʔaʔyənaʔŋíct (ES)

ʔaʔyáʔtəŋ ⟦√ʔaʔy-t-ŋ √put_away-trns-psv⟧ ☞ ʔáʔyət to be put away. (TC) {*ʔaʔyáʔtəŋ cə nsx̣iyús. I put away my pictures.* (AS,BC)}

ʔaʔyaʔúʔk̓ʷs ⟦ʔ<aʔy>a+√uʔ>k̓ʷs dim<pl>+√chiton<dim>⟧ ☞ ʔúk̓ʷs a group of small giant chitons. (ES; TC)

ʔaʔyaʔúʔnuʔ ⟦ʔ<aʔy>aʔ+√uʔ>nuʔ dim<pl>+√tallow<dim>⟧ ☞ ʔuʔúʔnuʔ a small piece of tallow. (MJT)

ʔaʔyaʔyómct ⟦√ʔ<aʔ>yə<ʔ>m-cut √strong<actl>-rflxv⟧ ☞ ʔiyómət to be making oneself strong. {*ʔaʔyaʔyómct cn. I'm making myself strong.* (ES)}

ʔáʔyaʔyəŋ ⟦√ʔá<ʔyə>ʔyŋ √house<pl>⟧ [ʔáy+√ʔayŋ ☞ ʔáʔyəŋ
1. a group of houses, homes. (TC)
2. the name of a former Klallam village east of Green Point. (EWH) VAR: ʔəyáʔyəŋ {*suʔhiyáʔɬ štóŋ ʔúx̣ʷ ʔaʔ tə ʔəyáʔyəŋ. So we walked over to the houses.* (MJ)} VAR: ʔəyáʔyəŋ {*nɨɬ nəsuʔ qtəqsən iʔ k̓ʷə`nəxʷ t(s)ə ŋús ʔəyáʔyəŋ I came around a point (of land) and saw four houses* (MJT)} VAR: ʔəyáʔiŋ (AS,BC) VAR: ʔáyaʔyəŋ {*nɨɬ suʔsiʔáms cə ʔəsqʷáɬiʔ ʔiʔ čx̣ʷítəŋ kʷi ʔáyaʔyəŋɬ yaʔ. Then the logging bosses demolished our houses.* (ES) | *ʔúx̣ʷtxʷ ʔaʔ ti ʔáyaʔyəŋs sxʷx̣ʷúyəms tə coal. We took it to their houses to sell the coal.* (TC)} VAR: ʔáyaʔyəŋ (ES) {*sxʷʔiyás ti ʔáyaʔyəŋɬ. It's where our houses were.* (TC)} VAR: ʔáyaʔyəŋ (EPT) {*ŋə́n cə ʔáyaʔyəŋ. There are lots of houses.* (TC) | *ŋə́n nəʔáyaʔyəŋ. I have lots of houses.* (TC) | *suʔtə́ss ʔaʔ cə ʔáyaʔyəŋ. She got to some houses.* (AA) | *ƛ̓áy cn ʔuʔ čʔáyaʔyəŋ. I have houses, too.* (TC) | *nɨɬ sxʷʔiyás sčáys ʔaʔ cə ʔáyaʔyəŋs. That's where they built their houses.* (TC) | *hiyáʔ cn ʔúx̣ʷtəŋ ʔaʔ cə ʔáyaʔyəŋ. He took me over to the houses.* (TC) | *hiyáʔ cn ʔúx̣ʷtəŋ ʔaʔ cə sxʷʔáyaʔyəŋ. I was taken over to where the houses were.* (ES)}

ʔaʔyáct¹ ⟦√ʔaʔy-cut √groan-rflxv⟧
1. to groan. (AB,ICT) {*ʔaʔyáct cə Gypsy. Gypsy's groaning.* (MJT) | *ʔáwə či c ʔaʔyáct. Don't groan.* (MJT)}
2. to try to get up (after falling). (AS) {*ʔaʔyáct yaʔ cn kʷi. I was trying to get up.* (AS) | *ʔuʔhúy kʷi ʔiʔhihíyəŋ ʔiʔ ʔuʔhúy cn ʔuʔ ʔaʔyáct. When I was falling I tried to get up alone.* (AS)} VAR: ʔəyáct (AS)

ʔaʔyáct² ⟦√ʔaʔy-cut √put_away-rflxv⟧ [metathesis with reflexive] ☞ ʔáʔyət
1. to rest comfortably, relax, settle in, retire. {*kʷɬnɨɬ kʷi suʔaʔyácts cə músmus. Now the cow is settled in.* (AS) | *ʔaʔyáct či. Get comfortably rested.* (AS) | *húy či; ʔaʔyáct st. Let's rest.* (AS)}
2. to put away oneself. (AB,ICT) ⟪USAGE: This definition is only used to refer to something like a snail closing itself up in its shell.⟫

ʔaʔyáčən ⟦√ʔ<aʔy>ačən √maggot<pl>⟧ ☞ ʔáčən a bunch of maggots. (MJT)

ʔaʔyáčt ⟦√ʔ<aʔy>ačt √lingcod<pl>⟧ ☞ ʔáčt several lingcod. (EPT; TC)

ʔaʔyápələs ⟦√ʔ<aʔy>apləs √apple<pl>⟧ ☞ ʔápələs a bucket full of apples. (ES) VAR: ʔaʔyápləs (ES)

ʔaʔyásxʷ ⟦√ʔ<aʔy>asxʷ √seal<pl>⟧ ☞ ʔásxʷ a group of seals. (EPT; TC; ES)

ʔaʔyəcɬtáyŋxʷ ⟦√ʔ<aʔy>cɬtay=ŋixʷ √person<pl>=being⟧ ☞ ʔəcɬtáyŋxʷ a group of people, Indians. (EPT; TC) {*ʔaʔyəcɬtáyŋxʷ st. We are Indians.* (MJT) | *táči kʷaʔčaʔɬ cə ʔaʔyəcɬtáyŋxʷ. The people got here.* (TC) | *čáy cə ʔaʔyəcɬtáyŋxʷ ʔaʔ cə x̣ʷéʔləms. The people worked with their rope.* (ES) | *ʔiʔ ʔáwə c ʔaʔyəcɬtáyŋxʷ. snáyaʔnəkʷ. And there were no people. They were ghosts.* (ES) | *sáʔsəsiʔ ʔaʔ ti náč ʔaʔyəcɬtáyŋxʷ. They were afraid of strange people.* (AS) | *ʔiʔ ŋə́n sʔíɬən tə sʔəɬənístəŋs tə ʔaʔyəcɬtáyŋxʷ. There was lots of food being fed to the people.* (MJ) | *nɨɬ kʷi x̣ənáts kʷi sčiʔúʔisɬ ʔaʔyəcɬtáyŋxʷ That is what the people who came before us said.* (ES) | *nɨɬ č suʔttáŋəns ʔiʔ ʔəssáqɬ tə ʔaʔyəcɬtáyŋxʷ. Then it was starting to be evening, and the people were outside.* (MJ) | *nɨɬ yaʔ ʔúxʷ ʔaʔ ti sxʷʔiyás tiə ʔaʔyəcɬtáyŋxʷ ʔiʔ sátəŋ kʷaʔ hiyáʔs ʔiʔ yə́cəm ʔaʔ či syáyaʔcts. It was him who would go to the people, and they would send him to go tell what they were planning to do.* (ES) | *nɨɬ suʔxčənáxʷs ʔaʔ či sʔáwəs c ʔaʔyəcɬtáyŋxʷ. Then he figured that they weren't human beings.* (ES) | *sáʔsiʔsiʔ yaʔ ʔaʔ ti ʔuʔnáč ʔaʔyəcɬtáyŋxʷ čʔiyá ti ʔuʔyéý. They were feared by different people from far away.* (ES) | *nɨɬ kʷaʔčaʔ nəsƛ̓éʔ ʔaʔ nə́kʷ či nsmán ʔuʔ ʔáy ʔaʔyəcɬtáyŋxʷ kʷaʔ šəwixʷ caʔ, nəsƛ̓əyéʔƛ̓qɬ. And so I want you to be very good people when you grow up, my children.* (TC)} VAR: ʔaʔyəcɬtáyŋəxʷ (TC; ES) {*ɬəýɬiʔúʔis kʷi čáʔsə c ʔaʔyəcɬtáyŋəxʷ. Two Indians were fishing.* (ES)} VAR: ʔəycɬtáyŋxʷ (TC) {*ʔiʔ mán ʔuʔ ŋə́n canu q̓ʷiʔéʔəš, xʷiyanítəm, ʔəycɬtáyŋxʷ. Very many people were dancing, white people, Indians.* (ES) | *ʔíɬən kʷaʔ cə ŋə́n ʔəycɬtáyŋəxʷ cə čɬqə́nxʷ yaʔ. Many people who had been starving ate.* (AA) | *ʔiʔ nɨɬ kʷaʔčaʔ cxʷ hayə ʔəycɬtáyŋəxʷ húytxʷ či suʔə́ys či nx̣čnín ʔaʔ cayə húy ʔuʔ sƛ̓úʔƛ̓əm ʔiʔ uʔšaʔšúʔɬ. And therefore you people should have good thought for those who are well off and be happy.* (AA)} VAR: ʔaycɬtáyŋxʷ (BH; ES) {*ƛ̓áy kʷ ʔuʔ nɨɬ ʔaycɬtáyŋxʷ čʔiyá ʔaʔ cə ʔəsčáyəqʷ sŋiyánt. There were also Indians living up in the back woods in the mountains.* (ES)} VAR: ʔaycɬtáyŋxʷ (AS,BC; ES) {*qpə́yu cn ʔaʔ cə ʔaycɬtáyŋxʷ. I gathered the people.* (TC) | *tx̣ʷnúʔəsəŋ kʷi kʷə ʔaycɬtáyŋxʷ ʔaʔ kʷi sɬáns. The people were looking to where they land.* (AS) | *nɨɬ kʷaʔ suʔmáns ʔuʔ šiʔšúʔɬ cə ʔaycɬtáyŋxʷ kʷaʔ čáŋs. Then the people were very glad when he got home.* (AA) | *ʔiʔ nɨɬ caʔ suʔəsƛ̓úʔƛ̓əms či ʔuʔx̣ə́nə ʔaycɬtáyŋxʷ. And then all of the people will be all right.* (AA) | *hiyinúŋət tiə ʔaycɬtáyŋxʷ. The people were saved.* (TC,AS,BC) | *titə́čtəŋ č yaʔ kʷi ʔaʔ kʷi naʔcáʔŋəxʷ ʔaycɬtáyŋxʷ. He was apparently stabbed by the* strangers. (AS)} VAR: ʔaʔicłtáyŋxʷ (MJT; TC) {ŋə́n ʔaʔicłtáyŋxʷ. There are lots of people. (EPT) | ʔuʔčáʔsaʔ ʔaʔicłtáyŋxʷ kʷsanu. There were only two people. (EPT) | ʔiʔ níɬ yaʔ sxʷʔiyáʔs tiə ʔaʔicłtáyŋxʷ. And that's where the Indians were. (ES) | ŋə́n u ʔaʔicłtáyŋxʷ kʷi kʷə́nəxʷ ʔaʔmitúliyə. Were there many Indians that you saw at Victoria? (EPT) | laʔhál kʷsanu ʔaʔicłtáyŋxʷ. Those people are gambling. (EPT)} VAR: ʔəycłtáyŋxʷ (TC) VAR: ʔəycłtáyŋxʷ {íənə́t cn tiə ʔəycłtáyŋxʷ. I lined up the people. (AS)}

ʔaʔəlílúʔ ⟦√ʔ<aʔy>əlilw √salmonberry<pl>⟧
☞ ʔəlílúʔ several salmonberries. (MJT)

ʔaʔyəłtaʔyéʔč ⟦√ʔu<ʔ>yɬ-txʷ-aʔy=iʔč √go_board<actl>-inancaus-ext=hump⟧ ☞ ʔaʔyúłtxʷ to be loading (a canoe or other conveyance). (AS) {ʔaʔyəłtaʔyéʔč ʔaʔ tə qʷə́ɬs. They're loading the smelts (into the canoe). (AS)}

ʔaʔyəłtayéʔčəŋ ⟦√ʔu<ʔ>yɬ-txʷ-ay=iʔč-ŋ √go_board<actl>-inancaus-ext=hump-mdl⟧ ☞ ʔaʔyəłtaʔyéʔč to be loading. {ʔiʔ túxʷ ʔuʔ húy̓ tə nsʔaʔyəłtayéʔčəŋ ʔaʔ cə scúɬ. I had just finished loading the wood. (ES) VAR: ʔaʔyəłtaʔyéʔčəŋ (AS,BC)

ʔáʔyəŋ ⟦√ʔaʔyŋ √house⟧ house, home; any building. (MV; EPT; LC; TC; ES; WB,AS,BC) {čə́q ʔáʔyəŋ. dance house / big house (TC) | xə́wəs ʔáʔyəŋ. It's a new house. (TC) | ʔəxín či nʔáʔyəŋ? Where's your house? (TC) | txʷcán ʔay̓ tsə ʔáʔyəŋ? Whose house is it? (NS,JW) | níɬ kʷi nəskʷáʔ nəʔáʔyəŋ. It's my house. (NS,JW) | ʔuʔaʔáʔyəŋ kʷaʔ. It's at home. (NS,JW) | čšaʔáʔyəŋ cn. I came from home. (TC) | čáʔəy̓ ʔaʔ kʷsə ʔáʔyəŋ. They're building a house. (EPT) | sxʷʔiyás ti ʔáʔyəŋs. It's where his house was. (ES) | yə́qt cn cə ʔáʔyəŋ. I'm measuring the house. (ES) | ɬíxʷuʔtxʷ tə ʔáʔyəŋs. He has three houses. (MJT) | ʔəscə́y̓xʷ cn ʔaʔ tiʔə ʔáʔyəŋ. I'm inside the house. (EPT) | ʔəxín ʔay̓ či nʔáʔyəŋ? Where is your house? (MJT) | kʷáyəs cn ʔəscə́y̓xʷ ʔaʔ cə ʔáʔyəŋ. I hid it inside the house. (TC) | ƛ̕aʔpə́šct sxʷʔiyás či ʔáʔyəŋs. He went to Pysht where his home was. (ES) | nəsxʷúʔyəm cə nəʔáʔyəŋ. I'm going to be selling my house. (ES) | ʔuʔníɬ yaʔ nəʔáʔyəŋ kʷsə čiyánəxʷ ʔaʔ kʷi nəcáxʷ. I used to have a house at Becher Bay once. (TC) | ʔə́xəŋ yaʔ cn ʔaʔ č\kexi nhúʔ caʔ táči ʔaʔ tiə ʔiʔ qəmáŋ caʔn ʔaʔ či nəʔáʔyəŋ. I said that when I get here I'll ask for a house. (TC) | suʔsqéyŋs ʔiʔ hiyáʔ čayəqʷaʔáwəł ʔaʔ cə ʔáʔyəŋ. He went outside and went to the back of the house. (ES) | čáyəxʷ ʔaʔ cə ʔáʔyəŋs cə sʔúqʷaʔs. He went into his brother's house. (TC) | ƛ̕aʔƛ̕úƛ̕aʔ ʔáʔyəŋ. It was a small building. (TC)} VAR: ʔáʔiŋ (AS,BC; ES; TC) [AS and BC prefer the pronunciation without the schwa.] {čə́q ʔáʔiŋ. It's a big house. (ES) | ʔaʔáʔiŋ u cxʷ? Are you home? (AS,BC) | ƛ̕aʔƛ̕úƛ̕aʔ ʔáʔiŋ. It's a small house. (HS,ES) | čə́q cə xə́wəs ʔáʔiŋ. The new house is big. (ES) | txʷaʔə́y̓ ʔáʔiŋɬ. Our house became nice. (TC) | čáʔəy̓ st ʔaʔ kʷsə ʔáʔiŋ. We're building a house. (EPT) | tákʷs cn kʷsə ʔáʔiŋ. I bought that house. (ES) | tákʷəŋ cə nəʔáʔiŋ. My house is sold. (ES) | ʔáwə cxʷ c

ʔaʔáʔiŋ. You're not at home. (TC) | tákʷss cə čáq xə́wəs ʔáʔiŋ. He bought a big new house. (ES) | čə́q yaʔ tə ʔáʔiŋs kʷi nəsíyaʔ. My grandfather's house was big. (MJ) | ŋənáy̓ st ʔəscə́y̓xʷ ʔaʔ cə ʔáʔiŋ. There were many of us in the house. (TC) | níɬ suʔtə́ss ʔaʔ kʷi ʔáʔiŋs kʷi sʔúqʷaʔs. Then he arrived at his brother's house. (ES) | kʷánəŋət čáyəxʷ ʔaʔ cə ʔáʔiŋs cə sʔúqʷaʔs. He ran into his brother's house. (ES) | ŋə́n skʷáqəŋ ʔaʔ ti ʔuʔxə́n sčiʔánəŋ ʔiyá ʔaʔ kʷs nəʔáʔiŋ. There are many flowers every year at my house. (EPT) | níɬ suʔhiyáʔs ƛ̕aʔtáwn ʔaʔ sxʷʔiyaʔs ti skʷáʔs ʔáʔiŋs. Then he went to town where his own house was. (ES) | sʔáʔiŋs. That's why they have become aimless with nowhere to go to call home. (TC)} VAR: ʔáʔyəŋ (LBH; EPT)

ʔaʔyəŋáwtxʷ ⟦√ʔaʔyŋ=awtxʷ √house=house⟧ [neologism] ☞ ʔáʔyəŋ housing department. (AS,BC)

ʔaʔyəšás ⟦√ʔ<aʔy>əšas √sea_lion<pl>⟧ ☞ ʔəšás a group of sea lions. (TC; ES)

ʔáʔyət ⟦√ʔaʔy-t √put_away-trns⟧ to put away something, store something away to keep it good for later use. (MJT; ES) [may be related to the word for 'good'] cp. ʔə́y̓ [This also may be related to the word for 'be there'.] cp. ʔiyá {ʔáʔyət cn. I put it away. (TC; ES; MJT) | ʔáʔyət či. Put it away. (MJT) | ʔáʔyət cn cə nəscáy. I put my work away. (MJT;TC,AS,BC) | kʷɬʔáʔyət cn kʷɬəsə nətálə. I already put my money away. (MJT) | suʔhúccəns ʔəɬ ʔéʔɬəns ʔiʔ čáʔkʷts cə čáyaʔwi ʔáʔyət. So they finished eating and washed the dishes and put them away. (MJ)} VAR: ʔáʔit (LST; TC; ES) {ʔáʔit cn tə nsʔáwkʷ. I put away my belongings. (AS) | ʔáʔit tə sʔíɬən. Put the food away. (AS) | kʷɬʔuʔčaʔáʔit cn kʷi. I just put it away. (MJT)} VAR: ʔaʔyát {néʔ kʷsə ʔaʔyátən caʔ. I have something to put away. (MJT) | čaʔáʔyát cn kʷi kʷə nscəyíqʷɬ. I just put my food away. (AS)} VAR: ʔáʔitxʷ {ʔáʔitxʷ cn kʷə ntálə. I put my money away. (AS)} ⟦√ʔaʔy-txʷ √put_away-caus⟧

ʔaʔyəxʷíyŋəxʷ village. See under: ʔayxʷíyŋəxʷ

ʔaʔyístəŋ ⟦√ʔaʔy̓-istxʷ-ŋ √put_away-caus-psv⟧ ☞ ʔaʔyístxʷ to be put, stored away by someone. (TC) {ʔaʔyístəŋ kʷə sxáč. They put away the dried fish. (AS)}

ʔaʔyístxʷ ⟦√ʔaʔy̓-istxʷ √put_away-caus⟧ ☞ ʔáʔyət to put, store away something. {ʔaʔyístxʷ cn cə sxáč. Put away the dried fish. (AS,BC)}

ʔaʔyít ⟦√ʔəʔy̓i-t √borrow-trns⟧ ☞ ʔáʔiʔ to lend (something to be used and returned) to someone. (BC)

ʔaʔyiyə́m small strong (pl). See under: ʔəyaʔiyiyə́m

ʔaʔúkʷs ⟦√ʔ<aʔy>ukʷs √chiton<pl>⟧ ☞ ʔúkʷs a group of giant chitons. (MJT; TC)

ʔaʔyúłtxʷ ⟦√ʔu<ʔ>yɬ-txʷ √go_aboard-caus⟧ [reverse actual metathesis] ☞ ʔúyəłtxʷ to be lading, loading up, packing a vehicle, putting things aboard. (TC) {kʷɬiʔaʔyúłtxʷ cn tə ŋəʔsántən. I'm putting the anchor in the canoe. (MJT) | níɬ nsuʔsɬə́ŋct ʔənʔáxʷ cúŋ cə nscúɬ ʔuʔ **ʔaʔyúɬtxʷ** ʔaʔ cə sčaʔkʷaʔyúɬɬ. *Then I went ahead and brought up my firewood and loaded it into our car.* (ES) | **ʔaʔyúɬtxʷ** cn cə sq̓x̣ə́yuʔ ʔaʔ cə nsnə́xʷɬ. *I loaded the clams onto my canoe.* (AS,BC)} VAR: ʔayúɬtxʷ (AS) VAR: ʔəyúɬtxʷ (AS,BC) {**ʔəyúɬtxʷ** cn. *I loaded it.* (AS,BC)}

ʔaʔyúx̣t [√ʔu<ʔ>yx̣-t √lift<actl>-trns] [rightward metathesis in actual] ☞ ʔúyəx̣t to be lifting, picking something up. {**ʔaʔyúx̣t**s kʷi. *He's picking it up.* (MJT)}

ʔaʔyítəŋ [√ʔəʔyi-t-ŋ √borrow-trns-psv] ☞ ʔaʔyít to be lent, loaned (something) by someone. (TC)

ʔáa yes. *See under:* háaʔ

ʔáaʔ yes. *See under:* háaʔ

ʔaatətáa [√ʔaatətáa √my_goodness] [interjection] oh no!, oh, my goodness!. ⟪an expression of surprise⟫ (AS,BC) VAR: ʔatatá (TC)

ʔáckʷɬ [√ʔac=akʷɬ √ʔ=conveyance]
1. to be far out to sea. (EPT; ES) {**ʔáckʷɬ** cn. *I'm out on deep water.* (MJT) | níɬ suʔtə́ss ʔaʔ cə **ʔáckʷɬ**. *So they got to the deep water.* (MJ) | suʔtxʷaʔyíys ʔaʔ cə **ʔáckʷɬ**. *So they ended up far out at sea.* (MJ) | ʔiʔ ɬəŋʔúʔəŋ č̓iyá cə **ʔáckʷɬ** ʔaʔ tə X̣ɬáɬc. *And it was swimming from far out on the saltwater.* (ES) | ʔúxʷtəŋ ʔaʔ təsə **ʔáckʷɬ**. *He was taken far out to sea.* (ES) | **ʔáckʷɬ** šaʔ təsanu. *He's way out now.* (EPT) | níɬ kʷaʔ suʔyúyts cə sčutáyəɬs kʷaʔ hiyáʔəs ʔaʔ cə ʔúx̣ʷ ʔaʔ cə **ʔáckʷɬ**. *So she invited her brother-in-law when she went out to the deep water.* (AA) | suʔhiyáʔs ʔúx̣ʷ ʔaʔ cə **ʔáckʷɬ**. *So they went over to the deep water.* (AA)}
2. the deepest part (of a river), an area that is relatively deep where a canoe will not scrape bottom. (AS)

ʔacɬtiŋíxʷəŋ talk Indian. *See under:* ʔəcɬtiŋíxʷəŋ

ʔáčəŋ [√ʔač-ŋ √clothes-mdl] clothes. {cúʔməŋ cə nʔáčəŋ. *Your clothes are wet.* (AS)}

ʔáčəna [√ʔáčəna √my_goodness] my goodness! a word said when one is surprised. (ES,TC; TC) VAR: ʔíčina (TC) {**ʔíčina** kʷáʔnəŋ! *My goodness, rejected!* (TC)} VAR: ʔíčinaʔ (AS,BC)

ʔáčən̓ [√ʔačn̓ √maggot] maggot. (MJT; ES; TC) {mán̓ ʔuʔ ŋə́n̓ tiə **ʔáčən̓**. *There are lots of these maggots.* (AS) | mán̓ ʔuʔ ŋə́n̓ tiə **ʔáčən̓** súsəŋ. *There are lots of these stinking maggots.* (AS)}

ʔacístəŋ be protruded. *See under:* həčístəŋ

ʔacístxʷ [√hič-istxʷ √protrude-caus] ☞ híčt to bring something forward. (AS) {**ʔacístxʷ** cn cə sčəyíqʷɬ. *I brought the food forward.* (AS) | táči yaʔ kʷi kʷɬə nʔáyəs **ʔacístxʷ** tə ʔápəls. *My sister came and brought the apples.* (AS)}

ʔačšikʷə́təŋ change clothes. *See under:* ʔaʔčšikʷə́təŋ

ʔáčt [√ʔačt √lingcod] lingcod. *Ophiodon elongatus.* (EWH; EPT; TC; AS,BC; HS,AS; ES) {X̣iʔáŋ cn ʔaʔ či **ʔáčt**. *I was looking for lingcod.* (TC) | ncáxʷ kʷi nəshiyáʔ X̣iʔáŋ ʔaʔ či **ʔáčt**. *It was one time when I was looking for lingcod.* (TC) | nəx̣čŋín tə ʔaʔ či s**ʔáčt**s ʔiʔ scúʔtx̣ ixʷ. *I thought it was a lingcod, but it must have been a halibut.* (TC) | níɬ yaʔ sxʷʔiyás kʷi sʔiʔáyəxʷɬ yaʔ ʔəɬ sq̓óyəŋəs ʔəɬ X̣áʔcuʔs ʔaʔ ti sčánnəxʷ ʔiʔ ti **ʔáčt** sxʷxʷúʔyəm̓s. *We were there because our elders were camping and fishing for salmon and lingcod to sell.* (TC)}

ʔactéʔqʷ [√ʔačt=iʔqʷ √lingcod=head] ☞ ʔáčt dog's name; name of AS's grandmother's dog that understood only Klallam. (AS; AS,BC)

ʔačúct finish. *See under:* həčúct

ʔačənúkʷəŋ [√ʔač=ənukʷ-ŋ √wipe=ground-mdl] ☞ ʔáčəŋ to wipe, mop, clean the floor. (TC,AS,BC) VAR: ʔačnúkʷəŋ (TC,AS,BC) {**ʔačnúkʷəŋ** či. *Clean up the floor.* (AS,BC)}

ʔáčəŋ [√ʔač-ŋ √wipe-mdl] to wipe. (AS,BC) {**ʔáčəŋ** cn ʔaʔ cə čaʔcítən. *I wiped the table.* (AS)}

ʔačíŋəɬ [√ʔač-iŋɬ √wipe-cstm] ☞ ʔáčəŋ to wipe up an area. {**ʔačíŋəɬ** cn ʔaʔ cə čáʔwi. *I wiped the dish.* (AS) | **ʔačíŋəɬ** či ʔaʔ tə čaʔcítən. *Wipe up the table.* (AS)} VAR: ʔačáŋəɬ (AS)

ʔáčt [√ʔač-t √wipe-trns] ☞ ʔáčəŋ to brush, wipe, erase something. (EPT; MJT; TC; HS,ES; AS,BC) {**ʔáčt** cə čaʔcítən. *Wipe the table.* (AS,BC) | **ʔáčt** cn cə čaʔcítən. *I wiped the table.* (AS) | **ʔáčt** cə ntálə. *Wipe your money.* (AS,BC) | **ʔáčt**s ixʷ cə q̓óyəŋs ʔaʔ cə číčt ʔiyá ʔaʔ cə cáys. *She must have wiped her eyes with the ashes on her hand.* (MJ)}

ʔačúst wipe face. *See under:* nəxʷʔəčúst

ʔakʷúst advise someone. *See under:* ʔaʔkʷúst

ʔakʷústəŋ be advised. *See under:* ʔaʔkʷústəŋ

ʔáɬaʔ [√ʔ<á>ɬaʔ √here<actl>] [actual metathesis] ☞ ʔəɬáʔ being here, there. (EPT; TC) {ʔu**ʔáɬaʔ** cn. *I'm here.* (TC) | ʔu**ʔáɬaʔ** cxʷ. *Stay here.* (LC; TC) | ʔu**ʔáɬaʔ** caʔn. *I'm going to stay here. / I'll be here.* (ICT; TC,AS,BC; TC; AS) | **ʔáɬaʔ** yaʔ cn. *I was here.* (TC) | ʔu**ʔáɬaʔ** kʷi. *It's here.* (NS,JW) | níɬ nəsxʷ**ʔáɬaʔ**. *That's why I'm here.* (TC) | níɬ kʷi nəsíyaʔ **ʔáɬaʔ** tiə smitánəq. *It's my grandfather that is here renting.* (AS) | **ʔáɬaʔ** kʷi kʷə nswə́yqaʔ. *Your husband is here.* (AS) | čə́sa skʷáči tə nəs**ʔáɬaʔ**. *I was here for two days.* (TC)} {xʷə́ŋ u cn ʔiʔ ʔu**ʔáɬaʔ**? *Can I stay here?* (TC,AS,BC) | ʔuʔtxʷúy cxʷ **ʔáɬaʔ**. *You're the only one here.* (AS,BC) | **ʔáɬaʔ** ciʔə ʔəɬčáx̣. *Here's half a dollar.* (EPT) | txʷʔáx̣əŋ cn ʔaʔ tiə **ʔáɬaʔ**. *I'm going this way.* (TC) | šaʔšúʔɬ cn ʔəɬ **ʔáɬaʔ**ən. *I'm happy while I'm here.* (TC) | šaʔšúʔɬ cn kʷaʔ **ʔáɬaʔ**ən. *I'm happy if I'm here.* (TC) | txə́nəŋ caʔn **ʔáɬaʔ**. *I'm going to go this way.* (TC) | ʔu**ʔáɬaʔ** caʔn ʔaʔ tiə čən̓sútč. *I'll stay here this winter.* (TC) | **ʔáɬaʔ** kʷi ʔaʔ ʔə́c. *Stay here with me.* (MJ) | **ʔáɬaʔ** yaʔ kʷi ʔiʔ yaʔcústəŋ st. *He was here telling us.* (EPT) | ʔəsqiʔám̓ kʷi či nsqʷəyéyəš **ʔáɬaʔ** ʔaʔ tiə ʔáʔiŋ; mán̓ ʔuʔ X̣úX̣aʔ. *You can't dance here in this house; it's too small.* (AS) | **ʔáɬaʔ** ʔaʔ tiə ʔáɬaʔ ʔaʔ kʷi **ʔáɬaʔ** ʔaʔ kʷsiʔə ŋənaʔs. *He's here at this place here at his daughter place.* (EJ) | ʔiʔšə́təŋ ʔaʔ cə cácu **ʔáɬaʔ** ʔaʔ tiə ʔéʔɬx̣ʷaʔ. *He was walking on the beach here at Elwha.* (ES) |

ʔəsccáwt cn ʔáɬaʔ ʔaʔ tiə sxʷʔaʔáʔmət. *I'm lying here on this bed.* (ES) | húʔ caʔ cxʷ ʔuʔáwə c ʔúŋəsc, ʔiʔ q̕ʷúčc caʔn ʔuʔáɬaʔ ʔaʔ tiə k̕ʷə́y. *If you don't give it to me, I'll beat you up here in the bushes.* (MJ) | x̣čŋíns ʔaʔ či suʔhahúʔis ʔiʔ ɬx̣ʷáy st tə k̕ʷi ʔáɬaʔ. *He thinks he's alone, but there are three of us here.* (MJT) | ʔiyá yaʔ ʔaʔ k̕ʷi ʔáʔiŋs ʔaʔ k̕ʷi nəcə́t ʔáɬaʔ ʔaʔ k̕ʷi sɬánis ʔaʔ k̕ʷi nəcə́t. *He was there at my father's house where my father's wife was.* (ES) | suʔx̣ənʔáx̣ʷs cə scutáyɬs, "tx̣ə́ŋəŋ cxʷ ʔaʔ ti ʔáɬaʔ ʔiʔ tx̣ə́ŋəŋ c nʔaʔ ti ʔáɬaʔ." *So she said to her brother-in-law, "You go this way, and I'll go this way."* (AA) | suʔstə́cts ʔiʔ q̕ʷáy, "ó, ʔuʔáɬaʔ caʔn." *So he lay down and said, "Oh, I'll stay here."* (AA) | ʔənʔá ʔaʔ tiə sxʷʔáɬaʔɬ ʔaʔ tiə ʔáynək̕ʷ. *We came here where we are today.* (ES) | ʔáwə yaʔ c ʔuʔx̣ənáɬ ti nəsuʔyəcústəŋ ʔaʔ ti ʔuʔx̣ənəstáŋ ʔáɬaʔ ʔaʔ tiə ʔə́ʔɬx̣ʷaʔ. *They didn't always tell me everything about here at Elwha.* (TC) | ʔáx̣əŋ k̕ʷi sčiʔúʔsɬ ʔaʔ či sníɬ cə čə́čtəŋəx̣ʷ swə́yqaʔ ʔaʔ k̕ʷi stwawʔáɬaʔs ʔaʔ tiə sctə́ŋx̣ʷən ʔu twawhiyí. *Our ancestors said that the great horned owl was a man when he was still alive here on earth.* (ES)} VAR: ʔáɬa (AS,BC) {ʔə́y k̕ʷi ʔaʔ tə n̓sʔáɬa. *It's good that you're here.* (ES) | ʔáɬa ʔaʔ ʔəc ʔiʔ ʔəc k̕ʷaʔ k̕ʷə́nts. *Be here with me, and it will be me that takes care of you.* (MJ) | ʔáɬa k̕ʷi cə kapú. *The coat is here.* (AS,BC) | háʔnəŋ cn ʔaʔ tə n̓sʔáɬa. *Thank you for being here.* (ES) | ŋəsáy st ʔáɬa. *There are four of us here.* (MJT) | q̕ə́yəŋ caʔ st ʔáɬa. *We'll camp here.* (MJT) | ʔuʔáɬa caʔ či sq̕ə́yəŋɬ. *We'll camp here.* (MJT)} VAR: ʔáɬə (ES) {ʔáɬə cn. *I'm here.* (AS,BC) | ʔuʔáɬə cxʷ. *You're here.* (AS,BC)} VAR: áɬaʔ (ti áɬaʔ *this here* (TC))

ʔaɬáʔ *here.* See under: ʔáɬaʔ

ʔáɬaʔtx̣ʷ 〚√ʔ<á>ɬaʔ-tx̣ʷ √here<actl>-letcaus〛☞ ʔáɬaʔ to have something be here, bring something here, leave something here. (MJ) {ʔuʔáɬaʔtx̣ʷ či tə sƛ̕íƛ̕aʔƛ̕q̓ɬ. *Leave the children here.* (AS)}

ʔám̓q̓ʷuʔ 〚√ʔ<á>m<̓>q̓ʷuʔ √swing<actl>〛 [actual stress shift] ☞ ʔəmq̓ʷúʔ to be swinging. {ʔám̓q̓ʷuʔ cn. *I'm swinging.* (ES)}

ʔam̓x̣ʷúcən̓ *picking berries.* See under: ʔəm̓x̣ʷúcən̓

ʔánčəs 〚√ʔančəs √orange〛 orange. [from English 'oranges'] {ɬəq̓ʷə́t cə nʔánčəs. *Peel the orange.* (AS,BC)}

ʔánəc 〚√ʔan-t-c √comply-trns-1obj/2obj〛☞ ʔánət obey me; obey you. (TC) {ʔánəc či *Obey me.* (MJT; TC) | ʔánəc caʔn. *I'll obey you.* (TC) | ʔánəc cn. *I let you.* (TC)}

ʔánəɬ 〚√ʔan-ɬ √comply-dur〛☞ ʔánəŋ to comply, agree (with someone), obey, mind (someone), give in. (ES; AA; TC) {ʔánəɬ cn. *I agree. / I obey.* (TC) | ʔánəɬ či. *Be obedient.* (MJT) | ʔánəɬ cn ʔaʔ či cícɬ siʔám̓. *I agree with God.* (ES) | ʔáwə c nsʔánəɬ. *I don't agree./ I disagree.* (ES,HS) | ʔánəɬ u caʔ cxʷ? *Are you going to mind?* (HS) | ʔiʔ níɬ suʔánəɬs cə ʔəcɬtáynx̣ʷ. *And so the Indian obeyed.* (ES) | ʔánəɬ cə ŋə́n̓ŋənaʔ ʔaʔ nə́wə. *Noah's children obeyed.* (ES; TC) | ʔiʔ húʔ cxʷ ʔáwətxʷ ʔánəɬ ʔiʔ k̕ʷán caʔ cxʷ. *And if you refuse to obey, you will be lost.* (ES) | níɬ k̕ʷaʔ suʔánəɬs tə snúnək̕ʷ ʔuctə. *Oh, then the ghost agreed, as expected.* (AA) | ʔiʔ ʔənʔá həwíyŋ ʔiʔ néʔts ʔiʔ k̕ʷinu čx̣čŋín k̕ʷɬčə́q ʔiʔ cə ʔánəɬs. *So they returned, and they were left remaining with the wise old man and those that obeyed him.* (ES) | ʔúx̣ʷnəs cn ʔiʔ ʔáwə k̕ʷaʔ ʔánəɬs ʔaʔ tə nəsqʷáʔəns. *I went after her, and she didn't obey when I called her to come.* (MJ) | ʔáwə c ʔánəɬ ʔaʔ k̕ʷi ssaʔátəŋs ʔaʔ cə k̕ʷɬčə́q k̕ʷaʔ yéʔk̕ʷsəŋs. *They did not obey when they were told by the old man to get ready.* (ES) | qaʔqínəx̣ʷ cn tə cə nəŋə́nəŋənaʔ; ʔáw k̕ʷaʔ ʔánəɬ ʔaʔ ti nəsqʷáqʷin̓ət. *I'm mad at my children; they don't mind what I tell them.* (ES)} VAR: ʔánɬ (ES; TC) {ʔánɬ cn. *I'm going to do what I'm told.* (TC) | ʔánɬ či. *Obey!* (TC) | ʔánɬ či ʔaʔ cə ńtán. *Obey your mother!* (TC) | níɬ suʔánɬ ʔaʔ tím. *Then Tim obeyed.* (ES) | níɬ suʔánɬ ʔaʔ scqʷáʔič. *So Bear agreed.* (TC) | húy caʔ ʔuʔ hiyinúŋət k̕ʷaʔ ʔánɬs ʔaʔ či nsqáqʷiʔ. *Only those who obey what I'm saying will be saved.* (ES) | suʔánɬs cə scutáyəɬ, swə́yqaʔs cə saʔə́yčəns. *So the brother-in-law, husband of her younger sister, agreed.* (AA)}

ʔánəɬt 〚√ʔan-ɬ-t √comply-dur-trns〛☞ ʔánəɬ to obey, agree, comply, concur with someone. {ʔánəɬt cn. *I obeyed him. / I agreed with him.* (TC)}

ʔánəɬtəŋ 〚√ʔan-ɬ-t-ŋ √comply-dur-trns-psv〛☞ ʔánəɬt to be obeyed, be allowed. {ʔánəɬtəŋ cn. *I was obeyed. / I was agreed with.* (TC,AS,BC; TC)}

ʔanəná 〚√ʔanəná √oh_no〛 [interjection] oh no!, oh, my goodness!. (TC)

ʔánəŋ 〚√ʔan-ŋ √comply-mdl〛 to obey (someone). {ʔánəŋ cn. *I obey.* (TC) | ʔánəŋ caʔn. *I will obey.* (TC)}

ʔánət 〚√ʔan-t √comply-trns〛☞ ʔánəŋ to comply, agree with someone, allow, obey someone (something), give in to someone, give someone what they want, honor someone (as in 'honor a request'). {ʔánət cn. *I let him. / I obey him.* (TC) | ʔánət cn cə nətán. *I obeyed my mother.* (TC) | ʔánət cn cə nəsɬáni. *I let my wife.* (TC) | ʔánət cn cə sqáx̣aʔ. *I let the dog do what it wants.* (TC)} {ʔánət cn či sʔíɬəns. *I let him eat.* (TC) | ʔánət cn či nəsk̕ʷə́nətəŋ. *I let him look at me.* (TC) | ʔánət cn či nəsk̕ʷə́nəŋ. *I let him see me.* (TC) | ʔánət cn či sʔíɬəns cə swə́yqaʔ. *I let the man eat.* (TC) | ʔánət cn či shiyáʔs ƛ̕aʔtáwn. *I let him go to town.* (TC) | ʔáwə cn c ʔánət. *I didn't give in. / I turned him down. / I didn't give him what he wants.* {suʔƛ̕áys k̕ʷə ʔánəts cə siyáʔiɬs cənu swə́yqaʔs cə saʔə́yčəns. *So the husband of her sister agreed with his in-law again.* (AA)}

ʔánətəŋ 〚√ʔan-t-ŋ √comply-trns-psv〛☞ ʔánət to be obeyed, be allowed. {ʔánətəŋ cn. *They obey me. / They listen to me. / They allowed me.* (TC; TC,AS,BC) | ʔánətəŋ cn ʔaʔ či nəshiyáʔ. *He let me go.* (TC)} VAR: ʔántəŋ {ʔántəŋ cn či nəsk̕ʷə́nəc. *They let me see you.* (TC) | ʔántəŋ cn či nəsʔənʔá k̕ʷə́nəc. *They let me come see you.* (TC)}

ʔápələs 〚√ʔapls √apple〛 apple. (MJT; TC; ES) [from English 'apples'] {łə́mčəŋ cn ʔaʔ cə **ʔápələs**. *I'm picking apples.* (ES) | nəxʷčxíkʷt cə n**ʔápələs**. *Split your apple.* (ES) | čúʔxʷt cn cə **ʔápələs**. *I'm adding more apples.* (ES) VAR: **ʔápəls** (ES) {ŋuʔút cn cə **ʔápəls**. *I'm eating the apple.* (AS,BC) | ŋút u caʔ cxʷ cə **ʔápəls**. *Are you going to eat the apple?* (AS,BC) | néʔ ti ʔúxʷ ʔaʔ cə **ʔápəls** ti słə́mčəŋs ʔaʔ ti **ʔápəls**. *Some went to the apples, picking apples.* (TC)} VAR: **ʔápəl** {ʔxín kʷi kʷi n**ʔápəl**? *Where is your apple?* (AS)}

ʔapələsíłč 〚√ʔapəls=iłč √apple=plant〛 ☞ **ʔápələs** apple tree. (MJT; AS,BC) VAR: **ʔapeləhíyəłč** 〚√ʔapls-iy=iłč √apple-ext=plant〛 (ES)

ʔásxʷ 〚√ʔasxʷ √seal〛 any seal, fur seal, harbor seal. (LB,EWH; TC; HS,ES; ES; EPT) {ʔáwə c **ʔásxʷ**. *It's not a seal.* (TC) | **ʔásxʷ** cə sxʷtúnəqs. *Seal was his sister.* (TC) | ʔúxʷ či čkʷə́yuʔ ʔaʔ či **ʔásxʷ**. *Go seal hunting.* (EPT) | huʔá cn c ʔiyáʔnəxʷ či **ʔásxʷ** či sqʷáqʷiʔs. *I haven't heard the seals talking yet.* (MJT) | xčníŋ čtə wuʔ cə qə́ytúməčən ʔaʔ či s**ʔásxʷ**s cə ʔiyá ʔaʔ cə sŋiyánt. *The blackfish must have thought they were seals on the rocks.* (TC)}

ʔatatá my goodness!. See under: **ʔaatətáa**

ʔatəməbíl 〚√ʔatəməbíl √car〛 automobile, car. [from English 'automobile'] {kʷiʔəx̣cútxʷ cə n**ʔatəməbíl**. *Start your automobile.* (ES) | kʷłkʷə́yx̣ct cə n**ʔatəməbíl**. *My car is already started.* (ES) | čəwíŋ cn ʔuʔ č**ʔatəməbíl**. *I even have a car.* (TC) | ʔiʔáʔił cn ʔaʔ cə **ʔatəməbíl**. *I'm in the car.* (TC) | tákʷs tə ʔə́y̓ **ʔatəməbíl**. *Buy a nice car.* (WB)}

ʔałłnáʔyəŋ 〚√ʔuł=łnay<ʔ>-ŋ √stretch=neck<actl>-mdl〛 ☞ **ʔúłi** to stretch one's neck to see. (ES) VAR: **ʔałłnáʔiŋ** (ES) {**ʔałłnáʔiŋ** kʷi kʷə húʔpt. *The deer stretched its neck to see.* (AS)}

ʔáwə 〚√ʔəwə √no〛 not, no, don't, never. (EPT; LC; TC; ES; MJ) {**ʔáwə** cn. *I'm not. / I didn't. / I won't. / Not me.* (TC) | **ʔáwə** u? *Isn't it?* (TC) | **ʔáwə** c nə́kʷ. *It's not you.* (TC) | **ʔáwə** u cxʷ ʔəłtí? *Would you like some tea? (lit. You're not going to have tea?)* ((USAGE: This is a polite way of offering something to someone. It avoids directly asking someone about what they want.)) (TC) | **ʔáwə** c hiyáʔ. *Don't go. / He didn't go.* (TC) | **ʔáwə** cn kʷaʔ hiyáʔən. *I never go. / I didn't go.* (TC) | **ʔáwə** u cxʷ c hiyáʔ? *Aren't you going?* (TC) | **ʔáwə** c ʔə́y̓. *It's not good.* (EPT) | **ʔáwə** cn c naʔnaʔtíŋ. *I get no respect.* (ES) | ʔu**ʔáwə** caʔn kʷi c həwíyəŋ. *I'm never coming back.* (MV) | **ʔáwə** c qʷáy. *He didn't talk.* (ES) | ʔu**ʔáwə** c hiyáʔ. *He's not going.* (TC) | **ʔáwə** cn c hiyáʔ. *I didn't go.* (ES; TC) | **ʔáwə** cn kʷaʔ ʔíttən. *I couldn't sleep.* (MJT) | **ʔáwə** c nəsx̣́éʔ či kʷápi. *I don't want coffee.* (ES) | **ʔáwə** c ŋaʔx̣act. *Don't hurry.* (ES) | **ʔáwə** cn kʷaʔ qʷáyən. *I don't believe it.* (TC) | **ʔáwə** kʷaʔ łə́mxʷs. *It never rains.* (MJT) | **ʔáwə** cn kʷaʔ ʔə́ŋaʔtəŋən. *He never gave me any.* (TC) | **ʔáwə** c ŋə́ń nəkʷłčáʔiʔ.

Not many are working with me. (TC) | **ʔáwə** c nəsʔə́ŋaʔtəŋ. *He didn't give it to me.* (TC) | **ʔáwə**, ʔuʔcəʔít cn. *No, I'm telling the truth.* (TC) | **ʔáwə** cn c x̣́kʷə́t cə tálə. *I didn't take the money.* (MJ) | mán kʷə ʔuʔ **ʔáwə** c ʔənsxʷʔə́y̓. *It's very bad for you.* (TC) | **ʔáwə** caʔn t xčít. *I'm never going to know.* (TC) | **ʔáwə** kʷaʔ laklíts tə súł ʔəł hiyáʔəs čáʔi. *They never locked the door when they went to work.* (MJ) | **ʔáwə** c mán ʔuʔ sŋáʔŋəx. *Don't be in too much of a hurry.* (ES) | xənʔáxʷ caʔn kʷaʔ **ʔáwə**s c hiyáʔ. *I told him not to go.* (TC) | **ʔáwə** kʷaʔ ŋuts. *She never ate it.* (MJ) | **ʔáwə** c ŋuts. *She didn't eat it.* (MJ) | ʔu**ʔáwə** c nsyúy či nəsnəxʷcsúst. *I didn't mean to hit him.* (EPT) | **ʔáwə** ta kʷaʔ x̣łə́yus ti wəx̣ə́ł. *The frog never stings (contrary to what you think).* (MJ) | **ʔáwə** c ʔuʔx̣ə́ń cə tálə ʔiyá. *Not all the money was there.* (MJ) | níł suʔxčənáxʷs ʔaʔ či s**ʔáwə**s c ʔaʔyəcłtáyŋxʷ. *Then he figured that they weren't human beings.* (ES) | xʷáhəm ʔawkʷłhíc ʔəł **ʔáwə**s c ʔíłən. *He was hungry because it was a long time since he had eaten.* (MJ)} VAR: **ʔáwah** (TC) VAR: **ʔáw** (TC; AS,BC; ES) {**ʔáw** či! *Don't!* (TC) | **ʔáw** c nəkapú. *It's not my coat.* (NS,JW) | ʔu**ʔáw**; ʔuʔə́y̓ cn. *No thank you.* (AS) | **ʔáw**, ʔuʔsx̣́úʔx̣́əm̓ cn. *No, I'm okay.* (TC,AS,BC) | **ʔáw** c ʔə́c. *It's not me.* (TC,AS,BC) | **ʔáw** c nəsx̣́éʔ či nəshiyáʔ. *I don't want to go.* (TC,AS,BC; TC) | **ʔáw** cn c kʷə́nəxʷ. *I didn't see him.* (LC) | **ʔáw** caʔn c hiyáʔ. *I'm not going to go.* (ES) | **ʔáw** u c łə́mxʷ? *Isn't it raining?* (EPT) | **ʔáw** cn t hiyáʔ. *I won't go.* (TC) | **ʔáw** kʷaʔ táycəns. *He never answers.* (AS) | txʷ**ʔáw** cn c hiyáʔ. *I won't be going.* (TC) | **ʔáw** caʔn c híc. *I'm not going to be long.* (ES,HS) | ʔiʔ **ʔáw** kʷaʔ qʷáys. *And he didn't talk.* (ES) | **ʔáw** cn c húy či nəscáʔi. *I never quit my job.* (ES) | ʔu**ʔáw** kʷi c tkʷə́t hay. *Don't break it, you people.* (NS,JW) | **ʔáw** c nəsx̣́éʔ či ns**ʔáw** c kʷə́nət. *I don't want you to not look at it.* (TC) | kʷə́nnəxʷ cn ʔaʔ kʷi **ʔáw** c kʷłhíc. *I saw him not long ago.* (TC) | **ʔáw** c ŋə́ń swə́yqaʔ kʷə́nnəxʷ. *Not many men saw it.* (TC) | ŋə́ń swə́yqaʔ **ʔáw** c kʷə́nnəxʷ. *Lots of men didn't see it.* (TC) | ŋə́ń suʔwə́yqaʔ **ʔáw** c kʷə́nnəxʷ ʔaʔ nə́kʷ. *Lots of men didn't see you.* (TC) | **ʔáw** c ŋə́ń swə́yqaʔ čə́səʔ ti snə́xʷłs. *Not many men have two canoes.* (TC) | **ʔáw** c x̣́čaʔwíyəŋ ʔaʔ cə čaʔcítən. *Don't go under the table.* (TC,AS,BC) | **ʔáw** kʷi nəsyáyəct. *I'm not doing anything.* (BC) | suʔčáŋs tə nəsíyaʔ ʔiʔ x̣ə́nəŋ, "**ʔáw** kʷə c yaʔcícəm̓." *So my grandfather got home and said, "Don't tell about it."* (MJ) | ʔiʔ **ʔáw** kʷə ʔúŋəstəŋ ʔaʔ či stáŋ scáʔis suʔx̣́kʷnáxʷs či x̣́úx̣aʔtálə. *And they are not given any job where they can manage to get a little money.* (TC) | **ʔáw** kʷaʔ kʷánəŋəts ʔaʔ či xʷəŋ cə snáyaʔnəkʷ ʔaʔ či sŋiyánt. *The ghosts couldn't run fast on the rocks.* (ES)} VAR: **ʔə́wə** (ES; MJT) {**ʔə́wə** kʷi c qayəx̣úsəŋ. *Don't brag.* (MJT)}

ʔáwənə 〚√ʔəwəvniʔ √no√exist〛 ☞ **ʔáwə** ☞ néʔ to not exist, be none, nothing, nobody, no one. (JCo; TC; ES; AS,BC; MJ) {**ʔáwənə** či čúkʷss či shiyáʔs ʔúxʷənəss. *They had nothing to use to go after it.* (TC) | **ʔáwənə** qʷúʔs. *They had no water.* (ES) | **ʔáwənə** táləs. *They had no money.* (ES) | **ʔáwənə**

cn. *I'm nothing.* (TC) | ʔáwənə cán. *There's nobody.* (TC) | ʔáwənə sčaʔkʷaʔyúɬs. *He had no car.* (ES) | ʔáwənə nsx̣áč. *You have no dried salmon.* (NS,JW) | ʔáwənə suʔáwəs hiyáʔ. *None of the boys went.* (TC) | ʔáwənə sx̣číts kʷaʔ ʔəstúŋəts. *He didn't know what to do.* (ES) | ʔáwənə kʷɬi sɬániʔ. *There was no woman.* (ES) | ʔáwənə nəsx̣čít. *I don't know.* (TC) | ʔáwənə či nəsx̣čít. *I know nothing about it.* (TC) | ʔáwənə sx̣čtíŋs. *He/she/they don't know.* (TC) | ʔáwənə sx̣čtíŋs. *Nobody knows.* (TC) | ʔáwənə nəsx̣čít kʷaʔ tx̣ʷéʔx̣ʷənən. *I don't know where I'm going.* (LC) | ʔáwənə yaʔ nəsx̣čít ʔaʔ či shiyáʔs. *I didn't know she was going.* (TC) | ʔáwənə nəsx̣kʷəníc. *I don't see you.* (ES) | ʔáwənə nəsmə́ýəq. *I never forget anything.* (TC) | ʔáwənə nəsx̣ẹ́ʔ. *I don't want anything. / I don't like anything.* (TC) | ʔáwənə cxʷ. *You're nothing.* (TC) | čəẃíṅ cn ʔuʔ ʔáwənə nəʔáʔyəŋ. *Even I don't have a house.* (TC) | ʔiʔ kʷə́ns ʔáwənə sʔács. *And he saw there was no face.* (ES) | ʔáwənə kʷi nəsyáyəct. *I'm not doing anything.* (TC,AS) | ʔáwənə nəsxʷšaʔšúʔɬ. *I've got nothing to be happy for.* (TC) | níɬ suʔhiyáʔs ʔíst x̣iyáʔəŋ ʔaʔ či páwiʔ ʔiʔ ʔáwənə. *So he went paddling, looking for a flounder, but there was none.* (TC) | ʔuʔtxʷʔáwənə x̣čtíŋ. *I can't remember.* (TC) | suʔtə́ss ʔaʔ cə sxʷʔiyás tə skʷáyəss ʔiʔ ʔáwənə č. *They got to where he hid it, but there was nothing.* (MJ) | nəx̣čŋín ʔaʔ či stə́kʷxʷs sčiʔánəŋs či shiyís kʷi nəsíyaʔ ʔiʔčaʔáwənə. *I think it was nine years my grandmother lived before she died.* (MJ) | suʔqʷáys cə sʔúqʷaʔs ʔáwənə sx̣číts ʔuʔtxʷén yəxʷ kʷaʔ kʷaʔ uʔštə́n. *The older sister said she didn't know where he walked to.* (AA) | suʔtə́ss cə swə́ýqaʔs yaʔ ʔaʔ kʷi sxʷʔiyaʔs yaʔ kʷi ʔuʔútxs ʔiʔ ʔáwənə kʷaʔ. *So her husband got to where the canoe had been, but it wasn't there.* (AA) | x̣ə́ńəŋ ʔaʔ ʔáwənə q̇ ʔiʔʔáʔiɬ ʔaʔ cə ṅwagon. *He said there was no one at all aboard your wagon.* (ES) | ʔáwənə ʔəsʔács ʔuʔčaʔscúṁ. *There was no face, only bone.* (ES) | ʔuʔ x̣ə́ṅə ʔuʔ ʔáwənə sʔíɬəns. *There was absolutely no food.* (ES) | ʔiʔ ʔáwənə kʷɬə. *And she wasn't there.* (ES) | níɬ kʷi suʔiʔáwənəs či čúkʷss cə nəsqʷə́yaʔšən. *There was nothing my partners could use.* (ES) | ʔuʔx̣ə́n č ʔuʔ ʔáwənə qʷíŋi. *Not all of them landed.* (AS)} VAR: ʔáwənaʔ (ES) VAR: ʔáwnəʔ {ʔáwnəʔ sqáwəc. *There's no potato.* (NS,JW) | ʔáwnəʔ sxʷʔə́muʔtəns. *He has no bow.* (NS,JW)} VAR: ʔáwənəʔ (EPT) {ʔáwənəʔ nəsx̣čít. *I don't know.* (EPT) | ʔáwənəʔ nəməhúý. *I have no basket.* (NS,JW) | ʔáwənəʔ sx̣číts kʷsə ŋə́naʔ či sx̣ayəmúcəns. *My daughter doesn't know the Klallam language.* (EPT) | ʔáwənəʔ nəsxʷʔiyaʔyáʔnəŋ. *I don't understand (they're talking another language).* (MJT)} VAR: ʔə́wənə {ʔawʔə́wənə sxʷx̣čtíŋs ʔaʔ tiə sxʷʔəɬaʔs ʔaʔyəcɬtáynxʷ. *It's because nobody knows these people here.* (MJ)} VAR: ʔə́wnəʔ {ʔə́wnəʔ muhúý. *There isn't a basket.* (AB,ICT)}

ʔáwətəŋ ⟦√ʔəwə-txʷ-ŋ √no-letcaus-psv⟧ ☞ ʔáwətxʷ **to be rejected, refused by someone.** {ʔáwətəŋ cn. *I got refused.* (AS; TC; AS,BC) | ʔáwətəŋ cə snóxʷɬ ʔaʔ cə swə́ýqaʔ. *The man refused the canoe.* (AS,BC) | ʔáwətəŋ cn yəhúmətəŋ ʔaʔ tiə sx̣ayéʔx̣qɬ ʔaʔ tiə skʷáči. *I'm not respected by these kids these days.* (AS)}

ʔawətúŋəs ⟦√ʔəwə-txʷ-uŋəs √no-letcaus-1obj⟧ ☞ ʔáwətxʷ **refuse me.** {ʔawətúŋəs cxʷ. *You refused me.* (AS,BC)}

ʔáwətxʷ ⟦√ʔəwə-txʷ √no-letcaus⟧ Stem: ʔáwət [stem for subject suffixes] **to reject, refuse, deny someone, not accept, not let someone or something.** (TC,AS,BC) ☞ ʔáwə {ʔáwətxʷ či! *Don't do it!* (TC) | ʔáwətxʷ cn. *I refused it. / I refused him. / I don't do it.* (TC,AS,BC; TC; AS,BC) | ʔáwətxʷ cn cə snóxʷɬ. *I didn't accept the canoe.* (TC; AS,BC) | ʔáwətxʷ t ʔəstáʔŋəɬ. *Don't let it overflow.* (MJ) | ʔáwətxʷ c ʔəṅsmaʔx̣ʷúct. *Don't torment it.* (TC) | ʔáwətxʷ či cə ṅsqaʔx̣qíŋ. *Don't make fun of it.* (MJT) | ʔáwətxʷ cn cə ʔəcɬtáynxʷ. *I turned that person down.* (TC) | ʔáwətxʷ cn cə ʔəṅsʔə́ŋaʔc. *I refuse what you give me.* (TC) | ʔáwətxʷ kʷi cə ṅsxʷxʷúýəm. *Don't sell it.* (MJT) | nanəɬtíxʷ či tsə qʷíŋitxʷ; ʔáwətxʷ c ʔə́c. *Talk him, not me. / Let it be him that you talk to; don't let it be me.* (MJT) | ʔiʔ húʔ cxʷ ʔáwətxʷ ʔánəɬ ʔiʔ kʷán caʔ cxʷ. *And if you refuse to obey, you will be lost.* (ES) | ʔáwətəs c hiyáʔtəŋ ʔawmáń ʔuʔ x̣ə́č. *They refused to take us because it was too deep.* (AS)} VAR: ʔə́wətxʷ (MJT)

ʔáwkʷ ⟦√ʔawkʷ √belongings⟧ **one's stuff, baggage, belongings, clothing.** (EPT; AB,ICT; AS,BC; TC) {ʔuʔx̣ə́nə či stáŋ ʔáwkʷɬ yaʔ ʔəscə́ýxʷ ʔaʔ tə ʔə́yaʔyəŋ. *All of our belongings were in the houses.* (ES) | nsuʔʔkʷə́t cə nʔáwkʷ. *So I took my belongings.* (MJ) | ʔáwənə ʔáwkʷs cə sx̣ayéʔx̣qɬ. *The children had no belongings.* (MJ) | ʔáwənə ʔáwkʷs ɬəýəṁtís. *They were wearing none of their things.* (MJ) | ʔiʔ uʔx̣éʔciʔ ʔawʔáwənə ʔáwkʷs ɬəýəṁtís. *They were ashamed because they had nothing to wear.* (MJ) | nsuʔkʷánəs ʔiʔ čə́qʷ tə ṅsʔáwkʷ. *I threw them away, and your things are burned.* (MJ)}

ʔáwkʷ **all gone.** See under: ʔə́wkʷ

ʔáx̣aʔ ⟦√ʔax̣aʔ √here⟧ **to be here.** (AS) {ʔáx̣aʔ cn. *I'm here.* (AS)}

ʔáx̣ə ⟦√ʔax̣ə √do/say⟧ **to say, tell.** (AS) {ʔáx̣ə kʷɬə ṅčáčc ʔaʔ či sxʷhiyáʔs yaʔ ʔúxʷ ʔaʔ kʷi sxʷimáy. *My aunt told me she went to the store.* (AS)}

ʔáx̣əŋ ⟦√ʔax̣ə-ŋ √do/say-mdl⟧ ☞ ʔáx̣ə
1. **to say, do, perform.** (JCo; ES; AS,BC; TC,AS,BC; TC) {ʔáx̣əŋ kʷi. *He said it.* (ES) | ʔáx̣əŋ kʷaʔ ʔíɬənən. *He said for me to eat.* (TC) | ʔáx̣əŋ cn ʔaʔ či nəshiyáʔ. *I said I'm going.* (TC) | níɬ kʷaʔčaʔ suʔáx̣əŋs cə stiym. *Then they did the song.* (ES) | ʔáx̣əŋ yəxʷ kʷiwníɬ skʷtúʔ. *I guess that Raven said.* (TC) | ʔáx̣əŋ kʷaʔ ʔáwəxʷ c šúʔpt. *She said for you not to whistle.* (MJT) | níɬ č suʔq̇pə́ts cə q̇áyaʔŋi ʔiʔ ʔáx̣əŋ kʷɬi ʔəɬʔúɬ yaʔ, "ʔáw cʔéʔnən." *So they gathered the young women, and ʔəɬʔúɬ said, "Don't show yourselves."* (AS) | ʔáx̣əŋ yaʔ cn ʔaʔ či nhúʔ caʔ táči ʔaʔ tiə ʔiʔ qəmáŋ caʔn ʔaʔ či nəʔáʔyəŋ. *I said that when I get here I'll ask for a*

house. (TC)}
2. to do the same. {ʔáxəŋ cn. I'm doing the same. (AS,BC)} VAR: ʔáx̣əŋ {ʔáx̣əŋ ʔaʔ či shiyáʔs caʔ x̌acu. He said he's going out trolling. (MJT)} VAR: ʔáx̣əŋ̇ {ʔáx̣əŋ̇ cn. I said. (MJT)}

ʔáx̣əŋtəŋ ⟦√ʔax̣ə-ŋ-tx̣ʷ-ŋ √do/say-mdl-caus-psv⟧ ☞ ʔáx̣əŋtx̣ʷ
1. to be said to by someone or something. {ʔáx̣əŋtəŋ, "x̣ʷítəŋ u q cx̣ʷ x̣ʷənʔáŋ̇ ʔaʔ kʷsə ṅtán?" They said to him, "Would you jump like your mother?" (MJ)}

ʔáx̣əŋtx̣ʷ ⟦√ʔax̣ə-ŋ-tx̣ʷ √do/say-mdl-caus⟧ ☞ ʔáx̣əŋ to say (something) to someone. {ʔáx̣əŋtx̣ʷ kʷi kʷsə nʔáyəs. Say it to my sister. (AS)}

ʔáyaʔčšt ⟦√ʔ<ay>aʔčš-t √change<pl>-trns⟧ ☞ ʔáʔčšt to change several things or change something several times. {ʔuʔŋəṅ kʷi tə siʔáyaʔčšts kʷi načtáṅəq. There were many the Changer changed. (ES) | ʔáyaʔčšt cn. I'm changing it. (MJT)} VAR: ʔə́yaʔčšt (TC) {ʔuʔŋəṅ kʷi tə siʔə́yaʔčšts. He changed lots. (TC)}

ʔayaʔyə́ṁct ⟦ʔy+√ʔyəṁ-cut char+√strong-rflxv⟧ ☞ ʔiyə́ṁ to be getting stronger, getting well. (HS,ES)

ʔáyaʔyəŋ houses. See under: ʔáʔyaʔyəŋ

ʔaycɬtáyŋəxʷ people. See under: ʔaʔyəcɬtáyŋəxʷ

ʔayəʔáʔčəṅ small maggots. See under: ʔaʔyaʔáʔčəṅ

ʔáyəct ⟦√ʔaẏ-cut √continue-rflxv⟧ ☞ ʔáʔiʔ to begin, start (doing something). {kʷłiʔáyəct kʷi či sqqíŋs. They started to play. (MJT)}

ʔáyəŋ ⟦√ʔayŋ √eye⟧ eye. (MV) ⟪This occurs only once. No other speakers use this word and on Metcalf's recording Marion Vincent seems somewhat hesitant about this form. It may be a contamination from English.⟫

ʔáyəs ⟦√ʔays √sister⟧
1. sibling or cousin of the opposite sex, brother or sister. ⟪male's sister or female cousin; female's brother or male cousin⟫ (MJT) ⟪USAGE: The meaning 'cross-sex sibling/cousin' is older usage. Younger speakers think of this as meaning only 'sister'.⟫ {nəsx̌éʔ tiʔə nəʔáyəs. I love my (grown, male) cousin. (MJT)}
2. sister. (ES; AS) {x̣əṅáɬ ti suʔcápts cə ʔáyəs. He's always distracting his sister. (AS)}
3. older sister. (TC) VAR: ʔáys (AS,BC) {sqʷə́mx̣ʷi cə nʔáys. My sister is skinny. (AS) | ćićaʔiŋ kʷłə nʔáys. My sister is climbing up. (AS) | x̣əṅáɬ ti suʔséʔəxs kʷłə nʔáys. My sister is always moving. (AS)}

ʔáynəč ⟦√ʔaynač √take_turn⟧ to be one's turn (to do something). (ES; TC) {ʔáynəč cn. It's my turn. (ES) | ʔəctíx̣ ʔáynəč. Let me take a turn. (ES) | ʔə́ctxʷ ʔáynəč. Let me be next. (HS,ES) | nə́kʷtx̣ kʷi ʔáynəč. You take your turn. (ES)} VAR: ʔáynč {ʔáynč či. Take your turn. (BC)}

ʔáynəkʷ ⟦√ʔaynkʷ √today⟧ [usually used with ʔaʔ tiə] today. (EPT; ES; TC; AS) {ʔaʔ tiə ʔáynəkʷ today (ES; TC) | hiyáʔ caʔn ʔaʔ tiə ʔáynəkʷ. I'm going to go today. (TC) | kʷənánəc caʔn ʔaʔ tiə ʔáynəkʷ. I'll help you today. (LC) | kʷə́nəxʷ caʔn ʔaʔ tiə ʔáynəkʷ. I will see him today. (LC) | ɬaʔtíq̇əṅ ʔaʔ tiə ʔáynəkʷ. It's a hot day today. (TC) | ʔáw cn c kʷə́nəxʷ ʔaʔ tiə ʔáynəkʷ. I won't see him today. (LC) | hiyáʔ yaʔ cn ʔaʔ tiə ʔáynəkʷ. I went today. (TC) | ʔáwənəʔ stə́məxʷ tiə ʔáynəkʷ. There's no rain today. (EPT) | ʔuʔə́ẏ u cxʷ ʔáynəkʷ? Are you pretty good today? (EPT) | ʔə́ẏ skʷə́či ʔáynəkʷ. It's a nice day today. (NS,JW) | háʔɬ skʷáči ʔaʔ tiə ʔáynəkʷ. It's a good day today. (HS,TC) | čáy u cxʷ ʔaʔ tiə ʔáynəkʷ? Are you going to work today? (MJ) | ʔuʔčaʔstə́məxʷ ʔaʔ tiə ʔáynəkʷ. It's all rain today. (TC) | ʔstáčɬ cn ʔaʔ tiə ʔáynəkʷ. I'm feeling sick today. (AS) | mán̓ ʔuʔ ɬə́ɬaʔči ʔáynəkʷ. It's really cold today. (MJT) | níɬ kʷaʔča naxsʷənʔá ʔaʔ tiə ʔáynəkʷ. That's why I came today. (TC) | hiyáʔ st qx̣ə́ẏuʔ ʔaʔ tiə ʔáynəkʷ. We went clam digging today. (LC) | čaʔtáči cn čšaʔéʔɬxʷaʔ ʔaʔ tiə ʔáynəkʷ. I just arrived from Elwha today. (TC) | ʔənʔá ʔaʔ tiə sxʷʔáɬaʔɬ ʔaʔ tiə ʔáynəkʷ. We came here where we are today. (ES) | ʔaʔstúʔŋət caʔ cxʷ kʷaʔčaʔ ʔaʔ tiə ʔáynəkʷ? What are you going to do today? (TC) | níɬ kʷaʔčaʔ ʔəɬ níɬəɬ sqʷúʔšənɬ ʔaʔ tiə ʔáynəkʷ. That's why we're partners today. (TC) | háʔnəŋ cn kʷaʔčaʔ txʷʔúx̣ʷ ʔaʔ nə́kʷə ʔiʔ háʔnəŋ cn kʷi txʷʔúx̣ʷ ʔaʔ cə xʷanítəm táči skʷáʔs cəniɬ sqʷáqʷi, sqʷáqʷi məšín čəʔúʔwəsɬ ʔaʔ tiə ʔáynəkʷ. Thank you to you and thank you to the white man who got here who owns the recorder we are using today. (BH)} VAR: ʔáynkʷ (AS)

ʔayúɬtxʷ loading it. See under: ʔaʔyúɬtxʷ

ʔaẏ ⟦ʔay̓ limit⟧ [speech act enclitic indicating a limited request for specific information] just, limit, specifically. (AS) {tx̣ʷcán ʔaẏ? Whose is it? (ES) | čɬcán ʔaẏ? Who did it? (TC) | cán ʔaẏ cə q̇áʔŋiʔ? Who is that girl? (ES) | čəx̣ín cxʷ ʔaẏ? Where are you from? (AA) | cán ʔaẏ či hiyáʔ txʷín? Who's going where? (TC) | cán ʔaẏ či nsx̌éʔ? Who do you want? (TC) | ʔaʔstúʔŋət cxʷ ʔuč ʔaẏ? What are you doing, now? (AS) | čən̓tán̓ ʔaẏ kʷə ṅstáči? When did you get here? (ES) | cán ʔaẏ či yaʔcúsc? Who told you? (EPT) | ƛ̓aʔtáwn yaʔ cn ʔaẏ. I just went to town. (AS) | ʔáwə cxʷ ʔaẏ c sáẏsiʔ. You're not scared. (MJ) | txʷə́ʔxʷən cxʷ ʔaẏ? Where are you going, then? (AS) | čən̓tán̓ caʔ ʔaẏ či ṅsx̌aʔtáwn? When are you going to town? (ES) | níɬ nsuʔx̣ə́nəŋ, "ʔuʔčtálə u cxʷ ʔaẏ?" Then I said, "Do you have the money?" (MJ) | ʔaʔstúʔŋət cxʷ ʔaẏ ʔənsxʷsáqɬ? What are you doing outside? (ES) | čtáts cə táns, "txʷíʔtxʷix̣ʷən cxʷ ʔaẏ?" He asked his mother, "Where are you going?" (ES) | ʔée, ʔəstúʔŋət ʔaẏ ʔənsqʷáqʷiʔ ʔaʔ tə xʷənʔáŋ̇? Hey, why are you talking that way? (AA)}

ʔayx̣ʷíyŋəxʷ ⟦√ʔə<y>xʷiy=ŋixʷ √person<pl>=being⟧ ☞ ʔəxʷíyŋəxʷ village, community of people, tribe, group of related people. (ES) {mán ʔuʔ ŋəṅ ti sʔéʔɬəns ʔaʔ či híc cə ʔayx̣ʷíyŋəxʷ ʔíyaʔ ʔaʔPoint No Point. There was very much food for a long time at the village there at Point No Point. (AA)} VAR: ʔəyx̣ʷíyŋəxʷ (TC; AS,BC; ES) {ʔiʔ ƛ̓áy tə́s ʔaʔ ti sxʷʔiyás tinu

ʔəyxʷíyŋxʷ. He again arrived at another village. (ES) | ʔaʔƛ̕éʔqiʔ tə *ʔəyxʷíyŋxʷ*. The village is close. (AS)} VAR: ʔayxʷíyŋəxʷ (MJT; TC) VAR: ʔaʔyəxʷíyŋəxʷ (MJT; TC) {nəkʷɬ*ʔaʔyəxʷíyŋəxʷ*. They're my people. (MJT)} VAR: ʔəyxʷíyŋəxʷ (AS,BC) VAR: ʔaʔixʷíyŋəxʷ (ES) VAR: ʔəyxʷéyŋxʷ (AS,BC)

ʔcɬtáyŋxʷ Indian. See under: ʔəcɬtáyŋxʷ

ʔéʔčəŋ ⟦√ʔi<ʔ>č-ŋ<ˀ> √dress<actl>-mdl<actl>⟧ ☞ ʔíčəŋ to be getting dressed, putting clothes on. (ES) {*ʔéʔčəŋ* cn. I'm putting my clothes on. (ES) | *ʔéʔčəŋ* cn ʔaʔ tiə nəstipúykʷt. I'm putting on my shirt. (ES) | kʷɬ*ʔéʔčəŋ* cn. I'm getting dressed now. (MJT)}

ʔéʔčɬ ⟦√ʔi<ʔ>čɬ √dip<actl>⟧ ☞ ʔíčɬ to be dipping, ladling, scooping (something) up. {*ʔéʔčɬ* cn. I'm dipping. (AS) | *ʔéʔčɬ* yaʔ cn ʔaʔ kʷsə qʷúʔ. I was dipping up the water. (EPT)}

ʔéʔčt ⟦√ʔi<ʔ>čɬ-t √dip<actl>-trns⟧ ☞ ʔíčɬt to be dipping, scooping, ladling something up. {*ʔéʔčt* cn. I'm dipping it up. (ES)}

ʔeʔéɬəṅ ⟦ʔə+√ʔi<ʔ>ɬn<ˀ> dim+√eat<actl>⟧ [analysis uncertain - This may or may not have the 'actual' morphology. Diminutive has the same effect on the stem as the actual plus reduplication.] ☞ *ʔéɬəṅ* to be eating a little or something small eating. (TC; ES)

ʔeʔéʔnət ⟦ʔi+√ʔi<ʔ>nt actl+√say_what<actl>⟧ ☞ ʔínət to be saying, meaning what. ⟪a verb used to ask what some someone is saying or meaning⟫ (ES; TC) {*ʔeʔéʔnət* cxʷ ʔəwč? What are you saying? (TC; ES) | *ʔeʔénət* yaʔ cxʷ ʔuč What were you saying? (EPT) | *ʔeʔéʔnət* ʔuč tiə naʔčáʔəŋəxʷ? What is this stranger saying? (ES)} VAR: ʔaʔéʔnət {*ʔaʔéʔnət* cxʷ ʔuč? What did you say? (MJT; ES) | *ʔaʔéʔnət* cxʷ ʔuč ʔaʔ kʷi čiʔáqɬ? What did you say to him yesterday? (MJT)} VAR: ʔeʔéʔnt {ʔúxʷ či čtát kʷaʔ *ʔeʔéʔnt*s. Go ask him what he's talking about. (EPT) | ʔuʔ txʷʔáwənə stáŋ nəsxčít kʷaʔ ʔuʔ*eʔéʔnt* ʔəɬ qʷáqʷiʔən kʷaʔ ʔuʔsx̣úʔx̣əmčn. It's getting so that I don't know if anything I'm saying is correct when I talk. (TC) | nsmiʔmə́yəq kʷi ṅsqʷáqʷiʔ; *ʔeʔéʔnt* yaʔ cxʷ ʔuč? I forgot what you were talking about; what were you saying? (EPT) | ʔuʔtxʷʔáwənə sxčítɬ kʷaʔ ʔuʔ*eʔéʔnt* ʔəɬ qʷáqʷiʔəɬ. It's getting so we don't know what we're saying when we talk. (TC) | ʔáwənə nsxčít kʷaʔ *ʔeʔéʔnt*s cə nə́čuʔ ɬ qʷáqʷiʔən ʔawṅáč cəsqʷáys. I don't know what one is saying when they are talking because it is a different language. (TC)} VAR: ʔaʔéʔnt (ES) {ʔuʔ*aʔéʔnt* cxʷ ʔuč? What were you saying? (AS)} VAR: ʔaʔéʔənt {*ʔaʔéʔənt* cxʷ ʔuč? What are you saying? (AS,BC; AS) | *ʔaʔéʔənt* kʷaʔ kʷə swə́yqaʔ? What was that man saying? (AS)}

ʔeʔéʔpəṅ ⟦ʔə+√ʔi<ʔ>pn<ˀ> dim+√apron<dim>⟧ ☞ ʔípən small apron. (TC) VAR: ʔaʔéʔpən {*ʔaʔéʔpən* ʔaʔ slapúʔ. It's Slapu's little apron. (MJT)}

ʔéʔəxʷ ⟦ʔi+√ʔixʷ actl+√gather_up⟧ ☞ ʔíxʷ being scraped up. {táči kʷi *ʔéʔəxʷ* sčaʔkʷaʔyúɬ. A snowplow got here. (AS)}

ʔéʔəxʷ sčaʔkʷaʔyúɬ ⟦ʔi+√ʔixʷ s-√čəʔkʷ-aẏ=uɬ actl+√gather_up s-√conveyance-ext=conveyance⟧ ☞ *ʔéʔəxʷ* sčaʔkʷaʔyúɬ bulldozer, snowplow. {táči kʷi *ʔéʔəxʷ sčaʔkʷaʔyúɬ*. A snowplow got here. (AS)}

ʔéʔit ⟦√ʔə<í>ʔyi-t √borrow<actl>-trns⟧ [actual metathesis] ☞ ʔaʔyít to be lending (something) to someone. (AS,BC)

ʔéʔɬəṅ ⟦√ʔi<ʔ>ɬn<ˀ> √eat<actl>⟧ ☞ ʔíɬən to be eating. (MJT; AS) {*ʔéʔɬəṅ* cn. I'm eating. (EPT; TC; MJ) | ʔi*ʔéʔɬəṅ* cn. I'm eating (while traveling). (TC) | *ʔéʔɬəṅ* st. We're eating now. (AB,ICT) | *ʔéʔɬəṅ* kʷi nəsisíyaʔ. My grandparents were eating. (ES) | *ʔéʔɬəṅ* cn ʔaʔ cə ṅs*ʔéʔɬəṅ*. I'm eating what you're eating. (TC) | ʔuʔsə́ɬəŋ ʔuʔ *ʔéʔɬəṅ*. Keep eating. (TC) | ʔuʔsə́ɬəŋ cn ʔuʔ *ʔéʔɬəṅ*. I'll keep on eating. (TC) | ʔuʔxéʔčiʔ či s*ʔéʔɬən̓*s. They were ashamed to eat. (MJ) | čúʔəɬ čáyni ščə́ẏaʔ sxʷ*ʔéʔɬən̓*s. Chinese use sticks for eating. (TC) | čúkʷs cn kʷsə ʔaʔ kʷi nəs*ʔéʔɬəṅ*. I use that when I'm eating. (TC) | ʔuʔ*éʔɬəṅ* cn ʔaʔ ti ʔuʔx̣ənáɬ. I'm eating all the time. (TC) | xaʔpúxʷəŋ kʷi kʷə ʔəskʷás saplín ʔɬ *ʔéʔɬəṅ*n. The toasted bread made a crunching sound while I was eating. (AS) | ʔuʔhúy ʔuʔ ʔənsxʷʔə́ẏ tə ṅs*ʔéʔɬəṅ*. The only thing you're good for is eating. (TC) | ŋuʔút u cxʷ cə nəs*ʔéʔɬəṅ*? Are you eating what I'm eating? (TC) | *ʔéʔɬəṅ* cn ʔiʔ ʔənʔá ʔiʔ ʔəmət ʔaʔ tə nəsqiyákʷəŋ. I was eating, and he came and sat on my knee. (MJ) | níɬ suʔŋúts tə ncə́t kʷaʔ húyəs ʔaʔ cə sqx̣ə́yuʔ ʔəɬ *ʔéʔɬən̓*s. Then my father ate it when he finished the clams he was eating. (MJ) | mán̓ ʔuʔ ŋə́n̓ ti s*ʔéʔɬən̓*s ʔaʔ či híc cə ʔayxʷíyŋəxʷ ʔíyaʔ ʔaʔPoint No Point. There was very much food for a long time at the village there at Point No Point. (AA) | níɬ ti həmú *ʔéʔɬəṅ* ʔaʔ ti sčíyuq. It's the pigeons that are eating the elderberries. (AS) | stáŋ ʔuč cə ṅs*ʔéʔɬəṅ*? What are you eating? (TC)} VAR: ʔéʔɬən {*ʔéʔɬən* yaʔ st ʔiʔ táči. We were just eating, and they came. (MJT) | ʔáwə c ʔiʔáyəqč ʔəɬ *ʔéʔɬən*s ʔaʔ ti sčúkʷiʔ. It doesn't taste good to eat skunk cabbage. (MJT)} VAR: ʔíʔɬən (LC) ⟪This pronunciation unique to Becher Bay.⟫

ʔéʔɬxʷaʔ ⟦√ʔiʔɬxʷəʔ √Elwha⟧ the Elwha River and the land bordering it, the name of the traditional village at the east side of the mouth of the Elwha River. (EWH; EPT; AS,BC; ES; BC; AS,BC) ✱There was a deep hole in the Elwha made by čínəkʷaʔ. Rainbows would jump back and forth across it. It was a sacred place where dancers would bathe for power. (AS,BC) {č*ʔéʔɬxʷaʔ* st. We are from Elwha. (TC) | ʔa*ʔéʔɬxʷaʔ* cn. I'm at Elwha. (TC) | ča*ʔéʔɬxʷaʔ* cn. I just came from Elwha. (NS,JW) | č*ʔéʔɬxʷaʔ* nəxʷsx̣áyəm st. We're Elwha Klallam. (TC) | čiyá cn ʔaʔ *ʔéʔɬxʷaʔ*. I'm from Elwha. (TC) | ʔəc ʔuʔ čʔáɬaʔ ʔaʔ tiə *ʔéʔɬxʷaʔ*. It's me that is from Elwha. (TC) | ƛ̕a*ʔéʔɬxʷaʔ* ca·n. I'm going to Elwha. (TC,AS,BC) | čaʔtáči cn čša*ʔéʔɬxʷaʔ*. I just arrived from Elwha. (TC) | čúʔəɬ *ʔéʔɬxʷaʔ*. It belongs to Elwha. (TC) | q̓áyəŋ yaʔ cn ʔaʔéʔɬxʷaʔ. I camped at Elwha. (EPT) | níɬ suʔtə́ss cə čʔéʔɬxʷaʔ. Then the Elwhas got there. (ES) | ʔéʔɬxʷaʔ nəxʷsƛ̕ayəmáwtxʷ. Elwha Klallam Tribal Center. (AS,BC) | ʔáʔiʔ tə čə́nəŋ ʔiyá ʔaʔéʔɬxʷaʔ. A Shake was going on at Elwha. (MJ) | ŋə́n scáyaʔčaʔɬ ʔi ʔuʔxčtís suʔčʔəɬáʔs ʔaʔ tiə ʔéʔɬxʷaʔ. We have many relatives, and they know they come from Elwha. (TC) | ʔuʔ čʔəɬáʔ č yaʔ ʔaʔ tiə tə́ŋəxʷ tiə ʔéʔɬxʷaʔ stə́ss ʔaʔNitinaht. They apparently came from this land here, Elwha, to get to Nitinaht. (TC) | nítɬ yaʔ sxʷʔiyáʔs tiə ʔaʔicɬtáynxʷ ʔiʔčáʔi kʷi sxítəns ʔənʔá ʔaʔ tiə ʔéʔɬxʷaʔ. That's where the Indians were before they were moved to Elwha. (ES) | ʔiʔšə́təŋ ʔaʔ cə cácu ʔáɬa ʔaʔ tiə ʔéʔɬxʷaʔ. He was walking on the beach here at Elwha. (ES) | kʷi nəsʔuʔúʔi ʔu sxíct ʔənʔá ʔaʔ ʔéʔɬxʷaʔ. When I first moved to Elwha. (ES) | suʔƛ̕áys kʷánəŋət ʔənʔá ɬúkʷ ƛ̕aʔéʔɬxʷaʔ. So he again ran back home to Elwha. (ES) | ʔənʔá štə́ŋ ƛ̕aʔéʔɬxʷaʔ. She came walking to Elwha. (ES) | qʷaʔánsəŋ ʔaʔ či čʔéʔɬxʷaʔ kʷaʔ ʔənʔás. They were being called by the Elwhas to come. (ES) | ʔáwə yaʔ c ʔuʔxənátɬ ti nəsuʔyaʔcústəŋ ʔaʔ ti ʔuʔxənəstáŋ ʔáɬaʔ ʔaʔ tiə ʔéʔɬxʷaʔ. They didn't always tell me everything about here at Elwha. (TC)} VAR: ʔéʔɬxʷə (AS)

ʔéʔnəŋ ⟦√ʔi<ʔ>n-ŋ √appear<actl>-mdl⟧ ☞ ʔínəŋ to be appearing, coming into sight, showing oneself. (AS,BC) {ʔéʔnəŋ caʔn. I'm going to appear. (AS,BC) | nəsʔéʔnəŋ. It was showing to me. (AS) | nítɬ č suʔq̓pə́ts cə q̓áyaʔŋi ʔiʔ ʔáxəŋ kʷɬi ʔətɬʔúɬ yaʔ, "ʔáw c ʔéʔnəŋ." So they gathered the young women, and ʔətɬʔúɬ said, "Don't show yourselves." (AS)}

ʔéʔŋət ⟦√ʔi<ʔ>ŋ-t √step_on<actl>-trns⟧ ☞ ʔíŋət to be stepping on something. (AS,BC) {čə́yəxʷ ʔaʔ cə nsxcáʔi ʔéʔŋəts. There were inside on my grass that was being stepped on. (MJ)}

ʔéʔpt ⟦√ʔi<ʔ>p-t √tap<actl>-trns⟧ ☞ ʔípt to be tapping, wiping, stroking, petting, brushing something. {ʔéʔpt cn. I'm stroking it. (ES)}

ʔéʔst ⟦√ʔi<ʔ>st √paddle_canoe<actl>⟧ ☞ ʔíst 1. to be paddling, pulling, rowing. (ES; TC) {ʔiʔéʔst. He's paddling. (EPT; TC) | ʔéʔst cn. I'm paddling. (AS) | kʷɬʔéʔst st. We're already paddling. (TC,AS,BC) | x̣ʷuʔúŋ ʔəɬ ʔéʔsts. She was crying while she was paddling. (AA) | ní·ɬ kʷə suʔiʔéʔsts. Then she was paddling. (AA) | txʷhúʔi kʷɬə ʔéʔst cə q̓áʔŋi. The girl was left paddling alone. (AA) | ʔuʔxənátɬ yaʔ ti nəsuʔéʔst ʔaʔ ti snə́xʷɬ. I always paddled a canoe. (TC)}

ʔéʔtt ⟦√ʔi<ʔ>tut √sleep<actl>⟧ ☞ ʔítt to be sleeping, asleep. (LB,CWH; JCo; EPT; MJT; LC; ES,TC; ES) {ʔéʔtt cn. I'm sleeping. (ES; TC) | ʔéʔtt u cxʷ? Are you sleeping? (EPT; TC) | ʔéʔtt kʷsə nənáʔ. He's sleeping, my child. (EPT) | txʷaʔə́y ti nəsʔéʔtt. I slept well. (TC) | ʔéʔtt cn ʔaʔ či čənsútč. I'm sleeping in the winter. (TC,AS,BC) | xənətúŋə cn kʷi kʷaʔ ʔáwəxʷ c ʔéʔtt. I told you not to go to sleep. (MJT) | hiyáʔ ʔiʔ kʷánnəs cə sxʷʔiyás tə skʷəyaʔkʷaʔtú ti sʔéʔtts. She went, and she saw where the crows were sleeping. (MJ) | twawʔéʔtt č sxʷʔiyá ʔiʔ kʷɬtsnə́səŋ ʔaʔ cə stə́yaʔčəŋ. He was still sleeping there when he was approached by the wolves. (TC) | ʔuʔhuʔhúʔi cn ʔəɬ ʔúxʷnəsən kʷi nəswə́yqaʔ ʔéʔtt ʔiyá ʔaʔ tə siláwtxʷ. I went alone after my husband who was sleeping in the tent. (MJ) | ʔi ʔuʔnə́kʷ kʷi sʔənʔansəŋúŋɬ yaʔ ʔaʔ kʷi nəsʔéʔtt. It was you who came for us when I was sleeping. (AA) | čtátəŋ kʷaʔ ʔəstúʔŋəts sxʷʔiyá ʔaʔ cə čáyəqʷ t sʔéʔtts. They asked him why he was up in the woods sleeping. (TC) | ʔáwə cn c hiyáʔtəŋ ʔúxʷtəŋ ʔaʔ cə sxʷʔiyás cə sŋə́ńs ʔəttáwtxʷ sxʷʔiyás ti sʔéʔtt ti scáy ʔaʔ cə ʔəsqʷáʔɬiʔ. I wasn't taken over to the bunkhouse where the loggers sleep. (ES) | hiyáʔ caʔn ɬuqʷíct kʷsə ʔéʔtt. I'm going to take the covers off the one sleeping. (MJT) | ʔéʔtt u cxʷ? are you asleep? (EPT) | ʔáwə cn c ʔéʔtt. I'm not sleeping. (EPT) | ʔáwə c ʔéʔtt. Don't go to sleep. (MJT) | ʔəxín ʔuč kʷsanu, ʔéʔtt u? Where is he, is he asleep? (EPT) | ʔéʔtt u kʷsánu? Is he asleep? (EPT) | ʔéʔtt u kʷsə stáni?s ƛ̕áy. Is his wife asleep, too? (EPT) | ʔéʔtt u kʷsə q̓áʔŋi? Is the girl asleep? (EPT) | ʔéʔtt u kʷsi ŋə́náʔs ƛ̕áy. Is the child asleep? (EPT) | ʔiyá kʷi kʷi ʔéʔtt. He's over there asleep. (EPT)}

ʔéʔuɬ beside. See under: ʔíyəwəɬ

ʔéʔwəɬ beside. See under: ʔíyəwəɬ

ʔéʔwəɬnəxʷ ⟦√ʔiy=əʔəw-ɬ-nəxʷ √beside=side-dur-nctrns⟧ ☞ ʔíyəwəɬ to manage to finally bring something beside, next to, around, alongside. {ʔuʔéʔwəɬnəxʷ cn. I finally brought it alongside. (AS)}

ʔéʔwəɬtxʷ put it beside. See under: ʔíyəwəɬtxʷ

ʔéʔxt ⟦√ʔi<ʔ>x-t √scrape<actl>-trns⟧ ☞ ʔíxt to be scraping something, be using an adze. (TC,AS,BC) {ʔéʔxt cn cə ləpláš. I'm scraping the board. (AS)}

ʔéʔx̣ʷt ⟦√ʔi<ʔ>x̣ʷ-t √gather_up<actl>-trns⟧ ☞ ʔíx̣ʷt to be gathering things together to get rid of them. {kʷɬʔéʔx̣ʷt cn. I'm right now brushing it. (MJT)}

ʔée ⟦ʔee_hey⟧ [interjection] hey. {ʔée, ʔəstúʔŋət ʔay ʔənsqʷáqʷiʔ ʔaʔ tə xʷənʔáŋ? Hey, why are you talking that way? (AA)}

ʔéh oops. See under: ʔíh

ʔehéʔwaməš Sahewamish. See under: sehéʔwaməš

ʔéyəwəɬ beside. See under: ʔíyəwəɬ

ʔə determiner. See under: ʔaʔ

ʔəʔáčəŋ̓ small maggot. See under: ʔaʔáʔčəŋ̓

ʔəʔéʔn̓t ⟦ʔ+√ʔi<ʔ>n<ˀ>t actl+√say_what<actl>⟧ ☞ ʔínət to be meaning (something). (TC)

ʔəʔúy̓č youngest. See under: ʔuʔúy̓č

ʔə́c ⟦√ʔəc √1focus⟧ I, me; it is I. (LB,CWH; EPT; MJT; RS; TC; LC; AS,BC) [first-person singular focus predicate] {ʔə́c caʔ. I will. (TC) | ʔə́c ʔuč cán? Who am I? (LC; TC,AS,BC) | ʔə́c tím. I am Tim. (TC) |

ʔə́c ƛ̕kʷtíxʷ. I'm the one you're holding. (TC) | *ʔə́c ƛ̕kʷíc.* I'm the one holding you. (TC) | húyʷ či *ʔə́c pʼáʔəct.* Let me try. (ES) | *ʔáw c ʔə́c.* It's not me. (TC,AS,BC; TC) | čuʔíŋ tiə *ʔə́c.* It's even me. (TC) | *ʔə́c ʔu k̕ʷə́ntxʷ?* Was it me you saw? (EPT) | *ʔə́c* caʔ šišə́č̕t. I'll do the hitting. (LC) | *ʔuʔə́c ʔuʔ* čtálə. It's I who has the money. (TC) | *ʔuʔə́c* kʷi tiə, nəsxʷtúnəq. This is me, my cousin. (EB) | *ʔə́c* kʷi ʔənʔə́c. It was me that brought you. (ES) | *ʔə́c* kʷi nuʔsiʔám̕. I'm the one being bossy. (MJT) | *ʔə́c* yaʔ ʔuʔ yaʔcúst ʔəʔ Littlejohn. It was me telling Littlejohn. (EPT) | *ʔə́c* yaʔ k̕ʷə́nəxʷ. It's me that saw it. (TC) | *ʔə́c* u ʔənsƛ̕éʔʔ Do you like me? (TC) | čiʔáw cxʷ ʔaʔ *ʔə́c.* You passed me. (TC) | *ʔə́c* nəxʷc̕sústən. It was me that got punched. (ES) | ʔəscánč̕ ʔaʔ *ʔə́c.* He leaned on me. (MJ) | *ʔə́c* u ʔənk̕ʷɬk̕ʷəntiʔʔ Are you fighting with me? (TC) | ʔənʔá kʷi c̕íŋəct ʔaʔ *ʔə́c.* Come close to me. (ES) | ʔuʔiyáʔnəs ʔaʔ či s*ʔə́c*s. He heard it was me. (TC) | ʔuʔxčnás ʔaʔ či s*ʔə́c*s. He found out it was me. (TC) | ʔuʔxčnáxʷ cn ʔaʔ či s*ʔə́c*s. I found out it was me. (TC) | *ʔə́c* nuʔsíqi ʔaʔ nə́kʷ. I'm heavier than you. (TC) | kʷɬən*ʔə́c.* It's my turn. (ES) | čɬ*ʔə́c* kʷi. I'm the one. (MJT) | ʔuʔxə́n st ʔuʔ suʔwə́ýqaʔ, ncə́t ʔiʔ *ʔə́c.* We're all men, my father and I. (MJ) | *ʔáɬa ʔaʔ ʔə́c ʔiʔ ʔə́c* kʷaʔ k̕ʷənts. Be here with me, and it will be me that takes care of you. (MJ) | *ʔáwə c čša ʔə́c ʔəɬ* qʷáyən. It doesn't come from me when I talk. (MJ) | cán yaʔ kʷi k̕ʷə́nnəxʷ ʔaʔ *ʔə́c?* Who saw me? (TC) | níɬ suʔsxʷák̕ʷiʔs x̣ʷənʔáŋ ʔaʔ *ʔə́c.* He's crazy like me. (TC) | *ʔə́c* kʷi nuʔčə́q. I'm bigger / I'm the biggest. (MJT; ES) | *ʔə́c* caʔ kʷsáʔič. I'm going to be on the inside towards the wall. (TC) | *ʔə́c* yaʔ ʔiʔčáʔi či nəsxʷátəŋ. It was me that was the first to be lowered down. (TC) | ɬaʔmə́ʔct u cxʷ ʔaʔ *ʔə́c?* Are you suspicious of me? (TC) | cán či čsə́t ʔaʔ *ʔə́c?* Who hit me? (TC) | ʔəsƛ̕aʔméʔwən cn ʔaʔ *ʔə́c.* I'm proud of myself. (ES) | k̕ʷə́nəx yaʔ cn ʔaʔ *ʔə́c.* I saw myself. (TC) | *ʔə́c* yəxʷ ʔuʔ štəŋ. I guess I'll have to walk. (TC) | *ʔə́c* yəxʷ ʔuʔ hiyáʔ. I guess I'll have to go. (TC) | *ʔə́c* yəxʷ caʔ ʔuʔ štəŋ. I guess I'll walk. (TC) | *ʔə́c* cə́ts. I am his/her father. (TC) | sƛ̕éʔ č cn či s*ʔə́c*s sxʷʔúx̣ʷs. She wanted it to be me that it goes to. (MJ) | *ʔə́c* u k̕ʷə́nnəs cə swə́ýqaʔ? Was it me that man saw? (TC) | *ʔáwə* yaʔ cn kʷaʔ qʷáyən ʔaʔ kʷi *ʔə́c* sƛ̕íx̣aʔƛ̕qɬ. I didn't talk when I was a child. / I never talked when I was young. (MJT) | *ʔáwə* c ʔəsxʷaníŋ ʔiʔ ɬə́c kʷaʔ *ʔə́c*s ƛ̕kʷít. It won't be that way and break if it's me that holds it. (MJT) | huʔnéʔ kʷi ti čšƛ̕éʔ ʔə *ʔə́c.* There is someone that likes me. / Somebody loves me. (MJT) | suʔtáŋəns ʔaʔ cə táŋən ʔiʔ qʷáy, "*ʔə́c* caʔ kʷi." So evening came, and she said, "It will be me." (AA) | níɬ suʔənʔás kʷi nəcə́t ʔiʔ x̣ənəŋ, "nə́kʷtxʷ kʷi tčə́t ʔiʔ *ʔə́c* caʔ ʔiyá ʔəskʷə́ʔət či nəsʔiʔkʷə́nit cə." Then my father came and said, "You spear them, and I will be in the stern to watch it." (MJ)} VAR: *ʔə́cə* (TC) {txʷʔúx̣ʷ ʔaʔ *ʔə́cə.* It's towards me. (TC) | ʔi uʔmán ʔuʔ čə́q sxʷúyəm txʷʔúx̣ʷ ʔaʔ *ʔə́cə.* And it is very precious to me. (BH) | suʔqʷáys, "ó, ʔuʔ x̣ʷənə́ŋ kʷiči ʔuʔ n̕xčnín txʷʔənʔá ʔaʔ *ʔə́cə.*" So he said, "Oh, I know how you feel toward me." (AA)}

ʔəccúʔət 〚√ʔəc-cu<ʔə>t √1focus-rflxv<actl>〛
☞ *ʔə́c* cp. nəɬcút cp. nəkʷcút I want, try to be it, important, first, a big shot push myself forward. (AS,BC) {*ʔəccúʔət* cn. I put myself forward. (AS,BC) | *ʔəccúʔət* caʔn. I'm going to put myself forward. / I'll take over. (AS,BC)} VAR: *ʔaʔccúʔət* {x̣ənʔáɬ ti nsu*ʔaʔccúʔət.* I'm always pushing myself forward. (AS,BC) | *ʔaʔccúʔət* cə swéʔwəs. That boy is pushing himself forward. (AS)}

ʔə́cəkʷɬ thunder. See under: *ʔaʔcə́ʔkʷɬ*

ʔəckʷíyəŋ 〚√ʔckʷ-iy-ŋ √far-dev-mdl〛 to go far out from the shore. {hiyáˑʔ *ʔəckʷíyəŋ.* He went far out from shore. (ES) | hiyáʔ cn *ʔəckʷíyəŋ.* I'm going out to deep water. (MJT) | suʔhiyáˑʔs cə *ʔəckʷíyŋ.* They went way out. (MJ) | suʔʔiʔísts ʔəʔ mimə́ščú *ʔəckʷíyəŋ.* So Little Mink paddled far out. (MJ)} VAR: *ʔəckʷíyŋ* (TC) {*ʔəckʷíyŋ* cn. I'm going out. (TC) | su*ʔəckʷíyŋ*s naʔníɬiyə. So they went far out. (MJ)} VAR: *ʔaʔckʷíyŋ* (BC)

ʔəcɬtáyŋxʷ 〚√ʔcɬtay=ŋixʷ √person=being〛
1. person, human being. (MJT; TC; ES) {mán cxʷ ʔuʔ ʔə́ý *ʔəcɬtáyŋxʷ.* You're a very good person. (LC) | k̕ʷə́ns cə *ʔəcɬtáyŋxʷ* ʔaʔʔmət. He saw a person sitting. (ES) | nəshák̕ʷ cə *ʔəcɬtáyŋxʷ.* I remember that person. (ES) | ʔə́ý *ʔəcɬtáyŋxʷ*; ʔə́ý xʷanítəm. He was a good person; he was a good white man. (ES) | sxʷák̕ʷiʔ *ʔəcɬtáyŋxʷ.* Crazy person. (ES) | ʔuʔqʷiŋíts cə *ʔəcɬtáyŋxʷ* xʷiyanítəm. He told the white people. (ES) | kʷaʔkʷaʔát tiə *ʔəcɬtáyŋxʷ.* Let this person alone. (ES) | ʔi uʔnə́kʷə yəščənúŋət *ʔəcɬtáyŋxʷ.* And you are a poor person yourself. (BH) | ʔi uʔk̕ʷəntís ʔaʔ kʷi sqanítəŋs cə súyəqs cə məq̕áʔ *ʔəcɬtáyŋxʷ.* They looked at what was robbing the nets of the Makah people. (TC) | ʔuʔhíc suʔccíɬəŋs yaʔ ʔiʔ ʔiyáʔnəs či néʔ *ʔəcɬtáyŋxʷ.* He was standing there a long time listening to the people that were there. (ES)}
2. Indian, Native American. 《any human being but especially Indian》 (TC; BH; ES) {náts ʔaʔ cə *ʔəcɬtáyŋxʷ* snás. He called him by his Indian name. (MJ) | ʔəɬčə́x̣ pástən ʔiʔ ʔəɬčə́x̣ *ʔəcɬtáyŋxʷ.* She was half white and half Indian. (MJ) | níɬ yaʔ scə́ŋxʷəns ti yəščənúŋət *ʔəcɬtáyŋxʷ.* It (Ediz Hook) was the land of the poor Indians. (ES) | ʔáwənə kʷə kʷi ʔəya̕ʔyəŋs yaʔ ti *ʔəcɬtáyŋxʷ.* The Indians houses were no more. (ES) | níɬ kʷaʔčáɬ sxʷnéʔ či *ʔəcɬtáyŋxʷ* ʔiyá ʔaʔ či naʔcáʔuŋx scə́ŋxʷən. That's the origin of Indians in foreign lands. (ES) | ʔáwənə nəsxčít či snaʔátəŋs ʔaʔ ti *ʔəcɬtáyŋxʷ.* I don't know what it's called by the Indians. (TC) | ʔiʔ níɬ suʔhiyinúŋəts či ʔuʔxə́nɬ *ʔəcɬtáyŋxʷ.* And all of us Indians will be saved. (BH) | čtáʔtəŋ cə swéʔwəs *ʔəcɬtáyŋxʷ.* He asked the Indian young man. (ES) | twawháhaʔk̕ʷ u cxʷ ʔaʔ či *ʔəcɬtáyŋxʷ* ʔənsqʷáy. Do you still remember your Indian language? (MJ) | ʔəɬkʷátə či nəs*ʔəcɬtáyŋxʷ* ʔiʔ ɬíxʷ kʷátə či nspástən. I'm a quarter Indian and three quarters white. (MJ) | níɬ suʔƛ̕xʷiyastís či shiyís ti *ʔəcɬtáyŋxʷ* tə siʔám̕. The bosses don't care about an Indian's life. (ES) | ʔuʔŋə́ŋ *ʔəcɬtáyŋxʷ* tiə níɬ ti ʔuʔskʷáʔs ʔuʔsqʷáys cəʔúʔwəs. There were many Indians who used

their own language. (TC)}
3. one's body. {ʔənsʔəcɬtáyŋxʷ. *Your whole body.* (TC) | qákʷɬ tiə nəʔəcɬtáyŋxʷ. *My body is aching.* (TC)} VAR: ʔcɬtáyŋxʷ (MJT; RS; AS,BC; TC) [AS and BC reject the forms with schwa.] {čáʔsa ʔcɬtáyŋxʷ *Two people.* (EPT) | ʔuʔtáqənəxʷ cn cə sqʷáys cə ʔcɬtáyŋxʷ. *I found out what that person was saying.* (TC) | ncáxʷ kʷi sčáytəŋɬ ʔaʔ cə snáʔátəŋ ʔaʔ ti ʔcɬtáyŋxʷ "Indian Agent". *Once we were working for what the Indians called "Indian Agent".* (TC) | nɬ́ suʔq̓ʷə́ts cə scúɬ ʔcɬtáyŋxʷ stáyŋxʷ. *Then she stuck on the wood Indian medicine.* (TC) | čtáŋ cə ʔcɬtáyŋxʷ súkʷəŋ, "stáŋ či ṅsƛ̓éʔʔ" *He asked the person bathing, "What do you want?"* (ES) | ƛ̓xʷiyús kʷaʔ čaʔiyáxʷ ʔaʔ či nə́cuʔ təŋxʷ ʔiʔ ƛ̓áy cxʷ ʔuʔ ʔcɬtáyŋxʷ. *It doesn't matter if you are from another land; you are Indian, too.* (TC)} VAR: ʔəcɬtáyŋəxʷ (RS; ES) {ʔəcɬtáyŋəxʷ cn. *I'm an Indian.* (MJT) | ʔə́y̓ ʔəcɬtáyŋəxʷ. *He's a good person.* (TC) | skʷáʔs yaʔ kʷi q̓ʷúy ʔəcɬtáyŋəxʷ yaʔ. *It had belonged to a person that had died.* (AA) | má"ṅ yáʔ ʔuʔ ŋəṅ ʔəcɬtáyŋəxʷ ʔaʔčixʷícən. *There were very many Indians at čixʷícən.* (ES) | nɬ́ šiyís ti ʔəcɬtáyŋəxʷ cə skʷə́yəxʷ. *The screech owl is the soul of a person.* (ES) | ʔiʔ kʷúkʷ cə nsɬáni ʔaʔ tə stəŋiʔŋínəŋ cə ʔuʔx̣əṅ txʷhuʔáʔis ɬxʷɬšáʔ ʔəcɬtáyŋəxʷ. *My wife cooked supper for all of those nearly thirty people.* (ES)} VAR: ʔcɬtáyŋəxʷ (LC; ES) (MJT)

ʔəcɬtáyŋxʷ skʷáči [√ʔcɬtay=ŋixʷ ʔs-√kʷayiy √person=being stat-√day] ☞ ʔəcɬtáyŋxʷ ☞ skʷáči Native American Day. (AS,BC)

ʔəcɬtáyŋxʷtəŋ [√ʔcɬtay=ŋixʷ-t-ŋ √person=being-trns-psv] ☞ ʔəcɬtáyŋxʷ to be made Indian, human. {háʔnəŋ cn, či x̣áʔyəs, ʔaʔ či nəsʔəcɬtáyŋxʷtəŋ. *Thank you, Great Spirit, for making me an Indian.* (TC,AS,BC)}

ʔəcɬtiŋíxʷəŋ [√ʔcɬtay=ŋixʷ-ŋ √person=being-mdl] ☞ ʔəcɬtáyŋxʷ to talk Indian, speak a Native American language. (ES,TC) {nɬ́ suʔqʷáy ʔaʔ ʔaʔčšəməlú ʔəcɬtiŋíxʷəŋ, "ʔə́š, čəwíṅ ʔiʔ ʔuʔpáʔstənəŋ." *Then Louisa said in Indian, "Aw, even he speaks English."* (MJT) VAR: ʔəcɬtiŋíxʷəŋ {ʔəcɬtiŋíxʷəŋ st. *We're talking Indian.* (MJT) | húy ti suʔəcɬtiŋíxʷəŋɬ. *We're only talking Indian.* (MJT)}

ʔəcɬtiŋíxʷɬ [√ʔcɬtay=ŋixʷ-ɬ √person=being-dur] [rightward stress shift with durative] ☞ ʔəcɬtáyŋxʷ to be of, from, originate with Native Americans; to belong to the Indians. (HS,ES) {sʔəcɬtiŋíxʷɬs scáy. *It's made by Indians.* (MJT)}

ʔəcɬtiŋíxʷɬ tíy [√ʔcɬtay=ŋixʷ-ɬ √tiy √person=being-dur √tea] ☞ ʔəcɬtiŋíxʷɬ ☞ tíy Labrador tea, Indian tea, swamp tea. *Ledum palustre.* (HS,ES)

ʔəcɬtiŋxʷáw̓tx [√ʔcɬtay=ŋixʷ=aw̓txʷ √person=being=house] ☞ ʔəcɬtáyŋxʷ Indian style house, longhouse. {čʔəcɬtiŋxʷáw̓tx ʔiyá kʷə nəsíyaʔ ʔiyá ʔaʔ sqáx̣aʔ ƛ̓čás. *My grandfather had a longhouse there on Guemes Island.* (MJT)}

ʔəctáx̌ʷ let me. *See under:* ʔə́ctxʷ

ʔəctənúʔŋət [√ʔəc-tənuʔŋət √1focus-contingent] ☞ ʔə́c I am the one to do it, I take over. (AS) {kʷɬnɬ́ čakʷi nsuʔəctənúʔŋət. *Now I'm the one doing it.* (AS)}

ʔəctíxʷ [√ʔəc-t<í>xʷ √1focus-letcaus<pers>] ☞ ʔə́ctxʷ let me do it, let it be me. (TC; ES; AS,BC) {ʔəctíxʷ páʔəct. *Let me try.* (ES) | ʔəctíxʷ hiyáʔ kʷəyəxcúttxʷ. *Let me go shake it.* (ES) | ʔəctíxʷ ʔiʔɬčáʔi ti nshiyáʔ stə́ct. *Let me be first to go down.* (AA) | ʔəctíxʷ kʷi ʔənsʔaʔčšúsəŋ. *Let me take your place.* (TC) | ʔəctíxʷ kʷi ʔənsʔaʔčšústəŋ. *Let me change places with you.* (MJT)}

ʔəctúŋən [√ʔctuŋn √middle] to be in the middle, the center; to be among. (MJT; ES) {ʔəctúŋən cn. *I'm in the middle.* (TC) | ʔəctúŋən u cxʷ? *Are you in the middle?* (TC) | ʔiyá tsə ŋə́naʔs ʔiyá ʔaʔ cə ʔəctúŋən. *His daughter is there in the middle.* (MJT) | túy̓xʷ ʔuʔ ʔəctúŋən či sʔə́məts. *She sat right in the middle.* (MJ; TC) | suʔúyɬs tə slapúʔ ʔiʔ ʔə́mət ʔəctúŋən ʔaʔ cə ʔuʔútxs. *So Slapu boarded and sat in the middle of the canoe.* (MJ)}

ʔə́ctxʷ [√ʔəc-txʷ √1focus-letcaus] ☞ ʔə́c Stem: ʔəct [stem for object suffixes] let me do it, let it be me. (TC; AS) {ʔə́ctxʷ ʔáynəč. *Let me be next.* (ES) | ʔə́ctxʷ hiyáʔ. *Let me be the one to go.* (TC) | ʔə́ctxʷ ʔuʔhiyáʔ. *Let me be the one to go.* (TC) | ʔə́ctxʷ qʷáyənət. *Let me talk to him.* (MJT) | ʔə́ctxʷ kʷi nsɬx̣ənə́č. *Be on my side.* (MJT) | txʷʔə́ctxʷ ʔiʔáʔiɬ ʔaʔ cə ṅsnáxʷɬ. *Let me be on your canoe.* (TC) | nɬ́ suʔqʷáys cə naʔčáʔənəxʷ, "ʔə́ctxʷ hiyáʔ, nətán." *Then the foreigner said, "Let me go do it, Mom."* (ES) | nɬ́ nsuʔx̣ənʔátəŋ kʷaʔ ʔə́cts či skʷə́nts či sq̓x̣əyuʔ. *Then I was told that the one watching the clams would be me.* (MJ)} VAR: ʔəctáx̌ʷ (TC; AS) {ʔəctáx̌ʷ hiyáʔ. *Let me go.* (TC) | ʔəctáx̌ʷ u cxʷ? *Are you going to let me do it?* (TC)}

ʔəčás [√ʔič-as √dress-ptcaus] ☞ ʔíčəŋ to put on an article of clothing. (AS,BC) {ʔəčás cn cə nŋə́naʔ. *I dressed my child.* (AS)}

ʔəčísc [√ʔič-istxʷ-c √dress-caus-1obj/2obj] ☞ ʔəčístxʷ dress me; dress you. {ʔəčísc cxʷ. *You dressed me.* (TC) | ʔəčísc cn. *I put it on you.* (TC)}

ʔəčístəŋ [√ʔič-istxʷ-ŋ √dress-caus-psv] ☞ ʔəčístxʷ to be dressed by someone. {ʔəčístəŋ cn. *They put it on me.* (TC) | ʔəčístəŋ cxʷ. *Someone dressed you.* (TC)}

ʔəčístxʷ [√ʔič-istxʷ √dress-caus] ☞ ʔíčəŋ to dress, put clothes on someone, help someone get dressed. (AS) {ʔəčístxʷ cn. *I dressed him.* (TC) | ʔəčístxʷ cn cə q̓áʔŋi. *I helped the girl get dressed.* (AS) VAR: ʔəč̓áŋəst {kʷɬnɬ́ caʔ kʷi nəsʔəč̓áŋəst. *I'm going to dress him now.* (MJT) | ʔəč̓áŋəst cn. *I dressed him.* (MJT)} [√ʔiča-ŋi-st √dress-rel-caus]

ʔəčaʔáw̓əɬ [√ʔəč=əʔəw<ʔ>-ɬ √flank=side<actl>-dur] ☞ ʔəčaʔwíyŋ being at the outside edge away from the wall, be flanking. (TC) {ʔə́c caʔ ʔəčaʔáw̓əɬ. *I'll be on the outside.* (TC)}

ʔəčaʔəwíyətəŋ 〚√ʔəč=əʔəw-iy-t-ŋ √flank=side-dev-trns-psv〛 ☞ ʔəčaʔwíyt to be got on both sides, be flanked by someone. {nił suʔənʔás ʔiʔ *ʔəčaʔəwíyətəŋ* kʷə tím. *Then they came and got on both sides of Tim.* (ES)} VAR: ʔəčaʔwíytəŋ (TC) {*ʔəčaʔwíytəŋ* cn. *They came on both sides of me.* (TC)}

ʔəčaʔwíyŋ 〚√ʔəč=əʔəw-iy-ŋ √flank=side-dev-mdl〛
1. to flank, get on each side, go around the outskirts. (TC; AS)
2. to go to the outside edge (away from the wall). (TC) {*ʔəčaʔwíyŋ* či. *Get on the outside.* (TC) | *ʔəčaʔwíyŋ* cn. *I'm going to the outside (of the bed).* (TC) VAR: ʔaʔčaʔwíyŋ (AS,BC) {*ʔaʔčaʔwíyŋ* kʷi músmus. sx̣ʼéy či sčə́yəxʷs. *The cow went around the outside of the fence. She wants to get inside.* (AS)}

ʔəčaʔwíyt 〚√ʔəč=əʔəw-iy-t √flank=side-dev-trns〛 to flank, get on each side of someone or something. (TC; AS) [may not have a singular subject] ☞ ʔəčaʔwíyŋ {*ʔəčaʔwíyt* st. *We got on both sides of him.* (TC) | *ʔəčaʔwíyt* ʔiʔ kʷənáŋət. *Get on both sides of him and help him.* (TC)}

ʔəčíłtəŋ 〚√ʔičł-t-ŋ √dip-trns-psv〛 ☞ ʔíčł to be ladled, dipped, scooped up by someone. {*ʔəčíłtəŋ* cn. *Someone dipped for me.* (AS)} VAR: ʔíčtəŋ {*ʔíčtəŋ* cə qʷúʔ. *The water was dipped up.* (AS)} VAR: ʔəčítəŋ (TC)

ʔəčšit change it. *See under:* ʔaʔčšit

ʔəčšitəŋ be changed. *See under:* ʔaʔčšitəŋ

ʔəčšiti exchange. *See under:* ʔaʔčšiti

ʔəčút load it. *See under:* həčút

ʔəccísən hand towel. *See under:* sxʷʔəccísən

ʔəčéʔqʷəŋ 〚√ʔač=iʔqʷ-ŋ √wipe=head-mdl〛 ☞ ʔáčəŋ to wipe one's head. (TC) {*ʔəčéʔqʷəŋ* kʷsə swéʔwəs. *The boy wiped his head.* (AS)} VAR: ʔičéʔqʷəŋ (AS)

ʔəčəcísəŋ 〚√ʔač=acis-ŋ √wipe=hand-mdl〛 ☞ ʔáčt to wipe one's hands. (TC) VAR: ʔəccísəŋ (TC) {*ʔəccísəŋ* cn. *I'm wiping my hands.* (AS)}

ʔəčíkʷsəŋ 〚√ʔač=iws-ŋ √wipe=body-mdl〛 ☞ ʔáčt to wipe, dry one's body. (TC; ES) VAR: ʔaʔčíkʷsəŋ (AS) {*ʔaʔčíkʷsəŋ* cn. *I wiped my body.* (AS)}

ʔəčíkʷstəŋ 〚√ʔač=iws-t-ŋ √wipe=body-trns-psv〛 ☞ ʔəčíkʷsəŋ to have one's body wiped by someone or something. {*ʔəčíkʷstəŋ* cn. *They wiped my body.* (TC; ES)}

ʔəčnúkʷən 〚√ʔač=ənukʷ=ən √wipe=ground=instr〛 ☞ ʔáčəŋ broom. {ʔəxín ʔuč kʷi *ʔəčnúkʷən*? *Where is the broom?* (AS)}

ʔəčsánəŋ 〚√ʔač=sən-ŋ √wipe=foot-mdl〛 ☞ ʔáčəŋ to wipe the feet. (EPT) {*ʔəčsánəŋ* či *Wipe your feet!* (EPT; MJT) VAR: ʔəčsánəŋ {*ʔəčsánəŋ* či. *Wipe your feet.* (MJT)}

ʔəčúsəŋ 〚√ʔač=us-ŋ √wipe=face-mdl〛 ☞ ʔáčəŋ to wipe the face. (AS) {*ʔəčúsəŋ* cə q̓áʔŋi. *The girl wiped her face.* (AS)}

ʔəkʷə́yəŋ 〚√ʔəkʷəy-ŋ √weave-mdl〛 to weave. {*ʔəkʷə́yəŋ* či. *Weave it.* (MJT) | *ʔəkʷə́yəŋ* ʔaʔ či ciʔsántən. *Weave a mat.* (MJT)}

ʔəkʷə́yət 〚√ʔəkʷəy<ʔ>-t √weave<actl>-trns〛 ☞ ʔəkʷə́yəŋ to be weaving something. {*ʔəkʷə́yət* či. *Weave it.* (MJT)}

ʔə́kʷiyaʔqʷ great-great-grandparent/child. *See under:* háʔkʷiyaʔqʷ

ʔəkʷłníc protect me/you. *See under:* ʔaʔkʷłníc

ʔəkʷłnít protect someone. *See under:* ʔaʔkʷłnít

ʔəkʷłnítəŋ 〚√ʔaʔkʷł-ni-t-ŋ √protect-rel-trns-psv〛 ☞ ʔaʔkʷłnít to be protected, taken care of by someone or something. {*ʔəkʷłnítəŋ* cn. *They're taking care of me.* (ES) | *ʔəkʷłnítəŋ* u cxʷ? *Are they taking care of you?* (ES) | ʔə́y u ti nsʔəkʷłnítəŋ? *Are they taking good care of you?* (ES) VAR: ʔaʔkʷłnítəŋ {*ʔaʔkʷłnítəŋ* cn. *They take care of me.* (AS)}

ʔəléʔkc 〚√ʔəliʔk-t-c √elect-trns-1obj/2obj〛 ☞ ʔəléʔkt elect me; elect you. {*ʔəléʔkc* u cxʷ? *Did you elect me?* (TC)}

ʔəléʔkt 〚√ʔəliʔk-t √elect-trns〛 to elect someone, vote for someone. [back formation from English 'elect'] {*ʔəléʔkt* cn. *I elected him.* (TC)}

ʔəléʔktəŋ 〚√ʔəliʔk-t-ŋ √elect-trns-psv〛 ☞ ʔəléʔkt to be elected. {*ʔəléʔktəŋ* cn. *I got elected.* (TC) | *ʔəléʔktəŋ* u cxʷ? *Did they elect you?* (TC) | suʔəléʔktəŋs cə słánis kʷsəẃnił. *So that one's wife was elected.* (TC)}

ʔəlíluʔ 〚√ʔəliluʔ √salmonberry〛 salmonberry. *Rubus spectabilis.* (LBH; LB,CWH; MJT; ES; TC) [perhaps from Northern Straits] {nəŋə́t cn tə ʔəliluʔíłč ʔiʔ čaʔx̣ʼkʷnáxʷ cn tə *ʔəlíluʔ*. *I bent the salmonberry bush down and finally got the salmonberries.* (MJT)} VAR: ʔilíluʔ (HS) VAR: líluʔ (TC) {yəcústs kʷłi séʔyaʔs, "hiyáʔ caʔn ʔəmxʼúcən ʔaʔ či *líluʔ*." *Then she told her grandmother, "I'm going to go pick salmonberries."* (AS)}

ʔəlíluʔíłč 〚√ʔəliluʔ=iłč √salmonberry=plant〛 ☞ ʔəlíluʔ salmonberry bush. (MJT; ES) {kʷłiʔnə́ŋt cn tə *ʔəlíluʔíłč*. *I'm bending the salmonberry bush down now.* (MJT) | nəŋə́t cn tə *ʔəlíluʔíłč* ʔiʔ čaʔx̣ʼkʷnáxʷ cn tə ʔəlíluʔ. *I bent the salmonberry bush down and finally got the salmonberries.* (MJT)}

ʔəł 〚ʔəł while〛 [Introducing a 'while' subordinate clause, the verb following this always has one of the subordinate subject suffixes: -(ə)n, -(ə)ł, -(ə)xʷ, -(ə)s.] while. (LC) {ʔuʔ ʔiʔhúʔi *ʔəł* tə́ss. *She came alone.* (ES) | ʔáwənə nəsxčít *ʔəł* xʷaʔnítaʔməŋxʷ *I don't understand when you're talking English.* (ES) | húytxʷ *ʔəł* ʔuʔnəcáxʷs. *Every once in a while.* (TC) | kʷłáč *ʔəł* čáŋən. *It's already dark when I get home.* (TC) | *ʔəł* táŋənəs. *when it's evening* (TC) | *ʔəł* kʷaʔčíyəs. *when it's morning* (TC) | *ʔəł* ʔəsnáts. *when it's night* (TC) | *ʔəł* ʔə́yəss. *when they're having fun* (TC) | *ʔəł* ʔə́yəsən. *when I'm*

ʔəɬʔíɬəŋ

happy (TC) | ʔuʔx̣ə́nə ʔəɬ cán. *It's everybody.* (TC) | x̣ʷuʔúŋ ʔəɬ ʔéʔsts. *She was crying while she was paddling.* (AA) | x̣ʷə́ŋ cn ʔəɬ štə́ŋən. *I walk fast.* (TC) | mán cxʷ ʔuʔ x̣ʷə́ŋ ʔəɬ štə́ŋəxʷ. *You walk too fast.* (EPT) | ʔiʔšə́təŋ ʔəɬ hiyáʔəs. *He was walking when he went.* (TC) | q̓aʔq̓ánəɬ cn ʔəɬ štə́ŋən. *I walk slowly.* (TC) | šaʔšúʔɬ cn ʔəɬ štə́ŋən. *I'm happy when I walk.* (TC) | šaʔšúʔɬ cn ʔəɬ k̓ʷənnúŋən. *I'm glad when I see you.* (TC) | ʔə́y̓ ʔəɬ hiyáʔən. *It's good that I went.* (TC) | ƛ̓číkʷs cn ʔəɬ ƛ̓áʔcuʔən. *I'm tired from fishing.* (TC) | čəŋíkʷs cn ʔəɬ q̓ʷáq̓ʷiʔən. *I don't know how to speak.* (TC) | hiyáʔ cə swə́yqaʔ ʔəɬ k̓ʷə́nnəxʷs. *The man left when he saw it.* (TC) | ƛ̓áy ʔuʔ k̓ʷɬɬáč ʔəɬ čáŋəs. *It was already dark, too, when he got home.* (TC) | k̓ʷɬčə́saʔ skʷáči ʔəɬ ŋaʔk̓ʷaʔcútən. *I've been waiting two days.* (TC) | x̣ʷə́ŋ ʔəɬ k̓ʷánəŋəts; ʔáw c x̣ʷənʔáŋ̓ ʔaʔ ʔə́c. *He runs faster than me.* (TC) | ʔiʔánəŋ cn ʔəɬ čáyən ʔaʔ ti məhúy̓. *I know how to make a basket.* (MJT) | ʔáwə caʔn c ʔiyá či n̓skʷənáŋət ʔəɬ sáy̓siʔxʷ. *I will not be there to help you when you are afraid.* (MJ) | ʔuʔtxʷʔáwənə sx̣číɬɬ kʷaʔ ʔuʔeʔéʔnnɬ ʔəɬ q̓ʷáq̓ʷiʔəɬ. *It's getting so we don't know what we're saying when we talk.* (TC) | níɬ suʔŋúts tə ncə́t kʷaʔ húyəs ʔaʔ cə sq̓x̣óyuʔ ʔəɬ ʔéʔɬəŋ̓s. *Then my father ate it when he finished the clams he was eating.* (MJ) | ʔuʔtxʷncáxʷ ʔi ʔuʔəstáx̣ tə nəsqʷáy̓ ʔəɬ nəsƛ̓éʔs ti nəxʷsƛ̓áy̓əmúcən ʔəɬ q̓ʷáq̓ʷiʔən. *Every once in a while now I am mistaken in my words when I want to talk in the Klallam language.* (TC) | štə́ŋ ʔúxʷ ʔaʔ cə sxʷʔiyás c sʔúy̓ɬ ʔaʔ cə snə́xʷɬs ʔəɬ hiyáʔəs ƛ̓ácu. *He walked over to where he boarded his canoe when he goes fishing.* (TC) | ʔiʔ saʔsúɬs či stxʷʔáx̣əŋ̓s ti ʔəcɬtáyŋxʷ ʔəɬ šə́təŋ̓s. *And it was the trail where the people would travel while they were walking.* (ES) | hú ʔ yaʔ kʷaʔnéʔŋət k̓ʷi tím ʔaʔ ti táŋən ʔəɬ ʔiʔɬáčcts činu skʷáči ʔiʔ níɬ táči cə c̓aʔcéʔx̣ʷəŋ ʔiyá ʔaʔ tə cácu. *When Tim was running in the evening when the day was getting dark, he would get to a shallow place at the beach.* (ES) | čʔiyá ʔaʔ cə tɬnáʔəč k̓ʷɬi sɬáni ʔ čɬéʔim yaʔ ʔəɬ čə́nəŋəs. *The woman who got that song when she was in the Shaker church was from Canada.* (ES) | šə́təŋ̓ yaʔ ʔəɬ hiyáʔəs ʔúxʷ ʔaʔ kʷəsə sxʷʔiyás čisʔúy̓ɬs ʔaʔ tə scaʔkʷaʔyúɬ ʔəɬ hiyáʔəs čáy̓. *He was walking over to where he got on the crummy to go to work.* (ES) | ʔiʔ ƛ̓áy ʔuʔ kʷɬuʔɬáč ʔəɬ čáŋəs ʔiʔuʔšə́təŋ. *And it was also already dark when he came walking home.* (ES)} VAR: ɬ {ʔuʔx̣ʷə́ŋ k̓ʷə nəyə́nəwəs ɬ čáʔiʔs. *My heart is working fast.* (AS,BC)} VAR: ʔɬ {nəxʷsúytəŋ cn ʔɬ q̓ʷúʔqʷaʔən. *I swell up when I'm drinking.* (AS) | nəxʷsúytəŋ cə ncáys ʔɬ čáʔin. *My hands swell up when I'm working.* (AS,BC)}

ʔəɬʔíɬəŋ̓ 〚ʔɬ+√ʔiɬn<ʔ> pl+√eat<pl>〛 ☞ ʔíɬən to eat (of a group). (EPT) {čaʔəɬʔíɬəŋ̓ k̓ʷsanu. *They're just now eating.* (EPT)} VAR: ʔəɬʔíɬən (MJT)

ʔəɬá ʔ 〚√ɬaʔ √here〛 to be here, there. (TC; ES) {ʔuʔəɬá ʔ. *Stay here (don't go).* (LC) | ʔuʔəɬáʔ cn. *I'm here.* (TC) | ʔuʔəɬáʔ či. *Stay here.* (LC) | ʔuʔəɬáʔ u cxʷ? *Will you stay here?* (LC) | k̓ʷɬʔəɬáʔ cxʷ k̓ʷaʔčaʔ. *You're here.* (LC) | ʔəɬáʔ tiʔə xʷúʔŋət. *Here's the paddle.* (MJT) | ʔəɬáʔ u yaʔ cxʷ ʔaʔ k̓ʷi čiʔáq̓t? *Were you here yesterday?* (TC) | ʔuʔmán ʔuʔ sáy̓siʔ ʔə́wə ƛ̓áy c ʔənʔá həwíyŋ ʔáɬaʔ tiə sxʷʔəɬáʔɬ. *He was so scared he never came back again here to our place.* (ES)} VAR: ɬáʔ {čaɬáʔ cn. *I just got here.* (AS) | k̓ʷɬʔɬáʔ cn. *I'm already here.* (LC) | húʔ caʔ cxʷ hiyáʔ ʔiʔ ʔuʔɬáʔ caʔ. *If you will go, he will stay.* (LC)} VAR: ʔəɬáʔ (TC; ES) {xʷə́ŋ cn ʔiʔ ʔuʔəɬáʔ. *I can stay.* (TC)} VAR: ʔɬá {ʔuʔɬá yaʔ tə nəskʷə́nəxʷ. *It was here that I saw him.* (LC) | ʔuʔɬá yaʔ cxʷ. *You were here.* (TC)} VAR: ɬáʔ {ɬáʔ cn. *I'm here.* (AS) | ʔiɬáʔ cn. *I got here.* (AS) | ɬáʔ k̓ʷi kʷə scəyíqʷɬ. *The fruit is here.* (AS)}

ʔəɬáŋ̓əɬ 〚ʔs-√ɬ<á>ŋ<ʔ>-ɬ stat-√detach<rslt>-dur〛 ☞ ɬə́ŋ to be detached. (TC) {ʔəɬáŋ̓əɬ k̓ʷi kʷə číkcik. *The buggy is detached (from the horses).* (AS)}

ʔəɬčəčxíkʷs 〚ʔɬ-čə+√čx̣=iws part-pl+√split=body〛 ☞ ʔəɬčxíkʷs a group of half-breeds. (TC) VAR: ʔəɬčičxíkʷs (MJT) 〚ʔɬ-čy+√čx̣=iws part-pl+√split=body〛

ʔəɬčáx̣ 〚ʔɬ-√čx̣ part-√split〛 ☞ čáx̣ cp. ʔəɬkʷátə half; half dollar. (EPT; ES; TC) {ƛ̓kʷát cn cə ʔəɬčáx̣. *I took half.* (TC) | ʔáɬaʔ ciʔə ʔəɬčáx̣. *Here's half a dollar.* (EPT) | ʔəɬčáx̣ ɬqáy̓č. *half moon* (TC) | ʔəɬčáx̣ cn. *I'm half-breed.* (TC) | sqásts cə ʔəɬčáx̣ ʔaʔ cə tálə. *He took out half the money.* (MJ) | ʔəɬčáx̣ pástən ʔiʔ ʔəɬčáx̣ ʔəcɬtáyŋxʷ. *She was half white and half Indian.* (MJ) | ʔəɬčáx̣ cn nəxʷsƛ̓áy̓əm *I am half Klallam.* (RSh) | ʔiʔ ƛ̓kʷát cn ti ʔəɬčáx̣. *And I took half.* (MJ) | ʔəɬčáx̣ ʔaʔ cə tálə sqán̓. *Half the money was stolen.* (MJ)} VAR: ɬčáx̣ {ɬčáx̣ mít. *Five cents.* (AS,BC)}

ʔəɬčxíkʷs 〚ʔɬ-√čx̣=iws part-√split=body〛 ☞ ʔəɬčáx̣ to be half Native American. (EPT; MJT; ES) {ʔəɬčxíkʷs č k̓ʷi kʷə swə́y̓qaʔs. *Her husband is apparently a half-breed.* (AS)}

ʔəɬnéʔnəs 〚√ʔiɬn=i<ʔ>nəs √eat=chest<actl>〛 ☞ ʔəɬnínəs to be burping, belching. (ES; ES,TC) VAR: ʔəɬnéʔnəs (AS)

ʔəɬnínəs 〚√ʔiɬn=inəs √eat=chest〛 ☞ ʔíɬən to burp, belch. (BC)

ʔəɬnínəst 〚√ʔiɬn=inəs-t √eat=chest-trns〛 ☞ ʔəɬnínəs to burp a baby. (AS,BC) {ʔəɬnínəst cə sƛ̓iƛ̓áʔqɬ. *Burp the baby.* (AS,BC) | ʔəɬnínəst či cə n̓ŋə́naʔ. *Burp your child.* (AS)}

ʔəɬnínəstəŋ 〚√ʔiɬn=inəs-t-ŋ √eat=chest-trns-psv〛 ☞ ʔəɬnínəst to be burped (of a baby) by someone. (AS,BC) {ʔəɬnínəstəŋ cə n̓ŋə́naʔ. *My child was burped.* (AS)}

ʔəɬnísc 〚√ʔiɬn-istxʷ-c √eat-caus-1obj/2obj〛 ☞ ʔəɬnístxʷ feed me; feed you. (TC) {ʔəɬnísc caʔn. *I'm going to feed you.* (ES; MJ) | ʔəɬnísc u caʔ cxʷ? *Are you going to feed me?* (ES) | k̓ʷɬhúy k̓ʷi nəsʔəɬnísc. *I already fed you.* (ES)}

ʔəɬnístəŋ 〚√ʔiɬn-istxʷ-ŋ √eat-caus-psv〛 ☞ ʔəɬnístxʷ to be fed. {ʔəɬnístəŋ cn. *They fed* *me.* (TC; EB) | **ʔəɬnístəŋ** caʔ st. *They're going to feed us.* (AS) | **ʔəɬnístəŋ** cə skʷtúʔ. *He fed Raven.* (TC) | **ʔəɬnístəŋ** cə nəŋə́ŋnənaʔ. *He fed my kids.* (ES) | **ʔəɬnístəŋ** cə nəŋá́ʔnaʔ. *She fed my baby.* (ES) | nəstáŋ ʔuč tiʔə nəs**ʔəɬnístəŋ**? *What are they feeding me?* (MJT) | **ʔəɬnístəŋ** cn ʔaʔ kʷə nəcə́t ʔaʔ či x̣̌aʔcə́m. *My father fed me mussels.* (BC) | ʔíʔ ŋə́n sʔíɬən tə s**ʔəɬnístəŋ**s tə ʔaʔyəcɬtáynxʷ. *There was lots of food being fed to the people.* (MJ) | ɬə́ŋ q cxʷ ʔuʔ čaʔscúm či nšə́təŋ u kʷaʔ ʔáwəxʷ c **ʔəɬnístəŋ** kʷaʔ q̓ʷúyəxʷ caʔ. *You'd be just walking bones, wouldn't you, when you aren't fed when you're dead.* (TC) VAR: ʔəɬnístəŋ **ʔəɬnístəŋ** caʔ st. *They're going to feed us.* (MJT) | **ʔəɬnístəŋ**ɬ ʔaʔ cə táŋən. *They fed us in the evening.* (MJ)}

ʔəɬnistúŋə [√ʔiɬn-istxʷ-uŋə √eat-caus-2obj] ☞ **ʔəɬnístxʷ** feed you. {**ʔəɬnistúŋə** cn. *I fed you.* (TC)}

ʔəɬnistúŋɬ [√ʔiɬn-istxʷ-uŋɬ √eat-caus-1plobj] ☞ **ʔəɬnístxʷ** feed us. {**ʔəɬnistúŋɬ** cxʷ. *You fed us.* (AS,BC)}

ʔəɬnístxʷ [√ʔiɬn-istxʷ √eat-caus] ☞ ʔíɬən Stem: ʔəɬníst [third-person stem] *to feed someone or something.* (ES) {**ʔəɬnístxʷ** cn. *I fed him.* (TC) | **ʔəɬnístxʷ** či! *Feed her!* (AS,BC) | **ʔəɬnístxʷ** cə nəsqáxaʔ. *Feed my dog.* (ES) | **ʔəɬnístxʷ** cn cə sqáxaʔ. *I fed the dog.* (TC) | **ʔəɬnístxʷ** cə maʔmúsmus. *I fed the little cow.* (MJ) | ʔúy táči ʔiʔ **ʔəɬnístxʷ** cn. *When she gets here, I feed her.* (MJT) | x̣̌kʷə́ts tə sʔíɬən **ʔəɬníst**s tə snáyaʔnəkʷ. *He carried the food to feed the ghosts.* (MJ) | yəcúst ʔaʔ či syáʔyaʔct ti s**ʔəɬnístxʷ**s ti čánəŋ. *Tell her what to do to feed the Shakers.* (MJ) | tčə́ts ʔiʔ ɬkʷísts yaʔ s**ʔəɬnístxʷ**s cə saʔə́yčəns. *He stabbed him and took him home to feed his sister.* (TC) | x̣̌iyáŋ ʔaʔ či sʔíɬəns **ʔəɬnístxʷ** cə x̣áwəs swə́yqaʔs. *She looked for food to feed her new husband.* (TC) | hiyáʔ kʷə cə snə́q̓ʷuʔ yə́ščən x̣̌iyáŋ ʔaʔ či s**ʔəɬnístxʷ**s caʔniɬ x̣áɬ sɬániʔs. *Poor Crane went to look for something to feed his sick wife.* (AA) | ʔənʔáxʷ caʔn kʷə či sʔíɬən ʔiʔ čqʷə́t st ʔiʔ **ʔəɬnístxʷ** caʔ st či sq̓ʷúʔq̓ʷiʔ ʔəcɬtáynxʷ. *I'll bring food, and we will burn it, and we'll feed the dead.* (MJ) | ʔúy q kʷə či čə́q ti sɬə́čəŋ ʔiʔ hiyáʔ ɬcú cə q̓áʔŋi ʔiʔ q̣x̣óyuʔ **ʔəɬnístxʷ**s tə ŋə́nəŋənaʔs. *When there would be a big low tide, the girl went to the beach digging clams to feed her children.* (MJ) VAR: ʔəɬnistxʷ {su**ʔəɬnístxʷ** cə sʔúq̓ʷaʔs. *Then he fed his sister.* (TC) | ɬʷkʷísts ʔiʔ **ʔəɬnístxʷ** cə sʔúq̓ʷaʔs. *He brought him home and fed it to his sister.* (TC) | x̣̌iʔáŋ ʔaʔ či sʔíɬəns s**ʔəɬnístxʷ**s cə swə́yqaʔs. *She looked for food to feed her husband.* (TC)}

ʔəɬníyɬ [√ʔiɬn-iyɬ √eat-go] ☞ ʔíɬən *to go out to eat, go to a restaurant.* {**ʔəɬníyɬ** cn. *I'm going to the restaurant.* (TC)}

ʔəɬkʷátə [ʔɬ-√kʷatə part-√quarter] ☞ kʷátə *to be one quarter Native American.* {**ʔəɬkʷátə** či nəsʔəcɬtáynxʷ ʔiʔ ɬíx̣ kʷátə či nspástən. *I'm a quarter Indian and three quarters white.* (MJ)}

ʔəɬpács slip hand. *See under:* ɬpács

ʔəɬsmaʔmáʔnəš [ʔɬ-s-maʔ+√ma<ʔ>nəš consume-s-dim+√tobacco<dim>] ☞ **ʔəɬsmánəš** *to have a little smoke of tobacco.* {kʷq̓ə́t caʔn tə súɬ **ʔəɬsmaʔmáʔnəš**. *I'll open the door to have a little smoke.* (MJ)}

ʔəɬsmáʔnəš [ʔɬ-s-√ma<ʔ>nəš consume-s-√tobacco<actl>] ☞ **ʔəɬsmánəš** *to be smoking, chewing, consuming tobacco.* {**ʔəɬsmáʔnəš** cn. *I'm smoking.* (TC; ES) | **ʔəɬsmáʔnəš** cn ʔaʔ tiʔə nəpáʔəkʷ. *I'm smoking my pipe.* (TC) | **ʔəɬsmáʔnəš** cn ʔaʔ cə nəpáʔəkʷ. *I'm smoking my pipe.* (TC)} VAR: ʔəɬsmáʔnaʔš *to be smoking tobacco.* (MJ)

ʔəɬsmánəš [ʔɬ-s-√manəš consume-s-√tobacco] ☞ smánəš *to consume tobacco, smoke a cigarette, cigar, chew tobacco, dip snoose.* (MJT; TC; ES) {**ʔəɬsmánəš** cn. *I'm smoking.* (TC) | **ʔəɬsmánəš** či. *Go ahead and smoke.* (MJT) | sqíyŋ cn **ʔəɬsmánəš**. *I went out to smoke.* (AS) | **ʔəɬsmánəš** ti swə́yqaʔ ʔiʔ candy ti sɬáni. *A man uses tobacco and a woman candy.* (MJ) | ʔiʔ náʔcuʔ cə xʷánitəm sx̣̌éʔs či snuʔhiyáʔ sqéyŋ ʔiʔ **ʔəɬsmánəš**. *One of the white men wanted to kind of go outside and smoke.* (ES) | suʔxʷənúʔəsəŋs cə xʷánitəm **ʔəɬsmánəš** ʔaʔ cə q̓ʷaʔyəqʷáɬiʔ. *The white man who was smoking was facing the small logs.* (ES)}

ʔəɬsmanəšáyŋən [ʔɬ-s-√manəš-ayŋən consume-s-√tobacco-want] ☞ **ʔəɬsmánəš** *to want to smoke, have tobacco.* (ES) {**ʔəɬsmanəšáyŋən** cn. *I want to have a smoke.* (AS)}

ʔəɬsqaʔx̣óyu [ʔɬ-s-√q̓<əʔ>x̣-ayu consume-s-√clam<actl>-activ] ☞ q̓aʔx̣óyu *to be eating clams.* {**ʔəɬsqaʔx̣óyu** cn. *I'm eating clams.* (ES)}

ʔəɬsqʷúʔŋəɬč [ʔɬ-s-√qʷu<ʔ>ŋ=iɬč consume-s-√alder<actl>=plant] ☞ sqʷúŋəɬč *to be eating alder sap.* (MJT)

ʔəɬsq̓ʷuʔúʔŋiʔ [ʔɬ-s-√q̓ʷ<əʔ>u<ʔ>ŋiʔ consume-s-√head<actl>] ☞ sq̓ʷúŋiʔ *to be eating fish heads.* {**ʔəɬsq̓ʷuʔúʔŋiʔ** cn. *I'm eating fish heads.* (ES)}

ʔəɬɬíq̓əŋ get hot. *See under:* ɬɬíq̓əŋ

ʔəméləkən [√ʔəméləkən √American] *American.* (AS,BC) [from English 'American'] VAR: ʔəméləkəns (AS,BC)

ʔəmənéʔəŋ [√ʔumaniʔ-ŋ<ə́> √hunt-mdl<actl>] [stress shifts to final vowel of root when middle suffix is added] ☞ ʔəsʔúmənaʔ *hunting.* {kʷi**ʔəmənéʔəŋ** cn. *I'm hunting now.* (TC) | hiyáʔ **ʔəmənéʔəŋ** kʷi yúx̣ yaʔ nəsxʷtúnəq. *My oldest brother went hunting.* (TC)}

ʔəməqʷə́m̓əxʷ [√ʔəməqʷə́m̓əxʷ √dull] *to be dull, not sharp (of a blade).* {**ʔəməqʷə́m̓əxʷ** cə nq̓ʷaʔéyəs. *Your knife is dull.* (EPT)} VAR: qʷə́m̓əxʷ {ʔuʔmán ʔuʔ **q̓ʷə́m̓əxʷ**. *It's very dull.* (AS)} [√qʷəm̓xʷ √dull]

ʔə́mət [√ʔəmut √sit]
1. *to sit, assume a sitting position, sit up, sit down.* (MV; JCo; EPT; MJT; LC; TC; AS,BC; HS,ES; ES) {**ʔə́mət** či. *Sit down! / Sit up!* (JCo; NS,JW; LC; TC) | **ʔə́mət** cn.

I sat down. (MJ) | kʷɬʔə́mət cn. *I'm going to sit up now.* (TC) | ʔə́mət či ʔaʔ tə sxʷčaʔwáčən. *Sit down on the chair!* (EPT) | ʔə́mət či ʔaʔ cə ɬxnúkʷən. *Sit on the floor.* (TC) | ʔənʔá či ʔə́mət. *Come sit.* (HS) | ʔə́mət xʷáŋaʔɬəŋ. *He sat and rested.* (ES) | ʔámət či ʔiʔ ʔíɬən. *Sit down and eat.* (TC,AS,BC) | ʔə́mət cn ʔiʔ xʷáŋaʔɬəŋ. *Sit down and rest.* (TC) | ʔə́mət kʷi tsiʔə sɫániʔ. *The woman is sitting down.* (MV) | túʔx̌ ʔuʔ ʔəctúŋən či sʔə́məts. *She sat right in the middle.* (MJ) | ʔə́mət tuŋɬ ʔiʔ čaʔxʷítəŋ cxʷ. *When I sit down, you jump.* (TC) | níɬ ti suʔstə́ŋs ʔiyá ʔaʔ cə sɬxnúkʷən ʔiʔ ʔə́mət. *Then he dropped to the floor and sat.* (MJ) | suʔqiqə́kʷs kʷi nəsíyaʔ ʔiʔ ʔə́mət xʷáŋaʔɬəŋ. *So my grandfather got tired, and he sat down to rest.* (MJ) | suʔúyɬ tə slapú? ʔiʔ ʔə́mət ʔəctúŋən ʔaʔ cə ʔuʔútxs. *So Slapu boarded and sat in the middle of the canoe.* (MJ) | níɬ suʔúyɬ ʔiʔ ʔə́mət ʔaʔ cə sxʷčaʔwáčəns cə sčaʔkʷaʔyúɬs. *Then she boarded and sat on the seat of his wagon.* (ES)}
2. *to get up, arise, get out of bed.* (EPT; HS,ES) {ʔáwə cn c ʔə́mət. *I'm not going to get up.* (MJT) | níɬ nsuʔə́mət ʔaʔ t kʷaʔčíy. *Then I got up early in the morning.* (MJ) | ʔáwə kʷaʔ ʔə́məts. *He wouldn't get up.* (MJ) | kʷɬníɬ suʔə́məts ʔiʔ ʔə́yəct. *Soon he sat up and got better.* (MJ) | suʔə́məts ʔaʔ či ʔəsnát ʔiʔ ctə́ŋ. *So she got up at night and crawled.* (MJ) | kʷaʔčíy kʷaʔča? ʔiʔ ʔə́mət cə nsə́nəkʷ. *It was morning, and my bed partner got up.* (MJ) | níɬ č suʔə́məts cə q̓áʔŋi. *Then the girl got up.* (AS)} VAR: ʔə́mt (RS)

ʔəmətáwtxʷ [√ʔəmut=awtxʷ √sit=house] ☞ ʔə́mət *toilet, bathroom, restroom.* {ʔəx̌én či ʔəmətáwtxʷ. *Where is the toilet?* (TC)}

ʔəmətíyəɬ [√ʔəmut-iɬ √sit-go] ☞ ʔə́mət
1. *to go to sit down.* {hiyáʔ cn ʔəmətíyɬ. *I'm going to sit down.* (AS)}
2. *to go to the toilet.* {hiyáʔ cn ʔəmətíyəɬ. *I'm going to the bathroom.* (TC) VAR: ʔəmətíyɬ (AS,BC) {hiyáʔ caʔ st ʔəmətíyɬ. *We'll go sit.* (AS)}

ʔəmətnúŋət [√ʔəmut-nuŋt √sit-ncmdl] ☞ ʔə́mət *to manage to sit up.* {ʔəmətnúŋət u cxʷ? *Did you sit up?* (MJT)}

ʔə́məxʷ [√ʔəmxʷ √harvest] *to harvest, pick fruit.* (AS) {hiyáʔ yaʔ st ʔə́məxʷ ʔaʔ kʷi píxʷ. *We went to pick red huckleberries.* (AS)}

ʔə́mqʷúʔ [√ʔmqʷuʔ √swing] *to swing.* (HS) {ʔə́mqʷúʔ cn. *I'm swinging.* (HS) | hiyáʔ či ʔə́mqʷúʔ. *Let's go swing.* (HS)}

ʔəmúttxʷ [√ʔəmut-txʷ √sit-letcaus] [rightward stress shift with causative] ☞ ʔə́mət Stem: ʔəmútt [stem for subject suffixes] *to get someone to sit down.* {ʔəmúttxʷ či. *Have him sit down.* (MJT) | kʷɬʔəmútts. *He got him to sit down.* (MJT)}

ʔəmxʷɬnáyəŋ [√ʔəmxʷ=ɬnay-ŋ √harvest=neck-mdl] ☞ ʔəmxʷúcən *to eat berries while picking.* (MJT) VAR: ʔəmxʷnáʔiŋ (AS) {ʔəmxʷnáʔiŋ cə q̓áʔŋi. *The girl is eating berries.* (AS)}

ʔəmxʷúcən [√ʔəmxʷ=ucin √harvest=mouth] ☞ ʔə́məxʷ *to harvest, pick berries, gather berries or other fruit or vegetables.* (ES; ES,TC; BC; AS) {ʔəmxʷúcən cn. *I'm picking berries.* (AS) | ʔəmxʷúcən cn ʔaʔ cə sq̓ʷiyáyŋxʷ. *I picked blackberries.* (AS,BC) | hiyáʔ č ʔəmxʷúcən. *They apparently went to pick berries.* (MJ) | yəcústs kʷɬi séʔyaʔs, "hiyáʔ caʔn ʔəmxʷúcən ʔaʔ či lílúʔ." *Then she told her grandmother, "I'm going to go pick salmonberries."* (AS) | suʔkʷáčis ʔiʔ hiyáʔ kʷɬtán yaʔ šičaʔpúʔəɬ ʔəmxʷúcən. *So in the morning Jenny went with her mother picking berries.* (MJ)}

ʔəmxʷúct [√ʔəmxʷ=uc-t √harvest=mouth-trns] ☞ ʔəmxʷúcən *to harvest something, pick berries, gather berries or other fruit or vegetables.* {ʔəmxʷúct cn cə sq̓ʷiyáyŋxʷ. *I picked the blackberries.* (AS,BC)}

ʔəmíq̓ʷúʔtən [√ʔm<ʔ>q̓ʷuʔ=tən √swing<actl>=instr] *a swing, anything used for swinging.* (LC)

ʔə́mt *sitting.* See under: ʔaʔə́mət

ʔəmx̌cəníɬ [√ʔm<ʔ>xʷ=ucin<ʔ>-iyɬ √harvest<actl>=mouth<actl>-go] ☞ ʔəmxʷúcən *to be going out to pick berries.* (MJT)

ʔəmx̌úcən [√ʔm<ʔ>xʷ=ucin<ʔ> √harvest<actl>=mouth<actl>] [analysis uncertain] ☞ ʔəmxʷúcən *to be picking berries or other fruit.* (TC,AS; TC) {ʔəmx̌úcən cn. *I'm picking berries.* (TC) | hiyáʔ či ʔəmx̌úcən. *Let's go pick berries.* (HS,ES) | ʔəmx̌úcən cawníɬ. *He's picking berries.* (TC) | šéʔtəŋ cn ʔaʔ ti ʔəmx̌úcən. *I'm wishing to go pick berries.* (MJT) | ʔəmx̌úcən cn ʔaʔ cə sq̓ʷəyáyŋəx. *He picked the blackberries.* (TC) | hiyáʔ či ʔəmx̌úcən tuŋɬ ʔaʔ či yéʔx̌əm. *Let's go berry-picking for blueberries.* (MJ) | ʔuʔhúʔhuʔhuy ti nəsʔiyá ʔəmx̌úcən táyi ʔiʔšátəŋ. *I was all alone there picking berries walking upriver.* (MJ) | nəsx̌éʔ či nəsʔəmx̌úcən ʔaʔ či kʷáči. *I want to pick berries tomorrow.* (MJT)} VAR: ʔəmx̌úcən (EPT; ES; TC) {ʔəmx̌úcən u cxʷ? *Are you picking berries?* (ES) | ʔəmx̌úcən yaʔ st ʔaʔ kʷi čiʔáqɬ. *We were picking berries yesterday.* (EPT)} VAR: ʔəmx̌úʔcən {ʔəmx̌úʔcən cn. *I'm picking berries.* (TC)} VAR: ʔəmxʷúcən {ʔəmx̌úcən iqɬ yaʔ cn. *I wish I was picking berries.* (MJT)}

ʔənʔá [√ʔnʔa √come] *come.* (JCo; LC; AS,BC; ES) {sx̌íct ʔənʔá x̌aʔčixʷícən. *They moved to Port Angeles.* (ES) | ʔənʔá čáyəxʷ. *Come in!* (TC) | ʔənʔá či! *Come!* (JCo) | ʔənʔá či sqéyŋ. *Come outside!* (ES) | ʔənʔá caʔ táči. *They'll get here.* (TC) | ʔənʔá či nəstə́nəs. *Come sit beside me.* (ES) | xʷə́ŋ u cn ʔiʔ ʔənʔá? *Can I come?* (TC) | nəsx̌éʔ či nəsʔənʔá túkʷ. *I want to come home.* (TC) | ʔənʔá kʷi cíŋəct ʔaʔ ʔə́c. *Come close to me.* (ES) | ʔənʔá či wáʔ. *Come along.* (ES) | níɬ suʔənʔás. *Then she came.* (ES) | q̓ʷánəsəŋ či ʔənʔá kʷənáŋət tíym. *Call them to come running to sing.* (MJ) | ʔstúʔŋət cxʷ kʷaʔča? ʔənsxʷʔənʔá? *Why did you come?* (TC) | ʔənʔá či qʷúʔqʷaʔ ʔaʔ či qʷúʔ. *Come drink some water.* (EPT) | kʷɬnəɬtíxʷ ʔənshúy či nsʔənʔá. *Don't ever come back.* (AA) | ʔənʔá táči cə q̓áʔŋiʔ, xʷanítəm q̓áʔŋiʔ. *A girl got there, a white girl.* (ES)

| nəsx̣ʔéʔ či nsx̣áy ʔuʔ **ʔənʔá** ʔiyáʔnəxʷ. *I want to come hear it, too.* (TC) | nił su**ʔənʔá**s cə čáʔsaʔ suʔwə́yqaʔ. *Then two men came.* (ES) | nił kʷaʔ k̓ʷíns yaʔ tə skʷáči ʔiʔ **ʔənʔá** cə qʷúʔ. *It was so many days, and the water came.* (ES) | ʔaʔáʔmət kʷaʔčaʔł ʔiʔ **ʔənʔá** kʷáns cə łíkʷən. *He was sitting, and he saw a gaff hook come.* (ES) | ʔántən cn či nəs**ʔənʔá** kʷánəc. *They let me come see you.* (TC) | suʔx̣áys kʷánəŋət **ʔənʔá** łúkʷ x̣aʔéʔłxʷaʔ. *So he again ran back home to Elwha.* (ES) | **ʔənʔá** kʷaʔčə łúkʷ kʷə nəʔiyáyəŋ. *My parent came home.* (MJ) | ʔiʔ húy ti suʔhiyáʔs ti x̣ƛ́ən ʔiʔ **ʔənʔá** həwíyŋ sə́q. *The evil power only went and came back out.* (MJ) | ʔi**ʔənʔá** ʔaʔ sƛ̓q̓čšłnát ʔiʔ ʔəsqiʔéʔmət ʔaʔ či nsłxʷə́t cə ntíxʷłc. *By this coming Friday I won't be able to straighten out my tongue.* (ES) | ncáxʷ ʔaʔ kʷi sʔuʔúʔł ʔuʔ sx̣íct **ʔənʔá**. *It was one time when we first moved and came here.* (ES) | **ʔənʔá** ʔaʔ tiə sxʷáłaʔł ʔaʔ tiə ʔáynəkʷ. *We came here where we are today.* (ES) | nəsháhəkʷ kʷi nəsyəcústən yaʔ kʷəʔ **ʔənʔá**n łúkʷ. *I remember that he told me to come home.* (TC) | wiʔšə́tən cn tə nəs**ʔənʔá** čšaʔčixʷícən tə nəsx̣aʔéʔłxʷaʔ. *I walked coming from Port Angeles to Elwha.* (ES) | ʔiʔ k̓ʷánəs cə łíkʷən **ʔənʔá**" ʔiʔúʔłi. *And he saw a gaff hook come stretching.* (ES)} VAR: **nʔá** (RS; EPT) {ʔuʔx̣čít cn ʔəł **nʔá**s čə́yəxʷ čaʔiyá ʔaʔ cə súł. *I knew it when it came in from the door.* (TC) | **nʔá**; cx̣ót či. *Why don't you push her.* (MJT)} VAR: **náʔ** (MJ) {**náʔ** či ʔiłən, muʔúqʷ. *Come and eat, duck.* (AS,BC) | **náʔ** či ʔiłən ʔaʔ či muʔúqʷ. *Come and eat duck.* (AS,BC) | **náʔ** či ʔúŋəst. *come give it.* (AS,BC) | **náʔ** či cłaʔwéyŋ. *Come over the top.* (AS)} VAR: **ʔnʔá** {nił nsuʔłúyəs **ʔnʔá** łúkʷ həwíyŋ. *Then I left him and came back home.* (ES) | **ʔnʔá** caʔn ʔuʔhəwíyŋ ʔaʔ či čə́saʔ skʷáči. *I'll come back in two days.* (TC) | **ʔnʔá** či čə́yəxʷ hayə́. *Come in, you folks.* (EPT) | **ʔnʔá** či ʔiłən. *Come eat.* (EPT)}

ʔənʔáʔə 〚√ʔnʔa<ʔə> √come<actl>〛 ☞ ʔənʔá to be coming. {hi**ʔənʔáʔə**. *He's coming this way.* (MJT) | néʔ kʷsə ʔi**ʔənʔáʔə** iʔkʷaʔnéʔŋət. *Somebody's coming running.* (EPT) | néʔ ixʷ či **ʔənʔáʔə**. *Somebody must be coming.* (MJT) | hi**ʔənʔáʔə** cə sčúŋ. *A wind is coming.* (MJT) | kʷłi**ʔənʔáʔə** cə ʔuʔútxs. *The canoe is coming.* (MJT) | ʔiʔcúcəŋ cə ʔi**ʔənʔáʔə**. *Somebody's coming up from the beach.* (EPT) | ʔuʔk̓ʷə́nəxʷ cn cə swə́yqaʔ ʔi**ʔənʔáʔə**. *I saw the man who was coming.* (TC) | ʔiʔ ʔáx̣əŋ cə skʷədíləč ʔaʔ či s**ʔiʔənʔáʔə**s ʔaʔ či kʷaʔčíy. *And the skʷədíləč said he was coming in the morning.* (MJ) | táx̣ənəŋ ixʷ či s**ʔiʔənʔáʔə** či łə́qitat q̓ʷčútəŋ či nəxʷsx̣áyəm. *They must have heard that the Klickitat were coming to kill the Klallams.* (MJ)}

ʔənʔáʔəxʷ 〚√ʔnʔa<ʔə>-xʷ √come<actl>-caus〛 ☞ ʔənʔáxʷ to be bringing something (here). {**ʔənʔáʔəxʷ** cn. *I'm bringing it.* (ES)}

ʔənʔaʔŋítəŋ 〚√ʔin<ʔaʔ>-ŋi-t-ŋ √appear<actl>-rel-trns-psv〛 [metathesis with passive] ☞ ʔinəŋítəŋ being made to appear, show up. (TC)

ʔənʔác 〚√ʔnʔa-xʷ-c √come-caus-1obj/2obj〛 ☞ ʔənʔáxʷ bring me; bring you. {nə́kʷ kʷi **ʔənʔác**. *It was you that brought me.* (ES) | ʔə́c kʷi **ʔənʔác**. *It was me that brought you.* (ES) | ʔiʔ xənʔáxʷ cn kʷaʔ húʔəs ʔənʔá čáŋ ʔiʔ **ʔənʔác** kʷə cə ŋə́naʔł. *I told her that when she comes home, bring our son.* (ES)}

ʔənʔánəs 〚√ʔnʔa-nəs √come-intent〛 ☞ ʔənʔá to come after, come for, come at someone. {**ʔənʔánəs** cn. *I'm coming for/at him.* (TC) | **ʔənʔánəs** cn ʔaʔ nə́kʷ. *I'm coming for you.* (TC)} VAR: ʔənʔáns (AS,BC)

ʔənʔánəsəŋ 〚√ʔnʔa-nəs-ŋ √come-intent-psv〛 ☞ ʔənʔánəs to be come at, come after by someone or something. (AA) {**ʔənʔánəsəŋ** cn. *He came after me.* (TC) | **ʔənʔánəsəŋ** st. *It came after us.* (ES) | **ʔənʔánəsəŋ** cn ʔaʔ cə sqáx̣aʔ. *The dog came at me. / The dog came right up to me.* (TC; MJT) | **ʔənʔánəsəŋ** yaʔ cn ʔaʔ kʷəsə. *He came after me.* (EPT) | **ʔənʔánəsəŋ** č caʔ ʔaʔ či ʔiyáyəŋs. *They'll be come for by their parents.* (MJT) | **ʔənʔánəsəŋ** č caʔ kʷi ʔaʔ či cicə́ts. *They will be come for by their fathers.* (MJT) | ʔiʔ kʷłnił nəsu**ʔənʔánəsəŋ**. *And right away it came for me.* (TC) | ʔáwənə či čúkʷss či nəs**ʔənʔánəsəŋ**. *He's got nothing to use to come for me.* (TC) | **ʔənʔánəsəŋ** kʷiʔə miyaʔq̓áʔəʔ ʔiʔ x̣ʷčátəŋ. *They came after the Makahs and slaughtered them.* (ES) | nił tə́s ʔiʔ yə́cəm, "**ʔənʔánəsəŋ** č cxʷ hay ʔaʔ či łə́qitat x̣ʷčátəŋ." *Then he got there and reported, "The Klickitats are coming to kill you."* (MJ)} VAR: ʔənʔánsəŋ {nił su**ʔənʔánsəŋ**. *So she came for her.* (MJ) | nił yəxʷ su**ʔənʔánsəŋ**s ʔaʔ cə slapúʔ ʔiʔ həwəŋístəŋ. *Then she must have been come for by Slapu and brought back.* (MJ) | suʔx̣ə́nəŋs ʔaʔ či sníłs č̓ʔiyá kʷə kʷi síyaʔs yaʔ syə́wəns tsə **ʔənʔánsəŋ**. *She said that it was from her grandmother's spirit song that it came to her.* (MJ)}

ʔənʔanəsŋúŋə 〚√ʔnʔa-nəs-ŋuŋə √come-intent-1obj/2obj〛 ☞ ʔənʔánəs come after me; come after you. {**ʔənʔanəsŋúŋə** st. *We've come for you.* (MJT) | **ʔənʔanəsŋúŋə** hu cxʷʔ. *Are you coming for me?* (MJT)}

ʔənʔansəŋúŋł 〚√ʔnʔa-nəs-ŋuŋł √come-intent-1plobj〛 ☞ ʔənʔánəs come for us. {ʔi ʔuʔnə́kʷ kʷi s**ʔənʔansəŋúŋł** yaʔ ʔaʔ kʷi nəsʔéʔtt. *It was you who came for us when I was sleeping.* (AA)} VAR: ʔənʔanəsnúŋəł (TC)

ʔənʔátxʷ 〚√ʔnʔa-txʷ √come-letcaus〛 ☞ ʔənʔá to let someone or something come. {**ʔənʔá, ʔənʔátxʷ** či n̓sməkʷə́t. *Come, come claim it.* (MJ)}

ʔənʔáxʷ 〚√ʔnʔa-xʷ √come-caus〛 [unique form of the causative suffix] ☞ ʔənʔá Stem: ʔənʔáxʷt [stem for object and subject suffixes] Stem: ʔənʔát [stem for object and subject suffixes] to bring something (here); to pass, hand something over. (ES; TC; AS,BC) {**ʔənʔáxʷ** cn. *I brought it.* (ES; TC) | **ʔənʔáxʷ** cə tálə. *Bring the money.* (ES) | **ʔənʔáxʷ** či x̣aʔéł. *Bring me a drink.* (MJT) | **ʔənʔáxʷ** cxʷ hunístxʷ. *Bring it back.* (TC) | **ʔənʔáxʷ** łk̓ʷístxʷ. *Bring it home.* (MJT) | **ʔənʔáxʷ** cə saplín. *Pass the* *bread.* ((USAGE: This is considered polite usage while eating.)) (AB,ICT; TC) | **ʔənʔáxʷ** cə pə́tə. *Pass the butter.* (AS,BC) | **ʔənʔáxʷ** tə tíntən. *Hand me the bell.* (WB) | **ʔənʔáxʷ** cə sʔíɬən. *Bring the food.* (ES) | **ʔənʔáxʷ** kʷsə x̣ʷéʔləm. *Bring that rope.* (EPT) | **ʔənʔáts** č caʔ či x̣ʷéʔləm. *He's bringing the rope.* (EPT) | **ʔuʔənʔáxʷ** caʔn kʷsə x̣ʷéʔləm. *I'm bringing the rope.* (EPT) | **ʔənʔáxʷ** cn. *I brought it.* (ES) | **ʔənʔáxʷ** cn tə sʔíɬən. *I brought the food.* (ES) | **ʔənʔáxʷ** cn ʔaʔ Lillian. *I brought Lillian.* (TC) | **ʔənʔáxʷ** cn cə Lillian. *I brought Lillian.* (TC) | **ʔənʔáxʷ** čixʷás. *Bring it inside.* (HS) | **ʔənʔáxʷ** cn cə nəscáʔčaʔ. *I brought my friend.* (ES) | naʔyéʔɬiyə **ʔənʔáxʷ** ti nəsʔíɬən. *They're the ones who bring me food.* (MJT) | ʔuʔhiyáʔ caʔ cxʷ ʔúx̣ʷəns ʔiʔ **ʔənʔáxʷ** tk̓ʷístxʷ. *You will go for them and bring them home.* (MJ) | níɬ nsuʔsɬə́ŋct **ʔənʔáxʷ** cúŋ cə nscúɬ. *Then I went ahead and brought up my firewood.* (ES)}

ʔənʔaxʷsícəŋ ⟦√ʔnʔa-xʷ-sít-cəŋ √come-caus-bene-1obj⟧ ☞ **ʔənʔaxʷsít** bring for me. (ES) {**ʔənʔaxʷsícəŋ** ʔaʔ či sʔíɬən kʷaʔ ʔənʔáəxʷ ɬúk̓ʷ. *Bring me some food when you come home.* (ES)}

ʔənʔaxʷsít ⟦√ʔnʔa-xʷ-sít √come-caus-bene⟧ ☞ **ʔənʔáxʷ** to bring (something) for someone. {**ʔənʔaxʷsít** či cə scaʔwácən. *Bring him a chair.* (AS)}

ʔənʔáxʷtəŋ ⟦√ʔnʔa-xʷt-ŋ √come-caus-psv⟧ ☞ **ʔənʔáxʷ** to be brought. (MJ) VAR: **ʔənʔátəŋ** {x̣ənʔáxʷ ʔaʔ či nəsƛ̓éʔ ʔaʔ cə scaʔčaʔkʷaʔyúɬ či s**ʔənʔátəŋ**s həwíyŋ. *I told her that I wanted the little boat to be brought back.* (MJ) | **ʔənʔátəŋ** st ʔúx̣ʷtən ʔaʔ tə tə́yət ʔaʔnəxʷqíyt. *We were brought upstream from Little Boston.* (MJ) | q̓əyús ʔaʔ Simon či s**ʔənʔátəŋ**s či čánəŋs ʔiʔ čənəŋísts cə táns. *Simon paid to have their Shakers brought to shake over his mother.* (MJ)} VAR: **ʔənʔaŋítəŋ** ⟦√ʔnʔa-ŋi-t-ŋ √come-rel-trns-psv⟧ (AS,BC)

ʔənʔaxʷtúʔŋəɬ ⟦√ʔnʔa-xʷt-u<ʔ>ŋɬ √come-caus-1plobj<actl>⟧ ☞ **ʔənʔaxʷtúŋəɬ** bringing us. {**ʔənʔaxʷtúʔŋəɬ** u cxʷ? *Are you going to bring us?* (TC)}

ʔənʔaxʷtúŋəɬ ⟦√ʔnʔa-xʷt-uŋɬ √come-caus-1plobj⟧ [analysis uncertain - Probably does not have two transitivizers. The /t/ is functionally part of the object suffix.] ☞ **ʔənʔáxʷ** bring us. {**ʔənʔaxʷtúŋəɬ** u cxʷ? *Did you bring us?* (ES; TC)}

ʔənʔənʔá ⟦ʔn+√ʔnʔa pl+√come⟧ ☞ **ʔənʔá** to come (of a group). {níɬ suʔx̣ə́nəŋs ʔaʔ či s**ʔənʔənʔá**s ʔaʔ či ŋə́ʔn múʔuqʷ. *Then he said that many ducks will come.* (MJ)}

ʔənʔncə́qʷ red. *See under:* **ʔənəcə́qʷ**

ʔənaʔŋíct showing self. *See under:* **ʔaʔnaʔŋíct**

ʔənáčtəŋ ⟦√ʔaynač-txʷ-ŋ √take_turn-letcaus-psv⟧ ☞ **ʔináčtxʷ** to be allowed to take one's turn by someone. {**ʔənáčtəŋ** cn. *They let me take my turn.* (ES)}

ʔənəŋíct showing self. *See under:* **ʔaʔnaʔŋíct**

ʔəncqʷéʔqʷ red head. *See under:* **ʔncqʷéʔqʷ**

ʔənəcə́qʷ ⟦ʔn-√cəqʷ color-√red⟧ red, gold color. (LBH; JCo; EPT; MJT; ES; TC) ((Harrington has a final /kʷ/ here.)) {nu**ʔənəcə́qʷ**. *It's more red.* (TC) | ŋə́ʔn **ʔənəcə́qʷ**. *There are lots of red ones.* (MJT) | húʔ cxʷ kʷaʔčaʔ kʷənít ti kʷə́yəŋ ti ččšáyə ʔiʔ kʷənítə cə **ʔənəcə́qʷ**. *So when you see a kingfisher flying, you see red.* (AA)} VAR: **ʔəncə́qʷ** (TC) {**ʔəncə́qʷ** ʔuʔx̣ʷənʔáŋ ʔaʔ ti stúyəkʷən. *It's red like blood.* (MJ) | ʔu**ʔəncə́qʷ** tə sq̓ʷúŋiʔs ʔiʔ pə́q̓ tə sx̣x̣ínaʔs. *His head was red, and his feet were white.* (MJ)} VAR: **ncə́qʷ** (LC; AS,BC) VAR: **ʔncə́qʷ** (JCo; MJ) {húʔ ti skʷáʔɬ sčə́qʷəwcɬ ʔiʔ nu**ʔncə́qʷ**. *When it's our fire, it's more red.* (ES) | nəsuʔkʷə́nəxʷ t **ʔncə́qʷ** ʔiʔənʔá ʔiʔkʷaʔnéʔŋət ʔiyá. *Then I saw something red coming running there.* (MJ) | **ʔncə́qʷ** či sčə́qʷəwc. *A fire is red.* (ES)} VAR: **ʔənʔncə́qʷ** {suʔx̣áys ʔúx̣ʷts cə ncxʷkʷsáytx̣ **ʔənʔncə́qʷ**. *So again she brought the twenty gold dollars.* (MJ)}

ʔənəcqʷáyəs ⟦ʔn-√cəqʷ=ayəs color-√red=color⟧ ☞ **ʔənəcə́qʷ** red color. (MJT)

ʔənəƛ̓ánnəx̣ʷ ⟦√ʔənəƛ̓annəxʷ √alcohol_plant⟧ [possibly from the word for 'green/yellow'] cp. **ʔənəƛ̓ə́ɬ** a place near Hadlock between Hadlock and Port Townsend, the site of a wood alcohol plant. (LB,CWH)

ʔənəƛ̓ə́ɬ ⟦ʔn-√ƛ̓əɬ color-√bile⟧ ☞ **ƛ̓ə́ɬ**
1. yellow, greenish yellow, green, greenish blue, blue, bilious green. (JCo; MJT; ES)
2. jaundice. (HS) VAR: **ʔənƛ̓ə́ɬ** (EPT; MJT; TC; ES) {ʔáwənə **ʔənƛ̓ə́ɬ**. *There was no green.* (MJ) | suʔkʷənts ʔiʔ x̣ənəŋ ɬəŋás tsə **ʔənƛ̓ə́ɬ** ʔiyá ʔaʔ tə sq̓x̣áyuʔ. *So she looked at it and said take the green off of the clams.* (MJ) | ʔiʔə́y q̓ɬ či skʷə́nts kʷaʔ ʔáwənəs **ʔənƛ̓ə́ɬ** ʔiyá. *She would look at them carefully to see if there was no green there.* (MJ)} VAR: **nƛ̓ə́ɬ** (AS,BC) VAR: **ʔnƛ̓ə́ɬ** (JCo)

ʔənəƛ̓əɬáyəs ⟦ʔn-√ƛ̓əɬ=ayəs color-√bile=color⟧ ☞ **ʔənəƛ̓ə́ɬ** green color. (MJT) VAR: **ʔənəƛ̓əɬáyəs** (MJT)

ʔənəŋíct ⟦√ʔin-ŋi-cut √appear-rel-rflxv⟧ ☞ **ʔínəŋ** to show oneself, make oneself visible. (TC) {**ʔənəŋíct** tə scánəxʷ. *The salmon made itself visible.* (AS)}

ʔənəpə́xʷ ⟦ʔn-√pəxʷ color-√fog⟧ ☞ **spáʔxʷəŋ** light gray. (EPT; AS) {**ʔənəpə́xʷ** kʷi kʷə spáxʷəŋ. *The fog is gray.* (AS)}

ʔənəq̓áʔyəx̣ ⟦ʔn-√q̓<áʔy>ix̣ √black<pl>⟧ ☞ **ʔənəqíx̣** [This form of the plural indicates that, for TC at least, the /ʔənə-/ is a prefix.] cp. **ʔəyənəqíx̣** to be black (of several). {ʔuʔx̣ə́nə cə sqaʔyáx̣aʔ ʔuʔ **ʔənəq̓áʔyəx̣**. *All the dogs are black. / The dogs are all black.* (TC)} VAR: **ʔənəq̓ə́yəx̣** (MJ) {**ʔənəq̓ə́yəx̣** ʔaʔ cə qqíyəŋs. *Her eyes were black.* (MJ) VAR: **nəq̓áʔyəx̣** {ʔuʔx̣ə́nə ʔuʔ **nəq̓áʔyəx̣**. *They were all black.* (MJ)}

ʔənəqíx̣ ⟦ʔn-√qix̣ color-√black⟧ black. (LB,CWH; JCo; MJT; LC; ES; EPT; TC; WB,AS,BC) {**ʔənəqíx̣** tə sqáx̣aʔ. *The dog is black.* (LC) | ŋə́ʔn **ʔənəqíx̣**. *There are lots of black ones.* (MJT) | q̓ʷčúts tinu **ʔənəqíx̣** ti siʔátəns. *They killed the ones with black hair.* (ES) | ʔuʔx̣ə́nə cə sqáx̣aʔ ʔuʔ **ʔənəqíx̣**. *The dog is all* black. / All the dogs are black. (TC) | **ʔənəq̕íx̣** cə scaʔčaʔkʷaʔyúɬ. *The little boat was black.* (MJ) | ʔšš, ʔáwə cn c yəcústəŋ ʔaʔ kʷɬəsə nsxʷsʔúkʷɬ ʔaʔ či **ʔənəq̕íx̣** cə nəqqíyəŋ. *Ugh, my stepmother didn't tell me that my eyes were black.* (MJ)} VAR: nəq̕íx̣ (LC; TC) {ʔuʔƛ̕xʷiyús tə nsxʷnaʔnáyəŋəs ʔiʔ **nəq̕íx̣** cə nyénəwəs. *I'm just smiling, and my heart is black.* (AS)} VAR: nq̕íx̣ (AS,BC) {**nq̕íx̣** cə nyénəwəs. *I find it distasteful (my heart is black).* (AS)} VAR: nq̕éʔx̣ {ʔuʔnaʔnáyəŋəs cn ʔi ʔuʔ**nq̕éʔx̣** tə nyénəwəs. *I'm smiling, but my heart is black.* (AS)}

ʔənəq̕x̣áyəs ⟦ʔn-√q̕ix̣=ayəs color-√black=color⟧ ☞ **ʔənəq̕íx̣** black color. (MJT)

ʔənəq̕x̣úsən ⟦ʔn-√q̕ix̣=us=ən color-√black=face=instr⟧ ☞ **ʔənəq̕íx̣** black face paint. (MJT)

ʔənəqʷáy ⟦ʔn-√qʷə<á>y color-√sun<rslt>⟧ [analysis uncertain - This may not have the same root as the word for 'sun' since it has /a/ and not /ə/ as the stressed vowel.] qʷáyəŋ to be green, yellow in color. (MJT) VAR: nəqʷéy (AS,BC) VAR: ʔənəqʷéy (TC,AS,BC)

ʔənətúŋɬ ⟦√ʔan-t-uŋɬ √comply-trns-1plobj⟧ ☞ **ʔánət** allow us. {**ʔənətúŋɬ** či sštéŋɬ ʔaʔ tiə ščtəŋxʷənɬ. *Allow us to walk on our lands.* (AS,BC) | ʔiʔ sx̣̌éʔɬ kʷaʔčaʔ či stánɬ ʔaʔ cə n̓cáwŋən kʷaʔ ʔu **ʔənətúŋɬ**əxʷ. *And we want to land on your shore if you allow us.* (TC)}

ʔə́nəxʷ ⟦√ʔənxʷ √stop⟧ *cp.* ƛ̕áyuči to stop. ⟪USAGE: Becher Bay dialect only⟫ (LC; TC) {kʷɬ**ʔə́nəxʷ** cn. *I'm stopping.* (LC) | níɬ su**ʔə́nəxʷ**s sšéyəŋs. *Then it stopped the bleeding.* (TC) | čəyáy ʔiʔ **ʔə́nəxʷ**s yaʔ nəyénəwəs. *My heart almost stopped.* (TC)}

ʔənəxʷíkʷ ⟦ʔn-√xʷikʷ color-√gray⟧ gray. (TC; ES; TC,AS,BC)

ʔənəxʷíq̕ ⟦√ʔnxʷiq̕ √slim⟧ to be slim (not skinny). (ES)

ʔə́nəxʷnát midnight. *See under:* ʔə́nəxʷ snát

ʔə́nəxʷ snát ⟦√ʔənxʷ ʔs-√nat √stop stat-√night⟧ ☞ **ʔə́nəxʷ** ☞ **ʔəsnát** midnight. (TC; AS) VAR: ʔə́nəxʷnát (TC)

ʔəníqəŋ ⟦√ʔəniq-ŋ √grunt-mdl⟧ to grunt, groan with effort. ⟪USAGE: Also used to refer to sounds made while enjoying food.⟫ (AS,BC; AS) {ʔuʔhúy ʔuʔ **ʔəníqəŋ** ʔəɬ čáʔis. *He only groans and grunts when he works (he's not really working hard).* (AS)}

ʔənx̣̌ɬáʔmən ⟦ʔn-√x̣̌ɬ-aʔmən color-√bile-almost⟧ ☞ **ʔənəx̣̌əɬ** to be greenish, bluish colored. (ES; TC) {su**ʔənx̣̌ɬáʔmən**s cə sčáqʷəwc. *It was a greenish fire.* (ES)} VAR: n̓x̣̌ɬáʔmən {hú? cxʷ kʷə́nəxʷ tə xʷənʔáŋ **ʔn̓x̣̌ɬáʔmən** ti sčáqʷəwc ʔiʔ níɬ ʔənsuʔx̣čnáxʷ ʔaʔ či snáyaʔnəkʷs. *If you see something like a greenish fire, then you can figure it's ghosts.* (ES)} VAR: n̓x̣̌ɬáʔmən (AS,BC)

ʔə́nyəns ⟦√ʔə́nyəns √onion⟧ onion. [from English 'onion'] {suʔxənʔáxʷ ʔaʔ či nəsʔúxʷtxʷ ʔaʔ cə x̣áw̓əs **ʔə́nyəns**. *She said to take the green onions.* (MJ) | níɬ nsuʔnuʔás cə **ʔə́nyəns** čʔiyá ʔaʔ tə x̣áʔčən

x. *Then I put in the onions from the dried onions.* (MJ)}

ʔəńníxʷ ⟦√ʔə<ń>n<í>xʷ √stop<actl><pers>⟧ [analysis uncertain - This pattern is unique.] ☞ **ʔə́nəxʷ** to be still, not moving. (TC)

ʔəŋʔíŋəc ⟦ʔŋ+√ʔiŋc pl+√grandchild⟧ ☞ ʔíŋəc grandchildren. {səkʷsúkʷət cə ń**ʔəŋʔíŋəc**, sqʷaʔqʷáy̓. *Bathe your grandchildren, Sun.* ⟪Robin's song calling for rain so all the worms will come out.⟫ (TC) | ʔúy caʔ čaʔčáŋ cə q̕ayúx̣̌ən̓ ʔiʔ yəcústs tə **ʔəŋʔíŋəc**s ʔaʔ či scəyáys ʔiʔ ʔíŋənəs ʔaʔ Markishtum. *When Slug gets home he will tell his grandchildren that he almost stepped on Markishtum.* (MJ)} VAR: ʔəŋʔíŋəcc (EPT) [unusual final reduplication in this variant] VAR: ʔəŋʔíŋc (ES) {ʔiʔ ʔúyɬ cə n̓skʷáʔ ńŋə́ŋŋənaʔ ʔiʔ cə ń**ʔəŋʔíŋc**. *Your own children and your grandchildren go aboard.* (ES)} VAR: ʔiŋʔíŋəc (AS,BC) VAR: ʔiŋʔíŋc (AS,BC)

ʔəŋʔíŋtəŋ ⟦ʔŋ+√ʔiŋ-t-ŋ pl+√step_on-trns-psv⟧ ☞ ʔíŋtəŋ to be run over, stepped on repeatedly. {**ʔəŋʔíŋtəŋ** ʔaʔ cə scaʔkʷaʔyúɬ. *He was run over by a car.* (AS,BC)} VAR: ʔəŋʔíŋətəŋ (AS,BC)

ʔə́ŋaʔc ⟦√ʔəŋaʔ-t-c √give-trns-1obj/2obj⟧ ☞ **ʔə́ŋaʔt** give to me; give to you. (LC; ES; TC) {**ʔə́ŋaʔc** cn. *I gave you something.* (TC; ES) | **ʔə́ŋaʔc** či. *Give me.* (TC) | nəs**ʔə́ŋaʔc**. *I gave it to you. / Something was given to me by you.* (MJT; ES) | **ʔə́ŋaʔc** u cxʷ? *Did you give me something?* (TC) | **ʔə́ŋaʔc** cn ʔə tə sqʷəyáyŋəxʷ. *I gave you the blackberries.* (MJT) | ʔáaʔ, **ʔə́ŋaʔc** cxʷ cə sqʷəyáyəŋəxʷ. *Yes, you gave me the blackberries.* (MJT) | cán yaʔ či **ʔə́ŋaʔc**? *Who gave it to me? / Who gave it to you?* (TC) | **ʔə́ŋaʔc** cxʷ ʔaʔ cə tálə. *You gave me the money.* (AS,BC) | níɬ kʷi nsu**ʔə́ŋaʔc** cə ńtán. *I gave you to your mother.* (AS) | háʔnəŋ cn ʔaʔ ti ns**ʔə́ŋaʔc**. *Thank you for what you gave me.* (AS,BC) | **ʔə́ŋaʔc** ʔaʔ cə saplín. *Give me some bread.* (TC) | níɬ kʷi **ʔə́ŋaʔc**. *He's the one that gave it to me.* (MJT) | níɬ kʷi nəs**ʔə́ŋaʔc**. *That's what I gave you.* (MJT) | níɬ cə swə́y̓qaʔ **ʔə́ŋaʔc**. *That's the man that gave it to me.* (TC) | **ʔə́ŋaʔc** cn ʔaʔ či saplín. *I gave you some bread.* (ES) | háʔnəŋ cn ʔaʔ tə ns**ʔə́ŋaʔc**. *Thank you for what you gave me.* (ES) | ʔəns**ʔə́ŋaʔc** u? *Did you give it to me?* (ES) | **ʔə́ŋaʔc** ʔaʔ či sʔíɬən. *Give me some food.* (ES) | ns**ʔə́ŋaʔc** u tiʔə ɬxʷíkʷs múʔəqʷ? *Are you giving me these three ducks?* (MJT)}

ʔə́ŋaʔt ⟦√ʔəŋaʔ-t √give-trns⟧ [The subject is the giver and the object is the recipient. The thing given is oblique.] to give to someone. (JCo; LC; TC; AS,BC) ⟪USAGE: This refers to giving something to someone to keep and own as a gift, for example.⟫ (TC) {**ʔə́ŋaʔt** cn. *I gave to him.* (TC; ES) | **ʔə́ŋaʔt** cn cə swə́y̓qaʔ. *I gave it to the man.* (TC) | **ʔə́ŋaʔt** cn ʔaʔ cə sná. *I gave him a name.* (TC) | ʔáwə c nəs**ʔə́ŋaʔt**. *I didn't give it to him/her.* (TC) | **ʔə́ŋaʔt**s. *He gave it to him.* (TC) | **ʔə́ŋaʔt**s cə swə́y̓qaʔ. *He gave it to the man.* (TC) | níɬ kʷi **ʔə́ŋaʔt**ən. *He's the one I gave it to.* (MJT) | stáŋ uč ʔay či ns**ʔə́ŋaʔt**? *What did you give him?* (TC) |

nsʔə́ŋaʔt cə swə́y̓qaʔ. *I gave that man to her.* (AS,BC) | nít kʷi ʔə́ŋaʔt. *He's the one we gave it to.* (MJT) | **ʔə́ŋaʔt** cn ʔaʔ cə nŋə́naʔ. *I gave him my child.* (AS) | nsʔə́ŋaʔt cə stáni ʔaʔ cə nswə́y̓qaʔ. *I gave that woman to my husband.* (BC) | **ʔə́ŋaʔt** caʔn ʔə či sq̓ʷəyáyəŋxʷ. *I'm going to give him some blackberries.* (MJT) | **ʔə́ŋaʔt**s cə swə́y̓qaʔ cə q̓áʔŋiʔ. *The man gave the girl something.* (TC) | **ʔə́ŋaʔt**s cə q̓áʔŋiʔ cə swə́y̓qaʔ. *The girl gave the man something.* (TC) | **ʔə́ŋaʔt** cn cə swə́y̓qaʔ ʔaʔ cə nətálə. *I gave the man my money.* (TC) | **ʔə́ŋaʔt** cn ʔaʔ cə nətálə cə swə́y̓qaʔ. *I gave the man my money.* (TC) | **ʔə́ŋaʔt** cn cə swə́y̓qaʔ ʔaʔ či nətálə. *I gave the man some of my money.* (TC) | **ʔə́ŋaʔt** cn ʔaʔ či nətálə cə swə́y̓qaʔ. *I gave the man some of my money.* (TC) | **ʔə́ŋaʔt**s cə swéʔwəs cə q̓áʔŋiʔs. *The boy gave the girl something. / He gave the boy's girl to someone.* (TC) | cán yaʔ či **ʔə́ŋaʔt**xʷ? *Who did you give it to?* (TC) | **ʔə́ŋaʔt** cn ʔaʔ cə sʔíɬən. *I gave him food.* (TC) | ʔiʔ nít kʷaʔčaʔ ʔuʔ s**ʔə́ŋaʔt**s ti ʔəxʷíyŋxʷ ʔəɬ čáŋəɬ. *And then he'd give it to the village when we got home.* (TC)}

ʔə́ŋaʔtəŋ ⟦√ʔəŋaʔ-t-ŋ √give-trns-psv⟧ [The subject is the recipient, the giver and the thing given are oblique.] ☞ **ʔə́ŋaʔt** to be given (something) by someone. (TC) {**ʔə́ŋaʔtəŋ** cn. *Someone gave me something.* (TC) | **ʔə́ŋaʔtəŋ** cn ʔaʔ cə sná. *She gave me a name.* (TC) | **ʔə́ŋaʔtəŋ** cə swə́y̓qaʔ. *Someone gave the man something.* (TC) | **ʔə́ŋaʔtəŋ** cn ʔaʔ cawn̓iɬ. *He/she gave me something.* (TC) | stáŋ ʔay̓ či nəs**ʔə́ŋaʔtəŋ**? *What did he give me?* (TC) | nít kʷi nəs**ʔə́ŋaʔtəŋ**. *That's the one they gave me.* (MJT) | nít kʷi **ʔə́ŋaʔtəŋ** ʔə Gene. *He's the one Gene gave it to.* (MJT) | háʔnəŋ cn ʔaʔ tə ns**ʔə́ŋaʔtəŋ**. *Thank you for what you've given.* (ES) | ʔáwə cn kʷaʔ **ʔə́ŋaʔtəŋ**ən. *He never gave me any.* (TC) | ns**ʔə́ŋaʔtəŋ** cxʷ ʔaʔ cə n̓cə́t. *Your father gave you to me.* (ES) | háʔnəŋ cn ʔaʔ ti ns**ʔə́ŋaʔtəŋ**. *Thank you for what you've given.* (AS,BC) | **ʔə́ŋaʔtəŋ** cn ʔaʔ cə sx̌áč ʔaʔ kʷsə nsčáʔčaʔ. *My friend gave me dried fish.* (AS) | suʔáxəns cə táns ʔaʔ či sč**ʔə́ŋaʔtəŋ**s ʔaʔ cə cáccs cə sčaʔčaʔkʷaʔyúɬ. *His mother said that he had been given that little boat by his uncle.* (MJ) | cítəŋ cxʷ, siʔám̓ Tim. **ʔə́ŋaʔtəŋ** cxʷ ʔaʔ tiə səm̓iʔ. *Stand up, Tim. You are being given this blanket.* ✱Said when formally giving a gift at a naming or other ceremony. (TC)}

ʔəŋaʔtúŋəɬ ⟦√ʔəŋaʔ-t-uŋɬ √give-trns-1plobj⟧ ☞ **ʔə́ŋaʔt** give us. (TC)

ʔə́p ⟦√ʔəp √up⟧ to get up, arise. [from English 'up'] {**ʔə́p** či. *Get up!* (HS,ES)}

ʔəpənáʔitxʷ ⟦√ʔupn=aʔitxʷ √ten=dollar⟧ ☞ **ʔúpən** 1. ten dollars. (EPT; TC) {q̓ín̓əyu cn ʔaʔ či **ʔəpənáʔitxʷ** tálə. *I borrowed ten dollars.* (AS)} 2. ten years. {kʷi nəstwəwsx̌íx̌aʔx̌qɬ, **ʔəpənáʔitxʷ** ʔiʔ cuʔkʷsáʔitxʷ. *When I was still a child, seventeen years old.* (MJ)} VAR: **ʔupənáʔitxʷ** (AS,BC) {tčísts cə pípə ʔiʔ **ʔupənáʔitxʷ** cə ʔəsnáwəɬ. *He brought a letter, and ten dollars was inside.* (MJ)}

ʔəpənáyəq ⟦√ʔupn=ayəq √ten=fish⟧ ☞ **ʔúpən** to catch ten fish. (MJT) VAR: **ʔupənháyəq** (MJT)

ʔəpənáčɬ ⟦√ʔupn=əčɬ √ten=child⟧ ☞ **ʔúpən** ten children. (MJT)

ʔəpənákʷɬ ⟦√ʔupn=akʷɬ √ten=conveyance⟧ ☞ **ʔúpən** ten conveyances (such as canoes, cars). (MJT) VAR: **ʔupənhákʷɬ** (MJT)

ʔəpəníkʷs ⟦√ʔupn=iws √ten=body⟧ ☞ **ʔúpən** to be ten of a kind; ten animals or people. (AS,BC)

ʔəpítəŋ ⟦√ʔip-t-ŋ √tap-trns-psv⟧ [metathesis with passive] ☞ **ʔípt** to be wiped, stroked, petted, brushed by someone or something. {**ʔəpítəŋ** cn. *They petted me.* (ES)}

ʔəp̓ə́čɬ ⟦√ʔəp̓=əčɬ √lap=child⟧ ☞ **ʔəp̓ə́t** to hold a baby in one's lap. ✱Traditionally an elder goes to visit a newborn baby to hold it in his or her lap. This is done for good luck to ensure that the baby will have a good life. {**ʔəp̓ə́čɬ** yaʔ cn. *I held the baby in my lap.* (AS) | **ʔəp̓ə́čɬ** caʔn. *I'm going to see the newborn baby to put it on my lap. / I'm going to hold the child on my lap.* (AS)}

ʔəp̓ə́čɬəŋ ⟦√ʔəp̓=əčɬ-ŋ √lap=child-mdl⟧ ☞ **ʔəp̓ə́čɬ** to hold a baby in one's lap. {ča**ʔəp̓ə́čɬəŋ** yaʔ cn. *I was just holding the baby.* (AS)}

ʔəp̓ə́čɬíyɬ ⟦√ʔəp̓=əčɬ-iyɬ √lap=child-go⟧ ☞ **ʔəp̓ə́t** to go somewhere to put a child on one's lap. {**ʔəp̓ə́čɬíyɬ** caʔn. *I'm going to go put the baby on my lap.* (AS)}

ʔəp̓ə́t ⟦√ʔəp̓-t √lap-trns⟧ to lift something up and put it on one's lap. (AS) {**ʔəp̓ə́t** či cə sx̌íx̌aʔx̌qɬ. *Put the child on your lap.* (AS)}

ʔəp̓íyəŋ ⟦√ʔəp̓-iy-ŋ √lap-dev-mdl⟧ ☞ **ʔəp̓ə́t** to sit on (someone's) lap. (ES) VAR: **ʔəp̓íyŋ** (ES) VAR: **ʔəp̓éyŋ** {**ʔəp̓éyŋ** cn. *I sat on a lap.* (AS)}

ʔəq̓ʷáʔti ⟦√ʔəq̓ʷaʔ-ty √share-rcprcl⟧ *cp.* q̓ʷáʔət together. {čáʔsə **ʔəq̓ʷáʔti** ʔáɬə ʔaʔ tiə ʔéʔɬx̌ʷaʔ. *There were two together here at Elwha.* (ES)}

ʔəq̓ʷáyən ⟦√ʔəq̓ʷay=ən √net=instr⟧ [TC is not sure of this and ES, AS, BC do not know. This is possibly a mistaken or variant pronunciation.] *cp.* ʔəxʷáyən dip net, scoop net, crab scoop. (TC) VAR: **ʔəq̓ʷáyn** (TC)

ʔəsʔáʔəy̓ ⟦ʔs-√ʔaʔy̓ stat-√put_away⟧ ☞ **ʔáʔyət** be to be stored, put away. {kʷɬ**ʔəsʔáʔəy̓**. *It's already put away.* (MJT)} VAR: s**ʔáʔəy̓** {ns**ʔáʔəy̓** kʷi kʷə nscəy̓íqʷɬ. *I put away my fruit.* (AS)}

ʔəsʔaʔmáʔnaʔ ⟦ʔs-√ʔu<>m<ə́>niʔ stat-√hunt<actl>⟧ ☞ **ʔəsʔúmənaʔ** to be hunting; to be a hunter. (ES) {**ʔəsʔaʔmáʔnaʔ** u cxʷ? *Are you hunting?* (ES) | **ʔəsʔaʔmáʔnaʔ** cn. *I'm hunting.* (ES) | ʔúxʷ ʔaʔ tə sn̓iyánt sx̌aʔəʔkʷuyéʔč ti s**ʔəsʔaʔmáʔnaʔ**s. *They went to the rocky mountains to hunt.* (ES)}

ʔəsʔaʔyáʔčx̌ ⟦ʔs-√ʔ<aʔy>aʔčx̌ stat-√crab<pl>⟧ ☞ **ʔáʔčx̌** to be crabbing, hunting for crabs. (AB,IC,NST) {hiyáʔ caʔn **ʔəsʔaʔyáʔčx̌**. *I'm going after crabs.* (AB,IC,NST) VAR: s**ʔáʔčx̌** {hiyáʔ caʔn kʷi sʔáʔčx. *I'm going after crabs.* (AB,IC,NST)} 〚ʔs-√ʔaʔčx stat-√crab〛

ʔəsʔaʔyaʔčxíyɬ 〚ʔs-√ʔ<aʔy>aʔčx-iyɬ stat-√crab<pl>-go〛 ☞ ʔəsʔayáʔčx to go crabbing, hunting for crabs. {**ʔəsʔaʔyaʔčxíyɬ** caʔn. *I'm going after crabs.* (AS) | hiyáʔ caʔn **ʔəsʔaʔyaʔčxíyɬ**. *I'm going to go get crabs.* (AS)}

ʔəsʔács 〚ʔs-√ʔacs stat-√face〛 ☞ sʔács to have a face. {ʔáwənə **ʔəsʔács** ʔuʔčaʔscúm. *There was no face, only bone.* (ES)}

ʔəsʔáɬaʔ 〚ʔs-√ʔ<á>ɬaʔ stat-√here<actl>〛 ☞ ʔáɬaʔ to be here. (MJ) {kʷɬníɬ kʷi nsu**ʔəsʔáɬaʔ**. *Now I'm here.* (AS) VAR: sʔáɬaʔ (AS)

ʔəsʔáyəxʷ 〚ʔs-√ʔayxʷ stat-√elder〛
1. to be an adult, old, an elder. 《This is a respectful word for an elder.》 (ES,TC; TC,AS,BC; TC; AS) cp. kʷɬčáq {**ʔəsʔáyəxʷ** xʷéʔləm. *It's an old rope.* (TC)}
2. to be tall. (EPT; ES; TC; TC,AS,BC) {ʔəc nu**ʔəsʔáyəxʷ** ʔaʔ nə́kʷ. *I'm taller than you.* (ES) | ʔənʔá sɬə́ŋ kʷi **ʔəsʔáyəxʷ** sqiyáyŋxʷ. *A tall tree came down.* (ES) | ƛ̓áy xʷátəŋ cə náʔcuʔ **ʔəsʔáyəxʷ**. *Another tall man was lowered again.* (ES)} VAR: sʔáyxʷ (AS,BC) VAR: sʔáyəxʷ (AS,BC; TC) {n̓sʔáyəxʷ. *It's your elder.* (MJT) | yəcústən ʔaʔ kʷi nəsʔáyəxʷ. *I was told by my elder.* (TC,AS,BC) | níɬ suʔx̌ʷátəŋs cə ƛ̓áqšəns cə **sʔáyəxʷ** xʷanítəm. *So they took the old white man's shoes.* (TC) | húy yaʔ ʔuʔ nsyaʔcústəŋ ʔaʔ kʷi nə**sʔáyəxʷ** yaʔ. *That's all I was told by my late elders.* (TC) | ʔúxʷ cn ʔaʔ cə xʷéʔi ʔaʔ canu čáq qəmtə́n xʷéʔləm čʔiyá cə **sʔáyəxʷ** xʷéʔləm. *I went away from that big cable (iron rope) from where that tall rope was.* (ES) | ʔuʔxənáɬ yaʔ ti nəsuʔyaʔcústəŋ ʔaʔ kʷi nə**sʔáyəxʷ**, kʷi nədad yaʔ. *All the time I was told by my elder, late Dad.* (TC) | ʔuʔhúy yaʔ ʔuʔ nəsyaʔcústəŋ ʔaʔ kʷi nə**sʔáyəxʷ** yaʔ ti suʔxənáɬ č yaʔ ti suʔkʷéʔwəntiʔs. *My elders told me that they (Mt. Baker and Mt. Olympus) were fighting all the time.* (TC)} VAR: ʔəsʔáyxʷ (ES)

ʔəsʔáyəxʷct 〚ʔs-√ʔayxʷ-cut stat-√elder-rflxv〛 ☞ ʔəsʔáyəxʷ to get old, age. {ʔiyá· tə nsʔənʔá·kʷ **ʔəsʔáyəxʷct**. *It was there I came to grow old.* (RSh)}

ʔəsʔéʔəxʷ 〚ʔs-ʔi+√ʔixʷ stat-actl+√gather_up〛 ☞ ʔíxʷt to be swept up, gathered up, brushed off. {kʷɬ**ʔəsʔéʔəxʷ**. *It's brushed off.* (MJT)}

ʔəsʔéʔəyuc 〚ʔs-ʔi+√ʔiy=uc stat-rslt+√beside=edge〛 ☞ ʔíyəcən river mouth, estuary. {kʷə́ns cə qʷɬáy **ʔəsʔéʔəyuc** ʔaʔ tə stúʔwiʔ. *He saw a log at the mouth of the river.* (ES)} VAR: sʔéʔəyuc (TC) {**sʔéʔəyuc** ʔaʔ cə stúʔwi. *It's the mouth of the river.* (TC)} VAR: ʔəsʔéʔyuc (LB,CWH; AS) {ʔiyá ʔəɬ ʔiyáɬ **ʔəsʔéʔyuc** ʔaʔ cə ʔéʔɬxʷaʔ stúʔwi. *It was there where we were at the mouth of the Elwha River.* (AS)} VAR: ʔəsʔéʔəyuc (ES; AS) VAR: sʔéʔyus (BC) VAR: sʔéʔyuc (LBH; CWH)

ʔəsʔéʔnəŋ̓ 〚ʔs-√ʔi<ʔ>n-ŋ<ʔ> stat-√appear<actl>-mdl<actl>〛 ☞ ʔínəŋ to be visible, in sight, showing. (ES; TC) {**ʔəsʔéʔnəŋ̓** cn. *I'm visible.* (ES) | **ʔəsʔéʔnəŋ̓** tə ʔuʔxə́nəstəŋ. *He could see everything.* (ES) | ʔə́y ʔəsnát; ʔu**ʔəsʔéʔnəŋ̓** tə x̌ə́nəstəŋ. *I was a nice night; everything was visible.* (TC) | txʷúy cə sq̓ʷúŋiʔs ʔu**ʔəsʔéʔnəŋ̓**. *Only his head was showing.* (ES) | ʔuʔhúy tə ʔuʔ sq̓ʷəyúŋiʔs ʔu**ʔəsʔéʔnəŋ̓**. *Only their heads were visible.* (ES) | xčŋins ʔaʔ či sʔəskʷáʔkʷis ʔiʔu**ʔəsʔéʔnəŋ̓**. *He thought he was hiding, but he was visible.* (TC) | ʔuʔáwənə ʔəxín ʔaʔ kʷi sxʷʔiyá ʔaʔ nə́wə či sctə́ŋxʷən **ʔəsʔéʔnəŋ̓**. *There was no land visible where Noah was.* (ES)}

ʔəsʔéʔps 〚ʔs-√ʔiʔps stat-√blow_back〛 to have one's hair blown straight back as when moving forward at high speed. {ʔuʔmán st ʔuʔ x̌ʷə́ŋ; ʔu**ʔəsʔéʔps** cn. *We were going very fast; my hair blew back.* (AS)} VAR: ʔəsʔéʔps (AS) VAR: sʔéʔps (AS,BC)

ʔəsʔéʔtt 〚ʔs-√ʔi<ʔ>tut stat-√sleep<actl>〛 ☞ ʔíɬt to be asleep. {kʷə́nts cə q̓əwic̓áp **ʔəsʔéʔtt**. *He saw a cougar sleeping.* (MJ)}

ʔəsʔəmʔúmənaʔ 〚ʔəs-ʔm+√ʔumaniʔ stat-char+√hunt〛 ☞ ʔəsʔúmənaʔ hunter. (ES) {ʔə́y **ʔəsʔəmʔúmənaʔ**. *He's a good hunter.* (ES)}

ʔəsʔəttáw̓txʷ 〚ʔs-√ʔitut=aw̓txʷ stat-√sleep=house〛 ☞ ʔíɬt hotel, motel, dormitory. (ES) VAR: ʔəsʔttáw̓txʷ (ES) VAR: sʔəttáw̓txʷ (ES; MJ) {ʔáwə cn c hiyáʔtəŋ ʔúxʷtəŋ ʔaʔ cə sxʷʔiyás cə sŋə́ns **sʔəttáw̓txʷ** sxʷʔiyás ti sʔéʔtt ti sčáy ʔaʔ cə ʔəsqʷáʔɬiʔ. *I wasn't taken over to the bunkhouse where the loggers sleep.* (ES)} VAR: sʔittáw̓txʷ (AS,BC)

ʔəsʔiʔáyəxʷ 〚ʔs-ʔy+√ʔayxʷ stat-pl+√elder〛 ☞ ʔəsʔáyəxʷ elders, old people. (TC) {yəhúmət či n̓**ʔəsʔiʔáyəxʷ**. *Respect your elders.* (BG,MJT)} VAR: sʔiʔáyəxʷ (AS,BC) {ʔənsʔiʔáyəxʷ. *They're your elders.* (MJT) | sq̓ʷáys yaʔ kʷi **sʔiʔáyəxʷ**ɬ yaʔ, čiyánənɬ. *It's the language of our elders, our ancestors.* (TC) | xə́nə kʷi ʔuʔ x̌ctín yaʔ **sʔiʔáyəxʷ**ɬ ʔuʔnəxʷsƛ̓ayəmúcən yaʔ ʔəɬ qʷáʔqʷiʔəs. *All our elders I knew spoke Klallam when they talked.* (TC) | ʔiʔ níɬ kʷaʔčáʔ suʔčhákʷs ʔaʔ či sq̓ʷiŋítəŋs ʔaʔ či **sʔiʔáyəxʷ**s. *And then he remembered what he had been told by his elders.* (ES) | ʔiʔ níɬ suʔčaʔhákʷs ʔaʔ či sʔəkʷústəŋs q̓ʷiŋítəŋs ʔaʔ či **sʔiʔáyəxʷ**s. *And just then he remembered what he had learned that his elders told him.* (ES) | níɬ yaʔ sxʷʔiyás kʷi **sʔiʔáyəxʷ**ɬ yaʔ ʔəɬ sqə́ʔyəŋəs ʔəɬ ƛ̓áʔcuʔsʔa ti scánnəxʷ ʔiʔ ti ʔáčt sxʷxʷúʔyəms. *We were there because our elders were camping and fishing for salmon and lingcod to sell.* (TC)} VAR: sʔiʔáyxʷ {n̓**sʔiʔáyxʷ**. *My elders.* (AS,BC)} VAR: ʔəsʔiʔáyəxʷ (TC) VAR: sʔiyáyəxʷ {níɬ kʷi nəsk̓ʷsátəŋ ʔaʔ kʷə nə**sʔiyáyəxʷ**. *That's what I was told by my elders.* (AS,BC)}

ʔəsʔiʔéʔw̓əs 〚ʔs-√y<ʔ>iʔ=iws stat-√ready<actl>=body〛 ☞ ʔiʔéʔw̓əs to be ready. {**ʔəsʔiʔéʔw̓əs** u cxʷ? *Are you ready?* (ES) | **ʔəsʔiʔéʔw̓əs** cn. *I'm ready.* (ES) | kʷɬ**ʔəsʔiʔéʔw̓əs** cn. *I'm ready, already.* (ES)}

ʔəsʔiʔmiʔtánəq 〚ʔs-√ʔymay-t-ənəq stat-√rent-trns-hab〛 ☞ ʔiʔmáy to be renting, borrowing (something from someone). (ES; AS,BC) VAR:

ʔəsʔíłən

ʔsʔiʔmiʔtónəq (ES) VAR: smiʔtónəq (AS) VAR: smitónəq (AS) {níɬ kʷi nəsíyaʔ ʔáɬaʔ tiə **smitónəq**. *It's my grandfather that is here renting.* (AS)}

ʔəsʔíłən ⟦ʔs-s-√ʔiłn stat-s-√eat⟧ ☞ sʔíłən to get food. (TC; MJ)

ʔəsʔístəŋ ⟦ʔs-√ʔis-txʷ-ŋ stat-√do_with-caus-psv⟧ ☞ ʔəsʔístxʷ to be done with or to do. {*Ɂəsʔístəŋ* cn. *What are they going to do with me?* (TC) | *ʔəsʔístəŋ* cxʷ. *What did he do with you? / What did he do to you?* (TC) | ʔiʔ x̌áy q cn *ʔəsʔístəŋ*. *And what would they do with me again.* (TC)}

ʔəsʔistúŋə ⟦ʔs-√ʔis-txʷ-uŋə stat-√do_with-caus-1obj/2obj⟧ ☞ ʔəsʔístxʷ happen to me; happen to you. {*ʔəsʔistúŋə* cn. *What'll I do with you?* (TC) | *ʔəsʔistúŋə* cxʷ? *What are you going to do with me?* (TC)}

ʔəsʔistúŋəs ⟦ʔs-√ʔis-txʷ-uŋəs stat-√do_with-caus-1obj/2obj⟧ ☞ ʔəsʔístxʷ happen to me; happen to you. {*ʔəsʔistúŋəs* cn. *What did I do with you? / What did I do to you?* (TC)}

ʔəsʔístxʷ ⟦ʔs-√ʔis-txʷ stat-√do_with-caus⟧ [analysis uncertain - This may have some form of reduplication.] ☞ ʔístxʷ to be doing what with, what is happening to something. {*ʔəsʔístxʷ* caʔ cxʷ? *What will you do with it?* (TC) | *ʔəsʔístxʷ* cn. *What shall I do with it?* (TC) | *ʔəsʔístxʷ* q st? *What can we do about it?* (TC) | *ʔəsʔístxʷ* caʔ cxʷ cə snə́xʷɬ. *What are you going to do with that skiff?* (AS) | *ʔəsʔístxʷ* caʔ cxʷ cə x̌ʷúʔŋət? *What are you going to do with the paddle?* (TC)}

ʔəsʔiyá ⟦ʔs-√ʔya stat-√there⟧ ☞ ʔiyá to be there. {*ʔəsʔiyá* ʔaʔ tə súɬ. *It was there by the door.* (MJ)}

ʔəsʔúʔəɬ ⟦ʔs-√ʔu<ʔə>ɬ stat-√stretch<actl>⟧ ☞ ʔúɬi to be stretched out (as gum, elastic, rubber), extended (as a long ladder or table with leaves added). (TC) {*ʔəsʔúʔəɬ* tiʔə nətable. *I extended my table.* (MJT)}

ʔəsʔúʔiʔ finished. *See under:* ʔəshúʔiʔ

ʔəsʔúmənaʔ ⟦ʔs-√ʔuməniʔ stat-√hunt⟧ to hunt for game animals, especially deer or elk. (TC; AS,BC; ES) {*ʔəsʔúmənaʔ* cn. *I'm going hunting.* (ES) | hiyáʔ cn *ʔəsʔúmənaʔ*. *I'm going hunting.* (TC) | hiyáʔ či *ʔəsʔúmənaʔ* tuŋɬ. *Let's go hunting.* (EPT) | *ʔəsʔúmənaʔ* cə swéʔwəs. *A young man was out hunting.* (MJT) | hiyáʔ cn *ʔəsʔúmənaʔ* ʔaʔ či smə́yəc. *I'm going hunting for deer.* (TC)} VAR: ʔəsʔúmənə (AS,BC) VAR: ʔsʔúmənaʔ {ʔúx̌ʷ či *ʔsʔúmənaʔ* hay̓. *Go hunting, you folks.* (EPT)} VAR: ʔúmənaʔ {*ʔúmənaʔ* caʔn ʔaʔ či sčqʷáʔič. *I'm going to hunt bear.* (AS,BC)}

ʔəsáqɬ outside. *See under:* ʔəssáqɬ

ʔəsáw̓əɬ in the brush. *See under:* ʔəssáw̓əɬ

ʔəsáy̓siʔ ⟦ʔs-say̓+√say stat-char+√afraid⟧ ☞ sáy̓siʔ afraid, scared, frightened; cowardly. (ES) {nsu*ʔəsáy̓siʔ*. *So I was scared.* (MJ)}

ʔəscáʔnəč ⟦ʔs-√cə<ʔ>n̓=ač stat-√lean_against<actl>=backside⟧ ☞ cə́n̓ to be leaning back (against something). (MJT; AS) {nɬ

ʔəscəʔít

nsuʔsə́q ʔiʔ k̓ʷə́nəxʷ *ʔəscáʔnəč* ʔiyá ʔaʔ tə skʷáʔət. *Then I went out and saw him leaning back against the stern.* (MJ) | húy tə swéʔwəs ʔuʔ *ʔəscáʔnəč* ʔaʔ cə ɬúŋən. *The boy is only leaning back against the wall.* (AS)} VAR: ʔəscánč {ʔiyá *ʔəscánč* ʔaʔ tə snánt. *They are there leaning against a rock.* (MJ) | *ʔəscánč* ʔaʔ ʔəc. *He leaned on me.* (MJ)} VAR: ʔəscáʔnəč {*ʔəscáʔnəč* cn. *I'm leaning back resting on something.* (ES)}

ʔəscáʔnəɬ ⟦ʔs-√cə<á>n̓-ɬ stat-√lean_against<rslt>-dur⟧ ☞ cə́n̓ to be leaning (against something). (MJT; TC) {*ʔəscáʔnəɬ* cn. *I'm leaning (against something).* (TC) | *ʔəscáʔnəɬ* cə musməsáw̓txʷ. *The barn is leaning.* (TC)}

ʔəscáʔnəɬtxʷ ⟦ʔs-√cə<á>n̓-ɬ-txʷ stat-√lean_against<rslt>-dur-caus⟧ ☞ ʔəscáʔnəɬ to be leaning something (against something). {húy či *ʔəscáʔnəɬtxʷ*! *Lean it!* (MJT)}

ʔəscáʔyaʔɬ ⟦ʔs-√caʔy=aʔɬ stat-√delay=mass⟧ ☞ scáʔi to be going slow, taking it easy, delaying, slow down, not hurry. (ES; AS,BC) VAR: scaʔyáʔɬ (ES) VAR: scáʔyaʔɬ (AS) VAR: ʔəscaʔyáʔɬ (ES) {*ʔəscaʔyáʔɬ* či. *Go slow!* (ES) | nu*ʔəscaʔyáʔɬ* či. *Slow down!* (ES)}

ʔəscáxʷcxʷ ⟦ʔs-cáxʷ+√caxʷ stat-char+√lazy⟧ ☞ cáxʷəŋ to be lazy, be a lazy person. (TC) {*ʔəscáxʷcxʷ* cxʷ. *You're a lazy person.* (TC) | mán̓ ʔuʔ *ʔəscáxʷcxʷ* cə tím. *Tim is very lazy.* (TC) | kʷɬʔuʔmán̓ cn ʔuʔ *ʔəscáxʷcxʷ* kʷi nəsx̌ə́yyuʔ. *But I'm too lazy to write.* (AC) VAR: scáxʷcxʷ (MJT; ES; TC; AS,BC) {*scáxʷcxʷ* cə swéʔwəs. *The boy is lazy.* (AS)} VAR: ʔscáxʷcxʷ (EPT) {nə́kʷ ʔuʔ *ʔscáxʷcxʷ*. *It's you that's lazy.* (EPT)}

ʔəsccáwt ⟦ʔs-c+√caw-t stat-actl+√lay-stat⟧ ☞ cákʷ to lie (position of person), be lying down, be fallen (of a tree). (LC) {*ʔəsccáwt* cn. *I'm lying down.* (JCo; TC; ES) | *ʔəsccáwt* cn ʔáɬaʔ ʔaʔ tiə sxʷʔaʔáʔmət. *I'm lying here on this bed.* (ES) | ʔiʔštə́ŋ ʔiʔ hiyáʔ ʔúxʷ ʔaʔ cə sqəyáyŋəxʷ *ʔəsccáwt*. *He walked and went over to a tree that was lying down.* (MJ)} VAR: sccáwt (TC) {*sccáwt* cn. *I'm lying down.* (TC)} VAR: ʔəsccáwt (MJT) {čɬə́t ŋáqaʔ *ʔəsccáwt*. *The snow lay thick.* (MJ) | nsuʔk̓ʷə́nəxʷ tə ŋə́ʔn̓ sčəyíqʷɬ ʔiyá ʔaʔ cə čəq sqəyáyŋəxʷ *ʔəsccáwt*. *I saw many berries there in the big fallen trees.* (MJ)} VAR: sccáwt (AS) {*sccáwt* cə sqiyáyŋxʷ. *The tree is lying down.* (AS)} VAR: sccáwtxʷ (AS) {*sccáwtxʷ* kʷi kʷə ʔəcɬtáyŋxʷ. *The person was lying on the ground.* (AS)}

ʔəscəʔéʔt ⟦ʔs-√cʔi<ʔ>t stat-√true<actl>⟧ ☞ ʔəscəʔít being sincere, telling the truth. {*ʔəscəʔéʔt* uʔ? *Is that true?* (ES) | *ʔəscəʔéʔt* uʔ cxʷ? *Are you sure?* (ES) | nu*ʔəscəʔéʔt* cn. *I mean to be doing it.* (MJT) | *ʔəscəʔéʔt* cn; ʔáwə cn c qəy̓áxct. *I'm sincere; I'm not lying.* (ES)}

ʔəscəʔít ⟦ʔs-√cʔit stat-√true⟧ ☞ cəʔít
1. to be true, dedicated, honest, real, meaning it, sincere in what one is doing. (ES) {ʔuʔ*scíʔít* cn kʷi ʔɬ qʷáyn. *I meant it when I spoke.* (AS) | ʔuʔ*scíʔít* cn kʷi ʔaʔ kʷə nsqʷáqʷi. *I mean what I'm saying.*

Klallam-English Dictionary 29

2. to be sure, certain. (ES) VAR: sciʔít (AS,BC)

ʔəscə́łqʷ ⟦ʔs-√c⟨ə́⟩łqʷ stat-√pass_through⟨actl⟩⟧ [actual metathesis] ☞ cłə́qʷ to have a hole, perforation. (EPT; ES,AS)

ʔəscə́łqʷəŋ ⟦ʔs-√c⟨ə́⟩łqʷ-ŋ stat-√pass_through⟨actl⟩-mdl⟧ ☞ ʔəscə́łqʷ hole. {naʔiʔčqənáʔəxʷ cxʷ cə *ʔəscə́łqʷəŋ*. You're making that hole bigger. (MJT)}

ʔəscəẃísəŋ ⟦ʔs-√cw⟨ʔ⟩is-ŋ⟨ʔ⟩ stat-√propose⟨actl⟩-mdl⟨actl⟩⟧ ☞ ʔəsckʷísəŋ to be proposing marriage. (ES) {*ʔəscəẃísəŋ* cn ʔaʔ cə słáni. I'm proposing to that lady. (ES)} VAR: scuʔísəŋ {*scuʔísəŋ* cn. I proposed marriage. (AS)} VAR: scəwʔísəŋ (TC) VAR: scuʔísəŋ (TC)

ʔəscə́ýqʷ ⟦ʔs-√cəy⟨ʔ⟩qʷ stat-√dig⟨actl⟩⟧ ☞ cə́yqʷəŋ hole in the ground, ditch, pit, any place that has been dug. {ʔáwə či c xʷéʔtəŋ ʔúʔuxʷ ʔaʔ či *ʔəscə́ýqʷ*. Don't go jumping into holes. (MJ) | ŋə́ń cə pə́wi, x̌ʷə́čt, scə́məkʷ ʔíya ʔaʔ cə sxʷʔíyas ti q̓łúməčən ʔaʔsxʷʔíyas nəẃíyŋ ʔaʔ tə *ʔəscə́ýqʷ*. There were lots of flounders, grunt-fish, bullheads there where the blackfish go into the hole. (MJ) VAR: scə́ýqʷ (AS,BC) {ʔúxʷ cxʷ ʔəsnáẃəł ʔaʔ či *scə́ýqʷ* ʔaʔ či nsqiʔám̓ či nscununə̓t. You went into a hole where I wouldn't be able to find you. (MJ)}

ʔəscə́ýqʷəŋ ⟦ʔs-√cəy⟨ʔ⟩qʷ-ŋ⟨ʔ⟩ stat-√dig⟨actl⟩-mdl⟨actl⟩⟧ ☞ ʔəscə́ýqʷ hole in the ground, ditch, pit. (AS,BC) {mán ʔuʔ x̌ə́č cə *ʔəscə́ýqʷəŋ*. The hole was too deep. (ES) | ʔuʔmán ʔuʔ x̌ə́č cə *ʔəscə́ýqʷəŋ* sctə́ŋxʷən. The hole in the earth was too deep. (ES)}

ʔəsciyaýsə́ńtən ⟦ʔs-√c⟨iy⟩ay⟨ʔ⟩=sən⟨ʔ⟩=tən⟨ʔ⟩ stat-√lie_down⟨pl⟩⟨actl⟩=foot⟨actl⟩=instr⟨actl⟩⟧ ☞ caʔyəsə́ntən to be making, weaving a mat. (MJT)

ʔəsciyəcáwt ⟦ʔs-c⟨iyə⟩+√caw-t stat-actl⟨pl⟩+√lay-stat⟧ ☞ ʔəsccáwt to by lying down (of a group, as a bunch of trees). (TC) VAR: ʔəsciycáwt (TC) VAR: ʔəscicáwt {*ʔəscicáwt* kʷi kʷə ʔaycłtáyŋxʷ. The people were lying down. (AS)}

ʔəsckʷísəŋ ⟦ʔs-√cwis-ŋ stat-√propose-mdl⟧ [/w/ → /kʷ/] [analysis uncertain - Possibly related to 'spouse' prefix.] cp. ckʷ- to get a spouse, propose, ask to marry. (HS,ES)

ʔəscúʔyəp ⟦ʔs-√cuʔyp stat-√obscured⟧ ☞ cúʔip to be hidden behind (something). (ES) {*ʔuʔəscúʔyəp* kʷi scaʔkʷaʔyúł. The vehicle was hidden. (AS)} VAR: ʔəscúʔip (ES; AS,BC) {*ʔəscúʔip* ʔaʔ cə sčšáʔič. He hid behind a stump. (ES) | *ʔəscúʔip* kʷsə stiqéw̓. The horse was hidden. (AS,BC)} VAR: ʔəscúʔip (AS; AS,BC) {*scúʔip* cə húʔpt. The deer is hidden. (AS)} VAR: ʔəscúʔip (AS,BC) VAR: scúʔip {*scúʔip* cə łqáýč. The moon is hidden (by the clouds). (AS,BC)} VAR: ʔəscúʔipt (AS) {*scúʔipt* cə húʔpt. The deer is hidden. (AS)}

ʔəscáʔcaʔ ⟦ʔs-čáʔ+√caʔ stat-char+√on⟧ ☞ čáʔ to be on top, sitting atop, be upstairs. (ES)

{txʷa*ʔəscáʔcaʔ*. He got to the top. (TC) | níł suʔtə́ss ʔaʔ cə *ʔəscáʔcaʔ*. Then it got to the top. (ES) | *ʔəscáʔcaʔ* cə cícł qʷłáy̓. He was on top of a high log. (TC)} VAR: ʔəscáʔcaʔ {łaʔtúqʷəŋ kʷsə qʷúʔ *ʔəscáʔcaʔ* ʔaʔ kʷsə stove. The water is boiling on top of the stove. (EPT)} VAR: scáʔcaʔ (AS,BC) {cčéʔyəŋ ʔiʔ ʔiyá ʔaʔ tə *scáʔcaʔ* sqayʔaʔqiyáyŋəxʷ. He was climbing and there at the top were some small trees. (ES)} VAR: ʔəscáʔca (EPT)

ʔəscáʔcaʔwáʔč ⟦ʔs-čáʔ+√caʔ=əwa⟨ʔ⟩č stat-actl+√sit=bottom⟨actl⟩⟧ ☞ nəxʷcaʔwáčən to be sitting, in a sitting position. {ʔuʔ húy tə nsu*ʔəscáʔcaʔwáʔč*. I'm always only sitting. (ES)} VAR: scaʔcaʔwáʔč {*scáʔcaʔwáʔč* ʔaʔ cə qʷaʔyəqʷáłiʔ. She was sitting on the small logs. (ES)}

ʔəscáʔčəẃ ⟦ʔs-čáʔ+√caw stat-rslt+√wash⟧ ☞ čáẃ to be washed, clean. {ʔáwə c *ʔəscáʔčəẃ* tsə nčə́yaʔwiʔ. My dishes aren't washed. (MJT)} VAR: ʔəscáʔcuʔ {x̌ay̓ kʷi *ʔəscáʔcuʔ* kʷłə nłqít. My clothes were clean again. (AS)} VAR: ʔəscáʔcuʔ (EPT) {x̌kʷáts cə łaʔłíqəŋ qʷúʔ ʔiʔ caʔkʷáts cə ʔu*ʔəscáʔcuʔ* sxʷcaʔkʷúsən. And he took the hot water, and he washed the hot water and washed the clean basin. (MJ)} VAR: čáʔcuʔ (TC)

ʔəscáčł ⟦ʔs-√c⟨á⟩y-ł stat-√wake⟨rslt⟩-dur⟧ ☞ čáč to be wide awake, eager, lively. (ES,TC,HS; ES,HS; ES) VAR: ʔəscáčł (AS,BC) {*ʔəscáčł* kʷi kʷə nŋə́naʔ. My child is awake. (AS)}

ʔəscáwł ⟦ʔs-√c⟨á⟩w-ł stat-√disappear⟨rslt⟩-dur⟧ ☞ čáẃ to be invisible, gone from sight, disappeared, faded away. (ES) VAR: ʔəscáʔuł (ES) VAR: ʔəscáẃł {*ʔəscáẃł* kʷi kʷə spáʔxʷəŋ. The fog is disappeared. (AS)} VAR: ʔəscáẃəł (ES) VAR: ʔəscáʔwəł (ES)

ʔəscáxł ⟦ʔs-√c⟨á⟩x-ł stat-√wear_out⟨rslt⟩-dur⟧ ☞ čáx̣ to be worn out, exhausted, old. (TC; WB,AS,BC) VAR: ʔəscáx̣ł {*scáx̣ł* cə nx̌ə́q̓šən. My shoes are worn out. (AS)}

ʔəsččxáłč ⟦ʔs-√ccxa=iłč stat-√nettle=plant⟧ ☞ ččxáłč to pick nettles. {*ʔəsččxáłč* yaʔ st. We picked nettles. (MJT)}

ʔəscéʔčəŋ ⟦ʔs-čiʔ+√ciŋ⟨ʔ⟩ stat-actl+√near⟨actl⟩⟧ ☞ čéʔčəŋ to be close, near. (MJT; ES) {*ʔəscéʔčəŋ* cn. I'm close (to it). (ES) | *ʔəscéʔčəŋ* kʷi. He's near here somewhere. (MJT)} VAR: ʔəscéʔčən (ES) {níł nəsuʔsúkʷəŋ ʔiʔ nəsʔačšikʷə́tən ʔiʔ təyámət cə *ʔəscéʔčəŋ* nəʔaʔáwkʷ. Then I bathed and changed clothes and put on the things that were nearby. (MJ)}

ʔəscéʔči ⟦ʔs-čiʔ+√ciʔ stat-rslt+√upon⟧ ☞ čéʔ to be atop, on top. (ES) VAR: ʔəscéʔči {*ʔəscéʔči* cn ʔaʔ kʷə nłáʔiŋ. I'm on top of my house. (AS)}

ʔəscáʔk̓ʷ ⟦ʔs-√ca⟨ʔə⟩k̓ʷ stat-√tight⟨actl⟩⟧ ☞ čák̓ʷ to be stuck, squeezed in tight. (AS,BC) {*ʔəscáʔk̓ʷ* cn. I'm squeezed in a tight place. (AS)} VAR: ʔəscák̓ʷ (AS,BC)

ʔəscáʔiʔ ⟦ʔs-√ca⟨ʔ⟩y⟨ʔ⟩ stat-√work⟨actl⟩⟧ ☞ čáy job, employment. {níł yaʔ ʔiyá ʔuʔ nə́cuʔ

ʔəscáʔnəxʷ ʔəscáʔiʔs kʷi ʔəxʷíŋxʷ yaʔ xčtín. *That there was the only job for Indians that I knew.* (TC)}

ʔəsčáʔnəxʷ 〖ʔs-√čə<ʔ>n-naxʷ stat-√bury<actl>-nctrns〗 ☞ **ʔəsčáʔnɬ** to be buried accidentally. (MJT) {hiyáʔ ʔúxʷ ʔaʔ cə stúʔwi sxʷʔiyá ti s**ʔəsčáʔnəxʷ**s ti ʔəcɬtáyŋxʷ. *He went to the river where people were buried.* (MJ)}

ʔəsčáʔnɬ 〖ʔs-√čə<ʔ>n-ɬ stat-√bury<actl>-dur〗 ☞ **čə́nət** to be buried. (MJT) {níɬ kʷɬ**ʔəsčáʔnɬ**. *He was already buried.* (MJ)}

ʔəsčáčɬ 〖ʔs-√čə<á>č-ɬ stat-√stuck_between<rslt>-dur〗 ☞ **čə́č** to be stuck, pinned in between (two things). (MJT; ES; TC; AS,BC) {**ʔəsčáčɬ** cn. *I'm stuck in between.* (TC; AS) | **ʔəsčáčɬ** kʷə ləmətú. *The sheep is stuck (in the fence).* (BC) | níɬ č suʔɬŋáss cə scúm̓s **ʔəsčáčɬ** ʔaʔ cə čə́nəss. *Then he removed the bone from between his teeth.* (TC)} VAR: **ʔsčáčɬ** (AS)

ʔəsčákʷɬ 〖ʔs-√čakʷ-ɬ stat-√tight-dur〗 ☞ **čákʷ** to be tight (as clothes), fit tight, wedged in. (MJT; ES,AS) {ʔu**ʔəsčákʷɬ** cn. *I'm squeezed tight.* (AS) | **ʔəsčákʷɬ** kʷi kʷə nsxʷk̓ʷqʷə́m. *My axe is wedged in.* (AS)} VAR: **sčákʷɬ** {mán ʔuʔ **sčákʷɬ** tiə nɬqít. *My clothes are very tight.* (AS)}

ʔəsčáŋkʷən 〖ʔs-√čaŋ=iwən stat-√feisty=interior〗 [root not independently identified] to be mean, tough, feisty, ornery, fearless. (ES) ⟪Usage: Depending on the situation this can be used as an insult or a compliment.⟫ {ɬáw či c **ʔəsčáŋkʷən**. *Don't be mean.* (AS) | **ʔəsčáŋkʷən** kʷə nsʔúq̓ʷaʔ. *My brother is being ornery.* (AS)}

ʔəsčáxɬ 〖ʔs-√č<á>x-ɬ stat-√split<rslt>-dur〗 ☞ **čáxɬ** to be cracked, torn, ripped, split. (MJT; ES) VAR: **sčáxɬ** (AS,BC) {**sčáxɬ** kʷə nəɬqít. *My clothes are torn.* (AS,BC)} VAR: **ʔəsčáxɬ** {ŋə́n̓ cə **ʔəsčáxɬ**. *There were lots split.* (MJ) | ʔuʔčáčt caʔn kʷə ʔuʔə́y̓ **ʔəsčáxɬ**. *I'll make it from the ones that are split well.* (MJ) | ŋə́n̓ cə xixə́piʔ **ʔəsčáxɬ**. *There's lots of cedar that's cut.* (MJT)}

ʔəsčáy̓əq̓ 〖ʔs-√ya<y̓ə>q̓ stat-√fall_over<pl>〗 ☞ **čáy̓əq̓** to be fallen (of a group, such as trees). (TC) VAR: **sčáy̓q̓** (BC) VAR: **sčáy̓əq̓** {**sčáy̓əq̓** tiə sq̓iyáyŋxʷ. *These trees have fallen down.* (AS)}

ʔəsčáy̓əqʷ 〖ʔəs-√čayiqʷ stat-√backwoods〗 ☞ **čáy̓əqʷ** the backwoods, forest. (ES) {x̌áy kʷ ʔuʔ níɬ ʔaʔyəcɬtáyŋxʷ čʔiyá ʔaʔ tə s**ʔəsčáy̓əqʷ**s sŋiyánt. *There were also people from the backwoods mountains.* (TC)}

ʔəsčéʔyəxʷ 〖ʔs-√či<ʔyə>xʷ stat-√demolish<pl>〗 ☞ **číxʷ** to be broken apart, broken down (as a machine that will not work). (ES) {**ʔəsčéʔyəxʷ** cə məsíns níɬ kʷaʔnaʔŋút ti qʷúʔ ʔúxʷ ʔaʔ cəʔáʔiŋ. *The machine for running water to the house was broken.* (ES)}

ʔəsčə́n 〖ʔs-√čən stat-√bury〗 ☞ **čə́n** to be cooked in hot sand. (MJT) {**ʔəsčə́n** tə saplín. *The bread is cooked (in sand).* (AS)}

ʔəsčə́q 〖ʔs-√čq stat-√big〗 ☞ **čə́q** to be exceptionally big. (MJT; AS) {**ʔəsčə́q** cə sx̌áləp. *The pot is exceptionally big.* (AS)}

ʔəsčə́saʔqʷ 〖ʔs-√čəs=iʔqʷ stat-√hat=head〗 ☞ **sčə́saʔqʷ** to have a hat on, be hatted. (EWH)

ʔəsčáyəx̌ʷ 〖ʔs-√čəyx̌ʷ stat-√crazy〗 to be crazy, foolish, mentally unbalanced, brainless, goofy, no sense, stupid. (ES; AS,BC; AS) {ɬáwə či c ʔu**ʔəsčáyəx̌ʷ**. *Don't be goofy.* (MJT)} VAR: **ʔsčáyəx̌ʷ** (AS) VAR: **sčáyəx̌ʷ** (MJT; AS,BC; AS) {**sčáyəx̌ʷ** cn. *I'm goofy.* (AS) | **sčáyəx̌ʷ** hə́ɬnɬ! *Crazy damn fool!* (EPT; MJT) | ʔuʔɬə́ŋ cxʷ ʔuʔ **sčáyəx̌ʷ**! *You're goofy!* (AS) | ʔuʔɬə́ŋ ʔuʔ **sčáyəx̌ʷ** kʷə swéʔwəs. *That boy is not all there.* (AS)}

ʔəsčáyəx̌ʷt 〖ʔs-√čəyx̌ʷ-t stat-√crazy-trns〗 ☞ **ʔəsčáyəx̌ʷ** to drive someone crazy, make someone insane. {**ʔəsčáyəx̌ʷt** cn cə swéʔwəs. *I drove the boy crazy.* (AS,BC)}

ʔəsčáyəx̌ʷtəŋ 〖ʔs-√čəyx̌ʷ-t-ŋ stat-√crazy-trns-psv〗 ☞ **ʔəsčáyəx̌ʷt** to have lost one's mind, gone crazy, be driven crazy by someone or something. {**ʔəsčáyəx̌ʷtəŋ** cə swéʔwəs. *The boy lost his mind.* (BC)}

ʔəsčiʔúʔyəs 〖ʔs-√čəy̓=u<ʔ>yəs stat-√turn=forehead<actl>〗 ☞ **čáyəs** to wear clothing backwards. (TC) {**ʔəsčiʔúʔyəs** cə nsčə́saʔqʷ. *Put your hat on backwards.* (TC)}

ʔəsčšaʔmáčt 〖ʔs-√čəsəʔ-m=ač-t stat-√two-ext=clothing-trns〗 ☞ **čə́saʔ** to be working in double strands in weaving. (MJT)

ʔəsčúʔyəxʷ 〖ʔs-√ču<ʔyə>xʷ stat-√add<pl>〗 ☞ **čúxʷt** to be more than expected, superabundant. (ES)

ʔəsčáq̓ɬ 〖ʔs-√č<á>q̓-ɬ stat-√surprised<rslt>-dur〗 ☞ **čáq̓** to be surprised, shocked, amazed. (MJT; ES) {**ʔəsčáq̓ɬ** cn *I'm so surprised. / I was taken by surprise.* (MJT)}

ʔəsčéʔič inside out. See under: **ʔəsxʷčə́yč**

ʔəsčéʔip̓ 〖ʔs-√či<ʔ><y>p̓ stat-√squeeze<actl><pl>〗 ☞ **číp̓** to be squeezed, bunched up together. (AS,BC) VAR: **ʔsčéʔip̓** (AS) {**ʔsčéʔip̓** kʷɬə ɬqít. *The clothes are bunched up together.* (AS,BC)}

ʔəsčéʔyəč̓ 〖ʔs-√či<ʔ><yə>č̓ stat-√wring<actl><pl>〗 ☞ **číč̓t** to be wrung out. {kʷɬ**ʔəsčéʔyəč̓** u či scaʔkʷíŋəɬ. *Is the washing already wrung out?* (MJT)}

ʔəsčákʷx 〖ʔs-√čkʷəx stat-√fry<actl>〗 [actual metathesis] to be fried. {**ʔəsčákʷx** músmus. *It's fried beef.* (EPT)} VAR: **sčákʷxəŋ** {čičáq̓ kʷsə nə**sčákʷxəŋ** saplín. *I burned my hotcakes.* (MJT)} 〖ʔs-√čkʷəx-ŋ stat-√fry<actl>-mdl〗 ☞ **čkʷáxəŋ**

ʔəsčə́nəs 〖ʔs-√čəns stat-√steam_bake〗 ☞ **čə́nəs** to be baked, steamed. ✶Cover seafood and vegetables in fresh kelp and cook in hot sand (MJT; AS) {**ʔəsčə́nəs** cə sqx̌ə́yu. *The clams are steamed.* (AS)}

ʔəsčə́ńč 〖ʔs-√čəńč stat-√pinch〗 ☞ **čə́ńč** to be squeezed in, squeezed together, stuck in, pinched in. (TC) {**ʔəsčə́ńč** cn. *I'm squeezed in.* (ES)

| ʔuʔəsčə́nč cn. *I got pinched.* (AS)} VAR: ʔəsčə́n̓əč (TC)

ʔəscə́yəxʷ 〚ʔs-√čəyxʷ stat-√enter〛 ☞ čə́yəxʷ to be inside. (AS,BC) {ʔiʔ huʔáʔis ʔaʔ kʷ ɬxʷɬšáʔ čaʔscə́yəxʷ ʔaʔ cə ƛ̓úƛ̓aʔ ʔáʔinɬ. *There were nearly thirty of us in our little house.* (ES)} VAR: ʔscə́yəxʷ (AS,BC)

ʔəscə́y̓xʷ 〚ʔs-√čəy<ʔ>xʷ stat-√enter<actl>〛 ☞ ʔəscə́yəxʷ being inside. (MJT; LC; ES) {kʷɬʔəscə́y̓xʷ cn. *I'm already inside.* (MJT) | ɬáč tiə ʔəscə́y̓xʷ. *It's dark inside.* (LC) | ɬɬíq̓ən kʷaʔ tiə ʔəscə́y̓xʷ. *It's warm inside.* (ES) | kʷáyəs cn ʔəscə́y̓xʷ ʔaʔ cə ʔáʔyəŋ. *I hid it inside the house.* (TC) | ɬáctx cn tiə ʔəscə́y̓xʷ. *I made this room dark.* (MJT) | ŋənáy st ʔəscə́y̓xʷ ʔaʔ cə ʔáʔiŋ. *There were many of us in the house.* (TC) | níɬ sxʷʔiyás cə sínəɬqi ʔəscə́y̓xʷ. *They were there where the monster was inside.* (ES) | twəw̓ʔəscə́y̓xʷ cn ʔaʔ kʷsi ʔáʔiŋs. *I was still in his house.* (MJ) | ʔəscə́y̓xʷ cn ʔaʔ tiʔə ʔáʔyəŋ. *I'm inside the house.* (EPT) | níɬ č suʔtxʷaʔəscə́y̓xʷ ʔaʔ cə ʔáʔyəŋs. *So he ended up in her house.* (TC) | suʔcákʷss ʔiyá ʔaʔ tə ʔəscə́y̓xʷ ʔaʔ tə ʔáʔinɬ. *So he put it down inside our house.* (MJ) | níɬ nsuʔəscə́y̓xʷ ʔaʔ tə sxɬáwtxʷ ʔaʔ či ŋə́n̓ skʷáči. *I was in the hospital many days.* (ES) | txʷaʔəscə́y̓xʷ č kʷaʔčaʔ cə ʔáʔiŋs cawniɬ stíxʷaʔč. *They got inside Octopus's house.* (TC)} VAR: ʔəscáy̓xʷ (ES) VAR: ʔscə́y̓xʷ {ʔiʔ ʔuʔxə́ʔn̓ tə ŋə́nŋənaʔɬ ʔiʔ tə scutáyəɬ ʔiʔ tə sƛ̓ayéʔƛqɬ ʔuʔʔscə́y̓xʷ ʔaʔ nə́cuʔ. *And all of our children and in-laws and their children were inside the one.* (ES)} VAR: scə́y̓xʷ {ŋə́n̓ skʷáči tə nəscə́y̓xʷ ʔaʔ tə sxɬáwtxʷ. *I was in the hospital for many days.* (ES)}

ʔəscə́y̓xʷɬ 〚ʔs-√čəy<ʔ>xʷ-ɬ stat-√enter<actl>-dur〛 ☞ ʔəscə́y̓xʷ the inside of a building or room. (TC)

ʔəsháʔm̓əɬ 〚ʔs-hə<ʔ>m̓-ɬ stat-√thick_fog<actl>-dur〛 ☞ hə́m̓ to be very foggy. (EPT; MJT) {ʔəsháʔm̓əɬ cə spáʔxʷəŋ. *The fog comes right down to the ground.* (MJT)}

ʔəshaʔqéʔwən 〚ʔs-√hi<ʔ>q=i<ʔ>wən stat-√slide=interior〛 ☞ ʔəshəqíkʷən to be baking, in the oven. (MJT) {kʷɬʔəshaʔqéʔwən. *It's already in the oven.* (MJT)} VAR: ʔəsxʷhaʔqéʔwən̓ {ʔəsxʷhaʔqéʔwən̓ kʷi ti nəsq̓əyt. *I'm baking it in the oven.* (MJT)} 〚ʔs-xʷ-√hi<ʔ>q=i<ʔ>wən stat-loc-√slide=interior〛

ʔəsháhəkʷɬ 〚ʔs-ha+√hakʷ-ɬ stat-rslt+√remember-dur〛 ☞ hákʷ to be remembered. (AC) {ʔəsháhəkʷɬ cn. *I'm remembered.* (AS)} VAR: ʔsháhəkʷɬ (AS)

ʔəsháps 〚ʔs-√haps stat-√hops〛 ☞ háps hop picking. (AS,BC) {nəsuʔhiyáʔtəŋ ƛaʔyakəmatəŋ ʔəsháps. *Then I was taken to Yakima hop picking.* (TC)}

ʔəshápsi 〚ʔs-√haps-iy stat-√hops-dev〛 ☞ ʔəsháps to go hop picking. {níɬ suʔəshápsiɬ ʔiʔ hiyáʔ st ʔəshápsi ƛ̓aʔSkagit River. *Then we went hop picking and we went hop picking to the Skagit River.* (MJ)}

ʔəshéheʔč 〚ʔs-hi+√hi<ʔ>č stat-actl+√protrude〛 ☞ híčt to be sticking out, protruding; be one thing farther out than the others. (TC)

ʔəshəqíkʷən 〚ʔs-√hiq=iwən stat-√push_off=interior〛 [/w/ → /kʷ/] ☞ həqkʷənáys to be baked in the oven. (MJT) {ʔəshəqíkʷən cə scánnəxʷ. *The salmon is baked.* (AS)}

ʔəshúʔi 〚ʔs-√hu<ʔ>y stat-√finish<actl>〛 ☞ húy
1. to be finished, ready. {kʷɬʔəshúʔi. *It's already finished.* (MJT; ES) | ʔəshúʔi u cxʷ? *Are you ready? / Are you finished?* (TC)}
2. to be in a particular situation, be a particular way (especially well). (TC) {ʔəshúʔiʔs. *That's how she is.* (TC) | ʔəshúʔiʔ cn. *I'm that way. / I'm well.* (TC) VAR: ʔəsʔúʔi (BH) {mán̓ kʷə ʔuʔ ʔə́y̓ nəxčŋín ʔaʔ tə nəsʔiyánəxʷ kʷɬə qʷáqʷiʔəcɬtáyŋxʷ yaʔcustúŋəɬ ʔaʔ či sʔəsʔúʔiʔs ti ʔəcɬtáyŋxʷ ʔiyá ʔaʔkʷi sxʷʔiyáɬ. *I'm very happy to hear her speaking telling us how the people were where we are.* (BH) | húy yaʔ cə ʔuʔstáxɬ ʔuʔ sʔəsʔúʔiʔs ʔuʔ xčtís kʷ ʔiʔčáʔiʔəcɬtáyŋxʷ. *The wrong way was the only way the people before us knew.* (BH)} VAR: ʔəssúʔi (BC) VAR: súʔi (AS,BC) {níɬ ʔuʔ súʔis *That's the way it is.* (AS) | níɬ kʷi ssúʔis. *That's the way it was.* (AS) | níɬ kʷi súʔis ʔaʔ kʷi kʷɬhíc yaʔ. *That's the way it was long ago.* (BC)} VAR: sʔiʔúʔi {sʔiʔúʔis. *That's the way it is.* (AS,BC; AS)} VAR: syúʔi {syúʔis. *That's the way it is.* (AS)} VAR: ʔəshúʔəy {kʷɬʔəshúʔəy cə n̓skʷə́cc. *What you're sending is ready.* (MJT) | ʔuʔəhá kʷi c ʔəshúʔəy. *It's not yet ready.* (MJT)}

ʔəshúʔitəŋ 〚ʔs-√hu<ʔ>y-t-ŋ<ʔ> stat-√finish<actl>-trns-psv<actl>〛 ☞ húytəŋ an artifact, something that was man-made, sculpted, drawn, carved, built. (TC) {k̓ʷə́nts cə ʔəshúʔitəŋ. *She looked at an artifact.* (AA) | šítəŋ yaʔ ʔaʔ cə sʔács ʔəshúʔitəŋ yaʔ ʔaʔ cə mə́kʷaʔ. *She wanted the carved face that was at the grave.* (AA)}

ʔəshúccən 〚ʔs-√huy=ucin stat-√finish=mouth〛 ☞ húccən to be finished eating. {níɬ suʔəshúccəns cə snáyaʔnəkʷ ʔiʔ ɬúys st. *Then the ghosts were finished eating, and we left.* (MJ)}

ʔəsiʔəcáwtxʷ 〚ʔs-√y<ə>č=awtxʷ stat-√fill<actl>=house〛 ☞ yəcáwtxʷ to be a full house. (MJT)

ʔəsiq̓əmúʔis 〚ʔs-√yq̓-m=uy<ʔ>əs stat-√even-ext=forehead<actl>〛 ☞ yə́q̓ to be round, spherical (like a ball). (ES) VAR: siq̓əmúʔis (AS,BC) {siq̓əmúʔis ti ɬqáy̓č. *The moon is round.* (BC)}

ʔəskʷáʔət 〚ʔs-√kʷaʔət stat-√stern〛 ☞ skʷáʔət to be in the stern of a canoe or boat, back seat of a vehicle. (ES; TC,AS,BC; AS,BC) {ʔiʔʔúxʷ kʷi ncə́t ʔaʔ ti ʔəskʷáʔət. *My father went to the stern.* (MJ) | ʔəc ʔiyá ʔəskʷáʔət ʔiʔ héʔu kʷi ncə́t. *It was me in the stern, and my father was in the bow.* (MJ) | níɬ suʔənʔás kʷi ncə́t ʔiʔ xə́nəŋ, "nə́kʷtxʷ kʷi tčət ʔiʔ ʔəc caʔ ʔiyá ʔəskʷáʔət či nəsʔiʔkʷənít cə." *Then my father came and said, "You spear them, and I will be in the stern to watch it."* (MJ)} VAR: ʔəskʷáʔt (TC,AS,BC) VAR: skʷáʔət (TC,AS,BC) VAR: skʷáʔət {skʷáʔət cn. *I'm in the stern.* (AS,BC)}

ʔəskʷáʔəwč ⟦ʔs-wáʔ+√wač stat-rslt+√pry⟧ ☞ kʷáʔəwč to have been pried, jimmied, jacked up. {*ʔəskʷáʔəwč* cə q̓əyáx̣ən. *The fence was pried.* (AS)} VAR: skʷáʔəwč (AS) {ʔu*ʔskʷáʔəwč* kʷi kʷə sčaʔkʷaʔyúɬ. *The car was jacked up.* (AS)}

ʔəskʷáʔkʷiʔ ⟦ʔs-kʷáʔ+√kʷay<ʔ> stat-actl+√hide<actl>⟧ ☞ kʷáyi to be hidden. (TC; MJ) {x̣čŋíns ʔaʔ či s*ʔəskʷáʔkʷiʔ*s ʔiʔuʔəsʔéʔnəŋ. *He thought he was hiding, but he was visible.* (TC) | hiyá"ʔ q̓cə́ct ʔi ʔuʔtə́s ʔaʔ cə sxʷʔiyás canu snúʔnəkʷ *ʔəskʷáʔkʷiʔ*. *It went shrinking and got to where that ghost was hidden.* (ES)} VAR: skʷáʔkʷiʔ (TC) {níɬ suʔyə́q̓s ʔaʔ tə sxʷʔiyás tə *skʷáʔkʷiʔ*s canu nəxʷsx̌áyəm̓. *Then they were even with where the hidden Klallams were.* (ES)} VAR: ʔəskʷáʔkʷi (ES) {*ʔəskʷáʔkʷi* tə sʔácss ʔaʔ cə sčə́saʔqʷs. *Her face was hidden by her hat.* (ES) | *ʔəskʷáʔkʷi* kʷsáʔič ʔaʔ cə sqiyáyŋxʷ. *He was hiding behind a tree.* (ES) | čiʔáw ʔaʔ tə sxʷʔiyás kʷi *ʔəskʷáʔkʷi*s cə né? snáyaʔnəkʷ. *They went past where those ghosts were hiding.* (ES)}

ʔəskʷáʔwən ⟦ʔs-wáʔ+√wan stat-rslt+√lose⟧ [/w/ → /kʷ/] ☞ kʷán to be lost. (TC; AS) {*ʔəskʷáʔwən* cn. *I'm lost.* (TC) | *ʔəskʷáʔwən* st. *We're lost.* (AS) | níɬ su*ʔəskʷáʔwən*ɬ kʷaʔčaʔ. *So then we were lost.* (TC)}

ʔəskʷáči day. See under: skʷáči

ʔəskʷán ⟦ʔs-√wan stat-√lose⟧ ☞ kʷán to be lost. (ES) {ʔiʔu*ʔəskʷán* yaʔ cn ʔaʔ kʷi nəshiyáʔ x̌aʔtáwn. *I was lost when I went to town.* (AS)}

ʔəskʷáq̓ɬ open. See under: ʔəsxʷkʷáq̓ɬ

ʔəskʷiʔə́yu ⟦ʔs-√kʷy-əyu stat-√spill-activ⟧ ☞ kʷə́y to rain very hard. {hu*ʔəskʷiʔə́yu* ʔaʔ kʷi ʔəsnát. *It rained really hard last night.* (MJT) | ʔu*ʔəskʷiʔə́yu* cə sɬə́məxʷ. *It's just pouring rain.* (MJT)}

ʔəskʷikʷəčáy̓əɬ ⟦ʔs-kʷy+√kʷč=ay̓i-ɬ stat-pl+√crooked=leg-dur⟧ ☞ ʔəskʷáčɬ to be bow-legged. (ES) VAR: ʔəskʷikʷčáy̓əɬ (ES)

ʔəskʷúkʷəl ⟦ʔs-kʷu+√kʷul stat-actl+√school⟧ ☞ skʷúl to be learning (how to do something), going to school. {*ʔəskʷúkʷəl* u cxʷ? *Are you going to school?* (ES) | ʔáwə yaʔ st *ʔəskʷúkʷəl*. *We didn't go to school.* (TC) | *ʔəskʷúkʷəl* cn ʔaʔ cə nəxʷsx̌ay̓əmúcən. *I'm learning the Klallam language.* (TC)}

ʔəskʷúl ⟦ʔs-√kʷul stat-√school⟧ ☞ skʷúl to be in school, in class. {*ʔəskʷúl* či. *Start class.* (ES)}

ʔəskʷaʔkʷák̓ʷiʔ ⟦ʔs-kʷaʔ+√kʷaʔk̓ʷy stat-dimutive+√pregnant⟧ ☞ ʔəskʷáʔkʷi to be pregnant, expecting (said of a small or very young lady). (MJT)

ʔəskʷáʔkʷi ⟦ʔs-√kʷaʔkʷy stat-√pregnant⟧ [analysis uncertain - This may be a diminutive of a root meaning basically 'obstruct'. If so, the semantic connection is obscure.] cp. kʷə́y to be pregnant, expecting. (EPT; ES) ⟪USAGE: This can refer to a human or any animal.⟫ (AS,BC) VAR: skʷáʔkʷiʔ (EPT; AS) {*skʷáʔkʷiʔ* cə sɬáni. *That woman is expecting.* (TC)} VAR: ʔəskʷáʔkʷiʔ (MJT) VAR: ʔəskʷáʔkʷiʔ (EPT; MJT)

ʔəskʷaʔsə́ɬnəɬ ⟦ʔs-√kʷa<ʔ>s=əɬnɬ stat-√scorch<actl>=throat⟧ ☞ kʷsə́ɬnəɬ to have a burned, scorched, scalded, cooked throat. {*ʔəskʷaʔsə́ɬnəɬ* cn. *I have a cooked throat.* (MJT)}

ʔəskʷáčɬ ⟦ʔs-√kʷ<á>č-ɬ stat-√crooked<rslt>-dur⟧ ☞ kʷčə́ŋ to be crooked, bent. (ES) VAR: skʷáčɬ (LC; TC) VAR: skʷáčɬ {*ʔəskʷáčɬ* cə nspún. *My spoon is bent.* (AS) | *ʔəskʷáčɬ* tə súɬ. *The road is crooked.* (AS)}

ʔəskʷás ⟦ʔs-√kʷas stat-√scorch⟧ ☞ kʷás
1. to be scorched, barbecued, toasted (especially dried fish). (MJT; ES,HS; HS) {x̣aʔpúx̣ʷəŋ kʷi kʷə *ʔəskʷás* saplín ɬ ʔéʔɬənn. *The toasted bread made a crunching sound while I was eating.* (AS)}
2. dried herring. ⟪So called because dried herring is always eaten toasted.⟫ (MJT) VAR: ʔəskʷásɬ (ES; HS) VAR: ʔəskʷásɬ (AS) VAR: ʔəskʷáss (ES)

ʔəskʷásɬ ⟦ʔs-√kʷ<á>s-ɬ stat-√count<rslt>-dur⟧ ☞ kʷsə́ŋ
1. to be counted, measured. (MJT; HS) {*ʔəskʷásɬ* yaʔ kʷi kʷə súɬ. *The distance was measured (the road was counted).* (AS)}
2. to be advised. (MJT; HS) {*ʔəskʷásɬ* tsə nŋə́naʔ ʔaʔ kʷɬi síyaʔs. *My child was advised by his grandmother.* (AS)} VAR: ʔəskʷásɬ (AS)

ʔəskʷáy̓əɬ ⟦ʔs-√kʷə<á>y<ʔ>-ɬ stat-√control<rslt><actl>-dur⟧ ☞ kʷə́yət to be bare, cleared. (MJT) VAR: skʷáʔiɬ {*skʷáʔiɬ* kʷi kʷə sčə́ŋxʷən sxʷʔúx̣ʷtəŋs kʷə ʔáʔiŋ. *The land was cleared where the house was to be set.* (AS)}

ʔəskʷəléʔqʷ bald. See under: kʷəwléʔqʷ

ʔəskʷəw̓əy̓éʔqʷ bald. See under: skʷaʔwəy̓éʔqʷ

ʔəskʷəyéʔqʷ ⟦ʔs-√kʷəy=iʔqʷ stat-√control=head⟧ ☞ ʔəskʷáy̓əɬ to be bald, bare. (MJT) {*ʔəskʷəyéʔqʷ* cxʷ. *You're bald-headed.* (MJT)} VAR: ʔəskʷiyéʔqʷ (MJT)

ʔəskʷəy̓kʷə́y̓ič ⟦ʔs-wəy̓+√w<əy>ič stat-actl+√butcher<pl>⟧ [/w̓/ → /k̓ʷ/] ☞ ʔəskʷéʔwəč to be butchered into pieces. {kʷɬ*ʔəskʷəy̓kʷə́y̓əč* kʷi. *It's already cut up.* (MJT)}

ʔəskʷikʷə́č ⟦ʔs-kʷy+√kʷəč stat-pl+√crooked⟧ ☞ kʷčə́ŋ to be crooked, move crookedly. (AS,BC) {ʔiʔ x̌ʷáts cə sqéʔqaʔ *ʔəskʷikʷə́č*. *And he took the loose, crooked one.* (MJ)}

ʔəslakəlín ⟦ʔs-√laklí=ən stat-√key=instr⟧ ☞ laklí to be locked. {kʷɬ*ʔəslakəlín*. *It's locked already.* (MJT)}

ʔəslisák ⟦ʔs-√lisák stat-√sack⟧ ☞ lisák to be in a bag, sack. {*ʔəslisák* caʔ cxʷ. *You'll be in a bag.* (TC)}

ʔəsɬaʔčúy̓səŋ ⟦ʔs-√ɬi<ʔ>č=uy̓s-ŋ<ʔ> stat-√cut<actl>=forehead-mdl<actl>⟧ ☞ ɬíč to be cutting one's forehead. {*ʔəsɬaʔčúy̓səŋ* cn. *I'm cutting my forehead.* (MJT)}

ʔəstaʔɬaʔyíc̓ 〚ʔs-ɬaʔ+√ɬ<aʔy>ic̓ stat-dim+√cut<pl>〛 ☞ ɬíc̓ to be butchered, cut up in small chunks. {kʷɬ**ʔəstaʔɬaʔyə́c̓** kʷi. *It's already butchered.* (MJT)}

ʔəstáʔɬu 〚ʔs-ɬáʔ+√ɬaw̓ stat-rslt+√heal〛 ☞ ɬáw̓ to be well, cured, healed. {kʷɬ**ʔəstáʔɬuʔ**. *He's already well.* (MJT)}

ʔəstáʔɬx 〚ʔs-ɬaʔ+√ɬax stat-rslt+√lie_flat〛 ☞ ɬáxt
1. being atop (as on a plate), lying flat on. (LC; TC) {**ʔəstáʔɬx** ʔaʔ cə c̓aʔcítən. *It's on the table.* (TC)}
2. to be served (of food). {kʷɬ**ʔəstáʔɬx** tə n̓sʔíɬən ʔaʔ tə c̓aʔcítən. *Your food is on the table.* (LC)}

ʔəstáʔɬxʷ 〚ʔs-ɬáʔ+√ɬaxʷ stat-rslt+√remove_from_mouth〛 ☞ ɬáxʷt to be out of one's mouth. {kʷɬ**ʔəstáʔɬxʷ**. *It's out of my mouth.* (MJT)}

ʔəstaʔníct 〚ʔs-√ɬi<ʔ>n-cut stat-√attach<actl>-rflxv〛 ☞ ɬaʔníct to be attached, tied up (to something). (TC)

ʔəstác̓ɬ 〚ʔs-√ɬac̓-ɬ stat-√dark-dur〛 ☞ ɬác̓ to be feeling sick. (ES) VAR: ʔsɬác̓ɬ (AS,BC) {**ʔsɬác̓ɬ** cn ʔaʔ tiə ʔáynəkʷ. *I'm feeling sick today.* (AS)}

ʔəstáxʷɬ[1] 〚ʔs-√ɬ<á>xʷ-ɬ stat-√straight<rslt>-dur〛 ☞ ɬxʷə́t to be straight, direct. (MJT; LC; TC; AS,BC) {kʷɬ**ʔəstáxʷɬ**. *He's straightened up now. / It's straight.* (MJT) | ʔiʔ**sɬáxʷɬ**. *Go straight.* (TC) | **ʔəstáxʷɬ** cn. *I'm straight.* (MJT) | ʔiʔ níɬ suʔtxʷa**ʔəstáxʷɬ**s. *And then it became straight.* (TC)} VAR: sɬáxʷɬ (AS,BC; TC)

ʔəstáxʷɬ[2] 〚ʔs-√ɬ<á>xʷ-ɬ stat-√straight<rslt>-dur〛 [u-class intensifier] definitely, really. ☞ ɬxʷə́t {**ʔəstáxʷɬ** ʔuʔ ʔə́y̓. *Oh, it's real good!* (MJT) | ʔáwə cn c ʔu**ʔəstáxʷɬ** ʔuʔ ʔiyə́m. *I'm not really strong.* (AA) | **ʔəstáxʷɬ** cxʷ ʔuʔ čáʔi. *You are really working.* (RSh) | ʔuʔmán̓ cn ʔuʔ xʷáʔxʷəm̓ ʔaʔ nə́kʷə kʷaʔ **ʔəstáxʷɬ**əxʷ ʔuʔ ʔə́y̓. *I am very concerned that you are really well.* (AA) | ʔu**ʔəstáxʷɬ** cə ʔuʔʔə́y̓ či nəxčn̓ín ʔaʔ či n̓sʔiyaʔnúŋə hay. *I am definitely glad to hear you folks.* (RSh)} VAR: sɬáxʷɬ (AS,BC) {**sɬáxʷɬ** ʔuʔ səmíxʷ ʔi ʔuʔhúʔ cxʷ qʷáy. *Definitely be quiet if you talk.* (AA) | ʔuʔmán̓ ʔuʔ **sɬáxʷɬ** ʔuʔ ʔiyə́m̓. *He's definitely strong.* (AS,BC) | **sɬáxʷɬ** ʔuʔ ɬáʔči! *My it's cold!* (AS,BC)} VAR: ʔəsɬáxɬ {**ʔəsɬáxɬ** uʔ *Is that right?* (AB,ICT) VAR: ɬáxʷɬ (AS,BC) {**ɬáxʷɬ** cn ʔuʔ šaʔšúʔɬ. *I'm definitely happy.* (AS,BC) | ʔuʔ**ɬáxʷɬ** ʔuʔ šíyaʔis. *He's definitely stubborn.* (AS) | **ɬáxʷɬ** ʔuʔ ŋə́n̓ cə kʷáʔŋən. *There's really lots of trash.* (AS) | **ɬáxʷɬ** cxʷ ʔuʔ šíyaʔis. *You're really stubborn.* (AS) | **ɬáxʷɬ** ʔuʔ mə́kʷ cə sə́mi. *The blanket is really thick and lumpy.* (AS) | **ɬáxʷɬ** ʔuʔ sčixʷə́yənč tə swéʔwəs. *That boy is definitely stupid.* (AS) | **ɬáxʷɬ** ʔuʔ q̓ʷač̓úxʷən ʔəɬ kʷúkʷs. *He really makes a racket when he cooks.* (AS)}

ʔəstáy̓xʷ 〚ʔs-√ɬy<á>y̓xʷ stat-√freeze<rslt>〛 ☞ ɬə́y̓əxʷ to be frozen, iced up. (ES,TC; TC) {**ʔəsɬáy̓xʷ** sʔíɬən. *popsicle* (ES)} VAR: ʔəsɬáy̓xʷ (MJT; ES)

ʔəstcítəŋ 〚ʔs-√ɬic̓-t-ŋ stat-√cut-trns-psv〛 [metathesis with passive] ☞ ɬcítəŋ to be in a cut condition. {su**ʔəstcítəŋ**s kʷə ʔuʔxə́n̓ə ŋús cáyss ɬəŋáʔəŋ. *So all four of his detached fingers were cut off.* (TC)}

ʔəstéʔɬəntxʷ 〚ʔs-ɬiʔ+√ɬiʔn-txʷ stat-rslt+√attach-letcaus〛 ☞ ɬéʔntxʷ to be tied up, attached (to something). {kʷɬ**ʔəstéʔɬəntxʷ** cn. *I already tied him up.* (MJT)} VAR: ʔəstéʔɬən̓txʷ (MJT)

ʔəstéʔɬən 〚ʔs-ɬiʔ+√ɬiʔn stat-rslt+√attach〛 ☞ ɬéʔnət to be tied up. (LC) {ɬəŋás cn tiə **ʔəstéʔɬən̓**. *I untied what was tied up.* (LC) | suʔtxʷa**ʔəstéʔɬən̓**s. *So he became tied up.* (TC) | **ʔəstéʔɬən** u kʷɬə n̓scaʔkʷaʔyúɬ. *Is your boat tied up?* (MJT) | **ʔəstéʔɬən̓** yaʔ kʷi ʔiʔ ɬəŋ ixʷ. *It was tied, and it must have got off.* (MJT)} VAR: sɬéʔɬən̓ (ES; AS,BC) {níɬ suʔyəxʷáss cə xʷéʔləms su**ʔəstéʔɬən̓**s ʔiyá ʔaʔ cə sčaʔkʷaʔyúɬs. *So they untied the rope that had tied up the canoe.* (ES)}

ʔəstéʔyək̓ʷ 〚ʔs-√ɬi<ya>k̓ʷ stat-√hook<pl>〛 [analysis uncertain - The expected collective plural semantics is absent.] ☞ ɬík̓ʷ to be hooked (as a fish). {kʷɬ**ʔəstéʔyək̓ʷ**. *It's hooked already.* (MJT)}

ʔəstə́ŋct go ahead. See under: sɬə́ŋct

ʔəstəŋɬəŋsə́n 〚ʔs-ɬŋ+√ɬŋ=sən stat-char+√detached=foot〛 ☞ ɬə́ŋ to be barefoot. (ES) VAR: ʔsɬəŋɬəŋsə́n {**ʔsɬəŋɬəŋsə́n** tsə qáyaʔŋi. *The girls are barefoot.* (AS)}

ʔəstə́ŋ̓sən̓ 〚ʔs-√ɬŋ<ʔ>=sən<ʔ> stat-√detach<actl>=foot<actl>〛 ☞ ɬə́ŋ to be shoeless. (TC) VAR: sɬə́ŋ̓sən̓ (TC)

ʔəstə́yəŋtəŋ 〚ʔs-ɬ<əy>ŋ+√ɬŋ stat-char<pl>+√detach〛 ☞ ɬə́ŋ to be unattached, detached, loose. {níɬ č suʔyəxʷáss cə néʔ **ʔəstə́yəŋtəŋ** ʔaʔ tə sxxínaʔs cəyək̓ʷə́ŋən. *Then he untied what remained unattached on the feet of the Songhees.* (MJ)}

ʔəstə́yp̓ 〚ʔs-√ɬəyp̓ stat-√flap〛 ☞ ɬə́yp̓ to be wrinkled, flabby, hanging loose and floppy (as loose, wrinkled skin or clothes). 《This could also be used to describe a very intoxicated person.》 {ʔuʔɬə́ŋ ʔuʔ **ʔəstə́yp̓** cə nkapú. *My coat is completely wrinkled.* (AS) | **ʔəstə́yp̓** cə cúcəns. *His lips are flabby.* (AS)} VAR: sɬə́yp̓ (AS,BC)

ʔəstə́y̓əxʷ ice. See under: sɬə́y̓əxʷ

ʔəstə́y̓q̓ʷ 〚ʔs-√ɬ<ə́>y̓q̓ʷ stat-√smash<actl>〛 ☞ ɬə́yəq̓ʷ to be in a smashed, destroyed, shattered condition. {mán̓ ʔuʔ **ʔəstə́y̓q̓ʷ** tə cáyss. *His hand was very shattered.* (TC) | ʔuʔmán̓ ʔuʔ **ʔəstə́y̓q̓ʷ** cə cáyss. *His hand was too shattered.* (TC) | ʔuʔmán̓ ʔuʔ **ʔəstə́y̓q̓ʷ** ti sqáwəc. *The potatoes are too smashed.* (AS)}

ʔəstiʔxʷə́nəkʷ 〚ʔs-√ɬəy̓xʷ=ənukʷ stat-√freeze=ground〛 ☞ ʔəsɬáy̓xʷ frozen ground. (MJT)

ʔəstiʔtúʔəs 〚ʔs-√ɬy<ʔ>tu<ʔə>s stat-√sprinkle<actl>〛 ☞ ɬitúst to be sprinkled. {kʷɬ**ʔəstiʔtúʔəs** *They're already sprinkled.* (MJT)}

ʔəsłikʷáyəs 〚ʔs-√łikʷ-əy<ʔ>=us stat-√hook-ext<actl>=face〛 ☞ łikʷəyúst to be hanging on a hook. (ES) VAR: ʔəsłaʔkʷáyəs (MJT)

ʔəsłitɬqʷéʔqʷ 〚ʔs-ły+√łqʷ=iʔqʷ stat-pl+√uncover=head〛 ☞ łqʷéʔqʷ to have been scalped, have head peeled. {k̓ʷə́nnəs cə ŋə́nŋənaʔs *ʔəsłitɬqʷéʔqʷ*. She saw her children were scalped. (MJ)}

ʔəsłtúʔqʷəŋ 〚ʔs-√łtu<ʔ>qʷ-ŋ<ʔ> stat-√boil<actl>-mdl<actl>〛 ☞ łtúqʷəŋ to be aboil, in boiling state. {níɬ suʔəsłtúʔqʷəŋs cə qʷú. Then the water was boiling. (AA)}

ʔəstuʔíčaʔ 〚ʔs-√tw̓=ičaʔ stat-√remove_layer=clothing〛 ☞ łəwíčaʔ to be naked, undressed. (MJT; TC; ES) {stuʔíčaʔ cə ʔəcłtáyŋxʷ; ʔáwənə ʔaʔcáss. That person is naked; he has no clothes on. (TC)} VAR: sɬuʔíčaʔ (TC) VAR: sɬəwíčaʔ (TC) VAR: ʔəsɬuwíčaʔ {kʷɬ*ʔəsɬúwičaʔ*. He's undressed now. (MJT)}

ʔəstuʔłuʔáys 〚ʔs-łuw̓+√łuw̓=ayus stat-char+√hollow=eye〛 ☞ nəxʷłúwəŋ to have droopy, sleepy, hollow eyes. (ES) {*ʔəstuʔłuʔáys* cə sƛ̓íƛ̓aʔqɬ. The child has droopy eyes. (AS)}

ʔəsƛ̓aʔƛ̓úʔƛ̓əm̓ 〚ʔs-ƛ̓aʔ+ƛ̓úʔ+√ƛ̓um̓ stat-dim+actl+√correct〛 ☞ ʔəsƛ̓úʔƛ̓əm̓ to get along okay, be just fine. {ʔu*ʔəsƛ̓aʔƛ̓úʔƛ̓əm̓* cn, nəsxʷskʷaʔ. I'm getting along okay, my dear. (ES)}

ʔəsƛ̓aʔméʔwən 〚ʔs-√ƛ̓um̓=i<ʔ>wən<ʔ> stat-√correct=interior<actl>〛 ☞ ƛ̓úm̓ to be pleased, feel proud. {*ʔəsƛ̓aʔméʔwən* u cxʷ? Are you pleased? (ES) | *ʔəsƛ̓aʔméʔwən* cn ʔaʔ nə́kʷ. I'm pleased with you. (ES) | *ʔəsƛ̓aʔméʔwən* cn ʔaʔ ʔə́c. I'm proud of myself. (ES)} VAR: sƛ̓aʔméʔwən {*sƛ̓aʔméʔwən* cn ʔaʔ nə́kʷ. I'm pleased with you. (TC) | *sƛ̓aʔméʔwən* cn ʔaʔ ʔə́c. I'm pleased with myself. (TC)}

ʔəsƛ̓áq̓ʷɬ 〚ʔs-√ƛ̓<á>q̓ʷ-ɬ stat-√stuck<rslt>-dur〛 ☞ ƛ̓q̓ʷə́t to be stuck, tightly attached. (TC) {*ʔəsƛ̓áq̓ʷɬ* cn. I'm stuck to something. (TC) | twəw̓*ʔəsƛ̓áq̓ʷɬ* cə čə́yiʔs. Its bark is still tight on it. (MJT) | níɬ č suʔłŋáxʷs cə sčúm̓ ʔiʔ cə néʔ stíqʷs *ʔəsƛ̓áq̓ʷɬ* ʔaʔ cə čə́nəss. Then he took the bone and meat stuck on his teeth. (TC) | níɬ č suʔłŋáŋs cə *ʔəsƛ̓áq̓ʷɬ* ʔaʔ cə ɬáwiʔs, cə sxə́naʔs. They took off what was on his arms and his feet. (TC)} VAR: ʔəsƛ̓áq̓ʷɬ {níɬ č suʔłŋáŋs kʷə cə *ʔəsƛ̓áq̓ʷɬ* ʔaʔ stíqʷs kʷaʔ ʔuʔstánəs yaʔ čtə. Then they took off what was stuck on his flesh, whatever it was. (TC) | ƛ̓áy č čcátəŋ ɬŋáŋ cə néʔ q̓ʷčəŋ̓ *ʔəsƛ̓áq̓ʷɬ* ʔaʔ cə sxə́naʔs ʔaʔ cə ɬuɬáwiʔs. They worked on him again removing the roots that stuck to his feet and to his arms. (TC)}

ʔəsƛ̓ə́šnəkʷ 〚ʔs-√ƛ̓<ə́>š=ənukʷ stat-√gash<rslt>=ground〛 ☞ ƛ̓šnúkʷəŋ to be plowed. (ES) VAR: ʔsƛ̓ə́šnəkʷ {*ʔəsƛ̓ə́šnəkʷ* yaʔ kʷi kʷə sxʷʔəyátəŋs ti sqáwc. Where they the potatoes will be put was plowed. (AS)}

ʔəsƛ̓úʔƛ̓əm̓ 〚ʔs-ƛ̓úʔ+√ƛ̓um̓ stat-actl+√correct〛 ☞ ƛ̓úm̓

1. to be right, correct. (EPT; MJT; ES; TC; AS,BC) {ʔu*ʔəsƛ̓úʔƛ̓əm̓*. He's right. (ES) | ʔuʔ *ʔəsƛ̓úʔƛ̓əm̓* u. Is it right? (TC) | *ʔəsƛ̓úʔƛ̓əm̓* xʷənʔáŋ tsə. That's the right way. (EPT)
2. to fit (as clothing), be proper, be suitable. {túxʷ ʔuʔ *ʔəsƛ̓úʔƛ̓əm̓*. It's just right. (TC) | níɬ caʔ suʔƛ̓kʷnáxʷs či ʔuʔə́y̓ *ʔəsƛ̓úʔƛ̓əm̓* sq̓ʷúʔšən. Then she will get a nice, suitable husband. (AA)}
3. to be well, well off, healthy, fit, alright, fine, okay. {*ʔəsƛ̓úʔƛ̓əm̓* cn. I'm okay. / I'm well. (EPT; TC; ES) | ʔáwə cn *ʔəsƛ̓úʔƛ̓əm̓*. I'm not feeling right. (ES) | ʔu*ʔəsƛ̓úʔƛ̓əm̓* u cxʷ? Are you alright? (ES) | níɬ suʔəsƛ̓úʔƛ̓əm̓s tə nəsštə́ŋ. Then I was okay to walk. (TC) | ʔu*ʔəsƛ̓úʔƛ̓əm̓* cn ʔuʔáwənə nəɬqíyən. I'm fine without a spirit power. (MJ) | ʔənʔá caʔn ʔiʔ kʷənáŋət kʷaʔ ʔu*ʔəsƛ̓úʔƛ̓əm̓*əs ʔaʔ nə́kʷ. I will come and help if that is all right with you. (MJ) | nsuʔnəxʷqʷiʔqʷaʔyéʔwən kʷaʔ ʔuʔtwəw̓*ʔəsƛ̓úʔƛ̓əm̓*əxʷ,sʔúq̓ʷaʔ. I'm wondering if you are still well, cousin. (EJ) | níɬ ʔuʔ sxə́nəs či su*ʔəsƛ̓úʔƛ̓əm̓*s txʷʔúxʷtxʷ ʔaʔ kʷə cíctsiʔám̓. Everything is all right that is let go toward God. (BH) | ʔi uʔmán cn ʔuʔ šaʔsúʔɬ ʔaʔ twəw̓*ʔəsƛ̓úʔƛ̓əm̓ɬ* ʔiʔ nə́kʷə. And I've very glad that you and I are still all right. (BH) | ʔiʔ níɬ kʷaʔčaʔ susqiʔáʔəm̓s či sxʷmáns ʔuʔ čiyaʔyéʔwən cayə húy ʔuʔ *ʔəsƛ̓úʔƛ̓əm̓*. And that's why one cannot be very resentful of those who do well. (AA) | ʔi ʔu*ʔəsƛ̓úʔƛ̓əm̓* tə ʔawtxʷaʔŋə́n ti sʔícənɬ txʷʔə́y̓ ti sʔícənɬ. But it was all right because we got lots of clothes, good clothes. (TC) | ʔuʔhúytxʷ ti suʔšaʔšúʔɬs ʔaʔ či *ʔəsƛ̓úʔƛ̓əm̓*. Just be glad that you are well. (AA) | ʔiʔ níɬ caʔ su*ʔəsƛ̓úʔƛ̓əm̓*s či ʔuʔxə́nə ʔaycɬtáyŋxʷ. And then all of the people will be all right. (AA) | from now ʔaʔ či mán ʔuʔ nəxʷčiyaʔyéʔwən ʔaʔ cayə húy ʔuʔ*ʔəsƛ̓úʔƛ̓əm̓*. Nowadays they are very resentful of those who are well off. (AA) | ʔiʔ níɬ caʔ nsu*ʔəsƛ̓úʔƛ̓əm̓*. And you will be fine. (AA)} VAR: ʔəsƛ̓úʔƛ̓əm (TC) {ʔu*ʔəsƛ̓úʔƛ̓əm* u cxʷ? Are you all right? (ES) | *ʔəsƛ̓úʔƛ̓əm* cn. I'm okay. (ES) | kʷɬʔáwə c *ʔəsƛ̓úʔƛ̓əm*. He's not improving any more. (MJT)} VAR: ʔsƛ̓úʔƛ̓əm {túʔxʷ cxʷ ʔuʔ *ʔsƛ̓úʔƛ̓əm*. You are exactly right. (AS,BC)} VAR: ʔsƛ̓úʔƛ̓əm (EPT) {ʔu*ʔsƛ̓úʔƛ̓əm* u cxʷ? Are you all right? (EPT)} VAR: sƛ̓úʔƛ̓əm (MJT; AS,BC; ES; TC) {ʔáw, ʔu*ʔəsƛ̓úʔƛ̓əm* cn. No, I'm okay. (TC,AS,BC; AS,BC) | kʷɬu*ʔəsƛ̓úʔƛ̓əm* kʷi t scɬə́ts. It's already thick enough. (MJT)} VAR: ʔsƛ̓úƛ̓əm (ES) VAR: sƛ̓úƛ̓əm (ES) VAR: ʔəsƛ̓éʔƛ̓əm̓ {níɬ su*ʔəsƛ̓éʔƛ̓əm̓*s tə nəštə́ŋ. Then my walking was all right. (ES)}

ʔəsmáʔkʷɬ 〚ʔs-√maʔkʷ-ɬ stat-√injure-dur〛 ☞ máʔkʷɬ to be hurt, injured, sore, damaged. (ES; MJ; AS) VAR: ʔsmáʔkʷɬ {*ʔsmáʔkʷɬ* kʷi nscaʔkʷaʔyúɬ. My car was damaged. (AS)}

ʔəsmaʔkʷiʔéʔč 〚ʔs-√ma<ʔ>kʷ-i?=ič stat-√pile<actl>-ext=hump〛 ☞ ʔəsmákʷɬ to be piled up. (ES; TC) VAR: ʔəsmaʔkʷéʔič {k̓ʷənts cə ʔáʔaʔawkʷs *ʔəsmaʔkʷéʔič*. She looked at their little belongings in a pile. (MJ)} VAR: smaʔkʷəyéʔč

ʔəsmaʔmək̫úys

{ʔiʔ *smaʔk̫ʼəyéʔč* cə x̣úx̣aʔ q̫aʔyəq̫áłiʔ. *A bunch of small logs were piled up.* (ES) | suʔx̣čaʔwíyŋs ʔaʔ cə q̫iq̫ə́łiʔ ʔiʔ x̣ənstáŋ *ʔəsmaʔk̫ʼyéʔč*. *They were underneath the logs, and everything piled up.* (ES)} VAR: smaʔk̫iyéʔč (AS,BC) VAR: ʔəsmaʔk̫ʼəyéʔč (BC) {suʔnəxʷx̣íʔáʔił cə ʔəcłtáyŋxʷ kʷaʔ kʷə́nts cə *ʔəsmaʔk̫ʼəyéʔč*. *So that person looked around, and he looked at something piled up.* (ES)} VAR: maʔk̫iyéʔč (AS,BC)

ʔəsmaʔmək̫úys ⟦ʔs-maʔ + √mkʷ = uys stat-dim + √lump = forehead⟧ ☞ ʔəsmək̫úys to have a small lump on one's forehead; a small rounded forehead. (MJT)

ʔəsmaʔmə́q̓ ⟦ʔs-maʔ + √mə́q̓ stat-dim + √satiated⟧ ☞ mə́q̓ to have a full belly. ((USAGE: This is used in a kind of kidding way.)) (AS,BC,WB)

ʔəsmaʔmiʔmíy̓ ⟦ʔs-maʔ + my̓ + √məy̓q stat-dim + actl + √forget⟧ ☞ mə́y̓miʔ to be mistaken, incorrect, wrong. (ES)

ʔəsmácł ⟦ʔs-√m<á>c-ł stat-√fat<rslt>-dur⟧ ☞ móc to be fat. (AS) VAR: smácł (AS,BC) {ʔuʔmán kʷ uʔsmácł kʷə nstiqíw. *My horse is very fat.* (AS)}

ʔəsmákʷł ⟦ʔs-√m<á>kʷ-ł stat-√lump<rslt>-dur⟧ ☞ mókʷ to be a lump, bump. (ES) {x̣ə́nəŋ ʔaʔ kʷ x̣íkʷən cə *ʔəsmákʷł* ʔiyá ʔaʔ tə nsxʷúŋən. *The lump in my throat was like a pea.* (MJ)}

ʔəsmák̓ʷł ⟦ʔs-√m<á>k̓ʷ-ł stat-√pile<rslt>-dur⟧ to be balled up, bunched up, piled up. (ES; AS,BC) VAR: smák̓ʷł {ʔuʔsmák̓ʷł tə spúsəŋ. *The boil is busted (mushed up).* (AS) | smák̓ʷł tə łqít. *The clothes are in a pile.* (BC)}

ʔəsmámaʔkʷł ⟦ʔs-má + √maʔkʷ-ł stat-rslt + √injure-dur⟧ ☞ ʔəsmáʔkʷł to be crippled, to have been hurt, to be getting hurt. (ES) {*ʔəsmámaʔkʷł* cn. *I'm crippled.* (ES) | *ʔəsmaʔmáʔkʷł* u cxʷ? *Are you hurt?* (ES)} VAR: smamáʔkʷł {*smamáʔkʷł* cn. *I'm getting hurt.* (TC) | ʔáw kʷaʔ čúŋəts tə qʷúʔ ʔaʔ cə *smamáʔkʷł* cə nə́cuʔhaʔyáwəns. *It wouldn't pump the water because one part was broken.* (ES) | ʔiʔ ʔáwə kʷaʔ kʷánəŋəts cə qʷúʔ ʔaʔ cə *smamáʔkʷł* cə čaʔŋəyu ʔaʔ ti qʷúʔ. *The water didn't run because the pump was broken.* (ES)} VAR: ʔsmamáʔkʷł {*ʔsmamáʔkʷł* cn. *I'm getting hurt.* (TC)} VAR: ʔəsmámakʷł (AS)

ʔəsmáq̓ł ⟦ʔs-√mə<á>q̓-ł stat-√satiated<rslt>-dur⟧ ☞ mə́q̓ to be full, satiated, have a full stomach, too much to eat or drink. (AS,BC,HS,ES) {*ʔəsmáq̓ł* u cxʷ? *Are you full?* (EPT) | *ʔəsmáq̓ł* cn. *I'm full.* ((USAGE: This might be said if someone calls you to eat.)) (MJT; TC; ICT) | kʷłʔəsmáq̓ł cn. *I'm already full.* (MJT) | twəwʔəsmáq̓ł cn. *I still feel full.* (MJT)} VAR: smáq̓ł (LC; AS,BC)

ʔəsmásł ⟦ʔs-√m<á>s-ł stat-√fold<rslt>-dur⟧ ☞ məsə́t to be folded. (ES) {*ʔəsmásł* tə sə́miʔ. *The blanket is folded.* (AS)} VAR: ʔəsmáss (ES)

ʔəsmək̫iʔúyəs ⟦ʔs-√mkʷ-iʔ = uyəs stat-√lump-ext = forehead⟧ ☞ mókʷ to be round. (JCo)

ʔəsmək̫úys ⟦ʔs-√mkʷ = uys stat-√lump = forehead⟧ ☞ mókʷ to have a lump on one's forehead; a rounded forehead. {*ʔəsmək̫úys* cxʷ. *You got a lump on your forehead.* (EPT)} VAR: ʔəsməkʷúys (MJT) VAR: ʔəsmək̫úyəs (MJT)

ʔəsmə́sən ⟦ʔs-√məsn stat-√old_person⟧ [unknown to TC, AS, BC] old person, elder. (HS,ES)

ʔəsməxʷáy̓ns ⟦ʔs-√mixʷ-ay̓ = nis stat-√quake-ext = tooth⟧ to be toothless. {šišə́čtəŋ cə nčə́ns ʔiʔ ʔuʔáwənə. *ʔəsməxʷáy̓ns* cn. *They pulled my teeth, and there are none. I'm toothless.* (AS)} VAR: ʔsməxʷáy̓ns (AS,BC) VAR: ʔsməxʷáy̓nəs (LC)

ʔəsmə́yəsən ⟦ʔs-√mə<yə>sn stat-√old_person<pl>⟧ [unknown to TC, AS, BC] ☞ ʔəsmə́sən a group of old people, elders. (ES)

ʔəsmə́ys ⟦ʔs-√məys stat-√crowd⟧ to be crowded, over full, overloaded. (AS) {kʷłuʔmán st ʔuʔ *ʔəsmə́ys*. *We're already crowded.* (ES; AS,BC)}

ʔəsmimə́kʷ ⟦ʔs-my + √mkʷ stat-pl + √lump⟧ ☞ mókʷ to be lumpy. (MJT; ES; AS,BC)

ʔəsmimək̫ə́nəkʷ ⟦ʔs-my + √mkʷ = ənukʷ stat-pl + √lump = ground⟧ ☞ ʔəsmimə́kʷ to be uneven, lumpy ground. (MJT)

ʔəsmimə́q̓ ⟦ʔs-my + √məq̓ stat-pl + √satiated⟧ ☞ mimə́q̓ to be full, satiated (of a group). {ʔuʔx̣ə́nə ʔuʔ *ʔəsmimə́q̓*. *They're all full.* (MJT)}

ʔəsmimə́yč ⟦ʔs-my + √məyč stat-pl + √roll⟧ ☞ mə́yčt
1. to be mixed up. (ES)
2. to be confused, bewildered. (ES) VAR: ʔəsmimíyč (ES)

ʔəsnáŋəł ⟦ʔs-√n<á>ŋ-ł stat-√fold<rslt>-dur⟧ ☞ nə́ŋ to be bent, folded over. (MJT; TC) {suʔx̣ʼkʷə́ts cə nuʔəsnáŋəł. *She took something kind of folded over.* (AA)} VAR: snáŋəł (TC)

ʔəsnát ⟦ʔs-√nat stat-√night⟧
1. night. (JCo; EPT; MJT; ES; LC; TC; EB; AS; AS,BC) {ʔə́y̓ cə *ʔəsnát*. *It was a nice night.* (ES) | kʷəwiʔnúŋət yaʔ cn ʔaʔ kʷi *ʔəsnát*. *I was dreaming last night.* (TC; AS,BC) | łáłaʔči ʔaʔ tiə *ʔəsnát*. *It's cold tonight.* (TC) | łə́məxʷ caʔ ʔaʔ či *ʔəsnát*. *It's going to rain tonight.* (EPT) | ʔə́y̓ *ʔəsnát*; ʔuʔəsʔéʔnəŋ tə x̣ə́nəstəŋ. *I was a nice night; everything was visible.* (TC) | mán̓ ʔuʔ łáč tiə *ʔəsnát*. *It's very dark tonight.* (TC) | huʔəskʷiʔə́yu ʔaʔ kʷi *ʔəsnát*. *It rained really hard last night.* (MJT) | ʔínəŋ kʷłə łqáy̓č ʔaʔ kʷi *ʔəsnát*. *The moon appeared at night.* (AS) | ʔuʔx̣ənáł yaʔ ti suʔx̣ʼiyáŋs ʔaʔ ti smə́yəc ʔəł *ʔəsnát*s. *He always looked for deer at night.* (TC) | *ʔəsnát* č sxʷx̣čŋíns ʔaʔ či sčtə́ŋs kʷłiʔx̣ʼiyáʔts či súł. *At night she thought she would crawl to find a path.* (MJ) | ʔənʔá ʔúʔti txʷʔúʔuxʷ ʔaʔ cəwnił kʷłčə́q łaʔkʷə́yuʔ ʔaʔ cə *ʔəsnát*. *It came stretching toward that old man gaffing in the night.* (ES) | ʔáwənə sx̣číts cə q̓áʔŋi kʷaʔ ʔuʔəcłtáyŋxʷs kʷaʔ stáŋəs ʔəłtsnə́səŋs ʔaʔ ti *ʔəsnát*. *She didn't know if it was human, whatever it was that came for her in the night.* (EB) | ʔaʔ kʷi *ʔəsnát*, táči kʷłə nŋə́naʔ. *It was last night, my daughter got here.* (AS)}
2. to be at night. (TC; AS) {kʷłuʔəsnát. *It was already night.* (ES) | kʷłʔəsnát. *It's already night.* (AS) | *ʔəsnát* ʔiʔ x̣ʼkʷə́ts ti łíkʷəns ʔiʔ hiyáʔ ʔúxʷ

ʔaʔ ti stúʔwiʔ. *It was night, and he took his gaff and went to the river.* (ES)} VAR: ʔsnát {ɬiʔəxʷə́yu ʔaʔ kʷi **ʔsnát**. *It froze last night.* (EPT) | ɬə́mxʷ yaʔ ʔə kʷi **ʔsnát**. *It was raining last night.* (EPT) | kʷəwiʔnúʔŋət yaʔ cn ʔaʔ kʷi **ʔsnát**. *I was dreaming last night.* (EPT)} VAR: snát (LC; TC; AS,BC) {ʔuʔx̣ə́nə **snát**. *It's every night.* (MJT) | ɬə́c **snát**. *It's the middle of the night.* (MJT) | ʔənʔáns cə məyúsmus ʔaʔ ti **snát**. *He came for the cows at night.* (MJ) ⟪ES makes fun of this pronunciation because it sounds like English 'snot'.⟫ VAR: nat {ɬíxʷ ti **nat** naʔnítiyə ʔiʔčáʔi ʔaʔ ti snə́qəŋs. *It was three nights before they dove.* (MJ)}

ʔəsnáw̓əɬ ⟦ʔs-√n<á>w̓-ɬ stat-√in<rslt>-dur⟧ ☞ náw̓əɬ *to be in, inside.* (AS,BC) {**ʔəsnáw̓əɬ** ʔaʔ cə x̣úyəqs. *It's in the box.* (AS) | ʔáwənə **ʔəsnáw̓əɬ** ʔaʔ cə qʷúʔtən. *There's nothing in that bucket.* (EPT) | néʔ cə qʷúʔ **ʔəsnáw̓əɬ** ʔaʔ tə sxʷqʷúʔtən; kʷiʔə́t. *There's water in that pail; pour it out.* (MJT) | tčísts cə pípə ʔiʔ ʔupənáʔitxʷ cə **ʔəsnáw̓əɬ**. *He brought a letter, and ten dollars was inside.* (MJ) | **ʔəsnáw̓əɬ** ʔaʔ cə x̣úyəqs. *It was inside a box.* (MJ) | ɬúyəss tə sxʷ**ʔəsnáw̓əɬ**s yaʔ. *She got out of what she had been in.* (MJ) | suʔhiyáʔs tə yəx̣ʷə́ŋən ʔiʔ scə́ts tə x̣úyəqs sxʷ**ʔəsnáw̓əɬ**s cə tálə. *So the Songhees went, and he pulled the box that had the money in it.* (MJ)} VAR: ʔəsnáʔuɬ (ES) VAR: ʔəsnáw̓ɬ {níɬ č suʔx̣áys kʷaʔ ʔəstúʔŋəts yaʔ cə **ʔəsnáw̓ɬ** ʔaʔ či snéʔs či scúm ʔiyá ʔəsx̣áq̓ʷɬ ʔaʔ cə čə́nəss. *Then again what was the left-over bone doing stuck in his teeth.* (TC) | x̣ k̓ʷáts cə nəs**ʔəsnáw̓ɬ**s tə nəʔáʔəwk̓ʷ. *He took what my few belongings were in.* (MJ)} VAR: ʔəsnáʔəw̓ɬ (AS,BC) VAR: ʔsnaʔáw̓ɬ {**ʔsnaʔáw̓ɬ** cə pišpš ʔaʔ cə ʔáʔiŋ. *The cat is inside the house.* (AS)} VAR: ʔsnáw̓əɬ (AS,BC; BC) {čaʔkʷáts cə **ʔsnáw̓əɬ** ʔaʔ tə cúcəns. *He washed the inside of his mouth.* (MJ)}

ʔəsnúʔnəq̓ʷ ⟦ʔs-núʔ+√nuq̓ʷ stat-rslt+√excrement⟧ [There are two alternate root shapes underlying this word: /nuq̓ʷ/ and /nəq̓ʷ/. Only the latter occurs free.] ☞ nə́q̓ʷ *to have excrement or anything nasty smeared on one.* (ES) {**ʔəsnúʔnəq̓ʷ** cn ʔaʔ kʷi nəsšə́təṇ ʔaʔ kʷi nəčikənáw̓txʷ. *I got smeared when I was walking in my chicken house.* (AS)} VAR: snúʔnəq̓ʷ (TC) VAR: ʔəsnunə́q̓ʷ (AS,BC)

ʔəsŋáʔŋəx ⟦ʔs-ŋáʔ+√ŋəx stat-rslt+√hurry⟧ ☞ ŋáx̣ *to be in a hurry.* (ES) {**ʔəsŋáʔŋəx** cn. *I'm in a hurry.* (MJT; ES) | **ʔəsŋáʔŋəx** u cxʷ? *Are you in a hurry?* (ES) | úu, ʔáw. mán cn ʔuʔ **ʔəsŋáʔŋəx**. *Oh, no. I'm in too much of a hurry.* (ES)} VAR: sŋáʔŋəx (AS,BC) {**sŋáʔŋəx** cn. *I'm in a hurry.* (AS) | hi**ʔsŋáʔŋəx** st. *We hurried.* (MJT) | ʔáwə c mán ʔuʔ **sŋáʔŋəx**. *Don't be in too much of a hurry.* (ES)}

ʔəspáʔpc ⟦ʔs-páʔ+√pac stat-rslt+√spread_out⟧ ☞ páct *to be spread out flat.* (ES) VAR: spáʔc (AS) ⟦ʔs-√pa<ʔə>c stat-√spread_out<actl>⟧

ʔəspaʔyúxʷən ⟦ʔs-√p<aʔy>uxʷ=ən stat-√blow<pl>=instr⟧ ☞ ʔəspúʔxʷən̓
1. sails. (MJT; AS)
2. Bush Point on Whidbey Island across from Port Townsend. ⟪So called because the banks look like sails.⟫ (MJT) {níɬ suʔkʷáčis ʔiʔ ɬák̓ʷi st ʔúxʷ ʔaʔ **ʔəspaʔyúxʷən**. *Then it was daytime, and we went across to Bush Point.* (MJ)} VAR: ʔspaʔyúxʷən (MJT) VAR: spəyúxʷən (AS) VAR: spaʔyúxʷən (LB,CWH)

ʔəspácɬ ⟦ʔs-√pac-ɬ stat-√spread_out<rslt>-dur⟧ ☞ pácɬ *to be spread (as a blanket on a bed).* {**ʔəspácɬ** cə sə́miʔ. *Spread the blanket.* (HS)}

ʔəspáy̓q̓ʷ ⟦ʔs-√pəy<ʔ>q̓ʷ stat-√powder<actl>⟧ ☞ pə́y̓q̓ʷəŋ
1. to be powdered. {kʷɬ**ʔəspáy̓q̓ʷ** *It's powdered up.* (MJT) | **ʔəspáy̓q̓ʷ** sapəlín *Flour (powdered bread).* (MJT)}
2. anything powdered such as flour. (AS) VAR: spə́y̓q̓ʷ (AS)

ʔəspáy̓q̓ʷɬ ⟦ʔs-√pəy<ʔ>q̓ʷ-ɬ stat-√powder<actl>-dur⟧ ☞ ʔəspáy̓q̓ʷ *to be powder, anything made into powder.* {kʷɬ**ʔəspáy̓q̓ʷɬ** *It's powdered.* (MJT)}

ʔəspáy̓q̓ʷ saplín ⟦ʔs-√pəy<ʔ>q̓ʷ √saplin stat-√powder<actl> √bread⟧ ☞ ʔəspáy̓q̓ʷ ☞ saplín *flour.* (MJT)

ʔəspúʔxʷən ⟦ʔs-√pu<ʔ>xʷ=ən<ʔ> stat-√blow<actl>=instr<actl>⟧ ☞ púxʷən
1. to be sailing, moving in a canoe under sail. (ES)
2. a sail. (ES) VAR: ʔəspúʔxʷən (ES) {ʔi**ʔəspúʔxʷən** *Just one sail.* (MJT)}

ʔəspúʔxʷəŋ ⟦ʔs-√pu<ʔ>xʷ-ŋ<ʔ> stat-√blow<actl>-mdl<actl>⟧ ☞ ʔəspúxʷəŋ *to be sailing.* (ES) {**ʔəspúʔxʷəŋ** u cxʷ? *Are you sailing?* (ES) | ʔi**ʔəspúʔxʷəŋ**. *He's sailing.* (ES) | ʔi**ʔəspúʔxʷəŋ** cn. *I'm sailing.* (ES)}

ʔəspúxʷəŋ ⟦ʔs-√puxʷ-ŋ stat-√blow-mdl⟧ ☞ púxʷ *to sail.* {**ʔəspúxʷəŋ** cn. *I sailed.* (ES)}

ʔəspə́ɬ ⟦ʔs-√p̓<á>ɬ-ɬ stat-√sober<rslt>-dur⟧ ☞ p̓ə́ɬ *to be sober, sobered up, behaving oneself, be back to one's senses after a seizure or faint.* (TC) {kʷɬ**ʔəspə́ɬ** u? *She's not herself now. / Is she sober?* (MJT)} VAR: ʔəspə́ɬ (MJT; ES; TC,HS) {**ʔəspə́ɬ** či. *Be sober.* (MJT) | **ʔəspə́ɬ** u cxʷ? *Are you sober? / Are you behaving yourself?* (ES,TC)} VAR: spə́ɬ (AS,BC) VAR: ʔəspə́ɬ (ES)

ʔəspə́ɬucən ⟦ʔs-√p̓<á>ɬ-ɬ=ucin stat-√sober<rslt>-dur=mouth⟧ ☞ ʔəspə́ɬ *absent-minded, not in right mind.* {kʷɬ**ʔəspə́ɬucən**. *She's absent-minded.* (MJ)} VAR: ʔspəɬúcən (AS) VAR: spəɬúcən {ʔuʔx̣əná̓ɬ kʷi ti su**ʔspəɬúcən**s cə nʔáyəs. *My sister was always absent-minded.* (AS)}

ʔəsqaʔáw̓əɬ ⟦ʔs-√sq=əʔəw<ʔ>-ɬ stat-√outside=side<actl>-dur⟧ ☞ sə́q *to be on the outside.* (TC) {ʔiyá kʷi ʔu**ʔəsqaʔáw̓əɬ** cə snə́xʷɬ. *My canoe is there outside.* (TC) | ʔiʔ níɬ tə suʔtxʷa**ʔəsqaʔáw̓əɬ**s ʔaʔ cə ʔáʔiŋɬ. *And it was outside our house.* (TC) | ʔu**ʔəsqaʔáw̓əɬ** ʔaʔ kʷsə sxʷʔiyáɬ kʷaʔčaʔ. *It was outside of where we were, therefore.* (TC)} VAR: sqaʔáw̓əɬ (TC) {**sqaʔáw̓əɬ** cə nstiqéw. *Your horse is outside (the fence).* (ES) | kʷánəŋət sqéyŋ ʔúxʷ ʔaʔ kʷsə scaʔkʷaʔyúɬs **sqaʔáw̓əɬ**. *He ran out to his car* outside. (ES) | *sqaʔáw̕əɬ* cn ʔaʔéʔɬxʷaʔ. *I'm outside Elwha.* (TC)} VAR: sqaʔáw̕əɬ (MJT) {*sqaʔáw̕əɬ* ʔaʔ cə məhúy̕. *It's the outside of the basket.* (MJT) | *sqaʔáw̕əɬ* ʔaʔ tə ʔáʔyəŋ. *It's the outside of the house.* (MJT)}

ʔəsqaʔx̣qíŋ ⟦ʔs-√q<ʔ>qi-ŋ<ʔ> stat-√play<actl>-mdl<actl>⟧ ☞ qaʔx̣qíŋ to be mocked, made fun of. {húy ti suʔəsqaʔx̣qíŋs. *They always make fun of him.* (TC)}

ʔəsqákʷɬ tired out. See under: ʔsqákʷɬ

ʔəsqásɬ ⟦ʔs-√q<á>s-ɬ stat-√dunk<rslt>-dur⟧ ☞ qə́s to be in the water. (HS; ES) {*ʔəsqásɬ* cn. *I'm in the water.* (ES) | ʔuʔtxʷʔiyá ʔuʔ *ʔəsqásɬ* kʷi tím yaʔ. *The late Tim stayed in the water.* (ES) | ʔuʔhúy x̣ctín kʷi sʔənʔás č cə čaʔəsqásɬ yaʔ ʔaʔ cə x̣ƛ̕áɬc. *All I know is that it came from the sea.* (EB) | ʔuʔhúy ʔuʔ kʷ̕ənətíŋ ʔaʔ tə čaʔəsqásɬ sisiyáʔiɬs cawniɬ qáʔŋi. *It was seen only by the girl's in-laws who were outside.* (EB)} VAR: sqásɬ {níɬ x̣éʔsi ʔiyám̕ tə maʔmiʔx̣ʷí ʔəɬ *sqásɬ*s ʔaʔ ti stúʔwi nə́qən. *The dipper is fierce and strong when it's in the river diving.* (TC)}

ʔəsqéʔəq̕ ⟦ʔs-√qi<ʔə>q̕ stat-√restrain<rslt>⟧ ☞ qíq̕ to be in jail, in prison, incarcerated, bound, tied up, be a prisoner. (ES) {txʷaʔəsqéʔəq̕. *He became a prisoner.* (TC) | níɬ č suʔqəm̕q̕ə́m̕ətəŋs ʔaʔ məščcu cə táməxs *ʔəsqéʔəq̕*s yaʔ. *Then Mink cut off the eelgrass that bound him.* (TC) VAR: ʔəsqéʔiq̕ (ES; BC) VAR: ʔəsqéʔyəq̕ (MJT) {*ʔəsqéʔyəq̕* caʔ. *He's going to be in jail.* (MJT) | *ʔəsqéʔyəq̕* kʷsə nəʔíŋəc. *My grandson is in jail.* (ES) | níɬ č suʔtxʷaʔəsqéʔyəq̕s. *So he became her prisoner.* (TC) | ɬəŋnúŋət ʔaʔ kʷi sʔəsqéy̕əq̕s. *It managed to get off from being tied.* (MJT) | ʔuʔx̣náɬ yaʔ ti nəsuʔəsqéʔyəq̕ ʔiyá ʔaʔ cə mətúliyə. *I was always in jail in Victoria.* (TC)} VAR: ʔsqéʔiq̕ (TC) VAR: sqéʔəq̕ (AS,BC) {*sqéʔəq̕* cn. *I'm in jail.* (AS) | *sqéʔəq̕* ʔaʔ cə x̣ʷéʔləm. *Secure the rope.* (AS)}

ʔəsqéʔqi ⟦ʔs-qiʔ+√qi stat-rslt+√angry⟧ ☞ qínəxʷ to be mean, a mean, cruel person, a bully. (MJT; ES; AS,BC) {suʔxə́nəs cə siʔám̕, "má·n̕, mán̕ kʷ ʔuʔəsqéʔqi kʷaʔ x̣ənəxʷs kʷsə qáʔŋi." *So the boss said, "It would be very, very mean to do that to the girl."* (MJ) | mán̕ kʷ ʔuʔəsqéʔqi ʔaʔ či scɬə́kʷts tə nəŋə́nŋənaʔ. *It was very mean to pinch my children.* (MJ)} VAR: ʔəsqéʔqiʔ (MJT) VAR: sqéʔqi (AS)

ʔəsqéʔqict ⟦ʔs-qiʔ+√qi-cut stat-rslt+√angry-rflxv⟧ ☞ ʔəsqéʔqi to get to be mean. (MJT) {mán̕ ʔuʔ *ʔəsqéʔqict* tə swə́y̕qaʔs. *Her husband was very mean.* (AS)}

ʔəsqə́nəxʷ ⟦ʔs-√qənxʷ stat-√starve⟧ ☞ qə́nxʷ to be greedy for food, needy for food. (ES) {*ʔəsqə́nəxʷ* cn. *I'm a glutton.* (TC)}

ʔəsqəy̕əm̕cút ⟦ʔs-√qy̕əm̕-cut stat-√weak-rflxv⟧ ☞ ʔəsqiʔám̕ to have a sick feeling from eating too much fat or from excessive drinking. (MJT) {*ʔəsqəy̕əm̕cút* cn. *I had too much fat (and want something sour).* (MJT)}

ʔəsqiʔám̕ ⟦ʔs-√qy̕əm stat-√weak⟧ ☞ qiyám̕
1. to be unable, be too weak, feel sick; cannot. (MJT; ES,TC) {*ʔəsqiʔám̕* či nəshiyáʔ. *I can't go.* (TC) | ó·, *ʔəsqiʔám̕* či shiyáʔɬ. *Oh, we can't go.* (AA) | *ʔəsqiʔám̕* či nəscáy. *I can't work.* (MJ) | *ʔəsqiʔám̕* kʷi či nəsuʔqʷáy. *It's hard for me to talk.* (MJT) | *ʔəsqiʔám̕* u či n̕sʔítt? *Couldn't you sleep?* (MJT) | *ʔəsqiʔám̕* či nəssácəŋ. *I can't breathe.* (MJT) | *ʔəsqiʔám̕* kʷi či n̕sqʷəyéyəš ʔáɬaʔ ʔaʔ tiə ʔáʔiŋ; mán̕ ʔuʔ ƛ̕úx̣aʔ. *You can't dance here in this house; it's too small.* (AS)}
2. physical or moral weakness, flaw. {ʔuʔhúʔ cxʷ čəʔúʔwəs ʔaʔ či *ʔəsqiʔám̕* ʔiʔ níɬ suʔəstáx̣ɬs kʷaʔčaʔɬ. *If it is used for weakness, it is, therefore, wrong.* (BH) } VAR: sqiʔám {*sqiʔá̕m* cn. *I can't.* (AS,BC) | *sqiʔá̕m* či nəshiyáʔ. *I can't go.* (AS,BC)} VAR: sqiʔám̕ (TC) {*sqiʔám̕* cn. *I can't.* (TC) | *sqiʔám̕* či sxʷítəŋs. *He couldn't jump.* (TC) | *sqiʔám̕* či nəscítəŋ. *I can't stand up.* (TC) | nə*sqiʔám̕* či nəsštə́ŋ. *I can't walk.* (TC) | *sqiʔám̕* cn nəsqáxaʔ. *My dog can't.* (TC) | mán̕ ʔuʔ sáysi? ʔiʔ *sqiʔám̕* či sqʷáys yə́cəm kʷaʔ ʔəstúŋəts. *He was so scared he couldn't talk to tell what happened.* (ES) | *sqiʔám̕* či nəsʔáw c hiyáʔ. *I have to go. (I can't not go.)* [This is the only way of expressing the idea of English 'have to' or 'must'. This is stronger than the English 'I have to go' and implies that someone is trying to stop me from going.] (TC) | *sqiʔám̕* kʷi či suʔx̣̕iʔcéʔɬ ʔiʔ tčínəsəŋ caʔ x̣ay ʔaʔ či nəyaʔcáʔuŋəxʷ! *We can't remain still and be come for by the foreigners again!* (AS)} VAR: sqiʔə́m̕ (BC) VAR: sqiʔáʔəm (ES; TC; AS,BC) {*sqiʔáʔəm* cn. *I can't.* (TC; AS) | *sqiʔáʔəm* či nəshiyáʔ. *I can't go.* (TC) | *sqiʔáʔəm* či nəsx̣̕kʷnáŋ. *They couldn't get me.* (TC) | ʔiʔ níɬ kʷaʔčaʔ suʔ*sqiʔáʔəm*s či sxʷmáns ʔuʔ čiyaʔyéʔwəncayə húy ʔuʔ ʔəsx̣̕úʔx̣əm. *And that's why one cannot be very resentful of those who do well.* (AA)} VAR: ʔəsqiʔáʔəm {*ʔəsqiʔáʔəm* či nəshiyáʔ. *I can't go.* (TC) | *ʔəsqiʔáʔəm* cn. *I feel sick, not right.* (TC)} VAR: sqiyám̕ (BC) VAR: sqiyə́m̕ (AS) VAR: ʔəsqiʔém̕ {*ʔəsqiʔém̕* či nəshiyáʔ. *I can't go.* (ES)} VAR: sqiʔém̕ {níɬ *sqiʔém̕* či nəsx̣̕kʷótəŋ ʔaʔ canu. *I couldn't be grabbed by him.* (ES) | čiʔáw nə́cuʔ sčiʔánəŋ či *sqiʔém̕* či nštəŋ. *I couldn't walk for over a year.* (ES) VAR: sqiʔéʔm̕ {*sqiʔéʔm̕* či nəscíʔəkʷict. *I can't pass anything.* (ES) VAR: ʔəsqiʔáʔəm {*ʔəsqiʔáʔəm* či sqʷáys ʔaw̕mán̕ ʔuʔ sáysi? *He couldn't talk because he was so scared.* (ES)} VAR: ʔəsqiʔáʔəm̕ (AB,ICT) {*ʔəsqiʔáʔəm̕* či nəshiyáʔ. *I can't go.* (TC) | *ʔəsqiʔáʔəm̕* kʷaʔ hiyáʔən. *I shouldn't go.* (TC) | čiʔáw ʔuʔnə́cuʔ sčiʔánəŋ či s*ʔəsqiʔáʔəm̕* či nəsštə́ŋ. *It was over a year that I couldn't walk.* (TC)} VAR: ʔəsqiyáʔəm̕ (ES,TC) VAR: sqiyáʔəm (TC) VAR: ʔsqəyím̕ {ʔuʔɬəŋ ʔuʔ *ʔsqəyím̕* či n̕skʷnnəxʷ ti ɬq̕cín̕. *You completely couldn't see the other side.* (ES) VAR: ʔəsqiʔám̕ {*ʔəsqiʔám̕* či nəscqə́šcaʔ. *I can't catch it.* (TC)} VAR: sqiyám̕ {*sqiyám̕* či nshiyáʔ. *I can't go.* (AS)}

ʔəsqiʔéʔmət ⟦ʔs-√qy̕ə<í><ʔ>m-t stat-√weak<pers><actl>-stat⟧ ☞ sqiyím̕ [analysis uncertain - The -t stative suffix is rare in Klallam.]

1. being unable, can't. (ES) {*ʔəsqiʔéʔmət* či nəshiyáʔ. *I can't go.* (ES) | *ʔəsqiʔéʔmət* či sq̓ʷáys. *He can't talk.* (ES) | ʔiʔənʔá ʔaʔ sɫq̓čšɫnát ʔiʔ *ʔəsqiʔéʔmət* ʔaʔ či nsɬx̌ʷə́t cə ntíxʷɫc. *By this coming Friday I won't be able to straighten out my tongue.* (ES)}
2. to be feeling uneasy, not right, uncomfortable, helpless (about something). (AS,BC; TC) {*ʔəsqiʔéʔmət* cn. *I feel uneasy. / I don't feel right. / I'm uncomfortable.* (AS; ES; TC) | ʔuʔmán cn ʔuʔ *ʔəsqiʔéʔmət* ʔəɬ ʔúy̓s ʔaʔ tə čə́q sčaʔkʷaʔyúɫ. *I feel very helpless and uneasy while he's in that big canoe.* (AS)}
4. to be crippled. {*ʔəsqiʔéʔmət* cn. *I'm crippled.* (HS)} VAR: sqiʔéʔmət (ES) {*sqiʔéʔmət* cn. *I'm uneasy. / I'm in difficulty.* (AS,BC) | kʷɬnít čaʔkʷi su*sqiʔéʔmət*s kʷə sx̌aʔx̌́éʔx̌qɬ. *Now the children feel helpless, as usual (when a parent dies).* (AS)} VAR: ʔəsqiʔáʔmət (TC) VAR: siʔáʔmət (BC) VAR: ʔəsqiʔéʔmt (ES) VAR: sqəyéʔmt {ns*qəyéʔmt*. *I feel uneasy.* (AS,BC)} VAR: sqiyéʔmt (AS) VAR: siʔéʔmt (AS)

ʔəsqinúŋət ⟦ʔs-√qəy-nuŋt stat-√angry-ncmdl⟧ ☞ qinúŋət to be hateful toward, despise. (AS,BC) VAR: ʔsqinúŋət (ES) VAR: ʔsqiʔnúŋət {ʔyáʔnəxʷ st cə mə́nuwa *ʔsqiʔnúŋət*s či ʔəcɬtáynxʷ. *We heard the sailor who was hateful toward the Indians.* (ES)}

ʔəsq̓áʔmət ⟦ʔs-√q̓<á>m̓-ɬ stat-√break_off<rslt>-dur⟧ ☞ q̓ə́m̓ to be broken off. (AS) VAR: ʔsq̓áʔməɬ {*ʔsq̓áʔmət* cə xʷéʔləm. *The rope is broken off.* (AS)} VAR: sq̓áʔmət (TC)

ʔəsq̓ápɬ ⟦ʔs-√q̓<á>p-ɬ stat-√gather<rslt>-dur⟧ ☞ q̓pə́t to be gathered together, any gathering, assembly of people. (ES; ES,HS,TC; TC) {hiyáʔ či ʔúxʷ hay ʔaʔ cə *ʔəsq̓ápɬ*. *All of you go to those gathered.* (TC) | ʔiʔ ʔu*ʔəsq̓ápɬ* st ʔaʔ tə táŋən. *We were gathered in the evening.* (MJ) VAR: sq̓ápɬ {hi*sq̓ápɬ* caʔ či shiyáʔs. *They'll be in a group when they go.* (MJT)}

ʔəsq̓éʔəxʷ ⟦ʔs-√q̓i<ʔə>xʷ stat-√knot<actl>⟧ ☞ q̓íxʷ to be knotted up, tied up. (AS,BC)

ʔəsq̓éʔqiʔ ⟦ʔs-q̓iʔ+√q̓iʔy stat-char+√drape⟧ ☞ q̓éʔəyət to be hanging up, be draping. (MJT) {*ʔəsq̓éʔqiʔ* cə nšəlán. *My shawl is hanging.* (AS)}

ʔəsq̓ə́m̓sən̓ ⟦ʔs-√q̓m̓=sən<ʔ> stat-√break_off=foot<actl>⟧ ☞ q̓əm̓ə́t to be one-legged, lame. (ES; AS,BC)

ʔəsq̓áyaʔq ⟦ʔs-√q̓əy<ʔ>əq stat-√tangle<actl>⟧ to be tangled up. {níɬ cə sxʷáyaʔxʷc *ʔəsq̓áyaʔq* ʔiyá ʔaʔ kʷsə čáyəqʷ. *It was snakes tangled up there in the backwoods.* (MJ)}

ʔəsq̓áyč ⟦ʔs-√q̓əy<ʔ>č stat-√shelter<actl>⟧ ☞ q̓áyəčt to be sheltered, on the lee side, out of the wind. {*ʔəsq̓áyč* cn. *I'm sheltered.* (TC)}

ʔəsq̓áyəŋ ⟦ʔs-√q̓əy<ʔ>-ŋ<ʔ> stat-√camp-mdl<actl>⟧ ☞ q̓áyəŋ to be camping, encamped, staying overnight. {*ʔəsq̓áyəŋ* st ʔáɬa ʔiʔ táči tə sčáʔyaʔčaʔɬ. *We were camped here, and our friends got here.* (MJT)} VAR: sq̓áyəŋ (TC)

ʔəsq̓əyíŋ ⟦ʔs-√q̓əy<ʔ>-i-ŋ<ʔ> stat-√camp<actl>-persist-mdl<actl>⟧ ☞ q̓áyəŋ to be steadily camping, encamped, staying regularly overnight. (TC) VAR: ʔəsq̓iʔíŋ (ES; TC) VAR: sq̓əyíŋ (TC) VAR: sq̓iʔíŋ (ES) {níɬ sxʷʔiyáɬ c *sq̓iʔíŋ*ɬ. *That's where we were staying.* (TC)}

ʔəsq̓áykʷ ⟦ʔs-√q̓əy<ʔ>kʷ stat-√coil<actl>⟧ ☞ q̓áyəkʷt to be coiled up (as a rope or snake). (ES)

ʔəsq̓áyp̓ ⟦ʔs-√q̓əy<ʔ>p̓ stat-√curl<actl>⟧ ☞ q̓ip̓ə́t
1. to be curled up, shriveled, shrunken, wrinkled. (TC) {ʔu*ʔəsq̓áyp̓* cə nsʔács. *My face is wrinkled.* (AS)}
2. to have curly or curled hair. (AS) {*ʔəsq̓áyp̓* tsiə siʔátəns. *Her hair is curled.* (AS)} VAR: ʔsq̓áyp̓ (AS) {*ʔsq̓áyp̓* cə sqáxaʔ. *The dog has curly hair.* (AS)} VAR: sq̓áyp̓ (AS)

ʔəsq̓áyq̓əyxʷ ⟦ʔs-q̓áy+√q̓<əy>ixʷ stat-char+√knot<pl>⟧ [This is a 'characteristic' reduplication based on a plural stem.] ☞ q̓íxʷ to be all tied in knots. {*ʔəsq̓áyq̓əyxʷ* tiʔə xʷéʔləm. *This string is all tied up in knots.* (EPT)}

ʔəsq̓iʔpéʔqʷ ⟦ʔs-√q̓əy<ʔ>p̓=iʔqʷ stat-√curl<actl>=head⟧ ☞ q̓ip̓éʔqʷən to have curly hair, have a perm. (MJT; ES) VAR: sq̓iʔpéʔqʷ (TC; AS) {*sq̓iʔpéʔqʷ* cn. *I have a perm.* (AS) | *sq̓iʔpéʔqʷ* cə swéʔwəs. *The boy has curly hair.* (AS)}

ʔəsq̓iq̓áyəq ⟦ʔs-q̓y+√q̓əyəq stat-pl+√tangle⟧ ☞ ʔəsq̓áyaʔq to be all tangled up (as thread, rope or fishing line). (ES,HS) VAR: ʔəsq̓iq̓əyáʔq (ES) VAR: ʔsq̓iq̓áyəq (BC)

ʔəsqʷáʔɬiʔ ⟦ʔs-√qʷ<á><ʔ>ɬ=ay̓ stat-√drift_ashore<rslt><actl>=wood⟧ ☞ qʷɬáy̓ to be logging. (ES) {ʔáwə cn c hiyáʔtən ʔúxʷtən ʔaʔ cə sxʷʔiyás cə snə́ns ʔəttáwtxʷ sxʷʔiyás ti sʔéʔtt ti sčáy ʔaʔ cə *ʔəsqʷáʔɬiʔ*. *I wasn't taken over to the bunkhouse where the ones who were logging sleep.* (ES) | sxʷʔiyás yaʔ kʷi nəcə́t yaʔ ʔəɬ čáʔiʔs *ʔəsqʷáɬiʔ* ʔiʔ cə sčə́yaʔčaʔs *That was where my father was when he was logging with his relatives.* (TC)} VAR: sqʷáʔɬiʔ (ES) VAR: ʔəsqʷáɬiʔ (TC; ES) {*ʔəsqʷáɬiʔ* yaʔ cn. *I used to work at logging.* (TC) | sčáy ʔaʔ cə *ʔəsqʷáɬiʔ*. *He's a logger. (he's a worker at logging)* (TC) | *ʔəsqʷáɬiʔ* yaʔ kʷi cə́tɬ. *Our dad was logging.* (ES) | húy cn tə nəsčáʔiʔ. ʔiʔ níɬ nəsuʔhiyáʔ *ʔəsqʷáɬiʔ*. *I finished that job, and then I went logging.* (TC) VAR: ʔsqʷáɬiʔ (ES) VAR: ʔəsqʷáɬi (AS,BC) VAR: sqʷáɬiʔ {ʔiʔ ʔiyá yaʔ st ʔiʔ kʷi nəsaʔčúʔiɬ kʷənáʔənt kʷi cə́tɬ ʔiʔ máʔkʷɬ kʷi čəʔúʔwəs ʔaʔ či *sqʷáɬiʔ*. *And we were there with my younger brother helping our father, and what we were using for logging broke down.* (ES)}

ʔəsqʷaʔníw̓s ⟦ʔs-√qʷi<ʔ>n=iw<ʔ>s stat-√hair<actl>=body<actl>⟧ ☞ qʷínəkʷs to be hairy, have a lot of hair on one's body. {*ʔəsqʷaʔníw̓s* cn. *I'm hairy.* (ES)}

ʔəsqʷaʔnúcən ⟦ʔs-√qʷi<ʔ>n=ucin stat-√hair<actl>=mouth⟧ ☞ qʷínəcən to have whiskers all over the face, be bewhiskered, have a beard. (ES) {ʔəsqʷaʔnúcən cn. *I have a beard and mustache.* (ES)}

ʔəsqʷáɬ ⟦ʔs-√qʷ<á>ɬ stat-√drift_ashore<rslt>⟧ ☞ qʷɬə́t to be on the beach, washed ashore. (TC) {ŋə́n tə scúɬ *ʔəsqʷáɬ*. *There's lots of driftwood.* (AS)}

ʔəsqʷéʔəxʷ ⟦ʔs-√qʷi<ʔ>xʷ stat-√move_away<actl>⟧ ☞ qʷíxʷ to be out of the way, not obstructing, off to one side. {ʔu*ʔəsqʷéʔəxʷ* cn. *I'm out of the way.* (ES; AS) | húy či suʔaʔáʔməts ʔuʔ *ʔəsqʷéʔəxʷ*. *He only sat around out of the way.* (ES)} VAR: sqʷéʔəxʷ (AS,BC) {*sqʷéʔəxʷ* cn. *I'm out of the way.* (AS)}

ʔəsqʷə́mx̌ʷ ⟦ʔs-√qʷəmx̌ʷ stat-√dull⟧ to be blunt, dull (edge or point). (ES) {*ʔəsqʷə́mx̌ʷ* tə sísu. *The scissors are dull.* (AS)}

ʔəsqʷə́mx̣ʷ ⟦ʔs-√qʷəm<ʔ>x̣ʷ stat-√thin<actl>⟧ ☞ qʷə́məx̣ʷ to be skinny, thin, slender. (EPT; ES; AS) {ʔə́c nu*ʔəsqʷə́mx̣ʷ* ʔaʔ nə́kʷ. *I'm skinnier than you.* (ES) | *ʔəsqʷə́mx̣ʷ* cə xʷanítəm. *The white man is bony.* (EPT) | *ʔəsqʷə́mx̣ʷ* iqɬ yaʔ cn. *I wish I were thin.* (MJT)} VAR: ʔsqʷə́mx̣ʷ {*sqʷə́mx̣ʷ* cn nsqáx̣aʔ. *My dog is skinny.* (AS)} VAR: sqʷə́mx̣ʷ (AS,BC; AS)

ʔəsqʷə́ys ⟦ʔs-√qʷəys stat-√boil_food⟧ ☞ qʷə́yəs
1. to be boiled, anything boiled. (ES; TC)
2. a pot for boiling. (AS) VAR: sqʷə́yəs (MJT; LC) {níɬ kʷi n*sqʷə́yəs*. *That's my boiling pot.* (AS)} VAR: sqʷáʔis (AS)

ʔəsqʷə́yš ⟦ʔs-√qʷəy<ʔ>š stat-√scatter<actl>⟧ ☞ qʷə́yəš to be scattered, spread out. (ES; TC; AS,BC) VAR: ʔsqʷə́yš (TC; AS,BC) {*sqʷə́yš* yaʔ cn. nəsuʔqpə́təŋ. *I was scattered. So they gathered me up.* (TC)}

ʔəsqʷaʔq̓ʷaʔyícən ⟦ʔs-q̓ʷaʔ+√q̓ʷiʔy=icən stat-rslt+√go_over=back⟧ ☞ q̓ʷéʔəyət to be hanging over the back (of something) or behind (something). (ES) {*ʔəsqʷaʔq̓ʷaʔyícən* kʷsə nkapú. *My coat is hanging over the back.* (AS)}

ʔəsqʷáʔyəɬ ⟦ʔs-√qʷə<á><ʔ>y-ɬ stat-√cooked/ripe<rslt><actl>-dur⟧ ☞ q̓ʷəy to be cooked. (TC) {kʷɬ*ʔəsqʷáʔyəɬ* kʷi. *It's already cooked.* (MJT)} VAR: q̓ʷáʔiɬ {ʔuʔ*q̓ʷáʔiɬ* kʷi kʷə nsqáwc. *My potatoes are cooked.* (AS)}

ʔəsqʷaʔyíxsən ⟦ʔs-√q̓ʷiʔy-ix=sən stat-√go_over-ext=foot⟧ ☞ q̓ʷéʔəyət to sit with legs hanging down (as on the edge of a bed). (ES)

ʔəsqʷáy ⟦ʔs-√q̓ʷay stat-√bruise_up⟧ ☞ q̓ʷáy to be bruised up, beaten up. (AS) VAR: ʔsqʷáy (AS,BC) {táči kʷɬə sɬáni ʔuʔ*sqʷáy*. *The woman got here all beat up.* (AS)} VAR: sqʷáy (AS,BC) {*sqʷáy* kʷi kʷə sɬáni. *The woman is all bruised up.* (AS)}

ʔəsqʷáyəɬ ⟦ʔs-√qʷə<á>y-ɬ stat-√cooked/ripe<rslt>-dur⟧ ☞ q̓ʷáyəɬ to be ripe, cooked, not raw. {kʷɬ*ʔəsqʷáyəɬ* kʷi. *It's already cooked.* (MJT)} VAR: ʔəsqʷáyiɬ (ES)

ʔəsqʷáy ⟦ʔs-√q̓ʷəy stat-√cooked/ripe⟧ ☞ q̓ʷáyəŋ anything barbecued or roasted, especially salmon. (EPT) {ʔə́y tiə *ʔəsqʷə́y*. *This barbecue is good.* (AS)}

ʔəsqʷiʔáʔən ⟦ʔs-√q̓ʷy<ʔ>=a<ʔ>n stat-√deaf<actl>=ear<actl>⟧ [possibly has the same root as the word for 'ear'] cp. q̓ʷəyən to be deaf. (ES) VAR: sqʷiʔáʔən (ES) {*sqʷiʔáʔən* cn. *I'm deaf.* (ES) | *sqʷiʔáʔən* u cxʷ? *Are you deaf?* (TC) | yéʔkʷsən č cə náʔcu? *sqʷiʔáʔən*. *One deaf man got ready.* (TC) | ʔuʔá č c txʷaʔyaʔyíyŋ čəmʔəsnə́kʷi ʔaʔ či náʔcu? ƛ̓áy ʔuʔ *sqʷiʔáʔən*. *He hadn't yet gone far when he met another man who was also deaf.* (TC)} VAR: sqʷiʔáʔən̓ (TC) VAR: ʔsqʷiʔáʔən̓ (LC)

ʔəsqʷiq̓ʷéʔsən ⟦ʔs-q̓ʷyʔ+√q̓ʷiʔy=sən stat-pl+√go_over=foot⟧ ☞ q̓ʷéʔəyət to be hanging down (of the legs). (ES)

ʔəsqʷúʔq̓ʷiʔ ⟦ʔs-q̓ʷúʔ+√q̓ʷuy<ʔ> stat-rslt+√die<actl>⟧ ☞ q̓ʷúʔq̓ʷiʔ to be dead, be a corpse. {ʔuʔɬən cn ʔuʔ txʷa*ʔəsq̓ʷúʔq̓ʷiʔ*. *It was just like I had become dead.* (TC)}

ʔəssáʔənəxʷ ⟦ʔs-√saʔ-naxʷ stat-√lift-nctrns⟧ ☞ sáʔnəxʷ to manage to put into a lifted position. {ʔáwə cn kʷaʔ *ʔəssáʔənəxʷ*ən tə nəsx̣ə́naʔ. ʔawmán ʔuʔ síqi. *I couldn't lift my foot because it was too heavy.* (MJ)}

ʔəssáʔmiʔ ⟦ʔs-√sa<ʔ>myʔ stat-√blanket<actl>⟧ ☞ səmiʔ to be covered up (with a blanket). {kʷɬ*ʔəssáʔmiʔ*. *She's already covered up.* (MJT) | kʷɬ*ʔəssáʔmiʔ* tiə nəɬáwiʔ. *My arm is already covered up.* (MJT)}

ʔəssaʔŋánət ⟦ʔs-√saʔ-ŋ=an-t stat-√lift-mdl=ear-trns⟧ ☞ saʔŋánət to be raised, up (of an anchor), unanchored. {kʷɬ*ʔəssaʔŋánət*. *The anchor is already up.* (MJT)}

ʔəssáqɬ ⟦ʔs-√s<a>q-ɬ stat-√out<rslt>-dur⟧ ☞ sə́q to be outside. (ES) {kʷɬ*ʔəssáqɬ*. *It's already out.* (ES) | *ʔəssáqɬ* yaʔ cn ʔiʔ cíxʷəŋ cn. *I was outside, and I felt chilly.* (MJT) | čkʷə́yuʔ ʔaʔ kʷi či *ʔəssáqɬ*. *He was shooting outside.* (MJ) | níɬ č suʔttáŋəns ʔiʔ *ʔəssáqɬ* tə ʔaʔyəcɬtáyŋxʷ. *Then it was starting to be evening, and the people were outside.* (MJ) | níɬ nsuʔx̣čnáxʷ ʔaʔ či smácəns ixʷ kʷsi *ʔəssáqɬ*. *Then I figured it was a skunk outside.* (MJ) VAR: ʔəsáqɬ (LC; ES; TC) {kʷɬ*ʔəsáqɬ* kʷaʔ. *He's outside now.* (MJT) | ɬə́mx̌ʷ kʷsə *ʔəsáqɬ*. *It's raining outside.* (EPT) | suʔčtáts, "ʔaʔstúʔŋət cxʷ ʔəy ʔənsu*ʔəsáqɬ*." *So he asked her, "What are you doing outside?"* (ES) | twaw*ʔəsáqɬ* kʷaʔčaʔ cawniɬ stíxʷaʔč. *Octopus was still outside.* (TC) | níɬ č suʔtxʷa*ʔəsáqɬ*s ʔaʔ stíxʷaʔč. *Then Octopus was outside.* (TC)} VAR: ʔsáqɬ {ɬə́mx̌ʷ kʷsə *ʔsáqɬ*. *It's raining outside.* (EPT) | qəyaʔx̣qín kʷsə *ʔsáqɬ*. *They're playing outside.* (EPT) | qʷaʔqʷə́yəŋ tsə *ʔsáqɬ*. *It's sunny outside.* (MJT)} VAR: sáqɬ (AS) {ʔaʔstúʔŋət cxʷ ʔəy ʔənsxʷ*sáqɬ*? *What are you doing outside?* (ES) | ʔuʔx̣čít cn ʔət *sáqɬ* kʷaʔ. *I knew it was outside.* (TC) | mán ʔuʔ ɬiʔx̣ʷə́yu ti *sáqɬ*. *It's very frosty outside.* (AS)}

ʔəssáwəɬ ⟦ʔs-√s<á>w-ɬ stat-√enter_bush<rslt>-dur⟧ ☞ sə́w to be in the dense brush, woods.

(TC) {ʔəssáw̓əɬ cn. *I'm in the bush.* (TC) | yíy̓ ʔəssáw̓əɬ. *It was far into the bush.* (TC) | kʷɬʔəssáw̓əɬ kʷaʔ. *He's already in the woods.* (MJT) | ʔuʔiyá cn ʔuʔ ʔiyá ʔaʔ tə sxʷʔiyáɬ čáʔiɬ ʔaʔ tə yaʔyíy̓ ʔəssáw̓əɬ ʔaʔ canu. *I was there at the place where we were working far into the bush there.* (ES)} VAR: sáw̓əɬ {xaʔtíšəŋ cə **sáw̓əɬ**. *The bushes are rustling.* (TC)} VAR: ʔəsáw̓əɬ {níɬ sxʷč̓iyás cə saʔsúɬ ti scúŋs ʔiʔ **ʔəsáw̓əɬ** ʔaʔ təsqiqəyáyŋxʷ. *That's where the trail goes from up and into the trees in the brush.* (ES)} VAR: ʔsáʔuɬ {xən̓áxʷ cn, "k̓ʷənít cə **ʔsáʔuɬ**. ʔínəŋ caʔ." *I told him, "Watch in the bush. It will appear."* (ES)} VAR: sáʔuɬ (AS,BC) VAR: sáw̓əɬ (AS,BC) VAR: ʔssáw̓əɬ {xən̓áxʷ cn k̓ʷənít cə **ʔssáw̓əɬ**. *I told him to watch in the brush.* (ES)}

ʔəssé̓əx̣ ⟦ʔs-√si⟨ʔə⟩x̣ stat-√move_over⟨actl⟩⟧ ☞ síx̣ to be moved over, moved aside. (AS) VAR: ssé̓əx̣ (AS,BC)

ʔəssmitáli ⟦ʔs-s-√mitáli stat-s-√gamble⟧ ☞ smitáli to be gambling, playing a gambling game (especially cards). {**ʔəssmitáli** tuŋəɬ či. *Let's play cards.* (MJT)}

ʔəsst̓əŋ ⟦ʔs-√st̓-ŋ stat-√drop-mdl⟧ ☞ st̓əŋ to be down. (ES) {**ʔəsst̓əŋ** kʷi kʷə nsc̓əyíqʷɬ. *My fruit is down (has fallen).* (AS)}

ʔəssúʔi finished. *See under:* ʔəshúʔiʔ

ʔəssúʔskʷ ⟦ʔs-súʔ+√sukʷ stat-rslt+√bathe⟧ ☞ súkʷən to have had a bath, be bathed. (MJT) {**ʔəssúʔskʷ** cn. *I've had a bath.* (MJT)}

ʔəssúsəŋ ⟦ʔs-sú+√suŋ staitve-rslt+√smell⟧ ☞ súsəŋ to be a stink. {hiyáʔ kʷaʔčaʔ čúk̓ʷt cə sx̣ə́ɬs ʔaʔ cə čúwɬ smácən **ʔəssúsəŋ**. *He goes and shoots the sick with the stink typical of a skunk.* (MJ)}

ʔəsšáwi ⟦ʔs-√šəway stat-√grow⟧ ☞ šáwi to be grown up. {ʔiʔ níɬ su**ʔəsšáwi**s kʷi haʔhári. *And then little Harry was grown up.* (MJ)}

ʔəsši̓šíyay̓əs ⟦ʔs-šy̓+√šiyay̓s stat-pl+√stubborn⟧ ☞ ʔəsšíyay̓əs to be stubborn (of several). (MJT)

ʔəssíyay̓əs ⟦ʔs-√šiyay̓s stat-√stubborn⟧ ☞ šíyaʔəs to be stubborn, disobedient, rebellious. (MJT; ES) VAR: ʔəsšíyaʔis (ES) VAR: ʔsšišíyay̓əs {ʔuʔx̣ə́n̓ə ʔu **ʔsšišíyay̓əs**. *They're all stubborn.* (MJT)}

ʔəsšúkʷaʔ ⟦ʔs-√šukʷəʔ stat-√sugar⟧ ☞ šúkʷaʔ to be sugared, have sugar in it. (ES)

ʔəstaʔx̣iʔáx̣ən ⟦ʔs-√taʔx̣-iʔ=ax̣an stat-√spread-ext=arm⟧ to have one's arms spread. {**ʔəstaʔx̣iʔáx̣ən** cn. *My arms are spread.* (ES)}

ʔəstaʔyúxʷsən ⟦ʔs-√t⟨aʔy⟩uxʷ=sən stat-√exacty⟨pl⟩=foot⟧ ☞ túx̣ʷ to be sitting with legs straight out. (ES)

ʔəstákʷɬ ⟦ʔs-√t⟨á⟩kʷ-ɬ stat-√break⟨rslt⟩-dur⟧ ☞ tə́kʷ to be broken (of a long object). (ES) {ʔiʔ ʔáw č tə c **ʔəstákʷɬ** tə táwis. *But his arm wasn't broken.* (TC)}

ʔəstáŋ ⟦ʔs-√taŋ stat-√what⟧ ☞ stáŋ something, anything. {ʔáwənə **ʔəstáŋ** ʔaʔ kʷi skʷɬhúys t nsx̣áʔcuʔ. *There was nothing else when my fishing was finished.* (TC)}

ʔəstáŋənu thing. *See under:* stáŋənə

ʔəstáqʷɬ ⟦ʔs-√t⟨á⟩qʷ-ɬ stat-√tight⟨rslt⟩-dur⟧ ☞ tə́qʷ to be tight. (ES) {**ʔəstáqʷɬ** kʷi kʷə kapú. *The coat is tight.* (AS)}

ʔəstásc ⟦ʔs-√t⟨á⟩s-t-c stat-√arrive_there⟨rslt⟩-trns-1obj/2obj⟧ ☞ ʔəstásɬtxʷ bring me close; bring you close. (ES) {**ʔəstásc** cn. *I brought you close to me.* (AS)}

ʔəstásɬ ⟦ʔs-√t⟨á⟩s-ɬ stat-√arrive_there⟨rslt⟩-dur⟧ ☞ tós to be near, close by. (MJT; AS,BC; HS,ES; TC; ES) {**ʔəstásɬ** cn. *I'm close.* (TC) | **ʔəstásɬ** cn ʔaʔ nə́kʷ. *I'm near you.* (TC) | **ʔəstásɬ** cn ʔaʔ cə nəwáč. *I'm near my watch.* (TC) | **ʔəstásɬ** ʔaʔ cə sx̣cáʔi. *They were close to the grass.* (TC) | **ʔəstásɬ** cn ʔaʔ čxʷícən. *I'm close to Port Angeles.* (TC) | ʔiʔ ʔu**ʔəstásɬ** cn ʔaʔ cə sn̓iyánt. *And I was close to the rocks.* (TC) | **ʔəstásɬ** cə čxʷícən ʔaʔ ʔə́c. *Port Angeles is close to me.* (TC) | **ʔəstásɬ** cə čxʷícən ʔaʔ ʔéʔɬx̣ʷaʔ. *Port Angeles is close to Elwha.* (TC) | **ʔəstásɬ** cxʷ ʔaʔ tə nəyə́nəwəs. *You are close to my heart.* (TC,AS,BC) | **ʔəstásɬ** cn ʔaʔ cə snəŋnánt. *I was close to the rocks.* (TC)} VAR: ʔstásɬ (TC) {ŋán̓ tə qéʔqəwəc ʔu**ʔstásɬ** ʔaʔ tiə q̓ʷúʔəŋ. *There are lots of sand fleas near the kelp.* (AS) | ʔiʔhiyáʔ ʔaʔ kʷi **ʔstásɬ** ʔúx̣ ʔaʔ tə súɬ. *She went close to the door.* (MJ)}

ʔəstásɬtxʷ ⟦ʔs-√t⟨á⟩s-ɬ-txʷ stat-√arrive_there⟨rslt⟩-dur-caus⟧ ☞ ʔəstásɬ to bring something closer, tow something. (AS) VAR: ʔstásɬtxʷ {**ʔstásɬtxʷ** cn cə nŋə́naʔ. *I have my child close.* (AS)}

ʔəsté̓ʔtəm̓ ⟦ʔs-ti⟨ʔ⟩+√tiym⟨’⟩ stat-rslt⟨actl⟩+√hard_force⟨actl⟩⟧ ☞ tíymət to be steady and strong. (AS,BC,TC; TC) {ʔuʔiʔttaʔnáct cn kʷi ʔuʔi**ʔəsté̓ʔtəm̓** tə nəsʔinuʔčičáʔi. *I'll be taking care of myself being steady and strong in my working.* (RSh)}

ʔəstákʷəwəč ⟦ʔs-√təkʷ=əwəč stat-√break=bottom⟧ ☞ tə́kʷ to have a broken tail bone or hip. (ES) VAR: ʔstákʷəwəč {**ʔstákʷəwəč** kʷə nsʔúq̓ʷaʔ. *My brother broke his hip.* (AS)}

ʔəstə́ŋ ⟦ʔs-√təŋ stat-√surprise⟧ to be surprised. {nu**ʔəstə́ŋ** kʷɬə ʔəɬ pástənəŋəɬ. *He was kind of surprised we were talking English.* (MJ)}

ʔəstkʷáʔič ⟦ʔs-√tkʷ=ay̓č stat-√break=hip⟧ ☞ tkʷə́t
1. to have a broken hip. (ES)
2. to limp. (TC) VAR: stkʷáʔič (TC) {**stkʷáʔič** cn. *I'm limping.* (TC)}

ʔəstkʷiʔáx̣ən ⟦ʔs-√tkʷ-iʔ=ax̣an stat-√break-ext=arm⟧ ☞ tkʷiʔáx̣ən to be a broken arm or wing. (ES) VAR: ʔstkʷiʔáx̣ən {**ʔstkʷiʔáx̣ən** cə ćéʔcəm̓. *The bird has a broken wing.* (AS)}

ʔəstúʔŋət doing what. *See under:* ʔaʔstúʔŋət

ʔəstúŋət ⟦√ʔəstuŋt √do_what⟧
1. what did you do? what is the matter?. (ES) {**ʔəstúŋət** ʔay̓? *What happened?* (AS,BC) | **ʔəstúŋət** cxʷ? *What's the matter with you?* (ES) | **ʔəstúŋət** cxʷ ʔuč? *What's the matter?* (EPT; MJ) | **ʔəstúŋət** cn

ʔay̓? *What's the matter with me?* (MJT) | **ʔəstúŋət** cxʷ ʔəṅsxʷ man̓ ʔu? híc? *What makes you so long (in coming, in doing something)?* (EPT) | ʔi? k̓ʷə́ts cə sʔúq̓ʷa?s ʔi? čtáts, "**ʔəstúŋət** cxʷ ʔuč?" *And he took his brother and asked him, "What did you do?"* (ES) | ʔáwənə sx̣číts kʷa? **ʔəstúŋət**s. *He didn't know what to do.* (ES)}
2. *why.* [usually followed by ʔay̓, ʔuč, or kʷa?ča?] {**ʔəstúŋət** ʔəṅsxʷhiyá?? *Why did you go?* (TC) | **ʔəstúŋət** cxʷ ʔuč kʷa? či ṅsxʷščə́c? *Why did you hit me?* (LC) | **ʔəstúŋət** kʷa?ča? ʔəṅsxʷhiyá?? *Why did you go?* (TC) | **ʔəstúŋət** ʔay̓ kʷi ṅsqʷáqʷi? *Why are you saying that?* (AS) | **ʔəstúŋət** ʔay̓ nəxʷtk̓ʷíkʷən cə ṅsqʷú?tən? *Why is your bucket half full?* (ES) | **ʔəstúŋət** ʔay̓ sxʷʔáwə c ʔəsyáč̓? *Why isn't it full?* (ES) | **ʔəstúŋət** ʔay̓ ʔəṅsxʷʔáwə cə yəčə́t? *Why didn't you fill it?* (ES) | **ʔəstúŋət** kʷa?ča? sxʷčə́ts? *Why did he hit it?* (TC) | **ʔəstúŋət** ʔay̓ kʷi sšə́təŋs ti sxʷəṅʔáŋs? *Why is he walking that way?* (AS) | **ʔəstúŋət** kʷa?ča? ʔəṅsxʷmán̓ ʔu? čtáŋ? *Why do you ask so much?* (TC) | **ʔəstúŋət** cxʷ ʔuč ʔa? či ṅsxʷʔáwə kʷa? tčə́txʷ? *Why do you never spear it?* (MJT)}
3. *to happen.* {mán̓ ʔu? sáy̓si? ʔi? sqi?ə́m̓ či sqʷáys yə́cəm kʷa? **ʔəstúŋət**s. *He was so scared he couldn't talk to tell what happened.* (ES)} VAR: ʔəstúṅt (ES) {**ʔəstúṅt** cxʷ ʔay̓ ṅsxʷmán̓ ʔu? híc? *Why did you take so long?* (EPT) | **ʔəstúṅt** ʔay̓ ṅsxʷčə́c. *Why did you hit me?* (MJT)} VAR: ʔstúṅt {**ʔstúṅt** cxʷ ʔəṅsxʷmán̓ ʔu? híc? *Why did you take so long?* (EPT)}

ʔəstá?ŋət ⟦ʔs-√tə<ʔ>ŋ-ɬ stat-√flood<actl>-dur⟧ ☞ tá?ŋət
1. *to be at high tide.* (TC) {ʔi?tə́x̣ʷ ʔu? **ʔəstá?ŋət**. *It was just at high tide.* (TC)}
2. *to be overflowing.* (AS,BC) {ʔáwətxʷ t **ʔəstá?ŋət**. *Don't let it overflow.* (MJT)}
3. *a flood.* (MJ) VAR: stáŋət (AS,BC) VAR: stáŋəɬ (TC) VAR: stáŋ (AS) {hiʔá?i? či čə́nəŋ ʔa? cə **ʔəstáŋ**. *They continued shaking in the flood.* (MJ)} VAR: ʔəstáŋ (AS)

ʔəstá?yəɬ ⟦ʔs-√ta<ʔ>y-ɬ stat-√flat<actl>-dur⟧ ☞ táyət *to be flat.* (MJT)

ʔəstá?yəɬtxʷ ⟦ʔs-√ta<ʔ>y-ɬ-txʷ stat-√flat<actl>-dur-caus⟧ ☞ **ʔəstá?yəɬ** *to make something flat.* {kʷɬ**ʔəstá?yəɬtxʷ** cn. *I already flattened it out.* (MJT)}

ʔəstá?yəŋ̓ ⟦ʔs-√tə<ʔ>y-ŋ<̓> stat-√not_reach<actl>-mdl<actl>⟧ ☞ táyəŋ *to not be able to reach, be too short.* ((like your ladder is too short (ES))) {**ʔəstá?yəŋ̓** cn. *I can't reach.* (ES) | sx̌é?s či nəsk̓ʷə́təŋ ʔi? **ʔəstá?yəŋ̓**. *He wanted to get me, but he was short.* (TC) | pá?əts či nəsx̌k̓ʷə́təŋ ʔi? **ʔəstá?yəŋ̓**. *They tried to get me, but they couldn't reach.* (ES)}

ʔəstác̓ɬ ⟦ʔs-√tə<á>c-ɬ stat-√break<rslt>-dur⟧ ☞ tə́c *to be broken, cracked.* (MJT) {**ʔəstác̓ɬ** cə qʷə́yqʷi. *That bead is broken.* (MJT) | čəsa? cə ʔuʔə́y̓, ʔi? nə́cu? cə **ʔəstác̓ɬ**. *Two are good, and one is broken.* (MJT) | q̓é?it cn cə pípə ʔiyá ʔa? tə **ʔəstác̓ɬ**.

nəsxʷk̓ʷa? k̓ʷənúsəŋ. *I hung up the paper where my window is broken.* (MJ)} VAR: stə́c̓ɬ (ES)

ʔəstákʷɬ ⟦ʔs-√tə<á>kʷ-ɬ stat-√stuck_in<rslt>-dur⟧ ☞ tə́kʷ
1. *to be stuck (in something such as mud).* (TC) {**ʔəstákʷɬ** cə músmus. *The cow is stuck (in the mud).* (AS)}
2. *to be choked.* (TC) VAR: stákʷɬ (TC)

ʔəstán̓əɬ *lined up.* See under: ʔəsxʷtán̓əɬ

ʔəstáŋkʷ ⟦ʔs-√tɬ<a>ŋkʷ stat-√among<rslt>⟧ ☞ tə́ŋkʷ *to be mixed in, joined in with.* {qqíŋ **ʔəstáŋkʷ** ʔa? ɬníŋɬ. *Play with us.* (TC)} VAR: stáŋkʷ {**stáŋkʷ** ʔa? ti né?. *Mix in with the others.* (TC) | ʔáwə č ya? kʷa? qqíŋs **stáŋkʷ** ʔa? ti né?. *He wouldn't play with the others.* (TC) | txʷx̌ʷiyanítəm tə **stáŋkʷ** ʔa? cə band members. *The mix of band members is becoming white.* (TC)} VAR: ʔəstá?ŋkʷ (TC) {sx̌é?s ʔa? ti sqqíŋs cə **ʔəstá?ŋkʷ** ʔa? cə né? suʔáwəs kʷɬsx̌ayé?x̌qɬs. *He wanted to play together with those boys that were there of his age.* (TC) | nɬ ya?cústəŋ ya? ncə́t ʔa? kʷi kʷɬhí·c kʷa? ʔi ʔux̣ə́·nə ʔu? kʷɬʔu? **ʔəstá?ŋkʷ**. *I was told by my father a long time ago, but it's all mixed up.* (EB) VAR: ʔəstá?əŋkʷ {**ʔəstá?ŋkʷ** cə nsqʷáytən ʔa? tə sčə?ú?wəsɬ nəxʷyə́mi sqʷáytən. *My words are all mixed up because we're using the Lummi language.* (EB)}

ʔəstáq̓ʷɬ ⟦ʔs-√tɬ<á>q̓ʷ-ɬ stat-√breathless<rslt>-dur⟧ ☞ tə́q̓ʷ *to choke, be out of breath.* (MJ) {q̓aʔyíq̓əŋ ʔa? cə **ʔəstáq̓ʷɬ**. *He was making a strangling noise because he was out of breath.* (ES)}

ʔəstátən ⟦ʔs-tá+√tən stat-rslt+√go_ashore⟧ ☞ tə́n *to be ashore.* {kʷɬ**ʔəstátən** st. *We're ashore now.* (MJT)}

ʔəstáxɬ ⟦ʔs-√tɬ<á>x-ɬ stat-√deviate<rslt>-dur⟧ ☞ tə́x *to be wrong, mistaken, incorrect.* (ES; TC) {**ʔəstáxɬ** cn. *I'm wrong.* (ES) | **ʔəstáxɬ** cxʷ. *You're wrong.* (LC; ES) | hú? **ʔəstáxɬ** či nsqʷáy ʔi? x̣áɬ ca? nxčnín. *If my words are wrong, I'll feel bad.* (TC) | ʔutxʷncáxʷ ʔi ʔu?**ʔəstáxɬ** tə nəsqʷáy ʔəɬ nəsx̌é?s ti nəxʷsx̌ayəmúcən ʔəɬ qʷáq̓ʷi?ən. *Every once in a while now I am mistaken in my words when I want to talk in the Klallam language.* (TC) | ʔu?hú? cxʷ čəʔú?wəs ʔa? či ʔəsqi?ə́m ʔi? nɬ su?**ʔəstáxɬ** skʷa?čaɬ. *If it is used for weakness, it is, therefore, wrong.* (BH)} VAR: ʔstáxɬ (TC) {**ʔstáxɬ** cn. *I'm wrong.* (TC)} VAR: stáxɬ (AS) {**stáxɬ** cn. *I'm wrong.* (AS) | húy ya? cə ʔu?**stáxɬ** ʔu? sʔəsʔú?i?s ʔu? xčtís kʷ ʔi?čá?i ʔəcɬtáynxʷ. *The wrong way was the only way the people before us knew.* (BH)}

ʔəstáyənəkʷ ⟦ʔs-√tay=ən<̓>ukʷ stat-√flat=ground<actl>⟧ ☞ táyət *to be flat ground.* (MJT) VAR: ʔstáyənəkʷ {**ʔəstáyənəkʷ** kʷi kʷə súɬ. *The road is flat.* (AS)}

ʔəstátč ⟦ʔs-√təɬč stat-√crack⟧ ☞ tɬə́č *to be split (of a board), cracked (not completely broken off).* (ES) {**ʔəstátč** kʷi cə súɬ. *The wood is split.* (AS)}

ʔəstə́ŋs ⟦ʔs-√təŋ<̓>s stat-√braid<actl>⟧ ☞ tə́ŋst *to be braided.* {**ʔəstə́ŋs** x̌é?ləm *It's braided rope* (MJT) | **ʔəstə́ŋs** ti ʔáɬə. *That's a braid.* (MJT)}

ʔəstə́yaʔq [ʔs-√təyə<ʔ>q stat-√bake<actl>]
☞ tə́yəq to be baked, cooked in hot sand.
∗Originally this referred only to baking in sand, but the meaning has transferred to baking in an oven. (MJT) VAR: ʔəstəyáʔq (MJT) VAR: ʔstə́yaʔq {*ʔstə́yaʔq* kʷi kʷə sq̓x̣́əyuʔ. *The clams are baked.* (AS)} VAR: ʔəstə́q [ʔs-√təq stat-√bake] ⟪MJ thinks this variant may come from Suquamish.⟫ (MJT)

ʔəstə́y̓əqsən [ʔs-√təy<ʔ>=əqsən stat-√flat<actl>=nose] ☞ t̓áyət flat nose. (TC) VAR: ʔəstə́y̓qsən (MJT)

ʔəstúʔək̓ʷ [ʔs-√tu<ə>k̓ʷ stat-√go_home<actl>] ☞ túk̓ʷ being at home (after being away), having arrived home. {*ʔəstúʔək̓ʷ* cn. *I'm already home.* (MJ)} VAR: ʔstúʔuk̓ʷ (AS,BC) VAR: stú̓ʔuk̓ʷ (AS,BC) {ʔu*ʔstúʔuk̓ʷ* kʷsə nŋə́naʔ. *My child is at home.* (AS)}

ʔəsx̣ʷʔiyáʔyəŋ [ʔs-xʷ-√ʔyay̓ŋ stat-loc-√parent] ☞ ʔiyáy̓əŋ step-parent or parent-in-law. {*ʔəsx̣ʷʔiyáʔyəŋ* ʔaʔ nəcə́t. *It was my father's step-parent.* (MJ)}

ʔəsx̣ʷaʔŋáʔɬ [ʔs-√xʷa<ʔ>ŋ=aʔɬ stat-√rest=mass] ☞ xʷáŋaʔɬ to be at rest, taking a break. (TC; ES) {*ʔəsx̣ʷaʔŋáʔɬ* u cxʷ? *Are you resting?* (TC) | *ʔəsx̣ʷaʔŋáʔɬ* cn. *I'm resting.* (ES)} VAR: sxʷaʔŋáʔɬ (TC; ES) {*sxʷaʔŋáʔɬ* cn. *I'm resting.* (TC) | *sxʷaʔŋáʔɬ* yaʔ cn. *I was resting.* (TC) | ʔaʔáʔmət cn *sxʷaʔŋáʔɬ*. *I'm sitting resting.* (TC)}

ʔəsx̣ʷáʔxʷək̓ʷ [ʔs-xʷá?-√xʷak̓ʷ stat-rslt-√crazy] ☞ sxʷák̓ʷiʔ to be drunk, intoxicated. (LC; TC) {kʷɬ*ʔəsx̣ʷáʔxʷək̓ʷ*. *He's already drunk.* (LC)} VAR: ʔəsx̣ʷáxʷk̓ʷ (EPT; ES) {ʔawmán cn ʔuʔ *ʔəsx̣ʷáxʷk̓ʷ*. *It was because I was too drunk.* (TC) | tə́s cn ʔəɬ *ʔəsx̣ʷáxʷk̓ʷ*ən. *I got there while I was drunk.* (TC)} VAR: ʔəsx̣ʷáʔxʷk̓ʷ (ES) {ʔáwə cn c *ʔəsx̣ʷáxʷk̓ʷ*. *I'm not drunk.* (MJ) | ʔiʔtáxʷ st kʷə ti nsʔənʔá sə́q *ʔəsx̣ʷáxʷk̓ʷ*. *We were amused that you came out drunk.* (MJ)} VAR: sxʷáʔxʷk̓ʷ (EPT; TC) {*sxʷáxʷk̓ʷ* cn. *I'm drunk.* (TC)} VAR: sxʷáxʷk̓ʷ (TC) {mán yaʔ cn ʔuʔ sqáti *sxʷáxʷk̓ʷ*. *I was very crazy drunk.* (TC)}

ʔəsx̣ʷaʔxʷk̓ʷéʔqʷ [ʔs-xʷaʔ+√xʷak̓ʷ=iʔqʷ stat-dimutive+√crazy=head] ☞ ʔəsx̣ʷak̓ʷéʔqʷ to be a little crazy in the head, insane. (EPT) ⟪Usage: never used of a woman⟫ (AS,BC) {*ʔəsx̣ʷáʔxʷk̓ʷéʔqʷ* tə swə́yqaʔ. *The man is insane.* (EPT)} VAR: sxʷaʔxʷk̓ʷéʔqʷ (AS,BC; TC) {*sxʷaʔxʷk̓ʷéʔqʷ* yəxʷ cn kʷaʔ ʔuʔsx̣ʷəníŋəs čtə. *I must have been crazy or something.* (TC)}

ʔəsx̣ʷáč̓ɬ [ʔs-√xʷ<á>č-ɬ stat-√middle<rslt>-dur] ☞ xʷáč̓ to be in the middle, among, between, in a crowd. (MJT; ES; AS) VAR: sxʷáč̓ɬ (AS) {*sxʷáč̓ɬ* cə sƛ̓íƛ̓aʔƛ̓qɬ ʔaʔ cə ʔiyáʔiŋs. *The child is between her parents.* (AS) | hiyáʔ caʔn ƛ̓aʔtáwn ʔiʔ ʔu*sxʷáč̓ɬ* ʔaʔ ti sxʷʔiyás ti sʔə́məts. *I'll go to town sitting in the middle.* (AS)}

ʔəsx̣ʷáč̓ɬtxʷ [ʔs-√xʷ<á>č-ɬ-txʷ stat-√middle<rslt>-dur-letcaus] ☞ ʔəsx̣ʷáč̓ɬ to let be in the middle, among, between, in a crowd. (MJT) {*ʔəsx̣ʷáč̓ɬtxʷ* cn. *I put it in between.* (AS) | *ʔəsx̣ʷáč̓ɬtxʷ* cə sƛ̓íƛ̓aʔƛ̓qɬ. *Put it between the children.* (AS)} VAR: sxʷáč̓ɬtxʷ {*sxʷáč̓ɬtxʷ* cn. *I put it in the middle, between.* (AS)}

ʔəsx̣ʷak̓ʷéʔqʷ [ʔs-√xʷak̓ʷ=iʔqʷ stat-√crazy=head] ☞ sxʷák̓ʷiʔ to be crazy, insane, out of one's mind. (ES) VAR: sxʷak̓ʷéʔqʷ (TC) VAR: sxʷaʔk̓ʷéʔqʷ (ES,HS) {ʔuʔmán yaʔ cn ʔuʔ *sxʷaʔk̓ʷéʔqʷ* ʔaʔ kʷi nəswéʔwəs yaʔ. *I was very crazy when I was a young man.* (TC)}

ʔəsx̣ʷák̓ʷi crazy. See under: sxʷák̓ʷiʔ.

ʔəsx̣ʷáɬ [ʔs-√xʷa-ɬ stat-√down-dur] ☞ xʷáŋ to be down. (ES) {*ʔəsx̣ʷáɬ* cn. *I'm down here.* (ES)}

ʔəsx̣ʷcə́y̓qʷ [ʔs-xʷ-√cəy<ʔ>qʷ stat-loc-√dig<actl>] ☞ cə́yəqʷ to be hollow, a dug out place. (MJT) {suʔhiyáʔs ʔiʔúxʷ ʔaʔ cə *ʔəsx̣ʷcə́y̓qʷ*. *So he went to that hollow place.* (MJT)}

ʔəsx̣ʷčaʔčawáʔč̓ [ʔs-xʷ-ča?+√ca?=əwa<?>č̓ stat-loc-actl+√upon=bottom<actl>] ☞ čaʔwáč̓ to be in a sitting position. {*ʔəsx̣ʷčaʔčawáʔč̓* cn. *I'm sitting.* (ES)}

ʔəsx̣ʷčácaʔk̓ʷs [ʔs-xʷ-čá+√caw=us stat-loc-rslt+√wash=face] ☞ cáw̓ to be clean, washed face. (MJT) VAR: ʔəsx̣ʷčácaʔk̓ʷs {*ʔəsx̣ʷčácaʔk̓ʷs* kʷi kʷə nsʔács. *I have a clean face.* (AS)}

ʔəsx̣ʷčaʔčə́y̓x̣ʷs [ʔs-sxʷ-ča?+√čəy<ʔ>xʷ=us stat-for-dim+√crazy<dim>=face] ☞ ʔəsx̣ʷčə́y̓x̣ʷs to be a tiny bit drunk, a little tipsy; to be a small tipsy person. (MJT; ES; AS) VAR: ʔsxʷčaʔčə́y̓x̣ʷs (AS,BC)

ʔəsx̣ʷčə́y̓x̣ʷs [ʔs-sxʷ-√čəy<ʔ>xʷ=us stat-for-√drunk<actl>=face] ☞ ʔəscə́yəxʷ to be half drunk, tipsy, half shot. (MJT; ES) VAR: ʔsxʷčə́y̓x̣ʷs {*ʔsxʷčə́y̓x̣ʷs* kʷi kʷə swéʔwəs. *The boy is half shot.* (AS)}

ʔəsx̣ʷčəyəpáyəs [ʔs-xʷ-√č<əy>ip=ayus stat-loc-√squeeze<pl>=eye] ☞ č̓íp to have closed eyes (like a newborn kitten). (MJT) VAR: sxʷčəyəpáyəs (ABT)

ʔəsx̣ʷčə́y̓č̓ [ʔs-xʷ-√čəy<ʔ>č̓ stat-loc-√inside_out<actl>] ☞ čə́y̓č̓ to be wrong side, inside out. (AS) {*ʔəsx̣ʷčə́y̓č̓* u? *Are they wrong side out?* (MJT)} VAR: ʔəscə́ʔic̓ (AS,BC) VAR: ʔsxʷčə́y̓č̓ (AS,BC)

ʔəsx̣ʷəná?wəs [ʔs-sxʷ-√nəwəs stat-for-√cloud] ☞ sxʷnə́wəs to be cloudy. (EPT) {*ʔəsx̣ʷəná?wəs* tsanu. *It's cloudy.* (EPT)} VAR: sxʷəná?wəs {*ʔəsx̣ʷəná?wəs* ʔáynək̓ʷ. *It's cloudy today.* (EPT)} VAR: ʔəsx̣ʷná?wəs (JCo)

ʔəsx̣ʷə́y̓k̓ʷtxʷ [ʔs-√xʷəy̓k̓ʷ-txʷ stat-√wrap-caus] ☞ ʔəsx̣ʷə́y̓k̓ʷ to bandage, wrap up. {suʔ*ʔəsx̣ʷə́y̓k̓ʷtxʷ*s tə t̓áwis. *So he bandaged his arm.* (TC)}

ʔəsx̣ʷə́y̓k̓ʷ [ʔs-√xʷəy̓k̓ʷ stat-√wrap] ☞ xʷə́y̓k̓ʷ to be wrapped up, bandaged. (AS,BC) {ŋə́n̓ č x̣áčəŋ qə́yəx̣ cə *ʔəsx̣ʷə́y̓k̓ʷ* ʔaʔ cə t̓áwis *He apparently had lots of dried salmon eggs wrapped up in his arm.* (TC)} VAR: ʔsxʷə́y̓k̓ʷ (AS)

ʔəsxʷə́y̓xʷiʔ ⟦s-xʷə́y̓+√xʷy̓ s-char+√ambitious⟧ to be ambitious, willing, ready, eager; like to work all the time. (TC) VAR: sxʷə́y̓xʷi (EPT) VAR: sxʷə́y̓xʷiʔ (ES; TC; AS,BC) {*sxʷə́y̓xʷiʔ* cə q̓áʔŋi. *The girl is ambitious.* (AS)}

ʔəsxʷhaʔqéʔwən baking. *See under:* **ʔəshaʔqéʔwən**

ʔəsxʷhəm̓həm̓áyəs ⟦ʔs-xʷ-həm̓+√həm̓=ayus stat-loc-char+√thick_fog=eye⟧ ☞ **hə́m̓**
1. to have hair hanging down over eyes. (MJT)
2. to be dark, foggy. VAR: ʔəsxəm̓xəm̓áyəs (AS) {mán̓ ʔuʔ *ʔəsxəm̓xəm̓áyəs* tiə skʷáči. *It's a very foggy day.* (AS)}

ʔəsxʷkʷáʔəwč ⟦ʔs-xʷ-wá+√wač stat-loc-rslt+√pry⟧ [/w/ → /kʷ/] ☞ **nəxʷkʷáčt** to be locked. {*ʔəsxʷkʷáʔəwč* tə súł. *The door is locked.* (EPT)}

ʔəsxʷkʷáq̓ł ⟦ʔs-xʷ-√kʷ<á>q̓-ł stat-loc-√open<rslt>-dur⟧ ☞ **kʷq̓ə́t** to be open. (ES) {*ʔəsxʷkʷáq̓ł* cə súł. *The door is open.* (EPT)} | λ̓áytxʷ ʔuʔ *ʔəsxʷkʷáq̓ł*. *Leave it open.* (MJT) VAR: ʔəskʷáq̓ł (AS,BC) {ʔəʔə́mət ʔu*ʔəskʷáq̓ł* cə słipúykʷts. *He's sitting with his shirt open.* (MJ) VAR: skʷáq̓ł {hiyáʔ łák̓ʷi ʔaʔ cə nu*skʷáq̓ł*. *He went across to the opening.* (ES) | nił suʔcúŋs ʔiʔ tás ʔaʔ cə *skʷáq̓ł* ʔaʔ tə sqiqəyáyŋəxʷ. *Then they went inland and got to an opening in the trees.* (MJ)}

ʔəsxʷłáʔŋəł ⟦ʔs-xʷ-√ł<əʔ>ŋ-ł stat-loc-√detach<actl>-dur⟧ ☞ **łə́ŋ** to be empty. {*ʔəsxʷłáʔŋəł* cə nəmuhúy̓. *My basket is empty.* (MJT)}

ʔəsxʷłáwəł ⟦ʔs-xʷ-√ł<a>w-ł stat-loc-√remove_layer<rslt>-dur⟧ ☞ **łə́w̓** to be shelled, hulled (for example, clams), pried open and removed. (AS) {kʷł*ʔəsxʷłáwəł* *They're shelled.* (MJT)}

ʔəsxʷłə́k̓ʷəŋ ⟦ʔs-xʷ-√ł<ə́>k̓ʷ-ŋ<ʔ> stat-loc-√hollow<actl>-mdl<actl>⟧ ☞ **łk̓ʷə́t** to be hollow. (MJT) {nəw̓əsə́n tə nəsčaʔkʷaʔyúł ʔaʔ cə *ʔəsxʷłə́k̓ʷəŋ* qʷłáy̓. *My car went into the hollow log with one wheel.* (MJT)}

ʔəsxʷłə́yp̓s ⟦ʔs-xʷ-√łəyp̓=us stat-loc-√flap=face⟧ ☞ **łə́yp̓** to have a wrinkled face. (ES) VAR: ʔsxʷłə́yp̓s {*ʔəsxʷłə́yp̓s* cə sʔácss tə síyaʔs. *His grandfather's face is wrinkled.* (AS)}

ʔəsxʷƛ̓áčəŋ ⟦ʔs-nxʷ-√ƛ̓<á>č-ŋ<ʔ> stat-loc-√under<actl>-mdl<actl>⟧ ☞ **ƛ̓áč** any deep hole, especially a deep place in a river. (ES) {níł ti suʔhúys ti smə́sts yaʔ ʔiyá ʔaʔ ti *ʔəsxʷƛ̓áčəŋ* sxʷʔiyá ti sŋə́n kʷítšən ʔiʔ ti q̓ə́čqs. *Then he finished his choosing there in the hole where there were lots of springs and cohos.* (ES)}

ʔəsxʷnaʔnáʔyaʔŋəs ⟦ʔs-xʷ-naʔ+√nə<ʔ>y-<ʔ>ŋ=us stat-loc-dim+√laugh<actl>-mdl<actl>=face⟧ ☞ **nəxʷnaʔnə́yəŋəs** to be smiling. (MJT)

ʔəsxʷnəčáŋəs ⟦ʔs-xʷ-√nčə-ŋ<ʔ>=us stat-loc-√laugh-mdl=face⟧ ☞ **nəxʷnəčáŋəs** to be smiling, have a smiling face. (MJT) VAR: ʔsxʷnəčáŋəs {*ʔsxʷnəčáŋəs* tiə słáni. *The woman has a smiling face.* (AS)}

ʔəsxʷq̓áy̓kʷ ⟦ʔs-xʷ-√q̓əy<ʔ>kʷ stat-loc-√coil<actl>⟧ ☞ **q̓áy̓əkʷt** to be coiled up. (ES)

ʔəsxʷq̓áy̓kʷəŋ ⟦ʔs-xʷ-√q̓əy<ʔ>kʷ-ŋ stat-loc-√coil<actl>-mdl⟧ ☞ **ʔəsxʷq̓áy̓kʷ** to be round (as a ring). (ES) {*ʔəsq̓áy̓kʷəŋ* cə sucísəns. *Her ring is round.* (AS)}

ʔəsxʷsaʔsə́w̓q̓ ⟦ʔs-sxʷ-saʔ+√səw̓q̓ stat-for-dim+√round⟧ to be small and round. (MJT)

ʔəsxʷsaʔyaʔsə́w̓q̓ ⟦ʔs-sxʷ-s<aʔy>aʔ+√səw̓q̓ stat-for-dim<pl>+√round⟧ ☞ **ʔəsxʷsaʔsə́w̓q̓** to be small and round (of several). (MJT)

ʔəsxʷsəŋéʔwən̓ ⟦ʔs-xʷ-√səŋ=i<ʔ>wən<ʔ> stat-loc-√faint=interior<actl>⟧ ☞ **sə́ŋ** to feel sad blue, depressed, lonely; to look sad. (EPT; MJT) {ʔəstúŋət cxʷ ʔuč? *ʔəsxʷsəŋéʔwən* cxʷ. *What's the matter? You're looking sad.* (EPT)} VAR: səŋéʔwən̓ (AS,BC) VAR: sŋyéʔwən ⟦s-√ŋy=i<ʔ>wən s-√sad=interior<actl>⟧ (AS) {*sŋyéʔwən* cn. *I feel blue.* (AS) | *sŋyéʔwən* kʷi kʷə čáčc. *My uncle was sad.* (AS) | nił č suʔšaʔšátəŋs cə q̓áʔŋi ʔu*sŋyéʔwən*. *A sad little girl was walking.* (AS) | nił č suʔə́məts ʔaʔ kʷi sxʷčaʔwáčən ʔiʔ ʔu*sŋyéʔwən*. *Then she sat on a chair and was sad.* (AS) | nił č suʔčtátəŋs, "ʔuʔk̓ʷənic cn kʷi ʔaʔ či smán̓ ʔuʔ *sŋyéʔwən*." *Then he asked her, "I was watching you being very sad."* (AS) | ʔəc yaʔ kʷə sƛ̓íƛ̓aʔƛ̓qł *sŋyéʔwən*. *It was me that was that sad child.* (AS)} VAR: səŋyéʔwəs (AS,BC) VAR: sŋéʔwəs (AS,BC) VAR: səŋyéʔwən̓ {ʔu*səŋyéʔwən̓* cə swéʔwəs. *The boy is sad.* (AS)} VAR: səŋéʔwən (AS) VAR: sŋyéʔwəs (AS,BC) {*sŋyéʔwəs* yaʔ kʷi kʷə siʔám̓. *The boss felt down.* (AS)}

ʔəsxʷsə́w̓q̓ ⟦ʔs-sxʷ-√səw̓q̓ stat-for-√round⟧ ☞ **sə́w̓q̓əŋ** to be round. (MJT) {húʔ cxʷ ʔəcłtáyŋxʷ ti nsčə́yəxʷ ʔiʔ kʷq̓ə́ts cə *ʔəsxʷsə́w̓q̓* súł. *If you are a person entering, they open the round door.* (MJ)}

ʔəsxʷsə́y̓p ⟦ʔs-xʷ-√səy̓p stat-for-√half_smoke⟧ ☞ **sə́y̓p** half-smoked salmon. (ES) VAR: ʔsxʷsə́y̓p {ʔu*sxʷsə́y̓p* cə sxáč. *The smoked salmon is half smoked.* (AS)}

ʔəsxʷsə́y̓q̓əŋ ⟦ʔs-xʷ-√s<ə́>yq̓-ŋ stat-loc-√circle<actl>-mdl⟧ to be round (like a ring). (ES)

ʔəsxʷsúʔsi ⟦ʔs-xʷ-suʔ+√suy stat-loc-rslt+√swell⟧ ☞ **súʔsiʔ** to be swollen. {*ʔəsxʷsúʔsi* tə ŋə́qsəns. *His nose is swollen.* (MJT)} VAR: sxʷsúʔsiʔ (LC) {*sxʷsúʔsiʔ* tə nsʔács. *My hand is swollen.* (AS)} VAR: sxʷsúʔsi (AS)

ʔəsxʷsuʔsiʔə́qsən ⟦ʔs-xʷ-suʔ+√suy<ʔ>=əqsən stat-loc-rslt+√swell<actl>=nose⟧ ☞ **ʔəsxʷsúʔsi** to be swollen, swelled up (of the nose). (MJT)

ʔəsxʷšáʔyaʔk̓ʷ ⟦ʔs-xʷ-√šaʔyaʔk̓ʷ stat-loc-√twist⟧ to be twisted. (ES) VAR: sxʷšéʔyək̓ʷ (AS,BC) VAR: šéʔyək̓ʷ {*šéʔyək̓ʷ* tiə xʷéʔləm. *This rope is twisted.* (AS)}

ʔəsxʷšúʔšp̓ ⟦ʔs-xʷ-šuʔ+√šup̓ stat-loc-rslt+√squat⟧ to be squatting, sitting on one's heels. (MJT; ES) {*ʔəsxʷšúʔšp̓* caʔn. *I'm going to squat down.* (MJT)}

ʔəsxʷšuʔšpíyəŋ ⟦ʔs-xʷ-šuʔ + √šupˀ-iy-ŋ stat-loc-rslt + √squat-dev-mdl⟧ ☞ ʔəsxʷšúʔšpˀ to squat down. {*ʔəsxʷšuʔšpíyəŋ či. Squat down.* (MJT)}

ʔəsxʷtáqɬ ⟦ʔs-xʷ-√t<á>q-ɬ stat-loc-√shut<rslt>-dur⟧ ☞ ʔstáqɬ to be closed, shut. (ES) {*ʔəsxʷtáqɬ cə súɬ. The door is closed.* (EPT)} VAR: ʔstáqɬ

ʔəsxʷtaʔqaʔáys ⟦ʔs-nxʷ-√ta<ʔ>qəʔ=ayus stat-loc-√bruise<actl>=eye⟧ ☞ nəxʷtaʔqaʔáys to have a black eye. (ES)

ʔəsxʷtánˀəɬ ⟦ʔs-xʷ-√t<á>nˀ-ɬ stat-loc-√line_up<rslt>-dur⟧ ☞ tánɬ to be lined up, people in a row, side by side, standing in line. (ES) VAR: ʔəstánˀəɬ (TC) {*ʔəstánˀəɬ cn. I'm standing in line.* (TC) | *məqʷəyéʔčt ʔəstánˀəɬ. Pile them in a row.* (TC)} VAR: stánˀəɬ (TC; AS) VAR: stánˀɬ (AS)

ʔəsxʷtˀčáyənˀ ⟦ʔs-sxʷ-√tˀč=ayan stat-for-√corner=room⟧ ☞ sxʷtˀčáyənˀ to be in the corner. {*ʔəsxʷtˀčáyənˀ kʷsə nəmiyəhúy̓. My baskets are in the corner.* (MJT)}

ʔəsx̣áʔəs bad. *See under:* sx̣áʔəs

ʔəsx̣áʔiɬ ⟦ʔs-√x̣<aʔ>y̓-ɬ stat-√mark<actl>-dur⟧ ☞ x̣iʔəyu to be something drawn or written. {*saʔsímˀəc cə ʔəsx̣áʔiɬ ʔaʔ cə súɬ. A mud hen was drawn on the door.* (MJ)} VAR: ʔsx̣áʔiɬ (AS) {*ʔsx̣áʔiɬ sqʷəyáy púkʷ. It's a dictionary (written word container book).* (AS)}

ʔəsx̣aʔx̣iyáʔs ⟦ʔs-x̣aʔ + √x̣<y>aʔs stat-dim + √bad<pl>⟧ ☞ sx̣áʔəs to be a little bad, naughty, ornery; a small bad person or thing; someone hard to get along with (not evil). {*mánˀ yəxʷ yaʔ cn ʔəsx̣aʔx̣iyáʔs ixʷ kʷə nəsx̣úx̣ʷaʔ. I must have been very naughty as a child.* (TC)} VAR: sx̣aʔx̣iyáʔs (TC; AS) {*sx̣aʔx̣iyáʔs cə qáɬŋi. The girl is ornery.* (AS) | *sx̣aʔx̣iyáʔs cə sčánnəxʷ. The salmon is a little bad.* (AS) | *sx̣aʔx̣iyáʔs cə sqaʔqáx̣aʔ. The puppy is naughty.* (AS) | *sx̣aʔx̣iyáʔs tə nswéy̓qaʔ. My husband was hard to get along with.* (AS) | *sx̣aʔx̣iyáʔs cə ʔəycɬtáynxʷ. Those people are hard to get along with.* (AS)}

ʔəsx̣áč ⟦ʔs-√x̣ač stat-√dry⟧ ☞ x̣áčən any smoked, dried meat, especially smoked, dried salmon. (EPT; ES; AS,BC) {*néʔ u či ʔəsx̣áč? Is there dried salmon?* (NS,JW) | *húy kʷaʔ kʷɬʔuʔhiyáʔtxʷxʷ či ʔəsx̣áč Only if you take some dried salmon.* (AA) | *ʔəsx̣áč sməyəc. It's dried elk.* (AS)} VAR: sx̣áč (ES; AS) {*čsx̣áč u cn? Do I have some dried salmon?* (NS,JW)} VAR: ʔsx̣áč {*ŋənˀ tə ʔsx̣áč skʷásən ʔəɬ ʔéʔɬəns ti ʔaʔyəcɬtáynxʷ. There's lots of toasted dried fish being eaten by the Indians.* (AS)}

ʔəsx̣áčɬ[1] ⟦ʔs-√x̣ač-ɬ stat-√dry-dur⟧ ☞ x̣áčən to be dried, preserved (especially of fish). (AS) {*ʔəsx̣áčɬ cə sməyəc. The elk is dried.* (AS)}

ʔəsx̣áčɬ[2] ⟦ʔs-√x̣<á>č-ɬ stat-√know<rslt>-dur⟧ ☞ x̣čət
1. to be known, understood, correct. (TC)
2. to be well-known, important, historical. (AS) {*kʷɬníɬ kʷi suʔəsx̣áčɬ kʷi ʔaʔyəcɬtáynxʷ. Those people are well-known.* (AS)} VAR: sx̣áčɬ (TC; AS)

ʔəsx̣áčɬtxʷ ⟦ʔs-√x̣<á>č-ɬ-txʷ stat-√know<rslt>-dur-letcaus⟧ ☞ ʔəsx̣áčɬ to make something known, make something important; to remember where something was put. (LC) {*ʔəsx̣áčɬtxʷ cə pípə. Make this paper known.* (AS)}

ʔəsx̣áɬɬ ⟦ʔs-√x̣<á>ɬ-ɬ stat-√hurt<rslt>-dur⟧ ☞ x̣əɬ to be sick, ill, in pain. (LC; ES; TC) {*ʔəsx̣áɬɬ cn. I'm sick.* (TC) | *mánˀ kʷ uʔ ʔəsx̣áɬɬ. He's very sick.* (ES) | *nəsuʔtx̣ʷaʔəsx̣áɬɬ. I got sick.* (TC) | *kʷi kʷɬhíc čiʔáw sčiʔánəŋ ʔiʔ ʔəsx̣áɬɬ cn. Long ago in years past I was sick.* (ES) | *ʔuʔəsx̣áɬɬ tə nstiqéw púqʷəŋ ʔaʔ cə cúcəns. My horse that's foaming at the mouth is sick.* (AS)} VAR: sx̣áɬɬ {*kʷɬiʔəyct ʔaʔ kʷi sx̣áɬɬs. He's getting better after being sick.* (MJT)} VAR: sx̣áɬ (LC) {*sx̣áɬ cn. I'm sick.* (TC) | *hiyítəŋ cə sx̣áɬ swéy̓qaʔ. They saved the sick man.* (AS)} VAR: ʔsx̣áɬ (LC) {*sx̣áɬ cn. I'm sick.* (TC)} VAR: ʔəsx̣áɬ (ES) {*ʔəsx̣áɬ č. He's apparently sick.* (LC) | *ʔəsx̣áɬ ʔuʔ qʷáči cə sʔacss. He was sick with a pale face.* (AS)}

ʔəsx̣ápɬ ⟦ʔs-√x̣<á>pˀ-ɬ stat-√end<rslt>-dur⟧ ☞ x̣ə́pˀ the end (of something). (AS) {*ʔiʔuʔčəyáy kʷi ʔəsx̣ápɬ. It's almost the end.* (AS)} VAR: ʔsx̣ápɬ (AS,BC)

ʔəsx̣áxɬ ⟦ʔs-x̣á + √xɬ stat-rslt + √hurt⟧ ☞ xɬíyəŋ
1. to be lying on one's back. (ES,TC)
2. to be very sick. (MJ) VAR: sx̣áxɬ (ES,TC) VAR: ʔəsx̣áxɬ (AS) xáxɬ ⟦xá + √xəɬ actl + √hurt⟧ {*mánˀ ʔuʔ xáxɬ. He was very sick.* (MJ) | *xáxɬ cn. I'm lying down, face up.* (AS) | *xáxɬ tə swéʔwəs. The boy is lying down, face up.* (AS) | *ʔuʔmánˀ ʔuʔ xáxɬ. He was really lying face up.* (AS) | *ʔuʔmánˀ ʔuʔ xáxɬ. He was very sick.* (AS)} VAR: ʔəsx̣áʔxɬ (TC) {*ʔəsx̣áʔxɬ cn. I'm lying on my back.* (TC) | *hiʔəsx̣áʔxɬ. He's on his back.* (MJT) | *mimˀəyaʔt cn kʷaʔ twawʔəsx̣áʔxɬs. I'll kick him repeatedly when lying on his back.* (TC)} VAR: ʔsx̣áʔxɬ (AS,BC) VAR: sx̣áʔxɬ (TC) {*sx̣áʔxɬ cn. I'm lying on my back.* (TC)}

ʔəsx̣cíw̓s ⟦ʔs-√x̣c=iw<ˀ>s stat-√pluck=body<actl>⟧ ☞ x̣cíkʷst to be plucked (of a bird). {*kʷɬʔəsx̣cíw̓s. It's already plucked.* (ES)}

ʔəsx̣əmˀx̣əmˀáyəs hanging over eyes. *See under:* ʔəsx̣həmhəmáyəs

ʔəsx̣ə́pˀ ⟦ʔs-√x̣əpˀ stat-√end⟧ the end (of something). (ES) {*níɬ kʷi ʔəsx̣ə́pˀ kʷi sqʷáys. His speech is over.* (AS)}

ʔəsx̣ə́y̓č ⟦ʔs-√x̣əy<ˀ>č stat-√twist<actl>⟧ ☞ x̣ə́y̓č to be twisted. (TC; AS) {*ʔəsx̣ə́y̓č cə xʷéʔləm. The rope is twisted.* (AS,BC)}

ʔəsxʷaʔnéʔəŋ ⟦ʔs-√xʷnˀa-i<ʔ>-ŋ stat-√way-persist<actl>-mdl⟧ ☞ ʔəsxʷanˀíŋ being how. {*ʔəsxʷaʔnéʔəŋ cxʷ? How are you?* (EPT; TC)} VAR: ʔsxʷaʔnéʔəŋ (EPT) {*ʔsxʷaʔnéʔəŋ cxʷ ʔəwč? How are you?* (TC) | *ʔsxʷaʔnéʔəŋ cxʷ? How are you?* (EPT)} VAR: ʔəsxʷənʔéŋ {*ʔəsxʷənʔéŋ cxʷ? How are you?* (AS,BC)} VAR: sxʷaʔnéʔəŋ {*níɬ u či sxʷaʔnéʔəŋs? Who's that? (referring to a little girl who has poked her head in at the door)* (MJT) | *čtáŋ kʷaʔ sxʷaʔnéʔəŋs či sčaʔsx̣aʔx̣əx̣ʷə́wəs. She asked how the newlyweds are doing.* (MJ)}

ʔəsx̣ʷaʔqéʔwəṅ 〚ʔs-√x̣ʷaʔq=i<ʔ>wən<ˀ> stat-√roast=interior<actl>〛 [root not found in other words] to be roasted. (ES)

ʔəsx̣ʷaníŋ 〚ʔs-√x̣ʷna-i-ŋ stat-√way-persist-mdl〛 ☞ x̣ʷaníŋ to be a certain way, manner, like, similar, how. {ʔáwə c *ʔəsx̣ʷaníŋ* ʔiʔ ƛ́əc kʷaʔ ʔəcs ƛ̕k̕ʷít. *It won't be that way and break if it's me that holds it.* (MJT) | ʔáwə c *ʔəsx̣ʷaníŋ* ʔiʔ q̕ʷəq̕ʷáyscxʷ. *You don't fool me that way.* (MJT)} VAR: ʔəsx̣ʷəníŋ {*ʔəsx̣ʷəníŋ* ʔučʔ *How is it?* (AS,BC)} VAR: ʔəsx̣ʷanʔéŋ (ES) {*ʔəsx̣ʷanʔéŋ* ʔay̕ tə nəstáči? *How did I get here?* (ES)} VAR: ʔəsx̣ʷaʔnéŋ (ES) VAR: sx̣ʷaníŋ (TC) {*sx̣ʷaʔníŋ* cxʷ? *How are you?* (AS,BC) | *sx̣ʷaʔníŋ* cn kʷaʔčaʔ? *What's wrong with me? / How am I?* (AS) | *sx̣ʷaʔníŋ* či nsʔíst? *How are you going to paddle?* (AS) | *sx̣ʷaʔníŋ* kʷi kʷə súɬ? *What's wrong with the door? / How is the road?* (AS) | čtát cn kʷaʔ *sx̣ʷaʔníŋ*xʷ. *I asked her how you were.* (RSh) | *sx̣ʷaʔníŋ* q ʔay̕ či nəsmáy̕əq ʔaʔ kʷi ṅsqaʔqiʔnuʔŋəs? *How could I forget that you were mad at me?* (ES)} VAR: ʔəsx̣ʷaʔníŋ (TC) {*ʔəsx̣ʷaʔníŋ* cxʷ? *How are you?* (TC; ES) | *ʔəsx̣ʷaʔníŋ* cxʷ ʔay̕ či ṅstáči? *How did you get here?* (ES)} VAR: sx̣ʷaníŋ (RS) {*sx̣ʷaníŋ* cxʷ? *How are you?* (RS) | *sx̣ʷaníŋ* cxʷ kʷaʔ ʔaʔ tiə ʔáynəkʷ? *How are you today?* (AS) VAR: sx̣ʷəníŋ (TC) {sx̣ʷaʔxʷk̕ʷéʔqʷ yəxʷ cn kʷaʔ ʔu*sx̣ʷəníŋ*əs čtə. *I must have been crazy or something.* (TC)}

ʔəsx̣ʷáq̕ʷɬ 〚ʔs-√x̣ʷ<á>q̕ʷ-ɬ stat-√strangle<rslt>-dur〛 to stick up out (of something anchored in the water). (AS,BC) ⟪This is a tentative definition. Speakers other than ES are not completely familiar with this word.⟫ {ʔiyá ʔaʔ ti *ʔəsx̣ʷáq̕ʷɬ* sṅánt. *It's there where the rock sticks up out of the water.* (ES)} VAR: ʔsx̣ʷáq̕ʷɬ (AS)

ʔəsx̣ʷənʔáŋ 〚ʔs-√x̣ʷna-ŋ<ˀ> stat-√way-mdl<actl>〛 ☞ x̣ʷənʔáŋ being a certain way. {ʔu*ʔəsx̣ʷənʔáŋ*ɬ. *That's the way we are.* (BH) | ʔáwənə nəsxčít kʷaʔ ʔu*ʔəsx̣ʷənʔáŋ*s čtə. *I don't know the way it was.* (EB) | híˑc kʷaʔčaʔ *ʔəsx̣ʷənʔáŋ*s ʔiʔ ʔuʔmaliyíti cn. *It was a long time that way, and I married.* (TC)} VAR: sx̣ʷənéʔŋ (AS,BC) VAR: sx̣ʷəníŋ (AS) {*sx̣ʷəníŋ* cxʷ kʷaʔčaʔ, siʔám̕? *How are you, sir?* (AS)}

ʔəsx̣ʷixʷayuʔíyɬ 〚ʔs-x̣ʷy+√x̣ʷayuʔ-iyɬ stat-pl+√reef_net-go〛 ☞ sx̣ʷayuʔ to go to a place to reef-net. (MJT)

ʔəsx̣ʷúʔxt 〚ʔs-√x̣ʷuʔxt stat-√handsome〛 to be handsome, smart, debonair, strong, competent, energetic, confident, someone who takes pride in his work and does it well. ⟪USAGE: used only to describe a man⟫ (AS,BC) {ʔunú cxʷ ʔuʔ *ʔəsx̣ʷúʔxt*. *Notice how handsome he is.* (AS) | ʔuʔhúy cxʷ ʔuʔ *ʔəsx̣ʷúʔxt*. *Only you are competent.* (AS)} VAR: sx̣ʷúʔxt (AS,BC) VAR: ʔsx̣ʷúʔxt {cán ʔuč cə *ʔsx̣ʷúʔxt* swéʔwəs? *Who is that proud boy?* (AS) | ʔu*ʔsx̣ʷúʔxt* u cxʷ? *Are you proud?* (AS,BC)}

ʔəsyáʔəščən̕ 〚ʔs-√y<ʔ>sčn<ˀ> stat-√poor<actl>〛 ☞ yə́ščən to be pitiful, a poor, sad case. (ES) {*ʔəsyáʔəščən̕* cn. *I'm poor.* (ES)}

ʔəsyáʔiščən 〚ʔs-yáʔ+√yəscn stat-rslt+√poor〛 ☞ yə́ščən to be poor, pitiful, low-class (permanently poor). (EPT; ES) VAR: ʔəsyáʔəyščən (EPT) VAR: syáʔiščən {*syáʔiščən* ʔaʔ ti ṅsqáqɬ. *It's pitiful when I ache.* (EJ)}

ʔəsyáč̕ɬ 〚ʔs-√y<á>č̕-ɬ stat-√fill<rslt>-dur〛 ☞ yə́č̕ to be full, crowded. (JCo; MJT; LC; ES; TC) {*ʔəsyáč̕ɬ* cn. *I'm filled up (my canoe).* (TC) | kʷɬmán̕ st ʔuʔ *ʔəsyáč̕ɬ. We're already very full (our canoe).* (TC) | ʔuʔcəʔéʔt cxʷ ʔuʔ *ʔəsyáč̕ɬ*. *You really are full.* (TC) | ʔáwə. kʷɬmán̕ st ʔuʔ *ʔəsyáč̕ɬ*. *No. We're already too full.* (TC) | ʔənʔá č *ʔəsyáč̕ɬ*s cə ʔuʔúʔtxs ʔaʔ cə múʔuqʷ. *The canoe came to be full of ducks.* (MJ) | ʔəstúŋət ʔay̕ sx̣ʷʔáwə c *ʔəsyáč̕ɬ*? *Why isn't it full?* (ES)} VAR: ʔsyáč̕ɬ (LC) {*ʔsyáč̕ɬ* tə ncúcən. *My mouth is full.* (LC)} VAR: siyáč̕ɬ (LC) {*siyáč̕ɬ* tə ṅsqʷúʔtən. *Your bucket is full.* (LC) | ʔuʔ*siyáč̕ɬ* tə cáyss ʔaʔ tə ŋə́čɬ. *His hand was full of pus.* (MJ)} VAR: syáč̕ɬ (JCo; AS,BC) {ɬɬə́t tə sƛ̕áləp *syáč̕ɬ* ʔaʔ tiə scəyíqʷɬ. *Cover the pot that's filled with fruit.* (AS)}

ʔəsyáq̕ɬ 〚ʔs-√y<á>q̕-ɬ stat-√even<rslt>-dur〛 ☞ yə́q̕
1. to be level, straight, in line. (ES; AS,BC) {ʔuʔ*ʔəsyáq̕ɬ* tə súɬ. *The road is level/even/straight.* (AS,BC)}
2. to be even with, keep up with, be the same length, height or distance. (ES; AS) {ʔəsqiʔéʔmət cn či nəʔi*ʔəsyáq̕ɬ*. *I can't keep up.* (ES) | txʷʔúxʷ ʔu*ʔəsyáq̕ɬ* ʔaʔ tə nəsqʷúŋiʔ. *It went up to my head.* (MJ)} VAR: ʔsyáq̕ɬ (AS) {ʔuʔ*ʔsyáq̕ɬ* st. *We're the same height.* (AS) | ʔuʔ*syáq̕ɬ* tə sčtə́ŋxʷən. *The ground is level.* (AS)} VAR: syáq̕ɬ (AS)

ʔəsyáxʷɬ 〚ʔs-√y<á>xʷ-ɬ stat-√free<rslt>-dur〛 ☞ yə́xʷ
1. to be free, unbound, untied, out on bail, on the loose. (ES; TC; AS)
2. to be free from sin. ✶This word is used by Shakers. The counter-clockwise movement in the Shaker service unravels the sins away which are like ropes binding the soul. VAR: syáxʷɬ (AS) {*syáxʷɬ* cn. *I'm free.* (AS) | *syáxʷɬ* kʷi kʷsə xʷéʔləm. *The rope is untied.* (AS)}

ʔəsyáyaʔ 〚ʔs-yá+√yaʔ stat-rslt+√prepare〛 ☞ yáʔt to be ready, fixed, prepared. (ES; TC) {kʷɬuʔ*ʔəsyáyaʔ* cn. *I'm already ready.* (ES; TC) | kʷɬ*ʔəsyáyaʔ* kʷsə ṅsxʷʔáʔmət. *Your bed is ready.* (ES) | kʷɬ*ʔəsyáyaʔ*. *It's already fixed.* (MJT) | *ʔəsyáyaʔ* tə sx̣ʷʔiyá tə sʔíɬənɬ. *Where we eat was ready.* (MJ) | kʷɬ*ʔəsyáyaʔ* či shiyáʔs. *It's ready to go. / They're ready to go.* (MJT) | ʔəsx̣ʷaníŋ caʔ či shícs či ṅqaysáyɬ ʔaʔ či ṅsxʷ*ʔəsyáyaʔ* ʔaʔ tiə sčtə́ŋxʷ. *How long will you be paying for what you've done on this earth?* (RSh)}

ʔəsyéʔyəqʷ 〚ʔs-yi+√yiqʷ stat-rslt+√calm〛 ☞ yéʔyəqʷ to be calm, peaceful, quiet, no wind. ⟪USAGE: This is usually used in reference to the weather or water, but could be used more broadly.⟫ (ES,TC; TC) VAR: syéʔyəqʷ (TC; AS,BC) VAR: ʔsyéʔyəqʷ (TC) VAR: ʔəsyéʔyəq (AS) VAR: syéʔyəq (AS; AS,BC) {*syéʔyəq* cn. *I'm calm.* (AS)}

ʔəsyəčúcən ⟦ʔs-√yč=ucin stat-√fill=mouth⟧ ☞ yəčúcən to have one's mouth full. {*ʔəsyəčúcən* cn. *I've got my mouth full.* (MJT) | *ʔəsyəčúcən* cn ʔaʔ tə sáʔkʷq. *I'm talking with my mouth full of carrots.* (MJT)}

ʔəsyəq̓ənəkʷ ⟦ʔs-√yq̓=ənəkʷ stat-√even=ground⟧ ☞ yə́q̓ to be level ground. (ES) {*ʔəsyə́q̓ənəkʷ* kʷə ščtə́ŋxʷən. *The land is flat.* (AS)}

ʔəsyəq̓ənə́wi ⟦ʔs-√yq̓-nəwəy stat-√even-ncrcprcl⟧ ☞ yə́q̓ to be even, equal, the same. (ES) {túxʷ st ʔuʔ *ʔəsyəq̓ənə́wi*. *We're exactly the same.* (ES)}

ʔəsyə́w̓ə ⟦ʔs-√yəw<ʔ>əh stat-√power<actl>⟧ [unusual final /h/] cp. syəw̓íń
1. a seer, fortune teller, prophet, one who trained in the ability to predict the future. (MJT)
2. the power to see the future, blue jay power. (MJT) VAR: siyáw̓ah (TC) VAR: syə́w̓ə (MJT) VAR: siyáw̓ {níɬ kʷi *siyáw̓* ʔəɬ qʷáys tə siʔám̓. *That distinguished man predicts when he talks.* (AS)}

ʔəsyə́w̓əń ⟦ʔs-√yəw<ʔ>əh=ań stat-√power<actl>=ear⟧ ☞ ʔəsyə́w̓ə a spirit dancer, someone under spirit power while dancing or performing the rites of a spirit dancer. (MJ) {x̣ə́w̓əs *ʔəsyáw̓əń*. *He's a new spirit dancer.* (MJ)}

ʔəsyəw̓íń ⟦ʔs-√yəw<ʔ>əh-i=ən<ʔ> stat-√power<actl>-persist=instr<actl>⟧ ☞ ʔəsyə́w̓ə having special knowledge or the ability to see into the future. (MJT) {*ʔəsyəw̓íń* ixʷ kʷsə Martha. *Martha must be a prophet.* (MJT)} VAR: syəw̓íń (MJT)

ʔəsyəx̣ʷáy̓č ⟦ʔs-√yəx̣ʷ=ay̓č stat-√free=hair⟧ ☞ yəx̣ʷáy̓čəń unbraided hair. (MJT) {kʷɬuʔ*əsyəx̣ʷáy̓č*. *Her hair is unbraided.* (MJT)}

ʔəsyiyáčɬ ⟦ʔs-√y<əy><á>č-ɬ stat-√fill<pl><rslt>-dur⟧ ☞ ʔəsyáčɬ to be full, crowded (of several spaces). (MJT)

ʔəsyiyə́č ⟦ʔs-√y<əy>č stat-√fill<pl>⟧ ☞ yə́č to be full (of several containers). (MJT) VAR: ʔsiyə́č {kʷɬuʔx̣ə́nə ʔuʔ *ʔsiyə́č* tə miyəhúy̓. *The baskets are all full.* (MJT)}

ʔə́š ⟦√ʔəš √ugh⟧ [interjection] ugh, aw, gosh, exclamation of disgust or irritation. (MJT) {*ʔə́š* héʔqʷ! *Ugh! Damn!* (MJT) ⟪A woman who is angry might say this to a man who has been joking, teasing her.⟫ {ʔiʔ ʔáx̣əŋ ʔaʔ či s*ʔə́š*s. *And she said gosh.* (MJ) | *ʔə́š*, čəw̓ín ʔiʔ ʔuʔpá́ʔstənəŋ. *Aw, even he speaks English.* (MJT) | *ʔə́š*, ʔáwə cn c yəcústəŋ ʔaʔ kʷɬəsə nsx̣ʷsʔúk̓ʷɬ ʔaʔ či ʔənəq̓íx̣ cə nəqqíyəŋ. *Ugh, my stepmother didn't tell me that my eyes were black.* (MJ)} VAR: ʔə́šš (MJT)

ʔəšás ⟦√ʔšas √sea_lion⟧ sea lion. *Eumetopias jubatus; Zalophus californianus.* (ES; TC) {x̣aʔx̣úx̣aʔ *ʔəšás*. *It's a small sea lion.* (ES) | kʷɬtáči cə *ʔəšás*. *A sea lion got here.* (TC) | sə́ysiʔ cn ʔaʔ cawniɬ *ʔəšás*. *I was afraid of that sea lion.* (TC) | ŋə́ń *ʔəšás* ʔiyá. *There were lots of sea lions there.* (TC) | ʔiyánəs cə nəsqáx̣aʔ cə *ʔəšás* ŋəsyu. *My dog heard the sea lions barking.* (TC) | níɬ nəsuʔččásəŋ ʔaʔ cawniɬ *ʔəšás*. *Then I was chased by that sea lion.* (TC) | kʷɬx̣íq cə *ʔəšás* ʔuʔiyá ʔaʔ cə nəskʷáʔət cə nsnə́xʷɬ. *The sea lion came up out of the water at the stern of my canoe.* (TC)} VAR: šás (AS,BC)

ʔətʔítt ⟦ʔət+√ʔitut pl+√sleep⟧ ☞ ʔítt to sleep (of several). (TC) {*ʔətʔítt* či hayə. *Go to sleep, you folks.* (MJT) | níɬ kʷə su*ʔətʔítt*s. *So they went to sleep.* (AA) | *ʔətʔítt* cə q̓áyaʔŋi. *The girls slept.* (AA)}

ʔətšə́nəmən raid. See under: ʔaʔtšə́nəmən

ʔəttə́čɬ ⟦√ʔitut=əčɬ √sleep=child⟧ ☞ ʔítt to put a child to sleep. {kʷɬ*ʔəttə́čɬ*. *She's already put her baby to sleep.* (MJT)}

ʔəttənúʔŋət managing to sleep. See under: ʔaʔttənúʔŋət

ʔəttnúŋət ⟦√ʔitut-nuŋt √sleep-ncmdl⟧ ☞ ʔítt to manage to go to sleep, drop off to sleep, fall asleep, finally fall asleep. (AB,ICT) {níɬ su*ʔəttnúŋət*s. *Then she finally slept.* (MJ) | níɬ č su*ʔəttnúŋət* ʔaʔ mə́ščʉ. *Then Mink finally went to sleep.* (TC) | yaʔcúst yaʔ cxʷ ʔaʔ či sx̣ʷiʔám̓ ʔiʔ *ʔəttnúŋət*. *You were telling him a story, and he dropped off to sleep.* (EPT)} VAR: ʔəttənúŋət (MJT) {ʔáwə cn kʷaʔ *ʔəttənúŋət*ən. *I couldn't sleep.* (MJT)} VAR: ʔittənúŋət {níɬ č su*ʔittənúŋət*s. *Then he finally fell asleep.* (TC)}

ʔətútc ⟦√ʔitut-txʷ-c √sleep-inancaus-1obj/2obj⟧ ☞ *ʔətúttxʷ* put you to sleep. {*ʔətútc* cn. *I put you to sleep.* (TC)}

ʔətútəŋ sleepy. See under: ʔaʔtútəŋ

ʔətúttəŋ ⟦√ʔitut-txʷ-ŋ √sleep-inancaus-psv⟧ ☞ *ʔətúttxʷ* to be put to sleep, hypnotized. (TC) {*ʔətúttəŋ* cn. *He put me to sleep.* (TC) | níɬ č su*ʔətúttəŋ*s ʔaʔ cə stáʔčən. *Then he was put to sleep by Wolf.* (TC)}

ʔətúttxʷ ⟦√ʔitut-txʷ √sleep-inancaus⟧ ☞ ʔítt Stem: ʔətútt [stem with possessive, third-person and subordinate subject suffixes] to put someone to sleep; put someone to bed. (ES) {*ʔətúttxʷ* cn *I put him to bed. / I put him to sleep.* (MJT; TC) | *ʔətútt*s. *They put him to sleep.* (TC) | níɬ su*ʔətútt*s. *So then he put him to sleep.* (TC) | sqqíŋs ʔiʔ *ʔətútt*s ti ʔəcɬtáyŋxʷ. *They played with them, and thye put a person to sleep.* (ES) | níɬ ti su*ʔətútt*s ti ʔəcɬtáyŋxʷ ʔiʔ ɬuʔčáʔts. *Then they put the person to sleep and undress them.* (ES)}

ʔətɬúct ⟦√ʔuɬ-cut √stretch-rflxv⟧ [metathesis with reflexive] ☞ ʔúɬt to stretch oneself; reach arms out in a stretch. (TC) {*ʔətɬúct* tsə sx̣̓iƛ̓aʔx̣̓qɬ. *The child is stretching herself.* (AS)}

ʔətɬútəŋ ⟦√ʔuɬ-t-ŋ √stretch-trns-psv⟧ [metathesis with passive] ☞ ʔúɬt to be stretched, extended out by someone or something. (ES) {*ʔətɬútəŋ* cn. *They stretched me.* (ES) | *ʔətɬútəŋ* cə nəqʷɬə́yšən. *My shoes were stretched.* (TC) | *ʔətɬútəŋ* cə nəx̣́əqšən. *My shoes were stretched.* (TC)}

ʔəw quest. See under: u

ʔəwč request. See under: ʔuč

ʔə́wə¹ not. *See under:* ʔáwə

ʔə́wə² refuse. *See under:* hə́wə

ʔəwətúŋə ⟦√ʔəwə-txʷ-uŋə √no-letcaus-2obj⟧ ☞ ʔáwətxʷ refuse you. {ʔəwətúŋə caʔn. *I'm not going to do it for you.* (TC)}

ʔə́wətxʷ reject it. *See under:* ʔáwətxʷ

ʔə́wk̓ʷ ⟦√ʔəwk̓ʷ √depleted⟧ to give out, be all gone, be depleted, be done, no more, finished (of a consumable). (AS,BC; ES,HS; TC) {ʔə́wk̓ʷ kʷə kʷi nəsyə́cəm yaʔ. *I have no more to tell.* (TC) | sáy̓si? cn kʷaʔ ʔə́wk̓ʷs kʷə ntálə. *I'm scared that I'll run out of money.* (LC) | nił suʔə́wk̓ʷs č kʷi táləł nəsqaʔyúst tə suʔáwəs. *Then our money ran out for me to pay the young men.* (TC) | ʔə́wk̓ʷ kʷə kʷi scáys cənił ƛ̓úx̣aʔ ʔəsqʷáłiʔ. *There was no more work in that small logging operation.* (TC) | nił ti suʔə́wk̓ʷs ti maʔsíts ʔiʔ sx̣íts ʔənʔá qʷúʔq̓ʷi ʔaʔ cə stúʔwiʔ. *When what he was choosing was finished he moved it coming down the river.* (ES) | ʔə́wk̓ʷ kʷi farmers yaʔ ʔaʔ kʷi stákʷəŋs cə tə́ŋəxʷ ʔaʔ cə mə́nuwa. *There were no more farmers on the land that was bought by the navy.* (TC)} VAR: ʔə́wk̓ʷ (AS,BC; ES) VAR: ʔáwk̓ʷ (TC) {ʔáwk̓ʷ kʷaʔ. *It's all gone.* (LC)}

ʔə́wk̓ʷnáxʷ finish it up. *See under:* ʔuʔk̓ʷnáxʷ

ʔəxʷʔyáy̓s ⟦√ʔxʷiʔy-ay̓s √apart-activ⟧ ☞ ʔəxʷéʔi to move away, set apart. {nsuʔəxʷʔyáy̓s. *So I moved it away.* (MJ)}

ʔəxʷéʔi ⟦√ʔxʷiʔy √apart⟧ to be away, stay away, be apart (from something or someone), not close. (AS,BC) {ʔəxʷéʔi či. *Move away.* (AS) | ʔəxʷéʔi tə sxʷʔáʔaʔmət ʔaʔ cə wall. *The bed was away from the wall.* (MJ) | ʔəxʷéʔi kʷə scaʔwáčən ʔaʔ cə čaʔcítən. *The chair is away from the table.* (AS) | ʔəxʷéʔi cn ʔaʔ kʷi nəʔáʔiŋ. *I'm away from my house.* (AS) | ʔəxʷéʔi kʷə ncə́t. *My father is away.* (AS)} VAR: xʷéʔi (AS,BC; TC) {xʷéʔi cn. *I'm away (from it).* (TC) | hiyáʔ cn xʷéʔi. *I'm going away.* (AS) | xʷéʔi cn ʔaʔ cə ʔáʔyəŋ. *I'm away from the house.* (TC) | xʷéʔi cn ʔaʔ cə sčtə́ŋxʷən. *I'm away from the land.* (TC) | hiyáʔ cn ʔúxʷ ʔiʔ xʷéʔi kʷə. *I went over, but they were away.* (AS) | ʔuʔxʷéʔi cn ʔaʔ kʷi n̓sʔúxʷ. *I was away when you went.* (AS) | xʷéʔi cn ʔaʔ cə tiə ʔaycłtáynxʷ. *I'm away from these people. / I'm not with these people.* (AS) | xʷéʔi. ʔáwə c tə́sct. xʷə́ŋ cxʷ ʔiʔ q̓áp. *Stay away. Don't come near. You might catch the disease.* (TC) | ʔiʔ tə́s ʔaʔ cə. xʷéʔi ʔaʔ cə sčtə́ŋxʷən. *And got there. He was far from land.* (ES)} VAR: xʷə́y̓ {xʷə́y̓ tiə nsƛ̓aʔyéʔƛ̓qł. *My children are separated.* (AS)}

ʔəxʷíyəŋ descend. *See under:* xʷíyəŋ

ʔəxʷíyŋxʷ ⟦√ʔxʷiy=ŋixʷ √person=being⟧ 1. village, tribe, community; a group of people; locals. (ES) {k̓ʷłʔəxʷíyŋxʷs. *They are his people.* (TC) | nək̓ʷłʔəxʷíyŋxʷ. *They are my people.* (TC) | ʔuʔnə́cuʔ st ʔəxʷíyŋxʷ. *We are one people.* (TC) | tə́s cn ʔaʔ cə ʔəxʷíyŋxʷ. *I got to the village.* (MJ) | nił sxʷʔiyás ti ʔəxʷíyŋxʷs. *That's where his village was.* (ES) | łúyəŋ cə suʔúy̓q ʔəxʷíyŋxʷ. *They left the fishing village.* (TC) | čšaʔnə́cuʔ st cə ʔəxʷíyŋxʷł. *We come from one tribe.* (MJT) | ʔiʔ nił cə nuʔtəŋkʷáʔct ʔaʔ tiə ʔəxʷíyŋxʷ. *And so he mixed in with the locals.* (TC) | nsuʔštəŋ hiyáʔ ʔúxʷ ʔaʔ tə ʔəxʷíyŋəxʷ. *So I walked over to the village.* (MJ) | ʔiʔ nił kʷaʔčaʔ ʔuʔ sʔə́ŋaʔts ti ʔəxʷíyŋxʷ ʔəł čáŋəł. *And then he'd give it to the village when we got home.* (TC) | nił suxʷčátəŋs kʷi sqʷáyaʔšəns ʔiyá ʔəxʷíyŋxʷ. *Then their companions there in the village were massacred.* (ES) | nə́kʷ caʔ yaʔyáʔnəŋ ʔaʔ či sqʷáys ʔaʔ tiə ʔəxʷíyŋxʷ, tiə ʔən̓scə́yaʔča?. *It will be you who listens to the word of these people, your friends.* (TC) | ʔáwənə yaʔ ʔatəməbíls tə ʔəxʷíyŋxʷ ʔiyá suʔtáyis ʔúxʷ ʔaʔ cə txʷnaʔáwəł ʔaʔxʷčiyánəxʷ. *They had no automobiles in the village that goes deep into the bay a Cheanuh.* (TC)} 2. Indian, Native American. (TC) {ʔəxʷíyŋxʷ cn. *I'm an Indian.* (TC) | ʔuʔčáy ʔaʔ cə sxʷʔiyás cə ŋə́n̓ ʔəxʷíyŋxʷ. *It's where a lot of Indians worked.* (TC)} 3. close friend or relative living nearby. {nəʔəxʷíyəŋəxʷ. *She's a relative staying with me.* (MJT) | nək̓ʷłʔəxʷíyŋəxʷ. *She's living with me.* (MJT)} VAR: ʔəxʷíyŋəxʷ (TC; MJT) {ʔuʔŋə́n̓ ʔəxʷíyŋəxʷ čaʔiyá. *There were lots of Indians working there.* (TC) | txʷaʔsx̣éʔ kʷaʔčaʔ ʔaʔ cə k̓ʷłʔəxʷíyŋəxʷs, k̓ʷsƛ̓ayéʔƛ̓qłs. *He became liked by his fellow villagers and the children of his age.* (TC) | ʔənʔá˖ šátəŋ ʔiʔ ʔuʔtə́s ʔaʔ ti sxʷʔiyás ti ʔəxʷíyŋəxʷ ʔaʔyəcłtáyŋxʷ. *He came walking and got to an Indian village.* (TC)} VAR: ʔəxʷéyŋxʷ (TC) VAR: ʔəxʷéyŋxʷ (AS,BC) VAR: ʔəxʷíyəŋxʷ (TC; MJT; T) {tiə ʔəxʷíyəŋəxʷ. *these people.* (TC)} VAR: xʷíyŋxʷ (TC) {suʔtáns ʔaʔ cə xʷíyŋxʷ ʔučtə. *So she landed at a village.* (AA) | ʔáwənə nəsxčít či sxʷíyŋxʷs snás. *I don't know their Indian names.* (TC)} VAR: xʷíyŋxʷ (TC) {ʔəstáʔŋək̓ʷ cn ʔaʔ cə xʷíyŋəxʷ. *I'm amongst the people.* (TC) | čáni cə xʷíyŋxʷ tə́yi ʔúxʷ ʔaʔ cə naʔátəŋ sxʷčiyánəxʷ. *The village moved into the bay to what's called Cheanuh.* (TC)} VAR: ʔxʷíyŋxʷ (AS,BC) VAR: xʷə́yŋxʷ (TC)

ʔəx̣céʔnəŋ ⟦√ʔix̣=uci<ʔ>n-ŋ<ʔ>⟧ √scrape=mouth<actl>-mdl<actl>⟧ ☞ ʔəx̣cínəŋ to be shaving one's face. (ES)

ʔəx̣cínəŋ ⟦√ʔix̣=ucin-ŋ √scrape=mouth-mdl⟧ ☞ ʔíxt to shave one's face. (ES; TC; BC) {ʔəx̣cínəŋ kʷi kʷə nswə́y̓qaʔ. *My husband shaved.* (AS)}

ʔəx̣ónəŋən whole body. *See under:* ʔəx̣ínəŋən

ʔəx̣ənúkʷən ⟦√ʔix̣=ənukʷ=ən⟧ √scrape=ground=instr⟧ ☞ ʔíxt broom for sweeping the floor. (TC) ((Note that there are two words for broom based on two roots that are very similar.)) cp. ʔəxʷənúkʷən

ʔəx̣ənúkʷəŋ ⟦√ʔix̣=ənukʷ-ŋ √scrape=ground-mdl⟧ ☞ ʔíxt to sweep the floor, scrape the ground. {ʔəx̣ənúkʷəŋ kʷi kʷə scayáwtxʷs. *They swept up their workshop.* (AS)}

ʔə́x̣əŋ say/do. *See under:* ʔáx̣əŋ

ʔəx̣əŋáy̓ŋən 〚√ʔax̣ə-ŋ-ay̓ŋən √do/say-mdl-want〛 ☞ ʔáx̣əŋ to want to do the same as (someone else). (ES) {*ʔəx̣əŋáy̓ŋən* cn. *I want to do the same.* (ES) | *X̌áy cn kʷ uʔəx̣əŋáy̓ŋən. I want to do it, too.* (ES)}

ʔáx̣əŋ 〚√ʔax̣ə-ŋ<ʔ> √do/say-mdl<actl>〛 ☞ ʔáx̣əŋ to be saying, doing. {*ʔáx̣əŋ* cn. *I'm saying. / I'm doing (that).* (ES) | *ʔáx̣əŋ̓* kʷi. *He's saying it.* (MJT) | *ʔáx̣əŋ̓* cn ʔaʔ či nshiyáʔ. *I'm saying I went.* (ES)}

ʔəx̣əwáčt 〚√ʔix̣=əwač-t √scrape=bottom-trns〛 ☞ ʔíxt to scrape the bottom of something. (AS; MJT) {*ʔəx̣əwáčt cn cə nscáʔkʷaʔyúł. I scraped the bottom of my boat (to get the barnacles off).* (AS)} VAR: ʔəx̣wáčt (AS)

ʔəx̣íkʷst 〚√ʔix̣=iws-t √scrape=body-trns〛 ☞ ʔíxt to scrape a hide or anything. (TC) {*ʔəx̣íkʷst cə húʔpt. Scrape the deer (hide).* (AS)}

ʔəx̣íkʷstəŋ 〚√ʔix̣=iws-t-ŋ √scrape=body-trns-psv〛 ☞ ʔəx̣íkʷst to be scraped on the body or hide by something or someone. {*ʔəx̣íkʷstəŋ* cn. *It scraped my body.* (TC)}

ʔəx̣ín 〚√ʔx̣in √where〛 [TC's pronunciation of the stressed vowel in this word is laxer and sometimes lower than the usual Klallam /i/.] to be where. (LB,CWH,H; LC; ES; AS,BC; TC) {*ʔəx̣ín* kʷi ʔuč? *Where is it?* (TC; MJT) | *ʔəx̣ín* cxʷ? *Where are you?* (TC) | *ʔəx̣ín* cxʷ kʷaʔ ʔuč? *Where are you?* (TC) | *ʔəx̣ín* yaʔ cxʷ ʔuč? *Where were you?* (MJ) | *ʔəx̣ín* ʔuč kʷi ńy̓śčt? *Where is your arrow?* (NS,JW) | *ʔəx̣ín* či ńʔáʔiŋ? *Where is your home?* (EPT) | *ʔəx̣ín* ʔay̓ kʷi ńsxʷčšʔiyáʔ? *Where are you from?* (AB,ICT) | *ʔəx̣ín* kʷaʔ kʷi ńcót? *Where is your father?* (EPT) | *ʔəx̣ín* yaʔ cxʷ ʔuč? *Where have you been?* (TC) | *ʔəx̣ín* ʔay̓ či ńʔáʔyəŋ? *Where is your house?* (MJT) | *ʔáwənə nəsx̣čít kʷaʔ ʔəx̣ínən. I don't know where I am.* (MJ) | *ʔáwənə nəsx̣čít kʷaʔ ʔəx̣ínən. I don't know where I am.* (MJ) | *ʔuʔáwənə ʔəx̣ín ʔaʔ kʷi sxʷʔiyá ʔaʔ nəwə či sčtəŋxʷən ʔəsʔéʔnəŋ. There was no land visible where Noah was.* (ES) | *cáw cə saʔśy̓čəns ʔiʔ čtáŋ kʷaʔ ʔəx̣ínəs kʷi swəy̓qaʔs. Her younger sister was on the beach and asked where her husband was.* (AA) | *ʔəx̣ín* kʷsə ńŋśqsən? *Where is your nose?* (AS,BC) | *ʔəx̣ín* ʔəwč? *Where is it?* (TC) | *ʔəx̣ín* kʷsi? *Where is she?* (TC) | *ʔəx̣ín* yaʔ cxʷ? *Where were you?* (TC) | *ʔəx̣ín* či ʔəmətáwtxʷ. *Where is the toilet?* (TC) | *ʔəx̣ín* či sukʷəńáwtxʷ. *Where is the bathroom?* (TC) | *ʔəx̣ín* cə nFlora? *Where's my Flora?* (TC) | *ʔəx̣ín* caʔ X̌áy ʔiʔ kʷənnúŋə cn. *When will I see you again.* (RSh) | *ʔəx̣ín* yaʔ cxʷ ʔuč ʔəńsxʷmán ʔuʔ híc? *Where were you when you took so long?* (TC) | *ʔáwə cn t ʔuʔx̣čít kʷaʔ ʔuʔəx̣ínəs čta. I don't know where they were.* (TC) | *ʔáwənə nəsx̣čít kʷaʔ ʔəx̣ínəs čta či sŋəńs cə təməł. I don't know where to get lots of ocher.* (TC)} VAR: ʔəx̣ín {*ʔəx̣ín* cxʷ ʔuč? *Where are you?* (AS,BC)} VAR: ʔaʔx̣íyn (BC) VAR: ʔaʔx̣éyn (BC) {*ʔaʔx̣éyn* yaʔ cxʷ? *Where were you?* (BC)} VAR: ʔx̣ín (EPT) {*níł ʔuč cə t ʔx̣ín? Which one is it?* (ABT)}

ʔəx̣ínəŋən 〚√ʔx̣in=ŋin √where=piece〛 ☞ ʔəx̣ín whole body. (MJT) {*mán cn ʔuʔ x̣əł ʔuʔx̣ə́nə tiʔə nəʔəx̣ínəŋən. I feel sick all over my whole body.* (MJT)} VAR: ʔəx̣ə́nəŋən (AS)

ʔəx̣íntxʷ 〚√ʔx̣in-txʷ √where-inancaus〛 to put something where. ☞ ʔəx̣ín {*ʔəx̣íntxʷ* cxʷ? *Where did you put it?* (TC; AS,BC)}

ʔəx̣ítəŋ 〚√ʔix̣-t-ŋ √scrape-trns-psv〛 [metathesis with passive] ☞ ʔíxt to be scraped by someone or something. {*ʔəx̣ítəŋ* cn. *It scraped me.* (TC)} VAR: yəx̣ítəŋ (AS) {*yəx̣ítəŋ* cə scúł. *The wood was scraped.* (AS)}

ʔəxtaʔsíc 〚√ʔxtiʔ-sít-c √fix-bene-1obj/2obj〛 ☞ ʔəxtaʔsít fix (it) for me; fix (it) for you. (ES) {*ʔəxtaʔsíc* cn. *I fixed it for you.* (ES)}

ʔəxtaʔsít 〚√ʔxtiʔ-sít √fix-bene〛 ☞ ʔəxtéʔt to fix, repair (something) for someone. (AS) {*ʔəxtaʔsít* cn. *I fixed it for him.* (AS)} VAR: ʔəxteʔsít (AS,BC)

ʔəxtéʔəŋ 〚√ʔxtiʔ-ŋ √fix-mdl〛 to prepare, do (something) to (something). (AA; AS) {*ʔəxtéʔəŋ* cn. *I'm fixing.* (AS,BC)} VAR: xtéʔəŋ {*xtéʔəŋ* ʔaʔ či sʔíłən. *Make some food.* (TC) | *xtéʔəŋ* caʔn ʔaʔ či sʔíłən. *I'm going to make some food.* (TC)}

ʔəxtéʔt 〚√ʔxtiʔ-t √fix-trns〛 ☞ ʔəxtéʔəŋ to fix, repair, prepare, set, work on something. (TC; AS,BC; BC) {*ʔəxtéʔt* cn. *I fixed it.* (ES) | *ʔəxtéʔt* yaʔ cn. *I did fix it.* (BC) | *ʔəxtéʔt* cn cə snóxʷł. *I fixed the canoe.* (TC) | *suʔəxtéʔts cə sʔíłən So they prepared the food.* (MJ) | *čəʔúʔwəs kʷi kʷi q̓ʷáłc ʔaʔ kʷi sʔəxtéʔts tə súł. They used explosives to build the road.* (AS)} VAR: ʔaʔxtéʔt {*níł suʔhúys tə nsʔəʔxtéʔt cə láyəs ʔaʔ cə spúqʷəŋaʔyéʔč. So then my fixing the rice in the boiling pot was finished.* (MJ)} VAR: ʔxtéʔt (AS; AS,BC) VAR: xtéʔt (TC; AS,BC) {*xtéʔt cə čáʔwi. Set the table.* (AS)}

ʔəxtéʔtəŋ 〚√ʔxtiʔ-t-ŋ √fix-trns-psv〛 ☞ ʔəxtéʔt to be fixed, repaired, worked on by someone. {*kʷłʔəxtéʔtəŋ* kʷi. *It's already fixed.* (AS)} VAR: ʔxtítəŋ (AS)

ʔəx̣ʷənúkʷən 〚√ʔix̣ʷ=ənukʷ=ən √gather_up=ground=instr〛 ☞ ʔəx̣ʷíct 1. broom, any floor sweeper. (EPT; TC; ES; AS,BC) 2. to sweep, use a broom. 《Note that there are two words for broom based on two roots that are very similar.》 cp. ʔəx̣ənúkʷən {*ʔəx̣ʷənúkʷən* cn. *I'm going to sweep.* (ES)}

ʔəx̣ʷənúkʷəŋ 〚√ʔix̣ʷ=ənukʷ-ŋ √gather_up=ground-mdl〛 ☞ ʔíx̣ʷt to sweep the floor, gather (anything) up into a pile on the floor. (ES; AS)

ʔəx̣ʷáyən 〚√ʔəx̣ʷay=ən √net=instr〛 a net for fish. {*xʷákʷts tə ʔəx̣ʷáyən. He's pulling in the net.* (MJT)}

ʔəx̣ʷáyu 〚√ʔix̣ʷ-əyu √gather_up-activ〛 ☞ ʔíx̣ʷt to set fishing gear, especially nets. (AS,BC; AS) {*hiyáʔ caʔn ʔəx̣ʷáyu. I'm going to go put out the nets.* (AS) | *čaʔəx̣ʷáyu yaʔ cn. I just set my gear.* (AS)}

ʔəx̣ʷíct 〚√ʔix̣ʷ-cut √gather_up-rflxv〛 [metathesis with reflexive] ☞ ʔíx̣ʷt to sweep up, remove trash, clear space. (EPT; TC; ES; AS,BC) {*ʔəx̣ʷíct* cn.

ʔəx̣ʷít *I'm sweeping it.* (TC) | kʷɬʔax̣ʷíct cn. *I swept the floor.* (MJT)} VAR: x̣ʷíct (AS)

ʔəx̣ʷít gather it to clear. See under: ʔíx̣ʷt

ʔəx̣ʷítəŋ ⟦√ʔix̣ʷ-t-ŋ √gather_up-trns-psv⟧ [metathesis with passive] ☞ ʔíx̣ʷt to be gathered together to get rid of, be brushed, swept up. {kʷɬʔax̣ʷítəŋ ix̣ʷ. *Somebody must have brushed it off.* (MJT)}

ʔəyʔíɬən ⟦√⟨əy⟩iɬn √eat⟨pl⟩⟧ ☞ ʔíɬən to eat (of a group). {čaʔəyʔíɬən ix̣ʷ. *They're just now going to eat.* (MJT)} VAR: ʔaʔíɬən (MJT) {ʔaʔíɬən kʷi kʷə ʔaʔyəcɬtáyŋx̣ʷ. *The people are eating.* (AS)}

ʔəyá there. See under: ʔiyá

ʔəyaʔcícən rock cod. See under: ʔiyaʔcícən

ʔə́yaʔčšt change it (pl). See under: ʔáyaʔčšt

ʔəyaʔčx̣ ⟦√ʔ⟨əy⟩aʔčx̣ √crab⟨pl⟩⟧ ☞ ʔáʔčx̣ several crabs. (EPT) {hiyáʔ caʔn ƛ̓kʷáʔis ʔaʔ či sʔəyaʔčx̣ɬ. *I'm going to go get us some crabs.* (AS)}

ʔəyáʔiŋ houses. See under: ʔáʔyaʔyəŋ

ʔəyaʔiyiyə́m ⟦ʔ⟨əy⟩aʔ+√y⟨y⟩əm̓ dim⟨pl⟩+√strong⟨pl⟩⟧ ☞ ʔiyə́m̓ to be small and strong (of several). (MJT) {ŋə́n̓ cə ʔəyaʔíyiyəm. *There are lots of little strong ones.* (MJT)} VAR: ʔaʔyiyə́m (AS)

ʔəyaʔnəŋíct ⟦√ʔəy̓=an̓-ni-cut √good=ear-rel-rflxv⟧ ☞ ʔiyáʔnəŋ to listen. (ES; TC) {ʔáw kʷaʔ ʔəyaʔnəŋícts cə nəsqáx̣aʔ. *My dog never listens.* (TC) | níɬ nsuʔəyaʔnəŋíct. *So then I listened.* (MJ)} VAR: yaʔnəŋíct (ES; TC; AS,BC; MJ) {ya̓ʔnəŋíct cn. *I listened.* (AS) | ya̓ʔnəŋíct ʔaʔ cə n̓cə́t. *Listen to your father.* (ES; AS) | ya̓ʔnəŋíct ʔaʔ cə sŋánt. *He listened to the rocks (moving).* (TC) VAR: ʔiyaʔnəŋíct (ES) {sə́məxʷ ʔiʔ ʔiyaʔnəŋíct! *Shut up and listen!* (ES) | suʔx̣ə́nəŋ ʔaʔ məščú, "ʔáwə caʔn c ʔiyaʔnəŋíct." *So Mink said, "I'm not going to listen."* (MJ)} VAR: ʔyaʔnəŋíct (AS,BC)

ʔəyaʔúʔtx̣s ⟦√ʔ⟨əy⟩u⟨ʔu⟨ʔ⟩⟩tx̣s √freight_canoe⟨pl⟩⟧ ☞ ʔuʔútx̣s several canoes. (MJT) {ɬənɬə́ntəŋ ti ʔəyaʔúʔtx̣s. *The canoes were all lined up.* (MJ)} VAR: ʔəyuʔúʔtx̣s (MJT)

ʔəyáʔyəŋ houses. See under: ʔáʔyaʔyəŋ

ʔəyáct groan. See under: ʔaʔyáct

ʔəyáh there. See under: ʔiyá

ʔəyánəxʷ hear it. See under: ʔiyáʔnəxʷ

ʔəyán̓ ⟦√ʔəy̓=an̓ √good=ear⟧ ☞ ʔə́y̓ to know how. (ES) {ʔáwənə kʷi nəsx̣čít ʔaʔ či sʔəyán̓s ʔəɬ pástənəŋs tsiʔə nəsɬáni. *I didn't know my wife here knew how to speak English.* (MJ)} VAR: ʔyán̓ (AS,BC) VAR: ʔiyán̓ {ʔiyán̓ kʷi ʔəɬ čáʔis. *He knows how to work.* (AS)}

ʔəyátəŋ be put there. See under: ʔiyátəŋ

ʔəycɬtáyŋəxʷ people. See under: ʔaʔyəcɬtáyŋxʷ

ʔəyə́m̓t ⟦√ʔ⟨əy⟩əm⟨ʔ⟩ut √sit⟨pl⟩⟨actl⟩⟧ ☞ ʔə́m̓t to be getting into a sitting position (of several). {ʔəyə́m̓t tənəɬ sx̣ayéʔx̣q̓ɬ ʔiyá ʔaʔ tə sx̣ʷáʔmət. *Those children were sitting on the bed.* (MJ)}

ʔə́yəs ⟦√ʔəys √happy⟧
1. to be nice, amusing, comical, funny. (EPT; AS,BC; ES; TC,AS,BC) [probably from root ʔə́y̓ 'good' and 'face' suffix] {čəw̓ʔə́yəs kʷi. *That's just funny.* (MJT) | ʔuʔə́yəs či n̓x̣čŋín. *Your thoughts are happy.* (AA) | ʔaʔ ti sʔə́yəss ti skʷáči, ʔáwə c x̣áƛ̓. *When it's a nice day, not windy.* (EB)}
2. to be happy, having fun. (LB,CWH; LC; ES) {ʔə́yəs cn. *I'm happy, having fun.* (MJT; LC; ES; AS) | mán̓ cn ʔuʔ ʔə́yəs. *I'm very happy.* (LC) | ʔə́yəs kʷi. *Be happy.* (AS,BC) | nəkʷɬʔə́yəs. *We're both happy over it.* (MJT) | nəsƛ̓éʔ ʔawʔə́yəs. *I like her because she's happy.* (MJT) | níɬ suʔtxʷaʔə́yəss yaʔ. *So he became happy.* (TC) | níɬ kʷaʔčaʔ nəsxʷmán̓ ʔuʔ ʔə́yəs. *That's why I am very happy.* (TC) | níɬ kʷaʔčaʔ nəsxʷʔə́yəs ʔaʔ t nəsʔáɬa. *That's why I'm happy to be here.* (TC) | háʔnəŋ cn ʔaʔ či nəsʔə́yəs. *Thank you for making me happy.* (TC,AS,BC)}
3. fun, celebration, party. {níɬ kʷaʔčaʔ nsxʷáwə c sxʷáʔ ʔaʔ ʔáɬaʔ kʷiʔə ʔə́yəs ʔáɬaʔ ʔaʔ tiə táməš. *That's why I don't go along to this celebration here at Stamish days.* (EB)}

ʔə́yəstəŋ ⟦√ʔəys-txʷ-ŋ √happy-caus-psv⟧ ☞ ʔə́yəstxʷ to be made happy, made nice. {níɬ suʔƛ̓áys txʷaʔə́yəstəŋ nəsʔiʔáyəxʷ. *So then my parents were made happy again.* (TC)}

ʔə́yəstxʷ ⟦√ʔəys-txʷ √happy-caus⟧ ☞ ʔə́yəs to enjoy something, make someone happy. (AS,BC) {ʔə́yəstxʷ cn. *I enjoy it.* (AS) | ʔə́yəstxʷ st ʔɬ kʷənə́kʷiɬ. *We enjoy it when we see each other.* (AS)}

ʔəyətásəŋ good time. See under: ʔiʔətásəŋ

ʔəyətšə́nəmən ⟦√⟨əy⟩ətšə́nəmən √raid⟨pl⟩⟧ ☞ ʔaʔtšə́nəmən to raid, go on the warpath (of a group of people). {ʔəyətšə́nəmən st. *We're on the warpath.* (MJT)}

ʔəyəx̣ʷíyəŋəxʷ village. See under: ʔaʔyx̣ʷíyŋəxʷ

ʔəyuʔúʔtx̣s canoes. See under: ʔəyaʔúʔtx̣s

ʔə́yuc ⟦√ʔə́y̓=uc √good=edge⟧ ☞ ʔə́y̓
1. to be sharp edged or sharp pointed. (MJT; TC; AS,BC; AS) {mán̓ ʔuʔ ʔə́yuc tsə ńqʷqʷaʔéyəs. *Your knife is very sharp.* (EPT) | ʔə́yuc tiʔə čččx̣áɬč. *The nettles are sharp.* (MJT) | ʔə́yuc cə qʷqʷaʔéyəs. *The knife is sharp.* (AS)}
2. needle. (LBH)

ʔəyucáqsən ⟦√ʔəy̓=uc=əqsən √good=edge=nose⟧ ☞ ʔə́yuc
1. sharp point, thorn. (AS) {ŋə́n̓ tiə ʔəyucáqsən kʷi sštə́n̓ɬ ʔaʔ cə súɬ. *There were lots of sharp things on our walk on the road.* (AS)} to have a sharp shaped nose. (MJT)

ʔəyucáqst ⟦√ʔəy̓=uc=əqsən-t √good=edge=nose-trns⟧ ☞ ʔəyucáqsən to sharpen a point. {ʔəyucáqst či tiʔə nəx̣iʔə́n. *Sharpen my pencil.* (MJT)}

ʔə́yucɬč brambles. See under: ʔiyəcíɬč

ʔəyúɬtxʷ loading it. See under: ʔaʔyúɬtxʷ

ʔəyúnuʔ ⟦√⟨əy⟩unuʔ √tallow⟨pl⟩⟧ ☞ ʔúnuʔ lots of tallow. (MJT)

ʔəyxʷéyŋxʷ village. See under: ʔayxʷíyŋəxʷ

ʔəyxʷíyŋxʷ village. See under: ʔayxʷíyŋəxʷ

ʔəyx̣əwáčəŋ ⟦√ʔi<y>x̣=əwač-ŋ √scrape<pl>=bottom-mdl⟧ ☞ ʔəx̣əwáčt to be scraping bottom. {ʔəyx̣əwáčəŋ kʷi kʷə snáxʷɬs. His canoe was scraping bottom. (AS)}

ʔəyyə́m strong. See under: ʔiyə́m

ʔə́y ⟦√ʔəy̓ √good⟧ to be good, fine, well, nice, neat, tidy, okay. (LB,EWH; LBH; LB,CWH; JCo; RS; EPT; ES; LC; AS,BC; TC; WB,AS,BC) {ʔuʔə́y cn. I'm well. (RS; ES) | ʔáwə c ʔə́y. It's not good. (EPT) | ʔáa, ʔuʔə́y cn. Yes, I'm pretty well. (NS,JW) | ʔuʔə́y u cxʷ? How are you? / Are you pretty well? (RS; NS,JW) | ʔə́y ʔəsʔəm̓úmənaʔ. He's a good hunter. (ES) | ʔə́y smúʔkʷəŋs. They're biting good (of fish). (ES) | mán̓ kʷ ʔuʔə́y. It's very good. / Great! ⟪USAGE: You'd say this as encouragement to someone who gets it right.⟫ (HS,ES) | ʔə́y cə ʔəsnát. It was a nice night. (ES) | ʔə́y cn ʔəɬ štə́ŋən. I walk well. (TC) | ʔáwənə ʔə́nsxʷʔə́y. You're no good. (TC) | ŋə́n̓ ʔəńsxʷʔə́y. You're good at a lot of things. (TC) | ʔə́y skʷáči ʔáynəkʷ. It's a nice day today. (NS,JW) | mán̓ ʔuʔ ʔəńsxʷʔə́y. You're very good at it. (TC) | čə́saʔ či sxʷʔə́y̓s. It's good for two things. (TC) | ʔáwə c ʔəńsxʷʔə́y. It's not good for you. (TC) | x̌áy ʔuʔ ʔəńsxʷʔə́y. It's good for you, too. (TC) | hiyáʔ caʔn kʷaʔ ʔə́y̓əs tə skʷáči. I'll go if it's a good day. (LC) | ʔə́y či nəsiʔátən. My hair is neat. (MJ) | ʔáwə c ʔə́y cə ńsyáyaʔct; húy! You're not doing it well; quit! (ES) | súŋ cn ʔaʔ tə ʔə́y. I smell something good. (AS) | ʔə́y q kʷaʔ hiyáʔəxʷ. It would be good if you left. (TC) | mán̓ kʷə ʔuʔ ʔáwə c ʔəńsxʷʔə́y. It's very bad for you. (TC) | ʔə́y ʔəcɬtáyŋxʷ; ʔə́y xʷanítəm. He was a good person; he was a good white man. (ES) | ʔə́y kʷi či nsɬúyəs tiə nsxʷʔáɬa. I better leave this place where I am. (ES) | ʔáwənə sxʷʔə́ys. It's good for nothing. (ES) | ʔə́y syə́cəm. It's good news. (TC) | ʔi! mán̓ ʔuʔ ʔə́y. He was very good. (AA) | ŋə́kʷt ʔaʔ či ʔə́y. Chew it well. (ES) | ʔə́y či ńskʷə́nct. Take good care of yourself. (ES) | ʔə́y či ńskʷəńcút. Take good care of yourself. (ES) | ɬəŋúʔəŋ qɬ cn nuʔə́y ʔaʔ nə́kʷ. I can swim better than you. (MJT) | sx̌éʔs či sʔə́ys či skʷə́nts tsə sq̓x̌əyuʔ. She wanted the clams to look nice. (MJ) | ʔuʔhúy ʔuʔ ʔəńsxʷʔə́y cə ʔə́y sʔíɬən. The only thing that's good for you is good food. (TC) | mán̓ ʔuʔ x̌ƛ̓kʷnáʔəs ti ʔə́y sʔíɬəns cə swə́yqaʔs cə saʔə́yčəńs. The husband of the younger sister really got good food. (AA) | ʔi! ʔə́y či x̣čnín. And have good thoughts. (AA) | ʔuʔhúytxʷ či ńsuʔə́y. Just be good. (TC) | ʔə́y kʷi nəshiyáʔ. It's good that I went. (TC)} should, better. {ʔə́y kʷi či nəshiyáʔ. I should go. (TC) | ʔə́y či nəshiyáʔ. I better go. (TC) | ɬaʔkʷə́yuʔ ʔiʔ ʔuʔmaʔsíts ti ʔə́y kʷítsən. He was gaffing and choosing the best spring salmon. (ES)}

ʔəyʔámənət neat. See under: ʔiʔámənət

ʔəyáʔtəŋ be made good. See under: ʔiʔáʔtəŋ

ʔəycɬtáyŋxʷ people. See under: ʔaʔyəcɬtáyŋxʷ

ʔəycút get better. See under: ʔiʔcút

ʔə́y̓ct ⟦√ʔ<ə́>y̓-cut √good<actl>-rflxv⟧ ☞ ʔiʔcút to be getting better (after being sick), getting well. (TC) {ʔə́y̓ct cn. I got better. (ES) | čaʔə́y̓ct cn. I finally got well. (AS) | nuʔə́y̓ct. Things got better. (MJT) | kʷɬnɬ suʔəmsts ʔiʔ ʔə́y̓ct. Soon he sat up and got better. (MJ) | nə́kʷ kʷi sxʷkʷɬənʔə́y̓cts. It's you that made him better. (MJT)} VAR: ʔə́yct {ʔiʔə́yct. He's getting better. (ES) | kʷɬiʔə́yct. They're getting better. (MJT) | ʔə́yct cə sqáti xʷanítəm. That crazy white man is getting better. (AS) | ʔiʔə́yct č kʷi. I heard she's getting better. (ES) | kʷɬiʔə́yct ʔaʔ kʷi sx̌áɬs. He's getting better after being sick. (MJT)}

ʔəyənəqíx ⟦√ʔ<əy>nqix √black<pl>⟧ ☞ ʔənəqíx [This shows that the 'color' prefix, ʔənə- is historically frozen and now, for ES at least, is part of the root.] cp. ʔənəq̓áʔyəx̣ to be black (plural). (ES)

ʔəymáy̓ borrow. See under: ʔiʔmáy̓

ʔəynə́kʷi get along well. See under: ʔiʔnə́kʷi

ʔə́y̓ŋət ⟦√ʔəy̓-ŋi-t √good-rel-trns⟧ ☞ ʔə́y to be responsible for something, be in charge of something. {ʔúxʷnəss cə ʔuʔə́y̓ŋət. He went after the one responsible for it. (MJ)}

ʔə́y̓ŋict ⟦√ʔəy̓-ŋi-cut √good-rel-rflxv⟧ ☞ ʔə́y̓ŋət to do, be responsible for (something) by oneself or for oneself. (ES) {ʔə́y̓ŋict cn. I'm doing it by myself. (ES) | ʔə́y̓ŋict cn ʔəɬ čáʔin. I'm working by myself. (AS) | ʔuʔə́y̓ŋict ti suʔčúŋəts ti qʷúʔ. It would pump the water by itself. (ES)}

ʔə́y̓ŋíti ⟦√ʔəy̓-ŋi-ty √good-rel-rcprcl⟧ ☞ ʔə́y̓ŋət
1. to work or do something for each other, work together, share responsibility. (AS,BC) {ʔə́y̓ŋíti kʷi scáʔis. They're working together on something. (AS)}
2. to marry one's own relative. (ES)

ʔəystúy̓ get along well. See under: ʔiʔtúy̓

ʔəytásəŋ good time. See under: ʔiʔətásəŋ

ʔə́y̓təŋ ⟦√ʔ<ə́>y̓-tx-ŋ √good<actl>-letcaus-psv⟧ [actual counter-metathesis] ☞ ʔiʔáʔtəŋ
1. being done good to, be treated well, be made good. (BC) {ʔuʔə́y̓təŋ kʷaʔčaʔ. Therefore, they are good to them. (AS)}
2. getting good, calm, clear (of the weather). VAR: ʔə́y̓ətəŋ (ES) {ʔə́y̓ətəŋ cə skʷáči. The weather got nice. (AS)}

ʔəytúy̓ get along well. See under: ʔiʔtúy̓

ʔə́y̓txʷ ⟦√ʔəy̓-txʷ √good-letcaus⟧ ☞ ʔə́y to let something be good, do good by something, do something well, be good to something or someone. (ES,TC; AS,BC) {ʔə́y̓txʷ či ńskʷə́nt. Look after him well. (ES; MJ) | ʔə́y̓txʷ tiə skʷáči. Have a good day. (AS,BC) | ʔuʔə́y̓txʷ či ńx̣čnín. Let your thoughts be good. (AA) | ʔə́y̓txʷ či ńshə́mənt. Hammer it good. (TC) | ʔə́y̓txʷ či ʔəńskʷə́nt tiə ʔáɬaʔ. Watch this here well. (MJ) | ʔə́y̓txʷ či ńskʷə́nct. Take good care of yourself. (ES,TC) | ʔə́y̓txʷ či ńskʷəńcút. Be careful. (ES) | ʔə́y̓txʷ či

ʔə́yuct ⟦√ʔəy̓=uc-t √good=edge-trns⟧ ☞ ʔə́yuc to be sharpening something. {*ʔə́yuct* cn ti nqʷqʷéʔyəs. I'm sharpening my knife. (MJ) | *ʔə́yuct*s cə qʷqʷéʔyəss. He was sharpening his knife. (MJ) VAR: ʔə́yuct {*ʔə́yuct* cn cə qʷqʷaʔéyəs. I sharpened the knife. (AS)}

ʔəy̓úməš ⟦√ʔəy̓=umš √good=type⟧ ☞ ʔə́y̓ to seem good, be a good kind. {*ʔəy̓úməš* cn. I'm kind of good. (TC) | *ʔəy̓úməš* cxʷ. You're kind of good. (TC)}

ʔi[1] ⟦hy̓ and⟧ [comitative conjunction]
1. and, but, or; with. (TC; ES) {nəcə́t, nətán, nəsɫáni, čáʔsaʔ nəŋə́nŋənaʔ, *ʔiʔ* čáʔsaʔ nəscə́y̓aʔčaʔ. My father, my mother, my wife, two of my children, and two of my friends. {múkʷt *ʔiʔ* ŋákʷt. Put it in your mouth and chew it. (ES) | ʔíɫən cn *ʔiʔ* cə nəcə́t. I ate with my father. (TC) | *ʔiʔ* ʔənʔá *ʔiʔ* ʔə́mət *ʔiʔ* ʔíɫən. And he came, and he sat, and he ate. (MJ) | čšaʔJamestown st *ʔiʔ* kʷə nəcə́t. My father and I went from Jamestown. (MJ) | hiyáʔ caʔn ƛ̓ácu *ʔiʔ* cə nəcə́t. I'm going fishing with my father. (TC) | hiyáʔ yaʔ cn ƛ̓ácu *ʔiʔ* q̓əm̓q̓əmícən *ʔiʔ* cə nəŋə́naʔ. I went fishing with Ed Connell and my son. (TC) | ʔíɫən cn ʔaʔ či scánənəxʷ *ʔiʔ* či kʷaʔk̓ʷáʔɫən. I eat fish and mice. (TC,AS,BC) | ʔiʔcúŋ st *ʔiʔ* kʷi nəswə́y̓qaʔ *ʔiʔ* kʷi nəcə́t. I went inland with my husband and my father. (MJ) | tákʷs q yaʔ cn cə snə́xʷɫ *ʔiʔ* mán̓ ʔuʔ čə́q. I would have bought the canoe, but it was too big. (TC) | həwíyəŋ caʔn *ʔiʔ* túkʷ. I'm coming back and going home. (TC) | həwíyəŋ caʔn *ʔiʔ* túkʷ caʔn. I'm coming back, and I'm going home. (TC) | həwíyəŋ caʔn *ʔiʔ* túkʷ caʔ. I'm coming back, and he's going home. (TC) | c̓sə́t cn *ʔiʔ* uʔáwənə nəhə́mən. I hit it without my hammer. (TC) | ʔáɫa caʔn *ʔiʔ* ɫčíkʷs caʔn. I'll be here, and I'll get tired. (TC) | ƛ̓kʷə́t cn cə paʔyíšpš *ʔiʔ* ti sqaʔyáxaʔ. I took the cats and dogs. (TC) | tákʷ yaʔ cn cə snə́xʷɫ *ʔiʔ* ʔuʔk̓ʷáʔət cn. I was going to buy a canoe, but I let it go. (TC) | ʔuʔŋə́n̓ suʔwə́y̓qaʔ *ʔi* ʔuʔnə́cuʔ cə snə́xʷɫs. There are a lot of men, but they have only one canoe. (TC) | ʔuʔxənáy st *ʔiʔ* nə́kʷ. It's all of us including you. (TC) | ʔuʔxənáy st *ʔiʔ* Mike. It's all of us including Mike. (TC) | ʔuʔxənáy st *ʔiʔ* ʔáw c nə́kʷ. It's all of us except you. (TC) | kʷáčəŋtuŋɫ *ʔiʔ* čaʔxʷítəŋ cxʷ. When I holler, you jump. (TC) | kʷɫxʷítəŋtuŋɫ *ʔiʔ* čaʔkʷáčəŋ cxʷ. We'll jump before you holler. (TC) | hiyáʔ cn túkʷ *ʔiʔ* čaʔʔə́mət caʔn. I'm going home, and I'll sit down. (TC) | cácu st *ʔiʔ* cə nəsaʔčúʔiɫ. My brother and I were down on the beach. (MJT) | níɫ nəsuʔqtə́qsən *ʔiʔ* kʷə́nəxʷ cn tə ŋús ʔə́yaʔyəŋ. I came around the point, and I saw four houses. (MJT) | níɫ nəsuʔqtə́qsən *ʔiʔ* kʷə́nəxʷ tə ŋús ʔə́yaʔyəŋ. I came around the point and saw four houses. (MJT) | ʔáwə kʷaʔ k̓ʷəníts ti pə́wi ʔəɫ kʷánəŋəts *ʔiʔ* ti sx̌ʷáʔənɫ. He couldn't see the flounder when it ran or the bullhead. (MJ)}
2. until. [The meaning 'until' occurs with a following ʔuʔ prefixed verb.] {ʔuʔáɫaʔ caʔn *ʔi* ʔuʔčáŋ cxʷ. I'll stay here until you come home. (TC) | ʔuʔáɫaʔ caʔn *ʔi* ʔuʔɫčíkʷs caʔn. I'll be here until I get tired. (TC) | ʔuʔáɫaʔ caʔn *ʔi* ʔuʔɫčíkʷs. I'll be here until he gets tired. (TC) | *ʔi* ʔuʔtáči caʔ kʷaʔ ɫčíkʷss. I'll be here until he gets here when he's tired. (TC) | ŋaʔkʷáʔcút caʔn *ʔi* ʔuʔtáči cxʷ. I'll wait until you get here. (TC)}
3. when, at the time of. {ʔuʔx̌čít cn ʔaʔ či n̓sʔáwə yaʔ c táyi hayə *ʔiʔ* ʔənʔácxʷ čə́yəxʷ. I knew that you hadn't gone upstream when you came in. (MJ) | twəw̓ʔaʔáʔmət cn kʷaʔčaʔ čaʔkʷə́yu *ʔiʔ* ʔənʔá kʷsi nəsíyaʔ. I was still at home washing when my grandmother came. (MJ) VAR: hiʔ (ES) {ʔúy̓ táči hiʔ ʔíɫən st. When she comes, we eat. (MJT)} VAR: ʔi (AS,BC) {*ʔi* níɫ suʔkʷə́nəxʷs ʔənʔá čiŋi. And she saw her coming closer. (ES)} VAR: i {ʔúpən *i* či nə́cuʔ. Eleven. (NS,JW)}

ʔi[2] ⟦ʔiʔ i_conn⟧ intensifier connector. (TC) {xʷə́ŋ cn *ʔiʔ* štəŋ. I can walk. (TC,AS,BC; TC) | xʷə́ŋ cn *ʔiʔ* ʔuʔhiyáʔ. I could go. (TC) | xʷə́ŋ u cn *ʔiʔ* ʔuʔáɫaʔ? Can I stay here? (TC,AS,BC) | ʔáwə. xʷə́ŋ cn *ʔiʔ* txʷaʔəstákʷɫ kʷaʔ qqíŋən. No. I might get stuck if I play. (TC) | čiyáy st *ʔiʔ* tə́s. We're almost there. (TC,BC) | kʷɫčəyáy cn *ʔiʔ* hiyáʔ. I'm going to go soon. (TC) | xʷə́ŋ cn *ʔiʔ* ƛ̓áy ʔuʔ xʷáčt tiə n̓sxʷáɫaʔ. I can slaughter them here at your place, too. (TC) | ƛ̓áy cn ʔuʔ mán̓ ʔuʔ čiyáy *ʔiʔ* ɫíyəm. I really almost sang, too. (TC) | txʷyáy yaʔ cn *ʔiʔ* hiyáʔ. I pretty nearly went. (AS,BC)}

ʔiʔáʔiɫ ⟦√ʔu<y̓> <á>ɫ √go_aboard<pl> <actl>⟧ ☞ ʔúyɫ being aboard, in any conveyance (such as a boat, car, horse, etc.). (ES; TC; AS,BC) {*ʔiʔáʔiɫ* cn. I'm aboard. (TC) | ʔiʔiʔáʔiɫ cn. I'm going aboard. (TC) | *ʔiʔáʔiɫ* cn ʔaʔ cə ʔatəməbíl. I'm in the car. (TC) | stáŋ caʔ či n̓sxʷʔiʔáʔiɫ? What are you going to be aboard? (TC) | hiyáʔ caʔn ʔiʔiʔáʔiɫ ʔaʔ cə nəsnə́xʷɫ. I'm going aboard my canoe. (TC) | ʔiʔ níɫ suʔŋaʔkʷaʔcúts ʔuʔiʔáʔiɫ. And then they waited aboard. (ES) | ʔə́ctxʷ *ʔiʔáʔiɫ* ʔaʔ cə n̓snə́xʷɫ. Let me be aboard your canoe. (TC) | *ʔiʔáʔiɫ* ʔaʔ cə scaʔkʷaʔyúɫ. They were aboard the ark. (ES) | ʔuʔáwənə cə *ʔiʔáʔiɫ*. None will be left aboard. (AS; TC) | kʷə́ytəŋ yaʔ kʷə qʷúʔ ʔaʔ tə snə́xʷɫ. The water in the canoe was poured. (AS) | níɫ caʔ kʷə skʷáʔs kʷsə nəcə́t snə́xʷɫs nəsxʷ*ʔiʔáʔiɫ*. It'll be my father's canoe that I'll be on. (TC) | ʔuʔk̓ʷə́nəxʷ cn cə swə́y̓qaʔ *ʔiʔáʔiɫ* ʔaʔ cə snə́xʷɫ. I saw the man aboard the canoe. (TC) | kʷɫčə́q kʷsə *ʔiʔáʔiɫ* ʔaʔ kʷə nəwagon. There's an old woman aboard my wagon. (ES) | x̌ə́nəŋ ʔaʔ ʔáwənə q̓ *ʔiʔáʔiɫ* ʔaʔ cə nwagon. He said there was no one at all aboard your wagon. (ES) | ʔiʔ níˑɫ suʔxʷə́y̓q̓ʷs kʷsə scaʔkʷaʔyúɫs *ʔiʔáʔiɫ* kʷi nə́wə. And then the ark that Noah was aboard drifted. (ES) VAR: ʔiʔáʔyəɫ (TC) {*ʔiʔáʔyəɫ* tə ŋaʔsántəns. The anchor is in the canoe. (MJT) | kʷɫ*ʔiʔáʔyəɫ* cə ŋaʔsántən. The anchor is already aboard. (MJT)}

ʔiʔáʔkʷiʔáyəs ⟦ʔy + √u<ʔ> <kʷəy<ʔ> =ay <ˀ>us pl + √weave<actl> =eye<actl>⟧ ☞ ʔáʔkʷiʔ to be weaving a basket. (AB,MJT)

ʔiʔáʔnəŋ listen. See under: ʔiyáʔnəŋ

ʔiʔáʔtəŋ ⟦√ʔəy̓-tx̣ʷ-ŋ √good-letcaus-psv⟧ [metathesis with the passive] ☞ ʔə́ytxʷ
1. to be done good to, be treated well, be made good. (BC)
2. to get good, calm, clear (of the weather). (ES) {*ʔiʔáʔtəŋ* tiə skʷáči. *The weather is clear.* (BC)} VAR: ʔəyáʔtəŋ (BC)

ʔiʔaʔyaʔčštúʔŋəɬ ⟦hy̓-√?<aʔy>aʔčš-t-u<ʔ>ŋɬ proc-√change<pl>-trns-1plobj<actl>⟧ ☞ ʔáʔčšt the Changer, the one that is changing us. {qʷúčt caʔn kʷaʔ táčis kʷsə *ʔiʔaʔyaʔčštúʔŋəɬ*. *I'm going to kill the Changer when he gets here.* (MJ)}

ʔiʔámənət ⟦√ʔəy̓=amənət √good=appearance⟧ ☞ ʔə́y̓ to make oneself look good, neat, tidy. (TC) {*ʔiʔámənət* cn. *I fixed myself up, made myself neat.* (AS,BC) | *ʔiʔámənət* tə swə́ʔwəs. *The boy looks neat and tidy.* (BC)} VAR: ʔəy̓ʔámənət (BC)

ʔiʔánəŋ ⟦√ʔəy̓=an̓-ŋ √good=ear-mdl⟧ ☞ ʔəyán̓ to know how (to do something), be smart, intelligent, knowledgeable (about something). (LC; ES; TC; AS,BC) {ʔu*ʔiʔánəŋ* cn. *I know how.* (ES) | nəs*ʔiʔánəŋ*. *I know how.* (MJT; ES) | *ʔiʔánəŋ* u cxʷ? *Do you know how?* (ES) | *ʔiʔánəŋ* ʔəɬ qʷáqʷiʔs. *He knows how to talk.* (TC) | *ʔiʔánəŋ* cn ʔəɬ x̌áʔcuʔən. *I know how to go fishing.* (TC) | xčŋíns ʔaʔ či s*ʔiʔánəŋ*s. *He thinks he knows how.* (TC) | nəxčŋín ʔaʔ či nəs*ʔiʔánəŋ*. *I think I know how.* (TC) | nəs*ʔiʔánəŋ* ti nəskʷəncínəŋ. *I know how to cook.* (MJT) | *ʔiʔánəŋ* cxʷ ti nšaʔsáy̓s. *You're good at sneaking.* (LC) | *ʔiʔánəŋ* cn ʔəɬ čáyən ʔaʔ ti məhúy̓. *I know how to make a basket.* (MJT) | nəs*ʔiʔánəŋ* ti nəscáy ʔaʔ ti məhúy̓. *I know how to make a basket.* (MJT) | kʷɬ*ʔiʔánəŋ* ʔəɬ nəxʷsx̌ay̓əmúcəns ʔaʔ čiʔástənəwət. *Ruth Shelton knows how to speak the Klallam language.* (EB) | *ʔiʔánəŋ* cn ʔəɬ nəxʷsx̌ay̓əmúcənən. *I know how to speak the Klallam language.* (TC) | x̌áy ʔučtə ʔiyá kʷsə Amy ʔuʔ *ʔiʔánəŋ* kʷə ʔəɬ ʔuʔsaʔsáʔkʷəŋəɬ cə nəxʷsx̌ay̓əmúcən. *There is also Amy, of course, who understands when we're speaking our own Klallam language.* (AC) | ʔuʔtxʷə́wənə kʷaʔča? ʔə́ɬaʔ ʔaʔ tiə tə́ŋəxʷ *ʔiʔánəŋ* ti nəxʷsx̌ay̓əmúcəns, əw? *It's getting so that nobody here in this land knows the Klallam language, eh?* (TC) | ʔáwənə či cán *ʔiʔánəŋ* ʔəɬ nəxʷsx̌ay̓əmúcənəs. *Nobody knows how to speak the Klallam language.* (TC) | xčŋíns ʔaʔ či s*ʔiʔánəŋ*s ʔəɬ qʷáqʷiʔs ʔiʔ xʷanítəm. *He thinks he knows how to talk, but he's a white man.* (TC) | ʔuʔtxʷə́wənə *ʔiʔánəŋ* nəxʷsx̌ay̓əmúcən. *It's getting so that there's no one who knows the Klallam language.* (TC) | ʔáwənə či cán *ʔiʔánəŋ* ʔəɬ nəxʷsx̌ay̓əmúcənəs ʔawčʔiyá cə north kʷi táns yaʔ cə nəsx̌ayéʔx̌qɬ. *None of them understand the Klallam language because the late mother of my children was from the north.* (TC)} VAR: ʔiyánəŋ (AS,BC; AS) {*ʔiyánəŋ* cn ʔəɬ ɬíyəmən. *I know how to sing.* (MJT) | *ʔiyánəŋ* ti nəstíyəm. *I know how to sing.* (MJT)}

ʔiʔánəŋct ⟦√ʔəy̓=an̓-ŋ-cut √good=ear-mdl-rflxv⟧ ☞ ʔiʔánəŋ to learn, get good at (something). {*ʔiʔánəŋct* cn. *I learned.* (ES,HS) | *ʔiʔánəŋct* ixʷ caʔn. *I guess I'll learn how.* (AB,IC,NST)} VAR: ʔiʔánəŋəct {*ʔiʔánəŋəct* cn ti nəsqʷáqʷi ʔaʔ ti nəxʷsx̌áyəm. *I'm learning to speak Klallam.* (ES) | *ʔiʔánəŋəct* cn ti nəsnəxʷsx̌ay̓əmúcən. *I'm learning the Klallam language.* (ES)}

ʔiʔánəŋt ⟦√ʔəy̓=an̓-ŋ-t √good=ear-mdl-trns⟧ ☞ ʔiʔánəŋ to learn, get good at something. {*ʔiʔánəŋt* cn. *I learned it.* (ES,HS)}

ʔiʔánkʷs ⟦√ʔəy̓=ankʷs √good=abdomen⟧ ☞ ʔə́y̓ to be brave; to be generous. (ES; TC; AS,BC) {háʔnəŋ cn ʔaʔ či nəs*ʔiʔánkʷs*. *Thank you for making me brave.* (TC,AS,BC) | kʷɬhíc kʷi nyaʔcústən ʔaʔ kʷi nsə́ʔyaʔ yaʔ, ɬəmtiyáčaʔ (TimPysht kʷi snás, kʷi snaʔátəŋs ʔaʔ ti xʷanítəm) ʔaʔ kʷɬi *ʔiʔánkʷs* qáʔŋi čpə́ššt. *Long ago I was told by my late grandfather, ɬəmtiyáčaʔ (Tim Pysht was his name, what he was called by the Whites), about the brave young woman of Pysht.* (AS)}

ʔiʔáyəqč ⟦√ʔəy̓-ay=aqač √good-ext=taste⟧ ☞ ʔə́y̓ to taste good, smell like it would taste good. (EPT; MJT; ES,TC; ES; AS) {*ʔiʔáyəqč* tə ɬə́qʷəm. *The thimbleberries taste good.* (AS) | mán̓ kʷ uʔ *ʔiʔáyəqč*. *They taste good.* (MJT) | ʔáwə c *ʔiʔáyəqč* ʔəɬ ʔéʔɬəns ʔaʔ ti scúkʷiʔ. *It doesn't taste good to eat skunk cabbage.* (MJT) | mán̓ ʔuʔ *ʔiʔáyəqč* kʷə stčístxʷs scaʔyíqʷɬ. *The fruit they brought was very good.* (EPT)}

ʔiʔáyəs ⟦ʔy+√ʔays pl+√sister⟧ ☞ ʔáyəs several cross-sex siblings or cousins; sisters. (MJT) {táči tə nə*ʔiʔáyəs*. *My younger brothers got here.* (MJ) | pɬáct či ʔəɬ qaʔx̌qíŋəxʷ ʔiʔ či n*ʔiʔáyəs*. *Behave yourself while you're playing with your boy cousins.* (MJT) | čáʔsaʔ tə nə*ʔiʔáyəs*. *I had two cousins.* (MJ)}

ʔiʔcút ⟦√ʔəy̓-cut √good-rflxv⟧ ☞ ʔə́y̓ to get better (after being sick), get well. (TC; BC) {*ʔiʔcút* cn. *I got well.* (TC)} VAR: ʔəycút (BC)

ʔiʔčáʔyə ⟦hy̓-√čaya proc-√first⟧ *cp.* ʔiʔɬčáʔi to be first, ahead, before (someone or something). (ES) {*ʔiʔčáʔyə* cn. *I'm ahead.* (TC) | txʷʔíɬən *ʔiʔčáʔyə* či nshiyáʔ. *Eat first before you go.* (ES) | həwíyŋ cə *ʔiʔčáʔyə* kʷánəŋt. *The first one who ran came back.* (MJ) | ʔiyáʔnəxʷ cn *ʔiʔčáʔyə* ʔaʔ kʷi stáčis. *I heard him before he came.* (MJT) | níɬ nsuʔhiyáʔ štəŋ *ʔiʔčáʔyə* ʔaʔ kʷsi nəsíyaʔ. *Then I went walking ahead of my grandmother.* (MJ) | ʔawmán̓ ʔuʔ nəskə́ʔ sxʷčʔiyás kʷi čiyəŋəɬ *ʔiʔčaʔyə* ʔəcɬtáyŋxʷ. *Because I really love it for it comes from our ancestors, the people who came before us.* (BH) | ʔiʔ uʔníɬ kʷaʔčaʔ ʔuʔ ʔənʔá xʷéʔyəŋ ʔaʔ či ʔu*ʔiʔčáʔyə* ʔəcɬtáyŋxʷ ʔaʔ tiə nəxʷčiyaʔyéʔwən ʔiʔ qiʔnúŋəts cayə húyʔuʔ sx̌úʔx̌əm. *And it will be coming down from those people who went before to these who are resentful and angry at those who are well off.* (AA)} VAR: hiʔčáʔyə (MJT) VAR: ʔiʔčáʔi (ES; AS) {*ʔiʔčáʔi* cn. *I'm ahead. / I'm the first.* (AS) | *ʔiʔčáʔi* c sxʷátəŋs. *He was the first to be lowered down.* (TC) | nə́qəŋ ʔaʔ či ɬxʷáɬ *ʔiʔčáʔi* či nsʔənʔá. *Dive three times before you come.* (MJ) | *ʔiʔčáʔi* cn ʔaʔ kʷi nssə́tən. *I was*

ʔiʔéʔmət

walking ahead. (AS) | **ʔiʔčáʔi** cn ʔaʔ kʷi sx̣ə́ps. *I was ahead at the end.* (AS) | nił **ʔiʔčáʔi** č kʷiʔústs ʔaʔ cə šúkʷaʔ. *First she poured sugar on it.* (TC) | łíxʷ ti nat naʔníłiyə **ʔiʔčáʔi** ʔaʔ ti snə́qəns. *It was three nights before they dove.* (MJ) | **ʔiʔčáʔi** ʔuʔútxs. *It was the first canoe.* (MJ) | nsx̣̌éʔ kʷsi łq̓čšłšáʔ tálə **ʔiʔčáʔi** ʔənsx̣̌kʷə́t. *I want fifty dollars before you take them.* (MJ) | ʔiʔ nił xʷənʔáŋ cə story ʔaʔ kʷi **ʔiʔčáʔi** yaʔ. *And that's the way the story was of those who came before.* (AA) | qʷáy kʷi siʔám̓ canu ʔəsʔaʔmáʔnaʔ **ʔiʔčáʔi** kʷi stáčis cə šəmáns. *The leader spoke to the hunters before their enemy got there.* (ES) | ʔə́c yaʔ **ʔiʔčáʔi** či nəsxʷátəŋ. *It was me that was the first to be lowered down.* (TC) | nił yaʔ sxʷʔiyáʔs tiə ʔaʔicłtáyŋxʷ **ʔiʔčáʔi** kʷi sx̣ítəŋs ʔənʔá ʔaʔ tiə ʔéʔłxʷaʔ. *That's where the Indians were before they were moved to Elwha.* (ES) | ʔiʔ ʔuʔ nił **ʔiʔčáʔi** kʷə nsʔúq̓ʷaʔ tə sʔiʔáʔiłs ʔaʔ tə sčaʔqʷaʔyúłs. *Or it was my cousin that was in the car first.* (ES) | ʔuʔ **ʔiʔčáʔi** kʷi scə́stił ʔiʔ cə xʷanítəm ʔiʔ x̣ənátəŋ st, "ʔáw c x̣ə́ł." *Before my fight with the white man we were told, "Don't hurt."* (ES) | ʔiʔ k̓ʷəns xʷənʔáŋ ʔaʔ cə **ʔiʔčáʔi** k̓ʷə́nnəxʷ. *And he saw one like that one before had seen.* (ES) | **ʔiʔčáʔi** c sxʷátəŋs x̣̌kʷə́ts cə x̣̌áyəq̓šəns cə náʔcuʔ xʷátəŋ ʔaʔ canu sxʷə́yq̓ʷəŋ. *The first one that was lowered took the shoes of another man lowered down that hole.* (ES) | húy yaʔ cə ʔuʔstáx̣ł ʔuʔ sʔəsʔúʔiʔs ʔuʔ xčtís kʷ **ʔiʔčáʔi** ʔəcłtáyŋxʷ. *The wrong way was the only way the people before us knew.* (BH) VAR: **hiʔčáʔi** (MJT) VAR: **ʔičáʔi** (AS,BC) {**ʔičáʔi** st. *We're ahead of everybody.* (AS)} VAR: **hiʔčáyə** {**hiʔčáyəʔ** ʔaʔ kʷi csłániʔs. *It was before he had a wife.* (MJT)} VAR: **hiʔčáyə** {**hiʔčáyə** tə nskʷə́nəxʷ ʔiʔ čaʔqʷáy. *I saw him before he spoke.* (MJT)} VAR: **ʔiʔčáyə** {caʔkʷíŋəł caʔn **ʔiʔčáyə** ʔaʔ či nscáʔkʷt či čaʔyaʔwiʔ. *I'll wash the clothes before I wash the dishes.* (MJT)}

ʔiʔéʔmət 〚ʔi+√<ʔ>mut pl+√sit<pl>〛 ☞ ʔə́mət *to sit, assume a sitting position as a group.* {suʔcáwł ʔiʔ **ʔiʔéʔmət** łə́ŋkʷł ʔaʔ cə ʔəcłtáyŋəxʷ. *So we were on the beach and sat among the people.* (MJ)}

ʔiʔéʔwəs 〚√y<ʔ>iʔ=iws √ready<actl>=body〛 ☞ yéʔkʷsəŋ *to be ready.* {**ʔiʔéʔwəs** cn. *I'm ready.* (AS) | kʷłnił kʷi su**ʔiʔéʔwəs**s. *He's all ready.* (AS)}

ʔiʔéʔwəsəŋ 〚√y<ʔ>iʔ=iws-ŋ<ˀ> √ready<actl>=body-mdl<actl>〛 ☞ ʔiʔéʔwəs *to be getting ready.* {**ʔiʔéʔwəsəŋ** cn. *I'm getting ready.* (ES; BC) | **ʔiʔéʔwəsəŋ** cn či nəshiyáʔ. *I'm getting ready to go.* (ES) | **ʔiʔéʔwəsəŋ**; x̣̌aʔtáwn caʔ st. *Get ready; we're going to town.* (AS)}

ʔiʔéʔwəst 〚y<ʔ>iʔ=iws-t √ready<actl>=body-trns〛 ☞ **ʔiʔéʔwəsəŋ** *to be getting something or someone ready.* {**ʔiʔéʔwəst** cn. *I'm getting him ready.* (ES)}

ʔiʔətásəŋ 〚√ʔəy̓=tasəŋ √good=time〛 [analysis uncertain - The suffix is unique to this word.]

☞ ʔə́y̓ *to be good weather, a good, joyful time.* (HS,ES) VAR: **ʔiʔətáyəsəŋ** (ES) VAR: **ʔəyətásəŋ** (MJT) VAR: **ʔiʔtásəŋ** (AS,BC) {**ʔiʔtásəŋ** tə skʷáči. *The day is good.* (AS,BC) | **ʔiʔtásəŋ** yaʔ st. *We had a good time.* (AS)} VAR: **ʔəy̓tásəŋ** (AS)

ʔiʔícən 〚√ʔəy̓=icən √good=back〛 《a well protected area》 ☞ ʔə́y̓ *former Klallam village at the mouth of Morse Creek.* (ES; AS,BC)

ʔiʔíləs 〚ʔi+√ʔils aff+√Myron_Eells〛 *Myron Eells (1843-1907), missionary, government agent, and collector of information about the Native Americans of western Washington. The people of AS and BC's grandparent's generation knew him. They also called him "Snoopy".* (AS,BC; AS) [from "Eells" with affective reduplication]

ʔiʔínəs 〚√ʔəy̓=inəs √good=chest〛 *Ennis Creek and the Klallam village at the mouth of Ennis Creek at the east end of Port Angeles; beach on the Ennis Creek side of Morse Creek.* (LB,EWH; LBH,H; AS,BC; ES) ✶ *Probably the origin of the name 'Ediz Hook'* 《Usage: Today some people use this to refer to the city of Port Angeles as a whole. Others use /čixʷícən/.》 (ES) ✶ *MJ's great-grandmother lived here.* (MJT) 《The name refers to the good, smooth beach there.》 ☞ ʔə́y̓ {čaʔ**ʔiʔínəs** kʷi. *He just came from Port Angeles.* (NS,JW) | háʔəw̓ kʷaʔ x̣̌aʔ**ʔiʔínəs**. *He went away to Port Angeles.* (EPT) | cə́č tiə ʔəcłtáyŋxʷ ʔaʔ čixʷícən ʔiʔ tə cíxʷəŋ, **ʔiʔínəs**. *The people would wake up at čixʷícən and the spit and ʔiʔínəs.* (ES)} VAR: **ʔiʔíns** (LBH; EPT; AS,BC; AS)

ʔiʔíqtəŋ 〚yiʔ+√yiq-txʷ-ŋ actl+√easy-caus-psv〛 ☞ yéʔiqtxʷ *to be made inexpensive, cheap.* (ES)

ʔiʔiyáy̓əŋ 〚ʔy+√ʔyay̓ŋ pl+√parent〛 ☞ ʔiyáy̓əŋ *parents.* {ʔáwənə **ʔiʔiyáy̓əŋ**s. *They have no parents.* (MJT)}

ʔiʔiyə́m̓ 〚ʔy+√ʔyəm char+√strong〛 ☞ ʔiyə́m̓ *to be strong.* {**ʔiʔiyə́m̓** t súŋs. *It had a strong smell.* (MJT) | **ʔiʔiyə́m̓** ʔəcłtáyŋxʷ xʷənʔáŋ ʔaʔ ʔə́c. *They were strong people like me.* (TC)} VAR: **ʔiʔiyə́m** (MJT) {q̓pə́ts či ŋən **ʔiʔiyə́m** suʔwə́y̓qaʔ. *They gathered many strong men.* (ES) | suʔhiyáʔs məsíct či ʔuʔhúy ʔuʔ **ʔiʔiyə́m**s swə́yaʔwəs. *They went and chose only their strong young men.* (ES)}

ʔiʔiyiyə́m 〚ʔy+√<yi>yəm char+√strong<pl>〛 ☞ **ʔiʔiyə́m̓** *to be very strong (of several).* {ŋən **ʔiʔiyiyə́m**. *There are lots of strong ones.* (MJT)}

ʔiʔłčáʔi [hy̓-ʔł-√čay̓ə proc-part-√first] ☞ łčáʔi cp. łkʷáwəs *to go first, ahead, before (someone or something).* (LC; TC) {**ʔiʔłčáʔi** cn. *I'm going first, walking ahead.* (TC) | **ʔiʔłčáʔi** caʔn. *I'll go first. / I'll go ahead.* (TC; BC) | ʔəctíxʷ **ʔiʔłčáʔi** ti nshiyáʔ stə́ct. *Let me be first to go down.* (AA) | **ʔiʔłčáʔi** cn ʔaʔ kʷi sxə́ps. *I was ahead at the end.* (AS) | **ʔiʔłčáʔi** caʔ či nəsʔúx̣ʷ ʔaʔčixʷícən ʔiʔ čaʔhiyaʔ cn ʔúx̣ʷ ʔaʔstatiłəm. *I'll go to Port Angeles first before I go to Jamestown.* (TC) | ʔə́c caʔ **ʔiʔłčáʔi**. *It'll be me that goes first.* (TC)} VAR: **hiłčáʔyə** (MJT)

ʔiʔɬkʷást [hy̓-ʔɬ-√was-t proc-part-√behind-trns]   to put someone behind (in line or in a race). {*ʔiʔɬkʷást* cn. *I put her behind.* (AS)}

ʔiʔɬkʷástəŋ [hy̓-ʔɬ-√was-t-ŋ proc-part-√behind-trns-psv]   ☞ ʔiʔɬkʷást to be put behind (in line or in a race) by someone or something. {*ʔiʔɬkʷástəŋ* cn. *I was put behind.* (AS)}

ʔiʔmáy̓ [√ʔy̓may̓ √rent]   to borrow, rent. (ES) ⟪There are two other words that also translate as 'borrow'.⟫ cp. q̓ʷínəyu cp. ʔáʔiʔ. {*ʔiʔmáy̓* cn. *I'm borrowing.* (ES) | *ʔiʔmáy̓* u cxʷ? *Are you borrowing?* (ES) | *ʔiʔmáy̓* cn ʔəʔ kʷi tálə. *I'll borrow some money.* (ES) | nəsʔiʔmáy̓ č̓iyá ʔəʔ nók̓ʷ. *I borrowed from you.* (ES) | *ʔiʔmáy̓* cn ʔəʔ cə n̓sča?qʷəʔyúɬ. *I borrowed your rig.* (ES)} VAR: ʔəy̓máy̓ *I'm renting.* (ES) VAR: ʔimáy̓ (AS) {*ʔimáy̓* cn ʔəʔ tə šápəl. *I borrowed the shovel.* (AS)}

ʔiʔnə́kʷi [√ʔəy̓-nəwəy √good-ncrcprcl]   ☞ ʔə́y̓ cp. ʔiʔtúy̓ to get along well, be good to each other, be happy together. (TC) {*ʔiʔnə́kʷi* cn. *I'm getting along. / I'm happy.* (AS) | *ʔiʔnə́kʷi* či. *Get along with each other.* (AS) | *ʔiʔnə́kʷi* st. *We're doing fine with each other.* (AS) | *ʔiʔnə́kʷi* cə nsə́ʔyaʔ. *My grandmother is getting along fine.* (AS) | ʔə́yəs cxʷ kʷaʔ čaʔiʔnə́kʷiɬ. *You're happy when you finally get along.* (AS) | ʔə́yəs st kʷaʔčaʔ ʔɬ ʔiʔnə́kʷiɬ. *We'll be happy when we get along.* (AS)} VAR: ʔəy̓nə́kʷi (TC)

ʔiʔtáʔəŋ [√ʔəy̓-ta<ʔə>xʷ-ŋ √good-emot<actl>-psv]   ☞ ʔiʔtáŋ being enjoyed, liked, found amusing by someone. {stáŋ ʔuč či *ʔiʔtáʔəŋ* ʔəʔ nəsíyaʔ? *What was my grandfather enjoying?* (MJ)}

ʔiʔtáʔəxʷ [√ʔəy̓-ta<ʔə>xʷ √good-emot<actl>]   ☞ ʔiʔtáxʷ to be enjoying, liking, loving something, finding something funny. {*ʔiʔtáʔəxʷ* cn. *I'm enjoying it.* (AS) | ʔuʔɬəŋ ʔuʔ naʔnə́čəŋ *ʔiʔtáʔəxʷ*. *They're really laughing, enjoying it.* (AS) | stáŋ ʔuč či *ʔiʔtáʔəxʷ*? *What's so funny?* (AS)}

ʔiʔtáŋ [√ʔəy̓-taxʷ-ŋ √good-emot-psv]   ☞ ʔiʔtáxʷ
1. to be enjoyed, liked, found amusing by someone.
2. to be pleased by something or someone. (AS) {*ʔiʔtáŋ* cn. *They enjoyed me, found me amusing.* (AS)}

ʔiʔtáŋə [√ʔəy̓-taxʷ-ŋə √good-emot-2obj]   ☞ ʔiʔtáxʷ enjoy you. {*ʔiʔtáŋə* cn. *I enjoy you.* ⟪If you say that to a woman, she might slap you. (TC)⟫ }

ʔiʔtáxʷ [√ʔəy̓-taxʷ √good-emot]   ☞ ʔə́y̓ Stem: ʔiʔtá [stem for subject suffixes] to enjoy, like, love something, find something delicious or amusing. (TC; ES,TC) {*ʔiʔtáxʷ* cn. *I'm enjoying it. / It's delicious.* (TC; ES) | *ʔiʔtáxʷ* cn cə ʔiʔtáxʷ. *I'm enjoying what you're enjoying.* (TC) | *ʔiʔtáxʷ* kʷi staʔɬáqaʔs yaʔ kʷi n̓ŋáʔnaʔ! *Enjoy the little liver of your son!* (TC) | *ʔiʔtáxʷ* st kʷə ti n̓sʔən̓ʔá səq ʔəsxʷáʔxʷk̓ʷ. *We were amused that you came out drunk.* (MJ) | *ʔiʔtáxʷ* ti ʔuʔk̓ʷə́nəxʷ ʔəɬ twəw̓x̣úx̣aʔəs ti c̓əy̓əcicə́c̓əm ʔəɬ kʷə́nəxʷ. *Love the little birds that you see when they are still small when you see them.* (MJ) | *ʔiʔtá*s. *He likes it.* (TC) | *ʔiʔtáxʷ* cn cə *ʔiʔtáxʷ*. *I'm enjoying what you're enjoying.* (TC) | *ʔiʔtáxʷ* cn cə *ʔiʔtás*. *I'm enjoying what he's enjoying.* (TC) | *ʔiʔtáxʷ* cxʷ cə *ʔiʔtáɬ*. *You're enjoying what we're enjoying.* (ES) | *ʔiʔtáxʷ* cxʷ cə *ʔiʔtán*. *You're enjoying what I'm enjoying.* (ES) | *ʔiʔtáxʷ* u cxʷ cə *ʔiʔtáɬ*? *Are you enjoying what we're enjoying?* (TC) | *ʔiʔtáxʷ* u cxʷ cə *ʔiʔtán*? *Are you enjoying what I'm enjoying?* (TC) | *ʔiʔiʔtás* *He's enjoying it, he loves it* (ES) | *ʔiʔtáxʷ* kʷi staʔɬáqaʔs yaʔ kʷi n̓ŋáʔnaʔ. *Enjoy the little liver of you son.* (TC)}

ʔiʔtúy̓ [√ʔəy̓-tuy̓ √good-comit]   ☞ ʔə́y̓ cp. ʔiʔnə́kʷi to get along well, be good to each other. (TC) VAR: ʔəy̓túy̓ (AS) {*ʔəy̓túy̓* cn. *We get along.* (AS,BC) | *ʔəy̓túy̓* či! *Get along!* (BC) | *ʔəy̓túy̓* st ʔəɬ čáʔiɬ. *We got along well when we were working.* (BC) | *ʔəy̓túy̓* cn ʔəɬ čáʔiɬ. *I get along when we work.* (BC)} VAR: ʔəy̓stúy̓ {*ʔəy̓stúy̓* či! *Get along!* (AS)}

ʔiʔúyəs [√ʔəy̓=uyəs √good=color]   ☞ ʔə́y̓
1. to be bright colored, colorful. (TC)
2. to be shining, outstanding. (AS) {*ʔiʔúys* cə ʔápəls. *The apple is nice and shiny.* (AS)}
3. to be firm and healthy looking. (AS) {*ʔiʔúys* kʷi kʷə nsʔács. *My face (skin) is firm.* (AS)} VAR: ʔiʔúys (TC; AS)

ʔiʔx̣iʔx̣ay̓əstə́n̓əq [hy̓-xy̓+√x̣ay̓s-t-ən<ʔ>əq proc-char+√changer-trns-hab<actl>]   ☞ x̣áy̓əs the Great Transformer. (AB,ICT)

ʔičáɬc̓ thistle. *See under:* ʔiyaʔc̓áɬc̓

ʔíčəŋ [√ʔič-ŋ √dress-mdl]   to get dressed, put clothes on. (LC; ES; TC; WB) {*ʔíčəŋ* cn. *I put clothes on.* (ES; TC) | *ʔíčəŋ* či. *Dress up.* (MJT) | *ʔíčəŋ* caʔn. *I'm going to get dressed.* (MJT) | *ʔíčəŋ* cə sx̣̌ix̣̌aʔʔqɬ. *The child dressed.* (AS) | kʷn̓iɬ či *ʔíčəŋ*. *Get dressed now!* (AS,BC) | *ʔíčəŋ* ʔaʔ cə kapú. *Put on a coat.* (AS) | suʔíčəŋs. *So she got dressed.* (AA) | n̓iɬ kʷɬaʔ suʔíčəŋs. *Then she got dressed.* (TC) | n̓iɬ suʔəmə́ts kʷi nəswə́y̓qaʔ *ʔíčəŋ*. *Then my husband got up and dressed.* (MJ)}

ʔíčt [√ʔič-t √dress-trns]   ☞ ʔíčəŋ to put on an article of clothing, wear something. {*ʔíčt* cn. *I put it on.* (TC) | *ʔíčt* cə n̓kapú. *Put on your coat.* (ES) | *ʔíčt* cə nsxʷx̣̌péʔwən. *Wear your shirt.* (TC)}

ʔičáʔi before. *See under:* ʔiʔčáʔyə

ʔíčənə [√ʔičənə √hey]   [interjection] hey!. (TC)

ʔíčina my goodness!. *See under:* ʔáčəna

ʔíčinaʔ my goodness!. *See under:* ʔáčəna

ʔíčɬ [√ʔičɬ √dip]   to ladle, dip, scoop up (food or water). (ES; TC; AS,BC) {*ʔíčɬ* cn. *I dipped (water).* (TC) | *ʔíčɬ* ʔaʔ či qʷúʔ. *Dip up some water.* (EPT; ES,HS) | *ʔíčɬ* či ʔaʔ tə qʷúʔ. *Dip up the water.* (AS) | *ʔíčɬ* či. ʔə́y̓ tiə qʷúʔ. *Dip it; this water is good.* (AS)}

ʔíčɬt [√ʔíčɬ-t √dip-trns]   ☞ ʔíčɬ to ladle, dip, scoop, ladle something up (soup, water, etc.). {*ʔíčɬt* cn. *I dipped it up.* (AS) | *ʔíčɬt* tə qʷúʔ. *Dip the water.* (AS,BC) | *ʔíčɬt* cn cə qʷúʔ. *I dipped the water.* (AS)} VAR: ʔíčt (ES,HS; ES; AS) {*ʔíčt* cn cə qʷúʔ. *I fetched water. / I dipped the water.* (ES,HS; AS) | *ʔíčt* cn cə cáyəɬ. *I dipped the lake.* (AS) | **ʔíčt** cn cə stúʔwi. *I dipped the river.* (AS) | **ʔíčt** cn cə słúp. *I dipped the soup.* (AS)}

ʔíčɬtəŋ ⟦√ʔ<í>čɬ-t-ŋ √dip<actl>-trns-psv⟧ ☞ **ʔəčíɬtəŋ** *cp.* **ʔíčtəŋ** being ladled, dipped, scooped up for by someone. (AS) {**ʔíčɬtəŋ** cn. *He's dipping for me.* (AS,BC) | **ʔíčɬtəŋ** tiə ʔaʔyəcɬtáyŋxʷ ʔaʔ cə qʷúʔ. *They're dipping the water for the people.* (AS)}

ʔíčt dip it up. *See under:* **ʔíčɬt**

ʔíčtəŋ be dipped up. *See under:* **ʔəčíɬtəŋ**

ʔičéʔqʷəŋ wipe head. *See under:* **ʔəčéʔqʷəŋ**

ʔíh ⟦ʔih oops⟧ [interjection] oops, oh. 《USAGE: said when one makes a small mistake or does, sees, hears, tastes something mildly surprising》 (AS,BC; AS) {**ʔíh**, kʷiʔə́t cn. *Oops, I spilled it.* (AS)} VAR: ʔíi {**ʔíi**, kʷiʔə́t cn. *Oh, I spilled it.* (AS)} VAR: ʔéh {**ʔéh**, kʷiʔə́t cn. *Oh, I spilled it.* (TC,AS,BC; AS,BC) | **ʔéh**, ʔaʔstúʔŋət cxʷ ʔuč? *Oh, what are you doing?* (AS)} VAR: ʔí (AS,BC)

ʔíi oops. *See under:* **ʔíh**

ʔíkčəm handkerchief. *See under:* híkčəm

ʔíks ⟦√ʔiks √egg⟧ hen's egg. (AS,BC) [from English 'eggs'] {qəqə́y cə **ʔíks**. *The egg spoiled.* (AS) | čáxʷəŋ cə **ʔíks**. *The eggs spoiled.* (AS,BC)}

ʔíɬən ⟦√ʔiɬn √eat⟧ to eat, consume, dine, have a meal. (JCo; LC; TC; AS,BC) {**ʔíɬən** či. *You better eat.* (TC) | **ʔíɬən** cn. *I ate.* (LC) | **ʔíɬən** caʔn. *I'm going to eat.* (TC) | **ʔíɬən** caʔ cxʷ. *You're going to eat.* (TC) | ʔənʔá či **ʔíɬən**. *Come eat.* (EPT) | xʷə́ŋ u cxʷ ʔiʔ **ʔíɬən**? *Can you eat? (said to someone who is sick)* (TC) | ča**ʔíɬən** cn. *I just ate.* (TC) | ʔámət či ʔiʔ **ʔíɬən**. *Sit down and eat.* (TC,AS,BC) | sátəŋ cn kʷaʔ **ʔíɬənən**. *He told me to eat.* (TC) | **ʔíɬən** u cxʷ kʷaʔ **ʔíɬənən**? *Will you eat if I eat?* (TC) | ʔuʔsə́ɬəŋ ʔuʔ **ʔíɬən**. *Keep eating.* (TC) | čəyáy cn ʔiʔ **ʔíɬən**. *I almost ate.* (TC) | čəyáy či nəsu**ʔíɬən**. *I barely ate.* (TC) | ʔúy táči hiʔ **ʔíɬən** st. *When she comes, we eat.* (MJT) | nəs**ʔíɬən** ʔaʔ kʷi nəs**ʔíɬən**. *It will be the food that I eat.* (TC) | **ʔíɬən** cn ʔaʔ či ns**ʔíɬən**. *I'm going to eat your food. / I'm going to eat what you're eating.* (TC) | **ʔíɬən** cn; ʔawxʷaʔəm cn. *I ate because I was hungry.* (TC) | **ʔíɬən** caʔn ʔaʔ či n̓stáči. *I'm going to eat because you got here.* (TC) | **ʔíɬən** u cxʷ ʔaʔ cə nəs**ʔíɬən**? *Are you going to eat what I'm eating?* (TC) | **ʔíɬən** u cxʷ ʔaʔ cə ŋuʔútən? *Are you going to eat what I'm eating?* (TC) | níɬ č suʔkʷúkʷs ʔiʔ **ʔíɬən**. *So she cooked and ate.* (TC) | **ʔíɬən** st ʔiʔ níɬ suʔxʷiʔáms. *We ate, and he told stories.* (TC) | **ʔíɬən** kʷaʔ cə ŋə́n̓ ʔəycɬtáyŋxʷ cə čɬqə́n̓xʷ yaʔ. *Many people who had been starving ate.* (AA) | ʔánət cn či s**ʔíɬən**s. *I let him eat.* (TC)}

ʔíɬənháyn̓əč ⟦√ʔiɬn=ay<ˀ>ə=nač √eat=container<actl>=tail⟧ ☞ **ʔíɬən** to eat from the bottom of a container. {**ʔíɬənháyn̓əč** u cxʷ? *Are you eating the bottom (of the pan)?* (MJT)}

ʔíɬənínəŋ ⟦√ʔiɬn=ŋin-ŋ √eat=piece-mdl⟧ ☞ **ʔíɬən** to eat a meal. (AS,BC) {hiyáʔ caʔ st **ʔíɬənínəŋ**. *We're going to go eat a meal.* (AS)}

ʔíɬənnúŋət ⟦√ʔiɬn-nuŋt √eat-ncmdl⟧ ☞ **ʔíɬən** to finally get to eat. {**ʔíɬənnúŋət** cn. *I finally got to eat.* (TC)}

ʔíɬəntxʷ ⟦√ʔiɬn-txʷ √eat-letcaus⟧ ☞ **ʔíɬən** to let someone or something eat. (TC) {**ʔíɬəntxʷ** cn. *I let her eat.* (AS,BC) | **ʔíɬəntxʷ** cə q̓aʔq̓áʔŋiʔ. *Let the little girl eat.* (AS)}

ʔimáy̓ borrow. *See under:* ʔiʔmáy̓

ʔimənánkʷs ⟦√ʔyəm-n=ankʷs √strong-ext=abdomen⟧ ☞ **ʔiyə́m̓** to be tough, strong-willed, strong-minded. (MJT) VAR: ʔiyəmnákʷs {**ʔiyəmnákʷs** kʷi kʷə swə́y̓qaʔs. *Her husband is strong.* (AS)}

ʔinaʔŋət ⟦√ʔin<aʔ>-ŋ-t √appear<actl>-mdl-trns⟧ ☞ **ʔínəŋ** to make appear, make show up, put on display. (TC) VAR: ʔínaŋət (AS) {**ʔínaŋət** cn cə sqáxaʔ. *I showed the dog.* (AS)}

ʔinačtxʷ ⟦√ʔaynač-txʷ √take_turn-letcaus⟧ [metathesis with let causative] ☞ **ʔáynač** to let someone take their turn, take someone's place. (ES) {**ʔinačtxʷ** cn. *I took his place.* (AS) | **ʔinačtxʷ** cn cə ncə́t. *I took my dad's place.* (AS)}

ʔínəŋ ⟦√ʔin-ŋ √appear-mdl⟧ to appear, come into view, show up, become visible (of something unexpected). (ES; TC; EB; AS,BC) 《often used for objects appearing on the water viewed from the land or on the land viewed from the water》 {**ʔínəŋ** cn. *I showed up.* (TC) | kʷɬ**ʔínəŋ**. *It already showed up.* (TC) | ča**ʔínəŋ** u cxʷ? *Did you just show up?* (AS) | húy cə sqʷúŋis ʔuʔ **ʔínəŋ**. *Only it's head showed.* (ES) | ča**ʔínəŋ** cə skʷáqəŋ. *The flower just bloomed.* (AS) | **ʔínəŋ** cə q̓ɬúməčən. *The blackfish appeared.* (AS) | hu**ʔínəŋ** ʔu caʔ cxʷ? *Are you going to show up?* (ICT) | **ʔínəŋ** kʷɬə ɬqáy̓č ʔaʔ kʷi ʔəsnát. *The moon appeared at night.* (AS) | ʔu**ʔínəŋ** caʔ ʔaʔ či ʔuʔčəntán̓. *It's going to show up sometime.* (ICT) | níɬ suʔx̌áys **ʔínəŋ** cə sŋiyánt sxaʔeʔkʷuyéʔč. *Then the mountains appeared again (after the flood receded).* (ES)} VAR: ʔínəŋ̓ (TC) {**ʔínəŋ̓** cn. *I showed up.* (TC) | ča**ʔínəŋ̓**. *He just now showed up.* (MJT) | ča**ʔínəŋ̓** cn. *I just (now) showed up.* (TC)}

ʔinəŋít ⟦√ʔin-ŋi-t √appear-rel-trns⟧ ☞ **ʔínəŋ** to reveal, show something. {**ʔinəŋít** cn. *I showed it.* (AS,BC) | **ʔinəŋít** cn cə sxiyús. *I showed the picture.* (AS,BC)}

ʔinəŋítəŋ ⟦√ʔin-ŋi-t-ŋ √appear-rel-trns-psv⟧ ☞ **ʔinəŋít** to be revealed, shown to someone. (AS,BC) {ča**ʔinəŋítəŋ** cn. *It just appeared to me.* (AS)}

ʔínəŋ skʷáči ⟦√ʔin-ŋ ʔs-√kʷayiy √appear-mdl stat-√day⟧ ☞ **ʔínəŋ** ☞ skʷáči birthday. (AS,BC)

ʔínəs end. *See under:* sʔíyən̓

ʔínət ⟦√ʔinat √say_what⟧ to say, mean what?. 《a verb used to ask what someone has said or what someone means》 (ES) {**ʔínət** cxʷ? *What did you say?* (TC) | **ʔínət** cxʷ ʔuč? *What did you say?* (TC)}

ʔínnt

VAR: ʔínnt (AS,BC) {*ʔínnt* cxʷ ʔučʔ. *What did you say?* (MJT; TC; AS,BC) | *ʔínnt* cn ʔučʔ. *What did I say?* (MJT)}

ʔínnt say what. See under: ʔínət

ʔíns end. See under: sʔíyəx̣̌

ʔiŋʔíŋəc grandchildren. See under: ʔəŋʔíŋəc

ʔíŋəc[1] ⟦√ʔiŋc √grandchild⟧ grandchild, grandson, granddaughter, also grand niece or nephew. (LB,CWH; EPT; LC; ES; AS,BC) cp. cə́ɬpiyaʔqʷ {nəʔíŋəc. *My grandchild.* (ES) | ʔə́c ʔəŋʔíŋəc. *I am your grandchild.* (MJ) | čáy ʔaʔ či tíy, nəʔíŋəc. *Make some tea, granddaughter.* (MJT) | mán ʔuʔ sətsítt kʷsə nəʔíŋəc. *My grandson is a real sleepyhead.* (EPT) | mán ʔuʔ sətsítt ƛ̓áy kʷssə nəʔíŋəc. *My granddaughter is a real sleepyhead, too.* (EPT)} VAR: ʔíŋc (AS,BC)

ʔíŋəc[2] ⟦√ʔiŋ-t-c √step_on-trns-1obj/2obj⟧ ☞ ʔíŋət step on me; step on you. (ES) {*ʔíŋəc* caʔn, Gypsy. *I'm going to step on you, Gypsy.* (MJT)}

ʔíŋənəŋ ⟦√ʔiŋ-naxʷ-ŋ √step_on-nctrns-psv⟧ ☞ ʔíŋənəxʷ to be stepped on, run over by someone or something accidentally. (AS,BC) {*ʔíŋənəŋ* st ʔaʔ Gypsy. *Gypsy stepped on us accidentally.* (MJT)}

ʔíŋənəxʷ ⟦√ʔiŋ-naxʷ √step_on-nctrns⟧ ☞ ʔíŋət Stem: ʔíŋən [stem for third-person and subordinate subjects] manage to step on something, step on something accidentally, run over something. (TC) {*ʔíŋənəxʷ* cn. *I stepped on it.* (TC) | *ʔíŋənəxʷ* cn cə písps. *I accidentally stepped on the cat.* (TC) | stáŋ ʔuč cə *ʔíŋənəxʷ*? *What did you step on?* (TC) | stáŋ ʔuč cə *ʔíŋənən*? *What did I step on?* (TC) | *ʔíŋənəxʷ* cn ʔiʔ q̓ʷúy. *I ran over it accidentally, and it died.* (MJT) | níɬ nsuʔx̣ə́nəŋ čəyáy ʔiʔ *ʔíŋənəs* ʔaʔ Markishtum čšaʔmaʔqá̓ʔaʔ. *Then I said it almost stepped on Markishtum from Neah Bay.* (MJ) | ʔúy̓ caʔ čaʔčáŋ cə q̓ayúƛən ʔiʔ yəcústs tə ʔəŋʔíŋəcs ʔaʔ či sčəyáys ʔiʔ *ʔíŋənəs* ʔaʔ Markishtum. *When Slug gets home he will tell his grandchildren that he almost stepped on Markishtum.* (MJ)}

ʔíŋənúŋə ⟦√ʔiŋ-naxʷ-uŋə √step_on-nctrns-2obj⟧ ☞ ʔíŋənəxʷ step on you. {*ʔíŋənúŋə* caʔn. *I'm going to step on you (accidentally).* (MJT)}

ʔíŋənúŋəɬ ⟦√ʔiŋ-naxʷ-uŋəɬ √step_on-nctrns-1plobj⟧ ☞ ʔíŋənəxʷ step on us. {q̓ʷáyəx̣; *ʔíŋənúŋəɬ* caʔ cxʷ. *Be careful; you'll step on us.* (MJT)}

ʔíŋət ⟦√ʔiŋ-t √step_on-trns⟧ step on, lie on, put oneself on something. (EPT; LC; TC; ES; AS,BC) {*ʔíŋət* cn. *I stepped on it.* (TC) | *ʔíŋət*s canu. *He stepped on that thing.* (ES) | sx̣̌éʔ či sʔíŋəts cə sčaʔkʷaʔyúɬɬ. *It wanted to step on our boat.* (ES)} {*ʔíŋət* cn cə sxʷaʔxʷənáʔəm. *I stepped on the bug.* (TC) | xʷtə́q qɬ cn kʷə kʷaʔ hiyáʔən *ʔíŋət*. *I'd fall through if I went and stepped on it.* (MJ)}

ʔíŋətəŋ ⟦√ʔiŋ-t-ŋ √step_on-trns-psv⟧ ☞ ʔíŋət to be stepped on by someone or something. (AS,BC) {*ʔíŋətəŋ* cn. *They stepped on me.* (TC; ES)}

ʔíŋ́ict help self. See under: yaʔŋíct

ʔípən ⟦√ʔipn √apron⟧ apron. (MJT; TC) [from English]

ʔípt ⟦√ʔip-t √tap-trns⟧ to tap, stroke, pet, brush something. (ES) {*ʔípt* cn cə ćíq̓ʷəns. *I tapped his shoulder.* (ES)}

ʔiscúʔip hidden. See under: ʔəscúʔyəp

ʔíst ⟦√ʔist √paddle_canoe⟧ to paddle, pull (a canoe), row (a boat). (TC; AS,BC) {ʔúxʷ či *ʔíst*! *Go on, paddle!* (EPT) | *ʔíst* cn. *I paddled.* (AS) | *ʔíst* kʷɬi nətán yaʔ. *My late mother paddled.* (ES) | ʔuʔxənáɬ tə nəs*ʔíst*. *I always paddle.* (TC) | nsuʔúy̓əɬ ʔiʔ *ʔíst*. *So I got in and paddled.* (MJ) | xʷəŋ kʷaʔčaʔ ti nəs*ʔíst* tán. *So I paddled ashore fast.* (TC) | *ʔíst* ʔiyə́m kʷɬi nətán. *My mother paddled strong.* (TC) [This example shows that the final /t/ is not the transitivizer. If it were, then this sentence would mean 'paddle my late mother'.] {suʔi*ʔíst*s ʔaʔ mimə́ščʷ ʔəckʷíyəŋ. *So Little Mink paddled far out.* (MJ)}

ʔistá ⟦√ʔysta √let's⟧ [hortative predicate] let's, let's go. (LC; TC) ⟪USAGE: Used only at Becher Bay. ES, AS, BC, HS never heard it.⟫ {*ʔistá* ʔəmx̣ʷúcən. *Let's go pick berries.* (TC) | *ʔistá* hiyáʔ. *Let's go.* (TC) | *ʔistá* ƛ̓ácu. *Let's go fishing.* (LC; TC) | *ʔistá* ɬúkʷ. *Let's go home.* (TC) | *ʔistá* ɬcú. *Let's go down to the beach.* (LC) | *ʔistá* ƛ̓aʔšxʷimáy. *Let's go to the store.* (LC) | *ʔistá* hiyáʔ ƛ̓aʔčixʷícən. *Let's go to Port Angeles.* (TC)} VAR: ʔistáʔ (TC) VAR: ʔistáh (TC)

ʔístəŋ ⟦√ʔis-txʷ-ŋ √do_with-caus-psv⟧ ☞ ʔístxʷ to be done what with or to do. (AS,BC) {*ʔístəŋ* cxʷ. *What did he do with you? / What did he do to you?* (TC)}

ʔístt ⟦√ʔist-t √paddle_canoe-trns⟧ ☞ ʔíst {*ʔístt* cn cə snóxʷɬ. *I paddled the canoe.* (TC)}

ʔistúŋə ⟦√ʔis-txʷ-uŋə √do_with-caus-2obj⟧ ☞ ʔístxʷ do what with you. {*ʔistúŋə* cn? *What will I do with you?* (AS,BC)}

ʔistúŋəs ⟦√ʔis-txʷ-uŋəs √do_with-caus-1obj⟧ ☞ ʔístxʷ do what with me. {*ʔistúŋəs* cxʷ? *What did you do with me?* (AS,BC)}

ʔistúŋɬ ⟦√ʔis-txʷ-uŋɬ √do_with-caus-1plobj⟧ ☞ ʔístxʷ do what with us. {*ʔistúŋɬ* cxʷ? *What did you do with us?* (AS,BC)}

ʔístxʷ ⟦√ʔis-txʷ √do_with-caus⟧ to do (something) with something; do what with something. (TC; AS) {*ʔístxʷ* cn? *What will I do with it?* (AS,BC) | ʔiʔ *ʔístxʷ* cxʷ? *But what can you do about it?* (TC) | ʔiʔ*ʔístxʷ* q st? *What could we do about it?* (TC) | *ʔístxʷ* caʔ cxʷ? *What are you going to do with it?* (TC) | *ʔístxʷ* cxʷ kʷɬəwniɬ. *What can you do with her?* (BH) | x̣čət kʷə s*ʔístxʷ* caʔ či sqʷúčt cə ʔəcɬtáyŋxʷ. *They were figuring out what to do to kill the person.* (ES) | kʷaʔ ʔáwə c xʷənáŋ či x̣čníns, ʔiʔ húʔ caʔ cxʷ sxʷčiyaʔyéʔwən ʔiʔ sqiʔnúŋət ʔiʔ nəxʷqʷiʔqʷəyéʔwən ʔaʔ či ns*ʔístxʷ* caʔ ʔiʔ ʔuʔcxʷə́t ʔiʔ ʔuʔnə́kʷ caʔ ʔuʔ cə́xʷ ʔaʔ či syáʔts cə sisiyáʔiɬs cə sčiyaʔyéʔwən yaʔ scutáyəls ʔaʔ ʔuʔ mán ʔuʔ nəxʷsƛ̓iyʔámən. *If you are not* *thinking like that, and if you are resentful and angry and thinking that you'll do something to make someone disappear, it will be you that disappears as what happened to the envious in-laws of that very good provider.* (AA)}

ʔíš 〚√ʔiš √gosh〛 [interjection]
1. oh! gosh!, gee!. (AS,BC; AS) {*ʔíš, ʔaʔstúʔŋət cxʷ ʔuč? Gee, what are you doing?* (AS)}
2. shoo! hush!. (TC) VAR: ʔišáa (AS,BC)

ʔišáa gosh. *See under:* ʔíš

ʔítt 〚√ʔitut √sleep〛
1. to sleep, go to sleep, go to bed. (LB,CWH; JCo; EPTA; RS; TC; AS,BC; ES; WB; MJ) {*ʔítt cn. I'm going to sleep. / I slept.* (TC; AS,BC) | *ʔítt caʔn. I'll sleep.* (ES) | *ʔítt či. Go to sleep.* (MJ) | *ʔúxʷ či ʔítt. Go to bed!* (EPT; MJT; TC,AS,BC) | *ʔúxʷ či ƛaʔsxʷʔáʔmət ʔiʔ ʔítt. Go to bed and sleep.* (EPT) | *ʔítt u cxʷ? Are you going to sleep?* (EPT) | *čaʔítt cn. I finally went to sleep.* (TC) | *ʔəsqiʔámˀ u či ńsʔítt? Couldn't you sleep?* (MJT) | *ʔyáʔ či ṫúkʷˀ ʔi ʔítt. Go home and sleep.* (LB,CWH) | *ʔáwə cn kʷaʔ ʔíttən. I couldn't sleep.* (MJT) | *suʔstəcts ʔiʔ ʔítt. So he lay down and slept.* (TC) | *xʷə́ŋ cn ʔiʔ ʔítt. I can sleep.* (TC) | *hiyáʔ cn ʔítt, ʔawʔəɬčíws cn. I went to bed because I was tired.* (LC) | *ʔiʔ níɬ č suʔχənʔátəŋs kʷaʔ ʔítts. And then she was told to sleep.* (MJ) | *kʷɬʔítt tuŋɬ ʔiʔ čaʔɬúkʷ cxʷ. Wait until we go to bed before you go home.* (TC)}
2. to be not cooking (of food on insufficient heat). (MJT)

ʔittənúŋət manage to sleep. *See under:* ʔəttnúŋət

ʔíwəɬ beside. *See under:* ʔíyəwəɬ

ʔíwɬ beside. *See under:* ʔíyəwəɬ

ʔíx̣əŋ 〚√ʔix̣-ŋ √scrape-mdl〛 to scrape. {*ʔíx̣əŋ cn ʔaʔ cə ləpláš. I scraped the board.* (AS)}

ʔíx̣t 〚√ʔix̣-t √scrape-trns〛 ☞ ʔíx̣əŋ to scrape something. (EPT; MJT; TC; TC,AS,BC; AS,BC) {*ʔíx̣t cn. I scraped it off.* (BC) | *níɬ suʔíx̣ɬ. Then we scrape it.* (TC) | *ʔíx̣t cn cə scúɬ scéʔi cə čaʔcítən. I swept up the wood that was on the table.* (AS) | *ʔíx̣t cn cə ləpláš; ʔuʔmánˀ ʔuʔ ŋəńˀ tə cúŋˀčəŋ. I scraped the board; there were very many barnacles.* (AS)} VAR: yíx̣t (AS) {*yíx̣t cn cə scúɬ. I scraped the wood.* (AS)}

ʔíx̣ʷ 〚√ʔix̣ʷ √gather_up〛 to get gathered up by scraping. {*ʔíx̣ʷ cn. I got scraped.* (AS) | *čaʔíx̣ʷ cn. I just got scraped.* (AS) | *ʔíx̣ʷ kʷi kʷə scúɬ. The wood was scraped (gathered) up.* (AS)}

ʔíx̣ʷəŋ 〚√ʔix̣ʷ-ŋ √gather_up-mdl〛 ☞ ʔíx̣ʷ to sweep up, gather up to clear. (AS,BC) {*ʔiʔuʔíx̣ʷəŋ yaʔ kʷi scúɬ. The wood was gathered up (to one side).* (AS)}

ʔíx̣ʷt 〚√ʔix̣ʷ-t √gather_up-trns〛 ☞ ʔíx̣ʷəŋ to gather things together to get rid of them by scraping them up, brush, sweep up something, especially heavier objects. (AS,BC; AS) {*ʔíx̣ʷt cn I brushed it off. / I gathered it up (to get rid of it).* (MJT; AS,BC) | *ʔíx̣ʷt či cə scúɬ. Clear the wood off.* (AS) | *ʔíx̣ʷt cn cə scúɬ. I swept the wood.* (AS) | *čaʔíx̣ʷt cn cə ŋáqaʔ. I finally plowed away the snow.* (AS) | *ʔíx̣ʷt či tə čaʔcítən ʔiʔ čáʔkʷt. Brush off the table and wash it.* (MJT) | *ʔíx̣ʷt cn cə sxáʔəs scayíqʷɬ. I gathered up the bad fruit.* (AS)} VAR: ʔəx̣ít (HS)

ʔíx̣ʷtəŋ 〚√ʔix̣ʷ-t-ŋ √gather_up-trns-psv〛 ☞ ʔíx̣ʷt to be gathered, scraped together to get rid of, be swept up by someone. (AS,BC) {*ʔíx̣ʷtəŋ kʷə scúɬ. The wood was scraped to the side.* (AS)}

ʔiyá 〚√ʔya √there〛
1. to be there, at a place. (AA; ES; TC; AS,BC) {*ʔuʔiyá. Stay there (don't come).* (LC) | *ʔiyá cn. I stayed there.* (ES; TC) | *kʷɬʔiyá yaʔ cn. I was already there.* (ES) | *ʔuʔiyá kʷaʔčaʔ. He's there.* (TC) | *ʔiyá kʷi! It's there!* (MJ) | *ʔiyá yaʔ cn. I was there.* (TC; ES) | *ʔiyá caʔn. I'm going to be there.* (ES) | *ʔuʔiyá cxʷ. You stay there.* (TC) | *ʔiyá yaʔ u cxʷ? Were you there?* (TC) | *cán ʔuč kʷsə ʔiyá? Who's there?* (EPT) | *ʔiyá ccítəŋ. He's standing there.* (TC) | *ʔiʔ níɬ yaʔ sxʷʔiyás. And that's where it was.* (AA) | *ʔiyá ʔaʔ cə sxʷʔiyáɬ. It was where we were.* (TC) | *ʔiyá cn ʔuʔiyá ʔaʔ cə sxʷʔiyáɬ. I was there where we were.* (TC) | *ʔiyá ccítəŋ ʔíycən ʔaʔ cə stútaʔwiʔ. He was standing at the edge of the creek.* (TC) | *ʔiyá yaʔ ʔaʔ pə́šct kʷə tím. Tim was there at Pysht.* (ES) | *ʔáwə c ʔuʔx̣ə́nˀ cə tálə ʔiyá. Not all the money was there.* (MJ) | *ɬúyəs cn cə nəsqáxaʔ ʔiyá ʔaʔčixʷícən. I left my dog in Port Angeles.* (TC) | *ɬúyəs cn ʔaʔ Jamie ʔiyá ʔaʔ čixʷícən. I left Jamie in Port Angeles.* (TC) | *ʔiʔuʔiyá ccítəŋ ʔíycən ʔaʔ cə stútaʔwiʔ. He was standing there at the edge of the creek.* (ES) | *ʔáwə caʔn c ʔiyá či nskʷənánət ʔəɬ sáysiʔxʷ. I will not be there to help you when you are afraid.* (MJ) | *hiyáʔ ʔaʔ kʷi sxʷʔiyás ʔaʔ kʷə nəsʔúqʷaʔ yaʔ. They went to my late brother's place.* (ES) | *ʔáwə yaʔ cxʷ c sáʔsiʔsiʔ ʔəɬ twəwˀʔiyán. You were not afraid when I was still there.* (MJ) | *ʔáčts ixʷ cə qə́yəŋs ʔaʔ cə číčt ʔiyá ʔaʔ cə cáys. She must have wiped her eyes with the ashes on her hand.* (MJ) | *ʔiyá ʔaʔ cə sqayʔaʔqiyáyŋəxʷ. She was there in the little trees.* (ES) | *níɬ suʔiyás ccítəŋ kʷə́ńt. So he was standing there looking at them.* (ES) | *čəyəč cn ʔaʔ tə scúmˀ ʔiyá ʔaʔ tə nəsɬúp. I found a bone in my soup.* (MJT) | *ʔuʔiyá ʔaʔ ti sxʷʔiyás tə ʔáʔiŋs ti ʔənsuʔqaʔxqíŋ. Stay where the house is when you're playing.* (MJ) | *čánəs cn cə sŋánt čšaʔiyá ʔaʔ cə čaʔcítən ʔúxʷtx ʔaʔ cə ɬxnúkʷən. I moved the rock from the table to the floor.* (TC)}
2. are you there? hello. 《Usage: This is used when approaching someone's door to call out to them. See the examples.》 {*ʔiyá, nəsíyaʔ? Are you there, grandfather?* (MJ)} VAR: ʔyá (TC) {*ʔuʔyá u yaʔ cxʷ? Were you there?* (TC)} VAR: ʔəyáh (TC) VAR: ʔiyáh {čʔiyáh be from there (ES)} VAR: ʔiyáʔ (ES; AS,BC) {*níɬ kʷaʔčaʔ slapú ʔiyáʔ. That's where Slapu is.* (MJ) | *ŋəńˀ kʷə ʔuʔkʷaʔcə́ńtč ʔiyáʔ. There are many sharks there.* (AS) | *ʔiyáʔ ʔaʔ kʷə sáyaʔ. It's over there.* (EPT)} VAR: ʔəyá (TC) VAR: ʔyáʔ {*ʔúxʷ ʔaʔ cə ʔyáʔ. Go over there.* (LC) | *ʔyáʔ či ɬúkʷˀ ʔi ʔítt. Go home and sleep.* (LB,CWH)}

ʔiyaʔcə́qsən 〚√ʔəy=u<ʔ>c=əqsən √good=edge<actl>=nose〛 ☞ ʔə́yuc to be sharp pointed. (TC)

ʔiyaʔcícən ⟦√ʔəy̓=u<ʔ>c=icən √good=edge=back⟧ ((sharp back)) ☞ ʔə́yuc rock cod, rockfish. *Sebastes spp.* (MJT; TC) VAR: ʔəyaʔcícən (ES)

ʔiyaʔčáɬč ⟦√ʔiyaʔca=iɬč √thistle=plant⟧ cp. ciyaʔčáɬč thistle. *Cirsium edule.* (TC) VAR: ʔičáɬč (AS,BC)

ʔiyáʔnəŋ¹ ⟦√ʔəy̓=an̓-ŋ √good=ear-mdl⟧ ☞ ʔəyán̓ to listen, hear. (AS,BC; AC) VAR: ʔyáʔnəŋ (AS,BC) VAR: ʔiʔáʔnəŋ (AS,BC) VAR: yáʔnəŋ (AS,BC) {*yáʔnəŋ* či. Listen! (TC,AS,BC) | *yáʔnəŋ* cn. I'll listen. / I hear. (TC; AS)}

ʔiyáʔnəŋ² ⟦√ʔəy̓=an̓-naxʷ-ŋ √good=ear-nctrns-psv⟧ ☞ ʔiyáʔnəxʷ to be heard, listened to by someone or something. {x̌iyáʔtəŋ ʔiʔ *ʔiyáʔnəŋ* cə q̓aʔyíq̓əŋ. They looked for him and heard a gurgling sound. (ES) | níɬ suʔx̌iyáʔtəŋs ʔaʔ kʷi s*ʔiyáʔnəŋ*s. Then they looked around for what they were hearing. (ES) | ʔáwənə nəsxčít kʷaʔ ʔuʔəsɬúʔx̌mn u či nsuʔxčít ʔaʔ či nsʔáwə c *ʔiyáʔnəŋ* ʔəɬ xʷx̌ay̓əmúcənn. I don't know if I'm right when I know I'm not hearing the Klallam language. (TC) | su*ʔiyáʔnəŋ*s ʔaʔ kʷi nsíyaʔ t sqʷinə́wiɬ. My grandfather heard us talking. (MJ)} VAR: yáʔnnəŋ {*yáʔnnəŋ* cn. Someone heard me. (TC) | ʔu*yáʔnnəŋ* caʔn. They're going to hear me. (TC)} VAR: yáʔnəŋ {*yáʔnəŋ* cn. He heard me. (BC) | čaʔ*yáʔnəŋ* cn. He just heard me. (AS)}

ʔiyaʔnəɲict listen. See under: ʔəyaʔnəɲict

ʔiyaʔnəɲít ⟦√ʔəy̓=an̓-ɲi-t √good=ear-rel-trns⟧ ☞ ʔiyáʔnəŋ to hear, listen to or for something. (ES) {*ʔiyaʔnəɲít* st. We listened for it. (ES) | *ʔiyaʔnəɲít* tiə sx̌ayéʔx̌qɬ. Listen to these children. (AS) | suʔštəŋs ʔiʔ *ʔiyaʔnəɲít*s cə sɲiyánt ʔaʔ x̌áy ʔuʔ štəŋ cə snáyaʔnəxʷ. So he walked, and he listened to the rocks where the ghosts also walked (he listened for their footsteps). (ES)} VAR: ʔyaʔnəɲít {*ʔyaʔnəɲít* cn. I listened to them. (AS)} VAR: yaʔnəɲít {*yaʔnəɲít* cn. I'm listening to it. (AS) | *yaʔnəɲít* yaʔ cn. I was listening. (AS)} VAR: yaʔnəɲít {*yaʔnəɲít* cn cə sɲiyánt. I'm listening to the rocks (moving). (TC)}

ʔiyáʔnəxʷ ⟦√ʔəy̓=an̓-naxʷ √good=ear-nctrns⟧ ☞ ʔəyán̓ Stem: ʔiyán̓ [stem for third-person main clause subject and subordinate subjects] to hear something. (BH; AS,BC; ES) {*ʔiyáʔnəxʷ* cn. I hear it. (ES; TC; AS) | *ʔiyáʔnəxʷ* u cxʷ? Did you hear it? (MJT) | ʔu*ʔiyáʔnəxʷ* cn kʷaʔ. I heard about it. (TC) | ʔuʔáwənə kʷi nəsxʷ*ʔiyáʔnəxʷ*. I hadn't heard anything about it. (TC) | ʔu*ʔiyáʔnəxʷ* u cxʷ kʷaʔ? Did you hear it? / Did you hear about it? (TC) | ʔu*ʔiyáʔnəxʷ* cn ʔaʔ či snə́kʷs. I heard it was you. (TC) | suʔhiyáʔs ʔiʔ *ʔiyáʔnə*s či pástən qʷáqʷi. So he went and heard a white man talking. (MJT) | *ʔiyáʔnəxʷ* u cxʷ či nəstíyəm? Did you hear my song? (MJT) | nəsx̌éʔ či nsx̌áy ʔuʔ ʔən̓ʔá *ʔiyáʔnəxʷ*. I want to come hear it, too. (TC) | *ʔiyáʔnəxʷ* cn ʔiʔčáʔyə ʔaʔ kʷi stácis. I heard him before he came. (MJT) | huʔá cn c *ʔiyáʔnəxʷ* či ʔásxʷ či sqʷáqʷiʔs. I haven't heard the seals talking yet. (MJT) | nəsx̌éʔ či nəsx̌áy *ʔiyáʔnəxʷ* tiə nəxʷsx̌áyəm ʔəɬ qʷáys nəxʷsx̌áyəmúcən. I want to hear the Klallam people speak the Klallam language again. (TC) | ʔuʔšiʔšúʔɬ cn ʔaʔ tə ns*ʔiyáʔnəxʷ* kʷɬi sʔúq̓ʷaʔɬ, Emma, ʔaʔ či sqʷáqʷis ʔaʔ ɬníɲɬ ʔaʔ ti ʔuʔxənáɬ. I'm glad to hear our sister, Emma, talking for us all the time. (BH)} VAR: ʔiyánəxʷ {čaʔníɬ kʷi ns*ʔiyánəxʷ* cə nsqʷáy. That's the first time I heard your story. (TC) | sx̌éʔs či s*ʔiyánəxʷ*ɬ kʷə ʔə́y̓ sx̌ʷiʔám. We want to hear a good story. (EB) | ʔiʔ ʔumán̓ kʷaʔčaʔ ʔuʔ ʔə́y̓ nəxčín ʔaʔ ti nəs*ʔiyánəxʷ*. And I am very glad to hear it. (BH) | mán kʷə ʔuʔ ʔə́y̓ nəxčín ʔaʔ tə nəs*ʔiyánəxʷ* kʷɬə qʷáqʷi ʔəcɬtáyŋxʷ yaʔcustúŋəɬ ʔaʔ či sʔəshúʔiʔs ti ʔəcɬtáyŋx ʔiyá ʔaʔ kʷi sxʷʔiyáɬ. I'm very happy to hear her speaking telling us how the people were where we are. (BH)} VAR: ʔiyánnəxʷ {ʔuʔ mán cn ʔuʔ qə́kʷ kʷ ʔuʔ šiʔšúʔɬtən ʔiʔ ʔuʔ *ʔiyánnəxʷ* kʷɬi sʔúq̓ʷaʔɬ, Emma. I was hurting, but now I'm happy to hear from our sister Emma. (BH)} VAR: ʔəyánəxʷ {ʔu*ʔəyánəxʷ* u cxʷ kʷaʔ? Did you hear it? (TC)} VAR: ʔiyán̓əxʷ {níɬ su*ʔiyán̓əxʷ*s x̌áy či xaʔtíšəŋ. Then he again heard the rustling. (ES) | ʔáwə cn kʷaʔ *ʔiyán̓əxʷ*ən. I don't hear it. (TC) | húʔ ʔəɬ *ʔiyán̓əxʷ*ən ʔiʔ čaʔnəšákʷ x̌áy. If I hear it, I'll remember it again. (TC) | ʔiʔ*iyán̓*əs činu And he heard something. (ES) | *ʔiyáʔn*əs či haʔníčəŋ. He heard people talking. (ES) | ʔuʔmán ʔuʔ ʔə́y̓ nəxčín ʔaʔ tə nəs*ʔiyánəxʷ* či nsqʷáytən. I'm very glad to hear your words. (EJ) | *ʔiyán̓*əs ʔaʔ či sŋə́ns tálə čʔiyá ʔaʔOregon. He heard that there was lots of money (to be made) in Oregon. (ES) | ʔu*ʔiyán̓*əs ʔaʔ či sʔəcs. He heard it was me. (TC) | *ʔiyán̓*əs činu xaʔtíšəŋ. He heard something rustling. (ES) | ʔiʔ *ʔiyán̓*əs kʷsi sɬániʔ ɬɬéʔyəm. And he heard a woman singing. (ES) | ʔuʔhíc suʔccíɬəŋs yaʔ ʔiʔ *ʔiyán̓*əs či néʔ ʔəcɬtáyŋxʷ. He was standing there a long time listening to the people that were there. (ES)} VAR: ʔyáʔnəxʷ {*ʔyaʔnəxʷ* cn. I hear it. (TC) | *ʔyáʔnəxʷ* st cə mə́nuwa. We heard the sailor. (ES)} VAR: yáʔnəxʷ (AS,BC; TC) {*yáʔnəxʷ* cn. I heard him. (BC; AS,BC) | *yáʔnəxʷ* cn kʷaʔ. I heard it. (TC) | ʔu*yáʔnəxʷ* u cxʷ kʷaʔ? Did you hear it? (TC) | ʔu*yáʔnəxʷ* caʔ cxʷ tiə nsqʷáy. You'll hear my story. (TC) | *yáʔnəxʷ* u yaʔ cxʷ ʔaʔ kʷi sqʷáqʷiʔs? Did you hear what he said? (AS)}

ʔiyaʔnúŋə ⟦√ʔəy̓=an̓-naxʷ-uŋə √good=ear-nctrns-2obj⟧ ☞ ʔiyáʔnəxʷ hear you. {ʔu*ʔiyaʔnúŋə* cn. I heard you. (TC) | ʔəsɬáxʷɬ či nuʔšiʔšúʔɬ ʔaʔ tə ns*ʔiyaʔnúŋə*. I was definitely happy to hear you. (TC) | ʔuʔəsɬáxʷɬ cə ʔuʔə́y̓ či nəxčín ʔaʔ či ns*ʔiyaʔnúŋə* hay. I am definitely glad to hear you folks. (RSh) | ʔiʔ ʔə́y̓ kʷaʔčaʔ nəxčín kʷə nəs*ʔiyaʔnúŋə* ʔaʔ tiə táŋən. And so I'm glad to hear you this evening. (EB)} VAR: ʔiyan̓núŋə {ʔáwə cn c *ʔiyan̓núŋə*. I didn't hear you. (TC)}

ʔiyaʔnúŋəs ⟦√ʔəy̓=an̓-naxʷ-uŋəs √good=ear-nctrns-1obj/2obj⟧ ☞ ʔiyáʔnəxʷ hear me/you. {*ʔiyaʔnúŋəs* cn. I hear you. (ES) | *ʔiyaʔnúŋəs* u cxʷ? Did you hear me? (ES)}

ʔiyaháčɬ ⟦√ʔya=čɬ √there=child⟧ ☞ ʔiyá to be at a particular location (of a child). {ŋə́ŋ *ʔiyaháčɬ*. *There are a lot of children there.* (AB,ICT)}

ʔiyáɬ ⟦√ʔya-ɬ √there-dur⟧ ☞ ʔiyá to be there. (ES) {níɬ kʷi *ʔiyáɬ*. *He was right there.* (AS)}

ʔiyámʼ strong. *See under:* ʔiyə́mʼ

ʔiyánəŋ know how. *See under:* ʔiʔánəŋ

ʔiyánʼ know how. *See under:* ʔəyánʼ

ʔiyátəŋ ⟦√ʔya-txʷ-ŋ √there-inancaus-psv⟧ ☞ ʔiyátxʷ
1. to be kept, put at a place. {*ʔiyátəŋ* cn kʷi. *I was brought there.* (AS) | ní·ɬ sxʷ*ʔiyátəŋ*s. *That's where she was kept.* (AA)}
2. to be brought there. {nəsuʔuʔúʔ ʔuʔ *ʔiyátəŋ* *I was first brought there.* (MJ) | níɬ č yaʔ kʷi hiyáʔtəŋ ʔaʔ kʷi stáʔčəs sxʷ*ʔiyátəŋ*s ti qaʔqítəŋ. *Then he was taken to Olympia where he was put in prison.* (AS)} VAR: yátəŋ {*yátəŋ* kʷi. *It was put there.* (AS) | *yátəŋ* cn kʷi. *I was brought there.* (AS)} VAR: ʔəyátəŋ {ʔsx̣ʼə́šnəkʷ yaʔ kʷi kʷə sxʷ*ʔəyátəŋ*s ti sqáwc. *Where they the potatoes will be put was plowed.* (AS)}

ʔiyátxʷ ⟦√ʔya-txʷ √there-inancaus⟧ ☞ ʔiyá Stem: ʔiyát [stem for subject suffixes] to put, keep something there. (AS) {*ʔiyátxʷ* cn. *I put it there.* (AS) | *ʔiyát*s. *He kept her there.* (MJ)}

ʔiyáy̓əŋ ⟦√ʔyay̓ŋ √parent⟧ parent, step-parent, parent-in-law. ⟪USAGE: This is used to show special respect to parents. It is used especially for 'step-parent' to distinguish it from a biological parent.⟫ (RSh; MJT; TC,AS,BC; AS) {*ʔiyáy̓əŋ*ɬ *our father* (MJT) | ʔənʔánəsəŋ č caʔ ʔaʔ či *ʔiyáy̓əŋ*s. *They'll be come for by their parents.* (MJT) | níɬ suʔkʷáčis ʔiʔ yaʔcúst cn kʷə nə*ʔiyáy̓əŋ*. *Then it was morning, and I told my parent.* (MJ) | ʔənʔá kʷaʔčə túkʷ kʷə nə*ʔiyáy̓əŋ*. *My parent came home.* (MJ) | níɬ suʔnéʔs tə sqaʔyaʔqáx̣aʔ ʔiʔ ɬúyəŋ ʔaʔ tə *ʔiyáy̓əŋ*s. *Then the puppies were born and were abandoned by their parent.* (MJ) | čáŋ cn ʔiʔ x̣ʼáy cn ʔuʔ čtátəŋ ʔaʔ kʷə nə*ʔiyáy̓əŋ*, "ʔəstúŋət cxʷ ʔučʼ?" *I got home, and I was also asked by my parents, "What happened to you?"* (MJ)} VAR: ʔiyáʔiŋ (ES; TC,AS,BC; AS,BC; AS) {sxʷáčɬ cə sx̣ʼiƛ̓áʔƛ̓qɬ ʔaʔ cə *ʔiyáʔiŋ*s. *The child is between her parents.* (AS) | níɬ suʔcáws ʔiʔ hiyáʔ ʔaʔ cə *ʔiyáʔiŋ*s. *Then they were on the beach and went to their parents.* (AA) | nsuʔkʷá··nəŋət ʔúx̣ ʔaʔ cə kitchens kʷɬi n*ʔiyáʔiŋ*. *So I ran over to my parent's kitchen.* (MJ) | níɬ suʔhiyáʔs kʷə n*ʔiyáʔiŋ* ʔiʔ x̣ʼkʷʼəts cə ɬxʷən. *Then my father went, and he took the rudder.* (MJ) | x̣ʼánəŋ kʷə nə*ʔiyáʔiŋ*, "kʷʼáʔətct ʔiʔ ɬə́xʷct." *My father said, "Go to the stern and steer."* (MJ) | ɬiɬúyəŋ cn ʔaʔ kʷəsə nə*ʔiyáʔiŋ* ʔawɬnə́kʷ hay. *I was abandoned by my parents because of you (children).* (MJ)} VAR: ʔiyəy̓əŋ (EPT)

ʔíyəcən ⟦√ʔiy=ucin √beside=mouth⟧ to be at the edge. {ʔuʔccíɬəŋ ʔiyá ʔaʔ cə *ʔíyəcən*. *He was standing at the edge.* (TC) | ʔiʔuʔiyá ccíɬəŋ *ʔíyəcən* ʔaʔ cə stútaʔwiʔ. *He was standing there at the edge of the creek.* (ES) | VAR: ʔíycən {*ʔiyá ccíɬəŋ ʔíycən* ʔaʔ cə stútaʔwiʔ. *He was standing at the edge of the creek.* (TC)}

ʔiyəcíɬč ⟦√ʔəy̓=uc=iɬč √good=edge=plant⟧ ☞ ʔə́yuc
1. brambles, any brushy plant with lots of thorns, thistles, rose bushes. (ES) {ʔuʔmánʼ uʔ x̣éʔsiʔ tə *ʔiyəcíɬč* nsxʷčʔiyá. *The brambles were real mean where I come from.* (AS)}
2. to be in the bushes, brambles. (ES) VAR: ʔə́yucɬč (AS,BC)

ʔiyəmáyəmš ⟦√ʔyəmʼ-ay=umš √strong-ext=type⟧ ☞ ʔiyə́mʼ to be a strong type of person. {ʔi uʔnəɬtíxʷ kʷi či ʔuʔ sx̣ə́nəs či s*ʔiyəmáyəmš*ɬ. *And let everyone of us be strong.* (BH)} VAR: yəmáyaməš (TC)

ʔiyə́mʼct ⟦√ʔyəmʼ-cut √strong-rflxv⟧ ☞ ʔiyə́mʼ to feel stronger (after an illness). {*ʔiyə́mʼct* cn. *I feel stronger.* (ES) | níɬ nəsuʔƛ̓áy ʔiʔ ʔuʔ*ʔiyə́mʼct*. *Then I got strong again.* (TC) | *ʔiyə́mʼct* q cn ƛ̓áy ʔawʼƛ̓áwənə stáŋ sxʷʔə́y̓s cə nəsx̣ə́naʔ. *I'd get better again because there was nothing good about my leg.* (TC) | kʷɬʔáw kʷaʔ nu*ʔiyə́mʼct*s čʔiyá ʔaʔ kʷi suʔɬúyəŋs ʔaʔ kʷi sɬánis yaʔ. *He doesn't get much strength back since he was left by his late wife.* (RSh)} VAR: ʔiyə́mct {*ʔiyə́mct* u cxʷʔ? *Are you getting stronger?* (ES)}

ʔiyəmiʔásən ⟦√ʔyəmʼ-iʔa=sən √strong-ext=foot⟧ ☞ ʔiyə́mʼ to be strong legged. (BG,MJT) {*ʔiyəmiʔásən* kʷi kʷə nswə́y̓qaʔ. *My husband has strong legs.* (AS)}

ʔiyəmiʔáx̣ən ⟦√ʔyəmʼ-iʔ=ax̣an √strong-ext=arm⟧ ☞ ʔiyə́mʼ to be strong armed. (BG,MJT) {*ʔiyəmiʔáx̣ən* kʷi kʷə nʔáyəs. *My sister has strong arms.* (AS)}

ʔiyəmnákʷs strong willed. *See under:* ʔimənánkʷs

ʔiyəmsə́n ⟦√ʔyəmʼ=sən √strong=foot⟧ ☞ ʔiyə́mʼ to be strong footed. (BG,MJT) {*ʔiyəmsə́n* kʷə nŋə́naʔ. *My son has strong feet.* (AS)}

ʔiyə́mʼ ⟦√ʔyəmʼ √strong⟧
1. to be strong (of a person, wind, any force or may refer to strong material such as a strong rope or sturdy house). (EWH; TC; AS,BC; ES) {txʷa*ʔiyə́mʼ* caʔ cxʷ. *You'll become strong.* (TC) | *ʔiyə́mʼ* kʷɬi nətán. *My mother was strong.* (ES) | *ʔiyə́mʼ* caʔ cxʷ ʔəcɬtáynxʷ. *You'll be a strong person.* (TC) | *ʔiyə́mʼ* tiə swə́y̓qaʔ. *This man is strong.* (AS) | ʔáwə cn c ʔuʔəsɬáxʷɬ ʔuʔ *ʔiyə́mʼ*. *I'm not really strong.* (AA) | ʔə́y̓ nəxčnín ʔaʔ t ństwəw*ʔiyə́mʼ* tə ńsqʷáqʷiʔ. *I feel good that your speaking is still strong.* (TC) | níɬ yəxʷ yaʔ ʔuʔ x̣aʔyéʔsi ti čʔáɬaʔ ʔaʔ tiə, ti s*ʔiyə́mʼ*s, tə skʷənúcəns. *I guess they were fierce from here in this, their strength, their spirit dancers.* (TC)}
2. personal name of a legendary strong woman from Eden Valley who wrestled men. *She was strong and beautiful. Five men wanted to marry her, but she did not want any of them. Her father said she could marry any man who could beat her in a wrestling match. The five men tried, but she beat them all and never married.* (AS,BC) VAR:

ʔiyám̓ (AS,BC; WB,AS,BC) VAR: ʔiyə́m (AS,BC; ES; TC) {ʔíst *ʔiyám̓* kʷłi nətán. *My mother paddled strong.* (TC) | *ʔiyám̓* tə spxʷə́yu. *The wind is strong.* (TC)} VAR: ʔə́m̓ (TC) VAR: ʔəyyə́m {*ʔəyyə́m* kʷsə swéʔwəs. *That young man is strong.* (EPT)} VAR: ʔiyyə́m (EPT)

ʔiyám̓istxʷ ⟦√ʔyəm̓-stxʷ √strong-caus⟧ ☞ ʔiyám̓ Stem: ʔiyám̓ist [stem for subject suffixes] to make someone strong. {ʔuʔtátqənəxʷ cn t ʔaʔ či n̓skʷłáw kʷaʔ nu*ʔiyám̓istxʷ* čiyáʔ ʔaʔ kʷi n̓stúynəŋ ʔaʔ kʷi táns kʷi ʔən̓ŋ́nəŋəna?. *I found out that you are not getting your strength back since you were left by the mother of your children.* (RSh)}

ʔiyəm̓úc ⟦√ʔyəm̓-u-t-c √strong-?-trns-1obj/2obj⟧ ☞ ʔiyəm̓út make me strong; make you strong. {*ʔiyəm̓úc* cn. *I made you strong.* (AS)}

ʔiyəm̓úct ⟦√ʔyəm̓-u-cut √strong-?-rflxv⟧ ☞ ʔiyəm̓út to make oneself strong, become strong, train oneself. {*ʔiyəm̓úct* cn. *I made myself strong.* (AS) | ʔu*ʔiyəm̓úct* cn. *I'm training myself to become strong.* (AS)}

ʔiyəm̓út ⟦√ʔyəm̓-u-t √strong-?-trns⟧ [The stressed /u/ here is unaccounted for.] ☞ ʔiyám̓ to make someone strong, train someone. (BC) {*ʔiyəm̓út* cn. *I made him strong.* (AS,BC) | *ʔiyəm̓út* cn cə swéʔwəs. *I made the boy strong.* (AS) | *ʔiyəm̓út* tə stiqíw ʔəł čáʔis. *Make the horse strong by working it.* (AS)}

ʔiyəm̓útəŋ ⟦√ʔyəm̓-u-t-ŋ √strong-?-trns-psv⟧ ☞ ʔiyəm̓út to be made strong by someone. (ES; AS,BC; AS) {*ʔiyəm̓útəŋ* cn. *They're making me strong, training me.* (AS) | *ʔiyəm̓útəŋ* cn ʔaycłtáyŋxʷ. *They're making the people strong.* (BC) | táči kʷi kʷə swéʔwəs *ʔiyəm̓útəŋ*. *The boy that was made strong got here.* (AS)} VAR: ʔiymútəŋ (ES)

ʔíyəqsən point of land. *See under:* sʔíyəqsən

ʔíyəwəł ⟦√ʔiy=əʔəw-ł √beside=side-dur⟧ to be beside, next to, around, alongside. (TC) {*ʔíyəwəł* ʔaʔ kʷi tím yaʔ. *They were right beside the late Tim.* (ES) | *ʔíyəwəł* ʔaʔ cə snə́xʷł. *It's beside the canoe.* (TC) | *ʔíyəwəł* cn ʔaʔ cə nəsnə́xʷł. *I'm beside my canoe.* (TC) | *ʔíyəwəł* cn ʔaʔ nə́kʷ. *I'm beside you.* (TC) | sə́łəŋ cə sn̓iyánt *ʔíyəwəł* ʔaʔ cə nəsnə́xʷł. *The rocks were falling beside my canoe.* (TC)} VAR: ʔéyəwəł {čaʔsútəŋ čə́yq̓ sn̓iyánt tə sə́łəŋ *ʔéyəwəł* ʔaʔ kʷi tím yaʔ. *The late Tim was having big rocks thrown at him falling right by him.* (ES)} VAR: ʔíyəwəł (TC) {*ʔíyəwəł* cn ʔaʔ nə́kʷ. *I'm beside you.* (TC)} VAR: ʔíywəł (AS,BC; ES) {*ʔíywəł* ʔaʔ tə súł. *She was beside the road.* (ES)} VAR: ʔíwəł (AS) VAR: ʔéʔuł (AS) {ʔu*ʔéʔuł* cn ʔaʔ tə snə́xʷł. *I'm alongside the canoe.* (AS)} VAR: ʔéʔwəł {ʔu*ʔéʔwəł* cn ʔaʔ cə sčaʔkʷaʔyúł. *I'm alongside the canoe.* (AS)}

ʔíyəwəłc ⟦√ʔiy=əʔəw-ł-txʷ-c √beside=side-dur-inancaus-1obj/2obj⟧ ☞ ʔíyəwəłtxʷ put me beside; put you beside. {*ʔíyəwəłc* caʔn. *I'm going to put you alongside.* (TC)}

ʔíyəwəłnúŋə ⟦√ʔiy=əʔəw-ł-naxʷ-uŋə √beside=side-dur-nctrns-2obj⟧ ☞ ʔíyəwəł get you beside. {*ʔíyəwəłnúŋə* cn. *I got you alongside.* (TC) | *ʔíyəwəłnúŋə* cn ʔaʔ cə nəsnə́xʷł. *I got you alongside my canoe.* (TC)}

ʔíyəwəłtəŋ ⟦√ʔiy=əʔəw-ł-t-ŋ √beside=side-dur-trns-psv⟧ ☞ ʔíyəwəłtxʷ to be put beside, alongside. {*ʔíyəwəłtəŋ* cn. *They put me alongside it.* (TC)}

ʔíyəwəłtúŋə ⟦√ʔiy=əʔəw-ł-txʷ-uŋə √beside=side-dur-inancaus-2obj⟧ ☞ ʔíyəwəłtxʷ put you alongside. {*ʔíyəwəłtúŋə* caʔn. *I'm going to put you alongside.* (TC)}

ʔíyəwəłtxʷ ⟦√ʔiy=əʔəw-ł-txʷ √beside=side-dur-inancaus⟧ to put something or someone beside, alongside, next to, around, alongside. {*ʔíyəwəłtxʷ* cn. *I put it alongside.* (TC)} VAR: ʔéʔwəłtxʷ {ʔuʔéʔwəłtxʷ cn. *I brought it alongside.* (AS)}

ʔł while. *See under:* ʔəł

ʔłáʔ here. *See under:* ʔəłáʔ

ʔłsqíyuʔ ⟦ʔł-s-√qiyuʔ consume-s-√preserve⟧ ☞ sqíyuʔ rat. *Neotoma cinerea; Rattus* spp. (ABT) *cp.* kʷáłən

ʔn̓ʔá come. *See under:* ʔən̓ʔá

ʔncáqʷ red. *See under:* ʔənəcáqʷ

ʔncqʷáʔmən ⟦ʔn-√cəqʷ-aʔmən color-√red-almost⟧ ☞ ʔənəcáqʷ to be reddish in color. (AS,BC)

ʔncqʷéʔq ⟦ʔn-√cəqʷ=iʔq color-√red=head⟧ ☞ ʔənəcáqʷ to have red hair, be a redhead. (ES; AS,BC) VAR: ncqʷéʔq (AS,BC; ES) VAR: ʔəncqʷéʔq (ES) {ʔən̓ʔá ʔiʔ sqán̓s ti *ʔəncqʷéʔq* sx̌aʔyéʔx̌qł. *They came and stole the red-headed children.* (ES)}

ʔnəcqʷáw̓txʷ ⟦ʔn-√cəqʷ=aw̓txʷ color-√red=house⟧ ☞ ʔənəcáqʷ red house. (ES) VAR: nəcqʷáw̓txʷ (AS) {x̌ax̌úx̌aʔ *nəcqʷáw̓txʷ*. *small red house.* (AS)} VAR: ncəqʷáw̓txʷ (BC)

ʔnx̌áł green/yellow. *See under:* ʔənəx̌áł

ʔnx̌łáʔmən greenish. *See under:* ʔənx̌łáʔmən

ʔó [ʔo oh] oh, O. [interjection] (ES; TC) {*ʔó*, šáʔ! *Oh, darn it!* (AS) | *ʔó*, nəxčŋín tə ʔaʔ či n̓shiyáʔ x̌ácu. *Oh, I thought you were going fishing.* (TC) | *ʔó*, ʔáwə. *Oh, no.* (MJ) | *ʔó*, nəsháhəkʷ cxʷ. *Oh, I remember you.* (MJT) | suʔx̌ə́nəŋ ʔaʔ míməšču, "*ʔó, ʔó.*" *So Little Mink said, "Oh, oh."* (MJ) | kʷənaŋətúŋəł či, *ʔó* či nəmá. *Help us, O Lord.* (AS,BC) | n̓íł č̓ suʔx̌ə́nəŋs cə kʷłčəyq̓, "*ʔó, ʔó, ʔəłʔúł. ʔə́y̓* kʷə ti n̓sqʷáy. *Then the elders said, "Oh, oh, ʔəłʔúł. What you say is good."* (AS)} VAR: ʔú {*ʔú*, nəxʷsx̌aʔyəm̓úcən u cxʷ ʔuč? *Oh, you can speak Klallam, can you?* (AB,ICT)} VAR: ó {*ó*, ʔuʔ čáčt caʔ st kʷi. *Oh, we'll fix that.* (TC) | *óˑ*, n̓út ixʷ cn kʷə kʷi n̓skʷúkʷ yaʔ. *Oh, I must have eaten what I cooked.* (TC) | *óˑ*, n̓íł cə náču̓ nuʔə́y̓. *Oh, that one is better.* (AA) | *óˑ*, ʔəsqiʔám̓ či shiyáʔł. *Oh, we can't go.* (AA) | *óˑ óˑ* nəsmáycən səʔə́yčən. *Oh, oh, my ex- sister-in-law* (RSh) | *ó*, kʷłtáči cxʷ kʷaʔ. *Oh, you're here now.* (TC) | *óˑ* nəsmáyəcən, ʔiʔ wayənəhákʷ či n̓suʔtwax̌ʷənʔáŋ. *Oh, my ex*

ʔóliʔóli 〚√ʔóliʔóli √hey_there〛 hey there!. 《This appears several times in a story about the crows told by MJ. AS and BC had never heard this.》 (MJ) [possibly from Lushootseed] VAR: wáˑliʔóli (MJ)

ʔsʔáɬaʔ be here. *See under:* ʔəsʔáɬaʔ

ʔsʔéʔəyuc river mouth. *See under:* ʔəsʔéʔəyuc

ʔsʔéʔps hair blown back. *See under:* ʔəsʔéʔps

ʔsʔiʔáyəxʷ elders. *See under:* ʔəsʔiʔáyəxʷ

ʔsʔiʔmiʔtánəq renting. *See under:* ʔəsʔiʔmiʔtánəq

ʔsʔúmənaʔ hunt. *See under:* ʔəsʔúmənaʔ

ʔsʔúŋəyu 〚ʔs-√ʔuŋ-əyu stat-√give-activ〛 ☞ ʔúŋəst to be giving. (AS) {nʔs**ʔúŋəyu** kʷə cə púyəḱ ʔaʔ kʷi nsaʔáyčən. *I gave the gun to my little brother.* (AS)}

ʔsáʔuɬ in the brush. *See under:* ʔəssáẃəɬ

ʔsáqɬ outside. *See under:* ʔəssáqɬ

ʔscáxʷcxʷ lazy. *See under:* ʔəscáxʷcxʷ

ʔsccáwt lying down. *See under:* ʔəsccáwt

ʔscicáwt lying down (pl). *See under:* ʔəsciyəcáwt

ʔscúʔip hidden. *See under:* ʔəscúʔəp

ʔscáʔčaʔ on top. *See under:* ʔəscáʔčaʔ

ʔscáʔču washed. *See under:* ʔəscáʔčəw

ʔscáʔyu 〚ʔs-√caʔ-əyu stat-√upon-activ〛 ☞ čáʔ to hang meat or fish to dry. (TC)

ʔscáčɬ awake. *See under:* ʔəscáčɬ

ʔscáwɬ invisible. *See under:* ʔəscáwɬ

ʔscáxɬ worn out. *See under:* ʔəscáxɬ

ʔscéʔči on top. *See under:* ʔəscéʔči

ʔsčáčɬ stuck between. *See under:* ʔəsčáčɬ

ʔsčáyəx̣ goofy. *See under:* ʔəsčáyəx̣ʷ

ʔsčixʷáẏənč 〚ʔs-√čəyxʷ-əẏ=nač stat-√crazy-ext=tail〛 ☞ ʔəsčáyəx̣ʷ to be totally stupid, dumb. 《USAGE: This is used only in referring to a male.》 (AS,BC; AS) VAR: sčxʷáẏənš (AS,BC) VAR: ʔsčix̣ʷáẏənč (AS) {ɬáxʷɬ ʔuʔ *ʔsčixʷáẏənč* tə swéʔwəs. *That boy is definitely stupid.* (AS)}

ʔsčáŋəɬ dirt. *See under:* čáŋəɬ

ʔsčéʔip squeezed together. *See under:* ʔəsčéʔip

ʔsčáyəxʷ inside. *See under:* ʔəsčáyəxʷ

ʔsčáẏxʷ inside. *See under:* ʔəsčáẏxʷ

ʔscúʔis 〚ʔs-√čuʔys stat-√not_want〛 ☞ čúʔis to be disliked, unwanted, disrespected. {*ʔscúʔis* cə səséʔyaʔs. *They have no respect for their grandparents.* (AS)}

ʔscúʔsəŋ 〚ʔs-√čuʔs-ŋ stat-√displeased<actl>-mdl<actl>〛 ☞ čúʔsəŋ to be displeased, repelled, disgusted, offended. {*ʔscúʔsəŋ* cn. *I dislike it.* (AS,BC) | *ʔscúʔsəŋ* č kʷaʔčaʔ cə suʔáẃəs suʔwóyqaʔ. *The men and young men were repelled.* (TC)}

ʔsháhəkʷɬ be remembered. *See under:* ʔəsháhəkʷɬ

ʔsiyáč full (pl). *See under:* ʔəsyiyáč

ʔskʷáʔkʷiʔ pregnant. *See under:* ʔəskʷáʔkʷiʔ

ʔskʷáčɬ crooked. *See under:* ʔəskʷáčɬ

ʔskʷásɬ¹ toasted. *See under:* ʔəskʷás

ʔskʷásɬ² counted. *See under:* ʔəskʷásɬ

ʔskʷéʔwəč 〚ʔs-√ẃi+√wič stat-rslt √butcher〛 [/ẃ/ → /kʷ/] ☞ kʷéʔwəč to be butchered. (AS,BC) {kʷɬuʔx̣ánə ʔuʔ *ʔskʷéʔwəč*. *They're all butchered.* (LC)}

ʔsɬáčɬ sick. *See under:* ʔəsɬáčɬ

ʔsɬéʔəx 〚ʔs-√ɬi<ʔə>x stat-√spread_on<actl>〛 ☞ ɬíx to be spread out, smeared on. {*ʔsɬéʔəx* cə sámiʔ. *The blanket is spread out.* (AS,BC)}

ʔsɬəkʷəwéʔč 〚ʔs-√ɬkʷ-əw=iʔč stat-√hook-ext=back〛 ☞ ɬíkʷ shoelaces. (BC)

ʔsɬəŋɬəŋsán barefoot. *See under:* ʔəsɬəŋɬəŋsán

ʔsɬəq̓ʷícən 〚ʔs-√ɬq̓ʷ=icən stat-√uncover=back〛 ☞ ɬáq̓ʷ to be uncovered, have no blanket. (ES; AS,BC) VAR: ʔsɬuq̓ʷícən (ES) VAR: ʔsɬq̓ʷícən {*ʔsɬq̓ʷícən* cn. *I'm uncovered. / I have no blanket.* (AS,BC)}

ʔsɬq̓ʷícən uncovered. *See under:* ʔəsɬəq̓ʷícən

ʔsɬuq̓ʷícən uncovered. *See under:* ʔəsɬəq̓ʷícən

ʔsƛ̓áq̓ʷɬ stuck. *See under:* ʔəsƛ̓áq̓ʷɬ

ʔsƛ̓ášɬ 〚ʔs-√ƛ̓<á>š-ɬ stat-√gash<rslt>-dur〛 ☞ ƛ̓áš to be plowed land. (AS) {ʔu*ʔsƛ̓ášɬ* kʷi kʷə spáɬx̣ən. *The field is plowed.* (AS)}

ʔsƛ̓ášnəkʷ plowed. *See under:* ʔəsƛ̓ášnəkʷ

ʔsƛ̓iƛ̓q̓ʷáyəs 〚ʔs-ƛ̓y+√ƛ̓q̓ʷ=ayus stat-pl+√stuck=eye〛 ☞ ƛ̓áq̓ʷƛ̓q̓ʷ to be stuck closed (of the eyelids). (ES)

ʔsƛ̓úʔƛ̓əm̓ correct. *See under:* ʔəsƛ̓úʔƛ̓əm̓

ʔsmáʔkʷɬ hurt. *See under:* ʔəsmáʔkʷɬ

ʔsmaʔx̣ʷéʔqʷ 〚ʔs-√mə<ʔ>x̣ʷ=iʔqʷ stat-√cut<actl>=head〛 cp. x̣əmx̣ʷéʔqʷəŋ to have a haircut. {*ʔsmaʔx̣ʷéʔqʷ* cə swéʔwəs. *The boy has a haircut.* (AS)} VAR: ʔsməx̣ʷéʔqʷ (AS) VAR: məx̣ʷéʔqʷ (AS) {*məx̣ʷéʔqʷ* cn. *I have a haircut.* (AS)}

ʔsmamáʔkʷɬ crippled. *See under:* ʔəsmámáʔkʷɬ

ʔsməx̣ʷáẏnəs toothless. *See under:* ʔəsməx̣ʷáẏns

ʔsməx̣ʷéʔqʷ haircut. *See under:* ʔsmaʔx̣ʷéʔqʷ

ʔsnaʔáẃɬ inside. *See under:* ʔəsnáẃəɬ

ʔsnát night. *See under:* ʔəsnát

ʔspáʔcaʔɬ 〚ʔs-√pa<ʔ>c=aɬ stat-√spread_out<actl>=mass〛 ☞ ʔəspácɬ to be lying down flat, spread out. (AS,BC; AS) {*ʔspáʔcaʔɬ* cə siʔám̓. *The boss is lying down.* (AS)}

ʔspaʔyúxʷən sails. *See under:* ʔəspaʔyúxʷən

ʔspałúcən absent-minded. *See under:* ʔəspáłucən

ʔsqákʷł ⟦ʔs-√q<á>kʷ-ł stat-√fatigued<rslt>-dur⟧ ☞ qákʷł
1. to be tired out, hurting, aching. (MJT; AS,BC; AS)
2. to have low spirits, be depressed. VAR: ʔəsqákʷł {kʷəłnił kʷi su**ʔəsqákʷł** kʷsə qáʔŋi; łúyŋ ʔaʔ kʷi swə́yqaʔs. *Now the girl is depressed; her husband left her.* (AS)} VAR: sqákʷł (ES; AS,BC)

ʔsqéʔəx̣ ⟦ʔs-√qi<ə>x̣ stat-√shave<actl>⟧ ☞ qíx̣ to be shaved, planed, carved (of wood, for example). (AS)

ʔsqéʔəx̣txʷ ⟦ʔs-√qi<ə>x̣-txʷ stat-√shave<actl>-caus⟧ ☞ ʔsqéʔəx̣ to shave, plane, carve, shape (wood, for example). {**ʔsqéʔəx̣txʷ** cn tə ləpláš. *I planed the board.* (AS)}

ʔsqéʔiq̓ in jail. *See under:* ʔəsqéʔəq̓

ʔsqəyím̓ unable. *See under:* ʔəsqiʔám̓

ʔsqiʔáʔəm̓ unable. *See under:* ʔəsqiʔám̓

ʔsqiʔám̓ unable. *See under:* ʔəsqiʔám̓

ʔsqiʔnúŋət hateful. *See under:* ʔəsqinúŋət

ʔsq̓áʔmət broken off. *See under:* ʔəsq̓áʔmət

ʔsq̓ə́yp̓ curled. *See under:* ʔəsq̓ə́yp̓

ʔsq̓iq̓ə́yəq tangled. *See under:* ʔəsq̓iq̓ə́yəq

ʔsqʷáłiʔ logging. *See under:* ʔəsqʷáłiʔ

ʔsqʷáq̓ʷł ⟦ʔs-√qʷaq̓ʷ-ł stat-√sore-dur⟧ ☞ qʷáq̓ʷ
1. any open sore, especially one where a scab has come off. (TC)
2. to have an open sore. {**ʔsqʷáq̓ʷł** cə ncáys. *My hand has a sore.* (AS)} VAR: sqʷáq̓ʷł (TC)

ʔsqʷásł ⟦ʔs-√qʷ<á>ł-ł stat-√drift_ashore<rslt>-dur⟧ [dissimilation] ☞ qʷə́ł to be adrift, floating in the water. {**ʔsqʷásł** cə snə́xʷł. *The canoe is adrift.* (AS)} VAR: sqʷásł (AS,BC)

ʔsqʷə́m̓x̣ʷ thin. *See under:* ʔəsqʷə́m̓x̣ʷ

ʔsqʷə́yš scattered. *See under:* ʔəsqʷə́yš

ʔsq̓ʷáy bruised up. *See under:* ʔəsq̓ʷáy

ʔsq̓ʷáyɬ ⟦ʔs-√q̓ʷay-ł stat-√bruise_up-dur⟧ ☞ q̓ʷáy to be black and blue from a beating. (AS,BC) {kʷə́nəxʷ cn cə kʷłə słánis ʔiʔ **ʔsq̓ʷáyɬ**. *I saw his wife, and she was all beat up.* (AS)} VAR: sq̓ʷáyɬ (AS,BC)

ʔsqʷiʔáʔən̓ deaf. *See under:* ʔəsqʷiʔáʔən̓

ʔssáw̓əł in the brush. *See under:* ʔəssáw̓əł

ʔsšišíyayəs stubborn. *See under:* ʔəssíyayəs

ʔstáqł ⟦ʔs-√t<á>q-ł stat-√shut<rslt>-dur⟧ ☞ tə́q {**ʔstáqł** cə súł. *The door is closed.* (AS)} VAR: stáqł (AS) {**stáqł** tə sxʷimáy. *The store is closed.* (AS)}

ʔstásł near. *See under:* ʔəstásł

ʔstásłtxʷ bring close. *See under:* ʔəstásłtxʷ

ʔstə́kʷəwəč broken rear. *See under:* ʔəstə́kʷəwəč

ʔstkʷiʔáx̣ən broken arm. *See under:* ʔəstkʷiʔáx̣ən

ʔstúʔŋət doing what. *See under:* ʔaʔstúʔŋət

ʔstúŋt happen. *See under:* ʔəstúŋət

ʔstáx̣ł wrong. *See under:* ʔəstáx̣ł

ʔstáyəṅəkʷ flat ground. *See under:* ʔəstáyəṅəkʷ

ʔstə́yaʔq baked. *See under:* ʔəstə́yaʔq

ʔstúʔukʷ be home. *See under:* ʔəstúʔəkʷ

ʔsxʷčácaʔkʷs clean face. *See under:* ʔəsxʷčácaʔkʷs

ʔsxʷčaʔčə́yx̣ʷs a little tipsy. *See under:* ʔəsxʷčaʔčə́yx̣ʷs

ʔsxʷčə́yx̣ʷs tipsy. *See under:* ʔəsxʷčə́yx̣ʷs

ʔsxʷčə́yc̓ inside out. *See under:* ʔəsxʷčə́yc̓

ʔsxʷə́yk̓ʷ wrapped up. *See under:* ʔəsxʷə́yk̓ʷ

ʔsxʷłə́yps wrinkled. *See under:* ʔəsxʷłə́yps

ʔsxʷnəčáŋəs smiling. *See under:* ʔəsxʷnəčáŋəs

ʔsxʷsə́yp half-smoked salmon. *See under:* ʔəsxʷsə́yp

ʔsx̣áʔił drawn. *See under:* ʔəsx̣áʔił

ʔsx̣áʔx̣ł lying on back. *See under:* ʔəsx̣áx̣ł

ʔsx̣áł sick. *See under:* ʔəsx̣áłł

ʔsx̣ápł end. *See under:* ʔəsx̣ápł

ʔsx̣áx̣ł lying on back. *See under:* ʔəsx̣áx̣ł

ʔsxʷaʔnéʔəŋ how. *See under:* ʔəsxʷaʔnéʔəŋ

ʔsxʷáq̓ʷł stick up out of water. *See under:* ʔəsxʷáq̓ʷł

ʔsxʷúʔx̣t handsome. *See under:* ʔəsxʷúʔx̣t

ʔsyáčł full. *See under:* ʔəsyáčł

ʔsyáq̓ł even. *See under:* ʔəsyáq̓ł

ʔsyéʔyəqʷ calm. *See under:* ʔəsyéʔyəqʷ

ʔú oh. *See under:* ʔó

ʔu quest. *See under:* u

ʔuʔ ⟦w̓ u_conn⟧ [intensifier connector] connector for u-class intensifiers. {suʔmán̓s **ʔuʔ** ʔuʔə́y̓ **ʔuʔ** nəx̣ʷsx̣̌iyʔámə́xʷ. *He was a very good provider.* (AA) | sə́łəŋ **ʔuʔ** łłéʔim̓. *She sang continuously.* (ES) | x̌áy u **ʔuʔ** hiyáʔʔ. *Did he go too?* (AS) | x̌áy st kʷi **ʔuʔ** x̣ə́yyuʔ. *We're writing, too.* (NS,JW) | ʔuʔsə́łəŋ **ʔuʔ** q̓ʷáʔqʷi či stxʷnaʔáw̓əł ʔaʔ cə sqiyáyŋəxʷ. *They continued talking on the other side of the trees.* (ES) | ʔuʔtxʷʔiyá **ʔuʔ** ʔəsqásł kʷi tím yaʔ. *The late Tim stayed in the water.* (ES) | x̌áy cn **ʔuʔ** čʔáʔyəŋ. *I also have a house.* (TC) | x̌áy cn **ʔuʔ** ʔáwənə nəʔáʔyəŋ. *I don't have a house, either.* (TC) | x̌áy cn kʷi **ʔuʔ** x̣ʷənʔáŋ. *I'm that way, too.* (TC) | čəw̓ín **ʔuʔ** q̓ʷáq̓ʷiʔ. *Even he's talking.* (TC) | čəw̓ín cn **ʔuʔ** q̓ʷáq̓ʷiʔ. *Even I am talking.* (TC) | čəw̓ín cn **ʔuʔ** csə́tən. *He even hit me.* (TC) | čəw̓ín cn **ʔuʔ** csə́t. *Even I hit him.* (TC) | ʔiʔ ʔuʔcəʔéʔt st **ʔuʔ** kʷə́nnəxʷ. *And we really saw it.* (TC) | čəw̓ín cəw̓nił **ʔuʔ** csə́tən. *I even hit him. / I hit even him.* (TC) | mán̓ kʷi **ʔuʔ** x̌áy **ʔuʔ** ʔən̓sxʷʔə́y̓. *It's very good for you, too.* (TC) | čəw̓ín cn **ʔuʔ** ʔáwənə nəʔáʔyəŋ. *Even I don't have a house. / I don't even have a house.* (TC) | ʔuʔx̣ə́n̓ə kʷi ʔuʔ čʔáʔyəŋ. *Everyone has a house.* (TC) | túxʷ ʔuʔ nə́wˀ ʔaʔ cə čə́q sxʷcə́yqʷəŋ. *He went right into a big hole.* (ES) | ʔáw c ʔuʔcəʔít ʔuʔ məqáʔaʔ. *They aren't truly Makah.* (ES) | ʔiʔ níɬ kʷaʔčaʔ suʔxʷáynəxs cə ʔuʔcəʔít ʔuʔ miyəqáʔaʔ. *And thus they managed to wipe out the ones that are truly Makahs.* (ES) | xʷə́ŋ cn ʔiʔ ƛ́ay ʔuʔ xʷáčt tiə nsxʷʔáɬaʔ. *I can slaughter them here at your place, too.* (TC) | ʔuʔɬə́n st ʔuʔ kʷán. *We are completely lost.* (TC) | ɬə́ŋ cn ʔuʔ xčít. *I really know it.* (TC) | ɬə́ŋ cn ʔuʔ k̕ʷə́nəxʷ. *I just saw it.* (TC) | nə́kʷ ʔuʔ ƛ́k̕ʷíc. *You're the one holding me.* (TC) | níɬ yəxʷ yaʔ ʔuʔ cəʔéʔt ʔuʔ xaʔyéʔsi čʔáɬaʔ ʔaʔ tiə, əwˀ? *I guess this was a truly fierce bunch from here, eh?* (TC) | ʔuʔhúy kʷi ʔuʔ k̕ʷə́nnəs cə swə́yqaʔ. *He only saw the man.* (TC) | ƛ́ay cn ʔuʔ mán ʔuʔ čiyáy ʔiʔ ɬíyəm. *I really almost sang, too.* (TC)} VAR: uʔ

ʔúʔ *when. See under:* hú?

ʔuʔá [√ʔuʔah √not_yet] not yet, never yet. (LC) {ʔuʔá c ƛ́úmˀ. *It's not yet enough.* (TC) | ʔuʔá c táči. *He never got here yet.* (TC) | ʔuʔá c hiyáʔ. *He didn't go yet.* (TC) | ʔuʔá cn c ʔíɬən. *I didn't eat yet.* (TC) | ʔuʔá cn c k̕ʷíct. *I didn't clean it yet.* (LC) | ʔuʔá cn c nəscə́məs. *I never met him before.* (ES) | kʷɬuʔhíc cn ʔuʔá c k̕ʷə́nnəxʷ. *I haven't seen him for a long time.* (TC) | ʔuʔa č caʔ c qíyt ʔiʔ ʔənʔá táči. *He'll be here before noon (It'll be not yet noon, and he'll get here).* (TC) | ʔuʔá st c cáw ʔaʔnəxʷqíyət ʔiʔ sxʷčə́məsɬ kʷi ncət xáɬ. *We weren't yet down to the Little Boston, and we met my father, who was sick.* (MJ) | ʔuʔá č c txʷaʔyaʔyíyŋ čəmˀəsnə́kʷi ʔaʔ či náʔcuʔ ƛ́ay ʔu sqʷiʔáʔən. *He hadn't yet gone far when he met another man who was also deaf.* (TC)} VAR: huʔá {huʔá cn c ʔiyáʔnəxʷ či ʔásxʷ či sqʷáqʷiʔs. *I haven't heard the seals talking yet.* (MJT)} VAR: ʔuʔəhá {huʔəhá. *Never.* (MJT) | ʔuʔəhá cn. *I never did.* (LC) | ʔuʔəhá cn c qiqə́kʷ. *I'm not tired yet.* (MJT) | ʔuʔəhá c q̕ʷə́y. *They're not ripe yet.* (MJT) | ʔuʔəhá c ɬíkʷ. *It isn't hooked yet.* (MJT) | huʔuʔəhá c čáŋ. *He still hasn't come home.* (MJT) | kʷɬɬíxʷ sánti ʔəɬ ʔuʔəhás t sɬə́məxʷ. *It hasn't rained for three weeks.* (MJT) | ʔuʔəhá c nsɬúyəŋ ʔaʔ tə stúqʷəŋ. *I haven't gotten over my cold yet.* (MJT) | kʷɬɬíc ʔəɬ ʔuʔəhán c ŋúnəx ʔiʔ čaʔŋúnəxʷ cn. *It's been a long time that I haven't gotten to eat it yet, and I'm just getting a taste now.* (MJT) | huʔuʔəhá c xáčəŋ. *It's not dry yet.* (MJT)} VAR: huʔəhá (MJT) {huʔuʔəhá cn c hiyáʔ. *I haven't gone yet.* (MJT) | huʔəhá st c q̕ʷəynə́kʷi. *We're yet not acquainted.* (MJT)}

ʔuʔčaʔ [wˀčəʔ presume] [speech act enclitic indicating that the speaker has limited knowledge or memory of the situation but presumes the truth of the statement] must be, presumed to be. (ES) {ɬíxʷ ʔuʔčaʔ kʷ iʔ ŋús skʷáči či sxʷsúʔsiʔs tə nəsʔács. *My face must have been swollen for three or four days.* (ES)} VAR: ʔučaʔ (AS,BC)

ʔuʔəhá *not yet. See under:* ʔuʔá

ʔúʔɬ *going aboard. See under:* ʔúyəɬ

ʔuʔk̕ʷnáxʷ [√ʔəwk̕ʷ-naxʷ √depleted-nctrns] Stem: ʔuʔk̕ʷná [stem for subject suffixes] to manage to finish something up, use it up. (TC; AS) {ʔuʔk̕ʷnás č kʷaʔčaʔ či stíkʷəns. *He finished up his niece/nephew.* (TC)} VAR: ʔəwk̕ʷnáxʷ {ʔuʔəwk̕ʷnáxʷ cn kʷə saplín. *I finished off the bread.* (AS)} ☞ ʔəwk̕ʷ

ʔúʔq̕ʷt [√ʔu<ʔ>q̕ʷ-t √extract<actl>-trns] ☞ ʔúq̕ʷt to be prying up, off. {ʔúʔq̕ʷt cn tə ɬəŋsəwéʔč. *I'm prying up the chiton.* (AS)}

ʔúʔɬi [√ʔu<ʔ>ɬ-iy √stretch<actl>-dev] ☞ ʔúɬt to be stretching. (AS,BC; HS,ES; TC) ((pronunciation of /q̕ʷúʔq̕ʷiʔ/ 'dead' in Klallam baby talk)) (AS,BC; TC) {ʔúʔɬi cn. *I'm stretching.* (AS) | ʔúʔɬi tə sqáxaʔ. *The dog is stretching.* (AS) | cə́č cn ʔiʔ ʔúʔɬi cn. *I woke up and stretched.* (AS) | ʔiʔ k̕ʷə́nəs cə ɬíkʷən ʔənʔá" ʔiʔúʔɬi. *And he saw a gaff hook come stretching.* (ES) | ʔənʔá ʔúʔɬi txʷʔúʔuxʷ ʔaʔ cəwniɬ kʷɬčə́q ɬaʔk̕ʷə́yuʔ ʔaʔ cəʔəsnát. *It came stretching toward that old man gaffing in the night.* (ES)}

ʔúʔɬt [√ʔu<ʔ>ɬ-t √stretch<actl>-trns] ☞ ʔúɬt [metathesis with third-person subject] Stem: ʔaʔɬút [stem for third-person subject and subordinate subjects] to be stretching something. {ʔaʔɬúts. *He's stretching it.* (TC) | ʔúʔɬt cn cə xʷéʔləm. *I'm stretching the rope.* (AS)}

ʔuʔúʔ [√ʔuʔúʔ √begin] [u-class intensifier] to first begin, finally (do something). (ES; TC) {ʔuʔúʔ cn ʔuʔ čáy. *I began to work.* (TC) | ʔuʔúʔ cn ʔuʔ ʔíɬən. *I began to eat.* (TC) | kʷi sʔuʔúʔɬ... *When we first began...* (ES) | ʔuʔúʔ cn ʔuʔ štə́ŋ. *I'm finally going to walk.* (TC) | ʔuʔúʔ cn ʔuʔ k̕ʷə́nnəxʷ. *I just saw it.* (TC) | k̕ʷə́nnəxʷ cn ʔaʔ kʷi nsʔuʔúʔ ʔuʔ k̕ʷə́nnəxʷ. *I saw it just as soon as you saw it.* (TC) | kʷi sʔuʔúʔɬ yaʔ ʔuʔ saʔxíct. *When we first moved. / When we finally moved.* (ES; TC) | kʷi nəsʔuʔúʔ yaʔ ʔuʔsxíct. *When I finally moved.* (TC) | kʷi nəsʔuʔúʔ ʔuʔ sxíct ʔənʔá ʔaʔ ʔéʔɬxʷaʔ. *When I first moved to Elwha.* (ES) | kʷi kʷɬčiʔáw skʷáči ʔaʔ kʷi sʔuʔúʔɬ yaʔ ʔuʔ sxíct ʔiʔ náʔ. *In the old days when we began to move and come...* (ES) | ncáxʷ ʔaʔ kʷi sʔuʔúʔɬ ʔuʔ sxíct ʔənʔá. *It was one time when we first moved and came here.* (ES) | ʔiʔ kʷi sʔuʔúʔɬ yaʔ ʔuʔ sxíct ʔiʔ ʔənʔá ʔiʔ uʔmán yaʔ ʔuʔ ʔáwənə sčáy. *When we first moved here there were no jobs at all.* (ES) | kʷi nəsʔuʔúʔ yaʔ ʔuʔ k̕ʷə́nnəxʷ ʔaʔ Flora ʔiʔ sƛ̕aʔyéʔƛ́qɬ yaʔ st. *When I first saw Flora we were children.* (TC) | ʔiʔ níɬ yaʔ kʷaʔčaʔ sxʷʔiyás ʔiʔuʔúʔ cn ʔuʔ k̕ʷə́nnəxʷ kʷsə nəsɬániʔ, tsiə nəsɬániʔ. *And that is where I first saw my wife, this wife.* (TC) VAR: ʔuʔú {ʔuʔú t suʔxʷúŋs. *He just cried.* (EPT)}

ʔuʔúʔk̕ʷs [ʔu + √ʔu<ʔ>k̕ʷs dim + √chiton<dim>] ☞ ʔúk̕ʷs small giant chiton. (TC)

ʔuʔúʔnuʔ [ʔə + √ʔu<ʔ>nuʔ dim + √tallow<dim>] ☞ ʔúnuʔ a small piece of tallow. (MJT) {ʔə́ŋac ʔaʔ či ƛ́úƛ́aʔ ʔuʔúʔnuʔ. *Give me a little tallow.* (MJT)}

ʔuʔútxs [√ʔəʔutxs √freight_canoe] [possibly a frozen reduplicated form]
  1. a type of large canoe with a prominent bow

for passengers, cargo, whaling, war. (EPT; ES; TC) {ʔčíyəŋ cə ʔuʔútxs. *The canoe sank.* (ES) | ɬqáčš ʔuʔútxs. *five canoes.* (ES) | qʷə́yct cn ʔaʔ cə ʔuʔútxs. *I'm bailing the canoe.* (ES) | nəsxʷúyəm kʷɬəsə nəʔuʔútxs. *I sold my canoe.* (ES) | ɬxʷákʷɬ kʷə ʔuʔútxs táči. *Three canoes came.* (MJT) | nəssaʔmústəŋ kʷsə nəʔuʔútxs. *He sold me my canoe.* (ES) | níɬ č suʔɬáns cə ʔuʔútxs. *Then the canoe landed.* (MJ) | nəssaʔmúsc caʔ kʷsə nəʔuʔútxs. *I'm going to sell my canoe to you.* (ES) | čáŋ táči cə nə́cuʔ ʔuʔútxs. *Another canoe arrived home.* (MJ) | ɬíˑtct cə skʷáʔəts cə ʔúʔutxs. *They sprayed the stern of the canoe.* (MJ) | xʷítəŋ ʔúxʷ ʔaʔ tə čúʔkʷs ʔuʔútxs ʔiʔ čəɬə́yuʔ. *She jumped seven canoes and won.* (MJ) | suʔúyɬs tə slapúʔ ʔiʔ ʔə́mət ʔəctúnən ʔaʔ cə ʔuʔútxs. *So Slapu boarded and sat in the middle of the canoe.* (MJ)}
2. a smaller canoe for river travel. (AS) [possibly AS takes the reduplication here as forming the diminutive.] VAR: ʔuʔúʔtxs (MJT; TC) {q̓íŋi či ʔaʔ cə ʔuʔúʔtxs. *Get out of the canoe.* (TC) | čáʔiʔ cn ʔaʔ kʷsə ʔuʔúʔtxs. *I'm building a canoe.* (ES) | ʔúyɬ st ʔaʔ cə ʔuʔúʔtxs. *We boarded the canoe.* (ES) | sqán̓s kʷɬəsə nəʔuʔúʔtxs. *He stole my canoe.* (MJT) | sqáqən̓s tsə nəʔuʔúʔtxs. *He's stealing my canoe.* (MJT) | ʔúxʷ či xʷik̓ʷíct cə nəʔuʔúʔtxs. *Go cover up my canoe.* (MJT) | ʔuʔxənʔáɬ ti sʔənʔás sč́əct ʔiʔ stánəns cə ʔuʔúʔtxs. *Every time it came and slapped itself (on the water), it missed the canoe.* (ES) | suʔhəwíyəŋs ʔiʔ hiyáʔ ʔúyɬ ʔaʔ cə ʔuʔúʔtxs ʔiʔ ɬúys kʷaʔ cə sčutáyəɬs yaʔ. *She returned and got aboard her canoe and left her brother-in-law behind.* (AA) | suʔtə́ss cə swə́yqaʔs yaʔ ʔaʔ kʷi sxʷʔíyaʔs yaʔ kʷi ʔuʔútxs ʔiʔ ʔáwənə kʷaʔ. *So her husband got to where the canoe had been, but it wasn't there.* (AA)}

ʔúʔuxʷ [ʔu+√ʔuxʷ actl+√go_to] ☞ ʔúxʷ to be going to, be on one's way to. (EPT; MJT; ES; TC) {ʔiʔúʔuxʷ cn. *I'm going (there).* (TC) | hiyáʔ cn ʔiʔúʔuxʷ. *I'm going there.* (LC) | ʔiʔúʔuxʷ cn ʔaʔsxʷčkʷéyŋ. *I'm on my way to Sequim.* (AS) | hiyáʔ cn ʔiʔúʔuxʷ ʔaʔ tə nəsčáʔčaʔ. *I'm going to my friend.* (LC) | ʔuʔnə́cuʔ caʔ sxʷiʔúʔuxʷɬ, ʔáwə čəsaʔ. *We will have one place to go, not two.* (RSh) | ʔáwə c ʔuʔúxʷ; mán̓ ʔuʔ sxáʔəs kʷsə sčtənxʷən. *Don't go there; that land is very bad.* (EPT) | húy ʔuʔ ʔiyá ʔaʔ cə ʔáʔiŋs sxʷʔiʔúʔuxʷs. *They were the only ones there at the house they were going to.* (MJ) | ʔiʔ níɬ suʔčíŋis ʔaʔ cə sxʷʔiʔúʔuxʷs. *And then he got close to where he was going.* (ES)} VAR: ʔúʔəxʷ {ʔúʔəxʷ cn. *I'm going (there).* (AS,BC)} VAR: ʔuʔúxʷ {ŋaʔkʷaʔít cn kʷaʔčaʔ kʷə nəƛ̓íƛ̓q či stə́ss ʔaʔ cə sxʷʔiʔuʔúxʷs. *I waited for my uncle to get to where he was going.* (MJ)}

ʔuʔúyč [√ʔuʔúyč √youngest] [possibly diminutive reduplication.]
1. the youngest person of a family, youngest child (including sisters, brothers, cousins); the younger of a pair; the youngest of a group of people together. (MJT; AB,ICT; TC) {ʔə́c kʷi ʔuʔúyč. *I'm the youngest one.* (LB,CWH; MJT) | ʔuʔúyč cn. *I'm the youngest one.* (MJT) | ʔiʔxčnás cə ʔuʔúyč. *The young one found out.* (TC) | húy ʔuʔ ʔuʔúyč nənə́naʔ. *She's my youngest daughter.* (ES) | txʷúy kʷɬaʔ cə ʔuʔúyč yaʔ ʔuʔ šə́təŋ. *Now the younger one was the only one walking.* (AA) | suʔxənʔátəŋs cə ʔuʔúyč, "ʔáwə q̓i c qatúš tiə!" *The younger one said, "This isn't a kitten!"* (AA) | xčnás cə ʔuʔúyč, "tə́s ixʷ yaʔ či sčtənxʷən." *And the younger one figured, "She must have reached the ground."* (AA)}
2. younger brother. (AS) VAR: ʔəʔúyč (AS)
3. youngest child in the family. (TC; AS,BC; AS) {níɬ kʷi ʔəʔúyč nsʔúq̓ʷaʔ. *He's my youngest brother.* (AS,BC) | ʔuʔníɬ kʷi ʔəʔúyč kʷə swéʔwəs táči. *It was the youngest boy that came.* (AS)} VAR: háʔəyč (TC)

ʔúʔx̣ʷnəs [√ʔu<ʔ>xʷ-nəs √go_to<actl>-intent] ☞ ʔúxʷnəs to be going after something or someone. {ʔúʔx̣ʷnəs cn. *I'm going after him.* (AS)}

ʔúʔx̣ʷnəsəŋ [√ʔu<ʔ>xʷ-nəs-ŋ √go_to<actl>-intent-psv] ☞ ʔúxʷnəsəŋ being gone after. {ʔuʔhúy yaʔ cn ʔuʔ ʔúʔx̣ʷnəsəŋ ʔaʔ cawnił snúʔnək kʷaʔ ʔuʔstánəs yaʔ čtə ʔəɬ ʔíttɬ x̣ə́nɬcan. *I was the only one that the ghost or whatever it was went after while everyone slept.* (TC)}

ʔuč [ʔwč request] [speech act enclitic marking questions requesting information] request for information. (LC; MJ) {stáŋ ʔuč? *What is it?* (NS,JW) | ʔaʔstúʔŋət cxʷ ʔuč? *What are you doing?* (ES; TC) | txʷén cxʷ ʔuč? *Where are you going?* (TC) | ʔó, ʔéʔɬən u cxʷ ʔuč? *Oh, are you eating?* (EPT) | nə́kʷ u ʔuč? *Is that you?* (EPT) | čɬcán ʔuč? *Who did it?* (TC) | ʔəxén kʷsi ʔuč? *Where is she?* (TC) | stáŋ ʔuč či kʷə́nəxʷ? *What did/do you see?* (TC) | stáŋ ʔuč či ʔíɬən? *What's going to eat?* (TC) | stáŋ ʔuč či sʔíɬənɬ? *What are we going to eat?* (TC) | ʔáwə cxʷ ʔuč csáʔsiʔsiʔ? *Aren't you afraid?* (TC) | stáŋ ʔuč či n̓sčtáŋ? *What are you asking about?* (EPT) | kʷɬɬə́mxʷ u ʔuč? *So it's still raining, is it?* (MJT) | ʔaʔstúʔŋət cxʷ ʔuč ʔay̓? *What are you doing, now?* (AS) | ʔəstúʔŋət cxʷ ʔuč kʷaʔ či ṅsxʷščə́c? *Why did you hit me?* (LC) | stáŋ ʔuč ti n̓snaʔátəŋ ti "fish"? *What do you call "fish"?* (TC)} VAR: ʔəwč (TC) {stáŋ ʔəwč? *What is it?* (TC) | tx̣ʷín cxʷ ʔəwč? *Where are you going?* (TC; TC,AS,BC) | tx̣ʷín ixʷ kʷə ʔəwč. *I wonder where he's gone.* (TC)}

ʔučtə [ʔučtə expected] [speech act enclitic] [strange with a first-person subject] as one might expect, of course, predictably, probably. [The speaker is not certain, but assumes the truth based on what usually happens.] (AS,BC) [This may be a compound of two other speech act enclitics.] cp. ʔuč cp. ta {níɬ kʷaʔ suʔmán̓s ʔuʔ nuʔnəxʷčiyaʔyéʔwən ʔučtə. *She was very jealous.* (AA) | čəčtəŋəxʷ ʔučtə. *He was an owl, of course.* (AA) | hiyáʔ ʔučtə tə swéʔwəs. *The boy went, I guess (as expected).* (AS) | suʔɬáns ʔaʔ cə xʷíyŋəxʷ ʔučtə. *So she landed at a village.* (AA) | suʔxə́nəŋs kʷi nəsíyaʔ ʔučtə ʔiʔxə́wəs. *So my grandfather said it must have been a new dancer.* (MJ) | kʷəyəŋ kʷə

ʔúkʷɬ

kʷi čəčtəŋəxʷ ʔučtə šéʔtəŋs yaʔ. *The owl that she had been desiring predictably flew away.* (AA) | hiyáʔ ʔučtə kʷi či x̣čŋins ʔaʔ či shiyáʔs. *He thought he might as well go.* (AA) | ó, nɬ kʷaʔ suʔánəɬs tə snúʔnəkʷ ʔučtə. *Oh, then the ghost agreed, as expected.* (AA) | hiyáʔ caʔ st kʷi x̌kʷát kʷsəs q̓áʔŋi kʷaʔ nɬs ʔučtə. *We will go take that girl that must be the one.* (MJ)}

ʔúkʷɬ ⟦√ʔukʷɬ √take_care⟧ cp. ʔáʔkʷɬ to take care (of someone or something), babysit. (AS) {*ʔúkʷɬ* cn. *I'm taking care of it.* (AS) | *ʔúkʷɬ* cn ʔaʔ cə ʔáʔiŋs. *I'm taking care of her house.* (AS) | nɬ kʷi nəsʔúkʷɬ ʔaʔ tə sqáx̣aʔ. *Then I took care of the dog.* (AS)}

ʔúkʷs ⟦√ʔukʷs √chiton⟧ big stick shoe, giant chiton, gumboot, giant Pacific chiton, China shoe. *Cryptochiton stelleri.* ✱Good to eat if steamed very fresh for a short time. (LB,CWH; MJT; AB,IC,NST; NS,JW; ES; TC) ⟪Harrington gives this with /q̓ʷ/ instead of /k̓ʷ/.⟫ {ʔuʔmán ʔuʔ ŋə́n *ʔúkʷs* ʔiyá ʔaʔx̌cə́nt. *There are lots of giant chitons at Agate Beach.* (AS)}

ʔułíyŋ ⟦√ʔuł-iy-ŋ √pick-dev-mdl⟧ ☞ ʔúłt to go to harvest, pick fruit. {*ʔułíyŋ* st ʔaʔ cə sčayíqʷɬ. *We're going to pick fruit.* (AS)}

ʔúłt ⟦√ʔuł-t √pick-trns⟧ to harvest, pick fruit. (ES) {*ʔúłt* cn. *I picked it.* (ES) | hiyáʔ caʔn *ʔúłt* tə sčayíqʷɬ. *I'm going to go pick fruit.* (AS)}

ʔúmənaʔ hunt. See under: ʔəsʔúmənaʔ

ʔunú ⟦√ʔunu √notice⟧ [u-class intensifier] [This must be followed by a word after the /ʔuʔ/.] 1. to notice, point out. ⟪Usage: This is used to point out some outstanding behavior or quality and implies that the person is proud of it.⟫ (AS) {*ʔunú* ʔuʔ štəŋ. *Notice how he walks. / Look at her walk!* (AS,BC; AS) | *ʔunú* ʔuʔ qʷáq̓ʷi. *There she goes again talking.* (BC) | *ʔunú* cn ʔuʔ štəŋ. *Notice how I walk.* (AS,BC) | ʔu*ʔunú* ʔuʔ ɬaʔpx̣áyəsəŋ. *Notice how she blinks.* (AS) | *ʔunú* cn ʔuʔ čx̌ə́kʷ. *Notice I found a boyfriend.* (AS) | *ʔunú* ʔuʔ ʔíɬən! *Notice how he eats! / He's really eating.* (AS) | ʔu*ʔunú* ʔuʔ mán ʔuʔ čə́q. *He's really huge.* (AS) | *ʔunú* ʔuʔ čšnəcqʷéʔis. *Notice he has a red face.* (AS) | *ʔunú* ʔuʔ čtáčšəŋ. *He turned his back (Notice he has a back).* (AS,BC) | *ʔunú* st ʔuʔ x̣čátəŋ ʔaʔ cə swéʔwəs. *Notice we're being sized up by that boy.* (AS) | *ʔunú* ʔuʔ cənáčəŋ cə swéʔwəs. *Notice how the boy is leaning back.* (AS)}
2. word is, they remark, they say, it is said. ⟪Usage: This meaning is used in an idiom of the form /x̣ənʔátəŋ ʔaʔ či sʔúnus/.⟫ {nɬ č kʷi sx̣ənʔátəŋs ʔaʔ či s*ʔunú*s ʔuʔ x̣ʷax̣ʷəŋíkʷs kʷsəswéʔwəs. *They remark on how fast that boy is.* (AS) | x̣ənʔátəŋ ʔaʔ či s*ʔunú*s ʔuʔ x̣ʷəŋ. *Word is that he is fast.* (AS) | x̣ənʔátəŋ ʔaʔ či s*ʔunú*s ʔuʔ kʷikʷiyáy. *It is said that he's clever.* (AS) | x̣ənʔátəŋ ʔaʔ či ns*ʔunú* ʔuʔ x̣ʷəŋ. *They say that I am fast.* (AS)}

ʔunuʔ ⟦√ʔunuʔ √tallow⟧ tallow. (EPT; MJT; LST; ES,HS) ✱AS remembers older women using elk tallow on their face and hair as a cosmetic {ŋə́n tə

ʔúŋəstəŋ

ʔunuʔ čʔiyá ʔaʔ ti sməyəc. *There's lots of tallow from the elk.* (AS)}

ʔúnuc make fire. See under: húnuc

ʔúŋəsc ⟦√ʔuŋ-us-t-c √give-rcpnt-trns-1obj/2obj⟧ ☞ ʔúŋəst give it to me; give it to you. (AS,BC) {*ʔúŋəsc* cn. *I handed it to you.* (TC) | *ʔúŋəsc* u cxʷ? *Did you give it to me?* (AS) | *ʔúŋəsc* caʔn. *I'll give it to you.* (MJ) | ɬxʷáʔitxʷ kʷɬəsə ns*ʔúŋəsc*. *I gave you three dollars.* (EPT) | *ʔúŋəsc* cn ʔaʔ cə nŋónaʔ. *I gave you my child.* (AS) | hú caʔ cxʷ ʔuʔáwə c *ʔúŋəsc*, ʔiʔ q̓ʷúčc caʔn ʔuʔáɬaʔ ʔaʔ tiə k̓ʷə́y. *If you don't give it to me, I'll beat you up here in the bushes.* (MJ)}

ʔúŋəst ⟦√ʔuŋ-us-t √give-rcpnt-trns⟧ to give someone (something), hand (something) to someone. (AS,BC; ES; TC) ⟪Usage: This refers to giving something to someone to use, hold, look at, etc. but not necessarily to keep and own.⟫ cp. ʔəŋáʔt {*ʔúŋəst* cn. *I give to him. / I handed it to him.* (ES; TC) | *ʔúŋəst*s. *She gave it to her.* (MJ) | *ʔúŋəst* cn ʔaʔ cə sʔíɬən. *I gave him food.* (TC) | *ʔúŋəst* cn cə nəŋónaʔ. *I handed it to my child. / I gave it to my child.* (TC; AS) | sʔíɬən u cə s*ʔúŋəst*s? *Was it food he gave her?* (TC) | kʷɬ*ʔúŋəst* cn ʔaʔ tə qʷúʔ. *I gave him some water.* (MJT) | *ʔúŋəst* cn ʔaʔ cə sná. *I gave him a name.* (TC) | nɬ nsu*ʔúŋəst* ʔaʔ cə sxʷc̓aʔwáčən. *Then I gave her the chair.* (MJ) | nɬ nsu*ʔúŋəst* ʔaʔ Gypsy ʔaʔ tə scúm̓. *Then I gave Gypsy the bone.* (MJ) | *ʔúŋəst*s cə síyaʔs ʔaʔ či scəyáʔyə. *They gave their grandmother the sticks.* (MJ) | nəs*ʔúŋəst* ʔiʔ x̣ənáxʷ cn kʷaʔ ŋúts. *I gave it to him and told him to eat it.* (MJT) | *ʔúŋəst* cn cə maʔmúsmus ʔaʔ či skʷáʔs milk. *I gave the calf its own milk.* (MJ) | čšáʔitxʷ yaʔ či sx̌éʔs ʔi ʔuʔnəčákʷtxʷ tə nəs*ʔúŋəst*. *He wanted two dollars, but I have him one dollar.* (TC) | nɬ suʔhúyɬ ʔiʔ q̓pə́təŋ cə scáʔyəm ʔiʔ *ʔúŋəst* ʔaʔ Gypsy. *Then we finished and gathered the bones and gave them to Gypsy.* (MJ) | nɬ nsu*ʔúŋəst* ʔaʔ cə sxʷc̓aʔwáčən ʔiʔ x̣ənáxʷ kʷaʔ ɬuʔə́ts cə sqx̣́əyuʔ. *Then I gave her the chair and told her to shell the clams.* (MJ)}

ʔúŋəstəŋ ⟦√ʔuŋ-us-t-ŋ √give-rcpnt-trns-psv⟧ ☞ ʔúŋəst to be given, handed (something) by someone. (ES) {*ʔúŋəstəŋ* cə yúx̌ nəŋónaʔ. *It was given to my oldest daughter.* (ES) | húy ʔuʔ s*ʔúŋəstəŋ*ɬ. *That's all we were given.* (TC) | nəs*ʔúŋəstəŋ* ʔaʔ kʷɬəs nətán. *My mother handed it to me.* (TC) | nə́cuʔ yaʔ cn kʷi *ʔúŋəstəŋ* ʔaʔ tə λ̓úx̌aʔ múʔuqʷ. *I was one that was given a little duck.* (MJ) | ʔiʔ ʔáw kʷə *ʔúŋəstəŋ* ʔaʔ či stáŋ sčáʔis suʔx̌kʷnáxʷs či λ̓úx̌aʔ tálə. *And they are not given any job where they can manage to get a little money.* (TC) | nəs*ʔúŋəstəŋ* č yaʔ ʔaʔ kʷɬi čná yaʔ ʔaʔ či šiʔástənəw nəxʷsx̣áyəm. *It was given to me by the Klallam person that had the name šiʔástənəw* (RSh) | *ʔúŋəstəŋ* ʔaʔ Gypsy ʔaʔ cə ɬaʔɬíqəŋ sqaʔqáx̣aʔ ʔaʔ t táŋən. *Gypsy was given a hot dog in the evening.* (MJ) | s*ʔúŋəstəŋ*ɬ ʔaʔ cícɬsiʔám ʔaʔ či ʔuʔskʷə́ɬ ʔuʔskʷənáŋətəŋɬ. *It was given to us by the Lord to be ours to help us.* (BH)} VAR: ʔúŋətəŋ (MJ) {nəsč*ʔúŋətəŋ*. *I should be the one it's given* *to.* (AS) | čʔúŋətəŋ cn. *It was just given to me.* (AS)}

ʔúpən 〚√ʔupn √ten〛 ten. (NS,JW; LC; AS,BC) {ʔúpən ʔiʔ či nə́cuʔ. *eleven.* (EPT; AS,BC) | ʔúpən i či nə́cuʔ. *Eleven.* (NS,JW) | ʔúpən ʔiʔ či čə́saʔ. *twelve.* (AS,BC) | ʔúpən i či čə́saʔ. *Twelve.* (NS,JW) | ʔúpən i či ɬíxʷ. *thirteen.* (NS,JW) | ʔúpən i či ŋús. *fourteen.* (NS,JW) | ʔúpən i či ɬq́ácš. *fifteen.* (NS,JW) | ʔúpən i či txə́ŋ. *sixteen.* (NS,JW) | ʔúpən i či cúʔkʷs. *seventeen.* (NS,JW) | ʔúpən i či táʔcs. *eighteen.* (NS,JW) | ʔúpən i či tə́kʷxʷ. *nineteen.* (NS,JW) | níɬ nstxʷúxʷ ʔuʔ ʔúpən ʔiʔ cúʔkʷs. *I was going on seventeen.* (MJ)}

ʔupəná?itxʷ ten dollars. *See under:* ʔəpəná?itxʷ

ʔupəná?wiñəxʷ 〚√ʔupn = aʔwiñəxʷ √ten = year〛 ☞ ʔúpən ten years. (MJT)

ʔupənáɬ 〚√ʔupn = aɬ √ten = times〛 ☞ ʔúpən ten times. {ʔupənáɬ tə nəstíyəm. *I sang the song ten times.* (MJT) VAR: ʔupənháɬ (MJT)

ʔupənáwtxʷ 〚√ʔupn = awtx √ten = house〛 ☞ ʔúpən ten houses. {ʔupənáwtxʷ ʔiʔ ti nə́cuʔ. *eleven houses* (MJT)} VAR: ʔupənháwtxʷ (MJT)

ʔupənáy 〚√ʔupn = ayə √ten = person〛 ☞ ʔúpən ten people. (LC) VAR: ʔəpənáy (EPT)

ʔupənəɬnát 〚√ʔupn = ɬnat √ten = day〛 ☞ ʔúpən ten nights. (MJT)

ʔupənháyəq ten fish. *See under:* ʔəpənáyəq

ʔupənhə́kʷɬ ten conveyances. *See under:* ʔəpənə́kʷɬ

ʔúq̓ʷ 〚√ʔuq̓ʷ √extract〛 to be extracted, uprooted, pried out. (AS,BC) {ʔúq̓ʷ cn. *I was pried out.* (AS) | ʔúq̓ʷ cə ncísən. *My nail got pried out.* (AS)}

ʔúq̓ʷaʔ sibling. *See under:* sʔúq̓ʷaʔ

ʔúq̓ʷt 〚√ʔuq̓ʷ-t √extract-trns〛 ☞ ʔúq̓ʷ to pry something out, extract, pull out something. (ES; AS) {ʔúq̓ʷt cn. *I pried it out.* (AS,BC) | ʔúq̓ʷt cə císən. *Pull out the nail.* (ES) | ʔúq̓ʷt cn cə císən. *I pried out the nail.* (BC; AS) | ʔúq̓ʷt cn cə stíxʷaʔč. *I pried out the octopus.* (AS) | ʔúq̓ʷt cn cə ɬəŋsuʔéʔč. *I pried off the chiton.* (BC)}

ʔúq̓ʷtəŋ 〚√ʔuq̓ʷ-t-ŋ √extract-trns-psv〛 [no metathesis with passive] ☞ ʔúq̓ʷt to be extracted, pulled out by someone. {ʔúq̓ʷtəŋ cn. *They pried me out.* (BC) | ʔúq̓ʷtəŋ cə císən. *Someone pulled out the nail.* (ES)}

ʔusə́ɬ 〚√ʔusə́ɬ √Ozette〛 [probably not originally a Klallam word] Ozette village. (JSH)

ʔúɬ 〚√ʔuɬ √stretch〛 to stretch. (AS,BC) {ʔúɬ cn. *I stretched.* (AS,BC)}

ʔúɬəŋ 〚√ʔuɬ-ŋ √stretch-mdl〛 ☞ ʔúɬ to stretch. (ES; AS) {ʔúɬəŋ cn. *I stretched.* (AS) | čaʔúɬəŋ cə sqáxaʔ. *The dog just stretched.* (AS) | ʔúɬəŋ cn ʔaʔ cə xʷéʔləm. *I stretched the rope.* (AS)}

ʔúɬi 〚√ʔuɬ-iy √stretch-dev〛 ☞ ʔúɬ to stretch (a direction). (HS,ES) {ƛ́ə́·y ʔənʔá cə ɬík̓ʷən ʔúɬi. *Again the gaff hook came stretching.* (ES)}

ʔúɬt 〚√ʔuɬ-t √stretch-trns〛 [metathesis with third-person subject] ☞ ʔúɬ Stem: ʔəɬút [stem for third-person subject and subordinate subjects] to stretch, extend something out. (TC; ES) {ʔúɬt cn. *I stretched it out.* (MJT; TC; AS,BC) | ʔúɬt u cxʷ? *Are you going to stretch it?* (TC) | kʷɬʔúɬt cn. *I'm stretching it now.* (TC) | ʔúɬt cə xʷéʔləm. *Stretch the rope.* (ES) | ʔúɬt cn cə xʷéʔləm. *I stretched out the rope.* (AS) | ʔəɬúts. *He stretched it.* (TC)}

ʔúu 〚ʔúu interjection〛 oh. (MJ) {ʔúu, ʔáw. mán cn ʔuʔ ʔəsŋáʔŋəx. *Oh, no. I'm in too much of a hurry.* (ES)}

ʔúxʷ 〚√ʔuxʷ √go_to〛 to go to. (TC; ES) {ʔúxʷ či. *Go away! / Go ahead!* (LB,CWH; ES) | ʔúxʷ či hiyáʔ. *Go away!* (HS) | ʔúxʷ či t̓úk̓ʷ! *Go home!* (ES) | ʔúxʷ či ʔiɬt *Go ashore!* (TC,AS,BC) | ʔúxʷ či ʔiɬt *Go to sleep.* (LB,CWH; TC,AS,BC) | ʔúxʷ či kʷánəŋət. *Go run.* (EPT) | sqíyəŋ ʔúxʷ! *Get out!* (MJT) | čtát ʔúxʷ. *Go ask him.* (LC) | kʷɬhiyáʔ yaʔ cn ʔúxʷ. *I went over there.* (LC) | ʔúxʷ ƛ̓kʷáyəs ʔaʔ či qʷúʔ. *Go get some water.* (EPT) | ʔúxʷ či ƛ̓aʔšxʷimáy. *Go to the store.* (LC) | ʔúxʷ kʷi ʔúxʷnəs ʔiʔ ƛ̓kʷə́t. *Go to it and get it.* (MJ) | ʔúxʷ ʔaʔ tə nc̓íq̓ʷən ʔiʔ tə́s ʔaʔ tə ɬxáčən. *It goes from your shoulder to the floor.* (MJ) | hiyáʔ st ʔúxʷ ʔaʔ kʷsə sq̓ʷə́yəŋ. *We're going to the salmon bake.* (MJT) | štə́ŋ ʔúxʷ ʔaʔ cə sxʷʔiyás c sʔúyɬs ʔaʔ cə snə́xʷs. *He walked over to where he boarded his canoe.* (TC) | štə́ŋ cn čšaʔčixʷícən ʔúxʷ ʔaʔéʔɬxʷaʔ. *I walked from Port Angeles to Elwha.* (TC) | ʔúxʷ ʔaʔ kʷi ʔáʔiŋs yaʔ kʷi cətɬ. *(We) went to our father's house.* (ES) | hiyáʔ kʷaʔ ʔúxʷ t̓úk̓ʷ. *She went home.* (AA) | níɬ suʔhiyáʔs ʔiʔ ʔúxʷ ʔaʔ cə qʷɬáy. *Then he left and went over to the log.* (ES) | ʔiʔ níɬ suʔhiyáʔs ʔúxʷ c̓íŋct ʔiʔ kʷə́ns cə. *Then he went over near it and saw it.* (ES) | ʔiʔ hiyáʔ ʔúxʷ ʔaʔ kʷə sxʷʔiyás kʷsə məšín. *She went to where the machine was.* (ES) | ʔiʔ ƛ̓kʷə́ts cə kapús ʔiʔ tə sčə́səq̓ʷs ʔiʔ kʷánəŋət sqéyŋ ʔúxʷ ʔaʔcə sčaʔkʷaʔyúɬs ʔiʔ hiyáʔ t̓úk̓ʷ. *He took his coat and his hat and ran outside to his car and went home.* (ES) | wiʔšə́təŋ cn čšaʔčixʷícən tə nəsʔúxʷ ʔaʔéʔɬxʷaʔ. *I walked from Port Angeles to go to Elwha.* (ES) | hiyáʔ yaʔ cn txə́nəŋ ʔaʔ čxʷícən tə nəsʔúxʷ ʔaʔstətíɬəm. *I went through Port Angeles to go to Jamestown.* (TC) | nəxčŋín ʔúxʷ caʔn ʔaʔstətíɬəm kʷaʔ ʔáwən c ʔúxʷ ʔaʔčixʷícən. *I think I'll go to Jamestown if I don't go to Port Angeles.* (TC) | kʷáčən ʔúxʷ ʔaʔ cə sq̓ʷáyašəns kʷaʔ ʔənʔás ʔiʔ kʷánəŋəts ʔəyə́wəsəqs. *He hollered to his companions to come and help ʔəyə́wəsəqs.* (MJ)}

ʔúxʷəŋáyŋən 〚√ʔuxʷ-ŋ-ayŋən √go_to-mdl-want〛 ☞ ʔúxʷ to want to go there. {ʔúxʷəŋáyŋən cn. *I want to go there.* (TC)}

ʔúxʷnəs 〚√ʔuxʷ-nəs √go_to-intent〛 ☞ ʔúxʷ to go to, go after someone or something with intent to act on it. (BC; AS,BC) {ʔúxʷnəs cn. *I'm going after it. / I went after her.* (TC; MJ) | ʔúxʷnəs či. *Go after it.* (TC) | ʔúxʷnəs u cxʷ? *Are you going after it?* (BC) | hiyáʔ cn ʔúxʷnəs. *I'm going after him.* (TC; AS) | ʔúxʷnəs cn ʔaʔ nə́kʷ. *I'm going after you.* (TC) | hiyáʔ caʔn ʔúxʷnəs kʷə sčəyíqʷɬ. *I'm going* *to go after berries.* (AS) | ʔúx̣ʷnəss cə swéʔwəs. *He went after the boy.* (MJ) | ʔúx̣ʷ kʷi **ʔúx̣ʷnəs** ʔiʔ X̌kʷə́t. *Go to it and get it.* (MJ) | cúŋ kʷaʔ hiyáʔ **ʔúx̣ʷnəs** cə sqə́čaʔs. *He'd go up into the bush to get his catch.* (TC) | **ʔúx̣ʷnəs**s tə sq̓x̣ə́yuʔs ʔiʔ cúŋts. *She went for her clams and carried them inland.* (MJ) | níɬ č̓ suʔtəŋúʔəŋs **ʔúx̣ʷnəs** cə q̓ʷq̓ʷúʔəŋ. *He swam after Kelp.* (TC) | níɬ č̓ suʔqsə́cts **ʔúx̣ʷnəs** cə q̓ʷq̓ʷúʔəŋ. *He went into the water to go after Kelp.* (TC) | ʔáwənə či čúkʷən či nəshíyaʔ **ʔúx̣ʷnəs** ʔaʔ nə́kʷ. *I've got nothing to use to go after you.* (TC) | ʔáwənə či čúkʷss či nəshiyáʔ **ʔúx̣ʷnəs**. *They had nothing to use to get me.* (TC) | hiyáʔ həwíyŋ **ʔúx̣ʷnəs** cə nə́cuʔ X̌kʷáʔis ʔaʔ cə sčaʔkʷaʔyúɬ. *He returned to go after the other one holding onto the boat.* (MJ) | ʔuʔhuʔhúʔi cn ʔəɬ **ʔúx̣ʷnəs**ən kʷi nəswə́yqaʔ ʔéʔtt ʔiyá ʔaʔ tə siláwtxʷ. *I went alone after my husband who was sleeping in the tent.* (MJ) | **ʔúx̣ʷnəs** cn ʔiʔ ʔáwə kʷaʔ ʔánəɬs ʔaʔ tə nəsqʷáʔəns. *I went after her, and she didn't obey when I called her to come.* (MJ)} VAR: ʔúx̣ʷəns (AS) {hiyáʔ cn **ʔúx̣ʷəns**. *I went over to him (to tap his shoulder).* (ES) | ʔuʔhiyáʔ caʔ cxʷ **ʔúx̣ʷəns** ʔiʔ ʔənʔáxʷ ƛ̓kʷístxʷ. *You will go for them and bring them home.* (MJ) | suʔx̣ə́nəŋs cə miməščku ʔaʔ cə ʔáʔčx̣, "**ʔúx̣ʷəns** ʔiʔ cəŋ̓ə́t." *Little Mink said to Crab, "Go over to her and bite her."* (MJ) | suʔhiyáʔ ʔaʔ ʔáʔčx̣ ʔiʔ **ʔúx̣ʷəns** cə slapúʔ. *So Crab went to Slapu.* (MJ) | **ʔúx̣ʷəns** cn cə nstíkʷən. *I went after my niece.* (AS) | níɬ suʔx̣ə́nəŋs ʔaʔ či shiyáʔs č̓ **ʔúx̣ʷəns** či qaʔq̓ə́yuʔ. *Then he said he was going to the police.* (MJ)} VAR: ʔúx̣ʷənəs {ʔáwənə či čúkʷss či shiyáʔs **ʔúx̣ʷənəs**s. *They had nothing to use to go after it.* (TC) | kʷánəŋət **ʔúx̣ʷənəs** cə slapúʔ. *He ran to Slapu.* (MJ) | hiyáʔ caʔn **ʔúx̣ʷənəs** cə nstíkʷən. *I'm going after my niece.* (AS) | hiyáʔ cn **ʔúx̣ʷənəs** kʷɬəsə nəstáni?. *I went after my wife.* (MJT) | t̓əŋúʔəŋ caʔn či ns**ʔúx̣ʷənəs** tə sčaʔkʷaʔyúɬ. *I'm going to swim out to the boat.* (MJT) | t̓əŋúʔəŋ cn tə nəs**ʔúx̣ʷənəs** cə sčaʔkʷaʔyúɬ. *I swam after the boat.* (MJT)}

ʔúx̣ʷnəsəŋ ⟦√ʔux̣ʷ-nəs-ŋ √go_to-intent-psv⟧ ☞ ʔúx̣ʷnəs **to be gone to, gone after by someone or something.** {**ʔúx̣ʷnəsəŋ** cn. *It came after me. / They came for me.* (TC) | kʷánəŋət **ʔúx̣ʷnəsəŋ** cə slapúʔ. *He ran after Slapu.* (TC) | **ʔúx̣ʷnəsəŋ** cn ʔaʔ cə sqáx̣aʔ. *The dog came after me.* (TC) | **ʔúx̣ʷnəsəŋ** cə q̓áʔŋiʔ. *It went after the girl.* (EB) | su**ʔúx̣ʷnəsəŋ**s ʔaʔ kʷə nəsíyaʔ. *So my grandfather went at him.* (MJ) | **ʔúx̣ʷnəsəŋ** cə ɬaʔɬtiʔúʔis xʷanítəm. *They went at the fishing white men.* (TC) | ʔənʔá·· ʔiʔ **ʔúx̣ʷnəsəŋ** kʷinu yəẃíntən yaʔ. *It came and went at the late Pysht Jack.* (ES) | ʔáwənə či čúkʷss či nshiyáʔ **ʔúx̣ʷnəsəŋ**. *There was nothing they could use to go for me.* (ES) | níɬ yəxʷ su**ʔúx̣ʷnəsəŋ**s ʔaʔ cə čšaʔyəkʷə́ŋən. *The, must be, someone from Songhees came after it.* (MJ) | tx**ʔúx̣ʷnəsəŋ** ʔaʔ cə sqaʔqtəmús qaʔx̣qíŋ cə suʔáʔwəs ʔiʔ sx̌éʔs či sxʷtíŋts. *The ball the boys were playing with came toward him, and he wanted to jump for it.* (TC)} VAR: ʔúx̣ʷənəsəŋ {**ʔúx̣ʷənəsəŋ** cn. *It came after me.* (TC)} VAR: ʔúx̣ʷnəŋ {**ʔúx̣ʷnəŋ** cn. *They came after me.* (BC) | **ʔúx̣ʷnəŋ** cn ʔiʔ X̌aʔtáwn st. *He's coming for me, and we're going to town.* (AS,BC)} VAR: ʔúx̣ʷənəŋ *They came after me.* (AS)}

ʔúx̣ʷnəxʷ ⟦√ʔux̣ʷ-nax̌ʷ √go_to-nctrns⟧ ☞ ʔúx̣ʷ **to manage to bring something.** (AS) {**ʔúx̣ʷnəxʷ** cn. *I brought it.* (AS)}

ʔux̣ʷnúŋə ⟦√ʔux̣ʷ-nax̌ʷ-uŋə √go_to-nctrns-2obj⟧ ☞ ʔúx̣ʷnəxʷ **bring you there.** {**ʔux̣ʷnúŋə** cn. *I brought you there.* (TC)}

ʔux̣ʷnúŋəs ⟦√ʔux̣ʷ-nəs-uŋəs √go_to-intent-2obj⟧ ☞ ʔúx̣ʷnəs **go get you.** {ʔənʔá caʔn túi **ʔux̣ʷnúŋəs**. *I'm going to come across to get you.* (TC)}

ʔúx̣ʷtəŋ ⟦√ʔux̣ʷ-t-ŋ √go_to-trns-psv⟧ ☞ ʔúx̣ʷtxʷ **to be taken to.** {**ʔúx̣ʷtəŋ** ʔaʔ təsə ʔáckʷɬ. *He was taken far out to sea.* (ES) | hiyáʔ **ʔúx̣ʷtəŋ** ʔaʔ cə sxʷʔiyás kʷaʔčа skʷíɬuʔs. *They were brought there to live with their in-laws.* (TC) | níɬ nəsuʔqʷánsəŋ **ʔúx̣ʷtəŋ** ʔaʔ sxʷímáɬ. *Then I was called over to Esquimalt.* (TC) | hiyáʔ cn **ʔúx̣ʷtəŋ** ʔaʔ cə ʔáyaʔyəŋ. *He took me over to the houses.* (TC) | cákʷəŋ **ʔúx̣ʷtəŋ** ʔaʔ tə ɬxnúkʷən. *It was put down on the floor.* (MJ) | tčístəŋ **ʔúx̣ʷtəŋ** ʔaʔ kʷi sxʷʔiyáɬ yaʔ. *It was brought over to where we were.* (MJ) | **ʔúx̣ʷtəŋ** ʔaʔ cə ʔuʔ sxʷʔiyás cə stə́yaʔčəŋ. *They took him to where the wolves were.* (TC) | hiyáʔ cn **ʔúx̣ʷtəŋ** ʔaʔ cə sxʷʔáyaʔyəŋ. *I was taken over to where the houses were.* (ES) | **ʔúx̣ʷtəŋ** yaʔ ʔaʔ či s**ʔúx̣ʷtəŋ**s či čɬqə́nəxʷtəŋ. *He was brought from where she brought him to be starved.* (AA) | ʔáwə cn c hiyáʔtəŋ **ʔúx̣ʷtəŋ** ʔaʔ cə sxʷʔiyás cə sŋə́ns ʔəttáwtxʷ sxʷʔiyás ti sʔə́ʔtt ti sčáy ʔaʔ cə ʔəsqʷáʔɬiʔ. *I wasn't taken over to the bunkhouse where the loggers sleep.* (ES) | nsuʔkʷənəŋúttəŋ yaʔ **ʔúx̣ʷtəŋ** ʔaʔ cə sxɬáwtxʷ ʔiyá ʔaʔ cə táwn, mətúliyə. *I was run into the hospital in town, Victoria.* (TC) | suʔX̌kʷə́təŋs ʔiʔcəŋáʔaʔtəŋ hiyáʔ ƛ̓kʷístəŋ **ʔúx̣ʷtəŋ** ʔaʔ cə sxʷʔiyáscə stáʔčəŋ, cə ʔáʔiŋs cə stáʔčəŋ. *So he was taken being packed over home to where the wolves were, the wolves' home.* (TC)}

ʔúx̣ʷtxʷ ⟦√ʔux̣ʷ-txʷ √go_to-caus⟧ ☞ ʔúx̣ʷ Stem: ʔúx̣ʷt [stem for subject suffixes] **to take, put something (there), transfer something (from one place to another).** (ES; AS,BC; AS) {**ʔúx̣ʷt**s cə xʷúʔŋəts ʔaʔ cə stcíkʷəns. *He put the paddle on his back.* (TC; ES) | x̣ənáts kʷaʔ **ʔúx̣ʷtxʷ**s. *He told him to put it someplace.* (TC) | **ʔúx̣ʷt**s ʔaʔ cə sxʷʔukʷáyəs. *He put it in his pocket.* (MJ) | **ʔúx̣ʷt**s cə qáynəŋ. *She brought a mat.* (MJ) | X̌áy **ʔúx̣ʷt**s cə síl. *Again she brought the cloth.* (MJ) | **ʔúx̣ʷt**s ʔaʔ tə cácu. *He brought him to the shore.* (MJ) | ʔiʔ **ʔúx̣ʷt**s ʔaʔ tə lakístəm. *And she took him to Joe.* (MJ) | **ʔúx̣ʷt**s múkʷts cə q̓ʷúʔ. *He brought it and put the water in his mouth.* (MJ) | **ʔúx̣ʷt**s ʔaʔ cə cannery sxʷʔiyáɬ t čáʔiɬ. *They took it to their cannery where we were working.* (MJ) | su**ʔúx̣ʷt**s cə kʷúʔət ʔaʔ cə cúcəns. *So she put the cattail to her mouth.* (MJ) | **ʔúx̣ʷtxʷ** caʔn tə ncáys ʔaʔ tsiə x̣áɬ. *I'm going to put my hands on this sick woman.* (MJ) | **ʔúx̣ʷtxʷ** či tə ṉŋə́naʔ ʔaʔ tə nstákʷɬ ʔiʔ cə́ŋaʔt.

ʔuxʷtxʷsít

Take your child on your back and pack him. (MJ) | xənáts kʷaʔ **ʔúxʷtxʷ**s cə x̣ʷúʔŋəts ʔaʔ či stcíkʷəns. *He told him to take his paddle on his back.* (ES) | čánəs cn cə sŋánt čšaʔiyá ʔaʔ cə čaʔcítən **ʔúxʷtxʷ**ʔaʔ cə ƛ̓xnúkʷən. *I moved the rock from the table to the floor.* (TC) | níɬ su**ʔúxʷtxʷ**s tə síl ʔiʔ ƛ̓áy tənə́ts cəwn̓iɬ ncx̌ʷkʷsáytxʷ. *Then she brought some cloth there and again lined up twenty dollars.* (MJ) | **ʔúxʷt**s cə sxʷʔiʔčáʔiʔs ʔaʔ cə sxʷə́kʷs. *So she took what she was working with on her butt.* (ES) | **ʔúxʷtxʷ** ʔaʔ ti ʔə́yaʔyəŋs sxʷxʷúyəms tə coal. *We took it to their houses to sell the coal.* (TC) | nííɬ yəxʷ su**ʔúxʷtxʷ**s tə pípə ʔaʔ cə sxʷəmətáwtxʷ. *I guess she took the paper to the outhouse.* (MJ) | húʔ yéʔtxʷ ʔuʔƛ̓ə́kʷ ʔaʔ či qʷúʔ ʔiʔ **ʔúxʷtxʷ**. *When the water is ready to take, bring it.* (MJ) | hiyáʔtxʷ yaʔ cn kʷi **ʔúxʷtxʷ** ʔaʔ kʷə scx̌ás. *I took him to the salmon bake.* (MJT) | **ʔúxʷt**s ʔaʔ cə ƛ̓ács ʔiʔ cə stákʷs. *She put them on her belly and her back.* (MJ)}

ʔuxʷtxʷsít ⟦√ʔuxʷ-txʷ-sít √go_to-caus-bene⟧ ☞ **ʔúxʷtxʷ** to take (something somewhere) for someone. (AS,BC) {**ʔuxʷtxʷsít** či cə scəyíqʷɬ. *Take the fruit over to them.* (AS)}

ʔúyəɬtəŋ ⟦√ʔuyɬ-txʷ-ŋ √go_aboard-caus-psv⟧ ☞ **ʔúyəɬtxʷ** to be loaded onto a vehicle, be put aboard. {**ʔúyəɬtəŋ** ʔaʔ ti čə́q truck. *It was loaded onto a big truck.* (TC) | nííɬ su**ʔtáŋəns** ʔiʔ **ʔúyəɬtəŋ** ʔaʔ cə launch. *Then in the evening the launch was loaded up.* (MJ) | su**ʔúyəɬtəŋ**s ʔaʔ cə snə́xʷɬs cə xʷanítəm. *So they put him aboard the white man's boat.* (TC) | suʔcə́ŋaʔtəŋ ʔaʔ kʷi nəcousin yaʔ ɬcútəŋ **ʔúyəɬtəŋ** ʔaʔ cə snə́xʷɬ. *I was packed by my cousin down to the beach and put on a canoe.* (TC)} VAR: **ʔúyɬtəŋ** (MJ)

ʔúyəɬtxʷ ⟦√ʔuyɬ-txʷ √go_aboard-caus⟧ ☞ **ʔúyɬ** Stem: **ʔúyɬ** [stem with subject suffixes] to lade, load up, pack, put something into a vehicle. (TC; ES) {**ʔúyəɬtxʷ** či tə ŋaʔsántən. *Put the anchor in the canoe.* (MJT) | nsu**ʔúyəɬtxʷ** ʔaʔ cə nəsnə́xʷɬ. *So I loaded it onto my canoe.* (TC) | **ʔúyɬt**s ʔaʔ cə číkčik. *He put them on the wagon.* (MJ) | x̌čnín tə ʔaʔ či sʔənʔás caʔ ʔu**ʔúyəɬtxʷ** ʔaʔ cə nəsnə́xʷɬ. *I thought it would come and be brought aboard my canoe.* (TC) | nííɬ su**ʔúyəɬtxʷ**ɬ cə scúɬ ɬaʔčítəŋ. *Then we'll load the wood being cut.* (ES) | ʔiʔ ʔuʔtčísts ti húʔpt ʔiʔ **ʔúyəɬtxʷ** ʔaʔ cə snə́xʷɬ. *And he brought the deer here and loaded it onto the canoe.* (TC) | húʔ kʷənəs ti nə́cuʔ ƛ̓áy ʔiʔ ƛ̓áy čkʷúts ʔiʔ ƛ̓áy ʔu**ʔúyɬt**s. *If he saw another one again, again he'd shoot it and load it on, too.* (TC) | suxə́nəŋs cəwn̓iɬ skʷaʔkʷáʔtuʔ, "húy či **ʔúyəɬtxʷ** tuŋɬ." *So the crow said, "Let's put her aboard."* (MJ)} VAR: **ʔúyɬtxʷ** {**ʔúyɬtxʷ** cə sʔíc̓əŋɬ. *Load up our clothes.* (TC) | **ʔúyɬtxʷ** či tə ŋaʔsántən. *Put the anchor in the canoe.* (MJT)}

ʔúyəq ⟦√ʔuyq √oar⟧
1. oar. (ES; AS) {nííɬ ʔuʔ nskʷáʔ n**ʔúyəq**. *It's my oar.* (AS) | ʔənskʷáʔ ʔən**ʔúyəq** nəsxʷhihíyəŋ. *It's because of your oar that I fell.* (ES) | nííɬ kʷi n̓**ʔúyəq** nsxʷhihíyəŋ. *It's your oar that caused my falling.* (AS,BC)}

2. flat boat. {čaʔčáʔt cn cə **ʔúyəqs**. *I'm fixing his boat.* (AS)}

ʔúyəxc ⟦√ʔuyx-t-c √lift-trns-1obj/2obj⟧ ☞ **ʔúyəxt** lift me; lift you. {**ʔúyəxc** cn. *I picked you up.* (TC)}

ʔúyəxt ⟦√ʔuyx-t √lift-trns⟧
1. to lift, pick up something carefully (as something treasured or cherished like a baby). (TC) {**ʔúyəxt** cn. *I picked it up.* (TC)}
2. to gather, harvest something. {**ʔúyəxt** cn. *I'm gathering, harvesting.* (MJT) | **ʔúyəxt** cn ʔaʔ kʷi čiʔáqɬ. *I gathered it yesterday.* (MJT)}
3. to pity someone that is suffering. {**ʔúyəxt** cn. *I pity him.* (MJT)}

ʔúyəxtəŋ ⟦√ʔuyx-t-ŋ √lift-trns-psv⟧ ☞ **ʔúyəxt** to be lifted carefully. {ó ʔəsɬáxʷɬ ʔuʔ ʔə́y̓ kʷaʔ kʷənnúŋən caʔ kʷaʔ **ʔúyəxtəŋ**ən caʔ ʔaʔ či cícɬ siʔám̓. *Oh, it will be so good to see you when I'm lifted by God.* (RSh)}

ʔúykʷtxʷ ⟦√ʔuykʷtxʷ √outfit⟧ a suit of clothing, an outfit, uniform, costume, clothing ensemble. (AS,BC) {təymít caʔn kʷə **ʔúykʷtxʷ**. *I'm going to wear my suit.* (AS)}

ʔúyɬ ⟦√ʔuyɬ √go_aboard⟧ to go aboard, get on, mount (any conveyance). (TC; ES; AS) {**ʔúyɬ** cn. *I got on.* (AS) | **ʔúyɬ** či. *Get aboard.* (EPT; AS) | ʔənʔá **ʔúyɬ** ʔaʔ tə. *Come aboard.* (ES) | **ʔúyɬ** ʔaʔ cə stiqə́w̓. *Get on the horse.* (TC) | **ʔúyɬ** caʔn ʔaʔ cə nəstiqə́w̓. *I'm going to ride my horse.* (TC) | **ʔúyɬ** cə q̓áʔŋi. *The girl got aboard.* (MJ) | ŋə́n̓ nəkʷ**ʔúyɬ**. *A lot are getting on with me.* (TC) | **ʔúyɬ** ʔaʔ cə scaʔkʷaʔyúɬ. *They got aboard the ark.* (ES) | **ʔúyɬ** st ʔaʔ cə ʔuʔúʔtxs. *We boarded the canoe.* (ES) | **ʔúyɬ** yaʔ cn ʔə kʷsə snə́xʷɬ. *I boarded the boat.* (EPT) | **ʔúyɬ** či ʔúxʷ ʔaʔ kʷsə stiqə́w̓. *Go get on the horse.* (EPT) | q̓əmə́t caʔ st či s**ʔúyɬ**. *We'll cut off what she's aboard.* (MJ) | suʔtxa**ʔúyɬ**s cə sqə́čaʔɬ. *So our catch got on board.* (TC) | **ʔúyɬ** caʔn ʔaʔ cə nəsnə́xʷɬ ʔíst. *I'm going to take a ride in my canoe.* (TC) | q̓ʷíŋi či ʔiʔ **ʔúyɬ** ʔaʔ cə snə́xʷɬ. *Get out of the water and board the canoe!* (TC) | su**ʔúyɬ**s ʔiʔ nííɬ suʔtíyms. *So they boarded, and then they sang.* (AS) | sátəŋ cə čánəŋ kʷaʔ **ʔúyɬ** ʔaʔ cə ʔuʔútxs ʔiʔ héʔəw. *The Shakers were told to board the canoe and go to the bow.* (MJ) | su**ʔúyɬ**s cə čáʔsaʔ suʔáʔwəs ʔaʔ cə scaʔkʷaʔyúɬ. *So two boys got on the boat.* (MJ) | su**ʔúyɬ**s tə slapúʔ ʔiʔ ʔə́mət ʔəctúŋən ʔaʔ cə ʔuʔútxs. *So Slapu boarded and sat in the middle of the canoe.* (MJ) | štəŋ ʔúxʷ ʔaʔ cə sxʷʔiyás c s**ʔúyɬ**s ʔaʔ cə snə́xʷɬs. *He walked over to where he boarded his canoe.* (TC) | suʔhəwíyəŋs ʔiʔ hiyáʔ **ʔúyɬ** ʔaʔ cə ʔuʔútxs ʔiʔ ɬúys kʷaʔ cə scutáyəɬ yaʔ. *She returned and got aboard her canoe and left her brother-in-law behind.* (AA) | nííɬ kʷaʔ suʔták̓is ʔiʔ **ʔúyɬ** ʔaʔ cə sqáx̣aʔ šə́wiɬ nííɬ yaʔ ɬqíts. *Then he went across aboard the dog that had grown that was his clothes.* (AA) | nííɬ su**ʔúyɬ**s ʔiʔ ʔə́mət ʔaʔ cə sxʷčaʔwáčəns cə scaʔkʷaʔyúɬs. *Then she boarded and sat on the seat of his wagon.* (ES) | tə́s ʔaʔ cə scaʔkʷaʔyúɬs ʔiʔ **ʔúyɬ**. *He got to his car and got in.* (ES)} cp. q̓ʷáʔiɬ VAR: **ʔúyəɬ** (TC)

{ʔúyəɬ či. *Get in the boat.* (ES) | ʔúyəɬ kʷi. *Board the boat.* (ES) | ʔúyəɬ caʔn. *I'm going to get on.* (TC) | kʷɬníɬ caʔ nəsʔúyəɬ. *I'll go aboard now.* (TC) | nsuʔúyəɬ ʔiʔ ʔíst. *So I got in and paddled.* (MJ) | ʔúyəɬ cn ʔaʔ cə číkčiks. *I boarded his wagon.* (MJ) | suʔx̣ʷśts cə ʔuʔútx̣s ʔiʔ ʔúyəɬ. *So they took a canoe and boarded it.* (MJ) | ʔiʔ x̣ənʔáxʷ cn, "ʔúyəɬ ʔaʔ cə n̓sčaʔkʷaʔyúɬ ʔiʔ ŋəx̣áct hiyáʔ kʷéʔit kʷənt kʷaʔ stáŋəs kʷaʔ níɬs cán." *And I said to here, "Get in your car and hurry to go peek and look at whatever, whoever it is."* (ES)}

ʔuyɬəŋíŋə ⟦√ʔuyɬ-txʷ-ni-ŋə √go_aboard-letcaus-rel-1obj⟧ ☞ ʔúyəɬtxʷ *put me aboard.* {ʔənʔá či **ʔuyɬəŋíŋə** wáʔtənəxʷ. *Come put me aboard and take me along with you.* (MJ)}

ʔúytxʷ ⟦√ʔuytxʷ √if/when⟧ [analysis uncertain] *if, when, probably.* ⟪USAGE: This is used to imply that the apodosis or consequent is not certain or unexpected.⟫ {**ʔúytxʷ** cn. *If I.* (AS,BC) | **ʔúytxʷ** cn c hiyáʔ. *If I go.* (BC) | **ʔúytxʷ** cn c hiyáʔ ʔiʔ kʷánəxʷ cn cə stúʔwiʔ. *If I go, I'll see the river.* (BC) | **ʔúytxʷ** cn c štəŋúsəŋ ʔiʔ x̣aʔpášct caʔn. *If I go for a walk, I'll go to Pysht.* (AS,BC) | níɬ kʷaʔčaʔ s**ʔúytxʷ**s c x̣iʔáʔt cə qʷqʷáʔis ʔiʔ čúnəxʷ č sxʷʔiyátə sx̣ónaʔs cə húʔpt. *If you're looking for the knife, you will find it where the deer's leg is.* (MJ) VAR: ʔúy̓txʷ {**ʔúy̓txʷ** nəxʷšaʔšx̣úsəŋ ʔiʔ ʔáwə c yaʔyíxt. *When he starts bragging, don't pay attention to it.* (MJT) | **ʔúy̓txʷ** xʷáʔkʷaʔɬ ʔiʔ qʷaʔqʷústxʷ cxʷ. *If he hiccups give him a drink.* (MJT)} VAR: ʔúy̓ {**ʔúy̓** qɬ ŋəń qʷúʔ či nəsqʷúʔqʷaʔ ʔiʔ níɬ caʔ nuʔáys. *If I'd drink a lot of water, it would be better.* (MJT) | **ʔúy̓** cn xʷiʔám ʔiʔ hásəŋ. *When I told a story, he sneezed.* (MJ) | **ʔúy̓** táči hiʔ ʔíɬən st. *When she comes, we eat.* (MJ) | **ʔúy̓** qɬ čəŋóc ʔiʔ q̓ʷúčc cn. *If you bite me, I'll beat you up.* (MJT) | **ʔúy̓** štáŋ ʔiʔ x̣áy cn ʔuʔ štáŋ. *When he walked I walked, too.* (MJ) | **ʔúy̓** qɬ st kʷi kʷánəxʷ ʔiʔ yəcúst. *If we see him we'll tell him.* (MJT) | **ʔúy̓** qɬ xčtís ʔiʔ yəcúscs. *She'd tell me if she knew.* (MJT) | **ʔúy̓** tíyəm ʔiʔ qaʔqán̓əɬtxʷ tə n̓stíyəm *When you sing, sing slow.* (MJT) | **ʔúy̓** caʔ čaʔčáŋ cə qayúx̣ən ʔiʔ yəcústs tə ʔənʔíŋəcs ʔaʔ či sčəyáys ʔiʔ ʔíŋənəs ʔaʔ Markishtum. *When Slug gets home he will tell his grandchildren that he almost stepped on Markishtum.* (MJ) | **ʔúy̓** qɬ yaʔʔóc xʷtəq náw̓ ʔaʔ cə sq̓ʷúʔs ʔaʔ tə sq̓x̣áyu, ʔiʔ x̣áy q yaʔ cn ʔuʔ súʔskʷ. *If I had fallen into the clam juice, I'd be taking a bath, too.* (MJ) | **ʔúy̓** q kʷə či čáq ti sɬáčəŋ ʔiʔ hiyáʔ ɬcú cə q̓áʔŋi ʔiʔ q̓x̣áyuʔ ʔəɬənístxʷs tə ŋánəŋənaʔs. *When there would be a big low tide, the girl went to the beach digging clams to feed her children.* (MJ)}

ʔúy̓ *if.* See under: ʔúytxʷ

ʔúyəɬ ⟦√ʔuy<ʔ>ɬ √go_aboard<actl>⟧ ☞ ʔúyɬ *to be boarding, going aboard, getting on.* (MJT) {**ʔúyəɬ** cn. *I'm getting on.* (MJT)} VAR: ʔúʔiɬ {kʷɬníɬ caʔ kʷi nəs**ʔúʔiɬ**. *I'm going to get in now.* (MJT)}

ʔxʷíyŋxʷ *village.* See under: ʔəxʷíyŋxʷ

ʔx̣ənúkʷəŋ ⟦√ʔix̣=ənukʷ-ŋ √scrape=ground-mdl⟧ ☞ ʔíx̣t *to sweep, gather, scrape up off the floor.* {stáŋ ixʷ či číčts ʔaʔ cə sxʷʔiyá ʔaʔ cə s**ʔx̣ənúkʷəŋ**s. *Some of their ashes must have fallen where they were gathered up.* (MJ)}

ʔx̣ín *where.* See under: ʔəx̣ín

ʔx̣téʔt *fix it.* See under: ʔəx̣téʔt

ʔx̣títəŋ *be fixed.* See under: ʔəx̣téʔtəŋ

ʔyá *there.* See under: ʔiyá

ʔyáʔ *there.* See under: ʔiyá

ʔyáʔnəŋ *listen.* See under: ʔiyáʔnəŋ

ʔyaʔnəŋíc ⟦√ʔəy̓=an̓-ŋi-t-c √good=ear-rel-trns-1obj/2obj⟧ ☞ ʔiyaʔnəŋít *listen to me; listen to you.* {**ʔyaʔnəŋíc** u cxʷ? *Are you listening to me?* (AS)}

ʔyaʔnəŋíct *listen.* See under: ʔəyaʔnəŋíct

ʔyaʔnəŋít *listen to it.* See under: ʔiyaʔnəŋít

ʔyaʔnəŋítəŋ ⟦√ʔəy̓=an̓-ŋi-t-ŋ √good=ear-rel-trns-psv⟧ ☞ ʔiyaʔnəŋít *to be heard, listened to by someone.* {**ʔyaʔnəŋítəŋ** cn. *They're listening to me.* (AS)} VAR: yaʔnəŋítəŋ {**yaʔnəŋítəŋ** cn. *They listen to me.* (ES; AS,BC) | ʔáwə kʷaʔ **yaʔnəŋítəŋ**s ʔaʔ cə skʷəyaʔkʷáʔtuʔ. *The crows never listened.* (MJ) | VAR: yaʔnəŋítəŋ {**yaʔnəŋítəŋ** cə sŋiyánt. *He's listening to the rocks.* (TC) VAR: yaʔyəŋítəŋ {**yaʔyəŋítəŋ** cn. *They listen to me.* (AS,BC) | **yaʔyəŋítəŋ** cə swéʔwəs. *They were listening to that boy.* (BC)}

ʔyáʔnəxʷ *hear it.* See under: ʔiyáʔnəxʷ

ʔyaʔyáʔnəŋ *listening.* See under: yaʔyáʔnəŋ

ʔyán̓ *know how.* See under: ʔəyán̓

ʔyám̓ *strong.* See under: ʔiyám̓

áa *oh.* See under: ʔó

ayə *2 plural.* See under: hay

ay̓ *2 plural.* See under: hay

c

c¹ ⟦c negc⟧ negative proclitic; unrealized. (TC) {ʔáwə yaʔ cn *c* hiyáʔ. *I didn't go.* (TC) | ʔuʔá cn *c* hiyáʔ. *He didn't go yet.* (ES) | ʔáwə cn *c* x̣ʷə́ŋ. *I'm not fast.* (TC) | ʔáw *c* n̓məhúy̓. *It's not your basket.* (NS,JW) | ʔáwə cn *c* k̓ʷə́nəxʷ. *I don't see it.* (TC) | ʔáwə *c* nəsƛ̓éʔ. *I don't like it.* (TC) | ʔáw cxʷ ƛ̓áy *c* ʔənʔá. *Don't come again.* (EPT) | ʔuʔhá cn *c* qiqə́k̓ʷ. *I'm not tired yet.* (MJT) | ʔáw caʔn *c* híc. *I'm not going to be long.* (ES,HS) | ʔuʔáwə cn *c* k̓ʷənnúŋə. *I didn't see you.* (TC) | ʔuʔhə́w cn *c* ƛ̓aʔtáwn. *I refused to go to town.* (AS) | ʔuʔáwə caʔn kʷi *c* həwíyəŋ. *I'm never coming back.* (MV) | ʔiʔ ʔáwə yaʔ *c* k̓ʷə́nəŋ kʷinu xʷanítəm. *And that white man was never seen again.* (ES) | ʔáwə cn *c* hiyáʔtəŋ. *They didn't take me.* (TC) | ʔáwə *c* ʔuʔx̣ə́n̓ cə tálə ʔiyá. *Not all the money was there.* (MJ) | ʔúʔa č caʔ *c* qíyt ʔiʔ ʔənʔá táči. *He'll be here before noon (It'll be not yet noon, and he'll get here).* (TC) | ƛ̓áyuči cn *c* k̓ʷánəŋət. *I stopped running.* (AS,BC) | ƛ̓áyuči cn *c* q̓ʷəyéyəš. *I stopped dancing.* (AS,BC) | nanəɬtíxʷ či tsə q̓ʷiŋítxʷ; ʔáwətxʷ *c* ʔə́c. *Talk him, not me. / Let it be him that you talk to; don't let it be me.* (MJT) | k̓ʷɬíc ʔəɬ ʔuʔəhán *c* ŋúnəx̣ ʔiʔ čaʔŋúnəx̣ cn. *It's been a long time that I haven't gotten to eat it yet, and I'm just getting a taste now.* (MJT) | ʔuʔá st *c* cáw ʔaʔ nəxʷq̓íyət ʔiʔ sxʷčə́mʔəsɬ k̓ʷi ncə́t x̣áɬ. *We weren't yet down to the Little Boston, and we met my father, who was sick.* (MJ) | VAR: t {ʔáw cn *t* hiyáʔ. *I won't go.* (TC) | ʔáwə cn *t* hiyáʔtəŋ. *They didn't take me.* (TC) | ʔuʔá cn *t* hiyáʔ. *He didn't go yet.* (TC) | ʔáwə či *t* sác̓əŋ! *Don't breathe!* (EPT) | ʔuʔá cn *t* ʔíɬən. *I didn't eat yet.* (TC) | ʔáwə caʔn *t* ʔíɬən. *I'm not going to eat.* (TC) | ʔáwə yaʔ cn *t* hiyáʔ. *I didn't go.* (TC) | ʔáwə cn *t* xʷə́ŋ. *I'm not fast.* (TC) | ʔáwə cn *t* k̓ʷə́nəxʷ. *I don't see it.* (TC) | ʔuʔáwə cn *t* k̓ʷənnúŋə. *I didn't see you.* (TC) | ʔawʔáwə cn *t* hiyáʔtəŋ. *It was because they didn't take me.* (TC)}

c² determiner. See under: cə

caʔ ⟦caʔ future⟧ future. [future speech act enclitic] (TC; ES) {čə́ntəŋ *caʔ* ʔay̓ či n̓sƛ̓aʔtáwn? *When are you going to town?* (ES) | ʔiʔ níɬ *caʔ* n̓suʔəsƛ̓úʔƛəm. *And you will be fine.* (AA) | ʔə́c *caʔ* ƛ̓k̓ʷíc. *I'm the one that's going to hold you.* (TC) | mán̓ ixʷ *caʔ* ʔuʔ ɬə́ŋ. *The tide must be going to get very high.* (MJT) | ʔiʔ níɬ *caʔ* suq̓ʷəyíyəšɬ. *And then we will dance.* (MJ) | hiyáʔ *caʔ* st k̓ʷi ɬúk̓ʷ. *We're going to go home.* (NS,JW) | ták̓ʷs u *caʔ* cxʷ cə snə́xʷɬ. *Are you going to buy the canoe?* (TC) | ʔuʔčə́saʔ *caʔ* sk̓ʷáči či nəsʔáɬa? *I'll be here for two days.* (TC) | ʔáwənə nəsx̣čít k̓ʷaʔ ʔəstúŋətən *caʔ*. *I don't know what I'm going to do.* (MJ) | húy̓ *caʔ* ʔuʔ hiyinúŋət k̓ʷaʔ ʔán̓ɬs ʔaʔ či nsq̓ʷáq̓ʷiʔ. *Only those who obey what I'm saying will be saved.* (ES) | nəsq̓ayúʔəŋ k̓ʷi; n̓út *caʔ* st ʔaʔ či uʔtxʷk̓ʷáʔk̓ʷaʔ. *I'm putting it away; we'll eat it later.* (MJT) | ʔáʔstúʔŋət *caʔ* cxʷ k̓ʷaʔčaʔ ʔaʔ tiə ʔáynək̓ʷ? *What are you going to do today?* (TC) | húʔ *caʔ* cxʷ ʔuʔáwə c ʔúŋəsc, ʔiʔ q̓ʷúcc caʔn ʔuʔáɬaʔ ʔaʔ tiə k̓ʷə́y. *If you don't give it to me, I'll beat you up here in the bushes.* (MJ)} VAR: čaʔ {čəntáŋ *čaʔ* či n̓shəwíyəŋ? *When are you coming back?* (MV) | ʔuʔə́mət *čaʔ* k̓ʷi tsiʔə nətán. *My mother will sit down.* (MV)}

caʔáw̓əs ⟦√c<əʔ>aw<ˀ>-as √lay<actl>-ptcaus⟧ ☞ cák̓ʷs to be putting, laying something down. {*caʔáw̓əs* cn. *I'm putting it down.* (MJT; ES) | čəʔiʔ*cáʔəw̓əs* cn. *I'm laying it down.* (MJT)}

caʔcáčc ⟦caʔ + √cačc dim + √aunt/uncle⟧ ☞ cáčc small aunt or uncle. (ES)

caʔcéʔkʷt ⟦caʔ + √ci<ʔ>kʷt dim + √sea_cucumber<dim>⟧ ☞ cíkʷt small sea cucumber. (ES)

caʔcə́y̓əɬ ⟦caʔ + √cəy̓əɬ dim + √lake⟧ ☞ cə́y̓əɬ small lake. (MJT) VAR: caʔcə́y̓ɬ (HS)

caʔciʔápt ⟦caʔ + √cy<ʔ>ap-t dim + √tickle<actl>-trns⟧ ☞ ciyápt to be tickling someone (a little or a little person). (ES)

caʔciʔáptəŋ ⟦caʔ + √cy<ʔ>ap-t-ŋ<ˀ> dim + √tickle<actl>-trns-psv⟧ ☞ caʔciʔápt being tickled by someone. (ES; AS,BC) {ʔuʔɬə́ŋ ʔuʔ *caʔciʔáptəŋ* tə sƛ̓íƛ̓aʔƛ̓qɬ. *The child was really being tickled.* (AS)}

caʔciyápt ⟦caʔ + √cyap-t dim + √tickle-trns⟧ ☞ ciyápt to tickle someone a little. (AS,BC)

caʔciyáptəŋ ⟦caʔ + √cyap-t-ŋ dim + √tickle-trns-psv⟧ ☞ caʔciyápt to be tickled by someone a little. {*caʔciyáptəŋ* cn ʔəɬ q̓ʷáys. *He tickles me when he talks.* (AS) | *caʔciyáptəŋ* cə sqáx̣aʔ. *They tickled the dog.* (AS) | *caʔciyáptəŋ* k̓ʷi ʔaʔ k̓ʷi swə́y̓qaʔs. *She was tickled by her husband.* (AS)}

caʔcɬéʔiŋ ⟦caʔ + √ciɬ-i<ʔ>y-ŋ dim + √high-dev<actl>-mdl⟧ ☞ cíɬəŋ to be going up high. {ʔiʔ*caʔcɬéʔiŋ* šə. *He's going up high (on the ladder).* (EPT)}

cáʔcq skittish. See under: céʔcq

cáʔcu on beach. See under: cácu

caʔcúʔcən ⟦caʔ + √cu<ʔ>cn dim + √mouth<dim>⟧ ☞ cúcən small mouth. (TC)

caʔčáʔɬəŋ ⟦√caʔy=aɬ-ŋ √delay=mass-mdl⟧ [/ʔy/ → /ʔč/] to go slow, take it easy, delay. (ES; HS) {*caʔčáʔɬəŋ* cn. *I slowed down.* (ES)}

caʔčáct ⟦√caʔč-cut √move_ahead-rflxv⟧ to continue on, move ahead, move on. (TC; ES; AS) {*caʔčáct* cn. *I moved ahead.* (TC) | *caʔčáct* cn ʔaʔ tiə ʔáynək̓ʷ. *I'll go ahead and do it today.* (AS) | *caʔčáct* cn ʔíɬən. *I'll eat ahead (of the others).* (TC) | níɬ suʔhiyáʔs *caʔčáct*. *So they went on ahead.* (ES)} VAR: taʔčáct (AS)

caʔisə́ntən mat. See under: caʔyəsə́ntən

caʔłaʔŋéʔił ⟦√caʔła?ŋ-i<?>-y-ł √camp-dev<actl>-dur⟧ [analysis uncertain - possibly metathesis] ☞ cəŋéʔił to be camping while fishing or hunting. {*caʔłaʔŋéʔił* kʷaʔ kʷi. He's out somewhere camping for fish or hunting. (AB,ICT)}

caʔłéʔyəŋ ⟦√ci<?>ł-i<?>y-ŋ √high<actl>-dev<actl>-mdl⟧ ☞ cíłəŋ to be going up, rising. {kʷłiʔ*caʔłéʔyəŋ* tə sʔuʔšáct. The sun's coming up. (MJT)}

caʔn [caʔ-n fut-1subj] [future speech act enclitic and first-person nominative enclitic] ☞ caʔ ☞ cn I will. (ES; ES,TC) {táy *caʔn*. I'm going to race. (TC) | yáʔ *caʔn* túkʷ. I'm going to go home. (RS) | túkʷ *caʔn* kʷi. I'm going to go home. (MV) | ʔuʔhiyáʔ yəxʷ *caʔn*. I guess I'll go. (TC) | ʔuʔkʷíct *caʔn*. I will clean it. (LC) | łxʷət *caʔn*. I will straighten it out. (AS,BC) | q̓ʷúčt *caʔn*. I'll kill it. (MJ) | yáʔ *caʔn* tákʷs ʔaʔ ti kʷáči. I will buy it tomorrow. (LC) | ʔuʔáwə *caʔn* kʷi c həwíyəŋ. I'm never coming back. (MV) | ʔiʔčáʔi *caʔn* či nəsxʷátəŋ. I'm going to be the first one they lower down. (TC) | hiyáʔ *caʔn* stáct ʔiʔ xʷáŋaʔłəŋ. I'm going to lie down and take a rest. (EPT) | hiyáʔ *caʔn* łuqʷíct kʷsə ʔéʔłt. I'm going to take the covers off the one sleeping. (MJT) | húʔ caʔ cxʷ ʔuʔáwə c ʔúŋəsc, ʔiʔ q̓ʷúčc *caʔn* ʔuʔáłaʔ ʔaʔ tiə k̓ʷəy. If you don't give it to me, I'll beat you up here in the bushes. (MJ)} VAR: can

caʔnáʔił they. See under: cəwnáʔił

cáʔnəł ⟦√cə<á>n-ł √lean_against<rslt>-dur⟧ ☞ cə́n to be leaning against (something). (BC) VAR: cáʔnł (AS) VAR: caʔŋəł {*caʔŋəł* tə šápəl. The shovel is leaning. (AS)}

caʔnił the one. See under: cəwnił

cáʔniyaʔ ⟦√ca<ʔ>n-iyaʔ √who<pl>-pl⟧ [unique plural morphology] ☞ cán who (plural). {níł kʷaʔčaʔ *cáʔniyaʔ*? Who are they? (TC) | nə́kʷ kʷaʔčaʔł *cáʔniyaʔ*? Who are you? (TC) | níł ʔuč *cáʔniyaʔ*? Who are they? (LC)}

caʔŋáxʷł ⟦√cə<?>ŋ=axʷł √two<actl>=conveyance⟧ ☞ cə́ŋuł to be two canoes (arriving, traveling, etc.). (BG,MJT) VAR: caʔŋáł {hiʔ*caʔŋáł* tə táči. They came in two canoes. (MJT)}

caʔŋəł leaning. See under: cáʔnəł

caʔqítəŋ ⟦√ci<?>q-t-ŋ<?> √poke<actl>-trns-psv⟧ [metathesis with passive] ☞ cqítəŋ being poked by someone or something. {*caʔqítəŋ* cn. They're poking me. (ES)}

caʔqʷsáy̓s ⟦√c<aʔ>qʷus-ay̓s √point<actl>-activ⟧ ☞ cqʷúsəŋ to be pointing. (HS; AS) {*caʔqʷsáy̓s* cn. I'm pointing. (AS) | *caʔqʷsáy̓s* kʷi kʷə xʷanítəm; ʔáwənə nəsxčít kʷaʔ stáŋəs či kʷə́nts. The white person is pointing; I don't know what he sees. (AS)}

caʔqʷúst ⟦√c<əʔ>qʷus-t √point<actl>-trns⟧ ☞ cqʷúst to be pointing. (ES; BC) {*caʔqʷúst* cn. I'm pointing at it. (ES; AS) | *caʔqʷúst*s ʔaʔ tiə ŋə́qsəns. She was pointing at it with her nose. (MJ)}

caʔqʷústəŋ ⟦√c<əʔ>qʷus-t-ŋ √point<actl>-trns-psv⟧ ☞ cqʷústəŋ being pointed at by someone. {*caʔqʷústəŋ* cn. He's pointing at me. (AS)}

cáʔxʷəŋ ⟦√ca<ʔ>xʷ-ŋ<ʔ> √lazy<actl>-mdl<actl>⟧ ☞ cáxʷəŋ being lazy, not wanting to (do something). (MJT; AS) {*cáʔxʷəŋ* cn. I'm lazy. (MJT; TC; AS) | *cáʔxʷəŋ* cn či nəshiyáʔ. I'm lazy to go. (TC) | *cáʔxʷəŋ* či sxiʔə́ts. She's lazy to write it. (MJT) | *cáʔxʷəŋ* či shiyáʔs. He doesn't want to go. (ES,HS) | mán̓ cxʷ ʔuʔ *cáʔxʷəŋ*. You're too lazy. (TC) | xənʔáł ti nəsuʔ*cáʔxʷəŋ*. I'm lazy all the time. (MJT) | *cáʔxʷəŋ* cn ʔaʔ ti ʔuʔ xənʔáł I'm lazy all the time (MJT) | *cáʔxʷəŋ* u cxʷ? Are you lazy? (MJT) | *cáʔxʷəŋ* yaʔ kʷi ʔiʔ ʔuʔyúʔyət cn. He was lazy, but I coaxed him to go. (MJT) | čaʔyásih ixʷ tə nəsúnuc; *cáʔxʷəŋ*. My fire went out; it's lazy. (MJT) | *cáʔxʷəŋ* cə tím; ʔáw c xʷənʔáŋ ʔaʔ ʔə́c. Tim is lazier than me. (TC) | ʔuʔmán̓ ixʷ yaʔ ʔuʔ *cáʔxʷəŋ* či sstə́ŋs cún x̌iyán ʔaʔ či shúʔpt. I guess he was too lazy to walk into the woods looking for deer. (TC)}

caʔyaʔcíkʷt ⟦c<aʔy>aʔ+√cikʷt dim<pl>+√sea_cucumber⟧ ☞ caʔcéʔkʷt a bunch of small sea cucumbers. (ES)

caʔyáčc ⟦√c<aʔy>ačc √aunt/uncle<pl>⟧ ☞ cáčc a group of aunts and/or uncles. (EPT; MJT) {nə*caʔyáčc*. My aunt and uncle. (ES)} VAR: cəy̓áčc (AS,BC)

caʔyéʔkʷt ⟦√c<aʔy>i<ʔ>kʷt √sea_cucumber<pl>⟧ ☞ cíkʷt a bunch of sea cucumber. (ES)

caʔyəmúʔnə ⟦√c<aʔy>əmuʔnə √halibut_hook<pl>⟧ ☞ cəmúʔnə several halibut hooks. (MJT)

caʔyəsə́ntən ⟦√cay<ʔ>=sən=tən √lie_down<actl>=foot=instr⟧ ☞ cáy mat, rug, carpet. (ES; ES,HS) {páct cə *caʔyəsə́ntən*. Spread out the mat. (AS)} VAR: caʔisə́ntən (ES; AS) {ʔuʔmán̓ ʔuʔ ŋə́n̓ tə *caʔisə́ntən*. There were very many mats. (AS)} VAR: ciʔsə́ntən {čáy ʔaʔ či *ciʔsə́ntən*. Make a mat. (MJT) | ʔəkə́yəŋ ʔaʔ či *ciʔsə́ntən*. Weave a mat. (MJT)} VAR: cay̓sə́ntən (AS) VAR: caysə́ntən (AS) VAR: č̓aʔisə́ntən

caʔyíłəŋ ⟦√c<aʔy>ił-ŋ √high<pl>-mdl⟧ ☞ cíłəŋ to stand (of several). {níł č suʔ*caʔyíłəŋ*s sx̌aʔyéʔx̌qł. Then the children stood up. (AA)}

caʔyúcən ⟦√c<aʔy>ucn √mouth<pl>⟧ ☞ cúcən
1. several mouths. (EPT; TC)
2. regular use of the mouth. {sx̌áʔəs či *caʔyúcən*s. He's got a dirty mouth. (EPT)}

cácu [ca+√caw rslt+√beach] ☞ cáw
1. to be by the edge of the water, beach, shore, riverbank. (EPT; MJT; AS,BC; TC) {*cácu* cn. I'm down at the beach. (TC)}
2. the beach, shore, riverbank, waterline. {čín̓əct ʔaʔ cə *cácu*. Go close to the shore. (TC,BC) |

ʔiʔkʷánəŋət ʔiɬáʔ ʔaʔ tə **cácu**. *He ran along the beach.* (MJ) | ʔúxʷts ʔaʔ tə **cácu**. *He brought him to the shore.* (MJ) | suʔhiyáʔs ʔiʔ xʷq̓ʷúct ʔúxʷ ʔaʔ cə **cácu**. *So he went and poled over to the beach.* (MJ) | ʔiʔ təs sxʷʔiyá ʔaʔ tím ʔiyá cə **cácu**. *And it got to where Tim was there on the beach.* (ES) | ʔiʔšátəŋ ʔaʔ cə **cácu** ʔáɬaʔ ʔaʔ tiə ʔéʔɬxʷaʔ. *He was walking on the beach here at Elwha.* (ES) | šátəŋ č cə máščư q̓túcən ʔaʔ cə **cácu**. *Mink was walking along the edge of the water on the beach.* (TC)} VAR: **cácuʔ** (LB,EWH; EPT) {**cácuʔ** yaʔ t ʔáʔyəŋs kʷi nəcə́t. *My father lived at the beach.* (MJT) | kʷɬ**cácuʔ** cn *I'm already down at the beach.* (MJT) | ʔiʔ kʷənáŋətəŋ či nscúŋtxʷ tə sčúɬ čʔíya təsə **cácuʔ**. *He'll help me carry the wood up from the beach.* (ES) | húʔ yaʔ kʷaʔnéʔŋət kʷi tím ʔaʔ ti tánəŋ ʔəɬ ʔiʔɬáccts činu skʷáči ʔiʔ níɬ táči cə čaʔčéʔx̣ʷəŋ ʔiyá ʔaʔ tə **cácu**. *When Tim was running in the evening when the day was getting dark, he would get to a shallow place at the beach.* (ES)} VAR: **cáʔcu** {ɬaʔčayíws cn yaʔ ʔaʔ təsə **cáʔcu**. *I was cutting wood on the beach.* (ES) | níɬ č suʔhiyáʔs ʔaʔ kʷi **cáʔcu**. *She went down to the water.* (AS)}

cácutxʷ 〚ca+√caw-txʷ rslt+√beach-letcaus〛 ☞ cácu *to leave something on the beach, let someone or something stay on the beach.* {ʔuʔ**cácutxʷ**. *Leave it down on the beach.* (TC)}

cáčc 〚√cačc √aunt/uncle〛 *aunt, uncle, either parent's sibling.* (LB,CWH; EPT; MJT; LC; ES; TC; HS; WB; AS,BC) {níɬ kʷi nə**cáčc**. *That's my uncle.* (EPT) | kʷɬ**cáčc** cn. *I'm an aunt now.* (MJT) | **cáčc**s cn. *I'm his/her aunt.* (MJT) | xiʔsít cn təsə nə**cáčc**. *I'm writing to my uncle. / I'm writing to my aunt.* (ES) | ʔənʔá či kʷənt kʷə n**cáčc**. *Come see your uncle.* (EPT) | ʔənʔá či kʷənət kʷssə n**cáčc**. *Come see your aunt.* (EPT) | cíɬəŋ kʷi n**cáčc** yaʔ. *My uncle stood up.* (MJ) | táči tsə swə́ýqaʔs kʷsi nə**cáčc**. *My aunt's husband got here.* (MJ) | nsuʔčáŋ ʔiʔ čtát cn kʷɬə nəxíʔq nə**cáčc** kʷaʔ ʔəsx̣ʷanínəs caʔ či nsqʷə́ýəs. *So I got home, and I asked my aunt how I was going to cook it.* (MJ)} VAR: **čáčc** (AS; AS,BC) {x̣ənʔáɬ ti suʔpasténəqs kʷɬə n**čáčc**. *My aunt was always accusing.* (AS) | qqáynəxʷ cn kʷɬi n**čáčc**. *I scolded my aunt.* (AS) | níɬ suʔx̣ə́nəŋs kʷi n**čáčc**, "ʔə́ý qɬ kʷi kʷaʔ ɬúkʷxʷ." *Then my uncle said, "It would be good if you went home."* (MJ) | x̣ənʔáɬ ti suʔpasténəqs kʷɬə n**čáčc**. *My aunt was always jealous.* (AS)}

cákʷ 〚√caw √lay〛 *to put, lay down.* (AS,BC) {suʔhiyáʔs ʔiʔ ʔə́wə c híc ʔiʔ **cákʷ** cə slapú ʔaʔ cə məhúýs. *So he went, and it wasn't long, and Slapu put down her basket.* (MJ)}

cákʷəŋ 〚√caw-as-ŋ √lay-ptcaus-psv〛 [The /s/ of the causative deletes.] ☞ cákʷs *to be put, laid down by someone.* (TC) {**cákʷəŋ** cə sx̣íʔx̣aʔx̣qɬ. *The child was laid down.* (MJ) | **cákʷəŋ** ʔúxʷtəŋ ʔaʔ tə ɬxnúkʷən. *It was put down on the floor.* (MJ) | ʔiʔ x̣ʷístəŋ ʔiʔ čántəŋ ʔiʔ **cákʷəŋ**. *They carried him and took him home and laid him down.* (MJ) | suʔx̣ʷətəŋs ʔaʔ cə táns ʔiʔ skʷútəŋ ʔiʔ **cákʷəŋ** x̣áy. *So he was taken by his mother and bathed and laid down again.* (MJ)}

cákʷs 〚√caw-as √lay-ptcaus〛 [/w/ → /kʷ/] ☞ cákʷ *to put, lay something down.* (TC; ES; TC,AS,BC; AS,BC; AS) {**cákʷs** či. *Put it down!* (TC) | **cákʷs** caʔn. *I'll put it down.* (TC) | **cákʷs** cn *I laid it down. / I put it down.* (MJT; AS,BC; ES; TC) | kʷɬ**cákʷs** cn. *I already put it down.* (ES) | nsuʔ**cákʷs** cə ɬx̣ʷə́n. *So I put down the rudder.* (MJ) | **cákʷs** cə nsq̓ʷúŋiʔ. *Put your head down.* (AS,BC) | **cákʷs** cə nsxʷx̣aʔyáýs. *Put your oars down.* (ES) | **cákʷs** kʷi cə xʷúʔŋət. *Put the paddle down.* (ES) | **cákʷs** cə sŋánt. *Put down the rock.* (TC) | **cákʷs**s cə páyəkʷs. *He put down his gun.* (ES) | **cákʷs** cn cə qʷɬáý. *I laid the log down* (MJT) | **cákʷs** cn cə sʔíɬən ʔaʔ cə čaʔčítən. *I put the food on the table.* (TC) | **cákʷs** cn kʷaʔčaʔ tə húʔəŋ pípə. *So I put down the burning paper.* (MJ) | suʔ**cákʷs**s ʔiyá ʔaʔ tə ʔəsčə́ýxʷ ʔaʔ tə ʔáʔiŋɬ. *So he put it down inside our house.* (MJ) | ʔiʔ cúŋts ʔiʔ hiyáʔ **cákʷs** ʔiyá ʔaʔ cə cə́ýəɬ. *He carried it inland and put it down at a lake.* (MJ) | hiyáʔ cn ʔiʔ x̣ʷkʷət tə nʔaʔáwkʷ ʔiʔ **cákʷs** cə kitchen. *I went and took my things and put them down in the kitchen.* (MJ) | sxʷq̓ʷaʔyíyŋs ʔaʔ cə qəyáx̣ən ʔiʔ níɬ č suʔ**cákʷs**s cə púyəks. *He put his gun down to climb over a fence.* (TC)}

cáləs *hand.* See under: cáys

cán 〚√can √who〛
1. *to be who, whom.* (TC; ES; AS,BC) {níɬ ʔúč **can**? *Who is he?* (EPT; NS,JW) | nə́kʷ ʔuč **cán**? *Who are you?* (LBH; LC) | níɬ **cán** cə? *Who is he?* (TC) | níɬ **cán** tsə? *Who is she?* (LC) | níɬ kʷaʔčaʔ **cán**? *Who is it?* (TC; LC) | nə́kʷ kʷaʔčaʔ **cán**? *Who are you?* (TC) | **cán** ʔaý? *Who's that?* (AS,BC) | **cán** ʔuč? *Who is it?* (AS) | nə́kʷ **cán**? *Who are you?* (TC) | **cán** kʷi ʔuč? *Who is it?* (AS,BC) | **cán** yaʔ ʔaý? *Who was it?* (AS) | **cán** cn? *Who am I?* (TC,AS,BC; TC) | **cán** cn ʔaý? *Who am I?* (TC,AS,BC) | ʔác ʔuč **cán**? *Who am I?* (TC,AS,BC; TC) | níɬ ʔaý **cán** tiʔə? *Who is this?* (MJT) | čɬ**cán** č ʔaý? *Who did it?* (EPT) | x̣áý **cán** cə? *Who is that again?* (ES) | **cán** ʔuč kʷsə ʔiyá? *Who's there?* (EPT) | **cán** ʔaý cə q̓áʔŋiʔ? *Who is the girl?* (ES; AS,BC) | **cán** či hiyáʔ? *Who's going?* (TC) | níɬ **cán** ti sščə́c? *Who hit me/you?* (LC) | níɬ ʔuč **cán** cə nsq̓ʷúʔšən? *Who's that fellow with you?* (NS,JW) | níɬ ʔuč **cán** csə nsq̓ʷúʔšən? *Who is that girl with you?* (NS,JW) | **cán** ʔuč cə ščə́t cə sqáx̣aʔ? *Who hit the dog?* (TC) | **cán** či ʔənsx̣éʔ? *Who do you like? / Who do you want?* (TC) | ʔuʔ**cán** ʔuč či snás? *What is her name?* (AS,BC) | **cán** kʷaʔčaʔ či čífs? *Who is their chief?* (TC) | **cán** ʔaý či hiyáʔ txʷín? *Who's going where?* (TC) | **cán** ʔaý či ʔənsx̣éʔ či shiyáʔs? *Who do you want to go?* (TC) | níɬ ʔuč **cán** kʷsanu? *Who's that over there?* (EPT) | **cán** ʔuč kʷsə q̓ʷáq̓ʷiʔ? *Who's that talking?* (EPT) | **cán** yaʔ kʷi yaʔcúsc? *Who told you?* (EPT) | níɬ ʔyá **cán** cə ʔiʔsəwáʔ? *Who is that with him?* (MJT) | **cán** ʔaý či nsx̣éʔ či skʷə́nəts? *Who do you want to look at it?* (TC) | **cán** ʔaý či nsx̣éʔ či nskʷə́nətəŋ? *Who do you want*

to look at you? (TC) | *cán* caʔ či n̓snəhə́č̓łəŋ? *What are you going to call your baby?* (MJT) | *cán* caʔ ʔuč či n̓snát. *What name are you going to give him?* (MJT) | níɬ ʔay̓ *cán* cə swə́y̓qaʔ? *Who is that man?* (ES) | *cán* či ʔiʔsəwá? *Who's going along?* (TC) | *cán* či ʔiʔhiyáʔ. *Who's going?* (TC) | *cán* či cx̌ə́c? *Who pushed me?* (TC) | *cán* či csə́c? *Who hit me?* (TC) | *cán* či k̓ʷə́nən? *Who did I see?* (TC) | *cán* či k̓ʷə́nətxʷ? *Who did you look at?* (TC) | *cán* caʔ ʔay̓ či wáʔ? *Who's going with you?* (ES) | *cán* yaʔ či n̓sxʷiʔsəwáʔ? *Who did you go along with?* (TC) | *cán* caʔ či n̓sxʷq̓ʷúʔkʷɬ? *Who's going with you on the canoe?* (TC) | *cán* či x̌iʔáʔtxʷ? *Who are you looking for?* (TC) | *cán* yaʔ kʷi k̓ʷə́nnəxʷ? *Who did you see?* (TC) | *cán* yaʔ kʷi k̓ʷə́nnúŋə? *Who saw you?* (TC) | *cán* yaʔ kʷi k̓ʷə́nnúŋəs? *Who saw me?* (TC) | *cán* yaʔ či ʔə́ŋəc? *Who gave it to me? / Who gave it to you?* (TC) | *cán* yaʔ kʷi x̌ʷk̓ʷə́txʷ? *Who did you take?* (TC) | *cán* yaʔ či n̓sq̓ʷúʔšən ʔaʔ či n̓shiyáʔ x̌̓acu? *Who did you go fishing with?* (TC) | *cán* yaʔ či ʔə́ŋətxʷ? *Who did you give it to?* (TC) | naʔníɬ qɬ ʔuč *cán*… *I wonder who...* (MJT) | *cán* yaʔ kʷi č̓éʔyətxʷ ʔaʔ cə tálə? *Who did you snatch the money from?* (TC) | ʔáwənə nsx̌čít kʷaʔ *cán*s cə swéʔwəs. *I don't know who the boy is.* (AS) | níɬ nsuʔnəx̌ʷx̌̓iʔáʔiɬ ʔaʔ kʷsi kʷaʔ stáŋs kʷaʔ *cán*s či kʷaʔyə́yu. *Then I looked around for her, whatever, whoever was peeking.* (ES)}
2. *someone, anyone, everyone.* ʔáwənə či *cán*. *There's nobody.* (TC) | ʔáwənə či *cán* kʷənaŋtúŋɬ. *Nobody helped us.* (TC) | ʔáwənəʔ kʷi či uʔ*cán* čšx̌̓éʔ. *Nobody likes him.* (MJT) | ʔuʔx̌ə́n̓ ti *cán* ʔuʔ čx̌̓éʔ ʔaʔ cə. *Everyone wants to have that.* (MJ) | ʔáw c yaʔcúst či ʔuʔ*cán*. *Don't tell anyone.* (MJ) | ʔáwənə č̓ ʔuʔ*cán* kʷɬqʷiʔnə́wiʔs. *She has nobody to talk with.* (MJ) | ʔáwənə či *cán* ʔiʔánəŋ ʔəɬ nəxʷsx̌ay̓əmúcənəs. *Nobody knows how to speak the Klallam language.* (TC) | nəsʔúŋəstəŋ ʔaʔ cíc̓łsiʔám̓ či x̌ʷən̓ʔáŋ̓ nəskʷəníʔt caʔ kʷənətúy̓ či ʔuʔx̌ə́n *cán* q̓ʷáy̓ txʷʔúxʷ ʔaʔ či ʔəy̓ xčŋín ʔaʔ cíc̓łsiʔám̓. *I have been given a way to see along with everyone who believes in the good wisdom of the Lord.* (BH) | ʔáwənə či *cán* ʔiʔánəŋ ʔəɬ nəxʷsx̌ay̓əmúcənəs ʔawč̓ʔiyá cə north kʷi táns yaʔ cə nəsx̌ayéʔx̌̓qɬ. *None of them understand the Klallam language because the late mother of my children was from the north.* (TC)}

cántxʷ 〚√can-txʷ √who-letcaus〛 ☞ *cán* let it be who, give to who, which is it. {*cántxʷ* cn? *Which one do I give it to?* (AS) | *cántxʷ* cxʷ? *Who are you going to give it to? / Who's going to do it?* (AS,BC; AS) | *cántxʷ* cxʷ ʔay̓? *Which one are you?* (AS) | *cántxʷ* ʔay̓ či x̌̓kʷə́ts tə sčəyíqʷɬ? *Which one is going to get the fruit?* (AS)}

canu 〚canu that_one〛 [specific, obviative determiner/demonstrative] the, that other one. (AS,BC) {ʔuʔ x̌čít cn *canu*. *I know another one.* (ES) | ʔuʔ x̌čít cn *canu* swə́y̓qaʔ. *I know that other man.* (AS,BC) | suʔx̌̓kʷə́ts *canu* nəxʷsx̌̓áy̓əm. *So that Klallam person took it.* (ES) | níɬ ʔəw n̓cə́t *canu*? *Is that your father?* (EPT) | cə́w̓ kʷi sq̓ʷəyúŋiʔs, *canu*. *The heads disappeared, those.* (ES) | čč̓áts *canu* sčaʔkʷʔyúɬs. *They built their ark.* (ES) | suʔtə́sɬ ʔaʔ *canu* caʔč̓éʔx̌ʷəŋ kʷaʔ ʔuʔstánəs či n̓snát. *We got to that sandbar, whatever its name is.* (ES) | ʔiʔ níɬ kʷə suʔtáčis *canu* ʔiʔšátəŋ. *And then those that were walking got there.* (ES) | ʔiʔ sqiʔám̓ či sqʷáys *canu* sáy̓siʔ. *That scared one couldn't talk.* (ES) | níɬ sqiʔém̓ či nəsx̌̓kʷə́təŋ ʔaʔ *canu*. *I couldn't be grabbed by him.* (ES) | suʔiʔčiʔáwəɬ ʔaʔ *canu* sxʷpúqʷs sŋánt. *We were passing by that rocky bluff.* (ES) | kʷəntís *canu* suʔwə́y̓qaʔ txʷnə́wəcən ʔaʔ cə stútaʔwiʔ. *He watched those men across the creek* (ES) | ʔuʔčiyáˑy ti suʔiʔtaʔáʔŋəns cə sxʷnáʔəm ʔaʔ *canu*. *The monster barely missed it.* (ES) | ʔiʔ máʔkʷɬ cə nə́cuʔ haʔyáwəns *canu* məsíns. *One part of that machine was broken.* (ES) | níɬ suʔxənʔáx̌ʷs *canu* naʔčáʔəwŋəxʷ, "nəsx̌̓éʔ kʷə či qʷúʔ ʔiʔ ʔáw kʷaʔ kʷánəŋəts." *She said to the foreigner, "I need water, but it won't run."* (ES) | ʔáwənə ʔíya ʔaʔ cə sxʷʔiyáʔs či sxənʔáx̌ʷs *canu* swéʔwəs. *She wasn't where the boy said.* (ES) | hiyáˑʔ q̓cə́ct ʔi ʔuʔtə́s ʔaʔ cə sxʷʔiyás *canu* snúʔnəkʷ ʔəskʷáʔkʷiʔ. *It went shrinking and got to where that ghost was hidden.* (ES) | níɬ suʔxax̌ɬám̓s *canu* sčánnəxʷ ɬəŋúʔəŋ. *Then he watched those salmon swimming.* (ES)} VAR: cənu {ʔuʔx̌čít cn *cənu* swə́y̓qaʔ. *I know that man.* (AS) | suʔx̌̓áys kʷə ʔánəts cə siyáʔiɬ s *cənu* swə́y̓qaʔs cə saʔə́y̓čəns. *So the husband of her sister agreed with his in-law again.* (AA)} VAR: canə (ES)

cáŋ̓aʔt packing it. See under: cəŋá̓ʔaʔt

cáw 〚√caw √beach〛 to be on the beach, get to the beach up away from the water. (ES; TC; AS,BC) {*cáw* cn. *I'm on the beach. / I got down to the beach.* (ES; TC) | kʷɬ*cáw* čə slapúʔ. *Slapu came down to the beach.* (MJ) | *cáw* cə kʷɬčayéʔq. *The elders were on the beach.* (AA) | suʔčnts cə sxʷtúnəqs yaʔ ʔaʔ *cáw*. *She buried her sister at the beach.* (AA) | níɬ nsuʔ*cáw* ʔiʔ mán̓ ʔuʔxaʔx̌̓. *Then I was on the beach, and it was very windy.* (MJ) | suʔ*cáw*ɬ ʔiʔ ʔiʔə́ʔmət ɬəŋkʷɬ ʔaʔ cə ʔəcɬtáynəxʷ. *So we were on the beach and sat among the people.* (MJ) | ʔuʔə́ st c *cáw* ʔaʔ nəxʷqíyət ʔiʔ sxʷčə́məsɬ kʷi ncə́t x̌áɬ. *We weren't yet down to the Little Boston, and we met my father, who was sick.* (MJ) | *cáw* cə saʔə́y̓čəns ʔiʔ čtán̓ kʷaʔ ʔəxínəs kʷi swə́y̓qaʔs. *Her younger sister was on the beach and asked where her husband was.* (AA) | nə́kʷ caʔ yaʔyáʔnəŋ ʔaʔ či sqʷáys ʔaʔ tiə ʔəx̌íynxʷ, tiə ʔən̓sčə́y̓aʔčaʔ. sná č̓ caʔ či ʔən̓ʔá kʷi. ʔən̓ʔá *cáw*. *It will be you who listens to the word of these people, your friends. A name is coming. It is coming down to the beach.* ✱ This is said to the witnesses at a formal naming ceremony. (TC) VAR: cáw̓ (AS)

cáwcu 〚cáw + √caw char + √beach〛 ☞ *cáw* to be way out off the shore. (TC; AS,BC) {*cáwcu* cn. *I'm way out off shore.* (TC)}

cáwŋən 〚√caw=ŋin √beach=piece〛 ☞ cáw shore, beach. (TC) {ʔuʔiyá ʔaʔ cə *cáwŋən*. *It was there* *on the beach.* (MJ) | ʔiʔ sx̣Éʔɬkʷaʔčaʔ či stánɬ ʔaʔ cə n̓*cáwyən* kʷaʔ ʔuʔənətúŋɬəxʷ. *And we want to land on your shore if you allow us.* (TC)}

cáwtəŋ ⟦√caw-t-ŋ √beach-trns-psv⟧ ☞ cáwtxʷ *to be brought to the beach, down toward or up away from the water.* (TC) VAR: cáwtəŋ {ʔúxʷ či ƛ̓kʷístxʷ *cáwtəŋ* cə sčánnəxʷ. *Go bring the salmon home up from the water.* (AS)}

cáwtxʷ ⟦√caw-txʷ √beach-inancaus⟧ ☞ cáw *to bring to the beach, down toward or up away from the water.* {*cáwtxʷ* caʔn. *I'm going to take it down to the beach.* (AS,BC)} VAR: cáw̓txʷ {*cáw̓txʷ* cə kʷítšən. *Bring the spring salmon to the beach.* (AS)}

cáw̓ *on beach. See under:* cáw

cáw̓cuʔ ⟦cáw<ʔ> + √caw<ʔ> char<actl> + √beach<actl>⟧ ☞ cáw *being out off the shore.* (TC)

caw̓náʔiɬ ⟦cwn<á> iɬ they<pl>⟧ [plural definite demonstrative] ☞ cəwniɬ *they, them.* (TC) [perhaps cə-w-n<áy>iɬ] {x̣ónəŋ *caw̓náʔiɬ*. *They say so.* (TC) | ʔáwənə sxʷx̣číts *caw̓náʔiɬ*. *Those people don't know.* (TC) | nəsxʷiščəníkʷən *caw̓náʔiɬ*. *I pity them.* (TC) | húy kʷaʔ kʷi sčáʔiʔs *caw̓náʔiɬ*. *Those people finished working.* (TC) | kʷánəŋət kʷaʔ cúŋ *caw̓náʔiɬ* xʷiyanítəm. *Those white men ran inland.* (TC)} VAR: caʔnáʔiɬ (TC) VAR: caw̓náʔyəɬ (TC) {ʔáwənə nəsx̣čít kʷaʔ ʔaʔstúʔŋəts kʷi máščcu kʷéʔwənti č ʔiʔ cə q̓ʷq̓ʷúʔəŋ kʷaʔ stáŋəs yaʔ čtə či kʷaʔwəntiʔícts *caw̓náʔyəɬ*. *I don't know what Mink was doing, but he was fighting with Kelp, whatever they were fighting over.* (TC)}

cawniɬ *the one. See under:* cəwniɬ

cáwtəŋ *be brought to beach. See under:* cáwtəŋ

cáwtxʷ *bring it to beach. See under:* cáwtxʷ

cáx̣ʷəŋ ⟦√caxʷ-ŋ √lazy-mdl⟧ *to be lazy to do (some particular thing).* {ʔuʔ*cáx̣ʷəŋ* st. *We're lazy (to go).* (AS)}

cáx̣əŋ *bitter. See under:* sáx̣əŋ

cáy ⟦√cay √lie_down⟧ *to lie down.* (AS) {*cáy* cn ʔaʔ tiə sxʷʔáʔmət. *I lay down on this bed.* (AS,BC)}

caya? [cayaʔ that_one] [probably a compound of a determiner and the root meaning 'there'] ☞ cə ☞ ʔiyá *that one.* (LC,TC) {stáŋ ʔay̓ *caya?*? *What's that (over there)?* (MJT)}

cáys ⟦√cays √hand⟧ *hand (including fingers), paw.* ⟪There is no separate word for 'finger'.⟫ (LC; AS,BC; ES) {ɬéʔxsən tiə n*cáys*. *My fingers are stiff.* (TC) | nəč̓áq̓ cn nə*cáys*. *I sprained my hand.* (ES) | suʔčúk̓ʷts kʷaʔ kʷi *cáys*s yaʔ. *It shot his hand.* (TC) | ɬóy̓əqʷi tə *cáys*s. *His hand was shattered.* (TC) | ɬícnəxʷ cn tiə nə*cáys*. *I cut my hand.* (LC) | mán̓ ʔuʔ ʔəsɬóy̓qʷ tə *cáys*s. *His hand was very shattered.* (TC) | qqítəŋ cə sx̣ónaʔs cə *cáys*. *She tied up his feet and hands.* (TC) | ʔáčts ixʷ cə qóyəŋs ʔaʔ cə číčt ʔiyá ʔaʔ cə *cáys*. *She must have wiped her eyes with the ashes on her hand.* (MJ) | ʔuʔsiyácɬ tə *cáys* ʔaʔ tə ŋácɬ. *His hand was full of pus.* (MJ) | suʔəsɬcítəŋs kʷə ʔuʔx̣ónə ŋús *cáys*s ɬəŋáʔəŋ. *So all four of his detached fingers were cut off.* (TC) | suʔƛ̓áy čəyáy ʔiʔ čaʔcaʔčáʔtəŋ cə *cáys*s ʔiʔ sqiʔám či šúynəŋs. *They again almost fixed his hand, but they couldn't finish it.* (TC)} VAR: cáyəs (LB,CWH; JCo; EPT; LC; ES; TC; AS,BC) {níɬ kʷi nə*cáyəs*. *It's my hand.* (NS,JW) | ɬícnəxʷ cn tə *cáyəs*s. *I cut his hand (accidentally).* (MJT) | níɬ u n̓skʷáʔ n̓*cáyəs*? *Is it your own hand?* (NS,JW) | ʔiʔnəxʷsaʔyúytəŋ tə n̓*cáyəs*. *Your hand is swelling up.* (EPT) | níɬ suʔx̣ʷə́ts cə tə́məɬ ʔiyá tə *cáyəs*s. *Then she took the red paint in her hand.* (EB)} VAR: cáləs (MV) ⟪Only Marian Vincent uses this variant and then only once on Metcalf's recording. This looks like the Lummi word for hand.⟫

cay̓sə́ntən *mat. See under:* caʔyəsə́ntən

cceʔyəɬ ⟦c + √cə<iʔ>y̓əɬ pl + √lake<pl>⟧ ☞ cáy̓əɬ *several lakes.* (EPT; ES) VAR: ciʔyáy̓əɬ (MJT) ⟦√c<iʔy̓>əy̓əɬ √lake<pl>⟧

cciʔáptəŋ ⟦c + √cy<ʔ>ap-t-ŋ<ʔ> incep + √tickle<actl>-trns-psv<actl>⟧ ☞ ciyápt *to begin being tickled by someone.* {*cciʔáptəŋ* č caʔ tiʔə nəyə́kʷx̣. *He is going to tickle my ribs.* (MJT)}

ccíɬəŋ ⟦c + √ciɬ-ŋ<ʔ> actl + √high-mdl<actl>⟧ ☞ cíɬəŋ cp. céʔɬəŋ *be standing.* (JCo; EPT; LC; ES; TC) {*ccíɬəŋ* cn. *I'm standing up.* (ES,TC) | ʔiyá *ccíɬəŋ*. *He's standing there.* (TC) | ʔiʔ*ccíɬəŋ* cn. *I'm standing (while in motion).* (TC) | ʔuʔhúʔiʔ cn tə nəs*ccíɬəŋ*. *I'm standing alone.* (TC) | ʔiʔ slapúʔ cə *ccíɬəŋ*. *The one that was standing was Slapu.* (TC) | ʔiyá st *ccíɬəŋ* ŋaʔk̓ʷaʔcút. *We were standing there waiting.* (ES) | ʔuʔ*ccíɬəŋ* ʔiyá ʔaʔ cə ʔíyəcən. *He was standing at the edge.* (TC) | ʔiʔ ʔuʔiyá *ccíɬəŋ* ʔíyəcən ʔaʔ cə stútaʔwiʔ. *He was standing there at the edge of the creek.* (ES) | níɬ suʔiyás *ccíɬəŋ* kʷə́nt. *So he was standing there looking at them.* (ES) | ʔuʔhíc suʔ*ccíɬəŋ*s yaʔ ʔiʔ ʔiyáʔnəs či néʔ ʔəcɬtáynxʷ. *He was standing there a long time listening to the people that were there.* (ES)} VAR: ccíɬəŋ (ES) {ʔiʔ slapúʔ cə *ccíɬəŋ*. *And the one that was standing was Slapu.* (MJ) | kʷɬcíts cə swéʔwəs *ccíɬəŋ* ʔiyá ʔaʔ tə ƛ̓ác. *He cut the boy standing there in the belly.* (MJ) | ʔuʔ*ccíɬəŋ* cn ʔuʔkʷənúɬ cə məkʷéʔəŋɬ yaʔ. *I was standing, watching the funeral.* (MJ)} VAR: cicíɬəŋ {ʔiyá st *cicíɬəŋ* ʔəsyáyaʔ cə púyəkɬ. *We were standing there with our guns ready.* (ES)}

céʔcq ⟦ciʔ + √ciq rslt + √poke⟧ ☞ cíq
1. *to be skittish, easily startled, untamed, wild and unaccustomed to people (as deer or feral cats, for example).* (ES; AS,BC) {*céʔcq* cə smáyəc. *Elk are skittish.* (AS,BC) | *céʔcq* cə húʔpt. *Deer avoid people.* (AS)}
2. *to shy away, make oneself scarce, avoid people.* (AS,BC) {*céʔcq* cn. *I shied away.* (AS,BC) | *céʔcq* cə q̓áʔŋi. *The girl is acting shy (avoiding people).* (AS)} VAR: cáʔcq (BC)

céʔct ⟦ciʔ + √cat actl + √father⟧ [This may be diminutive and/or actual. It also looks like a plural.

The semantic match is difficult for any of these possibilities.] ☞ cát the parent as head of the family, the person in authority in the family. ⟪usually refers to the father, but can refer to the mother in some situations (can refer only to the father according to ES)⟫ (MJT; AS,BC; ES,TC; TC,AS,BC) {ncéʔct. *It's my parent.* (AS,BC) | suʔhiyáʔs cə céʔcts. *So her father went. / So the parent left.* (AA; MJ) | ʔuʔháʔəw cə céʔct. *The parent was away.* (MJ) | čaʔčáŋ tə céʔct hiʔ néʔ tə ŋənaʔs. *The father just got home, and his child was born.* (MJT) | suʔčáŋs cə céʔcts kʷsə skʷaʔkʷátuʔ. *The parent of the crows got home.* (MJ) | táči kʷaʔ kʷə céʔcts ʔiʔ x̌kʷts kʷə ŋənaʔs. *His father came, and he got his child.* (AS,BC)}

céʔɬ lake. See under: cóyəɬ

céʔət ⟦√ciʔ-t √up-trns⟧ to put something up on top. {céʔət cn cə ɬqíts. *I put up his clothes.* (AS)} VAR: cəʔít (ES; AS) {níɬ ixʷ cə scaʔíts cə scəyíqʷɬ ʔaʔ kʷi stácis ʔaʔ kʷi čiʔáqɬ. *He must have put the fruit down when he was here yesterday.* (AS)}

céʔič ⟦√ciyč √find⟧ to find (something). (ES,HS) {céʔič cn. *I found.* (ES; AS) | céʔič u cxʷ? *Did you find it?* (ES) | céʔič cn ʔaʔ kʷsə tálə. *I found the money.* (ES) | céʔič cn ʔaʔ cə məhúy̓. *I found the basket.* (AS) | nəscéʔič. *I found it.* (EPT; MJT; ES) | céʔič cə nstíkʷən ʔaʔ cə məhúy̓. *My niece found the basket.* (AS)} VAR: čáyəč {čáyəč cn ʔaʔ tə scúm̓ ʔiyá ʔaʔ tə nəsɬúp. *I found a bone in my soup.* (MJT) | čaʔčáyəč cn. *I just found it.* (MJT)}

céʔičt ⟦√ciyč-t √find-trns⟧ ☞ céʔič to find something. {céʔičt cn cə məhúy̓. *I found the basket.* (AS)} VAR: čáyəčt {čaʔčáyəčt cn. *I just found it.* (MJT)}

céʔiɬ ⟦√ciʔɬ √place_name⟧ Hawk's Hole, half mile south of Racer's Cove. (LB,EWH) ⟪It is unclear where either of these place is.⟫

céʔiq poke. See under: céʔyəq

céʔis ⟦√ciʔys √rotate⟧ to turn around. (AS,BC) {čaʔcéʔis kʷi kʷə nsʔúq̓ʷaʔ. *My brother just turned around.* (AS)}

céʔisəŋ ⟦√ciʔys-ŋ √rotate-mdl⟧ ☞ céʔis to turn around. (AS,BC) {céʔisəŋ kʷi kʷə ʔaʔyəcɬtáyŋxʷ. *The people turned around.* (AS)}

céʔit put it on. See under: céʔyət

céʔitəŋ be put on. See under: céʔyətəŋ

céʔɬəŋ ⟦√ci<ʔ>ɬ-ŋ<´> √high<actl>-mdl<actl>⟧ ☞ cíɬəŋ cp. ccíɬəŋ to be standing, rearing up (of a horse). (TC) {ʔiʔ céʔɬəŋ ʔuʔ x̌ə́n̓ ʔuʔ syáyact cə. *They reared up and did everything.* (ES)}

céʔqt ⟦√ci<ʔ>q-t √poke<actl>-trns⟧ ☞ cíqt to be poking someone or something. {céʔqt cn. *I'm poking him.* (ES)}

céʔsqaʔt ⟦√ciʔsqaʔt √place_name⟧ Old Dungeness, on west side of the river. (LBH)

céʔt ⟦√c<iʔ>t √father<aff>⟧ [unique infix] ☞ cát daddy, dad. (AS,BC; TC) ⟪USAGE: This is used as a form of address always with the 'my' prefix.⟫ {ncéʔt, hiyáʔ u qɬ cn x̌iʔáŋ ʔaʔ či čéʔəx̌? *Daddy, could I go look for some pitch?* (MJ)} VAR: céʔta (ES) [unknown suffix in this variant]

céʔyəɬ lake. See under: cóyəɬ

céʔyəq ⟦√ciʔyq √push_off⟧ to poke (especially to push away as with a paddle on a rock). (AS,BC; AS) {céʔyəq cn. *I poked.* (AS)} VAR: céʔiq (AS)

céʔyət ⟦√ciʔy-t √on_top-trns⟧ ☞ céy̓ to put something up on top (of something). {céʔyət ʔaʔ cə čáʔwiʔ. *Put it on the dish.* (ES) | céʔyət ʔaʔ cə čaʔcítən. *Put it on the table.* (ES)} VAR: céʔit (ES; BC) {céʔit cn cə scəyíqʷɬ ʔaʔ cə čaʔcítan. *I put the fruit on the table.* (AS) | céʔit cə kapú. *Put up the coat.* (AS)}

céʔyətəŋ ⟦√ciʔy-t-ŋ √on_top-trns-psv⟧ ☞ céʔyət to be put on top (of something) by someone. (ES) VAR: céʔitəŋ {céʔitəŋ cn. *Someone put me up there.* (AS) | céʔitəŋ kʷsə x̌íyən. *The pencil was put up.* (AS)}

céy̓ ⟦√ciʔy √on_top⟧ to be on top. {céy̓ cn. *I'm on top.* (AS,BC) | céy̓ cn ʔaʔ tə sxʷʔáʔmət. *I'm on the bed.* (AS) | céy̓ tə sx̌íx̌aʔx̌qɬ ʔaʔ tə sxʷʔáʔmət. *The child is on the bed.* (AS)}

cə ⟦cə det⟧ [specific determiner] the, a, that. (TC; AS,BC; AS) {ɬúyəs cə sɬánis cə. *His wife left him.* (ES) | huʔskʷáʔs ʔuʔ stíkʷəns cə. *It was his own nephew.* (TC) | nəswóy̓qaʔ iqɬ ʔiyá cə. *I wish that one there were my husband.* (MJT) | ŋə́n̓ cə hiyáʔ. *Lots of them are going.* (TC) | níɬ suʔqʷáys cə. *This is what he said.* (TC,AS,BC) | stáŋ ʔuč cəʔ? *What is that?* (TC,AS,BC; TC) | x̌čtíŋ cn ʔaʔ cə. *He knows me.* (MJT) | huʔx̌čít cn cə. *I know him.* (MJT) | čaʔəx̌ín ʔuč cə? *Where did he come from?* (NS,JW) | cán cə hiyáʔ txʷín? *Who's that going where?* (TC) | ʔə́mət cə x̌áɬ. *The one that was sick sat up.* (MJ) | níɬ kʷaʔčə cán cə? *Who is that there?* (LC) | ʔiʔ čtát cn tsiʔə Louisa Sparks kʷaʔ ʔəmxʷúcən ʔaʔ cə. *And I asked Louisa Sparks to pick them.* (MJ) | tkʷnás cə x̌ʷúʔŋəts cə swóy̓qaʔ tákʷs yaʔ cə snə́xʷɬs. *The man that bought the canoe broke his paddle.* (TC) | tkʷnás cə x̌ʷúʔŋəts. *He broke his paddle.* (TC) | ʔiʔ táči cə xʷanítəm. *And a white man got there.* (ES) | k̓ʷə́nəxʷ yaʔ cn cə Jamie. *I saw Jamie.* (TC) | k̓ʷə́nəxʷ yaʔ cn cə nə́kʷ. *I saw you.* (TC) | ʔáwənə cə nəsʔíɬən. *I still don't have my food.* (TC)} VAR: c (LC) VAR: tə (RS) {ɬíxʷ tə nəsqə́čaʔ. *I caught three.* (TC) | tkʷnás tə x̌ʷúʔŋəts. *He broke his paddle.* (TC) | ʔiʔ tós st ʔaʔ tə ʔáʔyəŋ. *And we got to a house.* (MJ)} VAR: t (ES)

cəʔéʔt ⟦√ci<ʔ>t √true<actl>⟧ [u-class intensifier] ☞ cəʔít truly, really, actually, properly. (TC; ES) {cəʔéʔt cn ʔuʔ ʔíɬən. *I really ate.* (TC) | ʔuʔcəʔéʔt cxʷ ʔuʔ ʔəsyácɬ. *You really are full.* (TC) | ʔiʔ ʔuʔcəʔéʔt st ʔuʔ k̓ʷə́nnəxʷ. *And we really saw it.* (TC) | ʔiʔ cəʔéʔt č ʔuʔ xʷítəŋ cə nə́cuʔ. *And one really did jump.* (TC) | cəʔéʔt ʔuʔ nəsʔíɬən. *It's truly my food.* (TC) | ʔuʔcəʔéʔt ʔuʔ ʔəy̓ kʷə n̓sqʷáy. *Your words are really good.* (TC) | níɬ yəxʷ yaʔ ʔuʔ cəʔéʔt ʔuʔ x̌aʔyéʔsi č̓áɬaʔ ʔaʔ

tiə, əw? *I guess this was a truly fierce bunch from here, eh?* (TC) | húʔ caʔ cxʷ ʔuʔáwə c ʔuʔcəʔéʔt ʔuʔ maliyíti ʔiʔ níɬ caʔ ʔənsuʔɬkʷístəŋ ʔawmán cxʷ ʔuʔ twəwsx̣íx̣aʔx̣qɬ. *If you don't get properly married you will be brought home because you are still very much a child.* (TC)}

cəʔéʔtəŋ truly. *See under:* cəʔítəŋ

cəʔít[1] ⟦√cʔit √true⟧
  1. to be true, real, sincere, honest. {cəʔít uʔ *Is that true?* (TC; ES) | cəʔít cn. *I'm telling the truth.* (TC; BC; AS) | ʔáwə c cəʔít. *It's not true.* (TC) | huʔcəʔít. *It's real. / It's true.* (MJT) | ʔiʔ ʔuʔcəʔít ʔiyá či tə́ŋəxʷ, ʔə́y̓ tə́ŋəxʷ sxʷtə́sɬ caʔ. *And that land, that good land that we will get to is really there.* (RSh) | ʔuʔcəʔít cn ʔaʔ kʷi nəsyaʔcúst. *I told him the truth.* (TC) | ʔuʔcəʔít yaʔ miyəqáʔaʔ. *They were the true Makahs.* (ES)}
  2. truly, really. [u-class intensifier] {cəʔít cn ʔuʔ hiyáʔ. *I'm really going.* (AS,BC) | ʔuʔcəʔít ʔuʔ x̣ə́ɬ či nx̌čnín. *I'm truly sorry.* (EPT) | ʔuʔcəʔít cxʷ kʷi hay ʔuʔ tə́yi. *You really did go upstream.* (MJ) | ʔuʔcəʔít ʔuʔ ʔiyá či cícɬ siʔám. *God is really there.* (RSh) | cəʔít kʷi ʔuʔ x̣ə́ɬ či nəxčəŋín. *I'm really sorry.* (MV) | cəʔít ixʷ ʔuʔ sáysiʔ. *They must have been truly scared.* (TC) | ʔáw c ʔuʔcəʔít ʔuʔ məqáʔaʔ. *They aren't truly Makah.* (ES)} VAR: ciʔít (AS,BC; ES) {ʔuʔciʔít cn. *I'm sincere.* (AS,BC)} VAR: cít {cít cn. *I'm telling the truth.* (AS) | cít cn ʔuʔ hiyáʔ. *I'm really going.* (AS,BC)}

cəʔít[2] put it up. *See under:* céʔət

cəʔítəŋ ⟦√cʔit-ŋ √true-mdl⟧ [u-class intensifier] ☞ cəʔít truly, really, actually. {níɬ kʷaʔ suʔqʷáys cə snə́q̓ʷuʔ ʔaʔ či suʔcəʔítəŋs ʔuʔ x̣ə́ɬ cəstáni?. *So Crane believed that his wife was really sick.* (AA)} VAR: cəʔéʔtəŋ (TC)

cəʔítqən honest. *See under:* nəxʷcəʔítqən

céɬmət ⟦√cəɬmt √Crescent_Lake⟧
  1. Crescent Lake. (ES; AS,BC) *It is said that there is a white whale that comes into céɬmət very few years. There is a tunnel deep in the lake that leads to the ocean.* (AS,BC(fromSamUlmer)) {čə́q céʔyəɬ kʷ céɬmət. *Crescent Lake is a big lake.* (AS)}
  2. Morse Creek. (EWH)

cə́ɬqʷ ⟦√c<ə́>ɬqʷ √pass_through <actl>⟧ ☞ cɬə́qʷ to be making a hole, passing through. (AS) {cə́ɬqʷ cn. *I'm making a hole.* (AS)}

cə́ɬqʷəŋ ⟦√c<ə́>ɬqʷ-ŋ √pass_through <actl>-mdl⟧ [actual metathesis] ☞ cɬə́qʷ making, passing through a hole or tunnel. {cə́ɬqʷəŋ cn. *I made a hole.* (AS) | suʔx̣kʷnáxʷs canu ʔuʔscə́ɬqʷəŋ. *She got that thing that was making the hole.* (AA)}

cə́ɬqʷt ⟦√c<ə́>ɬqʷ-t √pass_through <actl>-trns⟧ [actual metathesis] ☞ cɬə́qʷt to be passing something through (by making a hole if one does not already exist). {cə́ɬqʷt cn. *I'm making a hole in it.* (MJT)}

cəmúʔəs ⟦√cmuʔəs √halibut_hook⟧ *cp.* cəmúʔnə halibut hook. (ES)

cəmúʔnə ⟦√cəmuʔnə √halibut_hook⟧ *cp.* cəmúʔəs traditional wooden halibut hook. (MJT; TC) VAR: cəmúʔən (ES)

cəmúʔən halibut hook. *See under:* cəmúʔnə

cənʔáč ⟦√cən̓=ač √lean_against=backside⟧ ☞ cə́n̓ to lean back against. {cənʔáč cn. *I'm leaning back.* (AS,BC)}

cənʔáčt ⟦√cən̓=ač-t √lean_against=backside-trns⟧ ☞ cənʔáč to lean something back against (something). (TC; BC) {cənʔáčt cn. *I leaned it back against it.* (TC)} VAR: čənʔáčt (AS)

cənʔáčtəŋ ⟦√cən̓=ač-t-ŋ √lean_against=backside-trns-psv⟧ ☞ cənʔáčt to be leaned back against. {cənʔáčtəŋ cn. *Someone leaned back against me.* (AS,BC)}

cənʔə́t ⟦√cən̓-t √lean_against-trns⟧ ☞ cə́n̓ to lean something against (something). {cənʔə́t cn. *I leaned it up against it.* (TC)}

cənʔə́təŋ ⟦√cən̓-t-ŋ √lean_against-trns-psv⟧ ☞ cənʔə́t to be leaned against (something) by someone. {cənʔə́təŋ cn. *Someone leaned me against something.* (TC)}

cə́naʔxʷ ⟦√cənaʔxʷ √tule⟧ tule, a type of round reed. *Schoenoplectus acutus.* *Used in mat making. August is the best time to collect this. (AB,MJT)

cə́nac tooth. *See under:* čə́nəs

cənił the one. *See under:* cəẃnił

cənu that other. *See under:* canu

cə́n̓ ⟦√cən̓ √lean_against⟧ to stop (something) by applying an opposite force such as hitting, bumping or leaning against, colliding with. (ES; AS,BC; AS) {cə́n̓ cn. *I bumped into (something) and stopped.* (ES) | cə́n̓ cə sčáʔkʷaʔyúɬ. *My car got blocked (colliding against something).* (AS)}

cən̓áčəŋ ⟦√cən̓=ač-ŋ √lean_against=backside-mdl⟧ ☞ cənʔə́t to lean back (on something to rest). (MJT; ES) {ʔunú ʔuʔ cən̓áčəŋ cə swéʔwəs. *Notice how the boy is leaning back.* (AS)} VAR: cənʔáčəŋ {cənʔáčəŋ cn. *I'm leaning back against something.* (TC; AS)}

cən̓ił the one. *See under:* cəẃnił

cəŋaʔáʔčtəŋ ⟦√cəŋa<ʔá>ʔ=čt-ŋ √pack<actl>=child-mdl⟧ ☞ cəŋáʔčtəŋ to be carrying a child on the back. {kʷɬcəŋaʔáʔčtəŋ. *She's putting her child on her back.* (MJT)}

cəŋáʔaʔt ⟦√cəŋ<aʔ>aʔ-t √pack<actl>-trns⟧ [rightward stress shift and infix with actual] ☞ cə́ŋaʔt to be packing, carrying something on the back. (TC) {kʷɬiʔcəŋáʔaʔt cn. *I'm carrying it on my back.* (MJT) | cəŋáʔaʔts cə muhúy̓. *She was carrying a basket on her back.* (AA)} VAR: cəŋʔáʔt (AS,BC) VAR: cáŋaʔt ⟦√c<á>ŋ<ʔ>aʔ-t √pack<actl>-trns⟧ [This variant shows the expected, leftward metathesis in the actual.] {kʷɬcáŋaʔts *She's putting him on her back.* (MJT)}

cəŋáʔaʔtəŋ ⟦√cəŋ<aʔ>aʔ-t-ŋ √pack<actl>-trns-psv⟧ ☞ cəŋáʔaʔt being packed, carried on the back by someone. {suʔx̣ʷkʷə́təŋs ʔiʔ**cəŋáʔaʔtəŋ** hiyáʔ íkʷístən ʔúxʷtən ʔaʔ cə sxʷʔiyás cə stáʔčən, cə ʔáʔiŋs cə stáʔčən. *So he was taken being packed over home to where the wolves were, the wolves' home.* (TC)}

cə́ŋaʔc ⟦√cəŋaʔ-t-c √pack-trns-1obj/2obj⟧ ☞ cə́ŋaʔt pack me on the back; pack you on the back. (ES; TC; AS) {**cə́ŋaʔc** u cxʷ? *Are you going to pack me?* (ES) | **cə́ŋaʔc** caʔn. *I'm going to pack you.* (ES,HS)}

cəŋáʔčłəŋ ⟦√cəŋaʔ=čł-ŋ √pack=child-mdl⟧ ☞ cə́ŋaʔt to carry a child on the back. {**cəŋáʔčłəŋ** či. *Carry your child on your back.* (MJT)}

cəŋáʔəŋ ⟦√cəŋaʔ-ŋ<ˊ> √pack_on_back-mdl<actl>⟧ [rightward stress shift in actual] being carried on the back. {**cəŋáʔəŋ** ʔaʔ cə čə́q swə́ýqaʔ. *He was on the back of the big man.* (ES)}

cəŋaʔíł ⟦√cəŋaʔ=ił √pack=child⟧ ☞ cə́ŋaʔt to pack, carry a child on the back. {kʷłc**əŋaʔíł**. *She's already got her child on her back.* (MJT)} VAR: cəŋaʔtíł ⟦√cəŋaʔ-t=ił √pack-trns=child⟧ [unique case of lexical suffix following a transitivizer in this variant] {kʷłc**əŋaʔtíł**s tə ŋə́naʔs. *She's already got her child on her back.* (MJT)}

cə́ŋaʔnəxʷ ⟦√cəŋaʔ-naxʷ √pack-nctrns⟧ ☞ cə́ŋaʔt to manage, succeed in packing, carrying something on the back. {**cə́ŋaʔnəxʷ** cn. *I succeeded in packing it.* (TC)}

cəŋaʔnít ⟦√cəŋaʔ-ŋi-t √pack-rel-trns⟧ ☞ cə́ŋaʔt to carry something on one's back. {hiʔ**cəŋaʔnít** caʔn. *I'm going to carry it on my back.* (MJT)}

cə́ŋaʔt ⟦√cəŋaʔ-t √pack-trns⟧ ☞ cəŋáʔəŋ to pack, carry something on one's back. (EPT; LC; ES; TC) {**cə́ŋaʔt** u cxʷ? *Are you going to pack it?* (TC) | **cə́ŋaʔt** či. *Carry it on your back.* (MJT) | **cə́ŋaʔt** cə ńŋə́naʔ. *Carry your baby on your back.* (TC) | **cə́ŋaʔt** yaʔ cn kʷsə sčúł. *I carried firewood on my back.* (EPT) | táči čičəyíqʷtən ʔiʔ smə́yəc ti sc**ə́ŋaʔt**s. *Sasquatch got there packing an elk.* (AS) | ʔúxʷtxʷ či tə ńŋə́naʔ. ʔaʔ tə ństáckʷł ʔiʔ **cə́ŋaʔt**. *Take your child on your back and pack him.* (MJ) | x̣ə́nəŋ kʷə nəswə́ýqaʔ, "ʔáwə caʔn c **cə́ŋaʔt** cə ʔəńjunk." *My husband said, "I'm not going to carry your junk."* (MJ) | nił suʔ**cə́ŋaʔt**s cə siláwtxʷ ʔiʔ ččsáyəqən ʔaʔ cə swə́ýqaʔs. *Then she put the tent on her back and followed her husband.* (MJT)}

cə́ŋaʔtən ⟦√cəŋaʔ=tən √pack=instr⟧ [no plural] ☞ cə́ŋaʔt tumpline, basket headband, pack-strap worn across the forehead attached to a load on the back. (EPT; ES) VAR: cə́ŋaʔtń (ES)

cə́ŋaʔtəŋ ⟦√cəŋaʔ-t-ŋ √pack-trns-psv⟧ ☞ cə́ŋaʔt to be packed, carried on the back by someone. {**cə́ŋaʔtəŋ** cn. *Someone packed me.* (ES; TC) | **cə́ŋaʔtəŋ** cn ʔaʔ cə náʔcuʔ swə́ʔwəs *I was carried by one young man.* (ES) | su**cə́ŋaʔtəŋ** ʔaʔ kʷi nəcousin yaʔ łcútəŋ ʔúyəłtəŋ ʔaʔ cə snə́xʷł. *I was packed by my cousin down to the beach and put on a canoe.* (TC)} VAR: cəŋáʔtəŋ {su**cəŋáʔtəŋ**s yaʔ íkʷístəŋ. *So they packed him home.* (TC)}

cəŋcáŋ ⟦cŋ + √cəŋ pl + √two⟧ [suppletive form] cp. = ał ☞ čə́saʔ two times; twice. (LC; ES; MJT; TC; AS,BC) {**cəŋcáŋ** tə nəstíyəm. *I sang the song twice.* (MJT) | **cəŋcáŋ** tə nəskʷə́nəxʷ. *I saw it twice.* (TC) | kʷł**cəŋcáŋ** ʔəł táčiən. *It's the second time I arrived.* (LC) | kʷł**cəŋcáŋ** ʔəł icústəŋəxʷ. *She's told you twice now.* (MJT) | húʔ cn kʷi ʔaʔáʔiŋ ʔiʔ **cəŋcáŋ** ʔaʔ ti nə́cuʔ skʷáči ti nsúkʷəŋ. *When I'm at home I bathe twice a day.* (ES)} VAR: cəŋcə́ŋ (MJT)

cəŋcaŋənát Tuesday. *See under:* cəŋənát

cəŋéʔił ⟦√cəŋ-i<ʔ>y-ł √camp-dev<actl>-dur⟧ to go camping. {**cəŋéʔił** caʔn ʔaʔ či kʷáči. *I'm leaving in the morning camping.* (AS) | **cəŋéʔił** caʔn hiyáʔ ʔaʔ pə́šct ʔaʔ či kʷáči. *I'm going to go camping at Pysht tomorrow.* (AS)}

cəŋənát ⟦√cəŋ=nat √two=day⟧ ☞ cəŋcáŋ 1. Tuesday. (EPT; MJT; ES) {kʷə́nnúŋə caʔn ʔaʔ či **cəŋənát**. *I'll see you on Tuesday.* (TC) | ʔuʔáła? caʔn ʔaʔ či **cəŋənát**. *I'll be here on Tuesday.* (TC)} 2. to be two nights. (MJT) VAR: scəŋənát (ES) VAR: cəŋcaŋənát (AS,BC)

cə́ŋuʔtxʷ ⟦√cəŋ=awtxʷ √two=house⟧ ☞ cəŋcáŋ two houses.

cə́ŋuł ⟦√cəŋ=uł √two=conveyance⟧ ☞ cəŋcáŋ two canoes. {**cə́ŋuł** ʔuʔútxs. *It's two canoes.* (MJT)}

cəŋaʔáʔt packing it. *See under:* cəŋáʔaʔt

cəsə specific, far determiner. *See under:* təsə

cə́t ⟦√cət √father⟧ father. (MV; TC; ES; AS,BC; WB,AS,BC) {**cə́t** cn. *I am a father.* (TC) | nə**cə́t**. *my father* (EPT; TC; ES) | nc**ə́t** *my father* (LB,CWH) | ʔəc ʔəńc**ə́t**. *I am your father.* (TC) | nc**ə́t** u cxʷ? *Are you my father?* (AS,BC) | ʔáa, ʔəńc**ə́t** cn. *Yes, I'm your father.* (AS,BC) | nił nə**cə́t** cə swə́ýqaʔ. *That man is my father.* (TC) | táči cə nə**cə́t**. *My father got here.* (TC) | nə**cə́t** cə táči. *My father got here (stressing 'here').* (TC) | nił nə**cə́t** cə táči. *It's my father that got here.* (TC) | x̣iʔsít cn təsə nə**cə́t**. *I'm writing to my father.* (ES) | ʔəx̣ín ʔuč kʷi nc**ə́t**? *Where is your father?* (NS,JW) | ʔə́mət kʷi tiʔə nə**cə́t**. *My father sat down.* (MV) | xʷəŋaʔŋús ʔaʔ tə **cə́t**s. *He looks like his dad.* (LC) | x̣iʔəsítəŋ u cxʷ ʔaʔ təsə nc**ə́t**? *Did your father write to you?* (ES) | nəshə́həkʷ kʷi nə**cə́t**. *I remember my father.* (TC) | čəẃíń ʔuʔ čsə́ts cə nə**cə́t**. *He even hit my father.* (TC) | nəshə́həkʷ kʷi nə**cə́t** ʔaʔ kʷi sqʷúys. *I remember when my father died.* (TC) | nsʔə́ŋaʔtəŋ cxʷ ʔaʔ cə nc**ə́t**. *Your father gave you to me.* (ES) | qaʔqínəxʷ cn cə nə**cə́t**. *I'm mad at my father. / I disagree with my father.* (ES) | nsuʔx̣ə́nəŋ, "tč**ə́t** či, nə**cə́t**!" *Then I said, "Spear it, father!"* (MJ) | ʔəłənístəŋ cn ʔaʔ kʷə nə**cə́t** ʔaʔ či ƛ̓aʔcám. *My father fed me mussels.* (BC) | čaʔ**cə́t** cn. *I'm all father. (I take good care of my kids)* (TC) | nanəłtíxʷ či tə ńc**ə́t** qʷiŋítxʷ; ʔə́wətxʷ c ʔə́c. *Talk to your father, not to me.* (MJT) | nił nsuʔx̣ʷə́təŋ ʔaʔ kʷi nc**ə́t** yaʔ ʔiʔ

čšə́yuʔ qsə́təŋ ʔaʔ cə stúʔwiʔ. *Then I'd be taken by my father and thrown into the river.* (TC) | ʔuʔnə́kʷ kʷi nəcə́t. *You are my father.* (ICT) | nəcə́t cxʷ. *You are my father.* (ICT) | ʔuʔnə́kʷ kʷi cə́tɬ. *You are our father.* (ICT) [First-person plural genitive cannot occur with second-person subject.] king of trumps in pinochle. (EPT; MJT)

cə́t skʷáči ⟦√cət ʔs-√kʷayiy √father stat-√day⟧ ☞ cə́t ☞ skʷáči Father's Day. (AS,BC)

cəwnáytxʷ ⟦√cəwnáy-txʷ √refuse_marriage-caus⟧ [unknown to other speakers and unclear on audio recording] to refuse marriage. (TC)

cəw̓niɬ ⟦cəw̓niɬ the_one⟧ [definite demonstrative determiner] the, that one. [possibly from cə-w̓√niɬ] {yəcústs *cəw̓niɬ*. *He told him.* (TC) | yəcúst caʔn *cəw̓niɬ*. *I'm going to tell him.* (TC) | qə́ʔnət cn *cəw̓niɬ*. *I robbed him.* (TC) | x̌iʔə́ʔt cn *cəw̓niɬ*. *I'm looking for him.* (TC) | ŋaʔk̓ʷəʔít cn *cəw̓niɬ*. *I'm waiting for him.* (TC) | čəw̓ín *cəw̓niɬ* ʔuʔ csə́tən. *I even hit him. / I hit even him.* (TC) | ʔənʔá ʔúʔti txʷʔúx̣uxʷ ʔaʔ *cəw̓niɬ* kʷɬčə́q ɬaʔkʷə́yuʔ ʔaʔ cə ʔəsnát. *It came stretching toward that old man gaffing in the night.* (ES)} VAR: caw̓niɬ {nát cn *caw̓niɬ*. *I named him.* (TC) | k̓ʷənətís *caw̓niɬ*. *He's watching him.* (TC) | ʔəm̓x̣úcən *caw̓niɬ*. *He's picking berries.* (TC) | səmə́ʔtəŋ ʔaʔ *caw̓niɬ*. *He covered him up.* (TC) | naʔátəŋ cn ʔaʔ *caw̓niɬ*. *He's naming me now.* (TC) | nəstə́nəs *caw̓niɬ*. *I sat next to him.* (TC) | mə́yaʔts *caw̓niɬ* cə stiqə́w̓. *He kicked the horse.* (TC) | yaʔcúst cn *caw̓niɬ* ʔaʔ cə sx̣ʷiʔám̓. *I told him a story.* (TC)} VAR: cəniɬ {kʷaʔ ʔuʔhúyɬ ʔuʔ čəʔúʔwəs ʔaʔ či ʔəy̓ *cəniɬ* nəxʷsx̌ay̓əmúcən sqʷáy. *If we use the Klallam language only for good.* (BH)} VAR: caʔniɬ {néʔənɬ scə́kʷ wuʔ č tə *caʔniɬ*. *It had turned into a worm.* (AA)} VAR: cniɬ (TC) {ćə́čct kʷaʔčaʔ *cniɬ* swéʔwəs. *The boy awoke.* (TC)} VAR: cən̓ɬ (TC) {ʔiʔúy̓əɬ ʔaʔ *cən̓ɬ* ʔuʔúʔtxs. *They were aboard the canoe.* (MJ)} VAR: tənəɬ {ʔəyəm̓t *tənəɬ* sx̌ayéʔx̌qɬ ʔiyá ʔaʔ tə sxʷʔə́ʔmət. *Those children were sitting on the bed.* (MJ)} VAR: təw̓niɬ (LC)

cə́xʷ ⟦√cxʷ √disappear⟧
1. to disappear, be lost, go out of sight. (AA; ES; AS,BC; TC) {*cə́xʷ* cn. *I disappeared.* (TC) | *cə́xʷ* kʷɬanu. *She disappeared.* (EB) | *cə́xʷ* cə sniyánt. *The rocks disappeared.* (TC) | *cə́xʷ* kʷi kʷə húʔpt. *The deer disappeared.* (AS) | kʷɬtáŋən kʷaʔčaʔ ʔiʔ čaʔcə́xʷ st ʔiyá. *It was already evening, and we were lost there.* (MJ) | níɬ suʔcə́xʷs cə nsxʷtəɬəháy. *Then my purse disappeared.* (MJ) | *cə́xʷ* kʷaʔ kʷi cə sniyánt. *The mountains disappeared (behind a cloud).* (TC)}
2. to be passed away. (AS,BC; TC) ⟪USAGE: This is used as a euphemism for 'dead'.⟫ {x̣čít u cxʷ ʔaʔ či scə́xʷs kʷɬi Cynthia? *Did you know Cynthia died?* (EPT) | táx̣ kʷi kʷə swéʔwəs yə́cəm ʔaʔ kʷi *cə́xʷ* cə́ts. *The boy told the news of his father's death.* (AS)}

cə́xʷt ⟦√c<ə́>xʷ-t √disappear<actl>-trns⟧ ☞ cə́xʷ to be making something disappear, be lost, go out of sight. {*cə́xʷt* cn. *I made it disappear.* (TC)}

cə́x̣ ⟦√cx̣ √shove⟧ to get bumped against, stopped in one's path, shoved. (AS,BC) {*cə́x̣* cn. *I got bumped.* (TC; AS,BC) | *cə́x̣* cə sčaʔkʷaʔyúɬ. *The car bumped up against and stopped.* (AS,BC) | *cə́x̣* kʷi tə snóxʷɬ. *The canoe bumped.* (AS)} VAR: cíx̣ (AS)

cə́x̣t ⟦√c<ə́>x̣-t √shove<actl>-trns⟧ [actual metathesis] ☞ cx̣ə́t to be shoving, pushing something. (MJT; AS,BC; AS) {*cə́x̣t* cn. *I'm shoving it.* (TC) | ʔiʔ*cə́x̣t* cn. *I'm pushing him.* (ES) | *cə́x̣t* cn cə qáʔŋi. *I shoved the girl away.* (AS)}

cə́x̣təŋ ⟦√c<ə́>x̣-t-ŋ √shove<actl>-trns-psv⟧ ☞ cx̣ə́təŋ being pushed, shoved by someone. (AS) {*cə́x̣təŋ* cn. *Someone's shoving me. / They're pushing me around.* (LC; ES; AS) | *cə́x̣təŋ* cn ʔaʔ cə qáʔŋi. *That girl is shoving me.* (AS)}

cəyaʔcúʔcən ⟦c<əy>aʔ+√cu<ʔ>cn dim<pl>+√mouth<dim>⟧ ☞ caʔcúʔcən several small mouths. (TC)

cə́y̓əqʷ ⟦√cəy̓qʷ √dig⟧ to dig. (AS,BC) {*cə́y̓əqʷ* cn ʔaʔ cə sqáwc. *I dug the potatoes.* (AS)}

cə́y̓əqʷəŋ ⟦√cəy̓qʷ-ŋ √dig-mdl⟧ ☞ cə́y̓əqʷ to dig (something). (AS,BC) {hiyá ʔiʔ ʔúxʷ ʔaʔ cə číqi ʔiʔ *cə́y̓əqʷəŋ*. *He left and went over to the mud and dug.* (MJ)}

cə́y̓əqʷt ⟦√cəy̓qʷ-t √dig-trns⟧ ☞ cə́y̓əqʷ to dig something. (AS,BC) {*cə́y̓əqʷt* či cə qʷɬúʔəy̓. *Dig up that camas.* (MJT) | *cə́y̓əqʷt* cə sqáwc. *Dig the potatoes.* (AS) | *cə́y̓əqʷt* cn cə sqáwc. *I dug the potatoes.* (AS) | ʔiʔ ʔúy̓ čənsútč ʔiʔ *cə́y̓əqʷts* ʔiʔ ʔəy̓ ti sʔíɬəns. *And when it was winter, they dug it up, and it was good food.* (MJ)} VAR: cə́y̓əqʷt {*cə́y̓əqʷt* cə scúm̓. *Dig up that bone.* (MJT)}

cəyəwnaʔiɬ ⟦c<əy>əw̓n<aʔ>iɬ the_one<pl>⟧ [plural definite demonstrative] ☞ cəw̓niɬ those ones.

cəy̓áčc aunts/uncles. See under: caʔyáčc

cə́y̓əɬ ⟦√cəy̓ɬ √lake⟧ lake, marsh. (LB,CW,EWH; CWH; EPT; MJT; ES; AS,BC) {x̌aʔx̌úx̌aʔ *cə́y̓əɬ*. *Little lake.* (ES) | slapúʔ cə ʔiʔšə́tən ʔiʔ ʔúxʷ ʔaʔ cə *cə́y̓əɬ*. *Slapu was walking and went to the lake.* (MJ) | x̣aʔx̣iyəwə́ʔč cə qaʔxqíŋ ʔiyá ʔaʔ tə *cə́y̓əɬ*. *It was Chipmunk playing at the lake.* (MJ) | ʔiʔ cúŋts ʔiʔ hiyáʔ cákʷs ʔiyá ʔaʔ cə *cə́y̓əɬ*. *He carried it inland and put it down at a lake.* (MJ)} VAR: céʔəɬ (AS) VAR: céʔyəɬ {x̌aʔx̌úx̌aʔ *céʔyəɬ*. *Little lake.* (ES)}

cə́y̓əqti ⟦√cəy̓q-ty √share-rcprcl⟧ to divide, split things up, share. (TC) {*cə́y̓əqti* cn. *I shared.* (TC)}

cə́y̓əx̣ ⟦√cəy̓x̣ √stir⟧ to be stirred, plowed up, moved. {*cə́y̓əx̣* tə sčtə́ŋxʷən. *The ground is plowed up.* (AS)}

cə́y̓əx̣t ⟦√cəy̓x̣-t √stir-trns⟧ ☞ cə́y̓əx̣ to stir, plow something up. (ES; AS,BC) {*cə́y̓əx̣t* cə sɬúp. *Stir the soup.* (AS) | *cə́y̓əx̣t* cn cə sɬúp. *I stirred the soup.* (AS)} VAR: cə́y̓əx̣t (TC)

cáy̓əxtəŋ ⟦√cəy̓əx̣-t-ŋ √stir-trns-psv⟧ ☞ cáy̓əxt to be stirred, plowed up by someone or something. {*cáy̓əxtəŋ* tə sčtə́ŋxʷən ʔəxtéʔtəŋ ti súɬ. *They stirred up the land fixing the road.* (AS)}

cáy̓qʷ ⟦√cəy<ʔ>qʷ √dig<actl>⟧ ☞ cáy̓əqʷ to be digging. (AS)

cáy̓qʷəŋ ⟦√cəy<ʔ>qʷ-ŋ<ʔ> √dig<actl>-mdl<actl>⟧ ☞ cáy̓əqʷəŋ to be digging. (ES; AS,BC) {*cáy̓qʷəŋ* cn ʔaʔ cə mákʷaʔ. *I'm digging a grave.* (ES) | *cáy̓qʷəŋ* cn či nsxʷʔiyá cə skʷáqən. *I'm digging where my flowers are.* (AS,BC) | *cáy̓qʷəŋ* cn ʔaʔ tə sqáwc. *I'm digging the potatoes.* (AS)}

cáy̓qʷt ⟦√cəy<ʔ>qʷ-t √dig<actl>-trns⟧ ☞ cáy̓əqʷt to be digging up something. (AS,BC) {*cáy̓qʷt* cn. *I'm digging it.* (ES) | *cáy̓qʷts* cə scúm̓. *She's digging up a bone.* (MJT) | *cáy̓qʷt* cn cə sqáwc. *I'm digging the potatoes.* (AS)}

cáy̓qʷtəŋ ⟦√cəy<ʔ>qʷ-t-ŋ<ʔ> √dig<actl>-trns-psv<actl>⟧ ☞ cáy̓qʷt being dug up by someone or something. {*cáy̓qʷtəŋ* cə sqáwc. *Someone's digging potatoes.* (AS)}

ciʔanu ⟦ciʔanu prox_obv⟧ [specific, proximate, obviative determiner/demonstrative] this other one. {ʔəɬčə́x̣ *ciʔanu*. *This is half a dollar.* (EPT)}

ciʔə this. See under: tiə

ciʔít true. See under: cəʔít

ciʔkʷéʔiŋ ⟦√cy̓kʷ-i<ʔ>y-ŋ √gather_seafood-dev<actl>-mdl⟧ to be gathering seafood. {*ciʔkʷéʔiŋ* caʔ st ʔaʔ či sqx̣áyuʔ. *We're going to gather clams.* (AS)}

ciʔkʷéʔiŋət ⟦√cy̓kʷ-i<ʔ>y-ŋ-t √gather_seafood-dev<actl>-mdl-trns⟧ ☞ ciʔkʷíyŋət to be gathering tidal food. (AS,BC; TC,AS,BC; BC) VAR: ciʔkʷéʔŋət (AB,IC,NST; NS,JW) {*ciʔkʷéʔŋət* yaʔ cn. *I was gathering tidal food.* (AS) | *ciʔkʷéʔŋət* yaʔ st kʷi. *We were out getting seafood.* (NS,JW) | *ciʔkʷéʔŋət* cn cə sqx̣áyuʔ. *I'm gathering clams.* (AS)} VAR: ciʔkʷéʔiŋt (AS) {*ciʔkʷéʔiŋt* cn. *I'm getting tidal food.* (AS)}

ciʔkʷíyŋət ⟦√cy̓kʷ-iy-ŋ-t √gather_seafood-dev-mdl-trns⟧ ☞ ciʔkʷéʔiŋ to go gather tidal food (such as mussels and chitons). ⟨⟨USAGE: This is not usually used for fish, or crabs.⟩⟩ (AS,BC; TC,AS,BC; TC) {*ciʔkʷíŋət* cn. *I gathered seafood.* (TC,AS,BC) | *ciʔkʷíŋət* cn ʔaʔ či x̌aʔčám̓. *I gathered mussels.* (TC,AS,BC)} VAR: ciʔkʷíyŋt (BC; AS,BC) VAR: cikʷíyŋət (AS) {hiyáʔ caʔ st *cikʷíyŋət* ʔaʔščkʷéyŋ. *We're going to go gather seafood at Sequim.* (AS) | hiyáʔ caʔ st *cikʷíyŋət* ʔaʔ či sqx̣áyuʔ. *We're going to go get clams.* (AS)} VAR: ciʔkʷíŋət (AB,IC,NST) {hiyáʔ či *ciʔkʷíŋət*. *Go get seafood.* (NS,JW)} VAR: ciʔkʷíŋt {*ciʔkʷíŋt* caʔn. *I'll gather the seafood.* (AS)}

ciʔkʷíyŋtəŋ ⟦√cy̓kʷ-iy-ŋ-t-ŋ √gather_seafood-dev-mdl-trns-psv⟧ ☞ ciʔkʷíyŋət to be gathered (of tidal food). (AS) {*ciʔkʷíyŋtəŋ* cə sqx̣áyuʔ. *The clams were gathered.* (AS)}

ciʔqʷáyu ⟦√cy<ʔ>qʷ-əyu √dig<actl>-activ⟧ ☞ cáy̓əqʷ to be digging. (ES; BC) {*ciʔqʷáyu* yaʔ st ʔaʔ či sqáwc. *We were digging potatoes.* (AS,BC)}

ciʔsə́ŋtən mat. See under: caʔyəsə́ŋtən

ciʔyáy̓əɬ lakes. See under: ccéʔyəɬ

cicákʷč ⟦cy + √caw=č pl + √lay=ʔ⟧ [analysis uncertain] ☞ cáw
1. the Dungeness Spit. (EPT)
2. any spit, peninsula, land mostly surrounded by water. (AS,BC) VAR: čiʔčə́kʷč (LBH; EWH)

cicáys ⟦cy + √cays pl + √hand⟧ ☞ cáys several hands, paws, fingers. (AA) {ʔiʔ níɬ yaʔ kʷaʔčaʔ sxʷəná́ŋs kʷi yúx̌ yaʔ nəsxʷtúnəq ʔáwnə *cicáys*s. *And that's how my oldest brother had no fingers.* (TC)} VAR: cicáyəs (EPT) {ɬaʔqʷács tə *cicáyəs* čúʔmən. *She (the dog) is licking her wet paws.* (MJT) | kʷə́ntəŋ ʔaʔ kʷsi nəsíyaʔ cə *cicáyəs*s. *My grandmother looked at her hands.* (MJ) | níɬ suʔnuʔx̌íyŋ ʔaʔ Dash cə sx̣x̣ínaʔs ʔiʔ ʔənʔáxʷ cə x̌úx̌aʔ *cicáyəs*. *Then Dash's legs came down a ways and brought his little paws.* (MJ)}

cicát ⟦cy + √cət pl + √father⟧ ☞ cə́t a group of fathers. (TC) {kʷɬuʔx̣ə́nə ʔuʔ *cicát*. *They're all fathers.* (MJT)}

cicáxʷ ⟦cy + √cxʷ pl + √disappear⟧ ☞ cə́xʷ to be lost, disappeared, gone from sight, missing. (AS,BC; MJ) {*cicáxʷ* u cxʷʔ *Are you lost?* (MJ) | mán̓ kʷ uʔ híc tə n̓*cicáxʷ*. *You've been missing a long time.* ⟨⟨USAGE: Said to someone whom you have not seen in a long time. Usage is similar to English "Long time no see."⟩⟩ (ES) | *cicáxʷ* ixʷ. *He must be lost.* (MJT) | čə́ntáŋ ʔay̓ kʷi s*cicáxʷ*s? *When did he get lost?* (MJT) | *cicáxʷ* ixʷ st. *We must be lost.* (MJT) | *cicáxʷ* st ʔiyá ʔaʔ tə čáyəqʷ. *We were lost in the woods.* (MJ) | níɬ suʔx̣ə́nəŋs ʔaʔ či s*cicáxʷ*s caʔ. *Then she said they will get lost.* (MJ) | hiyáʔ č kʷaʔ ʔuʔ*cicáxʷ* ʔiʔúyʔ ʔaʔ cə ɬamúʔəč. *He went, and he disappeared aboard the barrel.* (MJ)}

cicáxtəŋ ⟦cy + √c<á>x-t-ŋ pl + √shove<actl>-trns-psv⟧ ☞ cə́xtəŋ being roughly pushed, shoved around by a group or several times. {*cicáxtəŋ* cn ʔaʔ kʷɬə q̓áʔŋi. *The girl was shoving me around.* (AS)}

cicáxti ⟦cy + √cx-ty pl + √shove-rcprcl⟧ ☞ cə́x to push, bump, jostle, shove each other intentionally. (MJT)

cicíɬəŋ standing. See under: ccíɬəŋ

cickʷáčəŋ ⟦cy + √caw=č-ŋ pl + √lay=ʔ-mdl⟧ ☞ cicákʷč to go out to the Dungeness Spit. {*cickʷáčəŋ* u cxʷʔ *Are you going out to Dungeness Spit?* (EPT)}

cícɬ ⟦ci + √ciɬ actl + √high⟧ ☞ cíɬəŋ high, up. (EPT; LC; AS,BC; ES; TC) {ʔuʔhúy yaʔ ʔuʔ *cícɬ* *They were the only ones high up.* (ES) | kʷɬ*cícɬ* tə sʔuʔšáct. *The sun's already up.* (MJT) | ʔáw č txʷaʔ*cícɬ*. *He didn't go high.* (TC) | txʷaʔ*cícɬ* ʔaʔ cə sŋiyánt. *They went high up on the rocks.* (TC) | sqiʔám̓ či nəčéʔiŋ ʔaw*cícɬ*. *I couldn't climb up because it* *was high.* (MJ) | txʷaʔ**cícɬ** č c sxʷítəŋs. *His jump became high.* (TC) | ʔiʔ **cícɬ** č cə sxʷʔiyás ʔaʔáʔməts. *And it was high where he was sitting.* (TC) | ʔuʔnəxʷƛ̓iʔáʔiɬ ʔiʔ ʔiyá ʔaʔ ti **cícɬ** sqiyáyŋxʷ či ɬqíts či skʷə́nəxʷs. *They would look around and see their clothes there in a high tree.* (ES)}

cícɬsiʔám̓ ⟦ci + √ciɬ √syam̓ actl + √high√high_class⟧ ☞ **cícɬ** ☞ **siʔám̓** God, Lord on high. (EPT; BH; ES,TC; AS,BC; TC) {t̓ukʷáyŋən cn, **cícɬsiʔám̓**. *I want to go home, Lord.* ✱From a Shaker song. (TC,AS,BC; AS) | ʔə́y̓ skʷənáŋəɬ ʔaʔ **cícɬsiʔám̓**. *It's the good power of the Lord.* (BH) | níɬ nəsʔaʔkʷústəŋ ʔaʔ **cícɬsiʔám̓**. *That's what I was taught by the Lord.* (BH) | ʔuʔhúy caʔ či **cícɬsiʔám̓** ʔuʔ kʷənáŋəts. *Only the Lord will help.* (MJ) | čtáts cə **cícɬsiʔám̓** kʷaʔ huŋístəŋs cə xáɬ. *They asked the Lord to bring the sick one back.* (MJ) | tiə háʔɬ ttáʔwiʔ skʷənáŋəɬ ʔaʔ **cícɬsiʔám̓**. *This good bright power of the Lord.* (BH) | txʷáʔnə cn ʔaʔ cə sqʷáy ʔaʔ **cícɬsiʔám̓**. *I'm going toward the word of God.* (TC) | q̓ʷčútəŋ kʷə **cícɬsiʔám̓** tiə ʔáynəkʷ. *Easter Sunday (they killed God today).* (ES) | qʷiŋ́kʷitəŋ ʔaʔ či **cícɬsiʔám̓** kʷi čnaʔátəŋ ʔaʔčisnówəs. *The one that was called Noah was spoken to by God.* (ES) | níɬ ʔuʔ sxə́ŋəs či suʔəsƛ̓úʔƛ̓əm̓s txʷʔúxʷtxʷ ʔaʔ kʷə **cícɬsiʔám̓**. *Everything is all right that is let go toward God.* (BH) | sʔúŋəstəŋɬ ʔaʔ **cícɬsiʔám̓** ʔaʔ či ʔuʔskʷáʔɬ ʔuʔskʷənáŋətəŋɬ. *It was given to us by the Lord to be ours to help us.* (BH) | tiə skʷənáŋəɬ ʔaʔ **cícɬsiʔám̓**, níɬ kʷaʔčaʔ nəsqʷáqʷi ʔaʔ či ʔuʔ xʷənʔáŋ. *This power of the Lord, that's what I'm talking about.* (BH) | txʷʔáxəŋ či nətíxʷɬc ʔaʔ či skʷənáŋəɬ ʔaʔ **cícɬsiʔám̓**. *My tongue is speaking of the power of the Lord.* (BH) | nəsʔúŋəstəŋ ʔaʔ **cícɬsiʔám̓** či xʷənʔáŋ nəskʷəní·t caʔ kʷənətúy̓ či ʔuʔxə́nə cán q̓ʷáy̓ txʷʔúxʷ ʔaʔ či ʔə́y̓ xčŋín ʔaʔ **cícɬsiʔám̓**. *I have been given by the Lord a way to see along with everyone who believes in the good wisdom of the Lord.* (BH)} VAR: číčɬsiʔám̓ [Note this dissimilation is similar to /čáčc/ for /cáčc/.] {q̓ʷáq̓ʷiʔ ʔaʔ či **číčɬsiʔám̓** ʔiyá. *Believe in the Lord, who is there.* (AA) | kʷənáŋətəŋ caʔ cxʷ ʔaʔ či **číčɬsiʔám̓**, Martha. *You will be helped by the Lord, Martha.* (AA)}

cícɬtəŋ ⟦ci + √ciɬ-txʷ-ŋ actl + √high-inancaus-psv⟧ ☞ **cícɬtxʷ** to be put, kept up high by someone or something. {**cícɬtəŋ** cn. *They kept me up high.* (TC)}

cícɬtxʷ ⟦ci + √ciɬ-txʷ actl + √high-inancaus⟧ ☞ **cícɬ** to put, keep someone or something up high. (TC) {nəsuʔxʷk̓ʷə́t txʷaʔ**cícɬtxʷ**. *So I dragged it high up.* (TC)}

cicxʷánəŋ ⟦cy + √cxʷ-anəŋ pl + √disappear-ncontrol⟧ ☞ **cə́xʷ** to lose (something). (EPT) {**cicxʷánəŋ** cn ʔəʔ kʷɬi nəməhúy̓. *I lost my basket.* (MJT) | **cicxʷánəŋ** č ʔaʔ kʷɬi táləs; sist̓əŋ č ixʷ ʔaʔ kʷɬi táləs. *He lost his money; he must have dropped his money.* (EPT)}

cicx̣ənə́kʷi ⟦cy + √cx̣-nəwəy pl + √shove-ncrcprcl⟧ ☞ **cə́x̣** to bump, jostle, run into, accidentally shove each other. (MJT)

cikʷíyŋət gather seafood. See under: ciʔkʷíyŋət

cíkʷt ⟦√cikʷt √sea_cucumber⟧ sea cucumber. *Stichopus californicus.* (AB,ICT; AB,IC,NST; HS,ES; TC; ES) {ŋaʔŋéʔŋənaʔ **cíkʷt**. *baby sea cucumber.* (ES)}

cíɬəŋ ⟦√ciɬ-ŋ √high-mdl⟧ to stand, stand up; to be in or move into a vertical position. (LB,CWH,H; JCo; LC; TC; ES,TC; AS,BC) {**cíɬəŋ** či *Stand up!* (EPT; NS,JW) | **cíɬəŋ** caʔn. *I'm going to stand up.* (TC) | **cíɬəŋ** u cxʷ? *Are you going to stand up?* (MJT) | xʷə́ŋ či **cíɬəŋ**. *Stand up quickly.* (TC) | čəyáy cn ʔiʔ **cíɬəŋ**. *I almost stood up.* (TC) | ʔuʔhúʔiʔ cn tə nəsc**íɬəŋ**. *I stood up alone.* (TC) | suʔ**cíɬəŋ**s ʔuʔxə́n̓ tsə ɬt̓éʔwiʔət ʔiʔ t̓éʔwiʔət. *So all those who were praying stood up and prayed.* (MJ) | **cíɬəŋ** kʷi ncáčc yaʔ ʔiʔq̓ʷəyéʔyəš ʔaʔ cə sxʷŋáqaʔ ʔiyá ʔaʔ cə stɬipúykʷts. *My uncle stood up dancing because of the snow in his shirt.* (MJ) | **cíɬəŋ** cxʷ, siʔám̓ Tim. ʔə́ŋatəŋ cxʷ ʔaʔ tiə sə́miʔ. *Stand up, Tim. You are being given this blanket.* ✱Said when formally giving a gift at a naming or other ceremony. (TC) | ʔiyáʔ st ʔiʔ **cíɬəŋ** ʔəsyáyaʔ cə púyəkʷɬ. *We were there and stood waiting with our gun.* (ES) | níɬ suʔ**cíɬəŋ**s cə kʷɬčáq ʔiʔ ʔənʔá qtaʔáwəɬ ʔaʔ cə wagon. *Then the old woman stood and came around the wagon.* (ES)}

ciɬəŋnúŋət manage to stand. See under: cɬəŋnúŋət

cíq ⟦√ciq √poke⟧ to be poked. (AS,BC; TC) {**cíq** cn. *I got poked.* (TC) | ʔənʔá **cíq** ʔaʔ ti sq̓taye̓ʔqʷs cə sqiyáyŋxʷ ʔiʔ kʷə́y̓kʷiʔ. *They came and were poked by the tops of the trees and capsized.* (ES)}

cíqt ⟦√ciq-t √poke-trns⟧ ☞ **cqít** to be poking someone or something. (ES; TC; AS) {**cíqt** cn. *I poked someone. / I'm poking it.* (ES; AS) | **cíqt** cə stíx̣ʷaʔc. *Poke the devilfish.* (AS)}

cíqtəŋ ⟦√c<í>q-t-ŋ √poke<actl>-trns-psv⟧ [actual metathesis with passive] ☞ **cqítəŋ** to be poked by someone or something. {**cíqtəŋ** cə sčayíqʷɬ. *They were poking the fruit.* (AS)}

cít true. See under: cəʔít

cíx̣ shove. See under: cə́x̣

cíx̣ən canoe pole. See under: číqən

cixsə́nəŋ ⟦√cəy̓əx̣=sən-ŋ √stir=foot-mdl⟧ ☞ **cə́y̓əx̣**
1. to be kicking, moving the legs in a kicking motion (as, for example, when playing with the sand). {ʔuʔ**cixsə́nəŋ** st. *We're kicking (around on the beach).* (AS)}
2. to be still kicking, still alive. (ES; AS,BC; TC; AS,BC) {twaw**cixsə́nəŋ** cə húʔpt. *The deer is still kicking (alive).* (AS)}

ciyaʔyáʔnəxʷ ⟦√c<iyaʔy>ə<ʔ>naxʷ √tule<pl>⟧ [unusual plural formation] ☞ **cə́naʔxʷ** a bunch of tules. (AB,MJT)

ciyápt ⟦√cyap-t √tickle-trns⟧ to tickle, amuse someone. (ES; AS) {*ciyápt* cn cə q̕áʔŋi. *I tickled the girl.* (AS)}

ciyáptəŋ ⟦√cyap-t-ŋ √tickle-trns-psv⟧ ☞ ciyápt to be tickled, amused by someone or something. {*ciyáptəŋ* st. *We got tickled.* (AS)}

ckʷə́t ⟦√ckʷ-t √lodge-trns⟧ to stick, lodge, wedge something in. {*ckʷə́t* cn. *I lodged it in there.* (AS)}

ckʷíct ⟦√caw-ic-t √lay=back-trns⟧ [analysis uncertain] ☞ cákʷ to cover over something (for example, a grave). (ES)

ckʷíns ⟦√ckʷ-i=nis √lodged-persist=tooth⟧ ☞ ckʷə́t to have something stuck between teeth. (AS) {*ckʷíns* cn ʔəʔ kʷi nsʔéʔłən ʔəʔ kʷə scánəxʷ. *I got something stuck between my teeth when I was eating the salmon.* (AS)}

cłaʔáwəł ⟦√cił-əʔəw-ł √high=side-dur⟧ ☞ cíłəŋ to be on top, above. (ES) {*cłaʔáwəł* cə sə́miʔ. *The blanket is on top.* (AS) | *cłaʔáwəł* cə sc̕ə́yi. *The stick is on top.* (AS)}

cłaʔáw̕əł ⟦√cił=əʔəw<ʔ>-ł √high=side<actl>-dur⟧ ☞ cłaʔáwəł being on top, above. (EPT; MJT; ES; TC)

cłaʔəwíyəŋ ⟦√cił-əʔəw-iy-ŋ √high=side-dev-mdl⟧ ☞ cłaʔáwəł to move to the top side, get on top, go over the top. (ES) VAR: cłaʔəwíyŋ (ES) VAR: cłaʔwíyəŋ (TC) VAR: cłaʔwéyŋ (AS) {náʔ či *cłaʔwéyŋ*. *Come over the top.* (AS)}

cłaʔwíyət ⟦√cił=əʔəw-iy-t √high=side-dev-trns⟧ ☞ cłaʔəwíyəŋ to put something on top. (TC) VAR: cłaʔwíyt (TC) VAR: cłaʔwéyt (AS) {*cłaʔwéyt* cn cə sə́miʔ. *I put the blanket on top.* (AS)}

cłáləqʷaʔt ⟦√cłáləqʷaʔt √Port_Townsend⟧ [probably from Chemakum] Port Townsend. (LB,CWH)

cłəŋnúŋət ⟦√cił-ŋ-nuŋt √high-mdl-ncmdl⟧ ☞ cíłəŋ to manage to stand up (after falling down). (EPT; MJT) {suʔcłəŋnúŋəts ʔiʔ ƛ̕áy čáq̕. *She just stands up and falls again.* (EPT) VAR: cíłəŋnúŋət {*cíłəŋnúŋət* u cxʷ? *Have you already stood up?* (MJT)}

cłə́qʷ ⟦√cłəqʷ √pass_through⟧ to pass through, fall through a hole. (TC; AS,BC) {*cłə́qʷ* cn. *I went through a hole. / I fell through. / I made a hole.* (ES; TC; AS) | *cłə́qʷ* ʔaʔ kʷi nsłx̣áčən. *I fell through my floor.* (AS)}

cłə́qʷəŋ ⟦√cłəqʷ-ŋ √pass_through-mdl⟧ ☞ cłə́qʷ to go through a hole or tunnel. (AS,BC) {hihíyəŋ cn ʔiʔ ʔuʔcłə́qʷəŋ ʔaʔ kʷi słxáčən. *I fell and went through the floor.* (AS)} VAR: cłə́ŋ {ʔuʔcłə́ŋ kʷə. *He went through.* (AS) | ʔuʔcłə́ŋ kʷi kʷə scáʔkʷaʔyúłs. *His car fell right through.* (AS)}

cłə́qʷt ⟦√cłəqʷ-t √pass_through-trns⟧ ☞ cłə́qʷ to pass something through (by making a hole if one does not already exist), bore a hole in something, perforate, pierce something. (MJT; TC; ES) {*cłə́qʷt* cn. *I made a hole in it.* (MJT) | *cłə́qʷts* č kʷsə łqíts. *She made a hole in her blanket.* (EPT)}

cłə́qʷtən ⟦√cłəqʷ=tən √pass_through=instr⟧ ☞ cłə́qʷ any tool used to make holes, puncher, awl. (MJT) {čúwł spčúʔ *cłə́qʷtən*. *basket making hole-puncher* (MJT)}

cłə́qʷtəŋ ⟦√cłəqʷ-t-ŋ √pass_through-trns-psv⟧ ☞ cłə́qʷt to be passed through, pierced by something or someone. (AS,BC) {*cłə́qʷtəŋ* cə nq̕ʷə́yn. *My ear was pierced.* (AS,BC)}

cłíŋəstxʷ Stem: cłíŋəst [stem for subject suffixes] ⟦√cił-ŋi-stxʷ √high-rel-caus⟧ ☞ cíłəŋ to stand someone or something up, have someone or something stand, raise up, lift something up. (TC; ES; MJ) {húy̕ či *cłíŋəstxʷ*. *Now, stand it up!* (MJT) | *cłíŋəst*s ʔiyá ʔaʔ tə sŋánt. *He stood them up against a rock.* (MJ)} VAR: cłiŋístxʷ to raise up, lift something up. {*cłiŋístxʷ* tə ńtáwiʔ. *Raise your arm.* (MJT)}

cn ⟦cn 1subj⟧ [first-person singular subject] I. (RS) {ʔáa, ʔuʔə́y̕ *cn*. *Yes, I'm pretty well.* (NS,JW) | ʔuʔx̣čít *cn*. *I know it.* (EPT; MJT; ES) | ʔáa, ʔəńcə́t *cn*. *Yes, I'm your father.* (AS,BC)} (MJT; TC)

cnił the one. See under: cəwnił

cqíc ⟦√ciq-t-c √poke-trns-1obj/2obj⟧ ☞ cqít poke me; poke you. {*cqíc* u cxʷ? *Did you poke me?* (TC)}

cqít ⟦√ciq-t √poke-trns⟧ to poke someone or something. (AS,BC) {*cíqt*s *He poked him.* (TC) | *cqít* cn cə stíxʷaʔc̕. *I poked the octopus.* (AS)}

cqítəŋ ⟦√ciq-t-ŋ √poke-trns-psv⟧ [metathesis with passive] ☞ cíqt to be poked by someone or something. {*cqítəŋ* cn. *I got poked.* (ES; AS,BC) | *cqítəŋ* kʷi kʷə nmúsmus. *My cow got poked.* (AS) | *cqítəŋ* kʷi kʷə nsnə́xʷł. *Someone poked my canoe.* (AS)}

cq̕éʔ ⟦√cq̕iʔ √liver⟧ liver. (LBH)

cq̕iyáqʷəŋ knee. See under: sq̕iyákʷəŋ

cqʷə́łənł ⟦√cəqʷ=əłnł √red=throat⟧ ☞ ʔənəcə́qʷ to have a red neck from anger or embarrassment. (AS,BC; AS) {ʔuʔx̣éʔsiʔ ʔuʔ*cqʷə́łənł* ʔł qiʔnúŋəts. *He's a real ugly red-neck when he's angry.* (AS)}

cqʷsáyə ⟦√cqʷus-əyu √point-activ⟧ ☞ cqʷús to point. {nił yaʔ ti cúcəns sxʷʔiʔ*cqʷsáyə*s. *It was the mouth that was for pointing.* (MJ)}

cqʷús ⟦√cqʷus √point⟧ [may have the 'face' suffix] to point, be pointed at. {*cqʷús* cn. *He pointed at me. / I pointed.* (AS) | *cqʷús* u cxʷ? *Did he point at you?* (AS) | ʔáwə c *cqʷús*. *Don't point.* (AS)}

cqʷúsəŋ ⟦√cqʷus-ŋ √point-mdl⟧ ☞ cqʷús to point. ✱In the old days Klallam people pointed not with their finger, but by pursing the lips and tilting the head back. (AS; MJ) {*cqʷúsəŋ* cn. *I pointed.* (AS)}

cqʷúst ⟦√cqʷus-t √point-trns⟧ ☞ cqʷúsəŋ to point at something. (ES; TC,AS,BC; AS; AS,BC) ⟨Usage: This can refer to pointing with the head, chin or hand as well as with the finger. It often is used to refer to pointing at someone to chastise them or tell them off.)) {*cqʷúst* cn. *I pointed at him.* (AS) | *cqʷúst* cə súɫ. *Point at the door.* (ES) | ʔuʔx̣ənáɫ tə nəsuʔ*cqʷúst*. *I point at it all the time.* (TC) | ʔáw c *cqʷúst* cə x̣ʷə́ɫaʔšən. *Don't point at the rainbow.* (TC,AS,BC) | *cqʷúst* cə ʔənsqʷúŋiʔ. *Point at your head.* (TC,AS,BC) | *cqʷúst* cn cə nŋə́naʔ. *I pointed at my son.* (AS) | *cqʷúst* cn cə k̓ʷə́yŋsən. *I pointed at the eagle.* (AS) | kʷi s ʔəsʔiʔáyəxʷɬ ʔiʔ ʔáw yaʔ kʷaʔ *cqʷúst*s yaʔ ti ʔuʔstán. *Our elders, they never pointed at something.* (MJ) | kʷə́nts tə súɫ ʔiʔ *cqʷúst*s ʔaʔ tə ŋə́qsəns. *She looked at the door and pointed at it with her nose.* (MJ)}

cqʷústəŋ ⟦√cqʷus-t-ŋ √point-trns-psv⟧ ☞ cqʷúst to be pointed at by someone. {*cqʷústəŋ* cn. *Someone pointed at my face.* (BC) | *cqʷústəŋ* kʷi kʷɬə słáni. *He pointed at the woman.* (AS) | *cqʷústəŋ* cn ʔaʔ cə swéʔwəs. *The boy pointed at me.* (AS)}

csánu ⟦csanu she⟧ feminine, specific, obviative determiner/demonstrative. {x̌áy ʔuʔ ʔáwənəʔ sx̌číts *csánu*. *She also doesn't know.* (EPT) | čaʔuʔqʷáyqʷiʔ *csánu*. *She talks to much.* (EPT)}

csawʼniɬ ⟦csawʼniɬ that_one_fem⟧ [specific, definite feminine determiner/demonstrative] that one (feminine). {ʔuʔníɬ *csawʼniɬ* nəŋə́naʔ ʔuʔ nəsxʷʔáɫaʔ. *I'm staying here with my daughter.* (TC)}

csə spec.fem. *See under:* tsə

csx̌ʷiʔámʼ ⟦√csx̌ʷyamʼ √noble⟧ [This may be related to the word for 'story', but the /c-/ prefix would be unique and the semantics do not fit.] cp. sx̌ʷiʔámʼ a high class person, one with highly respected ancestors. ✱used as swear-word at an old basket or other container when something goes wrong (MJT) ✱ES gives "slamming word ", "you beast, devil ", "dirty dog". (ES)

cuʔcáwʼ ⟦caw<ʔ> + √caw<ʔ> actl + √beach⟧ ☞ cáw being far off shore. (TC) {ʔiʔəɫ*cuʔcáwʼ*. *He's traveling far off shore.* (TC)}

cúʔip ⟦√cuʔyp √obscured⟧ to be obscured, partially hidden behind something. {*cúʔip* cn. *I'm half hidden.* (AS)}

cúʔipt ⟦√cuʔyp-t √obscured-trns⟧ ☞ cúʔip to hide, conceal something. {*cúʔipt* cn. *I'm going to hide it.* (AS)}

cúʔis ⟦√cuyʼs √toe⟧ toe, especially the big toe. (TC,AS,BC) {x̣áɫ cə n*cúʔis*. *My toe hurts.* (AS)}

cúʔisən ⟦√cuyʼs=sən √toe=foot⟧ ☞ cúʔis toe, especially the big toe. (TC,AS,BC; AS) VAR: cúysən (AS,BC) {súytxʷ cn cə n*cúysən*. *I let my toe swell up.* (AS)}

cúcən ⟦√cucn √mouth⟧ mouth. (LBH; MV; EPT; LC; ES; AS,BC; TC) {kʷə́čə́təŋ cə nʼ*cúcən*. *Your mouth gets twisted (when seeing a ghost).* (ES) | ɬíčnəxʷ cn tə nəc*úcən*. *I cut my mouth.* (MJT) | čáʔkʷt caʔn cə nʼ*cúcən* ʔiʔ tsə maʔkʷtíxʷ. *I'm going to wash your mouth out.* (MJT) | níɬ suʔúxʷts ʔaʔ tə *cúcən*s.

Then she brought it to her mouth. (MJ) | ʔuʔəsx̣áɫɬ tə nstiqéw púqʷəŋ ʔaʔ cə *cúcən*s. *My horse that's foaming at the mouth is sick.* (AS)}

cúcəŋtəŋ ⟦cú + √cuŋ-txʷ-ŋ actl + √go_inland-inancaus-psv⟧ ☞ cúcəŋtxʷ being carried inland by someone or something. {čsqə́čaʔ cn ʔi uʔsə́ɫəŋ ʔuʔ *cúcəŋtəŋ* ʔaʔ cə Rags. *I'd get some (fish), and Rags kept carrying up them up from the beach.* (MJT) VAR: cúcəŋʼtəŋ (MJT) {*cúcəŋʼtəŋ* ʔaʔ Rags ʔiʔ čəŋətís ʔəɬ ɬkʷístxʷs. *Rags brought it up and carried it home in his mouth.* (MJT)}

cúcəŋtxʷ ⟦cú + √cuŋ-txʷ actl + √go_inland-inancaus⟧ ☞ cúŋtxʷ Stem: cúcəŋt [stem for subject suffixes] to be carrying something inland. {*cúcəŋtxʷ* cn. *I'm taking it up.* (MJT) | čaʔ*cúcəŋt*s. *He just now brought it up.* (MJT)} VAR: cúcəŋtxʷ (MJT)

cúcəŋʼ ⟦cú + √cuŋ<ʔ> actl + √go_inland⟧ ☞ cúŋ to be going inland. {ʔiʔ*cúcəŋʼ* cə ʔiʔənʔáʔə. *Somebody's coming up from the beach.* (EPT) | čaʔiʔ*cúcəŋʼ*. *He's just now going up.* (MJT) | ʔáwə či c *cúcəŋʼ*. *Don't go up from the beach.* (MJT)}

cúŋ ⟦√cuŋ √go_inland⟧ to go inland, up away from water, go into the bush. (LB,EWH; MJ; LC; TC) {hiyáʔ cn *cúŋ*. *I went up into the bush.* (TC) | hiyáʔ caʔn kʷi *cúŋ*. *I'm going up (away from the beach).* (MJT; AS) | níɬ č suʔštə́ŋs *cúŋ*. *So he walked up into the bush.* (TC) | tán caʔn ʔiʔ *cúŋ*. *I'm going to land and go up shore.* (AS) | ʔáw kʷaʔ štə́ŋs *cúŋ* ti x̌ʼiyáŋs. *He didn't walk into the bush to search.* (TC) | *cúŋ* kʷaʔ hiyáʔ ʔúx̣ʷnəs cə sqə́čaʔs. *He'd go up into the bush to get his catch.* (TC) | *cúŋ* ʔiʔ kʷə́nəxʷ caʔ či ŋə́nʼ čéʔəx̣. *Go up in the bush, and you'll see lots of pitch.* (MJ) | níɬ č suʔhiyáʔs *cúŋ* ʔúx̣ʷ ʔaʔ cə sqiqəyáyŋxʷ. *Then they went inland to the trees.* (TC) | *cúŋ* ʔúx̣ʷ ʔaʔ cə sŋiyánt kʷaʔčáʔct. *He went up in the mountains bathing for power.* (ES) | čkʷíct cn ʔiʔ *cúŋ*. *I threw on a shawl and went up.* (AS,BC) | níɬ suʔ*cúŋ*ɬ čšaʔnəxʷqíyət. *Then we went inland from Little Boston.* (MJ) | kʷənkʷánəŋət kʷaʔčaʔ cawʼnáʔiɬ xʷiyanítəm *cúŋ*. *Those white men ran up away from the water.* (TC) | níɬ nsuʔstə́ŋct ʔənʔáxʷ *cúŋ* cə nscúɫ. *Then I went ahead and brought up my firewood.* (ES) | níɬ suʔ*cúŋ*s ʔiʔ tə́s ʔaʔ cə skʷáqɬ ʔaʔ tə sqiqəyáyŋxʷ. *Then they went inland and got to an opening in the trees.* (MJ) | *cúŋ* st ʔiʔ štə́ŋ ʔiʔ tə́kʷt st tə sqaʔyaʔqiyáyŋxʷ. *We went inland and walked, and we were breaking the saplings.* (MJ) | níɬ sxʷčʼiyás cə saʔsúɬ ti s*cúŋ*s ʔiʔ ʔəsáwəɫ ʔaʔ tə sqiqəyáyŋxʷ. *That's where the trail goes from up and into the trees in the brush.* (ES) | ncáxʷ kʷi shiyáʔs *cúŋ* ʔiʔ sxʷčə́mʼəs cə čʼiyá təsə txʷnaʔyéʔč ʔaʔ cə sx̣aʔeʔkʷuyéʔč. *Once they went up and met those from across the other side of the mountains.* (ES)} VAR: cúwŋ (EPT)

cúŋtəŋ ⟦√cuŋ-txʷ-ŋ √go_inland-inancaus-psv⟧ ☞ cúŋtxʷ to be carried inland, up away from the water, from the beach by someone or something. (TC) {*cúŋtəŋ* cn. *They brought me from the beach.* (TC) | čaʔiyá cn kʷaʔčaʔ

ʔaʔVancouver ʔiʔ hiyáʔ cn *cúŋtəŋ* ʔúxʷtəŋ ʔaʔYakima. *I was just in Vancouver, and I was taken inland to Yakima.* (TC)}

cúŋtxʷ Stem: cúŋt [stem for subject suffixes] ⟦√cuŋ-txʷ √go_inland-inancaus⟧ ☞ cúŋ to carry something inland, up away from the water, from the beach. (MJT; TC) {*cúŋtxʷ* kʷi. *Carry it up.* (AS) | *cúŋtxʷ* cn. *I'll bring it up.* (BC) | *cúŋtxʷ* caʔn. *I'll take it up.* (MJT) | ʔúxʷnəss tə sq̓x̌ə́yuʔs ʔiʔ *cúŋt*s. *She went for her clams and carried them inland.* (MJ) | suʔ*cúŋt*s cə suʔáʔwəs. *So the boy's brought him up from the beach.* (MJ) | ʔiʔ *cúŋt*s ʔiʔ hiyáʔ cákʷs ʔiyá ʔaʔ cə cə́yəɬ. *He carried it inland and put it down at a lake.* (MJ) | ʔiʔ kʷənáŋətən či ns*cúŋtxʷ* tə scúɬ č̓ʔíya təsə cácu. *He'll help me carry the wood up from the beach.* (ES)} VAR: cúŋ̓txʷ (MJTB)

cúŋ̓əs ⟦√cuŋ<ʔ>-as √go_inland<actl>-ptcaus⟧ ☞ cúŋ to take inland. {níɬ suʔq̓ʷáʔiŋs ʔiʔ *cúŋ̓əs* cə sq̓x̌ə́yuʔ ʔiyá ʔaʔ cə x̌ʷúŋəns. *So then he climbed over and took the clams there around his neck inland.* (MJ)}

cúpt ⟦√cup-t √conceal-trns⟧ to conceal something, make something hidden, not visible. (AS) {*cúpt* cə n̓tálə. *Make you money not visible.* (AS)}

cúptəŋ ⟦√cup-t-ŋ √conceal-trns-psv⟧ ☞ cúpt to be concealed, hidden by someone or something. {*cúptəŋ* cə stiqéw. *He hid the horse.* (AS)}

cúst tell someone. *See under:* yəcúst

cút ⟦√cut √in_case⟧ to be expected, in case, in the unlikely event, in the hope, in the expectation of. ⟪This has the meaning of 'if' with negative expectations.⟫ {*cút* kʷi kʷaʔ ʔuʔk̓ʷə́nnəxʷən. *In case I see him. / I hope I see him.* (TC) | *cút* kʷi kʷaʔ ʔiʔsəwáʔən. *In case I go along.* (TC) | *cút* kʷi kʷaʔ qinúŋəts. *They want (expect) him to get mad.* (MJT) | kʷáyəs ʔən̓tálə; *cút* kʷaʔ ʔáwəs sqáns. *Hide your money; so it won't be stolen.* (ES) | *cút* u cn kʷi kʷaʔ qinúŋətən? *Am I expected to get mad? / They want me to get mad.* (MJT) | *cút* ixʷ kʷi kʷaʔ qinúŋətɬ. *They must expect us to get mad.* (MJT) | *cút* kʷaʔ ƛ̓k̓ʷnáxʷɬ či ƛ̓úƛ̓aʔ tálə. *It was so that we could get a little money.* (TC) | *cút* kʷi kʷaʔ hiyáʔən. *In case I go.* (TC) | *cút* kʷi kʷaʔ ʔuʔənʔás. *So he can come.* (TC) | *cút* kʷi kʷaʔ hiyáʔəxʷ. *In case you go.* (TC) | *cút* sxʷiʔnaʔnə́yəŋɬ tiʔə táŋən. *It's expected we'll be laughing this evening.* (MJT) | *cút* kʷaʔ k̓ʷə́nəxʷən. *In case I see him (I don't expect to but...). / Should I happen to see him.* (HS; AS) | *cút* iq kʷaʔ k̓ʷə́nəxʷən. *I wish I could see it.* (ES) | *cút* iq kʷaʔ táčis. *I wish they'd get here.* (ES) | *cút* iq kʷaʔ hák̓ʷən. *I wish I could remember.* (ES) | *cút* kʷi kʷaʔ ʔuʔyəq̓áɬxʷ. *I hope you were in the way.* (TC) | slapú. ɬɬ́éʔyəm ʔaʔ kʷsi "čə́m̓ čə́m̓ ti layə" *cút* stxʷaʔčɬə́ts cə sɬə́yəxʷ. *Slapu. She was singing "čə́m̓ čə́m̓ ti layə" hoping to make the ice thick.* (MJ)}

cúwŋ go inland. *See under:* cúŋ

cúysən toe. *See under:* cúʔisən

cxʷ [cxʷ 2subj] [second-person main clause subject] you. (RS) {x̌ə́nəŋ *cxʷ*. *You say so.* (TC) | mán *cxʷ* ʔuʔ ŋə́n̓. *There are too many of you.* (TC) | ncə́t u *cxʷ*? *Are you my father?* (AS,BC) | kʷənáŋəc u qɬ *cxʷ*, q̓ɬúməčən? *Could you help me, Blackfish?* (MJ) | ʔaʔstúʔŋət caʔ *cxʷ* kʷaʔčaʔ ʔaʔ tiə ʔáynəkʷ? *What are you going to do today?* (TC)}

cxʷás ⟦√cxʷ-as √disappear-ptcaus⟧ ⟪So called because it was hidden from sight (from the water) and seemed to disappear.⟫ a Klallam village, closely associated with the Klallam village at Pysht, on the west side of Pillar Point, Coalmine. (AS,BC) ⟪This area is known as Coalmine because it is the site of the Thorndike coal mine, which was established and abandoned in the late 1800's.⟫ (AS,BC) ☞ cə́xʷ

cxʷə́t ⟦√cxʷ-t √disappear-trns⟧ ☞ cə́xʷ to make something disappear, be lost, go out of sight. {kʷaʔ ʔáwə c xʷənáŋ či x̌čŋíns, ʔiʔ húʔ caʔ cxʷ sxʷčiyaʔyéʔwən ʔiʔ sqiʔnúŋət ʔiʔ nəxʷq̓ʷiʔq̓ʷəyéʔwən ʔaʔ či nsʔístxʷ caʔ ʔiʔ ʔuʔ*cxʷə́t* ʔiʔ ʔuʔnə́kʷ caʔ ʔuʔ cə́xʷ ʔaʔ či syáʔts cə sisiyáʔiɬs cə sčiyaʔyéʔwən yaʔ scutáyə́ɬs ʔaʔ ʔuʔ mán ʔuʔ nəxʷsƛ̓iyʔámәxʷ. *If you are not thinking like that, and if you are resentful and angry and thinking that you'll do something to make someone disappear, it will be you that disappears as what happened to the envious in-laws of that very good provider.* (AA)}

cxʷə́təŋ ⟦√cxʷ-t-ŋ √disappear-trns-psv⟧ ☞ cə́xʷt to be made to disappear, be lost, go out of sight by someone or something. {*cxʷə́təŋ* cn. *He made me disappear.* (TC)}

cx̌ə́c ⟦√cx̌-t-c √shove-trns-1obj/2obj⟧ ☞ cx̌ə́t shove me; shove you. {cán či *cx̌ə́c*? *Who pushed me?* (TC)}

cx̌ə́t ⟦√cx̌-t √shove-trns⟧ ☞ cə́x̌ to shove, bump, push, run into something; to slide, move something by pushing it. (LC; TC; AS,BC; AS) {*cx̌ə́t* cn. *I pushed him.* (ES; TC; AS) | nʔá; *cx̌ə́t* či. *Why don't you push her.* (MJT)}

cx̌ə́təŋ ⟦√cx̌-t-ŋ √shove-trns-psv⟧ ☞ cx̌ə́t to be shoved, pushed, bumped into. {*cx̌ə́təŋ* cn. *Someone pushed me./ I got bumped into.* (ES; TC; AS) | ʔuʔ*cx̌ə́təŋ* cn ʔaʔ kʷɬə q̓áʔŋi. *That girl shoved me.* (AS)}

cx̌ít ⟦√cx̌-i-t √shove-persist-trns⟧ ☞ cx̌ə́t to hold something away. (TC) {*cx̌ít* cn cə nʔáʔiŋ. *I moved my house away.* (AS) | *cx̌ít* cn cə ċaʔcítən. *I moved the table away.* (AS)}

cx̌ítəŋ ⟦√cx̌-i-t-ŋ √shove-persist-trns-psv⟧ ☞ cx̌ít to be held, pushed, moved away by someone or something. (AS) {*cx̌ítəŋ* cn. *I got moved over.* (AS) | *cx̌ítəŋ* kʷi kʷə nʔáʔiŋ. *My house got moved.* (AS)}

cx̣náŋ ⟦√cx-naxʷ-ŋ √shove-nctrns-psv⟧ ☞ cx̣náxʷ to be hit (accidentally), bumped. {*cx̣náŋ* cn ʔaʔ tə sčaʔkʷaʔyúɬ. *I got hit by a car.* (ES)}

cx̣náxʷ ⟦√cx-naxʷ √shove-nctrns⟧ ☞ cx̣ə́t to bump, hit into something. {*cx̣náxʷ* cn. *I bumped into it.* (ES)}

cx̣nə́kʷi ⟦√cx-nəwəy √shove-ncrprcl⟧ ☞ cx̣náxʷ to bump into each other. (ES; TC) {*cx̣nə́kʷi* cə nəsčaʔkʷaʔyúɬ. *My vehicle bumped together.* (TC)}

cx̣nə́wi ⟦√cx-nəw<ʔ>əy √shove-ncrprcl<actl>⟧ ☞ cx̣nə́kʷi to be bumping into each other. {*cx̣nə́wi* st. *We're bumping into each other.* (AS,BC)}

cx̣sə́nəŋ ⟦√cx=sən-ŋ √shove=foot-mdl⟧ ☞ cx̣ə́t to move one's feet around. ⦅like a child having a tantrum or someone trying to get out of bed or someone on a treadmill⦆ (AS,BC) {*cx̣sə́nəŋ* cə sƛ̓íƛ̓aʔƛ̓qɬ qiʔnúʔŋət. *The angry child was having a tantrum.* (AS)} VAR: tx̣sə́nəŋ (AS)

č'

čáʔ ⟦√čaʔ √upon⟧ to be on, upon, on top of. (ES; TC; AS) ⟪related in unknown way to a form with /í/⟫ *cp.* čéʔ {*čáʔ* cn. *I'm up on top.* (TC,AS,BC; AS) | čaʔčáʔ cn. *I just got on.* (AS) | *čáʔ* ʔaʔ cə nuʔspúqʷs *He was on top of that kind of bluff.* (ES) | čéʔiŋ yaʔ kʷi ʔiʔ ʔuʔčáʔ. *He climbed to the top.* (AS) | čaʔƛ̕kʷátəŋ ʔiʔ hiyáʔtəŋ *čáʔ* kʷaʔ cə skʷáči. *They were immediately grabbed and taken up into the sky.* (AA)} VAR: čáʔ (ES)

čaʔčítən ⟦√čiʔ=ci=tən √upon=food=instr⟧ table. (MJT; LC; ES) {ɬənə́t cə ńčaʔčítən. *Set your table.* (TC) | ƛ̕čaʔwíyət ʔaʔ cə *čaʔčítən*. *Put it under the table.* (ES) | céʔyət ʔaʔ cə *čaʔčítən*. *Put it on the table.* (ES) | cákʷs cn cə sʔítən ʔaʔ cə *čaʔčítən*. *I put the food on the table.* (TC) | ʔəsɬáʔɬx ʔaʔ cə *čaʔčítən*. *It's on the table.* (TC) | ʔačíŋəɬ či ʔaʔ tə *čaʔčítən*. *Wipe up the table.* (AS) | ɬáxt cn ʔaʔ cə *čaʔčítən*. *I laid it on the table.* (ES) | ɬáxt cn cə sʔítən ʔaʔ cə *čaʔčítən*. *I laid the food on the table.* (ES) | čánəs cn cə sŋánt ʔaʔ cə *čaʔčítən*. *I moved the rock to be in place of the table.* (AS) | ʔáw c ƛ̕čaʔwíyəŋ ʔaʔ cə *čaʔčítən*. *Don't go under the table.* (TC,AS,BC) | kʷɬʔəsɬáʔɬx tə ńsʔítən ʔaʔ tə *čaʔčítən*. *Your food is on the table.* (LC) | čánəs cn cə sŋánt ʔaʔ cə *čaʔčítən*. *I moved the rock from the table.* (TC) | ƛ̕kʷə́t cn cə táləs čaʔiyá ʔaʔ cə *čaʔčítən*. *I took his money from the table.* (TC) | ʔíxʷt či tə *čaʔčítən* ʔiʔ čáʔkʷt. *Brush off the table and wash it.* (MJT) | čánəs cn cə sŋánt čšaʔiyá ʔaʔ cə *čaʔčítən* ʔúxʷtxʷ ʔaʔ cə ɬnúkʷən. *I moved the rock from the table to the floor.* (TC)} VAR: čaʔčítn (ES) VAR: čaʔčítən (ABT)

čáʔčaʔ ⟦čáʔ+√čaʔ char+√on⟧ ☞ čáʔ
1. to be on top, up (there). (ES,TC) {*čáʔčaʔ* u cxʷ? *Are you on top?* (ES,TC)}
2. sky. (LBH)

čaʔčaʔčítən ⟦čaʔ+√čiʔ=ci=tən dim+√upon=food=instr⟧ ☞ čaʔčítən small table. (ES)

čaʔčáʔiŋ ⟦čaʔ+√čaʔ-iy-ŋ dim+√upon-dev-mdl⟧ ☞ čáʔiŋ to go up, upstairs (of a child or something small). (AS,BC)

čaʔčáʔptəŋ ⟦čaʔ+√ča<ʔ>p-t-ŋ dim+√bother<dim>-trns-psv⟧ ☞ čáʔpt to be interfered with a little, distracted by someone or something. (AS,BC) {*čaʔčáʔptəŋ* tə sƛ̕íƛ̕aʔƛ̕qɬ. *She distracted the child.* (AS)}

čáʔčaʔqʷ ⟦čáʔ+√čaʔqʷ char+√glitter⟧ ☞ čáʔqʷ a partly shady place where the light glitters in the shade. (TC)

čaʔčáʔqʷəŋ ⟦čaʔ+√čaʔqʷ-ŋ char+√glitter-mdl⟧ ☞ čáʔčaʔqʷ to be shining, glittering in the dark. (AS) {*čaʔčáʔqʷəŋ* cə qə́yəŋs cə píšpš. *The cat's eyes shine in the dark.* (AS)}

čaʔčaʔt ⟦čaʔ+√čaʔ-t actl+√upon-trns⟧ ☞ čáʔət to be bringing, taking, putting something up. {kʷɬčaʔčaʔt cn. *I'm already taking it up.* (ES)}

čaʔčxáɬč ⟦čaʔ+√čxa=iɬč dim+√nettle=plant⟧ ☞ čč̓xáɬč small stinging nettle. (MJT)

čaʔčéʔčəm̕ small bird. *See under:* číčaʔčəm̕

čaʔčéʔx̣ʷəŋ ⟦čaʔ+√či<ʔ>x̣ʷ-ŋ<'> dim+√sandbar<dim>-mdl<dim>⟧ ☞ číx̣ʷəŋ sandbar, small point, small sand spit, shallow place in the water. (ES; TC) {suʔtə́sɬ ʔaʔ canu *čaʔčéʔx̣ʷəŋ* kʷaʔ ʔuʔstánəs či ńsnát. *We got to that sandbar, whatever you call it.* (ES) | níɬ suʔsqiʔám̕s či sqʷaʔyíyŋs cə sxʷnáʔəm ʔaʔ cə *čaʔčéʔx̣ʷəŋ*. *So the monster couldn't go over the sandbar.* (ES) | húʔ yaʔ kʷaʔnéʔŋət kʷi tím ʔaʔ ti táŋən ʔəɬ ʔiʔɬáčcts činu skʷáči ʔiʔ níɬ táči cə *čaʔčéʔx̣ʷəŋ* ʔiyá ʔaʔ tə cácu. *When Tim was running in the evening when the day was getting dark, he would get to a shallow place at the beach.* (ES)}

čaʔčəčpsiʔúcən ⟦čaʔ+√čəčpsi=ucin dim+√squirrel=mouth⟧ ☞ čəčpsiʔúcən small squirrel, chipmunk. (ES)

čaʔčəm̕əsáy̕s ⟦čiʔ+√čim̕=us-ay̕s aff+√bird=face-activ⟧ ☞ čéʔčəm̕
1. to be flirting by making a kissing sound with the lips. (ES)
2. to make the chattering sound of a squirrel. (MJT) VAR: čaʔčm̕əsáy̕s (ES)

čáʔčkʷ ⟦čaʔ+√čkʷ rslt+√worry⟧ [root not identified in other words] to feel worried, uneasy. (RSh; TC; AS) {ʔuʔmán cn ʔuʔ *čáʔčkʷ*. *I'm very worried.* (AS) | *čáʔčkʷ* cn ʔaʔ nə́kʷ. *I'm worried about you.* (TC)}

čaʔčkʷay̕áy̕x̣ ⟦√čukʷay<'>ay̕x̣ √pitlamp<actl>⟧ [rightward stress shift with actual] ☞ čukʷáyaʔčx̣ to be fishing or hunting at night (especially for flounder) with torch and spear in shallow water. {*čaʔčkʷay̕áy̕x̣* cn. *I'm floundering (with a canoe fire).* (TC)}

čaʔčpsiʔúcən squirrel. *See under:* čəčpsiʔúcən

čáʔčuʔ washed. *See under:* ʔəscáʔčəw̕

čaʔčúʔqʷəŋ ⟦čaʔ+√ču<ʔ>qʷ-ŋ dim+√suck<dim>-mdl⟧ ☞ cúqʷəŋ to suck a little, suckle (of a baby). {*čaʔčúʔqʷəŋ* kʷi kʷə ŋaʔŋáʔnaʔ. *The baby is suckling.* (AS)}

čaʔčúŋ̕čəŋ ⟦čaʔ+√čuŋ̕čəŋ dim+√acorn_barnacle⟧ ☞ čúŋ̕čəŋ small acorn barnacle. (ES)

čaʔčə́ct ⟦√čə<ʔ>y-cut √wake<actl>-rflxv⟧ [metathesis with reflexive] ☞ čə́ct to continue on. (ES) VAR: cəčáʔct (AS,BC)

čáʔət ⟦√čaʔ-t √upon-trns⟧ ☞ čáʔ to bring, take, put something up on. (ES; TC; TC,AS,BC) {*čáʔət* cn. *I took it up.* (ES; TC) | húy̕ či *čáʔət*. *Let's put it up.*

čáʔətəŋ (AS) | *čáʔət ʔaʔ cə čaʔcítən.* Put it on the table. (TC) | *čáʔət cə tíntən ʔaʔ cə shelf.* Put the bell on the shelf. (TC)}

čáʔətəŋ ⟦√čaʔ-t-ŋ √upon-trns-psv⟧ ☞ čáʔət to be brought, taken, put up by someone. {*čáʔətəŋ* cn. They took me up. / He put me on top. (ES; TC) | *čáʔətəŋ ʔaʔ tiə skʷáči.* They brought us up to the sky. (AA)}

čáʔikʷ ⟦√č<aʔy>kʷ √worry<pl>⟧ [This does not have the usual collective plural semantics.] ☞ čáʔčkʷ to feel worried, uneasy. {sx̣áʔəs cə súł ʔiʔ *čáʔikʷ* cn kʷaʔ čáŋəs caʔ. The road is bad, and I'm worried when he'll come home. (AS)}

čáʔiŋ ⟦√čaʔ-iy-ŋ √upon-dev-mdl⟧ ☞ čáʔ to go up, climb up. {*čáʔiŋ* cn ʔaʔ ti ʔáʔiŋ. I climbed up on the house. (AS)}

čaʔisántən mat. See under: caʔyəsántən

čáʔkʷ washed. See under: čáw̓

čaʔkʷáct ⟦√caw̓-cut √wash-rflxv⟧ [metathesis with reflexive] ☞ čáʔkʷt to wash oneself. (MJ)

čaʔkʷáčəŋ ⟦√caw̓=əwač-ŋ √wash=bottom-mdl⟧ ☞ čáʔkʷəŋ to wash, clean the buttocks. (TC)

čaʔkʷát ⟦√caw̓-t √wash-trns⟧ [reverse actual metathesis] ☞ čáʔkʷt to be washing something. {*čaʔkʷát* či. Wash it. (AS) | *čaʔkʷát* cn. I'm washing it. (LC; AS,BC) | *čaʔkʷát*s cə cúcəns. She washed her mouth. (MJ) | *čaʔkʷát*s tə łuʔłáʔwiʔs. He washed his arms. (MJ)}

čaʔkʷátəŋ ⟦√caw̓-t-ŋ √wash-trns-psv⟧ [metathesis with passive] [second /a/ is stem /a/ metathesized] ☞ čáʔkʷt to be cleaned, washed by someone. (TC; AS) {*čaʔkʷátəŋ* cn. Someone washed me. / I'm being washed. (LC; TC) | *čaʔkʷátəŋ* cə nłqít. My clothes are being washed. (AS,BC)} VAR: čáʔkʷtəŋ (AS)

čaʔkʷcéʔnəŋ ⟦√caw̓=uci<ʔ>n-ŋ<ˀ> √wash=mouth<actl>-mdl<actl>⟧ ☞ čaʔkʷcínəŋ to be washing the mouth. {*čaʔkʷcéʔnəŋ* cn. I'm washing my mouth. (MJT)}

čaʔkʷcínəŋ ⟦√caw̓=ucin-ŋ √wash=mouth-mdl⟧ ☞ čáw̓ to wash the mouth. {*čaʔkʷcínəŋ* cn. I washed my mouth. (MJT)}

čaʔkʷcinísəŋ ⟦√caw̓=ucin=nis-ŋ √wash=mouth=tooth-mdl⟧ ☞ čáʔkʷəŋ to clean one's teeth. (AS,BC) VAR: čakʷcənísəŋ (AS,BC)

čaʔkʷcísəŋ ⟦√caw̓=acis-ŋ √wash=hand-mdl⟧ ☞ čáʔkʷəŋ to wash the hands. (EPT; MJT; LST; ES; HS,ES) {*čaʔkʷcísəŋ* cn. I washed my hands. (TC) | *čaʔkʷcísəŋ* či. Wash your hands. (AS,BC) | *čaʔkʷcísəŋ* yaʔ cn. I was washing my hands. (EPT)}

čaʔkʷéʔŋəł ⟦√caw̓-i<ʔ>ŋł √wash-cstm<actl>⟧ ☞ čaʔkʷíŋəł to be washing clothes, doing laundry. (LC; AS,BC; AS) {*čaʔkʷéʔŋəł* cn ʔaʔ tiə nłqít. I'm washing my clothes. (AS) | kʷłčaʔkʷéʔŋəł cn. I'm washing now. (MJT) | kʷłčéʔčt cn tə nəsčaʔkʷéʔŋəł. I'm wringing my laundry. (MJT) | *čaʔkʷéʔŋəł* kʷi kʷə słənłáni. The women are doing laundry. (AS) | *čaʔkʷéʔŋəł* cn ʔaʔ cə nstákən. I'm washing a bunch of my socks. (AS)} VAR: čaʔkʷéʔəŋł (BC) {*čaʔkʷéʔəŋł* cn. I'm washing clothes. (BC)}

čaʔkʷéʔqʷəŋ ⟦√caw̓=iʔqʷ-ŋ √wash=head-mdl⟧ ☞ čáʔkʷəŋ to wash one's head or hair. (ES) {*čaʔkʷéʔqʷəŋ* či. Wash your hair! (ES)}

čaʔkʷənúkʷəŋ ⟦√caw̓=ənukʷ-ŋ √wash=ground-mdl⟧ ☞ čáʔkʷəŋ to clean, wash the floor. {*čakʷənúkʷəŋ* cn. I washed the floor. (ES)} VAR: čaʔkʷənə́kʷəŋ (MJT)

čaʔkʷənúkʷəŋ ⟦√caw̓=ən<ˀ>ukʷ-ŋ<ˀ> √wash=ground<actl>-mdl<actl>⟧ ☞ čaʔkʷənúkʷəŋ to be cleaning, washing the floor. (MJT)

čaʔkʷəŋ ⟦√caw̓-ŋ<ˀ> √wash-mdl<actl>⟧ ☞ čáw̓ to be washing, cleaning. (AS,BC; AS) {*čáʔkʷəŋ* cn. I'm washing (myself or anything). (AS) | *čáʔkʷəŋ* kʷi kʷə słənłáni. The women are washing. (AS) | *čáʔkʷəŋ* cn ʔaʔ cə nłqít. I'm washing my clothes. (AS)}

čaʔkʷə́yu ⟦√caw̓-əyu √wash-activ<actl>⟧ ☞ čáʔkʷəŋ to be washing. {twəw̓ʔaʔáʔmət cn kʷaʔčaʔ *čaʔkʷə́yu* ʔiʔ ʔənʔá kʷsi nəsíyaʔ. I was still at home washing when my grandmother came. (MJ)} VAR: čaʔkʷaʔyú (TC) {*čaʔkʷaʔyú* cn. I'm washing (my clothes). (TC)}

čáʔkʷi skunk cabbage. See under: čúkʷiʔ

čaʔkʷiʔəx̣ánəŋ ⟦√caw̓-iʔ=ax̣an-ŋ √wash-ext=arm-mdl⟧ ☞ čáʔkʷəŋ to wash one's arms clear up to the armpit (as a doctor does). (MJ; AS)

čaʔkʷiʔkʷátəŋ ⟦√caw̓=uy<ʔ>kʷət-ŋ<ˀ> √wash=clothing<actl>-mdl<actl>⟧ ☞ čaʔkʷikʷə́təŋ to be washing clothes. (ES; TC)

čaʔkʷíct ⟦√caw̓-i-cut √wash-persist-rflxv⟧ ☞ čáʔkʷt to wash oneself. (AS) {čaʔhúy kʷi *čaʔkʷíct* cə swéʔwəs. The boy just finished washing himself. (AS)}

čaʔkʷikʷə́təŋ ⟦√caw̓=uykʷət-ŋ √wash=clothing-mdl⟧ ☞ čáʔkʷəŋ to wash clothes. (MJT; ES) {*čaʔkʷikʷə́təŋ* cn. I washed clothes. (ES)} VAR: čaʔkʷikʷə́təŋ {kʷłčaʔkʷikʷə́təŋ cn. I'm washing clothes now. (MJT)}

čaʔkʷíŋəł ⟦√caw̓-iŋł √wash-cstm⟧ ☞ čáw̓ to do the laundry, wash clothes. (MJT) {*čaʔkʷíŋəł* kʷi cə nsłániʔ ʔaʔ tiʔə stúʔwi. My wife is washing clothes in the river. (AS) | *čaʔkʷíŋəł* caʔn ʔiʔčáyə ʔaʔ či nsčáʔkʷt či čaʔyaʔwiʔ. I'll wash the clothes before I wash the dishes. (MJT)}

čaʔkʷíw̓səŋ ⟦√caw̓=iw<ˀ>s-ŋ √wash=body<actl>-mdl⟧ ☞ čáʔkʷəŋ to be washing, cleaning one's body. (TC)

čaʔkʷkʷíyət ⟦√caw̓=kʷiy-t √wash=inside-trns⟧ ☞ čáw̓ to wash the inside of something. {*čaʔkʷkʷíyət* cə məhúy̓. Wash the inside of the basket. (MJT)}

čaʔkʷɬnáʔyəŋ ⟦√čaw̓=ɬna<ʔ>y-ŋ<ʔ> √wash=neck<actl>-mdl<actl>⟧ ☞ čaʔkʷɬnáyəŋ to be washing one's neck. {*čaʔkʷɬnáʔyəŋ* yaʔ cn. *I was washing my neck.* (EPT)}

čaʔkʷɬnáyəŋ ⟦√čaw̓=ɬnay-ŋ √wash=neck-mdl⟧ ☞ čáʔkʷəŋ to wash one's neck. (ES) ⟪USAGE: This refers to the outside of the neck.⟫ cp. nəxʷčaʔkɬnáyŋ VAR: čaʔkʷɬnáyŋ (ES; MJ)

čaʔkʷsáʔitxʷ ⟦√čuʔkʷs=aʔitxʷ √seven=dollar⟧ ☞ čúʔkʷs
1. seven dollars. (EPT)
2. seven years. VAR: čuʔksáʔitxʷ {kʷi nəstwəw̓sx̌íƛaʔx̌ɬ, ʔəpənáʔitxʷ ʔiʔ *čuʔkʷsáʔitxʷ*. *When I was still a child, seventeen years old.* (MJ)}

čaʔkʷsáxʷɬ ⟦√čuʔkʷs=axʷɬ √seven=conveyance⟧ ☞ čúʔkʷs seven canoes. (BG,MJT)

čaʔkʷsáy ⟦√čuʔkʷs=ayə √seven=person⟧ ☞ čúʔkʷs seven people. {*čaʔkʷsáy* kʷsə táči. *Seven people got here.* (EPT)}

čaʔkʷsayəhə́čɬ ⟦√čuʔkʷs=ayə=əčɬ √seven=person=child⟧ ☞ čaʔkʷsáy to have seven children. (MJT) VAR: čaʔkʷsə́čɬ (MJT) ⟦√čuʔkʷs=əčɬ √seven=child⟧

čaʔkʷsónəŋ ⟦√čaw̓=sən-ŋ √wash=foot-mdl⟧ ☞ čáʔkʷəŋ to wash, clean the feet. (EPT; MJT; ES; HS,ES) {*čaʔkʷsónəŋ* yaʔ cn. *I washed my feet.* (EPT) | ʔúxʷ či *čaʔkʷsónəŋ*. *Go wipe your feet.* (EPT)}

čaʔkʷsíkʷs ⟦√čuʔkʷs=iws √seven=body⟧ ☞ čúʔkʷs seven animals or people. (EPT)

čaʔkʷsɬšáʔ ⟦√čuʔkʷs=ɬšaʔ √seven=ten⟧ ☞ čúʔkʷs seventy. (EPT) {kʷɬ*čaʔkʷsɬšáʔ* ʔiʔ ɬx̌əń. *Seventy-six.* (MJT)}

čáʔkʷt ⟦√čaw̓-t √wash-trns⟧ ☞ čáw̓ to clean, wash something. (LC; TC; AS,BC; AS) {*čáʔkʷt* cə ńqʷə́yəń. *Wash your ears.* (ES) | *čáʔkʷt* cə ńŋə́qsən. *Wash your nose.* (HS,ES) | *čáʔkʷt* či cə ńcáyəs. *Wash your hands.* (AS,BC) | *čáʔkʷt* či cə ʔənč̓ə́nəs. *Brush your teeth.* (AS,BC) | *čáʔkʷt* cn cə sčaʔkʷaʔyúɬ. *I washed the car.* (AS) | *čáʔkʷt* yaʔ cn kʷə nɬqít. *I washed my clothes.* (AS) | *čáʔkʷt*s tə siʔátəns ʔiʔ tšéʔqʷəŋ. *She washed her hair and combed.* (MJ) | ʔíx̌ʷt či tə čaʔcítən ʔiʔ *čáʔkʷt*. *Brush off the table and wash it.* (MJT) | *čáʔkʷt* caʔn cə ńcúcən ʔiʔ tsə maʔkʷtíxʷ. *I'm going to wash your mouth out.* (MJT) | čaʔkʷíŋəɬ caʔn ʔiʔčáyə ʔaʔ či ns*čáʔkʷt* či čaʔyaʔwiʔ. *I'll wash the clothes before I wash the dishes.* (MJT)}

čaʔkʷúsəŋ ⟦√čaw̓=us-ŋ √wash=face-mdl⟧ ☞ čáʔkʷəŋ to wash the face. (TC; MJT) {nsuʔhiyáʔ ƛ̓kʷə́t cə qʷúʔ ʔiʔ cə towel ʔiʔ cə soap ʔiʔ ʔúŋəst, ʔiʔ *čaʔkʷúsəŋ* kʷaʔčaʔ. *So I went and took water and a towel and soap and gave them to her, and she washed her face.* (MJ)}

čáʔmən wet. See under: čúʔmən

čaʔmənónəkʷ ⟦√čuʔm-ŋ=ənukʷ √wet-mdl=ground⟧ ☞ čúʔmən mud, muddy ground. (MJT) {*čaʔmənónəkʷ* kʷi kʷə sxʷč̓iyás cə stəqéw. *The ground was muddy where the horse came from.* (AS)}

čaʔmúnəq ⟦√čuʔm-ənəq √wet-hab⟧ ☞ čúʔmən to get soaked, completely wet. (LC) {*čaʔmúnəq* cn. *I got all wet.* (AS) | x̌éʔsiʔ tə sɬə́məxʷ; ʔuʔɬə́ŋ st ʔuʔ *čaʔmúnəq*. *The rain was fierce; we got completely wet.* (AS)}

čaʔmúŋəct ⟦√čuʔm-ŋ-cut √wet-mdl-rflxv⟧ [metathesis with reflexive] ☞ čúʔmən to get wet, wet oneself. (MJT; ES) {*čaʔmúŋəct* cn. *I got wet.* (ES) | *čaʔmúŋəct* u cxʷ? *Did you get wet?* (ES) | *čaʔmúŋəct* caʔ. *It's going to get wet.* (MJT)}

čaʔmúŋət ⟦√čuʔm-ŋ-t √wet-mdl-trns⟧ [metathesis with transitive] ☞ čúʔmən to get someone or something wet. {*čaʔmúŋət* cn. *I got it wet.* (ES)}

čaʔmúŋətəŋ ⟦√čuʔm-ŋ-t √wet-mdl-trns⟧ ☞ čaʔmúŋət to be made wet, dampened by someone or something. {*čaʔmúŋətəŋ* cn. *They got me wet.* (ES) | húy ti su*čaʔmúŋətəŋ* či sxʷʔəčúsən. *They just dampened a small face towel.* (ES)}

čaʔnúŋət ⟦√čaʔ-nuŋt √upon-ncmdl⟧ ☞ čáʔ to manage to get up to the top. (TC) {*čaʔčaʔnúŋət* cn. *I just barely made it to the top.* (AS)}

čaʔŋíct ⟦√či<ʔ>ŋ-cut √near<actl>-rflxv⟧ [metathesis with reflexive and actual] ☞ číŋiʔ to be getting near, close; getting acquainted. (ES; AS) {*čaʔŋíct* cn. *I'm getting close.* (ES) | ʔáwə c ʔuʔ nu*čaʔŋíct*. *Don't get too close.* (ES) | *čaʔŋíct* u cə swéʔwəs? *Is the boy getting close?* (AS) | *čaʔŋíct* cə stiqéw. *The horse is getting closer.* (BC)}

čaʔpáʔc ⟦√ča<ʔ>p<ʔ>-t-c √interfere<actl>-trns-1obj/2obj⟧ ☞ čáʔpt bothering me; bothering you. {*čaʔpáʔc* cxʷ. *You bother me.* (AS) | húy či či ńs*čaʔpáʔc*. *Quit bothering me.* (ES)} VAR: čáʔpc {*čáʔpc* cn. *I'm bothering you.* (MJT) | húy či či ńs*čáʔpc*. *Quit bothering me.* (ES) | ʔáwə či c *čáʔpc*; ʔáʔkʷiʔ cn. *Don't bother me; I'm weaving.* (MJT)}

čaʔpáʔct ⟦√ča<ʔ>p<ʔ>-cut √interfere<actl>-rflxv⟧ [metathesis with reflexive] ☞ čpáct to be getting busy, getting distracted, bothered (ignoring something else). (AS) {*čaʔpáʔct* cn. *I ignored him.* (AS) | *čaʔpáʔct* kʷi kʷə nəŋə́naʔ ʔəɬ qʷínəwin *My son was ignoring me while I was talking to him. / My son was busy while I was talking to him.* (AS)} VAR: čaʔpáct {*čaʔpáct* cn. *I'm getting busy.* (MJT)}

čaʔpáʔnəq ⟦√ča<ʔ>p-ə<ʔ>nəq √interfere<actl>-hab<actl>⟧ to be habitually distracting, bothering, interfering, annoying, disturbing. (ES; TC; AS,BC; AS) {*čaʔpáʔnəq* cn. *I'm bothering (someone).* (ES) | ʔáwə c *čaʔpaʔnəq*. *Do not disturb.* (AS,BC) | ʔuʔx̌ənə́ɬ ti su*čaʔpáʔnəq*s. *He's always distracting.* (AS,BC) | x̌ənə́ɬ ti su*čaʔpáʔnəq*s ti stíkʷəns. *His niece is always distracting.* (AS) | ʔuʔx̌ənə́ɬ ti su*čaʔpáʔnəq*s ti ličúm. *The devil is always distracting him.* (AS)} {ʔiʔ uʔyaʔyáʔnəŋ yaʔ cn ʔiʔ u*čaʔpáʔnəq* kʷi kʷə

čaʔpáʔt sx̌íx̌aʔx̌ɬ. *I was listening, but the child was distracting.* (AS)} VAR: čaʔpáʔnəɬ (AS)

čaʔpáʔt bothering it. *See under:* čáʔpt

čaʔpáʔtəŋ ⟦√ča<ʔ>p<ʔ>-t-ŋ<ʼ>⟧ √interfere<actl>-trns-psv<actl>⟧ [metathesis with passive] ☞ čáʔpt being bothered by someone or something. {*čaʔpáʔtəŋ* cn. *Someone's bothering me.* (ES)} VAR: čaʔpátəŋ {*čaʔpátəŋ* cn. *Someone's bothering me.* (AS,BC)}

čaʔpánəxʷ ⟦√ča<ʔ>p-naxʷ √interfere<actl>-nctrns⟧ ☞ čáʔpt to bothering, disturbing someone (unintentionally). {*čaʔpánəxʷ* cn. *I disturbed them.* (ES)}

čáʔpt ⟦√ča<ʔ>p-t √interfere<actl>-trns⟧ ☞ čápt to be bothering, disturbing, interrupting someone, interfering with someone, getting in someone's way. (MJT; TC,AS,BC; AS,BC) {*čáʔpt* cn. *I'm bothering him.* (MJT) | ʔáwə či c *čáʔpt*. *Don't get in the way.* (MJT) | *čáʔpt* cn cə sɬániʔ. *I distracted the woman.* (AS)} VAR: čaʔpáʔt {*čaʔpáʔt* cxʷ. *You're bothering him.* (AS)}

čaʔpúsct ⟦√ča<ʔ>p-us-cut √interfere<actl>=face-rflxv⟧ ☞ čáʔpt to hide behind (something), have something in front of one's face. (ES) VAR: čaʔpúct (ES)

čáʔqʷ ⟦√čaʔqʷ √glitter⟧ to glitter, shine in the dark. (AS) {*čáʔqʷ* cə qəyəŋs cə píšpš. *The cat's eyes are shining.* (AS)}

čaʔqʷəŋ ⟦√čaʔqʷ-ŋ<ʼ> √glitter-mdl<actl>⟧ ☞ čáʔqʷ to be glittering. {*čáʔqʷəŋ* tə ɬiyaʔɬáwsənaʔ. *The stars glittered.* (MJ)}

čaʔqʷə́yuʔ ⟦√ču<ʔ>qʷ-əyu<ʔ> √suck<actl>-activ<actl>⟧ ☞ čúqʷ to be drawing, sucking out. *This is used as a healing technique in traditional medicine* (MJT) {*čaʔqʷə́yuʔ* cə ŋaʔŋáʔnaʔ ʔəɬ ʔíɬəns. *The baby is sucking while it eats.* (AS)}

čaʔqʷtíŋ ⟦√ču<ʔ>qʷ-t-i-ŋ<ʼ> √suck<actl>-trns-persist-psv<actl>⟧ ☞ čúqʷt being stuck onto by someone or something. {*čaʔqʷtíŋ* cn. *It's sticking on me now.* (MJT)}

čaʔqʷúti ⟦√ču<ʔ>qʷ-ty √suck<actl>-rcprcl⟧ [metathesis with reciprocal] ☞ čúqʷt to be sucking each other. (ES)

čáʔqʷəŋ rotten. *See under:* čáqʷəŋ

čaʔqʷə́ŋct ⟦√ča<ʔ>qʷ-ŋ<ʼ>-cut √rot<actl>-mdl<actl>-rflxv⟧ ☞ čqʷáŋct to be rotting, moldy. (ES) {kʷɬiʔ*čaʔqʷə́ŋct*. *It's getting rotten.* (MJT)}

čaʔqʷúʔəŋ ⟦√ča<ʔ>q̓ʷ<u>ʔ-ŋ<ʼ> √rot<actl>-mdl<actl>⟧ [The /u/ here is unaccounted for.] ☞ čáqʷəŋ to be rotting. (AS) {*čaʔqʷúʔəŋ* kʷi kʷə sčəyíqɬ. *The fruit is rotting.* (AS)}

čaʔsánəŋ ⟦√ča<ʔ>=sən-ŋ √upon=foot-mdl⟧ ☞ čáʔ to step up, stand on (something). {*čaʔsánəŋ* ʔaʔ cə sniyánt. *He stood up on the rocks.* (TC) | štəŋ ʔiʔ *čaʔsánəŋ* ʔaʔ cə sniyánt. *He walked and stepped on the rocks.* (ES)}

čaʔsə́yuʔ ⟦√či<ʔ>s-əyu<ʔ> √nail<actl>-activ<actl>⟧ ☞ čísəŋ to be pounding, nailing, hammering. (MJT) {čáʔəy ʔaʔ kʷsə qəyáxən *čaʔsə́yuʔ*. *He's making a fence, hammering.* (EPT)} VAR: čaʔsə́yu (TC) {*čaʔsə́yu* kʷsə čáʔəy ʔaʔ či qəyáxən. *The one that was building a fence was hammering.* (EPT)}

čaʔsítəŋ ⟦√či<ʔ>s-t-ŋ<ʼ> √nail<actl>-trns-psv<actl>⟧ ☞ čsítəŋ to be pounded, nailed. {*čaʔsítəŋ* cn. *Someone's nailing me now.* (TC)}

čaʔsústiʔ ⟦√č<ʔ>s=us-ty<ʼ> √punch<actl>=face-rcprcl<actl>⟧ ☞ čsústi to be punching each other in the face. (TC)

čáʔunq tuberculosis. *See under:* čáwnq

čaʔwáč ⟦√čaʔ=əwač √upon=bottom⟧ to sit down, take a seat. {*čaʔwáč* cn. *I'm going to sit down.* (AS)}

čaʔwáčəŋ sit down. *See under:* nəxʷčaʔwáčəŋ

čaʔwéyŋ ⟦√ča<ʔ>=əʔəw-iy-ŋ √upon=side-dev-mdl⟧ ☞ čáʔ to go on top. {náʔ či *čaʔwéyŋ*. *Come on top.* (AS)}

čaʔxʷíct ⟦√čaʔxʷi-cut √pity-rflxv⟧ to complain, tell a hard luck story to get pity or sympathy. (ES,HS,AS; AS) [Based on a historical root /číxʷ/ that does not otherwise exist in modern Klallam.] {*čaʔxʷíct* cn. *I'm asking for pity.* (ES) | ʔáwə c *čaʔxʷíct*. *Don't tell your troubles. / Don't pity yourself.* (MJT) | x̌əŋáɬ ti suʔ*čaʔxʷíct*s. *She's always complaining.* (AS)}

čáʔx̌ʷaʔ ⟦√čaʔx̌ʷəʔ √shade⟧ shade. (LBH)

čaʔyaʔččx̌áɬč ⟦č<aʔy>aʔ + √ččxa=iɬč dim<pl> + √nettle=plant⟧ ☞ čaʔččx̌áɬč a group of small stinging nettles. (MJT)

čaʔyaʔčpisiʔúcən ⟦√č<aʔy>aʔčpsiʔucən √squirrel<pl>⟧ ☞ čəčpsiʔúcən several squirrels. *Sciuridae, esp. Sciurus spp.* (ES,TC)

čaʔyaʔčúŋčəŋ ⟦č<aʔy>aʔ + √čuŋčəŋ dim<pl> + √acorn_barnacle⟧ ☞ čaʔčúŋčəŋ a group of small acorn barnacles. (ES)

čaʔyéʔəŋ ⟦√ča<ʔ>yiʔ-ŋ<ʼ> √honk<actl>-mdl<actl>⟧ to be honking, hooting, tooting, howling (of a person, horn, car, boat, train, siren, crane, etc.). (ES) {*čaʔyéʔəŋ* cə lilúʔət. *The train is blowing its whistle.* (ES)}

čaʔyéʔiŋ ⟦√č<aʔy>iʔ-iy-ŋ<ʼ> √upon<pl>-dev-mdl<actl>⟧ ☞ čéʔ to be climbing (of several). (AS)

čaʔyəčíʔaʔčəm̓ small birds. *See under:* čə́yəčíčəʔčəm̓

čaʔyəčx̌áɬč ⟦√č<aʔy>əčxa=iɬč √nettle<pl>=plant⟧ ☞ čččx̌áɬč a group of stinging nettles. (MJT)

čaʔyíqʷən ⟦√č<aʔy>iqʷn √shoulder<pl>⟧ ☞ číqʷən several shoulders. (EPT; MJT) VAR: sčayíqʷən (EPT)

čaʔyísən ⟦√č<aʔy>is=ən √nail<pl>=instr⟧ ☞ čísən several nails. {tčsə́n cn ʔaʔ tə *čaʔyísən*. *I stepped on a bunch of nails.* (MJT)}

čaʔyúńčəŋ ⟦√č<aʔy>uńčəŋ √acorn_barnacle<pl>⟧ ☞ čúńčəŋ several acorn barnacles. (MJT)

čácp ⟦čá+√čap actl+√interfere⟧ ☞ čápt being busy. {*čácp* cn. *I'm busy.* (MJT) | *čácp* ixʷ či Mudd. *Mudd must be busy.* (MJT)}

čácɬ ⟦√č<á>y-ɬ √wake<rslt>-dur⟧ ☞ čáč to be awake. {kʷɬiʔ*čácɬ*. *He's waking up. / He's becoming awake.* (MJT)}

čáŋətən ⟦√čaŋ=tən √bail=instr⟧ a bailer made of maple. (ABT; AS) {ʔəxín ʔuč kʷi n*čáŋətən*? *Where is my bailer?* (AS)}

čápc ⟦√čap-t-c √interfere-trns-1obj/2obj⟧ ☞ čápt distract me; distract you. {*čápc* cn ʔaʔ či nsčáʔəy̓. *I'm bothering you from your work.* (EPT) | ʔáwə c *čápc*; k̓ʷə́səŋ cn. *Don't bother me, I'm counting.* (EPT)}

čápt ⟦√čap-t √interfere-trns⟧ to bother, distract, influence, sway, interfere with someone, get in someone's way. (AS,BC) {kʷɬníɬ kʷi suʔ*čápt*s cə ʔáyəss. *Now he's distracting his sister.* (AS)}

čáptəŋ ⟦√čap-t-ŋ √interfere-trns-psv⟧ ☞ čápt to be bothered, disturbed, interrupted by someone or something. {*čáptəŋ* cn. *Someone interrupted me.* (AS,BC)}

čáq̓ʷt suck out. *See under:* čúq̓ʷt

čáq̓ʷəŋ ⟦√čaq̓ʷ-ŋ √rot-mdl⟧ to be rotten, spoiled. (TC; AS,BC; ES; AS) {kʷɬ*čáq̓ʷəŋ*. *It's already rotten.* (MJT) | *čáq̓ʷəŋ* scúɬ. *It's rotten wood.* (TC) | *čáq̓ʷəŋ* ti qqíyəŋs. *His eyes were rotten.* (AA) | *čáq̓ʷəŋ* cə nčáys. *Your finger will rot (if you point at a rainbow).* (AS,BC)} VAR: čáʔq̓ʷəŋ (AS)

čášəŋ ⟦√čaš-əŋ √rough-mdl⟧ to be rough, never calm, no shelter. (LB,CWH)

čáw ⟦√čaw √deep-water_fish⟧ general word for several kinds of deep-water fish. (LSpH; MJT) ⟪The range of meaning of this word is unknown.⟫

čáw̓¹ ⟦√čaw̓ √wash⟧ to be washed, clean. (AS) {*čáw̓* kʷə ɬqít. *The clothes are washed.* (AS)} VAR: čáʔkʷ (AS,BC)

čáw̓² disappear. *See under:* čə́w̓

čáw̓nq ⟦√čəw̓-ənəq √disappear-hab⟧ ⟪This refers to the 'wasting away' of the body with this disease.⟫ ☞ čə́w̓ tuberculosis, TB. (AS) {ʔaʔ kʷi kʷɬhíc, ŋə́ń yaʔ ti ʔaʔyəcɬtáyŋxʷ x̣̌ʷnáxʷ ti *čáw̓nq*. *Long ago, many people got TB.* (AS)} VAR: čə́w̓nəq (AS,BC,HS) VAR: čə́w̓nəq (AS,BC,HS) VAR: čáʔunq (AS,BC) VAR: čáwnəq (AS) VAR: čáwnq (AS)

čayəcítən ⟦√č<i̓əy>ʔ=ci=tən √upon<pl>=food=instr⟧ ☞ čaʔcítən tables. (AB,MJT)

čáyəw ⟦√č<a<yə>w √deep-water<pl>_fish⟧ ☞ čáw several deep-water fish. (MJT)

ččaʔkʷcísəŋ ⟦č+√čaw=acis-ŋ<ʔ> incep+√wash=hand-mdl<actl>⟧ ☞ čaʔkʷcísəŋ to be starting to wash the hands. {*ččaʔkʷcísəŋ* cn. *I'm washing my hands.* (MJT)}

ččaʔkʷéʔəŋəɬ ⟦č+√čaw-i<ʔ>ŋɬ actl+√wash-cstm<actl>⟧ ☞ čáʔkʷt to be washing clothes, doing laundry. (ES) {*ččaʔkʷéʔəŋəɬ* tsə nəseʔyaʔ ʔiyáʔ ʔaʔ cə paʔyástən. *My grandmother worked washing clothes at the white peoples.* (MJ)}

ččaʔkʷsánəŋ ⟦č+√čaw=sən-ŋ<ʔ> incep+√wash=foot-mdl<actl>⟧ ☞ čaʔkʷsánəŋ to be starting to wash the feet. {*ččaʔkʷsánəŋ* cn. *I'm washing my feet.* (MJT)}

ččaʔkʷúsəŋ ⟦č+√čaw=us-ŋ<ʔ> incep+√wash=face-mdl<actl>⟧ ☞ čaʔkʷúsəŋ to be starting to wash the face. {*ččaʔkʷúsəŋ* cn. *I'm washing my face.* (MJT)}

ččaʔmánəkʷ ⟦č+√čuʔm=ən<ʔ>əkʷ incep+√wet=ground<actl>⟧ ☞ čúʔməŋ swamp, marsh, bog. (ES)

ččaʔməŋánəkʷ ⟦č+√čuʔm-ŋ=ən<ʔ>əkʷ incep+√wet-mdl=ground<actl>⟧ ☞ čúʔməŋ swampy, boggy ground. (ES)

ččaʔmúńct ⟦č+√čuʔm-ŋ<ʔ>-cut incep+√wet-mdl<actl>-rflxv⟧ ☞ čaʔmúńct to get wet, wet oneself. (MJT; ES) {hiʔ*ččaʔmúńct*. *It's getting wet.* (MJT)}

ččaʔwáčəŋ ⟦č+√ča?=əwač-ŋ<ʔ> incep+√upon=bottom-mdl<actl>⟧ ☞ čáʔ to sit down, take a seat. (MJT) {kʷɬiʔ*ččaʔwáčəŋ*. *He's taking a seat.* (MJT)}

ččáʔyəkʷ ⟦č+√č<a?y>kʷ incep+√worry<pl>⟧ ☞ čáʔikʷ to start to feel uneasy, worried (especially about somebody that is out away from home). (LC; AS,BC) {ʔuʔ*ččáʔyəkʷ*. *She's worrying.* (BH) | *ččáʔyəkʷ* cn. *I'm worried.* (AS,BC; TC) | *ččáʔyəkʷ* cn ʔaʔ nə́kʷ. *I'm worried about you.* (TC) | *ččáʔyəkʷ* cn ʔaʔ cə nətálə. *I'm worried about my money.* (TC) | *ččáʔikʷ* cn ʔaʔ kʷɬə nətán. *I feel uneasy about my mother (who is out somewhere).* (AS)} VAR: ččáʔikʷ (AS)

ččáʔyəkʷtxʷ ⟦č+√č<aʔy>kʷ-txʷ actl+√worry<pl>-letcaus⟧ ☞ ččáʔyəkʷ to let someone worry. {ʔuʔ*ččáʔyəkʷtxʷ*. *Let him worry.* (TC)}

čččx̣áɬč ⟦č+√ččxa=iɬč incep+√nettle=plant⟧ ☞ čiččx̣ stinging nettle. *Urtica dioica.* ✱Nettles are good to eat in the spring when they are young and can be snapped off easily. The stingers disappear when it is boiled. (AS,BC) ✱Nettles are good for arthritis either through being thoroughly stung by them or by drinking a tonic made from nettle roots. ✱Some use urine to ease the sting of the nettles. (ES) {ʔə́yuc tiʔə *čččx̣áɬč*. *The nettles are sharp.* (MJT)} VAR: čəččx̣áɬč (ES) VAR: cəčx̣áɬč (TC) VAR: čx̣áyɬč (BC) VAR: čx̣áʔiɬč {ŋə́ń tə *čx̣áʔiɬč*. *There are lots of nettles.* (AS)} VAR: sčx̣áyč (AS; AS,BC) {níɬ

ččéʔiŋ

suʔx̣ʷətəŋs cə **sčx̣áyč**. *She took the stinging nettles.* (EB) | x̣áyč cə **sčx̣áyč**. *The stinging nettles are twisted.* (AS)} VAR: čx̣áyč (AS) VAR: sčx̣áyłč (BC) VAR: sčx̣áʔiłč (AS) VAR: ččx̣áłč (MJT) {snəčíwəł ʔəʔ **ččx̣áłč** mint (MJT) | ŋə́ń tə **ččx̣áłč**. *There are lots of nettles.* (MJT)} VAR: sčx̣áʔič (AS,BC) VAR: sčx̣áyč (AS,BC)

ččéʔiŋ ascending. *See under:* číčaʔyəŋ

ččícaʔčəm̓ ⟦č+či+čiʔ+√čim̓ pl+dim+aff+√bird⟧ ☞ číčaʔčəm̓ *a group of young small birds.* (EPT; ES)

ččə́c ⟦√čy-t-c √wake-trns-1obj/2obj⟧ *wake me; wake you.* {**ččə́c** u cn? *Did I wake you?* (ES,TC)} ☞ ččə́t

ččə́ct ⟦√čy-cut √wake-rflxv⟧ ☞ čə́č *to wake up on one's own, wake oneself up.* (ES,TC) {**ččə́ct** či. *Wake up!* (TC,AS,BC; AS,BC) | níɬ č suʔ**ččə́c**ts. *Then she woke up.* (MJ)} VAR: čə́čct [unexpected stressed vowel in this variant] (TC) {**čə́čct** kʷaʔčaʔ cniɬ swéʔwəs. *The boy awoke.* (TC) | **čə́čct** kʷaʔčaʔ cəwniɬ mə́ščn. *Then Mink woke up.* (TC)}

ččə́t ⟦√čy-t √wake-trns⟧ [/y/ → /č/] ☞ čə́č *to wake someone.* (ES; AS,BC; WB,AS,BC) {**ččə́t** cn. *I woke him up.* (TC) | čaʔ**ččə́t** cn. *I just now woke him up.* (AS) | ʔúx̣ʷ či **ččə́t**. *Go wake him.* (MJT)}

ččə́təŋ ⟦√čy-t-ŋ √wake-trns-psv⟧ ☞ ččə́t *to be awakened by someone.* (AS,BC; AS) {**ččə́təŋ** cn. *Someone woke me up.* (TC)}

ččíkʷsəŋ ⟦√čy=ikʷs-əŋ √wake=body-mdl⟧ ☞ čə́č *to wake up.* (LB,CWH)

ččnáŋ ⟦√čy-nax̌ʷ-ŋ √wake-nctrns-psv⟧ ☞ ččnáx̣ʷ *to manage to be awakened.* (AS,BC) {čaʔ**ččnáŋ** cn. *He managed to finally wake me up.* (AS)}

ččnáx̣ʷ ⟦√čy-nax̣ʷ √wake-nctrns⟧ ☞ čə́č *to manage to awaken someone, wake someone unintentionally or with difficulty.* (AS,BC) VAR: ččənáx̣ʷ {ʔáwə c **ččənáx̣ʷ**. *Don't wake him up.* (MJT) | **ččənáx̣ʷ** caʔ cxʷ. *You're going to wake him up.* (MJT) | čaʔ**ččənáx̣ʷ** cn. *I finally woke him up.* (MJT)}

ččx̣áłč stinging nettle. *See under:* ččx̣áłč

ččx̣áłčtəŋ ⟦√ččx̣a=iłč-t-ŋ √nettle=plant-trns-psv⟧ ☞ ččx̣áłč *to be stung by a nettle.* {**ččx̣áłčtəŋ** cn. *I got stung by a nettle.* (MJT)}

čéʔ ⟦√čiʔ √upon⟧ *to get up on, go upstairs.* (AS,BC) ⟪related to a similar root with /á/, but not clear how⟫ cp. čá? {**čéʔ** cn. *I got upstairs.* (AS)}

čéʔčəm̓ ⟦čiʔ+√čim̓ aff+√bird⟧ *any bird, especially any small bird.* (EPT; MJT; TC; AS,BC; ES; AS) {qʷə́yəši cə **čéʔčəm̓** sáysiʔ. *The scared birds scattered.* (ES) | ʔáw caʔn t hiyáʔ ʔiʔsəwáʔ tiə néʔ **čéʔčəm̓** kʷaʔ hiyáʔs ʔúx̣ʷ ʔaʔ či sxʷʔiyás či skʷəwəŋs. *I won't go along with those birds when the go to where it's warm.* (TC) | níɬ suʔx̣ənʔátəŋs ʔaʔ cə sʔúqʷaʔs kʷaʔ hiyáʔs ʔúx̣ʷ ʔaʔ cə čə́yq **čéʔčəm̓**, múʔuqʷ ʔuʔx̣ə́nəstəŋ ʔiʔ qəmán ʔaʔ či sx̣łáʔi. *He was told by his brother to go over to the big birds, ducks, and everything and ask for feathers.* (TC)} VAR: čéʔčəm̓ {ŋə́n **čéʔčəm̓**. *Lots of birds.* (MJT)}

čéʔčəm̓háwtxʷ birdhouse. *See under:* sčèʔčəmáwtxʷ

čéʔčəŋ ⟦√čiʔ+√čiŋ<ʔ> actl+√near<actl>⟧ ☞ číniʔ *to be close, near.* (ES; TC) {mán cx̣ʷ ʔuʔ **čéʔčəŋ**. *You're too close.* (ES) | ʔiyá **čéʔčəŋ** ʔaʔJordan River. *It was there near Jordan River.* (TC) | nsuʔə́mət ʔiyá ʔaʔ cə **čéʔčəŋ** ʔaʔ cə sxʷʔáʔmats. *So I sat down near her bed.* (MJ) | nuʔníɬ kʷə qʷłáy ʔiyá **čéʔčəŋ** ʔaʔ kʷsə ʔáʔiŋ ʔaʔ nəsséʔyaʔ. *That's like the log that was near my grandmother's house.* (MJ)}

čéʔŋi ⟦√či<ʔ>-ŋ-iy √near<actl>-dev⟧ ☞ číniʔ *to be getting near, close.* (AS,BC) {kʷłiʔ**čéʔŋi**. *He's getting near.* (MJT)} VAR: čəʔéʔŋi {x̣áy kʷi tákʷ či sčə́yi ʔiʔ **čəʔéʔŋi**. *Again the stick broke, and it was coming closer.* (ES)}

čéʔq̓t ⟦√či<ʔ>-q̓-t √press_down<actl>-trns⟧ ☞ číq̓t *to be pressing down on something.* {**čéʔq̓t** cn. *I'm pressing down on it.* (TC)}

čéʔqʷəŋ ⟦√čiʔqʷ-ŋ √shell_muscle-mdl⟧ *bivalve adductor muscle (the muscle that holds a shellfish shell together).* (MJT)

čéʔst ⟦√či<ʔ>s-t √nail<actl>-trns⟧ ☞ číst *to be pounding, hammering, nailing something.* {**čéʔst** cn. *I'm hammering it. / I'm nailing it.* (MJT; TC)}

čéʔtən ⟦√čiʔ=tən √upon=instr⟧ ☞ čéʔ *table.* (ES) ⟪Another root has a similar form and meaning.⟫ cp. čá?

čéʔx̣ʷəŋ ⟦√či<ʔ>x̣ʷ-ŋ<ʔ> √chilly<actl>-mdl<actl>⟧ ☞ číx̣ʷəŋ *to get the chills, be feeling chilly.* {**čéʔx̣ʷəŋ** cn. *I got the chills.* (ES) | **čéʔx̣ʷəŋ** cn. *I'm feeling chilly.* (MJT)}

čéʔyəŋ ⟦√čiʔ-iy-ŋ √upon-dev-mdl⟧ ☞ čéʔ *to ascend, climb up, get up on top.* (TC; ES; TC,AS,BC) ⟪related to a similar root with /á/, but not clear how⟫ cp. čá? ⟪See also a similar pair in xʷáŋ and xʷíyəŋ⟫ cp. xʷáŋ cp. xʷíyəŋ {**čéʔyəŋ** caʔn. *I'm going to climb up.* (TC) | **čéʔyəŋ** cn. *I went up.* (ES)} VAR: čéʔiŋ (AS,BC; ES; AS) {**čéʔiŋ** cn. *I climbed up.* (AS,BC) | níɬ č suʔ**čéʔiŋ**s ʔaʔ cə sqiyáyŋxʷ. *Then she climbed up a tree.* (AS) | hiyáʔ č caʔ **čéʔiŋ** ʔaʔ či sxaʔikʷəyéʔč. *He's going to climb mountains.* (EPT) | **čéʔiŋ** yaʔ kʷi ʔiʔ ʔuʔčáʔ. *He climbed to the top.* (AS) | sqiʔám̓ či nəshiyáʔ **čéʔiŋ**. *I couldn't climb up.* (MJ) | níɬ č kʷłaʔ suʔ**čéʔiŋ** ʔaʔ x̣íməs ʔúx̣ʷ ʔaʔ tə ʔuʔútx̣s. *Then Laughing Mary climbed up on a canoe.* (MJ)}

čəʔéʔŋi getting near. *See under:* čéʔŋi

čəčx̣áłč stinging nettle. *See under:* ččx̣áłč

čəčə́səw̓ ⟦√čəčə́səw̓ √place_name⟧ [possibly has root meaning 'punch'] cp. čə́s *ferry landing across the north mouth of Hood Canal from Little Boston.* ⟪where they killed whales and the bladders (blubber) of whales later came up out of the water⟫ (LGH)

čəčpsiʔúcən ⟦√čəčpsiʔ = ucin √squirrel = mouth⟧ [This may have a frozen diminutive reduplication, but it can have an additional diminutive form.] cp. čaʔčəčpsiʔúcən squirrel. Sciuridae, esp. Sciurus spp. (ES,TC) VAR: čaʔčpsiʔúcən (AB,MJT; ES)

čəčx̣áɬč stinging nettle. See under: čččx̣áɬč

čə́č ⟦√čy √wake⟧ [/y/ → /č/]
1. to wake up, awaken. (ES,HS; ES; TC) {čə́č cn. I woke up. (TC; AS,BC) | čaʔčə́č. He's just now waking up. (MJT) | čə́č či! Wake up! (MJT; ES) | kʷɬčə́č cn. I'm awake now. (TC; LC) | čaʔčə́č cn. I just woke up. (LC) | suʔčə́č ʔaʔ mə́ščú. Then Mink woke up. (TC) | čə́č cn ʔiʔ ʔúʔti cn. I woke up and stretched. (AS) | čə́č č kʷaʔčaʔ čáwnił mə́ščú. Then Mink woke up. (TC) | ʔáwənə ʔaʔčás ʔəɬ čə́čs. They had nothing on when they woke up. (ES) | čə́č tiə ʔəcɬtáyŋxʷ ʔaʔ čixʷícən ʔiʔ tə číxʷəŋ, ʔiʔínəs. The people would wake up at čixʷícən and the spit and ʔiʔínəs. (ES)}
2. to be cooking (of food on the fire). {čə́č cə nsɬúp. Your soup is cooking (it's "awake"). (MJT)}

čəčá?ct continue. See under: čaʔčə́ct

čə́čct wake up. See under: čččct

čə́čt ⟦√č<ə́>y-t √wake-trns⟧ [/y/ → /č/] [actual metathesis] ☞ ččə́t to be waking someone up. (TC; AS,BC) {čə́čt cn. I'm waking him up. (TC) | ʔáwə c čə́čt. Don't wake him up. (MJT)}

čə́kʷ ⟦√čək w √decay⟧ to rust, decay. (AS,BC; AS) {čə́kʷ cə nsčaʔkʷaʔyúɬ. My car is getting rusty. (AS)}

čəl ⟦√čl √win/lose⟧ to lose, get beat (in a contest). (AS) {čəl cn. I got beat. (ES) | čəl yaʔ ʔaʔ kʷi sqaqtəmúsən. They lost the ball game. (AS)}

čəlčəlíti contesting. See under: čəyčəlíti

čələ́c ⟦√čl-t-c √win/lose-trns-1obj/2obj⟧ ☞ čələ́t beat me in a contest; beat you in contest. {čələ́c cn. I beat you. (ES) | čələ́c q cn kʷaʔ hiyáʔən, hiyáʔən q čéʔiŋ ʔúxʷ ʔaʔ cə sqiyáyŋxʷ. I'd beat you if I climbed up this tree. (MJT)}

čələ́t ⟦√čl-t √win/lose-trns⟧ to win a game, beat someone (in a contest). (ES) {čələ́t cn. I beat him. (ES; TC; BC; MJ) | čələ́t u cxʷ? Did you beat him? (ES) | ʔáwə caʔ st čələ́t. We are not going to win. (AS) | čələ́t st tə məqáʔəʔ ʔaʔ kʷi sqaʔx̣qíŋɬ. We beat the Makahs when we were playing. (AS)} VAR: člə́t {člə́t cn. I beat him. (ES)}

čələ́təŋ ⟦√čl-t-ŋ √win/lose-trns-psv⟧ ☞ čələ́t to be beaten, lose a contest. {čələ́təŋ cn. I got beat. (ES; TC) | čələ́təŋ cn ʔaʔ kʷi nsqaʔqtəmús. They beat me playing ball. (ES) | čələ́təŋ st ʔaʔ kʷi sqaʔqtəmúsəŋɬ. We got beat playing ball. (AS)}

čələ́ti beat each other. See under: člə́ti

čəláyu? ⟦√čl-əyu √win/lose-activ⟧ ☞ čəl to win, be a winner. (TC; ES) {čəláyu? cn. I win. / I'm a winner. (TC; ES) | čəláyu? č kʷi ncə́t. My father won. (MJ) | suʔčəláyu?s. So she won. (MJ) | xʷítəŋ ʔúxʷ ʔaʔ tə čúʔkʷs ʔuʔútxs ʔiʔ čəláyu. She jumped seven canoes and won. (MJ)} VAR: čəláyu {čəláyu cxʷ! You win! ✱said while playing slahal (MJT) | nəsčəláyu č či nəsqaʔqə́yu?. I beat the having to go to jail. (MJ) | ʔuʔx̣ənʔáɬ ti nsuʔmitáli ʔiʔ ʔáwə cn c čəláyu. I always gamble, and I don't win. (BC)}

čəlíti ⟦√čl-ŋi-ty √win/lose-rel-rcprcl⟧ ☞ čələ́t to compete against each other, win together against someone. (AS) {čəlíti yaʔ ʔaʔ kʷi sqaʔqtəmúsəŋɬ. We won the game. (AS)}

čəlčəláyu? ⟦čl<ʔ> + √čl<ʔ>-əyu<ʔ>⟧ pl<actl> + √win/lose<actl>-activ<actl>⟧ ☞ čəláyu? to be always winning. {čəlčəláyu? cxʷ. You're always winning. (TC)}

čəlčəlíti? ⟦čl<ʔ> + √čl<ʔ>-ŋi-ty<ʔ>⟧ pl<actl> + √win/lose<actl>-rel-rcprcl<actl>⟧ ☞ čəlíti to be trying to beat each other in a contest. (ES)

čəlít ⟦√čl<ʔ>-i-t √win/lose<actl>-persist-trns⟧ ☞ čələ́t to beat someone, win against someone, be better than someone. {ʔə́y ti skʷə́ncínəŋs, ʔiʔ čəlít cn. He's a good cook, but I'm better. (MJT)}

čə́ɬkʷt ⟦√č<ə́>ɬəkʷ-t √pinch<actl>-trns⟧ [actual metathesis] ☞ čɬə́kʷt to be pinching something. {čaʔčə́ɬkʷt cn. I'm just now pinching it. (MJT)}

čə́ɬpiya?qʷ ⟦√č<ə́>ɬəp-iy = iʔqʷ √submerge<actl>-ext = head⟧ ☞ čɬə́p great-great-great-grandparent, great-great-great-grandchild. (MJT; ES) ✱Traditionally people who share a /čə́ɬpiya?qʷ/ (fourth cousins) are too closely related to be married. After six generations they can marry. People who share an ancestor farther back than /čə́ɬpiya?qʷ/ are not considered to be related. (ES; AS,BC) ✱AB's mother described the generations on her index finger: first knuckle = /ŋə́naʔ/, space = /ʔíŋəc/, second knuckle = /čáʔməqʷ/, second space = /háʔkʷiya?qʷ/, top of the finger = /čə́ɬpiya?qʷ/ (where it sinks down and disappears). (ABT) VAR: čə́ɬpiyəʔqʷ (EPT,AB) VAR: čə́ɬpiyəqʷ (LB,CWH)

čəmáxʷaʔ tomcod. See under: čə́nəkʷaʔ

čə́mət ⟦√čəmt √table_mat⟧ a table mat. ✱traditionally made of cedar bark (MJT)

čə́mxi ⟦√čəmx-iy √come_to-dev⟧ to come to after passing out, regain consciousness, snap out of it, sober up. (ES; AS) {čə́mxi kʷsə swə́yqaʔs. Her husband came to. (AS)}

čəmčəmúʔəŋ ⟦čm + √čuʔm<ú>-ŋ<ʔ>⟧ pl + √wet<actl>-mdl<actl>⟧ ☞ čúʔməŋ to be getting all wet. {ʔáwənə nəʔaʔáwkʷ nsuʔačšikʷə́təŋ kʷaʔ čəmčəmúʔəŋs qɬ. I have no things to change into if I would get all wet. (MJ) | mán ʔuʔ sáysiʔ kʷaʔ čəmčəmúʔəŋn. I was very afraid of getting all wet. (MJ)}

čəmčúʔməčəŋ bracelets. See under: čiyúʔməčəŋ

čəméʔxʷəwəč ⟦√cum̓=iʔxʷ=əw<ʔ>ač √bone=?=bottom<actl>⟧ ☞ scúm̓ cp. sxʷčaʔmə́wəč tailbone. (MJT)

čəmšiʔán ⟦√čəmšiʔán √Tsimshian⟧ Tsimshian tribe. (TC; ES) *formerly raiders whom the Klallams had to defend themselves against VAR: čəmšiyán {X̌áy č yaʔ ʔuʔ ŋə́n̓ šəmánɬ čšaʔiyá yaʔ ʔaʔ cə čəmšiyán. We also had many enemies that came from Tsimshian. (TC) | X̌áy yaʔ kʷ ʔuʔ táči ti čəmšiyán ʔaʔ skʷáʔɬ šč̓tə́ŋxʷənɬ. The Tsimshians also came here to our land. (ES)}

čə́nəkʷaʔ ⟦√čənkʷəʔ √tomcod⟧ [Note that this is similar to the word given by MJ for 'rockfish.'] cp. čə́nəqʷaʔ tommycod. Microgadus proximus. (ES) cp. sqʷə́yməs VAR: čəmáxʷaʔ (TC)

čə́nəqʷaʔ ⟦√čənəqʷaʔ √rockfish⟧ [Note that this is similar to words given by ES and TC for 'tomcod'.] cp. čə́nəkʷaʔ vermilion rockfish. Sebastes miniatus. (MJT) {ŋə́n̓ čə́nəqʷaʔ. Many rockfish. (MJT)}

čə́ŋ ⟦√čəŋ √bite⟧ to bite. {ʔáwə cn čə́ŋ. I didn't bite. (TC)}

čəŋčəŋə́yuʔ ⟦čəŋ+√čəŋ-əyu char+√bite-activ⟧ ☞ čə́ŋ one that bites, a biter (such as a mean dog). (MJT) {sx̌áʔəs sqáx̌aʔ; čəŋčəŋə́yuʔ. He's a bad dog; he bites. (MJT)} VAR: čŋčŋʔə́yu (ES) {q̓ʷáʔyəx̌! čŋčŋʔə́yu cə nəsqáx̌əʔ. Look out! My dog bites. (ES)}

čəŋə́c ⟦√čəŋ-t-c √bite-trns-1obj/2obj⟧ ☞ čəŋə́t bite me; bite you. {čəŋə́c, ʔiʔ ščə́c qɬ cn. Bite me, and I'll hit you. (MJT) | ʔúy̓ qɬ čəŋə́c ʔiʔ q̓ʷúčc cn. If you bite me, I'll beat you up. (MJT)}

čə́ŋəɬ ⟦√čəŋɬ √chest⟧ chest (of the body). (LC; EPT; ES) {ʔuʔsqiʔám ti suʔštə́ŋs ʔaʔ tə čə́ŋəɬs x̌ə́ɬs. He's unable to walk because of chest pain. (EJ) | ʔiʔ nuʔás tə ŋáqaʔ ʔúxʷ ʔaʔ cə čə́ŋəɬs ʔiʔ kʷə́ɬət cn. And I put the snow into his chest (into the front of his shirt), and I dropped it. (MJ)} VAR: čə́ŋɬ (LC) VAR: čə́ŋəɬ (ES) VAR: scə́ŋəɬ (TC)

čəŋə́qst ⟦√čəŋ=əqsən-t √bite=nose-trns⟧ ☞ čəŋə́t to bite someone or something on the nose. {nɬ suʔčəŋə́qsts tə swə́yqaʔs ʔéʔtt. She was biting the nose of her husband who was sleeping. (MJT)}

čəŋə́qstəŋ ⟦√čəŋ=əqsən-t-ŋ √bite=nose-trns-psv⟧ ☞ čəŋə́qst to be bitten on the nose. (MJT)

čəŋə́t ⟦√čəŋ-t √bite-trns⟧ ☞ čə́ŋ to bite someone or something. (JCo; LC; AS,BC) {X̌áy qɬ cn ʔuʔ čəŋə́t. I'd bite her back. (MJT) | ʔúx̌ʷ čəŋə́t cə slapúʔ. Go over and bite Slapu. (MJ) | čəŋə́t cn cə sqəyáyŋəxʷ. I bit a tree. (MJ) | čəŋə́ts kʷaʔčaʔ cə sɬipúykʷts. He bit his shirt. (MJ) | ʔúy̓ qɬ cn čəŋə́təŋ ʔiʔ X̌áy qɬ cn ʔuʔ čəŋə́t. If she'd bite me, I'd bite her back. (MJT) | kʷkʷáči ʔiʔ čaʔčəŋə́ts ʔiyá ʔaʔ cə sʔíyəns. The next day she finally bit it on the end. (MJ) | suʔx̌ə́nəŋs cə mimə́ščú ʔaʔ cə ʔáʔcx̌, "ʔúx̌ʷəns ʔiʔ čəŋə́t." Little Mink said to Crab, "Go over to her and bite her." (MJ)} VAR: čŋʔə́t (AS,BC; TC; ES) {ʔuʔčŋʔə́ts. He'd take a bite. (TC)}

čəŋə́təŋ ⟦√čəŋ-t-ŋ √bite-trns-psv⟧ ☞ čəŋə́t to be bitten. (JCo; MJT) {ʔúy̓ qɬ cn čəŋə́təŋ ʔiʔ X̌áy qɬ cn ʔuʔ čəŋə́t. If she'd bite me, I'd bite her back. (MJT) | tuwaʔčəŋə́təŋ cxʷ ʔə tə sqáx̌aʔ. That dog will bite you. (MJT) | ʔáwə c ščə́ct; tuwaʔčəŋə́təŋ cxʷ. Don't hit him; he'll bite you. (MJT) | q̓ʷúčt cn ʔaʔ kʷə nəsčəŋə́təŋ. I beat him up when he bit me. (MJT) | mán̓ ʔuʔ kʷaʔsíqən tiʔə nəsčəŋə́təŋ ʔaʔ tə px̌ʷə́yqsən. This mosquito bite really itches. (MJT)} VAR: čŋʔə́təŋ {čŋʔə́təŋ cn ʔaʔ cə sqáx̌aʔ. That dog bit me. (ES) | čɬsqáx̌aʔ. čŋʔə́təŋ cn. The dog attacked me. It bit me. (TC) | čɬsqáx̌aʔ cn čŋʔə́təŋ. I was attacked and bitten by a dog. (TC)}

čəŋətíŋ ⟦√čəŋ-t-i-ŋ<ʔ> √bite-trns-persist-psv<actl>⟧ ☞ čəŋít being held in the mouth with the teeth. (MJT)

čəŋə́yu ⟦√čəŋ-əyu √bite-activ⟧ ☞ čə́ŋ to bite. {x̌ə́ɬ u ʔəɬ čəŋə́yuʔəs tə Gypsy? Does it hurt when Gypsy bites? (MJT)} VAR: čŋʔə́yuʔ (JCo) {siyáʔəx̌ ʔəɬ čŋʔə́yuʔs. one gets poisoned when it (a rattlesnake) bites. (ES)}

čəŋít ⟦√čəŋ-i-t √bite-persist-trns⟧ ☞ čəŋə́t Stem: čəŋətí [stem for subject suffixes] to hold something in the mouth with the teeth, be biting on something. {čəŋít cn. I held it with my teeth. (AS) | čəŋətís. He had it in his mouth. (MJT) | scúm̓ tsə čəŋətís. She has a bone in her mouth. (MJT) | cúcəŋtəŋ ʔaʔ Rags ʔiʔ čəŋətís ʔəɬ ɬkʷístxʷs. Rags brought it up and carried it home in his mouth. (MJT)} VAR: čəŋətíxʷ {čəŋətíxʷ kʷi kʷɬə nsaʔčúʔiɬ kʷi sʔíɬəns. My sister had her food in her mouth. (AS) | čəŋətíxʷ cn kʷə saplín. I had the bread in my mouth. (AS)}

čə́ŋt ⟦√č<ə́>ŋ-t √bite<actl>-trns⟧ [actual metathesis] ☞ čəŋə́t to be biting something. {čə́ŋt yaʔ cn kʷi t músmus ʔiʔ qaʔqéʔəct kʷsə nəčənəs. I was biting a piece of meat, and my tooth got loose. (MJT) | čə́ŋt cn cə sqəyáyŋəxʷ ʔiʔ pcítəŋ cn ʔiyá yaʔ ʔaʔ tə nəsxʷʔaʔáʔmət. I was biting the tree and slipped from where I was sitting. (MJT)}

čə́ŋtəŋ ⟦√č<ə́>ŋ-t-ŋ √bite<actl>-trns-psv⟧ ☞ čəŋə́t being bitten. {ʔəstúʔŋət ʔuč kʷaʔčaʔ ʔənsxʷčə́ŋtəŋ n̓cáys? Why are you biting your hand? (TC) | čə́ŋtəŋʔáyŋən cn. It wants to bite me. (MJT)}

čəpíliyə ⟦√čəpíliyə √Eglon⟧ Eglon, Washington, a village on the east coast of the Kitsap Peninsula east-northeast of Little Boston. (MJT) [This name probably comes from Suquamish.]

čə́q ⟦√čəq √drip⟧ to drip. (AS,BC) {čə́q cə q̓ʷúʔ. The water dripped. (AS)}

čə́qəŋ ⟦√č<ə́>q-ŋ<ʔ> √drip<actl>-mdl<actl>⟧ [actual metathesis] ☞ cqəŋ to be dripping; to be leaking (of a roof). (LC; ES; TC; TC,BC) {čə́qəŋ cə q̓ʷúʔ. The water is dripping. (EPT)} {čə́qəŋ ʔaʔ cə sɬə́məxʷ. It dripped from the rain. (EPT)}

čə́qt ⟦√č‹ə́›q̓-t √drip‹actl›-trns⟧ [actual metathesis] ☞ cq̓ə́t to be dripping liquid on something or someone. {čə́qt cn. *I'm dropping water on it.* (MJT)}

čə́qtəŋ ⟦√č‹ə́›q̓-t-ŋ √drip‹actl›-trns-psv⟧ ☞ čə́qt being dripped on or over by something. {ʔuʔčə́qtəŋ tə čaʔcítən. *It was dripping from the table.* (AS)}

čə́qʷəm raspberry. See under: čq̓ʷúmah

čə́q̓ʷ ⟦√čq̓ʷ √dirt⟧
1. dirt, soil. (LB,CWH; EPT; MJT; ES; AS,BC) ⟪There are two other roots with similar sound and meaning.⟫ cp. čáq̓ʷ cp. čə́k̓ʷ {čaʔčə́q̓ʷ cə nsʔács. *You've got dirt all over your face.* (EPT) | ɬtə́xʷəŋ ʔaʔ ti čə́q̓ʷ *vacuum cleaner (It swallows dirt.)* (MJT)
2. Dungeness. (EPT; MJT,B; AS,BC) cp. šččə́q̓ʷ VAR: čə́k̓ʷ (LBH; EWH)

čə́q̓ʷčq̓ʷ ⟦čə́q̓ʷ + √čq̓ʷ char + √dirt⟧ ☞ čə́q̓ʷ to be dirty. (ES; AS) VAR: čə́q̓ʷčəq̓ʷ (AS) {xənʔátəŋ yaʔ kʷi kʷi sxʷčʔiyás čə́q̓ʷčə́q̓ʷ. *They're told that they're dirty from there.* (AS)}

čə́s ⟦√čs √punch⟧ [The root here has a similar form and overlapping meaning with the root meaning 'nail, pound'.] cp. čísəŋ to get punched, pounded. {čə́s cn. *I got pounded.* (AS)}

čə́sc ⟦√č‹ə›s-t-c √punch‹actl›-trns-1obj/2obj⟧ ☞ čə́st hitting me; hitting you. {čə́sc u cxʷ? *Are you hitting me?* (MJT) | čə́sc cn. *I'm hitting you.* (MJT)}

čə́səyuʔ ⟦√č‹ə́›s-əyu‹ʔ› √punch‹actl›-activ‹actl›⟧ ☞ čə́s to do some hitting (implying hitting several things or people). {hiʔčə́səyuʔ. *Go and hit people.* (MJT)} VAR: čə́səyu (ES,TC)

čə́snəŋ ⟦√č‹ə́›s-naxʷ-ŋ‹ʔ› √punch‹actl›-nctrns-psv‹actl›⟧ ☞ čsə́nəŋ being knocked, pounded on by someone. {níɬ suʔčə́snəŋs. *So he was knocking (the door was being knocked).* (MJ)}

čə́snəxʷ ⟦√č‹ə́›s-naxʷ √punch‹actl›-nctrns⟧ [actual metathesis] ☞ čsənáxʷ to be managing to hit, pound someone or something. (AS)

čə́sniʔkʷáʔstəŋ ⟦√čs-n=i‹ʔ›w‹aʔ›s-t-ŋ √punch-ext=body‹actl›-trns-psv⟧ ☞ čə́s being hit on the side (especially of an oarlock socket). (MJT)

čə́st ⟦√č‹ə́›s-t √punch‹actl›-trns⟧ [actual metathesis] to be punching, hitting (with the hand); to be ringing (a bell). (LC) {kʷɬčə́st cn. *I'm ringing it now.* (LC) | čə́sts. *He's punching something.* (LC)}

čə́stən ⟦√čs=tən √punch=instr⟧ ☞ čsə́t hammer. (AS)

čə́stəŋ ⟦√č‹ə́›s-t-ŋ‹ʔ› √punch‹actl›-trns-psv‹actl›⟧ [actual metathesis in passive] ☞ čsə́təŋ being hit by someone or something. {čə́stəŋ cn. *He is hitting me.* (MJT)}

čə́sti ⟦√č‹ə́›s-ty √punch‹actl›-rcprcl⟧ [actual metathesis] ☞ čsə́ti to be punching each other. (TC)

čəsúst punch in face. See under: nəxʷčsúst

čə́w̓ ⟦√čəw̓ √disappear⟧
1. to disappear, become invisible, fade away, go out of sight, dissolve, vanish. (AS,BC; ES; AS) {čə́w̓ cn. *I disappeared.* (ES) | ʔuʔčə́w̓ kʷɬə. *She disappeared.* (ES) | čə́w̓ kʷi sq̓ʷəyúŋiʔs, canu. *Those heads disappeared.* (ES) | ʔuʔpúxʷt ʔiʔ cə́xʷ čə́w̓. *He blew on it, and it was gone, disappeared.* (MJ) | pxʷútəŋ ʔaʔ cə sxʷənáʔəm ʔiʔ čə́w̓ kʷɬə. *The Indian doctor blew on it, and it disappeared.* (MJ) | níɬ suʔk̓ʷənits cə sxʷaʔxʷənáʔəm ʔiʔ púxʷts ʔiʔ čə́w̓. *Then he looked at the bug, and he blew on it, and it disappeared.* (MJ)}
2. to depart soon, early. (ES; AS,BC) ⟪Usage: This meaning appears in an idiomatic construction with motion verbs.⟫ VAR: čáw̓ (AS,BC; ES; AS) {ʔəstúŋt cxʷ ʔay̓ ʔənsxʷčə́w̓ sə́q? *Why did you go out so soon?* (ES) | ʔáwə kʷi c čə́w̓ túk̓ʷ. *Don't go home so soon. / Don't disappear home.* (ES; AS,BC)}

čə́xʷaʔɬ ⟦√čəxʷ=aʔɬ √stop_crying=mass⟧ ☞ čə́xʷiʔ don't cry, hush. ⟪Usage: said to comfort a crying child⟫ (AS,BC) {ʔáa, čə́xʷaʔɬ, ŋaʔŋáʔnaʔ. *Oh, hush, baby.* (BC) | čə́xʷaʔɬ či, nsxʷhiyí. *Don't cry, my dear.* (AS)} VAR: čə́xʷəɬ (AS,BC)

čə́xʷiʔ ⟦√čəxʷ-iy √stop_crying-dev⟧ to stop crying, stop talking, calm down. (ES,HS; TC) {čə́xʷiʔ či. *Hush now.* (TC)} ⟪Usage: used in a gentle, calming way, not like 'shut up'. It is used mostly to crying babies.⟫ cp. sə́məxʷ

čə́x ⟦√čəx √wear_out⟧ to be worn out, exhausted. (TC; AS) {čə́x cn. *I'm worn out.* (TC) | ʔuʔčə́x cə nƛ̓ə́qšən. *My shoes are worn out.* (AS)}

čəxiynísəŋ show teeth. See under: čxiynísəŋ

čə́xt ⟦√čəx-t √wear_out-trns⟧ ☞ čə́x to wear something or someone out. {čə́xt cn. *I wore it out.* (TC)}

čə́xtán ⟦√čəxtan √heritage⟧ one's heritage, traditions, legacy, inheritance what one has descended from one's ancestors. (TC) {shiyíɬ cə čə́xtánɬ. *Our heritage is our life.* (AS)}

čə́xtən ⟦√čəxtn √poison⟧ any poison, narcotics, drugs. (ES,TC; AS,BC) {háʔnəŋ cn ʔaʔ či nəscúʔsəŋ ʔaʔ či čə́xtən. *Thank you for my dislike of poison (drugs).* (TC,AS,BC)}

čə́xtəńic ⟦√čəxtn-ni-t-c √poison-rel-trns-1obj/2obj⟧ ☞ čə́xtəńit poison me; poison you. {čə́xtəńic cxʷ. *You poisoned me.* (TC)}

čə́xtəńit ⟦√čəxtn-ni-t √poison-rel-trns⟧ ☞ čə́xtən to poison someone or something. {čə́xtəńít cn. *I poisoned him.* (TC)} VAR: čəxtəńit (AS,BC) {čə́xtəńít u cxʷ? *Did you poison it?* (AS)}

čəxtəńítəŋ ⟦√čəxtn-ni-t-ŋ √poison-rel-trns-psv⟧ ☞ čə́xtəńit to be poisoned by something or someone. {čəxtəńítəŋ cn. *They poisoned me.* (TC)} VAR: čə́xtəńítəŋ {čə́xtəńítəŋ cn. *They poisoned me.*

čəyəčíŋiʔ [č‹y› + √čiŋ-iy incep‹pl› + √near-dev] ☞ číŋiʔ to be getting near (of a group). {ʔiʔ nɬ suʔənʔás *čəyəčíŋiʔ*. And so they were coming close. (ES)}

čáyəkʷt [√č‹áy›kʷ-t √cover‹pl›-trns] ☞ čkʷíct to cover several things, or several people cover someone or something. {ʔáwənə suʔ*čáyəkʷt*s cə sqʷəyúŋiʔs. There was nothing to cover their heads. (MJ)}

čáyəkʷ [√čəykʷ √twitch] to squirm, wriggle, twitch, act startled. (AS) {*čáyəkʷ* cə sƛ̕íƛaʔƛɬ ʔɬ sáy̕siʔs. The child squirmed around when he was afraid. {*čáykʷ* cn. I got startled. (BC)}

čáyəkʷct [√čəykʷ-cut √twitch-rflxv] ☞ čáykʷt to twitch, jump, move suddenly (as when startled). (TC) {*čáyəkʷct* cn. I twitched. (TC)}

čáyəkʷəŋ [√čəykʷ-ŋ √twitch-mdl] ☞ čáyəkʷ to squirm, twitch, startle. {*čáyəkʷəŋ* u cxʷ? Are you squirming? (AS) | ʔuʔmán cn ʔuʔ *čáyəkʷəŋ*. I'm really squirming around. (AS)} VAR: čayúkʷəŋ {*čayúkʷəŋ* cə sƛ̕íƛaʔƛɬ. The child squirmed. (AS)} VAR: čáykʷəŋ {*čáykʷəŋ* cn. I startled. (BC)}

čáyəkʷi [√čəykʷ-iy √twitch-dev] ☞ čáyəkʷəŋ to be squirming around. (AS) {ʔuʔɬəŋ st ʔuʔ *čáyəkʷi*; ʔuʔsáy̕siʔ st. We were really squirming around; we were scared. (AS)}

čáyəkʷtəŋ [√čəykʷ-t-ŋ √twitch-trns-psv] ☞ čáykʷt to be made to twitch, jump when startled by someone or something. {*čáyəkʷtəŋ* cn. They startled me and made me jump. / It made me squirm. (TC; BC)}

čáyəɬp̕iyaʔqʷ [√č‹á›‹yə›ɬəp̕-iy=iʔqʷ √submerge‹actl›‹pl›-ext=head] ☞ čáɬp̕iyaʔqʷ several great-great-great-grandparents, great-great-great-grandchildren. (MJT)

čəyánəqʷaʔ [√č‹əy›nəqʷaʔ √rockfish‹pl›] ☞ čánəqʷaʔ a group of vermilion rockfish. (MJT)

čəyáxtən [√č‹əy›əxtn √poison‹pl›] ☞ čáxtən poisons. (MJ)

čə́yi [√čəyi √elephant_seal] some unidentified animal similar to a seal, perhaps the elephant seal, also possibly walrus. *possibly Mirounga angustirostris*. ⟪The meat is like seal meat. Fishermen used to go far north and come back with this kind of meat dried.⟫ (AS,BC; AS)

čáykʷt [√čəykʷ-t √twitch-trns] ☞ čáykʷ to startle someone or something. (BC) {*čáykʷt* cn. I startled him. (BC) | *čáykʷt* cn cə sƛ̕əyéʔƛɬ; nɬ suʔkʷánəŋəts. I startled the children; then they ran. (AS)}

čə́yu [√čaʔ-əyu √upon-activ] ☞ čáʔ to be perched (as a bird). (AS) {*čə́yu* yaʔ cn. I was perched (a bird is speaking). (AS)}

čə́yct [√čəy̕-cut √starve-rflxv] to be fasting, going without food, starving oneself. (TC) VAR: čiʔct [This alternative pronunciation has metathesis with the reflexive.] (TC)

čəyčəlíti [√čəy̕ + √čl-ŋi-ty pl + √win-rel-rcprcl] ☞ čələ́t to be trying to beat each other in a contest. (ES) VAR: čəlčəlíti (HS)

čəy̕čsítiʔ [č‹əy̕› + √čs-ŋi-ty‹ʔ› incep‹pl› + √punch-rel-rcprcl‹actl›] ☞ čicsə́ti to be boxing. (MJT) VAR: čəy̕csiti (AS)

čəyəčičéʔčəm̕ [čəy̕ + či + čiʔ + √čim̕ pl + dim + aff + √bird] ☞ číčaʔčəm̕ a group of young small birds. {ʔiʔtáxʷ ti ʔuʔk̕ʷánəxʷ ʔəɬ təwəx̣̕úx̣aʔəs ti *čəyəčičéʔčəm̕* ʔəɬk̕ʷánəxʷ. Love the little birds that you see when they are still small when you see them. (MJ)} VAR: čaʔyəčíčaʔčəm̕ (MJT)

čáyk̕ʷ [√čəy‹ʔ›k̕ʷ √twitch‹actl›] ☞ čáyəkʷ to be squirming, wriggling, twitching, antsy (as when tickled). (AS,BC) {*čáyk̕ʷ* cə q̕áʔŋi. The girl is antsy. (AS)}

čáyk̕ʷct [√čəy‹ʔ›k̕ʷ-cut √twitch‹actl›-rflxv] ☞ čáyəkʷct to be twitching, moving suddenly. {nɬ č suʔnuʔ*čáyk̕ʷct*s. He sort of moved. (TC)}

čáyk̕ʷəŋ [√čəy‹ʔ›k̕ʷ-ŋ‹ʔ› √twitch‹actl›-mdl‹actl›] ☞ čáyəkʷəŋ to be twitching, squirming, jittery. (AS,BC; AS) {*čáyk̕ʷəŋ* cə sƛ̕íƛaʔƛɬ; ʔuʔx̣éʔčiʔ. The child is squirming; he's ashamed. (AS)}

čiʔátkʷ tall wild men. *See under*: čiyátkʷ

čiʔčiʔáʔyəč [čiʔ + √čiʔ=ay̕č pl + √upon=hip] Seattle, on the west shore of Lake Washington. ⟪Consultants said that this word literally means where several go over the hill or ridge from the Puget Sound water.⟫ (LB,CWH) VAR: sxʷčiʔčiʔáʔyəč (LBH)

čiʔə́ct fasting. *See under*: čə́yct

čiʔíŋt [√čy‹ʔ›-iy-ŋi-t √wake‹actl›-dev-rel-trns] ☞ ččə́t to be waking someone. {ʔáwə c *čiʔíŋt*. Don't wake him. (ES)}

čiʔk̕ʷáʔnəc [√čay‹ʔ›k̕ʷ=an̕-t-c √twitch‹actl›=ear-trns-1obj/2obj] ☞ čiʔk̕ʷáʔnət flirting with me; flirting with you. {*čiʔk̕ʷáʔnəc* u cxʷ? Are you flirting with me? (ES)}

čiʔk̕ʷáʔnəŋ [√čay‹ʔ›k̕ʷ=an̕-ŋ √twitch‹actl›=ear-mdl] ☞ čáyəkʷ to be flirting. (ES) {*čiʔk̕ʷáʔnəŋ* cn. I'm flirting. (ES)}

čiʔk̕ʷáʔnət [√čay‹ʔ›k̕ʷ=an̕-t √twitch‹actl›=ear-trns] ☞ čiʔk̕ʷáʔnəŋ to be flirting with someone. {*čiʔk̕ʷáʔnət* cn. I'm flirting with her. (ES)}

čiʔk̕ʷanúŋət [√čay‹ʔ›k̕ʷ=an̕-nuŋt √twitch‹actl›=ear-ncmdl] ☞ čiʔk̕ʷáʔnəŋ to be getting to, managing to flirt. {*čiʔk̕ʷanúŋət* cn. I'm getting to flirt. (ES) | *čiʔk̕ʷanúŋət* u cxʷ? Did you get to flirt? (ES)}

čiʔsúp [√čy̕sup √sole] a small flatfish, possibly sole. (MJT)

číčaʔčəm̕ ⟦čí + čiʔ + √čim̕ dim + aff + √bird⟧
☞ čéʔčəm̕ a young small bird, nestling. (MV; EPT; MJT; TC; ES) VAR: čaʔčéʔčəm̕ (AS,BC) ⟦čaʔ + √čim̕ dim + √bird⟧

číčaʔčəm̕úməš ⟦či + čiʔ + √čim̕ = umš dim + aff + √bird = type⟧ ☞ číčaʔčəm̕ to be, look, act like a bird. (TC)

číčaʔyəŋ ⟦či + √čiʔ-iy-ŋ <ʔ> actl + √upon-dev-mdl<actl>⟧ ☞ čéʔyəŋ to be ascending, climbing, going up. (ES) {nił suʔiʔčíčaʔyəŋs. *So he was climbing.* (ES) | ʔənʔá kʷaʔčaʔ ʔiʔčíčaʔyəŋ. *They were coming up (the hill).* (TC) | ʔiʔčíčaʔiŋ. *He's going up.* (ES) | ʔənʔá kʷəčəł ʔiʔčíčaʔyəŋ tə šəmáns. *Then their enemy came up the hill.* (ES) | ʔiʔčíčaʔyəŋ. *He's going up.* (EPT)} VAR: číčaʔiŋ (ES) VAR: ččéʔiŋ (AS) {ččéʔiŋ ʔaʔ tə súł. *He was climbing up the road.* (ES) | ččéʔyəŋ ʔiʔ ʔiyá ʔaʔ tə sčáʔčaʔ sqayʔaʔqiyáynəxʷ. *He was climbing, and there at the top were some small trees.* (ES)} VAR: číčaʔiŋ {ʔiʔ tás ʔaʔ kʷə súł číčaʔiŋ ʔaʔ kʷə spaʔyúqʷs *And we got to the road that climbs the bluffs.* (ES) | číčaʔiŋ kʷłə nʔáys. *My sister is climbing up.* (AS) VAR: číčayəŋ (AS,BC)

čiččáx̣ ⟦čy + √ččxa pl + √nettle⟧ to get stung by stinging nettles. (ES) VAR: čiččáx̣ (AS) {čiččáx̣ cn. *I got stung (by nettles).* (AS)}

čičə́kʷ ⟦čy + √čəkʷ pl + √decay⟧ ☞ čə́kʷ to be rusty, decayed. (AS,BC; AS) {čičə́kʷ cə nčə́nəs. *My teeth are decayed.* (BC)}

čičə́kʷtəŋ ⟦čy + √čəkʷ-t-ŋ pl + √decay-trns-psv⟧ ☞ čičə́kʷ to be rusted. {čičə́kʷtəŋ kʷsə nčíkčik. *My buggy is rusted.* (AS)}

čičə́qʷ ⟦čy + √čəqʷ pl + √dirt⟧ ☞ čə́qʷ Dungeness or Jamestown Klallam people. (MJT; AS,BC) {tutkʷ st čšačičə́qʷ ʔənʔá ʔúxʷ ʔaʔnəxʷqə́yt. *We went home from Dungeness to Little Boston.* (MJ) | ččičə́qʷ *from Dungeness* (EWH)} cp. ščə́qʷ

čičə́sc ⟦čy + √čs-t-c pl + √punch-trns-1obj/2obj⟧ ☞ čičə́st hit me; hit you. {čičə́sc caʔn hayə. *I'm going to hit you folks.* (MJT)}

čičə́st ⟦čy + √čs-t pl + √punch-trns⟧ ☞ čsə́t to hit several objects being hit or several doing the hitting or hitting many times. {čičə́st caʔ st. *We're going to hit them. / We're going to hit him.* (MJT) | čičə́st cn *I hit them.* (MJT) | čičə́st caʔn. *I'm going to hammer it.* (AS) | čičə́st st. *We hit them. / We hit him (repeatedly).* (MJT) | čičə́st u cxʷ? *Did you folks hit him? / Did you hit them?* (MJT) | čičə́st u cxʷ ayə? *Did you folks hit them?* (MJT) | qiqə́ynəxʷ cn ʔiʔ čičə́st cn. *I got mad at them and started hitting them.* (MJT) | kʷánənət caʔ st ʔiʔ čičə́st. *We're going to run out and hit them.* (MJT)}

čičə́stəŋ ⟦čy + √čs-t-ŋ pl + √punch-trns-psv⟧ ☞ čsə́təŋ to be hit by several people or several times; several people get hit. {čičə́stəŋ cn. *He used me as a punching bag. / I got pounded.* (AS,AS) | čičə́stəŋ st. *They hit us.* (MJT)}

čičə́stuŋł ⟦čy + √čs-t-uŋł pl + √punch-trns-1plobj⟧ ☞ čičə́st hit us. {čičə́stuŋł u caʔ cxʷ? *Are you going to hit us?* (MJT)}

čičə́x̣ ⟦čy + √čəx̣ pl + √wear_out⟧ ☞ čə́x̣ to completely wear out, exhaust. (AS,BC; TC) {čičə́x̣ cə nkʷə́wiʔ. *Your skin will wear out.* (ES) | mán ʔuʔ čičə́x̣. *It's very worn out.* (EPT)}

čičə́yəkʷəŋ ⟦čy + √čəyk̕ʷ-ŋ pl + √twitch-mdl⟧ ☞ čə́yəkʷəŋ to squirm around (of a group). {ʔuʔłə́ŋ st ʔuʔ čičə́yəkʷəŋ; ʔuʔsə́ysiʔ st. *We were really squirming; we were scared.* (AS)}

čičíłč ⟦čy + √čis-iłč pl + √nail = plant⟧ ☞ čisíłč several summer ferns. (MJT)

čičkʷinísəŋ ⟦čy + √čəkʷ = nis-ŋ pl + √decay = tooth-mdl⟧ ☞ čičə́kʷ tooth decay. (AS,BC; BC) VAR: čickʷinísəŋ (BC)

čičłə́kʷt ⟦čy + √čłəkʷ-t pl + √pinch-trns⟧ ☞ čłə́kʷt to pinch several things, or several things pinch something or someone. {ʔuʔx̣ə́ʔn̕ kʷaʔčaʔ ʔuʔ čičłə́kʷt cə sqʷúŋiʔs cə skʷəyaʔkʷáʔtuʔ. *She pinched the heads of all the crows.* (MJ)}

čičq̕ʷáy ⟦čy + √čq̕ʷ = aya pl + √dirt = person⟧ ☞ čq̕ʷáy to have dirt all over one. {čičq̕ʷáy cn. *I have dirt all over me.* (MJT)}

čičsə́ti ⟦čy + √čs-ty pl + √punch-rcprcl⟧ ☞ čsə́ti to fistfight, box, punch each other. (BC) VAR: čičəsti (AS) {čičə́sti tiə swiwə́yqaʔ. *The men are boxing.* (AS)}

čičsíkʷst ⟦čy + √čs = iws-t pl + √punch = body-trns⟧ ☞ čsə́t to punch several people, or punch someone several times, or a group punches someone. {čičsíkʷst cn. *I hit them all.* (TC)}

čičsúsc ⟦čy + √čs = us-t-c pl + √punch = face-trns-1obj/2obj⟧ ☞ nəxʷčsúst to punch me or you in the face several times, or punch me or you (of a group). {hú cxʷ ʔáwə c ʔə́y či nskʷə́nt ʔiʔ čičsúsc caʔn. *If you don't look out, I'll punch you in the face.* (TC)}

číkčik ⟦√číkčək √wagon⟧ wagon, buggy, cart, car. (BG,MJT; TC; ES) [from Chinook Jargon] {kʷə́nnəxʷ cn cə swə́yqaʔ ʔiʔʔənʔá ʔiyá ʔaʔ cə číkčik. *I saw a man coming on a buggy.* (MJ) | čičə́kʷtəŋ kʷsə nčíkčik. *My buggy is rusted.* (AS) | məcə́təŋ cə číkčik. *The wagon was greased.* (AS) | yəq̕áłtəŋ kʷi cə číkčik. *They deliberately put the wagon in the way.* (AS) | ʔəłáŋəł kʷi kʷə číkčik. *The buggy is detached (from the horses).* (AS) | ʔsmákʷł cə nčíkčik. *My car is damaged.* (AS)} VAR: číkčək (TC)

číkčikáwtxʷ ⟦√číkčik = awtxʷ √wagon = house⟧ ☞ číkčik wagon house. (AS)

číkčikháyəł ⟦√číkčik = ayəł √wagon = conveyance⟧ ☞ číkčik to go, travel by horse-drawn wagon, buggy. (ES) {číkčikháyəł cn. *I came on a buggy.* (ES)} VAR: čikčikáyəł (ES)

číkʷikʷ ⟦√číkʷikʷ √elderberry_wine⟧ elderberry wine. (AS,BC) [possibly a word from a West Coast tribe]

číŋəct ⟦√ciŋ-cut √near-rflxv⟧ [no metathesis with reflexive] ☞ číŋiʔ to get near, close to. (ES,HS) {ʔənʔá či **číŋəct**. *Come close.* (TC) | **číŋəct** ʔaʔ cə súɬ. *They got close to the road.* (TC) | ʔənʔá kʷi **číŋəct** ʔaʔ ʔə́c. *Come close to me.* (ES) | **číŋəct** ʔaʔ cə cácu. *Go close to the shore.* (TC,BC) | ʔiʔ níɬ suʔhiyáʔs ʔúx̣ʷ **číŋəct** ʔiʔ kʷə́ns cə. *Then he went over near it and saw it.* (ES)}

číŋət ⟦√ciŋ-t √near-trns⟧ ☞ číŋiʔ to get near, close to someone or something. (AS,BC) {xʷtə́q qɬ cn kʷaʔ **číŋətən**. *I'd fall through if I got near.* (MJ) | **číŋət** či cə scaʔwáčən. *Bring the chair closer.* (AS)}

číŋətəŋ ⟦√ciŋ-t-ŋ √near-trns-psv⟧ ☞ číŋət to be brought near, close by someone or something. (AS,BC) {**číŋətəŋ** cn. *They brought me closer.* (BC)}

číŋiʔ ⟦√ciŋ-iy √near-dev⟧ to get near, close (in space or time). (TC; AS,BC; AS) {**číŋiʔ** cn. *I got close.* (TC; AS) | **číŋiʔ** cn ʔaʔéʔɬxʷaʔ. *I'm near Elwha.* (TC) | **číŋiʔ** cn ʔaʔ cə ƛ́áɬc. *I'm getting close to the sea.* (TC) | **číŋiʔ** yaʔ cn ʔaʔ kʷi x̣aʔx̣átəŋ saɬám. *I got close to that lady who was speaking loudly.* (AS)} VAR: číŋi (ES; AS,BC) {**číŋi** cn. *I got close.* (ES) | **číŋiʔ** cn ʔaʔ nə́kʷ. *I'm getting close to you.* (TC) | **číŋi** či syə́c̣. *It's nearly full.* (AB,IC,NST) | níɬ yaʔ suʔ**číŋi**s cə ɬíkʷən. *Then the gaff hook got close.* (ES) | níɬ č suʔ**číŋi**s ʔiʔ kʷə́nts. *It came close, and he looked at it.* (ES) | ʔi níɬ suʔkʷə́nəxʷs ʔənʔá **číŋi**. *And she saw her coming closer.* (ES) | níɬ suʔhəkʷtástis ʔaʔ kʷi s**číŋi**s ʔaʔ cə stúʔwi. *They hollered to each other when they were near the river.* (AS) | suʔ**číŋi**s ʔaʔ tə táyət ʔiʔ ʔə́mət xʷáŋaʔɬəŋ. *So he got near the upstream area and sat down to rest.* (MJ) | níɬ suʔ**číŋi**s ʔiʔ kʷə́ns ʔaʔ či sɬánis, kʷɬčə́q sɬáni. *Then he went close and saw that it was a woman, an old woman.* (ES) | ʔiʔ níɬ suʔ**číŋi**s ʔaʔ cə sxʷʔiʔúʔuxʷs. *And then he got close to where he was going.* (ES) | ʔənʔá꞉ kʷaʔčaʔɬ ʔiʔ ƛ́áy **číŋi**. *It came, and again it came near.* (ES)}

číqən ⟦√ciq=ən √push=instr⟧ ☞ číqt pole, for pushing a raft or canoe. (ABTnr; AS) {čúkʷs kʷi kʷi **číqən** kʷi nsíyaʔ ʔaʔ kʷi shiyáʔs táyi. *My grandfather used a pole to go upstream.* (AS) VAR: cíx̣ən (AS) ⟪This variant possibly blends the two roots /číq/ and /cx̣/.⟫ cp. cə́x̣

číqt ⟦√ciq-t √push-trns⟧ to push something (such as a raft) with a pole. (ABT)

cíq̓ ⟦√ciq̓ √press_down⟧ to get pressed, leaned on. {**cíq̓** cn. *I got pressed, leaned on.* (AS)}

cíq̓əŋ ⟦√ciq̓-ŋ √press_down-mdl⟧ ☞ cíq̓ to press down. {**cíq̓əŋ** cn. *I pressed down.* (AS)}

cíqi ⟦√ciq̓-iy √mud-dev⟧ squishy, wet, saturated, muddy, soaking wet. ⟪not swampy⟫ (AS,BC; AS) {x̣éʔsi tə sɬə́məxʷ; ʔuʔ**cíqi** cn. *The rain is fierce; I'm soaking wet.* (AS) | hiyáʔ ʔiʔ ʔúxʷ ʔaʔ cə **cíqi** ʔiʔ cáyəqʷəŋ. *He left and went over to the mud and dug.* (MJ) | níɬ č yaʔ syáyaʔts kʷi kʷɬčáʔq ti x̣áwəs scəyíqʷɬ ti scə́nts ʔiyá ʔaʔ ti **cíqi**. *That's what the old people were doing with their green fruit they buried in the wet ground.* (MJ)} VAR: cíqiʔ (MJT)

cíqiʔánəkʷ ⟦√ciq-iy=ənukʷ √mud-dev=ground⟧ ☞ cíqi muddy ground. (MJT)

cíq̓t ⟦√ciq̓-t √press_down-trns⟧ ☞ cíq̓əŋ to press down on something. (TC; AS) {kʷɬníɬ kʷi suʔ**cíq̓t**s cə saplín. *Now press down on the bread.* (AS)}

cíq̓ʷən ⟦√ciq̓ʷn √shoulder⟧ shoulder. (EPT; MJT; ES; TC) {ʔípt cn cə **cíq̓ʷən**s. *I tapped his shoulder.* (ES) | sq̓ʷéʔq̓ʷiʔ ti xʷúŋəns ʔaʔ tə **cíq̓ʷən**s tə šamáns ʔiʔ nəxʷtə́qt ti sxʷsáʔcəŋs. *His shoulder was against the enemy's throat and closed off his breath.* (ES)} VAR: scíq̓ʷən (EPT)

císən ⟦√cis=ən √nail=instr⟧ ☞ císt any nail, spike, tack. (EPT; ES; TC; AS,BC) {ʔúq̓ʷt cə **císən**. *Pull out the nail.* (ES) | ʔúq̓ʷtəŋ cə **císən**. *Someone pulled out the nail.* (ES) | císt cn cə **císən**. *I pounded the nail.* (AS,BC) | ʔuʔkʷáʔnt cn cə **císən**. *I dropped the nail.* (AS) | ʔáwənə **císən**s cə ʔáʔyəŋ. *The house has got no nails.* (TC) | čúkʷs yaʔ cn cə hámən ʔaʔ cə **císən**. *I used the hammer on the nail.* (TC)}

císəŋ ⟦√cis-ŋ √nail-mdl⟧ [The root here has a similar form and overlapping meaning with the root meaning 'punch'.] cp. cə́s to pound, hammer, nail. (AS) {**císəŋ** cn. *I nailed (something).* (AS)}

cisíɬč ⟦√cis=iɬč √nail=plant⟧ summer fern, bracken. *Polypody sp.* (MJT) cp. skʷéʔəxʷ {qánqən **cisíɬč**. *Thief fern.* ✽ *If this fern is used to cover berries, it will cheat you and you will end up with fewer berries.* (MJT)}

císt ⟦√cis-t √nail-trns⟧ ☞ císəŋ to pound, hammer, nail something. (AS,BC) {**císt** cn *I hammered it. / I nailed it.* (MJT; TC) | **císt** cn cə císən. *I pounded the nail.* (AS,BC)}

cístən ⟦√cis=tən √nail=instr⟧ ☞ císt horn, antler. (TC; EPT; AS,BC)

cíwəq̓ elderberry. See under: scíyuq̓

ciwəq̓íɬč ⟦√ciwq̓=iɬč √elderberry=plant⟧ ☞ scíyuq̓ red elderberry bush. (HS,ES)

číxʷčixʷ ⟦√cixʷcixʷ √osprey⟧ ['characteristic' reduplication, but probably onomatopoeic] fish hawk, osprey. *Pandion haliaetus.* (LB,CWH; TC; AB,ICT) ⟪Harrington glosses this 'American eagle'.⟫

číxʷəŋ ⟦√cixʷ-ŋ √chilly-mdl⟧
1. to feel chilly. (AS,BC) {ʔəssáqɬ yaʔ cn ʔiʔ **číxʷəŋ** cn. *I was outside, and I felt chilly.* (MJT)}
2. to pity. (TC)

číxʷəŋ¹ ⟦√cixʷ-ŋ √sandbar-mdl⟧
1. Deep Creek. (JSH; AS,BC; AS) {ʔiʔuʔtə́s ʔaʔ**číxʷəŋ**. *He got to Deep Creek.* (ES) | ʔənʔá čáni čʔiyá ʔaʔ kʷi **číxʷəŋ**. *We came moving from Deep Creek.* (ES) | xʷčáti yaʔ kʷi kʷi ʔaʔyəcɬtáyŋx ʔiyá ʔaʔ **číxʷəŋ**. *The people killed each other at Deep Creek.* (AS)}
2. any spit of land (such as Dungeness Spit or

číx̣ʷəŋ Ediz Hook), especially the neck of the spit, above water or in shallow water. (LBH; EWH; LB,EWH; ES; AS,BC; AS) VAR: číx̣ʷ (JSH)

číx̣ʷəŋ² wade. See under: síx̣ʷəŋ

ciyaʔcátč ⟦√ciyaʔča=iɬč √thistle=plant⟧ cp. ʔiyaʔcátč thistle. (ES)

ciyaʔkʷéʔŋɬ ⟦√c⟨iy⟩aw-i⟨ʔ⟩ŋɬ √wash⟨pl⟩-cstm⟨actl⟩⟧ ☞ caʔkʷéʔŋəɬ to be washing clothes (of several). (AS)

ciyaʔməcísən ⟦√c⟨y⟩um=acis=ən √bone⟨pl⟩=hand=instr⟧ ☞ scúm finger. (AS)

ciyátkʷ ⟦√cyatkʷ √wild_man⟧ cp. tayápš cp. čičəyíqʷtən type of tall wild man similar to Sasquatch. ✱They are 7-9 feet tall, whistle and steal peoples fish catches at night. They were common at Puyallup and Tulalip and have been seen in Port Angeles on Eighth Street between the two bridges. They were seen by police at Neah Bay removing salmon from people's nets. They have no knees, so if you see one, run uphill or run over downed trees and they will have a hard time following you. If they catch you, they will hypnotize you and remove your clothes and hang them high up in the trees. They never harm anybody-they just make fools of them. (ES; AS) {ŋə́ŋ yaʔ ti *ciyátkʷ* ʔaʔ kʷi kʷɬhíc. *There were many ciyátkʷ long ago.* (AS)} VAR: ciʔátkʷ (JA,MJT)

ciyə́mət ⟦√c⟨iy⟩əmt √table_mat⟨pl⟩⟧ ☞ cə́mət several table mats. (MJT)

ciyúʔməčəň ⟦√c⟨iy⟩um=əčən⟨ʾ⟩ √bone⟨pl⟩=?⟨pl⟩⟧ ☞ cúʔməčən bracelets. (MJT) VAR: cəmcúʔməčəň (MJT) ⟦cə́m+√cum=əčən⟨ʾ⟩ pl+√bone=?⟨pl⟩⟧ VAR: ciyaʔyúmə́čən (MJT) ⟦√c⟨iyay⟩um=əčən⟨ʾ⟩ √bone⟨pl⟩=?⟨pl⟩⟧

ciyúʔməŋ ⟦√c⟨iy⟩uʔm-ŋ √wet⟨pl⟩-mdl⟧ ☞ cúʔməŋ to be wet (of several). (MJT)

čkʷíct ⟦√ckʷ=ic-t √cover=back-trns⟧ to cover one's back, throw on a shawl or blanket. (ES) {*čkʷíct* cn ʔiʔ cún. *I threw on a shawl and went up.* (AS,BC)}

člcə́lətəŋ ⟦čl+√cl-t-ŋ pl+√win/lose-trns-psv⟧ ☞ cə́lətəŋ to be badly beaten in a contest, lose badly. {*člcə́lətəŋ* st. *We got the heck beat out of us.* (ES)}

člə́t win it. See under: cə́lát

cláti ⟦√cl-ty √win/lose-rcprcl⟧ ☞ cə́lə́t to tie, both win, beat each other in a contest; to win, beat (someone) together. (ES; AS) {*cláti* st. *We (our team) won.* (AS,BC)} VAR: cəláti (AS,BC) {*cəláti* st. *Our team won.* (AS,BC)}

čɬə́kʷt ⟦√čɬəkʷ-t √pinch-trns⟧ to pinch something or someone. (TC; AS,BC) {*čɬə́kʷt* cn *I pinched it.* (MJT) ǀ níɬ suʔx̣ʷə́ts ʔiʔ *čɬə́kʷt*s tə x̣ʷúŋəns. *Then she took them and pinched their necks.* (MJ) ǀ *čɬə́kʷt*s ʔiʔ ɬəŋ ti siʔátəns cə skʷəyaʔkʷʾatú. *She pinched them, and the hair from the crows was removed.* (MJ) ǀ níɬ yəxʷ suʔhiyáʔs ʔiʔ *čɬə́kʷt*s cə sqʷúŋiʔs. *Then I guess she went and pinched their heads.* (MJ) ǀ suʔx̣číts ʔaʔ či sníɬs cə q̓áʔŋi *čɬə́kʷt* cə ŋə́nəŋənáʔs. *She knew it was the girl that pinched her children.* (MJ) ǀ máň kʷ ʔuʔəsqéʔqi ʔaʔ či s*čɬə́kʷt*s tə nəŋə́nŋənaʔ. *It was very mean to pinch my children.* (MJ)}

čɬə́kʷtəŋ ⟦√čɬəkʷ-t-ŋ √pinch-trns-psv⟧ ☞ čɬə́kʷt to be pinched by something or someone. {*čɬə́kʷtəŋ* cn. *I got pinched.* (TC) ǀ *čɬə́kʷtəŋ* cn ʔaʔ cə ʔáʔčx̣. *I got pinched by a crab.* (TC)}

čɬə́p ⟦√čɬəp √submerge⟧ to be sunk, submerged, disappeared below the surface. (ABT; AS) {yə́c kʷi kʷə nsnə́xʷɬ; ʔuʔɬə́ŋ ʔuʔ *čɬə́p* ʔaʔ kʷi nsqə́čaʔ. *My canoe was full; it completely sank with my catch.* (AS) ǀ ʔuʔɬə́ŋ ʔuʔ čəyáy ʔiʔ *čɬə́p* kʷə nsnə́xʷɬ. *My canoe really almost sank.* (AS) ǀ ɬəŋ ʔuʔ *čɬə́p* kʷə nsnə́xʷɬ ʔaʔ kʷi nsqə́čaʔ yaʔ; ŋə́ň kʷi nsqə́čaʔ. *My canoe completely sank with my catch; I caught a lot.* (AS)}

čɬə́pi ⟦√čɬəp-iy √submerge-dev⟧ ☞ čɬə́p to be submerged, under water. (ES; AS,BC) {*čɬə́pi* cn. *I'm under water.* (AS,BC) ǀ *čɬə́pi* kʷaʔ cə čə́saʔ. *The two were submerged.* (ES)}

čɬpiyéʔqʷ ⟦√čɬəp-iy=iʔqʷ √submerge-dev=head⟧ ☞ čɬə́pi to be submerged, covered with water over the head. (ES) {*čɬpiyéʔqʷ* ʔuʔ ɬə́ŋ. *They were completely submerged.* (ES)}

cŋʔə́t bite something. See under: cəŋə́t

cŋʔə́təŋ be bitten. See under: cəŋə́təŋ

cŋʔə́yuʔ bite. See under: cəŋə́yu

cŋcŋʔə́yu biter. See under: cəŋcəŋə́yuʔ

cpáct ⟦√cap-cut √interfere-rflxv⟧ [metathesis with reflexive] ☞ cápt to get busy (with something ignoring other things). {*cpáct* cn. *I got busy.* (MJT)}

cqə́ŋ ⟦√cq-ŋ √drip-mdl⟧ ☞ cə́q to drip. (TC) {suʔ*cq́ə́y*s cə smə́cs náwəɬ ʔaʔ cə čáwiʔs. *His fat dripped into his dish.* (TC) ǀ ʔuʔáwənə smə́cs *cqə́ŋ*. *He had no fat to drip.* (TC)}

cq́ə́t ⟦√cq-t √drip-trns⟧ ☞ cqə́ŋ to drip, drop liquid on something or someone. {*cq́ə́t* či. *Drop water on it.* (MJT)}

cq́ə́təŋ ⟦√cq-t-ŋ √drip-trns-psv⟧ ☞ cq́ə́t to be dripped on by something. {*cq́ə́təŋ* cn. *It dripped on me.* (ES)}

cq́ə́yu ⟦√ciq-əyu √press_down-activ⟧ ☞ cíq to press, lean against. {*cq́ə́yu* cn. *I pressed.* (AS)}

cq́ítəŋ ⟦√ciq-t-ŋ √press_down-trns-psv⟧ [metathesis with passive] ☞ cíqt to be pressed down on by something or someone. {*cq́ítəŋ* cn. *Someone pressed on me.* (TC)}

cqʷə́yuʔ ⟦√cuqʷ-əyu √suck-activ⟧ ☞ cúqʷ to suck, drink with a straw. (ES; AS) VAR: cqʷə́yu {*cqʷə́yu* cə ŋaʔŋáʔnaʔ ʔəɬ ʔéʔɬəns. *The baby sucks while it is eating.* (AS)} čq̕ʷútəŋ 〚√čuqʷ-t-ŋ √suck-trns-psv〛 [metathesis with passive] ☞ čúqʷt to be sucked, drawn in or out by someone or something. (MJT; AS) {kʷɬčq̕ʷútəŋ ixʷ kʷaʔ tiʔə sxʷq̕ʷáʔətəns tiʔə orange. *The juice is all sucked out of this orange.* (MJT) | čq̕ʷútəŋ cn ʔaʔ tə stíx̣ʷaʔč. *The octopus stuck on me with its suction cups.* (MJT) | čq̕ʷútəŋ ʔaʔ tə stáyəŋəxʷ. *It was drawn out by the medicine.* (MJT) | nɬ́ suʔƛ̕áys čq̕ʷútəŋ tiə nəx̣ʷúŋən. *Then again he sucked my neck.* (MJ)}

čq̕ʷáŋəct 〚√čaq̕ʷ-ŋ-cut √rot-mdl-rflxv〛 [metathesis with reflexive] ☞ čq̕ʷáŋət to get rotten. (MJT)

čq̕ʷáŋət 〚√čaq̕ʷ-ŋ-t √rot-mdl-trns〛 [metathesis with middle and transitive] ☞ čáq̕ʷəŋ to make or let something rot, rotten. {čq̕ʷáŋət cn. *I made it rot.* (TC) | čq̕ʷáŋət u cxʷ? *Did you make it rotten?* (TC)}

čq̕ʷáŋətəŋ 〚√čaq̕ʷ-ŋ-t-ŋ √rot-mdl-trns-psv〛 ☞ čq̕ʷáŋət to be made to rot, become rotten by someone.

čq̕ʷánəkʷ 〚√čq̕ʷ-ənukʷ √dir=ground〛 ☞ čáq̕ʷ mud, dark loamy ground. (LBH; LB,EWH)

čq̕ʷáy 〚√čq̕ʷ-ayə √dirt=person〛 ☞ čáq̕ʷ to be dirty, have dirt on one. (MJT) {čq̕ʷáy cn. *I got dirt on me. / I got dirty.* (MJT)}

čq̕ʷúʔsəŋ 〚√čq̕ʷ=u<ʔ>s-ŋ<ʔ> √look_down=face<actl>-mdl<actl>〛 to be looking down, bowing one's head. (BC) {čq̕ʷúʔsəŋ cn. *I'm looking down.* (BC) | čq̕ʷúʔsəŋ či hay. *Everybody look down.* (BC)} VAR: čq̕ʷúʔsəŋ (MJT) {ʔáwə či c čq̕ʷúʔsəŋ. *Don't look down.* (MJT)}

čq̕ʷumaʔíɬč 〚√čq̕ʷuməh=iɬč √raspberry=plant〛 ☞ čq̕ʷúm̕ah raspberry, blackcap berry plant. (MJT)

čq̕ʷúm̕ah 〚√čq̕ʷuʔməh √raspberry〛 raspberry, blackcap berry. (EPT; TC; AS) VAR: čq̕ʷúm̕ah {ɬqáčš čq̕ʷúm̕ah. *five raspberries.* (ES)} VAR: čq̕ʷúʔmə (EPT; TC) {nəčq̕ʷúʔmə. *My raspberry (endearment).* (MJT)} VAR: čq̕ʷúʔma (ES) VAR: čáq̕ʷəm (AS,BC; AS)

čq̕ʷús 〚√čq̕ʷ=us √look_down=face〛 [may have the root meaning 'dirt'] cp. čáq̕ʷ to have one's head hanging down, look down. (LC; TC,AS,BC) {ʔuʔčq̕ʷús cn. *I hung my head down.* (AS) | čq̕ʷús cn. *I looked down.* (BC) | čq̕ʷús kʷaʔčaʔ tiəwnɬ́. *His head is hanging down.* (TC) | čq̕ʷús kʷi ʔiʔ táycən, "ʔáw, nətán." *He hung his head and answered, "No, mother."* (BC)}

čq̕ʷúsəŋ 〚√čq̕ʷ=us-ŋ √look_down=face-mdl〛 ☞ čq̕ʷús to look down, bow one's head, hang one's head. (MJT; ES; AS,BC) {čq̕ʷúsəŋ cn. *I bowed my head.* (MJT) | suʔčq̕ʷúsəŋs cə nsaʔɔ́yčən. *My little brother hung his head.* (BC) | ʔiʔ nɬ́ suʔƛ̕áys ʔuʔ čq̕ʷúsəŋ ʔiʔ kʷéʔits kʷɬi sʔáccs cə kʷɬčáq. *He also looked down and peeked at the face of the old lady.* (ES) | ʔiʔ nɬ́ suʔčq̕ʷúsəŋs cə xʷanítəm. *Then the white man looked down.* (ES) | čq̕ʷúsəŋ ʔiʔ ɬéʔwiʔɬ. *Put your head down and pray.* (AS,BC)}

čq̕ʷúst 〚√čq̕ʷ=us-t √look_down=face-trns〛 ☞ čq̕ʷús to nod one's head to someone. {čq̕ʷúst cn. *I nodded my head to him.* (BC)}

čq̕ʷústəŋ 〚√čq̕ʷ=us-t-ŋ √look_down=face-trns-psv〛 ☞ čq̕ʷúst to be nodded to by someone. {čq̕ʷústəŋ cn. *He nodded his head to me.* (BC)}

čsánkʷs 〚√čs=ankʷs √punch=abdomen〛 ☞ čə́s to get hit in the diaphragm, solar plexus, pit of the stomach. (ES; AS) {čəyáy ʔiʔ čsánkʷs ʔaʔ kʷi nəsšátəŋ. *I almost got hit in the stomach when I was walking.* (AS)}

čsánkʷst 〚√čs=ankʷs-t √punch=abdomen-trns〛 ☞ čsánkʷs to punch someone in the body. {čsánkʷst cn cə swéʔwəs. *I punched the boy in the body.* (AS)}

čsánkʷstəŋ be hit in stomach. *See under:* čsnəkʷástəŋ

čsčsáti boxer. *See under:* sxʷčsčsáti

čsə́c 〚√čs-t-c √punch-trns-1obj/2obj〛 ☞ čsə́t punch me; punch you. (TC; AS,BC) {čsə́c cn. *I hit you.* (MJT) | čsə́c caʔn. *I'm going to hit you.* (EPT; MJT) | cán či čsə́c? *Who hit me? / Who hit you?* (TC) | stáŋ či čsə́c? *What hit you?* (TC) | čsə́c u cxʷ? *Did you hit me?* (MJT) | čsə́c u caʔ cxʷ. *Are you going to hit me?* (MJT) | ʔəstúŋt ʔay nsxʷčsə́c. *Why did you hit me?* (MJT) | ʔuʔx̣ə́nə əw čsə́c hayəʔ? *Did they hit all of you? / Did they all hit you?* (MJT)}

čsənáxʷ 〚√čs-naxʷ √punch-nctrns〛 ☞ čə́s to manage to hit someone or something. {čsənáxʷ cn ʔaʔ tə nəqʷəčyəsən. *I hit him with my cane accidentally.* (MJT) | čsənáxʷ cxʷ ʔaʔ Gypsy. *You hit Gypsy accidentally.* (MJT) VAR: čsnáxʷ (AS) {čsnáxʷ cn kʷə nsx̣ə́naʔ. *I hit my foot.* (AS)}

čsə́nəŋ be hit. *See under:* čsnáŋ

čsənúŋə 〚√čs-naxʷ-uŋə √punch-nctrns-2obj〛 ☞ čsənáxʷ hit you. {čsənúŋə u cn? *Did I hit you (accidentally)?* (MJT)}

čsə́qst 〚√čs=əqsən-t √punch=nose-trns〛 ☞ čsə́t to punch someone in the nose. (TC; AS) {čsə́qst cn cə nsʔúq̕ʷaʔ; mán̕ yaʔ cn qiʔnúŋət. *I punched my brother in the nose; I was really mad.* (AS)}

čsə́t 〚√čs-t √punch-trns〛 ☞ čə́s
1. to hit (especially with the hand), punch, slap, pound. (LC; ES; TC; AS,BC; AS) {čsə́t cn. *I punched him.* (TC) | čsə́t caʔn. *I'm going to hit him.* (EPT; MJT) | čsə́t caʔ st. *We're going to hit him.* (MJT) | ʔáwə cn c čsə́t. *I didn't hit him.* (TC) | čəwín cn ʔuʔ čsə́t. *Even I hit him.* (TC) | nɬ́ suʔčsə́ts cə ɬík̕ʷən. *Then he hit the gaff.* (ES) | stáŋ či čsə́ts? *What did he hit?* (TC) | stáŋ či ʔənsxʷčsə́t? *What did you hit it with?* (TC) | čsə́t cn ʔaʔ cə hə́mən. *I hit it with a hammer.* (TC) | cán či čsə́t ʔaʔ nə́kʷ? *Who hit you?* (TC) | ʔstúŋət cxʷ kʷaʔčaʔ ʔənsxʷčsə́t? *Why did you hit him?* (TC) | xʷənxʷínətəŋ cn. nɬ́ nsuʔhiyáʔ nəsʔiʔčsə́t. *He swore at me. Then I went and hit him.* (EPT) | čsə́t u cxʷ ayə *Did you folks hit him? / Did you folks hit them?* (MJT)}

2. to ring (a bell). {c̓s回́t tə ntíntən. *ring your bell.* (LC)}

c̓sátəŋ ⟦√c̓s-t-ŋ √punch-trns-psv⟧ ☞ c̓sə́t to be hit, punched, slapped. (AS,BC) {*c̓sátəŋ* cn. *They hit me. / I got hit. / He hit me.* (MJT; ES; TC; AS) | *c̓sátəŋ* u cxʷ? *Did they hit you?* (MJT) | *c̓sátəŋ* u cxʷ ayə? *Did he (they) hit you folks?* (MJT) | níɫ nsuʔc̓sátəŋ ʔaʔ cə nəšmán *Then I was punched by my enemy* (ES) | *c̓sátəŋ* kʷsə nx̣̓ác. *They hit me in the belly.* (EPT) | k̓ʷə́nəxʷ cn ʔaʔ kʷi nsc̓sátəŋ. *I saw him hit you.* (TC) | čəwín cn ʔuʔ *c̓sátəŋ*. *He even hit me.* (TC) | čəwín ʔuʔ *c̓sátəŋ* cə nəcə́t. *He even hit my father.* (TC) | *c̓sátəŋ* cn ʔaʔ kʷsə nstcík̓ʷən. *I got hit on my back.* (EPT) | qáqɬ kʷsə nɬáwi ʔaʔ kʷə nsc̓sátəŋ. *My arm is sore now where he hit me.* (EPT) | k̓ʷə́nəxʷ cn ʔaʔ kʷi nsc̓sátəŋ. *I saw him hit you.* (TC) | níɫ kʷaʔča sc̓sátəŋs yaʔ? ʔaʔ cə sŋə́q̓ʷuʔ swə́y̓qaʔs ʔaʔ kʷi sčaʔx̣éʔnəŋs ʔaʔ cə ʔuʔnáč. *It's because Crane, her husband, hit her when he caught her by surprise with a stranger.* (AA)}

c̓sáti ⟦√c̓s-ty √punch-rcprcl⟧ ☞ c̓sə́t to fistfight, box, punch each other. (AS,BC; ES; TC) {níɫ suʔc̓sátiɫ *then we fought.* (ES) | ʔuʔc̓sáti tiə swéʔwəs. *These boys were fist fighting.* (AS)}

c̓sətúŋɬ ⟦√c̓s-t-uŋɬ √punch-trns-1plobj⟧ ☞ c̓sə́t hit us. {*c̓sətúŋɬ* u caʔ cxʷ? *Are you going to hit us?* (MJT)}

c̓sáyu? ⟦√c̓s-əyu √punch-activ⟧ ☞ c̓sə́t to punch. (ES) VAR: c̓sə́yu {xéʔsiʔ ʔəɫ *c̓sáyu*s cə swə́y̓qaʔs. *Her husband is fierce when he punches.* (AS)}

c̓siʔáx̣ən ⟦√c̓s-iʔ=ax̣an √punch-ext=arm⟧ ☞ c̓ə́s to get hit on the arm. (AS) {*c̓siʔáx̣ən* cn. *I got hit on the arm.* (MJT)}

c̓siʔáx̣ənəŋ ⟦√c̓s-iʔ=ax̣an-naxʷ-ŋ √punch-ext=arm-nctrns-psv⟧ ☞ c̓siʔáx̣ən to be hit on the arm accidentally. {*c̓siʔáx̣ənəŋ* cn. *I got hit on the arm.* (MJT)}

c̓siʔáx̣tən ⟦√c̓s-iʔ=ax̣an-t-ŋ √punch-ext=arm-trns-psv⟧ ☞ c̓siʔáx̣ən to be hit on the arm. {*c̓siʔáx̣tən* cn *Someone hit me on the arm.* (EPT)} VAR: c̓siʔəx̣átən {*c̓siʔəx̣átən* cn. *Someone hit me on the arm intentionally.* (MJT)}

c̓síŋəɬ ⟦√c̓s-iŋɬ √punch-cstm⟧ ☞ c̓ə́st to ring a bell. {*c̓síŋəɬ* cn ʔaʔ cə tíntən. *I rang the bell.* (TC)}

c̓síqt ⟦√c̓s=iqən-t √punch=belly-trns⟧ ☞ c̓sə́t to punch someone in the belly. {*c̓síqt* cn. *I punched him in the belly.* (AS)}

c̓síqtəŋ ⟦√c̓s=iqən-t-ŋ √punch=belly-trns-psv⟧ ☞ c̓síqt to be hit in the abdomen. {*c̓síqtəŋ* cn. *I got hit in the stomach.* (EPT)}

c̓sítəŋ ⟦√c̓is-t-ŋ √nail-trns-psv⟧ [metathesis with passive] ☞ c̓íst to be pounded, nailed. {*c̓sítəŋ* cn. *I got nailed.* (TC)}

c̓snáŋ ⟦√c̓s-naxʷ-ŋ √punch-nctrns-psv⟧ ☞ c̓sənáxʷ be knocked, punched, pounded on by someone accidentally. {níɫ kʷə ntáwiʔ *c̓snáŋ*. *It was my arm that got hit.* (EPT; MJT)} VAR: c̓snánəŋ (EPT) VAR: c̓sónəŋ {*c̓sónəŋ* cn. *I got punched.* (AS)}

c̓snəkʷástəŋ ⟦√c̓s=ankʷs-t-ŋ √punch=abdomen-trns-psv⟧ [metathesis with passive] ☞ c̓sánkʷst to get hit in the diaphragm, solar plexus, mid body by someone or something. {*c̓snəkʷástəŋ* u cxʷ? *Did they hit you in the pit of your stomach?* (ES)} VAR: c̓sánkʷstəŋ {*c̓sánkʷstəŋ* cn ʔaʔ cə swéʔwəs. *I got punched in the body by the boy.* (AS)}

c̓sn̓kʷást ⟦√c̓s=an<ʔ>kʷ<á>s-t √punch=abdomen<actl>-trns-psv⟧ [rightward actual metathesis] ☞ c̓sánkʷst to be hitting someone in the solar plexus. (ES)

c̓ssanáŋ ⟦√c̓s=sən-naxʷ-ŋ √punch=foot-nctrns-psv⟧ ☞ c̓ə́s to be hit on the foot accidentally. {*c̓ssanáŋ* cn. *Someone hit me on the foot accidentally.* (MJT)}

c̓ssánt ⟦√c̓s=sən-t √punch=foot-trns⟧ ☞ c̓sə́t to hit someone on the foot. {*c̓ssánt* cn. *I hit him on his foot.* (AS)}

c̓ssántəŋ ⟦√c̓s=sən-t-ŋ √punch=foot-trns-psv⟧ ☞ c̓ssánt to be hit on the foot intentionally. {*c̓ssántəŋ* cn. *Someone hit me on the foot on purpose.* (MJT; AS)}

c̓súʔ ⟦√c̓su? √intestines⟧ intestines, stomach, where the food goes. (ES; TC; AS) {ʔuʔx̣áɬ tə *c̓súʔ*s. *He has an intestinal illness.* (AS,BC)}

c̓súsc ⟦√c̓s=us-t-c √punch=face-trns-1obj/2obj⟧ punch me in the face; punch you in the face. {húʔ q cxʷ *c̓súsc* ʔiʔ x̣̓áy cn ʔuʔ *c̓súsc*. *If you punch me in the face, I'll punch you in the face, too.* (ES)} ☞ nəxʷc̓súst

c̓súsənəŋ be hit in face. See under: nəxʷc̓súsənəŋ

c̓súsəŋ hit face. See under: nəxʷc̓súsəŋ

c̓súst punch in face. See under: nəxʷc̓súst

c̓sústəŋ get hit face. See under: nəxʷc̓sústəŋ

c̓sústi ⟦√c̓s=us-ty √punch=face-rcprcl⟧ ☞ nəxʷc̓súst to punch each other in the face. (BC) {*c̓sústi* tiə swiwə́y̓qaʔ. *The men punched each other.* (AS)}

c̓šúyc fingernail. See under: c̓šúycs

čúʔkʷs ⟦√čuʔkʷs √seven⟧ seven. (EPT; MJT; NS,JW; LC; TC; AS,BC) {*čúʔkʷs* skʷáči cə stə́m̓xʷs. *It was raining for seven days.* (ES) | níɫ nstxʷʔúxʷ ʔuʔ ʔúpən ʔiʔ *čúʔkʷs*. *I was going on seventeen.* (MJ) | tə́xʷ ʔuʔ *čúʔkʷs* tə siyaʔčúʔiɬ. *I had exactly seven younger siblings.* (MJ) | xʷítəŋ qɬ cn ʔiʔ tə́s ʔaʔ tə *čúʔkʷs* ʔuʔútxs. *I could jump to seven canoes.* (MJ) | xʷítəŋ ʔúxʷ ʔaʔ tə *čúʔkʷs* ʔuʔútxs ʔiʔ cələ́yuʔ. *She jumped seven canoes and won.* (MJ)} VAR: čúkʷs (LC)

čuʔkʷsáʔinəxʷ ⟦√čuʔkʷs=aʔwinəxʷ √seven=year⟧ ☞ čúʔkʷs seven years. (MJT)

čuʔkʷsáʔitxʷ seven dollars. See under: čaʔkʷsáʔitxʷ

čuʔkʷsáɬ ⟦√čuʔkʷs=aɬ √seven=times⟧ ☞ čúʔkʷs seven times. {*čuʔkʷsáɬ* tə nəstíyəm. *I sang the song seven times.* (MJT)}

čuʔkʷsáwtxʷ ⟦√čuʔkʷs=awtxʷ √seven=house⟧ ☞ čúʔkʷs seven houses. (MJT)

čuʔkʷsɬnát ⟦√čuʔkʷs=ɬnat √seven=day⟧ ☞ čúʔkʷs seven nights. (MJT)

čúʔməčən ⟦√čum̓=əčən √bone=?⟧ ☞ sčúm̓
1. copper, brass, bronze. (ES; TC)
2. bracelet, wristwatch, anything worn around the wrist or arm. (MJT; ES) VAR: čúm̓əčən (MJT)

čúʔməŋ ⟦√čuʔm-ŋ √wet-mdl⟧ to be wet. (LBH; MJT; LC; AS,BC; TC; ES) {čúʔməŋ cn. *I'm wet.* (ES) | čúʔməŋ kʷsə sčtə́ŋxʷən. *The ground is wet.* (EPT) | ɬaʔqʷács tə cicáyəs čúʔməŋ. *She (the dog) is licking her wet paws.* (MJT)} VAR: čúm̓əŋ {ʔuʔáwə c čúm̓əŋ. *It wasn't wet.* (MJ)} VAR: čúʔəməŋ {čúʔəməŋ tiə ɬqít. *These clothes are wet.* (AS)} VAR: čáʔməŋ (LSpʔH)

čúʔqʷəŋ ⟦√ču<ʔ>qʷ-ŋ √suck<actl>-mdl⟧ ☞ čúqʷ to be sucking. (MJT)

čúʔqʷt ⟦√ču<ʔ>qʷ-t √suck<actl>-trns⟧ ☞ čúqʷt to be sucking on something, drawing out by sucking. {čúʔqʷt cn tə sxʷqʷáʔtəns. *I sucked the juice out of it.* (MJT)}

čúʔɬt ⟦√ču<ʔ>ɬ-t √nudge<actl>-trns⟧ ☞ čúɬt to be nudging someone. {čúʔɬt cn. *I'm nudging her.* (MJT)}

čúcaʔməŋ ⟦čú+√čuʔm-ŋ<ˀ> rslt+√wet-mdl<actl>⟧ ☞ čúʔməŋ to be very wet, juicy. {mán ʔuʔ čúcaʔməŋ. *It's awfully wet.* (MJT)}

čúčɬ leaf. See under: sčúčɬaʔ

čúkʷs seven. See under: čúʔkʷs

čukʷáyaʔčx̣ ⟦√čukʷayaʔčx̣ √pitlamp⟧ [This appears to end in the word for 'crab'.] cp. ʔáʔčx̣ to fish or hunt at night (especially for flounder) with torch and spear in shallow water, pitlamp. ∗A large pitch-wood fire is made in a tub in the middle of the canoe (TC)

čúm̓əčən bracelet. See under: čúʔməčən

čúm̓əŋ wet. See under: čúʔməŋ

čúŋčəŋ ⟦√čuŋčəŋ √acorn_barnacle⟧ [possibly from a word referring to the tide] acorn barnacle. *Balanus glandula.* (MJT; AB,ICT; TC; ES; AS) ∗Eating these will give you boils. (AS,BC) {ŋə́n̓ ti čúŋčəŋ ʔaʔƛ̓cə́nt. *There are lots of barnacles at Agate Beach.* (AS) | ʔíx̣t cn cə ləpláš; ʔuʔmán ʔuʔ ŋə́n̓ tə čúŋčəŋ. *I scraped the board; there were very many barnacles.* (AS)}

čúqʷ ⟦√čuqʷ √suck⟧ to be sucked out. (LC; AS,BC) {čúqʷ cə ʔáʔčx̣. *The crab was sucked out.* (AS)}

čúqʷəŋ ⟦√čuqʷ-ŋ √suck-mdl⟧ ☞ čúqʷ to suck, suckle, nurse. (AS,BC) {čúqʷəŋ cə maʔmúsməs ʔaʔ tə táns. *The calf is suckling on its mother.* (BC)}

čúqʷnəxʷ ⟦√čuqʷ-nəxʷ √suck-nctrns⟧ ☞ čúqʷt to manage to suck something out. {níɬ suʔčúqʷnəxʷs. *Then he managed to suck it out.* (MJ)}

čúqʷt ⟦√čuqʷ-t √suck-trns⟧ ☞ čúqʷ to suck on something, draw out by sucking. (ES; AS,BC) {čúqʷt cn. *I sucked on it.* (ES) | čúqʷt cn nəpopsicle. *I sucked my popsicle.* (ES) | čúqʷt caʔn tə sxʷqʷáʔətən. *I'm going to suck the juice out.* (MJT) | níɬ suʔčúqʷts. *Then she sucked it out.* (MJ)} VAR: čáqʷt (AS) {húy či čáqʷt cə qʷúʔ. *Suck up the water.* (AS)}

čúqʷtəŋ ⟦√čuqʷ-t-ŋ √suck-trns-psv⟧ ☞ čúqʷt to be sucked up, draw out by sucking. {čúqʷtəŋ kʷi kʷə qʷúʔ. *The water was sucked up.* (AS)}

čútəwəč heel. See under: sxʷčútəwəč

čúɬt ⟦√čuɬ-t √nudge-trns⟧ to nudge, bump someone to get their attention without speaking. (MJT; AS) {čúɬt cn. *I nudged him.* (AS) | nʔá; čúɬt či. *Come; nudge her.* (MJT)}

čúɬtəŋ ⟦√čuɬ-t-ŋ √nudge-trns-psv⟧ ☞ čúɬt to be nudged, bumped by someone. {čúɬtəŋ cn ʔaʔ kʷɬi ntán. *My mother nudged me.* (AS)}

čúyəs ⟦√čuyəs √Sooes⟧ Sooes. ⟪probably refers to a village at the mouth of the Sooes River⟫ (JSH,H)

čxʷás ⟦√čxʷas √cook_on_rocks⟧
1. to cook on rocks on the beach, steam clams. (EPT; MJT) ∗Make a fire for a couple of hours on rocks, then put clams in. It takes ten minutes or so to cook clams. (EPT)
2. a clambake on the beach. {ʔiyá yaʔ cn ʔaʔ kʷi čxʷás ʔaʔ kʷi čiʔáqɬ. *I was over to the clambake yesterday.* (MJT) | tčinəsən yaʔ cn ʔaʔ syáctən ʔi ʔúxʷtəŋ ʔə či čxʷás. *He came for me and took me to the clambake.* (MJT)}

čxʷíɬč ⟦√čxʷ=iɬč √cherry=plant⟧ wild cherry tree. *Prunus sp.* (ES; AS,BC) ⟪A larger tree with smaller fruit than skʷčŋíyɬč⟫ cp. skʷčŋíyɬč {ŋə́n̓ tiə čxʷíɬč. *There are lots of wild cherries.* (AS)}

čx̣áʔiɬč stinging nettle. See under: čččx̣áɬč

čx̣éʔləš Chehalis. See under: čx̣éʔyəs

čx̣átəŋ ⟦√čəx̣-t-ŋ √wear_out-trns-psv⟧ [metathesis with passive] ☞ čə́x̣ to be worn out by someone or something. {čx̣átəŋ cn. *They wore me out.* (TC)}

čx̣iʔnís ⟦√čx̣y=nis √bare=tooth⟧ [root not found elsewhere] to have one's teeth showing (as a dog growling or a person smiling). (ES) VAR: čx̣iynís (AS,BC) {ʔuʔƛ̓x̣ʷiyuʔús nsuʔčx̣iynís. *It doesn't matter, just smile.* (AS,BC)}

čx̣iynísəŋ ⟦√čx̣y=nis-ŋ √bare=tooth-mdl⟧ [root does not occur elsewhere] ☞ čx̣iʔnís to bare one's teeth (as a dog growling or a person smiling). ⟪USAGE: This usually refers to making a false smile or showing teeth in anger.⟫ (AS,BC) {ʔuʔƛ̓x̣ʷiyús či nsčx̣iynísəŋ. *I'm just showing my teeth (smiling insincerely).* (AS,BC)} VAR: čəx̣iynísəŋ {ʔuʔƛ̓x̣ʷiyús či nsuʔčəx̣iynísəŋ. *I'm just showing my teeth (smiling insincerely).* (BC)}

čx̣ŋín ⟦√čəx̣=ŋin √wear_out=piece⟧ ☞ čə́x̣ secondhand, used goods. (TC) {ŋə́n̓ kʷi kʷə čx̣ŋín kiyapú. *There are lots of used coats.* (AS)}

čxʷáws

čx̣ŋináwtxʷ ⟦√čəx̣=ŋin=awtxʷ, √wear_out=piece=house⟧ ☞ čx̣ŋín secondhand store. (TC)

čxʷáws ⟦√čxʷaws √Pillar_Point⟧ Klallam fishing ground around Pillar Point. (JSH) *cp.* qqímuʔ

č

čʔáłaʔ ⟦č-√ʔ<á>łaʔ from-√here<actl>⟧ ☞ ʔáłaʔ to be from here. {**čʔáłaʔ** cn. *I'm from here.* (TC) | **čʔáłaʔ** kʷi kʷə swéʔwəs. *The boy is from here.* (AS) | ʔuʔ**čʔáłaʔ** ʔaʔməq̓ʷúʔəs ʔiʔ ʔuʔtós ʔaʔNitinaht. *They come from here at Smyth Head to Nitinaht.* (TC) | níɬ yəxʷ yaʔ ʔuʔ cəʔéʔt ʔuʔ x̣aʔyéʔsi **čʔáłaʔ** ʔaʔ tiə, əw? *I guess this was a truly fierce bunch from here, eh?* (TC)} VAR: čʔəłáʔ {ʔuʔ **čʔəłáʔ** č yaʔ ʔaʔ tiə tə́ŋəxʷ tiə ʔéʔɬx̣ʷaʔ stóss ʔaʔNitinaht. *They apparently came from this land here, Elwha, to get to Nitinaht.* (TC)}

čʔałaʔtúŋə ⟦č-√ʔłaʔ-tx-uŋə from-√here-inancaus-2obj⟧ ☞ čʔáłaʔtxʷ get you from here. {**čʔałaʔtúŋə** cn. *I got you from here.* (TC)}

čʔáłaʔtxʷ ⟦č-√ʔ<á>łaʔ-tx from-√here<actl>-inancaus⟧ ☞ čʔáłaʔ to bring, get something from here. (TC) {**čʔáłaʔtxʷ** cn tiə téʔyəqʷ. *I brought the strawberries from here.* (AS)}

čʔəłáʔtəŋ ⟦č-√ʔłaʔ-t-ŋ from-√here-trns-psv⟧ ☞ čʔáłaʔtxʷ to be brought from here. (TC) {**čʔəłáʔtəŋ** cn. *They got me from here.* (TC) | níɬ nəsyaʔcústəŋ ʔaʔ tiə nəsqʷúʔšən ʔaʔ či sč**ʔəłáʔtəŋ**s yaʔ kʷi ɬənłániʔ. *That's what I was told by my wife that they brought the women here.* (TC)}

čʔəx̣ín from where. *See under:* čšaʔəx̣ín

čʔíłaʔ ⟦č-√ʔíłaʔ have-√bought⟧ [perhaps the prefix is 'from'] ☞ sʔíłaʔ to buy, purchase. {**čʔíłaʔ** cn. *I bought (it).* (TC) | **čʔíłaʔ** ʔaʔ cəwníɬ, uʔ? *You bought it?* (TC) | **čʔíłaʔ** cn ʔaʔ kʷsə ʔáʔiŋ. *I bought a house.* (TC) | **čʔíłaʔ** cn ʔaʔ tə nús sq̓ʷúŋiʔ. *I bought four (salmon) heads.* (MJ)}

čʔíłən ⟦č-√ʔíłn have-√eat⟧ ☞ ʔíłən to consume habitually. ⟪USAGE: This can refer to habitual eating, drinking or smoking.⟫ (AS,BC) {**čʔíłən** ʔaʔ či ʔáʔčx. *He eats crab all the time.* (AS,BC) | **čʔíłən** cn ʔaʔ či smánəš. *I smoke all the time.* (BC) | **čʔíłən** ʔaʔ lám. *He's always drinking liquor.* (AS,BC) | **čʔíłən** cn ʔaʔ lám. *I was a drunkard.* (TC) | ʔunú ʔuʔ **čʔíłən**! *Notice how he eats!* (AS) | maṅ ʔuʔ **čʔíłən** ʔaʔ lám. *He lives to drink.* (AS) | **čʔíłən** cn ʔaʔ cə lám. *I drink lots of liquor.* (TC) | **čʔíłən** cn ʔaʔ ʔáʔčx. *I eat crab all the time.* (AS) | **čʔíłən** ʔaʔ q̓ʷə́yəṅ. *earwig* (EPT) | máṅ cn ʔuʔ **čʔíłən** ʔiʔ məccút. *I ate so much I got fat. (I ate too habitually and got fat.)* (BC)}

čʔiyá ⟦č-√ʔya be_from-√there⟧ to be from there, ever since. (AS,BC) {níɬ sxʷ**čʔiyá**s cə saʔsúɬ ti scúŋs ʔiʔ ʔəsáwəɬ ʔaʔ tə sqiqəyáyŋxʷ. *That's where the trail goes from up and into the trees in the brush.* (ES) | q̓áp cn **čʔiyá** ʔaʔ nə́kʷ. *I caught it from you.* (ES) | **čʔiyá** kʷi sčiyúʔisɬ. *Our ancestors were from there.* (ES) | héʔwi ʔaʔ ti sxʷ**čʔiyá**. *They came forward from where they were.* (AS) | x̣ƛ̓ʷnáxʷ cn tiə nəsčáy **čʔiyá** ʔaʔ cə ləmətú. *I got my wool from a sheep.* (TC) | ƛ̓áy ʔuʔ **čʔiyá** ʔaʔ ti sx̣aʔeʔkʷuyéʔč. *They were also from the mountains.* (ES) | ƛ̓áy ʔuʔ níɬ ʔuʔsxʷ**čʔiyá**s kʷi čičiyáŋəns yaʔ. *That's also where their ancestors were from.* (TC) | čtáŋ kʷaʔ stáŋəs či nəsx̣éʔ **čʔiyá** ʔaʔ ti sx̣ʷəyəmáyə. *He asked if there was something I wanted from the store.* (MJ) | níɬ nsuʔnuʔás cə ʔə́nyəns **čʔiyá** ʔaʔ tə x̣áʔčəŋ ʔə́nyəns. *Then I put in the onions from the dried onions.* (MJ) | kʷɬáw kʷaʔ nuʔiyə́məcts **čʔiyá** ʔaʔ kʷi suʔɬúyəŋs ʔaʔ kʷi sɬánis yaʔ. *He doesn't get much strength back since he was left by his late wife.* (RSh) | ƛ̓áy kʷ ʔuʔ níɬ ʔaycɬtáyŋx **čʔiyá** ʔaʔ cə ʔəscáyəqʷ sniyánt. *There were also Indians living up in the back woods in the mountains.* (ES) | ʔuʔhúy ʔuʔ **čʔiyá** ʔaʔx̣áyəŋ təs ʔaʔməq̓ʷúʔəs ʔiʔ cə súʔukʷ. *It was only from Bentinck Island to Smyth Head and Sooke.* (TC) | sx̣ʷéʔs či sʔənʔás ti sč**ʔiyá** ʔaʔ tə nə́cuʔ sčtə́ŋxʷən. *They want them to come from there to another land.* (ES) | ʔawmáṅ ʔuʔ nəsx̣éʔ sxʷ**čʔiyá**s kʷi čiyáŋənɬ ʔiʔčaʔyə ʔəcɬtáyŋxʷ. *Because I really love it for it comes from our ancestors, the people who came before us.* (BH) | ʔuʔhúy ʔuʔ ƛ̓kʷnáxʷ cə təltálə **čʔiyá** ʔaʔ cə marina. *They are the only ones that manage to get money from the marina.* (TC) | sáʔsiʔsiʔ yaʔ ʔaʔ ti ʔuʔnáč ʔaʔyəcɬtáyŋxʷ **čʔiyá** ti ʔuʔyéy̓. *They were feared by different people from far away.* (ES) } VAR: čʔiya {ʔiʔ kʷənáŋətəŋ či nscúntxʷ tə scúɬ **čʔiya** təsə cácuʔ. *He'll help me carry the wood up from the beach.* (ES) | ʔiʔ sx̣ʷéʔs či qʷúʔ cə nsɬániʔ ʔiʔ ʔənʔá **čʔiya** ʔaʔ cə sxʷʔíyas či skʷúkʷs caʔ či sʔíłən. *My wife wanted the water to come from there to where she was going to cook the food.* (ES)} VAR: čiya (AS,BC) VAR: čšʔiyá {níɬ č yaʔ kʷi Amy yaʔcícəm ʔaʔ či sxʷiʔám ʔaʔ kʷɬi kəkántu čš**ʔiyá** ʔaʔqámm̓qəm̓. *It was Amy who told the story of Kakantu from Point Hudson.* (EPT) | ʔəx̣ín ʔay̓ kʷi nsxʷ**čšʔiyá**ʔ *Where are you from?* (AB,ICT)} VAR: čaʔiyá {**čaʔiyá** st. *We're from there.* (TC) | ʔuʔ**čaʔiyá** ʔaʔ kʷi q̓íyt tə nəsŋaʔkʷaʔcút. *I've been waiting since noon.* (TC) | ƛ̓kʷət cn **čaʔiyá** ʔaʔ cə nəcət. *I took it from my father.* (TC) | ƛ̓kʷət cn cə táləs **čaʔiyá** ʔaʔ čaʔcítən. *I took his money from the table.* (TC) | ƛ̓áy ʔ uʔ x̣ʷənʔáŋ cə **čaʔiyá** ʔaʔ cə nəskʷáʔ nəʔáʔiŋ. *It was also like that there at my home.* (TC)} ☞ ʔiyá VAR: čiyá (TC)

čʔiyáṅ ⟦č-√ʔəy̓=aṅ have-√good=ear⟧ ☞ ʔəyáṅ to hear, get word of, catch (through hearing). {**čʔiyáṅ** cn. *I heard something.* (ES) | kʷɬcəyáy či tóss ʔaʔ tə sʔíyəqsən ʔiʔ ča**čʔiyáṅ**. *Soon they got to the point, and they finally heard.* (MJ) | suʔ**čʔiyáṅ** ʔaʔ mə́šču ʔiʔ ʔuʔhiyáʔ. *So Mink heard, and he went.* (MJ) | ʔiʔ **čʔiyáṅ** cə nsɬáni ʔaʔ či syáyaʔts kʷə nsʔúq̓ʷaʔ. *My wife got word that my cousin was getting ready.* (ES) | ʔáwə kʷaʔ **čʔiyáṅ**əs tə skʷəyaʔk̓ʷaʔtúʔ ʔəɬ kʷaʔkʷə́čəŋs cə q̓áʔŋi. *The crows never heard when the girl was hollering.* (MJ)}

č?ɬʔíɬən ⟦č-?ɬ+√ʔiɬn have-pl+√eat⟧ ☞ čʔíɬən to consume habitually (of several). {*č?ɬʔíɬən* ʔaʔ q̓ʷə́yəṅ. *earwigs* (EPT)}

čaʔ future. *See under:* caʔ

čaʔáʔnəs ⟦√č<ʔ>a<ʔ>n-as √move<actl>-ptcaus⟧ ☞ čánəs to be moving something. {*čaʔáʔnəs* cn. *I'm moving it.* (TC; MJT)}

čáʔaʔniʔ moving. *See under:* čáʔniʔ

čaʔáw̓əɬ ⟦√č=əʔəw<ʔ>-ɬ √other=side<actl>-dur⟧ ☞ čaʔwíyəŋ to be on the other, opposite side. (TC)

čaʔččə́c ⟦čaʔ-√čy-t-c immed-√wake-trns-1obj/2obj⟧ ☞ čaʔčə́č just wake me; just wake you. (ES,TC,HS) {*čaʔččə́c* u cxʷ? *Did you just wake me up?* (ES)}

čaʔčə́č ⟦čaʔ-√čy immed-√wake⟧ ☞ čə́č to be just awakened. (ES,TC) {*čaʔčə́č* cn. *I just woke up.* (ES)}

čaʔčáʔsaʔ ⟦čaʔ+√čə<ʔ>saʔ dim+√two<people>⟧ ☞ čáʔsaʔ to be just two people. {*ʔuʔ čaʔčáʔsaʔ* st. *It's just the two of us.* (TC)}

čaʔčáʔt making it. *See under:* čáʔčt

čáʔčaʔtəŋ ⟦√ča<ʔ>y<aʔ>-t-ŋ<ʔ> √work<actl>-trns-psv<actl>⟧ ☞ čáʔčt being built, made fixed, repaired, worked on. {húynəs či s*čáʔčaʔtəŋ*s *he managed to finish his repairs.* (ES)} VAR: čaʔčáʔtəŋ (TC) {húynəs či s*čaʔčáʔtəŋ*s. *He finished fixing it.* (ES) | X̌áy cn tə́s ʔaʔ cə sxʷʔiyás *čaʔčáʔtəŋ*s cə x̌ʷéʔləm. *I got there again to where the rope was being made.* (TC) | suʔx̌áy čəyáy ʔiʔ čaʔ*čáʔtəŋ* cə cáyss ʔiʔ sqiʔám či shúynəs. *They again almost fixed his hand, but they couldn't finish it.* (TC) | ʔúxʷ cn ʔaʔ cə sxʷʔiyás ti *čaʔčáʔtəŋ*s tə sx̌iyəx̌ə́kʷɬ ʔaw̓x̌éʔyəx yaʔ tiə xʷiyanítəm yaʔ ʔaʔ cə nə́cuʔ tə́ŋxʷ. *I went to where they were building a battleship because the white people were fighting a war in another land.* (TC)}

čaʔčaʔyúcən ⟦čaʔ+√ča<ʔ>y=ucin dim+√work<dim>=mouth⟧ ☞ čáy to talk too much. {*čaʔčaʔyúcən* cxʷ. *You talk too much.* (EPT)}

čaʔčáqʷɬ ⟦čaʔ+√č<á>qʷ-ɬ dim+√burn<rslt>-dur⟧ cp. ča?- ☞ čáqʷɬ to be barely burning, on fire. (ICT)

čaʔčáw̓txʷəŋ̓ ⟦√ča<ʔ>y=aw̓txʷ-ŋ<ʔ> √work<actl>=house-mdl<actl>⟧ [stress shift with metathesis] ☞ čačáw̓txʷəŋ to be building a house. (ES) {húynəxʷ cn kʷsə nəs*čaʔčáw̓txʷəŋ*. *I finished building my house.* (ES)} VAR: čačáw̓txʷəŋ (MJT) {txʷʔúxʷ ʔuʔ*čaʔčáw̓txʷəŋ* canu ʔaʔyəcɬtáyŋxʷ. *He went toward those people building a house.* (ES)} VAR: čáʔčuʔtxʷəŋ̓ {*čáʔčuʔtxʷəŋ̓* cn. *I'm putting up a house.* (MJT)}

čaʔčéʔkən̓ ⟦čaʔ+√či<ʔ>kn<ʔ> dim+√chicken<dim>⟧ ☞ čə́kəns chick, baby chicken. (ES) VAR: čaʔčíʔkən [/i/ does not become /e/ before glottal stop.] {čaʔnéʔ cə *čaʔčíʔkən*. *The little chick is just born.* (ES)}

čaʔčə́čtəŋəxʷ ⟦čaʔ+√čəčtŋxʷ dim+√owl⟧ ☞ čə́čtəŋəxʷ small owl. (HS) VAR: čaʔčə́təŋxʷ (ES)

čaʔčə́ɬt ⟦čaʔ+√č<ə́>ɬt dim+√thick<actl>⟧ [actual metathesis] ☞ čɬə́t to be small and thick. (MJT)

čaʔčə́saʔ ⟦čaʔ+√čəsaʔ dim+√two⟧ ☞ čə́saʔ two small things or people. {*čaʔčə́saʔ* tə ŋə́nəŋənaʔs. *They were her two small children.* (MJ) | nɬ̓ nəŋə́nəŋənaʔ tiə *čaʔčə́saʔ* swaʔwiʔqúʔiɬ. *These two small boys are my children.* (MJ)}

čaʔčə́yaŋəs ⟦čaʔ+√čay-ŋ<ʔ>=us actl+√hang-mdl<actl>=face⟧ ☞ čaʔčə́yəŋ̓ to be hanging. (EPT; LC; ES) VAR: čaʔčə́yəŋəs (ES)

čaʔčə́yəŋ̓ ⟦čaʔ+√čay-ŋ<ʔ> actl+√hang-mdl<actl>⟧ ☞ čiyəŋ̓úst to be hanging. (ES) {*čaʔčə́yəŋ̓* cn. *I'm hanging (from a hook).* (ES)}

čaʔčísəŋ̓ ⟦čaʔ+√čis-ŋ dim+√itch-mdl⟧ to itch, feel itchy; to scratch (an itch). (ES) VAR: čaʔčísəŋ (ES)

čaʔčsíc ⟦√čay-sít-c √work<actl>-bene-1obj/2obj⟧ ☞ čaʔčsít making (it) for me; making (it) for you. {kʷɬhúy kʷ nə*čaʔčsíc*. *I already finished making it for you.* (ES)}

čaʔčsít ⟦√čay-sít √work<actl>-bene⟧ ☞ čáčt to be working on, making, fixing, building (something) for someone. (AS,BC) {*čaʔčsít* cn. *I'm fixing it for him.* (ES) | *čaʔčsít* cn cə nsɬániʔ. *I'm fixing it for my wife.* (ES)} VAR: čəčsít (AS,BC)

čaʔčsítəŋ ⟦√čay-sít-ŋ √work<actl>-bene-psv⟧ ☞ čaʔčsít being worked on, made, fixed, built for someone by someone. (ES) {*čaʔčsítəŋ* cn ʔaʔ cə nsɬániʔ. *My wife made it for me.* (ES) | *čaʔčsítəŋ* kʷə čaʔcítən. *The table was made for him.* (AS,BC)}

čáʔčt ⟦√ča<ʔ>y-t √work<actl>-trns⟧ to be making something, doing something, working on something. (TC) ⟪There are two non-actual/actual pairs for this: čáčt/čáʔčt and ččat/čáčt.⟫ ☞ čáčt {*čáʔčt* cn. *I'm making it.* (MJT) | *čáʔčt* cn cə súyəq. *I'm making a net.* (ES) | nɬ̓ suʔhúynəxʷs *čáʔčt*s. *Then he finally finished working on it.* (ES; TC) | čáytəŋ st *čáʔčt* cə q̓əyáx̌əns cə number one Indian Reserve sxʷʔiyás yaʔ ti ʔiyá ʔaʔməq̓ʷúʔəs. *We were put to work building a fence for the number one Indian Reserve where Smyth Head is.* (TC)} VAR: čaʔčáʔt ⟦√ča<ʔ>y<aʔ>-t √work<actl>-trns⟧ {*čaʔčáʔt* cn cə ʔúyəqs. *I'm fixing the boat.* (AS) | *čaʔčáʔt* cn cə snə́xʷɬ. *I'm working on the canoe.* (AS) | ʔuʔsə́ɬəŋ ʔuʔ *čaʔčáʔt*s cə sčaʔkʷaʔyúɬs. *He kept on building his boat.* (ES)}

čaʔčtáʔ ⟦čaʔ+√čtaʔ dim+√recent⟧ to be recent, in office, in style. (ES)

čáʔčuʔtxʷəŋ̓ building house. *See under:* čaʔčáw̓txʷəŋ̓

čaʔčxʷáyu ⟦čaʔ-√čxʷəyuʔ dim-√whale⟧ ☞ čxʷáyuʔ small whale. (ES)

čáʔəqʷ ⟦√čaʔəqʷ √Port_Ludlow⟧ region behind Port Ludlow, back in the woods. (H) ⟪This may be

čáʔət

a mis-transcription of the word for 'backwoods'.⟫ cp. čáy̓əqʷ

čáʔət ⟦√yaʔt √vomit⟧ [/y/ → /č/] to vomit, throw up, spit up. (EPT; LC; AS,BC; ES,TC; ES; TC) {*čáʔət* cn. *I threw up.* (TC)} VAR: čáʔt

čaʔətáyŋən nauseated. See under: čaʔtáyŋən

čaʔətístəŋ ⟦√yaʔt-istxʷ-ŋ √vomit-caus-psv⟧ ☞ čaʔtístxʷ to be made to vomit. {*čaʔətístəŋ* cn ʔəɬ ʔíɬənn ʔaʔ ti čéʔčšinč. *It makes me throw up when I eat Indian plums.* (AS)}

čaʔəx̣ín from where. See under: čšaʔəx̣ín

čáʔəy̓ working. See under: čáʔi?

čaʔhiyá? ⟦ča?-√hya? immed-√go⟧ ☞ hiyá? to just now go, leave. (ES,TC) {*čaʔhiyá?* st ƛ̓aʔtáwn. *We just left for town.* (AS)}

čáʔi be first. See under: ɬčáʔi

čáʔi? ⟦√ča<ʔ>y<?> √work<actl>⟧ ☞ čáy to be working, building, doing, making. (TC; AS) {ʔi?čáʔi? cn. *I'm working.* (TC) | *čáʔi?* cn ʔaʔ cə muhúy̓. *I'm making a basket.* (ES) | ʔuʔx̣ənáɬ ya? ti suʔčáʔi?ɬ. *We were always working.* (TC) | *čáʔi?* cn ʔaʔ tiə qʷáy̓qʷi. *I'm fixing the beads.* (ES) | *čáʔi?* cn ʔaʔ cə nətálə. *I'm working for my money.* (TC) | *čáʔi?* cn ʔaʔ cə nəsnóxʷɬ. *I'm working on my canoe.* (TC) | ŋə́n̓ cə nəkʷɬčáʔi?. *Lots are going to work with me.* (TC) | mán̓ kʷ ʔu? ʔə́y̓ cə n̓sčáʔi?. *You're doing very good work!* (HS; TC) | ʔuʔx̣ə́ŋ kʷə nəyə́nəwəs ʔəɬ čáʔi?s. *My heart is working fast.* (TC,AS,BC) | ʔuʔčúkʷs ya? cn ʔaʔ kʷi nəsčáʔi?. *I used it when I was working.* (TC) | *čáʔi?* cn ʔaʔ tə qʷə́y̓qʷi sqsə́ɬnəɬ. *I'm making a bead necklace.* (MJT) | suʔčáʔi?ɬ ʔiyá ʔi? ʔáwə st kʷaʔ qaʔyústəŋɬ ʔaʔ ti tálə. *So we were working, but we weren't getting paid any money.* (TC) | húy cn tə nəsčáʔi? ʔi? nɬ nəsuʔhiyá? ʔəsqʷáɬi?. *I finished that job, and then I went logging.* (TC) | kʷənánətəŋ caʔn ʔi? xʷəyəməsítəŋ kʷə nməhúy̓ nəsčáʔi?. *She'll help me sell the basket I'm making.* (AS)} VAR: čáʔəy̓ (EPT; AS) {*čáʔəy̓* cn. *I'm working.* (AS) | kʷɬčáʔəy̓. *He's already working.* (AS,BC) | stáŋ či n̓sčáʔəy̓. *What are you working on?* (EPT) | kʷɬnɬ cn ʔu? ʔiʔčáʔəy̓. *Now I'm working.* (AS) | *čáʔəy̓* st ʔaʔ kʷsə ʔáʔiŋ. *We're building a house.* (EPT) | čápc cn ʔaʔ či n̓sčáʔəy̓. *I'm bothering you from your work.* (EPT) | húynəxʷ cn kʷsə nəsčáʔəy̓. *I finished what I'm making.* (EPT) | ʔuʔx̣ə́nə st ʔuʔ ʔáwə c *čáʔəy̓*. *None of us are working. / All of us aren't working.* (MJT) | *čáʔəy̓* ʔaʔ kʷsə qəyáx̣ən čaʔsə́yuʔ. *He's making a fence, hammering.* (EPT) | čaʔsə́yu kʷsə *čáʔəy̓* ʔaʔ či qəyáx̣ən. *The one that was building a fence was hammering.* (EPT) VAR: čáʔi {čóq *čáʔi*. *He's working hard.* (TC) | mə́yəq cn ʔaʔ tə nəsčáʔi. *I forgot what I was doing.* (TC) | mán̓ cxʷ ʔu? čóq *čáʔi*. *You're working too hard.* (ES) | *čáʔi* ʔaʔ ti šəpláš. *He was working at a lumber mill.* (MJ) | mán̓ ʔu? ʔənsxʷə́y̓ cə n̓sčáʔi. *You're very good at what you're doing.* (TC) | ʔáw cn c húy či nəsčáʔi. *I never quit my job.* (ES) | *čáʔi* cə məšín. *The machine is working.* (AS,BC) | ʔáwə c mán̓ ʔuʔ taʔmíct či n̓sčáʔi. *Don't work so hard.* (ES) | ʔuʔ *čáʔi* cn kʷi ʔiyá ʔaʔ cə kʷɬčáq ʔáʔiŋ. *I was working there at the old house.* (ES) | čóq cə n̓sčáʔi. *I'm working hard.* (ES) | nəx̣čŋin ʔaʔ či sné?s ixʷ či sčáʔi ʔaʔ Mudd. *I think Mr. Mudd must be doing something.* (MJT) | ʔuʔx̣ə́n̓ ti sčáʔis tiə sƛ̓aʔyéʔƛ̓qɬ ʔiyá ʔaʔ cə. *These kids are doing all the work there.* (TC) | ʔi? ʔən̓ʔá st həwíyŋ ƛ̓áy ʔúxʷ ʔaʔ tə scannery nəsxʷʔiyá tə nəsčáʔi. *And we came back again to the cannery where I was working.* (MJ) | ʔuʔiyá cn ʔu? ʔiyá ʔaʔ tə sxʷʔiyáɬ *čáʔi*ɬ ʔaʔ tə yaʔyíy̓ ʔəssáwəɬ ʔaʔ canu. *I was there at the place where we were working far into the bush there.* (ES) VAR: čičáʔi {ʔuʔiʔttaʔnáct cn kʷi ʔuʔʔəsteʔtəm tə nəsʔinuʔčičáʔi. *I'll be taking care of myself being steady and strong in my working.* (RSh)}

čáʔičtəŋəxʷ great horned owls. See under: čáʔyəčtəŋəxʷ

čaʔiɬcún̓ ⟦√čuy<?> =ɬcu-ŋ √wave<actl> =water-mdl⟧ ☞ sčúyəɬc choppy (of waves in the water). (TC)

čaʔiŋúst hanging it up. See under: čəy̓əŋúst

čáʔiqʷ backwoods. See under: čáyəqʷ

čáʔit hire someone. See under: čáytxʷ

čáʔitəŋ ⟦√ča<ʔ>y-txʷ-ŋ<?> √work<actl>-letcaus-psv<actl>⟧ ☞ čáytəŋ being put to work, given a job. (AS)

čáʔitxʷ ⟦√ča<ʔ>y-txʷ √work<actl>-letcaus⟧ ☞ čáytxʷ to be hiring someone, putting someone to work, giving someone a job. {*čáʔitxʷ* cn. *I'm putting him to work.* (BC)}

čaʔixʷə́yu whales. See under: čáʔyəxʷə́yuʔ

čaʔiyá from there. See under: čʔiyá

čaʔkʷə́yuʔ ⟦√č<aʔ>kʷu-əyu<?> √shoot<actl>-activ<actl>⟧ ☞ čkʷə́yuʔ to be shooting. (AS) {*čaʔkʷə́yuʔ* ya? cn ʔaʔ kʷi múʔəqʷ. *I was shooting ducks.* (EPT) VAR: čaʔkʷə́yu (AS,BC) {*čaʔkʷə́yu* cn. *I'm shooting.* (AS,BC)}

čaʔkʷi expected. See under: čakʷi

čaʔkʷútəŋ ⟦√č<aʔ>kʷu<?>-t-ŋ √shoot<actl>-trns-psv⟧ ☞ čkʷútəŋ being shot at. {*čaʔkʷútəŋ* cn. *I'm being shot at.* (AS,BC)} VAR: čaʔkʷútəŋ (MJT) {*čaʔkʷútəŋ* cn. *They're shooting at me.* (TC) | *čaʔkʷútəŋ* kʷi nəʔiyáʔiŋ ya?. *They were shooting at my father.* (MJ)}

čaʔkʷút ⟦√č<aʔ>kʷu-t √shoot<actl>-trns⟧ [There is another, usual, form of the actual of this stem.] ☞ čkʷút to be shooting at something. {čsaʔ húʔpt kʷi sqáqəns čaʔ*čaʔkʷút*s. *There were two deer they had just poached.* (ES) | stáŋ kʷaʔča či *čaʔkʷút*s? *What is he shooting at?* (TC) | hiyá? *čaʔkʷút*s cə múʔuqʷ. *He went shooting ducks.* (TC)}

čaʔkʷúti ⟦√č<aʔ>kʷu-ty √shoot<actl>-rcprcl⟧ ☞ čaʔkʷút to be shooting at each other. {ɬ̓kʷənəs

čáʔkʷaʔɬ

cə ʔaʔtšə́nəmən kʷéʔwənti *čaʔkʷúti* ʔaʔ ti yə́čt. *He saw warriors fighting, shooting at each other with arrows.* (MJ)}

čáʔk̕ʷaʔɬ 〚√ča<ʔ>k̕ʷ=aʔɬ √tight<actl>=mass〛 [more or less equal stress for TC] *cp.* xʷáʔk̕ʷaʔɬ ☞ ʔəsčák̕ʷɬ *to have hiccups.* (LC; ES; TC; AS,BC) {*čák̕ʷaʔɬ* cn. *I'm having the hiccups.* (ES) | x̣ənáɬ ti nsuʔ*čáʔk̕ʷaʔɬ* ʔəɬ xʷáʔəmən. *I always get hiccups when I'm hungry.* (AS)} VAR: čák̕ʷaʔɬ (ES; AS,BC)

čáʔmən murky. *See under:* ɬčáʔmən

čáʔmət murky. *See under:* ɬčáʔmən

čaʔnán̕xʷ 〚√ča<ʔ>n<á>n<ʔ>əxʷ √salmon<actl>〛 [rightward metathesis in actual] ☞ čənčánnəxʷ *to be fishing, camping and getting fish.* (MJT) {níɬ suʔhúyɬ t s*čaʔnán̕xʷ* ƛ̕iyáŋ ʔaʔ či scánnəxʷ. *Then we finished fishing, looking for fish.* (MJ)}

čaʔné? 〚ča?-√niʔ immed-√exist〛 ☞ néʔ *to be just born, newborn baby, just hatched.* (MJT; ES,TC; ES; TC) {*čaʔnéʔ* kʷsə ŋáʔnaʔs. *Their baby is just born.* (EPT) | *čaʔnéʔ* kʷsə čaʔyaʔčíʔkən. *The chickens are just hatched.* (ES) | *čaʔnéʔ* cə čaʔčíʔkən. *The little chick is just born.* (ES) | *čaʔnéʔ* kʷsə smaʔyaʔmáʔcən̕. *The baby skunks are just born.* (ES) | *čaʔnéʔ* ʔuctə nə́cuʔ ɬqáy̕c. *It was just born about one month* (MJ) | šə́"təŋ ʔiʔ kʷə́nts cə ƛ̕úƛ̕aʔ sk̕ʷəyaʔkʷáʔtuʔ ʔuʔ*čaʔnéʔ*. *She walked, and she saw little newborn crows.* (MJ)}

čáʔniʔ 〚√ča<ʔ>n-iy<ʔ> √move<actl>-dev<actl>〛 ☞ čáni *to be moving, changing location.* {ʔi ʔuʔúx̣ʷ ʔaʔ cə héʔuʔ t si*čáʔniʔ*s. *She went to the bow to move away.* (MJ)} VAR: čáʔaʔniʔ {kʷɬ*čáʔaʔniʔ*. *She's moving now.* (MJT)}

čaʔníɬ 〚čaʔ-√niɬ immed-√3focus〛 ☞ níɬ *to be the first time.* (TC) {*čaʔníɬ* cn. *It's the first time for me.* (TC) | *čaʔníɬ* kʷi nəsk̕ʷə́nəxʷ. *It's the first time I saw it.* (TC) | *čaʔníɬ* yəxʷ suʔƛ̕k̕ʷnáxʷs či syə́wəns. *He must have just got his power.* (MJ) | *čaʔníɬ* nəsk̕ʷə́nəxʷ. *It's the first time I saw it.* (TC) | *čaʔníɬ* kʷi nsʔiyánəxʷ cə nsqʷáy. *That's the first time I heard your story.* (TC)}

čaʔnú? 〚√čaʔnuʔ √extremely〛 [u-class intensifier] [Perhaps related to an interjection or a word for 'move'. It is not known to AS or BC.] *cp.* čəná *cp.* čánu [cannot stand as a word with a subject alone] *extremely.* {*čaʔnúʔ* cxʷ ʔuʔ nəxʷqáyəxs. *You're acting extremely proud.* (LC) | *čaʔnúʔ* cxʷ ʔuʔ sxʷák̕ʷi. *You're so crazy.* (LC)}

čáʔŋəɬč 〚√čaʔŋ=iɬč √oak=plant〛 scrub oak. *Quercus sp.* (LB,CWH)

čaʔŋə́scən 〚čaʔ-√ŋəscn̕ immed-√louse〛 ☞ ŋə́scən̕ *to be lousy, infested with lice.* (ES,TC)

čaʔŋə́yu 〚√ču<ʔ>ŋ-əyu √push<actl>-activ〛 ☞ čúŋət

1. *to be pushing, pumping.* {ʔiʔ ʔáwə kʷaʔ kʷánəŋəts cə qʷúʔ ʔaʔ cə smamáʔkʷɬ cə*čaʔŋə́yu* ʔaʔ ti qʷúʔ. *The water didn't run because the pump was broken.* (ES)}
2. *to be rowing forward.* (ES)

čaʔŋúct 〚√ču<ʔ>ŋ-cut √push<actl>-rflxv〛 [metathesis with reflexive] ☞ čúŋət *to be pushing.* (TC) {*čaʔŋúct* cn. *I'm pushing.* (LC)}

čaʔŋútəŋ 〚√č<aʔ>uŋ-t-ŋ<ʔ> √push<actl>-trns-psv<actl>〛 ☞ čúŋət *being pushed.* (ES) {*čaʔŋútəŋ* cn. *Someone's pushing me.* (LC; ES)}

čaʔqə́nəxʷ 〚čaʔ-√qənxʷ immed-√starvation〛 ☞ sqə́nəxʷ ☞ čɬqə́nəxʷ *to be very hungry, as someone who eats a lot but cannot seem to get full.* (MJT)

čaʔq̕áʔyuʔ 〚√ya<ʔ>q̕-əyu<ʔ> √fall_over<actl>-activ<actl>〛 ☞ čəq̕óyu *to be felling (a tree).* {*čaʔq̕áʔyuʔ* cn ʔaʔ tiə sqiyáyŋxʷ. *I'm felling this tree.* (ES)} VAR: čaʔq̕áyuʔ (BC)

čaʔq̕ə́yu fell. *See under:* čəq̕ə́yu

čáʔqʷaʔɬ 〚√čə<ʔ>qʷ=aʔɬ √burn<actl>=mass〛 ☞ čqʷáʔɬ *to be sweating.* (EPT; ES; ES,HS; AS,BC) {*čáʔqʷaʔɬ* cn. *I'm sweating.* (MJT) | mán̕ cn ʔuʔ *čáʔqʷaʔɬ*. *I'm sweating a lot.* (EPT)} VAR: čaʔqʷáʔɬc (AS,BC)

čaʔqʷáʔyuʔ 〚√ča<ʔ>qʷ-ə<ʔ>yu<ʔ> √drive_away<actl>-activ<actl>〛 ☞ čqʷə́yu *to be driving away, shooing away (especially animals).* (ES)

čaʔqʷənúkʷəŋ 〚√čə<ʔ>qʷ=ənukʷ-ŋ<ʔ> √burn<actl>=ground-mdl<actl>〛 ☞ čqʷnúkʷəŋ *to be clearing the land by burning.* (AS) {*čaʔqʷənúkʷəŋ* st ʔaʔ či sxʷʔiyás ʔaʔ či ʔáʔiŋ. *We're burning the land where the house will be.* (AS) | kʷɬhúy kʷi kʷi s*čaʔqʷənúkʷəŋ* ʔaʔ kʷi sxʷʔiyás ʔaʔ tə ʔáʔiŋ. *We finished burning the land where the house will be.* (AS)} VAR: čaʔqʷnúkʷəŋ (AS)

čaʔqʷə́wc 〚√č<ʔ>qʷ=<ə́>iwc √burn<actl>=fire<actl>〛 [stress shift with actual - missing /i/ in the suffix is unaccounted for] ☞ čə́qʷəwc *to be building, making, lighting a fire, starting a fire.* {kʷɬhúy tə nəs*čaʔqʷə́wc*. *I already made a fire.* (ES)}

čáʔqʷəyu burning. *See under:* čə́qʷəyu

čáʔqʷəyuʔ burning. *See under:* čə́qʷəyu

čáʔqʷəy̕uʔ burning. *See under:* čə́qʷəyu

čáʔqʷt 〚√ča<ʔ>qʷ-t √chase_away<actl>-trns〛 ☞ čáqʷt *to be chasing, driving, shooing something away.* (ES) {*čáʔqʷt* cn. *I'm driving it away.* (ES)}

čáʔq̕ʷəŋ 〚√ča<ʔ>q̕ʷ-ŋ<ʔ> √sweat<actl>-mdl<actl>〛 ☞ čáq̕ʷəŋ *to be sweating.* (MJT) {kʷɬiʔ*čáʔq̕ʷəŋ* kʷi. *He's beginning to sweat.* (MJT)}

čáʔsaʔ 〚√čə<á>saʔ √two<pl>〛 [suppletive] ☞ čə́saʔ *to be two people.* (EPT; TC; LC; ES) {*čáʔsaʔ* st. *There are two of us.* (TC) | *čáʔsaʔ* cxʷ. *There are two of you.* (TC) | *čáʔsaʔ* cə nək̕ʷɬúyɬ. *I'm getting aboard with two people.* (TC) | *čáʔsaʔ* tə nəʔiʔáyəs. *I had two cousins.* (MJ) | ʔuʔ*čáʔsaʔ* cə nəkʷɬʔúyɬ. *I'm getting on with two of the people.* (TC) | ʔuʔčáʔsaʔ ʔcɬtàyŋxʷ. *There are only two Indians.* (EPT) | k̓ʷə́ns cə **čáʔsaʔ** swə́y̓qaʔ. *He saw two men.* (ES) | nɬ suʔənʔás cə **čáʔsaʔ** suʔwə́y̓qaʔ. *Then two men came.* (ES) | **čáʔsaʔ** suʔáwəs cə xčtín. *I know two of the boys.* (TC) | ʔáwə cxʷ c **čáʔsaʔ**. *You're not two (there aren't two of you).* (TC) | **čáʔsaʔ** suʔwə́y̓qaʔ cə k̓ʷə́nnən. *I saw two of the men. / I saw two men.* (TC) | čɬ**čáʔsaʔ** cn. *Two people attacked me.* (TC) | **čáʔsaʔ** cə x̌k̓ʷíc. *Two people are holding me.* (TC) | **čáʔsaʔ** yaʔ st c shiyáʔɬ. *Two of us went.* (TC) | hiyitíŋ ʔaʔ cə **čáʔsaʔ** ʔə́y̓ snáyaʔnəkʷ. *He was saved by the two good ghosts.* (ES) | ʔiʔ **čáʔsaʔ** yaʔ txʷúy ʔu xʷiyanítəm. *And there were only two white people.* (ES) | **čáʔsaʔ** yaʔ kʷi k̓ʷə́nən suʔáwəs. *I saw two of the boys.* (TC) | k̓ʷə́nəxʷ cn cə **čáʔsaʔ**. *I saw the two.* (TC) | suʔúy̓ɬs cə **čáʔsaʔ** suʔáʔwəs ʔaʔ cə scaʔk̓ʷaʔyúɬ. *So two boys got on the boat.* (MJ) | hiyitíŋ k̓ʷə tím ʔaʔ cə **čáʔsaʔ** ʔaʔ cə néʔ snáyaʔnəkʷ q̓ʷaʔčtáy̓nən. *Tim was saved by those two from those ghosts that were wanting to kill him.* (ES) | nɬ k̓ʷaʔčaɬ suʔiʔx̌k̓ʷtíŋ ʔaʔ cə náʔcuʔ, **čáʔsaʔ**. *So, then, I was held by the one, then two people.* (ES) | nɬ ncáxʷ sk̓ʷə́nnəxʷs či snáyaʔnəkʷ ʔiʔ hiyitíŋ ʔaʔ cə **čáʔsaʔ** k̓ʷə siʔʔaʔk̓ʷístəŋ ʔaʔ tím ʔaʔ cə stútaʔwiʔ. *That was one time he saw ghosts and was saved by two of them taking Tim across the creek.* (ES)} VAR: čsáy {**čsáy** caʔ st hiyáʔs ʔiʔ x̌áy caʔ cxʷ ʔiʔsəwáʔ. *Two of us are going, and you are going, too. / Three of us are going including you.* (TC)}

čaʔsaʔə́y̓ɬ [√čə<ʔ>səʔ=əy̓ɬ √two<person>=child] ☞ čáʔsaʔ **to have two children.** (MJT)

čáʔsaʔqʷəŋ [√čə<ʔ>s=iʔqʷ-ŋ<ʔ> √hat<actl>=head-mdl<actl>] ☞ čə́saʔqʷəŋ **to be putting a hat on.** {**čáʔsaʔqʷəŋ** cn. *I'm putting on my hat.* (ES)}

čaʔsə́yu? [√č<əʔ>su-əyu<ʔ> √throw<actl>-activ<actl>] ☞ čsə́yu? **to be throwing.** (TC; ES) {**čaʔsə́yu?** cn. *I'm throwing it now.* (TC) | k̓ʷuʔnɬ su**čaʔsə́yu?**s. *He keeps throwing (it).* (MJT)}

čáʔsiʔ [√čaʔsy √marshmallow] **marshmallow.** (AS,BC) [neologism - Coined at a language class meeting August 17, 1995.]

čaʔsɬániʔ [čaʔ-s-√ɬany̓ immed-s-√female] ☞ sɬániʔ
1. **an unmarried grown woman, spinster, widow.** (MJT; ES; TC) {k̓ʷi nəstwəw̓**čaʔsɬániʔ** ʔiʔ čtátəŋ cn ʔaʔ k̓ʷi nəswə́y̓qaʔ kʷaʔ maliyítɬ ʔiʔ ʔáwə cn c táyəcən. *When I was still single, and I was asked by my husband to marry, I didn't answer.* (MJ)}
2. **all lady, just a woman.** {**čaʔsɬáni** cxʷ. *You're all woman.* ⟪USAGE: You might say this to a woman whose conduct is inappropriate.⟫ (TC)}

čaʔsútəŋ [√č<aʔ>su-t-ŋ<ʔ> √throw<actl>-trns-psv<actl>] ☞ čsútəŋ **being thrown at, hit by something thrown.** (ES) {**čaʔsútəŋ** cn *Someone's throwing something at me.* (MJT; TC) | ʔiʔ nɬ suʔsə́ɬəŋs ʔuʔ **čaʔsútəŋ**. *And they kept on throwing at him.* (ES) | nɬ suʔhúys **čaʔsútəŋ**. *They quit throwing at him.* (ES) | **čaʔsútəŋ** cn ʔaʔ cə snúʔnəkʷ. *The ghost was throwing it at me.* (TC) | **čaʔsútəŋ** cn ʔaʔ cə sŋiyánt. *The rocks are throwing stuff at me.* (TC) | **čaʔsútəŋ** čə́y̓q sŋiyánt tə sə́taŋ ʔéyəwəɬ ʔaʔ kʷi tím yaʔ. *The late Tim was having big rocks thrown at him falling right by him.* (ES)} VAR: čaʔsútəŋ {**čaʔsútəŋ** cn ʔaʔ cə sŋánət. *Someone's throwing rocks at me.* (ES)} VAR: čústəŋ [√č<ú>s-t-ŋ<ʔ> √throw<actl>-trns-psv<actl>] {**čústəŋ** cn. *Somebody's throwing at me.* (MJT)} VAR: čústəŋ {**čústəŋ** cn. *Someone threw something at me.* (AS,BC) | **čústəŋ** cn ʔaʔ či sŋánt. *The rock hit me.* (AS,BC)}

čaʔsúti [√č<aʔ>su-ty √throw<actl>-rcprcl] ☞ čsúti **to be throwing at each other.** (AS) {**čaʔsúti** st. *We're throwing at each other.* (AS) | **čaʔsúti** kʷi kʷə sx̌ʷəyéʔx̌qɬ ʔaʔ tiə pɬə́ms. *The children threw plums at each other.* (AS)}

čaʔswə́y̓qaʔ [čaʔ-s-√wəy̓qaʔ immed-s-√male] ☞ swə́y̓qaʔ
1. **bachelor, widower, an unmarried grown man.** (MJT; ES; TC)
2. **all man, just a man.** (TC)

čáʔt vomit. See under: čáʔət

čaʔtáči [čaʔ-√tačy immed-√arrive_here] ☞ táči **just now arrived.** {**čaʔtáči** cn *I just got here.* ⟪USAGE: used as a greeting by a person arriving⟫ (LC) | **čaʔtáči** cxʷ. *You just arrived.* ⟪USAGE: used as a greeting to a person arriving⟫ (LC)}

čaʔtáy̓nən [√yaʔt-ay̓nən √vomit-want] ☞ čáʔət **to feel nauseated, queasy, wanting to vomit.** (ES) VAR: čaʔətáy̓nən (AS) {**čaʔətáy̓nən** kʷi kʷə nŋə́naʔ ʔəɬ ʔúy̓ɬs ʔaʔ ti snə́xʷɬ. *My child feels queasy aboard a canoe.* (AS)}

čaʔtístxʷ [√yaʔt-istxʷ √vomit-caus] ☞ čáʔət **to make someone vomit.** (TC) VAR: čaʔətístxʷ (AS) {**čaʔətístxʷ** cn. *I made him throw up.* (AS)}

čaʔtíxəŋ [√čəʔtix-ŋ √clink-mdl] **to rattle, make a rattling, clanging, clinking noise (as a rattle, bell, beads or shells in a box), the sound of pieces of metal or glass against each other.** (ES; AS,BC) ⟪USAGE: The subject of this verb is the item (rattle, bell, beads, etc.) making the noise, not a person.⟫ (AS) {**čaʔtíxəŋ** cə k̓ʷčmín. *The rattle is rattling.* (AS,BC) | **čaʔtíxəŋ** cn. *I'm making a lot of noise.* (BC) ⟪USAGE: This example seems strange to AS.⟫} cp. q̓ətíxəŋ VAR: čaʔtíxəŋ (ES) VAR: čaʔtísəŋ (ES)

čaʔtɬnáʔč [čaʔ-√tɬnaʔč from-√across] ☞ tɬnáʔč **to be from across the strait, Canada.** (ES) {**čaʔtɬnáʔč** kʷi ncáčc. *My uncle is from Canada.* (AS)} VAR: čtɬnáʔč {**čtɬnáʔč** cn. *I'm Canadian / I'm from Canada.* (ES)} VAR: čətɬnáʔč (AS,BC)

čaʔɬéʔqʷəŋ [√či<ʔ>ɬ=iqʷ-ŋ √fall_off<actl>=head-mdl] ☞ číɬəŋ **to wash one's hair.** {**čaʔɬéʔqʷəŋ** cə q̓ə́ŋi ʔaʔ cə mútcuʔ. *The girl was washing her hair at a spring.* (MJ)} VAR: čiʔɬéʔqʷəŋ (AS,BC) | **čaʔhúy** cn kʷi nəs**čiʔɬéʔqʷəŋ**. *I just finished washing my hair.* (AS,BC)}

čaʔłéʔqʷt ⟦√či<ʔ>ł=iʔqʷ-t √fall_off<actl>=head-trns⟧ ☞ číłaʔqʷt to be washing someone's head. {*čaʔłéʔqʷt* cn. *I'm washing her head.* (MJT)} VAR: čiʔłéʔqʷt {*čiʔłéʔqʷt* cə nŋə́naʔ. *I washed my child's hair.* (AS,BC)}

čaʔúʔwən ⟦√č<ə?>u<ʔ>w=ən √use<actl>=instr⟧ ☞ čúkʷs anything used for a purpose such as a tool, a frying pan, etc. (AS) {xʷə́k̓ʷt ʔaʔ cə nə… cə *čəʔúʔwən* sxʷanítəmł kʷi x̌ácus ti xʷanítəm naʔátəŋ "rod and reel". *I pulled on the thing white people use for fishing that the white people call "rod and reel".* (TC)}

čaʔwíyəŋ ⟦√č=əʔəw-iy-ŋ √other=side-dev-mdl⟧ to go to the other side. (TC; AS) VAR: čaʔwéyŋ (AS; BC) {*čaʔwéyŋ* kʷsə ləmətú. *The sheep went to the other side.* (AS) | húy̓ či; *čaʔwéyŋ* caʔ st. *Let's go (under) to the other side (of the fence).* (AS)}

čaʔxʷéʔŋəł ⟦√ču<ʔ>xʷ-i<ʔ>ŋł √add<actl>-cstm<actl>⟧ ☞ čúxʷt to be adding, exaggerating, making it more. (ES)

čaʔxʷútəŋ ⟦√ču<ʔ>xʷ-t-ŋ<ʔ> √add<actl>-trns-psv<actl>⟧ ☞ čxʷútəŋ being added to by someone or something. (ES)

čaʔxayíw̓c ⟦√č<ə?>x=ay̓=iw̓c √split<actl>=wood=fire⟧ ☞ čxayíw̓c to be splitting firewood. (MJT; TC) {*čaʔxayíw̓c* cn. *I'm splitting wood.* (ES)} VAR: čaʔxaʔyíwc (TC) {*čaʔxaʔyíwc* cn ʔaʔ cə scúł. *I'm splitting the wood.* (AS)} VAR: čəxx̌áyuʔc (MJT) VAR: čaʔx̌áyuc {*čaʔx̌áyuc* cn ʔaʔ tə scúł. *I split the wood.* (AS)}

čaʔx̌áyuct ⟦√č<ʔ>x=ay̓=iw̓c-t √split<actl>=wood=fire-trns⟧ ☞ čaʔxay̓íw̓c to be splitting, chopping firewood. (ES,TC) {*čaʔx̌áyuct* cn cə scúł. *I'm splitting the wood.* (AS)} VAR: čaʔx̌áyuct {*čaʔx̌áyuct* cn cə scúł. *I'm splitting the wood.* (AS)} VAR: čaʔxaʔíw̓ct (ES)

čaʔx̌ə́yuʔ ⟦√č<aʔ>x̌-əyu<ʔ> √split<actl>-activ<actl>⟧ ☞ čx̌ə́yu to be splitting, tearing, ripping (something). {*čaʔx̌ə́yuʔ* cn ʔaʔ tiə muhúy̓. *I'm splitting this basket.* (AS)}

čaʔx̣ʷáłc ⟦√č<aʔ>x̣ʷ=ałc √saliva<actl>=water⟧ ☞ čx̣ʷáłc to be spiting, expectorating. (EPT; ES; TC)

čaʔx̣ʷéʔŋəł ⟦√ča<ʔ>x̣ʷ-i<ʔ>ŋł √melt<actl>-cstm<actl>⟧ ☞ čáx̣ʷəŋ to be thawing, melting. {*čaʔx̣ʷéʔŋəł* cə ŋáqaʔ. *The snow is melting.* (BC)}

čáʔx̣ʷəŋ ⟦√ča<ʔ>x̣ʷ-ŋ<ʔ> √melt<actl>-mdl<actl>⟧ ☞ čáx̣ʷəŋ to be melting, thawing (something). (EPT; LC; ES) {*čáʔx̣ʷəŋ* cə słə́yəx̣ʷ. *The ice is melting.* (ES) | ca*čáʔx̣ʷəŋ* cə ŋáqaʔ. *The snow is just melting.* (AS,BC) | *čáʔx̣ʷəŋ* cə scqʷáʔič smə́c. *The bear grease is melting.* (AS) | ʔiʔ*čáʔx̣ʷəŋ* kʷaʔ kʷsi ŋáqaʔ. *The snow is melting.* (EPT)}

čaʔx̣ʷə́yu ⟦√či<ʔ>x̣ʷ-əyu √demolish-activ⟧ ☞ číx̣ʷ to be tearing, breaking (something) apart, demolishing. (AS,BC) {*čaʔx̣ʷə́yu* kʷi ʔaʔ tə ʔáʔiŋs. *They're tearing their house apart.* (AS) | níł kʷi *čaʔx̣ʷə́yu*. *It is them that tears down (a big demolition company).* (AS)}

čáʔx̣ʷt ⟦√ča<ʔ>x̣ʷ-t √melt<actl>-trns⟧ ☞ čáx̣ʷt to be melting, thawing something. {*čáʔx̣ʷt* cn. *I'm melting it.* (ES)}

čaʔyačéʔkən ⟦č<aʔy>aʔ + √či<ʔ>kn<ʔ> dim<pl>+√chicken<dim>⟧ ☞ čə́kəns a group of chicks, small chickens. (ES) VAR: čaʔyaʔčíʔkən [/i/ does not become /e/ before /ʔ/.] {*čaʔné* kʷsə *čaʔyaʔčíʔkən*. *The chickens are just hatched.* (ES)}

čaʔyačə́čtəŋxʷ ⟦č<aʔy>aʔ + √čəčtŋxʷ dim<pl>+√owl⟧ ☞ čaʔčə́čtəŋxʷ a group of small owls. (HS)

čaʔyačə́łt ⟦č<aʔy>aʔ + √č<ə́>łt dim<pl>+√thick<actl>⟧ ☞ čaʔčə́łt to be small and thick (of several). (MJT)

čaʔyačə́məčnaʔ ⟦č<aʔy>aʔ + √čəmčnəʔ dim<pl>+√ant⟧ ☞ čaʔčə́mčnəʔ ants. (EPT) VAR: čaʔyaʔčəmčənaʔ (MJT) VAR: čiyaʔčəmčnaʔ {x̣ʷáčnəxʷ cn kʷiə *čiyaʔčə́mčnaʔ*. *I wiped out the ants.* (AS)}

čaʔyáʔt ⟦yaʔ + √yaʔt actl + √vomit⟧ [/y/ → /č/] ☞ čáʔət to be vomiting, throwing up. (LC; ES,TC; ES) {*čaʔyáʔt* cn. *I'm vomiting.* (ES) | kʷłčaʔyáʔt cn. *I'm already throwing up.* (TC) | *čaʔyáʔt* ciʔə nəŋə́naʔ. *My baby is spitting up.* (ES)} VAR: čaʔyát (MJT) {sx̌áʔəs ixʷ či sʔíłəns sxʷ*čaʔyát*s. *What he ate must have been bad is why he's throwing up.* (MJT)} VAR: čaʔyát (EPT)

čáʔyaqʷaʔwəč Esquimalt Lagoon. *See under:* čayəqʷáwəč

čaʔyáy̓ŋən ⟦√ča<ʔ>y-ay̓ŋən √work<actl>-want⟧ ☞ čáʔiʔ to be wanting to work, trying to work. {*čaʔyáy̓ŋən* cn. *I'm trying to work.* (MJT)}

čáʔyəčtəŋxʷ ⟦√č<aʔy>əčtŋxʷ √owl<pl>⟧ ☞ čə́čtəŋxʷ a group of great horned owls. (MJT) VAR: čáyəčtəŋxʷ (ES) VAR: čáʔičtəŋxʷ (EPT)

čáʔyəqʷ backwoods. *See under:* čáy̓əqʷ

čaʔyəqʷáw̓tx ⟦√čayiqʷ=aw̓tx √backwoods=house⟧ ☞ čáy̓əqʷ the back, upper side of a house. ⟪houses traditionally face the water, so the front is the 'lower' side and the back is the 'upper' side⟫ (TC)

čaʔyəxʷə́yuʔ ⟦√č<aʔy>əxʷəyuʔ √whale<pl>⟧ ☞ čxʷə́yuʔ a group of whales. (EPT; TC) VAR: čaʔixʷə́yu (ES) VAR: čəyəxʷə́yuʔ (AS,BC) VAR: čəyxʷə́yuʔ {ŋə́ń kʷsə *čəyxʷə́yuʔ*. *There are lots of whales.* (EPT)}

čaʔyíkən ⟦√č<aʔy>ikn √chicken<pl>⟧ ☞ čə́kəns a group of chickens. (HS,ES) VAR: čəyíkən (AS,BC)

čaʔyúčł ⟦√č<aʔy>učł √cedar_rope<pl>⟧ ☞ čúčł a bunch of rope made of cedar limbs. (AB,MJT)

čaʔyukʷtúŋəł ⟦√č<aʔy>ukʷ-t-uŋł √shoot<pl>-trns-1plobj⟧ ☞ čukʷtúŋəł shoot us all. {*čaʔyukʷtúŋəł* u caʔ cxʷ? *Are you going to shoot us all?* (TC)}

čačáʔtx̣ɬ ⟦ča+√ča<ʔ>tx̣-ɬ actl+√spear_duck<actl>-dur⟧ [Stress, unmarked in LCT notes, is probably on the second vowel, but this word is unknown to other speakers.] to be spearing ducks. (AB,ICT)

čačáw̓txʷəŋ ⟦√čay=aw̓txʷ-ŋ √work=house-mdl⟧ [/y/ → /č/] ☞ čáy to build a house, put up a tent or make camp. (AS,BC) VAR: ččáw̓txʷəŋ (MJT) VAR: čáčuʔtxʷəŋ (MJT; ES) {*čáčuʔtx̌ʷəŋ* cn. I put up a house. (MJT) | *čáčuʔtx̌ʷəŋ* st kʷi; q̓áyəŋ caʔ st. We're putting up camp; we're going to camp. (MJT) | *čáčuʔtx̌ʷəŋ* st. We built the house. (TC)} VAR: čáčəw̓txʷəŋ {níɬ suʔčaʔ*čáčəw̓txʷəŋ*s. Then they finally built a house. (MJ)}

čáčc aunt/uncle. See under: cácc

čáčt ⟦√č<á>y-t √work<actl>-trns⟧ [There are two non-actual/actual pairs for this: ččát/čáčt and čáčt/čáʔčt.] cp. čáʔčt ☞ ččát
1. to be working on, making, fixing, building something. (ES; TC; TC,AS,BC; AS,BC)
2. to build, make something, work on something. [non-actual] {*čáčt* či nsiláw̓txʷ. Put up your tent. (MJT) | *čáčt* cn. I'm fixing it. / I'm working on it. / I made it. (MJT; LC; ES; TC) | *čáčt* caʔn. I'll fix it. / I'm going to make it. (ES; MJT) | *čáčt* yaʔ cn. I was working on it. (TC) | kʷɬ*čáčt* cn. I'm fixing it now. (LC) | *čáčt* cn cə snə́xʷɬ. I made the canoe. / I fixed the canoe. (TC) | ʔə́y̓ nə*sčáčt*. I fixed it good. (TC) | nsuʔ*čáčt* cə spčúʔ. I'm making a basket. (MJ) | *čáčt* cn tiə qʷáyqʷi. I fixed the beads. (ES) | kʷɬ*čáčt* cn kʷi. I'm making it right now. (MJT) | ó, ʔuʔ *čáčt* caʔ st kʷi. Oh, we'll fix that. (TC) | níɬ suʔtə́sɬ ʔiʔ *čáčt* cə siláw̓txʷ. Then we got there and put up the tent. (MJ) | sátəŋ cn ʔaʔ cə siʔám̓ kʷaʔ *čáčt*n cə x̣ʷéʔləm. I was told by the boss to work on the rope. (TC)}

čáčti ⟦√č<á>y-ty √work<actl>-rcprcl⟧ ☞ čáčt to be working (on something) together. (AS,BC)

čáčuʔtxʷəŋ build house. See under: čačáw̓txʷəŋ

čakʷi ⟦čakʷi expected⟧ [evidential speech act particle] as expected, as usual, routinely, as done before. (AS,BC) {kʷɬníɬ *čakʷi* suʔnaʔɬcúʔəts. She's always pushing herself forward. (AS,BC) | ʔíɬən *čakʷi*. Leave it to him, he's always eating. (AS,BC) | ʔéʔɬən cn *čakʷi*. I'm eating, as usual. (AS,BC) | hiyáʔ cn *čakʷi*. I went (as a routine). (AS,BC) | čaʔtáči kʷi kʷə sx̣íƛaʔʔq̓ɬ ʔiʔ kʷɬníɬ suʔítəns *čakʷi*. The child got here, and now he's eating as usual. (AS)} VAR: čaʔkʷi {ʔaʔčšúŋət *čaʔkʷi*. He changed as usual. (AS) | kʷɬníɬ *čaʔkʷi* suʔnəxʷnəčáŋəss cə swə́y̓qaʔ. Now the man broke into a smile. (AS) | ʔaʔčšúŋət *čaʔkʷi* ʔaʔ tə stiqéws. As usual, he changed horses. (AS,BC) | nəxʷx̣iʔústəŋ *čaʔkʷi*. As usual, they took his picture. (AS) | nəsqəm̓sítəŋ *čaʔkʷi*. He's asking for me, as usual. (AS) VAR: šaʔkʷi {ƛ̓áy *šaʔkʷi* təmq̓ʷɬnáyts. He's choking him again. (EPT) VAR: šakʷi {ƛ̓áy *šakʷi* ɬáʔqʷts; mán ixʷ ʔuʔ sƛ̓éʔs. He licked it again, must be he liked it. (EPT)}

čák̓ʷ ⟦√čak̓ʷ √tight⟧ to fit in tightly, snug, wedged in. (AS,BC) {*čák̓ʷ* cn. I'm squeezed in tight. (AS,BC) | *čák̓ʷ* yaʔ st ʔaʔ kʷə súɬ. We squeezed through a narrow path. (AS) VAR: čə́k̓ʷ (AS) {*čə́k̓ʷ* cn. I got squeezed inside a tight place. (AS) | *čə́k̓ʷ* kʷi kʷə nsx̣ʷk̓ʷqʷə́m. My axe is wedged in. (AS) | *čə́k̓ʷ* cn ʔaʔ kʷi nsʔiyá; ʔuʔmán̓ ʔuʔ ŋə́n̓ ʔaʔyəcɬtáyŋxʷ. I was wedged in there; there were too many people. (AS)}

čák̓ʷaʔɬ hiccup. See under: čáʔk̓ʷaʔɬ

čák̓ʷt ⟦√čak̓ʷ-t √tight-trns⟧ ☞ čák̓ʷ to get someone or something fit, wedged in tightly. {*čák̓ʷt* cn. I got it stuck. (AS,BC) | *čák̓ʷt* cn cə sxʷk̓ʷqʷə́m. I got the axe stuck. (AS)}

čám ⟦√čam √jam⟧ any jam or jelly. (TC) [from English 'jam']

čáməns ⟦√čáməns √German⟧ German. (AS,BC) [from English 'Germans'] VAR: čámən (AS)

čánəc ⟦√čan-as-c √move-ptcaus-1obj/2obj⟧ ☞ čánəs move me; move you. {*čánəc* caʔn. I'm going to move you. (TC)}

čánəŋ ⟦√čan-as-ŋ √move-ptcaus-psv⟧ [The /s/ of the causative deletes.] ☞ čánəs to be moved by someone something. (MJT; AS,BC) {*čánəŋ* cn. They moved me. (TC) | kʷɬ*čánəŋ*. It's already moved. (MJT) | hiyáʔ caʔn *čánəŋ*. I'm going to move. (BC)}

čanəŋáw̓txʷ ⟦√čan-ŋ=aw̓txʷ √move-mdl=house⟧ ☞ čánəŋ to move house, change one's place of residence. (AS,BC) {*čanəŋáw̓txʷ* cn. I'm moving from one house to another. (BC)}

čánəs ⟦√čan-as √move-ptcaus⟧ ☞ čáni to move something or someone to another place. (TC) {*čánəs* cn. I moved it. (TC; MJT) | *čánəs* kʷi. Move it. (MJT) | *čánəs* cn cə sŋánt. I moved the rock. (TC) | hiʔ*čánəs*. Move over to another place. (EPT) | ʔəstúŋət ʔay̓ nsʔə́wə c *čánəs*. Why don't you move it? (MJT) | kʷɬ*čánəs*. It's already moved. (MJT) | *čánəs* cn cə sŋánt ʔaʔ cə čaʔcítən. I moved the rock to be in place of the table. (AS) | *čánəs* cə sčáyɬ yaʔ txʷʔúx̣ʷtəŋ ʔaʔPort Alice. Our job moved over to Port Alice. (TC) | *čánəs* cn cə sŋánt čšaʔiyá ʔaʔ cə čaʔcítən ʔúx̣ʷtxʷ ʔaʔ cə ɬxnúk̓ʷən. I moved the rock from the table to the floor. (TC)} VAR: čáns (AS,BC) VAR: čánis (AS,BC)

čánətəŋ ⟦√čan-t-ŋ √move-trns-psv⟧ [no metathesis with passive] ☞ čánəs ☞ čánitxʷ to be moved by something or someone to another place. {*čánətəŋ* cn. They moved me. (TC)}

čanów̓txʷəŋ ⟦√čan=aw̓txʷ-ŋ √move=house-mdl⟧ ☞ čáni to move to a different house. (TC) VAR: čánutxʷəŋ (AS) {*čánutxʷəŋ* cn ʔaʔ či čən̓ʔə́yi. I'll move in the summer time. (AS)}

čáni ⟦√čan-iy √move-dev⟧ to move, change location. ⟪Usage: The use of this word differs from English 'move' in that it would not be used to mean 'move around' or 'show motion'.⟫ cp. qʷíx̣ (ESAS,BC) {*čáni* cn. I moved (to a different place). (TC) | sx̣íts *čáni*. He moved it to a different place.

(ES) | ʔóˑ, **čáni** u cxʷ ʔuč? *Oh, did you move?* (MJT) | ƛ̓áy u cxʷ **čáni**? *Did you move again?* (MJT) | čixʷáwtxʷəŋ či, nəsɬáni?; kʷɬníɬ s**čániɬ**. *Break up camp, wife; we're moving.* (MJT) | **čáni** cə xʷíyŋxʷ təyi ʔúxʷ ʔaʔ cə naʔátəŋ sxʷčiyánəxʷ. *The village moved into the bay to what's called Cheanuh.* (TC) | níɬ suʔƛ̓áyɬ **čáni** ʔənʔá ʔúxʷ ʔaʔməq̓ʷúʔəs. *Then we moved again over to Smyth Head.* (TC) | húʔ st ƛ̓áy **čáni** ʔiʔ ƛ̓áy st hiyáʔ ʔúxʷ ʔaʔ sxʷimáɬ. *When we moved again, we again went to Esquimalt.* (TC)} VAR: čániʔ {ƛ̓áy u cxʷ **čániʔ** *did you move again?* (MJT)}

čánis move it. *See under:* čánəs

čánitxʷ 〚√čan-iy-txʷ √move-dev-inancaus〛 ☞ čáni to move someone or something to a different location. (ES; AS) {**čánitxʷ** cn cə nsέʔyaʔ. *I moved my grandmother.* (AS)} VAR: čanítxʷ (AS)

čánnəxʷ salmon. *See under:* sčánnəxʷ

čansə́nəŋ take step. *See under:* čənəsə́nəŋ

čánu 〚√čan-u √move-?〛 ☞ čáni to go next door, go someplace different. (AS,BC) {**čánu** caʔn. *I'm going someplace different.* (BC) | hiyáʔ caʔn **čánu**. *I'm going next door.* (AS)}

čánutxʷəŋ move house. *See under:* čanə́wtxʷəŋ

čapán 〚√čapán √Japanese〛 Japanese. (TC) [from English 'Japan']

čapənís 〚√čapənís √Japanese〛 to be Japanese. (AS,BC) [from English 'Japanese']

čáq̓ɬ 〚√č‹á›q-ɬ √big‹rslt›-dur〛 ☞ čə́q
1. to be a very low tide. (AS,BC) {ʔiʔ**čáq̓ɬ**. *The tide is going down.* (TC) | **čáq̓ɬ** tiə stáčəŋ. *The tide is real low.* (AS)}
2. to be very big. {ʔuʔmán yaʔ ʔuʔ **čáq̓ɬ** scúʔtx̣. *It was a very big halibut.* (TC)}

čáq̓ 〚√yaq̓ √fall_over〛 [/y/ → /č/] to fall over (of something standing), fall forward, fall down (from standing), stumble and fall. (AS,BC; ES; TC; AS) {ʔáwə c **čáq̓**. *Don't fall down.* (ES) | **čáq̓** cn. *I fell down.* (ES; TC; AS,BC) | **čáq̓** č kʷ ʔiʔšə́tən. *He fell down while walking.* (EPT) | **čáq̓** cə swə́ýqaʔ. *The man fell down.* (TC) | ʔuʔiʔkʷənít cn ʔaʔ kʷi s**čáq̓**s. *I saw him when he fell.* (EPT) | máʔkʷɬ cn ʔaʔ kʷi nəs**čáq̓**. *I hurt myself when I fell.* (AS) | ʔiʔkʷaʔkʷxcéʔnəŋ ʔaʔ kʷi s**čáq̓**s. *He was hollering when he fell.* (EPT) | tə́xʷ ixʷ kʷ uʔ kʷánəŋət ʔiʔ **čáq̓**. *He just started to run but fell.* (MJT) | **čáq̓** cə swə́ýqaʔ ʔiyá ʔaʔ cə sŋiyánt. *The man fell down (while walking) on the rocks.* (TC) | ʔiʔšə́tən cə swə́ýqaʔ ʔiyá ʔaʔ cə sŋiyánt ʔiʔ **čáq̓**. *The man was walking on the rocks and fell.* (TC) | q̓ʷáʔyəx̣ či; twaw̓**čáq̓** cxʷ ʔiʔ ƛ̓əmúsəŋ! *Watch out; you're going to fall forward and bump your face!* (MJT)} VAR: čə́q̓ {čiyáy cn ʔiʔ **čə́q̓**. *I almost fell down.* (AS,BC)}

čáq̓t 〚√yaq̓-t √fall_over-trns〛 ☞ čáq̓ to make someone or something fall down, tackle someone, fell a tree, knock something or someone down. (ES; AS,BC) {**čáq̓t** cn. *I made him fall down.* (ES) | **čáq̓t** cn cə sqiyáyŋxʷ. *I felled the tree.* (AS)} VAR: čáx̣t [This may be a mispronunciation.] (ES)

čáqʷɬ 〚√č‹á›qʷ-ɬ √burn‹rslt›-dur〛 ☞ čə́qʷ to be burning, on fire. (EPT; ES,HS) {**čáqʷɬ** cn. *I'm on fire.* (MJT) | **čáqʷɬ** kʷsə ʔáʔiŋ. *The house is on fire. / The house is burning.* (EPT; AS) | čaʔ**čáqʷɬ**. *It's just barely burning.* (AB,IC,NST) | **čáqʷɬ** cə čáy̓əqʷ *The woods are burning.* (MJT) | hiʔ**čáqʷɬ** kʷi. *It's starting to burn.* (MJT)}

čáqʷt 〚√čaqʷ-t √drive_away-trns〛 to chase, drive, shoo something away. 《USAGE: Note that this cannot be used to mean 'drive a car'.》 (ES,HS; ES; AS,BC) {**čáqʷt** cn. *I drove it away.* (ES) | **čáqʷt** u cxʷ? *Did you drive it away?* (ES) | **čáqʷt** cn cə nləmətú. *I shooed my sheep.* (AS)}

čáq̓ʷəŋ 〚√čaq̓ʷ-ŋ √sweat-mdl〛 to sweat. 《A similar word for 'sweat' has a plain /qʷ/.》 cp. čqʷáʔɬ {**čáq̓ʷəŋ** caʔ cxʷ. *You're going to sweat.* (MJT)}

čaq̓ʷəŋístxʷ 〚√čaq̓ʷ-ŋi-stxʷ √sweat-rel-caus〛 ☞ čáq̓ʷəŋ to make someone sweat. {**čaq̓ʷəŋístxʷ** cn. *I made him sweat.* (MJT)}

čásəŋ be chased. *See under:* ččásəŋ

část run after it. *See under:* ččás

částəŋ be chased. *See under:* ččásəŋ

čáx̣ʷəŋ 〚√čax̣ʷ-ŋ √spoil-mdl〛 to be soured, spoiled. (AS,BC) {**čáx̣ʷəŋ** cə ʔíks. *The eggs spoiled.* (AS) | **čáx̣ʷəŋ** cə nsʔíɬən. *My food spoiled.* (AS,BC)}

čáx̣ɬ 〚√č‹á›x̣-ɬ √split‹rslt›-dur〛 ☞ čə́x̣ to tear, split. {kʷɬiʔ**čáx̣ɬ**. *It's right now tearing.* (MJT)}

čáx̣t[1] 〚√čax̣-t √fall_over-trns〛 [possibly a variant of another form] cp. čáq̓t to make someone or something fall down, tackle someone, fell a tree, knock something or someone down. (ES)

čáx̣ʷəŋ 〚√čax̣ʷ-ŋ √melt-mdl〛 to thaw, melt (of anything such as ice, butter, lead). (EPT) {**čáx̣ʷəŋ** cə sɬə́yəxʷ. *The ice melted.* (ES) | **čáx̣ʷəŋ** kʷɬaʔ kʷɬi ŋáqaʔ. *The snow has melted.* (EPT) | **čáx̣ʷəŋ** cə ŋáqaʔ. *The snow melted.* (ES) | **čáx̣ʷəŋ** cn. *I'm melting.* (like the witch in 'Wizard of Oz') (AS,BC)}

čáx̣ʷt 〚√čax̣ʷ-t √melt-trns〛 ☞ čáx̣ʷəŋ to melt, thaw something. (EPT; HS,ES) {**čáx̣ʷt** cn. *I melted it.* (ES; TC) | **čáx̣ʷt** cn cə ŋáqaʔ. *I melted the snow.* (ES)}

čáy 〚√čay √work〛 to work, build, make. (RS; LC; TC; AS,BC) {**čáy** či. *Work!* (TC) | hiyáʔ cn **čáy**. *I'm going to work.* (RS; TC,AS,BC) | ƛ̓áy cn **čáy**. *I went back to work.* (ES) | **čáy** ʔaʔ cə súyəqs. *He made his net.* (TC) | ʔə́ý kʷi cə ṅs**čáy**. *You did good work.* (TC) | **čáy** u cxʷ ʔaʔ tiə ʔáynəkʷ? *Are you going to work today?* (MJ) | ʔuʔhúy yaʔ ʔuʔ s**čáy**s. *It's the only work he had.* (TC) | **čáy** ʔaʔ či čə́q scaʔkʷaʔyúɬ. *Build a big boat.* (ES) | **čáy** caʔn ʔaʔ či məhúy. *I'm going to make a basket.* (MJT) | níɬ sxʷʔiyás s**čáy**s ʔaʔ cə ʔáyaʔyəŋs. *That's where they built their houses.* (TC) | kʷɬhíc kʷi nəs**čáy** ʔaʔ či saplín. *It's been a long time since I made bread.*

(TC,AS,BC) | ʔəṅsx̣̌éʔ u či ṅsčáy ʔaʔ či saplín? *Do you want to make bread?* (TC,AS,BC) | ʔiʔánəŋ cn ʔəɬ čáyən ʔaʔ ti məhúy̓. *I know how to make a basket.* (MJT) | nəsʔiʔánəŋ ti nəsčáy ʔaʔ ti məhúy̓. *I know how to make a basket.* (MJT) | suʔčáys kʷaʔčaʔ ʔiʔ kʷɬəṅmáṅ kʷ uʔ čə́q. *So he worked and became very big.* (AA)}

čáyči 〚čáy + √čay char + √work〛 ☞ čáy
1. to be diligent, busy, ambitious, always working, industrious. (MJT; AS,BC; ES; TC; HS) {*čáyči* cn. *I'm busy, working all the time.* (TC) | *čáyči* kʷə nəstwawx̌ɬúx̌aʔ. *I was busy when I was still small.* (MJ) | níɬ nsuʔnátəŋ ʔaʔ či nəsčáyči. *So I was called industrious.* (MJ)}
2. worker. (MJT; ES)

čáyəčtəŋəxʷ great horned owls. *See under*: čáʔyəčtəŋəxʷ

čáyəŋ 〚√čay-ŋ √hang-mdl〛 to hang. (AS,BC) {*čáyəŋ* kʷi cə húʔpt. *The venison was hanging.* (AS)}

čayəqʷáwəč 〚√čayiqʷ = əwač √backwoods = bottom〛 ☞ čáyəqʷ Esquimalt Lagoon. (TC) 〚√č < yə > qʷ-aw = ač √burn < pl > -ext = backside〛 《This second analysis was suggested by AS and BC who once new a man who had this as a nickname. TC mentioned that this means something like 'upper water', which suggests the first analysis.》 ☞ čə́qʷ VAR: čáʔyaqʷaʔwəč (TC) VAR: čayəqʷáwəč (AS,BC)

čáyiči 〚ča<y>y + √čay char<pl> + √work〛 ☞ čáyči several workers. (MJT)

čáyiyɬ 〚√čay-iyɬ √work-go〛 ☞ čáy to go to work. (AS,BC) {kʷɬníɬ suʔčáyiyɬ. *Now we go to work.* (AS,BC) | ʔuʔčqcút cn či nəshiyáʔ čáyiyɬ x̌iʔáŋ ʔaʔ či sčáy. *I got big enough to go to work looking for a job.* (TC)}

čáymən 〚√čaymn √Chinese〛 Chinese. (TC) [from Chinook Jargon from English 'china man'] VAR: čáynəmən {*čáynəmən* č cn ʔəɬ qʷáqʷiʔən. *I'm Chinese when I talk.* (TC)}

čaynéʔəŋ 〚√čayni<ʔ>-ŋ<ʔ> √Chinese<actl>-mdl<actl>〛 to be speaking the Chinese language. {txʷəčaynéʔəŋ cn sqʷáy. *I'm starting to talk the Chinese language.* (TC) | húʔ cn nəxʷsx̌ay̓əmúcən ʔəɬ qʷáqʷiʔən ʔiʔ xənʔátəŋ cn ʔaʔ či nsčaynéʔəŋ̓ č. *When I'm talking Klallam they tell me I'm apparently talking Chinese.* (TC)}

čaynəŋut finally work. *See under*: čaynúŋət

čáyni 〚√čayni √Chinese〛 Chinese. [from English 'Chinese'] {čúʔəɬ *čáyni* sčə́yaʔ sxʷʔéɬəṅs. *Chinese use sticks for eating.* (TC) | k̓ʷə́ṅnəxʷ cn cə čuʔəɬ *čáyni* sčə́saʔqʷ. *I saw that Chinese hat.* (TC)}

čaynúŋət 〚√čay-nuŋt √work-ncmdl〛 ☞ čáy to manage to finally work. {x̌áy cn ʔuʔ *čaynúŋət*. *I finally went to work, too.* (TC)} VAR: čaynəŋut {*čaynəŋut* cn. *I finally got work.* (TC)}

čaysít 〚√čay-sít √work-bene〛 ☞ čáy to make, fix (something) for someone. {*čaysít* cn. *I fixed it for him.* (AS,BC)}

čaysítəŋ 〚√čay-sít-ŋ √work-bene-psv〛 ☞ čaysít to be made for, fixed for, worked on for by someone. (AS) {níɬ kʷi suʔčaysítəŋs cə q̓áŋi ʔaʔ kʷi sčáys. *They helped the girl with her work.* (AS)}

čáy skʷáči 〚√čay ʔs-√kʷayiy √work stat-√day〛 ☞ čáy ☞ skʷáči Labor Day. (AS,BC)

čáytəŋ 〚√čay=təŋ √work=instr〛 ☞ čáy any tool used for work. {xənʔátəŋs ʔaʔ cə načtə́ṅəq, "ʔúxʷtxʷ cə ṅčáytən ʔaʔ cə ṅsxʷə́kʷ." *She was told by the Changer, "Take your tool on your butt."* (ES)}

čáytəŋ 〚√čay-txʷ-ŋ √work-letcaus-psv〛 ☞ čáytxʷ to be put to work, given a job. (AS,BC) {kʷɬníɬ nəsuʔčáytəŋ. *I was soon put to work.* (TC) | *čáytəŋ* tə sɬáni. *The woman got work.* (AS,BC) | ncáxʷ kʷi sčáytəŋɬ ʔaʔ cə snaʔátəŋ ʔaʔ ti ʔcɬtáyŋxʷ "Indian Agent". *Once we were put to work by what the Indians called "Indian Agent".* (TC) | ʔáxəŋ kʷi siʔiʔám ʔaʔ ʔiyá tə čáq táwn, Seattle, húʔ q ʔiʔqʷúy cə sx̌íx̌aʔx̌ɬ ʔiʔ ŋəṅ, ŋəṅ təsə ŋaʔkʷaʔcút ti sčáytəŋs ʔaʔ Seattle. *The bosses in the city, Seattle, said that if a child dies there are many, many waiting to be put to work in Seattle.* (ES) | *čáytəŋ* st čáʔčt cə q̓əyáxəns cə number one Indian Reserve sxʷʔiyás yaʔ ti ʔiyá ʔaʔməq̓ʷúʔəs. *We were put to work building a fence for the number one Indian Reserve where Smyth Head is.* (TC)} VAR: čáyətəŋ (AS)

čaytúŋəɬ 〚√čay-t-uŋɬ √work-trns-1plobj〛 ☞ čaysít to make (something) make for us. {*čaytúŋəɬ* u cxʷ ʔaʔ či xʷéʔləm? *Did you make us some rope?* (TC; AS,BC)}

čáytxʷ 〚√čay-txʷ √work-inancaus〛 ☞ čáy to hire someone, put someone to work, give someone a job. (AS,BC) {*čáytxʷ* cn. *I hired him. / I gave him a job.* (TC; AS,BC) | *čáytxʷ* u cxʷ? *Did you let him work?* (AS,BC) | čaʔčáytxʷ cə naʔčaʔuŋəxʷ. *I just hired the stranger.* (AS)} VAR: čáʔit {*čáʔit* cn. *I put him to work.* (AS) | kʷɬníɬ kʷi siʔčáʔits cə swə́yqaʔ. *Now they put the man to work.* (AS,BC)} 《This may be an 'actual' form, but the semantics do not match.》

čáy̓əq̓ 〚yá + √y<ʔ>aq̓ actl + √fall_over<actl>〛 [/y/ → /č/] ☞ čáq̓ to be falling. {ʔiʔčáʔyəq̓. *He's falling now.* (EPT)}

čáy̓əqʷ 〚√čayiqʷ √backwoods〛
1. to be in the woods, forest, up away from the water. (LBH,H,H; LB,CWH,H; MJT; AS,BC; ES) {*čáy̓əqʷ* cn. *I'm way back in the woods.* (ES) | híc c sčáy̓əqʷs. *He was in the backwoods for a long time.* (ES) | hiyá·ʔ č txʷaʔyíy̓ txʷaʔčáy̓əqʷ. *He went far into the woods.* (TC) | *čáy̓əqʷ* yaʔ cn kʷi ʔiʔ níɬ yəxʷ nəsuʔsúʔŋnəṅ ʔaʔ kʷsə húʔpt. *I was up in the woods, and the deer must have been scenting me.* (MJT) | ččáy̓əqʷ *from the woods* (LB,CW,EWH)}
2. woods, forest. {čáqʷɬ cə *čáy̓əqʷ* *The woods are burning.* (MJT) | ʔuʔxčít u cxʷ či *čáy̓əqʷ*? *Do you know the woods?* (MJ) | cicə́xʷ st ʔiyá ʔaʔ tə

čáyəqʷ. *We were lost in the woods.* (MJ) | níɬ cə sxʷáyaʔxʷc ʔəsqə́yaʔq ʔiyá ʔaʔ kʷsə **čáyəqʷ**. *It was snakes tangled up there in the backwoods.* (MJ) | hiyáʔ cn cúŋ ʔúxʷ ʔaʔ tə **čáyəqʷ**. *I went up inland into the woods.* (MJT) | níɬ suʔcúŋs ya? štəŋ kʷɬi nətán ʔúxʷ ʔaʔ cə **čáyəqʷ**. *Then my mother walked up into the bush.* (TC) | hiyáʔ č ʔúxʷ ʔaʔ cə **čáyəqʷ**. *He went into the back woods.* (TC) | tə́s ʔaʔ cə **čáyəqʷ** ʔiʔ ɬčíkʷs sʔiʔšátəŋs. *He got deep into the woods tired from walking.* (TC) | čtátən kʷaʔ ʔəstúʔŋəts sxʷʔiyá ʔaʔ cə **čáyəqʷ** t sʔéʔtts. *They asked him why he was up in the woods sleeping.* (TC)} VAR: čáʔiqʷ (AS,BC) {ŋə́ɬ kʷi kʷi stáʔɬčiʔ **čáʔiqʷ**. *There are lots of snags in the woods.* (AS)} VAR: čáʔyəqʷ (TC)

čayəqʷaʔáẃəɬ ⟦√čayiqʷ=əʔəw<ʔ>-ɬ √backwoods=side<actl>-dur⟧ ☞ čáyəqʷ *to be on the woods side, back side, side away from the water.* {suʔsqéyŋs ʔiʔ hiyáʔ **čayəqʷaʔáẃəɬ** ʔaʔ cə ʔáʔyəŋ. *He went outside and went to the back of the house.* (ES) | ʔyánəs či haʔničəŋ **čayəqʷaʔáẃəɬ**. *He heard talking behind (the house).* (ES) | ʔiʔ ƛ̓áy kʷə ʔuʔ kʷánəŋət činu snáyaʔnəkʷ **čayəqʷaʔáẃəɬ**. *And those ghosts in back (of the house) ran, too.* (ES)}

čayəqʷáẃəč Esquimalt Lagoon. See under: čayəqʷáẃəč

ččáct ⟦√čay-cut √work-rflxv⟧ [metathesis with reflexive] [/y/ → /č/] ☞ čáy *to make, work on oneself.* (MJT) {**ččáct** cn. *I'm working on myself.* (AS)}

ččás ⟦√čy-as √chase-ptcaus⟧ *to run after, chase, follow someone or something.* (TC) {**ččás** cn. *I ran after him. / I chased it.* (ES; TC) | **ččás** caʔn. *I'm going to chase him.* (MJT) | **ččás** cn ʔaʔ nə́kʷ. *I chased you.* (TC) | **ččás** cn cə músmus. *I chased the cow.* (AS) | níɬ nsuʔččás. *So then I followed it.* (MJ) | xənátən cn kʷaʔ **ččásən** ʔiʔ xənáxʷ kʷaʔ ʔnʔás ʔiʔ ʔíɬən. *He told me to run after him and ask him to come and eat.* (MJT)} VAR: část {**část** cn. *I chased it. / I followed it.* (AS,BC)} VAR: ččást {**ččást** cn cə músmus. *I chased the cow.* (BC)}

ččásəŋ ⟦√čy-as-ŋ √chase-ptcaus-psv⟧ [This is an unusual passive of the put causative. The expected form is the non-occurring */ččáŋ/.] ☞ ččás *to be chased, followed by someone or something.* (MJT; AS,BC) {**ččásəŋ** cn. *It chased me.* (TC) | níɬ nəsuʔččásəŋ. *Then it chased me.* (TC) | **ččásəŋ** ixʷ cn kʷi. *He's chasing me.* (MJT) | **ččásəŋ** ʔaʔ slapúʔ. *He was chased by Slapu.* (MJ) | **ččásəŋ** cn ʔaʔ cə músmus. *The cow chased me.* (AS) | **ččásəŋ** cn ʔiʔ ʔáwə cn c ƛ̓kʷnáŋ. *He chased me, but he didn't catch me.* (MJ) | níɬ nəsuʔččásəŋ ʔaʔ cawnəɬ ʔəšás. *Then I was chased by that sea lion.* (TC)} VAR: cásəŋ {**cásəŋ** cn ʔaʔ cə músmus. *The cow chased me.* (AS)} VAR: ččástəŋ {**ččástəŋ** kʷi sčánnəxʷ ʔaʔ kʷə ʔaʔcáʔkʷɬ. *The salmon are chased by thunder.* (AS,BC)} VAR: částəŋ {**částəŋ** kʷi kʷə stiqéw. *He chased the horse.* (AS,BC) | **částəŋ** cn. *Someone chased me.* (AS,BC)}

ččát ⟦√čay-t √work-trns⟧ [/y/ → /č/ and metathesis] [this is the non-actual] ☞ čáy *to build, make, fix something, work on something.* {**ččát** caʔn. *I'll fix it.* (ES; TC) | **ččát**s. *He fixed/built/worked on it.* (TC) | **ččát**s cə súyəqs. *He made his net.* (TC) | suʔččát**s kʷs sŋiyánt. *So he made them stone.* (MJ) | **ččát**s canu sčaʔkʷaʔyúɬs. *They built their ark.* (ES) | **ččát**s kʷi nəcə́t yaʔ. *My late father built it.* (TC) | **ččát**s kʷi nəcə́t cə súɬ. *My father built the road.* (TC) | **ččát**s cə súɬ cə nəcə́t. *My father built the road.* (AS,BC) | **ččát**s cə súɬ. *He built the road.* (TC) | **ččát**s cə nəcə́t. *My father built it.* (TC)}

ččátəŋ ⟦√čay-t-ŋ √work-trns-psv⟧ [metathesis with passive] ☞ čáčt *to be worked on, fixed, made, created by someone.* {**ččátəŋ** cə snóxʷɬ. *They fixed the canoe.* (TC) | **ččátəŋ** cn. *They fixed me. / They worked on me.* (TC) | sxʷččátəŋɬ yaʔ ʔaʔ či cícɬ siʔám̓. *It's the reason we were created by the Lord.* (RSh) | **ččátəŋ** tiə snóxʷɬ ʔiʔ tiə xʷúʔŋət. *They made this canoe and this paddle.* (TC) | kʷi sʔuʔúʔs yaʔ ʔuʔ **ččátəŋ** tiə skʷáči ʔiʔ tiə sčtə́ŋxʷən. *When this world was beginning to be made.* (ES) | ƛ̓áy č **ččátəŋ** ɬŋáŋ cə néʔ qʷčə́ŋ ʔsƛ̓áqʷɬ ʔaʔ cə sxə́naʔs ʔaʔ cə tuƛ̓áwiʔs. *They worked on him again removing the roots that stuck to his feet and to his arms.* (TC)}

ččáwtxʷəŋ build house. See under: čačáwtxʷəŋ

ččəmə́snítəŋ ⟦č+ √čəməs-ni-t incep+ √meet-rel-trns⟧ ☞ čəməsnítəŋ *being met by someone.* {**ččəmə́snítəŋ** cn. *They're meeting me.* (MJT)}

ččə́nəs teeth. See under: ččínəs

ččə́saʔqʷ ⟦č-√čəs=iʔqʷ have-√hat=head⟧ ☞ sčə́saʔqʷ *to have a hat on, have the head covered.* {ʔiʔ **ččə́saʔqʷ** ʔaʔ cə híkčəm *She had a bandanna on her head.* (ES)}

ččínəs ⟦č+√čə<í>ns pl+√tooth<pl>⟧ ☞ čə́nəs *teeth.* (EPT; ES,HS) VAR: ččə́nəs {nəsxéʔčiʔ ʔaʔ či náč cə nəččə́nəs. *I was ashamed because my teeth were different.* (MJ)}

ččŋístəŋ ⟦√čay-ni-stxʷ-ŋ √startle-rel-caus-psv⟧ ☞ ččŋístxʷ *to be startled, scared by something.* (ES) {**ččŋístəŋ** cn ʔaʔ tiə sƛ̓ayéʔƛ̓qɬ. *The children startled me.* (AS)}

ččŋístxʷ ⟦√čay-ni-stxʷ √startle-rel-caus⟧ ☞ čə́čəŋ *to startle, scare someone.* (AS,BC) {**ččŋístxʷ** cn cə sƛ̓ayéʔƛ̓qɬ. *I startled the children.* (AS,BC)}

ččqʷíkʷs burned body. See under: čičqʷíkʷs

ččšáyəqəŋ follow. See under: ččšáyəqəŋ

ččšáyəqəŋ ⟦√čč-as=ayəq-ŋ √chase-ptcaus=fish-mdl⟧ ☞ ččás *to follow along behind.* (MJT; AS,BC) {suʔččšáyəqəŋs ʔaʔ cə slapúʔ. *So she followed Slapu.* (MJ) | suʔččšáyəqəŋs cə sƛ̓iƛ̓áʔƛ̓qɬ hiyáʔ wáʔ. *So the child followed going along with him.* (MJ) | níɬ č suʔččšáyəqəŋs cə yəkʷə́ŋən ʔaʔ kʷi nəsiyáʔ. *Then, apparently, the Songhees followed my grandfather.* (MJ) | suʔxčníns cə šičaʔpúʔəɬ či shiyáʔs **ččšáyəqəŋ** kʷaʔ hiyáʔɬ. *So Jenny Jones thought that she would follow when we go.* (MJ) |

suʔččsáyəqəŋs. *So she followed behind.* (MJ)} VAR: ččsáyəqəŋ {níɬ suʔcə́ŋaʔts cə siláwtxʷ ʔiʔ **ččsáyəqəŋ** ʔaʔ cə swə́yqaʔs. *Then she put the tent on her back and followed her husband.* (MJT)}

ččtəŋxʷcínəŋ [√čəctŋxʷ = ucin-ŋ √owl = mouth-mdl]
☞ **čə́čtəŋxʷ** to hoot, talk like an owl. (TC) {ʔáwə c híc caʔniɬ swə́yqaʔ sqʷúʔšəns yaʔ ʔiʔ**ččtəŋxʷcínəŋ**. *It wasn't long, and the man who was her companion was talking like an owl.* (AA) | ʔáwə híc ʔiʔ ƛ́ay **ččtəŋxʷcínəŋ**. *Not long, and he was talking like an owl again.* (AA)}

čéʔčšinč [√čiʔščinč √bitter_cherry]
1. Indian plum, osoberry, stink berry. *Oemleria cerasiformis*. ✶Traditionally used as a laxative medicine. (AS,BC; AS) {mán ʔuʔ xʷásəŋ cə **čéʔčšinč**. *The Indian Plum really stinks.* (AS) | čaʔətístəŋ cn ʔəɬ ʔíɬənn ʔaʔ ti **čéʔčšinč**. *It makes me throw up when I eat Indian plums.* (AS)}
2. serviceberry, saskatoon berry. *Amelanchier alnifolia*. (MJT) VAR: čéʔčšinəč (BC) VAR: čéʔščinč (AS,BC) VAR: čəčšínəč (MJT) {ŋə́ń cə **čəčšínəč**. *There are lots of serviceberries.* (MJT)}

čéʔiq snowing. *See under:* čéʔyəq

čéʔɬəŋ [√či<ʔ>ɬ-ŋ<ˀ> √fall_off<actl>-mdl<actl>] ☞ **číɬəŋ** to be falling over. {hiʔ**čéʔɬəŋ** *It's falling over.* (MJT)}

čéʔt [√či<ʔ>ɬ-t √fall_off<actl>-trns] ☞ **číɬt** to be pushing something off, making something fall off. {kʷɬ**čéʔt** cn. *I'm pushing it off.* (MJT)}

čéʔxʷiʔ [√či<ʔ>xʷ-iy<ʔ> √demolish<actl>-dev<actl>] ☞ **číxʷi** being demolished, torn up, broken apart. (AS,BC) {**čéʔxʷiʔ** cə čaʔcítən. *The table is falling apart.* (AS)}

čéʔxʷt [√či<ʔ>xʷ-t √demolish<actl>-trns] ☞ **číxʷt** to be breaking up, taking apart, demolishing something. {ʔáwə c **čéʔxʷt**. *Don't break it up. / Don't wreck it.* (MJT) | kʷuʔ**čéʔxʷt** cn. *I'm right now breaking it up.* (MJT) | **čéʔxʷt** cn cə čaʔcítən. *I'm demolishing the table.* (AS)}

čéʔyəq [yi+√y<ˀ>iq actl+√snowfall<actl>] [/y/ → /č/] ☞ **číq** to be snowing. (MJT; LC; TC; ES; AS,BC; TC) {**čéʔyəq** kʷaʔ. *It's snowing now.* (EPT) VAR: čéʔiq (AS,BC) VAR: číyəq (ES)

čə nonspecific determiner. *See under:* či

čəʔúʔwəŋ [√č<ə>u<ʔ>w-as-ŋ<ˀ> √use<actl>-ptcaus-psv<actl>] [The /s/ of the causative deletes.] ☞ **čúkʷəŋ** being used by someone or something. (TC) {**čəʔúʔwəŋ** cn. *They're using me.* (TC) | níɬ kʷaʔčaʔ nsɬáxəŋ ʔaʔ či smán̓s ʔuʔ sxáʔəs tiə lám **čəʔúʔwəŋ**. *That's why I say it's very bad to be using this liquor.* (TC)}

čəʔúʔwəs [√č<ə>u<ʔ>w-as √use<actl>-ptcaus] ☞ **čúkʷs** Stem: čəʔúʔw [stem for subordinate subjects] to be using something. (ES) {**čəʔúʔwəs** cn. *I'm using it.* (ES; TC; MJT) | kʷɬ**čəʔúʔwəs** cn. *I'm using it now.* (LC) | ʔáwə. **čəʔúʔwəs** cn. *No. I'm using it. (If asked for my pen)* (TC) | **čəʔúʔwəs** st. *We were using it.* (TC) | **čəʔúʔwəs** cn ʔəɬ ʔíɬənn. *I'm using it to eat.* (TC) | ʔáwə c ʔə́y či scə**ʔúʔwəs**s. *It's not good to use.* (TC) | **čəʔúʔwəs** cn cə qaʔáwəc. *I'm using a back-basket.* (AS) | **čəʔúʔwəs**s cə nqʷcáyəsən. *He was using my cane.* (AS) | **čəʔúʔwəs** cn cə sə́miʔ. *I'm using the blanket.* (AS) | čə́q yaʔ sŋánt cə **čəʔúʔwə**n nəhə́mən. *What I used for a hammer was a big rock.* (TC) | sqʷáqʷi məšín **čəʔúʔwəɬ** ʔaʔ tiə ʔáynəkʷ. *It's the tape recorder that we are using today.* (TC) | ʔáwənə nəsxčít kʷaʔ stáŋəs yaʔ čtə ti **čəʔúʔwəs** ʔəɬ qʷə́yəŋəs ʔaʔ ti sčánnəxʷ. *I don't know what it was they used to barbecue the salmon.* (TC) | níɬ ƛ́ay ʔuʔ **čəʔúʔwəs** ti čyáʔwənɬ; níɬ sxʷtə́mɬs. *The spirit dancers also use it; it's for their face paint.* (TC) | həwəŋístxʷ kʷaʔ húyəs či ńscə**ʔúʔwəs**. *Bring it back when you're finished using it.* (ES) | **čəʔúʔwəs** st canu sxʷxʷə́k̓ʷt ti qʷiqʷə́ɬi. *We were using it to drag logs.* (ES) | kʷaʔ ʔuʔhúyɬ ʔuʔ **čəʔúʔwəs** ʔaʔ či ʔə́y cəniɬ nəxʷsƛ̓ayə́mucən sqʷáy. *If we use the Klallam language only for good.* (BH) | ʔuʔhúʔ cxʷ **čəʔúʔwəs** ʔaʔ či ʔəsqiʔám ʔiʔ níɬ suʔəstáxɬs kʷaʔčaɬ. *If it is used for weakness, it is, therefore, wrong.* (BH) | stáŋ yaʔ ʔuč ti scúɬ **čəʔúʔwəxʷ** ʔəɬ qʷə́yŋəxʷ ʔaʔ ti sčánnəxʷ? *What wood did you use when you cooked the salmon?* (TC)} VAR: čuʔúʔəs {**čuʔúʔəs** cn. *I'm using it.* (AS,HS) VAR: čuʔúw̓əs {**čuʔúw̓əs** cn *I'm using it* (MJT) | kʷɬ**čuʔúw̓əs**. *He's using it.* (MJT) | ʔáwənə nəsxčít či snátəŋs či **čuʔúw̓əs** yaʔ. *I don't know what they were using is called.* (TC)} VAR: čúʔis {čaʔ**čúʔis** yaʔ cn kʷi sxʷqʷinə́kʷi. *I just used the phone.* (AS)}

čəčə́q̓ʷ Jamestown. *See under:* čščə́q̓ʷ

čə́čəŋ [√čəy-ŋ √startle-mdl] to be startled, suddenly scared. (ES; AS,BC) {**čə́čəŋ** cn ʔəɬ qʷáys cə k̓ʷaʔstónəq. *I was startled when the preacher spoke.* (AS,BC) | ʔuʔxə́ńə st kʷi ʔuʔ**čə́čəŋ**; čəyáy st ʔiʔ kʷən. *We were all startled; we almost went under the power.* (TC)} VAR: čə́yŋ (AS,BC) {**čə́yŋ** cn ʔəɬ šátəŋən ʔaʔ tiə súɬ. *I got startled while walking on the trail.* (AS) | **čə́yŋ** cn ʔiʔ səŋsəŋíkʷstəŋ. *He scared me and made me faint.* (AS)}

čəčsít making it for. *See under:* čaʔcsít

čəčšínəč Indian plum. *See under:* čéʔčšinč

čə́čtəŋəxʷ [√čəctŋxʷ √owl] great horned owl; snowy owl. *Bubo virginianus; Bubo scandiacus*. (MV; EPT; ES; AS,BC) [Possibly a frozen reduplicated form-perhaps diminutive. May have the /=ŋəxʷ/ 'spirit' suffix. It also may have the root /čt/ and be related to the word for 'ask', /čtáŋ/.] {ʔiʔ níɬ ti **čə́čtəŋəxʷ**. *And it is the great horned owl.* (ES) | kʷəyəŋ kʷə kʷi **čə́čtəŋəxʷ** ʔuctə šéʔtəŋs yaʔ. *The owl that she had been desiring predictably flew away.* (AA) | ʔiʔ níɬ ti suʔqʷúys ʔiʔ txʷaʔ**čə́čtəŋəxʷ**. *Then they die and become a great horned owl.* (ES) | ʔáxəŋ kʷi sčiʔúʔsɬ ʔaʔ či sniɬ cə **čə́čtəŋəxʷ** swə́yqaʔ ʔaʔ kʷi stwawʔáɬaʔs ʔaʔ tiə sčtə́ŋxʷən ʔuʔ twaw̓hiyí. *Our ancestors said that the great horned owl was a man when he was still alive here* on earth. (ES)} VAR: čáčtŋəxʷ (TC) VAR: čáčtəŋxʷ (MJT)

čə́kəns ⟦√čəkns √chicken⟧ chicken. (TC) [from English 'chickens'] VAR: číkən (AS; AS,BC) {xčíkʷst cn cə **číkən**. *I plucked the chicken.* (AS) | k̓ʷə́wiʔ ʔaʔ **číkən**. *Chicken skin, goose pimples* (TC) | ʔuʔčə́yəqənəxʷ yaʔ cn kʷə **číkən**. *I just barely glimpsed the chicken.* (AS)} VAR: čə́kən

čəkʷə́yu shoot. See under: čkʷə́yuʔ

čák̓ʷ tight. See under: čákʷ

čə́ləs ⟦√čə́ləs √cherry⟧ cherry. (ES) [from English 'cherries']

čə́ɬtct ⟦√č<ə́>ɬət-cut √thick<actl>-rflxv⟧ ☞ čɬə́tct to be thickening, getting thick. {kʷɬiʔ**čə́ɬtct**. *It's getting thick.* (MJT)}

čə́ɬtt ⟦√č<ə́>ɬət-t √thick<actl>-trns⟧ ☞ čɬə́tt to be making something thick. {kʷɬ**čə́ɬtt** cn. *I'm making it thicker.* (MJT)}

čə́ƛ̓qs ⟦√čəƛ̓qs √place_name⟧ opposite Tulalip on Tulalip Bay; from Preston Point above Everett to south tip of Camano Island. (LB,CWH)

čə́məq̓əm ⟦√čə́məq̓əm √Chemakum⟧
1. the Chemakum tribe and the area around Chimacum, Washington. (ES)
2. the Chemakum language. (JSH) VAR: čə́məqəm (LB,CWH; MJT; T) {č**čə́məqəm** *from Chemakum* (LB,EWH) | čə́saʔ **čə́məqəm** *two Chemakum people* (LB,EWH)}

čəməsnə́kʷi meet. See under: čəməsnə́kʷi

čəməsnít ⟦√čəmə́s-ŋi-t √meet-rel-trns⟧ ☞ čə́məs to go to meet someone. {**čəməsnít** cn. *I went to meet him.* (AS,BC)} VAR: nəxʷččə́məsnít (EPT) ⟦nxʷ-č+√čəm̓-as-ni-t loc-incep+√meet-ptcaus-rel-trns⟧

čəməsnítəŋ ⟦√čəmə́s-ŋi-t-ŋ √meet-rel-trns-psv⟧ ☞ čəməsnít to be met by someone. {**čəməsnítəŋ** cn. *They met me.* (AS,BC) | čaʔ**čəməsnítəŋ** st. *He just met us.* (MJ) | suʔhiyáʔs **čəməsnítəŋ** ʔaʔ kʷi nəcáčc. *My uncle went to meet him.* (MJT)}

čəməsníti ⟦√čəmə́s-ŋi-ty √meet-rel-rcprcl⟧ ☞ čəməsnít to go to meet each other. {**čəməsníti** st. *We met each other.* (BC)}

čə́m̓ ⟦čə́m̓ n_s⟧ nonsense syllable sung by Slapúʔ in the story of Chipmunk told by MJ. {**čə́m̓ čə́m̓** ti layə. *(no meaning)* (MJT)}

čəm̓čəm̓əsnə́kʷi ⟦čəm̓+√čəmə́s-nəwəy pl+√meet-ncrcprcl⟧ ☞ čəməsnə́kʷi to be meeting, running into each other. (MJT)

čə́məs ⟦√čə́məs √meet⟧ to meet, encounter someone or something. (AS) [may have the 'face' suffix] {**čə́məs** cn. *I met him.* (AS,BC) | nəsxʷ**čə́məs**. *I met him.* (MJT) | ʔuʔá cn c nəsčə́məs. *I never met him before.* (ES) | **čə́məs** yaʔ cn kʷi kʷə swéʔwəs. *I met the young man.* (AS) [In this example, the /-əs/ is, apparently, interpreted as the 'put causative'.] {čaʔ**čə́məs** st kʷi. *We finally met.* (AS) | nɬ nəsuʔ**čə́məs** ʔiʔ nə́čəŋ. *Just as I met him, he laughed.* (MJT) | ʔiʔ nɬ sxʷʔiyás ʔiʔ nəsxʷ**čə́məs** tə ʔaycɬtáyŋxʷ qayaʔŋiʔ. *And that's where I met the Indian girls.* (ES) VAR: čə́m̓s {**čə́m̓s** caʔn ʔiʔ q̓ʷúčt. *I'll meet it and kill it.* (MJ)} VAR: čə́məs {**čə́məs** cn. *I met him.* (BC) | **čə́məs** cn cə ntán. *I met my mother.* (BC) | čansxʷ**čə́məs**. *I just now met him.* (MJT)} VAR: čə́məst {**čə́məst** kʷi síyaʔs yaʔ. *She met her grandfather.* (AS)}

čə́məsəŋ ⟦√čəmə́s-ŋ √meet-mdl⟧ ☞ čə́məs to be met by someone. {**čə́məsəŋ** cn ʔaʔ cə ncə́t. *My father met me.* (AS)}

čəməsnə́kʷi ⟦√čəmə́s-nəwəy √meet-ncrcprcl⟧ ☞ čə́məs to happen to meet each other. {**čəməsnə́kʷi** st. *We met each other.* (AS,BC) | ʔuʔiyá cn ʔaʔYakima ʔiʔ **čəməsnə́kʷi** cn ʔaʔ kʷi nəsɬániʔ yaʔ. *I was there at Yakima when I met my late wife.* (TC) | ʔuʔá č c txʷaʔyaʔyíyŋ **čəməsnə́kʷi** ʔaʔ či náʔcuʔ ƛ̓áy ʔuʔ sq̓ʷiʔáʔən. *He hadn't yet gone far when he met another man who was also deaf.* (TC) VAR: čəməsnə́kʷi ʔuʔxə́nə skʷáči ti su**čəməsnə́kʷi**s. *We meet each other every day.* (MJT) VAR: činə́kʷi {**činə́kʷi** ʔiyá ʔaʔ cə súɬ. *We met there on the road.* (AS) | **činə́kʷi** st ʔaʔ tə súɬ. *We met at the road.* (AS)} VAR: čəm̓nə́kʷi {**čəm̓nə́kʷi** st ʔaʔ tə súɬ. *We met at the road.* (AS)}

čə́n ⟦√čən √bury⟧ to get buried in the ground, covered with soil or sand. (AS) {**čə́n** kʷi kʷə sqáwc. *The potatoes got buried (accidentally).* (AS)}

čənʔáčt lean it against. See under: cənʔáčt

čənʔə́yiʔ summer. See under: čənʔə́yi

čəná ⟦√čəná √my_goodness⟧ [interjection] my goodness! a word said when one is surprised. (ES,TC)

čənčáni ⟦čn+√čan-iy pl+√move-dev⟧ ☞ čáni to move, change location (of a group or multiple times). (EPT) {**čənčáni** caʔn. *I'm going to (pick up and) move.* (MJT) | ʔiʔ**čənčáni** kʷaʔčaʔ əɬ ʔiʔšə́təŋəs. *It moved (changed locations) while it was walking.* (MJ)}

čənčánnəxʷ ⟦čən+√čannəxʷ ?+√salmon⟧ ☞ sčánnəxʷ to go on a fishing trip, go camping looking for salmon. {**čənčánnəxʷ** caʔ st. *We're going camping looking for fish.* (MJT)}

čənčannəxʷíyɬ ⟦čən+√čannəxʷ-iyɬ ?+√salmon-go⟧ ☞ čənčánnəxʷ to be going on a fishing trip, camping to get fish. (MJT) {**čənčánnəxʷíyɬ** st. *We're going camping to fish (and dry it for winter).* (MJT)}

čənčánt ⟦čən+√čan-t pl+√bury-trns⟧ ☞ čánət to bury, plant several things. {**čənčánt** cn cə sqiyáwc. *I planted potatoes.* (AS)}

čənčántəŋ ⟦čən+√čan-t-ŋ pl+√bury-trns-psv⟧ ☞ čənčánt to bury, plant several things. {**čənčántəŋ** tiə sqiyáwəc. *They planted these potatoes.* (AS)}

čə́nəc ⟦√čən-t-c √bury-trns-1obj/2obj⟧ ☞ **čə́nət** bury me; bury you. {*čə́nəc* u cxʷ? *Did you bury me (in the sand)?* (ES) | *čə́nəc* cn. *I buried you.* (ES; TC)}

čə́nəcən ⟦√čəns=ucin √tooth=mouth⟧ [missing -(ə)s here suggests it is a suffix] ☞ **čə́nəs** a whole mouthful of teeth. (ES)

čə́nəct ⟦√čən-cut √bury-rflxv⟧ ☞ **čə́nət** to bury oneself. {*čə́nəct* cn. *I buried myself (in the sand).* (ES)}

čə́nəs ⟦√čəns √tooth⟧ [possibly has lexical suffix for 'face'] tooth. (MV; EPT; LC; ES; ES,TC; TC; AS,BC) {x̣əmáynəs cə nəčə́nəs. *I bumped my teeth.* (ES) | čičə́kʷ cə nčə́nəs. *My teeth are decayed.* (BC) | suʔɬəməxʷtəŋs cə čə́nəss. *He smeared his teeth.* (TC) | x̣q̓ʷətəŋ cə scúm̓ ʔaʔ cə čə́nəss. *He stuck a bone in his teeth.* (TC) | níɬ č suʔɬŋáss cə scúm̓s ʔəscáčɬ ʔaʔ cə čə́nəss. *Then he removed the bone from between his teeth.* (TC) | cə́ŋt yaʔ cn kʷi t músmus ʔiʔ qaʔqéʔəct kʷsə nəčə́nəs. *I was biting a piece of meat, and my tooth got loose.* (MJT) | x̣ə́q̓ʷtəŋ cə scúm̓ ʔiʔ cə néʔ sɬíqʷs cə sčánnəxʷs yaʔ skʷúkʷs yaʔ ʔaʔ cə čə́nəss. *A bone of the leftover meat of the salmon he had cooked was stuck to his teeth.* (TC) VAR: čə́ns (AS; AS,BC; ES) {pcítəŋ cn ʔiʔ ɬiɬə́c cə nčə́ns. *I slipped and broke my tooth.* (MJ)} VAR: cə́nac (LBH) ⟪This variant may not be Klallam.⟫

čənəsə́nəŋ ⟦√čan=sən-ŋ √move=foot-mdl⟧ ☞ **čáni**
1. to take a step, move one's foot. (ES; AS) {*čənsə́nəŋ* cn ʔaʔ kʷi nəsʔaʔáʔmət. *I moved my feet while I was sitting.* (AS)}
2. to change shoes. (AS) VAR: čənsə́nəŋ (AS) {čaʔčənsə́nəŋ cn ʔaʔ tə pə́q x̣ə́q̓šən. *I just changed to white shoes.* (AS)} VAR: čansə́nəŋ (AS)

čə́nət ⟦√čən-t √bury-trns⟧ ☞ **čə́n** to bury, plant something (in the ground), cover with earth. (EPT; HS; ES; TC) {*čə́nət* cn. *I buried it.* (ES) | *čə́nət* u cxʷ? *Did you bury it?* (ES) | *čə́nət* cn cə sqáwc. *I planted potatoes.* (ES) VAR: čə́nt (AS) {*čə́nt* tiə skʷáqəŋ. *Plant this flower.* (AS) | ʔúx̣ʷ či *čə́nt* kʷsə n̓sčəníŋəɬ. *Go bury (plant) your plants.* (EPT) | suʔčə́nts cə sxʷtúnəqs yaʔ ʔaʔ cáw. *She buried her sister at the beach.* (AA) | *čə́nts*. *She buried her.* (AA) | *čə́nts* č ʔaʔ kʷi čəńʔə́yi. *She had apparently buried it last summer.* (MJ) | níɬ č yaʔ syáyaʔts kʷi kʷɬčə́ỷ ti x̣ə́wəs sčəyíqʷɬ ti sčə́nts ʔiyá ʔaʔ ti číqi. *That's what the old people were doing with their green fruit they buried in the wet ground.* (MJ)}

čə́nətəŋ ⟦√čən-t-ŋ √bury-trns-psv⟧ [no metathesis with passive] ☞ **čə́nət** to be buried, planted. (EPT; ES) {*čə́nətəŋ* cn. *Someone buried me.* (ES; TC) | ʔuʔhíyi tə nsčə́nətəŋ. *They buried me alive.* (ES)} VAR: čə́ntəŋ (AS) {*čə́ntəŋ* cə tálə. *The money is buried.* (AS) | níɬ suʔq̓ʷúys kʷi swə́ýqaʔs yaʔ ʔiʔ *čə́ntəŋ*. *Then her husband died and was buried.* (MJ) | sʔácss yaʔ ʔaʔ cə sxʷʔiyás yaʔ ʔaʔ cə *sčə́ntəŋ*s. *It was his face there where he was buried.* (AA)}

čə́nəti ⟦√čən-ty √bury-rcprcl⟧ ☞ **čə́nət** to bury each other. (ES) {*čə́nəti* tiə sx̌əyéʔx̌q̓ ʔəɬ qaʔx̣qíŋs ʔaʔ tiə pqʷə́čən. *The children buried each other while playing in the sand.* (AS)}

čənə́yuʔ ⟦√čən-əyu √bury-activ⟧ ☞ **čə́n** to be planting, burying. (TC) {čaʔčənə́yuʔ cn ʔaʔ cə sqáwc. *I finally planted the potatoes.* (AS)}

čəníŋəɬ ⟦√čən-iŋɬ √bury-cstm⟧ ☞ **čə́n** to plant. (AS,BC) {*čəníŋəɬ* cn ʔaʔ tə sqáwc. *I planted potatoes.* (AS) | *čəníŋəɬ* caʔn ʔaʔ tə sqáwc. *I'm going to plant potatoes.* (AS) VAR: čəníŋɬ (EPT)

čənnáxʷ ⟦√čən-naxʷ √bury-nctrns⟧ ☞ **čə́nət** to manage to bury something or bury something accidentally. {*čənnáxʷ* ixʷ cn. *I must have buried it.* (MJT)}

čə́nnəxʷ ⟦√č<ə́>n-naxʷ √bury<actl>-nctrns⟧ [leftward stress shift in actual] ☞ **čənnáxʷ** to be managing to bury something or bury something accidentally; to be covered in dirt. (MJT)

čənŋíŋə ⟦√čan-as-ŋi-ŋə √move-ptcaus-rel-2obj⟧ ☞ **čə́nəs** move me; move you. {*čənŋíŋə* cn. *I move you.* (TC)}

čənsə́nəŋ take step. *See under:* čənəsə́nəŋ

čənúst ⟦√čən-us-t √bury-rcpnt-trns⟧ ☞ **čə́nət** to throw sand or dirt on someone. (ES) {*čənúst* cn. *I threw sand on him.* (ES)}

čəńʔə́yi ⟦čń-√ʔəỷ-iy time-√good-dev⟧ ☞ **ʔəỷ** summer. (JCo; ES; TC) {ʔuʔ x̣ə́n̓ cə *čəńʔə́yi* ʔiʔ ʔuʔ sxʷʔiyáɬ ʔaʔOregon ŋaʔkʷaʔcút ʔaʔ ti sčáy. *All summer we were in Oregon waiting for work.* (ES) | čə́nts č ʔaʔ kʷi *čəńʔə́yi*. *She had apparently buried it last summer.* (MJ)} VAR: čəńʔə́ʔi (AS) VAR: čəńʔéy (AS) {ʔi uʔtáči tə ŋáqaʔ, sčúŋ, ʔiʔ kʷɬʔə́ỷ tiə *čəńʔéy*. *And the snow came, the wind, and then it was summer.* (AS)} VAR: čəńʔə́yiʔ (MJT; HS) VAR: čəńʔə́yiʔ (MJT) VAR: čəńʔéʔi (AS,BC) VAR: čəńʔə́yiʔ (MJT)

čəńʔə́yi skʷáči ⟦čń-√ʔəỷ-iy ʔs-√kʷayiy time-√good-dev stat-√day⟧ ☞ **čəńʔə́yi** ☞ **skʷáči** first day of summer/midsummer's day. (AS,BC)

čəńʔíɬən ⟦čń-√ʔiɬn time-√eat⟧ ☞ **ʔíɬən** time to eat. (ES,TC) {kʷɬq̓íyət *čəńʔíɬən*. *It was already noon, time to eat.* (ES)}

čəńéʔŋəɬ ⟦√čən<ʼ>-i<ʔ>ŋɬ √bury<actl>-cstm<actl>⟧ ☞ **čə́nət** to be planting, burying. {*čəńéʔŋəɬ* cn ʔaʔ cə sqáwc. *I'm planting potatoes.* (ES) | *čəńéỷŋəɬ* ʔaʔ kʷi sqáwc *She's planting potatoes.* (EPT)} VAR: čəńéỷəŋɬ {sxʷʔiyás kʷi *čəńéʔəŋɬ* yaʔ ti sqáwc. *That's where they planted potatoes.* (TC)}

čəńháʔnəŋ ⟦čń-√haʔn-ŋ time-√thank-mdl⟧ ☞ **háʔnəŋ** November. (AS,BC)

čəńhə́nən̓ ⟦čń-√hənn̓ time-√humpback_salmon⟧ ☞ **hə́nən̓** September. (AS,BC)

čənhúy̓ ⟦čn̓-√huy<ʔ> time-√finish<actl>⟧ ☞ húy̓ to be time to quit, stop, finish. (ES) VAR: čən̓húy (ES)

čən̓kʷítšən ⟦čn̓-√kʷitšn time-√spring_salmon⟧ ☞ kʷítšən June. (AS,BC)

čən̓k̓ʷáʔyəs ⟦čn̓-√k̓ʷa<yʔə>s time-√scorch<pl>⟧ ☞ k̓ʷás summer, hot time of year. (TC) VAR: čən̓k̓ʷáʔis (AS,BC)

čən̓lílúʔ ⟦čn̓-√liluʔ time-√salmonberry⟧ ☞ ʔəlíluʔ May. (AS,BC)

čən̓máʔxʷ ⟦čn̓-√maʔxʷ time-√horsetail⟧ ☞ máʔəxʷ April. (AS,BC)

čən̓q̓ə́čqs ⟦čn̓-√q̓əčqs time-√coho⟧ ☞ q̓ə́čqs July. (AS,BC; TC,AS,BC)

čən̓šəyí ⟦čn̓-s-√hyi time-s-√live⟧ ☞ hiyí December. (AS,BC)

čən̓sɬə́məxʷ ⟦čn̓-s-√ɬəmxʷ time-s-√rain⟧ ☞ sɬə́məxʷ September. (ES; AS,BC) VAR: čən̓ɬə́məxʷ (AS,BC)

čən̓sútč ⟦čn̓-√sutč time-√winter⟧ ☞ sútč winter, the beginning of bad, rainy, cold weather. (JCo; MJT; TC; ES; AS,BC) {ʔéʔtt cn ʔaʔ či **čən̓sútč**. I'm sleeping in the winter. (TC,AS,BC) | ʔuʔáɬa caʔn ʔaʔ či **čən̓sútč**. I'll be here for winter. (TC) | ʔuʔáɬaʔ caʔn ʔaʔ tiə **čən̓sútč**. I'll stay here this winter. (TC) | ʔiʔ ʔúy̓ **čən̓sútč** ʔiʔ cə́yəqʷts ʔiʔ ʔə́y̓ ti sʔíɬəns. And when it was winter, they dug it up, and it was good food. (MJ)}

čən̓sxʷiyús ⟦čən̓-√sxʷiyus time-√springtime⟧ ☞ čən̓sxʷús springtime. (MJT) VAR: čən̓sxʷiyús (MJT; AS)

čən̓sxʷús ⟦čn̓-√sxʷus time-√springtime⟧ [may be related to the word meaning 'new'.] cp. x̣ə́wəs ☞ sx̣ʷús springtime. (JCo; MJT; AS,BC; AS) {k̓ʷə́nəxʷ cn ʔaʔ kʷi **čən̓sxʷús** yaʔ. I saw it in the springtime. (AS)} VAR: nsxuʔús (AS,BC) {hiyá caʔ st ʔaʔ kʷi **nsxuʔús**. We'll go in the spring. (AS,BC)} VAR: čən̓sxʷuc (LBH)

čən̓syáwən ⟦čn̓-s-√yəwəh=ən time-s-√power=instr⟧ ☞ syáwən December. (AS,BC)

čən̓šə́wi ⟦čn̓-√šəway time-√grow⟧ ☞ šə́wi growing time; a name for the month of March. (TC)

čán̓t ⟦√čən<ʔ>-t √bury<actl>-trns⟧ ☞ čə́nət to be burying, planting something or someone. {**čán̓t** cn cə ƛ̓ík̓ʷən̓. I'm planting peas. (AS) | yaʔn̓íct cn ʔaʔ ti nəs**čán̓t** kʷi sqáwc. I helped myself by planting potatoes. (AS,BC) | ɬəmɬəmík̓ʷst ʔiʔ čaʔ**čán̓t**. Trim it down and plant it. (AS) | ʔiʔ**čán̓t**s ʔúxʷ ʔaʔ tə nəskʷaʔyáqən. He was burying them by my flowers. (MJT) | **čán̓t** cn tə sqáwəc. I'm planting potatoes. (AS)}

čən̓táŋ ⟦čn̓-√taŋ time_of-√what⟧ ☞ stáŋ when, what time, what day, sometime, some day. (EP; TC; ES; AS,BC) {ʔuʔ**čən̓táŋ**? When was it? (TC) | ʔaʔ či ʔuʔ**čən̓táŋ**. some day. (TC) | **čən̓táŋ** caʔ ʔiʔ hiyáʔ cxʷ? What day are you going? (TC) | hiyáʔ caʔn ʔaʔ či ʔuʔ **čən̓táŋ**. I'll go some day. (TC) | **čən̓táŋ** caʔ či n̓stúkʷ? When are you going home? (EPT) | **čən̓táŋ** kʷi n̓stáči? When did you get here? (EPT) | **čən̓táŋ** caʔ ʔiʔ ƛ̓aʔtáwn cxʷ? What day are you going to town? (TC) | **čən̓táŋ** ʔay̓ kʷə n̓stáči? When did you get here? (ES) | nəšákʷ caʔ ʔaʔ či ʔuʔ**čən̓táŋ**. I'll remember it sometime. (MJ) | **čən̓táŋ** caʔ či n̓shəwíyəŋ? When are you coming back? (EPT) | **čən̓táŋ** ʔay̓ kʷi scicə́xʷs? When did he get lost? (MJT) | **čən̓táŋ** čaʔ či n̓shəwíyəŋ? When are you coming back? (MV) | k̓ʷənnúŋə caʔn ʔaʔ či ʔuʔ**čən̓táŋ**. I'll see you some day. (TC,AS,BC; TC) | **čən̓táŋ** caʔ ʔiʔ hiyáʔ cxʷ? When (what day) are go going to go? (TC) | **čən̓táŋ** caʔ ʔay̓ či n̓sƛ̓aʔtáwn? When are you going to town? (ES) | ʔáwənə nəsx̣čít kʷaʔ **čən̓táŋ**əs caʔ ʔiʔ ƛ̓áy cn táči. I don't know when I'll see you it'll be when I see you again. (TC) | ʔuʔ**čən̓táŋ** caʔ ʔiʔ hákʷ cn ƛ̓áy ʔaʔ či ʔuʔx̣ə́·n̓ə yaʔ stáŋ nəscáy ʔaʔ kʷi nəstwawswéʔwəs. Sometime I'll remember again all the jobs I had when I was still a young man. (TC)}

čən̓təŋ ⟦√čən<ʔ>-t-ŋ<ʔ> √bury<actl>-trns-psv<actl>⟧ ☞ čə́nətəŋ being buried, planted, covered with earth by someone or something. (EPT; AS) {níɬ kʷi **čən̓təŋ** kʷi sqáwc. It was the potatoes being planted. (AS)}

čən̓táqaʔ ⟦čn̓-√taqaʔ time-√salal⟧ ☞ t̓áqaʔ August. (AS,BC)

čən̓téʔwiʔəɬ ⟦čn̓-√tiʔwyəɬ time-√pray⟧ ☞ téʔwiʔəɬ December. (AS,BC)

čə́ŋət ⟦√čəŋ-t √not_know-trns⟧ to not know something. {**čə́ŋət** cn. I don't know it. (MJT) | **čə́ŋət** u cxʷ? Don't you know it? (MJT)}

čəŋíkʷs ⟦√čəŋ=iws √not_know=body⟧ ☞ čə́ŋət to not know how (to do something), be inexperienced, be incapable. (ES; TC) {**čəŋíkʷs** u cxʷ? Don't you know how? (ES) | **čəŋíkʷs** cn. I don't know how. (MJT; ES; TC,BC) | nəs**čəŋíkʷs**. I don't know how. (ES) | **čəŋíkʷs** cn či nəxʷsƛ̓aʔyəmúcən. I don't know how to speak Klallam. (AB,ICT) | **čəŋíkʷs** či ssaʔsáʔkʷəŋs. He doesn't know how to speak his own language. (AA) | **čəŋíkʷs** cn či nəstíyəm. I don't know how to sing. (MJT) | **čəŋíkʷs** u cxʷ či n̓snəxʷsƛ̓ayəmúcən? Don't you know how to speak Klallam? (ES) | **čəŋíkʷs** cn či nsnəxʷsƛ̓ayəmúcən. I don't know how to speak Klallam. (ES) | níɬ kʷə nəsxʷƛ̓áy ʔuʔ **čəŋíkʷs** cə nəxʷsƛ̓ayəmúcən. That's why I also don't know the Klallam language. (TC) | **čəŋíkʷs** cn ʔəɬ qʷáqʷiʔən. I don't know how to speak. (TC) | **čəŋíkʷs** cn ti nəstəŋúʔəŋ I don't know how to swim. (MJT; AS) | **čəŋíkʷs** či nsnəxʷsƛ̓ayəmúcən. I don't know how to talk Klallam. (ES) | mán̓ cn ʔuʔ **čəŋíkʷs** ʔəɬ qʷáqʷiʔən. I'm very incapable when I talk. (TC)} VAR: čŋíkʷs (AS,BC; TC) {**čŋíkʷs** cn. I don't know how. (AS,BC; TC) | **čŋíkʷs** cn ʔəɬ qʷáqʷiʔən. I don't know how to talk. (TC) | ʔáwə cxʷ c **čŋíkʷs**. You're not inexperienced. (TC) | **čŋíkʷs** cn kʷaʔ xʷiʔámən I don't know how to tell a story. (TC) | **čŋíkʷs** cn t nəsqʷáy x̣ʷənáŋ ʔaʔ Ed. I don't know

čəŋútəŋ *my language as Ed does.* (TC) | **ʔuʔtxʷčŋíkʷs** cn ʔəɬ qʷáqʷiʔən. *I'm getting to not know how to talk.* (TC) | **čŋíkʷs** cn ʔəɬ qʷáqʷiʔən nəxʷsƛ̓ayəmúcən. *I don't know how to talk Klallam.* (TC) | **čŋíkʷs** ʔaʔ či nəsqʷáqʷiʔ nəxʷsƛ̓ayəmúcən. *I don't know how when I'm talking Klallam.* (TC)}

čəŋútəŋ is pushed. See under: čúŋətəŋ

čə́q ⟦√čq √big⟧ big, large, huge; fully grown. (LB,CWH; EPT; MJT; NS,JW; RS; LC; ES; AS,BC; WB,AS,BC) {**čə́q** scáy. *Hard work.* (ES) | **čə́q** čáʔi. *He's working hard.* (TC) | **čə́q** ʔáʔiŋ. *It's a big house.* (ES) | **čə́q** kʷəs ʔáʔyəŋɬ. *Our house is big.* (EPT) | **čə́q** cə snə́xʷɬ. *The canoe is big.* (TC) | **čə́q** ɬqáyč. *Full moon.* (RS; AS,BC) | kʷɬ**čə́q** cə swéʔwəs. *The boy is already big.* (AS)} ((Note that this does not mean 'the boy is old'.)) {**čə́q** cə x̣ə́wəs ʔáʔiŋ. *The new house is big.* (ES) | ʔáwə cn c **čə́q** čáʔi. *I'm not working hard.* (ES) | ʔə́c kʷi nuʔ**čə́q**. *I'm bigger / I'm the biggest.* (MJT; ES) | **čə́q** tiə stáčəŋ. *The tide is low.* (AS) | k̓ʷə́nnəxʷ cn cə **čə́q** sqáx̣aʔ. *I saw the big dog.* (TC) | tákʷss cə **čə́q** x̣ə́wəs ʔáʔiŋ. *He bought a big new house.* (ES) | **čə́q** yaʔ tə ʔáʔiŋs kʷi nəsíyaʔ. *My grandfather's house was big.* (MJ) | čáy ʔaʔ či **čə́q** scaʔkʷaʔyúɬ. *Build a big boat.* (ES) | nəsuʔx̣čəŋín ʔaʔ či s**čə́q**s ti stáčəŋs. *I think the tide was out.* (MJT) | suʔčáys kʷaʔča? ʔiʔ kʷɬənmán kʷ uʔ **čə́q**. *So he worked and became very big.* (AA) | stə́ŋ yəxʷ yaʔ cə **čə́q** sqiyáyŋxʷ. *A big tree must have fallen.* (ES) | ʔáwə cxʷ c **čə́q** sɬáni. *You're not a fully grown woman.* (TC)}

čəqáw̓txʷ ⟦√čq=aw̓txʷ √big=house⟧ ☞ čə́q longhouse, winter dance house, big house. (TC; ES) VAR: čqáw̓txʷ (ES)

čə́qtxʷ make it big. See under: čqtáxʷ

čə́q̓ fall over. See under: čáq̓

čə́q̓əŋ ⟦√č<ə́>q̓-ŋ<ʔ> √grind<actl>-mdl<actl>⟧ [actual metathesis] ☞ čq̓ə́ŋ to be filing, sharpening, grinding something. (MJT)

čəq̓áyu ⟦√yaq̓-əyu √fall_over-activ⟧ to fell (a tree). {**čəq̓áyu** cn ʔaʔ cə sqiyáyŋəxʷ. *I'm felling that tree.* (ES)} VAR: čaʔq̓áyu (ES)

čə́q̓t ⟦√č<ə́>q̓-t √grind<actl>-trns⟧ [actual metathesis] ☞ čq̓ə́t to be filing, grinding something to sharpen it. {kʷɬ**čə́q̓t** cn kʷi. *I'm right now filing it.* (MJT) | **čə́q̓t** cn tiʔə qʷqʷaʔéyəs. *I'm sharpening this knife.* (MJT) | ʔáwə c **čə́q̓t**. *Don't file it now.* (MJT)}

čə́qʷ ⟦√čqʷ √burn⟧ to burn. (LC; TC; ES) {**čə́qʷ** cn. *I got burnt. / I'm on fire.* (TC; ES) | txʷyáy yaʔ ʔiʔ **čə́qʷ**. *It nearly burned.* (AS,BC) | **čə́qʷ** tə ʔáʔcx̣. *The crabs burned.* (EPT; MJT) | nsuʔkʷánəs ʔiʔ **čə́qʷ** tə ns̓ʔáwkʷ. *I threw them away, and your things are burned.* (MJ) | **čə́qʷ** ixʷ cə spk̓ʷəŋáwtxʷ ʔiʔ ʔáwə c tsnə́sən cə ʔáʔyəŋ. *The smokehouse must have burned, but it didn't get to the house.* (MJT) | suʔ**čə́qʷ**s cə tables cə snáyaʔnəkʷ ʔiʔ hiyáʔ ʔiʔ **čə́qʷ** tə sʔíɬən. *They burned the ghosts' table, and it went and burned the food.* (MJ)}

čəqʷənúkʷəŋ burn land. See under: čqʷnúkʷəŋ

čə́qʷəw̓c ⟦√čqʷ=iw̓c √burn=fire⟧ [Other forms indicate that this is a vowelless root.] cp. čqʷə́t ☞ čqʷ to build a fire, light a fire, start a fire. (ES; TC) {**čə́qʷəw̓c** cn. *I'm going to build a fire.* (ES; TC) | ŋə́n lisák ti nə́cuʔ ʔáʔyəŋ ʔəɬ tákʷss čəʔúʔwəs ti**čə́qʷəw̓c**. *One house bought many sacks to use in the fire.* (TC)} VAR: čə́qʷuc {ʔiʔ níɬ suʔ**čə́qʷuc**s. *Then he built a fire.* (TC) | ʔúx̣ či **čə́qʷuc**. *Go make a fire.* (LSaT) | **čə́qʷuc** cn. *I'm making a fire.* (MJT)} VAR: čəqʷíwc (AS,BC)

čə́qʷəyu ⟦√č<ə́>qʷ-əyu √burn<actl>-activ⟧ ☞ čqʷ to be making a fire, stoking a fire. ((Usage: might also be used by some to refer to lightning)) (TC; AS,BC) {**čə́qʷəyu** cn. *I built a fire.* (AS) | ʔiʔ**čə́qʷəyu**. *It's lightning* (TC)} VAR: čáʔqʷəyu (AS,BC) VAR: čaqʷə́yu (AS) VAR: čáʔqʷəyuʔ {ʔúx̣ či **čáʔqʷə́yuʔ**. *Go make a fire.* (BC)} VAR: čaʔqʷə́yuʔ {**čaʔqʷə́yuʔ** kʷi kʷə nsʔúq̓ʷaʔ. *My brother is building a fire.* (AS)}

čəqʷíwc make fire. See under: čə́qʷəw̓c

čə́qʷt ⟦√č<ə́>qʷ-t √burn<actl>-trns⟧ [actual metathesis] ☞ čqʷə́t to be burning something, putting something into a fire. {**čə́qʷt** cn. *I'm burning it.* (ES) | **čə́qʷt** cn tə sx̣cáʔəy. *I'm putting the hay in the fire.* (MJT)}

čə́qʷtəŋ ⟦√č<ə́>qʷ-t-ŋ √burn<actl>-trns-psv⟧ [actual metathesis with passive] ☞ čqʷə́təŋ being burned by someone or something. {k̓ʷənít ʔəɬ **čə́qʷtəŋ** tə sʔíɬən. *(I) watched while we burned the food.* (MJ)}

čə́qʷuct ⟦√čqʷ=iwc-t √burn=fire-trns⟧ ☞ čə́qʷəw̓c to build a fire. (ES) {**čə́qʷuct** cn. *I made a fire.* (ES)}

čəq̓ʷɬáytxʷ dam. See under: sxʷčaʔk̓ʷɬáw̓txʷ

čə́saʔ ⟦√čəsaʔ √two⟧ two. (EPT; NS,JW; RS; TC) (LC; ES; AS,BC) {**čə́saʔ** tíntən. *It's two o'clock.* (TC) | **čə́saʔ** ti snə́xʷɬs. *He has two canoes.* (TC) | **čə́saʔ** nəsqə́čaʔ. *I caught two (fish).* (TC) | **čə́saʔ** tiə nəpáʔəkʷ. *I have two pipes.* (TC) | ʔúpən ʔiʔ či **čə́saʔ**. *twelve.* (EPT; AS,BC) | **čə́saʔ** cə ƛ̓k̓ʷtíxʷ. *You're holding two.* (TC) | **čə́saʔ** či sxʷʔə́y̓s. *It's good for two things.* (TC) | **čə́saʔ** sxʷʔə́y̓s. *There are two things he's good for.* (TC) | hiyáʔ cn ʔaʔ či **čə́saʔ**. *I go at two o'clock.* (AS,BC) | ɬɬə́pi kʷaʔ cə **čə́saʔ**. *The two were submerged.* (ES) | k̓ʷə́nnəxʷ cn cə **čə́saʔ** sqáx̣aʔ. *I saw two dogs.* (TC) | k̓ʷə́nnəxʷ cn cə **čə́saʔ** sqaʔyáx̣aʔ. *I saw two dogs.* (TC) | k̓ʷə́nnəxʷ cn cə ʔuʔ**čə́saʔ** sqáx̣aʔ. *I saw only two dogs.* (TC) | ƛ̓k̓ʷə́t cn cə **čə́saʔ** scánnəxʷ. *I took two salmon.* (TC) | ƛ̓k̓ʷə́t cn cə ʔuʔ**čə́saʔ** scánnəxʷ. *I took only two of the salmon.* (TC) | **čə́saʔ** skʷáči tə nəsʔiʔčiʔás. *I was chasing it for two days.* (TC) | **čə́saʔ** cə ʔuʔə́y̓, ʔiʔ nə́cuʔ cə ʔəstácɬ. *Two are good, and one is broken.* (MJT) | həwíyŋ caʔn ʔaʔ či **čə́saʔ** skʷáči. *I'll come back in two days.* (TC) | q̓ʷíŋi cawnít q̓əyɬúməčən **čə́saʔ**. *Those two blackfish left the water.* (TC) | nə́cuʔ, **čə́saʔ** ti sqə́čaʔs ʔiʔ ɬk̓ʷísts. *He'd get one or two, and he'd take them home.* (TC) | **čə́saʔ** cə ʔiyáʔ ʔaʔ

tə sq̓tayéʔqʷs cə sṇiyánt. *There are two peaks there in the mountains.* (ES)}

čəsaʔəs ⟦√čəsaʔ=s √two=day⟧ ☞ čásaʔ two days. {húy tə ʔuʔ **čəsaʔəs**. *It's only two days.* (MJ)}

čəsáʔit ⟦√čəsaʔ=aʔit √two=child⟧ ☞ čásaʔ to be or have two living things (such as children). (MJ) VAR: **čšáʔit** {**čšáʔit** kʷi. *There were two of them.* (AS) | **čšáʔit** cə músmus. *It's two cows.* (AS)}

čəsaʔqʷəŋ ⟦√čəs=iʔqʷ-ŋ √hat=head-mdl⟧ ☞ sčəsaʔqʷ to put a hat on. (ES) {**čásaʔqʷəŋ** kʷi; mán ʔuʔ x̣áƛ̓ kʷə sčúŋ. *Put your hat on; it's very windy.* (AS)}

čəsaʔs ⟦√čəsaʔ-s √two-ord⟧ ☞ čásaʔ to be second. {kʷɫ**čásaʔs** nəŋánaʔ. *It's my second child.* (LC) | **čásaʔs** nəŋánaʔ. *It's my second child.* (LC)}

čəsaʔtxʷ ⟦√čəsaʔ-txʷ √two-letcaus⟧ ☞ čásaʔ to let it be two. {**čásaʔtxʷ** či ƛ̓kʷtíxʷ! *Hold two!* (TC) | **čásaʔtxʷ** či nsƛ̓k̓ʷáys ʔaʔ či tíxʷɫc. *Get two tongues.* (EPT)}

čəsčšaʔtxʷ ⟦čəs+√čəsaʔ-txʷ distr+√two-letcaus⟧ ☞ čásaʔ to give two each to several. (MJT)

čəsə́yu throw. *See under:* čsə́yu

čəstəmú ⟦√čəstəmú √personal_name⟧ personal name. (EB) ⟪This word appears several times in a story told by EB. It sounds like a personal name, but no one today knows what it means or who it referred to.⟫

čətɬnáʔəč from Canada. *See under:* čaʔtɬnáʔəč

čəwíṅ even so. *See under:* čəwíṅ

čəwíṅ ⟦√čəwíṅ √moreover⟧
1. even so, moreover. (TC) {**čəwíṅ** cn. *Even me. / Even I am.* (TC) | **čəwíṅ** cə snə́xʷɫ. *It's even that canoe.* (TC) | **čəwíṅ** cn ʔuʔ kʷɫčə́q. *Even I am old.* (TC) | **čəwíṅ** cn ʔuʔ ʔíɬən. *Even I am eating.* (TC) | **čəwíṅ** ʔuʔ qʷáqʷiʔ. *Even he's talking.* (TC) | **čəwíṅ** cn ʔuʔ qʷáqʷiʔ. *Even I am talking.* (TC) | **čəwíṅ** cn ʔuʔ c̓sə́tən. *He even hit me.* (TC) | **čəwíṅ** ʔuʔ c̓sə́ts cə nəcə́t. *He even hit my father.* (TC) | **čəwíṅ** ʔuʔ c̓sə́tən cə nəcə́t. *He even hit my father.* (TC) | **čəwíṅ** cə nəcə́t ʔuʔ c̓sə́t. *Even my father hit him.* (TC) | **čəwíṅ** cn ʔuʔ c̓sə́t. *Even I hit him.* (TC) | **čəwíṅ** cəẃniɬ ʔuʔ c̓sə́tən. *I even hit him. / I hit even him.* (TC) | **čəwíṅ** cn ʔuʔ ʔáwənə nəʔáʔyəŋ. *I don't even have a house. / Even I don't have a house.* (TC) | **čəwíṅ** cn ʔuʔ č̓áʔyəŋ. *Even I have a house. / I even have a house.* (TC) | **čəwíṅ** cn ʔuʔ čiyáy ʔiʔ ɬíyəm. *Even I almost sang.* (TC) | **čəwíṅ** cn ʔuʔ ʔəṅsƛ̓éʔ. *You like even me.* (TC) | **čəwíṅ** ʔuʔ nəkʷɫʔíɬən. *Even he is eating with me.* (TC) | **čəwíṅ** cn ʔuʔ kʷənnúŋə. *Even I saw you. / I even saw you.* (TC)}
2. not even so. {**čəwíṅ** či nəsuʔhiyáʔ. *I didn't even go.* (TC) | **čəwíṅ** či nəsuʔƛ̓aʔtáwn. *I didn't even go to town.* (TC) | **čəwíṅ** či nəsuʔtxʷín. *I didn't even go anywhere.* (TC) | **čəwíṅ** či nəskʷənnúŋə. *I didn't even see you.* (TC) | **čəwíṅ** cn ʔuʔ čpaypsénts. *Even I have five cents.* (TC) | **čəwíṅ** či nəsuʔčpaypsénts. *I don't even have five cents.* (TC) | **čəwíṅ** či nəsuʔč̓áʔyəŋ. *I don't even have a house.* (TC) | **čəwíṅ** či nəsuʔčsnə́xʷɫ. *I don't even have a canoe.* (TC) | ʔuʔx̣ə́ṅəɬcan ɬɬéʔyəm̓; ʔuʔ**čəwíṅ** cn ʔuʔ ɬíyəm. *Everyone was singing; even I sang.* (TC) | **čəwíṅ** cxʷ kʷaʔčaʔ ʔuʔ hiyáʔ. *Even you left.* (TC)} VAR: čw̓íṅ {**čw̓íṅ** cn ʔuʔ qʷáqʷi. *Even I am talking.* (AS,BC) | **čw̓íṅ** cxʷ ʔuʔ kʷənnúŋə. *You even saw me. / Even you saw me.* (TC)} VAR: čəw̓íṅ {**čəw̓íṅ** cxʷ kʷaʔčaʔ. *It's even you.* (TC) | ʔuʔ**čəw̓íṅ** či nəshiyáʔ. *I'm not interested in going.* (AS) | ʔuʔ**čəw̓íṅ** či sʔáwənə snás. *Even he has no name.* (AS) | ʔuʔ**čəw̓íṅ** či nspaypsénts. *I haven't even got five cents.* (AS,BC) | níɬ suʔqʷáy ʔaʔ ʔaʔčšəməlú ʔəcɬtiṅíxʷəŋ, "ʔə́š, **čəwíṅ** ʔiʔ ʔuʔpáʔstənəŋ." *Then Louisa said in Indian, "Aw, even he speaks English."* (MJT)} VAR: čuʔíṅ {**čuʔíṅ** cn. *Even I am.* (TC) | **čuʔíṅ** cxʷ ʔiʔ ʔuʔ qiʔnúŋət. *Even you are angry.* (MJT) | **čuʔíṅ** cn yuʔqiʔnúʔŋət. *Even I am mad at him.* (MJT) | **čuʔíṅ** cəẃniɬ. *It was even him.* (TC)}

čəwíṅtxʷ ⟦√čəwíṅ-txʷ √moreover-letcaus⟧ ☞ čəwíṅ to be even it, be unlike as compared with. {ʔuʔ**čəwíṅtxʷ** cn. *I'm unlike him.* (AS) | **čəwíṅtxʷ** cn yuʔnəsƛ̓éʔ. *Even that I like.* (TC) | **čəwíṅtxʷ** cn či nsƛ̓éʔ. *Even I like you.* (BC) | ʔuʔ**čəwíṅtxʷ** cn či nsʔáwənə nətálə. *Even I don't have money.* (AS)}

čəxʷə́yuʔ whale. *See under:* čxʷə́yuʔ

čáx̣ ⟦√čx̣ √split⟧ to be torn, ripped, split. (ES; AS; AS,BC; AS) {**čáx̣** kʷə ɬqíts. *Her clothes were torn.* (AS) | **čáx̣** tə kapús. *His coat is torn.* (AS,BC) | **čáx̣** kʷi kʷə npúxʷən. *My sail is torn.* (AS)}

čəx̣áyuʔc splitting wood. *See under:* čaʔx̣ayíẃc

čáx̣əŋ ⟦√č<á>x̣-ŋ<ˀ> √split<actl>-mdl<actl>⟧ ☞ čx̣áŋ to be tearing, ripping, splitting. (MJT) {nsuʔx̣ə́nəŋ ʔaʔ či ns**čáx̣əŋ** ʔaʔ či scúɬ. *So I told her I was splitting our wood.* (MJ)}

čəx̣ín from where. *See under:* čšaʔəx̣ín

čáx̣t ⟦√č<á>x̣-t √split<actl>-trns⟧ [actual metathesis] ☞ čx̣ə́t to be tearing, ripping, splitting something. (AS,BC; HS; TC) {níɬ suʔhúys cə nəs**čáx̣t** ʔiʔ čáčt cn cə spčúʔ. *Then I finished splitting it and made the basket.* (MJ) | húy či. ʔáwə c **čáx̣t** tsanu. *Stop. Don't tear that.* (EPT) | **čáx̣t**s cə ʔsnáw̓əɬ ʔaʔ tə sqx̣ə́yuʔ. *She tore the insides of the clam.* (MJ)}

čáx̣təŋ ⟦√č<á>x̣-t-ŋ √split<actl>-trns-psv⟧ ☞ čx̣ə́təŋ being ripped, torn, split by someone or something. {**čáx̣təŋ** cə ɬqíts. *His clothes were torn.* (AS) | **čáx̣təŋ** cə pípə. *The paper was torn.* (AS) | **čáx̣təŋ** tə scúɬ. *The wood is split.* (AS,BC) | **čáx̣təŋ** ʔaʔ Terry. *Terry's tearing it. / It's being torn by Terry.* (MJT)}

čáx̣ʷ ⟦√čx̣ʷ √saliva⟧
1. saliva, spit. (AS,BC)
2. to spit. {čaʔ**čáx̣ʷ** kʷi kʷi nsíyaʔ. *My grandfather just spit.* (AS)}

čáx̣ʷt ⟦√č<á>x̣ʷ-t √saliva<actl>-trns⟧ ☞ čx̣ʷát to be spitting on something or someone. {*čáx̣ʷt* cn. *I'm spitting on it.* (MJT)}

čəyáʔis look back. See under: čiʔáʔis

čəyáʔisəŋ ⟦√čəy̓=a<ʔ>yus-ŋ √turn=eye<actl>-mdl⟧ ☞ čəyáʔis to turn around to look. (AS) {*čaʔčəyáʔisəŋ* kʷə nsʔúqʷaʔ. *My brother just turned around.* (AS)}

čəyaʔméʔqʷ great-grandparents. See under: čiyaʔméʔqʷ

čəyáʔŋəs ⟦√čay<əʔ>-ŋ=us √hang<actl>-mdl=face⟧ [exclamation] ☞ čáyəŋ hang in there!. (AS,BC) [loan translation from English]

čəyáy ⟦√čyay √almost⟧ [i-class intensifier] almost, nearly, soon, barely. (TC) {*čəyáy* cn ʔiʔ ʔíɬən. *I almost ate.* (TC) | *čəyáy* cn ʔiʔ čə́q. *I almost fell.* (AS) | *čəyáy* cn ʔiʔ ʔítt. *I almost went to sleep.* (TC) | *čəyáy* cn ʔiʔ cíɬəŋ. *I almost stood up.* (TC) | *čəyáy* cn ʔiʔ čáŋ. *I'll be home soon. / I'm almost home.* (TC) | *čəyáy* cn ʔiʔ hiyáʔ. *I almost went.* (TC) | *čəyáy* cn ʔiʔ čqə́čaʔ. *I almost caught it.* (TC) | *čəyáy* cn ʔiʔ sɬə́ŋ. *I almost fell.* (AS) | *čəyáy* ʔiʔ ɬánən. *He almost missed it.* (TC) | *čəyáy* t suʔɬánəns. *He barely missed it.* (TC) | txʷs*čəyáy* ʔiʔ húy. *It's pretty near done.* (MJT) | kʷɬ*čəyáy* ʔiʔ táci. *They're almost here. / They'll be here soon.* (MJT) | *čəyáy* cn ʔiʔ sčə́tən. *I almost got hit.* (TC) | *čəyáy* ʔiʔ ʔə́nəxʷs yaʔ nəyə́nəwəs. *My heart almost stopped.* (TC) | nsuʔsáysiʔ ʔaw*čəyáy* cn ʔiʔ qə́s. *I was scared because I almost fell in.* (MJ) | ʔuʔxə́nə st kʷi ʔuʔčə́čəŋ; *čəyáy* st ʔiʔ kʷə́n. *We were all startled; we almost went under the power.* (TC) | suʔx̣áy *čəyáy* ʔiʔ čaʔčáʔčátən cə cáyss ʔiʔ sqiʔám či šúynəŋs. *They again almost fixed his hand, but they couldn't finish it.* (TC) | nɬ́ nsuʔx̣ə́nəŋ *čəyáy* ʔiʔ ʔíŋənəs ʔaʔ Markishtum čšaʔmaʔqáʔaʔ. *Then I said it almost stepped on Markishtum from Neah Bay.* (MJ) | ʔiʔ *čəyáy* ʔúyɬ ʔaʔ cə skʷáʔəts cə nəsnə́xʷɬ ʔiʔ čaʔtə́xʷ cn ʔaʔ cə cácu ʔaʔ cə sniyánt. *And it almost got into the stern of my canoe as I just got to the beach on the rocks.* (TC) | ʔúy̓ caʔ čaʔčáŋ cə qayúx̣ən ʔiʔ yəcústs tə ʔəŋʔíŋəcs ʔaʔ či s*čəyáy*s ʔiʔ ʔíŋənəs ʔaʔ Markishtum. *When Slug gets home he will tell his grandchildren that he almost stepped on Markishtum.* (MJ)} VAR: čiyáy (TC; AS,BC) {*čiyáy* st ʔiʔ tə́s. *We're almost there.* (TC,BC) | *čiyáy* qíyt. *Late morning.* (AS,BC) | *čiyáy* cn ʔiʔ ɬíyəm. *I almost sang.* (TC) | *čiyáy* tə suʔiʔɬaʔánəns. *He barely missed it.* (TC) | *čiyáy* st ʔiʔ máyəq, ʔə́c ʔiʔ ntán. *We've almost forgotten, my mother and I.* (AC) | ʔuʔ*čiyáʔy* ti suʔiʔɬaʔáʔŋəns cə sxʷnáʔəm ʔaʔ canu. *The monster barely missed it.* (ES)} VAR: čəyáyə {kʷɬ*čəyáyə* qíyət. *It's almost noon.* (MJT)} VAR: čiyáʔ {kʷɬ*čiyáʔ* cn ʔiʔ táci. *I'm almost there.* (AS)} VAR: čiʔáy (AB,IC,NST) VAR: čyáy {*čyáy* yə́c. *It's almost full.* (AB,IC,NST) | *čyáy* cn ʔiʔ qáp. *I almost got taken in.* (AS) | *čyáy* cn ʔiʔ qáp ʔiʔ ɬéym̓. *I almost got taken in with those singing.* (AS)}

čəyáytxʷ ⟦√čyay-txʷ √almost-letcaus⟧ ☞ čəyáy to almost do something. {*čəyáytxʷ* cn. *I almost did it.* (TC)}

čəyəč find. See under: céʔič

čəyəčt find it. See under: céʔičt

čəyə́məqəmčə́məq̓əm ⟦√č<əy>ə́məq̓əm √<pl>Chemakum⟧ ☞ čə́məq̓əm Chemakum people. (LB,CWH)

čə́yəx̣ ⟦√čəyx̣ √spear_fish⟧ to hunt on the bottom of the water, spear bottom fish, crab, etc. (ES; TC; AS,BC) {*čə́yəx̣* cn. *I spear hunted.* (TC) | hiyáʔ cn *čə́yəx̣*. *I'm going spearing.* (TC) | suʔsátəŋs kʷaʔ hiyáʔs *čə́yəx̣* ʔaʔ či pə́wiʔ. *So she told him to go catch a flounder.* (TC) | suʔxənʔátəŋs ʔaʔ cə saʔə́yčəns kʷaʔ hiyáʔs *čə́yəx̣* x̣̓iʔáŋ ʔaʔ či pə́wi sʔíɬəns. *So he was told by his sister to go spearing looking for a flounder for their food.* (TC) | suʔqʷánss cə stíkʷəns kʷaʔ ʔənʔás hiʔsəwáʔ yaʔ cə s*čə́yəx̣* x̣̓iʔáŋ ʔaʔ či pə́wi. *So he called to his nephew to come along spearing to look for a flounder.* (TC)} VAR: čə́yx̣ (ES)

čəyípct turning around. See under: čáʔipct

čə́yŋ startled. See under: čə́čəŋ

čəyx̣ʷə́yuʔ whales. See under: čaʔyəx̣ʷə́yuʔ

čəy̓əŋúst ⟦√čay<ʔ>-ŋ<ʔ>-us-t √hang<actl>-mdl<actl>-rcpnt-trns⟧ ☞ čiyəŋúst to be hanging something up. {*čəy̓əŋúst* cn. *I'm hanging it up.* (LC) | kʷɬ*čəy̓əŋúst* cn tə húpt. *I'm hanging the deer up now.* (MJT)} VAR: čaʔiŋúst (LC)

čə́y̓əs ⟦√čəy̓=us √turn=face⟧ to turn around, look back, turn the head to look, look away (from something). (MJT; TC; AS,BC; AS) {*čə́y̓əs* cn. *I looked back.* (TC) | *čə́y̓əs* kʷaʔ. *He looked back.* (AS) | *čə́y̓əs* tə swéʔwəs. *The boy is looking back.* (AS)} {ʔiʔ ʔáwə c *čə́y̓əs* ʔiʔ štə́ŋ. *And he didn't turn around and walk.* (ES) | kʷɬuʔ*čə́y̓əs* cn kʷi. *I'm already turning around.* (MJT) | ʔáwə či c *čə́y̓əs*. *Don't turn.* (MJT) | ʔi ʔuʔáwə c *čə́y̓əs* ʔaʔ ti ʔuʔxʷə́ŋ. *And he didn't turn around quickly.* (ES) | *čə́y̓əs* ʔiʔ k̓ʷánəts cə stúʔwiʔ. *He turned, and he looked at the river.* (MJT) | ʔiʔ nɬ́ suʔ*čə́y̓əs*s ʔiʔ x̣̓kʷə́ts yaʔ. *And then he turned around and grabbed it.* (ES) | suʔ*čə́y̓əs*s k̓ʷə́nts či sxʷʔiyás. *So he turned around and looked at where it was.* (ES) | nɬ́ suʔ*čə́y̓əs*s ʔiʔ hiyáʔ kʷaʔ x̣̓áy ʔúyɬ ʔaʔ tə ships sxʷʔiyás ti sčáʔis. *Then he turned back and went again on his ship where he was working.* (MJ) | x̣čnins qkʷə kʷɬčə́q yaʔ, Pysht Jack, ʔaʔ či sx̣̓kʷnáxʷs kʷaʔ *čə́y̓əs*s. *The old man, Pysht Jack, thought he'd grab it when he turned around.* (ES)}

čə́y̓əstxʷ ⟦√čəy̓=us-txʷ √turn=face-letcaus⟧ ☞ čə́y̓əs to let someone look back, look away. (TC) {*čə́y̓əstxʷ* cn. *I let him look back.* (AS) | čaʔ*čə́y̓əstxʷ* cə nŋə́naʔ. *Let my child look back.* (AS)}

čəy̓əx̣ʷə́yuʔ whales. See under: čaʔyəx̣ʷə́yuʔ

čəyíkən chickens. *See under:* čaʔyíkən

čə́y̓q ⟦√č<y̓>q √big<pl>⟧ ☞ čə́q to be big (of several things). (MJT) {*čə́y̓q* sqiqəyáyŋxʷ. *big trees.* (TC,AS,BC) | *čə́y̓q* sŋiyánt. *They were big rocks.* (ES) | *čə́y̓q* sqáxaʔ. *They're big dogs.* (TC) | *čə́y̓q* sqaʔyáxaʔ. *They're big dogs.* (TC) | mán č ʔuʔ *čə́y̓q*. *They were too big.* (TC) | ɬíxʷ *čə́y̓q* məyúsmus. *They were three big cows.* (MJ) | ʔuʔx̣ə́n̓ə cə sqaʔyáxaʔ ʔuʔ *čə́y̓q*. *All the dogs are big.* (TC) | ʔuʔx̣ə́n̓ə cə sqáxaʔ ʔuʔ *čə́y̓q*. *All the dogs are big.* (TC) | ʔuʔx̣ə́n̓ə ti čxʷə́yuʔ ʔuʔ *čə́y̓q*. *All whales are big.* (TC) | ʔúx̣ʷ ʔaʔ cə *čə́y̓q* múʔuqʷ. *He went to the big ducks.* (TC) | sáʔsiʔsiʔ yaʔ cn ʔaw̓mán̓ ʔuʔ *čə́y̓q* ti sčúy̓ɬc ʔiyá ʔaʔ šiyŋúy̓kʷɬ. *I was scared because the waves were very big there at Beechey Head.* (TC) | níɬ suʔx̣ən̓átəŋs ʔaʔ cə sʔúqʷaʔs kʷaʔ hiyáʔs ʔúx̣ʷ ʔaʔ cə *čə́y̓q* čéʔcəm, múʔuqʷ ʔuʔx̣ə́nəstaŋ ʔiʔ qəmáŋ ʔaʔ či sx̌áʔi. *He was told by his brother to go over to the big birds, ducks, and everything and ask for feathers.* (TC)}

čə́y̓s ⟦√č<ə́>y̓=us √turn<actl>=face⟧ ☞ čə́y̓əs to be turning around, looking. {kʷɬiʔ*čə́y̓s*. *He's right now turning.* (MJT)}

čəy̓súti? ⟦√č<əy̓>su-ty<?>-rcprcl<actl>⟧ ☞ čsúti to be throwing (things) at each other. (ES) {*čəy̓súti?* č yaʔ ʔaʔ ti ʔuʔxəná́ɬ. *They were throwing (things) at each other all the time.* (TC) | níɬ č yaʔ suʔ*čəy̓súti?*s yaʔ ʔəɬ kʷéʔwən̓tiʔs. *They were throwing at each other when they (Mt. Baker and Mt. Olympus) were fighting.* (TC)}

čəyúsəŋ look away. *See under:* čiʔúsəŋ

čə́y̓x̣ ⟦√čəy<ʔ>x̣ √spear_fish<actl>⟧ ☞ čə́yəx̣ to be hunting for things in water (fish, crab, etc.) with a spear. (ES) {*čə́y̓x̣* cn. *I'm spearing.* (ES; TC)}

či[1] ⟦či imp⟧ [strong imperative speech act particle] command. {ʔən̓ʔá *či* čə́yəxʷ! *Come in!* (TC) | ʔíɬən *či*. *Eat!* (TC) | čə́yəxʷtxʷ *či*. *Have him come in.* (MJT) | ʔə́mət *či*. *Sit down!* ⟪USAGE: This (versus just /ʔə́mət/ by itself) is strong, almost forcing.⟫ (TC) | ʔən̓ʔá *či* wáʔ. *Come along.* (ES) | hiyáʔ *či* sɬə́ct. *Go lie down.* (ES) | čə́saʔqʷəŋ *či*. *Put on your hat.* (ES) | hiyáʔ *či* štəŋúsəŋ. *Let's go for a walk.* (HS) | ʔúx̣ʷ *či* ɬcú! *Go down to the beach!* (LC) | húy̓ *či* qʷáy. *Go ahead and talk.* (MJT; NS,JW)}

či[2] ⟦či nsp⟧ a, the. [non-specific demonstrative determiner] {néʔ *či*. *Some are there. / There are some.* [This is a rare use of /či/ as a demonstrative. AS comments that this would be used while pointing at something.] (AS) | néʔ *či* ʔaʔDuncan. *There are some in Duncan.* (AS) | k̓ʷə́nəxʷ cn *či* sɬániʔ. *I'm going to see a woman.* (TC) | k̓ʷə́nəs ʔaʔ *či* sɬániʔs. *He saw that it was a woman.* (TC) | k̓ʷə́nəs ʔaʔ *či* swə́y̓qaʔs. *He saw that it was a man.* (TC) | k̓ʷíntxʷ kʷi *či* saplín. *How much bread should it be.* (AS) | k̓ʷə́nəs ʔaʔ *či* nəswə́y̓qaʔ. *He saw that I was a man.* (TC) | k̓ʷə́nəs ʔaʔ *či* sníɬs sɬániʔs. *He saw that it was his wife.* (TC) | tákʷs cn *či* snə́xʷɬ. *I'm going to buy a canoe.* (TC) [Past tense is not compatible here because "if I bought it," it cannot be non-specific.] (ʔiʔčáʔi cn *či* nəsxʷátəŋ. *They're going to lower me down first.* (TC) | ʔáw cə nəsx̌éʔ *či* nəskʷə́nət cə snə́xʷɬ. *I don't want to look at that canoe.* (TC) | háhəkʷ cn ʔaʔ *či* nəshiyáʔ. *I remembered that I have to go.* (TC) | ʔáwənə *či* nəstíym. *I've got nothing to sing.* (TC) | ʔə́y̓ *či* n̓shiyáʔ ʔəɬ qʷáqʷiʔən. *It's good that you go while I'm talking.* (TC) | ʔáw cə nəsx̌éʔ *či* nəskʷə́nət cə snə́xʷɬ ʔənstákʷəyuʔ. *I don't want to look at the canoe you bought.* (TC) | ʔáwənə *či* cán. *There's nobody.* (TC) | ʔáwənə *či* nəsxčít. *I know nothing about it.* (TC)} VAR: ti {néʔ *ti*. *Some are there. / There are some.* (AS) | čə́q yaʔ *ti* stíx̣ʷaʔč. *The octopuses were big.* (AS) | néʔ *ti* ʔəcɬtáyŋxʷ. *There are some people.* (AS) | kʷaʔčíy̓ *ti* sštə́ŋs. *He walked at daybreak.* (ES) | ʔuʔx̣ə́n̓ə *ti* čxʷə́yuʔ ʔuʔ čə́y̓q. *All whales are big.* (TC)} VAR: t {ʔuʔhúy̓ *t* nəsʔuʔčkʷəwiʔnúʔŋət. *I was only dreaming.* (EPT)} VAR: cə {ʔiʔ kʷɬcáw *cə* slapúʔ. *And Slapu came down to the beach.* (MJ)}

číf ⟦√čif √chief⟧ [from English 'chief'] chief. ★There was no word for "chief" in Klallam before European contact. Traditionally there was no "chief" in Klallam society-there was no single person acting as the official leader. There were no hereditary leaders, no royal line of descent and there were no elections. Public decisions were made by consensus with the people looking for advice to certain siʔám̓ individuals respected for their talent and sense of responsibility. {cán kʷaʔčaʔ či *číf*s? *Who is their chief?* (TC) | x̌iʔáʔt či *číf*s. *Look for their chief.* (TC) | *číf* kʷiʔə nəcə́t. *My father is the chief.* (AA) | suʔtxʷaʔ*číf*s cə xʷanítəm. *So the white person became chief.* (TC) | xʷanítəm kʷaʔčaʔ cə skʷáʔɬ *číf*. *Our chief is a white person.* (TC) | suʔyə́cəms, "ʔə́c kʷi ŋə́naʔ kʷəsə *číf*." *She told them, "I am the daughter of the chief."* (AA) | x̌iʔáʔt či *číf*s ʔiʔ qəmáŋ caʔn ʔaʔ či nəʔáʔiŋ. *(I'll) look for their chief, and I'll ask for a house.* (TC)}

čiʔáʔw̓ ⟦√čya<ʔ>w<ʔ> √pass<actl>⟧ ☞ čiʔáw̓ to be passing by. (LC) {ʔuʔiʔk̓ʷəníc cn ʔaʔ kʷə ńsʔiʔ*čiʔáʔw̓* hay ʔaʔ kʷi táŋən. *I saw you folks when you were passing by in the evening.* (EPT) | ʔiʔ*čiʔáʔw̓* cxʷ ay̓ ʔaʔ kʷi ɬq̓áčš ʔaʔ kʷi táŋən. *You folks passed by at five in the evening.* (EPT)}

čiʔáʔis ⟦√čəy̓=a<ʔ>yus √turn=eye<actl>⟧ ☞ čə́y̓əs to turn around, look back, look away, turn one's eyes away (from something). (TC) {*čiʔáʔis* cn. *I looked back.* (TC) VAR: čəyáʔis (TC,BC; AS,BC) {*čəyáʔis* cn. *I'm looking back.* (AS)}

čiʔáʔwiʔ awake. *See under:* čiyáʔwiʔ

čiʔánəŋ ⟦√čəy̓=anəŋ √turn=season⟧ ☞ čə́y̓əs 1. year. (LBH) {...ʔaʔ kʷi *čiʔánəŋ*. *...last year.* (TC) | níɬ caʔ kʷi či *čiʔánəŋ*. *It will be next year.* (MJT) | q̓ʷiʔnə́kʷi st ʔaʔ či *čiʔánəŋ*. *We'll get acquainted next year.* (MJT) | pə́ɬ cn ʔaʔ kʷi

nəstáʔcs *čiʔánəŋ*. I became aware when I was eight years old. (TC) | ɬxʷáy kʷsə nəŋánənəna? ʔaʔ kʷi kʷɬŋús *čiʔánəŋ*. We had three kids in four years. (TC)}
2. to be summer, to turn good weather. (TC)

čiʔánəxʷ salmon (pl). See under: čiyánəxʷ

čiʔáŋən 〚√čaya=ŋin √first=piece〛 ☞ ɬčáʔi ancestor, heritage, ones who came before us, are ahead of us. (MJT; AS,BC) VAR: čiyáŋən (TC) {nákʷ ʔuʔ nə*čiyáŋən*. You are my ancestor. (TC) | ʔác q̓ ʔuʔ ʔən*čiyáŋən*! I am your ancestor! / I was here ahead of you! *If you holler this at a sínəɬqi it will not touch you. (TC) | sqʷáys yaʔ kʷi sʔiʔáyəxʷɬ yaʔ, *čiyáŋən*ɬ. It's the language of our elders, our ancestors. (TC) | ʔác ʔuʔ nsɬkʷsáwəs. nákʷ ʔuʔ n*čiyáŋən*. I am your descendant. You are my ancestor. (TC) | ʔawmán ʔuʔ nəsx̌éʔ sxʷčʔiyás kʷi *čiyáŋən*ɬ ʔiʔčaʔyə ʔəcɬtáyŋxʷ. Because I really love it for it comes from our ancestors, the people who came before us. (BH)}

čiʔáqɬ 〚√čəy=aqɬ √turn=day〛 ☞ čáyəs yesterday. 《USAGE: This means only 'the day before today', unlike English 'yesterday' which can mean 'a little while ago' or 'in past times'.》 (TC; AS,BC) {čáčt cn ʔaʔ kʷi *čiʔáqɬ*. I made it yesterday. (MJT) | *čiʔáqɬ* kʷi nəscáčt. It was yesterday that I made it. (MJT) | ɬəŋúʔəŋ cn ʔaʔ kʷi *čiʔáqɬ*. I swam yesterday. (TC) | ʔənʔá čáŋ ʔaʔ kʷi *čiʔáqɬ*. He came home yesterday. (TC) | x̌áyəŋ cn ʔaʔ kʷi *čiʔáqɬ*. I ate out on the beach yesterday. (AS) | k̓ʷənnúŋə cn ʔaʔ kʷi *čiʔáqɬ*. I saw you yesterday. (TC) | x̌áy kʷ ʔuʔ ɬəmxʷ ʔə kʷi *čiʔáqɬ*. It was raining yesterday, too. (EPT) | k̓ʷánəxʷ yaʔ cn ʔaʔ kʷi *čiʔáqɬ*. I saw him yesterday. (LC) | ʔáw cn c k̓ʷánəxʷ ʔaʔ kʷə *čiʔáqɬ*. I didn't see him yesterday. (LC) | ʔúyəxt cn ʔaʔ kʷi *čiʔáqɬ*. I gathered it yesterday. (MJT) | yəcústəŋ cn ʔaʔ kʷi *čiʔáqɬ*. He told me about it yesterday. (MJT) | *čiʔáqɬ* kʷi kʷi nəsyəcústəŋ. It was yesterday he told me. (MJT) | səy̓siʔŋístəŋ cn ʔaʔ kʷi *čiʔáqɬ*. They scared me yesterday. (AS) | x̌aʔtáwn yaʔ cn ʔaʔ kʷi *čiʔáqɬ*. I went to town yesterday. (TC,AS,BC) | ʔuʔáɬaʔ yaʔ čaʔiyá ʔaʔ kʷi *čiʔáqɬ*. He's been here since yesterday. (TC) | ʔam̓xʷúcən̓ yaʔ st ʔaʔ kʷi *čiʔáqɬ*. We were picking berries yesterday. (EPT) | čaʔčŋána? ʔaʔ kʷi *čiʔáqɬ* kʷsə Lucy. Lucy just had a baby yesterday. (EPT) | ʔaʔéʔnət cxʷ ʔuč ʔaʔ kʷi *čiʔáqɬ*? What did you say to him yesterday? (MJT) | ʔəɬáʔ u yaʔ cxʷ ʔaʔ kʷi *čiʔáqɬ*? Were you here yesterday? (TC) | ʔən̓smiʔmáy̓əq ʔaʔ kʷi *čiʔáqɬ*, cə n̓kapú. That's what you forgot yesterday, your sweater. (MJT) | nákʷ u yaʔ kʷ uʔyaʔcustúŋəɬ ʔaʔ či sx̌ʷiʔám ʔaʔ kʷi *čiʔáqɬ*? Were you the one telling us a story yesterday? (EPT) | niɬ ixʷ cə scáʔits cə scəyíqʷɬ ʔaʔ kʷi stácis ʔaʔ kʷi *čiʔáqɬ*. He must have put the fruit down when he was here yesterday. (AS)}

čiʔás 〚√čy<ʔ>-as √chase<actl>-ptcaus〛 ☞ ččás to be chasing, pursuing, following someone. (TC) {*čiʔás* cn. I'm chasing it. (TC; MJT) | *čiʔás* cn tə tím. I'm chasing Tim. (ES) | x̌ənáɬ ti suʔ*čiʔás*s. She's always chasing him. (AS) | čásaʔ skʷáči tə nəsʔiʔ*čiʔás*. I was chasing it for two days. (TC) | *čiʔás* cn kʷə nsʔúq̓ʷaʔ. I followed my brother. / I chased my brother. (AS)} VAR: čiyás (AS) VAR: čiyást {ʔáwə c ʔiʔ*čiyást*s tiə skʷáʔs či cícɬ siʔám̓ cə sxčŋínəŋ. They are not following the will of the Lord. (RSh)}

čiʔásəŋ 〚√čy<ʔ>-as-ŋ<ʔ> √chase<actl>-ptcaus-psv<actl>〛 ☞ čiʔás being chased, followed, pursued, stalked. (AS,BC) {*čiʔásəŋ* cn. I'm being followed. / They're following me. (ES; TC) | ʔiʔ*čiʔásəŋ* cn. They're chasing me. / He's following me. (MJT; ES; TC) | *čiʔásəŋ* č caʔ cxʷ kʷə ʔaʔ či ŋən̓ stənɬáni? ʔaʔ ti n̓smovie star. You'll be chased by lots of women when you're a movie star. (TC)} VAR: čiʔásəŋ {*čiʔásəŋ* cə q̓áʔŋi ʔaʔ cə swéʔwəs. The girl was followed by the boy. (BC)}

čiʔástəŋ 〚√čy<ʔ>-as-t-ŋ √chase<actl>-ptcaus-trns-psv〛 [This use of the two transitivizers is limited to one speaker and is identical in use to the form without the -t suffix.] to be followed, chased, pursued. (BC) {*čiʔástəŋ* cə q̓áʔŋi ʔaʔ cə swéʔwəs. The girl was followed by the boy. (BC) | táyi tə scánnəxʷ *čiʔástəŋ* ʔaʔ cə ʔaʔcáʔkʷɬ. The salmon went upstream chased by the thunder. (AS)} ☞ čiʔás VAR: čiyástəŋ {*čiyástəŋ* cn. Someone chased me. (AS)}

čiʔát 〚√čya-t √switch-trns〛 to switch, exchange something. (AS) {*čiʔát* cn cə nx̌iyán. I switched my pen. (AS)}

čiʔáw 〚√čyaw √pass〛 to pass by (in space or time), miss, not connect; be past, after; former, over, beyond. (LC; ES; TC) {*čiʔáw* cn. I passed by. (TC) | *čiʔáw* cxʷ ʔaʔ ʔác. You passed me. (TC) | *čiʔáw* q̓éyət afternoon. (ES) | *čiʔáw* q̓íyt. afternoon. (AS,BC) | *čiʔáw* skʷáči. Past days. (TC)} {*čiʔáw* cn ʔaʔ cə ʔáʔiŋ. I went by the house. (TC) | kʷi kʷɬhíc *čiʔáw* sčiʔánəŋ. many years ago (TC) | *čiʔáw* q̓íyət. It's afternoon (ES) | kʷi kʷɬhíc *čiʔáw* sčiʔánəŋ ʔiʔ ʔəsxáɬɬ cn. Long ago in years past I was sick. (ES) | *čiʔáw* kʷaʔčaʔɬ či sx̌áys x̌kʷnákʷi či nəscáʔyəm. Time passed, and my bones mended again. (ES) | *čiʔáw* nácuʔ sčiʔánəŋ či sqiʔém̓ či nštəŋ. I couldn't walk for over a year. (ES) | nəcáx̌ ʔaʔ kʷi kʷɬhíc *čiʔáw* skʷáči It was once long ago in days gone by. (ES) | hiyáʔ cn *čiʔáw*. I'm going to go by. (TC) | *čiʔáw* cxʷ ʔaʔAnacortes You pass by Anacortes. (MJT) | niɬ nsuʔx̌ʷúŋ ʔaʔ t *čiʔáw* ʔaʔ q̓íyt. Then I cried in the afternoon. (MJ) | *čiʔáw* kʷi cáyss tsə nstáni?. My wife's hand missed. (ES) | suʔiʔ*čiʔáwəɬ* ʔaʔ canu sxʷpúqʷs snánt. We were passing by that rocky bluff. (ES) | ʔənʔá can̓ ʔuʔ táči kʷaʔ *čiʔáw*ʼəs či čəsaʔ skʷáči. I'll get here after two days. (TC) | *čiʔáw* ʔaʔ tə sxʷʔiyás kʷi ʔəskʷáʔkʷis cə néʔ snáyaʔnəkʷ. They went past where those ghosts were hiding. (ES) | ʔiʔ niɬ kʷaʔčaʔ suʔ*čiʔáw*s ʔaʔ tím ʔaʔ tə sxʷʔiyás cə sčáqʷəwc. And then Tim was past where the fire was. (ES) | kʷi kʷɬ*čiʔáw* skʷáči ʔaʔ kʷi sʔuʔúʔɬ yaʔ ʔuʔ sx̌íct ʔiʔ náʔ. In the old days when we

čiʔawkʷíct | **číčaʔ**

began to move and come... (ES) } VAR: čiʔáwə {*čiʔáwə* qíyt. *afternoon* (EPT) | ƛ́ay caʔ st ʔuʔ táči ʔaʔ či kʷáči *čiʔáwə* qíyt. *We'll come tomorrow afternoon, too.* (EPT)}

čiʔawkʷíct pass by. *See under:* čiʔəkʷíct

čiʔáwt ⟦√čy̓aw-t √pass-trns⟧ ☞ čiʔáw to pass by someone. (TC) {*čiʔáwt* cn. *I passed him.* (BC)}

čiʔawtástxʷ ⟦√čy̓aw-tastxʷ √pass-dirtrns⟧ ☞ čiʔáw to let someone pass, go by. {*čiʔawtástxʷ* cn. *I let him go by.* (TC)}

čiʔáwtəŋ ⟦√čy̓aw-t-ŋ √pass-trns-psv⟧ ☞ čiʔáwt to be passed by someone. (TC) {*čiʔáwtəŋ* cn. *He passed me.* (TC)}

čiʔáwtxʷ ⟦√čy̓aw-txʷ √pass-letcaus⟧ ☞ čiʔáw to let someone pass, go by. (TC) {*čiʔáwtxʷ* cn. *I let him go by.* (TC)}

čiʔáwi̓ awake. *See under:* čiy̓áʔwiʔ

čiʔáy almost. *See under:* čəyáy

čiʔáyətəŋ ⟦√čya<y>-t-ŋ √switch<pl>-trns-psv⟧ ☞ čiʔát to be turned back. {ʔuʔƛ̓kʷnáŋ ti ʔəcɬtáyŋxʷ ʔaʔ cə tayapš ʔiʔ *čiʔáyətəŋ*. *The people were caught by the tayapš and were turned back.* (ES)}

čiʔáyu ⟦√čy̓ayu √many⟧ cp. ŋə́n̓ to be much, many, plenty, lots. {*čiʔáyu* či čəčšínəč. *There are lots of serviceberries.* (MJT) | *čiʔáyu* či sɬúʔŋət sqə́čaʔs. *They caught a lot of herring.* (MJT) | *čiʔáyu* kʷi nəsčiy̓əyíqʷɬ. *I have a lot of fruit.* (AS)}

čiʔáyt ⟦√čy<ʔ>=ay<ˀ>ə-t √chase<actl>=person<actl>-trns⟧ ☞ čiʔás to be raising, rearing a child, bringing up a child. (ES; AS) {*čiʔáyt* tiə sƛ̓íƛ̓aʔƛ̓qɬ. *Bring up this child.* (AS)}

čiʔčə́kʷč Dungeness Spit. *See under:* cicákʷč

čiʔčiʔk̓ʷáʔsəŋ ⟦čy̓+ √ča<y̓>k̓ʷ-a<ʔ>s-ŋ pl+ √tight<pl>-ptcaus<actl>-psv⟧ ☞ čák̓ʷ November, time to put paddles away. ✶November is considered to have the meanest weather of the year. That is why it is the time to put the paddles away and to stay off the water. There are a lot of traditional dances in November. (MJT)

čiʔəkʷíct ⟦√čy̓aw-i-cut √pass-persist-rflxv⟧ [/w/ → /kʷ/] ☞ čiʔáw to pass (someone) while walking. {sqiʔɬéʔm či nəs*čiʔəkʷíct*. *I can't pass anything.* (ES) | ʔáw c *čiʔəkʷíct*. *She didn't pass by.* (ES)} VAR: čiʔawkʷíct (AS) {*čiʔawkʷíct* cn cə swə́y̓qaʔ ʔəɬ šə́təŋən. *I passed the man while I was walking.* (AS)}

čiʔəkʷɬnát day before yesterday. *See under:* sčiʔəkʷɬnát

čiʔikʷɬnát day before yesterday. *See under:* sčiʔəkʷɬnát

čiʔnə́kʷi ⟦√čy̓a-nəwəy √switch-ncrcprcl⟧ ☞ čiʔát to exchange positions, change places. (TC)

čiʔqács ⟦√č<iʔ>q=acis √big<pl>=hand⟧ ☞ čə́q to have big hands. (ES)

čiʔqán̓ ⟦√č<iʔ>q=an̓ √big<pl>=ear⟧ ☞ čə́q to have big ears. (ES)

čiʔqáy̓nəs ⟦√č<iʔ>q-ay<ˀ>=nis √big<pl>-ext<actl>=tooth⟧ ☞ čə́q to have big teeth. (ES)

čiʔqáy̓ŋxʷ ⟦√č<iʔ>q-ay<ˀ>=ŋixʷ √big<pl>-ext=breast<actl>⟧ ☞ čə́q to have a big bosom. (ES)

čiʔqəy̓áʔq ⟦√č<iʔ>q=əy̓əʔq √big<pl>=wave⟧ ☞ čə́q big waves. (TC)

čiʔsáy̓qəŋ ⟦√čy<ʔ>-as=ay<ˀ>əq-ŋ<ˀ> √chase<actl>-ptcaus=fish-mdl<actl>⟧ ☞ čisáy̓s to follow behind, chase (someone), catch up with (someone). (ES) {*čiʔsáy̓qəŋ* cn. *I'm following.* (ES) | *čiʔsáy̓qəŋ* q cn. *I'd be following.* (TC) | nə́cuʔ caʔ *čiʔsáy̓qəŋ*. *One will be following.* (MJT) | kʷikʷə́xtəŋ tə sqáxaʔ ʔiʔ ƛ́ay suʔʔiʔ*čiʔsáy̓qəŋ* ʔiʔɬkʷáw̓əs. *A dog gets sent away, and it comes following behind again.* (TC) VAR: čisáy̓qən (MJT; ES; AS,BC) {hiʔ*čisáy̓qəŋ* cn. *I'm following him.* (MJT)} VAR: čisáy̓qəŋ {ʔiʔ*čisáy̓qəŋ*s. *He's got a long way to catch up.* (ES)} VAR: čisáy̓qəŋ {*čisáy̓qəŋ* kʷɬə sƛ̓íƛ̓aʔƛ̓qɬ. *The child was following behind.* (AS) | ʔiʔ*čisáy̓qəŋ* st. *We're following.* (AS)}

čiʔsnúʔŋət ⟦√čy<ʔ>-as-nu<ʔ>nt √chase<actl>-ptcaus-ncmdl<actl>⟧ ☞ čiʔás to be chasing. (ES) {ʔiʔ*čiʔsnúʔŋət* u cxʷ? *Are you chasing (me)?* (ES)}

čiʔɬéʔqʷəŋ wash hair. *See under:* čaʔɬéʔqʷəŋ

čiʔɬéʔqʷt washing head. *See under:* čaʔɬéʔqʷt

čiʔúʔsəŋ ⟦√čy̓=u<ʔ>s-ŋ<ˀ> √turn=face<actl>-mdl<actl>⟧ ☞ čiʔúsəŋ to be looking away, looking the other way, turning back. {*čiʔúʔsəŋ* kʷi kʷə ʔaycɬtáyŋxʷ. *The people were turning back.* (AS)}

čiʔús ⟦√čəy̓=us √turn=face<actl>⟧ [rightward stress shift in actual] ☞ čə́y̓əs to be turning around, looking back, turning the head to look, looking away (from something). (TC) {*čiʔús* cn. *I'm looking away. / I'm looking back.* (TC) | *čiʔús* caʔn. *I'm going to be looking the other way/looking back.* (TC)}

čiʔúsəŋ ⟦√čəy̓=us-ŋ √turn=face-mdl⟧ ☞ čə́y̓əs to look away, look the other way, turn back. (TC) {*čiʔúsəŋ* cn. *I'm going to look the other way, look back.* (TC) | *čiʔúsəŋ* či. *Look the other! / Look back!* (TC) | hiyáʔ yaʔ st štə́ŋ ʔiʔ *čiʔúsəŋ* st. *We went for a walk, but we turned back.* (AS)} VAR: čəyúsəŋ (AS) {*čəy̓úsəŋ* cn. *I'm looking back (not only once).* (AS)}

čiʔúykʷɬ ⟦√čy̓a=uykʷɬ √switch=bodyside⟧ ☞ čiʔát
1. to change, turn to other side (of a canoe). (MJT)
2. to start to set (of the sun), descend from noon. {*čiʔúykʷɬ* tə sʔuʔšáct. *The sun is starting to set.* (MJT)}

cícɬsiʔám̓ God. *See under:* cícɬsiʔám̓

číčaʔ ⟦√čičaʔ √popcorn⟧ popcorn. (BC) [neologism - coined at a language class meeting August 17,

čičá?i

1995] {x̣a?cíxʷəŋ ?əɬ ?é?ɬənən ?a? ti **číča?**. *It makes a crunching noise when I eat popcorn.* (AS)}

čičá?i working. *See under:* **čá?i?**

čiča?yíqʷtən Sasquatch. *See under:* **čičəyíqʷtən**

čičáyni ⟦čy + √cayni pl + √Chinese⟧ ☞ **čáyni** Chinese people. (TC)

čičayíqʷtən Sasquatch. *See under:* **čičəyíqʷtən**

čičə́čəŋ ⟦čy + √čəy-ŋ pl + √startle-mdl⟧ ☞ **čə́čəŋ** to be startled, suddenly scared (of a group or several times). {?ux̣ə́n **čičə́čəŋ**. *They were all startled.* (ES)}

čičə́k̓ʷ ⟦čy + √cak̓ʷ pl + √tight⟧ ☞ **čák̓ʷ** to be too tight, too snug, get wedged in (among a group). (MJT) {?i?u?**čičə́k̓ʷ** cn. *I got wedged in (a room full of people).* (AS)}

čičə́ɬt ⟦čy + √č<ə́>ɬt pl + √thick<actl>⟧ [actual metathesis] ☞ **čɬə́t** to be thick (of several).

číčəmʼəs ⟦čí + √cəmʼəs aff + √meet⟧ ☞ **čə́mʼəs** to meet someone or something. {hiyá? ca?n x̌a?Kingston či nəs**číčəmʼəs**. *I'll go to Kingston to meet her.* (MJT) | kʷɬiyá? kʷɬə **číčəmʼəs**. *She already left to meet her.* (MJT) | ?áwə c **číčəmʼəs**. *Don't meet her.* (MJT)}

čičə́qʷ ⟦čy + √cqʷ pl + √burn⟧ ☞ **čə́qʷ**
1. to be on fire. (ES) {**čičə́qʷ** cn. *I'm on fire.* (TC)}
2. to be burned, scorched (of several things). (RS; TC) {**čičə́qʷ** kʷsə nəsčə́kʷx̣əŋ saplín. *I burned my hotcakes.* (MJT) | ?u?áx̣əŋ ?i ?u?**čičə́qʷ** č kʷa? kʷi sx̌q̓á?is ya?. *He was doing that, and his feathers caught on fire.* (TC)}
3. to be building a fire. (AS) VAR: **čičəyə́qʷ** ⟦čy + √č<əy>qʷ pl + √burn<pl>⟧ {**čičəyə́qʷ** cn. *I'm building a fire.* (AS)}

čičə́qʷt ⟦čy + √cqʷ-t pl + √burn-trns⟧ ☞ **čičə́qʷ** to burn several things. {**čičə́qʷt** cn cə pípə. *I burned the papers.* (AS)}

čičə́x̣ ⟦čy + √cx̣ pl + √split⟧ ☞ **čə́x̣** to be ripped, torn, split (of several). (AS) {**čičə́x̣** kʷi kʷə ɬqíts. *Her clothes were torn.* (AS) | **čičə́x̣** cə pípə. *The paper is torn up.* (AS) | **čičə́x̣** cə kapú. *The coat was torn up.* (AS)}

čičə́x̣t ⟦čy + √č<ə́>x̣-t pl + √split<actl>-trns⟧ ☞ **čičə́x̣**
1. to be a group tearing, ripping, splitting, shredding something; to be tearing, ripping, splitting several things; to be tearing, ripping, splitting something into a bunch of pieces. (MJT) {**čičə́x̣t** cə pípə. *Shred the paper.* (AS) | **čičə́x̣t** či. *Tear it up.* (MJT) | ?áwə c **čičə́x̣t**. *Don't tear it up.* (AS,BC) | **čičə́x̣t**s cə ɬqíts. *She tore up her clothes.* (AS,BC) | **čičə́x̣t** cn cə pípə. *I tore up the paper.* (AS) | níɬ kʷi ?aycɬtáyŋx̌ʷ **čičə́x̣t**. *It was the people that tore it up.* (AS)}
2. to be a group of people roughly pushing someone around; to be roughly pushing a group of people around; to be roughly pushed around several times by someone.

čičə́x̣təŋ ⟦čy + √č<ə́>x̣-t-ŋ pl + √split<actl>-trns-psv⟧ ☞ **čičə́x̣t**
1. being torn, split by a group; being torn, split into a bunch of pieces by someone or something. (AS,BC) {?u?**čičə́x̣təŋ** kʷə nəɬqít. *My clothes got torn up.* (AS,BC) | **čičə́x̣təŋ** kʷi kʷə kapús. *Her coat was torn up.* (AS)}
2. being roughly pushed around by a group; being a group roughly pushed by someone; being roughly pushed around several times by someone. {**čičə́x̣təŋ** cn. *They're pushing me around.* (ES)}

čičə́x̣ʷtəŋ ⟦čy + √cx̣-t-ŋ pl + √split-trns-psv⟧ ☞ **čx̣ə́təŋ** to be torn to pieces by someone or something. {**čičx̣átəŋ** cn. *They tore me to pieces.* (ES)}

čičəyáy ⟦čy + √cyay pl + √almost⟧ [i-class intensifier] ☞ **čəyáy** almost, nearly, soon, about to, barely (applied to a number of items). {**čičəyáy** č ?i? ?u?kʷx̣cínəŋ. *They almost screamed.* (ES) | **čičəyáy** cn ?i? máyəq. *I almost forgot.* (MJT) | txʷ**čičəyáy** cn ?i? ta?csɬšá?. *I'm pretty near eighty.* (MJT) | txʷ**čičəyáy** ixʷ ?i? čási tə nəsúnuc. *My fire is almost out.* (MJT) | txʷ**čičəyáy** ?i? čúnəŋ ?a? Gypsy. *Gypsy is about to find it.* (MJT)}

čičəyíqʷtən ⟦čay + √cayiqʷ = tən char + √backwoods = instr⟧ ☞ **čáyəqʷ** Sasquatch, bigfoot, a large man-like creature living up in the bush that few people have ever seen. ✻Often travels with little people *cp.* šúpšupt ✻Seen on the Elwha Reservation as recently as July 1995. (AS,BC; AS) ✻When you have a feeling that someone is watching you, it is čičəyíqʷtən. Never tease one. It will harm you only if it is provoked. Boston Charlie (wəqínəx̣ən) was friendly with them and was saved by one when he and his wife were snowed in at Storm King during a blizzard. (AS) {k̓ʷə́nnəs ya? kʷi kʷi **čičəyíqʷtən**. *He saw a Sasquatch.* (AS) | x̣ən?áɬ ti su?i?səwá?s ti šúpšupt ?ɬ štə́ŋs ti **čičəyíqʷtən**. *The šúpšupt always goes along when čičəyíqʷtən walks.* (AS) | táči **čičəyíqʷtən** ?i? sməyəc ti scə́ŋa?ts. *Sasquatch got there packing an elk.* (AS) | ?úu, níɬ č kʷi kʷi **čičəyíqʷtən** ?u? s?ə́ŋa?c. *Oh, it was Sasquatch that gave it to me.* (AS)} VAR: čičayíqʷtən (BC) VAR: čičayíqʷtən (BC; AS,BC) VAR: čiča?yíqʷtən (AS,BC)

čiči?áyəct ⟦čy + √cəy<ə́yə>-cut pl + √turn<pl>-rflxv⟧ ☞ **čə́yəs** to be turning a somersault. ⟪When the Seattle radio station KJR announced its call letters, ?a?a?smú?əɬ thought it sounded like this.⟫ (MJT) {**čiči?áyəct** cn. *I'm turning a somersault.* (MJT)}

čiči?yúcx̣əy ⟦√čiči?yucx̣əy √place_name⟧ [analysis uncertain] an area in the Clallam Bay region; a point west of the Lyre River. (JSH) ⟪Harrington indicates that this is two miles west of Gettysburg, which formerly was a logging settlement at the mouth of the Lyre River.⟫ VAR: čí?yucx̣əy (JSH) VAR: čí?yu?cx̣əŋ (JSH)

čičiyáŋən ⟦čy+√čaya=ŋin pl+√first=piece⟧ ☞ čiʔáŋən ancestors, heritage. (TC) {nə́kʷ ʔuʔ nəsčičiyáŋən. *You are my heritage.* (TC) | ʔənčičiyáŋən. *Your ancestors.* (MJT) | sqʷáys yaʔ kʷə ʔənčičiyáŋən yaʔ. *It is the language of your ancestors.* (TC) | ʔuʔčʔáɬaʔ yaʔ nəčičiyáŋən yaʔ. *My ancestors were from here.* (TC) | ʔaʔkʷústxʷ ʔaʔ tiə sqʷáys yaʔ kʷi ṅsčičiyáŋən yaʔ. *Teach them that this language is your heritage.* (TC) | x̌áy ʔuʔ níɬ ʔuʔsxʷčʔiyás kʷi čičiyáŋəns yaʔ. *That's also where their ancestors were from.* (TC) | nəsyaʔcústəŋ ʔaʔ ti ʔuʔ x̌ənáɬ ʔaʔ ti sxʷənʔáŋs yaʔ kʷi ʔəxʷíyŋxʷ yaʔ kʷi čičiyáŋəns yaʔ čtə. *I was told all the time what it must have been like in the villages of their ancestors.* (TC)} VAR: čičiʔáŋən (MJT)

čičk̕ʷáʔst ⟦čy+√čakʷ-a<ʔ>s-t pl+√tight-ptcaus<actl>-trns⟧ ☞ čák̕ʷ to stick one's paddle away for the season. (MJT) {kʷɬčičk̕ʷáʔst cn tə nəxʷúʔŋət. *I already stuck my paddle away.* (MJT)}

čičk̕ʷik̕ʷúʔsəŋ ⟦čy+√čakʷ=iws=u<ʔ>s-ŋ pl+√tight=body=face<actl>-mdl⟧ [analysis uncertain - There is no audio for this word and the second /kʷ/ was recorded as ejective.] ☞ čičk̕ʷáʔst paddle hanger. ✻ Traditionally in November paddles were put away for the winter. The hanger was a knot in the wood of the wall. Paddles were hung up diagonally on the wall with the point up. (MJT)

čičqʷács ⟦čy+√čqʷ=acis pl+√burn=hand⟧ ☞ čqʷács to burn one's fingers, hands. {čičqʷács cn. *I burned my fingers.* (TC)}

čičqʷáw̓txʷ ⟦čy+√čqʷ=aw̓txʷ pl+√burn=house⟧ ☞ čə́qʷ to burn (of a house or other building). {čičqʷáw̓txʷ č kʷə ṅsʔúq̓ʷaʔ. *(I hear that) your brother's house burned.* (EPT)}

čičqʷík̕ʷs ⟦čy+√čqʷ=iws pl+√burn=body⟧ ☞ čičə́qʷ to have one's whole body burned. (TC) VAR: ččqʷík̕ʷs (TC)

čičtáŋ ⟦čy+√čta-ŋ pl+√ask-mdl⟧ ☞ čtáŋ to ask a lot. {máy, mán̓ cxʷ ʔuʔ čičtáŋ. *My, you ask for a lot.* (TC)}

čičx̌ústəŋ ⟦čy+√čx̌=us-t-ŋ pl+√split=face-trns-psv⟧ ☞ čx̌ústəŋ to be cut up, torn up on one's face by someone or something. (MJT)

číkəmən ⟦√čikəmən √metal⟧ metal, money. (MJT) [from Chinook Jargon]

číkən chicken. See under: čə́kəns

čikənáw̓txʷ ⟦√čikən=aw̓txʷ √chicken=house⟧ ☞ čə́kəns chicken house, henhouse. {ʔəsnúʔnəq̓ʷ cn ʔaʔ kʷi nəsšə́təŋ ʔaʔ kʷi nəčikənáw̓txʷ. *I got smeared when I was walking in my chicken house.* (AS)}

čikʷɬnát day before yesterday. See under: sčiʔəkʷɬnát

činə́kʷi meet. See under: čəməsnə́kʷi

činu ⟦činu nspo⟧ [non-specific, obviative determiner] a, the, another one. {x̣íə́ts *činu* ʔəcɬtáyŋxʷ. *shoot a person.* (ES) | húʔ yaʔ kʷaʔnéʔŋət kʷi tím ʔaʔ ti táŋən ʔəɬ ʔiʔɬáccts *činu* skʷáči ʔiʔ níɬ táči cə čaʔčéʔx̌ʷəŋ ʔiyá ʔaʔ tə cácu. *When Tim was running in the evening when the day was getting dark, he would get to a shallow place at the beach.* (ES) | ʔiʔ x̌áy kʷə ʔuʔ kʷánəŋət *činu* snáyaʔnəkʷ čayəqʷaʔáw̓əɬ. *And those ghosts in back (of the house) ran, too.* (ES)} VAR: tinu {ʔiʔ sŋəyaʔŋaʔánt *tinu* ʔiʔ ti pqʷə́čən. *And there were small rocks and sand.* (ES) | ʔiʔ níɬ ti suʔx̌ə́ps *tinu* sŋəyaʔŋaʔánt ʔiʔ txʷaʔsmíx̌i kʷaʔ ʔuʔstánəs ti sxʷʔiyás ti sɬáčəŋ. *And then it got to the end of the small rocks and became mud or whatever where the tideflats are.* (ES)}

činúst hang it up. See under: čiyəŋúst

činústəŋ be hung up. See under: čiyəŋústəŋ

činúst hang it up. See under: čiyəŋúst

číq ⟦√yiq √snowfall⟧ [/y/ → /č/] cp. čéʔyəq to snow; snow as it comes down. (MJT; AS,BC; HS) {*číq* kʷaʔ. *Now it snows.* (HS) | x̌ʷəŋ ʔiʔ *číq*. *It might snow.* (TC) | *číq* iqɬ. *I wish it would snow.* (MJT) | ʔúy̓ ɬaʔčíyəŋ ʔiʔ *číq*. *When it gets cold, it snows.* (MJT)}

čiqcút ⟦√č<y>q-cut √big<pl>-rflxv⟧ to get big, grow up (of several). ☞ čqcút {suʔkʷəntəŋɬ ʔiʔ *čiqcút* tə qqə́yəŋ̓s. *They looked at us, and their eyes got big.* (MJ)}

čiqéʔəŋ ⟦√čyqiʔ-ŋ √swoop-mdl⟧ to swoop down, soar (as an eagle). (AS,BC) VAR: čiqéʔiŋ (AS) {*čiqéʔiŋ* cə k̕ʷə́yŋsən. *The eagle is swooping.* (AS)}

čiqə́ys ⟦√č<y>q=ayus √big<pl>=eye⟧ ☞ čə́q to have big eyes. (TC)

čiqsə́n ⟦√č<y>q=sən<ˀ> √big<pl>=foot<actl>⟧ ☞ čqsə́n to be having big feet. (TC)

čís ⟦√čis √cheese⟧ cheese. (AS,BC) [from English 'cheese']

čisáy̓qən following. See under: čiʔsáy̓qəŋ

čisáy̓s ⟦√čy-as-ay̓s √chase-ptcaus-activ⟧ ☞ ččás to be following. {*čisáy̓s* či! *Go follow!* (AS)}

čisáy̓qən following. See under: čiʔsáy̓qəŋ

čítaʔqʷəŋ ⟦√čiɬ=iʔqʷ-ŋ √fall_off=head-mdl⟧ ☞ číɬəŋ to wash the head. (MJT)

čítaʔqʷt ⟦√čiɬ=iʔqʷ-t √fall_off=head-trns⟧ ⟪This implies pushing something off the head.⟫ ☞ číɬəŋ to wash someone's head. {kʷɬčítaʔqʷt yaʔ cn. *I already washed her head.* (MJT)}

číɬəŋ ⟦√čiɬ-ŋ √fall_off-mdl⟧ to fall over, fall off in pieces. {*číɬəŋ* caʔ. *It's going to fall over.* (MJT) | *číɬəŋ* kʷə súɬ. *The road crumbled and slid off.* (AS)} VAR: čɬəŋ {*čɬ́əŋ* ixʷ. *It must have fallen over.* (MJT)} VAR: číɬəŋ {*číɬəŋ* ti sčayíqʷɬ; ʔuʔmán̓ ʔuʔ síq̓i. *The fruit fell off; it was very heavy.* (AS)}

číɫt ⟦√či̓ɫ-t √fall_off-trns⟧ ☞ či̓təŋ to push something off, make something fall off, fall over onto (something). (MJT) {*čí̓ɫt* cn cə sčəyíqʷɫ. *I pushed the fruit off.* (AS)}

číx̣əŋ ⟦√čix̣-ŋ √bitter-mdl⟧ to taste bitter. (AS,BC; AS) {x̣ənʔáɫ ti suʔ*číx̣əŋ*s. *It's always bitter.* (AS's grandmother said this about cheese, which she did not want in the house.) (AS)} VAR: či̓x̣əŋ (MJT)

číx̣əŋtxʷ ⟦√čix̣-ŋ-txʷ √bitter-mdl-letcaus⟧ ☞ číx̣əŋ to let it spoil, get bitter. VAR: či̓x̣əŋtxʷ {nuʔ*číx̣əŋtxʷ* cn. *It seems bitter to me.* (MJT)}

čix̣ʷ ⟦√čix̣ʷ √demolish⟧ to break apart, fall apart, collapse, be demolished, disassembled. (ES; AS,BC; AS) {*číx̣ʷ* cə ʔáʔiŋ. *The house fell apart.* (ES; AS,BC) | *číx̣ʷ* cə čaʔcítən. *The table is already fallen apart.* (AS) | *číx̣ʷ* kʷi kʷə scaʔwáčən. *The chair fell apart.* (AS) | ʔiʔ *číx̣ʷ* tə sxʷx̣aʔyáʔctíŋ tsə stúʔwi. *And the dam (thing that stopped the river) collapsed.* (MJ)}

čix̣áwtxʷəŋ break camp. *See under:* čx̣ʷáwtxʷəŋ

čix̣ʷi ⟦√čix̣ʷ-iy √demolish-dev⟧ ☞ číx̣ʷ to break apart, fall apart. (AS) {*číx̣ʷi* kʷə čaʔcítən. *The table fell apart.* (AS)}

čix̣ʷt ⟦√č<í>x̣ʷ-t √demolish<actl>-trns⟧ ☞ čx̣ʷít cp. čéʔx̣t to be breaking up, taking apart, demolishing something. (MJT; ES; AS,BC) {*číx̣ʷt* cn. *I tore it down. / I'm tearing it down.* (BC; AS,BC) | *číx̣ʷt* caʔn. *I'm going to demolish it (an old unused house).* (TC)}

čix̣ʷtəŋ ⟦√č<í>x̣ʷ-t-ŋ √demolish<actl>-trns-psv⟧ [actual counter metathesis] ☞ čx̣ʷítəŋ being demolished, broken apart, knocked down. (AS) {*číx̣ʷtəŋ* kʷi kʷə ʔáʔiŋ. *The house is being torn down.* (AS,BC) | *číx̣ʷtəŋ* č ʔaʔ kʷə sxʷčaʔkʷɫáwtxʷ. *They're going to tear the dam out.* (AS)}

čiyá from there. *See under:* čʔiyá

čiyáʔ almost. *See under:* čəyáy

čiyáʔwəṅ spirit dancing. *See under:* čyáʔwəṅ

čiyáʔwiʔ awake. *See under:* čiyáʔwiʔ

čiyáct ⟦√čya-cut √switch-rflxv⟧ ☞ čiʔát to advance, go forward, go ahead, move past, go in front, do it. (ES; TC) {*čiyáct* cn. *I'm going ahead.* (ES; TC) | nəsx̣éʔ či nəs*čiyáct*. *I want to do it.* (ES)}

čiyánəxʷ ⟦√č<iy>annəxʷ √salmon<pl>⟧ ☞ sčánnəxʷ
1. salmon (plural). (TC)
2. the traditional Klallam village in the western side of Becher Bay where the marina now is. (TC; LC; AS,BC) {x̣áy cn həwíyŋ ʔúxʷ ʔaʔ*čiyánəxʷ*. *Again I returned to Becher Bay.* (TC) | x̣áy st túkʷ ʔúxʷ ʔaʔ*čiyánəxʷ*. *We went home again to Becher Bay.* (TC)}
3. name of Cheanuh Marina at Becher Bay. (TC) VAR: xʷsčiyánəxʷ (ES) ⟦xʷ-s-č<iy>annxʷ loc-s-√salmon<pl>⟧ (ES) VAR: sxʷčiyánəxʷ (ES) {čáni cə xʷíyŋxʷ təyi ʔúxʷ ʔaʔ cə naʔátəŋ sxʷ*čiyánəxʷ*. *The village moved into the bay to what's called Cheanuh.* (TC)} VAR: čiʔánəxʷ (TC) VAR: či̓yánəxʷ (LB,CWH)

čiyáŋən ancestor. *See under:* čiʔáŋən

čiyás pursuing. *See under:* čiʔás

čiyástəŋ be followed. *See under:* čiʔástəŋ

čiyáw̓ awake. *See under:* čiyáʔwiʔ

čiyáy almost. *See under:* čəyáy

čiyəkʷɫnát day before yesterday. *See under:* sčiʔəkʷɫnát

čiyəŋústəŋ ⟦√čay-ŋ-us-t-ŋ √hang-mdl-rcpnt-trns-psv⟧ ☞ čiyəŋúst to be hung up. (ES) VAR: čiyŋústəŋ (ES) {*čiyŋústəŋ* kʷə sx̣áʔəs swə́yqaʔ. *The bad man was hanged.* (AS,BC)} VAR: činústəŋ {*činústəŋ* cə ʔəsx̣áʔəs xʷanítəm. *The bad white man was hanged.* (AS)}

čiyəŋúst ⟦√čay-ŋ-us-t √hang-mdl-rcpnt-trns⟧ ☞ čáyəŋ to hang something up. {*čiyəŋúst* caʔn. *I'm going to hang it up.* (MJT)} VAR: čiyŋʔúst (ES) {*čiyŋʔúst* caʔ st cə sqə́čaʔɫ. *We're going to hang our catch.* (ES)} VAR: čiyəŋʔúst (ES) VAR: činúst (LC) VAR: činúst (AS,BC) {*činúst* cn cə húʔpt. *I hung the venison.* (AS,BC)} VAR: čiyəŋústxʷ {*čiyəŋústxʷ* caʔn tiə sx̣iʔús. *I'm going to hang up this picture.* (TC)}

čiyŋʔúst hang it up. *See under:* čiyəŋúst

čiyúɫ ⟦√čiyuɫ √slave_name⟧ personal name of a slave in MJ's family, also the name of a cow when MJ was young. ✱This is not a Klallam name. Klallam people never had slaves that were Klallam and would never have given a slave a Klallam name. (MJT) [from some unknown language]

čiyáʔwiʔ ⟦√čy<ʔ>á<ʔ>w-iy<ʔ> √awake<actl>-dev<actl>⟧ to be awake, wide awake. (ES,TC) {kʷɫ*čiyáʔwiʔ* cn. *I'm awake.* (LC)} VAR: čiyáʔwi (BC) VAR: čiʔáw̓i {*čiʔáw̓i* cn. *I'm awake.* (BC)} VAR: čiʔáʔwiʔ (MJT; TC) {ʔuʔ*čiʔáʔwiʔ* cn. *I'm awake.* (TC,AS,BC; TC)} | kʷɫ*čiʔáʔwiʔ* cn. *I'm awake now.* (TC)} VAR: čiʔáw̓ (AS) VAR: čiyáw̓ (AS)

čiy̓ánəxʷ salmon (pl). *See under:* čiyánəxʷ

číy̓əq snowing. *See under:* čéʔyəq

čkʷáʔ ⟦č-√waʔ have-√own⟧ ☞ skʷáʔ
1. to own, have, possess. {*čkʷáʔ* cn ʔaʔ cə músmus. *I own the cow.* (AS,BC) | óˑ, ʔáy̓ ixʷ yaʔ u kʷi swéʔwəs ixʷ yaʔ *čkʷáʔ* ʔaʔ cə sʔács. *Oh, he must have been a nice young man who had that face.* (AA)}
2. owner. (AS,BC) {*čkʷáʔ* cn. *I'm the owner.* (AS,BC) | táči cə *čkʷáʔ* maʔyúsmus. *The owner of the cows got here.* (MJ)}

čkʷə́qsən ⟦√čkʷu-əqsən √shoot=nose⟧ ☞ čkʷút to be shot, stung on the nose. (ES) {*čkʷə́qsən* cn. *My nose got stung.* (ES) | ʔiʔ ʔənʔá cə nə́cuʔ sxʷɫaʔɫaʔkʷəŋ ʔiʔ *čkʷə́qsən*. *And one bee came and stung my nose.* (ES)}

čkʷə́yuʔ 〚√čkʷu-əyu √shoot-activ〛☞ čkʷút to shoot (a gun or arrow), be shooting, hunting. (EPT; ES; TC) {*čkʷə́yuʔ* cn ʔaʔ cə púyək. I shot the gun. (TC) | *čkʷə́yuʔ* caʔ st ʔaʔ či húʔpt. We're going to shoot deer. (AS,BC) | ʔúxʷ či *čkʷə́yuʔ* ʔaʔ či múʔəqʷ. Go duck hunting. (EPT) | *čkʷə́yuʔ* ʔaʔ kʷi či ʔəssáqɬ. He was shooting outside. (MJ)} VAR: čkʷə́yu (BC; AS) VAR: čəkʷə́yu (RS)

čkʷút 〚√čkʷu-t √shoot-trns〛 to shoot something or someone (with bow and arrow, gun, hypodermic needle), sting (as a bee) someone. (MJT; AS,BC; ES) 《TC rejects this form of the word.》{*čkʷút* cn. I shot it. (AS,BC) | *čkʷút* či. Shoot it! (AS,BC) | *čkʷúts* yaʔ cə sxʷnáʔəm. He shot the monster. (ES)} VAR: čúkʷt {*čúkʷt* cn. I shoot it. (TC) | *čúkʷt* caʔn. I'm going to shoot it. (TC) | *čúkʷt* cn ʔaʔ cə nəpúyək. I shot it with my gun. (TC) | *čúkʷt* cn ʔiʔ nətáŋən. I shot at it but missed. (TC) | *čúkʷt* cn cə húʔpt. I shot the deer. (TC) | suʔ*čúkʷt*s kʷaʔ kʷi cáyss yaʔ. It shot his hand. (TC) | ʔəstúʔŋət kʷaʔčaʔ sxʷ*čúkʷt*s cə sŋánt. Why did he shoot the rock? (TC) | *čúkʷt* cn cə húʔpt ʔiʔ nəstáŋən. I shot at the deer, but missed. (TC)}

čkʷútəŋ 〚√čkʷu-t-ŋ √shoot-trns-psv〛☞ čkʷút to be shot (by gun, arrow, needle), stung by a bee. (TC; ES) {*čkʷútəŋ* cn. He shot me. / I got shot. (TC; AS,BC; AS) | *čkʷútəŋ* u cxʷ? Did you get shot? (MJT) | *čkʷútəŋ* cn ʔaʔ či staʔɬáʔkʷəŋ. I was stung by a bee. (ES) | ʔiʔ húʔ cxʷ kʷi *čkʷútəŋ* ʔaʔ cə sínəɬqiʔ ʔiʔ q̓ʷúy cxʷ. And if you get shot by the sínəɬqiʔ, you die. (ES) | *čkʷútəŋ* cn ʔaʔ cə púyək. The gun shot me. (TC) | *čkʷútəŋ* cn ʔaʔ cə nəpúyək. My gun shot me. (TC) | ʔəstúʔŋət kʷaʔčaʔ sxʷ*čkʷútəŋ*s cə sŋánt ʔaʔ cə swə́ýqaʔ? Why is that man shooting at that rock? (TC)}

čkʷə́n 〚č-√kʷən have-√see〛☞ k̓ʷə́nnəxʷ to catch a glimpse (of something). {*čkʷə́n* cn. I caught a glimpse (of something running through the trees). (TC) | níɬ ixʷ čaʔiʔ*čkʷə́n* ʔaʔ Jacob Jones. Then we happened to catch sight of Jacob Jones. (MJ)}

čtániʔ 〚č-√ɬaný have-√female〛☞ sɬániʔ to have a wife. {*čtániʔ* cn. I have a wife. (TC) | *čtániʔ* ʔiʔ ʔən̓ʔá čə́yəxʷ. He had a wife, and she came in. (MJ) | nəsƛ̓éʔ či nəs*čtániʔ* ʔaʔ nə́kʷə. I want to have you for my wife. (MJ)}

čɬčx̣čəŋín 〚čɬ-č-√x̣č=ŋin impact-have-√know=piece〛☞ čx̣čŋín to be patient, understanding. {mán̓ cxʷ kʷi uʔ *čɬčx̣čəŋín*. You're very patient, understanding. (MJT)}

čɬə́t 〚√čɬət √thick〛 to be thick (layer), have a big diameter. (EPT; MJT; LC; TC; ES; AS,BC) {kʷɬ*čɬə́t* kʷi. It's already thick. (MJT) | mán̓ ʔuʔ *čɬə́t* tiə sɬə́yəxʷ. The ice is very thick. (MJ) | *čɬə́t* ŋáqaʔ ʔəsccáwt. The snow lay thick. (MJ) | *čɬə́t* tə qʷíncəns. His beard is thick. (MJT) | kʷɬuʔsƛ̓úʔƛ̓əm kʷi t s*čɬə́t*s. It's already thick enough. (MJT) | suʔ*čɬə́t*s cə sɬə́yəxʷ ʔiʔ qqín cn ʔaʔ ti xaʔx̣iyuʔéʔč. So the ice will get thick, and I'll play with Chipmunk. (MJ) | slapúʔ. ɬɬéʔyəm ʔaʔ kʷsi "čə́m̓ čə́m̓ ti láyə" cút stxʷaʔ*čɬə́t*s cə sɬə́yəxʷ. Slapu. She was singing "čə́m̓ čə́m̓ ti layə" hoping to make the ice thick. (MJ)}

čɬə́tct 〚√čɬət-cut √thick-rflxv〛☞ čɬə́t to get thick. (AS) {kʷɬ*čɬə́tct*. It already got thick. (MJT) | *čɬə́tct* cə nskʷúkʷ. My cooking is thickening. (AS)}

čɬə́tt 〚√čɬət-t √thick-trns〛☞ čɬə́t to make something thick. (AS) {nuʔ*čɬə́tt* caʔn. I'm going to make it thicker. (MJT) | *čɬə́tt* cn cə muhúy̓. I made the basket thick. (AS)}

čɬíkʷən cheek. See under: sxʷɬíqʷən̓

čɬík̓ʷəŋ 〚√čɬik̓ʷ-ŋ √creak-mdl〛 to creak, make a creaking sound (of a building). (MJT) {*čɬík̓ʷəŋ* cə ʔáʔiŋ. The house creaks. (AS)}

čɬníɬ 〚čɬ-√niɬ impact-√3focus〛☞ níɬ to be affected, treated by him/her/it; to be the one (out of several) to make it happen. (AS,BC; ES; MJ) {*čɬníɬ* cn. I was the cause. / I made it happen. (AS,BC) | ʔuʔk̓ʷə́nəxʷ cn *čɬníɬ*. I saw him do something. (LCB) | *čɬníɬ* ʔaʔ cə sínəɬqiʔ ʔaʔ súʔuk. He was got (killed) by the monster at Sooke. (ES)}

čɬqcín̓ 〚č-√ɬqcin̓ from-√?〛 a person from a tribe on Vancouver Island. (LB,EWH)

čɬqə́nəxʷ 〚čɬ-√qənxʷ impact-√starvation〛☞ sqə́nəxʷ to starve. (ES; TC) {ʔáwə yaʔ st c *čɬqə́nəxʷ*. We didn't starve. (TC) | *čɬqə́nəxʷ* caʔ st. We're going to starve. (MJT) | *čɬqə́nəxʷ* suʔq̓ʷúys. He starved to death. (TC) | *čɬqə́nəxʷ* nəsuʔq̓ʷúy. I'm starving to death. (TC) | mán̓ ʔuʔ *čɬqə́nəxʷ* cə sqáx̣aʔ. The dog is starving to death. (AS) | ʔəsƛ̓úʔƛ̓əm kʷi kʷaʔ *čɬqə́nəxʷxʷ*. It's alright if you starve. (TC)} VAR: čɬqə́nəxʷ (AS,BC; ES; TC) {*čɬqə́nxʷ* cn. I starved. (AS,BC)}

čɬqə́nəxʷtəŋ 〚čɬ-√qənxʷ-txʷ-ŋ impact-√starvation-letcaus-psv〛☞ čɬqə́nəxʷtxʷ to be starved by someone. {*čɬqə́nəxʷtəŋ* cn. I got starved by someone. (LC; AS,BC) | *čɬqə́nəxʷtəŋ* cə sqáx̣aʔ. The dog was starved. (AS) | ʔúxʷtəŋ yaʔ ʔaʔ či sʔúxʷtəŋs či s*čɬqə́nəxʷtəŋ*s. He was brought from where she brought him to be starved. (AA)}

čɬqə́nəxʷtxʷ 〚čɬ-√qənxʷ-txʷ impact-√starvation-caus〛☞ čɬqə́nəxʷ to starve someone. (AS) {*čɬqə́nəxʷtxʷ* cn cə sqáx̣aʔ. I starved the dog. (AS) | *čɬqə́nəxʷtxʷ* caʔ st. We're going to starve him. (MJT)}

čɬqə́n̓xʷ 〚čɬ-√qən<ʔ>xʷ impact-√starvation<actl>〛☞ čɬqə́nəxʷ to be starving, fasting, going without food. (ES; AS,BC) {*čɬqə́n̓xʷ* cn. I'm starving. / I'm fasting. (MJT; LC; ES; TC; TC,AS,BC; AS,BC) | *čɬqə́n̓xʷ* cə nəsƛ̓əyéʔx̣ɬ. My children starved. (TC) | ʔíɬən kʷaʔ cə ŋə́n̓ ʔəycɬtáynəxʷ cə *čɬqə́n̓xʷ* yaʔ. Many people who had been starving ate. (AA)} VAR: ɬqə́n̓xʷ (AS,BC; AS) {*ɬqə́n̓xʷ* cə nŋə́naʔ. My child is starving. (AS)}

čɬqə́n̓xʷtəŋ 〚čɬ-√qən<ʔ>xʷ-t-ŋ impact-√starvation<actl>-trns-psv〛☞ čɬqə́nəxʷtəŋ being starved. (AS,BC) VAR: čɬqə́n̓xʷtəŋ {*čɬqə́n̓xʷtəŋ* st ʔaʔ Terry. Terry's starving us. (MJT)}

čɬtáy̓č [√čɬət=ay̓č √thick=hair] ☞ čɬə́t thick hair, lots of hair. (MJT; ES) {*čɬtáy̓č* cn. *I have lots of hair.* (MJT)}

čɬtúʔəct [√čɬət-uʔə-cut √thick-actl-rflxv] [unique form of the actual] ☞ čɬə́tct to be getting thick. {hiʔ*čɬtúʔəct*. *It's getting thick.* (MJT)}

čɬtúcən [√čɬət-ucin √thick=mouth] ☞ čɬə́t thick lip. (MJT) {*čɬtúcən* cə q̓áʔŋi. *That girl has thick lips.* (AS)}

čɬtúyəs [√čɬət=uyəs √thick=forehead] ⟪It has thick skin and is round like a forehead.⟫ ☞ čɬə́t an orange. (MJT)

čɬtuyəsháy̓əs [√čɬət=uyəs=ay̓əs √thick=forehead=color] ☞ čɬtúyəs to be orange colored. (MJT) {*čɬtuyəsháy̓əs* kʷsə nɬqít. *My dress is orange.* (MJT)}

čƛ̓éʔ [č-√ƛ̓iʔ have-√want] ☞ sƛ̓éʔ to want to have, like, love to have (something). {ʔuʔx̣čít cn t suʔ*čƛ̓éʔ*s ʔaʔ cə nətálə. *I know he wants to have my money.* (TC) | nə́kʷ *čƛ̓éʔ* ʔaʔ cə nətálə. *You're the one that wants my money.* (TC) | ʔə́c *čƛ̓éʔ* ʔaʔ nə́kʷ. *I'm the one that wants you.* (TC) | *čƛ̓éʔ* cə sƛ̓íƛ̓aʔƛ̓qɬ cə sčəyíqʷɬ. *The child always likes to have jam.* (AS) | níɬ *čƛ̓éʔ* ʔaʔ nə́kʷ. *She's the one that likes you.* (TC) | ʔuʔx̣čít cn ʔaʔ tə nsu*čƛ̓éʔ* ʔaʔ cə nətálə. *I know you want my money.* (TC) | ʔuʔ*čƛ̓éʔ* cn ʔaʔ nə́kʷ. *I like you.* (TC) | ʔuʔx̣ə́n̓ ti cán ʔuʔ *čƛ̓éʔ* ʔaʔ cə. *Everyone wants to have that.* (MJ) | ʔuʔx̣čít cn cə ʔəcɬtáyŋxʷ *čƛ̓éʔ*. *I know that person who wants him/her/it.* (TC)} VAR: čšƛ̓éʔ {ʔáwənə *čšƛ̓éʔ*. *Nobody likes him.* (MJT) | huʔné ʔ kʷi ti *čšƛ̓éʔ* ʔə ʔə́c. *There is someone that likes me. / Somebody loves me.* (MJT)}

čƛ̓ə́kʷ [č-√ƛ̓kʷ have-√take] ☞ ƛ̓kʷə́t to have a boyfriend or girlfriend, be paired up. (AS,BC) {ʔunú cn ʔuʔ *čƛ̓ə́kʷ*. *Notice I found a boyfriend.* (AS) | ƛ̓iʔáʔt či nəs*čƛ̓ə́kʷ*. *I'm looking for a boyfriend/girlfriend.* (AS,BC)}

čmaʔx̣ʷúct [č-√məʔx̣ʷu-cut have-√torment<actl>-rflxv] ☞ smaʔx̣ʷúct to be tormenting, torturing, teasing. {ʔáwə c *čmaʔx̣ʷúct* ʔaʔ ʔə́c. *Don't torment me.* (TC) | mán̓ cn ʔuʔ *čmaʔx̣ʷúct*. *I'm tormenting too much.* (TC)}

čná [č-√na have-√name] ☞ sná to have a name. {nəsʔúŋəstəŋ č yaʔ ʔaʔ kʷti *čná* yaʔ ʔaʔ či šiʔástənəw nəxʷsƛ̓áy̓əm. *It was given to me by the Klallam person that had the name šiʔástənəw* (RSh)}

čnáʔət [č-√na<ʔ>-t have-√name<actl>-trns] ☞ čnát to be naming someone, giving someone a name. (AS,BC) ⟪Usage: Note that 'name someone' in English can mean 'say someone's name' or 'give someone a name'. In Klallam this is used only for the latter.⟫ {*čnáʔət* cn. *I gave him/her a name.* (AS)}

čnáʔətəŋ [č-√na<ʔ>-t-ŋ have-√name<actl>-trns-psv] ☞ čnáʔət being given a name by someone. (ES; AS) {*čnáʔətəŋ* cn. *They gave me a name.* (AS)} VAR: čnaʔtítəŋ {*čnaʔtítəŋ* cə nŋə́naʔ. *My child is getting a name.* (AS) | *čnaʔtítəŋ* kʷsə swéʔwəs. *They're giving the boy a name.* (AS)}

čnaʔtítəŋ being named. *See under:* čnáʔətəŋ

čnát [č-√na-t have-√name-trns] ☞ nát to give someone a name. {*čnát* cn. *I gave him a name.* (AS,BC) | *čnát* cn cə nstíkʷən. *I gave my niece a name.* (AS)}

čnátəŋ [č-√na-t-ŋ from-√name-trns-psv] ☞ čnát to be named, given a name. (ES) {*čnátəŋ* cn. *I was given a name.* (AS,BC) | *čnátəŋ* cə ʔəcɬtáyŋxʷ. *They named the person.* (AS)}

čŋáʔnaʔ give birth. *See under:* čŋə́naʔ

čŋə́naʔ [č-√ŋənəʔ have-√offspring] ☞ ŋə́naʔ to give birth, have a baby. {*čŋə́naʔ* tsə Linda. *Linda's going to have a baby.* (ES) | níɬ kʷi *čŋə́naʔ*. *She had a child.* (AS) | *čŋə́naʔ* cn ʔay̓. *I had a child again.* (AS) | *čŋə́naʔ* caʔ tsə nsláni ʔ. *My wife's going to have a baby.* (ES) | ʔuʔáwə č kʷaʔ c híc ʔiʔ *čŋə́naʔ*. *It wasn't long, and she had a child.* (MJ) | nəstwawsƛ̓íƛ̓aʔƛ̓qɬ ʔiʔ *čŋə́naʔ* kʷsə ɬčíkʷs. *When I was still a child, a half-breed had a baby.* (MJ) | čaʔ*čŋə́naʔ* ʔaʔ kʷi čiʔáqɬ kʷsə Lucy. *Lucy just had a baby yesterday.* (EPT) | twawq̓aʔq̓áʔŋi ʔ cə ʔəcɬtáyŋxʷ ʔiʔ *čŋə́naʔ* ʔaʔ cəsə ŋaʔŋəsáʔyə sqəyaʔáx̣aʔ. *A person was still a young girl, and she gave birth to four little puppies.* (MJ)} VAR: čŋáʔnaʔ (MJ)

čŋəq̓ʷáʔis [č-√ŋəq̓ʷ=a<ʔ>yus have-√burst=eye<actl>] ☞ ŋə́q̓ʷ to be one-eyed. (LC) VAR: sŋəq̓ʷáʔis (AS) [s-√ŋəq̓ʷ=a<ʔ>yus s-√burst=eye<actl>]

čŋíkʷs not know how. *See under:* čəŋíkʷs

čqáʔčaʔ [č-√qa<ʔ>čaʔ have-√catch<actl>] ☞ čqə́čaʔ ☞ sqə́čaʔ to be catching, harvesting. {*čqáʔčaʔ* cn. *I'm catching (it).* (TC) | *čqáʔčaʔ* ʔaʔ ti kʷítšən ʔiʔ ti ʔuʔx̣ə́nəstən. *They were catching spring salmon and everything.* (TC)}

čqács [√čq=acis √big=hand] ☞ čə́q to have big arms or big hands. (TC) {*čqács* cə x̣aʔx̣ɬács. *The mole has big hands.* (AS)}

čqánkʷs [√čq=ankʷs √big=abdomen] ☞ čə́q to be stubborn, proud, strong-willed, hard-headed, single-minded, not want to be told, know-it-all. (MJT; ES; AS,BC; AS) ⟪The abdomen is traditionally viewed as the seat of thought and emotion.⟫ {ɬáx̣ʷɬ ʔuʔ *čqánkʷs* kʷsə q̓áʔŋi ʔ. *The girl is definitely stubborn.* (AS)}

čqáw̓txʷ longhouse. *See under:* cəqáw̓txʷ

čqáyən̓ [√čq-ay=an̓ √big-ext=ear] ☞ čə́q to have big ears. (TC)

čqcúʔət [√čq-cu<ʔ>t √big-rflxv<actl>] ☞ čqcút
1. to be bragging, boasting, making oneself big. (MJT)
2. to be getting bigger. {hiʔ*čqcúʔət*. *It's getting bigger.* (MJT)}

čqcút ⟦√čq-cut √big-rflxv⟧ ☞ čə́q to get big, grow up. (MJT; AS) {*čqcút* cn. *I got big.* (AS) | kʷɬ*čqcút* kʷi. *It already got big.* (MJT) | *čqcút* cə sqiyáyŋəxʷ. *The tree got big.* (AS) | ʔiyá st kʷaʔčaʔ ʔiʔ níɬ nəsuʔiyá *čqcút*. *We were there, and then I got big.* (TC) | ɬáxʷɬ ʔuʔ *čqcút* cə swéʔwəs. *The boy definitely got big.* (AS) | ...kʷaʔ *čqcút*ən caʔ. *...when I get big.* (MJT)}

čqéʔqən big belly. *See under:* čqíqən

čqéʔqʷ ⟦√čq=iʔqʷ √big=head⟧ ☞ čə́q to have a big head, be bull-headed. (ES; TC) {ʔuʔɬə́ŋ ʔuʔ *čqéʔqʷ*. *He's completely bull-headed.* (AS)}

čqə́čaʔ ⟦č-√qəčəʔ have-√catch⟧ ☞ sqə́čaʔ to catch (game), harvest. (TC; ES) {*čqə́čaʔ* cn. *I caught it.* (TC) | *čqə́čaʔ* cn ʔaʔ kʷsə húʔpt. *I caught a deer.* (ES) | *čqə́čaʔ* cn ʔaʔ cə kʷítšən. *I caught a king salmon.* (TC) | čəyáy cn ʔiʔ *čqə́čaʔ*. *I almost caught it.* (TC) | ʔsqiʔám̓ či nəs*čqə́čaʔ*. *I can't catch it.* (TC) | hiyáʔ yaʔ cn x̌ácu nəsuʔ*čqə́čaʔ*. *I went fishing and got one.* (TC) | ʔiʔ níɬ suʔx̌iʔáŋs ʔaʔ či ʔáʔčx̣ ʔiʔ *čqə́čaʔ* ʔaʔ tə nə́cuʔ. *And so he was looking for crabs, and he got one.* (MJ)}

čqə́kʷ ⟦č-√qəkʷ have-√fatigued⟧ ☞ qə́kʷ to get tired of, bored with (something). {*čqə́kʷ* cn. *I got tired of it.* (TC) | níɬ suʔ*čqə́kʷ*s cə swéʔwəs ʔəcɬtáyŋxʷ. *Then the young Indian man got tired.* (ES) | s*čqə́kʷ*s ʔaʔ cə xʷanítəm ʔuʔ x̌ʷiyuʔús ti suʔqʷáqʷiʔs čtáŋ̓. *He got tired of the white man asking silly questions.* (ES)}

čqə́ɬnɬ ⟦√čq=əɬnɬ √big=throat⟧ ☞ čə́q to have a big neck. (ES)

čqəná?əxʷ ⟦√čq-na<ʔə>xʷ √big-nctrns<actl>⟧ ☞ čqənáxʷ to be making something bigger. {naʔiʔ*čqəná?əxʷ* cxʷ cə ʔəscə́ɬqʷəŋ. *You're making that hole bigger.* (MJT)}

čqənáxʷ ⟦√čq-naxʷ √big-nctrns⟧ ☞ čə́q to finally manage to make something bigger. {*čqənáxʷ* cn. *I made it bigger.* (MJT)}

čqə́qsən ⟦√čq=əqsən √big=nose⟧ ☞ čə́q
1. big nose;. (MJT; ES; TC) {*čqə́qsən* cn ʔaʔ kʷi stáʔɬaʔk̓ʷəŋ. *I got a big nose from a bee (sting).* (ES)}
2. bogeyman. (ES)

čqə́wəč ⟦√čq=əwəč √big=bottom⟧ ☞ čə́q to have a big bottom. (TC)

čqíkʷs ⟦√čq=iws √big=body⟧ ☞ čə́q
1. to have a big body, a big build. (AS,BC) {*čqíkʷs* cn. *I have a big body.* (AS)}
2. to feel big, important. (AS,BC) {ʔuʔ mán̓ ʔuʔ *čqíkʷs* kʷə swə́yqaʔ. *That man really feels he's big, important.* (AS)}

čqíɬč ⟦√čq=iɬč √big=plant⟧ ☞ čə́q any big, thick tree or log. (TC)

čqíqən ⟦√čq=iqən √big=belly⟧ ☞ čə́q big belly, pot-belly. (ES; TC) {nə́kʷ kʷi nuʔ*čqíqən* ʔaʔ ʔə́c. *Your belly is bigger than mine.* (ES)} VAR: čqéʔqən {mán̓ ʔuʔ *čqéʔqən*. *He's pot-bellied.* (LSaT)}

čqqéʔyəŋ ⟦√čq+q-i<ʔ>y-ŋ<ʔ> √big+actl-dev<actl>-mdl<actl>⟧ [analysis uncertain - unique reduplication pattern] ☞ kʷɬčə́q to be getting older. {kʷɬiʔ*čqqéʔyəŋ* cn. *I'm getting older.* (MJT)}

čqsə́n ⟦√čq=sən √big=foot⟧ ☞ čə́q big, large foot. (ES; TC) ⟨Note that this does not refer to the famous monster, Bigfoot. This simply refers to a large appendage.⟩ cp. čičəyíqʷtən {*čqsə́n* cn. *I have big feet.* (ES)}

čqtáʔəxʷ ⟦√čq-ta<ʔə>xʷ √big-caus<actl>⟧ ☞ čqtáxʷ to be making something bigger. (MJT) {hiʔ*čqtáʔəxʷ* cn. *I'm making it bigger.* (MJT)}

čqtáxʷ ⟦√čq-taxʷ √big-inancaus⟧ ☞ čə́q to make something bigger. {*čqtáxʷ* či. *Make it bigger.* (MJT) | *čqtáxʷ* cn. *I made it bigger.* (MJT) | *čqtáxʷ* cn kʷə nkapú. *I made my coat bigger.* (AS)} VAR: čə́qtxʷ (AS,BC) {*čə́qtxʷ* cn. *I made it big.* (BC) | txʷaʔ*čə́qtxʷ* cn. *I made it get big.* (TC) | *čə́qtxʷ* cn cə sʔíɬən. *I made a big meal.* (AS) | *čə́qtxʷ* cə saplín. *I want a good sized bread (make it big).* (AS)}

čqúcən ⟦√čq=ucin √big=mouth⟧ ☞ čə́q to have a big, large mouth. (ES; AS) ✱nickname of Mr. Lauridson, a white man who lived near the Elwha and used to push a wheelbarrow into town to get groceries. He was a real old-timer. He died around 1925. He was called this because he had a really big smile. (AS,BC; AS)

čq̓átəŋ ⟦√yaq̓-t-ŋ √fall_over-trns-psv⟧ ☞ čáq̓t to be made to fall down, felled. {*čq̓átəŋ* cə sqiyáyŋxʷ. *They felled that tree.* (ES)}

čq̓éʔyəs ⟦č-√q̓i<ʔ>y-us have-√pay<actl>-rcpnt⟧ ☞ čq̓íyaʔyəs to be getting paid. (ES) {*čq̓éʔyəs* cn. *I got paid.* (ES)} VAR: čq̓éʔis (AS)

čq̓ə́n ⟦√čq̓=ən √grind=instr⟧ ☞ čq̓ə́t steel file (tool), anything used for filing or grinding. (TC) VAR: čq̓ə́n (MJT)

čq̓ə́ŋ ⟦√čq̓-ŋ √grind-mdl⟧ to file, grind, sharpen (something). {*čq̓ə́ŋ* či! *File!* (MJT)}

čq̓ə́t ⟦√čq̓-t √grind-trns⟧ ☞ čq̓ə́ŋ to file something, sharpen something. (MJT) {*čq̓ə́t* cn. *I filed it.* (MJT) | ʔáwə c *čq̓ə́t*. *Don't file it.* (MJT)}

čq̓əyəxʷə́w̓əɬ ⟦č-√q̓=əyə>xʷə́w̓əɬ from-√west_tribe<pl>⟧ ☞ q̓xʷə́w̓əɬ people from the west end of Klallam territory. (EWH)

čq̓áytən ⟦√čq̓-əyu=tən √grind-activ=instr⟧ ☞ čq̓ə́t grinding stone. (ABT) VAR: čq̓áytən (ABT)

čq̓íyaʔyəs ⟦č-√q̓iy-ays have-√pay-activ⟧ ☞ q̓əyús to get paid for what one does. (ES)

čqʷáʔɬ ⟦√čqʷ=aʔɬ √burn<actl>=mass⟧ to sweat, perspire. (ES) ⟨A similar word for 'sweat' has an ejective /q̓ʷ/.⟩ cp. čáq̓ʷəŋ {*čqʷáʔɬ* cn. *I sweat.* (ES) | ʔəɬ šə́təŋən ʔiʔ *čqʷáʔɬ* cn. *When I walk I sweat.* (AS)}

čqʷács ⟦√čqʷ=acis √burn=hand⟧ ☞ čə́qʷ to burn one's hand. {*čqʷács* ʔaʔ cə sčə́qʷuc. *He burned his hand in the fire.* (TC) | stáŋ ʔayˀ kʷi sxʷ*čqʷács*s? *What did he burn his hand on?* (TC)}

čqʷánəŋ ⟦√čqʷ-anəŋ √burn-ncontrol⟧ ☞ čə́qʷ
1. to burn (something) accidentally. (MJT) {*čqʷánəŋ* st ʔaʔ tə ʔáʔčx̣. *We burned the crabs accidentally.* (MJT)}
2. to burn all (of something). (AS) {ʔuʔ*čqʷánəŋ* cn. *I burned everything (that was in the stove).* (AS) | *čqʷánəŋ* caʔ st ʔaʔ tiə scúɬ. *We're going to burn all the wood.* (AS)}

čqʷáw̓txʷ ⟦√čqʷ=aw̓txʷ √burn=house⟧ ☞ čə́qʷ to be on fire (of a house or other building). (MJT; AS) {*čqʷáw̓txʷ* cn. *My house is burning.* (AS) | hiyáʔ caʔn ʔuʔ*čqʷáw̓txʷ*. *I'm going to burn the house.* (AS) | *čqʷáw̓txʷ* kʷi kʷi nséʔyaʔ. *My grandmother's house is burning.* (AS)}

čqʷáw̓txʷəŋ ⟦√čqʷ=aw̓txʷ-ŋ √burn=house-mdl⟧ ☞ čqʷáw̓txʷ to be burning, on fire (of a house or other building). (MJT) {*čqʷáw̓txʷəŋ* cn. *My house is burning.* (AS) | hiyáʔ caʔn *čqʷáw̓txʷəŋ*. *I'm going to burn the house.* (AS) | *čqʷáw̓txʷəŋ* č yaʔ. *The house burned, apparently.* (AS)}

čqʷáyəɬ ⟦√čqʷ=ayəɬ √burn=conveyance⟧ ☞ čə́qʷ to burn and smoke a canoe to blacken it; old canoe. (MJT) {ʔúx̣ʷ či *čqʷáyəɬ*. *Go burn and blacken it.* (MJT)}

čqʷéʔnəs ⟦√čqʷ=i<ʔ>nəs √burn=chest<actl>⟧ ☞ čqʷínəs having heartburn, indigestion, pyrosis. (ES) VAR: čqʷéʔəns (AS,BC) {*čqʷéʔəns* cn. *I have heartburn.* (AS,BC)}

čqʷənáxʷ ⟦√čqʷ-naxʷ √burn-nctrns⟧ ☞ čə́qʷ to manage to burn something or burn something by mistake. {*čqʷənáxʷ* ixʷ cn. *I burned it by mistake.* (MJT)}

čqʷət ⟦√čqʷ-t √burn-trns⟧ ☞ čə́qʷ
1. to burn, light, set fire to something, build a fire. (JCo; MJT; LC; AS,BC; ES) {*čqʷə́t* cn. *I burned it.* (MJT; LC; ES) | *čqʷə́t* cə nscúɬ. *Light my firewood.* (ES) | *čqʷə́t*s tə sxcáʔəy. *He put the hay in the fire. / He set fire to the hay.* (MJT) | níɬ suʔxʷtíŋəts cə ʔaʔáwkʷs ʔiʔ x̣íŋəts ʔiʔ *čqʷə́t*s. *Then she sprang at their belongings, and she grabbed them, and she burned them.* (MJ) | ʔənʔáx̣ caʔn kʷə či sʔíɬən ʔiʔ *čqʷə́t* st ʔiʔ ʔələnístxʷ caʔ st či sq̓ʷúʔq̓ʷiʔ ʔəcɬtáyŋx̣ʷ. *I'll bring food, and we will burn it, and we'll feed the dead.* (MJ)}
2. to turn on a lamp, radio, or other electric appliance. {*čqʷə́t* cə ŋáʔəq. *Turn on the light.* (TC) | *čqʷə́t* cə n̓ŋáʔəq. *Turn on your light.* (ES) | níɬ tə suʔɬáčcts. suʔ*čqʷə́t*s cə ŋáʔəqs. *Then it got dark. He lit his lamp.* (TC)}

čqʷə́tən ⟦√čqʷ-t-ŋ √burn-trns-psv⟧ ☞ čqʷə́t to be burned by someone or something. (TC) {*čqʷə́tən* tə sʔíɬəns tə snáyaʔnəkʷ. *Food is burned for the ghosts.* (MJT) | *čqʷə́tən* kʷi nəxʷq̓íyt yaʔ. *They burned the old Boston.* (MJT)}

čqʷə́yu ⟦√čqʷ-əyu √burn-activ⟧ ☞ čə́qʷ to start a fire. (AS) {ʔáwə či c *čqʷə́yu*. *Don't start a fire.* (MJT) | *čqʷə́yu* caʔ cxʷ. *You'll start a fire.* (MJT)}

čqʷíkʷst ⟦√čqʷ=iws-t √burn=body-trns⟧ ☞ čə́qʷ to singe (hairs off) skin. (ES)

čqʷínəs ⟦√čqʷ=inəs √burn=chest⟧ ☞ čə́qʷ to have heartburn, indigestion, pyrosis. (ES; TC) {*čqʷínəs* cn. *I have heartburn.* (AS)}

čqʷnúkʷəŋ ⟦√čqʷ=ənukʷ-ŋ √burn=ground-mdl⟧ ☞ čə́qʷ to clear the land by burning. (AS) VAR: čəqʷnúkʷəŋ (AS)

čq̓ʷúʔšən ⟦č-√q̓ʷuʔ=šən have-√join=foot⟧ ☞ sq̓ʷúʔšən to have a partner, companion. {nəsuʔ*čq̓ʷúʔšən* ʔəɬ šátəŋɬ. *So I had a partner while we were walking.* (TC)}

čsáʔitxʷ two dollars. *See under:* čšáʔitxʷ

čsáy two people. *See under:* čáʔsaʔ

čsčsáy̓ə ⟦čs + √čəsaʔ=ay<ˀ>ə distr + √two=person<actl>⟧ ☞ čáʔsaʔ to be two people at a time. (TC)

čséʔkʷs two animals. *See under:* čšíkʷs

čsə́ŋ ⟦√čs-ŋ √stink-mdl⟧ to stink. {*čsə́ŋ* cn. *I stink.* (ES)}

čsə́yuʔ ⟦√čsu-əyu √throw-activ⟧ ☞ čús to throw, pitch. (MJT; LC; TC; ES) {*čsə́yuʔ* caʔn. *I'm going to throw it.* (TC) | nəs*čsə́yuʔ* caʔ. *I'm going to throw it.* (TC) | ʔuʔtaʔáŋən kʷaʔ ʔuʔ*čsə́yuʔ*s. *They were missing him when they were throwing.* (ES) | húʔ caʔ cxʷ ʔáw c q̓ʷáyəx̣ ʔiʔ nəs*čsə́yuʔ* caʔ cxʷ. *If you aren't careful, I'll throw you.* (TC)} VAR: čšáyu (AS,BC) {suʔƛ̓kʷáts canu scqʷáʔič kʷaʔ ʔuʔstáŋs yaʔ čta ʔiʔ s*čšáyu*s. *That bear or whatever it was took it, and he threw.* (ES) | *čšáyu* cn ʔaʔ kʷi snánt ʔiʔ čúsnəxʷ kʷi swə́yqaʔ. *I threw (a rock) and hit a man.* (EPT) } VAR: čšáyuʔ (MJT; BC) {níɬ nsuʔƛ̓kʷə́tən ʔaʔ kʷi ncə́t yaʔ ʔiʔ *čšáyuʔ* qsə́tən ʔaʔ cə stúʔwiʔ. *Then I'd be taken by my father and thrown into the river.* (TC) | níɬ nsuʔƛ̓áy *čšáyuʔ* qsə́tən. *Then he threw me in the water again.* (TC)} VAR: čəsə́yu (MJT) ☞ čús

čsɬsáʔ ⟦√čəsaʔ=ɬšaʔ √two=ten⟧ ☞ čə́saʔ [This is not the usual form of the word for 'twenty'.] cp. nəcxʷk̓ʷə́s twenty. (AS,BC)

čsƛ̓ə́kʷ ⟦č-s-√ƛ̓əkʷ have-s-√take⟧ ☞ ƛ̓kʷə́t to get something, take something and have it. {*čsƛ̓ə́kʷ* cn ʔaʔ či scáy ʔaʔ či logging camp. *I got a job at a logging camp.* (ES)}

čsqə́y̓č ⟦č-s-√qəy=iʔč from-s-√turn=hump⟧ ☞ sqəyéʔč a person from a tribe on the west coast of Vancouver Island. (EWH)

čssə́nkʷɬ ⟦√čəsaʔ=sən=ak̓ʷɬ √two=foot=conveyance⟧ ☞ čə́saʔ to ride a bicycle or motorcycle. (AS) VAR: čssínkʷɬ {*čssínkʷɬ* yaʔ st. *We rode bikes.* (AS) | hiyáʔtuŋəɬ *čssínkʷɬ*. *Let's ride bikes.* (AS)}

čsúŋ ⟦č-√suŋ have-√smell⟧ ☞ súŋ to smell (something good or bad). (AS) {čsúŋ cn. *I smelled it.* (TC) | čsúŋ cn; ʔáwənə nəsx̣čít kʷaʔ stánəs. *I smell (something); I don't know what it is.* (AS) | čsúŋ cə sqaʔqáx̣aʔ; kʷɬníɬ suʔíɬəns. *The puppy smelled it; he ate it right away.* (AS)}

čsúsc ⟦√csu-us-t-c √throw-rcpnt-trns-1obj/2obj⟧ ☞ čsúst throw to me; throw to you. (TC) {čsúsc cn cə muhúys. *I threw his basket to you.* (AS)}

čsúst ⟦√csu-us-t √throw-rcpnt-trns⟧ ☞ čsút to throw something to someone. (TC) {čsúst cn. *I threw it to him.* (AS)}

čsústəŋ ⟦√csu-us-t-ŋ √throw-rcpnt-trns-psv⟧ ☞ čsúst to be thrown to by someone. {čsústəŋ cn. *He threw it to me.* (TC)} VAR: čšústəŋ {čə́yəxʷ yaʔ cn ʔiʔ čšústəŋ cn. *I went in, and someone threw something to me.* (AS)}

čsút ⟦√csu-t √throw-trns⟧ ☞ čúst to throw and hit someone or something; to throw (something) to someone. (AS,BC; BC; AS) ⟪This form is rejected by ES in favor of /čúst/.⟫ {čsút cn. *I threw it at him.* (AS,BC)} VAR: čšút (AS)

čsútəŋ ⟦√csu-t-ŋ √throw-trns-psv⟧ ☞ čsút to be thrown at or to, hit (with a thrown projectile such as a rock). (TC; AS,BC) {čsútəŋ cn. *Someone threw it at me.* (ES; TC; BC) | čsútəŋ cn ʔaʔ kʷi snánt. *I was hit by a rock.* (TC) | čsútəŋ caʔ cxʷ ʔaʔ či snánt. *You're going to get hit with a rock.* (TC) | čsútəŋ cn ʔaʔ cə snúʔnəkʷ ʔaʔ cə snánt. *The ghost threw a rock at me.* (TC) | čsútəŋ caʔn ʔaʔ cə nəsɬáni ʔaʔ či snánt. *My wife is going to throw a rock at me.* (TC)} VAR: čšútəŋ (AS,BC; LC) {čšútəŋ cn. *He threw it at me. / I was hit (by something thrown).* (MJT; LC) | snánt kʷi nəsxʷčšútəŋ. *It was a rock he hit me with.* (TC) | čšútəŋ cn ʔaʔ kʷi snánt. *He hit me with a rock.* (TC) | húʔ č kʷaʔčaʔ čšútəŋ ʔaʔ cə sqaʔqtəmús ʔiʔ níɬ suʔxʷítəŋs hiyáʔ txʷaʔcícɬ ƛ̓kʷnás. *When the ball was thrown to him, he jumped high, and he got it.* (TC)}

čsúti ⟦√csu-ty √throw-rcprcl⟧ ☞ čsút to throw at each other. (AS) {čsúti st ʔaʔ tə sčəyíqʷɬ. *We threw the fruit at each other.* (AS)}

čšʔiyá from there. See under: čʔiyá

čšaʔcántxʷ ⟦čšaʔ-√can-txʷ go_from-√who-letcaus⟧ ☞ cántxʷ who did it come from. (AS,BC) {čšaʔcántxʷ cn. *Where did I get it from?* (AS)}

čšaʔəx̣ín ⟦čšaʔ-√ʔx̣in from-√where⟧ ☞ ʔəx̣ín to be from where. {čšaʔəx̣ín cxʷ ʔuč. *Where do you come from?* (EPT; TC) | níɬ kʷaʔ suʔhiyáʔs ƛ̓áy həwíyŋ sqíyŋ kʷaʔ čšaʔəx̣íns yaʔ čtə. *Then it went back again to wherever it came from.* (TC)} VAR: čaʔx̣ín {čaʔəx̣ín kʷaʔčaʔ. *Where is it from (your name)?* (TC) | čaʔəx̣ín cxʷ ʔuč. *Where are you from?* (EPT; NS,JW) VAR: čʔəx̣ín {ʔáwənə nəsx̣čít kʷaʔ ʔuʔčʔəx̣ín yaʔ čtə. *I don't know where they came from.* (TC)} VAR: čəx̣ín (AS,BC) {čəx̣ín cxʷ ʔaý. *Where are you from?* (AA) | suʔčtátəŋs, "čəx̣ín cxʷ?" *She was asked, "Where are you from?"* (AA) | ʔáwənə sx̣číts kʷaʔ čəx̣íns. *She didn't know what direction she came from.* (MJ) | suʔqʷáys ɬaʔ, "čəx̣ín cxʷ ʔaý?" *She said, "Where are you from?"* (AA) | ʔáwənə nəsx̣čít kʷaʔ ʔuʔčəx̣íns yaʔ čtə. *I don't know where they might have come from.* (ES)} VAR: čx̣ín {ʔáwənə sx̣čtíŋs kʷaʔ ʔuʔčx̣ínəs. *No one knows where they are from.* (TC; ES)}

čšaʔəx̣íntxʷ ⟦čšaʔ-√ʔx̣in-txʷ from-√where-inancaus⟧ ☞ čšaʔəx̣ín to get something from where. {čšaʔəx̣íntxʷ yaʔ cxʷ? *Where did you get it from?* (TC) | čšaʔəx̣íntxʷ cxʷ ʔaý cə sʔéʔɬənxʷ? *Where did you get what you're eating?* (AS)}

čšáʔič ⟦√čšayč √stump⟧ ☞ sčšáʔič
1. Old Dungeness, Old Town, the area at the base of the Dungeness Spit. (H; EPT) cp. céʔsqaʔt
2. the butt end of the spit at Port Angeles. (H)

čšáʔiɬ two living things. See under: čəsáʔiɬ

čšáʔitxʷ ⟦√čəsəʔ=aʔitxʷ √two=dollar⟧ ☞ čəsaʔ two dollars. (EPT; TC,AS,BC; TC; AS) {ʔuʔčšáʔitxʷ tə nəstákʷs. *I bought it for two dollars.* (TC) | ʔúpən ʔiʔ či čšáʔitxʷ. *Twelve dollars.* (EPT) | tákʷs cn cə snóxʷɬ ʔaʔ či čšáʔitxʷ. *I bought the canoe for two dollars.* (TC) | čšáʔitxʷ yaʔ či sƛ̓éʔs ʔi ʔuʔnəčákʷtxʷ tə nəsʔúŋəst. *He wanted two dollars, but I have him one dollar.* (TC) | čšáʔitxʷ kʷi nəsqaʔyúst ʔaʔ cə sčəsaʔqʷs. *I paid him two dollars for his hat.* (TC)} VAR: čšáʔitxʷ (TC) VAR: čšáʔyətxʷ (TC)

čšáʔwinəxʷ ⟦√čəsəʔ=aʔwinəxʷ √two=year⟧ ☞ čəsaʔ two years. (EPT) VAR: čšáʔwinəxʷ (MJT)

čšáʔyəq ⟦√čəsəʔ=ayəq √two=fish⟧ ☞ čəsaʔ to catch two fish. {čšáʔyəq cn. *I caught two fish.* (MJT)}

čščə́q̓ʷ ⟦čš-√čə́q̓ʷ from-√dirt⟧ ☞ čə́q̓ʷ
1. to be from Jamestown or Dungeness, of the Jamestown Klallam people. ✱This means literally "from dirt". There is a story that very long ago there was a gathering, and all the tribes were taking a bath in the same water. The Jamestown people, the hosts, were the last, so they got this name. The idea is that the Jamestown people were very high-class, and they could afford to host so many people, that by the time it came to their turn, there was nothing but dirt in the water. This is considered a term of honor, not disparaging. (AS,ES; AS)
2. marshy ground west of Dungeness. (EWH) cp. čičə́q̓ʷ (MJT) cp. čə́q̓ʷ VAR: čəčə́q̓ʷ (MJT) {ʔiʔənʔá st ʔiʔ túɬkʷ čšaʔčəčə́q̓ʷ. *We were coming home from Jamestown.* (MJ) | níɬ suʔsə́q ʔaʔ cə čəčə́q̓ʷ ʔiʔ kʷənáŋəts. *Then the person from Dungeness went out and helped.* (MJ)} VAR: ččə́kʷ (EWH)

čščayčáɬč ⟦čš-√č<ay>čə=iɬč from-√spruce<pl>=plant⟧ ☞ ččáɬč cp. čxayčáčɬč one name for the former Klallam village on Marine Drive near where the Boat Haven is now. ⟪There used to be many spruce trees there.⟫ (AB,ICT)

čšéʔkʷs two animals. *See under:* čšíkʷs

čšə́qsən ⟦√čəsəʔ=əqsən √two=nose⟧ ☞ čə́saʔ two-pronged fish spear used for flounder and crab. (MJT)

čšə́yuʔ throw. *See under:* čsə́yuʔ

čšə́yuʔtxʷ ⟦√čsu-əyu-txʷ √throw-activ-caus⟧ ☞ čsə́yuʔ to throw something out. (MJT) VAR: čšə́yutxʷ {**čšə́yutxʷ** cn cə sqáwc. *I threw out the potatoes.* (AS)}

čšíkʷs ⟦√čəsəʔ=iws √two=body⟧ ☞ čə́saʔ to be a pair, two of a kind, two people or animals at a time. (EPT; AS) {**čšíkʷs** cə músmus. *It's two cows.* (AS) | ʔuʔ**čšíkʷs** kʷi kʷə sqáx̣əʔ. *There were two dogs.* (AS)} VAR: čšéʔkʷs (AS,BC; AS) {**čšéʔkʷs** ʔɬ táčis. *A pair got here.* (AS) | ʔuʔ**čšéʔkʷs** kʷi kʷə músmus. *There were two cows.* (AS) | ʔiʔ**čšéʔkʷs** ʔɬ táčis kʷi ʔaycɬtáynx̣ʷ. *The people arrived two at a time.* (AS)} VAR: čséʔkʷs (AS,BC)

čškʷáʔ owner. *See under:* sčkʷáʔ

čšx̣éʔ want to have. *See under:* čx̣éʔ

čšqʷáyaʔ ⟦č-s-√qʷ<áy>uʔ have-s-√water<pl>⟧ [/u/ → /a/ in plural] ☞ qʷúʔ to have lots of water. (MJT)

čštáŋ ⟦č-s-√taŋ<ʔ>⟩ have-s-√thing<actl>⟧ ☞ stáŋ to have something (especially food) left over. (MJT) {**čštáŋ** cn. *I left some.* (MJT)}

čštaŋúcən ⟦č-s-√taŋ<ʔ>=ucin have-s-√thing<actl>=mouth⟧ ☞ čštáŋ to take leftover food home to eat later. (MJT) {**čštaŋúcən** cn. *I took some food home.* (MJT)}

čšústəŋ be thrown to. *See under:* čsústəŋ

čšút throw at it. *See under:* čsút

čšútəŋ be thrown at. *See under:* čsútəŋ

čšxʷɬíqʷən cheek. *See under:* sxʷɬíqʷən

čšxʷnáʔəm ⟦č-s-√xʷnaʔm have-s-√shaman⟧ ☞ sxʷnáʔəm to have Indian doctor power, have the power to heal. (MJT) {**čšxʷnáʔəm** kʷi kʷə kʷɬčə́q. *The old man has the power.* (AS)}

čšyaʔwín ⟦č-s-√yə<ʔ>wəh=ən<ʔ> have-s-√power<actl>=instr<actl>⟧ ☞ čšyə́wən to be having or getting a spirit song. {kʷɬiʔ**čšyaʔwín**. *She's getting the power to see in the future.* (MJT)} VAR: čšyə́waʔyən {kʷɬiʔ**čšyə́waʔyən**. *She's getting the power to see in the future.* (MJT)} [Analysis of this variant is uncertain.]

čšyə́wən ⟦č-s-√yəwəh=ən have-s-√power=instr⟧ ☞ syə́wən to have a spirit song, have the power to sing. (MJT) {**čšyə́wən** kʷi kʷə nséʔya. *My grandmother had a power song.* (AS)}

čšyə́waʔyən having spirit song. *See under:* čšyaʔwín

čšyə́wə ⟦č-s-√yəw<ʔ>əh have-s-√power<actl>⟧ ☞ ʔəsyə́wə to have the power to see things in the future. (MJT)

čtaʔ probably. *See under:* čtə

čtáʔt ⟦√čta<ʔ>-t √ask<actl>-trns⟧ ☞ čtát to be asking someone. (ES)

čtáʔtəŋ ⟦√čta<ʔ>-t-ŋ<ʔ> √ask<actl>-trns-psv<actl>⟧ ☞ čtátəŋ being asked. (ES) {**čtáʔtəŋ** cn ʔaʔ či sʔíɬən. *He's asking me for food.* (ES) | **čtáʔtəŋ** cə swéʔwəs ʔəcɬtáynx̣ʷ. *He asked the Indian young man.* (ES)}

čtác ⟦√čta-t-c √ask-trns-1obj/2obj⟧ ☞ čtát ask me; ask you. {**čtác** caʔn. *I'm going to ask you.* (ES) | **čtác** u cx̣ʷ? *Did you ask me?* (MJT; ES) | kʷɬ**čtác** cn. *I already asked you.* (LC) | ʔənʔá cn kʷi **čtác**. *I came to ask you something.* (MJT) | nəsx̣éʔ či nsčtác ʔaʔ či tálə. *I want to ask you for money.* (ES) | **čtác** cn kʷaʔ tákʷsxʷ u cə ʔáʔiŋ. *I asked you if you bought the house.* (TC)}

čtáčšəŋ ⟦č-√tačš-ŋ have-√back_of_neck-mdl⟧ ☞ táčšəŋ to have a back. ⟪USAGE: This word is used in as in the examples to mean 'turn one's back on someone'.⟫ (AS,BC) {ʔunú ʔuʔ **čtáčšəŋ**. *He turned his back (Notice he has a back).* (AS,BC) | ʔunú cn ʔuʔ **čtáčšəŋ**. *I turned my back on him.* (AS,BC)}

čtáŋ ⟦√čta-ŋ √ask-mdl⟧ to ask (a question), inquire. (LC; ES) {**čtáŋ** cn. *I ask.* (MJT) | **čtáŋ** u cx̣ʷ? *Did you ask?* (MJT) | kʷɬ**čtáŋ** cn. *I'm asking.* (LC) | **čtáŋ** yaʔ cn ʔaʔ nə́kʷ. *I asked about you.* (TC) | **čtáŋ** kʷaʔ twəwʔáɬəʔn u. *They asked if I was still here.* (MJ) | ʔəstúŋət kʷaʔčaʔ ʔənsxʷmán ʔuʔ **čtáŋ**? *Why do you ask so much?* (TC) | **čtáŋ** kʷaʔ sxʷʔnéʔəŋəs či sčaʔsx̣aʔx̣ax̣ʷə́s. *She asked how the newlyweds are doing.* (MJ) | **čtáŋ** kʷaʔ stáŋəs či nəsx̣éʔ čʔiyá ʔaʔ ti sxʷəyəmáyə. *He asked if there was something I wanted from the store.* (MJ) | **čtáŋ** cə ʔəcɬtáynx̣ʷ súkʷəŋ, "stáŋ či nsx̣éʔ?" *He asked the person bathing, "What do you want?"* (ES) | húʔ cn kʷaʔčaʔ x̣áy ʔənʔá ɬannúŋət ʔəɬ pákʷəŋən ʔiʔ x̣áy č cn **čtáŋ** kʷaʔ, "húy u?" *When I managed to float ashore again, I again asked, "Is it finished?"* (TC) | cáw cə saʔə́yčəns ʔiʔ **čtáŋ** kʷaʔ ʔəxínəs kʷi swə́yqaʔs. *Her younger sister was on the beach and asked where her husband was.* (AA)}

čtáŋ ⟦√čta-ŋ<ʔ> √ask-mdl<actl>⟧ ☞ čtáŋ to be asking, inquiring. {**čtáŋ** cn kʷaʔ ʔəxínəs kʷɬə kʷi nsɬániʔ. *He's asking me where your wife is.* (EPT) | kʷɬ**čtáŋ** kʷi. *He's asking a question now.* (MJT) | sə́ɬəŋ ʔuʔ **čtáŋ**. *He keeps on asking.* (TC) | ŋə́n nəs**čtáŋ**. *I ask a lot.* (TC) | mán ʔuʔ ŋə́n nəs**čtáŋ**. *I ask too much.* (TC) | stáŋ ʔuč či ns**čtáŋ**? *What are you asking about?* (EPT; MJT) | ʔáwə c **čtáŋ**. *Don't ask.* (MJT) | ʔáwə či c ʔuʔnuʔuʔ**čtáŋ**. *Don't be asking questions.* (MJT) | huʔx̣əná̕ɬ ti suʔ**čtáŋ**s. *He's always asking questions.* (MJT) | **čtáŋ** cn ʔaʔ či scaʔyíqʷɬ ʔiʔ ʔáwənə č. *I asked for some berries, and there weren't any.* (MJT) | sə́ɬəŋ cə xʷanítəm ʔuʔ **čtáŋ** ʔuʔ **čtáŋ**. *The white man kept on asking and asking.* (ES) | kʷuɬníɬ kʷi suʔ**čtáŋ**s. *He keeps asking me.* (MJT) | **čtáŋ** cə xʷanítəm kʷaʔ ʔuʔaʔstúŋəts cə ʔəcɬtáynx̣ʷ. *The white man asked what the Indian was doing.* (TC)}

čtát ⟦√čta-t √ask-trns⟧ ☞ čtáŋ to ask someone (a question). (EPT; LC; ES) {***čtát*** yaʔ cn kʷaʔ hiyáʔəs. *I asked him to go.* (TC) | ***čtát*** ʔúxʷ. *Go ask him.* (LC) | nə́kʷə kʷi ***čtát***m. *You're the one I asked.* (EPT) | ʔúxʷ či ***čtát*** kʷaʔ ʔeʔéʔnts. *Go ask him what he's talking about.* (EPT) | ***čtát*** cn kʷaʔ sxʷaʔnínx̣ʷ. *I asked her how you were.* (RSh) | ***čtát*** cn kʷaʔ tákʷss u cə ʔáʔiŋs. *I asked him if he bought his house.* (TC) | ʔuʔ***čtát***s, "ʔaʔstúʔŋət ʔaʔ či n̓sx̣ə́naʔ," ʔaʔ Louisa. *He asked Louisa, "What happened to your foot?"* (MJ) | ʔiʔ ẋ̣kʷə́ts cə sʔúqʷaʔs ʔiʔ ***čtát***s, "ʔəstúŋət cxʷ ʔuč?" *And he took his brother and asked him, "What did you do?"* (ES) | ***čtát***s cə táns, "txʷiʔtxʷix̣ʷən cxʷ ʔay̓?" *He asked his mother, "Where are you going?"* (ES) | ***čtát*** cn kʷaʔ stáŋəs či sẋ̣iʔáʔts ʔaʔ tiə sqʷáyɬ. *I asked him what he's looking for in our language.* (TC) | suʔ***čtát***s, "ʔaʔstúʔŋət cxʷ ʔáy̓ ʔənsuʔəsáqɬ." *So he asked her, "What are you doing outside?"* (ES) | nsuʔtə́s ʔiʔ ***čtát*** cn cə ʔiyá kʷə́nts cə ɬaʔkʷístəŋ sxʷʔúyəɬs ɬit̓áʔkʷi. *So I got there, and I asked the one there that watches being taken across what they board to go across.* (MJ) | nsuʔčáŋ ʔiʔ ***čtát*** cn kʷɬə nəẋ̣íẋ̣q nəcáčc kʷaʔ ʔəsxʷaníŋəs caʔ či nsqʷə́yəs. *So I got home, and I asked my aunt how I was going to cook it.* (MJ)}

čtátəŋ ⟦√čta-t-ŋ √ask-trns-psv⟧ ☞ čtát to be asked. {***čtátəŋ*** cn. *Someone asked me.* (ES) | nə́kʷə kʷi ***čtátəŋ***. *You're the one that was asked.* (EPT) | suʔ***čtátəŋ***s, "čəx̣ín cxʷ?" *She was asked, "Where are you from?"* (AA) | ***čtátəŋ*** cn kʷaʔ ʔaʔstúŋətən. *She asked me what I was doing.* (MJ) | sxʷ***čtátəŋ***s ʔaʔ cə náʔcuʔ ŋə́naʔs *That's why the one son asked him.* (TC) | suʔ***čtátəŋ*** ʔaʔ kʷsə qáʔŋi, "ʔeʔéʔnət cxʷ ʔuč?" *So the girl asked, "What are you saying?"* (ES) | ***čtátəŋ*** kʷaʔ ʔəstúʔŋəts sxʷʔiyá ʔaʔ cə čáyəqʷ t sʔéʔtts. *They asked him why he was up in the woods sleeping.* (TC) | níɬ č suʔ***čtátəŋ***s ʔaʔ cə suʔáwəs kʷaʔ sẋ̣éʔs ʔuʔ či sqqíŋs. *Then the boys asked him if he wanted to play.* (TC) | ʔáwə cn c yaʔyáʔnəŋ̓ ʔaʔ či sqʷáytəns tə nəsiyáʔ ʔaʔ kʷi nəs***čtátəŋ*** kʷaʔ hiyáʔən čáy ʔaʔ či tíy. *I didn't understand my grandfather's language when he asked me to go make tea.* (MJ) | kʷi nəstwəw̓čaʔsɬáni? ʔiʔ ***čtátəŋ*** cn ʔaʔ kʷi nəswə́y̓qaʔ kʷaʔ maliyítiɬ ʔiʔ ʔáwə cn c táyəcən. *When I was still single, and I was asked by my husband to marry, I didn't answer.* (MJ)}

čtéʔwəs ⟦√čtiʔwəs √Stavis_Creek⟧ creek six mile south of Seabeck, probably Stavis Creek. (EWH) 《Where Klallams would get flounders from.》 VAR: tčíwəs (EWH)

čtə ⟦čtə probably⟧ [speech act enclitic indicating that the speaker does not know for sure through first-hand, personal experience that the statement is true] [This cannot be used with a first-person subject: /*hiyaʔ yaʔ čtə cn/, /*hiyáʔ yaʔ cn čtə/.] [This cannot be used in combination with the future: /*hiyáʔ caʔn čtə/] probably, must be, might have. (TC) ʔuʔčtálə ***čtə***. *He must have money.* (TC; LC) | hiyáʔ yaʔ ***čtə***. *He might have gone.* (ES) | hiyáʔ ***čtə***. *I guess he's going. / He probably went.* (TC; AS) | ʔiʔ t̓áʔŋət ***čtə*** wuʔ. *And the tide probably came in.* (TC) | ʔuʔčtálə ***čtə*** cxʷ. *You probably have money (I can see by looking at you).* (TC) | yaʔyáʔnəŋ̓ ***čtə*** u tiə swéʔwəs ʔaʔ tiə ʔaʔcɬtiŋíxʷəŋ. *This young man probably understands this Indian language.* (MJ) | húʔ ***čtə*** ʔiʔ twəw̓ẋ̣aʔẋ̣úẋ̣aʔ. *It was probably when he was still small.* (MJ) | ʔuʔiyá ***čtə*** či snáyaʔnəkʷ či suʔɬaʔáŋəns. *It must have been ghosts there that were missing him.* (ES) | ʔuʔhiyáʔ ***čtə*** cn. *I'll probably go.* (TC) | nəxčŋín ʔuʔ hiyáʔ ***čtə*** cn. *I think I'll go.* (TC) | ʔuʔhákʷnəsəŋ ***čtə*** st ʔaʔ kʷə šiʔástənaat. *We'll probably be remembered by Ruth Shelton.* (EB) | kʷɬtwaw̓x̣čtís ixʷ ***čtə*** kʷi nəxʷsẋ̣ay̓əmúcən. *She must still know the Klallam language.* (AC) | ʔáwənə nəsxčít kʷaʔ ʔuʔčəx̣íns yaʔ ***čtə***. *I don't know where they might have come from.* (ES) | ʔáw c ɬəŋk̓ʷáʔəct ʔaʔ cə sx̣áʔəs sqʷáqʷis cə ʔənscə́yəčaʔ kʷaʔ ʔuʔstáŋəs ʔaʔ kʷaʔ scə́yəčaʔs u ***čtə***. *Don't get involved in bad words with your friends, whatever they are, if they are your friends.* (TC) VAR: čtaʔ {ʔiʔ ʔaʔúpən ***čtaʔ***. *And it must have been ten o'clock.* (ES)}

čticən ⟦√čticən √second_oldest⟧ [analysis uncertain] the second oldest child in a family. (LB,CWH)

čtíləqʷəm ⟦√čtiləqʷəm √Steilacoom⟧ [probably from Lushootseed] Steilacoom Creek and neighboring beach. (LB,CWH)

čtɬnáʔəč from Canada. *See under:* čaʔtɬnáʔəč

čtqáy ⟦√čtqay √Green_point⟧ Green Point, east of Morse Creek. (EWH) cp. scáyəɬ

čt̓əŋ fall off. *See under:* čít̓əŋ

čt̓ít̓əŋ ⟦√čit̓-t-ŋ √fall_off-trns-psv⟧ [metathesis with passive] ☞ čít̓ to be fallen on by (something) pushed over or knocked off by someone or something. (MJT) {***čt̓ít̓əŋ*** cn. *Something got knocked off and fell on me.* (AS) | ***čt̓ít̓əŋ*** cn ʔaʔ kʷi ʔápəls. *The apples fell on me.* (AS)}

čúʔət usual. *See under:* čúw̓əl

čuʔíɬ usual. *See under:* čúw̓əl

čúʔin̓ even so. *See under:* čəw̓ín̓

čúʔis using it. *See under:* čəʔúʔwəs

čúʔkʷt shooting it. *See under:* čúkʷt

čúʔɬ usual. *See under:* čúw̓əl

čúʔẋ̣əŋ ⟦√ču<ʔ>ẋ̣-ŋ<ʔ> √spin<actl>-mdl⟧ ☞ čúẋ̣əŋ to be spinning (wool). (AS,BC) {***čúʔẋ̣əŋ*** cn ʔaʔ ti scáy. *I'm spinning wool.* (LC)}

čúʔnəxʷ ⟦√ču<ʔ>-naxʷ √find<actl>-nctrns⟧ ☞ čúnəxʷ to be finding, discovering something looked for. {ʔuʔ***čúʔnəxʷ*** cn cə ẋ̣ə́qšən. *I'm finding the shoe.* (AS)}

čúʔŋət ⟦√ču<ʔ>-ŋ-t √push<actl>-trns⟧ ☞ čúŋət to be pushing, shoving something or someone. (TC; ES) {***čúʔŋət*** cn. *I'm pushing it.* (TC; ES) | kʷɬ***čúʔŋət*** cn. *I'm pushing it.* (LC)} VAR: čúʔəŋət {***čúʔəŋət*** či.

Keep pushing her. (MJT) | mán̓ ʔuʔ síq̓i; hiʔ*čúʔəŋət*. *It's too heavy; push it.* (MJT)}

čúʔsc ⟦√č<ú><ʔ>su-t-c √throw<actl>-trns-1obj/2obj⟧ [actual metathesis with glottal stop infix] ☞ čúʔst *throwing to me; throwing to you.* {*čúʔsc* u cxʷ? *Are you throwing it at me?* (MJT) | *čúʔsc* cn *I'm throwing it to you.* (MJT)}

čúʔst ⟦√ču<ʔ>s-t √throw<actl>-trns⟧ [This is the actual for TC and ES. AS and BC have the metathesis form.] ☞ čúst *to be throwing (something) at or to someone or something.* {*čúʔst* cn *I'm throwing it at him.* (TC)}

čuʔúʔəs *using it.* See under: čəʔúʔwəs

čuʔúʔnəs ⟦√čuw<ʔ>-n<ʔ>əs √use<actl>-intent⟧ ☞ čúkʷs *to be using something.* {*čuʔúʔnəs* cn. *I'm using it.* (ES) | *čuʔúʔnəs* u cxʷ? *Are you using it?* (ES)}

čuʔúw̓əs *using it.* See under: čəʔúʔwəs

čúʔxʷt ⟦√ču<ʔ>xʷ-t √add<actl>-trns⟧ ☞ čúxʷt *to be adding more of something.* {*čúʔxʷt* cn cə ʔápələs. *I'm adding more apples.* (ES)}

čúkʷc ⟦√čkʷu-t-c √shoot-trns-1obj/2obj⟧ ☞ čúkʷt *shoot me; shoot you.* {*čúkʷc* cn. *I shot you.* (TC) | *čúkʷc* cxʷ. *You shot me.* (TC) | *čúkʷc* u cxʷ? *Are you going to shoot me?* (TC)}

čúkʷəŋ ⟦√čuw-as-ŋ √use-ptcaus-psv⟧ [The /s/ of the causative deletes.] ☞ čúkʷs *to be used by someone or something.* (ES; TC) {*čúkʷəŋ* cn. *They used me.* (TC)}

čúkʷnəxʷ ⟦√čkʷu-naxʷ √shoot-nctrns⟧ ☞ čúkʷt *to finally manage to hit something (shooting), shoot something accidentally.* (MJT) {*čúkʷnəxʷ* cn. *I managed to hit it (shooting).* (MJT) ⟪TC does not get this form.⟫ VAR: čúkʷənəxʷ (ES)

čukʷnúŋət ⟦√čkʷu-nuŋt √shoot-ncmdl⟧ ☞ čúkʷnəxʷ *to shoot oneself accidentally.* (ES) {*čukʷnúŋət* cn. *I accidentally shot myself.* (AS)}

čúkʷs ⟦√čuw-as √use-ptcaus⟧ [/w/ → /kʷ/] cp. čəʔúʔwəs Stem: čúkʷ [stem for subordinate subjects] *to use something.* (MJT; LC; AS,BC; ES; TC) {*čúkʷs* cn. *I used it.* (ES; TC) | *čúkʷs* či. *Use it.* (MJT) | *čúkʷs* u caʔ cxʷ? *Are you going to use it?* (ES) | *čúkʷs* caʔn. *I'm going to use it.* (LC) | *čúkʷs* cn cə sámiʔ. *I used the blanket.* (AS) | ʔuʔ*čúkʷs* yaʔ cn ʔaʔ kʷi nəsčáʔiʔ. *I used it when I was working.* (TC) | ʔuʔ*čúkʷs* yaʔ cn ʔaʔ kʷi nəsčáy. *I used it for my job.* (TC) | húʔ sxʷq̓ʷúčt ti uʔstán̓ ʔiʔ *čúkʷs*s caʔ. *If he has reason to kill something, he will use it.* (MJ) | nəɬtíxʷ cə sqʷúʔtn *čúkʷs* či n̓sqʷə́yčt. *Let it be the bucket you use for bailing.* (ES) | *čúkʷs* cə sčaʔkʷaʔyúɬs, "wagon" ti snáʔatəŋs yaʔ. *He used his vehicle, "wagon" it's called.* (ES) | nił kʷi suʔáwənəs ʔiʔ *čúkʷs*s cə nəsqʷə́yaʔšən. *There was nothing for my companions to use.* (TC) | ʔáwənə či *čúkʷs*s či shiyáʔs ʔúxʷənəss. *They had nothing to use to go after it.* (TC) | ʔáwənə či *čúkʷs*ən či nəshiyáʔ hiyətíxʷ. *I've got nothing to use to go save him.* (TC) | nił kʷi suʔiʔáwənəs či

*čúkʷs*s cə nəsqʷə́yaʔšən. *There was nothing my partners could use.* (ES) | ʔáwənə či *čúkʷs*s či nshiyáʔ ʔúxʷnəsəŋ. *There was nothing they could use to go for me.* (ES) | nił cə naxʷúʔŋət *čúkʷ*ən tə nəščéʔqʷt. *It was my paddle I used to hit it on the head.* (TC) | *čúkʷs* cn cə naxʷúʔŋət tə nəščéʔqʷt. *I used my paddle to hit it on the head.* (TC) | ʔiʔ ʔawmán̓ ʔuʔ nəsƛ̓éʔ kʷə nəsíyaʔ ʔiʔ ƛ̓kʷát cn cə ɬq̓íyns ʔiʔ *čúkʷs* cn. *But because I loved my grandmother very much, I took her power, and I used it.* (MJ)}

čúkʷt ⟦√č<ú>kʷu-t √shoot<actl>-trns⟧ [actual metathesis - note that this form is the non-actual for TC] ☞ čkʷút *to be shooting something (with bow and arrow or gun); to fire a gun, shoot an arrow.* (EPT; MJT; LC; AS,BC; ES; TC) {*čúkʷt* cə ʔásxʷ. *Shoot that seal.* (EPT) | *čúkʷt* či. *Hurry, shoot it.* (AS,BC) | *čúkʷt* u st ʔiʔ ʔuʔkʷáʔət u st? *Do we shoot it, or do we let it go?* (ES) | hiʔxʷə́yq̓ʷ tə qʷɬáy̓ ʔiʔ *čúkʷt* cn. *The log was drifting, and I shot it.* (MJT)} VAR: čúʔkʷt (AS,BC) ⟦√ču<ʔ>kʷ-t √shoot<actl>-trns⟧ {*čúʔkʷt* cn. *I'm shooting it.* (TC) ⟪Only TC does not have metathesis in this stem.⟫

čukʷtúŋəɬ ⟦√čkʷu-t-uŋɬ √shoot-trns-1plobj⟧ ☞ čúkʷt *shoot us.* {*čukʷtúŋəɬ* u cxʷ? *Did you shoot us?* (TC)}

čuɬawítxʷ ⟦√čuɬ=awitxʷ √wood=?⟧ ☞ sčúɬ *mountain beaver, groundhog. Aplodontia rufa.* (AS,BC)

čúƛ̓ən ⟦√čuƛ̓=ən √spin=instr⟧ ☞ čúƛ̓əŋ *any tool used to spin wool.* (ES)

čúƛ̓əŋ ⟦√čuƛ̓-ŋ √spin-mdl⟧ *to spin (wool).* (AS,BC) {x̣ən̓áɬ ti suʔ*čúƛ̓əŋ*s kʷɬə nsíyaʔ. *My grandmother was always spinning.* (AS)}

čúnəŋ ⟦√ču-naxʷ-ŋ √find-nctrns-psv⟧ ☞ čúnəxʷ *to be found.* {čaʔ*čúnəŋ* cxʷ. *They just found you.* (MJT) | *čúnəŋ* ʔaʔ Gypsy. *Gypsy found it.* (MJT) | kʷɬčičəyáy ʔiʔ *čúnəŋ* ʔaʔ Gypsy. *Gypsy's about to find it.* (MJT)}

čúnəxʷ ⟦√ču-naxʷ √find-nctrns⟧ *to find, discover something looked for.* (ES) {*čúnəxʷ* cn. *I found it.* (MJT; ES) | *čúnəxʷ* cn kʷsə nəsčáʔčaʔ. *I found my friend.* (ES) | čaʔ*čúnəxʷ* cn. *I just found it.* (MJT) | ʔuʔ*čúnəxʷ* cn cə ƛ̓áq̓šən. *I found the shoe.* (AS) | ʔáwə cn kʷaʔ *čúnəxʷ*ən. *I couldn't find it.* (MJT) | ƛ̓iyát cn tə nəsuʔəcísən ʔiʔ *čúnəxʷ* cn. *I looked for my ring, and I found it.* (MJT) | nił kʷaʔčaʔ sʔuytxʷs c ƛ̓iʔáƛ̓t cə qʷqʷáʔis ʔiʔ *čúnəxʷ* č sxʷʔiyá tə sx̣ánaʔs cə húʔpt. *If you're looking for the knife, you will find it where the deer's leg is.* (MJ)}

čunúŋət ⟦√ču-nuŋt √find-ncmdl⟧ ☞ čúnəxʷ *to manage to find (something looked for).* {ʔúxʷ cxʷ ʔəsnáwəɬ ʔaʔ či scə́yq̓ʷ ʔaʔ či nsqiʔám či ns*čunúŋət*. *You went into a hole where I wouldn't be able to find you.* (MJ)}

čúŋəct ⟦√čuŋ-cut √push-rflxv⟧ [no metathesis with reflexive] ☞ čúŋət *to push oneself.* {nił suʔčúŋact ʔaʔ cə cácu. *Then we pushed ourselves to the beach.* (MJ)}

čúŋət ⟦√čuŋ-t √push-trns⟧
1. to push, shove something or someone. (EPT; MJ; LC; TC; ES; TC,BC; AS,BC) {*čúŋət* cn. *I pushed it. / I pushed him.* (LC; AS,BC; MJ) | *čúŋət* či kʷsə pút. *Push that boat.* (EPT) | *čúŋət* yaʔ cn kʷi. *I pushed it (the boat).* (EPT) | kʷɬučúŋət yaʔ cn. *I pushed it.* (EPT) | twawʼʔáxən kʷaʔ ʔiʔ *čúŋət* cn. *Suddenly I pushed him.* (MJ)}
2. to pump (water). {ʔuʔəyŋíct ti suʔ*čúŋət*s ti qʷú. *It would pump the water by itself.* (ES) | ʔáw kʷaʔ *čúŋət*s tə qʷúʔ ʔaʔ cə smamáʔkʷɬ cə nəču̓ʔhaʔyáwəns. *It wouldn't pump the water because one part was broken.* (ES)}

čúŋətəŋ ⟦√čuŋ-t-ŋ √push-trns-mdl⟧ ☞ čúŋət be pushed by someone or something. {*čúŋətəŋ* cn. *He pushed me.* (TC)} VAR: čúŋtəŋ {suʔ*čúŋtəŋ*s ʔaʔ cə náʔčuʔ sXíX̓aʔX̓qɬ. *One of the children pushed her.* (AA)} VAR: čəŋútəŋ [metathesis with passive in this variant] {*čəŋútəŋ* cn. *Someone pushed me.* (AS,BC)}

čús ⟦√čus √throw⟧ to be hit (with something thrown). (ES) {*čús* cn. *It hit me.* (ES) | *čús* cn ʔaʔ kʷi sŋánt. *I was hit by a rock.* (LC)}

čúsc ⟦√čus-t-c √throw-trns-1obj/2obj⟧ ☞ čúst throw it to me throw it to you. {ʔənʔáxʷ či *čúsc*. *Throw it to me.* (MJT) | kʷɬ*čúsc* yaʔ cn. *I already threw it to you.* (MJT)}

čúsnəŋ ⟦√čus-naxʷ-ŋ √throw-nctrns-psv⟧ ☞ čúsnəxʷ to be hit by something thrown. (ES) {*čúsnəŋ* cn. *I got hit (by a rock or ball thrown).* (ES)}

čúsnəŋ́ ⟦√čus-naxʷ-ŋ<ʔ> √throw-nctrns-mdl<actl>⟧ ☞ čúsnəxʷ to throw (something) and hit someone accidentally. {*čúsnəŋ́* cn. *I got hit by something thrown accidentally.* (MJT)}

čúsnəxʷ ⟦√čus-naxʷ √hit_throwing-nctrns⟧ ☞ čús to manage to hit with something thrown, throw and hit accidentally. {*čúsnəxʷ* cn. *I hit him (with a rock).* (ES) | *čúsnəxʷ* kʷə swə́yqaʔ. ʔáwə c nəsyúy. *I hit that man (with a rock). I didn't mean to.* (EPT) | čšə́yu cn ʔaʔ kʷi sŋánt ʔiʔ *čúsnəxʷ* kʷi swə́yqaʔ. *I threw (a rock) and hit a man.* (EPT)}

čúst ⟦√čus-t √throw-trns⟧ [This is non-actual for ES and TC, actual for AS and BC.] *cp.* csút ☞ čús
1. to be hitting something (with something thrown);. (TC; ES)
2. to be throwing (something) at someone or something (to hit). (TC) {*čúst* cn. *I threw (a rock) at it.* (ES; TC; AS,BC) | *čúst* cn cə nəsqáxaʔ. *I threw it at my dog.* (ES; TC) | *čúst* cn cə snúʔnəkʷ. *I threw it at the ghost.* (TC) | *čúst* cn ʔaʔ cə sŋánt. *I hit it with a rock.* (TC) | *čúst* cn cə snúʔnəkʷ ʔaʔ cə sŋánt. *I threw a rock at the ghost.* (TC) | *čúst* cn cə sqáxaʔ. ʔaʔ cə sŋánt. *I hit the dog with a rock.* (TC)}

čústəŋ being thrown at. *See under:* čaʔsútəŋ

čúwɬ usual. *See under:* čúwəɬ

čúwəɬ ⟦√čuw<ʔ>-ɬ √use<actl>-dur⟧ ☞ čúkʷs
1. to be as usual, typical, expected, conforming. ((USAGE: similar to English 'there he goes again')) (AS,BC) {*čúwəɬ* ʔəcɬtáyŋxʷ. *It belongs to (is typical of) that person.* (TC) | *čúwəɬ* ʔéʔɬxʷaʔ. *It belongs to Elwha.* (TC) | *čúwəɬ* siʔám. *It belongs to the high class.* (TC) | *čúwəɬ* čixʷícən. *It belongs to Port Angeles.* (TC) | ʔiʔ *čúwəɬ* X̓íw. *And, as usual, he escaped.* (ES) | *čúwəɬ* ʔaʔáʔčx či ŋə́qsəns. *She has a nose like a little crab.* (MJT) | kʷə́nnəxʷ cn cə *čúwəɬ* čáyni sčə́saʔqʷ. *I saw that Chinese hat.* (TC) | *čúwəɬ* kʷi suʔhiyáʔs X̓aʔtáwn. *There he goes to town again.* (AS,BC) | *čúwəɬ* čáyni ščə́yaʔ sxʷʔéʔɬəns. *Chinese use sticks for eating.* (TC) | *čúwəɬ* X̓ə́X̓ yəqə́n. *It's a knife used for measuring (and cutting) bear grass.* (MJT) | *čúwəɬ* níɬ cə ɬiɬə́qt tiə scúʔčɬaʔs sqəyə́yŋəxʷ. *It's the tree that typically has wide leaves.* (MJ)}
2. to go along (with the current pattern), conform, cooperate, do as expected. {*čuʔíɬ* cn. *I went along with it.* (AS)} VAR: čuʔíɬ {*čuʔíɬ* kʷi X̓aʔtáwn kʷə ncát. *As usual, my father went to town.* (AS)} VAR: čúwɬ (MJT) {*čúwɬ* xpáy q̓ʷə́ŋ. *Cedar root.* (MJT) | *čúwɬ* múʔuqʷ sŋánt. *Duck gizzard.* (BG,MJT) VAR: čúwɬ {*čúwɬ* sk̓ʷíciʔ yəkʷə́ŋən. *dip net* (MJT) | *čúwɬ* spčúʔ cɬə́qʷtən. *basket making hole-puncher* (MJT) | čúkʷss cə *čúwɬ* sxʷáʔxʷc̓. *He used what is typical of the snake.* (MJ) | *čúwɬ* kʷi X̓aʔtáwn kʷə ncát. *My father went to town like the rest.* (AS) | *čúwɬ* sčánnəxʷ sq̓ʷúniʔ. *It was salmon head.* (MJ) VAR: čúʔəɬ (MJT) VAR: čúʔɬ (MJT)

čúxʷəŋ ⟦√čuxʷ-ŋ √sour-mdl⟧ to taste sour. (EPT; AS,BC; ES; ES,TC; TC) {nuʔ*čúxʷəŋ*. *It's kind of sour.* (TC)} VAR: čúxʷəŋ (AS,BC)

čúxʷəŋct ⟦√čuxʷ-ŋ-cut √sour-mdl-rflxv⟧ ☞ čúxʷəŋ to turn sour. {qə́yiʔ ti ʔənsčaʔyíqʷɬ; *čúxʷəŋct*. *Your fruit is spoiling; it's turning sour.* (EPT)}

čúxʷt ⟦√čuxʷ-t √add-trns⟧ to add more of something. (ES) {*čúxʷt* cn. *I added more.* (ES) | nəsX̓éʔ či nčúxʷt cə nəkʷápi. *I want some more coffee.* (ES) | *čúxʷt* cxʷ cə n̓sʔáʔŋaʔc. *You're giving me more than you're supposed to.* (ES)}

čwə́yqaʔ ⟦č-√wəyqaʔ have-√male⟧ ☞ swə́yqaʔ to get a husband. {ʔiʔ níɬ nsuʔ*čwə́yqaʔ*. *And then I got a husband.* (RSh)}

čw̓ín even so. *See under:* čəw̓ín

čxʷaʔtín ⟦č-√xʷəʔtin have-√dislike⟧ ☞ sxʷaʔtín to have dislike, distaste for (someone or something). {ʔuʔxə́n̓ č tə suʔwə́yqaʔ ʔuʔ *čxʷaʔtín*. *All the men disliked her.* (TC)}

čxʷə́yuʔ ⟦√čxʷəyuʔ √whale⟧ *cp.* q̓ɬúməčən whale, especially the humpback whale. *Megaptera novaeangliae.* ((USAGE: Note that this is not used to refer to the killer whale.)) (LB,CWH; LBH; MV; EPT; ES; TC; AS; ES; TC,AS,BC; AS,BC) {ʔuʔxə́nə ti *čxʷə́yuʔ* ʔuʔ čə́yq. *All whales are big.* (TC) | kʷɬtáči cə ŋə́n *čxʷə́yuʔ*. *Many whales got there.* (TC) | stáŋ ʔuč kʷsanuʔ *čxʷə́yuʔ* uʔ. *What is that? Is it a whale?* (EPT) | níɬ kʷi nuʔčə́q cə *čxʷə́yuʔ* txʷʔúxʷ ʔaʔ cə

čxʷłíqʷən cheek. *See under:* sxʷłíqʷən̓

čxʷsísəŋ ⟦√čuxʷ-sít-səŋ √add-bene-1obj/2obj⟧ ☞ **čxʷsít** give me more; give you more. (ES) {*čxʷsísəŋ* cn. *I gave you more.* (ES) | *čxʷsísəŋ* caʔn. *I'm going to give you more.* (ES)}

čxʷsít ⟦√čuxʷ-sít √add-bene⟧ ☞ **čúxʷt** to give someone more. {*čxʷsít* cn ʔaʔ kʷi sxčáʔi. *I gave him more hay.* (AS)}

čxʷútəŋ ⟦√čuxʷ-t-ŋ √add-trns-psv⟧ ☞ **čúxʷt** to be added to by someone or something. (ES)

čxaʔyíw̓c ⟦√čx̣=ay̓=iw̓c √split=wood=fire⟧ ☞ **čáx̣** to split wood. (EPT; ES) VAR: čx̣áyuc (EPT) VAR: čx̣áyuc (AS,BC; AS) {hiyáʔ caʔn *čx̣áyuc*. *I'm going to split wood.* (AS) | *čx̣áyuc* kʷə nséʔyaʔ. *My grandmother split the firewood.* (AS)}

čx̣átəŋ ⟦√čax̣-t-ŋ √fall-trns-psv⟧ [metathesis with passive] ☞ **čáx̣t** to be knocked down, felled by someone. {*čx̣átəŋ* cn. *Someone knocked me down* (ES)}

čxayčáč̓łč ⟦č-√čx̣<ay>ač=ay̓=iłč from-√cedar<pl>=wood=plant⟧ ☞ **x̣aʔyəčáʔč̓łč** cp. *ščayčáłč* one name for the former Klallam village on Marine Drive near where the Boat Haven is now. ⟪There used to be many cedar trees there.⟫ (AB,ICT)

čx̣áyuc split wood. *See under:* čx̣aʔyíw̓c

čxčŋín ⟦č-√xč=ŋin have-√know=piece⟧ ☞ **xčŋín** 1. to be wise, knowledgeable, smart, intelligent, have good sense. (ES; TC; AS,BC; AS) {*čxčŋín* cə ʔəcłtáyŋxʷ. *That person is smart.* (ES) | *čxčŋín* yaʔ swə́y̓qaʔ. *He was a wise man.* (TC) | ʔuʔhúy cn ʔuʔ*čxčŋín*. *I'm the only one that's got sense.* (AS,BC) | *čxŋín* tiə xʷanítəm. *This white man is smart.* (ES) | *čxčŋín* cə n̓ŋ̓ánaʔ. *Your baby is smart.* (ES) | *čxčŋín* cə nŋə́naʔ. *My child is sensible.* (AS) | mán̓ yaʔ ʔuʔ *čxčŋín* kʷi nəcə́t yaʔ. *My late father was very smart.* (TC) | ʔiʔ ʔənʔá həwíyŋ ʔiʔ néʔts ʔiʔ kʷinu *čxčŋín* kʷłčə́q ʔiʔ cə ʔánəɬ. *So they returned, and they were left remaining with the wise old man, and those that obeyed him.* (ES)} 2. to have an idea, get a thought. {níɬ nsuʔ*čxčŋín* ʔaʔ či sníɬs ix̣ʷ cə xʷiyanítəm. *I thought it must be the white people.* (ES) | suʔ*čxčŋín* ʔaʔ ʔaʔáʔsxʷ ʔaʔ či sníɬs Oscar. *So the little seal thought he was Oscar.* (MJT)}

čx̣éʔqʷ ⟦√čx̣=iʔqʷ √split=head⟧ ☞ **čáx̣** to split one's head. {*čx̣éʔqʷ* cn. *I split my head.* (EPT)}

čx̣éʔqʷt ⟦√čx̣=iʔqʷ-t √split=head-trns⟧ ☞ **čx̣éʔqʷ** to split someone or something's head. {*čx̣éʔqʷt* cn. *I split its head.* (MJT)}

čx̣anáxʷ ⟦√čx̣-naxʷ √split-nctrns⟧ ☞ **čáx̣** to manage to rip, tear, split something; to accidentally rip, tear, split something. {ʔuʔáwə kʷi c nəsyúy či nəsčx̣anáxʷ. *I didn't intend to split it.* (ES)} VAR: čx̣náxʷ {*čx̣náxʷ* cn. *I accidentally tore it.* (ES)}

čx̣áŋ ⟦√čx̣-ŋ √split-mdl⟧ ☞ **čáx̣** to tear, rip, split. {*čx̣áŋ* kʷi kʷə npípə. *My paper tore.* (AS)}

čx̣át ⟦√čx̣-t √split-trns⟧ [metathesizes in the actual] ☞ **čáx̣** to tear, rip, split something. (LC; AS,BC; EPT; MJ; ES; TC) {*čx̣át* cn. *I tore it.* (ES; TC) | *čx̣át* či. *Tear it.* (MJT) | ʔáwə c *čx̣át*. *Don't tear it.* (MJT) | ʔuʔnəsyúy či ns*čx̣át*. *I meant to tear it.* (ES) | *čx̣át* cn či nəscúɬ spčúʔ. *I ripped my basket wood.* (MJ) | *čx̣át*s tə sʔíyəns tə sqiyáyŋəxʷ ʔiʔ nəŋə́ts. *They tore the ends of the trees and folded them over.* (MJ)}

čx̣átəŋ ⟦√čx̣-t-ŋ √split-trns-psv⟧ ☞ **čx̣át** to be torn, ripped, split by someone or something. (AS,BC; EPT; ES; TC) {*čx̣átəŋ* cn. *They tore me up.* (ES) | *čx̣átəŋ* ʔaʔ Terry. *Terry tore it. / It was torn by Terry.* (MJT)}

čx̣áti ⟦√čx̣-ty √split-rcprcl⟧ ☞ **čx̣át** to split, divide something half and half with someone. (ES; TC) {*čx̣áti* st ʔaʔ cə tálə. *We split the money.* (AS) | *čx̣áti* st ʔaʔ cə smə́yəc. *We split the elk in half.* (AS)}

čx̣áyu ⟦√čx̣-əyu √split-activ⟧ ☞ **čáx̣** to split, tear, rip (something). (AS,BC) {*čx̣áyu* kʷi ʔaʔ kʷi pípə. *Tear up the paper.* (AS)}

čx̣íctəŋ be split in two. *See under:* nəxʷčx̣íctəŋ

čx̣ín from where. *See under:* čšaʔəx̣ín

čxtúy̓ ⟦√čx̣-tuy̓ √split-comit⟧ ☞ **čáx̣** to split half and half. {s*čxtúy̓*ɬ. *It's half hers and half mine. / It's half yours and half mine.* (MJT) | s*čxtúy̓*ɬ ʔiʔ Terry tsə spčúʔ. *The basket is half Terry's and half mine.* (MJT)}

čx̣úʔstəŋ ⟦√čx̣=u<ʔ>s-t-ŋ<ʔ> √split=face<actl>-trns-psv<actl>⟧ ☞ **čx̣ústəŋ** being cut, torn on one's face by someone or something. {kʷiʔ*čx̣úʔstəŋ̓* kʷi. *He's getting cut on the face now.* (MJT)}

čx̣ús ⟦√čx̣=us √split=face⟧ ☞ **čáx̣** to tear, rip the face. {*čx̣ús* cn. *My face is torn.* (AS)}

čx̣úst ⟦√čx̣=us-t √split=face-trns⟧ ☞ **čx̣ús** to tear, rip someone's face. (AS) {ʔuʔhúy ti nsuʔ*čx̣úst*. *I only got torn on my face.* (AS)}

čx̣ústəŋ ⟦√čx̣=us-t-ŋ √split=face-trns-psv⟧ ☞ **čx̣úst** to get one's face torn, ripped by someone or something. (AS) {*čx̣ústəŋ* cn kʷi ʔaʔ kʷsə sqáx̣aʔ. *The dog tore my face.* (AS)}

čx̣úyəst ⟦√čx̣=uyəs-t √split=forehead-trns⟧ ☞ **čx̣át** to split, tear someone's forehead. {*čx̣úyəst* cn. *I tore his forehead.* (AS)}

čx̣úyəstəŋ ⟦√čx̣=uyəs-t-ŋ √split=forehead-trns-psv⟧ ☞ **čx̣úyəst** 1. to be have one's forehead split, torn by someone or something. (AS) {mákʷɬ yaʔ ʔiʔ

ʔuʔ**čx̣úyəstəŋ** kʷə swə́yqaʔ. *The man is hurt with a torn forehead.* (AS)}
2. to be split or peeled (of any round object). {**čx̣úyəstəŋ** cə ʔápəls. *The apple was peeled.* (AS)}

čx̣úystəŋ ⟦√čx̣=uy<ʔ>əs-t-ŋ<ʔ>√split=forehead<actl>-trns-psv<actl>⟧ ☞ čx̣úyəstəŋ being cut, torn on one's forehead by someone or something. (MJT)

čx̣ʷáʔyəst ⟦√čx̣ʷ=a<ʔ>yus-t √saliva=eye<actl>-trns⟧ ☞ čx̣ʷáyəst to be spitting in someone's eye. {**čx̣ʷáʔyəst** cn. *I'm spitting in his eye.* (MJT)}

čx̣ʷáɬc ⟦√čx̣ʷ=aɬc √saliva=water⟧ ☞ čə́x̣ʷ to spit, expectorate. (EPT; MJT; LC; ES; TC) {**čx̣ʷáɬc** cn. *I'm going to spit.* (TC; ES) | níɬ suʔ**čx̣ʷáɬc**s ʔiʔ ŋə́ʔn̓ ŋə́čɬ tə scx̣ʷáɬcs. *Then she spat, and there was lots of pus in her spit.* (MJ) | suʔčúqʷts tiə nəx̣ʷúŋən ʔiʔ **čx̣ʷáɬc** cə ʔuʔŋə́n̓ ŋə́čɬ sə́q. *He sucked my neck and spat out a lot of pus.* (MJ)}

čx̣ʷás ⟦√čax̣ʷ-as √melt-ptcaus⟧ ☞ čáx̣ʷəŋ to melt something. {**čx̣ʷás** cn. *I melted it.* (TC)}

čx̣ʷáw̓tx̣ʷəŋ ⟦√čix̣ʷ=aw̓tx̣-ŋ √demolish=house-mdl⟧ ☞ číx̣ʷ to break camp. (MJT) VAR: čix̣ʷáw̓tx̣ʷəŋ (MJT) {**čix̣ʷáw̓tx̣ʷəŋ** či, nəsɬániʔ; kʷníɬ scániɬ. *Break up camp, wife; we're moving.* (MJT)}

čx̣ʷáyəst ⟦√čx̣ʷ=ayus-t √saliva=eye-trns⟧ ☞ čə́x̣ʷt to spit in someone's eye. {**čx̣ʷáyəst** cn. *I spit in his eye.* (MJT)}

čx̣ʷə́c ⟦√čx̣ʷ-t-c √saliva-trns-1obj/2obj⟧ ☞ čx̣ʷə́t spit on me; spit on you. {**čx̣ʷə́c** cn. *I spit on you.* (TC) | **čx̣ʷə́c** u cxʷ? *Did you spit something on me?* (ES)}

čx̣ʷə́ɬnəɬ ⟦√čx̣ʷ=əɬnɬ √saliva=throat⟧ ☞ čə́x̣ʷ cp. hə́ɬnɬ damn!, fool!, liar!. ⟪Usage: This is used as an insult to someone. It is usually used by men. This is the most insulting word in Klallam.⟫ (MJT; AS,BC) VAR: čx̣ʷə́ɬnɬ (MJT; AS) {**čx̣ʷə́ɬnɬ** cxʷ! *Damn you!* (AS,BC)}

čx̣ʷə́t ⟦√čx̣ʷ-t √saliva-trns⟧ ☞ čə́x̣ʷ to spit on something. (MJT; AS,BC; ES) {**čx̣ʷə́t** cn. *I spit on it.* (MJT; TC; ES) | **čx̣ʷə́t** či. *Spit on it.* (MJT)}

čx̣ʷə́təŋ ⟦√čx̣ʷ-t-ŋ √saliva-trns-psv⟧ ☞ čx̣ʷə́t to be spit on by someone. {**čx̣ʷə́təŋ** cn. *They spit on me.* (ES)}

čx̣ʷiʔx̣ʷiʔúcən ⟦č-x̣ʷy̓+√x̣ʷy̓=ucin have-char+√ʔ=mouth⟧ [analysis uncertain - This may be a plural.] name of the traditional Klallam village at the mouth of Dry Creek. (AB,ICT; AS)

čx̣ʷíct ⟦√čix̣ʷ=ic-t √demolish=edge-trns⟧ ☞ čx̣ʷít to demolish something, tear something down. (AS) {**čx̣ʷíct** cn cə snə́x̣ʷɬ. *I demolished the canoe.* (AS)}

čx̣ʷít ⟦√čix̣ʷ-t √demolish-trns⟧ ☞ číx̣ʷ to break apart, demolish, tear down something. {**čx̣ʷít** cn. *I broke it up.* (TC; ES) | **čx̣ʷít** cxʷ. *You tore it down.* (ES) | **čx̣ʷít** cn cə ʔáʔiŋ. *I demolished the house.* (AS)}

čx̣ʷítəŋ ⟦√čix̣ʷ-t-ŋ √demolish-trns-psv⟧ [passive metathesis] ☞ číx̣ʷt to be demolished, broken apart, knocked down. (ES; TC) {**čx̣ʷítəŋ** cə ʔáʔiŋ. *The house was knocked down.* (AS) | **čx̣ʷítəŋ** kʷi kʷə ʔáʔiŋ. *His house is torn down.* (BC) | **čx̣ʷítəŋ** ʔiʔ čqʷə́təŋ ʔiʔ ʔáwənə kʷə. *They (the houses) were demolished and burned, and there was nothing.* (ES)}

čx̣ʷíti ⟦√čix̣ʷ-ty √demolish-rcprcl⟧ ☞ čx̣ʷít
1. to break up with each other, dissolve a relationship. (TC) {**čx̣ʷíti** kʷi kʷə nyúƛ̓ s̓ʔúqʷaʔ. *My oldest brother split off (from the family).* (AS) | **čx̣ʷíti** kʷi nəsʔəyúqʷaʔ. *My brothers all split up.* (AS)}
2. to break each other. (ES)

čx̣ʷústəŋ ⟦√čx̣ʷ=u<ʔ>s-t-ŋ<ʔ> √saliva=face<actl>-trns-psv<actl>⟧ ☞ čx̣ʷústəŋ being spit on in the face by someone.

čx̣ʷúsc ⟦√čx̣ʷ=us-t-c √saliva=face-trns-1obj/2obj⟧ ☞ čx̣ʷúst spit in my face; spit in your face. {**čx̣ʷúsc** cxʷ. *You spit in my face.* (AS,BC)}

čx̣ʷúst ⟦√čx̣ʷ=us-t √saliva=face-trns⟧ ☞ čə́x̣ʷ to spit on someone in the face, insult. ✶Spitting is considered extremely insulting. One never spits in public or where someone might walk. (AS,BC) {**čx̣ʷúst** cn. *I spit in his face.* (AS,BC)}

čx̣ʷústəŋ ⟦√čx̣ʷ=us-t-ŋ √saliva=face-trns-psv⟧ ☞ čx̣ʷúst to be spit on in the face by someone, be insulted. (AS,BC) {**čx̣ʷústəŋ** cn. *Someone spit on me (I was insulted).* (AS)}

čx̣ʷúystəŋ ⟦√čx̣ʷ=uyəs-t-ŋ √saliva=forehead-trns-psv⟧ ☞ čx̣ʷə́t to be spit on in the forehead by someone. {**čx̣ʷúystəŋ** kʷi kʷə swéʔwəs. *Someone spat on the boy's forehead.* (AS)}

čx̣ʷúystəŋ ⟦√čx̣ʷ=uy<ʔ>əs-t-ŋ<ʔ> √saliva=forehead<actl>-trns-psv<actl>⟧ ☞ čx̣ʷúystəŋ being spit on in the forehead by someone. (MJT)

čyáʔwənɬ ⟦s-√yə<ʔ>wəh=ən-ɬ s-√power<actl>=instr-dur⟧ ☞ syə́wən spirit dancer, one having a spirit power song. {níɬ ƛ̓áy ʔuʔ čəʔúʔwəs ti **čyáʔwənɬ**; níɬ sxʷtə́mɬs. *The spirit dancers also use it; it's for their face paint.* (TC)}

čyáʔwən ⟦č-√yə<ʔ>wəh=ən<ʔ> have-√power<actl>=instr<actl>⟧ ☞ čyə́wən to be spirit dancing. (TC) VAR: čiyáʔwən̓ (TC)

čyáy almost. *See under:* čəyáy

čyə́wən ⟦č-√yəwəh=ən have-√power=instr⟧ ☞ ʔəsyə́wə
1. to dance with spirit power. (TC)
2. one who has spirit power. (MJT) {**čyə́wən** tsiə q̓áʔŋi. *This girl has the spirit.* (AS)}

č̓

č̓ ⟦č̓ apparent⟧ [evidential speech act enclitic] apparently. [This is often used in stories to indicate that the speaker has only indirect knowledge of the situation.] {hiyáʔ č̓ cxʷ. *They're going to let you go, apparently.* (TC) | ʔəsx̣áɬ č̓. *He's apparently sick.* (LC) | hiyáʔ č̓ cn. *I'm going to go. / They're going to let me go. / I have to go.* (TC) | hiyáʔ č̓ caʔ. *He's got to go.* (TC) | ʔuʔhiyáʔ č̓ yaʔ cn. *I had to go (they told me I went with them).* (TC) | páʔkʷɬ č̓ caʔ tsanu. *He's apparently going to race.* (EPT) | čičqʷáwtxʷ č̓ kʷə n̓sʔúq̓ʷaʔ. *(I hear that) your brother's house burned.* (EPT) | hiyáʔ č̓ caʔn. *I'm going to go. (They're going to let me go.)* (TC) | hiyáʔ č̓ yaʔ cn. *I went (but I don't know for sure).* (TC) | hiyáʔ u č̓ cn? *Am I going?* (TC) | mánətəŋ č̓ kʷi. *I heard he got worse.* (ES; TC) | ʔiʔɬátuʔ č̓ kʷi. *I heard he's getting better.* (ES) | ʔiʔə́yct č̓ kʷi. *I heard she's getting better.* (ES) | hunítəŋ č̓ kʷi. *I heard he got it back.* (TC) | ʔáw č̓ c ʔuʔ x̣ə́nə hiyáʔ. *Apparently not all of them are going.* (TC) | níɬ č̓ yaʔ kʷaʔčaʔ sxʷsay̓siʔŋítəŋs. *That's apparently what they scared them with.* (TC) | λaʔmitúliyə č̓ yaʔ kʷə xʷənítəm. *The white man apparently went to Victoria.* (EPT) | čtə́ŋ cn ʔaʔ či scaʔyíqʷɬ ʔiʔ ʔáwənə č̓. *I asked for some berries, and there weren't any.* (MJT) | húʔ cn nəxʷsx̣ay̓əmúcən ʔəɬ q̓ʷáqʷiʔən ʔiʔ x̣ənʔátəŋ cn ʔaʔ či nscayné̓ʔəŋ č̓. *When I'm talking Klallam they tell me I'm apparently talking Chinese.* (TC) | níɬ č̓ yaʔ kʷi Amy yaʔcícəm ʔaʔ či sxʷiʔám ʔaʔ kʷɬi kəkántu čš̓ʔiyá ʔaʔqámq̓əm. *It was Amy who told the story of Kakantu from Point Hudson.* (EPT) | ʔaʔáʔmət kʷaʔčaɬ ʔuʔhúy č̓ ʔuʔ k̓ʷníts cə scánnəxʷ ʔaʔ táʔaʔis. *He was sitting and, apparently, just watching the salmon go up the river.* (ES) | ʔiʔ níɬ č̓ yaʔ suʔx̣ə́nəŋs kʷɬi q̓áʔŋi, náʔcuʔ q̓áʔŋi, ʔəɬʔúɬ, "sqiʔám kʷi či suʔλiʔcéʔɬ!" *And then a girl, one girl, ʔəɬʔúɬ, said, "We can't remain still!"* (AS)} VAR: čə {hiyáʔ čə naʔcútxʷəŋ cə mə́ščču ʔaʔ tsə saʔə́yčəŋs. *Mink went to visit his sister.* (TC) | λáy čə kʷi ʔuʔ xʷənʔə́ŋ kʷi sk̓ʷtúʔ yaʔ. *Raven was apparently like that too.* (TC) | kʷɬx̣əwəŋáy̓ŋən ixʷ čə cə Gypsy. *Gypsy (the dog) must be ready to start howling.* (MJT)}

čá upon. *See under:* čáʔ

čáʔč ⟦√čaʔč √sew⟧ to sew. (HS,ES) {*čáʔč* cn. *I sew.* (HS,ES)}

čaʔčátəŋ ⟦√čaʔč-t-ŋ √sew-trns-psv⟧ [metathesis with passive] ☞ čáʔct *to be sewn, stitched by someone.* (ES) {*čaʔčátəŋ* cn. *They sewed me up.* (ES)}

čaʔčáyŋəxʷ milk it. *See under:* čəciŋíxʷt

čaʔčáy̓ŋəxʷ ⟦√ču<ʔ>č-ay<ʔ>=ŋixʷ √squeeze<actl>-ext=breast<actl>⟧ ☞ čaʔčáyuʔ *to be milking (a cow).* (ES) {*čaʔčáy̓ŋəxʷ* cn. *I'm milking.* (ES) | *čaʔčáy̓ŋəxʷ* u cxʷ? *Are you milking?* (EPT)}

čaʔčéʔəŋɬ ⟦√čaʔč-i<ʔ>ŋɬ √sew-cstm<actl>⟧ ☞ čáʔč *to be sewing, repairing clothes with needle and thread.* {*čaʔčéʔəŋɬ* cn. *I'm sewing.* (ES) | *čaʔčéʔəŋɬ* cn ʔaʔ cə nuʔsə́ntən. *I'm sewing my pants.* (ES) | níɬ suʔhúys t s*čaʔčéʔəŋɬ*s ʔiʔ hiyáʔ kʷɬaʔ túkʷ. *After she finished sewing, she went home.* (MJT)} VAR: čaʔčéʔŋəɬ (LC; ES; AS) {*čaʔčéʔŋəɬ* cn. *I'm sewing.* (EPT; MJT)}

čáʔčən ⟦√čaʔč=ən √sew=instr⟧ ☞ čáʔč *sewing needle, knitting needle.* (EPT; LC; ES; AS,BC) {tčáct cn ʔaʔ cə *čáʔčən*. *I poked myself with a needle.* (AS)} VAR: čáčən (TC; ES) {ɬəŋás tə *čáčən*s cə n̓sxʷčaʔčéʔəŋɬ. *Take the needle off your sewing machine.* (MJT)} VAR: čáʔčn (ES)

čáʔčəŋ ⟦√čaʔč-ŋ<ʔ> √sew-mdl<actl>⟧ ☞ čáʔč *to be sewing.* (MJT; AS,BC) {kʷikʷiyáy cn ɬ *čáʔčəŋ*ən. *I'm an expert at sewing.* (AS)}

čaʔčə́yu ⟦√čaʔč-əyu √sew-activ⟧ ☞ čáʔčəŋ *to be sewing.* (TC; AS,BC)

čaʔčə́yuʔ ⟦√ču<ʔ>č-əyu<ʔ> √squeeze<actl>-activ<actl>⟧ ☞ čəcə́yu *to be squeezing juice (out of fruit).* {*čaʔčə́yuʔ* cn ʔaʔ tə sxʷq̓ʷáʔətən. *I'm squeezing out the juice.* (MJT)}

čaʔčiʔkʷə́təŋ ⟦√čaʔč=uy<ʔ>kʷət-ŋ<ʔ> √sew=clothing<actl>-mdl<actl>⟧ ☞ čáʔč *to be sewing clothes.* (ES)

čaʔčstíŋ ⟦√ču<ʔ>č-us-t-i-ŋ √squeeze-rcpnt-trns-persist-psv⟧ ☞ ččúst *being hugged, embraced.* (ES,TC; AS) {*čaʔčstíŋ* cn ʔaʔ kʷi nəsk̓ʷə́nəxʷ kʷi nswə́yqaʔ. *My husband gave me a hug when I saw him.* (AS)}

čaʔčstúy̓ ⟦√čuč-stuy̓ √squeeze-comit⟧ ☞ ččúst *to be hugging.* (LC; AS; AS,BC) {*čaʔčstúy̓* cn. *I'm hugging.* (AS) | *čaʔčstúy̓* st. *We're hugging.* (AS) | ʔuʔx̣ənáɬ ti suʔ*čaʔčstúy̓*s. *They're always hugging.* (AS; AS,BC) | *čaʔčstúy̓* ʔəɬ q̓ʷəyéʔyəšs tə ʔaʔyəcɬtáyŋxʷ. *They're hugging when the people are dancing.* (AS)} VAR: čəčstúy̓ (AS,BC) {x̣ənáɬ či suʔ*čəčstúy̓*s; ʔuʔáwə kʷaʔ čáys. *They're always hugging; they don't work.* (AS)}

čáʔčt ⟦√čaʔč-t √sew-trns⟧ ☞ čáʔč *to sew, stitch something.* (LC; ES; AS,BC; AS) {*čáʔčt* cn. *I sewed it.* (MJT) | *čáʔčt* cn cə ɬqít. *I sewed the clothes. / I sewed the dress.* (AS) | kʷɬ*čáʔčt* cn. *I'm sewing it now.* (MJT)}

čaʔčúst ⟦√ču<ʔ>č-us-t √squeeze<actl>-rcpnt-trns⟧ ☞ ččúst *to be kissing, hugging someone.* {x̣ənáɬ ti suʔ*čaʔčúst*s tə swə́yqaʔs. *She's always kissing her husband.* (AS,BC)}

čaʔčústəŋ ⟦√ču<ʔ>č-us-t-ŋ<ʔ> √squeeze<actl>-rcpnt-trns-psv⟧ ☞ čúcst *to be getting hugged, squeezed.* (ES,TC)

čaʔčústi ⟦√ču<ʔ>č-us-ty √squeeze<actl>-rcpnt-rcprcl⟧ ☞ čúčst to be hugging, squeezing each other. (ES,TC)

čaʔčaʔyéʔiƛ̕ ⟦ya? + ya? + √yi<ʔ>yƛ̕ dim+dim+√short<dim>⟧ [/y̕/ → /č̕/] ☞ čaʔyéʔiƛ̕ to be very short. (ES,TC; TC) {*čaʔčaʔyéʔiƛ̕* ʔəcłtáynxʷ. He's a short person. (TC)} VAR: čaʔčaʔyéʔyəƛ̕ (TC)

čaʔčə́mč̕ənaʔ ⟦ča? + √čəmč̕nə? dim + √ant⟧ ☞ čə́mč̕nə?
1. ant. *Formicidae* spp. (EPT; MJT; AS,BC; HS,ES) {ŋq̕ʷə́tən kʷłə *čaʔčə́mč̕ənaʔ*. The ant got squashed. (AS) | xʷəyáčt cn cə *čaʔčə́mč̕ənaʔ*. I killed all the ants. (AS)}
2. a type of boat with cabins at both ends. (ES)
3. to be skinny, narrow-waisted. {mán cn ʔu? *čaʔčə́mč̕ənaʔ*. I'm too skinny. (BC)} VAR: čaʔčə́məč̕naʔ (MJT) VAR: čačə́mč̕ənaʔ (MJT) VAR: čaʔčə́mə̕snaʔ (ES) VAR: čaʔčə́mə̕čnaʔ (HS) VAR: čaʔčə́mč̕naʔ (ES; AS,BC; HS)

čaʔčəméʔi? ⟦ča? + √čmi-iy dim + √thin-dev⟧ thin, narrow (layer) of anything flat (such as thin cloth, paper, a thin board or a thin layer of dirt). (LC; TC; ES) {mán kʷi ʔu? *čaʔčəméʔi?* cə słə́yəxʷ. The ice is too thin. (TC) | mán ʔu? *čaʔčəméʔi?* cə ʔəsłə́yəxʷ. The ice is too thin. (MJT)} VAR: čaʔčəméʔi (RS; ES) VAR: čaʔčəméʔi (EPT; RS; AS,BC)

čáʔčəŋ ⟦ča? + √čəŋ actl + √arrive_home⟧ ☞ čáŋ to be arriving home, getting home. (TC) VAR: čáčəŋ {ča?*čáčəŋ*. They're just getting home. (MJT)}

čaʔčšə́pi ⟦ča? + √čšəp-iy dim + √deflate-dev⟧ ☞ čšə́pi to just deflate, go down (of swelling). (ES; AS,BC)

čaʔčšə́y̕ ⟦ča? + √čšəy̕ dim + √kingfisher⟧ ☞ čšə́y̕ belted kingfisher. *Ceryle alcyon*. (ES) VAR: čaʔčšə́yə (TC) VAR: čaʔčšə́y̕ (AS,BC) VAR: ččšə́yə (AA) {húʔ cxʷ kʷaʔčaʔ k̕ʷənít ti kʷə́yəŋ ti *ččšə́yə* ʔiʔ k̕ʷənítš cə ʔənəcə́qʷ. So when you see a kingfisher flying, you see red. (AA)}

čaʔčtxʷáy̕qsən ⟦ča? + √čtxʷ-ay̕ = əqsən dim + √gnaw-ext=nose⟧ ☞ čtxʷáy̕qsən small shrew. (AB,MJT)

čaʔčúčł ⟦ča? + √čučł dim + √cedar_rope⟧ ☞ čúčł a small rope made of cedar limbs. (AB,MJT)

čaʔčxáʔič brown creeper. See under: čačuxáʔyəč

čáʔič inside out. See under: čə́yč

čáʔipct ⟦√čə<ʔ>yup-cut √turn_over<actl>-rflxv⟧ ☞ čə́yəpct to be turning around, turning over oneself. (AS,BC) {ʔáwə c *čáʔipct* či sštə́ŋs ʔiʔƛ̕aʔyáy̕s. He didn't turn around but walked backwards. (ES)} VAR: čə́ypct (TC,BC; AS) {ʔáw c *čə́ypct*. He didn't turn around. (AS) | *čə́ypct* ʔł čə́yəxʷs ʔa? tiə ʔáʔiŋ. Turn you self around when you enter this house. ✱Shakers bless themselves and turn completely around when entering a church or other building for a service. (AS)} VAR: čəyípct (AS) VAR: čə́ypct (EPT)

čáʔipt turning it around. See under: čə́ypt

čaʔít take it away. See under: čéʔyət

čaʔkʷə́x̣əŋ ⟦√č<a?>kʷəx̣-ŋ<ˀ>⟧ √fry<actl>-mdl<actl>⟧ ☞ čkʷə́x̣əŋ to be frying. (ES) VAR: čə́kʷx̣əŋ (MJT; ES) {*čə́kʷx̣əŋ* cn ʔa? cə qʷłúʔi. I'm frying the camas. (BC)}

čaʔƛ̕aʔháysəŋ ⟦√ča<ʔ>ƛ̕a<ʔ>=ay<ˀ>us-ŋ √hail<actl>=eye<actl>-mdl⟧ ☞ čiƛ̕aháysəŋ to be hailing. (HS) VAR: ƛ̕aʔčaʔháysəŋ (HS) [Note the metathesis. This variant may be a mistake.]

čáʔmaʔqʷ ⟦√ča?m=iʔqʷ √greatgrandparent/child=head⟧ cp. háʔkʷiyaʔqʷ cp. čə́łpiyaʔqʷ great-grandparent; great-grandchild. (EPT; MJT; ES; AS,BC) ⟪MV gives this for 'grandfather'.⟫ {nə*čáʔmaqʷ*. It's my great-grandchild. (ES) | ʔúxʷ ʔa? cə *čáʔmaqʷ*s. Go to your great-grandmother. (MJ) | sxʷʔiyás yaʔ kʷi nə*čáʔmaqʷ* yaʔ naʔátəŋ qaʔqéʔaʔyəs. It's where my great grandfather called qaʔqéʔaʔyəs. (TC)} VAR: čáʔməqʷ (LB,CWH; MV; ABT; LC; AS,BC; ES)

čaʔmús ⟦√čaʔmus √otter⟧ [This may have the same root as 'great-grandparent' and the 'face' suffix.] cp. čáʔmaʔqʷ sea otter. *Enhydra lutris*. (AS,BC) VAR: čəmús (AS)

čaʔŋáʔł ⟦√ča<ʔ>ŋ=ałˀ √litter<actl>=mass⟧ ☞ čáŋəł litter, trash, dust and dirt. (TC; AS,BC) {ŋə́ń tə *čaʔŋáʔł* ʔiyá kʷsə nʔáʔiŋ. There's lots of trash in my house. (AS)}

čaʔpéʔŋəł ⟦√či<ʔ>p-i<ʔ>ŋł √squeeze<actl>-cstm<actl>⟧ ☞ čpíŋəł to be squeezing. {*čaʔpéʔŋəł* yaʔ st ʔaʔ kʷi sčəyíqʷł. We were squeezing the fruit. (AS)}

čaʔpútəŋ ⟦√ču<ʔ>p-t-ŋ √squeeze<actl>-trns-psv⟧ [metathesis with passive] ☞ čúʔpt being squeezed by someone or something. {*čaʔpútəŋ* kʷi kʷə łáqaʔ. The salal was squeezed. (AS)}

čaʔpáʔis close eyes. See under: nəxʷčaʔpáys

čaʔpayúsəŋ¹ ⟦√či<ʔ>p̕=ayus-ŋ √squeeze<actl>=eye-mdl⟧ ☞ čpáysəŋ
1. to be blinking (with both eyes). (MJT) {ʔáwə c *čaʔpayúsəŋ*. Don't blink. (MJT)}
2. to wink. (TC) VAR: čpaʔyúsəŋ ⟦√čip̕=a<ʔ>yus-ŋ √squeeze=eye<actl>-mdl⟧ (TC) {*čpaʔyúsəŋ* tuńł ʔiʔ čaʔxʷítəŋ cxʷ. When I wink, you jump. (TC)}

čaʔpayúsəŋ² wink. See under: nəxʷčaʔpayúsəŋ

čaʔpayústəŋ ⟦√č<əʔ>ip̕=ayus-t-ŋ √squeeze<actl>=eye-trns-psv⟧ ☞ číp̕ to be winked at by someone. {*čaʔpayústəŋ* cn. He winked at me. (TC,AS,BC)} VAR: čpisə́ŋətəŋ {*čpisə́ŋətəŋ* cn. He winked at me. (MJT)}

čaʔpə́yuʔ ⟦√čip̕-əyu √squeeze-activ⟧ ☞ čpə́yu to be squeezing (juice out of fruit). {*čaʔpə́yuʔ* cn ʔa? cə ʔápəls. I'm squeezing juice out of the apples. (AS)}

čaʔpiʔsə́ŋət ⟦√či<ʔ>p̕=ay<ʔ>us-ŋ-t √squeeze<actl>=eye<actl>-mdl-trns⟧ ☞ čpisə́ŋət to be winking at someone. {kʷł*čaʔpiʔsə́ŋət* cn. I'm right now winking at him. (MJT)}

čaʔpiʔsŋítəŋ ⟦√či<ʔ>ṗ=ay<ʔ>us-ŋi-t-ŋ<ˀ> √squeeze<actl>=eye<actl>-rel-trns-psv<actl>⟧ ☞ čaʔpayústəŋ being winked at by someone. {*čaʔpiʔsŋítəŋ* cn. He's right now winking at me. (MJT)}

čaʔqáʔnəq ⟦√č<ə?>q́-ə<ʔ>nəq √surprised<actl>-hab<actl>⟧ ☞ čə́qənəq to be astounding, amazing, shocking. {*čaʔqáʔnəq* cn. I'm shocking (the people) (AS)}

čáʔsiʔ ⟦√ča<ʔ>s-iy<ʔ> √extinguish<actl>-dev<actl>⟧ ☞ čási to be going out (of a fire), not burning. (MJT) {hiʔ*čáʔsiʔ* tə nəsúnuc. My fire's going out. (MJT)} VAR: čáʔsi {kʷłiʔ*čáʔsi*. It (the fire) is going out. (MJT)}

čáʔst ⟦√ča<ʔ>s-t √extinguish<actl>-trns⟧ ☞ část to be extinguishing, putting out a fire. {ʔáwə c *čáʔst*. Don't put out the fire. (MJT)}

čaʔwéyŋ go to other side. See under: čaʔwíyəŋ

čáʔwiʔ dish. See under: čáẃiʔ

čáʔxásən ⟦√čaʔx-a=sən √cover-ext=foot⟧ boots, overshoes. (MJT; AS) VAR: čxásən (AS) {čəʔúʔwəs cn kʷi kʷə *čxásən*. I'm using overshoes. (AS)}

čáʔyáʔcən ⟦√č<aʔy>aʔč=ən √sew<pl>=instr⟧ ☞ čáʔcən several needles. (EPT)

čáʔyaʔčt ⟦√ča<ʔyə>ʔč-t √sew<pl>-trns⟧ ☞ čáʔčt to sew several things. (MJT) {*čáʔyačt* cn tə łqít. I sewed the dresses. (AS)}

čaʔyaʔčéʔyənəkʷs ⟦č<aʔy>aʔ+√č<iʔy>ənkʷs dim<pl>+√step_sibling⟧ ☞ čéʔyənəkʷs several little, inferior step-siblings. (MJT)

čaʔyaʔčə́mčánaʔ ants. See under: čaʔyaʔčə́mčana?

čaʔyaʔčtxʷáýqsən ⟦čaʔ+√čtxʷ-ay=əqsən dim+√gnaw-ext=nose⟧ ☞ čaʔčtxʷáýqsən several small shrews. (AB,MJT)

čaʔyáʔnəq ⟦√čiʔy-ə<ʔ>nəq √take_away<actl>-hab<actl>⟧ ☞ čaʔyítəŋ
1. to be taking away. (ES) ⟪This refers to taking away something from someone who is aware of it.⟫ cp. qán̓ {*čaʔyáʔnəq* cn. I'm taking away (something that does not belong to me). (AS,BC) | *čaʔyáʔnəq* ʔaʔ cə sctə́ŋxʷən. They're taking away the land. (AS)}
2. to be splitting up a marriage. (AS)

čaʔyáʔwiʔ dishes. See under: čəyáʔwi

čaʔyaʔyéʔwən envious. See under: nəxʷčiyaʔyéʔwən

čaʔyačúčł ⟦č<aʔy>aʔ+√čučł dim<pl>+√cedar_rope⟧ ☞ čaʔčúčł several small ropes made of cedar limbs. (AB,MJT)

čaʔyásih ⟦√č<aʔy>as-iy √extinguish<pl>-dev⟧ ☞ čási to be out (of a fire), extinguished (of several or repeatedly). {*čaʔyásih* ixʷ tə nəsúnuc; čáʔx̣ʷəŋ. My fire went out; it's lazy. (MJT)} VAR: čə́ys (MJ) VAR: čə́yəs {*čə́yəs* kʷi kʷə sčə́qʷuc. The fire is out. (MJ)}

čaʔyéʔiƛ̓ ⟦√yaʔ+√yi<ʔ>yƛ̓ dim+√short<dim>⟧ [/ý/ → /č/] to be short. (EPT; LC; AS,BC; ES) {*čaʔyéʔiƛ̓* cə n̓siʔátn̓. Your hair is short. (ES) | *čaʔyéʔiƛ̓* kʷsə nəxčnín. I've got a short memory. (ES) } VAR: čaʔyéʔyəƛ̓ (TC) VAR: čə́yiƛ̓ {nił č suʔpáʔəcts ʔiʔ sqiʔám čí skʷə́yəŋs ʔawmán ʔuʔ *čə́yiƛ̓* cə łułáwiʔs. He tried, but he couldn't fly because his wings were too short. (TC)} VAR: čaʔyéʔił (AS) ⟦yaʔ+√yi<ʔ>ył dim+√short<dim>⟧ VAR: čaʔčéʔyəł (AS,BC) VAR: čaʔčéʔił (AS) {ʔuʔ*čaʔčéʔił* cə x̣ʷéʔləm. The rope was short. (AS) | *čaʔčéʔił* cə swə́yqaʔ. That man is short. (AS,BC) | *čaʔčéʔił* łqáýc. February. (AS,BC)}

čaʔyəx̣ásən ⟦√č<aʔy>aʔx-a=sən √cover<pl>-ext=foot⟧ ☞ čaʔx̣ásən several boots, overshoes. (MJT) VAR: čəyəx̣ásən (AS)

čaʔyíčt ⟦√č<aʔy>ičt √ashes<pl>⟧ ☞ číčt lots of ashes, coals. (MJT)

čaʔyípt ⟦√č<aʔy>ip-t √squeeze<pl>-trns⟧ ☞ čípt to squeeze, flatten (several). (AS)

čaʔyítəŋ ⟦√čiʔy-t-ŋ √take_away-trns-psv⟧ [metathesis with the passive] ☞ čéʔyət to have (something) taken away by someone or something. (TC) {*čaʔyítəŋ* cn. Someone's taking it away from me. (ES) | *čaʔyítəŋ* cn̓ ʔaʔ cə nətálə. He took my money from me. (TC) | *čaʔyítəŋ* cn ʔaʔ cə nsłáni. My wife is taking something away from me. (ES) | *čaʔyítəŋ* ʔaʔ kʷi słánis. His wife was taken away. (AS) | nəs*čaʔyítəŋ* ʔaʔ cə nsłáni. My wife was taken away from me. (ES) | *čaʔyítəŋ* cn ʔaʔ cə nsʔíłən. Someone took away my food. (AS,BC) | *čaʔyítəŋ* kʷi ʔaʔ kʷi słánis kʷə nəsʔúqʷaʔ. Somebody took my brother's wife away. (AS) | *čaʔyítəŋ* cn ʔaʔ kʷłəs nsłáni. Someone took my wife away from me. / My wife took something away from me. (ES,HS)} VAR: čəyítəŋ (ES; AS) VAR: čaʔítəŋ (AS,BC) VAR: čéʔitəŋ {*čéʔitəŋ* ʔaʔ cə sʔíłən. The food was taken away from him. (AS) | *čéʔitəŋ* cn ʔaʔ kʷə ntálə. He took my money away from me. (AS)} VAR: čiyaʔítəŋ {*čiyaʔítəŋ* cn. They take it away from me. (BC)}

čaʔyíti ⟦√čiʔy-ty √take_away-rcprcl⟧ [metathesis with reciprocal] ☞ čéʔyət to fight over (something), taking (something) away from each other. (ES) {kʷłníł kʷi suʔ*čaʔyítis* cə sƛ̓əyéʔƛ̓ qł ʔaʔ kʷi sʔíłəns. Now the children were fighting over their food. (AS)}

čaʔyúkʷiʔ ⟦√č<aʔy>ukʷiʔ √skunk_cabbage<pl>⟧ ☞ čúkʷiʔ a bunch of skunk cabbage. (MJT)

čaʔyuwaʔčáx̣ən ⟦√č<aʔy>əwaʔčaxn √scoter<pl>⟧ ☞ čəwaʔčáx̣ən several common scoters, coots. (BG,MJT)

čáčən needle. See under: čáʔčən

čačə́mčanaʔ ant. See under: čaʔčə́mčanaʔ

čáčəŋ arriving home. See under: čáʔčəŋ

čačux̣áʔyəč ⟦√čačux̣aʔyəč √brown_creeper⟧ a small dark brown bird that climbs along trees looking for bugs, probably the brown creeper. *Certhia* *americana* (?). (AB,ICT) [onomatopoeic] VAR: čacuxá?ič (AB,ICT) VAR: ča?čxá?ič (AS)

čáŋəɬ ⟦√čaŋ-ɬ √dirt-dur⟧ litter, dust and dirt. (AS,BC) {ča?íxʷtəŋ cə *čáŋəɬ*. The dirt was swept up. (AS,BC)} VAR: čáŋɬ (AS) VAR: ʔscáŋəɬ {ča?íxʷtəŋ cə ʔs*čáŋəɬ*. The dirt was swept up. (AS,BC)}

čáŋ ⟦√čaŋ √arrive_home⟧ to arrive home, get home. (EPT; TC) {*čáŋ* cn. I got home. (TC; ES) | *čáŋ* kʷaʔ. She got home. / They're home. (AA; ES) | *čáŋ* caʔn. I'm going to get home. (ES) | *čáŋ* u cxʷ? Are you home now? (ES) | *čáŋ* cxʷ kʷaʔ. You've got home. (EPT) | čaʔ*čáŋ*. Someone just now came home. (MJT) | ɬáč ʔəɬ *čáŋ*ən. It's dark when I get home. (TC) | kʷɬɬáč ʔəɬ *čáŋ*ən. It's already dark when I get home. (TC) | X̌áy ʔuʔ kʷɬɬáč ʔəɬ *čáŋ*əs. It was already dark, too, when he got home. (TC) | yə́cəm caʔ kʷaʔ *čáŋ*s. They will tell when they get home. (AS) | *čáŋ* táči cə nə́cuʔ ʔuʔútxs. Another canoe arrived home. (MJ) | *čáŋ* cə táns cə sk̓ʷaʔkʷaʔtúʔ. The mother of the crows got home. (MJ) | čaʔtáqənəxʷ cn ʔaʔ či s*čáŋ*s ʔaʔ Amy. I just found out that Amy got home. (EPT) | xʷəsə́yu kʷi ʔaʔ kʷə símiʔs ʔaʔ kʷi s*čáŋ*s. She shook out her blankets when she got home. (AS) | ʔiʔ níɬ kʷaʔčaʔ ʔuʔ sʔə́ŋaʔts ti ʔəxʷíyŋxʷ ʔəɬ *čáŋ*əɬ. And then he'd give it to the village when we got home. (TC) | čaʔ*čáŋ* tə cə́ʔct hiʔ néʔ tə ŋə́naʔs. The father just got home, and his child was born. (MJ) | ʔáwənə sxčíts či s*čáŋ*s ʔúxʷ ʔaʔ Muckleshoot. She didn't know how to get home to Muckleshoot. (MJ) | níɬ su?*čáŋ*s ʔiʔ yəcústs kʷɬi stíkʷəns yaʔ ʔaʔ kʷi k̓ʷə́nnəs. Then he got home and told his late niece what he saw. (ES) | čaʔ*čáŋ* cə ɬə́qʷəm ʔiʔ siʔáʔəmct ʔaʔ kʷi sʔiyás ʔaʔ Mudd. Honey just came home and is bossy from being at Mudd's. (MJT) | níɬ kʷaʔ suʔmáns ʔuʔ šiʔšúʔɬ cə ʔaycɬtáyŋxʷ kʷaʔ *čáŋ*s. Then the people were very glad when he got home. (AA) | suʔ*čáŋ*s tə nəsíyaʔ ʔiʔ xə́nəŋ, "ʔáw kʷə c yaʔcícəm." So my grandfather got home and said, "Don't tell about it." (MJ) | ʔiʔ xənʔáxʷ cn kʷaʔ húʔəs ʔənʔá *čáŋ* ʔiʔ ʔənʔác kʷə cə ŋə́naʔɬ. I told her that when she comes home, bring me our son. (ES)}

čáŋnəs ⟦√čaŋ-nəs √arrive_home-intent⟧ ☞ čáŋ to arrive home for someone or something. {*čáŋnəs* cə q̓áʔŋi cə ŋə́nŋənaʔs ʔaʔ cə sX̌aʔyéʔX̌qɬs. The girl arrived home for her offspring that were children. (MJ)}

čáŋnəxʷ ⟦√čaŋ-naxʷ √arrive_home-nctrns⟧ ☞ čáŋ to manage to get someone or something home. {čaʔ*čáŋnəxʷ* cn. I finally managed to get it home. (MJT)}

čáŋtəŋ ⟦√čaŋ-txʷ-ŋ √arrive_home-caus-psv⟧ ☞ čáŋtxʷ to be brought home. {*čáŋtəŋ* cn. I was brought home. (TC) | níɬ kʷaʔ su?*čáŋtəŋ*s cə. Then he was brought home. (AA) | *čáŋtəŋ* kʷaʔ. He was brought home. (AA) | *čáŋtəŋ* ʔaʔ Rags. Rags brought it home. (MJT) | ʔənsɬáni caʔ kʷsə s*čáŋtəŋ*. The one I brought home will be your wife. (MJ) | ʔiʔ X̌kʷístəŋ ʔiʔ *čáŋtəŋ* ʔiʔ cákʷəŋ. They carried him and took him home and laid him down. (MJ)}

čáŋtxʷ ⟦√čaŋ-txʷ √arrive_home-inancaus⟧ ☞ čáŋ Stem: čáŋt [stem with subject suffixes] to bring something home. (BC) {*čáŋtxʷ* cn kʷaʔčaʔ. So I brought it home. (MJ) | *čáŋtxʷ* cn cə sqáwəc. I brought the potatoes home. (AS) | *čáŋts* tə húʔpt. He brought home a deer. (MJ) | níɬ nsu?*čáŋtxʷ*. Then I brought them home. (MJ) | stáŋ ʔaʔ či *čáŋtxʷ*? What did you bring home? (MJ) | *čáŋtxʷ* cn kʷsə ʔənsɬáni. I brought your wife home. (MJ) | ʔáwə cn kʷaʔ *čáŋtxʷ*ən ti sčánnəxʷ. I never bring home fish. (MJ)}

čáq̓ʷ ⟦√čaq̓ʷ √moldy⟧ to be moldy, mildewed, rotten, rusted, decayed. (ES; AS,BC; AS) ⟪There are two other roots with similar sound and meaning.⟫ *cp.* čə́q̓ʷ *cp.* čə́k̓ʷ {kʷɬníɬ kʷi su?*čáq̓ʷ*s kʷiə sčəyíqʷɬ ʔɬ ɬə́məxʷs. Now the fruit is spoiled in the rain. (AS)}

čáq̓ʷəŋ ⟦√čaq̓ʷ-ŋ √moldy-mdl⟧ ☞ čáq̓ʷ to be moldy, mildewed. (AS; AS,BC) {kʷɬníɬ kʷi su?*čáq̓ʷəŋ*s cə sčəyíqʷɬ. Now the fruit is spoiling. (AS)}

čási ⟦√čas-iy √extinguish-dev⟧ to be out (of a fire), stopped burning, extinguished. (MJT; AS) {*čási* kʷsə n̓šúnuc. Your fire is out. (EPT) | *čási* kʷi kʷə nsčə́qʷuc. My fire went out. (AS) | nsu?X̌áy štəŋ ʔiʔ níɬ su?*čási*s. So I walked again, and it went out. (MJ) | X̌áy ʔuʔ *čási* kʷsə n̓súnuc. Your fire went out, too. (EPT) | níɬ su?*čási*s cə shúnuc. Then the fire went out. (MJ) | *čási* ʔu čə n̓shúnuc Did your fire go out? (EPT) | *čási* hixʷ. It (the fire) must have gone out. (MJT) | txʷčičəyáy ixʷ ʔiʔ *čási* tə nəsúnuc. My fire is almost out. (MJT)}

část ⟦√čas-t √extinguish-trns⟧ ☞ čási to extinguish, put out a light or fire. (MJT) *cp.* X̌k̓ʷə́t {*část* cə ŋáʔəq. Put the light out. (MJT)} VAR: čsát {*čsát* cə. Put it out. (AS) | *čsát* cn. I put it out. (AS) | *čsát* cn cə ŋáʔəq. I put out the torch. (AS)} VAR: čšát {*čšát* cə. Put it out. (AS)}

čáw̓iʔ ⟦√čaw̓y √dish⟧ dish, plate, dishes. (MJT; HS) {cə́ʔyət ʔaʔ cə *čáw̓iʔ*. Put it on the dish. (ES) | ɬáxt cn ʔaʔ cə *čáw̓iʔ*. I laid it on the plate. (ES) | ʔáwə c ɬə́ct kʷə *čáw̓iʔ*. Don't break that dish. (EPT) | xʷéʔqʷt cn cə *čáw̓iʔ*. I'm rubbing the dishes. (AS) | su?cqə́ŋs cə smə́cs náwəɬ ʔaʔ cə *čáw̓iʔ*s. His fat dripped into his dish. (TC) | níɬ ixʷ ʔu?čúk̓ʷs cə stitə́c *čáw̓iʔ* ʔaʔ či sxʷʔiyás ʔəɬ sqéʔyəŋs. I guess he used a broken dish for where he went. (MJ)} VAR: čáʔwi (EPT; AS,BC) VAR: čáʔwiʔ (EPT; TC) {síxt cn cə *čáʔwiʔ*. I moved the dish over. (AS)}

čáyʔə ⟦√čáyʔə √exinlaw⟧ brother-in-law or sister-in-law when their spouse has died. (TC)

čáyəŋ̓ surf scoter. *See under:* X̌ə́yəŋ̓

čáyəŋ ⟦√ča<yə>ŋ √arrive_home<pl>⟧ ☞ čáŋ to arrive home, get home (of a several). (MJT)

čáyəŋtəŋ ⟦√ča<yə>ŋ-txʷ-ŋ √arrive_home<pl>-caus-psv⟧ ☞ čáŋtəŋ to be brought home (of several,

čáyči?xʷ

by several or several times). {čáyəytəŋ ?a? tə nəsqa?qáx̣a? cə x̣ʷəxím. *My little dog brought home those drummer fish.* (MJT)}

čáyči?xʷ ⟦čáy + √čayxʷ char + √slack⟧ [root not identified in other words] to be loose, slack. (MJT; AS) {*čáyči?xʷ* cə x̣ʷé?ləm. *The rope is loose.* (AS)}

ččáyŋxʷ ⟦√čuč-ay=ŋixʷ √squeeze-ext=breast⟧ ☞ **čúč** to milk a cow. (AS) VAR: **ččáyŋxʷ** (AS) {hiyá? ca?n *ččáyŋxʷ* ?a? kʷsə nmúsmus. *I'm going to milk my cow.* (AS)}

ččíŋəł ⟦√ča?č-iŋł √sew-cstm⟧ ☞ **čá?č** to sew. (EPT) {kʷłníł kʷi su?*ččíŋəł*s kʷə nsəsé?ya?. *Now my grandmothers are sewing.* (AS)}

ččiŋíxʷt milk it. See under: čəčiŋíxʷt

ččítəŋ ⟦√čič-t-ŋ √wring-trns-psv⟧ [metathesis with passive] ☞ **číčt** to be wrung out. {*ččítəŋ* cn. *The wrung me out.* (TC)}

ččúsc ⟦√čuč=us-t-c √squeeze=face-trns-1obj/2obj⟧ ☞ **ččúst** hug me; hug you. (ES) {*ččúsc* cxʷ. *You hugged me.* (TC)}

ččúst ⟦√čuč-us-t √squeeze-rcpnt-trns⟧ ☞ **čúčt**
1. to hug someone. (LC; TC) {*ččúst* cn. *I hugged him.* (TC) | su?*ččúst*s cə máščú. *She (Octopus) hugged Mink.* (TC) | x̣íŋts ?i? *ččúst*s ?i? čixʷás ?a? cə ?á?yəŋs. *She grabbed him, hugged him, and put him into her house.* (TC)}
2. to kiss someone. (AS; AS,BC)

ččústəŋ ⟦√čuč-us-t-ŋ √squeeze-rcpnt-trns-psv⟧ ☞ **ččúst** to be squeezed, hugged. (EPT) {*ččústəŋ* cn. *I got hugged.* (EPT; TC)}

ččústi ⟦√čuč-us-ty √squeeze-rcpnt-rcprcl⟧ ☞ **ččúst** to hug each other. (EPT; TC) {níł su?*ččústi*ł. *Then we'd hug each other.* (TC)}

ččáłč ⟦√čča=iłč √spruce=plant⟧ [This root is not independently identified. LCT notes have "AB felt considerable confusion about the reference of this word."]
1. spruce tree. (AB,ICT)
2. fir tree. (AB,IC,NST)

ččé?nəxʷ ⟦č + √či<?>nw̓-naxʷ incep + √bothered<actl>-nctrns⟧ ☞ **ččínəw̓** to not want something, be tired of something, dislike (especially a noise), feel annoyed at something. {*ččé?nəxʷ* cn. *I'm tired of it; I don't like it.* (ES; AS) | *ččé?nəxʷ* cn ti sx̣ayé?x̣ł. *I'm annoyed with the children.* (AS,BC)}

ččé?nu? ⟦č + √či<?>nw̓ incep + √bothered<actl>⟧ ☞ **ččínəw̓** to not want (something), getting tired (of something), dislike, getting bothered, annoyed (by something), especially a noise. {*ččé?nu?* cn. *I'm annoyed.* (AS,BC) | *ččé?nu?* cn ?a? tiə sx̣ayé?x̣ł. *I'm annoyed at the children (making noise).* (AS)}

ččínəw̓ ⟦č + √činw̓ incep + √bothered⟧ ☞ **čínu?** to not want (something), get tired (of something), dislike, get bothered, annoyed (by something),

especially a noise. (HS,ES) {*ččínəw̓* cn. *I'm bothered (by the noise).* (ES)}

ččšáyə kingfisher. See under: ča?čšáy̓

čé?čt ⟦√či<?>č-t √wring<actl>-trns⟧ ☞ **číčt** to be wringing something out, squeezing something. {*čé?čt* cn. *I'm wringing it out.* (MJT) | kʷł*čé?čt* cn tə nəsca?kʷé?ŋəł. *I'm wringing my laundry.* (MJT) | *čé?čt* cn tə sčayíqʷł. *I'm squeezing juice from the berries.* (MJT)}

čé?əx̣ ⟦√či?əx̣ √pitch⟧ pitch, resin, tree sap, chewing gum. (LBH; MJT; ES; AS,BC) ✱Pitch was formerly used as fuel for torches, as glue, and as waterproofing sealant for canoes and baskets. It was also commonly used as chewing gum, especially by children. ✱If you chew gum at night, you are chewing your mother to death. (BC) {ŋa?kʷé?əŋəł cn ?a? tə *čé?əx̣*. *I'm chewing gum.* (ES) | ŋq̓ət cn kʷə n*čé?əx̣*. *I swallowed my gum.* (AS) | ?ux̣ʷx̣iƛ̓áq̓ʷ cə *čé?əx̣*. *The gum got all stuck.* (AS) | ƛ̓áq̓ʷƛ̓áq̓ʷ cə *čé?əx̣*. *The pitch is sticky.* (AS) | nəsƛ̓é? či nəsŋákʷt či *čé?əx̣*. *I want to chew some pitch.* (MJ) | ƛ̓í?áŋ u cxʷ ?a? či *čé?əx̣*, sƛ̓íƛ̓a?ƛ̓qł? *Are you looking for pitch, child?* (MJ) | ncé?t, hiyá? u qł cn ƛ̓í?áŋ ?a? či *čé?əx̣*? *Daddy, could I go look for some pitch?* (MJ) | su?ƛ̓iƛ̓áq̓ʷtəŋs tə *čé?əx̣* ?a? cə qqíyəŋs. *She stuck pitch in their eyes.* (AA) | níł kʷi kʷi *čé?əx̣* ?ł čə?ú?wəŋł ƛ̓áq̓ʷtəŋs. *It was pitch we were using for sticking it on.* (AS) | kʷánts ƛ̓iyáŋ ?a? či *čé?əx̣* ?i? ?áwənə ?iyá cə qʷłáy̓. *She looked at it searching for pitch, but there was none on the log.* (MJ) | níł su?hiyá?s cə sƛ̓íƛ̓a?ƛ̓qł ?i? ƛ̓áy̓ ?i?ƛ̓kʷə́ts cə *čé?əx̣* ?i? múʔkʷts. *Then the child went, and again she took the pitch and was putting it in her mouth.* (MJ) VAR: **čé?ex** (TC,AS,BC)

če?i kingfisher. See under: čšáy̓

čé?itəŋ be taken away. See under: ča?yítəŋ

čé?nu? ⟦√či<?>nw̓ √bothered<actl>⟧ ☞ **čínu?** to not want (something), being tired (of something), dislike, being annoyed (by something), especially a noise. {*čé?nu?* cn. *I'm annoyed.* (AS,BC)} VAR: **čé?nəw̓** {*čé?nəw̓* cn. *I'm annoyed.* (TC,AS,BC) | túkʷ či. mán cn ?u? *čé?nəw̓*. *Go home! I'm very annoyed.* (TC,AS,BC)}

čé?pt ⟦√či<?>p-t √squeeze<actl>-trns⟧ ☞ **čípt** to be squeezing something. {*čé?pt* cn. *I'm squeezing it.* (MJT; TC) | kʷłníłtxʷ kʷi n̓u?*čé?pt*. *Keep squeezing it.* (MJT)}

čé?yənəkʷs ⟦√č<i?y>ənkʷs √step_sibling<dim>⟧ ☞ **čánkʷs** little, inferior step-sibling. (MJT)

čé?yət ⟦√či?y-t √take_away-trns⟧ [/y̓/ → /č/] to take (something) away from someone. (ES; AS,BC) ((USAGE: This is not used to refer to stealing.)) (TC) {*čé?yət* cn. *I took (it) away from him.* (ES; TC) | nəs*čé?yət* cə swə́y̓qa?. *I took (it) away from that man.* (TC) | *čé?yət* cn ?a? cə tálə. *I took the money away from him.* (TC) | cán ya? kʷi *čé?yət*xʷ ?a? cə tálə? *Who did you snatch the money from?* (TC)} VAR: **čé?it** (AS,BC) {*čé?it* cn. *I took it away.* (AS,BC) |

Klallam-English Dictionary — 141

čéyi?

čé?it cn cə sqáx̣a?. *I took it away from the dog.* (AS) | čé?it cn ?a? cə táləs. *I took his money away from him.* (AS) | čé?it cn cə swə́ýqa? ?a? cə s?íťəns. *I snatched the food from that man.* (TC)} VAR: ča?ít {ča?ít cn. *I took it away.* (AS,BC)} VAR: čə́yi?t (AS)

čéyi? tree bark. *See under:* čə́yi?

čə apparently. *See under:* č

čə́č ⟦√čəč √stuck_between⟧ to be stuck, wedged, squeezed in between two things. (AS,BC; BC) {čə́č cn. *I'm stuck.* (BC; AS; BC; AS,BC)}

čəčə́yu ⟦√čuč-əyu √squeeze-activ⟧ ☞ čúč to squeeze juice (out of fruit). (MJT) {kʷɬníɬ kʷi su?čəčə́yus ?a? ti ?ápəls. *Now they're squeezing the apples.* (AS)}

čəčiŋíxʷt ⟦√čuč-ay=ŋixʷ-t √squeeze-ext=breast-trns⟧ ☞ ča?čə́yu? to milk a cow. {?úxʷ či čəčiŋíxʷt cə músmus. *Go milk the cow.* (ES) | čəčiŋíxʷt cn cə músmus. *I milked the cow.* (MJT) VAR: čč́iŋíxʷt (ES) VAR: ča?čáyŋəxʷ (AS,BC)

čəčstúy̓ hugging. *See under:* ča?čstúy̓

čə́čt ⟦√čəč-t √stuck_between-trns⟧ ☞ čə́č to wedge, squeeze something in, stick something between. (AS,BC) {čə́čt u cxʷ? *Did you get it stuck?* (BC)}

čə́kʷxəŋ̓ frying. *See under:* ča?kʷə́xəŋ̓

čəƛ̓ásya? ⟦√čəƛ̓ásya? √Protection_Island⟧ [from Chemakum čə́ƛ̓a 'rocks' (according to Harrington)] Protection Island at Discovery Bay. (LB,CWH) VAR: ƛ̓a?čásiya? (TC)

čə́mč̓na? ⟦√čəmč̓na? √ant⟧ ant. *Formicidae spp.* (AS,BC)

čə́ṁa?š ⟦√čəma?š √herring_eggs⟧ herring eggs, herring roe. ✱ Really good to eat raw. They are best when eaten directly fresh out of the water. They are deposited by the herrings in March on cedar boughs and logs that are in the water. (TC) VAR: čə́məš (AS,BC) VAR: čəmá?š (TC)

čəṁús otter. *See under:* ča?ṁús

čənačé?qʷ ⟦√čəṅč=i?qʷ √pinch=head⟧ ☞ čə́ṅč to have one's head stuck, pinched. {čənačé?qʷ cn. *My head was stuck.* (MJT)}

čə́nəŋ ⟦√čən-ŋ √shake-mdl⟧
1. to shake, shiver, tremble. (EPTC; TC; AS,BC) {?u?mán cn ?u? ɬá?ɬa?či; ?u?čə́nəŋ cn. *It was very cold; I shivered.* (AS)}
2. the Indian Shaker Church. ✱ This refers to the religious movement founded in Washington in 1881 by John Slocum. (TC; RSh) {q̓əyús qɬ cn či čə́nəŋ kʷa? ?ən?ás ?i? čənəŋístəŋ cə ntán. *I could pay Shakers to come and shake over my mother.* (MJ) | q̓əyús ?a? Simon či s?ən?átəŋs či čə́nəŋs ?i? čənəŋísts cə táns. *Simon paid to have their Shakers brought to shake over his mother.* (MJ)}

čənəŋáw̓txʷ ⟦√čən-ŋ=aw̓txʷ √shake-mdl=house⟧ ☞ čə́nəŋ a Shaker church building. (TC)

čənəŋístəŋ ⟦√čən-ŋi-stxʷ-ŋ √shake-rel-caus-psv⟧ ☞ čənəŋístxʷ to be shaken over for healing in the Shaker religion. {q̓əyús qɬ cn či čə́nəŋ kʷa? ?ən?ás ?i? čənəŋístəŋ cə ntán. *I could pay Shakers to come and shake over my mother.* (MJ) | níɬ su?čənəŋístəŋs. *Then she was taken to be shaken over.* (MJ)}

čənəŋístxʷ Stem: čənəŋíst [stem for subject suffixes] ⟦√čən-ŋi-stxʷ √shake-rel-caus⟧ ☞ čə́nəŋ
1. to shake over someone for healing in the Shaker religion. {čənəŋístxʷ cn cə ntán. *I shook over my mother.* (AS) | q̓əyús ?a? Simon či s?ən?átəŋs či čə́nəŋs ?i? čənəŋísts cə táns. *Simon paid to have their Shakers brought to shake over his mother.* (MJ)}
2. to persuade someone to join the Shaker church. {čənəŋístxʷ cn cə ntán. *I persuaded my mother to join the Shakers.* (AS)}
3. to take someone to a Shaker service. (AS)

čə́nəŋ̓ ⟦√čən-ŋ<ʔ> √shake-mdl<actl>⟧ ☞ čə́nəŋ
1. to be shaking, taking part in a Shaker service or Shaker prayer. (EPT) {čə́nəŋ̓ cn. *I'm shaking.* (TC) | su?húyɬ čə́nəŋ̓ ?i? níɬ su?ətənístəŋɬ. *So we finished shaking, and then we were fed.* (MJ) | čə́yəxʷ ?a? tə ?á?iŋs sxʷ?iyáɬ tə čə́nəŋ̓. *It came into the house where we were shaking.* (MJ) | ?áwə č kʷa? ƛ̓áyucis ?əɬ čə́nəŋ̓s. *He never stopped shaking.* (MJ) | sátəŋ cə čə́nəŋ̓ kʷa? ?úyɬs ?a? cə ?u?útx̣s ?i? hé?əw. *The Shakers were told to board the canoe and go to the bow.* (MJ) | č?iyá ?a? cə tɬná?əč kʷɬi sɬáni? čɬté?im̓ ya? ?əɬ čə́nəŋ̓əs. *The woman who got that song while she was shaking was from Canada.* (ES) | ?u?huhú?i tə nəsčə́nəŋ̓ ?iyá ?a? tə ?á?iŋs. *I was shaking alone at his house.* (MJ)}
2. Shaker religion, a member of the Shaker Church, a Shaker service. (MJT) {níɬ kʷi siq̓áys tiə čə́nəŋ̓ ?ɬ táčis. *The Shakers circle when they arrive.* (AS) | ?ə́y̓ tə čə́nəŋ̓; níɬ su?ən?á·s tə q̓ʷú?. *The Shake was going fine; then the water came.* (MJ) | ?á?i? tə čə́nəŋ̓ ?iyá ?a?é?ɬxʷa?. *A Shake was going on at Elwha.* (MJ)} VAR: čə́ṅəŋ̓ {čə́ṅəŋ̓ cn. *I'm a Shaker.* (MJ; AS)}

čənəŋé?qʷ ⟦√čən-ŋ<ʔ>=i?qʷ √shake-mdl<actl>=head⟧ ☞ čə́nəŋ̓ to be shaking one's head. (EPT)

čənəŋíw̓s ⟦√čən-ŋ<ʔ>=iw<?>s √shake-mdl<actl>=body<actl>⟧ ☞ čə́nəŋ̓ to be shaking, trembling all over one's body. (TC; ES) {čənəŋíw̓s cn. *I'm shaking all over my body.* (TC)}

čə́nəs ⟦√čəns √steam_bake⟧ to bake by steaming in a fire pit. {čə́nəs cn ?a? cə ɬqíyəɬč. *I'm baking thimbleberry sprouts.* (MJT) | čə́nəs cn ?a? cə scácqi. *I'm baking salmonberry sprouts.* (MJT)}

čə́nkʷs ⟦√čənkʷs √step_sibling⟧ double step-sibling, the reciprocal relationship between children when the father has a child and the mother has a child each by former marriages. (MJT) VAR: čə́nəkʷs (MJT)

čə́ṅč ⟦√čəṅč √pinch⟧ to be pinched, squeezed. (AS,BC; AS) {?u?čə́ṅč cn. *I got pinched.* (AS) | čə́ṅč cə ncáys. *My hand is squeezed.* (AS)}

čə́ńcct 〚√čəńc-cut √pinch-rflxv〛 ☞ čə́ńc to squeeze oneself through. {ʔuʔɬə́ŋ ʔuʔ **čə́ńcct** ʔaʔ cə q̓ʷiʔéʔiš. *He completely squeezed himself through the dancers.* (ES)}

čə́ńčən 〚√čəńč=ən √pinch=instr〛 ☞ čə́ńč clothespin. (ES; AS) VAR: čə́ńəčən (ES)

čə́ńčnákʷi 〚√čəńč-nəwəy √pinch-ncrcprcl〛 ☞ čə́ńč to squeeze, pinch together. (TC) {**čəńčnákʷi** ʔaʔ kʷi súɬ. *They squeezed together in the door.* (AS)}

čə́ńct 〚√čəńc-t √pinch-trns〛 ☞ čə́ńc to pinch, squeeze something together, squeeze it in. (TC) {**čə́ńct** cn. *I pinched it.* (AS) | **čə́ńct** cn cə ńcáys. *I pinched your hand.* (AS)} VAR: čə́ńt (AS,BC)

čə́ńctəŋ 〚√čəńc-t-ŋ √pinch-trns-psv〛 ☞ čə́ńct to be squeezed, pinched by someone or something. {**čə́ńctəŋ** cn. *I got pinched.* (AS) | **čə́ńctəŋ** tə ncáys. *My hand is squeezed.* (AS)}

čəńčánəkʷs 〚čən+√čəńkʷs pl+√step_sibling〛 ☞ čə́ńkʷs several double step-siblings. (MJT)

čəńčə́ńč 〚čn+√čəńč pl+√pinch〛 ☞ čə́ńč to be stuck, squeezed, pinched in between two things. (AS,BC) {**čəńčə́ńč** cn. *I'm stuck in between.* (ES)}

čəńčə́ńčt 〚čən+√čəńč-t pl+√pinch-trns〛 ☞ čə́ńct to be squeezing something together repeatedly. {**čəńčə́ńčt** cn. *I'm squeezing it together.* (TC)}

čə́ńəŋistəŋ 〚√čən<ʔ>-ŋ<ʔ>í-stxʷ-ŋ<ʔ> √shake<actl>-rel<actl>-caus-psv<actl>〛 ☞ čənəŋístəŋ being shaken over for healing in the Shaker religion. {ɬíxʷ sánti ti nəs**čə́ńəŋistəŋ**. *It was three weeks that I was being shaken over.* (MJ)}

čəŋnúŋət 〚√čaŋ-nuŋt √arrive_home-ncmdl〛 ☞ čáŋ to finally get home, manage to make it home. {**čəŋnúŋət** cxʷ kʷə. *You made it home.* (ES) | čaʔ**čəŋnúŋət** cn. *I finally got home.* (MJT)}

čəŋúst 〚√čəŋ-us-t √bend-rcpnt-trns〛 to bend down, bend over to reach for something. {**čəŋúst** cn. *I bend over for it (to pick it up).* (AS)}

čəpə́yu 〚√čip-əyu √squeeze-activ〛 ☞ číp to squeeze (juice out of fruit). (MJT) VAR: čpə́yu {xənʔáɬ ti suʔ**čpə́yu**s. *He's always squeezing (fruit).* (AS)}

čə́q̓ 〚√čq̓ √surprised〛 to be surprised, amazed, impressed, astounded. (ES; AS,BC; AS) {**čə́q̓** cn *I'm surprised. / That really beats me!* (MJT; ES; AS,BC) | mán cn ʔuʔ **čə́q̓**. *I'm very surprised.* (ES) | ɬə́ŋ cn ʔuʔ **čə́q̓**. *I was really surprised.* (AS) | hu**čə́q̓** cn! *I'm so surprised!* (MJT) | ʔuʔmán cn ʔuʔ **čə́q̓** ʔaʔ tə ńshá́ʔɬ. *I'm very amazed by your goodness (first line of "Amazing Grace ").* (AS,BC)}

čə́q̓ənəq 〚√čq̓-ənəq √surprised-hab〛 ☞ čə́q̓ to astound, amaze, shock by showing off or bragging. (TC) {čaʔ**čə́q̓ənəq** kʷi kʷə sttíkʷən. *My nieces were all amazed.* (AS)} VAR: čə́q̓ənq (AS)

čəsít 〚√čas-i-t √extinguish-persist-trns〛 ☞ čási to extinguish, put out a fire. (AS) {**čəsít** cn tsiə nsčə́qʷuc. *I put out my fire.* (AS)}

čəšəyəx̣ín 〚√čəšəyəx̣ín √slave_name〛 personal name of a slave. It was given as the name of a dog once owned by MJ. ✳This is not a Klallam name. Klallam people never had slaves that were Klallam and would never have given a slave a Klallam name. (MJT) [from some unknown language]

čə́təŋ 〚√č<ə́>tə-ŋ<ʔ> √crawl<actl>-mdl<actl>〛 [actual metathesis] ☞ čtəŋ to be crawling. (MJT; LC; ES,HS; ES; TC) {ʔiʔ**čə́təŋ**. *It's crawling.* (EPTI; LC) | hiʔ**čə́təŋ** cn ʔaʔ kʷi nəsʔúxʷənəs. *I went after it crawling.* (MJT) | ʔux̣ʷánáŋ kʷaʔ ʔuʔ**čə́təŋ**əs. *It's just like if he was crawling.* (TC) | ʔiʔ nít ʔuʔ twəw̓ʔiʔ**čə́təŋ** ʔiʔ nít suʔtə́ss ʔaʔ cə saʔsúsɬ. *And then she was still in the process of crawling, and she then came to a path.* (MJ)}

čə́txʷəŋ 〚√čətxʷ-ŋ<ʔ> √gnaw-mdl<actl>〛
1. to be nibbling, gnawing, scratching (like a rodent). (AB,MJT) {ʔuʔ**čə́txʷəŋ** kʷi kʷə npíšpš. *My cat is scratching (trying to get in).* (AS)}
2. to be trying to get something out of someone. {ʔuʔ**čə́txʷəŋ** kʷi kʷə nʔáyəs ʔɬ q̓ʷáʔqʷiʔs. *My sister is determined to get something when she's talking.* (AS)}

čə́txʷəyuʔ 〚√čətxʷ-əyu<ʔ> √gnaw-activ<actl>〛 ☞ čə́txʷəŋ
1. to be gnawing for a purpose (as a mouse gnawing a hole to get through). (MJT)
2. to be grasping, trying to get something out of someone. (MJT)

čə́t 〚√č<ə́>t-t √put_away<actl>-trns〛 [actual metathesis] ☞ čtə́t to be putting something away. {**čə́t** cn. *I'm putting it away.* (MJT)}

čəwaʔčáx̣ən 〚√čəwəʔčax̣n √scoter〛 [possibly has the 'arm' suffix] common scoter, coot, black duck. *Oidemia nigra.* (ES; TC) VAR: čəwčáx̣ən (AS,BC) VAR: čučáx̣ən (AS,BC) VAR: čəwaʔčáx̣ən (MJT) VAR: čuwaʔčáx̣ən (EPT; MJT; BG,MJT)

čəyáʔwi 〚√č<əy>aw̓y √dish<pl>〛 ☞ čáw̓iʔ dishes. (ES) VAR: čə́yaʔwi (ES; AS,BC) {ʔáwə c čáʔkʷt tə **čəyaʔwi**. *Don't wash the dishes.* (MJ)} VAR: čə́ya?wiʔ (EPT) {ƛ̓kʷə́t kʷsə **čəyaʔwiʔ**. *Take those dishes!* (EPT) | tiɬə́cc kʷə **čəyaʔwiʔ**. *He broke the dishes.* (EPT) | ʔáwə c ʔəscáʔcəw tsə n**čəyaʔwiʔ**. *My dishes aren't washed.* (MJT) VAR: čaʔyáʔwi (EPT) {titəcts kʷəs **čaʔyáʔwiʔ**. *He broke the dishes.* (EPT) | čaʔkʷíŋəɬ caʔn ʔiʔčáyə ʔaʔ či nscáʔkʷt či **čaʔyáʔwiʔ**. *I'll wash the clothes before I wash the dishes.* (MJT)}

čə́yaʔwi dishes. See under: čəyáʔwi

čəyaʔyítəŋ 〚√č<əy>iʔy-t-ŋ √take_away<pl>-trns-psv〛 ☞ čaʔyítəŋ to be taken away (of several things). (ES) čəyánəŋ ⟦√č<əy>ən-ŋ √shake<pl>-mdl⟧ ☞ čánəŋ a group of Shakers. (MJ)

čáyəŋ ⟦√čəy-ŋ √tremble-mdl⟧ to be shaking, trembling. (AS,BC) {mán ʔuʔ čáyəŋ cə ncáys. *My hands are shaking very much.* (AS)}

čáyəp̓ ⟦√čəyup̓ √turn_over⟧ to turn around. (AS) {ʔáw kʷaʔ čáyəp̓s. *It never turns around.* (AS)}

čáyəp̓ct ⟦√čəyup̓-cut √turn_over-rflxv⟧ [no metathesis with reflexive] ☞ čáyəp̓ to turn oneself over, turn around. (EPT; ES; TC) {čáyəp̓ct cə pípə. *Turn the paper over.* (EPT) | čáyəp̓ct ʔiʔ k̓ʷánt cə stúʔwiʔ. *Turn around and look at the river.* (MJT)} VAR: čáyəpct {ʔuʔk̓ʷənít̓s ʔiʔ níɬ č suʔčáyəpcts. *He watched it, and then he turned around.* (MJ)} VAR: čáyipct {čáyipct ʔiʔ ɬəŋúʔəŋ. *He turned over and swam.* (MJT)} VAR: čáyəpct (AS)

čáyəp̓əŋ ⟦√čəyup̓-ŋ √turn_over-mdl⟧ ☞ čáyəp̓ to turn around, turn over, rotate. (AS,BC) {čáyəp̓əŋ cn. *I turned it over.* (AS)} VAR: čáyp̓əŋ {čáyp̓əŋ cn. *I turned it over.* (AS)}

čáyəp̓t ⟦√čəyup̓-t √turn_over-trns⟧ ☞ čáyəp̓ to turn, roll something over or around. {čáyəp̓t cə sƛ̓íƛ̓aʔƛ̓qɬ. *Turn the child over.* (AS)} VAR: čáyp̓t (AS,BC; AS) {xənʔáɬ ti suʔčáyp̓ts. *She's always turning it over.* (AS) | čáyp̓ts yaʔ tə cáyss. *He turned his hand over.* (MJ) | čáyp̓t cə sƛ̓íƛ̓aʔƛ̓qɬ. *Turn the child over.* (AS)} VAR: čáyəpt (TC; AS,BC; AS) {čáyəpt cn. *I turned it around.* (TC)}

čáyəq̓ ⟦√čəyq̓ √look_sideways⟧ to glance, look sideways, sneak a look. (AS) {čáyəq̓ cn. *I glanced.* (AS) | xənʔáɬ ti suʔčáyəq̓s. *He's always sneaking a peek.* (AS)}

čáyəq̓ənəxʷ ⟦√čəyq̓-naxʷ √look_sideways-nctrns⟧ ☞ čáyəq̓əŋ to catch sight, get a glimpse of something, see something out of the corner of one's eye, glance at something. (AS) {čáyəq̓ənəxʷ cn. *I caught a glimpse of it.* (ES) | ʔuʔčáyəq̓ənəxʷ yaʔ cn kʷə číkən. *I just barely glimpsed the chicken.* (AS)}

čáyəq̓əŋ ⟦√čəyq̓-ŋ √look_sideways-mdl⟧ ☞ čáyəq̓ to look sideways, glance out of the corner of one's eye. (MJTB; AS,BC) {ʔúnu ʔuʔ čáyəq̓əŋ tə swéʔwəs. *Notice how the boy is glancing out the corner of his eyes.* (AS) | čáyəq̓əŋ či. *Look sideways.* (MJT) | kʷɬníɬ kʷi suʔčáyəq̓əŋs. *Now he's looking out the corner of his eye.* (AS) | ʔunú ʔuʔ čáyəq̓əŋ tə swéʔwəs. *Notice the boy glancing.* (AS) | ʔuʔxənʔáɬ ti suʔčáyəq̓əŋs. *He's always glancing.* (AS) | čáyəq̓əŋ tə swéʔwəs. *The boy was looking out the corner of his eye.* (AS) | čáyəq̓əŋ tə swáýqaʔ. *The man is looking out the corner of his eye.* (AS)}

čáyəq̓t ⟦√čəyq̓-t √look_sideways-trns⟧ ☞ čáyəq̓əŋ to glance at, look at someone or something sideways without turning the head. (AS) {čáyəq̓t cn tə swéʔwəs. *I looked at the boy out the corner of my eye.* (AS)}

čáyəq̓təŋ ⟦√čəyq̓-t-ŋ √look_sideways-trns-psv⟧ ☞ čáyəq̓t to be glanced at, looked at sideways by someone. (MJ) {čáyəq̓təŋ cn. *He looked at me sideways.* (AS) | kʷɬníɬ kʷi suʔčáyəq̓təŋs cə swáýqaʔ. *Now the man is being looked at sideways.* (AS)}

čáyəs extinguish (pl). See under: čaʔyásih

čəyətxʷáýqsən ⟦√č<əyə>tx̌ʷ-ay̓=əqsən √gnaw<pl>-ext=nose⟧ ☞ čtx̌ʷáýqsən several shrews. (AB,MJT)

čáyəxʷ ⟦√čəyxʷ √enter⟧ to go inside, come inside, enter. (EPT; MJT; LC; ES; TC; AS,BC) {čáyəxʷ či! *Come in! / Go in!* (MJT; AS,BC; ES; AS) | čáyəxʷ cn. *I'm coming in.* (ES) | ʔənʔá čáyəxʷ. *Come in.* (ES; TC) | hiyáʔ čáyəxʷ. *Go in.* (TC) | čáyəxʷ ʔaʔ cə ʔáʔyəŋ. *Enter the house.* (TC) | ʔənʔá či čáyəxʷ ʔiʔ ʔámət. *Come in and sit down!* (AS,BC) | twawʔáx̌əŋ ʔiʔ kʷɬčáyəxʷ. *He suddenly came in.* (TC) | ɬáčct kʷaʔ; čáyəxʷ ʔaʔ cə ʔáʔiŋ. *It's getting dark; get in the house.* (ES) | čáyəxʷ ʔiʔ sxʷʔiyás či n̓skʷkʷáct. *Come in and be where you can get warm.* (ES) | kʷánənət čáyəxʷ ʔaʔ cə ʔáʔiŋs cə sʔúq̓ʷaʔs. *He ran into his brother's house.* (ES) | čáyəxʷ ʔaʔ cə ʔáʔyəŋs cə nəsʔúq̓ʷaʔ. *My brother went into his house.* (TC) | čáyəxʷ ʔaʔ cə ʔáʔyəŋs cə sʔúq̓ʷaʔs. *He went into his brother's house.* (TC) | čáyəxʷ ʔaʔ cə nəsʔúq̓ʷaʔ ʔaʔ cə nəʔáʔyəŋ. *His brother went into my house.* (TC) | čáyəxʷ cə nəsʔúq̓ʷaʔ ʔaʔ cə nəʔáʔyəŋ. *My brother went into my house.* (TC) | čáyəxʷ ʔaʔ cə nəʔáʔyəŋ cə nəsʔúq̓ʷaʔ. *My brother went into my house.* (TC) | kʷɬŋúsuʔtx ixʷ kʷi kʷi sxʷčáyəxʷs. *She's been into four buildings now.* (MJT) | húʔ cxʷ ʔəcɬtáynxʷ ti n̓sčáyəxʷ ʔiʔ kʷə́ts cə ʔəsxʷsə́wq̓ súɬ. *If you are a person entering, they open the round door.* (MJ) | kʷánənət čáyəxʷ ʔaʔ tə sxʷʔiyás tə q̓ʷəyéʔiš. *He ran in to where they were dancing.* (ES) | níɬ suʔčáyəxʷs ʔiʔ ɬəŋ ʔuʔ pə́q̓. *Then he came in, and he was completely white.* (ES)} VAR: čáyxʷ (ES)

čáyəxʷəŋ ⟦√čəyxʷ-ŋ √enter-mdl⟧ ☞ čáyəxʷ to go inside. (MJ; AS) {čáyəxʷəŋ kʷi kʷə swéʔwəs. *The boy went in.* (AS)}

čáyəxʷtəŋ ⟦√čə<á>yxʷ-txʷ-ŋ √enter<actl>-letcaus-psv⟧ ☞ čixʷán being put inside by someone. {čáyxʷtəŋ kʷi kʷə swéʔwəs. *The boy was put inside.* (AS)}

čáyəxʷtxʷ ⟦√čəyxʷ-txʷ √enter-letcaus⟧ ☞ čáyəxʷ to let someone or something enter, come in. (TC) {čáyəxʷtxʷ či. *Have him come in.* (MJT)}

čəyəx̌ásən boots. See under: čaʔyəx̌ásən

čáyiʔ ⟦√čəy=ay̓ √treebark=wood⟧ fir or cedar tree bark. (LBH; EPT; AB,ICT; TC; AS,BC; ES) {twəwʔəsƛ̓áq̓ʷɬ cə čáyiʔs. *Its bark is still tight on it.* (MJT) | čáyiʔ kʷi t snás. *It's called fir bark.* (NS,JW) | ččáyiʔ u csə n̓sq̓ʷúʔšən? *Does that girl with you have fir bark?* (NS,JW) | suʔƛ̓kʷáts cə čáyiʔ ʔiʔ hiyáʔ ɬeʔɬéʔimstxʷ sq̓áʔwi cə sxʷuʔúŋs húnuc. *He took some bark and went taking them singing circling the crying fire.* (MJ)} VAR: sčéy̓ {ɬə́q̓ʷ cə sčéy̓. *The*

čəyítəŋ *bark peeled off.* (AS)} VAR: čéyiʔ (AS) VAR: čə́yiʔ (LBH)

čəyítəŋ 〚√č<əy>iɬ-ŋ √fall_off<pl>-mdl〛 ☞ číɬəŋ to fall over, fall off (of several). {ʔuʔmán ʔuʔ síqi; **čəyítəŋ** kʷiə sčəyíqʷɬ. *It was so heavy, the fruit fell off.* (AS)}

čə́ypúsəŋ 〚√čəyupʼ=us-ŋ √turn_over=face-mdl〛 ☞ čə́yəpʼəŋ to turn over. {**čə́ypúsəŋ** cn. *I turned over.* (AS)}

čəypútəŋ 〚√čəyupʼ-t-ŋ √turn_over-trns-psv〛 [metathesis with passive] ☞ čə́yəpʼt to be turned over or around by someone or something. (AS) {**čəypútəŋ** cn. *I got rolled over (by the nurse).* (AS,BC) VAR: čəyəpútəŋ (AS,BC) {**čəyəpútəŋ** kʷi kʷə sqáwcɬ. *Our potatoes were turned over.* (AS)} VAR: čəyəpʼtəŋ (AS,BC)

čə́ys extinguish (pl). *See under:* čaʔyásih

čəysúysən 〚√č<əy>suy=sən √nail<pl>=foot〛 ☞ čšúysən toenails. (MJT)

čəyúsc 〚√čiʔy-us-t-c √take_away-rcpnt-trns-1obj/2obj〛 ☞ čəyúst take away from me; take away from you. {**čəyúsc** cn. *I took it away from you.* (AS) | **čəyúsc** u cxʷ? *Did you take it away from me?* (AS)}

čəyúst 〚√čiʔy-us-t √take_away-rcpnt-trns〛 ☞ čéʔyət to take something away from a person. (AS,BC) {**čəyúst** cn. *I took it away from him.* (AS)}

čəyústəŋ 〚√čiʔy-us-t-ŋ √take_away-rcpnt-trns-psv〛 ☞ čəyúst to be taken away from by someone or something. {**čəyústəŋ** st ʔaʔ kʷi sʔíɬənɬ. *They took away our food from us.* (AS)}

čə́yč 〚√čəy<ʔ>č √inside_out<actl>〛 to be inside out. (AS,BC) {xənáɬ ti suʔ**čə́yč**s. *It's always inside out.* (AS)} VAR: čáʔič (AS) {xənáɬ ti suʔ**čáʔič**s. *It's always inside out.* (BC)}

čə́yčt turning it inside out. *See under:* nəxʷčə́yčt

čə́yiʔt take it away. *See under:* čéʔyət

čəyíƛ̕ short. *See under:* čaʔyéʔiƛ̕

čəyítəŋ be taken away. *See under:* čaʔyítəŋ

čə́ypct turning around. *See under:* čáʔipct

čə́ypəŋ 〚√čəy<ʔ>upʼ-ŋ √turn_over<actl>-mdl<actl>〛 ☞ čə́yəpʼəŋ to be turning around, turning over. (AS)

čə́ypt 〚√čəy<ʔ>upʼ-t √turn_over<actl>-trns〛 ☞ čə́yəpʼt to be turning something around or over. (BC) {**čə́ypt** cn cə nskʷúkʷ. *I turned over what I'm cooking.* (AS) VAR: čə́ypʼt {**čə́ypʼt** cn. *I'm turning it around.* (TC)} VAR: čáʔipt (TC) {**čáʔipt** či cə scúɬ. *Turn the wood over.* (AS,BC)}

čə́ypʼtəŋ 〚√čəyupʼ-t-ŋ √turn_over-trns-psv〛 ☞ čəyəpútəŋ being turned over or around by someone or something. {**čə́ypʼtəŋ** tiə sɬənɬáni? ʔɬ čə́yəxʷs ʔaʔ tiə ʔáʔiŋ. *The women are being turned around when they enter the house.* (AS,BC)}

čə́yqəŋ 〚√čəy<ʔ>q̕-ŋ √look_sideways<actl>-mdl<actl>〛 ☞ čə́yəq̕əŋ to be looking sideways, looking around. (MJT)

čə́yqt 〚√čəy<ʔ>q̕-t √look_sideways<actl>-trns〛 ☞ čə́yəq̕əŋ to be peeking, looking at, glancing at out the corner of eyes. {**čə́yqt** cn. *I'm sneaking a peek at it.* (AS,BC) | **čə́yqt** cn cə nŋə́naʔ. *I'm glancing at my child.* (AS,BC)}

čə́yqtəŋ 〚√čəy<ʔ>q̕-t-ŋ √look_sideways<actl>-trns-psv〛 ☞ čə́yqt being looked at, glanced at out the corner of eyes. (AS,BC) {**čə́yqtəŋ** cn. *They snuck a peek at me.* (AS,BC) | **čə́yqtəŋ** cn ʔaʔ cə swə́ʔwəs. *That boy's glancing at me.* (AS,BC)}

čə́yxʷ 〚√čəy<ʔ>xʷ √enter<actl>〛 ☞ čə́yəxʷ to be entering. (LC; HS) {kʷɬiʔ**čə́yxʷ**. *She's going in.* (MJT)}

čiʔicísən 〚√čəyʔ=acis=ən √stick=hand=instr〛 ☞ sčə́yaʔ poker for a fire. (AS) VAR: čiʔicísən (ABT)

čiʔpiʔúʔyəsəŋ 〚√čəyupʼ-iy<ʔ>=uy<ʔ>əs-ŋ<ʔ> √turn_over-dev<actl>=forehead<actl>-mdl<actl>〛 ☞ čipiʔúysəŋ
1. to be rolling over or away. (TC)
2. to be rolling one's eyes. (MJT) VAR: čiʔpiʔúʔisəŋ (EPT; MJT; TC; AS) {kʷə́y̕ cə ʔápəls ʔiʔ **čiʔpiʔúʔisəŋ**. *The apples spilled and rolled away.* (AS)} VAR: čiʔpiʔúʔisəŋ (AS,BC) VAR: čiʔpiʔúysəŋ (MJT)

čiččə́x̌ get stung. *See under:* čiččə́x̌

čičéʔŋəxʷt 〚√ču<y>č-i<ʔ>=ŋixʷ-t √squeeze<pl>-ext=breast<actl>-trns〛 ☞ čəciŋíxʷt to be milking several cows or one cow several times. {níɬ nsuʔ**čičéʔŋəxʷt** ƛ̕ə́kʷt tə milks. *Then I milked it, taking its milk.* (MJ)}

číčt[1] 〚√čičt √ashes〛
1. ashes, coals in a fire. (MJT; ES; TC; AS) {ʔuʔhúy kʷi **číčt** ʔuʔ kʷə́nəxʷ. *There are only ashes to see.* (AS) | ʔáčts ixʷ cə qə́yəŋs ʔaʔ cə **číčt** ʔiyá ʔaʔ cə cáys. *She must have wiped her eyes with the ashes on her hand.* (MJ) | sqás č kʷsi nəsxʷsʔúkʷɬ cə ƛ̕ə́ƛ̕ **číčt** čʔiyá ʔaʔ cə hunucáy. *My step-parent took out the beargrass ashes from the fireplace.* (MJ)}
2. charcoal, coal. (MJT; TC; AS,BC) {níɬ nəsuʔčáʔiʔ yaʔ ʔaʔ cə sxʷʔiyás tiə naʔátəŋ "**číčt**". *Then I worked where they call it "coal".* (TC)} VAR: číč (BC) VAR: číɬt (LBH)

číčt[2] 〚√čič-t √wring-trns〛 to wring, squeeze something. (TC) {**číčt** cn *I wrung it out.* (MJT)}

číčt[3] turn it inside out. *See under:* nəxʷčə́yəčt

čičaʔyíkʷən 〚čy + √čiʔy=iwən pl + √take_away=interior〛 ☞ nəxʷčaʔyíkʷən to be jealous. (MJT)

čičéʔyəxʷ 〚čy + √čə<í><ʔ>yxʷ pl + √enter<pl><actl>〛 ☞ čə́yəxʷ being inside (of several). {ʔiyá tə sƛ̕əyéʔƛ̕qɬ yaʔ **čičéʔyəxʷ**. *The children were there inside.* (MJ)}

čičə́č ⟦čy+√čəč pl+√stuck_between⟧ ☞ čə́č to be stuck in, jammed in, wedged in. (ES; AS,BC; AS) {*čičə́č* cn. *I got jammed in.* (ES)}

čičə́čt ⟦čy+√čəč-t pl+√stuck_between-trns⟧ ☞ čičə́č to jam, wedge several things in. (AS,BC) {*čičə́čt* cn. *I wedged them in.* (AS)}

čičəmčnaʔ ⟦čy+√čəmčnəʔ pl+√ant⟧ ☞ čə́mčnaʔ a lot of ants. {ʔawʔáwə kʷaʔ x̣áyucis; ʔuʔx̣ʷənʔáŋ ʔaʔ či *čičə́mčnaʔ* ʔɬ táčis. *They can't be stopped because they're exactly like ants when they get here.* ✱This was Tim Pysht's description of the xʷanítəm invasion. (AS)

čičixʷás ⟦čy+√čəyx̣-as pl+√enter-ptcaus⟧ ☞ čixʷás to put several inside. {*čičixʷás* či. *Have them come in.* (MJT)}

čičq̓ʷinı́st ⟦čy+√čaq̓ʷ=nis-t pl+√moldy=tooth-trns⟧ ☞ čáq̓ʷ to rot the teeth. (AS) {ʔiʔ ʔuʔnı́ɬ kʷi cə radish *čičq̓ʷinı́st*. *And it was the radish that ruined my teeth.* ⟪AS's grandfather Tim Pysht believed that eating radishes ruined his teeth.⟫ (AS)}

čičq̓ʷnı́stəŋ ⟦čy+√čaq̓ʷ=nis-t-ŋ pl+√moldy=tooth-trns-psv⟧ ☞ čičq̓ʷinı́st to be rotted teeth. (AS,BC) VAR: čičq̓ʷinı́stəŋ (AS)

čix̣aháysən ⟦√čəx̣ə=ay<ʔ>us=ən √hail=eye<actl>=instr⟧ hail, hailstones. (ES) [from an old word for 'stone' with 'eye' suffix (related to Lushootseed čx̣áʔ 'stone')] {sə́tən tə sxʷ*čix̣aháysən*. *It's hailing.* (MJT)} VAR: sxʷčix̣aháysən (MJT) ⟦sxʷ-√čəx̣ə=ay<ʔ>us=ən for-√hail=eye<actl>=instr⟧

čı́nək̓ʷaʔ ⟦√čink̓ʷaʔ √two-headed_snake⟧ two-headed snake, flying lizard spirit monster, dragon, lightning spirit, lightning. (AS,BC; ES; TC) ✱An old woman who stole children and carried them away in a basket on her back (MJT) ✱It turns into a crocodile-like monster when there is lightning or possibly the lightning itself turns into this beast. (ES) ✱When lightning hits the water it turns into a two-headed snake (with a head at each end). When you see this happen you get its power. (ES) ✱When čı́nək̓ʷaʔ licks its lips it makes thunder. (TC) {nuʔnə́sən ʔaʔ tə *čı́nək̓ʷaʔ*. *The lightning spirit got into her.* (MJT) | taʔkʷátəŋ ʔaʔ *čı́nək̓ʷaʔ*. *Lightning (it's lit by čı́nək̓ʷaʔ).* (BG,MJT) | taʔkʷı́ŋəɬ kʷsi *čı́nək̓ʷaʔ*. *It's lightning.* (BG,MJT)}

čı́nuʔ ⟦√činw̓ √bothered⟧ to be bothered (by a sound), weary of, sick and tired (of something), especially of a noise. (TC) {*čı́nuʔ* cn. *I'm sick and tired of them (kids making noise).* (TC) | nəs*čı́nuʔ* cxʷ. *I'm sick and tired of you (asking so many questions).* (TC) | *čı́nuʔ* cn ʔaʔ nə́kʷ. *I'm bothered by you.* (TC) | nəs*čı́nuʔ* cə ʔən̓sqʷáqʷiʔ. *I'm tired of what you're saying.* (TC) | nəs*čı́nuʔ* či n̓sqʷáqʷiʔ. *I'm tired of your talking.* (TC) | nəs*čı́nuʔ* cə ʔəcɬtáyŋxʷ mán̓ ʔuʔ qʷáqʷiʔ. *I'm sick and tired of that person talking too much.* (TC)}

čı́p ⟦√čip √squeeze⟧ to be squeezed, flattened. (AS; AS,BC)

čipəyúsəŋ ⟦√čəyup-iy=us-ŋ √turn_over-dev=face-mdl⟧ ☞ čə́yəp to roll over. (AS,BC) {*čipəyúsəŋ* kʷi kʷsə qʷɬáy̓. *The log rolled over.* (AS,BC)} VAR: čpəyúsəŋ (AS,BC)

čipiʔúysəŋ ⟦√čəyup-iy=uyəs-ŋ √turn_over-dev=forehead-mdl⟧ ☞ čipiʔúʔis to roll. {*čipiʔúysəŋ* ʔiʔ x̣čaʔwíyəŋ. *It rolled underneath.* (MJT)} VAR: čipyúʔisəŋ (AS) {*čipyúʔisəŋ* tiə sx̣ayéʔx̣ɬ. *The children are rolling down (the hill).* (AS)}

čı́pt ⟦√čip-t √squeeze-trns⟧ ☞ čı́p to squeeze (as fruit for juice), flatten something. (MJT; LC; ES; AS,BC; AS) {*čı́pt* cn. *I squeezed it.* (TC; AS,BC) | *čı́pt* cn tə scəyíqʷɬ. *I squeezed the fruit.* (AS) | *čı́pt* cn. *I squeezed it.* (AS)} VAR: čı́pət (MJ)

čı́ptəŋ ⟦√č<í>p-t-ŋ √squeeze<actl>-trns-psv⟧ ☞ čı́pt being squeezed by someone or something. {*čı́ptəŋ* cn. *He's squeezing me.* (AS,BC)}

čipiʔúʔis ⟦√čəyup-iy<ʔ>=uy<ʔ>əs √turn_over-dev<actl>=forehead<actl>⟧ ☞ čə́yəp to roll, roll over. (AS,BCnr; AS) VAR: čipyúʔis (AS)

čı́təŋ fall off. *See under:* čı́ɬəŋ

čixʷáʔəŋ ⟦√čəyx̣-a<ʔə>s-ŋ<ʔ> √enter-ptcaus-psv⟧ ☞ čixʷáŋ being put, taken inside by someone. {*čixʷáʔəŋ* cn. *They're putting me in.* (MJT) | ʔi*čixʷáʔəŋ* ʔaʔ ɬə́qʷəm. *Honey is bringing them in.* (MJT) | x̣ʷənʔáŋ ʔaʔ tiə sxʷ*čixʷáʔəŋ*s ti cars now. *It's like what they're putting cars in now.* (MJ)}

čixʷaʔyéʔč ⟦√čəyx̣-a<ʔ>y=iʔč √enter-ext=hump⟧ ☞ čə́yəxʷ
1. the inside beach of a point of land. (TC)
2. Esquimalt Lagoon. (TC)

čixʷaʔyíwc ⟦√čəyx̣=ay̓=iwc √enter=wood=fire⟧ ☞ čə́yəxʷ to bring in firewood. {ʔúxʷ či *čixʷaʔyíwc* ʔaʔ či scúɬ. *Go bring in some firewood.* (EPT) | *čixʷaʔyíwc* u yaʔ cxʷ? *Did you pack the wood in?* (EPT)}

čixʷáŋ ⟦√čəyx̣-as-ŋ √enter-ptcaus-psv⟧ ☞ čixʷás to be put, taken, brought, let inside by someone,. {*čixʷáŋ* cn. *Someone let me in. / They brought me in.* (ES; AS) | *čixʷáŋ* kʷi kʷə sqáx̣aʔs. *His dog was put inside.* (AS) | *čixʷáŋ* ʔaʔ kʷə sxɬáwtxʷ. *He was put into the hospital.* (ES) | suʔx̣áys qʷánsən *čixʷáŋ*. *He was called in again.* (TC) | *čixʷáŋ* ʔaʔ cə sxɬáwtxʷ. *I was taken into the hospital.* (TC) | nı́ɬ č suʔx̣áys qʷánsən *čixʷáŋ*. *Then he was called inside again.* (TC)} VAR: čixʷə́təŋ VAR: čixʷástəŋ {*čixʷástəŋ* cn. *They put me in. / I was brought in.* (ES; AS)} ⟦√čəyx̣-as-t-ŋ √inside-ptcaus-trns-psv⟧

čixʷáŋə ⟦√čəyx̣-as-ŋə √enter-ptcaus-2obj⟧ ☞ čixʷás bring you in. {*čixʷáŋə* cn. *I brought you in.* (TC) | *čixʷáŋə* caʔ st. *We're going to bring you in.* (TC)}

čixʷáŋət ⟦√čəyx̣-as-ŋ-t √enter-ptcaus-psv-trns⟧ ☞ čə́yəxʷ to bring something inside. (AS) {*čixʷáŋət* cn. *I brought it in.* (ES) | čaʔ*čixʷáŋət* cn cə scúɬ. *I just brought in the wood.* (AS)}

čixʷás ⟦√čəyxʷ-as √enter-ptcaus⟧ ☞ čə́yəxʷ to put, take, bring, let someone or something inside, indoors. (TC; ES; AS; AS,BC) {**čixʷás** cn. *I let him in. / I took it in. / I brought it in.* (ES; TC; AS,BC) | **čixʷás** či. *Bring it in.* (MJT) | **čixʷás** u yaʔ cxʷ? *Did you bring it in? / Did you bring me in?* (TC) | ʔənʔáxʷ **čixʷás**. *Bring it inside.* (HS; MJ) | **čixʷás** cn cə sčúɫ. *I brought in the wood.* (AS) | **čixʷás** ʔaʔ cə ʔáʔyəŋs. *She took him into her house.* (TC) | xíŋts ʔiʔ ččústs ʔiʔ **čixʷás**s ʔaʔ cə ʔáʔyəŋs. *She grabbed him, hugged him, and put him into her house.* (TC) | níɫ kʷaʔčaʔ s**čixʷás**s kʷi ncə́t cə qayúx̣ʼən cə sxʷʔáwəɫ c x̌ʼkʷnáxʷ č qɫ či xʷə́q̓ʷaʔɫ. *Then my father brought in the slug so that we wouldn't get whooping cough.* (MJ)} VAR: čixʷást {**čixʷást** cn. *I brought it in.* (AS,BC) | **čixʷást** cn cə nséʔyaʔ. *I brought my grandmother in.* (AS) | kʷɫ**čixʷást** cn kʷsə məhúy. *I put the basket inside.* (MJT)} VAR: čixʷəst {suʔ**čixʷə́st**s cə q̓áʔŋi. *He took the girl in.* (MJ)}

čixʷayíwc ⟦√čəyxʷ-ay̓=iwc √enter=wood=fire⟧ ☞ čə́yəxʷ to bring in firewood. {**čixʷayíwc** či. *Bring in some wood.* (MJT) | saʔát cn kʷaʔ **čixʷayíwc**s. *I told him to bring in firewood.* (MJT)}

čixʷə́qsən ⟦√čəyxʷ=əqsən √enter=nose⟧ cp. qám̓qəm̓
1. an area inside a spit or point of land. (LB,EWH; LBH) Point Wilson, Fort Worden area. (H)

čixʷəyáʔəwəɫ ⟦√čəyxʷ-iy=əʔəw-ɫ √enter-dev=side-dur⟧ ☞ čə́yəxʷ to be on the inside. {níɫ suʔənʔás nəxʷsəwíŋ ʔaʔ tiə súɫ ʔiʔ tə́s ʔaʔ tə sxʷʔíyaʔs yaʔ kʷə nəsʔúq̓ʷa ʔiʔ čəq sxcaʔyáwtxʷ cə **čixʷəyáʔəwəɫ** ʔaʔ cəq̓əyáx̣ən. *He came along this road and got to where my brother was, and there was a big barn inside the fence.* (ES)} VAR: čixʷaʔáwəɫ (TC,AS,BC) {**čixʷaʔáwəɫ** caʔn. *I'll be on the inside.* (TC)} VAR: čxʷaʔáwəɫ (AS) {**čxʷaʔáwəɫ** cn ʔaʔéɫxʷaʔ. *I'm inside Elwha.* (TC)} VAR: čixʷáwəɫ (AS,BC) VAR: čixʷəyáʔwəɫ {**čixʷəyáʔwəɫ** kʷsə músmus. *The cow was inside (the fence).* (AS)}

čixʷəyéʔč ⟦√čəyxʷ=əʔyiʔč √enter=point_side⟧ Kilisut Harbor, Scow Bay. (LBH)

čixʷə́yuʔ ⟦√čəyxʷ=əyu √enter-activ⟧ ☞ čə́yəxʷ to be taking or bringing inside. (ES) {kʷɫníɫ kʷi suʔ**čixʷə́yuʔ**s ʔaʔ tə sčúɫ. *Now he's bringing the wood inside.* (AS)} VAR: čxʷə́yuʔ (ES)

čixʷícən ⟦√čəyxʷ=icən √enter=back⟧ ⟨⟨protected harbor⟩⟩ ☞ čə́yəxʷ Port Angeles, Washington, the town and harbor; the traditional Klallam village at the base of the spit in Port Angeles. (EWH; ES; TC; AS; AS,BC) ⟨⟨Usage: Today some people use this to refer to the city of Port Angeles as a whole. Others use /ʔiʔínəs/.⟩⟩ (ES) {čšaʔ**čixʷícən**. *She went from Port Angeles.* (ES; TC) | x̌aʔ**čixʷícən** cn. *I went to Port Angeles.* (ES) | ɫúyəs cn cə nəsqáx̣aʔ ʔiyá ʔaʔ**čixʷícən**. *I left my dog in Port Angeles.* (TC) | máːn̓ yáʔ ʔuʔ ŋə́n̓ ʔəcɫtáynəxʷ ʔaʔ**čixʷícən**. *There were very many Indians at čixʷícən.* (ES) | ŋə́n̓ kʷi scaʔmúɫən ʔaʔ **čixʷícən**. *There were many skeletons at čixʷícən.* (AS)} VAR: čxʷícən (ICT; AS,BC; ES) {x̌aʔ**čxʷícən** caʔ st. *We're going to Port Angeles.* (AS,BC) | x̌aʔ**čixʷícən** cn. *I went to Port Angeles.* (ES; TC) | hiyáʔ cn x̌aʔ**čxʷícən**. *I'm going to Port Angeles.* (TC) | x̌aʔ**čxʷícən** u cxʷ? *Are you going to Port Angeles?* (TC) | xʷə́ŋ cn ʔiʔ ʔúxʷ ʔaʔ**čxʷícən**. *I can go to Port Angeles.* (TC) | ʔáwənə nəkʷɫx̌aʔ**čxʷícən**. *I've got nobody to go with me to Port Angeles.* (TC)}

čixʷíkʷən insides. See under: sxʷčixʷíkʷən

čixʷístxʷ ⟦√čəyxʷ-istxʷ √enter-caus⟧ ☞ čə́yəxʷ to bring or take something inside. (TC) {ʔənʔá či **čixʷístxʷ**. *Come bring it in.* (AS)} VAR: čxʷístxʷ {ʔənʔá či **čxʷístxʷ** cə nŋə́naʔ. *Bring you child inside.* (AS)}

čixʷnás ⟦√čəyxʷ-nəs √enter-intent⟧ ☞ čə́yəxʷ to go in, barged in on someone. {**čixʷnás** cn. *I barged in on him.* (TC)}

čixʷnáxʷ ⟦√čəyxʷ-naxʷ √enter-nctrns⟧ ☞ čə́yəxʷ to manage to take something or someone in. {**čixʷnáxʷ** cn. *I managed to get it in.* (TC)}

čixʷnúŋə[1] ⟦√čəyxʷ-nəs-uŋə √enter-intent-1obj/2obj⟧ ☞ čixʷnás go in on me; go in on you. {**čixʷnúŋə** cxʷ. *You barged in on me.* (TC) | **čixʷnúŋə** cn. *I barged in on you.* (TC)}

čixʷnúŋə[2] ⟦√čəyxʷ-naxʷ-uŋə √enter-nctrns-1obj/2obj⟧ ☞ čixʷnáxʷ manage to get me in; manage to get you in. {**čixʷnúŋə** cn. *I managed to get you in.* (TC) | **čixʷnúŋə** cxʷ. *You managed to get me in.* (TC)} VAR: čixʷŋíŋə {**čixʷŋíŋə** cn. *I got you in.* (TC)}

čixʷnúŋəc ⟦√čəyxʷ-naxʷ-uŋəc √enter-nctrns-1obj⟧ ☞ čixʷnáxʷ manage to get me in. {**čixʷnúŋəc** cn. *I managed to get you in.* (TC)}

čixʷnúŋət ⟦√čəyxʷ-nuŋt √enter-ncmdl⟧ ☞ čə́yəxʷ to finally manage to get inside, make it in. (ES) {**čixʷnúŋət** cn. *I made it in.* (ES) | ʔiʔ níɫ suʔ**čixʷnúŋət**s. *He finally got inside.* (ES) | ʔiʔ níɫ suʔ**čixʷnúŋət**s ʔiʔ x̌kʷə́ts cə sčə́saʔqʷs ʔiʔ tə kapús. *He got back inside and took his hat and coat.* (ES)} VAR: čixʷənúŋət (ES; MJ)

čixʷtáŋ ⟦√čəyxʷ-tax-ŋ √enter-inancaus-psv⟧ ☞ čixʷtáxʷ to be brought inside by someone or something. {**čixʷtáŋ** ʔaʔ tiə nəʔáʔyəŋ. *It was brought into my house.* (RSh) | **čixʷtáŋ** tə ləpláš. *A board was brought in.* (MJ)}

čixʷtástxʷ ⟦√čəyxʷ-tastxʷ √enter-dirtrns⟧ ☞ čə́yəxʷ Stem: čixʷtást [stem for subject suffixes] to bring something inside to (someone). {**čixʷtásts** cə kʷúʔət. *She brought the cattail inside to her.* (MJ)}

čixʷtáxʷ ⟦√čəyxʷ-tax √enter-inancaus⟧ ☞ čə́yəxʷ Stem: čixʷtá [stem for subject suffixes] to bring something inside. {ŋút cn kʷi tə **čxʷtás**. *I ate what she brought in.* (MJT)}

číx̣əŋ bitter. See under: číx̣əŋ

číx̣əŋtxʷ bitter. *See under:* číx̣əŋtxʷ

čiyaʔčíłč ⟦√čəy=ayʼ=iłč √treebark=wood=plant⟧ ☞ čə́yiʔ fir tree. (LB,CWH; AB,ICT)

čiyaʔčə́mčəna? ants. *See under:* čaʔyaʔčə́məčəna?

čiyaʔméʔqʷ ⟦√č<iy>aʔm=iʔqʷ √greatgrandparent/child<pl>=head⟧ [analysis uncertain] ☞ čáʔmaʔqʷ great-grandparents, great-grandchildren. (EPT; MJT) {níɬ yaʔ sqʷáys kʷi *čiyaʔméʔqʷ*ɬ yaʔ sčiʔúʔisɬ. That was the word of our great-grandparents, our ancestors. (ES)} VAR: čiyáʔməqʷ (AS,BC) VAR: čəyaʔméʔqʷ (AS,BC)

čiyaʔyéʔwən envious. *See under:* nəxʷčiyaʔyéʔwən

čiyaʔyúməčəŋ bracelets. *See under:* čiyúʔməčəŋ

čiyéʔəx̣ ⟦√č<iy>iʔəx̣ √pitch<pl>⟧ ☞ čéʔəx̣ a lot of pitch, gum. (MJT)

čiyə́nəkʷs ⟦√č<iy>ənkʷs √step_sibling<pl>⟧ ☞ čə́nkʷs several step-siblings. (MJT)

čiyúwi ⟦√čyuwy √twin⟧ to be a twin. (ES; AS,BC) ✱Twins are considered to have good healing power. {*čiyúwi* cn. I'm a twin. (ES)} VAR: čiyə́wi (AS) VAR: čiyúʔwi (BC) VAR: sčyúwyə (EPT) VAR: sčyúwi (EPT) VAR: čiyúya? (MJT) {ʔə́yʼ stáyŋəxʷ ti *čiyúya?* ʔəɬ x̌ʼkʷə́təŋəxʷ; x̣ənáɬ ti suʔɬáws. Twins are good medicine when the take hold of you; they always get better. (MJT) | ʔə́yʼ cxʷ kʷi ʔəɬ ɬə́məxʷtəŋ ʔaʔ ti *čiyúya?*; ɬáwʼ cxʷ. It's good for you to be rubbed by twins; you get well. (MJT)}

čiyaʔítəŋ be taken away. *See under:* čaʔyítəŋ

čiyáʔyət ⟦√či<ʔyə>ʔy-t √take_away<pl>-trns⟧ ☞ čéʔyət to be taking (something) away from someone. {*čiyáʔyət* cn. I'm taking it away from him. (ES)} VAR: čiyáʔit (AS)

čkʷáx̣ən ⟦√čkʷəx̣=ən √fry=instr⟧ ☞ čkʷáx̣t frying pan, skillet, fryer. (ES; TC) {k̓ʷsács cn ʔaʔ cə čə́q čkʷáx̣ən. I burned my hand on the big frying pan. (TC)} VAR: čkʷáx̣ən (AS,BC)

čkʷáx̣əŋ ⟦√čkʷəx̣-ŋ √fry-mdl⟧ to fry. (AS,BC) VAR: čkʷáx̣əŋ (BC) {*čkʷáx̣əŋ* cn cə. I fried it. (AS)}

čkʷáx̣t ⟦√čkʷəx̣-t √fry-trns⟧ ☞ čkʷáx̣əŋ
1. to fry something. (ES; AS,BC) {*čkʷáx̣t* cn. I fried it. (MJT) | x̌ʼkʷə́t cə stáʔčəŋ ʔiʔ *čkʷáx̣t*. Take the wolf and fry it. (MJ)}
2. fry-bread, anything fried. (ES) VAR: čkʷáx̣t {*čkʷáx̣t* cn. I fried it. (AS; BC)}

čkʷíx̣əŋ ⟦√čkʷə<í>x̣-ŋ √fry<pers>-mdl⟧ ☞ čkʷáx̣əŋ to get fried, badly burned, scorched. {huʔ*čkʷíx̣əŋ* She got burned (when she touched the stove with her arm). (MJT)}

čpəyúsəŋ roll over. *See under:* čipəyúsəŋ

čpíŋəɬ ⟦√čip-iŋ<ʼ>əɬ √squeeze-cstm<actl>⟧ ☞ číp to squeeze (customarily). (AS) {hiyáʼ kʷi kʷɬə nséʔyaʔ *čpíŋəɬ* ʔaʔ kʷi scəyíqʷɬ. My grandmother went to squeeze the fruit. (AS)}

čpítəŋ ⟦√čip-t-ŋ √squeeze-trns-psv⟧ [metathesis with passive] ☞ čípt to be squeezed by something or someone. (MJT; ES) {*čpítəŋ* cn. They squeezed me. (ES)}

čpaʔyúsəŋ blinking. *See under:* čaʔpayúsəŋ

čpáysəŋ ⟦√čip=ayus-ŋ √squeeze=eye-mdl⟧ ☞ číp to blink, close both eyes. (MJT) {*čpáysəŋ* cn. I blinked. (MJT)}

čpə́yu squeeze. *See under:* čəpə́yu

čpisə́ŋət ⟦√čip=ayus-ŋ-t √squeeze=eye-mdl-trns⟧ ☞ čpáysəŋ to wink at someone. {*čpisə́ŋət* cn. I winked at him. (MJT) | ʔáwə c *čpisə́ŋət*. Don't wink at him. (MJT)}

čpisə́ŋətəŋ be winked at. *See under:* čaʔpayústəŋ

čq̓ə́t ⟦√čq̓-t √surprised-trns⟧ ☞ čə́q̓ to surprise someone. {*čq̓ə́t* cn. I surprised him. (MJT; ES) | ssáct caʔn ʔiʔ *čq̓ə́t*. I'm going to sneak around and surprise him. (MJT)}

čsát extinguish it. *See under:* část

čsátəŋ ⟦√čas-t-ŋ √extinguish-trns-psv⟧ [metathesis with passive] ☞ část to be extinguished, put out (of a light or fire) by someone or something. (AS) {*čsátəŋ* tə šúnuc. The fire was put out. (MJ)}

čsnú? ⟦√čsnu? √bulb⟧ a type of bulb. (EWH)

čsát extinguish it. *See under:* část

čšáyʼ ⟦√čš=ayʼ √?=wood⟧ [perhaps related to a word meaning 'repellent'] cp. čúsəŋ white pine, white fir. (LB,CWH) ⟪The Saanich cognate means 'Douglas fir'.⟫

čšéʔi kingfisher. *See under:* čšə́yʼ

čšéy kingfisher. *See under:* čšə́yʼ

čšéyʼ kingfisher. *See under:* čšə́yʼ

čšə́p ⟦√čšəp √deflate⟧ to deflate, go down (of something inflated or swollen). (AS) {*čšə́p* cə balloon. The balloon deflated. (AS,BC) | *čšə́p* cə spúsəŋ. The boil went down. (AS,BC)}

čšə́pi ⟦√čšəp-iy √deflate-dev⟧ ☞ čšə́p to be deflated, flat after swelling has gone down. {*čšə́pi* kʷə. It's flat, the swelling has gone down. (EPT)}

čšə́pt ⟦√čšəp-t √deflate-trns⟧ ☞ čšə́p to deflate, remove the air from something. {*čšə́pt* cn. I deflated it. (AS,BC) | *čšə́pt* cn cə snóxʷɬ. I deflated the raft. (AS,BC)}

čšə́ptəŋ ⟦√čšəp-t-ŋ √deflate-trns-psv⟧ ☞ čšə́pt to be deflated by someone or something. {*čšə́ptəŋ* cn ʔaʔ kʷi nəskʷə́nnəxʷ. He squeezed all the air out of me when he saw me. (AS,BC)}

čšə́yʼ ⟦√čšəyʼ √kingfisher⟧ kingfisher. *Megaceryle alcyon*. (ES) VAR: čšə́y (AS,BC) VAR: čšə́yi (AB,ICT; AS,BC; BC) VAR: čšə́yʼiʔ (AS,BC) VAR: čšéy (AS) VAR: čeʔi (BC) VAR: čšéʔi (BC)

čšúycs ⟦√čsuy=acis √nail=hand⟧ fingernail. (EPT; MJT; ES; TC) VAR: sčšúycs (EPT) VAR: čšúycs {ɬə́ʔct cn tiə nə*čšúycs*. I'm cutting my fingernails. (MJT)} VAR: čšúyc (LBH)

čšúysən ⟦√čsuy=sən √nail=foot⟧ toenail. (MJT; ES; TCTC; AS) {łčsánt či tsə nəčšúysən. *Cut my toenails.* (MJT)} VAR: sčšúysən (EPT) ⟦s-√čsuy=sən s-√nail=foot⟧

čtə́ŋ ⟦√čtə-ŋ √crawl-mdl⟧ to crawl. (LC; ES; TC) {čtə́ŋ kʷaʔ sqíyŋ. *He crawled outside.* (ES) | čtə́ŋ ʔúxʷ ʔaʔ kʷsə súł. *He crawled over to the door.* (EPT) | čtə́ŋ či. *Crawl now.* (MJT) | hiyáʔ čtə́ŋ ʔiʔ tə́s ʔaʔ tə súł. *He went crawling and got to the road.* (MJ) | níł suʔúxʷs kʷə nəsíyaʔ ʔaʔ tə sčtə́ŋxʷən ʔiʔčtə́ŋ. *Then my grandfather crawled over to the land.* (MJ) | ʔəsnát č sxʷxčŋíns ʔaʔ či sčtə́ŋs kʷłiʔƛ̓iyáʔts či súł. *At night she thought she would crawl to find a path.* (MJ) | suʔə́məts ʔaʔ či ʔəsnát ʔiʔ čtə́ŋ. *So she got up at night and crawled.* (MJ)}

čtxʷáy̓qsən ⟦√čtxʷ-ay̓=əqsən √gnaw-ext=nose⟧ shrew. *Sorex spp.* (AB,MJT; AB,ICTnr; AS)

čłə́t ⟦√čł-t √put_away-trns⟧ to put something away, stow something (in a small space or between two things). (AS) {čłə́t či. *Put it away.* (MJT) | čłə́t cn cə nqʷcáyəsən. *I put away my cane (between the door and something else).* (AS)}

čúʔis ⟦√čuʔys √not_want⟧ [This may have the root √čus, but the morphology is obscure.] *cp.* čúsəŋ to dislike, not want. (AS) {čúʔis cn. *I dislike it.* (AS) | xənʔáł ti suʔčúʔiss cə xʷanítəm. *The white man always dislikes it.* (AS)}

čúʔpt ⟦√ču<ʔ>p-t √squeeze<actl>-trns⟧ ☞ čúpt to be squeezing something. (AS) {xənʔáł ti suʔčúʔpts cə ŋaʔŋáʔnaʔ. *She's always squeezing the baby.* (AS)}

čúʔsəŋ ⟦√ču<ʔ>s-ŋ<ˀ> √displeased<actl>-mdl<actl>⟧ ☞ čúsəŋ feeling mildly displeased (with something or someone), repelled, disgusted (with something or someone's behavior), offended (by someone's behavior). (ES; AS,BC,ES) {čúʔsəŋ cn. *I don't like that. / I find it distasteful.* (ES; AS) | čúʔsəŋ cn ʔaʔ tə kapú. *I don't like that coat.* (AS) | čúʔsəŋ cn ʔaʔ cə swéʔwəs. *The boy doesn't fit my standards.* (AS) | mán̓ ʔu čúʔsəŋ kʷłə słáni?. *The woman found it distasteful* (AS)}

čúč ⟦√čuč √squeeze⟧ to be squeezed, especially to get juice or other liquid. (AS) {čúč yaʔ kʷi kʷə ʔápəls. *The apples were juiced.* (AS) | čúč tiə ŋə́n̓ scəyíqʷł. *A lot of fruit was juiced.* (AS)}

čúčst ⟦√č<ú>č-us-t √squeeze-rcpnt-trns⟧ [actual stress shift] ☞ ččúst to be hugging someone or something. (ES) {čúčst cn. *I'm hugging him.* (AS) | xənʔáł ti suʔčúčsts. *They're always hugging.* (AS)}

čúčt ⟦√čuč-t √squeeze-trns⟧ ☞ čúč to squeeze something or someone. (BC) {čúčt cn cə nƛ̓ə́qšən. *I squeezed my shoe.* (AS)}

čučáxən common scoter. *See under:* čəwaʔčáxən

čúčł ⟦√čučł √cedar_rope⟧ rope made of cedar limbs. (AB,MJT)

čúk̓ʷiʔ ⟦√čuk̓ʷiʔ √skunk_cabbage⟧ skunk cabbage. *Lysichitum americanum.* (MJT; AS) VAR: čáʔk̓ʷi (BC) VAR: sčúk̓ʷiʔ {ʔáwə c ʔiʔáyəqč ʔəł ʔéʔłəns ʔaʔ ti *sčúk̓ʷiʔ.* *It doesn't taste good to eat skunk cabbage.* (MJT)}

čúpt ⟦√čup-t √squeeze-trns⟧ to squeeze something. (BC; AS) {čúpt cn. *I squeezed it.* (AS)}

čúsəŋ ⟦√čus-ŋ √displeased-mdl⟧ to be mildly displeased by dirt or anything disliked, repellent, no good, feel that something is not good enough for one, feel mildly offended at someone's behavior. (LC; AS,BC) {čúsəŋ cn. *I don't like it; it's bad.* (MJT) | čúsəŋ cn ʔaʔ tə swéʔwəs. *I don't like the boy.* (AS) | kʷłníł kʷi suʔčúsəŋs cə q̓áʔŋi ʔaʔ kʷi stáčis. *The girl didn't like it when she got there.* (AS)}

čuwaʔčáxən common scoter. *See under:* čəwaʔčáxən

čxʷaʔáwəł on the inside. *See under:* čixʷəyáʔəwəł

čxʷaʔwíyəŋ ⟦√čəyxʷ=əʔəw-iy-ŋ √enter=side-dev-mdl⟧ ☞ čə́yəxʷ to go on the inside. (TC) VAR: čxʷaʔwíyəŋ {kʷłníł kʷi nsuʔčxʷaʔwíyəŋ. *Now I'm going inside.* (AS) | čxʷaʔwíyəŋ cn ʔaʔ cə q̓əyáxən. *I went inside the fence.* (AS)}

čxʷə́yuʔ enter. *See under:* čixʷə́yuʔ

čxʷícən Port Angeles. *See under:* čixʷícən

čxʷístxʷ bring it in. *See under:* čixʷístxʷ

čx̣ásən boot. *See under:* čaʔxásən

čx̣áyč stinging nettle. *See under:* ččx̣áłč

čx̣áyłč stinging nettle. *See under:* ččx̣áłč

čx̣éʔyəs ⟦√čxeʔys √Chehalis⟧ Chehalis Tribe. (AS,BC) VAR: čx̣éʔləš (AS,BC) VAR: čx̣éʔləs (AS) {čʔiyá ʔaʔ kʷi *čx̣éʔləs.* *That person is from Chehalis.* (AS)}

díli ⟦√díli √Adeline⟧ nickname of AS before she started school. ✳AS had no name until she started school, only a nickname, Dili, her brother's pronunciation of 'dolly'. She got 'Adeline Evelyn' when she registered for school. (AS) VAR: tíli (HS)

féʔšən̓ ⟦√fi<ʔ>šn<ˀ> √fish<actl>⟧ to be fishing from a fixed point on land with a rod and reel (white man's style of fishing). (TC) [from English 'fishing'] {ʔuʔféʔšən̓ cn kʷaʔčaʔ. *So I was fishing.* (TC) | suʔiyáł ti suʔféʔšən̓, ƛ̓áʔcuʔ. *So we were there fishing, trolling.* (TC) | néʔ cə xʷiyanítəm ʔiyá cə sŋiyánt c sféʔšən̓s. *There were white men there on the rocks fishing.* (TC) | twawʔféʔšən̓ kʷaʔčaʔ cawnáʔił xʷiyanítəm. *Those white men were still fishing.* (TC)}

əq wish. *See under:* iq

əqł hypothetical. *See under:* q

əw quest. *See under:* u

h

haʔčáy̓ŋən ⟦√hu<ʔ>y-ay̓ŋən √finish<actl>-want⟧. ☞ həčáyŋən to be relaxing, pausing, taking break,. {*haʔčáy̓ŋən* st. *We're taking a break.* (AS) | níɬ ʔuʔ *haʔčáy̓ŋən* ʔəɬ ɬə́məxʷs. *They're pausing while it rains.* (AS)} VAR: ʔaʔčáy̓ŋət {*ʔaʔčáy̓ŋət* yaʔ kʷi kʷə ʔaʔyəcɬtáyŋxʷ; mán č ʔuʔ xáƛ̓. *The people pausing; it was too windy.* (AS)}

haʔčúct ⟦√hu<ʔ>y-cut √finish<actl>-rflxv⟧ ☞ húy to be forming, coming into shape. {hiʔ*haʔčúct* tə skʷáqəŋ. *It's forming a flower.* (MJT) | *haʔčúct* cə sqiyáyŋxʷ. *The tree is shaping up.* (AS) | *haʔčúct* cə swétə. *The sweater is shaping up.* (AS)} VAR: ʔaʔčúct (AS)

háʔəw ⟦√haʔw √away⟧ to be away, gone, not home, on vacation. {híc caʔ či nəs*háʔəw*. *I'll be away a long time.* (ES)} VAR: háʔu (ES) {*háʔu* cn. *I'm away from home.* (AB,ICT; NS,JW; TC) | *háʔu* caʔ kʷiʔə nəcə́t. *My father will be away.* (AA)} VAR: háʔwə (ES) {*háʔwə* cn. *I'm away from home.* (TC) | *háʔwə* caʔn. *I'm going to be away.* (TC) | híc caʔ či nəs*háʔwə*. *I'm going to be away a long time.* (TC) | ʔuʔxə́"n̓ tə swə́y̓qaʔ ʔuʔ *háʔwə*. *All the men were away.* (MJ) | ʔáwə caʔ c híc či nəs*háʔwə*. *I'm not going to be away for a long time.* (TC)} VAR: háʔəwə (ES) {*háʔəwə* cn. *I'm not home.* (ES) | *háʔəwə* kʷaʔ. *They're gone (on a trip).* (ES) | kʷɬhíc kʷə nəs*háʔəwə*. *I was away for a long time.* (TC) | ʔuʔ*háʔəw* cə cə́ʔct. *The parent was away.* (MJ)}

háʔəw̓ ⟦√haʔw<ʔ> √away<actl>⟧ ☞ háʔəw being away, gone, not home, on vacation. {*háʔəw̓* kʷaʔ. *They're gone (on a trip).* (ES) | čə́saʔ yaʔ skʷáči kʷ s*háʔəw̓*əs. *He was away for two days.* (TC) | *háʔəw̓* kʷaʔ kʷəsə nʔíŋəc. *My grandson is away.* (EPT)}

háʔəy̓č youngest. *See under:* ʔuʔúy̓č

haʔháʔli ⟦haʔ+√ha<ʔ>li dim+√Harry<dim>⟧ man's name; personal name of Harry Grayton. ⟪Usage: This is not a traditional name. The old folks couldn't pronounce 'Harry', so they called him this.⟫ [from English 'Harry'] {*haʔháʔli* cn. *I'm Harry.* (MJT) | ʔiʔ uʔə́c kʷi *haʔháʔli*. *But it's me, Harry.* (MJ) | hiyá̓ cn ʔaʔ kʷi ncə́t ʔiʔ táči *haʔháʔli*. *I went to my father's, and Harry arrived.* (MJ)}

haʔháʔnəc ⟦haʔ+√haʔn-t-c actl+√thank-trns-1obj/2obj⟧ ☞ haʔháʔnət thanking me; thanking you. {*haʔháʔnəc* cn hay̓ə. *I'm thanking (both of) you.* (MJT)} VAR: háhaʔnəc {*háhaʔnəc* cn. *I thank you.* (ES)}

haʔháʔnən̓ ⟦haʔ+√hə<ʔ>nn̓ dim+√humpback_salmon<dim>⟧ ☞ hə́nən̓ small humpback salmon. (ES) VAR: haʔhə́nn̓ (AS,BC)

haʔháʔnət ⟦haʔ+√haʔn-t actl+√thank-trns⟧ ☞ háʔnəŋ to be thanking someone. {*haʔháʔnət* cn. *I'm thanking him.* (AS) | kʷɬnít kʷi nsuʔ*haʔháʔnət*. *Well, I thanked him.* (AS)} VAR: haʔháʔnt (AS)

haʔhəmú ⟦haʔ+√hm̓u dim+√pigeon⟧ ☞ həmú small pigeon. (ES)

haʔhúʔəy̓ alone. *See under:* huʔhúʔi

haʔhúʔpt small deer. *See under:* huʔhúʔpt

háʔkʷiyaʔqʷ ⟦√həʔkʷ-iy=iʔqʷ √greatgreatgrandparent/child-ext=head⟧ great-great-grandparent; great-great-grandchild. (ES; AS,BC; AS) *cp.* cə́ɬpiyaʔqʷ VAR: həqʷiyaʔqʷ (ABT) VAR: ʔə́kʷiyaʔqʷ (EPT) VAR: hə́kʷiyaʔqʷ (MJT) VAR: hə́kʷiyəqʷ (LB,CWH; AS,BC)

háʔkʷ remember. *See under:* hákʷ

háʔɬ ⟦√haʔɬ √good⟧ to be good. (MJTB; TC; AS,HS; ES,TC) ✱This word for 'good' is reserved for special situations. This is not the usual word for 'good'. This word for 'good' was used more at Jamestown. HS's mother (from Jamestown) used it all the time. (ES) ✱A high word used especially by elders when giving advice. It is used when preaching in the Shaker church. (TC) *cp.* ʔə́y̓ {*háʔɬ* nəxčnín. *My thoughts are good. / My mind is a peace.* (TC) | tiə *háʔɬ* ttáʔwiʔ skʷənán̓əɬ ʔəʔ cícɬsiʔám. *This good bright power of the Lord.* (BH) | mán cxʷ ʔuʔ *háʔɬ*. *You're very good.* (MJT) | *háʔɬ* skʷáči ʔaʔ tiə ʔáynəkʷ. *It's a good day today.* (HS,TC) | ʔuʔ*háʔɬ* cn. *I'm well.* (TC) | ʔuʔmán cn ʔuʔ čə́q̓ ʔaʔ tə ns*háʔɬ*. *I'm very amazed by your goodness (first line of "Amazing Grace").* (AS,BC)}

haʔmə́yu ⟦√hə<ʔ>m-əyu<ʔ> √hammer<actl>-activ<actl>⟧ ☞ hə́mən to be hammering. (HS,ES)

haʔnáʔtəŋ ⟦√haʔn<ʔ>-t-ŋ √thank<actl>-trns-psv⟧ [metathesis with passive] ☞ háʔnəŋ being thanked by someone. {*haʔnaʔtəŋ* cn. *He's thanking me.* (TC)}

háʔnəc ⟦√haʔn-t-c √thank-trns-1obj/2obj⟧ ☞ háʔnət thank, be good to me; thank, be good to you. (TC) {*háʔnəc* cn. *I thank you.* (TC) | *háʔnəc* cn nəkʷáyaʔ. *I thank you (to someone younger than me).* (MJT) | nít kʷaʔčaʔ nəsxʷ*háʔnəc*. *Then, therefore, I thank you.* (TC) | nít kʷaʔčaʔ nsxʷ*háʔnəc* ʔuʔx̌ə́nə. *So I thank you all.* (TC)}

háʔnəŋ ⟦√haʔn-ŋ √thank-mdl⟧ [This may be related to a word for 'good' and looks like a non-control passive, but transitive forms indicate that the root is as shown.] *cp.* háʔɬ *cp.* háʔnət to be grateful, thankful. (ES; TC) ✱In formal expression of thanks, a particular gesture of the arms and hands is more important than the words. In this gesture the elbows are at one's sides while the forearms are raised in parallel with open hands, palm up. The hands are then, sometimes, moved slightly up and down a few times. This gesture may be done with one hand if the other is holding a gift.

Sometimes the gesture is accompanied by the utterance of "ó, ó, ó, ó". (ES) {*háʔnəŋ* cn. *Thank you.* (AS,BC; TC) | ƛ́áy cn ʔuʔ *háʔnəŋ*. *You're welcome (I am also grateful).* (TC)} ⟪USAGE: Use this in reply to /háʔnəŋ cn/.⟫ {*háʔnəŋ* caʔn. *I'm going to thank them.* (ES) | mán cn ʔuʔ *háʔnəŋ*. *Thank you very much.* (TC; BC) | *háʔnəŋ* cn ʔaʔ ti n̓sʔáɬa. *Thank you for being here.* (AS,BC) | *háʔnəŋ* cn ʔaʔ cə ʔən̓sʔə́ŋaʔc. *Thank you for what you give me.* (TC) | *háʔnəŋ* cn ʔaʔ tiʔə ʔən̓sʔə́ŋaʔc. *Thank you for this that you gave me.* (TC) | *háʔnəŋ* cn ʔaʔ cə ʔə́y̓ n̓sʔíɬən. *Thank you for the good food.* (TC) | *háʔnəŋ* cn kʷaʔčaʔ txʷʔúxʷ ʔaʔ nə́kʷə ʔiʔ háʔnəŋ cn kʷitxʷʔúxʷ ʔaʔ cə xʷanítəm táči skʷáʔs cəniɬ sqʷáqʷi, sqʷáqʷi məšín čəʔúʔwəsɬ ʔaʔ tiə ʔáynəkʷ. *Thank you to you, and thank you to the white man who got here who owns the recorder we are using today.* (BH) | *háʔnəŋ* cn ʔaʔ tə n̓sʔənʔá. *Thank you for coming.* (ES; AS,BC) | *háʔnəŋ* cn ʔaʔ či nəsʔiʔánkʷs. *Thank you for making me brave.* (TC,AS,BC) | *háʔnəŋ* cn kʷaʔčaʔ siʔám̓ nəsx̌əyéʔx̌qɬ ʔaʔ t n̓suʔyaʔyánəŋ ʔaʔ tiə nəsqʷáy. *Thank you my dear children for listening to my words.* (TC)}

háʔnəŋ skʷáči [√haʔn-ŋ ʔs-√kʷayiy √thank-mdl stat-√day] ☞ háʔnəŋ ☞ skʷáči Thanksgiving Day. (AS,BC)

háʔnət [√haʔn-t √thank-trns] ☞ háʔnəŋ to thank someone. (TC; ES) {ʔuʔ*háʔnət* u cxʷ? *Did you thank him?* (AS,HS,TC; ES) | *háʔnət* cn. *I thanked him.* (TC) | *háʔnət* cn cə q̓ɬúməčən. *I thank the blackfish.* (TC,AS,BC)}

háʔnətəŋ [√haʔn-t-ŋ √thank-trns-psv] ☞ háʔnət to be thanked by someone. {*háʔnətəŋ* cn. *They thanked me.* (ES)}

háʔnəxʷ [√haʔn-naxʷ √thank-nctrns] ☞ háʔnəŋ to get to thank someone. (AS,BC) {*háʔnəxʷ* cn. *I got to thank him.* (AS,BC; BC)}

haʔníčc [√ha<ʔ>nič-t-c √discuss<actl>-trns-1obj/2obj] ☞ haʔníčt discussing me; discussing you. {*haʔníčc* u cxʷ? *Are you talking about me?* (ES) | *haʔníčc* u yaʔ cxʷ? *Did you talk about me?* (ES)}

haʔníčəŋ [√ha<ʔ>nič-ŋ<ˀ> √discuss<actl>-mdl<actl>] [rightward stress shift actual] [This word cannot have a singular subject.] to be discussing, having a discussion, talking things over in public, having a meeting, having a conversation. (ES; TC,AS,BC; TC) ☞ hánəčəŋ {*haʔníčəŋ* st. *We are having a discussion (said to someone else).* (ES; TC,AS,BC) | ʔiyáʔnəs či *haʔníčəŋ*. *He heard people talking.* (ES) | sɬə́ŋəct ʔaʔ či n̓s*haʔníčəŋ*. *Proceed with your discussion.* (ES)} VAR: haʔníčəŋ (AS,BC; AS) {*haʔníčəŋ* kʷi kʷə čpə́šct. *The people from Pysht were having a discussion.* (AS) | stáŋ cxʷ ʔaʔ či n̓s*haʔníčəŋ*? *What are you talking about?* (ES)}

haʔníčt [√ha<ʔ>nič-t √discuss<actl>-trns] ☞ haʔníčəŋ to be discussing something or someone. {*haʔníčt* u yaʔ cxʷ? *Did you talk it over?* (ES)}

haʔníčtəŋ [√ha<ʔ>nič-t-ŋ √discuss<actl>-trns-psv] ☞ haʔníčt being discussed, talked over. (ES; AS,BC) {húy kʷəʔ čə n̓s*haʔníčtəŋ*. *your meeting is over.* (ES) | *haʔníčtəŋ* cn. *They're talking about me.* (ES) | *haʔníčtəŋ* st. *They were discussing us.* (AS) | *haʔníčtəŋ* kʷiə snə́xʷɬ. *They were discussing this canoe.* (AS) | *haʔníčtəŋ* č kʷiə ʔaʔyəcɬtáyŋxʷ. *They were talking about those people.* (AS)}

haʔníŋəc [√haʔn-iŋt-c √thank-scs-1obj/2obj] ☞ haʔníŋət get to thank me; get to thank you. {ʔuʔ*haʔníŋəc* u cxʷ? *Did you get to thank me?* (AS,BC) | *haʔníŋəc* cn. *I got to thank you.* (AS)}

haʔníŋət [√haʔn-iŋt √thank-scs] ☞ háʔnəŋ to get to thank someone. (ES; AS,BC) {ʔuʔ*haʔníŋət* cn. *I got to thank him.* (AS,BC; BC) | ʔuʔ*haʔníŋət* u cxʷ? *Did you get to thank him?* (BC) | ʔuʔmiʔmə́y̓əq cn či n̓s*haʔníŋət* kʷsə. *I forgot to thank him.* (AS)}

haʔnítəŋ [√haʔn-ŋi-t-ŋ √thank-rel-trns-psv] ☞ háʔnəŋ to be thanked by someone. (AS,BC) {*haʔnítəŋ* cn. *They thanked me.* (AS,BC)}

haʔníw̓c [√hu<ʔ>n=iw<ˀ>c √burn<actl>=fire<actl>] [rightward stress shift with actual] ☞ húnuc to be making, feeding a fire. (MJT) {*haʔníw̓c* cn. *I'm making a fire.* (MJT) | ʔáwə c *haʔníw̓c*. *Don't make a fire.* (MJT)} VAR: haʔníwc {*haʔníwc* cn. *I'm feeding the fire.* (MJT)} VAR: haʔníwc {*haʔníwc* cn. *I'm making a fire.* (MJT)}

háʔpiʔ [√haʔpiʔ √sad] to be sad, blue, lonesome, unhappy. (ES) {*háʔpiʔ* cn. *I'm unhappy.* (ES)} VAR: hapí (ES) VAR: haʔpí (AS,BC)

haʔqáʔiɬ [√hi<ʔ>q=a<ʔ>yəɬ √push_off=conveyance<actl>] ☞ híqt to be pushing, sliding out in a canoe. (AS) {*haʔqáʔiɬ* st ʔiʔ cə stíxʷaʔč. *Devilfish and I were pushing out in a canoe.* (MJ)}

haʔqíct [√hiq-cut √push_off-rflxv] [metathesis with reflexive] ☞ híqt to push or pull a canoe out from the beach. (TC; MJ; AS) {*haʔqíct* cn. *I'm pulling out (from the beach).* (TC) | *haʔqíct* cn ʔaʔ cə nəsnə́xʷɬ. *I pushed out my canoe.* (TC) | hiyáʔ kʷə *haʔqíct* ʔaʔ cə ʔuʔúʔtxs. *She pushed herself out on the canoe.* (AA)}

haʔqítəŋ [√hi<ʔ>q-t-ŋ √push_off<actl>-trns-psv] ☞ híqt [metathesis with passive] to be slid, shoved, launched, pushed away by someone or something. {*haʔqítəŋ* cə snə́xʷɬ. *The canoe was pushed away.* (AS)}

háʔsəŋ [√ha<ʔ>s-ŋ<ˀ> √sneeze<actl>-mdl] ☞ hásəŋ to be sneezing. (EPT; LC; ES) {*háʔsəŋ* cn. *I'm sneezing.* (ES) | mán cn ʔuʔ *háʔsəŋ*. *I'm sneezing too much.* (LC) | x̌ənáɬ ti suʔ*háʔsəŋ*s. *He's always sneezing.* (MJT) | *háʔsəŋ* cə sqáx̌aʔ. *The dog sneezed.* (AS)} VAR: háʔsəŋ (ES)

háʔu away. *See under:* háʔəw

haʔuŋístxʷ ⟦√hə<ʔ>wa-ŋi-stxʷ √return<actl>-rel-caus⟧ ☞ həwəŋístxʷ to be returning something or someone, taking something or something back. {ʔiʔ**haʔuŋístxʷ** cn. *I'm returning it.* (TC)}

háʔwə away. *See under:* háʔəw

haʔwístəŋ ⟦√hiw̓-istxʷ-ŋ √front-caus-psv⟧ ☞ haʔwístxʷ to be put in front by someone. {**haʔwístəŋ** cn. *They put me in front.* (TC) | ʔənʔá cn **haʔwístəŋ**. *They brought me up front.* (TC)} VAR: həw̓ístəŋ {suʔ**həw̓ístəŋ**s cə kʷənkʷánəŋət. *The runner was brought forward.* (MJ)} VAR: huʔístəŋ (AS)

haʔwístxʷ ⟦√hiw̓-istxʷ √front-caus⟧ ☞ hiw̓ to put something or someone forward, to the front. (AS,BC) {**haʔwístxʷ** cn ʔaʔ cə snə́xʷɬ cə sx̣̌íx̣̌aʔx̣̌ɬ. *I put the child forward in the canoe.* (AS) | **haʔwístxʷ** cə nsɬáni ʔaʔ tə sčaʔkʷaʔyúɬ. *Put my wife in the front seat.* (AS)} VAR: huʔístxʷ (AS) {níɬ č suʔ**huʔístxʷ** cə stiqéws. *Then they brought their horses forward.* (AS)}

haʔyaʔhəmú ⟦h<aʔy>aʔ+√hm̓u dim<pl>+√pigeon⟧ ☞ haʔhəmú a group of small pigeons. (HS,ES)

haʔyaʔhə́ṅəṅ ⟦h<aʔy>aʔ+√hən<ʔ>ṅ dim<pl>+√humpback_salmon<dim>⟧ ☞ haʔhə́ṅəṅ a group of small humpback salmon. (ES)

haʔyaʔhúhaʔpt ⟦h<aʔy>aʔ+hu+√huʔpt dim<pl>+dim+√deer⟧ ☞ húhaʔpt several fawns, baby deer, small deer. (MJT; ES; HS,ES)

haʔyáʔpt deer (pl). *See under:* hayáʔpt

haʔyáʔwən ⟦√h<əʔ>yaʔ=iwən √go<actl>=interior⟧ ☞ hiyáʔ equipment, tool, a part of any man-made thing. (ES) {ʔiʔ máʔkʷɬ cə nə́cuʔ **haʔyáʔwən**s canu məšíns. *One part of that machine was broken.* (ES) | ʔáw kʷaʔ čúŋəts tə qʷúʔ ʔaʔ cə smamáʔkʷɬ cə nə́cuʔ **haʔyáʔwən**s. *It wouldn't pump the water because one part was broken.* (ES)} VAR: hiyáʔwən (AS)

haʔyahúʔəẏ ⟦h<aʔy>uʔ+√hu<ʔ>y actl<pl>+√only<actl>⟧ ☞ huʔhúʔi to be alone together. {huʔ**haʔyahúʔəẏ** st. *We were alone.* (MJT)}

haʔyəmʔú ⟦√h<aʔy>m̓u √pigeons<pl>⟧ ☞ həmʔú doves, pigeons. (EPT)

haʔyúčcən ⟦√h<aʔy>uy=ucin √finish<pl>=mouth⟧ ☞ húccən to finish eating (of a group or of multiple foods). {kʷɬ**haʔyúčcən** u cxʷ? *Are you through eating?* (MJT) | kʷɬníɬ kʷi suʔ**haʔyúčcən**s cə saʔyámˀ. *Then the high class people finished eating.* (AS)}

háaʔ ⟦√haaʔ √yes⟧ [interjection, affirmative answer to a yes/no question. It affirms the positive of a positive question and the negative of a negative question.] yes, go on. ⟪USAGE: Used as an answer to a question and also used to a person telling a story to let them know you are listening and encourage them to keep going.⟫ *cp.* m̓ VAR: ʔáaʔ (MJT; ES; TC) {**ʔáaʔ**, ʔuʔxčíc cn. *Yes, I know you.* (ES) | **ʔáaʔ**, nəsháhək̓ʷ cxʷ. *Yes, I remember you.* (ES) | **ʔáaʔ**, ŋə́ṅ kʷəs xʷiyənítəm k̓ʷə́nn. *Yes, there were many white people that I saw.* (EPT)} VAR: ʔáa (AS; KA; ES; TC; MJ) {**ʔáa**, kʷɬhúccən cn. *Yes, I already finished eating.* (ES) | **ʔáa**, yíqʷi. *Yes, it's good weather.* (ABT) | **ʔáa**, ʔəncə́t cn. *Yes, I'm your father.* (AS,BC) | **ʔáa**, ʔə́ẏ skʷáči. *Yes, it's a good day.* (NS,JW) | **ʔáa**, nəxʷxiʔúsəŋ cn. *Yes, I'm taking a picture.* (ES) | **ʔáa**, x̌kʷnáxʷ cn. *Yes, I got it.* (TC) | **ʔáa**, čə́xʷaʔɬ, ŋaʔŋáʔnaʔ. *Oh, hush, baby.* (BC)} VAR: ʔá {**ʔá**, nəxʷsx̣̌áʔyəm̓ cn. *Yes, I'm Klallam.* (AB,ICT)} VAR: héeʔ {**héeʔ**, naʔkʷúsəŋ cn. *Yes, I nodded.* (AS,BC)}

hácqs ⟦√hacqs √Point_No_Point⟧ Point No Point, Hansville, Washington. (CWH; MJT) [may contain the 'nose' suffix] {hiyáʔ ʔúx̣ʷ ʔaʔ**hácqs**. *He went to Point No Point.* (MJ)}

háhaʔnəc thanking me/you. *See under:* haʔháʔnəc

háhaʔnəŋ ⟦ha+√haʔn-ŋ<ʔ> actl+√thank-mdl<actl>⟧ ☞ háʔnəŋ to be thanking, thankful. (TC; HS,ES; ES,TC) VAR: haháʔnəŋ (TC)

háhaʔnət ⟦há+√haʔn-t pl+√thank-trns⟧ [unique plural - may be the 'actual' form] ☞ háʔnət to thank a group. (ES) {**háhaʔnət** cn. *I thanked a bunch of people.* (TC)}

háhək̓ʷ ⟦há+√hak̓ʷ rslt+√remember⟧ ☞ hák̓ʷ to be remembering. (MJ; LC; ES; TC; AS,BC) {**háhək̓ʷ** cn. *I remember.* (MJT; TC) | **háhək̓ʷ** cxʷ. *You remember.* (TC) | ʔáwə cn t **háhək̓ʷ**. *I don't remember.* (TC) | **háhək̓ʷ** cn ʔaʔ kʷə nəshiyáʔ. *I remember when I went.* (TC) | **háhək̓ʷ** cn ʔaʔ či nəshiyáʔ. *I remembered that I have to go.* (TC) | ʔuʔ**háhək̓ʷ** kʷi nəcə́t ʔaʔ kʷ shiyáʔs. *My father remembers when he went.* (TC) | cút iq kʷaʔ ʔəns**háhək̓ʷ**ən. *I wish you could remember me.* (ES) | **háhək̓ʷ** cn ʔaʔ kʷi nəcə́t. *I remember my dad.* (TC) | ʔuʔ**háhək̓ʷ** cn ʔaʔ či xčŋíns ʔaʔ kʷi nəcə́t. *I remember the wisdom of my father.* (TC) | **háhək̓ʷ** cn ʔaʔ kʷi nəsxənʔátəŋ yaʔ kʷaʔ ʔənʔán túk̓ʷ. *I remember that he told me to come home.* (TC) | čəyáy tə nəsu**háhək̓ʷ**. *I barely remember.* (TC) | čəyáy cn ʔiʔ **háhək̓ʷ**. *I almost remember.* (TC)} VAR: háhaʔk̓ʷ {**háhaʔk̓ʷ** cn. *I remember.* (MJ) | **háhaʔk̓ʷ** yaʔ cn ʔaʔ kʷi shiyáʔɬ. *I remember when we went.* (AS) | twaw**háhaʔk̓ʷ** u cxʷ ʔaʔ či ʔəcɬtáyŋxʷ ʔənsqʷáy. *Do you still remember your Indian language?* (MJ)}

háhək̓ʷnəs ⟦ha+√hak̓ʷ-nəs rslt+√remember-intent⟧ ☞ hák̓ʷ to remember something or someone. {ʔiʔ ʔuʔ**háhək̓ʷnəs** cn tə. *But I remember it.* (AC) | ʔuʔ**háhək̓ʷnəs** st. *We remember.* (TC)}

hahək̓ʷnəsnúʔəŋə ⟦ha+√hak̓ʷ-nəs-nu<ʔə>ŋə rslt+√remember-intent-2obj<actl>⟧ ☞ háhək̓ʷnəs remembering you. VAR: hahək̓ʷnəsnúʔəŋ (TC) {**hahək̓ʷnəsnúʔəŋə** cn. *I'm remembering you.* (TC) | x̌áy cn ʔuʔ **hahək̓ʷnəsnúʔəŋə** ʔaʔ ti kʷɬuʔhíc. *I'm also remembering you from a long time ago.*

háhək̓ʷtxʷ

(AC)} VAR: hahək̓ʷənúʔəŋə {ʔuʔ**hahək̓ʷənúʔəŋə** cn. *I still remember you.* (AC)}

háhək̓ʷtxʷ ⟦há + √hak̓ʷ-txʷ rslt + √remember-letcaus⟧ ☞ **háhək̓ʷ** to commit something to memory. {ʔənš**háhək̓ʷtxʷ** či. *Remember this.* (MJT) | n̓š**háhək̓ʷtxʷ** kʷi kʷsə sʔúq̓ʷaʔs ʔaʔ či uʔk̓ʷənáʔitxʷ. *You better remember the other brother, even if it's just a few dollars.* (MJT)}

hahúʔəŋ bullfrog. See under: huhúʔəŋ

hahúʔi alone. See under: huʔhúʔi

hakʷ ⟦hakʷ why_not⟧ [speech act enclitic] why not. {hiʔčáns **hakʷ**? *Why doesn't he move it?* (MJT)}

hák̓ʷ ⟦√hak̓ʷ √remember⟧ to remember, come to one's mind. (ES; AS) {**hák̓ʷ** cn. *I remember. / It came to my mind.* (MJT; ES; TC) | čaʔnəs**hák̓ʷ**. *I just remembered.* (MJT; TC) | čaʔ**hák̓ʷ** cn. *I finally remembered.* (AS) | **hák̓ʷ** u cxʷ? *Do you remember?* (AS) | čaʔnəs**hák̓ʷ** cxʷ. *I just remembered you.* (TC) | nəs**hák̓ʷ** caʔ ʔaʔ či ʔuʔčəntán̓. *I'll remember it sometime.* (MJ) | nəs**hák̓ʷ** cə ʔəcɬtáyŋxʷ. *I remember that person.* (ES) | **hák̓ʷ** cn ʔaʔ kʷə nəšiyáʔ. *I remember that I went.* (TC) | cút iq kʷaʔ **hák̓ʷ**ən. *I wish I could remember.* (ES) | čəyáy tə nəsu**hák̓ʷ**. *I barely remember.* (TC) | čəyáy cn ʔiʔ **hák̓ʷ**. *I almost remember.* (TC) | **hák̓ʷ** cn ʔaʔ ti nscáy. *I remembered to work.* (AS) | húʔ ʔəɬ ʔiyán̓əxʷən ʔiʔ čaʔnəs**hák̓ʷ** ƛ̓áy. *If I hear it, I'll remember it again.* (TC) | húy ʔəɬ ʔuʔncáxʷs ʔiʔ nəs**hák̓ʷ** ʔiʔ ƛ̓áy kʷə nəsmə́yəq. *Once in a while I remember, then I forget again.* (TC) | čaʔ**hák̓ʷ**s ʔaʔ či ɬqíts. *He just remembered his clothes.* (AA) | ʔiʔ níɬ kʷaʔčaʔ su?**čák̓ʷ**s ʔaʔ či sq̓ʷiŋítəŋs ʔaʔ či sʔiʔáyəxʷs. *And then he remembered what he had been told by his elders.* (ES) | ʔiʔ níɬ su?ča?**hák̓ʷ**s ʔaʔ či sʔaʔk̓ʷústəŋs q̓ʷiŋítəŋs ʔaʔ či sʔiʔáyəxʷs. *And just then he remembered what he had learned that his elders told him.* (ES)} VAR: háʔk̓ʷ {čənš**háʔk̓ʷ** kʷi kʷə sq̓ʷáyɬ yaʔ. *I finally remember what we said.* (AS)}

hák̓ʷnəs ⟦√hak̓ʷ-nəs √remember-intent⟧ ☞ **hák̓ʷ** to remember something. {**hák̓ʷnəs** cn. *I remember it.* (TC) | **hák̓ʷnəs** cn cə sxʷiʔám̓. *I remember the story.* (TC) | ʔuʔ**hák̓ʷnəs** st kʷəɬə čiʔástənəwət. *We remember Ruth Shelton.* (AC) | txʷhúʔ ʔaʔ či ʔuʔnéʔ kʷi nək̓ʷɬq̓ʷin̓áwi ʔaʔ kʷi nəxʷsƛ̓áyəm̓ kʷi ʔiʔánəŋs nəxʷsƛ̓áyəmúcəns, ʔi ʔuʔ**hák̓ʷnəs** q cn kʷənsxʷiʔám̓. *If there's someone there to talk with at Klallam who understands the Klallam language, I'll remember my stories.* (EB)}

hák̓ʷnəsəŋ ⟦√hak̓ʷ-nəs-ŋ √remember-intent-psv⟧ ☞ **hák̓ʷnəs** to be remembered by someone. {ʔuʔ**hák̓ʷnəsəŋ** čtə st ʔaʔ kʷə šiʔástənaat. *We'll probably be remembered by Ruth Shelton.* (EB)}

hák̓ʷ skʷáči ⟦√hak̓ʷ ʔs-√kʷayiy √remember stat- √day⟧ ☞ **hák̓ʷ** ☞ **skʷáči** Memorial Day. (AS,BC)

hánəčəŋ ⟦√hanič-ŋ √discuss-mdl⟧ [This word cannot have a singular subject.] to discuss, have a

hay

discussion, talk things over in public, have a meeting, talk business. {q̓ṕə́ct st ʔiʔ **hánəčəŋ**. *We'll get together and talk business.* (ES)} VAR: həníčəŋ (AS)

hán̓kʷs ⟦√han̓kʷs √solar_plexus⟧ upper torso, solar plexus, seat of the feelings. (MJT) {χáɬ kʷi kʷə **hán̓kʷs**s. *His upper torso is aching.* (AS)}

hapí sad. See under: háʔpiʔ

háps ⟦√haps √hops⟧ hops. (ES) [from English] {**háps** ti scáʔiʔs. *Their job was hops.* (TC) | sxʷʔiyá st ʔiʔɬə́mc̓əŋ ʔaʔ ti naʔátəŋ **háps**. *It's where we harvested what they call hops.* (TC) | húy st kʷaʔčaʔ ɬə́mc̓əŋ ʔaʔ ti **háps** ʔiyá ʔaʔYakima. *We finished picking hops there at Yakima.* (TC)}

hásəŋ ⟦√has-ŋ √sneeze-mdl⟧ to sneeze. (LC) {**hásəŋ** cn. *I sneezed.* (ES) | **hásəŋ** kʷaʔ ʔuʔəň́sƛ̓éʔəs. *Sneeze if you want to.* (EPT) | ʔúy cn xʷiʔám̓ ʔiʔ **hásəŋ**. *When I told a story, he sneezed.* (MJT) | xənáɬ nəsuʔyə́cəm ʔaʔ tə sxʷiʔám̓ ʔiʔ níɬ suʔ**hásəŋ**s. *Every time I started to tell a story, he'd sneeze.* (MJT)}

hay ⟦hay 2pl⟧ [speech act enclitic that makes any second-person reference plural] you folks, yous, y'all. (ES) ⟪with second-person subject⟫ {čáy u cxʷ **hay**. *Are you all going to work?* (TC) | ʔuʔə́y u cxʷ **hay**? *How are you people?* (NS,JW) | ʔaʔstúʔŋət cxʷ ʔuč **hay**? *What are you folks doing?* (ES) | yaʔyáʔnəŋ u cxʷ **hay**? *Are you folks listening?* (TC,AS,BC) | ɬiŋínəs u cxʷ **hay**? *Are you folks leaving me?* (BC) | nəxʷsƛ̓áʔyəm̓ u cxʷ **hay**? *Are you people Klallam?* (NS,JW) | níɬ tə́s ʔiʔ yə́cəm, "ʔənʔánəsəŋ č cxʷ **hay** ʔaʔ či ɬə́qitat xʷčátəŋ." *Then he got there and reported, "The Klickitats are coming to kill you."* (MJ) ⟪with the implied imperative subject⟫ {hiyáʔ či **hay**! *Let's go!* (BC) | q̓ʷáyəx̣ či **hay**. *Be careful, everyone.* (TC,AS,BC) | ɬéʔwiʔəɬíct **hay**. *Pray for yourselves.* (MJ) | ʔuʔáw kʷi c tkʷə́t **hay**. *Don't break it, you people.* (NS,JW)} ⟪with the second-person focus⟫ {nə́kʷ **hay**. *It's you folks.* (AS,BC)} ⟪with the second-person genitive⟫ {ɬáw caʔ cə ʔənŋə́naʔ **hay**. *Your child will be healed.* (MJ) | níɬ u n̓skʷáʔ n̓ʔáʔyəŋ **hay** tsə? *Is that you people's house?* (NS,JW)} ⟪with the second-person object⟫ {ŋənáy st kʷənnúŋə **hay**. *We saw many of you.* (TC) | ʔuʔəsɬáxʷɬ cə ʔuʔə́y či nəxčnín ʔaʔ či nsʔiyaʔnúŋə **hay**. *I am definitely glad to hear you folks.* (RSh)} VAR: hayə (LB,CWH; MJ) {qiqə́kʷ u cxʷ **hayə** *Are you folks tired?* (ES) | nəyaʔnə́yəŋ̓ cxʷ **hayə**. *You folks are laughing.* (ES) | súkʷəŋ **hayə**. *Bathe (all of you).* (MJ) | ŋə́n̓ct caʔ cxʷ **hayə**. *There will become many of you.* (MJ) | ʔənʔá či **hayə** héʔwi. *Come forward, you folks.* (TC) | ʔənʔáʔyəŋ **hayə**. *you folks' house* (TC) | čáʔi? u cxʷ **hayə**. *Are you all working?* (TC) | čɬnə́kʷ u **hayə**? *Were you folks the ones?* (MJT) | xʷiʔám̓ či **hayə**. *Tell a story, you folks.* (MJT) | xʷiʔám̓ či **hayə**. *Tell a story, you folks.* (MJT) | xʷiʔám̓ u cn **hayə**? *Do I tell a story to you folks?* (MJT) | suʔčtáŋs, "cicə́xʷ u cxʷ **hayə**?" *So he asked, "Are you lost?"* (MJ) | ʔuʔx̣ə́n̓ə caʔ cxʷ kʷi ʔuʔ k̓ʷənətəŋ

Klallam-English Dictionary

hayə. They will look at all of you folks. (MJT) | *ʔuʔx̣ə́nə č caʔ cxʷ kʷi hayə ʔuʔ kʷə́ntəŋ. He will see all of you. / You will all be seen.* (MJT) | *Here's another story ʔaʔ či nəsyəcúsc hayə. Here's another story that I'll tell you.* (AA) | *nsx̣ʼéʔ kʷə nəsyáʔ txʷtx̣ə́nəŋ ʔaʔ cə nsxʷʔiyá hayə. I wanted to go to where you folks are.* (AC) VAR: hayʼə (EPT) {*ʔnʔá či čə́yəxʷ hayʼə. Come in, you folks.* (EPT) | *x̣ʼə́yuči či háyʼə Stop that, you folks!* (EPT) | *nə́kʷ ʔuč cán hayʼə? Who are you folks?* (EPT) | *čəʔéʔɬən u cxʷ hayʼə? Are you folks just now eating?* (EPT) | *cán ʔayʼ či yaʔcúsc hayʼə? Who told you folks?* (EPT)} VAR: ayʼə {*kʷɬʼéʔɬən u yáʔ cxʷ ayʼə? Have you folks eaten?* (EPT) | *ʔnʔá či čə́yəxʷ ayʼə. Come in, you folks.* (EPT)} VAR: ayə {*ŋə́ń ayə. There's a lot of you.* (MJT)} VAR: ayʼ {*ʔuʔx̣áʼńs cxʷ ayʼ. All of you.* (MJ)} VAR: ayʼ {*ʔiʔčiʔáʔəw cxʷ ayʼ ʔaʔ kʷi ɬqáčš ʔaʔ kʷi táŋən. You folks passed by at five in the evening.* (EPT)} VAR: hayʼ {*kʷə́nəxʷ cn kʷɬəs ńʔáʔiŋ hayʼ. I saw you folks' house.* (EPT)}

háy ⟦hay n_s_⟧ a nonsense syllable used in some songs. (MJ)

hayáʔpt ⟦√h<əy>uʔpt √deer<pl>⟧ [root vowel changes in the plural] ☞ húʔpt a group of deer. (EPT; MJT, ES) VAR: haʔyáʔpt (EPT) VAR: háyaʔpt (MJT; AS,BC) VAR: həyúʔpt (AS,BC)

hayə 2 plural. *See under:* hay

hayəháhaʔɬ ⟦h<əy>ə+há+√haʔɬ dim<pl>+dim+√good⟧ ☞ háʔɬ to be very cute (of several). (TC) {*suʔqʷáys cə yúx̣ʼ, "ʔuʔhayəháhaʔɬ. mán ʔuʔ nsx̣ʼéʔ." So the older one said, "They're so cute. I really like them."* (AA)}

haytá ⟦√haytá √Haida⟧ homeland of the Haida tribe. {*čšaʔhaytá. He's from Haida.* (LB,CWH; MJT)} *cp.* yə́kʷɬtaʔx̣

hayʼ 2 plural. *See under:* hay

háyʼ please. *See under:* húyʼ

hayʼə 2 plural. *See under:* hay

háyʼč ⟦√hayʼč √damn⟧ [interjection]
1. darn, damn. ⟪a rude, insulting interjection directed only to a woman⟫ (MJT)
2. butt, rear end, buttocks. (MJT) [This apparently has the suffix for 'hip'] *cp.* =əč

héʔčt ⟦√hi<ʔ>č-t √protrude<actl>-trns⟧ ☞ híčt to be making something protrude, stick something out beyond, in front, ahead of others. {*héʔčt cn. I'm putting it ahead now.* (TC)}

héʔe hey. *See under:* héh

héʔəw front. *See under:* héʔuʔ

héʔiŋ falling off. *See under:* héʔyəŋ

héʔkʷ ⟦√hi<ʔ>kʷ √flow<actl>⟧ ☞ híkʷ to be flowing, draining (of a liquid). (AS,BC) {*héʔkʷ cə ŋéʔčiʔ. The pus is draining.* (AS)}

héʔkʷəŋ ⟦√hi<ʔ>kʷ-ŋ<ʼ> √flow<actl>-mdl<actl>⟧ ☞ híkʷəŋ to be flowing, running, streaming, gushing, rushing (of water or other liquid). (LBH; MJT; AS,BC; ES) {*čšaʔcícɬ héʔkʷəŋ. waterfall.* (MJT)}

héʔqʷ ⟦√h=iʔqʷ √ʔ=head⟧ [interjection] [This must have a form of the 'head' suffix, but the root is obscure.] darn you! damn! "on the head!". ⟪USAGE: This is a harsh word used in anger toward a man.⟫ (MJT) *cp.* háyič (MJT) {*ʔə́š héʔqʷ! Ugh! Damn!* (MJT)} ⟪A woman who is angry might say this to a man who has been joking, teasing her.⟫

héʔuʔ ⟦√hi<ʔ>w̓ √front<actl>⟧ ☞ híw̓
1. to be in the bow of a canoe or boat, front seat of a vehicle. (TC,AS,BC; AS,BC) {*héʔuʔ caʔn. I'm going to be at the bow.* (TC) | *héʔuʔ kʷə nəʔiyáʔiŋ. My father was in the bow.* (MJT)}
2. the bow, prow of a canoe or boat, front seat of a vehicle; the front of a theater, church, etc. (ES; AS) {*ʔaʔhéʔuʔ cn. I'm at the bow.* (TC) | *ʔiyá caʔ ʔaʔ cə héʔuʔ či ńsuʔə́mət, nəséʔyaʔ. You will be there in the front to sit, my grandmother.* (MJ) | *ɬə́yəqʷts cə shéʔuʔs cə snə́xʷɬ. He smashed the bow of the canoe.* (TC) | *ʔi ʔuʔúxʷ ʔaʔ cə héʔuʔ t siʔčáʔniʔs. She went to the bow to move away.* (MJ) | *nsuʔhiyáʔən héʔwi ʔúxʷ ʔaʔ tə héʔuʔ. So I went to the front to the bow.* (MJ)} VAR: héʔwə {*ɬə́yəqʷts cə shéʔwəs cə snə́xʷɬ. He smashed the bow of the canoe.* (TC)} VAR: héʔu {*héʔu cn. I'm in the front.* (AS) | *héʔu či. Go to the front.* (AS) | *héʔu cn ʔaʔ kʷi nəsʔə́mət. I went to the front to sit.* (AS,BC) | *ʔə́c ʔiyá ʔəskʷáʔət ʔiʔ héʔu kʷi ncə́t. It was me in the stern, and my father was in the bow.* (MJ)} VAR: héʔw {*ʔáa, ʔihéʔəw cə sŋə́naʔs. Yes, his son is in the bow.* (MJT) | *sátəŋ cə čə́nəŋ kʷaʔ ʔúyɬs ʔaʔ cə ʔuʔútx̣s ʔiʔ héʔəw. The Shakers were told to board the canoe and go to the bow.* (MJ)}

héʔwə front. *See under:* héʔuʔ

héʔwi ⟦√hiw-iy √front-dev⟧ ☞ héʔuʔ to go to be in the front (of a building, vehicle, line, crowd, etc.). {*héʔwi cn. I'm going to the front.* (TC; AS) | *héʔwi caʔn. I'm going to go to the front.* (TC,AS,BC; AS) | *héʔwi či. Go to the front!* (of the church to confess) (TC,AS,BC) | *ʔnʔá či héʔwi. Come to the front!* (TC) | *hiyáʔ či héʔwi. Go to the front!* (MJ) | *héʔwi ʔaʔ ti sxʷčʼiyá. They came forward from where they were.* (AS) | *ʔnʔá cn héʔwi. I'm coming to the front.* (TC) | *ʔnʔá caʔ cxʷ héʔwi. You're going to come forward.* ⟪USAGE: This would be used at a gathering by a speaker who calls someone's name to come up to the front.⟫ (TC) | *ʔnʔá či héʔwi! Come forward!* (TC) | *ʔnʔá; héʔwi st. Come; we'll go to the front.* (TC) | *nsuʔhiyáʔən héʔwi ʔúxʷ ʔaʔ tə héʔuʔ. So I went to the front to the bow.* (MJ) | *níɬ suʔhéʔwis cə sx̣ʼayéʔx̣ʼqɬ. Then the children came forward.* (MJ)}

héʔyəŋ ⟦√hi<ʔ>y-ŋ<ʼ> √fall_down<actl>-mdl<actl>⟧ ☞ híyəŋ to be falling down from a height, falling off. (ES,TC) {*hiʔhéʔyəŋ. It's falling now.* (MJT) | *hiʔhéʔyəŋ cn. I'm falling right now.* (MJT)} VAR: héʔiŋ (AS,BC)

héeʔ yes. *See under:* háaʔ

héh ⟦√hih √hey⟧ [interjection] hey, a call to get someone's attention. ⟪USAGE: Older people especially use this to younger people.⟫ (AS) {*héh*, ʔaʔstúʔŋət cxʷ ʔuč. *Hey, what are you doing?* (AS)} VAR: héʔ (TC) VAR: héʔe {*héʔe*, ʔuʔɬtúquʷəŋ. *Hey, growling, talking back.* (MJT)}

héyŋ fall off. *See under:* híyəŋ

héyt push it off. *See under:* híyət

héytəŋ be pushed off. *See under:* híyətəŋ

héytxʷ push it off. *See under:* híyət

həcústəŋ be told. *See under:* yəcústəŋ

həčáyŋən ⟦√huy-ayŋən √finish-want⟧ ☞ húy to relax, pause, let up, take it easy, stop (doing something), control oneself, desist. (MJT) {*həčáyŋən* či ʔəɬ qʷáyəxʷ. *Stop talking so much.* (MJT)} VAR: həčáyəŋən {*həčáyəŋən* či ʔɬ x̌ʷkʷnáxʷ ti oranges. *Control yourself from taking those oranges.* (MJT) | *həčáyəŋən* či txʷuʔəsx̌áʔəs či n̓skʷaʔwiʔnúʔŋət. *Let up, or you'll have bad dreams.* (MJT)}

həčístəŋ ⟦√hič-istxʷ-ŋ √protrude-caus-psv⟧ ☞ ʔačístxʷ to be made to protrude, stick out beyond others, be put in front, ahead by someone or something. {*həčístəŋ* cn. *Someone put me in front.* (TC)} VAR: ʔačístəŋ (AS) {*ʔačístəŋ* cn cə n̓ŋéna?. *I brought your child.* (AS)}

həčúct ⟦√huy-cut √finish-rflxv⟧ [metathesis with reflexive] [/y/ → /č/] ☞ húy to finish (with something), be through (with something). (ES,HS) {kʷɬníɬ kʷi nsuʔhəčúct. *Now I'm finished with it.* (AS)} VAR: ʔačúct (AS)

həčút ⟦√ču-t √load-trns⟧ ☞ húy to load something; to complete doing something. {ʔiʔ *həčút*s cə ɬqéyəns. *And he loaded his power (into the pipe).* (ES)} ⟪This sentence, uttered twice by ES, contains the only example of this word. AS, BC, and TC do not know this word, but it seems to be related to the word for 'finish'. The first definition matches the use in these sentences; the second is speculative.⟫ *cp.* haʔčúct VAR: ʔəčút (AS,BC)

həhéʔnəŋ humpies. *See under:* hihínəŋ

həhéyŋ falling. *See under:* hihíyəŋ

həhówəš ⟦hə + √həwš actl + √thank⟧ [Not a usual way to say 'thank you' in Klallam. This may be from some other language.] thank you. (LC)

həhíyŋ falling. *See under:* hihíyəŋ

həkʷiyaʔqʷ great-great-grandparent/child. *See under:* háʔkʷiyaʔqʷ

həkʷiyəqʷ great-great-grandparent/child. *See under:* háʔkʷiyaʔqʷ

həkʷtásti ⟦√hukʷ-tastxʷ-ty √whoop-dirtrns-rcprcl⟧ ☞ həkʷtástxʷ to holler back and forth to one another. (MJT) {níɬ suʔhəkʷtástis ʔaʔ kʷi scíŋis ʔaʔ cə stúʔwi. *They hollered to each other when they were near the river.* (AS)} VAR: həkʷtástiʔ (MJT) VAR: hukʷtásti (MJT) VAR: hukʷtástiʔ (MJT)

həkʷtástxʷ ⟦√hukʷ-tastxʷ √whoop-dirtrns⟧ ☞ húkʷt to holler, call to someone. {*həkʷtástxʷ* kʷə n̓ŋénəŋəna? ʔi? čéyəxʷ. *Call your children in.* (MJT)}

həlqəmíʔnəŋ ⟦√həlqəmiʔnəŋ √Halkomelem⟧ Halkomelem language. (TC)

həɬnɬ ⟦√həɬnɬ √damn⟧ [interjection] [may contain suffix for 'neck'] *cp.* čx̌ʷəɬnəɬ darn, damn you!. (MJT; ES; TC; AS) ⟪A rude, insulting interjection considered very strong language by ES. AS got her mouth slapped for saying this when she was little. This might be said to a man, but never to a woman.⟫ (AS) {scə́yəx̌ʷ *həɬnɬ*! *Crazy damn fool!* (EPT; MJT)} VAR: x̌ə́ɬnɬ (EPT; AS)

həm?ú pigeon. *See under:* həmú

hə́mən ⟦√həm=ən √hammer=instr⟧ hammer. (LC; ES; TC) [from Chinook Jargon from English 'hammer'] {čsát cn ʔaʔ cə *hə́mən*. *I hit it with a hammer.* (TC) | ʔə́y̓ tiə nə*hə́mən*. *My hammer is good.* (TC) | čsát cn ʔi uʔáwənə nə*hə́mən*. *I hit it without my hammer.* (TC) | čúkʷs yaʔ cn cə *hə́mən*. *I used that hammer.* (TC) | čə́q yaʔ cn snánt cə čəʔúʔwən nə*hə́mən*. *What I used for a hammer was a big rock.* (TC)}

hə́mənt ⟦√həm=ən-t √hammer=instr-trns⟧ ☞ hə́mən to hammer something, pound something with a hammer. {*hə́mənt* yaʔ cn cə čísən. *I hammered the nail.* (TC) | sqiʔám̓ či nə*hə́mənt*. *I can't hammer it.* (TC) | ʔə́y̓ či nə*hə́mənt*. *I hammered it good.* (TC)}

hə́məntəŋ ⟦√həm=ən-t-ŋ √hammer=instr-trns-psv⟧ ☞ hə́mənt to be hammered, pounded with a hammer. {*hə́məntəŋ* cn. *I got hammered.* (TC)}

hə́məntxʷ ⟦√həm=ən-txʷ √hammer=instr-inancaus⟧ ☞ hə́mən to hammer, pound something with a hammer. (ES) {*hə́məntxʷ* cn. *I hammered it.* (ES)}

hə́mhəm ⟦hə́m + √həm char + √grouse⟧ blue grouse; ruffed grouse. *Dendragapus sp.; Bonasa umbellus.* (ES) [imitative] VAR: hə́mhm (EPT)

hə́m̓ ⟦√həm̓ √thick_fog⟧ thick fog (so thick one cannot see through it). (EPT) {ʔuʔmán ʔuʔ *hə́m̓* kʷiə spáʔxʷəŋ. *This fog is very thick.* (AS)}

hə́m̓əɬma ⟦√hə́m̓əɬma √Irondale⟧ [probably from Chemakum] Irondale. ⟪means all cleaned out by the enemies⟫ (LB,EWH)

həmú ⟦√hm̓u √pigeon⟧ dove, pigeon. *Columbidae spp.* (MJT; AS,BC; ES) {šaʔsáy̓st cn cə *həmú*. *I snuck up on the pigeon.* (AS) | níɬ ti *həmú* ʔéʔɬən ʔaʔ ti scíyuq̓. *It's the pigeons that are eating the elderberries.* (AS)} VAR: həm?ú (EPT; AB,ICT; TC) VAR: hə́m̓əw (LB,CWH)

hə́nəŋ̓ ⟦√hənn̓ √humpback_salmon⟧ humpback salmon, humpy, pink salmon. *Oncorhynchus gorbuscha.* (EPT; LST; ES; TC; HS,ES; BC) {ɬíkʷt cn cə *hə́nəŋ̓*. *I'm hooking the humpy.* (BC)} VAR: hə́nn̓

həníčəŋ

(AS; AS,BC) {ɬkʷít cn cə **hánn**. *I hooked the humpy.* (AS)} VAR: hánən (BC)

həníčəŋ discuss. *See under:* hánəčəŋ

həqáyəɬ ⟦√hiq=ayəɬ √push_off=conveyance⟧ ☞ híqt to launch a canoe. (ES) VAR: hiqáyəɬ {kʷníɬ kʷi suʔ**hiqáyəɬ**s ṫúkʷ ʔiʔáʔiɬ ʔaʔ kʷi snə́xʷɬs. *He pushed out to go home aboard his canoe.* (AS)}

həqíkʷt ⟦√hiq=iwən-t √push_off=interior-trns⟧ ☞ híqt to put something in an oven. {**həqíkʷt** či. *Put it in the oven.* (MJT)}

həqkʷənáys ⟦√hiq=iwən-ays √push_off=interior-activ⟧ 《This refers to the act of sliding something into the oven.》 ☞ híqt to bake in an oven. (TC)

hə́qʷiyaʔqʷ great-great-grandparent/child. *See under:* háʔkʷiyaʔqʷ

həwást ⟦√həwa-stxʷ √return-caus⟧ ☞ hə́wə to refuse something or refuse to do something, turn something down, send something back. (AS) {huʔ**həwást**s. *He's refusing.* (MJT) VAR: huʔást {**huʔást** cn. *I refused it.* (AS) | **huʔást** cn cə scə́yíqʷɬ. *I refused the fruit.* (AS)}

həwástəŋ ⟦√həwa-stxʷ-ŋ √return-caus-psv⟧ ☞ həwást to be refused, turned down, turned away, sent back by someone. {xʷúŋ yaʔ ʔiʔ **həwástəŋ** ʔaʔ kʷɬi táns. *He cried, and he was turned away by his mother.* (MJ)}

hə́wə ⟦√həwa √return⟧ to refuse to do (something), be stubborn, not take advice, disagree. (MJ; AS,BC) {ʔu**hə́wə** cn. *I wouldn't do it.* (MJT) | ʔu**hə́wə** cxʷ. *You're being stubborn.* (MJT) | ʔu**hə́wə** u cxʷ? *Oh, you won't do it?* (MJT) | ʔiʔ uʔ**hə́wə** tə náʔcuʔ. *But the other one disagreed.* (MJ) | ʔuʔ**hə́wə** cn ʔaʔ kʷə nəsqʷánsəŋ. *I refused when they invited me.* (MJT) | ʔuʔ**hə́wə** kʷi či sƛ̓aʔtáwns. *He refused to go to town.* (AS) | nuʔnáčt yaʔ cn kʷi ʔiʔ uʔ**hə́wə**. *I went to pay him back, and he refused.* (MJT) | nəsuʔtə́s ʔiʔ yəcúst xənáxʷ kʷaʔ ʔnʔás həwíyəŋ ʔiʔ ʔíɬən, ʔi ʔuʔ**hə́wə**. *I got there and told him to come back and eat, but he refused.* (MJT)} VAR: hə́w (AS) {ʔuʔ**hə́w** cn c qə́yúst cə nscáʔčaʔ. *I refused to pay my friend.* (AS) | ʔuʔ**hə́w** cn c ƛ̓aʔtáwn. *I refused to go to town.* (AS) | ʔuʔ**hə́w** kʷi či sƛ̓aʔtáwns. *He refused to go to town.* (AS) | txʷcáʔxʷəŋ č kʷi; ʔuʔ**hə́w** ʔɬ ƛ̓aʔtáwns. *He's reluctant; he refuses to go to town.* (AS)} VAR: ʔə́wə (AS,BC)

həwəŋístəŋ be returned. *See under:* huŋístəŋ

həwəŋistúŋə ⟦√həwa-ŋi-stxʷ-uŋə √return-rel-caus-2obj⟧ ☞ həwəŋístxʷ return you. {**həwəŋístuŋə** cn. *I took you back. / I returned you.* (TC)}

həwəŋístxʷ return it. *See under:* huŋístxʷ

həwístxʷ ⟦√hw-istxʷ √put_onto_fire-caus⟧ [root not independently identified] to put something being cooked onto the fire. {**həwístxʷ** cə n̓sqʷə́yəs. *Put it on to boil.* (MJT)}

həwíyəŋ ⟦√həwa-iy-ŋ √return-dev-mdl⟧ ☞ hə́wə to return, go back. (EPT; TC; ES) {**həwíyəŋ** cn. *I came back.* (MJT) | hiyáʔ cn **həwíyəŋ**. *I went back.* (TC) | hiyáʔ cn ʔuʔ **həwíyəŋ**. *I went back.* (TC) | ʔənʔá cn ʔuʔ **həwíyəŋ**. *I came back.* (TC) | ʔáwə c **həwíyəŋ** ƛ̓áy. *She didn't return again.* (EB) | suʔístɬ **həwíyŋ**. *So we paddled back.* (TC) | **həwíyəŋ** cn ṫúkʷ. *I'm going back home.* (TC) | ŋə́n st ʔuʔ**həwíyəŋ**. *Lots of us returned.* (TC) | čəntáŋ čaʔ či n̓s**həwíyəŋ**? *When are you coming back?* (MV) | ʔuʔáwə caʔn kʷi c **həwíyəŋ**. *I'm never coming back.* (MV) | čəntáŋ caʔ či n̓s**həwíyəŋ**? *When are you coming back?* (EPT) | čaʔƛ̓áy **həwíyŋ** cə qʷúʔ. *The water finally went back again.* (ES) | suʔ**həwíyəŋ**s ʔiʔ hiyáʔ ʔúyɬ ʔaʔ cə ʔuʔútxs ʔiʔ ɬúys kʷaʔ cə scutáyəɬs yaʔ. *She returned and got aboard her canoe and left her brother-in-law behind.* (AA)} VAR: həwéyŋ (ES; TC; AS,BC) {ʔuʔxənʔáxʷ cn kʷaʔ húʔəs ʔiʔ **həwéyŋ** ʔiʔ ƛ̓áyuci. *I told her that when she comes back, stop.* (ES) | níɬ ʔiʔɬkʷáwəs kʷənəŋs ʔáwə ƛ̓áy c ʔənʔá **həwéyŋ**. *Then like the one who saw it before, he never came back again.* (ES)} VAR: həwíyŋ (ES; TC; MJ) {**həwíyŋ** cn. *I went back.* (AS,BC; TC) | hiyáʔ cn **həwíyŋ**. *I went back.* (TC) | ʔuʔ**həwíyŋ** caʔn. *I'll be back.* (TC) | ʔáwə c ƛ̓áy **həwíyŋ**. *They didn't go back again.* (TC) | **həwíyŋ** ṫúkʷ. *He went back home.* (ES) | **həwíyŋ** cə ʔiʔčáʔyə kʷánəŋət. *The first one who ran came back.* (MJ) | **həwíyŋ** caʔn ʔaʔ či čə́saʔ skʷáči. *I'll come back in two days.* (TC) | ʔuʔníɬ č ʔuʔ ʔiʔx̌ʷə́yq̓ʷ txʷiʔ**həwíyŋ**. *He was the one drifting backwards.* (TC) | ʔáwə c ƛ̓áy **həwíyŋ** ʔúxʷ ʔaʔ tə stúʔwiʔ. *He didn't go back again to the river.* (ES,TC) | **həwíyŋ** caʔn. *I'll come right back.* (ES) | ʔuʔáwə c **həwíyŋ**. *He never came back.* (ES) | ʔáwənə sx̌číts cə sx̌íƛ̓aʔƛ̓qɬ či s**həwíyŋ**s. *The child did not know how to get back.* (MJ) | ʔiʔ húy ti suʔhiyáʔs ti x̌ɬə́n ʔiʔ ʔənʔá **həwíyŋ** sə́q. *The evil power only went and came back out.* (MJ) | hiyáʔ cn ʔuʔ**həwíyŋ** ʔúxʷ ʔaʔ kʷə nəsxʷʔiyá yaʔ kʷi nəsmáʔkʷɬ. *I went back to where I got hurt.* (ES) | ʔiʔ ʔáwə c ƛ̓áy **həwíyŋ** cə qiyaʔqə́yuʔ. *And the police didn't come back again.* (ES) | ʔuʔmáʔn ʔuʔ sáysiʔ ʔáwə ƛ̓áy c ʔənʔá **həwíyŋ** ʔáɬaʔ tiə sxʷəɬáʔɬ. *He was so scared he never came back again here to our place.* (ES) | ʔiʔ ʔənʔá st **həwíyŋ** ƛ̓áy ʔúxʷ ʔaʔ tə scannery nəsxʷʔiyá tə nəscáʔi. *And we came back again to the cannery where I was working.* (MJ) | xənʔáxʷ ʔaʔ či nəsƛ̓éʔ ʔaʔ cə scaʔčaʔkʷaʔyúɬ či sʔənʔátəŋs **həwíyŋ**. *I told her that I wanted the little boat to be brought back.* (MJ)}

həwéʔyəŋ ⟦√həw<ʔ>a-i<ʔ>y<ʔ>-ŋ<ʔ> √return<actl>-dev<actl>-mdl<actl>⟧ ☞ həwíyəŋ to return, go back. {ʔiʔ**həwéʔyəŋ** cn. *I'm returning now.* (TC) | ʔənʔá cn kʷ uʔ**həwéʔyəŋ** ʔaʔ kʷə nəskʷə́nəxʷ. *I was coming back when I saw him.* (MJT)}

hə́w̓astʔuc ⟦√həw̓-əstʔ=iwc √put_onto_fire-?=fire⟧ ☞ həwístxʷ to fix a fire, add wood to the fire. (ABT) VAR: hustáʔuc (ABT)

həw̓ístəŋ be put in front. *See under:* haʔwístəŋ

hə́xʷ ⟦√həxʷ √big_deal⟧ [interjection] *cp.* huxʷéy big deal! baloney! you've got to be kidding!. (AS,BC; TC; AS) ⟪USAGE: You might say this to someone who is bragging, showing off, or lying.⟫

həxʷéy big deal!. *See under:* huxʷéy

həxʷstáxʷ ⟦√həxʷ-stax √big_deal-?⟧ [The suffix may come from English 'stuff'.] [interjection] ☞ hə́xʷ big stuff!. ⟪USAGE: RS always shouted this out as an expression of exuberance. BC thinks it is his own made up word.⟫ (AS,BC)

həyá? go. *See under:* hiyá?

hə́ya?ɬ ⟦√h<əy>a?ɬ √good<pl>⟧ ☞ há?ɬ to be good (of several things or people). (MJT)

hə́ya?pt deer (pl). *See under:* hayá?pt

hə́yəkʷiya?qʷ ⟦√h<əyə>?kʷ-iy=i?qʷ √greatgreatgrandparent/child<pl>-ext=head⟧ ☞ há?kʷiya?qʷ several great-great-grandparents; great-great-grandchildren. (MJT)

həyí live. *See under:* hiyí

hə́yič ⟦√həy=ay̌č √?=hip⟧ [interjection] [This must have a form of the 'hip' suffix, but the root is obscure.] darn you! "on the hip!". ⟪USAGE: This is a harsh word used in anger toward a woman.⟫ (MJT) *cp.* hé?qʷ

həyíkʷən ⟦√hyi=iwən √live=interior⟧ ☞ hiyí to try to save life, save soul. {**həyíkʷən** cn. *I'm trying to save life.* (BC)}

həy̌ú?pt deer (pl). *See under:* hayá?pt

hi? and. *See under:* ?i?

hi?áya? ⟦√hy<?áy>a? √go<actl>⟧ to be going, leaving. (LC) {?i?**hi?áya?** cn. *I'm on my way.* (HS,ES) | kʷɬi?**hi?áya?** cn. *I'm already going.* (ES) | hi?**hi?áya?** č. *He's going.* (MJT) | hi?**hi?áya?** u cxʷ? *Are you leaving?* (LC) | twəw̌**hi?áya?** txʷ?úxʷ ?a? cə sxʷx̌a?yəkʷəyé?č. *He was still going toward the mountains.* (MJT) VAR: hiyáya? (LC) {**hiyáya?** ca?n. *I'm going to be going.* (AS,BC)}

hi?čáyə before. *See under:* ?i?čá?yə

hi?čáy̌a? before. *See under:* ?i?čá?yə

hi?ɬkʷá?us behind. *See under:* ɬkʷáw̌əs

híc ⟦√hic √long_time⟧
1. to be a long time, take a long time. (ES) {**híc** cn. *I took a long time. / I'll be a long time.* (TC) | kʷɬ**híc** cn. *I've been a long time.* (TC) | **híc** u ca? cxʷ? *Are you going to stay a long time?* (ES) | **híc** ca?n. *I'm going to be (there) a long time.* (ES; TC) | **híc** ya? cn. *I was (there) a long time.* (ES) | mán ?u? **híc**. *It's too long a time.* (EPT) | **híc** kʷi nəstíym. *I sang a long time.* (TC) | kʷɬ**híc** cn ɬtéʔyəm. *I've been singing a long time.* (TC) | **híc** ƛ̌kʷtíxʷ. *You're holding it a long time.* (TC) | **híc** tə nəskʷənít. *I watched it a long time.* (TC) | **híc** ca? či nəs?éɬən. *I'm going to be eating a long time.* (TC) | kʷɬ**híc** cn. *I've been a long time.* (TC) | kʷɬ**híc** cn kʷənít. *I've been watching it a long time.* (TC) | **híc** cn kʷənít. *I've been watching it a long time.* (TC) | ?áw ya? c **híc**. *It wasn't a long time.* (TC) | ?áwə **híc** ?i? ƛ̌áy čtəŋxʷcínəŋ. *Not long, and he was talking like an owl again.* (AA) | kʷɬu?**híc** cn ?u?á c kʷənnəxʷ. *I haven't seen him for a long time.* (TC) | kʷɬu?**híc** cn ?áw c kʷənnəxʷ. *I didn't see him for a long time.* (TC) | kʷɬ**híc** cn ?áwə c kʷənnəxʷ cə sɬáni. *I haven't seen that woman for a long time.* (TC) | ?áw ca?n c **híc**. *I'm not going to be long.* (ES,HS; ES) | **híc** cn kʷa? hiyá?ən. *I'll be gone a long time. / It'll be a long time if I go.* (TC) | ?u?**híc** kʷa?ča? ?u?ƛ̌i?áŋ. *He was searching, then, for a long time.* (MJ) | ?əx̌ín ya? cxʷ ?uč ?ənsxʷmán ?u? **híc**? *Where were you when you took so long?* (TC) | ?áw ya? c **híc** s?i?šátəŋs ?i? kʷənnəs cə ?əcɬáyŋxʷ ?i?kʷə?né?ŋət. *She wasn't walking long when she saw a person running.* (TC) | ?u?áw č c **híc** s?i?šátəŋs ?i? kʷənəs kʷi kʷə?né?ŋət. *She wasn't walking very long, and she saw someone running.* (AS) | ?áwə c **híc** ?i? ?ən?á· ƛ̌áy cə ɬíkʷən. *It wasn't long, and the gaff hook came again.* (ES) | ?u?**híc** su?ccíɬəŋs ya? ?i? ?iyá?nəs či né? ?əcɬáyŋxʷ. *He was standing there a long time listening to the people that were there.* (ES) | mán ?u? ŋəń ti s?é?ɬəns ?a? či **híc** cə ?ay̌xʷíyŋəxʷ ?iya? ?a?Point No Point. *There was very much food for a long time at the village there at Point No Point.* (AA) | ?i? kʷɬu?**híc** ?i? čaʔqʷaynúŋət. *After quite a while he managed to talk.* (ES) | ?u?**híc** ?i? kʷənəs cə sxʷ?iyás ya? ?əɬ qaʔx̌qíńs ?əɬ twəwsƛ̌íƛ̌a?ƛ̌qɬs. *After a long time when saw where she was playing when she was still a child.* (MJ)}
2. to be a long time since. [i-class intensifier] {**híc** cn ?i? ?íɬən. *It's been a long time since I ate.* (TC) | **híc** kʷi ?i? čaʔkʷənəŋ. *It's been a long time since it's been seen.* (TC)} VAR: íc (ES)

híctxʷ ⟦√hic-txʷ √long_time-letcaus⟧ ☞ híc to keep someone for a long time, make something take a long time. (ES; TC; BC) {**híctxʷ** cn. *I made it a long time.* (ES; TC) | **híctxʷ** ca?n. *I'm going to keep him a long time.* (TC) | ?u?**híctxʷ** st ?ɬ ?a?táwnɬ. *When we go to town we stay a long time.* (AS)}

híčkəm handkerchief. *See under:* híkčəm

híčt ⟦√hič-t √protrude-trns⟧ to make something protrude, stick something out beyond others, put something in front, ahead. (TC)

hihínəń ⟦hy+√h<í>nń pl+√humpback_salmon<pl>⟧ ☞ hə́nəń a group of humpback salmon. (HS,ES) VAR: həhé?nəń (EPT)

hihíyəŋ ⟦hə+√hiy-ŋ incep+√fall_down-mdl⟧ *cp.* hé?yəŋ ☞ híyəŋ to be falling off, falling down from a height. (MJT; TC; ES) {**hihíyəŋ** cn. *I fell off.* (ES) | níɬ kʷi nʔúyəq nsxʷ**hihíyəŋ**. *It's your oar that caused my falling.* (AS,BC) | **hihíyəŋ** kʷa? kʷə nsxʷʔičá?əy. *Your tool fell down from up high.* (EPT) | **hihíyəŋ** kʷa? kʷə sƛ̌íƛ̌a?ƛ̌qɬ. *That child fell off.* (EPT) | **hihíyəŋ** cn ?i? ?u?cɬə́qʷəŋ ?a? kʷi sɬxáčən. *I fell and went through the floor.* (AS)} VAR: həhéyŋ (AS,BC) {**həhéyŋ** cn. *I'm falling.* (AS) |

níɬ kʷi n̓ʔúyəq nsxʷ**həhéyŋ**. *It's your oar that caused my falling.* (AS,BC)} VAR: həhíyŋ {**həhíyŋ** yaʔ kʷi kʷə swéʔwəs sŋaʔqéʔqʷ. *The boy fell on his head.* (AS)}

hihíytəŋ ⟦hə + √hiy-t-ŋ incep + √fall_down-trns-psv⟧ ☞ híyətəŋ *to be pushed off, pushed over.* {**hihiytəŋ** kʷi kʷə. *It was pushed over.* (AS)}

híkčəm ⟦√hikčm √handkerchief⟧ handkerchief, head scarf, bandanna. (LC; ES,TC; TC) [from Chinook Jargon] {ʔiʔ ččə́saʔqʷ ʔaʔ cə **híkčəm** *She had a bandanna on her head.* (ES) | suʔƛ̓kʷə́ts cə **híkčəm**. *So he took a handkerchief.* (MJ)} VAR: híčkəm (HS,BC) VAR: ʔíkčəm (TC)

híkʷ ⟦√hikʷ √flow⟧ to move, flow, drain (of a liquid). {**híkʷ** cə qʷúʔ. *The water is moving.* (AS)}

híkʷəŋ ⟦√hikʷ-ŋ √flow-mdl⟧ ☞ híkʷ
1. to flow (of water or other liquid). ⟪a flow between a drip and a gush⟫ (MJT; ES; AS) {**híkʷəŋ** cə stúykʷən ʔaʔ cə húʔpt. *The blood is flowing from the deer.* (AS)}
2. to drool. (AS)

hiɬčáʔyə go first. *See under:* ʔiʔɬčáʔi

hiɬkʷáʔwəs behind. *See under:* ɬkʷáwəs

hiqáyəɬ launch a canoe. *See under:* həqáyəɬ

híqt ⟦√hiq-t √push_off-trns⟧ to slide something by shoving it; to launch, shove out a canoe. (ES; TC) {**híqt** cə n̓snə́xʷɬ. *Launch your canoe.* (ES) | húy̓ či **híqt** cə snə́xʷɬ. *Let's push out the canoe.* (AS) | **híqt** cn cə nəsnə́xʷɬ. *I pushed out my canoe.* (TC; AS) | **híqt** cn cə ʔuʔúʔtxs. *I launched the canoe.* (ES) | **híqt** cə n̓scaʔkʷaʔyúɬ. *Launch your boat.* (ES) | **híqt** yaʔ cn kʷsə snə́xʷɬ. *I shoved the canoe out.* (EPT) | **híqt**s cə ʔuʔútxs. *He pushed out the canoe.* (MJ)}

híqtəŋ ⟦√hiq-t-ŋ √push_off-trns-psv⟧ ☞ híqt *to be slid out, launched, pushed out by someone.* {**híqtəŋ** cə snə́xʷɬ. *The canoe was launched.* (AS) | **híqtəŋ** cn. *He pushed me out (in my canoe).* (AS)}

híw̓ ⟦√hiw̓ √front⟧ to appear, show up, come to the forefront (of something expected). (ES; AS,BC) {**híw̓** cn. *I showed up.* (AS) | čaʔ**híw̓** cn. *I'm showing up.* (AS) | čaʔ**híw̓** u cxʷ? *Did you finally show up?* (AS) | **híw̓** cə húʔpt. *The deer showed up.* (AS) | hiyáʔ caʔn kʷaʔ **híw̓**əs ʔaʔ cə ʔəmxʷúcən ʔaʔ či kʷáči. *I'll go when they show up to pick berries in the morning.* (MJ)}

hixʷ presume. *See under:* yəxʷ

hiyáʔ ⟦√hyaʔ √go⟧ to go, go away, leave, depart. (LB,CWH; LC; ES; AS,BC; TC; AA) {**hiyáʔ** či. *Let's go! / Go away!* (ES; BC; MJ) | **hiyáʔ** cn. *I go.* (TC) | **hiyáʔ** u cxʷ? *Are you going?* (TC) | **hiyáʔ** caʔ. *He's going to go.* (TC) | **hiyáʔ** tán. *Go ashore.* (TC,AS,BC) | **hiyáʔ** túkʷ. *He went home.* (ES) | **hiyáʔ** caʔ st kʷi túkʷ. *We're going to go home.* (NS,JW) | **hiyáʔ** či štəŋúsəŋ. *Let's go for a walk.* (HS) | **hiyáʔ** caʔn. *I'm going to go.* (ES) | **hiyáʔ** cn štəŋúsəŋ. *I'm going for a walk.* (ES) | ʔúxʷ či **hiyáʔ**. *Go away!* (HS) | ʔáwə caʔn c **hiyáʔ**. *I'm not going to go. / I won't go.* (HS) | ʔuʔ**hiyáʔ** ti stáčəŋ. *The tide went out.* (ES) | **hiyáʔ** cn həwíyŋ. *I went back.* (TC) | nəsƛ̓éʔ či nəs**hiyáʔ**. *I want to go.* (TC) | xʷəŋ u cn ʔiʔ **hiyáʔ**? *Can I go?* (TC) | ʔuʔŋə́n či **hiyáʔ**. *Lots are going.* (TC) | **hiyáʔ** u cxʷ? *Are you going? / Did you go?* (TC; ES) | **hiyáʔ** yaʔ cxʷ. *You went.* (ES) | ʔiʔ níɬ suʔ**hiyáʔ**s cə qʷúʔ. *And then the water left.* (ES) | **hiyáʔ** cn ƛ̓aʔčixʷícən. *I'm going to Port Angeles.* (TC) | **hiyáʔ** cn ɬúyəs ʔaʔčixʷícən. *I'm going to leave Port Angeles.* (TC) | yəcúst cn ʔaʔ či ns**hiyáʔ**. *I told him I went.* (ES) | ʔə́xəŋ cn ʔaʔ či ns**hiyáʔ**. *I'm saying I went.* (ES) | xən̓áxʷ cn ʔaʔ či ns**hiyáʔ**. *I said to him I was going.* (ES) | níɬ suʔ**hiyáʔ**s ʔiʔ ʔúxʷ ʔaʔ cə qʷáy̓. *Then he left and went over to the log.* (ES) | suʔsátəŋs kʷaʔ **hiyáʔ**s čə́yəx ʔaʔ či pə́wiʔ. *So she told him to go catch a flounder.* (TC) | **hiyáʔ** ʔuctə kʷi či xčŋíns ʔaʔ či s**hiyáʔ**s. *He went because he thought he might as well go.* (AA) | ƛ̓kʷə́təŋ tə ɬuʔɬáʔwiʔs ʔiʔ **hiyáʔ** ɬkʷístəŋ ʔaʔ cə stútaʔwiʔ. *They took his arms and took him across the creek.* (ES) | **hiyáʔ** kʷaʔ ʔúxʷ túkʷ. *She went home.* (AA) | **hiyáʔ** či stə́ct. *Go lie down.* (ES) | **hiyáʔ** štəŋ. *Go walk. / He walked away.* (ES; AS) | níɬ suʔ**hiyáʔ**s ʔiʔ tə́s ʔaʔ sxʷʔiyás ɬtéʔyəm̓ cə sɬaniʔ. *He went and got to where the woman was singing.* (ES) | **hiyáʔ** u cxʷ xʷən̓áŋ ʔaʔ ʔə́c? *Are you going like me?* (TC; AS,BC)} VAR: hyáʔ {**hyáʔ** či ƛ̓aʔtáwntuŋɬ. *Let's go to town.* (EPT) | **hyáʔ** yaʔ cn ʔiʔsəwáʔ. *I went with him.* (TC) | xčít u cxʷ ʔaʔ či ns**hyáʔ** caʔ túkʷ? *Do you know I'm going home?* (EPT)} VAR: həyáʔ {**həyáʔ** yaʔ cn ƛ̓áʔcuʔ. *I went trolling.* (EPT)} VAR: iyáʔ {kʷɬə**iyáʔ** kʷɬə číčəməs. *She already left to meet her.* (MJT)} VAR: yáʔ (RS; ES; EPT; TC) {**yáʔ** či túkʷ. *Go home.* (RS) | **yáʔ** či ƛ̓aʔtáwn. *Go to town.* (RS) | **yáʔ** caʔn čə́yəxʷ. *I'll go inside.* (EPT) | **yáʔ** cn ɬcú. *I went down to the beach.* (TC)}

hiyaʔáy̓ŋən ⟦√hyaʔ-ay̓ŋən √go-want⟧ ☞ hiyáʔ *to want to go, leave.* (ES; AS,BC; TC) {**hiyaʔáy̓ŋən** cn. *I want to go.* (ES; TC; AS,BC) | **hiyaʔáy̓ŋən** cə sɬani. *The woman wants to go along.* (TC) | mán̓ cn ʔuʔ **hiyaʔáy̓ŋən** či nsmitáli. *I really want to go gambling.* (BC)} VAR: yaʔáy̓ŋən (ES; TC)

hiyáʔc take me/you. *See under:* hiyaʔtúŋəs

hiyáʔíŋət ⟦√hyaʔ-iŋət √go-scs⟧ ☞ hiyáʔ to get to bring, finally bring something. {**hiyáʔíŋət** cn. *I got to bring it. / I finally brought it.* (AS)}

hiyáʔnəs ⟦√hyaʔ-nəs √go-intent⟧ ☞ hiyáʔ to go for, go after, go at someone or something. {**hiyáʔnəs** cn. *I'm going to get him. / I went after him.* (TC; AS,BC) | **hiyáʔnəs** cn tə nəscúɬ. *I went after my wood.* (MJT) | **hiyáʔnəs** cn cə ntán. *I went after (to get) my mother.* (BC)}

hiyáʔnəsəŋ ⟦√hyaʔ-nəs-ŋ √go-intent-psv⟧ ☞ hiyáʔnəs *to be gone at, gone after.* {**hiyáʔnəsəŋ** cn. *It went after me.* (TC) | **hiyáʔnəsəŋ** ʔaʔ tə saʔčúʔiɬs kʷɬi táns. *Her mother's younger brother went after her.* (MJ)}

hiyaʔnúŋət 〚√hyaʔ-nuŋt √go-ncmdl〛 ☞ hiyáʔ to get to go, manage to go. {*hiyaʔnúŋət* cn. *I got to go.* (TC)}

hiyaʔstúy̓ 〚√hyaʔ-stuy̓ √go-comit〛 ☞ hiyáʔ to go, leave together. (AS) {*hiyaʔstúy̓* caʔ st. *We're going to go together.* (AS)} VAR: hiyaʔstúy (AS) {*hiyaʔstúy* st ƛ̓aʔtáwn. *We went to town together.* (AS) | *hiyaʔstúy* kʷi ʔɬ ƛ̓aʔtáwns. *They went to town together.* (AS) | níɬ suʔ*hiyaʔstúy*ɬ ʔaʔ cə scaʔkʷaʔyúɬs. *So we went together in his boat.* (MJ)}

hiyáʔtəŋ 〚√hyaʔ-txʷ-ŋ √go-inancaus-psv〛 ☞ hiyáʔtxʷ to be taken, carried by someone or something. {*hiyáʔtəŋ* cn. *They took me.* (TC) | ʔáwə cn t *hiyáʔtəŋ*. *They didn't take me.* (TC) | níɬ kʷɬaʔ suʔ*hiyáʔtəŋ*s. *So she was taken.* (TC) | ʔaw̓ʔáwə cn t *hiyáʔtəŋ*. *It was because they didn't take me.* (TC) | níɬ č yaʔ kʷi *hiyáʔtəŋ* ʔaʔ kʷi stáʔčəs sxʷʔiyátəŋs ti qaʔq̓ítəŋ. *Then he was taken to Olympia where he was put in prison.* (AS) | ó·, naʔníɬ yəxʷ yaʔ sxʷ*hiyáʔtəŋ*s ʔaʔ kʷi sƛ̓kʷə́təŋɬ. *Oh, that (little hole) is where they took us from when they grabbed us.* (AA) | ƛ̓áy kʷɬaʔ *hiyáʔtəŋ* ʔaʔ cə sxʷʔiyás ƛ̓ə́č ʔaʔ cə ƛ̓áɬc. *She was taken again to where the ocean is deep.* (AA) | ní·ɬ kʷə suʔ*hiyáʔtəŋ*s cə sqʷáy ʔaʔ či skʷə́nnəŋs kʷsi ŋə́naʔs tán ʔuʔ ʔiʔhúʔhuʔhiʔ. *Then they took him the word that his daughter had been seen landing all alone.* (AA) | čaʔƛ̓kʷə́təŋ ʔiʔ *hiyáʔtəŋ* čáʔ kʷaʔ cə skʷáči. *They were immediately grabbed and taken up into the sky.* (AA) | ʔáwə cn c *hiyáʔtəŋ* ʔúxʷtəŋ ʔaʔ cə sxʷʔiyás cə sŋə́n̓s ʔəttáwtxʷ sxʷʔiyás ti sʔéʔtt ti sčáy ʔaʔ cə ʔəsqʷáʔɬiʔ. *I wasn't taken over to the bunkhouse where the loggers sleep.* (ES)}

hiyaʔtúŋə 〚√hyaʔ-txʷ-uŋə √go-inancaus-2obj〛 ☞ hiyáʔtxʷ take you. {*hiyaʔtúŋə* cn. *I took you (there).* (AS,BC)}

hiyaʔtúŋəɬ 〚√hyaʔ-txʷ-uŋəs √go-letcaus-1obj/2obj〛 ☞ hiyáʔtxʷ take us; let us go. (TC) {*hiyaʔtúŋəɬ* či. *Take us.* (TC) | *hiyaʔtúŋəɬ* u cxʷ? *Will you take us?* (TC) | suʔqʷáys cəníɬ sisiyáʔiɬs, "húy̓ či *hiyaʔtúŋəɬ* ƛ̓iyáʔəŋ ʔaʔ kʷsi čxʷə́yuʔ." *So his in-laws said, "Please take us to look for a whale."* (AA) | húy̓ či *hiyaʔtúŋəɬ*. *Okay, let's go.* (TC)} VAR: hiyaʔtúŋɬ (TC)

hiyaʔtúŋəs 〚√hyaʔ-txʷ-uŋəs √go-inancaus-1obj/2obj〛 ☞ hiyáʔtxʷ take me; take you. {*hiyaʔtúŋəs* cn. *I took you (there).* (ES) | *hiyaʔtúŋəs* u cxʷ? *Did you take me there?* (ES; TC)} VAR: hiyáʔc 〚√hyaʔ-txʷ-c √go-inancaus-1obj/2obj〛 {*hiyáʔc* cn. *I'll take you.* (BC)}

hiyáʔtxʷ 〚√hyaʔ-txʷ √go-inancaus〛 ☞ hiyáʔ Stem: hiyáʔt [stem for subject suffixes] to take and put someone or something (somewhere), make something go. (AS,BC; ES; TC) {*hiyáʔtxʷ* cn. *I took it (there).* (ES) | níɬ yaʔ *hiyáʔtxʷ* či sqʷə́nsə́yuʔ. *It was him that was taking the invitation.* (TC) | húy̓ kʷaʔ kʷɬʔuʔ*hiyáʔtxʷ*xʷ či ʔəsx̣áč *Only if you take some dried salmon.* (AA) | *hiyáʔt*s cə sxʷʔúyəɬ. *He took what he was going to ride.* (MJ) | *hiyáʔt*s cə sʔítən. *He brought the food.* (AS) | *hiyáʔtxʷ* cn či sčíyaʔyə táyitxʷ. *I'll take some sticks upstream.* (MJ) | níɬ ʔəɬ *hiyáʔtxʷ*s ti eggs ʔiyá ʔaʔ ti cácu. *That's where they take the eggs on the beach.* (MJT) | *hiyáʔtxʷ* yaʔ cn kʷi ʔúxʷtxʷ ʔaʔ kʷə sčxʷás. *I took him to the salmon bake.* (MJT)} VAR: hyáʔt (AS) VAR: yáʔt (AS)

hiyáʔwən part. See under: haʔyáʔwən

hiyáya? going. See under: hiʔáyaʔ

hiyayáʔtxʷ 〚√h<ya>yaʔ-txʷ √go<pl>-inancaus〛 ☞ hiyáʔtxʷ to take and put several things (somewhere), make several things go. {níɬ *hiyayáʔtxʷ* či sqʷə́nsə́yuʔs. *He took their invitations.* (ES)}

híyct 〚√hiy-cut √fall_down-rflxv〛 ☞ híyəŋ to go down from a height. {ʔiʔxʷítəŋ cxʷ *híyct*. *Jump down.* (TC) | ʔiʔ húʔ caʔ táči, ʔiʔ xʷítəŋ cxʷ *híyct*. *And when they get here, jump down.* (ES)}

híyəŋ 〚√hiy-ŋ √fall_down-mdl〛 to fall down from a height, fall off. (MJT; LC; ES,TC; TC) ((USAGE: This is used for something falling off of something such as a bluff, roof, bed, etc. This is not used to refer to something falling from a standing position such as a person or a tree. It is also not used to refer to falling out of a canoe.)) (TC) cp. sɬə́ŋ cp. qə́s {*híyəŋ* cn. *I fell off.* (ES; TC) | *híyəŋ* caʔ cxʷ. *You're going to fall.* (ES,TC) | *híyəŋ* cə sŋiyánt. *The rocks fell off.* (TC) | *híyəŋ* cə swə́y̓qaʔ ʔaʔ cə sŋiyánt. *The man fell off the rocks.* (TC) | níɬ č kʷɬaʔ suʔ*híyəŋ*s ʔiʔ suʔq̓ʷúys cə sxʷtúnəqs. *Then she fell, and his sister died.* (TC)} VAR: héyəŋ (AS,BC) VAR: héyŋ (AS,BC; ES)

híyət 〚√hiy-t √fall_down-trns〛 ☞ híyəŋ to push, roll something off, over an edge. (AS,BC) {*híyət* cn. *I pushed it over.* (TC)} VAR: héyt (AS) {*héyt* kʷə scúɬ. *Push the wood off.* (AS)} VAR: héytxʷ (AS) 〚√hiy-txʷ √fall_down-inancaus〛

híyətəŋ 〚√hiy-t-ŋ √fall_down-trns-psv〛 ☞ híyəŋ to be pushed, rolled off, over an edge. {*híyətəŋ* cn. *I got rolled off.* (TC)} VAR: héytəŋ {*héytəŋ* cn. *I got fallen.* (AS)}

hiyətíxʷ revive. See under: hiyitíxʷ

híyətxʷ 〚√hiy-txʷ √fall_down-inancaus〛 ☞ híyəŋ to push, roll something off, over an edge. {*híyətxʷ* cn. *I pushed it over.* (TC)}

híyəy̓ live. See under: hiyí

hiyí 〚√hyi √live〛 to live, be alive. (LC; AS,BC) {*hiyí* cn. *I'm alive.* (TC) | ʔuʔ *híyi* tə nsčə́nətəŋ. *They buried me alive.* (ES) | twəw*hiyí*. *It's still alive.* (TC) | twəw*hiyí* cn. *I'm still alive.* (MJT) | ʔáwənə caʔ *hiyí*. *No one is going to live.* (ES) | *hiyí* cn ʔiʔ həwíyəŋ. *I'm alive, and I came back.* (TC) | twəw*hiyi* tə sqəy̓áyəŋəxʷ. *The tree is still alive.* (MJT) | kʷi stwəw*hiyí*s kʷi nəsqʷúʔšən ʔiʔ ʔəy̓. *When my husband was alive and well.* (MJ) | níɬ suʔx̌ʷiyastís či s*hiyí*s ti ʔəcɬtáynx̌ʷ tə siʔám̓. *The bosses don't care about an Indian's life.* (ES) | nəx̌čŋín ʔaʔ či stə́kʷx̌ʷs sčiʔánəŋs či s*hiyí*s kʷi nəsíyaʔ ʔiʔ čaʔáwənə. *I think it was nine years my grandmother lived before she died.* (MJ) | k̓ʷíy̓nəq ti kʷɬčə́q kʷaʔ ʔáwəs c sx̌ʷqaʔx̌qín ʔaʔ či ʔuʔstáŋ ʔuʔ*hiyí* x̌ʷənʔáŋ ʔaʔ či skʷəyaʔk̓ʷaʔtúʔ. *The elders advised not to make fun of any living thing such as crows.* (MJ) | ʔáx̌əŋ kʷi sčiʔúʔsɬ ʔaʔ či sníɬ cə čáčtəŋəx̌ʷ swə́y̓qaʔ ʔaʔ kʷi stwaw̓ʔáɬaʔs ʔaʔ tiə sčtə́ŋx̌ʷən ʔuʔ twaw̓*hiyí*. *Our ancestors said that the great horned owl was a man when he was still alive here on earth.* (ES)} VAR: həyí (TC; ES) VAR: híyi (MJT) VAR: híyəy̓ (EPT)

hiyíct ⟦√hyi-cut √live-rflxv⟧ ☞ hiyí
1. to save oneself, save one's own life. (ES)
2. to come (back) to life, be revived. (ES,HS) {*hiyíct* cn. *I came (back) to life.* (ES; AS,BC) | *hiyíct* tiə sqʷáy̓ɬ. *Our language is revived.* (BC) | čaʔ*hiyíct* ixʷ. *He finally must have come to life.* (AS)}
3. to stop fussing, come to one's sense after a tantrum. {*hiyíct* č ixʷ ʔaʔ Herbert. *Herbert must have stopped fussing.* (MJ) | čaʔ*hiyíct* ixʷ. *He finally must have stopped fussing.* (AS)} VAR: hiyicút {níɬ suʔ*hiyicút*s. *So he saved himself.* (ES) | *hiyicút* kʷi tím yaʔ. *The late Tim saved himself.* (ES) | ʔiʔ níɬ húy ʔuʔ skʷɬʔinuʔ*hiyicút*s kʷi tím ʔaʔ c sʔiyás ʔaʔ cə nuʔq̓ʷsə́ŋ. *Tim only saved himself there where it was kind of solid.* (ES)}

hiyicút come to life. See under: hiyíct

hiyínəŋ ⟦√hyi-naxʷ-ŋ √live-nctrns-psv⟧ ☞ hiyínəxʷ to be saved, have one's life saved by someone. {*hiyínəŋ* cn. *They saved me.* (ES) | táči kʷi kʷɬə nʔíŋəc; níɬ nsuʔ*hiyínəŋ*. *My grandchild got here; then she rescued me.* (AS)}

hiyínəxʷ ⟦√hyi-naxʷ √live-nctrns⟧ ☞ hiyí to save someone's life, rescue someone. (ES; AS) {*hiyínəxʷ* cn cə sx̌íx̌aʔx̌qɬ ʔaʔ kʷi sqə́ss ʔaʔ tə stúʔwi. *I saved the child when he fell in the river.* (AS)}

híyinəxʷ ⟦√hiy-naxʷ √fall_down-nctrns⟧ ☞ híyəŋ to knock something off, over (accidentally). {*híyinəxʷ* cn. *I knocked it over.* (ES)}

hiyinúŋət ⟦√hyi-nuŋt √live-ncmdl⟧ ☞ hiyí to manage to live, stay alive, be saved. (ES) {níɬ suʔ*hiyinúŋət*ɬ. *So we were saved.* (ES) | *hiyinúŋət* tiə ʔaycɬtáyŋxʷ. *The people were saved.* (TC,AS,BC) | húy caʔ ʔuʔ *hiyinúŋət* kʷaʔ ʔánɬs ʔaʔ či nsqʷáqʷiʔ. *Only those who obey what I'm saying will be saved.* (ES) | ʔiʔ níɬ suʔ*hiyinúŋət*s či ʔuʔx̌ə́n̓ɬ ʔəcɬtáyŋxʷ. *And all of us Indians will be saved.* (BH)}

hiyinúŋət skʷáči ⟦√hyi-nuŋt ʔs-√kʷayiy √live-ncmdl stat-√day⟧ ☞ hiyinúŋət skʷáči Easter. (AS,BC)

hiyít ⟦√hyi-t √live-trns⟧ ☞ hiyí to bring someone back to life, save someone's life. {*hiyít* cn. *I saved him.* (ES) | *hiyít*s cə sx̌ʷənʔáŋ ʔaʔ ʔə́c. *It saves the likes of me (second line of "Amazing Grace").* (AS,BC)}

hiyítəŋ ⟦√hyi-t-ŋ √live-trns-psv⟧ ☞ hiyít to have one's life saved, brought back to life. (ES) {*hiyítəŋ* cn. *Someone saved me.* (ES) | *hiyítəŋ* cə sx̌áɬ swə́y̓qaʔ. *They saved the sick man.* (AS) | *hiyítəŋ* cn ʔaʔ kʷi nsx̌áɬ. *I got well from being sick.* (AS)}

hiyitíŋ ⟦√hyi-t-i-ŋ √live-trns-persist-psv⟧ ☞ hiyitíxʷ to be revived, brought back to life, saved. (TC) {*hiyitíŋ* cn. *Someone saved me.* (TC) | *hiyitíŋ* ʔaʔ cə snúʔnəkʷ. *He was saved by the ghost.* (TC) | *hiyitíŋ* ʔaʔ cə čáʔsaʔ ʔə́y̓ snáyaʔnəkʷ. *He was saved by the two good ghosts.* (ES) | *hiyitíŋ* kʷə tím ʔaʔ cə čáʔsaʔ ʔaʔ cə néʔ snáyaʔnəkʷ q̓ʷaʔčtáyŋən. *Tim was saved by those two from those ghosts that were wanting to kill him.* (ES) | níɬ ncáxʷ skʷə́nnəxʷs či snáyaʔnəkʷ ʔiʔ *hiyitíŋ* ʔaʔ cə čáʔsaʔ kʷə siʔtaʔkʷístəŋ ʔaʔ tím ʔaʔ cə stútaʔwiʔ. *That was one time he saw ghosts and was saved by two of them taking Tim across the creek.* (ES)}

hiyitíxʷ ⟦√hyi-t<í>xʷ √live-caus<pers>⟧ ☞ hiyí to revive, resuscitate, bring someone or something back to life, save. {*hiyitíxʷ* cn. *I revived him.* (TC) | *hiyitíxʷ* či. *Revive him.* (TC) | *hiyitíxʷ* či tiə nəxʷsx̌ayəmúcən. *Revive the Klallam language!* (TC) | *hiyitíxʷ* či tiə sqʷáy̓ɬ. *Revive our language.* (TC) | nəsx̌éʔ či nəs*hiyitíxʷ* tiə nəxʷsx̌ayəmúcən sqʷáy. *I want to revive the Klallam language.* (TC)} VAR: hiyətíxʷ (TC) {ʔáwənə či čúkʷən či nəshiyáʔ *hiyətíxʷ*. *I've got nothing to use to go save him.* (TC)}

hiyitúŋə ⟦√hyi-txʷ-uŋə √live-caus-2obj⟧ ☞ hiyítxʷ save you. {*hiyitúŋə* cn. *I'll save you.* (TC)}

hiyítxʷ ⟦√hyi-txʷ √live-caus⟧ ☞ hiyí to save someone's or something's life, make someone or something live. {*hiyítxʷ* cn. *I saved it.* (TC)}

hm̓ḿ yes. See under: m̓

hu quest. See under: u

hú? ⟦√huʔ √if/when⟧ [predicate that introduces the protasis of the conjoined conditional construction] if, when. (TC) {*húʔ* q yaʔ cn ʔuʔ čtálə ʔiʔ hiyáʔ q yaʔ cn. *If I had money, I'd go.* (TC) | *húʔ* caʔ cxʷ hiyáʔ ʔiʔ ʔuʔɬáʔ caʔ. *If you will go, he will stay.* (LC) | *húʔ* cn hiyáʔ ʔiʔ nə́kʷ caʔ nəsq̓ʷúʔšən. *If I go, you'll be my companion.* (TC) | *húʔ* cn hiyáʔ ʔiʔ hiyáʔ caʔ cxʷ. *If I go, you're going to go.* (TC) | *húʔ* q yaʔ cn q̓ʷúy ʔiʔ twawŋə́n ŋaʔkʷaʔcút. *If I'd die there were still many waiting.* (TC) | ʔiʔ *húʔ* cxʷ ʔáwətxʷ ʔánəɬ ʔiʔ kʷán caʔ cxʷ. *And if you refuse to obey, you will be lost.* (ES) | *húʔ* caʔ cxʷ ʔáw c ʔən̓həwəŋístxʷ ʔiʔ q̓ʷúčc caʔn. *If you don't return it, I'll beat you up.* (MJ) | *húʔ* q yaʔ ʔáwə c nə́kʷ ʔi uʔhiyáʔ q yaʔ cn. *If it weren't for you, I would have left.* (TC) | *húʔ* caʔ ʔuʔə́y̓ tiə skʷáči hiyáʔ cn x̌ácu. *If the weather is nice, I'll go fishing.* (TC) | *húʔ* q yaʔ cxʷ ʔáwənə ʔi uʔhiyáʔ q yaʔ cn. *If it weren't for you, I would have left.* (TC) | *húʔ* x̌kʷnás činu ʔəcɬtáyŋxʷ ʔəɬ ʔiʔšə́təŋs ʔaʔ ti súɬ, ʔiʔ sqqíŋs. *When they took a person walking* on the road, they would play with them. (ES) | *húʔ st X̌ᵂkʷnáxʷ ti sx̣ə́naʔs ti smə́yəc ʔiʔ níɫ suʔqʷəy̓əsnítɫ.* When we get the deer hooves, we boil them. (TC) | *ʔáxən yaʔ cn ʔaʔ či nhúʔ caʔ táči ʔaʔ tiə ʔiʔ qəmán caʔn ʔaʔ či nəʔáʔyəŋ.* I said that when I get here I'll ask for a house. (TC) | *húʔ q yaʔ cxʷ ʔáwənə ʔiʔ ʔuʔŋə́n q yaʔ či ntitə́x̌.* If it weren't for you I'd make many mistakes. (TC) | *ʔuʔx̣ənʔáxʷ cn kʷaʔ húʔəs ʔiʔ həwéyŋ ʔiʔ X̌áyuči.* I told her that when she comes back, stop. (ES) | *ʔiʔ x̣ənʔáxʷ cn kʷaʔ húʔəs ʔənʔá čáŋ ʔiʔ ʔənʔác kʷə cə ŋə́naʔɫ.* I told her that when she comes home, bring our son. (ES) | *húʔ caʔ cxʷ ʔuʔáwə c ʔúŋəsc, ʔiʔ q̓ʷúčc caʔn ʔuʔáɫaʔ ʔaʔ tiə k̓ʷə́y.* If you don't give it to me, I'll beat you up here in the bushes. (MJ) | *húʔ cxʷ kʷə́nəxʷ tə x̣ʷənʔáŋ ʔnX̌láʔmən ti sčə́qʷəwc ʔiʔ níɫ ʔənsuʔx̣čnáxʷ ʔaʔ či snáyaʔnəkʷs.* If you see something like a greenish fire, then you can figure it's ghosts. (ES) | *húʔ yéʔtxʷ ʔuʔX̌ə́kʷ ʔaʔ či qʷúʔ ʔiʔ ʔúxʷtxʷ.* When the water is ready to take, bring it. (MJ) | *húʔ cxʷ kʷə́nnəxʷ ti x̣ʷənʔáŋ ʔiʔ kʷánəŋt ʔaʔ či ʔuʔsx̣ə́ns či ṅsxʷə́ŋ.* If you see something like that, run as fast as you can. (ES) | *húʔ yaʔ kʷaʔnéʔŋət kʷi tím ʔaʔ ti táŋən ʔəɫ ʔiʔɫáčcts činu skʷáči ʔiʔ níɫ táči cə caʔcéʔx̣ʷəŋ ʔiyá ʔaʔ tə cácu.* When Tim was running in the evening when the day was getting dark, he would get to a shallow place at the beach. (ES) | *kʷaʔ ʔáwə c xʷənáŋ či xčníns, ʔiʔ húʔ caʔ cxʷsxʷčiyaʔyéʔwən ʔiʔ sqiʔnúŋət ʔiʔ nəxʷqʷiʔqʷəyéʔwən ʔaʔ či ṅsʔístxʷ caʔ ʔiʔ ʔuʔcxʷə́t ʔiʔ ʔuʔnə́kʷ caʔ ʔuʔ cə́xʷ ʔaʔ či syáʔts cə sisiyáʔiɫs cə sčiyaʔyéʔwən yaʔ sčutáyəɫs ʔaʔ ʔuʔ mán ʔuʔ nəxʷsX̌iyʔámexʷ.* If you are not thinking like that, and if you are resentful and angry and thinking that you'll do something to make someone disappear, it will be you that disappears as what happened to the envious in-laws of that very good provider. (AA) | *ʔáxən kʷi siʔiʔám ʔaʔ ʔiyá tə čə́q táwn, Seattle, húʔ q ʔiʔqʷúy cə sX̌íX̌aʔX̌qɫ ʔiʔ ŋə́ń, ŋə́ń təsə ŋaʔkʷaʔcút ti sčáytəŋs ʔaʔ ʔ Seattle. The bosses in the city, Seattle, said that if a child dies there are many, many waiting to be put to work in Seattle. (ES) | *ʔuʔhúʔ cxʷ čəʔúʔwəs ʔaʔ či ʔəsqiʔám ʔiʔ níɫ suʔəstáxɫs kʷaʔčaʔɫ.* If it is used for weakness, it is, therefore, wrong. (BH) | *húʔ st X̌áy čáni ʔiʔ X̌áy st hiyáʔ ʔúxʷ ʔaʔ sxʷimáɫ.* When we moved again, we again went to Esquimalt. (TC)} VAR: ʔúʔ (ES; AS,BC) {*ʔúʔ qɫ yáʔ cə nxčŋín xʷənáŋ ʔaʔ nə́kʷ ʔiʔ X̌áy qɫ cn ʔuʔ x̣ənʔáxʷ kʷi nəsíyaʔ kʷaʔ ʔáwə c čʔaʔŋúscʔaʔ cə ɫqíyns.* If I had thought like you, I would also tell my grandmother not to give me her power. (MJ)}

huʔá not yet. *See under:* ʔuʔá

huʔáʔič [√hw̓a<í>č √raise<pl>] ☞ huʔáčən to be raised up above, over, more than. {*huʔáʔič ʔaʔ tə ṅsqiyákʷən.* It's up above your knees. (MJT) | *ʔiʔ huʔáʔič ʔaʔ kʷ ɫxʷɫšáʔ čaʔscə́yəxʷ ʔaʔ cə X̌úX̌aʔ ʔáʔiŋɫ.* There were over thirty of us in our little house. (ES) | *ʔiʔ kʷúkʷ cə nstániʔ ʔaʔ tə stəŋiʔŋínəŋ cə ʔuʔx̣ə́n txʷhuʔáʔič ɫxʷɫšáʔ ʔəcɫtáyŋəxʷ.* My wife cooked supper for all of more than thirty people. (ES)}

huʔáčən [√hw̓ač-ŋ √raise-mdl] to raise oneself above others; better, improve oneself. (ES)

huʔáčt [√hw̓ač-t √raise-trns] ☞ huʔáčən to raise something above. {*huʔáčt ti sxʷnánəč.* Raise the price. (ES) | *huʔáčt ti sxʷnánəčs cə saplín.* Raise the price of bread. (ES) | *huʔáčt cn či sxʷnánəčs cə nsaplín.* I raised the price on my bread. (ES)}

huʔáčtəŋ [√hw̓ač-t-ŋ √raise-trns-psv] ☞ huʔáčt to be raised above by something or someone. {*huʔáčtəŋ či sxʷnánəčs cə saplín.* They raised the price on the bread. (ES)}

huʔást refuse it. *See under:* həwást

húʔčcən [√huy<ʔ> =ucin √finish<actl> =mouth] [/y̓/ → /ʔč/] ☞ húccən to be finishing eating. {*níɫ húʔčcən cə sʔéʔɫəns.* So they were finishing eating their food. (ES)}

húʔčt [√hu<ʔ>y-t √finish<actl>-trns] ☞ húčt to be finishing something. {*kʷɫiʔhúʔčt cn.* I'm just finishing it. (MJT)}

huʔəhá not yet. *See under:* ʔuʔá

huʔəhánə [√huʔəhə√niʔ √not_yet√exist] ☞ ʔuʔá ☞ néʔ cp. ʔáwənə to not yet exist, not yet have. {*huʔəhánə stániʔs.* He doesn't yet have a wife. (MJT)}

húʔənət [√hu<ʔə>n-t √burn<actl>-trns] ☞ húnt to be igniting, setting fire to something. {*kʷɫənhúʔənət cn kʷi.* I'm lighting it now. (MJT) | *húʔənət cn tə sxcáʔy.* I'm right now setting fire to the hay. (MJT) VAR: húʔənt (MJ) {*húʔənt kʷi túɫkʷxʷ.* Burn it as you go home. (MJ)}

húʔəń [√hu<ʔə>n<ʔ> √burn<actl>] ☞ hún to be burning, on fire. (EPT; MJT) {*húʔəń kʷsə ṅshúnuc.* Your fire is burning. (EPT) | *húʔəń kʷsə sʔáʔyəŋs kʷsə ṅsʔúqʷaʔ.* Your brother's house is on fire. (EPT) | *ʔáwə c húʔəń.* It's not burning. (MJT) | *ʔuʔhúʔəń kʷi.* There's a fire. (MJT) | *ʔíɫən ʔiyá ʔaʔ cə shúʔəń sʔíɫən.* They (the ghosts) ate at the burning food. (MJ) | *kʷhúʔəń kʷi súnuc.* The fire is on now. (MJT) | *cákʷs cn kʷaʔčaʔ tə húʔəń pípə.* So I put down the burning paper. (MJ)}

húʔhúʔhiʔ [húʔ+huʔ+√huy<ʔ> char+actl+√only<actl>] ☞ húy to be all alone. {*níɫ kʷə suʔhiyáʔtəŋs cə sqʷáy ʔaʔ či skʷə́nnəŋs kʷsi ŋə́naʔs tán ʔuʔ ʔiʔhúʔhuʔhiʔ.* Then they took him the word that his daughter had been seen landing all alone. (AA)} VAR: húʔhuʔhuy {*ʔuʔ húʔhuʔhuy ti nəsʔiyá ʔəṅxʷúcən tə́yi ʔiʔšátəŋ.* I was all alone there picking berries walking upriver. (MJ)}

huʔhúʔi [huʔ+ √hu<ʔ>y rslt+√only<actl>] ☞ húʔi to be doing (something) alone. {*huʔhúʔi cn.* I'm by myself. / I'm alone. (ES,HS; TC) | *wiʔhuʔhúʔi cn.* I'm going alone. (ES) | *ʔuʔhuʔhúʔi cn tə nəsʔíɫən.* I eat alone. (TC) | *ʔuʔhuʔhúʔi cn ʔəɫ ʔúxʷnəsən kʷi nəswə́yqaʔ ʔéʔtt ʔiyá ʔaʔ tə siláwtxʷ.* I went alone after my *husband who was sleeping in the tent.* (MJ)} VAR: haʔhúʔəy̓ {huʔ**haʔhúʔəy̓**. *She's alone.* (MJT)} VAR: haʔhúʔi? (MJT) {**haʔhúʔi?** cn. *I'm alone.* (MJT)} VAR: haʔhúʔi (MJ) {ʔuʔ**haʔhúʔi** cn ʔaʔ nəsuʔnaʔnáʔču?. *I was all alone.* (MJ) | nił suʔáwənəs sx̣číts či syáčts caʔ ʔu? **haʔhúʔi**. *She didn't know what she was going to do all alone.* (MJ) | hiyáʔ cn ʔuʔyíy̓ ʔu? **haʔhúʔi** tə nsʔáʔmət. *I went far away and was sitting alone.* (MJ)} VAR: hahúʔi (AS,BC) {x̣čŋíns ʔaʔ či suʔ**hahúʔi**s ʔi? łx̌ʷáy st tə kʷi ʔáłaʔ. *He thinks he's alone, but there are three of us here.* (MJT)} VAR: huhúʔi (ES) VAR: huhúy (MJ)

huʔhúʔpt ⟦hu + √huʔpt dim + √deer⟧ ☞ **húʔpt**
1. small deer. (TC)
2. Secretary Island (Donaldson Island), off Sooke Inlet. (TC) VAR: haʔhúʔpt (AS,BC)

húʔi? ⟦√hu⟨ʔ⟩y⟨ʔ⟩ √only⟨actl⟩⟧ ☞ **húy** to be alone. {ʔu? ʔi?**húʔi?** ʔəł tóss. *She got there alone.* (ES) | ʔu?**húʔi?** cn. *I'm all alone.* (TC; BC) | ʔu?**húʔi?** u cxʷ? *Are you all alone?* (TC) | ʔu?twaw̓**húʔi?** cn. *I'm still alone.* (EJ) | ʔéʔst ʔu? **húʔi?** kʷłə. *She was paddling alone.* (AA) | ʔu?**húʔi?** caʔ cxʷ či nsuʔkʷənaŋíct *You alone will help yourself.* (MJ) | łúyəs caʔn ʔu?**húʔi?**. *I'm going to leave him (home) alone.* (TC) | suʔkʷóyəŋs ʔi? txʷaʔ**húʔi?** cə q̓áʔŋi x̌ʷaʔxʷəy̓q̓ʷi ʔaʔ cə skʷáłəts ʔaʔ cə ʔu?útxs. *They flew, and she ended up alone drifting in the stern of the canoe.* (MJ) | híc kʷaʔčaʔ ti nəsu?**húʔi?** ʔi? čaʔkʷənnəkʷis x̌áy ʔi? Flora. *It was a long time that I was alone, and I saw Flora again.* (TC) | ʔu?**húʔi?** cn tə nəsʔéʔłəń ʔaʔ cə sčánnəxʷ. *I was eating the fish alone.* (TC)}

huʔístəŋ *be put in front. See under:* haʔwístəŋ

huʔístxʷ *put it forward. See under:* haʔwístxʷ

húʔpt ⟦√huʔpt √deer⟧
1. deer, venison. *Odocoileus hemionus.* (LBH; MV; RS; EPT; MJT; AS,BC; ES; WB,AS,BC) ✱They are always in odd numbers (MJT) {ʔi?čiʔás cn cə **húʔpt**. *I'm following a deer.* (ES) | čáyəŋ kʷi cə **húʔpt**. *The venison was hanging.* (AS) | čúkʷt cn cə **húʔpt**. *I shot the deer.* (TC) | nəsłáŋən cə **húʔpt**. *I missed the deer.* (TC) | nəsqčáʔ cə **húʔpt**. *I caught a deer.* (ES) | swóy̓qaʔ **húʔpt**. *buck.* (ES) | słániʔ **húʔpt**. *doe* (ES) | čáyəŋúst cn tə **húʔpt**. *I hung the deer up.* (MJT) | k̓ʷánəxʷ cn tə nəčəxʷk̓ʷsíkʷs ʔi? t náču? **húʔpt**. *I saw twenty-one deer.* (MJT) | ʔəŋaʔc cn ʔaʔ či náču? ʔaʔ cə **húʔpt** *I'll give you one of the deer.* (ES) | təŋʔáʔŋət cn ʔaʔ či **húʔpt**. *I'm craving some venison.* (ES) | ʔuʔmán ixʷ yaʔ ʔu? cáʔxʷəŋ či štáŋs cúŋ x̌iyán ʔaʔ či s**húʔpt**. *I guess he was too lazy to walk into the woods looking for deer.* (TC) | čáyəqʷ yaʔ cn kʷi ʔi? nił yəxʷ nəsuʔsúʔŋ̓nəŋ ʔaʔ kʷsə **húʔpt**. *I was up in the woods, and the deer must have been scenting me.* (MJT)}
2. elk. (WB)

húʔptsən ⟦√huʔpt = sən √deer = foot⟧ ☞ húʔpt deer hoof. (MJT)

húʔqu? ⟦√huʔqu? √Hoko⟧ [The ending is typical of Chemakuan place names.] the name of the Hoko River and the former Klallam village at the mouth of it. (LBH; AS,BC)

húccən ⟦√huy = ucin √finish = mouth⟧ [/y/ → /č/] ☞ húy to finish eating. (TC; AS,BC; AS) {**húccən** cn. *I'm finished eating. / I finished eating.* (MJT; TC; AS) | **húccən** u cxʷ? *Are you finished eating?* (TC) | čaʔ**húccən** cn. *I just got finished eating.* (TC) | suʔíłən ʔi? **húccən** cn. *So I ate, and I finished eating.* (MJ) | ʔáa, kʷ**húccən** cn. *Yes, I already finished eating.* (ES) | suʔ**húccən**ł sʔéʔłənł. *So we finished eating.* (MJ)} VAR: húccən̓ {čaʔ**húccən̓** cn. *I'm just through eating.* (EPT)}

húčt *finish it. See under:* húyt

húhaʔpt ⟦hu + √huʔpt dim + √deer⟧ [unique diminutive form] ☞ húʔpt fawn, baby deer, small deer. (MJT; TC; ES; HS,ES)

húhən ⟦hú + √hun incep + √burn⟧ ☞ **hún** to be starting to burn, igniting. {kʷłi?**húhən**. *It's started to burn now.* (MJT)}

húhənnəxʷ ⟦hú + √hun-naxʷ rslt + √burn-nctrns⟧ ☞ **húnnəxʷ** to be managing to ignite, set fire to something. {kʷłi?**húhənnəxʷ** cn. *I'm finally managing to get the fire started.* (MJT)}

huhəwíyəŋ ⟦hw + √həwa-iy-ŋ char + √return-dev-mdl⟧ ☞ **həwíyəŋ** to back out on a deal, renege, change plans, change one's mind. (TC) {hiyáʔ yaʔ cn x̌aʔtáwn ʔi? **huhəwíyəŋ** cn. *I was going to go to town, but I backed out.* (TC)}

húhi? ⟦hú + √huy⟨ʔ⟩ actl + √finish⟨actl⟩⟧ ☞ **húy** to be finishing, quitting. {ʔi?**húhi?** cn. *I'm finishing.* (TC)}

húhinəxʷ ⟦hú + √huy-naxʷ actl + √finish-nctrns⟧ ☞ **húynəxʷ** to manage to be finishing something. {kʷłi?**húhinəxʷ** cn. *I'm just finishing it now.* (MJT)}

huhúʔəŋ ⟦√huhuʔŋ √bullfrog⟧
1. bullfrog. *Rana catesbeiana.* (ES)
2. a type of small frog. (ES,TC; AS) VAR: hahúʔəŋ (ES,TC; AS)

huhúʔi *alone. See under:* huʔhúʔi

huhúy *alone. See under:* huʔhúʔi

húkʷt[1] ⟦√hukʷ-t √hook-trns⟧ to hook someone (into doing something). [from English 'hook'] {**húkʷt** cn. *I hooked him.* (AS)}

húkʷt[2] ⟦√hukʷ-t √whoop-trns⟧ to whoop, holler, hoot to someone over distance. ⟪USAGE: Used when picking berries to keep in contact.⟫ (MJT; ES) {**húkʷt** cn cə ntán. *I hollered to my mother.* (AS)}

hukʷtásti? *holler to one another. See under:* həkʷtásti

húkʷtəŋ[1] ⟦√hukʷ-t-ŋ √hook-trns-psv⟧ ☞ **húkʷt** to be hooked by someone (into doing something). {kʷłnił nsuʔ**húkʷtəŋ**. *Now I'm hooked into it.* (AS)}

húkʷtəŋ[2] ⟦√hukʷ-t-ŋ √whoop-trns-psv⟧ ☞ **húkʷt** to be hollered to, hooted to by someone over distance. {*húkʷtəŋ* yaʔ cn ʔaʔ kʷɬə ntán. *My mother hollered to me.* (AS)}

hún ⟦√hun √burn⟧ to burn, catch fire. ⟪Usage: This word is used only at Port Gamble and Jamestown. It is unknown at Elwha.⟫ (AS,BC) cp. čə́qʷ {kʷɬ*hún* tiʔə súnuc. *The fire started.* (MJT) | kʷɬ*hún* kʷi *it just burned now* (MJ) | ʔáwə kʷaʔ *hún*əs. *It won't burn.* (MJT) | čaʔáwə kʷaʔ *hún*əs. *It wouldn't start burning.* (MJT) | čaʔx̣čəŋíns ʔaʔ či s*hún*s caʔ. *It's just thinking it will burn.* (MJT) | níɬ suʔ*hún*s caw̓niɬ sʔíɬən. *Then the food burned.* (MJ) | ʔáwə c nx̣čəŋín ʔaʔ či shúns caʔ, ʔiʔ uʔ*hún* ta kʷi. *I didn't think it would burn, but it must have.* (MJT)} VAR: ún {kʷɬ*ún* taʔ kʷi. *It started to burn.* (MJT)}

húnnəxʷ ⟦√hun-naxʷ √burn-nctrns⟧ ☞ hún to manage to ignite, set fire to something. {*húnnəxʷ* cn. *I finally got the fire started.* (MJT) | čaʔníɬ kʷi nəsuʔ*húnnəxʷ*. *I just finally managed to get the fire started.* (MJT) VAR: húnənəxʷ {čaʔ*húnənəxʷ* cn. *I just finally managed to get the fire started.* (MJT)}

húnt ⟦√hun-t √burn-trns⟧ ☞ hún to set fire to, ignite something, turn on a light. ⟪Usage: This word is used at Jamestown and Port Gamble, but not at Elwha⟫ cp. čqʷət {*hún*ts ixʷ tə sx̣caʔəy. *He must have set fire to the hay.* (MJT) | *húnt* tsiə nəcandle. *Light my candle.* (MJ) | nsuʔ*húnt* tə nə́cuʔ pípə. *Then I lit another paper.* (MJ) | suʔƛ̓kʷə́ts cə candles ʔiʔ *hún*ts. *So he took the candle, and he lit it.* (MJ)} VAR: húnət {*húnət* či kʷə ŋáʔəq. *Light the lamp.* (EPT; MJT) | *húnət* cn cə lantern ʔiʔ ƛ̓k̓ʷə́t tə flashlight. *I lit a lantern and put out the flashlight.* (MJ)}

húnuc ⟦√hun=iwc √burn=fire⟧ ☞ hún to build a fire (for cooking). (EPT; MJT) {*húnuc* či. *Make a fire!* (EPT) | sƛ̓éʔs kʷi či nəs*húnuc*. *He wants me to make a fire.* (MJT)} VAR: ʔúnuc (AS)

hunucáy ⟦√hun=iwc=aya √burn=fire=container⟧ ☞ húnuc any fireplace. {sqás č kʷsi nəsxʷsʔúk̓ʷɬ cə x̣áx̣ číct čʔiyá ʔaʔ cə *hunucáy*. *My step-parent took out the beargrass ashes from the fireplace.* (MJ)} VAR: hunucáyə {čə́nts ʔiyá ʔaʔ cə *hunucáyə*. *She buried it in the fireplace.* (MJ)}

huŋístəŋ ⟦√həwa-ŋi-stxʷ-ŋ √return-rel-caus-psv⟧ ☞ huŋístxʷ to be return, brought back by someone or something. {suʔ*huŋístəŋ*s cə sk̓ʷə́yəc. *So the slave was brought back.* (AA) | čtáts cə cícɬsiʔám̓ kʷaʔ *huŋístəŋ*s cə x̣áɬ. *They asked the Lord to bring the sick one back.* (MJ)} VAR: həwəŋístəŋ (TC) {níɬ yəxʷ suʔənʔánsəŋs ʔaʔ cə slapú? ʔiʔ *həwəŋístəŋ*. *Then she must have been come for by Slapu and brought back.* (MJ)} VAR: huwəŋístəŋ (TC)

huŋístxʷ ⟦√həwa-ŋi-stxʷ √return-rel-caus⟧ ☞ həwíyəŋ Stem: huŋíst [third-person subject stem] to return something or someone, take something or something back. (LC; ES) {ʔənʔáxʷ cxʷ *huŋístxʷ*. *Bring it back.* (TC) | hiyáʔ cn *huŋístxʷ*. *I'm going to give it back.* (LC) | *huŋístxʷ* cn tiə ńtálə. *I'm returning your money.* (LC) | q̓áńət cn ʔiʔ *huŋístxʷ* cn. *I stole it, but I brought it back.* (TC) | *huŋíst*s cə sq̓ʷiyúŋiʔ nuʔás ʔaʔ tə təmúʔɬəč. *He returned the fish heads to the barrel.* (MJ) | ʔi uʔƛ̓iʔáŋ st ʔaʔ či sx̣ʷənúʔəsəŋɬ ʔiʔ ƛ̓áy st *huŋístxʷ* tiə sqʷáyɬyaʔ kʷɬk̓án. *And we look for where to turn for a way to bring back again our language that was lost.* (TC)} VAR: həwəŋístxʷ (TC) {*həwəŋístxʷ* cn cə snə́x̣ʷɬs. *I returned his canoe.* (TC) | *həwəŋístxʷ* kʷaʔ húyəs či ńsčəʔúʔwəs. *Bring it back when you're finished using it.* (ES) | húʔ caʔ cxʷ ʔáw c ʔən*həwəŋístxʷ* ʔiʔ q̓ʷúčc caʔn. *If you don't return it, I'll beat you up.* (MJ)}

huŋít ⟦√həwa-ŋi-t √return-rel-trns⟧ ☞ həwíyəŋ to take (something) back from someone. {*huŋít*s. *He took it back from him.* (AS)}

huŋítəŋ ⟦√həwa-ŋi-t-ŋ √return-rel-trns-psv⟧ ☞ huŋít to relapse, be taken back to the way it was. (ES) {*huŋítəŋ* cn. *I got worse again.* (ES; TC) | *huŋítəŋ* č kʷi. *I heard he got it back.* (TC) | *huŋítəŋ* cn. *He took it back from me.* (AS)}

hustáʔuc fix fire. *See under:* hə́wəstʔuc

huwəŋístəŋ be returned. *See under:* huŋístəŋ

húxʷ ⟦√huxʷ √wow⟧ gee! oh, my! holy cow! wow!. ⟪Usage: Said when something good or extra unexpectedly happens.⟫ (TC) {*húxʷ* snə́čəŋs! *My, what a laugh (he has)!* (AS,BC)}

huxʷéy ⟦√huxʷiy √hey⟧ [interjection] cp. həxʷ 1. big deal! baloney! you've got to be kidding!. (TC) ⟪Usage: You might say this to someone who is bragging, showing off, or lying.⟫ 2. hey!, hey there!. ⟪Usage: an interjection used to call to get someone's attention.⟫ (AS,BC) VAR: həxʷéy (AS,BC; AS)

húy[1] ⟦√huy √finish⟧ 1. to be done, over, finished, complete. (EPT; RS; ES) {*húy* cn. *I'm finished.* (TC) | *húy* kʷaʔ. *It's finished.* (TC) | *húy* u cn? *Am I finished?* (TC) | kʷɬ*húy* u st? *Are we finished already?* (TC) | kʷɬ*húy* cn. *I'm already finished.* (TC) | kʷɬ*húy* tə nəsʔəɬənístxʷ tə nəsqáx̣aʔ. *I already finished feeding my dog.* (ES) | kʷɬ*húy* kʷ nəčaʔčsíc. *I already finished making it for you.* (ES) | həwəŋístxʷ kʷaʔ *húy*əs či ńsčəʔúʔwəs. *Bring it back when you're finished using it.* (ES) | kʷɬníɬ u ʔən*húy*? *Are you finished now?* (TC) | txʷsčəyáy ʔiʔ *húy*. *It's pretty near done.* (MJT) | kʷɬnəɬtíxʷ ʔən*húy* či ńsʔənʔá. *Don't ever come back.* (AA) | *húy* cn tə nəsʔíɬən. *I'm finished eating.* (TC) {ʔáw cn c *húy* či nəsčáʔi. *I never quit my job.* (ES) | níɬ suʔ*húy*s t čaʔcéʔəŋɬs ʔiʔ hiyáʔ kʷɬaʔ ɬúkʷ. *After she finished sewing, she went home.* (MJT) | ɬixʷ čtə snáčəwəč kʷi s*húy*s yaʔ ti skʷə́núcəŋs. *It must be three hundred years since they quit the spirit dance.* (ES) | *húy* či ʔəc caʔ hiyáʔ stə́ŋ. *Now it's my turn to drop down.* (AA)}
2. to quit for now. (ES) {*húy* či! *Quit!* (ES) | *húy* či či ńscaʔpáʔc. *Quit bothering me.* (ES) | ʔiʔ níɬ suʔ*húy*s. *And so they quit.* (ES) | *húy* scaʔsútəŋs.

They quit throwing at him. (ES) | ʔáwə c ʔə́y̓ cə n̓syáyaʔct; **húy**! *You're not doing it well; quit!* (ES) | **húy** ʔəɬ ʔuʔncáxʷs ʔiʔ nəshákʷ ʔiʔ ƛ̓áy kʷə nəsmə́yəq. *Once in a while I remember, then I forget again.* (TC)}

húy² 〚√huy √only〛 [u-class intensifier]
1. only, completely, always, just, solo, alone. {ʔuʔ**húy** cn. *It's only me.* (TC) | ʔuʔ**húy** u caʔn? *Am I going to be the only one?* (TC) | ʔuʔ**húy** či n̓suʔxʷsƛ̓ayəmúcən. *Only speak Klallam.* (TC) | ʔáwə t ʔə́c ʔuʔ **húy**. *It wasn't me alone.* (TC) | ʔu**húy** kʷə nəcə́t ʔuʔ x̣čít. *Only my father knows.* (MJT) | ʔuʔ**húy** cn ʔuʔ hiyáʔ. *I'm only going. / Only I am going. / I'm going alone.* (TC) | ʔuʔ**húy** caʔn ʔiʔsəwáʔ. *I'm the only one going along.* (TC) | ʔiʔ **húy** ti suʔqaʔx̣qín̓s. *And they just made fun of him.* (ES) | ʔuʔ**húy** caʔn ʔuʔ ʔaʔáʔyəŋ. *I'm just going to stay home.* (TC) | ʔuʔ**húy** nsuʔštəŋúsəŋ. *I'm just going for a walk.* (ES) | ʔuʔ**húy** caʔ či nəsuʔaʔáʔyəŋ. *I'm just going to stay home.* (TC) | **húy** č ʔuʔ pə́q. *It was completely white.* (ES) | ʔuʔ **húy** tə nsuʔaʔáʔmət. *I'm always sitting around.* (ES) | **húy** ti suʔhiyáʔs. *He always goes.* (TC) | **húy** ti suʔnaʔńə́yəŋəs. *He's always smiling.* (TC) | **húy** ti suʔyaʔyáʔnəŋs. *All he does is listen.* (TC) | ʔuʔ**húy** ʔuʔ x̣ənáts. *He's only doing it.* (TC) | **húy** cn ʔuʔ həwíyəŋ. *I came back alone.* (TC) | ʔuʔ**húy** kʷi ʔuʔ k̓ʷə́nnəs cə swə́y̓qaʔ. *He only saw the man.* (TC) | ʔuʔ**húy** cxʷ ʔuʔ ʔəsx̣ʷúʔxt. *Only you are competent.* (AS) | **húy** caʔ ʔuʔ hiyinúŋət kʷaʔ ʔánɬs ʔaʔ či nsqʷáqʷiʔ. *Only those who obey what I'm saying will be saved.* (ES) | **húy** yaʔ ʔuʔ nsyaʔcústəŋ ʔaʔ kʷi nəsʔáyəxʷ yaʔ. *That's all I was told by my late elders.* (TC) | **húy** suʔx̣íčts tə stáckʷɬs tə x̣ax̣iyəwéʔč. *He only scratched Chipmunk's back.* (MJ) | ʔiʔ níɬ kʷaʔčaʔ suʔsqiʔáʔəm̓s či sxʷmán̓s ʔuʔ čiyaʔyéʔwən cayə **húy** ʔuʔ ʔəsƛ̓úʔƛ̓əm. *And that's why one cannot be very resentful of those who do well.* (AA) | **húy** č ʔuʔ ʔiʔƛ̓aʔyáys ʔiʔ uʔtə́s ʔaʔ tə ʔáʔiŋɬ. *He only walked backwards until he got to our house.* (ES) | ʔuʔ**húy** ti nsuʔxʷaʔnéʔtamən̓. *I only speak English.* (ES) | ʔuʔ**húy** tə ʔuʔ sqʷəyúŋiʔs ʔuʔəsʔéʔnən̓. *Only their heads were visible.* (ES)}
2. superlative marker. {cə ʔuʔ**húy** ʔuʔ ƛ̓aʔƛ̓úƛ̓aʔ nəxʷsƛ̓áyəm̓ *the smallest of the Klallams.* (ES) | x̣ənʔátəŋ ʔaʔ či nsuʔ**húy** ʔuʔ x̣ʷə́ŋ. *They say I'm the fastest.* (AS) | ʔuʔ**húy** cxʷ ʔuʔ x̣ʷaʔx̣ʷəŋíkʷs. *You are the fastest. / Only you are fast.* (AS)} VAR: húytxʷ {ʔuʔ**húytxʷ** cn ʔuʔ táči. *I'm the only one that came.* (AS)}

húyəŋ 〚√huy-ŋ √finish-mdl〛 ☞ húy to finish (something). {suʔ**húyəŋ**s ʔiʔ čə́yəxʷ. *So he finished and went in.* (MJ)}

húynəŋ 〚√huy-naxʷ-ŋ √finish-nctrns-psv〛 ☞ húynəxʷ to be finished. {kʷɬ**húynəŋ**. *It's done now.* (MJT) | **húynəŋ** č cə skʷúkʷs ya? *He finished what he had cooked.* (TC) | ʔáx̣əŋ ʔaʔ či shícs caʔ ʔiʔ čaʔƛ̓úm̓ **húynəŋ**. *He said it would be a long time before it's fixed right.* (ES) | suʔʔáy čəyáy ʔiʔ čaʔčaʔčáʔtəŋ cə cáyss ʔiʔ sqiʔám̓ či s**húynəŋ**s.

They again almost fixed his hand, but they couldn't finish it. (TC)}

húynəxʷ 〚√huy-naxʷ √finish-nctrns〛 ☞ húy Stem: húyn [stem for third-person subject] to finally manage to finish something. (AS,BC; ES; AS) {**húynəxʷ** cn. *I finished it.* (MJT; ES) | kʷɬ**húynəxʷ** cn. *I finally finished it.* (TC) | **húynəxʷ** u cxʷ? *Are you finished with it?* (ES) | ʔuʔ**húynəxʷ** cə ʔáʔiŋɬ. *We finally finished our house.* (TC) | níɬ suʔ**húynəxʷ**s čáʔcts. *Then he finally finished working on it.* (ES; TC) | **húynəxʷ** cn kʷsə nəsčaʔcáwtxʷəŋ. *I finished building my house.* (ES) | **húynə**s či sčaʔčáʔtəŋs. *He finished fixing it.* (ES) | **húynəxʷ** cn kʷsə nəscáʔəy̓. *I finished what I'm making.* (EPT)}

huynúŋət 〚√huy-nuŋt √finish-ncmdl〛 ☞ húy to manage to finish. {kʷɬ**huynúŋət** cn. *I finally finished.* (TC)}

húyt 〚√huy-t √finish-trns〛 ☞ húy to finish something, quit on something. (ES) {níɬ suʔ**húyt**s. *Then they finished it.* (TC) | ʔuʔ**húyt** cn či nscáy. *I quit my job.* (AS) VAR: húčt [/y/ → /č/] (ES) {kʷɬ**húčt** cn. *I've finished it now.* (MJT)}

húytəŋ 〚√huy-t-ŋ √finish-trns-psv〛 ☞ húyt to be made to or told to quit, finish. (AS) {ʔuʔ**húytəŋ** kʷi kʷi sčáʔiʔs. *He was told to quit working.* (AS) | **húytəŋ** cə nscáy. *My job was finished.* (AS)}

húytxʷ¹ 〚√huy-txʷ √finish-letcaus〛 ☞ húy
1. to let it be done. {**húytxʷ** či! *Stop, it's enough!* (Telling someone to stop filling your cup.) (MJT; AS) | **húytxʷ** ʔəɬ ʔuʔnəcáxʷs. *Every once in a while.* (TC; AS,BC) | ʔuʔ**húytxʷ** či n̓suʔə́y̓. *Just be good.* (TC; AS) | ʔuʔ**húytxʷ** ti suʔšaʔšúʔɬs ʔaʔ či ʔəsƛ̓úʔƛ̓əm. *Just be glad that you are well.* (AA) | ʔuʔ**húytxʷ** či suʔšiʔšúʔɬs. *Just be happy.* (AA)}
2. to quit something. {**húytxʷ** cn. *I'm going to quit it. / I quit it. / I stopped it.* (TC; AS) | ʔuʔ**húytxʷ** kʷi kʷi sčáʔiɬ. *We quit working.* (AS) | ʔuʔ**húytxʷ** cn cə swéʔwəs. *I quit (having a relationship with) the boy.* (AS)}

húytxʷ² only. See under: húy

húy̓¹ 〚√huy̓ √goodbye〛 goodbye. (RS; AS,BC) {**húy̓**, siʔám̓, **húy̓**. *Goodbye.* ((USAGE: This usage is very caring and respectful.)) (ES) | **húy̓** kʷaʔčaʔ. *Goodbye, then.* ((USAGE: The first person to say 'goodbye' says this when leaving or to someone leaving. The second person responds with just /húy̓/.)) (TC) | **húy̓** kʷaʔčə. *Goodbye.* (EPT) | **húy̓** kʷi. *Goodbye, then.* ((USAGE: Usage is the same as that for /húy̓ kʷaʔčaʔ/. The first person to say 'goodbye' says this and the second responds with just /húy̓/.)) (NS,JW; TC) | **húy̓** hay. *Goodbye, everyone.* (TC,AS,BC) | **húy̓** kʷaʔčaʔ, **húy̓**. *Goodbye, then, goodbye.* (EJ) | **húy̓**, siʔám̓. *Goodbye, sir/ma'am.* (HS)}

húy̓² 〚√huy̓ √please〛 do it, please, let's, okay, go ahead. ((The short sentence /húy̓ či/ is often used to introduce a polite imperative or hortative.)) {**húy̓** či! *Get ready, let's go!* (AS,BC) | **húy̓** či ƛ̓aʔtáwn.

húý

Let's go to town. (AS,BC) | **húý** či ćáʔət. *Let's put it up. / Bring it up. / Will you take it up?* (HS; AS) | **húý** či kʷánáŋət! *Please help him!* (MJT) | **húý** či. ƛ̓aʔtáwn caʔ st. *Okay, we'll go to town.* (TC) | **húý** či. hiyáʔ cn. *Okay, now I'll go.* (TC) | **húý** či. nə́ćəẃtxʷəŋ st. *Let's go. We'll visit.* (ES) | **húý** či ʔəc páʔəct. *Let me try.* (ES) | **húý** či čúkʷt. *Let's shoot it.* (ES) | **húý** či q̓ʷáy. *Go ahead and talk.* (MJT; NS,JW) | **húý** či q̓ʷə́yt tə sqáwc. *Please cook the potatoes.* (AS) | **húý** či mitálituŋɬ. *Let's play cards.* (MJT) | **húý** kʷi; ƛ̓aʔtáwn caʔ st. *Let's go; we'll go to town.* (AS) | **húý** či čáytuŋɬ ʔaʔ či xʷéʔləm. *Let's please make rope.* (AA) | **húý** či qʷəyəsnít cə sqáwc. *Please boil the potatoes.* (AS) | níɬ kʷaʔ suʔqʷáys, "**húý** či ɬəŋúʔəŋ!" *Then he said, "Please, swim!"* (AA) | **húý** či, ntán, xʷítəŋ! *Go ahead, mother, jump!* (MJ) | **húý** či pə́kʷɬtuŋəɬ. *Let's race.* (ES) | suʔqʷáys cəníɬ sisiyáʔiɬs, "**húý** či hiyaʔtúŋəɬ ƛ̓iyáʔəŋ ʔaʔ kʷsi čxʷə́yuʔ." *So his in-laws said, "Please take us to look for a whale."* (AA) | suʔx̣ə́nəŋs cawníɬ skʷaʔk̓ʷáʔtuʔ, "**húý** či ʔúyəɬtxʷtuŋɬ." *So the crow said, "Let's put her aboard."* (MJ) VAR: **háý** {**háý** kʷi; ƛ̓aʔtáwn caʔ st. *Let's go; we'll go to town.* (AS)}

húý[3] ⟦√huy̓ √probably⟧ [i-class intensifier] [Note that this means probably only in the construction /húý caʔ kʷi ʔiʔ…/.] probably. {**húý** caʔ kʷi ʔiʔ ƛ̓áy kʷaʔšə́q. *She'll probably sigh again.* (MJT)}

húýakʷ ⟦√huy̓akʷ √goodbye⟧ goodbye. (RSh) ⟪USAGE: an archaic word, not used today⟫ {**húýakʷ**, nsxʷskʷáʔwaʔ, húý. *Goodbye, my dear, goodbye.* (RSh)}

húýsta ⟦√húýsta √hey⟧ [interjection] hey!. ⟪USAGE: Used to get someone's attention.⟫ {**húýsta**! ʔənʔáxʷ či! *Hey! Bring that here!* (ICT)}

hyáʔ go. *See under:* hiyáʔ

hyáʔt take it. *See under:* hiyáʔtxʷ

i and. *See under:* ʔiʔ

iq ⟦yq wish⟧ [cupitive speech act enclitic] I wish. (TC) {cút **iq** kʷaʔ k̓ʷə́nəxʷən. *I wish I could see it.* (ES) | hiyáʔ **iq** cn. *I wish I'd go.* (ES; TC) | níɬ **iq** nəsʔíɬən. *I wish that was my food.* (TC) | níɬ **iq** nswə́yqaʔ. *I wish he was my husband.* (AA) | nəswə́yqaʔ **iq** yaʔ cə. *I wish he were my husband.* (AA) | níɬ č suʔáx̣əŋs cəwníɬ mə́ščų, "ʔiʔq̓ʷíŋi **iq** či nə́ću?" *Then Mink said, "I wish one would leave the water."* (TC) | xʷítəŋ **iq** q̓ʷíŋi či nə́ću? *I wish one would jump out of the water.* (TC)} VAR: **yəq** {hiyáʔ **yəq** cn. *I wish I could go.* (TC) | cút **yəq** kʷaʔ n̓sməýəqs. *I wish you'd forget it.* (ES) | ʔáwə **yəq** cn. *I wish I didn't.* (TC) | nswə́yqaʔ **yəq** yaʔ. *I wish he had been my husband.* (AA) | ʔáwə **yəq** cn c hiyáʔ. *Maybe I wouldn't have to go.* (TC)} VAR: **əq** {k̓ʷə́nəxʷ **əq** cn kʷsi nətán. *I wish to see my mother.* (MJ)} VAR: **iqɬ** {ɬə́məxʷ **iqɬ**. *I wish it would rain.* (MJT) | nəswə́yqaʔ **iqɬ** kʷi. *I wish he were my husband.* (MJT) | níɬ **iqɬ** nəsɬáni? tsə. *I wish she were my wife.* (MJT) | ʔəsq̓ʷə́mx̣ʷ **iqɬ** yaʔ cn. *I wish I were thin.* (MJT) | ʔəmx̣ʷúcən **iqɬ** yaʔ cn. *I wish I was picking berries.* (MJT)}

iqɬ wish. *See under:* iq

k

kaʔkaʔpú ⟦kaʔ + √ká<ʔ>pu dim + √coat<dimutive>⟧ ☞ kapú small coat, jacket. (ES)

kaʔpúhəŋ̓ ⟦√ka<ʔ>pu-ŋ<ˀ> √coat<actl>-mdl<actl>⟧ ☞ kapúhəŋ to be putting on a coat. {*kaʔpúhəŋ̓* cn. *I'm putting a coat on.* (ES)}

káa ⟦√kaa √car⟧ car, automobile. ⟪USAGE: used only by people of TC's parents' generation⟫ (TC) [from English]

kakántu ⟦√kakántu √woman's_name⟧
1. the name of a girl in a story told by Amy Allen. The girl fell in love with a blackfish and went to live with him. [a loan from an unknown source] {ʔaw̓níɬ *kakántu* caʔ ʔiyá. *It's because Kakantu is there.* (AA) | ʔiʔ níɬ yaʔ sxʷʔiyás kʷi *kakántu*. *That's where Kakantu stays.* (AA)}
2. the area around Point Wilson, Port Townsend Lighthouse spit. (EPT) *cp.* qám̓qəm̓ VAR: kəkántu (EPT)

kánsəl ⟦√kansl √council⟧ tribal council, councilor. (TC) [from English 'council']

kapú ⟦√kapú √coat⟧ coat, sweater. (NS,JW; LC; ES; EPT; TC; AS,BC) [from Chinook Jargon] {ʔíc̓t cə ńkapú. *Put on your coat.* (ES) | níɬ u *kapú*? *Is it a coat?* (NS,JW) | takʷsít cn ʔaʔ cə *kapú*s. *I bought her her coat.* (AS) | ʔaʔčšítəŋ cn ʔaʔ cə *kapú*. *I switched coats.* (AS) | ʔəńsmiʔmə́y̓əq ʔaʔ kʷi čiʔáqɬ, cə ńkapú. *That's what you forgot yesterday, your sweater.* (MJT) | níɬ kʷi sxʷʔiyáʔs ti stək̓ʷəyústəŋs tə *kapú*. *That's where they hang the coats.* (AS) | ʔiʔ níɬ suʔčixʷnúŋəts ʔiʔ X̌k̓ʷə́ts cə sčə́saʔqʷs ʔiʔ tə *kapú*s. *He got back inside and took his hat and coat.* (ES) | ʔiʔ X̌k̓ʷə́ts cə *kapú*s ʔiʔ tə sčə́səqʷs ʔiʔ kʷánəŋət sqéyŋ ʔúxʷ ʔaʔ cə sčaʔkʷaʔyúɬs ʔiʔ hiyáʔ ɬúk̓ʷ. *He took his coat and his hat and ran outside to his car and went home.* (ES)}

kapúhəŋ ⟦√kapú-ŋ √coat-mdl⟧ ☞ kapú to put a coat on. (BC) VAR: kapúəŋ (AS) {*kapúəŋ* tiə sX̌əyéʔX̌qɬ. *These children put their coats on.* (AS)}

kéwəc ⟦√kéwəc √carrot⟧ carrot. (AS,BC) [from English 'carrots' but related by folk etymology to the word for potato] *cp.* sqáwc

kéyp ⟦√keyp √cave⟧ cave. [from English 'cave'] {níɬ ʔuʔsxʷʔiyás ti stíx̌ʷaʔč yaʔ ʔaʔ cə *kéyp*. *That's where the octopus was in the cave.* (BC)}

kəkántu woman's name. *See under:* kakántu

kəlákəs ⟦√kəlakəs √cracker⟧ cracker, hardtack, sea biscuit. (TC; BC) [from English 'crackers'] VAR: klákəs (AS,BC)

kəním ⟦√knim √canoe⟧ canoe. (ES) [from Chinook Jargon]

kənimáyəɬ ⟦√knim=ayəɬ √canoe=conveyance⟧ ☞ kəním to go, travel by canoe. (ES) {táči kʷiə sX̌əyéʔX̌qɬ *kənimáyəɬ*. *The children got here by canoe.* (AS) | *kənimáyəɬ* yaʔ st. *We came by canoe.* (AS)} VAR: kənimháyəɬ (HS)

kə́p ⟦√kəp √cup⟧ cup. (TC) [from English]

kə́sməs ⟦√kə́sməs √Christmas⟧ Christmas. (ES) [from English 'Christmas'] VAR: kísməs (AS,BC) VAR: kʷísməs (AS)

kísməs Christmas. *See under:* kə́sməs

kíwtən ⟦√kiwtn √horse⟧ horse. ⟪used to refer to one's personal animal⟫ (AS,BC) [from Chinook Jargon 'kiutan'] ⟪not the usual word for 'horse'⟫ *cp.* stiqéw̓

kiyapú ⟦√k<iy>apu √coat<pl>⟧ ☞ kapú several coats. {čáʔyaʔct cn tə *kiyapú*. *I sewed the coats.* (AS)} VAR: kiyəpú (EPT)

klákəs cracker. *See under:* kəlákəs

kúl ⟦√kul √gold⟧ gold. (TC) [from Chinook Jargon from English 'gold']

kuláyns ⟦√kul-ay=nis √gold-ext=tooth⟧ ☞ kúl gold tooth. ✽The nickname given by Emily Sampson, AS's grandmother, to a white settler named Clarence Fosberg who lived near Elwha. He had some gold teeth and "kuláyns" sounds like "Clarence". (AS,BC)

kʷ

kʷ[1] inform. *See under:* kʷaʔ

kʷ[2] determiner. *See under:* kʷə

kʷʔníɬ inv.def. *See under:* kʷawʔniɬ

kʷaʔ[1] 〚kʷaʔ if/when〛 [subordinate conditional marker] if, when. {*kʷaʔ* čkʷútəŋən *if he shot me.* (AS,BC) | *kʷaʔ* čkʷútəŋəxʷ *if he shot you.* (AS,BC) | *kʷaʔ* čkʷútəŋəɬ *if he shot us.* (AS,BC) | *kʷaʔ* čkʷútəŋəs *if he got shot.* (AS,BC) | *kʷaʔ* čáŋəxʷ. *when you get home.* (ES) | sátəŋ cn *kʷaʔ* ʔíttən. *He told me to sleep.* (TC) | ʔíɬən caʔn *kʷaʔ* hiyáʔəxʷ. *I'll eat when you go.* (TC) | ʔáxəŋ *kʷaʔ* ʔíɬənən. *He said for me to eat.* (TC) | ʔə́y̓ kʷi *kʷaʔ* hiyáʔən. *It's good if I go.* (TC) | ʔə́y̓ *kʷaʔ* hiyáʔən. *It's good if I go.* (TC) | hiyáʔ caʔn *kʷaʔ* ʔə́yəs tə skʷáči. *I'll go if it's a good day.* (LC) | ɬx̣ʷusít caʔ *kʷaʔ* k̓ʷə́nəxʷ. *I'm going to tell him off when I see him.* (AS) | šaʔšúʔɬ q cn *kʷaʔ* štəŋən. *I'd be happy if I walked.* (TC) | ʔuʔx̣ʷənáŋ *kʷaʔ* ʔuʔčə́təŋəs. *It's just like if he was crawling.* (TC) | mán̓ kʷə ʔuʔə́y̓ *kʷaʔ* hiyáʔəs. *It's very good if he goes.* (TC) | ʔuʔ ʔə́y̓ q *kʷaʔ* twawšə́təŋən. *It would be good if I'm still walking (still alive).* (TC) | ʔíɬən u cxʷ *kʷaʔ* ʔíɬənən? *Will you eat if I eat?* (TC) | saʔác cn *kʷaʔ* hiyáʔəxʷ x̣̓aʔtáwn. *I told you to go to town.* (TC) | x̣ʷə́ŋ ʔiʔ ɬə́məxʷ *kʷaʔ* ɬíymən. *It might rain if I sing.* (TC) | *kʷaʔ* ʔuʔ hiyáʔəxʷ, ʔiʔ hiyáʔ cn. *If you go, I'll go.* (TC) | həwəŋístxʷ *kʷaʔ* húyəs či n̓sčəʔúʔwəs. *Bring it back when you're finished using it.* (ES) | ʔiʔ ʔáw *kʷaʔ* qʷáys. *And he didn't talk.* (ES) | ʔáw *kʷaʔ* táycəns. *He never answers.* (AS) | ʔáwə *kʷaʔ* ɬə́məxʷs. *It never rains.* (MJT) | ʔáwə cn *kʷaʔ* ʔíttən. *I couldn't sleep.* (MJT) | ʔáwə *kʷaʔ* n̓úts. *She never ate it.* (MJ) | ʔáwə *kʷaʔ* laklits tə súɬ ʔəɬ hiyáʔəs čáʔi. *They never locked the door when they went to work.* (MJ) | ʔáwə st *kʷaʔ* čúnəxʷɬ. *We couldn't find it.* (MJT) | ʔáw̓ qi *kʷaʔ* x̣iʔə́yuʔs kʷɬəsə ntán. *My mother never writes to me.* (ES) | xənʔáxʷ cn *kʷaʔ* hiyáʔəs. *I said to him to go.* (ES) | xənʔáxʷ caʔn *kʷaʔ* ʔáwəs c hiyáʔ. *I told him not to go.* (TC) | ʔáwənə nəsxčít *kʷaʔ* ʔəstúŋətən caʔ. *I don't know what I'm going to do.* (MJ) | ʔuʔxənʔátəŋ cn *kʷaʔ* hiyáʔən ʔiʔ k̓ʷə́nt. *I was told to go and see him.* (AS) | ʔáwənə nəsxčít *kʷaʔ* ʔuʔhiyáʔs u caʔ. *I don't know if he's going to go.* (TC) | ʔuʔk̓ʷə́nəxʷ caʔn cə swə́yqaʔ *kʷaʔ* čsə́təŋən. *I'll see the man if he hits me.* (TC) | húy caʔ ʔuʔ hiyinúŋət *kʷaʔ* ʔánɬs ʔaʔ či nsqʷáqʷiʔ. *Only those who obey what I'm saying will be saved.* (ES) | ʔuʔtxʷʔáwənə sxčítɬ *kʷaʔ* ʔuʔeʔéʔntɬ ʔəɬ qʷáqʷiʔəɬ. *It's getting so we don't know what we're saying when we talk.* (TC) | ʔáwənə nəʔaʔáwk̓ʷ nsuʔaʔčšikʷə́təŋ *kʷaʔ* čəm̓čəmúʔəŋs qɬ. *I have no things to change into if I would get all wet.* (MJ) | ʔuʔxənʔáxʷ cn *kʷaʔ* húʔəs ʔiʔ həwéyŋ ʔiʔ x̣̓áyuči. *I told her that when she comes back, stop.* (ES) | ʔiʔ xənʔáxʷ cn *kʷaʔ* húʔəs ʔənʔá čáŋ ʔiʔ ʔənʔác kʷə cə ŋənaʔɬ. *I told her that when she comes home, bring our son.* (ES) | suʔkʷéʔits cə sʔácss cə sʔáwəs *kʷaʔ* qʷáys tsə kʷɬčáq ʔáwə *kʷaʔ* táycəns. *So he peeked at the face of the old lady who didn't talk, didn't respond.* (ES) | *kʷaʔ* ʔáwə c xʷənáŋ či xčŋíns, ʔiʔ húʔ caʔ cxʷsx̣čiyaʔyéʔwən ʔiʔ sqiʔnúŋət ʔiʔ nəxqʷiʔqʷəyéʔwən ʔaʔ či n̓sʔístxʷ caʔ, ʔiʔ ʔuʔcxʷə́t ʔiʔ ʔuʔnə́kʷ caʔ, ʔuʔ cə́xʷ ʔaʔ či syáʔts cə sisiyáʔiɬs cə sčiyaʔyéʔwən yaʔ sčutáyəɬs ʔaʔ ʔuʔ mán̓ ʔuʔ nəxʷsx̣̓iyʔáməxʷ. *If you are not thinking like that, and if you are resentful and angry and thinking that you'll do something to make someone disappear, it will be you that disappears as what happened to the envious in-laws of that very good provider.* (AA) | n̓íɬ nsuʔnəxʷx̣̓iʔáʔiɬ ʔaʔ kʷsi *kʷaʔ* stáŋs *kʷaʔ* cáns či kʷaʔyə́yu. *Then I looked around for her, whatever, whoever was peeking.* (ES) | ʔiʔ xənʔáxʷ cn, "ʔúyəɬ ʔaʔ cə n̓sčaʔkʷaʔyúɬ ʔiʔ ŋəxáct hiyáʔ kʷéʔit kʷənt *kʷaʔ* stáŋəs *kʷaʔ* n̓iɬs cán." *And I said to here, "Get in your car and hurry to go peek and look at whatever, whoever it is."* (ES) | nəsháhəkʷ kʷi nəsyəcústəŋ yaʔ *kʷaʔ* ʔənʔán túk̓ʷ. *I remember that he told me to come home.* (TC) | sác u cxʷ *kʷaʔ* hiyáʔn x̣̓ácu? *Did you tell me to go fishing?* (TC) | ʔənʔaxʷsícəŋ ʔaʔ či sʔíɬən *kʷaʔ* ʔənʔáəxʷ túk̓ʷ. *Bring me some food when you come home.* (ES) | qʷaʔánsəŋ ʔaʔ či črʔéʔɬx̣ʷaʔ *kʷaʔ* ʔənʔás. *They were being called by the Elwhas to come.* (ES) | xənʔátəŋ *kʷaʔ* štə́ŋs. *He was told to walk.* (ES) | ʔáwə ta *kʷaʔ* x̣̓ə́yus ti wəx̣ə́ɬ. *The frog never stings (contrary to what you think).* (MJ) | tákʷs q yaʔ cn cə snə́xʷɬ *kʷaʔ* ʔáwəs q yaʔ c ʔuʔmán̓ ʔuʔ čáq. *I would have bought the canoe if it hadn't been too big.* (TC) | nəxčŋín ʔúxʷ caʔn ʔaʔstətíɬəm *kʷaʔ* ʔáwən c ʔúxʷ ʔaʔčixʷícən. *I think I'll go to Jamestown if I don't go to Port Angeles.* (TC)}

kʷaʔ[2] 〚kʷaʔ inform〛 inform. (LC) [informative speech act enclitic indicating that the statement is being offered as new information] {suʔhiyáʔs *kʷaʔ*. *So they went.* (AA) | hiyáʔ *kʷaʔ* ʔúxʷ túk̓ʷ. *She went home.* (AA) | xčŋíns ʔaʔ či n̓shiyáʔ *kʷaʔ*. *He thought you went.* (TC) | ʔuʔaʔáʔyəŋ *kʷaʔ*. *It's at home.* (NS,JW) | cə́xʷ *kʷaʔ* cə sŋiyánt. *The rocks disappeared.* (TC) | ɬáčct *kʷaʔ*; čə́yəxʷ ʔaʔ cə ʔáʔiŋ. *It's getting dark; get in the house.* (ES) | k̓ʷə́nəxʷ cn *kʷaʔ* kʷə swə́yqaʔs. *I saw her husband.* (AS,BC) | cə́xʷ *kʷaʔ* kʷi cə sŋiyánt. *The mountains disappeared (behind a cloud).* (TC) | yəx̣ʷás u cxʷ *kʷaʔ*? *Did you untie it?* (TC) | ʔəstúŋət cxʷ ʔuč *kʷaʔ* či n̓sxščə́c? *Why did you hit me?* (LC) | nsuʔxənʔáxʷ ʔaʔ či nəskʷənáŋət caʔ *kʷaʔ*. *So I told him that I will help her.* (MJ) | ʔáwənə nəsxčít kʷaʔ ʔuʔhiyáʔs u *kʷaʔ*. *I don't know if he's gone.* (TC) | táči *kʷaʔ* kʷə céʔcts ʔiʔ x̣̓ʷə́ts kʷə ŋənaʔs. *His father came, and he got his child.* (AS,BC)}
VAR: kʷə (ES) {ʔíɬən *kʷə*. *They ate.* (TC) | hiyáʔ *kʷə*. *He left.* (AS) | ʔuʔšə́təŋ cn *kʷə*. *I walked.*

kʷáʔaʔis *(answer to "How did you get here? ")* (ES)} VAR: kʷ (BH; ES) {mánˀ **kʷ** uʔsíq̓i. *It's too heavy.* (ES)}

kʷáʔaʔis hiding. *See under:* kʷaʔə́y̓əs

kʷaʔáʔnəs ⟦√w<əʔ>a<ʔ>n-as √lose<actl>-ptcaus⟧ ☞ kʷánəs to be throwing something away, discarding something, leaving something behind. {**kʷaʔáʔnəs** cn. *I'm throwing it away.* (TC)}

kʷaʔáʔyəŋ̓ ⟦√kʷ<əʔ>a<ʔ>y-as-ŋ<ˀ> √hide<actl>-ptcaus-psv<actl>⟧ [The /s/ of the causative deletes.] ☞ kʷáyəŋ being hidden in a particular place by someone. {**kʷaʔáʔyəŋ̓** cn. *Someone's hiding me away.* (TC)}

kʷaʔčáʔnəq ⟦√wa<ʔ>č̓-ən<ˀ>əq √pry<actl>-hab<actl>⟧ ☞ kʷaʔčáct to be insulting, show disgust with (someone), complain (about someone). ⟪prying on someone's feelings⟫ (HS,ES; AS) {**kʷaʔčáʔnəq** cn. *I'm insulting someone. / I'm complaining with disgust.* (HS,ES; AS)}

kʷaʔčáct ⟦√wa<ʔ>č̓-cut √pry<actl>-rflxv⟧ ⟪literally 'prying at oneself'⟫ [metathesis with reflexive] ☞ kʷáč̓
1. to be complaining, griping about doing something unpleasant or unrewarding. (AS,BC; AS) {x̌ənʔáɬ ti n̓suʔ**kʷaʔčáct**. *You're always complaining.* (AS) | **kʷaʔčáʔct** cn. *I'm complaining with disgust.* (AS)}
2. to be feeling disgusted, dissatisfied, distressed, helpless about a situation. {táči kʷɬə x̌ix̌íx̌caʔ ʔiʔ ʔu**kʷaʔčáct** ʔaʔ či sčáʔis. *Bea got here and was dissatisfied with her work.* (AS)} VAR: kʷaʔč̓áct (AS) {**k̓ʷaʔčáct** cn. *I feel helpless (sorry for myself).* (AS) | kʷɬníɬ nsuʔ**k̓ʷaʔčáct**; sqiʔám či nshiyáˀ štəŋ. *Now I feel distressed; I can't walk.* (AS)}

kʷaʔčátəŋ ⟦√wa<ʔ>č̓<aʔ>-t-ŋ √pry<actl>-trns-psv⟧ ☞ kʷčátəŋ
1. being pried, levered up by someone or something. (AS)
2. being criticized by someone. (AS) {x̌ənáɬ ti nsuʔ**kʷaʔčátəŋ̓**. *They're always finding fault with me.* (AS)}
3. being insulted by someone. (ES)
4. being complained about by someone. (AS) VAR: kʷaʔčáʔtəŋ {**kʷaʔčáʔtəŋ** cn. *They insulted me.* (ES)} VAR: kʷaʔč̓átəŋ {**kʷaʔč̓átəŋ̓** cn. *I'm being pried.* (AS) | **kʷaʔč̓átəŋ̓** cn. *Someone's complaining about me.* (AS)}

kʷáʔčt ⟦√wa<ʔ>č̓-t √pry<actl>-trns⟧ ☞ kʷáč̓t to be prying, levering something up. (TC) {**kʷáʔčt** cn. *I'm prying it now.* (ES) | kʷɬ**kʷáʔčt** cn. *I'm prying up on it.* (MJT)}

kʷaʔčaʔ ⟦kʷaʔčaʔ therefore⟧ [speech act enclitic indicating an event or situation is a consequence of preceding events] therefore. (TC) ⟪USAGE: Used commonly in "why" questions and explanations.⟫ {ʔəstúŋət **kʷaʔčaʔ** ʔənsxʷmán ʔuʔ čtáŋ? *Why do you ask so much?* (TC) | níɬ č **kʷaʔčaʔ** sxʷɬíyms yaʔ. *So that's why he sang.* (TC) | níɬ **kʷaʔčaʔ** suʔkʷánəŋts cə tím. *So then Tim ran.* (ES) | ʔənʔá st **kʷaʔčaʔ**. *So we came.* (TC) | ɬíyəm caʔ st **kʷaʔčaʔ**. *Now we'll sing.* (TC) | ʔənʔá **kʷáʔčaʔ** cə qʷúʔ. *The water was coming.* (TC) | níɬ **kʷaʔčaʔ** sxʷhiyáʔs. *That's why he went.* (TC) | níɬ **kʷaʔčaʔ** sxʷʔəy̓s. *That's why it's good.* (TC) | kʷɬšaʔšx̌úsəŋ **kʷaʔčaʔ**. *So he's bragging now.* (MJT) | níɬ **kʷaʔčaʔ** nəsxʷʔənʔá ʔaʔ tiə ʔáynəkʷ. *That's why I came today.* (TC) | ʔuʔaʔáʔyəŋ **kʷaʔčaʔ** cə nətán. *My mother is at home.* (TC) | ʔaʔstúʔŋət caʔ cxʷ **kʷaʔčaʔ** ʔaʔ tiə ʔáynəkʷ? *What are you going to do today?* (TC) | níɬ č yaʔ **kʷaʔčaʔ** sxʷsaysiʔŋ̓ítəŋs. *That's what the scared them with.* (TC) | ʔuʔaʔáʔyəŋ **kʷaʔčaʔ** cə ʔaʔyəcɬtáyŋxʷ. *The people are at home.* (TC) | ʔiʔ níɬ **kʷaʔčaʔ** suʔčiʔáws ʔaʔ tím ʔaʔ tə sxʷʔiyás cə sčə́qʷəwc. *And then Tim was past where the fire was.* (ES) | ʔiʔ uʔníɬ **kʷaʔčaʔ** ʔuʔ ʔənʔá xʷéʔyəŋ ʔaʔ či ʔuʔiʔčáʔyə ʔəcɬtáyŋəxʷ ʔaʔ tiə nəxʷčiyaʔyéʔwən ʔiʔ qiʔnúʔŋəts cayə húy ʔuʔ sx̌úʔx̌əm̓. *And it will, therefore, be coming down from those people who went before to these who are resentful and angry at those who are well off.* (AA) | mánˀ st **kʷaʔčaʔ** ʔuʔ šaʔšúʔɬ kʷə stáčiɬ ʔaʔ tiə sčtə́ŋxʷən ʔaʔ tiə nəxʷyəḿi. *We are very glad to arrive at this land, Lummi.* (TC) | ʔiʔ níɬ **kʷaʔčaʔ** suʔčhák̓ʷs ʔaʔ či sqʷiŋítəŋs ʔaʔ či sʔiʔáyəxʷs. *And then he remembered what he had been told by his elders.* (ES)} VAR: kʷaʔčə {húy̓ **kʷaʔčə**. *Goodbye.* (EPT) | ʔənʔá **kʷaʔčə** ɬúk̓ʷ kʷə nəʔiyáyəŋ. *My parent came home.* (MJ) } VAR: kʷəčə {húy̓ **kʷəčə**. *Goodbye.* (ABT)}

kʷaʔčaʔɬ ⟦kʷaʔčaʔɬ therefore⟧ [speech act enclitic] [This form tends to be used when the third-person intransitive subject or the direct object is plural or seen as a collection, mass, repeated or prolonged.] ☞ kʷaʔčaʔ therefore. (TC; ES; AS,BC) {ʔənʔá **kʷáʔčaʔɬ** cə qʷúʔ. *The water is coming.* (TC) | táči **kʷaʔčaʔɬ** cə sqaʔyáxaʔ. *The dogs got here.* (TC) | ʔuʔaʔáʔyəŋ **kʷaʔčaʔɬ**. *They're at home.* (TC) | nə́kʷ **kʷaʔčaʔɬ** cáʔniyaʔ? *Who are you?* (TC) | níɬ **kʷaʔčaʔɬ** suʔənʔás ʔiʔ ćícaʔyəŋ. *Then they were coming up the hill.* (TC) | ʔənʔá **kʷaʔčaʔɬ** cə sqáx̌aʔ. *The dog came toward.* (TC) | ʔənʔá‴ **kʷaʔčaʔɬ** cə qʷúʔ! *The water came!* (ES) | níɬ **kʷaʔčaʔɬ** nsuʔx̌ə́nəŋ, "yéʔkʷsəŋ caʔ st!" *Therefore I say, "We will get ready!"* (AS) | níɬ **kʷaʔčaʔɬ** sxʷnéʔs či ʔəcɬtáyŋxʷ kʷə yíy̓. *That's why there are Indians far away.* (ES) | x̌ə̌kʷústs **kʷaʔčaʔɬ** tə ŋ̓ə́nŋənaʔs ʔiyá. *She took her children there.* (MJ) | ʔaʔáʔmət **kʷaʔčaʔɬ** ʔuʔhúy̓ č ʔuʔ kʷənits cə sčánnəxʷ ʔaʔ táʔaʔis. *He was sitting and, apparently, just watching the salmon go up the river.* (ES) | níɬ **kʷaʔčaʔɬ** suʔiʔx̌̌kʷtíŋ ʔaʔ cə náʔcuʔ, čáʔsaʔ. *So, then, I was held by the one then two people.* (ES) | ʔuʔhúʔ cxʷ čəʔúʔwəs ʔaʔ či ʔəsqiʔám ʔiʔ níɬ suʔəstáx̌ts **kʷaʔčaʔɬ**. *If it is used for weakness, it is, therefore, wrong.* (BH)} VAR: kʷəčəɬ (ES) {ʔənʔá **kʷəčəɬ** ʔiʔćícaʔyəŋ tə šəmáns. *Then their enemy came up the hill.* (ES)}

kʷaʔčiʔŋéʔnəŋ ⟦√kʷa<ʔ>yiy<ʔ>=ŋi<ʔ>n-ŋ √day<actl>=piece<actl>-mdl⟧ ☞ kʷčiʔnínəŋ to be having breakfast, eating a morning meal. {kʷɬhúy u cxʷ kʷi n̓skʷaʔčiʔŋéʔnəŋ? *Have you had breakfast? (Did you already finish eating breakfast?)* (ES)}

kʷaʔčiy̓ ⟦√kʷa<ʔ>yiy<ʔ> √day<actl>⟧ ☞ skʷáči
1. the early morning, before daybreak, dawn, early. (EPT; LC; ES; TC; MJ) {ʔaʔ či **kʷaʔčiy̓**. *in the early morning.* (TC,AS,BC) | ʔiʔ**kʷaʔčiy̓**. *It's starting daylight.* (TC) | **kʷaʔčiy̓** ti sstə́ŋs. *He walked at daybreak.* (ES) | **kʷaʔčiy̓** ʔiʔ ti tánən. *Morning and evening.* (ES) | mán̓ ʔuʔ ɬiʔx̌ʷə́yu ʔaʔ tiʔə **kʷaʔčiy̓**. *It's freezing this morning.* (EPT) | níɬ nsuʔə́mət ʔaʔ t **kʷaʔčiy̓**. *Then I got up early in the morning.* (MJ) | níɬ suʔncáxʷs ʔiʔšátəŋ ʔaʔ tə **kʷaʔčiy̓**. *One time he was walking in the morning.* (ES) | **kʷaʔčiy̓** kʷaʔčaʔ ʔiʔ ʔə́mət cə nsə́nəkʷ. *It was morning, and my bed partner got up.* (MJ) | **kʷaʔčiy̓** ti sstə́ŋs twawɬáč. *Early in the morning he walked when it was still dark.* (TC) | nə́c̓uʔ **kʷaʔčiy̓** ʔiʔtáči cə xʷanítəm qáʔŋiʔ. *One morning a white young lady arrived.* (ES) | man̓ ʔuʔ ɬiʔəx̌ʷə́yu ʔaʔ tiʔə **kʷaʔčiy̓**. *It's freezing this morning.* (EPT)}
2. to be early. {mán cxʷ kʷi ʔuʔ **kʷaʔčiy̓**. *You're too early.* (MJT) | ʔáwə c **kʷaʔčiy̓**. *It's not early.* (MJT)} VAR: kʷaʔčéy̓ (ES; TC,AS,BC; AS,BC) {ʔə́y̓ **kʷaʔčéy̓**. *It's a good morning* (ES) | nəxʷčaʔkʷɬnáyŋ cn ʔaʔ ti **kʷaʔčéy̓**. *I gargle in the early morning.* (AS)} VAR: kʷáʔčiy {kʷɬiʔ**kʷáʔčiy**. *It's getting light.* (MJT) | čaʔníɬ kʷi siʔ**kʷáʔčiy**s. *It's just getting light.* (MJT)}

kʷáʔəc ⟦√kʷaʔ-t-c √release-trns-1obj/2obj⟧ ☞ kʷáʔət release, drop me; release, drop you. {**kʷáʔəc**! *Leave me alone! / Let me go!* (HS; TC) | **kʷáʔəc** či! *Let me go!* (MJT) | **kʷáʔəc** caʔn. *I'm going to drop you. / I'm going to let you go.* (AS,BC; TC)}

kʷáʔəs ⟦√kʷaʔ-as √release-ptcaus⟧ ☞ kʷáʔət to let something go, put something down. (MJT) {**kʷáʔəs** cn. *I let it go.* (AS) | **kʷáʔəs** či! *Let go!* (MJT)}

kʷáʔət ⟦√kʷaʔ-t √release-trns⟧ to release, let go of, give up, drop something, leave something alone, ignore something. (AS,BC; ES,HS; ES; TC; MJ) {**kʷáʔət** cn. *I let it go.* (ES; TC) | **kʷáʔət** či. *Let it go. / Leave it alone!* (MJT; BC) | **kʷáʔət** či kʷsə n̓sqʷúqʷaʔ! *Quit your drinking!* (MJ) | ʔáwə c ʔáx̌əŋ ʔaʔ canu. **kʷáʔət**. *Don't do it. Let it go.* (ES) | **kʷáʔət** či; qtəmústuŋɬ. *Let it go; let's play ball.* (ICT) | **kʷáʔət**s *He let him go. / He ignored it.* (ES; TC) | **kʷáʔət** či nscáy. *I let my work go.* (AS,BC) | **kʷáʔət** tiə sx̌áʔəs qʷúqʷaʔ. *Leave this bad drink alone.* (TC) | nəsx̌̓éʔ či nəs**kʷáʔət** tiə. *I want to quit this.* (TC) | ʔuʔ**kʷáʔət** cn kʷə stiqéw. *I let the horse go.* (AS) | níɬ suʔ**kʷáʔət**s cə məyúsmus. *Then he let the cow go.* (MJ) | níɬ suʔ**kʷáʔət**s cə q̓éʔs ʔiʔ stə́ŋ. *Then he let go of his guts and fell.* (MJ) | ʔiʔ nsuʔhiyáʔ xən̓ʔáxʷ ʔuʔ**kʷáʔət** cə maʔyúsmus. *And I went and told him to leave the cows alone.* (MJ) | ʔiʔ nuʔás tə ŋáqaʔ ʔúxʷ ʔaʔ cə čə́ŋɬs ʔiʔ **kʷáʔət** cn. *And I put the snow into his chest (into the front of his shirt), and I dropped it.* (MJ) | ʔáwənə nəsx̌čít kʷaʔ ʔaʔstúʔŋətn kʷaʔ **kʷáʔətən**. *I don't know what to do to quit it.* (TC) | tákʷs yaʔ cn cə snə́xʷɬ ʔiʔ ʔuʔ**kʷáʔət** cn. *I was going to buy a canoe, but I let it go.* (TC) | čúkʷt u st ʔiʔ ʔuʔ**kʷáʔət** u st? *Do we shoot it, or do we let it go?* (ES) | txʷhúy tiə smánəš ʔuʔ ʔáw kʷaʔ **kʷáʔətən**. *It's only these cigarettes I never gave up.* (TC) | níɬ ʔə́y̓ či **kʷáʔət**s tiə x̌ə́wəs sx̌əyéʔx̌ɬ čəʔúʔwəs tiə sčə́yəčaʔs xʷiyanítəm tiə sqʷúʔqʷaʔ lám. *It's good for this new generation to quit drinking liquor using their white friends.* (TC)} VAR: kʷə́ʔat (ICT)

kʷáʔətct ⟦√kʷaʔət-cut √stern-rflxv⟧ ☞ skʷáʔət to go to the stern, go to the back seat of a vehicle. {sátəŋ cn, "**kʷáʔətct** či." *He told me, "Go to the stern."* (MJ) | x̌ə́nəŋ kʷə nəʔiyáʔiŋ, "**kʷáʔətct** ʔiʔ ɬə́x̌ʷct." *My father said, "Go to the stern and steer."* (MJ)}

kʷáʔətəŋ ⟦√kʷaʔ-t-ŋ √release-trns-psv⟧ ☞ kʷáʔət to be released, let go, dropped. (AS,BC; TC) {**kʷáʔətəŋ** cn. *He let me go.* (ES; TC) | čaʔ**kʷáʔətəŋ** cn. *He just let me go.* (ES) | níɬ suʔ**kʷáʔətəŋ** ʔaʔ tím. *Then they let Tim go.* (ES) | níɬ suʔ**kʷáʔətəŋ**s ʔaʔ cə snáyaʔnəkʷ. *Then the ghosts let him go.* (ES) | níɬ suʔ**kʷáʔətəŋ** ʔaʔ tím ʔaʔ cə čáʔsa?. *Then the two let Tim go.* (ES) | hí·c ti nəsx̌ʷən̓ʔáŋ x̌̓kʷtíŋ ʔiʔ čaʔ**kʷáʔətəŋ** cn. *It held me like that a long time then it released me.* (TC) | níɬ kʷaʔčaʔ nəsxʷʔáx̌əŋ kʷaʔ **kʷáʔətəŋ**s ʔaʔ tiə x̌ə́wəs sx̌əyéʔx̌ɬ. *That's why I tell this new generation to let go of it.* (TC)}

kʷáʔəwč̓ ⟦wáʔ+√wac̓ actl+√pry⟧ ☞ kʷác̓ to be prying, applying effort to get something or someone away from something else. {ʔuʔɬə́ŋ ʔuʔ **kʷáʔəwč̓** kʷə Tim. *I really pried Tim away (from his conversation).* (AS)}

kʷaʔə́y̓əs ⟦√kʷa<ʔə>y<ʔ>-as √hide<actl>-ptcaus⟧ ☞ kʷáyəs to be hiding something. {**kʷaʔə́y̓əs** cn. *I'm hiding it.* (MJT)} VAR: kʷaʔáʔis (TC,AS,BC) VAR: kʷaʔáʔis {**kʷáʔaʔis** cn. *I'm hiding it.* (MJT) | **kʷáʔaʔis** cn cə ntálə. *I'm hiding my money.* (AS) | ʔáwə c **kʷáʔaʔis**. *Don't hide it.* (MJT)} VAR: kʷaʔyəs (BC) VAR: kʷáʔis {húʔ cn nə́čəŋ ʔiʔ **kʷáʔis** cn. *When I laughed, I hid it.* (MJ)}

kʷáʔiʔ hiding. See under: kʷkʷáʔiʔ

kʷáʔiɬ spill. See under: kʷə́y̓əɬ

kʷáʔis hiding. See under: kʷaʔə́y̓əs

kʷáʔkʷaʔ later. See under: kʷkʷáʔ

kʷaʔkʷaʔáʔtxʷ ⟦kʷaʔ+√kʷ<əʔ>aʔ-txʷ dim+√release<actl>-letcaus⟧ ☞ kʷkʷáʔtxʷ to be letting something or someone go, leaving someone or something alone. (AS,BC) {**kʷaʔkʷaʔáʔtxʷ** cə sx̌̓íx̌aʔx̌ɬ. *Leave the child alone.* (BC)}

kʷaʔkʷaʔát ⟦kʷaʔ+√kʷaʔ<á>-t dim+√release<actl>-trns⟧ [analysis uncertain - Diminutive does not match semantics and reverse actual metathesis] ☞ kʷáʔət to be releasing something, letting something go, giving up on something, letting someone or something alone. (ES; HS,ES; TC; AS,BC) {**kʷaʔkʷaʔát** cn. *I'm letting it go.* (AS,BC) | **kʷaʔkʷaʔát** či. *Leave it be. / Leave it alone.* (AS,BC) | **kʷaʔkʷaʔát** cə słániʔ. *Leave that woman alone.* (TC) | **kʷaʔkʷaʔát** cn cə sƛ̓íƛ̓aʔƛ̓qł. *I let the child alone.* (AS) | **kʷaʔkʷaʔát** tiə ʔəcłtáyŋxʷ. *Let this person alone.* (ES) | ʔəsqiʔéʔmt či nsuʔ**kʷaʔkʷaʔát**. *I couldn't let it (an insult) go.* (ES) | níł suʔqʷáys cə čáʔsaʔ ʔiʔƛ̓kʷít, "**kʷaʔkʷaʔát**." *Then the two that were holding him said, "Leave him alone."* (ES)}

kʷaʔkʷáʔčəŋ ⟦kʷaʔ + √kʷa<ʔ>č-ŋ<ʔ> dim + √yell<actl>-mdl<actl>⟧ ☞ kʷáčəŋ to be yelling, shouting, hollering, calling out. (TC) {**kʷaʔkʷáʔčəŋ** cn. *I'm hollering.* (LC; TC) | kʷłkʷaʔkʷáʔčəŋ cn. *I'm yelling now.* (TC)} VAR: kʷaʔkʷáʔčəŋ (TC) {**kʷaʔkʷáʔčəŋ** cə sƛ̓íƛ̓áʔƛ̓qł. *The child is hollering.* (BC)} VAR: kʷaʔkʷóčəŋ (EPT; MJT; AS) {cán ʔuč kʷsə **kʷaʔkʷóčəŋ**? *Who's that hollering?* (EPT) | ʔáwə kʷi c **kʷaʔkʷóčəŋ**. *Don't holler.* (MJT) | **kʷaʔkʷóčəŋ** kʷi kʷə sƛ̓əyéʔƛ̓qł. *The children are hollering.* (AS)} VAR: kʷaʔkʷóčəŋ (MJT; ES) ʔáwə c yaʔnəŋíts cə q̓áʔŋi ʔəł **kʷaʔkʷóčəŋ**s. *They didn't listen to the girl hollering.* (MJ) | **kʷaʔkʷóčəŋ** yaʔ cn. *I was hollering.* (MJT) | ʔáwə c **kʷaʔkʷóčəŋ**. *Don't holler.* (MJT) | ʔáwə kʷaʔ č̓ʔiyánəs tə skʷəyaʔkʷaʔtúʔ ʔəł **kʷaʔkʷóčəŋ**s cə q̓áʔŋi. *The crows never heard her when the girl was hollering.* (MJ)}

kʷaʔkʷaʔóc ⟦kʷaʔ + √kʷaʔə-t-c dim + √release-trns-1obj/2obj⟧ ☞ kʷaʔkʷaʔát leave me alone; leave you alone. (ES) {**kʷaʔkʷaʔóc** caʔn. *I'll leave you alone.* (ES)}

kʷaʔkʷaʔnéʔŋət ⟦kʷaʔ + √kʷa<ʔ>ni<ʔ>ŋut dim + √run<actl>⟧ ☞ kʷaʔnéʔŋət
1. to be running, trotting (of someone or something small). {ʔu**kʷaʔkʷaʔnéʔŋət** c staʔtímə. *A little motorboat was running.* (MJ)} VAR: kʷaʔkʷənéʔŋət (ES) VAR: kʷaʔkʷənéʔəŋət (ES)

kʷaʔkʷaʔšú ⟦kʷaʔ + √kʷa<ʔ>šu dim + √pig<dim>⟧ ☞ kʷašú small pig, piglet. (ES) {čaʔnéʔ kʷsə **kʷaʔkʷaʔšú**. *The piglet is just born.* (ES)}

kʷaʔkʷáʔwiʔ ⟦waʔ + waʔ + √wiy<ʔ> dim + actl + √peek<actl>⟧ ☞ kʷáʔwiʔ hide-and-go-seek (game). (MJT)

kʷaʔkʷáƛ̓šən ⟦kʷaʔ + √kʷaƛ̓=šən dim + √?=foot⟧ red rock crab. *Cancer productus.* (TC)

kʷaʔkʷčáʔŋəc ⟦kʷaʔ + √kʷač<ʔ>-ŋi-t-c dim + √yell<actl>-rel-trns-1obj/2obj⟧ ☞ kʷaʔkʷčáʔŋət yelling to me; yelling to you. {**kʷaʔkʷčáʔŋəc** cn. *I'm hollering to you.* (MJT) | **kʷaʔkʷčáʔŋəc** u cxʷ? *Are you hollering at me?* (TC)}

kʷaʔkʷčáʔŋət ⟦kʷaʔ + √kʷač<ʔ>-ŋi-t dim + √yell<actl>-rel-trns⟧ ☞ kʷčáŋət to be hollering to, yelling a little at someone or something. (AS,BC) {**kʷaʔkʷčáʔŋət** cn. *I'm yelling at him.* (TC)}

kʷaʔkʷčáʔŋiti ⟦kʷaʔ + √kʷač<ʔ>-ŋi-ty actl + √yell<actl>-rel-rcprcl⟧ ☞ kʷaʔkʷčáʔŋət to be yelling at each other. (TC)

kʷaʔkʷčəŋítəŋ ⟦kʷaʔ + √kʷač<ʔ>-ŋi-t-ŋ<ʔ> dim + √yell<actl>-rel-trns-psv<actl>⟧ ☞ kʷaʔkʷčáʔŋət being hollered to a little at someone or something. {**kʷaʔkʷčəŋítəŋ** cxʷ. *He hollered at you.* (MJT)} VAR: kʷaʔkʷčəŋítəŋ (MJT)

kʷaʔkʷéʔtšən ⟦kʷaʔ + √kʷi<ʔ>tšn dim + √spring_salmon<dim>⟧ ☞ kʷítšən small spring salmon. (ES)

kʷaʔkʷéləwaʔ ⟦kʷaʔ + √kʷələwaʔ dim + √shore_crab⟧ purple shore crab, tiny crabs that live under the rocks and in the seaweed. *Hemigrapsus nudus.* (TC) [loan of unknown origin] cp. qaʔqə́ləwaʔ?

kʷaʔkʷənísən ⟦kʷaʔ + √kʷnis=ən dim + √button=instr⟧ ☞ kʷənísən a small button. {ʔułłə́t cn cə **kʷaʔkʷənísən**. *I flipped the button.* (AS)}

kʷaʔkʷə́yəŋ ⟦kʷaʔ + √kʷəy-ŋ dim + √fly-mdl⟧ ☞ kʷə́yəŋ to fly a little. {ʔáwə híc ʔiʔ **kʷaʔkʷə́yəŋ** kʷə. *It wasn't long, and he flew.* (AA)}

kʷaʔkʷiʔóct ⟦kʷaʔ + √kʷy̓-cut dim + √spill-rflxv⟧ ☞ kʷiʔóct to tip over a little (in a boat or canoe). {łkʷístəŋ ʔəł ʔuʔkʷł**kʷaʔkʷiʔóct**. *He was brought home when we were tipping.* (MJ)}

kʷaʔkʷiʔnáy̓ł ⟦kʷaʔ + √kʷi<ʔ>nay<ʔ>ł dim + √Quinault<dim>⟧ ☞ kʷənáy̓ł a small Quinault canoe. (MJT)

kʷaʔkʷíw̓cct ⟦√kʷə<ʔ>w=iw<ʔ>c-cut √warm=fire-rflxv⟧ ☞ kʷə́wəŋ to be warming oneself by a fire. (AS) {**kʷaʔkʷíw̓cct** kʷaʔčaʔ. *So he was warming himself.* (TC) | **kʷaʔkʷíw̓cct** cn. *I'm warming myself.* (AS) VAR: kʷaʔkʷíw̓ct (AS,BC) {ʔənʔá či čə́yəxʷ ʔiʔ **kʷaʔkʷíw̓ct**. *Come in and warm yourself up.* (AS,BC)} VAR: kʷaʔkʷiyúct (AS)

kʷaʔkʷšáčən ⟦kʷə + √kʷšəčn dim + √bluejay⟧ blue jay, Steller's jay. *Cyanocitta stelleri.* (AS,ES) VAR: k̓ʷaʔkʷšáčən (ES)

kʷaʔkʷúʔxʷəŋ ⟦kʷaʔ + √kʷu<ʔ>xʷ=ən<ʔ> dim + √dancing_pole<dim>=instr<actl>⟧ ☞ kʷúxʷən small dancing pole. (MJT)

kʷaʔkʷxcéʔnəŋ ⟦kʷaʔ + √kʷx=uci<ʔ>n-ŋ<ʔ> dim + √eject=mouth<actl>-mdl<actl>⟧ ☞ kʷaʔkʷxcínəŋ to be screaming, hollering (a little or of a small person). (LC; TC; AS,BC) {ʔiʔ**kʷaʔkʷxcéʔnəŋ** ʔaʔ kʷi sčáq̓s. *He was hollering when he fell.* (EPT)} VAR: kʷaʔkʷxʷcéʔnəŋ (AS) VAR: kʷaʔkʷcéʔnəŋ (BC)

kʷaʔkʷxcínəŋ ⟦kʷaʔ + √kʷx=ucin-ŋ dim + √eject=mouth-mdl⟧ ☞ kʷxcínəŋ to scream, holler. (AS,BC) {ʔiʔ**kʷaʔkʷxcínəŋ** ʔaʔ kʷi sčáq̓s. *He hollered when he fell.* (EPT)}

kʷaʔnaʔŋútxʷ ⟦√kʷa<ʔ>ni<ʔ>ŋut-txʷ √run<actl>-letcaus⟧ ☞ kʷənəŋúttxʷ to make

kʷaʔnéʔŋəɬ pouring. *See under:* kʷanéʔŋəɬ

kʷaʔnéʔŋət ⟦√kʷa<ʔ>ni<ʔ>ŋut √run<actl>⟧ ☞ kʷánəŋət
1. to be running, trotting. (LC; TC; TC,AS,BC; AS,BC; AA) {ʔiʔ**kʷaʔnéʔŋət**. *He's running.* (EPT; MJT; TC; ES) | **kʷaʔnéʔŋət** cn. *I'm running.* (ES; TC) | kʷɬiʔ**kʷaʔnéʔŋət**. *He's already on the run.* (MJT) | x̣ʷə́ŋ u tə siʔ**kʷaʔnéʔŋət**s? *Is he running fast?* (LC) | néʔ kʷsə ʔiʔənʔáʔə iʔ**kʷaʔnéʔŋət**. *Somebody's coming running.* (EPT) | **kʷaʔnéʔŋət** ʔiʔtútkʷ kʷi tím. *Tim was running home.* (ES) | níɬ cə q̓ʷq̓ʷúʔəŋ ʔiʔ**kʷaʔnéʔŋət** ɬúyŋ. *It was Kelp that was running away.* (TC) | ʔáw yaʔ c híc sʔiʔšátəŋs ʔiʔ kʷə́nnəs cə ʔəcɬtáyŋx̣ʷ ʔiʔ**kʷaʔnéʔŋət**. *She wasn't walking long when she saw a person running.* (TC) | ʔuʔáw č c híc sʔiʔšátəŋs ʔiʔ kʷə́nəs kʷi **kʷaʔnéʔŋət**. *She wasn't walking very long, and she saw someone running.* (AS) | húʔ yaʔ **kʷaʔnéʔŋət** kʷi tím ʔaʔ ti táŋən ʔəɬ ʔiʔɬáčcts činu skʷáči ʔiʔ níɬ táči cə čaʔčéʔx̣ʷəŋ ʔiyá ʔaʔ tə cácu. *When Tim was running in the evening when the day was getting dark, he would get to a shallow place at the beach.* (ES)}
2. to be operating (of a machine). {kʷɬ**kʷaʔnéʔŋət**. *It's running (the car).* (ES) | kʷɬ**kʷaʔnéʔŋət** kʷsə nəməšín. *My machine is already running.* (ES) | ʔuʔhiyáʔ st yaʔ ʔiʔ kʷəyəxcútt ʔaʔ ʔuʔə́y ʔiʔ **kʷaʔnéʔŋət**. *We'd go and shake it, and it would be running well (the pump).* (ES)} VAR: kʷaʔníŋət (LB,CWH)

kʷaʔnéʔŋətháyŋən ⟦√kʷa<ʔ>ni<ʔ>ŋut-ayŋən √run<actl>-want⟧ ☞ kʷaʔnéʔŋət to want to be running, feel like running. {**kʷaʔnéʔŋətháyŋən** cn. *I feel like running.* (ES)} VAR: kʷaʔnéʔŋətáyŋən (ES)

kʷaʔnəčáti ⟦√kʷə<ʔ>nča-ty √divorce<actl>-rcprcl⟧ ☞ kʷənčáti to be divorcing, separating (of a married couple). (ES) VAR: kʷaʔnəčátiʔ (ES) VAR: kʷaʔnčáti {**kʷaʔnčáti** st. *We're getting a divorce.* (AS,BC)}

kʷáʔnəŋ ⟦√kʷaʔ-nax-ŋ √release-nctrns-psv⟧ ☞ kʷáʔnəxʷ
1. to be dropped. (TC) {**kʷáʔnəŋ** kʷɬə táləs. *She dropped her money.* (AS)}
2. to be rejected. (TC)

kʷáʔnət ⟦√kʷaʔn-t √let_go-trns⟧ to drop something (deliberately), let go of something. (BC) {**kʷáʔnət** cn. *I dropped it.* (BC)} VAR: kʷáʔnt (AS) {ʔuʔ**kʷáʔnt** cn cə čísən. *I dropped the nail.* (AS)}

kʷáʔnəxʷ ⟦√kʷaʔ-naxʷ √release-nctrns⟧ ☞ kʷáʔət to drop something, let something go (accidentally). (MJT; AS,BC) {**kʷáʔnəxʷ** cn. *I dropped it.* (EPT; LC; ES,HS; AS,BC) | **kʷáʔnəxʷ** cn kʷi kʷə saplín. *I dropped the bread.* (AS) | **kʷáʔnəxʷ** cn tə qʷɬáy. *I dropped the log.* (MJT)}

kʷáʔŋən ⟦√kʷaʔ=ŋin √release=piece⟧ ☞ kʷáʔət
1. trash, anything thrown away. (TC) {**kʷáʔŋən** yaʔ kʷiə sq̓xáyuʔ. *These clams were trash.* (AS) | ɬáxʷɬ ʔuʔ ŋən cə **kʷáʔŋən**. *There's really lots of trash.* (AS)}
2. any kind of mollusk shell. (TC)

kʷáʔqəŋ ⟦√kʷa<ʔ>q-ŋ<ʔ> √flower<actl>-mdl<actl>⟧ ☞ kʷáqən to be blooming, blossoming, flowering. {čaʔiʔ**kʷáʔqəŋ** kʷsə skʷáqən. *The flower is just beginning to bloom.* (EPT)}

kʷaʔsíqəŋ ⟦√kʷ<ʔ>siq-ŋ<ʔ> √itch<actl>-mdl<actl>⟧ ☞ kʷsíqən to be feeling itchy, tickling. (ES,TC; TC) VAR: kʷaʔsíqəŋ (MJT) {mán ʔuʔ **kʷaʔsíqəŋ** tiʔə nəscəŋ́ətəŋ ʔaʔ tə pxʷə́yqsən. *This mosquito bite really itches.* (MJT)}

kʷaʔšə́q ⟦√kʷ<əʔ>šəq √sigh<actl>⟧ ☞ kʷšə́q to be sighing. (MJT) {kʷɬníɬ suʔ**kʷaʔšə́q**s. *And then she sighed.* (MJT)}

kʷaʔšə́qəŋ ⟦√kʷ<əʔ>šəq-ŋ<ʔ> √sigh<actl>-mdl<actl>⟧ ☞ kʷaʔšə́q to be sighing. {kʷɬ**kʷaʔšə́qəŋ** cə Gypsy. *Gypsy's sighing now.* (MJT) | ʔáwə či c **kʷaʔšə́qəŋ**. *Don't sigh.* (MJT)}

kʷaʔtáq̓ɬ ⟦√kʷə<ʔ>təq-ɬ √fart<actl>-dur⟧ ☞ kʷətə́q̓ to be farting, breaking wind. (MJT)

kʷaʔtém goddamn. *See under:* kʷatém

kʷaʔtúsəŋ ⟦√kʷ<ʔ>t=us-ŋ √look_up<actl>=face-mdl⟧ ☞ kʷtúsəŋ to be looking up. {ʔáwə či c **kʷaʔtúsəŋ**. *Don't look up.* (MJT)}

kʷaʔtúš ⟦√kʷaʔtuš √kitten⟧ kitten, cat. (JCo) {xčítəŋ cn ʔaʔ kʷɬəs **kʷaʔtúš**. *I was scratched by the cat.* (EPT)} VAR: qatúš {ʔáwə qi c **qatúš** tiə! *This isn't a kitten!* (AA)} ⟪This variant appears in a story told by Amy Allen. Nobody today knows what this means exactly except that it refers to some animal that is small and cute like a kitten.⟫ (TC)

kʷaʔɬənə́č ⟦√kʷaʔɬ=nač √plop=tail⟧ to fall making a thump or flopping noise on something dry. (AS,BC; AS) {**kʷaʔɬənə́č** cn. *I (fell with a) thud.* (AS)} VAR: kʷəɬənə́č (AS)

kʷaʔɬənə́qʷ ⟦√kʷaʔɬ=ənəqʷ √plop=sound⟧ to explode, blow up, burst, backfire (of an engine), go off (of a gun), bang. (MJT; AS) {**kʷaʔɬənə́qʷ** caʔ. *It's going to blow up.* (MJT) | suʔ**kʷaʔɬənə́qʷ**s cə púyəks. *His gun went off.* (TC) | **kʷaʔɬənə́qʷ** činu púyək. *The gun exploded.* (ES)} VAR: kʷəɬnə́qʷ (ES) VAR: kʷəɬənə́qʷ (ES)

kʷaʔɬənə́qʷt ⟦√kʷaʔɬ=ənəqʷ-t √plop=sound-trns⟧ ☞ kʷaʔɬənə́qʷ to blow up with explosives. {**kʷaʔɬənə́qʷt** cn cə sčánəxʷ. *I blew up the fish.* (AS)}

kʷaʔɬənə́qʷtəŋ ⟦√kʷaʔɬ=ənəqʷ-t-ŋ √plop=sound-trns-psv⟧ ☞ kʷaʔɬənə́qʷt to be blown up with explosives. (AS) {**kʷaʔɬənə́qʷtəŋ** kʷə sčánəxʷ. *The fish were blown up.* (AS)}

kʷaʔƛ̕iyáq ⟦√kʷaʔƛ̕=iyəq √plop=water⟧ to plop into water or something wet making a flat splashing sound. (AS) {ʔuʔɬə́ŋ cn ʔuʔ **kʷaʔƛ̕iyáq**. *I just fell with a splash.* (AS)} VAR: kʷə́ƛ̕íyəq (AS)

kʷaʔwəntiʔíc ⟦wiʔ+√wən-ty<ʔ>-ic-t-c actl+√fight-rcprcl<actl>-about-trns-1obj/2obj⟧ ☞ kʷaʔwəntiʔíct fighting over me; fighting over you. {**kʷaʔwəntiʔíc** cxʷ. *You're fighting over me.* (TC)}

kʷaʔwəntiʔíct ⟦wiʔ+√wən-ty<ʔ>-ic-t actl+√fight-rcprcl<actl>-about-trns⟧ ☞ kʷéʔwənti to be fighting about, fighting over something. (TC) {**kʷaʔwəntiʔíct** cn. *I'm fighting about it.* (TC) | **kʷaʔwəntiʔíct** ʔuʔx̣ə́nəstəŋ. *They're fighting over everything.* (TC) | stáŋ kʷaʔčaʔ či **kʷaʔwəntiʔíct** cəyəw̕náʔiɬ? *What are those people fighting about?* (TC) | ʔuʔhúy kʷaʔčaʔ tə su**kʷaʔwəntiʔíct**s cə marinas ʔaʔ ti uʔx̣ənáɬ. *They're just fighting over their marina all the time.* (TC) | ʔáwənə nəsx̣čít kʷaʔ ʔaʔstúʔŋəts kʷi mə́ščú kʷéʔwənti č ʔiʔ cə q̕ʷq̕ʷúʔəŋ kʷaʔ stáŋəs yaʔ čtə či **kʷaʔwəntiʔíct**s cawnáʔyəɬ. *I don't know what Mink was doing, but he was fighting with Kelp, whatever they were fighting over.* (TC)}

kʷáʔwiʔ ⟦waʔ+√wiy<ʔ> actl+√peek<actl>⟧ [possibly related to word for 'hide'] cp. kʷáy to be peeking, half hidden. (AS,BC) {**kʷáʔwiʔ** yaʔ st. *We peeked.* (AS) | **kʷáʔwiʔ** cə sx̣̕íx̣̕aʔx̣̕qɬ. *The child is peeking.* (AS)}

kʷaʔwiʔnúʔŋət dreaming. *See under:* kʷəwiʔnúʔŋət

kʷaʔx̣céʔnəŋ ⟦√kʷ<əʔ>x̣=uci<ʔ>n-ŋ<ʔ> √eject<actl>=mouth<actl>-mdl<actl>⟧ ☞ kʷx̣cínəŋ to be screaming. {kʷɬ**kʷaʔx̣céʔnəŋ**. *He's screaming now.* (LC)}

kʷaʔx̣ʷáʔmaʔ ⟦√kʷaʔx̣ʷáʔmaʔ √Lyre_River⟧ Lyre River and the former Klallam village at its mouth. (LJoH; JSH)

kʷaʔyaʔkʷaʔšú ⟦kʷ<aʔy>aʔ+√kʷa<ʔ>šu dim<pl>+√pig<dim>⟧ ☞ kʷaʔkʷaʔšú a group of small pigs, piglets. (ES)

kʷaʔyaʔkʷéʔtšən ⟦kʷ<aʔy>aʔ+√kʷi<ʔ>tšn dim<pl>+√spring_salmon<dim>⟧ ☞ kʷaʔkʷéʔtšən a group of small spring salmon. (ES)

kʷaʔyaʔkʷəńéʔŋət ⟦kʷ<aʔy>aʔ+√kʷan<ʔ>i<ʔ>ŋut dim<pl>+√run<actl>⟧ ☞ kʷaʔkʷəńéʔŋət to be running a little (of a group); to be small people, children, or animals running. (ES)

kʷaʔyənáyɬ ⟦√kʷ<aʔy>inayɬ √Quinault<pl>⟧ ☞ kʷənáyɬ several Quinault style canoes. (MJT)

kʷaʔyənísən ⟦√kʷ<aʔy>ənis=ən √button<pl>=instr⟧ ☞ kʷənísən several buttons, pins. (MJT)

kʷáʔyəs hiding. *See under:* kʷaʔə́yəs

kʷaʔyəšú pigs. *See under:* kʷiyašú

kʷáʔyət ⟦√kʷa<ʔ>y-t √hide<actl>-trns⟧ ☞ kʷáyət to be hiding, concealing something. (TC) {**kʷáʔyət** cn. *I'm hiding it.* (TC) | **kʷáʔyət** caʔn cə scúm̕. *I'm going to hide the bone away.* (TC)}

kʷáʔyətəŋ ⟦√kʷa<ʔ>y-t-ŋ<ʔ> √hide<actl>-trns-psv<actl>⟧ ☞ kʷáyətəŋ being hidden, concealed by someone. (TC)

kʷaʔyə́yu ⟦√wi<ʔ>y-əyu √peek<actl>-activ⟧ ☞ kʷéʔyət to be peeking. {nsuʔx̣ənátəŋ ʔaʔ cə sɬáni kʷsə **kʷaʔyə́yu**. *She told me about the woman peeking.* (ES) | níɬ sxʷʔiyás s**kʷaʔyə́yu**s. *That's where she was peeking.* (ES) | níɬ nsuʔnəxʷx̣̕iʔáʔiɬ ʔaʔ kʷsi kʷaʔ stáŋs kʷaʔ cáns či **kʷaʔyə́yu**. *Then I looked around for her, whatever, whoever was peeking.* (ES) | ʔiʔáɬaʔ x̣̕áy **kʷaʔyə́yu**. *Here she is peeking again.* (ES) | níɬ suʔtə́sɬ ʔaʔ tə sxʷʔiyás či s**kʷaʔyə́yu**s. *Then we got to where she was peeking.* (ES)} VAR: kʷaʔyéyu (AS) VAR: kʷaʔyéyəw (BC)

kʷaʔyítəŋ ⟦√wi<ʔ>y-t-ŋ<ʔ> √peek<actl>-trns-psv<actl>⟧ [metathesis with passive] ☞ kʷéʔyət being peeked at. {**kʷaʔyítəŋ** cn. *She was peeking at me.* (ES) | **kʷaʔyítəŋ** cxʷ. *You're being peeked at.* (ES) | **kʷaʔyítəŋ** cn ʔaʔ cə sɬáni. *The woman was peeking at me.* (ES)}

kʷaʔyítšən ⟦√kʷ<aʔy>itšn √spring_salmon<pl>⟧ a group of spring salmon. (MJT; ES) {ʔuʔx̣ə́n č ʔuʔ xʷéʔtəŋ cə **kʷaʔyítšən**. *The salmon were all jumping.* (TC)} VAR: kʷaʔʔítšən (EPT)

kʷaʔyúxʷən dancing poles. *See under:* kʷə́yəxʷən

kʷác̕ ⟦√wac̕ √pry⟧ to be pried. (AS; AS,BC) {**kʷác̕** cə scúɬ. *The wood was pried up.* (AS)}

kʷác̕ən ⟦√wac̕=ən √pry=instr⟧ ☞ kʷác̕ any tool used for prying such as a cant hook, peavey, or crowbar. (AS; AS,BC) {čəʔúʔwəs cn cə **kʷác̕ən**. *I'm using the peavey.* (AS)}

kʷác̕t ⟦√wac̕-t √pry-trns⟧ ☞ kʷác̕
1. to pry, lever something up. (MJT; TC; ES) {**kʷác̕t** cn. *I pried it up.* (TC; AS)}
2. to criticize, find fault with someone. (AS) VAR: q̕ʷác̕t {**q̕ʷác̕t** cn. *I pried it up, levered it.* (AS)}

kʷáčəŋ ⟦√kʷač-ŋ √yell-mdl⟧ to yell, shout, holler, call out. (MJT; TC; LC; MJ; AS,BC; AS) {**kʷáčəŋ** cn. *I hollered.* (MJT; TC; AS) | ʔáwə c **kʷáčəŋ**. *Don't holler.* (MJT) | húy̕ či huʔ**kʷáčəŋ**. *Go ahead, holler.* (MJT) | sqiʔám̕ či nəs**kʷáčəŋ**. *I couldn't holler.* (TC) | níɬ č su**kʷáčəŋ** ʔaʔ mə́ščú. *Then Mink hollered.* (TC) | kʷɬuʔ**kʷáčəŋ** yaʔ kʷi. *He hollered (once).* (MJT) | níɬ č su**kʷáčəŋ** cə q̕áʔŋi. *Then the girl called out.* (MJ) | **kʷáčəŋ** cn ʔaʔ kʷə nséʔyaʔ. *I hollered to my grandfather.* (AS) | níɬ su**kʷáčəŋ**s kʷə swə́y̕qaʔs. *Then her husband hollered.* (AS) | kʷɬ**kʷáčəŋ** caʔ cxʷ ʔiʔ čax̣ʷítəŋ cn. *When you holler, I'll jump.* (TC) | kʷɬx̣ʷítəŋtuŋɬ ʔiʔ čaʔ**kʷáčəŋ** cxʷ. *We'll jump before you holler.* (TC) | húʔ caʔn x̣ʷítəŋ ʔiʔ **kʷáčəŋ** cxʷ. *When I jump, you holler.* (TC) | **kʷáčəŋ** ʔúxʷ ʔaʔ cə cə sq̕ʷayašəns kʷaʔ ʔənʔás ʔiʔ kʷənáŋəts ʔəy̕ə́wəsəqs. *He hollered to his companions to come and help ʔəy̕ə́wəsəqs.* (MJ) | níɬ č su**kʷáčəŋ**s cə náʔčuʔ, "tx̣ʷín cxʷ ʔuč?" *Then one of them hollered, "Where are you* *going?"* (TC) | suʔ**kʷáčəŋ** ʔaʔ mə́ščuʔ, "šatatá" kʷaʔ táməxs wuʔ." *So Mink hollered, "Oh my goodness, I wonder if it's eelgrass."* (TC)}

kʷáči ⟦√kʷayiy √day⟧ day, today, tomorrow, the next day. (LB,CWH; EPT; LC; TC,AS,BC) {ʔaʔ či **kʷáči** *tomorrow* (TC) | kʷaʔ **kʷáči**əs. *tomorrow* (LC) | kʷənətúy̓ caʔ st ʔaʔ či **kʷáči**. *We'll be together tomorrow.* (MJT) | kʷənáŋəc caʔn ʔaʔ ti **kʷáči**. *I'll help you tomorrow.* (LC) | ƛ̓aʔtáwn caʔn ʔaʔ či **kʷáči**. *I'm going to go to town tomorrow.* (TC,AS,BC) | k̓ʷənnúŋə caʔn ʔaʔ či **kʷáči**. *I'll see you tomorrow.* (TC,AS,BC; TC) | yáʔ caʔn tákʷs ʔaʔ ti **kʷáči**. *I will buy it tomorrow.* (LC) | **kʷáči** caʔ či šiyáʔɬ. *We'll go tomorrow.* (EPT) | **kʷáči** caʔ či nstúk̓ʷ. *I'll go home tomorrow.* (EPT) | suʔ**kʷáči**s ʔiʔ ʔənʔá cn túk̓ʷ. *So the next day I came home.* (MJ) | čšəsúʔəkʷ c̓ či táči ʔaʔ či **kʷáči**. *She's coming from Sooke tomorrow.* (MJT) | ƛ̓áy caʔ st ʔuʔ táči ʔaʔ či **kʷáči** čiʔáwə q̓íyt. *We'll come tomorrow afternoon, too.* (EPT) | nəsƛ̓éʔ či nəsʔəm̓xʷúcən̓ ʔaʔ či **kʷáči**. *I want to pick berries tomorrow.* (MJT) | ʔuʔáɬa caʔ ʔi ʔuʔhiyáʔ caʔ ʔaʔ či **kʷáči**. *He's here, but he's going tomorrow.* (TC) | níɬ c̓ suʔ**kʷáči**s ʔiʔ hiyáʔ cə swéʔwəs ƛ̓iyáŋ ʔaʔ či húʔpt. *Then it was the next day, and the young man went to look for deer.* (MJ)}

kʷán ⟦√wan √lose⟧ [/w/ → /kʷ/]
1. to be lost. (LC; AS,BC; ES; TC; AS) {**kʷán** cn. *I'm lost (as in the woods).* (AS,BC; TC) | ɬə́ŋ cn ʔuʔ **kʷán**. *I'm just lost.* (TC) | **kʷán** kʷə nətálə. *My money is lost.* (LC) | **kʷán** kʷaʔ kʷi nsqə́čaʔ. *My catch was lost.* (TC) | ʔuʔɬə́ŋ st ʔuʔ **kʷán**. *We are completely lost.* (TC) | **kʷán** kʷi kʷə stəqéw. *The horse is lost.* (AS) | ʔiʔ húʔ cxʷ ʔáwətxʷ ʔánəɬ ʔiʔ **kʷán** caʔ cxʷ. *And if you refuse to obey, you will be lost.* (ES) | **kʷán** yaʔ cn ʔiʔ ʔuʔməkʷ̓ətəŋ cn. *I was lost, but now I'm found (third line of "Amazing Grace").* (AS,BC) | ʔuʔxʷənʔáŋ̓ kʷaʔčaʔ ʔiʔ **kʷán** kʷɬə kʷɬi nslániʔ táns yaʔ nəsƛ̓ayéʔƛ̓qɬ. *It was like that, and I lost my wife who was the mother of my children.* (TC)}
2. to be gone, passed away, died. {ʔi uʔƛ̓iʔáŋ st ʔaʔ či sxʷənúʔəsənɬ ʔiʔ ƛ̓áy st huŋístxʷ tiə sqʷáyɬyaʔ kʷɬ**kʷán**. *And we look for where to turn for a way to bring back again our language that was lost.* (TC) | **kʷán** kʷi kʷə nswə́y̓qaʔ. *I lost my husband.* (AS)}

kʷanáŋən ⟦√wan = ŋin √lose = piece⟧ [The stressed vowel is unaccounted for here.] ☞ **kʷán** something lost. {nəs**kʷanáŋən**. *I lost it.* (ES) | nəs**kʷanáŋən** cə nəlaklín. *I lost my key.* (ES) | nəs**kʷanáŋən** cə nətálə. *I lost my money.* (ES)}

kʷánəŋ ⟦√wan-as-ŋ √lose-ptcaus-psv⟧ [The /s/ of the causative deletes.] ☞ **kʷánəs** to be lost, left behind, thrown away by someone. (TC) {**kʷánəŋ** cn. *I got thrown away. / I got left.* (TC) | px̌ʷíyəčən ixʷ cə nəspcúʔ ʔiʔ ŋə́n̓ scəy̓íqʷɬ cə ns**kʷánəŋ**. *My basket must have been overflowing, and I lost a lot of berries.* (MJT)}

kʷánəŋət ⟦√kʷaniŋut √run⟧ to run, gallop, trot; to flow (of water). (LBH; EPT; RS; LC; TC; AS,BC; ES; TC,AS,BC; TC; WB) {**kʷánəŋət** caʔn. *I'm going to run.* (ES) | ʔáwə c **kʷánəŋət**. *Don't run.* (MJT) | štə́ŋ či! ʔáw c **kʷánəŋət**! *Walk! Don't run!* (TC,AS,BC) | kʷɬ**kʷánəŋət**. *He started to run.* (MJT) | níɬ suʔ**kʷánəŋət**s. *So then he ran.* (ES) | **kʷánəŋət** sqéyŋ. *He ran outside.* (ES) | ʔáw c **kʷánəŋət**. *Don't run.* (TC,AS,BC) | sqiʔám̓ či s**kʷánəŋət**s. *He couldn't run.* (TC) | hiyáʔ u caʔ cxʷ **kʷánəŋət**? *Are you going to run?* (LC) | həwíyŋ cə ʔiʔčáʔyə **kʷánəŋət**. *The first one who ran came back.* (MJ) | suʔƛ̓kʷətəŋs cə nə́cuʔ **kʷánəŋət**. *So another one who ran was taken.* (MJ) | **kʷánəŋət** txʷʔúx̌ʷ ʔaʔ cə slapúʔ. *He ran towards Slapu.* (TC) | ʔəy̓ kʷi či nəspáʔəct **kʷánəŋət** ɬaʔkʷáct. *I better try to run away.* (ES) | **kʷánəŋət** čə́yəxʷ ʔaʔ cə ʔáʔiŋs cə sʔúq̓ʷaʔs. *He ran into his brother's house.* (ES) | tə́xʷ ixʷ kʷ uʔ **kʷánəŋət** ʔiʔ čáq̓. *He just started to run but fell.* (MJT) | ʔúx̌ či **kʷánəŋət**. *Go on and run.* (EPTB) | ʔə́c yəxʷ caʔ ʔuʔ **kʷánəŋət**. *I guess it'll be me to run.* (TC) | **kʷánəŋət** caʔ st ʔiʔ cicə́st. *We're going to run out and hit them.* (MJT) | ʔúy̓ qɬ cn k̓ʷənt ʔiʔ **kʷánəŋət**. *If I look at him he'll run.* (MJT) | **kʷánəŋət** qɬ kʷaʔ k̓ʷənətən. *He'll run if I look at him.* (MJT) | suʔsx̌ə́n̓s či sx̌ʷə́ŋs či s**kʷánəŋət**s. *He ran as fast as he could.* (ES) | suʔ**kʷánəŋət** ʔaʔ Timmy ɬcúʔ. *So Timmy ran down to the beach.* (MJ) | suʔƛ̓áys **kʷánəŋət** ʔənʔá ɬúkʷ ƛ̓aʔéʔɬxʷaʔ. *So he again ran back home to Elwha.* (ES) | **kʷánəŋət** sqéyŋ ʔúx̌ʷ ʔaʔ kʷsə sčaʔkʷaʔyúɬs sqaʔáwəɬ. *He ran out to his car outside.* (ES) | ʔáwə kʷaʔ kʷəníts ti pə́wi ʔəɬ **kʷánəŋət**s ʔiʔ ti sx̌áʔənɬ. *He couldn't see the flounder when it ran or the bullhead.* (MJ) | ʔiʔ ʔáwə kʷaʔ **kʷánəŋət**s cə qʷúʔ ʔaʔ cə smamáʔkʷɬ cəčaʔŋə̓yu ʔaʔ ti qʷúʔ. *The water didn't run because the pump was broken.* (ES) | níɬ suʔxənʔáxʷs canu naʔčáʔəwŋ̓əxʷ, "nəsƛ̓éʔ kʷə ci qʷúʔ ʔiʔ ʔáw kʷaʔ **kʷánəŋət**s." *She said to the foreigner, "I need water, but it won't run."* (ES) | ʔuʔhúy kʷaʔ hiyáʔən ʔiʔ kʷəyəxcúttxʷ ʔiʔ čaʔ**kʷánəŋət** tə qʷúʔ. *Only when I go shake it will the water run.* (ES) | níɬ hiyáʔ yaʔ yaʔyéʔyəŋ ti s**kʷánəŋət**s ʔúxʷ ʔaʔ či ncaʔŋəxʷ. *He'd be going far away on his runs to foreign lands.* (ES)} VAR: **kʷánəŋt** (ES) {níɬ kʷaʔčaʔ suʔ**kʷánəŋt**s cə tím. *So then Tim ran.* (ES) | níɬ c̓ suʔxʷéyŋs ʔiʔ **kʷánəŋt**. *Then she climbed down and ran.* (AS) | húʔ cxʷ k̓ʷənnəxʷ ti xʷənʔáŋ ʔiʔ **kʷánəŋt** ʔaʔ či ʔuʔsx̌ə́n̓s či n̓sx̌ʷə́ŋ. *If you see something like that, run as fast as you can.* (ES)}

kʷánəs ⟦√wan-as √lose-ptcaus⟧ ☞ **kʷán** to throw away something, discard something, leave something behind. (MJT; LC; TC; ES; AS,BC) {**kʷánəs** cn. *I threw it away.* (TC; ES,BC; ES) | **kʷánəs** či kʷsanu. *Throw that away.* (EPT) | **kʷánəs** cn cə nsláni. *I left my wife.* (ES) | hiyáʔ caʔn ƛ̓kʷət či sŋánət ʔiʔ **kʷánəs**. *I'll go take a rock and throw it.* (MJ) | nsuʔ**kʷánəs** ʔiʔ čáqʷ tə n̓sʔáwk̓ʷ. *I threw them away, and your things are burned.* (MJ) | **kʷánəs** cə ƛ̓kʷtíxʷ. sx̌áʔəs. *Throw away what*

kʷánətəŋ

you're holding. It's no good. (ES)} VAR: kʷáns (AS,BC)

kʷánətəŋ ⟦√wan-t-ŋ √lose-trns-psv⟧ ☞ kʷánəs to be thrown away, discarded, left behind. (ES) {*kʷánətəŋ* cn. *She got rid of me.* (ES) | *kʷánətəŋ* cn ʔaʔ cə nsłáni. *My wife left me.* (ES)}

kʷánəyu ⟦√wan-əyu √lose-activ⟧ ☞ kʷán to throw away (something). (ES) {*kʷánəyu* cn. *I threw (it) away.* (ES; AS) | *kʷánəyu* cn ʔaʔ kʷə nswə́yqaʔ. *I threw my husband out.* (AS) | *kʷánəyu* ʔu cxʷ? *Did you throw (it) away?* (ES)}

kʷánnəxʷ ⟦√wan-naxʷ √lose-nctrns⟧ ☞ kʷán Stem: kʷánn [stem occurring with subject suffixes] to lose something. {*kʷánnəxʷ* cn kʷə nətálə. *I lost my money.* (LC)} VAR: kʷánəxʷ {*kʷánəxʷ* st. *We'll throw it away.* (AA)}

kʷánt ⟦√wan-t √lose-trns⟧ ☞ kʷán to lose something (deliberately). {*kʷánt* cn. *I deliberately lost it.* (AS,BC) | ʔuʔƛ́áy cxʷ ʔuʔ *kʷánt*s. *Lose them, too.* (AS)}

kʷantiʔíct ⟦√kʷin-ty-i-cut √fight-rcprcl-persist-rflxv⟧ [analysis uncertain - Unexpected to have both reciprocal and reflexive. Recorded only once.] ☞ kʷínti to be fighting. {*kʷantiʔíct* tə słənłáni. *The women are still fighting.* (AS)}

kʷápi ⟦√kʷapi √coffee⟧ coffee. (ES) [from English] {nsƛ́éʔ u či *kʷápi*? *Do you want some coffee?* (ES) | ʔáwə c nəsƛ́éʔ či *kʷápi*. *I don't want coffee.* (ES) | ʔəł*kʷápi* cn. *I'm having coffee.* (TC) | nəsxʷaʔtín cə *kʷápi*. *I hate coffee.* (ES) | qʷúʔqʷaʔ cn ʔaʔ tə nə*kʷápi*. *I drank my coffee.* (ES) | nəsƛ́éʔ či nčúxʷt cə nə*kʷápi*. *I want some more coffee.* (ES) | łíqəŋ cə *kʷápi*. *The coffee got hot.* (ES)}

kʷáqəŋ ⟦√kʷaq-ŋ √flower-mdl⟧ to bloom, blossom, flower. {*kʷáqəŋ* kʷə skʷáqəŋ. *The flower is blooming.* (AS)}

kʷáškʷš blue jay. See under: kʷə́škʷš

kʷašú ⟦√kʷašu √pig⟧ pig, hog, pork. *Suidae spp.* (RS; HS) [from Chinook Jargon from French 'cochon'] {mə́ct cn cə *kʷašú*. *I fattened the pig.* (ES) | ʔuʔmán ʔuʔ q̓ʷáyq̓ʷi cə *kʷašú*. *That pig is very tame.* (AS)} VAR: kʷəšú (MJT)

kʷatém ⟦√kʷatém √goddamn⟧ goddamn. [from English 'God damn'] [interjection] {ʔáwə c ʔáxəŋ *kʷatém*. *Don't say goddamn.* ⟪Tim Pysht used to say this.⟫ (AS,BC)} VAR: kʷaʔtém (AS,BC)

kʷátə ⟦√kʷatə √quarter⟧
1. a quarter dollar, twenty-five cents. (EPT; TC; TC,AS,BC)
2. one fourth (of anything). [from English 'quarter'] {ʔəł*kʷátə* či nəsʔəcłtáyŋxʷ ʔiʔ łíxʷ *kʷátə* či nspástən. *I'm a quarter Indian and three quarters white.* (MJ)}

kʷaw̓nił [kʷáw̓nił inv_def] [invisible, definite determiner] the, that (not visible). (TC) VAR: kʷəw̓nił {kʷáčəŋ *kʷəw̓nił*. *It hollered.* (MJ) | kʷáčəŋ *kʷəw̓nił* swə́yqaʔ. *That man hollered.* (AS)} VAR: kʷʔnił (LC) kʷənił (AS)

kʷáy ⟦√kʷay √hide⟧ to hide, be hidden. (TC,AS,BC; AS,BC; AS) {*kʷáy* cn. *I'm hidden.* (AS,BC) | *kʷáy* cn ʔaʔ cə snóxʷł. *I hid in the canoe.* (BC) | *kʷáy* cn ʔiʔ ʔúyt ʔaʔ tə snóxʷł. *I hid aboard the canoe.* (AS) | *kʷáy* cn ʔiyá ʔaʔ tə snóxʷł. *I hid in the canoe.* (AS) | níł suʔ*kʷáy*s tə čšaʔnəxʷqíyt. *Then those from Little Boston hid.* (MJ)}

kʷáyəŋ ⟦√kʷay-as-ŋ √hide-ptcaus-psv⟧ [The /s/ of the causative deletes.] ☞ kʷáyəs to be hidden in a particular place by someone. (TC) {*kʷáyəŋ* kʷaʔ. *Someone hid it away.* (TC) | *kʷáyəŋ* cn. *He hid me away.* (TC)}

kʷáyəs ⟦√kʷay-as √hide-ptcaus⟧ cp. kʷáyət ☞ kʷáyi to hide something in a particular place. (ES; TC,AS,BC; TC) {*kʷáyəs* cn. *I hid it.* (MJT) | nsuʔ*kʷáyəs*. *So I hid it.* (MJ) | *kʷáyəs* caʔn cə scúm̓. *I'm going to hide the bone somewhere.* (TC,AS,BC; TC) | *kʷáyəs* cn ʔəsčə́yxʷ ʔaʔ cə ʔáʔyəŋ. *I hid it inside the house.* (TC) | *kʷáyəs* cn cə nʔáʔyəŋ. *I hid my house.* (TC) | *kʷáyəs* cn cə ntálə. *I hid my money.* (AS) | suʔtə́ss ʔaʔ cə sxʷʔiyás tə s*kʷáyəs*s ʔiʔ ʔáwənə č. *They got to where he hid it, but there was nothing.* (MJ)} VAR: kʷáys {*kʷáys* cn cə ntálə. *I hid my money.* (AS)}

kʷáyət ⟦√kʷay-t √hide-trns⟧ ☞ kʷáy to hide, conceal something. (TC,AS,BC) {*kʷáyət* cn. *I hid it.* (ES) | *kʷáyət* cn cə ntálə. *I hid my money.* (AS)}

kʷáyətəŋ ⟦√kʷay-t-ŋ √hide-trns-psv⟧ ☞ kʷáyət to be hidden, concealed by someone. {*kʷáyətəŋ* cn. *They hid me.* (TC,AS,BC)}

kʷáyi ⟦√kʷay-iy √hide-dev⟧ ☞ kʷáy to be hidden, concealed. (EPT; ES) {*kʷáyi* cn. *I'm hiding.* (MJT; ES)} VAR: kʷáy̓i (EPT) {ʔúx̣ʷ či *kʷáy̓i*. *Go hide.* (EPT)}

kʷcác ⟦√kʷcac √get_ride⟧ to get a ride, hitchhike. (AS) {*kʷcác* caʔn. *I'll get a ride with you.* (AS) | *kʷcác* caʔn kʷaʔ hiyáʔxʷ ƛ̓aʔtáwn. *I'll hitch a ride when you go to town.* (AS)}

kʷcáci ⟦√kʷcac-iy √get_ride-dev⟧ ☞ kʷcác to hitchhike, get a ride with (someone) in a car or canoe. (AS,BC; AS) {*kʷcáci* cn. *I hitched a ride.* (ES) | *kʷcáci* caʔn. *I'm going to hook a ride.* (BC) | *kʷcáci* caʔn kʷaʔ ƛ̓aʔtáwnxʷ. *I'll get a ride with you when you go to town.* (AS) | nsƛ́éʔ či ns*kʷcáci* kʷaʔ ƛ̓aʔtáwnəxʷ. *I'd like to get a ride with you when you go to town.* (AS) | *kʷcáci* kʷłə Bea ʔaʔ kʷi sƛ̓aʔtáwnł. *Bea hooked a ride when we went to town.* (AS)}

kʷcaciʔáy̓ŋən ⟦√kʷcac-iy<ʔ>-ay̓ŋən √get_ride<actl>-dev-want⟧ ☞ kʷcáci to want to hitchhike. {*kʷcaciʔáy̓ŋən* cn. *I want to hitchhike.* (ES)}

kʷccəŋítəŋ ⟦√kʷəcc-ŋi-t-ŋ √send-rel-trns-psv⟧ ☞ skʷəccəŋít to be sent to by someone. {*kʷccəŋítəŋ* cn. *He sent it to me.* (TC)}

kʷčátəŋ ⟦√wač-t-ŋ √pry-trns-psv⟧ [metathesis with passive] ☞ kʷáct
1. to be pried, levered up. (TC) {*kʷčátəŋ* cə ləplə́š.

The board was pried up. (AS)}
2. to be criticized by someone. (AS)

kʷčáʔəŋət ⟦√kʷa<ʔə>č-ŋ-t √yell<actl>-mdl-trns⟧ ☞ kʷčáŋət to be hollering to someone. {*kʷčáʔəŋət* cn. *I'm hollering to him.* (MJT)}

kʷčáŋəc ⟦√kʷač-ŋi-t-c √yell-rel-trns-1obj/2obj⟧ ☞ kʷčáŋət yell to me; yell to you. (TC) {*kʷčáŋəc* u cxʷ? *Did you holler at me?* (MJT; TC) | *kʷčáŋəc* cn. *I hollered at you.* (MJT)}

kʷčaŋəsícəŋ ⟦√kʷač-ŋi-sít-cəŋ √yell-rel-bene-1obj/2obj⟧ ☞ kʷčaŋəsít yell (to him) for me; yell (to him) for you. (TC) {*kʷčaŋəsícəŋ* u cxʷ? *Did you holler at it for me?* (TC) | *kʷčaŋəsícəŋ* caʔn. *I'll holler at it for you.* (TC) | xʷə́ŋ u cxʷ ʔiʔ *kʷčaŋəsícəŋ*? *Can you holler at it for me?* (TC)} VAR: kʷčaŋəcícəŋ {*kʷčaŋəcícəŋ* u cxʷ? *Will you holler at it for me?* (ES)} VAR: kʷčaŋəsíc ⟦√kʷač-ŋi-sít-c √yell-rel-bene-1obj/2obj⟧ {*kʷčaŋəsíc* caʔn. *I'll holler at it for you.* (TC)}

kʷčaŋəsít ⟦√kʷač-ŋi-sít √yell-rel-bene⟧ ☞ kʷčáŋət to yell, holler for someone (to get their attention). (AS,BC) {*kʷčaŋəsít* cn cə nswə́yqaʔ. *I hollered for my husband.* (AS)}

kʷčaŋəsítəŋ ⟦√kʷač-ŋi-sít-ŋ √yell-rel-bene-psv⟧ ☞ kʷčaŋəsít to be yelled for, hollered for by someone. {*kʷčaŋəsítəŋ* cn. *They hollered for me.* (BC)}

kʷčáŋət ⟦√kʷač-ŋi-t √yell-rel-trns⟧ [metathesis with transitive] ☞ kʷáčəŋ
1. to call out to, shout at, yell to, holler at someone. (MJT; TC; ES; AS,BC) {*kʷčáŋət* cn. *I hollered at him.* (TC) | *kʷčáŋət* či. *Holler to him.* (MJT) | *kʷčáŋət* cn cə nswə́yqaʔ. *I hollered at/to my husband.* (AS,BC) | suʔtə́ss ʔiʔ *kʷčáŋət*s cə swə́yqaʔ. *So he got there and hollered at the man.* (MJ) | sáysiʔ ʔaʔ cə *kʷčáŋət*s. *He was scared when he hollered at him.* (MJ) | xʷə́ŋ u cxʷ ʔiʔ *kʷčáŋət* cə nəsqáxaʔ? *Can you holler at my dog (for me)?* (TC) | suʔ*kʷčáŋət*s təsə náʔčuʔ ʔəcɬtáynxʷ. *So he hollered to the other Indian.* (ES)}
2. to phone someone, call someone on the telephone. {*kʷčáŋət* cn. *I called him on the phone.* (TC)}

kʷčáŋətəŋ ⟦√kʷač-ŋi-t-ŋ √yell-rel-trns-psv⟧ [metathesis with passive] ☞ kʷčáŋət to be yelled at, hollered at, called to by someone. {*kʷčáŋətəŋ* cn. *He hollered at me.* (TC) | *kʷčáŋətəŋ* cn, "wú", nə́kʷ ʔuʔ nMartha." *She hollered to me, "Hey, you, my Martha."* (MJ)}

kʷčaŋətúŋəɬ ⟦√kʷač-ŋi-t-uŋɬ √yell-rel-trns-1plobj⟧ ☞ kʷčáŋət holler at us. (TC) {*kʷčaŋətúŋəɬ* u cxʷ? *Did you holler at us?* (TC)}

kʷčiʔŋínəŋ ⟦√kʷayiy<ʔ>=ŋin-ŋ √day=piece-mdl⟧ ☞ kʷáči to have breakfast, eat a morning meal. (ES,TC; ES; TC) {*kʷčiʔŋínəŋ* yaʔ st. *We ate breakfast.* (AS)} VAR: kʷčiŋínəŋ (EWH; EPT) VAR: kʷəčəŋínəŋ (AS,BC) VAR: skʷčiŋínəŋ (EPT) VAR: kʷəčŋínəŋ (AS)

kʷčmín ⟦√kʷčmin √dancer's_rattle⟧ deer hoof rattle, spirit dancer's pole (two or three feet long) with deer hooves. (TC; ES) {q̓ətíxəŋ cn ʔaʔ cə *kʷčmín*. *I'm rattling/shaking a kʷčmín.* (TC) | x̣aʔtíšəŋ cə *kʷčmín*. *The rattle is rattling.* (TC) | suʔx̣áčəŋs ʔiʔ níɬ suʔtxʷʔə́ys c *kʷčmín*. *So it's dry, and then our deer hoof rattle becomes good.* (TC)}

kʷéʔƛ̓aməš ⟦√kʷeʔƛ̓=aməš √ʔ=type⟧ the name of a tribe south of the Hood Canal region. ⟨⟨know name but not where⟩⟩ (LGH) VAR: kʷéʔƛ̓əmaməš (LB,CWH)

kʷéʔwənti? ⟦wiʔ+√wən-ty<ʔ> > actl+√fight-rcprcl<actl>⟧ ☞ kʷínti [/w/ → /kʷ/] to be physically fighting, boxing. (MJT; T; LC; TC; AS,BC) {*kʷéʔwəntiʔ* st. *We're fighting.* (ES) | kʷɬ*kʷéʔwəntiʔ* cn. *I'm already fighting.* (TC) | ʔáwə c *kʷéʔwəntiʔ*. *Don't be fighting.* (TC) | ʔəc u ʔənkʷɬ*kʷéʔwəntiʔ*? *Are you fighting with me?* (TC) | *kʷéʔwəntiʔ* yaʔ tə ŋə́nəŋənaʔɬ. *Our kids were fighting.* (LC) | q̓ʷq̓ʷúʔəŋ cə kʷɬ*kʷéʔwəntiʔ*s. *It was Kelp he was fighting with.* (TC) | *kʷéʔwəntiʔ* č cə mə́šču ʔaʔ cə q̓ʷq̓ʷúʔəŋ. *Mink was fighting with Kelp.* (TC) | kʷɬ*kʷéʔwəntiʔ* st. *We're already fighting.* (TC) | *kʷéʔwəntiʔ* st ʔiʔ ʔuʔxə́nəstaŋ. *We fight over everything.* (TC) | níɬ kʷaʔčaʔ sxʷhúys ti suʔ*kʷéʔwəntiʔ*s. *That's why they are only fighting.* (TC) | níɬ cə Tim kʷɬ*kʷéʔwəntiʔ* ʔaʔ Tom. *Tom's fighting with Tim.* (TC) | *kʷéʔwəntiʔ*áyŋəṅ cə Gypsy ʔaʔ kʷsə čə́q sqáxaʔ. *Gypsy wanted to fight with that big dog.* (MJT) | ʔuʔhúy yaʔ ʔuʔ nəsyaʔcústəŋ ʔaʔ kʷi nəsʔáyəxʷ yaʔ ti suʔxənə́ɬ č yaʔ ti suʔ*kʷéʔwəntiʔ*s. *My elders told me that they (Mt. Baker and Mt. Olympus) were fighting all the time.* (TC) | níɬ č yaʔ suʔčəysúti?s yaʔ ʔəɬ *kʷéʔwəntiʔ*s. *They were throwing at each other when they (Mt. Baker and Mt. Olympus) were fighting.* (TC)} VAR: kʷéʔwənti (LC; ES; TC; AS,BC; MJ) {ʔáwənə nəsxčít kʷaʔ ʔaʔstúʔŋəts kʷi mə́šču *kʷéʔwənti* č ʔiʔ cə q̓ʷq̓ʷúʔəŋ kʷaʔ stáŋəs yaʔ čtə či kʷaʔwəntiʔicts cawnáʔyəɬ. *I don't know what Mink was doing, but he was fighting with Kelp, whatever they were fighting over.* (TC) | húy ti ns*kʷéʔwənti*. *I quit fighting* (ES) | ʔiyá ʔaʔsq̓ʷaʔkʷíyəɬ *kʷéʔwənti* cə sɬánis. *He was at Discovery Bay fighting with his wife.* (MJ) | k̓ʷə́nəs cə ʔaʔtšánəmən *kʷéʔwənti* čaʔkʷúti ʔaʔ ti yə́čt. *He saw warriors fighting, shooting at each other with arrows.* (MJ) | ɬəmqáys kʷi kʷə cə́ts ʔəɬ *kʷéʔwənti*s cə sʔəyúqʷaʔ. *Their father separated them when the brothers were fighting.* (AS) | níɬ nsuʔɬəŋkʷáct ʔaʔ či *kʷéʔwənti*. *Then I'll join in the fighting.* (TC)} VAR: kʷéʔəwənti (MJT)

kʷéʔwi ⟦wiʔ+√wiy̓ actl+√come_into_view<actl>⟧ ☞ kʷíy̓ to be peeking, half showing. (AS,BC) {ča*kʷéʔwi* kʷə swéʔwəs. *The boy is just coming into view.* (AS) | ča*kʷéʔwi* cə sqʷqʷə́y. *The sun is just coming up.* (AS)}

kʷéʔyəc ⟦√wi<ʔ>y-t-c √peek<actl>-trns-1obj/2obj⟧ ☞ kʷéʔyət peeking at me; peeking at you. {*kʷéʔyəc* cn. *I'm peeking at you.* (TC)}

kʷéʔyət ⟦√wi<ʔ>y-t √peek<actl>-trns⟧ [actual metathesis with infix (or glottalization of /y/)] ☞ kʷəyít to be peeking, peering, peeping, taking a look at something. (ES; TC) VAR: kʷéʔit (AS) {ʔiʔ níɬ uʔ *kʷéʔət*s či sʔácss cə kʷɬčə́q. *And then he peeked at the old woman's face.* (ES) | *kʷéʔit* cn cə q̓áʔŋiʔ. *I peeked at the girl.* (AS) | ʔiʔ níɬ suʔƛ̕áys ʔuʔ c̓q̓úsəŋ ʔiʔ *kʷéʔit*s kʷɬi sʔácss cə kʷɬčə́q. *He also looked down and peeked at the face of the old lady.* (ES) | suʔ*kʷéʔit*s cə sʔácss cə sʔáwəs kʷaʔ q̓ʷáys tsə kʷɬčə́q ʔáwə kʷaʔ táycəns. *So he peeked at the face of the old lady who didn't talk, didn't respond.* (ES) | suʔ*kʷéʔit*s cə sʔácss ʔiʔ k̓ʷə́ns ʔáwənə. *So he peeked at her face and saw nothing.* (ES) | ʔiʔ xənʔáxʷ cn, "ʔúyəɬ ʔaʔ cə ńscaʔkʷaʔyúɬ ʔiʔ ŋəx̣áct hiyáʔ *kʷéʔit* k̓ʷə́nt kʷaʔ stáŋəs kʷaʔ níɬs cán." *And I said to here, "Get in your car and hurry to go peek and look at whatever, whoever it is."* (ES)}

kʷéʔyətəŋ ⟦√wi<ʔ>y-t-ŋ √peek<actl>-trns-psv⟧ ☞ kʷéʔyət being peeked at by someone. {*kʷéʔyətəŋ* cn. *Someone's peeking at me.* (TC)} VAR: kʷéʔitəŋ {*kʷéʔitəŋ* st. *She's peeking at us.* (AS)}

kʷéy̓ appear. *See under:* kʷíy̓

kʷə[1] ⟦kʷə inv_sp⟧ [invisible, specific determiner/demonstrative] the, that, a (not visible). (LC) {ʔuʔ x̣čít cn *kʷə* swə́y̓qaʔ. *I knew that man.* (AS,BC) | ƛ̕aʔmitúliyə č̓ yaʔ *kʷə* xʷənítəm. *The white man apparently went to Victoria.* (EPT)} [invisible, specific demonstrative determiner, often indicates something in the past] VAR: kʷsə (ES) {stáŋ ʔuč *kʷsə*? *What is that (not visible)?* (TC) | nəskʷánáŋən *kʷsə* nəlaklín. *I lost my key.* (ES) | nəskʷánáŋən *kʷsə* nətálə. *I lost my money.* (ES) | čúkʷs cn *kʷsə* ʔaʔ kʷi nəsʔéʔɬən. *I use that when I'm eating.* (TC)} VAR: kʷs (MJT) VAR: kʷ (TC)

kʷə[2] inform. *See under:* kʷaʔ

kʷəʔáʔi ⟦√kʷ<əʔ>a<ʔ>y √hide<actl>⟧ ☞ kʷáyi to be hiding. (ES)

kʷə́cc ⟦√kʷəcc √send⟧
1. to send (something). {ʔáwə či c *kʷə́cc*. *Don't send it.* (MJT) | *kʷə́cc* cn. *I'm sending.* (MJT; TC) | *kʷə́cc* u cxʷ? *Are you sending something?* (MJT)}
2. to send for (something). {*kʷə́cc* u caʔ cxʷ. *Are you going to send for it? / Are you going to send something with him?* (MJT; ES) | *kʷə́cc* caʔn ʔaʔ či saplín. *I'm going to send for bread.* (HS,ES)}

kʷəčə therefore. *See under:* kʷaʔčaʔ

kʷəčəɬ therefore. *See under:* kʷaʔčaʔɬ

kʷəčəŋínəŋ breakfast. *See under:* kʷčiʔŋínəŋ

kʷəčŋínəŋ breakfast. *See under:* kʷčiʔŋínəŋ

kʷəkʷáʔ later. *See under:* kʷkʷáʔ

kʷəkʷáčəŋ ⟦kʷə + √kʷač-ŋ incep + √yell-mdl⟧ ☞ kʷáčəŋ to start to holler. {kʷɬəŋŋə́n̓ *kʷəkʷáčəŋ*. *Now many started to holler.* (MJ) | tə́x̣ʷ cn ʔaʔ nəxʷtə́qt cə gate ʔiʔ ƛ̕áy *kʷəkʷáčəŋ* či q̓əwič̓áp. *Just as I closed the gate the cougar started to holler again.* (MJ)}

kʷəkʷəmús ⟦kʷə + √kʷəm=us incep + √confuse=face⟧ [analysis uncertain - Recorded only once. Unknown to other speakers.] to not know what is going on. {ʔuʔ*kʷəkʷəmús* cn. *I don't know what's going on.* (MJT)}

kʷəkʷə́y̓ ⟦kʷə + √kʷy̓ actl + √spill⟧ ☞ kʷə́y̓ to be spilling, capsizing. {ʔiʔ ʔənʔá č *kʷəkʷə́y̓* tə stúʔwi. *And the river came spilling.* (MJ)}

kʷə́lal ⟦√kʷə́lal √kerosene⟧ kerosene, coal oil. (AS) [from English 'coal oil']

kʷə́n ⟦√kʷən √enrapture⟧
1. to be enraptured, taken by spirit power, under the influence of spirit power. (AS,BC) {*kʷə́n* cn. *I got under the power.* (BC) | ʔuʔx̣ə́ńə st kʷi ʔuʔčə́čəŋ; čəyáy st ʔiʔ *kʷə́n*. *We were all startled; we almost went under the power.* (TC)
2. to have a seizure. (AS,BC) {*kʷə́n* cn. *I had a seizure.* (AS,BC)}

kʷənaʔŋítəŋ ⟦√kʷna<ʔ>ŋi-t-ŋ<ʔ> √help<actl>-trns-psv<actl>⟧ ☞ kʷənáŋətəŋ being helped by someone. {*kʷənaʔŋítəŋ* cn. *I'm being helped* (MJT; ES) | kʷɬ*kʷənaʔŋítəŋ* st. *They're already helping us.* (LC)} VAR: kʷənaŋítəŋ {*kʷənaŋítəŋ* cn. *He's helping me.* (ES)}

kʷənáŋəc ⟦√kʷnaŋi-t-c √help-trns-1obj/2obj⟧ ☞ kʷənáŋət help me; help you. (ES; TC,BC) {*kʷənáŋəc* cn. *I helped you.* (AS,BC) | *kʷənáŋəc* cxʷ. *You helped me.* (AS,BC) | ʔənʔá či *kʷənáŋəc*. *Come help me.* (LC) | skʷáči, *kʷənáŋəc*. *Heaven, help me.* (MJ) | ʔáwə caʔn c *kʷənáŋəc*. *I'm not going to help you.* (MJ) | *kʷənáŋəc* caʔn ʔaʔ tiə kʷáči. *I'll help you today.* (LC) | *kʷənáŋəc* caʔn ʔaʔ tiə ʔáynəkʷ. *I'll help you today.* (LC) | *kʷənáŋəc* caʔn ʔaʔ ti kʷáči. *I'll help you tomorrow.* (LC) | *kʷənáŋəc* caʔn kʷaʔ kʷɬkʷáčis. *I'll help you tomorrow.* (LC) | nəsƛ̕éʔ ti ńsk*ʷənáŋəc*. *I want you to help me.* (LC) | *kʷənáŋəc* u qɬ cxʷ, q̓ɬúməčən? *Could you help me, Blackfish?* (MJ) | ʔəńsƛ̕éʔ u či nəskʷənáŋəc? *Do you want me to help you?* (TC,AS,BC; AS,BC) | nsƛ̕éʔ či ńskʷənáŋəc. *I want you to help me.* (MJ) | *kʷənáŋəc* caʔn ʔəńsuʔáw c máʔkʷɬ. *I'll help you so you won't get hurt.* (TC) | ʔuʔhiyáʔ caʔ st kʷaʔ *kʷənáŋəc*. *We will go help you.* (MJ)}

kʷənáŋəɬ ⟦√kʷnaŋi-ɬ √help-dur⟧ ☞ kʷənáŋət help, support. (TC,BC) {níɬ caʔ ńkʷənáŋəɬ. *He will be your help.* (AA)}

kʷənáŋəɬ scaʔkʷaʔyúɬ ⟦√kʷnaŋi-ɬ s-√čəʔkʷ-ay̓=uɬ √help-dur s-√conveyance-ext=conveyance⟧ ☞ kʷənáŋəɬ ☞ scaʔkʷaʔyúɬ support boat. (AS,BC)

kʷənáŋənəŋ ⟦√kʷnaŋi-naxʷ-ŋ √help-nctrns-psv⟧ ☞ kʷənáŋənəxʷ to manage to be helped by someone. (MJT; AS,BC) {*kʷənáŋənəŋ* cn. *I was helped.* ✱This phrase is often used by Shakers when they feel the power of God. (MJT; AS,BC) |

kʷənáŋənəy cn ʔaʔ cə swéʔwəs. *I was helped by the boy.* (AS,BC)

kʷənáŋənəxʷ ⟦√kʷnaŋi-naxʷ √help-nctrns⟧ ☞ **kʷənáŋət** to manage to help someone. {*kʷənáŋənəxʷ* cn. *I managed to help her.* (AS,BC)}

kʷənaŋənúŋə ⟦√kʷnaŋi-naxʷ-uŋə √help-nctrns-2obj⟧ ☞ **kʷənáŋənəxʷ** manage to help you. {*kʷənaŋənúŋə* cn. *I managed to help you.* (AS,BC)}

kʷənaŋənúŋəs ⟦√kʷnaŋi-naxʷ-uŋəs √help-nctrns-1obj⟧ ☞ **kʷənáŋənəxʷ** manage to help me. {*kʷənaŋənúŋəs* cxʷ. *You managed to help me.* (AS,BC)}

kʷənaŋənúŋɬ ⟦√kʷnaŋi-naxʷ-uŋɬ √help-nctrns-1plobj⟧ ☞ **kʷənáŋənəxʷ** manage to help us. {*kʷənaŋənúŋɬ* cxʷ. *You managed to help us.* (AS,BC)}

kʷənáŋət ⟦√kʷnaŋi-t √help-trns⟧ to help someone or something. (EPT; LC; ES; TC,BC; AS,BC; TC; WB,AS,BC) {*kʷənáŋət* cn. *I helped her.* (MJ) | húy̓ či *kʷənáŋət*! *Please help him!* ⟨⟨from a Shaker curing song⟩⟩ (MJT) | *kʷənáŋət* u qɬ cn? *Could I help him?* (MJ) | *kʷənáŋət*s cə q̓áʔŋi cə swéʔwəs. *The girl helped the boy.* (AS,BC) | *kʷənáŋət*s cə swéʔwəs cə táns. *The boy helps his mother.* (AS,BC) | *kʷənáŋət*s cə táns cə swéʔwəs. *The boy helps his mother.* (AS,BC) | ʔəy̓ qɬ kʷi kʷaʔ *kʷənáŋət*xʷ. *It would be good if you help.* (MJ) | *kʷənáŋət*s cə swéʔwəs cə q̓áʔŋi. *The boy helps the girl.* (AS,BC) | ʔəčaʔwíyt ʔiʔ *kʷənáŋət*. *Get on both sides of him and help him.* (TC) | ʔáwə caʔn c ʔiyá či n̓s*kʷənáŋət* ʔəɬ sáy̓siʔxʷ. *I will not be there to help you when you are afraid.* (MJ) | ʔənʔá caʔn ʔiʔ *kʷənáŋət* kʷaʔ ʔuʔəsƛ̓úʔƛ̓əm̓əs ʔaʔ nək̓ʷ. *I will come and help if that is all right with you.* (MJ)}

kʷənáŋətəŋ ⟦√kʷənaŋi-t-ŋ √help-trns-psv⟧ ☞ **kʷənáŋət**
1. to be helped. (MJT; ES) {*kʷənáŋətəŋ* cn. *He helps me.* (MJT; TC) | *kʷənáŋətəŋ* cə swéʔwəs ʔaʔ cə q̓áʔŋi. *The boy was helped by the girl.* (AS,BC) | *kʷənáŋətəŋ* ʔaʔ cə q̓áʔŋi cə swéʔwəs. *The boy was helped by the girl.* (AS,BC) | *kʷənáŋətəŋ* caʔn ʔiʔ . xʷəyəməsítəŋ kʷə nməhúy̓ nəsčáʔiʔ. *She'll help me sell the basket I'm making.* (AS) | *kʷənáŋətəŋ* caʔ cxʷ ʔaʔ či číc̓ɬsiʔám̓, Martha. *You will be helped by the Lord, Martha.* (AA) | níɬ suʔkʷónəŋs ʔiʔ hiyáʔ *kʷənáŋətəŋ*. *So they saw him and went to help him.* (ES) | ʔiʔ *kʷənáŋətəŋ* či nscúŋtxʷ tə scúɬ č̓íya təsə cácuʔ. *He'll help me carry the wood up from the beach.* (ES) | ʔuʔ*kʷənáŋətəŋ* ʔaʔ kʷi n̓suʔƛ̓áy ʔuʔ ʔəsƛ̓úʔƛ̓əm̓. *You'll be helped by being all right, too.* (AA) | sʔúŋəstəŋɬ ʔaʔ či c̓íc̓ɬsiʔám̓ ʔaʔ či ʔuʔskʷáʔɬ ʔuʔs*kʷənáŋətəŋɬ*. *It was given to us by the Lord to be ours to help us.* (BH)}
2. to get the power in the Shaker religion, get a blessing. (MJT)

kʷənáŋəti ⟦√kʷnaŋi-ty √help-rcprcl⟧ ☞ **kʷənáŋət** to help each other. (ES) {níɬ kʷi suʔ*kʷənáŋəti*s. *Then they helped each other.* (AS)}

kʷənaŋətúŋɬ ⟦√kʷnaŋi-t-uŋɬ √help-trns-1plobj⟧ ☞ **kʷənáŋət** help us. (ES) {*kʷənaŋətúŋɬ* cxʷ. *You helped us.* (AS,BC) | ʔáwənə či cán *kʷənaŋtúŋɬ*. *Nobody helped us.* (TC)} VAR: kʷənaŋtúŋəɬ (ES) {*kʷənaŋətúŋəɬ* či, ʔó či nəmá. *Help us, O Lord.* (AS,BC)}

kʷənaŋíct ⟦√kʷnaŋi-cut √help-rflxv⟧ [rightward stress shift with reflexive] ☞ **kʷənáŋət** to help oneself. {*kʷənaŋíct* cn. *I helped myself.* (AS,BC; AS) | *kʷənaŋíct* ʔaʔ ti nəsčə́n̓t tiə sqáwc. *I helped myself by planting potatoes.* (AS,BC) | *kʷənaŋíct* kʷi cə swə́y̓qaʔ. *The man is helping himself.* (AS) | ʔuʔhúʔiʔ caʔ cxʷ či n̓suʔ*kʷənaŋíct* *You alone will help yourself.* (MJ) VAR: kʷənáŋəct {*kʷənáŋəct* cn. *I helped myself.* (AS,BC; AS)}

kʷənaŋíct ⟦√kʷnaŋ<ʔ>i-cut √help<actl>-rflxv⟧ ☞ **kʷənaŋíct** to be helping oneself. (ES; AS,BC)

kʷənaŋíti ⟦√kʷnaŋ<ʔ>i-ty √help<actl>-rcprcl⟧ ☞ **kʷənáŋəti** to be helping one another. (ES; TC) {ʔuʔhúy ti suʔ*kʷənaŋíti*s ʔaʔ ti ʔuʔx̣ənáɬ *They only helped each other all the time.* (TC) | x̣ənʔátəŋ suʔ*kʷənaŋíti* ʔaʔ ti ʔuʔx̣ə́n̓əstəŋ ʔən̓sčáy. *Tell them to help each other in everything they do.* (TC) | ʔuʔ*kʷənaŋíti* cxʷ ʔaʔ ti ʔuʔx̣ənáɬ. *Always help one another.* (TC)}

kʷənáyɬ ⟦√kʷinayɬ √Quinault⟧
1. Quinault tribe; Tahola. (LBH; ES) {níɬ sta̓máy̓ss kʷi nəuncle tə sč̓ʔiyás ʔaʔ tə s*kʷənáyɬ*. *My uncle guessed that they were from Quinault.* (ES)}
2. Quinault style canoe, Tahola canoe. ✱This type of canoe slants up from bottom in front so that it's easy to land without digging into the beach like other types of canoe. According to MJ, Quinault canoes are made for the river and Klallam canoes are for the open water and beaches. (MJT)
3. Elwha type canoe, a large canoe with a high prow. (AB,ICT) VAR: kʷináyəɬ (MJT) VAR: kʷináyɬ (MJT) VAR: kʷíniyəɬ (AB,ICT) VAR: kʷíniɬ (AB,ICT)

kʷənčát ⟦√kʷənča-t √divorce-trns⟧ [This may have the root meaning 'lose'.] cp. kʷán cp. kʷán to divorce someone. {*kʷənčát* cn. *I divorced him.* (AS)}

kʷənčáti ⟦√kʷənča-ty √divorce-rcprcl⟧ to divorce, separate (in marriage). (ES; AS,BC) {*kʷənčáti* st. *We're divorced.* (LB,CWH; AS) | kʷɬ*kʷənčáti* cn. *I'm already divorced.* (AS) | x̣ɬtáxʷ cn ʔaʔ kʷi nəsyəcústəŋ ʔaʔ kʷi s*kʷənčáti*s kʷi n̓sʔúq̓ʷaʔ. *I felt sad when they told me my brother got a divorce.* (AS)} VAR: kʷənəčáti (HS; ES) {*kʷənəčáti* cn. *I got divorced.* (ES)}

kʷənəŋútc ⟦√kʷaniŋut-t-c √run-trns-1obj/2obj⟧ ☞ **kʷənəŋútt** make me run; make you run. {*kʷənəŋútc* caʔn. *I'll run after you.* (ES)}

kʷənəŋútnəs ⟦√kʷaniŋut-nəs √run-intent⟧ ☞ **kʷánəŋət** to run at, after someone or something. (TC) {níɬ č̓ c̓ suʔ*kʷənəŋútnəs* ʔiʔ šiščéʔqʷts. *So he runs after them, and he clubs them on the head.* (TC)}

kʷənəŋútnəsəŋ ⟦√kʷaniŋut-nəs-ŋ √run-intent-psv⟧
☞ kʷənəŋútnəs to be run at, after by someone or something. {ʔuʔ**kʷənəŋútnəsəŋ** cə mə́šču ʔiʔ x̌ʷə́ts. *Mink ran after it, and he grabbed it.* (TC)}

kʷənəŋútt ⟦√kʷaniŋut-t √run-trns⟧ ☞ kʷánəŋət to make someone or something run, start a machine; to run after someone (making them run). {**kʷənəŋútt** cn. *I ran after him.* (ES) | nił suʔsáysiʔs tə xʷanítəm ʔiʔ šišč́əts cə stitiqéẃs ʔiʔ **kʷənəŋútt**s. *The white man was scared, and he beat his horses and made them run.* (ES) | **kʷənəŋútt**s canu sčaʔkʷaʔyúɬs. *He started his car.* (ES)}

kʷənəŋúttəŋ ⟦√kʷaniŋut-txʷ-ŋ √run-caus-psv⟧
☞ kʷənəŋúttxʷ to be taken running. (ES)
{suʔ**kʷənəŋúttəŋ**s štəŋístəŋ yaʔ. *They ran him and walked him.* (TC) | **kʷənəŋúttəŋ** x̌aʔtáwntəŋ x̌aʔsx̌łáẃtxʷtəŋ. *They ran him into town to the hospital.* (TC) | nsuʔ**kʷənəŋúttəŋ** yaʔ ʔúxʷtəŋ ʔaʔ cə sx̌łáẃtxʷ ʔiyá ʔaʔ cə táwn, mətúliyə. *I was run into the hospital in town, Victoria.* (TC)}

kʷənəŋúttxʷ ⟦√kʷaniŋut-txʷ √run-letcaus⟧
1. to let someone or something run. (TC)
2. to take something running, make it run. {**kʷənəŋúttxʷ** cn. *I picked it up and ran with it.* (AS,BC)} ☞ kʷánəŋət {**kʷənəŋúttxʷ** cə qʷúʔ. *Let the water run.* (BC)} VAR: kʷənəŋútxʷ (BC) {**kʷənəŋútxʷ** cn cə nsqáx̌aʔ. *I took my dog running.* (BC)}

kʷənəsáẃtxʷ ⟦√kʷən = us = awtxʷ √enrapture = face = house⟧ ☞ kʷə́n spirit dance house, Indian dance house, smokehouse. (ES) ⟪Note that this is traditionally called 'smokehouse' but does not refer to a drying shed 'smokehouse', only the building used for winter spirit dances.⟫ cp. spk̓ʷənáẃtxʷ

kʷənəyúst ⟦√wan = ayə-us-t √lose = person-rcpnt-trns⟧
☞ kʷənčát to cull (a herd or flock), get rid of bad ones, throw someone out. ⟪USAGE: This is only used of people or animals.⟫ (TC; AS) {**kʷənəyúst** cn cə nswə́yqaʔ. *I threw out my husband.* (AS) | **kʷənəyúst** cn cə ləmətú. *I culled the sheep.* (AS)}

kʷəniɬ inv.def. See under: kʷawniɬ

kʷənísən ⟦√kʷənis = ən √button = instr⟧ ☞ kʷənísəŋ button, pin, safety pin, any similar thing used to attach or close clothing (but not zipper). (MJT; ES; TC; AS,BC) {ɬəŋŋín kʷi kʷə **kʷənísən**s. *His pin came off.* (AS)}

kʷənísəŋ ⟦√kʷnis-ŋ √button-mdl⟧ to button up (clothing). {**kʷənísəŋ** či. *Button up.* (AS)}

kʷəníst ⟦√kʷnis-t √button-trns⟧ ☞ kʷənísəŋ to button something up. {**kʷəníst** cn. *I buttoned it up.* (AS) | **kʷəníst** cn cə kapú. *I buttoned up the coat.* (AS,BC)}

kʷəniyə́ctx̌ ⟦√kʷəniyə́ctx̌ √Quileute⟧ the Quileute tribe. (ES) VAR: kʷənyéʔttx̌ (LB,CWH; EWH) {**kʷənyéʔttx̌** sqʷáy *La Push language* (EW,LBH)}

kʷənkʷánəŋət[1] ⟦kʷn + √kʷaniŋut pl + √run⟧
☞ kʷánəŋət to run (of a group). (MJT)
{suʔ**kʷənkʷánəŋət**ɬ túkʷ. *So we ran home.* (MJ) | **kʷənkʷánəŋət** kʷaʔčaʔ cawnáʔiɬ xʷiyanítəm cúŋ. *Those white men ran up away from the water.* (TC)}
VAR: kʷiyənkʷánəŋət (MJT) ⟦kʷ<iy>n + √kʷaniŋut pl<pl> + √run⟧

kʷənkʷánəŋət[2] runner. See under: sxʷkʷənkʷánəŋət

kʷənkʷanəŋəttúy̓ ⟦kʷn + √kʷaniŋut-tuy̓ pl + √run-comit⟧ ☞ kʷánəŋət to be running together (two or more people or animals). (AS)

kʷənkʷínti ⟦win + √win-ty char + √fight-rcprcl⟧
☞ kʷínti fighter. (MJT)

kʷənúcən ⟦√kʷən = ucin √enrapture = mouth⟧ ☞ kʷə́n
1. to sing or hum a spirit song. ⟪USAGE: This is never used to refer to a hymn.⟫ (AS,BC) {**kʷənúcən** cn. *I sang a spirit song.* (AS) | suʔ**kʷənúcən**s tsə sxʷnáʔəm. *So the Indian doctor sang.* (MJ) | ʔiʔ nił suʔ**kʷənúcən**s. *And then they sang a spirit song.* (MJ)}
2. to participate in a winter spirit dance. (MJ)}

kʷənucənhíy̓ɬ ⟦√kʷən = ucin-iy̓ɬ √enrapture = mouth-go⟧ ☞ kʷənúcən to go to a spirit dance. {łáčct ʔiʔ ŋə́n̓ ʔaʔyəcɬtáynx̌ táči **kʷənucənhíy̓ɬ**. *It got dark, and many people arrived to go to the spirit dance.* (MJ)}

kʷənúcəŋ ⟦√kʷən = uc-ŋ √enrapture = mouth-mdl⟧
☞ kʷənúcən to sing one's spirit power song, meditate. (AS,BC; AS) ✳Formerly elders would go to a quiet place by the river to sing their power song and meditate (AS) {**kʷənúcəŋ** kʷi kʷə nsəsíyaʔ. *My grandparents meditated (singing their power songs).* (AS)}

kʷəńáʔŋəc ⟦√kʷn<ʔ>a<ʔ>ŋi-t-c √help<actl>-trns-1obj/2obj⟧ ☞ kʷəńáʔŋət helping me; helping you. (LC) {kʷɬ**kʷəńáʔŋəc** cn. *I'm helping you.* (LC) | ʔəy̓ ʔənsŋə́n̓ s**kʷəńáʔŋəcxʷ**. *Your helping me a lot is good.* (EPT) VAR: kʷənáńəc {kʷɬ**kʷənáńəc** cn. *I'm helping you now.* (LC) VAR: kʷəńáʔŋəc {mán̓ ʔuʔ ʔəy̓ ns**kʷəńáʔŋəcxʷ**. *Your helping me is very good.* (EPT)} VAR: kʷənaŋ́íc {**kʷənaŋ́íc** cxʷ ʔaʔ ti ʔuʔx̌ə́n̓əstəŋ. *You help me with everything.* (TC)}

kʷəńáʔŋət ⟦√kʷn<ʔ>a<ʔ>ŋi-t √help<actl>-trns⟧
☞ kʷəńánəŋət to be helping someone or something. (EPT) | **kʷəńáʔŋət** cn. *I'm helping him.* (TC) | **kʷəńáʔŋət** cn cə swə́y̓qaʔ. *I'm helping the man.* (ES)} VAR: kʷəńáʔŋət (ES) VAR: kʷəńáʔaŋət {**kʷəńáʔaŋət** cn. *I'm helping him.* (ES)} VAR: kʷənaŋ́ít ⟦√kʷənaŋ<ʔ>i-t √help<actl>-trns⟧ [rightward stress shift with actual] (AS)

kʷəńcút ⟦√kʷən-cut √alternate-rflxv⟧ to take turns, take one's turn. {ʔúy̓ cáw ʔiʔ **kʷəńcút** tə sx̌áy̓éʔx̌qɬ q̓ʷəyíyəš. *When she was on the beach the children took turns dancing.* (MJ) | kʷɬhíc čaʔkʷi ʔuʔ **kʷəńcút** kʷɬi Georgianne ʔaʔ kʷi sx̌áʔtáwns kʷɬi čáčcs. *Long ago Georgianne took her turn to go to town with her aunt.* (MJ)}

kʷəṅkʷəṅšán ⟦√kʷəṅkʷəṅšán √goldeneye⟧ common goldeneye, whistle wing duck. *Bucephala clangula*. (BG,MJT)

kʷəṅsí ⟦√kʷəṅsí √unknown_word⟧ a foreign word of unknown meaning or origin. ⟪spoken by a woman in an enemy invading force from across the mountains in a story told by Sam Ulmer to Ed Sampson⟫ [This looks like a root /kʷəṅ/ for 'take, capture' that appears in other Salishan languages with what looks like a second-person suffix. So it might mean 'capture you' in another Salishan language.] {*kʷəṅsí* ʔeʔɬx̣ʷaʔ. *(no meaning known)* (ES)}

kʷəṅtúy ⟦√kʷəṅ-tuy̓ √alternate-comit⟧ [root identification is tentative, possibly based on word meaning 'taken by spirit power'] *cp.* kʷəṅ to be together, along with. (MJT) ⟪USAGE: For AS this means only two together, no more than just two.⟫ (AS) {*kʷəṅtúy* st. *We were together.* (TC; AS) | čáy st ʔiʔ *kʷəṅtúy*. *We work together.* (AS) | hiyáʔ caʔ st *kʷəṅtúy* x̌aʔtawn. *We'll go together to town.* (AS) | ʔuʔ*kʷəṅtúy* t sčáʔis. *They were working together.* (MJ) | híc kʷaʔčaʔ s*kʷəṅtúy*ɬ. *It was a long time that we went together.* (TC) | nəsuʔtxʷaʔ*kʷəṅtúy* ʔaʔ kʷi nəsčáyaʔčaʔ yaʔ. *I got together with my relatives.* (TC)} VAR: kʷənətúy (MJT; TC) {*kʷənətúy̓* st. *We're all together.* (TC) | *kʷənətúy̓* cn. *I went together (with whoever).* (TC) | ʔuʔiʔ*kʷənətúy* kʷaʔ. *They went together.* (TC) | *kʷənətúy̓* st c ʔiɬənɬ. *We eat together.* (TC) | txʷaʔ*kʷənətúy̓*. *They got together. / They got married.* (TC) | *kʷənətúy̓* caʔ st ʔaʔ či kʷáči. *We'll be together tomorrow.* (MJT) | ʔuʔ*kʷənətúy̓* yaʔ st ʔaʔ kʷi čiʔáqɬ. *We were together yesterday.* (AS) | nəsʔúŋəstən ʔaʔ cícɬsiʔám či xʷənʔáŋ nəskʷəníˑt caʔ *kʷənətúy̓* či ʔuʔ x̣ánə cán q̓ʷáy̓ txʷʔúx̣ʷ ʔaʔ či ʔəy̓ xčnín ʔaʔ cícɬsiʔám. *I have been given a way to see along with everyone who believes in the good wisdom of the Lord.* (BH) VAR: kʷəntúy̓ (AS) {*kʷəntúy̓* st. *We're together.* (MJT)}

kʷə́q̓ ⟦√kʷə́q̓ √open⟧ to open. {ʔúy̓ ixʷ cxʷ ʔíŋənəxʷ ti nəxʷkʷq̓əts cə súɬ ʔiʔ *kʷə́q̓* ti ṅsuʔčə́yəxʷ ʔiʔ nəxʷtə́q. *When you step on something to open the door, it opens when you enter and closes.* (MJT)}

kʷəsáyaʔ invisible, far, determiner. *See under:* kʷsáyə

kʷəsə ⟦kʷəsə that_inv_far⟧ [invisible, far demonstrative determiner] the, that, a. {x̌iʔáʔt cn *kʷəsə* nəŋə́naʔ. *I'm looking for my son.* (ES,HS) | ʔáwə c ʔəṅʔá *kʷəsə* ŋə́naɬ. *Our son didn't come.* (ES) | ʔiyá *kʷəsə* nəŋə́naʔ. *That's my son there.* (EPT) | kʷɬmáṅ ʔuʔ kʷɬčə́q *kʷəsə* ncə́t. *He's quite an old man, my father.* (EPT) | suʔyə́scəms, "ʔə́c kʷi ŋə́naʔ *kʷəsə* číf." *She told them, "I am the daughter of the chief."* (AA) | máṅ cxʷ kʷə ʔuʔ yíy̓ ʔaʔ *kʷəsə* ṅʔáʔyəŋ. *You are very far from your home.* (TC) | ɬúyəs kʷə sxʷʔiyás *kʷəsə* snúʔnəkʷ ɬaʔkʷítəŋáyŋən kʷəyəẃíntən. *Pysht Jack left the place where the ghost wanted to gaff him.* (ES) | ɬiɬúyəŋ cn ʔaʔ *kʷəsə* nəʔiyáʔiŋ ʔawíṅnə́kʷ hay. *I was abandoned by my parents because of you (children).* (MJ)} VAR: kʷəs (ES) {ʔuʔkʷə́nnəxʷ cn *kʷəs* nəcáčc. *I saw my uncle.* (TC) | q̓əmə́t cn *kʷəs* x̣ʷéʔləm. *I broke the rope.* (EPT) | ʔáaʔ, ŋə́ṅ *kʷəs* xʷiyəṅítəm kʷə́nn. *Yes, there were many white people that I saw.* (EPT)}

kʷə́škʷš ⟦√kʷə́škʷəš √bluejay⟧ blue jay, Steller's jay. *Cyanocitta stelleri*. (MJT; AS,BC; ES) [onomatopoeic] VAR: kʷíškʷš (TC) VAR: kʷáškʷš (AB,ICT; WB)

kʷəšqéʔt ⟦√kʷəšqi<ʔ>t √choke<actl>⟧ to be choking. {*kʷəšqéʔt* cn. *I'm choking.* (AS) | *kʷəšqéʔt* cn ʔaʔ cə scúṁ. *I'm choking on a bone.* (AS)}

kʷəšqéʔtəŋ choking. *See under:* nəxʷkʷəšqéʔtəŋ

kʷəšú pig. *See under:* kʷašú

kʷətə́q̓ ⟦√kʷtə́q̓ √fart⟧ to fart, spray (of a skunk). (MJT; ES) {ʔáwə či c *kʷətə́q̓*. *Don't let your air out.* (MJT) | *kʷətə́q̓* csə smaʔmácən. *The little skunk is spraying.* (MJT)}

kʷəɬənə́č thud. *See under:* kʷaʔɬənə́č

kʷə́ɬiyəq plop. *See under:* kʷaʔɬiyə́q

kʷəɬnə́qʷ explode. *See under:* kʷaʔɬənə́qʷ

kʷəwʔə́čəṅ Cowichan. *See under:* qəwʔə́čən

kʷə́wəŋ ⟦√kʷəw-ŋ √warm-mdl⟧ to be warm weather. (AS) {ʔiʔyaʔyíyəŋ ʔúxʷ ʔaʔ ti sxʷʔiyás ti s*kʷə́wəŋ*s ʔəɬ čəṅsútčs. *They go far away to where it's warm in the winter.* (TC) | ʔáw caʔn t hiyáʔ ʔiʔsəwáʔ tiə néʔ čéʔcəṁ kʷaʔ hiyáʔs ʔúxʷ ʔaʔ či sxʷʔiyás či s*kʷə́wəŋ*s. *I won't go along with those birds when they go to where it's warm.* (TC)} VAR: qʷə́kʷəŋ {ʔúy̓ *qʷə́kʷəŋ* ʔiʔ ɬə́məxʷ. *When it warms up, it rains.* (MJT)} VAR: qʷə́wəŋ (MJT)

kʷəw̓iʔnúʔŋət ⟦w + √w<ʔ>y̓-nu<ʔ>ŋt actl + √come_into_view<actl>-ncmdl<actl>⟧ [glottalization of actual prevents /w/ → /kʷ/] ☞ kʷiʔnúŋət to be dreaming. {*kʷəw̓iʔnúʔŋət* yaʔ cn ʔaʔ kʷi ʔsnát. *I was dreaming last night.* (EPT; LC) | ʔuʔhúy t nəsʔuʔčk*ʷəw̓iʔnúʔŋət*. *I was only dreaming.* (EPT)} VAR: kʷaʔwiʔnúʔŋət (ES; TC) {*kʷaʔwiʔnúʔŋət* ixʷ cn. *I must have been dreaming.* (MJT) | nəsk*ʷaʔwiʔnúʔŋət* ixʷ yaʔ. *I must have been dreaming.* (MJT) | *kʷaʔwiʔnúʔŋət* cə ṅʔáyəs. *My sister is dreaming.* (AS) | nəsk*ʷaʔwiʔnúʔŋət* ʔaʔ Gypsy. *I dreamed about Gypsy.* (MJT) | həčáyəŋən či txʷuʔəsxáʔəs či ṅsk*ʷaʔwiʔnúʔŋət*. *Let up, or you'll have bad dreams.* (MJT) | *kʷaʔwiʔnúʔŋət* č ʔaʔ kʷi sʔéʔɬəṅs ʔaʔ či stíxʷaʔč. *She was dreaming she was eating devilfish.* (MJT)} VAR: kʷaʔwinúʔŋət (AS) VAR: kʷəwinúŋət {*kʷəw̓inúŋət* cn ʔaʔ či stíxʷaʔč. *I was dreaming of a devilfish.* (MJ)} VAR: kʷinúʔŋət (AS,BC) {*kʷinúʔŋət* yaʔ cn. *I was dreaming.* (AS,BC) | x̌áy st ʔuʔ *kʷinúʔŋət* cə ʔəyčɬtáyŋxʷ. *We Native Americans also dream.* (AS,BC)} ⟦√wy̓-nu<ʔ>ŋt √dream-ncmdl<actl>⟧

kʷəwnáʔiɫ ⟦kʷəwnaʔiɫ those⟧ ☞ kʷawniɫ those, invisible, definite, plural demonstrative determiner. {ʔuʔxʷén kʷə yaʔ c sxʷítəŋs *kʷəwnáʔiɫ* xʷiyanítəm. *Those white men were quick to jump.* (TC)}

kʷəwniɫ inv.def. See under: kʷawniɫ

kʷə́x̣ ⟦√kʷx̣ √eject⟧ to be sent away, shooed, ejected. {*kʷə́x̣* cn. *I got sent away.* (AS)}

kʷəx̣cínəŋ scream. See under: kʷx̣cínəŋ

kʷəx̣sít ⟦√kʷx̣-sít √eject-bene⟧ ☞ kʷə́x̣ to send (someone) away for someone. {*kʷəx̣sít* cn. *I sent her away for him.* (AS)}

kʷəx̣sítəŋ be sent away for. See under: kʷx̣sítəŋ

kʷə́x̣t ⟦√kʷ<ə́>x̣-t √eject<actl>-trns⟧ ☞ kʷx̣ə́t to be ejecting, chasing, shooing away someone or something, boot someone out. (AS,BC) {*kʷə́x̣t* cn. *I'm chasing it away.* (TC) | *kʷə́x̣t* st. *We booted him out.* (AS,BC) | *kʷə́x̣t* cn cə skʷaʔkʷátuʔ. *I shooed the crow.* (AS) | *kʷə́x̣t* u cxʷ? *Are you telling him to go away?* (ES)}

kʷə́x̣təŋ ⟦√kʷ<ə́>x̣-t-ŋ √eject<actl>-trns-psv⟧ ☞ kʷə́x̣t being ejected, told to go away, pushed aside. (AS,BC) {*kʷə́x̣təŋ* cn. *They're telling me to go away. / They pushed me aside.* (ES; AS,BC)}

kʷə́x̣təŋ̉ ⟦√kʷ<ə́>x̣-t-ŋ<ʔ>⟩ √eject<actl>-trns-psv<actl>⟧ ☞ kʷx̣ə́təŋ being kicked out, ejected. (ES) {*kʷə́x̣təŋ̉* cn. *They're telling me to get out.* (ES)}

kʷəyaʔkʷiʔnáỷɫ ⟦kʷ<əy>aʔ+√kʷi<ʔ>nay<ʔ>ɫ dim<pl>+√Quinault<dim>⟧ ☞ kʷaʔkʷiʔnáỷɫ several small Quinault canoes. (MJT)

kʷəyaʔkʷúʔxʷən̉ ⟦kʷ<əy>aʔ+√kʷu<ʔ>xʷ=ən<ʔ> dim<pl>+√dancing_pole<dim>=instr<dim>⟧ ☞ kʷaʔkʷúʔxʷən̉ several small dancing poles. (MJT)

kʷə́yəŋ ⟦√kʷəy-ŋ √fly-mdl⟧ to fly. (JCo; TC; AS,BC; ES; MJ; WB) {*kʷə́yəŋ* cn. *I flew.* (TC) | hiyáʼ· *kʷə́yəŋ*. *He went flying.* (ES) | suʔ*kʷə́yəŋ*s kʷɫə cə qʷəní. *So Seagull flew.* (AA) | ʔuʔ*kʷə́yəŋ* st ʔiʔ ɫqə́ŋ ʔəsnát. *We flew in and landed last night.* (AS) | páʔəct ti s*kʷə́yəŋ*s ʔiʔ x̌áy č ʔuʔ sqiʔám̉. *He tried to fly, but he still couldn't.* (TC) | ʔuʔáw c txʷaʔyíỷ ʔiʔ stéŋ ʔəɫ *kʷə́yəŋ*s. *He didn't get far, and he'd drop when he flew.* (TC) | hiyáʼ kʷɫə ɫaʔɫə́m̉ *kʷə́yəŋ* ʔúxʷ ʔaʔ cə ŋə́qsəns ʔiʔ sə́q. *The wren went and flew to his nose and went out.* (MJ) | *kʷə́yəŋ* kʷə kʷi čə́čtəŋəxʷ ʔučtə šéʔtəŋ̉s yaʔ. *The owl that she had been desiring predictably flew away.* (AA) | húʔ cxʷ kʷaʔčaʔ kʷənít ti *kʷə́yəŋ* ti ččšə́yə ʔiʔ kʷəníts cə ʔənəcáqʷ. *So when you see a kingfisher flying, you see red.* (AA) | niɫ č suʔpáʔəcts ʔiʔ sqiʔám̉ či s*kʷə́yəŋ*s ʔawmán ʔuʔ čə́yix̌ cə ɫutáwiʔs. *He tried, but he couldn't fly because his wings were too short.* (TC) | suʔ*kʷə́yəŋ*s ʔiʔ txʷaʔhúʔiʔ cə qáʔŋi x̌ʷəx̌ʷəỷqʷi ʔaʔ cə skʷáʔəts ʔaʔ cə ʔuʔútxs. *They flew, and she ended up alone drifting in the stern of the canoe.* (MJ) VAR: kʷə́yŋ (JCo; BC)

kʷə́yəŋ̉ ⟦√kʷəy-ŋ<ʔ>⟩ √fly-mdl<actl>⟧ ☞ kʷə́yəŋ to be flying. {ʔiʔ*kʷə́yəŋ̉*. *It's flying.* (TC) | ʔiʔ*kʷə́yəŋ̉* kʷɫəs čéʔčəm. *The bird is flying.* (EPT)}

kʷə́yəškʷš ⟦√kʷə́<yə>škʷš √bluejay<pl>⟧ ☞ kʷə́škʷš several blue jays. (MJT)

kʷə́yəxʷən ⟦√kʷ<əy>uxʷ=ən √dancing_pole<pl>=instr⟧ [/u/ → /ə/ in the plural] ☞ kʷúxʷən several tall dancing poles. (MJT) VAR: kʷaʔyúxʷən (MJT) ⟦√kʷ<aʔy>uxʷən √dancing_pole<pl>⟧

kʷəyít ⟦√wiy-t √peek-trns⟧ to peek, take a look at something. {*kʷəyít*s či sʔácss cə kʷɫčáq. *He peeked at the face of the old woman.* (ES)}

kʷəyúʔət ⟦√kʷ<əy>uʔət √cattail<pl>⟧ ☞ kʷúʔət several cattail reeds. {ŋə́n̉ *kʷəyúʔət*. *It's lots of cattails.* (EPT)}

kʷə́ỷ ⟦√kʷỷ √spill⟧ to spill, tip over, capsize. (LC; AS,BC; ES; AS) {*kʷə́ỷ* cn. *I tipped over.* (ES) | *kʷə́ỷ* tə qʷúʔ. *The water spilled.* (AS,BC) | *kʷə́ỷ* tə snə́xʷɫ. *The canoe capsized.* (AS) | *kʷə́ỷ* č kʷaʔ kʷi snə́xʷɫ. *The canoe apparently spilled.* (EPT) | *kʷə́ỷ* kʷi kʷə sqʷúʔtən. *The bucket spilled.* (AS) | *kʷə́ỷ* yaʔ qə́s č čʔiyá ʔaʔ kʷi ʔuʔútxs. *He fell into the water from a canoe.* (EPT) | *kʷə́ỷ* cə ʔápəls ʔiʔ čiʔpiʔúʔisəŋ̉. *The apples spilled and rolled away.* (AS)}

kʷə́ỷct ⟦√kʷ<ə́>ỷ-cut √spill<actl>-rflxv⟧ ☞ kʷə́ỷ to be limping. {ʔiʔ*kʷə́ỷct*. *He's limping.* (TC)}

kʷəỷə́čəŋ ⟦√kʷay<ə́>-iy-ŋ √hide<actl>-dev-mdl⟧ [/y/ → /č/] ☞ kʷáyi to be hiding (something), keeping a secret. (ES,HS)

kʷə́ỷəɫ ⟦√kʷỷ-ɫ √spill-dur⟧ ☞ kʷə́ỷ to spill accidentally. {ʔiʔ*kʷə́ỷəɫ* cə x̌ʷkʷtíxʷ. *What your holding is spilling.* (EPT) | hiʔ*kʷə́ỷəɫ*. *It's spilling.* (MJT) | hiʔ*kʷə́ỷəɫ* ixʷ tiʔə ʔiʔx̌ʷkʷtín. *What I was holding was spilling.* (MJT) | ʔáwənə nəsx̌čít ʔaʔ či siʔ*kʷə́ỷəɫ*s. *I didn't realize it was spilling.* (MJT)} VAR: kʷə́ʔiɫ (EPT; MJT) {hiʔ*kʷə́ʔiɫ* tə ʔiʔx̌ʷkʷtíxʷ. *What you're carrying is spilling.* (MJT)}

kʷə́ỷət spill it. See under: kʷiʔə́t

kʷə́ỷətəŋ be spilled. See under: kʷiʔə́təŋ

kʷə́ỷəx̣ ⟦√kʷəỷəx̣ √move⟧ [This is similar in form and meaning to /qʷíx̣/. Words with this root always have /ə/ while words with /qʷíx̣/ always have /í/. It is unlikely that the /ỷ/ here is the plural.] cp. qʷíx̣ to move, vibrate; to run (of a machine). (AS,BC) {*kʷə́ỷəx̣* kʷsə nscaʔkʷaʔyúɫ. *My car is running.* (AS) | mán̉ ʔuʔ x̌áɫ tə ləmətú; čaʔ*kʷə́ỷəx̣*. *The sheep was very sick; now it's moving.* (AS)}

kʷə́ỷəx̣ct ⟦√kʷəỷəx̣-cut √move<actl>-rflxv⟧ [actual stress shift] ☞ kʷə́ỷəx̣
1. to move (especially back and forth), shake, rock oneself. (TC) {sqiʔám̉ či nəs*kʷə́ỷəx̣ct*. *I couldn't move.* (TC) | tə́s cxʷ ʔaʔ cə bottom ʔiʔ nuʔ*kʷə́ỷəx̣ct*. *When you get to the bottom kind of shake yourself.* (TC) | ʔiʔ húʔ či tə́s ʔaʔ cə x̌áčɫ ʔiʔ

níɬ n̓suʔnuʔ**k̫ʷə̓y̓əx̣ct**. *And when you get to the bottom, kind of move around.* (TC) | suʔƛ̓kʷə́ts ʔiʔ nuʔ**k̫ʷə̓y̓əx̣ct**. *So he took it and sort of fluttered himself.* (TC)}
2. to start, run (of a motor). (AS) {kʷɬníɬ suʔ**k̫ʷə̓y̓əx̣ct**s. *Now it's working.* (AS) | **k̫ʷə̓y̓əx̣ct** ša̓ʔ. *It's moving (the tape in the recorder).* (AB,IC,NST)} VAR: kʷəy̓əx̣cút {**k̫ʷə̓y̓əx̣cút** cə nsčaʔkʷaʔyúɬ. *My car started.* (AS)}

kʷə̓y̓əx̣cút move oneself. *See under:* kʷə̓y̓əx̣ct

kʷə̓y̓əx̣cúttxʷ ⟦√kʷəy̓əx̣-cut-txʷ √move-rflxv-letcaus⟧
☞ kʷə̓y̓əx̣ct to make something move, shake, rock itself, start a motor. {ʔuʔhúy kʷaʔ hiyáʔən ʔiʔ **k̫ʷəy̓əx̣cúttxʷ** ʔiʔ čaʔk̓ánəŋət tə qʷúʔ. *Only when I go shake it will the water run.* (ES) | ʔəctíxʷ hiyáʔ **k̫ʷəy̓əx̣cúttxʷ**. *Let me go shake it.* (ES)} VAR: kʷəy̓əx̣cútt {ʔuʔhiyáʔ st yaʔ ʔiʔ **k̫ʷəy̓əx̣cútt** ʔaʔ ʔuʔə̓y̓ ʔiʔ kʷaʔnéʔŋət. *We'd go and shake it, and it would be running well.* (ES) | húy ʔəɬ ʔuʔhiyáʔs tinu náʔcuʔ ʔiʔ **k̫ʷəy̓əx̣cútt** cə məšíns. *It was only when someone would go and start the machine.* (ES)} VAR: kʷiʔəx̣cútxʷ (AS,BC; ES; TC) {**k̫ʷiʔəx̣cútxʷ** cə nʔatəməbíl. *Start your automobile.* (ES)}

kʷə̓y̓əx̣i ⟦√kʷəy̓əx̣-iy √move-dev⟧ ☞ kʷə̓y̓əx̣ to start to move, start to work or run (of a machine). (AS) {kʷɬníɬ suʔ**k̫ʷə̓y̓əx̣i**s cə məšín. *Now the machine is starting to work.* (AS)}

kʷə̓y̓əx̣t ⟦√kʷəy̓əx̣-t √move-trns⟧ ☞ kʷə̓y̓əx̣
1. to move something back and forth, stir, beat (as an egg). (TC) {**k̫ʷə̓y̓əx̣t** tə sxʷásəm. *Beat the soapberries.* (MJT) | **k̫ʷə̓y̓əx̣t** či tə batter. *Stir the batter.* (AS,BC)}
2. to start something (a machine). {**k̫ʷə̓y̓əx̣t** cn. *I started it.* (ES) | kʷɬ**k̫ʷə̓y̓əx̣t** cn cə nsčaʔkʷaʔyúɬ. *I started my rig already.* (ES)}

kʷə̓y̓əx̣təŋ ⟦√kʷəy̓əx̣-t-ŋ √move-trns-psv⟧ ☞ kʷə̓y̓əx̣t to be shaken, rocked. ✻Rocking is used on a canoe as signal for silence. The person in the bow with a light shakes the canoe to signal the person in the stern to be quiet when he spots the eyes of a deer or something. (TC) {**k̫ʷə̓y̓əx̣təŋ** cə sčaʔkʷaʔyúɬ. *They started the car. / They shook the boat.* (AS,BC)}

kʷə̓y̓əyuʔ ⟦√kʷy̓-əyu<ʔ> √spill-activ<actl>⟧ ☞ kʷə̓y̓ to be pouring, spilling. (MJT; AS) VAR: kʷəyəyu {**k̫ʷə̓yəyu** ʔaʔ kʷi qʷúʔ. *He's pouring the water.* (AS) | mán̓ ʔuʔ ŋə́n̓ tə qʷúʔ **k̫ʷə̓yəyu**. *There was very much water spilled.* (AS) | níɬ suʔ**k̫ʷə̓yəyu**s. *Then they poured.* (AS)}

kʷə̓y̓k̓ʷiʔ ⟦kʷə̓y̓ + √kʷy̓ char + √spill⟧ ☞ kʷə̓y̓ to be capsized, spilled, tipped over. (MJT; ES; AS,BC) {ʔáwə c **k̫ʷə̓y̓k̓ʷiʔ**. *Don't tip over.* (MJT) | ʔən̓áʔ cíq ʔaʔ ti sq̓tayéʔqʷs cə sqiyáyŋxʷ ʔiʔ **k̫ʷə̓y̓k̓ʷiʔ**. *They came and were poked by the tops of the trees and capsized.* (ES)}

kʷə̓y̓t ⟦√kʷ<ə́>y̓-t √spill<actl>-trns⟧ [actual metathesis] ☞ kʷə̓y̓ to be spilling, pouring, capsizing something. {**k̫ʷə̓y̓t** cn. *I'm tipping it over.* (ES; TC) | **k̫ʷə̓y̓t**s tə qʷúʔ čiʔa ʔaʔ tə sxʷqʷúʔtən. *She's pouring water out of a bucket.* (MJT) | ʔáwə či c **k̫ʷə̓y̓t**. *Don't spill it!* (MJT)}

kʷə̓y̓táyŋən ⟦√kʷy̓-t-ayŋən √spill-trns-want⟧
☞ kʷə̓y̓tən wanting to, trying to tip, spill, capsize. (ES)

kʷə̓y̓təŋáyŋən ⟦√kʷy̓-t-ŋ-ayŋən √spill-trns-psv-want⟧
☞ kʷə̓y̓təŋ wanting to, trying to be spilled, capsized. (ES) {**k̫ʷə̓y̓təŋáyŋən** cə snóxʷɬ. *The canoe wants to tip over.* (AS)}

kʷə̓y̓təŋ ⟦√kʷ<ə́>y̓-t-ŋ<ʔ> √spill<actl>-trns-psv<actl>⟧ ☞ kʷə̓y̓t being spilled, tipped over. {**k̫ʷə̓y̓təŋ** cn. *They're tipping me over.* (ES)}

kʷə̓y̓x̣císəŋ moving hands. *See under:* kʷiʔx̣císəŋ

kʷə̓y̓x̣ct ⟦√kʷ<ə́>y̓əx̣-cut √move-rflxv⟧ ☞ kʷə̓y̓əx̣ct to be moving around, shaking oneself. (TC) {**k̫ʷə̓y̓x̣ct** cn. *I'm moving.* (TC) | ʔáw c **k̫ʷə̓y̓x̣ct**. *Don't move.* (TC; ES) | kʷ stáčis tiə pástən ʔaʔ tiə **k̫ʷə̓y̓x̣ʷct** sxʷqʷáqʷiʔ. *when this white man got here with this moving thing for talking (tape recorder).* (EB)} to be started, running (of a machine). (ES) {kʷɬ**k̫ʷə̓y̓x̣ct**. *It's already started.* (ES) | kʷɬ**k̫ʷə̓y̓x̣ct** cə nʔatəməbíl. *My car is already started.* (ES)}

kʷə̓y̓x̣əŋ ⟦√kʷ<ə́>y̓əx̣-ŋ √move<actl>-mdl⟧
☞ kʷə̓y̓əx̣ to be moving around, shaking. (ES)

kʷi[1] ⟦kʷi suggest⟧ [speech act enclitic used in an imperative to indicate a suggestion more polite and less compelling than /či/] I suggest…, why don't I/you…, I or you better…, should. ⟪USAGE: This is used to make a polite command or to give information in a polite way.⟫ {yəq̓ə́t **kʷi**. *You better measure it.* (ES) | ʔíɬən **kʷi**. *Eat!* (TC) | ʔə́y̓ **kʷi**. *It's good.* (TC) | ʔáʔyəŋ **kʷi**. *It's a house.* (NS,JW) | ʔə́c **kʷi** tím. *I am Tim.* (TC) | x̣čít cn **kʷi**. *I know it.* (ES) | ʔiyá **kʷi**! *It's there!* (MJ) | cákʷs **kʷi** cə xʷúʔŋət. *Put the paddle down.* (ES) | ʔuʔx̣iʔə́t q cxʷ **kʷi**. *You could write it.* (AB,ICT) | čə́saʔqʷəŋ **kʷi**. *Go ahead, put on your hat.* (ES) | ʔə́y̓ **kʷi** či nəshiyáʔ. *I should go.* (TC) | cán yaʔ **kʷi** ƛ̓aʔtáwn? *Who went to town?* (TC) | ʔáɬə **kʷi** ʔaʔ ʔə́c. *Stay here with me.* (MJ) | ʔúxʷ **kʷi** ʔúxʷnəs ʔiʔ ƛ̓kʷə́t. *Go to it and get it.* (MJ) | ʔáwətxʷ **kʷi** cə nsxʷxʷúy̓əm. *Don't sell it.* (MJT) | ʔə́mət **kʷi** ʔaʔ kʷsə sxʷčaʔwáčən. *Sit on the chair.* (EPT) | kʷɬmə́q cn **kʷi**. *I'm already full.* ⟪USAGE: This could be used to politely refuse more food at a meal.⟫ (MJT) | ʔə́y̓ **kʷi** či nsɬúyəs tiə nsxʷʔáɬa. *I better leave this place where I am.* (ES) | ʔə́wə **kʷi** c qayəx̣úsəŋ. *Don't brag.* (MJT) | kʷənúɬ **kʷi**. *Take lessons.* (MJT) | nsuʔx̣ənʔáxʷ níɬ caʔ **kʷi** náʔcuʔ. *So I said it should be just one person.* (MJ)} [with the future this gives the meaning 'should'] {hiyáʔ caʔ st **kʷi** túkʷ. *We're going to go home.* (NS,JW) | ʔən̓áʔ cn **kʷi** haʔwístəŋ. *They brought me up front. (Someone asked me what I'm going here.) / It was suggested that I go up front.* (TC) | mán̓ətəŋ č **kʷi**. *I heard he got worse.* (ES; TC) | cə́xʷ kʷaʔ **kʷi** cə sŋiyánt. *The mountains disappeared (behind a cloud).* (TC) | ʔiʔɬáɬuʔ č **kʷi**. *I heard he's getting* better. (ES) | ʔiʔə́yct č **kʷi**. *I heard she's getting better.* (ES) | huŋítəŋ č **kʷi**. *I heard he got it back.* (TC) | ŋəńáy st **kʷi** čʔáʔyəŋ. *Lots of us have a house.* (TC)}

kʷi² ⟦kʷi the_inv_nsp⟧ [invisible, non-specific determiner] a, the (not visible). {x̌ʷuʔúts **kʷi** ŋə́naʔs yaʔ. *He cried for his late son.* (ES) | **kʷi** sʔuʔúʔɬ... *When we first began...* (ES) | cán **kʷi** hiyáʔ tx̌ʷín. *Who's going where?* (TC) | k̓ʷə́nəxʷ cn **kʷi** sŋánt. *I saw a rock.* (AS,BC) | hiyáʔ caʔ st k̓ʷc̓əyúʔ nə́cuʔ **kʷi** húʔpt. *Let's go butcher another deer.* (AS) | **kʷi** sʔuʔúʔɬ yaʔ ʔuʔ saʔx̌íct. *When we first moved. / When we finally moved.* (ES; TC) | **kʷi** nəsʔuʔúʔ yaʔ ʔuʔsx̌íct. *When I finally moved.* (TC) | k̓ʷə́nəxʷ cn **kʷi** swə́ýqaʔ yaʔ. *I saw the late man.* (TC) | ŋə́ń u **kʷi** xʷiyənítəm k̓ʷə́nəxʷ ʔaʔmitúliyəʔ? *Were there many white people that you saw at Victoria?* (EPT) | **kʷi** nəsʔuʔúʔ ʔuʔ sx̌íct ʔənʔá ʔaʔ ʔéʔɬx̌ʷaʔ. *When I first moved to Elwha.* (ES) | **kʷi** kʷɬčiʔáw skʷáči ʔaʔ **kʷi** sʔuʔúʔɬ yaʔ ʔuʔ sx̌íct ʔiʔná?. *In the old days when we began to move and come...* (ES) | nəcáxʷ ʔaʔ **kʷi** kʷɬhíc. *It was once, long ago.* (TC)}

kʷiʔáʔiʔ ⟦√kʷyaʔy √woodpecker⟧ any woodpecker. *Picinae spp.* (ES) {x̌əmq̓ʷə́yu kʷsə **kʷiʔáʔiʔ**. *The woodpecker is pecking.* (AS)}

kʷiʔáʔnəŋ ⟦√kʷy<əʔ>-naxʷ-ŋ<ˀ> √spill<actl>-nctrns-psv<actl>⟧ ☞ **kʷiʔnáʔəxʷ** to be spilling something unintentionally, being spilled by someone without their control. {hiʔ**kʷiʔáʔnəŋ** cn. *I'm spilling it.* (MJT) | hiʔ**kʷiʔáʔnəŋ** cxʷ. *You're spilling it.* (MJT) | ʔáwənə nəsx̌čít ʔaʔ či nəsiʔ**kʷiʔáʔnəŋ**. *I didn't know I was spilling it.* (MJT)}

kʷiʔə this.inv. See under: kʷiə

kʷiʔə́ct ⟦√kʷy-cut √spill-rflxv⟧ ☞ kʷə́y to tip over (in a boat or canoe). (MJT) {hiyáʔ ɬəŋúʔəŋ ʔúxʷənəs tsə **kʷiʔə́ct**. *He swam out after the ones who had capsized.* (MJT) | nił suʔ**kʷiʔə́ct**s cə sčaʔkʷaʔyúɬ. *Then the boat tipped over.* (MJ) | tə́s ʔaʔ tə cə sxʷʔiyás tə **kʷiʔə́ct**s. *He got to where they tipped over.* (MJ)}

kʷiʔə́ŋ ⟦√kʷy-ŋ √spill-mdl⟧ ☞ kʷə́y to pour, spill. (MJTnr; AS) {**kʷiʔə́ŋ** kʷi kʷə sqʷúʔtən. *The bucket spilled.* (AS)}

kʷiʔə́t ⟦√kʷy-t √spill-trns⟧ ☞ kʷə́y to spill something, pour something out, tip something over to spill out. (EPT; ES) {**kʷiʔə́t** cn *I poured it out, tipped it over.* (MJT; ES; TC) | **kʷiʔə́t** cə sčtəŋxʷən. *Pour out the dirt.* (ES) | x̌ənʔáɬ ti suʔ**kʷiʔə́t**s či tíys. *He always spills his tea.* (BC) | néʔ cə qʷúʔ ʔəsnáwəɬ ʔaʔ tə sxʷqʷúʔtən; **kʷiʔə́t**. *There's water in that pail; pour it out.* (MJT) | **kʷiʔə́t**s cə sq̓ʷəyúŋiʔ ʔiʔ nuʔás cə múʔuqʷ. *He poured out the heads and put in the ducks.* (MJ)} VAR: kʷiyə́t {**kʷiyə́t**s tə qʷúʔ. *He spilled the water.* (AS,BC)} VAR: kʷə́yət {**kʷə́yət**s tə šəč̓əńaʔs ʔíɬənɬ qitəŋínənɬ. *He spilled his clams we were eating for our dinner.* (AS)} VAR: kʷə́yət (AS)

kʷiʔə́təŋ ⟦√kʷyə́-t-ŋ √spill-trns-psv⟧ ☞ **kʷiʔə́t** to be spilled, poured out, tipped over, capsized by someone or something. (EPT; ES; TC) {**kʷiʔə́təŋ** cn. *They tipped me over. / They spilled me.* (TC) | x̌ʷə́štəŋ cə qʷúʔ ʔiʔ **kʷiʔə́təŋ**. *The water was stirred around and spilled.* (AS) | nił č suʔ**kʷiʔə́təŋ**s ʔaʔ kʷi qáyaʔŋi. *Then they were tipped over by the young women.* (AS) | sə́ýsi cn ʔawnəxčŋín tə ʔaʔ či nsk**ʷiʔə́təŋ** caʔ ʔiʔ ŋaŋútəŋ kʷaʔ ʔuʔstáŋəs. *I was afraid because I thought I was going to be capsized and eaten up or something.* (TC)} VAR: kʷə́yətəŋ {**kʷə́ýətəŋ** cə tíy. *The tea was poured.* (AS)} VAR: kʷə́ýtəŋ (ES) {**kʷə́ýtəŋ** cə qʷúʔ. *The water was spilled.* (AS) | **kʷə́ýtəŋ** cə snə́xʷɬ. *The canoe was capsized.* (AS) | **kʷə́ýtəŋ** yaʔ kʷə qʷúʔ ʔiʔáɬ ʔaʔ tə snə́xʷɬ. *The water in the canoe was poured.* (AS)}

kʷiʔnáʔəxʷ ⟦√kʷy-na<ʔ>xʷ √spill-nctrns<actl>⟧ ☞ **kʷiʔnáxʷ** to be spilling something (accidentally). {hiʔ**kʷiʔnáʔəxʷ** cxʷ. *You're spilling it.* (MJT)}

kʷiʔnáxʷ ⟦√kʷy-naxʷ √spill-nctrns⟧ ☞ kʷə́y to spill something (accidentally), manage to pour something. {**kʷiʔnáxʷ** cn. *I spilled it.* (MJT) | čaʔuʔ**kʷiʔnáxʷ** cn. *I finally managed to pour it.* (MJT) | ʔáwə či c **kʷiʔnáxʷ**. *Don't spill it.* (MJT) | **kʷiʔnáxʷ** cn tə qʷúʔ ʔiʔ ʔúxʷ ʔaʔ tsə nəwáč. *I spilled some water, and it went on my watch.* (MJT)}

kʷiʔnúŋət ⟦√kʷiy-nuŋt √come_into_view-ncmdl⟧ [/w/ → /kʷ/] ☞ kʷíý to dream. (LC) ⟪Usage: This formerly referred only to mental images that appear involuntarily while sleeping. Recently, in usage borrowed from English 'dream', it has also come to refer to one's plans and hopes.⟫ {**kʷiʔnúŋət** cn. *I dreamed.* (AS,BC) | nił kʷi nəs**kʷiʔnúŋət**. *That's my dream.* (AS,BC) | nəsuʔítt ʔiʔ **kʷiʔnúŋət**. *Then I slept and dreamed.* (MJ)} VAR: kʷinúŋət (AS; AS,BC) {**kʷinúŋət** cn ʔaʔ kʷi ʔəsnát. *I dreamed last night.* (AS)}

kʷiʔńáʔŋət ⟦√kʷ<iʔ>n<ˀ>a<ʔ>ŋ-t √help<pl><actl>-trns⟧ ☞ kʷəńáʔŋət to be helping several or several people helping. {kʷɬ**kʷiʔńáʔŋət** st. *We're helping them.* (LC)}

kʷiʔúst ⟦√kʷy-u<ʔ>s-t √spill-rcpnt<actl>-trns⟧ ☞ **kʷiʔúst** to be spilling, pouring (something) on something or someone. {k̓ʷəníc cn ʔaʔ kʷi ns**kʷiʔúst**. *I see you dumping water on it.* (MJT)}

kʷiʔúst ⟦√kʷy-us-t √spill-rcpnt-trns⟧ ⟦√kʷy=us-t √spill=face-trns⟧ [AS and BC interpret this as containing the 'face' suffix.] ☞ kʷə́y to spill, pour (something) on something or someone. (ES; AS,BC) {**kʷiʔúst** cə nsúnuc. *Dump water on your fire.* (MJT) | nił ʔiʔčáʔi č **kʷiʔúst**s ʔaʔ cə šúkʷaʔ. *First she poured sugar on it.* (TC) | suʔqʷáys cə ná?cuʔ sɬáni, "**kʷiʔúst** ʔaʔ či naʔátəŋ 'iodine'." *One woman said, "Pour on it what they call 'iodine'."* (TC) | **kʷiʔúst** cn. *I spilled it on his face.* (AS,BC)}

kʷiʔústəŋ ⟦√kʷy-us-t-ŋ √spill-rcpnt-trns-psv⟧ ☞ **kʷiʔúst** [AS and BC interpret this as containing the 'face' suffix.] ⟦√kʷy=us-t-ŋ √spill=face-trns

kʷiʔx̣císəŋ -psv〛 to be spilled on. {**kʷiʔústəŋ** cn. *Someone spilled on me.* (ES)}

kʷiʔx̣císəŋ 〚√kʷəy̓əx̣=acis-ŋ<ʔ> √move<actl>=hand-mdl<actl>〛 ☞ kʷəy̓əx̣ to be moving one's hands. (ES) VAR: kʷəy̓x̣císəŋ (BC)

kʷiʔx̣sə́nəŋ 〚√kʷəy̓əx̣=sən-ŋ<ʔ> √move<actl>=foot-mdl<actl>〛 ☞ kʷəy̓əx̣ to be moving one's feet. (ES) {**kʷiʔx̣sə́nəŋ** tə sx̣íx̣aʔx̣q̓ɬ. *The child is moving her feet.* (AS)}

kʷičásli 〚√kʷičásli √place_name〛 [probably a loan from Chemakum] Sherman's Spit. ⟪otherwise identified only as an airplane base in 1942⟫ (LB,EWH)

kʷiči 〚kʷiči s_a_p_〛 speech act enclitic of unknown function. {ʔuʔ ʔáwə st **kʷiči** c yəcústən ʔaʔ či siʔáms tə ʔəsqʷáɬiʔ ʔaʔ čičx̣ʷítəŋs ʔaʔ či ʔə́yaʔyəŋɬ. *We weren't told by the logging bosses that our houses would be demolished.* (ES) | suʔqʷáys, "ó, ʔuʔ x̣ʷənáŋ **kʷiči** ʔuʔ ṅx̣čŋín txʷʔənʔá ʔaʔ ʔə́cə." *So he said, "Oh, I know how you feel toward me."* (AA)}

kʷiə 〚kʷiə this_inv〛 [proximate, invisible demonstrative determiner] this (not visible, near). (AS,BC) {stáŋ ʔuč **kʷiə**? *What is he/it?* (AS) | yuhúmət **kʷiə** nséʔyaʔ. *Respect your grandparents.* (TC,AS,BC)} VAR: kʷiʔə {mán ʔuʔ siʔám **kʷiʔə** cə́tɬ. *Our father is very important.* (AA) | číf **kʷiʔə** nəcə́t. *My father is the chief.* (AA)}

kʷikʷəsíqəŋ 〚kʷy+√kʷsiq-ŋ pl+√itch-mdl〛 ☞ kʷsíqəŋ to itch (of several spots on the skin). (MJT)

kʷikʷə́x̣t 〚kʷy+√kʷx̣-t pl+√eject-trns〛 ☞ kʷx̣ə́t to drive away, chase away a group. {**kʷikʷə́x̣t** cn. *I chased them away.* (AS)}

kʷikʷə́x̣təŋ 〚kʷy+√kʷx̣-t-ŋ pl+√eject-trns-psv〛 ☞ kʷx̣ə́təŋ to be driven away, chased away by someone. {**kʷikʷə́x̣təŋ** cn. *They chased me away.* (BC) | **kʷikʷə́x̣təŋ** cə Bea ʔaʔ Ed. *Ed chased Bea away.* (TC) | x̣ʷənʔáŋ ʔaʔ ti sqáxaʔ; x̣ʷiʔúʔəs ʔučəwín ʔəɬ ʔuʔ**kʷikʷə́x̣təŋ**s ʔiʔ ʔuʔhəwíyŋ. *He's like a dog; it doesn't even matter if he's sent away, he comes back.* (TC) | **kʷikʷə́x̣təŋ** tə sqáxaʔ ʔiʔ x̣áy suʔʔiʔčiʔsáy̓qəŋ ʔiʔɬkʷáw̓əs. *A dog gets sent away, and it comes following behind again.* (TC)}

kʷikʷiyáy 〚√kʷykʷyay √expert〛 [This may be a historical reduplication, but it is irreducible for contemporary speakers.]
1. to have a reputation of being good, great, genius, expert, professional at doing something, have a skill. (AS,BC; ES) {**kʷikʷiyáy** ʔəɬ qʷáqʷis nəxʷsx̣ay̓əmúcən. *He speaks Klallam well.* (AS,BC) | **kʷikʷiyáy** cn. *I'm a professional.* (ES) | **kʷikʷiyáy** cn ɬ čáʔčəŋən. *I'm an expert at sewing.* (AS) | **kʷikʷiyáy** cə ʔəcɬtáyŋxʷ. *That person is an expert.* (ES) | **kʷikʷiyáy** ʔəɬ qx̣əyuʔəs. *She was good at digging clams.* (MJT) | x̣ənʔátəŋ ʔaʔ či sʔunús ʔuʔ **kʷikʷiyáy**. *They say he's clever.* (AS) | ʔuʔmán ʔuʔ sáʔsiʔsi? ʔaʔ cə ʔuʔmán ʔuʔ **kʷikʷiyáy** sxʷniyám. *They were very afraid of those very expert Indian doctors.* (ES) | kʷi sčiʔúʔisɬ yaʔ ʔiʔ **kʷikʷiyáy** yaʔ sxʷniyáʔəm ʔiʔ ti skʷənúcəns. *Our ancestors, they were expert Indian doctors with their power songs.* (ES)}
2. to be strong, sharp (of the wind). {čəw̓kʷi**kʷiyáy** cə scúŋ. *The wind is so strong.* (MJT)}

kʷikʷiyáyct 〚√kʷykʷyay-cut √expert-rflxv〛 ☞ kʷikʷiyáy to become an expert, get good (at something), build a reputation as an expert. (ES)

kʷikʷiyáyt 〚√kʷykʷyay-t √expert-trns〛 ☞ kʷikʷiyáy to think, consider someone an expert. {**kʷikʷiyáyt** u cxʷ? *Do you consider him an expert?* (AS,BC)}

kʷikʷiyáytəŋ 〚√kʷykʷyay-t-ŋ √expert-trns-psv〛 ☞ kʷikʷiyáyt to be reputed to be, thought to be, said to be an expert. {**kʷikʷiyáytəŋ** cn. *He's saying I'm an expert. / He thinks I'm and expert.* (ES; AS,BC) | **kʷikʷiyáytəŋ** u cxʷ? *I someone saying that you're an expert?* (ES)}

kʷináyɬ Quinault. *See under:* kʷənáyɬ

kʷinə́kʷi 〚√win-nəwəy √fight-ncrcprcl〛 ☞ kʷínti to wrestle. (AS,BC) {**kʷinə́kʷi** st. *We're wrestling.* (AS)}

kʷínti 〚√win-ty √fight-rcprcl〛 [/w/ → /kʷ/] to physically fight, battle, esp. wrestle, grapple. ⟪fighting involving grabbing each other⟫ (LC; TC; AS,BC) {kʷṅíɬ caʔ suʔ**kʷínti**ɬ! *Now we will fight!* (AS) | níɬ suʔ**kʷínti**s. *Then they fought.* (ES) | nəx̣čŋín tə či scíɬəŋs caʔ ʔiʔ **kʷínti**. *I thought he was going to stand up and fight.* (ES)} VAR: kʷínəti (TC)

kʷinu 〚kʷinu rem_obv〛 [remote, obviative determiner/demonstrative] the, a, that other over there. {ʔiʔ ʔáwə yaʔ c kʷənəŋ **kʷinu** xʷanítəm. *And that white man was never seen again.* (ES)} {ʔənʔá·· ʔiʔ ʔúxʷnəsəŋ **kʷinu** yəwíntən yaʔ. *It came and went at the late Pysht Jack.* (ES) | txʷhúy ixʷ yaʔ sácəŋ̓s **kʷinu**. *That thing's breath finished.* (ES) | suʔqʷáys **kʷinu** ʔəcɬtáyŋxʷ, "húy či ʔəc páʔəct." *So that other person said, "Let me try."* (ES) | ʔuʔaʔsúɬ **kʷinu** qaʔqiyám yaʔ. *The one that was formerly weak was at the door.* (ES) | ʔiʔ ʔənʔá həwíyŋ ʔiʔ nə́ʔts ʔiʔ **kʷinu** čx̣čŋín kʷɬčə́q ʔiʔ cə ʔánəɬs. *So they returned, and they were left remaining with the wise old man and those that obeyed him.* (ES) | ŋaʔkʷ̓aʔéʔt cxʷ **kʷinu** cə́ts kʷsə ṅŋə́naʔ ʔaʔ či sxʷənʔáŋ̓əɬ, xʷənʔáŋ̓əxʷ. *You are caring for your child's father like we are, you are the same.* (RSh)}

kʷinúʔŋət dreaming. *See under:* kʷəwiʔnúʔŋət

kʷinúŋət dream. *See under:* kʷiʔnúŋət

kʷiŋístəŋ 〚√kʷəy-ŋ-istxʷ-ŋ √fly-mdl-caus-mdl〛 ☞ kʷiŋístxʷ to be flown, taken or carried by air by someone or something. {níɬ kʷi maʔmixʷə́y̓ kʷi **kʷiŋístəŋ** ʔaʔ kʷi sŋə́qʷuʔ. *It was Richard Charles that was brought by the crane.* (AS)}

kʷiŋístxʷ 〚√kʷəy-ŋ-istxʷ √fly-mdl-caus〛 ☞ kʷə́yəŋ Stem: kʷiŋíst to fly something, take or carry

kʷísməs something or someone by air. {kʷiŋísts ti ŋaʔŋáʔnaʔs. *It (the crane) flies the baby.* (AS)}

kʷísməs Christmas. *See under:* kə́sməs

kʷíškʷš blue jay. *See under:* kʷə́škʷš

kʷítšən ⟦√kʷitšn √spring_salmon⟧ spring salmon, Chinook salmon, king salmon, tyee salmon. *Oncorhynchus tshawytscha.* (MV; EPT; MJT; TC; AS,BC; ES) ∗This species has the best heads for eating. (AS) ⟪See comment under the word for 'upstream' on the origin of the word 'tyee'.⟫ *cp.* táyi {suʔtsnə́ss cə ŋə́ṅ **kʷítšən**. *He got to where There are lots of salmon.* (TC) | ɬik̓ʷúst cn cə **kʷítšən**. *I hooked the spring salmon.* (AS) | ɬíc̓ts cə **kʷítšən** kʷaʔ ʔuʔstáŋəs čtə. *He sliced the king salmon or whatever it was.* (TC) | níɬ sxʷʔiyás ʔiʔɬaʔk̓ʷə́yuʔs ʔaʔ ti **kʷítšən**. *That's where he was fishing for spring salmon.* (ES) | ɬaʔk̓ʷə́yuʔ ʔiʔ ʔuʔmaʔsíts ti ʔə́ẏ **kʷítšən**. *He was gaffing and choosing the best spring salmon.* (ES) | ʔiʔ k̓ʷə́nəŋ tə ŋə́·ṅ **kʷítšən** ʔiyá ʔaʔ cə x̌áčəŋ sctə́ŋxʷən. *And many spring salmon were seen there on the dry land.* (MJ) | ʔúy̓ č mək̓ʷúyəsəŋ tə ɬə́m̓əqʷ ʔiʔ níɬ ti stácis ti **kʷítšən**. *When the gooseberries are formed, that's when the spring salmon come.* (MJT) | níɬ ti suʔhúys ti smə́ʔsts yaʔ ʔiyá ʔaʔ ti ʔəsxʷƛ̓áčəŋ sxʷʔiyá ti sŋə́ṅ **kʷítšən** ʔiʔ ti q̓ə́čqs. *Then he finished his choosing there in the hole where there were lots of springs and cohos.* (ES)}

kʷiw̓níɬ ⟦kʷiw̓níɬ rem_obv_def⟧ that one, remote, obviative, definite. {qəwə́čən yəxʷ yaʔ **kʷiw̓níɬ**. *He must have been Cowichan.* (TC) | ʔáxəŋ yəxʷ **kʷiw̓níɬ** sk̓ʷtúʔ. *I guess that Raven said.* (TC)}

kʷiyaʔnə́ʔəŋt ⟦√kʷ<iy>a<ʔ>ni<ʔ>ŋut √run<pl><actl>⟧ ☞ kʷaʔnə́ʔəŋt to be running (of a group). {ʔuʔtwawʔiʔ**kʷiyaʔnə́ʔəŋt** cə stitiqə́w̓s. *His horses were still running.* (ES)}

kʷiyašú ⟦√kʷ<iy>ašú √pig<pl>⟧ ☞ kʷašú a group of pigs. (ES) VAR: kʷaʔyəšú (MJT)

kʷiyəkʷáčəŋ ⟦kʷ<iy>ə + √kʷač-ŋ incep<pl> + √yell-mdl⟧ ☞ kʷəkʷáčəŋ to start to holler (of a group). (MJ)

kʷiyəŋkʷánəŋət run (pl). *See under:* kʷəŋkʷánəŋət

kʷiyə́t spill it. *See under:* kʷiʔə́t

kʷiyṅúčəṅ ⟦√kʷ<iy>əṅ=ucin √enrapture<pl>=mouth⟧ ☞ kʷəṅúcən several spirit songs. (EPT)

kʷíy̓ ⟦√wiy̓ √come_into_view⟧ to show up, come into view, appear, be showing. (TC) {**kʷíy̓** cn. *I showed up.* (TC) | kʷɬ**kʷíy̓** kʷaʔ. *It showed up.* (TC) | kʷɬ**kʷíy̓** cn. *I showed up.* (TC) | čaʔ**kʷíy̓**. *He just now showed up.* (TC)} VAR: kʷə́y̓ (TC,AS,BC; AS) {**kʷə́y̓** cn. *I'm showing up.* (AS) | čaʔ**kʷə́y̓** cxʷ kʷi. *You just came into view.* (TC,AS,BC)}

kʷkʷáʔ ⟦kʷ + √kʷaʔ incep + √release⟧ ☞ kʷáʔət to be later, after a little while, pretty soon; to slow down, take it easy. (ES; TC; AS,BC) {**kʷkʷáʔ** caʔ. *It'll be later.* (TC) | **kʷkʷáʔ** cn. *I'll be later. / I will later. (If someone asked you when you will do something.)* (AS) | **kʷkʷáʔ** caʔ či nəshiyáʔ. *I'll go later.* (TC; BC) | **kʷkʷáʔ** yaʔ či nəshiyáʔ. *I was going to go later.* (TC) | **kʷkʷáʔ** caʔ ʔiʔ čaʔhiyáʔ cn. *I'll go later.* (TC) | **kʷkʷáʔ** cn kʷaʔ hiyáʔən. *I'll be a little while if I go.* (TC) | **kʷkʷáʔ** caʔ či nshiyáʔ. *I'll go later.* (BC) | **kʷkʷáʔ** caʔ či nsʔíɬən. *I'll eat later.* (AS) | q̓iyúʔəŋ ʔiʔ ṅút caʔn ʔaʔ či ʔuʔ**kʷkʷáʔ**. *Put it away, and I'll eat it after a while.* (MJT)} VAR: kʷəkʷáʔ (MJT) VAR: kʷəkʷá {q̓iyúʔəŋ ʔiʔ ṅút caʔn ʔaʔ či ʔuʔtxʷ**kʷəkʷá**. *Put it away, and I'll eat it after a while.* (MJT)} VAR: kʷáʔkʷaʔ {nəsqaʔyúʔəŋ kʷi; ṅút caʔ st ʔaʔ či uʔtxʷ**kʷáʔkʷaʔ**. *I'm putting it away; we'll eat it later.* (MJT)}

kʷkʷáʔiʔ ⟦kʷ + √kʷa<ʔ>y-iy<ʔ> incep + √hide<actl>-dev<actl>⟧ ☞ kʷáyi to be hiding (something). (MJ; AS,BC) {**kʷkʷáʔiʔ** kʷsə swə́y̓qaʔs. *Her husband is hiding.* (AS,BC) | ʔəstúṅət cxʷ ʔay̓ ʔənsxʷnuʔ**kʷkʷáʔiʔ**? *Why are you kind of hiding?* (MJ)} VAR: kʷáʔiʔ {**kʷáʔiʔ** kʷsə swə́y̓qaʔs. *Her husband is hiding.* (AS,BC)}

kʷkʷáʔtxʷ ⟦kʷ + √kʷaʔ-txʷ incep + √release-letcaus⟧ ☞ kʷáʔət
1. to let something go, let it alone. (ES; AS,BC) {**kʷkʷáʔtxʷ** cn. *I let it go.* (AS,BC)}
2. to wait a while until later, let it be later. (ES; AS) {**kʷkʷáʔtxʷ** kʷi kʷə nəscáy. *I'll let my job alone for a little bit.* (AS)}

kʷkʷáʔyiʔ ⟦kʷ + √kʷa<ʔ>yiy<ʔ> incep + √day<actl>⟧ ☞ kʷaʔčíy daybreak, daylight. {kʷɬiʔ**kʷkʷáʔyiʔ**. *It's daybreak.* (MJT)} VAR: kʷkʷáyuʔ {hiʔ**kʷkʷayúʔ**. *Day is breaking.* (MJT)}

kʷkʷə́ct ⟦√kʷəw-cut √warm-rflxv⟧ ☞ kʷkʷə́t to get oneself warm. (AS) {**kʷkʷə́ct** cə síyaʔ. *My grandfather got warm.* (AS,BC) | ʔiʔ hiyáʔ st ʔúxʷ ʔaʔ kʷəsə nsʔúq̓ʷaʔ ʔiʔ **kʷkʷə́ct** cxʷ. *And we'll go over to my brother's, and you'll get warm.* (ES) | čə́yəxʷ ʔiʔ sxʷʔiyás či ns**kʷkʷə́ct**. *Come in and be where you can get warm.* (ES) | čə́yəxʷ caʔn ʔiʔ **kʷkʷə́ct**. *I'm going in and warm up.* (AS)} VAR: kʷúkʷuct {suʔ**kʷúkʷuct**s xʷəṅáŋ ʔaʔ t ɬáʔ. *So he warmed himself like this.* (TC) | **kʷúkʷuct** ƛ̓áy ʔaʔ cə čəq scə́q̓ʷəwc. *He warmed himself again on the big fire.* (TC) | **kʷúkʷuct** cə ʔaʔyəcɬtáyŋxʷ. *The people got warm.* (AS,BC)} VAR: kʷúkʷuʔct (MJT)

kʷkʷə́t ⟦√kʷəw-t √warm-trns⟧ ☞ kʷə́wəŋ to warm someone or something. {**kʷkʷə́t** cə nsʔíɬən. *Warm up your food.* (AS)}

kʷɬaʔ ⟦kʷɬaʔ inform_fem⟧ informative. (ES) {suʔhiyáʔs **kʷɬaʔ** sɬə́ṅ. *So she went down.* (AA) | níɬ **kʷɬaʔ** suʔhiyáʔtəŋs. *So she was taken.* (TC) | ʔuʔaʔáʔyəŋ **kʷɬaʔ**. *She's at home.* (NS,JW) | hiyáʔ **kʷɬaʔ** ƛ̓aʔtáwn kʷi nətán. *My mother went to town.* (TC) | čáxʷəŋ **kʷɬaʔ** kʷɬi ṅáqaʔ. *The snow has melted.* (EPT) | hiyáʔ **kʷɬaʔ** čə́yəxʷ. *She went in the house.* (MJT) | hiyáʔ **kʷɬə** šaʔ kʷɬə cínc̓a. *cínc̓a left on her usual route.* (AS) | háʔəw̓ **kʷɬaʔ** kʷɬəsə nʔíŋəc. *My granddaughter is away.* (EPT) | ƛ̓aʔsxʷčkʷíyŋ **kʷɬaʔ** kʷɬəsə nəʔíŋəc. *My granddaughter went to Sequim.* (EPT) | xʷə́y̓xʷiʔ č

kʷɬáʔ. *She's apparently leaving her husband.* (EPT) | níɬ č **kʷɬaʔ** suʔčéʔiŋ ʔaʔ x̣íməs ʔúx̣ʷ ʔaʔ tə ʔuʔútxs. *Then Laughing Mary climbed up on a canoe.* (MJ) | sqán̓ yəxʷ **kʷɬaʔ** kʷɬi nəsčaʔčaʔkʷaʔyúɬ yaʔ. *Must be my canoe has been stolen.* (MJT) | níɬ suʔhúys t sčaʔčéʔəŋəɬs ʔiʔ hiyáʔ **kʷɬaʔ** túkʷ. *After she finished sewing, she went home.* (MJT)}

kʷɬáʔ [kʷɬ-√ʔɬaʔ alrdy-√here] ☞ ʔáɬaʔ to be here already. (LC) {**kʷɬáʔ** kʷi kʷə sxʷxaʔx̣iyəwéʔč. *That's why he's here a Chipmunk.* (MJ)}

kʷɬaʔ inv.fem. See under: kʷɬə

kʷɬaʔčaʔ [kʷɬaʔča? therefore_fem] [This form tends to be used when the third-person intransitive subject or the direct object is feminine.] ☞ kʷaʔčaʔ therefore. {suʔqʷáys **kʷɬaʔčaʔ**. *So she spoke up.* (TC) | suʔqʷáys **kʷɬaʔčaʔ** kʷi cə q̓áʔŋi... *So the girl said...* (AA) | kʷɬšaʔšƛ̓úsəŋ **kʷɬaʔčaʔ**. *She's bragging now.* (MJT) | sxʷčəm̓əsɬ **kʷɬaʔčaʔ** wəcqínicaʔ ʔiʔʔúɬkʷ. *Then we met Mary Ann Adams going home.* (MJ)}

kʷɬáč [√kʷɬač √on_edge] to be on the edge of the main part of something, especially on the back side toward the wall. (AS) {**kʷɬáč** cə nŋə́naʔ ʔəɬ ʔítɬɬ. *My child sleeps in the back.* (AS)} VAR: kʷsáč (AS)

kʷɬáčəŋ [√kʷɬač-ŋ √on_edge-mdl] ☞ kʷɬáč to sleep at the foot or edge of the bed. {húy̓ či **kʷɬáčəŋ**. *Sleep at the foot of the bed.* (AS)}

kʷɬáčt [√kʷɬač-t √on_edge-trns] ☞ kʷɬáč to put something toward the edge of the main part of something, especially toward the back, wall side. {**kʷɬáčt** cn cə nŋə́naʔ. *I put my child on the back edge.* (AS)}

kʷɬáčtəŋ [√kʷɬač-t-ŋ √on_edge-trns-psv] ☞ kʷɬáčt to be made to sleep at the edge or foot of the bed. (AS) {húy̓ č ti suʔ**kʷɬáčtəŋ**s kʷi nəsíyaʔ ʔəɬ ʔítts. *They had my grandmother sleep only at the edge of the bed when she slept.* (MJ)}

kʷɬanu [kʷɬanu invis_fem_obv] [invisible, feminine, obviative determiner/demonstrative] the, a, that other (not visible feminine). {cə́xʷ **kʷɬanu**. *She disappeared.* (EB)}

kʷɬčaʔčə́q [kʷɬ-čaʔ + √čəq alrdy-dim + √big] ☞ kʷɬčə́q small old person. (ES)

kʷɬčayéʔq [kʷɬ-√č<əy̓iʔ>q alrdy-√big<?>] [analysis uncertain - This does not seem to be a plural.] ☞ kʷɬčə́q to be ancient, a very old person. (RS; AS,BC; TC) {ʔuʔ x̣ə́nə st kʷi ʔuʔ **kʷɬčayéʔq**. *We're all old, old people.* (TC) | nuʔ**kʷɬčayéʔq** cn. *I look old.* (TC) | cáw cə **kʷɬčayéʔq**. *An old person was on the beach.* (AA) | ʔuʔmán ʔuʔ **kʷɬčayéʔq** kʷə swə́y̓qaʔs. *Her husband is very old.* (AS)} VAR: kʷɬčaʔyéʔq (EPT)

kʷɬčə́q [kʷɬ-√čəq alrdy-√big] ☞ čə́q old (person), elder; old (object). ⟪usually used of people⟫ (EPT; MJT,TC; ES; AS,BC; WB,AS,BC) cp. ʔəscáx̣ɬ old, used object. cp. ʔəsʔáyəxʷ elder. [This is kʷɬ- 'already' with root čə́q 'big' but native speakers do not analyze it this way. In fact, kʷɬkʷɬčə́q is possible, meaning 'already old'. For purposes of reduplication (kʷɬčaʔčə́q, for example) the root is as shown.] {**kʷɬčə́q** cn. *I'm old.* (MJT) | ʔiʔ kʷə́ns cə **kʷɬčə́q**. *And he saw an old person.* (ES) | **kʷɬčə́q** sɬáni. *It was an old lady.* (ES) | čəwín̓ cn ʔuʔ **kʷɬčə́q**. *Even I am old.* (TC) | táči cə **kʷɬčə́q**. *The old man got here.* (ES) | ɬaʔkʷə́yuʔ yaʔ kʷi náʔcuʔ **kʷɬčə́q**. *One old man was fishing with a gaff.* (ES) | kʷɬmán ʔuʔ **kʷɬčə́q** kʷəsə ncə́t. *He's quite an old man, my father.* (EPT) | ʔuʔ čáʔi cn kʷi ʔiyá ʔaʔ cə **kʷɬčə́q** ʔáʔiŋ. *I was working there at the old house.* (ES) | **kʷɬčə́q** kʷsə ʔiʔáʔiɬ ʔaʔ kʷə nəwagon. *There's an old woman aboard my wagon.* (ES) | náʔcuʔ kʷ́ənəxʷ cə **kʷɬčə́q** ʔáwənə sʔácss. *That's one person that saw the old lady with no face.* (ES) | ʔənʔá ʔúʔti txʷʔúʔuxʷ ʔaʔ cəwniɬ **kʷɬčə́q** ɬaʔkʷə́yuʔ ʔaʔ cə ʔəsnát. *It came stretching toward that old man gaffing in the night.* (ES) | x̣čŋíns q kʷə **kʷɬčə́q** yaʔ, Pysht Jack, ʔaʔ či sƛ̓k̓ʷnáx̣ʷs kʷaʔ čə́y̓əss. *The old man, Pysht Jack, thought he'd grab it when he turned around.* (ES) | ʔáwə c ʔánəɬ ʔaʔ kʷi ssaʔátəŋs ʔaʔ cə **kʷɬčə́q** kʷaʔ yéʔkʷsəŋs. *They did not obey when they were told by the old man to get ready.* (ES)} VAR: kʷɬčíq {níɬ suʔkʷə́nəŋs ʔaʔ cə **kʷɬčíq**. *Then he was seen by an old person.* (MJ)}

kʷɬčəyáy [kʷɬ-√čyay alrdy-√almost] [i-class intensifier] ☞ čəyáy soon. {**kʷɬčəyáy** cn ʔiʔ ʔíɬən. *I'm going to eat pretty soon.* (TC; AS,BC) | **kʷɬčəyáy** cn ʔiʔ hiyáʔ. *I'll go soon.* (TC) | **kʷɬčəyáy** či nstáči. *I'll get there soon.* (AS) | **kʷɬčəyáy** caʔn ʔiʔ hiyáʔ. *I'm going to go pretty soon.* (TC) | **kʷɬčəyáy** či tə́ss ʔaʔ tə sʔíyəqsən ʔiʔ čaʔčʔiyán̓. *Soon they got to the point, and they finally heard.* (MJ)}

kʷɬčə́y̓q [kʷɬ-√č<əy̓>q alrdy-√big<pl>] ☞ kʷɬčə́q a group of old people, elders. (ES; TC) {tčínsəŋ ʔaʔ ti **kʷɬčə́y̓q**. *The elders got there to them.* (AS) | səwə́t cə **kʷɬčə́y̓q** ʔiʔ cə sƛ̓əyéʔƛ̓qɬ. *Take the elders and children into the woods.* (AS) | níɬ č yaʔ syáyaʔts kʷi **kʷɬčə́y̓q** ti x̣əwəs scəyíqʷɬ ti sčə́nts ʔiyá ʔaʔ ti číqi. *That's what the old people were doing with their green fruit they buried in the wet ground.* (MJ) | níɬ č suʔx̣ə́nəŋs cə **kʷɬčə́y̓q**, "ʔó, ʔó, ʔəɬʔúɬ. ʔə́y̓ kʷə ti nsqʷáy." *Then the elders said, "Oh, oh, ʔəɬʔúɬ. What you say is good."* (AS)}

kʷɬčqíyəŋ [kʷɬ-√čq-iy-ŋ alrdy-√big-dev-mdl] ☞ kʷɬčə́q to get old. (TC) {**kʷɬčqíyəŋ** cn. *I got old.* (MJT; TC) | nəsxʷ**kʷɬčqíyəŋ** ʔáɬaʔ. *I'm growing old here.* (RSh) | níɬ nsxʷʔiyá ʔi uʔ**kʷɬčqəyəŋ** cn. *That's where I was until I got old.* (ES; TC)} VAR: kʷɬčqéyŋ (AS,BC)

kʷɬčqiyəŋístxʷ [kʷɬ-√čq-iy-ŋi-stxʷ alrdy-√big-dev-rel-caus] ☞ kʷɬčqíyəŋ to make someone or something get old. {**kʷɬčqíyəŋistxʷ** cn. *I'm made him get old.* (TC)}

kʷɬčqíyəŋtxʷ [kʷɬ-√čq-iy-ŋ-txʷ alrdy-√big-dev-mdl-letcaus] ☞ kʷɬčqíyəŋ to let someone or something get old. (TC) {kʷɫčqíyəŋtxʷ cn. *I'm letting it get old.* (TC)}

kʷɫə ⟦kʷɫə fem_inv⟧ [invisible feminine specific demonstrative/determiner] she, her, that one. {kʷə́nəxʷ cn **kʷɫə** sɫániʔ. *I saw the woman.* (TC) | tčinúŋət **kʷɫə**. *She managed to get here.* (ES) | ʔuʔc̓əw̓ **kʷɫə**. *She disappeared.* (ES) | ʔiʔ ʔáwənə **kʷɫə**. *And she wasn't there.* (ES) | ɫɫə́təŋ **kʷɫə** qaqtəmús. *He bounced the ball.* (AS) | hiyáʔ kʷɫə šaʔ **kʷɫə** cínc̓aʔ. *cínc̓aʔ left on her usual route.* (AS) | ʔiʔ ʔáwə sx̌éʔs či sáysiʔs **kʷɫə** q̓áʔŋi. *And the girl didn't want to be scared.* (ES) | níɫ yaʔ kʷi **kʷɫə** ṅtán yəcúsc. *That was my mother that told me.* (MJT) | suʔŋəxáctɫ yaʔ ʔiʔ ʔáwənə **kʷɫə**. *So we hurried, but there was no one.* (ES) | pxʷútəŋ ʔaʔ cə sxʷəná̓ʔəm ʔiʔ c̓əẃ **kʷɫə**. *The Indian doctor blew on it, and it disappeared.* (MJ) | mán̓ kʷə ʔuʔ ʔə́y̓ nəx̌čŋín ʔaʔ tə nəsʔiyánəx **kʷɫə** qʷáqʷi ʔəcɫtáyŋxʷ yaʔcustúŋəɫ ʔaʔ či sʔəshúʔiʔs ti ʔəcɫtáyŋxʷ ʔiyá ʔaʔ kʷi sxʷʔiyáɫ. *I'm very happy to hear her speaking telling us how the people were where we are.* (BH)} VAR: **kʷɫaʔ** {čaʔhiyáʔ **kʷɫaʔ**. *She just left.* (TC) | xʷənáŋ ʔuʔ **kʷɫaʔ**. *She's like that.* (TC) | kʷɫníɫ yaʔ kʷi suʔyaʔcícəms **kʷɫaʔ** q̓áʔŋi. *The girl soon told the news.* (AS)} VAR: kʷɫ {txʷsáʔxʷəŋ **kʷɫ**. *She was reluctant.* (AA)} VAR: kʷəɫə (AC) VAR: kʷssə {mán̓ ʔuʔ sətsítt x̌áy **kʷssə** nəʔíŋəc. *My granddaughter is a real sleepyhead, too.* (EPT) | ʔə́ʔtt **kʷssə** nəŋə́naʔ. *My daughter is sleeping.* (EPT)}

kʷɫəṅníɫ ⟦kʷɫəṅ-√níɫ now-√3focus⟧ ☞ níɫ to be just like him or her. (TC)

kʷɫəsə ⟦kʷɫəsə inv_fem_far⟧ [invisible, feminine, far demonstrative determiner] the, a, that far not visible feminine. {x̌iʔáʔt cn **kʷɫəsə** nəŋə́naʔ. *I'm looking for my daughter.* (ES) | x̌iʔəsít cn **kʷɫəsə** nətán. *I wrote to my mother.* (ES) | ʔáw̓ qi kʷaʔ x̌iʔə́yuʔs **kʷɫəsə** ntán. *My mother never writes to me.* (ES) | háʔəw kʷɫaʔ **kʷɫəsə** nʔíŋəc. *My granddaughter is away.* (EPT) | x̌aʔsxʷčkʷíyŋ kʷɫaʔ **kʷɫəsə** nəʔíŋəc. *My granddaughter went to Sequim.* (EPT) | ɫxʷáʔitxʷ **kʷɫəsə** nsʔúŋəsc. *I gave you three dollars.* (EPT) | sqán̓s **kʷɫəsə** nəʔuʔúʔtxs. *He stole my canoe.* (MJT) | ʔúxʷ či x̌iʔáʔt **kʷɫəsə** nəsq̓ú̓ʔšən. *Go look for my wife.* (MJT) | ʔúxʷ ʔaʔ **kʷɫəsə** ṅsíyaʔ. *Go to your grandmother.* (MJ) | kʷɫʔáʔyət cn **kʷɫəsə** nətálə. *I already put my money away.* (MJT) | ʔə́š, ʔáwə cn c yəcústəŋ ʔaʔ **kʷɫəsə** nsxʷsʔúkʷɫ ʔaʔ či ʔənəq̓íx cə nəqqíyəŋ̓. *Ugh, my stepmother didn't tell me that my eyes were black.* (MJ)} VAR: kʷɫəs (ES; TC) {x̌iʔáʔt cn **kʷɫəs** nəŋə́naʔ. *I'm looking for my daughter.* (ES) | kʷə́nəxʷ cn **kʷɫəs** sɫániʔ. *I saw that woman.* (TC) | x̌čítəŋ cn ʔaʔ **kʷɫəs** kʷaʔtúš. *I was scratched by the cat.* (EPT) | sqán̓ **kʷɫəs** nəsɫániʔ. *Someone stole my wife.* (ES) | nəsʔə́ŋaʔtəŋ ʔaʔ **kʷɫəs** nətán. *My mother gave it to me.* (TC) | ʔaʔáʔiɫ **kʷɫəs** ʔáʔyəŋɫ. *We've got a pretty little house.* (EPT) | kʷə́nəxʷ cn **kʷɫəs** ṅʔáʔiŋ hay̓. *I saw you folks' house.* (EPT) | x̌áy ʔuʔ háhək̓ʷ **kʷɫəs** nətán ʔaʔ kʷ shiyáʔs. *My mother also remembers when he went.* (TC) | ʔuʔháhək̓ʷ **kʷɫəs** nətán ʔaʔ kʷi shiyáʔs. *My mother remembers when she went.* (TC)}

kʷɫəw̓niɫ ⟦kʷɫəw̓niɫ def_fem⟧ [definite, feminine demonstrative determiner] her, she is the one. {ʔístxʷ cxʷ **kʷɫəw̓niɫ**. *What can you do with her?* (BH) | kʷáčəŋ **kʷɫəw̓niɫ**. *She hollered.* (AS)} VAR: kʷɫəw̓niɫ {kʷáčəŋ **kʷɫəw̓niɫ** swə́y̓qaʔs. *That woman's husband hollered.* (AS) | kʷáčəŋ **kʷɫəw̓niɫ** sɫáni. *That woman hollered.* (AS)}

kʷɫhíc ⟦kʷɫ-√hic alrdy-√long_time⟧ ☞ híc
1. to be a long time since, long time ago, a long time after. (BH; TC; ES) {ʔaʔ kʷi **kʷɫhí·c** yaʔ… *A long time ago…* (TC,AS,BC) | kʷə́nnəxʷ cn ʔaʔ kʷi **kʷɫhíc**. *I saw him a long time ago.* (TC) | kʷə́nnəxʷ cn ʔaʔ kʷi ʔáw c **kʷɫhíc**. *I saw him not long ago.* (TC) | ʔuʔkʷ́ənít cn ʔaʔ kʷi **kʷɫhíc**. *I watched it a long time ago.* (TC) | kʷi **kʷɫhíc** ʔiʔ ʔən̓á yaʔ. *A long time ago they came.* (ES) | ʔuʔx̌čít yaʔ cn ʔaʔ kʷi **kʷɫhíc**. *I knew it long ago.* (EB) | nəc̓áxʷ ʔaʔ kʷi **kʷɫhíc**. *It was once, long ago.* (TC) | **kʷɫhíc** kʷi nəsc̓áy ʔaʔ či saplín. *It's been a long time since I made bread.* (TC,AS,BC) | **kʷɫhíc** ʔiʔ čaʔqʷaynúŋət. *After I long time he could finally talk.* (ES) | yə́cəm caʔn ʔaʔ či **kʷɫhíc** syə́cəm. *I'm going to tell you a story of long ago.* (ES) | yəcúst ʔaʔ či sxʷiʔám ʔaʔ kʷi **kʷɫhíc**. *Tell a story from long ago.* (MJ) | nəc̓áxʷ ʔaʔ kʷi **kʷɫhíc** čiʔáw skʷáči *It was once long ago in days gone by.* (ES) | xʷáhəm ʔawk**ʷɫhíc** ʔəɫ ʔáwəs c ʔíɫən. *He was hungry because it was a long time since he had eaten.* (MJ) | **kʷɫhíc** ʔuʔ kʷuʔáxəŋs ʔəɫ ʔuʔšátəŋəs tiəw̓niɫ siʔám̓. *A long time ago you spoke to this traveling gentleman.* (RSh) | **kʷɫhíc** cn ʔəɫ x̌̓iʔáʔtən ti tə́mɫ ʔiʔ ʔáw cn kʷaʔ x̌̓kʷnáxʷən. *I've been looking for ocher for a long time and haven't got hold of any.* (TC) | níɫ yaʔcústəŋ yaʔ ncə́t ʔaʔ kʷi **kʷɫhí·c** kʷaʔ ʔi ʔuʔx̌ə́·n̓ə ʔuʔ kʷɫʔuʔ ʔəsɫáʔŋəkʷ. *I was told by my father a long time ago, but it's all mixed up.* (EB)}
2. to be a long time later. {ʔiʔ **kʷɫhíc** kʷaʔčaʔ ʔiʔ čaʔxčənáxʷ cn či ʔuʔxə́nəs č̓uʔ ʔəsx̌ú̓ʔx̌əm. *And a long time later I finally found out that everything was all right.* (MJ)} VAR: kʷɫíc (AS,BC) {níɫ kʷaʔčaʔ sk**ʷɫíc** ʔəɫ xčítn. *So it has been a long time that I've known her.* (TC) | ʔaʔJamestown yaʔ kʷi ʔaʔ kʷi **kʷɫíc**. *She used to be a Jamestown a long time ago.* (MJT) | **kʷɫíc** ʔəɫ ʔuʔəhán c ṅúnəxʷ ʔiʔ čaʔṅúnəxʷ cn. *It's been a long time that I haven't gotten to eat it yet, and I'm just getting a taste now.* (MJT)} VAR: kʷɫuʔhíc {**kʷɫuʔhíc**. *It's been a long time ago.* (TC) | kʷ́ənnəxʷ cn ʔaʔ kʷi **kʷɫuʔhíc**. *I might have seen it long ago.* (TC)}

kʷɫhúy past. See under: kʷɫúy

kʷɫi ⟦kʷɫi inv_fem_rem⟧ [invisible, feminine, remote demonstrative determiner] the, a (not visible, feminine). (TC) {xʷuʔúts **kʷɫi** ŋ́naʔs yaʔ. *He cried for his late daughter.* (ES) | ʔiyə́m̓ **kʷɫi** nətán. *My mother was strong.* (ES) | ʔəx̌ín ʔuč **kʷɫi** ṅtán? *Where is your mother?* (NS,JW) | ʔíst ʔiyə́m **kʷɫi** nətán. *My mother paddled strong.* (TC) | čáxʷəŋ kʷɫaʔ **kʷɫi** ŋaqaʔ. *The snow has melted.*

(EPT) | móyaʔtəŋ ʔəʔ kʷɬi stiqéw. *The horse kicked her.* (EPT) | ʔəxín ʔuč kʷɬi nəstíkʷən. *Where is my niece?* (NS,JW) | k̓ʷə́nəxʷ cn kʷɬi sɬániʔ yaʔ. *I saw the late woman.* (TC) | qánət cn təsə swə́y̓qaʔ ʔaʔ kʷɬi táləs. *I stole that man's money.* (ES) | yaʔcícəm̓ ʔaʔ či sqaʔnítəŋs ʔaʔ kʷɬi táləs yaʔ. *She told the news of being robbed of her money.* (MJ) | sqán yəxʷ kʷɬaʔ kʷɬi nəsčaʔčaʔkʷaʔyúɬ yaʔ. *Must be my canoe has been stolen.* (MJT) | ʔiʔ níɬ suʔx̌áys ʔuʔ čq̓ʷúsəŋ ʔiʔ kʷéʔits kʷɬi sʔácss cə kʷɬčə́q. *He also looked down and peeked at the face of the old lady.* (ES) | ʔuʔ mán cn ʔuʔ qə́kʷ kʷ ʔuʔ šiʔšúʔɬtəŋ ʔiʔ ʔuʔ ʔiyánnəxʷ kʷɬi sʔúq̓ʷaɬ, Emma. *I was hurting, but now I'm happy to hear from our sister Emma.* (BH) | ʔiʔ ncáxʷ sɬúyənəŋs kʷɬi qáʔŋiʔ snənáʔŋəs yaʔ kʷɬi nətán. *Once there was an abandoned girl who was taken in by my mother.* (ES) | kʷɬhíc kʷi nyaʔcústəŋ ʔaʔ kʷi nséʔyaʔ yaʔ, ɬəmtiyáčaʔ (TimPysht kʷi snás, kʷi snaʔátəŋs ʔaʔ ti xʷanítəm) ʔaʔ kʷɬi ʔiʔánkʷs qáʔŋi čpə́šct. *Long ago I was told by my late grandfather, ɬəmtiyáčaʔ (Tim Pysht was his name, what he was called by the Whites), about the brave young woman of Pysht.* (AS)} VAR: kʷsi (ES) {qánət cn təsə swə́y̓qaʔ ʔaʔ kʷsi táləs. *I stole that man's money.* (ES) | ʔəxéyn kʷsi? *Where is she?* (ES) | ʔəxén kʷsi? *Where is she?* (TC) | x̌̓ kʷə́t ixʷ cxʷ kʷsi néʔ tálə. *You must have taken some money.* (MJ) | ʔiʔ ʔiyáʔnəs kʷsi sɬániʔ ɬɬéʔyəm̓. *And he heard a woman singing.* (ES) | nəsuʔyəcúst ʔaʔ či sʔáwəs c ʔəm̓xʷúcən kʷsi Louisa. *I told him that Louisa didn't pick berries.* (MJ)}

kʷɬiʔčqéʔyəŋ ⟦kʷɬ-hy-√čq-iy-ŋ alrdy-proc-√big-dev-mdl⟧ ☞ kʷɬčqíyəŋ to be getting old. {**kʷɬiʔčqéʔyəŋ** cn. *I'm getting old.* (MJT)}

kʷɬíc long time ago. See under: kʷɬhíc

kʷɬkʷáči ⟦kʷɬ-√kʷayiy alrdy-√day⟧ ☞ kʷáči to be the next day. (AS) {**kʷɬkʷáči** kʷaʔčaʔ. *Then it was the next day.* (MJ) | **kʷɬkʷáči** ʔiʔ čaʔčəŋə́ts ʔiyá ʔaʔ cə sʔíyəŋ̓s. *The next day she finally bit it on the end.* (MJ)}

kʷɬnát ⟦kʷɬ-√nat alrdy-√night⟧ ☞ ʔəsnát to be night time. (AS) {čəyáy kʷi **kʷɬnát**. *It's almost night time.* (AS)}

kʷɬnáttxʷ ⟦kʷɬ-√nat-txʷ alrdy-√night-letcaus⟧ ☞ kʷɬnát to let it be night time. {**kʷɬnáttxʷ** ʔiʔ čaʔɬúkʷ cxʷ. *Let it be night time before you go home.* (MJ)}

kʷɬnəɬtíxʷ ⟦kʷɬ-√niɬ-t<í>xʷ alrdy-√3focus-letcaus<pers>⟧ ☞ kʷɬníɬtxʷ to let it be now. {**kʷɬnəɬtíxʷ** kʷi nsuʔčáy ʔaʔ či məhúy̓. *Make a basket now.* (MJT)}

kʷɬníɬ ⟦kʷɬ-√niɬ alrdy-√3focus⟧ ☞ níɬ
1. to be right now, right away, as soon as. {**kʷɬníɬ** cn. *I'll do it now.* (TC) | **kʷɬníɬ** nəshiyáʔ. *I'm going to go now.* (MJT; TC) | **kʷɬníɬ** kʷi nəshiyáʔ. *I'm going right away.* (TC; ES) | **kʷɬníɬ** caʔn nəsuʔhiyáʔ. *I'll go right away.* (TC) | **kʷɬníɬ** ʔəŋsʔíɬən. *You're going to eat (right away).* (TC) | **kʷɬníɬ** u ṅshiyáʔ? *Are you already leaving?* (LC) | **kʷɬníɬ** kʷi nəsuʔhiyáʔ. *I'm going right now.* (AS,BC) | **kʷɬníɬ** u ʔəṅshúy? *Are you finished now?* (TC) | **kʷɬníɬ** caʔ nəsʔúyəɬ. *I'll go aboard now.* (TC) | **kʷɬníɬ** caʔ nəsɬúyəs. *I'm going to leave it now.* (TC) | **kʷɬníɬ** caʔ kʷi nəsq̓ʷíŋi. *I'm going to get off now.* (MJT) | ʔiʔ **kʷɬníɬ** nəsuʔənʔánəsəŋ. *And right away it came for me.* (TC) | **kʷɬníɬ** caʔ suʔkʷíntiɬ! *Now we will fight!* (AS; TC) | **kʷɬníɬ** caʔ st suʔkʷíntiɬ. *We're going to fight right away.* (TC) | ʔi uʔ**kʷɬníɬ** č suʔx̌ə́nəŋs, "níɬ kʷi šəmánɬ!" *And right away she said, "It's our enemy!"* (AS) | níɬ č suʔsiqáysəŋs ʔi **kʷɬníɬ** č suʔhiyáʔs. *Then they turned around and went away.* (AS) | čsúŋ̓ cə sqaʔqáxaʔ; **kʷɬníɬ** suʔíɬəns. *The puppy smelled it; he ate it right away.* (AS) | níɬ č suʔkʷaʔčéy̓s ʔiʔ **kʷɬníɬ** suʔx̌ʷíyŋs. *Then it was morning, and she went right away down stairs.* (AS)}
2. to have to, must (do something). {**kʷɬníɬ** nəshiyáʔ. *I have to go. / I better go.* (TC) | **kʷɬníɬ** caʔ nəshiyáʔ. *I have to go.* (TC)}

kʷɬníɬtxʷ ⟦kʷɬ-√niɬ-txʷ alrdy-√3focus-letcaus⟧ ☞ kʷɬníɬ to let it be now; to keep on. {**kʷɬníɬtxʷ** kʷi ṅuʔčéʔpt. *Keep squeezing it.* (MJT)}

kʷɬsnúʔnəkʷ ⟦kʷɬ-s-√nuʔnəkʷ alrdy-s-√ghost⟧ ☞ snúʔnəkʷ corpse, dead body. (MJT)

kʷɬuʔhíc long time ago. See under: kʷɬhíc

kʷɬúy ⟦kʷɬ-√huy alrdy-√finish⟧ ☞ húy the past, the finish. (TC) {ʔiyá yaʔ st ʔiʔ **kʷɬúy** ʔiʔ čaʔɬúkʷ st. *We were there until they finished, and we went home.* (AS)} VAR: kʷɬhúy (TC)

kʷq̓ə́t ⟦√kʷq̓-t √open-trns⟧ ☞ kʷə́q̓ to open something. (TC; AS,BC) {**kʷq̓ə́t** kʷi. *Go ahead and open it.* (AS) | **kʷq̓ə́t** cə súɬ. *Open the door.* (AS) | **kʷq̓ə́t**s cə dam. *They opened the dam.* (BC) | **kʷq̓ə́t** cn tə súɬ. *I opened the door.* (AS) | **kʷq̓ə́t**s tə súɬ. *He opened the door.* (MJ) | suʔx̌kʷə́ts cə x̌̓úyəqs ʔiʔ **kʷq̓ə́t**s. *He took the box, and he opened it.* (MJ) | hiyáʔ cn ʔiʔ **kʷq̓ə́t** cə qiyáxən. *I went and opened the fence.* (MJ) | **kʷq̓ə́t** caʔn tə súɬ ʔəɬsmaʔmáʔnəš *I'll open the door to have a little smoke.* (MJ) | húʔ cxʷ ʔəcɬtáyŋxʷ ti ṅsčə́yəxʷ ʔiʔ **kʷq̓ə́t**s cə ʔəsxʷsə́wq̓ súɬ. *If you are a person entering, they open the round door.* (MJ)}

kʷq̓ə́təŋ ⟦√kʷq̓-t-ŋ √open-trns-psv⟧ ☞ kʷq̓ə́t to be opened by someone or something. {ɬúy čixʷáŋ ti sčə́q ʔiʔ **kʷq̓ə́təŋ** ti čə́q súɬ. *When the put in something big, a big door would be opened.* (MJ)}

kʷq̓síc ⟦√kʷq̓-sít-c √open-bene-1obj/2obj⟧ ☞ kʷq̓sít open for me; open for you. {**kʷq̓síc** caʔn, Gypsy. *I'm going to open it for you, Gypsy.* (MJT)}

kʷq̓sít ⟦√kʷq̓-sít √open-bene⟧ ☞ kʷq̓ə́t to open (something) for someone. {**kʷq̓sít** či cə nséʔyaʔ. *Open it for your grandmother.* (AS) | ʔáwə cn kʷaʔ **kʷq̓sít**ən ʔaʔ tə súɬ. *I never opened the door for him.* (MJ)}

kʷs the. See under: kʷə

kʷsáʔič ⟦√kʷsa<ʔi>č √back_against<?>⟧ [analysis uncertain] ☞ kʷsáčəŋ to be back against (something), be seated back towards the wall in the longhouse, on the inside edge of the bed. (TC) {ʔəc caʔ **kʷsáʔič**. *I'm going to be on the inside towards the wall.* (TC) | ʔəskʷáʔkʷi **kʷsáʔič** ʔaʔ cə sqiyáyŋxʷ. *He was hiding back against a tree.* (ES) | **kʷsáʔič** či ʔiʔ sə́məčəŋ. *Get back and cover up.* (AS)}

kʷsáč on edge. See under: kʷɬáč

kʷsáčəŋ ⟦√kʷsač-ŋ √back_against-mdl⟧ to go back against (something), move back towards the wall in the longhouse, move to the inside of a bed. {**kʷsáčəŋ** či. *Move over to the inside.* (TC) | **kʷsáčəŋ** caʔn. *I'm going to move to the inside against the wall (in bed).* (TC)}

kʷsáčt ⟦√kʷsač-t √back_against-trns⟧ ☞ kʷsáčəŋ to put something aside, put into the background. {**kʷsáčt** cn. *I put it aside.* (AS) | **kʷsáčt** cn kʷi kʷə nsʔúqʷaʔ. *I pushed my brother aside.* (AS)}

kʷsáčtəŋ ⟦√kʷsač-t-ŋ √back_against-trns-psv⟧ ☞ kʷsáčt to be put aside, back, away by someone. (AS) {**kʷsáčtəŋ** cn. *I was pushed aside.* (AS) | níɬ suʔhúyɬ ʔiʔ **kʷsáčtəŋ** tə sʔíɬən. *Then we finished, and the food was put aside.* (MJ)}

kʷsanu ⟦kʷsanu inv_spec_obv⟧ [invisible, specific, obviative determiner/demonstrative] the, a, that other (not visible). {níɬ ʔuč cán **kʷsanu**? *Who is that?* (EPT) | níɬ kʷə ʔuʔ nəŋə́naʔ **kʷsanu**. *That's my daughter.* (EP) | ʔúxʷ či ƛ̓kʷáʔis ʔaʔ **kʷsanu**. *Go ahead and take it.* (EPT) | ʔaʔáʔmət **kʷsanu**. *He's sitting down.* (EPT) | kʷánəs či **kʷsanu**. *Throw that away.* (EPT) | ʔuʔčáʔsaʔ ʔaʔicɬtáyŋxʷ **kʷsanu**. {There were only two people. *EP - T15.11*

kʷsawńiɬ inv.def. See under: kʷsəwńiɬ

kʷsáyə ⟦kʷsayə dem_inv_far⟧ distant, invisible demonstrative. {nsxʷaʔtíń **kʷsáyə**. *I don't like that person.* (EPT) | nəxʷščústəŋ č **kʷsaya**. *He got slapped in the face.* (EPT) | ʔəscákʷɬ **kʷsáyə** č ʔaʔ cə sxʷʔáʔmət. *She was wedged in on the other side of the bed.* (MJ) VAR: kʷəsáyaʔ {ʔiyá ʔaʔ **kʷəsáyaʔ**. *It's over there.* (EPT)} VAR: kʷsáyaʔ {ʔuʔkʷə́nəxʷ yaʔ cn **kʷsáyaʔ**. *I saw him over there.* (AS) | ʔuʔkʷə́nəxʷ yaʔ cn **kʷsáyaʔ** swə́yqaʔ. *I saw that man over there.* (AS)}

kʷsə the. See under: kʷə

kʷsəs ⟦kʷəsə sp_invis_far⟧ the, a, that (remote and not visible). {hiyáʔ caʔ st kʷi ƛ̓kʷə́t **kʷsəs** qáʔŋi kʷaʔ níɬs ʔučtə. *We will go take that girl that must be the one.* (MJ)}

kʷsəẃniɬ ⟦kʷsəẃniɬ that_one_inv⟧ [invisible, definite demonstrative]
   1. he, him, she, her, that one (not visible). (TC) {suʔəléʔktəŋs cə sɬánis **kʷsəẃniɬ**. *So that one's wife was elected.* (TC) | ʔuʔkʷə́nnəxʷ cn **kʷsəẃniɬ**. *I saw him.* (TC)}
   2. her, she. (TC) VAR: kʷsawńiɬ (TC)

kʷsi inv.fem.rem. See under: kʷɬi

kʷsiə ⟦kʷsiʔə this_inv_fem⟧ [proximate, invisible, feminine demonstrative determiner] this (not visible, feminine, near). {stáŋ ʔuč **kʷsiə**? *What is she?* (AS) | cán ʔuč **kʷsiə**? *Who is she?* (AS,BC) | ʔaʔčšít cn **kʷsiə** nəxčŋín. *I changed my mind.* (HS) | stáŋ ʔuč **kʷsiə**? *What was this (feminine)?* (TC) | cán ʔuč **kʷsiə** nəčáʔŋəxʷ? *Who is this (feminine) stranger?* (AS) VAR: kʷsiʔə {kʷə́nəxʷ cn **kʷsiʔə** sɬáni?. *I saw this woman.* (TC)} VAR: kʷssiʔə {ʔənʔá či kʷə́nət **kʷssiʔə** ńcácc. *Come see your aunt.* (EPT)}

kʷsíqəŋ ⟦√kʷsiq-ŋ √itch-mdl⟧ to feel itchy, tickled. (TC) {**kʷsíqəŋ** cn. *I feel a tickling.* (TC) | kʷɬ**kʷsíqəŋ** kʷi či ƛ̓ác. *Her stomach started to tickle.* (AA; TC) | **kʷsíqəŋ** caʔ kʷi kʷsə ńcixʷíkʷən. *You're going to get your stomach tickled.* (MJT)}

kʷssə inv.fem. See under: kʷɬə

kʷssiʔə inv.fem.near. See under: kʷsiə

kʷšáct ⟦√kʷšə-cut √eject-rflxv⟧ ☞ kʷšə́t to go away, have one's things together ready to go. (AS) {**kʷšáct** cn. *I have all my things together ready to go.* (AS) | ʔuʔ**kʷšáct** cn; hiyáʔ caʔn. *I'm all together; I'm going to go.* (AS) | kʷɬníɬ kʷi nsuʔ**kʷšáct**. *Now I'm ready to go.* (AS) | qiʔnúŋət kʷə nswə́yqaʔ; kʷɬníɬ kʷi suʔ**kʷšácts**. *My husband was angry; now he's moved away (from what was making him angry).* (AS)}

kʷšə́q ⟦√kʷšəq √sigh⟧ to sigh. (TC) {**kʷšə́q** cn. *I sigh.* (TC; AS) | xáɬ tiə nəxčŋín; ʔuʔ**kʷšə́q** cn. *I feel bad; I sigh.* (AS)}

kʷšə́t ⟦√kʷšə-t √eject-trns⟧ to bar someone's or something's entry, tell someone to leave, go away. {**kʷšə́t** cn. *I told him to leave, go away. / I barred (the animal) from coming in.* (AS; AS,BC)}

kʷtús ⟦√kʷt=us √look_up=face⟧ [root not identified in other words] to look upward. (ES) {**kʷtús** cn. *I'm looking up.* (ES) | **kʷtús** cn ʔaʔ cə skʷáči. *I looked up at the sky.* (AS)}

kʷtúsəŋ ⟦√kʷt=us-ŋ √look_up=face-mdl⟧ ☞ kʷtús to look upward. (MJT; ES) {**kʷtúsəŋ** cn. *I'm looking up.* (ES) | **kʷtúsəŋ** či. *Look up!* (MJT; ES) | **kʷtúsəŋ** cn kʷə́nt cə kʷə́yŋsən. *I looked up looking at the eagle.* (AS)}

kʷtúst ⟦√kʷt=us-t √look_up=face-trns⟧ ☞ kʷtús to turn something upright, make it look up. (TC) {**kʷtúst** cn cə nəŋə́naʔ. *I had my daughter look up.* (AS)}

kʷtústəŋ ⟦√kʷt=us-t-ŋ √look_up=face-trns-psv⟧ ☞ kʷtúst to be turned upright, face up by someone or something. {**kʷtústəŋ** cn. *They turned me face up.* (TC)}

kʷúʔət ⟦√kʷuʔət √cattail⟧
   1. cattail reed, bulrush. *Typha latifolia*. *Split and used for weaving mats. Some are male and some are female. Only the female can is used for weaving. (LB,CWH,LBH; EPT; Tf; ES,TC; ES,HS; TC; AS,BC) {xʷənʔáŋ ʔaʔ kʷə **kʷúʔət** qáyŋən. *It's like a cattail*

mat. (AA) | łə́məčt cn cə *kʷúʔət*. *I picked the cattails.* (AS) | łíc̓əm st ʔiʔ čaʔłəŋnəkʷáyət tə *kʷúʔət*. *We cut and split the cattail.* (MJT) | łíc̓əm yaʔ st ʔaʔ tə *kʷúʔət* ʔiʔ łəŋnəkʷáyət. *We cut the cattail and split it.* (MJT) | łíc̓t či nə́c̓uʔ *kʷúʔət* ʔiʔ łəŋnəkʷáyət. *Cut one cattail and separate it.* (MJT) | ʔuʔáwətxʷ cxʷ mán̓ ʔuʔ x̌áqt či *kʷúʔət*. *Don't let the cattail be too long.* (MJ)}

2. a mat made of cattail reeds. ✱Used as temporary beds and room partitions. They used to be a very common household item. They didn't last long, but they were easily made. AS's mother made and used them all the time. They were made with a bone needle.

kʷúkʷ ⟦√kʷukʷ √cook⟧ to cook. (LC) [from English] {*kʷúkʷ* ʔaʔ tə sʔíłən. *They cooked the food.* (ES) | níł č̓ suʔ*kʷúkʷ*s ʔiʔ ʔíłən. *So she cooked and ate.* (TC) | x̌áy caʔn ʔuʔ *kʷúkʷ*. *I will cook, too.* (TC) | *kʷúkʷ* q̓ʷə́yəŋ č̓ kʷaʔčaʔ. *He barbecued it.* (TC) | húynəŋ č̓ cə s*kʷúkʷ*s yaʔ. *He finished what he had cooked.* (TC) | ó·, ŋút ixʷ cn kʷə k̓ʷi ns*kʷúkʷ* yaʔ. *Oh, I must have eaten what I cooked.* (TC) | níł č̓ suʔq̓ʷə́ys cə s*kʷúkʷ*s. *Then what he was cooking was done.* (TC) | x̌íc̓ cə ns*kʷúkʷ*. *What you cooked is underdone.* (TC) | suʔŋəŋútəŋs kʷaʔ cə s*kʷúkʷ*s yaʔ ʔaʔ cə stáʔčəŋ. *What he cooked was eaten up by Wolf.* (TC) | ʔiʔ *kʷúkʷ* cə nsłáni ʔaʔ tə stəŋiʔŋínəŋ cə ʔuʔx̌ə́n txʷhuʔáʔi słxʷłšáʔ ʔəcłtáynəxʷ. *My wife cooked supper for all of those nearly thirty people.* (ES) | ʔiʔ sx̌éʔs či qʷúʔ cə nsłáni ʔiʔ ʔənʔá č̓íya ʔaʔ cə sxʷʔíyas či s*kʷúkʷ*s caʔ či sʔíłən. *My wife wanted the water to come from there to where she was going to cook the food.* (ES)}

kʷúkʷuʔct get warm. *See under:* kʷkʷə́ct

kʷúkʷuct get warm. *See under:* kʷkʷə́ct

kʷúxʷən ⟦√kʷuxʷ=ən √dancing_pole=instr⟧ a tall dancing pole. (MJT) ✱This dancing stick differs from the kʷc̓mín in that it has no rattles (AS) *cp.* kʷc̓mín

kʷxʷnə́čəŋ ⟦√kʷxʷnəč-ŋ √tuck_away-mdl⟧ [may have the suffix for 'bottom'] *cp.* =nəč to hide, guard, conceal, cover, tuck away (something) on oneself. (AS,BC; AS) {*kʷxʷnə́čəŋ* cə číkən. *The chicken covered (her eggs).* (AS) | *kʷxʷnə́čəŋ* kʷł nčáʔməqʷ ʔaʔ kʷsi táləs. *My great-grandmother hid her money (on herself).* (AS)}

kʷxʷnə́čt ⟦√kʷxʷnəč-t √tuck_away-trns⟧ ☞ *kʷxʷnə́čəŋ* to tuck something away, hide something on oneself. {*kʷxʷnə́čt* cn. *I hid it on myself.* (TC) | suʔ*kʷxʷnə́čt*s. *So she tucked them into her coat.* (AA) | *kʷxʷnə́čt* cə ńtálə. *Hide your money away.* (AS)}

kʷx̣cínəŋ ⟦√kʷx̣=ucin-ŋ √eject=mouth-mdl⟧ ☞ *kʷx̣ə́t* to scream. (LC; ES; TC; AS,BC) {*kʷx̣cínəŋ* cn. *I screamed.* (TC) | *kʷx̣cíʔnəŋ* q̓ yaʔ cn kʷi. *They really did scream.* (TC) | čičəyáy č̓ ʔiʔ ʔuʔ*kʷx̣cínəŋ*. *They almost screamed.* (ES)} VAR: kʷəx̣cínəŋ (TC)

kʷx̣ə́ŋ ⟦√kʷx̣-ŋ √eject-mdl⟧ ☞ kʷə́x̣ to kick out, shoo, chase away. (TC) {*kʷx̣ə́ŋ* cn. *I chased away (something).* (TC)}

kʷx̣ə́t ⟦√kʷx̣-t √eject-trns⟧ ☞ kʷx̣ə́ŋ to kick someone out, shoo, chase, push, drive someone away, tell someone to get out. (ES; TC; AS,BC) {*kʷx̣ə́t* cn. *I kicked them out. / I told him to go away.* (ES; TC) | *kʷx̣ə́t* caʔn. *I'm going to chase him away.* (TC) | *kʷx̣ə́t* či. *Tell him to go away.* (TC) | *kʷx̣ə́t* u cxʷ? *Did you tell him to go away?* (ES) | kʷł*kʷx̣ə́t* cn. *I already drove him away.* (ES)}

kʷx̣ə́təŋ ⟦√kʷx̣-t-ŋ √eject-trns-psv⟧ ☞ kʷx̣ə́t to be kicked out, ejected. (ES) {*kʷx̣ə́təŋ* cn. *They told me to get out.* (ES; TC; AS) | *kʷx̣ə́təŋ* st. *We got shooed away.* (BC)}

kʷx̣sícəŋ ⟦√kʷx̣-sít-cəŋ √eject-bene-1obj/2obj⟧ ☞ kʷəx̣sít eject for me; eject for you. {*kʷx̣sícəŋ* u cxʷ? *Did you tell him to go away for me?* (ES)}

kʷx̣sítəŋ ⟦√kʷx̣-sít-ŋ √eject-bene-psv⟧ ☞ kʷəx̣sít to be ejected, told to go away for someone. {*kʷx̣sítəŋ* u cxʷ? *Did someone tell you to go away for him?* (ES)} VAR: kʷəx̣sítəŋ (AS,BC)

k̕ʷ

k̕ʷaʔcínəŋ cook. *See under:* k̕ʷəncínəŋ

k̕ʷaʔčə́n̕tč ⟦√k̕ʷəʔčən̕tč √shark⟧
1. any shark. (MJT; TC; ES) {ŋə́n̕ k̕ʷə ʔuʔk̕ʷaʔčə́n̕tč ʔiyáʔ. *There are many sharks there.* (AS) | ʔuʔnuʔk̕ʷaʔčə́n̕tč. *It was something like a shark.* (EB) | nił č̕ suʔxənʔátəŋs ti suʔə́ys ti k̕ʷaʔčə́n̕tč ʔaʔ či čpəyə́šct. *They say that the sharks are good to the people of Pysht.* (AS)}
2. police. ⟪USAGE: used with this meaning only in Canada⟫ (ES)

k̕ʷaʔčáʔct ⟦√k̕ʷə<ʔ>y<ə?>-cut √control<actl>-rflxv⟧ ☞ k̕ʷčáct to be seeking spirit power, making oneself spiritually strong especially through bathing in the cold water of a river or stream. (ES; TC) {cúŋ ʔúxʷ ʔaʔ cə sŋiyánt k̕ʷaʔčáʔct. *He went up in the mountains bathing for power.* (ES)} VAR: k̕ʷaʔčáct (MJT; TC; ES) {k̕ʷaʔčáct ʔə či k̕ʷə́yəŋsən syə́wən. *They seek the eagle's power song.* (MJT)}

k̕ʷaʔčéʔwən̕ ⟦√k̕ʷə<ʔ>y=i<ʔ>wən<ʾ> √control=interior<actl>⟧ ☞ k̕ʷə́y to give up, admit defeat, stop trying, stop thinking about it. (TC) {k̕ʷaʔčéʔwən̕ cn. *I give up.* (TC) | mán̕ cn ʔu ʔ k̕ʷaʔčéʔwən̕. *I really gave up.* (TC) | ʔuʔnsƛ̕éʔ či nsk̕ʷənnúŋə ʔiʔ k̕ʷɬk̕ʷaʔčéʔwən̕ cn. *I want to see you, but I've already given up.* (RSh)}

k̕ʷaʔčúxʷəŋ ⟦√k̕ʷəʔčuxʷ-ŋ √stomach_growl-mdl⟧ to growl, grumble (of the stomach). (ES) VAR: k̕ʷaʔčúxʷəŋ {k̕ʷaʔčúxʷəŋ tə nx̌ác. *My stomach is growling.* (MJT)}

k̕ʷáʔčaʔč flea. *See under:* k̕ʷšč̕aʔč

k̕ʷaʔisács ⟦√k̕ʷa<ʔi>s=acis √scorch<pl>=hand⟧ ☞ k̕ʷsács to burn one's hand. {k̕ʷaʔisács cn. *I burned my hand.* (ES)}

k̕ʷaʔk̕ʷéʔyəŋ ⟦√k̕ʷaʔk̕ʷ-i<ʔ>y-ŋ √unpleasant-dev<actl>-mdl⟧ to turn nasty, unpleasant, ill tempered (especially used of the weather). (AS,BC) {k̕ʷaʔk̕ʷéʔyəŋ či skʷáči. *It's nasty weather.* (ES)} VAR: k̕ʷaʔk̕ʷéʔiŋ {k̕ʷaʔk̕ʷéʔiŋ tə skʷáči. *The weather's turning bad.* (AS,BC) | k̕ʷaʔk̕ʷéʔiŋ cn ʔaʔ k̕ʷi čiʔáw ʔaʔ q̕éyt. *I got unpleasant in the afternoon.* (AS)}

k̕ʷaʔk̕ʷaʔčə́n̕tč ⟦k̕ʷaʔ+√k̕ʷəʔčən̕tč dim+√shark⟧ ☞ k̕ʷaʔčə́n̕tč small shark. (MJT) {paʔpáq̕ɬ k̕ʷaʔk̕ʷaʔčə́n̕tč. *Young white shark.* (MJT) | pə́q̕ k̕ʷaʔk̕ʷaʔčə́n̕tč. *Little white shark.* (MJT)}

k̕ʷaʔk̕ʷáʔiɬ stingy. *See under:* nəxʷk̕ʷaʔk̕ʷáʔyəɬ

k̕ʷaʔk̕ʷáʔtən ⟦k̕ʷaʔ+√k̕ʷa<ʔ>tn<ʾ> dim+√rat<dim>⟧ ☞ k̕ʷátən
1. mouse. *Mus spp.; Microtus spp.* (EPT; ES) {ʔíɬən cn ʔaʔ či sčánənəxʷ ʔiʔ či k̕ʷaʔk̕ʷáʔtən. *I eat fish and mice.* (TC,AS,BC)}
2. small rat. (TC; ES)

k̕ʷaʔk̕ʷəmáʔmaʔ ⟦k̕ʷaʔ+√k̕ʷmaməh dim+√trout⟧ ☞ k̕ʷəmámah small trout. (MJT)

k̕ʷaʔk̕ʷənáy ⟦k̕ʷaʔ+√k̕ʷin=ayə dim+√how_many=person⟧ ☞ k̕ʷaʔk̕ʷín to be few people. {k̕ʷaʔk̕ʷənáy st. *There are few of us.* (TC)}

k̕ʷaʔk̕ʷənítəŋ ⟦k̕ʷaʔ+√k̕ʷən<ʾ>-i-t-ŋ dim+√see-persist<dim>-trns-psv⟧ ☞ k̕ʷənítəŋ to be looked at, watched (a little). {k̕ʷaʔk̕ʷənítəŋ cn ʔaʔ cə naʔčáʔuŋəxʷ ʔaycɬtáyŋxʷ. *Those strange people are looking at me.* (AS)}

k̕ʷaʔk̕ʷən̕ɬnát ⟦k̕ʷaʔ+√k̕ʷin=ɬnat dim+√how_many=day⟧ ☞ k̕ʷən̕ɬnát to be a few nights or days. {nił suʔk̕ʷaʔk̕ʷən̕ɬnáts ʔaʔčtay ʔiʔ čáyəŋ tə ʔiyáʔiŋs. *Then in a few days (I don't know how many) their mother got home.* (MJ)}

k̕ʷaʔk̕ʷənáʔiʔ ⟦k̕ʷaʔ+√k̕ʷin<ʾ>=ay<ʾ>ə dim+√how_many<actl>=person<actl>⟧ ☞ k̕ʷaʔk̕ʷənáy being a few people. (TC) {k̕ʷaʔk̕ʷənáʔiʔ suʔwə́yqaʔ. *Just a few men* (ES) | k̕ʷaʔk̕ʷənáʔiʔ stən̕łániʔ. *few women* (ES) | ʔuʔk̕ʷaʔk̕ʷən̕ʔáʔiʔ st. *There's just a few of us.* (TC) | ʔuʔk̕ʷaʔk̕ʷən̕áʔiʔ ixʷ či hiyáʔ. *I guess just a few of them are going.* (TC)} VAR: k̕ʷaʔk̕ʷən̕ʔáyə (TC)

k̕ʷaʔk̕ʷə́yŋsən̕ ⟦k̕ʷaʔ+√k̕ʷəy<ʾ>ŋsən<ʾ> dim+√eagle<dim>⟧ ☞ k̕ʷə́yŋsən small eagle. (HS)

k̕ʷaʔk̕ʷə́yqsən ⟦k̕ʷaʔ+√k̕ʷəy=əqsən dim+√warm=nose⟧ [analysis uncertain] an unidentified species of duck with long beak. (MJT)

k̕ʷaʔk̕ʷín ⟦k̕ʷaʔ+√k̕ʷin dim+√how_many⟧ ☞ k̕ʷín to be a few, not many. {ʔuʔk̕ʷaʔk̕ʷín čtə ɬqáy̕č či nsʔiyá. *I was there only a few months.* (TC)} VAR: k̕ʷaʔk̕ʷáʔən (AS,BC; BC) {k̕ʷaʔk̕ʷáʔən st. *We are just a few.* (BC) | ʔuʔk̕ʷaʔk̕ʷáʔən st ɬəm̕čəŋ ʔaʔ tə sčaʔyíqʷɬ. *Just a few of us are picking berries.* (AS)} ⟦k̕ʷaʔ+√k̕ʷ<áʔ>in dim+√how_many⟧ [a unique pattern for the diminutive]

k̕ʷaʔk̕ʷín̕ ⟦k̕ʷaʔ+√k̕ʷə<í>n<ʾ> dim+√see<pers><actl>⟧ ☞ k̕ʷən̕nəxʷ to be expecting, watching for someone or something. (ES; TC) {k̕ʷaʔk̕ʷín̕ cn. *I'm kind of waiting for someone.* (TC) | ʔuʔk̕ʷaʔk̕ʷín̕ caʔ st k̕ʷə. *We'll be waiting in expectation.* (AC)} VAR: k̕ʷən̕k̕ʷín̕ (MJT) ⟦k̕ʷən+√k̕ʷ<í>n<ʾ> ʔ+√see<pers><actl>⟧ {k̕ʷən̕k̕ʷín̕ cn ʔaʔ k̕ʷə nəsaʔčúʔiɬ. *I'm expecting my younger sister.* (MJT)}

k̕ʷaʔk̕ʷšáčən blue jay. *See under:* k̕ʷaʔk̕ʷšáčən

k̕ʷaʔk̕ʷúyəkʷ ⟦k̕ʷaʔ+√k̕ʷuyəkʷ dim+√fishhook⟧ ☞ k̕ʷúyəkʷ a small fishhook. (AS) {čaʔɬənúcən cn ʔaʔ k̕ʷi k̕ʷaʔk̕ʷúyəkʷ. *I took the hook out of its mouth.* (AS)}

k̕ʷaʔɬcút expecting. *See under:* q̕ʷaʔɬcút

k̕ʷaʔƛ̕áq shadow. *See under:* q̕áʔƛ̕aq

kʷaʔnéʔŋəɬ ⟦√kʷa<ʔ>n-i<ʔ>ŋɬ √pour<actl>-cstm<actl>⟧ ☞ kʷánt to be pouring (something). {kʷɬ*kʷaʔnéʔŋəɬ* ʔaʔ tə coffee. *She's pouring the coffee.* (MJT) VAR: kʷaʔnéʔŋəɬ {*kʷaʔnéʔŋəɬ* yaʔ cn ʔaʔ tiə ʔaʔyəcɬtáyŋxʷ ʔéʔɬən. *I was pouring for the people who were eating.* (AS)}

kʷáʔnət ⟦√kʷa<ʔ>n-t √pour<actl>-trns⟧ ☞ kʷánt to be pouring out liquid. (ES; AS,BC) {*kʷáʔnət* cə tíy. *Pour the tea.* (AS)} VAR: kʷáʔnt (AS)

kʷaʔnótəŋ ⟦√kʷa<ʔ>n-t-ŋ √pour-trns-psv⟧ [metathesis with passive] ☞ kʷáʔnət being poured out (of liquid) by someone. (ES) {*kʷaʔnótəŋ* cə tíy. *The tea was poured.* (AS)}

kʷaʔnóxʷɬ ⟦√kʷi<ʔ>n=əxʷɬ √how_many<actl>=conveyance⟧ ☞ kʷín to be how many canoes. {hiʔ*kʷaʔnóxʷɬ* či ʔənʔáʔə? *How many canoes are coming?* (MJT)}

kʷaʔsáʔyuʔ ⟦√kʷa<ʔ>s-ə<ʔ>yu<ʔ> √scorch<actl>-activ<actl><actl>⟧ ☞ kʷəsə́yu to be toasting, scorching (something). (TC)

kʷaʔsátəŋ being toasted. *See under:* kʷástəŋ

kʷáʔsəŋ ⟦√kʷa<ʔ>s-ŋ<ʔ> √scorch<actl>-mdl<actl>⟧ ☞ kʷás toasting something. {kʷɬ*kʷáʔsəŋ* cn. *I'm toasting (it) right now.* (MJT)}

kʷaʔstə́nəq ⟦√kʷ<ʔ>s-t-ənəq √count<actl>-trns-hab⟧ ☞ kʷə́s preacher. {čə́čəŋ cn ʔəɬ qʷáys cə *kʷaʔstə́nəq*. *I was startled when the preacher spoke.* (AS,BC)}

kʷaʔšónəm ⟦√kʷaʔšónəm √man's_name⟧ 2. Crescent Bay. (ES; AS,BC; AS) VAR: kʷaʔšónəḿ (ABT) VAR: q̓ʷaʔšónəm (AS)

kʷáʔus ⟦√kʷaʔws √hot⟧ to be hot to the touch. (EPT) {*kʷáʔus* tə súnuc. *The fire is hot.* (EPT) | mə́n ʔuʔ *kʷáʔus* *It's very hot.* (EPT)}

kʷaʔyaʔkʷaʔčə́ńtč ⟦kʷ<əy>aʔ + √kʷəʔčə́ńtč dim + √shark⟧ ☞ kʷaʔkʷaʔčə́ńtč several small sharks. (MJT) VAR: kʷəyaʔkʷaʔčə́ńtč (MJT)

kʷaʔyaʔkʷáʔɬən ⟦kʷ<aʔy>aʔ + √kʷa<ʔ>ɬn<ʔ> dim<pl> + √rat<dim>⟧ ☞ kʷaʔkʷáʔɬən a group of mice or small rats. (EPT; ES)

kʷaʔyaʔkʷəmáʔmaʔ ⟦kʷ<aʔy>aʔ + √mamə dim<pl> + √trout⟧ ☞ kʷaʔkʷəmáʔmaʔ several small trout. (MJT)

kʷaʔyaʔkʷə́yŋəsəń ⟦kʷ<aʔy>aʔ + √kʷay<ʔ>ŋsən<ʔ> dim<pl> + √eagle<dim>⟧ ☞ kʷaʔkʷə́yŋəsəń a group of small eagles. (ES)

kʷaʔyáɬən ⟦√kʷ<aʔy>aɬn √rat<pl>⟧ ☞ kʷáɬən a group of rats. (LST; ES) VAR: kʷaʔyáɬən (EPT; MJT)

kʷaʔyəskʷsónəq ⟦kʷ<aʔy>s + √kʷs-ənəq char<pl> + √count-hab⟧ ☞ kʷəskʷsónəq several preachers. (MJT)

kʷaʔyəsúcən ⟦√kʷ<aʔy>as=ucin √scorch<pl>=mouth⟧ ☞ kʷás to get burned, scorched on the mouth (as when eating hot food). (MJT)

kʷáčkʷs ⟦√kʷəy=iws √control=body⟧ ☞ kʷə́y to understand, get it (after being told over and over). (AS,BC; AS) {*kʷáčkʷs*! *See, I told you so!* (AS) | *kʷáčkʷs* u cxʷ? *Do you get it? / I told you so.* (AS) | *kʷáčkʷs* cn. *I was told over and over.* (AS) | yaʔcúsc cn ʔaʔ či ʔuʔxənʔáɬ ʔiʔ ča*kʷáčkʷs* u cxʷ? *I tell you all the time and do you finally get it?* (AS)}

kʷáɬ ⟦√kʷaɬ √net_fish⟧ to trap, net fish. {*kʷáɬ* cn. *I trapped (fish).* (AS)}

kʷáɬi ⟦√kʷaɬ-iy √net_fish-dev⟧ ☞ kʷáɬ to set nets, traps for fish. (AS; AS,BC) {ʔuʔ*kʷáɬi* cn. *I'm setting nets/traps.* (AS)}

kʷáƛ̓ ⟦√kʷaƛ̓ √copulate⟧ to copulate. (TC)

kʷáḿkʷəḿ ⟦√kʷaḿ + √kʷəḿ char + √lonesome⟧ [root not identified in other words] to feel lonesome. (BC) {*kʷáḿkʷəḿ* cn. *I'm lonesome.* (BC)}

kʷánəɬ ⟦√kʷanəɬ √porpoise⟧ porpoise. (MJT) VAR: kʷánńɬ (MJT; BG,MJT)

kʷánt ⟦√kʷan-t √pour-trns⟧ to pour something. {*kʷánt* cə tíy. *Pour the tea.* (AS)}

kʷántəŋ ⟦√kʷan-t-ŋ √pour-trns-psv⟧ ☞ kʷánt to be poured by someone or something. {*kʷántəŋ* cə tíy. *The tea was poured.* (AS)}

kʷáqq ⟦√kʷaqq √seaweed⟧ seaweed, rockweed. *Fucus sp.* (AC; TC; EPT) {ʔiʔ kʷɬəń*kʷáqq* cə šə́wi ʔaʔ cə sʔácss. *And then seaweed had grown on her face.* (AA) | šə́wi cə *kʷáqq* ʔaʔ cə sʔácss. *The seaweed was growing on her face.* (TC) | txʷiʔŋəń cə *kʷáqq* ʔiyá ʔaʔ cə sxə́naʔs. *There came to be lots of seaweed on her feet.* (EB)} VAR: kʷáq (AS,BC; AS) {ŋəń ti *kʷáq* ʔaʔƛ̓cə́nt sxʷʔiyás ti təŋsuʔéʔč. *There's lots of seaweed at Agate Beach where there's chitons.* (AS)}

kʷás ⟦√kʷas √scorch⟧ to get scorched, scalded, toasted; to burn one's skin. (MJT; LC; ES; TC; AS,BC) {*kʷás* cn. *I got burned.* (MJT; LC; TC) | ʔáwə či c *kʷás*. *Don't get burned.* (MJT) | stə́ń ʔay̓ kʷi *kʷás*s ʔaʔ cə sčə́qʷuc? *What did he toast on the fire?* (TC) | mə́ń ʔuʔ tsəct ʔaʔ tə stove ʔiʔ *kʷás*. *He got too close to the stove and got burned.* (MJT)}

kʷásəŋ ⟦√kʷas-ŋ √scorch-mdl⟧ ☞ kʷás to toast, scorch, scald. (AS,BC; ES; AS) {čaʔ*kʷásəŋ* cn. *I'm toasting.* (AS) | *kʷásəŋ* cn ʔaʔ cə sxáč. *I'm toasting the dried salmon.* (AS) | *kʷásəŋ* ʔaʔ či sčə́qʷwc. *They toasted them by a fire.* (BC) | čaʔ*kʷásəŋ* cn. *I just toasted it.* (AS)}

kʷássən ⟦√kʷas=sən √scorch=foot⟧ ☞ kʷás to scald, scorch one's foot. (TC) VAR: kʷəssə́n (BC) VAR: kʷassə́n (AS)

kʷást ⟦√kʷas-t √scorch-trns⟧ ☞ kʷás to toast, sear, scald, roast, barbecue, burn the surface of something. (ES; AS,BC) {*kʷást* cn cə sčánnəxʷ. *I barbecued the salmon.* (ES) | *kʷást* caʔn. *I'm going to toast it.* (MJT) | *kʷást* cn cə sxáč. *I toasted the dried salmon.* (AS)} VAR: kʷsát {*kʷsát*s tə sčánnəxʷ. *He toasted the salmon* (MJT)}

kʷástəŋ ⟦√kʷ<á>s-t-ŋ √scorch<actl>-trns-psv⟧ [actual counter metathesis in the passive] ☞ kʷsátəŋ being toasted, seared, scalded, roasted, barbecued, burned on the surface by someone or something. (MJ) {*kʷástəŋ* cə qʷə́ɬs. *The smelts were being toasted.* (AS)} VAR: kʷaʔsátəŋ (ES)

kʷáɬən ⟦√kʷaɬn √rat⟧
1. rat. *Neotoma cinerea; Rattus spp.* (CWH; EPT) {ʔuʔyaʔyáʔnəŋ cn ʔɬ xaʔx̣ʷəyuʔs cə *kʷáɬən*. *I heard the rat gnawing.* (AS) | q̓ʷaʔčútəŋ ʔaʔ Gypsy cə *kʷáɬən* ʔaʔ kʷi nəscán̓. *Gypsy was killing the rat when I came home.* (MJT)}
2. mouse. (ABT) VAR: kʷáɬən̓ (EPT; MJT; TC; ES) {ʔiyánəxʷ cn tə *kʷáɬən̓* ʔiyá. *I heard a rat there.* (MJ) | x̣ʷáʔčts tə *kʷáɬən̓*. *He's killing the rats.* (MJT) | ʔáwə caʔn c q̓ʷúčt tiə *kʷáɬən̓*. *I'm not going to kill this rat.* (MJ)}

kʷáxʷxʷsən Squaxin. *See under:* skʷáxʷsən

kʷáy obstruct. *See under:* kʷə́y

kʷáyəkʷs ⟦√kʷayəkʷs √grebe⟧ western grebe. *Aechmophorus occidentalis.* (TC) VAR: kʷáykʷs (TC)

kʷáykʷayəs ⟦kʷáy + √kʷa<yə>s pl + √scorch<actl>⟧ ☞ kʷás to be burnt all over. (ES)

kʷáytxʷ ⟦√kʷay-txʷ √thicket-caus⟧ ☞ kʷə́y to mess something up, make it cluttered. {ʔuʔ*kʷáytxʷ* tiə nʔáʔiŋ. *I messed up my house.* (AS,BC)}

kʷčə́ŋ ⟦√kʷč-ŋ √crooked-mdl⟧ to be crooked. (ES) {*kʷčə́ŋ* cə nšápəl. *My shovel is crooked.* (AS) | *kʷčə́ŋ* cə súɬ. *The road is crooked. / The door is crooked.* (AS)}

kʷčə́t ⟦√kʷč-t √crooked-trns⟧ ☞ kʷčə́ŋ to bend something, make something crooked. (ES; ES,TC) {*kʷčə́t* cn. *I bent it. / I made it crooked.* (ES)}

kʷčə́təŋ ⟦√kʷč-t-ŋ √crooked-trns-psv⟧ ☞ kʷčə́t to be made crooked, bent crooked. {xənátəŋ kʷi ʔaʔ ti n̓šúʔ naʔnəkʷítəŋ ʔiʔ niɬ suʔ*kʷčə́təŋ*s cə n̓cúcən. *They say that when you see a ghost your mouth gets twisted.* (TC)}

kʷčə́yuʔ ⟦√w̓ič-əyu<ʔ> √butcher-activ<actl>⟧ ☞ kʷíct to be butchering. (ES) {hiyáʔ caʔ st *kʷčə́yuʔ* nə́cuʔ kʷi húʔpt. *Let's go butcher another deer.* (AS)}

kʷčítəŋ ⟦√w̓ič-t-ŋ √butcher-trns-psv⟧ [metathesis with passive] ☞ kʷíct
1. to be skinned, butchered by someone. (BG,MJT; AS) {*kʷčítəŋ* cn. *They skinned me.* (TC)}
2. to undergo surgery, be operated on. (AS) {xənʔátəŋ ʔaʔ či pástən doctor ʔaʔ či s*kʷčítəŋ*s. *He was told by a white doctor that he's have surgery.* (MJ) | sqiʔám či snuʔnáčtɬ či doctor kʷaʔ *kʷčítəŋ*s. *We can't pay a doctor if he has surgery.* (MJ)}

kʷčáct ⟦√kʷəy-cut √control-rflxv⟧ [metathesis with reflexive] ☞ kʷčə́t to seek spirit power, make oneself spiritually strong especially through bathing in the cold water of a river or stream; to discipline oneself. (ES; TC) {hiyáʔ caʔn *kʷčáct*. *I'm going to look for power.* (MJT)}

kʷčə́nəŋ ⟦√kʷčən-ŋ √uncover-mdl⟧ [root not independently identified] to be uncovered. (ES,HS)

kʷčə́t ⟦√kʷəy-t √control-trns⟧ ☞ kʷə́y
1. to stop, restrain, block, prevent someone from doing something; make someone wake up and pay attention; hush someone. (TC; BC) {*kʷčə́t* cn. *I hushed him.* (MJT) | *kʷčə́t* cə swéʔwəs. *Stop that boy (from doing what he's doing).* (TC) | *kʷčə́t* cə sqáxaʔ. *Stop the dog (from barking).* (TC) | *kʷčə́t* cn nən̓ə́naʔ. *I told my child to stop it.* (AS)}
2. to make something bare, clear a surface. (MJT) VAR: kʷčát {*kʷčát* cn. *I stopped him.* (BC)} VAR: kʷə́yət {*kʷə́yət* či. *Make it bare.* (MJT)}

kʷčə́təŋ ⟦√kʷəy-t-ŋ √control-trns-psv⟧ ☞ kʷčə́t
1. to be stopped, restrained, blocked, prevented from doing something. {*kʷčə́təŋ* tiə sx̣ayéʔx̣ɬ. *The children were told to stop it.* (AS) | *kʷčə́təŋ* ʔaʔ kʷɬi nséʔyaʔ, "ʔáwə c ʔáxən ʔaʔ canu." *My grandmother stopped him, "Don't do it."* (ES)}
2. to be compelled, kept in check, controlled, corrected, be made to. (MJ; AS,BC; AS) VAR: kʷə́ytəŋ (MJ; AS,BC; AS) {*kʷə́ytəŋ* cə q̓áʔŋi ʔaʔ cə séʔyaʔs. *The girl was kept in check by her grandmother.* (MJ) | ʔuʔ*kʷə́ytəŋ* ʔaʔ cə swə́yqaʔs kʷaʔ ʔáwəs yaʔyíyən ʔəɬsqíyŋs. *She was compelled by her husband to not go far when she went outside.* (MJ)}

kʷčíst ⟦√kʷčis-t √bring_over-trns⟧ to bring someone or something over. (AS) {ʔiʔ*kʷčíst*s. *They brought it over.* (MJ) | čaʔ*kʷčíst* cn cə ŋə́naʔ. *I just brought the child over.* (AS)}

kʷčístəŋ ⟦√kʷčis-t-ŋ √bring_over-trns-psv⟧ ☞ kʷčíst to be brought over by someone or something. {*kʷčístəŋ* cn. *Someone brought me (home).* (AS)}

kʷéʔwəč ⟦w̓i<ʔ> + √w̓ič actl + √butcher⟧ [/w̓/ → /kʷ/] ☞ kʷíč to be butchering, skinning. (EPT; MJ; AS,BC) {*kʷéʔwəč* ʔaʔ či sčqʷáʔič. *He's butchering a bear.* (EPT) | *kʷéʔwəč* cn *I'm butchering.* (MJT; TC) | kʷɬ*kʷéʔwəč* ixʷ. *He must be butchering now.* (MJT) | niɬ kʷi sɬánis *kʷéʔwəč*. *It was his wife that was butchering.* (AS)} VAR: kʷéʔuč (AS,BC) {yaʔŋíct ʔaʔ ti nə*kʷéʔuč* tiə sčánnəxʷ. *I'm helping myself by butchering the salmon.* (AS,BC)}

kʷéʔwəčt ⟦w̓i<ʔ> + √w̓ič-t actl + √butcher-trns⟧ ☞ kʷíčt be butchering, gutting, skinning, cleaning, dressing (an animal); be slicing, cutting up (meat). {kʷɬ*kʷéʔwəčt* cn. *I'm butchering it now.* (MJT)} VAR: kʷéʔčt ⟦√w̓i<ʔ>č-t √butcher<actl>-trns⟧ (ES)

kʷéyŋsən eagle. *See under:* kʷə́yŋsən

kʷəčaʔč ⟦√kʷəčəʔč √flea⟧ flea. (EPT; LC; ES; TC) VAR: kʷəčə́č {nə́cuʔ ya *kʷəčə́č*. *There was one flea.* (TC)} VAR: kʷáʔčaʔč (JCo)

kʷəčaʔčáw̓txʷ ⟦√kʷəčəʔč=aw̓txʷ √flea=house⟧ ☞ kʷəčəʔč a former Klallam village up the Elwha located below the lower Elwha bridge. ∗One of thirteen Klallam villages on the Elwha. This is where Boston Charlie lived and kept lots of animals. (ES) VAR: k̓ʷəc̓əc̓áwtxʷ (AS,BC)

k̓ʷə́čtən¹ ⟦√k̓ʷəč=tən √butcher=instr⟧ salmon knife, draw knife for taking the meat off the backbone of the fish. (TC) ⟪USAGE: used in Klallam at Becher Bay only⟫

k̓ʷə́čtən² ⟦√k̓ʷəčtn √tin⟧ [may be borrowed from a neighboring language.] tin, metal can. (TC) {nuʔáŋ ʔəʔ ti *k̓ʷə́čtən* ʔiʔ qʷəyəsnítəŋ kʷaʔčaʔ. *It was put into cans and boiled.* (TC)}

k̓ʷəmámah ⟦√k̓ʷmaməh √trout⟧ any trout. (ES) VAR: k̓ʷəmáma (ES) VAR: k̓ʷəmámaʔ (MJT)

k̓ʷəmk̓ʷaʔmáyəmš ⟦k̓ʷm + √k̓ʷə<ʔ>m-ay=umš char + √lonesome-ext=type⟧ ☞ k̓ʷánik̓ʷəm̓ to be feeling concerned (about), care (about); to come to see (someone) to see how they are. {nshuʔəʔáʔənc kʷi ʔəʔ či nsuʔ*k̓ʷəmk̓ʷaʔmáyəmš*. *I'm acknowledging you for your concern.* (BH)}

k̓ʷənʔáy̓st ⟦√k̓ʷən<ʔ>-ay̓s-t √see<actl>-activ-trns⟧ ☞ k̓ʷənt to be looking for lice on someone, nit-picking. {x̣ənáɬ ti nsuʔ*k̓ʷənʔáy̓st* cə n̓íŋəc. *I'm always looking for lice in my grand children.* (AS)} VAR: k̓ʷənʔáy̓stxʷ (HS)

k̓ʷənʔáy̓stəŋ ⟦√k̓ʷən<ʔ>-ay̓s-t-ŋ<ʔ> √see<actl>-activ-trns-mdl<actl>⟧ ☞ k̓ʷənʔáy̓st to have someone looking for lice on, nit-picking one. (ES; AS) {*k̓ʷənʔáy̓stəŋ* cn. *They're looking for lice on me.* (AS)}

k̓ʷənáʔitxʷ ⟦√k̓ʷin=aʔitxʷ √how_many=dollar⟧ ☞ k̓ʷín

1. how much money, how many dollars. (AS,BC; AS)
2. a few dollars, a little money. {n̓sháhəkʷtxʷ kʷi kʷsə sʔúq̓ʷaʔs ʔəʔ či uʔ*k̓ʷənáʔitxʷ*. *You better remember the other brother, even if it's just a few dollars.* (MJT)}

k̓ʷənaʔwéʔyəŋ ⟦√k̓ʷən=əʔəw<ʔ>-y-ŋ √see=side<actl>-dev-mdl⟧ ☞ k̓ʷənawíyəŋ to be watching out, on the lookout, on guard, alert. (ES) VAR: k̓ʷənaʔwéʔiŋ (ES)

k̓ʷənáʔwin̓əxʷ how old. See under: k̓ʷináwin̓əxʷ

k̓ʷənákʷɬ ⟦√k̓ʷin=akʷɬ √how_many=conveyance⟧ ☞ k̓ʷín to be how many canoes. {*k̓ʷənákʷɬ* ʔay̓ či táči? *How many canoes came?* (MJT)}

k̓ʷənáɬ ⟦√k̓ʷin=aɬ √how_many=times⟧ ☞ k̓ʷín
1. how often. (TC)
2. how many times. (AS,BC) {*k̓ʷənáɬ* ʔay̓ kʷi stíyəms? *How many times did they sing?* (MJT)}

k̓ʷənawíyəŋ ⟦√k̓ʷən=awiy-ŋ √see=around-mdl⟧ ☞ k̓ʷənt to watch out, be on the lookout, on guard, alert. (ES) {*k̓ʷənawíyəŋ* cxʷ. *You look out (before you cross the street).* (TC)} VAR: k̓ʷənəwéyŋ (BC) VAR: k̓ʷənəwéʔiŋ (BC)

k̓ʷənáwtxʷ ⟦√k̓ʷin=awtx √how_many=house⟧ ☞ k̓ʷín how many houses. (AS,BC) {kʷɬ*k̓ʷənáwtxʷ* ʔay̓ kʷə n̓sxʷtəs? *How many houses have you been to now?* (MJT)}

k̓ʷənáy ⟦√k̓ʷin=ayə √how_many=person⟧ ☞ k̓ʷín how many people. (TC) {*k̓ʷənáy* cxʷ hay? *How many of you are there?* (TC) | *k̓ʷənáy* ʔuč či táči? *How many people came?* (EPT) | ʔáwənə nəsx̣čít kʷaʔ twəwk̓ʷənáyəs čtə kʷaʔ ʔəʔJamestown yaʔyáʔnəŋ ʔəʔ tiə nəxʷsƛ́áyəm sqʷáqʷiʔ. *I don't know how many people still at Jamestown will hear this Klallam message.* (AC)} VAR: k̓ʷənáy (TC) VAR: k̓ʷənáʔi (TC) VAR: k̓ʷənáyə {*k̓ʷənáyə* ʔay̓ či ŋənəŋənaʔs? *How many children does she have?* (MJT)} VAR: k̓ʷənáyəs {*k̓ʷənáyəs* čtə. *How many is it?* (TC)}

k̓ʷənayəhóčɬ ⟦√k̓ʷin=ayə=əčɬ √how_many=person=child⟧ ☞ k̓ʷənáy how many children. {*k̓ʷənayəhóčɬ* ʔay̓? *How many children does she have?* (MJT) | kʷɬ*k̓ʷənayəhóčɬ* cxʷ ʔay̓? *How many children do you have?* (MJT)}

k̓ʷənáynəxʷ ⟦√k̓ʷən=aynəxʷ √see=sky⟧ ☞ k̓ʷənnəxʷ to look at the weather. (ES) {*k̓ʷənáynəxʷ* ʔəʔ či skʷáči. *Look at the day's weather.* (AS)}

k̓ʷə́nc ⟦√k̓ʷən-t-c √see-trns-1obj/2obj⟧ ☞ k̓ʷə́nt look at me; look at you. {*k̓ʷə́nc* č caʔn. *I will see you.* (MJT) | ʔənʔá či *k̓ʷə́nc*. *Come see me.* (MJ) | *k̓ʷə́nc* č caʔ cxʷ. *You will see me.* (MJT) | *k̓ʷə́nc* ʔiʔ x̣íči! *Look at me and get ashamed!* (MJT) | ʔənʔá u cxʷ *k̓ʷə́nc*? *Did you come to see me?* (EPT) | ʔáwə c sáy̓si? kʷaʔ ʔuʔx̣ə́n̓ɬ ʔuʔ *k̓ʷə́nc*. *Don't get scared if we all look at you.* (MJT) | ʔiʔhiyáʔ caʔ st ʔiʔ *k̓ʷə́nc*, Aurelia. *We will go to see you, Aurelia.* (AA) | ʔuʔx̣ə́nə č caʔ kʷi ʔuʔ *k̓ʷə́nc*. *They will all look at me. / They will all look at you.* (MJT)} VAR: k̓ʷə́nəc (MJT) {*k̓ʷə́nəc* či. *Look at me.* (MJT; TC; ES) | ʔánətəŋ cn či nəsk̓ʷə́nəc. *They let me see you.* (TC) | ʔáwə c sáy̓si? kʷaʔ *k̓ʷə́nəcən*. *Don't be afraid if I look at you.* (MJT) | ʔántəŋ cn či nəsʔənʔá *k̓ʷə́nəc*. *They let me come see you.* (TC) | mán cn ʔuʔ šəy̓šúʔɬ ʔəʔ tə n̓sʔənʔá *k̓ʷə́nəcxʷ*. *I'm glad you came to see me.* (MJT)}

k̓ʷəncínəŋ ⟦√k̓ʷən=ucin-ŋ √see=mouth-mdl⟧ ☞ k̓ʷə́nt
1. to cook, prepare a feast. (MJT; ES; AS,BC) {*k̓ʷəncínəŋ* caʔn. *I'm going to cook.* (MJT) | ʔuʔŋə́n tə nəsk̓ʷəncínəŋ. *I cooked a lot.* (MJ) | nəsʔiʔánəŋ ti nəsk̓ʷəncínəŋ. *I know how to cook.* (MJT) | mán ʔuʔ ʔə́y̓ ti sk̓ʷəncínəŋs. *She's a good cook.* (MJT) | suʔ*k̓ʷəncínəŋs* ʔəʔ cə sʔíɬəns. *So she cooked their food.* (MJ) | k̓ʷənáŋət cxʷ ʔəʔ Martha kʷaʔ *k̓ʷəncínəŋs*. *You help Martha when she cooks.* (MJ)}
2. to feast (on something). (AS) VAR: k̓ʷəncínəŋ {*k̓ʷəncínəŋ* caʔ st. *We're going to feast.* (AS) | *k̓ʷəncínəŋ* ʔəʔ či stáʔčəŋ kʷaʔ ʔiyás ti stáʔčəŋ. *We'll feast on wolf if wolves are there.* (MJ) | ʔə́y̓ ti sk̓ʷəncínəŋs, ʔiʔ cəlít cn. *He's a good cook, but I'm better.* (MJT)} VAR: k̓ʷaʔcínəŋ (AS,BC) VAR: k̓ʷəcínəŋ (AS) {*k̓ʷəcínəŋ* st. *We're feasting.* (AS) | hiyáʔ caʔ st *k̓ʷəcínəŋ*. *We're going to go to feast.*

(AS) | hiyáʔ u caʔ cxʷ k̓ʷəcínəy? *Are you going to a feast?* (AS)}

k̓ʷəné?ŋət ⟦√k̓ʷən-i<ʔ>ŋt √see-scs<actl>⟧ ☞ k̓ʷəníŋət to be getting to see something. {*k̓ʷəné?ŋət* cn cə húʔpt. *I'm watching the deer. / I'm getting to see the deer.* (AS)}

k̓ʷənəcút ⟦√k̓ʷən-cut √see-rflxv⟧ ☞ k̓ʷənt
1. to look at oneself. {*k̓ʷənəcút* cn. *I looked at myself.* (ES)}
2. to look after oneself, be careful. {ʔə́ytxʷ či nsk̓ʷənəcút. *Be careful.* (ES) | *k̓ʷənəcút* cn. *I'm being careful.* (ES) | *k̓ʷənəcút* cxʷ. *Watch yourself.* (TC)}
3. to see one's own mistakes. (ES,TC) VAR: k̓ʷə́nəct (ES,TC) {*k̓ʷə́nəct* cn. *I looked at myself.* (TC)} VAR: k̓ʷə́nct (ES,TC) {ʔə́y či nsk̓ʷə́nct. *Take good care of yourself.* (ES; TC)}

k̓ʷə́nəŋ ⟦√k̓ʷən-naxʷ-ŋ √see-nctrns-psv⟧ ☞ k̓ʷə́nnəxʷ to be seen. (TC; AS,BC) {čaʔk̓ʷə́nəy cn. *It just now saw me.* (TC) | *k̓ʷə́nəy* cn. *He saw me.* (ES; TC) | híc kʷi ʔiʔ čaʔk̓ʷə́nəy. *It's been a long time since it's been seen.* (TC) | nəcxʷk̓ʷsíkʷs tə húʔpt k̓ʷə́nəy. *I saw twenty deer.* (MJT) | níɬ suʔk̓ʷə́nəys ʔiʔ hiyáʔ kʷənáŋətəŋ. *So they saw him and went to help him.* (ES) | ʔánət cn či nəsk̓ʷə́nəy. *I let him see me.* (TC) | níɬ ixʷ suʔk̓ʷə́nəys kʷi ncə́t ʔaʔ cə doctor. *Then the doctor must have seen my father.* (MJ) | ʔiʔ ʔáwə yaʔ c k̓ʷə́nəy kʷinu xʷanítəm. *And that white man was never seen again.* (ES) | ʔiʔ k̓ʷə́nəy tə ŋə́·n̓ kʷítšən ʔiyá ʔaʔ cə x̣áčəŋ sctə́ŋxʷən. *And many spring salmon were seen there on the dry land.* (MJ) | níɬ ʔiʔɬk̓ʷáwəs k̓ʷə́nəys ʔáwə x̣áy c ʔənʔá həwéyŋ. *Then like the one who saw it before, he never came back again.* (ES)} VAR: k̓ʷə́nnəŋ {kʷɬk̓ʷə́nnəŋ cn. *I was seen by someone.* (LC) | ʔənʔá cn k̓ʷə́nnəŋ. *Someone came to see me.* (AS,BC) | ʔuʔx̣ə́nə ʔə́y ti sxčŋíns ti sk̓ʷə́nnəyɬ. *Everyone was happy to see us.* (TC) | níˑɬ kʷə suʔhiyáʔtəŋs cə sqʷáy ʔaʔ či sk̓ʷə́nnəys kʷsi ŋə́naʔs tán̓ ʔuʔ ʔiʔhúʔhuʔhiʔ. *Then they took him the word that his daughter had been seen landing all alone.* (AA)}

k̓ʷə́nəsc ⟦√k̓ʷən-əstxʷ-c √see-caus-1obj/2obj⟧ ☞ k̓ʷə́nəstxʷ show me; show you. (ES; TC) {*k̓ʷə́nəsc* caʔn. *I'll show (it to) you.* (TC) | *k̓ʷə́nəsc* či. *Show it to me.* (MJT)}

k̓ʷənəstə́nəq ⟦√k̓ʷən-stxʷ-ənəq √see-caus-hab⟧ ☞ k̓ʷə́nəstxʷ to show off. (TC) {*k̓ʷənəstə́nəq* cn. *I'm showing off.* (TC)}

k̓ʷə́nəstəŋ ⟦√k̓ʷən-stxʷ-ŋ √see-caus-psv⟧ ☞ k̓ʷə́nəstxʷ to be shown (something) by someone. {*k̓ʷə́nəstəŋ* cn. *He showed (it to) me.* (TC) | nəsk̓ʷə́nəstəŋ. *They showed me.* (ES) | *k̓ʷə́nəstəŋ* cxʷ. *They showed (it to) you.* (TC)} VAR: k̓ʷə́nstəŋ (TC) {*k̓ʷə́nstəŋ* cn. *He let me look at it.* (AS,BC)}

k̓ʷə́nəstxʷ ⟦√k̓ʷən-əstxʷ √see-caus⟧ ☞ k̓ʷə́nt Stem: k̓ʷə́nəst [stem for third-person subject and subordinate subjects] to show somebody (something). (ES) {*k̓ʷə́nəstxʷ* cn. *I showed (it to) him.* (TC) | *k̓ʷə́nəstxʷ* kʷə ncə́t. *Show it to your father.* (MJ) | *k̓ʷə́nəsts*. *He showed it to him.* (TC)} VAR: k̓ʷə́nəst {nəsk̓ʷə́nəst. *I showed it to him.* (MJT)}

k̓ʷə́nəti ⟦√k̓ʷən-ty √see-rcprcl⟧ ☞ k̓ʷə́nt to look at each other, look out for each other. (ES) {suʔk̓ʷə́nəti ʔiʔ kʷə nəsaʔcúʔiɬ yaʔ. *So my younger brother and I looked at each other.* (ES)} VAR: k̓ʷə́nti {suʔk̓ʷə́ntiɬ ʔiʔ kʷə nsaʔčúʔiɬ. *So my brother and I looked at each other.* (ES) | *k̓ʷə́nti* cxʷ. *Look out for each other.* (TC)}

k̓ʷənətúŋɬ ⟦√k̓ʷən-t-uŋɬ √see-trns-1plobj⟧ ☞ k̓ʷə́nt look at us. {kʷɬk̓ʷənətúŋɬ əw cxʷ? *Did you look at us?* (TC) | ʔuʔx̣ə́nə č caʔ ʔuʔ *k̓ʷənətúŋɬ*. *They will all see us.* (MJT)}

k̓ʷənic ⟦√k̓ʷən-i-t-c √see-persist-trns-1obj/2obj⟧ ☞ k̓ʷə́nít look at, watch me; look at, watch you. {*k̓ʷənic* cn. *I see you.* (MJT) | ʔuʔk̓ʷənic cn kʷaʔčaʔ. *I'm looking at you.* (TC) | *k̓ʷənic* u cxʷ? *Can you see me? / Are you watching me?* (MJT) | *k̓ʷənic* u cxʷ ayə? *Can you folks see me?* (MJT) | *k̓ʷənic* cn ʔaʔ kʷi nskʷiʔúʔst. *I see you dumping water on it.* (MJT) | níɬ č suʔtátəŋs, "ʔuʔk̓ʷənic cn kʷi ʔaʔ či smán̓ ʔuʔ sŋyéʔwən." *Then he asked her, "I was watching you being very sad."* (AS) | ʔuʔk̓ʷənic cn hayə. *I can see you folks.* (MJT)}

k̓ʷəníkʷs ⟦√k̓ʷin=iws √how_many=body⟧ ☞ k̓ʷín how many of a kind, how many people or animals. (AS,BC) {*k̓ʷəníkʷs* cxʷ ʔay̓ hay? *How many are you?* (AS,BC) | *k̓ʷəníkʷs* ʔuč? *How many people?* (EPT)}

k̓ʷəníɬč ⟦√k̓ʷin=iɬč √how_many=plant⟧ ☞ k̓ʷín how many plants. (AS,BC) {*k̓ʷəníɬč* či ʔaʔ či čə́ntxʷ? *How many are you going to plant?* (AS)}

k̓ʷəníŋət ⟦√k̓ʷən-iŋt √see-scs⟧ ☞ k̓ʷə́nt to get to see something. (AS) {ʔuʔk̓ʷəníŋət cn. *I got to see it.* (AS) | ʔuʔk̓ʷəníŋət cn cə skʷaʔkʷátu. *I got to see the crow.* (AS)}

k̓ʷənít ⟦√k̓ʷən-i-t √see-persist-trns⟧ ☞ k̓ʷə́nt Stem: k̓ʷənətí Stem: k̓ʷəntí [stem for third-person subject and subordinate subjects]
1. to look, gaze at, watch, observe, inspect something, watch over something; see something regularly; study something. (LC; ES; TC) {*k̓ʷənít* cn. *I looked at it.* (MJ) | nəsk̓ʷəníˑt caʔ. *I'll watch it.* (TC) | ʔuʔk̓ʷənít cn ʔaʔ kʷi kʷɬhíc. *I watched it a long time ago.* (TC) | ʔuʔk̓ʷənít cn cə qaʔqtəmúsəŋ. *I watched the ball game.* (AS) | ʔuʔʔiʔk̓ʷənít cn ʔaʔ kʷi sčáqs. *I saw him when he fell.* (EPT) | níɬ suʔk̓ʷəníts cə sxʷaʔxʷənáʔəm ʔiʔ púxʷts ʔiʔ čə́w̓. *Then he looked at the bug, and he blew on it, and it disappeared.* (MJ) | *k̓ʷənít* cə ʔáʔčx; hiyáʔ caʔn čə́yəxʷ čáy ʔaʔ či coffee. *Watch the crabs; I'm going inside to make some coffee.* (MJT) | *k̓ʷənít* cn tə cə swə́y̓qaʔ kʷə nəscsə́təŋ. *I watched the man hit me.* (ES) | suʔk̓ʷəntíɬ *So we watched.* (ES) | *k̓ʷənətís* cawníɬ. *He's watching him.* (TC) | ʔuʔx̣ə́náɬ tə nəsuʔk̓ʷənít. *I see him all the time.* (TC) | ʔáwənə nəsxʷk̓ʷənít. *I can't see it. / I don't see it.* (TC) | ʔáwnə či ʔuʔk̓ʷəntís. *Nothing*

could be seen. (MJ) | ʔuʔk̓ʷəníts ʔiʔ níɬ č suʔčáyəpcts. *He watched it, and then he turned around.* (MJ) | yəcúst cn cə nəstík̓ʷən ʔaʔ k̓ʷi **k̓ʷənəti**n yaʔ. *I told my nephew what I was looking at.* (TC) | **k̓ʷənít** cn cə qayúx̌ən šátəŋ ʔiyá ʔaʔ tiə ɬxənúk̓ʷən. *I watched the slug walking on the floorboards.* (MJ) | **k̓ʷənít** u cxʷ təsə swə́yqaʔ ʔiyá ʔaʔ təsə sčaʔk̓ʷaʔyúɬ, Timmy? *Do you see that man on that boat, Timmy?* (MJ) | ʔáwə k̓ʷaʔ **k̓ʷəníts** ti pə́wi ʔəɬ k̓ʷánəŋəts ʔiʔ ti sx̌ʷáʔənɬ. *He couldn't see the flounder when it ran or the bullhead.* (MJ) | ʔəʔə́ʔmət k̓ʷaʔčaʔɬ ʔuʔhúy č ʔuʔ **k̓ʷəníts** cə scánnəxʷ ʔaʔ táʔaʔis. *He was sitting and, apparently, just watching the salmon go up the river.* (ES) | níɬ suʔqaʔyúsəŋs ʔiʔ x̌áy **k̓ʷəntís** cə sčənčánnəxʷ ɬəŋúʔəŋ ʔaʔ cə stúʔwiʔ. *Then he looked away and again watched the salmon swimming in the river.* (ES)}
2. *to read something.* {**k̓ʷənít** cə sx̌áys. *Read the writing.* (AS,BC)}

k̓ʷənítəŋ [√k̓ʷən-i-t-ŋ √see-persist-trns-psv] ☞ k̓ʷənít *to be looked at, watched, studied, read by someone.* {**k̓ʷənítəŋ** cn ʔaʔ tə swə́yqaʔ. *That man is looking at me.* (AS) | ʔáwə c x̌číts ʔaʔ či s**k̓ʷənítəy**s ʔaʔ či síyaʔs yaʔ, Pysht Jack, yəwíntən. *She didn't know that she was being watched by her grandfather, Pysht Jack.* (AS)}

k̓ʷəníti [√k̓ʷən-ŋi-ty √see-rel-rcprcl] ☞ k̓ʷənít *to look at each other.* {ʔúxʷ nəsuʔ**k̓ʷəníti**. *We went and looked at each other.* (MJ)}

k̓ʷənk̓ʷəncínəŋ [k̓ʷən + √k̓ʷən = ucin-ŋ char + √see = mouth-mdl] ☞ k̓ʷəncínəŋ *a cook, someone who cooks a lot.* (MJT) {x̌ənɬáɬ ti suʔ**k̓ʷənk̓ʷəncínəy**s k̓ʷiə čáčcs. *Her auntie's always cooking.* (AS)}

k̓ʷənɬnát [√k̓ʷin = ɬnat √how_many = day] ☞ k̓ʷín *to be how many days, so many days.* (AS,BC) VAR: k̓ʷənəɬnát {**k̓ʷənəɬnát** k̓ʷaʔčaʔ sk̓ʷik̓ʷáči. *It was many days.* (AA; TC)}

k̓ʷənɬnáyəŋ [√k̓ʷən = ɬnay-ŋ √see = neck-mdl] ☞ k̓ʷə́nnəxʷ *to be looking for food.* (TC) {suʔx̌áys k̓ʷaʔ hiyáʔ **k̓ʷənɬnáyəŋ**. *So he again went looking for food.* (AA) | **k̓ʷənɬnáyəŋ** cn ʔaʔ či nəsʔíɬən. *I'm looking around for something to eat.* (TC) | **k̓ʷənɬnáyəŋ** cn ʔaʔ či stíx̌ʷaʔč. *I'm looking around for an octopus to eat.* (TC) | **k̓ʷənɬnáyəŋ** cə ʔaʔ či ɬəŋsəwéʔč. *I'm looking for chitons.* (AS)}

k̓ʷənnə́k̓ʷi [√k̓ʷən-nəwəy √see-ncrcprcl] ☞ k̓ʷə́nnəxʷ *to see each other, meet with each other.* {šaʔšúʔɬ u cxʷ ʔəɬ **k̓ʷənnə́k̓ʷiə**ɬ? *Are you glad when we see each other?* (TC) | ʔuʔhúy yaʔ ʔuʔ q̓ʷáy sʔiʔáyəxʷɬ yaʔ tiə nəxʷsx̌áyəmúcən ʔəɬ **k̓ʷənnə́k̓ʷi**s. *Our elders spoke only Klallam when they saw each other.* (TC) | hú ʔ yaʔ st tiə ʔuʔɬák̓ʷi ʔúxʷ ʔaʔ cə tɬnáʔəč ʔiʔ níɬ suʔ**k̓ʷənnə́k̓ʷi**ɬ ʔaʔ cə sčáyaʔčaʔɬ ʔiyá ʔaʔʔéʔɬxʷaʔ ʔiyá ʔaʔčixʷícən. *When we went across to the other side, we met with our relatives there at Elwha and at Port Angeles.* (TC)} VAR: k̓ʷənə́k̓ʷi (ES) {ŋə́n k̓ʷi nscəyəyús **k̓ʷənə́k̓ʷi**ɬ. *There were many of my elders who we met.* (AS) | ʔə́yəstxʷ st ʔɬ **k̓ʷənə́k̓ʷi**ɬ. *We enjoy it when we see each other.* (AS) | x̌číti yaʔ st ʔaʔ k̓ʷi s**k̓ʷənə́k̓ʷi**ɬ. *We knew each other when we saw each other.* (AS)} VAR: k̓ʷənnə́wi (AS,BC) VAR: k̓ʷənə́wi (AS) {čaʔ**k̓ʷənə́wi** st. *We finally saw each other.* (AS)}

k̓ʷə́nnəxʷ [√k̓ʷən-nax √see-nctrns] ☞ k̓ʷə́nt Stem: k̓ʷə́nn Stem: k̓ʷə́n [stems for the third-person subject and subordinate subjects] *to see something.* {**k̓ʷə́nnəxʷ** cn. *I see it. / I saw someone.* (LC; ES) | čaʔ**k̓ʷə́nnəxʷ** cn. *I just now saw it.* (TC) | **k̓ʷə́n**əs cə sɬáni. *He saw the woman.* (ES) | **k̓ʷə́nnəxʷ** cn cə ntálə. *I see my money.* (LC) | **k̓ʷə́n**əs cə swə́yqaʔ cə sɬáni. *The man saw the woman.* (ES) | ʔuʔ**k̓ʷə́nnəxʷ** cn cə swə́yqaʔ. *I saw that man.* (TC) | **k̓ʷə́nnəxʷ** cn ʔaʔ k̓ʷi k̓ʷɬhíc. *I saw it long ago.* (TC) | hiyáʔ cə swə́yqaʔ **k̓ʷə́nnəxʷ** yaʔ. *The man that saw it left.* (TC) | ʔáw c ŋə́n swə́yqaʔ **k̓ʷə́nnəxʷ**. *Not many men saw it.* (TC) | ʔuʔə́y caʔ x̌čŋíɬ k̓ʷaʔ **k̓ʷə́nnəxʷ**ɬ. *We'll be glad to see him.* (AC) | máń ʔuʔ ʔə́y ʔaʔ či nəs**k̓ʷə́nnəxʷ**. *It's very good that I saw it.* (TC) | ʔiʔ ʔuʔcəʔə́ʔt st ʔuʔ **k̓ʷə́nnəxʷ**. *And we really saw it.* (TC) | ʔuʔx̌ə́n č ʔuʔ q̓ʷúʔ ti **k̓ʷə́n**s ʔəɬ k̓ʷə́nts. *It was all water she saw when she looked.* (MJ) | ʔiʔ **k̓ʷə́n**s xʷənʔáŋ ʔaʔ cə ʔiʔčáʔi **k̓ʷə́nnəxʷ**. *And he saw one like that one before had seen.* (ES) | **k̓ʷə́n**əs cə ʔaʔtšə́nəmən k̓ʷéʔwənti čaʔk̓ʷúti ʔaʔ ti yə́čt. *He saw warriors fighting, shooting at each other with arrows.* (MJ) | níɬ suʔ**k̓ʷə́nnəxʷ**s ʔiʔ ʔáwənə sɬíqʷs ʔaʔ cə sʔácss. *Then he saw it, and there was no flesh on her face.* (ES) | ŋə́ń u k̓ʷi xʷiyənítəm **k̓ʷə́n**əxʷ ʔaʔmitúliyə? *Were there many white people that you saw at Victoria?* (EPT) | húʔ cxʷ **k̓ʷə́nnəxʷ** ti xʷənʔáŋ ʔiʔ k̓ʷánəŋt ʔaʔ či ʔuʔsx̌ə́ńs či ńsx̌ʷə́ŋ. *If you see something like that, run as fast as you can.* (ES) | hiyáʔ ʔiʔ **k̓ʷə́nn**əs cə sxʷʔiyás tə sk̓ʷəyaʔk̓ʷaʔtúʔ ti sʔéʔtts. *She went, and she saw where the crows were sleeping.* (MJ) | níɬ ncáxʷ s**k̓ʷə́nnəxʷ**s či snáyaʔnəkʷ ʔiʔ hiyitíŋ ʔaʔ cə čáʔsaʔ k̓ʷə siʔtaʔk̓ʷístəŋ ʔaʔ tím ʔaʔ cə stútaʔwiʔ. *That was one time he saw ghosts and was saved by two of them taking Tim across the creek.* (ES) | ʔiʔ **k̓ʷə́nn**s cə ʔácss ʔiʔ ʔáwənə sɬíqʷs tə sʔácss ʔuʔ čaʔscúm̓. *And he saw her face, and there was no flesh on her face, only bone.* (ES) | yəcústs cə stík̓ʷəns ʔaʔ k̓ʷi **k̓ʷə́nn**əs yaʔ. *He told his nephew what he saw.* (TC) | níɬ suʔčáŋs ʔiʔ yəcústs k̓ʷi stík̓ʷəns yaʔ? ʔaʔ k̓ʷi **k̓ʷə́nn**s. *Then he got home and told his late niece what he saw.* (ES) | ʔiʔ **k̓ʷə́n**s cə sɬáni. *And she saw a woman.* (ES) | stáŋ ʔuč či **k̓ʷə́n**əxʷ? *What did/do you see?* (TC) | **k̓ʷə́n**s cə čáʔsaʔ swə́yqaʔ. *He saw two men.* (ES) | **k̓ʷə́n**əs cə sɬániʔ. *He saw the woman.* (TC) | **k̓ʷə́n**əs ʔaʔ či sɬániʔs. *He saw that it was a woman.* (TC) | **k̓ʷə́n**əs ʔaʔ či nəswə́yqaʔ. *He saw that I was a man.* (TC) | x̌iʔáʔts ʔiʔ **k̓ʷə́n**s. *He looked for her, and he saw her.* (ES) | **k̓ʷə́n**s cə ɬíxʷ sčaʔk̓ʷaʔyúɬ táʔči. *She saw three canoes arriving.* (AS) | ʔiʔ **k̓ʷə́n**s cə k̓ʷɬčáq. *And he saw an old person.* (ES) | ʔiʔ **k̓ʷə́n**s ʔáwənə sʔács. *And he saw there was no face.* (ES) | **k̓ʷə́n**s cə ʔəcɬtáyŋxʷ ʔaʔə́ʔmət. *He saw a person* sitting. (ES) | kʷə́ns cə sčə́qʷəwc. *He saw a fire.* (ES) | kʷə́nəs cə słáni. *He saw the woman.* (ES) | kʷə́nəs cə swə́yʾqaʔ cə słáni. *The man saw the woman.* (ES) | čáʔsaʔ suʔwə́yʾqaʔ cə **kʷə́nnən**. *I saw two of the men.* (TC) | ʔuʔáw č c híc sʔiʔšə́təŋs ʔiʔ **kʷə́nəs** kʷi kʷaʔnéʔŋət. *She wasn't walking very long, and she saw someone running.* (AS) | ʔiʔ **kʷə́nəs** cə łíkʷən ʔənʔá·· ʔiʔúʔłi. *And he saw a gaff hook come stretching.* (ES) | **kʷə́ns** cə qʷłə́yʾ ʔəsʔéʔəyuc ʔaʔ tə stúʔwiʔ. *He saw a log at the mouth of the river.* (ES) | ʔaʔáʔmət kʷaʔčaʔł ʔiʔ ʔənʔá **kʷə́ns** cə łíkʷən. *He was sitting, and he saw a gaff hook come.* (ES) | ʔiʔ níł suʔhiyáʔs ʔúxʷ cíŋəct ʔiʔ **kʷə́ns** cə. *Then he went over near it and saw it.* (ES) | níł suʔčiŋis ʔiʔ **kʷə́ns** ʔaʔ či słánis, kʷłčə́q słáni. *Then he went close and saw that it was a woman, an old woman.* (ES) | níł nsuʔsqéyŋ ʔiʔ hiyáʔ cn kʷə́nət či **kʷə́ns** cə swéʔwəs. *Then I went out to go look at what the young man saw.* (ES)} VAR: kʷə́nəxʷ (LC; AS,BC; TC; ES) {**kʷə́nəxʷ** cn. *I see it.* (AS,BC; ES) | **kʷə́nəxʷ** u cxʷ? *Do you see it?* (MJT; ES) | čaʔ**kʷə́nəxʷ** cn. *I just saw it.* (MJT) | ʔáwə cn t **kʷə́nəxʷ**. *I don't see it.* (TC) | ʔəxín či ns**kʷə́nəxʷ**? *Where did you see it?* (TC) | **kʷə́nəxʷ** cn kʷaʔ kʷə swə́yʾqaʔs. *I saw her husband.* (AS,BC) | ʔuʔ**kʷə́nəxʷ** caʔn kʷaʔ csə́təŋən. *I'll see him if he hits me.* (TC) | níł č suʔ**kʷə́nəxʷ**s. *Then they saw it.* (AS) | ʔuʔxə́nə st ʔuʔ **kʷə́nəxʷ**. *We all saw it.* (MJT) | suʔ**kʷə́nəxʷ**s cə čxʷə́yuʔ. *Then they saw a whale.* (AA) | **kʷə́nəxʷ** cn kʷłəs n̓áʔiŋ hayʾ. *I saw you folks' house.* (EPT) | hiʔčáyə tə ns**kʷə́nəxʷ** ʔiʔ čaʔqʷáy. *I saw him before he spoke.* (MJT) | **kʷə́nəxʷ** cn cə swə́yʾqaʔ ʔaʔ kʷi nscsə́tən. *I saw the man hit me.* (TC) | ʔuʔnəxʷx̌iʔáʔił ʔiʔ ʔiyá ʔaʔ ti cícł sqiyáyŋxʷ či łqíts či s**kʷə́nəxʷ**s. *They would look around and see their clothes there in a high tree.* (ES) | náʔcuʔ **kʷə́nəxʷ** cə kʷłčə́q ʔáwənə sʔácss. *That's one person that saw the old lady with no face.* (ES) | ʔuʔx̌áy ʔuʔ ʔiyáʔ ʔaʔ cə sxʷʔíyas ʔaʔ cə **kʷə́nəxʷ**s cə xʷanítəm. *She also was there where the white man saw it.* (ES)}

kʷə́nnəxʷtxʷ ⟦√kʷən-naxʷ-txʷ √see-nctrns-letcaus⟧ [causative of a transitive] ☞ kʷə́nnəxʷ to let someone see something. {sxʷatíns č s**kʷə́nnəxʷtxʷ**. *He hated to let them see it.* (TC)}

kʷə́nnúŋə ⟦√kʷən-naxʷ-uŋə √see-nctrns-2obj⟧ ☞ kʷə́nnəxʷ see you; see me. {**kʷə́nnúŋə** cn. *I see you.* (ES; TC) | **kʷə́nnúŋə** u cxʷ? *Do you see me?* (TC) | ʔuʔ**kʷə́nnúŋə** yaʔ cn. *I saw you.* (TC) | cán yaʔ kʷi **kʷə́nnúŋə**? *Who saw you?* (TC) | čaʔ**kʷə́nnúŋə** cn hayə. *I just finally saw you folks.* (MJT) | **kʷə́nnúŋə** caʔn ʔaʔ či kʷáči. *I'll see you tomorrow.* (TC,AS,BC) | **kʷə́nnúŋə** caʔn ʔaʔ či ʔuʔčəntán. *I'll see you some day.* (TC,AS,BC; TC) | kʷłhíc tə nəsʔáwə c **kʷə́nnúŋə**. *It's been a long time that I haven't seen you.* (EB) | ʔuʔáwə cn c **kʷə́nnúŋə**. *I didn't see you.* (TC) | čəw̓íń či nəs**kʷə́nnúŋə**. *I didn't even see you.* (TC) | čəw̓íń cn ʔuʔ **kʷə́nnúŋə**. *Even I saw you. / I even saw you.* (TC) | čəw̓íń cxʷ ʔuʔ **kʷə́nnúŋə**. *You even say me. / Even you saw me.* (TC) | ŋənáy st **kʷə́nnúŋə**. *Lots of us saw you.* (TC) | **kʷə́nnúŋə** caʔn ʔaʔ či cəŋənát. *I'll see you on Tuesday.* (TC) | ŋə́ń swə́yʾqaʔ ʔáw c **kʷə́nnúŋə**. *Lots of men didn't see me.* (TC) | šaʔšúʔł cn ʔaʔ tə nəs**kʷə́nnúŋə**. *I'm glad I saw you. / I'm glad to see you.* (TC) | šaʔšúʔł q cn kʷaʔ **kʷə́nnúŋə**n. *I'd be happy to see you.* (TC) | šaʔšúʔł cn ʔəł **kʷə́nnúŋə**n. *I'm glad when I see you.* (TC) | ʔəxín caʔ x̌áy ʔiʔ **kʷə́nnúŋə** cn. *When will I see you again.* (RSh) | mán̓ kʷi ʔuʔ ʔəy̓ ʔaʔ tə nəs**kʷə́nnúŋə**. *It's very good to see you.* (TC; AS,BC)} [Note that in /kʷənnúŋə -ən/, the /əə/ sequence becomes /a/.] VAR: kʷənənúŋə {txʷcán cót či **kʷənənúŋə**. *Whose father saw you?* (TC) | níł u kʷsə nətán **kʷənənúŋə**? *Was it my mother who saw you?* (TC) VAR: kʷənúŋə (TC; ES)

kʷə́nnúŋəł ⟦√kʷən-naxʷ-uŋł √see-nctrns-1plobj⟧ ☞ kʷə́nnəxʷ see us. (ES) VAR: kʷə́núŋł (AS,BC) {**kʷə́nəxʷ** cxʷ cə swə́yʾqaʔ **kʷə́núŋł**. *You saw the man that saw us.* (AS,BC)}

kʷə́nnúŋəs ⟦√kʷən-naxʷ-uŋəs √see-nctrns-1obj⟧ ☞ kʷə́nnəxʷ see me; see you. {**kʷə́nnúŋəs** u cxʷ? *Did you see me?* (ES) | **kʷə́nnúŋəs** cn. *I saw you. / I see you.* (ES) | cán yaʔ kʷi **kʷə́nnúŋəs**? *Who saw me?* (TC) | cán caʔ či **kʷə́nnúŋəs**? *Who's going to see me?* (TC) | mán̓ kʷə ʔuʔ ʔəy̓ ʔaʔ či nəs**kʷə́nnúŋəs**. *It's very good to see you.* (AS,BC,TC)} VAR: kʷənənúŋəs {**kʷənənúŋəs** cn. *I see you.* (ES) | txʷcán cót či **kʷənənúŋəs**. *Whose father saw me?* (TC) | níł u kʷsə nətán **kʷənənúŋəs**? *Was it my mother who saw you?* (TC)} VAR: kʷənúŋəs (ES) {**kʷənúŋəs** cn. *I see you.* (ES)} VAR: kʷənənúŋəs {**kənənúŋəs** u cxʷ? *Did you see me?* (ES) | **kʷənənúŋəs** cn. *I saw you.* (ES)}

kʷənsíc ⟦√kʷən-sít-c √see-bene-1obj/2obj⟧ ☞ kʷənsít look at for me; look at for you. (ES) {**kʷənsíc** cxʷ. *You look at it for me* (TC) | **kʷənsíc** caʔn. *I'll look at it for you.* (TC)} VAR: kʷənəsíc (TC) {**kʷənəsíc** cxʷ. *You looked at it for me.* (ES) | ʔuʔ**kʷənəsíc** yaʔ cn. *I looked at it for you.* (TC)} VAR: kʷənəsícəŋ {ʔuʔ**kʷənəsícəŋ** cxʷ. *You looked at it for me.* (TC)}

kʷənsíct ⟦√kʷən-sít-cut √see-bene-rflxv⟧ ☞ kʷənsít to look at (something) for oneself. {ʔuʔ**kʷənsíct** cn. *I looked at it for myself.* (AS)}

kʷənsíŋən ⟦√kʷənsí=ŋin √breakfast=piece⟧ breakfast. cp. kʷčiʔŋínən {**kʷənsíŋən** ʔiyá ʔaʔ cə čáʔi ʔiyá ʔaʔ tə ləpláš. *They ate breakfast there working at the lumber mill.* (MJ)}

kʷənsít ⟦√kʷən-sít √see-bene⟧ ☞ kʷə́nt to look at (something) for someone, look after (something) for someone. (AS,BC) {**kʷənsít** cxʷ. *You looked at it for him.* (TC)} VAR: kʷənəsít [ES insists on pronunciation with the unstressed schwa before the -sít.] (ES) {**kʷənəsít** cn. *I looked at it for him.* (ES) | ʔuʔ**kʷənəsít** cn kʷsə nətán. *I looked at it for my mother.* (TC)}

kʷənsítəŋ ⟦√kʷən-sít-ŋ √see-bene-psv⟧ ☞ kʷənsít to have (something) looked at by someone. {**kʷənsítəŋ** cn. *He looked after it for me.* (TC) | ʔuʔ**kʷənsítəŋ** yaʔ cn. *He looked at it for me.* (AS)}

k̓ʷə́nt ⟦√k̓ʷən-t √see-trns⟧   to look at, glance at something. (JCo; AS,BC; WB,AS,BC) {ʔuʔk̓ʷə́nt caʔn. *I'm going to look at it.* (AS,BC) | k̓ʷə́nts cə txʷnə́wəcən. *He looked at the other side.* (ES) | ʔə́c ʔuʔ k̓ʷə́ntxʷ? *Did you come to see me?* (EPT) | nił č suʔćíŋis ʔiʔ k̓ʷə́nts. *It came close, and he looked at it.* (ES) | hiyáʔ caʔn k̓ʷə́nt. *I will see him. / I'll go look at her.* (MJT; AS) | suʔhiyáʔs ʔiʔ k̓ʷə́nt cə Louisa. *So he went and looked at Louisa.* (MJ) | k̓ʷə́nts cə x̣aʔx̣iyəwé?č. *She looked at Chipmunk.* (MJ) | k̓ʷə́nt cn ʔuʔx̣ə́nə. *I looked at all of them.* (MJT) | nił č suʔk̓ʷə́nts cə x̌łálc. *She looked at the sea.* (AS) | ʔuʔx̣ə́ṅ či sk̓ʷə́nts. *He looked it over.* (AS) | hiyáʔ cn k̓ʷə́nts tə nəsčáʔcaʔ. *I'm going to see my friend.* (LC) | nił suʔx̌áyucis ʔiʔ k̓ʷə́nts. *Then he stopped and looked at it.* (ES) | ʔáx̣əŋ ʔaʔ či shiyáʔs caʔ k̓ʷə́nt kʷsə ṅtán. *He said he is going to see your mother.* (AA) | ʔənʔá či k̓ʷə́nt kʷə ncáčc. *Come see your uncle.* (EPT) | ʔə́c u k̓ʷə́ntxʷ háyə? *Is it me you folks see?* (EPT) | ʔuʔx̣ə́ṅ č ʔuʔ qʷúʔ ti k̓ʷə́ns ʔəł k̓ʷə́nts. *It was all water she saw when she looked.* (MJ) | sx̌éʔs či sʔə́ẏs či sk̓ʷə́nts tsə sq̓x̣ə́yuʔ. *She wanted the clams to look nice.* (MJ) | nił siʔnéʔs ʔiʔ k̓ʷə́nts či sx̌éʔs ʔiʔ łkʷíts ʔiʔ q̓ʷíŋəts. *Then he's see there was something he wants he'd hook it and haul it out of the water.* (ES) | saʔác yaʔ cxʷ kʷaʔ k̓ʷə́ntən. *You were telling me to look at it.* (TC) | nił nsuʔx̣ənʔátəŋ kʷaʔ ʔə́cts či sk̓ʷə́nts či sq̓x̣ə́yuʔ. *Then I was told that the one watching the clams would be me.* (MJ) | ʔiʔ x̣ənʔáxʷ cn, "ʔúyəł ʔaʔ cə ṅsčaʔkʷaʔyúł ʔiʔ ŋx̣áct hiyáʔ kʷéʔit k̓ʷə́nt kʷaʔ stánəs kʷaʔ níłs cán." *And I said to here, "Get in your car and hurry to go peek and look at whatever, whoever it is."* (ES) | ʔncə́qʷ či sčə́qʷəwc ʔiʔ ʔáw c xʷəṅʔáŋ cə sčə́qʷəwc k̓ʷə́nts. *A fire is red, but the fire he saw was not like that.* (ES)} VAR: k̓ʷə́nət (JCo; ES,TC) {k̓ʷə́nəts. *He looked at it.* (TC) | k̓ʷə́nət cn. *I looked at it.* (TC) | hiyáʔ cn k̓ʷə́nət. *I went to look at it.* (TC) | nił suʔhiyáʔs k̓ʷə́nəts. *So they went to look at it.* (TC) | ʔuʔx̣ə́nə st ʔuʔ k̓ʷə́nət. *We all looked at it.* (MJT) | ʔáw cə nəsx̌éʔ či nəsk̓ʷə́nət cə snə́xʷł. *I don't want to look at that canoe.* (TC) | ʔáwə c nəsx̌éʔ či nəsk̓ʷə́nət. *I don't want to look at it.* (TC) | ʔáwə c nəsx̌éʔ či ṅsk̓ʷə́nət. *I don't want you to look at it.* (TC) | k̓ʷə́nət cn cə snə́xʷł ʔəṅstákʷəyu. *I looked at the canoe you bought.* (TC) | saʔác yaʔ cxʷ kʷaʔ k̓ʷə́nətən. *You were telling me to look at it.* (TC) | k̓ʷə́nət cn cə snə́xʷł nəstkʷsíc. *I looked at the canoe I bought you.* (TC) | k̓ʷə́nət cn cə snə́xʷł ʔəṅstkʷsícən. *I looked at the canoe you bought me.* (TC) | nił nsuʔsqéyŋ ʔiʔ hiyáʔ cn k̓ʷə́nət či k̓ʷə́ns cə swéʔwəs. *Then I went out to go look at what the young man saw.* (ES)} VAR: k̓ʷə́nnt (AS,BC)

k̓ʷə́ntəŋ ⟦√k̓ʷən-t-ŋ √see-trns-psv⟧ ☞ k̓ʷə́nt to be looked at, seen by someone. (AS,BC) {k̓ʷə́ntəŋ cn. *He sees me.* (EPT) | nił nsuʔk̓ʷə́ntəŋ. *Then he looked at me.* (ES) | ʔiʔ k̓ʷə́ntəŋ ʔaʔ kʷi sʔúqʷaʔs. *His brother looked at him.* (ES) | k̓ʷə́ntəŋ cn ʔaʔ kʷə swə́ẏqaʔ. *I was looked at by that man.* (TC) | k̓ʷə́ntəŋ cn ʔaʔ kʷə nəʔiyáʔiŋ. *My parent looked at me.* (MJ) | k̓ʷə́ntəŋ ʔaʔ kʷsi nəsíyaʔ cə cicáyəss. *My grandmother looked at her hands.* (MJ) | ʔiʔ nił tsəwnił nəŋə́naʔ ʔaʔ nəsxʷáła kʷə tə nəsk̓ʷə́ntəŋ kʷə. *And it is my daughter that I'm here with who looks after me.* (BH)} VAR: k̓ʷə́nətəŋ {ʔánət cn či nəsk̓ʷə́nətəŋ. *I let him look at me.* (TC) | kʷłníł kʷi suʔk̓ʷə́nətəŋł. *Now they're looking at us.* (AS) | k̓ʷə́nətəŋ č caʔ cxʷ. *He will see you.* (MJT) | ʔənʔá cn k̓ʷə́nətəŋ. *They came to look at me.* (TC) | nił suʔhiyáʔs k̓ʷə́nətəŋ. *So they went to look at it.* (TC) | ʔáwə c sáʔsiʔsiʔ kʷaʔ k̓ʷə́nətəŋəxʷ. *Don't be afraid if he looks at you.* (MJT) | k̓ʷə́nətəŋ cə snə́xʷł ʔaʔ cə swə́ẏqaʔ tákʷs. *The man looked at the canoe he bought. / The canoe was looked at by the man that bought it.* (TC)}

k̓ʷə́ntxʷ ⟦√k̓ʷən-txʷ √see-letcaus⟧ ☞ k̓ʷə́nt to let someone see (something). {k̓ʷə́ntxʷ kʷə ncə́t. *Let your father see it.* (MJ)}

k̓ʷənúʔəs ⟦√k̓ʷən=u<ʔə>s √see=face<actl>⟧ ☞ k̓ʷənús to be looking at, watching a particular place, looking toward, facing. (AS) {ʔuʔk̓ʷənúʔəs cn ʔaʔ cə qaʔqtəmúsəŋ. *I'm looking at the ball game.* (AS)} VAR: k̓ʷənʔúʔəs {nił skʷáł sxʷk̓ʷənʔúʔəs. *He is the one we look toward.* (BH)}

k̓ʷənúł ⟦√k̓ʷən-uł √see-compl⟧ ☞ k̓ʷə́nt
1. to observe, watch, see and understand, pay attention. (AS,BC) {k̓ʷənúł cn. *I was watching.* (AS) | k̓ʷənúł kʷi. *Pay attention.* (MJT) | kʷłʔáwənə nsxʷk̓ʷənúł ʔaʔ či háʔł. *I can't see well.* (RSh) | nił kʷi kʷsə kʷłčə́q k̓ʷənúł. *It's the elder that's watching.* (AS) | ʔuʔccíłəŋ cn ʔuʔk̓ʷənúł cə məkʷéʔəŋəł yaʔ. *I was standing, watching the funeral.* (MJ) | nił suʔx̣ə́nəs cə kʷłčə́q, "ʔáwənə nəsk̓ʷənúł." *Then the old person said, "I can't see."* (MJ)}
2. to take a lesson (from observing). {k̓ʷənúł kʷi. *Take lessons.* (MJT) | k̓ʷənúł cxʷ. *See that?* ⟪USAGE: This can be slightly insulting. It is used to mean something like "See, you could've done that? What's the matter with you?" or "See that? It could be done. Why didn't you do it?"⟫ (AS,BC) | ʔuʔk̓ʷənúł cn. *I'm taking lessons.* (MJT)}

k̓ʷənúłt ⟦√k̓ʷən-uł-t √see-compl-trns⟧ ☞ k̓ʷənúł to observe, watch, learn from someone or something. {k̓ʷənúłt cn cə. *I'm watching him.* (AS)} VAR: k̓ʷənúłt {x̌áy k̓ʷənúłts tə súł. *Again he watched the road.* (MJ)}

k̓ʷənúłtəŋ ⟦√k̓ʷən-uł-t-ŋ √see-compl-trns-psv⟧ ☞ k̓ʷənúłt to be observed, watched. {k̓ʷənúłtəŋ cn. *They were watching me.* (AS)}

k̓ʷənús ⟦√k̓ʷən=us √see=face⟧ ☞ k̓ʷə́nt to look at, watch a particular place. {ʔuʔk̓ʷənús cn. *I'm looking (at it).* (AS)}

k̓ʷənúst ⟦√k̓ʷən=us-t √see=face-trns⟧ ☞ k̓ʷə́nt to look someone right in the face, look at something directly. {k̓ʷənúst cn. *I looked him right in the face.* (AS,BC) | k̓ʷənúst cn cə swə́ẏqaʔ.

I looked the man in the face. (AS) | kʷənúst cn cə snúʔnəkʷ. *I looked directly at the ghost.* (AS,BC)}

kʷənústəŋ ⟦√kʷən=us-t-ŋ √see=face-trns-psv⟧ ☞ kʷənúst *to be looked at directly in the face.* {**kʷənústəŋ** cn. *He looked me in the face.* (AS,BC; AS)}

kʷənánx̣ʷ ⟦√kʷən<ʔ>=an<ʔ>x̣ʷ √see<actl>=sky<actl>⟧ ☞ kʷə́nnəxʷ *to be watching a change of weather.* (ES) {**kʷənánx̣ʷ** cn. *I'm watching the weather.* (TC)} VAR: kʷənáʔinəxʷ (ES)

kʷə́nc ⟦√kʷən<ʔ>-t-c √see<actl>-trns-1obj/2obj⟧ ☞ kʷə́nt *looking at me; looking at you.* (ES,TC)

kʷəncéʔnəŋ ⟦√kʷən<ʔ>=uci<ʔ>n-ŋ<ʔ>⟧ √see<actl>=mouth<actl>-mdl<actl>⟧ ☞ kʷəncínəŋ *to be cooking.* (MJT) {ʔúxʷ či kʷənət či ńkʷəncéʔnəŋ. *Go look at your cooking.* (MJT) | ɬúqʷəŋ u či ńskʷəncéʔnəŋ, ƛə́qʷəm? *Did what you're cooking boil, honey?* (MJT)}

kʷəncút ⟦√kʷən<ʔ>-cut √see<actl>-rflxv<actl>⟧ [rightward stress shift with actual] ☞ kʷənəcút *to be looking at, looking after oneself.* {ʔə́y či ńskʷəncút. *Take good care of yourself.* (ES)} VAR: kʷə́nct (ES,TC) {ʔə́ytxʷ či ńskʷə́nct. *Look after yourself./ Take good care of yourself.* (TC)}

kʷəníc ⟦√kʷən<ʔ>-i-t-c √see<actl>-persist-trns-1obj/2obj⟧ ☞ kʷənít *watch, see me; watch, see you.* (ES; TC) {**kʷəníc** u cxʷ? *Do you see me? / Are you watching me?* (ES) | **kʷəníc** cn. *I see you.* (ES) | ʔuʔkʷəníc yaʔ cn. *I was looking at you.* (TC) | stáŋ ʔuč tiʔə kʷəníc? *What is this watching me?* (MJT) | ʔáwənə nəsxʷkʷəníc. *I don't see you.* (ES) | ʔuʔkʷəníc cn ʔaʔ kʷi ńscsə́təŋ ʔaʔ cə swə́yqaʔ. *I was watching you when you got hit by that man.* (TC) | ʔuʔiʔkʷəníc cn ʔaʔ kʷə ńsʔiʔčiʔáʔəw̓ hay ʔaʔ kʷi táŋən. *I saw you folks when you were passing by in the evening.* (EPT)}

kʷənít ⟦√kʷən<ʔ>-i-t √see<actl>-persist-trns⟧ ☞ kʷənít Stem: kʷəntí [stem for the third-person main clause subject and subordinate subjects] *to be looking at, staring at, watching something; to be reading something.* (JCo; ES; AS) {**kʷənít** cn. *I'm watching it.* (JCo; ES; TC) | **kʷənít** cxʷ. *You are watching it.* (JCo) | **kʷənít** u cxʷ. *Are you are watching it.* (JCo) | tuʔawkʷəníts cə stúʔwiʔ. *He's still looking at the river.* (MJT) | ʔuʔkʷənít cn ʔaʔ ti ʔuʔx̣əńáɬ. *I see him all the time.* (TC) | ʔuʔkʷənít ʔaʔ kʷi ʔuʔqaʔqaʔyís. *I watched it for a little while.* (TC) | **kʷənít** cn ʔaʔ kʷi nəscsə́təŋ. *I watched him hit me.* (TC) | híc tə nəskʷənít. *I watched it a long time.* (TC) | híc cn kʷənít. *I've been watching it a long time.* (TC) | čəyáy tə nəsuʔkʷənít. *I barely see it.* (TC) | **kʷənít** cn ʔaʔ kʷi sx̣kʷə́ts. *I was watching when they took it.* (LC) | ʔuʔkʷənít cn ʔiʔ kʷiʔxʷtíŋtəŋ ʔaʔ cə q̓ɬúməčən. *I was watching them, and they got jumped on by the blackfish.* (TC) | ʔəc yaʔ sáysiʔ ʔaʔ kʷi nəskʷənít yaʔ. *I was frightened at what I was watching.* (TC) | húʔ cxʷ kʷaʔčaʔ, kʷənít ti kʷəyəŋ ti ččšə́yə ʔiʔ kʷəníts cə ʔənəcqʷ. *So when you see a kingfisher flying, you see red.* (AA) | **kʷəntís** canu suʔwə́yqaʔ txʷnə́wəcən ʔaʔ cə stútaʔwiʔ. *He watched those men on the other side the creek* (ES) | nsuʔhiyáʔ ʔúxʷ ʔaʔ tə sʔəmtáwtxʷ ʔiʔ kʷənít cn tə pípə ʔiyá. *I went to the outhouse and was reading the paper there.* (MJ)} VAR: kʷənʔít (ES) {**kʷənʔít** cn. *I'm looking at it.* (TC) | ʔáwənə nsxʷkʷənʔít. *I don't see it.* (ES; TC) | nítɬ suʔkʷənʔíts cə ƛ̓áwəsənaʔ. *Then the saw a star.* (AA)}

kʷənkʷín *expecting.* See under: kʷaʔkʷín

kʷə́nnəxʷ ⟦√kʷən<ʔ>-nax √see<actl>-nctrns⟧ ☞ kʷə́nnəxʷ Stem: kʷə́nn [stem for subject suffixes] *to be seeing something.* {**kʷə́nnəxʷ** cn cə scəyíqʷɬ. *I see the fruit.* (AS) | nítɬ sxʷnítɬs ti qáʔŋi ʔáw c šéʔtəŋ ʔaʔ ti ʔuʔ x̣əńə kʷə́nnəs. *That is why a girl should not be wishing for everything she sees.* (AA)}

kʷə́nsc ⟦√kʷən<ʔ>-stxʷ-c √see<actl>-caus-1obj/2obj⟧ ☞ kʷə́nstxʷ *showing me; showing you.* {**kʷə́nsc** cn. *I'm showing it to you.* (MJT)}

kʷə́nsíc ⟦√kʷən<ʔ>-sít-c √see<actl>-bene-1obj/2obj⟧ ☞ kʷənsít *looking after something for me; looking after for you.* {**kʷə́nsíc** cxʷ. *You're looking after it for me.* (TC)} VAR: kʷənsícəŋ {**kʷənsícəŋ** cxʷ. *You're looking after it for me.* (TC) | **kʷənsícəŋ** u cxʷ? *Are you going to look after it for me?* (TC)}

kʷə́nstəŋ ⟦√kʷən<ʔ>-stxʷ-ŋ<ʔ> √see<actl>-caus-psv<actl>⟧ ☞ kʷə́nstxʷ *being shown (something) by someone.* {skʷə́nstəŋɬ. *They're showing it to us.* (MJT)}

kʷə́nstxʷ ⟦√kʷən<ʔ>-stxʷ √see<actl>-caus⟧ ☞ kʷə́nəstxʷ *to be showing someone (something).* {ʔə́y kʷaʔčaʔ či skʷə́nstxʷs tiə sx̣əyéʔƛ̓qɬ. *It's good to be showing these children.* (TC)}

kʷə́nt ⟦√kʷən<ʔ>-t √see<actl>-trns⟧ ☞ kʷə́nt
1. *to be looking at something.* {**kʷə́nts** cə stúʔwiʔ. *He's looking at the river now.* (MJT) | ʔáwə c **kʷə́nt**. *Don't look at it.* (TC) | nítɬ suʔiyás ccíɬəŋ **kʷə́nt**. *So he was standing there looking at them.* (ES) | stáŋ ʔay cə **kʷə́nt**xʷ? *What are you looking at?* (ES)}
2. *to be looking after, taking care of someone or something.* {ʔə́y či ńs**kʷə́nt**. *You're looking after him well.* (ES) | ʔə́ytxʷ či ńs**kʷə́nt**. *Look after him well.* (ES) | ʔuʔə́y tə nəs**kʷə́nt**. *I looked after him well.* (TC) | ʔə́y ta tə nəs**kʷə́nt**. *I did look after him well.* (TC) | ʔə́y caʔ tə nəs**kʷə́nt**. *I'm going to look after him well.* (TC) | ʔə́ytxʷ či ń**kʷə́nt** tsiʔə ńsxʷtaləháy. *Take good care of your pocketbook.* (MJT) | kʷɬhíc či ńs**kʷə́nt** tiə məyúsmus. *I've been looking after these cows since long ago.* (MJ) | ʔuʔx̣əńáɬ caʔ či suʔə́ys či nəs**kʷə́nt** tiə ńsʔə́ŋaʔc. *I will always take good care of this that you give me.* (TC)}

kʷə́ntəŋ ⟦√kʷən<ʔ>-t-ŋ<ʔ> √see<actl>-trns-psv<actl>⟧ ☞ kʷə́ntəŋ *being looked at, looked after by someone.* {ʔə́y tə nəs**kʷə́ntəŋ**. *They looked after me well.* (TC) | mán ʔuʔ ʔə́y nəsk̓ʷə́nti̓ŋ. *She looks after me very well.* (TC) | nəsxʷk̓ʷə́nti̓ŋ ʔaʔ kʷə nəsʔiʔšáʔwiʔ ʔəɬ ʔáwənəs kʷɬi nətán. *It was what was looking after me while I was growing when my mother had passed away.* (MJ)}

k̓ʷəntíŋ ⟦√k̓ʷn<ʔ>-t-i-ŋ<ʔ>⟧ √see<actl>-trns-persist-psv<actl>⟧ ☞ k̓ʷənítəŋ being watched, looked at, inspected, read by someone. (TC) {húy ti nəsuʔk̓ʷə́nti̓ŋ. *He just watched me.* (MJ) | suʔk̓ʷə́nti̓ŋs ʔaʔ cə táns ʔiʔ cə́ts. *She was being watched by her mother and her father.* (EB) | níɬ č suʔk̓ʷə́nti̓ŋs ʔaʔ cə sk̓ʷtúʔ cawnił šč̓qʷáʔič. *Then Bear was being watched by Raven.* (TC)} VAR: k̓ʷənítəŋ (JCo; EB) VAR: k̓ʷənətíŋ (ES; ES,TC) ⟦√k̓ʷən-t-i-ŋ<ʔ>⟧ √see-trns-persist-psv<actl>⟧ {k̓ʷə́nətíŋ cxʷ. *They're watching you. / He can see you.* (MJT; ES) | k̓ʷə́nətíŋ cn. *They're looking at me. / He was watching me.* (MJT; ES)} VAR: k̓ʷəntíŋ (MJ) VAR: k̓ʷənətíŋ {k̓ʷə́nətíŋ cn. *They're watching me.* (ES) | ʔuʔhúy ʔuʔ k̓ʷə́nətíŋ ʔaʔ tə čəʔəsqást sisiyáʔiɬs cawnił q̓áʔŋi. *It was seen only by the girl's in-laws who were outside.* (EB)} VAR: k̓ʷənʔítəŋ ⟦√k̓ʷən<ʔ>-i-t-ŋ √see<actl>-persist-trns-psv⟧ {k̓ʷə́nʔítəŋ cawnił swə́y̓qaʔ. *They're looking at that man.* (AS,BC)}

k̓ʷəntúy̓ ⟦√k̓ʷən<ʔ>-tuy̓ √see<actl>-comit⟧ ☞ k̓ʷə́nt to be seeing each other. {k̓ʷə́ntúy̓ yaʔ st. *We saw each other.* (BC)}

k̓ʷənúɬ ⟦√k̓ʷən<ʔ>-uɬ √see<actl>-compl⟧ ☞ k̓ʷə́nt to be observing, watching. (HS,ES,TC,AS) {k̓ʷə́nú́ɬ u cxʷ? *Do you see and understand?* ⟪This would be said to a young person when looking at someone else who may be a good or bad example: "Do you see what could happen to you?"⟫ (HS,AS) | k̓ʷə́nú́ɬ cn. *I can see it.* (TC) | ʔáwənə nəsxʷk̓ʷə́nú́ɬ. *I can't see.* (TC) | k̓ʷə́nú́ɬ ʔaʔ tə nəsɬíčt tə nəččxáɬč. *He was watching me cut up the nettles.* (MJT)}

k̓ʷə́s ⟦√k̓ʷs √count⟧
1. to be counted. (AS) {ʔuʔk̓ʷə́s u cxʷ? *Are you counted?* (AS)}
2. to be preached to, advised, lectured. (AS) {ʔuʔk̓ʷə́s u cxʷ? *Are you getting advised?* (AS)}

k̓ʷə́sc ⟦√k̓ʷ<ə́>s-t-c √count<actl>-trns-1obj/2obj⟧ ☞ k̓ʷə́st lecturing me; lecturing you. {k̓ʷə́sc cn. *I'm giving you a lecture.* (MJT)}

k̓ʷə́səŋ ⟦√k̓ʷ<ə́>s-ŋ<ʔ> √count<actl>-mdl<actl>⟧ [actual metathesis] ☞ k̓ʷsə́ŋ
1. to be counting. (ES,TC; ES) {k̓ʷə́səŋ cn. *I'm counting.* (MJT) | k̓ʷə́səŋ cn kʷi. *I'm counting.* (NS,JW) | ʔuʔk̓ʷə́səŋ u cxʷ hay? *Are you people counting?* (NS,JW) | ʔuʔáw kʷi c k̓ʷə́səŋ. *Don't count.* (NS,JW) | ʔáwə c c̓ápc; k̓ʷə́səŋ cn. *Don't bother me, I'm counting.* (EPT)}
2. to be preaching, lecturing. {hiyáʔ yaʔ st yaʔyáʔnəŋ ʔaʔ či k̓ʷə́səŋ. *We went to hear the preaching.* (AS)} VAR: k̓ʷə́sən (AS) {k̓ʷə́səŋ yaʔ cn. *I was counting.* (AS)}

k̓ʷəsə́yu ⟦√k̓ʷas-əyu √scorch-activ⟧ ☞ k̓ʷás to toast, scorch. {k̓ʷə́sə́yu cn ʔaʔ cə sx̣áč. *I toasted the dried fish.* (AS)}

k̓ʷə́snəq ⟦√k̓ʷ<ə́>s-ənəq √count<actl>-hab⟧ ☞ k̓ʷsə́nəq to be preaching, lecturing, advising, making speeches. (ES; TC) {k̓ʷə́snəq cn. *I'm preaching.* (ES; TC)} VAR: k̓ʷə́sənəq (ES; HS; TC) {huʔyaʔyəŋəcút cn kʷi ʔaʔ cə k̓ʷə́sənəq. *I'm listening to the preaching.* (MJT)}

k̓ʷə́sqq robin. *See under:* sk̓ʷə́sqq

k̓ʷə́ssə́n scald foot. *See under:* k̓ʷássən

k̓ʷə́st ⟦√k̓ʷ<ə́>s-t √count<actl>-trns⟧ ☞ k̓ʷsə́t
1. to be counting something. {k̓ʷə́st cn cə nəŋə́nəŋənaʔ. *I'm counting my kids.* (TC)}
2. to be lecturing, advising, preaching to someone, giving advice to someone. {k̓ʷə́st cn cə nəŋə́nəŋənaʔ. *I'm lecturing my kids.* (TC)}

k̓ʷə́stəŋ ⟦√k̓ʷ<ə́>s-t-ŋ √count<actl>-trns-psv⟧ [actual counter metathesis] ☞ k̓ʷsə́təŋ
1. being counted. (AS) {k̓ʷə́stəŋ st ʔaʔ tə siʔám̓. *The boss counted us.* (AS)}
2. being lectured, advised, preached to. {k̓ʷə́stəŋ cn. *They're preaching to me.* (AS) | k̓ʷə́stəŋ st. *They advised us. / They're preaching to us.* (AS) | k̓ʷə́stəŋ cn ʔaʔ cə nséʔyaʔ. *I was advised by my grandmother.* (AS) VAR: k̓ʷə́stəŋ (ES) {k̓ʷə́stəŋ cn. *They lectured me.* (ES; TC,AS,BC)}

k̓ʷə́stəŋáw̓txʷ ⟦√k̓ʷ<ə́>s-t-ŋ<ʔ>=aw̓txʷ √count<actl>-trns-psv<actl>=house⟧ ☞ k̓ʷə́stəŋ education department, school. (AS,BC) [neologism]

k̓ʷə́wiʔ ⟦√k̓ʷəwy̓ʔ √skin⟧
1. skin, animal hide. (EPT; LST; MJT; LC; ES; BC) {k̓ʷə́wiʔ ʔaʔ číkən. *Chicken skin, goose pimples* (TC) | ʔáwənə q̓i nək̓ʷə́wi! *I have no skin!* (TC) | nuʔk̓ʷə́wiʔ. *It looks like skin.* (MJT) | čičə́x cə n̓k̓ʷə́wiʔ. *Your skin will wear out.* (ES) | ʔáwənə q̓i nə k̓ʷə́wiʔ. *I don't have skin.* (ES) | ɬə́q̓ʷ tə nk̓ʷə́wiʔ. *My skin peeled off.* (AS,BC) | suʔxčnáxʷs ʔaʔ či šč̓qʷáʔič k̓ʷə́wiʔ. *He figured it was a bear hide.* (ES) | níɬ kʷi suʔsík̓ʷtəŋs kʷə k̓ʷə́wiʔs kʷə músmus. *Then they skinned the cow.* (AS)}
2. buckskin, leather, fur, pelt. (EPT; MJT; LC)
3. any tree bark. (ES) VAR: k̓ʷə́wiʔ (TC) VAR: k̓ʷə́wi (AS,BC)

k̓ʷəwléʔqʷ ⟦√k̓ʷəwy̓=iʔqʷ √skin=head⟧ [The /l/ here indicates that this form is borrowed.] ☞ sk̓ʷaʔwəy̓éʔqʷ to be bald. (AS,BC; AS) VAR: k̓ʷəwəléʔqʷ ✱nickname given by Emily Sampson, grandmother of AS, to a German immigrant named Mr. Peters who lived up on top of the hill above the old Sampson homestead on the Elwha (AS,BC) VAR: ʔəsk̓ʷəléʔqʷ (MJT)

k̓ʷə́y ⟦√k̓ʷəy √control⟧
1. to be blocked by any obstacle. {k̓ʷə́y cə nšə́təŋ. *My walking is blocked.* ⟪used as a warning or as 'excuse me' when someone or something is in one's way⟫ (ES)}
2. brush, thicket, dense woods where there is no trail; clutter, mess. (MJT; HS; ES; TC; AS,BC) {xʷítəŋ

ʔiʔsuʔə́ct ʔaʔ tə k̕ʷə́y. *She jumped into the bush where it was dense.* (ES) | ʔiyá ʔaʔ tə k̕ʷə́y sctə́ŋxʷən. *They were there in the brushy land.* (MJ) | x̌čáʔwəɬ ʔaʔ cə k̕ʷə́y. *It's under the bushes.* (MJ) | húʔ caʔ cxʷ ʔuʔáwə c ʔúŋəsc, ʔiʔ q̕ʷúčc caʔn ʔuʔáɬaʔ ʔaʔ tiək̕ʷə́y. *If you don't give it to me, I'll beat you up here in the bushes.* (MJ)} VAR: k̕ʷáy (AS) {mán̓ ʔuʔ k̕ʷáy cə nəgarage. *My garage is very cluttered.* (AS,BC) | ʔuʔmán̓ ʔuʔ k̕ʷáy kʷi súɬ. *The road is very obstructed.* (AS)}

k̕ʷəyaʔčə́ntč ⟦√k̕ʷ<əy>əʔčə́ntč √shark<pl>⟧ ☞ k̕ʷaʔčə́ntč several sharks. (MJT) {níɬ kʷi suʔə́y̓s ti **k̕ʷəyaʔčə́ntč**. *The sharks are good.* (AS)} VAR: k̕ʷəyəčə́ntč (MJT)

k̕ʷəyaʔk̕ʷaʔčə́ntč small sharks. *See under:* k̕ʷaʔyaʔk̕ʷaʔčə́ntč

k̕ʷə́yəčən ⟦√k̕ʷəyəčən √grizzly⟧ [may have suffix for 'back']
1. grizzly bear. *Ursus arctos.* (LST; AS,BC; ES) {ʔuʔɬə́ŋ ʔuʔ xʷənʔáŋ ʔaʔ kʷi **k̕ʷə́yəčən**. *It was just like a grizzly bear.* (AS) | suʔčə́y̓əss cə **k̕ʷə́yəčən** ʔiʔ hiyáʔ həwíyəŋ. *The grizzly turned around and went back.* (MJ)}
2. mountain lion, cougar. *Puma concolor.* (CWH; HJH; EPT; MJT) ⟪Harrington transcribes this with an initial /q̕ʷ/.⟫ cp. q̕əwičə́p

k̕ʷəyəmámaʔ ⟦√k̕ʷ<əy>mamah √trout<pl>⟧ ☞ k̕ʷəmámah several trout. (MJT)

k̕ʷə́yəŋ ⟦√k̕ʷəy-ŋ √itch-mdl⟧ to feel itchy. (MJT; TC) {**k̕ʷə́yəŋ** cn. *I got the itch.* (TC)} VAR: k̕ʷə́yəŋ (MJT)

k̕ʷə́yəs ⟦√k̕ʷ<əy>as √scorch<pl>⟧ ☞ k̕ʷás to get scorched, scalded, toasted, burned (of several). (AS) {**k̕ʷə́yəs** kʷi kʷiə saplín. *Toast a bunch of bread.* (AS)}

k̕ʷə́yəsqq ⟦√k̕ʷə<yə>sqq √robin<pl>⟧ ☞ sk̕ʷə́sqq several robins.

k̕ʷə́yət prevent it. *See under:* k̕ʷčə́t

k̕ʷəyə́yəčən ⟦√k̕ʷ<əy>əyəčən √grizzly<pl>⟧ ☞ k̕ʷə́yəčən
1. several grizzly bears. (AS)
2. several cougars. (EPT) VAR: k̕ʷik̕ʷəyíčən (AS) ⟦k̕ʷy + √k̕ʷəyičən pl + √grizzly⟧ VAR: k̕ʷk̕ʷíyčən (EPT) ⟦k̕ʷ + √k̕ʷ<í>yčən pl + √grizzly<pl>⟧ VAR: k̕ʷik̕ʷə́yəčən ⟦k̕ʷy + √k̕ʷəyəčən pl + √grizzly⟧ (MJT)

k̕ʷə́yiʔ ⟦√k̕ʷəy-iy √control-dev⟧ ☞ k̕ʷə́y to be greedy, hoggish. (ES)

k̕ʷəyíɬuʔ staying with in-laws. *See under:* k̕ʷiʔk̕ʷaʔɬú

k̕ʷə́yk̕ʷəyəs ⟦k̕ʷəy + √k̕ʷ<əy>as char + √scorch<pl>⟧ [This is, apparently, a characteristic form derived from the collective plural.] ☞ k̕ʷə́yəs to get burned. {**k̕ʷə́yk̕ʷə́yəs** cn. *I got burned.* (MJT)}

k̕ʷə́yŋsən ⟦√k̕ʷəyŋsən √eagle⟧ [analysis uncertain - This possibly has the 'foot' suffix, but speakers do not identify the root here with any other.] eagle, bald eagle, golden eagle. (MJT; AS,BC; ES) *Haliaeetus leucocephalus; Aquila chrysaetos.* (ABT) cp. =sən cp. k̕ʷə́yəŋ {kʷtúsən cn k̕ʷə́nt cə **k̕ʷə́yŋsən**. *I looked up looking at the eagle.* (AS)} VAR: k̕ʷə́yəŋsən (MJT; ES) VAR: k̕ʷə́yəŋsən (EPT; AB,ICT) {**k̕ʷaʔčáct** ʔə či **k̕ʷə́yəŋsən** syə́wən. *They seek the eagle's power song.* (MJT)} VAR: k̕ʷə́yŋsən (TC; ES) VAR: k̕ʷə́yŋsən (AS,BC) VAR: k̕ʷéyŋsən (ES) VAR: k̕ʷíyŋsən (ES) VAR: k̕ʷə́yiŋsən (ES)

k̕ʷəysə́ɬnəɬ ⟦√k̕ʷ<əy>as=əɬnɬ √scorch<pl>=throat⟧ ☞ k̕ʷə́yəs to burn the throat (drinking something hot). {**k̕ʷəysə́ɬnəɬ** cn *I got my throat burned.* (MJT) | ʔáwə c **k̕ʷəysə́ɬnəɬ**. *Don't burn your throat.* (MJT)}

k̕ʷə́ytəŋ be stopped. *See under:* k̕ʷčə́təŋ

k̕ʷəyássən ⟦√k̕ʷ<əy>as=sən √scorch<pl>=foot⟧ ☞ k̕ʷássən to burn one's foot. (ES) {**k̕ʷəyássən** u cxʷ? *Did you burn your foot?* (ES)}

k̕ʷə́yəs ⟦√k̕ʷəy=s √warm=day⟧ to be warm, calm. (TC) [possibly a loan from a neighboring language] {**k̕ʷə́yəs** tiə skʷáči. *It's a warm, calm day.* (AS)}

k̕ʷə́yk̕ʷəysə́ɬnəɬ ⟦k̕ʷəy + √k̕ʷəyas=əɬnɬ pl + √scorch=throat⟧ ☞ k̕ʷəysə́ɬnəɬ to burn the throat badly. (MJT) {**k̕ʷə́yk̕ʷəysə́ɬnəɬ** cn. *I burned my throat.* (MJT)}

k̕ʷə́yt ⟦√k̕ʷəy<ʔ>-t √control<actl>-trns⟧ [actual metathesis] ☞ k̕ʷčə́t to be stopping, restraining, blocking, preventing someone from doing something. {**k̕ʷə́yt** cn. *I prevented him.* (AS) | ʔáwə c **k̕ʷə́yt**. *Don't stop him.* (MJT) | **k̕ʷə́yt** yaʔ cn kʷi. *I was trying to stop him.* (MJT) | **k̕ʷə́yt** cn cə nnə́naʔ. *I'm correcting my child.* (AS)} VAR: k̕ʷə́čt ⟦√k̕ʷ<ə́>č-t √control<actl>-trns⟧ {**k̕ʷə́čt** cn. *I'm stopping him.* (TC)}

k̕ʷə́ytəŋ ⟦√k̕ʷəy<ʔ>-t-ŋ<ʔ> √control<actl>-trns-psv<actl>⟧ ☞ k̕ʷə́ytəŋ being compelled, controlled, corrected by someone. {**k̕ʷə́ytəŋ** cə qáʔŋiʔ ʔaʔ cə séʔyaʔs. *The girl was being corrected by her grandmother.* (AS)}

k̕ʷiʔk̕ʷaʔɬú ⟦k̕ʷy + √k̕ʷiɬuʔ pl + √stay_with_inlaw⟧ [The final stressed /u/ is very unusual. This may be a loan from some unknown language.] ☞ k̕ʷiɬuʔ to be living, staying with, visiting one's in-laws, one's spouse's family. (ES) VAR: k̕ʷík̕ʷaʔɬu (MJT) {**k̕ʷík̕ʷaʔɬu** kʷi Gene. *Gene is visiting his in-laws.* (MJT)} VAR: k̕ʷəyíɬuʔ ⟦√k̕ʷ<əy>iɬuʔ √stay_with_inlaw<pl>⟧ (MJT) {**k̕ʷəyíɬuʔ** u kʷi Gene? *Did Gene go to visit his in-laws?* (MJT)}

k̕ʷíc ⟦√wic √butcher⟧ [/w/ → /k̕ʷ/] to butcher, cut up. (AS,BC) {**k̕ʷíc** caʔn. *I'm going to butcher fish.* (EPT) | **k̕ʷíc** u caʔ cxʷ ʔə či salmon? *Are you going to butcher salmon?* (EPT)}

k̕ʷičiyéʔqʷ ⟦√wic-iy=iʔqʷ √butcher-dev=head⟧ [analysis uncertain - The semantics makes the given root identification dubious.] ☞ k̕ʷíc to pass out, faint, blackout, lose consciousness. {níɬ su**k̕ʷičiyéʔqʷ**s ʔiʔ uʔkʷɬníɬ suʔsistə́ŋs. *He passed* *out, and he fell.* (AS) | ʔiʔ uʔnít kʷi suʔ**k̓ʷičiyéʔqʷ**s kʷi ʔaʔyəcłtáyŋxʷ ʔiyá ʔiʔ sistə́ŋ. *And then the people that were there passed out and fell.* (AS)}

k̓ʷičiyéʔqʷəŋ ⟦√wič-iy=iʔqʷ-ŋ √butcher-dev=head-mdl⟧ ☞ k̓ʷičiyéʔqʷ to pass out, faint, blackout, keel over. {nił suʔ**k̓ʷičiyéʔqʷəŋ**s. *Then they keel over.* (MJT)}

k̓ʷíčt ⟦√wič-t √butcher-trns⟧ [/w/ → /k̓ʷ/] cp. ʔsk̓ʷéʔwəč ☞ k̓ʷíč
1. to butcher, gut, skin, clean, dress (an animal). (LC; ES; TC; AS,BC) {kʷ**k̓ʷíčt** cn. *I cleaned it already.* (LC) | hiyáʔ cn **k̓ʷíčt**. *I went to clean it (a fish).* (LC) | **k̓ʷíčt** cə n̓húʔpt. *butcher your deer.* (ES) | **k̓ʷíčt**s. *He butchered them.* (TC) | ʔiʔ nił č suʔ**k̓ʷíčt**s. *And then he butchered it.* (TC) | nił č suʔ**k̓ʷíčt**s ʔiʔ łk̓ʷísts. *Then they butchered it, and they took it home.* (AS)}
2. to slice, cut up (meat). {**k̓ʷíčt** či tiʔə sčánnəxʷ. *Cut this fish up.* (MJT)}

k̓ʷík̓ʷən̓ ⟦k̓ʷi+√k̓ʷin⟨ʔ⟩ actl+√how_many⟨actl⟩⟧ ☞ k̓ʷín how many (canoes). {hiʔ**k̓ʷík̓ʷən̓**? *How many (canoes) are coming?* (MJT) | hiʔ**k̓ʷík̓ʷən̓** ʔay̓ či ʔən̓ʔáʔə? *How many (canoes) are coming?* (MJT)}

k̓ʷik̓ʷə́st ⟦k̓ʷy+√k̓ʷəs-t pl+√count-trns⟧ ☞ k̓ʷsə́t to lecture, advise, preach to someone, give advice to a group of people. {**k̓ʷik̓ʷə́st** cn cə n̓ŋə́n̓ŋəna. *I advised my children.* (AS)}

k̓ʷik̓ʷə́stəŋ ⟦k̓ʷy+√k̓ʷəs-t-ŋ pl+√count-trns-psv⟧ ☞ k̓ʷsə́təŋ to be preached to, advised (of several or by a group). (AS) {**k̓ʷik̓ʷə́stəŋ** cn. *I got preached to. / He preached at me.* (AS) | **k̓ʷik̓ʷə́stəŋ** st. *They preached to us.* (AS,BC)}

k̓ʷik̓ʷə́wi ⟦k̓ʷy+√k̓ʷəwiʔ pl+√skin⟧ ☞ k̓ʷə́wiʔ several skins, hides. (AS,BC) VAR: k̓ʷk̓ʷíwiʔ (EPT) ⟦k̓ʷ+√k̓ʷ⟨í⟩əwiʔ pl+√skin⟨pl⟩⟧ VAR: k̓ʷiyə́wiʔ (MJT) ⟦√k̓ʷ⟨iy⟩əwiʔ √skin⟨pl⟩⟧

k̓ʷik̓ʷəyəcíyəŋ ⟦k̓ʷy+√k̓ʷəyac-iy-ŋ char+√slave-dev-mdl⟧ ☞ sk̓ʷə́yəc to be turning into a slave. (MJT)

k̓ʷik̓ʷə́yəčən grizzlies. *See under:* k̓ʷəyə́yəčən

k̓ʷik̓ʷəyíčən grizzlies. *See under:* k̓ʷəyə́yəčən

k̓ʷíłuʔ ⟦√k̓ʷiłuʔ √stay_with_inlaw⟧ to live, stay at one's spouse's land of origin, live with one's in-laws. (MJT; TC) {**k̓ʷíłuʔ** cn. *I'm living with my in-laws.* (TC) | hiyáʔ ʔúxʷtəŋ ʔaʔ cə sxʷʔiyás kʷaʔčaʔ s**k̓ʷíłuʔ**s. *They were brought there to live with their in-laws.* (TC)}

k̓ʷín ⟦√k̓ʷin √how_many⟧
1. how many, how much. (TC) {**k̓ʷín** st? *How many are we?* (TC) | **k̓ʷín** cə n̓sə́mi? *How many blankets do you have?* (TC) | **k̓ʷín** ʔay̓ či shiyáʔs? *How many go?* (AS,BC) | **k̓ʷín** yaʔ ʔay̓ kʷi ʔən̓sʔíłən? *How much did you eat?* (AS,BC) | **k̓ʷín** cxʷ sčiyánəŋ? *How old are you?* (AS,BC) | kʷ**k̓ʷín** cxʷ sčiyánəŋ? *How old are you?* (MJT) | ʔáwənə nəsxčít kʷaʔ **k̓ʷín**s skʷáči či ŋaʔkʷaʔcúts. *I don't know how many days they waited.* (ES) | nił kʷaʔ **k̓ʷín**s yaʔ tə skʷáči ʔiʔ ʔən̓á cə qʷúʔ. *It was so*

many days, and the water came. (ES)}
2. what time. {**k̓ʷín** kʷi ʔuč? *What time is it?* (ES) | **k̓ʷín** caʔ ʔiʔ hiyáʔ cxʷ? *What time are you going?* (TC)}

k̓ʷíns ⟦√k̓ʷin=s √how_many=day⟧ ☞ k̓ʷín how long in time, how many days, how many years. {ʔáwənə nəsxčít kʷi **k̓ʷíns** yaʔ čta sčiyánəŋ kʷə nəsʔiyá yaʔ. *I don't know how old I was when I was there.* (TC)}

k̓ʷíntxʷ ⟦√k̓ʷin-txʷ √how_many-letcaus⟧ ☞ k̓ʷín to let it be how many, how many should it be, how many do you want. (TC) {**k̓ʷíntxʷ** kʷi či saplín. *How much bread should it be.* (AS)}

k̓ʷináwin̓əxʷ ⟦√k̓ʷin=aʔwin̓əxʷ √how_many=year⟧ ☞ k̓ʷín to be how old, how many years. {**k̓ʷináwin̓əxʷ** cxʷ. *How old are you?* (MJT)} VAR: k̓ʷəná?win̓əxʷ {kʷł**k̓ʷəná?win̓əxʷ** cxʷ? *How old are you?* (MJT)}

k̓ʷíx̌ʷi ⟦√k̓ʷix̌ʷ-iy √blue-dev⟧ to be blue in color. (TC,AS,BC; AS,BC) {**k̓ʷíx̌ʷi** tə skʷáči. *The sky is blue.* (AS)} VAR: q̓íx̌ʷi (AS,BC) VAR: q̓ʷéx̌ʷiʔ (MJT; T) ((MJ clearly has uvulars /q̓ʷ/ and /x̌ʷ/ here, though velars /k̓ʷ/ and /x̌ʷ/ have been confirmed for other speakers.)) VAR: qʷə́x̌ʷi (LBH) VAR: q̓ʷə́y̓əxʷəy̓ (LB,CWH)

k̓ʷiyaʔk̓ʷíkʷs ⟦√k̓ʷəwyʔ=iws √skin=body⟧ [This form shows metathesis in the root as well as /w/ → /k̓ʷ/.] any tree bark (except fir bark). (AB,ICT) [Note that this word preserves the order of consonants from Proto-Straits: *k̓ʷ-l-w as in Saanich /k̓ʷələw/. Other words of this shape also show metathesis (Klallam /stúʔwiʔ/, Saanich /staʔləw/ 'river'). Also, in Klallam *l/*l̂ > y(i)/y̓(iʔ), regularly.] ☞ k̓ʷə́wiʔ

k̓ʷiyán̓ət ⟦√k̓ʷ⟨iy⟩anət √porpoise⟨pl⟩⟧ ☞ k̓ʷán̓ət several porpoises. (MJT)

k̓ʷiyə́nət ⟦√k̓ʷ⟨iy⟩ən-t √see⟨pl⟩-trns⟧ ☞ k̓ʷə́nt to look at, see several objects or by several people. {ʔuʔx̌ə́n̓ə caʔ cxʷ kʷi hayə ʔuʔ **k̓ʷiyə́nət**. *You folks will see them.* (MJT)}

k̓ʷiyə́yŋəsən ⟦√k̓ʷ⟨iy⟩əyŋsən √eagle⟨pl⟩⟧ ☞ k̓ʷə́yŋsən a group of eagles. (ES) VAR: k̓ʷik̓ʷə́yŋəsən (MJT) ⟦k̓ʷy+√k̓ʷəy⟨ʔ⟩ŋsən pl+√eagle⟨pl⟩⟧ VAR: k̓ʷik̓ʷə́y̓əŋəsən (MJT)

k̓ʷíyŋəsən eagle. *See under:* k̓ʷə́yŋsən

k̓ʷíy̓nəq ⟦√k̓ʷiy̓-ənəq √advise-hab⟧ to hand down advice, learning, knowledge, lessons to younger generations. ((USAGE: This cannot refer to handing down personal possessions such as physical objects or names.)) (AS) {**k̓ʷíy̓nəq** ti kʷłčəq kʷaʔ ʔáwəs c sxʷqaʔxqín ʔaʔ či ʔuʔstáŋ ʔuʔhiyíʔ x̌ʷənʔáŋ ʔaʔ či sk̓ʷəyaʔkʷaʔtúʔ. *The elders advised not to make fun of any living thing such as crows.* (MJ)}

k̓ʷk̓ʷíwiʔ skins. *See under:* k̓ʷik̓ʷə́wi

k̓ʷk̓ʷíyčən grizzlies. *See under:* k̓ʷəyə́yəčən

k̓ʷłx̌ʷiyúʔəŋ ⟦k̓ʷł-√x̌ʷ⟨iy⟩u⟨ʔə⟩ŋ⟨ʔ⟩ with-√cry⟨pl⟩⟨actl⟩⟧ ☞ k̓ʷłx̌ʷúʔuŋ a group of co

-mourners of a deceased. {ʔənk̕ʷɬxʷiyúʔəŋ. *Your co-mourners.* (MJT) | nək̕ʷɬxʷiyúʔəŋ. *My co-mourners.* (MJT)}

k̕ʷɬxʷúʔuŋ ⟦k̕ʷɬ-√xʷu<ʔə>ŋ<ˀ> with-√cry<actl>⟧ ☞ xʷuʔúŋ co-mourner of a deceased in-law. {ʔənk̕ʷɬxʷúʔuŋ. *Your co-mourner.* (MJT) | nək̕ʷɬxʷuʔúŋ. *My co-mourner.* ((USAGE: said to relative of a deceased in-law)) (MJT)} VAR: k̕ʷɬxʷuʔúŋ {nək̕ʷɬxʷuʔúŋ. *My co-mourner.* (MJT)}

k̕ʷqʷə́m axe. See under: sxʷk̕ʷqʷə́m

k̕ʷsács ⟦√kʷas=acis √scorch=hand⟧ ☞ k̕ʷás to scald, scorch, burn one's hand. (TC; AS) {k̕ʷsács cn. *I burned my hand.* (TC) | k̕ʷsács cn ʔaʔ cə sčə́qʷuc. *I burned my hand on the fire.* (TC) | k̕ʷsács cn ʔaʔ cə čə́q čkʷə́xən. *I burned my hand on the big frying pan.* (TC)}

k̕ʷsácst ⟦√kʷas=acis-t √scorch=hand-trns⟧ ☞ k̕ʷsács to burn, scald someone's hand. (AS,BC) {k̕ʷsácst cn cə swéʔwəs. *I burned the boy's hand.* (AS)}

k̕ʷsát toast it. See under: k̕ʷást

k̕ʷsátəŋ ⟦√kʷas-t-ŋ √scorch-trns-psv⟧ [metathesis with passive] ☞ k̕ʷást to be scorched, scalded, toasted by someone or something. (TC; ES) {k̕ʷsátəŋ kʷə sčánnəxʷ. *The salmon was toasted.* (AS)}

k̕ʷsə́ɬnəɬ ⟦√kʷas=əɬnɬ √scorch=throat⟧ ☞ k̕ʷás to burn the throat. {k̕ʷsə́ɬnəɬ cn. *I got my throat burned.* (MJT)}

k̕ʷsə́nəq ⟦√kʷs-ənəq √count-hab⟧ ☞ k̕ʷə́s to preach, lecture, advise, make a speech. (MJT; ES) {hiyáʔ caʔn k̕ʷsə́nəq. *I'm going to preach.* (MJT)}

k̕ʷsə́ŋ ⟦√kʷs-ŋ √count-mdl⟧ ☞ k̕ʷə́s to count. (NS,JW; TC; AS,BC; ES; AS) {k̕ʷsə́ŋ cn. *I counted.* (NS,JW) | k̕ʷsə́ŋ u cxʷ? *Did you count?* (NS,JW) | húy či k̕ʷsə́ŋ. *Go ahead and count.* (NS,JW) | ʔuʔáw caʔn kʷi c k̕ʷsə́ŋ. *I'm not going to count.* (NS,JW)}

k̕ʷsə́t ⟦√kʷs-t √count-trns⟧ ☞ k̕ʷsə́ŋ
1. to count something. (MJT; AS,BC) {k̕ʷsə́t či *Count it.* (EPT; ES) | k̕ʷsə́t cn cə ntálə. *I counted my money.* (AS) | k̕ʷsə́t cn cə nŋə́nŋənaʔ. *I counted my children.* (AS)}
2. to lecture, advise, preach to someone, give advice to someone. (EPT; MJT; ES; HS,ES,TC; TC; AS,BC) {k̕ʷsə́t cn cə nŋə́nŋənaʔ. *I advised my children.* (AS)}

k̕ʷsə́təŋ ⟦√kʷs-t-ŋ √count-trns-psv⟧ ☞ k̕ʷsə́t
1. to be counted by someone. (ES,TC) {k̕ʷsə́təŋ yaʔ st ʔaʔ kʷi shiyáʔɬ ʔaʔ kʷi skʷuláwtxʷ. *They counted us when we went to the schoolhouse.* (AS)}
2. to be lectured, advised, preached to by someone. {k̕ʷsə́təŋ cn. *I got a preaching.* (MJT) | k̕ʷsə́təŋ st. *He preached to us. / They gave us advice.* (MJ; AS) | kʷɬhíc yaʔ ʔiʔ ʔuʔk̕ʷə́stəŋ ʔaʔ ti sƛ̕əyéʔƛ̕qɬ. *Long ago the children were preached to.* (MJ) | nɬ́ kʷi nəsk̕ʷsə́təŋ ʔaʔ kʷə nəsʔiyáyəxʷ. *That's what I was told by my elders.* (AS,BC)}

k̕ʷsə́ynč ⟦√kʷas-əy=nač √scorch-ext=tail⟧ ☞ k̕ʷás to burn one's rump. (AS,BC)

k̕ʷsk̕ʷsə́nəq ⟦k̕ʷs+√kʷs-ənəq char+√count-hab⟧ ☞ k̕ʷə́st cp. k̕ʷaʔstə́nəq preacher. (MJT) {táči kʷi kʷə k̕ʷsk̕ʷsə́nəq. *The preacher got here.* (AS)}

k̕ʷssíc ⟦√kʷs-sít-c √count-bene-1obj/2obj⟧ ☞ k̕ʷssít count for me; count for you. {k̕ʷssíc cxʷ ʔaʔ cə tálə. *You counted the money for me.* (AS,BC) | k̕ʷssíc cxʷ hay ʔaʔ cə tálə. *You folks counted the money for me.* (AS,BC) | k̕ʷssíc cn ʔaʔ cə tálə. *I counted the money for you.* (AS,BC)}

k̕ʷssít ⟦√kʷs-sít √count-bene⟧ ☞ k̕ʷsə́t to count (something) for someone. {k̕ʷssít cn ʔaʔ cə tálə. *I counted the money for him.* (AS,BC)}

k̕ʷssitúŋɬ ⟦√kʷs-sít-uŋɬ √count-bene-1plobj⟧ ☞ k̕ʷssít count for us. {k̕ʷssitúŋɬ cxʷ ʔaʔ cə tálə. *You counted the money for us.* (AS,BC)}

k̕ʷsúcən ⟦√kʷas=ucin √scorch=mouth⟧ ☞ k̕ʷás to get burned on the mouth. (ES)

k̕ʷúyəkʷ ⟦√kʷuyəkʷ √fishhook⟧ fishhook for fishing with a line. (MJT; LC; HS; TC) {ŋaʔŋáʔt ṅk̕ʷúyəkʷ. *Bait your hook* (ES)} VAR: k̕ʷúyəq (ES) VAR: k̕ʷúyaʔkʷ (AS,BC)

l

laʔhál play slahal. *See under:* ləhál

laʔléʔsak ⟦laʔ+√li<ʔ>sak dim+√sack<dim>⟧ [rightward stress shift with diminutive] ☞ lisák small sack. (ES)

laʔləm̓tú ⟦laʔ+√ləm<ʔ>tu dim+√sheep<dim>⟧ ☞ ləmətú small sheep, lamb. (TC; ES) {čaʔnéʔ kʷsə **laʔləm̓tú**. *The lamb was just born.* (ES)}

laʔyaʔléʔsak ⟦l<aʔy>aʔ+√li<ʔ>sak dim<pl>+√sack<dim>⟧ ☞ laʔléʔsak several small sacks. (ES)

laʔyaʔləm̓tú ⟦l<aʔy>aʔ+√ləm<ʔ>tu dim<pl>+√sheep<dim>⟧ ☞ laʔləm̓tú a group of small sheep, lambs. (HS,ES)

laʔyísak ⟦l<aʔy>isak √sack<pl>⟧ [leftward stress shift with plural infix] ☞ lisák a bunch of sacks. (ES)

lakəlín key. *See under:* laklí

lakəlínəŋ ⟦√lakli=ən-ŋ √key=instr-mdl⟧ ☞ laklí to lock up. (MJT) {**lakəlínəŋ** cn ʔaʔ kʷi nsłúys tə nʔáʔiŋ. *I locked up when I left my house.* (AS)}

lakəlít ⟦√lakli-t √key-trns⟧ ☞ laklí to lock something. {**lakəlít** cə súł. *Lock the door.* (TC) | **lakəlít** či tə súł. *Lock the door.* (MJT)} VAR: laklit {ʔáwə kʷaʔ **laklit**s tə súł ʔəł hiyáʔəs čáʔi. *They never locked the door when they went to work.* (MJ)}

lakəlítəŋ ⟦√lakli-t-ŋ √key-trns-psv⟧ ☞ lakəlít to be locked in, locked up by someone or something. {**lakəlítəŋ** cn. *I got locked in.* (TC)}

laklí ⟦√laklí √key⟧ key, lock. (ES) [from Chinook Jargon from French 'la clef'] VAR: lakəlí (TC) VAR: ləklí (TC) VAR: laklín (ES) ⟦√laklí=ən √key=instr⟧ {nəskʷanáŋən cə nə**laklín**. *I lost my key.* (ES)} VAR: lakəlín (ES; TC)

lalúpə ⟦√lalúpə √ribbon⟧ ribbon. (ES) [from Chinook Jargon from French 'le ruban']

lalúpən ⟦√lalúpən √purple⟧ purple. (AS,BC; AS) [from Chinook Jargon from French 'le lupin'] {**lalúpən** kʷi kʷə skʷáqəŋ. *The flower is purple.* (AS)}

lám ⟦√lam √liquor⟧ liquor, beer, any intoxicating drink. (EPT; ES; TC) [from Chinook Jargon from English 'rum'] {qʷúʔqʷaʔ cn ʔaʔ cə **lám**. *I drank the whiskey.* (ES) | čʔíłən ʔaʔ **lám**. *He's always drinking liquor.* (AS,BC) | páʔət cn cə **lám**. *I tasted the liquor.* (AS) | čʔíłən cn ʔaʔ **lám**. *I was a drunkard.* (TC) | man̓ ʔuʔ čʔíłən ʔaʔ **lám**. *He lives to drink.* (AS) | čʔíłən cn ʔaʔ cə **lám**. *I drink lots of liquor.* (TC) | čqʷúʔqʷaʔ cn ʔaʔ cə **lám**. *I've got some alcoholic drinks.* (TC) | níł kʷaʔčaʔ nsʔáxəŋ ʔaʔ či smán̓s ʔuʔ sxáʔəs tiə **lám** čəʔúʔwəŋ. *That's why I say it's very bad to be using this liquor.* (TC)} VAR: lə́m (AS,BC; TC)

lapiyúš ⟦√lapiyúš √hoe⟧ hoe, mattock, pickaxe, shovel. (ES) [from Chinook Jargon from French 'la pioche']

láyə ⟦láyə n_s_⟧ nonsense syllables sung by Slapúʔ in the story of Chipmunk told by MJ. {čə́m̓ čə́m̓ ti **layə**. *(no meaning)* (MJ)} VAR: láy {čə́m̓ čə́m̓ ti **láy**. *(no meaning)* (MJ)}

láyəs ⟦√lays √rice⟧ rice. [from English 'rice'] {nsuʔhiyáʔ yáʔt tə **láyəs**. *So I went to prepare the rice.* (MJ) | ʔíłən ʔaʔ cə **láyəs**. *He ate the rice.* (MJ)}

ləhál ⟦√ləhal √bone_game⟧ to play slahal, the bone game; to gamble. (EPT) {**ləhál** caʔ st. *We're going to play slahal.* (MJT)} VAR: laʔhál (EPT) {**laʔhál** kʷi. *They're playing slahal.* (ABT) | **laʔhál** kʷsanu ʔaʔicłtáyŋxʷ. *Those people are gambling.* (EPT)}

ləklə́səti ⟦√lə́kləsəti √electricity⟧ electricity. (TC) [from English 'electricity']

ləklí key. *See under:* laklí

lə́m liquor. *See under:* lám

ləmətísəm ⟦√ləmətísəm √rheumatism⟧ rheumatism, arthritis. (AS,BC) [from English 'rheumatism'] VAR: ləmətísən (AS,BC)

ləmətú ⟦√ləmətú √sheep⟧ sheep. *Ovis spp.* (ES; AS,BC) [from Chinook Jargon from French 'le mouton'] {x̌kʷnáxʷ cn tiə nəscáy čʔiyá ʔaʔ cə **ləmətú**. *I got my wool from a sheep.* (TC) | ʔəscáčł kʷə **ləmətú**. *The sheep was stuck (in the fence).* (BC) | čaʔwéyŋ kʷsə **ləmətú**. *The sheep went to the other side.* (AS)} VAR: ləmtú {ʔuʔx̌ʷiyastíxʷs kʷaʔčaʔ kʷi **ləmtú**s. *He ignored his sheep.* (AS) | łcán̓t cə **ləmtú**. *Cut the sheep's ear.* (AS)}

ləmətuháyəqən ⟦√ləmətu=ayqən √sheep=fur⟧ ☞ ləmətú sheep's wool. (MJT) VAR: sləmətuháyəqən (MJT)

ləmləmətú ⟦ləm+√ləmtu pl+√sheep⟧ ☞ ləmətú a group of sheep. (TC; HS; AS,BC) VAR: ləmləmtú (ES)

ləpláš ⟦√ləpláš √board⟧
1. board, plank of wood, lumber. (ES; TC) [from Chinook Jargon from French 'la planche'] {yə́q̓t cn cə **ləpláš**. *I'm measuring the board.* (AS) | yəq̓tíŋ tiə **ləpláš** ʔaʔ tə súł. *The board is in the way of the door.* (AS) | čixʷtáŋ tə **ləpláš**. *A board was brought in.* (MJ) | ʔíxt cn cə **ləpláš**; ʔuʔmán ʔuʔ ŋə́n̓ tə cún̓cəŋ. *I scraped the board; there were very many barnacles.* (AS)}
2. lumber mill. (MJ) {húkʷt kʷsə čaʔəy ʔaʔ tə **ləpláš**. *The lumber mill whistle blew.* (MJT)} VAR: šəpláš {čáʔi ʔaʔ ti **šəpláš**. *He was working at a lumber mill.* (MJ)}

ləplít ⟦√ləplít √priest⟧ priest. (TC) [from Chinook Jargon] {ʔúxʷ st ʔaʔ cə **ləplít** ʔiʔ maliyístəŋ st. *We went to the priest, and he married us.* (TC)}

ləwtyéʔqʷ ⟦√ləwty=iʔqʷ √ʔ=head⟧ a creek north of Seabeck, probably Little Beef Creek. (LBH)

ličúm ⟦√ličúm √devil⟧ the devil. (AS) [from Chinook Jargon] {ʔuʔxənáɬ ti suʔčaʔpáʔnəqs ti **ličúm**. The devil is always distracting him. (AS)} VAR: ličúwm (AS,BC) VAR: liyóm (TC)

líluʔ salmonberry. See under: ʔəlíluʔ.

lilúʔət ⟦√lilu<ʔə>t √train<actl>⟧ ☞ lilút a railroad train passing by. {čaʔyéʔən̓ cə **lilúʔət**. The train is blowing its whistle. (ES)}

lilút ⟦√lilut √train⟧ train, railroad. (TC) [from Chinook Jargon from English 'railroad'] VAR: liləwt (AS,BC) ⟦√liləwt √train⟧ VAR: líləwt {níɬ suʔúyɬs ʔaʔ cə **líləwt**. Then she boarded the train. (MJ)}

lisák ⟦√lisák √sack⟧ sack, bag. (ES; TC) [from Chinook Jargon] {nuʔás cn ʔaʔ cə **lisák**. I put it in the sack. (TC) | nuʔás cə sqáwc ʔaʔ cə **lisák**. Put the potatoes in the sack. (TC) | ŋə́n̓ **lisák** ti nə́ču? ʔáʔyəŋ ʔəɬ tákʷss čəʔúʔwəs ti čə́qʷəw̓c. One house bought many sacks to use in the fire. (TC)}

lišán ⟦√lišan √shawl⟧ shawl. (ES; TC) [from Chinook Jargon] VAR: šəlán {ʔəsqéʔqiʔ cə nš̓əlán. My shawl is hanging. (AS)}

liyóm devil. See under: ličúm

ł¹ *while. See under:* ʔəł

ł² *feminine specific. See under:* łaʔ

łʔíqíŋət 〚√łtiq̓-ŋ-t √warm_up-mdl-trns〛 ☞ **łaʔtíqəŋ** to warm something up. {n̓sƛ̓éʔ u či n̓sł**ʔíqíŋət** cə n̓k̓ʷápiʔ. *Do you want to warm up your coffee?* (ES)}

łaʔ 〚łaʔ fem_spec〛 [feminine, specific demonstrative determiner] the, a (feminine). {suʔqʷáys **łaʔ**, "čəx̣ín cxʷ ʔay̓?" *She said, "Where are you from?"* (AA) | ʔiʔcúcən **łaʔ** ʔiʔənʔáʔə. *She's coming up from the beach.* (EPT) | ʔiyá **łaʔ** ʔiʔłác. *There she is going down to the beach.* (EPT) | ʔəsxʷák̓ʷi **łaʔ** słáni? *The woman is crazy.* (EPT)} VAR: ł {tčístən̓ ʔaʔ ł Thompson tə čč̣x̣áłč słə́məc̓əŋs ixʷ. *Thompson brought some nettles already picked.* (MJT)}

łáʔ¹ 〚√łaʔ √go_via〛 to go via, go by way of, go through. (LC; AS) {ʔi ʔuʔ**łáʔ** cn ʔaʔ tə súł. *I came by road.* (AS) | **łáʔ** cn ʔaʔ tiə súł. *I came through this door.* (AS) | tx̣ə́n̓əŋ ʔaʔ t **łáʔ**. *Go this way.* (TC) | tx̣ə́n̓əŋ caʔn ʔaʔ t **łáʔ**. *I'm going to go this way.* (TC) | ʔiʔkʷánəŋət ʔi**łáʔ** ʔaʔ tə cácu. *He ran along the beach.* (MJ)}

łáʔ² *here. See under:* ʔəłáʔ

łáʔaʔ 〚√ła<ʔ>ʔ √go_via<actl>〛 ☞ **łáʔ** to be going a particular way, route, the same way. (TC) {**łáʔaʔ** cn. *I go the same way.* (TC) | ʔiʔ**łáʔaʔ** cn. *I'm going the same way. / I came through.* (TC) | yuʔ**łáʔaʔ** cn ʔaʔ tiə súł. *I'm coming through this door.* (AS) | **łáʔaʔ** cn ʔaʔ tiə stáčəŋ. *I'm going by way of the tide flat.* (AS) | miʔmə́yəq cn ʔaʔ či nəsxʷ**łáʔaʔ**. *I forgot the way I was going.* (TC) | qʷiʔnə́wi st ʔiʔ**łáʔaʔ** ʔaʔ cə sxʷkʷaʔkʷáʔčəŋ. *We were talking together through the telephone.* (TC) | ʔənsuʔiʔ**łáʔaʔ** ʔiʔ txʷiʔixʷəné?əŋ tə ʔaʔ tiə nə́cuʔ súł. *You are going the same way on this one road.* (RSh) | ʔiʔ**łáʔaʔ** cn ʔaʔ cə súł. *I went by way of the road. / I went through the door.* (TC) | ʔiʔ**łáʔaʔ** cn ʔaʔ cə qʷúʔ. *I went by water (in a boat).* (TC) | ʔiʔ**łáʔaʔ** caʔn ʔaʔ čxʷícən. *I'm going through Port Angeles.* (TC) | ʔən̓ʔá cn ʔiʔ**łáʔaʔ** ʔaʔ cə súł. *I came by the road. / I came through the door.* (TC)}

łaʔáxt *laying it on. See under:* **łáʔłxt**

łaʔčaʔíw̓c 〚√łi<ʔ>č̓=ay̓=iwc √cut<actl>=wood=fire〛 ☞ **łčaʔíw̓c** to be sawing wood. {**łaʔčaʔíw̓c** cn. *I'm cutting wood now.* (MJT)}

łaʔčaʔíw̓s 〚√łi<ʔ>č̓-aʔ=iw<ʔ>s √cut<actl>-ext=body<actl>〛 ☞ **łíč̓** to be cutting a log with a saw (not chop with an axe). (TC) {**łaʔčaʔíw̓s** cn. *I'm cutting wood.* (TC)} VAR: **łaʔcayíw̓s** {**łaʔcayíw̓s** cn yaʔ ʔaʔ təsə cáʔcu. *I was cutting wood on the beach.* (ES)} VAR: **łčéʔwəs** 〚√łič̓=i<ʔ>ws √cut=body<actl>〛 (AS,BC)

łaʔčaʔíwct 〚√łi<ʔ>č̓=ay̓=iwc-t √cut<actl>=wood=fire-trns〛 ☞ **łíč̓** to be cutting, chopping or sawing firewood. (ES,TC)

łaʔčáʔyu 〚√łi<ʔ>č̓-ə<ʔ>yu √cut<actl>-activ<actl>〛 ☞ **łíč̓** to be cutting. (AS)

łaʔčáʔy̓əŋ 〚√łi<ʔ>č̓=a<ʔ>y̓-ŋ<ʔ> √cut<actl>=wood<actl>-mdl<actl>〛 ☞ **łčáʔiŋ** to be mowing grass, cutting hay, haying. (ES) {**łaʔčáʔy̓əŋ** cn. *I'm mowing.* (ES)} VAR: **łaʔčáʔiŋ** (AS) {**łaʔčáʔiŋ** cn. *I'm mowing.* (AS)}

łaʔčács 〚√łi<ʔ>č̓=acis √cut<actl>=hand〛 ☞ **łčács** to be getting one's hand cut. {**łaʔčács** cn. *I'm getting my hand cut.* (MJT)}

łaʔččíst 〚√łi<ʔ>č̓=acis-t √cut<actl>=hand-trns〛 ☞ **łččíst** to be cutting someone's hand. {**łaʔččíst** cn. *I'm cutting his hand (on purpose).* (MJT)}

łaʔččístəŋ 〚√łi<ʔ>č̓=acis-t-ŋ<ʔ> √cut<actl>=hand-trns-psv<actl>〛 ☞ **łččístəŋ** being cut on one's hand by someone or something. {**łaʔččístəŋ** cn. *Somebody's cutting my hand.* (MJT)}

łaʔčéʔqʷəŋ 〚√łi<ʔ>č̓=iʔqʷ-ŋ<ʔ> √cut<actl>=head-mdl<actl>〛 ☞ **łčéʔqʷəŋ** being cut on the head. {kʷ**łaʔčéʔqʷəŋ** cn. *I'm getting cut on the head.* (MJT)}

łaʔčéʔqʷt 〚√łi<ʔ>č̓=iʔqʷ-t √cut<actl>=head-trns〛 ☞ **łčéʔqʷt** to be cutting someone on the head, cutting someone's hair. {**łaʔčéʔqʷt** cn. *I'm cutting his hair.* (MJT)}

łaʔčítəŋ 〚√łi<ʔ>č̓-t-ŋ<ʔ> √cut<actl>-trns-psv<actl>〛 [metathesis with passive] ☞ **łéʔct** being cut by someone. {nił suʔúyəłtxʷł cə sčúł **łaʔčítəŋ**. *Then we'll load the wood being cut.* (ES)}

łaʔcúcən 〚√łi<ʔ>č̓=ucin √cut<actl>=mouth〛 ☞ **łcúcən** to be cutting the mouth. {**łaʔcúcən** cn. *I'm getting my mouth cut.* (MJT)}

łaʔčúst 〚√łi<ʔ>č̓=us-t √cut<actl>=face-trns〛 ☞ **łčúst** to be cutting someone on the face. {**łaʔčúst** cn. *I'm cutting him on the face.* (MJT)}

łaʔčúy̓st 〚√łi<ʔ>č̓=uy̓<ʔ>əs-t √cut=forehead-trns〛 ☞ **łčúy̓əst** to be cutting the forehead. {**łaʔčúy̓st** cn. *I'm cutting him on the forehead.* (MJT)}

łaʔčáx̣ʷəŋ 〚√łə<ʔ>čax̣ʷ-ŋ<ʔ> √trouble<actl>-mdl<actl>〛 [root not independently identified] to be having trouble. (JA,MJT)

łaʔčéʔyəŋ 〚√łaʔči<ʔ>y-ŋ √cold<actl>-mdl〛 ☞ **łaʔčíyəŋ** to be getting cold, cooling off. {hiʔ**łaʔčéʔyəŋ**. *It's getting cold.* (MJT)}

łáʔči 〚√łaʔčiy √cold〛 to get chilly cold, cool. (AS,BC) {**łáʔči** cn. *I got cold.* (ES) | sł̓áx̣ʷł ʔuʔ **łáʔči**! *My it's cold!* (AS,BC)} VAR: **łáʔči** (MJT) {**łáʔči** əw cxʷ? *Did you get cold?* (TC) | **łáʔči** tiə skʷáči. *It's cold today.* (AS,BC) | tíyəm caʔn ʔaʔ či **łáʔči**. *I'm going to sing for cold.* (MJ)}

łaʔčiʔə́nəkʷ 〚√łaʔčiy=ənukʷ √cold=ground〛 ☞ łáʔči?
1. to be kind of cool, cold ground. (MJT)
2. to be cold everywhere around. {**łaʔčiʔə́nəkʷ** tiə ʔáynəkʷ. *It's cold everywhere around today.* (AS)}

łaʔčiʔúcən 〚√łaʔčiy=ucin √cold=mouth〛 ☞ łáʔčiʔ to be kind of chilly. (MJT)
2. to have a cold mouth. (AS) {**łaʔčiʔúcən** kʷsə stúʔwi. *It's cold at the mouth of the river.* (AS)}

łaʔčihúnəqʷ 〚√łaʔčiy=unəqʷ √cold=weather〛 ☞ łáʔčiʔ to be cold, chilly weather. {čaʔuʔ**łaʔčihúnəqʷ** kʷi. *It just turned chilly.* (MJT)}

łaʔčitxʷ 〚√łaʔčiy-txʷ √cold-inancaus〛 ☞ łáʔči? to cool, chill something, make something cold. {**łaʔčítxʷ** cn. *I'm cooling it off.* (ES)} VAR: łaʔčít {kʷłuʔ**łaʔčít** cn. *I'm cooling it.* (MJT) | **łaʔčít** cn tə pie. *I'm cooling off the pie.* (MJT)}

łaʔčiyəŋ 〚√łaʔčiy-ŋ √cold-mdl〛 ☞ łáʔči? to get cold, cool off. {kʷ**łaʔčíyəŋ**. *It got cold.* (MJT) | ʔúy̓ **łaʔčíyəŋ** ʔiʔ číq. *When it gets cold, it snows.* (MJT)}

łaʔčíyət 〚√łaʔčiy-t √cold-trns〛 ☞ łáʔči? to cool something off. (MJT; ES) {**łaʔčíyət** cə tíy; ʔuʔmán̓ ʔuʔ łaʔłíqəŋ. *Cool off the tea; it's too hot.* (AS)}

łaʔčíynəxʷ 〚√łaʔčiy-naxʷ √cold-nctrns〛 ☞ łáʔči? to manage to cool something off. {**łaʔčíynəxʷ** cn tiə ʔəsčə́y̓xʷ. *I made it cold inside.* (MJT)}

łaʔčíy̓t 〚√łaʔčiy<ʔ>-t √cold<actl>-trns〛 ☞ łaʔčíyət to be cooling something off. {**łaʔčíy̓t** cn. *I'm cooling it.* (MJT)}

łáʔənt attach it. *See under:* łéʔnət.

łaʔkʷáct 〚√ław̓-cut √flee-rflxv〛 [/w̓/ → /ʔkʷ/ and metathesis with reflexive: ław̓cut → łw̓ácut → łʔkʷácut → łaʔkʷácut→ łaʔkʷáct] ☞ łáw̓ to get away, escape (from someone or something). (ES; TC) {**łaʔkʷáct** cn. *I'm running away.* (ES) | **łaʔkʷáct** u cxʷ? *Are you running away?* (ES) | **łaʔkʷáct** cn ʔaʔ cə nsłáni. *I'm running away from my wife.* (ES) | **łaʔkʷáct** cn ʔaʔ nə́kʷ. *I'm running away from you.* (ES)} to get well. {**łaʔkʷáct** cn. *I'm getting well.* (ES) | ʔə́y̓ kʷi či nəspáʔəct kʷánəŋət **łaʔkʷáct**. *I better try to run away.* (ES) | níł sunəxʷqʷáyəkʷəns kʷi tím ʔaʔ či sʔə́y̓s kʷaʔ páʔəts kʷánəŋət **łaʔkʷáct**. *So Tim thought that he better try to run away.* (ES)}

łaʔkʷát cure someone. *See under:* łáʔkʷt.

łaʔkʷátəŋ 〚√ław̓-t-ŋ √heal-trns-psv〛 ☞ łáʔkʷt to be cured by someone or something. (MJT) {**łaʔkʷátəŋ** cn. *He cured me.* (ES)}

łáʔkʷt 〚√ław̓-t √heal-trns〛 ☞ łáw̓ to cure someone (of a disease). (ES) {**łáʔkʷt** cn. *I cured him.* (ES) } VAR: łaʔkʷát {**łaʔkʷát** caʔn. *I'm going to cure him.* (MJT)}

łaʔkʷáyəs 〚√łi<ʔ>kʷ=ay<ʔ>=us √hook<actl>=eye<actl>〛 ☞ łík̓ʷáyəs
1. to be making a fishnet. (MJT)
2. to be crocheting. (MJT; T)

łaʔkʷáy̓s 〚√łi<ʔ>kʷ-ay̓s √hook<actl>-activ〛 ☞ łík̓ʷ to be fishing with a gaff hook. (AS,BC)

łaʔkʷə́yuʔ 〚√łi<ʔ>kʷ-əyu<ʔ> √hook<actl>-activ<actl>〛 ☞ łík̓ʷə́yu to be fishing with a gaff hook. (ES; TC; AS,BC) {**łaʔkʷə́yuʔ** cn ʔaʔ cə kʷítšən. *I'm hooking the spring salmon.* (AS) | **łaʔkʷə́yuʔ** yaʔ kʷi ná̓ʔcuʔ kʷłčə́q. *One old man was fishing with a gaff.* (ES) | níł sxʷʔiyás ʔiʔ**łaʔkʷə́yuʔ**s ʔaʔ ti kʷítšən. *That's where he was fishing for spring salmon.* (ES) | qə́kʷ cn ʔaʔ tə nəs**łaʔkʷə́yuʔ** ʔaʔ cə scánnəxʷ. *I'm sored up from hooking salmon.* (TC) | **łaʔkʷə́yuʔ** ʔiʔ ʔuʔmaʔsíts ti ʔə́y̓ kʷítšən. *He was gaffing and choosing the best spring salmon.* (ES) | qə́kʷ ʔaʔ cə s**łaʔkʷə́yuʔ**s ʔaʔ či scánnəxʷ. *He was sore from gaffing for salmon.* (ES) | ʔənʔá ʔúʔti txʷʔúʔuxʷ ʔaʔ cəwnił kʷłčə́q **łaʔkʷə́yuʔ** ʔaʔ cə ʔəsnát. *It came stretching toward that old man gaffing in the night.* (ES)}

łaʔkʷiʔúst 〚√łi<ʔ>kʷ-iy<ʔ>-us-t √hook<actl>-dev<actl>-rcpnt-trns〛 ☞ łík̓ʷəyúst to be hanging something on a hook or nail. {kʷ**łaʔkʷiʔúst** cn. *I'm hanging it up now.* (MJT)}

łaʔkʷítəŋ 〚√łi<ʔ>kʷ-t-ŋ<ʔ> √hook<actl>-trns-psv<actl>〛 ☞ łík̓ʷítəŋ being hooked, gaffed. {łúyəs kʷə sxʷʔiyás kʷəsə snúʔnəkʷ **łaʔkʷítəŋ**áy̓ŋən kʷə yəwíntən. *Pysht Jack left the place where the ghost wanted to gaff him.* (ES)}

łáʔłaʔči 〚łáʔ + √łaʔčiy char + √cold〛 ☞ łáʔči? to be cold, chilly. (LB,CWH; AS,BC; ES) {**łáʔłaʔči** u cxʷ? *Are you cold?* (AS,BC) | xənáł ti su**łáʔłaʔči**s. *It's always cold.* (MJT) | mán̓ cn ʔuʔ **łáʔłaʔči**. *I'm very cold.* (AS) | ʔuʔmán cn ʔuʔ **łáʔłaʔči**; ʔuʔčə́nən cn. *It was very cold; I shivered.* (AS) | húʔ tə́s tə sxʷʔiyás ti sqə́yəŋs ʔiʔ čáy ʔaʔ ti ʔáʔiŋs ʔaʔ tá?cs sxə́naʔ ti łqə́ts cə suyáʔi ti sčáys ʔáʔiŋs tə sxʷʔáwəs c **łáʔłaʔči**. *When they got to where they camped they would make their house from eight-foot long mats so that they would make the house not be chilly.* (MJ)} VAR: łáłaʔči (JCo; RS; LC; TC; AS,BC; ES) {**łáłaʔči** cn. *I'm cold.* (TC,AS,BC) | **łáłaʔči** sčún̓. *It's a cold wind.* (TC) | **łáłaʔči** ʔaʔ tiə skʷáči. *It's cold today.* (TC) | mán̓ ʔuʔ **łáłaʔči**. *It's too cold.* (EPT) | **łáłaʔči** ʔu cxʷ? *Are you cold?* (EPT)} VAR: łáʔłaʔčiʔ {**łáʔłaʔčiʔ** cn. *I'm cold.* (ES)} VAR: łáłaʔčiʔ (EPT; TC) {**łáłaʔčiʔ** cn. *I'm cold.* (MJT) | mán̓ ʔuʔ **łáłaʔčiʔ** ʔáynəkʷ. *It's cold today.* (EPT) | čəntáŋ yaʔ kʷi ns**łáłaʔčiʔ**? *When were you cold?* (EPT)} VAR: łáłači (LST) VAR: łaʔłáʔči (AS,BC) {**łaʔłáʔči** cn. *I'm cold.* (AS,BC) | nsuʔx̌ənátəŋ kʷaʔ ʔiyáʔən ŋaʔkʷaʔéʔt ʔiyá ʔaʔ cə sxʷʔiyáł ʔəł**łaʔłáʔči**ł. *He told me to wait there where we were while we were cold.* (MJ)} VAR: łáłaʔčiʔ {mán̓ ʔuʔ **łáłaʔčiʔ** ʔáynəkʷ. *It's really cold today.* (MJT)}

łaʔłə́čsən 〚ła? + √łəčsn dim + √steelhead〛 ☞ łə́čsən a small steelhead. (MJT)

łaʔłəŋ̇ŋín ⟦łaʔ + √łŋ<ˀ> = ŋin<ˀ> dim + √detach<dim> = piece<dim>⟧ ☞ łəŋŋín a small piece of something. (MJT)

łaʔłópten ⟦łaʔ + √łəp = tən dim + √blink = instr⟧ ☞ łə́ptəṅ small eyelash. (MJT)

łaʔłəq̇ʷéʔqʷ ⟦łaʔ + √łq̇ʷ = iʔqʷ dim + √uncover = head⟧ ☞ łq̇ʷéʔqʷ to be scalped (of or by something small). {x̣ə́ˑṅ ʔuʔ**łaʔłəq̇ʷéʔqʷ**. They [the little crows] were all scalped. (MJ)}

łaʔłə́təṅ ⟦łaʔ + √ł<ə́>ł-ŋ dim + √flick<actl>-mdl⟧ ☞ łłə́ŋ to be bouncing, flouncing. (AS,BC) {ʔuʔ**łaʔłə́təṅ** cə q̇áʔŋi ʔəł šətəŋ̇s. The girl is bouncy when she walks. (AS)} VAR: łaʔłə́təṅ (AS,BC) {**łaʔłə́təṅ** cə słáni. The woman is flouncing (as she walks). (BC)}

łaʔłə́x̣ʷt ⟦łaʔ + √łx̣ʷ-t dim + √straight-trns⟧ ☞ łx̣ʷə́t to straighten something or someone out a little or a little at a time. {**łaʔłə́x̣ʷt** cn cə x̣ʷéʔləm. I straightened out the rope (but took my time doing it). (AS)}

łaʔłə́x̣ʷtəŋ ⟦łaʔ + √łx̣ʷ-t-ŋ dim + √straight-trns-psv⟧ ☞ łx̣ʷə́təŋ to be straightened, corrected a little. {**łaʔłə́x̣ʷtəŋ** cn. I was straightened out a little. (AS)}

łaʔłiʔísəṅ ⟦łaʔ + √łyʔis-ŋ<ˀ> dim + √sprinkle-mdl<dim>⟧ ☞ łiʔísəṅ
1. to be misting, drizzling, lightly sprinkling. (MJT) {kʷłaʔłiʔísəṅ. It's misting now. (MJT)}
2. to have a baby shower. [This meaning has been transferred from English.] {**łaʔłiʔísəṅ** kʷsi ʔaʔnəxʷq̇íyt. They're going to have a baby shower at Little Boston. (MJT)}

łaʔłiʔpiʔáx̣ən ⟦łaʔ + √łəy<ˀ>p̣-iy = ax̣an dim + √flap<dim>-dev = arm⟧ ☞ łə́yp̣
1. bat (animal). Chiroptera spp. (AB,MJT; ES; BC)
2. to flap, flutter the arms around. (AS) VAR: łałiʔpiʔáx̣ən (MJT; AB,ICT)

łaʔłix̣ʷə́yu ⟦łaʔ + √łəyx̣ʷ-əyu dim + √freeze-activ⟧ ☞ łiʔx̣ʷə́yu to be chilly. (AS,BC) VAR: łaʔłx̣ʷə́yu (AS,BC)

łaʔłíʔəwʔis ⟦łaʔ + √łł-iy = u<ʔ> yəs dim + √flick-dev = forehead<actl>⟧ [suffix uncertain] ☞ łłiʔúʔis to be fishing with a small casting rod (still fishing on a boat or dock or from the shore, not trolling). (LC; TC) {hiyáʔ cn **łaʔłíʔəwʔis**. I'm going casting. (LC) | čáʔsa cn xʷiyanítəm cə **łaʔłíʔəwʔis** yaʔ ʔaʔ cə sṅiyánt. There were two white men fishing on a rock. (TC) | ʔúxʷnəsən cə **łaʔłíʔəwʔis** xʷanítəm. They went at the fishing white men. (TC)} VAR: łaʔłłiʔúʔis (TC)

łaʔłúʔpə̇n ⟦łaʔ + √łu<ʔ>p̣ = ən<ˀ> dim + √slurp<dim> = instr<dim>⟧ ☞ łúpə̇n small spoon. (ES)

łaʔłxʷéʔi ⟦łaʔ + √łix = ay<ˀ>ə dim + √three = person<dim>⟧ [metathesis of root vowel with lexical suffix] ☞ łxʷáy to be just three people. {ʔuʔ **łaʔłxʷéʔi** st. It's just the three of us. (TC)}

łáʔłxt ⟦łaʔ + √łax̣-t actl + √lie_flat-trns⟧ ☞ łáx̣t to be laying something on (a surface). {**łáʔłxt** tə ṅsʔítən ʔaʔ tə caʔcítən. Lay your food on the table. (LC)}
2. to be serving food. (LC) VAR: łaʔáx̣t ⟦√ł<əʔ>ax̣-t √lie_flat<actl>-trns⟧ {čəʔiʔ**łaʔáx̣t** cn. I'm right now laying it down. (MJT)}

łaʔníct ⟦√łiʔn-cut √attach-rflxv⟧ ☞ łéʔnət to attach, tie up (to something). (TC) {**łaʔníct** cn. I tied up. (AS,BC; TC) | **łaʔníct** u cxʷ? Did you tie up? (AS,BC) | **łaʔníct** ʔaʔ cə xʷéʔləm. He tied himself up with a rope. (TC) | **łaʔníct** cə xʷaʔxʷáʔił xʷéʔləm. They tied up the thin rope. (ES)}

łaʔnítəŋ ⟦√łiʔn-t-ŋ √attach-trns-psv⟧ [metathesis with passive] ☞ łéʔnət to be attached, tied up to something. (TC; AS) {**łaʔnítəŋ** cə músmus. The cow is tied up. (AS) | **łaʔnítəŋ** cə stiqéw. The horse is tied up. (AS)} VAR: łənítəŋ (AS) {**łənítəŋ** cə músmus. The cow is tied up. (AS)} VAR: łnaʔnítəŋ {**łnaʔnítəŋ** cə músmus. The cow is tied up. (AS) | **łnaʔnítəŋ** cə miyúsmus. Several cows are tied up. (AS)} VAR: łaʔnítəŋ (LC; TC) {**łaʔnítəŋ** cn. They tied me up. (TC) | ʔáwənə xʷéʔləm čúkʷss či nshiyáʔ **łaʔnítəŋ**. They had no rope to use to go and attach to me. (ES) | ʔáwənə xʷéʔləm čúkʷss či s**łaʔnítəŋ**s cə nəsx̣x̣ínaʔ. They had no rope to tie my feet up. (TC) | suʔ**łaʔnítəŋ**s cə sx̣ónaʔ ʔaʔ mə́ščụ. So she tied up Mink's feet. (TC) | **łaʔnítəŋ** ʔaʔ cə támə̣x̣. He was tied up with eelgrass. (TC)}

łaʔṅíct ⟦√ł<əʔ>ŋ-i-cut √detach<actl>-persist-rflxv⟧ ☞ łəṅíct to be removing, coming off. (AS,BC)

łaʔp̣íct flopping around. See under: łípct

łaʔp̣x̣aʔyúsəṅ ⟦√łə<ʔ>p̣x̣ = ay<ˀ>us-ŋ<ˀ> √blink<actl> = eye<actl>-mdl<actl>⟧ ☞ łəp̣x̣əyúsəṅ to be blinking. (TC) {kʷṅił čaʔkʷi suʔ**łaʔp̣x̣aʔyúsəṅ**s. He's always blinking. (AS) | **łaʔp̣x̣aʔyúsəṅ** cə q̇áʔŋi. The girl is blinking. (AS)} VAR: łaʔp̣x̣əyúsəṅ (AS,BC) VAR: łaʔp̣x̣ayúsəṅ (AS)

łaʔp̣x̣áyəsəṅ blink. See under: łəp̣x̣əyúsəṅ

łaʔp̣x̣áys ⟦√łəʔp̣x̣ = ayus √blink = eye⟧ to blink. (AS) {ʔunú ʔuʔ **łaʔp̣x̣áys** cə sx̣íʔx̣aʔƛ̣qł. Notice the child blinking. (AS)}

łaʔqʷátəŋ ⟦√ła<ʔ>qʷa<ʔ>-t-ŋ<ˀ> √lick<actl>-trns-psv<actl>⟧ [metathesis with passive] ☞ łqʷátəŋ being slurped while drinking (as dog), lapped up. (ES) VAR: łaʔqʷátəŋ {**łaʔqʷátəŋ** cn ʔaʔ cə sqʷəmə́y. The dog was licking me. (AS)}

łaʔqʷács ⟦√ła<ʔ>qʷ = acis √lick<actl> = hand⟧ ☞ łáʔqʷt to be licking one's paw, hand. {**łaʔqʷács** tə cicáyəs cúʔmən. She (the dog) is licking her wet paws. (MJT)} VAR: łaʔqʷcís (MJT)

łaʔqʷát licking it. See under: łáʔqʷt

łaʔqʷáti ⟦√ła<ʔ>qʷ-ty √lick<actl>-rcprcl⟧ [metathesis with reciprocal] ☞ łáʔqʷt to be licking each other (like two cats). (ES)

łaʔqʷcísəŋ ⟦√ła<ʔ>qʷ=acis-ŋ √lick<actl>=hand-mdl⟧ ☞ **łaʔqʷács** to be licking one's hand. (MJT)

łaʔqʷənúkʷəŋ ⟦√ła<ʔ>qʷ=ən<ʔ>ukʷ-ŋ<ʔ>⟩ √lick<actl>=ground<actl>-mdl<actl>⟧ ☞ **łáqʷəŋ** to be licking the floor. {**łaʔqʷənə́kʷəŋ** cə Gypsy. *Gypsy is lapping the floor.* (MJT)}

łáʔqʷəŋ ⟦√ła<ʔ>qʷ-ŋ<ʔ>⟩ √lick<actl>-mdl<actl>⟧ ☞ **łáqʷəŋ** to be licking, lapping, slurping. (AS)

łaʔqʷsə́nəŋ ⟦√ła<ʔ>qʷ=sən-ŋ<ʔ>⟩ √lick<actl>=foot-mdl<actl>⟧ ☞ **łqʷsónəŋ** to be licking ones foot or paw. (MJT)

łáʔqʷt ⟦√ła<ʔ>qʷ-t √lick<actl>-trns⟧ ☞ **łáqʷt** to be licking something. (EPT; MJT; ES,TC; ES; AS,BC; AS) {ƛ́áy šakʷi **łáʔqʷt**s; mán ixʷ ʔuʔ sƛ́éʔs. *He licked it again, must be he liked it.* (EPT)} VAR: **łaʔqʷát** ⟦√łaʔqʷ<á>-t √slurp<actl>-trns⟧ [rightward metathesis with actual] {**łaʔqʷát**s. *He's lapping it up.* (ES) | kʷłuʔ**łaʔqʷát**s yaʔ kʷi. *He's already licking it.* (EPT)}

łaʔqʷúst licking face. See under: nəxʷłaʔqʷúst

łaʔtúqʷc ⟦√ł<aʔ>tuq-t-c √boil<actl>-trns-1obj/2obj⟧ ☞ **łaʔtúqʷt** boiling me; boiling you. (ES) {**łaʔtúqʷc** cn. *I'm boiling you.*

łaʔtúqʷəŋ ⟦√ł<aʔ>tuqʷ-ŋ<ʔ>⟩ √boil<actl>-mdl<actl>⟧ ☞ **łtúqʷ**
1. to be boiling, bubbling up. (ES; TC) {**łaʔtúqʷəŋ** cə qʷúʔ. *The water is boiling.* (TC) | ʔuʔi**łaʔtúqʷəŋ** č kʷə. *It was boiling.* (MJ) | **łaʔtúqʷəŋ** cə šíc. *The meat is boiling.* (AS) | sxʷtwəw**łaʔtúqʷəŋ**. *That's why it is still boiling.* (MJ) | twəw**łaʔtúqʷəŋ** č kʷsə slapúʔ. *Slapu is still boiling.* (MJ) | **łaʔtúqʷəŋ** kʷsə qʷúʔ ʔscáʔcaʔ ʔaʔ kʷsə stove. *The water is boiling on top of the stove.* (EPT) | twəw**łaʔtúqʷəŋ** č kʷi či sʔiyás ʔaʔ slapúʔ t sqə́ss. *It's still boiling there where Slapu fell in the water.* (MJ)}
2. to be very angry, mad. {**łaʔtúqʷəŋ** cn. *I'm boiling (mad).* (TC) | **łaʔtúqʷəŋ** cn łáʔyəq̓. *I'm boiling mad.* (TC)} VAR: **łaʔtúqʷəŋ** (AS) {**łaʔtúqʷəŋ** kʷə qʷúʔ. *The water is boiling.* (AS)}

łaʔtúqʷt ⟦√ł<aʔ>tuqʷ-t √boil<actl>-trns⟧ ☞ **łtúqʷt** to be boiling something. (AS,BC) {**łaʔtúqʷt** cn cə šíc. *I'm boiling the meat.* (AS)}

łaʔtíq̓əŋ ⟦√ł<aʔ>tiq̓-ŋ<ʔ>⟩ √warm_up<actl>-mdl<actl>⟧ ☞ **łtíq̓əŋ** to be hot, warm. (LB,CWH; JCo; MJT; TC; LC; AS,BC; BC) {**łaʔtíq̓əŋ** skʷáči. *It's a warm day.* (TC) | **łaʔtíq̓əŋ** cə kʷápi. *The coffee is warm.* (ES) | **łaʔtíq̓əŋ** ʔaʔ tiə ʔáynəkʷ. *It's a hot day today.* (TC) | ʔuʔ**łaʔtíq̓əŋ** kʷə sčqʷaʔcáyə. *The stove was hot.* (AS) | **łaʔtíq̓əŋ** kʷsə coffee. *The coffee is hot.* (EPT) | mán ʔuʔ **łaʔtíq̓əŋ**. *It's getting very warm.* (EPT) | łaʔčíyət cə tíy; ʔuʔmán ʔuʔ **łaʔtíq̓əŋ**. *Cool off the tea; it's too hot.* (AS) | mán ʔuʔ **łaʔtíq̓əŋ** tiʔə sqʷqʷə́yəŋ. *It's really warm, the sun.* (EPT) | mán ʔuʔ **łaʔtíq̓əŋ** tiə skʷáči; ʔuʔsáyct cn. *It's so hot today, I can't keep still.* (AS) | mán

ixʷ ʔuʔ **łaʔtíq̓əŋ** tə ʔáʔinł ʔiʔ hiyáʔ kʷłaʔ sqíyŋ. *It must have been too warm in our house, and it went outside.* (MJ) | ʔúŋəstəŋ ʔaʔ Gypsy ʔaʔ cə **łaʔtíq̓əŋ** sqáʔqáxaʔ ʔaʔ t táŋən. *Gypsy was given a hot dog in the evening.* (MJ)} VAR: **łaʔtíq̓əŋ** (AS,BC) {mán ʔuʔ **łatíq̓əŋ**. *It's very hot weather, too hot.* (EPT) | mán ʔuʔ **łatíq̓əŋ** tə súnuc. *The fire's real hot.* (MJT) VAR: **łatíq̓əŋ** (TC; ES) VAR: **łatíq̓əŋ** (EPT) {**łatíq̓əŋ** kʷsə sʔuʔšáct. *The sun's hot.* (EPT)}

łaʔtq̓íŋəyuʔ ⟦√ł<əʔ>tiq̓-ŋ-əyu<ʔ>⟩ √warm_up<actl>-mdl-activ<actl>⟧ [rightward metathesis with activity suffix] ☞ **łaʔtíq̓əŋ** to be warming (something) up. (MJT)

łaʔwísti? ⟦√ła<ʔ>w-istxʷ-ty<ʔ>⟩ √flee<actl>-caus-rcprcl<actl>⟧ ☞ **łuʔísti** to be eloping. {kʷłnił kʷi si?**łaʔwísti?**ł. *We're right now eloping.* (MJT)}

łaʔxʷaʔə́yl three children. See under: łxʷayəhə́čł

łaʔxʷáʔyə ⟦√łi<ʔ>xʷ=a<ʔ>yə √three<actl>=person<actl>⟧ ☞ **łxʷáy** three people. (MJT)

łaʔxʷáxʷł ⟦√łi<ʔ>xʷ=axʷł √three<actl>=conveyance⟧ ☞ **łxʷáxʷł** to be three canoes (arriving, traveling, etc.). (BG,MJT) {hi?**łaʔxʷáxʷł**s. *They came in three canoes.* (MJT) | hi?**łaʔxʷáxʷł** tə ʔuʔúʔtxs ʔiʔənʔáʔə. *Here come three canoes.* (MJT)}

łaʔxéyəŋ falling backwards. See under: xaʔłéʔyəŋ

łaʔxə́yu ⟦√łi<ʔ>x-əyu √spread_on<actl>-activ⟧ ☞ **łíx** to be spreading a contagious disease. {**łaʔxə́yu** cxʷ. *You're spreading a disease.* (ES,HS)}

łáʔxʷt ⟦√ła<ʔ>xʷ-t √remove_from_mouth<actl>-trns⟧ ☞ **łáxʷt** to be removing something from the mouth spitting something out. {kʷ**łáʔxʷt** cn. *I'm taking it out of my mouth.* (MJT)}

łaʔxʷúʔstəŋ ⟦√ł<aʔ>xʷ=u<ʔ>s-t-ŋ<ʔ>⟩ √straight<actl>=face<actl>-trns-psv<actl>⟧ ☞ **łxʷústəŋ** being reprimanded, told off, bawled out, given a talking to. {**łaʔxʷúʔstəŋ** cn. *He's telling me off.* (ES)}

łaʔxʷúst reprimanding. See under: łxʷúʔst

łaʔyaʔłə́čšən ⟦ł<aʔy>aʔ+√łəčn<ʔ>⟩ dim<pl>+√steelhead<actl>⟧ ☞ **łə́čšən** several small steelheads. (ES) VAR: **łəyaʔłə́čsən** (MJT)

łaʔyaʔłəmáq̓s ⟦ł<aʔy>aʔ+√łmaq̓s dim<pl>+√limpet⟧ ☞ **łəmáq̓s** a group of small limpets. (ES)

łaʔyəčiʔítəŋ ⟦√ł<aʔy>i<ʔ>č-t-ŋ<ʔ>⟩ √cut<pl><actl>-trns-psv<actl>⟧ ☞ **łaʔčítəŋ** being cut up by someone. {nił suʔq̓ʷə́ys **łaʔyəčiʔítəŋ**. *Then it was cooked and cut up.* (MJ)}

łaʔyəqíyəłč ⟦√ł<aʔy>qiy=iłč √thimbleberry_sprout<pl>=plant⟧ ☞ **łqíyəłč** several thimbleberry sprouts. (MJT)

łaʔyəq̓íyən ⟦√ł<aʔy>əq̓iyn √spirit_power<pl>⟧ ☞ **łq̓íyən** several spirit powers. (MJT)

łaʔyəqʷə́čəṅ ⟦√ł<aʔy>iqʷ=ač=ən √flesh<pl>=backside=instr⟧ ☞ łqʷə́čəṅ several pieces of the thin part of a fish dried. (MJT)

łáʔyəs ⟦√łaʔys √anchovy⟧ anchovy fish. *Engraulidae spp.* (TC)

łaʔyíčt ⟦√ł<aʔy>ič-t √cut<pl>-trns⟧ ☞ łíčt to butcher, cut something up into pieces. (TC) {*łaʔyíčt* cn. *I cut it up into pieces.* (MJT) | *łaʔyíčt* cn kʷi tə ččxáłč. *I cut up the nettles.* (MJT)}

łaʔyík̓ʷsən ⟦√ł<aʔy>ík̓ʷ=sən √hook<pl>=foot⟧ ☞ łík̓ʷsən to trip. {q̓ʷáyəx, ʔáw c *łaʔyík̓ʷsən*. *Careful, don't trip.* (ES)}

łaʔyíqt ⟦√ł<aʔy>iqt √clothing<pl>⟧ ☞ łqít a bunch of clothing, several blankets. (AS) VAR: łóyəqt (EPT) ⟦√ł<óy>iqt √clothing<pl>⟧ VAR: łáyəqt (EPT) VAR: ləłqít (AS) ⟦ł+√łqit pl+√clothing⟧ VAR: łłqít (AS)

łaʔyúp̓ən ⟦√ł<aʔy>up̓=ən √slurp<pl>=instr⟧ [/u/ does not change in the plural here.] ☞ łúp̓ən several spoons. (MJT; ES)

łac ⟦√łac √go_to_water⟧ [probably related to word meaning 'to be at the edge of the water'] *cp.* łcú to be going down toward the water, to the beach. {ʔiʔ*łac* cn. *I'm on my way to the beach.* (ES) | ʔiyá łaʔ ʔiʔ*łac*. *There she is going down to the beach.* (EPT) | kʷłiʔ*łac*. *He's going down to the beach.* (MJT) | kʷłiʔ*łac* cn. *I'm just now coming down.* (MJT)}

łáč ⟦√łač √dark⟧ to be dark, shaded. (EPT; LC; ES; AS,BC; TC) {*łáč* cə skʷáči. *The day is dark (cloudy).* (TC) | *łáč* cə ʔáʔyəŋ. *The house is dark.* (TC) | twəwłáč. *It was still dark.* (ES) | kʷłáč. *It's already dark.* (TC) | mán ʔuʔ *łáč*. *It's plenty dark.* (EPT; LSaT) | *łáč* tiə ʔəscə́ýxʷ. *It's dark inside.* (LC) | mán ʔuʔ *łáč* tiə ʔəsnát. *It's very dark tonight.* (TC) | kʷłáč ʔəł čáŋən. *It's already dark when I get home.* (TC) | ʔiʔ X̌áy ʔuʔ kʷłuʔ*łáč* ʔəł čáŋəs ʔiʔuʔšátəŋ. *And it was also already dark when he came walking home.* (ES) | sáʔsiʔsiʔ cn ʔaʔ ti *łáč*. *I'm afraid of the dark.* (EPT) | kʷłuʔ*łáč* kʷaʔ ʔəsxʷaníŋəs táŋən. *It was already dark when it was like the evening.* (ES) | X̌áy ʔuʔ kʷ*łáč* ʔəł čáŋəs. *It was already dark, too, when he got home.* (TC) | kʷaʔčíý ti sštəŋs twawłáčs. *Early in the morning he walked when it was still dark.* (TC)}

łáčct ⟦√łač-cut √dark-rflxv⟧ ☞ łáč to get dark, darken. (MJT; AS,BC) {*łáčct* kʷaʔ. *It got dark.* (ES) | ŋaʔsáʔnəŋ ʔiʔ níł suʔ*łáčct*s *He anchored, and then it got dark.* (ES) | ʔiʔ húʔ či sʔéʔłənł ʔiʔ *łáčct*. *And when we were eating it got dark.* (MJ) | níł sxʷʔiyáł ti sŋaʔkʷaʔcútł ʔi ʔuʔ*łáčct*. *That's where we waited until it got dark.* (TC) | *łáčct* kʷaʔ; čáyəxʷ ʔaʔ cə ʔáʔiŋ. *It's getting dark; get in the house.* (ES) | níł tə suʔ*łáčct*s. suʔcqʷə́ts cə ŋáʔəqs. *Then it got dark. He lit his lamp.* (TC) | húʔ yaʔ kʷaʔnéʔŋət kʷi tím ʔaʔ ti táŋən ʔəł ʔiʔ*łáčct*s činu skʷáči ʔiʔ níł táči cə čaʔcéʔxʷəŋ ʔiyá ʔaʔ tə cácu. *When Tim was running in the evening when the day was getting dark, he would get to a shallow place at the beach.* (ES)}

łáčnəxʷ ⟦√łač-naxʷ √dark-nctrns⟧ ☞ łáč to manage to make it dark. {*łáčnəxʷ* cn. *I made it dark unintentionally. / I finally made it dark enough.* (MJT)}

łáčtxʷ ⟦√łač-txʷ √dark-inancaus⟧ ☞ łáč to make or keep something dark. (TC) {*łáčtxʷ* cn tiə ʔəscə́ýxʷ. *I made this room dark.* (MJT) | *łáčtxʷ* u cn? *Have I made it dark enough?* (MJT)} VAR: łáčt (TC) {*łáčt* cn tiə ʔəscə́ýxʷ. *I made this room dark.* (MJT)}

łák̓ʷəŋ ⟦√łak̓ʷ-ŋ √flavorless-mdl⟧ to be flavorless, flat-tasting, tasteless. (EPT; AS,BC) {mán ʔuʔ *łák̓ʷəŋ* tiə słúp̓. *This soup is very flat tasting.* (AS)}

łáłaʔči chilly. See under: łáʔłaʔči

łáłčct ⟦łá+√łač-cut rslt+√dark-rflxv⟧ ☞ łáč to be dusk, getting dark. (TC; AS,BC; ES) {kʷłiʔ*łáłčct*. *It's getting dark.* (MJT; T) | łíčt cn tə nəčšúycs ʔaʔ kʷi táŋəns ʔiʔ*łáłčct*. *I cut my fingernails in the evening when it was getting dark.* (MJT) | níł suʔiʔšə́təŋs kʷłiʔ*łáłčct*. *She was walking, and it was already getting dark.* (ES)}

łáłčənəxʷ ⟦łá+√łač-naxʷ rslt+√dark-nctrns⟧ ☞ łáčnəxʷ to be managing to make it dark. {hiʔ*łáłčənəxʷ* cn. *I'm making it dark enough now.* (MJT)}

łáłəqʷəq ⟦łə+√łqʷ=əq dim+√ʔ=phallus⟧ geoduck. ((Harrington notes that this has an obscene meaning, too.)) (EWH) VAR: łáłqʷaq (LB,CWH)

łałiʔp̓iʔáx̌ən bat. See under: łaʔłiʔp̓iʔáx̌ən

łátuʔ ⟦łá+√ław̓ rslt+√heal⟧ ☞ łáw̓
1. to be healing, getting well. (LC) {ʔiʔ*łátuʔ*. *It's healing.* (ES) | ʔiʔ*łátuʔ* č kʷi. *I heard he's getting better.* (ES)}
2. to be running away, escaping. {kʷłənʔiʔ*łátuʔ* cxʷ kʷaʔčə. *You're running away.* (TC) | kʷaʔnéʔŋət cxʷ ʔiʔ*łátuʔ*. *You're running away.* (TC) | xčnín ʔaʔ či sníłs cə q̓ʷq̓ʷúʔəŋ ʔiʔkʷaʔnéʔŋət ʔiʔ*łátuʔ* sáʔsiʔsiʔ. *He thought it was Kelp that was running away afraid.* (TC)}

łáqʷ ⟦√łaqʷ √lick⟧ to be licked, slurped. (AS) {*łáqʷ* cə X̌áłəŋ. *The salt was licked.* (AS)}

łáqʷəŋ ⟦√łaqʷ-ŋ √lick-mdl⟧ ☞ łáqʷ to lick, lap at. (ES,TC) {*łáqʷəŋ* či. *Lick it.* (MJT)}

łáqʷt ⟦√łaqʷ-t √lick-trns⟧ ☞ łáqʷ to lick something, lap, slurp something up. (MJT) {*łáqʷt* cn cə X̌áłəŋ. *I licked up the salt.* (AS)}

łáqʷtəŋ be licked. See under: łqʷátəŋ

łatíqəŋ hot. See under: łaʔłíqəŋ

łáw̓[1] ⟦√ław̓ √flee⟧ to escape, seek refuge, flee, get away from an immediate situation. (ES; TC; WB; AS) ((USAGE: The Klallam words /X̌íw̓/ and /łáw̓/ both translate into English as 'escape', but they have a subtle difference in meaning in Klallam. /X̌íw̓/ is used to refer to an escape from

łáw̓

confinement while /łáw̓/ is used to refer to escape from some immediate situation. Compare the two sentences /x̌íw̓ cə nəsqáx̌aʔ/ and /łáw̓ cə nəsqáx̌aʔ/. They both are translated 'my dog ran away', but the former, with /x̌íw̓/, means that my dog is not where I expect him to be, he's managed to get through the fence and has run off. The sentence with /łáw̓/, on the other hand, means that my dog ran away from some particular thing. It might, for example, refer to a situation where I called my dog, but he ran away from me.⟫ {*łáw̓* cn. *I got away; I escaped.* (ES) | *łáw̓* cə nəsqáx̌aʔ. *My dog ran away (when I called it).* (TC) | *łáw̓* cn ʔaʔ cə ʔáʔiŋ. *I ran away from that house.* (TC) | *łáw̓* ʔaʔ cə snáyaʔnəkʷ. *He escaped from the ghosts.* (ES) | *łáw̓* ʔaʔ cə qq̓ə́yuʔ. *He got away from the police.* (AS,BC)}

łáw̓² ⟦√ław̓ √heal⟧ to heal, be healed, be cured, get well. (LC; ES; AS) {*łáw̓* u cxʷ? *Are you well?* (EPT) | *łáw̓* cn. *I got well.* (ES,HS; ES) | čaʔ*łáw̓* cn. *I just got better.* (AS,BC) | x̌ʷə́ŋ nəs*łáw̓*. *I healed quickly.* (TC) | nił č suʔx̌ənʔátəŋs ʔaʔ cə stə́yaʔčəŋ, "*łáw̓* cxʷ kʷə." *Then he was told by the wolves, "You are healed."* (TC) | ʔə́y̓ cxʷ kʷi ʔəł łə́məx̌ʷtəŋ ʔaʔ ti čiyúyaʔ; *łáw̓* cxʷ. *It's good for you to be rubbed by twins; you get well.* (MJT) | ʔə́y̓ stáynəxʷ ti čiyúyaʔ ʔəł x̌ʷkʷə́təŋəxʷ; x̌ənáł ti suʔ*łáw̓*s. *Twins are good medicine when the take hold of you; they always get better.* (MJT)}

łáw̓nəxʷ ⟦√ław̓-nax̌ʷ √heal-nctrns⟧ ☞ łáw̓ to manage to heal, cure someone, make someone well. {*łáw̓nəxʷ* cn. *I'm getting him well.* (MJT) | suʔx̌ə́nəŋs cə sxʷəná̓ʔəm ʔaʔ či s*łáw̓nəxʷ*s qł. *So the Indian doctor said he would heal her.* (MJ)}

ław̓núŋət ⟦√ław̓-nuŋt √flee-ncmdl⟧ ☞ łáw̓ to manage to get away, escape. {ʔi ʔu*ław̓núŋət* cn tə. *But I managed to get away.* (TC)} VAR: łuʔnúŋət (ES,TC) {*łuʔnúŋət* cn. *I got away.* (ES)}

łáw̓qəm ⟦√ław̓qm √mussel⟧ a species of small mussel. ⟪They are about the size of a man's thumb and grow on pilings and dead trees in the water, not on the rocks.⟫ *Mytilus sp.?* (TC)

łáw̓təŋ ⟦√ław̓-txʷ-ŋ √heal-inancaus-psv⟧ ☞ łáw̓txʷ to be healed, cured by someone. {*łáw̓təŋ* cn. *He made me better.* (AS)}

łáw̓txʷ ⟦√ław̓-txʷ √heal-inancaus⟧ ☞ łáw̓ to heal, cure someone. {*łáw̓txʷ* cn. *I made him better.* (AS)}

łáx̌ ⟦√łax̌ √lie_flat⟧ to lie down flat (like fish on a platter). (AS) {*łáx̌* caʔn. *I'm going to lie down.* (AS)}

łáx̌əŋ ⟦√łax̌-ŋ √lie_flat-mdl⟧ ☞ łáx̌ to lie down flat atop (something). {*łáx̌əŋ* caʔn ʔaʔ cə nsxʷʔá̓ʔmət. *I'm going to lie on my bed.* (BC)}

łáx̌t ⟦√łax̌-t √lie_flat-trns⟧ ☞ łáx̌
1. to lay something on, put something flat atop (a surface). (ES; TC; AS) {*łáx̌t* cn. *I put it on top.* (MJT; TC) | *łáx̌t* cn ʔaʔ cə ča̓ʔcítən. *I laid it on the table.* (ES) | *łáx̌t* caʔn cə sə́miʔ. *I'm going to lay out the blanket.* (AS) | *łáx̌t* cn cə tálə ʔaʔ cə

łcú

ča̓ʔcítən. *I laid the money on the table* (AS) | *łáx̌t* cn cə sx̌áł sqaʔqáx̌aʔ ʔaʔ tə sxʷʔá̓ʔmət. *I laid the sick puppy on the bed.* (AS)}
2. to serve food. {*łáx̌t* cn cə sʔíłən ʔaʔ cə ča̓ʔcítən. *I put the food on the table.* (ES)}

łáx̌təŋ be laid on. See under: łx̌átəŋ

łáx̌ʷł definitely. See under: ʔəsłáx̌ʷł

łáx̌ʷt ⟦√ł<á>x̌ʷ-t √remove_from_mouth<actl>-trns⟧ [There are two non-actual/actual pairs for this word. Depending on the speaker the non-actual is either /łx̌ʷát/ (with actual /łáx̌ʷt/) or /łáx̌ʷt/ (with actual /łáʔx̌ʷt/).] ☞ łx̌ʷát to be removing something from the mouth, taking something out of the mouth. (AS,BC; AS) {*łáx̌ʷt* cn cə čé̓ʔəx̌. *I'm taking the gum out of my mouth.* (AS) | *łáx̌ʷt* cn cə saplín. *I took the bread out of my mouth.* (AS) | *łáx̌ʷt* cn cə nsʔíłən. *I took my food out of my mouth.* (AS,BC)} VAR: łáx̌ʷt (AS) {*łáx̌ʷt* či. *Take it out of your mouth.* (MJT)}

łáx̌ʷtəŋ ⟦√łax̌ʷ-t-ŋ √remove_from_mouth-trns-psv⟧ ☞ łáx̌ʷt to be removed from the mouth by someone or something. (AS,BC) {*łáx̌ʷtəŋ* cə saplí. *The bread was taken from my mouth.* (AS)} VAR: łx̌ʷátəŋ (BC) {*łx̌ʷátəŋ* cn. *Someone took it out of my mouth.* (AS) | *łx̌ʷátəŋ* cə saplín. *The bread was taken from my mouth.* (AS)}

łáyəqt clothing (pl). See under: łaʔyíqt

łáyəs ⟦√łay-as √remove-ptcaus⟧ to take something away from the fire, remove food from the heat. (TC) {*łáyəs* cn. *I took it off the fire.* (TC) | *łáyəs* cn cə sčánnəxʷ. *I took the salmon away from the fire.* (TC)} VAR: łáys (TC) VAR: łáyəs (AS,BC)

łáy̓əs remove from fire. See under: łáyəs

łcáw̓ at beach. See under: łcú

łcú ⟦√łcu √at_beach⟧ to be down toward the water, be on the beach at the edge of the water. (LB,EWH; EPT; MJT; LC; ES) {*łcú* yaʔ cn. *I was down at the beach.* (ES) | hiyáʔ cn *łcú*. *I went down to the beach.* (TC) | hiyáʔ či *łcú*. *Let's go down to the beach.* (HS) | kʷł*łcú* u kʷə? *Has he gone down?* (MJT) | hiyáʔ caʔn *łcú*. *I'm going down to the water.* (AS,BC) | hiyáʔ č kʷi *łcú*. *He went down to the beach.* (MJT) | ʔistá *łcú*. *Let's go down to the beach.* (LC) | suʔkʷánəŋət ʔaʔ Timmy *łcú*. *So Timmy ran down to the beach.* (MJ) | nił suʔsáysiʔs ʔiʔ hiyáʔ *łcú*. *He was afraid and went toward the water.* (ES) | k̓ʷə́nəxʷ u q cn kʷaʔ hiyáʔn *łcú*? *Would I see him if I went down to the beach?* (MJT)} {nił č suʔhiyáʔs x̌̓áy *łcú* hiyáʔ túkʷ. *Then he went again down to the beach and went home.* (TC) | ʔuʔhiyáʔ *łcú* ʔiʔ x̌̓iʔáŋ ʔaʔ či xʷə́xím̓. *He went down to the beach and was looking for drummer fish.* (MJT) | suʔx̌̓ətəŋs cə cicáyss cə sx̌̓aʔyéʔx̌ł ʔiʔ *łcú*. *Then he took the children's hands and went to the beach.* (AA) | ʔúy̓ q kʷə či čə́q ti stáčəŋ ʔiʔ hiyáʔ *łcú* cə q̓áʔŋi ʔiʔ q̓x̌ə́yuʔ? ʔəłənístxʷs tə ŋə́nəŋənaʔs. *When there would be a big low tide, the girl went to the beach digging clams to feed* *her children.* (MJ)} VAR: ɬcáw̓ {suʔhiyáˑʔs štə́ŋ ʔiʔ ɬcáw̓. *So they walked down to the beach.* (MJ)}

ɬcútəŋ ⟦√ɬcu-txʷ-ŋ √at_beach-inancaus-psv⟧ ☞ ɬcútxʷ to be taken to the beach. {suʔcə́ŋaʔtəŋ ʔaʔ kʷi nəcousin yaʔ ɬcútəŋ ʔúyəɬtəŋ ʔaʔ cə snə́xʷɬ. *I was packed by my cousin down to the beach and put on a canoe.* (TC)}

ɬcútxʷ ⟦√ɬcu-txʷ √at_beach-inancaus⟧ ☞ ɬcú to take someone or something down to the beach. {ɬcútxʷ yaʔ cn. *I took him down to the beach.* (MJT)}

ɬcáʔič ⟦√ɬc=ay̓č √cut=hip⟧ ☞ ɬíc̓ to get cut on the hip. {ɬcáʔič cn. *I got my hip cut.* (MJT)}

ɬcáʔiŋ ⟦√ɬc=ay̓-ŋ √cut=wood-mdl⟧ ☞ ɬíc̓ to mow grass, cut hay. {ɬcáʔiŋ cn. *I mowed the grass.* (AS)}

ɬcaʔyíwc ⟦√ɬc=ay̓=iwc √cut=wood=fire⟧ ☞ ɬíc̓ to saw wood. (EPT; MJT) VAR: ɬcáyuc {ɬcáyuc cn. *I'm sawing wood.* [This may be the 'actual' form.] (AS)}

ɬcács ⟦√ɬc=acis √cut=hand⟧ ☞ ɬíc̓ to get cut on the hand or finger. (ES) {ɬcács cn *I got my hand cut. / I cut my hand. / I cut my finger.* (EPT; MJT; TC; ES,HS) | ʔáwə c ɬcács ʔaʔ kʷə ṅq̓ʷaʔéyəs. *Don't cut your hand on your knife.* (EPT)}

ɬcacsənúŋət ⟦√ɬc=acis-nuŋt √cut=hand-ncmdl⟧ ☞ ɬcács to cut one's hand. {ɬcacsənúŋət u cxʷ? *Did you cut your hand?* (MJT)}

ɬcácsnəŋ ⟦√ɬc=acis-naxʷ-ŋ √cut=hand-nctrns-psv⟧ ☞ ɬcácsnəxʷ to be cut on one's hand (accidentally) by someone or something. {ɬcácsnəŋ cn. *I got my hand cut.* (MJT)}

ɬcácsnəxʷ ⟦√ɬc=acis-naxʷ √cut=hand-nctrns⟧ ☞ ɬcács to cut someone's hand (accidentally). {ɬcácsnəxʷ cn. *I cut his hand (accidentally).* (MJT)}

ɬcán̓t ⟦√ɬc=an̓-t √cut=ear-trns⟧ ☞ ɬíc̓t to cut the ear (of a sheep for identification). (MJT) {ɬcán̓t cə ləmtú. *Cut the sheep's ear.* (AS)}

ɬcáyəqən ⟦√ɬc=ayqən √cut=fur⟧ ☞ ɬíc̓ to shear a sheep. ⟨⟨USAGE: Used only jokingly to refer to a person getting a haircut.⟩⟩ (TC)

ɬcáyuc saw wood. See under: ɬcaʔyíwc

ɬcáyuct cut wood. See under: ɬəcayíwct

ɬcayáʔčən ⟦√ɬc-ay̓=ay̓=ən √cut-ext=wood=instr⟧ [/y̓/ → /ʔč/] ☞ ɬíc̓ any saw for cutting wood. (EPT; ES,TC) {ɬqáxt cə nɬcayáʔčən. *Sharpen your saw.* (ES)} VAR: ɬcaʔyáʔčən (ES)

ɬccínəŋ ⟦√ɬc=ucin-ŋ √cut=mouth-mdl⟧ ☞ ɬcúcən to cut the mouth (intentionally). {ɬccínəŋ cn. *I cut my mouth (intentionally).* (MJT)}

ɬccísc ⟦√ɬc=acis-t-c √cut=hand-trns-1obj/2obj⟧ ☞ ɬccíst cut my hand; cut your hand. {ʔó, ɬccísc caʔ cxʷ. *Oh, you're going to cut my hand.* (MJT)}

ɬccíst ⟦√ɬc=acis-t √cut=hand-trns⟧ ☞ ɬcács to cut someone's hand (intentionally). {ɬccíst cn. *I cut his hand (on purpose).* (MJT)}

ɬccístəŋ ⟦√ɬc=acis-t-ŋ √cut=hand-trns-psv⟧ ☞ ɬccíst to be cut on the hand by someone or something. {ɬccístəŋ cn. *I got cut on the hand.* (MJT)}

ɬcéʔqʷ ⟦√ɬc=iʔqʷ √cut=head⟧ ☞ ɬíc̓ to cut one's head. {ɬcéʔqʷ cn. *I cut my head.* (EPT; MJT)}

ɬcéʔqʷəŋ cut hair. See under: ɬcaʔqʷəŋ

ɬcéʔqʷt cut hair. See under: ɬcaʔqʷt

ɬcéʔwəs cutting with saw. See under: ɬaʔcaʔíw̓s

ɬcə́qsən ⟦√ɬc=əqsən √cut=nose⟧ ☞ ɬíc̓ to get cut on the nose. {ɬcə́qsən cn. *I got cut on the nose.* (MJT)}

ɬcə́qst ⟦√ɬc=əqsən-t √cut=nose-trns⟧ ☞ ɬcə́qsən to cut someone or something on the nose. {ɬcə́qst cn. *I cut his nose.* (MJT)}

ɬciʔáxən ⟦√ɬc=iʔ=axan √cut-ext=arm⟧ ☞ ɬíc̓ to get cut on the arm. {ɬciʔáxən cn. *I got my arm cut.* (MJT)}

ɬciʔáxt ⟦√ɬc=iy=<á>xan-t √cut-ext=arm<actl>-trns⟧ [rightward stress shift with loss of material in the actual] ☞ ɬciyəxánt to be cutting someone on the arm. {ɬciʔáxt cn. *I'm cutting him on the arm.* (MJT)}

ɬcík̓ʷsəŋ ⟦√ɬc=iws-ŋ √cut=body-mdl⟧ ☞ ɬíc̓ to cut the body. {ɬcík̓ʷsəŋ cn. *I got cut somewhere on my body.* (MJT)}

ɬcík̓ʷst ⟦√ɬc=iws-t √cut=body-trns⟧ ☞ ɬíc̓ to cut someone's or something's body. {ɬcík̓ʷst cn. *I cut his body.* (MJT)}

ɬcínəŋ ⟦√ɬc-naxʷ-ŋ √cut-nctrns-psv⟧ ☞ ɬíc̓ to manage to be cut accidentally by someone or something. (AS,BC) {ɬcínəŋ cn. *I got cut accidentally.* (AS) | čaʔɬcínəŋ cn. *I just got cut.* (AS)}

ɬcíŋən ⟦√ɬcíŋ=ən √comb=instr⟧ comb. (MJT; ES; AS,BC)

ɬcít cut it. See under: ɬíc̓t

ɬcítəŋ ⟦√ɬc-t-ŋ √cut-trns-psv⟧ [metathesis with passive] ☞ ɬíc̓t to be cut, sliced. (AS,BC) {húy č yaʔ ti suʔɬcítəŋs ti tíxʷɬcs ɬŋán. *They only cut out his tongue.* (TC)}

ɬcíw̓st ⟦√ɬc=iw<ʔ>s-t √cut=body<actl>-trns⟧ ☞ ɬcík̓ʷst to be cutting someone's or something's body. {ɬcíw̓st cn. *I'm cutting his body.* (MJT)}

ɬciyáxən cut arm. See under: ɬciyáxən

ɬciyəxánt ⟦√ɬc=iy=axan-t √cut-ext=arm-trns⟧ ☞ ɬciyáxən to cut someone on the arm or sleeve. {ɬciyəxánt cn. *I cut him on the arm.* (MJT)}

ɬcnáytxʷ ⟦√ɬc=ɬnay-txʷ √cut=neck-inancaus⟧ ☞ ɬíc̓t Stem: ɬcnáyət to cut something's throat. {ɬcnáyəts. *He cut its throat.* (TC) | ɬcnáyəts tə šamáns cə ʔuʔxə́n sq̓ʷəyaʔšəns. *They cut the throats of all their enemies' companions.* (ES)}

ɬcsán ⟦√ɬc=san √cut=foot⟧ ☞ ɬíc̓ to get cut on the foot. {ɬcsán cn. *I got my foot cut.* (MJT)}

ɬc̓sə́nəŋ 〚√ɬic̓=sən-naxʷ-ŋ √cut=foot-nctrns-psv〛 ☞ **ɬc̓sə́nnəxʷ** to be cut on one's foot or leg (accidentally) by someone or something. {*ɬc̓sə́nəy* cn. *I got my foot cut.* (MJT)}

ɬc̓sə́nnəxʷ 〚√ɬic̓=sən-naxʷ √cut=foot-nctrns〛 ☞ **ɬíc̓sən** to cut someone's foot accidentally. {*ɬc̓sə́nnəxʷ* cn. *I cut his foot accidentally.* (MJT)}

ɬc̓sə́nt 〚√ɬic̓=sən-t √cut=foot-trns〛 ☞ **ɬíc̓sən** to cut someone's foot (on purpose). {*ɬc̓sə́nt* cn. *I cut his foot.* (MJT) | *ɬc̓sə́nt* či tsə nəc̓šúysən. *Cut my toenails.* (MJT)}

ɬc̓sə́n̓t 〚√ɬic̓=sən<ˀ>-t √cut=foot<actl>-trns〛 ☞ **ɬc̓sə́nt** to be cutting someone's foot. {*ɬc̓sə́n̓t* cn. *I'm cutting his foot.* (MJT)}

ɬc̓úcən 〚√ɬic̓=ucin √cut=mouth〛 ☞ **ɬíc̓** to be cut on the mouth. {*ɬc̓úcən* cn. *I got my mouth cut.* (MJT)}

ɬc̓úcənnəxʷ 〚√ɬic̓=ucin-naxʷ √cut=mouth-nctrns〛 ☞ **ɬc̓úcən** to cut someone's mouth (accidentally). {*ɬc̓úcənnəxʷ* cn. *I cut his mouth accidentally.* (MJT)}

ɬc̓ús 〚√ɬic̓=us √cut=face〛 ☞ **ɬíc̓** to cut the face. {*ɬc̓ús* cn. *My face got cut.* (AS)}

ɬc̓úsnəxʷ 〚√ɬic̓=us-naxʷ √cut=face-nctrns〛 ☞ **ɬíc̓** to cut someone's face (accidentally). {*ɬc̓úsnəxʷ* cn. *I cut his face accidentally.* (MJT)}

ɬc̓úst 〚√ɬic̓=us-t √cut=face-trns〛 ☞ **ɬc̓ús** to cut someone on the face. {*ɬc̓úst* cn. *I cut him on the face.* (MJT)}

ɬc̓ústəŋ 〚√ɬic̓=us-t-ŋ √cut=face-trns-psv〛 ☞ **ɬc̓úst** to be cut on the face by someone or something. {*ɬc̓ústəŋ* cn. *My face was cut.* (AS)}

ɬc̓úyəs 〚√ɬic̓=uyəs √cut=forehead〛 ☞ **ɬíc̓** to be cut on the forehead. {*ɬc̓úyəs* cn. *I got cut on the forehead.* (MJT)}

ɬc̓úyəsəŋ 〚√ɬic̓=uyəs-ŋ √cut=forehead-mdl〛 ☞ **ɬc̓úyəs**
1. to cut the forehead. {*ɬc̓úyəsəy* cn. *I cut my forehead.* (MJT)}
2. to cut a round object. {*ɬc̓úyəsəy* či ʔə tə apple. *Cut (peel) the apple.* (MJT)}

ɬc̓úyəst 〚√ɬic̓=uyəs-t √cut=forehead-trns〛 ☞ **ɬc̓úyəs** to cut the forehead or any round object. {*ɬc̓úyəst* cn. *I cut him on the forehead.* (MJT) | *ɬc̓úyəst* tə apple. *Cut (peel) the apple.* (MJT)}

ɬčáʔi 〚ʔɬ-√čaya part-√first〛 to be first, ahead, before (in time or distance or in a game). (AS) {ʔiʔɬčáʔi. *Somebody's ahead.* (LC) | *ɬčáʔi* cn. *I'm ahead. / I'm first.* (AS) | *ɬčáʔi* cn ʔaʔ kʷi sx̣ə́ps. *I was ahead at the end.* (AS) | *ɬčáʔi* nəŋə́naʔ. *It's my first child.* (LC) | hiyáʔ yaʔ cn ƛ̓aʔšxʷimáy ʔiʔɬčáʔi yaʔ ʔaʔ či nəsƛ̓ácu. *I went to the store before I went fishing.* (TC)} VAR: čáʔi {*čáʔi* cn. *I'm ahead.* (AS) | *čáʔi* cn ʔaʔ kʷi sx̣ə́ps. *I was ahead at the end.* (AS)}

ɬčáʔmən 〚√ɬač-aʔmən √dark-almost〛 ☞ **ɬác̓** to be dark, murky (of water). (TC; AS,BC) VAR: čáʔmən {*čáʔmən* cə qʷúʔ. *The water is dark.* (AS,BC) | *čáʔmən* cə cáy̓əɬ. *The lake is murky.* (AS)} VAR: čáʔmət {*čáʔmət* cə stúʔwi. *The river is murky.* (AS)}

ɬčátəŋ 〚√ɬač-txʷ-ŋ √dark-inancaus-psv〛 ☞ **ɬáčtxʷ** to be made or kept dark by someone or something. {*ɬčátəy* tiə ʔáʔyəŋs. *He made his house dark.* (TC)}

ɬčə́ŋət 〚√ɬač-ŋi-t √dark-rel-trns〛 ☞ **ɬác̓** to make it dark. {*ɬčə́ŋət* cn. *I made the place dark.* (MJT) | *ɬčə́ŋət* ixʷ cn tiə ʔəsc̓áyxʷ ʔaʔ tsiə nsxʷtələháyəs. *I must have made it dark inside with my glasses.* (MJT)}

ɬčə́qi 〚√ɬč=əq-iy ☞ **ɬčíkʷs** √tired=?-dev〛 to get tired. (ES; HS,ES) {*ɬčə́qi* cn. *I got tired.* (ES)}

ɬčəx̣ half. See under: ʔəɬčə́x̣

ɬčəx̣mít 〚ʔɬ-√čx̣√mit part-√split√dime〛 ☞ ʔəɬčə́x̣ ☞ **mít** a nickel, five cents. (TC,AS,BC)

ɬčíkʷs 〚√ɬč=iws √tired=body〛 to be tired. (MJT; TC) {*ɬčíkʷs* cn. *I'm tired.* (TC; AS,BC) | *ɬčíkʷs* u cxʷ? *Are you tired?* (AS,BC) | *ɬčíkʷs* cn ʔəɬ ƛ̓áʔcuʔən. *I'm tired from fishing.* (TC) | *ɬčíkʷs* cn ʔaʔ tə nəsʔáʔmət. *I'm tired of sitting.* (TC) | *ɬčíkʷs* cn ʔəɬ šátəŋ̓ən. *I'm tired of walking.* (TC) | *ɬčíkʷs* cn ʔaʔ tə nəsšátəŋ̓. *I'm tired when I'm walking.* (TC) | tə́s ʔaʔ cə čáyəqʷ ʔiʔ *ɬčíkʷs* sʔiʔšátəŋ̓s. *He got deep into the woods tired from walking.* (TC)}

ɬčiw̓s 〚√ɬč=iw<ˀ>s √tired=body<actl>〛 ☞ **ɬčíkʷs** being tired. {*ɬčiw̓s* cn. *I'm tired right now.* (MJT) | hiyáʔ cn ʔítt, ʔaw̓*ɬčiw̓s* cn. *I went to bed because I was tired.* (LC)}

ɬčúyəs 〚√ɬač=uyəs √dark=color〛 ☞ **ɬác̓** to be dark colored. (TC; AS) {*ɬčúyəs* cə ɬqíts. *His clothes are dark.* (AS)} VAR: ɬčúys (TC)

ɬčʷáyəs 〚√ɬəyx̣ʷ-ay̓s √nonsense-activ〛 ☞ **ɬə́čʷmən** to act silly, be noisy. {*ɬčʷáyəs*. *They got noisy.* (MJT)}

ɬéʔc̓t 〚√ɬi<ʔ>c̓-t √cut<actl>-trns〛 ☞ **ɬíc̓t** to be cutting something. (LC) {*ɬéʔc̓t* cn tiə nəc̓šúy̓cs. *I'm cutting my fingernails.* (MJT) | *ɬéʔc̓t* cn ʔaʔ tiə šípən. *I'm cutting it with a knife.* (LC) | *ɬéʔc̓t* cn tə cáyəss. *I'm cutting his hand (on purpose).* (MJT) VAR: ɬéʔəc̓t {mán̓ ʔuʔ čə́q sɬéʔəc̓ts cə nəsx̣ónaʔ. *And my foot really had a big cut.* (TC)}

ɬéʔəntəŋ 〚√ɬ<í>ʔn-t-ŋ √attach<actl>-trns-psv〛 [actual metathesis] ☞ **ɬéʔnət** being tied down, attached by someone or something. {*ɬéʔəntəŋ* cə músmus. *The cow is tied up.* (AS)} VAR: ɬéʔntəŋ {*ɬéʔntəŋ* ixʷ kʷi kʷə stiqéw. *The horse must be tied up.* (AS)}

ɬéʔəxct 〚√ɬiʔx-cut √stiff-rflxv〛 to be stiff, not limber (of a body part). {*ɬéʔəxct* cə nx̣ʷúŋən. *My neck is stiff.* (BC)}

ɬéʔk̓ʷəŋ 〚√ɬi<ʔ>k̓ʷ-ŋ √hook<actl>-mdl〛 ☞ **ɬík̓ʷ** to be hooking. {*ɬéʔk̓ʷəŋ* cn ʔaʔ cə hónn. *I'm hooking the humpy.* (AS)}

łéʔkʷt 〚√łi<ʔ>kʷ-t √hook<actl>-trns〛 ☞ łíkʷt to be hooking something. {kʷłéʔkʷt cn. *I'm right now hooking it.* (MJT; TC)}

łéʔnəq 〚√łiʔn-nəq √attach-hab〛 [identification of the suffix here is tentative] ☞ łéʔnət to be tied up, attached. (AS,BC) {łéʔnəq cn. *I'm tied.* (AS,BC)}

łéʔnət 〚√łiʔn-t √attach-trns〛 to tie down, attach something. (LC; AS,BC; AS) {łéʔnət cn. *I tied it.* (MJT; LC; TC; AS) | łéʔnət caʔn cə ʔuʔútxs. *I'm going to tie down the boat.* (ES) | łéʔnət cə x̣ʷéʔləm. *Tie up the rope.* (TC) | łéʔnət cn cə x̣ʷéʔləm. *I tied that line up.* (TC) | łéʔnət cn cə nəsnáx̣ʷł. *I tied up my canoe.* (TC) | łéʔnət cn cə swə́ýqaʔ. *I tied that man up.* (TC) | łéʔnət či tə sqáx̣aʔ. *Tie the dog up.* (MJT; AS) | kʷłéʔnət cn. *I already tied him up.* (MJT) | łéʔnət cə snáx̣ʷł ʔaʔ cə qʷłáy̓. *Tie up the canoe to the log.* (BC)} VAR: łéʔnt (BC; AS) {łéʔnt či. *Tie it up.* (AS) | kʷłéʔnt cn. *I already tied him up.* (MJT) VAR: łéʔŋət {kʷłéʔŋət cn. *I already tied it up.* (MJT)} VAR: łáʔənt {łáʔənt cn. *I tied it up.* (AS)}

łéʔnəxʷ 〚√łiʔn-naxʷ √attach-nctrns〛 ☞ łéʔnət to manage to tie down, attach something. {łéʔnəxʷ cn. *I got it tied up.* (TC) | łéʔnəxʷ u cxʷ? *Did you get it tied up?* (TC)}

łéʔntxʷ 〚√łiʔn-txʷ √attach-letcaus〛 ☞ łéʔnət to let something be tied up, attached. {łéʔntxʷ či tə sqáx̣aʔ. *Tie up the dog.* (AS)}

łéʔŋət attach it. *See under:* łéʔnət

łéʔxsən 〚√łiʔx=sən √stiff=foot〛 ☞ łéʔxct to have muscle stiffness. 《The word has the 'foot' suffix, but the meaning does not apply only to the foot.》 {łéʔxsən tə nəx̣ʷúŋət. *My neck is stiff.* (ES)}

łəcaʔyíwc 〚√łic=ay̓=iwc √cut=wood=fire〛 ☞ łíc to cut, saw (wood for fuel). {łəcaʔyíwc cn. *I'm cutting wood.* (ES)}

łəcaʔyíwct 〚√łic=ay̓=iwc-t √cut=wood=fire-trns〛 ☞ łəcaʔyíwc to cut, saw wood for fuel. (ES) VAR: łcáyuct {hiyáʔ kʷi kʷə nsʔúqʷaʔ łcáyuct. *My brother who was cutting wood left.* (AS)}

łə́čqiʔ 〚√ł<ə́>č=aq-iy √tired<actl>=?-dev<actl>〛 [actual metathesis] ☞ łčə́qi to be getting tired. {ʔiʔłə́čqiʔ cn. *I'm getting tired.* (ES)}

łə́čxʷmən 〚√łəyx̣ʷ-mən √nonsense-almost〛 cp. łiʔx̣ʷáy̓s to act goofy, funny, silly, be talkative, talk nonsense. (ES; AS,ES) {łáx̣ʷł ʔuʔ łəčxʷmən tə swéʔwəs. *That boy is full of fun.* (AS,BC)} VAR: łə́čxʷəmən (MJT)

łə́čxʷmən skʷáči 〚√łəyx̣ʷ-mən ʔs-√kʷayiy √nonsense-almost stat-√day〛 ☞ łə́čxʷmən ☞ skʷáči April Fool's Day. (AS,BC)

łə́čšən 〚√łəčšn √steelhead〛 steelhead. *Oncorhynchus mykiss.* (EPT; MJ; AS,BC) ✱Steelhead are thought to turn into snakes when they get to the head of a stream. This idea is probably due to the observation of the different spawning pattern of this species. Unlike other salmon the steelhead does not die after spawning. [may have a form of the 'foot' suffix] VAR: łə́čšən (ES) VAR: łə́čsən (MJT)

łə́kʷəŋ 〚√łəkʷ-ŋ<ʔ> √peck-mdl<actl>〛 to be pecking. (MJTnr; AS)

łə́kʷəyuʔ 〚√ł<ə́>kʷ-əyu<ʔ> √peck<actl>-activ<actl>〛 ☞ łə́kʷəŋ to be pecking. {łaʔłəm łə́kʷəyuʔ. *It's wren pecking.* (MJ)}

łə́kʷt 〚√ł<ə́>kʷ-t √peck<actl>-trns〛 ☞ łkʷə́t to be pecking at something (as a bird). (AS)

łə́kʷtəŋ 〚√ł<ə́>kʷ-t-ŋ √peck<actl>-trns-psv〛 ☞ łkʷə́t to be pecked. (AS) {łə́kʷtəŋ cn. *I got pecked on.* (AS) | łə́kʷtəŋ ʔaʔ cə skʷaʔkʷáʔtuʔ. *He got pecked by the crow.* (AS)} VAR: łə́kʷtəŋ (MJT)

łə́k̓ʷəŋt 〚√ł<ə́>k̓ʷ-ŋ<ʔ>-t √hollow<actl>-mdl<actl>-trns〛 ☞ nəx̣ʷłk̓ʷə́ŋət to be hollowing something out. {kʷłə́k̓ʷəŋt cn kʷi. *I'm right now hollowing it.* (MJT)} VAR: łə́k̓ʷəŋət {kʷłə́k̓ʷəŋət cn kʷi. *I'm right now hollowing it.* (MJT)}

łək̓ʷəyústəŋ 〚√łik̓ʷ-iy-us-t-ŋ √hook-dev-rcpnt-trns-psv〛 ☞ łík̓ʷəyúst to be hung on a hook or nail by someone. (AS) {níł kʷi sxʷʔiyáʔs ti słək̓ʷəyústəŋs tə kapú. *That's where they hang the coats.* (AS)} VAR: łik̓ʷəyústəŋ (AS,BC)

łə́k̓ʷt 〚√ł<ə́>k̓ʷ-t √hollow<actl>-trns〛 [actual metathesis] ☞ łk̓ʷə́t to be hollowing something out. {kʷłə́k̓ʷt cn kʷi. *I'm hollowing it.* (MJT)}

łə́łaʔčiʔ chilly. *See under:* łáʔłaʔči

łəłéʔxsən stiff. *See under:* łłéʔxsən

łəłqít clothing (pl). *See under:* łaʔyíqt

łəməcínəŋ 〚√łəm=ucin-ŋ √lick=mouth-mdl〛 [root not identified independently] to lick one's lips. (TC)

łə́məčəŋ 〚√łəmč-ŋ √harvest-mdl〛 to pick, harvest (fruit, berries, or other vegetables). (ES; AS,BC) 《USAGE: This refers to the act of picking fruit.》 cp. ʔəmx̣ʷúcən (AS,BC) {łán ʔiʔ łə́məčəŋ ʔaʔ cə scəyíqʷłs. *They landed and picked their fruit.* (MJ) | hiyáʔ cn łə́məčəŋ ʔaʔ cə ʔépəls. *I'm going to pick apples.* (TC) | łə́məčəŋ caʔ st ʔaʔ kʷi sqʷiyáy̓ŋxʷ. *We're going to pick blackberries.* (AS,BC) | nsuʔxʷítəŋ hiyáʔ ʔúxʷ ʔiʔ łə́məčəŋ. *So I jumped and went over to pick.* (MJ)}

łə́məčt 〚√łəmč-t √harvest-trns〛 ☞ łə́məčəŋ to pick, harvest fruit or other plant material. (MJT) {łə́məčt cn. *I harvested it.* (AS) | łə́məčt ʔiʔ míst. *Pick them and sort them.* (AS) | łə́məčt cn cə kʷúʔət. *I picked the cattails.* (AS)}

łə́məčtəŋ 〚√łəmč-t-ŋ √harvest-trns-psv〛 ☞ łə́məčt to be picked, harvested by someone. {łə́məčtəŋ ixʷ kʷi kʷə cherries. *The cherries must have been picked.* (MJT)}

łəmək̓ʷáy̓əs 〚√łəmək̓ʷ=ay<ʔ>=us √soft=eye<actl>〛 [The 'eye' refers to the holes in the weave pattern.] soft basket made of cedar bark or cattail. (MJT)

łə́məq̓ 〚√łəmq̓ √swarm〛 to swarm, gang up. (HS)

ɬəməq̓t 〚√ɬəmq̓-t √swarm-trns〛 ☞ ɬəməq̓ to swarm on or over, pile around, gather around, gang up on someone. (HS,ES)

ɬəməq̓təŋ 〚√ɬəmq̓-t-ŋ √swarm-trns-psv〛 ☞ ɬəməq̓t to be ganged up, swarmed, piled up on. (ES) {*ɬə́məq̓təŋ* cn. *They swarmed around me.* (ES) | *ʔiʔ xənátəŋ cn ʔaʔ cə nsɬáni ʔaʔ kʷi nscsə́t tə mə́nuwa ʔaʔ či nsɬə́məq̓təŋ caʔ ʔaʔ cə néʔ cə mə́nuwa. I was told by my wife when I punched that sailor that I'd be ganged up on by the other sailors.* (ES)}

ɬəməxʷ 〚√ɬəmxʷ √rain〛 to rain. (LBH; JCo; EPT; MJT; LC; TC; AS,BC) {*xʷə́ŋ ʔiʔ ɬə́məxʷ kʷaʔ tíymən. It might rain if I sing.* (TC) | *ʔáwə c ɬə́məxʷ. It didn't rain.* (MJT) | *ɬə́məxʷ iqɬ. I wish it would rain.* (MJT) | *sə́məxʷ či. ɬə́məxʷ caʔ. Be quiet. It'll rain.* (TC) | *ɬə́məxʷ tiə skʷáči. It's raining today.* (AS,BC) | *níɬ suʔɬə́məxʷs. Then it rained.* (ES) | *ɬə́məxʷ caʔ ʔaʔ či ʔəsnát. It's going to rain tonight.* (EPT) | *ʔuʔmán ʔuʔ mə́təŋ ʔɬ ɬə́məxʷs tiə sctə́ŋxʷən. This land is very muddy when it rains.* (AS)}

ɬəməxʷáy̓ŋən 〚√ɬəmxʷ-ay̓ŋən √rain-want〛 ☞ ɬəməxʷ to threaten to rain, look like rain is coming. (TC)

ɬəməxʷtástəŋ 〚√ɬəmxʷ-tastxʷ-ŋ √rain-dirtrns-psv〛 ☞ ɬəməxʷ to be rained on. {*ɬəməxʷtástəŋ* st. *We got rained on.* (MJT) | *ɬəməxʷtástəŋ* cn. *I got rained on.* (MJT)} VAR: ɬəməxʷtásəŋ {*ɬəməxʷtásəŋ caʔ. It's going to get rained on.* (MJT) | *ɬəməxʷtásəŋ* st. *We got rained on.* (MJT)}

ɬəmə́xʷtəŋ 〚√ɬəmxʷ-t-ŋ √rain-trns-psv〛 [metathesis with passive] [there is no non-passive] to be rained on, rained out (as an outdoor activity canceled because of rain), rained in (unable to go out because of heavy rain). ☞ ɬəməxʷ {*ɬəmə́xʷtəŋ* cn. *It's raining on me.* (TC)}

ɬəmə́xʷtxʷ 〚√ɬəmxʷ-txʷ √rain-letcaus〛 [metathesis with causative] ☞ ɬəməxʷ to let it rain, make it rain. {*ʔuʔɬəmə́xʷtxʷ. Let it rain.* (TC) | *ɬəmə́xʷtxʷ* cn. *I made it rain.* (TC)}

ɬəməx̣ʷ 〚√ɬəmx̣ʷ √smear〛 to be rubbed, smeared. {*ɬə́məx̣ʷ* cn. *I got rubbed, smeared.* (AS,BC)}

ɬəməx̣ʷc 〚√ɬəmx̣ʷ-t-c √smear-trns-1obj/2obj〛 ☞ ɬəməx̣ʷt smear it on me; smear it on you. {*ʔənʔá či ɬə́məx̣ʷc ʔə tə stáyŋxʷ. Come and rub me with the medicine.* (MJT)}

ɬəməx̣ʷéʔqʷəŋ 〚√ɬəmx̣ʷ=iʔqʷ-ŋ √smear=head-mdl〛 ☞ ɬəməx̣ʷ to rub the head. (TC) VAR: ɬəmx̣ʷéʔqʷəŋ (TC)

ɬəməx̣ʷnəŋ 〚√ɬəmx̣ʷ-nax̣ʷ-ŋ √smear-nctrns-psv〛 ☞ ɬəməx̣ʷnəxʷ to be smeared, rubbed on by someone or something. {*ɬə́məx̣ʷnəŋ* ixʷ. *It must have gotten smeared.* (MJT)}

ɬəməx̣ʷnəxʷ 〚√ɬəmx̣ʷ-nax̣ʷ √smear-nctrns〛 ☞ ɬəməx̣ʷ to manage to smear, rub something on. {*ɬə́məx̣ʷnəxʷ* cn. *I got it smeared.* (MJT)}

ɬəməx̣ʷt 〚√ɬəmx̣ʷ-t √smear-trns〛 ☞ ɬəməx̣ʷ to smear, rub (something) on someone or something. (MJT; LC; TC) {*ɬə́məx̣ʷt* caʔn. *I'm going to smear it.* (MJT)}

ɬəməx̣ʷtəŋ 〚√ɬəmx̣ʷ-t-ŋ √smear-trns-psv〛 ☞ ɬəməx̣ʷt to be smeared, rubbed on by someone or something. (MJT) {*ɬə́məx̣ʷtəŋ* cn. *I had it rubbed in.* (AS) | *suʔɬə́məx̣ʷtəŋs cə čə́nəss. He smeared his teeth.* (TC) | *ʔəy̓ cxʷ kʷi ʔəɬ ɬə́məx̣ʷtəŋ ʔaʔ ti čiyúyaʔ; ɬáw̓ cxʷ. It's good for you to be rubbed by twins; you get well.* (MJT)}

ɬəmíct 〚√ɬəm̓-i-cut √strip_off-persist-rflxv〛 ☞ ɬəm̓
1. to peel off, pluck out, strip off (as small branches on a lim). (AS,BC)
2. to prune (a plant), thin out (cultivated plants). (AS) {*ɬəmíct cxʷ kʷi ʔaʔ kʷə x̌íkʷən. You thinned out the peas.* (AS)}

ɬəmíkʷsəŋ 〚√ɬəm̓=iws-ŋ √strip_off=body-mdl〛 ☞ ɬəm̓ to trim down, strip off (as when taking off excess limbs of a plant before planting). (AS,BC; AS) {*ɬəmíkʷsəŋ kʷi kʷə sqiyáyŋxʷ. The tree was trimmed down.* (AS)}

ɬəmíkʷst remove it. *See under:* ɬəŋíkʷst

ɬəmɬəmʔíkʷst remove it. *See under:* ɬəŋíkʷst

ɬəmɬəmcínəŋ 〚ɬəm + √ɬəm=ucin-ŋ pl + √lick=mouth-mdl〛 ☞ ɬəməcínəŋ lightning and thunder. (AS,BC) ✱Thunder is said to be lightning (čínəkʷaʔ) licking its lips. (TC) {*ɬəmɬəmcínəŋ tiə skʷáči. There's lightning today.* (BC)}

ɬəmɬəməxʷtəŋ 〚ɬəm + √ɬəmxʷ-t-ŋ pl + √rain-trns-psv〛 ☞ ɬəmə́xʷtəŋ to be poured on by rain, be caught in a rain storm. {*ɬəmɬə́məxʷtəŋ* cn. *I got caught in a rain storm.* (TC)}

ɬəmɬəmíkʷs 〚ɬəm̓ + √ɬəm̓=iws pl + √strip_off=body〛 ☞ ɬəmíkʷs to break off several, strip off leaves and branches (from a log, stick, or plant), prune (a tree or bush). (AS) VAR: ɬiɬəmíkʷs 〚ɬy + √ɬəm̓=iws pl + √strip_off=body〛 {*ɬiɬəmíkʷs ʔiʔ čaʔčánt. Strip off the branches and plant it.* ⟪AS's mother was given these instructions the first time she got tomato plants. She followed the instructions and killed the plants.⟫ (AS,BC)}

ɬəmq̓áy̓s separate fighters. *See under:* nəxʷɬəməq̓áy̓s

ɬəm̓ 〚√ɬəm̓ √strip_off〛 to break off, slough off, strip off (by a force of nature as when the wind blows branches off of a tree or when a storm causes a landslide). (AS,BC) {*ɬə́m̓ kʷi kʷə súɬ. The road (to Hurricane Ridge) broke off.* (AS) | *ʔuʔx̌istəŋ tə spúqʷs ʔɬ ɬə́m̓s. The bluff gets ugly when it slides off.* (AS,BC) | *ɬə́m̓ kʷaʔ sxʷʔiyáɬ. It (the land) broke off where we were.* (AS,BC) | *ɬə́m̓ kʷə sctə́ŋxʷən ʔiyá ʔaʔ cə stúʔwiʔ. The land broke off there at the river.* (AS,BC)}

ɬəmáq̓əs 〚√ɬmáq̓s √limpet〛 any of several species of edible limpet, little hats, China hats. *Patellogastropoda spp.* (TC) VAR: ɬəmáq̓s (MJT; AB,IC,NST; NS,JW) VAR: ɬəmáq̓s (MJT; AS,BC,HS; AS,BC)

ɬəmíčəŋ 〚√ɬəm<ˀ>č-ŋ<ˀ> √harvest<actl>-mdl<actl>〛 ☞ ɬəməčəŋ to be picking, gathering, harvesting something. (ES; AS,BC) {**táḿič̓əŋ** cn. *I was picking.* (MJT) | **táḿič̓əŋ** st ʔaʔ tə ɬə́q̓əs. *We were picking sea lettuce.* (ES) | **táḿič̓əŋ** cn ʔaʔ cə ʔápəls. *I'm picking apples.* (ES) | ʔuʔk̓ʷaʔk̓ʷáʔən st **táḿič̓əŋ** ʔaʔ tə sčaʔyíqʷɬ. *Just a few of us are picking berries.* (AS) | suʔtán ʔaʔ šičaʔpúʔəɬ ʔiʔ **táḿič̓əŋ** ʔaʔ cə sčaʔyíqʷɬ. *So Jenny went ashore and was picking berries.* (MJ) | néʔ ti ʔúxʷ ʔaʔ cə ʔápəls ti s**táḿič̓əŋ**s ʔaʔ ti ʔápəls. *Some went to the apples, picking apples.* (TC) | sxʷʔiyá st ʔiʔɬ**táḿič̓əŋ** ʔaʔ ti naʔátəŋ háps. *It's where we harvested what they call hops.* (TC) | nɬ́ suʔhúys **táḿič̓əŋ** cə ʔuʔ x̣ə́ń. *So then they were finished picking everything.* (ES; TC) | ʔiʔtáʔŋəɬs ʔiʔ nɬ́ suʔhúys **táḿič̓əŋ**ɬ. *The tide was coming in so we quit gathering.* (ES) | hiyáʔ yaʔ ʔúxʷ ʔaʔ kʷə spuʔyáləp či s**táḿič̓əŋ**s ʔaʔ ti háps. *They went over to Puyallup picking hops.* (ES)}

ɬəḿíkʷs [√ɬəḿ=iws √strip_off=body] ☞ ɬə́ḿ to break off, strip off leaves and branches (from a log, stick, or plant), prune (a tree or bush). (AS,BC) {**ɬəḿíkʷs** cn. *I got trimmed (I lost an arm).* (AS)}

ɬəḿíkʷst [√ɬəḿ=iws-t √strip_off=body-trns] ☞ **ɬəḿíkʷs** to break off, strip off leaves and branches from a log, stick, or plant, prune a tree or bush. (AS)

ɬəḿɬaʔməcéʔnəŋ [ɬəḿ+√ɬə<ʔ>m=uci<ʔ>n-ŋ<ˀ>pl+√lick<actl>=mouth<actl>-mdl<actl>] ☞ **ɬəməcínəŋ** to be licking one's lips. (TC) *cp.* x̣̌əmx̣̌əmcéʔnəŋ

ɬəḿɬəḿíkʷst [ɬəḿ+√ɬəḿ=iws-t pl+√strip_off=body-trns] ☞ **ɬəḿíkʷst** to trim something down (as when taking off excess limbs of a plant before planting). {**ɬəḿɬəḿíkʷst** cə skʷáqəŋ. *Trim off the flower.* (AS)} VAR: ɬəḿɬəḿíkʷst (AS,BC) {**ɬəḿɬəḿíkʷst** ʔiʔ čaʔč̓áńt. *Trim it down and plant it.* (AS)} VAR: ɬəŋɬəŋíkʷst (AS,BC)

ɬə́ḿxʷ [√ɬəḿ<ˀ>xʷ √rain<actl>] ☞ **ɬəḿəxʷ** to be raining. (CWH; EPT; LC; TC) {kʷaʔ **ɬə́ḿxʷ**s. *if it's raining.* (TC) | **ɬə́ḿxʷ** kʷsə ʔəsáqɬ. *It's raining outside.* (EPT) | ʔáwə c **ɬə́ḿxʷ**. *It's not raining.* (EPT) | máń ʔuʔ **ɬə́ḿxʷ**. *It's raining hard.* (MJT; TC) | **ɬə́ḿxʷ** yaʔ ʔə kʷi ʔsnát *It was raining last night.* (EPT) | x̣ənáɬ ti suʔ**ɬə́ḿxʷ**s. *It's always raining.* (MJT) | č̓úʔkʷs skʷáči cə s**ɬə́ḿxʷ**s. *It was raining for seven days.* (ES) | ʔuʔtáči ʔi ʔuʔmáń tə ʔuʔ **ɬə́ḿxʷ**. *He got here even though it's raining hard.* (TC) | **ɬə́ḿxʷ** ʔi ʔuʔčínəsəŋ cn. *Even though it's raining, he got here for me.* (TC) | x̣ənáɬ ti suʔ**ɬə́ḿxʷ**s ʔiyá ʔaʔ məqáʔaʔ. *It always rains at Neah Bay.* (MJT)}

ɬə́ḿxʷtásəŋ [√ɬəḿ<ˀ>xʷ-tastxʷ-ŋ<ˀ> √rain<actl>-dirtrns-psv<actl>] ☞ **ɬəḿəxʷtástəŋ** being rained on. (MJT)

ɬə́ḿxʷtəŋ [√ɬəḿ<ˀ>xʷ-t-ŋ<ˀ> √rain<actl>-trns-psv<actl>] ☞ **ɬəḿə́xʷtəŋ** being rained on. (MJT) {**ɬə́ḿxʷtəŋ** cn. *I got rained on.* (MJT)}

ɬə́ḿxʷt [√ɬəḿ<ˀ>xʷ-t √smear<actl>-trns] ☞ **ɬəḿəxʷt** to be rubbing something, smearing something on. {kʷ**ɬəḿixʷ**t cn. *I'm smearing it now.* (MJT) | **ɬə́ḿxʷ**s cə ƛ̓ács. *He's rubbing his belly.* (AS)}

ɬənítəŋ be attached. *See under:* ɬaʔnítəŋ

ɬənɬáni? women. *See under:* sɬənɬáni?

ɬə́ŋ¹ [√ɬəŋ √completely] [u-class intensifier] exactly, simply, completely. (ES) {yuʔ**ɬə́ŋ** kʷə ʔuʔ nəsmiʔməyəq. *But I've completely forgotten.* (TC) | ʔuʔ**ɬə́ŋ** st ʔuʔ kʷán. *We are completely lost.* (TC) | **ɬə́ŋ** cn ʔuʔ xčít. *I really know it.* (TC) | ʔuʔ**ɬə́ŋ** st ʔuʔ nəcéʔqʷɬ. *We have exactly one head.* (AS) | **ɬə́ŋ** cn ʔuʔ kʷə́nəxʷ. *I just saw it.* (TC) | **ɬə́ŋ** cn ʔuʔ ʔítt. *I really slept.* (TC) | **ɬə́ŋ** cn ʔuʔ swə́yqaʔ. *I'm a real man. / I'm just a man.* (TC) | **ɬə́ŋ** ʔuʔ pə́q̓. *It's almost white. / It's really white.* (TC) | č̓ɬpiyéʔqʷ ʔuʔ **ɬə́ŋ**. *They were completely submerged.* (ES) | **ɬə́ŋ** ʔuʔ pə́q̓ cə sqáx̣aʔ. *The dog is really/almost white.* (TC) | x̣éʔsiʔ tə sɬəməxʷ; ʔuʔ**ɬə́ŋ** st ʔuʔ caʔmúnəq. *The rain was fierce; we got completely wet.* (AS) | ʔuʔ**ɬə́ŋ** ʔuʔ naʔnə́čəŋ ʔiʔtáʔəxʷ. *They're really laughing, enjoying it.* (AS) | ʔuʔ**ɬə́ŋ** ʔuʔ x̣ʷə́ŋ či ʔaʔstástəŋ̓s. *It was very quickly towing him.* (ES) | **ɬə́ŋ** cxʷ ʔuʔ sqʷəmə́y̓. *You're just like a dog.* (AS) | máń cn ʔuʔ sáy̓siʔ; ʔuʔ**ɬə́ŋ** cn ʔuʔ nənəŋíkʷs. *I was very scared; I completely collapsed.* (AS) | ʔuʔ**ɬə́ŋ** ʔuʔ x̣ʷənʔáŋ ʔaʔ kʷi kʷə́yəčən. *It was just like a grizzly bear (the way he hugged me).* (AS) | ʔuʔ**ɬə́ŋ** ʔuʔ x̣ʷənáŋ ʔaʔ ti pípə ʔuʔ pə́q̓. *It was exactly as white as paper.* (ES) | ʔuʔ**ɬə́ŋ** ʔuʔ č̓ənč̓ct ʔaʔ cə q̓ʷiʔéʔiš. *He completely squeezed himself through the dancers.* (ES) | nɬ́ suʔč̓əyəxʷs ʔiʔ **ɬə́ŋ** ʔuʔ pə́q̓. *Then he came in, and he was completely white.* (ES)}

ɬə́ŋ² [√ɬəŋ √detach] to be detached, come off, fall off, be cleared. (AS,BC; ES; TC) {**ɬə́ŋ** cn. *I'm off (whatever I was stuck on).* (AS,BC) | **ɬə́ŋ** caʔn. *I'm going to come off.* (TC) | ʔó, kʷ**ɬə́ŋ** u? *Oh, did it come off?* (MJT) | ʔəsɬéʔɬən yaʔ kʷi ʔiʔ **ɬə́ŋ** ixʷ. *It was tied, and it must have got off.* (MJT)}

ɬəŋá [√ɬəŋa √go_along_beach] to walk along the beach. (EPT) | ʔiʔ**ɬəŋá** u cxʷ? *Are you walking along the beach?* (EPT)

ɬəŋáʔəŋ [√ɬəŋ<á?>-as-ŋ √detach<actl>-ptcaus-psv] ☞ **ɬəŋáʔas** being detached, removed. {ʔiʔ**ɬəŋáʔəŋ**. *They were in the process of removing it.* (MJ) | suʔəsɬč̓ítəŋs kʷə ʔuʔx̣ə́ńə ŋús cáyss **ɬəŋáʔəŋ**. *So all four of his detached fingers were cut off.* (TC)}

ɬəŋácən [√ɬəŋa=ucin √go_along_beach=edge] ☞ **ɬəŋá** to walk along the edge of the water on the beach. {ʔiʔɬ**əŋácən**. *He was walking along the beach.* (EPT)}

ɬəŋás [√ɬəŋ-as √detach-ptcaus] ☞ **ɬə́ŋ** to detach, untie, remove something (from a particular location). (ES; TC; AS,BC) {**ɬəŋás** kʷi cə nčə́ns. *Take out your teeth.* (TC) | **ɬəŋás** cn. *I took it off.* (LC; ES) | **ɬəŋás** ti č̓ənəs. *dentist* (MJ; AS,BC) | kʷə́ntəŋ ʔaʔ tə **ɬəŋás** ti č̓ənəs. *The dentist looked at it.* (MJ) | **ɬəŋás** cə nƛ̓čáčən. *Take off your belt.* (ES) | suʔ**ɬəŋás**s cə łqíts. *So he took off his clothes.* (AA) | **ɬəŋás** ʔaʔ cə čaʔcítən. *Take it off the table.* (TC) | **ɬəŋás** cn cə čísən. *I took the nail out.* (AS,BC) | **ɬəŋás** cn cə sx̣ə́łs. *I removed his illness.* (AS) | **ɬəŋás** cn tiə ʔəsłéʔłən. *I untied what was tied up.* (LC) | **ɬəŋás** tə sxʷtqə́ns tə sxʷƛ̣áləp. *Take the cover off the pot.* (MJT) | nsuʔ**ɬəŋás** cə x̣ʷéʔləm ʔiyá ʔaʔ cə maʔmúʔsmus. *I took the rope off the calf.* (MJ) | suʔqʷáys cə doctors cə xʷiyanítəm, "ʔə́y̓ či suʔ**ɬəŋás**ɬ." *So the doctors, the white men said, "We better take it off."* (TC) VAR: ɬŋás (ES; TC) {**ɬŋás** cn. *I took it off.* (TC) | **ɬŋás** cə nƛ̣̓áqšən. *Take your shoes off.* (ES) | nə́ɬ č̓ suʔ**ɬŋás**s cə scúm̓s ʔəsčáč̓ɬ ʔaʔ cə čánəss. *Then he removed the bone from between his teeth.* (TC)}

ɬəŋayéʔqʷ ⟦√ɬŋ-ay=iʔqʷ √detach-ext=head⟧ ☞ **ɬə́ŋ** cp. **ɬəŋéʔqʷ** *to remove (something) from one's head.* (ES)

ɬəŋayéʔqʷəŋ ⟦√ɬŋ-ay=iʔqʷ-ŋ √detach-ext=head-mdl⟧ ☞ **ɬəŋéʔqʷəŋ** *to take one's hat off.* (TC) {**ɬəŋayéʔqʷəŋ** kʷi kʷə sx̣̌aʔyéʔƛ̣̓qɬ ʔaʔ kʷi scə́yəxʷs ʔaʔ kʷiʔáʔiŋ. *The children took off their hats when they entered the house.* (AS)} VAR: ɬəŋaʔyéʔqʷəŋ (TC)

ɬəŋayéʔqʷt ⟦√ɬŋ-ay=iʔqʷ-t √detach-ext=head-trns⟧ ☞ **ɬəŋayéʔqʷ** *to remove something from one's head.* (AS) {**ɬəŋayéʔqʷt** cn tə sčə́saʔqʷ. *I took off the hat.* (AS)}

ɬəŋcísəŋ ⟦√ɬŋ=acis-ŋ √detach=hand-mdl⟧ ☞ **ɬə́ŋ** *to take off, remove gloves or mittens.* (TC)

ɬəŋéʔqʷ ⟦√ɬŋ=iʔqʷ √detach=head⟧ ☞ **ɬə́ŋ** *to be decapitated, have head taken off, broken.* (ES; AS,BC) {ʔáwə či c **ɬəŋéʔqʷ**. *Don't have your head taken off.* (MJT)}

ɬəŋéʔqʷəŋ ⟦√ɬŋ=iʔqʷ-ŋ √detach=head-mdl⟧ ☞ **ɬə́ŋ** *to remove the head.* (TC; AS,BC) {**ɬəŋéʔqʷəŋ** st. *We're cutting heads off.* (AS) | ʔáwə či c **ɬəŋéʔqʷəŋ**. *Don't break your head. / Don't have your head taken off.* (MJT) | čáʔi yaʔ st **ɬəŋéʔqʷəŋ** ʔaʔ či scánəxʷ. *We were working at removing salmon heads.* (AS)}

ɬəŋéʔqʷt ⟦√ɬŋ=iʔqʷ-t √detach=head-trns⟧ ☞ **ɬəŋéʔqʷ** *to decapitate, take the head off.* {**ɬəŋéʔqʷt** cn. *I cut the head off.* (ES) | **ɬəŋéʔqʷt** cn cə scánəxʷ. *I cut the head off the salmon.* (BC)}

ɬəŋéʔqʷtəŋ ⟦√ɬŋ=iʔqʷ-t-ŋ √detach=head-trns-psv⟧ ☞ **ɬəŋéʔqʷt** *to be decapitated, have the head taken off.* {**ɬəŋéʔqʷtəŋ** cə scánəxʷ. *The salmon's head was cut off.* (BC)}

ɬəŋənúkʷt *clear land. See under:* nəxʷɬəŋənúkʷt

ɬəŋə́qsən ⟦√ɬŋ=əqsən √detach=nose⟧ ☞ **ɬə́ŋ** *to remove (someone's or something's) nose.* (ES)

ɬəŋiʔíyəŋ ⟦√ɬŋ=iʔiy-ŋ √detach=pants-mdl⟧ ☞ **ɬə́ŋ** *to take off, remove one's pants.* (TC)

ɬə́ŋiʔqən ⟦√ɬŋ=ay<ʔ>qən<ʔ> √detach=fur<actl>⟧ ☞ **ɬə́ŋ** *to be shedding (of an animal).* (MJT)

ɬəŋíct ⟦√ɬŋ-i-ct √detach-persist-rflxv⟧ ☞ **ɬə́ŋ** *to come off, fall off from being stuck.* (AS) {**ɬəŋíct** cə súɬ. *The door fell off.* (AS)}

ɬəŋíkʷs ⟦√ɬŋ=iws √detach=body⟧ ☞ **ɬə́ŋ** *to come off from a body.* (AS) {**ɬəŋíkʷs** kʷi kʷə sx̣́naʔs kʷə swə́y̓qaʔ. *The man lost his foot.* (AS)}

ɬəŋíkʷst ⟦√ɬŋ=iws-t √detach=body-trns⟧ ☞ **ɬəŋíkʷs** *to remove something from a body; to take branches off of a tree; to take a harness off of a horse.* {**ɬəŋíkʷst** cə n̓stiqə́w̓. *Take the harness off your horse.* (ES)} VAR: ɬəmíkʷst (BC) {**ɬəmíkʷst** kʷi sqiyáyŋxʷ. *Trim down the tree.* (AS)} VAR: ɬəmɬəm̓ʔíkʷst (AS)

ɬəŋíyŋtəŋ ⟦√ɬŋ-iy-ŋ-t-ŋ √detach-dev-mdl-trns-psv⟧ ☞ **ɬə́ŋ** *to be removed, taken off, dismantled by someone or something.* {**ɬəŋíyŋtəŋ** cə kapús. *His coat was taken off.* (AS) | **ɬəŋíyŋtəŋ** cə scəyíqʷɬ. *The fruit was taken off (the tree).* (AS)}

ɬəŋɬəŋənín ⟦ɬŋ+√ɬŋ=nin pl+√detach=piece⟧ ☞ **ɬəŋŋín** *several pieces of (removed from) something.* (MJT) VAR: ɬəŋɬəŋán {ʔuʔhúy kʷə tiə **ɬəŋɬəŋán** čšʔiyá ʔaʔ cə sxʷáʔxʷc̓. *It's only these pieces from a snake.* (MJ)}

ɬəŋɬəŋíkʷst *trim it down. See under:* ɬəmɬəmíkʷst

ɬəŋɬəŋnəkʷáyət ⟦ɬŋ+√ɬŋ-nəwəy-t pl+√detach-ncrcprcl-trns⟧ ☞ **ɬəŋnəkʷáyət** *to split, separate, break apart in pieces.* (MJT)

ɬəŋnáxʷ ⟦√ɬŋ-naxʷ √detach-nctrns⟧ ☞ **ɬə́ŋ** *to manage to detach something, get something off.* {kʷɬ**ɬəŋnáxʷ** cn kʷi. *I got it off now.* (MJT)}

ɬəŋnəkʷáyət ⟦√ɬŋ-nəwəy-t √detach-ncrcprcl-trns⟧ ☞ **ɬə́ŋ** *to split, separate (for example, cattail stems for making mats).* ✱*The thumbnail is used to break open the cattail stalk and split apart leaf sections* (MJT) {ɬíč̓əm st ʔiʔ čaʔ**ɬəŋnəkʷáyət** tə kʷúʔət. *We cut and split the cattail.* (MJT) | ɬíč̓əm yaʔ st ʔaʔ tə kʷúʔət ʔiʔ **ɬəŋnəkʷáyət**. *We cut the cattail and split it.* (MJT) | ɬíc̓t či nə́cuʔ kʷúʔət ʔiʔ **ɬəŋnəkʷáyət**. *Cut one cattail and separate it.* (MJT)}

ɬəŋnəkʷáy̓t ⟦√ɬŋ-nəwəy<ʔ>-t √detach-ncrcprcl<actl>-trns⟧ ☞ **ɬəŋnəkʷáyət** *to be splitting, separating and scraping cattail stems.* {**ɬəŋnəkʷáy̓t** st tiʔə kʷúʔət. *We're splitting cattails.* (MJT)}

ɬəŋnúŋət ⟦√ɬŋ-nuŋt √detach-ncmdl⟧ ☞ **ɬə́ŋ** *to manage to detach, loosen, come off.* {**ɬəŋnúŋət** ʔaʔ kʷi sʔəsqéy̓əq̓s. *It managed to get off from being tied.* (MJT)}

ɬəŋŋín ⟦√ɬŋ=ŋin √detach=piece⟧ ☞ **ɬə́ŋ**
1. *a piece of something.* (MJT)
2. *to come off (a small piece).* {**ɬəŋŋín** kʷi kʷə kʷənísəns. *His pin came off.* (AS)} VAR: ɬəŋəŋín (MJT)

ɬəŋqínəŋ *clear throat. See under:* nəxʷɬəŋqínəŋ

ɬəŋqsə́nəŋ ⟦√ɬŋ=əqsən-ŋ √detach=nose-mdl⟧ ☞ **ɬə́ŋ** *to clear, clean the nose.* (MJT) {kʷɬ**ɬəŋqsə́nəŋ** yaʔ cn. *I already cleaned my nose.* (MJT)}

ɬəŋqsə́nəŋ [√ɬŋ=əqsən-ŋ<ʔ> √detach=nose-mdl<actl>] ☞ ɬəŋqsə́nəŋ to be clearing, cleaning the nose. (MJT) {kʷɬə́ŋqsə́nəŋ cn. I'm cleaning my nose now. (MJT)}

ɬəŋsə́n [√ɬŋ=sən √detach=foot] ☞ ɬə́ŋ to have shoes or any footwear off. {ɬəŋsə́n cə q̓áʔŋiʔ. The girl took her shoes off. (AS)}

ɬəŋsə́nəŋ [√ɬŋ=sən-ŋ √detach=foot-mdl] ☞ ɬəŋsə́n to take off, remove shoes or any footwear. (TC) {ɬəŋsə́nəŋ cn ʔaʔ kʷi nx̣̓əq̓sən. I took my shoes off. (AS)}

ɬə́ŋtxʷ [√ɬŋ-txʷ √detach-caus] ☞ ɬə́ŋ to remove, detach something. {ʔuʔɬə́ŋtxʷ cn kʷaʔ. I removed it. (MJ)}

ɬəŋúcən [√ɬŋ=ucin √detach=mouth] ☞ ɬə́ŋ to remove the mouth. (ES) {čaʔɬəŋúcən cn ʔaʔ kʷi kʷaʔk̓ʷúyəkʷ. I took the hook out of its mouth. (AS)}

ɬəŋ̓ənúkʷəŋ̓ clearing land. See under: nəxʷɬaʔŋənúkʷəŋ̓

ɬəŋ̓ɬəŋ̓ík̓st [ɬŋ<ʔ> + √ɬŋ<ʔ>=iws-t pl<actl> + √detach<actl>=body-trns] ☞ ɬəŋík̓ʷs to be stripping off (leaves or branches). (AS,BC)

ɬəŋ̓sə́nəŋ̓ [√ɬŋ<ʔ>=sən<ʔ>-ŋ<ʔ> √detach<actl>=foot<actl>-mdl<actl>] ☞ ɬəŋsə́nəŋ to be taking off, removing shoes or any footwear. (TC)

ɬə́pəŋ [√ɬəp-ŋ √slip_off-mdl] ☞ ɬə́p to slip off. (AS,BC) {ɬə́pəŋ cə nəsxʷk̓ʷqʷə́m My axe slipped. (TC) | ɬə́pəŋ cə scúɬ. The wood slipped off. (AS,BC)}

ɬə́ptəń [√ɬəp-tən √blink=instr] [There seems to be considerable overlap among several similar roots with initial /ɬ/ and final /p/, /p̓/, /t/, or /t̓/. The meaning range is similar to English 'flip', 'flop', 'flap', 'fling', 'blink', 'bounce'.] eyelash. (EPT; MJT; ES; TC) VAR: ɬə́ptən (MJT)

ɬə́p [√ɬəp √slip_off] [There seems to be considerable overlap among several similar roots with initial /ɬ/ and final /p/, /p̓/, /t/, or /t̓/. The meaning range is similar to English 'flip', 'flop', 'flap', 'fling', 'blink', 'bounce'.] to slip off, almost reach, but not quite, flip off (of something). (AS,BC) VAR: ɬə́p {ɬə́p cə ləpláš. The board slipped off. (AS,BC)}

ɬə́pəyu [√ɬəp̓-əyu √slip_off-activ] ☞ ɬə́p to flip, flick (as the motion in casting a fishing rod). (AS,BC) {ɬə́pəyu yaʔ cn ʔaʔ kʷi nəsx̣̓áʔcuʔ. I flipped when I was fishing. (AS)}

ɬəpqsə́ʔnəŋ blowing water. See under: ɬpqsə́ʔnəŋ

ɬəpsə́n [√ɬəp̓=sən √slip_off=foot] ☞ ɬə́p to miss a step, put one's foot on at step and have it slip off. (AS,BC) VAR: ɬə́psən {čəyáy cn ʔiʔ ɬə́psən. I almost mis-stepped. (AS)}

ɬəpx̣ayúsəŋ [√ɬəʔpx̣=ayus-ŋ √blink=eye-mdl] ☞ ɬaʔpx̣áys to blink. VAR: ɬəpx̣ayúsəŋ {ɬəpx̣ayúsəŋ cə nəqə́yəŋ. I blinked my eyes. (TC)} VAR: ɬaʔpx̣áyəsəŋ {ʔuʔɬaʔpx̣áyəsəŋ. He's blinking. (AS) | ɬaʔpx̣áyəsəŋ cə q̓áʔŋi. The girl blinked. (AS,BC) | ʔuʔunú ʔuʔ ɬaʔpx̣áyəsəŋ. Notice how she blinks. (AS) VAR: ɬpx̣áyəsəŋ (TC,AS,BC; AS) {ʔunú ʔuʔ ɬpx̣áyəsəŋ. Notice how he blinks. (AS)} VAR: ɬəpx̣áyəsəŋ (AS) VAR: ɬaʔpx̣áysən (AS)

ɬə́qitat [√ɬə́qitat √Klickitat] the Klickitat tribe. (MJT) {táx̣ənəŋ ixʷ či sʔiʔənʔáʔə či ɬə́qitat q̓ʷčútəŋ či nəxʷsx̣̓áyəm. They must have heard that the Klickitat were coming to kill the Klallams. (MJ) | níɬ tás ʔiʔ yə́cəm, "ʔənʔánəsəŋ č cxʷ hay ʔaʔ či ɬə́qitat x̣ʷčátəŋ." Then he got there and reported, "The Klickitats are coming to kill you." (MJ)}

ɬə́q̓əs [√ɬə́q̓əs √sea_lettuce] sea lettuce, edible green seaweed. Ulva spp. (ES) {ɬə́m̓čəŋ st ʔaʔ tə ɬə́q̓əs. We were picking sea lettuce. (ES)}

ɬə́q̓ətaʔ [√ɬə́q̓ətaʔ √interior_tribe] any of the tribes of the interior, east of the Cascades such as the Yakima. (TC)

ɬəqʷsə́nəŋ lick foot. See under: ɬqʷsə́nəŋ

ɬə́q̓ʷ [√ɬə́q̓ʷ √uncover] to come off, peel off, be removed, uncovered. (ES; AS; AS,BC) {ɬə́q̓ʷ cə paint. The paint peeled off. (AS,BC)}

ɬə́q̓ʷəŋ [√ɬə́q̓ʷ-ŋ [stress expected on second vowel] √uncover-mdl] ☞ ɬə́q̓ʷ to peel off, come apart. (AS) {ɬə́q̓ʷəŋ kʷə čísən ʔaʔ cə túŋən. The nail was pulled out of the wall. (AS)}

ɬə́q̓ʷət peel it off. See under: ɬq̓ʷət

ɬəq̓ʷsə́nəŋ uncover. See under: ɬq̓ʷsə́nəŋ

ɬəq̓ʷúyst peel it off. See under: ɬq̓ʷúyəst

ɬəsanu [ɬəsanu det_fem_obv] [specific, feminine, obviative demonstrative determiner] the, a, that other (feminine). {hiyáʔ č caʔ ɬúk̓ʷ ɬəsanu. She's going home. (EPT)}

ɬəsə [ɬəsə sp_fem_far] [specific, feminine, far determiner] that, the, a (far feminine). (LB,CWH) {x̣iʔsít cn ɬəsə ntán. I'm writing to my mother. (ES) | x̣iʔsít cn ɬəsə nəsaʔčúʔiɬ. I'm writing to my sister. (ES) | x̣iʔsít cn ɬəsə nəcácc. I'm writing to my aunt. (ES) | x̣iʔsítəŋ u cxʷ ʔaʔ ɬəsə ntán? Did your mother write to you? (ES)} VAR: ɬəs {x̣iʔsít cn ɬəs ntán. I'm writing to my mother. (ES)}

ɬə́təŋ fling. See under: ɬtə́ŋ

ɬə́txct [√ɬətx̣-cut √shiver-rflxv] ☞ ɬə́txt to be shivering, wriggling. (MJT) {ɬə́txct cn ʔaʔ kʷi nsuʔsáysiʔ. I was so scared I was shivering. (AS)}

ɬə́txt [√ɬətx̣-t √shiver-trns] to make someone or something shiver. {ɬə́txt cn cə sqaʔqáx̣aʔ. I made the puppy shiver. (AS)}

ɬə́txtəŋ [√ɬətx̣-t-ŋ √shiver-trns-psv] ☞ ɬə́txt to be made to shiver, shudder (as from cold or fear, shake (as from nervousness), wriggle. (AS,BC) {ɬə́txtəŋ cn. I'm shivering. (TC) | ɬə́txtəŋ cn ʔəɬ yaʔyáʔnəŋn. When I hear that I shudder. (AS)}

łə́ƛ̕ ⟦√łƛ̕ √flick⟧ [There seems to be considerable overlap among several similar roots with initial /ł/ and final /p/, /p̕/, /t/, or /t̕/. The meaning range is similar to English 'flip', 'flop', 'flap', 'fling', 'blink', 'bounce'.] to be flipped, flicked, splashed out or off. (AS,BC) {łə́ƛ̕ cə qʷú?. *The water splashed out.* (AS)}

łəƛ̕áčqəs ⟦√łƛ̕=ačqəs √flick=?⟧ ☞ łə́ƛ̕ to be mating (of animals), mating season for an animal. (AS,BC) {mán̕ č ʔuʔ xéʔsi ti ʔəšás łəƛ̕áčqəs. *Sea lions are very fierce in mating season.* (TC)} VAR: ƛ̕łáčqs {q̕ʷáyəx či ʔł ƛ̕łáčqss ti sməýəc. *Be careful when the elks are mating.* (AS)}

łə́ƛ̕əm ⟦√łƛ̕m √herring_rake⟧
1. herring rake. (TC)
2. to fish for herring using a rake. (TC) VAR: łə́ƛ̕əm̕ {łə́ƛ̕əm̕ cn. *I'm raking.* (AS)}

łə́ƛ̕əŋ ⟦√łƛ̕<ə́>ƛ̕-ŋ √flick<actl>-mdl⟧ ☞ ƛ̕łə́ŋ
1. to be flipping, flicking, flinging. (AS,BC)
2. to be falling with a small bounce. (AS)
3. to be splashing, bubbling out. (AS) {łə́ƛ̕əŋ tə qʷúʔ ʔəł łaʔtúqʷəŋs. *The water is splashing out when it's boiling.* (AS)}

ləwíčaʔ ⟦√łw̕=ičaʔ √remove_layer=clothing⟧ ☞ łə́w̕ to be undressed, naked. (AS,BC) VAR: łəwíč (AS) {łəwíč cn. *I took clothes off.* (AS)}

ləwíčəŋ undress. See under: łuʔčáʔəŋ

łə́w̕ ⟦√łw̕ √remove_layer⟧ to get taken away. (AS) {łə́w̕ kʷi swéʔwəs. *The boy was taken away.* (AS)}

ləwƛ̕ə́s scatter. See under: łuʔłə́s

łə́x̣ʷ ⟦√łx̣ʷ √straight⟧ to be straight. (AS) {łə́x̣ʷ tə súł. *The road is straight.* (AS)}

łə́x̣ʷct ⟦√łx̣<ə́>x̣ʷ-ct √straight<actl>-rflxv⟧ [actual metathesis] ☞ łx̣ʷə́ct
1. to be going straight,. (ES)
2. to be steering (a car, etc.), skippering (a canoe, boat, etc.), captain (a ship). (MJT; ES) {ʔiʔłə́x̣ʷct cn. *I'm steering.* (MJT; ES) | ʔə́c caʔ ʔiʔłə́x̣ʷct. *I will steer.* (MJ) | ʔuʔhúy ti n̕suʔłə́x̣ʷct. *You just steer (a sailboat).* (ES) | x̣ə́nəŋ kʷə nəʔiyáʔiŋ, "kʷáʔətct ʔiʔ łə́x̣ʷct." *My father said, "Go to the stern and steer."* (MJ)}

łəx̣ʷcút straighten self. See under: łx̣ʷə́ct

łə́x̣ʷəyu ⟦√łx̣<ə́>x̣ʷ-əyu √straight<actl>-activ⟧ ☞ łə́x̣ʷ to be steering, guiding. {hiʔłə́x̣ʷəyu cn. *I'm steering.* (MJT)}

łə́x̣ʷt¹ ⟦√łx̣<ə́>x̣ʷ-t √straight<actl>-trns⟧ [metathesis with actual] ☞ łx̣ʷə́t to be straightening, steering something. (MJ; AS) {kʷłə́x̣ʷt cn. *I'm straightening it.* (MJT) | ʔiʔłə́x̣ʷt cn. *I'm steering it.* (ES)}

łə́x̣ʷt² removing it from mouth. See under: łáx̣ʷt

łə́x̣ʷtəŋ ⟦√łx̣<ə́>x̣ʷ-t-ŋ<ʔ> √straight<actl>-trns-psv<actl>⟧ ☞ łx̣ʷə́təŋ being straightened, being steered. {łə́x̣ʷtəŋ̕ cn. *They're making me go straight.* (ES)}

łəyaʔłə́čsən small steelheads. See under: łaʔyaʔłə́čšən̕

łəyaʔłəŋ̕əŋ̕ín̕ ⟦√ł<əy>aʔ+√łŋ<ʔ>=ŋ<ʔ>in<ʔ> dim<pl>+√detach<dim>=piece<dim>⟧ ☞ łaʔłəŋ̕ŋ̕ín̕ several small pieces of something. (MJT)

łəyaʔłə́ptən ⟦√ł<aʔy>aʔ+√łəp=tən dim<pl>+√blink=instr⟧ ☞ łaʔłə́ptən several small eyelashes. (MJT)

łəyčšən steelheads. See under: łəyə́čšən

łəyəcín̕ən ⟦√ł<əyə>cin=ən √comb<pl>=instr⟧ ☞ łcín̕ən several combs. (MJT)

łəyə́čšən ⟦√ł<əy>əčšn √steelhead<pl>⟧ ☞ łə́čšən a group of steelheads. (ES) VAR: łə́yčšən (EPT) VAR: łə́yəčsən (MJT)

łəyəptən̕ ⟦√łə<ya>p=tən √blink<pl>=instr⟧ ☞ łə́ptən̕ several eyelashes. (MJT) VAR: łə́yəptən (MJT)

łəyəqt clothing (pl). See under: łaʔyíqt

łəyəqʷín̕əł ⟦√łəyqʷ-in̕əł √smash-cstm⟧ ☞ łə́yəqʷ to grind (something). VAR: łiəqʷín̕əł {łiəqʷín̕əł caʔn. *I'm going to grind it.* (MJT)}

łəyíčŋən ⟦√ł<y>ič=ŋin √cut<pl>=piece⟧ ☞ łíčŋən boards, planks. (ES)

łəyímən ⟦√łəyimən √Fort_Flagler⟧ Fort Flagler, northeast corner of Marrowstone Island. (LB,EWH)

łə́yp̕ ⟦√łəyp̕ √flap⟧ [There seems to be considerable overlap among several similar roots with initial /ł/ and final /p/, /p̕/, /t/, or /t̕/. The meaning range is similar to English 'flip', 'flop', 'flap', 'fling', 'blink', 'bounce'.] to be wrinkled, flap, flip (as something hanging loose), loose, floppy, flabby, not stiff. (AS,BC; AS) {ʔuʔmán ʔuʔ mə́c; łə́ŋ ʔuʔ łə́yp̕ cə stíqʷs. *He's really fat; his flesh flaps around.* (AS) | łə́yp̕ cn cə pípə. *I wrinkled the paper.* (AS)} VAR: łə́yəp̕ (TC) VAR: łíp̕ (AS,BC) {łíp̕ cə n̕cúcən. *My mouth is flabby.* (AS)}

łə́yp̕i ⟦√łəyp̕-iy √flap-dev⟧ ☞ łə́yp̕ to be wrinkled, loose, limp, floppy. (AS,BC; BC) {łə́yp̕i cn. *I'm wrinkly (as I just recently lost a lot of weight).* (AS,BC)}

łə́yp̕t ⟦√łəyp̕-t √flap-trns⟧ ☞ łə́yp̕ to wrinkle something, make something loose and floppy. {łə́yp̕t cn cə pípə. *I wrinkled the paper.* (AS)}

łə́y̕ ⟦√łəy̕ √given⟧ to be given (something), receive a gift. (ES) {łə́y̕ cn. *They gave me something.* (ES; AS) | łə́y̕ cn ʔəʔ cə saplín. *They gave me bread.* (AS)} VAR: łə́y {łə́y cn. *I got a gift.* (TC)}

łə́y̕əqʷ ⟦√łəy̕qʷ √smash⟧ to be smashed, pulverized, totaled. (ES) {łə́y̕əqʷ kʷi kʷə nscaʔkʷaʔyúł. *My car was totaled (completely wrecked).* (AS)}

łə́y̕əqʷi ⟦√łəyqʷ-iy √smash-dev⟧ ☞ łə́y̕əqʷ to crumple, fall apart, disintegrate; be smashed, mashed, squashed, shattered. (AS,BC; ES; AS)

ɫə́y̕əqʷt

{ɫə́y̕əq̕ʷi cn. *I'm smashed up.* (TC) | ɫə́y̕əq̕ʷi tə ŋə́qsəns. *His nose is smashed.* (ES) | ɫə́y̕əq̕ʷi tə cáyss. *His hand was shattered.* (TC) | ʔuɫə́y̕əq̕ʷi tiə nscxáč̕. *My hip was smashed.* (ES) | ʔáwə c ʔəsx̣ʷańíŋ ʔiʔ ɫə́y̕əq̕ʷi kʷaʔ ʔə́cs x̣̕kʷít. *It won't smash if it's me that holds it.* (MJT)} VAR: ɫə́y̕əqʷi (AS,BC)

ɫə́y̕əqʷt [√ɫəy̕qʷ-t √smash-trns] ☞ ɫə́y̕əq̕ʷi *to smash, crush, pulverize, grind up, break up something.* (EPT; MJT; ES) {ɫə́y̕əq̕ʷt cn. *I broke it up. / I smashed it.* (TC; ES) | ɫə́y̕əq̕ʷt či tə té̕ʔyəqʷ. *Mash up the strawberries.* (MJT) | ɫə́y̕əq̕ʷts cə snə́xʷɫ. *He smashed the canoe.* (TC) | ɫə́y̕əq̕ʷt cn kʷsə meat. *I ground up the meat.* (EPT) | ɫə́y̕əq̕ʷts cə snə́xʷɫ cə swə́y̕qaʔ. *The man smashed the canoe.* (TC) | ɫə́y̕əq̕ʷts cə shéʔuʔs cə snə́xʷɫ. *He smashed the bow of the canoe.* (TC)} VAR: ɫə́y̕əqʷt (EPT) {ɫə́yəq̕ʷt caʔn. *I'm going to grind it.* (MJT)}

ɫə́y̕əqʷtəŋ [√ɫəy̕qʷ-t-ŋ √smash-trns-psv] ☞ ɫə́y̕əqʷt *to be ground up, smashed.* (TC; AS) {ɫə́y̕əq̕ʷtəŋ cn. *I got smashed up.* (TC) | ɫə́y̕əq̕ʷtəŋ cə snə́xʷɫ. *They smashed the canoe.* (TC) | ɫə́y̕əq̕ʷtəŋ cə snə́xʷɫ ʔaʔ cə swə́y̕qaʔ. *The man smashed the canoe.* (TC) | ɫə́y̕əq̕ʷtəŋ cə saplín. *The bread got smashed.* (AS)}

ɫə́y̕əx̣ʷ [√ɫəy̕x̣ʷ √freeze] *to freeze.* (AS,BC; BC; AS) {ɫə́y̕əx̣ʷ cn. *I froze.* (AS,BC) VAR: ɫə́yəx̣ʷ (AS) {ʔuɫə́y̕əx̣ʷ cn. *I froze.* (AS)}

ɫə́y̕əx̣ʷnəxʷ [√ɫəy̕x̣ʷ-nəxʷ √freeze-nctrns] ☞ ɫə́y̕əx̣ʷ *to manage to get something to freeze.* {kʷɫə́y̕əx̣ʷnəxʷ cn. *I got it frozen.* (MJT)}

ɫə́y̕əx̣ʷt [√ɫəy̕x̣ʷ-t √freeze-trns] ☞ ɫə́y̕əx̣ʷ *to freeze something.* (MJT) {ɫə́y̕əx̣ʷt cn. *I froze it.* (MJT; ES) | ɫə́y̕əx̣ʷt cn cə qʷúʔ. *I froze the water.* (TC)}

ɫə́y̕əx̣ʷtəŋ [√ɫəy̕x̣ʷ-t-ŋ √freeze-trns-psv] ☞ ɫə́y̕əx̣ʷt *to be frozen by someone or something.* (TC) {ɫə́y̕əx̣ʷtəŋ cn. *I froze. / They froze me.* (ES; TC)}

ɫəy̕ɫiʔúʔis [ɫəy̕ + √ɫi-y̕=u<ʔ>yəs actl<pl> + √flick-ext=forehead<actl>] ☞ ɫaʔɫíʔəwʔis *to be casting for fish (especially for trout).* (ES; TC) {ɫəy̕ɫiʔúʔis kʷi čáʔsaʔ ʔaʔyəcɫáynəxʷ. *Two Indians were fishing.* (ES)}

ɫə́y̕qʷiʔ [√ɫ<ə́>y̕qʷ-iy<ʔ> √smash<actl>-dev] ☞ ɫə́y̕əqʷi *to be crumpling, falling apart, disintegrate; being smashed.* (AS)

ɫə́yqʷt [√ɫ<ə́>y̕qʷ-t √smash<actl>-trns] [vowel deletion in actual] ☞ ɫə́yəqʷt *to smash, crush, pulverize, break something up.* {ɫə́yq̕ʷt cn tə té̕ʔyəqʷ. *I'm mashing up the strawberries.* (MJT)}

ɫə́yqʷtəŋ [√ɫəy̕qʷ-t-ŋ<ʔ> √smash-trns-psv<actl>] ☞ ɫə́y̕əqʷtəŋ *being smashed, ground up.* (AS)

ɫə́ytəŋ [√ɫəy̕-tx̣ʷ-ŋ √given-caus-psv] ☞ ɫə́ytxʷ *to be given (something) by someone.* {ʔuɫə́y̕təŋ tiə ʔaycɫáynəxʷ ʔaʔ tə sqáwc. *They gave the people potatoes.* (AS)}

ɫə́ytxʷ [√ɫəy̕-txʷ √given-caus] ☞ ɫə́y *to give someone (something).* {ʔuɫə́ytxʷ cn ʔaʔ tə sqáwc. *I gave him potatoes.* (AS)}

ɫiɫá̕ʔəŋ

ɫíy̕x̣ʷi [√ɫəy̕x̣ʷ-iy √freeze-dev] ☞ ɫə́y̕əx̣ʷ *to be icy.* {ɫpács cn; ʔuʔmán ʔu ɫíy̕x̣ʷi. *My hand slipped; it's too icy.* (AS)}

ɫiʔísəŋ [√ɫy̕ʔis-ŋ<ʔ> √sprinkle-mdl<actl>] *to be misting, drizzling.* {níɫ nsuʔtə́s ʔaʔ tə cross ʔiʔ ɫiʔísəŋ. *Then I got to the cross, and it was misting.* (MJ)}

ɫiʔɫáʔqʷ [ɫiʔ + √ɫi<ʔ>qʷ actl + √flesh<actl>] ☞ sɫíqʷ *to be fleshy, obese, sloppy fat.* (EPT) {ɫiʔɫáʔqʷ təsə swə́y̕qaʔ. *That man is fleshy.* (EPT)}

ɫiʔɫə́y̕əqʷi [ɫy̕ + √ɫəy̕qʷ-iy pl + √smash-dev] ☞ ɫə́y̕əqʷi *to smash up, break up, shatter, crumble.* (TC; ES; AS,BC) VAR: ɫiɫə́y̕əqʷi (BC; AS,BC)

ɫiʔɫə́y̕əqʷt [ɫy̕ + √ɫəy̕qʷ-t pl + √smash-trns] ☞ ɫə́y̕əqʷt *to smash, crush, pulverize, grind up, break up something into many pieces or of several agents.* {ɫiʔɫə́y̕əqʷt cn. *I smashed it up.* (TC)}

ɫiʔɫə́yqʷt [ɫy̕ + √ɫ<ə́>y̕qʷ-t pl + √smash<actl>-trns] ☞ ɫə́yqʷt *to smash, crush, pulverize, break something up.* (MJT)

ɫiʔqʷéʔŋəɫ [√ɫəy̕qʷ-i<ʔ>ŋɫ √smash-cstm<actl>] ☞ ɫə́y̕əqʷíŋəɫ *to be grinding (something).* {ɫiʔqʷéʔŋəɫ cn. *I'm grinding it.* (MJT)}

ɫiʔqʷə́yuʔ [√ɫəy̕qʷ-əyu<ʔ> √smash-activ<actl>] ☞ ɫə́y̕əqʷ *to be grinding (something).* {kʷɫiʔqʷə́yuʔ cn. *I'm grinding it.* (MJT)}

ɫiʔtsáy̕s [√ɫy<ʔ>tus-ay̕s √sprinkle<actl>-activ] ☞ ɫitúst *to be sprinkling, squirting, splashing, spraying water.* (ES)

ɫiʔxʷáy̕s [√ɫəy<ʔ>x̣ʷ-ay̕s √nonsense<actl>-activ] ☞ ɫčxʷáyəs *to be fooling around, messing around, goofing off, acting silly, talking loudly and foolishly, talking nonsense and laughing.* (ES; AS,BC) {ʔuʔhúy ti suɫiʔxʷáy̕s ɫ qʷáqʷiʔəɫ. *We're just talking nonsense.* (AS,BC) | ɫiʔxʷáy̕s yaʔ st ʔiʔ qinúŋət cə nsɫáni̕ʔ. *We were acting silly, and my wife got mad.* (ES) | ʔáwə kʷaʔ húyəs sɫiʔxʷáy̕ss. *He never quits making noise.* (MJT)}

ɫiʔxʷə́yu [√ɫəy̕x̣ʷ-əyu √freeze-activ] ☞ ɫə́y̕əxʷt *to freeze, be freezing, frosty.* (EPT; AS,BC; ES) {mán ʔuʔ ɫiʔxʷə́yu ʔaʔ tiʔə kʷa̕ʔčíy̕. *It's freezing this morning.* (EPT) | mán ʔuʔ ɫiʔxʷə́yu ti sáqɫ. *It's very frosty outside.* (AS)} VAR: ɫiʔxʷə́yu (ES) VAR: ɫiʔxʷə́yu {ɫiʔxʷə́yu ʔaʔ kʷi ʔsnát. *It froze last night.* (EPT)} VAR: ɫix̣ʷə́yu (AS,BC) VAR: ɫiʔəxʷə́yuʔ (MJT)

ɫíc̕ [√ɫíc̕ √cut] *to get cut, especially of meat; to get butchered.* {ɫíc̕ cn. *I got cut.* (TC; LC) | ɫíc̕ kʷə nəsʔács. *I cut my face.* (EPT) | ɫíc̕ u tə nsʔács? *Did you cut your face?* (LC) | níɫ č suɫíc̕s. *Then they were cut.* (TC) | ɫíc̕ kʷə nəsq̕úŋiʔ. *I cut my head.* (EPT) | ɫíc̕ tiʔə nəq̕ʷə́yən̕. *My ear got cut.* (MJT)}

ɫičáʔəŋ [√ɫyca<ʔ>-ŋ √undress<actl>-mdl] ☞ ɫičán *to be getting undressed.* (LC; AS,BC) {ɫičáʔəŋ cə swéʔwəs. *The boy is undressing.* (AS,BC) | ɫičáʔəŋ kʷə swéʔwəs ʔiʔ čaʔɫəŋúʔəŋ. *The boy was getting undressed to swim.* (AS,BC)}

łíčaʔqʷəŋ 〚√łič=iʔqʷ-ŋ √cut=head-mdl〛 ☞ łíč
1. to cut hair, get a haircut. (MJT) {*łíčaʔqʷəŋ* cn. *I cut my hair.* (EPT)}
2. to get one's head cut. (MJT) VAR: łičéʔqʷəŋ (AS,BC) {*łičéʔqʷəŋ* caʔn ʔaʔ či kʷáči. *I'm going to get my hair cut tomorrow.* (BC)} VAR: łčéʔqʷəŋ {*łčéʔqʷəŋ* cn. *I got my head cut. / I got my hair cut off.* (MJT)}

łíčaʔqʷt 〚√łič=iʔqʷ-t √cut=head-trns〛 ☞ łíčaʔqʷəŋ
1. to cut someone's hair. {*łíčaʔqʷt* cn kʷsə. *I cut his hair.* (EPT; MJT)}
2. to cut someone on the head. VAR: łčéʔqʷt {*łčéʔqʷt* cn. *I cut him on the head.* (MJT)}

łičáńnəŋ 〚√łič=ań-naxʷ-ŋ √cut=ear-nctrns-psv〛 ☞ łíč to have the ear cut by someone or something. (AS) {*łičáńnəŋ* cə ləmətú. *The sheep's ear was cut.* (AS)}

łičáńnəŋ 〚√ł<í>č=ań-naxʷ-ŋ<ʼ>√cut<actl>=ear-nctrns-psv<actl>〛 [rightward stress shift in the actual] ☞ łičáńnəŋ being cut on the ear. (MJT)

łičáŋ 〚√łyča-ŋ √undress-mdl〛 to undress. (AS,BC) {*łičáŋ* kʷi kʷə sx̣íx̣aʔx̣ł. *The child is taking his clothes off.* (AS,BC)}

łičáys 〚√łyc-ays √spark-activ〛 to give off sparks. (ES; AS,BC) {*łičáys* cə sčáqʷəwc. *The fire is sparking.* (BC)}

łíčct 〚√łič-cut √cut-rflxv〛 ☞ łíč to cut oneself. {*łíčct* cn. *I cut myself.* (LC) | kʷłíčct cn. *I cut myself.* (LC)}

łičéʔqʷəŋ cut hair. See under: łíčaʔqʷəŋ

łičiyáx̣ən 〚√łič-iy=ax̣an √cut-ext=arm〛 ☞ łíč to cut the arm or sleeve. (AS) {*łičiyáx̣ən* kʷi kʷə nłqít mań ʔuʔ x̣áqt. *Cut the sleeves of my dress that are too long.* (AS)} VAR: łčiyáx̣ən (AS)

łíčnəxʷ 〚√łič-naxʷ √cut-nctrns〛 ☞ łíč to manage to cut, succeed in cutting something; to cut something accidentally. (ES; AS,BC) {*łíčnaxʷ* cn. *I succeeded in cutting it.* (LC; ES) | *łíčnəxʷ* cn tə cáyəss *I cut his hand (accidentally).* (MJT) | *łíčnəxʷ* cn tə nəcúcən. *I cut my mouth.* (MJT) | *łíčnəxʷ* cn tiə nəsʔács. *I cut my face.* (TC) | *łíčnəxʷ* cn tə cúcəns. *I cut his mouth accidentally.* (MJT) | ʔáwə cn kʷaʔ *łíčnəxʷ*ən. *I can't cut it.* (MJT) | ʔáw kʷə c *łíčnəxʷ* cə nəcuʔ. *Don't cut the one.* (ES)}

łíčŋən 〚√łič=ŋin √cut=piece〛 ☞ łíč plank, board, milled wood, lumber. (ES; TC) {čłát *łíčŋən*. *It's thick lumber.* (ES) | q̓əmát cn cə *łíčŋən*. *I cut off the board.* (ES)}

łíčsən 〚√łič=sən √cut=foot〛 ☞ łíč to get cut on the foot. (ES) {*łíčsən* cn. *My foot got cut. / I cut my foot.* (EPT; MJT; ES)}

łíčt 〚√łič-t √cut-trns〛 ☞ łíč to cut, slice, mow something. (EPT; LC; AS,BC; TC; ES; WB,AS,BC) {*łíčt* cn. *I cut it.* (TC) | kʷłíčt cn. *I already cut it.* (TC) | *łíčt* cə sx̣cáʔiʔ. *Mow the grass.* (TC) | *łíčt* cn cə qʷłáy̓. *I cut the log.* (ES) | nə́kʷtxʷ či ʔuʔ *łíčt*. *Cut them yourself.* (MJT) | *łíčt* cn tiə músməs. *I cut this meat.* (LC) | *łíčt*s cə kʷítšən kʷaʔ ʔuʔstáŋəs čtə. *He sliced the king salmon or whatever it was.* (TC) | *łíčt* cn tə cáyəss. *I cut his hand (on purpose).* (MJT) | *łíčt* či nə́cuʔ kʷúʔət ʔiʔ łəŋnəkʷáyət. *Cut one cattail and separate it.* (MJT)} VAR: łčət {kʷłčət cn. *I cut it.* (TC)} VAR: łčít {stáŋ ʔay̓ či *łčít*? *What is it we're cutting?* (MJT) | kʷłčíts cə swéʔəs ccítəŋ ʔiyá ʔaʔ tə x̣ác. *He cut the boy standing there in the belly.* (MJ)}

łíčəm 〚√łičm √cut_material〛 to cut material for making (something). {*łíčəm* st ʔiʔ čaʔłəŋnəkʷáyət tə kʷúʔət. *We cut and split the cattail.* (MJT) | *łíčəm* ya ̓ st ʔaʔ tə kʷúʔət ʔiʔ łəŋnəkʷáyət. *We cut the cattail and split it.* (MJT)}

łiəqʷáyu 〚√łəyqʷ-ayu √smash-activ〛 ☞ łáy̓əqʷ to grind (something). {*łiəqʷáyu* caʔn. *I'm going to grind it.* (MJT)}

łíkʷ 〚√łikʷ √hook〛 to be hooked, snagged. (AS,BC) {ʔuʔəhá c *łíkʷ*. *It isn't hooked yet.* (MJT) | *łíkʷ* tə nsʔács. *My face got hooked.* (AS,BC) | nəxčńin ʔaʔ či s*łíkʷ*s či sŋiyánt ʔawmán ʔuʔ síqi. *I thought I hooked the rocks because it was so heavy.* (TC)}

łíkʷən 〚√łikʷ=ən √hook=instr〛 ☞ łíkʷ gaff hook. (LB,CWH; MJTnr; ES; AS,BC) {qcə́ct cə *łíkʷən*. *The gaff hook shrank.* (ES) | snúʔnəkʷ *łíkʷən*. *It was a ghost gaff hook.* (ES) | ʔiʔ nił suʔćińis cə *łíkʷən*. *And then the hook got closer.* (ES) | ʔəsnát ʔiʔ x̣̓kʷáts ti *łíkʷəns* ʔiʔ hiyáʔ ʔúx̣ ʔaʔ ti stúʔwiʔ. *It was night, and he took his gaff and went to the river.* (ES) | ʔaʔáʔmət kʷaʔčáł ʔiʔ ʔənʔá kʷáns cə *łíkʷən*. *He was sitting, and he saw a gaff hook come.* (ES) | ʔiʔ kʷánəs cə *łíkʷən* ʔənʔáʼ ʔiʔúʔti. *And he saw a gaff hook come stretching.* (ES)}

łíkʷəntən 〚√łikʷ=ən=tən √hook=instr=instr〛 [analysis uncertain - Two 'instrument' suffixes is unique.] ☞ łíkʷ suspenders (for keeping trousers up). (ES) VAR: łíkʷəńtən (ES)

łíkʷəyúst 〚√łikʷ-iy-us-t √hook-dev-rcpnt-trns〛 [unstressed metathesis with 'recipient transitivizer'] ☞ łíkʷ to hang something on a hook or nail. (ES) {*łíkʷəyúst* cn cə nkapú ʔaʔ kʷi nscə́yəxʷ. *I hung up my coat when I came in.* (AS)} VAR: łkʷiʔúst (MJT)

łikʷəyústəŋ be hung on hook. See under: łəkʷəyústəŋ

łíkʷnəŋ 〚√łikʷ-naxʷ-ŋ √hook-nctrns-psv〛 ☞ łíkʷnəxʷ
1. to be hooked accidentally. {*łíkʷnəŋ* cn. *I got hooked.* (TC)}
2. to touch someone accidentally while walking. (MJT) VAR: łíkʷənəŋ (MJT)

łíkʷnəxʷ 〚√łikʷ-naxʷ √hook-nctrns〛 ☞ łíkʷ to hook something accidentally. {*łíkʷnəxʷ* cn cə sčánnəxʷ. *I finally managed to hook the salmon.* (AS)} VAR: łíkʷənəxʷ {*łíkʷənəxʷ* cn. *I accidentally hooked it.* (MJT)}

łík̓ʷsən ⟦√łik̓ʷ=sən √hook=foot⟧ ☞ łík̓ʷ to trip, get one's foot hooked (on something). (ES,TC; ES) {*łík̓ʷsən* cn. *I got tripped.* (TC) | *łík̓ʷsən* cn ʔiʔ stáŋ. *I tripped and fell.* (TC)}

łík̓ʷsənəŋ ⟦√łik̓ʷ=sən-ŋ √hook=foot-mdl⟧ ☞ łík̓ʷsən to trip, hook one's foot (on something). (BC) VAR: łik̓ʷsánəŋ {*tik̓ʷsánəŋ* kʷsə ʔəłʔúł. *Wendy tripped.* (AS)}

łík̓ʷt ⟦√łik̓ʷ-t √hook-trns⟧ ☞ łík̓ʷ
1. to hook something, impale something with a hook. (ES; TC) {*łík̓ʷt* cn. *I hooked it.* (MJT) | *łík̓ʷt* cn cə hánən. *I'm hooking the humpy.* (BC)}
2. to shoot a gun, pull a trigger. ⟪The basic meaning is 'hook'. The 'shoot' definition refers to the hooking gesture of the finger on the trigger.⟫ {*łík̓ʷts* či púyakʷ *He shot a gun.* (ES)} VAR: łk̓ʷít {*łk̓ʷít* cn. *I have it hooked. / I hooked it.* (MJT; AS,BC) | maʔsíts ʔiʔ *łk̓ʷíts* ʔiʔ q̓ʷíŋəts. *He choose it, and he hooked it, and he took it out.* (ES) | níł sinéʔs ʔiʔ kʷánts či sx̌éʔs ʔiʔ *łk̓ʷíts* ʔiʔ q̓ʷíŋəts. *Then he's see there was something he wants he'd hook it and haul it out of the water.* (ES)}

łik̓ʷúst ⟦√łik̓ʷ=us-t √hook=face-trns⟧ ☞ łík̓ʷ to hook someone or something on the face, hook a fish. (AS,BC; AS) {*łik̓ʷúst* cn cə kʷítšən. *I hooked the spring salmon.* (AS) | *łik̓ʷúst* cn cə nscáʔčaʔ. *I hooked my friend's face.* (AS)}

łik̓ʷústəŋ ⟦√łik̓ʷ=us-t-ŋ √hook=face-trns-psv⟧ ☞ łik̓ʷúst to be hooked in one's face. {*łik̓ʷústəŋ* cn. *I got hooked in the face.* (AS,BC) | ʔiʔ uʔčiyáy cn kʷi *łik̓ʷústəŋ*. *I almost got hooked on the face.* (AS)}

łiłaʔčíyəŋ ⟦ły+√łaʔčiy-ŋ incep+√cold-mdl⟧ ☞ łáʔči to get cold. {*łiłaʔčíyəŋ* cn ʔaʔ kʷi ʔəsnát. *I got cold last night.* (MJT)}

łíłaʔnət ⟦łí+√łiʔn-t actl+√attach-trns⟧ ☞ łéʔnət to be attaching something, tying something up. (TC) {kʷuʔ*łíłan̓ət* cn. *I'm right now tying it up.* (MJT)} VAR: łiłéʔnət {kʷ*łiłéʔnət* cn. *I'm right now tying him up.* (MJT)} VAR: łíłaʔnt {kʷ*łíłaʔnt* cn kʷi. *I'm tying it down right now.* (MJT)}

łiłáʔŋət ⟦ły+√łə<ʔ>ŋ-t pl+√clear<actl>-trns⟧ ☞ łáŋ to be untying something. (AS,BC) {*łiłáʔŋət* cn kʷə nx̌áq̓šən. *I'm untying my shoes.* (AS,BC)}

łiłáčct ⟦ły+√łač-cut pl+√dark-rflxv⟧ ☞ łáčct to be dusk, getting dark. (TC) {*łiłáčct* cə nəskʷáči. *My day is getting dark (I'm losing daylight).* (TC)}

łiłáwx̌ʷt reprimand someone. See under: łx̌ʷúst

łiłáwx̌ʷtəŋ be reprimanded. See under: łx̌ʷústəŋ

łíłcan̓nəxʷ ⟦łí+√łic=an̓-naxʷ rslt+√cut=ear-nctrns⟧ ☞ łíc to cut someone or something on the ear accidentally. {*łíłcan̓nəxʷ* ixʷ cn. *I must have cut it on the ear.* (MJT)}

łiłčáqi ⟦ły+√łič=əq-iy pl+√tired=?-dev⟧ ☞ łčáqi to get very tired. {*łiłčáqi* u cxʷ? *Did you get tired?* (ES) | *łiłčáqi* cn. *I got tired.* (ES)}

łiłéʔnət attaching it. See under: łíłaʔnət

łiłák̓ʷtəŋ ⟦ły+√łək̓ʷ-t-ŋ pl+√peck-trns-psv⟧ ☞ łk̓ʷátəŋ to be all pecked (as by chickens). (MJT)

łiłəmík̓ʷs break off (pl). See under: łəmłəmík̓ʷs

łiłáq̓t ⟦ły+√ł<á>q̓t pl+√wide<actl>⟧ ☞ łq̓át to be broad, wide (of several things). (MJT) {čúʔəł níł cə *łiłáq̓t* tiə scúʔčłaʔs sqəyáynəxʷ. *It's the tree that typically has wide leaves.* (MJ)}

łiłáx̌ʷct ⟦ły+√łəx̌ʷ-cut pl+√straight-rflxv⟧ ☞ łx̌ʷáct to be straightening out, going straight. {kʷ*łiłáx̌ʷct* cn. *I'm straightening out.* (MJT)}

łiłáyəq̓ʷi smash up. See under: łiʔłáyəq̓ʷi

łiłáyəx̌ʷi ⟦ły+√ləy̌x̌ʷ-iy pl+√freeze-dev⟧ ☞ łáyəx̌ʷ to be frozen (of a number of things or a large area). {*łiłáyəx̌ʷi* tiə ščtáŋxʷən. *This land is frozen.* (BC)}

łiłáypi ⟦ły+√łəyp̓-iy pl+√flap-dev⟧ ☞ łáypi to be wrinkled, loose, limp, floppy (of several or a mass). {*łiłáypi* tiə nšíc. *My flesh is loose, all floppy.* (BC) | *łiłáypi* kʷi kʷə nkapú. *My coat is all wrinkled up.* (AS)}

łíłiʔ ⟦łi+√ły̌ actl+√give⟧ [Not known to ES, the definition and analysis are uncertain.] ☞ łáy̌ to be giving. (HS) {*łíłiʔ* yaʔ kʷə ncát. *My father was giving.* (AS)}

łíłic ⟦łi+√łic actl+√cut⟧ a place 1.5 miles up shore of Little Boston. ⟪where Jacob Jones lived⟫ (LB,CWH)

łiłiłiłłát ⟦ły+ły+ły+√łí-t pl+pl+pl+√flick-trns⟧ ☞ łłát to fling, scatter something. {níł suʔhiyáʔs ʔiʔ *łiłiłłáts* tə čáyiʔ cə skʷədíłəč. *Then the skʷədíłəč flung and scattered the tree bark.* (MJ)}

łiłitsáyəs ⟦ły+√łytus-ays pl+√sprinkle-activ⟧ ☞ łitsáyəs to be sprinkling, splashing, spraying. (MJ) VAR: łiłitáyəs (MJT)

łiłq̓ʷéʔq̓ʷ ⟦ły+√łq̓ʷ=iʔq̓ʷ pl+√uncover=head⟧ ☞ łq̓ʷéʔq̓ʷ to be scalped, have head peeled (of a group). {ʔuʔx̌ánə ʔuʔ *łiłq̓ʷéʔq̓ʷ*. *They were all scalped.* (MJ)}

łiłúʔi ⟦ły+√łu<ʔ>y pl+√abandon<actl>⟧ ☞ łúy to be leaving (of a group). (MJ)

łiłúyəŋ ⟦ły+√łuy-as-ŋ rslt+√abandon-ptcaus-psv⟧ [The /s/ of the causative deletes.] ☞ łúyəŋ to be abandoned. (TC) {*łiłúyəŋ* cn. *They left me.* (ES; TC; AS) | *łiłúyəŋ* u cxʷ? *Did they leave you?* (ES) | *łiłúyəŋ* cn ʔaʔ cə nsłáni. *My wife left me.* (ES) | *łiłúyəŋ* cn ʔaʔ kʷsə nəʔiyáʔiŋ ʔawʔnákʷ hay. *I was abandoned by my parents because of you (children).* (MJ) VAR: łiłúiŋ (TC) VAR: łiłúytəŋ {*łiłúytəŋ* st. *We got left.* (BC)} ⟦ły+√łuy-t-ŋ rslt+√abandon-trns-psv⟧

łiłúyəs ⟦ły+√łuy-as pl+√abandon-ptcaus⟧ ☞ łúyəs to leave, abandon several people or things. {*łiłúyəs* cn. *I left them.* (TC) | suʔkʷánəŋəts ʔiʔ níł su*łiłúyəs* hiyáʔ txʷaʔyéy̌ č ʔiʔłčáʔis. *So he ran,*

ɬiɬúys *and he left them behind going far ahead.* (TC)} VAR: ɬiɬúys (AS) {*ɬiɬúys* cn cə swéʔəs ʔɬ kʷánəŋəts. *I left the boy behind when he was running.* (AS)}

ɬiɬxʷ ⟦ɬi+√ɬixʷ actl+√three⟧ ☞ ɬíxʷ being three (conveyances). {ʔiʔɬíɬxʷ. *There are three (canoes).* (MJT)}

ɬiŋíŋə ⟦√ɬuy-as-ŋi-ŋə √abandon-ptcaus-rel-2obj⟧ [The /s/ of the causative deletes.] ☞ ɬúyəs leave you. {*ɬiŋíŋə* cn. *I'm leaving you.* (TC) | *ɬiŋíŋə* caʔn. *I'm going to leave you.* (MJT; TC)}

ɬiŋíŋɬ ⟦√ɬuy-as-ŋiŋɬ √abandon-ptcaus-1plobject⟧ [The /s/ of the causative deletes.] ☞ ɬúyəs leave us. {*ɬiŋíŋɬ* u cxʷ? *Are you leaving us?* (TC)}

ɬiŋíŋəs ⟦√ɬuy-as-ŋi-ŋəs √abandon-ptcaus-rel-1/2object⟧ [The /s/ of the causative deletes.] ☞ ɬúyəs leave me; leave you. (ES; TC) {*ɬiŋíŋəs* či. *Leave me.* (ES; TC) | *ɬiŋíŋəs* caʔn. *I'm going to leave you.* (TC) | *ɬiŋíŋəs* u cxʷ? *Are you leaving me?* (ES; TC) | *ɬiŋíŋəs* cn. *I'm leaving you.* (ES) | *ɬiŋínəs* u cxʷ hayə? *Are you folks leaving me?* (ES)}

ɬíp̓ flap. See under: ɬə́yp̓

ɬíp̓ct ⟦√ɬ<í>p̓-cut √flip<actl>-rflxv⟧ [counter metathesis in actual] ☞ ɬp̓íct
1. to be flopping around. (MJT)
2. to be flapping (for example wings). (ES) VAR: ɬaʔp̓íct ⟦√ɬi<ʔ>p̓-cut √flip<actl>-rflxv⟧ (ES)

ɬíp̓əqsən cap. See under: sɬip̓áqsən

ɬip̓əwáčəŋ ⟦√ɬəyp̓=əwač-ŋ<ʔ> √flap=bottom-mdl<actl>⟧ ☞ ɬə́yp̓ to be flipping the tail (as a flounder does). (MJT)

ɬip̓ícən ⟦√ɬəyp̓=icən √flap=back⟧ ☞ ɬə́yp̓ a small island just outside Becher Bay. (TC) {nəsuʔtás ʔəʔ cə naʔátəŋ ɬip̓ícən. *I got to what they call ɬip̓ícən.* (TC)}

ɬíp̓t ⟦√ɬip̓-t √flip-trns⟧ ☞ ɬə́yp̓ to flip something. ((The root implies something slack and floppy.)) (AS) {*ɬíp̓t*s tə stə́čiʔs. *It's flipping its behind.* (MJT)}

ɬip̓úcən ⟦√ɬəyp̓=ucin √flap=mouth⟧ ☞ ɬə́yp̓ to have a wrinkled, flabby mouth. (TC; AS,BC; AS) {*ɬip̓úcən* cn. *My mouth is wrinkled.* (AS)}

ɬiq̓ʷúyəst peel it off. See under: ɬq̓ʷúyəst

ɬiq̓ʷúyəstəŋ ⟦√ɬq̓ʷ=uyəs-t-ŋ √come_off=forehead-trns-psv⟧ ☞ ɬq̓ʷúyəst to be peeled off. (MJ) {*ɬiq̓ʷúyəstəŋ* kʷi kʷə sqiyáyŋxʷ. *The tree was peeled.* (AS)}

ɬitsáyəs ⟦√ɬytus-ay̓s √sprinkle-activ⟧ to sprinkle, splash, spray. (MJ,AS,BC) {*ɬitsáyəs* ʔaʔ tə n̓xʷúʔŋət. *Splash with your paddle.* (MJT)}

ɬitúst ⟦√ɬytus-t √sprinkle-trns⟧ [analysis uncertain - The /-tus-/ part is unexplained. It may be related to the 'face' suffix or the 'recipient' suffix.] ☞ ɬitsáyəs to sprinkle, splash, squirt, spray water on someone or something. (ES; AS,BC) VAR: ɬitústxʷ {*ɬitústxʷ* či cə nsxʷq̓ʷə́yu. *Sprinkle your ironing.* (MJT) | kʷɬitústxʷ cn. *I'm sprinkling them.* (MJT) | *ɬitústxʷ* caʔn. *I'm going to sprinkle them.*

(MJT)} VAR: ɬíytst {*ɬíytst* cə skʷáʔəts cə ʔúʔutx̣s. *They sprayed the stern of the canoe.* ((USAGE: This is used as a metaphor for paddling fast and energetically.)) (MJ)}

ɬitústəŋ ⟦√ɬytus-t-ŋ √sprinkle-trns-psv⟧ ☞ ɬitúst to be sprinkled, splashed, squirted, sprayed with water by something or someone. {*ɬitústəŋ* cn. *It splashed on me (when paddling).* (ES) | *ɬitústəŋ* cn ʔaʔ cə nskʷúkʷ. *What I was cooking splashed in my face.* (BC) | *ɬitústəŋ* cn ʔaʔ cə sx̣áləp. *The pot splashed on my face.* (AS)}

ɬíwəs leave it. See under: ɬúyəs

ɬíxʷ ⟦√ɬixʷ √three⟧ three. (NS,JW; RCT; RS; LC; TC; AS,BC) {*ɬíxʷ* cə nəsqə́čaʔ. *I caught three.* (TC) | níɬ kʷi n*ɬíxʷ*. *That's my three (children).* (AS) | níɬ č suʔtə́ss cə *ɬíxʷ*. *Then the third one got there.* (AS) | k̓ʷáns cə *ɬíxʷ* sčaʔkʷaʔyúɬ táʔči. *She saw three canoes arriving.* (AS) | *ɬíxʷ* ščə́y̓ə. *It's three yards.* (MJT) | ʔupən ʔiʔ či *ɬíxʷ*. thirteen. (EPT) | *ɬíxʷ* čə́y̓q məy̓úsmus. *They were three big cows.* (MJ) | *ɬíxʷ* skʷáči ti nə́cuʔ sxʷswétə. *One sweater takes three days.* (LC) | ʔəɬkʷátə či nəsʔəcɬtáyŋxʷ ʔiʔ *ɬíxʷ* kʷátə či nspástən. *I'm a quarter Indian and three quarters white.* (MJ) | *ɬíxʷ* čtə snáčəwəč kʷi shúys yaʔ ti skʷənúcən̓s. *It must be three hundred years since they quit the spirit dance.* (ES)}

ɬíxʷɬxʷtxʷ ⟦√ɬíxʷ+√ɬixʷ-txʷ distr+√three-letcaus⟧ ☞ ɬíxʷ to give three each to several. {*ɬíxʷɬx̌ʷtxʷ* kʷi. *Give them three each.* (MJT)}

ɬíxʷuʔtxʷ ⟦√ɬixʷ=awtxʷ √three=house⟧ ☞ ɬíxʷ three houses. (MJT) {*ɬíxʷuʔtxʷ* tə ʔáʔyəŋs. *He has three houses.* (MJT) | *ɬíxʷuʔtxʷ* tə ʔáʔyəŋ ʔaʔ məstəhúl. *Mr. Hall had three houses.* (MJT) | txʷaʔ*ɬíxʷuʔtxʷ* cn. *I've been to three houses.* (MJT)} VAR: ɬxʷáwtxʷ (AS,BC)

ɬix̣ ⟦√ɬix̣ √spread_on⟧
1. to be spread, smeared on. (TC)
2. to contract, catch a contagious disease. {*ɬíx̣* cn. *I caught a disease (from someone).* (ES; TC) | *ɬíx̣* cn ʔaʔ nə́kʷ. *I got the disease from you.* (ES)}

ɬíx̣t ⟦√ɬix̣-t √spread_on-trns⟧ ☞ ɬíx̣ to spread something out, smear something on (such as jam on bread). (AS,BC) {*ɬíx̣t* cn. *I spread it on.* (TC) | *ɬíx̣t* cn cə sámiʔ. *I spread out the blanket.* (AS,BC) | *ɬíx̣t* caʔn tiə saplín ʔaʔ tiə pə́tə. *I'm going to spread this bread with butter.* (TC)}

ɬíx̣ʷəŋ ⟦√ɬix̣ʷ-ŋ √slippery-mdl⟧ to be slippery. (AS,BC) {mán̓ kʷ ʔuʔ *ɬíx̣ʷəŋ* cə súɬ. *The road was very slippery.* (AS)} VAR: ɬíx̣ʷəm̓ (TC; ES)

ɬix̣ʷə́yu freeze. See under: ɬiʔx̣ʷə́yu

ɬíx̣ʷi ⟦√ɬix̣ʷ-iy √slippery-dev⟧ ☞ ɬíx̣ʷəŋ to be slippery. (AS,BC) {x̣ənʔáɬ ti suʔ*ɬíx̣ʷi*s tə súɬ. *The road is always slippery.* (AS)}

ɬiyəčáti ⟦√ɬuy-ča-ty √abandon-?-rcprcl⟧ [analysis uncertain - This possibly involves the plural infix.] ☞ ɬúy to leave each other, part. {níɬ suʔ*ɬiyəčáti*s. *Then they parted.* (MJT)}

łiyəmək̕ʷə́y̕əs ⟦√ł<iy>əmək̕ʷ=ay<ʔ>us √soft<pl>=eye<actl>⟧ ☞ **łəmək̕ʷə́y̕əs** several soft baskets.

łiyŋáʔqʷəŋ ⟦√ł<iy>ŋ=aʔqʷ-ŋ √detach<pl>=head-mdl⟧ [analysis uncertain - This does not have plural semantics and the suffix vowel is unexpected.] cp. **łəŋéʔqʷəŋ** ☞ **łə́ŋ** to take off, remove one's hat. (TC)

łíytst sprinkle it. See under: **łitúst**

łk̕ʷáčtəŋ ⟦√łk̕ʷ=ač-t-ŋ √peck=backside-trns-mdl⟧ ☞ **łk̕ʷə́t** to be pecked on the bottom. (MJT)

łkʷásct ⟦ʔł-√wəs-cut part-√behind-rflxv⟧ ☞ **ʔiʔłkʷást** to go behind, drop back (in a race). (ES) {**łkʷásct** cn. *I dropped behind.* (AS) | **ʔiʔłkʷásct** caʔn. *I'm going to drop back.* (AS)}

łkʷáw̕əs ⟦ʔł-wa+√w<ʔ>as part-actl+√behind<actl>⟧ ☞ **łkʷásct** cp. **ʔiʔłčáʔi** to be last, behind (in a contest), come after; to come before in time. (TC; ES; TC,AS,BC) {**łkʷáw̕əs** cn. *I'm coming behind.* (TC,AS,BC; TC; AS) | **łkʷáw̕əs** cə snə́xʷł. *The canoe is behind.* (TC,AS,BC) | **ʔiʔłkʷáw̕əs** caʔn. *I'll go last.* (TC) | nił **ʔiʔłkʷáw̕əs** nskʷínti *That was my last fight.* (ES) | **ʔiʔłkʷáw̕əs** cə słánis. *His wife followed behind.* (ES) | nił **ʔiʔłkʷáw̕əs** kʷə́nəŋs ʔáwə x̣áy c ʔənʔá həwéyŋ. *Then like the one who saw it before, he never came back again.* (ES) | kʷikʷə́xtəŋ tə sqáx̣aʔ ʔiʔ x̣áy suʔʔiʔčiʔsáy̕qəŋ ʔiʔ**łkʷáw̕əs**. *A dog gets sent away, and it comes following behind again.* (TC)} VAR: **ʔiʔłkʷáʔus** (AS,BC; TC) VAR: **hiʔłkʷáʔus** (MJT) VAR: **hiłkʷáʔwəs** (MJT) VAR: **hiłkʷáws** (MJT)

łkʷə́ŋ ⟦√łkʷ-ŋ √peck-mdl⟧
1. to peck (as a bird) (on something). {**łkʷə́ŋ** kʷi kʷə číkən. *The chicken pecked.* (AS)}
2. to grab at (something) and just miss (but touch). (AS)

łkʷə́s ⟦ʔł-√wəs part-√behind⟧ to leave behind. (AS,BC) {**łkʷə́s** cn. *I left where I was at.* (AS,BC)}

łkʷə́səŋ ⟦ʔł-√wəs-ŋ part-√behind-mdl⟧ «Your descendants are what you leave behind.» ☞ **łkʷə́s** descendant, one coming behind. (AS,BC) {**łkʷə́səŋ** st. *We are descendants.* (AS,BC) | kʷi n**łkʷə́səŋ** yaʔ. *The generations behind me, after I'm gone.* (AS,BC) | táči kʷi kʷə n**łkʷə́səŋ**. *My descendants got here.* (AS,BC)}

łkʷə́t ⟦√łkʷ-t √peck-trns⟧ ☞ **łkʷə́ŋ** to peck on something. (AS)

łkʷə́təŋ ⟦√łəkʷ-t-ŋ √peck-trns-psv⟧ [metathesis with passive] ☞ **łkʷə́t** to be pecked by someone or something. (MJT) {**łkʷə́təŋ** cn ʔaʔ cə číkən. *I got pecked by the chicken.* (AS)}

łkʷə́yu ⟦√łkʷ-əyu √peck-activ⟧ ☞ **łkʷə́ŋ** to peck (as a bird). (MJ) {**łkʷə́yu** cə číkən. *The chicken pecked.* (AS)}

łkʷáyəs ⟦√łkʷ=ayus √hollow=eye⟧ ☞ **łkʷə́t**
1. to make a fishing net. {**łkʷáyəs** caʔn ʔaʔ či súyəq. *I'm going to make a fish net.* (MJT)}
2. to crochet. (MJT)

łk̕ʷéʔqʷtəŋ ⟦√łik̕ʷ=iʔqʷ-t-ŋ √hook=head-trns-psv⟧ ☞ **łík̕ʷt** to get hooked on the head. (AS)

łk̕ʷə́ŋət hollow it. See under: **nəxʷłk̕ʷə́ŋət**

łk̕ʷə́qsən ⟦√łik̕ʷ=əqsən √hook=nose⟧ ☞ **łík̕ʷ** to get hooked on the nose. (ES)

łk̕ʷə́t ⟦√łk̕ʷ-t √hollow-trns⟧ to hollow something, make a hollow opening in something. [The root here is probably related to the other root for 'hollow'.] cp. nəxʷłúwəŋ {**łk̕ʷə́t** či. *Hollow it down.* (MJT)}

łk̕ʷə́yu ⟦√łik̕ʷ-əyu √hook-activ⟧ ☞ **łík̕ʷ** to be fishing with a gaff hook. {hiyáʔ yaʔ st **łk̕ʷə́yu** ʔaʔ či scánəxʷ. *We went to gaff hook salmon.* (AS,BC)}

łk̕ʷiʔúst hang it on hook. See under: **łik̕ʷəyúst**

łk̕ʷíct ⟦√łik̕ʷ-cut √hook-rflxv⟧ [metathesis with reflexive] ☞ **łík̕ʷ** to pull off, hook off (something). {**łk̕ʷíct** cn. *I took it off myself.* (AS)}

łk̕ʷít hook it. See under: **łík̕ʷt**

łk̕ʷítəŋ ⟦√łik̕ʷ-t-ŋ √hook-trns-psv⟧ [metathesis with passive] ☞ **łík̕ʷt** to be hooked by someone or something. (AS) {**łk̕ʷítəŋ** kʷi kʷə scánnəxʷ. *The salmon got hooked.* (AS) | **łk̕ʷítəŋ** tə nłqít. *My clothes got hooked.* (AS)}

łk̕ʷsə́nət ⟦√łk̕ʷ=sən-t √hook=foot-trns⟧ ☞ **łk̕ʷə́t** to trip someone. {**łk̕ʷsə́nət** cn. *I tripped him.* (ES)}

łłéʔx̣sən ⟦ł+√łiʔx̣=sən incep+√stiff=foot⟧ ☞ **łéʔx̣sən** to have muscle stiffness. (ES; ES,TC,HS) VAR: **ləłéʔx̣sən** (ES)

łłqít clothing (pl). See under: **łaʔyíqt**

łnaʔčúył young girl. See under: **słnaʔčúyəł**

łnaʔnítəŋ be attached. See under: **łaʔnítəŋ**

łnə́kʷ ⟦ł-√nəkʷ ?-√2focus⟧ [analysis uncertain - This is a unique plural form. The prefix here may be the 'part' prefix.] cp. ʔəł- ☞ **nə́kʷ** you folks. {**łnə́kʷ** hayə. *you folks.* (MJT) | łiłúyəŋ cn ʔaʔ kʷəsə nəʔiyáʔiŋ ʔawə **łnə́kʷ** hay. *I was abandoned by my parents because of you (children).* (MJ)}

łníŋł ⟦√niŋł √we⟧ [first-person plural focus predicate] we, us. (EPT; LC; AS,BC) {ʔuʔx̣čnás ʔaʔ či s**łníŋł**s. *He found out it was us.* (TC) | sháhəkʷ cxʷ ʔaʔ **łníŋł**. *We remember you.* (ES) | **łníŋł** ʔuʔ ʔəncicə́t. *We are your fathers.* (TC) | **łníŋł** ʔuʔ yaʔcúsc. *It's us telling you.* (EPT) | ʔuʔ**łníŋł** ʔuʔ čtálə. *It's we who have the money.* (TC) | ʔuʔšiʔšúʔł cn ʔaʔ tə nsʔiyánəxʷ kʷłi sʔúq̕ʷəł, Emma, ʔaʔ či sqʷáq̕ʷis ʔaʔ **łníŋł** ʔaʔ ti ʔuʔx̣ənáł. *I'm glad to hear our sister, Emma, talking for us all the time.* (BH)} VAR: **łníŋəł** (LBH; EPT; MJT; TC; AS,BC) {ʔáaʔ, **łníŋəł** kʷi. *Yes, we were the ones.* (MJT) | č**łníŋəł** kʷi. *We're the ones that did it.* (MJT)}

łŋáʔəs ⟦√łŋ-a<ʔə>s √detach-ptcaus<actl>⟧ ☞ **łəŋás** to be detaching, removing, taking something off. (TC) {**łŋáʔəs** cn. *I'm taking it off*

(TC)} VAR: ɬəŋáʔas {kʷɬəŋáʔas cn. I'm taking it off now. (LC) | ʔiyá st kʷaʔčaʔ c sčáʔiɬ ʔaʔ cə ɬéʔyəqʷ ɬəŋáʔas ti sxcáʔi šáʔwiʔ ʔiyá ʔaʔ cə ɬéʔyəqʷ. We were there working on the strawberries removing the weeds growing in the strawberries. (TC)} VAR: ɬəŋáʔas {kʷɬəŋáʔas cn tə sxʷtqə́ns tə sxʷƛ̉áləp. I'm taking the cover off the pot. (MJT)}

ɬŋáŋ ⟦√ɬŋ-as-ŋ √detach-ptcaus-psv⟧ ☞ ɬəŋás to be detached, removed, taken off by someone or something. (ES) {**ɬŋáŋ** cn. They took me off. (TC) | **ɬəŋáŋ** kʷaʔ. It was removed. (MJ) | húy č yaʔ ti suʔɬcítəŋs ti tíxʷɬcs **ɬŋáŋ**. They only cut out his tongue. (TC) | níɬ č suʔ**ɬŋáŋ**s kʷə cə ʔsƛ̉áq̉ʷɬ ʔaʔ sɬíqʷs kʷaʔ ʔuʔstáŋəs yaʔ čtə. Then they took off what was stuck on his flesh, whatever it was. (TC)}

ɬŋás detach it. See under: ɬəŋás

ɬŋɬŋáŋ ⟦ɬŋ+√ɬŋ-as-ŋ pl+√detach-ptcaus-psv⟧ ☞ ɬŋáŋ to be detached, removed, taken off of several things or by several people. {**ɬŋɬŋáŋ** č kʷaʔ ʔaʔ cə sxə́naʔs cə q̉ʷčə́ŋ. They removed the roots from his legs. (TC)}

ɬpács ⟦√ɬəp̉=acis √slip_off=hand⟧ ☞ ɬə́p̉ to slip with the hand, touch (something) and the hand slips off of it. (AS,BC) {**ɬpács** cn; ʔuʔmáń ʔuʔ ɬə́ýxʷi. My hand slipped; it's too icy. (AS)} VAR: ʔəɬpács (HS,ES)

ɬpcéʔnəŋ ⟦√ɬəp̉=uci<ʔ>n-ŋ<ʔ> √slip_off=mouth<actl>-mdl<actl>⟧ ☞ ɬə́p̉ to be stuttering; to have a strong accent or slurred speech (be flabby mouthed). (LC; TC)

ɬpə́t ⟦√ɬəp̉-t √slip_off-trns⟧ [The expected form here is /ɬə́p̉t/.] ☞ ɬə́p̉ to flip, fling something away. (AS,BC) {xənʔáɬ ti suʔ**ɬpə́t**s cə scúɬ. He always flips the wood. (AS)}

ɬpíct ⟦√ɬip̉-ct √flip-rflxv⟧ [metathesis with reflexive] ☞ ɬípt to make a flipping motion (as a fish), flop around. {níɬ nsuʔtə́s ʔaʔ cə ƛ̉áčɬ ʔiʔ níɬ nsuʔ**ɬpíct**. Then you get to the bottom, then flop around. (TC)}

ɬpqséʔnəŋ ⟦√ɬəp̉=əqsi<ʔ>n-ŋ<ʔ> √slip_off=nose<actl>-mdl<actl>⟧ ☞ ɬə́p̉ to be blowing the water when you put it on your face. VAR: ɬəpqséʔnəŋ (MJT) VAR: ɬpqséʔnəŋ (MJT)

ɬpx̣áyəsəŋ blink. See under: ɬəpx̣əyúsəŋ

ɬqáỷ ⟦√ɬqaỷ √meat_fat⟧ fat of meat. (EPT)

ɬqáỷč ⟦√ɬqaỷč √moon⟧
1. moon. (EWH; EPT; LC; ES; AS,BC) ✱If you point at the moon (or at a rainbow), your finger will rot. If you accidentally point at it, quickly put your finger in your mouth to save it. ✱The moon is /smímatqsən/ in the version of the story told to AS by her uncle Pysht Jack (yəwintən). {siqəmúʔis ti **ɬqáỷč**. The moon is round. (BC) | ʔínəŋ kʷɬə **ɬqáỷč** ʔaʔ kʷi ʔəsnát. The moon appeared at night. (AS)}
2. month. {x̣áƛ̉ **ɬqáỷč**. Windy month (March). (AS,BC) | čaʔnéʔ ʔučtə nə́ćuʔ **ɬqáỷč**. It was just born about one month (MJ) | x̣ə́p̉ tiə **ɬqáỷč**. This month is ended. (AS)}
3. calendar. {x̣iʔə́t tə n**ɬqáỷč**. Mark your calendar. (AS,BC) VAR: ɬqáỷč (LB,CWH; JCo; EPT; AS,BC) {nə́ćuʔ **ɬqáỷč**. One month. (EPT) | čə́q **ɬqáỷč**. full moon. (AS,BC)}

ɬqə́ńxʷ starving. See under: čɬqə́ńxʷ

ɬqit ⟦√ɬqit √clothing⟧
1. any clothing, but especially a dress or skirt. (EPT; LC; AS,BC; TC; AS) {txʷaʔtitə́ŋxʷi ti n**ɬqít**. My clothes got dirty. (TC) | ćáʔkʷəŋ cn ʔaʔ cə n**ɬqít**. I'm washing my clothes. (AS) | čaʔhák̉ʷs ʔaʔ či **ɬqít**s. He just remembered his clothes. (AA) | suʔɬəŋáss cə **ɬqít**s. So he took off his clothes. (AA) | hiyáʔ caʔn ʔaʔčšít cə n**ɬqít**. I'm going to go change my clothes. (AS,BC) | čɬtuyəšáỷəs kʷsə n**ɬqít**. My dress is orange. (MJT) | ʔscə́ʔip kʷɬə **ɬqít**. The clothes are bunched up together. (AS,BC) | nəxʷčəyáćtəŋ cə **ɬqít**. The clothes were turned inside out. (AS) | ʔuʔnəxʷƛ̉iʔáʔiɬ ʔiʔ ʔiyá ʔaʔ ti cícɬ sqiyáyŋxʷ či **ɬqít**s či skʷə́nəxʷs. They would look around and see their clothes there in a high tree. (ES) | níɬ kʷaʔ suʔɬák̉ʷis ʔiʔ ʔúyɬ ʔaʔ cə sqáx̣aʔ šə́wiɬ níɬ yaʔ **ɬqít**s. Then he went across aboard the dog that had grown that was his clothes. (AA)}
2. blanket. (EPT) {ŋə́ń **ɬqít** many blankets (EPT)} {xʷíst tə n**ɬqít**. Shake out your blanket. (EPT) | cɬə́qʷts č kʷsə **ɬqít**s. She made a hole in her blanket. (EPT)}

ɬqíyəɬč ⟦√ɬqiy=iɬč √thimbleberry_sprout=plant⟧ thimbleberry sprouts. (MJT) {čə́nəs cn ʔaʔ cə **ɬqíyəɬč**. I'm baking thimbleberry sprouts. (MJT)}

ɬqaʔáwc love medicine. See under: ɬqáwc

ɬqáčš ⟦√ɬqačš √five⟧ five. (EPT; RCT; NS,JW; LC; TC; AS,BC) [probably from ɬq 'one of a pair' + =čš 'hand'] cp. ɬqcíń {ʔúpən ʔiʔ či **ɬqáčš** fifteen (EPT) | **ɬqáčš** sq̉ʷiyáyŋəxʷ. five blackberries. (ES) | ʔiʔčiʔáʔəw cxʷ aỷ ʔaʔ kʷi **ɬqáčš** ʔaʔ kʷi táŋən. You folks passed by at five in the evening. (EPT)} VAR: ɬqáč (AS,BC)

ɬqačšíɬč five plants. See under: ɬqəčšíɬč

ɬqáčštxʷ ⟦√ɬqačš-txʷ √five-letcaus⟧ ☞ ɬqáčš to let it be five, give five to each. {**ɬqáčštxʷ** kʷi. Give them five pieces each. (MJT)}

ɬqáčšuʔtxʷ ⟦√ɬqačš=awtxʷ √five=house⟧ ☞ ɬqáčš five houses, buildings. (MJT) VAR: ɬqəčšáwtxʷ (TC)

ɬqáwc ⟦√ɬqawc √love_potion⟧ love medicine. (TC,AS,BC; AS,BC) ⟪It's made from some particular kind of plant, but AS and BC do not know what the plant is.⟫ VAR: ɬqaʔáwc (AS)

ɬqcínəŋ ⟦√ɬq̉=cin-ŋ √opposite=edge-mdl⟧ ☞ ɬqcíń to go over to the opposite side, across. (ES) {hiyáʔ caʔn **ɬqcínəŋ**. I'm going to go to the other side. (AS)}

ɬqcíń ⟦√ɬq̉=uciń √opposite=edge⟧ to be on the other, opposite side. [The root here may be identified with the root of the word for 'five' and several words in Saanich which mean 'one of a pair'.] *cp.* łq̣áčš (LB,CWH) {*łq̣cín̓* cn. *I'm on the opposite side.* (TC) | *łq̣cín̓* cn ʔaʔ čx̣ʷícən. *I'm across from Port Angeles.* (TC) | k̓ʷánəs təsə néʔ *łq̣cín̓*. *They saw some of them on the other side.* (ES) | *łq̣cín̓* cn ʔiyá ʔaʔ čx̣ʷícən. *I'm there across from Port Angeles (out on the spit).* (TC) | hiyáʔ cn ʔúx̣ʷ ʔaʔ cə *łq̣cín̓*. *I'm going over to the other side.* (TC) | suʔtə́ss ʔaʔ cə *łq̣cín̓* ʔaʔ cə stúʔwi. *So it got to the other side of the river* (ES) | ʔuʔłə́ŋ ʔuʔ ʔsqəyím̓ či n̓sk̓ʷə́nnəx̣ʷ ti *łq̣cín̓*. *You completely couldn't see the other side.* (ES) | k̓ʷánəs təsə néʔ *łq̣cín̓*. *They saw those that were on the other side.* (TC)} VAR: łq̣cín (ES)

łq̣čšáʔitxʷ 〚√łq̣ačš = aʔitxʷ √five = dollar〛 ☞ łq̣áčš five dollars. (EPT; TC,AS,BC; TC) VAR: łq̣əčšáʔitxʷ (TC) VAR: łq̣əčšáytxʷ (TC) VAR: łq̣čšáytxʷ (TC)

łq̣čšaʔwin̓əx̣ʷ 〚√łq̣ačš = aʔwin̓əx̣ʷ √five = year〛 ☞ łq̣áčš five years. (MJT)

łq̣čšáł 〚√łq̣ačš = ał √five = times〛 ☞ łq̣áčš five times. {*łq̣čšáł* tə nəstíyəm. *I sang the song five times.* (MJT)}

łq̣čšáy 〚√łq̣ačš = ayə √five = person〛 ☞ łq̣áčš five people. {*łq̣čšáy* kʷsə táči. *Five people got here.* (EPT)} VAR: łq̣čšáy (TC) VAR: łq̣əčšáy (LC; TC) VAR: łq̣əčšáyə (TC)

łq̣čšayəháčł 〚√łq̣ačš = ayə = ačł √five = person = child〛 ☞ łq̣čšáy to have five children. (MJT) VAR: łq̣əčšə́čł (MJT) 〚√łq̣ačš = ačł √five = child〛 VAR: łq̣əčšháčł (MJT)

łq̣čšíkʷs 〚√łq̣ačš = iws √five = body〛 ☞ łq̣áčš five animals or people. (EPT)

łq̣čšíłč five plants. *See under:* łq̣əčšíłč

łq̣čšłnát 〚√łq̣ačš = łnat √five = day〛 ☞ łq̣áčš 1. Friday. (EPT; MJT; ES; HS; AS,BC) {ʔə́y̓ *łq̣čšłnát*. *Good Friday* (AS,BC)}
2. five nights. (MJT) VAR: słq̣čšłnát {ʔiʔənʔá ʔaʔ s*łq̣čšłnát* ʔiʔ ʔəsqiʔéʔmət ʔaʔ či nsłx̣ʷə́t cə ntíxʷłc. *By this coming Friday I won't be able to straighten out my tongue.* (ES)} 〚s-√łq̣ačš = łnát s-√five = day〛

łq̣čšłšáʔ 〚√łq̣ačš = łša √five = ten〛 ☞ łq̣áčš fifty. (EPT) | ʔáwə cxʷ c *łq̣čšłšáʔ*. *There aren't fifty of you.* (TC) | *łq̣čšłšáʔ* tiə tálə. *Here's fifty dollars.* (MJ) | nsx̣̌éʔ kʷsi *łq̣čšłšáʔ* tálə ʔiʔčáʔi ʔənsx̌k̓ʷə́t. *I want fifty dollars before you take them.* (MJT)} VAR: łq̣čsłšáʔ (EPT)

łq̣éyən spirit power. *See under:* łq̣íyən

łq̣əčšáʔitxʷ five dollars. *See under:* łq̣čšáʔitxʷ

łq̣əčšákʷł 〚√łq̣ačš = akʷł √five = conveyance〛 ☞ łq̣áčš five canoes. (MJT)

łq̣əčšáwtxʷ five houses. *See under:* łq̣áčšuʔtxʷ

łq̣əčšáy 〚√łq̣ačš = ayə √five = container〛 ☞ łq̣áčš five containers. (TC) VAR: łq̣əčšáyə (TC)

łq̣əčšə́čł five children. *See under:* łq̣čšayəháčł

łq̣əčšháčł five children. *See under:* łq̣čšayəháčł

łq̣əčšíkʷs 〚√łq̣ačš = iws √five = body〛 ☞ łq̣áčš five canoes. (AS)

łq̣əčšíłč 〚√łq̣ačš = iłč √five = plant〛 ☞ łq̣áčš five trees or any kind of plant. (AS) VAR: łq̣čšíłč (AS) VAR: łq̣ačšíłč (TC)

łq̣ət 〚√łq̣ət √wide〛 to be wide, broad. (EPT; LC; AS,BC; ES; TC; AS) {ʔuʔmán ʔuʔ *łq̣ət* tiə čaʔcítən. *The table was very wide.* (AS) | húʔ tə́s tə sxʷʔiyás ti sq̣ə́yəŋs ʔiʔ čáy ʔaʔ ti ʔáʔiŋs ʔaʔ táʔcs sx̣ə́naʔ ti *łq̣ət*s cə suyáʔi ti sčáys ʔáʔiŋs tə sxʷʔáwəs c łáʔłaʔči. *When they got to where they camped they would make their house from eight-foot long mats so that they would make the house not be chilly.* (MJ)}

łq̣ətáw̓əč beaver. *See under:* łq̣táw̓əč

łq̣íyən 〚√łq̣iyn √spirit_power〛 spirit power acquired by a person through special disciplines. (MJT; ES; TC) {suʔx̣ə́nəŋs ʔaʔ či sníłs či *łq̣íyən*s. *She said that it was her spirit power.* (MJ) | ʔuʔəsx̣̌úʔx̌əm̓ cn ʔuʔáwənə nə*łq̣íyən*. *I'm fine without a spirit power.* (MJ)} VAR: łq̣íyn {ti *łq̣íyn*s ti sxʷnyáʔəm. *the power of the Indian doctors.* (TC) | ʔiʔ ʔawmán ʔuʔ nəsx̌éʔ kʷə nəsíyaʔ ʔiʔ x̌k̓ʷə́t cn cə *łq̣íyn*s ʔiʔ čúkʷs cn. *But because I loved my grandmother very much, I took her power, and I used it.* (MJ)} VAR: łq̣éyən (TC; ES) VAR: łq̣éyn (AS,BC) {níł ti *łq̣éyn*s nuʔás ʔaʔ cə páʔəkʷ ʔiʔłəŋʔúʔəŋ ʔaʔ cə stúʔwi. *It was the power put into the pipe that swam across the river.* (ES)}

łq̣łq̣čšáy 〚łq̣ + √łq̣ačš = ayə distr + √five = person〛 ☞ łq̣áčš to be five at a time. (TC)

łq̣táw̓əč 〚√łq̣t = əw<ˀ>ač √wide = bottom <actl>〛 ☞ łq̣ət beaver. *Castor canadensis.* (ES,TC; TC) VAR: łq̣ətáw̓əč (TC) VAR: łq̣táwəč (TC,AS,BC)

łqʷáŋəqsən 〚√łaqʷ-ŋ = əqsən √lick-middle = nose〛 ☞ łáqʷ tongue. (LBH) ⟪This may be a misunderstanding.⟫

łqʷátəŋ 〚√łaqʷ-t-ŋ √lick-trns-psv〛 [metathesis with passive] ☞ łáʔqʷt to be licked, lapped, slurped up by someone or something. {*łqʷátəŋ* cn ʔaʔ cə sqʷəmə́y̓. *The dog licked me.* (AS) | *łqʷátəŋ* cn ʔaʔ cə sqáx̣aʔ. *The dog licked me.* (AS)} VAR: łáqʷtəŋ {*łáqʷtəŋ* kʷi kʷə x̌́átəŋ ʔaʔ tiə músmus. *The cow licked the salt.* (AS)}

łqʷə́čən 〚√łiqʷ = ač = ən √flesh = backside = instr〛 ☞ słíqʷ the thin part of a fish (salmon, halibut, lingcod) dried. (MJT)

łqʷsə́nəŋ 〚√łaqʷ = sən-ŋ √lick = foot-mdl〛 ☞ łáʔqʷəŋ to lick one's paw or foot. (MJT) VAR: łəqʷsə́nəŋ {*łəqʷsə́nəŋ* kʷə nsqaʔqáx̣aʔ. *My puppy is licking its feet.* (AS)}

łqʷúst 〚√łaqʷ = us-t √lick = face-trns〛 ☞ łáʔqʷəŋ to lick someone on the face. {*łqʷúst* či. *Lick his face.* (AS)}

łqʷústəŋ 〚√łaqʷ = us-t-ŋ √lick = face-trns-psv〛 ☞ łqʷúst to be licked on the face. {*łqʷústəŋ* cn ʔaʔ kʷə sqáx̣aʔ. *The dog licked me on the face.* (AS)}

łq̓ʷcə́nəŋ 〚√łq̓ʷ = icən-ŋ √uncover = back-mdl〛 ☞ łə́q̓ʷ to uncover, remove a cover or blanket.

łq̕ʷéʔqʷ (ES,HS) {*łq̕ʷcónəŋ* caʔn; ʔuʔmán̓ ʔuʔ łaʔtíqəŋ cə sémiʔ. *I'm going to uncover; the blanket is too warm.* (AS)}

łq̕ʷéʔqʷ 〚√łq̕ʷ=iʔqʷ √uncover=head〛 ☞ łq̕ʷát to be scalped, have head peeled. (AS,BC; AS)

łq̕ʷéʔqʷt 〚√łq̕ʷ=iʔqʷ-t √uncover=head-trns〛 ☞ łq̕ʷát to scalp, peel the head of someone or something. {*łq̕ʷéʔqʷt* cn cə sk̕ʷáqəŋ. *I peeled the head off the flower.* (AS)}

łq̕ʷéʔqʷtəŋ 〚√łq̕ʷ=iʔqʷ-t-ŋ √uncover=head-trns-psv〛 ☞ łq̕ʷéʔqʷt to be scalped, get head peeled by someone or something. (AS) {*łq̕ʷéʔqʷtəŋ* ʔaʔ cə q̕áʔŋi. *They were scalped by the girl.* (MJ) | néʔ ixʷ yaʔ šátəŋ ʔiʔ *łq̕ʷéʔqʷtəŋ* kʷə nənə́ŋŋənaʔ. *There must have been someone walking and scalped my children.* (MJ)}

łq̕ʷát 〚√łq̕ʷ-t √uncover-trns〛 ☞ łə́q̕ʷ to peel off something, remove by prying. (AS,BC; AS) {*łq̕ʷát* cn cə. *I peeled it off.* (AS) | *łq̕ʷát* cn cə čísən. *I pried out the nail.* (AS) | *łq̕ʷát* cn cə syə́wiʔ. *I peeled/pried up the cedar bark.* (AS)} VAR: łəq̕ʷát {*łəq̕ʷát* cə nʔánčəs. *Peel the orange.* (AS,BC)} VAR: łq̕ʷát (AS,BC)

łq̕ʷátəŋ 〚√łq̕ʷ-t-ŋ √uncover-trns-psv〛 ☞ łq̕ʷát to be peeled off, removed by someone or something. {*łq̕ʷátəŋ* cə pípə. *The wallpaper was removed.* (AS)}

łq̕ʷíct 〚√łq̕ʷ=ic-t √uncover=back-trns〛 ☞ łq̕ʷát to remove a cover. (ES) {*łq̕ʷíct* cn cə sə́miʔ. *I took the blanket off.* (AS)}

łq̕ʷsánəŋ 〚√łq̕ʷ=sən-ŋ √uncover=foot-mdl〛 ☞ łq̕ʷát
1. to uncover, take a blanket off one's feet. (ES; AS) {*łq̕ʷsánəŋ* cn ʔaʔ cə sə́miʔ; ʔuʔmán̓ ʔuʔ síqiʔ. *I kicked the blanket off; it's too heavy.* (AS)}
2. to skin, scrape one's foot. (AS) VAR: łəq̕ʷsánəŋ (AS,BC)

łq̕ʷúyəst 〚√łq̕ʷ=uyəs-t √uncover=forehead-trns〛 ☞ łə́q̕ʷ to peel fruit such as banana, orange, etc. where the skin separates freely without a knife. (ES) VAR: łiq̕ʷúyəst (ES; MJ) {níł č suʔƛ̕kʷə́ts ʔiʔ *łq̕ʷúyəst* cə sq̕ʷúŋiʔs. *Then she took them and peeled off their heads.* (MJ) | ʔiʔ xčtís ʔaʔ či sníłs cə q̕áʔŋi *łq̕ʷúyəst* cə ŋə́nŋənaʔs. *And she knew that it was the girl who had peeled off [the heads of] her children.* (MJ)} VAR: łəq̕ʷúyst {*łəq̕ʷúyst* tə q̕ʷłúʔəy̓. *Peel the camas.* (MJT) | kʷłəq̕ʷúyst cn. *I already peeled it.* (MJT)}

łtáx̌ʷc 〚√łtəx̌ʷ-t-c √suck_in-trns-1obj/2obj〛 ☞ łtáx̌ʷt swallow me; swallow you. {*łtáx̌ʷc* caʔn, ta ʔłám̓. *I'm going to swallow you, Wren.* (MJT) | txʷaʔ*łtáx̌ʷc* cn. *I'll swallow you.* (MJ)}

łtáx̌ʷəŋ 〚√łtəx̌ʷ-ŋ √suck_in-mdl〛 ☞ łtáx̌ʷ to swallow, draw in, suck in. (AS) {*łtáx̌ʷəŋ* cn. *I drew in.* (AS) | *łtáx̌ʷəŋ* ʔaʔ ti čə́q̕ʷ *vacuum cleaner (it sucks in dirt.)* (MJT)}

łtáx̌ʷəŋ 〚√łtəx̌ʷ-ŋ <ʔ> √suck_in-mdl<actl>〛 ☞ łtáx̌ʷəŋ to be swallowing. (MJT)

łtáx̌ʷnəŋ 〚√łtəx̌ʷ-nəxʷ-ŋ √suck_in-nctrns-psv〛 ☞ łtáx̌ʷəŋ to manage to be swallowed by someone or something. (MJT) {*łtáx̌ʷnəŋ* cn. *I got swallowed (Wren talking as Slapu was swallowing him).* (MJT)} VAR: łtáx̌ʷənəŋ (MJT) VAR: łtáx̌ʷnəŋ (AS)

łtáx̌ʷt 〚√łtəx̌ʷ-t √suck_in-trns〛 ☞ łtáx̌ʷəŋ to suck something in, swallow something whole without chewing. (MJT,Tnr; AS,BC; AS) {*łtáx̌ʷt* cn. *I swallowed it. / I sucked it in.* (MJT; AS) | məkʷúts ʔiʔ *łtáx̌ʷts. He put it in his mouth and swallowed it.* (MJ) | ŋúts ixʷ cə sx̌ʷáʔx̌ʷč cə wəq̕á q̕ ʔiʔ sqiʔám či s*łtáx̌ʷts. The snake must have eaten a frog, but couldn't swallow it.* (MJ) | *łtáx̌ʷt* caʔn cə taʔłám̓. *I'm going to swallow Wren.* (MJT)

łtáx̌ʷtəŋ 〚√łtəx̌ʷ-t-ŋ √suck_in-trns-psv〛 ☞ łtáx̌ʷt to be sucked in, swallowed whole without chewing. (MJ; AS,BC) {suʔƛ̕kʷátəŋs ʔiʔ *łtáx̌ʷtəŋ. So she took it and swallowed it.* (MJ)}

łtúqʷ 〚√łtuqʷ √boil〛 to boil. (AS,BC) {*łtúqʷ* či. *Let it boil.* (AS) | *łtúqʷ* cə q̕ʷúʔ. *The water boiled.* (AS,BC)}

łtúqʷəŋ 〚√łtuqʷ-ŋ √boil-mdl〛 ☞ łtúqʷ
1. to boil. (AS,BC) {kʷ*łtúqʷəŋ. It's boiling.* (MJT) | *łtúqʷəŋ* u či ṅskʷəṅcéʔnəŋ, tə́qʷəm? *Did what you're cooking boil, honey?* (MJT)}
2. to growl, talk back to an adult. {héʔe, ʔu?*łtúqʷəŋ. Hey, growling, talking back.* (MJT)}

łtúqʷt 〚√łtuqʷ-t √boil-trns〛 ☞ łtúqʷ to boil something. {*łtúqʷt* cn. *I boiled it.* (AS) | *łtúqʷt* cn cə sčánnəxʷ. *I boiled the salmon.* (BC) | *łtúqʷt* cə sčánnəxʷ. *Let the fish boil.* (AS)}

łtáčqs mating. See under: łətáčqəs

łt̕áŋ 〚√łt̕-ŋ √flick-mdl〛 [There seems to be considerable overlap among several similar roots with initial /ł/ and final /p/, /p̕/, /t/, or /t̕/. The meaning range is similar to English 'flip', 'flop', 'flap', 'fling', 'blink', 'bounce'.]
1. to flick, flip, fling (someone or something). (TC; AS,BCa; AS) {*łt̕áŋ* kʷi kʷə saʔčúʔił. *My brother flipped over (off a chair).* (AS)}
2. to fall and bounce (like a ball). (AS,BC) {*łt̕áŋ* cə sčəyíqʷł. *The fruit fell off the tree (with a small bounce).* (AS)} VAR: łátəŋ 〚√łət-ŋ √bounce-mdl〛 (BC) {*łátəŋ* cə sqaʔqtəmús. *The ball bounced.* (BC)}

łt̕át 〚√łt̕-t √flick-trns〛 ☞ łt̕áŋ
1. to flick, flip, fling, sling something (as a bug off the paper). (ES; AS,BC; AS) {*łt̕át* cn. *I flung it off (something stuck to my hand). / I flipped it out.* (TC; AS) | *łt̕áts* cə xʷéʔləm. *He flipped out the rope.* (AS) | ʔuʔ*łt̕át* cn cə kʷaʔkʷənísən. *I flipped the button.* (AS) | *łt̕át* cn cə sčəyíqʷł. *I flung the fruit.* (AS)}
2. to shoot a slingshot. (ES)

łt̕átəŋ 〚√łt̕-t-ŋ √flick-trns-psv〛 ☞ łt̕át
1. to be flicked, flipped, flung, slung off by someone or something. (AS) {*łt̕átəŋ* cn. *I got flung off.* (TC; AS)}
2. to be shot with a slingshot. (ES)

ɬíʔəwʔisən ⟦√ɬi-i=w̓yaʔs=ən √flick-ext=stick=instr⟧ ☞ ɬiʔúʔis fishing rod for casting for small fish. (TC)

ɬiʔúʔis ⟦√ɬi-iy=u<ʔ>yəs √flick-dev=forehead⟧ ⟪bouncing a small object across the surface of the water⟫ ☞ ɬə́təŋ to cast (for trout or other smaller fish). (AS,BC; AS) {ɬiʔúʔis cn. I'm casting. (AS,BC) | hiyaʔ či ɬiʔúʔis tuŋəɬ. Let's go fishing (for small fish). (MJT)} VAR: ɬíyuʔis {ɬíyuʔis cn. I'm going casting. (TC) | ɬíyuʔis u cxʷ? Are you going fishing? (TC)}

ɬiʔúʔisəŋ ⟦√ɬi-iy=u<ʔ>yəs-ŋ √flick-dev=forehead<actl>-mdl⟧ ☞ ɬiʔúʔis to cast (for trout or other smaller fish). {ɬiʔúʔisəŋ cn. I'm casting. (AS)}

ɬíq̓əŋ ⟦√ɬiq̓-ŋ √warm_up-mdl⟧ to get hot, warm. (EPT; AS,BC) {ɬíq̓əŋ cn. I got hot. (ES) | ɬíq̓əŋ cə kʷápi. The coffee got hot. (ES) | mán ʔuʔ ɬíq̓əŋ. It got very warm. (EPT) | ɬíq̓əŋ kʷaʔ tiə ʔəscáyxʷ. It's warm inside. (ES)} VAR: ʔəɬɬíq̓əŋ {níɬ č suʔəɬɬíq̓əŋ cə cáyss cə scq̓ʷáʔič. Then Bear's hands got warm. (TC)}

ɬíyuʔis cast. See under: ɬiʔúʔis

ɬuʔčáʔc ⟦√ɬw̓=ičaʔ-t-c √remove_layer=clothing-trns-1obj/2obj⟧ ☞ ɬuʔčáʔt undress me; undress you. {ɬuʔčáʔc u cxʷ? Did you undress me? (TC)}

ɬuʔčáʔəŋ ⟦√ɬw̓=ičaʔ-ŋ √remove_layer=clothing-mdl⟧ ☞ ɬəwíčaʔ to undress, take clothes off. (ES; TC) VAR: ɬučáʔəŋ (TC) {ɬučáʔəŋ caʔn. I'm going to get undressed. (MJT)} VAR: ɬəwíčəŋ (AS; AS,BC) {ɬəwíčəŋ cn. I took my clothes off. (AS)}

ɬuʔčáʔəŋ ⟦√ɬw̓=ičaʔ-ŋ<ʔ> √remove_layer=clothing-mdl<actl>⟧ ☞ ɬuʔčáʔəŋ to be undressing, taking clothes off. (ES; TC) {ɬuʔčáʔəŋ cn I'm undressing. / I'm taking my clothes off. (MJT; ES)}

ɬuʔčáʔt ⟦√ɬw̓=ičaʔ-t √remove_layer=clothing-trns⟧ ☞ ɬuʔčáʔəŋ to undress, take clothes off someone. (MJT; ES) {ɬuʔčáʔt cn. I took his clothes off. (TC) | ɬuʔčáʔts. He took their clothes off. (TC) | kʷɬuʔčáʔt cn. I'm undressing him. (MJT) | ʔuʔɬuʔčáʔts tə ŋónaʔs. She took the clothes off her child. (MJ) | níɬ suʔɬuʔčáʔts, əw? They they'd undress them, eh? (TC) | níɬ ti suʔətútts ti ʔəcɬtáyŋxʷ ʔiʔ čí ɬuʔčáʔts. Then they put the person to sleep and undress them. (ES)} VAR: ɬuʔčáʔət {ɬuʔčáʔət caʔn. I'm going to undress him. (MJT)}

ɬuʔčáʔtəŋ ⟦√ɬw̓=ičaʔ-t-ŋ √remove_layer=clothing-trns-psv⟧ ☞ ɬuʔčáʔt to be undressed by someone or something. {ɬuʔčáʔtəŋ cn. It took my clothes off. (TC)}

ɬuʔéʔstəŋ ⟦√ɬaw̓-i<ʔ>stxʷ-ŋ<ʔ> √flee-caus<actl>-psv<actl>⟧ ☞ ɬuʔístəŋ to be kidnapping someone. {ɬuʔéʔstəŋ cn. I'm being kidnapped. (TC) | hiʔɬuʔéʔstəŋ cn. He's kidnapping me. (MJT)}

ɬúʔət hollow it out. See under: nəxʷɬuʔət

ɬuʔísc ⟦√ɬaw̓-istxʷ-c √flee-caus-1obj/2obj⟧ ☞ ɬuʔístxʷ kidnap me; kidnap you. {ɬuʔísc caʔn. I'm going to kidnap you. (TC)}

ɬuʔístəŋ ⟦√ɬaw̓-istxʷ-ŋ √flee-caus-psv⟧ ☞ ɬuʔístxʷ to be run away with, abducted, kidnapped, eloped with. (MJT; ES) {ɬuʔístəŋ cn. They kidnapped me. / Someone took me away. (ES; TC; AS) | ɬuʔístəŋ kʷaʔ kʷi sɬáni. A woman was kidnapped. (TC) | ɬuʔístəŋ qɬ cxʷ. They'd run away with you. (MJT)}

ɬuʔísti ⟦√ɬaw̓-istxʷ-ty √flee-caus-rcprcl⟧ ☞ ɬuʔístxʷ to elope, run away with each other. (MJT; ES) {kʷníɬ caʔ kʷi sɬuʔístiɬ. We're going to elope. (MJT) | ɬuʔísti st ʔiʔ kʷə nəswóyqaʔ ƛ̓aʔPort Angeles ʔiʔ maliyíti. My husband and I ran away to Port Angeles and got married. (MJ)}

ɬuʔístxʷ ⟦√ɬaw̓-istxʷ √flee-caus⟧ ☞ ɬə́w̓ to kidnap, abduct someone. (TC) {ɬuʔístxʷ caʔn. I'm going to kidnap him. (MJT) | ɬuʔístxʷ caʔn cə sɬáni. I'm going to kidnap that woman. (TC)}

ɬuʔnúŋət escape. See under: ɬawnúŋət

ɬúʔp̓t ⟦√ɬu<ʔ>p̓-t √slurp<actl>-trns⟧ ☞ ɬúp̓t to be eating soup. {ɬúʔp̓t cn. I'm eating it (soup). (ES)}

ɬuʔq̓ʷúy̓st ⟦√ɬ<əʔ>q̓ʷ=uy<ʔ>əs-t √uncover<actl>=forehead<actl>-trns⟧ ☞ ɬq̓úyəst to be peeling something. {ɬuʔq̓ʷúy̓st cn. I'm peeling it. (MJT) | ɬuʔq̓ʷúy̓st cn tə q̓ʷɬúʔiʔ. I'm peeling the camas (MJT) | ʔáwə c ɬuʔq̓ʷúy̓st. Don't peel it. (MJT)}

ɬuʔɬə́s ⟦√ɬɬəs √spray⟧ to scatter into the air, get sprayed. (AS,BC) {ɬuʔɬə́s cə nə́čuʔ sxʷənáʔəm̓ tíym. The other Indian doctor singing got sprayed. (MJ) | ʔuʔɬuʔɬə́s cə ƛ̓íḱʷən. The peas were scattered. (AS)} VAR: ɬəwɬə́s (AS,BC)

ɬuʔúʔiŋ ⟦√ɬ<ʔ>u<ʔ>y-as-ŋ √abandon<actl>-ptcaus-psv⟧ [The /s/ of the causative deletes.] ☞ ɬúyəŋ being left behind, abandoned. (ES) {ɬuʔúʔiŋ cn. I'm being left. (AS,BC) | xənʔáɬ ti nsuɬuʔúʔiŋ. They're always leaving me behind. (BC) | sxčŋíns č ʔaʔ či sʔiʔɬuʔúʔiŋ ʔaʔ cə q̓ʷq̓ʷúʔəŋ. He thought he was being abandoned by Kelp. (TC) | ʔiʔxʷəýq̓ʷtəŋ č ʔiʔ xčŋíns ʔaʔ či sʔiʔɬuʔúʔiŋs ʔaʔ cə q̓ʷq̓ʷúʔəŋ. They were being drifted, and he thought Kelp was leaving him. (TC)} VAR: ɬuʔúʔyəŋ {ɬuʔúʔyəŋ cn. He's leaving me. (TC)}

ɬuʔúʔis ⟦√ɬ<əʔ>uy<ʔ>-as √abandon-ptcaus⟧ ☞ ɬúyəs to be leaving, abandoning someone or something. {ʔáwə či c ɬuʔúʔis tə cácu. Don't leave the beach. (MJT)}

ɬučáʔəŋ undress. See under: ɬuʔčáʔəŋ

ɬúis leave it. See under: ɬúyəs

ɬúɬp̓ ⟦ɬú+√ɬup̓ actl+√slurp⟧ ☞ ɬúp̓ to be slurping eating soup. {ɬúɬp̓ cn. I'm eating soup. (AS,BC) | kʷuʔɬúɬp̓ cn. I'm eating soup already. (MJT)}

ɬúp̓ ⟦√ɬup̓ √slurp⟧ to slurp, eat soup. {ɬúp̓ cn. I ate soup. (AS,BC) | ʔənʔá či ɬúp̓. Come and eat *soup.* (MJT) | **łúpʼ** či. *Go ahead and have some soup.* (MJT)}

łúpən ⟦√łupʼ=ən √slurp=instr⟧ ☞ **łúpʼ** any spoon, ladle. ✶This can refer to any spoon, but especially brings to mind the old-fashioned spoon made out of horn (EPT; MJT; ES; TC)

łúpt ⟦√łupʼ-t √slurp-trns⟧ ☞ **łúpʼ** to slurp something, eat the soup. {kʷłúpʼt cn. *I slurped it up.* (MJT)}

łuqʼʷíct ⟦√łqʼʷ=ic-t √uncover=edge-trns⟧ to uncover the surface of something. (MJT) {hiyáʔ caʔn **łuqʼʷíct** kʷsə ʔéʔtt. *I'm going to take the covers off the one sleeping.* (MJT)}

łúwəŋ hollow out. *See under:* nəxʷłúwəŋ

łúwʼəŋ hollowing out. *See under:* nəxʷłúwʼəŋ

łúy ⟦√łuy √abandon⟧ to be left, abandoned. (AS,BC) {**łúy** cn. *I got left.* (AS) | níł nsuʔ**łúy**s. *Then it left me.* (MJ) | txʷcícł caʔ ʔaʔ či ns**łúy**s ʔaʔ tiə tə́ŋəxʷ. *We'll rise up when we leave this earth.* (RSh)}

łúyəŋ ⟦√łuy-as-ŋ √abandon-ptcaus-psv⟧ [The /s/ of the causative deletes.] to be left behind, abandoned. (MJT; ES; TC) ⟪Usage: This is often used as a euphemism to refer to the death of a loved one.⟫ (AS) {**łúyəŋ** cn. *I got left. / They left me.* (ES; TC; MJ; AS,BC) | **łúyəŋ** cn ʔaʔ cə nəsłániʔ. *My wife left me. / My wife died.* (TC) | **łúyəŋ** cn ʔi ʔuʔtxʷaʔhúʔiʔ cn. *He left me, and I was alone.* (MJT) | **łúyəŋ** cə suʔúyq ʔəxʷíynxʷ. *They left the fishing village.* (TC) | ʔuʔəhá c ns**łúyəŋ** ʔaʔ tə stúq̓ʷəŋ. *I haven't gotten over my cold yet. / I haven't yet been left by the cold.* (MJT) | txʷúy kʷaʔ **łúyəŋ**s cə sčutáyəłs. *He became alone when she abandoned her brother-in-law.* (AA) | ʔiʔ ʔuʔníł ʔuʔxčíts ʔaʔ či s**łúyəŋ**s. *And then he knew he was abandoned.* (AA) | níł suʔnéʔs tə sqaʔyaʔqáxaʔ ʔiʔ **łúyəŋ** ʔaʔ tə ʔiyáyʼəŋs. *Then the puppies were born and were abandoned by their parent.* (MJ) | kʷłʔáw kʷaʔ nuʔiyə́məcts čʼiyá ʔaʔ kʷi suʔ**łúyəŋ**s ʔaʔ kʷi słánis yaʔ. *He doesn't get much strength back since he was left by his late wife.* (RSh)} VAR: **łúyŋ** (AS,BC) {**łúyŋ** cn. *I got left.* (AS,BC) | **łúyŋ** ʔaʔ kʷə słánis. *His wife died.* (AS) | ʔuʔkʷə́nəxʷ cxʷ ixʷ tə suʔ**łúyŋ**s ʔaʔ sxáʔis. *You can see what the Changer left.* (MJ) | níł cə qʼqʼʷúʔəŋ ʔiʔkʷaʔnéʔŋət **łúyŋ**. *It was Kelp that was running away.* (TC) | mánʼ ʔuʔ šaʔšúʔł ʔəł **łúyŋ**ən. *I was very happy when it left me.* (TC) | ʔiʔ húʔ cn kʷaʔčaʔ **łúyŋ** ʔaʔ cawnił ʔiʔ kʷnił nəsuʔítt. *And when that left me I fell right to sleep.* (TC) VAR: **łúytəŋ** (BC) ⟦√łuy-t-ŋ √abandon-trns-psv⟧

łúyəs ⟦√łuy-as √abandon-ptcaus⟧ ☞ **łúyəŋ** to leave, abandon, give up someone or something. (ES; TC; AS,BC) {**łúyəs** či. *Leave it! Give it up!* (TC) | **łúyəs** cn. *I left him.* (MJT; TC) | **łúyəs** cə ʔáʔyəŋ. *Leave the house.* (TC) | **łúyəs** cn cə táwn. *I left town.* (TC) | **łúyəs** cn ʔaʔ čixʷícən. *I left Port Angeles.* (TC) | **łúyəs** cn ʔaʔ cə nəʔáʔyəŋ. *I left my house.* (TC) | kʷnił caʔ nəs**łúyəs**. *I'm going to leave it now.* (TC) | **łúyəs**s kʷi snáyaʔnəkʷ. *He left the ghosts.* (ES) |

łúyəss tə sxʷʔəsnáwəłs yaʔ. *She got out of what she had been in.* (MJ) | ʔə́yʼ kʷi či ns**łúyəs** tiə nsxʷʔáłaʔ. *I better leave this place where I am.* (ES) | **łúyəs** cn cə nəsqáxaʔ ʔiyá ʔaʔčixʷícən. *I left my dog in Port Angeles.* (TC) | ʔiʔšátəŋ cn **łúyəs** cə táwn. *I'm walking away from town. / I'm leaving the town walking.* (TC) | ʔiʔ níł suʔ**łúyəs**s cə ʔəyáʔiŋs. *And so they left their houses.* (ES) | **łúyəs** cə słánis cə. *His wife left him.* (ES) | **łúyəs** cn cə nəsłáni. *I left my wife.* (TC) | **łúyəs** cn kʷi. *I left him.* (MJT) | **łúyəs** cn ʔaʔ kʷi stíyəms. *I left when he sang.* (MJT) | níł suʔhúys łʼéʔyəms ʔiʔ níł nəsuʔ**łúyəs**. *I left after he finished singing. / Then he finished singing, and I left.* (MJT) | **łúyəs** caʔn ʔuʔhúʔiʔ. *I'm going to leave him (home) alone.* (TC) | **łúyəs** cn cə stəqáyu xʷʔúŋ. *I left the beaver that was crying.* (MJT) | **łúyəs** caʔn tiə nəsxʷkʷapiháy. *I'm going to leave my coffee pot behind.* (ES) | níł suʔqʼʷáyəkʷəns kʷi yəwíntən yaʔ, "ʔə́yʼ kʷi či nəs**łúyəs** tiə nəsxʷʔáłaʔ." *Then the late Pysht Jack thought, "I better leave this place where I am."* (ES) | **łúyəs** kʷaʔ sxʷʔiyás kʷəsə snúʔnəkʷ łaʔkʷítəŋáyʼŋənʼ kʷə yəwíntən. *Pysht Jack left the place where the ghost wanted to gaff him.* (ES)} VAR: **łúis** (HS; AS,BC; BC) {**łúis** cn. *I left it.* (AS,BC) | **łúis** yaʔ kʷi ŋə́naʔs ʔáłaʔ ʔaʔ tiə tə́ŋəxʷ. *He left his son here on this land.* (RSh) | **łúis** st ʔaʔ ʔuʔmánʼ ʔuʔ yíyʼ ʔəł štə́ŋł. *We left for a very long walk.* (TC)} VAR: **łúys** (ES) {níł nsuʔ**łúys** hiyáʔ štə́ŋ X̣aʔpə́šct. *Then I left him and walked to Pysht.* (ES) | níł suʔəshúccəns cə snáyaʔnəkʷ ʔiʔ **łúys** st. *Then the ghosts were finished eating, and we left.* (MJ) | cákʷs kʷi kʷə məhúys ʔiʔ nə́šaʔtəŋ ʔiʔ **łúys**s. *He put his basket down on edge, and he left.* (AS) | suʔhəwíyəŋs ʔiʔ hiyáʔ ʔúyʼ ʔaʔ cə ʔuʔútxs ʔiʔ **łúys** kʷaʔ cə sčutáyəłs yaʔ. *She returned and got aboard her canoe and left her brother-in-law behind.* (AA) | suʔhúys ʔuʔ štə́ŋ sxʷ**łúys**s. *She just walked leaving her.* (ES)} VAR: **łíwəs** (ES(HSrejects))

łúyəsc ⟦√łuy-as-t-c √abandon-ptcaus-trns-1obj/2obj⟧ ☞ **łúyəst** leave me; leave you. {**łúyəsc** caʔn. *I'm going to leave you.* (TC)}

łúyəst ⟦√łuy-as-t √abandon-ptcaus-trns⟧ ☞ **łúyəs** to leave something behind. (TC) {**łúyəst** či. *Leave it behind!* (TC) | **łúyəst**s cə néʔ sxʷqʼʷəyʼóyʼšs. *They left some scattered behind.* (MJT)} VAR: **łúyst** (TC) {ʔuʔ**łúyst** kʷi kʷə sčə́yaʔčaʔ. *I left my friends.* (AS) | **łúyst**s cə məq̓ʷúʔəs sxʷʔiyáł yaʔ. *They left Rocky Point where we were.* (TC)}

łúyəstəŋ ⟦√łuy-as-t-ŋ √abandon-ptcaus-trns-psv⟧ ☞ **łúyəst** to be left behind by someone. {**łúyəstəŋ** cn. *They left me.* (TC) | **łúyəstəŋ** cn ʔaʔ cə nəsłáni. *My wife left me behind.* (TC)} VAR: **łúystəŋ** {**łúystəŋ** cn. *They left me.* (AS,BC)}

łúynəŋ ⟦√łuy-nax-ŋ √abandon-nctrns-psv⟧ ☞ **łúynəxʷ** to be abandoned, left behind accidentally. {**łúynəŋ** cn ʔaʔ cə nəsłáni. *My wife left me behind.* (TC) | ʔuʔtátqənəxʷ cn t ʔaʔ či n̓skʷłʔáw kʷaʔ nuʔiyə́məstxʷ čiyá ʔaʔ kʷi n̓s**łúynəŋ** ʔaʔ kʷi táns kʷi ʔənŋʼə́nəŋəna. *I found out that you are not getting your strength back* *since you were left by the mother of your children.* (RSh)} VAR: **łúyənəŋ** {ʔiʔ ncáxʷ **słúyənəŋ**s kʷłi qáʔŋiʔ snənáʔəŋəs yaʔ kʷłi nətán. *Once there was an abandoned girl who was taken in by my mother.* (ES) | ʔiʔ**łúyənəŋ** ʔaʔ cə sčaʔkʷaʔyúł či sx̣ayéʔƛ̓qł ʔəł skʷúkʷələs. *She was abandoned by the school bus.* (ES)}

łúynəxʷ 〚√łuy-naxʷ √abandon-nctrns〛 Stem: łúynə [stem for subject suffixes] to manage to leave something behind, leave something behind accidentally. (TC) {**łúynəxʷ** cn. *I left them.* (AS) | **łúynəxʷ** cn cə snáyaʔnəkʷ. *He left the ghosts behind.* (TC) | nił suʔ**łúynəxʷ**s cə snáyaʔnəkʷ. *He managed to leave the ghosts behind.* (ES) | **łúynə**s cə snáyaʔnəkʷ. *He left the ghosts behind.* (TC) | ☞ **łúyəŋ** VAR: **łúyənəxʷ** (TC)

łúytəŋ be left. See under: **łúyəŋ**

łxʷáʔitxʷ 〚√łixʷ=aʔitxʷ √three=dollar〛 ☞ **łíxʷ**
1. three dollars. (EPT; TC; TC,AS,BC) {**łxʷáʔitxʷ** kʷłəsə nsʔúŋəsc. *I gave you three dollars.* (EPT) | **łxʷáʔitxʷ** ciʔə nəsqáʔyúsc. *I'm paying you three dollars.* (EPT)}
2. three round things (such as tangerines). (EPT; MJT) VAR: **łxʷáytxʷ** (TC; AS,BC)

łxʷáʔwinəxʷ 〚√łixʷ=aʔwinəxʷ √three=year〛 ☞ **łíxʷ** three years. (EPT) VAR: **łxʷáʔwinəxʷ** (MJT)

łxʷáł 〚√łixʷ=ał √three=times〛 ☞ **łíxʷ** three times. (LC; ES; TC; AS,BC) {**łxʷáł** tə nəstíyəm. *I sang the song three times.* (MJT) | nə́qəŋ st **łxʷáł**. *We dived three times.* (MJ) | nə́qəŋ ʔaʔ či **łxʷáł** ʔiʔčáʔi či n̓sʔənʔá. *Dive three times before you come.* (MJ) | hiyáʔ təyi ʔiʔ nə́qəŋ ʔaʔ či **łxʷáł** ʔiʔ ʔənʔá łúkʷ. *Go upstream and dive three times and come home.* (MJ)}

łxʷáw̓txʷ three houses. See under: **łíxʷuʔtxʷ**

łxʷáxʷł 〚√łixʷ=axʷł √three=conveyance〛 ☞ **łíxʷ** three canoes. (BG,MJT; MJT) {**łxʷáxʷł** kʷə ʔuʔútx̣s táči. *Three canoes came.* (MJT)}

łxʷáy 〚√łixʷ=ayə √three=person〛 ☞ **łíxʷ** three people; three containers. (LC; AS,BC) {**łxʷáy** st. *There are three of us.* (TC) | **łxʷáy** st ʔiʔ nə́kʷ. *There are three of us and you.* (TC) | **łxʷáy** kʷi kʷsanu. *There's three people.* (EPT) | táči cə nəcə́t ʔiʔ cə **łxʷáy**. *My father and three other people got here.* (TC) | táči cə **łxʷáy** ʔiʔ cə nəcə́t. *Three people got here with my father.* (TC) | ʔiʔ **łxʷáy** cə swíwaʔwəs mə́nuwa. *And there were three young sailors.* (ES) | x̣čŋíns ʔaʔ či suʔhahúʔis ʔiʔ **łxʷáy** st tə kʷi ʔáłəʔ. *He thinks he's alone, but there are three of us here.* (MJT) | **łxʷáy** caʔ st hiyáʔ ʔiʔ ƛ̓áy caʔ cxʷ ʔiʔsəwáʔ. *Three of us are going, and you are going along, too. / Four of us are going including you.* (TC)} VAR: **łxʷáyə** (TC; LC) {ʔuʔ**łxʷáyə**. *It's just three people.* (MJT)}

łxʷayəhə́čł 〚√łixʷ=ayə=əčł √three=person=child〛 ☞ **łxʷáy** to have three children. (MJT) VAR: **łaʔxʷaʔə́ył** (MJT)

łxʷáyəq 〚√łixʷ=ayəq √three=fish〛 ☞ **łíxʷ** to catch three fish. {**łxʷáyəq** cn. *I caught three fish.* (MJT)}

łxʷéʔqʷ 〚√łixʷ=iʔqʷ √three=head〛 ☞ **łíxʷ** three heads. (AS,BC)

łxʷéyn̓ 〚√łixʷ-iy=an̓ √three-ext=ear〛 ☞ **łíxʷ** any triangle. (AS,BC)

łxʷə́qsən 〚√łixʷ=əqsən √three=nose〛 ☞ **łíxʷ** three-pronged fish spear used for skate and salmon. (MJT)

łxʷíkʷs 〚√łixʷ=iws √three=body〛 ☞ **łíxʷ**
1. to be three of a kind. (AS,BC)
2. three animals or birds; three people. (EPTC; AS,BC) {**łxʷíkʷs** tiʔə múʔəq. *It's three ducks.* (MJT)} {n̓sʔə́ŋaʔc u tiʔə **łxʷíkʷs** múʔəq? *Are you giving me these three ducks?* (MJT)}

łxʷíłč 〚√łixʷ=iłč √three=plant〛 ☞ **łíxʷ** three plants. (AS,BC)

łxʷłnát 〚√łixʷ=łnat √three=day〛 ☞ **łíxʷ**
1. Wednesday. (EPT; MJT; ES; AS,BC)
2. three days, three nights. (MJT; AS,BC) VAR: **słxʷłnát** (ES)

łxʷłšáʔ 〚√łixʷ=łšaʔ √three=ten〛 ☞ **łíxʷ** thirty. (AS,BC) {**łxʷłšáʔ** ʔiʔ ti cúʔkʷs. *Thirty-seven.* (ES) | **łxʷłšáʔ** yaʔ tə nəmaʔyúsmus. *I had thirty cows.* (MJ) | **łxʷłšáʔ** ščiʔánəŋ. *Thirty years.* (EPT) | ʔiʔ huʔáʔis ʔaʔ kʷ **łxʷłšáʔ** čaʔscə́ʔyəxʷ ʔaʔ cə ƛ̓úƛ̓aʔ ʔáʔinł. *There were nearly thirty of us in our little house.* (ES) | ʔiʔ kʷúkʷ cə nstáni ʔaʔ tə stəŋiʔŋínəŋ cə ʔuʔx̣ə́n̓ txʷhuʔáʔis **łxʷłšáʔ** ʔəcłtáynəxʷ. *My wife cooked supper for all of those nearly thirty people.* (ES)}

łxʷłšaʔáytxʷ 〚√łixʷ=łšaʔ=aʔitxʷ √three=ten=dollar〛 ☞ **łxʷłšáʔ** thirty dollars. (AS,BC)

łxʷłxʷáy 〚√łixʷ + √łixʷ=ayə distr + √three=person〛 ☞ **łxʷáy** to be three at a time. (TC)

łxʷnáxʷ Stem: **łxʷná** [stem for subject suffixes] 〚√łxʷ-naxʷ √arrive_find-nctrns〛 to get somewhere and find someone or something already there. {**łxʷnáxʷ** cn. *I got there and found her there.* (AS) | **łxʷná**s č yaʔ kʷłə Georgianne. *He got there after Georgianne.* (AS)}

łxʷnə́səŋ 〚√łxʷ-nəs-ŋ √arrive_find-intent-psv〛 ☞ **łxʷnáxʷ** to get there after and be found. {**łxʷnə́səŋ** kʷłə Georgianne. *They got there after Georgianne.* (AS) | **łxʷnə́səŋ** yaʔ cn. *They got there for me.* (AS)}

łx̣áčən floor. See under: **sx̣ʷłx̣áčən**

łx̣átəŋ 〚√łax-t-ŋ √lie_flat-trns-psv〛 [metathesis with passive] ☞ **łáxt** to be laid on, put atop, served up by someone. (ES) {**łx̣átəŋ** cn. *They laid me (on the table).* (ES)} VAR: **łáxtəŋ** {**łáx̣təŋ** cn ʔaʔ tə sxʷʔáʔmət. *They laid me on the bed.* (AS)}

łx̣áwəłtən 〚√łx̣awəłtən √Lofall〛 [may come from a personal name.] Lofall, four miles southwest of Port Gamble. (LBH) cp. **sxʷáyiʔhiʔ**

ɬxənúkʷən ⟦√ɬax=ənukʷ=ən √lie_flat=ground=instr⟧ ☞ ɬáx floor boards of a house of boat. (TC) {x̣q̓ʷtíŋ ʔaʔ tə **ɬxənúkʷən**. *It was stuck to the floor.* (MJ) | cákʷəŋ ʔúxʷtəŋ ʔaʔ tə **ɬxnúkʷən**. *It was put down on the floor.* (MJ) | níɬ suʔɬáʔqʷts **ɬxənúkʷən**. *Then she licked the floor.* (MJT) | k̓ʷnít cn cə q̓ayúƛən šátəŋ ʔiyá ʔaʔ tiə **ɬxənúkʷən**. *I watched the slug walking on the floorboards.* (MJ) VAR: ɬxnúkʷən {čánəs cn cə sṇánt čšaʔiyá ʔaʔ cə caʔcítən ʔúxʷtxʷ ʔaʔ cə **ɬxnúkʷən**. *I moved the rock from the table to the floor.* (TC)} VAR: sɬxnúkʷən {ʔiyá ʔaʔ tə sx̣aʔyéʔƛqɬ kʷɬəsə **sɬxnúkʷən**. *The children were there on the floorboards.* (MJ) | níɬ ti suʔsɬáŋs ʔiyá ʔaʔ cə **sɬxənúkʷən** ʔiʔ ʔámət. *Then he dropped to the floor and sat.* (MJ)}

ɬxə́ṅ ⟦√ɬax=əṅ √lie_flat=ear⟧ ☞ ɬáx to be laid out, opened out (as a blanket). {**ɬxə́ṅ** cə sə́miʔ. *The blanket is opened, laid out.* (AS)}

ɬxə́ṅtən ⟦√ɬax=əṅ=tən √lie_flat=ear=instr⟧ ☞ ɬxə́ṅ rug. (AS,BC; AS) {ʔuʔmáṅ kʷ uʔ ʔə́y tə **ɬxə́ṅtən**. *The rug is very good.* (AS)}

ɬxátəŋ ⟦√ɬix-t-ŋ √spread_on-trns-psv⟧ ☞ ɬíxt to be spread, smeared on by someone or something. {**ɬxátəŋ** cə sə́miʔ. *The blanket was spread out.* (AS)}

ɬxnúkʷən floor boards. See under: ɬxənúkʷən

ɬxʷaʔmíct ⟦√ɬixʷ-ʔm-cut √slippery-?-rflxv⟧ [metathesis with reflexive] ☞ ɬíxʷəŋ to slide oneself. (TC) {**ɬxʷaʔmíct** cn. *I'm sliding.* (TC)}

ɬxʷaʔmítəŋ ⟦√ɬixʷəʔm-t-ŋ √slippery-trns-psv⟧ [metathesis with passive] [The -aʔm- part is unaccounted for. This may be a loan word.] ☞ ɬíxʷəŋ to slip, be caused to slip by ice or anything slippery. (ES) {ʔáwə c **ɬxʷaʔmítəŋ**. *Don't slip.* (ES) | níɬ suʔ**ɬxʷaʔmítəŋ**s čʔiyá. *Then it slipped from there.* (TC)}

ɬxʷát ⟦√ɬxʷa-t √remove_from_mouth-trns⟧ [There are two non-actual/actual pairs for this word depending on the speaker: *ɬxʷát/ɬáxʷt* and *ɬáxʷt/ɬáʔxʷt*.] to remove something from the mouth, take something out of the mouth, spit something out. (AS,BC; AS) {**ɬxʷát** cn cə čéʔəx. *I took the gum out of my mouth.* (AS)} VAR: ɬáxʷt (AS) ⟦√ɬaxʷ-t √remove_from_mouth-trns⟧ {**ɬáxʷt** či. *Take it out of your mouth.* (MJT) | kʷɬ **ɬáxʷt** cn. *I already took it out of my mouth.* (MJT)} VAR: ɬɬáxʷ (AS) {**ɬɬáxʷ** či. *Take it out of your mouth.* (AS)}

ɬxʷátəŋ be removed from mouth. See under: ɬáxʷtəŋ

ɬxʷcút straighten self. See under: ɬxʷə́ct

ɬxʷə́ct ⟦√ɬxʷ-cut √straight-rflxv⟧ ☞ ɬə́xʷ to straighten oneself, steer (a vehicle). (MJT; ES; TC,AS,BC) {**ɬxʷə́ct** caʔn. *I'm going to steer.* (MJT) | kʷɬ**ɬxʷə́ct**. *He's straightened himself up now.* (MJT) | **ɬxʷə́ct** či. *Straighten up.* (MJT) | sqiʔám̓ či nəs**ɬxʷə́ct** ʔaʔ cə nəmə́šin. *I couldn't steer the motor.* (TC)} VAR: ɬxʷcút (AS) {**ɬxʷcút** cn. *I straightened out.* (AS)} VAR: ɬəxʷcút (BC)

ɬxʷə́n ⟦√ɬxʷ=ən √straight=instr⟧ ☞ ɬxʷə́t
1. rudder, steering wheel, tiller. (TC; ES) {nsuʔcákʷs cə **ɬxʷə́n**. *So I put down the rudder.* (MJ) | níɬ suʔhiyáʔs kʷə nʔiyáʔiŋ ʔiʔ ƛ̓kʷóts cə **ɬxʷə́n**. *Then my father went, and he took the rudder.* (MJ)}
2. director of a club or group. (MJ)

ɬxʷə́t ⟦√ɬxʷ-t √straight-trns⟧ ☞ ɬə́xʷ to straighten something, correct the course, steer, put someone on the right path, unfold something. (AS,BC; ES; AS) {**ɬxʷə́t** cn. *I corrected it. / I straightened it out. / I straightened him out.* (MJT; ES; AS,BC; AS) | **ɬxʷə́t** cə xʷéʔləm. *Straighten the rope.* (ES) | **ɬxʷə́t** cə scúɬ. *Straighten that wood out.* (AS) | **ɬxʷə́t** u cxʷ? *Did you straighten it?* (AS,BC) | **ɬxʷə́t** cn cə xʷéʔləm. *I straightened out the rope.* (ES; AS) | ʔiʔənʔá ʔaʔ sɬq̓čšɬnát ʔiʔ ʔəsqiʔéʔmət ʔaʔ či ns**ɬxʷə́t** cə ntíxʷɬc. *By this coming Friday I won't be able to straighten out my tongue.* (ES)}

ɬxʷə́təŋ ⟦√ɬxʷ-t-ŋ √straight-trns-psv⟧ ☞ ɬxʷə́t to be straightened, corrected. {**ɬxʷə́təŋ** cn. *She corrected me. / They straightened me out.* (AS,BC; ES; AS) | **ɬxʷə́təŋ** č kʷə či súɬ. *They straightened the road.* (AS,BC)}

ɬxʷístəŋ ⟦√ɬxʷ-istxʷ-ŋ √straight-caus-psv⟧ ☞ ɬxʷístxʷ to be straightened, corrected, made to go straight. {**ɬxʷístəŋ** cn. *Someone straightened me out.* (AS) | **ɬxʷístəŋ** yaʔ kʷsə xʷéʔləm. *Someone straightened out the rope.* (AS)}

ɬxʷístxʷ ⟦√ɬxʷ-istxʷ √straight-caus⟧ ☞ ɬə́xʷ to straighten someone or something out, set someone straight. {**ɬxʷístxʷ** cn cə xʷéʔləm. *I straightened out the rope.* (AS) | **ɬxʷístxʷ** cn kʷə swéʔwəs ʔaʔ kʷi nəskʷánəxʷ. *I straightened out the boy when I saw him.* (AS)}

ɬxʷít ⟦√ɬxʷ-i-t √straight-persist-trns⟧ ☞ ɬxʷə́t to make something stay straight. (AS) {**ɬxʷít** cn cə nsiʔátən. *I straightened my hair.* (AS) | **ɬxʷít** cn cə nsnə́xʷɬ. *I straightened my canoe.* (AS)}

ɬxʷúst ⟦√ɬxʷ=u<ʔ>s-t √straight=face<actl>-trns⟧ ☞ ɬxʷúst to be telling someone off, bawling someone out, giving someone a talking to. {**ɬxʷúʔsts** cə ŋə́naʔs. *He gave his kids a talking to.* (AS,BC)} VAR: ɬaʔxʷúst {**ɬaʔxʷúst** cn. *I'm telling him off.* (TC)}

ɬxʷúsc ⟦√ɬxʷ=us-t-c √straight=face-trns-1obj/2obj⟧ ☞ ɬxʷúst reprimand me; reprimand you. {**ɬxʷúsc** caʔn. *I'm going to tell you off.* (ES) | **ɬxʷúsc** u caʔ cxʷ? *Are you going to tell me off?* (ES)}

ɬxʷuscícəŋ ⟦√ɬxʷ=us-sít-cəŋ √straight=face-bene-1obj/2obj⟧ [/s/ of benefactive becomes /c/] ☞ ɬxʷusít reprimand for me; reprimand for you. {**ɬxʷuscícəŋ** u cxʷ? *Will you tell him off for me?* (ES)} VAR: ɬxʷusíc {**ɬxʷusíc** caʔn. *I'm going to tell you about your mistakes.* (AS)}

ɬx̣ʷusít ⟦√ɬx̣ʷ=us-sít √straight=face-bene⟧ ☞ ɬx̣ʷúst to reprimand someone, tell someone what they are doing wrong. (AS) {*ɬx̣ʷusít* caʔ kʷaʔ k̓ʷə́nəxʷ. *I'm going to tell him off when I see him.* (AS)}

ɬx̣ʷusítəŋ ⟦√ɬx̣ʷ=us-sít-ŋ √straight=face-bene-psv⟧ ☞ ɬx̣ʷusít to be reprimanded, told off, preached to about mistakes. {*ɬx̣ʷusítəŋ* cn. *They told me off.* (AS) | *ɬx̣ʷusítəŋ* kʷi kʷsə Jamie. *Jamie got preached to about her mistakes.* (AS)}

ɬx̣ʷúst ⟦√ɬx̣ʷ=us-t √straight=face-trns⟧ ☞ ɬx̣ʷə́t to reprimand someone, tell someone off, bawl someone out, give someone a talking to, call someone down, straighten someone up. (ES; TC,AS,BC; TC; AS) ⦅USAGE: not as harsh as *ŋə́x̣t*⦆ cp. ŋə́x̣t {*ɬx̣ʷúst* cn. *I bawled him out.* (ES) | *ɬx̣ʷúst* cn tə swéʔwəs. *I told the boy off.* (AS)} VAR: ɬiɬáw̓x̣ʷt {*ɬiɬáw̓x̣ʷt* cn. *I told him off.* (AS)}

ɬx̣ʷústəŋ ⟦√ɬx̣ʷ=us-t-ŋ √straight=face-trns-psv⟧ ☞ ɬx̣ʷúst to be reprimanded, told off, preached to about mistakes. (ES; AS) {*ɬx̣ʷústəŋ* cn. *Somebody told me off.* (ES; AS) | ʔuʔɬə́ŋ cn ʔuʔ mimə́y̓čtəŋ ʔaʔ kʷi sáʔyaʔ ʔaʔ kʷi ns*ɬx̣ʷústəŋ*. *I was (practically) thrown down and rolled around by my grandmother when she was reprimanding me.* (AS)} VAR: ɬiɬáw̓x̣ʷtəŋ {*ɬiɬáw̓x̣ʷtəŋ* cn. *I got told off.* (AS)}

x̌'

x̌áʔcu troll. *See under:* x̌ácu

x̌áʔcuʔ 〚√x̌a<ʔ>cu<ʔ> √troll<actl>〛 ☞ x̌ácu to be trolling for fish (for example salmon). (EPT; LC; ES,TC; TC) {hiyáʔ cn x̌áʔcuʔ. *I'm going fishing.* (TC) | łčíkʷs cn ʔəł x̌áʔcuʔən. *I'm tired from fishing.* (TC) | həyáʔ yaʔ cn x̌áʔcuʔ. *I went trolling.* (EPT) | xʷənáŋ ʔaʔ či sxʷʔiʔx̌áʔcuʔ. *It's like what they use for trolling.* (AA) | hiyáʔ či x̌áʔcuʔ tuŋəł. *Let's go fishing.* (MJT) | ʔiʔánəŋ cn ʔəł x̌áʔcuʔən. *I know how to go fishing.* (TC) | ʔáwə c qʷáqʷiʔ ʔəł x̌áʔcuʔən. *Don't talk while I'm fishing.* (TC) | hiyáʔ yaʔ cn x̌áʔcuʔ ʔiʔ cawnił. *I went fishing with him.* (TC) | ʔáwənə ʔəstán ʔaʔ kʷi skʷłhúys t nsx̌áʔcuʔ. *There was nothing else when my fishing was finished.* (TC) | nił yaʔ sxʷʔiyás kʷi sʔiʔáyəxʷł yaʔ ʔəł sqə́yəŋəs ʔəł x̌áʔcuʔs ʔaʔ ti scánnəxʷ ʔiʔ ti ʔáčt sxʷxʷúʔyəms. *We were there because our elders were camping and fishing for salmon and lingcod to sell.* (TC)}

x̌aʔčám̓ 〚√x̌əʔčam̓ √mussel〛 a large edible mussel. *Mytilus spp.* (AB,IC,NST; ES; AS,BC) {ciʔkʷíyŋət cn ʔaʔ či x̌aʔčám̓. *I gathered mussels.* (TC,AS,BC) | mán̓ ʔuʔ ʔə́y̓ cə x̌aʔčám̓ ʔaʔ kʷə x̌cə́nt. *The mussels were very good at Agate Beach.* (BC) | ʔəłəníxstən cn ʔaʔ kʷə nəcə́t ʔaʔ či x̌aʔčám̓. *My father fed me mussels.* (BC) VAR: x̌aʔčám (NS,JW) {ʔáw kʷi c x̌aʔčám. *It's not a mussel.* (NS,JW) VAR: x̌áčəm (LB,EWH)

x̌aʔčéʔyəŋ 〚√x̌<əʔ>č-i<ʔ>y-ŋ<ʔ> √under<actl>-dev<actl>-mdl<actl>〛 ☞ x̌číyəŋ to be sinking. (ES) {x̌aʔčéʔyəŋ cn. *I'm sinking.* (ES; TC) | kʷłiʔx̌aʔčéʔyəŋ. *She's going under now.* (MJT)} VAR: x̌aʔčéʔiŋ (ES) {x̌aʔčéʔyəŋ cə sxʷlamáy. *The bottle is sinking.* (ES)} VAR: x̌ačéʔyəŋ (ES)

x̌áʔčł 〚√x̌<əʔ>č-ł √under<actl>-dur〛 [analysis uncertain] ☞ x̌ə́č to give (someone) a drink. {ʔənʔáxʷ či x̌áʔčł. *Bring me a drink.* (MJT) | x̌áʔčł či. *Give me a drink.* (MJT)}

x̌aʔčaʔháy̓səŋ hailing. *See under:* čaʔx̌aʔháy̓səŋ

x̌aʔčə́siyaʔ Protection Island. *See under:* čəx̌ə́syaʔ

x̌áʔeʔqʷ 〚√x̌aʔ=iʔqʷ √ʔ=head〛 [Stress is expected on the second vowel. There is no audio and other speakers do not recognize it.] woodpecker. (AB,ICT)

x̌aʔičíyəŋ 〚√x̌<aʔy>č-iy-ŋ √under<pl>-dev-mdl〛 ☞ x̌číyəŋ to sink, go deep under water, got to the bottom (of several). {x̌aʔičíyəŋ kʷaʔ cə sisiyáʔiłs ʔiʔ xʷáy. *His in-laws went to the bottom and perished.* (AA)}

x̌áʔič 〚√x̌ayč √blind〛 to be blind. (MJT; LC; ES; AS,BC) {x̌áʔič cn kʷaʔ. *I'm blind.* (MJ) | x̌áʔič cə xʷanítəm. *The white man is blind.* (BC)} VAR: x̌áyič {x̌áyič u cxʷ? *Are you blind?* (MJT)} VAR: x̌áyč {kʷłnił nsuʔáwə c x̌áyč. *Now I'm not blind*

(fourth line of "Amazing Grace "). (AS,BC)} VAR: x̌áʔyəč (LC)

x̌aʔkʷcísti 〚√x̌<aʔ>kʷ=acis-ty √take<actl>=hand-rcprcl〛 ☞ x̌kʷcíst to be shaking hands with each other; to hold hands. (ES; AS,BC) VAR: x̌aʔkʷcístiʔ (MJT)

x̌áʔk̓ʷəŋ extinguishing. *See under:* x̌ə́k̓ʷəŋ

x̌aʔk̓ʷəŋíy̓ł 〚√x̌a<ʔ>k̓ʷ-ŋ-iy̓ł √extinguish<actl>-mdl-go〛 ☞ x̌áʔk̓ʷəŋ to be getting darker, all light going out. (AS) {x̌áʔk̓ʷəŋíy̓ł tə skʷáči. *The sky is getting darker.* (AS)}

x̌aʔk̓ʷíq̓əŋ 〚√x̌aʔk̓ʷiq̓-ŋ √sparkle-mdl〛 to shine (as glass, jewels, etc.), sparkle, crackle, flicker, be shiny. ((refers to both sight and sound of crackling and sparking as a fire)) (TC; AS,BC) {x̌aʔk̓ʷíq̓əŋ cə scə́q̓ʷuc. *The fire sparkled.* (AS)}

x̌aʔłáŋ̓ct 〚√x̌a<ʔ>ł-ŋ<ʔ>-cut √salt<actl>-mdl<actl>-rflxv〛 ☞ x̌łáŋəct to be getting salty. {hix̌aʔłáŋ̓ct. *It's getting salty.* (MJT)}

x̌aʔx̌aʔáʔis 〚√x̌ux̌a=a<ʔ>yus √small=eye<dim>〛 ☞ x̌úx̌aʔ
1. small eye. (TC)
2. to have small, little eyes. (ES) VAR: x̌x̌aʔáʔis (ES)

x̌aʔx̌aʔáw̓txʷ 〚√x̌ux̌aʔ=aw̓txʷ √small=house〛 ☞ x̌úx̌aʔ small house. (ES)

x̌aʔx̌áʔčs 〚x̌aʔ + √x̌<ʔ>čas dim + √island<dim>〛 [leftward metathesis with diminutive] ☞ x̌čás small island. (ES)

x̌aʔx̌áʔčuʔ 〚x̌aʔ + √x̌<əʔ>č=əw̓ dim + √under=?〛 ☞ x̌ə́č riffle, shallow place in the water above a shoal or sandbar. (ES)

x̌aʔx̌aʔnəq 〚x̌aʔ + √x̌aʔnəq actl + √potlatch〛 ☞ x̌áʔnəq to be having a potlatch. (MJT) {kʷłuʔx̌áʔx̌aʔnəq st kʷi. *We're having a potlatch right now.* (MJT)} VAR: x̌əx̌ə́nəq (LBH)

x̌aʔx̌aʔúcən 〚√x̌ux̌aʔ=ucin √small=mouth〛 ☞ x̌úx̌aʔ small mouth. (TC; AS,BC)

x̌aʔx̌áʔx̌ʷiʔ 〚x̌aʔ + √x̌a<ʔ>x̌ʷay̓ dim + √dog_salmon<dim>〛 [rightward stress shift with diminutive] ☞ x̌x̌ʷáy̓ small dog salmon. (ES)

x̌aʔx̌aʔyáʔqs 〚x̌aʔ + √x̌u<ʔ>ya<ʔ>qs dim + √box<dim>〛 [/u/ → /a/ in diminutive] ☞ x̌úyəqs small box. (ES)

x̌aʔx̌áčł 〚x̌aʔ + √x̌<á>č-ł dim + √under<rslt>-dur〛 ☞ x̌áčł
1. to be low, down, under. (MJT; TC; ES)
2. the bottom inside a container. (MJ) VAR: x̌aʔx̌ə́čł (ES) {ʔiʔłənə́ts cə ncxʷk̓ʷsáyətxʷ ʔaʔx̌aʔx̌ə́čł ʔaʔ cə x̌úyəqs. *She lined up twenty dollars in the bottom of the box.* (MJ)}

x̣ʔx̣ápt [x̣aʔ + √x̣apt dim + √butterfly]
1. butterfly, moth. *Lepidoptera spp.* (CJ,MJT; AB,MJT; MJT; HS; TC; AS,BC)
2. bat. *Chiroptera spp.* (MJT; ES) VAR: x̣əx̣ápt (MJT) VAR: x̣əx̣ápt (MJT)

x̣ʔx̣éʔqi? [x̣aʔ + √x̣i<?>q̓-iy<?> dim + √press<actl>-dev<actl>] ☞ x̣éʔqi? to be near, close by, be in a position that is close to another position. (EPT; MJT; BC; AS,BC) {*x̣ʔx̣éʔqi?* cn. *I'm close by.* (TC) | *x̣ʔx̣éʔqi?* cn ʔaʔ cə ščtəŋx̣ʷən. *I'm close to the land.* (TC) | *x̣ʔx̣éʔqi?* tə ʔəyx̣ʷíyŋx̣ʷ. *The village is close.* (AS) | *x̣ʔx̣éʔqi?* cə čx̣ʷícən ʔaʔ ʔác. *Port Angeles is close to me.* (TC) | *x̣ʔx̣éʔqi?* cə čx̣ʷícən ʔaʔ ʔéʔɬx̣ʷaʔ. *Port Angeles is close to Elwha.* (TC)} VAR: x̣ʔx̣éʔqi (AS,BC)

x̣ʔx̣əm̓q̓ʷəy̓qsən [x̣aʔ + √x̣əm̓=i?q̓ʷ-əy̓=əqsən dim + √bump=head-ext=nose] ☞ x̣əm̓ woodpecker. *Picidae spp.* (MJT)

x̣ʔx̣əwáys [x̣aʔ + √x̣u=ayus dimutive + √small=eye] ☞ x̣úx̣aʔ Sekiu, traditional Klallam village at west end of Clallam Bay. (LB,CWH; EWH; JSH; HJH; AS,BC) VAR: x̣əx̣əwáys (AS,BC) VAR: x̣ʔx̣aʔwə́ys (EPT) VAR: x̣ʔx̣aʔwə́yəs (EPT)

x̣ʔx̣iw̓núŋət [x̣aʔ + √x̣iw̓-nuŋt dim + √escape-ncmdl] ☞ x̣íw̓ to manage to barely get away, escape. (TC) {*x̣ʔx̣iw̓núŋət* cn. *I just barely managed to get away.* (AS)}

x̣ʔx̣kʷáys [x̣aʔ + √x̣kʷ-ays dim + √take-activ] ☞ x̣kʷət to be holding on, "hanging in there". {ʔu?*x̣ʔx̣kʷáys* cn. *I'm hanging in there.* (AS,BC) | *x̣ʔx̣kʷáys* u cxʷ? *Are you hanging in there?* (AS,BC)}

x̣ʔx̣kʷuʔyáʔsən [x̣aʔ + √x̣kʷ-w̓yaʔs=ən dim + √take=stick=instr] ☞ x̣kʷuʔyáʔsən small drumstick. {*x̣ʔx̣kʷuʔyáʔsən* caʔ kʷaʔ ɬtéʔim̓ɬ. *It will be our little drumstick when we're singing.* (MJ)} VAR: x̣əx̣kʷəyásən (AS,BC)

x̣ʔx̣kʷuʔyáʔsəŋ [x̣aʔ + √x̣kʷ-w̓yaʔs-ŋ<?> dim + √take=stick-mdl<dim>] ☞ x̣ə́kʷ to beat a drum or board (as during slahal). (ES)

x̣ʔx̣úx̣aʔ [x̣aʔ + √x̣ux̣aʔ dim + √small] ☞ x̣úx̣aʔ to be small, little, tiny; short. (MV; RS; ES,TC; AS,BC) {*x̣ʔx̣úx̣aʔ* qaʔqiʔcə́y̓. *small rabbit* (ES) | *x̣ʔx̣úx̣aʔ* cə́y̓əɬ. *Little lake.* (ES) | *x̣ʔx̣úx̣aʔ* nəŋə́naʔ. *It's my small child.* (TC) | *x̣ʔx̣úx̣aʔ* ʔəcɬtáyŋəxʷ. *small Indian.* (ES) | *x̣ʔx̣úx̣aʔ* ʔáʔiŋ. *It's a small house.* (HS,ES) | kʷɬ*x̣ʔx̣úx̣aʔ* sx̣ix̣áʔqɬ cə nəŋə́nəŋənaʔ. *My children are already little kids.* (TC) | ʔi? naʔnáʔcuʔ cə *x̣ʔx̣úx̣aʔ* maʔmúʔsmus. *And there was one small calf.* (MJ)}

x̣ʔx̣útaʔ [x̣aʔ + √x̣utaʔ dim + √pan] ☞ x̣útaʔ small pan. (HS,ES)

x̣aʔmúct [√x̣um̓-cut √correct-rflxv] [metathesis with reflexive] ☞ x̣úm̓ to improve, get better, more correct. {ʔi?*x̣aʔmúct*. *They're getting better.* (ES)}

x̣aʔnə́kʷi [√x̣iʔ-nəwəy √want-ncrcprcl] ☞ sx̣éʔ to like each other. (TC) {*x̣aʔnə́kʷi* cn. *We like each other.* (TC) | *x̣aʔnə́kʷi* st. *We like each other.* (TC) | mán ʔuʔ *x̣aʔnə́kʷi* cə čáʔsaʔ. *Those two like each other very much.* (TC)}

x̣áʔnəq [√x̣aʔnəq √potlatch] [may have the 'habit' suffix, -ənəq] to have a potlatch, a big gathering for a feast and give-away. ✲There used to be a big pot full of silver coins that the host would throw out and scatter to be picked up by the guests. (ABT; ES; TC) ✲The potlatch used to be a way of paying up debts. If your son did something wrong, then you'd call together the neighbors and give each person a certain amount, say fifty cents or a dollar, or cloth or towels, if it's a woman, and you'd feed them. It's to wash away the bad mark from what he did. (MJT) ✲Potlatches were also given to celebrate other major life events such as a marriage, childbirth, naming or a daughter's change of life. (AS) {*x̣áʔnəq* ʔaʔ cə ŋə́n tálə ʔiʔ cə ŋə́n sʔíɬən ʔaʔ cə ŋə́naʔ šítəŋ cə sʔács yaʔ ʔaʔ cə mə́k̓ʷaʔ. *There was a big give-away of much money and much food for the daughter who had desired the face at the grave.* (AA) | *x̣áʔnəq* caʔ st. *We're going to have a potlatch.* (MJT) | *x̣áʔnəq* kʷi nəsíyaʔ ʔaʔGuemes Island. *My grandfather had a potlatch at Guemes Island.* (MJ) | qʷánəss təs nəxʷsx̣əyáy̓əmš či shiyáʔs ʔúx̣ ʔaʔ tə sx̣áʔnəqs čtə. *He invited the Klallams from far and wide to go to his potlatch.* (MJ)} VAR: x̣ə́nəq {x̣ə́nəq caʔn *I am having a potlatch* (LBH)}

x̣aʔpcút [√x̣aʔp-cut √control-rflxv] [root not identified in other words] to control oneself, prevent oneself (from doing something), hold (something) in. {*x̣aʔpcút* cn. *I held it in.* (MJT) | *x̣aʔpcút* cn či nəsnə́čən. *I kept myself from laughing.* (MJT) | *x̣aʔpcút* cn či nəsx̣ʷúŋ. *I kept myself from crying.* (MJT) | *x̣aʔpcút* cn kʷi či nəsqinúŋət. *I kept myself from getting angry.* (MJT)}

x̣aʔpáʔt feeling it. See under: x̣ápt

x̣aʔpáʔyəs [√x̣a<?>p̓-a<?>ys √feel<actl>-activ<actl>] ☞ x̣ápt
1. to be feeling around searching for something. (AS,BC) {ʔuʔtx̣ʷpáʔət cn ʔəɬ qʷáqʷiʔən ʔuʔtx̣ʷ*x̣aʔpáy̓s*. *I try while I'm talking, feeling around (for the words).* (TC)}
2. to be fishing with at gaff hook at night. ((Before treaty rights were established, Klallam people would have to do their subsistence fishing at night in the Elwha feeling around for fish with a gaff hook.)) (AS,BC) VAR: x̣aʔpáy̓s (ES; TC; AS,BC; AS) {kʷɬmán st kʷaʔ ʔuʔ txʷ*x̣aʔpáy̓s*. *We are very much feeling around.* (TC) | hiyáʔ kʷaʔ *x̣aʔpáy̓s* kʷə nswə́y̓qaʔ. *My father went gaff fishing.* (AS)} VAR: x̣apáʔis (AS,BC)

x̣aʔpátəŋ ⟦√x̣a<ʔ>p̓-t-ŋ<ˀ> √feel<actl>-trns-psv⟧ [reverse actual metathesis with passive] ☞ x̣pátəŋ being felt, touched with the hand. {*x̣aʔpátəŋ* cn. *Someone's feeling me.* (ES)} VAR: x̣áʔptəŋ {*x̣áʔptəŋ* cn. *Someone's feeling me.* (ES)}

x̣aʔpsánəŋ ⟦√x̣a<ʔ>p̓-sən-ŋ<ˀ> √feel<actl>=foot-mdl<actl>⟧ ☞ x̣əpsánəŋ to be feeling along with one's feet. {*x̣aʔpsánəŋ* cn. *I'm feeling along with my feet.* (AS)}

x̣áʔpt ⟦√x̣a<ʔ>p̓-t √feel<actl>-trns⟧ ☞ x̣ápt to be feeling something (with the sense of touch). {*kʷłx̣áʔpt* cn. *I'm feeling it.* (MJT)} VAR: x̣aʔpáʔt {*čəwʔə́y kʷi tiʔə x̣aʔpáʔtən. This is good, what I'm feeling.* (MJT)}

x̣áʔptəŋ being touched. *See under:* x̣aʔpátəŋ

x̣aʔqíw̓s ⟦√x̣aʔq=iw<ˀ>s √ʔ=body<actl>⟧ to be breaking out (with a disease). (EPT)

x̣aʔqtáys ⟦√x̣a<ʔ>qt=ayus √long<actl>=eye⟧ ☞ x̣áqt to be oblong, oval. (AS) {*x̣aʔqtáys ti sxʷk̓ʷaʔk̓ʷənúsən. The mirror is oval.* (AS)}

x̣aʔq́áyu typing. *See under:* x̣iʔq́əyuʔ

x̣aʔq́áyut ⟦√x̣i<ʔ>q́-əyu-t √press<actl>-activ-trns⟧ ☞ x̣íq́ to be typing something. {*x̣aʔq́áyut* cn tə sqʷáy. *I'm typing the words.* (AS)}

x̣aʔq́áyutəŋ ⟦√x̣i<ʔ>q́-əyu-t-ŋ √press<actl>-activ-trns-psv⟧ ☞ x̣aʔq́áyut being typed. {*x̣aʔq́áyutəŋ tiə sqʷáy. The words are being typed.* (AS,BC)}

x̣aʔq̓šánəŋ ⟦√x̣ə<ʔ>q̓=šən-ŋ<ˀ> √shoe<actl>=foot-mdl<actl>⟧ ☞ x̣q̓šánəŋ to be putting on shoes or any footwear. {*x̣aʔq̓šánəŋ* cn. *I'm putting on my shoes.* (ES)} VAR: x̣əqšáʔnəŋ ⟦√x̣əq̓=šə<ʔ>n-ŋ √shoe=foot<actl>-mdl⟧ {*nił č suʔx̣ənəŋs kʷi síyaʔs yaʔ, "x̣əqšáʔnəŋ či!" Then her grandfather said, "Put on the shoes!"* (AS)}

x̣aʔsíp ⟦√x̣əʔsip √licorice⟧ licorice fern. *Polypodium glycyrrhiza.* (LBH)

x̣aʔsx̣łáw̓txʷt ⟦√x̣aʔ-s-√x̣ł=awxʷ-t go_to-s-√hurt=house-trns⟧ ☞ sx̣łáw̓txʷ to take someone to the hospital. {*x̣aʔsx̣łáw̓txʷt cn tsə nŋánaʔ. I took my daughter to the hospital.* (AS)}

x̣aʔsx̣łáw̓txʷtəŋ ⟦√x̣aʔ-s-√x̣ł=awxʷ-t-ŋ go_to-s-√hurt=house-trns-psv⟧ ☞ x̣aʔsx̣łáw̓txʷt to be taken to a hospital. {*kʷənəŋúttəŋ x̣aʔtáwntəŋ x̣aʔsx̣łáw̓txʷtəŋ. They ran him into the hospital.* (TC)}

x̣aʔtáwn ⟦√x̣aʔ-√tawn go_to-√town⟧ ☞ táwn to go to town. {*yáʔ či x̣aʔtáwn. Go to town.* (RS) | *húy či x̣aʔtáwn. Let's go to town.* (AS,BC) | *x̣aʔtáwən* cn. *I'm going to town.* (ES; TC) | *x̣aʔtáwn caʔ st. We'll go to town.* (TC) | *hiyáʔ či x̣aʔtáwn tuŋł. Let's go to town.* (EPT) | *x̣aʔtáwn yaʔ cn x̣áy. I went to town again.* (AS) | *ʔáwə caʔn c x̣aʔtáwn. I'm not going to go to town.* (ES) | *nił suʔhiyáʔs kʷə x̣aʔtáwn. Then she went to town.* (ES) | *kʷłyéʔkʷsəŋ cn či nəsx̣aʔtáwn. I'm ready to go to town.* (TC) | *yéʔkʷsəŋ ʔiʔ x̣aʔtáwn caʔn. I'm ready, and I'll go to town.* (ES; AS,BC) | *ʔánət cn či shiyáʔs x̣aʔtáwn. I let him go to town.* (TC) | *sát cn kʷaʔ x̣aʔtáwns. I sent him to town.* (TC) | *čəntáŋ caʔ ʔay̓ či nsx̣aʔtáwn? When are you going to town?* (ES) | *x̣aʔtáwn u cxʷ xʷənʔáŋ ʔaʔ ʔə́c? Are you going to town like me?* (TC) | *ʔuʔx̣ənʔátəŋ či nsx̣aʔtáwn. I was told to go to town.* (AS) | *nsx̣éʔ či nskʷcáci kʷaʔ x̣aʔtáwnəxʷ. I'd like to get a ride with you when you go to town.* (AS) | *nił suʔhiyáʔs x̣aʔtáwn ʔaʔ sxʷʔiyaʔs ti skʷáʔs ʔáʔiŋs. Then he went to town where his own house was.* (ES)}

x̣aʔtawnístxʷ ⟦x̣aʔ-√tawn-istxʷ go_to-√town-caus⟧ [This shows a general pattern. Any place name could substitute for /tawn/ here and the meaning would be 'take him/her to' whatever place was substituted.] ☞ x̣aʔtáwn to take someone to town. {*x̣aʔtawnístxʷ* cn. *I took him to town.* (AS,BC) | *x̣aʔtawnístxʷ tə sx̣íx̣aʔx̣qł. Take the children to town.* (AS,BC)}

x̣aʔtawníył ⟦x̣aʔ-√tawn-iył go_to-√town-go⟧ ☞ x̣aʔtáwn to go to town (especially in a vehicle). {*x̣aʔtawníył caʔn. I'm going to go to town.* (AS) | *hiyáʔ kʷi x̣aʔtawníył kʷiə sx̣aʔyéʔx̣qł. The children are going to town.* (AS) VAR: tawníył {*tawníył caʔn. I'm going to go to town.* (AS)} ⟦√tawn-iył √town-go⟧

x̣aʔtáwntəŋ ⟦x̣aʔ-√tawn-txʷ-ŋ go_to-√town-caus-psv⟧ [This shows a general pattern. Any place name could substitute for /tawn/ here and the meaning would be 'be taken to' whatever place was substituted. For example, /x̣aʔčixʷícəntəŋ/ means 'be taken to Port Angeles'.] ☞ x̣aʔtáwntxʷ to be taken to town. {*x̣aʔtáwntəŋ yaʔ* cn. *He took me to down.* (TC) | *x̣aʔtáwntəŋ cə sx̣íx̣aʔx̣qł. The child was taken to town.* (AS) | *kʷənəŋúttəŋ x̣aʔtáwntəŋ x̣aʔsx̣łáw̓txʷtəŋ. They ran him into town to the hospital.* (TC)} VAR: x̣aʔtáwnstəŋ {*x̣kʷístəŋ kʷi kʷə swə́y̓qaʔs x̣aʔtáwnstəŋ. They came and took her husband to town.* (AS)}

x̣aʔtáwntxʷ ⟦x̣aʔ-√tawn-txʷ go_to-√town-inancaus⟧ [This shows a general pattern. Any place name could substitute for /tawn/ here and the meaning would be 'take it to' whatever place was substituted.] ☞ x̣aʔtáwn Stem: x̣aʔtáwnt [stem for subject suffixes] to take something to town. {*x̣aʔtáwntxʷ* cn. *I took it to town.* (AS,BC) | *x̣kʷə́ts cəwnił miyəhúys ʔiʔ x̣aʔtáwnts. She took her luggage and took it to town.* (MJ)}

x̣aʔttáʔwən ⟦x̣aʔ-t+√ta<ʔ>wn go_to-incep+√town<actl>⟧ ☞ x̣aʔtáwn to be going to town. {*x̣aʔttáʔwən* cn. *I'm going to town.* (ES)}

x̣aʔxʷiʔús unnecessary. *See under:* x̣xʷiyuʔús

x̣aʔyaʔccút ⟦√x̣a<ʔ>yu<ʔ>c-cut √stop<actl>-rflxv⟧ ☞ x̣áyuci to be keeping still, behaving oneself. {*huʔx̣aʔyaʔccút kʷi. He's keeping still.* (MJT)}

x̣ʔayaʔčít ⟦√x̣ʔa<ʔ>yu<ʔ>č-i-t √stop<actl>-persist-trns⟧ ☞ x̣ʔáyuči to hold something steady, prevent something from moving. (ES)

x̣ʔayaʔčíy̓ ⟦√x̣ʔ<aʔy>i<ʔ>č-iy<ˀ> √stop<pl><actl>-dev<actl>⟧ ☞ x̣ʔiʔčíy̓ to keep still, not move, be stopped (of a group). (TC; ES) VAR: x̣ʔayaʔči (AS,BC) VAR: x̣ʔayaʔčéy̓ (AS,BC) {x̣ʔayaʔčéy̓ tiə ʔaʔyəcłtáynx̣ʷ. *The people kept still.* (AS)} VAR: x̣ʔayʔčéy̓ (BC)

x̣ʔayáʔčtíŋ ⟦√x̣ʔa<ʔ>yu<ʔ>č-i-t-ŋ √stop<actl>-persist-trns-psv⟧ ☞ x̣ʔaʔyaʔčít to be held steady, stopped, prevented from moving. {ʔiʔ číx̣ʷ tə sx̣ʷx̣ʔayáʔčtíŋ tsə stúʔwi. *And the dam (thing that stopped the river) collapsed.* (MJT)}

x̣ʔayaʔx̣əm̓q̓ʷáy̓qsən ⟦x̣ʔ<əʔy>aʔ+√x̣əm̓=iʔqʷ-əy̓=əqsən dim+√bump=head-ext=nose⟧ ☞ x̣ʔaʔx̣əm̓q̓ʷáy̓qsən several woodpeckers. (MJT)

x̣ʔayaʔx̣áx̣ʷiʔ ⟦x̣ʔ<aʔy>aʔ+√x̣əx̣ʷay̓ dim<pl>+√dog_salmon⟧ ☞ x̣ʔx̣ʷáy̓ a group of small dog salmon. (ES)

x̣ʔayaʔx̣úx̣aʔ ⟦x̣ʔ<aʔy>aʔ+√x̣ux̣aʔ dim<pl>+√small⟧ ☞ x̣ʔaʔx̣úx̣aʔ to be small, little (of several). (MJT; AS,BC) VAR: x̣əyəx̣úx̣aʔ {kʷłx̣əyəx̣úx̣aʔ sx̣iƛ̓əyéʔx̣q̓ł cə łq́čłtšáʔ nəŋónŋənaʔ. *My fifty children are still small.* (AS,BC)}

x̣ʔayakəmátəŋ ⟦x̣ʔaʔ-√yakəma-t-ŋ go_to-√Yakima-trns-psv⟧ to be taken to Yakima. {nəsuʔhiyáʔtəŋ x̣ʔayakəmátəŋ ʔəsháps. *Then I was taken to Yakima hop picking.* (TC)}

x̣ʔayák̓ʷx̣ən ⟦√x̣ʔ<aʔy>ak̓ʷx̣ən √goose<pl>⟧ ☞ x̣ʔák̓ʷx̣ən several geese. (MJT)

x̣ʔayaqt ⟦√x̣ʔ<aʔy>aqt √long<pl>⟧ ☞ x̣ʔáqt to be long (of a group of items). {ʔuʔáwə c ʔuʔmán̓ ʔuʔ x̣ʔayáqt. *They were not too long.* (MJT)}

x̣ʔayáys̓ ⟦√x̣ʔa<ʔ>ys-ay̓s √go_backwards<actl>-activ⟧ ☞ x̣ʔáyəs
1. to be going backwards. (MJT; TC,AS,BC) {ʔiʔx̣ʔayáy̓s. *He's going backwards.* (TC)} | ʔiʔx̣ʔayáy̓s cn. *I'm going backwards.* (TC) | ʔáwə c čáʔipct či sstáŋs ʔiʔx̣ʔayáy̓s. *He didn't turn around but walked backwards.* (ES) | húy č ʔuʔ ʔiʔx̣ʔayáy̓s ʔiʔ uʔtós ʔaʔ tə ʔáʔiŋł. *He only walked backwards until he got to our house.* (ES)}
2. to be rowing. (ES)

x̣ʔayəčás ⟦√x̣ʔ<aʔy>čas √island<pl>⟧ ☞ x̣ʔčás group of islands. (BG,MJT) VAR: x̣ʔaʔičás (ES) VAR: x̣ʔay̓čás (ES)

x̣ʔayəx̣ʷáy̓ dog salmon (pl). See under: x̣ʔix̣ʔáx̣ʷiʔ

x̣ʔáʔyuči? ⟦√x̣ʔa<ʔ>yu<ʔ>č-iy<ʔ> √stop<actl>-dev<actl>⟧ ☞ x̣ʔáyuči to be stopping. {kʷłx̣ʔáʔyuči? tə słámax̣ʷ. *It's stopping raining.* (MJT)}

x̣ʔayúčtəŋ ⟦√x̣ʔa<ʔ>yuč-t-ŋ<ˀ> √stop<actl>-trns-psv<actl>⟧ [stress shift with passive] [may have the causative rather than the transitive.] ☞ x̣ʔáyuctəŋ being stopped by someone or something. {x̣ʔáyúctəŋ cn. *He's stopping me.* (ES)}

x̣ʔác ⟦√x̣ʔac √belly⟧ abdomen, belly, tummy, stomach. (JCo; EPT; LC; TC; ES; AS,BC) {csátəŋ kʷsə nx̣ʔác. *I got hit in the stomach.* (EPT) | kʷłkʷsíqəŋ kʷi či x̣ʔács. *Her stomach started to tickle.* (AA) | níł č kʷi ʔən̓snaʔátəŋ "fingers" t ʔənx̣ʔác. *It's what you call 'fingers', your stomach.* (TC) | kʷaʔcúx̣ʷəŋ tə nx̣ʔác. *my stomach is growling* (MJT) | x̣ʔaʔx̣éʔqiʔ cn ʔaʔ cə nx̣ʔác. *I'm close to your belly.* (TC) | łəm̓x̣ʷts cə x̣ʔács. *He's rubbing his belly.* (AS) | ʔúx̣ʷts ʔaʔ cə x̣ʔács ʔiʔ cə stáckʷłs. *She put them on her belly and her back.* (MJ) | kʷłćíts cə swéʔwəs ccítəŋ ʔiyá ʔaʔ tə x̣ʔác. *He cut the boy standing there in the belly.* (MJ) | níł suʔx̣ʔkʷáts cə swéʔwəs cə qéʔs ʔiʔ qpáts ʔiʔ nuʔáss ʔaʔ cə x̣ʔác. *Then the young man took his guts, and he gathered them up and put them into his belly.* (MJ)}

x̣ʔácu ⟦√x̣ʔacu √troll⟧ to troll for fish (especially for salmon). (EPT; ES) {hiyáʔ u cx̣ʷ x̣ʔácu? *Are you going fishing?* (TC) | hiyáʔ yaʔ cn x̣ʔácu. *I went trolling.* (EPT) | hiyáʔ yaʔ cn x̣ʔácu ʔiʔ John. *I went fishing with John.* (TC) | hiyáʔ č yaʔ x̣ʔácu cə máščů. *Mink went fishing.* (TC) | hiyáʔ cn x̣ʔaʔčx̣ʷícən ʔiʔ x̣ʔácu. *I'm going to Port Angeles to do some fishing.* (TC) | ʔáwənə nəkʷłx̣ʔácu. *There's nobody to go fishing with me.* (TC) | ʔóx̣əŋ ʔaʔ či shiyáʔs caʔ x̣ʔácu. *He said he's going out trolling.* (MJT) | hiyáʔ cn tx̣ʷsúkʷəŋ ʔiʔ čaʔx̣ʔácu. *I'm going to bathe before I go fishing.* (TC) | sác u cx̣ʷ kʷaʔ hiyáʔn x̣ʔácu? *Did you tell me to go fishing?* (TC) | štáŋ ʔúx̣ʷ ʔaʔ cə sx̣ʷʔiyás c sʔúyłs ʔaʔ cə snóx̣ʷłs ʔiʔ hiyáʔ x̣ʔácu. *He walked over to where he got on his boat to go fishing.* (TC)} VAR: x̣ʔáʔcu (AS,BC)

x̣ʔacuʔáynən ⟦√x̣ʔacu-aynən √troll-want⟧ ☞ x̣ʔácu to want to go fishing. (ES)

x̣ʔáčł ⟦√x̣ʔ<á>č-ł √under<rslt>-dur⟧ ☞ x̣ʔáč to be low, under, deep, way down, at the bottom (especially of the water). (MJT; TC) {x̣ʔáčł cn. *I'm deep.* (TC) | x̣ʔkʷáts x̣ʔáčł. *Get it down at the bottom.* (TC) | hiyáʔ č tás ʔaʔ cə x̣ʔáčł. *He went and got to the bottom.* (TC) | nəsuʔx̣ʔčiŋítx̣ʷ cə nəswáytən ʔiyá tx̣ʷaʔx̣ʔáčł. *I sank my net deep there.* (TC) | ʔiʔ húʔ či tás ʔaʔ cə x̣ʔáčł ʔiʔ níł n̓suʔnuʔkʷáy̓əxct. *And when you get to the bottom, kind of move around.* (TC)}

x̣ʔák̓ʷł ⟦√x̣ʔ<á>k̓ʷ-ł √extinguish<rslt>-dur⟧ ☞ x̣ʔák̓ʷ to be out (of a fire), extinguished. (MJT) {x̣ʔák̓ʷł kʷsə nshúnuc. *Your fire is out.* (EPT)}

x̣ʔák̓ʷx̣ən ⟦√x̣ʔak̓ʷx̣n √goose⟧ any goose, snow goose, Canada goose. *Chen caerulescens; Branta canadensis.* (MJT; ES; TC) cp. yóx̣ʷənaʔ

x̣ʔátəŋ ⟦√x̣ʔał-ŋ √salt-mdl⟧
1. to taste salty. (EPT; LC; ES; TC; AS,BC) {mán̓ kʷ u x̣ʔátəŋ. *It's too salty.* (ES) | mán̓ ʔuʔ x̣ʔátəŋ tiʔə sʔéʔłnł. *Our food is too salty.* (MJT)}
2. salt. (EPT; TC; AS,BC) VAR: x̣ʔáx̣iŋ (LBH)

x̣aɬəŋúst ⟦√x̣aɬ-ŋ-us-t √salt-mdl-rcpnt-trns⟧ ☞ x̣áɬəŋ to salt something, throw salt on someone. (BC) {x̣aɬəŋúst cn cə sʔíɬən. *I put salt on the food.* (AS)} VAR: x̣aɬúst (AS) ⟦√x̣aɬ-ust √salt-recip⟧

x̣aɬəŋústəŋ ⟦√x̣aɬ-ŋ-us-t-ŋ √salt-mdl-rcpnt-trns-psv⟧ ☞ x̣aɬəŋúst to be salted, have salt put or thrown on by someone. {x̣aɬəŋústəŋ cə sʔíɬən. *The food was salted.* (AS) | x̣aɬəŋústəŋ cn. *They threw salt in my face.* (BC)}

x̣áx̣iŋ salt. See under: x̣áɬəŋ

x̣ápnəxʷ ⟦√x̣ap-naxʷ √feel-nctrns⟧ ☞ x̣ápt to happen to feel something on one's skin. (TC) {x̣ápnəxʷ cn cə šétəŋ ʔaʔ tiə nətáčšən. *I felt it crawling on my neck.* (TC)}

x̣ápt ⟦√x̣ap-t √feel-trns⟧ to feel, touch something (with hands or on skin). (LC; ES; HS; TC,AS,BC) {x̣ápt cn. *I felt of it. / I feel it.* (MJT; ES) | kʷɬx̣ápt cn. *I'm already feeling it.* (LC) | suʔtácis cə sxʷənáʔəm̓ ʔiʔ x̣ápts cə nəxʷúŋən. *The Indian doctor got there, and he felt my neck.* (MJ)}

x̣áptəŋ be touched. See under: x̣pátəŋ

x̣áqt ⟦√x̣<á>qɬ √brood<actl>⟧ ☞ x̣qáɬ
1. to be brooding, be sitting on, hatching eggs. (ES; AS,BC)
2. to lay eggs. (HS)

x̣áqt ⟦√x̣aqt √long⟧ to be long, tall. (EPT; RS; LC; AS,BC; ES; TC) {x̣áqt tə nsq̓ə́yənəč. *Your skirt is long.* (MJT) | x̣áqt sqiyáyŋəxʷ *It's a tall tree.* (TC) | x̣áqt xʷéʔləm. *It's a long rope.* (TC) | x̣k̓ʷə́ts cə x̣áqt qʷɬáy̓ xpáy̓. *He took a long cedar log.* (MJ) | níɬ nuʔx̣áqt tə nsiʔátən ʔaʔ tə cə n̓skʷáʔ. *My hair is longer than yours.* (ES)} VAR: x̣ə́qt (MJ)

x̣áy¹ ⟦√x̣ay √again⟧
1. again. (ES) {x̣áy u cxʷ čáni? *Did you move again?* (MJT) | čəntáŋ caʔ či nsx̣áy həwíyəŋ? *When will you come back again?* (EPT) | ʔiʔ uʔx̣áy caʔn ʔuʔ hiyáʔ x̣áy. *But I'll go again, too.* (AA) | hiyáʔ yaʔ x̣áy səwóct *He went again into the woods.* (ES) | x̣áy cn hiyáʔ. *I'm going again.* (TC) | hiyáʔ cn x̣áy. *I'm going again.* (TC) | x̣áy cn čáy. *I went back to work.* (ES; TC) | x̣aʔtáwn yaʔ cn x̣áy. *I went to town again.* (AS) | x̣áɬ cn ʔi ʔuʔx̣áy cn. *I'm sick, but I'll do it again.* (TC) | suʔsqíyŋs x̣áy ʔiʔ xʷítən. *So he went outside again and jumped.* (TC) | x̣áy nát ʔiʔ x̣áy x̣k̓ʷə́təŋ cə nə́cu?. *It was another night, and one was taken again.* (MJ) | ʔiʔ ʔáwənə x̣áy stáŋ sqóčaʔɬ. *And we didn't catch anything else.* (TC) | sqiʔám̓ kʷi či suʔx̣iʔcéɬ ʔiʔ tčínsən caʔ x̣áy ʔaʔ či nəyaʔčáʔuŋəxʷ! *We can't remain still and be come for by the foreigners again!* (AS) | x̣áy tə́s ʔaʔ tə sxʷʔiyás ti ŋə́ŋ scánnəxʷ. *He again got to a place where there were many salmon.* (ES) | ʔiʔ x̣áy tə́s ʔaʔ kʷi sxʷʔiyas kʷi nəsʔúq̓ʷaʔ. *And she again got to where my brother was.* (ES) | ʔáwə c híc ʔiʔ ʔən̓ʔá·ˑ x̣áy cə ɬík̓ʷən. *It wasn't long, and the gaff hook came again.* (ES) | ʔi uʔx̣íʔaŋ st ʔaʔ či sxʷənúʔəsəŋ ʔiʔ x̣áy st hun̓ístxʷ tiə sqʷáyɬ yaʔ? kʷɬkʷán. *And we look for where to turn for a way to bring back again our language that was lost.* (TC) | húʔ kʷə́nəs ti nə́cu? x̣áy ʔiʔ x̣áy čkʷúts ʔiʔ x̣áy ʔuʔ ʔúyɬts. *If he saw another one again, again he'd shoot it and load it on, too.* (TC) | ʔiʔ ʔənʔá st həwíyŋ x̣áy ʔúx ʔaʔ tə scannery nəsxʷʔiyá tə nəsčáʔi. *And we came back again to the cannery where I was working.* (MJ)}
2. next. {suʔx̣áys skʷáči čaʔqʷáy cə číf, "ʔuʔx̣áytxʷ či ʔuʔ hiyáʔ." *The next day the chief said, "You go, too."* (AA)} VAR: x̣əy {x̣áy cxʷ kʷi ʔənʔá. *Come again.* (ES) | suʔx̣áys kʷánəŋət ʔənʔá ɬúkʷ x̣aʔéʔɬxʷaʔ. *So he again ran back home to Elwha.* (ES) | húy ʔəɬ ʔuʔncáxʷs ʔiʔ nəšákʷ ʔiʔ x̣áy kʷə nəsmə́yəq. *Once in a while I remember, then I forget again.* (TC) | x̣áy kʷaʔ qʷáy̓, "šə́wšəwəyu, q̓ʷəmq̓ʷəmáy̓." *Again he said, "Grow, little dog."* (AA) | suʔx̣áys kʷə šáwi. *So it grew again.* (AA) | níɬ suʔqaʔyúsəŋs ʔiʔ x̣áy kʷəntís cə scənčánnəxʷ ɬəŋúʔəŋ ʔaʔ cə stúʔwi?. *Then he looked away and again watched the salmon swimming in the river.* (ES)}

x̣áy² ⟦√x̣ay √also⟧ also, too, additionally, still, either, another. [u-class intensifier] {x̣áy cn kʷi ʔuʔ xʷən̓ʔáŋ. *I'm that way, too.* (TC) | x̣áy u cxʷ ʔuʔ ʔéʔɬən? *Are you eating, too?* (EPT) | x̣áy u ʔuʔ hiyáʔ? *Did he go too?* (AS) | x̣áy ʔuʔ níɬ nətálə. *It's also my money (as a joint account).* (AS) | x̣áy u ʔuʔ níɬ nətálə? *Is that also my money?* (AS) | x̣áy u ʔuʔ níɬ nskʷíčiʔ? *Is that my sea urchin, too?* (AS) | x̣áy cn ʔuʔ čʔáʔyəŋ. *I also have a house.* (TC) | x̣áy cn ʔuʔ ʔáwənə nəʔáʔyəŋ. *I don't have a house, either.* (TC) | x̣áy u cxʷ ʔuʔ qákʷɬ? *are you tired, too?* (EPT) | ʔuʔx̣áy kʷ u? ʔáwənə nəsxčít tə čáyəqʷ. *I don't know the woods either.* (MJ) | ʔuʔx̣áy cn kʷ ʔuʔ xʷən̓áŋ ʔuʔ x̣áy. *I'm also that way, too.* (EJ) | x̣áy caʔn ʔuʔ xʷən̓ʔáŋ ʔaʔ nə́kʷ. *I'm going to be like you.* (AS) | x̣áy ʔuʔ ʔənsxʷʔə́y̓. *You're also good at it. / It's good for you, too.* (TC) | x̣áy cn ʔuʔ x̣xʷiyuʔustúŋə. *I don't care for you either.* (TC) | x̣áy caʔ cxʷ kʷ ʔuʔ ʔáw c kʷséŋ. *You're not going to count, either.* (NS,JW) | nəsx̣éʔ či nsx̣áy ʔuʔ ʔənʔá ʔiyáʔnəxʷ. *I want to come hear it, too.* (TC) | x̣áɬ cn ʔiʔ x̣áy cn ʔuʔ šə́təŋ. *I'm sick, and I'm walking, too.* (TC) | ʔiʔ uʔx̣áy caʔn ʔuʔ hiyáʔ x̣áy. *But I'll go again, too.* (AA) | xʷən̓ʔáŋ ʔaʔ cə x̣áy ʔuʔ sxʷʔiyáɬ. *It's like that where we are, too.* (TC) | x̣áy ʔuʔ kʷɬɬáč ʔəɬ čáŋəs. *It was already dark, too, when he got home.* (TC) | ʔúy štəŋ ʔiʔ x̣áy cn ʔuʔ štəŋ. *When he walked I walked, too.* (MJ) | páʔct ti skʷə́yəŋs ʔiʔ x̣áy č ʔuʔ sqiʔám̓. *He tried to fly, but he still couldn't.* (TC) | ʔúy qɬ yaʔ ʔə́c xʷtə́q nə́w̓ ʔaʔ cə sqʷúʔs ʔaʔ tə sq̓xə́yu, ʔiʔ x̣áy q yaʔ cn ʔuʔ súʔskʷ. *If I had fallen into the clam juice, I'd be taking a bath, too.* (MJ) | ʔuʔx̣áy ʔuʔ ʔíyaʔ ʔaʔ cə sxʷʔíyas ʔaʔ cə k̓ʷə́nəxʷs cə xʷanítəm. *She also was there where the white man saw it.* (ES) | ʔiʔ x̣áy ʔuʔ xən̓ʔátəŋ ʔaʔ kʷi sxʷʔiyás ʔaʔ kʷə stútaʔwi?. *And what happened to him where he was at the creek did here, too.* (ES) | húʔ kʷə́nəs ti nə́cu? x̣áy ʔiʔ x̣áy čkʷúts ʔuʔ ʔúyɬts. *If he saw another one* *again, again he'd shoot it and load it on, too.* (TC)} VAR: x̣áy (AS,BC) {*x̣áy* cn kʷ uʔ x̣ʷənáŋ. *I'm like that too.* (TC)}

x̣áy³ okay. *See under:* x̣úy

x̣ayʔčéy̓ keep still (pl). *See under:* x̣aʔyaʔčíy̓

x̣ayaʔčéy̓ keep still (pl). *See under:* x̣aʔyaʔčíy̓

x̣ayəqtáyč ⟦√x̣a<yə>qt=ayč √long<pl>=hair⟧ ☞ x̣áqt to have long hair. (MJT)

x̣áyəq̓šən ⟦√x̣a<yə>q̓=šən √shoe<pl>=foot⟧ ☞ x̣əq̓šən several shoes. (EPT) {ʔiʔčáʔi c sxʷátəŋs x̣kʷə́ts cə *x̣áyəq̓šən*s cə náʔcuʔ xʷátəŋ ʔaʔ canu sxʷcə́y̓qʷəŋ. *The first one that was lowered took the shoes of another man lowered down that hole.* (ES)} VAR: x̣ə́yəq̓šən (MJT)

x̣áyəs ⟦√x̣ays √go_backwards⟧ to go backwards, back up, go in reverse. (TC,AS,BC; TC) {*x̣áyəs* cn. *I backed up.* (TC) | xʷítəŋ cn *x̣áyəs*. *I jumped backwards.* (ES)} VAR: x̣áys (TC,AS,BC; TC; AS,BC) {*x̣áys* či! *Back up!* (BC) | *x̣áys* kʷi tə snə́xʷɬ. *The canoe is going backwards.* (AS)} VAR: x̣áyyəs (MJT) {*x̣áyyəs* caʔn. *I'm going to row.* (MJT)}

x̣áyəst ⟦√x̣ays-t √go_backwards-trns⟧ ☞ x̣áyəs to back something up, go in reverse. {*x̣áyəst* cn. *I backed it up* (TC) | *x̣áyəst* cn cə scaʔkʷaʔyúɬ. *I backed the car up.* (AS)}

x̣áyəstəŋ ⟦√x̣ays-t-ŋ √go_backwards-trns-psv⟧ ☞ x̣áyəst to be backed up. (TC; AS,BC) {*x̣áyəstəŋ* cə scaʔkʷaʔyúɬ. *The car was backed up.* (AS) | *x̣áyəstəŋ* cə stiqə́w. *The horse was backed up.* (AS)}

x̣áyič blind. *See under:* x̣áʔič

x̣aynát ⟦√x̣ay√nat √again√night⟧ ☞ x̣áy ☞ ʔəsnát next night. (TC) {suʔtáčis kʷə cə *x̣aynát*. *He got there the next night.* (AA)}

x̣aysé ʔiŋ ⟦√x̣ays-i<ʔ>y-ŋ √go_backwards-dev<actl>-mdl⟧ ☞ x̣áyəs to be going backwards, backing up. (TC,AS,BC; TC) {*x̣aysé ʔiŋ* st. *We're going backwards.* (AS)}

x̣áytxʷ¹ ⟦√x̣ay-txʷ √again-letcaus⟧ ☞ x̣áy to let it be done again, do it again, make it so, let it be so, let it be that way, let it happen again. (TC) {*x̣áytxʷ* cn. *I did it again.* (TC) | níɬ č suʔx̣ə́nəŋs kʷli ʔəɬʔúɬ, "*x̣áytxʷ*!" *Then ʔəɬʔúɬ said, "Let them go again!"* (AS) | *x̣áytxʷ* x̣kʷə́ts kʷsə pástən či məyúsmus. *Let the white man take the cows again.* (MJ)}

x̣áytxʷ² ⟦√x̣ay-txʷ √also-letcaus⟧ [u-class intensifier] ☞ x̣áy to might as well let it be done also. {*x̣áytxʷ* či ʔuʔ hiyáʔ. *You might as well let him go.* (TC) | *x̣áytxʷ* ʔuʔ hiyáʔ cə nəcát. *My father might as well go.* (TC)} VAR: x̣áy̓txʷ {*x̣áy̓txʷ* či ʔuʔ čə́qʷ. *Let it burn.* (MJT) | *x̣áytxʷ* ʔuʔ ʔəsxʷkʷáqɬ. *Leave it open.* (MJT) | suʔx̣áys skʷáči čaʔqʷáy cə čif, "ʔuʔ*x̣áytxʷ* či ʔuʔ hiyáʔ." *The next day the chief said, "You go, too."* (AA)}

x̣áyuč ⟦√x̣ayuč √stop⟧ to get still, stop. {*x̣áyuč* cn. *I got still.* (AS) | *x̣áyuč* cə scaʔkʷaʔyúɬ. *The car stopped.* (AS)}

x̣áyuči ⟦√x̣ayuč-iy √stop-dev⟧ [an unusual root having three consonants and two full vowels] cp. x̣aʔyaʔčíy̓ cp. x̣iʔčíy̓ ☞ x̣áyuč to stop (moving or doing anything). (ES; AS,BC) {*x̣áyuči* cn. *I stopped.* (AS,BC; ES) | *x̣áyuči* či! *Stop!* (EPT; AS,BC; ES) | *x̣áyuči* caʔn c q̓ʷəyéyəš. *I'm going to stop dancing.* (AS,BC) | níɬ suʔx̣áyučis ʔiʔ kʷə́nts. *Then he stopped and looked at it.* (ES) | níɬ nsuʔčə́nəŋ ʔiʔ ʔáwə cn kʷaʔ *x̣áyuči*n. *Then I shook, and I couldn't stop.* (MJ) | níɬ x̣áy kʷi suʔ*x̣áyuči*s tə x̣əwəsúykʷɬ. *Then the new dancer also stopped.* (MJ) | ʔuʔx̣ənʔáxʷ cn kʷaʔ húʔəs ʔiʔ həwéyŋ ʔiʔ *x̣áyuči*. *I told her that when she comes back, stop.* (ES) | ʔáwə kʷaʔ *x̣áyuči*s; ʔuʔx̣ʷənʔáŋ ʔaʔ či čičə́mc̓naʔ ʔɬ táčis. *They can't be stopped they're exactly like ants when they get here.* (AS)} VAR: x̣ə́yuči {húy či *x̣ə́yuči*! *Stop that!* (EPT)}

x̣áyučsən ⟦√x̣ayuč=sən √stop=foot⟧ ☞ x̣áyuč to stop moving one's feet. {*x̣áyučsən* cn. *I stopped walking.* (AS) | ʔáwə kʷaʔ *x̣áyučsən*s. *He never stops.* (AS)}

x̣áyučt ⟦√x̣ayuč-t √stop-trns⟧ ☞ x̣áyuč to stop something (such as machinery). (ES; TC; AS,BC) {*x̣áyučt*s cə scaʔkʷaʔyúɬs *She stopped her car.* (ES) | *x̣áyučt* cə n̓scáy. *Stop your job.* (BC) | ʔiʔ ʔáwə c *x̣áyučt* cə stitiqə́ws. *But he didn't stop his horses.* (ES) | *x̣áyučt* cə n̓scáʔi. *Stop your working.* (ES)}

x̣áyučtəŋ ⟦√x̣ayuč-t-ŋ √stop-trns-psv⟧ [no stress shift with passive] [may have the causative rather than the transitive.] ☞ x̣áyučt to be stopped by someone or something. (BC) {*x̣aʔyúčtəŋ* cn. *He stopped me.* (ES) | *x̣áyučtəŋ* cn ʔaʔ kʷə qaʔqə́yuʔ. *I got stopped by the police.* (ES)}

x̣ay̓čás islands. *See under:* x̣aʔyəčás

x̣áy̓č blind. *See under:* x̣áʔič

x̣ayəm̓áɬ ⟦√x̣aym̓=aɬ √Klallam=belonging⟧ ☞ nəxʷsx̣áyəm̓ to be of, from, or belonging to the Klallam people and lands. ⟪This may be a borrowed usage. This suffix is common in Northern Straits, but most speakers of Klallam do not know it.⟫ {sxʷ*x̣ayəm̓áɬ* sná. *It's a Klallam name.* (TC; RSh) | ʔuʔiyá yaʔ cn kʷaʔ ʔaʔ təsəniɬ sxʷ*x̣ayəm̓áɬ* ʔaʔ kʷi snunáčtəŋs yaʔ ʔaʔ cə tə́ŋəxʷs kʷi čiyánəɬ yaʔ. *I was there at that Klallam land which my ancestors were paid for.* (RSh)} VAR: sxʷx̣áyəm̓áɬ (LB,CWH)

x̣ay̓əm̓úcən Klallam language. *See under:* nəxʷsx̣ay̓əm̓úcən

x̣áy̓qn̓ ⟦√x̣ay̓qn̓ √murre⟧ [may have a lexical suffix] common murre. *Uria aalge.* ⟪They are a pest because they dive under water, go after your fish bait and get themselves hooked.⟫ (TC)

x̣cáčən ⟦√x̣ac=ač=ən √belly=backside=instr⟧ [The /c/ sometimes becomes glottalized because it it next to the /ƛ̕/.] ☞ ƛ̕ác belt. (ES) VAR: ƛ̕cácən (AS,BC) {łəŋás cə nƛ̕cácən. *Take off your belt.* (ES)}

ƛ̕cə́nt ⟦√ƛ̕cənt √Agate_Beach⟧ traditional Klallam village at Agate Beach. (JSH; AS,BC) {ŋə́n̓ ti ćúṅčəŋ ʔaʔƛ̕cə́nt. *There are lots of barnacles at Agate Beach.* (AS)}

ƛ̕cácən belt. *See under:* ƛ̕cácən

ƛ̕čaʔáw̓əł ⟦√ƛ̕č=əʔəw<ʔ>-ł √under=side<actl>-dur⟧ ☞ ƛ̕čáw̓əł being under, below, beneath, on the bottom, on the underside, in the cellar. (EPT; MJT; ES; TC) {xčnás ʔaʔ či sƛ̕čaʔáw̓əłs kʷə či šamáns. *They figured out that the enemy was underneath.* (ES) | ʔuʔkʷənít st ƛ̕čaʔáw̓əł ʔaʔ cə snə́xʷł. *We could see them underneath our canoe.* (TC)} VAR: ƛ̕čaʔáʔwəł (ES; TC)

ƛ̕čaʔəwíyəŋ ⟦√ƛ̕č=əʔəw-iy-ŋ √under=side-dev-mdl⟧ ☞ ƛ̕čáw̓əł to move to the underside, get underneath,. (ES) VAR: ƛ̕čaʔwíyŋ (EPT) {*ƛ̕čaʔwíyŋ* cn. *I'm going underneath.* (TC) | suʔhiyáʔs *ƛ̕čaʔwíyŋ. So they went under.* (ES) | *ƛ̕čaʔwíyŋ* cn ʔaʔ tə ƛ̕úyəqs. *I'm going under the box.* (AS) | suƛ̕čaʔwíyŋs ʔaʔ cə qʷiqʷə́łiʔ ʔiʔ xənstə́n̓ ʔəsmaʔkʷyéʔč. *They were underneath the logs and everything piled up.* (ES) VAR: ƛ̕čaʔwíyəŋ (ES; TC,AS,BC) {ʔáw c *ƛ̕čaʔwíyəŋ* ʔaʔ cə ča̓ʔcítən. *Don't go under the table.* (TC,AS,BC) | čipiʔúysəŋ ʔiʔ *ƛ̕čaʔwíyəŋ. It rolled underneath.* (MJT)}

ƛ̕čaʔwíyət ⟦√ƛ̕č=əʔəw-iy-t √under=side-dev-trns⟧ ☞ ƛ̕čaʔəwíyəŋ to put something under. (ES) {*ƛ̕čaʔwíyət* ʔaʔ cə sxʷčaʔwáčən. *Put it under the chair.* (ES) | čə́nəts *ƛ̕čaʔwíyəts* ʔaʔ tə ʔáʔyəŋ ʔaʔ Mudd. *She buried it under Mudd's house.* (MJT) VAR: ƛ̕čaʔwíyt (TC; AS,BC) {*ƛ̕čaʔwíyt* cə nƛ̕ə́qšən. *Put your shoes under.* (AS,BC)} VAR: ƛ̕čawéyt {*ƛ̕čawéyt* cn. *I'm putting it under.* (AS)}

ƛ̕čaʔwíytəŋ ⟦√ƛ̕č=əʔəw-iy-t-ŋ √under=side-dev-trns-psv⟧ ☞ ƛ̕čaʔwíyət to be put under (something) by someone. {*ƛ̕čaʔwíytəŋ* cn ʔaʔ tə sčaʔkʷaʔyúł ʔaʔ kʷi nəsčáʔi. *They put me under the car when I was working (on it).* (AS)}

ƛ̕čás ⟦√ƛ̕čas √island⟧
1. any island. (LB,EWH; BG,MJT; ES; TC; AS,BC) [perhaps based on root meaning 'deep', 'under'] cp. ƛ̕əč {ʔáw c sqáx̌aʔ cə ʔiyaʔ ʔaʔ cə *ƛ̕čás. That isn't a dog there on the island.* (TC) | nił suʔhiyáʔs kʷi nəswə́yqaʔ ʔúxʷ ʔaʔ kʷsə *ƛ̕čás* ʔiʔ nəcə́t. *Then my husband went over to the island with my father.* (MJT)}
2. Discovery Island. (TC) {ncáx̌ʷ kʷi nəsƛ̕ácu ʔiyá ʔaʔƛ̕čás. *It was one time I was fishing there at Discovery Island.* (TC) | ʔiyá yaʔ st ʔaʔ kʷsə naʔátəŋ *ƛ̕čás* ʔiyá ʔaʔmətúliyə. *We were at a place called Discovery Island there at Victoria.* (TC) | húʔ yaʔ cn ʔəł ʔiyán yaʔ ʔaʔƛ̕čás ʔiʔ čʔaʔiŋ yaʔ st ʔiyá. *When I was there at Discovery Island we had a house there.* (TC)}

ƛ̕čáw̓əł ⟦√ƛ̕č=əʔəw-ł √under=side-dur⟧ ☞ ƛ̕ə́č to be under, below, beneath, on the bottom, on the underside, in the cellar. (AA) {ŋə́n̓ qʷúʔ *ƛ̕čáw̓əł.* There was lots of water underneath. (TC) | saʔŋúts cə *ƛ̕čáw̓əł* ʔaʔ tə súł. *She was sniffing under the door.* (MJT)} VAR: ƛ̕čáʔwəł (MJT) {*ƛ̕čáʔwəł* ʔaʔ cə kʷə́y. *It's under the bushes.* (MJT)}

ƛ̕ččút ⟦√ƛ̕č-cut √under-rflxv⟧ ☞ ƛ̕ə́č to become deep, deeper. (ES) {*ƛ̕ččút* cə stúʔwi. *The river got deeper.* (AS) | *ƛ̕ččút*; nił kʷi sxʷčʔiyás ti sčánnəxʷ. *It gets deep; that's where the salmon are.* (AS)}

ƛ̕číŋistxʷ ⟦√ƛ̕č-iy-ŋi-stxʷ √under-dev-rel-caus⟧ ☞ ƛ̕číyəŋ Stem: ƛ̕číŋist [stem for subject suffixes] to lower something, put it down, make something deep. (MJT) {*ƛ̕číŋistxʷ* cn tə qʷłáy̓. *I lowered the log down.* (MJT) | suʔhiyáʔs *ƛ̕číŋists* cə hoe ʔiʔ ƛ̕kʷə́ts cə nsxʷtəlaháyə. *He went and put the hoe down and got my purse.* (MJT)}

ƛ̕číqəŋ ⟦√ƛ̕č=iqən-ŋ √under=belly-mdl⟧ ☞ ƛ̕ə́č
1. to be under, below the chest. (AS) {ʔə́wə c híc ʔiʔ kʷə́nəxʷ cn cə *ƛ̕číqəŋ* čəq sqəyáyŋxʷ q̓łaʔáw̓əł tə nəsʔiʔšə́tən. *It wasn't long, and I saw below big trees crosswise to the way I was walking.* (MJT)}
2. to be deep water (above the chest). {łáxʷł ʔuʔ *ƛ̕číqəŋ* kʷə stúʔwiʔ sxʷʔiyáł. *The river was definitely deep where we were.* (AS) | *ƛ̕číqəŋ* kʷi kʷə stúʔwiʔ sxʷʔiyás ti stəŋúʔəŋs kʷiə sƛ̕əyéʔƛ̕qł. *The river was deep where the children were swimming.* (AS)} VAR: ƛ̕əčíqəŋ (AS)

ƛ̕čistúŋə ⟦√ƛ̕č-istxʷ-uŋə √under-caus-2obj⟧ ☞ ƛ̕čístxʷ sink you. {*ƛ̕čistúŋə* cn. *I sank you.* (TC)}

ƛ̕čístxʷ ⟦√ƛ̕č-istxʷ √under-caus⟧ ☞ ƛ̕ə́č to sink something. (TC) {*ƛ̕čístxʷ* cə snə́xʷł. *I sank the canoe.* (TC) | *ƛ̕čístxʷ* cn cə sŋánt. *I sank that rock.* (TC)}

ƛ̕číyəŋ ⟦√ƛ̕č-iy-ŋ √under-dev-mdl⟧ ☞ ƛ̕ə́č to sink, go under water. (MJT; ES; TC) {*ƛ̕číyəŋ* cn. *I sank.* (ES) | *ƛ̕číyəŋ* cə snə́xʷł. *The canoe sank.* (ES) | suʔƛ̕číyəŋs. *So she sank.* (MJT)} VAR: ƛ̕číyŋ (ES) {*ƛ̕číyŋ* cn. *I sank down.* (TC) | sƛ̕éʔ či sƛ̕číyŋs cə ʔuʔúʔtxs. *It wanted to sink the canoe.* (ES)} VAR: ƛ̕əčíyəŋ (ES) VAR: ƛ̕ičéyŋ (AS,BC)

ƛ̕číyŋítxʷ ⟦√ƛ̕č-iy-ŋi-txʷ √under-dev-rel-letcaus⟧ ☞ ƛ̕číyəŋ to sink something. {*ƛ̕číyŋítxʷ* cn cə sxʷlamáy̓. *I sank the bottle.* (ES)} VAR: ƛ̕číŋítxʷ {nəsuʔƛ̕číŋítxʷ cə nəswə́ytən ʔiyá txʷaʔƛ̕áčł. *I sank my net deep there.* (TC)}

ƛ̕čtúŋə ⟦√ƛ̕č-txʷ-uŋə √under-inancaus-2obj⟧ ☞ ƛ̕ə́čtxʷ make you deep. {*ƛ̕čtúŋə* cn. *I'm going to make you deep. (talking to a hole)* (TC)}

ƛ̕éʔ ⟦√ƛ̕iʔ √want⟧
1. to be difficult, hard to do. (TC; AS,BC) {mán̓ kʷ uʔ *ƛ̕éʔ. It's too hard (to do). / It's too expensive.* (ES)}
2. to be expensive, dear, important. (TC; AS,BC) {mán̓ ʔuʔ *ƛ̕éʔ* tiə nsqʷáy. *My words are very important.* (AS,BC; BC)}

ƛ̕éʔnah ⟦√ƛ̕iʔnah √eulachon_oil⟧ eulachon oil, oil from the candlefish. *Thaleichthys pacificus.* (TC)

ƛ̕éʔŋən ⟦√ƛ̕iʔŋn √tendon⟧ tendon, sinew. (EPT; MJT; TC)

x̣éʔqiʔ ⟦√x̣i<ʔ>q̓-iy<ʔ> √press<actl>-dev⟧ ☞ x̣íq̓ to be near, close by. {**x̣éʔqiʔ** kʷsə stúʔwiʔ. *The river is near.* (AS)}

x̣éʔqʷti ⟦√x̣<í><ʔ>q̓ʷ-ty √stuck<pers><actl>-rcprcl⟧ [metathesis with actual] ☞ x̣q̓ʷíti to be sticking together. (AS,BC) {**x̣éʔq̓ʷti** cə ncáys. *My hands are sticking together.* (AS,BC)}

x̣éʔtəŋ ⟦√x̣iʔ-txʷ-ŋ √want-letcaus-psv⟧ ☞ x̣éʔ to be expensive, highly valued, in great demand. (ES; TC; BC; AS,BC; AS) {mán kʷʔuʔ **x̣éʔtəŋ**. *It's too expensive.* (ES) | mán ʔuʔ **x̣éʔtəŋ** ti siláwtxʷ. *Tents are too expensive.* (TC)} VAR: sx̣éʔtəŋ (AS,BC) ⟦s-√x̣iʔ-txʷ-ŋ s-√want-letcaus-psv⟧

x̣áč ⟦√x̣č √under⟧ to be deep (of a hole, water, etc.). (LBH; MJT; ES; LC; TC; AS,BC) ⟪USAGE: This cannot be used to refer to a person who is down deep.⟫ {mán ʔuʔ **x̣áč** cə sxʷcáyq̓ʷəŋ. *The hole was too deep.* (ES) | mán ʔuʔ **x̣áč** cə sʔəmətáwtxʷ. *The outhouse was very deep.* (MJ) | ʔuʔmán ʔuʔ **x̣áč** cə ʔəscáyq̓ʷəŋ sctə́ŋxʷən. *The hole in the earth was too deep.* (ES) | hiyáʔ caʔ st ʔuʔ xʷk̓ʷə́t hiyáʔ ʔaʔ ti **x̣áč** x̣łáɬc. *We will go drag them to the deep sea.* (AS) | x̣áy kʷɬaʔ hiyáʔtəŋ ʔaʔ cə sxʷʔiyás **x̣áč** ʔaʔ cə x̣łáɬc. *She was taken again to where the ocean is deep.* (AA)} VAR: x̣ə́c (AS) VAR: x̣áčɬ (MJ) ⟦√x̣č-ɬ √under-dur⟧

x̣əčéʔyəŋ sinking. *See under:* x̣aʔčéʔyəŋ

x̣əčíqəŋ below. *See under:* x̣číqəŋ

x̣əčíyəŋ sink. *See under:* x̣číyəŋ

x̣áčtxʷ ⟦√x̣č-txʷ √under-inancaus⟧ ☞ x̣áč to make something (such as a hole) deep. (TC) {**x̣áčtxʷ** cə snə́xʷɬ. *Make the canoe deep.* (TC)}

x̣ə́kʷ ⟦√x̣kʷ √take⟧ to get, take. {**x̣ə́kʷ** cn. *I got it (a disease).* (AS) | ɬíxʷ sxʷq̓ʷúʔtən tə nəs**x̣ə́kʷ**. *I got three buckets.* (MJ) | čaʔnəs**x̣ə́kʷ**. *I just got her.* (MJT) | húʔ yéʔtxʷ ʔuʔ**x̣ə́kʷ** ʔaʔ či qʷúʔ ʔiʔ ʔúxʷtxʷ. *When the water is ready to take, bring it.* (MJ)}

x̣ə́kʷt ⟦√x̣<ə́>kʷ-t √take<actl>-trns⟧ ☞ x̣kʷə́t to be taking, grabbing hold of something. (MJT; TC) {ʔáwə c **x̣ə́kʷt**. *Don't pick it up. / Don't take it.* (MJT) | **x̣ə́kʷ**táy̓nən cn. *I want to take it.* (MJT) | nił kʷi nɬqít cə ʔəns**x̣ə́kʷt**. *That's my clothes you're taking.* (AS)}

x̣əkʷúst ⟦√x̣kʷ-us-t √take-rcpnt-trns⟧ ☞ x̣kʷə́t to take someone in. {**x̣əkʷúst**s kʷaʔčáʔɬ tə ŋə́nŋənaʔs ʔiyá. *She took her children there.* (MJ) | **x̣kʷúst**s cə ŋə́nəŋənaʔs. *She took the children.* (AS) VAR: x̣kʷúst (AS)

x̣ə́kʷ ⟦√x̣k̓ʷ √extinguish⟧ to go out as a fire, be extinguished. (ES; AS) {**x̣ə́k̓ʷ** cə ŋáʔəq. *The light is out.* (AS) | **x̣ə́k̓ʷ** kʷaʔ cə sčə́q̓ʷəwc. *The fire went out.* (ES) | **x̣ə́k̓ʷ** kʷsə nshúnuc. *Your fire just went out.* (EPT) | **x̣ə́k̓ʷ** cə nəscə́q̓ʷəwc. *My fire is out.* (MJT)}

x̣ə́k̓ʷəŋ ⟦√x̣<ə́>k̓ʷ-ŋ √extinguish<actl>-mdl⟧ ☞ x̣k̓ʷə́ŋ to be extinguishing, putting the light out. (AS) VAR: x̣áʔk̓ʷəŋ ⟦√x̣<əʔ>k̓ʷ-ŋ √extinguish<actl>-mdl⟧ (ES)

x̣ə́k̓ʷt ⟦√x̣<ə́>k̓ʷ-t √extinguish<actl>-trns⟧ [actual metathesis] ☞ x̣k̓ʷə́t to be extinguishing, putting out a fire, turning off a light or electrical appliance. (TC) {**x̣ə́k̓ʷt** cn. *I'm putting it out.* (ES) | **x̣ə́k̓ʷt**s. *He's putting it out.* (MJT)}

x̣ə́ɬ ⟦√x̣əɬ √bile⟧ bile, gall, gall bladder, mind, brains. (EPT; MJT) {ʔáwənə **x̣ə́ɬ**s *They don't have any brains.* ⟪This is said about an animal that has gone crazy.⟫ (EPT)}

x̣əɬnáyŋ ⟦√x̣ɬnay-ŋ √look_for-mdl⟧ to be looking for (something). {**x̣əɬnáyŋ** ʔaʔ či sʔíɬəns cə x̣áɬ sɬániʔ. *He was looking for food for the sick woman.* (AA)}

x̣əɬústəŋ be splashed face. *See under:* x̣ɬústəŋ

x̣ə́x̣ ⟦√x̣əx̣ √bear_grass⟧ bear grass. *Xerophyllum tenax.* ✱this is died and used for making decorative designs on mats and baskets (EPT; MJT) {čúwəɬ **x̣ə́x̣** yəq̓ə́n. *It's a knife used for measuring (and cutting) bear grass.* (MJT) | x̣ə́ct cn cə **x̣ə́x̣**. *I pulled out the bear grass.* (AS)}

x̣əx̣aʔə́qsən ⟦√x̣ux̣aʔ=əqsən √small=nose⟧ ☞ x̣úx̣aʔ a small nose. (MJT)

x̣əx̣ápt bat. *See under:* x̣aʔx̣ápt

x̣əx̣ánəq having a potlatch. *See under:* x̣áʔx̣aʔnəq

x̣əx̣ʷəyásən small drumstick. *See under:* x̣aʔx̣ʷuʔyáʔsən

x̣əmaqɬčə́qsən ⟦√x̣əməqɬč=əqsən √?=nose⟧ shag, a type of black bird like a shag or loon, flies straight, possibly black. *perhaps Phalacrocorax sp.* (ABT)

x̣əmnə́kʷi ⟦√x̣um-nəwəy √correct-ncrcprcl⟧ ☞ x̣úm to reconcile with each other, get back together after a dispute, finally get along well. (ES; AS,BC) {**x̣əmnə́kʷi** kʷi kʷə nŋə́nŋənaʔ. *My children get along fine.* (AS) | **x̣əmnə́kʷi** st ʔɬ q̓ápɬ. *We manage to get along when we get together.* (AS)} VAR: x̣úmnəkʷi (AS,BC) VAR: x̣əmənə́kʷi (ES)

x̣əmnúŋə ⟦√x̣um-naxʷ-uŋə √correct-nctrns-1obj/2obj⟧ ☞ x̣úmnəxʷ make me enough; make you enough. {**x̣əmnúŋə** cn. *I had enough of you.* (TC)}

x̣ə́m̓[1] ⟦√x̣m̓ √bump⟧ to get bumped. (ES) {**x̣ə́m̓** cn. *I got bumped.* (AS,BC) | **x̣ə́m̓** u cn? *Did I get bumped?* (AS,BC) | **x̣ə́m̓** cə nčə́ns. *Bump my tooth.* (ES) | **x̣ə́m̓** cn ʔaʔ cə snə́xʷɬ. *I got bumped by the canoe.* (AS,BC)}

x̣ə́m̓[2] ⟦√x̣əm̓ √erode⟧ to be eroded, washed away (as a river bank). (AS,BC; AS) {**x̣ə́m̓** tiə súɬ. *The road washed away.* (AS)}

x̣əm̓áčəŋ ⟦√x̣m̓=ač-ŋ √bump=backside-mdl⟧ ☞ x̣ə́m̓ to bump one's lower back. (MJT) {**x̣əm̓áčəŋ** u cxʷ *Did you drop on your back?* (MJT)} VAR: x̣əmáčəŋ (AS)

x̣əmáčšəŋ ⟦√x̣m̓=ačš-ŋ √bump=back_of_neck-mdl⟧ ☞ x̣ə́m̓ to bump the back of the neck, upper back. (ES)

x̣əmáłxə? ⟦√x̣m̓=ałxə? √bump=lower_leg⟧ ☞ x̣ə́m̓ to bump one's lower leg. (ES)

x̣əmán̓ ⟦√x̣m̓=an̓ √bump=ear⟧ ☞ x̣ə́m̓ to bump one's ear. {x̣əmán̓ cn. I bumped my ear. (ES)}

x̣əmáyəs ⟦√x̣m̓=ayus √bump=eye⟧ ☞ x̣ə́m̓ to get bumped on the eye. (ES) VAR: x̣əmáys (ES)

x̣əmáynəs ⟦√x̣m̓-ay=nis √bump-ext=tooth⟧ ☞ x̣ə́m̓ to bump the tooth. (ES)

x̣əmé?qʷ ⟦√x̣m̓=i?qʷ √bump=head⟧ ☞ x̣ə́m̓ to bump one's head. (ES; AS,BC; BC) {x̣əmé?qʷ cn. I bumped my head. (EPT) | x̣əmé?qʷ cə swə́yqa?. The man bumped his head. (AS,BC) | x̣əmé?qʷ cn ?a? cə nəscá?ča?. I bumped heads with my friend. (AS,BC) VAR: x̣mé?qʷ (AS,BC)}

x̣əmé?qʷəŋ ⟦√x̣m̓=i?qʷ-ŋ √bump=head-mdl⟧ ☞ x̣əmé?qʷ bump one's head. (AS,BC) {x̣əmé?qʷəŋ cn I bumped my head. (EPT; MJT; AS,BC)}

x̣əmé?qʷt ⟦√x̣m̓=i?qʷ-t √bump=head-trns⟧ ☞ x̣əmé?qʷ to bump someone's head. {x̣əmé?qʷt cn. I bumped his head. (AS,BC) | x̣əmé?qʷts cə swə́yqa?. He bumped the man's head. (AS,BC)}

x̣əmə́ŋ ⟦√x̣m̓-ŋ √bump-mdl⟧ ☞ x̣ə́m̓ to bump. {x̣əmə́ŋ cn. I bumped (myself). (AS,BC) | x̣əmə́ŋ cn ?a? cə snə́xʷł. I bumped the canoe. (AS,BC)}

x̣əmə́qsən ⟦√x̣m̓=əqsən √bump=nose⟧ ☞ x̣ə́m̓ to get bumped on the nose. (ES)

x̣əmə́t ⟦√x̣m̓-t √bump-trns⟧ ☞ x̣ə́m̓ to bump into someone or something. {x̣əmə́t cn. I bumped it. (AS,BC) | x̣əmə́t cn cə snə́xʷł. I bumped the canoe. (AS,BC) VAR: x̣mə́t (AS,BC) VAR: x̣əmát (AS,BC)}

x̣əmə́təŋ ⟦√x̣m̓-t-ŋ √bump-trns-psv⟧ ☞ x̣əmə́t to be bumped into by someone or something. {x̣əmə́təŋ cn. It bumped me. (AS,BC) | x̣əmə́təŋ cn ?a? cə snə́xʷł. The canoe bumped me. (AS,BC)}

x̣əmə́wəč ⟦√x̣m̓=əwəč √bump=bottom⟧ ☞ x̣ə́m̓ to get bumped on the bottom. (ES)

x̣əmi?áx̣ən ⟦√x̣m̓-i?=ax̣an √bump-ext=arm⟧ ☞ x̣ə́m̓ to bump the arm, shoulder, elbow. (ES)

x̣əmíkʷs ⟦√x̣m̓=iws √bump=body⟧ ☞ x̣ə́m̓ to bump any part of one's body. (ES)

x̣əmínəs ⟦√x̣m̓=inəs √bump=chest⟧ ☞ x̣ə́m̓ to get bumped on the chest. (ES)

x̣əmíqən ⟦√x̣m̓=iqən √bump=belly⟧ ☞ x̣ə́m̓ to get bumped on the belly. (ES)

x̣əm̓x̣əmáčti ⟦x̣m̓ + √x̣m̓= ač-ty char + √bump=backside-rcprcl⟧ ☞ x̣ə́m̓ to marry a cross-sibling-in-law or cross-cousin-in-law, marry one's brother-in-law or sister-in-law. (Two men marry each other's sister or cousin or two women marry each other's brother or cousin.) (MJT) ⟨⟨"Just like when you throw him down on his back and he gets up and throws you down on your back" (MJT)⟩⟩ {?i? ?u?níł kʷi x̣əm̓x̣əmáčti kʷə sxʷčiyá?s ?a?sxʷčkʷéyŋ. The ones from Sequim married their in-laws. (AS)}

x̣əm̓x̣əm̓cé?nəŋ ⟦x̣m̓ + √x̣m̓=uci<?>n-ŋ pl + √bump=mouth<actl>-mdl⟧ ☞ x̣əm̓x̣əm̓cínəŋ lightning and thunder. (LC)

x̣əm̓x̣əm̓cínəŋ ⟦x̣m̓ + √x̣m̓=ucin-ŋ pl + √bump=mouth-mdl⟧ ☞ x̣ə́m̓ lightning and thunder. (ES; AS,BC) ⟨⟨TC rejects the 'lightning' part of the definition.⟩⟩ ⟨⟨This word is apparently a substitute or misunderstanding of the word for licking one's lips. In a song that is part of a story that nobody now remembers, thunder is the sound 'lightning' makes when licking his lips.⟩⟩ cp. łəmłəmcínəŋ VAR: x̣əm̓x̣əm̓cínəŋ (AS,BC)

x̣əm̓x̣əmé?qʷ ⟦x̣m̓ + √x̣m̓=i?qʷ pl + √bump=head⟧ ☞ x̣ə́m̓ to bump one's head in multiple places. (AS,BC) VAR: x̣əm̓x̣əmíqʷ {ła?yíkʷsən cn ?i? čáq́ ?i? x̣əm̓x̣əmíqʷ cn. I tripped and fell down, and I bumped my head. (ES)}

x̣əm̓x̣əmnə́kʷi ⟦x̣m̓ + √x̣m̓-nəwəy pl + √bump-ncrcprcl⟧ ☞ x̣əmnə́kʷi to bump each other (of several or repeatedly). (MJT)

x̣əmnə́kʷi ⟦√x̣m̓-nəwəy √bump-ncrcprcl⟧ ☞ x̣ə́mnəxʷ to bump each other. (AS,BC) {x̣əmnə́kʷi ya? st ?i? ča?kʷənəxʷ kʷłə n?áyəs. We bumped into my sister before I saw her. (AS)}

x̣ə́mnəxʷ ⟦√x̣m̓-naxʷ √bump-nctrns⟧ ☞ x̣əmə́t to accidentally bump someone or something. {x̣ə́mnəxʷ cn cə nəsq́ʷún̓i. I bumped my head. (AS,BC)}

x̣əm̓núŋət ⟦√x̣um̓-nuŋt √correct-ncmdl⟧ ☞ x̣úm̓ to manage to get well, right, correct. {?ux̣əm̓núŋət cn ?a? či ?u? čəntáŋ skʷáči. I'll manage to be well some day. (BH)} VAR: x̣əmnúŋət (BH; TC) {x̣əmnúŋət ?a? kʷi nsqʷáqʷi?. It was fine when I spoke. / I did well when I spoke. (AS)}

x̣əm̓qʷə́yu ⟦√x̣m̓=i?qʷ-əyu √bump=head-activ⟧ ☞ x̣a?x̣əm̓qʷə́yqsən to peck (of a woodpecker). (ES) {x̣əm̓qʷə́yu kʷsə kʷi?á?i?. The woodpecker is pecking. (AS)}

x̣əm̓sə́n ⟦√x̣m̓=sən √bump=foot⟧ ☞ x̣ə́m̓ to bump one's foot. (ES)

x̣ə́m̓t ⟦√x̣m̓-t √erode-trns⟧ ☞ x̣ə́m̓ to erode something (as bluff by the wind and water), break something off. (AS,BC) {x̣ə́m̓t cn tiə sctə́ŋxʷən. I broke off this land. (AS)}

x̣ə́m̓təŋ ⟦√x̣əm̓-t-ŋ √erode-trns-psv⟧ ☞ x̣ə́m̓t to be eroded by something (as bluff by the wind and water). (AS,BC) {x̣ə́m̓təŋ tiə sctə́ŋxʷən ?a? ti ?u?x̣ən?áł ?a? tə stú?wi?. This land is always eroded by the river. (AS)}

x̣əm̓úcən[1] ⟦√x̣m̓=ucin √bump=mouth⟧ ☞ x̣ə́m̓ to get bumped on the mouth or chin. (ES) {x̣əm̓úcən cn. I got bumped on the mouth. (AS,BC)}

λ̕əmúcən² ⟦√λ̕um̕=ucin √correct=mouth⟧ ☞ λ̕úm̕ to say (something) correctly. {λ̕əmúcən cn. *I said it right.* (AS,BC)}

λ̕əmúsəŋ ⟦√λ̕m̕=us-ŋ √bump=face-mdl⟧ ☞ λ̕ə́m̕ to bump one's face. {q̕ʷáʔyəx či; twawčáq̕ cxʷ ʔiʔ λ̕əmúsəŋ! *Watch out; you're going to fall forward and bump your face!* (MJT)}

λ̕əmút ⟦√λ̕m̕u-t √push_into-trns⟧ to push someone or something into a crowd. {λ̕əmút cn ʔaʔ kʷi nstə́s. *I pushed my way to where I got to.* (AS)}

λ̕əmútəŋ ⟦√λ̕m̕u-t-ŋ √push_into-trns-psv⟧ ☞ λ̕əmút to be pushed into a crowd by someone or something. (AS,BC; AS) {λ̕əmútəŋ kʷsə snə́xʷɬ. *The canoe was pushed in (among a crowd of other canoes).* (AS) | λ̕əmútəŋ cn ʔaʔ kʷɬə nəcáw̕ŋəxʷ. *The stranger pushed her way to where I was.* (AS)}

λ̕əmúyəs ⟦√λ̕m̕=uyəs √bump=forehead⟧ ☞ λ̕ə́m̕ to get bumped on the forehead. (ES)

λ̕əmúykʷɬ ⟦√λ̕m̕=uykʷɬ √bump=bodyside⟧ ☞ λ̕ə́m̕ to get bumped on the side of the body. (ES)

λ̕ánəq potlatch. See under: λ̕áʔnəq

λ̕əŋq̕áɬč ⟦√λ̕ŋq̕a=iɬč √yew=plant⟧ Pacific yew tree. *Taxus brevifolia.* (ES,TC) ✱The leaves are chewed as medicine for women when they are giving birth so they feel less pain. (ES) VAR: λ̕əŋ̕q̕íɬč (ES)

λ̕əŋq̕ɬčə́qsən ⟦√λ̕ŋ=iɬč=əqsən √yew=plant=nose⟧ ⟪So called because its beak looks like yew wood.⟫ ☞ λ̕əŋq̕áɬč double-crested cormorant. *Phalacrocorax auritus.* (TC)

λ̕ápiʔsnəč ⟦√λ̕əpys=nəč √?=tail⟧ tail. (TC) ⟪USAGE: used at Becher Bay only⟫ ☞ sλ̕ə́pənč

λ̕əpsə́nəŋ ⟦√λ̕ap=sən-ŋ √feel=foot-mdl⟧ ☞ λ̕ápt to feel along with one's feet. (ES) {λ̕əpsə́nəŋ cn. *I felt along with my feet.* (AS)}

λ̕áqt long. See under: λ̕áqt

λ̕əqtáwəč ⟦√λ̕aqt=əwəč √long=bottom⟧ ☞ λ̕áqt to be tall (of a person). (TC,AS,BC) {λ̕əqtáwəč tə swə́ʔwəs. *The boy is tall.* (AS)}

λ̕əq̕šáʔnəŋ putting shoes on. See under: λ̕aʔq̕šə́nəŋ

λ̕ə́q̕šən ⟦√λ̕əq̕=šən √shoe=foot⟧ shoe. (EPT; MJT; ES; AS,BC; TC) [Probably a loan from another Salishan language with /=šən/ 'foot' suffix.] {ɬŋás cə nλ̕ə́q̕šən. *Take your shoes off.* (ES) | ʔəɬútəŋ cə nλ̕ə́q̕šən. *My shoes were stretched.* (TC) | ʔuʔcə́x cə nλ̕ə́q̕šən. *My shoes are worn out.* (AS) | tákʷs cn cə λ̕ə́q̕šən. *I bought the shoes.* (AS) | ʔscə́xɬ cə nλ̕ə́q̕šən. *My shoes are worn out.* (AS) | čaʔtákʷs cn tiə λ̕ə́q̕šən. *I just bought these shoes.* (AS) | ɬiɬáʔŋət cn kʷə nλ̕ə́q̕šən. *I'm untying my shoes.* (AS,BC) | níɬ suʔk̕ʷə́təŋs cə λ̕ə́q̕šəns cə sʔáyəxʷ xʷanítəm. *So they took the old white man's shoes.* (TC)} VAR: sλ̕ə́q̕šən ⟦s-√λ̕əq̕šn s-√shoe⟧ (AS) {xaʔxə́ʔsi ti nəsλ̕ə́q̕šən. *My shoes are ugly.* (AS) | swə́ʔwəss ti nəsλ̕ə́q̕šən ti nəstaʔáw̕əŋ ʔaʔ kʷsə nətán ʔaʔ či sq̕ʷsə́ŋs ʔəɬ skʷúɬɬ. *They're boys shoes that my mother buys me because they're sturdy when we go to school.* (AS)}

λ̕ə́q̕ʷ ⟦√λ̕q̕ʷ √stuck⟧ to get stuck, glued on. (AS) {λ̕ə́q̕ʷ tə nsλ̕ə́q̕ʷšən. *My shoes got stuck.* (AS) | λ̕ə́q̕ʷ cə čéʔəx. *The gum got stuck.* (AS)}

λ̕ə́q̕ʷλ̕q̕ʷ ⟦λ̕ə́q̕ʷ+√λ̕q̕ʷ char+√stuck⟧ ☞ λ̕ə́q̕ʷ to be sticky. (MJT) VAR: λ̕ə́q̕ʷλ̕əq̕ʷ {λ̕ə́q̕ʷλ̕əq̕ʷ cə čéʔəx. *The pitch is sticky.* (AS)}

λ̕ə́q̕ʷt ⟦√λ̕<ə́>q̕ʷ-t √stuck<actl>-trns⟧ [actual metathesis] ☞ λ̕əq̕ʷə́t to be sticking something on. {λ̕ə́q̕ʷt cn. *I'm sticking it on.* (AS)}

λ̕ə́q̕ʷtəŋ ⟦√λ̕<ə́>q̕ʷ-t-ŋ<ʔ> √stuck<actl>-trns-psv<actl>⟧ ☞ λ̕q̕ʷə́təŋ being stuck on by someone or something. {λ̕ə́q̕ʷtəŋ cə scúm̕ ʔiʔ cə néʔ sɬíq̕ʷs cə scánnəxʷs yaʔ skʷúkʷs yaʔ ʔaʔ cə čə́nəss. *A bone of the leftover meat of the salmon he had cooked was stuck to his teeth.* (TC)} VAR: λ̕ə́q̕ʷtəŋ {níɬ kʷi kʷi čéʔəx ʔɬ čəʔúʔwəŋɬ λ̕ə́q̕ʷtəŋs. *It was pitch we were using for sticking it on.* (AS)}

λ̕ə́š ⟦√λ̕š √gash⟧ to be gashed, torn open (as a sack or a fish's mouth from a hook). (ES; AS) {λ̕ə́š cn. *I got gashed.* (ES)}

λ̕áwən̕ earring. See under: sλ̕áwən̕

λ̕áwəŋ ⟦√λ̕əw-ŋ √howl-mdl⟧
1. to howl (as dog or wolf), toot, honk (as boat, train, or any horn). (ES; AS,BC) {λ̕áwəŋ cə sqáxaʔ. *The dog is howling.* (MJT)}
2. to wail, cry in lamentation. (MJT)

λ̕áwəŋáyŋən ⟦√λ̕əw-ŋ<ʔ>-ayŋən √howl-mdl<actl>-want⟧ ☞ λ̕áwəŋ to want to howl, be about to howl. {kʷɬλ̕áwəŋáyŋən ixʷ cə cə Gypsy. *Gypsy (the dog) must be ready to start howling.* (MJT)}

λ̕áwəq̕ ⟦√λ̕əwəq̕ √anus⟧
1. rectum, anus, cloaca. (EPT; AS) {nsλ̕éʔ u či kʷənəxʷ či sxʷáyaʔxʷč ʔáwənə λ̕áwəq̕s? *Do you want to see snakes with no cloaca?* (MJ) | ʔuʔk̕ʷə́nt q̕ cn kʷə kʷsə sxʷáʔxʷč ʔáwənə λ̕áwəq̕s. *I will indeed look at a snake with no cloaca.* (MJ)}
2. buttock. (LBH)

λ̕əxʷiyaʔstíxʷ ⟦√λ̕xʷy<əʔ>us-t<í>xʷ √unnecessary<actl>-letcaus<pers>⟧ ☞ λ̕xʷiyús Stem: λ̕xʷiyaʔstí [stem for third-person subject, subordinate subjects, and possessive suffixes] to disrespect, ignore as good for nothing, not care about, not need. {níɬ suʔλ̕xʷiyaʔstís. *It's ignored.* (TC) | níɬ suʔλ̕xʷiyaʔstís či šiyís ti ʔəcɬtáyŋxʷ tə siʔám̕. *The bosses don't care about an Indian's life.* (ES)}

λ̕ə́xʷλ̕xʷ ⟦λ̕ə́xʷ+√λ̕əxʷ char+√hard⟧
1. oyster. *Ostreidae spp.* (MJT; TC; AS,BC)
2. razor clam. *Siliqua patula.* (ABT; AB,ICT) [AB and IC do not remember a word for oyster and suggest that there were no oysters originally in the area. According to the U.S. Fish and Wildlife Service there were, indeed, native oysters in the area (Olympia oyster, *Ostrea lurida*), but they were harvested to extinction in the area by the early

ƛ̕əyaʔƛ̕ápt

20th century. The Pacific oyster (Crassostrea gigas) was introduced from Japan in 1912. So AB and IC would never have seen a native oyster, and the Pacific oyster would have been new to them in their youth. This Klallam word might have originated as oyster, been transferred to razor clam, then back again. Since the root /ƛ̕áx̣ʷ/ in Saanich means 'hard' and oyster shells are hard while razor clam shells are not, it may be that this originally did mean oyster.] VAR: ƛ̕áx̣ʷƛ̕əx̣ʷ (TC; AS,BC)

ƛ̕əyaʔƛ̕ápt ⟦ƛ̕<əy>aʔ+√ƛapt dim<pl>+√bat⟧ ☞ ƛ̕aʔƛápt several bats; several butterflies. (MJT) VAR: ƛ̕iyaʔƛ̕ápt (MJT)

ƛ̕əyəkʷsín̕ ⟦√ƛ̕<əy>kʷ=sin̕ √take<pl>=handle⟧ ☞ ƛ̕ᵏʷsín̕ several handles that protrude. (MJT)

ƛ̕əyəƛ̕aʔáʔis ⟦√ƛ̕<əy>uƛ̕a?=a<ʔ>yus √small<pl>=eye<dim>⟧ ☞ ƛ̕aʔƛ̕aʔáʔis several small eyes. (TC)

ƛ̕áyən̕ ⟦√ƛ̕əy=an̕ √quiet=ear⟧ surf scoter. Melanitta perspicillata. (ES; TC) VAR: čáyən̕ (AS,BC)

ƛ̕áyəq̕šən shoes. See under: ƛ̕áyəq̕šən

ƛ̕áyəqt ⟦√ƛ̕əyq-t √press-trns⟧
1. to press down on repeatedly or on several things, press buttons (on a machine), dial (a telephone). (EPT; MJT; ES) {ƛ̕áyəqt cn. I pressed it. (MJT)}
2. to type something. {ƛ̕áyəqt cn. I typed it. (AS)} VAR: ƛ̕áyəqət (ES)

ƛ̕əyáx̣ʷƛ̕x̣ʷ ⟦ƛ̕<əy>əx̣ʷ+√ƛ̕əx̣ʷ char<pl>+√hard⟧ ☞ ƛ̕áx̣ʷƛ̕x̣ʷ several oysters. (MJT)

ƛ̕áyuči stop. See under: ƛ̕áyuči

ƛ̕əy̕áy̕s ⟦√ƛ̕<əy>ay<ˀ>s √go_backwards<pl><actl>⟧ ☞ ƛ̕áyəs to be backing up, rowing facing the stern. {ƛ̕əy̕áy̕s cn. I'm rowing (facing the stern). (TC)}

ƛ̕əy̕kʷáʔnət ⟦√ƛ̕ya?=kʷa̕n-t √seek=means-trns⟧ ☞ ƛ̕iʔáŋ to be looking for something to eat or use. {ƛ̕əy̕kʷáʔnət cn. I'm looking for means. (TC)}

ƛ̕áy̕ƛ̕áyəm̕ Klallam people. See under: nəxʷsƛ̕əyáyəm̕š

ƛ̕áy̕qt ⟦√ƛ̕əy<ˀ>q̕-t √press<actl>-trns⟧ ☞ ƛ̕áyəqt
1. to be pressing something, dialing (a telephone). {ƛ̕áy̕qt cn. I'm pressing it. (MJT) | ƛ̕áy̕qt cn tə čəčšínəč. I'm pressing the serviceberries. (MJT)}
2. to be typing, keyboarding something. {ƛ̕áy̕qt cn. I'm typing it. (AS)}

ƛ̕iʔáʔc ⟦√ƛ̕y<ʔ>aʔ-t-c √seek<actl>-trns-1obj/2obj⟧ ☞ ƛ̕iʔáʔt seeking me; seeking you. (TC; MJ) {ƛ̕iʔáʔc u cxʷ? Are you looking for me? (TC) | ƛ̕iʔáʔc cn. I'm looking for you. (TC) | txʷcán ŋ̕əna? či ƛ̕iʔáʔc? Whose child is looking for you? (TC) | ʔuʔx̣ə́nəʔ skʷáči ti nəsu?ƛ̕iʔáʔc. Every day I'm looking for you. (LC)}

ƛ̕iʔáʔəŋ ⟦√ƛ̕y<ʔ>aʔ-ŋ<ˀ> √seek<actl>-mdl<actl>⟧ ☞ ƛ̕iʔáŋ to be searching, seeking, be looking for. (LC; ES) {šə́təŋ ƛ̕iʔáʔəŋ. She was walking, searching. (TC) | ƛ̕iʔáʔəŋ ʔaʔ či tálə cə xʷanítəm. The white man was looking for money. (ES) | ƛ̕iʔáʔəŋ cn ʔaʔ či ʔáʔiŋ. I'm looking for a house. (ES) | ƛ̕iʔáʔəŋ cn ʔaʔ kʷə sƛ̕iƛ̕áʔqɬ. I'm looking for a little child. (LC) | ƛ̕iʔáʔəŋ ʔaʔ či swə́yqaʔs. She was searching for a husband. (TC) | ʔúxʷ či ƛ̕iʔáʔəŋ ʔaʔ či n̕sláni̕ʔ! Go get yourself a wife! (MJT) | nəsuʔƛ̕áy ƛ̕iʔáʔəŋ ʔaʔ či nəsʔúxʷ cə nscáy. So again I was looking for someplace to go to work. (TC)} VAR: ƛ̕iʔáʔaŋ (ES) VAR: ƛ̕iyáʔəŋ (TC; AS,BC) {ƛ̕iyáʔəŋ u cxʷ? Are you looking around? (MJT) | ƛ̕iyáʔəŋ st ʔaʔ či sqʷəyáyŋxʷ. We were looking for blackberries. (MJ) | ʔiʔ hiyáʔ ixʷ ʔúxʷ ʔaʔ tə súɬ ƛ̕iyáʔəŋ ʔaʔ činu pípə. And she must have gone to the road looking for some mail. (ES) | níɬ suʔhiyáʔs ʔíst ƛ̕iyáʔəŋ ʔaʔ či pə́wiʔ ʔiʔ ʔáwənə. So he went paddling, looking for a flounder, but there was none. (TC) | suʔqʷáys cəníɬ sisiyáʔiɬs, "húy či hiyaʔtúŋəɬ ƛ̕iyáʔəŋ ʔaʔ kʷsi čxʷə́yuʔ." So his in-laws said, "Please take us to look for a whale." (AA)}

ƛ̕iʔáʔt ⟦√ƛ̕y<ʔ>aʔ-t √seek<actl>-trns⟧ ☞ ƛ̕iyáʔt to be seeking, looking for, searching for someone or something. (TC) {ƛ̕iʔáʔt cn. I'm looking for it. (TC) | ƛ̕iʔáʔts. He's looking for it. (TC) | ƛ̕iʔáʔt yaʔ cn. I was looking for it. (TC) | ƛ̕iʔáʔt caʔn. I'm going to keep looking for it. (TC) | ƛ̕iʔáʔt cn cəẃn̕iɬ. I'm looking for him. (TC) | ʔuʔtxʷƛ̕iʔáʔt cn. I'm looking for it. (TC) | ƛ̕iʔáʔt cn kʷə nəŋ̕ə́naʔ. I'm looking for my son. (MJT) | ƛ̕iʔáʔts ʔiʔ kʷə́ns. He looked for her, and he saw her. (ES) | nəsuʔhiyáʔ ƛ̕iʔáʔt. So I went to look for it. (TC) | suʔhiyáʔs ƛ̕iʔáʔts. So they went to look for it. (ES; TC) | stáŋ caʔ ʔuč či ƛ̕iʔáʔtxʷ? What are you going to look for? (TC) | ƛ̕iʔáʔt či čífs ʔiʔ qəmáŋ caʔn ʔaʔ či nəʔáʔiŋ. (I'll) look for their chief, and I'll ask for a house. (TC) | ʔúxʷ či ƛ̕iʔáʔt kʷɬəsə n̕sláni̕ʔ! Go look for your wife! (MJT) | níɬ č suʔx̣áɬs ti x̣čŋíns ƛ̕iʔáʔts či swə́yqaʔ či ʔuʔsx̣éʔ caʔ. So she felt bad looking for a man that would like her. (TC) | čtát cn kʷaʔ stáŋəs či sƛ̕iʔáʔts ʔaʔ tiə sqʷáyɬ. I asked him what he's looking for in our language. (TC)}

ƛ̕iʔáʔtəŋ ⟦√ƛ̕y<ʔ>aʔ-t-ŋ √seek<actl>-trns-psv⟧ ☞ ƛ̕iʔáʔt being sought, looked for by someone. {ƛ̕iʔáʔtəŋ cn. They're looking for me. (TC) | ƛ̕iʔáʔtəŋ cxʷ. She's looking for you. (MJ) | txʷcán ŋ̕ə́naʔ či ƛ̕iʔáʔtəŋ? Whose child are they looking for? (TC)}

ƛ̕iʔáʔyəɬ look around. See under: nəxʷƛ̕iʔáʔiɬ

ƛ̕iʔáŋ ⟦√ƛ̕yaʔ-ŋ √seek-mdl⟧ to look for, seek, search for. (TC) {hiyáʔ yaʔ ƛ̕iʔáŋ ʔaʔ či ʔaʔcx̣. He went looking for crabs. (MJ) | ƛ̕iʔáŋ č cə stíxʷaʔč ʔaʔ či swə́yqaʔ. Octopus was looking for a man. (TC) | ƛ̕iʔáŋ cn ʔaʔ či ʔáčt. I was looking for lingcod. (TC) | hiyáʔ caʔn ƛ̕iyáŋ. I'm going to look for it. (MJ) | ʔuʔhíc kʷaʔčaʔ ʔuʔ ƛ̕iʔáŋ. He was searching, then, for a long time. (MJ) | ƛ̕iʔáŋ caʔ st ʔaʔ či čə́q ɬamúʔəč. We'll look for a big barrel. (MJ) | ƛ̕iʔáŋ u cxʷ ʔaʔ či čéʔəx̣, sƛ̕íƛ̕aʔqɬ? Are *you looking for pitch, child?* (MJ) | ncéʔt, hiyáʔ u qɬ cn *x̣̌iʔáŋ* ʔaʔ či čéʔəx̣? *Daddy, could I go look for some pitch?* (MJ) | ʔiʔ níɬ suʔ*x̣̌iʔáŋ*s ʔaʔ či ʔáʔcx̣ ʔiʔ cqóča? ʔaʔ tə nócu?. *And so he was looking for crabs, and he got one.* (MJ) | ʔuʔhiyáʔ ɬcú ʔiʔ *x̣̌iʔáŋ* ʔaʔ či x̣ʷəxím. *He went down to the beach and was looking for drummer fish.* (MJT) | ʔi uʔ*x̣̌iʔáŋ* st ʔaʔ či sx̣ʷənúʔəsəŋɬ ʔiʔ x̣̌áy st huŋístxʷ tiə sq̓ʷáyɬ yaʔ kʷɬkʷán. *And we look for where to turn for a way to bring back again our language that was lost.* (TC)} VAR: *x̣̌iyáŋ* {ʔuʔx̣ənáɬ yaʔ ti suʔ*x̣̌iyáŋ*s ʔaʔ ti sməyəc ʔəɬ ʔəsnáts. *He always looked for dear at night.* (TC) | hiyáʔ cə swáyqaʔs *x̣̌iyáŋ* ʔaʔ či sʔíɬən. *Her husband went looking for food.* (MJ) | txʷúy kʷaʔ šátəŋ *x̣̌iyáŋ* ʔaʔ či sxʷtəs caʔ. *She was walking alone looking for where to go.* (AA) | hiyáʔ kʷə cə snóq̓ʷuʔ yóščən *x̣̌iyáŋ* ʔaʔ či sʔəɬənístxʷs caʔniɬ x̣áɬ sɬániʔs. *Poor Crane went to look for something to feed his sick wife.* (AA) | *x̣̌iyáŋ* ʔaʔ či sʔíɬəns ʔəɬənístxʷ cə x̣áw̓əs swáyqaʔs. *She looked for food to feed her new husband.* (TC)}

x̣̌iʔcíy̓ ⟦√x̣̌ay<ʔ>-c-i-iy<ʔ> √stop<actl>-persist-dev<actl>⟧ ☞ *x̣̌áyuči* to keep still, remain stopped. (TC) {ʔámət ʔiʔ *x̣̌iʔcíy̓*. *Sit down and keep still.* (TC) | *x̣̌iʔcíy̓* či ʔəɬ qʷáqʷiʔən. *Keep still while I'm talking.* (TC) | *x̣̌iʔcíy̓* či kʷaʔ qʷáqʷiʔən. *Keep still if I'm talking.* (TC)} VAR: *x̣̌ičéy̓* (AS,BC) {*x̣̌ičéy̓* cxʷ. *Stay!* (TC,AS,BC) | *x̣̌ičéy̓* či. *Be still!* (TC,AS,BC) | *x̣̌ičéy̓* cn. *I'm still.* (TC,AS,BC) | *x̣̌ičéy̓* caʔn. *I'm going to be still.* (TC) | ʔámət ʔiʔ *x̣̌ičéy̓*. *Sit and be still!* (AS,BC)} VAR: *x̣̌iʔcéy̓* (ES; TC) {*x̣̌iʔcéy̓* cn. *I kept still.* (AS) | ʔuʔ*x̣̌iʔcéy̓* st. *We're stopped, still.* (AS) | ʔiʔ níɬ č yaʔ suʔx̣ənəŋs kʷɬi q̓áʔŋi, náʔcuʔ q̓áʔŋi, ʔəɬʔúɬ, "sqiʔám̓ kʷi či suʔ*x̣̌iʔcéy̓*!" *And then a girl, one girl, ʔəɬʔúɬ, said, "We can't remain still!"* (AS)}

x̣̌iʔq̓áyu? ⟦√x̣̌əy<ʔ>-q̓-əyu<ʔ> √press<actl>-activ<actl><actl>⟧ ☞ *x̣̌áyəq̓t* to be typing, pressing. {*x̣̌iʔq̓áyu?* cə tím. *Tim is typing.* (BC)} VAR: *x̣̌aʔq̓áyu* (AS)

x̣̌iʔx̣ʷúy̓s ⟦√x̣̌yx̣ʷ=uyəs √?=forehead⟧ cranberry. Viburnum edule (?). (LB,CWH; MJ)

x̣̌iƛ̓aʔx̣̌qɬ child. See under: sx̣̌iƛ̓áʔx̣̌qɬ

x̣̌ičéy̓ keep still. See under: x̣̌iʔcíy̓

x̣̌ičéyŋ sink. See under: x̣̌číyəŋ

x̣̌ikʷáʔli lacrosse. See under: x̣̌kʷáʔli

x̣̌ikʷən̓ ⟦√x̣̌ikʷən̓ √pea⟧ peas, seeds. (TC; AS,BC) {čán̓t cn cə *x̣̌íkʷən̓*. *I'm planting peas.* (AS) | x̣ənəŋ ʔaʔ kʷ *x̣̌ikʷən̓* cə ʔəsmákʷɬ ʔiyá ʔaʔ tə nsxʷúŋən. *The lump in my throat was like a pea.* (MJ) | qʷáyəšt cn cə *x̣̌ikʷən̓*. *I scattered the peas.* (AS)} VAR: *x̣̌íkʷən* (MJT)

x̣̌iƛ̓áyəčiyŋ ⟦x̣̌y+√ƛ̓ay̓č-iy-ŋ pl+√blind-dev-mdl⟧ ☞ *ƛ̓áʔič* to go blind. (LC) VAR: *x̣̌iƛ̓aʔičíyŋ* (MJ)

x̣̌iƛ̓ák̓ʷ ⟦x̣̌y+√ƛ̓k̓ʷ pl+√extinguish⟧ ☞ *ƛ̓ák̓ʷ* to be out, extinguished (of a fire). {*x̣̌iƛ̓ák̓ʷ* kʷəsə ṅsúnuc. *Your fire went out (some time ago).* (EPT)}

x̣̌iƛ̓áq̓ʷ ⟦x̣̌y+√ƛ̓áq̓ʷ pl+√stuck⟧ ☞ *ƛ̓áq̓ʷ* to be completely stuck or several things stuck together. (BC; AS) {ʔuʔmán ʔuʔ *x̣̌iƛ̓áq̓ʷ* tiə sʔíɬənɬ. *Our food is all stuck together.* (AS) | ʔuʔ*x̣̌iƛ̓áq̓ʷ* cə čéʔəx̣. *The gum got all stuck.* (AS)}

x̣̌iƛ̓áq̓ʷtəŋ ⟦x̣̌y+√ƛ̓<á>q̓ʷ-t-ŋ<ʔ> pl+√stuck<actl>-trns-psv<actl>⟧ ☞ *ƛ̓áq̓ʷtəŋ* being stuck on by someone or something (by or of a group). {suʔ*x̣̌iƛ̓áq̓ʷtəŋ*s tə čéʔəx̣ ʔaʔ cə qqíyəŋs. *She stuck pitch in their eyes.* (AA)}

x̣̌iƛ̓áq̓ʷti ⟦x̣̌y+√ƛ̓q̓ʷ-ty pl+√stuck-rcprcl⟧ ☞ *x̣̌iƛ̓áq̓ʷ* to be sticky, things sticking together. (AS,BC; AS)

x̣̌íƛ̓əw̓ ⟦x̣̌i+√ƛ̓iw̓ actl+√escape⟧ ☞ *ƛ̓íw̓* to be escaping, running away, getting away, disappearing. (ES) {*x̣̌íƛ̓əw̓* cn. *I'm running away.* (ES)} VAR: *x̣̌iƛ̓uʔ* {hiʔ*x̣̌iƛ̓uʔ* təsə sx̣̌iƛ̓áʔx̣̌ɬ. *The child is running away.* (MJT)}

x̣̌iƛ̓áx̣ʷiʔ ⟦x̣̌y+√ƛ̓x̣ʷay̓ pl+√dog_salmon⟧ ☞ *ƛ̓x̣ʷáy̓* several chum salmon, dog salmon. (EPT; MJT; AS) VAR: *x̣̌iƛ̓x̣ʷáy̓* (AS) VAR: *ƛ̓aʔyəx̣ʷáy̓* (MJT) ⟦√ƛ̓<əʔyə>x̣ʷay̓ √dog_salmon<pl>⟧

x̣̌iƛ̓áyəqt ⟦x̣̌y+√ƛ̓əyq̓-t pl+√press<pl>-trns⟧ ☞ *ƛ̓áyəqt* to press down on several objects, repeatedly, or by several subjects. ⟪Usage: used for to refer to kneading bread or pressing basket material to make it smooth⟫ {*x̣̌iƛ̓áyəqt* cn. *I pressed it fast.* (MJT)}

x̣̌íƛ̓q ⟦√x̣̌iƛ̓q √young⟧
1. any relative (cousin, aunt, uncle) about the same age as oneself. (EPT; MJT; AS,BC) {kʷɬ*x̣̌íƛ̓q* cn *Now I'm an aunt (older brother or sister had a child).* (MJT) | ʔən*x̣̌íƛ̓q* cn *I'm your aunt.* (MJT) | ʔiʔtčínsən cn ʔaʔ kʷsi *x̣̌íƛ̓qɬ*. *I was approached by our aunt.* (MJ) | nuʔqínəŋ cn ʔaʔ kʷi nə*x̣̌íƛ̓q*. *My age-mate almost got mad at me.* (MJ) | nsuʔčáŋ ʔiʔ čtát cn kʷɬə nə*x̣̌íƛ̓q* nəcácc kʷaʔ ʔəsx̣ʷaníŋəs caʔ či nsqʷáy̓əs. *So I got home, and I asked my aunt how I was going to cook it.* (MJ) | x̣̌ičáʔis st ʔiʔ x̣̌ičáʔis kʷi nə*x̣̌íƛ̓q*. *We clawed up, and my uncle (same age as me) clawed up.* (MJ)
2. parent's younger sibling. (LB,CWH) VAR: *x̣̌íƛ̓qɬ* (LB,CWH; AS,BC) {ʔiyá kʷsi nə*x̣̌íƛ̓qɬ* Louisa Sparks. *My age-mate Louisa Sparks was there.* (MJ)}

x̣̌iƛ̓q̓ʷík̓ʷən ⟦x̣̌y+√ƛ̓q̓ʷ-ik̓ʷən pl+√stuck=interior⟧ ☞ *ƛ̓áq̓ʷ* to feel hunger pangs. ⟪The stomach is so empty its sides are stuck together.⟫ (AS,BC)

x̣̌iƛ̓úyəqs ⟦x̣̌y+√ƛ̓uyəqs pl+√box⟧ ☞ *ƛ̓úyəqs* several boxes. (MJT; HS)

x̣̌íq ⟦√x̣̌iq √out_of_water⟧
1. to come up out of water. (TC) {*x̣̌íq* cn. *I came up out of the water.* (TC) | hú? cn *x̣̌iq* ʔəɬ ʔənʔán q ʔiʔ nəsuʔʔán. *When I'd come up to the surface, I'd go ashore.* (TC) | kʷ*x̣̌iq* cə ʔəsás ʔuʔiyá ʔaʔ cə nəskʷápət cə nsnáxʷɬ. *The sea lion came up out of the water at the stern of my canoe.* (TC)}
2. to rise (of the sun). {*x̣̌íq* cə sqʷqʷáy̓. *The sun rose.* (TC)}

ƛ̓íq̓ ⟦√ƛ̓iq̓ √press⟧   to be very near, close by, pressed close. {ʔuʔƛ̓íq̓ tə sŋánt. *The rock is close.* (AS)}

ƛ̓íq̓t ⟦√ƛ̓iq̓-t √press-trns⟧ ☞ ƛ̓íq̓ to press on something. (AS) {ƛ̓íq̓t cn cə nscáʔi. *I pressed my material (what I was working on).* (AS)}

ƛ̓íq̓ti ⟦√ƛ̓iq̓-ty √press-rcprcl⟧ ☞ ƛ̓íq̓t to press (things) together. (AS,BC) {nəsuʔkʷə́xt cə cáyss ʔaʔ cə sƛ̓íq̓tis ʔiyá ʔaʔ cə sxʷaʔxʷənáʔəm. *I pushed away his hands that he had pressed together on a bug.* (MJ)}

ƛ̓íq̓ʷ ⟦√ƛ̓<í>q̓ʷ √stuck<pers>⟧ ☞ ƛ̓ə́q̓ʷ to be stuck on. (AS) {ƛ̓íq̓ʷ cə čéʔəx̣. *The pitch is stuck on.* (AS)}

ƛ̓íw̓ ⟦√ƛ̓iw̓ √escape⟧   to escape, run away, get away, disappear from some confinement. (EPT; ES; AS,BC) ⟪Usage: The Klallam words /ƛ̓íw̓/ and /ɬáw̓/ both translate into English as 'escape', but they have a subtle difference in meaning in Klallam. /ƛ̓íw̓/ is used to refer to an escape from confinement while /ɬáw̓/ is used to refer to escape from some immediate situation. Compare the two sentences /ƛ̓íw̓ cə nəsqáx̣aʔ/ and /ɬáw̓ cə nəsqáx̣aʔ/. They both are translated 'my dog ran away', but the former, with /ƛ̓íw̓/, means that my dog is not where I expect him to be, he's managed to get through the fence and has run off. The sentence with /ɬáw̓/, on the other hand, means that my dog ran away from some particular thing. It might, for example, refer to a situation where I called my dog, but he ran away from me.⟫ {ƛ̓íw̓ cn. *I ran away.* (MJT; TC) | ƛ̓íw̓ caʔn. *I'm going to run away.* (MJT) | ƛ̓íw̓ cə nəsqáx̣aʔ. *My dog ran away (it was gone when I got home).* (TC) | ƛ̓íw̓ cn ʔaʔ cə ʔáʔiŋ. *I ran away from that house.* (TC) | ƛ̓íw̓ cn ʔaʔ cə nəcə́t. *I ran away from my father.* (TC) | suʔƛ̓iw̓núŋəts kʷə hiyáʔ kʷaʔ ƛ̓íw̓. *He managed escape and run away.* (TC)}

ƛ̓íw̓núŋət ⟦√ƛ̓iw̓-nuŋt √escape-ncmdl⟧ ☞ ƛ̓íw̓ to manage to finally escape. {suʔƛ̓íw̓núŋəts kʷə hiyáʔ kʷaʔ ƛ̓íw̓. *He managed to escape and run away.* (TC) | ʔiʔ nít suʔƛ̓íw̓núŋəts. *And then he escaped.* (TC)}

ƛ̓íxʷ ⟦√ƛ̓ixʷ √wind⟧   one of the winds. (AS,BC)

ƛ̓ixʷúy̓s unnecessary. *See under:* ƛ̓xʷiyús

ƛ̓ix̣ʷuysíɬč ⟦√ƛ̓yx̣ʷ=uyəs=iɬč √ʔ=forehead=plant⟧ ☞ ƛ̓iʔx̣úy̓s cranberry plant. *Viburnum edule (?).* ⁂Leaves are used for tea. When harvesting for tea, take only the large, older leaves, not the new, small ones. (MJT)

ƛ̓iyáʔc ⟦√ƛ̓yaʔ-t-c √seek-trns-1obj/2obj⟧ ☞ ƛ̓iyáʔt seek me; seek you. (LC; TC) {ƛ̓iyáʔc cn. *I look for you.* (TC) | ƛ̓iyáʔc yaʔ cn. *I looked for you.* (ES) | ƛ̓iyáʔc u cxʷ? *Did you look for me?* (ES)}

ƛ̓iyáʔŋ searching. *See under:* ƛ̓iʔáʔəŋ

ƛ̓iyaʔƛ̓ápt butterflies. *See under:* ƛ̓əyaʔƛ̓ápt

ƛ̓iyáʔt ⟦√ƛ̓yaʔ-t √seek-trns⟧ ☞ ƛ̓iʔáŋ to seek, search for, look for something or someone. (TC; ES) {ƛ̓iyáʔt cn. *I looked for it.* (TC) | ƛ̓iyáʔt yaʔ cn. *I looked for it.* (TC) | níɬ suʔƛ̓iyáʔt ti tə́ŋəxʷ. *Then we looked for land.* (TC) | ƛ̓iyáʔts cə tálə. *They looked for the money.* (MJ) | ʔəsnát č sxʷx̣čŋíns ʔaʔ či sctə́ŋs kʷɬiʔƛ̓iyáʔts či súɬ. *At night she thought she would crawl to find a path.* (MJ)} VAR: ƛ̓iyát {ƛ̓iyát cn tə nəsuʔəcísən ʔiʔ čúnəxʷ cn. *I looked for my ring, and I found it.* (MJT)}

ƛ̓iyáʔtəŋ ⟦√ƛ̓ya?-t-ŋ √seek-trns-psv⟧ ☞ ƛ̓iyáʔt to be looked for. (ES) {ƛ̓iyáʔtəŋ ʔiʔ ʔiyáʔnəŋ cə q̓aʔyíq̓əŋ. *They looked for him and heard a gurgling sound.* (ES) | níɬ suʔƛ̓iyáʔtəŋs ʔaʔ kʷi sʔiyáʔnəŋs. *Then they looked around for what they were hearing.* (ES)}

ƛ̓iyáŋ seek. *See under:* ƛ̓iʔáŋ

ƛ̓iyéʔŋən ⟦√ƛ̓<iy>iʔŋn √tendon<pl>⟧ ☞ ƛ̓éʔŋən several tendons. (MJT)

ƛ̓iyúcən ⟦√ƛ̓əy=ucin √quiet=mouth⟧   to keep one's mouth shut. (MJT)

ƛ̓kʷáʔisəŋ ⟦√ƛ̓kʷ=aʔys-ŋ √take=claw-mdl⟧ ☞ ƛ̓kʷáyəs to grab on (to something). {ƛ̓kʷáʔisəŋ cn. *I grabbed on.* (TC)}

ƛ̓kʷáʔli ⟦√ƛ̓kʷaʔli √lacrosse⟧
1. a game similar to hockey or lacrosse played on the beach using sticks to hit a kelp bladder. ⁂The young people used to play this after supper on the beach at Pysht. (AS,BC; AS)
2. to play the game of lacrosse. (AS) [loan of unknown origin] VAR: ƛ̓ikʷáʔli {ƛ̓ikʷáʔli kʷi kʷə swéʔwəs. *The boy is playing lacrosse.* (AS)} VAR: ƛ̓ukʷáʔli (AS,BC)

ƛ̓kʷaʔyís ⟦√ƛ̓kʷ=ay<ʔ><í>s √take=claw<actl><pers>⟧ ☞ ƛ̓kʷáyəs to be holding on, hanging onto (something). {ƛ̓kʷaʔyís cn. *I'm holding on.* (TC) | ʔuʔxiʔčaʔyís kʷaʔčaʔ ʔəɬ ƛ̓kʷaʔyís. *He was clinging on with his nails.* (ES)} VAR: ƛ̓kʷáʔis (EPT; AS) {ʔúxʷ či ƛ̓kʷáʔis ʔaʔ kʷsanu. *Go ahead and take it.* (EPT) | ƛ̓kʷáʔis cn ʔaʔ či scayíqʷɬ. *I'm holding on to the fruit.* (AS) | hiyáʔ həwíyŋ ʔúxʷnəs cə nəčuʔ ƛ̓kʷáʔis ʔaʔ cə scaʔkʷaʔyúɬ. *He returned to go after the other one holding onto the boat.* (MJ)} VAR: ƛ̓kʷáis {ƛ̓kʷáis či. *Pick it up.* (MJT)}

ƛ̓kʷás ⟦√ƛ̓kʷ-as √take-ptcaus⟧ ☞ ƛ̓kʷə́t to get something. (AS; AS,BC) {ƛ̓kʷás cn. *I got it.* (AS) | ƛ̓kʷás u cxʷ? *Did you get it?* (AS,BC) | ƛ̓kʷás u cxʷ cə sx̣aʔyéʔq̓ɬ? *Did you get the children?* (AS)}

ƛ̓kʷáyəs ⟦√ƛ̓kʷ=ayəs √take=claw⟧ ☞ ƛ̓kʷə́t to grab, take, get (something). (AS,BC) {ƛ̓kʷáyəs caʔn ʔaʔ cə scayíqʷɬ. *I'm going to take some fruit.* (AS) | ʔúxʷ ƛ̓kʷáyəs ʔaʔ či qʷúʔ. *Go get some water.* (EPT)} VAR: ƛ̓kʷáys {ʔuʔŋə́ntxʷ kʷi či ƛ̓kʷáysxʷ. *Get a lot.* (AS)}

ƛ̓kʷayíw̓c ⟦√ƛ̓kʷ=ay̓=iw̓c √take=wood=fire⟧ ☞ ƛ̓kʷə́t to get firewood, carry firewood. (EPT) {ʔúxʷ či ƛ̓kʷayíw̓c. *Go get firewood.* (EPT)} VAR:

x̣ʷayíwc (ES) VAR: x̣ʷayʼíwc {saʔát cn kʷaʔ x̣ʷ*ayíwc*s. *I told him to get firewood.* (MJT)}

x̣ʷáy̓s ⟦√x̣ʷ-ay̓s √take-activ⟧ ☞ x̣ʷə́t to get, take. {ʔuʔkʷə́nəxʷ cn tə sx̣x̣ínaʔs ʔəɬ sxʷʔiyás x̣ʷ*áy̓s* ʔaʔ ti sʔíɬəns ʔiʔ ʔíɬən. *I saw their feet while they got the food and ate.* (MJ) | čʼsaʔtxʷ či nsx̣ʷ*áy̓s* ʔaʔ či tíxʷɬc. *Get two tongues.* (EPT)}

x̣ʷcísc ⟦√x̣ʷ=acis-t-c √take=hand-trns-1obj/2obj⟧ ☞ x̣ʷcíst shake hands with me; shake hands with you. {x̣ʷ*císc* caʔn. *I'm going to shake hands with you.* (TC) | x̣ʷ*císc* či. *Shake my hand.* (ES)}

x̣ʷcíst ⟦√x̣ʷ=acis-t √take=hand-trns⟧ ☞ x̣ʷə́t to shake hands with someone. (EPT; ES,TC) {x̣ʷ*císt* či. *Shake hands with him.* (MJT) | ʔáwə c x̣ʷ*císt*. *Don't shake hands with him.* (MJT)}

x̣ʷcístəŋ ⟦√x̣ʷ=acis-t-ŋ √take=hand-trns-psv⟧ ☞ x̣ʷcíst
1. to have one's hand shaken (by someone). (ES,TC) {suʔənʔás ʔiʔ x̣ʷ*cístəŋ* cn. *He came and shook my hand.* (MJ)}
2. to be held by the hand. {x̣ʷ*cístəŋ* cn hiyáʔ ɬkʷístən. *She'd hold me by the hand and take me home.* (TC)}

x̣ʷcísti ⟦√x̣ʷ=acis-ty √take=hand-rcprcl⟧ ☞ x̣ʷcíst to shake hands with each other. (EPT) {čaʔx̣ʷ*císti* cə sʔəyúq̓ʷaʔs. *The brothers finally shook hands.* (AS)}

x̣ʷə́c ⟦√x̣ʷ-t-c √take-trns-1obj/2obj⟧ ☞ x̣ʷə́t take me; take you. {x̣ʷ*ə́c* caʔn ʔiʔ hiyáʔ caʔ st x̣aʔčixʷícən. *I'm going to take you, and we'll go to Port Angeles.* (TC) | stáŋ ʔuč či x̣ʷ*ə́c*? *What took me?* (TC)}

x̣ʷə́nʼtən ⟦√x̣ʷ=anʼ=tən √take=ear=instr⟧ ☞ x̣ə́kʷ a handle. (MJT)

x̣ʷə́t ⟦√x̣ʷ-t √take-trns⟧ ☞ x̣ə́kʷ to take, grab something (in one's hand). (EPT; LC; ES; AS,BC; TC) {x̣ʷ*ə́t* cxʷ. *You took it.* (MJ) | x̣ʷ*ə́t* cə sŋánt. *Take the rock.* (TC) | čaʔx̣ʷ*ə́t* cn. *I just now took it.* (TC) | ʔáwə cn c x̣ʷ*ə́t* cə tálə. *I didn't take the money.* (MJ) | ʔiʔ x̣ʷ*ə́t*s yaʔ ʔiʔ q̓cə́ct cə ɬíkʷən. *And he grabbed it at it, and the gaff shrank.* (ES) | x̣ʷ*ə́t*s cə q̓ayúx̣ʼən ʔiʔ ɬkʷísts. *He got a slug and brought it home.* (MJ) | suʔx̣ʷ*ə́t*s kʷsə nəŋánaʔ cə sqʷúʔtn ʔiʔ hiyáʔ. *So my daughter took the bucket and went.* (ES) | níɬ suʔx̣ʷ*ə́t*ɬ či púyaʔkʷ. *So we got a gun.* (ES) | x̣ʷ*ə́t* kʷsə čʼəyaʔwiʔ. *Take those dishes!* (EPT) | ʔuʔx̣ənáɬ tə nəsuʔx̣ʷ*ə́t*. *I take it all the time.* (TC) | x̣ʷ*ə́t* či kʷsə nʼtálə. *Take your money.* (EPT) | huʔx̣ʷ*ə́t* cn kʷi. *I'm going to get it* (MJT) | cán yaʔ kʷi x̣ʷ*ə́t*xʷ? *Who did you take?* (TC) | x̣ʷ*ə́t* cn kʷsə táləs yaʔ kʷsə nəcə́t. *I took my father's money.* (TC) | ʔiʔ níɬ suʔčʼə́y̓əss ʔiʔ x̣ʷ*ə́t*s yaʔ. *And then he turned around and grabbed it.* (ES) | ʔáwə c nəsx̣ʼé ̓ či nəsx̣ʷ*ə́t*. *I don't want to take it.* (MJT) | ʔúxʷ kʷi ʔúxʷnəs ʔiʔ x̣ʷ*ə́t*. *Go to it and get it.* (MJ) | suʔx̣ʷ*ə́t*s cə x̣úyəqs ʔiʔ kʷə́ts. *He took the box, and he opened it.* (MJ) | táči kʷaʔ kʷə cə́ʔcts ʔiʔ x̣ʷ*ə́t*s kʷə ŋə́naʔs. *His father came, and he got his child.*

(AS,BC) | níɬ č suʔkʷánəŋəts ʔiʔ x̣ʷ*ə́t*s cə sx̣əyéʔx̣ɬ ʔiʔ səwə́ts. *Then they ran, and they took the children, and they hid them in the woods.* (AS) | níɬ ixʷ suʔx̣ʷ*ə́t*s ʔaʔ kʷsə nəsíyaʔ tsə x̣úyəqs. *Then I guess my grandmother took a box.* (MJ) | hiyáʔ caʔ st kʷi x̣ʷ*ə́t* kʷsəs q̓áʔŋi kʷaʔ níɬs ʔučtə. *We will go take that girl that must be the one.* (MJ) | ʔəsnát ʔiʔ x̣ʷ*ə́t*s ti ɬíkʷəns ʔiʔ hiyáʔ ʔúxʷ ʔaʔ ti stúʔwiʔ. *It was night, and he took his gaff and went to the river.* (ES) | x̣ʷ*ə́t* cə tšéʔqʷən ʔiʔ tšéʔqʷən či. *Take the comb and comb your hair.* (TC,AS,BC) | suʔx̣ʷ*ə́t*s ʔiʔ nuʔkʷə́y̓əxct. *So he took it and sort of fluttered himself.* (TC) | ʔiʔ x̣ʷ*ə́t*s cə sʔúq̓ʷaʔs ʔiʔ čʼáts, "ʔəstúŋət cxʷ ʔuč?" *And he took his brother and asked him, "What did you do?"* (ES) | ʔiʔ x̣ʷ*ə́t*s cə kapús ʔiʔ tə sčʼə́səqʷs ʔiʔ kʷánəŋət sqéyŋ ʔúxʷ ʔaʔ cə sčaʔkʷaʔyúɬs ʔiʔ hiyáʔ ɬúkʷ. *He took his coat and his hat and ran outside to his car and went home.* (ES)}

x̣ʷə́təŋ ⟦√x̣ʷ-t-ŋ √take-trns-psv⟧ ☞ x̣ʷə́t to be taken, grabbed by someone. (AS,BC) {páʔəts či nəx̣ʷ*ə́təŋ*. *He tried to grab me.* (TC) | páʔəts či nəsx̣ʷ*ə́təŋ* ʔiʔ ʔəsɬáʔyəŋ. *They tried to get me, but they couldn't reach.* (ES) | suʔx̣ʷ*ə́təŋ*s cə nə́cuʔ kʷánəŋət. *So another one who ran was taken.* (MJ) | níɬ č suʔx̣ʷ*ə́təŋ*s ʔaʔ stáʔčəŋ cə néʔ stíqʷs. *Then Wolf took what was left of the meat.* (TC) | óʼʼ, naʔníɬ yəxʷ yaʔ sxʷhiyáʔtəŋs ʔaʔ kʷi sx̣ʷ*ə́təŋ*ɬ. *Oh, that is where they took us from when they grabbed us.* (AA) | níɬ nsuʔx̣ʷ*ə́təŋ* ʔaʔ kʷi ncə́t yaʔ ʔiʔ čšyuʔ qsə́təŋ ʔaʔ cə stúʔwiʔ. *Then I'd be taken by my father and thrown into the river.* (TC) | ʔuʔx̣ʷ*ə́təŋ* wuʔ ʔaʔ tsə kʷɬčə́q kʷi sqʷáys yaʔ. *I wonder if that old lady took his voice.* (ES) | x̣ʷ*ə́təŋ* tə ɬuʔɬáʔwiʔs ʔiʔ hiyáʔ ɬkʷístən ʔaʔ cə stútaʔwiʔ. *They took his arms and took him across the creek.* (ES) | níɬ suʔx̣ʷ*ə́təŋ*s cə x̣áqšəns cə sʔáyəxʷ xʷanítəm. *So they took the old white man's shoes.* (TC) | x̣ʷ*ə́təŋ* ti sx̣énaʔs ʔiʔ nəxʷčxícəŋ ti ʔəcɬtáyŋxʷ. *They would take them by the legs and rip a person in two.* (ES) | níɬ suʔənʔás ʔiʔ x̣ʷ*ə́təŋ* cn sáʔətəŋ. *Then he came, and I was taken and lifted.* (MJ) | čaʔx̣ʷ*ə́təŋ* ʔiʔ hiyáʔtəŋ čʼáʔ kʷaʔ cə skʷáči. *They were immediately grabbed and taken up into the sky.* (AA) | ʔə́y̓ stáyŋəxʷ ti čiyúyaʔ ʔəɬ x̣ʷ*ə́təŋ*əxʷ; x̣ənə́ɬ ti suʔɬáws. *Twins are good medicine when the take hold of you; they always get better.* (MJT) | suʔx̣ʷ*ə́təŋ*s ʔaʔ kʷi nəsíyaʔ cə x̣úyəqs ʔiʔ hiyáʔ štəŋ txʷəʔúxʷ ʔaʔnəxʷq̓íyt. *So my grandfather took the box and walked toward Little Boston.* (MJ) | suʔx̣ʷ*ə́təŋ*s ʔiʔcəŋáʔəʔtəŋ hiyáʔ ɬkʷístən ʔúxʷtən ʔaʔ cə sxʷʔiyás cə stáʔčəŋ, cə ʔáʔiŋs cə stáʔčən. *So he was taken being packed over home to where the wolves were, the wolves' home.* (TC)}

x̣ʷiʔíɬ ⟦√x̣ʷ-i=ʔiɬ √take-persist=child⟧ ☞ x̣ə́kʷ to carry a baby. {hiʔx̣ʷ*iʔíɬ*. *She's carrying a baby.* (MJT)}

x̣ʷiʔkʷáʔsəŋ ⟦√x̣ʷ=iʔkʷaʔs-ŋ <ʼ> √take=paddle-mdl<actl>⟧ ☞ x̣ə́kʷ to take a paddle or oar. {x̣ʷ*iʔkʷáʔsəŋ* či! *Get your paddle!* (MJT)}

ƛ̕kʷíc ⟦√ƛ̕kʷ-i-t-c √take-persist-trns-1obj/2obj⟧ ☞ ƛ̕kʷít hold me; hold you. (ES) {híc ʔəɬ ƛ̕kʷícxʷ. *You're holding me a long time.* (TC) | ʔáwənə ƛ̕kʷíc. *Nobody's holding me.* (TC) | ʔáwə cn c ƛ̕kʷíc. *I'm not holding you.* (TC) | níɬ ƛ̕kʷíc. *He's the one holding you.* (TC) | čáʔsaʔ cə ƛ̕kʷíc. *Two people are holding me.* (TC)}

ƛ̕kʷíɲət ⟦√ƛ̕kʷ-i-niɲt √take-persist-scs⟧ ☞ ƛ̕ə́kʷ to manage to get to hold. {ƛ̕kʷíɲət cn cə sƛ̕íƛ̕aʔƛ̕qɬ. *I barely got hold of the child.* (AS)}

ƛ̕kʷíns ⟦√ƛ̕kʷ=inəs √take=chest⟧ ☞ ƛ̕kʷə́t to be appetizing, tease the appetite. (AS,BC)

ƛ̕kʷinúɲət ⟦√ƛ̕kʷ-i-nuɲt √take-persist-ncmdl⟧ ☞ ƛ̕kʷnúɲət to manage to hold something or someone. {ƛ̕kʷinúɲət cn cə sƛ̕íƛ̕aʔƛ̕qɬ. *I barely got a hold of the child.* (AS)}

ƛ̕kʷíɲətəŋ ⟦√ƛ̕kʷ-niɲt-ŋ √take-scs-psv⟧ ☞ ƛ̕kʷníɲət to get to be taken. {ʔuʔƛ̕kʷíɲətəŋ cn. *He got to take me. / He got me and took me.* (AS) | ƛ̕kʷíɲətəŋ kʷi kʷə ŋə́naʔs. *They took her child.* (AS) | ƛ̕kʷíɲətəŋ yaʔ ʔiʔ hiyáʔtəŋ ƛ̕aʔtáwn. *They came and got me and took me to town.* (AS)}

ƛ̕kʷiŋít ⟦√ƛ̕kʷ-i-ŋi-t √take-persist-rel-trns⟧ ☞ ƛ̕kʷít to take and hold, take possession of someone or something. {ʔuʔƛ̕kʷiŋít yaʔ cn kʷɬə ŋaʔŋáʔnaʔs. *I took and held her baby.* (AS)}

ƛ̕kʷiŋítəŋ ⟦√ƛ̕kʷ-i-ŋi-t-ŋ √take-persist-rel-trns-psv⟧ ☞ ƛ̕kʷiŋít to be taken and held by someone or something. (AS) {ƛ̕kʷiŋítəŋ cn. *He held me.* (AS) | hiyáʔ kʷɬaʔ ƛ̕kʷiŋítəŋ. *She was taken.* (AS) | ƛ̕kʷiŋítəŋ kʷi kʷə scúɬ. *He took possession of the wood.* (AS)} VAR: ƛ̕kʷinítəŋ (AS) {ƛ̕kʷinítəŋ cn. *He held me.* (AS)}

ƛ̕kʷístəŋ ⟦√ƛ̕kʷ-istxʷ-ŋ √take-caus-psv⟧ ☞ ƛ̕kʷístxʷ to have (someone or something) be taken by someone or something. (AS) {ʔiʔ ƛ̕kʷístəŋ ʔiʔ čáɲtəŋ ʔiʔ cákʷəŋ. *They carried him and took him home and laid him down.* (MJ) | ʔuʔhəwíyŋ caʔn kʷaʔ sqiʔáms či sƛ̕kʷístəŋs. *I'll go back if he can't have it taken.* (MJ) | ƛ̕kʷístəŋ kʷi kʷə swə́yqaʔs ƛ̕aʔtáwnstəŋ. *They came and took her husband to town.* (AS)}

ƛ̕kʷístxʷ ⟦√ƛ̕kʷ-istxʷ √take-caus⟧ ☞ ƛ̕ə́kʷ to take, hold someone. {ƛ̕kʷístxʷ cn cə nŋə́naʔ. *I took/held my child.* (AS)}

ƛ̕kʷít ⟦√ƛ̕kʷ-i-t √take-persist-trns⟧ ☞ ƛ̕kʷə́t Stem: ƛ̕kʷtí [stem for third-person and subordinate subjects] to hold, hang on to something. (EPT; LC; AS,BC; ES; WB,AS,BC) {ʔáwə c ƛ̕kʷít *Don't hold it.* (MJT) | ƛ̕kʷít či. *Keep holding it.* (MJT) | txʷƛ̕kʷít či. *Hold it for a while (then put it down).* (MJT) | ʔáwə cxʷ c ƛ̕kʷít. *You're not holding it.* (TC) | ƛ̕kʷít či tsə *Hold that.* (EPT) | ƛ̕kʷít či kʷsə ńtálə. *Hold your money.* (EPT) | ʔuʔƛ̕kʷít cn ʔəʔ ti ʔuʔxənʔáɬ. *I hold it all the time.* (TC) | ƛ̕kʷít cn tiə sŋánt. *I'm holding this rock.* (TC) | ƛ̕kʷít cn tiə nəsxʷćsə́t. *I'm holding this to hit him with.* (TC) | ʔuʔƛ̕kʷít u cxʷ cə ńƛ̕úyəqs? *Do you have your drum?* (TC,AS,BC) | kʷánəs. sxáʔəs cə ƛ̕kʷtíxʷ. *Throw it away. What you're holding is no good.* (ES) | kʷánəs cə ƛ̕kʷtíxʷ. sxáʔəs. *Throw away what you're holding. It's no good.* (ES) | ʔuʔƛ̕kʷít u cxʷ? *Are you holding it?* (TC) | huʔƛ̕kʷít cn. *I'm holding it.* (MJT; TC) | stáŋ ʔuč tsə ƛ̕kʷtíxʷ? *What's that you're holding?* (ABT) | stáŋ ʔuč cə ƛ̕kʷtíxʷ? *What are you holding?* (LC) | hiʔkʷəyəɬ tə ʔiʔƛ̕kʷtíxʷ. *What you're carrying is spilling.* (MJT) | ʔáwə qɬ c ɬə́yəqʷi kʷaʔ ƛ̕kʷítən. *I wouldn't smash if I held it.* (MJT) | ƛ̕kʷíts cə cə tčə́n. *He held the spear.* (MJ) | ʔáwə c ʔəsxʷańíŋ ʔiʔ ɬəc kʷaʔ ʔə́cs ƛ̕kʷít. *It won't be that way and break if it's me that holds it.* (MJT) | níɬ suʔqʷáys cə čáʔsaʔ ʔiʔƛ̕kʷít, "kʷaʔkʷaʔə́t." *Then the two that were holding him said, "Leave him alone."* (ES) | kʷƛ̕kʷtís. *He's already holding it.* (MJT) | ŋə́ń ƛ̕kʷtíxʷ. *You're holing a lot.* (TC)}

ƛ̕kʷnáʔŋ ⟦√ƛ̕kʷ-na<ʔə>xʷ-ŋ<ʔ> √take-nctrns<actl>-psv<actl>⟧ ☞ ƛ̕kʷnáʔəxʷ being gotten by someone or something. {čšaʔiyá ʔaʔ cə súʔukʷ ti sƛ̕kʷnáʔəys ti scə́qi ʔiʔ ti q̓ə́šqs ʔiʔ ti kʷítšən ʔiʔ ti ƛ̕xʷáy. *They were there from Sooke getting sockeye, coho, spring salmon, dog salmon.* (TC)}

ƛ̕kʷnáʔəxʷ ⟦√ƛ̕kʷ-na<ʔə>xʷ √take-nctrns<actl>⟧ ☞ ƛ̕kʷnáxʷ Stem: ƛ̕kʷəná [stem for subject suffixes] to be getting something. Stem: ƛ̕kʷná [third-person subject stem] {máń ʔuʔ ƛ̕kʷnáʔəs ti ʔəy sʔíɬəns cə swə́yqaʔs cə saʔə́yčəńs. *The husband of the younger sister really got good food.* (AA) | ƛ̕kʷnáʔəxʷ cxʷ. *You're getting it.* (TC) | ƛ̕kʷnáʔəxʷ cn. *I'm getting it.* (TC) | kʷɬiʔƛ̕kʷəná?əs kʷi či sxʷəná?əms. *He's getting the power to heal.* (MJT)}

ƛ̕kʷnáŋ ⟦√ƛ̕kʷ-naxʷ-ŋ √take-nctrns-psv⟧ ☞ ƛ̕kʷnáxʷ to be caught, gotten, manage to be taken. (AS,BC) {ƛ̕kʷnáŋ cn. *Someone caught me.* (ES) | sqiʔáʔəm či nəsƛ̕kʷnáŋ. *They couldn't get me.* (TC) | níɬ nsčaʔƛ̕kʷnáŋ. *Then they just managed to get me.* (ES) | ččásəŋ cn ʔiʔ ʔáwə cn c ƛ̕kʷnáŋ. *He chased me, but he didn't catch me.* (MJ) | nəxčŋíń ʔaʔ či nsŋə́ń cə tálə či ƛ̕kʷnáŋ. *I thought I'd get lots of money.* (TC) | ʔuʔƛ̕kʷnáŋ ti ʔəcɬtáyŋxʷ ʔaʔ cə tayapš ʔiʔ čiʔáyətəŋ. *The people were caught by the tayapš and were turned back.* (ES)} VAR: ƛ̕kʷənáŋ (MJT)

ƛ̕kʷnáxʷ ⟦√ƛ̕kʷ-naxʷ √take-nctrns⟧ ☞ ƛ̕ə́kʷ Stem: ƛ̕kʷná [stem for third-person subject and subordinate subjects] to catch, manage to get, manage to take something or someone. (AS,BC; AS) {ƛ̕kʷnáxʷ cn. *I caught it. / I got it.* (ES; TC) | ʔuʔƛ̕kʷnáxʷ caʔ cxʷ. *I'm going to get him.* (implying revenge) (TC) | ƛ̕kʷnáxʷ u cxʷ? *Did you catch it?* (ES; TC) | ʔáwə cn c ƛ̕kʷnáxʷ. *I didn't get them.* (TC) | ƛ̕kʷnáxʷ cn kʷsə húʔpt. *I caught the deer.* (ES) | ʔuʔƛ̕úƛ̕aʔ ti ƛ̕kʷnás. *She managed to get a little.* (MJ) | ƛ̕kʷnáxʷ cn cə skʷənáŋəɬ. *I received the power.* (ES) | ƛ̕kʷnáxʷ u cxʷ či ńsxʷəná?əm? *Did you manage to get your power?*

(MJ) | ƛ̓k̕ʷnás. *He caught it (a fly ball).* (ES) | ƛ̓k̕ʷnás cə sčáys. *He got the job.* (TC) | ʔiʔ ʔáwə c ƛ̓k̕ʷnás. *And he didn't get it.* (ES) | ƛ̓k̕ʷnás cə nəskʷə́cc. *He got my message.* (MJT) | ʔáwə st c ƛ̓k̕ʷnáxʷ tə xʷə́q̓ʷaʔɫ. *We didn't get whooping cough.* (MJ) | ƛ̓k̕ʷnáxʷ cn tiə nəscáy čʔiyá ʔaʔ cə ləmətú. *I got my wool from a sheep.* (TC) | həčáyənən či ʔɬ ƛ̓k̕ʷnáxʷ ti oranges. *Control yourself from taking those oranges.* (MJT) | húʔ st ƛ̓k̕ʷnáxʷ ti sxə́naʔs ti smə́yəc ʔiʔ niɬ suʔq̓ʷəyə́sniłł. *When we get the deer hooves, we boil them.* (TC) | kʷɬhíc cn ʔəɬ ƛ̓iʔáʔtən ti tə́mɬ ʔiʔ ʔáw cn kʷaʔ ƛ̓k̕ʷnáxʷən. *I've been looking for ocher for a long time and haven't got hold of any.* (TC) | nənə́t cn tə ʔəliluʔíɬč ʔiʔ čaʔƛ̓k̕ʷnáxʷ cn tə ʔəlíluʔ. *I bent the salmonberry bush down and finally got the salmonberries.* (MJT) | ʔuʔhúy ʔuʔ ƛ̓k̕ʷnáxʷ cə təltálə čʔiyá ʔaʔ cə marina. *They are the only ones that manage to get money from the marina.* (TC) | ʔiʔ ʔáw kʷə ʔúŋəstən ʔaʔ či stán sčáʔis suƛ̓k̕ʷnáxʷs či ƛ̓úƛ̓aʔ tálə. *And they are not given any job where they can manage to get a little money.* (TC) | niɬ kʷaʔčaʔ scixʷáss kʷi ncə́t cə q̓ayúƛ̓ən cə sxʷʔáwəɬ c ƛ̓k̕ʷnáxʷ č qɬ či xʷə́q̓ʷaʔɫ. *Then my father brought in the slug so that we wouldn't get whooping cough.* (MJ) | xčŋíns q kʷə kʷɬčə́q yaʔ, Pysht Jack, ʔaʔ či sƛ̓k̕ʷnáxʷs kʷaʔ čə́y̓əss. *The old man, Pysht Jack, thought he'd grab it when he turned around.* (ES) | húʔ ƛ̓k̕ʷnás činu ʔəcɬtáyŋxʷ ʔəɬ ʔiʔšə́təŋs ʔaʔ ti súɬ, ʔiʔ sqqíŋs. *When they took a person walking on the road, they would play with them.* (ES)} VAR: ƛ̓k̕ʷənáxʷ {ƛ̓k̕ʷənáxʷ cn tiʔə stúq̓ʷən. *I caught a cold.* (MJT)}

ƛ̓k̕ʷnə́k̕ʷi [√ƛ̓k̕ʷ-nəwəy √take-ncrcprcl] ☞ ƛ̓k̕ʷnáxʷ 1. *to manage to take, grab hold of each other, get together with each other.* (TC) {ƛ̓k̕ʷnə́k̕ʷi cn ʔaʔ cə nəsq̓ʷúʔšən. *I got together with my partner.* (TC)}
2. *to mend (of bones).* (TC) {čiʔáw kʷaʔčaʔɬ či sƛ̓áys ƛ̓k̕ʷnə́k̕ʷi či nəscáʔyəm. *Time passed, and my bones mended again.* (ES)}
3. *to get married.* (MJT) VAR: ƛ̓k̕ʷənə́k̕ʷi (MJT)

ƛ̓k̕ʷníŋ [√ƛ̓k̕ʷ-naxʷ-i-ŋ √take-nctrns-persist-psv] ☞ ƛ̓k̕ʷníxʷ *to manage to be held.* (AS,BC) {čaʔƛ̓k̕ʷníŋ tsə ŋaʔŋáʔnaʔs. *She finally managed to hold her baby.* (AS)}

ƛ̓k̕ʷníŋət [√ƛ̓k̕ʷ-niŋt √take-scs] ☞ ƛ̓ə́k̕ʷ *to manage to get, take over something.* (AS) {ʔuʔƛ̓k̕ʷníŋət cn cə ʔápələs. *I managed to get some apples.* (AS)} VAR: ƛ̓k̕ʷíŋət {ʔuʔƛ̓k̕ʷíŋət caʔn cə xiyə́n. *I got to take the pencil.* (AS)}

ƛ̓k̕ʷníxʷ [√ƛ̓k̕ʷ-na<í>xʷ √take-nctrns<pers>] ☞ ƛ̓k̕ʷnáxʷ *to manage to hold something or someone.* (AS,BC) {ʔuʔƛ̓k̕ʷníxʷ cn cə číkən. *I managed to hold the chicken.* (AS)}

ƛ̓k̕ʷnúŋə [√ƛ̓k̕ʷ-naxʷ-uŋə √take-nctrns-2obj] ☞ ƛ̓k̕ʷnáxʷ *catch you.* {ƛ̓k̕ʷnúŋə cn. *I got you.* (TC)}

ƛ̓k̕ʷnúŋəs [√ƛ̓k̕ʷ-naxʷ-uŋəs √take-nctrns-1obj] [For ES only, this also means 'catch you.']
1. *catch me.* {ƛ̓k̕ʷnúŋəs cn. *I caught you.* (ES)}
☞ ƛ̓k̕ʷnáxʷ {ƛ̓k̕ʷnúŋəs u cxʷ? *Did you catch me?* (ES) | ƛ̓k̕ʷnúŋəs cxʷ. *You got me.* (TC)}
2. *catch you.* (ES)

ƛ̓k̕ʷnúŋət [√ƛ̓k̕ʷ-nuŋt √take-ncmdl] ☞ ƛ̓ə́k̕ʷ *to manage to grab something or someone.* {ƛ̓k̕ʷnúŋət cn. *I managed to grab it.* (AS) | ʔuʔƛ̓k̕ʷnúŋət cn ʔaʔ kʷi sqáwəc. *I managed to get potatoes.* (AS) | ʔuʔƛ̓k̕ʷnúŋəts yaʔ kʷi sqáwəc. *He managed to get potatoes.* (AS)}

ƛ̓k̕ʷsiŋ [√ƛ̓k̕ʷ=siŋ √take=handle] ☞ ƛ̓ə́k̕ʷ *a handle that protrudes (as on a skillet).* (MJT)

ƛ̓k̕ʷtíŋ [√ƛ̓k̕ʷ-t-i-ŋ √take-trns-persist-psv] ☞ ƛ̓k̕ʷít *to be held, hung on to by someone or something.* (AS,BC) {niɬ kʷaʔčaʔɬ suʔiʔƛ̓k̕ʷtíŋ ʔaʔ cə náʔcuʔ, čáʔsaʔ. *So, then, I was held by the one, then two people.* (ES) | hí·c ti nəsxʷənʔáŋ ƛ̓k̕ʷtíŋ ʔiʔ čaʔk̕ʷə́ʔətən cn. *It held me like that a long time then it released me.* (TC)}

ƛ̓k̕ʷuʔyáʔsən [√ƛ̓k̕ʷ=w̓yaʔs=ən √take=stick=instr] ☞ ƛ̓k̕ʷuʔyáʔsən *drumstick, any stick for beating rhythm; a board used as a drum for beating rhythm.* (AB,ICT; ES; TC) {niɬ suʔúŋəstəŋɬ ʔaʔ tə ƛ̓k̕ʷuʔyáʔsən. *Then we were given a drumstick.* (MJ)}

ƛ̓k̕ʷuʔyáʔsəŋ [√ƛ̓k̕ʷ=w̓yaʔs-ŋ √take=stick-mdl] ☞ ƛ̓ə́k̕ʷ *to beat a drum, beat rhythm by clapping or with any instrument.* (ES) {niɬ suʔƛ̓k̕ʷuʔyáʔsəŋɬ ʔuʔ ƛ̓áy. *Then we drummed, too.* (MJ) | húy ti nsuʔƛ̓k̕ʷuʔyáʔsəŋ. *I only drummed.* (MJ)} VAR: ƛ̓k̕ʷuʔyásəŋ (AS,BC)

ƛ̓k̕ʷúst *take it in. See under:* ƛ̓ək̕ʷúst

ƛ̓k̕ʷə́ŋ [√ƛ̓k̕ʷ-ŋ √extinguish-mdl] ☞ ƛ̓ə́k̕ʷ *to extinguish, put the light out.* {ʔuʔƛ̓k̕ʷə́ŋ kʷi kʷə ŋiyáʔəq. *The lights were put out.* (AS)}

ƛ̓k̕ʷə́t [√ƛ̓k̕ʷ-t √extinguish-trns] ☞ ƛ̓ə́k̕ʷ *to extinguish, put out a fire; turn off something (a light, radio, television, computer, etc.).* (MJT; ES; TC; AS) cp. část {ƛ̓k̕ʷə́t cə sčə́q̓ʷəwc. *Put out the fire.* (ES) | ƛ̓k̕ʷə́t cə ṅŋáʔəq. *Put out your light.* (ES)} {ƛ̓k̕ʷə́t cn cə ŋáʔəq. *I put out the torch.* (AS) | ƛ̓k̕ʷə́t cə ŋiyáʔəq. *Put out the lights.* (AS) | húnət cn cə lantern ʔiʔ ƛ̓k̕ʷə́t tə flashlight. *I lit a lantern and put out the flashlight.* (MJ)}

ƛ̓ɬáɬc [√ƛ̓aɬ=aɬc √salt=water] ☞ ƛ̓áɬəŋ *salt water, ocean, sea.* (EWH; LBH; EPT; AS,BC; ES; AS) {ʔúxʷ ʔaʔ cə q̓úʔ ƛ̓ɬáɬc. *He went to the salt water.* (ES) | hiyáʔ ʔackʷɬ ʔaʔ tə ƛ̓ɬáɬc. *He went far out on the saltwater.* (ES) | niɬ č suʔkʷənts cə ƛ̓ɬáɬc. *She looked at the sea.* (AS) | ƛ̓aʔƛ̓éʔqiʔ cn ʔaʔ cə ƛ̓ɬáɬc. *I'm getting close to the sea.* (TC) | ƛ̓áy kʷɬaʔ hiyáʔtəŋ ʔaʔ cə sxʷʔiyás ƛ̓ə́č ʔaʔ cə ƛ̓ɬáɬc. *She was taken again to where the ocean is deep.* (AA) | ʔiʔ mán kʷaʔ ʔuʔ ŋə́n cə sʔíɬəns ʔúxʷ ʔaʔ cə ƛ̓ɬáɬc. *And he got a great deal of food from the sea.* (AA) | hiyáʔ caʔ st ʔuʔ xʷkʷə́t hiyáʔ ʔaʔ ti ƛ̓ə́č ƛ̓ɬáɬc. *We will go drag them to the deep sea.* (AS) | ʔuʔƛ̓ésic cə sčúŋ; ʔuʔṕúq̓ʷəŋ cə ƛ̓ɬáɬc. *The wind is terrible; the ocean is foaming.* (AS) | ʔuʔhúy xčtíŋ kʷi sʔənʔás č cə čaʔʔəsqásɬ yaʔ ʔaʔ cə x̣ʷtátc. *All I know is that it came from the sea.* (EB)}

x̣ʷtátəŋ ⟦√x̣ʷaɬ-ɬ-ŋ √salt-dur-mdl⟧ ☞ x̣ʷátəŋ sea, ocean. (EB; AS) {čáq tə **x̣ʷtátəŋ**. *The ocean is big.* (AS)}

x̣ʷtáŋəct ⟦√x̣ʷaɬ-ŋ-cut √salt-mdl-rflxv⟧ [metathesis with reflexive] ☞ x̣ʷátəŋ to get salty. (MJT) {**x̣ʷtáŋəct** cə qʷúʔ. *The water got salty.* (AS)}

x̣ʷtéʔŋən ⟦√x̣ʷɬeʔŋən √muscle⟧ [analysis uncertain - may have 'part' suffix] cp. -ŋin muscle, tendon, sinew. (AS)

x̣ʷtús ⟦√x̣ʷɬ=us √splash=face⟧ [possibly the 'salt' root] cp. x̣ʷátəŋ
1. to be arrogant, have a silent proud attitude ignoring others. {ʔunú ʔuʔ **x̣ʷtús**. *He's proud, ignoring others.* (AS) | ʔunú u cxʷ ʔuʔ **x̣ʷtús**. *Are you proud?* (AS)}
2. to be not paying attention, mind wandering, uninterested, ignoring what is going on. (AS,BC) {**x̣ʷtús** cn. *I'm not interested. / I'm ignoring what's going on. / I'm not paying attention.* (AS,BC) | ʔuʔxʷənʔáŋ či suʔ**x̣ʷtús**s. *He's like that, not paying attention.* (AS) | ʔuʔhúy ʔuʔ **x̣ʷtús**. *He's the only one who is totally ignoring it.* (AS,BC) | ʔuʔhuy cn ʔuʔ **x̣ʷtús**. *I'm only ignoring it.* (AS,BC)}

x̣ʷɬúst ⟦√x̣ʷɬ=us-t √splash=face-trns⟧ ☞ x̣ʷtús to splash the face. {**x̣ʷɬúst** cn. *I splashed him.* (AS)}

x̣ʷɬústəŋ ⟦√x̣ʷɬ=us-t-ŋ √splash=face-trns-psv⟧ ☞ x̣ʷɬúst to be splashed in the face. {**x̣ʷɬústəŋ** cn. *It splashed my face.* (AS) | **x̣ʷɬústəŋ** cn ʔaʔ cə qʷúʔ. *I got splashed by the water.* (AS)} VAR: x̣ʷəɬústəŋ {**x̣ʷəɬústəŋ** cn. *It splashed my face.* (AS) | **x̣ʷɬústəŋ** cn ʔaʔ tə nqʷáʔis. *What I was cooking splashed on my face.* (AS)}

x̣ʷx̣ʷaʔáʔis small eye. See under: x̣ʷaʔx̣ʷaʔáʔis

x̣ʷx̣ʷúʔct ⟦x̣ʷ + √x̣ʷuʔ-cut incep + √comfort-rflxv⟧ ☞ x̣ʷúʔct to start to comfort oneself, stopping crying. {kʷɬiʔ**x̣ʷx̣ʷúʔct**. *He's letting up on his crying.* (MJT)}

x̣ʷméʔqʷ bump head. See under: x̣ʷəméʔqʷ

x̣ʷmə́t bump it. See under: x̣ʷəmə́t

x̣ʷpáyqən down feather. See under: sx̣ʷpáyqən

x̣ʷpíyiqən ⟦√x̣ʷp-iy=ayqən √feather-ext=fur⟧ Diamond Point, west side at the mouth of Discovery Bay. *formerly a smallpox quarantine area (EWH)

x̣ʷpátəŋ ⟦√x̣ʷap-t-ŋ √feel-trns-psv⟧ ☞ x̣ʷápt to be felt, touched with the hand. {**x̣ʷpátəŋ** cn. *Someone felt me.* (TC)} VAR: x̣ʷáptəŋ {**x̣ʷáptəŋ** cn. *Someone felt me.* (ES)}

x̣ʷqáɬ ⟦√x̣ʷqaɬ √brood⟧ to brood, sit on eggs, cackle (of chicken). (AS,BC) {**x̣ʷqáɬ** kʷsə číkən. *The chicken's cackling.* (EPT)}

x̣ʷqíct ⟦√x̣ʷiq-cut √out_of_water-rflxv⟧ ☞ x̣ʷíq to come up out of the water. (TC) {ʔiʔənʔá **x̣ʷqíct**. *It was coming out of the water.* (ES)}

x̣ʷqtáʔɬ ⟦√x̣ʷaqt=aʔɬ √long<actl>=mass⟧ [metathesis with actual and durative] ☞ x̣ʷáqt to be tall. (TC,AS,ES; TC) {**x̣ʷqtáʔɬ** cn. *I'm tall.* (TC) | níɬ kʷi mán̓ ʔuʔ **x̣ʷqtáʔɬ**. *He's very tall.* (TC)}

x̣ʷqtáčšəŋ ⟦√x̣ʷaqt=ačš-ŋ √long=back_of_neck-mdl⟧ ☞ x̣ʷáqt
1. the low tide spit and beach on Large Bedford Island off of məqʷúʔəs at Becher Bay. (ES; TC)
2. to have a long back, long neck. (HS,ES)

x̣ʷqtáwtxʷ ⟦√x̣ʷaqt=awtxʷ √long=house⟧ ☞ x̣ʷáqt longhouse. (ES)

x̣ʷqtáy̓č ⟦√x̣ʷaqt=ay̓č √long=hair⟧ ☞ x̣ʷáqt to have long hair. (ES)

x̣ʷqtúykʷɬ ⟦√x̣ʷaqt=uykʷɬ √long=bodyside⟧ ☞ x̣ʷáqt a long dress, a dress that hangs down to the ground. (MJT) {**x̣ʷqtúykʷɬ** kʷɬə nɬqít. *My dress is long.* (AS) | níɬ kʷi kʷə n**x̣ʷqtúykʷɬ** ɬqít níɬ kʷi nčuʔúʔəs. *It was my long dress that I was using.* (AS)}

x̣ʷqáʔiʔ feather. See under: sx̣ʷqáʔi

x̣ʷqáʔtəŋ ⟦√x̣ʷqaʔ-t-ŋ<ʔ> √goal-trns-psv⟧ to be the goal, be gone after by someone. {ṅs**x̣ʷqáʔtəŋ**. *It's what you were after.* (AB,IC,NST)}

x̣ʷqítəŋ ⟦√x̣ʷiq̓-t-ŋ √press-trns-psv⟧ [metathesis with passive] ☞ x̣ʷíqt to be pressed down by someone or something. {**x̣ʷqítəŋ** cə sxʷʔáʔmət. *The bed was pressed down.* (AS)}

x̣ʷqšánəŋ ⟦√x̣ʷəq̓=šən-ŋ √shoe=foot-mdl⟧ [probable loan from some other Salishan language] ☞ x̣ʷə́qšən to put on shoes or any footwear. (MJT; ES) {níɬ kʷi suʔ**x̣ʷqšánəŋ**s cə sx̣íx̣aʔx̣ɬ. *Then the child put on her shoes.* (AS)}

x̣ʷq̓ʷənkʷáyətxʷ ⟦√x̣ʷq̓ʷ-nəwəy-txʷ √stuck-ncrcprcl-inancaus⟧ ☞ x̣ʷq̓ʷnə́kʷi
1. to stick, join together something that was broken. (ES)
2. to reconcile, reestablish a relationship, kiss and make up with someone. {**x̣ʷq̓ʷənkʷáyətxʷ** yaʔ kʷi ʔiʔ štə́ŋ. *Make up and get back together.* (AS)} VAR: x̣ʷq̓ʷənəkʷáyətxʷ (AS)

x̣ʷq̓ʷə́t ⟦√x̣ʷq̓ʷ-t √stuck-trns⟧ ☞ x̣ʷə́q̓ʷ to stick something on, stick something together. (ES; TC) {**x̣ʷq̓ʷə́t** cn. *I stuck it together. / I stuck it on.* (TC) | **x̣ʷq̓ʷə́t** či. *Stick it on.* (AS) | **x̣ʷq̓ʷə́t** cn cə pípə. *I stuck it (the stamp) on the letter.* (AS) | **x̣ʷq̓ʷə́t** cn cə súɬ. *I stuck the door together.* (ES) | **x̣ʷq̓ʷə́t** cn cə sxəyús ʔaʔ cə súɬ. *I stuck the picture on the door.* (TC) | qəmán̓ ʔaʔ či sx̣qáʔis ʔuʔ**x̣ʷq̓ʷə́t**s ʔaʔ cə skʷáʔs ɬáwiʔs. *He asked for feathers to stick onto his own wing.* (TC) | níɬ suʔ**x̣ʷq̓ʷə́t**s cə scúɬ ʔcɬtáyŋxʷ stáyŋxʷ. *Then she stuck on the wood Indian medicine.* (TC)}

x̣ʷq̓ʷə́təŋ ⟦√x̣ʷq̓ʷ-t-ŋ √stuck-trns-psv⟧ ☞ x̣ʷq̓ʷə́t to be stuck on, stuck together by someone or something. (TC) {**x̣ʷq̓ʷə́təŋ** cə scúm ʔaʔ cə čánəss. *He stuck a bone in his teeth.* (TC) | **x̣ʷq̓ʷə́təŋ** cə nx̣ə́qšən. *My shoe got stuck.* (AS)}

x̣q̉ʷít ⟦√x̣q̉ʷ-i-t √stuck-persist-trns⟧ ☞ x̣íq̉ʷ to stick something on. (AS) {*x̣q̉ʷít* či. *Stick it on.* (AS)}

x̣q̉ʷíti ⟦√x̣q̉ʷ-i-ty √stuck-persist-rcprcl⟧ [metathesis with reciprocal] ☞ x̣íq̉ʷ to stick to each other. (AS) {*x̣q̉ʷíti* kʷsə q̉ayaʔŋi. *The girls are stuck together.* (AS)}

x̣q̉ʷnə́kʷi ⟦√x̣q̉ʷ-nəwəy √stuck-ncrcprcl⟧ ☞ x̣ə́q̉ʷ
1. to be stuck together, stuck with something or someone. {*x̣q̉ʷnə́kʷi* kʷsə ʔəɬʔúɬ ʔɬ qʷáqʷis. *ʔəɬʔúɬ got stuck talking (with a chatterbox).* (AS)}
2. to finally get together with a future spouse. {ʔuʔx̣q̉ʷnə́kʷi kʷi. *He finally met someone who'll be his future.* (AS)}

x̣q̉ʷtíŋ ⟦√x̣q̉ʷ-i-t-ŋ √stuck-persist-trns-psv⟧ ☞ x̣q̉ʷít to be stuck on (something) by someone or something. {*x̣q̉ʷtíŋ* ʔaʔ tə ɬx̣ənúkʷən. *It was stuck to the floor.* (MJ)}

x̣q̉ʷtúỷ ⟦√x̣q̉ʷ-tuỷ √stuck-comit⟧ ☞ x̣q̉ʷə́t to stick things together. {suʔx̣q̉ʷtúỷs cə qʷɬáỷ. *He stuck the log together.* (MJ)}

x̣šáqsən ⟦√x̣š=əqsən √gash=nose⟧ ☞ x̣ə́š to tear open the nose (of a fish when removing the hook). (ES)

x̣šnúkʷən ⟦√x̣š=ənukʷ=ən √gash=ground=instr⟧ ☞ x̣šnúkʷən a plow, tiller (for breaking earth). (ES)

x̣šnúkʷəŋ ⟦√x̣š=ənukʷ-ŋ √gash=ground-mdl⟧ ☞ x̣ə́š to plow. (ES) {*x̣šnúkʷəŋ* cn. *I'm plowing.* (ES) | *x̣šnúkʷəŋ* u cxʷ? *Are you plowing?* (ES)}

x̣šnúkʷt ⟦√x̣š=ənukʷ-t √gash=ground-trns⟧ ☞ x̣šnúkʷəŋ to plow some land. {*x̣šnúkʷt* yaʔ cn. *I plowed it.* (ES)}

x̣táʔsən ⟦√x̣taʔ=sən √arch=foot⟧ [root not identified in other words]
1. the instep or arch part of the foot. (AS)
2. foot. (LBH) VAR: x̣tə́sən (LBH)

x̣úʔc ⟦√x̣uʔ-t-c √comfort-trns-1obj/2obj⟧ ☞ x̣úʔət comfort me; comfort you. {*x̣úʔc* u cxʷ? *Are you going to comfort me?* (TC)}

x̣úʔct ⟦√x̣uʔ-cut √comfort-rflxv⟧ ☞ x̣úʔət to comfort oneself, stop crying. (MJT) {*x̣úʔct* kʷi kʷɬə nsíyaʔ; ʔuʔmán ʔuʔ x̣ə́ɬ t xčníns. *My grandmother comforted herself; she was very sad.* (AS)}

x̣úʔət ⟦√x̣uʔ-t √comfort-trns⟧ [possibly the same root as in the word meaning 'small'] *cp.* x̣úx̣aʔ to comfort, pacify someone who is crying or grieving. (TC) {*x̣úʔət* cn. *I comforted him.* (TC)}

x̣úʔətəŋ ⟦√x̣uʔ-t-ŋ √comfort-trns-psv⟧ ☞ x̣úʔət to be comforted by someone. {*x̣úʔətəŋ* cn. *Someone stopped me from crying.* (TC)}

x̣úʔɬi ⟦√x̣uʔɬi √green⟧ [Other speakers do not use this form.] *cp.* ʔənəx̣ə́ɬ green (the color of trees). (EPT)

x̣ukʷáʔli lacrosse. See under: x̣kʷáʔli

x̣úx̣aʔ ⟦√x̣ux̣aʔ √small⟧
1. small, little, few, short. (LB,CWH; EPT; MJT; LC; TC; AS,BC; WB,AS,BC)
2. a small amount, little bit. (EPT) {*x̣úx̣aʔ* nətálə. *I have a little money.* (TC) | *x̣úx̣aʔ* píšpš. *small cat* (ES) | *x̣úx̣aʔ* ʔáʔiŋ. *small house* (ES) | *x̣úx̣aʔ* nəsx̣čít. *I know a little.* (TC) | ŋə́n̉ cə *x̣úx̣aʔ* sq̉x̣əyuʔ. *There are lots of little butter clams.* (ES) | x̣ʷúyəq̉ʷəŋ kʷi ʔaʔ t uʔ*x̣úx̣aʔ*. *He snored a little.* (MJT) | níɬ kʷaʔčaʔ nəsx̣čít ti ʔuʔ*x̣úx̣aʔ* ʔaʔ tiə sq̉ʷáy. *Therefore I know a little of this language.* (TC) | ʔəsqiʔám kʷi či ńsq̉ʷəyéyəš ʔáɬə ʔaʔ tiə ʔáʔiŋ; mán̉ ʔuʔ*x̣úx̣aʔ*. *You can't dance here in this house; it's too small.* (AS) | ʔuʔ*x̣úx̣aʔ* nəsx̣čít cə sx̣ʷiʔám kʷi məščú yaʔ ʔaʔ kʷi skʷéʔwəntis yaʔ. *I know a little story about Mink when he was fighting.* (TC) | ʔiʔ smaʔkʷəyéʔč cə *x̣úx̣aʔ* qʷaʔyəq̉ʷáɬiʔ. *A bunch of small logs were piled up.* (ES) | ʔiʔ ʔáw kʷə ʔúŋəstəŋ ʔaʔ či stáŋ sčáʔis suʔʔkʷnáx̣ʷs či *x̣úx̣aʔ* tálə. *And they are not given any job where they can manage to get a little money.* (TC)}

x̣úmət ⟦√x̣um-t √correct-trns⟧ ☞ x̣úm̉ to make it all right. {*x̣úmət* cn. *I made it all right.* (ES)}

x̣úmnəkʷi reconcile. See under: x̣əmnə́kʷi

x̣úmnəŋ ⟦√x̣um-naxʷ-ŋ √correct-nctrns-psv⟧ ☞ x̣úmnəxʷ to be made enough by someone. {*x̣úmnəŋ* cn. *She had enough of me.* (TC)}

x̣úmnəxʷ ⟦√x̣um-naxʷ √correct-nctrns⟧ ☞ x̣úm̉ to make something enough. {*x̣úmnəxʷ* cn. *I made it enough.* (TC)}

x̣úmtxʷ ⟦√x̣um-txʷ √correct-letcaus⟧ ☞ x̣úm̉ to let something be enough. (TC) {*x̣úmtxʷ* cn. *I let it be enough (I had enough of it).* (TC)}

x̣úm̉ ⟦√x̣um̉ √correct⟧ to be right, correct, legal, enough, satisfactory, fitting, sufficient, proper, in working order, okay, better (over an illness). (ES; TC; WB; AS,BC; AS) ⟪Usage: If, for example, someone is pouring tea for you, you would say this to tell them that it is enough.⟫ (TC) ⟪The glottalization on the /m̉/ here may mark the actual.⟫ {*x̣úm̉* cn. *I'm okay. / I'm better.* (HS,ES; TC) | *x̣úm̉* u cn? *Am I right?* (AS,BC) | ʔuʔ*x̣úm̉* tə sʔíɬən. *The food is just right.* (AS) | *x̣úm̉* cn ʔaʔ tiə nsʔíɬən. *My food was just right. / I just had enough. / I'm fine with my food.* (AS) | ʔáx̣əŋ ʔaʔ či shícs caʔ ʔiʔ čaʔ*x̣úm̉* húynəŋ. *He said it would be a long time before it's fixed right.* (ES)} VAR: x̣úm (ES; TC) {*x̣úm* cn. *I'm fine.* (AS,BC) | ʔuʔ*x̣úm* tiə nsčáʔəỷ. *My work turned out fine.* (AS)}

x̣úm̉əct ⟦√x̣<ú>m̉-cut √correct<actl>-rflxv⟧ [anti-metathesis with actual] ☞ x̣úm̉ to be improving, getting better, more correct. (HS,ES) {*x̣úm̉əct* u cxʷ? *Are you better?* (ES)}

x̣úm̉sən ⟦√x̣um̉=sən √correct=foot⟧ ☞ x̣úm̉
1. to fit (of a shoe). (AS,BC)
2. the right foot. (AS,BC)
3. to be just right. (AS,BC) {suʔ*x̣úm̉əsən*s ʔaʔ cə ɬaʔɬíqəŋ qʷúʔ ʔiʔ čaʔkʷcísəŋ. *So the hot water was*

just right, and he washed his hands. (MJ)}
4. to walk the right path. (AS,BC) {ƛ́úmʼsən cn ʔaʔ ti nsxʷʔiyáʔ šátəŋ. *I'm walking the right path.* (AS)}
5. a nickname for Charlie Hopie, who was a runner. (AS) VAR: ƛ́úməsən

ƛ́útaʔ 〚√ƛ́utaʔ √pan〛 pan, cooking pan or dishpan. (HS; HS,ES) {ƛ́kʷə́t kʷsə **ƛ́útaʔ**. *Take that pan.* (EPT)}

ƛ́úy 〚√ƛ́uy √right〛 to be fine, right, correct, okay, alright. ((USAGE: Used like English "either one," "it's all the same to me," "it'll do.")) (AS) {ʔuʔƛ́úy kʷi. *It's fine, all the same to me.* (AS) | ʔuʔƛ́úy u? *Is it okay?* (AS)} VAR: ƛ́áy (AS) {ʔuʔƛ́áy kʷi kʷə scúɬ. *The wood is all right.* (AS)}

ƛ́úyəqs 〚√ƛ́uyqs √box〛
1. box, chest (especially a wooden box); coffin. (MJT; AB,ICT; TC; ES; AS,BC) [This possibly has the 'nose' suffix =əqs, but the semantics do not match and the root is otherwise unknown.] {nəxʷtqə́t cə **ƛ́úyəqs**. *Close the box.* (HS) | nuʔás ʔaʔ cə **ƛ́úyəqs**. *Put it in the box.* (ES) | ƛ́aʔƛ́úƛ́a **ƛ́úyəqs**. *small box* (ES) | ŋə́ŋ **ƛ́úyəqs**. *It's lots of boxes.* (ES) | náw̓ ʔaʔ cə **ƛ́úyəqs**. *Go into the box.* (AS,BC) | ʔəsnáw̓əɬ ʔaʔ cə **ƛ́úyəqs**. *It was inside a box.* (MJ) | suʔƛ́kʷə́ts cə **ƛ́úyəqs** ʔiʔ kʷq̓ə́ts. *He took the box, and he opened it.* (MJ) | níɬ ixʷ suʔƛ́kʷə́ts ʔaʔ kʷsə nəsíyaʔ tsə **ƛ́úyəqs**. *Then I guess my grandmother took a box.* (MJ) | ʔiʔʔənə́ts cə ncxʷkʷsáyətx ʔaʔƛ́aʔƛ́áčɬ ʔaʔ cə **ƛ́úyəqs**. *She lined up twenty dollars in the bottom of the box.* (MJ) | suʔhiyáʔs tə yəkʷə́ŋən ʔiʔ scə́ts tə **ƛ́úyəqs** sxʷʔəsnáw̓əɬs cə tálə. *So the Songhees went, and he pulled the box that had the money in it.* (MJ)}
2. drum. (AB,ICT; LC; ES; AS,BC) {ʔuʔƛ́kʷít u cxʷ cə nƛ́úyəqs? *Do you have your drum?* (TC,AS,BC) | kʷɬšə́čt cn tiə **ƛ́úyəqs**. *I'm beating the drum now.* (LC)} VAR: ƛ́úyqs (AB,ICT)

ƛ́xʷaʔyást 〚√ƛ́xʷy<əʔ>us-t √unnecessary<actl>-trns〛 ☞ ƛ́xʷiyús to be ignoring, wasting something. VAR: ƛ́xʷaʔyáxʷt (ES; AS) {**ƛ́xʷaʔyáxʷt** cxʷ. *You waste it.* (ES) | ʔáw kʷi c **ƛ́xʷaʔyáxʷt**. *Don't waste it.* (ES)} VAR: ƛ́xʷayúst (AS)

ƛ́xʷiyuʔús 〚√ƛ́xʷy<əʔ>us √unnecessary<actl>〛 ☞ ƛ́xʷiyús to be unnecessary to do, do anyway (even though it does not need to be done), not care, not matter, not taken seriously, "going through the motions". (ES; TC; AS,BC; AS) {ʔuʔ**ƛ́xʷiyuʔús** cn. *I don't matter. / It wasn't necessary for me to do.* (TC; AS,BC) | ʔuʔ**ƛ́xʷiyuʔús** nsuʔčxiynís. *It doesn't matter, just smile.* (AS,BC) | **ƛ́xʷiyuʔús** t ʔənsuʔqʷáqʷiʔ. *You're talking over nothing.* (TC) | kʷɬ**ƛ́xʷiyuʔús** kʷi kʷaʔ ʔáwən c hiyáʔ. *It doesn't matter if I don't go.* (TC) | **ƛ́xʷiyuʔús** cə nəsnə́xʷɬ. *My canoe is useless.* (TC) | **ƛ́xʷiyuʔús** cə nəswə́yqaʔ. *My husband is useless.* (TC) | ʔuʔ**ƛ́xʷiyuʔús** kʷaʔ ʔuʔnsxʷaʔtínən. *I don't care if you don't like me.* (TC) | ʔuʔ**ƛ́xʷiyuʔús** cn tə nshiyáʔ. *I didn't have to go, but I went anyway.* (AS,BC) | ʔáwə cxʷ ʔuʔ **ƛ́xʷiyuʔús** ti suʔqʷə́yšt. *Don't spread it around carelessly.* (AS) | sčq̓ə́kʷs ʔaʔ cə xʷanítəm ʔuʔ **ƛ́xʷiyuʔús** ti suʔqʷáqʷiʔs čtáŋ. *He got tired of the white man asking silly questions.* (ES)} VAR: ƛ́xʷiʔúʔəs {**ƛ́xʷiʔúʔəs** sqʷáys. *Her words don't mean anything.* (TC) | xʷənʔáŋ ʔaʔ ti sqáx̣aʔ; **ƛ́xʷiʔúʔəs** ʔuʔčəwíɬ ʔəɬ ʔuʔkʷikʷə́xtəŋs ʔiʔ ʔuʔhəwíyŋ. *He's like a dog; it doesn't even matter if he's sent away, he comes back.* (TC)} VAR: ƛ́xʷiyúʔəs {**ƛ́xʷiyúʔəs** kʷaʔ ʔuʔsxʷaʔtín *It doesn't matter if they don't like it.* (TC)} VAR: ƛ́xʷiʔuʔús (AS,BC; AS) {ʔuʔ**ƛ́xʷiʔuʔús** sʔíɬən. *It's junk food.* (AS,BC) | ʔuʔ**ƛ́xʷiʔuʔus** kʷi ti nsšə́tən. *It doesn't matter if I walk. / I don't have to, but I'm walking.* (AS)} VAR: ƛ́aʔxʷiʔús (AS,BC) VAR: ƛ́xʷiʔúʔis (AS)

ƛ́xʷiyuʔústəŋ 〚√ƛ́xʷy<əʔ>us-txʷ-ŋ √unnecessary<actl>-inancaus-psv〛 ☞ ƛ́xʷiyuʔústxʷ to be not cared for or about, be ignored by someone. (TC) {**ƛ́xʷiyuʔústəŋ** cn. *They don't care for me. / They ignored me.* (TC) | ʔuʔ**ƛ́xʷiyuʔústəŋ** cxʷ. *Someone suggested you did it unnecessarily.* (AS) | **ƛ́xʷiyuʔústəŋ** cə swə́yqaʔ. *They ignored that man.* (TC)}

ƛ́xʷiyuʔustúŋə 〚√ƛ́xʷy<əʔ>us-txʷ-uŋə √unnecessary<actl>-inancaus-2obj〛 ☞ ƛ́xʷiyuʔústxʷ not care for you. {**ƛ́xʷiyuʔustúŋə** cn. *I don't care for you.* (TC) | ƛ́áy cn ʔuʔ **ƛ́xʷiyuʔustúŋə**. *I don't care for you either.* (TC)}

ƛ́xʷiyuʔústxʷ 〚√ƛ́xʷy<əʔ>us-txʷ √unnecessary<actl>-inancaus〛 ☞ ƛ́xʷiyuʔús to ignore, pay no attention to, not care for or about something or someone. {**ƛ́xʷiyuʔústxʷ** cn. *I don't care for it.* (TC)} VAR: ƛ́xʷiyastíxʷ (BC) {**ƛ́xʷiyastíxʷ** cn. *I paid no attention to him.* (AS) | ʔuʔ**ƛ́xʷiyastíxʷ**s kʷaʔčaʔ kʷi ləmtús. *He ignored his sheep.* (AS)}

ƛ́xʷiyús 〚√ƛ́xʷyus √unnecessary〛 to be inconsequential, unnecessary, useless; to not matter,. (AS,BC) {ʔuʔ**ƛ́xʷiyús** cn. *I'm just doing it for nothing, just pretending. / I don't care.* (AS; AS,BC) | ʔuʔ**ƛ́xʷiyús** ʔaʔ či nshiyáʔ. *I'm just going (for the heck of it).* (AS,BC) | ʔuʔ**ƛ́xʷiyús** či nsuʔċəx̣iynísəŋ. *I'm just showing my teeth (smiling insincerely).* (BC) | ʔuʔ**ƛ́xʷiyús** ti nsuʔqʷáʔqʷiʔ. *I'm just talking.* (BC) | **ƛ́xʷiyús** kʷaʔ ʔuʔstáŋəs ʔənsqʷáy, ʔənsčáy. *It doesn't matter what your language or job is.* (TC) | ʔuʔ**ƛ́xʷiyús** tə nsxʷnaʔnáyəŋs ʔiʔ nəqíx̣ cə nyə́nəwəs. *I'm just smiling, and my heart is black.* (AS) | **ƛ́xʷiyús** kʷaʔ čaʔiyáxʷ ʔaʔ či nə́cuʔ tə́ŋxʷ ʔiʔ ƛ́áy cxʷ ʔuʔ ʔcɬtáyŋxʷ. *It doesn't matter if you are from another land; you are Indian, too.* (TC)} VAR: ƛ́ixʷúys {**ƛ́ixʷúys** či sʔəmxʷúcəns, ʔiʔ txʷhúy cn ʔuʔ ʔaʔáʔmət. *Berry-picking was uninteresting, and I just stayed home.* (MJ)}

ƛ́xʷiyúst 〚√ƛ́xʷyus-t √unnecessary-trns〛 ☞ ƛ́xʷiyús to ignore, waste someone or something. (AS) {ʔuʔƛ́kʷə́nəxʷ cn ʔiʔ uʔ**ƛ́xʷiyúst** cn. *I saw him, but I ignored him.* (AS)}

ƛ̓x̣ʷiyústəŋ ⟦√ƛ̓x̣ʷyus-t-ŋ √unnecessary-trns-psv⟧
☞ ƛ̓x̣ʷiyúst to be paid no attention, ignored. {*ƛ̓x̣ʷiyústəŋ* cn ʔəɬ táčin. *I'm not paid attention to when I get here (my arrival is expected).* (AS)}

ƛ̓x̣ʷyastíŋ ⟦√ƛ̓x̣ʷy<əʔ>us-t<í>xʷ-ŋ √unnecessary<actl>-letcaus<pers>-psv⟧
☞ ƛ̓x̣ʷiyuʔústxʷ to be disrespected, ignored as good for nothing, not cared about, not needed. (ES) {*ƛ̓x̣ʷyastíŋ* cn. *They don't respect me.* (ES) | *ƛ̓x̣ʷyastíŋ* cn ʔaʔ tsə nəsɬániʔ. *My wife doesn't respect me.* (ES)} VAR: ƛ̓x̣ʷiyastíŋ (AS,BC) VAR: ƛ̓x̣ʷiyástəŋ (AS,BC)

ƛ̓x̣ʷáy̓ ⟦√ƛ̓x̣ʷay̓ √dog_salmon⟧ chum salmon, dog salmon. *Oncorhynchus keta.* (EPT; MJT; ES; TC; AS,BC)
✱This was a favorite for making into jerky for the winter. {ŋə́n̓ *ƛ̓x̣ʷáy̓*. *It's a lot of dog salmon.* (ES)} *cp.* q̓ʷaʔə́ləxʷ

m

maʔcéʔŋəɬ ⟦√m<ə?>c-i<?>ŋɬ √fat<actl>-cstm<actl>⟧ ☞ məcéʔŋəɬ to be fattening up (something). {nəs**maʔcéʔŋəɬ**. *I'm fattening it.* (ES)}

maʔčə́yu ⟦√mu<?>č-əyu √aim<actl>-activ⟧ ☞ múčt to be aiming. (ES)

maʔčúct ⟦√muč-cut √aim-rflxv⟧ [metathesis with reflexive] ☞ múčt to aim at oneself, aggravate oneself. (AS,BC)

maʔčútəŋ ⟦√mu<?>č-t-ŋ<?> √aim<actl>-trns-psv⟧ [passive metathesis] ☞ məčútəŋ being aimed at, being threatened, aggravated. {**maʔčútəŋ** cn. *He's aiming it at me.* (ES)}

máʔək" ⟦√m<ə?>k" √lump<actl>⟧ ☞ mə́k" to be lumpy. (AS) {ʔuʔmán ʔuʔ **máʔək"** tiə spə́ɬxən. *This meadow is very lumpy.* (AS)}

máʔəx" ⟦√maʔx" √horsetail⟧ common horsetail. *Equisetum arvense.* ⟨⟨identified by ONP botanist⟩⟩ (MJT; ES,TC; AS,BCnr; ES; AS) {ċúq"t caʔn či q"úʔs tə **máʔəx"**. *I'm going to suck the juice out of the horsetail.* (MJT)}

maʔk"áʔənəq ⟦√maʔk"aʔ-ənəq √gossip-hab⟧ [root not identified in other words] to be gossiping, talking about somebody else. (ES) {**maʔk"áʔnəq** cn. *I'm gossiping.* (ES)} VAR: maʔk"áʔnəq (ES)

maʔk"éʔŋəɬ ⟦√mu<?>k"-i<?>ŋɬ √put_in_mouth<actl>-cstm<actl>⟧ ☞ múk"t to be chewing, having something in one's mouth. (AS) {mə́k"t cn cə saplín ʔiʔ uʔk"ɬníɬ k"i nsuʔ**maʔk"éʔŋəɬ**. *I put it in my mouth, and now I'm chewing.* (AS)}

máʔk"əɬc ⟦√maʔk"-ɬ-tx"-c √injure-dur-letcaus-1obj/2obj⟧ ☞ máʔk"ɬtx" hurt me/you. {**máʔk"əɬc** cx". *You hurt me.* (ES)}

maʔk"ə́ɬnəŋ ⟦√maʔk"-ɬ-nax"-ŋ √injure-dur-nctrns-psv⟧ [metathesis with passive] ☞ maʔk"ə́ɬnəx" to be hurt by someone. {**maʔk"ə́ɬnəŋ** cn. *Someone hurt me.* (TC)}

maʔk"ə́ɬnəx" ⟦√maʔk"-ɬ-nax" √injure-dur-nctrns⟧ [metathesis with durative and non-control transitivizer] ☞ máʔk"ɬ Stem: maʔk"ə́ɬn ⟨⟨third-person subject stem⟩⟩ to hurt someone. {**maʔk"ə́ɬnax"** cn. *I hurt someone.* (TC) | **maʔk"ə́ɬnəs**. *He hurt her.* (MJT) | **maʔk"ə́ɬnəx"** cn cə húʔpt. *I wounded the deer.* (TC) | **maʔk"ə́ɬnəs** cə sqáxaʔ. *He hurt the dog.* (TC) | **maʔk"ə́ɬnəs** cə sqáxaʔ cə swə́yqaʔ. *The dog hurt the man.* (TC) | **maʔk"ə́ɬnəs** cə swə́yqaʔ cə sqáxaʔ. *The man hurt the dog.* (TC) | **maʔk"ə́ɬns** cə nəq"ə́yən. *He injured my ear.* (ES)} VAR: máʔk"ɬnəx" {ʔáwə c **máʔk"ɬnəx"**. *Don't hurt it.* (MJ) | **máʔk"ɬnəx"** cn, ʔáwə c nsyúy. *I hurt him; I didn't mean to.* (EPT)}

maʔk"ə́ɬtəŋ ⟦√maʔk"-ɬ-tx"-ŋ √injure-dur-letcaus-psv⟧ ☞ máʔk"ɬtx" to be hurt, injured, broken by someone or something. (AS,BC; ES) {**maʔk"ə́ɬtəŋ** cn. *Someone hurt me.* (ES) | **maʔk"ə́ɬtəŋ** u cx"? *Did they hurt you?* (ES) | **maʔk"ə́ɬtəŋ** tə sx̌íx̌aʔx̌qɬ. *They hurt the child.* (AS)} VAR: maʔk"ɬə́təŋ {**maʔk"ɬə́təŋ** cn. *Someone hurt me.* (ES)}

maʔk"ə́təŋ being chewed. *See under:* ŋaʔk"áʔtəŋ

maʔk"íŋ ⟦√mu<?>k"-i-ŋ<?> √put_in_mouth<actl>-persist-mdl<actl>⟧ ☞ múk"t to have something in one's mouth. {**maʔk"íŋ** cn ʔaʔ tiʔə candy. *I've got some candy in my mouth.* (MJT)}

maʔk"ít ⟦√mu<?>k"-i-t √put_in_mouth<actl>-persist-trns⟧ ☞ múk"t Stem: maʔk"tí [stem for subject suffixes] to hold something in one's mouth, be chewing on something. (AS) {k"ɬ**maʔk"ít** cn. *I've got it in my mouth.* (MJT) | **maʔk"ít** ix" cx". *You must have it in your mouth.* (MJT) | **maʔk"ít** cn cə sʔíɬən. *I'm keeping the food in my mouth.* (AS) | ʔuʔ**maʔk"ít** k"i k"ə sʔíɬəns. *He's holding his food in his mouth.* (AS) | scúm tsə **maʔk"tís**. *She has a bone in her mouth.* (MJT) | k"ɬ**maʔk"tís**. *He's already got it in his mouth.* (MJT) | čáʔk"t caʔn cə ṅcúcən ʔiʔ tsə **maʔk"tíx"**. *I'm going to wash your mouth out.* (MJT) | stáŋ ʔuč k"sə **maʔk"tíx"**? *What have you got in your mouth?* (EPT) | stáŋ ʔuč či **maʔk"tíx"**. *What have you got in your mouth?* (MJT)}

máʔk"ɬ ⟦√maʔk"-ɬ √injure-dur⟧ to get hurt, injured, wounded, broken, out of order. (MJT; AS,BC; ES; TC) {ʔiʔ **máʔk"ɬ** k"i sčəʔúʔwəs ʔaʔ či sq"áʔɬiʔ. *And what he was using for logging was broken.* (ES) | **máʔk"ɬ** u cx"? *Did you get hurt?* (ES) | ʔáw c **máʔk"ɬ**. *Don't get hurt.* (ES) | **máʔk"ɬ** cn. *I got hurt.* (EPT; ES; TC; AS) | x̌ə́ɬ cn **máʔk"ɬ**. *I got hurt real bad.* (EPT) | mán cn ʔuʔ x̌ə́ɬ **máʔk"ɬ**. *I got hurt bad.* (MJT) | **máʔk"ɬ** k"sə nyə́k"x. *I got hurt in the ribs.* (EPT) | **máʔk"ɬ** cn ʔaʔ k"i nəsčáq. *I hurt myself when I fell.* (AS) | hiyáʔ cn ʔuʔhəwíyŋ ʔúx" ʔaʔ k"ə nəsx"ʔiyá yaʔ k"i nəs**máʔk"ɬ**. *I went back to where I got hurt.* (ES) | ʔiʔ **máʔk"ɬ** cə nə́ċuʔ haʔyáwəns canu məšíns. *One part of that machine was broken.* (ES) | ʔuʔhúy tə nsuʔx"éʔitəŋ ʔaʔ cə sx"ʔiyá tə ns**máʔk"ɬ**. *They just put me aside from where I got injured.* (ES) | ʔiʔ ʔiyá yaʔ st ʔiʔ k"i nəsaʔčúʔiɬ k"ənáʔənt k"i cə́tɬ ʔiʔ **máʔk"ɬ** k"i čəʔúʔwəs ʔaʔ či sq"áɬiʔ. *And we were there with my younger brother helping our father, and what we were using for logging broke down.* (ES)}

maʔk"ɬə́nəq ⟦√maʔk"-ɬ-ənəq √injure-dur-hab⟧ ☞ máʔk"ɬ to hurt (people), hurt habitually, cause trouble regularly. (ES) {k"ɬníɬ k"i suʔ**maʔk"ɬə́nəqs** k"ə sɬanis. *His wife gets him hurt (in fights because of her behavior).* (AS) | x̌čŋíns ʔaʔ či suʔqaʔx̌qíŋs ʔiʔ ʔuʔk"ɬníɬ či suʔ**maʔk"ɬə́nəqs**. *He thinks he's playing, but he hurts.* (AS)}

maʔk"ɬnúŋə ⟦√maʔk"-ɬ-nax"-uŋə √injure-dur-nctrns-2obj⟧ ☞ maʔk"ə́ɬnəx" hurt me; hurt you.

{*maʔkʷɬnúŋə* u cn? *Did I hurt you?* (TC) | *maʔkʷɬnúŋə* cxʷ. *You hurt me.* (TC)}

máʔkʷɬtxʷ ⟦√maʔkʷ-ɬ-txʷ √injure-dur-caus⟧ ☞ máʔkʷɬ to hurt, break someone or something. {*máʔkʷɬtxʷ* cn. *I hurt him.* (AS,BC)}

maʔkʷt chewing it. *See under:* ŋáʔkʷt

maʔkʷtíxʷ ⟦√mu<ʔ>kʷ-t<í>xʷ √put_in_mouth<actl>-caus<pers>⟧ ☞ múkʷt to hold, keep something in one's mouth, make something stay in one's mouth. (AS) {*maʔkʷtíxʷ* cn. *I'm making it stay in my mouth.* (AS) | kʷɬ*maʔkʷtíxʷ* cn. *I've got it in my mouth.* (MJT) | *makʷtíxʷ* ixʷ cxʷ. *You must have it in your mouth.* (MJT)}

maʔkʷúcən ⟦√m<ə>kʷ=ucin √lump<actl>=mouth⟧ [may have the root /múkʷ/ 'put in mouth'] ☞ məkʷt cp. múkʷt to be kissing. (AS,BC; AS)

maʔkʷúct ⟦√m<ə>kʷ=ucin-t √lump<actl>=mouth-trns⟧ ☞ maʔkʷúcən to be kissing someone. {kʷɬ*maʔkʷúct*s. *He's kissing her right now.* (MJT) | ʔiyá ti *maʔkʷúct*s. *There he is kissing her.* (MJT)}

maʔkʷúcti kissing each other. *See under:* nəxʷmaʔkʷcíti

maʔkʷút putting it in mouth. *See under:* múʔkʷt

maʔkʷútəŋ ⟦√mu<ʔ>kʷ-t-ŋ √put_in_mouth<actl>-trns-psv⟧ [metathesis with passive] ☞ múkʷtəŋ being put in the mouth. {*maʔkʷútəŋ* cn. *They're putting it in my mouth.* (AS)}

máʔkʷaʔ grave. *See under:* mákʷaʔ

maʔkʷaʔáwtxʷ funeral home. *See under:* sməkʷaʔáwtxʷ

maʔkʷaʔéʔŋəɬ funeral. *See under:* məkʷéʔŋəɬ

maʔkʷaʔyéʔčtəŋ ⟦√mə<ʔ>kʷ-y=iʔč-t-ŋ<ʔ> √pile<actl>-ext=hump-trns-psv<actl>⟧ ☞ məkʷəyéʔčt to be piled up by someone or something. {*maʔkʷaʔyéʔčtəŋ* cə scúɬ. *The wood was piled up.* (AS)}

maʔkʷéʔət inter. *See under:* məkʷéʔət

maʔkʷiyéʔč piled up. *See under:* ʔəsmaʔkʷiʔéʔč

maʔliyíti ⟦√ma<ʔ>ly<ʔ>í-ty √marry<actl>-rcprcl⟧ ☞ maliyíti to be marrying, newlywed. {nuʔčaʔ*maʔliyíti*. *They're just like newlyweds.* (ES)}

maʔmáʔšču ⟦maʔ+√mə<ʔ>šcw dim+√mink<dim>⟧ ☞ máščú small mink. (ES) VAR: maʔmaʔščú (ES) VAR: maʔmáščú (TC)

maʔmácɬ ⟦maʔ+√m<á>c-ɬ dim+√fat<rslt>-dur⟧ ☞ məc to be chubby, fat. {níɬ kʷi nsxʷ*maʔmácɬ*. *That's why I'm fat.* (AS) VAR: smaʔmácɬ (AS)

maʔməʔúʔəqʷ ⟦maʔ+√m<ə>uʔəqʷ dim+√duck<dim>⟧ ☞ múʔuqʷ small duck. (ES)

maʔməkʷéʔwən butterball. *See under:* smaʔəkʷéʔwən

maʔməkʷiʔúʔyəs ⟦maʔ+√mkʷ-iʔ=u<ʔ>yəs dim+√lump-ext=forehead<actl>⟧ ☞ məkʷ
1. to be hunched up (as when cold or scared). (TC)
2. small butterball duck, bufflehead. *Bucephala albeola*. (ES) VAR: maʔməkʷiʔúʔis (ES) VAR: maʔmkʷiʔúʔis (TC)

maʔməkʷuʔéʔč ⟦maʔ+√mkʷ-əw=iʔč dim+√lump-ext=hump⟧ ☞ məkʷ to have a hunched, rounded back. (TC)

maʔməliʔáń ⟦maʔ+√məliʔan<ʔ> dim+√MaryAnn<dim>⟧ Mary Ann. ⟨⟨MJ's mother's pet name for MJ's father's aunt⟩⟩ (MJT) [from English 'Mary Ann']

máʔməń ⟦√máʔməń √little_too_much⟧ a little too much. (TC) ⟨⟨This word is used only by Mink in the story of Mink and Wolf. Mink speaks Klallam with a Halkomelem accent.⟩⟩ [from Halkomelem or possibly from Northern Straits] {*máʔməń* q wuʔ ʔuʔ nəsʔíɬən. *It's a little too much for me to eat.* (TC)}

maʔmiʔáʔis ⟦maʔ+√my<ʔ>-ays dim+√kick<actl>-activ⟧ ☞ məyaʔt to kick around, give signs of life. {tuwaʔ*maʔmiʔáʔis*. *He's still kicking.* (ES)}

maʔmikʷéʔwən butterball. *See under:* smaʔəkʷéʔwən

maʔmixʷə́y̓ ⟦maʔ+√mixʷy̓ dim+√dipper⟧ dipper bird, water ouzel, fish duck. *Cinclus mexicanus*. (AS; ES,TC) *Used as a nickname for several people {níɬ kʷaʔ x̣ɬə́təŋən ʔaʔ Richy Sampson, ʔaʔ *maʔmixʷə́y̓*. *I might get shot by Richy Sampson, by Dipper.* (TC) | hiyáʔ yaʔ kʷɬi nsíyaʔ kʷaʔ kʷə́nts kʷi *maʔmixʷə́y̓*; ʔiʔ ʔuʔiyá ʔaʔ kʷi púʔcs. *My grandmother went to look at Richard Sampson; he was in a cradle.* (AS)} VAR: maʔmixʷéy̓ (BC) VAR: maʔmixʷí (ES) VAR: maʔmiʔxʷí (AB,ICT; ES,TC; TC) {níɬ x̣éʔsi ʔiyám̓ tə *maʔmiʔxʷí* ʔəɬ sqásɬs ʔaʔ ti stúʔwi nə́qəŋ. *The dipper is fierce and strong when it's in the river diving.* (TC) | níɬ yəxʷ yaʔ ʔuʔ cəʔít ʔuʔ *maʔmiʔxʷí*. *He must have been a real dipper.* (TC)} VAR: mamixʷéʔ (AS,BC)

maʔmúʔsmus ⟦maʔ+mu<ʔ>s+√mus dim+char<dim>+√cow⟧ ☞ músmus small cow, calf. {čaʔné kʷsə *maʔmúʔsmus*. *The baby cow is just born.* (ES) | nəskʷə́yəkʷs cə *maʔmúʔsməs*. *I killed the calf.* (HS) | ʔiʔ naʔnáʔcuʔ cə ƛ̓aʔƛ̓úƛ̓aʔ *maʔmúʔsmus*. *And there was one small calf.* (MJ) | nsuɬəŋás cə x̣ʷéɬəm ʔiyá ʔaʔ cə *maʔmúʔsmus*. *I took the rope off the calf.* (MJ)} VAR: maʔmúʔsməs (TC; HS,ES) VAR: maʔmúsməs {ćúq̓ʷəŋ cə *maʔmúsməs* ʔaʔ tə táns. *The calf is suckling its mother.* (BC) VAR: maʔmúsmus (AS,BC) {čŋənaʔ cə *maʔmúsmus* ʔaʔ cə ŋənaʔs. *The little cow gave birth to a calf.* (MJ) | ʔúŋəst cn cə *maʔmúsmus* ʔaʔ či skʷáʔs milk. *I gave the calf its own milk.* (MJ)}

maʔmuhúy̓ ⟦maʔ+√mhuy̓ dim+√basket⟧ ☞ məhúy̓ small basket. (ABT)

maʔmxʷáy̓ns ⟦maʔ+√mixʷ-ay̓=nis dim+√quake-ext=tooth⟧ ☞ ʔəsməxʷáy̓ns to be toothless.

máʔnəšəŋ *nickname given by Emily Sampson (q̓íyaxám) to the late Dewey Sisson (d.1947), white neighbor of the Elwha Klallams in the early years of the 20th century. He was a nice man who had many friends among the Klallam people. He was the father of the late Harold Sisson, contemporary, friend and frequent debate opponent of Adeline Smith. (AS,BC) {ʔuʔ*mamxʷáyns* kʷi kʷə nsqaʔqáx̣aʔ. *My little dog is toothless.* (AS)} VAR: mamxʷáyns {táči kʷi kʷə *mamxʷáyns*. *Dewey got here.* (AS)} VAR: mamxʷáyns (AS,BC; AS)

máʔnəšəŋ ⟦√ma<ʔ>nəš-ŋ √tobacco<actl>-mdl⟧ ☞ mánəšəŋ to be smoking tobacco. (MJT) VAR: mán̓əšəŋ (MJT) {*mán̓əšəŋ* əw, nʔíŋəc? *Are you smoking my grandson?* (AS,BC)}

maʔqáʔaʔ Makah. See under: məqáʔaʔ

maʔqáʔəŋ ⟦√m<ə>qáʔəʔ-ŋ √Makah<actl>-mdl⟧ ☞ məqáʔaʔ to speak the Makah language. {*maʔqáʔəŋ* t sqʷáqʷiʔs. *They're talking the Makah language.* (MJT)}

maʔsít ⟦√mi<ʔ>s-i-t √choose<actl>-persist-trns⟧ ☞ méʔst to be sorting, choosing, selecting something from a group; sorting out a group of things. (TC) {*maʔsít* cn. *I'm sorting it out.* (TC) | łaʔk̓ʷóyuʔ ʔiʔ ʔuʔ*maʔsít*s ti ʔə́y̓ kʷítšən. *He was gaffing and choosing the best spring salmon.* (ES) | *maʔsít*s ʔiʔ łk̓ʷíts ʔiʔ q̓ʷinəts. *He choose it, and he hooked it, and he took it out.* (ES) | nił ti suʔə́w̓k̓ʷs ti *maʔsít*s ʔiʔ sx̣íts ʔənʔá qʷúʔqʷi ʔaʔ cə stúʔwiʔ. *When what he was choosing was finished he moved it coming down the river.* (ES)}

maʔsítəŋ ⟦√mi<ʔ>s-t-ŋ<ˀ> √choose<actl>-trns-psv<actl>⟧ [metathesis with actual and passive] ☞ məsítəŋ being sorted, selected, chosen from a group by someone. (TC) {*maʔsítəŋ* cn. *Someone's sorting me out.* (TC)} VAR: masítəŋ {*masítəŋ* cn. *I was being picked, chosen.* (AS)}

maʔtúʔqʷəŋ ⟦√mə<ʔ>tu<ʔ>qʷ-ŋ<ˀ> √bubble<actl>-mdl<actl>⟧ to be bubbling up (as a spring, boiling water, carbonated drink). (TC) VAR: maʔtúqəŋ (ES) VAR: maʔtúxʷəŋ (BC; AS) VAR: maʔtúqʷəŋ (TC; AS) VAR: maʔtúqʷəŋ (AS)

máʔwi ⟦√máʔwi √place_name⟧ a creek "south of the flounder place" and north of Union. (LB,EWH)

maʔx̣ʷíct ⟦√mi<ʔ>x̣ʷ-cut √quake<actl>-rflxv⟧ ☞ məx̣ʷíct to be stomping, shaking oneself. {*maʔx̣ʷíct* cn. *I'm stomping now.* (TC)}

maʔyaʔməʔúʔəqʷ ⟦m<aʔy>aʔ+√m<əʔ>uʔəqʷ dim<pl>+√duck<dim>⟧ ☞ maʔməʔúʔəqʷ a group of small ducks. (ES)

maʔyaʔmək̓ʷéʔwən ⟦ma<ʔya>ʔ+√mk̓ʷ=e<ʔ>wən dim<pl>+√lump=interior<actl>⟧ ☞ smaʔk̓ʷéʔwən a flock of butterball ducks, bufflehead. *Bucephala albeola.* (JCo)

maʔyaʔmə́šču ⟦m<aʔy>aʔ+√məšč̓w dim<pl>+√mink⟧ ☞ maʔmáščw a group of small minks. (MJT; HS,ES)

maʔyaʔmúʔsməs ⟦m<aʔy>aʔ+mu<ʔ>s+√mus dim<pl>+char<dim>+√cow⟧ ☞ maʔmúʔsmus a group of calves, small cows. (ES) VAR: maʔyaʔmúsmus {níł kʷaʔčaʔ suʔʔəštə́ŋs cə n*maʔyaʔmúsmus*. *Then my little cows started to walk.* (MJ)}

maʔyáʔt kicking it. See under: məyáʔt

maʔyáʔtəŋ ⟦√ma<ʔ>yaʔ-t-ŋ<ˀ> √kick<actl>-trns-psv⟧ ☞ məyáʔt being kicked. (EPT; TC)

maʔyátqʷ ⟦√m<aʔy>itqʷ √cup<pl>⟧ ☞ méʔtqʷ several cups. (MJT)

maʔyáys ⟦√mə<ʔ>ya-ay̓s √kick<actl>-activ⟧ ☞ məyáʔt to be kicking. (TC)

maʔyəłéʔcs ⟦√m<aʔy>əłiʔc √summer_dog_salmon<pl>⟧ ☞ məłác summer dog salmon. (AS,BC)

maʔyəščú ⟦√m<aʔy>əščw √mink<pl>⟧ ☞ mə́šču a group of minks. (ES)

maʔyúsməs ⟦m<aʔy>us+√mus char<pl>+√cow⟧ ☞ músmus cattle, cows, bulls, oxen. (TC; ES) {ŋə́n̓ *maʔyúsmus*. *There were lots of cattle.* (TC)} VAR: məyúsmus (AS,BC) VAR: miyúsmus (AS) VAR: maʔyúsmus (EPT) {ŋə́n̓ yaʔ ti nəsk̓ʷə́nt ti nə*maʔyúsmus*. *I had many cows to look after.* (MJ) | łxʷłšáʔ yaʔ tə nə*maʔyúsmus*. *I had thirty cows.* (MJ)}

maʔyúst ⟦√m<aʔy>us-t √treasure<pl>-trns⟧ [unusual case of a transitive form functioning as a noun] ☞ múst treasure, money, wealth, savings. {ŋə́n̓ *maʔyúst*s kʷsə kʷłč̓áq. *That old person has a lot of money.* (EPT)}

maʔyútčuʔ ⟦√m<aʔy>utčw √spring<pl>⟧ ☞ mútčuʔ several springs. (MJT)

mácməc ⟦√mácmac √place_name⟧ Mats Mats Bay. (LB,EWH; MJT; AS) [may be related to the word for 'fact' cp. məc {ʔáwə qə c ʔaʔ*mácməc* tə słə́mčəŋ. *Don't pick berries at Mats Mats.* (MJ)} VAR: mácmac {hiyáʔ ƛ̓aʔ*mácmac*. *They went to Mats Mats.* (MJ)}

mák̓ʷaʔ ⟦√mak̓ʷiʔ √grave⟧ grave, cemetery. (MJT; AS,BC; ES; TC) VAR: mə́k̓ʷaʔ (ES; TC) {nəxʷtəmłúsəŋ cə ʔaʔyəcłtáyŋxʷ hiyáʔ ʔaʔ kʷi *mə́k̓ʷaʔ*. *The Indians going to the cemetery put ocher on their faces.* (AS) | šítəŋ yaʔ ʔaʔ cə sʔács ʔəshúʔitəŋ yaʔ ʔaʔ cə *mə́k̓ʷaʔ*. *She wanted the carved face that was at the grave.* (AA)} VAR: máʔk̓ʷaʔ (AS) VAR: smáʔk̓ʷaʔ (AS)

mál ⟦√mal √maul⟧ sledge hammer, maul. (TC) [from English 'maul']

maliyístəŋ ⟦√malyí-stxʷ-ŋ √marry-caus-psv⟧ ☞ maliyístxʷ to be married by someone (such as a priest). {ʔúxʷ st ʔaʔ cə ləplít ʔiʔ *maliyístəŋ* st. *We went to the priest, and he married us.* (TC)}

maliyístxʷ ⟦√malyí-stxʷ √marry-caus⟧ ☞ malyít to let or have someone get married. (AS) {*maliyístxʷ* cn cə nŋánaʔ. *I let my child get married.* (AS)}

maliyíti ⟦√malyí-ty √marry-rcprcl⟧ ☞ malyít to marry, have a wedding, get married. (ES; TC; AS,BC; MJ) {čaʔ*maliyíti* st. *We just got married.* (TC) | ʔəcłtáyŋxʷ či ns*maliyíti*. *I married an Indian.* (ES) | ʔə́y̌ či s*maliyítił*. *We better get married.* (TC) | híˑc kʷaʔčaʔ ʔiʔ ƛ̓áy̌ cn *maliyíti*. *It was a long time, and I married again.* (TC) | híˑc kʷaʔčaʔ ʔəsxʷənʔáŋs ʔiʔ ʔuʔ*maliyíti* cn. *It was a long time that way, and I married.* (TC) | łuʔísti st ʔiʔ kʷə nəswə́y̌qaʔ ƛ̓aʔPort Angeles ʔiʔ *maliyíti*. *My husband and I ran away to Port Angeles and got married.* (MJ) | nsuʔhiyáʔ ʔúxʷ ʔaʔ kʷi ncə́t ʔiʔ yəcúst ʔaʔ či nəs*maliyíti* caʔ ʔiʔ Louie John. *So I went to my father and told him I was going to marry Louie John.* (MJ) | húʔ caʔ cxʷ ʔuʔáwə c ʔuʔcəʔéʔt ʔuʔ *maliyíti* ʔiʔ nít caʔ ʔənsuʔłkʷístəŋ ʔawmán cxʷ ʔuʔ twəwsx̌íƛ̓aʔƛ̓qł. *If you don't get properly married you will be brought home because you are still very much a child.* (TC)} VAR: məliyíti (AA; ES) {*məliyíti* cn. *I got married.* (ES) | *məliyíti* č kʷi kʷsə nəŋə́naʔ ʔiʔ nʔá st či sqʷanəsnúŋəł. *My daughter is going to get married, and we came to invite you.* (MJT)}

malyí ⟦√malyí √marry⟧ [root comes from Chinook Jargon from French 'marier'] to be married. {ʔáwə č yaʔ kʷaʔčaʔ c híc ʔiʔ *malyí* naʔníłiyaʔ. *So, it wasn't long, and they were married.* (MJ)}

malyít ⟦√malyí-t √marry-trns⟧ ☞ malyí to get married to someone. {*malyít* cn. *I married him.* (AS,BC) | *malyít* cn cə nsqʷúʔšən. *I married my partner.* (AS,BC) | twəẃswéʔwəs kʷi snawúsəm ʔiʔ *malyít*s kʷsi nəsíyaʔ yaʔ. *Chief Charlie was still a young man when he married my grandmother.* (MJ)}

malyítəŋ ⟦√malyí-t-ŋ √marry-trns-psv⟧ ☞ malyít to be married. {*malyítəŋ* st. *We got married.* (TC; AS)} VAR: maliyítəŋ {*maliyítəŋ* cn. *I'm getting married.* (AS)}

mámaʔkʷł ⟦má+√maʔkʷ-ł actl+√injure-dur⟧ ☞ máʔkʷł to be getting hurt. {čaʔ*mamáʔkʷł*. *He's right now getting hurt.* (MJT)}

mámaʔkʷłnəxʷ ⟦má+√maʔkʷ-ł-naxʷ actl+√injure-dur-nctrns⟧ ☞ maʔkʷə́łnəxʷ Stem: mámaʔkʷłnə [stem for subject suffixes] to be hurting someone. {*mámaʔkʷłnəs*. *He's hurting her.* (MJT) | ʔáwə cn c *mámaʔkʷłnəxʷ*. *I'm not hurting her.* (MJT)}

mamixʷéʔ dipper bird. *See under:* maʔmixʷə́y̌

mamxʷáy̌ns nickname. *See under:* maʔmxʷáy̌ns

mán ⟦√man √father⟧ father. ((USAGE: usually used only in the Sign of the Cross)) {ʔáłaʔ ʔaʔ t snáˑs kʷs *máˑn*s. *In the name of the Father.* Lit: *This is his father's name.* (LN) (TC) | snás kʷs *mán*s, ʔáłaʔ tə ŋə́naʔs, ʔáłaʔ ʔaʔ sántuspli. sx̌úʔx̌əm xʷənáŋ. *His father's name, his son is here, the Holy Ghost is here, it's the right way.* (TC) | ʔuʔx̌ə́nə cə nəsʔəy̌úqʷaʔ, nəcə́t, nə*mán*, nətán. *It was all of my siblings, my father, my father, my mother.* (TC)}

mánəšəŋ ⟦√manəš-ŋ √tobacco-mdl⟧ to smoke tobacco. {hiyáʔ cn *mánəšəŋ*. *I'm going to have a smoke.* (TC)}

mánuwaʔ sailor. *See under:* mənuwa

mán̓ ⟦√man̓ √very⟧ [u-class intensifier] 1. very, awfully, too much, so much. (RS; AS,BC) {*mán̓* kʷ uʔ ʔə́y̌. *It's very good.* ((USAGE: You'd say this to someone who gets it right as encouragement.)) (HS,ES) | *mán̓* cxʷ ʔuʔ qaʔqánəł. *You're awfully slow.* (ES) | *man̓* ʔuʔ łáč. *It's plenty dark.* (EPT) | *mán̓* ʔuʔ ŋə́n̓ kʷsə sqə́čaʔł. *We got a whole lot.* (NS,JW) | ʔáa, *mán̓* kʷ uʔ ʔə́y̌. *Yes, it's very nice.* (NS,JW) | *mán̓* cn ʔuʔ ʔíłən. *I really ate. / I ate too much.* (TC) | *mán̓* ʔuʔ ʔə́y̌ kʷə sqx̌ə́yuʔ. *The clams were very good.* (EPT) | *mán̓* ʔuʔ híc. *It's too long (a time).* (EPT) | łaʔčíyət cə tíy; ʔuʔ*mán̓* ʔuʔ łaʔłíqəŋ. *Cool off the tea; it's too hot.* (AS) | *mán̓* ʔuʔ čə́yəŋ cə ncáys. *My hands are shaking very much.* (AS) | *mán̓* ʔuʔ ʔə́y̌ ʔaʔ či nəskʷənnúŋə. *It's very good to see you.* (TC) | ʔáwə. kʷł*mán̓* st ʔuʔ ʔəsyácł. *No. We're already too full.* (TC) | *mán̓* cxʷ ʔuʔ xʷə́ŋ ʔəł štə́ŋəxʷ. *You walk too fast.* (EPT) | ʔəstúŋət kʷaʔčaʔ ʔənsxʷ*mán̓* ʔuʔ čtáŋ? *Why do you ask so much?* (TC) | *mán̓* kʷi ʔuʔ čaʔčəméʔi cə słə́y̌əxʷ. *The ice is too thin.* (TC) | kʷł*mán̓* cn ʔuʔ ʔə́y̌. *I'm already very well.* (TC) | *mán̓* cn ʔuʔ čiyáy ʔiʔ tíyəm. *I really almost started singing.* (TC) | *mán̓* ʔuʔ tsəct ʔaʔ tə stove ʔiʔ kʷás. *He got too close to the stove and got burned.* (MJT) | *mán̓* ʔuʔ łaʔłíqəŋ tiə skʷáči; ʔuʔsáy̌ct cn. *It's so hot today, I can't keep still.* (AS) | *mán̓* caʔ ʔuʔ ʔə́y̌ či nəskʷə́nt tiə ʔənʔə́ŋaʔc. *I will take very good care of this that you give me.* (TC) | *mán̓* ʔuʔ ƛ̓kʷnáʔəs ti ʔə́y̌ sʔíłəns cə swə́y̌qaʔs cə saʔə́y̌čəns. *The husband of the younger sister really got good food.* (AA) | níˑł kʷaʔ su*máˑn̓*s ʔuʔ nuʔ*nəxʷčiyaʔyéʔwən* ʔučtə. *She was very jealous.* (AA) | ʔiʔ *mán̓* kʷaʔ ʔuʔ ŋə́n̓ cə sʔíłəns ʔúxʷ ʔaʔ cə ƛ̓áłc. *And he got a great deal of food from the sea.* (AA)}
2. to be worse (in health). {ʔuʔ*mán̓* cn. *I'm worse.* (BC) | ƛ̓áy̌ cn ʔuʔ *mán̓*. *I'm also worse.* (AS,BC)}

mán̓əšəŋ smoking tobacco. *See under:* máʔnəšəŋ

mán̓ətəŋ ⟦√man̓-tx-ŋ √very-letcaus-psv⟧ ☞ mán̓txʷ to be made worse (in health). (ES; TC) ((USAGE: This refers only to being ill.)) (AS) {*mán̓ətəŋ* cn *I got worse.* (HS) | *mán̓ətəŋ* cxʷ. *You got worse.* (TC) | *mán̓ətəŋ* u cxʷ? *Did you get worse?* (ES) | *mán̓ətəŋ* č kʷi. *I heard he got worse.* (ES) | *mán̓ətəŋ*; mán̓ ʔuʔ sxáʔəs. *It got worse; it was real bad.* (MJT)} VAR: mán̓təŋ {ʔuʔ*mán̓təŋ* cn. *I got worse. / They let me get worse.* (AS) | ʔuʔmán̓ cn ʔuʔ *mán̓təŋ*. *I really got worse.* (AS,BC)}

mán̓txʷ ⟦√man̓-txʷ √very-letcaus⟧ [u-class intensifier] ☞ mán̓
1. to let something be too much, very much. (TC) {ʔuʔ*mán̓txʷ* cn ʔuʔ čəq. *I let it get big.* (AS)}
2. to let something get worse. {*mán̓txʷ* cn. *I let it get worse.* (AS)}

máqɬ ⟦√mə<á>q̓-ɬ √satiated<rslt>-dur⟧ ☞ móq̓ to feel full, satiated. {kʷɬiʔ**máqɬ** cn. *I'm getting full.* (MJT)}

mási ⟦√mási √amen⟧ amen, praise, thank the lord. ((said at the end of Shaker prayers)) (LC; ES; BH; AS,BC; TC) [from Chinook Jargon from French 'merci'] {**mási** či x̣áʔis. *Praise the lord.* (AS,BC)}

masítəŋ being sorted. *See under:* maʔsítəŋ

máwəč ⟦√mawəč √deer⟧ deer. (RS; TC) [from Chinook Jargon, used more at Becher Bay than at other Klallam areas] {hiyáʔ či x̣̓iyáŋ ʔaʔ či **máwəč**. *Go look for deer.* (RS)}

máy ⟦may √my!⟧ my!, my goodness!. [from English 'my!'] {**máy**, mán cxʷ ʔuʔ čičtáŋ. *My, you ask a lot.* (TC)}

méʔst ⟦√mi<ʔ>s-t √choose<actl>-trns⟧ ☞ míst to be choosing someone or something, picking something or someone out, sorting something. {**méʔst** cn. *I'm sorting it.* (TC) | níɬ suʔ**méʔst**s. *So he was choosing them.* (ES) | níɬ ti suʔhúys ti s**méʔst**s yaʔ ʔiyá ʔaʔ ti ʔəsxʷx̣̓očəŋ sxʷiyá ti sŋə́ŋ kʷítšən ʔiʔ ti q̓əčqs. *Then he finished his choosing there in the hole where there were lots of springs and cohos.* (ES)}

méʔtqʷ ⟦√miʔtqʷ √cup⟧
1. cup, dipper. (MJT; ES) {x̣ʷéʔx̣ʷəŋ tiə n̓**méʔtqʷ**. *Your cup is leaking.* (AS)}
2. the Big Dipper, Ursa Major constellation. (ES)

méʔxʷəŋ ⟦√mi<ʔ>xʷ-ŋ √quake<actl>-mdl⟧ ☞ míxʷəŋ to be quaking, shaking, quivering. {**méʔxʷəŋ** kʷsə sčtə́ŋxʷən. *earthquake* (AS,BC) | ʔiʔčtə́ŋ ʔiʔ ʔúxʷ ʔaʔ cə sqiqəyáyŋəxʷ **méʔxʷəŋ**. *He crawled over to the trees that were shaking.* (MJ) | níɬ č suʔk̓ʷə́nəxʷs cənɬ snaʔáʔwəɬc nuʔ**méʔxʷəŋ**. *Then he saw something in the bushes kind of shaking.* (MJ)} VAR: míʔxʷəŋ {ʔuʔ**míʔxʷəŋ** caw̓niɬ. *It was shaking.* (EB)}

méksəkən ⟦√méksəkən √Mexican⟧ Mexican. [from English 'Mexican'] {níɬ suʔhiyáʔs kʷi naʔčáʔəŋəxʷ **méksəkən**. *Then the foreigner Mexican went.* (ES)}

məʔə́y̓q ⟦√m<ə>ə́y̓q √forget<actl>⟧ ☞ móy̓əq to forget. {ʔuʔmán kʷaʔčaʔ ʔuʔ x̣čít, Aurelia, ʔaʔ či nsʔáw c **məʔə́y̓q** ʔaʔ nə́kʷə. *And really know, Aurelia, that I will not forget you.* (AA)}

mə́c ⟦√mc √fat⟧ to be fat, stout, greasy. (EPT; LST; LC; ES; TC) {**mə́c** cn. *I'm fat.* (TC) | mán ʔuʔ **mə́c** tiʔə. *This is too greasy.* (MJT) | ʔə́c nuʔ**mə́c** txʷʔúxʷ ʔaʔ nə́kʷ. *I'm fatter than you.* (ES) | mán cxʷ ʔuʔ **mə́c**. *You're too fat.* (EPT)}

məccút ⟦√mc-cut √fat-rflxv⟧ ☞ mə́c to get fat, stout, put on weight. (EPT; TC) {**məccút** cn. *I got fat.* (ES) | **məccút** kʷsə sɬániʔ. *The woman is getting fat.* (EPT) | **məccút** cn x̣̓ay *I'm going to get fat too.* (EPT) | mán cn ʔuʔ č̓íɬən ʔiʔ **məccút**. *I ate so much I got fat. (I ate too habitually and got fat.)* (BC) | húʔ mán ʔuʔ ŋə́ŋ tə n̓sʔíɬən ʔiʔ **məccút** cxʷ. *If you eat too much, you'll get fat.* (TC)} VAR: məccút {**məccút** kʷsə sɬániʔ. *The woman is getting fat.* (EPT)}

məccút get fat. *See under:* məccút

məcéʔŋəɬ ⟦√mc-i<ʔ>ŋɬ √fat-cstm<actl>⟧ ☞ mə́c to fatten up (something). (ES)

məcéʔqʷəŋ ⟦√mc=iʔqʷ-ŋ √fat=head-mdl⟧ ☞ mə́c to oil one's hair. (ES) {**məcéʔqʷəŋ** kʷi kʷɬə nséʔyaʔ. *My grandmother oiled her hair.* (AS)}

məcə́t ⟦√mc-t √fat-trns⟧ ☞ mə́c
1. to oil, grease up, lubricate something. (ES) {**məcə́t** tə sčaʔkʷaʔyúɬ. *Oil up the car.* (AS) | **məcə́t**s tə cáyss. *She greased up her hands.* (MJ)}
2. to fatten someone or something. {**məcə́t** cn. *I fattened it up.* (AS) | ʔuʔmán ʔuʔ **məcə́t** kʷə swə́y̓qaʔs. *My husband really got fat.* (AS)}

məcə́təŋ ⟦√mc-t-ŋ √fat-trns-psv⟧ ☞ məcə́t
1. to be fattened, get fat. {**məcə́təŋ** cn. *They fattened me up.* (AS) | ɬáx̣ʷɬ ʔuʔ **məcə́təŋ** cə ʔəcɬtáyŋxʷ. *That person really got fat.* (AS)}
2. to be greased, lubricated by someone. {**məcə́təŋ** cə číkcik. *The wagon was greased.* (AS)}

mə́ct ⟦√m<ə́>c-t √fat<actl>-trns⟧ ☞ mə́c to be fattening an animal. {**mə́ct** cn cə kʷašú. *I'm fattening the pig.* (ES)}

məcə́t bend it. *See under:* mətə́t

məčúcən ⟦√məč=ucin √drool=mouth⟧ Metchosin, British Columbia. (LST; TC) VAR: mətčúcən (TC)

məčútəŋ ⟦√muč-t-ŋ √aim-trns-psv⟧ [metathesis in the passive] ☞ múčt to be aimed at, threatened with a gun; to be aggravated. (ES; AS,BC)

mə́čt ⟦√məčt √struggle_to_get_up⟧ to struggle to get up after falling down. (AS) {**mə́čt** tə húʔpt. *The deer is trying to get up.* (AS)}

məhúy̓ ⟦√mhuy̓ √basket⟧
1. any basket. (MJT; LC; ES) {ɬáŋən či ʔaʔ cə **məhúy̓**! *Miss the basket!* (TC) | níɬ kʷi nə**məhúy̓**. *It's my basket.* (NS,JW) | čáy caʔn ʔaʔ či **məhúy̓**. *I'm going to make a basket.* (MJT) | ʔəx̣ín ʔuč kʷi **məhúy̓**s? *Where is her basket?* (NS,JW) | k̓ʷə́nəs cə **məhúy̓** ʔaʔ slapúʔ. *He saw Slapu's basket.* (MJ) | cicx̣ʷánəŋ cn ʔəʔ kʷɬi nə**məhúy̓**. *I lost my basket.* (MJT) | nəsk̓ʷáʔ kʷi nəscáy tiʔə **məhúy̓**. *This basket was my own work.* (MJT) | ʔiʔánəŋ cn ʔəɬ čáyən ʔaʔ ti **məhúy̓**. *I know how to make a basket.* (MJT) | nəsʔiʔánəŋ ti nəscáy ʔaʔ ti **məhúy̓**. *I know how to make a basket.* (MJT) | kʷənáŋətəŋ caʔn ʔiʔ x̣ʷəyəməsítəŋ kʷə n**məhúy̓** nəscáʔiʔ. *She'll help me sell the basket I'm making.* (AS)}
2. any piece of luggage. (AS) VAR: muhúy̓ (EPT; MJT; NS,JW; ES; AS,BC) {čáʔiʔ u cxʷ ʔaʔ či **muhúy̓**? *Are you making a basket?* (ES) | ʔuʔnéʔ kʷi či **muhúy̓**. *There is a basket.* (AB,ICT) | níɬ nuʔsíqi tiə nə**muhúy̓** txʷʔúxʷ ʔaʔ cə n̓skʷáʔ. *My basket is heavier than yours.* (TC) | ʔáwə cn c x̣ən̓áxʷ ʔaʔ nə́kʷ kʷaʔ čáyəxʷ ʔaʔ či **muhúy̓**. *I didn't tell you to make a basket.* (TC)}

mə́kʷ ⟦√mkʷ √lump⟧ any lump or thickness. (AS,BC) {ʔuʔmán ʔuʔ **mə́kʷ** tə spə́ɬx̣ən. *The field is* *very lumpy.* (AS) | łáxʷɬ ʔuʔ **mə́kʷ**s cə sə́mi. *The blanket is really thick and lumpy.* (AS)}

mə́kʷənʔaʔ ⟦√məkʷənʔaʔ √personal_name⟧ [The root may be the same as in the word for 'lump' referring to the hunched up shape of a flea.] cp. mə́kʷəyuʔ personal name of a bad flea character in a story. {yáʔ či qəqíŋ, **mə́kʷənʔaʔ**. *Go play, Flea.* (TC) | ʔənʔá či qəqíŋ, **mə́kʷənʔaʔ**. *Come play, Flea.* (TC)}

mək̉ʷə́t ⟦√mk̉ʷ-t √lump-trns⟧ ☞ mə́k̉ʷ to mold, give shape, gather to put together something. (ES) {**mək̉ʷə́t** cn cə syə́wiʔ. *I shaped the bark.* (AS)}

mək̉ʷə́təŋ ⟦√mk̉ʷ-t-ŋ √lump-trns-psv⟧ [metathesis with passive] ☞ mə́k̉ʷt to be gathered into rounded lumps, crumpled, smashed together, balled up. {**mək̉ʷə́təŋ** st. *We're smashed together.* (AS) | **mək̉ʷə́təŋ** cə saplín. *The bread dough was balled up.* (AS)}

mə́k̉ʷəyuʔ ⟦√mk̉ʷ-əyu √lump-activ⟧ to pile, stack, bundle, shock (hay). (ES,HS) {**mə́k̉ʷəyu** st ʔaʔ cə scúɬ. *We piled up the wood.* (AS)} VAR: mə́kʷəyu (AS)

mə́k̉ʷt[1] ⟦√m<ə́>k̉ʷ-t √lump<actl>-trns⟧ ☞ mə́k̉ʷəyuʔ to gather into rounded lumps, clumps; crumple, smash together. {**mə́k̉ʷt** cn. *I smashed it up. / I crumpled it.* (LC; AS) | **mə́k̉ʷt** cn cə pípə. *I crumpled the paper.* (AS)}

mə́k̉ʷt[2] put it in mouth. *See under:* múkʷt

mək̉ʷúct ⟦√mk̉ʷ=ucin-t √lump=mouth-trns⟧ [may have the root /múkʷ/ 'put in mouth'] cp. múkʷt ☞ mə́k̉ʷt to kiss someone (on the mouth). (MJT) {**mək̉ʷúct** cn. *I kissed her. / I kissed him.* (TC) | **mək̉ʷúct**s *He kissed her. / He's kissing her.* (MJT) | **mək̉ʷúct** caʔn. *I'm going to kiss her.* (MJT)}

mək̉ʷúctəŋ ⟦√mk̉ʷ=ucin-t-ŋ √lump=mouth-trns-psv⟧ ☞ mək̉ʷúct to be kissed by someone (on the mouth). {**mək̉ʷúctəŋ** cn. *I got kissed.* (TC)} VAR: mək̉ʷcítəŋ {k̉ʷəníc cn ʔaʔ k̉ʷə ns**mək̉ʷcítəŋ**. *I saw you getting kissed.* (ES)}

mək̉ʷút put it in mouth. *See under:* múkʷt

mək̉ʷúyəsəŋ ⟦√mk̉ʷ=uyəs-ŋ √lump=forehead-mdl⟧ ☞ mə́k̉ʷ to form, appear on the plant (of berries or other fruit),. (MJT) {ʔúy č **mək̉ʷúyəsəŋ** tə ɬə́məqʷ ʔiʔ níɬ ti stáčis ti k̉ʷítšən. *When the gooseberries are formed, that's when the spring salmon come.* (MJT)}

mə́k̉ʷ ⟦√mk̉ʷ √claim⟧ to be picked up and claimed, taken away. (AS,BC) {sxʷʔiyás či ʔuʔ**mə́k̉ʷ**ɬ ʔuʔ x̣ə́nə. *It's where we will all be taken.* (RSh)}

mə́k̉ʷaʔ grave. *See under:* mák̉ʷaʔ

mə́k̉ʷaʔt inter. *See under:* mək̉ʷéʔət

mə́k̉ʷáʔwəc ⟦√mk̉ʷ-aʔ=iwc √claim-ext=fire⟧ ☞ mə́k̉ʷ to pick up firewood along the beach. (LB,CWH)

mək̉ʷéʔəɬ ⟦√mak̉ʷiʔ-ŋ-ɬ for-√grave-mdl-dur⟧ ☞ mák̉ʷaʔ funeral, burial. {hiyáʔ yaʔ st x̣aʔməqáʔaʔ. ʔúxʷ ʔaʔ cə **mək̉ʷéʔəɬ**. *We went to Makah to a funeral.* (MJ) | **mək̉ʷéʔəɬ** ʔiyá ʔaʔéɬxʷaʔ. *It was a funeral there at Elwha.* (MJ) | ʔuʔccítəŋ cn ʔuʔk̉ʷənúɬ cə **mək̉ʷéʔəɬ** yaʔ. *I was standing, watching the funeral.* (MJ)} VAR: maʔk̉ʷaʔéʔŋəɬ (EPT; MJT; ES,HS)

mək̉ʷéʔət ⟦√mak̉ʷiʔ-t √grave-trns⟧ to inter, bury someone. (TC) {**mək̉ʷéʔət** cn k̉ʷɬə nsɬáni. *I just buried my wife.* (AS) | čaʔčáŋ st ʔaʔ k̉ʷi s**mək̉ʷéʔət**ɬ k̉ʷi siʔám̉. *We just got home to bury the leader.* (AS)} VAR: maʔk̉ʷéʔət (AS) VAR: mə́k̉ʷaʔt (AS) [This variant may be the 'actual' form of the word.] {ʔuʔiyá·· ʔuʔx̣ə́n̉ cə ʔəcɬtáyŋxʷ ʔuʔ ʔiyá ʔaʔ cə sməyək̉ʷáyə t s**mə́k̉ʷaʔt**s k̉ʷi nəsíyaʔ. *All the people were there at the grave where my grandfather was buried.* (MJ)}

mək̉ʷéʔətəŋ ⟦√mak̉ʷiʔ-t-ŋ √grave-trns-psv⟧ ☞ mək̉ʷéʔət to be buried, interred. (MJT; TC) {níɬ suʔk̉ʷáčis ʔiʔ **mək̉ʷéʔətəŋ** k̉ʷə nəsíyaʔ. *When it got day, we buried my grandfather.* (MJ) | níɬ suʔhúys **mək̉ʷéʔətəŋ** k̉ʷi nəsíyaʔ. *Then they finished burying my grandfather.* (MJ)} VAR: mək̉ʷáʔtəŋ {**mək̉ʷáʔtəŋ** yaʔ k̉ʷɬə sɬánis. *They buried his wife.* (AS)}

mə́k̉ʷəŋ ⟦√mk̉ʷ-ŋ √claim-mdl⟧ ☞ mə́k̉ʷ 1. to find (something) and pick it up, discover, claim (something) and take it, take (something found) into one's possession. (LC; AS,BC; AS) 2. to adopt (a child). {**mə́k̉ʷəŋ** cn ʔaʔ či tálə. *I found money.* (ES) | **mə́k̉ʷəŋ** cn ʔaʔ cə scúɬ. *I picked up the driftwood.* (ES) | ʔəns**mə́k̉ʷəŋ** u? *Did you pick it up?* (ES) | nəs**mə́k̉ʷəŋ**. *I found it.* (LC) | ʔəns**mə́k̉ʷəŋ** cn. *You found me.* (LC; TC) | nəs**mə́k̉ʷəŋ** cxʷ. *I found you.* (LC; TC) | s**mə́k̉ʷəŋ**ɬ. *We found it.* (TC) | **mə́k̉ʷəŋ** u cxʷ? *Did you pick it up?* (ES) | nəs**mə́k̉ʷəŋ** tiə tálə. *I found this money.* (LC) | ʔəns**mə́k̉ʷəŋ** u cxʷ ʔaʔ cə tálə? *Did you pick up the money?* (ES) | nəs**mə́k̉ʷəŋ**. *I picked up something I found.* (ES; TC) | níɬ suʔ**mə́k̉ʷəŋ**s ʔaʔ cə stáʔčən. *So then he was picked up by a wolf.* (TC) | nəs**mə́k̉ʷəŋ** nəsuʔƛ̉k̉ʷə́t. *I found it and took it.* (TC) | stáŋ ʔuč či ns**mə́k̉ʷəŋ**? *What did you find?* (TC) | nəs**mə́k̉ʷəŋ** cə ʔáʔiŋ. *I found the house (that I'm salvaging).* (TC) | ƛ̉iʔáʔt cn cə nətálə ʔiʔ nəs**mə́k̉ʷəŋ**. *I looked for my money and found it.* (TC) | k̉ʷníɬ k̉ʷi suʔ**mə́k̉ʷəŋ**s k̉ʷi scəyíqʷɬ sə́ɬəŋ. *Now they picked up the fruit that was falling.* (AS) | ʔuʔ**mə́k̉ʷəŋ** ʔaʔ tə qʷə́ɬtəŋ scaʔyaʔčáʔi. *He was picking up small pieces of bark brought in by the waves.* (ES)}

mək̉ʷəŋúyɬ ⟦√mk̉ʷ-ŋ=uyɬ √claim-mdl=child⟧ ☞ mə́k̉ʷəŋ to adopt a child, find and take in an abandoned baby. {**mək̉ʷəŋúyɬ** cn. *I adopted a child.* (AS)}

mək̉ʷəŋúyɬt ⟦√mk̉ʷ-ŋ=uyɬ-t √claim-mdl=child-trns⟧ ☞ mək̉ʷəŋúyɬ to adopt someone. {**mək̉ʷəŋúyɬt** cn. *I adopted her.* (AS)}

mák̓ʷəŋ ⟦√m<ə́>k̓ʷ-ŋ<ˀ> √claim<actl>-mdl<actl>⟧ ☞ mák̓ʷəŋ
1. to be finding (something) and picking it up. {ʔuʔmák̓ʷəŋ st ʔaʔ tə sčəyíqʷɬ. *We're picking up the fruit.* (AS)}

mək̓ʷə́t ⟦√mk̓ʷ-t √claim-trns⟧ ☞ mák̓ʷəŋ
1. to find something and pick it up, claim something found. (MJT; ES; TC) {mək̓ʷə́t cə snánt. *Take the rock.* (TC) | mək̓ʷə́t k̓ʷsə scúɬ. *Pick up that wood.* (EPT) | mək̓ʷə́t cn. *I picked it up.* (ES,HS) | kʷɬmək̓ʷə́t cn. *I already picked it up.* (LC) | mək̓ʷə́t u cxʷ? *Did you pick it up?* (ES) | mək̓ʷə́t u cxʷ cə tálə? *Did you pick up the money?* (ES) | stáŋ ʔuč či mək̓ʷə́txʷ? *What did you pick up?* (TC) | ʔənʔá, ʔənʔátxʷ či nsmək̓ʷə́t. *Come, come claim it.* (MJ) | X̌iʔáʔt cn cə nətálə nəsuʔmək̓ʷə́t. *I looked for my money and picked it up.* (TC)}
2. to adopt someone. (LC)

mək̓ʷə́təŋ ⟦√mk̓ʷ-t-ŋ √claim-trns-psv⟧ ☞ mək̓ʷə́t to be claimed, found and picked up. {mək̓ʷə́təŋ cn. *I got picked up.* (ES) | kʷán yaʔ cn ʔiʔ ʔuʔmək̓ʷə́təŋ cn. *I was lost, but now I'm found (third line of "Amazing Grace").* (AS,BC)}

mək̓ʷəyéʔčt ⟦√mək̓ʷ-y=iʔč-t √pile-ext=hump-trns⟧ ☞ ʔəsmák̓ʷɬ to pile up something. (TC) {mək̓ʷəyéʔčt ʔəstánəɬ. *Pile them in a row.* (TC)}

mák̓ʷt ⟦√m<ə́>k̓ʷ-t √claim<actl>-trns⟧ ☞ mək̓ʷə́t to be picking something up. (MJT; AS,BC; AS) {mák̓ʷt cn cə ʔápəls. *I picked up the apples.* (AS) | ʔáwə c mák̓ʷt. *Don't pick it up.* (MJT) | mák̓ʷts kʷi. *She's picking it up.* (MJT) | kʷɬuʔmák̓ʷt cn. *I'm already picking it up.* (EPT)}

mək̓ʷúcən ⟦√mk̓ʷ=ucin<ˀ> √claim=mouth<actl>⟧ ☞ mák̓ʷəŋ to be eating crumbs, licking the bowl, eating leftovers. {mək̓ʷúcən cn *I'm picking crumbs.* (MJT)}

məliyíti marry. *See under:* maliyíti

məɬác ⟦√məɬac √summer_dog_salmon⟧ summer dog salmon. (BC) VAR: məɬéʔcs (EPT)

məɬéʔcs summer dog salmon. *See under:* məɬác

məmək̓ʷə́nəkʷ ⟦mə + √mək̓ʷ = ənukʷ dimin + √lump=ground⟧ area on the inside edge of Dungeness Spit where ground is rough. (EWH)

mə́nuwa ⟦√mə́nuwa √sailor⟧ sailor, any uniformed navy or merchant marine person; the navy; navy base. (ES) [from English 'man-of-war'] {suʔtákʷəŋs cə təŋxʷs ʔaʔ cə mə́nuwa. *Their land was bought by the navy.* (TC) | txʷaʔmə́nuwa kʷaʔčaʔ cə təŋxʷ. *It became navy land.* (TC) | ʔə́wk̓ʷ kʷi farmers yaʔ ʔaʔ kʷi stákʷəŋs cə təŋxʷ ʔaʔ cə mə́nuwa. *There were no more farmers on the land that was bought by the navy.* (TC)} VAR: mə́nuwaʔ (AS) VAR: mánuwaʔ (AS,BC)

mə́q̓ ⟦√məq̓ √satiated⟧ to feel full, have a full belly, have eaten enough, be satisfied, satiated. (EPT; MJT; AS,BC; MJT) {mə́q̓ cn. *I'm full.* (MJT; AS,BC)} ⟪This might be said when you finish eating.⟫ (ES; TC) {mə́q̓ u cxʷ? *Are you full?* (EPT; ICT) | kʷɬmə́q̓ cn. *I'm full now.* (MJT)}

məqáʔaʔ ⟦√mqaʔaʔ √Makah⟧
1. Makah Tribe. (EWH; LBH; TC; ES) [AS, BC, ES, and FC all suggest that this is related to the word for 'full stomach'.] cp. mə́q̓ {ʔáw c ʔuʔcəʔít ʔuʔ məqáʔaʔ. *They aren't truly Makah.* (TC) | níɬ č yaʔ suʔsuʔúyqs cə məqáʔaʔ, əw? *Then the Makahs were net fishing, eh?* (TC) | čələ́t st tə məqáʔaʔ ʔaʔ kʷi sqax̌qíŋɬ. *We beat the Makahs when we were playing.* (AS) | hiyáʔ yaʔ st x̌aʔməqáʔaʔ? ʔúxʷ ʔaʔ cə mək̓ʷéʔənəɬ. *We went to Makah to the cemetery.* (MJ) | ʔi uʔk̓ʷəntís ʔaʔ kʷi sqaníɬəŋs cə súyəqs cə məqáʔaʔ ʔəcɬtáynxʷ. *They looked at what was robbing the nets of the Makah people.* (TC)
2. Neah Bay. (EPT; ES) {x̌ənáɬ ti suʔɬə́mxʷs ʔiyá ʔaʔ məqáʔaʔ. *It always rains at Neah Bay.* (MJT)} cp. nə́y̓ VAR: maʔqáʔaʔ (TC; ES) {níɬ nsuʔx̌ə́nəŋ čəyáy ʔiʔ ʔíŋənəs ʔaʔ Markishtumčšaʔmaʔqáʔaʔ. *Then I said it almost stepped on Markishtum from Neah Bay.* (MJ)} VAR: məqáʔə (EPT; AS,BC) VAR: məqá (LB,CWH)

məqáʔaʔ skʷáči ⟦√mqaʔaʔ ʔs-√kʷayiy √Makah stat-√day⟧ ☞ məqáʔaʔ ☞ skʷáči Makah Days. (AS,BC)

məqáʔs ⟦√mqaʔs √food_gift⟧ food from a feast given to take home, any food gift. (TC) {nəməqáʔs. *It's my food gift.* (TC)}

məqə́ct ⟦√məq̓-cut √satiated-rflxv⟧ [metathesis with reflexive] ☞ mə́q̓ to get full, eat a lot. {məq̓ə́ct či! *Eat lots!* (MJT)}

mə́qʷ ⟦√məqʷ √thick⟧ to be thick, big around, have a large circumference (as a large rope or pole). (TC) {ʔuʔmə́qʷ cə xʷéʔləm. *The rope is thick.* (AS)}

məqʷə́ɬnɬ ⟦√mqʷ=əɬnɬ √thick=throat⟧ ☞ mə́qʷ to have a thick neck. ⟪used as an insulting interjection to a person one is angry with⟫ (ES)

mə́q̓ʷ burst. *See under:* ŋə́q̓ʷ

məq̓ʷə́t burst it. *See under:* ŋəq̓ʷə́t

məqʷúʔəs ⟦√məqʷuʔəs √Smyth_Head⟧ Smyth Head, Vancouver Island, Rocky Point (at Becher Bay). ✱The high area at the east end of Becher Bay that was home the original Klallam village there. The village moved inside Becher Bay during World War II, replaced by the navy base. ✱There is a freshwater spring called x̌ayčísəŋən where the bluff meets the beach here. A rock where the spring comes out has several distinct, smoothly carved grooves. It is said that these grooves were made by salmon, which, after smelling the fresh water, struggled to go upstream. (LBH; TC; ES) [no other meaning] {šə́wi cn ʔiyá ʔaʔməqʷúʔəs. *I grew up at Symth Head.* (TC) | níɬ suʔx̌áy̓ɬ čáni ʔənʔá ʔúxʷ ʔaʔməqʷúʔəs. *Then we moved again over to Smyth Head.* (TC) | ɬúysts cə məqʷúʔəs sxʷʔiyáɬ yaʔ. *They left Rocky Point where we were.* (TC) | ʔux̌ə́n ʔuʔ nəxʷsx̌áyəm ti ʔiyá yaʔ ʔaʔməqʷúʔəs. *It was all Klallam there at*

Rocky Point. (TC) | ʔiyá ʔaʔ **məq̕ʷúʔəs** tə nəsʔíʔšáʔwiʔ. *I was growing up at Smyth Head.* (TC) | ʔuʔčʔáɬaʔ ʔaʔ**məq̕ʷúʔəs** ʔiʔ ʔuʔtəs ʔaʔNitinaht. *They come from here at Smyth Head to Nitinaht.* (TC) | ʔuʔx̣ə́nə st ʔuʔ ʔiyá **məq̕ʷúʔəs** ʔiʔ ʔáwənə skʷúl. *We were all there at Smyth Point, and there was no school.* (TC) | ʔuʔhúy ʔuʔ čʔiyá ʔaʔx̣ʷáyəŋ təs ʔaʔ**məq̕ʷúʔəs** ʔiʔ cə súʔukʷ. *It was only from Bentinck Island to Smyth Head and Sooke.* (TC) | čáytəŋ st čáʔčt cə qəyáxəns cə number one Indian Reserve sx̣ʷʔiyás yaʔ ti ʔiyá ʔaʔ**məq̕ʷúʔəs**. *We were put to work building a fence for the number one Indian Reserve where Smyth Head is.* (TC)}

məsə́t 〖√ms-t √fold-trns〗 to fold together, fold in (as top of sack). (ES; AS,BC) {**məsə́t** cn. *I folded it up.* (AS) | **məsə́t** cn cə sə́miʔ. *I folded the blanket.* (AS)}

məsə́təŋ 〖√ms-t-ŋ √fold-trns-psv〗 ☞ məsə́t to be folded together. {kʷɬ**məsə́təŋ** kʷi. *It's folded up already.* (AS)}

məsíct 〖√mis-cut √choose-rflxv〗 [metathesis with reflexive] ☞ míst to choose, pick out. {suʔhiyáʔs **məsíct** či ʔuʔhúy ʔuʔ ʔiʔiyə́ms swə́yaʔwəs. *They went and chose only their strong young men.* (ES)}

məsínəŋ 〖√mis-nax̣ʷ-ŋ √choose-nctrns-psv〗 ☞ mísnax̣ʷ to manage to be sorted, chosen by someone. (AS,BC) {čaʔhúy yaʔ st ʔaʔ kʷi s**məsínəŋ**. *We just finished being sorted.* (AS)}

məsítəŋ 〖√mis-t-ŋ √choose-trns-psv〗 [metathesis with passive] ☞ míst to be sorted, chosen, picked out. (AS,BC) {**məsítəŋ** cn. *I was being picked, chosen.* (AS) | **məsítəŋ** st. *We got sorted out.* (AS) | **məsítəŋ** tə scəyíqʷɬ. *The fruit is sorted out.* (AS)}

mə́st 〖√məs-t √mess-trns〗 to mess something up. [possibly from English 'muss', but completely integrated into Klallam] {**mə́st** cn cə nscáy. *I messed up my work.* (AS)}

mə́šču 〖√məšč̕w √mink〗 [no plural]
1. mink. *Mustela vison.* (TC; ES) {ŋə́naʔ ʔaʔ **mə́šču**. *It was the child of Mink.* (MJ) | hiyáʔ č yaʔ ƛ̓acu cə **mə́šču**. *Mink went fishing.* (TC) | ćə́č č kʷaʔčaʔ cawnɬ **mə́šču**. *Then Mink woke up.* (TC) | nɬ č suʔtə́ss ʔaʔ **mə́šču**. *Then Mink got there.* (TC) | nɬ č suʔɬáčq̕ ʔaʔ **mə́šču**. *Then Mink got mad.* (TC) | suʔč̕ústs cə **mə́šču**. *She (Octopus) hugged Mink.* (TC) | x̣ášəŋ st ʔaʔ kʷə **mə́šču**. *We trapped minks.* (AS) | suʔqəmə́təŋs cə **mə́šču** ʔaʔ cə táməxs. *Mink broke the eelgrass.* (TC) | x̣čnín ʔaʔ či náʔćəwtxʷəŋəs yaʔ kʷi kʷiwnɬ **mə́šču** ʔaʔ cə sʔúqʷaʔs. *Mink thought he'd go visit his older sister.* (TC) | húy ʔuʔ x̣ctín ʔay̓ kʷaʔ kʷsə n**mə́šču** nsx̣ʷiʔám̓. *That's all I know of my Mink story.* (TC) | ʔáwənə nəsx̣čít kʷaʔ ʔaʔstúʔŋəts kʷi **mə́šču** kʷéʔwənti č ʔiʔ cə q̕ʷúʔəŋ kʷaʔ stáŋəs yaʔ čtə či kʷaʔwəntiʔicts cawnáʔyəɬ. *I don't know what Mink was doing, but he was fighting with Kelp, whatever they were fighting over.* (TC)}

2. liar. ✱a jocular taunt alluding to the trickster character Mink of many traditional stories (TC; ES; MJT) {ʔáwə cn c **mə́šču** x̣ʷənáŋ ʔaʔ nə́kʷ. *I'm not Mink (a liar), like you.* 《TC to ES》 (TC) | **mə́šču** ʔəɬ q̕ʷáq̕ʷiəs *He's Mink when he talks (he lies).* (TC)}

3. muskrat. *Ondatra zibethicus.* (AS; AS,BC) VAR: mə́šču? (MJT) {hiyáʔ č kʷə́nət tsə saʔə́ỷčəns ʔiʔ ƛ̓ay̓ č ʔuʔ čŋáʔnaʔ cawnɬ saʔə́ỷčən ʔaʔ **mə́šču**ʔ. *He went to see his sister, and Mink's sister had a child, too.* (TC)} VAR: məščú? (ES)

məšín 〖√məšín √machine〗 machine, motor. (ES) [from English 'machine'] {ʔəsčéʔyəx̣ʷ cə **məšín**s nɬ kʷaʔnáʔŋút ti qʷúʔ ʔúx̣ʷ ʔaʔ cəʔáʔiŋ. *Their machine for running water to the house was broken.* (ES) | ʔiʔ máʔkʷɬ cə nə́cuʔ haʔýawəns canu **məšín**s. *One part of that machine was broken.* (ES) | húy ʔəɬ ʔuʔhiyáʔs tinu náʔcuʔ ʔiʔ kʷəyəxcútt cə **məšín**s. *It was only when someone would go and start their machine.* (ES) | ʔiyá ʔaʔ cə nə**məšín**. *It was there on my motor.* (TC) | ʔiʔ hiyáʔ ʔúx̣ʷ ʔaʔ kʷə sx̣ʷʔiyás kʷsə **məšín**. *She went to where the machine was.* (ES) | sqiʔám či nəsɬx̣ʷə́ct ʔaʔ cə nə**məšín**. *I couldn't steer the motor.* (TC) | čáʔi cə **məšín**. *The machine is working.* (AS,BC) | kʷɬníɬ kʷi suʔšə́təŋs cə **məšín**. *Now the machine is running.* (AS) | kʷkʷaʔnéʔŋət kʷsə nə**məšín**. *My machine is already running.* (ES) | nɬ kʷi sx̣ʷčičə́x̣ cə **məšín**. *That machine is a paper shredder.* (AS) | nəsuʔxənʔátəŋ ʔaʔ cə siʔám̓, "hiyáʔ cx̣ʷ ʔúx̣ʷ ʔaʔ cə **məšín**." *I was told by the boss, "Go over to the machine."* (TC) | háʔnəŋ cn kʷaʔčaʔ tx̣ʷʔúx̣ʷ ʔaʔ nə́kʷə ʔiʔ háʔnəŋ cn kʷi tx̣ʷʔúx̣ʷ ʔaʔ cə x̣ʷanítəm táči skʷáʔs cənɬ sqʷáqʷi, sqʷáqʷi **məšín** čəʔúʔwəsɬ ʔaʔ tiə ʔáynəkʷ. *Thank you to you, and thank you to the white man who got here who owns the recorder we are using today.* (BH)}

mətčúcən Metchosin. See under: məčúcən

mətə́qʷt 〖√mtəqʷ-t √immerse-trns〗 [not known to other speakers] ☞ mə́tqʷ cp. qsə́t to immerse, put something in water. {**mətə́qʷt** cn cə məhúy ʔúx̣ʷ ʔaʔ tə qʷúʔ. *I put the basket in water.* (MJT) | suʔ**mətə́qʷt**s tə shirt. *So he immersed the shirt.* (MJ) | **mətə́qʷt**s ʔaʔ tə qʷúʔ ʔiʔ sk̓ʷúct. *She put him in the water, and he bathed himself.* (MJ)}

mə́tqʷ 〖√m<ə́>təqʷ √immerse<actl>〗 the Big Dipper constellation. (EWH)

mə́tqʷt 〖√m<ə́>təqʷ-t √immerse-trns〗 [actual metathesis] ☞ mətə́qʷt to be immersing something, putting something in water. {kʷɬ**mə́tqʷt** cn ʔaʔ tə qʷúʔ. *I'm right now putting it in the water.* (MJT)}

mətúliyə 〖√mətúliyə √Victoria〗 Victoria, British Columbia. (EPT; TC; AS,BC) [from English 'Victoria'] {ʔaʔ**mətúliyə** cn. *I'm in Victoria.* (TC) | ʔuʔiyá yaʔ cn ʔaʔ**mətúliyə**. *I was there in Victoria.* (TC) | hiyáʔ cn ƛ̓aʔ**mətúliyə**. *I'm going to Victoria.* (LC) | snəxʷɬ́ayɬ caʔn kʷaʔ hiyáʔən túyi ʔúx̣ʷ ʔaʔ **mətúliyə**. *I'm going by canoe when I go to Victoria.* (TC) | ʔiyá yaʔ st ʔaʔ kʷsə naʔátən ƛ̓čás

ʔiyá ʔaʔ**mətúliyə**. *We were at a place called Discovery Island there at Victoria.* (TC) | nsuʔkʷənəŋúttəŋ yaʔ ʔúxʷtəŋ ʔaʔ cə sx̣ɬáwtxʷ ʔiyá ʔaʔ cə táwn, **mətúliyə**. *I was run into the hospital in town, Victoria.* (TC)} VAR: mitúliyə (TC) {x̌aʔ**mitúliyə** u cxʷ? *Are you going to Victoria?* (ES) | x̌aʔ**mitúliyə** caʔn. *I'm going to Victoria.* (TC,AS,BC) | x̌aʔ**mitúliyə** č yaʔ kʷə xʷənítəm. *The white man apparently went to Victoria.* (EPT) | hiyáʔ caʔ st ɬákʷi txʷʔúxʷ ʔaʔ**mitúliyə**. *We're going across to Victoria.* (AS)}

məɬ ⟦√mɬ √bend⟧ to be bent. {**məɬ** cə x̣íyən. *The pencil is bent.* (AS)}

məɬəŋ ⟦√mɬ-ŋ √bend-mdl⟧ to bend. (TC; AS) {**məɬəŋ** cə sqiyáyŋəxʷ. *The tree bent.* (AS)}

məɬəŋ ⟦√məɬŋ √muddy⟧ a sloppy, muddy place. (AS,BC; AS) {hiyáʔ yaʔ cn ʔaʔ kʷi sxʷʔiyás kʷi **məɬəŋ**. *I went to where there's a muddy place.* (AS) | ʔuʔmán ʔuʔ **məɬəŋ** ʔɬ ɬəməxʷs tiə sčtə́ŋxʷən. *This land is very muddy when it rains.* (AS)}

məɬət ⟦√mɬ-t √bend-trns⟧ ☞ məɬ to bend something. (ES) {**məɬət** cn cə sxʷʔə́mutən. *I bent the bow.* (AS)} VAR: məčə́t (AS,BC) {**məčə́t** cn cə sxʷʔə́mutən. *I bent the bow.* (AS)}

məɬməɬ ⟦məɬ + √mɬ char + √bend⟧ ☞ məɬ to be supple, flexible. (ES; TC)

məwtəsáykəl ⟦√məwtəsáykəl √motorcycle⟧ motorcycle. [from English 'motorcycle'] {čəwín cn ʔuʔ č**məwtəsáykəl**. *I even have a motorcycle.* (TC)}

məxʷə́yu ⟦√mixʷ-əyu √quake-activ⟧ ☞ míxʷəŋ to be shaking (of the earth), having an earthquake. (TC; AS) {**məxʷə́yu** kʷi kʷə súɬ. *The road shook.* (AS)}

məxʷíct ⟦√mixʷ-cut √quake-rflxv⟧ [metathesis with reflexive] ☞ míxʷəŋ to stomp, shake oneself. (TC) {čaʔ**məxʷíct** cn ʔaʔ kʷi nəscíɬəŋ. *I shook myself when I stood up.* (AS)}

məxʷítəŋ ⟦√mixʷ-t-ŋ √quake-trns-psv⟧ [metathesis with passive] ☞ míxʷt to be shaken in an earthquake. (TC) {**məxʷítəŋ** cə čaʔcítən. *Somebody shook the table.* (AS)}

məxʷɬnáyəŋ ⟦√mixʷ-ɬnay-ŋ √quake=neck-mdl⟧ ☞ məxʷə́yu to eat berries from the vine. ✱This is considered very amusing (MJT)

məx̣ʷéʔqʷ haircut. See under: ʔsmaʔx̣ʷéʔqʷ

məx̣ʷéʔqʷəŋ haircut. See under: x̣əmx̣ʷéʔqʷəŋ

mə́x̣ʷəyaʔ ⟦√məx̣ʷəyaʔ √navel⟧ navel, belly-button. (LC; TC) ⟪USAGE: used at Becher Bay only⟫ cp. ŋə́wiʔ

mə́yaʔc ⟦√məyaʔ-t-c √kick-trns-1obj/2obj⟧ ☞ məyaʔt kick me; kick you. {**mə́yaʔc** cn. *I kicked you.* (BC) | **mə́yaʔc** caʔn. *I'm going to kick you.* (MJT) | **mə́yaʔc** u caʔ cxʷ? *Are you going to kick me?* (MJT) | **mə́yaʔc** u cxʷ? *Did you kick me?* (ES) | ʔuʔx̣ə́ń č caʔ ʔuʔ **mə́yaʔc**. *They're all going to kick me/you.* (MJT)}

məyaʔnəŋ ⟦√məyaʔ-naxʷ-ŋ √kick-nctrns-psv⟧ ☞ məyaʔnəxʷ to be kicked by someone or something accidentally. {**məyaʔnəŋ** cn. *Somebody kicked me.* (MJT) | **məyaʔnəŋ** cn ʔaʔ Gypsy. *Gypsy kicked me by mistake.* (MJT)}

məyaʔnəxʷ ⟦√məyaʔ-naxʷ √kick-nctrns⟧ ☞ məyaʔt to kick someone or something accidentally. {**məyaʔnəxʷ** cn. *I kicked it unintentionally.* (MJT) | **məyaʔnəxʷ** cn ʔaʔ Gypsy. *I kicked Gypsy by mistake.* (MJT)}

mə́yaʔt ⟦√məyaʔ-t √kick-trns⟧ [historical metathesis] to kick something or someone. (MJT; ES; TC; AS,BC; HS) {**mə́yaʔt** cn. *I kicked it.* (ES; AS,BC) | **mə́yaʔt**s č kʷsə swə́yqaʔs. *She kicked her husband.* (EPT) | **mə́yaʔt** caʔ st. *We're going to kick him.* (MJT) | **mə́yaʔt** cn cə stiqə́w. *I kicked that horse.* (TC) | ʔuʔx̣ə́ń caʔ ʔuʔ **mə́yaʔt**ən. *I'm going to kick all of them.* (MJT)}

mə́yaʔtəŋ ⟦√məyaʔ-t-ŋ √kick-trns-psv⟧ [no stress shift or metathesis with passive] ☞ mə́yaʔt to be kicked by someone or something. (EPT) {**mə́yaʔtəŋ** cn. *I got kicked.* (TC; ES) | **mə́yaʔtəŋ** u cxʷ? *Did he kick you?* (ES) | **mə́yaʔtəŋ** č caʔn. *They're going to kick me.* (MJT) | **mə́yaʔtəŋ** ʔaʔ kʷɬi stiqə́w. *The horse kicked her.* (EPT) | **mə́yaʔtəŋ** cn ʔaʔ cə stiqə́w. *The horse kicked me.* (TC)} VAR: məyatəŋ (EPT)

məyaʔtúŋɬ ⟦√məyaʔ-t-uŋɬ √kick-trns-1plobj⟧ ☞ mə́yaʔt kick me; kick you. {ʔuʔx̣ə́ń č caʔ ʔuʔ **məyaʔtúŋɬ**. *They're all going to kick us.* (MJT)}

məyaʔwáčc ⟦√məyaʔ=əwač-t-c √kick=bottom-trns-1obj/2obj⟧ ☞ məyaʔwáčt kick me in the rear; kick you in the rear. {húʔ q cxʷ ʔáwə c səmíxʷ ʔiʔ ʔuʔ**məyaʔwáčc**. *If you don't be quiet, I'll kick you in the rump.* (ES)}

məyaʔwáčt ⟦√məyaʔ=əwač-t √kick=bottom-trns⟧ ☞ mə́yaʔt to kick someone in the rear end. (AS,BC) {**məyaʔwáčt** cn. *I kicked him in the rear.* (AS)}

məyaʔwáčtəŋ ⟦√məyaʔ=əwač-t-ŋ √kick=bottom-trns-psv⟧ ☞ məyaʔwáčt to be kicked in the rear end by someone or something. {**məyaʔwáčtəŋ** cə sɬáni. *The woman got kicked in the rear.* (AS)}

məyáʔyəs ⟦√məyaʔ-ays √kick-activ⟧ ☞ mə́yaʔt to kick. (TC,AS,BC) VAR: məyáʔis (TC,AS; AS) {ʔuʔx̣ə́nɬ ti suʔ**məyáʔis**s tə stiqə́w. *The horse always kicks.* (AS)} VAR: miyáʔis (ES)

məyéʔqʷt ⟦√məyaʔ=iʔqʷ-t √kick=head-trns⟧ ☞ mə́yaʔt to kick someone or something in the head. {**məyéʔqʷt** cn. *I kicked him in the head.* (AS)}

məyéʔqʷtəŋ ⟦√məyaʔ=iʔqʷ-t-ŋ √kick=head-trns-psv⟧ ☞ məyéʔqʷt to be kicked in the head. {**məyéʔqʷtəŋ** cn. *I got kicked in the head.* (AS)}

mə́yəč ⟦√məyč √roll⟧ to roll around (as if struggling to get up). {**mə́yəč** tə húʔpt. *The deer rolled (trying to get up).* (AS)}

máyəč̓t 〚√məy̓č-t √roll-trns〛 to stir, mix, roll something around. (ES) {*máyəč̓t* cn cə nsqáx̣aʔ. *I rolled my dog around.* (AS)} VAR: máy̓č̓t (ES) VAR: míč̓t (AS) {*míč̓t* cn cə sʔíɬən. *I mixed up the food.* (AS)}

máyaʔnəxʷ 〚√məy<ʔ>aʔ-naxʷ √kick<actl>-nctrns〛 ☞ máyaʔnəxʷ to be kicking someone or something accidentally. {*máy̓anəxʷ* cxʷ ʔaʔ Gypsy. *You're kicking Gypsy (by mistake).* (MJT)}

məyáʔt 〚√məy<ʔ>aʔ-t √kick<actl>-trns〛 [rightward stress shift in actual] ☞ máyaʔt to be kicking something. (TC) {kʷɬməyáʔt cn. *I'm kicking it now.* (TC) | kʷɬməyáʔt cxʷ. *You're kicking it now.* (TC) | kʷɬməyáʔts cawniɬ. *He's kicking it now.* (TC)} VAR: maʔyáʔt {*maʔyáʔt* cn. *I'm kicking it.* (ES)}

máy̓čt 〚√məy<ʔ>č-cut √roll<actl>-rflxv〛 ☞ máy̓čt to be rolling around. 《USAGE: This can only be used to refer to someone or something rolling around on their own power (such as a child or horse), not a ball, pencil, etc.》 (AS) {*máy̓čt* cn. *I'm rolling around (on the floor).* (ES) | ʔuɬtəŋ ʔuʔ *máy̓čt*. *He was really rolling around.* (AS)}

máy̓čəŋ 〚√məy<ʔ>č-ŋ √roll<actl>-mdl〛 ☞ máy̓əč to be rolling around. (AS,BC) {ʔuʔ*máy̓čəŋ* cə sqáx̣aʔ. *The dog rolled around.* (AS)}

máy̓čt 〚√məy<ʔ>č-t √roll<actl>-trns〛 ☞ máyəč̓t
1. to be mixing someone or something up,. (ES)
2. to be confusing someone. (ES)
3. to be rolling something around, rolling over. (AS) {*máy̓čt* cn. *I rolled it.* (AS) | *máy̓čt* cn cə sčaʔkʷaʔyúɬ. *I rolled the car over.* (AS,BC) | ʔuʔ*máy̓čt* cn; sqiʔám či ncíɬən. *I rolled around; I couldn't get up.* (BC)} VAR: máy̓əčt {*máy̓əčt* cn. *I'm mixing it up.* (ES)}

máy̓čtəŋ 〚√məy<ʔ>č-t-ŋ √roll<actl>-trns-psv〛 ☞ máy̓čt being stirred, mixed, rolled around, confused. (ES) {*máy̓čtəŋ* cn. *Someone mixed me up. / They rolled me around.* (ES; BC)}

máy̓q 〚√məy̓q √forget〛 ☞ máy̓miʔ to forget. (TC; AS,BC) {*máy̓q* cn. *I forgot.* (TC) | *máy̓q* caʔn. *I'm going to forget it.* (TC) | ʔáwə cn c *máy̓q*. *I didn't forget.* (TC) | *máy̓q* cn ʔaʔ cə nətálə. *I forgot my money.* (TC) | nəsxʷč*máy̓q*. *That's why I forgot.* (TC) | čiyáy st ʔiʔ *máy̓q*, ʔəc ʔiʔ ntán. *We've almost forgotten, my mother and I.* (AC) | níɬ kʷaʔčaʔ nəsxʷ*máy̓q* kʷaʔ. *That's why I forget.* (EB) | níɬ kʷaʔčaʔ nəsxʷč*máy̓q* kʷaʔ tə ŋə́ń sqʷáyɬ. *That's why I forget a lot of our language.* (TC) | húy ʔəɬ ʔuʔncáxʷs ʔiʔ nəshákʷ ʔiʔ x̌áy kʷə nəs*máy̓q*. *Once in a while I remember, then I forget again.* (TC)}

máy̓miʔ 〚máy̓-√məy̓q char-√forget〛 to be forgetful. (TC) {*máy̓miʔ* cn. *I forget.* (TC)}

máy̓st 〚√məy̓s-t √crowd-trns〛 ☞ ʔəsmáy̓s to crowd, over fill something. {*máy̓st* cn. *I crowded it.* (AS,BC)}

məy̓úsmus cows. See under: maʔyúsməs

miʔláʔləm̓ 〚√miʔláʔləm<ʔ> √confess<actl>〛 ☞ miʔláləm to confessing. (MJT)

miʔláləm 〚√miʔláləm √confess〛 to confess (in the Shaker church). (MJT) [from Twana bilʔáləb] {*miʔláləm* st *We're confessing.* (MJT) | ʔáwə kʷaʔ *miʔláləm*s. *He wouldn't confess.* (MJT)}

miʔmáy̓čtəŋ 〚my<ʔ> + √məy<ʔ>č-t-ŋ pl<actl> + √roll<actl>-trns-psv〛 ☞ máy̓čtəŋ
1. really being stirred, mixed, rolled around, confused. (ES; AS,BC) {*mimáy̓čtəŋ* cn. *Someone really mixed me up.* (ES; AS,BC) | *mimáy̓čtəŋ* č kʷi kʷɬə qáʔŋi; sx̣áʔəs tə súɬ. *The girl got rolled around (in the mud); the road was bad.* (AS)}
2. being vigorously preached to by an elder. 《 'Rolling someone around' is a metaphor for 'laying in to someone', really giving them a strong talking to.》 {ʔuʔ*mimáy̓čtəŋ* cn ta ʔaʔ kʷə nséʔya?. *My grandmother practically threw me down and rolled me around (she preached to me without mercy).* (AS) | ʔuʔɬtəŋ cn ʔuʔ *mimáy̓čtəŋ* ʔaʔ kʷi sáʔya? ʔaʔ kʷi nsɬxʷústəŋ. *I was (practically) thrown down and rolled around by my grandmother when she was reprimanding me.* (AS)} VAR: mimíy̓čtəŋ {*mimíy̓čtəŋ* cn. *Someone really mixed me up.* (ES)}

miʔmáy̓əq 〚my̓ + √məy̓q aff + √forget〛 ☞ máy̓əq to be forgetting. (ES; ES,HS) {*miʔmáy̓əq* cn. *I forget.* (ES) | nəs*miʔmáy̓əq*. *I forget.* (ES; TC) | *miʔmáy̓əq* cn ʔaʔ cə snás. *I forget his name.* (TC) | ʔəńs*miʔmáy̓əq* cn. *You forgot me.* (ES) | nəs*miʔmáy̓əq* cxʷ. *I forgot you.* (ES) | *miʔmáy̓əq* cn ʔaʔ cə nsqʷáqʷiʔ. *I forget the word. / I forget what I was saying.* (ES) | yuʔɬtəŋ kʷə ʔuʔ nəs*miʔmáy̓əq*. *But I've completely forgotten.* (TC) | ʔəńs*miʔmáy̓əq* ʔaʔ kʷi čiʔáqɬ, cə ńkapú. *That's what you forgot yesterday, your sweater.* (MJT) | ʔuʔ*miʔmáy̓əq* cn či nshaʔńiŋət kʷsə. *I forgot to thank him.* (AS) | qə́y̓iʔ cn; *miʔmáy̓əq* cn ʔaʔ kʷi ńsqʷáqʷiʔ. *I'm sorry; I forgot what you were saying.* (EPT) | ns*miʔmáy̓əq* kʷi ńsqʷáqʷiʔ; ʔeʔéʔnt yaʔ cxʷ ʔuč? *I forgot what you were talking about; what were you saying?* (EPT)} VAR: mimáy̓əq (AS,BC) {x̣ənʔáɬ ti nsuʔ*mimáy̓əq*. *I'm always forgetting.* (AS) | ó, *mimáy̓əq* cn. *Oh, I forgot.* (AS)} VAR: mimáy̓əq (MJTA) VAR: miʔmáy̓əq (ES) VAR: miʔmáy̓əq (ES) {*miʔmáy̓əq* cn. *I forgot.* (MJT) | nəs*miʔmáy̓əq*. *I forgot.* (ES) | nəs*miʔmáy̓əq* tə ntíy. *I forgot my tea.* (MJT)} {*miʔmáy̓əq* cn ʔaʔ či nəsxʷɬáʔaʔ. *I forgot the way I was going.* (TC)}

miʔmáy̓əqi 〚my̓ + √məy̓q-iy aff + √forget-dev〛 ☞ miʔmáy̓əq to forget, be forgetful. (BC; AS) {ʔáwə c *miʔmáy̓əqi*. *Don't forget.* (AS) | x̣ənʔáɬ ti suʔ*miʔmáy̓əqi*s. *He always forgets.* (AS)}

miʔtáʔli 〚√mi<ʔ>tá<ʔ>ly √gamble<actl>〛 ☞ mitáli to be playing cards, gambling. (MJT; TC; ES) {*miʔtáʔli* cn. *I'm playing cards.* (ES) | yúytəŋ cn ʔaʔ ttásca? či s*miʔtáʔliɬ*. *Sylvia asked me to go gambling.* (AS)}

mičiʔúʔisəŋ 〚√məyč-iʔ=u<ʔ>yəs-ŋ √roll-ext=forehead<actl>-mdl〛 roll over, turn over. (TC) VAR: mičyúʔisəŋ {*mičyúʔisəŋ cə sqáxaʔ.* The dog rolled over. (AS)} VAR: mičiyúʔisəŋ {*k̓áy cn mičiyúʔisəŋ ʔiyá cə tə́ŋəxʷ* Again I rolled around on the ground. (TC) | *húʔ č yaʔ cn t̓áč̓q ʔiʔ mičiyúʔisəŋ č cn ʔiyá ʔaʔ ti tə́ŋxʷ.* When I got mad, I'd roll around on the ground. (TC)}

mičiyúʔyəst 〚√məyč-iʔ=u<ʔ>yəs-t √roll-ext=forehead<actl>-trns〛 ☞ mičiʔúʔisəŋ to roll something over; roll something up (as a blanket, cigarette, etc.). (TC) {*mičiyúʔyəst cə nsə́miʔ.* Roll up your blanket. (TC) | *mičiyúʔyəst cə nsmánəš.* Roll your cigarette. (TC)} VAR: mičiʔúʔist (TC)

míčt roll it around. *See under:* mə́yəčt

mimáʔščuʔ Mink. *See under:* mimə́šču

mimə́c 〚my+√mc pl+√fat〛 ☞ mə́c to be fat (of several), lots of fat. (MJT)

mimə́kʷt 〚my+√mkʷ-t pl+√lump-trns〛 ☞ mə́kʷt to gather into multiple rounded lumps, clumps; crumple up. (LC)

mimə́q̓ 〚my+√məq̓ pl+√satiated〛 ☞ mə́q̓ to be full, satiated (of a group); to be too full (of an individual). {*ʔáa, mán̓ cn ʔuʔ mimə́q̓.* Yes, I'm too full. (ICT)} VAR: mímǝq̓ (AS,BC)

mimə́stəŋ 〚my+√məs-txʷ-ŋ pl+√mess-inancaus-psv〛 ☞ mimə́stxʷ to be messed up, put out of order. (AS) {*mimə́stəŋ cə sxʷʔáʔmət.* The bed is messed up. (AS)}

mimə́stxʷ 〚my+√məs-txʷ pl+√mess-inancaus〛 ☞ mə́st to mess up, put in disorder, disarray. (AS) {*mimə́stxʷ cn cə sxʷʔáʔmət.* I put the bed in disarray. (AS)} VAR: mimə́st (AS) {*cán kʷi kʷi mimə́st cə nscá̓ʔəy̓?* Who messed up my work? (AS)}

mimə́ščhu 〚mi+√məščw aff+√mink〛 ☞ mə́ščhu Little Mink. *a trickster character in Klallam traditional stories (MJ; BC) {*suʔxə́nəŋ ʔaʔ mimə́ščhu, "ʔó, ʔó."* So Little Mink said, "Oh, oh." (MJ) | *suʔiʔists ʔaʔ mimə́ščhu ʔəckʷíyəŋ.* So Little Mink paddled far out. (MJ) | *suʔxə́nəŋs cə mimə́ščhu ʔaʔ cə ʔáʔčx, "ʔúxʷəns ʔiʔ c̓əŋ́ət."* Little Mink said to Crab, "Go over to her and bite her." (MJ)} VAR: mimáʔščhu (TC) VAR: mimáʔščhu (TC)

miməya̓ʔc 〚my+√məyaʔ-t-c pl+√kick-trns-1obj/2obj〛 ☞ miməya̓ʔt several kick me; several kick you. {*miməya̓ʔc caʔ st.* We're going to kick you. (MJT) | *miməya̓ʔc caʔn.* I'm going to kick you. (AS) | *miməya̓ʔc u caʔ cxʷ?* Are you going to kick me? (MJT) | *ʔuxə́n̓ č caʔ ʔuʔ miməya̓ʔc.* They're all going to kick me. (MJT)}

miməya̓ʔt 〚my+√məyaʔ-t pl+√kick-trns〛 ☞ mə́yaʔt to kick several things or several people or animals kick something or kick several times. {*miməya̓ʔt cn kʷaʔ twawʔəsxáʔxƛ̓s.* I'll kick him repeatedly when he's lying on his back. (TC) | *miməya̓ʔt caʔn ʔuʔxə́n̓ə.* I'm going to kick all of them. (MJT) | *miməya̓ʔt caʔn kʷə sqáxaʔ.* I'm going to kick the dog. (AS)} VAR: miməya̓ʔt (AS)

miməya̓ʔtəŋ 〚my+√məyaʔ-t-ŋ pl+√kick-trns-psv〛 ☞ mə́yaʔtəŋ to be getting kicked. {*miməya̓ʔtəŋ cn.* I'm getting kicked. (HS) | *miməya̓ʔtəŋ č caʔ st ʔuʔxə́n̓ə.* He's going to kick all of us. (MJT)}

miməya̓ʔtúŋɬ 〚my+√məyaʔ-t-uŋɬ pl+√kick-trns-1plobj〛 ☞ miməya̓ʔt kick us. {*ʔuʔxə́n̓ č caʔ ʔuʔ miməya̓ʔtúŋɬ.* They're all going to kick us. / They're going to kick all of us. (MJT)}

miməyá̓ʔyəs 〚my+√məyaʔ-ays pl+√kick-activ〛 ☞ məyá̓ʔyəs to kick several times. (TC,AS,BC) VAR: miməyaʔis (TC,AS,BC)

miməyəčəŋ 〚my+√məyč-ŋ pl+√roll-mdl〛 ☞ mə́yəč to roll around trying to get up. (AS)

miməyəq forgetting. *See under:* miʔmə́yəq

miməyə́čt 〚my+√məy<ʔ>č-cut pl+√roll<actl>-rflxv〛 ☞ mə́yəčt to be rolling and rolling again (as children playing on a hillside). (AS,BC)

mimíxʷt 〚my+√mixʷ-t pl+√quake-trns〛 ☞ míxʷt to shake several things or shake several times or shake by several people. {*mimíxʷt cn cə caʔcítən.* I shook the table (back and forth). (AS)}

mimíyč 〚my+√m<í>əyč pl+√roll<pl>〛 ☞ mə́yəčt to be confused, mixed up. (ES; AS) {*xən̓ʔáɬ ti nsuʔ mimíyč.* I'm always mixed up. (AS)}

mimíyčtəŋ being mixed. *See under:* miʔmə́yčtəŋ

mímxʷtən 〚mi+√mixʷ=tən aff+√quake=instr〛 ☞ míxʷt a mountain formation including Griff Peak, Unicorn Horn and Unicorn Peak in the Elwha River Range that looks like a reclining lady from the lower Elwha area. *When she is angry, she wakes up and makes an earthquake (as told by Sam Ulmer to AS and BC) (JSH; AS,BC; ES; AS) VAR: mímxʷtən (ABT; AB,ICT; AS,BC)

miṁə́yəq forgetting. *See under:* miʔmə́yəq

mímx̌ʷtən sleeping lady mountains. *See under:* mímxʷtən

mísc 〚√mis-t-c √choose-trns-1obj/2obj〛 ☞ míst choose me; choose you. {*mísc cn.* I chose you. (TC)}

mísəŋ 〚√mis-ŋ √choose-mdl〛 to sort, select, pick out. (TC) {*mísəŋ cxʷ.* Pick out what you want. (TC)}

mísnəxʷ 〚√mis-naxʷ √choose-nctrns〛 ☞ mísəŋ manage to choose, sort something. (AS,BC) {*čaʔmísnəxʷ cn kʷi kʷə ʔápəls.* I finally managed to sort the apples. (AS)}

míst 〚√mis-t √choose-trns〛 ☞ mísəŋ Stem: məsít [stem with third-person subject] to choose someone or something, pick something or someone out, sort something. (ES; TC; WB,AS,BC) {*míst cn.* I sorted it. (TC) | *míst caʔn.* I'll sort it. (TC,AS,BC) | *ɬə́məčt ʔiʔ míst.* Pick them and sort them. (AS) | *niɬ cə čáq šamáns niɬ məsíts ʔiʔ niɬ cə skʷáʔs.* It was the biggest enemy that he picked for his own. (ES) | *ʔiʔ ʔáwənə kʷa kʷə sčáq məsíts*

mít

yaʔ. *And the big guy he had chosen wasn't there.* (ES)}

mít ⟦√mit √dime⟧   ten cents, dime. (TC; TC,AS,BC) [from Chinook Jargon from English 'bit'] {łčéx̣ **mít**. *Five cents.* (AS,BC)}

mitáli ⟦√mitáli √gamble⟧
1. to gamble, bet. [loan of unknown origin] {łamáys ʔł **mitáli**s. *He guesses when he gambles.* (AS) | mán̓ cn ʔuʔ hiyaʔáy̓ŋən či ns**mitáli**. *I really want to go gambling.* (BC) | qán̓təŋ yaʔ cn ʔaʔ cə nsə́miʔ ʔiyá cə nsx̣ʷʔiyá ʔəł **mitáli**ən *My blanket was stolen from me there where I was gambling.* (BC)}
2. to play any card game. (MJT) {húy̓ či **mitáli** tuŋəł. *Let's play cards.* (MJT)}

mitaliháw̓tx̣ʷ ⟦√mitáli=aw̓tx̣ʷ √gamble=house⟧ ☞ **mitáli**   casino, any gambling establishment. (AS,BC) VAR: mitaliʔáw̓tx̣ʷ (TC,AS,BC)

mitúliyə   Victoria. See under: mətúliyə

míx̣ʷəŋ ⟦√mix̣ʷ-ŋ √quake-mdl⟧   to oscillate, move, shake back and forth. (TC) {**míx̣ʷəŋ** caʔ tiə x̣ʷéʔləm. *The rope will move back and forth.* (AA)}

míx̣ʷt ⟦√mix̣ʷ-t √quake-trns⟧ ☞ **míx̣ʷəŋ** to shake something, move something back and forth. (AS) {**míx̣ʷt** cn. *I shook it.* (AS) | **míx̣ʷt** cn cə sx̌áləp. *I moved the pot.* (AS) | nił suʔ**míx̣ʷ**ts tə stə́čiʔs ʔiʔ hiyáʔ kʷłaʔ sqíyən̓. *Then (the dog) shook her bottom, and she went outside.* (MJ)}

míx̣ʷtəŋ̓ ⟦√m<í>x̣ʷ-t-ŋ<ʔ> √quake<actl>-trns-psv<actl>⟧ ☞ məx̣ʷítəŋ   being shaken by someone or something (such as an earthquake). {**míx̣ʷtəŋ̓** tə sx̣aykʷəyéʔč. *The mountain was shaken.* (AS) | **míx̣ʷtəŋ̓** cn. *I was shaken.* (AS)}

miyaʔéʔqt ⟦√məya=i<ʔ>qən-t √kick=belly<actl>-trns⟧ ☞ mə́yaʔt   to kick something or someone in the belly. {nsuʔ**miyaʔéʔqt**. *So I kicked it in the belly.* (ES) | **miyaʔéʔqt** cn ʔiʔ x̣aʔníti. *I kicked it (the bear) in the belly, and it growled.* (ES)}

míyaʔəqʷ ⟦√m<iy>uʔəqʷ √duck<pl>⟧ ☞ múʔuqʷ   a group of ducks. {ŋán̓ kʷsə **míyaʔəqʷ** *There's many ducks.* (EPT) VAR: miyúʔəqʷ (MJT) {čánəs caʔn kʷi nəsx̣ʷʔiyás ʔiʔ sqás cə **miyúʔəqʷ**. *I'm going to move them from where I am and take the ducks out.* (MJ)}

miyáʔis   kick. See under: məyáʔyəs

miyaʔq̓áʔaʔ   Makahs. See under: miyəq̓áʔaʔ

miyəhúy̓ ⟦√m<iy>huy̓ √basket<pl>⟧ ☞ məhúy̓
1. a group of baskets. (MJT) {ʔiʔy̓ə́··cts cə **miyəhúy̓**s. *She was filling her baskets.* (MJ) | ʔəsx̣ʷłcáyəŋ kʷsə nə**miyəhúy̓**. *My baskets are in the corner.* (MJT)}
2. luggage. {x̌ʷkʷə́ts cəwnił **miyəhúy̓**s ʔiʔ x̌aʔtáwnts. *She took her luggage and took it to town.* (MJ)} VAR: miyuhúy̓ (EPT)

miyəq̓áʔaʔ ⟦√m<iy>q̓aʔaʔ √Makah<pl>⟧ ☞ məq̓áʔaʔ   Makah people. (LB,CWH; ES) {ʔiʔ nił

kʷaʔčaʔ suʔx̣ʷáynəxs cə ʔuʔcəʔít ʔuʔ **miyəq̓áʔaʔ**. *And thus they managed to wipe out the ones that are truly Makahs.* (ES) | ʔənʔá x̣ʷčáts cə **miyəq̓áʔaʔ**. *They came and slaughtered the Makahs.* (ES)} VAR: miyaʔq̓áʔaʔ {ʔənʔánəsəŋ kʷiʔə **miyaʔq̓áʔaʔ** ʔiʔ x̣ʷčátəŋ. *They came after the Makahs and slaughtered them.* (ES)}

miyúʔəqʷ   ducks. See under: míyaʔəqʷ

miyuhúy̓   baskets. See under: miyəhúy̓

miyúsmus   cows. See under: maʔyúsməs

mm   yes. See under: m̓

múʔc ⟦√mu<ʔ>č-t-c √aim<actl>-trns-1obj/2obj⟧ ☞ múčt   aiming at me; aiming at you. {**múʔc** cn. *I'm aiming it at you.* (ES) | **múʔc** u cxʷ? *Are you aiming it at me?* (ES)}

múʔčəŋ̓ ⟦√mu<ʔ>č-ŋ<ʔ> √aim<actl>-mdl<actl>⟧ ☞ múčəŋ   to be aiming. {**múʔčəŋ̓** cn. *I'm aiming.* (ES)}

múʔkʷəŋ ⟦√mu<ʔ>kʷ-ŋ √put_in_mouth<actl>-mdl⟧ ☞ múkʷəŋ   to be putting (something) in the mouth; to be biting (of fish). {ʔə́y̓ s**múʔkʷəŋ**s. *They're biting good (of fish).* (ES)}

múʔkʷt ⟦√mu<ʔ>kʷ-t √put_in_mouth<actl>-trns⟧ ☞ múkʷt   to be putting something in one's mouth. (AS) {**múʔkʷt** cn. *I'm putting it into my mouth.* (ES) | **múʔkʷt** u cxʷ? *Are you putting it in your mouth?* (AS) | kʷłníł suʔ**múʔkʷ**ts ti candy. *Now he's putting the candy in his mouth.* (MJT) | kʷłiʔ**múʔkʷ**ts *He's putting it into his mouth.* (MJT) | x̣ənʔáł ti suʔ**múʔkʷ**ts ti sx̌íx̌aʔx̌ʔqł. *A child is always putting something in her mouth.* (AS) | ʔáwə či c **múʔkʷt**. *Don't put it in your mouth.* (MJT) | nił suʔhiyáʔs cə sx̌íx̌aʔx̌ʔqł ʔiʔ x̌áy ʔiʔx̌ʷə́ts cə čéʔəx̣ʔiʔ **múʔkʷ**ts. *Then the child went, and again she took the pitch and was putting it in her mouth.* (MJ) VAR: muʔúkʷt {**muʔúkʷt** cn cə sʔíłən. *I'm putting food in my mouth.* (BC)} VAR: maʔkʷút {kʷł**maʔkʷút** cn. *I've already putting it in my mouth.* (MJT) | kʷł**maʔkʷút**s *He's putting it in his mouth now.* (MJT) | kʷłiʔ**maʔkʷút**s kʷi. *He's just starting to put it in his mouth.* (MJT) | ʔuʔ**maʔkʷút**s cə sʔíłən. *They're putting the food in their mouths.* (AS)}

muʔúkʷt   putting it in mouth. See under: múʔkʷt

múʔuqʷ ⟦√muʔəqʷ √duck⟧   any duck, any waterfowl. *Anatidae spp.* (EPT; TC; AS,BC)
✱Traditionally each person observing the winter spirit dance in the longhouse receives a small roasted waterfowl for supper. (AS) {łə́q̓əŋ cə **múʔuqʷ**. *The ducks are landing.* (ES) | naʔnəkʷít cn cə **múʔuqʷ**. *I spooked the ducks.* (TC) | x̣aʔcíwst cn tiə **múʔuqʷ**. *I'm plucking this duck.* (ES) | ʔúx̣ʷ ʔaʔ cə čə́y̓q **múʔuqʷ**. *He went to the big ducks.* (TC) | hiyáʔ čaʔkʷúts cə **múʔuqʷ**. *He went shooting ducks.* (TC) | nił suʔqʷə́yəŋs tə **múʔuqʷ**. *Then he roasted the duck.* (MJ) | ʔənʔá č ʔəsyácts cə ʔuʔúłtx̣s ʔaʔ cə **múʔuqʷ**. *The canoe came to be full of ducks.* (MJ) | nə́cuʔ yaʔ cn kʷi

ʔúŋəstəŋ ʔaʔ tə ƛ̕úƛ̕aʔ **múʔuqʷ**. *I was one that was given a little duck.* (MJ) | kʷiʔə́ts cə sq̕ʷəy̕úŋiʔ ʔiʔ nuʔás cə **múʔuqʷ**. *He poured out the heads and put in the ducks.* (MJ) | níɬ suʔxənʔátəŋs ʔaʔ cə sʔúq̕ʷaʔs kʷaʔ hiyáʔs ʔúx̣ʷ ʔaʔ cə čə́y̕q̕ čéʔčəm̕, **múʔuqʷ** ʔuʔxə́ṅəstəŋ ʔiʔ qəmáṅ ʔaʔ či sƛ̕q̕áʔi. *He was told by his brother to go over to the big birds, ducks, and everything and ask for feathers.* (TC)} VAR: muʔúqʷ (AS,BC) VAR: múʔəqʷ (MJ) {ʔúx̣ʷ či čkʷə́yuʔ ʔaʔ či **múʔəqʷ**. *Go duck hunting.* (EPT) | n̕sʔə́ŋaʔc u tiʔə ɬxʷíkʷs **múʔəqʷ**? *Are you giving me these three ducks?* (MJT)}

múčc 〚√muč-t-c √aim-trns-1obj/2obj〛 ☞ múčt aim at me; aim at you. {**múčc** cn. *I aimed it at you.* (ES)}

múčəŋ 〚√muč-ŋ √aim-mdl〛 ☞ múčt to cast (a line or net). (HS) {**múčəŋ** cn. *I cast it out.* (AS) | hiyáʔ kʷi kʷə swéʔwəs **múčəŋ**; ŋə́ṅ či sčánnəxʷ. *The boy who was casting went; there were lots of salmon.* (AS)}

múčt 〚√muč-t √aim-trns〛
1. to aim, point (a gun) at someone or something. (ES; ES,HS) {suʔ**múčt**ɬ. *So we aimed at it.* (ES)}
2. to cast a line or net. (HS) ⟪ES rejects this second definition⟫

muhúy̕ basket. *See under:* məhúy̕

múkʷəŋ 〚√mukʷ-ŋ √put_in_mouth-mdl〛 to put (something) in one's mouth. (ES) {čaʔ**múkʷəŋ** cn ʔaʔ tə sʔíɬən. *I just put the food in my mouth.* (AS)}

múkʷt 〚√mukʷ-t √put_in_mouth-trns〛 ☞ múkʷəŋ to put something in one's mouth. (ES) {**múkʷt** či. *Put it in your mouth.* (MJT) | **múkʷt** ʔiʔ ŋákʷt. *Put it in your mouth and chew it.* (ES) | níɬ suʔ**múkʷt**s ʔiʔ ʔéʔɬən. *Then she put it in her mouth and was eating it.* (MJ) | ʔúx̣ʷts **múkʷt**s cə qʷúʔ. *He brought it, and put the water in his mouth.* (MJ)} VAR: məkʷút {**məkʷút** cn ʔiʔ ŋq̕ə́t. *I put it in my mouth and swallowed it.* (AS) | **məkʷút**s tə candy. *He put the candy in his mouth.* (MJT) | **məkʷút**s ʔiʔ ɬtə́x̣ʷts. *He put it in his mouth and swallowed it.* (MJ) | ƛ̕kʷə́təŋ kʷɬə ɬaʔɬə́m̕ ʔiʔ **məkʷút**. *He took the wren and put it in his mouth.* (MJ)} VAR: mə́kʷt (AS) {ʔuʔ**mə́kʷt** cn kʷi kʷə saplín. *I put the bread in my mouth.* (AS)}

múkʷtəŋ 〚√mukʷ-t-ŋ √put_in_mouth-trns-psv〛 [no metathesis with passive] ☞ múkʷt to be put in one's mouth by someone or something. {ʔuʔ**múkʷtəŋ** cə sʔíɬən. *The food was put into his mouth.* (AS)}

múl̕sən 〚√mul̕sən √mountainberry〛 mountainberry. ⟪It is not known what type of berry Harrington was thinking of here. E. S. Curtis gives 'blue huckleberries' as the gloss for this word. Harrington says Curtis is wrong. The Saanich cognate means 'blueberry'.⟫ (LB,CWH)

musməsáw̕txʷ 〚√musmus=aw̕txʷ √cow=house〛 ☞ músmus cattle barn. (TC) {ʔəscáʔnəɬ cə **musməsáw̕txʷ**. *The barn is leaning.* (TC)}

músmus 〚√musmus √cow〛 [perhaps 'characteristic' reduplication, probably imitative]
1. cattle, cow, bull, ox. *Bos spp.* (EPT; RS; TC; AS,BC) [from Chinook Jargon] {ƛ̕iʔáʔəŋ cn ʔaʔ či **músmus**. *I'm looking for a cow.* (ES) | nəsxʷúyəm kʷsə nə**músmus**. *I sold my cow.* (ES) | čŋə́naʔ kʷsə n**músmus**. *Your cow has a calf.* (EPT) | ʔúx̣ʷ či čəčinίx̣ʷt cə **músmus**. *Go milk the cow.* (ES) | ŋə́ṅ ʔiyá tə **músmus**. *There were lots of cows there.* (TC) | hiyáʔ caʔn ččáyŋxʷ ʔaʔ kʷsə n**músmus**. *I'm going to milk my cow.* (AS)
2. beef, meat. (LC) {ʔəscə́kʷx̣ **músmus** *fried beef* (EPT) | ʔəɬ**músmus**. *eat meat.* (TC) | təŋʔáʔŋət cn ʔaʔ či **músmus**. *I'm craving some beef.* (ES) | čʔíɬən cn ʔaʔ cə **músmus**. *I eat lots of beef.* (TC) | cə́ṅt yaʔ cn kʷi t **músmus** ʔiʔ qaʔqéʔəct kʷsə nəčə́nəs. *I was biting a piece of meat, and my tooth got loose.* (MJT)}
3. cow's milk. {húy či nəsqás ti n**músmus** ʔiʔ xʷə́yək̕ʷt ʔaʔ ti dishtowel. *I finished putting out my milk and wrapped it in a dishtowel.* (MJ)} VAR: músməs (LC) {**músməs** ɬákʷi *cattle crossing* (TC) | ɬíčt cn tiə **músməs**. *I cut this meat.* (LC)}

múst 〚√mus-t √treasure-trns〛
1. to treasure something, take all of something. (MJT) {ʔuʔ**múst** či tə sqáwəc. *Take all the potatoes.* (AS)}
2. to be beautiful. (MJT) VAR: músst (MJT)

músta 〚√musta √beauty〛 beauty. (MJT)

mútčuʔ 〚√mutčʷ √spring〛
1. spring, source of water, a small spring-fed creek. (LB,EWH; EPT; MJT; AB,IC,NST; ES; AS,BC; AS) ✱The late Harold Sisson, a white man who lived near the Elwha-classmate, friend, and debate opponent of AS, was given this as a nickname by Sam Ulmer, apparently because of the way he talked. It was made semi-official by Annie Bennett. He accepted the nickname with pride. (AS,BC; AS) {q̕aʔq̕əwéʔiṅ cə **mútčuʔ**. *The creek is shallow.* (AS) | čaʔɬéʔqʷəŋ cə q̕áʔŋi ʔaʔ cə **mútčuʔ**. *The girl was washing her hair at a spring.* (MJ)}
2. crayfish, shrimp, lobster. (AB,IC,NST; ES) VAR: mútču (AS,BC)

m̕ 〚m̕ yes〛 *cp.* háaʔ yes. (TC; EJ) VAR: m̕m̕ (TC; ES) VAR: mm (AS,BC; AS) {**mm**, naʔkʷúsəŋ cn. *Yes, I nodded.* (AS,BC)} VAR: hm̕m̕

n

nʔá come. *See under:* ʔənʔá

náʔ[1] ⟦naʔ la⟧ a nonsense singing syllable (like 'la' in English). {**náʔ** ʔáwə cn. *I won't (from Flea's song).* (TC)}

náʔ[2] come. *See under:* ʔənʔá

naʔáŋnəŋ pocket knife. *See under:* naʔə́ŋnəŋ

naʔát ⟦√n<aʔ>a-t √name<actl>-trns⟧ ☞ nát to be naming someone, calling someone's name. (TC) {**naʔát** cn. *I'm naming him now.* (TC) | **naʔát** či n̓sná. *Tell me your name (name your name).* (AS,BC) | kʷɬ**naʔát** st. *We're giving him a name.* (MJT) | **naʔát**s ti xʷanítəm "pitlamping". *The white man calls it "pitlamping".* (TC) | húʔ či ns**naʔát** či nsná ʔiʔ xʷítəŋ cxʷ. *When I call your name, you jump.* (BC)} VAR: náʔət (BC) {**náʔət** cn. *I said the name. / I told someone the name.* (BC)}

naʔátəŋ ⟦√n<əʔ>a-t-ŋ<ˀ> √name<actl>-trns-psv<actl>⟧ ☞ nátəŋ to be named, called. {kʷɬ**naʔátəŋ**. *They're giving him a name now.* (MJT) | txʷʔúxʷ ʔə či **naʔátəŋ** "Indians". *It goes toward what they call "Indians".* (BH) | nəsuʔtə́s ʔəʔ cə **naʔátəŋ** ɬipícən. *I got to where they call ɬipícən.* (TC) | čáni cə xʷíyŋxʷ təyi ʔúxʷ ʔəʔ cə **naʔátəŋ** sxʷčiyánəxʷ. *The village moved into the bay to what's called Cheanuh.* (TC) VAR: naʔátəŋ (TC) {**naʔátəŋ** cn ʔəʔ cawniɬ. *He's naming me now.* (TC) | stáŋ ʔuč ti n̓s**naʔátəŋ** ti "fish"? *What do you call "fish"?* (TC) | ʔáwənə nəsxčít kʷəʔ stáŋəs čtə či s**naʔátəŋ**s. *I don't know what it is called.* (TC) | qʷinə́kʷitəŋ ʔəʔ či cícɬsiʔám̓ kʷi č**naʔátəŋ** ʔəʔ či snə́wəs. *The one that was called Noah was spoken to by God.* (ES) | ʔáwənə nəsxčít či s**naʔátəŋ**s ʔəʔ ti ʔəcɬtáyŋxʷ. *I don't know what they call it in Indian.* (TC) | sxʷʔiyás yəʔ kʷi nəčáʔməqʷ yəʔ **naʔátəŋ** qaʔqéʔaʔyəs. *It's where my great grandfather called qaʔqéʔaʔyəs.* (TC) | čúkʷs cə sčakʷaʔyúɬs, "wagon" ti s**naʔátəŋ**s yəʔ. *He used his vehicle, "wagon" it's called.* (ES) | Tim Pysht yəʔ kʷi s**naʔátəŋ**s ʔəʔ kʷi xʷiyanítəm. *He was called Tim Pysht by the white people.* (AS) | kʷɬhíc kʷi nyəʔcústəŋ ʔəʔ kʷi nséʔyaʔ yəʔ, ɬəmtiyáčaʔ (Tim Pysht kʷi snás, kʷi s**naʔátəŋ**s ʔəʔ ti xʷanítəm) ʔəʔ kʷɬi ʔiʔánkʷs q̓áʔŋi čpə́ščt. *Long ago I was told by my late grandfather, ɬəmtiyáčaʔ (Tim Pysht was his name, what he was called by the Whites), about the brave young woman of Pysht.* (AS)}

naʔčaʔŋíxʷəŋ ⟦√nə<ʔ>čaw=ŋixʷ √one<actl>=being⟧ ☞ naʔčáʔuŋəxʷ to be speaking a foreign language. (ES)

naʔčáʔuŋəxʷ ⟦√nəʔčuʔ-aw=ŋixʷ √one-ext=being⟧ [AS and TC both independently feel it is related to word for 'different'.] *cp.* náč ☞ nə́čuʔ to be foreign; a foreigner, stranger; strange, foreign land. (TC) VAR: naʔčáʔuŋəxʷ (TC) {cán ʔuč kʷsiə **naʔčáʔuŋəxʷ**? *Who is this (feminine) stranger?* (AS) | čaʔčáytxʷ cə **naʔčáʔuŋəxʷ**. *I just hired the stranger.* (AS)} VAR: naʔčáʔŋəxʷ (AS,BC) {cán cə **naʔčáʔŋəxʷ**? *Who is the stranger?* (AS) | nəxʷx̣iʔúʔst cn cə **naʔčáʔŋəxʷ**. *I'm taking a picture of that stranger.* (ES) | titə́čtəŋ č yəʔ kʷi ʔəʔ kʷi **naʔčáʔŋəxʷ** ʔaycɬtáyŋxʷ. *He was apparently stabbed by the strangers.* (AS)} VAR: nčaʔŋəxʷ {níɬ hiyáʔ yəʔ yəʔyéʔyəŋ ti skʷánəŋəts ʔúxʷ ʔəʔ či **nčaʔŋəxʷ**. *He'd be going far away on his runs to foreign lands.* (ES)} VAR: naʔčáʔəŋəxʷ {ʔeʔéʔnət ʔuč tiə **naʔčáʔəŋəxʷ**? *What is this stranger saying?* (ES) | ʔuʔnə́kʷ kʷi k u**naʔčáʔəŋəxʷ**. *It's you that's the stranger.* (TC)} VAR: naʔčáʔuŋəxʷ (TC; AS,BC) VAR: naʔčáʔəwŋəxʷ (ES) {níɬ suʔxənʔáxʷs canu **naʔčáʔəwŋəxʷ**, "nəsx̣éʔ kʷə či qʷúʔ ʔiʔ ʔáw kʷaʔ kʷánəŋəts." *She said to the foreigner, "I need water, but it won't run."* (ES)} VAR: naʔčáʔəŋəxʷ {níɬ suʔqʷáys cə **naʔčáʔəŋəxʷ**, "ʔəctxʷ hiyáʔ, nətán." *Then the foreigner said, "Let me go do it, Mom."* (ES) | níɬ suʔhiyáʔs kʷi **naʔčáʔəŋəxʷ** mə́ksəkən. *Then the foreigner Mexican went.* (ES)} VAR: naʔčáʔuŋxʷ (AS,BC; AS) {**naʔčáʔuŋxʷ** sčtə́ŋxʷən. *Foreign land.* (ES) | níɬ kʷaʔčaɬ sxʷnéʔ či ʔəcɬtáyŋxʷ ʔiyá ʔəʔ či **naʔčáʔuŋxʷ** sčtə́ŋxʷən. *That's the origin of Indians in foreign lands.* (ES) | ʔiyá ʔəʔ či **naʔčáʔuŋxʷ** sčtə́ŋxʷən nəxʷsx̣ayəmúcən. *They are there in foreign lands speaking the Klallam language.* (ES) | ʔiʔ **naʔčáʔuŋxʷ** yəʔ tə swə́yqaʔs kʷsə náʔcuʔ ŋə́naɬ. *The husband of one of our daughters was a foreigner.* (ES)} VAR: nəcáwŋəxʷ (AS)

naʔčáʔuɬ ⟦√n<aʔ>čuʔ-aw̓-ɬ √one<person>-ext-dur⟧ *cp.* naʔčáʔuŋəxʷ foreigner, stranger. (AS)

naʔčə́č ⟦√nə<ʔ>čuʔ=ač √one=backside⟧ ☞ nə́čuʔ to be different. {níɬ kʷaʔčaʔ sxʷčʔiyáʔs yəʔ či s**naʔčə́č**s ʔəʔ ti smiyəq̓áʔəs ʔəʔ tiə ʔáynəkʷ. *They are from a different place than the Makahs of today.* (ES)}

náʔəṅcuʔ ⟦n<aʔ>əč + √n<ˀ>əčuʔ distr<person> + √one<actl>⟧ ☞ nə́čuʔ to be one person at a time. (TC)

náʔcəwtxʷəŋ ⟦√nə<ʔ>č=awtxʷ-ŋ<ˀ> √one<actl>=house-mdl<actl>⟧ ☞ nə́cəwtxʷəŋ to go visiting, calling on (someone). {hiyáʔ čə **náʔcúʔtxʷəŋ** cə mə́ščuʔ ʔəʔ tsə saʔə́yčəns. *Mink went to visit his sister.* (TC)} VAR: náʔcuʔtxʷəŋ (ES) {**náʔcuʔtxʷəŋ** cn. *I'm going visiting.* (ES) | **náʔcuʔtxʷəŋ** u cxʷ? *Are you visiting?* (ES) | ʔənʔá u cxʷ ʔiʔ **náʔcuʔtxʷəŋ**? *Will you come visit me?* (ES)}

náʔcuʔ ⟦√n<áʔ>əčuʔ √one<person>⟧ [unique form of the 'person' lexical affix] one person, another person, some one person. (TLB,CWH; C; LC; ES) {**náʔcuʔ** əwʔ? *Was there one person?* (TC) | ʔiʔ **náʔcuʔ** cə qʷúy xʷanítəm. *And one was a dead* *white man.* (ES) | ʔuʔ***náʔcuʔ*** kʷsanu. *There's just one person.* (EPT) | sƛ́éʔs cə ***náʔcuʔ*** či shiyáʔ. *That one wants to go.* (TC) | suʔkʷčáŋəts cə ***náʔcuʔ***. *So one of them hollered.* (TC) | suʔqʷáys cə ***náʔcuʔ***, "ʔáwə." *So the other one said, "no."* (TC) | ʔáwə c nuʔxʷənʔáŋ ʔaʔ tə ***náʔcuʔ***. *He wasn't like the other one.* (AA) | ʔuʔŋə́n ti snə́xʷɬs cə ʔuʔ***náʔcuʔ*** swə́ýqaʔ. *One man has lots of canoes.* (TC) | nsuʔxənʔáxʷ níɬ caʔ kʷi ***náʔcuʔ***. *So I said it should be just one person.* (MJ) | ʔuʔ***náʔcuʔ*** swə́ýqaʔ cə ŋə́n cə snə́xʷɬs. *There's one man that has lots of canoes.* (TC) | ɬaʔk̓ʷə́yuʔ yaʔ kʷi ***náʔcuʔ*** kʷɬčə́q. *One old man was fishing with a gaff.* (ES) | níɬ kʷaʔčaʔɬ suʔiʔƛ̓kʷtíŋ ʔaʔ cə ***náʔcuʔ***, čáʔsaʔ. *So, then, I was held by the one, then two people.* (ES) | ʔiʔ ***náʔcuʔ*** cə xʷanítəm sƛ́éʔs či snuʔhiyáʔ sqéyŋ ʔiʔ ʔəɬsmánəš. *One of the white men wanted to kind of go outside and smoke.* (ES) | ***náʔcuʔ*** k̓ʷə́nəxʷ cə kʷɬčə́q ʔáwənə sʔácss. *That's one person that saw the old lady with no face.* (ES) | húy ʔəɬ ʔuʔhiyáʔs tinu ***náʔcuʔ*** ʔiʔ kʷəyəxcútt cə məšíns. *It was only when someone would go and start the machine.* (ES) | ʔiʔ níɬ č yaʔ suʔxənəŋs kʷɬi q̓áŋi, ***náʔcuʔ*** q̓áŋi, ʔəɬʔúɬ, "sqiʔám̓ kʷi či suʔƛ̓iʔcéʔɬ!" *And then a girl, one girl, ʔəɬʔúɬ, said, "We can't remain still!"* (AS) | cə́ŋaʔtən cn ʔaʔ cə ***náʔcuʔ*** swéʔwəs *I was carried by one young man.* (ES)}

naʔcuʔə́ýɬ 〚√nə<ʔ>čuʔ=əýɬ √one<person>=child〛 ☞ nə́čuʔ to have one child. (MJT) {ʔuʔ***naʔcuʔə́ýɬ*** kʷi kʷɬə nʔáyəs. *My sister had one child.* (AS)}

naʔcuʔtxʷíŋ 〚√nə<ʔ>č=awtxʷ-i-ŋ<ʔ> √one<actl>=house-persist-mdl<actl>〛 ☞ náʔcəwtxʷəŋ to be visiting, be at someone's house for a visit. (ES) {***naʔcuʔtxʷíŋ*** cn. *I'm visiting.* (ES)}

náʔčəŋ laughing. See under: naʔnə́yəŋ

naʔčáʔistxʷ 〚√na<ʔ>č=a<ʔ>yus-txʷ √different<actl>=eye<actl>-caus〛 ☞ nčáʔis to be doing things differently, living a different way. {***naʔčáʔistxʷ*** kʷi kʷə sxʷčkʷíyŋ. *Jamestown lives a different way.* (AS)}

naʔčéʔyəŋ 〚√na<ʔ>č-i<ʔ>y-ŋ √different<actl>-dev<actl>-mdl〛 ☞ náč
1. to do something differently, do it the wrong way. {***naʔčéʔyəŋ*** cn. *I'm doing it the wrong way.* (TC)}
2. to be changing the subject, talking about something else. (ES,TC) VAR: naʔčéʔəŋ (ES,TC) {***naʔčéʔəŋ*** cn. *I'm changing the subject.* (AS) | ***naʔčéʔəŋ*** kʷi ʔəcɬtáyŋxʷ. *The person is talking about something else.* (AS) VAR: načéʔiŋ (AS) {kʷɬníɬ kʷaʔčaʔ suʔ***načéʔiŋ***s. *Now he's changing the subject.* (AS)}

náʔəntən 〚√naʔəntən √Smith_Island〛 [analysis uncertain - probably has the =tən 'instrument' suffix] Smith Island. (JSH)

naʔə́ŋnəŋ 〚n<a>ə́ŋ+√nŋ char<actl>+√fold〛 ☞ nə́ŋ folding pocket knife. (ES) VAR: naʔáŋnəŋ (TC)

naʔəsáýs 〚√naʔhus-aýs √curse-activ〛 ☞ naʔhúst
1. to curse, do evil work (on so), wish (a person) to die, do any behavior that might cause someone to die through spirit power. (ES) {***naʔəsáýs*** cn. *I'm cursing (someone).* (ES)}
2. to be taboo, a no-no. ∗It is naʔəsáýs to comb your hair at night, especially with a fine-toothed comb. It might cause one of your children to die. When you cut your nails at night it is naʔəsáýs for yourself. (TC) ∗Children must never visit cemeteries. (AS,BC) ∗You must never wish someone to die because it will make death appear, butm aybe not to that person. (AS,BC) ∗If you chew gum at night, you are chewing your mother to death. (BC) ∗Close curtains at night to keep out spirits. (AS,BC) ∗Never peek out windows at night because /stədí/ will stare right back at you. (BC) VAR: naʔhəsáýs {***naʔhəsáýs*** cn. *I'm doing bad to someone.* (TC)}

náʔət naming someone. See under: naʔát

naʔhəsáýs taboo. See under: naʔəsáýs

naʔhúst 〚√naʔhus-t √curse-trns〛
1. to howl at someone. (AS,BC)
2. to curse someone to die, talk to someone about their death; put a spell on someone. (AS,BC) 《When a dog stretches its neck up and howls it is calling death. When someone comes and asks for your things before you die they are cursing you, "howling" at you calling for your death. It is seriously taboo to talk about death freely.》 (AS,BC) {***naʔhúst*** cn. *I cursed him (by talking to him about his death).* (AS,BC) | ***naʔhúst*** cxʷ cə ńtán. *You're wishing your mother to die (when you ask for her things).* (BC)} VAR: nəhúst {***nəhúst*** cn. *I wished he'd die.* (BC)} VAR: nahúst {***nahúst*** cn. *I cursed him. / I wished death on him.* (ES; AS)}

naʔhústəŋ 〚√naʔhus-t-ŋ √curse-trns-psv〛 ☞ naʔhúst
1. to be howled at. {***naʔhústəŋ*** cxʷ ʔaʔ cə n̓sqáxaʔ. *You were howled at by your dog.* (BC)}
2. to be cursed (to die) by someone, have a spell put on one by someone. (TC) {***naʔhústəŋ*** cn. *Someone's cursing me.* (ES; TC)} VAR: nahústəŋ (ES; AS,BC) {***nahústəŋ*** cn ʔaʔ tə sqáxaʔ. *The dog is wishing death on me.* (AS)} ∗When a dog howls at night it is wishing death on someone. (AS,BC) {***nahústəŋ*** cn. *Someone put a curse on me to die.* (ES)} VAR: naʔhústəŋ (ES,HS)

naʔkʷcúʔət 〚√nə<ʔ>kʷ-cu<ʔ>-t √2focus<actl>-rflxv<actl>〛 ☞ nəkʷcút you are wanting, trying to be it, important, first, pushing yourself forward, "you're pushy". (ES) VAR: nəkʷcúʔət (AS,BC) {***nəkʷcúʔət*** cxʷ. *You're going to be the one.* (AS,BC) | ***nəkʷcúʔət*** cə swéʔwəs. *The boy is always pushing himself forward.* (AS,BC)}

naʔkʷíc 〚√naʔkʷi-t-c √ghost-trns-1obj/2obj〛 ☞ naʔnəkʷít spook me; spook you. {***naʔkʷíc*** cxʷ. *You spooked me (talking to a ghost).* (BC)}

naʔkʷít spook someone. *See under:* naʔnəkʷít

naʔkʷítəŋ ⟦√naʔkʷi-t-ŋ √ghost-trns-psv⟧ ☞ naʔnəkʷít to get spooked, be visited by a ghost. (AS,BC) {**naʔkʷítəŋ** cn. *I got spooked.* (AS,BC)}

naʔɬcúʔət ⟦√ni<ʔ>ɬ-cu<ʔə>t √3focus<actl>-rflxv<actl>⟧ ☞ nəɬcút to be trying to be important and noticed, take credit, be pushy. (AS,BC; AS) {**naʔɬcúʔət** cxʷ. *You're pushy.* (AS,BC) | kʷɬníɬ čakʷi suʔ**naʔɬcúʔət**s. *Now she's pushing herself forward.* (AS,BC) | x̣ənʔáɬ ti suʔ**naʔɬcúʔət**s. *He's always pushing himself forward.* (AS,BC) | x̣ənʔáɬ ti nsuʔ**naʔɬcúʔət**. *I'm always pushing myself forward.* (AS,BC) | **naʔɬcúʔət** cə swéʔwəs. *The boy is pushing himself forward.* (AS)} VAR: ʔaʔɬcúʔət (ES,HS; AS,BC) {**ʔaʔɬcúʔət** cn. *I'm pushing myself forward.* (AS,BC)}

naʔɬnə́kʷi ⟦√ni<ʔ>ɬ-nəwəy √3focus<actl>-ncrcprcl⟧ ☞ níɬ to resemble each other, look alike. {**naʔɬnə́kʷi** cə sx̌ayéʔx̌qɬ. *The children look alike.* (TC)}

naʔɬtíxʷ let it be. *See under:* nəɬtíxʷ

naʔnáʔčuʔ ⟦naʔ-√n<aʔ>əčuʔ dim-√one<person>⟧ ☞ náʔčuʔ to be just one person; one small person or animal. (BC) {ʔuʔ**naʔnáʔčuʔ** cn. *I'm alone. / I'm just one person.* (TC) | ʔuʔiʔ**naʔnáʔčuʔ**. *It's just one.* (MJT) | ʔuʔ**naʔnáʔčuʔ** cn tə nəshiyáʔ. *I went alone. / I was just one person that went.* (TC) | ʔuʔ**naʔnáʔčuʔ** táči. *She came by herself.* (AS,BC) | ʔuʔhaʔhúʔi cn ʔaʔ nəsuʔ**naʔnáʔčuʔ**. *I was all alone.* (MJ) | ʔiʔ **naʔnáʔčuʔ** cə x̌aʔx̌úx̌aʔ maʔmúʔsmus. *And there was one small calf.* (MJ)}

naʔnaʔtíŋ ⟦naʔ + √ni?-t<í>xʷ-ŋ actl + √exist-letcaus<pers>-psv⟧ ☞ naʔnaʔtíxʷ to be honored, respected. (ES)

naʔnaʔtíxʷ ⟦naʔ + √niʔ-t<í>xʷ actl + √exist-letcaus<pers>⟧ ☞ naʔnéʔnət to pay attention to someone, respect, honor, praise someone, give someone special care. (ES)

naʔnát ⟦naʔ + √na-t dim + √name-trns⟧ ☞ nát to give something small a name. {č**naʔnát**s cə paʔpástən. *She named the little white person.* (MJ)}

naʔnéʔkʷiyaʔ ⟦naʔ + √n<iʔ>kʷ-iyaʔ pl + √2focus<pl>-pl⟧ [an unusual plural, but the same pattern as one third-person plural] cp. naʔnéʔɬiyaʔ ☞ nəkʷéʔəyaʔ you folks. (ES)

naʔnéʔɬiyaʔ ⟦naʔ + √ni<ʔ>ɬ-iyaʔ pl + √3focus<pl>-pl⟧ [an unusual plural, but the same pattern as one second-person plural] cp. naʔnéʔkʷiyaʔ ☞ níɬ they, them, those. (ES) VAR: naʔyéʔɬiya {**naʔyéʔɬiya** ʔənʔáxʷ ti nəsʔíɬən. *They're the ones who bring me food.* (MJT) VAR: naʔníɬiya (AS,BC) {ɬíxʷ ti nat **naʔníɬiya** ʔiʔčáʔi ʔaʔ ti snə́qəŋs. *It was three nights before they dove.* (MJ) VAR: naʔníɬiyaʔ {ʔuʔštə́ŋ **naʔníɬiyaʔ**. *They walked.* (MJ) | suʔhiyáʔs ʔiʔ tán tə **naʔníɬiyaʔ**. *So they went and landed.* (MJ) VAR: nəníɬəya (MJ) {níɬ suʔhiyáʔs štə́ŋ **nəníɬəya**. *Then they went walking.* (MJ) | ʔíɬən **nəníɬəya**. *They ate.* (MJ) | kʷɬqʷəɬəmúti **nəníɬəya**. *They're hugging each other.* (MJT) | níɬ č suʔštə́ŋs **nəníɬəya**. *Then they walked.* (AS) VAR: nəniʔɬiyaʔ {maliyíti **nəniʔɬiyaʔ**. *They married.* (MJ)} VAR: nániʔɬiyaʔ (LB,CWH)

naʔnéʔnəc ⟦√naʔniʔn-t-c √acknowledge-trns-1obj/2obj⟧ ☞ naʔnéʔnət acknowledge me; acknowledge you. (ES) {ʔuʔ**naʔnéʔnəc** cn. *I respect you.* (AS)}

naʔnéʔnət ⟦naʔ + √niʔn-t actl + √acknowledge-trns⟧ ☞ naʔtíxʷ cp. naʔnaʔtíxʷ to be respecting, acknowledging someone, introducing someone in public. (ES; AS,BC)

naʔnéʔnətəŋ ⟦naʔ + √niʔn-t-ŋ actl + √acknowledge-trns-psv⟧ ☞ naʔnéʔnət being respected, acknowledged, introduced by someone in public. {**naʔnéʔnətəŋ** cn. *They respect me.* (ES)}

naʔnéʔtxʷ ⟦naʔ + √niʔ-txʷ dim + √exist-caus⟧ ☞ néʔtxʷ to give a little bit of something, make it a little more. (USAGE: This is used as a polite way of asking for more of something. It is less blunt than the non-diminutive form, /néʔtxʷ/.) (AS) {**naʔnéʔtxʷ** či. *Make it a little more, please.* (AS)}

naʔnəkʷít ⟦√nuʔnkʷ-i-t √ghost-persist-trns⟧ to spook, haunt someone, startle (animals). {**naʔnəkʷít** cn. *I spooked them.* (TC; AS) | **naʔnəkʷít** cn cə múʔuqʷ. *I spooked the ducks.* (TC)} VAR: naʔkʷít {**naʔkʷít** cn. *I spooked him.* (AS,BC) | **naʔkʷít** cxʷ. *You spooked me.* (AS,BC)}

naʔnəkʷítəŋ ⟦naʔ + √naʔkʷi-t-ŋ dim + √ghost-trns-psv⟧ [It may be that the /i/ is metathesized from the stem.] ☞ snúʔnəkʷ to have a nightmare, be ghosted, haunted, spooked in the night, have an anxiety attack in the night. (ES,TC; TC; ES; TC,AS,BC; AS,BC) {**naʔnəkʷítəŋ** cn. *I'm getting spooked. / I saw a ghost.* (ES; TC; AS)}

náʔnət ⟦náʔ + √nat actl + √night⟧ ☞ ʔəsnát to be getting to be night. (MJT) {kʷɬiʔ**náʔnət**. *It's getting to be nighttime.* (MJT) | ɬíčt cn tə nəčšúycs ʔaʔ kʷi táŋəns kʷɬiʔ**náʔnət**s. *I cut my fingernails in the evening when it was becoming night.* (MJT)}

naʔnə́yəŋ ⟦naʔ + √nəy-ŋ<ˀ> actl + √laugh-mdl<actl>⟧ ☞ nə́čəŋ to be laughing. (EPT; LC; ES; AS,BC; AS) {**naʔnə́yəŋ** st ʔəɬ ʔuʔtitə́x̌ɬ. *We laugh when we make a mistake.* (TC) | qə́yaʔɬ cn ʔəɬ **naʔnə́yəŋ**. *I'm loud when I'm laughing.* (AS) | **naʔnə́yəŋ**ayŋən cn. *I want to laugh.* (MJT)} VAR: naʔnə́yəŋ (ES) VAR: naʔnə́yəŋ (EPT) VAR: naʔnə́čəŋ {ʔuʔɬə́ŋ ʔuʔ **naʔnə́čəŋ** ʔiʔtáʔəxʷ. *They're really laughing, enjoying it.* (AS)} VAR: náʔčəŋ ⟦√nə<ʔ>y-ŋ<ˀ> √laugh<actl>-mdl<actl>⟧ {kʷɬiʔ**náʔčəŋ**. *He's starting to laugh.* (MJT)}

naʔnəyəŋáyŋən ⟦naʔ + √nəy-ŋ<ˀ>-ayŋən actl + √laugh-mdl<actl>-want⟧ ☞ naʔnə́yəŋ to be holding back one's laughter, wanting to laugh. (MJT)

naʔnə́yəŋéʔwən̓ ⟦naʔ + √nəy-ŋ<ʔ> = i<ʔ>wən<ʔ> actl + √laugh-mdl<actl> = interior<actl>⟧ ☞ **naʔnə́yəŋ** to be holding laughter inside, not letting oneself laugh. {*naʔnə́yəŋéʔwən̓* cn. *I was holding laughter in.* (MJT)}

naʔnə́yəŋəs smiling. *See under:* nəxʷnaʔnə́yəŋəs

naʔnəyəŋístxʷ ⟦naʔ + √nəy-ŋ<ʔ>í-stxʷ actl + √laugh-rel<actl>-caus⟧ ☞ nəčəŋístxʷ to be making someone laugh. {*naʔnəyəŋístxʷ* cn. *I'm making him laugh.* (MJT)}

naʔnə́yəŋtəŋ ⟦naʔ + √nəy-ŋ<ʔ>-t-ŋ<ʔ> actl + √laugh-mdl<actl>-trns-psv<actl>⟧ ☞ naʔnəyəŋístxʷ being made to laugh by someone or something. {*naʔnə́yəŋtəŋ* cn. *That makes me laugh.* (MJT)} VAR: naʔnəyəŋístxʷəŋ ⟦naʔ + √nəy-ŋ<ʔ>í-stxʷ-ŋ<ʔ> actl + √laugh-rel<actl>-caus-psv<actl>⟧ {*naʔnəyəŋístxʷəŋ* cn. *He made me laugh.* (AS)}

naʔnə́yəŋústəŋ ⟦naʔ + √nəy-ŋ<ʔ> = us-txʷ-ŋ<ʔ> actl + √laugh-mdl<actl> = face-caus-psv<actl>⟧ ☞ naʔnəyəŋústxʷ being made to laugh or smile by someone or something. {*naʔnə́yəŋústəŋ* st. *He's making us laugh.* (MJT)}

naʔnəyəŋústxʷ ⟦naʔ + √nəy-ŋ<ʔ> = us-txʷ actl + √laugh-mdl<actl> = face-caus⟧ ☞ naʔnəyəŋístxʷ to be making someone laugh or smile. {*naʔnəyəŋústxʷ* cn. *I'm making him laugh.* (MJT)}

naʔnə́yəŋʔáyŋən ⟦naʔ + √nəy<ʔ>-ŋ<ʔ>-ayŋən actl + √laugh-mdl<actl>-want⟧ ☞ nəčəŋáyŋən to be wanting to laugh, but holding it in. {*naʔnə́yəŋʔáyŋən* cn. *I wanted to laugh, but I held it in.* (MJT)}

naʔnə́yt ⟦naʔ + √nəy<ʔ>-t actl + √laugh<actl>-trns⟧ ☞ nə́yət to be laughing at someone or something. {hiʔ*naʔnə́yt*s. *He's laughing at her.* (MJT) | *naʔnə́yt*s cə swə́yqaʔ. *She's laughing at the man.* (AS)} VAR: naʔnə́yt {*naʔnə́yt*s cə swə́yqaʔs. *She's laughing at her husband.* (AS)}

naʔnə́ytəŋ ⟦naʔ + √nəy<ʔ>-t-ŋ<ʔ> actl + √laugh<actl>-trns-psv<actl>⟧ ☞ naʔnə́yt being laughed at. {*naʔnə́ytəŋ* cn. *He's laughing at me.* (MJT) | húy ti nəsuʔ*naʔnə́ytəŋ*. *They only laughed at me.* (TC)}

naʔnít̓ ⟦naʔ + √nit̓ dim + √3focus⟧ ☞ nít̓ he/she/it is (of something small). {ó", *naʔnít̓* yəxʷ yaʔ sxʷhiyáʔtəŋs ʔaʔ kʷi sƛ̓kʷə́tən̓ł. *Oh, that (little hole) is where they took us from when they grabbed us.* (AA) | *naʔnít̓* qł ʔuč cán... *I wonder who...* (MJT)}

naʔnítəŋ ⟦naʔ + √na<í>-t-ŋ pl + √name<pl>-trns-psv⟧ ☞ nátəŋ to be named of several. {*naʔnítəŋ* cə sƛ̓ayéʔƛ̓qł. *All of the children were named.* (AS,BC)}

naʔnunčsít ⟦naʔ + √nwnač-sít dim + √repay-bene⟧ ☞ nunačsít to plan to, intend to pay someone back a little. {*naʔnunčsít* cn kʷi ʔuʔ hə́wə. *I was going to pay him back, but he refused.* (AS,BC)}

naʔnunčsítəŋ ⟦naʔ + √nwnač-sít-ŋ dim + √repay-bene-psv⟧ ☞ naʔnunčsít to be repaid, paid back by someone planning to a little at a time. {*naʔnunčsítəŋ* caʔn. *They're going to pay me back.* (AS,BC)}

naʔnuṅáčt ⟦naʔ + √nwn<ʔ>ač-t dim + √repay<dim>-trns⟧ ☞ nuʔnáčt to repay, pay someone back slowly, a little at a time, in installments. {kʷł*naʔnuṅáčt* cn. *I'm paying it back right now.* (MJT)} VAR: naʔnunáčt (AS) {*naʔnunáčt* cn. *I paid him back slowly.* (AS)}

naʔqə́ŋət ⟦nə<ʔ>q-ŋ-t √dive<actl>-mdl-trns⟧ ☞ nəqə́ŋət to be diving for something. {ʔáwə či c *naʔqə́ŋət*. *Don't dive for it.* (MJT)}

naʔqʷúsəŋ ⟦√n<əʔ>qʷ = us-ŋ<ʔ> √bend<actl> = face-mdl<actl>⟧ ☞ nəqʷúsəŋ 1. to be bending (one's body) down, bending over, nodding one's head, bowing (one's body or head), taking a bow. (LC; TC; HS,ES; BC) {*naʔqʷúsəŋ* cn. *I'm nodding my head. / I'm bending over now.* (LC; TC)} 2. to be rowing a boat facing the bow. ⟪because of the bowing motion⟫ (TC) VAR: naʔqʷúʔsəŋ (AS; AS,BC) {*naʔqʷúʔsəŋ* u cxʷ? *Did you nod?* (AS,BC)}

naʔq̓ʷáys ⟦√nu<ʔ>q̓ʷ = ay<ʔ> = us √excrement<actl> = eye<actl>⟧ eye mucus, sleep (in the eyes), gummy eye. (TC) {*naʔq̓ʷáʔis* cə nqə́yəŋ. *My eyes are gummy.* (AS)} VAR: naʔq̓ʷáʔis (AS; BC) VAR: ŋaʔq̓ʷáʔis (BC; AS) {*ŋaʔq̓ʷáʔis* cə nqə́yəŋ. *My eyes are gummy.* (AS)}

naʔtíŋ ⟦√niʔ-t<í>xʷ-ŋ √exist-letcaus<pers>-psv⟧ ☞ naʔtíxʷ to be respected, acknowledged, introduced, mentioned. (ES; AS) {*naʔtíŋ* cn. *They acknowledged me.* (AS)}

naʔtíxʷ ⟦√niʔ-t<í>xʷ √exist-letcaus<pers>⟧ ☞ néʔ [Perhaps this has the 'name' root. But then glottal stop here is unaccounted for.] cp. sná to acknowledge, pay respect to someone, introduce someone to the public. (AS,BC) {*naʔtíxʷ* cn ʔəcłtáyŋxʷ. *Acknowledge the person.* (AS) | *naʔtíxʷ* cn kʷə nsčutáył. *I introduced my in-law to the public.* (AS)}

naʔyaʔnáʔčuʔ ⟦n<aʔy>aʔ + √nə<ʔ>čuʔ distr<pl> + √one<actl>⟧ ☞ nə́čuʔ to be one here and there. ⟪USAGE: This might be used, for example, by someone telling about where she got her berries, being elusive and hiding her patch.⟫ (MJT)

naʔyáč ⟦√n<aʔy>ač √different<pl>⟧ ☞ náč to be different, strange, other (of a group). (MJ) {kʷł*naʔyáč* tə ʔiyá. *They were different there.* (MJ)}

naʔyéłiyə they. *See under:* naʔnéłiyaʔ

náʔył ⟦√n<áʔy>ił √3focus<pl>⟧ ☞ nít̓ they, them. [third-person plural focus pronoun] {či*náʔył* yəxʷ kʷi. *They must be the ones.* (MJT)}

naʔyəq̓ʷács ⟦√n<aʔy> = uq̓ʷ = acis √excrement<pl> = hand⟧ ☞ nə́q̓ʷ to get one's

naʔyúqʷsən

hand in excrement or anything nasty. {*naʔyəq̓ʷács* cn. *I got my hand in cow leavings.* (ES)}

naʔyúq̓ʷsən ⟦√n<aʔy> ʔuq̓ʷ=sən √excrement<pl>=foot⟧ ☞ ʔəsnúʔnəq̓ʷ to step in excrement or anything nasty. (AS,BC) {*naʔyúq̓ʷsən* cn. *I stepped in it (cow leavings).* (ES)} VAR: nayúq̓ʷsən (ES) VAR: nəyúq̓ʷsən *nəyúq̓ʷsən* cn. *I stepped in it.* (AS,BC)}

načqʷə́ys ⟦√načqʷəys √loon⟧ a bird similar to but smaller than a common loon, possibly the Pacific loon. *possibly Gavia pacifica.* (ABT)

náč ⟦√nač √different⟧ to be different, strange, other. (RSh; TC; AS,BC; AS; MJ) {*náč* cn. *I'm different.* (TC) | ʔáwə cn c *náč*. *I'm not different.* (TC) | ʔuʔhúy tiə sqʷáyɬ ʔuʔ *náč*. *Only our languages are different.* (TC) | *náč* cn nəsxʷhiyáʔ. *I'm different is why I went.* (TC) | *náč* cn kʷaʔ hiyáʔən. *I'll be different if I go.* (TC) | *náč* cə nəst̕íym. *My song is different.* (TC) | *náč* tə n̓skʷáʔ. *It's different from yours.* (RSh) | *náč* cə nəsx̌čít. *I know different.* (TC) | ŋə́n̓ néʔ kʷi ʔəcɬtáyŋxʷ xʷə́yəq̓ʷ ʔiʔ txʷaʔ*náč* sčtə́ŋxʷən. *There were many Indians that drifted away to different lands.* (ES) | ʔiʔ qʷáy "*náč! náč! náč!*" suʔhuŋístəŋs cə skʷə́yəc. *And it said, "Different! Different! Different!" So the slave was brought back.* (AA) | sáʔsəsiʔ ʔaʔ ti *náč* ʔaʔyəcɬtáyŋxʷ. *They were afraid of strange people.* (AS) | níɬ ʔuʔ*náč* ʔaʔ tsə kʷɬčáq. *There was another old lady.* (ES) | ʔiʔ níɬ ʔaʔ kʷi suʔʔáʔiʔs ʔaʔ cə ʔuʔ*náč* swə́yqaʔ. *But she was carrying on with a different man.* (AA) | níɬ kʷaʔčaʔ scə́sətəŋs yaʔ ʔaʔ cə sŋə́q̓ʷuʔ swə́yqaʔs ʔaʔ kʷi sčaʔx̌éʔnəŋs ʔaʔ cə ʔuʔ*náč*. *It's because Crane, her husband, hit her when he caught her by surprise with a stranger.* (AA)}

náčct ⟦√nač-cut √different-rflxv⟧ ☞ náč to change oneself, make oneself different, become something else, turn into something different. {*náčct* cn. *I changed.* (ES)}

načéʔiŋ do differently. See under: naʔčéʔyəŋ

náčəwəč hundred. See under: snáčəwəč

načít ⟦√nač-i-t √different-persist-trns⟧ ☞ náč to make something different, odd, strange. (AS,BC) {*načít* cn cə súɬ. *I made the road different (it wasn't what I expected).* (AS) | *načít* cn cə nʔáʔiŋ. *I made my house different.* (AS) | *načít* či. *Make it different.* (AS,BC)}

načítəŋ ⟦√nač-i-t-ŋ √different-persist-trns-psv⟧ ☞ načít to be made different, odd, strange by someone or something. {*načítəŋ* kʷi kʷə súɬ. *They made the road different.* (AS,BC)}

náčnəč ⟦nač+√nač char+√different⟧ ☞ náč different kinds. {ŋə́n̓ sx̌páyqən *náčnəč* ʔiyá ʔaʔ cə sqʷúŋis cə sx̌íx̌aʔx̌ɬ. *There were many feathers of different kinds there on the head of the child.* (MJ)}

načnəčáʔistəŋ ⟦nač+√nač=a<ʔ>yus-txʷ-ŋ char+√different=eye<actl>-caus-psv⟧ ☞ načnəčáʔistxʷ to be not recognized by someone. {*načnəčáʔistəŋ* cn. *They don't recognize me.* (AS,BC)}

načnəčáʔistxʷ ⟦nač+√nač=a<ʔ>yus-txʷ char+√different=eye<actl>-caus⟧ ☞ načnəčáʔyəs to not recognize someone or something. {*načnəčáʔistxʷ* cn. *I don't recognize him.* (AS)}

načnəčáʔyəs ⟦nač+√nač=a<ʔ>yus char+√different=eye<actl>⟧ ☞ nčáʔis to not recognize, be a stranger to (someone or something). {*načnəčáʔyəs* cn ʔaʔ tiə ʔəcɬtáyŋxʷ. *I don't recognize this person.* (TC) | ʔáw cxʷ c ʔuʔ*náčnəčáʔis*. *Don't be a stranger.* (TC)} VAR: načnəčáʔis (TC) {ʔáw cxʷ c ʔuʔ*načnəčáʔis*. *Don't be a stranger.* (TC)} VAR: načənəčáʔis (TC) {ʔáw cxʷ c ʔuʔ*načənəčáʔis*. *You are not a stranger.* (TC)}

načtə́n̓əq Changer. See under: nəčtə́n̓əq

náčtəŋ ⟦√nač-txʷ-ŋ √different-caus-psv⟧ ☞ náčtxʷ to make something different, let it be different. (TC) {*náčtəŋ* tə ʔáʔiŋs. *They made their house different.* (BC)}

náčtxʷ ⟦√nač-txʷ √different-caus⟧ [This is ambiguous between the imperative 'let' causative and the inanimate causative.] ☞ náč to make something different, let it be different. (TC) {*náčtxʷ* cn. *I made it different.* (TC)} VAR: náčt {*náčt* cn. *I made it different.* (BC) | *náčt* či. *Make it different.* (AS,BC)}

nahúst curse. See under: naʔhúst

nahústəŋ be howled at. See under: naʔhústəŋ

nanacút protect self. See under: niʔnaʔcút

nančə́t ⟦na+√nəy-t dim+√laugh-trns⟧ ☞ nəčə́t to snicker at someone. {*nančə́t* cn cə q̓áʔŋi. *I snickered at the girl.* (AS) | kʷ́ɬníɬ ti suʔ*nančə́t*s tə swéʔwəs. *Now they snickered at the boy.* (AS)}

nančə́təŋ ⟦na+√nəy-t-ŋ dim+√laugh-trns-psv⟧ ☞ nančə́t to be snickered at by someone. {*nančə́təŋ* cn. *They snickered at me.* (AS)}

nanəčə́c ⟦na+√nəy-t-c dim+√laugh-trns-1obj/2obj⟧ ☞ nančə́t smile at me; smile at you. {*nanəčə́c* či. *Smile at me.* (MJT)}

nániʔɬiyaʔ they. See under: naʔnéʔɬiyaʔ

nát ⟦√na-t √name-trns⟧ ☞ sná to name someone or something, say or call someone or something by name. (ES) ⟪Usage: Note that 'name someone' in English can mean 'say someone's name' or 'give someone a name'. In Klallam this is used only for the former.⟫ cp. čnáʔət (AS,BC) {*nát* cn cawn̓iɬ. *I named him.* (TC) | cán caʔ ʔuč či n̓s*nát*. *What name are you going to give him?* (MJT) | *nát*s ʔaʔ cə ʔəcɬtáyŋxʷ snás. *He called him by his Indian name.* (MJ) | *nát*s tiə xʷánítəm t "canned salmon." *The white man calls it "canned salmon."* (TC) | hú cn *nát* či n̓sná ʔiʔ xʷítəŋ cxʷ. *When I say your* *name, you jump.* (TC) | suʔtə́sɬ ʔaʔ canu čaʔčéʔx̣ʷəŋ kʷaʔ ʔuʔstáŋəs či n̕snát. *We got to that sandbar, whatever you call it.* (ES)}

nat night. *See under:* ʔəsnát

nátəŋ ⟦√na-t-ŋ √name-trns-psv⟧ ☞ **nát** to be named, called, mentioned, noted. (TC; MJ; AS) {**nátəŋ** cn. *They named me.* (TC) | sáysiʔ ʔaʔ kʷi s**nátəŋ**s cə sná. *He was scared when his name was called.* (MJ) | tím yaʔ ti s**nátəŋ**s ʔaʔ tiə ʔəcɬtáyŋx̣ʷ. *The people called him Tim.* (ES) | nɨɬ nsuʔ**nátəŋ** ʔaʔ či nəsčáyči. *So I was called industrious.* (MJ)}

náw̕ in. *See under:* nə́w̕

náw̕əɬ ⟦√n<á>w̕-ɬ √in<rslt>-dur⟧ ☞ nə́w̕ to be in. {suʔčq̕áŋs cə smə́cs **náw̕əɬ** ʔaʔ cə čáwiʔs. *His fat dripped into his dish.* (TC) | nɨɬ č suʔsə́qs x̣ʷítəŋ ʔiʔ hiyáʔ txʷaʔyéʔi t sx̣ʷítəŋs hiyáʔ čšaʔ**náw̕əɬ** ʔaʔ cə ƛ̕əmúʔəč. *Then he jumped out, and his jump from inside the barrel went far.* (MJ)}

náw̕nəč repaying. *See under:* nə́w̕nəč

náw̕nəčt ⟦√n<á>w̕nəč-t √repay<actl>-trns⟧ ☞ nə́w̕nəč to be repaying someone, paying someone back. {**náw̕nəčt** cn. *I'm repaying him.* (BC)}

náw̕nəčtəŋ ⟦√n<á>w̕nəč-t-ŋ √repay<actl>-trns-psv⟧ ☞ nuʔnáčtəŋ being paid back, repaid. (BC)

nayúq̕ʷsən step in something. *See under:* naʔyúq̕ʷsən

ncə́qʷ red. *See under:* ʔənəcə́qʷ

ncəqʷáw̕txʷ red house. *See under:* ʔnəcqʷáw̕txʷ

ncqʷéʔqʷ red head. *See under:* ʔncqʷéʔqʷ

ncqʷə́ɬənɬ ⟦ʔn-√cəqʷ=əɬnɬ color-√red=throat⟧ ☞ ʔənəcə́qʷ turkey. (AS,BC; AS) [neologism]

ncqʷə́ys ⟦ʔn-√cəqʷ=ayus color-√red=eye⟧ ☞ ʔənəcə́qʷ to have a flushed, red face. (AS,BC) VAR: ncqʷéys (AS) {ʔuʔ**ncqʷéys** kʷi kʷə ʔəcɬtáyŋx̣ʷ kʷi stáči s. *The person was red-faced when he got here.* (AS) VAR: nəcqʷéʔis {ʔunú ʔuʔ čšnə**cqʷéʔis**. *Notice he has a red face.* (AS)}

nčaʔŋəx̣ʷ foreign. *See under:* naʔčáʔuʔŋəx̣ʷ

nčák̕ʷtxʷ one dollar. *See under:* nəčák̕ʷtxʷ

nčáw̕txʷ one house. *See under:* nəčáw̕txʷ

nčáx̣ʷ once. *See under:* nəčáx̣ʷ

nčáx̣ʷɬ one canoe. *See under:* nəčák̕ʷɬ

nčáx̣ʷtxʷ let it be once. *See under:* nəčáx̣ʷtxʷ

ncx̣ʷk̕ʷə́s twenty. *See under:* nəcx̣ʷk̕ʷə́s

ncx̣ʷk̕ʷsáyə ⟦√ncx̣ʷk̕ʷəs=ayə √twenty=person⟧ ☞ nəcx̣ʷk̕ʷə́s twenty people. (MJT)

ncx̣ʷk̕ʷsáyətxʷ twenty dollars. *See under:* nəcx̣ʷk̕ʷsáʔitxʷ

ncx̣ʷk̕ʷsáytxʷ twenty dollars. *See under:* nəcx̣ʷk̕ʷsáʔitxʷ

ncx̣ʷk̕ʷsík̕s ⟦√ncx̣ʷk̕ʷəs=iws √twenty=body⟧ ☞ nəcx̣ʷk̕ʷə́s twenty animals. (MJT) VAR:

ncx̣ʷk̕ʷsík̕ʷs {k̕ʷə́nəxʷ cn tə **nəcx̣ʷk̕ʷsík̕ʷs** ʔiʔ t nə́cuʔ húʔpt. *I saw twenty-one deer.* (MJT)}

nčáʔis ⟦√nač=a<ʔ>yus √different=eye<actl>⟧ ☞ náč to be a stranger, a different kind of person. (AS,BC) {**nčáʔis** cn. *I'm a stranger. / I have different colored eyes.* (AS) | ʔáwə cn c **nčáʔis**. *I'm not a stranger.* (AS)}

néʔ ⟦√niʔ √exist⟧

1. to exist, be some (more), be left over, remaining. (ES; AS,BC; TC) {**néʔ** ti sq̕ʷiyáyŋxʷ. *There are some blackberries.* (AS) | twəw**néʔ**. *There's still some more.* (TC) | **néʔ** u či məhúy̕? *Is there a basket?* (NS,JW) | ʔuʔ**néʔ** kʷi kʷə məhúy̕. *There is a basket.* (NS,JW) | twəw**néʔ** či nəsƛ̕éʔ. *I want some more.* (TC) | **néʔ** cə x̣čtín. *I know some of it.* (TC) | ʔáwə c **néʔ**. *There isn't any.* (AS,BC) | ʔuʔ**néʔ** u kʷi sʔíɬən? *Is there any food?* (AS,BC) | **néʔ** u či muhúy̕? *Is there a basket?* (AB,ICT) | **néʔ** u či n̕muhúy̕? *Do you have a basket?* (AB,ICT) | **néʔ** u či məhúy̕? *Is there a basket?* (AB,ICT) | ʔuʔ**néʔ** kʷi kʷə məhúy̕. *There is a basket.* (AB,ICT) | **néʔ** ixʷ či ʔənʔáʔə. *Somebody must be coming.* (MJT) | hiyitíŋ ʔaʔ cə **néʔ** snúʔnəkʷ. *He was saved by some ghost.* (TC) | ƛ̕ak̕ʷát ixʷ cxʷ kʷsi **néʔ** tálə. *You must have taken some money.* (MJ) | k̕ʷə́nnəxʷ cn cə ʔuʔ**néʔ** sqaʔyáxaʔ. *I saw some of the dogs.* (TC) | ʔáwə c **néʔ** či n̕sʔíɬən. *There's no food for you.* (AS,BC) | **néʔ** kʷsə ʔiʔənʔáʔə iʔkʷaʔnéʔŋət. *Somebody's coming running.* (EPT) | nuʔ**néʔ** ʔuʔ ʔiʔuʔsə́ʔxt. *There was something moving it.* (MJ) | **néʔ** ti ʔúx̣ ʔaʔ cə ʔápəls ti sɬə́mčəŋs ʔaʔ ti ʔápəls. *Some went to the apples, picking apples.* (TC) | **néʔ** tiə nəsčánnəxʷ. *I've got some fish.* (TC) | ʔuʔ**néʔ** kʷsə nəsxʷxəy̕ús. *There is a picture of me.* (TC) | ʔuʔ**néʔ** kʷi ti sqáxaʔ ʔuʔ čə́yq. *Some of the dogs are big.* (TC) | k̕ʷə́nəs təsə **néʔ** ɬq̕cín. *They saw those that were on the other side.* (TC) | ʔuʔ**néʔ** yaʔ suʔáwəs kʷi kʷənən. *I saw some of the boys.* (TC) | ʔuʔ**néʔ** cə ŋaʔk̕ʷaʔcút. *Some of them are waiting.* (TC) | **néʔ** ti ʔaʔ Duncan. *Some are in Duncan.* (TC) | ʔuʔ**néʔ** cə suʔwə́yqaʔ. *Some of them are men. / There are some men.* (TC) | ʔuʔx̣čít cn cə **néʔ** suʔáwəs. *I know some of the boys.* (TC) | ʔuʔ**néʔ** cə suʔáwəs cə x̣čtín. *I know some of the boys.* (TC) | ʔuʔ**néʔ** cə suʔwə́yqaʔ čsnə́xʷɬ. *Some of the men have canoes.* (TC) | hiyitíŋ kʷə tím ʔaʔ cə **néʔ** snáyaʔnəkʷ. *Tim was saved by the ghosts that were there.* (TC) | ʔiʔ **néʔ** cə stútaʔwi. *And there was a creek.* (ES) | huʔ**néʔ** kʷi ti čšƛ̕éʔ ʔə ʔəc. *There is someone that likes me. / Somebody loves me.* (MJT) | nəxčŋín ʔaʔ či s**néʔ**s ixʷ či sčáʔi ʔaʔ Mudd. *I think Mr. Mudd must be doing something.* (MJT) | **néʔ** cə q̕ʷúʔ ʔəsnáw̕əɬ ʔaʔ tə sxʷq̕ʷúʔtən; kʷiʔɬ́t. *There's water in that pail; pour it out.* (MJT) | **néʔ** ixʷ yaʔ šátəŋ ʔiʔ ɬq̕ʷéʔqʷtəŋ kʷə nəŋə́nŋənaʔ. *There must have been someone walking and scalped my children.* (MJ) | ŋə́n **néʔ** kʷi ʔəcɬtáyŋxʷ x̣ʷə́yəq̕ʷ ʔiʔ txʷaʔnáč sctə́ŋxʷən. *There were many Indians that drifted away to different lands.* (ES) | nɨɬ č suʔyəx̣ʷáss cə **néʔ** ʔəsɬəyəŋɬəŋ ʔaʔ tə sx̣x̣ínaʔs cə yək̕ʷŋən. *Then he*

untied what remained unattached on the feet of the Songhees. (MJ) | λ́áq̓ʷtəŋ cə scúm̓ ʔiʔ cə **néʔ** stíqʷs cə scánnəxʷs yaʔ skʷúkʷs yaʔ ʔaʔ cə čə́nəss. A bone of the leftover meat of the salmon he had cooked was stuck to his teeth. (TC) | níɬ č suʔƛ̓kʷətəŋs ʔaʔ stáʔčəŋ cə **néʔ** stíqʷs. Then Wolf took what was left of the meat. (TC) | ʔuʔhíc suʔccíɬəŋs yaʔ ʔiʔ ʔiyánəs či **néʔ** ʔəcɬtáyŋxʷ. He was standing there a long time listening to the people that were there. (ES) | hiyitíŋ kʷə tím ʔaʔ cə čáʔsaʔ ʔaʔ cə **néʔ** snáyaʔnəkʷ q̓ʷaʔctáyŋən. Tim was saved by those two from those ghosts that were wanting to kill him. (ES) | sƛ̓éʔs ʔaʔ ti sqqíŋs cə ʔəstáʔŋəkʷ ʔaʔ cə **néʔ** suʔáwəs kʷɬsƛayéʔƛqɬs. He wanted to play together with those boys that were there of his age. (TC)}
2. to be born, hatch. (ES; ES,HS; TC; AS,BC) {**néʔ** cn. I was born. (ES) | **néʔ** caʔ. It's going to be born. (ES) | kʷɬuʔ**néʔ** kʷi. It's already born. (ES) | **néʔ** cə sƛ̓íƛ̓aʔƛqɬ. The child is just born. (TC) | níɬ suʔ**néʔ**s tə sqaʔyaʔqáxaʔ ʔiʔ ɬúyəŋ ʔaʔ tə ʔiyáyəŋs. Then the puppies were born and were abandoned by their parent. (MJ) | čaʔčáŋ tə céʔct hiʔ **néʔ** tə ŋə́naʔs. The father just got home, and his child was born. (MJT) | kʷɬ**néʔ** tə skʷəyaʔkʷaʔtúʔ. The crows were already hatched. (MJ) | suʔkʷə́nnəxʷs cə λ̓úƛaʔ skʷəyaʔkʷaʔtúʔ ʔiyá ʔaʔ cə sxʷʔiyás ʔəɬ **néʔ**s. She saw the small crows where they were when they hatched. (MJ)}

néʔənɬ ⟦niʔ + √niɬ rslt + √3focus⟧ [analysis uncertain] ☞ níɬ to become, turn into. {**néʔənɬ** scə́kʷ wuʔ č tə caʔniɬ. It had turned into a worm. (AA)}

néʔət ⟦√niʔ-t √exist-trns⟧ ☞ néʔ to give birth to someone. {**néʔət** cn. I gave birth. (ES)}

néʔətəŋ ⟦√niʔ-t-ŋ √exist-trns-psv⟧ ☞ néʔət to be given birth. {**néʔətəŋ** cn ʔaʔ kʷsə ntán. My mother gave birth to me. (ES)}

néʔnaʔšəŋ ⟦niʔ + √niʔš-ŋ char + √on_side-mdl⟧ to be lying on the side, tilted. (TC; ES) {**néʔnaʔšəŋ** cn. I'm lying on my side. (TC) | **néʔnaʔšəŋ** u cxʷ? Are you lying on your side? (TC)}

néʔtxʷ Stem: néʔt [stem for subject suffixes] ⟦√niʔ-txʷ √exist-caus⟧ ☞ néʔ to make something more, give more, let be some left over, leave something or someone remaining. {**néʔtxʷ** či. Make it more. (AS) | ʔiʔ ʔənʔá həwíyŋ ʔiʔ **néʔt**s ʔiʔ kʷinu čx̣čnín kʷɬčəq ʔiʔ cə ʔánəɬs. So they returned, and they were left remaining with the wise old man and those that obeyed him. (ES)}

néy̓ Neah Bay. See under: nə́y̓

nəcəqʷáw̓txʷ red house. See under: ʔnəcqʷáw̓txʷ

nəcqʔéʔis red face. See under: ncqʷə́ys

nəcáʔwinəx ⟦√nəcuʔ = aʔwinəxʷ √one = year⟧ ☞ nə́cuʔ one year. (EPT) VAR: nəcáwinəxʷ (MJT) VAR: nəcuháʔwinəxʷ {ʔúpən ʔiʔ či **nəcuháʔwinəx**ʷ. He's eleven years old. (MJT)}

nəcáʔyəq ⟦√nəcuʔ = ayəq √one = fish⟧ ☞ nə́cuʔ to catch one fish. {**nəcáʔyəq** cn. I caught one fish. (MJT)}

nəcákʷɬ ⟦√nəcuʔ = akʷɬ √one = conveyance⟧ ☞ nə́cuʔ one canoe. {ʔuʔ**nəcákʷɬ** There's just one canoe. (MJT) | ʔuʔ**nəcákʷɬ** tə ʔuʔútxs. There's just one canoe. (MJT)} VAR: ncáxʷɬ (BG,MJT)

nəcákʷtxʷ ⟦√ncuʔ = akʷtxʷ √one = dollar⟧ ☞ nə́cuʔ one dollar. (EPT; TC; ES) {ʔuʔč**nəcákʷtxʷ** cn. I have a dollar. (TC) | čšáʔitxʷ yaʔ či sƛ̓éʔs ʔi ʔuʔ**nəcákʷtxʷ** tə nəsʔúŋəst. He wanted two dollars, but I gave him one dollar. (TC)} VAR: ncákʷtxʷ (AS,BC)

nəcáw̓ŋəxʷ foreign. See under: naʔcáʔuʔŋəxʷ

nəcáwtxʷ ⟦√nəcuʔ = awtxʷ √one = house⟧ ☞ nə́cuʔ
1. to be one house, building, room. (MJT)
2. inside the house. (AS) ((ES is not sure of this second definition.)) VAR: ncáwtxʷ {ʔuʔ**ncáw̓txʷ** kʷi kʷə ʔáʔiŋs. Their house had one room. (AS)}

nəcáxʷ ⟦√nəcuʔ = ax √one = times⟧ ☞ nə́cuʔ [suppletive form for this suffix] once, one time. (ES; TC; AS,BC) {huʔ**nəcáxʷ** tə nəstíyəm. I sang the song once. (MJT) | húytxʷ ʔəɬ ʔuʔ**nəcáxʷ**s. Every once in a while. (TC) | **nəcáxʷ** ʔaʔ kʷi kʷɬhíc. It was once, long ago. (TC) | **nəcáxʷ** ʔaʔ kʷi kʷɬhíc čiɬ́aw skʷáči It was once long ago in days gone by. (ES) | ʔuʔníɬ yaʔ nəʔáʔyəŋ kʷsə čiyánəxʷ ʔaʔ kʷi **nəcáxʷ**. I used to have a house at Becher Bay once. (TC) | ʔáwə qɬ kʷi c x̣ə́ɬ kʷaʔ yəcústxʷ ʔaʔ či sxʷiʔám̓ ʔaʔ či ʔuʔ**nəcáxʷ**. It wouldn't hurt if you told a story one time. (MJT)}
2. sometimes. VAR: ncáxʷ (LC) {**ncáxʷ** cn. I did once. (AS) | kʷɬ**ncáxʷ** ʔəɬ táciən. It's the first time I arrived. (LC) | ʔiʔ **ncáxʷ** kʷi spéʔšmans. And once he was fishing. (ES) | **ncáxʷ** yaʔ či nsʔiyá. I was there once. (BC) | **ncáxʷ** ʔaʔ kʷi ssaʔyúykʷɬ. Once when we were moving. (ES) | **ncáxʷ** kʷɬnsƛíʔs či nsxə́yyuʔ. Once I wanted to write. (AC) | níɬ suʔ**ncáxʷ**s ʔiʔšátəŋ ʔaʔ tə kʷaʔčíy̓. One time he was walking in the morning. (ES) | ʔuʔkʷə́nnəxʷ cn ʔaʔ kʷsəwniɬ Flora ʔəɬ ʔuʔ**ncáxʷ**s. I saw Flora once in a while. (TC) | ʔuʔtxʷ**ncáxʷ** ʔi ʔuʔəstáx tə nəsqʷáy ʔəɬ nəsƛ̓éʔs ti nəxʷƛ̓ayəmúcən ʔəɬ q̓ʷáq̓ʷiʔən. Every once in a while now I am mistaken in my words when I want to talk in the Klallam language. (TC) | húy ʔəɬ ʔuʔ**ncáxʷ**s ʔiʔ nəshákʷ ʔiʔ ƛay kʷə nəsmə́yəq. Once in a while I remember, then I forget again. (TC) | **ncáxʷ** ʔaʔ kʷi sʔuʔúɬ ʔuʔ sxíct ʔənʔá. It was one time when we first moved and came here. (ES) | ʔiʔ **ncáxʷ** sɬúyənəŋs kʷɬi q̓áʔŋiʔ sŋənáʔŋəs yaʔ kʷɬi nətán. Once there was an abandoned girl who was taken in by my mother. (ES) | níɬ **ncáxʷ** skʷə́nnəxʷs či snáyaʔnəkʷ ʔiʔ hiyitíŋ ʔaʔ cə čáʔsaʔ kʷə siʔtakʷístəŋ ʔaʔ tím ʔaʔ cə stútaʔwiʔ. That was one time he saw ghosts and was saved by two of them taking Tim across the creek. (ES)} VAR: ncíxʷ {hiyáʔ ʔiʔnə́qəŋ ʔiʔ**ncíxʷ**. They went and dived once. (MJ)}

nəc̓áxʷtxʷ ⟦√nəc̓uʔ = axʷ-txʷ √one = times-letcaus⟧ ☞ nəc̓áxʷ to let it be one time, once in a while. (TC) VAR: nc̓áxʷtxʷ (AS,BC) {ʔuʔ**nc̓áxʷtxʷ** či nshiyáʔ. *I'll go only once.* (AS)}

nəc̓éʔqʷ ⟦√nəc̓uʔ = iʔqʷ √one = head⟧ ☞ nə́c̓uʔ
1. to be one head. (MJT)
2. to act (group of people) as one, in union. {ʔuʔtə́ŋ st ʔuʔ **nəc̓éʔqʷ**ɬ ʔɬ qʷáyɬ. *We speak as one (we have exactly one head when we speak).* (AS)}

nə́c̓ənəc̓uʔtxʷ ⟦nə́c̓ + √nəc̓uʔ-txʷ distr + √one-letcaus⟧ ☞ nə́c̓uʔ to give one each to several. {huʔ**nə́c̓ənəc̓uʔtxʷ** kʷi. *Give them one of each.* (MJT)}

nə́c̓əw̓txʷ ⟦√nəc̓uʔ = aw̓txʷ √one = house⟧ ☞ nə́c̓uʔ
1. next-door neighbor. (ES; TC; MJT)
2. to visit. {hiyáʔ č kʷi **nə́c̓əw̓txʷ** či skʷəkʷúwiss. *They went to visit their son's in-laws.* (MJT)}

nə́c̓əw̓txʷəŋ ⟦√nəc̓ = aw̓txʷ-ŋ √one = house-mdl⟧ ☞ nə́c̓əw̓txʷ to go visiting. (AS,BC) {húy či. **nə́c̓əw̓txʷəŋ** st. *Let's go. We'll visit.* (ES) | hiyáʔ ixʷ **nə́c̓əw̓txʷəŋ** kʷsi nəsíyaʔ ʔuxʷ ʔaʔ kʷsə scutáyɬs. *My grandmother must have gone visiting her in-laws.* (MJT) VAR: nə́c̓utxʷəŋ (AS,BC; ES) {ʔənʔá cn **nə́c̓utxʷəŋ**. *I came to visit.* (AS,BC)} VAR: nə́c̓uʔtxʷəŋ (MJT)

nəc̓əw̓txʷnítəŋ ⟦√nəc̓uʔ = aw̓txʷ-ní-t-ŋ √one = house-intent-trns-psv⟧ [analysis uncertain - The /-ní/ here may not be the 'intent' applicative.] ☞ nə́c̓əw̓txʷ to have a visitor, guest. (ES) {naʔnaʔtíxʷ cə ʔən**nə́c̓əw̓txʷnítəŋ**. *Honor your guest.* (ES)}

nəc̓íkʷs ⟦√nəc̓uʔ = iws √one = body⟧ ☞ nə́c̓uʔ one person or animal. (EPT) {ʔuʔ**nəc̓íkʷs** kʷi kʷə ləmətú. *There's only one sheep.* (AS)}

nəc̓nə́c̓uʔ ⟦nəc̓ + √nəc̓uʔ distr + √one⟧ ☞ nə́c̓uʔ one at a time, one by one. (AS,BC) {ʔiʔ**nəc̓nə́c̓uʔ** ʔəɬ táčis tiə ʔaycɬtáyŋxʷ. *The people arrived here one at a time.* (AS,BC)}

nə́c̓uʔ ⟦√nəc̓uʔ √one⟧
1. one. (CWH; EPT; NS,JW; RCT; RS; LC; AS,BC) {níɬ **nə́c̓uʔ**. *That's one.* (ES) | ʔuʔ**nə́c̓uʔ** cxʷ. *You're one person. / You're alone.* (TC) | ʔúpən ʔiʔ či **nə́c̓uʔ** eleven (EPT; AS,BC) | ʔupənáw̓txʷ ʔiʔ ti **nə́c̓uʔ**. *eleven houses* (MJT) | **nə́c̓uʔ** ɬqáyč̓. *one month.* (EPT) | nəc̓xʷk̓ʷə́s ʔi či **nə́c̓uʔ**. *Twenty-one.* (TC,AS,BC) | nəsx̌éʔ kʷə či **nə́c̓uʔ**. *Oh, I want one, too.* (ES) | ʔáw kʷə c ɬíc̓nəx cə **nə́c̓uʔ**. *Don't cut the one.* (ES) | ŋə́n̓ swə́y̓qaʔ ʔuʔ**nə́c̓uʔ** ti snóxʷɬs. *Lots of men have only one canoe.* (TC) | čšaʔ**nə́c̓uʔ** st cə ʔəxʷíyŋxʷɬ. *We come from one tribe.* (MJT) | **nə́c̓uʔ** cə nəsʔə́ŋaʔɬ cə swéʔwəs. *I gave one to that boy.* (TC) | ɬíc̓t či **nə́c̓uʔ** kʷúʔət ʔiʔ ɬəŋnək̓áyət. *Cut one cattail and separate it.* (MJT) | n̓sx̌éʔ u či **nə́c̓uʔ** ʔaʔ tiə nəq̓ʷə́yən̓. *Do you want one of my hearing aids?* (TC) | **nə́c̓uʔ** kʷaʔčíy̓ ʔiʔtáči cə xʷanítəm q̓áʔŋi. *One morning a white young lady arrived.* (ES) | ʔuʔ**nə́c̓uʔ** family cə čáʔi ʔaʔ ti ʔuʔx̌ə́n̓áɬ. *It's one family that's working all the time.* (TC) | **nə́c̓uʔ**, č̓əsaʔ ti sqə́čaʔs ʔiʔ ti kʷ́ísts. *He'd get one or two, and he'd take them home.* (TC) | **nə́c̓uʔ** yaʔ cn kʷi ʔúŋəstəŋ ʔaʔ tə x̌úx̌aʔ múʔuqʷ. *I was one that was given a little duck.* (MJ) | níɬ suʔhiyáʔ ʔaʔ Josie x̌kʷə́ts cə **nə́c̓uʔ** ŋə́naʔs. *Then Josie went to get another one of her children.* (MJ) | húʔ cn kʷi ʔaʔɬáʔiŋ ʔiʔ cəŋcán̓ ʔaʔ ti **nə́c̓uʔ** skʷáči ti nsúkʷəŋ. *When I'm at home I bathe twice a day.* (ES) | níɬ č suʔɬáns cə **nə́c̓uʔ** ʔiʔ kʷɬsuʔxʷtíŋtəŋs ʔaʔ cə q̓áyaʔŋi. *One came ashore, and the young women jumped on him.* (AS) | ʔiʔ máʔkʷɬ cə **nə́c̓uʔ** haʔyáwəns canu məšíns. *One part of that machine was broken.* (ES) | ʔuʔŋə́n̓ suʔwə́y̓qaʔ ʔi ʔuʔ**nə́c̓uʔ** cə snə́xʷɬs. *There are a lot of men, but they have only one canoe.* (TC) | ʔiʔ ʔuʔx̌ə́·n̓ tə ŋə́n̓nənaʔɬ ʔiʔ tə scutáyəɬ ʔiʔ tə sx̌ayéʔx̌qɬ ʔuʔ ʔscə́yxʷ ʔaʔ **nə́c̓uʔ**. *And all of our children and in-laws and their children were inside the one.* (ES) | txʷx̌ʷəníŋtxʷ? twaw**nə́c̓uʔ** tiə. ʔáwənə nəsx̌čít kʷaʔ txʷx̌ʷəníŋs. *Where is it to be put? There's still one piece. I don't know where it goes.* (AS,BC)}
2. another, other. (ES) {níɬ yaʔ **nə́c̓uʔ**. *That was another one.* (ES) | č̓ʔiyá ʔaʔ cə **nə́c̓uʔ** sčtə́ŋxʷən. *They came from a different land.* (ES) | níɬ yaʔ **nə́c̓uʔ** snúnəkʷ. *That was another ghost.* (ES) | x̌áy ʔuʔ xʷənán̓ ʔaʔ cə sxʷʔiyás ʔaʔ cə **nə́c̓uʔ** tə́ŋəxʷ. *It's also like that at that other land.* (TC) | níɬ č suʔtə́ss cə **nə́c̓uʔ**. *Then another one got there.* (AS) | č̓án̓ táči cə **nə́c̓uʔ** ʔuʔútx̟s. *Another canoe arrived home.* (MJ) | hiyáʔ c̓aʔ st k̓ʷəč̓áyuʔ **nə́c̓uʔ** kʷi húʔpt. *Let's go butcher another deer.* (AS) | suʔɬk̓ʷə́təŋs cə **nə́c̓uʔ** k̓ʷánəŋət. *So another one who ran was taken.* (MJ) | x̌áy ʔuʔ xʷk̓ʷə́təŋ ʔuʔiyá ʔaʔ cə **nə́c̓uʔ** ʔuʔútx̟s. *It was also pulled to where the other canoe was.* (MJ) | sx̌éʔs či sʔən̓ʔás ti sč̓ʔiyá ʔaʔ tə **nə́c̓uʔ** sčtə́ŋxʷən. *They want them to come from there to another land.* (ES) | níɬ suʔk̓ʷánəŋəts cə **nə́c̓uʔ** ʔúxʷ ʔaʔ cə **nə́c̓uʔ** sxʷʔiyás cə nəxʷsx̌áy̓əm. *Then another one ran to where there were other Klallams.* (MJ) | húʔ k̓ʷə́nəs ti **nə́c̓uʔ** x̌áy ʔiʔ x̌áy čkʷúts ʔiʔ x̌áy ʔuʔ ʔúyɬts. *If he saw another one again, again he'd shoot it and load it on, too.* (TC)}

nə́c̓uʔtxʷ ⟦√nəc̓uʔ-txʷ √one-letcaus⟧ ☞ nə́c̓uʔ to let it be one. {ʔuʔ**nə́c̓uʔtxʷ** či n̓sxaʔsáʔnəŋ. *Let it be your one sin.* (MJ)}

nəc̓xʷk̓ʷə́s ⟦√ncxʷk̓ʷəs √twenty⟧ twenty. (EPT; ES; AS,BC) [possibly has roots for 'one' and 'count'] cp. nə́c̓uʔ cp. k̓ʷə́s [This is the usual, suppletive form of the word for 'twenty'.] cp. čsɬšáʔ {**nəc̓xʷk̓ʷə́s** ʔi či nə́c̓uʔ. *Twenty-one.* (TC,AS,BC) | **nəc̓xʷk̓ʷə́s** snác̓əwəč̓. *two thousand* (ES)} VAR: nc̓xʷk̓ʷə́s (EPT; NS,JW; AS,BC) {kʷɬ**nc̓xʷk̓ʷə́s** cn sčiʔánəŋ *I'm already twenty years old.* (MJ)}

nəc̓xʷk̓ʷəsáʔwinəxʷ ⟦√nc̓xʷk̓ʷəs = aʔwinəxʷ √twenty = year⟧ ☞ nəc̓xʷk̓ʷə́s twenty years. (MJT)

nəc̓xʷk̓ʷəsáɬ ⟦√nc̓xʷk̓ʷəs = aɬ √twenty = times⟧ ☞ nəc̓xʷk̓ʷə́s twenty times. (MJT)

nəc̓xʷk̓ʷəsáyəq ⟦√nc̓xʷk̓ʷəs = ayəq √twenty = fish⟧ ☞ nəc̓xʷk̓ʷə́s to catch twenty fish. (MJT)

nəc̓x̌ʷk̓ʷəsə́čɬ 〚√ncx̌ʷk̓ʷəs=əčɬ √twenty=child〛 ☞ nəc̓x̌ʷk̓ʷə́s twenty children. (MJT)

nəc̓x̌ʷk̓ʷsáʔitxʷ 〚√nc̓x̌ʷk̓ʷəs=aʔitxʷ √twenty=dollar〛 ☞ nəc̓x̌ʷk̓ʷə́s twenty dollars; twenty round things. VAR: nəc̓x̌ʷk̓ʷəsáʔitxʷ (MJT) VAR: nc̓x̌ʷk̓ʷsáʔitxʷ (TC,AS,BC) VAR: nc̓x̌ʷk̓ʷsáytxʷ (AS) {nunáčtəŋ cn kʷi *nc̓x̌ʷk̓ʷsáytxʷ*. He paid me back twenty dollars. (AS) | suʔƛ̓áys ʔúx̌ʷts cə *nc̓x̌ʷk̓ʷsáytxʷ* ʔənʔncə́qʷ. So again she brought the twenty gold dollars. (MJ) | níɬ suʔúx̌ʷtxʷs tə síl ʔiʔ ƛ̓áy tənə́ts cəw̓nił *nc̓x̌ʷk̓ʷsáytxʷ*. Then she brought some cloth there and again lined up twenty dollars. (MJ)} VAR: nc̓x̌ʷk̓ʷsáyətxʷ {*nc̓x̌ʷk̓ʷsáyətxʷ* cə ntálə ʔiʔ hiyáʔ cn. I had twenty dollars, and I went. (MJ) | ʔiʔtənə́ts cə *nc̓x̌ʷk̓ʷsáyətxʷ* ʔaʔƛ̓aʔƛ̓əćɬ ʔaʔ cə ƛ̓úyəqs. She lined up twenty dollars in the bottom of the box. (MJ)}

nəc̓x̌ʷk̓ʷsáw̓txʷ 〚√nc̓x̌ʷk̓ʷəs=aw̓txʷ √twenty=house〛 ☞ nəc̓x̌ʷk̓ʷə́s twenty houses, buildings. (MJT) VAR: nəc̓x̌ʷk̓ʷəsháw̓txʷ (MJT)

nəc̓x̌ʷk̓ʷsáyəɬ 〚√nc̓x̌ʷk̓ʷəs=ayəɬ √twenty=conveyance〛 ☞ nəc̓x̌ʷk̓ʷə́s twenty conveyances (such as canoes, cars). (MJT)

nəc̓x̌ʷk̓ʷsíkʷs twenty animals. *See under:* nc̓x̌ʷk̓ʷsíkʷs

nə́čəŋ 〚√nəy-ŋ √laugh-mdl〛 [/y/ → /č/] to laugh, smile. (EPT; LC; ES; TC; AS,BC) {*nə́čəŋ* cn. I laughed. (MJ) | níɬ nəsuʔ*nə́čəŋ* ʔiʔ ɬúyəs. So I laughed and left her. (MJT) | níɬ č suʔ*nə́čəŋ*s, "níɬ u nəskʷáʔ?" Then she laughed, "Are they mine?" (AS) | níɬ č suʔ*nə́čəŋ*s kʷə nəc̓át. Then my father laughed. (MJ) | húxʷ s*nə́čəŋ*s! My, what a laugh (he has)! (AS,BC) | níɬ č suʔnuʔ*nə́čəŋ*s kʷi wəqínəx̌ən. Then Boston Charlie kind of laughed. (AS)}

nəčə́ŋəs 〚√nəy-ŋ=us √laugh-mdl=face〛 ☞ nə́čəŋ to look friendly, have a smiling or laughing face. (MJT; AS) {*nəčə́ŋəs* kʷi kʷə q̓áyaʔŋi ʔaʔ kʷi nəskʷə́nəxʷ. The girls looked smiling and friendly when I saw them. (AS) | čaʔ*nəčə́ŋəs*. He suddenly smiled. (AS)}

nəčə́ŋət 〚√nəy-ŋ-t √laugh-mdl-trns〛 [stress shift to right with transitive] ☞ nə́čəŋ to laugh at something or someone. {*nəčə́ŋət* cn. I laughed at it. (MJT)}

nəčəŋík̓ʷən 〚√nəy-ŋ=iwən √laugh-mdl=interior〛 ☞ nə́čəŋ to laugh inside (while not showing it). (MJT) {ʔu*nəčəŋík̓ʷən* cn. I'm laughing on the inside. (AS)}

nəčəŋísc 〚√nəy-ŋi-stʷ-c √laugh-rel-caus-1obj/2obj〛 ☞ nəčəŋístxʷ make me laugh; make you laugh. {*nəčəŋísc* caʔn. I'm going to make you laugh. (MJT)}

nəčəŋístəŋ 〚√nəy-ŋi-stxʷ-ŋ √laugh-rel-caus-psv〛 ☞ nəčəŋístxʷ to be made to laugh by someone or something. {*nəčəŋístəŋ* st. He made us laugh. (AS)}

nəčəŋístxʷ 〚√nəy-ŋi-istxʷ √laugh-rel-caus〛 ☞ nə́čəŋ to make someone laugh. {*nə́čəŋístxʷ* cn. I made him laugh. (MJT)} VAR: nə́čəŋhístxʷ {*nə́čəŋhístxʷ* cn. I made him laugh. (MJT)}

nəčəŋáy̓ŋən 〚√nəy-ŋ<ʔ>-ay̓ŋən √laugh-mdl<actl>-want〛 ☞ nə́čəŋ to want to laugh, but hold it in. {*nəčəŋáy̓ŋən* cn. I wanted to laugh, but I held it in. (MJT)}

nəčát 〚√nəy-t √laugh-trns〛 [There is a clear difference in meaning between this and /nə́yət/ for AS, but the semantic nuance is vague and the morphology is opaque. It may be that this is the 'non-actual' form of the pair.] ☞ nə́čəŋ to smile, laugh at someone or something. (HS,ES; AS) {*nəčát* cn. I laughed her. / I smiled at her. (MJT) | *nəčát*s. He smiled at her. (MJT) | *nəčát* cn ʔaʔ kʷi nəskʷə́nəxʷ ʔaʔ kʷi čiʔáqɬ. I smiled at him when I saw him yesterday. (AS)}

nəčátəŋ 〚√nəy-t-ŋ √laugh-trns-psv〛 ☞ nəčát to be smiled, laughed at by someone. {*nəčátəŋ* cn Someone smiled at me. / He laughed at me. (MJT; ES; TC)}

nəč̓áq̓ 〚√nəč̓əq̓ √sprain〛 to sprain, wrench a joint in the body. {*nəč̓áq̓* cn nəcáys. I sprained my hand. (ES) | *nəč̓áq̓* tiə nəx̌ʷúŋən. I sprained my neck. (ES)}

nəč̓áq̓sən 〚√nəč̓əq̓=sən √sprain=foot〛 ☞ nəč̓áq̓ to sprain one's ankle. (AS,BC) {*nəč̓áq̓sən* cn. I sprained my ankle. (ES)}

nəčíwəs 〚√nač=iws √different=body〛 ☞ nác̓
1. to be a stranger. (AS,BC)
2. an adopted child, foster child, stepchild. (AS) {*nəčíwəs* cə sƛ̓iƛ̓áʔƛ̓qɬ; ʔáwə c nskʷáʔ. That child is adopted; he's not my own. (AS)}

nəč̓q̓ács 〚√nəč̓əq̓=acis √sprain=hand〛 ☞ nəč̓áq̓ to sprain one's wrist or hand. {*nəč̓q̓ács* cn. I sprained my wrist. (ES)}

nəc̓sənúʔəŋ 〚√nəc̓sənúʔəŋ √place_name〛 name of a place near Mats Mats Bay. «exact location undetermined» {ʔiʔ hiyáʔ ʔúxʷ ʔaʔ*nəc̓sənúʔəŋ*. And they went to nəc̓sənúʔəŋ. (MJ)}

nəčtáxʷ 〚√nač-taxʷ √different-inancaus〛 ☞ nác̓ to make something different. (TC) {*nəčtáxʷ* cn. I made it different. (TC)}

nəčtə́ŋ̓əq 〚√nač-t-ən<ʔ>əq √different-trns-hab<actl>〛 ☞ nác̓ Changer, Transformer, Creator. (ES; ES,HS) ✱The Changer is an important personage in traditional Klallam stories. He walked the earth long ago changing people into animals and prominent rocks. ✱The Changer is also known by other names cp. x̌áyəs VAR: načtə́ŋ̓əq (TC) {ʔiʔšə́tən cə *načtə́ŋ̓əq*. The Changer was walking. (ES) | ʔuʔníɬ ti suʔhúys ti s*načtə́ŋ̓əq*s. Then the Changer was finished. (ES)}

nəčtíŋ 〚√nač-t-i-ŋ √different-trns-persist-psv〛 ☞ nəčtíxʷ to be changed, made different. {*nəčtíŋ* cn. I was changed into something different. (TC) | *nəčtíŋ* ʔiʔ txʷaʔq̓ɬúməcən. He *changed him into a blackfish. / It was changed and became a blackfish.* (ES)}

nəčtíxʷ ⟦√nač-t<í>xʷ √different-inancaus<pers>⟧ ☞ náčtxʷ to change something into something different. {**nəčtíxʷ** cn. *I changed it into something different.* (TC)}

nəčúyəs ⟦√nač=uyəs √different=color⟧ ☞ náč variegated, of different colors. (TC; AS,BC) VAR: nəčúys {**nəčúys** tiə sčəyíqʷɬ. *The fruits are different colors.* (AS) | ʔuʔ**nəčúys** kʷi kʷə ləmətú. *The sheep is different colored (from the others).* (AS)}

nəháyə ⟦√nəháyə √you_pl⟧ [probably from /nə́kʷ hayə/] cp. nə́kʷ cp. hay you folks. ⟪USAGE: used only in direct address to adults⟫ {ʔuʔx̣ə́n̓ cxʷ ʔu **nəháyə** ʔúyɬ. *All of you go aboard.* (MJ) | hiyáʔ st, **nəháyə**. *We're going, you folks.* (AS) | húy̓ či ʔíɬən, **nəháyə**. *Please eat, you folks.* (AS)}

nəhə́čɬəŋ ⟦√na=əčɬ-ŋ √name=child-mdl⟧ ☞ sná to name a child. {cán caʔ či n̓s**nəhə́čɬəŋ**? *What are you going to call your baby?* (MJT)}

nəhíymət ⟦√nəhiymət √name⟧ [This may have the /na/ root with an unknown suffix. This word is known to only one speaker. It may be borrowed from Northern Straits.] ☞ sná ancestral name, a traditional name passed from ancestors to younger generations. (TC)

nəhúst curse. *See under:* naʔhúst

nəkáwaʔ ⟦nə-√kawaʔ 1pos-√dear⟧ my darling, my dear. ⟪USAGE: term of endearment usually used by a woman toward a younger close relative especially a mother to her children⟫ (HS,ES; AS,BC) [root loan from some unknown language] {ʔúʔ cxʷ taʔk̓ʷáy̓ŋən, **nəkáwaʔ**, hiyáʔ cxʷ ɬúk̓ʷ. *If you want to go home, my dear, go home.* (MJ)} [The /k/ indicates that this is a loan. It may be from Chinook Jargon and ultimately from French 'coeur' meaning 'heart'.] {**nəkáwaʔ**. *My dear one.* (ES,HS,AS; TC; AS,BC)} VAR: qáwaʔ {nə**qáwaʔ**. *my darling* (MJT)}

nə́kʷ ⟦√nəkʷ √2focus⟧ [second-person focus] you; it is you. (LBH; JCo; RS; MJT; TC; AS,BC; ES; AS,BC) {**nə́kʷ** cán? *Who are you?* (TC) | **nə́kʷ** hay. *It's you folks.* (AS,BC) | **nə́kʷ** mán̓ kʷ uʔ ʔə́y̓. *You're all right.* (RS) | **nə́kʷ** kʷi ʔənʔác. *It was you that brought me.* (ES) | ʔuʔ**nə́kʷ** u? *Is it you?* (TC) | ʔáwə c **nə́kʷ**. *It's not you.* (TC) | **nə́kʷ** ixʷ. *I guess it's you.* (TC) | **nə́kʷ** λ̓kʷíc. *You're the one holding me.* (TC) | twəw**nə́kʷ**. *It's still you.* (AS) | ʔuʔ**nə́kʷ** kʷi nəcát. *You are my father.* (ICT) | ʔuʔ**nə́kʷ** ʔuʔ čtálə. *It's you who has the money.* (TC) | **nə́kʷ** caʔ nəkʷɬíyəm. *It'll be you I sing with.* (TC) | **nə́kʷ**; ʔuʔɬx̣ʷə́t caʔn. *It's you I'm going to straighten out.* (AS,BC) | **nə́kʷ** kʷi sxʷkʷɬən̓ʔə́y̓əcts. *It's you that made him better.* (MJT) | ɬəŋúʔəŋ qɬ cn nuʔə́y̓ ʔaʔ **nə́kʷ**. *I can swim better than you.* (MJT) | či**nə́kʷ** u? *Were you the one (that did it)?* (MJT) | či**nə́kʷ** cn. *You did it to me. / It's your fault. / You're to blame for what happened to me.* (ES; TC) | **nə́kʷ** ixʷ caʔ hiyáʔ čáy. *I guess you're the one that will be going to work.* (TC) | ʔənʔá kʷaʔčaʔ cə **nə́kʷ**. *You came.* (TC) | ɬən̓əs cn ʔaʔ **nə́kʷ**. *I sit beside you.* (TC) | ʔíyəwəɬ cn ʔaʔ **nə́kʷ**. *I'm beside you.* (TC) | ʔúx̣ʷnəs cn ʔaʔ **nə́kʷ**. *I'm going after you.* (TC) | ʔənʔánəs cn ʔaʔ **nə́kʷ**. *I'm coming for you.* (TC) | čtáŋ yaʔ cn ʔaʔ **nə́kʷ**. *I asked about you.* (TC) | cán či csə́t ʔaʔ **nə́kʷ**? *Who hit you?* (TC) | ʔáwənə nəsxčít ʔaʔ **nə́kʷ**. *I don't know you.* (TC) | húʔ cn hiyáʔ ʔiʔ **nə́kʷ** caʔ nəsq̓ʷúʔšən. *If I go, you'll be my companion.* (TC) | ŋə́n̓ suʔwə́yqaʔ ʔáw c k̓ʷə́nnəxʷ ʔaʔ **nə́kʷ**. *Lots of men didn't see you.* (TC) | cán yaʔ kʷi k̓ʷə́nnəxʷ ʔaʔ **nə́kʷ**? *Who saw you?* (TC) | **nə́kʷ** ʔuč cán hayə? *Who are you folks?* (EPT) | ʔuʔiyáʔnəxʷ cn ʔaʔ či s**nə́kʷ**s. *I heard it was you.* (TC) | ʔu**nə́kʷ** kʷi k uʔnaʔčáʔəŋəxʷ. *It's you that's the stranger.* (TC) | ʔuʔxčnáxʷ cn ʔaʔ či s**nə́kʷ**s. *I found out it was you.* (TC) | ʔuʔxčnáxʷ st ʔaʔ či s**nə́kʷ**s. *We found out it was you.* (TC) | ʔə́c nuʔsíqi ʔaʔ **nə́kʷ**. *I'm heavier than you.* (TC) | ʔəsx̣aʔmə́ʔwən cn ʔaʔ **nə́kʷ**. *I'm pleased with you.* (ES) | kʷɬən̓**nə́kʷ**. *It's your turn.* (TC) | txʷʔúxʷ ʔaʔ **nə́kʷ**. *It is towards you.* (TC) | ʔəsqiʔéʔmət cn či nəʔiʔəsyáqɬ ʔaʔ **nə́kʷ**. *I can't keep up with you.* (ES) | yə́cəm cn ʔaʔ **nə́kʷ**. *I'm telling on you.* (TC) | ɬaʔkʷáct cn ʔaʔ **nə́kʷ**. *I'm running away from you.* (ES) | txʷiʔáx̣əŋ cn ʔaʔ **nə́kʷ**. *I'm going towards you.* (TC) | txʷiʔáx̣əŋ cn ʔaʔ cə **nə́kʷ**. *I'm going towards you.* (TC) | ʔuʔə́y̓ qɬ kʷi kʷaʔ ɬúkʷən ʔiʔsəwáʔ ʔaʔ **nə́kʷ**. *It would be okay if I went home along with you.* (MJ) | ʔaʔk̓ʷín caʔ ʔiʔ ʔənʔá cn ʔúx̣ʷ ʔaʔ **nə́kʷ**? *What time will I come over to your place?* (TC) | húʔ q yaʔ ʔáwə c **nə́kʷ** ʔi uʔhiyáʔ q yaʔ cn. *If it weren't for you, I would have left.* (TC) | ʔáwənə či čúkʷən či nəshíyaʔ ʔúx̣ʷnəs ʔaʔ **nə́kʷ**. *I've got nothing to use to go after you.* (TC) | **nə́kʷ** caʔ yaʔyáʔnəŋ ʔaʔ či sqʷáys ʔaʔ tiə ʔəxʷíyŋxʷ, tiə ʔən̓sčə́yaʔčaʔ. *It will be you who listens to the word of these people, your friends.* (TC) | **nə́kʷ** u yaʔ kʷ uʔyaʔcustúʔŋəɬ ʔaʔ či sxʷiʔám̓ ʔaʔ kʷi čiʔáqɬ? *Were you the one telling us a story yesterday?* (EPT)} VAR: nə́kʷə (EPT) {txʷʔúx̣ʷ ʔaʔ **nə́kʷə**. *It is towards you.* (TC) | nəsx̣éʔ či nəsčɬáni ʔaʔ **nə́kʷə**. *I want to have you for my wife.* (MJ) | **nə́kʷə** kʷi čtátn ʔəx̣ín kʷɬə kʷɬi n̓sɬáni. *You're the one I asked where your wife is.* (EPT) | qʷáqʷiʔ cn txʷʔúx̣ʷ ʔaʔ **nə́kʷə**. *I'm talking to you.* (AA) | ʔuʔ**nə́kʷə** yaʔ ʔuʔ yaʔcúsc. *It was you who was telling me.* (EPT) | ʔi uʔ**nə́kʷə** yəščənúŋət ʔəcɬtáyŋxʷ. *And you are a poor person yourself.* (BH) | ʔuʔmán̓ cn ʔuʔ xʷáʔxʷəm̓ ʔaʔ **nə́kʷə** kʷaʔ ʔəsɬáx̣ʷɬəxʷ ʔuʔ ʔə́y̓. *I am very concerned that you are really well.* (AA) | ʔi uʔmán̓ cn ʔuʔ šaʔšúʔɬ ʔaʔ twawʔəsƛ̓úʔƛ̓əm̓ɬ ʔiʔ **nə́kʷə**. *And I've very glad that you and I are still all right.* (BH)}

nəkʷáyaʔ ⟦nə-√wa<yə>ʔ 1pos-√own<pl>⟧ ☞ skʷáʔ a term of endearment used to a group of people younger than oneself. {háʔnəc cn **nəkʷáyaʔ**. *I thank you (younger than me).* (MJT)}

nəkʷcúʔət you wanting to be it. *See under:* naʔkʷcúʔət

nəkʷcút ⟦√nəkʷ-cut √2focus-rflxv⟧ ☞ nə́kʷ *cp.* nəɬcút *cp.* ʔəccúʔət you want, try to be it, important, first, a big shot, push yourself forward. (ES; AS) {x̣ənʔáɬ ti nusuʔ*nəkʷcút*. *I'm always pushing myself forward.* (AS)}

nəkʷéʔəyaʔ ⟦√nəkʷ-iʔəyaʔ √2focus-pl⟧ [unique plural form] ☞ nə́kʷ you folks, all of you. (TC) {ʔuʔ*nəkʷéʔəyaʔ* ʔuʔ čtálə. *It's you folks that has the money.* (TC)} VAR: nəkʷáʔiyaʔ (ES) VAR: nəkʷéʔiyaʔ (LC; TC)

nəkʷéʔiɬ ⟦√nəkʷ=iʔiɬ √2focus=child⟧ ☞ nə́kʷ you and your kind. (AS,BC) VAR: nəkʷíɬ (AS,BC) {*nəkʷíɬ* kʷi kʷsə q̓áʔŋiʔ. *The girl is over there with you people.* (AS)}

nəkʷtáxʷ let you. *See under:* nə́kʷtxʷ

nəkʷtənúʔŋət ⟦√nəkʷ-tənuʔŋət √2focus-contingent⟧ ☞ nə́kʷ you are the one to do it, you take over, put yourself into a position or vacancy. (TC; AS,BC) {kʷɬníɬ kʷaʔčaʔ suʔ*nəkʷtənúʔŋət*s. *Now you've put yourself into the position.* (AS)}

nəkʷtíxʷ ⟦√nəkʷ-t<í>xʷ √2focus-letcaus<pers>⟧ ☞ nə́kʷtxʷ let you do it, let it be you. (TC; ES) {*nəkʷtíxʷ* hiyáʔ. *You go.* (TC)}

nə́kʷtxʷ ⟦√nəkʷ-txʷ √2focus-letcaus⟧ [may be the 'actual' form] ☞ nə́kʷ you do it, let it be you. (TC) {*nə́kʷtxʷ* hiyáʔ. *You go.* (TC) | *nə́kʷtxʷ* ʔaʔčšikʷə́təŋ. *You change your clothes!* (TC,BC) | kʷɬəŋ*nə́kʷtxʷ*. *Let it be your turn.* (TC) | *nə́kʷtxʷ* či ʔuʔ ɬíčt. *Cut them yourself.* (MJT) | *nə́kʷtxʷ* kʷi ʔáynəč. *You take your turn.* (ES) | *nə́kʷtxʷ* nəsčáʔčaʔ. *You be my friend.* (TC) | *nə́kʷtxʷ* ʔənʔá ʔaʔ cə nʔáʔiŋ. *You be the one to come to my house.* (TC) | níɬ suʔənʔás kʷi nəcət ʔiʔ x̣ə́nəŋ, "*nə́kʷtxʷ* kʷi tčət ʔiʔ ʔə́c caʔ ʔiyá ʔəskʷáʔət či nəsʔiʔk̓ʷənít cə." *Then my father came and said, "You spear them, and I will be in the stern to watch it."* (MJ)} VAR: nəkʷtáxʷ [may be the 'non-actual' form] *Let me be the one to go.* (TC) | ʔiʔ uʔníɬ kʷi kʷə swə́ýqaʔs s*nəkʷtáxʷ*s. *And then (she told) her husband, "You do it."* (AS) | ʔuʔníɬ yəxʷ kʷaʔ *nəkʷtáxʷ*s. *I'm guessing it was you.* (AS) | ʔiʔ uʔníɬ kʷi kʷə swə́ýqaʔs s*nəkʷtáxʷ*s. *And then (she told) her husband, "You do it."* (AS)}

nəɬcút ⟦√niɬ-cut √3focus-rflxv⟧ ☞ níɬ [applies only to third-person] *cp.* nəkʷcút *cp.* ʔəccúʔət to try, want to be it, be important, be first, be a big shot, be in front, take credit, take the show away. (HS; AS,BC) {kʷɬníɬ kʷi suʔ*nəɬcút*s cə swə́ýqaʔ. *Now he took the show away.* (AS)}

nəɬtíxʷ ⟦√niɬ-txʷ √3focus-letcaus⟧ ☞ níɬ to do, pick, take, let it be that one. (TC; ES; AS,BC; AS) {ʔiʔ *nəɬtíxʷ* ʔənsuʔənʔá stə́ct. *And then you can come dropping down.* (AA) | *nəɬtíxʷ* cə sqʷúʔtn čúkʷs či n̓sqʷə́yəct. *Let it be the bucket you use for bailing.* (ES) | ʔi uʔ*nəɬtíxʷ* kʷi či ʔuʔ sx̣ə́nəs či sʔiyəmáyəmšɬ. *And let everyone of us be strong.* (BH) | kʷɬ*nəɬtíxʷ* ʔənshúy či n̓sʔənʔá. *Don't ever come back.* (AA) | kʷɬ*nəɬtíxʷ* ʔənshúy či n̓shiyáʔ. *Never go away again.* (TC) | kʷɬ*nəɬtíxʷ* ʔənsuʔíɬən. *Eat right away.* (TC) | *nəɬtíxʷ* cə sqʷúʔtən čúkʷs. *Let it be the bucket you use.* (AS) | *nəɬtíxʷ* kʷi kʷə swéʔwəs čáy. *Let the man be the one to work.* (AS)} VAR: naʔɬtíxʷ {*naʔɬtíxʷ* tiə x̣̌ə́q̓šən čúkʷs. *It's the shoe you will use.* (AS,BC)} VAR: níɬtxʷ (TC) {kʷɬ*níɬtxʷ* kʷi nsuʔ čéʔpt. *keep squeezing it* (MJT) | kʷɬuʔ*níɬtxʷ*. *Do it right now.* (TC) | *níɬtxʷ* cə sqʷúʔtən čúkʷs. *Let it be the bucket you use.* (AS)}

nəmá ⟦√nəmáh √holy⟧ holy, spiritual, sacred, religious, Lord. (MJT) {*nəmá* skʷáči. *Holy day; Sunday.* (EPT; MJT; ES; AS,BC) | hiyáʔ caʔ st taʔwəɬít ʔaʔ kʷi *nəmá* skʷáči. *We will go pray for him on Sunday.* (AS) | níɬ č suʔhiyáʔs teʔwiʔəɬíyɬ ti ʔaʔyəcɬtáyŋx̣ʷ ʔaʔ ti *nəmá* skʷáči. *Then the people went to pray on Sunday.* (AS) | x̣aʔyəs *nəmá*. *God.* (TC,AS,BC) | ʔə́ý *nəmá*. *Holy spirit.* (BH) | s*nəmá*s ti sqʷáqʷiɬ. *Our speech is holy.* (MJ) | kʷənaŋətúŋəɬ či, ʔó či *nəmá*. *Help us, O Lord.* (AS,BC)} VAR: nəmáh (AS)

nənə́cuʔ ⟦nə + √nəcuʔ incep + √one⟧ ☞ nə́cuʔ to be one at a time, one alone. (AS,BC) {kʷɬníɬ kʷi suʔ*nənə́cu*ʔs. *Now he's the only one.* (AS)}

nənəɬtíxʷ ⟦n + √niɬ-txʷ incep + √3focus-letcaus⟧ ☞ nəɬtíxʷ to start to let someone be the one. {*nənəɬtíxʷ* kʷi. *Let him be the one.* (AS) | *nənəɬtíxʷ* kʷi hiyáʔ. *Let him be the one to go.* (AS) | *nənəɬtíxʷ* či tsə qʷiŋítxʷ; ʔáwətxʷ c ʔə́c. *Talk him, not me. / Let it be him that you talk to; don't let it be me.* (MJT)}

nənəŋíkʷs knees buckle. *See under:* ninəŋíkʷs

nəniʔɬiyaʔ they. *See under:* naʔnéʔɬiyaʔ

nəníčəŋ ⟦nə + √n<í>y-ŋ incep + √laugh<pl>-mdl⟧ ☞ nə́čəŋ to start to laugh (of several). {suʔ*nəníčəŋ*s cə nəníɬəyə. *They laughed.* (MJ) | *nəníčəŋ* tə nəŋə́nŋənaʔ. *My children started to laugh.* (MJ)}

nəníɬəyə they. *See under:* naʔnéʔɬiyaʔ

nə́ŋ ⟦√nŋ √fold⟧ to bend, fold. (TC) {*nə́ŋ* cə pípə. *The paper is folded.* (AS)}

nəŋ̓ə́t ⟦√nŋ-t √fold-trns⟧ ☞ nə́ŋ to bend, fold something over (not oneself). (MJT; TC; ES; AS,BC) {kʷɬ*nəŋ̓ə́t* cn. *I'm bending it over.* (TC) | *nəŋ̓ə́t* cn cə pípə. *I folded the paper.* (AS) | čx̣ə́ts tə sʔíyəns tə sqiyáyŋxʷ ʔiʔ *nəŋ̓ə́t*s. *They tore the ends of the trees and folded them over.* (MJ) | *nəŋ̓ə́t* cn tə ʔəliluʔíɬč ʔiʔ čaʔƛ̓kʷnáxʷ cn tə ʔəlíluʔ. *I bent the salmonberry bush down and finally got the salmonberries.* (MJT)}

nəŋ̓íkʷs ⟦√nŋ=iws √fold=body⟧ ☞ nə́ŋ to collapse, have one's legs fold. (AS) {mán cn ʔuʔ sáysiʔ; ʔuʔ ɬəŋ cn ʔuʔ nə*nəŋíkʷs*. *I was very scared; I completely collapsed.* (AS)} VAR: nəŋíkʷs {*nəŋíkʷs* cn. *I folded up (my legs). / I collapsed.* (AS)}

nə́ŋt ⟦√n<ə́>ŋ-t √fold<actl>-trns⟧ [actual metathesis] ☞ nəŋə́t bending something down. (TC) {*nə́ŋt* cn. *I'm bending it down now.* (MJT) | *nə́ŋt*s. *He's bending it.* (MJT) | kʷɬiʔ*nə́ŋt* cn tə ʔəliluʔíɬč. *I'm bending the salmonberry bush down now.* (MJT)}

nə́qəŋ ⟦√nəq-ŋ √dive-mdl⟧ to dive, go down into water; to set (of the sun). (JCo; MJT; LC; ES; WB) {*nə́qəŋ* cn. *I dove.* (ES) | *nə́qəŋ* caʔn. *I'm going to dive.* (ES) | *nə́qəŋ* cə sqʷqʷə́y. *The sun set.* (TC) | kʷɬiʔ*nə́qəŋ* tə sʔuʔšáct. *The sun's going down.* (MJT) | kʷɬ*nə́qəŋ* kʷłaʔ tsə sʔuʔšáct. *The sun's already gone down.* (MJT) | *nə́qəŋ* ixʷ kʷaʔ kʷi. *He must have dived.* (MJT) | *nə́qəŋ* ʔaʔ či łxʷáł ʔiʔčáʔi či n̓sʔənʔá. *Dive three times before you come.* (MJ) | nəł č suʔ*nə́qəŋ*s cə sx̌íx̌aʔx̌ɬ. *Then the child dived.* (TC) | suʔsáts cə stíkʷəns kʷaʔ *nə́qəŋ*s. *So he told his nephew to dive in.* (TC) | suʔ*nə́qəŋ*s cə sx̌íx̌áʔx̌ɬ. *So the child dove in.* (TC)}

nəqə́ŋət ⟦√nəq-ŋ-t √dive-mdl-trns⟧ [metathesis with transitive] ☞ nə́qəŋ to dive for something. (ES) {*nəqə́ŋət* či. *Dive for it.* (MJT) | *nəqə́ŋət* caʔn. *I'll dive for it.* (MJT)}

nə́qəŋ̓ ⟦√nəq-ŋ<ʔ> √dive-mdl<actl>⟧ ☞ nə́qəŋ to be diving, go down into water. {*nə́qəŋ̓* cn. *I'm diving.* (MJT)}

nəq̓áʔyəx̣ black (pl). See under: ʔənəq̓áʔyəx̣

nəq̓íx̣ black. See under: ʔənəq̓íx̣

nəqʷčáyəsən ⟦nə-√qʷač-ay=sən 1pos-√lever-ext=foot⟧ ☞ qʷčáysən my dear, my cane, my crutch. ⟪Usage: term of endearment used to one's children and grandchildren⟫ (HS,ES)

nəqʷéy̓ yellow-green. See under: ʔənəqʷáy

nəqʷsiʔí ⟦√nqʷsiʔi √gooseneck_barnacle⟧ gooseneck barnacle, boots. *Pollicipes polymerus.* (AS,BC,HS,ES; MJT; AS,BC) VAR: nəqʷseʔé̓ʔ (AB,ICT; NS,JW; TC; TC,AS,BC)

nəqʷúsəŋ ⟦√nqʷ=us-ŋ √bend=face-mdl⟧
1. to bend (one's body) down, bend over, nod one's head, bow (one's body or head). (LC; TC) {*nəqʷúsəŋ* cn. *I nodded.* (TC) | nsuʔ*nəqʷúsəŋ*. *So I nodded.* (MJ) | *nəqʷúsəŋ* cə nsəsíyaʔ. *My grandparents nodded (in acknowledgment).* (AS)}
2. to row a boat facing the bow. ⟪because of the bowing motion⟫ (TC)

nə́q̓ʷ ⟦√nəq̓ʷ √excrement⟧ [There are two alternate root shapes underlying this word: /nuq̓ʷ/ and /nəq̓ʷ/. Only the latter occurs free.] excrement. (AS,BC)

nəq̓ʷə́t burst it. See under: ŋəq̓ʷə́t

nəq̓ʷə́təŋ be burst. See under: ŋəq̓ʷə́təŋ

nə́q̓ʷt bursting it. See under: ŋə́q̓ʷt

nəsáčəŋ my breath. See under: nəssáčəŋ

nəssáčəŋ ⟦nə-s-√sač-ŋ 1pos-s-√breathe-mdl⟧ ☞ sáčəŋ my breath, a term of endearment. ⟪Usage: also used as polite address to someone younger⟫ (MJT) VAR: nəsáčəŋ (HS,ES)

nəsxʷhiyí ⟦nə-sxʷ-√hyi 1pos-for-√live⟧ ☞ hiyí my dear, my life, my reason for living. ⟪Usage: term of endearment⟫ (HS,ES) {*nəsxʷhiyí* cxʷ. *You are my life.* (ES)} ⟪Usage: This usage is not common. This word is typically used as a direct address.⟫ {nəɬ č suʔx̣ə́nəŋs kʷi síyaʔs yaʔ, "ʔó", *nəsxʷhiyí*." *Then her grandfather said, "Oh, my dear."* (AS)}

nəsxʷk̓ʷə́yaʔ ⟦nə-sxʷ-√k̓ʷ<əy>aʔ 1pos-for-√own<pl>⟧ ☞ nəsxʷsk̓ʷáʔ my dear ones, my loved ones, my masters. ⟪Usage: a term of endearment⟫ (ES,HS) ⟪It is telling someone you love them so much that they are above you. They're my masters.⟫

nəsxʷsk̓ʷáʔ ⟦nə-sxʷ-s-√k̓ʷaʔ 1pos-for-s-√own⟧ ☞ sk̓ʷáʔ?
1. my dear one, my loved one, my master, my thanks. ⟪Usage: a term of endearment⟫ ⟪It is telling someone you love them so much that they are above you. It's like saying "you're my master." It is a very endearing term.⟫ (ES,HS) {ʔuʔəsx̌aʔx̌úʔx̌əm̓ cn, *nəsxʷsk̓ʷáʔ*. *I'm getting along okay, my dear.* (ES)}
2. master, a polite form of address to an Indian doctor. {suʔx̣ə́nəŋs kʷsi céʔct, "kʷənáŋət či, *nəsxʷsk̓ʷáʔ*, kʷənáŋət." *The mother (of the sick child) said, "Help, master, help."* (MJ)} VAR: nəsxʷk̓ʷáʔ (ES,HS) {*nəsxʷk̓ʷáʔ* cxʷ. *You are my dear one, my master.* (ES)}

nə́šaʔč ⟦√nəšaʔ=ay √on_edge=wood⟧ ☞ nə́šaʔt starter log, the first big log that small sticks are leaned up against when starting a fire. (TC)

nə́šaʔt ⟦√nəšaʔ-t √on_edge-trns⟧ to put something on its side, on edge. {*nə́šaʔt* cn. *I put it (a board) on edge.* (ES)}

nə́šaʔtəŋ ⟦√nəšaʔ-t-ŋ √on_edge-trns-psv⟧ ☞ nə́šaʔt to be put its side, on edge by something or someone. (ES) {*nə́šaʔtəŋ* cn. *I was put on my side.* (AS) | cákʷs kʷi kʷə məhúy̓s ʔiʔ *nə́šaʔtəŋ* ʔiʔ ɬúyss. *He put his basket down on edge, and he left.* (AS)}

nə́wə ⟦√nə́wə √Noah⟧ Noah. (ES) {ʔánəɬ cə ŋə́nŋənaʔ ʔaʔ *nə́wə*. *Noah's children obeyed.* (TC) | qʷinə́kʷitəŋ ʔaʔ či cicɬsiʔám̓ kʷi čnaʔátəŋ ʔaʔ či s*nə́wə*s. *The one that was called Noah was spoken to by God.* (ES)}

nə́w̓ ⟦√nw̓ √in⟧ to be in, inside. (TC) {hiyáʔ qɬ cn *nə́w̓* č. *I'd go in, apparently.* (MJ) | ʔúy̓ qɬ yaʔ ʔə́c xʷtə́q *nə́w̓* ʔaʔ cə sqʷúʔs ʔaʔ tə sqxə́yu, ʔiʔ x̌áyq yaʔ cn ʔuʔ súʔskʷ. *If I had fallen into the clam juice, I'd be taking a bath, too.* (MJ)} VAR: náw̓ (AS) {*náw̓* ʔaʔ cə x̌úyəqs. *Go into the box.* (AS,BC)}

nə́w̓əcən ⟦√nəw̓=ucin √in=edge⟧ to be across. {kʷɬtxʷə*nə́w̓əcən*. *He's across now.* (MJT)}

nə́w̓əs put in. See under: nuʔás

nəw̓əsán ⟦√nw̓=sən √in=foot⟧ ☞ nə́w̓ to go in with one foot or one tire. {*nəw̓əsán* tə nəsčaʔkʷaʔyúɬ ʔaʔ cə ʔəsxʷɬə́k̓ʷəŋ qʷɬáy̓. *My car went into the hollow log with one wheel.* (MJT)}

nəw̓íyŋ ⟦√nw̓-iy-ŋ √in-dev-mdl⟧ ☞ nə́w̓ to go inside a container. (MJ) {*nəw̓íyŋ* cn. *I went in. / I crawled in.* (MJT) | ʔáwə c *nəw̓íyŋ*. *Don't go in.* (MJ) | ŋə́n̓ cə pə́w̓i, x̌ʷə́čt, sčə́mək̓ʷ ʔiya ʔaʔ cə sxʷʔíyas ti ƛ̓úməcən ʔaʔ sxʷʔíyas *nəw̓íyŋ* ʔaʔ tə ʔəscə́yqʷ. *There were lots of flounders, grunt-fish, bullheads there where the blackfish go into the hole.* (MJ)} VAR: nəw̓éyŋ (MJ) VAR: nuʔíyŋ {nsuʔ*nuʔíyŋ* ʔaʔ tiəniɬ siláwtxʷ ʔiʔ ʔə́mət. *So I went inside the tent and sat.* (MJ)}

nə́w̓nəč ⟦√n<ə́>w̓nəč √repay<actl>⟧ [actual metathesis] ☞ nunə́č being repaid, paid back. (AS) {čaʔhiyáʔ kʷaʔ *nə́w̓nəč*s kʷə nswə́y̓qaʔ. *My husband just went to pay.* (AS)} VAR: náw̓nəč (BC)

nə́w̓nəs barge in on someone. *See under:* nuʔnə́s

nəxʷʔaʔčéʔŋəɬ ⟦nxʷ-√ʔa<ʔ>č-i<ʔ>ŋɬ loc-√wipe<actl>-cstm<actl>⟧ ☞ ʔáčəŋ to be wiping dishes. (EPT) {čaʔ*nəxʷʔaʔčéʔŋəɬ* cn kʷi. *I'm just now wiping them.* (EPT)}

nəxʷʔaʔčúsəŋ ⟦nxʷ-√ʔa<ʔ>č=us-ŋ loc-√wipe<actl>=face-mdl⟧ ☞ ʔáčəŋ to be wiping one's face. {*nəxʷʔaʔčúsəŋ* yaʔ cn. *I was wiping my face.* (EPT; MJ) VAR: nəxʷʔaʔčúsəŋ̓ {*nəxʷʔaʔčúsəŋ̓* cn. *I'm wiping my face.* (EPT) | twəw̓*nəxʷʔaʔčúsəŋ̓* cn. *I'm still wiping my face.* (EPT)} VAR: xʷʔačúsəŋ {čaʔhúy cn kʷi nsxʷʔačúsəŋ. *I just finished wiping my face.* (EPT)}

nəxʷʔaʔiqáčəŋ ⟦nxʷ-√ʔəy̓=aqač-ŋ<ʔ> loc-√good=taste-mdl<actl>⟧ [rightward metathesis in actual] ☞ nəxʷʔiʔáqč to be humorous, funny, joking, telling funny stories; to tease (playfully). (ES) VAR: nəxʷʔəy̓əqáčəŋ (MJT)

nəxʷʔáčt ⟦nxʷ-√ʔač-t loc-√wipe-trns⟧ ☞ ʔáčt to wipe something (inside). {*nəxʷʔáčt* či cə pan. *Wipe that pan!* (EPT)}

nəxʷʔčústəŋ ⟦nxʷ-√ʔač=us-t-ŋ loc-√wipe=face-trns-psv⟧ ☞ nəxʷʔəčúst to have one's face wiped. (AS) {*nəxʷʔčústəŋ* cn. *They wiped my face.* (AS)}

nəxʷʔə́cx ⟦nxʷ-√ʔəcx loc-√?⟧ [possibly has the root meaning 'crab'] *cp.* ʔáʔčx southern point of Whidbey Island west of Cultus Bay. (LB,EWH)

nəxʷʔəčúsəŋ ⟦nxʷ-√ʔač=us-ŋ loc-√wipe=face-mdl⟧ ☞ ʔáčəŋ to wipe one's face. (EPT; ES) VAR: nəxʷʔičúsəŋ (HS,ES)

nəxʷʔəčúst ⟦nxʷ-√ʔač=us-t loc-√wipe=face-trns⟧ ☞ nəxʷʔəčúsəŋ to wipe someone's face. (HS,ES) VAR: nəxʷʔčúst (AS) {*nəxʷʔčúst* cn. *I wiped the baby's face.* (AS)} VAR: ʔačúst {ʔačúst cə nŋáʔna. *I wiped his face.* (BC)}

nəxʷʔəy̓əqáčc ⟦nxʷ-√ʔəy̓=aqač-t-c loc-√good=taste-trns-1obj/2obj⟧ ☞ nəxʷʔəy̓əqáčt tease me; tease you. {*nəxʷʔəy̓əqáčc* caʔn. *I'm going to tease you.* (MJT)}

nəxʷʔəy̓əqáčt ⟦nxʷ-√ʔəy̓=aqač-t loc-√good=taste-trns⟧ ☞ nəxʷʔiʔáqč to physically tease, tickle someone (to make them laugh). {*nəxʷʔəy̓əqáčt* cə sƛ̓íƛ̓aʔƛ̓qɬ. *Tease the child.* (AS)}

nəxʷʔəy̓əqáčtəŋ ⟦nxʷ-√ʔəy̓=aqač-t-ŋ loc-√good=taste-trns-psv⟧ ☞ nəxʷʔəy̓əqáčt to be teased by someone. {*nəxʷʔəy̓əqáčtəŋ* cn. *They're teasing me.* (MJT)}

nəxʷʔiʔáqč ⟦nxʷ-√ʔəy̓=aqač loc-√good=taste⟧ ☞ ʔəy̓ to be comical, funny (especially physically). (MJT) {nəsƛ̓éʔ ʔaw*nəxʷʔiʔáqč*. *I like her because she's comical.* (MJT)}

nəxʷʔiʔə́yəŋ ⟦nxʷ-ʔy+√ʔəy̓-ŋ loc-pl+√good-mdl⟧ [no glottalization on /y/] ☞ ʔəy̓ to be clear (especially of water). (TC)

nəxʷʔiʔík̓ʷən ⟦nxʷ-√ʔəy̓=iwən loc-√good=interior⟧ ☞ ʔəy̓ to be kind, generous, good-hearted, ready to help. (ES) {*nəxʷʔiʔík̓ʷən* cə q̓áʔŋi. *The girl is generous, kind.* (AS)}

nəxʷcak̓ʷɬnáʔyəŋ ⟦nxʷ-√caw̓=ɬna<ʔ>y-ŋ loc-√wash=neck<actl>-mdl⟧ ☞ nəxʷcaʔk̓ʷɬnáyŋ to be gargling. (ES)

nəxʷcəʔítqən ⟦nxʷ-√cʔit=qin loc-√true=voice⟧ ☞ cəʔít to be honest, telling the truth. (ES; AS) VAR: cəʔítqən {ʔuʔ*cəʔítqən*. *He's telling the truth.* (BC) | ʔuʔ*cəʔítqən* cn. *I'm honest.* (AS) | ʔuʔ*cəʔítqən* cə ʔəcɬtáyŋxʷ; ʔáwə c qəy̓əx̌. *That person is telling the truth; he's not lying.* (AS)}

nəxʷcəy̓íɬək̓ʷɬ ⟦nxʷ-√cəy̓əɬ=ak̓ʷɬ loc-√lake=conveyance⟧ ☞ cə́y̓əɬ Middle Creek, entering Port Ludlow on the east. (EWH)

nəxʷciʔq̓áy̓ŋəɬ ⟦nxʷ-√cəy<ʔ>qʷ=ay<ʔ>ŋəɬ loc-√dig<actl>=hole<actl>⟧ ☞ cə́yəqʷəŋ to digging a hole. (AS) {*nəxʷciʔq̓áy̓ŋəɬ* ʔə kʷsə sčtə́ŋxʷən. *He dug a big hole in the ground.* (EPT) | *nəxʷciʔq̓áy̓ŋəɬ* sxʷʔiyás kʷi qiyáx̌ən. *They're digging a hole where the fence is going to be.* (AS)} VAR: nəxʷciʔq̓ʷáy̓ŋəɬ (AS)

nəxʷcq̓áy̓ ⟦nxʷ-√cəq̓ʷ=ay̓ loc-√red=wood⟧ [possibly has the 'container' suffix] Chimacum Creek, just north of Irondale. (LBH,H; LB,EWH)

nəxʷčaʔk̓ʷáyəsəŋ ⟦nxʷ-√čaw̓=ayus-ŋ loc-√wash=eye-mdl⟧ ☞ čáw̓ to wash one's eyes. (ES) VAR: nəxʷčaʔk̓ʷáysəŋ {*nəxʷčaʔk̓ʷáysəŋ* cn. *I'm washing my eyes.* (AS)}

nəxʷčaʔk̓ʷɬnáyŋ ⟦nxʷ-√čaw̓=ɬnay-ŋ loc-√wash=neck-mdl⟧ [The prefix indicates that the action is 'inside'.] ☞ čaʔk̓ʷɬnáyəŋ to gargle, wash one's throat. (ES) {*nəxʷčaʔk̓ʷɬnáyŋ* cn ʔaʔ ti k̓ʷaʔčéy̓. *I gargle in the early morning.* (AS)}

nəxʷčáʔk̓ʷt ⟦nxʷ-√čaw̓-t loc-√wash-trns⟧ ☞ čáʔk̓ʷt to clean, wash something on the inside. (TC)

nəxʷčaʔk̓ʷúsəŋ ⟦nxʷ-√čaw̓=us-ŋ loc-√wash=face-mdl⟧ ☞ čáʔk̓ʷəŋ to wash one's face. (EPT; LST; ES) {*nəxʷčaʔk̓ʷúsəŋ* či. *Wash your face!* (ES)} VAR:

nəxʷčáʔkʷúsəŋ {*nəxʷčáʔkʷúsəŋ* yaʔ cn. *I was washing my face.* (EPT)}

nəxʷčaʔsústiʔ ⟦nxʷ-√č<ʔ>s=us-ty<ʔ> loc-√punch<actl>=face-rcprcl<actl>⟧ ☞ *čaʔsústiʔ* boxer, fist fighter. (TC)

nəxʷčaʔwáčəŋ ⟦nxʷ-√čaʔ=əwač-ŋ loc-√upon=bottom-mdl⟧ ☞ *čáʔ* to sit down (on a chair or something else off the ground), take a seat. (ES) {ʔiʔ nił suʔ*nəxʷčaʔwáčəŋ*s. *And so that was his chair.* (ES) | nił suʔhiyáʔs ʔúxʷ ʔaʔ cə qʷłáẏ ʔiʔ nił suʔ*nəxʷčaʔwáčəŋ*s. *Then he went over to the log, and that's where he sat down.* (TC)} VAR: čaʔwáčəŋ (MJT) {*čawáčəŋ* či. *Sit down.* (MJT; TC)}

nəxʷččáʔməŋ ⟦nxʷ-√ččáʔm-ŋ loc-√echo-mdl⟧ [root not identified in other words] echo. (ES) VAR: nəxʷččáʔəməŋ (ES)

nəxʷčəṅət ⟦nxʷ-√čṅ-t loc-√bite-trns⟧ ☞ *čəṅət* to bite someone or something at a particular place. {*nəxʷčəṅət* cə slapúʔ. *Bite Slapu.* (MJ)}

nəxʷčə́snəŋ ⟦nxʷ-√č<ə́>s=ən-ŋ loc-√punch<actl>=instr-mdl⟧ ☞ *nəxʷčsə́nəŋ* to be knocking, rapping (at a door or window). (ES) {*nəxʷčə́snəŋ* cn ʔaʔ cə súł. *I'm knocking on the door.* (AS)}

nəxʷčiččxáẏs ⟦nxʷ-čy+√ččxa=ay<ʔ>us loc-pl+√nettle=eye<actl>⟧ ☞ *čččxáłč* to sting the eye with stinging nettles. (ES)

nəxʷčsə́nəŋ ⟦nxʷ-√čs=ən-ŋ loc-√punch=instr-mdl⟧ ☞ *čsə́t* to knock, rap (at a door or window). (MJT; ES) {*nəxʷčsə́nəŋ* caʔn. *I'm going to knock.* (MJT) | *nəxʷčsə́nəŋ* či ʔaʔ tə súł. *Knock on the door.* (MJT) | *nəxʷčsə́nəŋ*; nsuʔúxʷ ʔaʔ tə súł. *He knocked; so I went to the door.* (MJ) | ʔáwə caʔn *nəxʷčsə́nəŋ* ʔiʔ čə́ẏəxʷ. *I'm not going to knock and come in.* (MJ)}

nəxʷčsúsc ⟦nxʷ-√čs=us-t-c loc-√punch=face-trns-1obj/2obj⟧ ☞ *nəxʷčsúst* punch me in the face; punch you in the face. {*nəxʷčsúsc* caʔn. *I'm going to punch you in the face.* (EPT) | χ́áy caʔn ʔuʔ *nəxʷčsúsc*. *I'll punch you in the face, too.* (EPT)}

nəxʷčsúsənəŋ ⟦nxʷ-√čs=us-naxʷ-ŋ loc-√punch=face-nctrns-psv⟧ ☞ *nəxʷčsúsəŋ* to be hit in the face accidentally. {*nəxʷčsúsənəŋ* cn. *Someone hit me in the face accidentally.* (MJT)} VAR: čsúsənəŋ {*čsúsənəŋ* cn. *Someone hit me in the face accidentally.* (MJT)}

nəxʷčsúsəŋ ⟦nxʷ-√čs=us-ŋ loc-√punch=face-mdl⟧ ☞ *čə́s* to punch, slap, hit on the face. {*nəxʷčsúsəŋ* cn. *I hit my face.* (MJT)} VAR: čsúsəŋ {*čsúsəŋ* cn. *I hit my face.* (MJT)}

nəxʷčsúst ⟦nxʷ-√čs=us-t loc-√punch=face-trns⟧ ☞ *nəxʷčsúsəŋ* to punch, slap, hit someone in the face. (ES) {χ́áy cəʔən ʔuʔ *nəxʷčsúst*. *I'm going to hit him, too.* (EPT) | ʔuʔáwə c nsyúy či nəs*nəxʷčsúst*. *I didn't mean to hit him.* (EPT) VAR: čsúst (RS; ES; AS,BC) {*čsúst* cn. *I punched him in the face.* (AS) | *čsúst*s cə šəmáns. *He punched his enemy.* (AS)} VAR: cəsúst (RS) ⟦√čəs=us-t √punch=face-trns⟧

nəxʷčsústəŋ ⟦nxʷ-√čs=us-t-ŋ loc-√punch=face-trns-psv⟧ ☞ *nəxʷčsúst* to get hit, punched in the face by someone. {*nəxʷčsústəŋ* ixʷ. *He must have got hit on the face.* (MJT) | *nəxʷčsústəŋ* cn ʔaʔ kʷəs xʷaʔnítəm. *That white man hit me in the face.* (EPT)} VAR: čsústəŋ (AS,BC; TC) {*čsústəŋ* cn. *Someone hit me in the face. / I got hit in the face by someone.* (AS,BC; ES)} ⟦√čs=us-t-ŋ √punch=face-trns-psv⟧

nəxʷčaʔčaʔtqín ⟦nxʷ-ya+√yaʔt=qin loc-dim+√vomit=voice⟧ ☞ *čáʔət* to translate from one language to another. (ES)

nəxʷčaʔtxaʔŋə́wəč ⟦nxʷ-√čəʔtix<aʔ>-ŋ=əw<ʔ>ač loc-√clink<actl>-mdl=bottom<actl>⟧ ☞ *čaʔtíxəŋ* rattlesnake. (ES)

nəxʷčáẏəqʷəwəč ⟦nxʷ-√čayiqʷ=əwač loc-√backwoods=bottom⟧ ☞ *čáẏəqʷ* the back of any marsh. (LB,EWH; EWH)

nəxʷččəḿəsnít meet someone. *See under:* čəḿəsnít

nəxʷčəḿəsnákʷi ⟦nxʷ-√čəḿəs-nəwəy loc-√meet-ncrprcl⟧ ☞ *čəḿəs* to meet each other. {*nəxʷčəḿəsnákʷi* st. *We met each other.* (ES)}

nəxʷčəqáʔis ⟦nxʷ-√čq=ay<ʔ>us loc-√big=eye<actl>⟧ ☞ *čə́q* to have big eyes. (ES)

nəxʷčə́saʔqən ⟦nxʷ-√čəsaʔ=qin loc-√two=voice⟧
1. Twin River, apparently referring to both East Twin River and West Twin River. (JSH)
2. fork of a river. (JSH)
3. double-barrel shotgun. (JSH)

nəxʷčiʔqáʔis ⟦nxʷ-√č<ẏ>q=ay<ʔ>us loc-√big<pl>=eye<actl>⟧ ☞ *nəxʷčəqáʔis* to have big eyes. (ES)

nəxʷčix̣ ⟦nxʷ-√čix̣ loc-√?⟧ Brinnon River. (LB,CWH)

nəxʷčqáłnł ⟦nxʷ-√čq=ałnł loc-√big=throat⟧ Useless Bay, the area east of Double Bluff on Whidby Island. (LB,CWH)

nəxʷčšúsnaxʷ ⟦nxʷ-√čus=us-naxʷ loc-√throw=face-nctrns⟧ ☞ *čúsnaxʷ* to hit someone on the face accidentally by throwing. {*nəxʷčšúsnaxʷ* cn kʷəsə ʔiʔ ʔáwə c nsyúy. *I hit him on the face, and I didn't mean to.* (EPT)}

nəxʷčšúst ⟦nxʷ-√čus=us-t loc-√throw=face-trns⟧ ☞ *čsút* to hit someone in the face by something thrown. (AS) {*nəxʷčšúst* cn cə nswə́yqaʔ. *I threw it at my husband's face.* (AS)}

nəxʷčšústəŋ ⟦nxʷ-√čus=us-t-ŋ loc-√throw=face-trns-psv⟧ ☞ *nəxʷčšúst* to be hit in the face by something thrown. {*nəxʷčšústəŋ* cn ʔaʔ kʷi sŋánt. *I was hit in the face by a rock.* (EPT) | *nəxʷčšústəŋ* kʷi ʔaʔ kʷi ʔápəls. *Someone threw an apple at his face.* (AS)}

nəxʷčúx̣s ⟦nxʷ-√čux̣=us loc-√spin=face⟧ ⟪The face suffix here refers to the face of the spindle whorl.⟫ ☞ *čúx̣əŋ* to spin wool. (ES) {x̣ənʔáł ti suʔ***naxʷčúƛ̕s***s tsə nséʔyaʔ. *My grandmother was always spinning.* (AS)}

nəxʷčx̣ícəŋ ⟦nxʷ-√čx̣=ic-ŋ loc-√split=back-mdl⟧ ☞ **čx̣ə́t** to rip, split down the back. {ƛ̕kʷə́tən ti sx̣ə́naʔs ʔiʔ ***nəxʷčx̣ícəŋ*** ti ʔəcłtáynxʷ. *They would take them by the legs and rip a person in two.* (ES)}

nəxʷčx̣íctəŋ ⟦nxʷ-√čx̣=ic-t-ŋ loc-√split=edge-trns-psv⟧ ☞ **nəxʷčx̣ícəŋ** to split in half. (TC) {***nəxʷčx̣íctəŋ*** kʷə sčəyíqʷł. *The fruit was split in half.* (AS)} VAR: čx̣íctəŋ (TC)

nəxʷčx̣ík̕ʷt ⟦nxʷ-√čx̣=iws-t loc-√split=body-trns⟧ ☞ **čx̣ə́t** to split some whole thing in half. {***nəxʷčx̣ík̕ʷt*** cə n̕páas. *Split your pear.* (ES) | ***nəxʷčx̣ík̕ʷt*** cə n̕ʔápələs. *Split your apple.* (ES)}

nəxʷčx̣ʷíct ⟦nxʷ-√čix̣ʷ=ic-t loc-√demolish=edge-trns⟧ ☞ **číx̣ʷ** to demolished, tear down something. (AS) {***nəxʷčx̣ʷíct***s kʷi kʷə sxʷłákʷił. *They demolished our bridge.* (AS)}

nəxʷčx̣ʷíctəŋ ⟦nxʷ-√čix̣ʷ=ic-t-ŋ loc-√demolish=edge-trns-psv⟧ ☞ **nəxʷčx̣ʷíct** to be demolished, torn down by someone or something. (AS) {***nəxʷčx̣ʷíctəŋ*** kʷi kʷə ʔáʔiŋł. *Our house was demolished.* (AS)}

nəxʷčaʔpaʔyúsəŋ ⟦nxʷ-√či<ʔ>p̕=a<ʔ>yus-ŋ<ˀ> loc-√squeeze<actl>=eye<actl>-mdl<actl>⟧ [rightward stress shift in actual] ☞ **čpáysəŋ** to be winking. (ES; AS,BC) VAR: čaʔpayúsəŋ (TC,AS,BC; BC)

nəxʷčaʔpaʔyúst ⟦nxʷ-√č<ə?>ip̕=a<ʔ>yus-t loc-√squeeze<actl>=eye<actl>-trns⟧ ☞ **nəxʷčaʔpáys** to wink at someone. {***nəxʷčaʔpáyust*** cn. *I winked at him.* (AS)}

nəxʷčaʔpaʔyústəŋ ⟦nxʷ-√č<ə?>ip̕=a<ʔ>yus-t-ŋ<ˀ> loc-√squeeze<actl>=eye<actl>-trns-psv<actl>⟧ ☞ **nəxʷčaʔpaʔyúst** to be winked at by someone. {***nəxʷčaʔpaʔyústəŋ*** cn. *Someone's winking at me.* (ES)}

nəxʷčaʔpáys ⟦nxʷ-√či<ʔ>p̕=ayus loc-√squeeze<actl>=eye⟧ ☞ **číp̕** to be closing one's eyes. (AS) VAR: čaʔpáʔis (AS,BC)

nəxʷčaʔəpáyəsəŋ ⟦nxʷ-√či<ya>p̕=ayus-ŋ loc-√squeeze<pl>=eye-mdl⟧ ☞ **čpáysəŋ** to close one's eyes. {ʔiʔ náʔcuʔ cə ***nəxʷčaʔəpáyəsəŋ*** ʔaʔ cə ʔiyə́m̕. *And one of them squeezed his eyes shut tight.* (AA)} VAR: nəxʷčaʔipáysəŋ (ES) VAR: nəxʷčaʔipáyəsəŋ (ES)

nəxʷčaʔyík̕ʷən ⟦nxʷ-√čiʔy=iwən loc-√take_away=interior⟧ ☞ **čé?yət** to feel envious, covetous, jealous (as if someone got something good that you deserved). (ES; AS,BC) {x̣ənʔáł ti suʔ***nəxʷčaʔyík̕ʷən***s tə słáni?. *That woman is always jealous.* (AS)}

nəxʷčə́nəŋəs ⟦nxʷ-√čən-ŋ<ˀ>=us loc-√shake-mdl<actl>=face⟧ ☞ **čə́nəŋ̕** to be shaking one's face. (EPT) {***nəxʷčə́nəŋəs*** tsə sx̣ə́łs. *That sick person shakes her head.* (AS)}

nəxʷčəŋúsəŋ ⟦nxʷ-√čəŋ=us-ŋ loc-√bend=face-mdl⟧ ☞ **čəŋúst** to bend over, look down. (AS) {***nəxʷčəŋ̕úsəŋ*** cn. *I bent over.* (ES)}

nəxʷčəŋ̕úst ⟦nxʷ-√čəŋ̕=us-t loc-√bend=face-trns⟧ ☞ **nəxʷčəŋúsəŋ** to bend, fold something over. {***nəxʷčəŋ̕úst*** cn. *I bent it over. / I folded it over.* (ES) | ***nəxʷčəŋ̕úst*** cə n̕sə́miʔ. *Fold up your blanket.* (ES)} VAR: nəxʷčəŋʔást (ES)

nəxʷčə́yəčt ⟦nxʷ-√čəyč-t loc-√inside_out-trns⟧ ☞ **čə́yč** to turn something inside out. (ES; AS) VAR: číčt (AS,BC) {***číčt*** cə sq̕éynč. *Turn the skirt inside out.* (AS)}

nəxʷčə́yəčtəŋ ⟦nxʷ-√čəyč-t-ŋ loc-√inside_out-trns-psv⟧ ☞ **nəxʷčə́yəčt** to be turned inside out by someone or something. {***nəxʷčə́yəčtəŋ*** cə łqít. *The clothes were turned inside out.* (AS)}

nəxʷčə́y̕čt ⟦nxʷ-√čəy<ˀ>č-t loc-√inside_out<actl>-trns⟧ ☞ **nəxʷčə́yəčt** to be turning something inside out. (AS,BC) {***nəxʷčə́y̕čt***s cə kapú cə sx̌íx̌aʔʎ̕q̕ł. *The child is turning her coat inside out.* (AS)} VAR: čə́y̕čt (AS,BC) ⟦√čəy<ˀ>č-t √inside_out<actl>-trns⟧

nəxʷčiyaʔyéʔwən ⟦nxʷ-√či<ya>ʔy=i<ʔ>wən loc-√take_away<pl><actl>=interior<actl>⟧ ☞ **nəxʷčaʔyík̕ʷən** to be feeling envious, jealous, resentful. (MJT) {***nəxʷčiyaʔyéʔwən*** ʔaʔ tsə saʔčúʔiłs. *He's jealous of his little sister.* (MJT) | níł kʷaʔ suʔmáʔns ʔuʔ nuʔ***nəxʷčiyaʔyéʔwən*** ʔučtə. *She was very jealous.* (AA) | mán̕ ʔuʔ ***nəxʷčiyaʔyéʔwən*** ʔaʔ či smán̕s ʔuʔ nəxʷsx̌iyʔámənxʷcə scutáyəłs. *She was very resentful of her brother-in-law being such a good provider.* (AA) | mán̕ ʔuʔ ***nəxʷčiyaʔyéʔwən*** ʔawsuʔmán̕s ʔuʔ nəxʷsx̌iyʔámənxʷ cə scutáyəłs swə́y̕qaʔs cə saʔə́y̕čəns. *She was very resentful because her brother-in-law, her younger sister's husband, was a good provider.* (AA) | from now ʔaʔ či mán̕ ʔuʔ ***nəxʷčiyaʔyéʔwən*** ʔaʔ cayə húy ʔuʔ ʔəsx̣úʔx̌əm. *Nowadays they are very resentful of those who are well off.* (AA)} VAR: čaʔyaʔyéʔwən (AA; TC) {***čaʔyaʔyéʔwən*** cn. *I want to take it away from you.* (TC)} VAR: čiyaʔyéʔwən (AA; AS) {ʔiʔ nił kʷaʔčaʔ suʔsqiʔáʔəm̕s či sxʷmán̕s ʔuʔ ***čiyaʔyéʔwən***cayə húy ʔuʔ ʔəsx̌uʔx̌əm. *And that's why one cannot be very envious of those who do well.* (AA) | kʷaʔ ʔáwə c xʷənáŋ̕ či xčŋíns, ʔiʔ hú ʔuʔ caʔ cxʷ sxʷ***čiyaʔyéʔwən*** ʔiʔ sqiʔnúŋ̕ət ʔiʔ nəxʷqʷiʔqʷəyéʔwən ʔaʔ či n̕sʔístxʷ caʔ ʔiʔ ʔuʔcxʷə́t ʔiʔ ʔuʔnə́kʷ caʔ ʔuʔ cə́xʷ ʔaʔ či syáʔts cə sisiyáʔiłs cə sčiyaʔyéʔwən yaʔ scutáyəłs ʔaʔ ʔuʔ mán̕ ʔuʔ nəxʷsx̌iyʔámənxʷ. *If you are not thinking like that, and if you are resentful and angry and thinking that you'll do something to make someone disappear, it will be you that disappears as what happened to the envious in-laws of that very good provider.* (AA)} VAR: sčiyaʔyéʔwən (AA) VAR: čiyəyéʔwən (AS,BC)

nəxʷčsnúʔəŋ ⟦nxʷ-√čsnu-ŋ loc-√?-mdl⟧ [possibly from a word meaning 'unpleasant' or a word meaning 'bulb'] cp. **čúʔsəŋ** cp. **čsnúʔ** Whiskey

nəxʷhaʔyaʔkʷə́ńct

Spit, Point Hannon, Hood Head. (MJT) VAR: nəxʷsčsnúʔəŋ (LB,CWH)

nəxʷhaʔyaʔkʷə́ńct ⟦nxʷ-√h<ʔ>yi=i<ʔ>wən<ˀ>-cut loc-√live<actl>=interior<actl>-rflxv⟧ ☞ hiyí to be trying to save one's life. (ES)

nəxʷhəqíkʷt ⟦nxʷ-√hiq=iwən-t loc-√push_off=interior-trns⟧ ☞ həqkʷənáys to put something into the oven to bake. (MJT; ES) {*nəxʷhəqíkʷt* cn cə saplín. *I put the bread in the oven.* (AS)}

nəxʷkʷáčt ⟦nxʷ-√wač-t loc-√pry-trns⟧ [/w/ → /kʷ/] ☞ kʷáčt to lock something, pry something. {*nəxʷkʷáčt* cə súɫ. *Lock the door.* (EPT)}

nəxʷkʷéʔƛ̓əməməš ⟦nxʷ-√kʷiʔƛ̓əm=uməš loc-√ʔ=type⟧ Snohomish River. (H) ⟪This is a Klallam word for a place in Lushootseed territory.⟫ VAR: nəxʷkʷƛ̓əmáməš (LB,CWH)

nəxʷkʷəšqéʔtəŋ ⟦nxʷ-√kʷəšqi<ʔ>t-ŋ loc-√choke<actl>-mdl⟧ ☞ kʷəšqéʔt to be choking (especially on liquid going down the wrong pipe in the throat). (ES) VAR: kʷəšqéʔtəŋ {*kʷəšqéʔtəŋ* cə sɬáni. *The woman is choking.* (AS)}

nəxʷkʷq̓ə́t ⟦nxʷ-√kʷq̓-t loc-√open-trns⟧ ☞ kʷq̓ə́t to open, unfold something, remove a lid from. (ES; TC; AS; AS,BC) {*nəxʷkʷq̓ə́t* cə súɫ. *Open the door.* (EPT; ES) | ʔuʔ*nəxʷkʷq̓ə́t* caʔn kʷi. *I'll open it.* (EPT) | ʔáwə cn c *nəxʷkʷq̓ə́t* cə súɫ. *I didn't open the door.* (MJ) | ʔáwə cn kʷaʔ *nəxʷkʷq̓ə́t*ən tə súɫ. *I never opened the door.* (MJ) | ʔúy ix̣ cxʷ ʔíŋənəxʷ ti *nəxʷkʷq̓ə́t*s cə súɫ ʔiʔ kʷə́q̓ ti nsuʔčə́yəxʷ ʔiʔ nəxʷtə́q. *When you step on something to open the door, it opens when you enter and closes.* (MJ)} VAR: xʷkʷq̓ə́t {*xʷkʷq̓ə́t* cn cə sxʷkʷaʔkʷənúsəŋ. *I opened the window.* (AS)} VAR: nəxʷkʷə́q̓t {*nəxʷkʷə́q̓t*s cə súɫ. *He opened the door.* (MJ)}

nəxʷkʷq̓síc ⟦nxʷ-√kʷq̓-sít-c loc-√open-bene-1obj/2obj⟧ ☞ nəxʷkʷq̓sít open for me; open for you. {*nəxʷkʷq̓síc* ʔaʔ cə súɫ. *Open the door for me.* (EPT) | *nəxʷkʷq̓síc* caʔn ʔaʔ tə súɫ. *I'll open the door for you.* (EPT)}

nəxʷkʷq̓sít ⟦nxʷ-√kʷq̓-sít loc-√open-bene⟧ ☞ kʷq̓ə́t to open (something) for someone. {*nəxʷkʷq̓sít* cn. *I opened it for him.* (AS) | *nəxʷkʷq̓sít* cn cə ntán. *I opened it for my mother.* (AS)}

nəxʷk̓ʷaʔk̓ʷáʔyəɫ ⟦nxʷ-k̓ʷaʔ+√k̓ʷə<ʔ>y-ɫ loc-dim+√control<actl>-dur⟧ ☞ k̓ʷə́y to be stingy. (MJT; ES) VAR: nəxʷk̓ʷak̓ʷáʔiɫ (ES) VAR: nəxʷk̓ʷaʔk̓ʷáʔiɫ (ES) VAR: k̓ʷaʔk̓ʷáʔiɫ (AS) {ʔu?*k̓ʷaʔk̓ʷáʔiɫ* cn. *I'm stingy.* (AS,BC)}

nəxʷkʷáʔnət ⟦nxʷ-√kʷa<ʔ>n-t loc-√pour<actl>-trns⟧ ☞ kʷánt to be refilling something. (ES; AS,BC) {*nəxʷkʷáʔnət* cn cə tíy. *I refilled the tea.* (AS)} VAR: nəxʷkʷáńt {*nəxʷkʷáńt* cn cə tíy. *I'm refilling the tea.* (AS)}

nəxʷkʷáʔnətəŋ ⟦nxʷ-√kʷa<ʔ>n-t-ŋ loc-√pour<actl>-trns-psv⟧ ☞ nəxʷkʷáʔnət being refilled. {*nəxʷkʷáʔnətəŋ* tə tíy. *The tea was being refilled.* (AS)}

nəxʷkʷčústəŋ ⟦nxʷ-√kʷč=us-t-ŋ loc-√crooked=face-trns-psv⟧ ☞ kʷčə́ŋ to get a crooked face from seeing a ghost. ✱one's face and mouth gets twisted when one sees a ghost (ES,TC; AS)

nəxʷkʷənəkʷíyət ⟦nxʷ-√kʷən=kʷiy-t loc-√see=inside-trns⟧ ☞ kʷə́nt to look inside something. (ES) VAR: nəxʷkʷənəkʷíyt {*nəxʷkʷənəkʷíyt* cə q̓ə́yəŋs. *Look inside his eye.* (AS)}

nəxʷk̓ʷk̓ʷíyət ⟦nxʷ-√k̓ʷaʔk̓ʷ-iy-t loc-√unpleasant-dev-trns⟧ ☞ k̓ʷaʔk̓ʷéʔyəŋ to make water dirty. (ES)

nəxʷk̓ʷtúʔəŋ ⟦nxʷ-√k̓ʷtuʔ-ŋ loc-√raven-mdl⟧ Lit: Raven's home (LN) ☞ sk̓ʷtúʔ Church Point, Church Hill. ⟪point east of Becher Bay at the west of Whirl Bay on Vancouver Island⟫ (TC; ES)

nəxʷlakəlít ⟦nxʷ-√laklí-t loc-√key-trns⟧ ☞ lakəlít to wind a clock or watch. (TC) {*nəxʷlakəlít* cə ṅwáč. *Wind up your watch.* (ES)}

nəxʷɬaʔŋənúkʷəŋ ⟦nxʷ-√ɬ<ə>ŋ=ən<ˀ>ukʷ-ŋ<ˀ> loc-√detach<actl>=ground<actl>-mdl<actl>⟧ ☞ nəxʷɬəŋənúkʷəŋ to be clearing land. (ES) VAR: ɬəŋənúkʷəŋ (MJT) ⟦√ɬəŋ<ˀ>=ən<ˀ>ukʷ-ŋ<ˀ> √detach<actl>=ground<actl>-mdl<actl>⟧

nəxʷɬaʔqʷúst ⟦nxʷ-√ɬa<ʔ>qʷ=us-t loc-√lick<actl>=face-trns⟧ ☞ ɬqʷúst to be licking someone on the face. (ES) VAR: ɬaʔqʷúst (ES; AS)

nəxʷɬčús ⟦nxʷ-√ɬič=us loc-√cut=face⟧ ☞ ɬíč to cut one's face. {*nəxʷɬčús* cn. *I cut my face.* (EPT)}

nəxʷɬəməq̓áys ⟦nxʷ-√ɬəmq̓-ays loc-√swarm-activ⟧ ☞ ɬə́məq̓t to separate people fighting. (ES) VAR: ɬəməq̓áys (ES; BC) ɬəmq̓áys (AS) {*ɬəmq̓áys* kʷi kʷə cə́ts ʔəɫ kʷéʔwəńtis cə sʔəyúqʷaʔ. *Their father separated them when the brothers were fighting.* (AS)}

nəxʷɬə́ŋ ⟦nxʷ-√ɬŋ loc-√detach⟧ ☞ ɬə́ŋ to be empty, emptied, clear. (MJT) {čaʔ*nəxʷɬə́ŋ* tsiʔə nəmuhúy̓. *My basket is just emptied.* (MJT)}

nəxʷɬəŋáʔəs ⟦nxʷ-√ɬŋ-a<ʔ>s loc-√detach-ptcaus<actl>⟧ ☞ nəxʷɬəŋás
1. to be dismantling, taking parts off of something. (AS)
2. to be emptying, removing (things) from something. {ʔáwə c *nəxʷɬəŋáʔəs* cə muhúy̓. *Don't empty the basket.* (MJT)}

nəxʷɬəŋás ⟦nxʷ-√ɬŋ-as loc-√detach-ptcaus⟧ ☞ ɬə́ŋ
1. to dismantle, take parts off of something. (AS) {*nəxʷɬəŋás* kʷi cə x̣ʷéʔɫəm. *Take the rope off.* (AS)}
2. to empty, remove things from something. (MJT)

nəxʷɬəŋənáy̓ ⟦nxʷ-√ɬŋ-naxʷ-ŋ loc-√detach-nctrns-psv⟧ ☞ nəxʷɬəŋənáxʷ to manage to be emptied out by someone or something. {kʷi*nəxʷɬəŋənáy̓*. *It's emptied* (MJT)}

nəxʷɬəŋənáxʷ ⟦nxʷ-√ɬŋ-naxʷ loc-√detach-nctrns⟧ ☞ ɬə́ŋ to manage to empty something out. {ča?*nəxʷɬəŋənáxʷ* cn. *I just emptied it out.* (MJT)}

nəxʷɬə́ŋənəxʷ ⟦nxʷ-√ɬ<ə́>ŋ-naxʷ loc-√detach<actl>-nctrns⟧ [leftward stress shift with actual] ☞ nəxʷɬəŋənáxʷ to be managing to empty something out. {čanəxʷɬə́ŋənəxʷ cn. *I was just emptying it out.* (MJT)}

nəxʷɬəŋənúkʷəŋ ⟦nxʷ-√ɬŋ=ənukʷ-ŋ loc-√detach=ground-mdl⟧ ☞ ɬə́ŋ to clear land. (AS) {nəxʷɬəŋənúkʷəŋ kʷi kʷə sčtə́ŋxʷən. *The land is cleared.* (AS)}

nəxʷɬəŋənúkʷt ⟦nxʷ-√ɬŋ=ənukʷ-t loc-√detach=ground-trns⟧ ☞ nəxʷɬəŋənúkʷəŋ to clear land. {nəxʷɬəŋənúkʷt cə nsčtə́ŋxʷən. *Clear your land.* (ES) VAR: ɬəŋənúkʷt {ɬəŋənúkʷt can. *I'm going to clear the land.* (MJT)}

nəxʷɬəŋqéʔnəŋ ⟦nxʷ-√ɬŋ=qi<ʔ>n-ŋ loc-√detach=voice<actl>-mdl⟧ ☞ nəxʷɬəŋqínəŋ to be clearing one's throat in order to speak. (ES)

nəxʷɬəŋqínəŋ ⟦nxʷ-√ɬŋ=qin-ŋ loc-√detach=voice-mdl⟧ ☞ ɬə́ŋ to clear one's throat in order to speak. (AS) VAR: ɬəŋqínəŋ {ʔuʔɬəŋqínəŋ cn. *I cleared my throat.* (AS)}

nəxʷɬəŋqsə́nəŋ ⟦nxʷ-√ɬŋ=əqsən-ŋ loc-√detach=nose-mdl⟧ ☞ ɬə́ŋ to wipe, clear, blow one's nose. (ES) {nəxʷɬəŋqsə́nəŋ cn. *I cleaned my nose.* (ES)}

nəxʷɬk̓ʷə́ŋət ⟦nxʷ-√ɬk̓ʷ-ŋ-t loc-√hollow-mdl-trns⟧ ☞ ɬk̓ʷə́t to hollow something out. (MJT) {nəxʷɬk̓ʷə́ŋət cn. *I hollowed it.* (MJT)} VAR: ɬk̓ʷə́ŋət {ɬk̓ʷə́ŋət cn. *I hollowed it.* (MJT)}

nəxʷɬuʔə́t ⟦nxʷ-√ɬuw̓-t loc-√hollow-trns⟧ ☞ nəxʷɬúwəŋ
1. to hollow something out. (MJT)
2. to take seafood out of its shell. VAR: ɬúʔət (MJT) ⟦√ɬuw̓ə-t √hollow-trns⟧ VAR: ɬuʔə́t (MJT) {ɬuʔə́t tə sqx̣ə́yuʔ. *Shell the clams.* (MJ) | nɨɬ nsuʔúŋəst ʔaʔ cə sx̌ʷc̓aʔwáčən ʔiʔ xənáxʷ kʷaʔ ɬuʔə́ts cə sqx̣ə́yuʔ. *Then I gave her the chair and told her to shell the clams.* (MJ)}

nəxʷɬuʔə́yuʔ ⟦nxʷ-√ɬuw̓-əyu<ʔ> loc-√hollow-activ<actl>⟧ ☞ nəxʷɬúwəŋ to be hollowing, shelling (clams). {nəxʷɬuʔə́yuʔ caʔn ʔə či sqx̣ə́yuʔ. *I'm going to shell clams.* (MJT)}

nəxʷɬúqʷaʔtəŋ ⟦nxʷ-√ɬuqʷaʔtəŋ loc-√?⟧ [analysis uncertain] Union, Washington, the eastern point of Annas Bay in the Great Bend of Hood Canal. (LB,EWH; EWH) VAR: nəxʷɬuqʷə́tən (JSH)

nəxʷɬúwəŋ ⟦nxʷ-√ɬuw̓-ŋ loc-√hollow-mdl⟧ to hollow out. (MJT) [The root here is probably related to the other root for 'hollow'.] cp. ɬk̓ʷə́t VAR: ɬúwəŋ (MJT)

nəxʷɬúw̓əŋ ⟦nxʷ-√ɬuw̓-ŋ<ʔ> loc-√hollow-mdl<actl>⟧ ☞ nəxʷɬúwəŋ to be hollowing (something) out. {nəxʷɬúw̓əŋ cn. *I'm hollowing it out now.* (MJT)} VAR: nəxʷɬúw̓əŋ {nəxʷɬúw̓əŋ cn kʷi ʔə tə sqx̣ə́yuʔ. *I'm shelling the clams.* (MJT)} VAR: ɬúwəŋ {ɬúw̓əŋ cn. *I'm hollowing it out now.* (MJT)} VAR: ɬúwəŋ (MJT) VAR: ɬúwəŋ {ɬúw̓əŋ cn kʷi ʔə tə sqx̣ə́yuʔ. *I'm shelling the clams.* (MJT)}

nəxʷɬúw̓təŋ ⟦nxʷ-√ɬuw̓-t-ŋ<ʔ> loc-√hollow-trns-psv<actl>⟧ ☞ nəxʷɬúwəŋ to be getting hollowed out by someone or something. {nəxʷɬúwtəŋ cn. *Somebody's hollowing me out (joking).* (MJT)}

nəxʷƛ̓aʔyáqtcs ⟦nxʷ-√ƛ̓<aʔy>aqt=acis loc-√long<pl>=hand⟧ ☞ nəxʷƛ̓áqtcs a group of loons. (EPT)

nəxʷƛ̓áqtcs ⟦nxʷ-√ƛ̓aqt=acis loc-√long=hand⟧ ☞ ƛ̓áqt loon. *Gavia sp.* (EPT)

nəxʷƛ̓əḿáyən ⟦nxʷ-√ƛ̓əm̓-ay=an̓ loc-√bump-ext=ear⟧ ☞ ƛ̓əḿ to get bumped on the ear or side of the head. (ES) VAR: nəxʷƛ̓əḿáyn̓ (ES)

nəxʷƛ̓əḿáyəs ⟦nxʷ-√ƛ̓əm̓=ayus loc-√bump=eye⟧ ☞ ƛ̓əḿáyəs to get bumped on the eye. (ES) VAR: nəxʷƛ̓əḿáys (ES)

nəxʷƛ̓əḿéʔqʷ ⟦nxʷ-√ƛ̓əm̓=iʔqʷ loc-√bump=head⟧ ☞ ƛ̓əḿéʔqʷ to bump one's head. {nəxʷƛ̓əḿéʔqʷ cn. *I'm always bumping my head.* (AS,BC)}

nəxʷƛ̓əḿə́wəč ⟦nxʷ-√ƛ̓əm̓=əwač⟧ ☞ ƛ̓əḿə́wəč loc-√bump=bottom⟧ to bump one's rear end. (ES)

nəxʷƛ̓əḿuʔéʔč ⟦nxʷ-√ƛ̓əm̓-əw̓=iʔč loc-√bump-ext=hump⟧ ☞ ƛ̓əḿ to get bumped on the back. (ES)

nəxʷƛ̓əḿús ⟦nxʷ-√ƛ̓əm̓=us loc-√bump=face⟧ ☞ ƛ̓əḿ to bump one's face. (ES)

nəxʷƛ̓əḿúst ⟦nxʷ-√ƛ̓əm̓=us-t loc-√bump=face-trns⟧ ☞ ƛ̓əḿ to bump someone's face (on purpose). (ES)

nəxʷƛ̓iʔáʔiɬ ⟦nxʷ-√√ƛ̓y<ʔ>aʔ-iy-ɬ loc-√seek<actl>-dev-dur⟧ ☞ ƛ̓iʔáŋ to be looking around (for something). (TC; AS) {nəxʷƛ̓iʔáʔiɬ cn. *I'm looking around.* (AS,BC) | ʔáw c híc ʔiʔ ƛ̓áy ʔínəŋ ʔiʔ nəxʷƛ̓iʔáʔiɬ. *It wasn't long, and it appeared again and looked around.* (ES) | nəxʷƛ̓iʔáʔiɬ ʔuʔx̣ə́n̓ ʔiʔ ʔáwənə kʷə kʷə sx̣aʔƛ̓úx̣aʔ. *They all looked around, and the little guy wasn't there.* (ES) | nɨɬ nsuʔnəxʷƛ̓iʔáʔiɬ ʔaʔ kʷsi kʷaʔ stáŋs kʷaʔ cáns či kʷaʔyə́yu. *Then I looked around for her, whatever, whoever was peeking.* (ES) | ʔuʔnəxʷƛ̓iʔáʔiɬ ʔiʔ ʔiyá ʔaʔ ti cícɬ sqiyáyŋxʷs. *They would look around and see their clothes there in a high tree.* (ES)} VAR: ƛ̓iʔáʔiɬ (MJT; AS) {ƛ̓iʔáʔiɬ cn. *I'm looking around.* (MJT)} VAR: ƛ̓iʔáʔyəɬ (MJT)

nəxʷƛ̓iyáʔi ⟦nxʷ-√ƛ̓yaʔ-iy loc-√seek-dev⟧ ☞ ƛ̓iʔáʔəŋ to be looking around (for something). {nɨɬ sunəxʷƛ̓iyáʔis canu xʷanítəm. *So that white man was looking around.* (ES)}

nəxʷƛ̓k̓ʷúsəŋ ⟦nxʷ-√ƛ̓k̓ʷ=us-ŋ loc-√take=face-mdl⟧ ☞ ƛ̓k̓ʷə́t to cross oneself, bless oneself, make the sign of the cross. (TC)

nəxʷƛ̓šáxən ⟦nxʷ-√ƛ̓š=axan loc-√gash=arm⟧ ☞ ƛ̓óš to rupture, burst open, rip open (as a dropped sack of flour). (ES) {nəxʷƛ̓šáxən cə ƛ̓úyəqs ʔsnáwəɬ ti sqáwc. *The box that had the potatoes in it burst open.* (AS)}

nəxʷmaʔkʷcíti ⟦nxʷ-√m<ə?>kʷ=ucin-ty loc-√lump<actl>=mouth-rcprcl⟧ [stress shift actual] ☞ **nəxʷməkʷúct** to be kissing each other. (ES) VAR: nəxʷmaʔkʷúcti (ES) VAR: maʔkʷúcti (MJT; AS)

nəxʷmaʔkʷúctəŋ ⟦nxʷ-√m<ə?>kʷ=ucin-t-ŋ loc-√lump<actl>=mouth-trns-psv⟧ ☞ **nəxʷməkʷúct** to be kissed by someone. {*nəxʷmaʔkʷúctəŋ* cn. *Someone kissed me.* (ES)} VAR: nəxʷmakʷústəŋ (BC)

nəxʷməkʷúcc ⟦nəxʷ-√mkʷ=uc-t-c loc-√lump=mouth-trns-1obj/2obj⟧ ☞ **nəxʷməkʷúct** kiss me; kiss you. (ES) {ʔənʔá *nəxʷməkʷúcc. Come kiss me.* (ES)}

nəxʷməkʷúct ⟦nxʷ-√mkʷ=ucin-t loc-√lump=mouth-trns⟧ [may have the root /múkʷ/ 'put in mouth'] *cp.* múkʷt ☞ **mə́kʷt** to kiss someone. (ES) {*nəxʷməkʷúct* cə swéʔwəs. *Kiss the boy.* (AS)} VAR: xʷməkʷúct (ES)

nəxʷməsúst ⟦nxʷ-√ms=us-t loc-√fold=face-trns⟧ ☞ **məsə́t** to fold something up, close a book. (ES) {*nəxʷməsúst* caʔn cə nsə́miʔ. *I'm going to fold up my blanket.* (AS) | *nəxʷməsúst* caʔn cə nsxʷʔáʔəmət. *I'm going to fold up my cot.* (AS)}

nəxʷnaʔnə́yəŋəs ⟦nxʷ-naʔ+√nəy-ŋ<ʔ>=us loc-dim+√laugh-mdl<actl>=face⟧ ☞ **naʔnə́yəŋ** to be smiling, grinning. (LC) VAR: nəxʷnaʔnə́yaŋəs {*nəxʷnaʔnə́yaŋəs* cn. *I'm smiling.* (AS)} VAR: nəxʷnaʔnə́yaŋəs (MJT) {ccítəŋ *nəxʷnaʔnə́yaŋəs.* *She was standing and smiling.* (MJ)} VAR: xʷnaʔnə́yəŋəs (AS,BC) {*xʷnaʔnə́yəŋəs* cn. *I'm smiling.* (AS)} VAR: xʷnaʔnə́yaʔŋəs (AS) VAR: naʔnə́yəŋəs (TC; MJT) VAR: naʔnáyəŋəs (AS) ⟦naʔ+√nəy-ŋ<ʔ>=us dim+√laugh-mdl<actl>=face⟧ {ʔuʔx̌ʷiyús tə nsxʷ*naʔnáyəŋəs* ʔiʔ nəqíx̌ cə nyə́nəwəs. *I'm just smiling, and my heart is black.* (AS) | kʷɬ*naʔnə́yaŋəs* tuŋɬ ʔiʔ čaʔx̌ítəŋ cxʷ. *When I'm smiling, you jump.* (TC) | ʔuʔ*naʔnə́yaŋəs* cn ʔi ʔuʔnq̓éʔx̌ tə nyə́nəwəs. *I'm smiling, but my heart is black.* (AS)} VAR: naʔnə́yaʔŋs (AS,BC)

nəxʷnəčə́ŋəs ⟦nxʷ-√nčə-ŋ=us loc-√laugh-mdl=face⟧ ☞ **nə́čəŋ** to smile (not laugh). (ES) {kʷɬníɬ čaʔkʷi suʔ*nəxʷnəčə́ŋəs*s cə swə́yqaʔ. *Now the man broke into a smile.* (AS) | x̌ənʔáɬ ti suʔ*nəxʷnəčə́ŋəs*s tə swéʔwəs. *The boy is always smiling.* (AS)}

nəxʷnəq̓ʷáwəč ⟦nxʷ-√nq̓ʷ=əwač loc-√excrement=bottom⟧ ☞ **nə́q̓ʷ** to be dirty on the bottom. (TC)

nəxʷnə́wəs cloud. *See under:* sxʷnə́w̓əs

nəxʷnuʔás ⟦nxʷ-√nuw̓-as loc-√in-ptcaus⟧ ☞ **nə́w̓** to load a gun. {*nəxʷnuʔás* cə n̓púyəkʷ. *load your gun.* (ES)}

nəxʷnúw̓əməš ⟦nxʷ-√nuw̓=uməš loc-√?=type⟧ Duwamish. (LSpH)

nəxʷŋiyaʔáwəɬč ⟦nxʷ-√ŋ<y>ʔaw=iɬč loc-√fir<pl>=plant⟧ ☞ **sŋiyáw̓ɬč** Dungeness River and the area at the mouth of it; east side of Jamestown. (LB,EWH; ES; AS,BC) VAR: nəxʷŋíyaʔáwɬč (EPT) VAR: sŋiyaʔáw̓x̌ʷɬč (AS,BC) VAR: nəxʷsŋiʔáw̓ɬč (AS,BC)

nəxʷpáʔstən̓qən̓ ⟦nxʷ-√pa<ʔ>stn<ʔ>=qin<ʔ> loc-√white_man<actl>=voice<actl>⟧ ☞ **nəxʷpástənqən** to be speaking the English language, white man's language. (ES)

nəxʷpástənqən ⟦nxʷ-√pastn=qin loc-√white_person=voice⟧ ☞ **pástən** to speak the English language. (AS,BC)

nəxʷpq̓ús ⟦nxʷ-√pəq̓=us loc-√white=face⟧ ☞ **pə́q̓** to have a white face. (ES)

nəxʷpúxʷt ⟦nxʷ-√puxʷ-t loc-√blow-trns⟧ ☞ **púxʷt** to inflate, blow something up, put air into something. {*nəxʷpúxʷt* či. *Blow it up; put air into it.* (MJT)}

nəxʷqaʔx̌kʷít ⟦nxʷ-√qiʔx̌=kʷiy-t loc-√shave=inside-trns⟧ ☞ **qéʔx̌t** to hollow something out, shave the inside of something. (ES)

nəxʷqaʔyəx̌úsəŋ ⟦nxʷ-√qa<ʔ>yx̌=us-ŋ<ʔ> loc-√lie<actl>=face-mdl<actl>⟧ ☞ **nəxʷqəyəx̌úsəŋ** to be showing off, acting conceited, boastful, proud of oneself. (MJT; ES; HS,ES) {*nəxʷqaʔyəx̌úsəŋ* cn. *I'm showing off.* (ES)}

nəxʷqáyəxs ⟦nxʷ-√qayx̌=us loc-√lie=face⟧ ☞ **qáyəx̌** to be proud, boastful. (LC; ES; TC) {*nəxʷqáyəxs* cn. *I'm proud.* (TC) | mán̓ cn ʔuʔ *nəxʷqáyəxs. I'm very proud.* (LC) | mán̓ cn ʔuʔ *nəxʷqáyəxs* ʔaʔ tə nəsnəxʷsƛ̓áyəm̓. *I'm very proud to be Klallam.* (LC)}

nəxʷqáyəcɬčəŋ ⟦nxʷ-√qayəcɬčəŋ loc-√?⟧ Quartermaster Harbor, point or spit between Portage and Sherman's Spit. (EWH) VAR: nəxʷqayácɬčəŋ (LB,CWH)

nəxʷqəyəx̌úsəŋ ⟦nxʷ-√qayx̌=us-ŋ loc-√lie=face-mdl⟧ ☞ **nəxʷqáyəxs** to show off, act conceited, boastful, unjustifiably proud of oneself. (ES) {húy ti suʔ*nəxʷqəyəx̌úsəŋ*s. *All he did was act proud of himself.* (MJ)}

nəxʷq̓ə́cs ⟦nxʷ-√q̓əcs loc-√?⟧ the name of a place where Martha John's grandmother lived. (MJ)

nəxʷq̓áyəkʷct ⟦nxʷ-√q̓əykʷ-cut loc-√coil-rflxv⟧ ☞ **q̓áyəkʷt** to coil up (as a snake). (ES) {*nəxʷq̓áyəkʷct* cə scə́k̓ʷ. *The worm coiled up.* (AS)}

nəxʷq̓áyk̓ʷt ⟦nxʷ-√q̓əy<ʔ>kʷ-t loc-√coil<actl>-trns⟧ ☞ **q̓áyəkʷt** to be coiling, wrapping something up. {twəw̓*nəxʷq̓áyk̓ʷt* cn ʔiʔ táči kʷə nəswə́yqaʔ. *I was still coiling it, and my husband got here.* (MJ)}

nəxʷq̓íyt ⟦nxʷ-√q̓iyt loc-√noon⟧ ☞ **q̓íyt** Little Boston, Boston Spit, Port Gamble Reservation, the area where the reservation now is across Gamble Bay from the town of Port Gamble. ∗Said to be the "land of the noon-day sun". AS heard that Little Boston was so named because it was a place of sunshine and good weather. EW, one of Harrington's consultants, says it's the place of daylight all night, probably referring to the sawmill lights. (MJT; MJ; AS) {čqʷə́tən kʷi **nəxʷqíyt** yaʔ. *They burned the old Boston.* (MJT) | čaʔ**nəxʷqíyt** kʷi. *She came from Little Boston.* (NS,JW) | níɬ suʔkʷáys tə čšaʔ**nəxʷqíyt**. *Then those from Little Boston hid.* (MJ) | suʔhiyáʔs ʔiʔ tə́s ixʷ ʔaʔ**nəxʷqíyt**. *So she went and got to Little Boston.* (MJ) | ʔənʔá ixʷ ʔúyt ʔaʔ tə ferry ʔiʔ ʔənʔá ʔúxʷ ʔaʔ**nəxʷqíyt**. *They must have come aboard the ferry over to Little Boston.* (MJ) | níɬ nsuʔhiyáʔ ʔúxʷ ʔaʔ cə qaʔqə́yu ʔaʔ**nəxʷqíyt**. *Then I went to the Little Boston police.* (MJ) | ɬaʔɬiʔísəŋ kʷsi ʔaʔ**nəxʷqíyt**. *They're going to have a baby shower at Little Boston.* (MJT) | suʔx̌kʷə́təŋs ʔaʔ kʷi nəsíyaʔ cə ƛ̓úyəqs ʔiʔ hiyáʔ štəŋ txʷaʔúxʷ ʔaʔ**nəxʷqíyt**. *So my grandfather took the box and walked toward Little Boston.* (MJ)} VAR: nəxʷqéʔyət (AS,BC) VAR: nəxʷqéyt (ES; AS,BC) {tútk̓ʷ st čšacicə́q̓ʷ ʔənʔá ʔúxʷ ʔaʔ**nəxʷqéyt**. *We went home from Dungeness to Little Boston.* (MJ)} VAR: nəxʷqéyət (LB,EWH) VAR: nəxʷqíyət (MJT) {níɬ suʔcúnɬ čšaʔ**nəxʷqíyət**. *Then we went inland from Little Boston.* (MJ) | ʔuʔá st c cáw ʔaʔ**nəxʷqíyət** ʔiʔ sxʷčámʔəsɬ kʷi ncə́t x̌áɬ. *We weren't yet down to the Little Boston, and we met my father, who was sick.* (MJ)}

nəxʷqʷáqəŋ ⟦nxʷ-√qʷaq-ŋ loc-√muddy-mdl⟧ muddy, dirty water. (ES)

nəxʷqʷáyəkʷən ⟦nxʷ-√qʷay=iwən loc-√talk=interior⟧ ☞ qʷáy to think. {níɬ su**nəxʷqʷáyəkʷən**s kʷi tím yaʔ, "ʔə́y̓ kʷi či nəspáʔəct kʷánəŋət ɬaʔkʷáct." *Then Tim thought, "I better try to run away."* (ES) | níɬ su**nəxʷqʷáyəkʷən**s kʷi tím ʔaʔ či sʔə́y̓s kʷaʔ páʔəts kʷánəŋət ɬaʔkʷáct. *So Tim thought that he better try to run away.* (ES) | níɬ su**nəxʷqʷáyəkʷən**s kʷi kʷɬčə́q yaʔ, Pysht Jack, "ʔə́y̓ kʷi či nstúyəs tiə nsxʷʔáɬaʔ." *Then the old man, Pysht Jack thought, "I better leave this place where I am."* (ES) VAR: qʷáyəkʷən {níɬ su**qʷáyəkʷən**s kʷi yəwíntən yaʔ, "ʔə́y̓ kʷi či nəstúyəs tiə nəsxʷʔáɬaʔ." *Then the late Pysht Jack thought, "I better leave this place where I am."* (ES)}

nəxʷqʷiʔqʷaʔyéʔwən̓ ⟦nxʷ-qʷy̓+√qʷay<ʔ>=i<ʔ>wən<ʔ> loc-actl+√talk<actl>=interior<actl>⟧ ☞ nəxʷqʷáyəkʷən to be thinking, wondering, deciding. (ES) {**nəxʷqʷiʔqʷaʔyéʔwən̓** cn. *I'm thinking.* (ES) | ʔáwə c **nəxʷqʷiʔqʷaʔyéʔwən̓**. *Don't think (you don't have to think about it).* (ES) | ní·ɬ kʷə su**nəxʷqʷiʔqʷaʔyéʔwən̓**s. *So they were thinking.* (AA) | nsu**nəxʷqʷiʔqʷaʔyéʔwən̓** kʷaʔ ʔuʔtwawʔəsx̌úʔƛ̓əmʔəxʷ, sʔúqʷaʔ. *I'm wondering if you are still well, cousin.* (EJ) | kʷaʔ ʔáwə c x̌ənán̓ či xčnins, ʔiʔ hú caʔ cxʷ sxʷčiyaʔyéʔwən̓ ʔiʔ sqiʔnúŋət ʔiʔ **nəxʷqʷiʔqʷəyéʔwən̓** ʔaʔ či ńsʔístxʷ caʔ ʔiʔ ʔuʔcx̌ə́t ʔiʔ ʔuʔnə́kʷ caʔ ʔu cə́xʷ ʔaʔ či syáʔts cə sisiyáʔiɬs cə sčiyaʔyéʔwən yaʔ scutáyəɬs ʔaʔ ʔu mán̓ ʔuʔ nəxʷsx̌iyʔámxʷ. *If you are not thinking like that, and you are*

resentful and angry and thinking that you'll do something to make someone disappear, it will be you that disappears as what happened to the envious in-laws of that very good provider. (AA)} VAR: qʷiʔqʷəyéʔwən (LC) {**qʷiʔqʷəyéʔwən** cn. *I'm thinking.* (ES) | nəsx**qʷiʔqʷəyéʔwən** cxʷ. *I'm thinking of you.* (ES) | ʔənsxʷ**qʷiʔqʷəyéʔwən** u cn? *Are you thinking of me?* (ES)} VAR: qʷiʔqʷaʔyéʔwən {**qʷiʔqʷaʔyéʔwən** cn. *I'm thinking.* (TC) | **qʷiʔqʷaʔyéʔwən** yaʔ cn ʔaʔ ti nəsʔúxʷ. *I decided to go there.* (LC) | **qʷiʔqʷaʔyéʔwən** cn ʔaʔ či nəshiyáʔ. *I'm thinking of going.* (TC) | kʷɬŋə́n̓ sčiʔánəŋ kʷi čiʔáw ʔiʔ ƛ̓áy cn ʔuʔ **qʷiʔqʷaʔyéʔwən** ʔaʔ kʷi nəsyaʔcústən ʔaʔ kʷi nəsíyaʔ yaʔ. *Many years have passed, and I still think about what my grandfather told me.* (AS)} VAR: qʷaʔqʷəyéʔwən̓ {**qʷaʔqʷəyéʔwən̓** ʔaʔ kʷi sčiʔúʔisɬ. *Thinking of our ancestors.* (AS,BC)}

nəxʷq̓ʷúʔčkʷən ⟦nxʷ-√q̓ʷu<ʔ>č=iwən loc-√give_up<actl>=interior⟧ ☞ nəxʷq̓ʷúčkʷən to be giving up, admitting defeat. (TC) {ʔáwə caʔn c **nəxʷq̓ʷúʔčkʷən**. *I won't give up.* (AS,BC)}

nəxʷq̓ʷúčkʷən ⟦nxʷ-√q̓ʷuč=iwən loc-√give_up=interior⟧ ☞ q̓ʷúč to give up, admit defeat. (AS) {níɬ su**nəxʷq̓ʷúčkʷən**s. *So he gave up.* (ES; AA)} VAR: q̓ʷúčkʷən (AS,BC) {ʔuʔ**q̓ʷúčkʷən** kʷi kʷə pástən ʔəɬ čáʔis ʔaʔ tə ʔáʔiŋs. *The white man gave up working on his house.* (AS)}

nəxʷsʔáʔi ⟦nxʷ-s-√ʔaʔy loc-s-√imitate⟧ ☞ ʔáʔi to imitate, copy, pretend to be someone else, ape (someone to mock them). (ES,HS; ES; AS,BC) {**nəxʷsʔáʔi** cn. *I'm imitating (someone).* (ES) | **nəxʷsʔáʔi** u cxʷ ʔaʔ ʔə́c? *Are you copying me?* (ES) | x̌ənʔáɬ ti su**nəxʷsʔáʔi**s tə sx̌íƛ̓aʔƛ̓qɬ. *The child is always mocking.* (AS)}

nəxʷsʔánɬ ⟦nxʷ-s-√ʔan-ɬ loc-s-√comply-dur⟧ ☞ ʔánəɬ to be obedient. (AS,BC) {x̌ənʔáɬ ti su**nəxʷsʔánɬ**s cə q̓áʔŋiʔ. *That girl is always obedient.* (AS)}

nəxʷsaʔitáys ⟦nxʷ-√say̓t=ayus loc-√bright=eye⟧ to be too bright (of a light). (AS) {**nəxʷsaʔitáys** cn. *It's too bright for my eyes.* (ES)} VAR: saʔitáys (AS,BC) {mán̓ kʷi ʔuʔ **saʔitáys** tə skʷáči ʔáynkʷ. *It's a much too bright day today.* (AS)}

nəxʷsaʔskʷiʔúsəŋ ⟦nxʷ-saʔ √skʷ-iʔ=us-ŋ<ʔ> loc-dim+√whistle_tune-ext=face-mdl<actl>⟧ to be whistling a tune. (HS,ES)

nəxʷsaʔyúytəŋ ⟦nxʷ-√su<ʔ>y-t-ŋ<ʔ> loc-√swell<actl>-trns-psv<actl>⟧ [rightward actual metathesis] ☞ nəxʷsúyətəŋ to be getting swollen, swelling up, rising. (LC) {**nəxʷsaʔyútəŋ** cn. *I'm swelling up.* (ES) | ʔiʔ**nəxʷsaʔyútəŋ** cn. *I'm beginning to swell up.* (ES) | hiʔ**nəxʷsaʔyútəŋ** tə stúwiʔ. *The river is rising.* (MJT)} VAR: xʷsúʔitəŋ {**xʷsúʔitəŋ** kʷsə nspúsəŋ. *My boil it getting swollen.* (AS)}

nəxʷsaʔyúytəŋ ⟦nxʷ-√s<a'y>uy-t-ŋ<ʔ> loc-√swell<pl>-trns-psv<pl>⟧ ☞ nəxʷsúyətəŋ to get swollen, swell up (repeatedly or of several things). {ʔiʔ**nəxʷsaʔyúytəŋ** tə n̓cáyəs. *Your hand is swelling up.* (EPT)}

nəxʷsáy̓siʔ ⟦nxʷ-say̓ + √say̓ loc-char + √afraid⟧ ☞ sáy̓siʔ
1. scarecrow. (ES)
2. one who usually gets scared. (AS) {ʔáx̣ən ʔaʔ či nə**nəxʷsáy̓siʔ** caʔ ʔaʔ tə nəsɬúyən. *He said I would get scared when he left me.* (MJ)}

nəxʷscáʔcqən̓ ⟦nxʷ-s-√caʔc = qin loc-s-√? = voice⟧ translator, spokesperson, someone who speaks for a group. (ES) VAR: scáʔcqən (AS,BC) {ʔiʔ ʔuʔiyá kʷə kʷi **scáʔcqən**s cə ʔaʔyəcɬtáyŋxʷ. *The people's spokesman was there.* (AS) | táči kʷi **scáʔcqən** q̓ə́p ʔaʔ kʷi ʔaycɬtáyŋxʷ. *The speaker who gathered the people got there.* (AS)}

nəxʷscáŋkʷən ⟦nxʷ-s-√čaŋ = iwən loc-s-√feisty = interior⟧
1. to be a tough, feisty, brave, unhesitating, aggressive, not afraid of doing anything. (ES) {**nəxʷscáŋkʷən** kʷi kʷə swə́y̓qaʔs. *Her husband is aggressive.* (AS)}
2. warrior. (EWH)
3. to be a mean, inconsiderate person. (MJT; ES) {čaʔuʔ**nəxʷscáŋkʷən** cxʷ kʷi; ʔáwə cxʷ kʷaʔ táčiəxʷ. *You're just mean; you never come here.* (MJT)} VAR: nəxʷščánkʷən (EPT; AS,BC; AS) {ɬáxʷɬ ʔuʔ **nəxʷščánkʷən** kʷi nsʔúq̓ʷaʔ. *My brother was definitely brave.* (AS,BC)} VAR: nəxʷscánəkʷən (BC)

nəxʷscəyčáŋkʷən ⟦nxʷ-s-čəy + √čaŋ = iwən loc-s-pl + √feisty = interior⟧ ☞ nəxʷscáŋkʷən to be mean (of a group). (ES)

nəxʷsə́y̓əct ⟦nxʷ-√səy̓əq̓-cut loc-√circle-rflxv⟧ [A /q̓/ is expected in this root.] ☞ sə́y̓əq̓ whirlpool. (ES) VAR: sə́y̓əct (AS) {ʔiyá ʔaʔ tə **sə́y̓əct**. *It was there at the whirlpool.* (AS)}

nəxʷshúyhi ⟦nxʷ-s-húy + √huy loc-s-char + √finish⟧ ☞ húy
1. to be past puberty, be finished growing (over 13-14 years old). (MJT) VAR: nəxʷsúyhi
2. a girl after her first menstruation. (MJT)

nəxʷskʷánəŋət ⟦nxʷ-s-√kʷaniŋut loc-s-√run⟧ ☞ kʷánəŋət a runner. ✱This used to refer to a person who ran to deliver messages to other communities (MJT) {níɬ kʷi **nəxʷskʷánəŋət** kʷə yúx̣ n̓ŋə́naʔ. *My oldest son is a runner.* (AS)}

nəxʷskʷánŋən ⟦nxʷ-s-√wan = ŋin loc-s-√lose = piece⟧ ☞ kʷán orphan, any abandoned person. VAR: nəxʷskʷánŋən (ES) VAR: nəxʷskʷánəŋ (AS,BC) {níɬ kʷi **nəxʷskʷánəŋ** cə sx̣̌ix̣̌áʔx̣̌ɬ. *It's the abandoned child.* (AS)}

nəxʷskʷəŋkʷánəŋət ⟦nxʷ-s-kʷən + √kʷaniŋut loc-s-pl + √run⟧ ☞ kʷánəŋət a runner, foot race. (TC)

nəxʷskʷiyánəŋ ⟦nxʷ-s-√w<iy>an-ŋ loc-s-√lose<pl>-mdl⟧ ☞ nəxʷskʷánŋən orphans, abandoned people. (AS)

nəxʷskʷəncínəŋ ⟦nxʷ-s-√kʷən = ucin-ŋ loc-s-√see = mouth-mdl⟧ ☞ kʷəncínəŋ a cook, someone who cooks a lot. {mán̓ ʔuʔ **nəxʷskʷəncínəŋ**. *She's a great one to cook.* (MJT)}

nəxʷsx̣̌áʔk̓ʷəŋ ⟦nxʷ-s-√x̣̌<əʔ>k̓ʷ-ŋ loc-s-√extinguish<actl>-mdl⟧ ☞ x̣̌áʔk̓ʷəŋ to get pitch dark, be almost completely dark, all lights out. (ES) {níɬ kʷi suʔ**nəxʷsx̣̌áʔk̓ʷəŋ**s. *Then it was got dark.* (AS)} VAR: nəxʷsx̣̌ák̓ʷəŋ (ES)

nəxʷsx̣̌áy̓əm̓ ⟦nxʷ-s-√x̣̌ay̓m̓ loc-s-√Klallam⟧ Klallam people, Klallam tribe. (LB,CWH; LC; ES) [This may be related to word for 'strong' which has the root /ʔy̓əm̓/ or /y̓əm̓/. If it is related to the word for 'strong' or comes from any word for 'strong' the connection must be very old and fossilized now. If it comes from 'strong' then the x̣̌a- part might be the 'go to' prefix. This makes it look much like the word for Lummi, *nəxʷyámi*, which has a root /yəm/ and the /-y/ developmental suffix. Both Klallam and Lummi may have the similar etymological meaning 'go (in the direction of) strong'. Another possibility is that it is related to the Chemakum word x̣̌óʔəm 'strong' (recorded by Harrington 16.137, 142). In that case the vowel would be unexplained, but the /y̓/ would be the Klallam plural infix. Or it may be a blend of the Chemakum and Klallam words for 'strong'. ES and HS strongly feel that /nəxʷsx̣̌áy̓əm̓/ is just the name for the people and has no connection to 'strong'.] cp. ʔiyə́m̓ {**nəxʷsx̣̌áy̓əm̓** st. *We are Klallam.* (TC) | **nəxʷsx̣̌áy̓əm̓** yaʔ kʷi ncə́t. *My father was Klallam.* (RSh) | **nəxʷsx̣̌áy̓əm̓** čʔéʔɬx̣ʷaʔ. *He/she is Elwha Klallam.* (AS,BC) | **nəxʷsx̣̌áy̓əm̓** sná. *It's a Klallam name.* (AS) | níɬ yaʔ sxʷʔiyás ti ʔuʔx̣ə́n̓ ʔuʔ **nəxʷsx̣̌áy̓əm̓**. *That's where all the Klallams were.* (TC) | ʔuʔhúy yaʔ ʔuʔ sqʷáys yaʔ ti **nəxʷsx̣̌áy̓əm̓**. *It was the only language of the Klallams.* (TC) | ʔiʔánəŋəct cn ti nəsqʷáqʷi ʔaʔ ti **nəxʷsx̣̌áy̓əm̓**. *I'm learning to speak Klallam.* (ES) | ʔaʔakʷúst cn ʔaʔ či **nəxʷsx̣̌áy̓əm̓** sqʷáy. *I'm teaching them the Klallam language.* (ES) | táxənəŋ ixʷ či sʔiʔənʔáʔə či ɬəqitat q̓ʷčútəŋ či **nəxʷsx̣̌áy̓əm̓**. *They must have heard that the Klickitat were coming to kill the Klallams.* (MJ) | nəsx̣̌ə́ʔ či nəsx̣̌áy ʔiyáʔnəxʷ tiə **nəxʷsx̣̌áy̓əm̓** ʔəɬ qʷáys nəxʷsx̣̌áy̓əmúcən. *I want to hear the Klallam people speak the Klallam language again.* (TC) | nəsʔúŋəstəŋ č yaʔ ʔaʔ kʷɬi čná yaʔ ʔaʔ či šiʔástənəw **nəxʷsx̣̌áy̓əm̓**. *It was given to me by the Klallam person that had the name šiʔástənəw* (RSh) | níɬ suʔyə́q̓s ʔaʔ tə sxʷʔiyás tə skʷáʔkʷiʔs canu **nəxʷsx̣̌áy̓əm̓**. *Then they were even with where the hidden Klallams were.* (ES) | ʔáwənə nəsx̣̌cít kʷaʔ twəwk̓ʷənáyəs čtə kʷaʔ ʔaʔ Jamestown yaʔyáʔnəŋ ʔaʔ tiə **nəxʷsx̣̌áy̓əm̓** sqʷáqʷiʔ. *I don't know how many people still at Jamestown will hear this Klallam message.* (AC)} VAR: nəxʷx̣̌áy̓əm (TC,AS,BC) VAR: nəxʷsx̣̌áy̓əm (MVT) {**nəxʷsx̣̌áʔyəm̓** u? *Is he Klallam?* (NS,JW) | **nəxʷsx̣̌áʔyəm̓** u cxʷ? *Are you Klallam?* (AB,ICT; NS,JW) | ʔáa, **nəxʷsx̣̌áʔyəm̓** cn. *Yes, I'm Klallam.* (NS,JW) | **nəxʷsx̣̌áʔyəm̓** u tiʔə n̓scáʔčaʔ? *Is your friend here Klallam?* (NS,JW)} VAR: nəxʷsx̣̌áʔim̓ (EPT) {céʔiŋ ʔaʔ tə sxʷʔiyaʔs tə nəxʷsƛ̕áʔim̕. *They came up to where the Klallams were.* (ES)} VAR: nəxʷsƛ̕áy̕əm {***nəxʷsƛ̕áy̕əm*** st. *We are Klallam.* (AS,BC) VAR: nəxʷsƛ̕áʔyəm (LST) VAR: nəxʷsƛ̕áʔim (AS,BC) VAR: xʷsƛ̕áy̕əm {ʔuʔx̣ə́n ʔuʔ sxʷsƛ̕áy̕əm̕ ti ʔiyá yaʔ ʔaʔ məq̕ʷúʔəs. *It was all Klallam there at Rocky Point.* (TC)} VAR: nəxʷsƛ̕əy̕ƛ̕əyəm̕ (LB,CWH)

nəxʷsƛ̕ay̕əm̕áwtxʷ 〚nxʷ-s-√ƛ̕aym̕=awtxʷ loc-s-√Klallam=house〛 ☞ nəxʷsƛ̕áy̕əm *Klallam tribal center.* {ʔéɬxʷaʔ ***nəxʷsƛ̕ay̕əm̕áwtxʷ***. *Elwha Klallam Tribal Center.* (AS,BC)}

nəxʷsƛ̕ay̕əm̕úcən 〚nxʷ-s-√ƛ̕aym̕=ucin loc-s-√Klallam=mouth〛 ☞ nəxʷsƛ̕áy̕əm Stem: xʷsƛ̕ay̕əmúcən [stem used after prefixes]
1. *to speak the Klallam language.* {***nəxʷsƛ̕ay̕əm̕úcən*** cn. *I speak the Klallam language.* (AS,BC) | ***nəxʷsƛ̕ay̕əm̕úcən*** st. *We're talking in Klallam.* (ES) | ***nəxʷsƛ̕ay̕əm̕úcən*** u cxʷ? *Do you speak Klallam?* (AS,BC) | ***nəxʷsƛ̕ay̕əm̕úcən*** st ʔəɬ qʷiʔnə́wiʔəɬ. *We speak Klallam when we talk.* (TC) | ***nəxʷsƛ̕ay̕əm̕úcən*** t sqʷinə́wiɬ. *We're having a discussion in Klallam.* (ES) | ***nəxʷsƛ̕ay̕əm̕úcən*** ʔəɬ qʷáqʷis. *It's the Klallam language when they're talking.* (ES) | ʔiyá ʔaʔ či naʔcáʔuŋxʷ sčtə́ŋxʷən ***nəxʷsƛ̕ay̕əm̕úcən***. *They are there in foreign lands speaking the Klallam language.* (ES) | stáŋ ʔuč či snás ***nəxʷsƛ̕ay̕əm̕úcən*** kʷi "father"? *What is the Klallam name for "father"?* (AS,BC) | stáŋ ʔuč či sqʷáy ***nəxʷsƛ̕ay̕əm̕úcən*** kʷi "father"? *What is the Klallam word for "father"?* (AS,BC) | ***nəxʷsƛ̕ay̕əm̕úcən*** cxʷ ʔəɬ qʷáyəxʷ. *Use Klallam when you talk.* (TC) | čəŋíkʷs či ns***nəxʷsƛ̕ay̕əm̕úcən***. *I don't know how to talk Klallam.* (ES) | ʔáwənə nəkʷɬ***nəxʷsƛ̕ay̕əm̕úcən***. *There's no one to speak Klallam with.* (TC) | ʔuʔx̣ə́nə́ɬ yaʔ ti su***ʔnəxʷsƛ̕ay̕əm̕úcən***ɬ ʔəɬ qʷáqʷiʔəɬ. *We always used Klallam when we talked.* (TC) | kʷɬʔiʔánəŋ ʔəɬ ***nəxʷsƛ̕ay̕əm̕úcən***s ʔaʔ čiʔástənəwət. *Ruth Shelton knows how to speak the Klallam language.* (EB) | nuʔ***nəxʷsƛ̕ay̕əm̕úcən*** cə yəkʷəŋéʔnəŋ. *He's talking Cowichan like a Klallam.* (TC) | ʔuʔx̣ə́n ʔuʔ ***nəxʷsƛ̕ay̕əm̕úcən*** ʔəɬ qʷáqʷiʔs. *They all spoke Klallam when they talked.* (TC) | nuʔxʷanítəm cə ***nəxʷsƛ̕ay̕əm̕úcən***. *That man talking Klallam looks like a white man.* (TC) | ʔaʔkʷúst caʔn ciʔə sƛ̕ix̣áʔƛ̕qɬ či s***nəxʷsƛ̕ay̕əm̕úcən***s. *I'm going to teach this child to speak Klallam.* (TC) | níɬ yaʔ kʷaʔčaʔ sxʷuʔx̣ə́nə́ɬ yaʔ ʔuʔ***nəxʷsƛ̕ay̕əm̕úcən*** ti qʷáqʷiʔ yaʔ. *That's why all of us spoke the Klallam language.* (TC) | níɬ kʷə nəsxʷƛ̕áy ʔuʔ čəŋíkʷs cə ***nəxʷsƛ̕ay̕əm̕úcən***. *That's why I also don't know the Klallam language.* (TC) | nəsƛ̕éʔ či nəsƛ̕áy ʔiyáʔnəxʷ tiə nəxʷsƛ̕áy̕əm ʔəɬ qʷáys ***nəxʷsƛ̕ay̕əm̕úcən***. *I want to hear the Klallam people speak the Klallam language again.* (TC) | ʔuʔtxʷʔáwənə kʷaʔčaʔ ʔáɬaʔ ʔaʔ tiə tə́ŋəxʷ ʔiʔánəŋ ti ***nəxʷsƛ̕ay̕əm̕úcən***s, əw? *It's getting so that nobody here in this land knows the Klallam language, eh?* (TC) | x̣ə́n̕ə kʷi ʔuʔ xčtín̕ yaʔ sʔiʔáyəxʷɬ ʔuʔ***nəxʷsƛ̕ay̕əm̕úcən*** yaʔ ʔəɬ qʷáʔqʷiʔəs. *All our elders I knew spoke Klallam when they talked.* (TC) | ʔuʔtxʷəʔáwənə ʔiʔánəŋ ***nəxʷsƛ̕ay̕əm̕úcən***. *It's getting so that there's no one who knows the Klallam language.* (TC) | ʔáwənə či cán ʔiʔánəŋ ʔəɬ ***nəxʷsƛ̕ay̕əm̕úcən***əs ʔawč̕ʔiyá cə north kʷi táns yaʔ cə nəsƛ̕ayéʔƛ̕qɬ. *None of them understand the Klallam language because the late mother of my children was from the north.* (TC) | ʔuʔtxʷncáx̣ ʔi ʔuʔəstáx̣ tə nəsqʷáy ʔəɬ nəsƛ̕éʔs ti ***nəxʷsƛ̕ay̕əm̕úcən*** ʔəɬ qʷáqʷiʔən. *Every once in a while now I am mistaken in my words when I want to talk in the Klallam language.* (TC) | ʔiʔánəŋct cn ti nəs***nəxʷsƛ̕ay̕əm̕úcən***. *I'm learning to speak the Klallam language.* (ES) | ʔəskʷúkʷəl cn ʔaʔ cə ***nəxʷsƛ̕ay̕əm̕úcən***. *I'm learning to talk the Klallam language.* (TC) | čəŋíkʷs či ns***nəxʷsƛ̕ay̕əm̕úcən***. *I don't know how to talk Klallam.* (ES)}

2. *the Klallam language.* {hiyitíxʷ či tiə ***nəxʷsƛ̕ay̕əm̕úcən***. *Revive the Klallam language!* (TC) | nəsƛ̕éʔ či nəshiyitíxʷ tiə ***nəxʷsƛ̕ay̕əm̕úcən*** sqʷáy. *I want to revive the Klallam language.* (TC) | ʔuʔhúy yaʔ ʔuʔ qʷáy sʔiʔáyəxʷɬ yaʔ tiə ***nəxʷsƛ̕ay̕əm̕úcən*** ʔəɬ kʷənnə́kʷis. *Our elders spoke only Klallam when they saw each other.* (TC) | kʷɬtwawxčtís ixʷ čtə kʷi ***nəxʷsƛ̕ay̕əm̕úcən***. *She must still know the Klallam language.* (AC) | kʷaʔ ʔuʔhúyɬ ʔuʔ čəʔúʔwəs ʔaʔ či ʔə́y cəniɬ ***nəxʷsƛ̕ay̕əm̕úcən*** sqʷáy. *If we use the Klallam language only for good.* (BH) | ʔiʔ kʷɬhíc ʔəɬ ʔáwən kʷə nəsyaʔyəŋít kʷə ***nəxʷsƛ̕ay̕əm̕úcən*** ʔaʔ kʷi nəstáči ʔaʔ tiə xʷləmi. *It's been a long time that I haven't heard the Klallam language since I came here to Lummi.* (EB)} VAR: nəxʷsƛ̕aʔyəmúcən (AB,ICT) {***nəxʷsƛ̕aʔyəmúcən*** u? *Does he speak Klallam?* (NS,JW) | ***nəxʷsƛ̕aʔyəmúcən*** u cxʷ? *Do you speak Klallam?* (AB,ICTnr; NS,JW) | čəŋíkʷs cn či ***nəxʷsƛ̕aʔyəmúcən***. *I don't know how to speak Klallam.* (AB,ICT) | ***nəxʷsƛ̕aʔyəmúcən*** u tiʔə n̕sxʷtúnəq? *Does your older brother here speak Klallam?* (NS,JW)} VAR: nəxʷsƛ̕ayəmúcən (TC) VAR: nəxʷsƛ̕ay̕əmúcən (AS) VAR: xʷƛ̕ay̕əmúcən (TC) {ʔuʔhúy či n̕su***xʷsƛ̕ay̕əm̕úcən***. *Only speak Klallam.* (TC) | ʔáwənə nəsxčít kʷaʔ ʔuʔəsƛ̕úʔƛ̕əmn̕ u či nsuʔxčít ʔaʔ či ns̕ʔáwə c ʔiyáʔnəŋ ʔəɬ ***xʷƛ̕ay̕əm̕úcən***n. *I don't know if I'm right when I know I'm not hearing the Klallam language.* (TC)} VAR: sƛ̕ay̕əmúcən {tiə ʔə́cə x̣čít či ***sƛ̕ay̕əmúcən***. *It's I who knows the Klallam language.* (BH) | ʔáwənəʔ sxčíts kʷsə ŋə́naʔ či ***sƛ̕ay̕əmúcən***s. *My daughter doesn't know the Klallam language.* (EPT)} VAR: ƛ̕ay̕əm̕úcən {***ƛ̕ay̕əm̕úcən*** cn. *I speak the Klallam language.* (TC)}

nəxʷsƛ̕ay̕əm̕úcən 〚nxʷ-s-√ƛ̕aym̕=ucin<ʔ> loc-s-√Klallam=mouth<actl>〛 ☞ nəxʷsƛ̕ay̕əmúcən *to be speaking the Klallam language.* {***nəxʷsƛ̕ay̕əm̕úcən*** cn. *I'm talking Klallam.* (ES)}

nəxʷsƛ̕ə́kʷ 〚nxʷ-s-√ƛ̕kʷ loc-s-√take〛 ☞ ƛ̕ə́kʷ
1. *to find a girlfriend or boyfriend.* (ES,TC) {***nəxʷsƛ̕ə́kʷ*** cn. *I got a boyfriend.* (AS,BC)}

2. someone that has found a girlfriend or boyfriend. (AS,BC) VAR: sƛ̕ák̕ʷ (AS,BC) {**sƛ̕ák̕ʷs**. *He fell for her.* (AS) | nsƛ̕ák̕ʷ. *She's my sweetheart.* (AS) | ƛ̕áy cn ʔuʔ sƛ̕ák̕ʷ. *I got a girlfriend, too.* (AS,BC) | ƛ̕áy cn čsƛ̕ák̕ʷ. *I have a girlfriend again.* (TC) | čaʔsƛ̕ák̕ʷs kʷi kʷə swéʔwəs. *The boy just fell for her.* (AS) | čaʔnsƛ̕ák̕ʷ kʷi kʷə swéʔwəs. *I just fell for the boy.* (AS)}

nəxʷsƛ̕áy ⟦nxʷ-s-√ƛ̕ay loc-s-√quiet⟧ [root not identified in other words] to be quiet (not talking and not moving around), a quiet person, a person that does not talk much. (MJT) {***nəxʷsƛ̕áy*** *yaʔ cn ʔaʔ kʷi nəsƛ̕íƛ̕aʔƛ̕qł. I was quiet when I was young.* (MJT)} VAR: nəxʷsƛ̕áy (ES) {***nəxʷsƛ̕áy*** *cə q̕áʔŋiʔ. That girl is quiet.* (ES)}

nəxʷsƛ̕əyáy̕əm̕š ⟦nxʷ-s-√ƛ̕<əy>ay̕m̕=umš loc-s-√Klallam=type⟧ ☞ nəxʷsƛ̕áy̕əm̕ Klallam people. {*q̕wánəss təs **nəxʷsƛ̕əyáy̕əm̕š** či šiyaʔs ʔúxʷ ʔaʔ tə sƛ̕áʔnəqs čta. He invited the Klallams from far and wide to go to his potlatch.* (MJ)} VAR: ƛ̕əy̕ƛ̕áyəm̕ (LBH)

nəxʷsƛ̕əy̕əkʷáʔnəŋ ⟦nxʷ-s-√ƛ̕yaʔ=kʷan-ŋ loc-s-√seek=means-mdl⟧ ☞ ƛ̕əy̕kʷáʔnət someone who is looking for food or other means all the time. (TC) VAR: nəxʷsƛ̕əy̕kʷáʔnəŋ (TC)

nəxʷsƛ̕iy̕ʔámaxʷ ⟦nxʷ-s-√ƛ̕ya?=maxʷ loc-s-√seek=being⟧ ☞ ƛ̕iʔáŋ to be a good provider. ⟪AA only; AS,BC,TC,ES do not know this word. The meaning is guessed from the context in the story of the Envious Sister-in-law.⟫ {*suʔmán̕s ʔuʔ ʔuʔáy̕ ʔuʔ **nəxʷsƛ̕iy̕ʔámaxʷ**. He was a very good provider.* (AA) | ***nəxʷsƛ̕iy̕ʔámaxʷ*** *cə swəy̕qaʔs c sʔúq̕ʷaʔs. Her sister's husband was a good provider.* (AA) | *mán̕ ʔuʔ nəxʷčiyaʔyéʔwən ʔaʔ či smán̕s ʔuʔ **nəxʷsƛ̕iy̕ʔámaxʷ** cə scutáyəł. She was very resentful of her brother-in-law being such a good provider.* (AA) | *mán̕ ʔuʔ nəxʷčiyaʔyéʔwən ʔaw̕suʔmán̕s ʔuʔ **nəxʷsƛ̕iy̕ʔámaxʷ** cə scutáyəł swəy̕qaʔs cə saʔəy̕čən̕s. She was very resentful because her brother-in-law, her younger sister's husband, was a good provider.* (AA) | *kʷaʔ ʔáwə c xʷənáŋ či xčŋíns, ʔiʔ húʔ caʔ cxʷ sxʷčiyaʔyéʔwən ʔiʔ sqiʔnúŋət ʔiʔ nəxʷqʷiʔqʷəyéʔwən ʔaʔ či ńsʔístxʷ caʔ ʔiʔ ʔuʔcxʷət ʔiʔ ʔuʔnák̕ʷ caʔ ʔuʔ cə́xʷ ʔaʔ či syáʔts cə sisiyáʔiłs cə sčiyaʔyéʔwən yaʔ scutáyəł ʔaʔ ʔuʔ mán̕ ʔuʔ **nəxʷsƛ̕iy̕ʔámaxʷ**. If you are not thinking like that, and if you are resentful and angry and thinking that you'll do something to make someone disappear, it will be you that disappears as what happened to the envious in-laws of that very good provider.* (AA)}

nəxʷsmiʔmə́y̕əq ⟦nxʷ-s-my̕+√məy̕q loc-s-actl+√forget⟧ ☞ miʔmə́y̕əq to be forgetful, always forgetting things. (MJT; TC)

nəxʷsnaʔnáł ⟦nxʷ-s-naʔ+√nał loc-s-dim+√?⟧ Port Ludlow, Washington. (MJT) VAR: nəxʷsnáʔəł (LBH; JSH)

nəxʷsnə́qəŋ ⟦nxʷ-s-√nəq-ŋ loc-s-√dive-mdl⟧ ☞ nə́qəŋ a diver, someone who dives a lot. (MJT)

nəxʷspxʷə́yu ⟦nxʷ-s-√puxʷ-əyu loc-s-√blow-activ⟧ ☞ pxʷə́yu to be blowing (of the wind). (ES)

nəxʷsqaʔyáł ⟦nxʷ-s-√qaʔyał loc-s-√noise⟧ to be noisy, loud. (TC; ES) {*xʷúyəq̕ʷəŋ ʔaʔ ti **nəxʷsqaʔyáł**. He snores loud.* (MJT)} VAR: nəxʷsqayə́ł (MJT) VAR: nəxʷsqaʔyáł (ES) {*mán̕ cxʷ ʔuʔ **nəxʷsqaʔyáł**. You're too noisy. / You're talking too loud.* (MJT) | *ʔáwə či c ʔuʔ**nəxʷsqáyəł**. Don't talk so loud.* (MJT)} VAR: nəxʷsqáʔyəł (ES) VAR: nəxʷsqáyaʔł (AS,BC) {***nəxʷsqáyaʔł*** *cə q̕áʔŋi ʔəł nə́čəŋs. The girl is loud when she laughs.* (AS)} VAR: nəxʷsqə́yaʔł (AS) VAR: qə́yaʔł (AS) ⟦√qəyaʔł √noise⟧ {***qə́yaʔł*** *cn ʔəł naʔnə́yəŋ. I'm loud when I'm laughing.* (AS)}

nəxʷsqinúŋət ⟦nxʷ-ʔs-√qi-nuŋt loc-stat-√angry-ncmdl⟧ ☞ qinúŋət to be always angry, mad, quick tempered. (AS,BC) {*mán̕ cxʷ ʔuʔ **nəxʷsqinúŋət**. You're always very mad.* (AS,BC)}

nəxʷsqáʔyixs ⟦nxʷ-s-√q<aʔy>ix=us loc-s-√black<pl>=face⟧ ☞ nəxʷsqíxs a group black people, people of African descent. (EPT)

nəxʷsqíxs ⟦nxʷ-s-√qix=us loc-s-√black=face⟧ ☞ ʔənəqíx̣ black person, a person of African descent. (EPT; RS; ES)

nəxʷsqʷúʔqʷaʔ ⟦nxʷ-s-qʷuʔ+√qʷuʔ loc-s-char+√water⟧ ☞ qʷúʔqʷaʔ a drinker, someone who drinks regularly. {*mán̕ ʔuʔ **nəxʷsqʷúʔqʷaʔ**. He drinks a lot.* (MJT)}

nəxʷsqʷúʔqʷqʷaʔ ⟦nxʷ-s-qʷuʔ+qʷ+√qʷuʔ loc-s-char+actl+√water⟧ ☞ nəxʷsqʷúʔqʷaʔ a drinker, someone who is drinking. {*mán̕ ʔuʔ **nəxʷsqʷúʔqʷqʷaʔ**. He's drinking a lot now.* (MJT)}

nəxʷsq̕ʷaʔq̕ʷiʔə́ł ⟦nxʷ-s-q̕ʷaʔ+√q̕ʷəy̕-ł loc-s-dim+√acquaint-dur⟧ ☞ q̕ʷə́y̕qʷi to talk quietly, keep noise low. (ES) VAR: sq̕ʷaʔq̕ʷiʔə́ł (AS) {***sq̕ʷaʔq̕ʷiʔə́ł*** *cn. I speak quietly.* (AS) | ***sq̕ʷaʔq̕ʷiʔə́ł*** *cə sƛ̕íƛ̕aʔƛ̕qł. The child is quiet.* (AS)}

nəxʷstáy ⟦nxʷ-s-√tay loc-s-√canoe_race⟧ ☞ stáy canoe racer. (TC)

nəxʷsté?wiʔəł ⟦nxʷ-s-√ti?wyəł loc-s-√pray⟧ ☞ téʔwiʔəł to be religious, go to church regularly. (ES; TC) {*ʔúxʷ cn ʔaʔ ti čə́ńəŋ čúwɬs ti **nəxʷstéʔwiʔəł**. I was shaking at our usual church.* (MJ)}

nəxʷstəŋúʔəŋ ⟦nxʷ-√tŋuʔ-ŋ loc-√swim-mdl⟧ ☞ ɬəŋúʔəŋ swimmer, someone who swims a lot. (MJT)

nəxʷsuʔə́čt ⟦nxʷ-√su<ʔə>y-t loc-√follow_path<actl>-trns⟧ [/y/ → /č/] ☞ nəxʷsúyət to be threading a needle, stringing beads. (HS,ES)

nəxʷsuʔúʔiŋ ⟦nxʷ-√s<əʔ>u<ʔ>y-ŋ loc-√follow_path<actl>-mdl⟧ ☞ nəxʷsúyəŋ to be following a trail, path, road. (ES) {***nəxʷsuʔúʔiŋ*** *kʷə nsíyaʔ ʔəł túkʷs. My grandfather followed the trail home.* (AS)} VAR: nəxʷsuʔúʔyəŋ (TC) VAR: nəxʷsəʔúʔiŋ {*ʔiʔšótəŋ canu swéʔwəs ʔiʔ **nəxʷsəʔúʔiŋ** ʔaʔ cə saʔsúłł. That young man was walking and going along our path.* (ES)}

nəxʷsúyəŋ ⟦nxʷ-√suy-ŋ loc-√follow_path-mdl⟧ to take, follow a path (into the woods), go a particular way, this way or that way along (a trail). (TC; AS,BC) {*nəxʷsuyəŋ* cn. *I go that way.* (TC)} VAR: nəxʷsúyŋ (AS,BC; BC) {níɬ kʷə nsíyaʔ *nəxʷsúyŋ* ʔəɬ ɬúkʷs. *It's my grandfather that takes a trail home.* (AS) | níɬ suʔənʔás *nəxʷsúyŋ* ʔaʔ tiə súɬ ʔiʔ tə́s ʔaʔ tə sxʷʔíyaʔs yaʔ kʷə nəsʔúqʷaʔ ʔiʔ čə́q sxcaʔyáwtxʷ cə čixʷəyáʔəwəɬ ʔaʔ cə qəyáxən. *He came along this road and got to where my brother was, and there was a big barn inside the fence.* (ES)}

nəxʷsúyət ⟦nxʷ-√suy-t loc-√follow_path-trns⟧ ☞ nəxʷsúyəŋ to string beads, sew, thread beads onto a needle. {*nəxʷsúyət* či nə́cuʔ qʷə́yqʷi. *String one bead.* (MJT)} VAR: nəxʷsúyt (AS)

nəxʷsúyətəŋ ⟦nxʷ-√suy-t-ŋ loc-√swell-trns-psv⟧ ☞ súytxʷ to get swollen, bloated, get blown up (as a balloon). (EPT; ES) {*nəxʷsúyətəŋ* cn. *I swelled up. / I got bloated.* (ES; TC)} VAR: nəxʷsúytəŋ (EPT; ES) {*nəxʷsúytəŋ* cə spúsəŋ. *The boil swelled up.* (AS) | *nəxʷsúʷytəŋ* tə sxʷónaʔ ʔaʔ Sparks. *Sparks's feet swelled up.* (AS) | *nəxʷsúytəŋ* cə ncáys ʔɬ čáʔin. *My hands swell up when I'm working.* (AS,BC)} VAR: xʷsúytəŋ (AS) VAR: xʷsúyətəŋ (LC)

nəxʷsxʷɬtə́xʷəŋ ⟦nxʷ-sxʷ-√ɬtəxʷ-ŋ loc-for-√suck_in-mdl⟧ ☞ ɬtə́xʷəŋ vacuum cleaner. (AS)

nəxʷsxaʔsíkʷən ⟦nxʷ-ʔs-√xaʔs=iwən loc-stat-√bad=interior⟧ ☞ sxáʔəs to be rude, mean spirited, have bad manners, a bad attitude. (EWH; ES) VAR: sxaʔsíkʷən (TC) {máń ʔuʔ *sxaʔsíkʷən*. *He's very mean.* (TC)}

nəxʷsxaʔyíkʷən ⟦nxʷ-s-√xaʔs-iy=iwən loc-s-√bad-dev=interior⟧ [analysis uncertain] ☞ sxáʔəs
1. to be a mean, cruel, fierce person. (ES; AS,BC) {*nəxʷsxaʔyíkʷən* cə ʔəcɬtáyŋxʷ. *That person was mean.* (AS)}
2. to feel sick inside. (AS) {*nəxʷsxaʔyíkʷən* kʷə nƛ̓ác. *My stomach feels sick.* (AS)}

nəxʷšaʔčúst ⟦nxʷ-√š<ʔ>č=us-t loc-√hit<actl>=face-trns⟧ ☞ nəxʷščúst to be slapping someone's face. {*nəxʷšačústs* č kʷsə sɬániʔs. *He's slapping his wife's face.* (EPT)}

nəxʷšaʔƛ̓úsəŋ ⟦nxʷ-√šaʔƛ̓=us-ŋ loc-√brag=face-mdl⟧ to brag right in someone's face. (AS) VAR: šaʔšƛ̓úsəŋ (MJT) {kʷɬ*šaʔšƛ̓úsəŋ*. *He's starting to brag.* (MJT)}

nəxʷšaʔšƛ̓úsəŋ ⟦nxʷ-šaʔ+√šaʔƛ̓=us-ŋ<ʔ> loc-dim+√brag=face-mdl<actl>⟧ ☞ nəxʷšaʔƛ̓úsəŋ to be bragging, boasting. (ES) {ʔáwə či c *nəxʷšaʔšƛ̓úsəŋ*. *Don't brag.* (MJT) | ʔuʔ xənáɬ ti su*ʔnəxʷšaʔšƛ̓úsəŋ*s. *He's always bragging about himself.* (ES) | ʔúytxʷ *nəxʷšaʔšƛ̓úsəŋ* ʔiʔ ʔáwə c yaʔyíxt. *When he starts bragging, don't pay attention to it.* (MJT) VAR: šaʔšƛ̓úsəŋ {kʷníɬ kʷi su*ʔšaʔšƛ̓úsəŋ*s. *She's a great one to brag.* (MJT) | kʷɬ*šaʔšƛ̓úsəŋ* kʷɬaʔčaʔ. *She's bragging now.* (MJT)}

nəxʷščiyáŋkʷən ⟦nxʷ-s-√č<iy>aŋ=iwən loc-s-√feisty<pl>=interior⟧ ☞ nəxʷščáŋkʷən to be a mean, inconsiderate group of people. (MJT) VAR: nəxʷščiyáŋəkʷən (MJT)

nəxʷščuʔáčt ⟦nxʷ-√šč=əwač-t loc-√hit=bottom-trns⟧ ☞ ščə́t to spank someone. (ES) {*nəxʷščuʔáčts* cə ŋə́naʔs. *He spanks his child.* (AS)} VAR: ščuʔáčt {*ščuʔáčts* cə ŋə́naʔs. *He spanked his child.* (AS)}

nəxʷščúst ⟦nxʷ-√šč=us-t loc-√hit=face-trns⟧ ☞ ščə́t to slap someone on the face. (ES; TC) {*nəxʷščúst* cn. *I slapped him on the face.* (ES)}

nəxʷščústəŋ ⟦nxʷ-√šč=us-t-ŋ loc-√hit=face-trns-psv⟧ ☞ nəxʷščúst to be slapped in the face. (MJT) {*nəxʷščústəŋ* cn. *Someone slapped my face.* (ES) | *nəxʷščústəŋ* č kʷsayə. *He got slapped in the face.* (EPT)} VAR: šəčústəŋ (AS,BC)

nəxʷšəpúct ⟦nxʷ-√šup-cut loc-√squat-rflxv⟧ [metathesis with reflexive] ☞ ʔəsxʷšúʔšp̓ to squat down. (ES) VAR: nəxʷšp̓úct (ES)

nəxʷšəyčúst ⟦nxʷ-√š<əy>č=us-t loc-√hit<pl>=face-trns⟧ ☞ nəxʷščúst to slap, hit someone in the face repeatedly. {ʔiʔ ʔuʔ máń cn ʔuʔ *nəxʷšəyčúst* cə xʷənítəm ʔiʔ qinúŋət ixʷ. *I slapped that white man in the face too much, and I guess he got angry.* (ES)}

nəxʷšiʔšəyčáyəs ⟦nxʷ-šiʔ+√š<əy>č=ayus loc-aff+√hit<pl>=eye⟧ ☞ ščə́t little dark people who live in the trees and use a club instead of an axe or saw to fell them. *When you are in the woods and hear loud cracking sounds, that is these little people hitting the trees. They were seen around Discovery Bay about 100 years ago. (ES)

nəxʷtaʔx̣iʔítəŋ ⟦nxʷ-√tax̣=ayi-t-ŋ<ʔ> loc-√spread<actl>=leg<actl>-trns-psv<actl>⟧ ☞ sxʷtax̣áyəɬ having one's legs spread. {*nəxʷtaʔx̣iʔítəŋ* cn. *She's spreading my legs.* (ES)} VAR: nəxʷtaʔx̣iʔə́ʔytəŋ {*nəxʷtaʔx̣iʔə́ʔytəŋ* cn. *Someone is spreading my legs.* (ES)}

nəxʷtčács[1] ⟦nxʷ-√tay=acis loc-√respond=hand⟧ ☞ táyəcən to retaliate, get back at, get even with, get revenge. (ES) {*nəxʷtčács* u cxʷ? *Did you get even?* (ES) | ʔáwə cn c *nəxʷtčács*; ʔuʔsəmíxʷ cn. *I didn't get even; I kept quiet.* (ES)}

nəxʷtčács[2] ⟦nxʷ-√tč=acis loc-√stab=hand⟧ ☞ tə́č to get a sliver in one's hand. {*nəxʷtčács* cn ʔaʔ kʷə scúɬ. *I got a sliver from the wood.* (AS)} VAR: xʷtáčcs (AS)

nəxʷtčácst ⟦nxʷ-√tay=acis-t loc-√respond=hand-trns⟧ ☞ nəxʷtčács to retaliate, get back at, get even with, revenge against someone. {*nəxʷtčácst* cn cə ʔatšə́nəmən. *I retaliated against the enemy.* (AS)} VAR: tčácst ⟦√tay=acis-t √respond=hand-trns⟧ {*tčácst* cn. *I retaliated against him.* (AS)}

nəxʷtčáys ⟦nxʷ-√tč=ayus loc-√stab=eye⟧ ☞ tə́č to get one's eye poked. (AS,BC) {čiyáy kʷi nəsnəxʷtčáys. *I almost got poked in the eye.* (AS,BC)}

nəxʷtčáys kʷi kʷə stiqéw. *The horse got poked in the eye.* (AS)}

nəxʷtčícstəŋ ⟦nxʷ-√tay-i=acis-t-ŋ loc-√respond-persist=hand-trns-psv⟧ ☞ **nəxʷtčácst** *to be retaliated against, got revenge on by someone.* {**nəxʷtčícstəŋ** cn. *They got revenge on me.* (ES)}

nəxʷtčúc ⟦nxʷ-√tay=ucin-t-c loc-√respond=mouth-trns-1obj/2obj⟧ ☞ **nəxʷtčúct** *answer me; answer you.* {**nəxʷtčúc** cxʷ. *You answered me.* (ES)}

nəxʷtčúcən ⟦nxʷ-√tay=ucin loc-√respond=mouth⟧ [/y/ → /č/ with prefix] ☞ táyəcən *answer, reply.* (ES) {**nəxʷtčúcən** cn. *I answered.* (TC) | húʔ caʔ cxʷ kʷ ʔuʔƛ́áy **nəxʷtčúcən** ʔaʔ tiə nəsqʷáqʷiʔ?... *If you will reply again to my message...* (RSh)}

nəxʷtčúct ⟦nxʷ-√tay=ucin-t loc-√respond=mouth-trns⟧ [/y/ → /č/] ☞ táyəcən *to answer, reply to someone, respond by speaking.* (ES) {**nəxʷtčúct** cn cə swə́yqaʔ. *I answered the man.* (AS)}

nəxʷtəmɬúsəŋ ⟦nxʷ-√təmɬ=us-ŋ loc-√ocher=face-mdl⟧ ☞ təməɬúsəŋ
1. *to put ocher on one's face.* (AS) {**nəxʷtəmɬúsəŋ** cə ʔaʔyəcɬtáyŋxʷ hiyáʔ ʔaʔ kʷi mə́kʷaʔ. *The Indians going to the cemetery put ocher on their faces.* (AS)}
2. *to put any paint or makeup on one's face.* (ES)

nəxʷtə́q ⟦nxʷ-√tq loc-√shut⟧ ☞ tə́q *to shut, close.* (TC) {**nəxʷtə́q** cə súɬ. *The door closed. / The road is always closed.* (TC; AS,BC) | ʔúy̕ ixʷ cxʷ ʔíŋənəxʷ ti nəxʷk̓ʷq́ə́ts cə súɬ ʔiʔ kʷə́q́ ti ńsuʔčə́yəxʷ ʔiʔ **nəxʷtə́q**. *When you step on something to open the door, it opens when you enter and closes.* (MJ)}

nəxʷtə́qt ⟦nxʷ-√t<ə́>q-t loc-√shut<actl>-trns⟧ ☞ **nəxʷtqə́t** *to be covering, closing something.* {ʔáwə c **nəxʷtə́qt** tsə ńsqʷə́yəs. *Don't cover what you're boiling.* (MJT) | tə́xʷ cn ʔaʔ **nəxʷtə́qt** cə gate ʔiʔ ƛ́áy kʷəkʷáčəŋ či qəwičə́p. *Just as I closed the gate the cougar started to holler again.* (MJ) | sq̓ʷéʔq̓ʷiʔ ti xʷúŋəns ʔaʔ tə ćíq̓ʷəns tə šəmáns ʔiʔ **nəxʷtə́qt** ti sxʷsáʔčəŋs. *His shoulder was against the enemy's throat and closed off his breath.* (ES)}

nəxʷtkʷáyən ⟦nxʷ-√tkʷ-ay=an̓ loc-√break-ext=ear⟧ ☞ tkʷə́t *the point at the west side of Freshwater Bay.* ✱*The name of a woman who lived at Freshwater Bay. She lassoed her little girl (tánəyə) with her pack strap and was caught holding her when the Changer came. Her husband was Mt. Baker, who went far away with his mountain sheep.* (ABT; AS,BC) *cp.* nəxʷtkʷáyŋxʷ VAR: nəxʷtkʷáyn̓ (JSH)

nəxʷtkʷáyŋ *Freshwater Bay. See under:* tkʷáyŋxʷ

nəxʷtkʷáyŋxʷ *Freshwater Bay. See under:* tkʷáyŋxʷ

nəxʷtkʷə́wəč ⟦nxʷ-√tkʷ=əwəč loc-√break_long=bottom⟧ ☞ tə́kʷ *to break one's tailbone.* (ES)

nəxʷtkʷícən ⟦nxʷ-√tkʷ=icən loc-√break=back⟧ ☞ tə́kʷ *to break the back.* (ES) {**nəxʷtkʷícən** cn. *I broke my back.* (AS,BC) | **nəxʷtkʷícən** cə swéʔwəs. *The boy broke his back.* (AS,BC)} VAR: tkʷícən {**tkʷícən** cn. *I broke my back.* (AS,BC)}

nəxʷtkʷíkʷən ⟦nxʷ-√tkʷ=iwən loc-√break=interior⟧ ☞ tə́kʷ *to break the back.* {**nəxʷtkʷíkʷən** cn. *I broke my back.* (AS,BC)} VAR: xʷtkʷíkʷən (AS,BC) VAR: tkʷíkʷən {**tkʷíkʷən** cn. *I broke my back.* (AS,BC)}

nəxʷtqə́t ⟦nxʷ-√tqə-t loc-√shut-trns⟧ ☞ tqə́t *to close it, shut it, cover a container, shut a door.* (ES; TC) {**nəxʷtqə́t** cə súɬ. *Shut the door.* (EPT; ES; TC) | **nəxʷtqə́t** cə ƛ́úyəqs. *Close the box.* (HS) | **nəxʷtqə́t**s cə súɬ. *They shut the door.* (ES) | **nəxʷtqə́t** či cə ńsqʷə́yəs. *Cover your what you're boiling.* (MJT)}

nəxʷtqə́təŋ ⟦nəxʷ-√tqə-t-ŋ loc-√shut-trns-psv⟧ ☞ **nəxʷtqə́t** *to be closed by someone or something.* (ES; TC) {**nəxʷtqə́təŋ** cə súɬ. *The road is closed. / The door is closed. / He closed the door.* (AS)}

nəxʷtsə́nəŋ *be arrived for. See under:* tsnə́səŋ

nəxʷtxiʔíyəŋ ⟦nxʷ-√taʔx̣=ayi-iy-ŋ loc-√spread=leg-dev-mdl⟧ *to spread one's legs apart.* (ES) {**nəxʷtxiʔíyəŋ** cn. *I spread my legs.* (ES)}

nəxʷtx̣ʷíkʷən ⟦nxʷ-√tux̣ʷ=iwən loc-√exactly=interior⟧ ☞ tə́x̣ʷ *to be half full.* (AS,BC) VAR: nəxʷtkʷíkʷən (BC) {ʔáw c n̓**nəxʷtkʷíkʷən**. *Don't just give half.* (ES) | ʔəstúŋət ʔay̓ **nəxʷtkʷíkʷən** cə n̓súʔtən. *Why is your bucket half full?* (ES)}

nəxʷɬaʔqaʔáys ⟦nxʷ-√ɬa<ʔ>qəʔ=ayus loc-√bruise<actl>=eye⟧ ☞ sɬaqaʔáys *to get a black eye.* {**nəxʷčsústən** cn ʔiʔ **nəxʷɬaʔqaʔáys** cn. *I got hit in the face, and I got a black eye.* (ES)}

nəxʷwə́k̓ʷ ⟦nəxʷ-√wək̓ʷ loc-√?⟧
1. *the spit north of Nordland at Port Hadlock.* (LB,CWH)
2. *Mount Rainier.* (LBH; LB,CWH) *cp.* təqʷúʔmaʔ

nəxʷxʷaʔsúsəŋ ⟦nxʷ-√xʷi<ʔ>s=us-ŋ loc-√shake<actl>=face-mdl⟧ ☞ xʷíst *to shake one's head (saying no).* (ES) VAR: nəxʷxʷúsəŋ (MJ)

nəxʷx̣aʔčústəŋ ⟦nxʷ-√x̣i<ʔ>č=us-t-ŋ<ʔ> loc-√scratch<actl>=face-trns-psv<actl>⟧ ☞ **nəxʷx̣čústəŋ** *being scratched on the face.* {ʔáʔiʔ č kʷsə **nəxʷx̣aʔčústəŋ**. *Face scratching is continuing.* (EPT)}

nəxʷx̣áʔəy ⟦nəxʷ-√x̣aʔəy loc-√?⟧ *Squamish Harbor, south of Port Ludlow.* (LBH)

nəxʷx̣áƛəŋ ⟦nəxʷ-√x̣aƛ-ŋ loc-√windy-mdl⟧ ☞ x̣áƛəŋ *to be a swift tide.* {ʔiʔ **nəxʷx̣áƛəŋ** č cə sxʷʔiyás. *And there was a swift tide where they were.* (TC)}

nəxʷx̣čúst ⟦nxʷ-√x̣ič=us-t loc-√scratch=face-trns⟧ ☞ x̣čít *to scratch someone on the face.* (ES) {**nəxʷx̣čúst**s cə sqmə́y. *It scratched the dog's face.* (AS) | **nəxʷx̣čúst**s cə píšpš. *It scratched the cat's face.* (AS) | **nəxʷx̣čúst**s cə sqmə́y cə píšpš. *The cat scratched the dog's face.* (AS)}

nəxʷx̣čústəŋ ⟦nxʷ-√x̣ič=us-t-ŋ loc-√scratch=face-trns-psv⟧ ☞ nəxʷx̣čúst to be scratched on the face by someone or something. (MJT; AS,BC) {*nəxʷx̣čústəŋ* cn. *Something scratched me on the face.* (ES) | *nəxʷx̣čústəŋ č kʷsáyə. He got scratched in the face.* (EPT)}

nəxʷx̣əmx̣əmáy̓ ⟦nəxʷ-x̣əm+√x̣əm=ay̓ loc-char+√ʔ=conatiner⟧ [possibly related to word for 'fish head'] *cp.* sx̣ə́mx̣əm̓ Hamahama River. (LSpH) VAR: x̣əmx̣əmáy̓ (JSH)

nəxʷx̣ən̓ŋínəkʷ ⟦nxʷ-√x̣ənə̓=ŋinkʷ loc-√all=creature⟧ ☞ x̣ə́nə̓ all kinds of living things, creatures. (TC; ES) {*nəxʷx̣ən̓ŋínəkʷ* sčánnəxʷ. *There were all kinds of salmon.* (ES) | *ʔuʔnəxʷx̣ən̓ŋínəkʷ tə siʔnačtə́n̓əqs cə néʔ kʷaʔ ʔuʔstán̓əs yaʔ čtə. All the creatures exist because of the Changer, whatever it was.* (ES)} VAR: x̣ə́n̓ŋínkʷ (ES)

nəxʷx̣iʔəsáy̓s ⟦nxʷ-√x̣y̓=us-ay̓s loc-√mark=face=activ⟧ ☞ sx̣iʔús to be taking pictures (like a tourist). (ES) {*nəxʷx̣iʔəsáy̓s* cn. *I'm taking pictures.* (ES)}

nəxʷx̣iʔúʔsəŋ ⟦nxʷ-√x̣y̓=u<ʔ>s-ŋ loc-√mark=face<actl>-mdl⟧ ☞ nəxʷx̣iʔúsəŋ to be taking a picture. (ES) VAR: nəxʷx̣iʔúʔsəŋ {*nəxʷx̣iʔúʔsəŋ* u cxʷ? *Are you taking a picture?* (ES)}

nəxʷx̣iʔúʔst ⟦nxʷ-√x̣y̓<ʔ>=u<ʔ>s-t loc-√mark<actl>=face<actl>-trns⟧ ☞ nəxʷx̣iʔúst to be taking a picture, photograph. {*nəxʷx̣iʔúʔst* cn cə naʔcáʔŋəxʷ. *I'm taking a picture of that stranger.* (ES) | *nəxʷx̣iʔúʔst* cn cə nsɬáni. *I'm taking a picture of my wife.* (ES)}

nəxʷx̣iʔúʔstəŋ ⟦nxʷ-√x̣y̓=u<ʔ>s-t-ŋ<ʼ> loc-√mark=face<actl>-trns-psv<actl>⟧ ☞ nəxʷx̣iʔústəŋ to be having one's picture taken. {*nəxʷx̣iʔúʔstəŋ* cn. *Someone's taking my picture.* (ES) | *nəxʷx̣iʔúʔstəŋ* cə ŋaʔŋáʔnaʔ. *They're taking a picture of the baby.* (ES) | *nəxʷx̣iʔúʔstəŋ* st. *They're taking our picture.* (ES,TC)}

nəxʷx̣iʔúsəŋ ⟦nxʷ-√x̣y̓=us-ŋ loc-√mark=face-mdl⟧ ☞ sx̣iʔús to take a photograph (of someone). {*nəxʷx̣iʔúsəŋ* či. *Take a picture.* (BC) | *ʔaa, nəxʷx̣iʔúsəŋ* cn. *Yes, I'm taking a picture.* (ES)} VAR: x̣iʔúsəŋ (AS)

nəxʷx̣iʔúst ⟦nxʷ-√x̣y̓=us-t loc-√mark=face-trns⟧ ☞ x̣iʔút to take a picture, photograph of someone. (AS,BC; BC) {*nəxʷx̣iʔúst* cn. *I took a picture of it.* (BC) | *nəxʷx̣iʔúst* cə nʔáʔiŋ. *Take a picture of my house.* (BC)} VAR: x̣iʔúst (TC; AS,BC) {*x̣iʔúst* cn cə sqáxaʔ. *I took a picture of the dog.* (AS) | *x̣iʔúst* cə nʔáʔiŋ. *Take a picture of my house.* (BC)}

nəxʷx̣iʔústəŋ ⟦nxʷ-√x̣y̓=us-t-ŋ loc-√mark=face-trns-psv⟧ ☞ nəxʷx̣iʔúst to be photographed, have a picture taken. {*nəxʷx̣iʔústəŋ* cn. *They took a picture of me.* (BC) | *nəxʷx̣iʔústəŋ* čaʔkʷi. *As usual, they took his picture.* (AS)}

nəxʷyaʔščənʔéʔwən ⟦nxʷ-√yə<ʔ>sčn<ʔ>=i<ʔ>wən loc-√poor<actl>=interior<actl>⟧ ☞ yə́sčən to feel pity (for someone). (ES) VAR: yaʔščənʔéʔwən {*nəsxʷyaʔščənʔéʔwən. I pity him.* (ES) | *nəsxʷyaʔščənʔéʔwən cə swóy̓qaʔ. I feel sorry for that man.* (ES) | *nəsxʷyaʔščənʔéʔwən cə ʔəcɬtáyŋxʷ. I feel sorry for that person.* (ES) | *nəsxʷyaʔščənʔéʔwən cə xʷanítəm. I feel sorry for that white man.* (ES) | *nəsxʷyaʔščənʔéʔwən cxʷ. I feel sorry for you.* (ES) | *nəsxʷyaʔščənʔéʔwən cə sɬáni?. I feel sorry for the woman.* (ES) | *sxʷyaʔščənʔéʔwən* cn. *Someone's feeling sorry for me.* (ES)}

nəxʷyéy̓əč ⟦nxʷ-√yiy̓=ač loc-√far=backside⟧ ☞ yíy̓
1. a deeply inward-projecting bay. (LBH)
2. Pedder Bay, Vancouver Island. (TC)

nəxʷyə́mi ⟦nxʷ-√yəmi loc-√Lummi⟧ the Lummi tribe, the Lummi Reservation and the area around it. (LB,CWH,H; TC) {*mán̓ st kʷaʔčaʔ ʔuʔ šaʔšúʔɬ kʷə stáčiɬ ʔaʔ tiə sčtə́ŋxʷən ʔaʔ tiə nəxʷyə́mi. We are very glad to arrive at this land, Lummi.* (TC) | *ʔəstáʔəŋkʷ cə nsqʷáytən ʔaʔ tə sčəʔúʔwəsɬ nəxʷyə́mi sqʷáytən. My words are all mixed up because we're using the Lummi language.* (EB)} VAR: xʷlə́mi {*ʔiʔ kʷɬhíc ʔəɬ ʔáwən kʷə nəsyaʔəŋít kʷə nəxʷsƛ̓ay̓əmúcən ʔaʔ kʷi nəstáči ʔaʔ tiə xʷlə́mi. It's been a long time that I haven't heard the Klallam language since I came here to Lummi.* (EB)} VAR: nəxʷəyə́mi (EPT)

nəxʷyəmús ⟦nəxʷ-√yəmus loc-√ʔ⟧ Duckabush River, south of Brinnon. (LBH; JSH)

nəxʷyə́š ⟦nəxʷ-√yəš loc-√Skagit⟧ Skagit tribe. (LB,EWH,H) *cp.* sqə́čət

nəxʷyíyəp ⟦nəxʷ-√yiyəp loc-√ʔ⟧ Lynch Cove, Belfair Bay. (EWH)
2. Tulalip tribe. (JSH) VAR: nəxʷléləp (EWH)

nəyaʔčáʔuŋ̓əx ⟦√n<əy><aʔ>č-aw̓=ŋ<ʼ>ixʷ √one<pl><actl>-ext=being<actl>⟧ ☞ naʔčáʔuŋəxʷ a group of foreigners, strangers, people of a different nationality. (TC) {*níɬ kʷi nəyaʔčáʔuŋ̓əxʷ. They were strangers.* (ES) | *x̣ix̣əttəŋ ti nəyaʔčáʔuŋ̓əxʷ. The foreigners were shot (with power).* (TC) | *sqiʔám̓ kʷi či suʔx̣iʔcéʔɬ ʔiʔ tčínsəŋ caʔ ƛ̓áy ʔaʔ či nəyaʔčáʔuŋ̓əxʷ! We can't remain still and be come for by the foreigners again!* (AS)} VAR: niyaʔčáʔəw̓ŋəxʷ (ES) VAR: niyaʔčáʔuŋ̓əxʷ {*nəsákʷɬ kʷiə niyaʔčáʔuŋ̓əxʷ. The strangers had four canoes.* (AS)}

nəyaʔnə́yəŋ̓ ⟦n<əy>aʔ+√nəy-ŋ<ʼ> dim<pl>+√laugh-mdl<actl>⟧ ☞ naʔnə́yəŋ̓ to be laughing (of several people). {*nəyaʔnə́yəŋ̓* cxʷ hay. *You folks are laughing.* (ES)}

nəyə́nəwəs ⟦nə-√yənws 1pos-√heart⟧ ☞ yə́nəwəs my dear, my heart. ⟪USAGE: term of endearment⟫ (HS,ES)

nə́yət ⟦√nəy-t √laugh-trns⟧ [There is a clear difference in meaning between this and /nəčə́t/ for AS, but the semantic nuance is vague and the morphology is opaque. It may be that this is the 'actual' form of the pair.] ☞ nə́čəŋ to laugh a little at someone or something. (AS) {*nə́yət* či. *Laugh at it.* (AS) | *nə́yət* cn cə swə́y̓qaʔ. *I kind of laughed at the man.* (AS) | *nə́yət* cn cə swə́y̓qaʔ. *I laughed at the man.* (AS)}

nə́yətəŋ ⟦√nəy-t-ŋ √laugh-trns-psv⟧ ☞ nə́yət to be laughed at a little by someone. {*nə́yətəŋ* kʷi kʷə swéʔwəs. *They kind of laughed at the boy.* (AS)}

nəyúq̓ʷsən step in something. *See under:* naʔyúq̓ʷsən

nə́y̓ ⟦√nəy̓ √Neah_Bay⟧ Neah Bay, the Makah reservation. (AS,BC; AS) {čšaʔ*nə́y̓*. *He's from Neah Bay.* (AS)} VAR: nə́yi (AS) VAR: néy̓ (AS)

niʔnaʔcút ⟦√niʔnaʔ-cut √take_care-rflxv⟧ to protect oneself, take care of oneself over others, watch out for one's own interests. (ES) VAR: ninacút {*ninacút* kʷi. *Take care of yourself.* (BC)} VAR: nanacút {ʔiʔ ʔuʔkʷɬníɬ kʷi suʔ*nanacút*s. *Now he's taking care of himself.* (AS)}

niʔnaʔčáx̣əŋ̓ ⟦ny̓ + √nə<ʔ>y=ax̣-ŋ<ʔ>⟩ pl + √laugh<actl>=arm-mdl<actl>⟧ [This use of the 'arm' suffixes indicates that the people are outside.] ☞ nə́čəŋ to be roaring with laughter (of a group of people who are outside). (ES; AS) {*niʔnaʔčáx̣əŋ̓* st. *We're all laughing.* (ES)}

níɬ ⟦√niɬ √3focus⟧ it is; there are; he, him, she, her, it, they, them. (TC; AS,BC) {*níɬ* u nskʷáʔ? *níɬ. Is this mine? It is.* (AS,BC) | *níɬ* kʷi nəməhúy̓. *It's my basket.* (NS,JW) | *níɬ* cán cə? *Who is he?* (LC) | *níɬ* x̌ʷkʷtíxʷ. *That's what you're holding.* (TC) | čaʔ*níɬ* kʷə nəsx̌ʷčə́məs. *I just met him.* (ES) | təwə́w̓*níɬ*. *It's still the one.* (AS) | *níɬ* u məhúy̓? *Is it a basket?* (NS,JW) | *níɬ* kʷi nəməhúy̓. *It's my basket.* (NS,JW) | *níɬ* yəxʷ yaʔ kʷi. *He must have been the one.* (MJT) | huʔ*níɬ* kʷi Gypsy. *It looks just like Gypsy.* (MJT) | *níɬ* kʷi ncácc. *That's my uncle.* (EPT) | *níɬ* yaʔ kʷi ʔuʔ yaʔcúsc. *They told me.* (EPT) | *níɬ* cə nəx̌ʷúʔŋət čúk̓ʷən tə nəščə́ʔqʷt. *It was my paddle I used to hit it on the head.* (TC) | *níɬ* č yaʔ kʷi Amy yaʔcícəm ʔaʔ či sx̌ʷiʔám̓ ʔaʔ kʷɬi kəkántu čšʔiyá ʔaʔqám̓qəm̓. *It was Amy who told the story of Kakantu from Point Hudson.* (EPT)}

níɬtənúʔŋət ⟦√niɬ-tənuʔŋət √3focus-contingent⟧ ☞ níɬ to do something someone else was expecting to do, take over, "he went and did it ahead of me". ⟪sort of an angry word⟫ (TC; AS) {*níɬtənúʔŋət* kʷi kʷə nʔáyəs. *My sister is the one taking over.* (AS) | *níɬtənúʔŋət* cn. *I'm interfering trying to be a big shot.* (AS) | *níɬtənúʔŋət* kʷə Becca. *Becca took over.* (AS) | táči kʷɬəsə Becca; *níɬtənúʔŋət*. *Becca got here; she took over.* (AS)}

níɬtxʷ let it be. *See under:* nəɬtíxʷ

ninacút protect self. *See under:* niʔnaʔcút

ninəŋíkʷs ⟦ny + √nŋ=iws pl + √fold=body⟧ ☞ nəŋíkʷs to have one's knees buckle, completely collapse, have one's body fold up. (AS,BC) VAR: nənəŋíkʷs (AS) {*nənəŋíkʷs* cn. *I collapsed.* (AS) | čiyáy cn ʔiʔ *nənəŋíkʷs* cn. *I almost collapsed.* (AS,BC) | cíɬəŋ yaʔ cn ʔiʔ *nənəŋíkʷs* cn. *I stood up, and I collapsed.* (AS)}

niyaʔčaʔəw̓ŋəxʷ foreigners. *See under:* nəyaʔčáʔuŋəxʷ

niyaʔčáʔuŋəxʷ foreigners. *See under:* nəyaʔčáʔuŋəxʷ

niyaʔnə́yəŋ ⟦n<y>aʔ + √nəy-ŋ<ʔ>⟩ actl<pl> + √laugh-mdl<actl>⟧ ☞ naʔnə́yəŋ to be laughing (of a group of people). (EPT; ES)

nx̌ə́ɬ green/yellow. *See under:* ʔənx̌ə́ɬ

nx̌ə́ɬ skʷáči ⟦ʔn-√x̌ə́ɬ ʔs-√kʷayiy color-√bile stat-√day⟧ ☞ ʔənx̌ə́ɬ ☞ skʷáči St. Patrick's Day. (AS,BC)

nx̌ɬáʔmən greenish. *See under:* ʔənx̌ɬáʔmən

nqíx̌ black. *See under:* ʔənəqíx̌

nsx̣uʔús springtime. *See under:* čənsx̣ʷús

nuʔáŋ ⟦√nw̓-as-ŋ √in-ptcaus-psv⟧ ☞ nuʔás to be put in (to a container). (TC) {*nuʔáŋ* ʔaʔ ti kʷə́čtən ʔiʔ qʷəyəsnítən kʷaʔčaʔ. *It was put into cans and boiled.* (TC)} VAR: nuʔəstə́ŋ {*nuʔəstə́ŋ* č cə sq̓ʷəyáyŋəxʷ. *She put the blackberries in.* (MJ)} VAR: nuʔástəŋ (AS,BC)

nuʔás ⟦√nw̓-as √in-ptcaus⟧ ☞ nə́w̓ to put something into a container. (TC; AS,BC) {*nuʔás* cn. *I put it in.* (TC; ES) | *nuʔás* ʔaʔ cə ƛ̓úyəqs. *Put it in the box.* (ES) | *nuʔás*s ʔaʔ cə páʔəkʷ. *He put it into the pipe.* (ES) | *nuʔás* cn ʔaʔ cə lisák. *I put it in the sack.* (TC) | *nuʔás* cə sqáwc ʔaʔ cə lisák. *Put the potatoes in the sack.* (TC) | kʷiʔə́ts cə sq̓ʷəyúŋi ʔiʔ *nuʔás* cə múʔuqʷ. *He poured out the heads and put in the ducks.* (MJ) | huŋísts cə sq̓ʷiyúŋi *nuʔás* ʔaʔ tə təmúʔləč. *He returned the fish heads to the barrel.* (MJ) | *nuʔás* ʔaʔ tə ʔənspcúʔ tsə nscayíqʷɬ. *Put the fruit into your basket.* (MJ) | níɬ nsuʔ*nuʔás* cə ʔənyəns čʔiyá ʔaʔ tə x̌áčəŋ ʔənyəns. *Then I put in the onions from the dried onions.* (MJ) | níɬ suʔx̌ʷə́ts cə swéʔwəs cə q̓éʔs ʔiʔ q̓pə́ts ʔiʔ *nuʔás*s ʔaʔ cə ƛ̓ac. *Then the young man took his guts, and he gathered them up and put them into his belly.* (MJ) | ʔiʔ *nuʔás* tə ŋáqaʔ ʔúxʷ ʔaʔ cə čə́ŋəɬs ʔiʔ kʷáʔət cn. *And I put the snow into his chest (into the front of his shirt), and I dropped it.* (MJ) VAR: nə́w̓əs {*nə́w̓əs* cn ʔaʔ tə nəsqʷə́yəs. *I'm putting them into my boiling.* (MJT) | nəsuʔ*nə́w̓əs* ʔaʔ tə nəməhúy̓ ʔiʔ túkʷ cn. *I put them in my basket and went home.* (MJT)}

nuʔəcísən ⟦√nw̓=acis=ən √in=hand=instr⟧ ☞ nə́w̓ any glove, mitt, mitten. (ES)

nuʔəstə́ŋ be put in. *See under:* nuʔáŋ

nuʔíc ⟦√nw̓-i-t-c √in-persist-trns-1obj/2obj⟧ ☞ nuʔíɬ put me in; put you in. {*nuʔíc* caʔn. *I'm going to put you in.* (ES)}

nuʔít ⟦√nw̓-i-t √in-persist-trns⟧ ☞ nə́w̓ to put something in. (AS) {*nuʔít* cn cə ʔápəls. *I put the apple in.* (AS)}

nuʔíyŋ go in. *See under:* nəw̓íyŋ

nuʔáčt ⟦√nw̓nač-t √repay-trns⟧ ☞ nunáč
1. to pay back, repay a debt to someone. (MJT) {*nuʔnáčt* caʔn. *I'm going to pay it back.* (MJT) | kʷɬ*nuʔnáčt* cn. *I already paid it back.* (MJT) | *nuʔnáčt* yaʔ cn kʷi ʔiʔ uʔhə́wə. *I went to pay him back, and he refused.* (MJT)}
2. to pay for a service. (AS) {sqiʔám̓ či s*nuʔnáčt*ɬ či doctor kʷaʔ k̓ʷčítəŋs. *We can't pay a doctor if he has surgery.* (MJ)} VAR: nunáčt {ʔuʔ*nunáčt* cn. *I paid him back. / I'm paying him back.* (AS)}

nuʔnáčtəŋ ⟦√nw̓nač-t-ŋ √repay-trns-psv⟧ ☞ nuʔnáčt to be paid back, repaid a debt, compensated by someone. {ʔuʔiyá yaʔ cn kʷaʔ ʔaʔ təsəniɬ sxʷƛ̓ay̓əm̓áɬ ʔaʔ kʷi s*nuʔnáčtəŋ*s yaʔ ʔaʔ cə tə́ŋəxʷs kʷi čiyáŋənɬ yaʔ. *I was there at that Klallam land which my ancestors were paid for.* (RSh)} VAR: nunáčtəŋ {čaʔ*nunáčtəŋ* cn. *I was just paid back. / I finally got paid back.* (AS) | *nunáčtəŋ* cn kʷi ncx̌ʷk̓ʷsáytxʷ. *He paid me back twenty dollars.* (AS)}

nuʔnə́s ⟦√nw̓-nəs √in-intent⟧ ☞ nə́w̓
1. to put something in toward. (TC; ES)}
2. to barge in on someone. {*nuʔnə́s* cn. *I barged in on them.* (TC)} VAR: nə́w̓nəs {*nə́w̓nəs* cn. *I got it in.* (TC)} VAR: nuʔnás {*nuʔnás* cn. *I got it in.* (TC; ES)}

nuʔnə́səŋ ⟦√nw̓-nəs-ŋ √in-intent-psv⟧ ☞ nuʔnə́s
1. to be barged in on by someone. {*nuʔnə́səŋ* cn. *Someone barged in on me.* (TC)}
2. to be possessed by a spirit. {*nuʔnə́səŋ* ʔaʔ tə čínək̓ʷaʔ. *The lightning spirit got into her.* (MJT)}

nuʔnuʔásəŋ ⟦nw̓ + √nw̓-as-ŋ pl + √in-ptcaus-psv⟧ ☞ nuʔás to be put into a container by someone (of or by a group). {níɬ kʷaʔ su*nuʔnuʔásəŋ* ʔaʔ cə muhúy̓. *Then they were put into the basket.* (AA)} VAR: nuʔnuʔáŋ {su*nuʔnuʔáŋ*s cə sƛ̓aʔyéʔƛ̓qɬ. *So she put the children in.* (AA)}

nuʔnuʔnáčt ⟦nw̓ + √nw̓nač-t distr + √repay-trns⟧ ☞ nuʔnáčt to be repaying (in installments) someone. {kʷɬ*nuʔnuʔnáčt* cn. *I'm paying it back right now.* (MJT)}

nuʔsə́nəŋ ⟦√nw̓ = sən-ŋ √in = foot-mdl⟧ ☞ nə́w̓ to put on trousers, pants. (ES) {*nuʔsə́nəŋ* cn. *I put my pants on.* (TC) | *nuʔsə́nəŋ* či. *Put your pants on.* (TC)}

nuʔsə́nəŋ̓ ⟦√nw̓ = sən-ŋ <ʔ> √in = foot-mdl<actl>⟧ ☞ nə́w̓ to be putting pants, trousers on. (MJT) {*nuʔsə́nəŋ̓* cn. *I'm putting my pants on.* (ES)}

nuʔsə́ṅtən ⟦√nw̓ = sən<ʔ> = tən √in = foot<actl> = instr⟧ ☞ nə́w̓ pants, trousers. (AB,MJT; ES; HS) {ʔáwənə *nuʔsə́ṅtən*. *They had no pants.* (TC)} VAR: nuʔsə́ntən (LC; ES; TC)

núkʷimə́ɬ ⟦√nukʷimə́ɬ √Changer⟧ the Changer; Christ. (MJT) [borrowed from Lushootseed /dukʷibəɬ/] ⟪This is not the usual Klallam word.⟫ cp. x̌áy̓əs

nunáč ⟦√nw̓nač √repay⟧ to be repaid, paid back. (AS) [This may historically be composed of the root /nəw̓/ 'in' with the suffix /=nəč/ 'back', but this analysis is not synchronically transparent to speakers.] {*nunáč* kʷə nswə́y̓qaʔ. *My husband got paid back.* (AS)}

nunáčəŋ ⟦√nw̓nač-ŋ √repay-mdl⟧ ☞ nunáč to repay, pay back. (AS) {ʔuʔ*nunáčəŋ*. *He's paying back.* (AS) | *nunáčəŋ* cn. *I paid it back.* (AS,BC)}

nunačsíc ⟦√nw̓nač-sít-c √repay-bene-1obj/2obj⟧ ☞ nunačsít plant to repay me; plan to repay you. {*nunačsíc* cn. *I'll pay you back.* (AS)}

nunačsít ⟦√nw̓nač-sít √repay-bene⟧ [unusual use of the benefactive transitivizer] ☞ nunáč to plan to, intend to pay someone back. {ʔuʔ*nunačsít* caʔn. *I'll pay him back.* (AS,BC)}

nunáčt repay someone. *See under:* nuʔnáčt

nunáčtəŋ be repaid. *See under:* nuʔnáčtəŋ

ṅq̓éʔx̣ black. *See under:* ʔənəq̓íx̣

ŋ

ŋáʔ ⟦√ŋaʔ √give⟧ to give. (AS) {ʔáwə cn c **ŋáʔ**. *I never gave.* (AS,BC)}

ŋaʔáʔnəŋənaʔ ⟦ŋə<ʔə?>n+√ŋənəʔ pl<dim>+√offspring⟧ [unique form of the diminutive] ☞ **ŋə́nəŋənaʔ** children (of a younger person). (MJT) VAR: ŋáʔnəŋənaʔ (MJT)

ŋáʔaʔwəłč ⟦√ŋaʔaʔw=iłč √hemlock=plant⟧ hemlock. (LBH)

ŋáʔcúʔyəŋ ⟦√ŋə<ʔ>č-uy̓-ŋ √pus<actl>-ʔ-mdl⟧ ☞ **ŋə́cł** to be oozing pus. (ES) VAR: ŋaʔcúʔiŋ (ES)

ŋáʔq ⟦√ŋaʔq √torch⟧ light, candlelight, lamp, flashlight, spotlight, pitch torch, light bulb, lantern. (TC; AS,BC) {x̣ƛ̓ʷə́t cə ṅ**ŋáʔq**. *Put your light out.* (ES) | část cə **ŋáʔq**. *Put the light out.* (MJT) | čqʷə́t cə **ŋáʔq**. *Turn on the light.* (TC) | čqʷə́t cə ṅ**ŋáʔq**. *Turn on your light.* (ES) | taʔtáʔwi cə ṅ**ŋáʔq**. *The torch is glowing.* (AS) | húnət či kʷsə **ŋáʔq**. *Light the lamp.* (MJT) | čsát cn cə **ŋáʔq**. *I put out the torch.* (AS) | x̣ƛ̓ʷə́t cn cə **ŋáʔq**. *I put out the torch.* (AS) | níɬ tə suʔɬáččts. suʔčqʷə́ts cə **ŋáʔq**s. *Then it got dark. He lit his lamp.* (TC) | "nəʔáwənə nə**ŋáʔq**," xənʔáxʷ cn kʷi nəcə́t. *"I have no light," I told my father.* (MJ)} VAR: ŋáʔaq {húnət či kʷə **ŋáʔaq**. *Light that lamp.* (EPT)}

ŋáʔət ⟦√ŋaʔ-t √give-trns⟧ ☞ **ŋáʔ** to give (something) to someone. (AS,BC) {**ŋáʔət** ʔaʔ kʷə tálə. *Give him the money.* (AS)}

ŋáʔətəŋ ⟦√ŋaʔ-t-ŋ √give-trns-psv⟧ ☞ **ŋáʔət** to be given (something) by someone. (AS,BC) {ʔuʔ**ŋáʔətəŋ** ʔaʔ ti scəyíqʷł. *He was given some fruit.* (AS)}

ŋáʔəxt ⟦√ŋa<ʔə>x̣-t √hurry<actl>-trns⟧ ☞ **ŋáx̣t** to be hurrying someone. {**ŋáʔəxt** cn. *I'm making him hurry.* (MJT)}

ŋaʔkʷaʔáʔt chewing it. *See under:* **ŋáʔkʷt**

ŋaʔkʷáʔtəŋ ⟦√ŋa<ʔ>kʷ<ʔ>-t-ŋ √chew<actl>-trns-psv⟧ ☞ **ŋəkʷátəŋ** being chewed by something or someone. {**ŋaʔkʷáʔtəŋ** cn. *Something's chewing on me.* (TC)} VAR: ŋákʷtəŋ ⟦√ŋ<á>kʷ-t-ŋ √chew<actl>-trns-psv⟧ (AS) VAR: maʔkʷə́təŋ (AS) {**maʔkʷə́təŋ** cn. *It was chewing me.* (AS; AS,BC) | hiyáʔ yaʔ cn ʔaʔ kʷłi nʔáyəs ʔiʔ uʔhúy ti nsuʔ**maʔkʷə́təŋ**. *I went to my sister, and she only chewed me out.* (AS)}

ŋaʔkʷéʔŋəł ⟦√ŋa<ʔ>kʷ-i<ʔ>ŋł √chew<actl>-cstm<actl>⟧ ☞ **ŋákʷt** to be chewing. (EPT; LC; ES; TC; AS,BC) {**ŋaʔkʷéʔŋəł** cn. *I'm chewing.* (TC; AS) | **ŋaʔkʷéʔŋəł** cn ʔaʔ cə čéʔəx̣. *I'm chewing gum.* (AS,BC)} VAR: ŋaʔkʷéʔəŋəł (ES) {**ŋaʔkʷéʔəŋəł** cn ʔaʔ tə čéʔəx̣. *I'm chewing gum.* (ES)} VAR: ŋaʔkʷíŋł (EPTA) VAR: ŋaʔkʷíŋəł (AS,BC) {**ŋaʔkʷíŋəł** cn. *I'm chewing.* (AS)}

ŋaʔkʷéʔŋət ⟦√ŋa<ʔ>kʷ-i<ʔ>ŋł-t √chew<actl>-cstm<actl>-trns⟧ ☞ **ŋaʔkʷéʔŋəł** to be chewing something. {**ŋaʔkʷéʔŋət** cn. *I'm chewing it.* (MJT)}

ŋáʔkʷəŋ ⟦√ŋa<ʔ>kʷ-ŋ<ʔ> √chew<actl>-mdl<actl>⟧ ☞ **ŋákʷəŋ** to be chewing (something). (ES)

ŋaʔkʷə́yu ⟦√ŋa<ʔ>kʷ-əyu √chew<actl>-activ⟧ ☞ **ŋákʷəŋ** to be chewing away (as when chewing gum). (AS)

ŋáʔkʷt ⟦√ŋa<ʔ>kʷ-t √chew<actl>-trns⟧ ☞ **ŋákʷt** to be chewing something. {**ŋáʔkʷt** cn. *I'm chewing it.* (TC; ES; MJT) | **ŋáʔkʷt** cn ʔiʔ nəqə́t. *I was chewing it and swallowed it.* (BC)} VAR: ŋaʔkʷaʔáʔt {**ŋaʔkʷaʔáʔt**s kʷaʔčaʔ. *She was chewing it up.* (TC; AS,BC)} VAR: máʔkʷt {**máʔkʷt** cn. *I'm chewing it.* (BC)}

ŋaʔkʷaʔcút ⟦√ŋəʔkʷəʔ-cut √wait-rflxv⟧ ☞ **ŋaʔkʷaʔít** to wait, be waiting. (EPT; LC; ES; TC; MJ) {**ŋaʔkʷaʔcút** cn. *I'm waiting.* (LC; TC) | ŋə́ṅ cə **ŋaʔkʷaʔcút**. *Lots are waiting.* (TC) | **ŋaʔkʷaʔcút** caʔn. *I'll be waiting.* (LC) | **ŋaʔkʷaʔcút** cə ŋə́ṅ. *Lots are waiting.* (TC) | **ŋaʔkʷaʔcút** cə ʔuʔx̣ə́nə. *All of them are waiting.* (TC) | ʔiʔ **ŋaʔkʷaʔcút** cə ŋə́nŋənaʔs. *And his children waited.* (ES) | **ŋaʔkʷaʔcút** caʔn ʔi ʔuʔtáči cx̣ʷ. *I'll wait until you get here.* (TC) | ʔiʔ níɬ suʔ**ŋaʔkʷaʔcút**s ʔuʔiʔáʔił. *And then they waited aboard.* (ES) | kʷłčə́saʔ skʷáči ʔəł **ŋaʔkʷaʔcút**ən. *I've been waiting two days.* (TC) | ʔuʔ húy st ʔuʔ **ŋaʔkʷaʔcút**ł ʔaʔ či scáy ʔaʔ t híc. *We just waited around for work for a long time.* (ES) | **ŋaʔkʷaʔcút** u caʔ cx̣ʷ ʔaʔ kʷłi nsłáni? *Are you going to wait for your wife?* (EPT) | **ŋakʷaʔcút** cn kʷaʔ čáŋəs. *I'm waiting for her to come home.* (EPT) | ʔuʔáłaʔ caʔn **ŋaʔkʷaʔcút** ʔaʔ tə nsʔíɬən kʷaʔ q̓ʷə́yəs caʔ. *I'll stay here and wait until your food is done.* (TC) | ʔuʔáwə c **ŋaʔkʷaʔcút**; ʔáwə caʔ c táči. *Don't wait; he's not going to get here.* (EPT) | húʔ q yaʔ cn q̓ʷúy ʔiʔ twaʔŋə́ṅ **ŋaʔkʷaʔcút**. *If I'd die there were still many waiting.* (TC) | ʔáx̣əŋ kʷi siʔiʔám̓ ʔaʔ ʔiyá ʔaʔ tə čáq táwn, Seattle, húʔ q ʔiʔq̓ʷúy cə sx̣íx̣aʔx̣q̓ł ʔiʔ ŋə́ṅ, ŋə́ṅ təsə **ŋaʔkʷaʔcút** ti scáytəŋs ʔaʔSeattle. *The bosses in the city, Seattle, said that if a child dies there are many, many waiting to be put to work in Seattle.* (ES)}

ŋaʔkʷaʔéʔc ⟦√ŋəʔkʷəʔ-i<ʔ>-t-c √wait-persist<actl>-trns-1obj/2obj⟧ ☞ **ŋaʔkʷaʔéʔt** waiting for me; waiting for you. {**ŋaʔkʷaʔéʔc** caʔn. *I'll be waiting for you.* (LC; TC)}

ŋaʔkʷaʔéʔt ⟦√ŋəʔkʷəʔ-i<ʔ>-t √wait-persist<actl>-trns⟧ ☞ **ŋaʔkʷaʔít**

1. to be waiting for someone. (LC; TC; AS,BC) {**ŋaʔkʷaʔéʔt** caʔn. *I'll be waiting for him.* (TC) | **ŋaʔkʷaʔéʔt** cn tə nscáʔčaʔ. *I'm waiting for my friend.* (LC)}

2. to babysit, take care of someone. {níɬ č suʔ**ŋaʔkʷaʔéʔt**s. *Then he was babysitting.* (TC) |

nsuʔx̣ənátəŋ kʷaʔ ʔiyáʔən **ŋaʔk̕ʷaʔéʔt** ʔiyá ʔaʔ cə sxʷʔiyáɬ ʔəɬ ɬáʔɬaʔčiɬ. *He told me to wait there where we were while we were cold.* (MJ) | níɬ č suʔx̣ənʔátəŋs kʷaʔ **ŋaʔk̕ʷaʔéʔt**s cə sx̣íx̣ax̣qɬs ŋaʔŋaʔ. *So she told him to babysit her little child.* (TC) | **ŋaʔk̕ʷaʔéʔt** cxʷ kʷinu cáts kʷsə n̕ŋánaʔ ʔaʔ či sxʷənʔán̕əɬ, xʷənʔán̕əxʷ. *You are caring for your child's father like we are, you are the same.* (RSh)}

ŋaʔk̕ʷaʔíc 〚√ŋəʔk̕ʷəʔ-i-t-c √wait-persist-trns-1obj/2obj〛 ☞ ŋaʔk̕ʷaʔít wait for me; wait for you. {**ŋaʔk̕ʷaʔíc** cn. *I wait for you.* (TC) | **ŋaʔk̕ʷaʔíc!** *Wait for me!* (ES)} VAR: ŋaʔk̕ʷíc {**ŋaʔk̕ʷíc** u cxʷ? *Are you waiting for me?* (AS,BC)}

ŋaʔk̕ʷaʔít 〚√ŋəʔk̕ʷəʔ-i-t √wait-persist-trns〛 to wait for someone. (ES) {**ŋaʔk̕ʷaʔít** cn kʷaʔčaʔ kʷə nəx̣íx̣q či stáss ʔaʔ cə sxʷiʔuʔúxʷs. *I waited for my uncle to get to where he was going.* (MJ)} VAR: ŋaʔk̕ʷaʔyít (ES) VAR: ŋaʔk̕ʷít (AS,BC)

ŋaʔk̕ʷaʔíti 〚√ŋəʔk̕ʷəʔ-i-ty √wait-persist-rcprcl〛 ☞ ŋaʔk̕ʷaʔít to wait for or with each other. (AS; AS,BC) {ʔiyá yaʔ st **ŋaʔk̕ʷaʔíti** ʔaʔ kʷi sčaʔkʷaʔyúɬ. *We were there together waiting for the bus.* (AS,BC)}

ŋaʔk̕ʷaʔtíŋ 〚√ŋəʔk̕ʷəʔ-t-i-ŋ<ˀ> √wait-trns-persist-psv<actl>〛 ☞ ŋaʔk̕ʷaʔít being waited for by someone. (AS,BC) {**ŋaʔk̕ʷaʔtíŋ** cn. *Someone's waiting for me.* (TC)} VAR: ŋaʔk̕ʷtíŋ (AS,BC) {**ŋaʔk̕ʷtíŋ** u cxʷ? *Are you waiting?* (AS,BC)}

ŋaʔk̕ʷaʔtúy 〚√ŋəʔk̕ʷəʔ-tuy √wait-comit〛 ☞ ŋaʔk̕ʷaʔít to wait together. (TC; AS; AS,BC) {**ŋaʔk̕ʷaʔtúy** st ʔiʔ kʷɬi ntán. *My mother and I are waiting.* (AS)}

ŋánaʔ 〚√ŋə<ʔ>naʔ √offspring<actl>〛 ☞ ŋánaʔ baby, infant son or daughter. (EPT; ES) {nə**ŋánaʔ**. *My little child.* (MJT) | ʔiʔiʔtáxʷ kʷi staʔɬáʔqaʔs yaʔ kʷi n**ŋánaʔ**. *Enjoy the little liver of you son.* (TC) | ʔəɬənístəŋ cə nə**ŋánaʔ**. *She fed my baby.* (ES) | čaʔnéʔ kʷsə **ŋánaʔ**s. *Their baby is just born.* (EPT) | níɬ u ʔən**ŋánaʔ** sanu. *Is that your baby?* (EPT) | čaʔníɬ kʷi sčaʔčš**ŋánaʔ**s. *She's right now having her baby.* (MJT) | níɬ suʔhúys tə stšéʔqʷtəŋs ʔaʔ kʷsə nəsxʷúkʷɬ, tə **ŋánaʔ**s. *Then she finished combing my babysitee, her child.* (MJ)}

ŋán̕əŋəna? children. See under: ŋaʔán̕əŋəna?

ŋáʔŋa? 〚ŋáʔ+√ŋa? char+√give〛 ☞ ŋáʔət cp. ŋáyni? cp. swáhəm
1. bait for any line or trap. (ES; BC)
2. horse clam, black-neck clam. *Tresus spp.* ((horse clam is often used for bait (especially for halibut and octopus))) (LB,CWH,H; EPT; MJT; ES; BC)

ŋaʔŋánaʔ 〚ŋa?+√ŋə<ʔ>naʔ dim+√offspring<actl>〛 ☞ ŋánaʔ infant, baby, toddler, young child, young son or daughter. ((USAGE: This can be used to speak of one's own child humbly.)) (ES; AS,BC) {nə**ŋaʔŋánaʔ**. *My child (humble).* (MJT) | ʔáa, čə́xʷaɬ, **ŋaʔŋánaʔ**. *Oh, hush, baby.* (BC) | sáčtəŋ cə **ŋaʔŋánaʔ**s. *He was cruel to his child.* (AS) | mán ʔuʔ q̕óyčt cə **ŋaʔŋánaʔ**s. *Her baby was really squirming.* (AS)}

ŋaŋaʔsánəŋ 〚ŋa?+√ŋu<?>s=an̕-ŋ dim+√four<dim>=ear-mdl〛 ☞ ŋaʔsánəŋ to be anchored. (ES) {**ŋaŋaʔsánəŋ** cə snóxʷɬ. *The canoe is anchored.* (AS)}

ŋaŋáʔt 〚ŋa?+√ŋaʔ-t char+√give-trns〛 ☞ ŋáŋa? to set bait, bait a line or trap. {**ŋaŋáʔt** n̕k̕ʷúyəkʷ. *Bait your hook.* (ES)}

ŋaŋéʔŋana? 〚ŋa?+ŋi?+√ŋənəʔ dim+aff+√offspring〛 ☞ ŋónaʔ baby, infant child; toddler. (ES) {**ŋaŋéʔŋana?** qaʔqiʔčáy̕. *baby rabbit.* (ES) | **ŋaŋéʔŋana?** smə́yəc. *baby elk.* (ES) | **ŋaŋéʔŋana?** ʔəšás. *baby sea lion.* (ES) | **ŋaŋéʔŋana?** sxʷɬáxʷ. *baby jellyfish.* (ES) | **ŋaŋéʔŋana?** cíkʷt. *baby sea cucumber.* (ES) | **ŋaŋéʔŋana?** ʔaʔaní. *baby sea pigeon.* (ES) | **ŋaŋéʔŋana?** píšpš. *baby kitten* (AS,BC)}

ŋaʔŋəɬaʔáq 〚ŋa?+√ŋɬə?<á>q actl+√kneel<actl>〛 [reverse actual metathesis] ☞ ŋəɬáʔqən to be kneeling down. {**ŋaʔŋəɬaʔáq** u cxʷ? *Are you kneeling down?* (ES)} VAR: ŋaʔŋəɬáq (ES) VAR: ŋaŋəɬáq (AS) {**ŋaŋəɬáq** cə swéʔwəs. *The boy is kneeling.* (AS)} VAR: ŋán̕ɬaʔq (AS,BC) VAR: ŋaŋɬyáq (AS,BC)

ŋaʔŋən̕áʔi 〚ŋa?+√ŋən̕=a<?>ya dim+√many=person<dim>〛 ☞ ŋənáy̕ a bunch of small people. (TC)

ŋaʔŋə́qsən 〚ŋa?+√ŋəqsn dim+√nose〛 ☞ ŋə́qsən small nose. (MJT)

ŋaʔŋəsáʔyə 〚ŋa?+√ŋus=a<?>ya dim+√four=person<dim>〛 ☞ ŋús four small people; just four people. {ʔuʔ **ŋaʔŋəsáʔyə** st. *It's just the four of us.* (TC) | twawq̕aʔqáʔni? cə ʔəcɬtáynxʷ ʔi? čŋánaʔ ʔaʔ cəsə **ŋaʔŋəsáʔyə** sqəyaʔqáxaʔ. *A person was still a young girl, and she gave birth to four little puppies.* (MJ)}

ŋaʔŋiŋə́qsən 〚ŋa?+ŋi+√ŋəqsn dim+aff+√nose〛 ☞ ŋiŋə́qsən cute little nose. (MJT)

ŋaʔq̕ʷáʔis eye mucus. See under: naʔq̕ʷáys

ŋaʔsánəŋ 〚√ŋu<?>s=an̕-ŋ √four<actl>=ear-mdl〛 [refers to the four-hooked grapnel type anchor.] to anchor (a boat or canoe). (MJT; ES) {**ŋaʔsánəŋ** cn. *I'm anchoring.* (ES) | **ŋaʔsánəŋ** či. *Drop the anchor.* (MJT) | kʷɬhúy kʷi nəs**ŋaʔsánəŋ**. *I already anchored.* (ES)}

ŋaʔsán̕ət 〚√ŋu<?>s=an̕-t √four<actl>=ear-trns〛 ☞ ŋaʔsánəŋ to anchor something. (ES) {**ŋaʔsán̕ət** cn. *I anchored it.* (MJT; ES)} VAR: ŋaʔsán̕t {kʷɬ**ŋaʔsán̕t** cn. *I already anchored it.* (MJT)}

ŋaʔsán̕tən 〚√ŋu<?>s=an̕-tən √four<actl>=ear=instr〛 ☞ ŋaʔsánəŋ anchor, grapnel. (ES; TC) {ʔiʔáʔyəɬ tə **ŋaʔsán̕tən**s. *The anchor is in the canoe.* (MJT) | ʔúyəɬtxʷ či tə **ŋaʔsán̕tən**ən. *Put the anchor in the canoe.* (MJT) | kʷɬʔiʔáʔyəɬ cə **ŋaʔsán̕tən**. *The anchor is already aboard.* (MJT) | kʷɬiʔaʔyúɬtxʷ cn tə **ŋaʔsán̕tən**. *I'm putting the anchor in the canoe.* (MJT)}

ŋaʔsáxʷɬ 〚√ŋa<?>s=axʷɬ √four<actl>=conveyance〛 ☞ ŋəsákʷɬ to be four

Klallam-English Dictionary

canoes (arriving, traveling, etc.). {hiʔ**ŋaʔsáx**ʷɬ tiʔə táči. *They came in four boats.* (MJT) | hiʔ**ŋaʔsáx**ʷɬ tə ʔiʔənʔáʔə. *Four canoes are coming.* (BG,MJT) | hiʔ**ŋaʔsáx**ʷɬ tə táči ʔaʔ kʷi čiʔáqɬ. *They came in four boats yesterday.* (MJT)} VAR: ŋasáxʷɬ (AS)

ŋaʔsə́kʷɬ four canoes. See under: ŋuʔŋəsə́kʷɬ

ŋaʔsə́wəč forty. See under: ŋúsəwəč

ŋáʔtəŋ ⟦√ŋaʔ-txʷ-ŋ √give-inancaus-psv⟧ ☞ ŋáʔtxʷ to be given to in potlatch giving or in charity by someone. {**ŋáʔtəŋ** cn. *I was given (something).* (AS) | **ŋáʔtəŋ** cn ʔaʔ tə sčaʔyíqʷɬ. *I was given fruit.* (AS)}

ŋáʔtxʷ ⟦√ŋaʔ-txʷ √give-inancaus⟧ ☞ ŋáʔ to give away, potlatch giving, giving to charity. (ES) {kʷɬ**ŋáʔtxʷ** st. *We gave away.* (MJT) | **ŋáʔtxʷ** cn. *I gave it away.* (ES) | **ŋáʔtxʷ** cn ʔaʔ cə tálə. *I gave that money away.* (ES) | **ŋáʔtxʷ** cn ʔaʔ kʷi saplí. *I gave them bread.* (AS) | nɬ kʷi nsu**ŋáʔtxʷ** kʷi ʔaycɬtáyŋxʷ. *Then I gave away to the people.* (AS)} VAR: ŋə́ʔtxʷ (ES)

ŋaʔxáʔct ⟦√ŋa<ʔ>x<áʔ>-cut √hurry<actl>-rflxv⟧ ☞ ŋəxáct to be hurrying. {**ŋaʔxáʔct** cn. *I'm hurrying.* (ES)} VAR: ŋaʔxáct (AS,BC) {**ŋaʔxáct** či. *Hurry up.* (AS,BC) | ʔáwə c **ŋaʔxáct**. *Don't hurry.* (ES) | **ŋaʔxáct** cn; ƛaʔtáwn caʔ st. *I'm hurrying; we're going to town.* (AS)}

ŋaʔyaʔŋáʔna ⟦ŋ<aʔy>aʔ+√ŋa<ʔ>naʔ dim<pl>+√offspring<actl>⟧ ☞ ŋaʔŋáʔna several infants, babies. (MJT)

ŋaʔyáqaʔ ⟦√ŋ<aʔy>aqəʔ √snow<pl>⟧ ☞ ŋáqaʔ a lot of snow. {ŋə́n **ŋaʔyáqaʔ**. *It's lots of snow.* (EPT)}

ŋaʔyə́scən ⟦√ŋ<aʔy>əscn √louse<pl>⟧ ☞ ŋə́scən a bunch of lice. (EPT) VAR: ŋə́yəscən (ES)

ŋácən ⟦√ŋacən √scrotum⟧ scrotum, testicles. (EPT)

ŋákʷəŋ ⟦√ŋakʷ-ŋ √chew-mdl⟧ to chew (something). (ES) {**ŋákʷəŋ** cə sƛiƛáʔƛqɬ ʔaʔ cə čéʔəx. *The child chewed the pitch.* (AS)}

ŋákʷt ⟦√ŋakʷ-t √chew-trns⟧ ☞ ŋákʷəŋ to chew something. (LC; TC; ES; AS,BC) {**ŋákʷt** cn kʷə. *I chewed it up.* (EPT; MJT) | **ŋákʷt** ʔaʔ či ʔə́y̓. *Chew it well.* (ES) | múkʷt ʔiʔ **ŋákʷt**. *Put it in your mouth and chew it.* (ES) | **ŋákʷt** cn cə čéʔəx. *I chewed the gum.* (AS,BC) | nəsƛéʔ či nəs**ŋákʷt** či čéʔəx. *I want to chew some pitch.* (MJT) | suɬicts cə kʷə́wiʔs ti q̓áčɬč su**ŋákʷt**s. *She cut the skin of the ironwood and chewed it.* (TC)}

ŋákʷtəŋ being chewed. See under: ŋaʔkʷáʔtəŋ

ŋáŋaʔtxʷ ⟦ŋa+√ŋaʔ-txʷ actl+√give-inancaus⟧ ☞ ŋáʔtxʷ to be giving away things at a potlatch gathering. (MJT; ES; TC) VAR: ŋaŋáʔtxʷ {**ŋaŋáʔtxʷ** u cxʷ? *Are you giving away?* (ES)}

ŋaŋəɬáq kneeling. See under: ŋaʔŋəɬaʔáq

ŋaŋəɬáqəŋ ⟦ŋa+√ŋɬaʔq-ŋ actl+√kneel-mdl⟧ ☞ ŋəɬáʔqəŋ to be kneeling down. (AS) {nɬ kʷi suʔ**ŋaŋəɬə́qəŋ**s kʷi ɬéʔwiʔəɬéy̓ɬ. *They knelt down to pray.* (AS)}

ŋáŋɬaʔq kneeling. See under: ŋaʔŋəɬaʔáq

ŋaŋút ⟦ŋa+√ŋu-t rslt+√eat-trns⟧ ☞ nút to devour, eat something up, gobble something up. (TC) {**ŋaŋút** cn. *I ate it all up.* (MJT; TC) | **ŋaŋút** caʔn cə ńsʔíɬən. *I ate up your food.* (TC) | **ŋaŋút** či cə ńsʔíɬən. *Eat up your food.* (TC) | **ŋaŋút** yaʔ cn kʷi ʔuʔx̣ə́nə saplín. *I ate up all the bread.* (TC) | suʔ**ŋaŋút**s cə stíkʷəns yaʔ. *Then he gobbled up his niece/nephew.* (TC) | nɬ suʔƛ́áys suʔ**ŋaŋút**s. *Then he ate her, too.* (TC) | nɬ č cə stáʔčəŋ **ŋaŋút** kʷə kʷi sʔíɬəns yaʔ. *It was Wolf that ate up his food.* (TC) | **ŋaŋút** caʔn cə ʔuʔx̣ə́nə ʔənsʔíɬən. *I'm going to eat up all your food.* (TC)}

ŋaŋútəŋ ⟦ŋa+√ŋu-t-ŋ rslt+√eat-trns-psv⟧ ☞ ŋaŋút
1. to be eaten up, gobbled up. (TC) {**ŋaŋútəŋ** cn. *Something ate me up.* (TC) | x̣čŋín ʔaʔ či nəs**ŋaŋútəŋ** caʔ. *I thought it was going to eat me up.* (TC) | suʔ**ŋaŋútəŋ**s kʷaʔ cə skʷúks yaʔ ʔaʔ cə stáʔčəŋ. *What he cooked was eaten up by Wolf.* (TC) | sáy̓siʔ cn ʔawn̓əxčnín tə ʔaʔ či nskʷiʔə́təŋ caʔ ʔiʔ **ŋaŋútəŋ** kʷaʔ ʔuʔstáŋəs. *I was afraid because I thought I was going to be capsized and eaten up or something.* (TC)}
2. to be bawled out, reprimanded, chewed out. {**ŋaŋútəŋ** cn ʔaʔ cə swə́yqaʔ. *That man bawled me out.* (TC)} VAR: ŋaŋútəŋ {**ŋaŋútəŋ** cn. *I'm getting chewed out.* (MJT)}

ŋáqaʔ ⟦√ŋaqaʔ √snow⟧ snow (on the ground). (LBH; LC; TC; ES; EPT; AS,BC) {čáx̣ʷəŋ cə **ŋáqaʔ**. *The snow melted.* (ES) | čáx̣ʷəŋ kʷaʔ kʷɬi **ŋáqaʔ**. *The snow has melted.* (EPT) | čáx̣ʷt cn cə **ŋáqaʔ**. *I melted the snow.* (ES) | nsuʔkʷə́nnəxʷ cə **ŋáqaʔ**. *I saw snow.* (MJ) | čɬət **ŋáqaʔ** ʔəsccáwt. *The snow lay thick.* (MJ) | stə́ŋ caʔ či **ŋáqaʔ**. *Snow will fall.* (EPT) | ʔúy̓ ɬaʔčíyəŋ ʔiʔ stə́ŋ či **ŋáqaʔ**. *When it gets cold, the snow falls.* (MJT) | ʔiʔ nuʔás tə **ŋáqaʔ** ʔúx̣ʷ ʔaʔ cə čə́ŋɬs ʔiʔ kʷə́ʔət cn. *And I put the snow into his chest (into the front of his shirt), and I dropped it.* (MJ) | cíɬəŋ kʷi ncáčc yaʔ ʔiʔq̓ʷəyéʔyəš ʔaʔ cə sxʷ**ŋáqaʔ** ʔiyá ʔaʔ cə stipúykʷts. *My uncle stood up dancing because of the snow in his shirt.* (MJ) | ʔi uʔtáči tə **ŋáqaʔ**, sčúŋ, ʔiʔ kʷɬʔə́y̓ tiə čən̓ɬéy. *And the snow came, the wind, and then it was summer.* (AS)}

ŋáqaʔəŋ ⟦√ŋaqəʔ-ŋ √snow-mdl⟧ ☞ ŋáqaʔ to snow, get a layer of snow. {ʔúy̓ ɬaʔčíyəŋ ʔiʔ **ŋáqaʔəŋ**. *When it gets cold, it snows.* (MJT)}

ŋáq̓ʷ ⟦√ŋ<á>q̓ʷ √burst<rslt>⟧ ☞ ŋə́q̓ʷ to blow up in anger, have an outburst of rage. (AB,ICT)

ŋasákʷɬ four canoes. See under: ŋəsákʷɬ

ŋasáxʷɬ four canoes. See under: ŋaʔsáxʷɬ

ŋáx̣ ⟦√ŋax̣ √hurry⟧ to hurry. {**ŋáx̣** či! *Hurry!* (AS,BC)}

ŋáx̣t ⟦√ŋax̣-t √hurry-trns⟧ ☞ ŋáx̣ to hurry someone. (AS,BC) {**ŋáx̣t** cn. *I made him hurry.* (MJT) | **ŋáx̣t** či. *Tell him to hurry up.* (MJT)}

ŋáyaʔčx̣ ⟦√ŋayəʔčx̣ √box_crab⟧ [may be related to the word for the Dungeness crab] cp. ʔáʔčx̣ Puget Sound box crab, green crab. *Lopholithodes foraminatus.* (AB,ICT; AS)

ŋáyaʔŋaʔ ⟦ŋá<ya>ʔ+√ŋaʔ char<pl>+√give⟧ ☞ ŋáʔŋaʔ several horse clams, black-neck clams. (MJT) VAR: ŋə́yaʔŋaʔ (EPT)

ŋáyṅiʔ ⟦ŋáy+√ŋay̓ char+√bait⟧ cp. ŋáʔŋaʔ bait (for fish or anything). (ES; ES,HS)

ŋéʔčiʔ ⟦√ŋiʔč-iy<ʔ> √pus-dev<actl>⟧
1. pus. (HS,AS,BC; AS,BC)
2. bruise. (ES)
3. to be getting infected. {ŋéʔčiʔ kʷi kʷə nsx̣ə́ɬ. *My sore is getting infected.* (AS)}

ŋəcáʔiʔŋəxʷ ⟦√ŋəcaʔi=ŋix̣ √Nitinaht=being⟧ Nitinaht tribe and the area of the west coast of southern Vancouver Island where they live. (TC)

ŋə́čiʔnəč ⟦√ŋəčiʔnəč √blueberry⟧ [may have the 'tail' suffix] blueberry. ⟪USAGE: This word is used only at Elwha.⟫ *Vaccinium sp.* (ABT)

ŋə́čɬ ⟦√ŋəč-ɬ √pus-dur⟧ pus. (EPT; AS,ES,TC) {ŋə́ṅ cə ŋə́čɬs cə sx̣ə́ɬs. *His sore has lots of pus.* (AS) | níɬ suʔčxʷálcs ʔiʔ ŋə́ʔn̓ ŋə́čɬ tə scxʷálcs. *Then she spat, and there was lots of pus in her spit.* (MJ) | ʔuʔsiyáčɬ tə cáyss ʔaʔ tə ŋə́čɬ. *His hand was full of pus.* (MJ)} VAR: ŋə́čɬč (TC)

ŋəkʷátəŋ ⟦√ŋakʷ-t-ŋ √chew-trns-psv⟧ [metathesis with passive] ☞ ŋákʷt to be chewed by someone or something. {ŋəkʷátəŋ cn ʔaʔ cə sqáx̣aʔ. *I got chewed up by the dog.* (BC)}

ŋəɬáʔqəŋ ⟦√ŋɬaq-ŋ √kneel-mdl⟧ to kneel down, get on one's knees. (ES; AS,BC; AS) ✱In the old days this is a posture that only women used. (AS) {ŋəɬáʔqəŋ či. *Kneel down!* (ES) | níɬ suʔŋəɬáʔqəŋs ʔiʔ ɬéʔwiʔɬ. *Then she kneeled down and prayed.* (MJ) | ŋəɬáʔqəŋ yaʔ cn ʔiʔ ʔáʔčt ti sɬx̣áčən. *I got on my knees and wiped the floor.* (MJ)}

ŋə́naʔ ⟦√ŋənaʔ √offspring⟧ offspring, one's own child, son, daughter, baby, doll. (EPT; MJ; ABT; TC; AS,BC) {céŋaʔt cə n̓ŋə́naʔ. *Carry your baby on your back.* (TC) | ŋiŋə́stəŋ cə nəŋə́naʔ. *He barked at my kid.* (TC) | ʔáwə c ʔən̓ʔá kʷəsə ŋə́naʔɬ. *Our son didn't come.* (ES) | čaʔyáʔt ciʔə nəŋə́naʔ. *My baby is throwing up.* (ES) | čaʔčšŋə́naʔ. *She just had a baby.* (MJT) | x̣iʔáʔt cn kʷə nəŋə́naʔ. *I'm looking for my son.* (MJT) | ʔáwənəʔ sx̣číts kʷsə ŋə́naʔ či sx̣ayəmúcəns. *My daughter doesn't know the Klallam language.* (EPT) | suʔsə́qs tə ŋə́naʔs. *Her child was outside.* (MJ) | taʔčéʔx̣ʷiʔ cn ʔaʔ cə nəŋə́naʔ. *I'm having trouble with my kid.* (TC) | x̣iʔáʔt cn kʷsə nəŋə́naʔ. *I'm looking for my child.* (ES,HS) | táči kʷaʔ kʷə céʔcts ʔiʔ x̣ʷə́ts kʷə ŋə́naʔs. *His father came, and he got his child.* (AS,BC) | ʔiʔ níɬ tsəwn̓iɬ nəŋə́naʔ ʔaʔ nəsxʷʔáɬa kʷə tə nəskʷə́ntəŋ kʷə. *And it is my daughter that I'm here with who looks after me.* (BH) | ʔiʔ naʔčáʔuŋxʷ yaʔ tə swə́yqaʔs kʷsə ŋə́ʔcuʔ ŋə́naʔɬ. *The husband of one of our daughters was a foreigner.* (ES) | ŋə́naʔs *jack of trumps in pinochle. / Their child.* (MJT)} VAR: ŋə́nə {n̓ŋə́nə *my child* (LB,CWH)}

ŋə́nəŋənaʔ ⟦ŋə́n+√ŋənaʔ pl+√offspring⟧ ☞ ŋə́naʔ children, sons, daughters. (MV; EPT; LC) {ɬxʷáy kʷsə nəŋə́nəŋənaʔ. *I have three kids.* (TC) | ŋiŋə́stəŋ cə nəŋə́nəŋənaʔ. *He barked at my children.* (TC) | níɬ u ṅŋə́nəŋənaʔ? *Are those your children?* (EPT) | ŋə́ṅ ṅŋə́nəŋənaʔ. *You have many children.* (AB,ICT) | ɬxʷáy kʷsə nəŋə́nəŋənaʔ ʔaʔ kʷi kʷɬnús čiʔánəŋ. *We had three kids in four years.* (TC) | ʔəɬəṅístəŋ cə nəŋə́nŋənaʔ. *He fed my kids.* (ES) | kʷéʔwəṅtiʔ yaʔ tə ŋə́nəŋənaʔɬ. *Our kids were fighting.* (LC) | skʷúkʷəltxʷ cn cə nəŋə́nəŋənaʔ. *I'm teaching my children.* (ES) | kʷɬx̣aʔʔúx̣aʔ sx̣iƛ̓áʔƛ̓qɬ cə nəŋə́nəŋənaʔ. *My children are already little kids.* (TC) | qaʔqínəxʷ cn tə cə nəŋə́nəŋənaʔ; ʔáw kʷaʔ ʔánəɬ ʔaʔ ti nəsqʷáqʷiŋət. *I'm mad at my children; they don't mind what I tell them.* (ES) | ʔuʔtátqənəxʷ cn t ʔaʔ či ṅskʷɬʔáw kʷaʔ nuʔiyə́mstxʷ čiyáʔ ʔaʔ kʷi ṅsɬúynəŋ ʔaʔ kʷi táns kʷi ʔən̓ŋə́nəŋənaʔ. *I found out that you are not getting your strength back since you were left by the mother of your children.* (RSh) | kʷɬŋə́ṅ nəŋə́nəŋənaʔ. *I have many children.* (MJT) | kʷənáyə ʔay̓ či ŋə́nəŋənaʔs? *How many children does she have?* (MJT)} VAR: ŋə́nŋənaʔ (ES) {ʔuʔx̣ə́nə cə nəŋə́nŋənaʔ. *It's all of my children.* (TC) | ʔiʔ ŋaʔkʷaʔcút cə ŋə́nŋənaʔs. *And his children waited.* (ES) | níɬ suʔčɬqənxʷs ʔiʔ níɬ suʔaʔčšítis ʔaʔ cə qáyaʔŋis ŋə́nŋənaʔs. *They were starving, so they traded their daughters.* (ES) | ʔuʔx̣ə́n̓ ŋə́nəŋənaʔɬ, scučutáyəɬ ʔiʔ cə ŋə́nŋənaʔs sx̣ayéʔx̣qɬ. *There were all of our children, our in-laws and all of their young children.* (ES) | ʔiʔ ʔuʔx̣ə́n̓ tə ŋə́nŋənaʔɬ ʔiʔ tə scutáyəɬ ʔiʔ tə sx̣ayéʔx̣qɬ ʔuʔ ʔscə́y̓xʷ ʔaʔ nəćuʔ. *And all of our children and in-laws and their children were inside the one.* (ES)} VAR: ŋə́nə {n̓ŋə́nŋənə *my children* (LB,CWH)}

ŋə́ṅ ⟦√ŋəṅ √many⟧ to be much, many, plenty, lots. (EPT; NS,JW; TC; AS,BC) {ŋə́ṅ hiyáʔ. *Lots are going.* (TC) | ŋə́ṅ cə hiyáʔ. *Lots of them are going.* (TC) | ʔuʔŋə́ṅ st. *There are many of us.* (AS) | ʔáwə c ŋə́ṅ. *There are few, not many.* (TC) | ŋə́ṅ st hiyáʔ. *Lots of us are going.* (TC) | ŋə́ṅ u či ṅsqə́čaʔʔ. *Did you get a lot?* (NS,JW) | ŋə́ṅ skʷáči či sx̣ʷə́yq̓ʷs. *They drifted many days.* (ES) | ŋə́ṅ kʷsə sʔayíɬən *There's a lot of fish (food).* (EPT) | kʷɬŋə́ṅ nəŋə́nəŋənaʔ. *I already have many children.* (MJT) | ŋə́ṅ ṅŋə́nəŋənaʔ. *You have many children.* (AB,ICT) | ŋə́ṅ cə nətálə. *I have lots of money.* (TC) | ŋə́ṅ kʷi nəsʔíɬən. *I ate a lot. / I've got lots of food.* (TC) | ʔuʔŋə́ṅ ixʷ či hiyáʔ. *Lots must be going.* (TC) | ŋə́ṅ st ʔuʔhəwíyəŋ. *Lots of us returned.* (TC) | ŋə́ṅ tənsəwéʔč. *It's lots of black chitons.* (ES) | ŋə́ṅ cə ƛ̓úx̣aʔ sqx̣əyuʔ. *There are lots of butter clams.* (ES) | ŋə́ṅ qʷə́ɬs. *It's lots of smelts.* (ES) | ŋə́ṅ ŋaʔyáqaʔ. *It's lots of snow.* (EPT) | ŋə́ṅ ʔən̓sxʷʔə́y̓. *You're good at a lot of things.*

(TC) | *ŋə́ń* nəʔáyaʔyəŋ. *I have lots of houses.* (TC) | *ŋə́ń* ƛ́úyəqs. *It's lots of boxes.* (ES) | *ŋə́ń* cə ŋaʔk̓ʷaʔcút. *Lots are waiting.* (TC) | ŋaʔk̓ʷaʔcút cə *ŋə́ń*. *Lots are waiting.* (TC) | mán̓ ʔuʔ *ŋə́ń* sɬə́məxʷ. *It's raining very hard.* (MJT) | ʔuʔk̓ʷə́nnəxʷ cn cə *ŋə́ń* sqáx̣aʔ. *I saw lots of dogs.* (TC) | ʔiʔ *ŋə́ń* sʔíɬən tə sʔələnístəŋs tə ʔaʔyəcɬtáyŋxʷ. *There was lots of food being fed to the people.* (MJ) | *ŋə́ń* paʔyíšpš ʔiʔ ti sqáx̣aʔ. *There were lots of cats and dogs.* (TC) | ʔáw c *ŋə́ń* swə́y̓qaʔ čə́saʔ ti snə́xʷɬs. *Not many men have two canoes.* (TC) | *ŋə́ń* swə́y̓qaʔ ʔuʔnə́c̓uʔ ti snə́xʷɬs. *Lots of men have only one canoe.* (TC) | *ŋə́ń* swə́y̓qaʔ ʔáw c k̓ʷə́nnəxʷ. *Lots of men didn't see it.* (TC) | qṕə́ts či *ŋə́ń* ʔiʔiyə́m suʔwə́y̓qaʔ. *They gathered many strong men.* (ES) | níɬ kʷaʔčaʔ nəsxʷčmə́y̓əq kʷaʔ tə *ŋə́ń* sqʷáyɬ. *That's why I forget a lot of our language.* (TC) | *ŋə́ń* cə sq̓ʷəyúŋiʔs siqáʔwəɬ ʔaʔ cə sčə́qʷəwc. *There were many heads around the fire.* (ES) | *ŋə́ń* skʷáqəŋ ʔaʔ ti ʔuʔx̣ə́ń sčiʔánəŋ ʔiyá ʔaʔ kʷs nəʔáʔiŋ. *There are many flowers every year at my house.* (EPT) | *ŋə́ń* cə ʔəcɬtáyŋxʷ siqáʔwəɬ ʔaʔ cə sčə́qʷəwc. *Many people were around the fire.* (ES) | *ŋə́ń* yaʔ yuʔ sxʷiʔám̓ nəsyaʔcústəŋ ʔaʔ kʷi nədad yaʔ. *There were a lot of stories I was told by my dad.* (TC) | ʔiʔ mán̓ kʷaʔ ʔuʔ *ŋə́ń* cə sʔíɬəns ʔúx̣ ʔaʔ cə ƛ́áɬc. *And he got a great deal of food from the sea.* (AA) | ʔíɬən kʷaʔ cə *ŋə́ń* ʔəycɬtáyŋəxʷ cə čɬqə́nxʷ yaʔ. *Many people who had been starving ate.* (AA) | ƛ́áʔnəq ʔaʔ cə *ŋə́ń* tálə ʔiʔ cə *ŋə́ń* sʔíɬən ʔaʔ cə ŋənaʔ šítəŋ cə sʔács yaʔ ʔaʔ cə mə́kʷaʔ. *There was a big give-away of much money and much food for the daughter who had desired the face at the grave.* (AA) | mán̓ ʔuʔ *ŋə́ń* ti sʔə́ʔɬəns ʔaʔ či híc cə ʔayx̣íyŋəxʷ ʔíya ʔaʔPoint No Point. *There was very much food for a long time at the village there at Point No Point.* (AA) | ʔáwə cn c hiyáʔtəŋ ʔúxʷtəŋ ʔaʔ cə sxʷʔiyás cə s*ŋə́ń*s ʔəttáwtx sxʷʔiyás ti sʔə́ʔɬt ti sčáy ʔaʔ cə ʔəsqʷáʔɬiʔ. *I wasn't taken over to the bunkhouse where the loggers sleep.* (ES) | ʔáx̣əŋ kʷi siʔiʔám̓ ʔaʔ ʔiyá tə čə́q táwn, Seattle, húʔ q ʔiʔqʷúy cə sƛ́íƛaʔƛ́qɬ ʔiʔ *ŋə́ń*, *ŋə́ń* təsə ŋaʔk̓ʷaʔcút ti sčáytəŋs ʔaʔ Seattle. *The bosses in the city, Seattle, said that if a child dies there are many, many waiting to be put to work in Seattle.* (ES)}

ŋəná̓ʔitxʷ ⟦√ŋən̓=aʔitxʷ √many=dollar⟧ ☞ ŋə́ń many dollars, round things. (MJT)

ŋən̓áɬ ⟦√ŋən̓=aɬ √many=times⟧ ☞ ŋə́ń many times, often. {suʔčáʔiʔs ʔaʔ cə x̣ʷən̓áŋ ʔaʔ tə *ŋən̓áɬ*. *She was doing like that many times.* (EB)}

ŋən̓áy ⟦√ŋən̓=ayə √many=person⟧ ☞ ŋə́ń many people. (ES; TC) {*ŋən̓áy* suʔwə́y̓qaʔ. *Many men.* (ES) | *ŋən̓áy* stən̓ɬániʔ. *Lots of women.* (ES) | *ŋən̓áy* st kʷənnúŋə. *Lots of us saw you.* (TC) | *ŋən̓áy* st kʷənnúŋə hay. *We saw many of you.* (TC) | *ŋən̓áy* st kʷi čáʔyəŋ. *Lots of us have a house.* (TC) | *ŋən̓áy* st ʔəscáyxʷ ʔaʔ cə ʔáʔiŋ. *There were many of us in the house.* (TC) | mán̓ cxʷ ʔuʔ *ŋən̓áy* sqiʔáʔəm̓ či n̓sʔúyɬ ʔaʔ tiə nəsnə́xʷɬ. *There are too many of you to get on my canoe.* (TC)} VAR: ŋənáyə (ES)

ŋən̓ayəhə́č̓ɬ ⟦√ŋən̓=ayə=əč̓ɬ √many=person=child⟧ ☞ *ŋən̓áy* to have many children. {kʷ*ŋən̓ayəhə́č̓ɬ* cn. *I have many children.* (MJT)}

ŋən̓áyəŋəxʷ ⟦√ŋən̓-ay=ŋix √many-ext=breast⟧ ☞ ŋə́ń lots of milk. (MJT)

ŋə́ńct ⟦√ŋən̓-cut √many-rflxv⟧ ☞ ŋə́ń to become many. (AS) {*ŋə́ńct* u cxʷ hay? *Are there many of you?* (AS) | *ŋə́ńct* caʔ cxʷ hayə. *There will become many of you.* (MJ)}

ŋə́ńəŋ ⟦√ŋən̓-ŋ √many-mdl⟧ ☞ ŋə́ń to be many, lots. (AB,ICT; AS) VAR: ŋə́nəŋ (AS) {ʔuʔmán̓ ʔuʔ *ŋə́nəŋ*. *There's very many.* (AS)}

ŋən̓áy̓č ⟦√ŋən̓=ay̓č √many=hair⟧ ☞ ŋə́ń lots of hair. (MJT)

ŋən̓táŋ ⟦√ŋən̓-tax-ŋ √many-inancaus-psv⟧ ☞ ŋən̓táxʷ to be given, made many. {*ŋən̓táŋ* cn. *He gave me lots.* (TC)}

ŋən̓táxʷ ⟦√ŋən̓-taxʷ √many-emot⟧ ☞ ŋə́ń Stem: ŋən̓tá [stem for third-person and subordinate subjects] to get many, make it be a lot. {*ŋən̓táxʷ* cn. *I got lots.* (TC) | *ŋən̓tás*. *He gave him lots.* (TC)}

ŋən̓túŋə ⟦√ŋən̓-taxʷ-uŋə √many-emot-2obj⟧ ☞ ŋən̓táxʷ get you many. {*ŋən̓túŋə* cn. *I gave you lots.* (TC)}

ŋə́ńtxʷ ⟦√ŋən̓-txʷ √much-letcaus⟧ ☞ ŋə́ń to let it be a lot, much, get lots. (TC) {ʔuʔ*ŋə́ńtxʷ* kʷi či ƛ́kʷáysxʷ. *Get a lot.* (AS)}

ŋəqsən ⟦√ŋəqsn √nose⟧ nose; siphon of a clam. (LBH; MV; EPT; LC; ES; AS,BC) {čáʔkʷt cə n̓*ŋə́qsən*. *Wash your nose.* (HS,ES) | čúwəɬ ʔaʔáʔčx̣ či *ŋə́qsən*s. *She has a nose like a little crab.* (MJT) | ʔəx̣ín kʷsə n̓*ŋə́qsən*? *Where is your nose?* (AS,BC) | čaʔ*ŋə́qsən*. *He's all nose.* (TC) | ʔuʔtsə́ts tə súɬ ʔaʔ tə *ŋə́qsən*s. *She put her nose close to the door.* (MJ) | kʷənts tə súɬ ʔiʔ cqʷústs ʔaʔ tə *ŋə́qsən*s. *She looked at the door and pointed at it with her nose.* (MJ) | hiyáʔ kʷɬə ɬaʔʔəm̓ kʷə́yŋ ʔúxʷ ʔaʔ cə *ŋə́qsən*s ʔiʔ sə́q. *The wren went and flew to his nose and went out.* (MJ)}

ŋəq̓ə́t ⟦√ŋəq̓-t √swallow-trns⟧ to swallow something. (MJT; TC; ES; AS,BC) {*ŋəq̓ə́t* cn. *I swallowed it.* (EPT; MJT) | *ŋəq̓ə́t* cn cə qʷúʔ. *I swallowed the water.* (AS) | ŋáʔkʷt cn ʔiʔ *ŋəq̓ə́t*. *I was chewing it and swallowed it.* (BC)} VAR: ŋq̓ə́t (LC; AS,BC; AS) {*ŋq̓ə́t* cn kʷaʔ. *I swallowed it.* (EPT) | *ŋq̓ə́t* cn kʷə nc̓éʔəx. *I swallowed my gum.* (AS) | *ŋq̓ə́t* cn cə sʔíɬən. *I swallowed the food.* (AS,BC) | məkʷút cn ʔiʔ *ŋq̓ə́t*. *I put it in my mouth and swallowed it.* (AS)}

ŋəq̓ə́təŋ ⟦√ŋəq̓-t-ŋ √swallow-trns-psv⟧ ☞ ŋəq̓ə́t to be swallowed by someone or something. {*ŋəq̓ə́təŋ* kʷə saplín. *He swallowed the bread.* (AS)} VAR: ŋq̓ə́təŋ {*ŋq̓ə́təŋ* kʷə saplín. *He swallowed the bread.* (AS) | *ŋq̓ə́təŋ* kʷə nc̓éʔəx. *My gum got swallowed.* (AS)} VAR: ŋq̓təŋ (AS) ŋəq́ítəŋ ⟦√ŋiq́-t-ŋ √erect-trns-psv⟧ [metathesis with passive] ☞ ńíq́t to be erected (of a pole, post, or mast) by someone. (AS,BC) {*ŋəq́ítəŋ* tə sxʷyáʔtəŋs či ʔáʔiŋ. *The posts for building houses were put up.* (AS)}

ŋəq́núŋət ⟦√ŋq́-nuŋt √swallow-ncmdl⟧ ☞ ŋəq́ə́t to accidentally swallow (something). {xəńáɬ caʔ ti ńsuʔɬńás ti sč́úmʼ ʔiyá ʔaʔ sŋəq́núŋəts ʔaʔ ti ʔəcɬtáyŋxʷ ti sč́úmʼ. *You will always remove a bone when a person accidentally swallows a bone.* (MJ)}

ŋə́q́t ⟦√ŋ<ə́>q́-t √swallow-trns⟧ [actual metathesis] ☞ ŋəq́ə́t to be swallowing something. {*ŋə́q́t* cn. *I'm swallowing something.* (MJT; ES; AS,BC) | ʔáwə c *ŋə́q́t*. *Don't swallow it.* (ES) | *ŋə́q́t* cə qʷúʔ. *Swallow the water.* (AS)}

ŋə́q́təŋ be swallowed. *See under:* ŋəq́ə́təŋ

ŋə́q́ʷ ⟦√ŋq́ʷ √burst⟧ to burst open, pop, flatten, smash, squash (as stepping on an apple). (EPT; MJT; TC; AS,BC; AS) {*ŋə́q́ʷ* cn. *I burst.* (TC) | *ŋə́q́ʷ* kʷə nspúsəŋ. *My boil burst.* (AS) | ʔuʔɬə́ŋ ʔuʔ *ŋə́q́ʷ* kʷi sqáxaʔ. *The dog was completely smashed.* (AS) | *ŋə́q́ʷ* kʷaʔ ʔuʔ stáŋəs či ʔəsnáʔuɬ ʔaʔ tə nəq́ʷə́yən. *Something in my ear burst.* (ES)} VAR: mə́q́ʷ (AS)

ŋəq́ʷə́t ⟦√ŋq́ʷ-t √burst-trns⟧ ☞ ŋə́q́ʷ to burst, pop, smash, squash, crush something open. (EPT; TC; ES; AS) {*ŋəq́ʷə́t* cn. *I smashed it.* (AS)} VAR: məq́ʷə́t (BC) VAR: ńq́ʷə́t (AS) {*ńq́ʷə́t* kʷsə ńspúsəŋ. *Open your boil.* (EPT) | *ńq́ʷə́t* či. *Open, break it (a blister).* (AB,ICT)} VAR: nəq́ʷə́t (AS) {*nəq́ʷə́t* cn. *I crushed it.* (MJT)}

ŋəq́ʷə́təŋ ⟦√ŋq́ʷ-t-ŋ √burst-trns-psv⟧ ☞ ŋəq́ʷə́t to be burst, popped, smashed, squashed by something or someone. (AS,BC) {*ŋəq́ʷə́təŋ* cn. *Someone squashed me.* (TC) | *ŋəq́ʷə́təŋ* cn ʔaʔ cə sqiyáyŋəxʷ. *I got squashed by a tree.* (TC)} VAR: ńq́ʷə́təŋ {*ńq́ʷə́təŋ* cn. *I got crushed.* (AS) | *ńq́ʷə́təŋ* kʷɬə čaʔčə́mč́ənaʔ. *The ant got squashed.* (AS)} VAR: nəq́ʷə́təŋ {*nəq́ʷə́təŋ* cn. *I got crushed.* (AS)}

ŋəq́ʷŋəq́ʷíɬč ⟦ŋq́ʷ + √ŋq́ʷ = iɬč char + √burst = plant⟧ «So called because stems have resin blisters.» ☞ ŋə́q́ʷ white fir tree. *Abies concolor.* (MJT)

ŋəq́ʷsə́n ⟦√ŋq́ʷ = sən √burst = foot⟧ ☞ ŋə́q́ʷ
1. to crush the foot. (AS) to blow out (of a tire), rupture (of an inner tube). (MJT; AS) {*ŋəq́ʷsə́n* kʷsə nscaʔkʷaʔyúɬ. *My car had a blowout.* (AS)}

ŋəq́ʷsə́nnəxʷ ⟦√ŋq́ʷ = sən-naxʷ √burst = foot-nctrns⟧ ☞ ŋəq́ʷsə́n to manage to blow out a tire, rupture an inner tube. {*ŋəq́ʷsə́nnəxʷ* cn kʷi. *I blew the tire out.* (MJT)}

ŋə́q́ʷt ⟦√ŋ<ə́>q́ʷ-t √burst<actl>-trns⟧ [actual metathesis] ☞ ŋəq́ʷə́t to be bursting, popping, smashing, squashing, crushing something open. {kʷɬŋə́q́ʷt cn. *I'm squashing it now.* (TC)} VAR: ńə́q́ʷt {*ńə́q́ʷt* cn. *I'm crushing it.* (MJT)}

ŋə́q́ʷtəŋ ⟦√ŋ<ə́>q́ʷ-t-ŋ √burst<actl>-trns-psv⟧ ☞ ŋəq́ʷə́təŋ being burst, smashed by someone or something. {*ŋə́q́ʷtəŋ* cn. *He's smashing me.* (AS,BC) | *ŋə́q́ʷtəŋ* cə spúsəŋ. *The boil was being burst.* (AS,BC)}

ŋəsáʔitxʷ ⟦√ŋus = aʔitxʷ √four = dollar⟧ ☞ ŋús four dollars. (EPT; TC; TC,AS,BC) VAR: ŋəsáytxʷ (TC)

ŋəsáʔwinəxʷ ⟦√ŋus = aʔwinəxʷ √four = year⟧ ☞ ŋús four years. (EPT) VAR: ŋusáʔwinəxʷ (MJT)

ŋəsákʷɬ ⟦√ŋus = akʷɬ √four = conveyance⟧ ☞ ŋús four canoes. (MJT) VAR: ŋəsáxʷɬ (BG,MJT) VAR: ŋəsákʷɬ {*ŋəsákʷɬ* kʷiə niyaʔčáʔuŋəxʷ. *The strangers had four canoes.* (AS)}

ŋəsáɬ ⟦√ŋus = aɬ √four = times⟧ ☞ ŋús four times. (MJT; ES; TC; AS,BC) {*ŋəsáɬ* t sʔəŋʔás. *It came four times.* (TC; ES) | *ŋəsáɬ* tə nəshiyáʔ. *I went four times.* (TC) | *ŋəsáɬ* tə nəsɬíyəm. *I sang four times.* (MJT)}

ŋəsáy ⟦√ŋus = ayə √four = person⟧ ☞ ŋús four people. (EPT; TC; LC) {*ŋəsáy* kʷsə táči. *Four people came.* (EPT) | *ŋəsáy* st ʔáɬə. *There are four of us here.* (MJT)} VAR: ŋəsáyə {*ŋəsáyə* swə́yqaʔ tə sáʔət tə sxʷʔáʔmət. *It took four men to lift the bed.* (MJ)}

ŋəsayəháč̓ɬ ⟦√ŋus = ayə = əč̓ɬ √four = person = child⟧ ☞ ŋəsáy to have four children. (MJT) VAR: ŋəsayəʔə́yɬ (MJT) VAR: ŋəsə́č̓ɬ (MJT) ⟦√ŋus = əč̓ɬ √four = child⟧

ŋəsáyəq ⟦√ŋus = ayəq √four = fish⟧ ☞ ŋús to catch four fish. {*ŋəsáyəq* cn. *I caught four fish.* (MJT)}

ŋə́scəńʼ ⟦√ŋəscńʼ √louse⟧ louse, head lice. ✱If you dream about lice, you will get lots of money. (JCo; EPT; LC; ES,HS; ES,TC; ES; TC) {čaʔŋə́scəńʼ cn. *I'm full of lice.* (TC) | čńə́scəńʼ cn. *I have lice.* (TC)} VAR: ŋə́scən (EPT)

ŋəsə́č̓ɬ four children. *See under:* ŋəsayəháč̓ɬ

ŋəsə́t ⟦√ŋs-t √bark-trns⟧ ☞ ŋəsyuʔ to bark at someone or something. {*ŋəsə́t* či! *Bark at it! (talking to your dog)* (AS)}

ŋəsə́təŋ ⟦√ŋs-t-ŋ √bark-trns-psv⟧ ☞ ŋəsə́t to be barked at. {*ŋəsə́təŋ* cn ʔaʔ cə sqáxaʔ. *The dog barked at me.* (TC)}

ŋəsə́yu ⟦√ŋs-əyu √bark-activ⟧ to bark, make a barking sound. (TC; AS,BC) {*ŋəsə́yu* kʷsə sqʷmə́yʼ. *My dog barks.* (AS)}

ŋəsíkʷs ⟦√ŋus = iws √four = body⟧ ☞ ŋús
1. to be four of a kind. (AS,BC)
2. four animals or people. (EPT) {níɬ kʷi *ŋəsíkʷs*. *It's four children.* (AS)}

ŋəsɬnát ⟦√ŋus = ɬnat √four = day⟧ ☞ ŋús
1. Thursday. (EPT; MJT; ES; HS; AS,BC)
2. four nights. (MJT) VAR: sŋəsɬnát (ES)

ŋəsɬšáʔ ⟦√ŋus = ɬšaʔ √four = ten⟧ ☞ ŋús forty. (ES)

ŋəsŋəsáʔitxʷ ⟦ŋus + √ŋus = aʔitxʷ distr + √four = dollar⟧ ☞ ŋəsáʔitxʷ to be four dollars each of several. {*ŋəsŋəsáʔitxʷ* kʷi. *Give them four dollars each.* (MJT)}

ŋəsŋəsáy ⟦ŋs + √ŋus = ayə distr + √four = person⟧ ☞ ŋəsáy to be four at a time. (TC)

ŋə́st ⟦√ŋ‹ə́›s-t √bark‹actl›-trns⟧ [actual metathesis] ☞ ŋəsə́t to be barking at someone or something. (AS,BC) {*ŋə́st* cn. *I'm barking at it.* (AS)}

ŋə́staŋ ⟦√ŋ‹ə́›s-t-ŋ‹ʔ› √bark‹actl›-trns-psv‹actl›⟧ [actual metathesis] ☞ ŋə́st being barked at. (ES) {*ŋə́staŋ* cn. *I got barked at.* (TC,AS,BC; TC) | *ŋə́staŋ* cn ʔəʔ cə sqáxaʔ. *The dog is barking at me.* (TC)} VAR: ŋə́stəŋ (AS) {*ŋə́stəŋ* cn. *It barked at me.* (AS)}

ŋə́syuʔ ⟦√ŋ‹ə́›s-əyu‹ʔ› √bark‹actl›-activ‹actl›⟧ [actual metathesis] ☞ ŋəsə́yu to be barking, make a barking sound. (ES; TC) {*ŋə́syuʔ* cə sqáxaʔ. *The dog is barking.* (TC,AS,BC) | ʔáw c *ŋə́syuʔ*. *Don't bark.* (TC,AS,BC) | ʔuʔsə́łəŋ ʔuʔ *ŋə́syuʔ*. *My dog kept on barking.* (TC) | ʔiyánəs cə nəsqáxaʔ cə ʔəšás *ŋə́syuʔ*. *My dog heard the sea lions barking.* (TC) | níł suʔƛ́ays ʔuʔ *ŋə́syuʔ* cə nəsqáxaʔ. *Then my dog barked, too.* (TC)} VAR: ŋə́səyuʔ (TC)

ŋə́wiʔ ⟦√ŋəwy̓ √navel⟧ [no plural could be elicited] umbilical cord, navel, belly button. (EPT; AS,BC; BC) {ʔuʔáwənə ʔən̓*ŋə́wiʔ*! *You have no navel!* ⟪USAGE: This is an insult that may be used toward someone who has offended.⟫ (AS,BC)} VAR: ŋə́wi (BC)

ŋəxáct ⟦√ŋax-cut √hurry-rflxv⟧ [metathesis with reflexive] ☞ ŋáxt to hurry up, go faster. (ES; ES,HS) {*ŋəxáct* caʔn. *I'll hurry.* (ES) | *ŋəxáct* cn. *I hurried up.* (ES) | *ŋəxáct* či! *Hurry up!* (AS,BC) | huʔ*ŋəxáct* st kʷi. *We're hurrying.* (MJT) | *ŋəxáct* cn hiyáʔ tə́kʷ. *I hurried home.* (MJ) | ʔiʔ xənʔáxʷ cn, "ʔúyəł ʔaʔ cə n̓scáʔkʷaʔyúł ʔiʔ *ŋəxáct* hiyáʔ kʷéʔit k̓ʷənt kʷaʔ stáŋəs kʷaʔ níłs cán." *And I said to here, "Get in your car and hurry to go peek and look at whatever, whoever it is."* (ES) | suʔ*ŋəxáct*ł yaʔ ʔiʔ ʔáwənə kʷłə. *So we hurried, but there was no one.* (ES) | níł suʔnuʔ*ŋəxáct* kʷiʔə níł siʔám štənístxʷ tiə sxʷqʷáqʷiʔs sqʷin̓əwił. *So this gentleman who brought this recorder we are talking with is kind of in a hurry.* (RSh)}

ŋəxán̓əq ⟦√ŋax-ən‹ʔ›əq √hurry-hab‹actl›⟧ ☞ ŋáx to hurry up. (MJT)

ŋə́xc ⟦√ŋ‹ə́›x-t-c √bawl_out‹actl›-trns-1obj/2obj⟧ ☞ ŋáxt bawling me out; bawling you out. {*ŋə́xc* u cxʷ? *Are you telling me off?* (ES)}

ŋəxə́t ⟦√ŋx-t √bawl_out-trns⟧ to bawl someone out, tell someone off, correct someone, speak roughly to someone. (ES; TC) VAR: ŋxə́t {kʷłníł kʷi suʔ*ŋxə́t*s cə swéʔwəs. *Now he bawled out the boy.* (AS)}

ŋəxə́təŋ ⟦√ŋx-t-ŋ √bawl_out-trns-psv⟧ ☞ ŋəxə́t to be bawled out, get verbal discipline from an elder. {*ŋəxə́təŋ* cn. *They're bawling me out.* (TC; AS)}

ŋə́xt ⟦√ŋ‹ə́›x-t √bawl_out‹actl›-trns⟧ [actual metathesis] ☞ ŋəxə́t to be bawling someone out, telling someone off, correct someone, raising Cain with someone. (ES; TC; AS,BC) ⟪USAGE: This is harsher than łxʷúst.⟫ cp. łxʷúst {*ŋə́xt* cn. *I bawled him out.* (ES)}

ŋə́xtəŋ ⟦√ŋax-t-ŋ √hurry-trns-psv⟧ ☞ ŋáxt to be hurried by someone. {níł kʷi suʔ*ŋə́xtəŋ*s. *So he was hurried.* (AS)}

ŋə́xtəŋ ⟦√ŋ‹ə́›x-t-ŋ‹ʔ› √bawl_out‹actl›-trns-psv‹actl›⟧ ☞ ŋəxə́təŋ being bawled out, getting verbal discipline from an elder. (ES) {*ŋə́xtəŋ* cn. *Someone's telling me off.* (ES; TC)}

ŋə́yaʔŋaʔ horse clams. *See under:* náyaʔŋaʔ

ŋəyə́qsən ⟦√ŋ‹əy›əqsn √nose‹pl›⟧ ☞ ŋə́qsən several noses. (EPT; TC)

ŋəyə́q̓ʷ ⟦√ŋ‹əy›q̓ʷ √burst‹pl›⟧ ☞ ŋə́q̓ʷ to burst apart. {níł kʷaʔ *ŋəyə́q̓ʷ*, *ŋəyə́q̓ʷ*. *I might burst, burst.* (TC) | níł kʷaʔ *ŋəyə́q̓ʷ*n, *ŋəyə́q̓ʷ*ən. *I'll get burst, burst.* (TC) | níł kʷaʔ *ŋəyə́q̓ʷ*, *ŋəyə́q̓ʷ*ən. *I might burst, burst.* (TC)}

ŋəyə́q̓ʷsən ⟦√ŋ‹əy›q̓ʷ=sən √burst‹pl›=foot⟧ ☞ ŋə́q̓ʷ to step in something that squishes. (AS,BC)

ŋə́yəscən̓ lice. *See under:* ŋaʔyə́scən̓

ŋíŋaʔ [ŋí+ŋaʔ pl+√give] ☞ ŋáʔ potlatch giving, having a big give-away. {níł suʔyə́cəms ʔaʔ či s*ŋíŋaʔ*s. *Then he told them of their give-aways.* (ES)}

ŋiŋákʷt ⟦ŋy+√nakʷ-t pl+√chew-trns⟧ ☞ ŋákʷt to chew something up. {*ŋiŋákʷt* cn. *I chewed it up.* (TC)}

ŋiŋə́qsən ⟦ŋi+√ŋəqsn aff+√nose⟧ ☞ ŋə́qsən cute nose. (MJT) {ʔaʔáʔił cə *ŋiŋə́qsən*s. *She has a real pretty little nose.* (MJT)}

ŋiŋə́q̓ʷtəŋ ⟦ŋy+√ŋq̓ʷ-t-ŋ pl+√burst-trns-psv⟧ ☞ ŋəq̓ʷə́təŋ to be burst, smashed of a group or by a group or multiple times; to be really smashed up. (BC)

ŋiŋə́st ⟦ŋy+√ŋs-t pl+√bark-trns⟧ ☞ ŋə́syuʔ to bark at someone. {*ŋiŋə́st* u cxʷ? *Did you bark at me?* (TC)}

ŋiŋə́stəŋ ⟦ŋy+√ŋəs-t-ŋ pl+√bark-trns-psv⟧ ☞ ŋiŋə́st to be barked at. {*ŋiŋə́stəŋ* cn. *It barked at me.* (TC,AS,BC) | *ŋiŋə́stəŋ* cə swə́yqʷaʔ. *He barked at the man.* (TC) | *ŋiŋə́stəŋ* cə nəŋə́nəŋənaʔ. *He barked at my children.* (TC)}

ŋiŋə́xt ⟦ŋ‹y›+√ŋx-t incep‹pl›+√bawl_out-trns⟧ ☞ ŋə́xt to start bawling someone out, telling someone off, scolding someone. (ES; AS; AS,BC) VAR: ŋiyəŋə́xt (ES)

ŋiŋə́xtəŋ ⟦ŋ‹y›+√ŋx-t-ŋ incep‹pl›+√bawl_out-trns-psv⟧ ☞ ŋiŋə́xt to get a bawling out, being told off, corrected, scolded. (ES) {*ŋiŋə́xtəŋ* cn. *I got told off. / He scolded me.* (AS,BC) | *ŋiŋə́xtəŋ* u cxʷ? *Did you get a bawling out?* (ES) | *ŋiŋə́xtəŋ* cə q̓áʔŋiʔ. *The girl was scolded.* (AS)}

ŋíq̓ ⟦√ŋiq̓ √erect⟧ to be erected, a pole, post, mast in place. {*ŋíq̓* cə sxʷŋíq̓ən. *The pole is put up.* (AS,BC)}

ŋíq̓t ⟦√ŋiq̓-t √erect-trns⟧ ☞ ŋíq̓ to erect, stick in place a pole, post, or mast, insert something into position so that it can stand upright. (AS,BC) {*ŋíq̓t* cn. *I put up a pole.* (AS) | *ŋíq̓t* cxʷ. *You put it up.* (BC) | *ŋíq̓t* cn cə sq̓əyáxən. *I put up the fence.* (AS,BC)}

ŋisúŋəs ⟦√ŋisuŋəs √stubborn⟧ [may have 'face' suffix] to be stubborn, pouting, bullheaded. ((Usage: usually used to refer to a child)) (AS,BC) {ʔuʔmán̓ ʔuʔ *ŋisúŋəs*. *He's very stubborn.* (AS) | ɬáxʷɬ ʔuʔ *ŋisúŋəs* cə q̓áʔŋiʔ. *That girl is definitely stubborn.* (AS,BC)}

ŋiyáʔəq ⟦√ŋ<iy>aʔəq √torches<pl>⟧ ☞ ŋáʔəq several lights, lamps, flashlights, torches, lanterns. (AS) {x̣̓k̓ʷə́t cə *ŋiyáʔəq*. *Put out the lights.* (AS) | ʔux̣̓k̓ʷə́ŋ kʷi kʷə *ŋiyáʔəq*. *The lights were put out.* (AS)}

ŋiyəŋə́xt bawling someone out. *See under:* ŋiŋə́xt

ŋq̓ə́t swallow it. *See under:* ŋəq̓ə́t

ŋq̓ə́təŋ be swallowed. *See under:* ŋəq̓ə́təŋ

ŋq̓ʷə́t burst it. *See under:* ŋəq̓ʷə́t

ŋq̓ʷə́təŋ be burst. *See under:* ŋəq̓ʷə́təŋ

ŋúʔət eating it. *See under:* ŋuʔút

ŋúʔəs ⟦ŋúʔ+√ŋus actl+√four⟧ ☞ ŋús being four (conveyances). {hiʔ*ŋúʔəs*. *There are four (canoes).* (MJT)}

ŋuʔŋəsə́k̓ʷɬ ⟦ŋuʔ+√ŋus=ak̓ʷɬ actl+√four=conveyance⟧ ☞ ŋúʔəs four conveyances. {hiʔ*ŋuʔŋəsə́k̓ʷɬ*. *There are four canoes.* (MJT)} VAR: ŋaʔsə́k̓ʷɬ ⟦√ŋu<ʔ>s=ək̓ʷɬ √four<actl>=conveyance⟧ {hiʔ*ŋaʔsə́k̓ʷɬ*. *There are four canoes.* (MJT)}

ŋuʔúc ⟦√ŋ<əʔ>u-t-c √eat<actl>-trns-1obj/2obj⟧ ☞ ŋuʔút eating me; eating you. {*ŋuʔúc* cn. *I'll be eating you.* (MJ)}

ŋuʔút ⟦√ŋ<əʔ>u-t √eat<actl>-trns⟧ ☞ ŋút to be eating something. {*ŋuʔút* cn. *I'm eating it.* (MJT) | *ŋuʔút* u cxʷ cə nəsʔíɬən. *Are you eating my food?* (TC) | *ŋuʔút* u cxʷ cə *ŋuʔút*ən? *Are you eating what I'm eating?* (TC) | *ŋuʔút* u cxʷ cə nəsʔéʔɬən? *Are you eating what I'm eating?* (TC) | ʔíɬən u cxʷ ʔaʔ cə *ŋuʔút*ən? *Are you going to eat what I'm eating?* (TC) | kʷɬə́ss cə sxʷʔiyás ixʷ tə q̓lúməčən ʔəɬ *ŋuʔút*s ti x̣ʷúx̣ʷaʔ sčánnəxʷ. *They got to the place where there must have been blackfish eating small fish.* (MJ)} VAR: ŋúʔət {ʔáwə kʷi c *ŋúʔət* kʷaʔ nsxʷaʔtínəs. *Don't eat it if you don't like it.* (MJ)}

ŋuʔútəŋ ⟦√ŋ<əʔ>u-t-ŋ √eat<actl>-trns-psv⟧ ☞ ŋuʔút being eaten by something or someone. {suʔxánəŋ ʔaʔ xáʔis, "*ŋuʔútəŋ* caʔ cxʷ kʷ ʔaʔ či ʔəxʷíynəxʷ." *So Changer said, "You will be eaten by the people."* (MJ) | *ŋuʔútəŋ* caʔ cxʷ ʔaʔ či ʔəcɬtáynəxʷ kʷaʔ ŋə́n̓ctxʷ. *You will be eaten by people when you are many.* (MJ)}

ŋúc ⟦√ŋu-t-c √eat-trns-1obj/2obj⟧ ☞ ŋút eat me; eat you. {*ŋúc* cn. *I'll eat you.* (TC)}

ŋúnəxʷ ⟦√ŋu-naxʷ √eat-nctrns⟧ ☞ ŋút to manage to get a taste of something. {čaʔ*ŋúnəxʷ* cn. *I just got a taste of it.* (MJT) | kʷɬíc ʔəɬ ʔuʔəhán c *ŋúnəxʷ* ʔiʔ čaʔ*ŋúnəxʷ* cn. *It's been a long time that I haven't gotten to eat it yet, and I'm just getting a taste now.* (MJT)}

ŋúŋut ⟦ŋú+√ŋu-t incep+√eat-trns⟧ ☞ ŋút to start eating something. {nəsxʷ*ŋúŋut* cə múʔuqʷ. *That's why I started eating the duck.* (MJ)}

ŋús ⟦√ŋus √four⟧ four. (EPT; RCT; NS,JW; RS; LC; TC; AS,BC) {*ŋús* cə nəsxána?. *I have four feet.* (TC,AS,BC) | ʔúpən i či *ŋús*. *Fourteen.* (NS,JW) | č?íɬaʔ cn ʔəʔ tə *ŋús* sq̓ʷúŋiʔ. *I bought four (salmon) heads.* (MJ) | níɬ ixʷ s*ŋús*s sčiʔánəŋ. *He must have been four years old.* (MJ) | *ŋús* skʷáči tə nəsčáʔi? ʔi? má?kʷɬ cn. *I was working four days, and I got injured.* (ES) | suʔəstčítəŋs kʷə ʔuʔxán̓ə *ŋús* cáyss ɬəŋáʔəŋ. *So all four of his detached fingers were cut off.* (TC)}

ŋusá?winəxʷ four years. *See under:* ŋəsáʔwinəxʷ

ŋúsəwəč ⟦√ŋus=əwəč √four=bottom⟧ ☞ ŋús forty. (MJT) cp. nəsɬšá?. VAR: ŋaʔsə́wəč (MJT)

ŋúsuʔtxʷ ⟦√ŋus=aw̓txʷ √four=house⟧ ☞ ŋús four houses. {kʷɬ*ŋúsuʔtxʷ* ixʷ kʷi kʷi sxʷčə́yəxʷs. *She's been into four buildings now.* (MJT)}

ŋút ⟦√ŋu-t √eat-trns⟧ to eat something. (TC; AS,BC; AS) {*ŋút* cn. *I ate it.* (MJT) | *ŋút* či cə nsʔíɬən. *Eat your food.* (TC) | *ŋút* yaʔ cn cə saplín. *I ate that bread.* (TC) | ʔáwə kʷaʔ *ŋút*s. *She never ate it.* (MJ) | ʔáwə c *ŋút*s. *She didn't eat it.* (MJ) | *ŋút* u caʔ cxʷ cə ʔápəls. *Are you going to eat the apple?* (AS,BC) | ʔiʔ ʔáwə č̓ tə c níɬ *ŋút*. *But he wasn't the one that ate it.* (TC) | *ŋút* caʔ st ʔaʔ tiʔə q̓éyət. *We're going to eat it at noon.* (MJT) | x̣̓k̓ʷə́təŋ ʔaʔ cə slapú cə ɬaʔɬə́m̓ ʔiʔ *ŋút*s. *Slapu took the wren and gobbled it up.* (MJ) | ó·, *ŋút* ixʷ cn kʷə kʷi nskʷúkʷ yaʔ. *Oh, I must have eaten what I cooked.* (TC) | qiyúʔəŋ ʔiʔ *ŋút* caʔn ʔaʔ či ʔuʔkʷkʷáʔ. *Put it away, and I'll eat it after a while.* (MJT) | xčnins ʔaʔ či suʔníɬs ʔuʔ *ŋút*. *He thought it was himself who ate it.* (TC) | níɬ suʔ*ŋút*s tə ncə́t kʷaʔ húyəs ʔaʔ cə sq̓x̣ə́yuʔ ʔəɬ ʔéʔɬəns. *Then my father ate it when he finished the clams he was eating.* (MJ) | níɬ suʔxánəŋs, "ʔuʔníɬ ixʷ caʔ cə sxə́pšəns *ŋút*n." *So he said, "I guess it will be the tail that I'll eat."* (TC) | stáŋ caʔ ʔuč či *ŋút* tiə siʔám či nəsʔíɬən. *What will this rich person eat for my food?* (TC) | nəsq̓aʔyúʔəŋ kʷi; *ŋút* caʔ st ʔaʔ či uʔtxʷkʷáʔkʷaʔ. *I'm putting it away; we'll eat it later.* (MJT) | suʔqʷáys, "ʔuʔ*ŋút* ixʷ cn kʷaʔ kʷi nəskʷúkʷ yaʔ kʷi nəsq̓ʷə́yəŋ yaʔ." *Then he said, "I must have eaten the barbecue that I cooked."* (TC)}

ŋútəŋ ⟦√ŋu-t-ŋ √eat-trns-psv⟧ ☞ ŋút to be eaten by someone or something. (TC) {*ŋútəŋ* kʷi kʷə ʔápəls. *He ate the apple.* (AS,BC)}

ŋxə́t bawl someone out. *See under:* ŋəxə́t

ó oh. *See under:* ʔó

p

paʔcáʔtəŋ ⟦√pa<ʔ>c<ʔ>-t-ŋ<ˀ> √spread_out<actl>-trns-psv<actl>⟧ ☞ pcátəŋ being spread out by someone. (ES)

páʔcałəŋ ⟦√pa<ʔ>c=ałˀ-ŋ √spread_out<actl>=mass-mdl⟧ ☞ páct
1. to spread, lay one's belongings out as when camping. (AS,BC; AS) {*páʔcałəŋ* cn. *I'll spread my stuff out here.* (AS,BC)}
2. to lie down. (AS,BC) {*páʔcałəŋ* caʔn. *I'm going to lie down.* (AS,BC)}

paʔcə́yu ⟦√pi<ʔ>c-əyu √slip<actl>-activ⟧ ☞ píc to be sliding (something), slinging to let slide (as in curling). (AS)

paʔcíct ⟦√pi<ʔ>c-cut √slip<actl>-rflxv⟧ ☞ pcíct to be sliding (as children playing), slipping, ice skating. (ES) {*paʔcíct* cn. *I'm sliding.* (ES) | hiʔ*paʔcíct*. *They're going sliding.* (MJT)}

paʔcíctxʷ ⟦√pi<ʔ>c-cut-txʷ √slip<actl>-rflxv-caus⟧ ☞ pcícttxʷ to be smoothing something down. {*paʔcíctxʷ* cn. *I'm smoothing it down.* (MJT)}

paʔcítəŋ ⟦√pi<ʔ>c-t-ŋ √slip<actl>-trns-psv⟧ ☞ pcítəŋ being slid down. {*paʔcítəŋ* cn. *I'm slipping. / I'm being slid.* (ES; AS,BC; AS) | *paʔcítəŋ* cn ʔaʔ tə słə́yəxʷ. *I slid on the ice.* (AS,BC)} VAR: paʔcítəŋ̇ (MJT)

páʔct ⟦√pa<ʔ>c-t √spread_out<actl>-trns⟧ ☞ páct to be laying something down, spreading something out (as a blanket). (ES; AS) {*páʔct* cn. *I'm spreading it.* (ES)} VAR: pá́ʔct (AS,BC)

páʔit boats. See under: páʔyət

páʔnəxʷ ⟦√pə<ʔ>nəxʷ √do_repeatedly<actl>⟧
1. to do anything over and over again. ⟪USAGE: This can refer to any repetitive activity like hammering, paddling, picking berries, digging camas, and so on.⟫ (AS,BC) {*páʔnəxʷ* cn. *I'm doing it over and over again.* (AS)}
2. to be digging camas. {nəsƛ̓éʔ či n̓sʔənʔá hayə wáʔ ʔiyá cə s*páʔnəxʷ* ʔaʔ cəqʷłúʔi. *I want you to come along digging camas.* (MJT)} VAR: pan̓án̓xʷ (MJT) {*pan̓án̓xʷ* yaʔ st ʔaʔ kʷi čiʔáqł. *We dug camas yesterday.* (MJT) | ʔáwə či c *pan̓án̓xʷ*. *Don't dig camas.* (MJT)}

paʔpáʔstən ⟦paʔ + √pa<ʔ>stn dim+√white_person<dim>⟧ ☞ pástən small white person. {*paʔpáʔstən* tsə ŋáʔnaʔs. *Her baby was white.* (MJ) | čnaʔnáts cə *paʔpáʔstən*. *She named the little white person.* (MJ)} VAR: paʔpáʔstən̓ (HS)

paʔpaʔxʷə́yuʔ ⟦paʔ + √pu<ʔ>xʷ-əyu<ʔ> dim+√blow<actl>-activ<actl>⟧ ☞ paʔxʷə́yu to be blowing gently, a breeze. (MJT) VAR: paʔpaʔxʷə́yu {ʔáwənə nsxčít kʷaʔ ʔuʔx̣áx̣ƛ̓s cə *paʔpaʔxʷə́yu* suʔəssáqł. *Nobody could tell if the breeze was blowing outside.* (MJ)}

paʔpáq̓ł ⟦paʔ + √p<á>əq̓-ł dim+√white<rslt>-dur⟧ ☞ pə́q̓ small or young and white. {*paʔpáq̓ł* kʷaʔkʷəcə́ntč. *young white shark.* (MJT)} VAR: paʔpə́q̓ł (MJT)

paʔpéʔš ⟦paʔ + √pi<ʔ>š dim+√cat<dim>⟧ ☞ píšpš kitten, small cat. (TC; ES) {ƛ̓aʔƛ̓úƛ̓aʔ *paʔpéʔš*. *small kitten* (ES)} VAR: paʔpéʔšpš (AS,BC)

paʔpəyóskət ⟦paʔ + √p<əy>əskət dim+√hardtack<pl>⟧ ☞ pə́skət several small crackers, especially oyster crackers. (AS,BC)

paʔpiʔkʷúʔŋəs ⟦paʔ + √pi<ʔ>kʷu<ʔ>ŋəs dim+√clown<dim>⟧ ☞ pikʷúŋəs small clown, comic. (MJT)

paʔpq̓áwtxʷ ⟦paʔ + √pəq̓=awtxʷ dim+√white=house⟧ ☞ pəq̓áwtxʷ small white house. (ES)

paʔpúʔkʷ ⟦paʔ + √pu<ʔ>kʷ dim+√book<dim>⟧ ☞ púkʷ small book, booklet. (AS,BC)

paʔpúpt ⟦paʔ + pu + √put dim+ʔ+√boat⟧ ☞ pút small boat. {suʔúyłs ʔaʔ šiʔčaʔpúʔəł ʔaʔ cə skʷáʔs *paʔpúpt*s. *So Jenny boarded her own little boat.* (MJ)}

paʔpxʷə́yqsən ⟦paʔ + √puxʷ-əy̓=əqsən dim+√blow-ext=nose⟧ ☞ pxʷə́yqsən gnat, midge, a small blood-sucking, flying insect. (ES)

páʔq̓łč ⟦√pə<ʔ>q̓=iłč √white<actl>=plant⟧ vine maple. *Acer circinatum.* (AB,ICT; AS) ✱Baskets can be made of this white wood (AB,ICT) VAR: p̓áʔq̓łč (ABT) [AS strongly rejects this variant with the glottalized /p̓/.]

páʔstənəŋ ⟦√pa<ʔ>stn-ŋ<ˀ> √white_man<actl>-mdl<actl>⟧ ☞ pástən to be speaking the English language. (MJT; ES) {čəŋíkʷs či nəs*páʔstənəŋ*. *I don't know how to speak English.* (ES)}

paʔstónəq ⟦√pi<ʔ>s-t-ən<ˀ>əq √accuse<actl>-trns-hab<actl>⟧ ☞ pstónəq being jealous, accusatory. (ES) {níł suʔyácəms ʔaʔ či s*paʔstón̓əq*s. *Then he told her that was jealously accused.* (MJ)} VAR: paʔstón̓əq (MJT; AS) VAR: pastónəq (AS) {táči kʷə ʔəcłtáyŋx *pastónəq*. *The person who is accusing got here.* (AS) | x̣ənʔáł ti suʔ*pastónəq*s kʷłə nčáčc. *My aunt was always accusing.* (AS)}

paʔšúsəŋ ⟦√pə<ʔ>š=us-ŋ<ˀ> √against=face-mdl<actl>⟧ ☞ pšúsəŋ to be going against, bucking the tide, going into the wind or current. {hiʔ*paʔšúsəŋ*. *He's going against the current.* (MJT)}

paʔxʷə́n̓əŋ ⟦√pu<ʔ>xʷ=ən<ˀ>-ŋ<ˀ> √blow<actl>=instr<actl>-mdl<actl>⟧ ☞ pxʷə́nəŋ to be sailing. {ʔiʔ*paʔxʷə́n̓əŋ*. *He's sailing.* (LC)}

páʔxʷəŋ fog. See under: spáʔxʷəŋ

paʔxʷə́yu ⟦√pu<ʔ>xʷ-əyu √blow<actl>-activ⟧ ☞ púxʷ to be blowing. (TC; ES; AS) {*paʔxʷə́yu* cə scúŋ. The wind is blowing. (TC) | *paʔxʷə́yu* cə scúŋ. The wind is blowing. (AS)} VAR: paʔxʷə́yuʔ (MJT)

páʔxʷiʔ ⟦√paʔxʷ-iy √fog-dev⟧ ☞ spáʔxʷəŋ to be gray, fog colored. (MJT)

paʔxʷútəŋ ⟦√pu<ʔ>xʷ-t-ŋ<ʔ> √blow<actl>-trns-psv<actl>⟧ [metathesis with passive] ☞ pxʷútəŋ being blown on by someone or something. (AS,BC) VAR: púxʷtəŋ ⟦√p<ú>xʷ-t-ŋ √blow<actl>-trns-psv⟧ [counter metathesis in actual passive] {hiyáʔ *púxʷtəŋ*. She was blown (by the wind). (MJ) | *púxʷtəŋ* cn ʔaʔ cə scúŋ. The wind blew on me. (AS) | *púxʷtəŋ* cə tíy. She blew on the tea (to cool it off). (AS)}

paʔyaʔpástən ⟦p<aʔy>aʔ+√pastn dim<pl>+√white_person⟧ ☞ pástən small white people, white children. (MJT) {xʷə́q̓ʷaʔɬ tə *paʔyaʔpástən*. The white children whooping cough. (MJ)}

paʔyaʔpéʔš ⟦p<aʔy>aʔ+√pi<ʔ>š dim<pl>+√cat<dim>⟧ ☞ paʔpéʔš a group of kittens, small cats. (ES) VAR: pəypéʔšpš (AS,BC) VAR: pəyaʔpéʔš (TC)

paʔyaʔpə́q̓ɬ ⟦p<aʔy>aʔ+√pəq̓-ɬ dim<pl>+√white-dur⟧ ☞ paʔpə́q̓ɬ to be small and white (of several). {ŋə́n̓ *paʔyaʔpə́q̓ɬ*. There are lots of little white ones. (MJT)}

paʔyaʔpiʔk̓ʷúʔŋəs ⟦p<aʔy>aʔ+√pi<ʔ>k̓ʷu<ʔ>ŋəs dim<pl>+√clown<dim>⟧ ☞ paʔpiʔk̓ʷúʔŋəs several small clowns, comics. (MJT)

paʔyástən ⟦√p<aʔy>astn √white_man<pl>⟧ ☞ pástən a group of white people. (EPT; MJT; ES) {*paʔyástən* st. We're white people. (MJT)} VAR: pə́yastən {níɬ nsuʔyəcúst ti ʔuʔx̣ə́n̓ *pə́yastən* ʔəɬ k̓ʷə́nəxʷən. Then I told all the white people when I saw them. (MJ)}

páʔyət ⟦√pu<aʔy>t √boat<pl>⟧ [vowel change in the plural] ☞ pút several boats. (EPT) VAR: páʔit (EPT) {ŋə́n̓ cə *páʔit*. There are many boats. (EPT)}

paʔyəxʷə́y̓qsən ⟦√p<aʔy>uxʷ-ə́y̓=əqsən √blow<pl>-ext=nose⟧ ☞ pxʷə́y̓qsən several mosquitoes. (MJT)

paʔyípə ⟦√p<aʔy>ipə √paper<pl>⟧ ☞ pípə papers, letters, a stack of paper. {nsuʔúŋəstəŋ ʔaʔ kʷi nəʔiyáʔiŋ ʔaʔ tə *paʔyípə* ʔiʔ cə λ̓úyəqs ʔaʔ matches. So my father gave me some papers and a box of matches. (MJ)}

paʔyíšpš ⟦p<aʔy>íš+√piš char<pl>+√cat⟧ ☞ píšpš a group of cats. (LC; TC) {*paʔyíšpš* ʔiʔ ti sqaʔyáxaʔ. There were lots of cats and lots of dogs. (TC) | ŋə́n̓ *paʔyíšpš* ʔiʔ ti sqáxaʔ. There were lots of cats and dogs. (TC) | λ̓ʷə́t cn cə *paʔyíšpš* ʔiʔ cə sqáxaʔ. I took the cats and a dog. (TC)} VAR: pəyíšpš (TC)

paʔyíšpšct ⟦p<aʔy>íš+√piš-cut char<pl>+√cat-rflxv⟧ ☞ péʔšpšct to turn into cats (of several). (MJT)

paʔyúxʷən ⟦√p<aʔy>uxʷ=ən √blow<pl>=instr⟧ ☞ púxʷən several sails. (MJT)

páa pear. See under: páas

paahíyəɬč ⟦√paas-iy=iɬč √pear-ext=plant⟧ ☞ páas pear tree. (ES) VAR: paasíɬč (AS,BC) ⟦√paas=iɬč √pear=plant⟧

páas ⟦√paas √pear⟧ pear. [from English 'pears'] {nəxʷčxík̓ʷt cə n̓*páas*. Split your pear. (ES)} VAR: páa (ES)

paasíɬč pear tree. See under: paahíyəɬč

pacáʔɬəŋ ⟦√pac=aʔɬ-ŋ √spread_out=mass-mdl⟧ ☞ páct
1. to spread (something) out (such as a blanket, or mat) to lie on. (TC; AS,BC) {*pacáʔɬəŋ* cn. I spread the blanket out. (TC)}
2. to stay overnight. {ʔuʔhúy caʔn ʔuʔ *pacáʔɬəŋ* ʔaʔčixʷícən. I'm just going to stay overnight at Port Angeles. (AS)} VAR: pácaʔɬəŋ (AS) {*pácaʔɬəŋ* caʔn nsxʷʔiyá či nsʔítt. I spread it out for a place to sleep. (AS)}

páct ⟦√pac-t √spread_out-trns⟧ to spread something out, lay something down (as a blanket). (ES) {*páct* cə sə́miʔ. Spread out the blanket. (ES) | *páct* ʔiʔ níɬ caʔ suʔx̣áčəŋs. Spread them out so they'll dry. (TC) | *páct* cə caʔyəsə́ntən. Spread out the mat. (AS)}

páɬč ⟦√paɬč √potlatch⟧
1. potlatch, a huge feast open to everyone. (LC; TC) ✱TC considers the open (without invitation) giveaway feast as something new borrowed from the Wakashan tribes of the west coast of Vancouver Island. He saw it only there as a child; now all the tribes do it.
2. potluck. (LC) ⟪The meaning 'potluck', a dinner where each guest brings food, derives from folk etymology on the Chinook Jargon word.⟫ cp. λ̓áʔnəq cp. ŋaŋaʔtxʷ [from Chinook Jargon] VAR: páɬlač (ES) VAR: páɬač (TC)

pan̓án̓xʷ do repeatedly. See under: páʔnəxʷ

pápaʔ ⟦√papaʔ √defecate⟧ to defecate, move bowels, go to the toilet. {*pápaʔ* cn. I had a bowel movement. (MJT) | *pápaʔ* yaʔ cn. I was having a bowel movement. (MJT)}

pápaʔxʷəŋ ⟦pá+√paʔxʷ-ŋ rslt+√fog-mdl⟧ ☞ spáʔxʷəŋ to be foggy. {mán̓ č ʔuʔ *pápaʔxʷəŋ*. It was very foggy. (MJ)}

páq̓əŋ ⟦√paq̓-ŋ √flower-mdl⟧ to bloom, blossom, flower. (TC) {*páq̓əŋ* cə sq̓ʷiyaŋxʷíɬč. The blackberries are flowering. (TC)}

pastálək ⟦√pastálək √Apostolic⟧ the Apostolic Church. (AS,BC) [from English 'apostolic']

pástən ⟦√pastn √white_person⟧
1. American, America, stateside. (TC) [from Chinook Jargon from English 'Boston'] {hiyáʔ cn

ʔaʔ*pástən*. *I'm going stateside.* (TC) | čúʔəɬ *pástən*. *It belongs to Americans.* (TC)}
2. any white person, white man. (EPT; MJT; HS; EB; AC) ((Usage: This word is the usual word for 'white person' at Jamestown and Port Gamble. The word used at Elwha is usually /xʷanítəm/, though sometimes /pástən/ is used. At Becher Bay, in Canada, this means 'American' and /xʷanítəm/ is used for 'white man'.)) cp. xʷanítəm {*pástən* kʷi. *He's a white man.* (MJT) | *pástən* cn. *I'm a white man.* (MJT) | suʔhisqíyŋs cəwníɬ *pástən*. *So the white man went outside.* (MJ) | ʔuʔɬəŋ cxʷ ʔuʔ *pástən*. *You're a real white man.* (AS) | ʔəɬčə́x̣ *pástən* ʔiʔ ʔəɬčə́x̣ ʔəcɬtáyŋxʷ. *She was half white and half Indian.* (MJ) | ʔəɬkʷátə či nəsʔəcɬtáyŋxʷ ʔiʔ ɬíxʷ kʷátə či ns*pástən*. *I'm a quarter Indian and three quarters white.* (MJ) | ʔuʔq̉ʷúčkʷən kʷi kʷə *pástən* ʔəɬ čáʔis ʔaʔ tə ʔáʔiŋs. *The white man gave up working on his house.* (AS) | kʷ stáčis tiə *pástən* ʔaʔ tiə kʷáyx̣ʷct sxʷq̉ʷáqʷiʔ. *when this white man got here with this moving thing for talking (tape recorder).* (EB)}
3. English language. {ʔuʔhúy kʷaʔ ʔuʔ *pástən* kʷi nsx̣əy̓əyuʔ. *I only write English.* (AC)}

pástənəŋ ⟦√pastn-ŋ √white-mdl⟧ ☞ pástən to speak English. {*pástənəŋ* ʔəɬ qʷáqʷis. *She was talking English.* (MJ) | ʔáwənə kʷi nəsx̣čít ʔaʔ či sʔəyáńs ʔəɬ *pástənəŋ*s tsiʔə nəsɬani. *I didn't know my wife here knew how to speak English.* (MJ)}

pasténəq accusing. *See under:* paʔsténəq

pastəŋéʔnəŋ ⟦√pastn=qi<ʔ>n-ŋ √white_person=voice<actl>-mdl⟧ ☞ pástən to be speaking the English language. (AS,BC)

páyə ⟦√páyə √beer⟧ beer. (LC; TC) [from English 'beer']

páyəxʷəŋ ⟦√payuxʷ-ŋ √steam-mdl⟧ to steam. (TC) {*páyəxʷəŋ* tiə słúp. *This soup is steaming.* (AS)} VAR: páyxʷəŋ (TC)

paypsénts ⟦√paypsénts √five_cents⟧ five cents. [from English 'five cents'] {čəẃín či nəsuʔč*paypsénts*. *I don't even have five cents.* (TC) | č*paypsénts* cn. *I have five cents.* (TC) | ʔuʔčəẃín či ns*paypsénts*. *You don't even have five cents.* (AS)}

páysəkəl ⟦√paysəkl √bicycle⟧ bicycle, bike. (TC) [from English 'bicycle']

paysənítəŋ ⟦√paysən-ŋi-t-ŋ √poison-rel-trns-psv⟧ ☞ paysnít to be poisoned by someone. {*paysənítəŋ* cn. *Someone's poisoning me.* ✱AS's grandmother always said this never allowing her children or grandchildren to eat anything from a stranger, especially white men. (AS,BC)} VAR: paysnítəŋ (AS)

paysnít ⟦√paysən-ŋi-t √poison-rel-trns⟧ [may contain /-i/ 'persistent' suffix rather than /-ŋi/ 'relational'] to poison someone or something. [root is loan from English 'poison'] {*paysnít* cn. *I poisoned it.* (AS)}

payúni ⟦√payúni √Viola⟧ [[bayóniʔ]] Viola. (AS,BC) [from English]

pcátəŋ ⟦√pac-t-ŋ √spread_out-trns-psv⟧ [metathesis with passive] ☞ páct
1. to be spread out (as a blanket) by someone. (ES; AS) {*pcátəŋ* cə səmiʔ. *The blanket is spread out.* (AS)}
2. to prepare, set (a table) for food. {suʔ*pcátəŋ*s cə tables či snáyaʔnəkʷ. *So they set the ghosts' table.* (MJ)}

pcáyah ⟦√pcayah √Nootka⟧ any Native American from the upper west coast of Vancouver Island, Nootka, Nuuchahnulth. (TC) VAR: pcéy (AS; AS,BC)

pcéy Nootka. *See under:* pcáyah

pcə́t slide. *See under:* pcít

pcə́təŋ be slid. *See under:* pcítəŋ

pcíct ⟦√pic-cut √slip-rflxv⟧ [metathesis with reflexive] ☞ píc to slide (as children playing), slip, ice skate. (ES; TC,AS,BC) {*pcíct* cn. *I slipped/slid.* (AS) | *pcíct* u cxʷ? *Are you sliding?* (AS) | ʔúx̣ʷ či *pcíct*. *Go slide.* (AS,BC)}

pcícttxʷ ⟦√pic-cut-txʷ √slip-rflxv-caus⟧ ☞ pcíct to smooth something down. {*pcícttxʷ* caʔn. *I'm going to smooth it down.* (MJT)} VAR: pcíctxʷ {*pcíctxʷ* caʔn. *I'm going to smooth it down.* (MJT)}

pcít ⟦√pic-t √slip-trns⟧ [metathesis here is unaccounted for] ☞ píc to slide, slip something. (AS,BC) {*pcít* cn. *I slid it. / I slipped it.* (AS,BC; AS) | *pcít* u cxʷ? *Did you slide it?* (AS) | *pcít* cn cə scúɬ. *I slid the wood.* (AS) | *pcít* cn ʔaʔ tə stóyəx̣ʷ. *I slid it on the ice.* (AS,BC)} VAR: pcə́t (AS,BC) {*pcə́t* cn. *I slipped.* (AS,BC)}

pcítəŋ ⟦√pic-t-ŋ √slip-trns-psv⟧ [metathesis with passive] ☞ pcít to slip, be slid down. (MJT; AS,BC) {*pcítəŋ* cn. *I slid down. / I slipped.* (MJ; AS,BC) | ʔáwə c *pcítəŋ*. *Don't slip.* (ES) | *pcítəŋ* cn ʔiʔ ɬítəc cə nčáns. *I slipped and broke my tooth.* (MJ) | čə́n̓t cn cə sqəyáyŋəxʷ ʔiʔ *pcítəŋ* cn ʔiyáʔ yaʔ ʔaʔ tə nəsxʷʔəʔáʔmət. *I was biting the tree and slipped from where I was sitting.* (MJ)} VAR: pcə́təŋ {*pcə́təŋ* cn. *I slipped.* (AS,BC)}

pcnúkʷən mat. *See under:* pcúkʷən

pcúkʷən ⟦√pac=ukʷ=ən √spread_out=ground=instr⟧ ☞ páct mat, rug. (TC) VAR: pcnúkʷən (HS)

péʔcəŋ ⟦√pi<ʔ>c-ŋ<ʔ> √slip<actl>-mdl<actl>⟧ [actual metathesis with glottal stop infix] ☞ pícəŋ to be slick, slippery; be slipping, sliding. (MJT; AS,BC; TC,AS,BC) {*péʔcəŋ* cə sqʷmə́y̓. *The dog is sliding/slipping.* (AS) | *péʔcəŋ* cn ʔəɬ šə́təŋən. *I slipped while walking.* (AS) | *péʔcəŋ* cə súɬ. *The road is slippery.* (BC)}

péʔč ⟦√piʔč √Foulweather_Bluff⟧ Foulweather Bluff. (CWH)

péʔšman ⟦√pi<ʔ>šman √fish<actl>⟧ ☞ píšmən to be fishing, especially casting from shore. (ES) [from English 'fisherman'] {húy ti suʔ*péʔšman*s.

They were only fishing. (ES) | hiyáʔ **péʔšman** ʔúxʷ ʔaʔGreenpoint. *He went fishing at Greenpoint.* (ES) | **péʔšman** caʔn. *I'm going to go fishing.* (ES)}

péʔšpšct 〚pí<ʔ>š+√piš-cut char<actl>+√cat-rflxv〛☞ píšpš *to be turning into a cat.* {hiʔ**péʔšpšct** st. *We're turning into cats.* (MJT)}

péʔtšən 〚√piʔtšn √salamander〛 any salamander, newt, water dog. ((It has a red or orange belly and a dark back.)) (AS,BC; TC) VAR: péʔtčən (ES,TC)

péʔwəs 〚√piʔws √jealous〛 [probably related to the word meaning 'get jealous'] *cp.* pístəŋ to be jealous, have a jealous streak. (AS,BC) {**péʔwəs** u cxʷ? *Are you jealous?* (AS,BC) | **péʔwəs** csə Clara. *Clara's kind of jealous.* (MJT) | stáŋ ʔaỷ ti sxʷ**péʔwəs**s? *Why is he jealous?* (MJT)}

péʔwəsəŋ 〚√piʔws-ŋ √accuse-mdl〛 to accuse. (BC; AS,BC) {**péʔwəsəŋ** cn. *I'm accusing.* (AS)}

péʔwəst 〚√piʔws-t √accuse-trns〛 ☞ péʔwəs to jealously accuse someone of infidelity. {**péʔwəst** cn cə nsɬáni. *I accused my wife.* (AS; AS,BC) | ʔəstúŋət ʔaỷ sxʷ**péʔwəst**s? *Why does he get jealous?* (MJT)}

péʔwəstəŋ 〚√piʔws-t-ŋ √accuse-trns-psv〛 ☞ péʔwəst to be jealously accused of infidelity. (AS,BC; AS,BC,HS,ES) {**péʔwəstəŋ** cn. *I was accused.* (AS,BC) | **péʔwəstəŋ** cn ʔaʔ cə nswə́ỷqaʔ. *My husband accused me of infidelity.* (AS)}

pə́kʷəŋ 〚√p<ə́>kʷ-ŋ<ʔ> √smoke<actl>-mdl<actl>〛 ☞ pkʷəŋ to be smoking, steaming, giving off smoke (of a fire) or steam. ((This does not cover smoking tobacco.)) *cp.* smánəš (EPT; MJT; TC) {tə́xʷ č ʔuʔ **pə́kʷəŋ** ʔaʔ cə ɬaʔtíqən. *They were steaming from the heat.* (MJ) | **pə́kʷəŋ** cxʷ ʔínəŋ čə́yəxʷ hay. *You were steaming when you appeared inside.* (MJ)} VAR: pə́kʷəŋ (AS,BC) {kʷɬ**pə́kʷəŋ**. *It's smoking now.* (MJT)}

pəlánəkə 〚√pəlánəkə √Veronica〛 Veronica. (AS,BC) [from English]

pə́ɬqʷct 〚√p<ə́>ɬqʷ-cut √slap_water<actl>-rflxv〛 [actual metathesis] ☞ pɬəqʷct to be slapping on the water. (MJT) {hiʔ**pə́ɬqʷct** tə qʷúʔ. *He was slapping on the water.* (MJT)}

pənpánnəxʷ 〚pən+√pa<ʔ>nəxʷ pl+√do_repeatedly<actl>〛 ☞ pánəxʷ to be digging camas root. (MJT) {hiyáʔ st kʷi **pənpánnəxʷ** ʔaʔ cə qʷɬúʔi. *We're going to dig camas.* (MJ)} VAR: pənpənəxʷ (MJ) {**pənpánəxʷ** caʔ st ʔaʔ či qʷɬúʔi. *We're going to dig camas.* (MJ)}

pənpənəxʷí 〚pən+√pənxʷ-iy pl+√do_repeatedly-dev〛 ☞ pánəxʷ to go to do repetitive job such as paddling, hammering, picking berries, digging camas, etc. (MJ) {hiyáʔ caʔ st **pə̀npənəxʷí**. *We're going along (paddling).* ((From a paddling song used especially when going to dig camas, this appears in MJ's story of "The Girl and the Crows".)) (MJ)} VAR: pəpə̀nəxʷí (MJ)

pənpənəxʷíyəɬ 〚pən+√pa<ʔ>nəxʷ-iyɬ pl+√do_repeatedly<actl>-go〛 ☞ pənpánnəxʷ to be going to dig camas root. (MJT) VAR: pənpənəxʷíyəɬ (MJT)

pənséʔe 〚√pənséʔe √Bernice〛 Bernice. (AS,BC) [from English 'Bernice'] VAR: pənséʔə (AS,BC)

pəpənəxʷí go do repetitive job. *See under:* pənpənəxʷí

pəpqəỷús 〚pə+√pəq=ay<ʔ>us dim+√white=eye<dim>〛 ☞ pə́q waxberry. *Symphoricarpos albus.* (TC)

pəpxʷə́yqsən mosquito. *See under:* pxʷə́yqsən

pə́q 〚√pəq √white〛 white. (LBH; JCo; EPT; MJT; LC; TC; AS,BC; ES; WB,AS,BC) {ɬəŋ ʔuʔ **pə́q**. *It's almost white. / It's really white.* (TC) | **pə́q** sqáxaʔ. *It was a white dog.* (TC) | twəwpə́q. *It's still white.* (AS) | ɬəŋ ʔuʔ **pə́q** cə sqáxaʔ. *The dog is really/almost white.* (TC) | ʔuʔxə́ŋə cə sqáxaʔ ʔuʔ **pə́q**. *That dog is all white.* (TC) | čə́q **pə́q** ʔáʔyəŋs cə nəcə́t. *My father has a big white house.* (TC) | ʔiʔ ʔuʔmə́n ʔuʔ sáỷsiʔ ʔuʔ ɬəŋ ʔuʔ qʷáči **pə́q** tə sʔácss. *And he was so scared his face turned completely white.* (ES) | ʔuʔɬəŋ ʔuʔ xʷənə́n ʔaʔ ti pípə ʔuʔ **pə́q**. *It was exactly as white as paper.* (ES) | níɬ canu mə́n ʔuʔ **pə́q** ɬɬə́wəsənaʔ. *It was that very white star.* (AA) | níɬ suʔčə́yəxʷs ʔiʔ ɬəŋ ʔuʔ **pə́q**. *Then he came in, and he was completely white.* (ES)}

pəqáẃtxʷ 〚√pəq=awtxʷ √white=house〛 ☞ pə́q any white house; the Whitehouse in D.C. (ES) VAR: pqáẃtxʷ (ES)

pəqíqən 〚√pəq=iqən √white=belly〛 ☞ pə́q mink, weasel. *Mustela sp.* (AS)

pə́qsən 〚√pəq=sən √white=foot〛 ☞ pə́q to have white on one's feet. {**pə́qsən** cn. *I have white feet.* (AS) | níɬ kʷi nsu**pə́qsən** ʔaʔ kʷi nsstəŋúsəŋ yaʔ. *Then I got white (dust) on my feet while I was taking a walk.* (AS)} VAR: pəqsə́n (MJ)

pə́skət 〚√pə́skət √hardtack〛 hardtack, pilot bread, cracker. (AS,BC; TC) [from English 'biscuit'] {ʔáwə c **pə́skət**. *It's not a cracker.* (TC)}

pəstə́nəq jealous. *See under:* pstə́nəq

pə́šct 〚√pəš-cut √against-rflxv〛 ☞ pšús Pysht. (LB,CWH; EPT) ((a traditional Klallam village at the mouth of the Pysht River described by ES and HS as bulldozed without warning by a large logging company in the late 1930s)) (ES; AS,BC) ((Harrington gives 'white ground' as part of the meaning of this.)) {ʔiyá yaʔ ʔaʔ**pə́šct** kʷə tím. *Tim was there at Pysht.* (ES) | níɬ kʷi sxʷʔiyáɬ, **pə́šct**. *That's where we're from, Pysht.* (BC) | haʔníčəŋ kʷi kʷə č**pə́šct**. *The people from Pysht were having a discussion.* (AS) | x̌aʔ**pə́šct** sxʷʔiyás či ʔáʔyəŋs. *He went to Pysht where his home was.* (ES) | kʷɬhíc kʷi nyaʔcústəŋ ʔaʔ kʷi nséʔyaʔ yaʔ, ɬəmtiyáčaʔ (Tim Pysht kʷi snás, kʷi snaʔátəŋs ʔaʔ ti xʷanítəm) ʔaʔ kʷɬi ʔiʔánkʷs q̇áŋi č**pə́šct**. *Long ago I was told by my late grandfather, ɬəmtiyáčaʔ (Tim Pysht was his name, what he was called by the Whites), about the brave young woman of Pysht.* (AS)}

pə́tə ⟦√pə́tə √butter⟧ butter. [from English 'butter'] {ʔənʔáxʷ cə **pə́tə**. *Pass the butter.* (AS,BC) | łíx̣t caʔn tiə saplín ʔaʔ tiə **pə́tə**. *I'm going to spread this bread with butter.* (TC)}

pəfúm ⟦√pəfúm √perfume⟧ perfume. (AS,BC(fromBH)) [from English 'perfume']

pəxʷéʔ ⟦√pxʷiʔ √just_now⟧ [u-class intensifier] recently, just now, simultaneously. {**pəxʷéʔ** cn kʷuʔ ƛ́ə́yqt cə telephone ʔaʔ kʷi n̓stáči. *I was just dialing the telephone when you got here.* (EPT)} VAR: pxʷéʔ {**pxʷéʔ** cn kʷuʔ ƛ́ə́yqt cə telephone ʔaʔ kʷi n̓stáči. *I was just dialing the telephone when you got here.* (EPT)}

pəyaʔpéʔš kittens. *See under:* paʔyaʔpéʔš

pə́yastən white men. *See under:* paʔyástən

pə́yəq̓ʷ ⟦√pəyq̓ʷ √powder⟧ powder. (AS)

pə́yəq̓ʷct ⟦√pəyq̓ʷ-cut √powder-rflxv⟧ ☞ **pə́yəq̓ʷt** to put powder on oneself. {**pə́yəq̓ʷct** cə q̓áyaʔŋi. *The girls are powdering.* (AS)}

pə́yəq̓ʷəŋ ⟦√pəyq̓ʷ-ŋ √powder-mdl⟧ ☞ **pə́yəq̓ʷ** to be powdery, dusty. (AS) {**pə́yəq̓ʷəŋ** kʷi kʷə súł. *The road was dusty.* (AS)}

pə́yəq̓ʷnəxʷ ⟦√pəyq̓ʷ-nəxʷ √powder-nctrns⟧ ☞ spə́yəq̓ʷ Stem: pəyəq̓ʷnə [stem for subject suffixes]
1. to manage to make something into powder, pulverize. (AS) {**pə́yəq̓ʷnəxʷ** cn. *I accidentally made it into powder.* (AS) | kʷɬ**pə́yəq̓ʷnə**s. *He already made it into powder.* (MJT)}
2. to accidentally put powder on something or someone. (AS) {**pə́yəq̓ʷnəxʷ** cn. *I accidentally put powder on it.* (AS)}

pə́yəq̓ʷt ⟦√pəyq̓ʷ-t √powder-trns⟧ ☞ **pə́yəq̓ʷəŋ**
1. to powder something, dredge something with powder or flour. (MJT; AS) {**pə́yəq̓ʷt** caʔn. *I'm going to powder it up.* (MJT) | **pə́yəq̓ʷt** cn cə n̓sʔács. *I powdered my face.* (AS)}
2. to make something into powder, pulverize something. (AS) {**pə́yəq̓ʷt** cn cə tə́məł. *I pulverized the ocher.* (AS)}

pəyə́šct ⟦√p<əy>əš-cut √against<pl>-rflxv⟧ ☞ pə́šct Pysht (plural form). {xʷaʔčátəŋ ti č**pəyə́šct** ʔaʔ ti naʔčáʔuŋxʷ táʔči. *The people of Pysht were being slaughtered by the strangers who were arriving.* (AS) | níɬ č suʔx̣ənʔátəŋs ti suʔə́ys ti k̓ʷaʔčə́n̓tč ʔaʔ či č**pəyə́šct**. *They say that the sharks are good to the people of Pysht.* (AS)}

pəyúxʷəŋ ⟦√payuxʷ-ŋ<ʔ> √steam<actl>-mdl<actl>⟧ ☞ **pə́yəxʷəŋ** to be steaming. (MJT; TC)

pə́yíšpš cats. *See under:* paʔyíšpš

pə́ypéʔšpš kittens. *See under:* paʔyaʔpéʔš

pə́yq̓ʷəŋ ⟦√pəy<ʔ>q̓ʷ-ŋ<ʔ> √powder<actl>-mdl<actl>⟧ ☞ **pə́yəq̓ʷəŋ** to be making (something) into powder. {**pə́yq̓ʷəŋ** cn. *I'm making it into powder.* (MJT)}

pə́yq̓ʷt ⟦√pəy<ʔ>q̓ʷ-t √powder<actl>-trns⟧ ☞ **pə́yq̓ʷt** to be pulverizing, powdering something (making it into powder). {kʷɬ**pə́yq̓ʷt** cn. *I'm powdering it. / I'm pulverizing it.* (MJT) | **pə́yq̓ʷt**s. *He's making it into powder.* (MJT)}

pə́yq̓ʷúsəŋ powder face. *See under:* piq̓ʷúsəŋ

píc ⟦√pic √slip⟧ to slip, slide. {**píc** kʷə. *He slipped.* (AS) | **píc** cn. *I slipped.* (AS,BC)}

pícəŋ ⟦√pic-ŋ √slip-mdl⟧ ☞ píc
1. to slip, slide. (TC,AS,BC) {**pícəŋ** kʷə. *He slid.* (AS) | **pícəŋ** cn. *I slipped.* (AS)}
2. to be slippery, smooth. (AS,BC) {**pícəŋ** cə súł. *The road is slippery.* (AS)}

píct ⟦√p<í>c-t √slip<actl>-trns⟧ ☞ pcít to be sliding, slipping something. (AS) {**píct** cn. *I slipped. / I'm sliding it.* (AS; AS,BC) | **píct** caʔ st. *We're going to slide it.* (AS) | **píct** cn ʔaʔ cə słə́yəxʷ. *I'm sliding it on the ice.* (AS) | **píct** cn cə čáʔwi. *I slid the dish.* (AS)}

píčəs ⟦√píčəs √Beatrice⟧ Beatrice. (AS,BC; ES) [from English 'Beatrice']

pihíq̓ nighthawk. *See under:* pipíhəq̓

pik̓ʷúʔŋəs ⟦√pik̓ʷu<ʔ>ŋəs √clown<actl>⟧ ☞ pik̓ʷúŋəs to be acting goofy, clownish, silly. (AS)

pik̓ʷúŋəs ⟦√pik̓ʷuŋəs √clown⟧
1. clown, comic. ⁕A player in slahal who sings to distract the other players in the game with antics. (MJT) {ʔuʔɬə́ŋ cn ʔuʔ **pik̓ʷúŋəs**. *I'm a real clown.* (AS)}
2. to act goofy, silly, clownish (to distract). (RS; AS,BC; AS)

pípə ⟦√pípə √paper⟧ [from English 'paper']
1. paper, newspaper, wallpaper. (TC) {ʔuʔɬə́ŋ ʔuʔ xʷənán ʔaʔ ti **pípə** ʔuʔ pə́q. *It was exactly as white as paper.* (ES) | łq̓ʷə́tən cə **pípə**. *The wallpaper was removed.* (AS) | čə́x̣tən cə **pípə**. *The paper was torn.* (AS) | nsʔúyəx tiə **pípə**. *This paper is valuable to me.* (AS) | taʔqəníxʷ yaʔ cn ʔaʔ cə **pípə**. *I found out about it in the newspaper.* (AS) | cákʷs cn kʷaʔčaʔ tə húʔən **pípə**. *So I put down the burning paper.* (MJ) | q̓éʔit cn cə **pípə** ʔiyá ʔaʔ tə ʔəstáčɬ nəsxʷk̓ʷaʔk̓ʷənúsəŋ. *I hung up the paper where my window is broken.* (MJ) | nsuʔhiyáʔ ʔúxʷ ʔaʔ tə sʔəmtáw̓txʷ ʔiʔ k̓ʷən̓ít cn tə **pípə** ʔiyá. *I went to the outhouse and was reading the paper there.* (MJ) | ʔiʔ ʔuʔníɬ kʷi ti siʔámɬ x̣aʔx̣čáys ʔaʔ ti **pípə** ti sʔúŋəstəŋs ti sx̣čáts. *It's our council that studied the papers that they were given to inspect.* (AS)}
2. letter, mail. (AS,BC) {táči cə **pípə**. *A letter arrived.* (MJ) | ʔúŋəstəŋ cn kʷi ʔaʔ či **pípə**. *He gave me a letter.* (AS) | tčísts cə **pípə** ʔiʔ ʔupənáʔitx cə ʔəsnáw̓əł. *He brought a letter, and ten dollars was inside.* (MJ) | níɬ yəxʷ suʔúx̣ʷtxʷs tə **pípə** ʔaʔ cə sxʷʔəmətáw̓txʷ. *I guess she took the*

paper to the outhouse. (MJ) | ʔiʔ hiyáʔ ixʷ ʔúx̣ʷ ʔaʔ tə súɬ x̌iyáʔəŋ ʔaʔ činu **pípə**. *And she must have gone to the road looking for some mail.* (ES) | kʷɬx̌kʷnás cə **pípəs** čʔiyá ʔaʔ cə skʷáʔs tə́ŋəxʷs cəẃnɬ q̓áʔŋi. *The girl got a letter from the land she came from.* (TC)}

pipə́q̓ ⟦py+√pəq̓ pl+√white⟧ ☞ pə́q̓ a group of white ones. (MJT) {ʔuʔx̌ə́nə cə sqaʔyáx̌aʔ ʔuʔ **pipə́q̓**. *The dogs are all white.* (TC)}

pipíhəq̓ ⟦√pipíhəq̓ √nighthawk⟧ [onomatopoeic] nighthawk. *Chordeiles minor.* (TC) VAR: pihíq̓ (MJT) ⟦√pihíq̓ √nighthawk⟧ VAR: píq̓ (TC)

pipihúŋəs ⟦py+√pəhuŋəs pl+√gull⟧ ☞ puhúŋəs
1. several gray gulls. (MJT)
2. a silly, goofy person. {ʔáwə q̓i tə c ʔuʔ**pipihúŋəs**! *Don't be such a gull (goofy)!* (MJT)} VAR: pipihúŋəs {čaʔ**pipihúŋəs** tə táči. *Just gray seagulls came.* (MJT)}

pipikʷúŋəs ⟦py+√pikʷuŋəs pl+√clown⟧ ☞ pikʷúŋəs several clowns, comics. (MJT)

píq̓ nighthawk. *See under:* pipíhəq̓

piq̓ʷə́yuʔ ⟦√pəyq̓ʷ-əyu<ʔ> √powder-activ<actl>⟧ ☞ pə́yəq̓ʷəŋ to be making (something) into powder. {kʷɬnəs**piq̓ʷə́yuʔ**. *I'm making it into powder.* (MJT)}

piq̓ʷəyéʔčən ⟦√pəyq̓ʷ-əy=iʔč=ən √powder-ext=hump=instr⟧ ☞ spə́yəq̓ʷ powdered sugar, frosting (on a cake). (MJT) VAR: piq̓ʷə́yəčən (MJT)

piq̓ʷúsəŋ ⟦√pəyq̓ʷ=us-ŋ √dust=face-mdl⟧ ☞ pə́yəq̓ʷəŋ to put powder on one's face. (AS,BC) VAR: pəyq̓ʷúsəŋ (AS) {**pəyq̓ʷúsəŋ** cə q̓áʔŋi. *The girl powdered her face.* (AS)} VAR: pq̓ʷúsəŋ (AS)

píst ⟦√pis-t √accuse-trns⟧ [unclear how this is related to péʔwəst] cp. péʔwəst to jealously accuse someone. ⟪USAGE: This could refer to accusing someone of anything, but it is especially used of marital infidelity.⟫ {**píst** cn cə swéʔwəs. *I accused the boy.* (AS)}

pístəŋ ⟦√pis-t-ŋ √accuse-trns-psv⟧ ☞ píst to be jealously accused by someone. {tuwaʔ**pístəŋ** cn. *She might get jealous of me. [She's still jealous toward me.] / I'm still getting accused.* (MJT; AS) | **pístəŋ** kʷi kʷə swéʔwəs ʔaʔ kʷə sɬánis. *The young man was jealously accused by his wife.* (AS)}

píš ⟦√piš √fish⟧ fish. (LC) [from English 'fish']

píšmən ⟦√pišmən √fisherman⟧ fisherman. (TC) [from English 'fisherman'] {sq̓ʷiʔáʔən swə́yqaʔ **píšmən**. *He was a deaf fisherman.* (TC)}

píšpš ⟦píš+√piš char+√cat⟧ [perhaps onomatopoeic] house cat. *Felis silvestris catus.* (JCo; MV; RS; LC; TC; AS,BC; ES) {x̌čítəŋ cn ʔaʔ cə **píšpš**. *The cat scratched me.* (TC) | ĉáʔqʷ cə qə́yəŋs cə **píšpš**. *The cat's eyes are shining.* (AS) | stə́ŋ či xʷənʔáŋ ʔaʔ či **píšpš**. *Walk like a cat.* (TC,AS,BC) | čaʔćáʔqʷ cə qə́yəŋs cə **píšpš**. *The cat's eyes shine in the dark.* (AS) | x̌ičáʔis cə **píšpš** sáʔsəsi?

ʔaʔ cə sqʷmə́y̓. *The cat that was scared of the dog clawed its way up.* (AS)} VAR: píšpiš (GSH)

píxʷ ⟦√pixʷ √red_huckleberry⟧ red huckleberry. *Vaccinium parvifolium.* (LBH; MJT; LC; AS,BC; TC)
*These are good for kidney troubles. (MJT)
*They make really good pies. (MJT; AS,BC) {ŋə́ń tiʔə **píxʷ**. *These are lots of the red huckleberries.* (MJT) | nə**píxʷ**. *My red huckleberry (endearment).* (MJT) | ŋə́ń kʷi **píxʷ** ʔaʔ kʷi ssəwə́cts. *There were lots of red huckleberries as she made her way through the brush.* (AS)}

pixʷíɬč red huckleberry bush. *See under:* pxʷéʔiɬč

piyáʔcítəŋ ⟦√pi<yə>-ʔ>c-t-ŋ √slip<pl><actl>-trns-psv⟧ ☞ paʔcítəŋ being slid down (of several). {**piyáʔcítəŋ** kʷi kʷə ʔaʔyəcɬtáynx ʔaʔ tə sɬə́yəxʷ. *The people slid on the ice.* (AS,BC)}

pk̓ʷə́ŋ ⟦√pk̓ʷ-ŋ √smoke-mdl⟧ to smoke, give off smoke (of a fire). (AS,BC; AS) ⟪This does not cover smoking tobacco.⟫ cp. smánəš {čaʔ**pk̓ʷə́ŋ**. *It started to smoke.* (MJT) | čaʔ**pk̓ʷə́ŋ** kʷi tiə ʔáʔiŋs tiə ʔaycɬtáynx. *The Indians' houses started to smoke (like early in the morning when they're just starting their fires).* (AS)}

pləms ⟦√pləms √plum⟧ plum. [from English 'plums'] {ɬɬə́t cn cə **pləms**. *He flipped the plums (sorting them).* (AS)}

pɬə́q̓ʷct ⟦√pɬəq̓ʷ-cut √slap_water-rflxv⟧ to slap on the water. {**pɬə́q̓ʷct** či. *Slap on the water.* (MJT)}

pq̓áẃtxʷ white house. *See under:* pəq̓áẃtxʷ

pq̓áyəs ⟦√pəq̓=ayəs √white=color⟧ ☞ pə́q̓ white color. (MJT)

pq̓iʔéʔqʷ ⟦√pəq̓-iʔ=iʔqʷ √white-ext=head⟧ ☞ pə́q̓ to have white heads (as a green sea urchin does). (AB,ICT)

pqʷaʔčáyəs ⟦√pqʷ=ay̓=ayəs √rot=wood=color⟧ ⟪the color of rotten wood⟫ ☞ pqʷáy̓ to be brown. (ES) VAR: pqʷaʔčáys (ES) VAR: pqʷaʔčáis (ES) VAR: pqʷay̓áyəs (MJT)

pqʷáy̓ ⟦√pqʷ=ay̓ √rot=wood⟧ [root not identified in other words]
1. rotten log, crumbling dry rot wood that turns to dust. (JCo; MJT; ES; TC) *Rotten logs have great power. If they take possession of you, they can tell you things that are going to happen. (MJT)
2. to be brown, brownish yellow in color. ⟪the color of rotten wood⟫ (MJT; TC,AS,BC; AS,BC) VAR: pqʷéy̓ (AS)

pqʷéy̓ brown. *See under:* pqʷáy̓

pqʷə́čən ⟦√pqʷəčn √sand⟧ sand. (JCo; LC; TC; AS,BC; ES) {ʔiʔ sŋəyaʔŋaʔánt tinu ʔiʔ ti **pqʷə́čən**. *And there were small rocks and sand.* (ES) | ŋə́ń ti q̓ʷúʔəŋ ʔaʔ ti **pqʷə́čən**. *There's lots of kelp on the sand.* (AS) | čə́nəti tiə sx̌əyéʔx̌ɬ ʔəɬ qaʔxqíńs ʔaʔ tiə **pqʷə́čən**. *The children buried each other while playing in the sand.* (AS)} VAR: pqʷə́čən (EPT)

pq̓ʷúsəŋ powder face. *See under:* piq̓ʷúsəŋ

pspsténəq ⟦pis + √pis-t-ənəq char + √accuse-trns-hab⟧ ☞ psténəq to be a jealous person, one who gets jealous easily. {*pspsténəq* u? *Is he a jealous person?* (MJT) | ʔáa, *pspsténəq*. *Yes, he is a jealous person.* (MJT)}

psténəq ⟦√pis-t-ənəq √accuse-trns-hab⟧ ☞ písteŋ
1. to feel jealous. {*psténəq* u? *Was he jealous?* (MJT)}
2. to accuse (someone) of infidelity, act jealous. VAR: pəsténəq (AS,BC; AS) {x̣ənʔáɬ ti suʔ*pəsténəq*s kʷɬə nčáčc. *My aunt was always jealous.* (AS)}

pšús ⟦√pəš = us √against = face⟧ to go against, buck the current, against the tide, into the wind, opposite the flow, be a head tide. (ES) {ʔiʔ*pšús*. *He's going against the tide.* (TC) | *pšús* cn. *I'm going against the wind.* (ES)}

pšúsəŋ ⟦√pəš = us-ŋ √against = face-mdl⟧ ☞ pšús to go against, buck the tide, go into the wind. {*pšúsəŋ* cn. *I'm going against the tide.* (TC)}

púʔ ⟦√puʔ √defecate⟧ to defecate, have bowel movement. {*púʔ* cn. *I took a dump.* (TC)}

púʔqʷɬč ⟦√puʔqʷ = iɬč √devil's_club = plant⟧
1. devil's club bush. *Oplopanax horridus.* ✱Makes good medicine for tuberculosis. Good for walking, dancing staff. The wood is burnt and the charcoal is mixed with grease to make black face paint. (TC) {níɬ kʷaʔčaʔ sxʷʔə́ys stáyŋxʷ ti *púʔqʷɬč*. *That's why devil's club is good medicine.* (TC)}
2. lure for cod. ✱The lure is made from the bright white wood of the devil's club. The lure sinks down, then bobs back up spinning. The fish follows the lure up and is speared with a stéʔəxʷ when it comes close to the surface. (TC)

púʔxʷt ⟦√pu<ʔ>xʷ-t √blow<actl>-trns⟧ ☞ púxʷt to be blowing on something. {kʷɬ*púʔxʷt*s. *He's right now blowing on it.* (MJT)} VAR: púʔəxʷt {*púʔəxʷt* cn t. *I'm blowing on it.* (TC)}

puhúŋəs ⟦√pəhuŋəs √gull⟧ gray gull, Heermann's gull (the darkest of the gulls). *Larus heermanni.* (MJT) VAR: puhúŋəs (MJT)

púk ⟦√puk √fork⟧ table fork. (AS,BC) [from English 'fork']

púkʷ ⟦√pukʷ √book⟧ book. (TC; AS,BC) [from English] {čaʔk̓ʷə́nt cn cə *púkʷ*. *I finally looked at the book.* (AS) | sqʷáy *púkʷ*. *Dictionary.* (AS)}

pústə ⟦√pustə √man's_name⟧ childhood nickname of BC's younger brother Chuck Sampson. (BC) [probably from English 'Buster']

pút ⟦√put √boat⟧ boat. (EPT; TC) [from English 'boat'] {híqt yaʔ cn kʷsə *pút*. *I pushed the boat out.* (EPT) | xʷíxʷ tsə n̓*pút*. *Your boat leaks.* (EPT)}

putčuláy ⟦√putčuláy √Independence_Day⟧ Independence Day, the Fourth of July. (AS,BC; ES) [from English 'Fourth of July'] {kʷníɬ kʷaʔčaʔ tənəqʷəŋ ti ʔaʔyəcɬtáyŋxʷ ʔaʔ ti *putčuláy*. *Now the people shoot fireworks on the Fourth of July.* (AS)}

púxʷ ⟦√puxʷ √blow⟧ to blow. (TC; AS,BC) {*púxʷ* či. *Blow.* (AS)}

púxʷən ⟦√puxʷ = ən √blow = instr⟧ ☞ púxʷ
1. any sail. (MJT; ES; TC) {čə́x̣ kʷi kʷə n*púxʷən*. *My sail is torn.* (AS)}
2. any cloth or rag, especially canvas. (LC; TC)

púxʷəŋ ⟦√puxʷ-ŋ √blow-mdl⟧ ☞ púxʷ to blow. (AS,BC) {*púxʷəŋ* cn ʔaʔ cə ntíy. *I blew on my tea.* (AS) | *púxʷəŋ* kʷi kʷə scúŋ. *The wind is blowing.* (AS)}

púxʷt ⟦√puxʷ-t √blow-trns⟧ ☞ púxʷ to blow on or at something. (MJT; TC; AS,BC) {*púxʷt* cn. *I blew on it.* (TC) | *púxʷt* cn cə ntíy. *I blew on my tea.* (AS) | níɬ suʔ*púxʷt*s cə ashes ʔaʔ cə súnuc. *She blew the ashes from the fire.* (AA) | níɬ suʔkʷ'ənits cə sxʷaʔxʷənáʔəm ʔiʔ *púxʷt*s ʔiʔ c̓əw̓. *Then he looked at the bug, and he blew on it, and it disappeared.* (MJ)}

púxʷtəŋ being blown on. See under: paʔxʷútəŋ

púyaʔkʷ gun. See under: púyək

púyakʷ gun. See under: púyək

puyáləp Puyallup. See under: spuʔyáləp

púyək ⟦√puyək √gun⟧ any gun, firearm. (TC; AS,BC) {níɬ suʔk̓ʷə́tɬ či *púyək*. *Then we took a gun.* (ES) | kʷaʔɬənə́qʷ činu *púyək*. *The gun exploded.* (ES) | ʔáwənə nə*púyək*. *I've got no gun.* (TC) | čk̓ʷə́yuʔ cn ʔaʔ cə *púyək*. *I shot the gun.* (TC) | čúk̓ʷt cn ʔaʔ cə nə*púyək*. *I shot it with my gun.* (TC) | čk̓ʷútəŋ cn ʔaʔ cə *púyək*. *The gun shot me.* (TC) | sxʷqʷaʔyíyŋs ʔaʔ cə q̓əyáx̣ən ʔiʔ níɬ č suʔcákʷss cə *púyək*s. *He put his gun down to climb over a fence.* (TC)} VAR: púyəkʷ (ES) VAR: púyaʔkʷ (EPT; ES) VAR: púyakʷ (NS,JW; ES) {níɬ kʷi n*púyakʷ*. *It's your gun.* (NS,JW) | ʔáw c nə*púyakʷ*. *It's not my gun.* (NS,JW) | ʔuʔaʔáʔyəŋ kʷi kʷəs nə*púyakʷ*. *My gun is at home.* (AB,ICT)}

pxʷáyəs ⟦√puxʷ-ay̓s √blow-activ⟧ ☞ púxʷ
1. to surface and blow (of a whale, orca, or other marine mammal). (ES; AS)
2. to blow (of an Indian doctor during a cure). (MJT; AS,BC) VAR: pxʷáys (ES; AS,BC) VAR: pxʷə́yəs {*pxʷə́yəs* kʷi kʷə čxʷə́yuʔ. *The whale blew.* (AS) | *pxʷə́yəs* kʷi kʷsə sxʷənáʔəm. *The Indian doctor blew.* (AS)}

pxʷay̓áyəs ⟦√paʔxʷ-ay̓ = ayəs √fog-ext = color⟧ ☞ spáʔxʷəŋ to be gray colored, the color of the fog. (MJT)

pxʷə́ʔiɬč ⟦√pixʷ-iʔ = iɬč √red_huckleberry-ext = plant⟧ ☞ píxʷ red huckleberry bush. (AS,BC) VAR: pixʷíɬč (LB,CWH)

pxʷə́nəŋ ⟦√puxʷ = ən-ŋ √blow = instr-mdl⟧ ☞ púxʷən
1. to put up a sail; to sail. (LC; ES; AS,BC) {*pxʷə́nəŋ* cn. *I'm putting up sail.* (ES) | *pxʷə́nəŋ* u caʔ cxʷ? *Are you going to sail (put up sails)?* (ES)}

pxʷə́yu

2. to die, pass on. ((Usage: used as a euphemism)) (AS,BC) {*pxʷə́nəy* caʔn. *I'm going to die.* (AS,BC)}

pxʷə́yu ⟦√puxʷ-əyu √blow-activ⟧ ☞ púxʷ to blow. (LC; TC) {*pxʷə́yu* cə scúŋ. *The wind is blowing.* (TC) | *pxʷə́yu* cn. *I'm blowing.* (TC)} VAR: pxʷə́yuʔ (EPT)

pxʷə́y̓qsən ⟦√puxʷ-əy̓=əqsən √blow-ext=nose⟧ ☞ púxʷ cp. qʷáʔən mosquito. *Culicidae spp.* (MJT; AS,BC) {mán̓ ʔuʔ kʷaʔsíqəŋ tiʔə nəscə́ŋə́tən ʔaʔ tə *pxʷə́y̓qsən*. *This mosquito bite really itches.* (MJT)} VAR: pəpxʷə́yqsən (ES)

pxʷútəŋ ⟦√puxʷ-t-ŋ √blow-trns-psv⟧ [metathesis with passive] ☞ púxʷt to be blown on or at by someone or something, be driven by the wind. (MJT; TC) {*pxʷútəŋ* cn. *It blew on me.* (TC) | *pxʷútəŋ* ʔaʔ cə sxʷəná́ʔəm̓ ʔiʔ c̓ə́w̓ kʷɬə. *The Indian doctor blew on it, and it disappeared.* (MJ) | kʷɬníɬ kʷi suʔxʷísəŋs kʷiə píxʷ ʔaʔ kʷi s*pxʷútəŋ*s. *The huckleberries shook when they were blown.* (AS)}

px̣ʷéʔ just now. *See under:* pəx̣ʷéʔ

p̓

p̓áʔc ⟦√p̓aʔ-t-c √try-trns-1obj/2obj⟧ ☞ p̓áʔət try me; try you. {*p̓áʔc! Try me out!* ⟪challenging to a fight⟫ (ES)}

p̓áʔct ⟦√p̓aʔ-cut √try-rflxv⟧ ☞ p̓áʔət to try, attempt (to do something). (ES) {*p̓áʔct ƛ̓áy! Try again!* (ES; TC) | *ʔəctíxʷ p̓áʔct. Let me try.* (ES) | *húy̓ či ʔə́c p̓áʔct. Please let me try.* (ES) | *p̓áʔct cn. I'll try.* (ES) | *p̓áʔct či ʔíɬən. Try to eat.* (MJT) | *p̓áʔct či čáy. Try to work.* (MJT) | *p̓áʔct ti skʷə́yəŋs ʔiʔ ƛ̓áy č ʔuʔ sqiʔám̓. He tried to fly, but he still couldn't.* (TC) | *ʔə́y̓ kʷi či nəsp̓áʔəct kʷánəŋət ɬaʔkʷáct. I better try to run away.* (ES) | *níɬ č suʔp̓áʔəcts ʔiʔ sqiʔám̓ či skʷə́yəŋs ʔawmán̓ ʔuʔ čə́yiƛ̓ cə ɬuɬáwiʔs. He tried, but he couldn't fly because his wings were too short.* (TC)}

p̓áʔkʷ ⟦√p̓aʔəkʷ √pipe⟧
1. any pipe for smoking. (MJT; ES; TC; AS,BC; AS) {*níɬ suʔtəŋúʔəŋ cə p̓áʔəkʷ. Then the pipe swam.* (ES) | *čə́saʔ tiə nəp̓áʔəkʷ. I have two pipes.* (TC) | *ʔəɬsmán̓əš cn ʔaʔ tiʔə nəp̓áʔəkʷ. I'm smoking my pipe.* (TC) | *ʔəɬsmán̓əš cn ʔaʔ cə nəp̓áʔəkʷ. I'm smoking my pipe.* (TC) | *p̓áʔəkʷ caʔn ʔaʔ cə np̓áʔəkʷ. I'm going to smoke my pipe.* (BC)}
2. to smoke a pipe. {*p̓áʔəkʷ caʔn. I'm going to smoke a pipe.* (BC) | *p̓áʔəkʷ caʔn ʔaʔ cə np̓áʔəkʷ. I'm going to smoke my pipe.* (BC)}

p̓áʔkʷəŋ ⟦√p̓aʔəkʷ-ŋ √pipe-mdl⟧ ☞ p̓áʔəkʷ to smoke a pipe. (AS) {*p̓áʔəkʷəŋ cn. I smoked a pipe.* (AS) | *níɬ kʷaʔčaʔ suʔp̓áʔəkʷəŋs. Then he smoked a pipe.* (AS)}

p̓áʔət ⟦√p̓aʔ-t √try-trns⟧
1. to try, test, taste something. ⟪not necessarily food or with the tongue⟫ (ES) {*p̓áʔət cn. I tried it.* (TC) | *p̓áʔət kʷi. Try it on, then.* (TC; AS) | *ʔup̓áʔət q cn. I would try it.* (MJ) | *p̓áʔət cn cə lám. I tasted the liquor.* (AS) | *p̓áʔət cn cə qʷúʔ. I tried the water.* (AS) | *p̓áʔəts či nəƛ̓kʷə́təŋ. He tried to grab me.* (TC) | *p̓áʔəts či nəsƛ̓kʷə́təŋ ʔiʔ ʔəstáʔyəŋ. They tried to get me, but they couldn't reach.* (ES) | *ʔuʔtxʷp̓áʔət cn ʔəɬ qʷáqʷiʔən ʔuʔtxʷƛ̓aʔpáys. I try while I'm talking, feeling around (for the words).* (TC)}
2. to challenge someone. (ES) {*p̓áʔət či! Try it!* (AS,BC) | *p̓áʔət cn tə scaʔyíqʷɬ. I tasted the berries.* (MJT) | *níɬ suʔnəxʷqʷáyəkʷəns kʷi tím ʔaʔ či sʔə́ys kʷaʔ p̓áʔəts kʷánəŋət ɬaʔkʷáct. So Tim thought that he better try to run away.* (ES)}

p̓áʔətəŋ ⟦√p̓aʔ-t-ŋ √try-trns-psv⟧ ☞ p̓áʔət to be tried, tested, tasted by someone. (ES) {*p̓áʔətəŋ cn. They tried me out.* (ES)} VAR: p̓áʔaʔtəŋ {*p̓áʔaʔtəŋ cn. They tested me.* (TC)}

p̓áʔti ⟦√p̓aʔ-ty √try-rcprcl⟧ ☞ p̓áʔət to challenge, test each other, compete. (ES) {*p̓áʔti kʷi kʷə miyəq̓áʔaʔ ʔaʔ tiə nəxʷsƛ̓áʔyəm. The Makahs challenged the Klallam.* (AS)} VAR: p̓áʔti (AS,BC)

p̓aʔkʷátəŋ ⟦√p̓a<ʔ>kʷ-t-ŋ √float<actl>-trns-mdl⟧ ☞ p̓áʔkʷt being made to float. {*hiʔp̓aʔkʷátəŋ. It's coming up to float.* (MJT)}

p̓áʔkʷəŋ ⟦√p̓a<ʔ>kʷ-ŋ<ʔ> √float<actl>-mdl<actl>⟧ ☞ p̓ákʷəŋ to be floating, lying at surface of water. (LC) {*ʔiʔp̓áʔkʷəŋ. Rising to the surface.* (ES)}

p̓áʔkʷɬ ⟦√p̓a<ʔ>kʷɬ √race<actl>⟧ ☞ p̓ə́kʷɬ
1. to be racing in a vehicle. (EPT; ES; AS,BC; AS) {*p̓áʔkʷɬ cn. I race. / I'm racing.* (ES; AS) | *p̓áʔkʷɬ st. We're racing.* (AS) | *p̓áʔkʷɬ č caʔ tsanu. He's (apparently) going to race.* (EPT) | *níɬ suʔp̓áʔkʷɬ. Then we raced.* (MJ)}
2. a race (in canoes or other vehicles). {*xaʔxɬám̓ caʔn ʔaʔ či p̓áʔkʷɬ. I'm going to watch the race.* (AS)}

p̓aʔkʷɬíyɬ ⟦√p̓a<ʔ>kʷɬ-iyɬ √race<actl>-go⟧ ☞ p̓ə́kʷɬ to go racing. {*p̓aʔkʷɬíyɬ caʔn. I'm going racing.* (AS)}

p̓áʔkʷt ⟦√p̓a<ʔ>kʷ-t √float<actl>-trns⟧ ☞ p̓ákʷt to be making something float. {*p̓áʔkʷt cn. I'm making it float.* (MJT) | *ʔáwə c p̓áʔkʷt. Don't make it float.* (MJT)}

p̓aʔkʷúsəŋ ⟦√p̓a<ʔ>kʷ-us-ŋ<ʔ> √float<actl>=face-mdl<actl>⟧ ☞ p̓ə́kʷ to surface and dive (of a fish, orca, whale, etc.). (ES) {*p̓aʔkʷúsəŋ tə sčiyánəxʷ. The salmon surfaced.* (AS,BC)}

p̓aʔp̓áʔkʷəŋ ⟦p̓aʔ+ √p̓aʔəkʷ-ŋ<ʔ> actl+ √pipe-mdl<actl>⟧ ☞ p̓áʔəkʷəŋ to be smoking a pipe. {*p̓aʔp̓áʔkʷəŋ caʔn. I'm going to smoke a pipe.* (BC)}

p̓aʔp̓áʔkʷəŋ ⟦p̓aʔ+ √p̓a<ʔ>kʷ-ŋ<ʔ> dim+ √float<actl>-mdl<actl>⟧ ☞ p̓áʔkʷəŋ to be floating. (AS,BC) {*hiʔp̓aʔp̓áʔkʷəŋ. He was floating.* (MJT) | *hiʔəsxáʔxɬ t siʔp̓aʔp̓áʔkʷəŋs. He was floating on his back.* (MJT)} VAR: p̓aʔp̓ákʷəŋ (AS)

p̓aʔp̓áʔwiʔ ⟦p̓aʔ+ √p̓ə<ʔ>wiʔ dim+ √flounder<dim>⟧ ☞ p̓ə́wiʔ small flounder. (MJT; ES)

p̓áʔq̓ɬč vine maple. See under: p̓áʔq̓ɬč

p̓áʔwaʔkʷɬ ⟦√p̓a<ʔ>wa<ʔ>kʷɬ √race<actl>⟧ [This is glossed as plural, but it has no plural morphology.] ☞ p̓áwakʷɬ to be racing (of a group). (EPT)

p̓aʔx̣ʷiʔéʔčəŋ ⟦√p̓i<ʔ>x̣ʷ-iʔ=iʔč-ŋ<ʔ> √overflow<actl>-ext=hump-mdl<actl>⟧ ☞ p̓əx̣ʷíyəčəŋ to be a container overflowing, running over. (MJT)

p̓aʔyáʔkʷɬəŋ ⟦√p̓<aʔy>a<ʔ>kʷɬ-ŋ √race<pl><actl>-mdl⟧ ☞ p̓áʔwaʔkʷɬ to be racing (of several). {*p̓aʔyáʔkʷɬəŋ kʷi kʷə čsttíɬəm. The ones from Jamestown are racing.* (AS)} VAR:

pə́ya?k̕ʷəŋ (AS) {**pə́ya?k̕ʷəŋ** st. *We're racing.* (AS) | **pəya?k̕ʷəŋ** cn. *I'm racing.* (AS)}

pa?ya?pé?wi? ⟦p̕<a?y>a? + √pə<í><?>wi? dim<pl> + √flounder<pl><dim>⟧ ☞ **pa?p̕á?wi?** a group of small flounders. (ES) VAR: **pəya?p̕á?wə?** (MJT)

pa?yəx̣ʷi?é?čəŋ ⟦√p̕<a?y>ix̣ʷ-i? = i?č-ŋ √overflow<pl>-ext=hump-mdl⟧ ☞ **pa?x̣ʷi?é?čəŋ** to be overflowing (of any container's contents). (MJT)

pa?yíx̣ʷəŋ ⟦√p̕<a?y>ix̣ʷ-ŋ √overflow<pl>-mdl⟧ ☞ **píx̣ʷəŋ** to overflow, spill over. (MJT; HS,ES) VAR: **pa?yúx̣ʷəŋ** (ES) ⟦√p̕<a?y>ux̣ʷ-ŋ √overflow<pl>-mdl⟧

p̕ák̕ʷən ⟦√p̕ák̕ʷ=ən √float=instr⟧ ☞ **p̕ák̕ʷəŋ** float on a fishing line or net, bobber. (ES)

p̕ák̕ʷəŋ ⟦√p̕ak̕ʷ-ŋ √float-mdl⟧ ☞ **p̕ə́k̕ʷ** to float up. (EPT; MJT; ES; TC; AS,BC; AS) {**p̕ák̕ʷəŋ** cn. *I float.* (TC) | čəwín cə snə́x̣ʷɬ yu?**p̕ák̕ʷəŋ**. *Even that canoe is floating.* (TC) | nɬ su?ən?ás ?i? **p̕ák̕ʷəŋ** cə sča?k̕ʷa?yúɬs. *It came (the water), and their ship floated.* (ES) | kʷa? qʷáyəxʷ, ?i? nɬ su?ən?ás **p̕ák̕ʷəŋ** ca?. *If you talk, she will come floating.* (AA) | hú? cn kʷa?ča? λ̕áy ən?á ɬənnúŋət ?ɬ **p̕ák̕ʷəŋ**ən ?i? λ̕áy č cn čtáŋ kʷa?, "húy u?" *When I managed to float ashore again, I again asked, "Is it finished?"* (TC)}

p̕ák̕ʷəŋtən ⟦√p̕ak̕ʷ-ŋ<?>=tən √float-mdl<actl>=instr⟧ ☞ **p̕ák̕ʷəŋ** a float such as a log or inner tube used for floating. (MJT)

p̕ák̕ʷt ⟦√p̕ak̕ʷ-t √float-trns⟧ ☞ **p̕ák̕ʷəŋ** to make something float. {**p̕ák̕ʷt** či. *Make it float.* (MJT)}

pap̕á?t ⟦pa + √p̕a?-t actl + √try-trns⟧ ☞ **p̕á?ət** to be trying, testing, tasting something. {**pap̕á?t** cn. *I'm trying it.* (ES)}

p̕áqʷəčən ⟦√p̕áqʷəčən √Cole's_Bay⟧ the Cole's Bay Saanich Reserve. (AS,BC)

p̕áwak̕ʷɬ ⟦√p̕awak̕ʷɬ √race⟧ [Probably related to a similar word for 'race'. This may have the 'conveyance' suffix.] cp. **p̕ə́k̕ʷɬ** any race (on foot, car, horse, canoe, etc.). (ES,TC)

pay̕á?k̕ʷɬ ⟦√p̕<ay>a<?>k̕ʷɬ √race<pl><actl>⟧ ☞ **p̕á?k̕ʷɬ** several races. {hiyá? ya? st x̣ɬə́m̕ ?a? kʷi **pay̕á?k̕ʷɬ**. *We went to watch the races.* (AS)}

pay̕p̕á?ti ⟦p̕a<y̕> + √p̕a?-ty actl<actl> + √try-rcprcl⟧ ☞ **p̕á?əti** challenging, testing (of several). (AS,BC) {**pay̕p̕á?ti** kʷi miyəqá?ə? ?a? tiə nəxʷsλ̕á?yəm̕. *The Makahs are challenging the Klallam.* (AS)}

p̕é?q̕ʷi? ⟦√p̕i<?>q̕ʷ-iy<?> √fed_up<actl>-dev<actl>⟧ ☞ **p̕íq̕ʷi** being weary, tired (of something), fed up. {**p̕é?q̕ʷi?** cn. *I'm tired of it all. / I'm weary.* (AS)}

p̕é?x̣ʷəŋ ⟦√p̕i<?>x̣ʷ-ŋ<?> √overflow<actl>-mdl<actl>⟧ ☞ **p̕íx̣ʷəŋ** to be overflowing, running over, boiling over. (LC; MJT) {**p̕é?x̣ʷəŋ** tə n̕sqʷú?tən. *Your bucket is overflowing.* (LC) | **p̕é?x̣ʷəŋ** cə sqʷú?tən. *The bucket is overflowing.* (AS)} VAR: **p̕é?x̣ʷəŋ** (ES)

p̕ə́k̕ʷ ⟦√p̕ak̕ʷ √float⟧ to float. (AS) {**p̕ə́k̕ʷ** tiə ?ápəls. *The apples are floating.* (AS)}

p̕ə́k̕ʷɬ ⟦√p̕ak̕ʷɬ √race⟧ to race (any kind: foot race, horse race, election, etc.). (ES; BC) {**p̕ə́k̕ʷɬ** cn. *I raced.* (AS) | húy̕ či **p̕ə́k̕ʷɬ** tuŋəɬ. *Let's race.* (ES)}

p̕ə́ɬ ⟦√p̕ɬ √sober⟧ to sober up, come to, behave oneself, come to one's senses, become aware. (ES,HS,BC; ES; AS,BC) ✱Traditionally Klallam people dated their lives not from their birthdays (which many of the old people did not know), but from the time of their first memories-when they first became aware. This word, **p̕ə́ɬ**, is used to refer to that time. {**p̕ə́ɬ** cn. *I sobered up.* (AS,BC) | **p̕ə́ɬ** cn ?a? kʷi nəstá?cs čiʔánəŋ. *I became aware when I was eight years old.* (TC) | **p̕ə́ɬ** cn. *I behaved. / I came to my senses.* (ES; AS) | ?áwə cn kʷa? **p̕ə́ɬ**ən. *I never sobered up.* (TC)}

pəp̕á?k̕ʷɬ starting to race. *See under:* **p̕p̕á?k̕ʷɬ**

pəwáw̕k̕ʷɬ ⟦√p̕awa<w̕>k̕ʷɬ √racing<actl>⟧ [analysis uncertain - unique form of the actual] ☞ **p̕áwak̕ʷɬ** to be canoe racing. (AS) {**pəwáw̕k̕ʷɬ** kʷi čp̕ə́šct. *The people from Pysht are racing.* (AS,BC) | hiyá? ca?n ?a? kʷə **pəwáw̕k̕ʷɬ**. *I'm going to go to where they're racing.* (AS)}

pəwaw̕k̕ʷɬéyŋ ⟦√p̕awa<w̕>k̕ʷɬ-iy-ŋ √race<actl>-dev-mdl⟧ [unique form of the actual] ☞ **pəwáw̕k̕ʷɬ** to go canoe racing. {**pəwaw̕k̕ʷɬéyŋ** cn. *I'm racing.* (AS) | hiyá? ca?n **pəwaw̕k̕ʷɬéyŋ**. *I'm going to go canoe racing.* (AS)}

p̕ə́wi? ⟦√p̕əwy̕ √flounder⟧ [no plural form] any flounder fish. (EPT; MJT; TC; ES,TC; AS,BC) {tčə́t cə **p̕ə́wi?**! *Spear the flounder!* (MJ) | ŋə́n̕ **p̕ə́wi?**. *Lots of flounder.* (MJT) | su?sátəŋs kʷa? hiyá?s čáyəx̣ ?a? či **p̕ə́wi?**. *So she told him to go catch a flounder.* (TC) | nɬ su?hiyá?s ?íst λ̕iyá?əŋ ?a? či **p̕ə́wi?** ?i? ?áwənə. *So he went paddling, looking for a flounder, but there was none.* (TC) | ?i? su?txʷa?**p̕ə́wi?**s. *And he became a flounder.* (TC) | su?x̣ən?átəŋs ?a? cə sa?əy̕čən̕s kʷa? hiyá?s čáyəx̣ λ̕i?áŋ ?a? či **p̕ə́wi** sʔíɬəns. *So he was told by his sister to go spearing looking for a flounder for their food.* (TC)} VAR: **p̕ə́wi** (TC) {?áwə kʷa? k̕ʷəníts ti **p̕ə́wi** ?ɬ kʷánəŋəts ?i? ti sxʷá?ən̕ɬ. *He couldn't see the flounder when it ran or the bullhead.* (MJ) | ŋə́n̕ cə **p̕ə́wi**, xʷə́čt, scə́mək̕ʷ ?iya ?a? cə sxʷ?íyas ti q̕ɬúməčən ?a? sxʷ?íyas nəw̕íyŋ ?a? tə ?əscə́yə́qʷ. *There were lots of flounders, grunt-fish, bullheads there where the blackfish go into the hole.* (MJ)}

pəyá?k̕ʷəŋ racing (pl). *See under:* **pa?yá?k̕ʷəŋ**

pəya?p̕á?wə? small flounders. *See under:* **pa?ya?pé?wi?**

pəy̕p̕á?ti ⟦p̕<əy̕> + √p̕a?-ty incep<pl> + √try-rcprcl⟧ ☞ **p̕á?əti** to be competing with each other, challenging each other. (AS,BC; AS)

pəy̕p̕ə́wi flounders. *See under:* **p̕p̕íwi?**

pi?p̕ə́wi flounders. *See under:* **p̕p̕íwi?**

piʔyáʔəkʷ ⟦√p̓<aʔy>aʔəkʷ √pipe<pl>⟧ ☞ páʔəkʷ several pipes (for smoking tobacco). (MJT)

pip̓ə́ɬ ⟦p̓y+√pəɬ pl+√sober⟧ ☞ p̓ə́ɬ to sober up of several people or several times. (AS) {*pip̓ə́ɬ* cn. *I sobered up several times.* (AS) | čaʔ*pip̓ə́ɬ* cn. *I finally sobered up.* (AS) | *pip̓ə́ɬ* cə swiwéʔwəs. *The boys sobered up.* (AS)}

píq̓ʷi ⟦√piq̓ʷ-iy √fed_up-dev⟧ to be tired (of something), fed up, weary. (ES) {*píq̓ʷi* cn. *I'm weary.* (AS) | nəs*píq̓ʷi*. *I'm fed up.* (ES) | ʔu*ʔpíq̓ʷi* cn ʔəɬ yaʔyáʔnəŋən ʔaʔ tiə ʔəcɬtáyŋxʷ. *I'm tired of listening to this person.* (AS)}

píx̣ʷəŋ ⟦√pix̣ʷ-ŋ √overflow-mdl⟧ to overflow, spill over, run over. (MJT; ES; HS; AS,BC; AS) {*píx̣ʷəŋ* cə sqʷúʔtən. *The bucket overflowed.* (AS) | ʔuʔmán ʔuʔ *píx̣ʷəŋ* cə sx̣áləp. *The pot is really overflowing.* (AS) VAR: púx̣ʷəŋ (ES) ⟦√pux̣ʷ-ŋ √overflow-mdl⟧

p̓ɬəct ⟦√p̓ɬə-cut √sober-rflxv⟧ ☞ p̓ə́ɬ to sober up, behave oneself. (ES) {*p̓ɬə́ct* či! *Sober up! / Behave yourself!* (MJT; ES; AS,BC) | *p̓ɬə́ct* či ʔəɬ qaʔx̣qíŋəxʷ ʔiʔ či n̓ʔiʔáyəs. *Behave yourself while you're playing with your boy cousins.* (MJT) | *p̓ɬə́ct* cn. *I'm behaving myself.* (ES)}

p̓ɬə́ŋ ⟦√p̓ɬ-ŋ √sober-mdl⟧ ☞ p̓ə́ɬ to behave, straighten up, come to one's senses. (ES) {*p̓ɬə́ŋ* kʷi. *He behaved.* (BC) | *p̓ɬə́ŋ* cn. *I came to my senses.* (AS,BC)}

p̓ɬə́t ⟦√p̓ɬ-t √sober-trns⟧ ☞ p̓ə́ɬ to make someone behave, sober up. {*p̓ɬə́t* cn. *I made him behave.* (ES)}

p̓ɬə́təŋ ⟦√p̓ɬ-t-ŋ √sober-trns-psv⟧ ☞ p̓ɬə́t to be made to behave, be sobered up by someone or something. {*p̓ɬə́təŋ* cn. *I was sobered up.* (AS,BC)}

p̓ɬnáxʷ ⟦√p̓ɬ-naxʷ √sober-nctrns⟧ ☞ p̓ə́ɬ to bring to their sense, manage to revive someone, succeed in getting someone to behave. {*p̓ɬnáxʷ* cn. *I succeeded in bringing him to.* (ES)}

p̓p̓áʔct ⟦p̓+√paʔ-cut incep+√try-rflxv⟧ ☞ p̓p̓áʔt to be training, testing oneself, trying to learn. {*p̓p̓áct* cn. *I'm trying to learn.* (ES) | *p̓p̓áʔct* či nəsʔíɬən. *I'm trying to eat.* (MJT) | *p̓p̓áʔct* cn ci nəsxʷənáʔəm. *I'm training to be an Indian doctor.* (ES) | xənʔátəŋ cn kʷaʔ ʔə́wən c *p̓p̓áʔct*. *He told me not to try.* (MJT)}

p̓p̓áʔkʷɬ ⟦p̓+√pa<ʔ>kʷɬ incep+√race<actl>⟧ ☞ páʔkʷɬ to start racing. (AS) {*p̓p̓áʔkʷɬ* cn. *I'm starting to race.* (AS) | suʔkʷánəŋəts cawniɬ. *p̓p̓áʔkʷɬ* cawnáʔiɬ suʔáwəs. *They ran. The boys raced.* (TC) VAR: p̓əp̓áʔkʷɬ (AS)

p̓p̓áʔt ⟦p̓+√paʔ-t incep+√try-trns⟧ ☞ páʔət to be trying, tasting, testing something, trying to do something. {*p̓p̓áʔt* cn. *I'm tasting them now.* (MJT)}

p̓p̓áʔti ⟦p̓+√paʔ-ty incep+√try-rcprcl⟧ ☞ páʔəti to be challenging, trying, testing each other. (ES) {*p̓p̓áʔti* st. *We're challenging each other. / We're testing each other.* (AS) | *p̓p̓áʔti* yaʔ kʷi kʷə swéʔwəs. *The boys were challenging each other.* (AS) | *p̓p̓áʔti* st ʔaʔ cə qʷúʔ. *We're trying the water together.* (AS)}

p̓p̓ákʷəŋ ⟦p̓+√pakʷ-ŋ incep+√float-mdl⟧ ☞ pákʷəŋ floating. (TC; ES) {*p̓p̓ákʷəŋ* cn. *I'm floating.* (TC)}

p̓p̓íwiʔ ⟦p̓+√pə<í>wiʔ pl+√flounder<pl>⟧ ☞ pə́wiʔ a bunch of flounders. (ES; AS,BC) VAR: piʔpə́wi (AS,BC) ⟦p̓y+√pəwiʔ pl+√flounder⟧ VAR: pəypə́wi (AS,BC)

p̓síct ⟦√p̓si-cut √gather-rflxv⟧ ☞ p̓sít to put oneself together, get one's things together. (ES)

p̓sít ⟦√p̓si-t √gather-trns⟧ to put something together, gather the parts. {*p̓sít* cn. *I put it together.* (ES)}

púʔc̓s ⟦√puc̓s √cradle⟧ cradle-basket, cradle, cradle-board, swing (for a baby). (EPT; LC; TC; AS) {hiyáʔ yaʔ kʷɬi nsíyaʔ kʷaʔ kʷə́nts kʷi maʔmixʷə́y; ʔiʔ ʔuʔiyá ʔaʔ kʷi *púʔc̓s*. *My grandmother went to look at Richard Sampson; he was in a cradle.* (AS) VAR: púc̓s (ES)

púʔq̓ʷəŋ ⟦√pu<ʔ>q̓ʷ-ŋ<ʔ> √foam<actl>-mdl<actl>⟧ ☞ púq̓ʷəŋ to be foaming up. (MJT; ES; AS,BC) {kʷɬiʔ*púʔq̓ʷəŋ*. *It started to foam.* (MJT)}

puʔq̓ʷəŋáyŋən ⟦√pu<ʔ>q̓ʷ-ŋ<ʔ>-ayŋən √foam<actl>-mdl<actl>-want⟧ ☞ púʔq̓ʷəŋ to be fermenting (when it starts to bubble). {kʷɬ*puʔq̓ʷəŋáyŋən* tə yeast. *The yeast/bread has started to bubble.* (MJT)}

púc̓s cradle. *See under:* púʔc̓s

púqʷs bluff. *See under:* sxʷpúqʷs

púq̓ʷ ⟦√puq̓ʷ √foam⟧ to foam, be foamy, frothy, bubbly. (AS) {*púq̓ʷ* cə x̌ɬáɬc. *The ocean is foamy.* (AS)}

púq̓ʷəŋ ⟦√puq̓ʷ-ŋ √foam-mdl⟧ ☞ púq̓ʷ to foam, bubble up. (AS) {ŋə́n ti s*púq̓ʷəŋ*s tiə nskʷúkʷ. *My cooking is foaming up a lot.* (AS) | *púq̓ʷəŋ* kʷə nsɬúp̓. *My soup is bubbling up.* (AS) | ʔuʔəsx̣áɬɬ tə nstiqéw *púq̓ʷəŋ* ʔaʔ cə cúcəns. *My horse that's foaming at the mouth is sick.* (AS) | ʔuʔx̣ə́ʔsiʔ cə scúŋ; ʔuʔ*púq̓ʷəŋ* cə x̌ɬáɬc. *The wind is terrible; the ocean is foaming.* (AS)}

púx̣ʷəŋ overflow. *See under:* píx̣ʷəŋ

px̣ʷíyəčəŋ ⟦√pix̣ʷ-iy=iʔč-ŋ √overflow-ext=hump-mdl⟧ ☞ píx̣ʷəŋ to overflow, run over. (MJT) {*px̣ʷíyəčəŋ* ixʷ cə nəspcúʔ ʔiʔ ŋə́n scəyíqʷɬ cə nskʷánən. *My basket must have been overflowing, and I lost a lot of berries.* (MJT)}

q

q ⟦q hyp⟧ hypothetical, would, could. (BH; ES) [speech act enclitic marking a hypothetical situation, the 'hypothetical q'] {hiyáʔ *q* cn. *I would go.* (TC) | wáʔ u *q* cn? *Could I go along?* (ES) | hiyáʔ *q* yaʔ cn. *I would have gone.* (TC) | qʷúčt *q* cn. *I would beat them up.* (TC) | ʔuʔpáʔt *q* cn. *I would try it.* (MJ) | nił *q* ʔənswə́yqaʔ. *That could be your husband.* (TC) | nił *q* nəswə́yqaʔ. *That could be my husband.* (TC; AA) | ʔuʔxiʔát *q* cxʷ kʷi. *You could write it.* (AB,ICT) | ʔə́y *q* kʷaʔ hiyáʔəxʷ. *It would be good if you left.* (TC) | ʔə́y *q* kʷaʔ hiyáʔən. *It would be good if I could go.* (TC) | ʔíłən *q* cn kʷaʔ ʔíłənəxʷ. *I'd eat if you ate.* (TC) | šaʔšúʔł *q* cn kʷaʔ štə́ŋən. *I'd be happy if I walked.* (TC) | šaʔšúʔł *q* cn kʷaʔ kʷənnúŋan. *I'd be happy to see you.* (TC) | hiyáʔ *q* cn kʷaʔ ʔáwənəs nəscáʔi. *I'd go if I weren't working.* (TC) | čaʔúxʷtəŋ *q* cxʷ ʔaʔ či doctor. *He'd take you to a doctor.* (MJ) | kʷə́nəxʷ u *q* cn kʷaʔ hiyáʔn łcúʔ? *Would I see him if I went down to the beach?* (MJ) | ʔuʔhiyáʔ *q* cn kʷi kʷaʔ ʔuʔə́yəs tiə skʷáči. *I'd go if the weather stays good.* (TC) | šaʔšúʔł *q* yaʔ cn kʷaʔ ʔáłaʔən. *I would have been happy if I were here.* (TC) | húʔ *q* yaʔ cxʷ ʔáwənə ʔiʔ ʔuʔŋə́n *q* yaʔ či ntiłə́x. *If it weren't for you I'd make many mistakes.* (TC) | húʔ *q* yaʔ ʔáwə c nə́kʷ ʔi uʔhiyáʔ *q* yaʔ cn. *If it weren't for you, I would have left.* (TC) | húʔ *q* yaʔ cxʷ ʔáwənə ʔi uʔhiyáʔ *q* yaʔ cn. *If it weren't for you, I would have left.* (TC) | ʔuʔ ʔə́y *q* kʷaʔ twawšə́təŋən. *It would be good if I'm still walking (still alive).* (TC) | húʔ *q* cxʷ tčəc ʔiʔ x̌áy *q* cn ʔuʔ tčəc. *If you stabbed me, I'd stab you, too.* (ES,TC) | čə́yəxʷ u *q* cn? *Could I come in?* (ES) | łkʷísc *q* cn. *I'd take you across.* (ES) | tákʷs *q* yaʔ cn cə snə́xʷł. *I would have bought the canoe.* (TC) | ó" kʷə́nəxʷ *q* cxʷ kʷə nəŋə́nəŋənaʔ. *Oh, if you'd seen my children.* (MJ) | tákʷs *q* yaʔ cn cə snə́xʷł ʔiʔ mán ʔuʔ čə́q. *I would have bought the canoe, but it was too big.* (TC) | tákʷs *q* yaʔ cn cə snə́xʷł kʷaʔ ʔáwəs *q* yaʔ c ʔuʔmán ʔuʔ čə́q. *I would have bought the canoe if it hadn't been too big.* (TC) | šatatáᵂ kʷaʔ táməxs *q* wuʔ! *Oh, no, if I wonder if it would be eelgrass!* (TC) | ʔúy *qł* yaʔ ʔə́c xʷtə́q nə́w ʔaʔ cə sqʷúʔs ʔaʔ tə sqx̌ə́yu, ʔiʔ x̌áy *q* yaʔ cn ʔuʔ súʔskʷ. *If I had fallen into the clam juice, I'd be taking a bath, too.* (MJ) | ʔáx̌əŋ kʷi siʔiʔám ʔaʔ ʔiyá tə čə́q táwn, Seattle, húʔ ʔiʔqʷúy cə sx̌íx̌aʔx̌ł ʔiʔ ŋə́ń, ŋə́ń təsə ŋaʔkʷaʔcút ti scáytəŋs ʔaʔSeattle. *The bosses in the city, Seattle, said that if a child dies, there are many, many waiting to be put to work in Seattle.* (ES)} VAR: qł {xʷtə́q *qł* cn kʷaʔ cíŋətən. *I'd fall through if I got near.* (MJ) | ʔúy *qł* st kʷi kʷə́nəxʷ ʔiʔ yəcúst. *If we see him we'll tell him.* (MJT) | hiyáʔ *qł* cn xʷtə́q kʷaʔ ʔuʔqqíŋən. *I'd go through If I played.* (MJ) | naʔnił *qł* ʔuč cán... *I wonder who...* (MJ) | kʷənáŋət u *qł* cn. *Could I help him?* (MJ) | ʔə́y *qł* kʷi kʷaʔ kʷənáŋətxʷ. *It would be good if you help.* (MJ) | ncə́ʔt, hiyáʔ u *qł* cn x̌iʔáŋ ʔaʔ či čéʔəx? *Daddy, could I go look for some pitch?* (MJ) | ʔúy *qł* xčtís ʔiʔ yəcúscs. *She'd tell me if she knew.* (MJT) | kʷənáŋəc u *qł* cxʷ, q̓łúməčən? *Could you help me, Blackfish?* (MJ) | qəyús *qł* cn či čə́nəŋ kʷaʔ? ʔənʔás ʔiʔ čənəŋístəŋ cə ntán. *I could pay Shakers to come and shake over my mother.* (MJ) | ʔiʔə́y *qł* či skʷánts kʷaʔ ʔáwənəs ʔənx̌ə́ł ʔiyáʔ. *She would look at them carefully to see if there was no green there.* (MJ) | ʔáwənə nsx̌čít kʷaʔ łəŋúʔəŋən u *qł*. *I wonder if I can (still) swim.* (MJT) | ʔuʔnəsyúy *qł* yaʔ kʷi. *I didn't intend to.* (MJT) | ʔúy *qł* cn xčít ʔiʔ yəcúsc cn. *If I knew I'd tell you.* (MJT) | łəŋúʔəŋ *qł* cn. *I could swim.* (MJT) | yəcúsc *qł* cn kʷaʔ xčítən. *I'd tell you if I knew.* (MJT) | ʔúy *qł* cn kʷi łəŋúʔəŋ ʔiʔ tə́s. *I have to swim to get there. / If I'd swim, I'd get there.* (MJT) | ʔúy *qł* cn čəŋə́təŋ ʔiʔ x̌áy *qł* cn ʔuʔ cəŋə́t. *If she'd bite me, I'd bite her back.* (MJT) | ʔə́y *qł* yaʔ kʷaʔ nəsʔúqʷaʔəxʷ. *It would be good if you were my sister. / I wish you were my sister.* (MJT) | xʷítəŋ *qł* cn ʔiʔ tə́s ʔaʔ tə čúʔkʷs ʔuʔútxs. *I could jump to seven canoes.* (MJ) | ʔáwənə nəʔaʔáwkʷ nsuʔaʔčšikʷə́təŋ kʷaʔ cəmcəmúʔəŋs *qł*. *I have no things to change into if I would get all wet.* (MJ) | húʔ kʷłsxʷłŋə́n či ʔənsʔéʔłən ʔiʔ txʷaʔsčqʷáyəč *qł* cxʷ. *If you eat many you would turn into a bear.* (MJ) | suʔxə́nəŋs cə sxʷnáʔəm ʔaʔ či sławnəxʷs *qł*. *So the Indian doctor said he would heal her.* (MJ) | ʔáwə *qł* kʷi c xə́ł kʷaʔ yəcústxʷ ʔaʔ či sxʷiʔám ʔaʔ či ʔuʔnəcáxʷ. *It wouldn't hurt if you told a story one time.* (MJT) | ʔúʔ *qł* yáʔ cə nxčŋín xʷənáŋ ʔaʔ nə́kʷ ʔiʔ x̌áy *qł* cn ʔuʔ xənʔáxʷ kʷi nəsíyaʔ kʷaʔ ʔáwə c čʔaʔŋúsc ʔaʔ cə łq̓íyns. *If I had thought like you, I would also tell my grandmother not to give me her power.* (MJ) | ʔúy *qł* yaʔ ʔə́c xʷtə́q nə́w ʔaʔ cə sqʷúʔs ʔaʔ tə sqx̌ə́yu, ʔiʔ x̌áy *q* yaʔ cn ʔuʔ súʔskʷ. *If I had fallen into the clam juice, I'd be taking a bath, too.* (MJ)} VAR: əqł {čtáts tə čə́nəŋ kʷaʔ? ʔáwəs *əqł* kʷənáŋəts či ŋáʔnaʔs. *He asked the Shakers if they couldn't help his baby.* (MJ)} VAR: qə {nił *qə* nəswə́yqaʔ. *That could be my husband.* (TC) | húʔ *qə* cn ʔiyám, ʔiʔ ʔuʔ tə́s *qə* cn ʔi ʔuʔkʷənt kʷsə ntán. *If I were strong I'd get there to see your mother.* (AA)}

qaʔáwəc ⟦√qaʔawc √back_basket⟧ any basket packed on the back, clam basket; backpack. ∗Traditionally this referred to a large open weave basket worn on the back with a tumpline. Now it commonly refers to a backpack, knapsack or any container carried on the back. (ES; AS,BC; AS) {čəʔúʔwəs cn cə **qaʔáwəc**. *I'm using a back-basket.* (AS)} VAR: qaʔáwc (ICT)

qaʔéʔŋəxʷ ⟦√qaʔiʔŋxʷ √Frazer_Island⟧ Frazer Island, the large island in the middle of Becher Bay. ∗A large snake is said to live on this island. It will eat animals as large as sheep. (LC; TC) VAR: qáʔiʔŋxʷ (ES) VAR: qáʔiŋəxʷ (TC)

qáʔəŋ ⟦√qaʔ-ŋ √defecate-mdl⟧ to defecate. (AS,BC) {*qáʔəŋ* cə stiqéw. *The horse pooped.* (AS)}

qáʔəxʷ ⟦√qaʔəxʷ √crab_apple⟧ Pacific crab apple. *Malus fusca.* (LB,CWH; EPT; LC; AS,BC)

qaʔə́yʔi ⟦√qə<ʔəy><ʔ>y √turn<pl><actl>⟧ ☞ qáʔiʔ to be spoiling (of several). {*qaʔə́yʔi* kʷə ʔápəls. *The apples are spoiling.* (AS)}

qáʔəy̓ spoiling. See under: qáʔiʔ

qáʔiʔ ⟦√qəy<ʔ>-iy √turn<actl>-dev⟧ ☞ qə́y
1. to be spoiling, going bad. (ES) {ʔó, mán ʔuʔ *qáʔiʔ* tiə skʷáči. *Oh, the day is getting really spoiled.* (BC)}
2. to be sorry, unfortunate, too bad. {*qáʔiʔ* cn. *I'm sorry.* (AS) VAR: qáʔəy̓ (AS) {*qaʔəy̓* kʷi kʷə ʔápəls. *The apples are spoiling.* (AS) VAR: qə́yiʔ (EPT) {*qə́yiʔ* ti ʔəns̓čaʔyíqʷɬ; čúxʷənct. *Your fruit is spoiling; it's turning sour.* (EPT) | *qə́yiʔ* cn; miʔmə́yəq cn ʔaʔ kʷi nsqʷáqʷiʔ. *I'm sorry; I forgot what you were saying.* (EPT) | mán kʷ uʔ *qə́yiʔ.* *That's too bad!* (ICT)} VAR: qáʔi (AS) {*qáʔi* tiə sʔíɬənɬ. *Our food is spoiling.* (AS,BC)} VAR: qə́y̓ (AS,BC; AS) VAR: qáy̓i (BC)

qáʔiʔŋəxʷ Frazer Island. See under: qaʔéʔŋəxʷ

qaʔiɬúməčən orcas. See under: q̓aʔyəɬúməčən

qaʔiŋ̓əxʷ Frazer Island. See under: qaʔéʔŋəxʷ

qaʔitíŋ ⟦√qə<ʔ>y-t-i-ŋ √turn-trns-persist-psv⟧ ☞ qaʔyát
1. to be treated badly by someone, be treated mean. {*qaʔitíŋ* cn. *They were mean to me.* (ES) | *qaʔitíŋ* cn ʔəɬ qʷáys. *They talked ill of me.* (AS)}
2. to be spoiled. {*qaʔitíŋ* cə sx̣íx̣aʔƛ̓qɬ. *The child is spoiled.* (AS) | *qaʔitíŋ* cn cə ɬéʔyəqʷ. *The strawberries are spoiled.* (AS)}

qáʔiy̓ŋən short mats. See under: qáyiʔŋən

qaʔmaʔqʷ ⟦√qaʔm=iʔqʷ √ʔ=head⟧ Seabeck Bay area. (JA,MJT) cp. tqə́c̓aʔ VAR: qáʔməqʷ (LB,CWH; LB,EWH)

qaʔmaʔstóy̓ɬ ⟦√qə<ʔ>muʔ-stxʷ=əy̓ɬ √nurse<actl>-caus=child⟧ ☞ qáʔmuʔstxʷ to be nursing a baby. (MJT)

qaʔmáyu ask. See under: qəmáyu

qáʔmən ⟦√qaʔmən √juice⟧ juice, broth. (ES)

qáʔmuʔ ⟦√qə<ʔ>muʔ √nurse<actl>⟧ ☞ qə́muʔ to be nursing at breast. (MJT; AS)

qáʔmuʔstxʷ ⟦√qə<ʔ>muʔ-stxʷ √nurse<actl>-caus⟧ ☞ qə́muʔstxʷ to be nursing someone (a baby). {kʷɬ *qáʔmuʔstxʷ* cn. *I'm nursing him.* (MJT)}

qáʔnət rob someone. See under: qán̓ət

qaʔníc steal from me/you. See under: qan̓íc

qaʔnítəŋ be robbed. See under: qan̓ítəŋ

qaʔqaʔyís ⟦qaʔ+√qaʔyis dim+√period⟧ to be a short time, stay a short time, a little while. (AS) {ʔuʔ*qaʔqaʔyís* caʔn. *I'll be a short time.* (ES; TC) | ʔuʔ*qaʔqaʔyís* tə nəskʷənnəxʷ. *I saw him for a little while.* (TC) | ʔuʔ*qaʔqaʔyís* tə nəskʷənít. *I've been watching it a short time.* (TC) | ʔuʔkʷənít ʔaʔ kʷi ʔuʔ*qaʔqaʔyís.* *I watched it for a little while.* (TC)}

qaʔqéʔaʔis ⟦qaʔ+√qiʔ=ay<ʔ>us dim+√loose=eye<dim>⟧ [According to TC it means 'looking away' or 'looking up, away from the water'.] cp. qəyús ☞ qéʔqaʔ the land in Becher Bay where the marina is now located. (TC) VAR: qaʔqéʔaʔyəs (TC) {sxʷʔiyás yaʔ kʷi nəčáʔməqʷ yaʔ naʔátəŋ *qaʔqéʔaʔyəs.* *It's where my great grandfather called qaʔqéʔaʔyəs.* (TC)}

qaʔqéʔəct ⟦qaʔ+√qiʔ-cut dim+√loose-rflxv⟧ ☞ qaʔqéʔət to get loose. (ES) {*qaʔqéʔəct* tsiʔə nəčánəs. *My tooth has gotten loose.* (MJT) | č̓ə́n̓t yaʔ cn kʷi t músmus ʔiʔ *qaʔqéʔəct* kʷsə nəčánəs. *I was biting a piece of meat, and my tooth got loose.* (MJT)} VAR: qaʔqéʔyəct (ES)

qaʔqéʔət ⟦qaʔ+√qiʔ-t dim+√loose-trns⟧ ☞ qéʔqaʔ to loosen something (as screw, lid, etc.). (ES) {*qaʔqéʔət* cn. *I loosened it.* (ES)}

qaʔqéʔnəŋ ⟦qaʔ+√qi<ʔ>-naxʷ-ŋ dim+√angry<dim>-nctrns-psv⟧ ☞ qaʔqéʔnəxʷ to have someone angry with one, be the object of someone's anger, be disagreed with. (ES) {*qaʔqéʔnəŋ* cn ʔaʔ cə n̓stáni. *Your wife is mad at me.* (ES) | *qaʔqéʔnəŋ* cn ʔaʔ kʷə nswə́y̓qaʔ. *My husband disagreed with me.* (AS) | *qaʔqéʔnəŋ* kʷɬi kʷə stácis; ʔuʔmán ʔuʔ qiʔnúŋət. *They disagreed with the one who got here; she got very angry.* (AS)} VAR: qaʔqéʔnəŋ {*qaʔqéʔnəŋ* cn. *You're angry at me. / He's angry at me.* (MJT)} VAR: qaqéʔnəŋ {*qaqéʔnəŋ* cxʷ. *Someone's mad at you.* (MJT)}

qaʔqéʔnəxʷ ⟦qaʔ+√qi<ʔ>-naxʷ dim+√angry<dim>-nctrns⟧ ☞ qéʔnəxʷ to disagree, be angry, mad at someone, get after someone in an angry way. (MJ; AS,BC) {*qaʔqéʔnəxʷ* u cxʷ? *Are you angry at him?* (ES) | *qaʔqéʔnəxʷ* cn cə sx̣íx̣aʔƛ̓qɬ. *I disagreed with the child.* (AS)} VAR: qaqéʔnəxʷ {*qaqéʔnəxʷ* cn tiʔə. *I'm mad at him.* (MJT) | *qaqéʔnəxʷ* cn tsiʔə. *I'm mad at her.* (MJT)}

qaʔqéʔnuŋ̓ə ⟦qaʔ+√qi<ʔ>-naxʷ-uŋ<ʔ>ə dim+√angry<dim>-nctrns-2obj<dim>⟧ ☞ qaʔqéʔnəxʷ angry at you. {*qaʔqéʔnuŋ̓ə* cn. *I'm mad at you.* (MJT)}

qaʔqéʔwən ⟦qaʔ+√qi<ʔ>=iwən actl+√angry<actl>=interior⟧ ☞ qaʔqéʔnəxʷ being angry, mad. (AS,BC) {mán ʔuʔ *qaʔqéʔwən* cə stáni. *The woman is very angry.* (BC)}

qaʔqə́ləwaʔ ⟦qaʔ+√qələwaʔ dim+√?⟧ any of various species of small tidewater crabs. (HS,ES; ES) [loan of unknown origin] cp. kʷa̓kʷə́ləwaʔ

qaʔqə́yəx̣anaʔ ⟦qaʔ+√qəyəx̣anaʔ dim+√fly⟧
1. fly (insect). *Muscidae spp.* (EPT; ES; LC; AS; AS,BC) [may contain the words for 'lie' or 'leg' or the suffix for 'ear'.] {ŋə́n̓ *qaʔqə́yəx̣anaʔ.* *There are lots of flies.* (TC)}

qaʔqiʔámstəŋ

2. nickname of Solomon, husband of x̣áyƛ̕u. (AS,BC) VAR: qəqəy̕əx̣ənaʔ (AS,BC)

qaʔqiʔámstəŋ ⟦qaʔ + √qy̕əm̕-stx̣ʷ-ŋ dim + √weak-caus-psv⟧ ☞ qaʔqiʔám̕stx̣ʷ to be weakened by something or someone. {x̣ʷənʔáŋ kʷi nsqaʔqiʔám̕stəŋ či sqiʔám̕ kʷi nštáŋ. It's making me so weak that I can't walk. (EB)}

qaʔqiʔám̕stx̣ʷ ⟦qaʔ + √qy̕əm̕-stx̣ʷ dim + √weak-caus⟧ ☞ qaʔqiyám̕ to make someone or something weak. (AS) {qaʔqiʔám̕stx̣ʷ cn. I made it weak. (AS)}

qaʔqiʔcáy̕ ⟦qaʔ + √qy̕cay̕ dim + √rabbit⟧ [This is a frozen diminutive. No further diminutive is possible.] ☞ qiʔcíy̕ rabbit, hare. *Leporidae spp.* (AB,ICT; ES) {ŋaʔŋéʔŋanaʔ qaʔqiʔcáy̕. baby rabbit (ES) | ƛ̕aʔƛ̕úƛ̕aʔ qaʔqiʔcáy̕. small rabbit (ES)} VAR: qaʔqiʔcíy̕ (T; ES) VAR: qaʔqicéy̕ (AS,BC)

qaʔqiʔnúʔŋəs ⟦qaʔ + √qi<ʔ>-nax̣ʷ-u<ʔ>ŋəs dim + √angry<dim>-nctrns-1obj/2obj<dim>⟧ ☞ qaʔqéʔnəx̣ʷ angry at me; angry at you. {qaʔqiʔnúʔŋəs u cx̣ʷ? Are you mad at me? (ES) | qaʔqiʔnúʔŋəs cn. I'm mad at you. (ES) | sx̣ʷaʔníŋ q ʔay̕ či nəsmáy̕əq ʔaʔ kʷi nsqaʔqiʔnuʔŋəs? How could I forget that you were mad at me? (ES)}

qaʔqiʔnúʔŋət ⟦qaʔ + √qəy<ʔ>-nu<ʔ>ŋt dim + √angry<dim>-ncmdl<actl>⟧ ☞ qiʔnúʔŋət to be a little angry, mad; to be angry (of a child or small person). (ES) {qaʔqiʔnúʔŋət u cx̣ʷ? Are you mad? (ES) | qaʔqiʔnúʔŋət cn. I'm a little mad. (ES)}

qaʔqínəŋ ⟦qaʔ + √qi-nax̣ʷ-ŋ dim + √angry-nctrns-psv⟧ ☞ qaʔqínəx̣ʷ to have someone angry at one. {qaʔqínəŋ cn ʔaʔ kʷsə nsłáni. My wife is mad at me. (MJ)}

qaʔqínəx̣ʷ Stem: qaʔqin [stem for subject suffixes] ⟦qaʔ + √qi-nax̣ʷ dim + √angry-nctrns⟧ ☞ qínəx̣ʷ to be angry at, disagree with someone. {qaʔqínəx̣ʷ cn cə nətán. I'm angry at my mother. / I disagree with my mother. (HS,ES) | qaʔqinəs cəwnił. She was mad at him. (MJ) | qaʔqínəx̣ʷ u cx̣ʷ cə nswéy̕qaʔ? Are you mad at your husband? (ES) | qaʔqínəx̣ʷ u cx̣ʷ cə nsłáni? Are you mad at your wife? (ES) | qaʔqínəx̣ʷ cn tə cə nəŋánəŋanaʔ; ʔáw kʷaʔ ʔánəł ʔaʔ ti nəsqʷáqʷiŋət. I'm mad at my children; they don't mind what I tell them. (ES)}

qaʔqiyám̕ ⟦qaʔ + √qy̕əm̕ dim + √weak⟧ ☞ qiyám̕ to be weak, a weakling (may refer to a weak person or weak, unsturdy material such as a weak rope). (BH; TC; ES) {qaʔqiyám̕ cn. I'm weak. (BC) | ʔuʔəsúł kʷinu qaʔqiyám̕ yaʔ. The one that was formerly weak was at the door. (ES)} VAR: qaʔqəyám̕ (EJ) VAR: qaʔqiʔám̕ (ES; TC) {ʔuʔmán cn ʔuʔ qaʔqiʔám̕. I'm too weak. (TC) | qaʔqiʔám̕ kʷi nx̣čŋín. I'm discouraged. (AS,BC) | qaʔqiʔám̕ tə nəsx̣ánaʔ. My legs are weak. (TC) | ʔawk̕ʷłqaʔqiʔám̕ cn. It's because I'm weak. (TC) | ʔuʔmán cn ʔuʔ qaʔqiʔám̕. I'm very weak. (BC) | níł ta či nsuʔkʷłuʔnuʔqaʔqiʔám̕. You must be kind of weak now. (RSh) | náʔčuʔ č̕ yaʔ swéʔwəs kʷi mán̕ ʔuʔqaʔqiʔám̕. There was one young man who was very weak. (TC)} VAR: qaʔqiʔáʔəm̕ (TC) VAR: qiqiʔím̕ {qiqiʔím̕ kʷi nx̣čnín. I'm discouraged. (AS)} VAR: qaʔqiʔim {ʔuʔłəŋ cn ʔuʔ qaʔqiʔim̕. I'm really weak. (AS)} VAR: qaqiyám (LB,EWH) VAR: qaʔqiʔáʔmət {qaʔqiʔáʔmət cə nəx̣čŋín. I'm discouraged. (AS,BC)}

qaʔqiyam̕áyaməš ⟦qaʔ + √qy̕əm̕-ay=umš dim + √weak-ext=type⟧ ☞ qaʔqiyám̕ to be the weak kind. (TC)

qaʔqiyám̕ct ⟦qaʔ + √qy̕əm̕-cut dim + √weak-rflxv⟧ ☞ qaʔqiyám̕ to get weak. {suʔiʔqaʔqiyám̕ct. So we get weak. (BH)} VAR: qaʔqiʔám̕ct (TC)

qaʔqtəm̕ús ⟦√q<əʔ>qi=tm̕=us √play<actl>=ball=face⟧ ☞ qəqín
1. any ball; any ball game. (MJT; ABT; AS,BC; ES) {łłát cn cə qaʔqtəm̕ús. I bounced the ball. (AS)}
2. to play a ball game. (MJT) {čəlátəŋ cn ʔaʔ kʷə nəsqaʔqtəm̕ús. They beat me playing ball. (ES)} VAR: qqtəm̕ús (MJT) VAR: qaqtəmús (ICT; AS,BC) {łłátəŋ kʷsə qaqtəmús. He bounced the ball. (AS) | hiyáʔ či qaqtəmús tunł. Let's play ball. (ICT)} VAR: qaqtəmús (ES,BC) VAR: qəqtəm̕ús (MJT) VAR: qtəm̕ús (ABT) VAR: qaʔqəmús (MJ)

qaʔqtəm̕úsəŋ ⟦√q<əʔ>qi=tm̕=us-ŋ √play<actl>=ball=face-mdl⟧ ☞ qaʔqtəm̕ús
1. to play a ball game. (AS) {čəlátəŋ st ʔaʔ kʷi sqaʔqtəm̕úsəŋł. We got beat playing ball. (AS) | čəlíti yaʔ ʔaʔ kʷi sqaʔqtəm̕úsəŋł. We won the game. (AS) | níł kʷi ščáyuʔ ʔəł qaʔqtəm̕úsəŋs. He got a hit playing ball. (AS)}
2. ball game. {qəyəsánət cn tiə qaʔqtəm̕usəŋ. I looked away from the ball game. (AS) | ʔáyəstx̣ʷ cn cə qaʔqtəm̕úsəŋ. I enjoyed the ball game. (AS) | ʔuʔk̕ʷənúʔəs cn ʔaʔ cə qaʔqtəm̕úsəŋ. I'm looking at the ball game. (AS)} VAR: qqtəm̕úsəŋ {qqtəm̕úsəŋ caʔn. I'm going to play ball. (MJT)}

qaʔqə́yuʔ ⟦√qi<ʔ>q̕-əyu<ʔ> √restrain<actl>-activ<actl>⟧ ☞ qíq̕ the police, policeman, police officer, jailer, prison guard. (MJ; HS) {qaʔqə́yuʔ cn. I'm a policeman. (MJT) | ƛ̕áyuctəŋ cn ʔaʔ kʷə qaʔqə́yuʔ. I got stopped by the police. (ES) | yəcúst cn cə qaʔqə́yuʔ. I reported it to the police. (TC) | ʔuʔáwə cn c yəcúst či qaʔqə́yuʔ. I didn't report it to the police. (MJ) | níł suʔx̣ánəŋs ʔaʔ či shiyáʔs č̕ ʔúx̣ʷəns či qaʔqə́yuʔ. Then he said he was going to the police. (MJ)} VAR: qaʔqə́yu (ES) {níł nsuʔhiyáʔ ʔúx̣ʷ ʔaʔ cə qaʔqə́yu ʔaʔnəx̣ʷq̕íyt. Then I went to the Little Boston police. (MJ)} VAR: qqə́yuʔ (AS,BC) {łáw̕ ʔaʔ cə qqə́yuʔ. He got away from the police. (AS,BC)} VAR: qiqə́yuʔ (AS,BC)

qaʔqítəŋ be restrained. *See under:* qəq̕ítəŋ

qátay Port Townsend. *See under:* qatáy

qaʔx̣ʷítč ⟦√qəʔx̣ʷ=iłč √crab_apple=plant⟧ ☞ qáʔəx̣ʷ wild crab apple tree. *Malus fusca.* (LBH; EPT; ES)

qaʔx̣áyuʔ ⟦√qiʔx̣-ayu √shave-activ⟧ ☞ qéʔx̣t to carve, shave, whittle, plane. (ES) {*qaʔx̣áyuʔ* yaʔ kʷi kʷə ncə́t. *My father carved.* (AS)}

qaʔx̣ítəŋ ⟦√qiʔx̣-t-ŋ<ˀ> √shave<actl>-trns-psv<actl>⟧ [metathesis with passive] ☞ qx̣ítəŋ to be whittled, shaved, scraped, carved by someone. (ES) VAR: qaʔx̣ítəŋ {*qaʔx̣ítəŋ* cn. *I'm getting scraped.* (AS)} VAR: qíx̣təŋ ⟦√q<í>x̣-t-ŋ<ˀ> √shave<actl>-trns-psv<actl>⟧ [actual counter metathesis in passive] {*qíx̣təŋ* kʷi kʷə sqáwc. *The potatoes are being peeled.* (AS)}

qaʔx̣qíŋ ⟦√q<ʔ>qi-ŋ<ˀ> √play<actl>-mdl<actl>⟧ [The /x̣/ is apparently excrescent.] ☞ qəqíŋ
1. to be playing. (RS; TC; ES) {*qaʔx̣qíŋ* st. *We're playing.* (ES) | yáʔ či *qaʔx̣qíŋ*. *Go play.* (RS) | kʷɬ*qaʔx̣qíŋ* cn. *I'm playing now.* (TC) | təŋkʷáct ʔaʔ kʷsə suʔáẃəs *qaʔx̣qíŋ*. *Join in with those boys who are playing.* (TC) | x̣aʔx̣iyəẃéʔč cə *qaʔx̣qíŋ* ʔiyá ʔaʔ tə cə́ẏəɬ. *It was Chipmunk playing at the lake.* (MJ) | čələ́t st tə məqáʔaʔ ʔaʔ kʷi s*qaʔx̣qíŋ*ɬ. *We beat the Makahs when we were playing.* (AS) | ʔuʔiyá ʔaʔ ti sxʷʔiyás tə ʔáʔiŋs ti ʔə́nsu*qaʔx̣qíŋ*. *Stay where the house is when you're playing.* (MJ) | ʔuʔhíc ʔiʔ kʷə́nəs cə sxʷʔiyás yaʔ ʔəɬ *qaʔx̣qíŋ*s ʔəɬ twəẃsx̣́íx̣aʔx̣ɬs. *After a long time we saw where she was playing when she was still a child.* (MJ) | txʷʔúxʷnəsəŋ ʔaʔ cə sqaʔqtəmús *qaʔx̣qíŋ* cə suʔáʔwəs ʔiʔ sx̣́éʔs či sxʷtíŋts. *The ball the boys were playing with came toward him, and he wanted to jump for it.* (TC)}
2. to be making fun of (someone). {ʔiʔ húy ti su*qaʔx̣qíŋ*s. *And they just made fun of him.* (ES) | ʔəns*qaʔx̣qíŋ* cə ʔəcɬtáyŋxʷ. *You're making fun of that person.* (TC) | ʔáwətxʷ či cə n̓s*qaʔx̣qíŋ*. *Don't make fun of it.* (MJT) | s*qaʔx̣qíŋ* ʔaʔ ti nəsuʔyəščənúŋət sqiʔám či nəs*qaʔx̣qíŋ*. *They made fun because I was poor and unable to play.* (TC)} VAR: qəx̣qíŋ (MJT) {ʔáwə c *qəx̣qíŋ*. *Don't play.* (MJT)}

qaʔx̣úẏs ⟦√qiʔx̣=uy<ˀ>əs √shave=forehead⟧ ☞ qéʔx̣t to peel (any round object such as a potato). (ES) {*qaʔx̣úẏs* cə sqáwc. *Peel the potatoes.* (ES)}

qaʔyaʔqiʔcíẏ ⟦q<aʔy>aʔ + √qẏcəẏ dim<pl> + √rabbit⟧ ☞ qaʔqiʔcə́ẏ several rabbits, hares. (EPT) VAR: qaʔyaʔqiʔcíʔ (ES)

qaʔyáqən ⟦√q<əʔy>aq=ən √pole=instr⟧ ☞ qáqən several vertical poles, house-posts, tent-poles, masts. (AB,MJT; MJT)

qaʔyát ⟦√qə<ʔ>y-t √turn<actl>-trns⟧ ☞ qə́y
1. to treat someone badly, be mean to someone. (ES) {*qaʔyát* cn. *I'm mean to him.* (ES)}
2. to spoil someone or something. (AS) VAR: qéʔit (AS) VAR: qayát (AS) {*qayát* cn. *I treated him badly.* (AS)}

qaʔyáx̣ct telling a lie. See under: qəẏáx̣ct

qaʔyəqítəŋ ⟦√q<aʔy>iq̓-t-ŋ √restrain<pl>-trns-psv⟧ ☞ qəqítəŋ
1. to be bound, tied up with several things or by several people. (TC)
2. to be put in jail (of a group) by someone. (MJT) VAR: qəẏqítəŋ {su*qəẏqítəŋ*s cə sx̣́énaʔ ʔaʔ mə́ščʊ. *So she tied up Mink's legs.* (TC)}

qaʔyəsə́ŋəc ⟦√qə<ʔ>y=us-ŋ-t-c √turn<actl>=face-mdl-trns-1obj/2obj⟧ ☞ qaʔyəsə́ŋət look away from me; look away from you. (TC)

qaʔyəsə́ŋət ⟦√qə<ʔ>y=us-ŋ-t √turn<actl>=face-mdl-trns⟧ ☞ qaʔyúsəŋ to be looking away from something. {*qaʔyəsə́ŋət* cn. *I looked away from it.* (TC)}

qáʔyəx̣ ⟦qa<ʔ>yx̣ √lie<actl>⟧ ☞ qáyəx̣ to be lying to be telling a lie. (LC; ES)

qáʔyəx̣c ⟦√qə<ʔ>yx̣-t-c √lie<actl>-trns-1obj/2obj⟧ ☞ qáʔyəx̣t lying to me; lying to you. (ES) {*qáʔyəx̣c* cxʷ. *You're lying to me.* (ES) | *qáʔyəx̣c* cn. *I'm lying to you.* (ES)}

qaʔyáx̣ct telling a lie. See under: qəẏáx̣ct

qáʔyəx̣t ⟦√qə<ʔ>yx̣-t √lie<actl>-trns⟧ ☞ qáʔyəx̣ to be lying to someone, telling someone a lie. (ES)

qaʔyəx̣tə́nəŋ ⟦√qayx̣-t-ənəq-ŋ √lie-trns-hab-mdl⟧ ☞ qaʔyəx̣tə́nəq to be lying habitually, preaching the wrong thing. (like a politician (AS)) {*qaʔyəx̣tə́nəŋ* cə swéʔwəs. *The boy is lying.* (AS,BC) | táči kʷi kʷə swə́ẏqaʔ *qayəx̣tə́nəŋ*. *The man who is lying got here.* (AS)} VAR: qayx̣tə́nəŋ (AS)

qaʔyəx̣tə́nəq ⟦√qa<ʔ>yx̣-t-ən<ˀ>əq √lie<actl>-trns-hab<actl>⟧ ☞ qáʔyəx̣ to be a liar. (ES) {x̣ənʔáɬ ti su*qaʔyəx̣tə́nəq*s. *He's always a liar.* (BC)} VAR: qaʔyəx̣tə́nəq (AS,BC) VAR: qəyəx̣stə́nəq (AS)

qaʔyúsəŋ ⟦√qə<ʔ>y=us-ŋ √turn<actl>=face-mdl⟧ ☞ qəyúsəŋ to be looking away, looking the other way. (MJT; ES) {níɬ su*qaʔyúsəŋ*s. *Now he's looking away.* (MJT) | su*qaʔyúsəŋ* ʔaʔ ʔaʔáʔsxʷ. *So the little seal turned away.* (MJT) | níɬ su*qaʔyúsəŋ*s ʔiʔ x̣́áy kʷəntís cə scənčánnəxʷ təŋúʔəŋ ʔaʔ cə stúʔwiʔ. *Then he looked away and again watched the salmon swimming in the river.* (ES)} VAR: qəyúsəŋ (MJT; BC)

qákʷɬ ⟦√q<á>kʷ-ɬ √fatigued<rslt>-dur⟧ ☞ qə́kʷ to be fatigued, tired, hurting, aching. (BH; MJT; AS) {*qákʷɬ* cn. *I'm sored up (from working).* (TC) | mə́n cn ʔuʔ *qákʷɬ*. *I'm very tired.* (EPT) | x̣́áy u cxʷ ʔuʔ *qákʷɬ*? *Are you tired, too?* (EPT) | x̣ənʔáɬ ti su*qákʷɬ*s. *He/she's always tired.* (MJT) | *qákʷɬ* tiə nəʔəcɬtáyŋxʷ. *My body is aching.* (TC)}

qax̣̌ahíyəŋ ⟦√qax̣̌a-iy-ŋ √up_sound-dev-mdl⟧ to go up sound, toward the south in Puget Sound. (MJT)

qám̓qəm̓ ⟦√qam̓qəm̓ √Point_Hudson⟧ [Harrington records this as the Chemakum name.] cp. čixʷə́qsən
1. Point Hudson at Port Townsend Bay. (EPTT) {ʔiyá ʔaʔ*qám̓qəm̓*. *It was there at Point Hudson.* (EB) | níɬ č yaʔ kʷi Amy yaʔcícəm̓ ʔaʔ či sxʷiʔám̓

ʔaʔ kʷɫi kəkántu čšʔiyá ʔaʔ*qámqən*. *It was Amy who told the story of Kakantu from Point Hudson.* (EPT)}
2. Point Wilson, Fort Worden area. (LBH; LB,CWH) cp. kakántu

qán steal. *See under:* sqán

qán ⟦√qan √steal⟧ to steal, take something away (from someone). (MJT; ES; TC) cp. čaʔyáʔnəq {*qán* cn. *I steal.* (TC; AS,BC) | *qán* caʔn. *I'm going to steal.* (TC) | nɫ kʷi *qán*. *He's the one that stole.* (MJT) | ŋə́n yaʔ kʷi kʷi s*qán*s. *They stole a lot.* (AS) | ʔuʔ*qán* st ʔaʔ tə nuʔx̣čít. *We steal what we know.* (AC) | ʔənʔá ʔiʔ s*qán*s ti ʔəncqʷéʔqʷ sx̌aʔyéʔx̣ɫ. *They came and stole the red-headed children.* (TC)}

qánəc ⟦√qan-t-c √steal-trns-1obj/2obj⟧ ☞ qánət rob me; rob you. {*qánəc* cxʷ. *You stole from me.* (ES)}

qánət ⟦√qan-t √steal-trns⟧ ☞ qán to steal from someone, rob someone. (ES; AS,BC) ⟪USAGE: According to independent judgments from ES, HS, TC, AS and BC /qanít/ and /qánət/ mean almost the same thing and are used interchangeably. The fine distinction in meaning has to do with /qanít/ viewing theft as an accomplishment and /qánət/ viewing the theft as an act.⟫ {*qánət* cn. *I robbed him.* (ES) | *qánət* caʔn. *I'm going to steal something from somebody.* (ES) | *qánət* cn cə sɫániʔ. *I robbed that woman.* (ES) | *qánət* cn təsə swə́yqaʔ ʔaʔ kʷɫi táləs. *I stole that man's money.* (ES) | *qánət* cn ʔiʔ huŋístxʷ cn. *I stole it, but I brought it back.* (TC)} VAR: qáʔnət {*qáʔnət* cn cəwniɫ. *I robbed him.* (TC) | *qáʔnət* cn ʔaʔ cə táləs. *I stole his money. / I robbed him of his money.* (TC)}

qánətəŋ ⟦√qan-t-ŋ √steal-trns-psv⟧ ☞ qánət to be robbed, have something stolen by someone. {*qánətəŋ* cn. *Someone robbed me.* (ES)} VAR: qántəŋ {*qántəŋ* yaʔ cn ʔaʔ cə nsə́miʔ ʔiyá cə nsxʷʔiyá ʔɫ mitáliən *My blanket was stolen from me there where I was gambling.* (BC)}

qánəxʷ ⟦√qan-naxʷ √steal-nctrns⟧ ☞ qán to manage to steal from, rob someone. (AS) {*qánəxʷ* cn. *I managed to rob him.* (AS)}

qaníc ⟦√qan-i-t-c √steal-persist-trns-1obj/2obj⟧ ☞ qanít steal something from me; steal from you. {*qaníc* u cxʷ? *Did you steal something from me?* (ES,HS)} VAR: qaʔníc {*qaʔníc* u cxʷ? *Did you rob me?* (TC)}

qanít ⟦√qan-i-t √steal-persist-trns⟧ ☞ qánət to have stolen from someone, robbed someone. ⟪USAGE: According to independent judgments from ES, HS, TC, AS and BC /qanít/ and /qánət/ mean almost the same thing and are used interchangeably. The fine distinction in meaning has to do with /qanít/ viewing theft as an accomplishment and /qánət/ viewing the theft as an act.⟫ {*qanít* cn. *I robbed him.* (ES) | *qanít* caʔn. *I'm going to steal from him.* (ES) | *qanít* cn cə sɫániʔ. *I robbed that woman.* (ES) | *qanít* cn cə sqáx̣aʔ. *I stole it from the dog.* (AS) | *qanít* cn ʔaʔ cə tálə. *I stole the money.* (TC) | *qanít* cn ʔiʔ huŋístxʷ cn. *I stole it, but I brought it back.* (TC) | cán yaʔ *qanítxʷ* ʔaʔ cə tálə? *Who did you steal the money from?* (TC)}

qanítəŋ ⟦√qan-i-t-ŋ √steal-persist-trns-psv⟧ ☞ qanít to be robbed, have something stolen. {*qanítəŋ* cn. *Someone robbed me.* (TC; AS) | *qanítəŋ* cn ʔaʔ kʷsə ntálə. *Someone stole my money.* (ES; TC; AS) | *qanítəŋ* ʔaʔ cə sqə́čaʔs. *He was robbed of his catch.* (TC) | ʔi uʔkʷəntís ʔaʔ kʷi s*qanítəŋ*s cə súyəqs cə məqáʔaʔ ʔəcɫtáyŋxʷ. *They looked at what was robbing the nets of the Makah people.* (TC)} VAR: qaʔnítəŋ {*qaʔnítəŋ* cn. *I got robbed.* (TC) | yaʔcícəm ʔaʔ či s*qaʔnítəŋ*s ʔaʔ kʷɫi táləs yaʔ. *She told the news of being robbed of her money.* (MJ)} VAR: qanítəŋ {*qanítəŋ* cn ʔaʔ kʷi sčiʔə́yəɫ. *I got robbed by a teenager.* (AS)}

qaníti ⟦√qan-i-ty √steal-persist-rcprcl⟧ ☞ qán to rob, steal from each other. (ES) {*qaníti* tə q̌áyaʔŋi. *The girls stole from each other.* (AS)}

qánqən ⟦qán+√qan char+√steal⟧ ☞ qán thief, robber, always stealing. (MJT; ES; TC; AS,BC) {ʔáwə cn c *qánqən*. *I'm not a thief.* (MJT) | *qánqən* tə swéʔwəs. *The boy is a thief.* (AS) | nɫ kʷi *qánqən*. *He's the thief.* (MJT) | *qánqən* cn. *I'm the thief.* (MJT) | ʔáwə cn c *qánqən*. *I'm not a thief.* (MJT) | x̌éʔnəxʷ cn kʷi *qánqən*. *I caught the thief red-handed.* (AS)}

qaqéʔnəŋ be mad at. *See under:* qaʔqéʔnəŋ

qaqéʔnəxʷ disagree with someone. *See under:* qaʔqéʔnəxʷ

qáqən ⟦√qaq=ən √pole=instr⟧ a vertical pole, house-post, tent-pole, mast. (AB,MJT; MJT)

qáqən ⟦qá+√qan actl+√steal⟧ ☞ qán to be stealing, poaching. (LC; ES) {*qáqən* cn. *I'm stealing.* (AS,BC) | *qáqən* ʔaʔ či húʔpt. *He's poaching deer.* (ES) | *qáqən* cn ʔaʔ cə maʔyúsmus. *I stole the cows.* (MJ) | *qáqən* u cxʷ? *Are you stealing?* (MJT) | s*qáqən*s tsə nəʔuʔutx̣s. *He's stealing my canoe.* (MJT) | ʔáwə c nəs*qáqən* tə məyúsmus. *I wasn't stealing the cows.* (MJ)} VAR: qáqn {*qáʔqn* cn. *I'm stealing.* (ES)}

qáqɫ ⟦√qaqɫ √ache⟧ to ache, hurt, feel sore, sensitive, touchy, ill. (EPT; MJT; TC,AS,BC; AS) {*qáqɫ* cn. *I ache. / I'm ill.* (TC,AS,BC; TC; AS; AS) | syáʔiščən ʔaʔ ti ns*qáqɫ*. *It's pitiful when I ache.* (EJ) | *qáqɫ* cə nyə́nəwəs. *My heart aches.* (AS,BC) | mə́n cn ʔuʔ yəščənúŋət ʔuʔ*qáqɫ*. *I'm very poor and aching.* (BH) | *qáqɫ* kʷsə nɫáwi ʔaʔ kʷə nscə́sɫəŋ. *My arm's sore now where he hit me.* (EPT) | čaʔuʔ*qáqɫ* cxʷ kʷi. *You're awfully sensitive.* (MJT) | mə́n cn kʷi ʔuʔ *qáqɫ* *I'm very touchy.* (MJT)}

qaqɫéʔqʷ ⟦√qaqɫ=iʔqʷ √ache=head⟧ ☞ qáqɫ to have a headache. {*qaqɫéʔqʷ* cn. *I have a headache.* (AS)}

qaqɫsə́nət ⟦√qaqɫ=sənət √ache=body⟧ [suffix is unique to this word.] ☞ qáqɫ to ache all over. {*qaqɫsə́nət* cn. *I ache all over.* (AS)}

qáqɬtxʷ ⟦√qaqɬ-txʷ √ache-letcaus⟧ ☞ qáqɬ to let someone or something ache. (TC) {*qáqɬtxʷ* tsə sx̣ʷíʔaʔx̣̌qɬ. *Let the little girl ache.* (AS)}

qaqtəmús play ball. *See under:* qaʔqtəmús

qaqtəmúys ⟦√q<ə?>qi=tm̓=uy<ʔ>əs √play<actl>=ball=forehead<actl>⟧ ☞ qaʔqtəmús to be playing any ball game, especially baseball. {*qaqtəmúys* cn. *I'm playing baseball.* (ES)}

qásɬ ⟦√q<á>s-ɬ √dunk<rslt>-dur⟧ ☞ qə́s to have fallen into water. {hiʔčaʔiʔ*qásɬ*. *He's just now falling in.* (MJT)}

qatáy ⟦√qatáy √Port_Townsend⟧ Port Townsend area. (AS,BC) {q̓ə́yəŋ st ʔaʔ*qatáy*. *We stayed overnight at Port Townsend.* (MJT)} VAR: qáʔtay (LBH; LB,CWH)

qatúš kitten. *See under:* kʷaʔtúš

qáwaʔ my dear. *See under:* nəkáwaʔ

qáx̣aʔ dog. *See under:* sqáx̣aʔ

qayát treat it badly. *See under:* qaʔyát

qayáx̣ct telling a lie. *See under:* qəy̓áx̣ct

qáyəṅqəṅ ⟦qá<yə>n̓+√qan char<pl>+√steal⟧ ☞ qán̓qən several thieves. (MJT)

qáyəx̣ ⟦√qayx̣ √lie⟧
1. to lie, tell a lie, falsehood, prevaricate, deceive. (JCo; LC; ES; AS,BC)
2. a lie; liar. (EPT; MJT; ES; TC; AS) {*qáyəx̣* cn. *I'm a liar.* (TC)} VAR: qáyx̣ (EPT; TC; AS) {x̌áy čə yaʔ ʔuʔ *qáyx̣* ʔəɬ qʷáqʷiʔəs. *He (Raven) lied when he talked, too.* (TC)}

qáyəx̣ct ⟦√qayx̣-cut √lie-rflxv⟧ ☞ qáyəx̣ to tell a lie. (MJT) {x̣ənʔáɬ ti suʔ*qáyəx̣ct*s. *He's all the time lying.* (AS)}

qayəx̣úsəŋ ⟦nxʷ-√qayx̣=us-ŋ loc-√lie=face-mdl⟧ ☞ qáyx̣s to brag, boast (falsely), act proud. (TC) {ʔə́wə kʷi c *qayəx̣úsəŋ*. *Don't brag.* (MJT) VAR: qayəx̣ʷúsəŋ (MJT) VAR: qəyəx̣úsəŋ {mán̓ ʔu? s*qəyəx̣úsəŋ*s ʔaʔ ʔəc ʔiʔə́ʔst ʔiʔ nɬ ʔaʔáʔmət kʷə nəswə́yqaʔ. *He was very proud that it was me paddling, and my husband that was sitting.* (MJ)}

qáyiʔŋən ⟦√qa<y>y̓=ŋin √short_mat<pl>=piece⟧ ☞ qáyŋən several short cattail mats. (MJT) VAR: qáʔiy̓ŋən (EPT)

qaysáyɬ pay. *See under:* qaʔyəsáyəɬ

qáyuqʷatx̣ ⟦√qayuqʷatx̣ √Nootka⟧ the Nootka people and the area where they live on Vancouver Island. (JSH)

qáyx̣s ⟦√qayx̣=us √lie=face⟧ ☞ qáyəx̣ to be falsely proud, lie; be boastful, a braggart. (AS,BC) {mán̓ ʔuʔ *qáyx̣s* cə nsʔúq̓ʷaʔ. *My brother is very proud.* (AS)} VAR: qáyəx̣s (MJT)

qayx̣tə́nəŋ lying. *See under:* qaʔyəx̣tə́nəŋ

qay̓áx̣ct telling a lie. *See under:* qəy̓áx̣ct

qay̓ə́x̣ct telling a lie. *See under:* qəy̓áx̣ct

qáy̓i spoiling. *See under:* qáʔiʔ

qáy̓ŋən ⟦√qay̓=ŋin √short_mat=piece⟧
1. short cattail mat. (EW,LBH; EPT; MJT; ES) {čáy ʔaʔ tə *qáy̓ŋən*. *Make cattail mats.* (MJT) | xʷənʔáŋ ʔaʔ kʷə kʷúʔət *qáy̓ŋən*. *It's like a cattail mat.* (AA) | ʔúxʷts cə *qáy̓ŋən*. *She brought a mat.* (MJ)}
2. feather bed. (HS)

qéʔq̓ ⟦√qi<ʔə>q̓ √restrain<actl>⟧ ☞ qíq̓
1. to be binding. {ʔiʔ nɬ suʔqəmə́təŋs ʔaʔ mə́ščn cə táməx̣s sxʷiʔs*qéʔq̓*s yaʔ. *And then Mink broke the eelgrass that was binding him.* (TC)}
2. being in jail. (AS) {*qéʔq̓* cn. *I'm in jail.* (AS)}

qéʔəx̣ʷ ⟦√qiʔəx̣ʷ √tied⟧ to be tied down, secure. (AS) {*qéʔəx̣ʷ* cn. *I'm tied down, secured.* (AS) | nɬ č yaʔ kʷi *qéʔəx̣ʷ* yáʔtəŋ ʔaʔ či sčaʔkʷaʔyúɬ. *That's what they use to secure them in the car.* (AS)}

qéʔəx̣ ⟦√qi<ʔə>x̣ √shave<actl>⟧ ☞ qíx̣ to be shaving, carving, planing, whittling. {*qéʔəx̣* cn. *I'm whittling.* (AS)}

qéʔəxt whittling it. *See under:* qéʔxt

qéʔit treat it badly. *See under:* qaʔyát

qéʔmuʔ Pillar Point. *See under:* qqímuʔ

qéʔnəŋ ⟦√qi<ʔ>-naxʷ-ŋ √angry<actl>-nctrns-psv⟧ ☞ qéʔnəxʷ to have someone angry with one, be the object of someone's anger. {*qéʔnəŋ* cn. *I'm being scolded.* (AS) | *qéʔnəŋ* cn ʔaʔ cə q̓áʔŋi. *The girl is angry at me.* (AS,BC) | *qéʔnəŋ* cn ʔaʔ cə swə́yqaʔ. *The man is scolding me.* (AS)}

qéʔnəxʷ ⟦√qi<ʔ>-naxʷ √angry<actl>-nctrns⟧ ☞ qínəxʷ being angry at someone, scold someone. (AS,BC) {*qéʔnəxʷ* cn. *I'm angry. / I'm scolding him.* (AS,BC) | *qéʔnəxʷ* cn kʷsə sx̣ʷíʔaʔx̣̌qɬ. *I got angry and scolded the child.* (AS) | *qéʔnəxʷ* cn ʔəɬ tácis cə sx̣ʷíʔaʔx̣̌qɬ. *I scolded the child when he got here.* (AS)}

qéʔqaʔ ⟦qiʔ+√qiʔ char+√loose⟧ to be loose, not tightly fixed in place. (MJT; ES) {ʔuʔ*qéʔqaʔ* tə sniyánt. *The rocks were loose.* (ES) | mán̓ ʔuʔ *qéʔqaʔ* cə nčə́ns. *My teeth are very loose.* (BC)}

qéʔqəwəc ⟦√qiʔqəwəc √sand_flea⟧ sand flea, beach hopper. Orchestoidea californiana. (AS) {ŋə́n̓ tə *qéʔqəwəc* ʔuʔstásɬ ʔaʔ tiə q̓ʷúʔəŋ. *There are lots of sand fleas near the kelp.* (AS)}

qéʔq̓t ⟦√qi<ʔ>q̓-t √restrain<actl>-trns⟧ ☞ qíq̓t to be binding, restraining, tightening, tying someone or something up. (TC) {*qéʔq̓t* cn. *I'm tying it now.* (MJT) | *qéʔq̓t* cn kʷaʔčaʔ tə q̓ʷčə́ŋ ʔiʔ táči kʷ nəcə́t. *I was tying up the roots, and my father got there.* (MJ)}

qéʔq̓təŋ ⟦√qi<ʔ>q̓-t-ŋ √restrain<actl>-trns-psv⟧ ☞ qéʔq̓t being bound, restrained, jailed, tied up by someone or something. {*qéʔq̓təŋ* cn. *I'm being jailed.* (AS)}

qéʔxt ⟦√qi<ʔ>x̣-t √shave<actl>-trns⟧ ☞ qíx̣t to be whittling something, scraping, shaving the surface of something. (ES; AS,BC) {kʷɬ*qéʔxt* cn. *I'm* *scraping it.* (MJT)} VAR: qéʔəx̣t {*qéʔəx̣t* cn. *I'm shaving it.* (AS)}

qə hypothetical. *See under:* q

qə́kʷ [√qəkʷ √fatigued] to be fatigued, tired and sore (from exertion), tired of (something). (BH; TC; ES) {nəsqə́kʷ. *I'm tired of it.* (ES) | *qə́kʷ* cn ʔəɬ ƛ̣áʔcuʔən. *I'm tired from fishing.* (TC) | *qə́kʷ* cn ʔaʔ tə nəsɬaʔk̓ʷə́yuʔ ʔaʔ cə sčánnəxʷ. *I'm sored up from hooking salmon.* (TC) | *qə́kʷ* cn ʔaʔ tə nəsʔáʔmət. *I'm sore from sitting.* (TC) | *qə́kʷ* ʔaʔ cə sɬaʔk̓ʷə́yuʔs ʔaʔ či sčánnəxʷ. *He was sore from gaffing for salmon.* (ES) | ʔiʔ s*qə́kʷ*s cə puyáləp ʔəɬ ʔuʔtaʔčaʔxʷéʔəyuʔs canu čʔiyá ʔaʔ cə sxaʔeʔkʷuyéʔč ʔəcɬtáyŋxʷ. *And the Puyallup people were tired of being bothered by those people from the mountains.* (ES)}

qəmánaʔ [√qmanaʔ √moon_shell] Lewis' moon snail shell. *Euspira lewisii.* (MJT; ES,HS) VAR: qəmánə (HS)

qəmát ask for it. *See under:* qəmát

qəməsítəŋ be asked for. *See under:* qəmsítəŋ

qəmə́t [√qm-t √chop-trns] ☞ qəmə́yu to chop something. (MJT; AS) {*qəmə́t* cn. *I chopped it.* (AS) | *qəmə́t* cn cə sčúɬ. *I chopped the wood.* (AS)}

qəmə́təŋ [√qm-t-ŋ √chop-trns-psv] ☞ qəmə́t to be chopped by someone or something. {*qəmə́təŋ* kʷi kʷə sčúɬ. *The wood was chopped.* (AS) | *qəmə́təŋ* yaʔ kʷi kʷə sčúɬ. *He chopped the wood.* (AS)}

qəmə́yu [√qəm-əyu √chop-activ] [Note that this sounds similar to the word for 'break off', but it is distinct.] cp. qəmə́yu to chop (with an axe). (AS) {*qəmə́yu* cn ʔaʔ tə sčúɬ. *I chopped the wood.* (AS)}

qəmə́yuʔ chopping. *See under:* qəmə́yuʔ

qəmtə́n [√qm=tən √chop=instr]
1. any metal, especially iron, steel. (LBH; BG,MJT; TC; AS,BC) {*qəmtə́n* x̣ʷéʔləm. *cable (metal rope)* (TC) | ʔúxʷ cn ʔaʔ cə x̣ʷéʔi ʔaʔ canu čə́q *qəmtə́n* x̣ʷéʔləm čʔiyá cə sʔáyəxʷ x̣ʷéʔləm. *I went away from that big cable (iron rope) from where that tall rope was.* (ES)}
2. adze, canoe carving tool. (BGT)
3. a steel wedge used for splitting wood. (AS,BC) VAR: q̓əm̓tə́n (AS,BC)

qə́muʔ [√qəmuʔ √nurse] to nurse (a baby) at the breast. {*qə́muʔ* cn ʔaʔ cə nŋaʔŋáʔnaʔ. *I nursed my baby.* (AS) | *qə́muʔ* cə nŋónaʔ. *The baby nursed.* (AS)}

qə́muʔstxʷ [√qəmuʔ-stxʷ √nurse-caus] ☞ qə́muʔ to nurse a baby, give milk (to a baby). {níɬ su*qə́muʔstxʷ* čʔiyá ʔaʔ cə sxʷlamáyə ʔaʔ tə sqə́muʔ. *Then he nursed him from the bottle of milk.* (MJT)} VAR: qəmústxʷ (TC) {*qəmústxʷ* cn. *I nursed (the baby).* (TC) | *qəmústxʷ* či. *Nurse the baby.* (MJT)} VAR: qəmúst {*qəmúst* cn cə nŋónaʔ. *I nursed my baby.* (AS)}

qəmustúŋə [√qəmuʔ-stxʷ-uŋə √nurse-caus-2obj] ☞ qə́muʔstxʷ nurse you. {*qəmustúŋə* cn. *I nursed you.* (TC)}

qəm̓aʔyíw̓c [√qəm<ʔ>=ay̓=iw̓c √chop<actl>=wood=fire] ☞ qəmə́yu to chop firewood. (EPT) {*qəm̓aʔyíw̓c* ʔaʔ či sčúɬ. *Chop some wood.* (EPT) | ʔúxʷ či *qəm̓aʔyíw̓c*. *Go chop wood.* (EPT)}

qəm̓ác [√qm̓a-t-c √beg-trns-1obj/2obj] ☞ qəm̓át ask for me; ask for you. {*qəm̓ác* cn. *I asked for you (your hand in marriage).* (TC)}

qəm̓ánəq [√qm̓a-ən<ʔ>əq √beg-hab<actl>] ☞ qəm̓áŋ to be begging, asking for (something), panhandling. {*qəm̓ánəq* cə swə́yqaʔ. *The man is asking for it.* (TC) | *qəm̓ánəq* tə́s ʔaʔ tiə ʔaycɬtáyŋxʷ. *He got there begging the people.* (AS)}

qəm̓áŋ [√qm̓a-ŋ √beg-mdl] to beg, ask for (something) to use. ((USAGE: This cannot be used to ask for a person or anything intangible (such as asking for help).)) (TC; AS,BC; AS) {*qəm̓áŋ* cn. *I asked (for it).* (AS) | *qəm̓áŋ* caʔn ʔaʔ či ʔáʔiŋ. *I'm going to ask for a house.* (TC) | *qəm̓áŋ* cn ʔaʔ cə tálə. *I asked for the money.* (TC) | *qəm̓áŋ* ʔaʔ cə sx̣q̓áʔi. *He asked for feathers.* (TC) | ʔuʔ*qəm̓áŋ* cn ʔaʔ či saplí. *I asked for some bread.* (AS) | mán cn ʔuʔ šáʔšaʔš; nsuʔhiyáʔ *qəm̓áŋ* ʔaʔ či qʷúʔ. *I was very thirsty; so I went to ask for some water.* (AS) | *qəm̓áŋ* ʔaʔ či sx̣q̓áʔis ʔuʔx̣ʷə́ts ʔaʔ cə skʷáʔs táwiʔs. *He asked for feathers to stick onto his own wing.* (TC) | x̣iʔáʔt či čífs ʔiʔ *qəm̓áŋ* caʔn ʔaʔ či nəʔáʔiŋ. *(I'll) look for their chief, and I'll ask for a house.* (TC) | ʔuʔx̣čít cn tə nsaʔát cə nətán kʷaʔ *qəm̓áŋ*s ʔaʔ či sʔíɬəns. *I know you told my mother to ask for food.* (TC) | ʔáxəŋ yaʔ cn ʔaʔ či nhúʔ caʔ táči ʔaʔ tiə ʔiʔ *qəm̓áŋ* caʔn ʔaʔ či nəʔáʔyəŋ. *I said that when I get here I'll ask for a house.* (TC) | níɬ suʔxənʔátəŋs ʔaʔ cə sʔúq̓ʷaʔs kʷaʔ hiyáʔs ʔúxʷ ʔaʔ cə čə́yq ć̓eʔc̓əm, múʔuqʷ ʔuʔx̣ə́nəstəŋ ʔiʔ *qəm̓áŋ* ʔaʔ či sx̣q̓áʔi. *He was told by his brother to go over to the big birds, ducks, and everything and ask for feathers.* (TC)}

qəm̓áŋ [√qm̓a-ŋ<ʔ> √beg-mdl<actl>] ☞ qəm̓áŋ to be begging, asking, pleading for (something). (ES) {*qəm̓áŋ* cn. *I'm begging.* (ES; TC) | *qəm̓áŋ* ʔaʔ cə sʔíɬən. *He's begging for the food.* (ES)}

qəm̓át [√qm̓a-t √beg-trns] [For AS the object is the person being asked. For other speakers the object is the thing asked for.] ☞ qəm̓áŋ to ask for, request, beg for something. (AS,BC; AS) {*qəm̓át* cn. *I asked for it.* (ES; TC) | *qəm̓át* cn cə tálə. *I asked for the money.* (ESnr; TC) | *qəm̓át* cn cə ncə́t ʔaʔ či tálə. *I asked my father for money.* (AS) | *qəm̓át* cn ʔaʔ či sqáwc. *I asked him for potatoes.* (AS) VAR: qəmát {*qəmát* cn. *I asked for it.* (TC)}

qəm̓átəŋ [√qm̓a-t-ŋ √beg-trns-psv] ☞ qəm̓át to be asked for (something) by someone. {*qəm̓átəŋ* cn ʔaʔ či tálə. *They asked me for money.* (AS)}

qəmáyu ⟦√qma-əyu √beg-activ⟧ to ask for donations. (AS) {táči kʷi ʔəɬʔúɬ **qəmáyu**. *Wendy arrived asking for donations.* (AS)} VAR: qaʔmáyu (AS)

qəmáyuʔ ⟦√qəm<ʔ>-əyu<ʔ> √chop<actl>-activ<actl>⟧ ☞ qəmáyu to be chopping (with an axe). (EPT) VAR: qəmáyuʔ (MJT; AS)

qəmsíc ⟦√qma-sít-c √beg-bene-1obj/2obj⟧ ☞ qəmsít ask me for; ask you for. {**qəmsíc** cn. *I asked you (for it).* (TC) | **qəmsíc** u cxʷ? *Did you ask me (for it)?* (AS)}

qəmsít ⟦√qma-sít √beg-bene⟧ ☞ qəmát to beg someone, ask someone for (something). (ES; AS,BC) [/a/ deletes before -sít.] {**qəmsít** cn. *I begged them.* (ES) | nəs**qəmsít**. *I'm asking for it.* (TC) | nəs**qəmsít** cə saplín. *I'm asking him for bread.* (TC) | **qəmsít** cn ʔaʔ cə saplín. *I asked him for bread.* (TC; AS)}

qəmsítəŋ ⟦√qma-sít-ŋ √beg-bene-psv⟧ ☞ qəmsít to be asked, begged for something. (TC) {**qəmsítəŋ** cn. *He's asking me for something.* (TC) | **qəmsítəŋ** cn ʔaʔ či sʔíɬən. *He asked me for food.* (AS) | nəs**qəmsítəŋ**. *He's asking for me.* (TC) | nəs**qəmsítəŋ** čaʔkʷi. *He's asking for me, as usual.* (AS) | nəs**qəmsítəŋ** cə saplín. *He's asking me for bread.* (TC) | **qəmsítəŋ** cn ʔaʔ kʷsi tálə. *He begged me for money.* (ES)} VAR: qəməsítəŋ {kʷnít kʷaʔ kʷánəŋəs ʔaʔ cə ŋənəŋəna?s ʔiʔ **qəməsítəŋ**. *If his children saw it, they'd ask for some.* (TC)}

qə́mt ⟦√q<ə́>m<ʔ>-t √chop<actl>-trns⟧ ☞ qəmát to be chopping something. (MJT) {**qə́míts** tə sáʔkʷq. *She's chopping carrots.* (MJT) | stáŋ ʔaý či **qə́mít**xʷ, ɬə́qʷəm? *What are you chopping, honey?* (MJT)}

qənqínəxʷ ⟦qən+ √qi-naxʷ pl + √angry-nctrns⟧ ☞ qínəxʷ to be angry at a group (or of a group). {**qənqínəxʷ** cn tə swiwə́ýqaʔ. *I'm angry at the men.* (AS)}

qə́nxʷ ⟦√qənxʷ √starvation⟧ starvation. (LC)

qənqaníťəŋ ⟦qən+ √qaṅ-ŋi-t-ŋ pl + √steal-rel-trns-psv⟧ ☞ qaníťəŋ to be robbed, have (things) stolen. {**qənqaníťəŋ** cn kʷaʔ ʔaʔ tə nəsʔíɬən yaʔ. *I was getting robbed of my food.* (TC)}

qəqáyn scold. See under: qqáyn

qəqáynəŋ ⟦√qqayn-naxʷ-ŋ √scold-nctrns-psv⟧ ☞ qqáynəxʷ to be scolded. (AS) {nsuʔ**qəqáynəŋ** ʔaʔ kʷi nəcát. *So I was scolded by my father.* (MJ)} VAR: qəqáynəŋ (AS)

qəqə́yəx̣ənaʔ fly (insect). See under: qaʔqə́yəx̣ənaʔ

qəqə́ý ⟦qə+ √qəy<ʔ> actl + √turn<actl>⟧ ☞ qə́y to be spoiling. (AS) {**qəqə́ý** cə ʔíks. *The egg spoiled.* (AS)}

qəqíŋ ⟦√qqi-ŋ √play-mdl⟧
1. to play. (TC) {yáʔ či **qəqíŋ**, mə́kʷənə. *Go play, Flea.* (TC) | ʔənʔá či **qəqíŋ**, mə́kʷənʔaʔ. *Come play, Flea.* (TC) | **qəqíŋ** cə čə́čtəŋxʷ. *The owl is playing.* (MJT)}
2. to act, play at being something or someone else. {x̣číť cn či nəs**qqíŋ** ʔaʔ či čínəkʷaʔ. *I know how I should play [at being] the dragon* (MJT) | x̣číť cn ti s**qəqíŋ**s ti čínəkʷaʔ. *I know how to play the dragon* (MJT) VAR: qqíŋ (LC; TC; AS,BC) {**qqíŋ** caʔn. *I'll play.* (MJT) | hiyáʔ či **qqíŋ**. *Let's go play.* (EPT) | ʔáwə. xʷə́ŋ cn ʔiʔ txʷaʔəstákʷɬ kʷaʔ **qqíŋ**ən. *No. I might get stuck if I play.* (TC) | ʔənʔá, nəsséʔyaʔ, **qqíŋ**! *Come, Grandma, play!* (MJ) | suʔčɬə́ts cə sɬə́yəxʷ ʔiʔ **qqíŋ** cn ʔaʔ ti x̣aʔx̣iyuʔéʔč. *So the ice will get thick, and I'll play with Chipmunk.* (MJ) | hú? ƛ̕kʷnás činu ʔəcɬtáyŋxʷ ʔəɬ ʔiʔšátəŋs ʔaʔ ti súɬ, ʔiʔ s**qqíŋ**s. *When they took a person walking on the road, they would play with them.* (ES) | sƛ̕éʔs ʔaʔ ti s**qqíŋ**s cə ʔəstáʔŋəkʷ ʔaʔ cə néʔ suʔáwəs kʷɬsƛ̕ayéʔƛ̕qɬs. *He wanted to play together with those boys that were there of his age.* (TC)}

qəqtəmús play ball. See under: qaʔqtəmús

qəqíṫəŋ ⟦√qiq̓-t-ŋ √restrain-trns-psv⟧ ☞ qíq̓t [metathesis with the passive] to be restrained, bound, tied up; to be arrested put in jail, imprisoned, incarcerated. (ES) VAR: qqíṫəŋ (MJT; ES) {**qqíṫəŋ** caʔn. *I'm going to be jailed.* (MJ) | níɬ nəsuʔ**qqíṫəŋ**. *Then I was arrested.* (TC) | ʔáx̣əŋ ʔaʔ či nəs**qqíṫəŋ** caʔ. *He said I was going to be put in jail.* (MJ) | **qqíṫəŋ** cə sx̣ə́naʔs cə cáys. *She tied up his feet and hands.* (TC)} VAR: qaʔqíṫəŋ (AS) {**qaʔqíṫəŋ** cn. *They put me in jail.* (ES; AS) | níɬ č yaʔ kʷi hiyáʔtəŋ ʔaʔ kʷi stáʔčəs sxʷʔiyátəŋs ti **qaʔqíṫəŋ**. *Then he was taken to Olympia where he was put in prison.* (AS)} VAR: qiqtəŋ {ʔáwə cn c **qiqtəŋ**. *I'm out of jail.* (AS,BC)}

qəqsə́nt ⟦√qiq̓=sən-t √restrain=foot-trns⟧ ☞ qíq̓ to bind the legs, tie up someone or something by the legs. {**qəqsə́nt** cn. *I tied up its legs.* (AS,BC)}

qə́s ⟦√qs √dunk⟧ fall overboard, fall into water, dunk. (ES; HS; TC; AS,BC) {**qə́s** cn. *I fell in the water. / I fell overboard.* (MJT; AS,BC; ES) | ʔáwə c **qə́s**. *Don't fall in.* (MJT) | **qə́s** cn ʔaʔ cə nəsnóxʷɬ. *I fell off my canoe.* (TC) | níɬ suʔkʷɬ**qə́s**s kʷi. *Then she fell overboard.* (MJ) | čɬníɬ kʷi nəsxʷ**qə́s**. *He made me fall in.* (MJT) | ʔúý cxʷ **qə́s** ʔiʔ ɬəŋúʔəŋ. *If you fall in, swim.* (MJT) | ʔuʔiʔkʷənít cn ʔə kʷi s**qə́s**s. *I watched him fall in the water.* (EPT) | kʷə́ý yaʔ **qə́s** č čʔiyá ʔaʔ kʷi ʔuʔútxs. *He fell into the water from a canoe.* (EPT) | nsuʔsáýsiʔ ʔawčəyáý cn ʔiʔ **qə́s**. *I was scared because I almost fell in.* (MJ) | čɬnə́kʷ kʷi nəsxʷkʷɬəŋ**qə́s**. *You're the one that made me fall in.* (MJT) | níɬ kʷaʔ xʷčə́ŋən ʔiʔ **qə́s** cn. *It was in case I'd stagger and fall in the water.* (TC) | twəwɬaʔtúqʷəŋ č kʷi či sʔiyás ʔaʔ slapúʔ t s**qə́s**s. *It's still boiling there where Slapu fell in the water.* (MJ) | ʔə́mət cn ʔawmán cn ʔuʔ sáýsiʔ kʷaʔ **qə́s**ən. *I sat down because I was very afraid of falling in.* (MJ)}

qə́sc ⟦√q<ə́>s-t-c √dunk<actl>-trns-1obj/2obj⟧ ☞ qə́st to be putting me in water; putting you in water. {ʔáwə c **qə́sc**. *Don't put me in the water.* (MJ)}

qə́st ⟦√q‹ə́›s-t √dunk‹actl›-trns⟧ ☞ qsə́t to be putting someone or something in water. (AS,BC; AS) {*qə́st* cn. *I put it in the water.* (ES) | *ʔáwə či c qə́st. Don't throw him in.* (MJT)}

qə́stəŋ ⟦√q‹ə́›s-t-ŋ‹ʼ› √dunk‹actl›-trns-psv‹actl›⟧ ☞ qsə́təŋ being put in water, dunked. {*ʔuʔhúy st n̓sqə́stəŋ. We're finished with your dunking.* (TC)}

qəwʔə́čən ⟦√qəwʔəčn √Cowichan⟧ Cowichan Tribe, Cowichan area on Vancouver Island and neighboring smaller islands; the Halkomelem language, especially the island dialects. (TC; ES) VAR: qəwə́čən {*qəwə́čən yəxʷ yaʔ kʷiwn̓ít. He must have been Cowichan.* (TC)} VAR: kʷəwʔə́čən̓ (MJT) VAR: qə́wʔəčən̓ (EWH)

qəxqíŋ̓ playing. *See under:* qaʔxqíŋ̓

qəx̌ʷíct move away. *See under:* qʷx̌ʷíct

qə́y ⟦√qəy √turn⟧
1. to be spoiled, ruined by disuse and neglect or by natural causes such as the weather. (AS) {*qə́y tə sʔíɬən. The food is spoiled.* (AS) | *qə́y tiə sčəyíqʷɬ. The fruit is spoiled.* (BC; AS) | *qə́y tə nsnə́xʷɬ. My canoe (left rotting on the beach) is ruined.* (AS,BC) | *ʔuʔmán̓ ʔuʔ qə́y cə sƛ̓íƛ̓aʔƛ̓qɬ. The child is very spoiled.* (AS)}
2. to be too bad, sorry. ⟪USAGE: used to express sorrow for a situation⟫ {*qə́y* cn. *I'm bad. / I'm sorry.* (AS) | *ʔuʔmán̓ ʔuʔ qə́y kʷi sqʷáys kʷə siʔám̓. It's too bad what the boss said.* (AS)}

qəyʔínəxʷ spoil it. *See under:* qə́y̓nəxʷ

qəyá́ʔəxʷ ⟦√q‹əy›aʔəxʷ √crab_apple‹pl›⟧ ☞ qá́ʔəxʷ several crab apples. (EPT)

qə́yaʔɬ loud. *See under:* nəxʷsqəʔyáɬ

qəyaʔqə́yəx̌anaʔ ⟦q‹əy›aʔ + √qəyəx̌anaʔ dim‹pl›+ √fly⟧ ☞ qaʔqə́yəx̌anaʔ several flies. (EPT)

qəyaʔxqíŋ̓ ⟦√q‹aʔy›‹ʼ›qi-ŋ‹ʼ› √play‹pl›‹actl›-mdl‹actl›⟧ ☞ qaʔxqíŋ̓ to be playing (of a group). {*qəyaʔxqíŋ̓ kʷsə ʔsáqɬ. They're playing outside.* (EPT)}

qə́yəŋ ⟦√qəyŋ √eye⟧
1. eye. (EPT; LC; ES; AS,BC; TC) {*c̓aʔc̓áʔqʷəŋ cə qə́yəŋs cə píšpš. The cat's eyes shine in the dark.* (AS) | *ɬəpx̌əyúsən cə nəqə́yəŋ. I blinked my eyes.* (TC) | *c̓áʔqʷ cə qə́yəŋs cə píšpš. The cat's eyes are shining.* (AS) | *nuʔsqáwəc; ʔuʔc̓aʔqə́yəŋ, ʔáwənə q̓ʷə́yəŋ. He's like a potato; he's all eyes and no ears.* (TC)}
2. a loop spliced at the end of rope. {*čáčt či qə́yəŋs cə xʷéʔləm. Make a loop in the rope.* (TC)} VAR: qə́yən̓ (EPT) VAR: qə́y̓əŋ (LC; ES) VAR: qə́yŋ (BC)

qəyəqtəmús ⟦√q‹əy›‹əʔ›qi=tm̓=us √play‹pl›‹actl›=ball=face⟧ ☞ qaʔqtəmús several balls, especially baseballs. (MJT)

qəyəsə́ŋət ⟦√qəy=us-ŋ-t √turn=face-mdl-trns⟧ ☞ qəyúsəŋ to look away from something. {*qəyəsə́ŋət* cn tiə qaʔqtəmúsəŋ. *I looked away from the ball game.* (AS)}

qə́yət ⟦√qəy-t √angry-trns⟧ [There are apparently two similar roots meaning angry: /qəy/ and /qi/.] to act angry toward someone or something. {*qə́yət* cn cə swéʔwəs. *I'm angry at the young man.* (AS)}

qə́yəx̌ ⟦√qəyx̌ √roe⟧ fish eggs, roe, especially salmon roe. ✱Smoked in a burlap sack until the eggs are really dark (JCo; EPT; ES; TC; AS,BC) {*sxʷuʔím̓ č či qə́yəx̌. They're selling fish eggs.* (AS)} VAR: qə́yx̌ (ES; TC; AS)

qəyəx̌stə́nəq liar. *See under:* qaʔyəx̌tə́n̓əq

qəyəx̌úcən ⟦√qayx=ucin √lie=mouth⟧ ☞ qá́yəx̌ to lie about one's accomplishments, be falsely proud. (AS,BC) {*ʔáwə či c qəyəx̌úcən ʔaʔ cə n̓sqə́čaʔ sqʷəyáyŋxʷ. Don't lie about your blackberry harvest.* (MJ)}

qəyəx̌úsəŋ brag. *See under:* qayəx̌úsəŋ

qə́yi ⟦√qə‹y›y √turn‹pl›⟧ ☞ qə́y to be spoiled (of several). (AS,BC; AS) {*qə́yi kʷi kʷə ʔápəls. The apples spoiled.* (AS)}

qəyumánaʔ ⟦√qmanaʔ √moon_shell‹pl›⟧ ☞ qəmánaʔ several Lewis' moon snail shells. (MJT)

qəyús ⟦√qəy=us √turn=face⟧ ☞ qə́y to look away. (BC) {*qəyús* cn. *I looked away.* (AS) | *qəyús u cxʷ? Are you looking away (ignoring me)?* (AS) | *qəyús u cxʷ ʔaʔ kʷə n̓tán? Did you look away from your mother?* (AS)}

qəyúsəŋ ⟦√qəy=us-ŋ √turn=face-mdl⟧ ☞ qəyús to look away (from something). (AS,BC) {*qəyúsəŋ* cn. *I looked away.* (AS,BC; AS) | *qəyúsəŋ kʷi kʷsə qə́ʔŋi. The girl looked away.* (AS) | *qəyúsəŋ u cxʷ? Are you looking away?* (AS) | *ʔáw c qəyúsəŋ; ʔuʔk̓ʷənít. Don't look away; look at it.* (MJ)}

qəyúst ⟦√qəy=us-t √turn=face-trns⟧ ☞ qəyús to look away from someone or something. {*qəyúst* cn cə swə́yqaʔ. *I looked away from the man.* (AS)}

qəyústəŋ ⟦√qəy=us-t-ŋ √turn=face-trns-psv⟧ ☞ qəyúst to be looked away from by someone. {*qəyústəŋ* cn ʔaʔ tə swéʔwəs. *The boy looked away from me.* (AS)}

qə́y̓ spoiling. *See under:* qá́ʔi̓ʔ

qəy̓áx̌ct ⟦√qay‹ʼ›x̌-cut √lie‹actl›-rflxv⟧ [metathesis with reflexive] ☞ qá́ʔyəx̌ to be lying, telling a lie, pretending. (ES,TC) {*ʔáwə cn c qəy̓áx̌ct. I'm not telling a lie.* (ES) | *ʔəscəʔéʔt cn; ʔáwə cn c qəy̓áx̌ct. I'm sincere; I'm not lying.* (ES) VAR: qəy̓áx̌ct {*q̓ʷáq̓ʷiʔ u cxʷ ʔaʔ cə qəy̓áx̌ct? Do you believe that guy telling a lie?* (ES) | *qəy̓áx̌ct* təsə ʔəcɬtáyŋxʷ. *That person is lying.* (ES)} VAR: qayáx̌ct (LC; ES) {*qayáx̌ct* cə xʷənítəm. *That white man is lying.* (ES)} VAR: qayáx̌ct (TC; ES) VAR: qá́yəx̌ct {*qá́yəx̌ct cxʷ! You're lying!* (EPT)} VAR: qaʔyáx̌ct (EPT; LC; TC) {*qaʔyáx̌ct cxʷ. You're lying.* (EPT) | *qaʔyáx̌ct* cn. *I'm lying.* (LC) | *qaʔyáx̌ct* či xʷanítəm. *The white man is lying.* (ES) | **qaʔyáx̣ct ʔaʔ ti sqátis.** *He's pretending to be crazy.* (LC)} VAR: qayáx̣ct (AS,BC) VAR: qaʔyə́x̣ct (MJT)

qə́y̓əq ⟦√qəy̓əq √rose⟧ wild rosehip. (LB,CWH)

qəy̓əqíłč ⟦√qəy̓əq=iłč √rose=plant⟧ ☞ qə́y̓əq wild rose bush. *Rosa nutkana.* (LB,CWH)

qə́y̓iʔ spoiling. *See under:* qáʔiʔ

qə́y̓nəxʷ ⟦√qəy<ʔ>-naxʷ √turn<actl>-nctrns⟧ ☞ qə́y̓ to neglect something and let it spoil. {**qə́y̓nəxʷ** cn. *I neglected it and let it spoil.* (AS; BC)} VAR: qəy̓ʔínəxʷ (AS)

qəy̓qítən be jailed (pl). *See under:* qaʔyəqítən

qəy̓ús ⟦√qəy<ʔ>=us √turn<actl>=face⟧ ☞ qəy̓ús to be looking away. (TC) {**qəy̓ús** cə słáni. *The woman is looking away (ignoring me).* (AS)}

qəy̓úsəŋ looking away. *See under:* qaʔyúsəŋ

qiʔám̓ weak. *See under:* qiyám̓

qiʔatúš ⟦√q<y̓>atuš √kitten<pl>⟧ ☞ kʷaʔtúš kittens?. ⟪This word appears in a story told by Amy Allen. Nobody today knows what this means exactly except that it refers to some animal that is small and cute like a kitten.⟫ {twax̌ʷənáŋ ʔiʔkʷənnəs cə sx̌ʷənʔáŋ ʔaʔ kʷi **qiʔatúš** ʔaʔyaʔáʔił. *They were still walking like that when they saw something like cute kittens.* (AA)}

qiʔáyəs ⟦√qəy<ʔ>=ayus √turn=eye⟧ ☞ qəyús to be looking, turning away. {**qiʔáyəs** cn. *I looked away.* (BC; AS) | ʔuʔmán cn ʔuʔ **qiʔáyəs** ʔaʔ kʷə sqʷáys kʷə siʔám̓. *I very much turned away from the words of the boss (I didn't like the way he spoke).* (AS)}

qiʔcíy̓ ⟦√qy̓cəy̓ √rabbit⟧ [The diminutive form is preferred.] cp. qaʔqiʔcáy̓ rabbit, hare. *Leporidae spp.* (EPT) VAR: qiʔcéy̓ (AS)

qiʔéy̓təŋ ⟦√qə<ʔ>y<ʔ>-t-ŋ<ʔ> √turn<actl>-trns-psv<actl>⟧ ☞ qiʔíyt being spoiled by someone. (ES) {**qiʔéy̓təŋ** cn. *They're spoiling me.* (ES) | **qiʔéy̓təŋ** cə sƛ̓íƛ̓əłqł. *The child is being spoiled.* (ES)} VAR: qiʔíytəŋ {**qiʔíytəŋ** cə nəscáʔi. *My work was spoiled.* (ES) | **qiʔíytəŋ** cn. *I'm spoiled.* (ES)}

qiʔíyt ⟦√qə<ʔi>y-t √turn-trns⟧ ☞ qə́y̓ to be spoiling, ruining someone or something. {**qiʔíyt** cn cə sʔíłən. *I spoiled the food.* (AS,BC) | **qiʔíyt** cn cə nŋə́naʔ. *I spoiled my child.* (AS)}

qiʔíytəŋ being spoiled. *See under:* qiʔéy̓təŋ

qiʔnúʔŋət ⟦√qəy<ʔ>-nu<ʔ>ŋt √angry-ncmdl<actl>⟧ ☞ qinúŋət to be feeling angry, mad. ⟪This refers to a person's inner feelings.⟫ (MJT; LC; AS,BC) {nəs**qiʔnúʔŋət** cxʷ. *I'm mad at you. / I don't like you.* (ES) | **qiʔnúʔŋət** u cxʷ? *Are you mad?* (MJT) | **qiʔnúʔŋət** cn. *I'm mad.* (MJT; LC) | **qiʔnúʔŋət** ixʷ kʷaʔ. *He must have been angry.* (AS) | ʔəwə cn c **qiʔnúʔŋət**. *I'm not mad.* (MJT) | ʔiʔ húʔ caʔ cxʷ **qiʔnúʔŋət**, ʔiʔ uʔnə́kʷ caʔ ʔuʔnəxʷčiyaʔyéʔwən ʔəł ʔəstúʔŋət. *And if you are angry, it will be you that the resentment will happen to.* (AA) VAR: qiʔnúʔŋt {mán cn ʔuʔ **qiʔnúʔŋt**. *I'm very mad.* (EPT)} VAR: qinúʔŋət {**qinúʔŋət** cn. *I'm angry.* (AS)} VAR: qiʔnúŋət (AS,BC)

qiʔnúŋət angry. *See under:* qinúŋət

qiʔnúŋəs ⟦√qi<ʔ>-naxʷ-uŋ<ʔ>əs √angry<actl>-nctrns-1obj/2obj⟧ ☞ qiʔnúʔŋət mad at me; mad at you. {ʔənsháhəkʷ u ʔaʔ kʷə ns**qiʔnúŋəs**. *Do you remember when you were mad at me?* (ES)}

qiʔpéʔqʷəŋ curl hair. *See under:* q̓ipéʔqʷəŋ

qiʔqiʔm̓ ⟦qy̓+√qy̓ə<í>m̓ char+√weak<pers>⟧ ☞ qiyám̓ to feel weakened, give up. {**qiʔqiʔm̓** kʷsə nəxčnín. *I was discouraged (weakened mind).* (ES)}

qínəŋ ⟦√qi-naxʷ-ŋ √angry-nctrns-psv⟧ ☞ qínəxʷ to be made angry, mad by someone or something. {nuʔ**qínəŋ** cn ʔaʔ kʷi nəx̌íƛ̓q. *My age-mate almost got mad at me.* (MJ)}

qínəxʷ ⟦√qi-naxʷ √angry-nctrns⟧ to be angry, mad at someone or something. {**qínəxʷ** cn. *I'm angry at him.* (AS,BC; AS) | **qínəxʷ** cn cə sqʷmə́y̓. *I'm mad at the dog.* (AS)}

qinúʔŋət feeling angry. *See under:* qiʔnúʔŋət

qinúŋət ⟦√qəy-nuŋt √angry-ncmdl⟧ [The root may be related to other words for 'angry', 'spoil', and 'scold'.] cp. qiqə́ynəxʷ cp. qínəxʷ cp. qqáyn ☞ qə́y̓ to feel angry, mad, hateful. ⟪This refers to a person's inner feelings, not outward behavior.⟫ (ES; AS,BC) cp. łáčq̓ {**qinúŋət** cn. *I'm mad.* (EPT; MJT) | ʔiʔ nuʔ**qinúŋət**. *And he was kind of mad.* (MJ) | sƛ̓éʔs ixʷ či s**qinúŋət**ł. *They must want us to get mad.* (MJT) | ƛ̓aʔpcút cn kʷi či nəs**qinúŋət**. *I kept myself from getting angry.* (MJT) | cút ixʷ kʷi kʷaʔ **qinúŋət**ł. *They must expect us to get mad.* (MJT) | túkʷ ʔaw**qinúŋət** cn. *He went home because I got angry.* (MJT) | cút u cn kʷi kʷaʔ **qinúŋət**ən? *Am I expected to get mad? / They want me to get mad.* (MJT)} VAR: qinúŋt {**qinúŋt** tə sínəłqi. *The monster was angry.* (ES) VAR: qiʔnúŋət (JCo; ES) {ʔuʔx̌éʔsi ʔuʔcqʷə́łənł ł **qiʔnúŋət**s. *He's a real ugly redneck when he's angry.* (AS) | ʔuʔ**qiʔnúŋət** tiə nəséʔyaʔ. *My grandmother was angry.* (MJ) | ʔawníł yaʔ **qiʔnúŋət** ʔaʔ cə mán ʔuʔ nəxʷsƛ̓iy̓ámәxʷ cə siyáʔiłs. *It was because his in-law hated the good provider.* (AA) | qaʔqéʔnəŋ kʷłi kʷə stácis; ʔuʔmán ʔuʔ **qiʔnúŋət**. *They disagreed with the one who got here; she got very angry.* (AS)}

qiqáynəŋ ⟦qy+√qəy-naxʷ-ŋ pl+√angry-nctrns-psv⟧ ☞ qiqə́ynəxʷ to have someone get angry, mad at one. {**qiqáynəŋ** cn. *He got mad at me.* (TC) | **qiqáynəŋ** st ʔaʔ kʷi kʷłčə́y̓q. *Our elders were angry with us.* (ES)}

qiqáynəxʷ get angry at. *See under:* qiqə́ynəxʷ

qiqə́kʷ ⟦qy+√qəkʷ pl+√fatigued⟧ ☞ qə́kʷ fatigued, tired from doing something, tired of doing something, "sored up" tired; sore all over, exhausted. (MJT; ES; AS,BC) cp. łčíkʷs {**qiqə́kʷ** u cxʷ

qiqə́s

hayə *Are you folks tired?* (ES) | ***qiqə́kʷ*** cn *I'm tired; I got tired* (EPT; MJT) | ***qiqə́kʷ*** ixʷ cn *I must be tired.* (MJT) | ***qiqə́kʷ*** ʔu cxʷʔ *Are you tired?* (EPT) | ʔuʔəhá cn c ***qiqə́kʷ***. *I'm not tired yet.* (MJT) | nəs***qiqə́kʷ***. *I'm getting tired of it.* (ES) | kʷɬuʔnəs***qiqə́kʷ*** ʔəɬ qʷáqʷiʔəs. *I got tired of hearing him talk.* (MJT) | mə́n cn ʔuʔ ***qiqə́kʷ***. *I'm awfully tired.* (EPT) | suʔ***qiqə́kʷ***s kʷi nəsíyaʔ ʔiʔ ʔə́mət xʷáŋaʔɬəŋ. *So my grandfather got tired, and he sat down to rest.* (MJ) | táči ʔaʔ kʷs sxʷpáʔyúqʷs ʔiʔ níɬ kʷə suʔ***qíqəkʷ***s. *He got to the bluff, and then he was tired.* (ES)}

qiqə́s ⟦qy+√qs pl+√dunk⟧ ☞ qə́s to fall in the water, be immersed (of several). (AS,BC) {xən̓áɬ ti nsuʔ***qiqə́s*** ʔɬ hiyáʔn. *I always fall in when I go.* (AS)}

qiqə́y ⟦qy+√qəy aff+√turn⟧ [u-class intensifier] ☞ qə́y to be sorry (about something). {***qiqə́y*** cn ʔuʔ mimə́yəq ʔaʔ kʷi čiʔáqɬ. *I'm sorry I forgot yesterday.* (AS)}

qiqə́yʔi ⟦qy+√qəy<ʔ>-iy pl+√turn<actl>-dev⟧ ☞ qə́ʔiʔ to be ruined, spoiled (as when a mistake is made building or fixing something). (ES) {mə́n cn ʔuʔ ***qiqə́yʔi***. *I'm ruined, my life is spoiled.* (AS,BC)}

qiqə́yəŋ eyes. *See under:* qqə́yəŋ

qiqə́yət ⟦qy+√qəy-t pl+√angry-trns⟧ ☞ qə́yət to get angry at someone or something. {***qiqə́yət*** cn. *I got angry at him.* (AS)}

qiqə́yətəŋ ⟦qy+√qəy-t-ŋ pl+√angry-trns-psv⟧ ☞ qiqə́yət to have someone act angry toward one. {***qiqə́yətəŋ*** cn. *He got after me. / He got angry with me.* (AS,BC; AS)}

qiqə́ynəxʷ ⟦qy+√qəy-naxʷ pl+√angry-nctrns⟧ ☞ qə́yət to get angry, mad at someone (repeatedly or at a group). {***qiqə́ynəxʷ*** cn. *I got mad at him.* (MJT) | ***qiqə́ynəxʷ*** cn ʔiʔ čičə́st cn. *I got mad at them, and I started hitting them.* (MJT) VAR: qiqáynəxʷ (TC) {***qiqáynəxʷ*** cn. *I got mad at him.* (TC)}

qiqiʔím̓ weak. *See under:* qaʔqiyám̓

qiqinúŋət ⟦qəy+√qəy-nuŋt char+√angry-ncmdl⟧ ☞ qinúŋət to be quick tempered, easily angered. (MJT) {kʷn̓íɬ čaʔkʷi suʔ***qiqinúŋət***s. *Now she's easily angered.* (AS)}

qíq̓ ⟦√qiq̓ √restrain⟧ to be in jail, tied up, bound, restrained. (ES; AS; AS,BC) {***qíq̓*** cn. *I'm in jail. / I'm tied up.* (TC; AS)}

qíq̓c ⟦√qiq̓-t-c √restrain-trns-1obj/2obj⟧ ☞ qíq̓t restrain me; restrain you. {ʔó·, ʔə́y̓ qɬ nəxčnín kʷaʔ ***qíq̓c***ən ʔaʔ či xʷéʔləm. *Oh, I think I'd better tie you with a rope.* (MJT)}

qiqə́yuʔ police. *See under:* qaʔq̓ə́yuʔ

qíq̓t ⟦√qiq̓-t √restrain-trns⟧ ☞ qíq̓
1. to bind, restrain, secure someone or something; tie someone or something up. (MJT; ES; TC) {níɬ suʔ***qíq̓t***s ʔaʔ cə sqiyáyŋəxʷ. *Then they tied

it to a tree.* (AA) | ***qíq̓t*** či tə sqáxaʔ. *Tie the dog up.* (MJT) | húy̓ či ***qíq̓t*** cə xʷéʔləm. *Secure the rope.* (AS)}
2. to put someone in jail. (MJT; ES) {***qíq̓t*** cn. *I put him in jail.* (MJT; ES; BC) | ***qíq̓t*** cə n̓stiqéw. *Tie up your horse.* (TC)} VAR: qq̓ít (MJ)

qiq̓təŋ be restrained. *See under:* qəq̓ítəŋ

qíx̣[1] ⟦√qix̣ √err⟧ to do something wrong, make a mistake. (BC) {***qíx̣*** cn. *I did something wrong.* (BC) | mə́n yaʔ cn ʔuʔ ***qíx̣***. *I really made a mistake.* (BC)}

qíx̣[2] ⟦√qix̣ √shave⟧ to get shaved, carved, whittled. (ES) {***qíx̣*** cn. *I got shaved.* (AS) | ***qíx̣*** kʷi kʷə scúɬ. *The wood was whittled.* (AS)}

qíx̣ŋən ⟦√qix̣=ŋin √shave=piece⟧ ☞ qíx̣t shavings used for kindling; peelings from potatoes, apples, etc.; sawdust. (ES,HS)

qíx̣t ⟦√qix̣-t √shave-trns⟧ ☞ qíx̣ to whittle, shave, scrape, plane the surface of something with a knife or adze. (ES) {***qíx̣t*** cn. *I shaved it. / I scraped it.* (MJT; AS,BC) | ***qíx̣t*** tə sáʔkʷq. *Scrape the carrots.* (MJT) | ***qíx̣t*** cn cə ləpláš. *I shaved the board.* (AS)}

qíx̣təŋ being whittled. *See under:* qaʔx̣ítəŋ

qiyaʔq̓ə́yuʔ ⟦√qi<y><ʔ>q̓-əyu<ʔ> √restrain<actl>-activ<actl>⟧ ☞ qaʔq̓ə́yuʔ several policemen. (MJT) {níɬ č yaʔ suʔyəcústs kʷi ***qiyaʔq̓ə́yuʔ***. *Then they told the police.* (TC) | suʔtə́ss tə ***qiyaʔq̓ə́yuʔ***. *So the police got there.* (TC) | suʔsáy̓siʔs cə ***qiyaʔq̓ə́yuʔ*** ʔiʔ ɬúkʷ. *The policemen got scared and went home.* (TC) | ʔiʔ ʔáwə c x̣ay həwíyŋ cə ***qiyaʔq̓ə́yuʔ***. *And the police didn't come back again.* (ES) | ʔuʔx̣čtíŋ ʔaʔ cə ***qiyaʔq̓ə́yuʔ*** ʔaʔ či nscḱʷá ʔ ʔaʔ či scə́yəxs cə məyúsmus ʔaʔ cə q̓əyáx̣ən. *The police knew that I was the owner of where the cows came into the fence.* (MJ)}

qiyám̓ ⟦√qy̓əm̓ √weak⟧ to be weak, feel weak. {***qiyám̓*** cn. *I'm weak.* (AS) VAR: qiʔám̓ (BC)

qiyam̓iʔíɬ ⟦√qy̓əm̓=iʔiɬ √weak=child⟧ ☞ qiyám̓ to lose a child. (MJT) {***qiyam̓iʔíɬ*** cn. *I lost a child.* (MJT)}

qiyáxt ⟦√qəy=ax̣an-t √turn=arm-trns⟧ ☞ qə́y to rechannel, redirect, divert, change the flow, dam up something. {***qiyáxt*** cn cə súɬ. *I blocked off the road to make traffic go a different direction.* (AS) | suʔḱʷnəxʷs cə stitəqáyuʔ čáʔiʔ ʔaʔ cə ***qiyáxt***s cə stútaʔwiʔ. *He saw a beaver working to dam up the creek.* (MJT)}

qiyéy̓ənəq ⟦√qəy-iy<ʔ>-ənəq √turn-dev<actl>-hab⟧ ☞ qə́y to be spoiling, ruining. {***qiyéy̓ənəq*** cn. *I'm spoiling (their plans).* (ES)}

qiyéy̓t ⟦√qəy-i<ʔ>-t √turn-persist<actl>-trns⟧ ☞ qə́y to spoil, ruin someone or something. {***qiyéy̓t*** cn. *I spoil him.* (ES)}

qiyínəŋ ⟦√qəy-iy-naxʷ-ŋ √turn-dev-nctrns-psv⟧ ☞ qə́ynəxʷ to be spoiled, ruined by someone or something. (AS,BC) {ʔiʔ***qiyínəŋ*** cə scáy̓t ʔaʔ c stə́ss

?a? cə na?átəŋ "landsort". *Our job was spoiled by the arrival of what they call "land sort".* (TC)}

qɬ hypothetical. *See under:* q

qqa?á?yəs ⟦q+√qə<?a?>y=us incep+√turn<actl>=face⟧ ☞ qəyúsəŋ to be looking away. (MJT)

qqa?nítəŋ ⟦q+√qań-i-t-ŋ<'> incep+√steal-persist-trns-psv<actl>⟧ ☞ qańítəŋ being robbed, stolen from by someone. {*qqa?nítəŋ* cn. *They're stealing from me.* (ES)}

qqaƛ̕á?əŋ ⟦q+√qaƛ̕a-ŋ incep+√up_sound-mdl⟧ ☞ qaƛ̕ahíyəŋ to speak in the up-sound language, Southern Lushootseed. (MJT)

qqáyn ⟦√qqayn √scold⟧ [probably related to a root meaning 'angry'] *cp.* qiqə́ynəxʷ to be scolded. (AS) {*qqáyn* cn. *Someone scolded me.* (ASqqáyncn)} VAR: qəqáyn (AS)

qqáynəŋ be scolded. *See under:* qəqáynəŋ

qqáynəxʷ ⟦√qqayn-naxʷ √scold-nctrns⟧ [glottalization on the /y/ is unaccounted for] to scold someone tell someone off, get after someone (about something). (AS,BC; AS) {*qqáyˀnəxʷ* cn kʷɬi nčáčc. *I scolded my aunt.* (AS)}

qqáy̕xs ⟦q+√qay̕x̣=us aff+√lie=face⟧ ☞ qáyxs Little Liar. ✱name of a trickster character ⟪Erna Gunther recorded stories in English of this character.⟫ (AS,BC) {?u?ɬə́ŋ cxʷ ?u? *qqáy̕xs*. *You're just like Little Liar.* (AS)} VAR: qqáy̕x̣ (AS,BC; ES) VAR: qqə́y̕x̣ (TC)

qqé?a?is looking away. *See under:* qqəyá?is

qqəyá?is ⟦q+√qəy=a<?>yus incep+√turn=eye<actl>⟧ ☞ qi?áyəs to be looking away. (AS,BC) VAR: qqé?a?is (LC) {*qqé?a?is* cn. *I'm looking away now.* (LC)}

qqə́yəŋ ⟦q+√qəyń pl+√eye⟧ ☞ qə́yəŋ both eyes. (LB,CWH; ES) {su?k̕ʷəntəŋɬ ?i? čiqcút tə *qqə́yəŋ*s. *They looked at us, and their eyes got big.* (MJ) VAR: qqíyəŋ (EPT) {čáqʷəŋ ti *qqíyəŋ*s. *His eyes were rotten.* (AA) | nɬ nu?śy tə *qqíyəŋ*s. *He had better eyes.* (AA) | ?úxʷts tə ɬáwis ?a? tə *qqíyəŋ*s. *She put his arms on his eyes.* (MJ) | nɬ su?áčts cə *qqíyəŋ*s. *Then she wiped her eyes.* (MJ) | su?ƛ̕iƛ̕áq̕ʷtəŋs tə čé?əx ?a? cə *qqíyəŋ*s. *She stuck pitch in their eyes.* (AA) | su?húys ?i? nɬ su?úxʷtxʷs tə ɬawis ?a? tə *qqíyəŋ*s. *He finished, and then he put his arm over his eyes.* (MJ) | ?ə́š, ?áwə cn c yəcústəŋ ?a? kʷɬəsə nsxʷs?úk̕ʷɬ ?a? či ?ənəqíx cə nə*qqíyəŋ*. *Ugh, my stepmother didn't tell me that my eyes were black.* (MJ)} VAR: qiqə́yəŋ (TC)

qqə́y̕x̣ little liar. *See under:* qqáy̕xs

qqímu? ⟦q+√qə<í>mu? pl+√nurse<pl>⟧ ☞ qə́mu? Pillar Point. (AS,BC) *cp.* c̕xʷáws VAR: qé?mu? (AS,BC) VAR: qé?mu (AS)

qqíŋ play. *See under:* qəqíŋ

qqiŋáw̕txʷ recreation center. *See under:* sqqiŋáw̕txʷ

qqíyəŋ eyes. *See under:* qqə́yəŋ

qqíyŋ ⟦√qqi-iy-ŋ √play-dev-mdl⟧ ☞ qəqíŋ to go play. {?úxʷ či hiyá? *qqíyŋ*. *Go play.* (TC)} VAR: qqéyŋ {?úxʷ či hiyá? *qqéyŋ*. *Go play.* (AS,BC)}

qqiyŋíɬtxʷ ⟦√qqi-iy-ŋ-iyɬ-tx √play-dev-mdl-go-letcaus⟧ ☞ qqíyŋ to let someone go play. {*qqiyŋíɬtxʷ* ca?n cə məléna. *I'm going to let Malena go play.* (AS)}

qqtəm̕ús play ball. *See under:* qa?qtəm̕ús

qqtəm̕úsəŋ play ball. *See under:* qa?qtəm̕úsəŋ

qqə́yu? police. *See under:* qa?qə́yu?

qqít restrain it. *See under:* qíqt

qqítəŋ be restrained. *See under:* qəqítəŋ

qqsə́ntəŋ ⟦√qiq̕=sən-t-ŋ √restrain=foot-trns-psv⟧ ☞ qəqsə́nt to have one's legs bound, tied up by someone or something. {sá?si?si? č kʷa? támaxs či sxʷ*qqsə́ntəy*s. *He was afraid that his legs would be tied up with eel grass.* (TC)}

qsə́c ⟦√qs-t-c √dunk-trns-1obj/2obj⟧ ☞ qsə́t put me into water; put you into water. (ES; TC) {*qsə́c* ca?n. *I'm going to dunk you.* (MJ) | *qsə́c* ca?n ?a? cə qʷú? ?iyá ?a? cə bench. *I'm going to put you in the water there at the bench.* (MJ)}

qsə́ct ⟦√qs-cut √dunk-rflxv⟧ [metathesis with reflexive] ☞ qə́s to immerse oneself, go into water. (ES) {nɬ č su?*qsə́ct*s ?úxʷnəs cə q̕ʷəq̕ʷú?əŋ. *He went into the water to go after Kelp.* (TC) | nɬ kʷɬa? su?*qsə́ct*s. *She went into the water.* (EB) | sáysi? cn kʷa? hiyá?n *qsə́ct*. *I was afraid I'd go into the water.* (MJ)}

qsə́ŋəct ⟦√qs-ŋ-cut √dunk-mdl-rflxv⟧ ☞ qə́s
1. to get into water, immerse oneself. {*qsə́ŋəct* cn. *I got in the water.* (AS) | hiyá? ca?n *qsə́ŋəct*. *I'm going to get in the water.* (AS)}
2. to behave oneself. {*qsə́ŋəct* či! *Behave yourself!* (MJT)}

qsə́ŋət ⟦√qs-ŋ-t √dunk-mdl-trns⟧ ☞ qsə́t to put someone or something into water. {*qsə́ŋət* či tə sƛ̕iƛ̕á?ƛ̕qɬ. *Put the child in the water.* (AS) | *qsə́ŋət* či cə sx̣áč. *Put the dried fish in the water (to soften it).* (AS)}

qsə́t ⟦√qs-t √dunk-trns⟧ ☞ qə́s to put, throw someone or something into water, immerse someone or something, dunk someone or something. (ES; TC) {*qsə́t* cn *I immersed it. / I threw him in.* (MJT; AS,BC) | *qsə́t* u cxʷ? *Did you throw it in?* (ES) | *qsə́t* cn kʷi ?i? ?u?áwə c nəsyúy. *I threw him into the water but didn't mean to.* (ES) | su?ɬkʷáts cə pá?əkʷs canə ná?cu? ?i? *qsə́t*s ?a? cə stú?wi. *So that other one took his pipe, and he threw it into the river.* (ES) | su?ƛ̕áys ?i?*qsə́t*s. *So he put it into the water again.* (ES) | nɬ č su?*qsə́t*s cə šípəns. *So he dropped his knife into the water.* (TC) | nɬ č su?*qsə́t*s cə ša?šé?pəns kʷa? stáŋs ya?

qsə́təŋ

čtə. *Then he threw his pocket knife, or whatever it was, into the water.* (TC)}

qsə́təŋ ⟦√qsə-t-ŋ √dunk-trns-psv⟧ ☞ qsə́t to be put in water, be dunked. {*qsə́təŋ* cn. *Someone put me in the water.* (ES) | *qsə́təŋ* cn kʷi. *He threw me in.* (MJT) | níɬ nsuʔƛ́ay čšə́yuʔ *qsə́təŋ*. *Then he threw me in the water again.* (TC) | ƛ́ay č cn kʷaʔčaʔ *qsə́təŋ* ʔaʔ cə stúʔwi. *Again I'd get thrown in the river.* (TC) | níɬ nsuʔƛ́kʷə́təŋ ʔaʔ kʷi ncə́t yaʔ ʔiʔ čšə́yuʔ *qsə́təŋ* ʔaʔ cə stúʔwiʔ. *Then I'd be taken by my father and thrown into the river.* (TC)}

qsnáxʷ ⟦√qs-naxʷ √dunk-nctrns⟧ ☞ qsə́t to manage to get something into water, succeed in immersing someone or something. {*qsnáxʷ* cn. *I got him in the water.* (ES) | *qsnáxʷ* cn kʷi ʔiʔ ʔáw c nəsyúy. *I got him in the water but didn't mean to.* (ES)}

qtəmús play ball. *See under:* qaʔqtəmús

qtiʔúsən band. *See under:* q̓túysən

qxítəŋ ⟦√qix̣-t-ŋ √shave-trns-psv⟧ [metathesis with passive] ☞ qíx̣t to be whittled, shaved with a knife by someone. (ES) {*qxítəŋ* kʷi kʷə scúɬ. *The wood was whittled.* (AS) | *qxítəŋ* kʷi kʷə súɬ. *The road was leveled by shaving off the top layer.* (AS)}

qx̣úyəsəŋ ⟦√qix̣=uyəs-ŋ √shave=forehead-mdl⟧ ☞ qíx̣ to peel (fruit such as potatoes, apples, etc.). (ES,HS) {*qx̣úyəsəŋ* cn ʔaʔ cə ʔápəls. *I peeled the apple.* (AS)} VAR: qx̣úysəŋ (ES,HS)

qx̣úyəst ⟦√qix̣=uyəs-t √shave=forehead-trns⟧ ☞ qx̣úyəsəŋ to peel, shave the skin from fruit such as potatoes, apples, etc. (using a blade). (ES) {*qx̣úyəst* tə sqáwc. *Peel the potatoes.* (MJT) | nsuʔhəwíyŋ ʔiʔ *qx̣úyəst* tə sqáwəc. *I went back and peeled potatoes.* (MJ)}

q̓

q̓ ⟦q̓ emphatic⟧ indeed, emphatic speech act enclitic. {ʔišáa **q̓**! *What the heck!* (AS,BC) | x̣ə́ṅəŋ ʔəʔ ʔáwənə **q̓** ʔiʔʔáʔił ʔəʔ cə ṅwagon. *He said there was no one at all aboard your wagon.* (ES) | ʔuʔk̓ʷə́nt **q̓** cn kʷə kʷsə sxʷáʔxʷč̓ ʔáwənə ƛ̓əwəq̓s. *I will indeed look at a snake with no anus.* (MJ)} VAR: q̓ə {ʔáwənə **q̓ə** nəsx̣čít kʷə nəsčičiʔúʔis yaʔ. *I really don't know who my ancestors were.* (TC) VAR: q̓i {ʔáwənə **q̓i**! *There isn't any!* (AS,BC) | tálə **q̓i**! *It's money!* (ICT) | ʔáwənə **q̓i** nəsx̣čít. *I really don't know.* (TC) | ʔáwənə **q̓i** nək̓ʷáwi! *I have no skin!* (TC) | ʔáwə **q̓i** c qatúš tiə! *This isn't a kitten!* (AA) | ʔáwə **q̓i** tə c ʔuʔpipihúṅəs! *Don't be such a gull (goofy)!* (MJT) | ʔáw **q̓i** kʷaʔ x̣iʔə́yuʔs kʷłəsə ntán. *My mother never writes to me.* (ES)}

q̓áʔc̓č ⟦√q̓aʔc̓=iłč √ironwood=plant⟧ oceanspray, ironwood bush, creambush. *Holodiscus discolor*. ✳Strong, flexible wood used for bows, sharp sticks for getting octopus, and stakes for roasting fish over a fire. The inner bark was chewed up and used as medicine for wounds. (TC) {suʔłíc̓ts cə k̓ʷə́wiʔs ti **q̓áʔc̓č** suʔṅák̓ʷts. *She cut the skin of the ironwood and chewed it.* (TC)} VAR: q̓áʔc̓łč (ES,TC) VAR: q̓ác̓łč (EPT; MJT) VAR: q̓ác̓łč (EWH)

q̓aʔc̓íq̓əŋ ⟦√q̓<ʔ>c̓iq̓-ŋ<ˀ> √squeak<actl>-mdl<actl>⟧ ☞ q̓c̓íq̓əŋ to be making a squeaking noise (as tight hinge or chair). (ES; AS)

q̓áʔəṅł ⟦√q̓a<ʔ>ṅ-ł √slow<actl>-dur⟧ ☞ q̓áṅł to be going slow. (AS) {**q̓áʔəṅł** kʷi kʷə ʔaycłtáyŋxʷ. *The people are going slow.* (AS)}

q̓aʔəwč̓ən ⟦√q̓aʔəwč̓ən √dorsal_fin⟧ [probably contains the 'back' suffix] dorsal fin of any fish, whale, etc. (ES)

q̓aʔiłəmčənáw̓txʷ blackfish home. See under: q̓łuməčənáw̓txʷ

q̓aʔk̓ʷáʔnəŋ ⟦√q̓ə<ʔ>kʷ=aṅ-ŋ<ˀ> √complain<actl>=ear-mdl<actl>⟧ to be complaining. {húy ti suʔ**q̓aʔk̓ʷáʔnəŋ** kʷə ncáčc. *My uncle's always complaining.* (AS)}

q̓áʔƛ̓aʔq ⟦√q̓aʔƛ̓əʔq √shadow⟧ shadow, shade. (BC; AS) {mán ʔuʔ čáq cə ṅ**q̓áƛ̓aʔq**. *Your shadow is very big.* (BC) | táṅən kʷi ʔiʔ ʔínəŋ ti **q̓áʔƛ̓aʔq**. *Evening came and shadows appeared.* (AS)} VAR: q̓áʔƛ̓əq (ES) VAR: k̓ʷaʔƛ̓áq (AS,BC; AS) {ʔínəŋ kʷə **k̓ʷaʔƛ̓áq** ʔł táŋəns. *The shadows appeared when evening came.* (AS)} ⟦√k̓ʷaʔƛ̓áq √shadow⟧ VAR: q̓aʔq̓áƛ̓ł (MJT) ⟦q̓aʔ + √q̓aƛ̓-ł dim + √shadow-dur⟧

q̓áʔməs ⟦√q̓<ə>m̓-as √break_off<actl>-ptcaus⟧ ☞ q̓ə́m̓ to break something off (from something). {**q̓áʔməs** cn. *I broke it off.* (AS)}

q̓aʔmústəŋ be cut in on. See under: q̓əmústəŋ

q̓aʔníc ⟦√q̓aʔni-t-c √threaten-trns-1obj/2obj⟧ ☞ q̓aʔnít threaten me; threaten you. (TC) {**q̓aʔníc** u cxʷ? *Are you threatening me?* (TC)}

q̓aʔníct ⟦√q̓aʔni-cut √threaten-rflxv⟧ ☞ q̓aʔnít to be threatening (to do something). {**q̓aʔníct** cn. *I'm threatening to do it.* (TC)}

q̓aʔnít ⟦√q̓aʔni-t √threaten-trns⟧ to threaten someone. {**q̓aʔnít** cn. *I threatened him.* (TC)}

q̓aʔnítəŋ ⟦√q̓aʔni-t-ŋ √threaten-trns-psv⟧ ☞ q̓aʔnít to be threatened. {**q̓aʔnítəŋ** u cxʷ? *Are they threatening you?* (ES)}

q̓aʔṅəčúyəł ⟦√q̓aʔŋy=uył √girl=child⟧ ☞ q̓áʔŋi young teenage girl, approximately aged 12-15. ⟪Usage: This is a pet word, used affectionately.⟫ (MJT)

q̓áʔŋət ⟦√q̓<aʔ>ŋə-t √moisten<actl>-trns⟧ [metathesis in actual involving a shift of both vowel and following glottal stop] ☞ q̓əŋaʔt to be dipping something to dampen, moisten it, making it partly wet. {kʷł**q̓áʔŋət** cn. *I'm dipping it now.* (LC) VAR: q̓áʔŋəʔt ⟦√q̓ə<ʔ>ŋə-t √moisten<actl>-trns⟧ (AS,BC)

q̓áʔŋi ⟦√q̓aʔŋy √girl⟧ girl, young lady, maiden (approximately age 13-marriage). (ES; WB,AS,BC) {ʔiʔ ʔáwə sƛ̓éʔs či sáy̓siʔs kʷłə **q̓áʔŋi**. *And the girl didn't want to be scared.* (ES) | ča**q̓áʔŋi**. *She's just a girl.* (TC) | nił č suʔštə́ŋs cə **q̓áʔŋi**. *Then the girl walked.* (AS) | cán ʔay̓ cə **q̓áʔŋi**? *Who is the girl?* (ES) | nił nsuʔəcústəŋ ʔəʔ cə **q̓áʔŋi**. *Then I was told by the girl.* (ES) | ʔiʔ nił č yaʔ suʔx̣ə́nəŋs kʷłi **q̓áʔŋi**, náʔcuʔ **q̓áʔŋi**, ʔətʔúł, "sqiʔám̓ kʷi či suʔƛ̓iʔc̓éʔł!" *And then a girl, one girl, ʔətʔúł, said, "We can't remain still!"* (AS) | kʷłhíc kʷi nyaʔcústəŋ ʔəʔ kʷi nséʔyaʔ yaʔ, ləmtiyáčaʔ (Tim Pysht kʷi snás, kʷi snaʔátəŋs ʔəʔ ti xʷanítəm) ʔəʔ kʷłi ʔiʔánkʷs **q̓áʔŋi** čpə́šct. *Long ago I was told by my late grandfather, ləmtiyáčaʔ (Tim Pysht was his name, what he was called by the Whites), about the brave young woman of Pysht.* (AS)} VAR: q̓áʔŋiʔ (LB,EWH; EPT; ES; ES,TC,TC) {sxʷk̓ʷənk̓ánəŋət cə **q̓áʔŋiʔ**. *That girl is a runner.* (ES) | táči kʷsə **q̓áʔŋiʔ**. *The young lady got here.* (AS) | cán ʔay̓ cə **q̓áʔŋiʔ**? *Who is the girl?* (ES; AS,BC) | ʔə́ŋaʔts cə swə́y̓qaʔ cə **q̓áʔŋiʔ**. *The man gave something to the girl.* (TC) | ʔənʔá táči cə **q̓áʔŋiʔ**, xʷanítəm **q̓áʔŋiʔ**. *A girl got there, a white girl.* (ES) | nə́cuʔ kʷaʔčíy̓ ʔiʔtáči cə xʷanítəm **q̓áʔŋiʔ**. *One morning a white young lady arrived.* (ES)} VAR: q̓áŋiʔ (EPT)

q̓aʔpéʔŋəł ⟦√q̓a<ʔ>p̓-i<ʔ>ŋł √contagion<actl>-cstm<actl>⟧ ☞ q̓áp̓ to be organizing, gathering people together for a purpose (such as a political campaign). (AS) {táči kʷə siʔám̓ **q̓aʔpéʔŋəł**. *The leader got here organizing people.* (AS)}

q̓aʔqəŋiʔ small girl. See under: q̓aʔq̓áʔŋiʔ

q̓aʔq̓áʔŋiʔ ⟦q̓aʔ + √q̓áʔŋiʔ dim + √girl⟧ ☞ q̓áʔŋi small young woman, adolescent girl. (MJT; ES) {ʔíłəntxʷ cə **q̓aʔq̓áʔŋiʔ**. *Let the little girl eat.* (AS)

| twaw**q̓aʔq̓áʔŋiʔ** cə ʔəcɬtáyŋxʷ ʔiʔ čŋə́naʔ ʔaʔ cəsə ŋaʔŋəsáʔyə sqəyaʔqáxaʔ. *A person was still a young girl, and she gave birth to four little puppies.* (MJ)} VAR: q̓aʔq̓áʔŋi (AS,BC) VAR: q̓áʔqəŋiʔ (MV)

q̓aʔq̓aʔyács ⟦q̓aʔ + √q̓ə<ʔ>y = acis dim + √encircle<dim> = hand⟧ ☞ q̓əyács small starfish. (TC)

q̓aʔq̓áƛ̓ɬ shadow. See under: q̓áʔƛ̓aʔq

q̓aʔq̓áṅəɬ ⟦q̓aʔ + √q̓aṅ-ɬ dim + √slow-dur⟧ ☞ q̓áṅɬ to be kind of slow, be behind in a race, be late. (EPT; MJT; LC; ES; TC; AS,BC; AS) {**q̓aʔq̓áṅəɬ** cxʷ. *You're slow.* (MJT) | máṅ cxʷ ʔuʔ **q̓aʔq̓áṅəɬ**. *You're too slow.* (ES) | **q̓aʔq̓áṅəɬ** kʷi kʷɬə sɬáni. *The woman was slow.* (AS) | **q̓aʔq̓áṅəɬ** cn ʔəɬ štə́ŋən. *I walk slowly.* (TC) | máṅ ʔuʔ **q̓aʔq̓áṅəɬ** ʔəɬ kʷánəŋəts. *He ran too slow.* (TC) | ʔáwə c máṅ ʔuʔ **q̓aʔq̓áṅəɬ**; ʔáʔəɬ či. *Don't be so slow; hurry.* (BC) | **q̓aʔq̓áṅəɬ** cn ʔɬ kʷánəŋətən. *I run slowly.* (AS)} VAR: q̓aʔq̓áṅɬ {**q̓aʔq̓áṅɬ** cn. *I'm going slow.* (AS)}

q̓aʔq̓áṅəɬtxʷ ⟦q̓aʔ + √q̓aṅ-ɬ-txʷ dim + √slow-dur-letcaus⟧ ☞ q̓aʔq̓áṅəɬ to make something go slow. {ʔuy̓ ɬíyəm ʔiʔ **q̓aʔq̓áṅəɬtxʷ** tə ṅstíyəm *When you sing, sing slow.* (MJT)}

q̓aʔq̓ə́čqs ⟦q̓aʔ + √q̓əčqs dim + √coho⟧ ☞ q̓ə́čqs small coho salmon. (AS,BC)

q̓aʔq̓əṅács ⟦q̓aʔ + √q̓aṅ = acis dim + √slow = hand⟧ ☞ q̓aʔq̓áṅəɬ to be slow with the hands. (MJ)

q̓aʔq̓əṅíw̓s ⟦q̓aʔ + √q̓aṅ = iw<ʔ>s dim + √slow = body<actl>⟧ ☞ q̓aʔq̓áṅəɬ to be a slowpoke. (MJT; ES)

q̓aʔq̓əṅúcən ⟦q̓aʔ + √q̓aṅ = ucin dim + √slow = mouth⟧ ☞ q̓aʔq̓áṅəɬ to eat slow. (MJT)

q̓aʔq̓əwaʔkʷáys ⟦q̓aʔ + √q̓əwkʷ = ay<ʔ>us dim + √brow = eye<dim>⟧ ☞ q̓əwəkʷáyəs small eyebrow. (MJT)

q̓aʔq̓əw̓éʔiŋ ⟦q̓aʔ + √q̓əw̓-i<ʔ>y-ŋ<ʔ> dim + √shallow-dev<actl>-mdl⟧ to be shallow. (ES; AS) {**q̓aʔq̓əw̓éʔiŋ** cə mútčuʔ. *The creek is shallow.* (AS)}

q̓aʔq̓ə́w̓ičəp ⟦q̓aʔ + √q̓əwyčəp dim + √cougar⟧ ☞ q̓əwičəp small cougar. (MJT)

q̓aʔq̓ɬúʔməčən ⟦q̓aʔ + √q̓ɬu<ʔ>məčn dim + √orca<dim>⟧ ☞ q̓ɬúməčən small orca. (AS,BC)

q̓aʔq̓tiyúsəŋ ⟦qaʔ + √q̓tyus-ŋ dim + √go_around-mdl⟧ ☞ q̓tiʔúsəŋ to go around a little. {**q̓aʔq̓tiyúsəŋ** kʷi kʷə ʔəcɬtáyŋxʷ. *The people were going around.* (AS)} VAR: q̓əq̓tiʔúsəŋ (AS)

q̓aʔtəŋéʔnəŋ ⟦√q̓i<ʔ>yt = ŋi<ʔ>n-ŋ<ʔ> √noon<actl> = piece<actl>-mdl<actl>⟧ ☞ q̓itəŋínəŋ to be eating dinner, lunch, having a noon meal. (AS,BC) {kʷɬhúy u cxʷ kʷi ṅs**q̓aʔtəŋéʔnəŋ**? *Have you finished eating your lunch already?* (ES)} VAR: q̓iʔtəŋéʔnəŋ (MJT) {**q̓iʔtəŋéʔnəŋ** st. *We're having dinner.* (MJT)} VAR: q̓etəŋínəŋ (EWH)

q̓aʔúkʷ ⟦√q̓aʔúkʷ √place_name⟧ Ozette Lake. (JSH)

q̓aʔwíct ⟦√q̓aʔw-iy-cut √turn_corner-dev-rflxv⟧ ☞ q̓aʔwíyəŋ to turn around a corner, turn around a point. (TC,BC) {ča**q̓aʔwíct** yaʔ st ʔiʔ ʔuʔtáči st. *We went around the corner, and we got here.* (AS)}

q̓aʔwíyəŋ ⟦√q̓aʔw-iy-ŋ √turn_corner-dev-mdl⟧ 1. to turn a corner, go around a bend, make a turn in a canoe or other vehicle. (TC; AS,BC) {**q̓aʔwíyəŋ** ʔaʔ cə q̓iyáxən. *He went around the fence.* (AS) | **q̓aʔwíyəŋ** cn ʔaʔ kʷɬə snə́xʷɬ. *I turned the canoe.* (AS)} 2. to go over. (AS) VAR: q̓aʔwíyŋ (TC; AS) {**q̓aʔwíyŋ** yaʔ st ʔiʔ čaʔtáči. *We went around and finally got here.* (AS)}

q̓aʔxʷə́yu ⟦√q̓i<ʔ>xʷ-əyu √knot<actl>-activ⟧ ☞ q̓íxʷt to be tying knots. (AS,BC)

q̓aʔx̣ə́yu ⟦√q̓<əʔ>x̣-əyu √clam<actl>-activ⟧ ☞ q̓x̣ə́yuʔ to be digging clams. (ES) {**q̓aʔx̣ə́yu** cn. *I'm digging clams.* (ES) | **q̓aʔx̣ə́yu** ʔu caʔ cxʷ? *Are you going to dig clams?* (ES)} VAR: q̓aʔx̣áyu (TC)

q̓aʔyaʔq̓áʔčqs ⟦q̓<aʔy>aʔ + √q̓ə<ʔ>čqs dim<pl> + √coho<dim>⟧ ☞ q̓aʔq̓ə́čqs group of small cohos. (ES)

q̓aʔyaʔq̓aʔyács ⟦q̓<aʔy>aʔ + √q̓ə<ʔ>y = acis dim<pl> + √encircle<dim> = hand⟧ ☞ q̓aʔq̓aʔyács a group of small starfish. (TC)

q̓aʔyaʔq̓ácsɬ ⟦q̓<aʔy>aʔ + √q̓əy = acis = ɬ dim<pl> + √encircle = hand = child⟧ ☞ q̓əyács a group of small starfish. (ES)

q̓aʔyaʔq̓áṅəɬ ⟦q̓<aʔy>aʔ + √q̓aṅ-ɬ dim<pl> + √slow-dur⟧ ☞ q̓aʔq̓áṅəɬ to be slow, be behind in a race (of several). {máṅ cxʷ kʷ uʔ **q̓aʔyaʔq̓áṅəɬ** hayə. *You folks are late. / You folks are too slow.* (MJT)}

q̓aʔyaʔq̓əṅíw̓s ⟦q̓<aʔy>aʔ + √q̓aṅ = iw<ʔ>s dim<pl> + √slow = body<actl>⟧ ☞ q̓aʔq̓əṅíw̓s to be slowpokes. (MJT)

q̓aʔyaʔq̓əw̓íčəp ⟦q̓<aʔy>aʔ + √q̓əwyčəp dim<pl> + √cougar⟧ ☞ q̓aʔq̓ə́w̓ičəp several small cougars. (MJT)

q̓aʔyaʔq̓ɬúʔməčən ⟦q̓<aʔy>aʔ + √q̓ɬu<ʔ>mčn<ʔ> dim<pl> + √orca<dim>⟧ ☞ q̓aʔq̓ɬúʔməčən a group of small orcas. (ES)

q̓aʔyács starfish. See under: q̓əyács

q̓aʔyáč̓ɬč ⟦√q̓<aʔy>aʔč = iɬč √ironwood<pl> = plant⟧ ☞ q̓áʔč̓ɬč several ironwood, oceanspray bushes. (EWH; MJT)

q̓aʔyáquʔ ⟦√q̓<aʔy>aquʔ √skate<pl>⟧ ☞ q̓áquʔ several rays, skate fish. (MJT)

q̓aʔyəɬúməčən ⟦√q̓<aʔy>ɬumčn √orca<pl>⟧ ☞ q̓ɬúməčən a group of blackfish, orcas, killer whales. (TC) {ʔiyá·ʔ aʔ cə snát ʔiʔ kʷə́ṅts cə **q̓aʔyəɬúməčən**. *There in the night she saw the blackfish.* (AA) | ṅíɬ nə́cuʔ ʔaʔ tə **q̓aʔyəɬúməčən**. *He was one of the blackfish.* (MJ)} VAR: q̓əy̓ɬúməčən {q̓ʷíŋi caw̓niɬ **q̓əy̓ɬúməčən** čə́saʔ. *Those two blackfish left the water.* (TC) | ʔáwənə či sxʷtx̣ənəṅɬ či sxʷéʔictɬ ʔaʔ caw̓niɬ **q̓əy̓ɬúməčən**.

q̓aʔyəsáyəɬ

We had nowhere to go to move away from those blackfish. (TC) | xčŋín čtə wuʔ cə q̓əy̓ɬúməčən ʔaʔ či sʔásxʷs cə ʔiyá ʔaʔ cə sŋiyánt. The blackfish must have thought they were seals on the rocks. (TC)} VAR: q̓əy̓ɬúməčən (AS,BC) VAR: qaʔiɬúməčən (EPT)

q̓aʔyəsáyəɬ [√q̓i<ʔ>y-us=ayəɬ √pay<actl>-rcpnt=conveyance] ☞ q̓əyús to pay. {*q̓aʔyəsáyəɬ* cn. *I paid (for it).* (TC) | *q̓aʔyəsáyəɬ* či. *Pay for it.* (TC)} VAR: qaysáyɬ {ʔuʔhiyáʔ kʷə *q̓aysáyɬ* kʷə nswə́y̓qaʔ. *My husband went to pay.* (AS) | ʔəsxʷaníŋ caʔ či shícs či ṅq̓aysáyɬ ʔaʔ či ṅsxʷʔəsyáyaʔ ʔaʔ tiə sčtə́ŋxʷ. *How long will you be paying for what you've done on this earth?* (RSh)} VAR: q̓aʔyəsáyɬ (AS) {*q̓aʔyəsáyɬ* cə nʔíŋəc. *My granddaughter is paying.* (AS)} VAR: qaysáyɬ (AS)

q̓aʔyəwíčəp [√q̓<aʔy>əwyčəp √cougar<pl>] ☞ q̓əwičə́p several cougars. (MJT) {ŋə́n̓ cə *q̓aʔyəwíčəp*. *There are a lot of cougars.* (AS)}

q̓aʔyəyákʷəŋ knees. See under: sq̓iq̓iyákʷəŋ

q̓aʔyəyéʔəč [√q̓<aʔy>yiʔəč √elk<pl>] ☞ q̓əyéʔəč group of elk. (BG,MJT)

q̓aʔyíq̓əŋ [√q̓<ʔ>yiq̓-ŋ<ʔ> √gurgle<actl>-mdl<actl>] ☞ q̓ə́yəq̓
1. to be making a choking, gurgling, strangling sound, death rattle. (ES; TC; AS) {*q̓aʔyíq̓əŋ* ʔaʔ cə ʔəstáq̓ʷɬ. *He was making a strangling noise because he was out of breath.* (ES)}
2. a gurgling sound. {x̣̓iyáʔtəŋ ʔiʔ ʔiyáʔnəŋ cə *q̓aʔyíq̓əŋ*. *They looked for him and heard a gurgling sound.* (ES) | níɬ kʷaʔčaʔ *q̓aʔyíq̓əŋ*s. *That was his gurgling sound.* (ES)}

q̓aʔyúʔəŋ [√q̓<ʔ>yuʔ-ŋ<ʔ> √preserve<actl>-mdl<actl>] ☞ q̓éʔyuʔ to be putting away, storing (something) for later use (canning, drying, smoking, etc.). (MJT) {*q̓aʔyúʔəŋ* cn. *I'm putting it away now (to eat later).* (MJT) | nəsq̓aʔyúʔəŋ kʷi; ŋút caʔ st ʔaʔ či uʔtxʷkʷáʔkʷaʔ. *I'm putting it away; we'll eat it later.* (MJT)} VAR: q̓iyúʔəŋ (MJT) {*q̓iyúʔəŋ* ʔiʔ ŋút caʔn ʔaʔ či ʔuʔkʷkʷáʔ. *Put it away, and I'll eat it after a while.* (MJT)} VAR: q̓iyúʔəŋ (TC)

q̓aʔyúsc [√q̓i<ʔ>y-us-t-c √pay<actl>-rcpnt-trns-1obj/2obj] ☞ q̓əyúst pay me; pay you. (ES) {*q̓aʔyúsc* cn. *I paid you.* (TC) | *q̓aʔyúsc* cn ʔaʔ kʷi čšáʔitxʷ. *I paid you two dollars.* (TC) | ɬxʷáʔitxʷ ciʔə nəsq̓aʔyúsc. *I'm paying you three dollars.* (EPT) | níɬ caʔ kʷaʔčaʔ nəsq̓aʔyúsc. *It's my pay to you.* (MJ)}

q̓aʔyúst [√q̓i<ʔ>y-us-t √pay<actl>-rcpnt-trns] ☞ q̓əyús to pay someone (for something). (AS,BC) {*q̓aʔyúst* cn. *I paid him.* (TC) | nəsq̓aʔyúst. *I paid him that.* (TC) | *q̓aʔyúst* cn ʔaʔ cə sčə́saʔqʷs ya. *I paid him for his hat.* (TC) | čšáʔitxʷ kʷi nəsq̓aʔyúst ʔaʔ cə sčə́saʔqʷs. *I paid him two dollars for his hat.* (TC) | níɬ suʔə́wkʷs č kʷi táləɬ nəsq̓aʔyúst tə suʔáwəs. *Then our money ran out for me to pay the young men.* (TC) | nəsx̣́eʔ či nq̓ʷíŋəyu ʔaʔ či

x̣̓úx̣̓aʔ tálə nəsq̓aʔyúst tə čáʔiʔ suʔáwəs. *I wanted to borrow a little money to pay the young men who were working.* (TC)} VAR: q̓əyúst (AS,BC) {*q̓əyúst* cn cə nsčáʔčaʔ. *I paid my friend.* (AS)}

q̓aʔyústəŋ [√q̓i<ʔ>y-us-t-ŋ √pay<actl>-rcpnt-trns-psv] ☞ q̓aʔyúst to be paid. (ES; TC) {*q̓aʔyústəŋ* cn. *He paid me (for it).* (TC) | suʔq̓aʔyústəŋ ʔiʔ ʔáwə c tálə. *We were paid, but not in money.* (TC) | suʔčáʔiʔɬ ʔiyá ʔiʔ ʔáwə st kʷaʔ *q̓aʔyústəŋ* ʔaʔ ti tálə. *So we were working, but we weren't getting paid any money.* (TC)} VAR: q̓əyústəŋ {*q̓əyústəŋ* cn. *They paid me.* (AS) | ʔáwə kʷaʔ x̣̓kʷə́ts ti sq̓əyústəŋs. *They never take pay.* (MJ)}

q̓ác̓ɬč ironwood. See under: q̓áʔc̓ɬč

q̓ánəč [√q̓an̓=ač √slow=backside] ☞ q̓án̓ɬ to backwater with a canoe paddle. (ABT)

q̓án̓ɬ [√q̓an̓-ɬ √slow-dur] to go slow, slow down. {*q̓án̓ɬ* či. *Slow down.* (AS)} VAR: q̓ánəɬ (AS)

q̓áŋiʔ girl. See under: q̓áʔŋi

q̓áp gathered. See under: q̓ə́p

q̓áp [√q̓ap √contagion] [may be related to word for 'gather'] *cp.* q̓ə́p
1. to catch anything contagious (such as illness, lice, etc.), contract a disease, be exposed to a disease. (ES,TC; ES,HS; AS,BC) {*q̓áp* cn. *I got it (a disease from someone).* (ES) | *q̓áp* cn ʔaʔ nə́kʷ. *I got it from you.* (ES) | xʷə́ŋ cn ʔiʔ *q̓áp*. *I might get a disease.* (TC) | ʔuʔq̓áp ʔaʔ kʷi sxix̣ə́ɬ. *He caught the disease, too.* (AS) | *q̓áp* yəxʷ cn ʔaʔ tiə nəcousin. *I must have caught it from my cousin here.* (TC)}
2. to be taken in by a group activity. {čyáy cn ʔiʔ *q̓áp* ʔiʔ ɬɬéym̓. *I almost got taken in with those singing.* (AS)}
3. to have (something of someone's). (ES,TC; ES)

q̓ápt [√q̓ap-t √contagion-trns] ☞ q̓áp to spread a disease. {*q̓ápt* caʔn. *I'm going to spread the disease.* (TC)}

q̓áqu? [√q̓aquʔ √skate]
1. ray, skate fish. *Rajiformes spp.* (MJT; ES; TC)
2. the skate fish constellation. (EWH)

q̓átŋən [√q̓at=ŋin √milt_sac=piece] salmon testis, milt sac, a long white organ in the bottom of male salmon. (ES; AS,BC)

q̓átuʔtxʷ [√q̓<á>t=awtxʷ √around<actl>=house] [actual metathesis] ☞ q̓táwtxʷ to be going around the house. {hiʔq̓átuʔtxʷ. *He's going around the house.* (MJT)}

q̓áyaʔŋi [√q̓a<yə>ʔŋi √girl<pl>] ☞ q̓áʔŋi girls, maidens, young women. (ES) {yéʔkʷsəŋ kʷɬi *q̓áyaʔŋi*. *The young women got ready.* (AS) | suʔčáʔys cə *q̓áyaʔŋi* ʔaʔ cə xʷéʔləm. *So the girls worked on the rope.* (AA) | níɬ č suʔx̣ə́nəŋs cə *q̓áyaʔŋi*, "səwə́t cə kʷɬčáyq ʔiʔ cə sx̣əyéʔx̣̓ɬ." *Then the young women said, "Take the elders and children into the woods."* (AS) | níɬ suʔč̓qə́nxʷs ʔiʔ níɬ suʔaʔčšítis ʔaʔ cə *q̓áyaʔŋi*s ŋə́nŋənaʔs. *They were starving, so they traded their daughters.* (ES) |

q̓aysáyɫ

níɫ č suʔqpə́ts cə **q̓áyaʔŋi** ʔiʔ ʔáx̣əŋ kʷɫi ʔəɫʔúɫ yaʔ, "ʔáw c ʔéʔnəŋ." *So they gathered the young women, and ʔəɫʔúɫ said, "Don't show yourselves."* (AS) | ʔaʔčšíti ʔaʔ cə **q̓áyaʔŋi**s ʔaʔ či sʔíɫən. *They exchanged their girls for food.* (TC) | nɫ̓ č suʔx̣ə́ŋəŋs tə **q̓áyaʔŋi**, "yéʔkʷsəŋ caʔ st!" *Then the young women said, "We will get ready!"* (AS) | ʔiʔ nɫ̓ č yaʔ suʔx̣áɫs x̌čníns ti séʔyaʔs ʔiʔ ti **q̓áyaʔŋi**. *And so the grandparents and the girls were feeling bad.* (AS)} VAR: q̓áyaʔŋi? (EPT; ES; TC) {húy̓ či hiyáʔ, **q̓áyaʔŋi?**, tə́yi. *Please go upstream, girls.* (MJ)}

q̓aysáyɫ pay. *See under:* q̓aʔyəsáyəɫ

q̓ayúƛ̓ən̓ ⟦√q̓ayuƛ̓ən̓ √slug⟧ slug, snail. (TC; AS) ✱They say slugs always get things backwards. When you step on one, it thinks it stepped on you. (MJT) ✱Slugs were used by MJ's grandfather as medicine to prevent whooping cough. (MJT) {**q̓ayúƛ̓ən̓** ʔiʔšátəŋ. *It was Snail walking.* (MJ) | ƛ̓kʷə́ts cə **q̓ayúƛ̓ən̓** ʔiʔ ɫk̓ʷísts. *He got a slug and brought it home.* (MJ) | kʷnít cn cə **q̓ayúƛ̓ən̓** šə́təŋ ʔiyá ʔaʔ tiə ɫx̣ənúkʷən. *I watched the slug walking on the floorboards.* (MJ) | nɫ̓ kʷaʔčaʔ sčix̣ʷáss kʷi ncə́t cə **q̓ayúƛ̓ən̓** cə sxʷʔáwəɫ c ƛ̓kʷnáx̣ʷ č qɫ či xʷə́q̓ʷaʔɫ. *Then my father brought in the slug so that we wouldn't get whooping cough.* (MJ) | ʔúy̓ caʔ čaʔčə́ŋ̓ cə **q̓ayúƛ̓ən̓** ʔiʔ yəcústs tə ʔəŋʔíŋəcs ʔaʔ či sčəyáys ʔiʔ ʔíŋənəs ʔaʔ Markishtum. *When Slug gets home he will tell his grandchildren that he almost stepped on Markishtum.* (MJ)} VAR: q̓ayúƛ̓ən (MJT) VAR: q̓áyuƛ̓ən {hiyáʔ cə **q̓áyuƛ̓ən̓** sqíyŋ. *The slug went outside.* (MJ)}

q̓cə́ct ⟦√q̓c-cut √shrink-rflxv⟧ ☞ q̓ə́c to shrink. (TC; ES) {**q̓cə́ct** cə ɫík̓ʷən. *The gaff hook shrank.* (ES) | hiyáʔ **q̓cə́ct** ʔi ʔuʔtə́s ʔaʔ cə sxʷʔiyás canu snúʔnəkʷ ʔəskʷáʔkʷiʔ. *It went shrinking and got to where that ghost was hidden.* (ES)}

q̓cə́ŋ ⟦√q̓c-ŋ √shrink-mdl⟧ ☞ q̓ə́c to cramp up. (AS,BC) {x̣ənʔáɫ ti suʔ**q̓cə́ŋ**s cə nsx̣ə́naʔ. *I always get cramps in my leg.* (AS)}

q̓cə́t ⟦√q̓c-t √shrink-trns⟧ ☞ q̓ə́c to shrink, compress something. (TC; AS,BC) {**q̓cə́t**s cə ɫík̓ʷəns. *His gaff hook shrank back.* (ES)}

q̓cə́təŋ ⟦√q̓c-t-ŋ √shrink-trns-psv⟧ ☞ q̓cə́t to be cramped, have a cramp. (ES) {**q̓cə́təŋ** cn. *I'm getting cramped.* (AS)}

q̓cə́w̓əč ⟦√q̓c=əw̓ač √shrink=bottom⟧ ☞ q̓ə́c dolphin. ⟪So called because it has a short, cut off tail.⟫ (ES)

q̓cə́k̓ʷən ⟦√q̓cək̓ʷ=ən √scissors=instr⟧ scissors. (AS,BC; AS) {čaʔk̓ʷə́nəxʷ cn kʷi kʷə n**q̓cə́k̓ʷən**. *I just saw my scissors.* (AS) | kʷán kʷi kʷə n**q̓cə́k̓ʷən**. *I lost my scissors.* (AS)}

q̓číq̓əŋ ⟦√q̓čiq̓-ŋ √squeak-mdl⟧ to make a squeaking noise. (ES) {**q̓číq̓əŋ** tə ƛ̓ə́qšən. *The shoes squeak.* (AS)}

q̓éʔ ⟦√q̓iʔ √guts⟧ guts, intestines. (MJT; LC; AS,BC; ES; TC; AS) {ʔáwənə nə**q̓éʔ**. *I've got no guts.* (TC) | sə́q cə **q̓éʔ**s. *His guts were out.* (MJ) | sə́q kʷi kʷə **q̓éʔ** cə q̓əwícəp. *The cougar had large intestines.* (AS) | nɫ̓ suʔƛ̓kʷə́ts cə swéʔwəs cə **q̓éʔ**s ʔiʔ qpə́ts ʔiʔ nuʔáss ʔaʔ cə ƛ̓ác. *Then the young man took his guts, and he gathered them up and put them into his belly.* (MJ) | nɫ̓ suʔkʷáʔəts cə **q̓éʔ**s ʔiʔ stə́ŋ. *Then he let go of his guts and fell.* (MJ)}

q̓éʔyət ⟦√q̓iʔy-t √drape-trns⟧ ☞ q̓éʔyəŋ to hang something up. (HS,ES; ES) VAR: q̓éʔyət (MJT; AS,BC) {hiyáʔ caʔn **q̓éʔyət**. *I'm going to hang it up.* (MJT)} VAR: q̓éʔit (AS; AS,BC) {**q̓éʔit** cn cə kapú. *I hung up my coat.* (AS,BC) | **q̓éʔit** cn cə pípə ʔiyá ʔaʔ tə ʔəstácɫ nəsxʷk̓ʷaʔ k̓ʷənúsəŋ. *I hung up the paper where my window is broken.* (MJ)}

q̓éʔxʷt ⟦√q̓i<ʔ>xʷ-t √knot<actl>-trns⟧ ☞ q̓íxʷt to be tying a knot something, tying something up. {**q̓éʔxʷt** cn. *I'm tying it.* (MJT; AS) | ʔáwə c **q̓éʔxʷt**. *Don't tie it.* (MJT)}

q̓éʔyəŋ ⟦√q̓iʔy-ŋ √drape-mdl⟧ to hang up (food or clothes to dry). (BC) VAR: q̓éʔiŋ (BC; AS,BC) {**q̓éʔiŋ** cn. *I hung it up.* (AS,BC)}

q̓éʔyuʔ ⟦√q̓i<ʔ>yu √preserve<actl>-activ⟧ ☞ q̓éʔyəŋ to be preserving, putting up food by canning or hanging to dry. (AS) {ŋə́n̓ kʷi kʷə ns**q̓éʔyuʔ**. *I preserved a lot of food.* (AS)} VAR: q̓éʔyu (AS)

q̓etəŋínəŋ eating dinner. *See under:* q̓aʔtəŋéʔnəŋ

q̓éyət noon. *See under:* q̓íyt

q̓eytəŋínəŋ eat dinner. *See under:* q̓itəŋínəŋ

q̓ə emphatic. *See under:* q̓

q̓ə́c ⟦√q̓c √shrink⟧ to shrink. (TC) {**q̓ə́c** cə nkapú. *My coat shrank.* (AS)}

q̓ə́ctəŋ ⟦√q̓<ə́>c-t-ŋ<ʔ> √shrink<actl>-trns-psv<actl>⟩ [actual metathesis] ☞ q̓cə́təŋ to be having a cramp. (ES) {**q̓ə́ctəŋ** tiə nəsx̣ə́naʔ. *My leg is cramping.* (ES) | **q̓ə́ctəŋ** tə nəsx̣ə́naʔ. *My leg is cramping.* (ES)}

q̓ə́čqs ⟦√q̓əčqs √coho⟧ [may have the suffix for 'nose'] coho salmon, silver salmon. *Oncorhynchus kisutch.* (LB,CWH; EPT; MJT; AS,BC; ES; TC) {ŋə́n̓ **q̓ə́čqs**. *It's lots of coho.* (MJT) | hiyáʔ či ƛ̓iyán̓ ʔaʔ či **q̓ə́čqs**. *Go look for salmon.* (RS) | nɫ̓ ti suʔhúys ti smə́ʔsts yaʔ ʔiyá ʔaʔ ti ʔəsxʷƛ̓ə́čəŋ sxʷʔiyá ti sŋə́n̓ kʷítšən ʔiʔ ti **q̓ə́čqs**. *Then he finished his choosing there in the hole where there were lots of springs and cohos.* (ES)}

q̓əmáyu Saturday. *See under:* sq̓əmə́yu

q̓əməsə́nət ⟦√q̓m=sən-t √break_off=foot-trns⟧ ☞ q̓əmə́t to cut someone or something's leg off. {**q̓əməsə́nət** cn. *I cut his leg off.* (MJT)}

q̓əmə́yu ⟦√q̓m̓-əyu √break_off-activ⟧ ☞ q̓ə́m̓ [Note that this sounds similar to the word for 'chop', but it is distinct.] cp. q̓əmə́yu
1. to cut short, break off (anything). (ES; AS) {**q̓əmə́yu** cn ʔaʔ cə xʷéʔləm. *I cut the rope off.* (AS)}
2. to take a shortcut. (ES)

q̓ə́m̓ ⟦√q̓m̓ √break_off⟧ to get broken, cut off, chopped. (AS,BC; AS) {q̓ə́m̓ cə x̌ʷéʔləm. *The rope broke off.* (AS)}

q̓ə́m̓c ⟦√q̓əm̓c √search⟧ to search. {q̓ə́m̓c cə sx̌iƛ̓áʔƛ̓qɬ. *The little guy is searching.* (AS)}

q̓ə́m̓cct ⟦√q̓əm̓c-cut √search-rflxv⟧ ☞ q̓ə́m̓c to be digging around searching for (something). (AS,BC,WB; AS,BC; AS) {q̓ə́m̓cct cn. *I'm searching around.* (AS) | q̓ə́m̓cct cn ʔaʔ kʷə nʔáʔiŋ. *I'm searching my house.* (AS) | xənʔáɬ ti nsuʔq̓ə́m̓cct. *I'm always digging around looking for something.* (AS) | ʔuʔq̓ə́m̓cct cn; ƛ̓iʔáŋ cn ʔaʔ kʷi nəscə́saʔqʷ. *I'm digging around; I'm looking for my hat.* (AS)}

q̓ə́m̓ct ⟦√q̓əm̓c-t √search-trns⟧ ☞ q̓ə́m̓c to search, dig around in something. {q̓ə́m̓ct cn t nʔáʔiŋ. *I searched my house.* (AS)}

q̓ə́m̓ctəŋ ⟦√q̓əm̓c-t-ŋ √search-trns-psv⟧ ☞ q̓ə́m̓ct to be searched. {q̓ə́m̓ctəŋ kʷə nʔáʔiŋ. *They searched my house.* (AS)}

q̓əmə́t ⟦√q̓m̓-t √break_off-trns⟧ ☞ q̓ə́m̓ to sever, break or cut something off, cut something to length, shorten something (as a piece of string). (MJT; ES; TC) {q̓əmə́t cn. *I broke it off.* (ES; AS; AS,BC) | q̓əmə́t cn cə nxʷéʔləm. *I cut the rope.* (ES; AS) | q̓əmə́t cn cə ɬíc̓nən. *I cut off the board.* (ES) | q̓əmə́t cn kʷəs xʷéʔləm. *I broke the rope.* (EPT) | níɬ suʔq̓əmə́ts kʷi *So he cut it.* (ES) | q̓əmə́ts canu x̌ʷx̌ʷéʔləm̓s. *He cut his line.* (ES) | suʔq̓əmə́ts cə sxʷʔiyá cə q̓áʔŋi ʔéʔtt. *So they broke off where the girl was sleeping.* (MJ) VAR: q̓əmə́t (EPT; AS) {q̓ə́m̓ət cn. *I broke it, cut it off.* (MJT) | q̓ə́m̓ət caʔ st či sʔúyɬ. *We'll cut off what she's aboard.* (MJ)}

q̓əmə́təŋ ⟦√q̓m̓-t-ŋ √break_off-trns-psv⟧ [metathesis with passive] ☞ q̓əmə́t
1. to be cut off. (ES; AS,BC) {q̓əmə́təŋ kʷsə nəsx̌ə́naʔ. *They cut my leg off.* (EPT) | q̓əmə́təŋ cə xʷéʔləm. *The rope was broken off.* (AS) | suʔq̓əmə́təŋs cə mə́šču ʔaʔ cə táməxs. *Mink broke the eelgrass.* (TC) | q̓əmə́təŋ cn ʔaʔ tiə nsqʷáy. *I was cut off in my speech.* (BC)}
2. Saturday. (ES)

q̓əmə́yuʔ ⟦√q̓<ə́>m̓-əyu<ʔ> √break_off<actl>-activ<actl>⟧ ☞ q̓əmə́yu to be breaking off. (MJT)

q̓əmnáŋ ⟦√q̓m̓-naxʷ-ŋ √break_off-nctrns-psv⟧ ☞ q̓əmnáxʷ to be caught up to by someone. {ʔiʔ níɬ suʔq̓əmnáŋs kʷi šəmáns. *And so they caught up to their enemy.* (ES)} VAR: q̓ə́m̓nəŋ (BC)

q̓əmnáxʷ ⟦√q̓m̓-naxʷ √break_off-nctrns⟧ ☞ q̓ə́m̓ Stem: q̓əmná [stem for third-person and subordinate subjects]
1. to catch up with, intercept someone, cut someone off on their way. (AS,BC) {q̓əmnáxʷ cn. *I caught up to him.* (TC) | q̓əmnás. *He caught up to them.* (TC) | ʔiʔ níɬ suʔq̓əmnáxʷs tə šəmáns. *And so their enemy caught up to them.* (ES) | ƛ̓aʔtáwn kʷsə swéʔwəs ʔiʔ q̓əmnáxʷ cn. *The boy went to town, and I cut him off/caught up with him.* (AS,BC)}
2. to manage to break or cut something off. (MJT) {q̓əmnás tə xʷéʔləm. *He broke the rope (accidentally).* (MJT) | q̓əmnáxʷ ixʷ cn. *I cut it off.* (MJT) | q̓əmnáxʷ u cxʷ. *Did you manage to break it off?* (MJT) VAR: q̓əmnáxʷ (MJT) ☞ q̓ə́m̓

q̓ə́m̓nəŋ be caught up to. See under: q̓əmnáŋ

q̓əm̓q̓ə́m̓ətəŋ ⟦q̓m̓ + √q̓m̓-t-ŋ pl + √break_off-trns-psv⟧ ☞ q̓əmə́təŋ to be cut off (of several things). (MJ) {níɬ č suʔq̓əm̓q̓ə́m̓ətəŋs ʔaʔ mə́šču cə táməxs. *Then Mink cut off the eelgrass.* (TC)}

q̓əm̓q̓əm̓íicən ⟦q̓m̓ + √q̓m̓-icən char + √break_off=back⟧ ☞ q̓əmə́t
1. bee, wasp. (TC; ES)
2. Aldridge Point, named for half-seal petroglyph there. (TC; ES)
3. nickname of TC's nephew-in-law. {hiyáʔ yaʔ cn ƛ̓ácu ʔiʔ q̓əm̓q̓əm̓íicən ʔiʔ cə nəŋə́naʔ. *I went fishing with Ed Connell and my son.* (TC)}

q̓əmisán ⟦√q̓m̓=sən √break_off=foot⟧ ☞ q̓ə́m̓ to cut one's foot. (TC) {q̓əmisán cn ʔaʔ cə sxʷk̓ʷqʷə́m. *I chopped my foot with the axe.* (AS)}

q̓ə́m̓it ⟦√q̓<ə́>m̓-t √break_off<actl>-trns⟧ [actual metathesis] ☞ q̓əmə́t to be breaking, cutting something off, chopping something up. {q̓ə́m̓it cn. *I'm breaking it off.* (AS) | ʔáwə c q̓ə́m̓it cə xʷéʔləm. *Don't break that rope.* (EPT)} VAR: q̓ə́m̓ət {q̓ə́m̓ət cn. *I'm breaking it in two.* (AS,BC)}

q̓əmitə́n iron. See under: qəmtə́n

q̓ə́m̓itəŋ ⟦√q̓<ə́>m̓-t-ŋ<ʔ> √break_off<actl>-trns-psv<actl>⟧ ☞ q̓əmə́təŋ being cut or broken off. {q̓ə́m̓itəŋ cə xʷéʔləm. *The rope was being broken off.* (AS,BC)} VAR: q̓ə́m̓təŋ {q̓ə́m̓itəŋ tə scúɬ. *The wood was chopped.* (AS)}

q̓əmúst ⟦√q̓m̓=us-t √break_off=face-trns⟧ ☞ q̓əmə́t to cut in front of someone, cut someone off, get in someone's way, prevent someone from continuing, head someone off. (ES; AS,BC; AS) {q̓əmúst cn. *I cut him off (on his way).* (AS,BC) | q̓əmúst cn cə músmus. *I cut off the cow (from the others).* (AS)} VAR: q̓əmúst (AS)

q̓əmústəŋ ⟦√q̓m̓=us-t-ŋ √break_off=face-trns-psv⟧ ☞ q̓əmúst
1. to be cut in front of, cut off, headed off by someone. (ES) {q̓əmústəŋ cn. *someone cut in front of me.* (ES) | q̓əmústəŋ cn ʔaʔ kʷə nsqʷáy. *I was cut off in my speech.* (AS)}
2. to be divided. VAR: q̓əmústəŋ (AS,BC) {q̓əmústəŋ cn músmus. *The cow was cut out from the others.* (AS,BC)} VAR: q̓aʔmústəŋ (AS,BC)

q̓ə́ŋaʔt ⟦√q̓əŋaʔ-t √moisten-trns⟧ to dip something to dampen, moisten it, making it partly wet. (LC; HS,ES; AS,BC) {q̓ə́ŋaʔt cn. *I soaked it (the salted fish).* (ES) | q̓ə́ŋaʔts tə cáyəss ʔaʔ cə ɬaʔtíqən qʷúʔ. *She dipped her hand into the hot water.* (MJ)} VAR: q̓ə́ŋət (AS; AS,BC) {q̓ə́ŋət cn ʔaʔ cə qʷúʔ. *I dipped it in the water.* (AS) | q̓ə́ŋət cn cə sxáč ʔaʔ cə smə́c. *I dipped the dried fish into the grease.* (AS)}

q̕áp ⟦√q̕əp √gather⟧ [may be related to word for 'catch something contagious'] *cp.* q̕áp to be gathered, be a group. (EPT; ES,TC; TC; TC,AS,BC; AS) {*q̕áp* st. *We gathered together.* (TC; AS) | táči kʷi scáʔcqən *q̕áp* ʔaʔ kʷi ʔaycłtáyŋxʷ. *The speaker who gathered the people got there.* (AS) | xənə́ł yaʔ ti suʔx̣ʷaʔx̣ʷiyámš kʷi nədad yaʔ ʔəł táŋənəs ʔiʔ *q̕áp* st. *My dad was always telling fairy tales when it was evening, and we'd get together.* (TC)} VAR: q̕áp {*q̕áp* cn hiyáʔ. *I went with a group.* (AS) | čyáy cn ʔiʔ *q̕áp*. *I almost got taken in.* (AS)}

q̕əpə́ŋ gather. *See under:* q̕pə́ŋ

q̕ə́pəŋ ⟦√q̕<ə́>p-ŋ<ʔ> √gather<actl>-mdl<actl>⟧ ☞ q̕pə́ŋ to be gathering, collecting. (ES; TC) {*q̕ə́pəŋ* caʔn. *I'm going to gather.* (ES) | *q̕ə́pəŋ* cn ʔaʔ cə scúł. *I'm gathering firewood.* (ES) | *q̕ə́pəŋ* cn ʔaʔ cə ʔaycłtáyŋxʷ. *I'm gathering the people.* (TC) | *q̕ə́pəŋ* ʔaʔ tə ščúł. *He's gathering wood.* (TC)}

q̕ə́pəyuʔ ⟦√q̕<ə́>p-əyu<ʔ> √gather<actl>-activ<actl>⟧ ☞ q̕pəyu to be gathering (things or people) together. {*q̕ə́pəyuʔ* caʔn. *I'm going to be gathering.* (ES) | *q̕ə́pəyuʔ* cn ʔaʔ cə scúł. *I gathered the wood.* (ES)} VAR: q̕ə́pyu (ES) VAR: q̕əpəyu (ES,TC) {*q̕ə́pəyu* cn ʔaʔ cə scúł. *I'm gathering firewood.* (ES) | *q̕ə́pəyu* cn ʔaʔ cə ʔaycłtáyŋxʷ. *I'm gathering the people.* (TC)}

q̕ə́pt ⟦√q̕<ə́>p-t √gather<actl>-trns⟧ [actual metathesis] ☞ q̕pə́t to be gathering things or people; to be bringing things or people together. (TC) {*q̕ə́pt* cn. *I'm gathering it.* (MJT; LC; TC) | *q̕ə́pt* cn cə scúł. *I'm gathering the wood.* (TC) | kʷ*q̕ə́pt*s kʷi. *She's gathering them now.* (MJT)}

q̕ə́ptəŋ ⟦√q̕<ə́>p-t-ŋ<ʔ> √gather<actl>-trns-psv<actl>⟧ ☞ q̕pə́təŋ being gathered by someone. {*q̕ə́ptəŋ* cə scúł. *They're gathering the wood.* (TC)}

q̕əq̕tiʔúsəŋ go around (dimin). *See under:* q̕aʔq̕tiyúsəŋ

q̕ətəŋínəŋ eat dinner. *See under:* q̕itəŋínəŋ

q̕ətíxəŋ ⟦√q̕ətix-ŋ √rattle-mdl⟧ to rattle, make a rattling sound, shake a rattle. (ES; TC) ⟪Usage: The subject of this verb is the person doing the shaking to make the rattling sound, not the item being shaken.⟫ *cp.* čaʔtíxəŋ {*q̕ətíxəŋ* cn. *I'm shaking a rattle. / I'm rattling.* (TC) | *q̕ətíxəŋ* cn ʔaʔ cə kʷčmín. *I'm rattling/shaking a kʷčmín.* (TC)}

q̕ətxct ⟦√q̕ətix-cut √rattle-rflxv⟧ ☞ q̕ətíxəŋ to rattle, make a rattling sound (of something by itself). (ES; TC) {*q̕ətxct* cn. *I'm rattling (sounds like you've got rocks in your head).* (TC)}

q̕əwáʔəŋ ⟦√q̕uwaʔ-ŋ √eat_raw-mdl⟧ *cp.* x̣áyəŋ to eat fresh clams raw on the beach. (TC; ES) VAR: q̕wáʔəŋ (ES) VAR: q̕úwəŋ (MJT)

q̕əwək̕ʷáyəs ⟦√q̕əwkʷ=ayus √brow=eye⟧ eyebrow. (ES) VAR: q̕əwək̕ʷáys (ES) VAR: q̕əwaʔk̕ʷáyəs (MJT; ES) VAR: q̕əwaʔk̕ʷáys (EPT; AC; TC)

q̕əwičáp ⟦√q̕əwyčəp √cougar⟧ cougar, mountain lion. *Puma concolor*. (ES,TC) {k̕ʷə́nts cə *q̕əwičáp* ʔəsʔéʔtt. *He saw a cougar sleeping.* (MJ) | nəxčŋín ʔaʔ či s*q̕əwičáp*s. *I thought it was a cougar.* (MJ) | čáq kʷi kʷə q̕éʔ cə *q̕əwičáp*. *The cougar had large intestines.* (AS) | tə́xʷ cn ʔaʔ nəxʷtə́qt cə gate ʔiʔ x̣ʼáy kʷəkʷáčəŋ či *q̕əwičáp*. *Just as I closed the gate the cougar started to holler again.* (MJ)} VAR: q̕əwíčəp (MJT; ES) {čáq cə *q̕əwíčəp*. *The cougar is big.* (AS)} VAR: q̕əwičəp (CWH; HJH)

q̕əwq̕əwaʔk̕ʷáyəs ⟦q̕əw+√q̕əwkʷ=ayus pl+√brow=eye⟧ ☞ q̕əwək̕ʷáyəs several eyebrows. (MJT)

q̕əxmín ⟦√q̕əxmin √Indian_consumption_plant⟧ Indian consumption plant, wild celery (especially the seeds). *Lomatium nudicaule*. ✱The seeds of this plant have several uses. They are chewed as medicine for a sore throat. They can be burned or boiled in water as incense. They are soaked in water used to ritually bathe the face and hands after a funeral. (TC; MJT) VAR: q̕x̣mín (TC,AS,BC)

q̕əyaʔq̕əwaʔk̕ʷáys ⟦q̕<aʔy>aʔ+√q̕əwkʷ=ay<ʔ>us dim<pl>+√brow=eye<dim>⟧ ☞ q̕aʔq̕əwaʔk̕ʷáys several small eyebrows. (MJT)

q̕əyáxən ⟦√q̕əy=axan √encircle=arm⟧
1. any fence or enclosing wall around property. (LB,CWH; ES) {q̕ʷaʔyíyəŋ ʔaʔ cə *q̕əyáxən*. *Climb over the fence.* (ES) | čáʔəy̕ ʔaʔ kʷsə *q̕əyáxən* čaʔsə́yuʔ. *He's making a fence, hammering.* (EPT) | čxʷaʔwíyəŋ cn ʔaʔ cə *q̕əyáxən*. *I went inside the fence.* (AS) | čáy ʔaʔ tə *q̕əyáxən*. *He worked on the fence.* (MJ) | čaʔsə́yu kʷsə čáʔəy̕ ʔaʔ či *q̕əyáxən*. *The one that was building a fence was hammering.* (EPT) | sxʷq̕ʷaʔyíyŋs ʔaʔ cə *q̕əyáxən* ʔiʔ nił č suʔcákʷss cə púyəks. *He put his gun down to climb over a fence.* (TC) | nił suʔənʔás nəxʷsəwíŋ ʔaʔ tiə súł ʔiʔ tə́s ʔaʔ tə sxʷʔíyaʔs yaʔ kʷə nəsʔúq̕ʷə ʔiʔ čáq sxcaʔyáw̕txʷ cə čixʷəyáʔəwəł ʔaʔ cə *q̕əyáxən*. *He came along this road and got to where my brother was, and there was a big barn inside the fence.* (ES)}
2. second spit north of Nordland. (LB,CWH) VAR: q̕iyáxən (AS) {ʔənʔá ʔuʔčə́yəxʷ ʔaʔ kʷsə nə*q̕iyáxən*. *They came inside my fence.* (MJ)} VAR: sq̕əyáxən {ʔuʔtłaʔáwəł ʔaʔ cə s*q̕iyáxən*s. *She's on this side of the fence.* (AS)}

q̕əyčqs ⟦√q̕ə<y>čqs √coho<pl>⟧ ☞ q̕əčqs several coho salmon, silver salmon. (EPT) VAR: q̕əyəčqs (MJT)

q̕əy̕čt ⟦√q̕əyčt √squirm⟧ to be squirming around. (ES; AS) {mán ʔuʔ *q̕əy̕čt* cə ŋaʔŋáʔnaʔs. *Her baby was really squirming.* (AS)}

q̕əyéʔč ⟦√q̕yiʔč √elk⟧ elk. *Cervus canadensis*. (LB,CWH; BG,MJT) *cp.* smə́yəc

q̕əyəčc ⟦√q̕əyč-t-c √shelter-trns-1obj/2obj⟧ ☞ q̕əyəčt shelter me; shelter you. {*q̕əyəčc* caʔn. *I'll shelter you.* (TC)}

q̕áyəčt ⟦√q̕əyč-cut √shelter-rflxv⟧ [no metathesis with reflexive] ☞ q̕áyəčt to go to shelter, go leeward, go out of the wind. (TC) {*q̕áyəčt* cn. *I'm going to shelter.* (TC)}

q̕áyəčt ⟦√q̕əyč-t √shelter-trns⟧ ☞ q̕ičíyŋ to shelter someone or something. (AS) {*q̕áyəčt* cn. *I sheltered them.* (AS) | *hiyáʔ caʔ st ʔúxʷ ʔaʔ kʷi sxʷʔiyás ti sq̕áyəčt.* *We'll go over to where we sheltered them.* (AS)}

q̕áyəčtəŋ ⟦√q̕əyč-t-ŋ √shelter-trns-psv⟧ ☞ q̕áyəčt to be sheltered by someone. (TC) VAR: q̕áyčtəŋ (TC)

q̕áyəkʷt ⟦√q̕əykʷ-t √coil-trns⟧ to coil something up (as a rope, hose, etc.), wind something around. (MJT; AS,BC) {*q̕áyəkʷt* cn. *I coiled it up.* (ES) | *q̕áyəkʷt cn cə xʷéʔləm.* *I coiled up the rope.* (ES) | *q̕áyəkʷt cn cə xʷéʔləm ʔaʔ cə sqiyáyŋəxʷ.* *I wound the rope around the tree.* (ES)}

q̕áyəŋ ⟦√q̕əy-ŋ √camp-mdl⟧ to stay overnight, camp out, make camp. (EPT; TC; ES; ES,HS) {*q̕áyəŋ caʔn. I'll stay over night.* (ES,HS; TC,AS,BC,ES) | *q̕áyəŋ u caʔ cxʷ? Are you going to camp?* (ES) | *nił suʔq̕áyəŋł. Then we camped over night.* (AS) | *q̕áyəŋ st ʔaʔqaʔtáy. We stayed overnight at Port Townsend.* (MJ) | *sxʷʔiyás ti sq̕áyəŋs. It's where they camp. / It's their campground.* (MJT) | *q̕áyəŋ yaʔ cn ʔaʔsxʷčkʷíyŋ. I camped at Sequim.* (EPT) | *čáčuʔtxʷəŋ st kʷi; q̕áyəŋ caʔ st. We're putting up camp; we're going to camp.* (MJT) | *q̕áyəŋ caʔ st ʔáła. We'll camp here.* (MJT) | *ʔuʔáła caʔ či sq̕áyəŋł. We'll camp here.* (MJT) | *húʔ tós tə sxʷʔiyás ti sq̕áyəŋs ʔiʔ čáy ʔaʔ ti ʔáʔiŋs ʔaʔ táʔcs sxə́naʔ ti łq̕áts cə suyáʔi ti sčáys ʔáʔiŋs tə sxʷʔáwəs c łáʔłačí. When they got to where they camped they would make their house from eight-foot long mats so that they would make the house not be chilly.* (MJ) VAR: q̕áyŋ (AS)

q̕áyəpct ⟦√q̕<á>yp-cut √curl<actl>-rflxv⟧ ☞ q̕ipə́t to be shrinking, shriveling, curling up. (TC) {*q̕áyəpct* cn. *I shriveled up.* (TC)}

q̕áyəpt ⟦√q̕<á>yp-t √curl<actl>-trns⟧ ☞ q̕ipə́t to be curling something up, shrinking something, making something shrivel up. {*q̕áyəpt* cn. *I shrank it.* (TC)}

q̕áyəq̕ ⟦√q̕əyq̕ √gurgling_sound⟧ to make a choking, gurgling sound. (AS) {*q̕áyəq̕ cə ʔaʔyəcłtáyŋxʷ ʔł súŋs. The people made a choking noise when they smelled it.* (AS)}

q̕əyəw̕áčt ⟦√q̕əy-əw̕ač-t √encircle=bottom-trns⟧ to put a diaper on a baby. (MJT) {*q̕əyəw̕áčt cn cə nŋə́naʔ. I diapered my child.* (AS) | *nsx̕éʔ u či nəsq̕əyəw̕áčt cə nŋə́naʔ? Would you like me to diaper your child?* (AS)} VAR: q̕əyəw̕áčt (MJT)

q̕áyəxʷt ⟦√q̕əyxʷ-t √wrap_around-trns⟧ to wrap something around a pole or tree. (BC; AS,BC) {*q̕áyəxʷt cn cə xʷéʔləm ʔaʔ cə nsnə́xʷł. I wrapped up my canoe's rope around something.* (BC)}

q̕áyəxʷə́n̕əq̕ʷ ⟦√q̕ʷ<əyə>xʷə́n̕əq̕ʷ √purple_urchin<pl>⟧ ☞ q̕ʷxʷə́n̕əq̕ʷ purple sea urchins, sea-eggs. (MJT) VAR: q̕əyəxʷə́n̕əq̕ʷ (MJT)

q̕əyəyúx̌ən ⟦√q̕<əy>ayux̌ən √slug<pl>⟧ ☞ q̕ayúx̌ən several slugs, snails. (MJT)

q̕əyíkʷs ⟦√q̕əy-iws-as √encircle=body-ptcaus⟧ to put something around an object. (AS) {*q̕əyíkʷs* kʷə sŋánt. *Put it around the rock.* (AS) | *q̕əyíkʷs cn ʔaʔ cə xʷéʔləm. I tied the rope around it.* (AS)}

q̕əyłúməčən orcas. See under: qaʔyəłúməčən

q̕əyp ⟦√q̕<y>p √gather<pl>⟧ ☞ q̕ə́p to gather a group, bunch up. (AS)

q̕əypct ⟦√q̕<əy>p-cut √gather<pl>-rflxv⟧ ☞ q̕pə́ct to gather, assemble (of a group people). (AS; AS,BC) {*q̕áypct tə ʔaycłtáyŋxʷ ʔiyá ʔaʔéʔłxʷaʔ. The people gathered at Elwha.* (AS,BC)}

q̕əyúʔəŋ ⟦√q̕iyuʔ-ŋ √preserve-mdl⟧ ☞ q̕éʔyuʔ to preserve, put up food. (AS,BC) {*q̕əyúʔəŋ* st. *We're putting away (for the winter).* (AS)} VAR: q̕áyuʔəŋ (MJ)

q̕əyús ⟦√q̕iy-us √pay-rcpnt⟧ to pay. (AS) {*q̕əyús* cn. *I paid.* (AS) | *hiyáʔ kʷi q̕əyús. He went to pay.* (AS) | *ʔáwə cn c q̕əyús. I didn't pay.* (AS,BC) | *q̕əyús qł cn či ʔənʔá kʷənánət cə ntán. I could pay someone to come help my mother.* (MJ) | *q̕əyús qł cn či čənəŋ kʷaʔ ʔənʔás ʔiʔ čənəŋístən cə ntán. I could pay Shakers to come and shake over my mother.* (MJ) | *q̕əyús ʔaʔ Simon či sʔənʔátəŋs či čənəŋs ʔiʔ čənəŋísts cə táns. Simon paid to have their Shakers brought to shake over his mother.* (MJ) | *ʔáwə cn c q̕əyús ʔaʔ cə nscáʔčaʔ. I didn't pay my friend.* (AS)

q̕əyúsəŋ ⟦√q̕iy-us-ŋ √pay-rcpnt-mdl⟧ ☞ q̕əyús to pay (workers). {*q̕əyúsəŋ* cn. *I paid (my workers).* (AS)}

q̕əyúst pay someone. See under: qaʔyúst

q̕əyústəŋ be paid. See under: qaʔyústəŋ

q̕əyács ⟦√q̕əy<ʔ>=acis √encircle<actl>=hand⟧ sea star, starfish. *Asteroidea* spp. (ES) [probably has the 'hand' suffix] {ttkʷxʷásən *q̕aʔyács.* *nine-pointed star.* (MJT)} VAR: q̕əyács (AS) VAR: q̕aʔyács (MJT; ES)

q̕əyłúməčən orcas. See under: qaʔyəłúməčən

q̕áy̕ŋən ⟦√q̕əy̕=ŋin √camp=piece⟧ ☞ q̕áyəŋ camp, campground. (ES)

q̕áypct ⟦√q̕<əy><ʔ>p-cut √gather<pl><actl>-rflxv⟧ ☞ q̕əypct to be gathering, assembling (of a group people). (AS,BC) {*q̕áypct* st. *We're getting together.* (AS,BC)}

qi emphatic. See under: q̕

qiʔəx̌átən ⟦√qy̕=ax̌an=tən √encircle=arm=instr⟧ arm band. (ES)

qiʔq̕əʔyács ⟦q̕y + √q̕ə<ʔ>y=acis pl + √encircle<actl>=hand⟧ ☞ q̕əyács several sea stars, starfish. (MJT) VAR: qiʔyaʔyács

qi?təŋé?nəŋ   **q̓ɬqác**

(MJT) ⟦√q̓<i?y>ə<?>y=acis √encircle<pl><actl>=hand⟧

qi?təŋé?nəŋ eating dinner. See under: q̓a?təŋé?nəŋ

qičíyŋ ⟦√q̓əyč-iy-ŋ √shelter-dev-mdl⟧ to go to shelter. {hiyá? st kʷánəŋət **qičíyŋ**. Let's go run to shelter. (AS)}

qipé?qʷəŋ ⟦√q̓yp=i?qʷ-ŋ √curl=head-mdl⟧ ☞ sq̓əyp to curl hair, get a perm. {**qipé?qʷəŋ** ca?n. I'm going to curl my hair. (BC; AS) | hiyá? ca?n **qipé?qʷəŋ**. I'm going to go get a perm. (AS) VAR: qi?pé?qʷəŋ {**qi?pé?qʷəŋ** u cxʷ? Are you curling your hair? (MJT)}

qipé?qʷəŋiyɬ ⟦√q̓yp=i?qʷ-ŋ-iyɬ √curl=head-mdl-go⟧ ☞ qipé?qʷəŋ to go to get one's hair curled, go to get a perm. (AS,BC) {**qipé?qʷəŋiyɬ** cn. I'm going to get a perm. (AS)}

qipə́t ⟦√q̓yp-t √curl-trns⟧ to curl something, make something curly. {**qipə́t** cn cə n̓si?átən. I curled your hair. (AS)}

qipə́təŋ ⟦√q̓yp-t-ŋ √curl-trns-psv⟧ ☞ qipə́t to be curled by someone or something. (BC) {**qipə́təŋ** cə nsi?átən. My hair is curled. (AS,BC)}

qipúysəŋ ⟦√q̓yp=uyəs-ŋ √curl=forehead-mdl⟧ ☞ q̓əyp to curl one's hair. {**qipúysəŋ** cn. I'm curling my hair. (AS)}

qiq̓ə́p ⟦q̓y+√q̓p pl+√gather⟧ ☞ q̓ə́p
1. to gather together, assemble (several peoples). {**qiq̓ə́p** ti?ə ?a?yəxʷíyŋəxʷ. The tribes gathered together. (MJT) | **qiq̓ə́p** tə su?á?wəs The young men were gathered. (MJ)}
2. a gathering, assembly. {níɬ su?tə́ss tə **qiq̓ə́p**. Then they got to the gathering. (MJ) | hiyá? cn ?úxʷ ?a? cə **qiq̓ə́p**. I went over to the gathering. (MJ)}

qiq̓ə́yč̓t ⟦q̓y+√q̓əyč̓t pl+√squirm⟧ ☞ q̓ə́yč̓t to be squirming around a lot or of several. {**qiq̓ə́yč̓t** cn. I'm squirming around. (AS)}

qiq̓ə́yəq ⟦q̓y+√q̓əyq pl+√tangle⟧ ☞ ?əsq̓ə́ya?q to be tangled up (as a rope, for example). (ES; AS,BC) VAR: qiq̓ə́yəq̓ (MJT)

qiq̓ə́yəqt ⟦q̓y+√q̓əyq-t pl+√tangle-trns⟧ ☞ qiq̓ə́yəq to tangle something up. {**qiq̓ə́yəqt** cn. I tangled it up. (AS)}

qiq̓ə́yəqtəŋ ⟦q̓y+√q̓əyq-t-ŋ pl+√tangle-trns-psv⟧ ☞ qiq̓ə́yəq to be tangled by someone or something. (AS,BC)

qiq̓ə́yəx̣ ⟦q̓y+√q̓əyx̣ pl+√tangle⟧ to be tangled. (TC; AS,BC) cp. qiq̓ə́yəq

qiq̓x̣əyu?íyɬ ⟦q̓y+√q̓x̣-əyu-iyɬ pl+√clam-activ-go⟧ ☞ q̓x̣əyu? to be going to a clam digging beach. (MJT)

qitəŋínəŋ ⟦√qiyt=ŋin-ŋ √noon=piece-mdl⟧ ☞ q̓íyt to eat lunch, dinner, have a noon meal. (EPT; ES,TC; ES; AS) {kʷə́yts tə šəč̓ə́ña?s ?íɬənt **qitəŋínəŋ**. He spilled his clams we were eating for our dinner. (AS)} VAR: q̓ətəŋínəŋ (TC; AS,BC) {**q̓ətəŋínəŋ** ca?. It'll be our lunch. (MJT)} VAR: q̓eytəŋínəŋ (AS,BC)

{hiyá? ca? st **q̓eytəŋínəŋ**. We're going to go have lunch. (AS,BC)} VAR: qiytəŋínəŋ (AS)

q̓iwayət ⟦√q̓iway-t √hang-trns⟧ [This seems to be a suppletive actual.] ☞ q̓é?əyət to be hanging something up. {kʷɬ**q̓íwayət** cn. I'm hanging it up now. (MJT)}

q̓íxʷ¹ ⟦√q̓ixʷ √knot⟧ to be knotted, tied up. (TC; AS,BC) {**q̓íxʷ** cə nx̣̓ə́q̓šən. My shoes are tied. (AS)}

q̓íxʷ² ⟦√q̓ixʷ √west_wind⟧ west wind, the wind that brings rain. (EWH; EPT; TC; ES; AS,BC) {níɬ kʷi **q̓íxʷ** sčún. It's the west wind. (AS)} VAR: q̓íxʷ (LST)

q̓íxʷi¹ ⟦√q̓ixʷ-iy √knot-dev⟧ ☞ q̓íxʷ to be interlaced, knotted. (AS,BC) {**q̓íxʷi** či. Knot it up. (AS,BC)}

q̓íxʷi² blue. See under: k̓ʷíxʷi

q̓íxʷt ⟦√q̓ixʷ-t √knot-trns⟧ ☞ q̓íxʷ to tie a knot in something, tie something up. (ES; AS,BC) {**q̓íxʷt** ca?n. I'm going to tie it. (MJT) | ?ən?á či **q̓íxʷt** tiə. Come tie this up. (EPT) | kʷɬ**q̓íxʷt** cn. I tied it. (MJT) | **q̓íxʷt** cn cə snə́xʷɬ. I tied up the canoe. (AS)} VAR: q̓xʷít {**q̓xʷít** tə n̓sqʷuŋəɬč məhúy̓. Tie your alder basket. (MJT)}

q̓íxi ⟦√q̓ix-iy √black-dev⟧ ☞ ?ənəq̓íx to get black. (AS,BC) {hú? ca? cxʷ húynəxʷ či ?ən̓spčú? ?i? **q̓íxi**. When you finish your basket, it will get black. (MJ) | xʷə́ŋ ti s**q̓íxis** It will get black fast. (MJ)}

q̓íxʷ west wind. See under: q̓íxʷ

q̓iyáx̣ən fence. See under: q̓əyáx̣ən

q̓íyt ⟦√q̓iyt √noon⟧ noon, mid-day. (TC; AS,BC) {či?áw **q̓íyt**. afternoon. (AS,BC) | čiyáy **q̓íyt**. Late morning. (AS,BC) | tú?xʷ **q̓íyt**. It's twelve o'clock noon. (TC) | kʷɬčiyáyə **q̓íyt**; ?ə́mət či. Almost half the day's gone now; get up! (MJT) | níɬ nsu?xʷún ?a? t či?áw ?a? **q̓íyt**. Then I cried in the afternoon. (MJ) | x̌áy ca? st ?u? táči ?a? či kʷáči či?áwə **q̓íyt**. We'll come tomorrow afternoon, too. (EPT)} VAR: q̓íyət (ES; TC) {kʷɬ**q̓íyət** čən?íɬən. It was already noon, time to eat. (ES) | či?áw **q̓íyət** Afternoon. (ES)} VAR: q̓éyət (EWH; ES; TC; BC) {nút ca? st ?a? tiə **q̓éyət**. We're going to eat it at noon. (MJT)} VAR: q̓éyt (BC; AS; AS,BC,AS,BC) {?á?i? ya? tə skʷáči ?i? kʷa?kʷé?iŋ ?a? kʷi či?áw ?a? **q̓éyt**. The weather was nice, but it turned bad in the afternoon. (AS)}

q̓iytəŋínəŋ eat dinner. See under: qitəŋínəŋ

q̓iyú?əŋ storing. See under: q̓a?yú?əŋ

q̓ɬa?áwəɬ ⟦√q̓ɬ=ə?əw<ˀ>-ɬ √lie_across=side<actl>-dur⟧ to be crosswise, lying across each other as downed trees in the woods. (MJ) VAR: q̓ɬá?wəɬ (AS,BC) {**q̓ɬá?wəɬ** tə sčúɬ. The wood is lying crosswise. (AS,BC)}

q̓ɬálc ⟦√q̓ɬ=alc √sea=water⟧ [analysis uncertain - probably a mishearing of the usual word for 'sea'] cp. x̌ɬálc salt water. (LBH)

q̓ɬqác ⟦√q̓ɬqac √thorn⟧ [analysis uncertain] thorn. (LBH)

q̓łúməčən ⟦√q̓łumčn √orca⟧ blackfish, orca, killer whale. *Orcinus orca.* (LB,CWH; MV; EPT; LC; AS,BC; ES) ✱When the blackfish is about to die it goes into a hole in Discovery Bay known as q̓łuməčənáwtxʷ, the home of the orcas, or súł ʔəʔ q̓łuməčən, orca road. The deep hole leads to a cave, which leads to a pond up on the land. When the dying orcas arrive at the pond, they turn into people. This is one reason why the Klallam people never harm an orca; it might be a relative. (ES) {nəčtíŋ ʔiʔ txʷəʔq̓łuməčən. *It was changed and became a blackfish.* (ES) | níł kʷi nuʔčóq cə čxʷə́yuʔ txʔúxʷ ʔəʔ cə **q̓łuməčən.** *The whale is bigger than the blackfish.* (ES) | háʔnət cn cə **q̓łúməčən.** *I thank the blackfish.* (TC,AS,BC) | kʷənáŋəc u q̓ł cxʷ, **q̓łúməčən?** *Could you help me, Blackfish?* (MJ) | suʔx̌ʷə́təŋs ʔəʔ cə **q̓łúməčən.** *So she was taken by the blackfish.* (AA) | ʔuʔk̓ʷəńít cn ʔiʔ kʷłxʷtíŋtəŋ ʔəʔ cə **q̓łúməčən.** *I was watching them, and they got jumped on by the blackfish.* (TC) | ncáxʷ yaʔ kʷi nəsx̌ácu ʔiyá ʔəʔsxʷk̓ʷtúʔəŋ ʔiʔ kʷłtáči cə ŋə́ń **q̓łúməčən.** *One time I was fishing at Raven Place, and many blackfish got there.* (TC) | ʔúxʷ ʔəʔ súł ʔəʔ **q̓łuməčən** ʔəł hiyáʔs ʔúxʷ ʔəʔ ti cə́yəł. *They go to the blackfish road when they go to the lake.* (MJ) | ŋə́ń cə pə́wi, x̌ʷə́čt, scə́məkʷ ʔiya ʔəʔ cə sxʷʔíyas ti **q̓łuməčən** ʔəʔ sxʷʔíyas nəwíyŋ ʔəʔ tə ʔəscə́yqʷ. *There were lots of flounders, grunt-fish, bullheads there where the blackfish go into the hole.* (MJ)}

q̓łuməčənáwtxʷ ⟦√q̓łuməčən=awtxʷ √orca=house⟧ ☞ q̓łúməčən home of the blackfish. ✱Where blackfish go when they die, a pond that can be got to by diving into a cave under water. Blackfish turn into people there. Thought to be in Discovery Bay. (HS,BC,ES) {níł č kʷi sxʷʔiyáʔs ti q̓łúməčən ʔiyá ʔəʔ ti **q̓łuməčənáwtxʷ.** *That's where the blackfish are at the blackfish home (in Discovery Bay).* (AS)} VAR: q̓aʔiłəmčənáwtxʷ (EWH) ⟪Harrington places this "near Green Point, east of Twin Rivers".⟫

q̓miʔáxt ⟦√q̓m̓-iʔ=əxən-t √break_off-ext=arm-trns⟧ ☞ q̓əmə́t to cut someone or something's arm off. {**q̓əmiʔáxt** cn. *I cut his arm off.* (MJT)}

q̓péʔŋəł ⟦√q̓p-i<ʔ>ŋł √gather-cstm<actl>⟧ ☞ q̓pə́ŋ to be gathering. {**q̓péʔŋəł** cn ʔəʔ cə scúł. *I'm gathering the wood.* (TC)}

q̓páct ⟦√q̓p-cut √gather-rflxv⟧ ☞ q̓pə́t to gather, assemble (of people), come together, crowd together. (MJT; ES; ES,TC) {**q̓páct** st ʔiʔ hánəčəŋ. *We'll get together and talk business.* (ES) | sxʷʔiyás ti s**q̓páct**s ti ʔayc̓łtáyŋxʷ. *It's where the people gathered.* (AS,BC)}

q̓pə́ŋ ⟦√q̓p-ŋ √gather-mdl⟧ ☞ q̓ə́p to gather, collect. (ES; AS,BC) {**q̓pə́ŋ** cə skʷáqəŋ. *Gather the flowers.* (AS)} VAR: q̓əpə́ŋ (ES)

q̓pə́t ⟦√q̓p-t √gather-trns⟧ ☞ q̓ə́pəŋ to gather, join things or people; to bring things or people together. (ES; ES,TC; AS,BC; TC,AS,BC; TC) {**q̓pə́t** cn. *I gathered it.* (MJT; ES; TC) | **q̓pə́t** cn cə scúł. *I gathered the firewood.* (ES) | **q̓pə́t** či sʔíłən. *Gather food.* (ES) | **q̓pə́t** či nsʔíłən či n̓q̓ʷúʔ. *Gather your food, your water.* (ES) | **q̓pə́t**s či ŋə́ń ʔiʔiyə́m suʔwə́yqaʔ. *They gathered many strong men.* (ES) | **q̓pə́t**s č kʷaʔčáʔ ʔəł ʔíłəns cə kʷítšən. *They gathered the spring salmon and ate.* (MJ) | níł suʔx̌kʷə́ts cə swéʔwəs cə q̓éʔs ʔiʔ **q̓pə́t**s ʔiʔ nuʔáss ʔəʔ cə x̌ác. *Then the young man took his guts, and he gathered them up and put them into his belly.* (MJ) | níł č suʔ**q̓pə́t**s cə q̓ayaʔni ʔiʔ ʔáxən kʷłi ʔəłʔúł yaʔ, "ʔáw c̓əʔnəŋ." *So they gathered the young women, and ʔəłʔúł said, "Don't show yourselves."* (AS)}

q̓pə́təŋ ⟦√q̓p-t-ŋ √gather-trns-psv⟧ ☞ q̓pə́t to be gathered, collected by someone. {**q̓pə́təŋ** cə scúł. *Someone gathered the firewood.* (ES) | ʔsqʷə́y̓š yaʔ cn. nəsuʔ**q̓pə́təŋ**. *I was scattered. So they gathered me up.* (TC) | níł suʔhúył ʔiʔ **q̓pə́təŋ** cə scáʔyəm̓ ʔiʔ ʔúŋəst ʔəʔ Gypsy. *Then we finished and gathered the bones and gave them to Gypsy.* (MJ)}

q̓pə́yu ⟦√q̓p-əyu √gather-activ⟧ ☞ q̓ə́p to gather (things or people) together. {**q̓pə́yu** ʔəʔ či scúł. *Gather some wood.* (ES) | **q̓pə́yu** cn ʔəʔ cə scúł. *I gathered firewood.* (TC) | **q̓pə́yu** cn ʔəʔ cə ʔəc̓łtáyŋxʷ. *I gathered the people.* (TC) | **q̓pə́yu** cn ʔəʔ cə ʔayc̓łtáyŋxʷ. *I gathered the people.* (TC)}

q̓psícəŋ ⟦√q̓p-sít-cəŋ √gather-bene-2obj⟧ ☞ q̓psít gather for you. {**q̓psícəŋ** cn. *I gathered it for you.* (TC)}

q̓psít ⟦√q̓p-sít √gather-bene⟧ ☞ q̓ə́p to gather (something) for someone. {**q̓psít** yaʔ cn ʔəʔ cə skʷəʔyáqəŋ. *I gathered the flowers for her.* (AS)}

q̓psítəŋ ⟦√q̓p-sít-ŋ √gather-bene-psv⟧ ☞ q̓psít to have something gathered for one. {**q̓psítəŋ** cn. *They gathered it for me.* (TC)}

q̓pə́yu ⟦√q̓ap-əyu √contagion-activ⟧ ☞ q̓ə́p to be spreading disease. (TC) {**q̓pə́yu** cxʷ. *You're spreading a disease.* (TC)}

q̓q̓aʔkʷáʔnəŋ ⟦q̓ + √q̓ə<ʔ>kʷ=an-ŋ<ˀ>⟧ incep + √complain<actl>=ear-mdl<actl>⟧ ☞ q̓aʔkʷáʔnəŋ to be starting to complain. (MJT) {**q̓q̓aʔkʷáʔnəŋ** caʔ. *She's going to complain.* (MJT)}

q̓q̓aʔnítəŋ ⟦q̓ + √q̓aʔni-t-ŋ<ˀ>⟧ incep + √threaten-trns-psv<actl>⟧ ☞ q̓aʔnítəŋ being threatened. (TC) {**q̓q̓aʔnítəŋ** ʔəʔ či sxiyáʔəs snáyaʔnəkʷ q̓ʷəʔčútənayŋən. *He was being threatened by the bad ghosts who wanted to kill him.* (ES) | níł suʔyaʔyaʔníts či sqʷáqʷiʔs canu snáyaʔnəkʷ kʷəʔ **q̓q̓aʔnítəŋ** či syáʔtəŋs ʔəʔ či sqʷčútəŋs. *Then he was listening to those ghosts that were threatening to get ready to kill him talking.* (ES) | **q̓q̓aʔnítəŋ** ʔəʔ či sxiyáʔəs snáyaʔnəkʷ q̓ʷəʔčútənayŋən. *He was being threatened by the bad ghosts who wanted to kill him.* (ES) | níł suʔyaʔyaʔníts či sqʷáqʷiʔs canu snáyaʔnəkʷ kʷəʔ **q̓q̓aʔnítəŋ** či syáʔtəŋs ʔəʔ či sqʷčútəŋs. *Then he was listening

q̓q̓áʔq̓aʔŋiʔ

to those ghosts that were threatening to get ready to kill him talking. (ES)}

q̓q̓áʔq̓aʔŋiʔ ⟦q̓+q̓aʔ+√q̓aʔŋiʔ pl+dim+√girl⟧ ☞ q̓aʔq̓áʔŋiʔ *a group of small young women.* (ES)

q̓q̓aʔyúst ⟦q̓+√q̓i<ʔ>y-us-t incep+√pay<actl>-rcpnt-trns⟧ ☞ q̓aʔyúst *to start to pay someone (for something).* (MJ) {*q̓q̓aʔyúst* či! *Go pay him!* (AS) | *q̓q̓aʔyúst* cn cə swéʔwəs. *I'm heading to pay the boy.* (AS)}

q̓q̓əyəw̓áčt ⟦q̓+√q̓əy=əwač-t incep+√encircle=bottom-trns⟧ ☞ q̓əyəw̓áčt *to start putting a diaper on a baby.* {kʷɬ*q̓q̓əyəw̓áčt* cn. *I'm putting a diaper on the baby.* (MJT) | *q̓q̓əyəw̓áčt* cn cə nŋə́na*ʔ*. *I'm diapering my child.* (AS)}

q̓sɬnáyətəŋ ⟦√q̓s=ɬnay-t-ŋ √ʔ=neck-trns-psv⟧ [root here may be related to the root meaning 'around'] *cp.* q̓taʔáw̓əɬ *to have something hung around one's neck by someone.* {suʔ*q̓sɬnáyətəŋ*s ʔaʔ kʷsi táns ʔaʔ cə sq̓x̣óyuʔ. *His mother hung clams around his neck.* (MJ) | suʔ*q̓sɬnáyətəŋ*s cə swéʔwəs ʔaʔ cə sq̓x̣óyuʔ. *So she put the clams around the boy's neck.* (MJ)}

q̓taʔáw̓əɬ ⟦√q̓t=əʔəw<ʔ>-ɬ √around=side<actl>-dur⟧ *to go around (something).* (TC) {*q̓taʔáw̓əɬ* cn. *I'm going around it.* (TC) | suʔhiyáʔs *q̓taʔáw̓əɬ* ʔaʔ cə sqayʔaʔqiyáyŋxʷ. *So he went around the little trees.* (ES) | nɬ suʔcɬə́ŋs cə kʷɬčə́q ʔiʔ ʔənʔá *q̓taʔáw̓əɬ* ʔaʔ cə wagon. *Then the old woman stood and came around the wagon.* (ES)}

q̓taʔáw̓əɬtəŋ ⟦√q̓t=əʔəw<ʔ>-ɬ-txʷ-ŋ √around=side<actl>-dur-inancaus-psv⟧ ☞ q̓taʔáw̓əɬtxʷ *to be put around (something) by someone or something.* {*q̓taʔáw̓əɬtəŋ* cn. *They put me around (it).* (TC)}

q̓taʔáw̓əɬtúŋə ⟦√q̓t=əʔəw<ʔ>-ɬ-txʷ-uŋə √around=side<actl>-dur-inancaus-2obj⟧ ☞ q̓taʔáw̓əɬtxʷ *put you around.* {*q̓taʔáw̓əɬtúŋə* cn. *I put you around (it).* (TC)}

q̓taʔáw̓əɬtxʷ ⟦√q̓t=əʔəw<ʔ>-ɬ-txʷ √around=side<actl>-dur-inancaus⟧ ☞ q̓taʔáw̓əɬ *to put something around (something).* {*q̓taʔáw̓əɬtxʷ* cn. *I put it around.* (TC)}

q̓taʔwíyəŋ ⟦√q̓t=əʔəw-iy-ŋ √around=side-dev-mdl⟧ *to go around (something).* {*q̓taʔwíyəŋ* caʔn. *I'm going to go around (the house).* (TC)}

q̓taʔwíyɬ ⟦√q̓t=əʔəw-iyɬ √around=side-go⟧ *to go, wrap around, under, encircle (especially vertically).* ⟨⟨possibly related to the word for noon⟩⟩ *cp.* q̓íyt {*q̓taʔwíyɬ* cn ʔiʔ čaʔtáči cn. *I went around, and I just got here.* (AS)} VAR: q̓tawéyɬ (AS,BC) {*q̓tawéyɬ* cn. *I went under in a circle.* (AS)}

q̓taʔyéʔqʷ ⟦√q̓t-əʔy=iʔqʷ √around-ext=head⟧ *top, crown of the head.* (ES) {ŋə́ŋ́ kʷi tə siʔátəns ʔaʔ kʷə *q̓taʔyéʔqʷ*s kʷə nsíyaʔ. *My grandfather had lots of hair on top of his head.* (AS)}

q̓tawyéʔ ⟦√q̓t=əʔəw-i<ʔ>y √around=side=dev<actl>⟧ *cp.* q̓taʔwíyɬ *to be wrapped around, encircle horizontally.* (AS) {*q̓tawuyéʔ* cn. *I wrapped.* (AS) | ʔuʔ*q̓tawyé·ʔ* canu čə́saʔ. *Those two were wrapped around.* (ES)}

q̓táw̓txʷ ⟦√q̓t=aw̓txʷ √around=house⟧ [root /q̓t/ indicates an edge or periphery] *to go, walk around the house or any building.* (MJT; ES) {hiyáʔ caʔ st *q̓táw̓txʷ* ʔaʔ cə ʔáʔiŋ. *We'll go around the house.* (AS)}

q̓tə́qsən ⟦√q̓t=əqsən √around=nose⟧ *go around a point of land.* {nɬ nəsuʔ*q̓tə́qsən* ʔiʔ kʷə́nəxʷ cn tə ŋús ʔóyaʔyəŋ. *I came around the point, and I saw four houses.* (MJT)}

q̓tiʔúsəŋ ⟦√q̓t-iʔ=us-ŋ √around-ext=face-mdl⟧ *to go around (something).* (AS) {*q̓tiʔúsəŋ* cn ʔiyá ʔaʔ kʷɬi nscəyíqʷ. *I went around there to my berries.* (AS)} VAR: q̓tiyúsəŋ (AS,BC) VAR: q̓túsəŋ {*q̓túsəŋ* yaʔ cn ʔaʔ kʷɬə nscəyíqʷ. *I went around to the fruit.* (AS) | *q̓tiyúsəŋ* yaʔ kʷə kʷi ʔaʔyəcɬtáyŋxʷ. *The people went around.* (AS)}

q̓túcən ⟦√q̓t=ucin √around=mouth⟧ *to follow the edge of the water (in a canoe or on foot), going along close to the shore on the beach or in the water.* (TC; AS) {*q̓túcən* cn. *I'm going along the beach.* (TC) | šátəŋ č cə mə́ščˇu *q̓túcən* ʔaʔ cə cácu. *Mink was walking along the edge of the water on the beach.* (TC) | šátəŋ ʔiʔ*q̓túcən* cə mə́ščˇu ʔaʔ cə cácu. *Mink was walking along the beach.* (TC)}

q̓túsəŋ *go around. See under:* q̓tiʔúsəŋ

q̓tústxʷ ⟦√q̓t=us-txʷ √around=face-caus⟧ *to take something or someone around (some object).* (AS) {hiyáʔ caʔ st ʔuʔ*q̓tústxʷ* kʷsə q̓áʔŋi. *We'll go take the girl around.* (MJ)}

q̓túysən ⟦√q̓t=uyəs=ən √around=forehead=instr⟧ ☞ q̓tiʔúsəŋ *headband, a bandage around the head; barrel band.* (TC; ES) VAR: q̓tiʔúsən (ES; AS) VAR: sq̓túysən (TC) VAR: sq̓túyəsən (TC)

q̓úw̓əŋ *eat on beach. See under:* q̓əwáʔəŋ

q̓wáʔəŋ *eat on beach. See under:* q̓əwáʔəŋ

q̓xʷə́w̓əɬ ⟦√q̓xʷə́w̓əɬ √west_tribe⟧ [probably has root meaning 'west wind'] *cp.* q̓íxʷ *a Klallam tribe from the west end of Klallam territory.* (LB,CWH)

q̓xʷít *tie knot in it. See under:* q̓íxʷt

q̓x̣ə́yuʔ ⟦√q̓x̣-əyu √clam-activ⟧ *to dig clams.* (LBH; MJT) {hiyáʔ či *q̓x̣ə́yuʔ*. *Let's go digging clams.* (EPT) | kʷikʷiyáy ʔəɬ *q̓x̣ə́yuʔ*s. *She was good at digging clams.* (MJT) | hiyáʔ st *q̓x̣ə́yuʔ* ʔaʔ tiə ʔáynəkʷ. *We went clam digging today.* (LC) | ʔúy̓ q kʷə či čə́q ti stáčəŋ ʔiʔ hiyáʔ ɬcú cə q̓áʔŋi ʔiʔ *q̓x̣ə́yuʔ*. ʔətənístxʷs tə ŋə́nəŋənaʔs. *When there would be a big low tide, the girl went to the beach digging clams to feed her children.* (MJ)}

q̓x̣mín *Indian consumption plant. See under:* q̓əx̣mín

qʷ

qʷaʔánəxʷ ⟦√qʷ<əʔ>an-naxʷ √call<actl>-nctrns⟧ ☞ qʷánəxʷ
1. to be calling to come. (AS)
2. to call for rain, predict rain, make rain. (TC; ES,TC) VAR: qʷaʔánxʷ (ES)

qʷaʔántəŋ ⟦√qʷ<əʔ>an-t-ŋ √call<actl>-trns-psv⟧ ☞ qʷánəs being called to come, being invited. {*qʷaʔántəŋ* cn. *I was being called to come.* (AS)} VAR: qʷaʔánətəŋ {ʔáwə cn c *qʷaʔánətəŋ*ən. *I wasn't invited.* (TC)}

qʷaʔánsəŋ ⟦√qʷ<aʔ>an<ʔ>-as-ŋ<ʔ> √call<actl>-ptcaus-psv<actl>⟧ ☞ qʷánsəŋ being called, invited to come by someone. {*qʷaʔánsəŋ* cn. *Someone's calling me.* (ES) | *qʷaʔánsəŋ* cn ʔaʔ cə xʷanítəm. *The white man is calling me.* (ES) | *qʷaʔánsəŋ* ʔaʔ či čʔéʔɬxʷaʔ kʷaʔ ʔənʔás. *They were being called by the Elwhas to come.* (ES)} VAR: qʷánsəŋ ⟦√qʷan<ʔ>-as-ŋ √call<actl>-ptcaus-psv⟧ {ʔuʔháwə cn ʔaʔ kʷə nəs*qʷánsəŋ*. *I refused when they invited me.* (MJT)}

qʷáʔən ⟦√qʷaʔn √mosquito⟧ mosquito. *Culicidae spp.* ✻ Indian doctors with mosquito spirit power can take a straw and suck sickness from a person's body. (ES; TC)

qʷaʔónəkʷ ⟦√qʷuʔ=ənukʷ √water=ground⟧ a little spit on the west side of Scow Bay going south where a creek comes in. (LB,CWH)

qʷáʔəns ⟦√qʷa<ʔə>n-as √call<actl>-ptcaus⟧ ☞ qʷánəs to be calling to someone to come. {ʔúxʷnəs cn ʔiʔ ʔáwə kʷaʔ ʔánəɬs ʔaʔ tə nəs*qʷáʔəns*. *I went after her, and she didn't obey when I called her to come.* (MJ)}

qʷáʔiʔšt scattering it. See under: qʷóyšt

qʷaʔiní ⟦√qʷ<aʔy>ni √gull<pl>⟧ ☞ qʷəní a group of seagulls.

qʷáʔis boiling. See under: qʷóys

qʷaʔmíc ⟦√qʷmi-t-c √blame-trns-1obj/2obj⟧ ☞ qʷaʔmít blame me; blame you. {*qʷaʔmíc* u cxʷ? *Did you accuse me? / Do you blame me?* (ES; AS) | *qʷaʔmíc* cn. *I blame you.* (AS) | ƛ̓áy cn ʔu? *qʷaʔmíc. I also blame you.* (AS)}

qʷaʔmít[1] ⟦√qʷmi-t √blame-trns⟧ to blame, accuse someone. (AS) {*qʷaʔmít* cn cə swóyqaʔ. *I blamed the man.* (AS) | ʔuʔ*qʷaʔmít* u cxʷ? *Did you blame him?* (AS) | xənʔáɬ ti suʔ*qʷaʔmít*s cə sɬánis. *He always blames his wife.* (AS)} VAR: qʷaʔŋít (AS)

qʷaʔmít[2] hug someone. See under: qʷúyaʔmət

qʷaʔmítəŋ ⟦√qʷmi-t-ŋ √blame-trns-psv⟧ ☞ qʷaʔmít being blamed, accused. {*qʷaʔmítəŋ* cn. *Someone is blaming/accusing me. / They blamed me.* (ES,HS; ES; AS)}

qʷaʔnít ⟦√qʷa<ʔ>n-ŋi-t √call<actl>-rel-trns⟧ ☞ qʷánəs to call someone to come. {*qʷaʔnít* cn kʷə sʔúq̓ʷaʔ. *I called my brother to come.* (AS)}

qʷaʔnítəŋ ⟦√qʷa<ʔ>n-ŋi-t-ŋ √call<actl>-rel-trns-psv⟧ ☞ qʷaʔnít being talked to. (ES; AS,BC) {*qʷaʔnítəŋ* cn ʔaʔ cə q̓áʔŋi. *The girl talked to me.* (AS) | *qʷaʔnítəŋ* či sʔənʔás ʔíɬən. *They were told to come eat.* (AS)} VAR: qʷántəŋ {*qʷántəŋ* cn ʔaʔ cə q̓áʔŋi. *The girl talked to me.* (AS)} VAR: qʷaʔŋítəŋ (AS,BC)

qʷaʔqʷaʔáyŋəṅ ⟦qʷuʔ+√qʷuʔ-ayŋəṅ char+√water-want⟧ ☞ qʷúʔqʷaʔ to be thirsty, want to drink. {*qʷaʔqʷaʔáyŋəṅ* cn. *I'm thirsty.* (EPT)}

qʷaʔqʷaʔéyəs knife. See under: qʷəqʷaʔéyəs

qʷaʔqʷáʔɬs ⟦qʷaʔ+√qʷə<ʔ>ɬs dim+√smelt⟧ ☞ qʷáɬs small smelt. (ES)

qʷaʔqʷaʔnít ⟦qʷuʔ+√qʷuʔ-ŋi-t char+√water-rel-trns⟧ ☞ qʷúʔqʷaʔ to drink something. {*qʷaʔqʷaʔnít* cn. *I drank it.* (MJT; AS) | kʷɬ*qʷaʔqʷaʔnít*s. *He's right now drinking it.* (MJT) | *qʷaʔqʷaʔnít* cn cə qʷúʔ. *I drank the water.* (AS)} VAR: qʷuʔqʷaʔnít {*qʷuʔqʷaʔnít* cn. *I drank it.* (BC)}

qʷaʔqʷaʔnítəŋ ⟦qʷuʔ+√qʷuʔ-ŋi-t-ŋ char+√water-rel-trns-psv⟧ ☞ qʷaʔqʷaʔnít to be given something to drink. {nuʔáŋ ʔaʔ ti kə́p ʔiʔ *qʷaʔqʷaʔnítəŋ*. *It's put into a cup and drunk.* (TC)}

qʷaʔqʷaʔŋítəŋ ⟦qʷaʔ+√qʷa<ʔ>n-ŋi-t-ŋ dim+√call<actl>-rel-trns-psv⟧ ☞ qʷaʔnítəŋ being talked to a little or by a child. {*qʷaʔqʷaʔŋítəŋ* cn ʔaʔ cə sx̣iƛ̓áʔʔqɬ. *The child is talking to me.* (AS)}

qʷáʔqʷax̣ʷct ⟦√qʷáʔ+√qʷax̣ʷ-cut actl+√suffer-rflxv⟧ to be suffering, in pain. {má·ṅ cn ʔuʔ *qʷáʔqʷax̣ʷct*. *I was really suffering.* (ES) | čaʔiyá ti nsuʔ*qʷáʔqʷax̣ʷct*. *I was just there suffering.* (ES) | máṅ cn kʷaʔčaʔɬ ʔuʔ *qʷáʔqʷax̣ʷct* ʔiʔ sqiyím. *I was really in pain and uncomfortable.* (ES)} VAR: qʷaʔqʷáx̣ʷct (AS)

qʷaʔqʷə́č ⟦√qʷaʔqʷəč √auklet⟧ [possibly diminutive reduplication] a very small auklet or murrelet. ⟪They are small with a black head and back and a white breast. They round up herring.⟫ small *Alcidae spp.* (TC)

qʷaʔqʷəháyṅəč ⟦qʷuʔ+√qʷuʔ=ay<ʔ>ə=nač char+√water=container<actl>=tail⟧ ☞ qʷúʔqʷaʔ to be drinking the bottom of a container. {*qʷaʔqʷəháyṅəč* u cxʷ? *Are you drinking the bottom (of the bottle)?* (MJT) | *qʷaʔqʷəháyṅəč* cn. *I'm drinking the bottom (of the bottle).* (MJT)}

qʷaʔqʷə́yəŋ ⟦qʷaʔ+√qʷəy<ʔ>-ŋ dim+√sun<dim>-mdl⟧ ☞ sqʷqʷə́y to be sunny, shining (of the sun); sunshine. (EPT; LC) {*qʷaʔqʷə́yəŋ* tsə ʔsáqɬ. *It's sunny outside.* (MJT) VAR: qʷaʔqʷáyəŋ (ES) VAR: qʷaʔqʷáyəŋ {*qʷaʔqʷáyəŋ* u? *Is it sunny?* (TC,AS,BC)} VAR: qʷaʔqʷə́yəŋ (EPT; ES) VAR: qʷaʔqʷə́yŋ (AS) {*qʷaʔqʷə́yŋ* kʷə sqʷqʷə́y. *The sun is shining.* (AS)}

qʷáʔqʷiʔ talking. *See under:* qʷáqʷiʔ

qʷaʔqʷiʔstáy̓ŋəxʷ ⟦qʷaʔ+√qʷiʔstay̓=ŋixʷ dim+√ʔ=being⟧ dwarf, a little person. (TC)

qʷaʔqʷíxct ⟦qʷaʔ+√qʷix-cut actl+√move-rflxv⟧ ☞ qʷíxct to be moving around. (TC; AS) {*qʷaʔqʷíxct* cn. *I'm moving around.* (AS) | ʔuʔmán̓ cn ʔuʔ *qʷaʔqʷíxct*. *I'm moving very much.* (TC)}

qʷaʔqʷúʔstxʷ ⟦qʷuʔ+√qʷuʔ-stxʷ char+√water-caus⟧ ☞ qʷúqʷaʔ to give someone something to drink. {ʔúytxʷ xʷáʔk̓ʷaʔɬ ʔiʔ *qʷaʔqʷúʔstxʷ* cxʷ. *If he hiccups give him a drink.* (MJT)}

qʷáʔq̓ʷiʔ ⟦√qʷə<ʔ>q̓ʷ-iy<ʔ> √downstream<actl>-dev<actl>⟧ ☞ qʷə́q̓ʷi to be going downstream, going north, going out of a bay. {kʷɬiʔ*qʷáʔq̓ʷiʔ* st. *We're on our way down north.* (MJT)}

qʷaʔútəŋ ⟦√qʷuʔ-t-ŋ √water-trns-psv⟧ [metathesis with passive] ☞ qʷúʔət to be watered by someone, have someone get water for one. {*qʷaʔútəŋ* cn. *Someone got water for me.* (AS)}

qʷaʔx̱ʷítəŋ ⟦√qʷi<ʔ>x̱ʷ-t-ŋ<ʔ> √move_away<actl>-trns-psv<actl>⟧ [metathesis with passive] ☞ qʷíx̱ʷtəŋ being put, moved out of the way by someone. {*qʷaʔx̱ʷítəŋ* kʷi kʷə ləpláš. *They're moving the board out of the way.* (AS)}

qʷaʔyáʔmi ⟦√qʷu<ʔ>yə<ʔ>m̓-iy √hug<actl>-dev⟧ ☞ qʷúyaʔmət to be hugging. (ES; AS,BC) {*qʷaʔyáʔmi* uʔ *Are they hugging?* (AS,BC)}

qʷaʔyaqʷéʔis knives. *See under:* qʷiyaʔqʷiʔéyəs

qʷaʔyəcáyəsən ⟦√qʷ<aʔy>ac-ay=sən √lever<pl>-ext=foot⟧ ☞ qʷcáysən several walking sticks, canes. (JA,MJT) VAR: qʷəyəcáyəsən (MJT)

qʷaʔyəɬúʔi ⟦√qʷ<aʔy>ɬuʔy √camas<pl>⟧ ☞ qʷɬúʔi a bunch of edible camas. (MJT)

qʷaʔyəm̓úti ⟦√qʷu<ʔ>yəm̓-ty √hug<actl>-rcprcl⟧ ☞ qʷəyəm̓úti to be hugging each other. (ES,AS; AS,BC)

qʷaʔyəqʷáɬiʔ ⟦qʷaʔ<yə>+√qʷ<á>ɬ=ay̓ dim<pl>+√drift_ashore<rslt>=wood⟧ ☞ qʷɬáy̓ a bunch of small logs. {ʔiʔ smaʔk̓ʷəyéʔč cə x̌úx̌aʔ *qʷaʔyəqʷáɬiʔ*. *A bunch of small logs were piled up.* (ES) | suʔx̱ənúʔəsəŋs cə xʷanítəm ʔəɬsmánəš ʔaʔ cə *qʷaʔyəqʷáɬiʔ*. *The white man who was smoking was facing the small logs.* (ES) | scaʔćaʔwáʔč ʔaʔ cə *qʷaʔyəqʷáɬiʔ*. *She was sitting on the small logs.* (ES)}

qʷáct pry it up. *See under:* kʷáct

qʷáči ⟦√qʷačy √pale⟧ to turn pale from fright or illness. (AS,BC; TC) {*qʷáči* cn. *I'm pale.* (AS,BC) | ʔəsx̱áɬ ʔuʔ *qʷáči* cə sʔacss. *He was sick with a pale face.* (AS) | ʔuʔmán̓ cn ʔuʔ sáy̓si? ʔuʔ*qʷáči* cə nsʔács. *I was so scared my face went pale.* (AS) | ʔiʔ ʔuʔmán̓ ʔuʔ sáy̓si? ʔuʔ ɬəŋ ʔuʔ *qʷáči* pə́q tə sʔacss. *And he was so scared his face turned completely white.* (ES) | mán̓ ʔuʔ sáy̓si? ʔuʔ ɬəŋ ʔuʔ *qʷáči*. *He was very scared and completely pale.* (ES)}

qʷáɬiŋ ⟦√qʷ<á>ɬ-iy-ŋ √drift_ashore<rslt>-dev-mdl⟧ ☞ qʷɬáy̓ to be logging. (AS,BC) {*qʷáɬiŋ* cn. *I'm logging.* (AS) | hiyáʔ caʔ st *qʷáɬəŋ*. *We're going to go logging.* (AS) | hiyáʔ caʔ *qʷáɬiŋ* cə šaʔšéʔwi. *The young man is going to go logging.* (AS)} VAR: qʷə́ɬiŋ (AS)

qʷánəs ⟦√qʷan-as √call-ptcaus⟧ to invite, summon, call to someone to come. {*qʷánəs* cn. *I called him.* (ES,BC) | *qʷánəs* či kʷsanu. *Call him in.* (EPT) | ʔúx̱ʷ či *qʷánəs* kʷə ńcə́t. *Go call your father to come in.* (EPT) | ʔiʔ níɬ su*qʷánəs*s či spáʔxʷəŋ. *And then they summoned the fog.* (MJ) | *qʷánəs*s təs nəxʷsx̌əyáy̓əmš či šiyáʔs ʔúx̱ʷ ʔaʔ tə sx̌ʔánəqs ctə. *He invited the Klallams from far and wide to go to his potlatch.* (MJ)} VAR: qʷáns (AS,BC) {*qʷáns* či kʷsanu. *Call him.* (EPT) | su*qʷáns*s cə stíkʷəns kʷaʔ ʔənʔás hiʔsəwáʔ yaʔ cə sčə́yəx x̌iʔáŋ ʔaʔ či pə́wi. *So he called to his nephew to come along spearing to look for a flounder.* (TC)}

qʷanəsnúŋə ⟦√qʷan-as-nuŋə √call-ptcaus-2obj⟧ ☞ qʷánəs invite you. {ʔənʔá st kʷi či s*qʷanəsnúŋəɬ*. *We came to invite you.* (MJT)}

qʷánəxʷ ⟦√qʷan-naxʷ √call-nctrns⟧ ☞ qʷánəs to manage to call someone to come, invite someone to come. {*qʷánəxʷ* cn kʷɬə ntán. *I called my mother to come.* (AS) | hiyáʔ yaʔ cn *qʷánəxʷ* kʷɬə nʔáyəs. *I went to invite my sister.* (AS)} VAR: qʷánxʷ (AS)

qʷánsəŋ ⟦√qʷan-as-ŋ √call-ptcaus-psv⟧ ☞ qʷánəs to be invited, called to come by someone. {*qʷánsəŋ* cn. *They called me.* (TC; MJ) | suʔx̌áys *qʷánsəŋ* čixʷán̓. *He was called in again.* (TC) | níɬ nəsu*qʷánsəŋ* ʔúx̱ʷtəŋ ʔaʔ sxʷímaɬ. *Then I was called over to Esquimalt.* (TC) | *qʷánsəŋ* caʔ st táči ʔəɬtəŋiʔŋínəŋ. *We'll be invited to come eat supper.* (MJ) | nsu*qʷánsəŋ* ʔaʔ cə x̌áy ʔuʔ ʔəsqʷáɬiʔ ʔiyá ʔaʔ kʷiə čiyánəxʷ. *I was called by another logging company there at Becher Bay.* (TC)} VAR: qʷánəsəŋ (MJ) {níɬ su*qʷánəsəŋ*s ʔaʔ ʔaʔčšəməlú. *Then Louisa called him.* (MJT)}

qʷántəŋ being talked to. *See under:* qʷaʔnítəŋ

qʷán̓səŋ being called. *See under:* qʷaʔánsəŋ

qʷaqʷəmús ⟦qʷa+√qʷəmus dim+√bewildered⟧ [root not identified in other words] bewildered, uncomprehending, puzzled. {huʔ*qʷaqʷəmús* cn. *I'm in the dark, I don't know what you guys are talking about.* (MJT)}

qʷáqʷiʔ ⟦qʷa+√qʷay<ʔ> actl+√talk<actl>⟧ ☞ qʷáy to be talking. (EPT; NS,JW; TC) {kʷɬ*qʷáqʷiʔ* cn. *I'm talking now.* (TC; LC) | cán ʔuč kʷsə *qʷáqʷiʔ*. *Who's that talking?* (EPT) | ʔuʔqʷáqʷiʔ st kʷi. *We're talking.* (NS,JW) | ʔuʔsə́ɬəŋ ʔuʔ *qʷáqʷiʔ*. *Keep on talking.* (TC)} {*qʷáqʷiʔ* cn txʷʔúxʷ ʔaʔ nə́kʷə. *I'm talking to you.* (AA) | ʔuʔsə́ɬəŋ cn ʔuʔ *qʷáqʷiʔ*. *I'm going to keep talking.* (TC) | xčít u cxʷ či s*qʷáqʷiʔ*s? *Do you know what he's saying?* (MJT) | húy caʔ ʔuʔ hiyinúŋət kʷaʔ ʔánɬs ʔaʔ či ns*qʷáqʷiʔ*. *Only those who obey what I'm saying will be saved.* (ES) | huʔá cn c ʔiyáʔnəxʷ či ʔásxʷ či sq̓ʷáq̓ʷiʔs. *I haven't heard the seals talking yet.* (MJT) | ʔuʔníɬ ʔən̓suʔaʔáʔmət ʔáwənə x̣čít tiə sq̓ʷáq̓ʷiʔɬ. *You're sitting there not understanding our talking.* (TC) | húʔ q cn ʔiyánəxʷ cə sx̌áyəm̓ ʔəɬ **q̓ʷáq̓ʷiʔ**s ʔiʔ… *If I could hear Klallam being spoken…* (TC) | kʷɬhíʕc ʔəɬ ʔuʔhúy tə nsuʔxʷanítəm ʔəɬ **q̓ʷáq̓ʷiʔ**ən. *It's been a long time that I've used only English when I speak.* (TC) | čəŋíkʷs cn ʔəɬ **q̓ʷáq̓ʷiʔ**ən. *I don't know how to speak.* (TC) | čŋíkʷs cn ʔəɬ **q̓ʷáq̓ʷiʔ**ən nəxʷsx̌ayəmúcən. *I don't know how to talk Klallam.* (TC) | nsmiʔmáy̓əq kʷi n̓sq̓ʷáq̓ʷiʔ; ʔeʔéʔnt yaʔ cxʷ ʔuč? *I forgot what you were talking about; what were you saying?* (EPT) | ʔuʔtxʷčŋíkʷs cn ʔəɬ **q̓ʷáq̓ʷiʔ**ən. *I'm getting to not know how to talk.* (TC) | ʔuʔx̣čít cn tə n̓sq̓ʷáq̓ʷiʔ. *I understand you. / I know what you're saying.* (ES) | ʔée, ʔəstúʔŋət ʔay̓ ʔən̓sq̓ʷáq̓ʷiʔ ʔaʔ tə xʷənʔáŋ? *Hey, why are you talking that way?* (AA) | ʔiʔ níɬ caʔn nsuʔx̣náxʷ kʷaʔ ʔuʔsx̣aʔníŋ čtə ʔəɬ **q̓ʷáq̓ʷiʔ**əɬ. *And then I'll find out how we talk.* (TC) | ʔəy̓ nəx̣čŋín ʔaʔ t nstwəw̓ʔiyəm̓ tə n̓sq̓ʷáq̓ʷiʔ. *I feel good that your speaking is still strong.* (TC) | ʔuʔtxʷncáxʷ ʔi ʔuʔəstáx̣ tə nəsq̓ʷáy ʔəɬ nəsx̌éʔs ti nəxʷsx̌ayəmúcən ʔəɬ **q̓ʷáq̓ʷiʔ**ən. *Every once in a while now I am mistaken in my words when I want to talk in the Klallam language.* (TC) | ʔuʔtxʷʔáwənə sx̣čítɬ kʷaʔ ʔuʔeʔéʔntɬ ʔəɬ **q̓ʷáq̓ʷiʔ**əɬ. *It's getting so we don't know what we're saying when we talk.* (TC) | ʔáwənə nəsx̣čít kʷaʔ twəkʷ̓ənáyəs čtə kʷaʔ ʔaʔ Jamestown yaʔyáʔnəŋ ʔaʔ tiə nəxʷsx̌áyəm̓ sq̓ʷáq̓ʷiʔ. *I don't know how many people still at Jamestown will hear this Klallam message.* (AC) VAR: qʷáq̓ʷi (BH; ES) {níɬ č suʔq̓ʷáq̓ʷis. *That's how he talked.* (TC) | ʔuʔx̣ə́nə kʷə ʔuʔnəsmáy̓əq ʔawʔuʔx̣ənáɬ ti nsuʔxʷanítəm ʔəɬ **q̓ʷáq̓ʷi**n. *I forget everything because I always am a white man when I talk.* (TC) | ʔáwə c **q̓ʷáq̓ʷi** xʷənáŋ ʔaʔ ti xʷanítəm. *Don't talk like a white man.* (AS) | ʔuʔšiʔšúʔɬ cn ʔaʔ tə nsʔiyánəxʷ kʷɬi sʔúq̓ʷaʔɬ, Emma, ʔaʔ či sq̓ʷáq̓ʷis ʔaʔ ɬníŋɬ ʔaʔ ti ʔuʔx̣ənáɬ. *I'm glad to hear our sister, Emma, talking for us all the time.* (BH) | mán̓ kʷə ʔuʔ ʔə́y̓ nəx̣čŋín ʔaʔ tə nəsʔiyánəxʷ kʷɬə **q̓ʷáq̓ʷi** ʔəcɬtáyŋxʷ yaʔcustúŋəɬ ʔaʔ či sʔəshúʔiʔs ti ʔəcɬtáyŋxʷ ʔiyáʔ ʔaʔ kʷi sxʷiyáɬ. *I'm very happy to hear her speaking telling us how the people were where we are.* (BH)} VAR: qʷáʔqʷiʔ (EPT) {**q̓ʷáʔq̓ʷiʔ** cn. *I'm talking.* (TC) | ʔáwə c xʷənʔáŋ cə nsq̓ʷáʔq̓ʷiʔ. *What you said isn't the way it is.* (EPT)} VAR: qʷáʔqʷi {ʔuʔsə́ɬəŋ ʔuʔ **q̓ʷáʔq̓ʷi** či stxʷnaʔáwəɬ ʔaʔ cə sqiyáyŋəxʷ. *They continued talking on the other side of the trees.* (ES)} VAR: qʷáq̓ʷəy̓ {scánəŋs ʔuč kʷsə **q̓ʷáq̓ʷəy̓**. *What language is he talking?* (EPT)}

qʷáq̓ʷiʔŋət ⟦qʷá+√qʷay<ʔ>-ŋi-t actl+√talk-rel-trns⟧ ☞ qʷáq̓ʷiʔ *to be talking to someone.* {**q̓ʷáq̓ʷiʔŋət** cn. *I'm talking to him.* (MJT) | ʔáw kʷaʔ ʔánəɬ ʔaʔ ti nəsq̓ʷáq̓ʷiʔŋət. *They don't mind what I tell them.* (ES)}

qʷáq̓ʷiʔ x̣iyús ⟦qʷa+√qʷay<ʔ> √xy̓=us actl+√talk<actl> √mark=face⟧ ☞ qʷáq̓ʷiʔ ☞ sx̣iʔús *television, movie.* (BC)

qʷáq̓ʷ ⟦√qʷaq̓ʷ √scab⟧ *scab, a healing wound.* (AS) {ɬɬə́ŋ cə **q̓ʷáq̓ʷ**. *The scab flipped off.* (AS)} VAR: sqʷáq̓ʷ {**sqʷáq̓ʷ** cə ncúysən. *The scab is coming off the sore on my toe.* (AS)}

qʷáy ⟦√qʷay √talk⟧ *to talk, speak.* (TC; AS,BC; ES; TC,AS,BC; AS) {**q̓ʷáy** či. *Talk! Say something!* (LC; ES) | ʔəsqiʔéʔmət či sq̓ʷáys. *He can't talk.* (ES) | **q̓ʷáy** caʔn. *I'm going to talk.* (MJT) | húy̓ či **q̓ʷáy**. *Go ahead and talk.* (NS,JW) | níɬ suʔq̓ʷáys cə. *This is what he said.* (TC,AS,BC) | ʔə́c yəxʷ caʔ ʔuʔ **q̓ʷáy**. *I guess I'll talk. / I guess it'll be me to talk.* (TC) | suʔq̓ʷáys cə náʔcuʔ, "ʔáwə." *So the other one said, "no."* (TC) | suʔsɬácts ʔiʔ **q̓ʷáy**, "ó, ʔuʔáɬa caʔn." *So he lay down and said, "Oh, I'll stay here."* (AA) | "šə́wšəwəyu, qʷəmqʷəmáy̓," **q̓ʷáy** kʷaʔ. *"Grow, little dog," she said.* (AA) | nəsx̌éʔ či nəsx̌áy ʔiyáʔnəxʷ tiə nəxʷsx̌áyəm̓ ʔəɬ **q̓ʷáy**s nəxʷsx̌ayəm̓úcən. *I want to hear the Klallam people speak the Klallam language again.* (TC) | níɬ č suʔx̣ə́nəŋs cə kʷɬčəy̓q, "ʔó, ʔó, ʔəɬʔúɬ. ʔə́y̓ kʷə ti nsq̓ʷáy." *Then the elders said, "Oh, oh, ʔəɬʔúɬ. What you say is good."* (AS) | ʔiʔ sqiʔám či sq̓ʷáys canu sáysiʔ. *That scared one couldn't talk.* (ES) | níɬ suʔq̓ʷáys cə naʔc̓áʔəŋxʷ, "ʔəctxʷ hiyáʔ, nətán. *Then the foreigner said, "Let me go do it, Mom."* (ES) | suʔkʷéʔits cə sʔácss cə sʔáwəs kʷaʔ **q̓ʷáy**s tsə kʷɬčəq ʔáwə kʷaʔ táycəns. *So he peeked at the face of the old lady who didn't talk, didn't respond.* (ES) | **q̓ʷáy** či xʷənʔáŋ ʔaʔ či píšpš. *Talk like a cat.* (TC,AS,BC) | níɬ suʔq̓ʷáys cə čáʔsa? ʔiʔx̌̓ʷít, "kʷaʔkʷaʔát." *Then the two that were holding him said, "Leave him alone."* (ES)}

qʷáyəkʷən *think.* See under: nəxʷqʷáyəkʷən

qʷáyəɬs ⟦√qʷ<áy>əɬs √smelt<pl>⟧ ☞ qʷəɬs *a bunch of smelts.* (AB,MJT)

qʷaym̓ústəŋ *be hugged.* See under: qʷəya̓ʔmústəŋ

qʷaynúkʷən *propose marriage for.* See under: qʷinúkʷən

qʷaynúŋət ⟦√qʷay-nuŋ √talk-ncmdl⟧ ☞ qʷáy *to finally manage to talk.* {kʷɬhíc ʔiʔ čaʔq̓ʷaynúŋət. *After I long time he could finally talk.* (ES)}

qʷáyŋ ⟦√qʷay-ŋ √talk-mdl⟧ ☞ qʷáy *to say, talk.* (ES) {**q̓ʷáyŋ** cn. *I'm talking.* (AS) | kʷɬníɬ kʷi nsuʔq̓ʷáyŋ. *Now I'm talking.* (AS)}

qʷáyŋət ⟦√qʷay-ŋi-t √talk-rel-trns⟧ [Unexpected stress on root.] ☞ qʷáy *to speak, talk to somebody.* {suʔq̓ʷáyŋəts. *So he spoke to it.* (AA) | ɬq̓áčs skʷáči t nsʔiyá ʔaʔ cə sxɬáwtxʷ ʔiʔ **q̓ʷáyŋət** cə kʷə́nt ti sx̣áɬ ʔəxʷíyŋxʷ. *I was in the hospital for five days and talked to the nurse (the one that looks after sick people).* (TC) VAR: qʷáyəŋət {ʔəctxʷ **q̓ʷáyəŋət**. *Let me talk to him.* (MJT)} VAR: qʷáyŋt {níɬ suʔq̓ʷáyŋts cə ʔəcɬtáyŋxʷ, "yéʔkʷsəŋ!" *Then he told the people, "Get ready!"* (ES)} VAR: qʷiŋít (ES) {nanəɬtíxʷ či tsə **q̓ʷiŋítxʷ**; ʔáwtxʷ c ʔəc. *Talk him, not me. / Let it be him that you talk to; don't let it be me.* (MJT)}

qʷáyqʷi ⟦qʷáy+√qʷay char+√talk⟧ ☞ qʷáy *to be talkative, talk too much, be mouthy; talkative,*

qʷayúst

mouthy person. (EPT; MJT; LC; ES; AS,BC; TC) {*qʷáyqʷi* cn. I'm talkative. (TC) | *qʷáyqʷi* cxʷ. You're talkative. (TC) | ʔuʔmán cxʷ ʔuʔ *qʷáyqʷi*. You talk too much. (AS,BC) | xənʔátən cn ʔaʔ či snitś ʔuʔ sx̣éʔs tə canu *qʷáyqʷi*. He told me that that mouthy guy was asking for it. (ES) | nuʔ*qʷáyqʷi*. It seems like he's talking too much. (TC)} VAR: qʷáyqʷi? (MJT) {čaʔuʔ*qʷáyqʷi?* kʷsə stáni?. That woman talks too much. (EPT)} VAR: qʷáyəqʷi {nít yəxʷ suʔ*qʷáyəqʷi*s. They must have been talking. (MJ)}

qʷayúst [√qʷay=us-t √talk=face-trns] ☞ qʷáy to talk someone to directly in the face. (AS,BC) {*qʷayúst* cn cə nstíkʷən. I talked to my niece. (AS)}

qʷayústəŋ [√qʷay=us-t-ŋ √talk=face-trns-psv] ☞ qʷayúst to get talked to directly in the face by someone. {*qʷayústəŋ* cn. He talked to me (right into my face). (AS,BC)} VAR: qʷəyútəŋ (AS,BC) {*qʷəyútəŋ* kʷłə q̓áʔŋi. He talked to the girl in her face. (AS)}

qʷayaʔmútəŋ [√qʷuy<ʔ>əm-t-ŋ √hug<actl>-trns-psv] ☞ qʷúʔyaʔmət to be getting hugged. (ES)

qʷaýnúkʷəŋ [√qʷay<ʔ>=ənukʷ-ŋ<ʔ> √talk<actl>=ground-mdl<actl>] ☞ qʷinúkʷəŋ to be proposing marriage for someone. (TC; AS,BC)

qʷáyqʷi bead. See under: qʷə́yqʷi

qʷcáysən [√qʷacay=sən √?=foot] walking stick, cane, crutch. (TC; AS,BC; AS) {x̣̓kʷə́ts cə kʷłčáq cə *qʷcáysən*s ʔiʔ ščə́ts. The old person took her cane and hit them. (MJ) | čkʷútəŋ u cxʷ ʔə tə nə*qʷcáysən?* Did you get shot by my cane? (MJT)} VAR: qʷəcáyəsən (TC) VAR: qʷc̓áyəsən (MJT) {c̓sənáxʷ cn ʔaʔ tə nə*qʷcáysən*. I hit him with my cane accidentally. (MJT)} VAR: qʷc̓áyəsən (MJT; AS,BC; BC; AS) {łúyəs cn kʷə nqʷc̓áyəsən. I left my cane. (AS) | x̣̓kʷə́ts cə *qʷcáysən*s ʔiʔ ščə́ts cə sx̣əyéʔx̣ł. She took her cane, and she hit the children. (MJ)}

qʷéʔmət blaming someone. See under: qʷqʷéʔmət

qʷéʔmətəŋ [√qʷ<í>mʔ-t-ŋ √blame<actl>-trns-psv] [actual metathesis] ☞ qʷaʔmítəŋ being blamed, accused. {*qʷéʔmətəŋ* cn. I'm being accused. / They're blaming me. (AS)}

qʷəcáyəsən cane. See under: qʷcáysən

qʷəčaʔč [√qʷəčaʔč √Strawberry_Point] Strawberry Point, the eastern point on Whidby Island opposite Skagit Bay. (H) ⟪This is not to be confused with the Strawberry Point on the Pacific south of La Push.⟫

qʷəkʷəŋhúcən warm up. See under: qʷəwəŋhúcən

qʷə́ləsin [√qʷə́ləsin √Quilcene] Quilcene area. ⟪According to Harrington, consultants get more confused as this topic is discussed. They do not specify location, only English name for place.⟫ (JSH) VAR: qʷə́lsən (JSH)

qʷəlístiyuʔ [√qʷəlístiyuʔ √eulachon] candlefish, eulachon. *Thaleichthys pacificus*. (ABT)

qʷə́ł [√qʷł √drift_ashore] to drift ashore. (AS) {*qʷə́ł* tə snə́xʷł. The canoe drifted ashore. (BC) | huʔ*qʷə́ł* ixʷ kʷi. It must have come ashore. (MJT) | su*qʷə́ł*s ʔiʔ q̓ʷíŋi. So she drifted ashore and got off. (MJ)}

qʷə́łct [√qʷ<ə́>ł-cut √drift_ashore<actl>-rflxv] ☞ qʷə́ł to wash in and out from shore with the waves. {*qʷə́łct* cə qʷúʔ. The waves wash in and out. (AS)}

qʷə́ləy̓ log. See under: qʷłáy̓

qʷə́łi [√qʷ<ə́>ł=ay √drift_ashore<actl>=wood] ☞ qʷłáy̓ to log timber. (AS) {hiyáʔ č kʷaʔ *qʷə́łi*. He apparently went logging. (AS)}

qʷə́łiŋ logging. See under: qʷáłiŋ

qʷə́łs [√qʷəłs √smelt] smelts. *Hypomesus pretiosus*. (EPT; AB,MJT; AS,BC; ES; TC; AS) [possibly related to word for 'drift ashore'] cp. qʷə́ł {ŋə́n̓ *qʷə́łs*. It's lots of smelts. (ES) | k̓ʷástəŋ cə *qʷə́łs*. The smelts were toasted. (AS) | ƛ̓kʷéʔnəs cn ʔəł ʔíłənən ʔaʔ ti *qʷə́łs*. I was choking while eating smelts. (AS)}

qʷə́łtəŋ [√qʷ<ə́>ł-t-ŋ<ʔ> √drift_ashore<actl>-trns-psv<actl>] [actual metathesis] ☞ qʷłə́təŋ being drifted ashore, getting washed ashore, pounded by waves, brought in by the waves. (ES) {*qʷə́łtəŋ* cn. I'm getting washed ashore. (TC) | *qʷə́łtəŋ* cə nəsnə́xʷł. My canoe is getting washed ashore. (TC) | ʔuʔmə́kʷəŋ ʔaʔ tə *qʷə́łtəŋ* scaʔyaʔčáʔi. He was picking up small pieces of bark brought in by the waves. (ES)}

qʷəmqʷəmáy̓ [qʷəm + √qʷməy̓ dim + √dog] little dog. ⟪This is an unusual diminutive. This word occurs only in the the chant of the Envious Sister-in-law story told by AA.⟫ ☞ sqʷəmáy̓ { "šəwšəwəyu, *qʷəmqʷəmáy̓*," qʷáy kʷaʔ. "Grow, little dog," she said. (AA)}

qʷə́m̓əxʷ dull. See under: ʔəməqʷə́m̓əxʷ

qʷə́m̓əxʷi [√qʷəm̓əxʷ-iy √skinny-dev] to get skinny, thin. {*qʷə́m̓əxʷi* caʔ cxʷ. You'll get skinny. (MJ)} VAR: qʷəm̓əxʷ {*qʷə́m̓əxʷ* ʔaʔ kʷsə suʔə́y̓qaʔs Their husbands are getting skinny. (EPT)}

qʷəní [√qʷni √gull] any gull, seagull. *Larus spp.* (EPT; LC; ES; AS,BC; TC; WB) {suʔkʷə́yəŋs kʷłə cə *qʷəní*. So Seagull flew. (AA) | tq̓ə́ŋ̓ cə *qʷəní*. The seagull landed. (AS)}

qʷəníkʷs body hair. See under: qʷínəkʷs

qʷənqʷínəcən [qʷən + √qʷin=ucin pl + √hair=mouth] ☞ qʷínəcən lots of whiskers, several people with beards. (MJT)

qʷənqʷínsən [qʷən + √qʷin=sən char + √hair=foot] ⟪It has hairy legs.⟫ helmet crab. *Telmessus cheiragonus*. (AB,ICT)

qʷəńsə́yuʔ [√qʷan<ʔ>-as-əyu<ʔ> √call<actl>-ptcaus-activ<actl>] ☞ qʷánəs to be inviting (a big group of people), calling to a meeting or feast. (EPT; ES,HS) VAR: qʷənsə́yuʔ (EPT) VAR:

qʷənəsə́yuʔ (EPT; MJ) {*qʷənəsə́yuʔ* cən. *I'm going to call them (to meet).* (TC)}

qʷə́qʷaʔč̣ ⟦√qʷəqʷač̣ √mud_hen⟧ mud hen, possibly common gallinule or American coot. *possibly Gallinula chloropus or Fulica americana.* (BG,MJT; AB,ICT) *cp.* saʔsímə̣c

qʷəqʷaʔyéʔyəs knife. *See under:* qʷqʷaʔéyəs

qʷəqʷə́yəŋ sunshine. *See under:* qʷqʷə́yəŋ

qʷə́q̓ʷ ⟦√qʷəq̓ʷ √downstream⟧ to be downriver, towards the sea, to the north. (CWH; LB,EWH; EPT) {*qʷə́q̓ʷ* kʷəʔ. *They're out there towards the ocean.* (MJT) | čšaʔqʷə́q̓ʷ *go from downstream, go from the north* (LB,CWH) | čqʷə́q̓ʷ *be from the north, downstream* (LB,CWH; EWH; LB,EWH)}

qʷə́q̓ʷi ⟦√qʷəq̓ʷ-iy √downstream-dev⟧ ☞ qʷə́q̓ʷ to go downstream, go out to sea, go north, downriver, go out of a bay toward the mouth. (LB,EWH; EWH; EPT; MJT; ES; TC; AS) {*qʷə́q̓ʷi* cn. *I'm going out toward the sea.* (MJT) | kʷɬqʷə́q̓ʷi č kʷaʔ. *They already went out to sea.* (MJT) | hiyáʔ *qʷə́q̓ʷi*. *He's went toward the ocean.* (MJT)} VAR: qʷúʔq̓ʷi {hiyá·ʔ *qʷúʔq̓ʷi*. *He went down the river.* (ES) | suʔqʷúʔq̓ʷił ʔiʔ təs ʔaʔ tə súɬ čičáʔiŋ ʔaʔ tə spúqʷs. *So we went downstream and got to the road at the top of the bluff.* (ES) | nił ti suʔəẃkʷs ti maʔsíts ʔiʔ sx̣íts ʔənʔá *qʷúʔq̓ʷi* ʔaʔ cə stúʔwiʔ. *When what he was choosing was finished he moved it coming down the river.* (ES)} VAR: qʷə́q̓ʷəy (LB,CWH)

qʷəq̓ʷiʔáẃət ⟦√qʷəq̓ʷ-iy=əʔəw⟨ʔ⟩-ɬ √downstream-dev=side⟨actl⟩-dur⟧ ☞ qʷə́q̓ʷ to be oriented downstream, have one's canoe heading downstream. {hiyáʔ *qʷəq̓ʷiʔáẃət*. *He was headed downstream (in a canoe).* (MJT)}

qʷəwəŋhúcən ⟦√kʷəw-ŋ=ucin √warm-mdl=mouth⟧ [initial /kʷ/ is expected here] ☞ kʷə́wəŋ to warm up (of the weather). {ʔúy *qʷəwəŋhúcən* ʔiʔ ɬə́məxʷ. *When it warms up, it rains.* (MJT)} VAR: qʷəwəŋúcən {hiʔ*qʷəwəŋúcən*. *It's getting warm. / It's warm.* (MJT)} VAR: qʷəkʷəŋhúcən {*qʷəkʷəŋhúcən* ʔaʔ kʷi čiʔáqɬ. *It got warm yesterday.* (MJT)}

qʷə́wəŋ warm. *See under:* kʷə́wəŋ

qʷəx̣ə́yu ⟦√qʷix̣-əyu √move-activ⟧ ☞ qʷíx̣ to be moving around. (AS) {kʷɬnίɬ suʔ*qʷəx̣ə́yu*s cə sqáx̣aʔ. *The dog is moving now.* (AS)}

qʷə́x̣ʷi blue. *See under:* k̓ʷíx̣ʷi

qʷəx̣ʷíct move away. *See under:* qʷx̣ʷíct

qʷəyaʔməstíŋ ⟦√qʷuyəm̓=us-t-i-ŋ √hug=face-trns-persist-psv⟧ ☞ qʷəyəmúst to be hugged. (ES,TC) {*qʷəyaʔməstíŋ* cn ʔaʔ kʷə nswə́yqaʔ. *My husband hugged me.* (AS)}

qʷəyáʔmət hug someone. *See under:* qʷúyaʔmət

qʷəyaʔmústəŋ ⟦√qʷuyəm̓=us-t-ŋ √hug=face-trns-psv⟧ ☞ qʷəyəmúst to be hugged by someone. {*qʷəyaʔmústəŋ* cn. *He gave me a hug.* (AS,BC)} VAR: qʷəymústəŋ (AS,BC) {x̣ənʔáɬ ti suʔ*qʷaymústəŋ*s. *They're always getting hugged.* (AS)}

qʷəyaʔmút hug someone. *See under:* qʷúyaʔmət

qʷəyaʔmútəŋ ⟦√qʷuyəm̓-t-ŋ √hug-trns-psv⟧ ☞ qʷúʔyaʔmət to be hugged by someone. (ES,TC) {*qʷəyaʔmútəŋ* cn. *Someone hugged me.* (TC) | *qʷəyaʔmútəŋ* kʷi kʷə sx̣̌ix̣̌áʔx̣̌qɬ. *The child was hugged.* (AS)} VAR: qʷəyəmútəŋ (AS,BC) VAR: qʷəymútəŋ {*qʷə́ymútəŋ* cn. *He's hugging me.* (AS)}

qʷəyámət hug someone. *See under:* qʷúyaʔmət

qʷəycáyəsən canes. *See under:* qʷaʔyəcə́yəsən

qʷəyəmút hug someone. *See under:* qʷúyaʔmət

qʷəyəmúst ⟦√qʷuyəm̓=us-t √hug=face-trns⟧ ☞ qʷúyaʔmət to hug someone. {*qʷəyəmúst* cn. *I hugged him.* (AS,BC)}

qʷəyəmúti ⟦√qʷuyəm̓-ty √hug-rcprcl⟧ ☞ qʷúyaʔmət to hug each other. (MJT; AS,BC) {ʔux̣ənʔáɬ ti suʔ*qʷəyəmúti*s. *They always hug.* (AS,BC)} VAR: qʷəymúti (AS,BC)

qʷə́yəŋ ⟦√qʷəy-ŋ √sun-mdl⟧ to shine (of the sun). (AS,BC; AS) VAR: qʷə́yŋ {čaʔ*qʷə́yŋ* kʷi kʷə sqʷqʷə́y. *The sun is just now shining.* (AS)}

qʷə́yəš ⟦√qʷəyš √scatter⟧ to be scattered. (AS; AS,BC) {kʷɬnίɬ kʷi suʔhúys ʔiʔ *qʷə́yəš* kʷi ʔaycɬtáynxʷ. *Now they're finished, and the people have all scattered.* (AS,BC)} VAR: qʷə́yiš (BC) VAR: qʷə́yš (AS) VAR: qʷə́yəš (TC; AS) {*qʷə́yəš* cə ʔápəls. *The apples were scattered.* (AS)}

qʷə́yəši ⟦√qʷəyš-iy √scatter-dev⟧ to scatter around, spread out. (ES,HS; AS) {*qʷə́yəši* st. *We scattered.* (ES) | *qʷə́yəši* cə čéʔcəm sáysiʔ. *The scared birds scattered.* (ES)}

qʷə́yəšt ⟦√qʷəyš-t √scatter-trns⟧ ☞ qʷə́yəši to scatter something, spread something out, separate a group of people fighting. (ES) {*qʷə́yəšt* cn. *I scattered it.* (ES) | *qʷə́yəšt* cn cə x̣̌ík̓ʷən̓. *I scattered the peas.* (AS)} VAR: qʷə́yšt (ES) {*qʷə́yšt* cn. *I gathered it.* (TC)}

qʷə́yəštəŋ ⟦√qʷəyš-t-ŋ √scatter-trns-psv⟧ ☞ qʷə́yəšt to be scattered, spread out by someone or something. {*qʷə́yəštəŋ* cə x̣̌ík̓ʷən̓. *The peas were scattered.* (AS)} VAR: qʷə́yəštəŋ {*qʷə́yəštəŋ* cə ʔápəls. *The apples were scattered by someone.* (AS)}

qʷəyə́yš ⟦√qʷ⟨əy⟩əy⟨ʔ⟩š √scatter⟨pl⟩⟨actl⟩⟧ ☞ qʷə́yəš to be scattered (of several). {ɬúyəsts cə néʔ sxʷ*qʷəyə́yš*s. *They left some scattered.* (MJ)}

qʷə́yqʷi ⟦qʷəy + √qʷəy char + √sun⟧ ☞ qʷə́yəŋ a bead, a bead necklace. (MJT; ES,HS; AS,BC) {mán ʔuʔ ʔə́y cə n*qʷə́yqʷi*. *Your beads are very nice.* (BC)} VAR: qʷə́yqʷi {čáčt cn tiə *qʷə́yqʷi*. *I fixed the beads.* (ES) | čáʔiʔ cn ʔaʔ tiə *qʷə́yqʷi*. *I'm fixing the beads.* (ES)} VAR: qʷə́yqʷi {nəxʷsúyət či nə́cu *qʷə́yqʷi*. *String one bead.* (MJT) | ʔəstácɬ cə *qʷə́yqʷi*. *That bead is broken.* (MJT) | čáʔiʔ cn ʔaʔ tə *qʷə́yqʷi* sqsə́ɬnəɬ. *I'm making a bead necklace.* (MJT)} VAR: qʷə́yəqʷi (ES)

qʷəyútəŋ get talked to. *See under:* qʷayústəŋ

qʷə́y̓ct ⟦√qʷəy̓-cut √bail<actl>-rflxv⟧ ☞ qʷə́y̓ct to be bailing. (BC) {*qʷə́y̓ct* cn. *I'm bailing.* (ES) | *qʷə́y̓ct* cn ʔaʔ cə snə́xʷɬ. *I'm bailing the canoe.* (ES)}

qʷə́y̓əc ⟦√qʷəy̓c √bail⟧ to bail. (AS) {*qʷə́y̓əc* cn. *I bailed.* (AS,BC)}

qʷə́y̓əct ⟦√qʷəy̓-cut √bail-rflxv⟧ ☞ qʷə́y̓ət ⟦√qʷəy̓əc-t √bail-trns⟧ ☞ qʷə́y̓əc [For ES this is reflexive with a root /qʷəy̓/. AS and BC, however, perceive this as transitive with a root /qʷəy̓əc/.] 1. to bail. (ES) 2. to bail something. {*qʷə́y̓əct* cn cə snə́xʷɬ. *I bailed the canoe.* (AS,BC) | nəɬtíxʷ cə sqʷúʔtn čúkʷs či n̓sqʷə́y̓əct. *Let it be the bucket you use for bailing.* (ES)}

qʷə́y̓əctəŋ ⟦√qʷəy̓c-t-ŋ √bail-trns-psv⟧ ☞ qʷə́y̓əct to be bailed by someone. {*qʷə́y̓əctəŋ* cə snə́xʷɬ. *The canoe was bailed.* (AS,BC)}

qʷə́y̓əs ⟦√qʷəy̓s √boil_food⟧ to cook by boiling; to can food. (MJT; LC; HS; ES,HS; TC; AS,BC; AS) {*qʷə́y̓əs* cn. *I'm boiling (something).* (TC) | *qʷə́y̓əs* č cə sɬúp̓ tə sq̓x̌əyuʔ. *Cook the clam chowder.* (MJ) | ʔúx̌ʷ či *qʷə́y̓əs* ʔaʔ či sqáwəc. *Go boil the potatoes.* (EPT) | nəxʷtqə́t či cə n̓sqʷə́y̓əs. *Cover your what you're boiling.* (MJT) | nsuʔčáŋ ʔiʔ čtát cn kʷɬə nəx̌íx̌q nəcáčc kʷaʔ ʔəsx̌ʷaníŋəs caʔ či n̓sqʷə́y̓əs. *So I got home, and I asked my aunt how I was going to cook it.* (MJ)} VAR: qʷə́ys {suʔníɬs yəčə́ts ʔaʔ cə sq̓ʷiyúŋiʔ *qʷə́ys*. *So then he filled it with the boiled fish heads.* (MJ)}

qʷə́y̓əsnít ⟦√qʷəy̓s-ŋi-t √boil_food-rel-trns⟧ ☞ qʷə́y̓əst to boil, steam-cook something. (ES; TC; MJ) {*qʷə́y̓əsnít* cn cə sčə́nnəxʷ. *I boiled the salmon.* (AS) | *qʷə́y̓əsnít* kʷi kʷə sqáwəc. *Go let the potatoes boil.* (AS) | húy̓ či *qʷə́y̓əsnít* cə sqáwəc. *Please boil the potatoes.* (AS) | nɬ nsuʔ*qʷə́y̓əsnít* ʔiʔ ʔíɬən st ʔaʔ tə sq̓ʷəyúŋiʔ. *Then I boiled them and we ate the heads.* (MJ) | húʔ st x̌ˀkʷnáxʷ ti sx̌ə́naʔs ti smə́y̓əc ʔiʔ nɬ suʔ*qʷə́y̓əsnítɬ. *When we get the deer hooves, we boil them.* (TC)} VAR: qʷiʔəsnít (ES) {*qʷiʔəsnít* cn cə qʷú. *I boiled the water.* (TC) | nsuʔúxʷtxʷ cə qʷúʔ ʔaʔ cə sčayíqʷɬ ʔiʔ *qʷiʔəsnít*. *So I took the water to the fruit and boiled it.* (MJ)}

qʷə́y̓əsnítəŋ ⟦√qʷəy̓s-ŋi-t-ŋ √boil_food-rel-trns-psv⟧ ☞ qʷə́y̓əsnít to be boiled, steam-cooked, canned by someone or something. (AS) {*qʷə́y̓əsnítəŋ* cə sx̌ˀə́məkʷ. *The salmon eggs were boiled.* (AS,BC) | *qʷə́y̓əsnítəŋ* cə sqáwəc. *The potatoes were boiled.* (AS) | sxʷʔiyás ti s*qʷə́y̓əsnítəŋ*s ti scə́nnəxʷ ʔiʔ x̌ə́ŋəstəŋ. *It's where they canned salmon and everything.* (TC) | nuʔə́ŋ ʔaʔ ti kʷə́ctən ʔiʔ *qʷə́y̓əsnítəŋ* kʷaʔčaʔ. *It was put into cans and boiled.* (TC) | ʔiʔ uʔnɬ kʷi kʷə *qʷə́y̓əsnítəŋ* cə sqáwəc. *That's the one that boiled the potatoes.* (AS,BC)} VAR: qʷiʔəsnítəŋ (AA)

qʷə́y̓əst ⟦√qʷəy̓s-t √boil_food-trns⟧ ☞ qʷə́y̓əs to boil something, cook something by boiling it. (AS) {*qʷə́y̓əst* cn. *I'm boiled it.* (TC) | *qʷə́y̓əst* cn cə qʷú. *I boiled the water.* (TC) | *qʷə́y̓əst* caʔ st cə sx̌ˀə́məkʷ. *We're going to boil the salmon eggs.* (AS)}

qʷə́y̓əstəŋ ⟦√qʷəy̓s-t-ŋ √boil_food-trns-psv⟧ ☞ qʷə́y̓əst to be boiled, steam-cooked, canned by someone or something. {*qʷə́y̓əstəŋ* cə sqáwəc. *The potatoes were boiled.* (AS)} VAR: qʷə́yəstəŋ {*qʷə́yəstəŋ* cə sx̌ˀə́məkʷ. *The salmon eggs were boiled.* (AS)}

qʷə́y̓ət ⟦√qʷəy̓-t √bail-trns⟧ cp. qʷə́y̓əct to bail something. {*qʷə́y̓ət* cn. *I bailed it.* (ES)}

qʷəy̓ŋítəŋ being talked to. *See under:* qʷiŋítəŋ

qʷə́ys ⟦√qʷ<ə́>ys √boil_food<actl>⟧ ☞ qʷə́y̓əs to be cooking food by boiling. {*qʷə́ys* cn ʔaʔ tə sq̓x̌əyuʔ nəscáy sɬúp̓. *I'm boiling clams to make soup.* (MJT) | kʷɬnəs*qʷə́ys*. *I'm boiling it now.* (LC)} VAR: qʷáʔis (MJT) {x̌ɬústəŋ cn ʔaʔ tə n*qʷáʔis*. *What I was cooking splashed on my face.* (AS)}

qʷə́yšt ⟦√qʷəy<ˀ>š-t √scatter<actl>-trns⟧ ☞ qʷə́y̓əšt to be scattering something, spreading something out. (AS) {*qʷə́yšt* cn. *I'm scattering it.* (ES) | ʔáwə cxʷ ʔu? x̌ˀxʷiyuʔús ti suʔ*qʷə́yšt*. *Don't spread it around carelessly.* (AS)} VAR: qʷáʔiʔšt {*qʷáʔiʔšt* cn. *I'm scattering it.* (TC)}

qʷə́y̓t ⟦√qʷ<ə́>y̓-t √bail<actl>-trns⟧ ☞ qʷə́y̓ət to be bailing a canoe. {*qʷə́y̓t* cn. *I'm bailing it.* (ES)}

qʷə́y̓tən bailer. *See under:* qʷiʔtə́n

qʷiʔəsnít boil it. *See under:* qʷəy̓əsnít

qʷiʔəsnítəŋ be boiled. *See under:* qʷəy̓əsnítəŋ

qʷiʔnə́w̓iʔ ⟦√qʷay<ʔ>-nə<ʔ>wəy<ʔ> √talk<actl>-ncrcprcl<actl>⟧ ☞ qʷinə́kʷi to be conversing, talking together, having a dialogue. (TC) {*qʷiʔnə́w̓i* st. *We're talking together.* (TC) | nə́kʷə kʷi nkʷɬ*qʷiʔnə́w̓i*. *You're the one I'm talking with.* (EPT)} VAR: qʷiʔnə́w̓i (TC; ES) {*qʷiʔnə́w̓i* st. *We're talking together.* (MJT; TC) | *qʷiʔnə́w̓i* st ʔiʔɬáʔaʔ ʔaʔ cə sxʷkʷaʔkʷáʔčəŋ. *We were talking together through the telephone.* (TC) | ʔiʔ *qʷiʔnə́w̓i* cə xʷanítəm. *And the white man spoke.* (ES)} VAR: qʷiʔnə́w̓iʔ (TC) {nəxʷsx̌ˀáy̓əmúcən st ʔəɬ *qʷiʔnə́w̓iʔəɬ*. *We speak Klallam when we talk.* (TC) | *qʷiʔnə́w̓iʔ* nəxʷsx̌ˀáy̓əmúcən. *They're talking Klallam.* (TC) | *qʷiʔnə́w̓iʔ* yaʔ cn ʔiʔ Terry. *I was talking with Terry.* (MJT)} VAR: qʷinə́w̓i {*qʷinə́w̓i* st. *We're talking.* (MJTA; ES) | nɬ nəkʷɬ*qʷinə́w̓i*. *She's the one I'm talking with.* (RSh) | nəxʷsx̌ˀáy̓əmúcən t s*qʷinə́w̓iɬ*. *We're having a discussion in Klallam.* (ES) | húʔ q yaʔ ʔuʔ néʔ či nəkʷɬ*qʷinə́w̓i* ʔiʔ ʔuʔx̌číˀt q yaʔ cn či ŋə́ń ʔaʔ tiə sq̓ʷáyɬ yaʔ. *I there was someone for me to talk with, I would know a lot about our language.* (TC) | txʷhúʔ ʔaʔ či ʔuʔnéʔ kʷi nəkʷɬ*qʷinə́w̓i* ʔaʔ kʷi nəxʷsx̌ˀáyəm kʷi ʔiʔánəŋs nəxʷsx̌ˀáy̓əmúcəns, ʔi ʔuʔhákʷnəs q cn kʷə nsxʷiʔám. *If there's someone there to talk with at Klallam who understands the*

Klallam language, I'll remember my stories. (EB) | níɫ suʔnuʔŋəxáct kʷiʔə níɫ siʔámˊ štəŋístxʷ tiə sxʷqʷáqʷiʔs s*qʷiˊnə́wiɫ*. So this gentleman who brought this recorder we are talking with is kind of in a hurry. (RSh)}

qʷiʔnə́wiʔtəŋ ⟦√qʷay<ʔ>-nəw<ʔ>əy<ʔ>-tx̌ʷ-ŋ<actual> √talk<actl>-ncrcprcl<actl>-caus-psv<actl>⟧ ☞ qʷinə́kʷitəŋ being talked with by someone. {*qʷiʔnə́wiʔtəŋ* cn. *They're talking to me.* (LC; TC) VAR: qʷiʔnə́witəŋ {pástən kʷə tə ns*qʷiʔnə́witəŋ*. *He was talking to me in English.* (MJ)}

qʷiʔnə́wic ⟦√qʷay<ʔ>-nəw<ʔ>əy-tx̌ʷ-c √talk<actl>-ncrcprcl<actl>-caus-1obj/2obj⟧ ☞ qʷiʔnə́witxʷ talking to me; talking to you. {*qʷiʔnə́wic* či. *Talk to me.* (TC)}

qʷiʔnə́witxʷ ⟦√qʷay<ʔ>-nəw<ʔ>əy-tx̌ʷ √talk<actl>-ncrcprcl<actl>-caus⟧ ☞ qʷiʔnə́wiʔ Stem: qʷiʔnə́wit [stem for subject suffixes] to be talking together with someone, having a conversation, dialogue with someone. (RSh; AS,BC) {kʷɫníɫ kʷi suʔ*qʷiʔnə́witxʷ*ˊs ʔəɫ táčis. *He always talk to him when he arrives.* (AS) | ʔuʔáwənə sx̌číts či nsqʷáqʷiʔ ʔəɫ *qʷiʔnə́witxʷ*ən. *He doesn't know what I'm saying when I talk to him.* (TC) | *qʷiʔnə́wit*s tsə nəsúɫ. *She was talking to my door.* (MJT) VAR: qʷiʔnə́witxʷ {*qʷiʔnə́witxʷ* cn tiʔə sqáx̌aʔ. *I'm talking to this dog.* (MJT)} VAR: qʷinə́witxʷ {*qʷinə́witxʷ* yaʔ cn ʔaʔ Terry. *I was talking with Terry.* (MJT)} VAR: qʷinə́witxʷ {níɫ kʷaʔčaʔ sxʷʔə́ys či ns*qʷinə́witxʷ*. *That's why it's good that you talk with them.* (TC)}

qʷiʔníti? ⟦√qʷay<ʔ>-ŋi-ty<ʔ> √talk<actl>-rel-rcprcl<actl>⟧ ☞ qʷiníti to be quarreling, talking at each other, fighting verbally.

qʷiʔnúʔŋət ⟦√qʷay<ʔ>-nu<ʔ>ŋt √talk<actl>-ncmdl<actl>⟧ ☞ qʷáy to manage to talk. {táči kʷi kʷə tím ʔiʔ ʔu*qʷiʔnúʔŋət*. *Tim got here and managed to speak.* (AS)}

qʷiʔqʷaʔyéʔwəŋ thinking. *See under:* nəxʷqʷiʔqʷaʔyéʔwəŋ

qʷiʔqʷəẏéʔwəŋ thinking. *See under:* nəxʷqʷiʔqʷaʔyéʔwəŋ

qʷiʔtə́n ⟦√qʷəẏ=tən √bail=instr⟧ ☞ qʷə́ẏət bailer, anything used to bail water from canoe. (EPT) {ʔəx̌ín kʷi kʷə n*qʷiʔtə́n*? *Where is my bailer?* (AS)} VAR: qʷə́ẏtən (AS,BC)

qʷiʔyə́qʷaʔč̓ ⟦√qʷ<iʔy>əqʷač̓ √mud_hen<pl>⟧ ☞ qʷə́qʷaʔč̓ several mud hens. (BG,MJT)

qʷínəcən ⟦√qʷin=ucin √hair=mouth⟧ beard, mustache, any whiskers. (LC; MJT; ES; TC) {č*qʷínəcən* cn. *I have whiskers.* (TC,AS,BC)} VAR: qʷíncən (EPT; ES; EPT) {čuʔŋə́ɫ tə *qʷíncən*s. *He had a thick mustache.* (MJT) | čɫə́t tə *qʷíncən*s. *His beard is thick.* (MJT)} VAR: qʷínəcn (MJT; ES)

qʷinə́kʷi ⟦√qʷay-nəwəy √talk-ncrcprcl⟧ ☞ qʷáy to talk together, have a conversation, dialogue. (ES; AS,BC) {*qʷinə́kʷi* cn. *I conversed (with someone).*

(AS) | *qʷinə́kʷi* caʔ st. *We'll speak to each other.* (AS,BC) | níɫ kʷaʔčaʔ nsxʷsx̌éʔ ʔaʔ t n*qʷinə́kʷi* nsx̌aʔyéʔx̌ɫ. *That's why I want to talk with you children.* (TC) | ʔuʔəsx̌úʔx̌əm u cxʷ kʷaʔ *qʷinə́kʷi*? *Are you well enough to have a talk?* (MJ) | *qʷinə́kʷi* st ʔiʔ Terry. *I talked with Terry.* (MJT)} VAR: qʷinə́wi {*qʷinə́wi* ʔiʔ Terry. *He's talking with Terry.* (MJT)}

qʷinə́kʷitəŋ ⟦√qʷay-nəwəy-tx̌ʷ-ŋ √talk-ncrcprcl-caus-psv⟧ ☞ qʷinə́kʷitxʷ to be talked with by someone. {*qʷinə́kʷitəŋ* cn. *He talked to me.* (TC)}

qʷinəkʷitúŋə ⟦√qʷay-nəwəy-tx̌ʷ-uŋə √talk-ncrcprcl-caus-2obj⟧ ☞ qʷinə́kʷitxʷ talk with you. {óˑ níˑɫ šúˑys tiə nəs*qʷinəkʷitúˑŋə*, nəsxʷskʷáʔwaʔ. *Oh, my conversation with you is finished, my dear.* (RSh)}

qʷinə́kʷitxʷ ⟦√qʷay-nəwəy-tx̌ʷ √talk-ncrcprcl-caus⟧ ☞ qʷinə́kʷi to talk together with someone, have a conversation, dialogue with someone. {*qʷinə́kʷitxʷ* cn. *I talked to him.* (TC) | *qʷinə́kʷitxʷ* cn cə q̓áʔŋi. *I talked to the girl.* (AS) | níɫ nsuʔ*qʷinə́kʷitxʷ* cə qaʔq̓ə́yuʔ. *Then I talked with the police.* (MJ)}

qʷínəkʷs ⟦√qʷin=iws √hair=body⟧ any body hair, especially leg hair or underarm hair. (TC; ES; MJT) VAR: qʷəníkʷs (LBH)

qʷinə́witxʷ talking to. *See under:* qʷiʔnə́witxʷ

qʷiníti ⟦√qʷay-ŋi-ty √talk-rel-rcprcl⟧ ☞ qʷáy to talk together, talk at each other. (AS) {*qʷiníti* kʷi kʷə q̓áyaʔŋi. *The girls talked together.* (AS)}

qʷinúkʷəŋ ⟦√qʷay-ənukʷ-ŋ √talk=ground-mdl⟧ ☞ qʷáy to propose marriage for someone, be a delegate for someone. *In former times a man did not propose marriage directly. His family sent a delegate to speak to the woman's family to propose marriage. When Hunter John (čiwáqtən) wanted to marry a girl from Pysht, three of his family members went there to ask for her. (AS,BC) {hiyáʔ č kʷaʔ *qʷinúkʷəŋ* hiyáʔ ʔaʔnəx̌q̓éyt. *They apparently went to propose marriage at Little Boston.* (AS)} VAR: qʷaynúkʷəŋ (AS) {*qʷaynúkʷəŋ* cn. *I proposed for someone.* (BC) | níɫ č suʔ*qʷaynúkʷəŋ*s kʷə swéʔwəs. *Then the boy proposed marriage.* (AS)}

qʷiŋə́kʷitəŋ ⟦√qʷay-nəwəy-t-ŋ √talk-ncrcprcl-trns-psv⟧ ☞ qʷinə́kʷi to be talked to, spoken to (in conversation). (ESTC) {*qʷinə́kʷitəŋ* ʔaʔ či cícɫsiʔám kʷi čnaʔátəŋ ʔaʔ či snə́wəs. *The one that was called Noah was spoken to by God.* (ES)}

qʷinə́wi conversing. *See under:* qʷiʔnə́wiʔ

qʷinə́witxʷ talking to. *See under:* qʷiʔnə́witxʷ

qʷiŋít speak to someone. *See under:* qʷáyŋət

qʷiŋítəŋ ⟦√qʷy-ŋi-t-ŋ √talk-rel-trns-psv⟧ ☞ qʷáyŋət to be spoken to. {suʔ*qʷiŋítəŋ*s ʔaʔ cə táns. *So her mother spoke to her.* (AA) | ʔuʔhúy yaʔ ʔu ns*qʷiŋítəŋ*. *They were the only ones that talked to me.* (TC) | ʔiʔ níɫ kʷaʔčaʔ suʔčhákʷs ʔaʔ či s*qʷiŋítəŋ*s ʔaʔ či sʔiʔáyəx̌ʷs. *And then he*

qʷiṅít ⟦√qʷay-ŋ<ʔ>í-t √talk-rel<actl>-trns⟧
☞ qʷáyŋət *remembered what he had been told by his elders.* (ES) | ʔíʔ níɬ suʔčaʔhákʷs ʔaʔ či sʔaʔkʷústəŋs **qʷiṅítəy**s ʔaʔ či sʔiʔáyəxʷs. *And just then he remembered what he had learned that his elders told him.* (ES)}

qʷiṅít ⟦√qʷay-ŋ<ʔ>í-t √talk-rel<actl>-trns⟧
☞ qʷáyŋət *to be talking to someone, scolding someone.* (ES) {**qʷiṅít**s ti ʔuʔxə́nə xʷanítəm. *He talked to all the white people.* (ES) | ʔuʔ**qʷiṅít**s cə ʔəcɬtáyŋxʷ xʷiyanítəm. *He told the white people.* (ES)}

qʷiṅítəŋ ⟦√qʷay-ŋ<ʔ>í-t-ŋ<ʔ> √talk-rel<actl>-trns-psv<actl>⟧ ☞ qʷiṅít *being talked to, scolded by someone.* {**qʷiṅítəŋ** cn. *He's scolding me.* (TC)} VAR: qʷəyŋítəŋ {nə́kʷə kʷi n**qʷəyŋítəŋ**. *You're the one I'm talking to.* (EPT)}

qʷiqʷáyŋət ⟦qʷay+√qʷay-ŋi-t pl+√talk-rel-trns⟧ [unexpected stress on root.] ☞ qʷáy *to scold someone, talk roughly to someone.* (TC)

qʷiqʷáyŋətəŋ ⟦qʷay+√qʷay-ŋi-t-ŋ pl+√talk-rel-trns-psv⟧ [unexpected stress on root.] ☞ qʷiqʷáyŋət *to be scolded, talked roughly to by someone.* {**qʷiqʷáyŋətəŋ** cn. *He scolded me.* (TC; AS)} VAR: qʷiqʷiŋítəŋ {**qʷiqʷiŋítəŋ** cn. *They scolded me. / I got a scolding.* (MJT; BC)} VAR: qʷiqʷáyŋtəŋ {**qʷiqʷáyŋtəŋ** cn. *They scolded me.* (AS)} VAR: qʷiqʷiŋítəŋ (MJT) {**qʷiqʷiŋítəŋ** cn. *He scolded me.* (TC)}

qʷiqʷə́ɬiʔ ⟦qʷy+√qʷ<ə́>ɬ=ay̓ pl+√drift_ashore<actl>=wood⟧ ☞ qʷə́ɬay̓
1. several logs. (TC; AS,BC) {čəʔúʔwəs st canu sxʷxʷə́k̓ʷt ti **qʷiqʷə́ɬiʔ**. *We were using it to drag logs.* (ES) | ʔíʔ níɬ suʔštə́ŋɬ ʔiyá ʔaʔ tə **qʷiqʷə́ɬiʔ**. *And we walked there on the logs.* (MJ) | čəʔúʔwəs st sxʷiʔxʷə́k̓ʷtɬ ti **qʷiqʷə́ɬiʔ**. *We were using it to pull logs.* (TC) | suʔx̌čaʔwíyŋs ʔaʔ cə **qʷiqʷə́ɬiʔ** ʔiʔ x̌ənstáŋ ʔəsmaʔk̓ʷyéʔč. *They were underneath the logs and everything piled up.* (ES)}
2. driftwood. (EWH)

qʷiqʷə́yəši ⟦qʷy+√qʷəyš-iy pl+√scatter-dev⟧ ☞ qʷə́yəši *to get all scattered, spread out.* (ES)

qʷíw̓qən ⟦√qʷiw̓q=ən √?=instr⟧ chimney thimble, smoke hole cover. (ABT)

qʷíx̌ ⟦√qʷix̌ √move⟧ [This is similar in form and meaning to /kʷə́y̓əx̌/. Words with this root always have /í/ while words with /kʷə́y̓əx̌/ always have /ə/.] cp. kʷə́y̓əx̌ *to move, exhibit motion.* ⟪USAGE: This root and words derived from it refer to something showing motion. It would not be used as 'move' in English would be used to refer to going from one place to another.⟫ cp. čáni {**qʷíx̌** kʷi kʷə húʔpt. *The deer moved (you shot it, and it was down, then it moved).* (AS)}

qʷíx̌ct ⟦√qʷix̌-cut √move-rflxv⟧ [no metathesis with reflexive] ☞ qʷíx̌t *to move oneself.* (AS,BC) {níɬ kʷə sxʷx̌číts ti pástən kʷaʔ ʔaʔk̓ʷíns ʔíʔ ʔuʔ**qʷíx̌ct** kʷi. *It's what the white man uses for knowing the time, and it moves by itself.* (MJ) | **qʷíx̌ct** cn. *I moved.* (AS) | čaʔ**qʷíx̌ct** cn cə sčaʔkʷaʔyúɬ. *I started the car.* (AS)}

qʷíx̌əŋ ⟦√qʷix̌-ŋ √move-mdl⟧ ☞ qʷíx̌ *to move around, run, start (of a motor or anything that moves on its own).* (AS) {**qʷíx̌əŋ** cn. *I moved around.* (AS) | **qʷíx̌əŋ** kʷsə sčaʔkʷaʔyúɬ. *The car is running.* (AS) | kʷɬníɬ suʔ**qʷíx̌əŋ**s cə sčaʔkʷaʔyúɬ. *Soon the car started.* (AS) | kʷɬníɬ suʔ**qʷíx̌əŋ**s kʷi ncíkcik. *Soon my buggy moved.* (AS) | kʷɬníɬ suʔ**qʷíx̌əŋ**s tə sčtə́ŋxʷən. *Now the earth moved.* (AS) | **qʷíx̌əŋ** kʷi kʷə sqiyáyŋxʷ. *The tree is moving (in the wind).* (AS)}

qʷíx̌t ⟦√qʷ<í>x̌-t √move<actl>-trns⟧ ☞ qʷx̌ít *to be moving something or someone.* (AS,BC) {**qʷíx̌t** cn. *I moved it.* (AS) | **qʷíx̌t** cn cə čaʔwáčən. *I moved the chair.* (AS)}

qʷíx̌təŋ ⟦√qʷ<í>x̌-t-ŋ √move<actl>-trns-psv⟧ [counter-metathesis in the actual passive.] ☞ qʷx̌ítəŋ *being moved by something or someone.* {**qʷíx̌təŋ** cn. *They're moving me.* (AS)}

qʷíxʷ ⟦√qʷixʷ √move_away⟧ *to get out of the way.* (AS) {**qʷíxʷ** cn. *I'm out of the way.* (AS)}

qʷíx̌ʷt ⟦√qʷix̌ʷ-t √move_away-trns⟧ ☞ qʷíxʷ *to put, move something out of the way.* {**qʷíx̌ʷt** či. *Put it out of the way.* (AS) | **qʷíx̌ʷt** cn. *I moved it out of the way.* (AS,BC) | **qʷíx̌ʷt** či cə ləpláš. *Move the board out of the way.* (AS) | **qʷíx̌ʷt** či cə sčaʔkʷaʔyúɬ. *Move the car out of the way.* (AS) | **qʷíx̌ʷt** cn cə swə́y̓qaʔ. *I moved the man out of the way.* (AS,BC)}

qʷíx̌ʷtəŋ ⟦√qʷix̌ʷ-t-ŋ √move_away-trns-psv⟧ ☞ qʷíx̌ʷt *to be put, moved out of the way by someone.* {**qʷíx̌ʷtəŋ** cn. *They moved me out of the way.* (AS,BC)}

qʷiyaʔqʷiʔéyəs ⟦√qʷ<iyaʔ>qʷəʔiys √knife<pl>⟧ ☞ qʷqʷaʔéyəs several knives. (MJT) VAR: qʷiyəqʷiʔéyəs (MJT) VAR: qʷiyəqəʔéyəs (MJT) VAR: qʷaʔyaqʷéʔis {níɬ kʷaʔčaʔ sxʷčʔiyás tə **qʷaʔyaqʷéʔis** ʔəɬ x̌ʷnáɬ tə sʔiyás ʔaʔ tə sx̌ə́naʔs cə húʔpt. *That's where the knives we get from the deer's leg come from.* (MJ)}

qʷiyəqʷáyəqʷiʔ ⟦√qʷ<iyə>qʷaʔyəqʷy̓ √brant<pl>⟧ ☞ qʷqʷáʔyəqʷiʔ *a group of brants.* (MJT)

qʷɬáy̓ ⟦√qʷɬ=ay̓ √drift_ashore=wood⟧ ☞ qʷə́ɬ
1. log; the occupation of logging. (JCo; MJT; TC; ES; AS,BC) {kʷánəŋət ʔúxʷ ʔaʔ cə **qʷɬáy̓**. *He ran over to a log.* (MJ) | sáʔət cn cə **qʷɬáy̓**. *I lifted the log.* (MJT) | cákʷs cn cə **qʷɬáy̓**. *I laid the log down* (MJT) | ʔəscáʔčaʔ cə cícɬ **qʷɬáy̓**. *He was on top of a high log.* (TC) | čáʔi yaʔ st ʔiyá ʔaʔ cə **qʷɬáy̓**. *We were working at logging.* (TC) | ɬéʔnət cə snə́xʷɬ ʔaʔ cə **qʷɬáy̓**. *Tie up the canoe to the log.* (BC) | ʔuʔiʔáʔiʔ č ʔi ʔuʔtə́s ʔaʔ cə sʔiyəns cə cícɬ **qʷɬáy̓**. *That continued until she reached the end of the high log.* (TC) | níɬ suʔhiyáʔs ʔíʔ ʔúxʷ ʔaʔ cə **qʷɬáy̓**. *Then he left and went over to the log.* (ES) | nəw̓ə́sən tə nəsčaʔkʷaʔyúɬ ʔaʔ cə ʔəsxʷɬə́kʷən **qʷɬáy̓**. *My car went into the hollow log with one*

wheel. (MJT) | k̓ʷə́ns cə *qʷɬáy̓* ʔəsʔéʔəyuc ʔaʔ tə stúʔwiʔ. *He saw a log at the mouth of the river.* (ES) | níɬ suʔhiyáʔs ʔúxʷ ʔaʔ cə *qʷɬáy̓* ʔiʔ níɬ suʔnəxʷčaʔwáčəŋs. *Then he went over to the log, and that's where he sat down.* (TC)}
2. driftwood. (LB,EWH; LBH) VAR: qʷəɬəy̓ (LB,EWH)

qʷɬáy̓šən ⟦√qʷɬ=ay̓=sən √drift_ashore=wood=foot⟧ ☞ qʷɬáy̓ shoe. (LC; TC) ⟪Usage: used at Becher Bay only⟫ {ʔəɬútəŋ cə nə*qʷɬáy̓šən*. *My shoes were stretched.* (TC)}

qʷɬə́t ⟦√qʷɬ-t √drift_ashore-trns⟧ ☞ qʷə́ɬ to float something in the water, set something adrift. (AS,BC) {*qʷɬə́t* cn kʷaʔ kʷɬə nsnə́xʷɬ. *I put my canoe in the water.* (AS) | *qʷɬə́t* cn cə stéʔəxʷ. *I put my spear in the water.* (AS)}

qʷɬə́təŋ ⟦√qʷɬ-t-ŋ √drift_ashore-trns-psv⟧ ☞ qʷɬə́t to be drifted ashore, get washed ashore by waves. (MJT; TC; ES) {*qʷɬə́təŋ* cn. *I got washed ashore.* (TC; AS) | níɬ suʔ*qʷɬə́təŋ*s ʔúxʷ ʔaʔ cə ʔíyəqsən. *Then she got drifted over to a point.* (MJ)}

qʷɬúʔi ⟦√qʷɬuʔy √camas⟧ edible camas. *Camassia* spp. (EWH; MJT; AS,BC; AS) {x̣áctəŋ kʷə *qʷɬúʔi*. *The camas is being pulled out.* (AS) | ʔuʔx̣án kʷi kʷə *qʷɬúʔi*. *The camas is all gone.* (AS) VAR: qʷɬúʔəy̓ (EPT) {ɬukʷúyst tə *qʷɬúʔəy̓*. *Peel the camas.* (MJT) | cə́yəqʷt či cə *qʷɬúʔəy̓*. *Dig up that camas.* (MJT)}
VAR: qʷɬúy (AS,BC) VAR: qʷɬúʔi (TC)

qʷqʷaʔánxʷ ⟦qʷ+√qʷ<əʔ>an<ʔ>-naxʷ incep+√call<actl>-nctrns⟧ ☞ qʷaʔánəxʷ to be calling for, predicting, making rain or bad weather. (ES,TC; ES)

qʷqʷaʔéyəs ⟦√qʷqʷəʔiys √knife⟧ any knife, especially a butcher knife. (EPT; ES; TC)
✱ Apparently this originally referred to a dagger made from a bone in a deer's leg. MJ's uncle Mitchell said that this is a newer word for 'knife' in Klallam. (MJT) cp. šípən {ɬqáxt cə n̓*qʷqʷaʔéyəs*. *Sharpen your knife.* (ES) | ʔə́yuc cə *qʷqʷaʔéyəs*. *The knife is sharp.* (AS) | ʔə́yuct cn cə *qʷqʷaʔéyəs*. *I sharpened the knife.* (AS) | čə́q̓t cn tiʔə *qʷqʷaʔéyəs*. *I'm sharpening this knife.* (MJT) | mán̓ ʔuʔ ʔə́yuc tsə n̓*qʷqʷaʔéyəs*. *Your knife is very sharp.* (EPT) | ʔúxʷ či ɬqáxt kʷsə n̓*qʷqʷaʔéyəs*. *Go sharpen your knife.* (EPT) | ʔáwə c ɬcács ʔaʔ kʷə n̓*qʷqʷaʔéyəs*. *Don't cut your hand on your knife.* (EPT) | cíɬəŋ ʔiʔ ƛ̓ʷə́ts cə *qʷqʷaʔéyəs*s. *He stood, and he took his knife.* (MJ)} VAR: qʷqʷaʔéys (ES) {ŋə́n̓ kʷsə *qʷqʷaʔéys*. *It's lots of knives.* (EPT)}
VAR: qʷqʷaʔéyəs (MJT) {ʔə́y̓ kʷə cə n̓*qʷqʷaʔéyəs*. *Your knife is good.* (MJ) | ʔə́yuct cn ti n*qʷqʷaʔéyəs*. *I'm sharpening my knife.* (MJ) | ʔə́yucts cə *qʷqʷaʔéyəs*s. *He was sharpening his knife.* (MJ)}
VAR: qʷqʷaʔéʔis (MJT; AS,BC) {ɬaʔqáxts cə *qʷqʷaʔéʔis*. *He was sharpening a knife.* (MJ) | suʔúŋəstəŋ ʔaʔ x̣áʔis ʔaʔ cə *qʷqʷaʔéʔis*. *So he gave Changer the knife.* (MJT)} VAR: qʷqʷaʔéyəs (AS,BC) VAR: qʷəqʷaʔyéʔyəs (ABT) VAR: qʷaʔqʷaʔéyəs (MJT)

qʷqʷaʔyəqʷiʔ ⟦√qʷqʷaʔyəqʷy̓ √brant⟧ brant. *Branta nigricans.* (ES,HS) {ʔáwə cn c sáʔsiʔsiʔ ʔaʔ či *qʷqʷáʔyəqʷiʔ*. *I'm not afraid of a brant.* (MJ) | níɬ yəxʷ ʔuč kʷi ti *qʷqʷáʔyəqʷiʔ* kʷaʔ ʔuʔkʷáčəŋ. *It must have been a brant that was hollering.* (MJT)}
VAR: qʷqʷáʔiqʷiʔ (ES) VAR: qʷqʷaʔyíqʷiʔ (MJT) VAR: qʷqʷáyəqʷiʔ (MJT) VAR: qʷqʷáyəʔqʷiʔ (BG,MJT)

qʷqʷéʔməŋ ⟦qʷ+√qʷm̓i-ŋ<ʔ> incep+√blame<actl>-mdl<actl>⟧ [actual metathesis] ☞ qʷaʔmít to be blaming, accusing. (ES)

qʷqʷéʔmət ⟦qʷ+√qʷm̓i-t incep+√blame<actl>-trns⟧ ☞ qʷaʔmít to be blaming, accusing someone. (AS) VAR: qʷéʔmət (AS) {*qʷqʷéʔmət* cn. *I'm accusing him. / I'm blaming him.* (AS)}

qʷqʷə́y̓ sun. See under: sqʷqʷə́y̓

qʷqʷə́y̓əŋ ⟦qʷ+√qʷəy<ʔ>-ŋ incep+√sun<actl>-mdl⟧ ☞ qʷə́yəŋ to be starting to shine (of the sun). (TC) {*qʷqʷə́y̓əŋ* cə sqʷqʷə́y̓. *The sun is starting to shine.* (AS) | *qʷqʷə́y̓əŋ* cə skʷáči. *The sun is shining today.* (AS)} VAR: qʷəqʷə́yəŋ {*qʷəqʷə́yəŋ* cə skʷáči. *The sun is shining today.* (AS)}

qʷqʷúʔəŋ ⟦qʷ+√qʷuʔ-ŋ<ʔ> incep+√water-mdl<actl>⟧ ☞ qʷúʔəŋ to be getting water. (TC) {kʷɬ*qʷqʷúʔəŋ* cn. *I'm getting water.* (TC) | kʷɬ*qʷqʷúʔəŋ*. *He's packing water now.* (MJT)}

qʷúʔ ⟦√qʷuʔ √water⟧ water; a spring of fresh water; juice. (JCo; EPT; NS,JW; LC; TC; AS,BC; WB,AS,BC) {níɬ suʔənʔás cə *qʷúʔ*. *Then the water came.* (ES) | x̣áčəŋ ti *qʷúʔ*. *The water dried up.* (ES) | qʷə́yəs cn ʔaʔ cə *qʷúʔ*. *I boiled the water.* (TC) | ʔúxʷ ʔaʔ cə *qʷúʔ* ƛ̓ɬáɬc. *He went to the salt water.* (ES) | cúqʷt caʔn či *qʷúʔ*s tiə máʔəxʷ. *I'm going to suck the juice out of the horsetail sprout.* (MJT) | x̣áwəs *qʷúʔ*. *fresh water* (TC) | čq*qʷúʔ* u cxʷ? *Do you have water?* (NS,JW) | q̓ʷsə́n ʔiʔ *qʷúʔ*. *It was solid but watery.* (ES) | čqʷúʔqʷaʔ cn ʔaʔ cə *qʷúʔ*. *I've got some drinks of water.* (TC) | ʔúxʷ ƛ̓kʷáyəs ʔaʔ či *qʷúʔ*. *Go get some water.* (EPT) | qṕət či n̓sʔíɬən či n*qʷúʔ*. *Gather your food, your water.* (ES) | yəcə́t či sxʷqʷəyaʔčáy ʔaʔ či *qʷúʔ*! *Fill your jugs with water!* (ES) | kʷɬʔúŋəst cn ʔaʔ tə *qʷúʔ*. *I gave him some water.* (MJT) | ɬaʔtúqʷəŋ kʷsə *qʷúʔ* ʔscáʔcaʔ ʔaʔ kʷsə stove. *The water is boiling on top of the stove.* (EPT) | húʔ yéʔtxʷ ʔuʔƛ̓ə́kʷ ʔaʔ či *qʷúʔ* ʔiʔ ʔúxʷtxʷ. *When the water is ready to take, bring it.* (MJ) | mán̓ cn ʔuʔ šáʔšaʔš; nsuʔhiyáʔ qəmán̓ ʔaʔ či *qʷúʔ*. *I was very thirsty; so I went to ask for some water.* (AS) | ʔəscéʔyəxʷ cə məsíns níɬ kʷaʔnaʔnútt ti *qʷúʔ* ʔúxʷ ʔaʔ cə ʔáʔiŋ. *The machine for running water to the house was broken.* (ES) | ʔiʔ ʔáwə kʷaʔ kʷánəŋəts cə qʷúʔ ʔaʔ cə smamáʔkʷɬ cə čaʔŋəyu ʔaʔti *qʷúʔ*. *The water didn't run because the pump was broken.* (ES) | ʔúy̓ qɬ ŋə́n̓ *qʷúʔ* či nəsqʷúʔqʷaʔ ʔiʔ níɬ caʔ nuʔə́ys. *If I'd drink a lot of water, it would be better.* (MJT) | ʔúy̓ qɬ yaʔ ʔə́c xʷtə́q nə́w̓ ʔaʔ cə s*qʷúʔ*s ʔaʔ tə sq̓x̣əyu, ʔiʔ ƛ̓áyq yaʔ cn ʔuʔ súʔskʷ. *If I had fallen into the clam juice, I'd be taking a bath, too.* (MJ)}

qʷúʔəc ⟦√qʷuʔ-t-c √water-trns-1obj/2obj⟧ ☞ qʷúʔət get water for me; get water for you. {*qʷúʔəc* cn. *I got water for you.* (TC)}

qʷúʔəŋ ⟦√qʷuʔ-ŋ √water-mdl⟧ ☞ qʷúʔ to get water, go for water, draw water. (JCo; MJT; TC) ⟪You can't go after water for water.⟫ {*qʷúʔəŋ* cn. *I got water.* (TC) | hiyáʔ cn *qʷúʔəŋ*. *I'm going to get water.* (TC) | kʷɬhiyáʔ ixʷ kʷə *qʷúʔəŋ*. *He's right now going after water.* (MJT) | ʔúxʷ či *qʷúʔəŋ*. *Go after water* (MJT)}

qʷúʔət ⟦√qʷuʔ-t √water-trns⟧ ☞ qʷúʔ to get water for someone or something. {*qʷúʔət* cn. *I got water for him.* (TC) | *qʷúʔət* či tə n̓skʷáqən. *Water your flower.* (MJT)}

qʷúʔqʷaʔ ⟦qʷuʔ + √qʷuʔ char + √water⟧ [unusual reduplication pattern. This looks like the 'characteristic' pattern (CVC with stress on the first reduplicant) but the expected meaning would be 'watery'.] ☞ qʷúʔ to drink; to have a drink. (JCo; LC; TC; AS,BC; ES) {*qʷúʔqʷaʔ* cn. *I'm drinking.* (MJT) | kʷɬ*qʷúʔqʷaʔ* cn. *I'm drinking now.* (LC) | *qʷúʔqʷaʔ* cn ʔaʔ tə qʷúʔ. *I drank the water.* (ES) | *qʷúʔqʷaʔ* ʔaʔ či qʷúʔ. *Drink some water.* (EPT) | *qʷúʔqʷaʔ* cn ʔaʔ tə nəkʷápi. *I drank my coffee.* (ES) | *qʷúʔqʷaʔ* či, siʔam̓ nəscáʔčaʔ. *Drink, my dear friend.* (RS,TC,ES) | p̓p̓áʔct cn či nəs*qʷúʔqʷaʔ*. *I'm trying to drink.* (MJT) | č*qʷúʔqʷaʔ* cn. *I've got drinks.* (TC) | č*qʷúʔqʷaʔ* cn ʔaʔ cə lám. *I've got some alcoholic drinks.* (TC) | č*qʷúʔqʷaʔ* cn ʔaʔ cə qʷúʔ. *I've got some drinks of water.* (TC) | *qʷúʔqʷaʔ* cn ʔaʔ tiə tíy. *I drank this tea* (MJT) | šaʔšúʔɬ cn ʔaʔ tə nəs*qʷúʔqʷaʔ* ʔaʔ tiʔə coffee. *I'm glad I'm drinking this coffee.* (TC)}

qʷuʔqʷaʔnít drink it. *See under:* qʷaʔqʷaʔnít

qʷúʔqʷaʔqʷaʔ ⟦qʷúʔ + qʷuʔ + √qʷuʔ actl + char + √water⟧ ☞ qʷúʔqʷaʔ to be drinking. (ES) {*qʷúʔqʷaʔqʷaʔ* cn. *I'm drinking.* (ES) | húy kʷi s*qʷúʔqʷaʔqʷaʔ*. *He finished drinking.* (ES) | *qʷúʔqʷaʔqʷaʔ* ʔiʔ ʔuʔxʷəkʷátəŋ kʷə. *He was drinking and went crazy.* (AS)}

qʷúʔqʷaʔt ⟦qʷúʔ + √qʷuʔ-t char + √water-trns⟧ ☞ qʷúʔqʷaʔ to drink something. {kʷɬ*qʷúʔqʷaʔt* cn. *I already drank it.* (MJT) | *qʷúʔqʷaʔt* cn cə qʷúʔ. *I drank the water.* (AS)}

qʷúʔqʷaʔtəŋ ⟦qʷuʔ + √qʷuʔ-txʷ-ŋ char + √water-letcaus-psv⟧ ☞ qʷúʔqʷaʔtxʷ to be let, allowed to drink. {*qʷúʔqʷaʔtəŋ* cn. *They let me drink.* (AS,BC)}

qʷúʔqʷaʔtxʷ ⟦qʷuʔ + √qʷuʔ-txʷ char + √water-letcaus⟧ ☞ qʷúʔqʷaʔ to let someone or something drink. {*qʷúʔqʷaʔtxʷ* cn. *I let him drink.* (AS,BC)}

qʷúʔqʷqʷaʔ ⟦qʷuʔ + qʷ + √qʷuʔ actl + incep + √water⟧ [unusual reduplicative pattern] ☞ qʷúʔqʷaʔ to be drinking. (TC) (LC) {ʔuʔxənáɬ tə nəsu*qʷúʔqʷqʷaʔ*. *I was always drinking.* (TC) | ʔúy qɬ ŋən̓ qʷúʔ či nəs*qʷúʔqʷqʷaʔ* ʔiʔ níɬ caʔ nuʔə́ys. *If I'd drink a lot of water, it would be better.* (MJT)}

qʷúʔqʷqʷaʔŋət ⟦qʷuʔ + qʷ + √qʷuʔ-ŋi-t actl + incep + √water-rel-trns⟧ ☞ qʷúʔqʷqʷaʔ to be drinking something. {kʷɬ*qʷúʔqʷqʷaʔŋət* cn. *I'm drinking it.* (MJT)}

qʷúʔq̓ʷi go downstream. *See under:* qʷə́q̓ʷi

qʷúʔtən bucket. *See under:* sqʷúʔtən

qʷúʔyaʔməc ⟦√qʷuy<ʔ>əm̓u-t-c √hug<actl>-trns-1obj/2obj⟧ ☞ qʷúʔyaʔmət hugging me; hugging you. {*qʷúʔyaʔməc!* *Hug me!* (ES)}

qʷúʔyaʔmət ⟦√qʷuy<ʔ>əm̓u-t √hug<actl>-trns⟧ ☞ qʷúyaʔmət to be hugging someone. (ES)

qʷúʔyiʔct ⟦√qʷu<ʔ>yiʔ-cut √soft<actl>-rflxv⟧ ☞ qʷúyiʔ to be getting soft, softening. (MJT) {hiʔ*qʷúʔyiʔct*. *It's getting soft.* (MJT)}

qʷúsəŋ ⟦√qʷus-ŋ √rock-mdl⟧ to rock back and forth. (AS) {*qʷúsəŋ* cn kʷi ʔaʔ kʷi nsʔaʔáʔmət ʔaʔ cə scáʔwáčən. *I rocked when I was sitting on the chair.* (AS)}

qʷúyaʔmət ⟦√qʷuyəm̓u-t √hug-trns⟧ to hug someone. (ES,TC; ES) VAR: qʷəyaʔmút (TC; AS) VAR: qʷəyámət (AS,BC) VAR: qʷəyáʔmət (AS) {kʷɬníɬ kʷi su*qʷəyáʔmət*s cə sɬánis. *Now he hugged his wife.* (AS)} VAR: qʷəyəmút (AS,BC) VAR: qʷəymút (AS,BC; AS) {*qʷəymút* cn. *I hugged him/her.* (AS,BC)} VAR: qʷaʔmít {*qʷaʔmít* cn. *I hugged him.* (AS,BC)}

qʷúyiʔ ⟦√qʷuyiʔ √soft⟧ to be soft. (LB,CWH; EPT; MJT; TC; ES) {mán̓ ʔuʔ *qʷúyiʔ* cə cə́y̓əɬ. *The lake (ice) is too soft.* (MJ)} VAR: qʷúyi (ES)

qʷx̣ít ⟦√qʷix̣-t √move-trns⟧ [rightward metathesis in the non-actual] ☞ qʷíx̣ to move someone or something. {*qʷx̣ít* cn. *I moved it.* (AS,BC)}

qʷx̣ítəŋ ⟦√qʷix̣-t-ŋ √move-trns-psv⟧ [metathesis with passive] ☞ qʷx̣ít to be moved by someone or something. {*qʷx̣ítəŋ* cə snə́xʷɬ. *The canoe was moved.* (AS) | *qʷx̣ítəŋ* kʷi kʷə čaʔcítən. *They moved the table.* (AS)}

qʷx̣ʷíct ⟦√qʷix̣ʷ-cut √move_away-rflxv⟧ [metathesis with reflexive] ☞ qʷíx̣ʷt to get out of the way, move away, dodge (something). (ES; TC; AS,BC; AS) {*qʷx̣ʷíct* cn. *I got out of the way.* (AS,BC) | *qʷx̣ʷíct* či! *Get out of the way!* (AS,BC) | *qʷx̣ʷíct* či! yəqáɬ cxʷ. *Get out of the way! You're in the way.* (ES) | níɬ suʔštə́ŋs *qʷx̣ʷíct*. *Then he walked away.* (ES) VAR: qʷəx̣ʷíct {*qʷəx̣ʷíct* cn. *I got out of the way.* (AS,BC)} VAR: qəx̣ʷíct (AS)

q̓ʷ

q̓ʷáʔq̓ʷi Port Discovery. *See under:* sq̓ʷaʔqʷéʔəɬ

q̓ʷaʔátəŋ ⟦√q̓ʷaʔ-t-ŋ √share-trns-psv⟧ [metathesis with passive] ☞ q̓ʷáʔət to be shared, passed around. (TC; AS,BC) {*q̓ʷaʔátəŋ cə sʔíɬən. The food was shared around.* (AS)}

q̓ʷaʔcínəŋ ⟦√q̓ʷaʔ=ucin-ŋ √share=mouth-mdl⟧ ☞ q̓ʷáʔət to share food, share up what one has. (ES) {*ʔənʔá či q̓ʷaʔcínəŋ. Come eat with us.* (ES,TC)}

q̓ʷaʔčáy̓ŋən ⟦√q̓ʷu<ʔ>y-ay̓ŋən √die<actl>-want⟧ ☞ q̓ʷúy to be very sick, dying. (ES)

q̓ʷaʔčəyu? ⟦√q̓ʷu<ʔ>y-əyu<ʔ> √die<actl>-activ<actl>⟧ ☞ q̓ʷúy to be killing. (AS,BC)

q̓ʷaʔčtáy̓ŋən ⟦√q̓ʷu<ʔ>y-t-ay̓ŋən √die<actl>-trns-want⟧ ☞ q̓ʷčút to be wanting to kill someone or something. {*hiyitíŋ kʷə tím ʔaʔ cə čáʔsaʔ ʔaʔ cə néʔ snáyaʔnəkʷ q̓ʷaʔčtáy̓ŋən. Tim was saved by those two from those ghosts that were wanting to kill him.* (ES)} VAR: q̓ʷuʔčtáy̓ŋən {*ʔáwə cxʷ c q̓ʷuʔčtáy̓ŋən. Don't be wanting to kill.* (ES)}

q̓ʷaʔčútəŋ ⟦√q̓ʷ<əʔ>uy-t-ŋ √die<actl>-trns-psv⟧ [/y/ → /č/] ☞ q̓ʷčútəŋ
1. being beaten up by someone. (EPT) {*q̓ʷaʔčútəŋ cn. I got beat up.* (ES; TC)}
2. being killed (by something animate). (EPT) {*níɬ č ʔiyá kʷi sq̓ʷaʔčútəŋs. That's where they were being killed.* (AS) | *q̓ʷaʔčútəŋ ʔaʔ Gypsy cə k̓ʷátən ʔaʔ kʷi nəsčáŋ. Gypsy was killing the rat when I came home.* (MJT) | *q̓q̓áʔnítəŋ ʔaʔ či sxiyáʔəs snáyaʔnəkʷ q̓ʷaʔčútəŋay̓ŋən. He was being threatened by the bad ghosts who wanted to kill him.* (ES)} VAR: q̓ʷaʔčútəŋ (ES) {*q̓ʷaʔčútəŋ cn. Someone's beating me up.* (ES)}

q̓ʷaʔčúx̣ʷəŋ make noise. *See under:* q̓ʷtúx̣ʷəŋ

q̓ʷáʔəkʷi Port Discovery. *See under:* sq̓ʷaʔqʷéʔəɬ

q̓ʷaʔə́lxʷ ⟦√q̓ʷaʔə́lxʷ √chum_salmon⟧ chum salmon, dog salmon. *Oncorhynchus keta.* (TC) *cp.* x̣̌x̣ʷáy̓ [possibly from Northern Straits]

q̓ʷáʔəɬ ⟦√q̓ʷaʔɬ √expect⟧ to expect, wait for (someone or something). {*q̓ʷáʔəɬ cn. I'm waiting for it.* (AS) | *q̓ʷáʔəɬ kʷə nséʔyaʔ. My grandmother was expecting (something to happen).* (AS)}

q̓ʷáʔəqʷi Port Discovery. *See under:* sq̓ʷaʔqʷéʔəɬ

q̓ʷáʔət ⟦√q̓ʷaʔ-t √share-trns⟧ to share something. {*q̓ʷáʔət cn. I shared it.* (AS,BC) | *q̓ʷáʔət cn cə sʔíɬən. I shared the food.* (AS)}

q̓ʷáʔi ⟦√q̓ʷə<ʔ>y √acquaint<actl>⟧ ☞ q̓ʷə́y to be getting friendly, get acquainted, getting tame. (AS) VAR: q̓ʷə́y̓ {*čaʔníɬ nəsq̓ʷə́y̓. I just now got acquainted.* (MJT)}

q̓ʷáʔiɬ[1] ⟦√q̓ʷaʔy-ɬ √go_board-dur⟧ to get on, go aboard. {*q̓ʷáʔiɬ či! Get on!* (AS) | *q̓ʷáʔiɬ cn. I got on the boat.* (AS) | *q̓ʷáʔiɬ tə nsčə́yaʔčaʔ. My friends got on board.* (AS)} *cp.* ʔúy̓ɬ

q̓ʷáʔiɬ[2] cooked. *See under:* ʔəsq̓ʷáʔyəɬ

q̓ʷáʔiŋ go over. *See under:* q̓ʷéʔyəŋ

q̓ʷaʔkʷéʔti ⟦√q̓ʷaʔkʷ-i<ʔ>y-ty √journey-dev<actl>-rcprcl⟧ ☞ q̓ʷaʔkʷíyti to be going on a journey (of just two people). (AS,BC)

q̓ʷaʔkʷíyti ⟦√q̓ʷaʔkʷ-iy-ty √journey-dev-rcprcl⟧ to go on a journey together. (AS,BC; AS) {*kʷłníɬ yaʔ kʷłə nʔáyəs q̓ʷaʔkʷíyti ʔaʔ kʷłi stíkʷəns či sƛ̓aʔtáwns. My sister and her niece went to town together.* (AS)}

q̓ʷaʔɬcút ⟦√q̓ʷaʔɬ-cut √expect-rflxv⟧ ☞ q̓ʷáʔəɬ to be expecting (somebody or something), be alert of (something coming), be on the lookout. (ES; AS,BC; AS) {*kʷłníɬ kʷi suʔq̓ʷaʔɬcúts kʷi šəmánɬ. Now are enemies are on the lookout.* (AS)} VAR: k̓ʷaʔɬcút (BC)

q̓ʷaʔnúŋə ⟦√q̓ʷuʔ-naxʷ-uŋə √join-nctrns-2obj⟧ ☞ q̓ʷúʔnəxʷ get among you. (TC) {*ʔaʔ kʷi nəstə́s, q̓ʷaʔnúŋə cn. When I got there, I mixed in with you.* (AS) | *q̓ʷaʔnúŋə cn ʔaʔ kʷi nəstə́s. I mixed in with you when I got there.* (AS)}

q̓ʷaʔŋə́yu? ⟦√q̓ʷi<ʔ>ŋ-əyu<ʔ> √borrow<actl>-activ<actl><actl>⟧ [rightward stress shift in actual] ☞ q̓ʷíŋəyu to be borrowing, owing. {*q̓ʷaʔŋə́yu? cn. I'm borrowing.* (MJT)} VAR: q̓ʷáŋəyu? {*ʔáxəŋ ʔaʔ či sʔáwəs c sƛ̓éʔs ʔiʔ cə́xʷ cə ntán ʔiʔ čaʔúŋəsts ʔaʔ kʷi sq̓ʷáŋəyu?s yaʔ. He says that he doesn't want your mother to pass away before he gives her what he owes her.* (AA)}

q̓ʷaʔq̓ʷáʔyəx̣ ⟦q̓ʷaʔ + √q̓ʷa<ʔ>yəx̣ dim + √look_out<actl>⟧ ☞ q̓ʷáʔyəx̣ to be careful, be on the lookout. (AS)

q̓ʷaʔq̓ʷáy̓əŋ ⟦q̓ʷaʔ + √q̓ʷay̓-ŋ actl + √believe-mdl⟧ ☞ q̓ʷáq̓ʷiʔ to be believing. {*ʔáwə cn c q̓ʷaʔq̓ʷáy̓əŋ. I don't believe (it).* (TC)} VAR: q̓ʷaʔq̓ʷáyəŋ (AS,BC)

q̓ʷaʔq̓ʷáy̓sc ⟦q̓ʷaʔ + √q̓ʷay̓-stxʷ-c dim + √believe-caus-1obj/2obj⟧ ☞ q̓ʷaʔq̓ʷáy̓stxʷ deceive me; deceive you. {*ʔáwə c q̓ʷaʔq̓ʷáy̓sc ʔaʔ či ʔuʔstáŋ. Don't deceive me about anything.* (MJ)} VAR: q̓ʷaʔq̓ʷáyc {*q̓ʷaʔq̓ʷáyc u cxʷ? Did you lie to me?* (ES)} VAR: q̓ʷq̓ʷáy̓sc {*q̓ʷq̓ʷáy̓sc caʔn. I'm going to fool you.* (MJT) | *ʔáwə c ʔəsxʷaníŋ ʔiʔ q̓ʷq̓ʷáy̓scxʷ. You don't fool me that way.* (MJT)}

q̓ʷaʔq̓ʷáy̓stəŋ ⟦q̓ʷaʔ + √q̓ʷay̓-stxʷ-ŋ dim + √believe-caus-psv⟧ ☞ q̓ʷaʔq̓ʷáy̓stxʷ to be fooled, deceived, kidded by someone. (MJT; AS) {*q̓ʷaʔq̓ʷáy̓stəŋ cn. They're kidding/fooling me.* (AS) | *ʔuʔhúy yəx̣ čtə ti nsuʔq̓ʷaʔq̓ʷáy̓stəŋ. He must have been only kidding you.* (MJ)}

q̓ʷaʔq̓ʷáy̓stxʷ ⟦q̓ʷaʔ + √q̓ʷay̓-stxʷ dim + √believe-caus⟧ ☞ q̓ʷáy̓ to tell a small lie, fib to someone to entice, fool, deceive, kid someone, turn someone's thoughts another way to distract. (ES;

q̓ʷaʔq̓ʷə́yəṅ

AS) {*q̓ʷaʔq̓ʷáystxʷ* cn. *I kidded him.* (MJ) | *q̓ʷaʔq̓ʷáystxʷ* cn cə sx̣íƛaʔƛ̓qɬ ʔaʔ či nshiyáʔ x̣aʔtáwn. *I told the child I was going to town (but I'm not).* (AS)}

q̓ʷaʔq̓ʷə́yəṅ ⟦q̓ʷaʔ + √q̓ʷəyəṅ dim + √ear⟧ ☞ q̓ʷə́yəṅ small ear. (MJT)

q̓ʷaʔq̓ʷiʔstə́ṅəq ⟦q̓ʷaʔ + √q̓ʷay-stxʷ-ən⟨ʔ⟩əq dim + √believe-caus-hab⟨dim⟩⟧ ☞ q̓ʷaʔq̓ʷáystxʷ to tell fibs, lies (regularly, habitually), trick, fool (someone) into belief (like a politician). (TC; ES; AS) {níɬ tə swə́yqaʔ *q̓ʷaʔq̓ʷiʔstə́ṅəq*s ʔəɬ q̓ʷáys. *That's the man who fibs when he talks.* (AS)} VAR: q̓ʷaʔstə́ṅəq {*q̓ʷaʔstə́ṅəq* cə sɬáni ʔəɬ q̓ʷáys. *The woman lies when she talks.* (AS)}

q̓ʷaʔq̓ʷiṅətúṅəɬ ⟦q̓ʷaʔ + √q̓ʷay-ṅi-t-uṅɬ dim + √believe-rel-trns-1plobj⟧ ☞ q̓ʷaq̓ʷíṅit believe us. {*q̓ʷaʔq̓ʷiṅətúṅəɬ* u cxʷ? *Do you believe us?* (MJT)}

q̓ʷaʔq̓ʷx̣ə́ṅ ⟦q̓ʷaʔ + √q̓ʷx̣ə́ṅ dim + √unskilled⟧ [root not identified in other words] to not know how to help, be unskilled in a particular activity. (MJT)

q̓ʷaʔšə́nəc ⟦√q̓ʷuʔ=šən-t-c √join=foot-trns-1obj/2obj⟧ ☞ q̓ʷaʔšə́nət go with me; go with you. (ES) {*q̓ʷaʔšə́nəc* u cxʷ? *Are you coming with me?* (TC)}

q̓ʷaʔšə́nəm Crescent Bay. See under: k̓ʷaʔšə́nəm

q̓ʷaʔšə́nət ⟦√q̓ʷuʔ=šən-t √join=foot-trns⟧ ☞ q̓ʷúʔ to accompany someone, go along with someone; be a partner with someone. ⟪This implies being a partner, not simply going along.⟫ (LC; TC; ES) [Although the underlying root and suffix imply accompanying on foot, the word as a whole does not necessarily imply foot travel.] cp. sq̓ʷúʔšən {*q̓ʷáʔšənət* cn. *I'll go along with him.* (TC) | *q̓ʷaʔšə́nət* u cxʷ? *Are you going along with him?* (TC) | yáʔ cn *q̓ʷaʔšə́nət* cəẃnił. *I'm going to go with him.* (LC)}

q̓ʷaʔšə́nətəŋ ⟦√q̓ʷuʔ=šən-t-ŋ √join=foot-trns-psv⟧ ☞ q̓ʷaʔšə́nət to be accompanied by someone. {*q̓ʷaʔšə́nətəŋ* cn. *He's going with me.* (ES)}

q̓ʷaʔšə́ṅti ⟦√q̓ʷuʔ=šən⟨ʔ⟩-ty √join=foot⟨actl⟩-rcprcl⟧ ☞ sq̓ʷúʔšən to marry, especially informally. (TC)

q̓ʷaʔtúʔx̣ʷəŋ ⟦√q̓ʷə⟨ʔ⟩tu⟨ʔ⟩x̣ʷ-ŋ⟨ʔ⟩ √grumble⟨actl⟩-mdl⟨actl⟩⟧ to be making lots of noise. (AS,BC) {*q̓ʷaʔtúʔx̣ʷəŋ* či. *Make lots of noise.* (BC) | ʔáwə c *q̓ʷaʔtúʔx̣ʷəŋ*. *Don't make noise. / It's not making noise.* (AS,BC)}

q̓ʷaʔtúx̣ʷ ⟦√q̓ʷə⟨ʔ⟩tuxʷ √grumble⟨actl⟩⟧ [rightward stress shift in actual] ☞ q̓ʷə́tx̣ʷ noisy. (AS) {*q̓ʷaʔtúx̣ʷ* cxʷ. *You're noisy.* (AS)}

q̓ʷaʔtúx̣ʷct ⟦√q̓ʷə⟨ʔ⟩tuxʷ-cut √grumble⟨actl⟩-rflxv⟧ ☞ q̓ʷaʔtúx̣ʷ to be making noise. (BC)

q̓ʷaʔtúx̣ʷəŋ make noise. See under: q̓ʷtúx̣ʷəŋ

q̓ʷaʔúnəq ⟦√q̓ʷuʔ-ənəq √join-hab⟧ ☞ q̓ʷúʔ any relative. (AS) {níɬ kʷi *q̓ʷaʔúnəq* kʷiə táči. *Our relative arrived.* (AS)} VAR: q̓ʷaʔúnq (AS)

q̓ʷaʔyaʔq̓ʷə́yəṅ ⟦q̓ʷ⟨aʔ⟩aʔ + √q̓ʷəyəṅ dim⟨pl⟩ + √ear⟧ ☞ q̓ʷaʔq̓ʷə́yəṅ several small ears. (MJT)

q̓ʷaʔyəčəṅ ⟦√q̓ʷ⟨aʔ⟩čəṅ √root⟨pl⟩⟧ ☞ q̓ʷčəṅ several roots. (AB,MJT)

q̓ʷáʔyəṅ ⟦√q̓ʷə⟨ʔ⟩y-ŋ⟨ʔ⟩ √cooked/ripe⟨actl⟩-mdl⟨actl⟩⟧ ☞ q̓ʷə́yəṅ roasting; barbecuing. (LC)

q̓ʷáʔyəx̣ ⟦√q̓ʷa⟨ʔ⟩yəx̣ √look_out⟨actl⟩⟧ [The actual and non-actual are similar in meaning, but the actual conveys more urgency.] ☞ q̓ʷáyəx̣ to look out, be careful, heads up, beware, be wary. ⟪USAGE: Usually used as a warning to somebody who might be in danger. It can also be used as English 'excuse me' to someone who is in the way.⟫ (ES; TC; TC,AS,BC; AS,BC) {*q̓ʷáʔyəx̣* či! yəqə́ɬ cxʷ. *Look out! You're in the way.* (TC) | *q̓ʷáʔyəx̣!* čŋčŋʔʔəyu cə nəsqáx̣aʔ. *Look out! My dog bites.* (ES) | *q̓ʷáʔyəx̣* ʔaʔ či sṅánt. *Look out for rocks.* (TC,BC) | *q̓ʷáʔyəx̣*; c̓əxtánitəŋ cxʷ. *Careful; it may poison you.* (AS) | *q̓ʷáʔyəx̣* či; twawčáq cxʷ ʔiʔ ƛ̓əmúsəṅ! *Watch out; you're going to fall forward and bump your face!* (MJT) | ʔuʔmáṅ yaʔ ʔuʔ *q̓ʷáʔyəx̣* ti nəxʷƛ̓áyəm ʔaʔ či sínəɬqi. *The Klallam people were very careful of the sínəɬqi.* (AS)} VAR: q̓ʷáyəx̣ {*q̓ʷáyəx̣* či! tuʔaʔ čáq cxʷ iʔ ƛ̓əmúsəṅ *Look out! You're going to fall (forward) and bump your face!* (MJT)} VAR: q̓ʷáʔəyəx̣ (MJT; TC; ES; TC,AS,BC) {*q̓ʷáʔəyəx̣* cn. *I'm being careful.* (ES)} VAR: q̓ʷáʔix̣ (TC,AS,BC)

q̓ʷaʔyíyəŋ ⟦√q̓ʷiʔy-iy-ŋ √go_over-dev-mdl⟧ ☞ q̓ʷéʔyəŋ to go over the top, crawl over. (ES; TC,AS,BC; TC; MJ) {*q̓ʷaʔyíyəŋ* cn. *I'm going over.* (TC) | *q̓ʷaʔyíyəŋ* ʔaʔ cə qəyáx̣ən. *Climb over the fence.* (ES) | máṅ ʔuʔ čáq sqiʔáṅs či sq̓ʷaʔyíyŋs. *It was so big it couldn't go over.* (ES) | máṅ cn ʔuʔ čáq; ʔuʔsqiʔáṅ či nəsq̓ʷaʔyíyŋ. *I was too big; I couldn't go over.* (AS) | níɬ suʔsqiʔáṅs či sq̓ʷaʔyíyŋs cə sxʷńáʔəm ʔaʔ cə c̓aʔc̓éʔxʷəŋ. *So the monster couldn't go over the sandbar.* (ES) VAR: q̓ʷaʔyíyŋ (TC; AS) {sxʷ*q̓ʷaʔyíyŋ*s ʔaʔ cə qəyáx̣ən ʔiʔ níɬ č suʔcákʷss cə púyəks. *He put his gun down to climb over a fence.* (TC) | ʔuʔ*q̓ʷaʔyíyŋ* cə stiqéw. *The horse went over the top.* (AS)}

q̓ʷáɬc ⟦√q̓ʷaɬc √explosive⟧ gunpowder or any explosive material. (EPT; AS) {čəʔúʔwəs kʷi kʷi *q̓ʷáɬc* ʔaʔ kʷi sʔəxtéʔts tə súɬ. *They used explosives to build the road.* (AS)}

q̓ʷáŋəyuʔ borrowing. See under: q̓ʷaʔŋə́yuʔ

q̓ʷáq̓ʷiʔ ⟦q̓ʷá + √q̓ʷay actl + √believe⟧ ☞ q̓ʷáy to be believing. (ES; ES,TC; AS) {*q̓ʷáq̓ʷiʔ* u cxʷ? *Do you believe (me)?* (ES) | *q̓ʷáq̓ʷiʔ* u cxʷ ʔaʔ ʔə́c? *Do you believe me?* (ES) | *q̓ʷáq̓ʷiʔ* cn. *I believe (you).* (ES) | *q̓ʷáq̓ʷiʔ* cn ʔaʔ nə́kʷ. *I believe you.* (ES) | ʔáwə cn c *q̓ʷáq̓ʷiʔ*. *I don't believe.* (ES,TC; ES; TC) | ʔuʔx̣ə́nəŋ cəẃnił čə́nəṅ, "húʔ qɬ cxʷ hayə *q̓ʷáq̓ʷiʔ*, *q̓ʷáq̓ʷiʔ* ʔaʔ či cícɬsiʔáṅ, ʔiʔ kʷənáŋəts." *The Shakers say, "If you believe, believe in the Lord, he will help."* (MJ)} VAR: q̓ʷáq̓ʷi {ʔáwə c *q̓ʷáq̓ʷi*. *Don't believe it.* (ES)}

q̓ʷaq̓ʷiʔŋíc ⟦q̓ʷa+√q̓ʷay̓-ni-t-c actl+√believe-rel-trns-1obj/2obj⟧ ☞ q̓ʷaq̓ʷiʔŋít believe me; believe you. (TC) VAR: q̓ʷáq̓ʷiŋəc {*q̓ʷáq̓ʷiŋəc* u cxʷ? *Do you believe me?* (MJT)} VAR: q̓ʷáq̓ʷiʔŋəc {*q̓ʷáq̓ʷiʔŋəc* cn. *I believe you.* (MJT)}

q̓ʷaq̓ʷiʔŋít ⟦q̓ʷa+√q̓ʷay̓-ni-t actl+√believe-rel-trns⟧ ⟨⟨unattested, hypothetical form based on the 1/2 object form⟩⟩ ☞ q̓ʷáy̓ to believe someone. cp. q̓ʷaq̓ʷiʔŋíc

q̓ʷáq̓ʷiŋəc believe me/you. See under: q̓ʷaq̓ʷiʔŋíc

q̓ʷaq̓ʷšə́čən swallow. See under: q̓ʷsə́čən

q̓ʷáy̓ ⟦√q̓ʷay̓ √bruise_up⟧ to be beaten, bruised up. (AS) {*q̓ʷáy̓* cn. *I'm bruised.* (AS)}

q̓ʷáyaʔct ⟦√q̓ʷay̓-cut √believe-rflxv⟧ ☞ q̓ʷáy̓ to make friends, try to be friendly, get acquainted. (AS,BC) {*q̓ʷáyaʔct* cə qá?ŋi. *The girl made friends.* (AS)}

q̓ʷáyət tame it. See under: q̓ʷə́yət

q̓ʷáyəx ⟦√q̓ʷayəx √look_out⟧ heads up, excuse me, watch out, be careful, keep a lookout. ⟨⟨used as 'excuse me' to someone who is in one's way.⟩⟩ (TC) {*q̓ʷáyəx* či! *Be careful!* (BC) | *q̓ʷáyəx* či ʔaʔ tə scíci. *Be careful of the slivers.* (AS) | *q̓ʷáyəx*; ʔiŋənúŋəł caʔ cxʷ. *Be careful; you'll step on us.* (MJT) | *q̓ʷáyəx* či ʔɬ ɬáčqss ti smə́yəc. *Be careful when the elks are mating.* (AS) | húʔ caʔ cxʷ ʔáw c *q̓ʷáyəx* ʔiʔ nəscsə́yuʔ caʔ cxʷ. *If you aren't careful, I'll throw you.* (TC) | nəɬ č suʔxə́nəŋs kʷɬi séʔyaʔs, "*q̓ʷáyəx* kʷaʔča?! q̓ʷáyəx!" *Then her grandmother said, "Be careful! Keep a lookout!"* (AS)}

q̓ʷáyq̓ʷi tame. See under: q̓ʷə́yq̓ʷi

q̓ʷáy̓ ⟦√q̓ʷay̓ √believe⟧ to believe, trust. (LC; ES,TC; ES; TC; AS,BC) {*q̓ʷáy̓* u cxʷ? *Did you believe?* (MJT; ES) | *q̓ʷáy̓* cn. *I believe.* (ES; AS) | kʷɬ*q̓ʷáy̓* cn. *I believe (you).* (LC) | nəs*q̓ʷáy̓*. *I believe.* (TC) | *q̓ʷáy̓* cn ʔaʔ nə́kʷ. *I believe you.* (TC) | ʔáwə cn kʷaʔ *q̓ʷáy̓ən*. *I don't believe it.* (TC) | ʔuʔ*q̓ʷáy̓* cn ʔaʔ kʷə šiyáʔs. *I believe he's gone.* (TC) | ʔuʔ*q̓ʷáy̓* cn ʔaʔ kʷə nəsyəcústən. *I believe what he told me.* (TC) | nəs*q̓ʷáy̓* kʷə nəsyəcústən yaʔ. *I believe what he told me. / I believe that he told me.* (TC) | ʔuʔ*q̓ʷáy̓* cn ʔaʔ kʷi nəsxənʔátən kʷaʔ hiyáʔən. *I believe that he told me to go.* (TC) | nəɬ kʷaʔ su*q̓ʷáy̓*s cə snə́q̓ʷuʔ ʔaʔ či suʔcəʔítəŋs ʔuʔ xə́ɬ cə słáni?. *So Crane believed that his wife was really sick.* (AA)}

q̓ʷáyəɬ ⟦√q̓ʷə<á>y̓-ɬ √cooked/ripe<rslt>-dur⟧ ☞ q̓ʷə́y̓ to get ripe. {kʷɬi*q̓ʷáyəɬ* tə ɬə́qʷəm. *The thimbleberries are getting ripe.* (MJT)}

q̓ʷáyk̓ʷənít ⟦√q̓ʷáy̓=iwən-ni-t √believe=interior-rel-trns⟧ ☞ q̓ʷáy̓ to believe someone. {*q̓ʷáy̓k̓ʷənít* cn cə swə́y̓qaʔ. *I believe that man.* (BC)}

q̓ʷáyk̓ʷənítəŋ ⟦√q̓ʷay̓=iwən-ni-t-ŋ √believe=interior-rel-trns-psv⟧ ☞ q̓ʷáy̓k̓ʷənít to be believed by someone. {*q̓ʷáy̓k̓ʷənítəŋ* cn. *They believe me.* (BC)}

q̓ʷáynəxʷ ⟦√q̓ʷay̓-nəxʷ √believe-nctrns⟧ ☞ q̓ʷáy̓ to believe something. {*q̓ʷáynəxʷ* cn. *I believed it.* (MJT) | *q̓ʷáynəxʷ* u cxʷ? *Do you believe it?* (MJT) | ʔáwə cn c *q̓ʷáynəxʷ*. *I don't believe it.* (MJT)}

q̓ʷáyŋəc ⟦√q̓ʷay̓-ni-t-c √believe-rel-trns-1obj/2obj⟧ ☞ q̓ʷáyŋət believe me; believe you. (TC)

q̓ʷáyŋət ⟦√q̓ʷay̓-ni-t √believe-rel-trns⟧ ☞ q̓ʷáy̓ to believe someone. ⟨⟨unattested, hypothetical form based on the 1/2 object form.⟩⟩ cp. q̓ʷáyŋəc

q̓ʷáytúŋə ⟦√q̓ʷay̓-txʷ-uŋə √believe-caus-2obj⟧ ☞ q̓ʷáytxʷ believe you. {*q̓ʷáytúŋə* cn. *I believe you.* (AS)}

q̓ʷáytxʷ ⟦√q̓ʷay̓-txʷ √believe-caus⟧ ☞ q̓ʷáy̓ to believe someone. {*q̓ʷáytxʷ* cn cə saʔčúʔił. *I believe my younger sister.* (AS)}

q̓ʷčəŋ ⟦√q̓ʷčə-ŋ √defecate-mdl⟧ ☞ q̓ʷə́č to defecate. (MJT)

q̓ʷčə́ŋ ⟦√q̓ʷčə́ŋ √root⟧ the living roots of any plant. (TC; AS,BC) {ɬŋáŋ cə *q̓ʷčə́ŋ*. *They removed the roots.* (TC) | scúɬ xčáʔčɬč *q̓ʷčə́ŋ*. *It's cedar root wood.* (MJ) | nəɬ suʔkʷə́nəxʷs ti ʔuʔŋə́ŋʔ *q̓ʷčə́ŋ* scúɬ xčáʔčɬč. *Then he saw lots of cedar tree roots.* (MJ) | x̌áy č ččátəŋ ɬŋáŋ cə néʔ *q̓ʷčə́ŋ* ʔsx̌áq̓ʷɬ ʔaʔ cə sxə́naʔs ʔaʔ cə ɬutáwiʔs. *They worked on him again removing the roots that stuck to his feet and to his arms.* (TC)} VAR: q̓ʷčə́ŋ (LB,CWH; AB,MJT; AS,BC; ES,TC; TC; AS) VAR: q̓ʷx̌ʷcə́ŋ (LBH)

q̓ʷčə́t ⟦√q̓ʷč-t √defecate-trns⟧ ☞ q̓ʷə́č to defecate on someone or something. {*q̓ʷčə́t*s. *It (a bird) dirtied on it.* (MJT)}

q̓ʷčə́təŋ ⟦√q̓ʷč-t-ŋ √defecate-trns-psv⟧ ☞ q̓ʷčə́t to be defecated on by a bird. {*q̓ʷčə́təŋ* cn. *I got messed on.* (JA,MJT) | *q̓ʷčə́təŋ* cn ʔaʔ tə číkən. *The chicken dirtied on me.* (MJT)}

q̓ʷčə́yuʔ ⟦√q̓ʷč-əyu √defecate-activ⟧ ☞ q̓ʷčə́ŋ to defecate (of a bird). (MJT)

q̓ʷčə́t ⟦√q̓ʷay-t √bruise_up-trns⟧ ☞ q̓ʷáy̓ to beat someone, bruise someone up. {*q̓ʷčə́t* cn. *I beat him up.* (AS)}

q̓ʷčə́yu ⟦√q̓ʷuy-əyu √die-activ⟧ ☞ q̓ʷúy to beat up (on someone). (JCo; ES) {*q̓ʷčə́yu* cn. *I beat (someone) up.* (AS)}

q̓ʷčúct ⟦√q̓ʷuy-cut √die-rflxv⟧ [metathesis with reflexive] ☞ q̓ʷúy to kill oneself, commit suicide. (TC) {*q̓ʷčúct* cə ʔəcɬtáyŋxʷ. *That person killed himself.* (TC)}

q̓ʷčút ⟦√q̓ʷuy-t √die-trns⟧ [The actual of this stem has two forms: metathesis and /ʔ/ infix.] cp. q̓ʷúčt ☞ q̓ʷúy [/y/ → /č/]
1. to beat someone up. (JCo; AS,BC; ES) {*q̓ʷčút* cn. *I beat him up.* (AS) | *q̓ʷčút* cn cə nə́cuʔ húʔpt. *I beat up one deer.* (TC) | *q̓ʷúčt* cn cə swə́y̓qaʔ. *I beat up that man.* (TC)}
2. to kill, murder someone. {*q̓ʷčút*s. *They killed them. / He killed it.* (AS; TC) | *q̓ʷčút* caʔ st. *We're*

going to kill it. (TC) | **q̓ʷčút** cn cə nə́cuʔ húʔpt. *I killed one deer.* (TC) | **q̓ʷčút** cn cə húʔpt. *I killed the deer.* (AS) | ʔiʔ **q̓ʷčút**s tinu ʔənəqíx ti siʔátəns. *And they killed the ones with black hair.* (ES) | suʔníɬs č suʔhiyáʔs ʔiʔ x̌ʷə́ts ʔiʔ **q̓ʷčút**s. *Then he went, and he took it, and he killed it.* (TC)}

q̓ʷčútəŋ 〚√q̓ʷuy-t-ŋ √die-trns-psv〛 [metathesis with passive] [/y/ → /č/] ☞ q̓ʷčút
1. to be beat up by someone. (JCo; TC) {**q̓ʷčútəŋ** cn. *Someone beat me up.* (ES; AS,BC; AS) | **q̓ʷčútəŋ** st. *They beat us up.* (TC) | **q̓ʷčútəŋ** cn ʔaʔ cə nsɬáni. *My wife beat me up.* (ES) | **q̓ʷčútəŋ** cn ʔaʔ cə scq̓ʷáʔič. *I got beaten up by a bear.* (TC) | **q̓ʷčútəŋ** tə swéʔwəs. *The boy was beaten up.* (AS) | ʔuʔx̌ə́nəŋ ʔaʔ či s**q̓ʷčútəŋ**s caʔ. *He said he was going to beat him up.* (MJ) | **q̓ʷčútəŋ** cn kʷaʔ yaʔyáʔnəŋən ʔaʔ tiwníɬ. *I'd get beat up if this guy was listening to me.* (TC)}
2. to be killed, murdered by someone. (TC) 《Usage: Note that this cannot be used to say something like 'He was killed by the tree (falling on him)', which would sound like the tree was beating him up.》 {**q̓ʷčútəŋ** st. *They killed us.* (TC) | ʔiʔ **q̓ʷčútəŋ** kʷi čáq swə́yqaʔ. *And they killed the big man.* (ES) | sx̌éʔs či s**q̓ʷčútəŋ**s ʔaʔ cə snáyaʔnəkʷ. *The ghosts wanted to kill him.* (ES) | táx̌ənəŋ ixʷ či sʔiʔənʔáʔə či ɬə́qitat **q̓ʷčútəŋ** či nəxʷsx̌áyəm. *They must have heard that the Klickitat were coming to kill the Klallams.* (MJ) | níɬ suʔyaʔyaʔníts či sq̓áq̓iʔs canu snáyaʔnəkʷ kʷaʔ q̓q̓aʔnítəŋ či syáʔtəŋs ʔaʔ či s**q̓ʷčútəŋ**s. *Then he was listening to those ghosts that were threatening to get ready to kill him talking.* (ES)} VAR: q̓ʷúytəŋ (AS,BC) {**q̓ʷúytəŋ** tə swéʔwəs. *The boy was killed.* (AS)}

q̓ʷéʔəyət 〚√q̓ʷiʔy-t √go_over-trns〛 ☞ q̓ʷéʔyəŋ to put, hang something over, put on the other side over the top (for example, a fence), drape something over a rail or line. (AS,BC) VAR: q̓ʷéʔit (TC; AS,BC) {**q̓ʷéʔit** cn cə siláwtxʷ. *I hung the tarp over (to dry).* (AS)}

q̓ʷéʔŋət 〚√q̓ʷi<ʔ>ŋ-t √disembark<actl>-trns〛 ☞ q̓ʷíŋət to be removing, taking something from water or out of a conveyance. {kʷɬi **q̓ʷéʔŋət** cn. *I'm right now taking it out.* (MJT)}

q̓ʷéʔx̌ʷiʔ blue. *See under:* kʷíxʷi

q̓ʷeʔx̌ʷiʔháyəs 〚√q̓ʷiʔx̌ʷ-iy=ayəs √blue-dev=color〛 ☞ kʷíxʷi blue color. (MJT)

q̓ʷeʔx̌ʷiháyəs 〚√q̓ʷiʔx̌ʷ-iy=ay<ʔ>əs √blue-dev=color<actl>〛 ☞ q̓ʷeʔx̌ʷiʔháyəs bluing, chlorine bleach. (MJT)

q̓ʷéʔyəŋ 〚√q̓ʷiʔy-ŋ √go_over-mdl〛
1. to go over (something such as a fence). (TC)
2. to get off a canoe, disembark. (AS) {čaʔ **q̓ʷéʔiŋ** cn ʔaʔ kʷə sčaʔkʷaʔyúɬ. *I just got off the canoe.* (AS)} VAR: q̓ʷéʔiŋ (TC; AS) VAR: q̓ʷáʔiŋ {níɬ su**q̓ʷáʔiŋ**s. *Then he climbed over.* (MJ)}

q̓ʷəʔéʔŋiʔ 〚√q̓ʷ<əʔ>i<ʔ>ŋ-iy<ʔ> √disembark<actl>-dev<actl>〛 ☞ q̓ʷíŋi to be getting out of a boat or other conveyance, be disembarking. {kʷɬi **q̓ʷəʔéʔŋiʔ**. *He's getting out now.* (MJT) | čaʔi**q̓ʷəʔéʔŋiʔ** ʔaʔ tsə ʔuʔúʔtxs. *He's just getting out of the canoe.* (MJT)}

q̓ʷə́č 〚√q̓ʷč √defecate〛 to defecate, have bowel movement. {**q̓ʷə́č** cn. *I left a dump.* (TC)}

q̓ʷəŋəyúʔsc 〚√q̓ʷiŋ-əyu-u<ʔ>s-t-c √borrow-activ-rcpnt<actl>-trns-1obj/2obj〛 ☞ q̓ʷəŋəyúst lending (it) to me; lending (it) to you. {**q̓ʷəŋəyúʔsc** ʔaʔ či tálə. *Lend me some money.* (TC) | **q̓ʷəŋəyúʔsc** ʔaʔ či saplín. *Lend me some bread.* (TC) | nəs**q̓ʷəŋəyúʔsc**. *I lent it to you.* (TC)}

q̓ʷəŋəyúʔstəŋ 〚√q̓ʷiŋ-əyu-u<ʔ>s-t-ŋ √borrow-activ-rcpnt<actl>-trns-psv〛 ☞ q̓ʷiŋəyústəŋ being lent, loaned (something) by someone. {**q̓ʷəŋəyúʔstəŋ** cn. *He lent it to me.* (TC)}

q̓ʷəŋəyúsc 〚√q̓ʷiŋ-əyu-us-t-c √borrow-activ-rcpnt-trns-1obj/2obj〛 ☞ q̓ʷəŋəyúst lend (it) to me; lend (it) to you. (TC) {**q̓ʷəŋəyúsc** yaʔ cxʷ. *You lent it to me.* (TC) | **q̓ʷəŋəyúsc** yaʔ cn. *I lent it to you.* (TC)}

q̓ʷəŋəyúst 〚√q̓ʷiŋ-əyu-us-t √borrow-activ-rcpnt-trns〛 ☞ q̓ʷíŋəyu to lend (something) to someone. (TC; AS,BC) VAR: q̓ʷiŋəyúst {**q̓ʷíŋəyúst** cn. *I loaned him (something).* (AS)} VAR: q̓ʷiŋiyústxʷ {**q̓ʷíŋiyústxʷ** cn kʷə ntán. *I lent it to my mother.* (AS) | **q̓ʷíŋiyústxʷ** cn kʷsə Jamie. *I lent it to Jamie.* (AS) | **q̓ʷíŋiyústxʷ** cn ʔaʔ Jamie. *I lent it to Jamie.* (AS)}

q̓ʷə́q̓q̓ 〚√q̓ʷə́q̓q̓ √kelp〛 kelp. {xʷə́yək̓ʷts ʔaʔ tə **q̓ʷə́q̓q̓**. *She wrapped it in kelp.* (MJ)}

q̓ʷəq̓ʷaʔúnəq 〚q̓ʷaʔ + √q̓ʷuʔ-ənəq dim + √join-hab〛 ☞ q̓ʷaʔúnəq a small relative. 《Usage: used as a term of endearment to a child》 (AB,ICT) VAR: sq̓ʷaʔq̓ʷaʔúnəq (AS) VAR: sq̓ʷaʔq̓ʷaʔúnq (AS)

q̓ʷəq̓ʷəyéʔyəš 〚q̓ʷə + √q̓ʷyi<ʔ>-yš pl + √dance<actl>〛 ☞ q̓ʷəyéʔyəš to be dancing (of a group or multiple times). {mán cxʷ kʷ uʔ **q̓ʷəq̓ʷəyéʔyəš**. *You dance too much.* (MJ)}

q̓ʷə́səŋct 〚√q̓ʷ<ə́>s-ŋ<ʔ>-cut √hard<actl>-mdl-rflxv<actl>〛 ☞ q̓ʷsə́ŋ to be getting hard, toughening, jelling. {kʷɬi **q̓ʷə́səŋct**. *It's getting hard.* (MJT)}

q̓ʷə́səŋtxʷ 〚√q̓ʷ<ə́>s-ŋ<ʔ>-txʷ √hard<actl>-mdl<actl>-caus〛 [actual metathesis] ☞ q̓ʷsə́ŋət to be making something hard, tough, sturdy. {kʷɬi **q̓ʷə́səŋtxʷ** cn. *I'm making it hard.* (MJT)}

q̓ʷətúxʷəŋ make noise. *See under:* q̓ʷtúxʷəŋ

q̓ʷə́txʷ 〚√q̓ʷətuxʷ √grumble〛
1. a noise. (ES; AS) {stáŋ yaʔ ʔuč či **q̓ʷə́txʷ**. *What was that noise?* (AS)}
2. to make a noise. {**q̓ʷə́txʷ** cn. *I made a noise.* (AS)}

q̓ʷə́txʷct 〚√q̓ʷətuxʷ-cut √grumble-rflxv〛 ☞ q̓ʷə́txʷ to make noise, make a sound, make bumping, rumbling noises. (ES) {ʔáw kʷi c nuʔuʔmán ʔuʔ **q̓ʷə́txʷct**. *Don't make so much noise.* (ES)}

q̓ʷə́txʷəyuʔ 〚√q̓ʷətuxʷ-əyu<ʔ> √grumble-activ<actl>〛 ☞ q̓ətíxəŋ to be rattling, making

q̓ʷəx̣ʷíyəč

lots of noise. (BG,MJT) {ʔaʔstúʔŋət či ***q̓ʷətx̣ʷə́yuʔ***. *What's rattling?* (AS)} VAR: q̓ʷtx̣ʷə́yuʔ [possibly /x̣ʷ/ here rather than /xʷ/] (MJTnr; AS) {***q̓ʷtx̣ʷə́yuʔ*** kʷi kʷə sx̌aʔyéʔƛ̓qɬ. *The children are making lots of noise.* (AS)}

q̓ʷəx̣ʷíyəč [√q̓ʷəx̣ʷiyəč √onion] [analysis uncertain] wild onion. (EWH)

q̓ʷə́x̣ʷmən [√q̓ʷəx̣ʷmn √Quilcene] Quilcene Bay, Quilcene River. (JSH; EWH; LBH; EPT)

q̓ʷə́x̣ʷq [√q̓ʷəx̣ʷq √south_wind] south wind. (MJT)

q̓ʷə́x̣ʷqs [√q̓ʷəx̣ʷqs √bird_power] [possibly related to a word for the south wind] cp. q̓ʷə́x̣ʷq a type of bird spirit power. ✱ usually a woman's power (TC)

q̓ʷə́y[1] [√q̓ʷəy √acquaint] to get friendly, get acquainted. {***q̓ʷə́y*** cn. *I got friendly.* (AS,BC) | ***q̓ʷə́y*** kʷi kʷsə q̓áʔŋi. *The girl is friendly.* (AS)}

q̓ʷə́y[2] [√q̓ʷəy √cooked/ripe] to be ripe, cooked done. (EPT; TC; AS,BC; AS) {mán ʔuʔ ***q̓ʷə́y*** cə scaʔyíqʷɬ. *That fruit is very ripe.* (EPT) | ***q̓ʷə́y*** tə ʔápəls. *The apples are ripe.* (AS) | čaʔ***q̓ʷə́y***. *It was just ripe.* (MJ) | ʔuʔəhá c ***q̓ʷə́y***. *They're not ripe yet.* (MJT) | ʔə́y t skʷə́nts cə nəsoup ʔaʔ tə s***q̓ʷə́y***s. *My soup looked good when it was done.* (MJ) | níɬ č suʔ***q̓ʷə́y***s cə skʷúkʷs. *Then what he was cooking was done.* (TC) | ʔiʔ níɬ ti scayíqʷɬ ***q̓ʷə́y***. *And then the fruit ripened.* (AS) | níɬ č suʔ***q̓ʷə́y***s cə skʷúkʷ ʔaʔ skʷtúʔ. *Then Raven's cooking was done.* (TC) | ʔuʔáɬa caʔn ŋaʔkʷaʔcút ʔaʔ tə nsʔíɬən kʷaʔ ***q̓ʷə́y***əs caʔ. *I'll stay here and wait until your food is done.* (TC)}

q̓ʷəyáx̣ʷəwli [√q̓ʷəyax̣ʷəwli √place_name] the name of a place referred to in a story told by Martha John. ⟪The exact location is undetermined.⟫ čixʷás ɬíxʷ maʔyúsmus čšaʔ***q̓ʷəyáx̣ʷəwli***. *Put in three cows from q̓ʷəyax̣ʷəwli.* (MJ)}

q̓ʷəyáyŋəxʷ blackberry. See under: sq̓ʷəyáyŋxʷ

q̓ʷəyéʔyəš [√q̓ʷyi<ʔ>yš √dance<actl>] ☞ q̓ʷəyíyəš to be dancing. (RS; TC; ES) {ʔuʔ***q̓ʷəyéʔyəš*** cn. *I was dancing.* (MJ) | čaʔcstúy ʔəɬ ***q̓ʷəyéʔyəš***s tə ʔaʔyəcɬtáyŋxʷ. *They're hugging when the people are dancing.* (AS) | níɬ suʔhúys tə sɬéʔims ʔiʔ ***q̓ʷəyéʔyəš***. *Then the singing and dancing finished.* (MJ) | cíɬəŋ kʷi ncáčc yaʔ ʔiʔ***q̓ʷəyéʔyəš*** ʔaʔ cə sxʷŋáqa ʔiyá ʔaʔ cə sɬipúykʷts. *My uncle stood up dancing because of the snow in his shirt.* (MJ) VAR: q̓ʷəyéʔiš (ES) {***q̓ʷəyéʔiš*** cn. *I'm dancing now.* (TC) | kʷánəŋət čáyəxʷ ʔaʔ tə sxʷiyás tə ***q̓ʷəyéʔiš***. *He ran in to where they were dancing.* (ES)} VAR: q̓ʷiʔéʔiš (ES) {ɬáʔi č kʷsə ***q̓ʷiʔéʔiš***. *They're continuing to dance.* (EPT) | ʔiʔ ***q̓ʷiʔéʔiš*** ʔaʔ či sxʷanítəməɬ sq̓ʷəyéyəš. *And we were dancing at the white man style dance.* (ES) | ʔiʔ mán ʔuʔ ŋə́ŋ canu ***q̓ʷiʔéʔəš***, xʷiyanítəm, ʔəycɬtáyŋxʷ. *Very many people were dancing, white people, Indians.* (ES) | ʔuʔɬəŋ ʔuʔ čáncct ʔaʔ či ***q̓ʷiʔéʔiš***. *He completely squeezed himself through the dancers.* (ES)} VAR: q̓ʷiʔéʔyəš

q̓ʷəyəq̓ʷáʔi

(ES) VAR: q̓ʷəyéyəš (EPT; AS,BC) {ƛ̓áyuči u cxʷ ʔaʔ kʷi ʔuʔ***q̓ʷəyéyəš***? *Did you stop dancing?* (AS,BC) | sƛ̓éʔs či s***q̓ʷəyéyəš***s. *They want to dance.* (MJ) | ʔəsqiʔám kʷi či ns***q̓ʷəyéyəš*** ʔáɬaʔ ʔaʔ tiə ʔáʔiŋ; mán ʔuʔ ƛ̓úƛ̓aʔ. *You can't dance here in this house; it's too small.* (AS)}

q̓ʷəyéʔyəšáwtxʷ dance hall. See under: sq̓ʷəyiyəšáwtxʷ

q̓ʷəyáct [√q̓ʷəy-cut √acquaint-rflxv] [metathesis with reflexive] ☞ q̓ʷəy to get friendly, get acquainted. (AS) VAR: q̓ʷəyáct (AS) {ʔuʔ***q̓ʷəyáct*** kʷi kʷsə ŋənaʔs. *Their children got friendly.* (AS)}

q̓ʷə́yəṅ [√q̓ʷəyəṅ √ear] [may have lexical suffix for 'ear']

1. ear. (LBH; EPT; MJT; LC; ES; TC) {čsáts cə nə***q̓ʷə́yəṅ***. *He hit my ear.* (ES) | čáʔkʷt cə n***q̓ʷə́yəṅ***. *Wash your ears.* (ES) | čaʔ***q̓ʷə́yəṅ***. *He's all ears.* (TC) | číɬən ʔaʔ ***q̓ʷə́yəṅ***. *earwig* (EPT) | ɬíc tiʔə nə***q̓ʷə́yəṅ***. *My ear got cut.* (MJT) | nuʔsqáwəc; ʔuʔčaʔqáyəŋ, ʔáwənə ***q̓ʷə́yəṅ***. *He's like a potato; he's all eyes and no ears.* (TC)}

2. hearing aid. {ṅsƛ̓éʔ u či nə́cuʔ ʔaʔ tiə nə***q̓ʷə́yəṅ***. *Do you want one of my hearing aids?* (TC) VAR: q̓ʷəyən (AS,BC) VAR: q̓ʷə́yn (AS,BC) {cɬə́q̓ʷtəŋ cə n***q̓ʷə́yn***. *My ear was pierced.* (AS,BC) VAR: q̓ʷiʔáʔən (MV)

q̓ʷəyəŋ [√q̓ʷəy-ŋ √cooked/ripe-mdl] ☞ q̓ʷəy to cook, roast, barbecue, bake on an open fire. (EPT; LC; AS,BC; ES; TC) {***q̓ʷəyəŋ*** cn. *I'm baked.* (AS,BC) | ***q̓ʷəyəŋ*** ʔə či scánnəxʷ. *Roast some salmon.* (EPT) | ***q̓ʷəyəŋ*** st ʔaʔ tsə scánnəxʷ. *We're barbecuing salmon.* (MJT) | txʷəʔsyáyəct cə s***q̓ʷəyəŋ***s. *His cooking became ready.* (TC) | kʷúkʷ ***q̓ʷəyəŋ*** č kʷaʔčaʔ. *He barbecued it.* (TC) | níɬ suʔ***q̓ʷəyəŋ***s tə múʔuqʷ. *Then he roasted the duck.* (MJ) | ***q̓ʷəyəŋ*** st caʔ ʔaʔ či scánnəxʷ ʔaʔ tiʔə tánən. *We're going to bake salmon this evening.* (MJT) | níɬ č suʔ***q̓ʷəyəŋ*** ʔaʔ skʷtúʔ ʔaʔ cə scánnəxʷ ƛ̓áy. *Then Raven barbecued a salmon, too.* (TC) | ʔáwənə nəsxčít kʷaʔ stánəs yaʔ čtə ti čəʔúʔwəs ʔəɬ ***q̓ʷəyəŋ***əs ʔaʔ ti scánnəxʷ. *I don't know what it was they used to barbecue the salmon.* (TC)} VAR: q̓ʷə́yəŋ (ES) {níɬ č suʔčáq̓ʷucs ʔiʔ ***q̓ʷə́yəŋ***. *Then he built a fire and cooked.* (TC)} VAR: q̓ʷə́yŋ (ES) {stáŋ yaʔ ʔuč ti scúɬ čəʔúʔwəx ʔəɬ ***q̓ʷə́yŋ***əxʷ ʔaʔ ti scánnəxʷ? *What wood did you use when you cooked the salmon?* (TC)}

q̓ʷəyəŋətúŋəɬ [√q̓ʷəy̓-ni-t-uŋɬ √believe-rel-trns-1plobj] ☞ q̓ʷáy̓ŋət believe us. {***q̓ʷəyəŋətúŋəɬ*** u cxʷ? *Do you believe us?* (MJT)}

q̓ʷəyəq̓ʷúliʔ [√q̓ʷəyəq̓ʷúliʔ √Kingston] Kingston, Washington. (MJT) VAR: q̓ʷəyəq̓ʷúli {hiyáʔ caʔn ƛ̓aʔ***q̓ʷəyəq̓ʷúli*** či nəscíčəməs. *I'll go to Kingston to meet her.* (MJT)}

q̓ʷəyəq̓ʷáʔi [q̓ʷ<əy>ə+√q̓ʷiʔy incep<pl>+√go_over] [stressed /a/ is unaccounted for] ☞ q̓ʷéʔyəŋ to be going over (of a group or several times). {níɬ qán č cə maʔyúsmus č̓iyá ʔaʔ či qiyáxən cə ***q̓ʷəyəq̓ʷáʔi***.

The cows from there that went over the fence were stolen. (MJ)}

q̓ʷəq̓ʷəyq̓ʷúʔəŋ kelp (pl). *See under:* q̓ʷiq̓ʷúʔəŋ

q̓ʷəq̓ʷúʔəŋ kelp (pl). *See under:* q̓ʷiq̓ʷúʔəŋ

q̓ʷə́yəs ⟦√q̓ʷəy-as √cooked/ripe-ptcaus⟧ ☞ q̓ʷə́y to roast, barbecue, cook something on an open fire. {*q̓ʷə́yəs* tiə sčánəxʷ. *I barbecued this salmon.* (AS)}

q̓ʷə́yət[1] ⟦√q̓ʷəy-t √acquaint-trns⟧ ☞ q̓ʷə́y to tame an animal, make someone or something friendly. {*q̓ʷə́yət* cn. *I tamed it.* (AS)} VAR: q̓ʷáyət {ʔuʔq̓ʷáyət cn cə músmus. *I tamed the cow.* (AS)}

q̓ʷə́yət[2] ⟦√q̓ʷəy-t √cooked/ripe-trns⟧ ☞ q̓ʷə́y to cook, roast, bake, barbecue something. (MJT) {*q̓ʷə́yət* cn. *I cooked it.* (TC)} VAR: q̓ʷə́yt {húy̓ či *q̓ʷə́yt* tə sqáwc. *Please cook the potatoes.* (AS) | *q̓ʷə́yt* cn cə sʔíɬən. *I cooked the food.* (AS)}

q̓ʷə́yətəŋ[1] ⟦√q̓ʷəy-t-ŋ √acquaint-trns-psv⟧ ☞ q̓ʷə́yət to be tamed, made friendly by someone. {*q̓ʷə́yətəŋ* cn. *They tamed me.* (AS)} VAR: q̓ʷəyútəŋ (AS) {kʷɬníɬ kʷi suʔq̓ʷəyútəŋ cə músmus. *The cow is tamed now.* (AS)}

q̓ʷə́yətəŋ[2] ⟦√q̓ʷəy-t-ŋ √cooked/ripe-trns-psv⟧ ☞ q̓ʷə́yət to be cooked, roasted, barbecued by someone. (TC) {*q̓ʷə́yətəŋ* cə sqáwc. *The potatoes are cooked.* (AS,BC)} VAR: q̓ʷə́ytəŋ (AS,BC)

q̓ʷəyə́yəṅ ears. *See under:* q̓ʷəq̓ʷə́yəṅ

q̓ʷəyíkʷsəŋ ⟦√q̓ʷəy=iws-ŋ √cooked/ripe=body-mdl⟧ ☞ q̓ʷə́y to have one's body cooked. {ʔáwə cxʷ ʔuʔčsáʔsiʔsiʔ kʷaʔ *q̓ʷəyíkʷsəŋ*əxʷ. *You aren't afraid if you'll get cooked up.* (TC; ES)}

q̓ʷəyíṅəɬ ⟦√q̓ʷəy-iṅɬ √cooked/ripe-cstm⟧ ☞ q̓ʷə́y to cook, bake. {ʔəsxʷhaʔqéʔwən kʷi ti nəs*q̓ʷəyíṅəɬ*. *I'm baking it in the oven.* (MJT)}

q̓ʷəyíyəš ⟦√q̓ʷyiyš √dance⟧ to dance. (EPT; LC; TC; ES) {*q̓ʷəyíyəš* iqɬ cxʷ. *I wish you would dance.* (MJT) | hiyáʔ cn *q̓ʷəyíyəš*. *I'm going to dance.* (TC) | suʔq̓ʷəyíyəšs cə snə́xʷɬ. *The canoe danced.* (MJ) | ʔiʔ níɬ caʔ suʔq̓ʷəyíyəšɬ. *And then we will dance.* (MJ)} VAR: q̓ʷiyéyiš (TC) VAR: q̓ʷyíyəš (ES)

q̓ʷəynə́kʷi get acquainted. *See under:* q̓ʷinə́kʷi

q̓ʷəynə́kʷitxʷ ⟦√q̓ʷəy-nəwəy-txʷ √acquaint-ncrcprcl-caus⟧ ☞ q̓ʷinə́kʷi to introduce people to each other. {*q̓ʷəynə́kʷitxʷ* cn. *I introduced them to each other.* (MJT)}

q̓ʷəyq̓ʷəynúṅət ⟦q̓ʷəy + √q̓ʷəy-nuṅt pl + √cooked/ripe-ncmdl⟧ ☞ q̓ʷə́y to overcook, cook too much (for example, when smoking salmon and fire also cooks it). (MJT)

q̓ʷə́yq̓ʷi ⟦q̓ʷə́y + √q̓ʷəy char + √acquaint⟧ ☞ q̓ʷə́y to be tame, not wild, friendly (of an animal or person). (ES; AS,BC) {*q̓ʷə́yq̓ʷi* kʷə sqáxaʔ. *The dog is tame, friendly.* (AS)} VAR: q̓ʷáyq̓ʷi (AS,BC; AS) {ʔuʔmán ʔuʔ *q̓ʷáyq̓ʷi* cə kʷašú. *That pig is very tame.* (AS)}

q̓ʷəyq̓ʷsáčən ⟦q̓əy + √q̓ʷsəčṅ pl + √swallow_bird⟧ ☞ q̓ʷsáčəṅ several swallows (birds). {ŋáṅ kʷi kʷə *q̓ʷəyq̓ʷsáčən*. *There were lots of swallows.* (AS)}

q̓ʷəyúʔəct ⟦√q̓ʷ⟨əy⟩uʔ-cut √join⟨pl⟩-rflxv⟧ ☞ q̓ʷúʔəct to join in (several people or with a group). (AS,BC)

q̓ʷə́y̓ getting acquainted. *See under:* q̓ʷáʔi

q̓ʷə́y̓əxʷəy̓ blue. *See under:* k̓ʷíxʷi

q̓ʷə́ynəxʷ ⟦√q̓ʷəy⟨ʔ⟩-nəxʷ √acquaint⟨actl⟩-nctrns⟧ ☞ q̓ʷə́y to be meeting and getting acquainted with someone. {čaʔ*q̓ʷə́ynəxʷ* cn. *I'm just now getting acquainted with her.* (MJT)}

q̓ʷə́y̓t ⟦√q̓ʷəy⟨ʔ⟩-t √cooked/ripe⟨actl⟩-trns⟧ ☞ q̓ʷə́yət to be cooking, barbecuing something. {ʔáwə c *q̓ʷə́y̓t*. *Don't barbecue it.* (MJT)}

q̓ʷiʔáʔən ear. *See under:* q̓ʷə́yəṅ

q̓ʷiʔéʔiš dancing. *See under:* q̓ʷəyéʔyəš

q̓ʷiʔéʔyəš dancing. *See under:* q̓ʷəyéʔyəš

q̓ʷiʔnə́wi ⟦√q̓ʷəy⟨ʔ⟩-nəw⟨ʔ⟩əy √acquaint⟨actl⟩-ncrcprcl⟨actl⟩⟧ ☞ q̓ʷinə́kʷi to be getting acquainted with each other. {čaʔ*q̓ʷiʔnə́wi* st. *We're just getting acquainted.* (MJT)}

q̓ʷiʔnə́witxʷ ⟦√q̓ʷəy⟨ʔ⟩-nəw⟨ʔ⟩əy-txʷ √acquaint⟨actl⟩-ncrcprcl⟨actl⟩-caus⟧ ☞ q̓ʷəynə́kʷitxʷ to be introducing people to each other. {čaʔ*q̓ʷiʔnə́witxʷ* cn. *I'm right now introducing them to each other.* (MJT)}

q̓ʷíx̌a ⟦√q̓ʷix̌a √Warm_Beach⟧ Warm Beach, area opposite Camano Island in Port Susan. (JSH)

q̓ʷinə́kʷi ⟦√q̓ʷəy-nəwəy √acquaint-ncrcprcl⟧ ☞ q̓ʷə́y to meet, get acquainted, make friends with each other. {čaʔ*q̓ʷinə́kʷi* *They just got acquainted.* (MJT) | *q̓ʷinə́kʷi* st ʔaʔ či čiʔánəŋ. *We'll get acquainted next year.* (MJT) | níɬ kʷi kʷi tčánəkʷs *q̓ʷinə́kʷiɬ*. *It was last year we met.* (MJT)} VAR: q̓ʷəynə́kʷi {huʔuʔəhá st c *q̓ʷəynə́kʷi*. *We're yet not acquainted.* (MJT)} VAR: q̓ʷiʔnə́kʷi {nəsx̌éʔ či s*q̓ʷiʔnə́kʷiɬ*. *I want us to get acquainted.* (MJT) | *q̓ʷiʔnə́kʷi* st kʷi ʔaʔ kʷi tčánəkʷ. *We got acquainted last year.* (MJT) | *q̓ʷiʔnə́kʷi* st ʔaʔ či čiʔánəŋ. *We'll get acquainted next year.* (MJT) | ʔáwə st c *q̓ʷiʔnə́kʷi*. *We're not acquainted.* (MJT)}

q̓ʷíŋ ⟦√q̓ʷiŋ √disembark⟧ to be out of a boat or other conveyance, to have disembarked. {kʷɬ*q̓ʷíŋ* kʷaʔ. *He's already gotten out (of a boat).* (MJT) | níɬ suʔənʔás *q̓ʷíŋ*. *Then they came off.* (EB) | níɬ č suʔq̓ʷáys, "ʔiʔ ʔənʔá q̓i nəs*q̓ʷíŋ* yəxʷ či nə́cuʔ." *He said, "One will come, and I'll take it out of the water."* (TC)}

q̓ʷíŋət ⟦√q̓ʷiŋ-t √disembark-trns⟧ ☞ q̓ʷíŋ
1. to remove, take something from water, put ashore. (ES; TC) {*q̓ʷíŋət*s. *He put it ashore.* (TC) | *q̓ʷíŋət* či. *Take it out of the water.* (MJT) | maʔsíts ʔiʔ ɬkʷíts ʔiʔ *q̓ʷíŋət*s. *He choose it, and he hooked it, and he took it out.* (ES) | kʷɬ*q̓ʷíŋət* cn ʔaʔ tə qʷúʔ cə məhúy̓. *I took the basket out of the water.*

(MJT) | níɬ siʔnéʔs ʔiʔ kʷánts či sx̣̌éʔs ʔiʔ ɬkʷíts ʔiʔ q̓ʷíŋəts. *Then he's see there was something he wants he'd hook it and haul it out of the water.* (ES)}
2. **to remove something from a canoe or other vehicle.** (TC)

q̓ʷíŋətəŋ ⟦√q̓ʷiŋ-t-ŋ √disembark-trns-psv⟧ ☞ q̓ʷíŋət to be removed, put off a canoe or other vehicle; to be taken out of water. {hiʔ q̓ʷíŋətəŋ kʷɬaʔ. *She was put ashore.* (AA)}

q̓ʷíŋəyu ⟦√q̓ʷiŋ-əyu √borrow-activ⟧ **to borrow** (something such as food or money, which will be repaid in kind but will not itself be returned). (AS,BC) ⟪The Klallam language has three words that translate as 'borrow'. This one is for things that can be borrowed and used up. Another is for things that can be used for a while then given back to the owner. The third covers both of these types of borrowing.⟫ cp. ʔaʔáʔiʔ cp. ʔiʔmáy {*q̓ʷíŋəyu* cn. *I'm getting a loan.* (AS) | *q̓ʷíŋəyu* cn ʔaʔ kʷsi tálə. *I borrowed some money.* (MJT) | nsx̣̌éʔ či nsq̓ʷíŋəyu. *I want a loan.* (AS) | *q̓ʷíŋəyu* cn ʔaʔ či ʔəpənáʔitxʷ tálə. *I borrowed ten dollars.* (AS) | nəsx̣̌éʔ či nq̓ʷíŋəyu ʔaʔ či x̣̌úx̣̌aʔ tálə nəsq̓aʔyúst tə čáʔiʔ suʔáwəs. *I wanted to borrow a little money to pay the young men who were working.* (TC)} VAR: q̓ʷíŋəyuʔ (MJT) {*q̓ʷíŋəyuʔ* cn ʔaʔ či tálə. *I borrowed some money.* (ES)}

q̓ʷíŋəyuʔsc ⟦√q̓ʷiŋ-əyu-u<ʔ>s-txʷ-c √borrow-activ-rcpnt<actl>-caus-1obj/2obj⟧ ☞ q̓ʷíŋəyuʔstxʷ lending to me; lending to you. {*q̓ʷíŋəyuʔsc* qɬ cn kʷi. *I'd lend it to you.* (MJT)}

q̓ʷíŋəyuʔstxʷ ⟦√q̓ʷiŋ-əyu-u<ʔ>s-txʷ √borrow-activ-rcpnt<actl>-caus⟧ ☞ q̓ʷəŋəyúst to be lending something to someone. {*q̓ʷíŋəyuʔstxʷ* cn ʔaʔ Gene. *I'm lending it to Gene.* (MJT)}

q̓ʷíŋəyúst lend to someone. *See under:* q̓ʷəŋəyúst

q̓ʷiŋəyústəŋ ⟦√q̓ʷiŋ-əyu-us-t-ŋ √borrow-activ-rcpnt-trns-psv⟧ ☞ q̓ʷəŋəyúst to be lent, loaned (something) by someone. {*q̓ʷíŋəyústəŋ* cn. *He loaned me (something).* (AS,BC)}

q̓ʷíŋi ⟦√q̓ʷiŋ-iy √disembark-dev⟧ ☞ q̓ʷíŋ to disembark, get out of or off of a vehicle, go out of water. (EPT; ES; TC; EB) ⟪USAGE: This refers to getting out of any vehicle or getting out of the water. It cannot refer to getting out of anything else, such as a house, for example.⟫ {*q̓ʷíŋi* cn *I got off.* (ES; TC; AS) | *q̓ʷíŋi* či *Get out!* (EPT; ES; TC) | kʷɬq̓ʷíŋi. *He already got out.* (MJT) | xʷítəŋ q̓ʷíŋi. *He jumped off.* (ES) | *q̓ʷíŋi* či ʔaʔ cə ʔuʔúʔtxs. *Get out of the canoe.* (TC) | *q̓ʷíŋi* či ʔaʔ cə qʷúʔ. *Get out of the water.* (TC) | suʔqʷə́ɬs ʔiʔ q̓ʷíŋi. *So she drifted ashore and got off.* (MJ) | *q̓ʷíŋi* či ʔiʔ ʔúyɬ ʔaʔ cə snəxʷɬ. *Get out of the water and board the canoe!* (TC) | *q̓ʷíŋi* či ʔaʔ kʷsə snəxʷɬ. *Get out of the canoe!* (EPT) | suq̓ʷíŋiɬ ʔiʔ čəq stáčəŋ. *So we got off, and it was a low tide.* (MJ) | nɬ suʔɬáns ʔiyá q̓ʷíŋi. *Then she landed there and got off.* (MJ) | *q̓ʷíŋi* cawniɬ qəyɬúməčən čəsaʔ. *Those two blackfish left the water.* (TC) | x̣ənáts č̓ cə scánnəxʷ kʷaʔ xʷítəŋs hiyáʔ q̓ʷíŋi. *He told the salmon to jump out of the water.* (TC) | ʔuʔx̣ə́n č̓ ʔuʔ ʔáwənə q̓ʷíŋi. *Not all of them landed.* (AS) | nsuʔxʷítəŋ q̓ʷíŋi ʔiʔ txʷás cə nəsnəxʷɬ. *I jumped ashore and beached my canoe.* (TC) | ʔuʔx̣ə́nə ʔuʔ ʔáwənə či q̓ʷíŋi. *Everybody didn't get off. / No one got off. / Not all got off.* (TC)} VAR: q̓ʷíŋiʔ {*q̓ʷíŋiʔ* cn *I'm getting off.* (MJT)}

q̓ʷiŋiyústxʷ lend to someone. *See under:* q̓ʷəŋəyúst

q̓ʷiq̓ʷiyíyəš ⟦q̓ʷy + √q̓ʷyiyš char + √dance⟧ ☞ q̓ʷəyíyəš dancer. (ES)

q̓ʷiq̓ʷúʔəŋ ⟦√q̓ʷ<y>q̓ʷuʔŋ √kelp<pl>⟧ ☞ q̓ʷq̓ʷúʔəŋ a bunch of kelp. (BG,MJT) VAR: q̓ʷəyəq̓ʷúʔəŋ (MJT) ⟦q̓ʷ<əyə> + √q̓ʷ<əy>q̓ʷuʔŋ pl<pl> + √kelp<pl>⟧ VAR: q̓ʷəyəq̓ʷəyq̓ʷúʔəŋ (BG,MJT)

q̓ʷiyaʔyéʔčəŋ ⟦√q̓ʷiʔy-aʔy=iʔč-ŋ √go_over-ext=hump-mdl⟧ ☞ q̓ʷéʔyəŋ cp. q̓ʷaʔyíyəŋ to go over hill. (TC) {*q̓ʷiyaʔyéʔčəŋ* ʔaʔ cə sx̣aʔikʷuʔyéʔč. *They came over the mountains.* (TC) | *q̓ʷiyaʔyéʔčəŋ* cn. *I went over.* (TC) | *q̓ʷiyaʔyéʔčəŋ* cn x̣̌aʔčxʷícən. *I went over hill to Port Angeles.* (TC) | *q̓ʷiyaʔyéʔčəŋ* cn ʔúxʷ ʔaʔčxʷícən. *I'm going over hill to go to Port Angeles.* (TC)}

q̓ʷiyáči ⟦√q̓ʷyačy √open_eyes⟧ **to open one's eyes.** (ES) {*q̓ʷiyáči* cn. *I opened my eyes.* (ES) | *q̓ʷiyáči* u cxʷ? *Did you open your eyes?* (ES) | *q̓ʷiyáči* či! *Open your eyes.* (AS,BC) | *q̓ʷiyáči* cə sqáxaʔ. *The dog opened its eyes.* (AS)}

q̓ʷiyéyiš dance. *See under:* q̓ʷəyíyəš

q̓ʷx̣̌éʔqʷsən ⟦√q̓ʷx̣̌=iʔqʷ=sən √this_way=head=foot⟧ **to pass (something) over.** ⟪USAGE: This is an old word used to ask for something that is hard to reach. Now the word meaning 'bring' is used.⟫ cp. ʔənʔáxʷ {*q̓ʷx̣̌éʔqʷsən* či. *Pass it over.* (AB,ICT)}

q̓ʷx̣̌úʔəsəŋ ⟦√q̓ʷx̣̌=u<ʔə>s-ŋ √this_way=face<actl>-mdl⟧ **to be looking, facing this way.** (MJT) {*q̓ʷx̣̌úʔəsəŋ* či. *Look this way.* (MJT) | ʔáwə či c q̓ʷx̣̌úʔəsəŋ. *Don't look this way.* (MJT)}

q̓ʷq̓ʷaʔnítəŋ ⟦q̓ʷ + √q̓ʷuʔ-ni-t-ŋ<ʔ> incep + √join-rel-trns-psv<actl>⟧ [Relational has unexpected /n/ rather than /ŋ/ here.] ☞ q̓ʷúʔ being agreed with by someone. {*q̓ʷq̓ʷaʔnítəŋ* cn. *He agrees with me.* (MJT)}

q̓ʷq̓ʷayn̓ítəŋ ⟦q̓ʷ + √q̓ʷay-ni-t-ŋ<ʔ> incep + √believe-rel-trns-psv<actl>⟧ ☞ q̓ʷáyn̓ət being agreed with, believed by someone. {*q̓ʷq̓ʷayn̓ítəŋ* cn. *He agrees with me.* (MJT)}

q̓ʷq̓ʷáysc deceive me/you. *See under:* q̓ʷaʔq̓ʷáysc

q̓ʷq̓ʷáyən̓ ⟦q̓ʷ + √q̓ʷəyən̓ pl + √ear⟧ ☞ q̓ʷáyən̓ several ears. (ES) VAR: q̓ʷq̓ʷíyən̓ (EPT; HS) VAR: q̓ʷq̓ʷéyən̓ (ES) VAR: q̓ʷəyəyən̓ (MJT) ⟦√q̓ʷ<əy>əyən̓ √ear<pl>⟧

q̓ʷq̓ʷə́y̓ət ⟦q̓ʷ + √q̓ʷəy<ˀ>-t incep + √acquaint<actl>-trns⟧ ☞ q̓ʷə́y to tame, domesticate, get acquainted with someone or something. {*q̓ʷq̓ʷə́y̓əts* ti stitiqíw. She tames horses. (MJT)}

q̓ʷq̓ʷəy̓ə́təŋ ⟦q̓ʷ + √q̓ʷəy<ˀ>-t-ŋ<ˀ> incep + √acquaint<actl>-trns-psv<actl>⟧ [metathesis with passive] ☞ q̓ʷq̓ʷə́y̓ət being made acquainted with. {*q̓ʷq̓ʷəy̓ə́təŋ* cn. They're getting acquainted with me. (MJT)}

q̓ʷq̓ʷiyániyŋ ⟦q̓ʷ + √q̓ʷy=an̓-iy-ŋ incep + √deaf=ear-dev-mdl⟧ ☞ ʔəsq̓ʷiʔáʔən̓ to be going deaf. (LC) {*q̓ʷq̓ʷiyániyŋ* cə ntán. My mother is going deaf. (AS)}

q̓ʷq̓ʷúʔəŋən ⟦√q̓ʷq̓ʷuʔŋ=ən √kelp=instr⟧ ☞ q̓ʷq̓ʷúʔəŋ a bunch of kelp. (ES)

q̓ʷq̓ʷúʔəŋ ⟦√q̓ʷq̓ʷuʔŋ √kelp⟧ bull kelp. *Nereocystis luetkeana*. (LBH; JCo; BG,MJTc; TC) ✱Dancers' rattles are made from this. (TC) {níɬ č suʔiəŋúʔəŋs ʔúxʷnəs cə *q̓ʷq̓ʷúʔəŋ*. He swam after Kelp. (TC) | *q̓ʷq̓ʷúʔəŋ* cə k̓ʷɬk̓ʷéʔwənti̓ʔs. It was Kelp he was fighting with. (TC) | k̓ʷéʔwənti̓ʔ č cə mə́šču ʔaʔ cə *q̓ʷq̓ʷúʔəŋ*. Mink was fighting with Kelp. (TC) | níɬ cə *q̓ʷq̓ʷúʔəŋ* ʔiʔkʷanéʔŋət ɬúyn. It was Kelp that was running away. (TC) | sxčníns č ʔaʔ či sʔiʔɬuʔúʔiŋ ʔaʔ cə *q̓ʷq̓ʷúʔəŋ*. He thought he was being abandoned by Kelp. (TC) | níɬ č suʔqsə́cts ʔúxʷnəs cə *q̓ʷq̓ʷúʔəŋ*. He went into the water to go after Kelp. (TC) | ʔiʔxʷə́y̓q̓ʷtən č ʔiʔ xčníns ʔaʔ či sʔiʔɬuʔúʔiŋs ʔaʔ cə *q̓ʷq̓ʷúʔəŋ*. They were being drifted, and he thought Kelp was leaving him. (TC) | ʔáwənə nəsxčít kʷaʔ ʔaʔstúʔŋəts kʷi mə́šču k̓ʷéʔwənti č ʔiʔ cə *q̓ʷq̓ʷúʔəŋ* kʷaʔ stáŋəs yaʔ čtə či kʷaʔwəntiʔícts cawnáʔyəɬ. I don't know what Mink was doing, but he was fighting with Kelp, whatever they were fighting over. (TC)} VAR: q̓ʷúʔəŋ (TC) {ŋə́n̓ tə qéʔqəwəc ʔuʔstásɬ ʔaʔ tiə *q̓ʷúʔəŋ*. There are lots of sand fleas near the kelp. (AS)}

q̓ʷsə́čən ⟦√q̓ʷsəčn √swallow_bird⟧ swallow bird. *Hirundinidae spp.* (ES; AS) VAR: q̓ʷaqʷšə́čən (AB,ICT)

q̓ʷsə́ŋ ⟦√q̓ʷs-ŋ √hard-mdl⟧ hard, solid, sturdy, congealed, jelled, tough, strong (material). (EPT; MJT; ES; TC) {mán̓ ʔuʔ *q̓ʷsə́ŋ*. It's too hard. (MJT) | *q̓ʷsə́ŋ* tə sɬə́yəxʷ. The ice is hard. (MJ) | nəséʔyaʔ, *q̓ʷsə́ŋ* tiə Grandma, this is hard. (MJ) | *q̓ʷsə́ŋ* ʔiʔ qúʔ. It was solid but watery. (ES) | *q̓ʷsə́ŋ* ʔəsɬə́yxʷ. It's frozen solid. (MJT) | mán̓ ʔuʔ *q̓ʷsə́ŋ* tə stíxʷaʔc. The devilfish is very tough. (MJT) | kʷɬuʔ*q̓ʷsə́ŋ*. It's already gotten hard. (MJT) | ʔáwətxʷ či c *q̓ʷsə́ŋ*. Don't make it hard. (MJT) | swéʔwəss ti nəsx̌áqšən ti nəstaʔáwən ʔaʔ kʷsə nətán ʔaʔ či s*q̓ʷsə́ŋ*s ʔəɬ skʷúɬɬ. They're boys shoes that my mother buys me because they're sturdy when we go to school. (AS)}

q̓ʷsə́ŋət ⟦√q̓ʷs-ŋ-t √hard-mdl-trns⟧ ☞ q̓ʷsə́ŋ to make something hard, tough, sturdy. (MJT) {*q̓ʷsə́ŋət* cə sxʷʔáʔmət. Make the bed sturdy. (AS)}

q̓ʷsəŋít ⟦√q̓ʷs-ŋ-i-t √hard-mdl-persist-trns⟧ ☞ q̓ʷsə́ŋət to make something hard, tough. {*q̓ʷsəŋít* cə sxʷʔáʔmət. Make the bed hard. (AS)}

q̓ʷtúx̣ʷəŋ ⟦√q̓ʷətux̣ʷ-ŋ √grumble-mdl⟧ to make any background noise that interferes. {*q̓ʷtúx̣ʷəŋ* cə ʔaʔcáʔkʷɬ. The thunder makes a racket. (AS)} VAR: q̓ʷaʔčúx̣ʷəŋ (ES; AS) {*q̓ʷaʔčúx̣ʷəŋ* tiə nəsxʷčíxʷíkʷən. My stomach is growling. (ES) | ɬáxʷɬ ʔuʔ *q̓ʷaʔčúx̣ʷəŋ* ʔəɬ kʷúkʷs. He really makes a racket when he cooks. (AS)} ☞ q̓ʷə́txʷ VAR: q̓ʷaʔtúx̣ʷəŋ (ES; AS,BC) {*q̓ʷaʔtúx̣ʷəŋ* cn. I'm making noise. (AS) | ʔáwə kʷi c ʔuʔ mán̓ ʔuʔ *q̓ʷaʔtúx̣ʷəŋ*. Don't make so much noise. (ES) | *q̓ʷaʔtúx̣ʷəŋ* kʷi ʔəɬ šə́təŋ̓s. There's noise when he walks. (AS) | *q̓ʷaʔtúx̣ʷəŋ* kʷi kʷə sƛ̓ayéʔƛ̓qɬ. The children are making noise. (AS)} VAR: q̓ʷətúx̣ʷəŋ (BC; AS)

q̓ʷtxʷə́yuʔ rattling. See under: q̓ʷə́txʷəyuʔ?

q̓ʷtxʷéʔŋəɬ ⟦√q̓ʷətuxʷ-i<ʔ>ŋɬ √grumble-cstm<actl>⟧ ☞ q̓ʷə́txʷ to be rattling. (BG,MJT) VAR: q̓ʷtxʷéʔəŋəɬ (BG,MJT)

q̓ʷtxʷíŋəɬ ⟦√q̓ʷətuxʷ-iŋɬ √grumble-cstm⟧ ☞ q̓ʷə́txʷ to rattle, make a rattling sound. (BG,MJT) VAR: q̓ʷtxʷə́yŋəɬ (MJ)

q̓ʷú? ⟦√q̓ʷuʔ √join⟧ to join, be among a group, be part of something, be involved with someone or a group. (ES) {*q̓ʷúʔ* cn. I am among (them, you). / I got among (them, you). / I got involved. (TC; ES)}

q̓ʷuʔčtáyŋən wanting to kill. See under: q̓ʷaʔčtáyŋən

q̓ʷúʔəct ⟦√q̓ʷuʔ-cut √join-rflxv⟧ [no metathesis with reflexive] ☞ q̓ʷúʔ to join in (with someone or a group). (ES) {hiyáʔ caʔn *q̓ʷúʔəct*. I'm going to join in. (AS)}

q̓ʷúʔəŋ kelp. See under: q̓ʷq̓ʷúʔəŋ

q̓ʷúʔət ⟦√q̓ʷuʔ-t √join-trns⟧ ☞ q̓ʷúʔ to let someone join, mix in. (TC) {*q̓ʷúʔət* ʔiyá kʷi kʷə ʔaʔyəcɬtáyŋxʷ təss ʔaʔmitúliyə. Join in there with the people who got to Victoria. (AS)}

q̓ʷúʔiyŋ ⟦√q̓ʷuʔ-iy-ŋ √join-dev-mdl⟧ ☞ q̓ʷúʔ to go join, get on, board a vehicle. (AS,BC) {*q̓ʷúʔiyŋ* cn. I'm getting on. (AS) | *q̓ʷúʔiyŋ* cn ʔaʔ cə scaʔkʷaʔyúɬ. I'm going to get on that vehicle. (BC)}

q̓ʷúʔkʷɬ ⟦√q̓ʷuʔ=akʷɬ √join=conveyance⟧ ☞ q̓ʷúʔ to accompany (someone) in a vehicle, especially in a canoe. {cán yaʔ či n̓sxʷ*q̓ʷúʔkʷɬ*? Who was with you on the canoe. (TC)}

q̓ʷúʔnəxʷ ⟦√q̓ʷuʔ-naxʷ √join-nctrns⟧ ☞ q̓ʷúʔ to mix, join in with others. (AS,BC) {*q̓ʷúʔnəxʷ* yaʔ st ʔaʔ kʷi sƛ̓aʔtáwnɬ. We mixed in/got together with them when we went to town. (AS)}

q̓ʷúʔq̓ʷiʔ ⟦q̓ʷú<ʔ> + √q̓ʷuy<ˀ> rslt<actl> + √die<actl>⟧ ☞ q̓ʷúy ☞ q̓ʷčút 1. to be dead, be a corpse. (EPT; MJT; LC; TC; ES) {ʔiʔ kʷɬ*q̓ʷúʔq̓ʷiʔ*. It's already dead. (LC; TC; ES) | *q̓ʷúʔq̓ʷiʔ* cn. I'm dead. (TC) | kʷɬ*q̓ʷúʔq̓ʷiʔ* cn. I'm already dead. (TC) | kʷɬiʔ*q̓ʷúʔq̓ʷiʔ* cn. I'm already

q̓ʷúʔtxʷ

dead. (TC) | ʔiʔ ʔaʔáʔmət ʔaʔ cə *q̓ʷúʔq̓ʷiʔ* sqiyáyŋxʷ. *And he was sitting on a dead tree.* (ES) | ʔənʔáxʷ caʔn kʷə či sʔíɫən ʔiʔ čqʷə́t st ʔiʔ ʔəɫənístxʷ caʔ st či s*q̓ʷúʔq̓ʷiʔ* ʔəcɫtáyŋxʷ. *I'll bring food, and we will burn it, and we'll feed the dead.* (MJ)}
2. to be dying. (EPT; MJT) {hi*q̓ʷúʔq̓ʷiʔ*. *He's dying.* (LC) | ʔiʔ*q̓ʷúʔq̓ʷiʔ* cn. *I'm dying.* (TC) | kʷɫiʔ*q̓ʷúʔq̓ʷiʔ* cn. *I'm already dying.* (TC)} VAR: q̓ʷúʔq̓ʷi (AS,BC; AS)

q̓ʷúʔtxʷ ⟦√q̓ʷuʔ-txʷ √join-caus⟧ ☞ q̓ʷúʔ to join, connect something, put something together (with something else). (AS) {ʔu*q̓ʷúʔtxʷ* cn cə x̣ʷúʔŋət ʔaʔ cə snóxʷɫ. *I put the paddle with the canoe.* (AS)}

q̓ʷúʔyəŋ ⟦√q̓ʷuʔy-ŋ √tired-mdl⟧ to be tired of waiting. (ES) {*q̓ʷúʔyəŋ* cn. *I'm tired of waiting.* (ES) | *q̓ʷúʔyəŋ* u cxʷ? *Are you tired of waiting?* (ES)} VAR: q̓ʷúʔiŋ {*q̓ʷúʔiŋ* cn. *I'm tired of waiting.* (AS,BC)}

q̓ʷúč ⟦√q̓ʷuč √give_up⟧ to give up, admit defeat. (AS) {ʔu*q̓ʷúč* cn. *I gave up.* (AS)}

q̓ʷúcc ⟦√q̓ʷuy-t-c √die-trns-1obj/2obj⟧ ☞ q̓ʷúčt beat me up; beat you up. {*q̓ʷúcc* caʔn. *I'm going to beat you up.* (TC) | ʔúy qɫ cəŋəc ʔiʔ *q̓ʷúcc* cn. *If you bite me, I'll beat you up.* (MJT) | húʔ caʔ cxʷ ʔáw c ʔənhəwənístxʷ ʔiʔ *q̓ʷúcc* caʔn. *If you don't return it, I'll beat you up.* (MJ) | húʔ caʔ cxʷ ʔuʔáwə c ʔúŋəsc, ʔiʔ *q̓ʷúcc* caʔn ʔuʔáɫaʔ ʔaʔ tiə k̓ʷə́y. *If you don't give it to me, I'll beat you up here in the bushes.* (MJ)}

q̓ʷúčkʷən give up. *See under:* nəxʷq̓ʷúčkʷən

q̓ʷúčt ⟦√q̓ʷ<ú>y-t √die<actl>-trns⟧ [actual metathesis] [For some speakers (ES, MJ) this is the non-actual form. The actual has the glottal stop infix.] ☞ q̓ʷčút [/y/ → /č/]
1. to be beating someone up. (LC; AS,BC; ES) {*q̓ʷúčt* cn. *I beat him up.* (MJT; ES; AS) | *q̓ʷúčt* q cn. *I would beat them up.* (TC) | *q̓ʷúčt*s caʔ. *He will kill him.* (MJ) | sx̌éʔ či s*q̓ʷúčt*s. *He wanted to beat him up.* (TC) | ʔúx̣ʷ či *q̓ʷúčt*. *Go beat him.* (EPT) | *q̓ʷúčt* cn ʔaʔ kʷə nəscəŋə́tən. *I beat him up when he bit me.* (MJT)}
2. to be killing, murdering someone. (MJT; ES) {*q̓ʷúčt* cn cə húʔpt. *I killed the deer.* (ES; TC) | x̣ə́čt kʷə sʔístxʷ caʔ či s*q̓ʷúčt* cə ʔəcɫtáyŋx. *They were figuring out what to do to kill the person.* (ES) | *q̓ʷúčt* caʔn kʷə kʷsə x̣áʔis kʷaʔ táčis. *I'm going to kill Changer when he gets here.* (MJ)} VAR: q̓ʷúʔčt (ES) {kʷɫ*q̓ʷúʔčt* cn. *I'm right now licking it.* (MJT)} ⟦√q̓ʷu<ʔ>y-t √die<actl>-trns⟧

q̓ʷúkʷ ⟦√q̓ʷukʷ √digging_stick⟧ digging stick, any stick used for digging clams or roots. (TC; AS) {níɫ ʔuʔ *q̓ʷúkʷ* kʷaʔ ʔaʔáʔiɫs ʔaʔ tə snóxʷɫ. *It's the digging stick that's on the canoe.* (AS)}

q̓ʷúkʷən ⟦√q̓ʷukʷ=ən √digging_stick=instr⟧ ☞ q̓ʷúkʷ a pole used to push out a canoe. (AS)

q̓ʷúq̓ʷiʔ ⟦q̓ʷú+√q̓ʷuy<ʔ> rslt+√die<actl>⟧ ☞ q̓ʷúy to be dying, dead. (JCo; EPT; MJT; ES) {ʔiʔ*q̓ʷúq̓ʷiʔ*. *He's dying.* (ES; TC) | ʔiʔ*q̓ʷúq̓ʷiʔ* cə píšpš. *The cat is dying.* (ES)}

q̓ʷúy ⟦√q̓ʷuy √die⟧ to die; to be dead. (JCo; EPT; MJT; LC; AS,BC; ES; TC) {kʷɫ*q̓ʷúy*. *It's already dead. / It already died.* (TC) | *q̓ʷúy* cn. *I'm dead (not 'beat up').* (TC; AS,BC) | níɫ ʔənsu*q̓ʷúy*. *Then you'll die.* (TC) | čɫqə́nəxʷ su*q̓ʷúy*s. *He starved to death.* (TC) | *q̓ʷúy* cə húʔpt. *The deer is dead.* (AS) | *q̓ʷúy* tə swə́yqaʔs. *Her husband was dead.* (MJ) | ʔíŋənəxʷ cn ʔiʔ *q̓ʷúy*. *I ran over it accidentally, and it died.* (MJT) | ʔáwə c sx̌éʔs či s*q̓ʷúy*s. *They didn't want her to die.* (MJ) | skʷáʔs yaʔ kʷi *q̓ʷúy* ʔəcɫtáyŋxʷ yaʔ. *It had belonged to a person that had died.* (AA) | *q̓ʷúy* ʔaʔ c sx̣áčəŋs cə sčtə́ŋxʷən. *They died when the ground dried.* (MJ) | ʔáw kʷɫaʔ c híc cə yúx̌ yaʔ ʔiʔ stə́ŋ *q̓ʷúy*. *It wasn't very long, and the older one fell dead.* (AA) | nəsháhəkʷ kʷi nəcə́t ʔaʔ kʷi s*q̓ʷúy*s. *I remember when my father died.* (TC) | níɫ ti su*q̓ʷúy*s txʷaʔskʷə́yəx. *Then they die they become a screech owl.* (ES) | níɫ č kʷɫaʔ suʔhíyəŋs ʔiʔ su*q̓ʷúy*s cə sxʷtúnəqs. *Then she fell, and his sister died.* (TC) | ʔiʔ húʔ cxʷ kʷi čkʷútəŋ ʔaʔ cə sínəɫqiʔ ʔiʔ *q̓ʷúy* cxʷ. *And if you get shot by the sínəɫqiʔ, you die.* (ES) | ʔiyáʔ cə ʔiʔ ʔuʔ*q̓ʷúy* ʔuʔ čɫx̣áhəm. *He was there to die of starvation.* (AA) | ʔáxən kʷi siʔiʔám ʔaʔ ʔiyá tə čə́q táwn, Seattle, húʔ q ʔiʔ*q̓ʷúy* cə sx̌íx̌aʔx̌q̓ɫ ʔiʔ ŋə́ń, ŋə́ń təsə ŋaʔkʷaʔcút ti scáytəŋs ʔaʔ Seattle. *The bosses in the city, Seattle, said that if a child dies there are many, many waiting to be put to work in Seattle.* (ES)}

q̓ʷúynəŋ ⟦√q̓ʷuy-naxʷ-ŋ √die-nctrns-psv⟧ ☞ q̓ʷúynəxʷ to be killed by someone or something accidentally or indirectly. (MJ) {*q̓ʷúynəŋ* ʔaʔ mimə́ščú ʔiʔ cə ʔáʔcx̣. *She was killed by Mink and Crab.* (MJ)}

q̓ʷúynəxʷ ⟦√q̓ʷuy-naxʷ √die-nctrns⟧ ☞ q̓ʷúy to kill someone or something accidentally; to manage to kill something or someone. {*q̓ʷúynəxʷ* ixʷ cn. *I must have killed it.* (MJT) | ʔuʔ*q̓ʷúynəxʷ* caʔn. *I'll kill it.* (MJ) | *q̓ʷúynəxʷ* cn cə húʔpt. *I killed the deer.* (AS,BC) | nəsu*q̓ʷúynəxʷ* cawniɫ scúʔtx. *So I managed to kill that halibut.* (TC) | *q̓ʷúynəxʷ* cn cə čəsaʔ húʔpt. *I managed to kill two deer.* (TC) | níɫ č su*q̓ʷúynəxʷ*s cə scánnəxʷ *So he managed to kill the salmon.* (TC)}

q̓ʷúytəŋ be killed. *See under:* q̓ʷčútəŋ

q̓ʷúytxʷ ⟦√q̓ʷuy-txʷ √die-letcaus⟧ ☞ q̓ʷúy to let something die. {*q̓ʷúytxʷ* cə húʔpt. *Let the deer die.* (AS)}

q̓ʷx̣ʷcə́ŋ root. *See under:* q̓ʷčə́ŋ

q̓ʷx̣ʷə́ńəq̓ʷ ⟦√q̓ʷx̣ʷə́nəq̓ʷ √purple_urchin⟧ purple sea urchin, sea-egg. *Strongylocentrotus purpuratus.* (EWH; MJT)

q̓ʷyíyəš dance. *See under:* q̓ʷəyíyəš

s

sʔáʔčx̣ crabbing. *See under:* ʔəsʔaʔyáʔčx̣

sʔaʔéʔyəqsən ⟦s-ʔa+√ʔ<ʔ>iy=əqsən s-dim+√beside<dim>=nose⟧ ☞ sʔíyəqsən any small point of land. (ES)

sʔáʔəy̓ stored. *See under:* ʔəsʔáʔəy̓

sʔáʔiʔ ⟦s-√ʔəʔyi s-√borrow⟧ [subjective genitive stem] ☞ ʔáʔiʔ to lend (something to someone). {*sʔáʔiʔ*s kʷaʔ. He lent it. (TC) | nəsʔáʔiʔ yaʔ. I lent it. (TC)}

sʔaʔyács ⟦s-√ʔ<aʔy>acs s-√face<pl>⟧ ☞ sʔács several faces. (TC) {ʔə́y̓ cə *sʔaʔyács*s. They had nice faces. (AA)}

sʔaʔyíɬən ⟦s-√ʔ<aʔy>iɬn s-√eat<pl>⟧ ☞ sʔíɬən food, especially fish as food. (EPT) {ŋə́n̓ kʷsə *sʔaʔyíɬən* There's a lot of fish (food). (EPT)}

sʔaʔyíŋəɬ ⟦s-√ʔaʔy-inɬ s-√put_away-cstm⟧ [subjective genitive stem] ☞ ʔáʔyət to put away (something). (TC; AS) {nəsʔaʔyíŋəɬ. I'm putting it away. (TC) | níɬ kʷi nskʷáʔ nsʔaʔyíŋəɬ. That's my stuff I'm putting away. (AS)}

sʔaʔyúq̓ʷaʔ siblings. *See under:* sʔəyúq̓ʷaʔ

sʔaʔyíc ⟦s-√ʔəʔyi-t-c s-√borrow-trns-1obj/2obj⟧ ☞ ʔaʔyít lend me; lend you. {nəsʔaʔyíc yaʔ. I loaned it to you. (TC) | ʔənsʔaʔyíc yaʔ. You loaned it to me. (TC)}

sʔaʔyístəŋ ⟦s-√ʔəʔyi-istxʷ-ŋ s-√borrow-caus-psv⟧ [subjective genitive stem] ☞ sʔaʔyístxʷ to be lent, loaned (something) by someone. {nəsʔaʔyístəŋ. She loaned it to me. (TC)}

sʔaʔyístxʷ ⟦s-√ʔəʔyi-istxʷ s-√borrow-caus⟧ [subjective genitive stem] ☞ ʔaʔyít to lend, loan something to someone. {nəsʔaʔyístxʷ kʷaʔ. I loaned it to him. (TC)}

sʔaʔyítəŋ ⟦s-√ʔəʔyi-t-ŋ s-√borrow-trns-psv⟧ [subjective genitive stem] ☞ ʔaʔyít to be lent, loaned (something) by someone. {nəsʔaʔyítəŋ. She loaned it to me. (TC)}

sʔács ⟦s-√ʔacs s-√face⟧ face. (EPT; LC; ES; TC; AS) [perhaps has =us 'face' suffix] {ɬíc̓ tiə nəsʔács. My face got cut. (TC) | ɬíc̓ u tə nsʔács? Did you cut your face? (LC) | ʔiʔ níɬ uʔ kʷéʔəts či *sʔács*s cə kʷɬčáq. And then he peeked at the old woman's face. (ES) | ʔiʔ k̓ʷəns ʔáwənə *sʔács*. And he saw there was no face. (ES) | ʔəsx̣áɬ ʔuʔ qʷáči cə *sʔács*s. He was sick with a pale face. (AS) | ɬíc̓ kʷə nəsʔács. I cut my face. (EPT) | mán ʔuʔ ʔə́y̓ tsə nsʔács. You've got a very good face. (EPT) | čaʔčə́q̓ʷ cə nsʔács. You've got dirt all over your face. (EPT) | ʔiʔ kʷɬən̓k̓ʷáqq cə šáwi ʔaʔ cə *sʔács*s. And then seaweed had grown on her face. (AA) | kʷɬčáq ʔiʔ ʔáwənə *sʔács*s ʔuʔ čaʔscúm̓. She's old and has no face-only bone. (ES) | šitəŋ yaʔ ʔaʔ cə *sʔács* ʔəshúʔitəŋ yaʔ ʔaʔ cə mə́k̓ʷaʔ. She wanted the carved face that was at the grave. (AA) | náʔcuʔ k̓ʷənəxʷ cə kʷɬčáq ʔáwənə *sʔács*s. That's one person that saw the old lady with no face. (ES) | ʔiʔ níɬ suʔX̣áys ʔuʔ cq̓ʷúsəŋ ʔiʔ kʷéʔits kʷɬi *sʔács*s cə kʷɬčáq. He also looked down and peeked at the face of the old lady. (ES) | ó·, ʔə́y̓ ixʷ yaʔ u kʷi swéʔwəs ixʷ yaʔ čkʷáʔ ʔaʔ cə *sʔács*. Oh, he must have been a nice young man who had that face. (AA) | X̣áʔnəq ʔaʔ cə ŋə́n̓ tálə ʔiʔ cə ŋə́n̓ sʔíɬən ʔaʔ cə ŋə́naʔ šitəŋ cə *sʔács* yaʔ ʔaʔ cə mə́k̓ʷaʔ. There was a big give-away of much money and much food for the daughter who had desired the face at the grave. (AA)}

sʔáɬqə ⟦s-√ʔaɬqə s-√snake⟧ snake. (EPT)

sʔánm̓əš ⟦s-√ʔam̓š s-√Samish⟧ the Samish River tribe, a person of the Samish tribe. {*sʔánm̓əš* kʷɬi ntán. My mother was Samish. (LB,CWH,H; RSh)}

sʔáyəxʷ tall. *See under:* ʔəsʔáyəxʷ

sʔéʔəyəm ⟦s-√ʔiʔəyəm s-√?⟧ wild celery. (LB,CWH)

sʔéʔəyuc river mouth. *See under:* ʔəsʔéʔəyuc

sʔéʔps hair blown back. *See under:* ʔəsʔéʔps

sʔéʔuʔc ⟦s-√ʔiʔ=u<ʔ>c s-√ʔ=edge<actual>⟧ the area at the mouth of Kilisut Harbor. (H)

sʔéʔyuʔc river mouth. *See under:* ʔəsʔéʔəyuc

sʔəɬənáw̓txʷ ⟦s-√ʔiɬn=aw̓txʷ s-√eat=house⟧ ☞ ʔíɬən any place where food is regularly served: restaurant, diner, dining hall, dining room, cafeteria. (ES; MJ) VAR: sʔiɬənáw̓txʷ (ES) VAR: sʔɬnáw̓txʷ (AS,BC)

sʔəmətáw̓txʷ toilet. *See under:* sxʷʔəmətáw̓txʷ

sʔəmtáw̓txʷ toilet. *See under:* sxʷʔəmətáw̓txʷ

sʔəm̓šácət ⟦s-√ʔəm̓šact s-√sun⟧ sun. ((USAGE: This is considered a fancy way of referring to the sun. MJ thinks this word comes from Skokomish and is not the real Klallam word for 'sun'.)) (MJT) *cp.* sqʷq̓ʷə́y̓ *cp.* sʔuʔšáct VAR: səmšə́sət (MJT)

sʔə́ŋaʔc ⟦s-√ʔəŋaʔ-t-c s-√give-trns-1obj/2obj⟧ ☞ sʔə́ŋaʔt given to me; given to you. (TC) {nəsʔə́ŋaʔc kʷi. I'm giving it to you. (MJT) | nəsʔə́ŋaʔc. I gave it to you. (MJT; LC; TC) | *sʔə́ŋaʔc*s. He/she gave it to me. (TC) | ʔənsʔə́ŋaʔc. You gave it to me. (LC; TC) | n̓sʔə́ŋaʔc uʔ? Did you give it to me? (LC) | ʔuʔnsʔə́ŋaʔc caʔ. I'll give it to you. (LC) | nəsʔə́ŋaʔc cə tálə. I gave you the money. (TC) | *sʔə́ŋaʔc*s u cxʷ? Did he give you to me? (TC) | háʔnəŋ cn ʔaʔ cə ʔənsʔə́ŋaʔc. Thank you for what you give me. (TC) | nəsʔə́ŋaʔc tə sq̓ʷəyáyŋəxʷ. I gave you the blackberries. (MJT) | ʔúu, níɬ č kʷi kʷi čičəyíq̓ʷtən ʔuʔ *sʔə́ŋaʔc*. Oh, it was Sasquatch that gave it to me. (AS) | mán caʔ ʔuʔ ʔə́y̓ či nəskʷə́n̓t tiə ʔənsʔə́ŋaʔc. I will take very good care of this that you give me. (TC) | ʔuʔx̣ənáɬ caʔ či suʔə́ys či nəskʷə́n̓t tiə nsʔə́ŋaʔc. I will always take good care of this that you give me. (TC)}

sʔə́ŋaʔt ⟦s-√ʔəŋaʔ-t s-√give-trns⟧ [s-passive stem - The possessive marks the giver, subject is the thing given, and the recipient is oblique.] ☞ ʔə́ŋaʔt
1. to give something to someone. {nəsʔə́ŋaʔt. *I gave it to him.* (LC; TC) | **sʔə́ŋaʔt**. *We gave it to him/her/them.* (LC) | nəsʔə́ŋaʔt cxʷ. *I gave you to him. / I gave you away.* (TC; AS) | ʔənsʔə́ŋaʔt əwʔ? *Did you give it to him?* (TC) | nít kʷi nəsʔə́ŋaʔt. *That's what I gave him.* (MJT) | nəsʔə́ŋaʔt cə nəsná. *I gave him my name.* (TC) | nəsʔə́ŋaʔt cə sx̣áč. *I gave the dried fish away.* (AS) | **sʔə́ŋaʔt**s cə səẃəcísən. *He gave her a ring.* (TC) | nəsʔə́ŋaʔt caʔ tə sq̓ʷəyáyəŋəxʷ. *I'm going to give him the berries.* (MJT)}
2. gift. (TC)

sʔə́ŋaʔtəŋ ⟦s-√ʔəŋaʔ-t-ŋ s-√give-trns-psv⟧ [double passive - The subject is the thing given; the recipient is genitive; the giver is oblique.] ☞ ʔə́ŋaʔtəŋ to be given something by someone. {nəsʔə́ŋaʔtəŋ. *He gave it to me.* (LC; TC) | **sʔə́ŋaʔtəŋ**. *He gave it to us.* (LC) | nəsʔə́ŋaʔtəŋ cə tálə. *He gave me that money.* (TC) | nəsʔə́ŋaʔtəŋ ʔaʔ kʷɬəs nətán. *My mother gave it to me.* (TC) | nəsʔə́ŋaʔtəŋ cə tálə ʔaʔ cə swə́yqaʔ. *The money was given me by the man.* (TC)}

sʔə́ŋaʔtxʷ ⟦s-√ʔəŋaʔ-txʷ s-√give-letcaus⟧ ☞ sʔə́ŋaʔt to give something away. {**sʔə́ŋaʔtxʷ** cn cə sx̣áč. *I was given dried fish.* (AS)} VAR: sʔəŋáʔtxʷ {nəsʔəŋáʔtxʷ. *I gave it away.* (MJT)}

sʔəsʔáyəxʷ ⟦s-ʔs-√ʔayxʷ s-stat-√elder⟧ ☞ ʔəsʔáyəxʷ an elder. {ʔənsʔəsʔáyəxʷ. *It's your elder.* (MJT)}

sʔəttáẃtxʷ hotel. See under: ʔəsʔəttáẃtxʷ

sʔəttúykʷt ⟦s-√ʔitut-uykʷət s-√sleep=clothing⟧ ☞ ʔítt any nightclothes such as pajamas, nightgown, kimono. (ES,TC; ES,HS) VAR: sʔttúykʷt (ES)

sʔəyúq̓ʷaʔ ⟦s-√<əy̓>uq̓ʷəʔ s-√sibling<actl>⟧ ☞ sʔúq̓ʷaʔ siblings, brothers and sisters. {ʔux̌ə́nə cə nəsʔəyúq̓ʷaʔ, nəcə́t, nəmán, nətán. *It was all of my siblings, my father, my father, my mother.* (TC) | ʔə́mət tə nəsʔəyúq̓ʷaʔ ʔiʔ cə táns ʔiʔ ʔíɬən. *My siblings sat with their mother and ate.* (AS)} VAR: sʔəyúq̓ʷaʔ (AS) {ɬəmqáys kʷi kʷə cə́ts ʔəɬ kʷéʔwəntis cə **sʔəyúq̓ʷaʔ**. *Their father separated them when the brothers were fighting.* (AS)} VAR: sʔaʔyúq̓ʷaʔ (EPT)

sʔiʔánəŋct ⟦s-√ʔəy̓=an-ŋ-cut s-√good=ear-mdl-rflxv⟧ ☞ ʔiʔánəŋ to get used to (something). {nəsʔiʔánəŋct. *I got used to it.* (ES)}

sʔiʔáyəxʷ elders. See under: ʔəsʔiʔáyəxʷ

sʔiʔíyəŋ ⟦s-ʔy+√ʔiy=an̓ s-pl+√beside=ear⟧ ☞ sʔíyəŋ the ends of an object. {ʔúxʷtəŋ cə scúɬ ʔaʔ cə **sʔiʔíyəŋ**s. *They took the wood to the ends.* (MJ)}

sʔiʔúʔi finished. See under: ʔəshúʔiʔ

sʔícəŋ ⟦s-√ʔic-ŋ s-√dress-mdl⟧ ☞ ʔícəŋ any clothes, clothing. (TC; AS,BC) {ʔáwənə nəs**ʔícəŋ**. *I have no clothes.* (TC) | ʔuʔhúy ti **sʔícəŋ** ʔiʔ ti sʔíɬənɬ ʔuʔsqaʔyústəŋɬ. *It was only clothes and food that we were paid.* (TC) | ʔi ʔuʔəsx̌úʔx̌əm̓ tə ʔawtxʷaʔŋə́n ti sʔícəŋɬ txʷʔə́y̓ ti **sʔícəŋ**. *But it was all right because we got lots of clothes, good clothes.* (TC)}

sʔíɬaʔ ⟦s-√ʔiɬaʔ s-√bought⟧ [subjective genitive stem] to buy; something purchased. (TC) {nəs**ʔíɬaʔ**. *I bought it.* ⟪USAGE: You would say this if you had something and someone asks you where you got it.⟫ (TC) | čəq cə snə́xʷɬ nəs**ʔíɬaʔ**. *The canoe I bought is big.* (TC) | ɬə́y̓əqʷts cə swə́yqaʔ cə snə́xʷɬ **sʔíɬaʔ**s yaʔ. *The man smashed the canoe he bought.* (TC) | ɬə́y̓əqʷts cə snə́xʷɬ **sʔíɬaʔ**s yaʔ cə swə́yqaʔ. *The man smashed the canoe he bought.* (TC)}

sʔíɬən ⟦s-√ʔiɬn s-√eat⟧ ☞ ʔíɬən
1. food, meal. (EPT; LST; TC; ES) {ŋút cə ns**ʔíɬən**. *Eat your food.* (TC) | ʔənʔáxʷ cn tə **sʔíɬən**. *I brought the food.* (ES) | **ʔíɬən** cn ʔaʔ či ns**ʔíɬən**. *I'm going to eat your food.* (TC) | čə́qtxʷ cn cə **sʔíɬən**. *I made a big meal.* (AS) | nəsʔíɬən ʔaʔ kʷi nəs**ʔíɬən**. *It will be the food that I eat.* (TC) | q̓pə́t či ns**ʔíɬən** či nq̓ʷúʔ. *Gather your food, your water.* (ES) | ʔaʔčšíti ʔaʔ cə q̓áyaʔŋis ʔaʔ či **sʔíɬən**. *They exchanged their girls for food.* (TC) | kʷɬʔəsɬáʔɬx tə ns**ʔíɬən** ʔaʔ tə čaʔcítən. *Your food is on the table.* (LC) | ʔiʔ ŋə́n **sʔíɬən** tə sʔətənístəŋs tə ʔaʔyəcɬáyŋxʷ. *There was lots of food being fed to the people.* (MJ) | mán̓ ʔuʔ x̌ʷkʷnáʔəs ti ʔə́y̓ **sʔíɬən**s cə swə́yqaʔs cə saʔə́y̓čəns. *The husband of the younger sister really got good food.* (AA) | ʔiʔ mán̓ kʷaʔ ʔuʔ ŋə́n cə **sʔíɬən**s ʔúxʷ ʔaʔ cə x̌ɬáɬc. *And he got a great deal of food from the sea.* (AA) | x̌ánəq ʔaʔ cə ŋə́n tálə ʔiʔ cə ŋə́n **sʔíɬən** ʔaʔ cə ŋə́naʔ šítəŋ cə sʔács yaʔ ʔaʔ cə mə́kʷaʔ. *There was a big give-away of much money and much food for the daughter who had desired the face at the grave.* (AA)}
2. to be eaten. {**sʔíɬən** cn. *Something is eating me up.* (LC; TC) | čaʔ**sʔíɬən** cn. *Something just ate me.* (TC)}

sʔíɬənáẃtxʷ restaurant. See under: sʔəɬənáẃtxʷ

sʔíɬənúməš ⟦s-√ʔiɬn=uməš s-√eat=type⟧ ☞ sʔíɬən to look, be like food. (TC) {ʔiʔ ʔuʔnít kʷi **sʔíɬənúməš** cə. *And that's what looks like food.* (AS)}

sʔínəs end. See under: sʔíyəŋ

sʔíns end. See under: sʔíyəŋ

sʔittáẃtxʷ hotel. See under: ʔəsʔəttáẃtxʷ

sʔiyáyəxʷ elders. See under: ʔəsʔiʔáyəxʷ

sʔíycən ⟦s-√ʔiy=ucin s-√beside=mouth⟧ ☞ ʔíyəcən edge of a bank or cliff. (AS,BC) {nít suʔtə́ss kʷi tím yaʔ ʔaʔ cə **sʔíycən**s cə stútaʔwiʔ. *Then Tim got to the edge of the creek.* (ES)} VAR: sʔíyəcən (ES)

sʔiyə́kʷɬ ⟦s-√ʔiy=akʷɬ s-√beside=conveyance⟧ side of the body. (AS) {x̌áɬ kʷi kʷsə ns**ʔiyə́kʷɬ**. *My side hurts.* (AS)} VAR: sʔíyəkʷɬ (MJT)

sʔíyəŋ ⟦s-√ʔiy=aŋ s-√beside=ear⟧
1. the end, edge of an object (such as a bench, table, canoe). (TC) {ʔúxʷ ʔaʔ cə **sʔíyəŋ**s cə ʔuʔútx̣s. *She went to the end of the canoe.* (MJ) | ncáxʷɬ yaʔ ʔəɬ ʔíttn ʔiyá ʔaʔ cə nə́cu **sʔíyəŋ** cə ʔáʔiŋɬ. *It was once when I was asleep there at one end of our house.* (TC) | ʔuʔiʔáʔiʔ č ʔi ʔuʔtə́s ʔaʔ cə **sʔíyəŋ**s cə cícɬ qʷɬáy̓. *That continued until she reached the end of the high log.* (TC) | čx̣ə́ts tə **sʔíyəŋ**s tə sqiyáyŋəxʷ ʔiʔ nəŋə́ts. *They tore the ends of the trees and folded them over.* (MJ) | kʷɬkʷáči ʔiʔ čaʔcəŋə́ts ʔiyá ʔaʔ cə **sʔíyəŋ**s. *The next day she finally bit it on the end.* (MJ)}
2. to other end, opposite end. {ʔiyá‧ kʷi **sʔíyəŋ**s cə x̌čás ʔiyá ʔaʔ cə sxʷʔiyáɬ yaʔ. *It was there at the other end of the island were we were.* (TC)} VAR: sʔínəs (AS,BC) VAR: sʔíns (AS) VAR: ʔínəs {ʔuʔiyá st kʷi ʔaʔ kʷi **ʔínəs**. *We were at the edge.* (AS)} VAR: sʔíynə {ʔiyá‧ kʷi **sʔíynəs** tiə x̌čás, Vancouver. *It was there at the other end of this Island, Vancouver.* (TC)}

sʔíyəqsən ⟦s-√ʔiy=əqsən s-√beside=nose⟧ any point of land, the end of a spit. (EWH,H; EWH; TC; ES; AS) {kʷɬčəyáy či tə́ss ʔaʔ tə **sʔíyəqsən** ʔiʔ čaʔčʔiyáŋ. *Soon they got to the point, and they finally heard.* (MJ)} VAR: ʔíyəqsən {nɬ kʷi sxʷʔiyás tə scə́ɬqʷ ʔaʔ cə **ʔíyəqsən**. *That's where the tunnel is on the point.* (AS) | ʔəstásɬ ʔaʔ cə **ʔíyəqsən**. *It's near the point.* (AS,BC) | ʔuʔtə́s ʔaʔ cə **ʔíyəqsən**. *They arrived at the point.* (MJ) | kʷaʔné̓ŋət ʔaʔ cə **ʔíyəqsən**. *He was running on the point.* (MJ) | xʷk̓ʷə́təŋ ʔiyá ʔaʔ cə **ʔíyəqsən**. *It was pulled onto the point.* (MJ) | nɬ suʔqʷɬə́təŋs ʔúxʷ ʔaʔ cə **ʔíyəqsən**. *Then she got drifted over to a point.* (MJ)}

sʔiymíkʷs ⟦s-√ʔyəm̓=iws s-√strong=body⟧ ☞ ʔiyə́m̓ right hand, right side. (EPT; AS,BC)
2. to be right-handed. (AS) {**sʔiymíkʷs** cn. *I'm right-handed.* (AS)}

sʔɬnáw̓txʷ restaurant. See under: sʔəɬənáw̓txʷ

sʔɬnáy ⟦s-√ʔiɬn=ayə s-√eat=container⟧ ☞ sʔíɬən grocery bag. (AS,BC)

sʔttúykʷt nightclothes. See under: sʔəttúykʷt

sʔuʔšáct ⟦s-√ʔwšact s-√sun⟧ sun. (LB,CWH; JCo; EPT; MJT) ((USAGE: This is the word for 'sun' used more commonly at Jamestown and Port Gamble.)) cp. sqʷqʷə́y̓ {čiʔúykʷɬ tə **sʔuʔšáct**. *The sun is starting to set.* (MJT) | ɬaʔtíqəŋ kʷsə **sʔuʔšáct**. *The sun's hot.* (EPT) | kʷɬcícɬ tə **sʔuʔšáct**. *The sun is up high already.* (MJT) | kʷɬiʔcaʔɬé̓yəŋ tə **sʔuʔšáct**. *The sun's coming up.* (MJT) | kʷɬiʔnə́qəŋ tə **sʔuʔšáct**. *The sun's going down.* (MJT) VAR: sʔúšəst (EWH)

sʔuʔuʔšáct ⟦s-ʔw + √ʔwšact s-pl + √sun⟧ ☞ sʔuʔšáct lots of sun, very sunny. (MJT)

sʔúčk̓ʷs dancer's regalia. See under: sʔúykʷč

sʔúk̓ʷɬ ⟦s-√ʔuk̓ʷɬ s-√take_care⟧ ☞ ʔúk̓ʷɬ someone taken care of (by someone), the children a babysitter watches. (AS) {ʔiʔ ʔəɬənístxʷ cn ʔaʔ ncə́t ʔiʔ cə n**sʔúk̓ʷɬ**. *I fed my father and the ones I was taking care of.* (MJ) | hiyáʔ cə nə**sʔúk̓ʷɬ** ʔiʔ x̣̓kʷə́ts cə ʔaʔáwkʷs. *My babysittee went, and he took his things.* (MJ)} VAR: sxʷʔúk̓ʷɬ {nɬ suʔhúys tə stšéʔqʷtəŋs ʔaʔ kʷsə nə**sxʷ"ʔúk̓ʷɬ**, tə ŋáʔnaʔs. *Then she finished combing my babysitee, her child.* (MJ)}

sʔúŋəyu ⟦s-√ʔuŋ-əyu s-√give-activ⟧ ☞ ʔúŋəst gift, something given away. (AS,BC) {ʔəns**ʔúŋəyu** u kʷə púyək? *Did you give away that gun?* (AS) | ns**ʔúŋəyu** kʷiə púyək. *I gave the gun away.* (AS) | nɬ kʷi x̣̓kʷə́t tiə ns**ʔúŋəyu**. *So take my gift.* (AS)}

sʔúq̓ʷaʔ ⟦s-√ʔuq̓ʷəʔ s-√sibling⟧
1. sibling, brother, sister, cousin. (BH; EPT; NST; ES; AS,BC) {šiʔšúʔɬ cn ʔaʔ tə nəsʔiyáʔnəxʷ kʷɬi **sʔúq̓ʷaʔɬ**, Emma. *I'm glad that I heard our sister, Emma.* (BH) | x̣čŋín ʔaʔ či nə́čəw̓txʷəŋəs yaʔ kʷi kʷiwnɬ mə́ščhu ʔaʔ cə **sʔúq̓ʷaʔ**s. *Mink thought he'd go visit his older sister.* (TC) | suʔəɬnístxʷ cə **sʔúq̓ʷaʔ**s. *Then he fed his sister.* (TC) | ɬk̓ʷísts ʔiʔ ʔəɬnístxʷ cə **sʔúq̓ʷaʔ**s. *He brought him home and fed it to his sister.* (TC) | ʔiʔ č**sʔúq̓ʷaʔ** cə sɬáni. *And the woman had a brother.* (AA) | ʔə́y̓ qɬ yaʔ kʷaʔ nə**sʔúq̓ʷaʔ**əxʷ. *It would be good if you were my sister. / I wish you were my sister.* (MJT) | xʷənʔáŋ cn kʷaʔčaʔ ʔaʔ tiə nə**sʔúq̓ʷaʔ**. *That's the way I am with my cousin here.* (TC) | ʔaʔkʷúst cn cə nə**sʔúq̓ʷaʔ** ʔaʔ cə sčáys. *I showed my brother/sister how to do their job.* (TC) | nəxʷsx̣iyʔámxʷ cə swə́y̓qaʔs c **sʔúq̓ʷaʔ**s. *Her sister's husband was a good provider.* (AA) | kʷánəŋət čə́yəxʷ ʔaʔ cə ʔáʔiŋs cə **sʔúq̓ʷaʔ**s. *He ran into his brother's house.* (ES) | čə́yəxʷ ʔaʔ cə ʔáʔyəŋs cə nə**sʔúq̓ʷaʔ**. *My brother went into his house.* (TC) | ʔiʔ kʷə́ntəŋ ʔaʔ kʷi **sʔúq̓ʷaʔ**s. *His brother looked at him.* (ES) | čšaʔiyá ʔaʔ kʷsə nə**sʔúq̓ʷaʔ** tə nəsx̣čənáxʷ. *I'm getting my knowledge from my cousin.* (MJT) | hiyáʔ ʔaʔ kʷi sxʷʔiyás ʔaʔ kʷə nə**sʔúq̓ʷaʔ** yaʔ. *They went to my late cousin's place.* (ES) | ʔuʔšiʔšúʔɬ cn ʔaʔ tə nsʔiyáʔnəxʷ kʷɬi **sʔúq̓ʷaʔɬ**, Emma, ʔaʔ či sqʷáqʷis ʔaʔ ɬnínɬ ʔaʔ ti ʔuʔx̣ənáɬ. *I'm glad to hear our sister, Emma, talking for us all the time.* (BH) | ṅšáhəkʷtxʷ kʷi kʷsə **sʔúq̓ʷaʔ**s ʔaʔ či uʔkʷənáʔitxʷ. *You better remember the other brother, even if it's just a few dollars.* (MJT) | ʔuʔ mán cn ʔuʔ qə́kʷ kʷ ʔuʔ šiʔšúʔɬtəŋ ʔiʔ ʔuʔ ʔiyánnəxʷ kʷɬi **sʔúq̓ʷaʔɬ**, Emma. *I was hurting, but now I'm happy to hear from our sister Emma.* (BH)}
2. brother or male cousin. ((USAGE: can also be used to refer to a dear friend)) (LB,CWH; AS,BC) {x̣iʔsít cn təs nə**sʔúq̓ʷaʔ**. *I'm writing to my brother.* (ES) | čičqʷáw̓txʷ č kʷə ṅ**sʔúq̓ʷaʔ**. *(I hear that) your brother's house burned.* (EPT) | ʔiʔ kʷi **sʔúq̓ʷaʔ**s yaʔ, Pysht Jack. *And his late brother, Pysht Jack.* (TC) | xɬtáxʷ cn ʔaʔ kʷi nəsyəcústən ʔaʔ kʷi skʷənčátis kʷi nə**sʔúq̓ʷaʔ**. *I felt sad when they told me my brother got a divorce.* (AS)} VAR: ʔúq̓ʷaʔ (MV)

sʔúyəx̣ ⟦s-√ʔuyx̣ s-√lift⟧ ☞ ʔúyəx̣t souvenir, anything acquired that is cherished, treasured, valuable. (TC; AS) {nsʔúyəx̣ tiə pípə. *This paper is valuable to me.* (AS)}

sʔúykʷč ⟦s-√ʔuykʷ=č s-√outfit=?⟧ ☞ ʔúykʷtxʷ
1. spirit dancer's head-dress. ✱Made of cedar, human hair, or (for new dancers) wool (TC)
2. spirit dancer's regalia, paddle shirt. ✱Only those who have dreamed about it can wear the paddle shirt (TC) VAR: sʔúčkʷs (TC,AS,BC; AS,BC) VAR: səʔúykʷč (AS,BC) VAR: sʔúykʷtxʷ (AS)

saʔác ⟦√s<ə?>a-t-c √order<actl>-trns-1obj/2obj⟧ ☞ saʔát ordering me; ordering you. {saʔác cxʷ kʷaʔ hiyáʔən. *You're telling me to go.* (TC) | ʔáwə či c saʔác. *Don't tell me what to do.* (MJT) | saʔác cn kʷaʔ hiyáʔəxʷ x̌aʔtáwn. *I told you to go to town.* (TC) | saʔác yaʔ cxʷ kʷaʔ k̓ʷəntən. *You were telling me to look at it.* (TC)} VAR: sáʔəc {sáʔəc u cxʷ? *Are you giving me the orders?* (MJT)}

saʔáṅəŋ ⟦√sa?=aṅ-ŋ √lift=ear-mdl⟧ ☞ sáʔət to lift the anchor. (MJT) {saʔáṅəŋ či. *Pull up the anchor.* (MJT) | kʷłsaʔáṅəŋ cn. *I'm pulling up the anchor now.* (MJT)}

saʔát ⟦√s<ə?>a-t √order<actl>-trns⟧ ☞ sát to be telling someone to (do something); to be bidding someone to (do something). (LC) {saʔát cn kʷaʔ yáʔəs x̌acu. *I told him to go fishing.* (LC) | saʔát cn kʷaʔ yáʔəs x̌aʔsxʷimáy. *I told him to go to the store.* (LC) | ʔux̣čít cn tə nsaʔát kʷaʔ hiyáʔəs. *I know you told me to go.* (TC) | ʔux̣čít cn tə nsaʔát kʷsə nətán kʷaʔ hiyáʔəs. *I know you told my mother to go.* (TC)}

saʔátəŋ ⟦√s<ə?>a-t-ŋ √order<actl>-trns-mdl⟧ ☞ sátəŋ being told to do something. (ES) {suʔsaʔátəŋs kʷaʔ sqíyŋs ʔiʔ xʷítəŋ. *They told him to go out and jump.* (TC) | ʔáwə c ʔánəł ʔaʔ kʷi ssaʔátəŋs ʔaʔ cə kʷłčáq kʷaʔ yéʔkʷsəŋs. *They did not obey when they were told by the old man to get ready.* (ES)} VAR: sáʔətəŋ {sáʔətəŋ cn. *He's giving me orders.* (MJT)}

saʔáyčəṅ younger adult sibling. *See under:* saʔəýčəṅ

saʔcísəŋ ⟦√saʔ=acis-ŋ √lift=hand-mdl⟧ ☞ sáʔət to raise, lift one's hand. (MJT; TC,AS,BC; AS) {saʔcísəŋ kʷłə sx̌ix̌áʔx̌qł. *The little girl raised her hand.* (AS)}

saʔcaʔŋístəŋ ⟦√sa<?>ca<?>-ŋi-stxʷ-ŋ<ʼ> √breathe<actl>-rel-caus-psv<actl>⟧ ☞ saʔcaʔŋístxʷ to be making someone breathe again. (ES) {saʔcaʔŋístəŋ ʔaʔ kʷi sʔiyás ʔaʔ kʷi sxłáwtxʷ. *They made him breathe again at the hospital.* (AS)}

saʔcaʔŋístxʷ ⟦√sa<?>cə<?>-ŋi-stxʷ √breathe<actl>-rel<actl>-caus⟧ ☞ sáʔčəŋ to make someone breathe, give artificial respiration, CPR. (AS) VAR: saʔčəŋístxʷ {saʔčəŋístxʷ cn cə nswəýqaʔ. *I gave my husband CPR.* (AS)}

sáʔčəŋ ⟦√sa<?>č-ŋ<ʼ> √breathe<actl>-mdl<actl>⟧ ☞ sáčəŋ to be breathing. (EPTA; TC; ES) {máṅ cxʷ ʔuʔ taʔmíct tə nsáʔčəŋ. *You're breathing too hard.* (ES) | sqʷéʔqʷiʔ ti xʷúŋəns ʔaʔ tə ćíqʷəns tə šəmáns ʔiʔ nəxʷtə́qt ti sxʷsáʔčəŋs. *His shoulder was against the enemy's throat and closed off his breath.* (ES) | nsáʔčəŋ cxʷ. *You are my very breath.* ⟪a term of endearment⟫ (AS,BC)}

saʔčúʔił ⟦√saʔčuʔył √younger_sibling⟧
1. younger sibling, brother, sister, cousin. (LC; EPT; MJT; TC; ES) ✱This does not refer to a cousin that is younger than oneself, but to a cousin whose parent is younger than one's own parent. So, for example, for MJ all of her cousins were her /saʔčúʔił/ because her father was the oldest. (MJT) [perhaps the 'child' lexical suffix on this] {čsaʔčúʔił cn. *I have a younger sibling.* (TC)}
2. younger sister. (AS,BC,ES; AS,BC; AS) {x̣iʔsít cn łəsə nəsaʔčúʔił. *I'm writing to my sister.* (ES) | yaʔsít cə nəsaʔčúʔił. *I fixed it for my sister.* (ES) | qʷáytxʷ cn cə saʔčúʔił. *I believe my younger sister.* (AS) | nəxʷčiyaʔyéʔwən ʔaʔ tsə saʔčúʔiłs. *He's jealous of his little sister.* (MJT)}
3. younger brother. (ES) {suʔk̓ʷəntił ʔiʔ kʷə nsáʔčúʔił. *So my brother and I looked at each other.* (ES) | hiyáʔnəsəŋ ʔaʔ tə saʔčúʔiłs kʷłi táns. *Her mother's younger brother went after her.* (MJ) | ʔiʔ ʔiyá yaʔ st ʔiʔ kʷi nəsaʔčúʔił kʷənáʔəŋt kʷi cə́tł ʔiʔ mə́kʷł kʷi čəʔúʔwəs ʔaʔ či sqʷáłiʔ. *And we were there with my younger brother helping our father, and what we were using for logging broke down.* (ES)} VAR: saʔčúwiłc (ES) VAR: saʔčúʔiłc (ES) VAR: saʔčúył {níł suʔəṅás tə nəsaʔčúył Herbert. *Then my younger brother Herbert came.* (MJ) | ʔiʔ ʔiyá yaʔ st ʔiʔ kʷi nəsaʔčúył kʷənáʔəŋt kʷi cə́tł. *We were there with my younger brother helping our father.* (ES)} VAR: saʔčuwíł (TC; MJ) {łəyəmtástxʷ cn tə nəsaʔčuwíł ʔəł ʔaʔtútəŋəs. *I sang to my younger siblings when they got sleepy.* (MJ)} VAR: sačúʔił (AS) VAR: saʔčúyəł (LB,CWH)

sáʔəc[1] ⟦√saʔ-t-c √lift-trns-1obj/2obj⟧ ☞ sáʔət lift me; lift you. {sáʔəc caʔn. *I'm going to lift you.* (MJT) | ʔáwə či c sáʔəc. *Don't lift me up.* (MJT) | sáʔəc u cxʷ? *are you lifting me up?* (MJT)}

sáʔəc[2] ordering me/you. *See under:* saʔác

sáʔənəŋ ⟦√saʔ-naxʷ-ŋ √lift-nctrns-psv⟧ ☞ sáʔənəxʷ to manage to be lifted. (AS,BC) {sáʔənəŋ cə snə́xʷł. *They managed to lift the canoe.* (AS)}

sáʔənəxʷ ⟦√saʔ-naxʷ √lift-nctrns⟧ ☞ sáʔət manage to lift someone or something. (AS,BC) {sáʔənəxʷ cn cə qʷłáy̓. *I managed to lift the log.* (AS)}

sáʔət ⟦√saʔ-t √lift-trns⟧ to lift, hoist up something; to reel something in. (MJT; LC; ES; WB,AS,BC) {sáʔət cn. *I lifted it up.* (ES) | sáʔət cə nsłáni. *Lift your wife up.* (ES) | sáʔət cn cə qʷłáy̓. *I lifted the log.* (MJT) | ʔáwə c sáʔət. *Don't lift it.* (MJT) | suʔx̌kʷə́ts

sáʔətəŋ

ʔiʔ **sáʔət**s. *So he took it, and he lifted it.* (ES) | nəsáyə swə́ýqaʔ tə **sáʔət** tə sxʷʔáʔmət. *It took four men to lift the bed.* (MJ) | suʔhiyáʔs ʔiʔ x̌ƛ̌kʷə́ts ʔiʔ **sáʔət**s. *So he went, and he took it, and he lifted it.* (ES) | mán̓ ʔuʔ síqi tə nəsx̌ə́naʔ ti nəs**sáʔət**. *My feet were too heavy for me to lift.* (MJ)}

sáʔətəŋ ⟦√saʔ-t-ŋ √lift-trns-psv⟧ ☞ sáʔət *to be lifted, hoisted up, reeled in by someone or something.* (AS,BC) {**sáʔətəŋ** cn. *I was lifted up. / He lifted me up.* (ES; MJT) | nił̓ suʔənʔás ʔiʔ x̌ƛ̌kʷə́tən cn **sáʔətəŋ**. *Then he came, and I was taken and lifted.* (MJ)}

sáʔətəŋ̓ *being told to.* See under: saʔátəŋ̓

saʔáyčən̓ ⟦√səʔəyčn̓ √younger_adult_sibling⟧
1. adult younger sibling or child of parent's younger sibling. (EPT; MJT; ES; TC) {nił̓ kʷi nə**saʔáyčən̓**. *It's my younger brother/sister.* (NS,JW) | č**saʔáyčən̓** u cxʷ? *Do you have a younger brother/sister?* (NS,JW) | nił̓ kʷi nə**saʔáyčən̓** tiʔə. *This is my younger brother.* (NS,JW) | nił̓ kʷi nə**saʔáyčən̓** tsiʔə. *This is my younger sister.* (NS,JW) | nəxʷsx̌ʔəmúcən u tsiʔə n**saʔáyčən̓**? *Does your younger sister here speak Klallam?* (NS,JW) | hiyáʔ čə naʔcúʔtxʷəŋ cə mə́ščʷ ʔaʔ tsə **saʔáyčən̓**s. *Mink went to visit his sister.* (TC) | mán̓ ʔuʔ x̌ƛ̌ʷnáʔəs ti ʔə́ý̓ sʔíłəns cə swə́ý̓qaʔs cə **saʔáyčən̓**s. *The husband of the younger sister really got good food.* (AA) | suʔán̓ł̓s cə scutáyəł, swə́ý̓qaʔs cə **saʔáyčən̓**s. *So the brother-in-law, husband of her younger sister, agreed.* (AA) | mán̓ ʔuʔ nəxʷčiyaʔyéʔwən ʔawsumán̓s ʔuʔ nəxʷsx̌iyʔáməxʷ cə scutáyəł̓s swə́ý̓qaʔs cə **saʔáyčən̓**s. *She was very resentful because her brother-in-law, her younger sister's husband, was a good provider.* (AA) | cáw cə **saʔáyčən̓**s ʔiʔ čtán̓ kʷaʔ ʔəx̌ínəs kʷi swə́ý̓qaʔs. *Her younger sister was on the beach and asked where her husband was.* (AA) | suʔxən̓átəŋs ʔaʔ cə **saʔáyčən̓**s kʷaʔ hiyáʔs čə́yəx̌ x̌iʔə́ŋ ʔaʔ či pə́wi sʔíłəns. *So he was told by his sister to go spearing looking for a flounder for their food.* (TC)}
2. younger brother. (AS,BC; TC; AS) VAR: saʔáýčən̓ (MJT; AB,ICT; {ó˙ siʔám̓ nə**saʔáýčən̓** Billy Hall. *Oh, my dear younger brother, Billy Hall.* (RSh)} VAR: saʔáýčən (AS,BC) VAR: saʔáyčən (AS) VAR: səʔə́yčən {o˙ o˙ nəsmáycən **səʔə́yčən**. *Oh, oh, my ex- sister-in-law* (RSh)}

sáʔił *doors/roads.* See under: sáʔyəł

saʔitáys *too bright.* See under: nəxʷsaʔitáys

sáʔkʷq ⟦√saʔkʷq √carrot⟧ any carrot, especially wild carrot. (EPT; MJT; AS,BC; AS) {qíx̌t tə **sáʔkʷq**. *Scrape the carrots.* (MJT) | ʔəsyəc̓úcən̓ cn ʔə tə **sáʔkʷq**. *I'm talking with my mouth full of carrots.* (MJT) | sqán̓ ixʷ kʷə kʷi nəpie yaʔ ʔiʔ kʷi nə**sáʔkʷq**. *Somebody must have stolen my pie and my carrots.* (MJT)} VAR: sáwəq (AS,BC) VAR: sáw̓kʷq (AS) VAR: sə́q̓q (EWH)

saʔkʷítəŋ ⟦√si<ʔ>kʷ-t-ŋ √peel<actl>-trns-psv⟧ [metathesis with actual passive] ☞ síkʷtəŋ *being peeled, skinned by someone or something.*

sáʔnəxʷ

{**saʔkʷítəŋ** cə húʔpt. *They're skinning the deer.* (AS)}

saʔkʷsúkʷət ⟦s<aʔ>kʷ + √sukʷ-t distr<actl> + √bathe-trns⟧ ☞ súkʷt *to be bathing someone.* (TC) {**saʔkʷsúkʷət** cə n̓ʔəŋʔínəc, sqʷaʔqʷáý̓. *Bathe your grandchildren, Sun.* ((Robin's song calling for rain so all the worms will come out.)) (TC)}

saʔkʷtáýł ⟦√su<ʔ>kʷ-t-əy<ˀ>ł √bathe<actl>-trns=child<actl>⟧ ☞ skʷtə́čł *to be bathing a child.* {**saʔkʷtáýł** ʔaʔ tə ŋáʔnaʔs. *She's bathing her baby.* (MJT)}

saʔkʷút *bathing someone.* See under: súʔkʷt

sáʔmaʔcc ⟦√sə<ʔ>m<əʔ>ý̓-t-c √blanket<actl>-trns-1obj/2obj⟧ ☞ sáʔmaʔct *covering me up; covering you up.* {**sáʔmaʔcc** cn. *I'm covering you up.* (MJT) VAR: sáʔməcc {**sáʔməcc** cn. *I'm covering you up.* (MJT)}

sáʔmaʔčəŋ̓ ⟦√sə<ʔ>m<əʔ>ý̓-ŋ<ˀ> √blanket<actl>-mdl<actl>⟧ ☞ sə́maʔčəŋ *to be covering (with a blanket).* {**sáʔmaʔčəŋ̓** cn. *I'm covering myself.* (MJT)}

sáʔmaʔct ⟦√sə<ʔ>m<əʔ>ý̓-t √blanket<actl>-trns⟧ ☞ sə́miʔ *to be covering someone or something (with a blanket).* {**sáʔmaʔct** cn. *I'm covering her up.* (MJT)} VAR: sáʔməct {**sáʔməct** či. *Cover it up.* (AS) | **sáʔməct** cn cə nŋə́naʔ. *I covered my child with a blanket.* (AS)}

saʔmə́čct ⟦√sə<ʔ>mý̓-cut √blanket<actl>-rflxv⟧ [metathesis with reflexive] ☞ sə́miʔ *to cover oneself up with a blanket.* {**saʔmə́čct** či. *Cover yourself up.* (AS) | **sáʔməčct** cn ʔaʔ kʷi nsłáči. *I covered up when I got cold.* (AS)} VAR: saʔmə́čt (AS)

saʔmúsc ⟦√sə<ʔ>m-us-t √sell<actl>-rcpnt-trns⟧ ☞ saʔmúst *selling to me; selling to you.* {nəs**saʔmúsc** caʔ. *I'm going to sell it to you.* (ES) | nəs**saʔmúsc** caʔ kʷsə nəʔuʔútxs. *I'm going to sell my canoe to you.* (ES)}

saʔmúst ⟦√sə<ʔ>m-us-t √sell<actl>-rcpnt-trns⟧ ☞ səmúst *to be trying to sell (something) to someone, convincing someone to buy, making a sales pitch.* (AS) {**saʔmúst** cn. *I'm trying to sell (it) to him.* (ES)}

saʔmústəŋ̓ ⟦√sə<ʔ>m-us-t-ŋ<ˀ> √sell<actl>-rcpnt-trns-psv<actl>⟧ ☞ saʔmúst *to be given a sales pitch, be sold (something) by someone.* {**saʔmústəŋ̓** cn. *He's selling it to me.* (ES; AS) | nəs**saʔmústəŋ̓**. *He sold it to me.* (ES) | nəs**saʔmústəŋ̓** kʷsə nəʔuʔútxs. *He sold me my canoe.* (ES) | **saʔmústəŋ̓** cn ʔaʔ kʷsə ʔuʔútxs. n̓xčŋín ʔaʔ či sʔuʔə́ýs, u? *He's selling me the canoe. Do you think it's good?* (ES)}

sáʔnəxʷ ⟦√saʔ-naxʷ √lift-nctrns⟧ ☞ sáʔət *to manage to lift something or someone.* (AS,BC) {nił̓ nsuʔ**sáʔnəxʷ** tə nəsx̌ə́naʔ. *Then I managed to lift my foot.* (MJ)

saʔŋánət 〚√saʔ-ŋ=an̓-t √lift-mdl=ear-trns〛 to raise, pull up anchor. [apparently related to /ŋaʔsán̓ət/ 'anchor it' by a unique metathesis influenced by /sáʔət/ 'lift'] {*saʔŋán̓ət* cn. *I pulled up the anchor.* (MJT) | *saʔŋán̓ət* či. *Pull up the anchor.* (MJT)}

saʔŋút 〚√su<ʔ>ŋ-t √smell<actl>-trns〛 [rightward metathesis in the actual] ☞ súŋət to be smelling, sniffing at something. (AS) {*saʔŋút* cn. *I'm smelling it.* (AS) | *saʔŋút*s cə x̌čáwəł ʔaʔ tə súɬ. *She was sniffing under the door.* (MJ)}

sáʔŋ̓əɬ 〚√sa<ʔ>ŋ̓-ɬ √ebb<actl>-dur〛 ☞ sə́ŋ̓ *cp.* táʔŋəɬ
1. to be ebbing (of the tide), water getting very low. {kʷłiʔ*sáʔŋ̓əɬ*. *The tide is getting very low.* (MJT)}
2. to be fainting. {hiʔ*sáʔŋ̓əɬ* cn. *I'm fainting.* (MJT)}

saʔpə́yuʔ 〚√su<ʔ>p-əyu<ʔ> √draw_in<actl>-activ<actl>〛 ☞ súpt to be drawing in, attracting. (MJT)

saʔpútəŋ 〚√su<ʔ>p-t-ŋ<ʔ> √draw_in<actl>-trns-psv〛 [metathesis with passive] ☞ súpt to be drawn, attracted to something. (MJT)

saʔqiʔúys toe. *See under:* sqaʔqiʔúyc

saʔq̓əwíyŋ go around. *See under:* siq̓aʔwíyəŋ

saʔq̓əwín̓ 〚√saʔq̓əwin̓ √carry〛 [may have the root for 'lift'] *cp.* sáʔət to be carrying (anything). {*saʔq̓əwín̓* cn. *I'm carrying (something).* (AS) | *saʔq̓əwín̓* cn ʔaʔ tə sqʷúʔtən. *I'm carrying a bucket.* (AS)} VAR: saʔq̓əwán̓ (ES) {*saʔq̓əwán̓* cn. *I'm carrying it.* (ES)}

saʔq̓əwín̓t 〚√saʔq̓əwin̓-t √carry-trns〛 ☞ saʔq̓əwín̓ to carry something. {*saʔq̓əwín̓t* cn cə sqʷúʔtən. *I carried the bucket.* (AS)}

saʔq̓əwín̓təŋ 〚√saʔq̓əwin̓-t-ŋ √carry-trns-psv〛 ☞ saʔq̓əwín̓t to be carried by someone. {*saʔq̓əwín̓təŋ* tə sqʷúʔtən. *He carried the bucket.* (AS)}

saʔqʷán̓t 〚√sa<ʔ>qʷ-n̓-t √sweet-mdl-trns〛 ☞ sqʷán̓ət to be sweetening something. (MJT) {*saʔqʷán̓t* cn. *I'm sweetening it.* (MJT)}

saʔsáʔčəŋ 〚saʔ+√sa<ʔ>č-ŋ dim+√cruel<dim>-mdl〛 ☞ sáčəŋ to be cruel, mean, ornery (of a child or something small). (AS) {ʔáwə c *saʔsáʔčəŋ*. *Don't be cruel.* (AS) | *saʔsáʔčəŋ* cə píšpš. *The cat is mean.* (AS) | *saʔsáʔčəŋ* cə sx̌íx̌aʔx̌qɬ. *The child is kind of mean (can't get along with others).* (AS)}

saʔsáʔkʷəŋ 〚saʔ+√sa<ʔ>kʷ-ŋ<ʔ> actl+√speak<actl>-mdl<actl>〛 [root not identified in other words] to be speaking one's own language. {*saʔsáʔkʷəŋ* st. *We're talking our language.* (MJT) | čəŋíkʷs či s*saʔsáʔkʷəŋ*s. *He doesn't know how to speak his own language.* (AA) | níɬ xčít kʷsə *saʔsáʔkʷəŋ* ʔəɬ qʷáqʷiʔs nəxʷsx̌ayəmúcən. *She knows how to speak her own language when she talks Klallam.* (EB) | x̌áy ʔuctə ʔiyá kʷsə Amy ʔuʔ ʔuʔiʔánəŋ kʷə ʔəɬ ʔuʔ*saʔsáʔkʷəŋəɬ* cə nəxʷsx̌ayəmúcən. *There is also Amy, of course, who understands when we're speaking our own Klallam language.* (AC)} VAR: saʔsáʔkʷəŋ (MJT)

saʔsáʔmiʔ 〚saʔ+√sa<ʔ>-my dim+√blanket<dim>〛 ☞ sə́miʔ small blanket. (ES)

saʔsáʔqʷəŋ 〚saʔ+√sa<ʔ>qʷ-ŋ dim+√sweet<dim>-mdl〛 ☞ sáqʷəŋ to be a little sweet. (AS,BC)

saʔsáʔtəŋ 〚saʔ+√saʔ-t-ŋ<ʔ> actl+√lift-trns-psv<actl>〛 ☞ sáʔətəŋ being lifted by someone or something. {*saʔsáʔtəŋ* cn. *He's lifting me now.* (MJT)}

saʔsáynəxʷ 〚saʔ+√say-naxʷ dim+√afraid-nctrns〛 ☞ sáysiʔ to scare someone. {*saʔsáynəxʷ* cn. *I scared him.* (MJT)}

saʔsáy̓əŋ 〚saʔ+√say̓-ŋ dim+√afraid-mdl〛 ☞ sáysiʔ to feel afraid, scared. {*saʔsáy̓əŋ* tsə nəsqáx̌aʔ. *My dog is feeling afraid.* (MJT)}

saʔsónəŋ 〚√saʔ=sən-ŋ √lift=foot-mdl〛 ☞ sáʔət to lift one's foot. (MJT) {*saʔsónəŋ* kʷi kʷə sx̌áʔyéʔx̌qɬ. *The children lifted their feet.* (AS) | *saʔsónəŋ* st. *We lifted out legs.* (AS)}

saʔsiʔáhəm̓ 〚saʔ+√sy̓a<h>m̓ dim+√high_class<dim>〛 [The /h/ infix here is unique.] ☞ siʔám̓ a child of a high class family. (MJT)

sáʔsiʔsiʔ 〚sáʔ+say̓+√say̓ actl+char+√afraid〛 ☞ sáysiʔ to be scared, afraid. (LC) {*sáʔsiʔsiʔ* cn. *I'm scared.* (LC) | *sáʔsiʔsiʔ* u cxʷ *are you scared?* (ES) | ʔáwə c *sáʔsiʔsiʔ*. *Don't be afraid.* (MJT; TC; AS,BC) | mán̓ cn ʔuʔ *sáʔsiʔsiʔ*. *I'm very afraid.* (EPT) | nəs*sáʔsiʔsiʔ*. *I'm scared of it.* (MJT) | *sáʔsiʔsiʔ* cn ʔaʔ ti ɬáč. *I'm afraid of the dark.* (EPT) | níɬ yaʔ kʷaʔča nəsxʷ*sáʔsiʔsiʔ* ti nəstákʷi. *So I was afraid to cross.* (TC) | ʔáwə yaʔ cxʷ c *sáʔsiʔsiʔ* ʔəɬ twəw̓ʔiyán. *You were not afraid when I was still there.* (MJ) | *sáʔsiʔsiʔ* č kʷaʔ táməxs či sxʷqqsə́ntəŋs. *He was afraid that his legs would be tied up with eel grass.* (TC) | xčn̓ín ʔaʔ či sníɬs cə q̓ʷq̓ʷúʔəŋ ʔiʔkʷaʔnéʔŋət ʔiʔɬáɬuʔ *sáʔsiʔsiʔ*. *He thought it was Kelp that was running away afraid.* (TC) | ʔáwə cxʷ ʔuʔč*sáʔsiʔsiʔ* kʷaʔ q̓ʷəyíkʷsəŋəxʷ. *You aren't afraid if you'll get cooked up.* (TC) | níɬ kʷaʔča sxʷ*sáʔsiʔsiʔ* ʔəɬ kʷə́nəxʷən. *That's why I get scared when I see him.* (TC) | *sáʔsiʔsiʔ* yaʔ cn ʔawmán̓ ʔuʔ čə́yq̓ ti scúy̓c ʔiyá ʔaʔšiyŋúy̓kʷɬ. *I was scared because the waves were very big there at Beechey Head.* (TC) | ʔuʔmán̓ ʔuʔ *sáʔsiʔsiʔ* ʔaʔ cə ʔuʔmán̓ ʔuʔ kʷikʷiyáy sxʷniyám̓. *They were very afraid of those very expert Indian doctors.* (ES) | *sáʔsiʔsiʔ* yaʔ ʔaʔ ti ʔuʔnáč ʔaʔyəcɬtáyŋxʷ čʔiyá ti ʔuʔyéý. *They were afraid of the different people from far away.* (ES) VAR: sáʔsəsiʔ (AS,BC) {*sáʔsəsiʔ* č ʔaʔ ti náč ʔaʔyəcɬtáyŋxʷ. *They were afraid of strange people.* (AS) | xičáʔis cə píšpš *sáʔsəsiʔ* ʔaʔ cə sqʷmə́y̓. *The cat that was scared of the dog clawed its way up.* (AS) | *sáʔsəsiʔ* kʷi náč ʔaycɬtáyŋxʷ. *The strange people were afraid.* (AS)

sáʔsiʔsiʔəyu

| *sáʔsəsiʔ* cn ʔaʔ či náč̓ ʔaʔyəcłtáyŋxʷ. *I'm afraid of strange people.* (AS)}

sáʔsiʔsiʔəyu ⟦sáʔ+say̓+√say̓-əyu actl+char+√afraid-activ⟧ ☞ **sáʔsiʔsiʔ** to be always or regularly scared, afraid (of some particular thing). {nəs*sáʔsiʔsiʔəyu* ti táyapš. *I was always afraid of the táyapš.* (MJ)}

saʔsím̓əc ⟦saʔ+√sim̓əc dim+√mud_hen⟧ mud hen. *unidentified species of coot or rail.* (MJT) cp. qʷə́qʷač *saʔsím̓əc* cə ʔəsx̣áʔił ʔaʔ cə sú́ł. *A mud hen was drawn on the door.* (MJ)}

saʔsísəl ⟦saʔ+si+√sil dim+aff+√cloth⟧ ☞ **síl** a small rag. (AS) {x̣̌k̓ʷə́t či cə *saʔsísəl*. *Take the small rag.* (AS)}

saʔsk̓ʷúŋ bathing. *See under:* súʔk̓ʷəŋ

saʔsúʔk̓ʷəŋ ⟦saʔ+√su<ʔ>k̓ʷ-ŋ dim+√bathe<dim>-mdl⟧ ☞ **súk̓ʷəŋ** to take a little bath or bathe a little child or animal. (AS,BC)

saʔsúł ⟦saʔ+√suł dim+√door/road⟧ ☞ **súł** trail, path. (ES,TC; ES; TC) Stem: saʔsús [stem before the first-person plural genitive suffix /-ł/ 'our'] {*saʔsúsł*. *It's our trail.* (ES) | ʔiʔšə́təŋ canu swéʔwəs ʔiʔ nəxʷsəʔə́w̓əŋ ʔaʔ cə *saʔsúł*. *That young man was walking and going along our path.* (ES) | *saʔsúł*. *It's our trail.* (ES) | nił sxʷč̓iyás cə *saʔsúł* ti scúŋs ʔiʔ ʔəsáw̓əł ʔaʔ tə sqiqəyáyŋxʷ. *That's where the trail goes from up and into the trees in the brush.* (ES) | ʔiʔ *saʔsúł*s či stxʷʔáx̣əŋs ti ʔəcłtáyŋxʷ ʔəł šə́təŋs. *And it was the trail where the people would travel while they were walking.* (ES)} VAR: saʔsúsł (MJT; ES) {ʔiʔ nił ʔuʔ twəw̓ʔiʔč̓ə́təŋ ʔiʔ nił suʔtə́ss ʔaʔ cə *saʔsúsł*. *And then she was still in the process of crawling, and she then came to a path.* (MJ)}

saʔsúsəŋ̓ ⟦saʔ+su+√suŋ̓ dim+actl+√smell⟧ ☞ **súsəŋ̓** to be stinky, smell. (ES,TC; ES) {*saʔsúsəŋ̓* u ti sx̣̓ə́mək̓ʷ? *Are the salmon eggs stinky?* (AS) | *saʔsúsəŋ̓* cə sqáx̣aʔ. *The dog stinks.* (AS)}

sáʔt ⟦√saʔ-t √lift-trns<actl>⟧ [actual is formed by the CVCC template] ☞ **sáʔət** to be lifting something. {kʷłsáʔt cn. *I'm lifting it now.* (LC) | kʷłiʔ*sáʔt*s. *He's lifting it up.* (MJT)} VAR: sásaʔt {kʷłiʔ*sásaʔt* cn. *I'm lifting it now.* (MJT)} ⟦sá+√saʔ-t actl+√lift-trns⟧

saʔtúʔŋł ⟦√sa<ʔ>-t-u<ʔ>ŋł √order<actl>-trns-1plobj<actl>⟧ ☞ **saʔát** ordering us. {*saʔtúʔŋł* yaʔ cxʷ kʷaʔ hiyáʔəł. *You're telling us to go.* (TC)}

sáʔuł in the brush. *See under:* ʔəssáw̓əł

sáʔwən ⟦√saʔwn √lunch⟧ [may have the 'enter bush' root with the instrument suffix] cp. sə́w̓ provisions for trip, box lunch, food carried along. (EPT; ES; AS) {č*sáʔwən* u cxʷ? *Do you have lunch?* (ES)}

saʔx̣íct ⟦√si<ʔ>x̣-cut √move_over<actl>-rflxv⟧ ☞ **síx̣t** to be moving oneself over. (TC) {*saʔx̣íct* ʔiʔ *saʔx̣íct*. *She moved away and moved away.* (MJ) | kʷi suʔúʔł yaʔ ʔuʔ *saʔx̣íct*. *When we first moved.* (ES)}

saʔx̣ítəŋ

saʔx̣ítəŋ ⟦√si<ʔ>x̣-t-ŋ √move_over<actl>-trns-psv⟧ [metathesis with passive] ☞ **sx̣ítəŋ** being moved, being put somewhere else by someone or something. (TC) {*saʔx̣ítəŋ* cn. *They want to move me. / They moved me.* (ES) | *saʔx̣ítəŋ* st. *They moved us.* (ES)} VAR: séʔəxtəŋ {nił kʷi kʷə ʔáʔiŋ *séʔəxtəŋ*. *It's the house that will be moved.* (AS)} VAR: saʔx̣ítəŋ (ES) {*saʔx̣ítəŋ* cn. *Someone's moving me.* (ES)}

saʔyač̓úwił younger siblings. *See under:* siyač̓úʔił

saʔyáʔkʷq ⟦√s<aʔy>aʔkʷq √carrot<pl>⟧ ☞ **sáʔkʷq** several carrots. (MJT)

sáʔyaʔqʷi ⟦√say̓=iʔqʷ-iy √afraid=head-dev⟧ ☞ **sáysiʔ** to feel disturbed, upset. (ES) VAR: sáy̓əqʷi (AS,BC) {*sáy̓əqʷi* kʷiə sx̣̌ayéʔx̣̌qł. *The children were upset.* (AS)}

saʔyaʔsáʔmiʔ ⟦s<aʔy>aʔ+√sə<ʔ>my̓ dim<pl>+√blanket<dim>⟧ ☞ *saʔsáʔmiʔ* small blankets. (ES)

saʔyaʔsím̓əc ⟦s<aʔy>aʔ+√sim̓əc dim<pl>+√mud_hen⟧ ☞ *saʔsím̓əc* several mud hens. (MJT)

saʔyaʔsísəlʔ ⟦s<aʔy>aʔ+√sisl<ʔ> dim<pl>+√cloth⟧ ☞ *saʔsísəl* several small rags. (MJT)

saʔyaʔsiyáhəm̓ ⟦s<aʔy>aʔ+√sy̓a<h>m̓ dim<pl>+√high_class<dim>⟧ ☞ *saʔsiʔáhəm̓* several children of high class families. (MJT)

saʔyaʔsúł ⟦s<aʔy>aʔ+√suł dim<pl>+√door/road⟧ ☞ *saʔsúł* paths; small doors. (ES) VAR: saʔy̓əsúsł {ŋə́n̓ *saʔy̓əsúł*. *There are lots of paths.* (MJT)}

saʔyám̓ high class (pl). *See under:* siʔiʔám̓

sáʔyəł ⟦√su<ʔyə>ł √door/road<pl>⟧ [/u/ → /a/ in plural] ☞ **súł** several doors or roads. (MJT; ES) VAR: sáʔił (EPT)

saʔyəx̣ánəŋ ⟦√saʔ-y=ax̣ən-ŋ √lift-ext=arm-mdl⟧ ☞ **sáʔət** to lift one's arm. {*saʔyəx̣ánəŋ* či. *Lift your arm.* (MJT)}

saʔyúy̓kʷł ⟦√sa<ʔ>y=uykʷł √change_residence<actl>=bodyside⟧ to be moving to a different house (of a whole family), changing one's residence. (AS,BC) {*saʔyúy̓kʷł* cn. *I'm moving.* (ES) | ncáxʷ ʔaʔ kʷi s*saʔyúy̓kʷł*. *Once when we were moving.* (ES) | *saʔyúy̓kʷł* kʷłə stík̓ʷən hiyáʔ č ʔaʔmitúliyə. *My niece moved to Victoria.* (AS)}

sác ⟦√sa-t-c √order-trns-1obj/2obj⟧ ☞ **sát** order me; order you. {*sác* caʔn. *I'm going to tell you what to do.* (MJT) | *sác* u cxʷ? *Did you tell me to?* (TC) | *sác* u cxʷ kʷaʔ hiyáʔn x̣̌acu? *Did you tell me to go fishing?* (TC) | ʔuʔ*sác* yaʔ cn kʷaʔ hiyáʔəxʷ. *I told you to go.* (TC)}

sáč̓əŋ ⟦√sač̓-ŋ √breathe-mdl⟧
1. to breathe. (EPT; MJT; TC; AS,BC) {ʔáwə či c *sáč̓əŋ*. *Don't breathe.* (MJT) | kʷłʔáwə c *sáč̓əŋ*. *He*

stopped breathing. (MJT) | x̌áy kʷaʔ **sáčəŋ**. *He started to breathe again.* (MJT) | tuwəsáʔčəŋ u? *Is it still breathing?* (ES)}
2. breath. (ES; AS,BC) {nəsáčəŋ. *My breath. My dear.* ((USAGE: term of endearment.)) (BC; AS,BC) | ʔuʔáwənə **sáčəŋ**. *He's not breathing.* (AS) | čəwín tə nəsáčəŋ yəxʷ qaʔqiyámʔ kʷə nəsqʷáʔqʷiʔ ʔaʔ kʷɬíc. *Even my breath is weak when I talk a long time.* (EB)} VAR: sáčəŋ (LC; AS,BC) {ʔəsqiʔámʔ či nəssáčəŋ. *I can't breathe.* (MJT) | ʔiʔ níɬ suʔsáčəŋs. *And then he breathed.* (MJ)}

sáčəŋ ⟦√sač-ŋ √cruel-mdl⟧ to be cruel, mean. (AS,BC) {**sáčəŋ** cə sqáxaʔ. *The dog is mean.* (AS) | **sáčəŋ** cə sx̌íx̌aʔx̌q̇ɬ. *That child is cruel.* (AS)}

sáčt ⟦√sač-t √cruel-trns⟧ ☞ sáčəŋ to be cruel, mean to someone. {ʔáwə či c **sáčt**. *Don't be cruel to him.* (AS)}

sáčtəŋ ⟦√sač-t-ŋ √cruel-trns-psv⟧ ☞ sáčt to be treated cruelly. {**sáčtəŋ** cə ŋaʔŋaʔnaʔs. *He was cruel to his child.* (AS)}

sačúʔiɬ younger sibling. See under: saʔčúʔiɬ

saɬámʔ ⟦√saɬámʔ √lady⟧ respected lady, ma'am. (AS; AS,BC) ((USAGE: only used at Elwha)) cp. siʔámʔ {taʔnáʔct cxʷ, **sáɬamʔ**. *Do the best you can, ma'am.* (AS) | číŋiʔ yaʔ cn ʔaʔ kʷi xaʔxətəŋ **saɬámʔ**. *I got close to that lady who was speaking loudly.* (AS)}

sánti ⟦√santi √week⟧ week. [from English 'Sunday'] {ʔiyá cn ʔaʔ ɬíxʷ **sánti**. *I was there three weeks.* (MJ) | kʷɬíxʷ **sánti** ʔəɬ ʔuʔəhás t sɬəmə́xʷ. *It hasn't rained for three weeks.* (MJT)}

sántuspli ⟦√sántuspli √holy_ghost⟧ Holy Ghost, Holy Spirit. [from Chinook Jargon from French] {ʔáɬəʔ c snás cə́ts, ʔáɬəʔ c snás, ʔáɬəʔ c **sántuspli**, sx̌úʔx̌əmʔ xʷənáʔŋ. *This is the name of the father; this is their name; this is the Holy Ghost; it's the right way.* ✱Shakers say this when making the Sign of the Cross (hand to forehead, chest, left shoulder, right shoulder) (BC) {ʔáɬəʔ ʔaʔ t snás cə́ts. ʔáɬəʔ ʔaʔ t ŋə́naʔs. ʔáɬəʔ ʔaʔ t **sántuspli**. ʔəsx̌úʔx̌əmʔ xʷənáʔŋ. mási. *Here at his father's name, here at his son, here at the Holy Ghost, it's the right way. Amen.* (ES) | ʔáɬəʔ ʔaʔ t snáˑs kʷs máˑns. ʔáɬəʔ ʔaʔ tə ŋə́naʔs. ʔáɬəʔ ʔaʔ t **sáˑntuspliˑ**. ʔəsx̌úʔx̌əmʔ xʷənáʔŋ. *Here at his father's name, here at his son, here at the Holy Ghost, it's the right way.* (TC) | snáˑs kʷs máˑns, ʔáɬəʔ tə ŋə́naʔs, ʔáɬəʔ ʔaʔ **sántuspli**. sx̌úʔx̌əmʔ xʷənáŋ. *His father's name, his son is here, the Holy Ghost is here, it's the right way.* (TC)}

sanu ⟦sanu fem_obv⟧ [specific, feminine, obviative demonstrative determiner] the, a, that other (feminine). {níɬ ʔəw ńcə́t **sanu**? *Is that your mother?* (EPT) | níɬ u ʔəńńáʔna? **sanu**? *Is that your baby?* (EPT)}

saplín ⟦√saplín √bread⟧ bread, especially fry bread; hardtack, pilot bread, crackers; flour. (HS,ES; ES; TC; AS,BC) [from Chinook Jargon] {ʔə́ŋaʔc cn ʔaʔ či **saplín**. *I gave you some bread.* (ES) | ɬíxt caʔn tiə **saplín** ʔaʔ tiə pə́tə. *I'm going to spread this bread with butter.* (TC) | sčə́kʷxəŋ **saplín**. *hotcakes, pancakes, fry-bread* (MJT) | tiɬkʷínəs č ʔaʔ kʷi **saplín**. *He got choked by bread.* (LC) | kʷɬíc kʷi nəsčáy ʔaʔ či **saplín**. *It's been a long time since I made bread.* (TC,AS,BC) | ʔənsx̌éʔ u či nsčáy ʔaʔ či **saplín**? *Do you want to make bread?* (TC,AS,BC) | huʔáčt ti sxʷnánəčs cə **saplín**. *Raise the price of bread.* (ES) | huʔáčt cn či sxʷnánəčs cə n**saplín**. *I raised the price on my bread.* (ES) | xaʔpúxʷəŋ kʷi kʷə ʔəskʷás **saplín** ʔɬ ʔéʔɬəńn. *The toasted bread made a crunching sound while I was eating.* (AS) | sxʷʔiyáɬ yaʔ ti staʔwə́yuɬ yaʔ sqə́musʔ ti músməs ʔiʔ ti **saplín** ʔiʔ ti šúkʷaʔ, tíy, ʔuʔxə́nəstaŋ. *We were there to buy milk, bread, sugar, tea, everything.* (TC)} VAR: sapəlín (EPT) {ŋə́ń **sapəlín**. *There's lots of flour.* (MJT) | ʔəspə́yq̇ʷ **sapəlín** *It's flour (powdered bread).* (MJT)} Stem: saʔplín [actual stem] {ʔəɬ**saʔplíń** yaʔ cn. *I was eating bread.* (TC)} VAR: saplíl {q̇ʷəŋəyúʔsc ʔaʔ či **səplíl**. *Lend me some bread.* (TC)} VAR: saplí (AS,BCT; AS) {ŋáʔtxʷ cn ʔaʔ kʷi **saplí**. *I gave them bread.* (AS) | ʔənʔáxʷ či či **saplí**. *Pass the bread.* (AB,ICT) | ɬáxʷtəŋ cə **saplí**. *The bread was taken from my mouth.* (AS) | ʔuʔqəmáŋ cn ʔaʔ či **saplí**. *I asked for some bread.* (AS)}

sáqɬ outside. See under: ʔəssáqɬ

sáqʷəŋ ⟦√saqʷ-ŋ √sweet-mdl⟧
1. to taste sweet. (EPT; LC; ES,HS; TC; AS,BC) {ó, nsx̌éʔ ti s**sáqʷəŋ**s tə nəcoffee. *Oh, I want my coffee to be sweet.* (TC) | **sáqʷəŋ** nəyónəwəs. *my sweetheart.* [from English loan translation] ((This is said as a joke because it implies that someone has tasted my heart.)) (MJT; AS,BC)}
2. sugar. (EPT)

sáqʷəŋtxʷ ⟦√saqʷ-ŋ-taxʷ √sweet-mdl-emot⟧ ☞ sáqʷəŋ to taste sweet. {**sáqʷəŋtxʷ** cn. *It's sweet to me.* (AS) | nuʔ**sáqʷəŋtxʷ** cn. *It seems sweet to me.* (MJT)}

sásaʔt lifting it. See under: sáʔt

sát ⟦√sa-t √order-trns⟧ to order, tell someone (to do something). {**sát** cn. *I told him to.* (MJT; ES; TC) | **sát** yaʔ cn kʷaʔ hiyáʔs. *I told him to go.* (TC) | **sát** cn kʷaʔ x̌aʔtáwns. *I sent him to town.* (TC) | **sát** či kʷaʔ ʔists. *Order him to paddle.* (MJT) | **sát**s cə sɬáni cə swə́yqaʔ kʷaʔ hiyáʔəs. *The woman told the man to go.* (TC) | **sát**s kʷaʔ hiyáʔəs cə swə́yqaʔ. *She told the man to go.* (TC) | **sát**s cə sɬáni kʷaʔ hiyáʔəs cə swə́yqaʔ. *The woman told the man to go.* (TC) | nəsx̌éʔ cə sɬáni či s**sát**s cə swə́yqaʔ kʷaʔ hiyáʔəs. *I'd like that woman to tell that man to go.* (TC) | nəsx̌éʔ cə sɬáni či s**sát**s cə swə́yqaʔ či s**sát**s cə swéʔwəs kʷaʔ hiyáʔəs. *I want that woman to tell the man to tell the boy to go.* (TC) | suʔ**sát**s cə stíkʷəns kʷaʔ nə́qəŋs. *So he told his nephew to dive in.* (TC)}

sátəŋ ⟦√sa-t-ŋ √order-trns-psv⟧ ☞ sát to be ordered, told (to do something) by someone. (AS,BC) {**sátəŋ** cn. *He told me to.* (TC) | **sátəŋ** cn kʷaʔ hiyáʔən. *He told me to go.* (TC) | **sátəŋ** st kʷaʔ hiyáʔəɬ. *We were told to go.* (TC) | **sátəŋ** cn kʷaʔ x̌aʔtáwnən. *He sent me to town.* (TC) | čaʔ*sátəŋ* cn. *I was just told to.* (AS) | *sátəŋ* cn kʷaʔ hiyáʔən x̌aʔtáwn. *He told me to go to town.* (TC) | ʔiʔ čaʔ*sátəŋ*, "hiyáʔ cxʷ t̓úk̓ʷ!" *And he was told, "Go home!"* (TC) | *sátəŋ* cn kʷaʔ səmíxʷən. *He told me to keep quiet.* (TC) | *sátəŋ* cn kʷaʔ hiyáʔn x̌aʔtáwn. *He told me to go to town.* (AS) | *sátəŋ* ʔaʔ cə słáni kʷaʔ hiyáʔəs. *The woman told him to go.* (TC) | *sátəŋ* cə swəýqaʔ kʷaʔ hiyáʔəs. *He told the man to go.* (TC) | *sátəŋ* ʔaʔ cə słáni cə swəýqaʔ kʷaʔ hiyáʔəs. *The woman told the man to go.* (TC) | suʔ*sátəŋ*s kʷaʔ hiyáʔs čəyəx̌ ʔaʔ či pə́wiʔ. *So she told him to go catch a flounder.* (TC) | *sátəŋ* cə čə́nəŋ kʷaʔ ʔúyłs ʔaʔ cə ʔuʔútxs ʔiʔ héʔəw. *The Shakers were told to board the canoe and go to the bow.* (MJ) | níł suʔ*sátəŋ*s kʷaʔ hiyáʔs t̓úk̓ʷ ʔúxʷ ʔaʔ kʷłi słánis. *Then he was told to go home to his wife.* (MJ) | níł yaʔ ʔúxʷ ʔaʔ ti sxʷʔiyás tiə ʔaʔyəcłtáyŋx̌ ʔiʔ *sátəŋ* kʷaʔ hiyáʔs ʔiʔ yə́cəm ʔaʔ či syáyaʔcts. *It was him who would go to the people, and they would send him to go tell what they were planning to do.* (ES)}

sáwəł *in the brush.* See under: ʔəssáwəł

sáwqəŋ ⟦√səwq-ŋ √whisper-mdl⟧ to whisper, talk quietly, softly, keep voice low. (HS,ES) {*sáwqəŋ* cn. *I talk low.* (ES)}

sáw̓ enter bush. See under: sə́w̓

sáwəł *in the brush.* See under: ʔəssáwəł

sáw̓əq wild carrot. See under: sáʔkʷq

sáw̓qəŋ whispering. See under: sə́w̓qəŋ

sáw̓qtiʔ ⟦√saw<ʔ>q-ty<ʔ> √whisper<actl>-rcprcl<actl>⟧ ☞ sáw̓qəŋ to be whispering, talking quietly to each other. (ES,TC)

sáw̓suʔqəŋ ⟦sə́w̓ + √səwq-ŋ char + √whisper-mdl⟧ ☞ sə́w̓qəŋ the third of the Village Islands. (TC) cp. sč̓ə́nə́č

sáw̓təŋ ⟦√s<á>w̓-t-ŋ √enter_bush<actl>-trns-psv⟧ [actual metathesis] ☞ səw̓ə́təŋ being taken into the bush. (AS) {*sáw̓təŋ* tə sx̌ix̌áʔx̌ł. *The child was taken into the bush.* (AS)}

sáxʷaʔł ⟦√saxʷaʔ=aʔł √urinate_fem=mass⟧ to urinate (of a female). (AS) {ʔənsx̌éʔ u či n̓s*sáxʷaʔł*? *Do you need to pee?* ⟪USAGE: used to a girl or woman.⟫} (TC,AS,BC)

sáx̌əŋ ⟦√sax̌-ŋ √bitter-mdl⟧ to taste bitter. ⟪Note that this cannot be used to refer to personal feelings as in English "I'm bitter about it."⟫ (EPT; TC; ES) {*sáx̌əŋ* cn. *I taste bitter (so don't bite me).* (MJT)} VAR: cáx̌əŋ (HS) ⟦√cax̌-ŋ √bitter-mdl⟧

sáx̌ʷł ⟦√s<á>x̌ʷ-ł √enter_clearing<rslt>-dur⟧ ☞ sə́x̌ʷ to be out of the woods, in a clearing. {čaʔiʔ*sáx̌ʷł* cn. *I'm just coming out of the woods.* (MJT)}

sáy̓ct ⟦√say̓-cut √scratch_itch-rflxv⟧ [possibly the same root as 'afraid'] cp. sáy̓siʔ
1. to scratch an itch. (ES,TC)
2. to act jumpy, agitated, unable to keep still. (AS) {mán̓ ʔuʔ łaʔłíqəŋ tiə skʷáči; ʔuʔ*sáy̓ct* cn. *It's so hot today, I can't keep still.* (AS)}

sáy̓əqʷi disturbed. See under: sáʔyaʔqʷiʔ

sáy̓əqʷíyt ⟦√say̓=iʔqʷ-iy-t √afraid=head-dev-trns⟧ ☞ sáʔyaʔqʷiʔ to disturb, upset someone. {*say̓əqʷíyt* cn. *I upset him.* (AS)}

sáy̓siʔ ⟦say̓ + √say̓ char + √afraid⟧ to get scared, frightened; to be afraid scared; to act cowardly. (AS,BC; ES; TC) {*sáy̓siʔ* cn. *I'm afraid.* (ES) | nəs*sáy̓siʔ*. *I got scared of it.* (MJT) | mán̓ ʔuʔ *sáy̓siʔ*. *He was very scared.* (ES) | ʔuʔmán̓ ixʷ ʔuʔ *sáy̓siʔ*. *They must have been very scared.* (TC) | qʷə́yəši cə čéʔcəm *sáy̓siʔ*. *The scared birds scattered.* (ES) | *sáy̓siʔ* u cxʷ? *Did you get scared?* (MJT) | *sáy̓siʔ* cn kʷaʔ ʔə́wk̓ʷs kʷə ntálə. *I'm scared that I'll run out of money.* (LC) | níł suʔmán̓s ʔuʔ *sáy̓siʔ*. *Then he was very scared.* (ES) | *sáy̓siʔ* ʔaʔ tsə sčqʷáʔič. *He was afraid of the bear.* (MJT) | *sáy̓siʔ* cn kʷaʔ hiyáʔn qsə́ct. *I was afraid I'd go into the water.* (MJ) | *sáy̓siʔ* ʔaʔ kʷi snátəŋs cə sná. *He was scared when his name was called.* (MJ) | mán̓ cn ʔuʔ *sáy̓siʔ*; ʔuʔ łəŋ cn ʔuʔ nənəŋík̓ʷs. *I was very scared; I completely collapsed.* (AS) | ʔáwə caʔn c ʔiyá či n̓skʷánáŋət ʔəł *sáy̓siʔ*xʷ. *I will not be there to help you when you are afraid.* (MJ) | suʔ*sáy̓siʔ*s cə qiyaʔqə́yuʔ ʔiʔ t̓úkʷ. *The policemen got scared and went home.* (TC) | níł suʔ*sáy̓siʔ*s ʔiʔ hiyáʔ łcú. *He was afraid and went toward the water.* (ES) | ʔə́mət cn ʔawmán̓ cn ʔuʔ *sáy̓siʔ* kʷaʔ qə́sən. *I sat down because I was very afraid of falling in.* (MJ) | nsuʔ*sáy̓siʔ* ʔawčəyáy cn ʔiʔ qə́s. *I was scared because I almost fell in.* (MJ) | ʔáwənə nəsx̌čít kʷaʔ *sáy̓siʔ*s u yaʔ čtə cə xʷiyanítəm. *I don't know if the white men were scared.* (TC) | *sáy̓siʔ* cn ʔawnəxčnín tə ʔaʔ či nskʷiʔə́təŋ caʔ ʔiʔ ŋəŋútəŋ kʷaʔ ʔuʔstáŋəs. *I was afraid because I thought I was going to be capsized and eaten up or something.* (TC) | ʔiʔ níł suʔčéʔnis ʔaʔ canu ʔiʔ *sáy̓siʔ* tə stitiqə́w̓. *And when they were getting near, the horses were scared.* (ES) | ʔiʔ ʔuʔmán̓ ʔuʔ *sáy̓siʔ* ʔuʔ łəŋ ʔuʔ qʷáči pə́q tə sʔácss. *And he was so scared his face turned completely white.* (ES) | mán̓ ʔuʔ *sáy̓siʔ* ʔiʔ sqiʔám̓ či sqʷáys yə́cəm kʷaʔ ʔəstúŋəts. *He was so scared he couldn't talk to tell what happened.* (ES) | ʔiʔ sqiʔám̓ či sqʷáys canu *sáy̓siʔ*. *That scared one couldn't talk.* (ES) | ʔuʔmán̓ ʔuʔ *sáy̓siʔ* ʔáwə x̌áy c ʔən̓ʔá həwíyŋ ʔáłə tiə sxʷʔəłáʔł. *He was so scared he never came back again here to our place.* (ES)} VAR: sə́y̓siʔ (ES; AS,BC) {ʔáwənaʔ n*sáy̓siʔ*. *Nothing scares me.* (MJT) | ʔáwə c *sáy̓siʔ* kʷaʔ k̓ʷənəcən. *Don't be afraid if I look at you.* (MJT)}

sáy̓siʔŋisc ⟦say̓ + √say̓-ni-stxʷ-c char + √afraid-rel-caus-1obj/2obj⟧ ☞ səy̓siʔŋístxʷ scare me; scare you. {*sáy̓siʔŋisc* cxʷ. *You scared me.* (TC)}

say̓siʔŋístəŋ ⟦say̓ + √say̓-ŋi-stxʷ-ŋ char + √afraid-rel-caus-psv⟧ ☞ səy̓siʔŋístxʷ to be scared by someone. {*saysiʔŋístəŋ* cn. *He scares me.* (TC) | *say̓siʔŋístəŋ* u cxʷ? *Was he scaring you?* (MJT)}

sáysiʔŋístxʷ scare it. *See under:* səýsiʔŋístxʷ

saýsiʔŋítəŋ ⟦saý+√saý-ŋi-t-ŋ char+√afraid-rel-trns-psv⟧ ☞ səýsiʔŋístxʷ to be scared, frightened by someone or something. {*saýsiʔŋítəŋ* cn. *He scared me.* (MJT) | *níɬ č yaʔ kʷaʔčaʔ sxʷsaýsiʔŋítəŋs. That's apparently what they scared them with.* (TC)}

sáýskʷəŋ bathing (pl). *See under:* səýskʷúŋ

scaʔcáʔqiʔ ⟦s-caʔ+√cə<ʔ>qý s-dim+√sockeye<dim>⟧ ☞ scə́qiʔ small sockeye salmon. (ES)

scáʔcqən translator. *See under:* nəxʷscáʔcqən

scáʔcqiʔ sprouts. *See under:* scácqi

scaʔctúycs ⟦s-caʔ+√cət=uy=acis s-dim+√father=digit=hand⟧ ☞ cə́t thumb. (EPT; ES)

scaʔctúysən ⟦s-caʔ+√cət=uy=sən s-dim+√father=digit=foot⟧ ☞ cə́t big toe, great toe. (EPT; ES; HS,ES) VAR: staʔsčúysən (LST) VAR: scəctúysən (EPT)

scaʔcúcaʔtx̣ ⟦s-caʔ+cú+√cuʔtx̣ s-dim+dim+√halibut⟧ [unusual double diminutive reduplication] ☞ scúʔtx̣ small halibut. (MJT)

scáʔi ⟦s-√caʔy s-√delay⟧ to go slow, delay. (AS,BC) {*mán cn ʔuʔ scáʔi. I'm awfully slow.* (BC)}

scaʔqəmúʔist ⟦ʔs-√caʔqmu-aýs-t stat-√dominate-activ-trns⟧ ☞ scaʔqmúʔis to control, dominate, henpeck someone. {*scaʔqəmúʔist* cn. *I dominated him.* (AS)}

scaʔqəmúʔistəŋ ⟦ʔs-√caʔqmu-aýs-t-ŋ stat-√dominate-activ-trns-psv⟧ ☞ scaʔqəmúʔist to be controlled, dominated, henpecked by someone. (AS,BC) {*ʔuʔɬə́ŋ ʔuʔ scaʔqəmúʔistəŋ cə Freddy. Freddy is completely henpecked.* (AS)}

scaʔqmúʔis ⟦ʔs-√caʔqmu-aýs stat-√dominate-activ⟧ to be controlled, nagged, dominated, henpecked. (AS,BC) {*scaʔqmúʔis cə swə́ýqaʔ. The man was dominated.* (AS)}

scaʔyaʔcáʔqiʔ ⟦s-c<aʔy>aʔ+√cə<ʔ>qý s-dim<pl>+√sockeye<actl>⟧ ☞ scaʔcáʔqiʔ a group of small sockeye salmon. (ES)

scaʔyaʔcucáʔtx̣ ⟦s-c<əʔy>aʔ+cú+√cuʔtx̣ s-dim+dim+√halibut⟧ ☞ scaʔcúcaʔtx̣ several small halibuts. (MJT)

scaʔyáʔɬ slow. *See under:* ʔəscáʔyaʔɬ

scáʔyaʔɬ slow. *See under:* ʔəscáʔyaʔɬ

scaʔyáʔqiʔ ⟦s-√c<aʔy>əqý s-√sockeye<pl>⟧ ☞ scə́qiʔ a group of sockeye salmon. (ES)

scaʔyəx̣áč ⟦s-√c<aʔy>x̣ač s-√hip<pl>⟧ ☞ scx̣áč several hips. (EPT)

scácqi ⟦s-√cacqy s-√sprout⟧ edible sprouts (especially salmonberry or blackcap sprouts but could also be used for thimbleberry sprouts). (LB,CWH; AS,BC; AS) {*čánəs cn ʔaʔ cə scácqi. I'm baking salmonberry sprouts.* (MJT)} VAR: scáʔcqiʔ (MJT)

scánəŋ ⟦s-√can-ŋ s-√who-mdl⟧ to be what kind, which kind. ⟪This has been unelicitable from other Klallam speakers.⟫ ☞ cán {*scánəŋs ʔuč kʷsə What tribe is he?* (EPT) | *scánəŋs ʔuč kʷsə qʷáqʷiʔ? What language is he talking?* (EPT) | *scánəŋs cxʷ ʔuč? What tribe are you from?* (AB,ICT)}

scáwt ⟦ʔs-√caw-t stat-√lay-stat⟧ to be down on the ground. {*suʔq̇taʔáẃəɬ ʔaʔ canu scq̇ʷáʔič scáwt. We went around that bear on the ground.* (ES) | *stúʔŋət cxʷ kʷaʔčaʔ? ʔənsxʷʔiyá ʔaʔ kʷə ṅsʔiyá tə ṅscáwt ʔéʔtt? What were you doing there on the ground sleeping?* (TC)}

scáx̣ʷcx̣ʷ lazy. *See under:* ʔəscáx̣ʷcx̣ʷ

scáyaʔcqiʔ ⟦s-√ca<yə>ʔcqy s-√sprouts<pl>⟧ ☞ scácqi several salmonberry sprouts. (MJT)

sccáwt lying down. *See under:* ʔəsccáwt

sccíkʷən back. *See under:* stcíkʷən

scéʔi ⟦ʔs-√ciʔ-iy stat-√up-dev⟧ ☞ céʔət to be up on top. {*ʔíx̣t cn cə sčúɬ scéʔi cə ćaʔcítən. I swept up the wood that was on the table.* (AS)}

scəctúysən big toe. *See under:* scaʔctúysən

scə́ɬqʷ hole. *See under:* scɬə́qʷ

scə́məŋ ⟦s-√cəməŋ s-√blanket⟧ blanket. (LBH)

scəṁsúcən jaw. *See under:* sčaʔmúcən

scəŋənát Tuesday. *See under:* cəŋənát

scə́qiʔ ⟦s-√cəqý s-√sockeye⟧ sockeye salmon. *Oncorhynchus nerka.* (EPT; AS,BC; ES; TC) VAR: scə́qəý (HS) VAR: scə́qi (LST; AS,BC)

scəwʔísəŋ proposing. *See under:* ʔəscəwʔísəŋ

scəyáʔtx̣ ⟦s-√c<əy>uʔtx̣ s-√halibut<pl>⟧ [/u/ → /a/ in the plural] ☞ scúʔtx̣ several halibuts. (MJT)

scəyəɬiqʷáʔsəŋ ⟦s-√c<əy>iɬ=ʔqʷ-a<ʔ>s-ŋ s-√high<pl>=head-ptcaus<actl>-psv⟧ ☞ cíɬəŋ to put up the framework of a house. (MJT) VAR: sčaʔyəɬiqʷáʔsəŋ (MJT)

scəyəɬúcən ⟦s-√c<əy>iɬ=ucin s-√high<pl>=mouth⟧ ☞ scɬúcən several upper lips. (MJT)

scəyəɬúys ⟦s-√c<əy>iɬ=uyəs s-√high<pl>=forehead⟧ ☞ scɬúys several foreheads. (MJT) VAR: scəyəɬúyəs (MJT)

scə́ýqʷ hole in ground. *See under:* ʔəscə́ýqʷ

sciʔít sincere. *See under:* ʔəscəʔít

sciʔkʷíynət ⟦s-√cýkʷ-iy-ŋ-t s-√gather_seafood-dev-mdl-trns⟧ ☞ ciʔkʷíynət tidal food, any food found at low tide including clams, oysters, mussels, sea urchins, etc. (ES; AS) {*ŋə́ṅ tə sciʔkʷíynət. There's lots of seafood.* (AS)}

sciyəctúycs ⟦s-c<iy>aʔ+√cət=uy=acis s-dim<pl>+√father=digit=hand⟧ ☞ scaʔctúycs several thumbs. (EPT)

sciyəctúysən ⟦s-c<iy>aʔ+√cət=uy=sən s-dim<pl>+√father=digit=foot⟧ ☞ scaʔctúysən several big toes. (EPT)

scɬə́qʷ ⟦s-√cɬəqʷ s-√pass_through⟧ ☞ cɬə́qʷ
1. hole, tunnel, any opening something can pass through. {nə́w̓ ʔaʔ cə **scɬə́qʷ**. It was in the hole. (MJ)}
2. portage at low tide, passage at high tide. ⟨⟨a 'hole' for boats to go through⟩⟩ (EPT)
3. area in Scow Bay that separates Indian Island and Marrowstone at high tide. (LB,EWH) VAR: scə́ɬqʷ (LC) {níɬ kʷi sxʷʔiyás tə **scə́ɬqʷ** ʔaʔ cə ʔíyəqsən. That's where the tunnel is on the point. (AS)}

scɬúcən ⟦s-√ciɬ=ucin s-√high=mouth⟧ ☞ cíɬəŋ upper lip; the area of the face between the upper lip and nose. (MJT)

scɬúys ⟦s-√ciɬ=uyəs s-√high=forehead⟧ ☞ cíɬəŋ *cp.* sq̓ʷə́ŋəs forehead. (EPT) VAR: scɬúyəs (MJT)

scúʔip hidden. *See under:* ʔəscúʔyəp

scuʔísəŋtəŋ ⟦s-√cw<ʔ>is-ŋ-t-ŋ s-√propose<actl>-mdl-trns-psv⟧ ☞ scuʔíst to be proposed marriage to. {táči kʷi swə́y̓qaʔ ʔiʔ **scuʔísəŋtəŋ** cn. The man got here and proposed to me. (AS)}

scuʔísəŋ proposing. *See under:* ʔəscəw̓ísəŋ

scuʔíst ⟦ʔs-√cw<ʔ>is-t stat-√propose<actl>-trns⟧ ☞ ʔəscəw̓ísəŋ to propose marriage to someone. {**scuʔíst** cn. I proposed to her. (AS)}

scúʔtx̣ ⟦s-√cuʔtx̣ s-√halibut⟧ halibut. *Hippoglossus stenolepis.* (EPT; MJT; AS,BC; ES; TC) ✽Emily Sampson (qỉyax̣ám), AS's grandmother who died in 1936 at 99 years of age, had nicknames for all the settlers. One, named "Albert" was called scúʔtx̣ because "Albert" sounds like "halibut". (AS,BC) {mán̓ ʔuʔ čə́q **scúʔtx̣**. It was a very big halibut. (TC) | nəx̣čŋín tə ʔaʔ či sʔáčts ʔiʔ **scúʔtx̣** ixʷ. I thought it was a lingcod, but it must have been a halibut. (TC) | yəqə́ɬ cawniɬ **scúʔtx̣**. That halibut was in the way. (TC) | nəsuʔq̓ʷúynəxʷ cawniɬ **scúʔtx̣**. So I managed to kill that halibut. (TC) | nəsuʔƛ̓kʷə́t cə sq̓ʷúŋiʔs cə **scúʔtx̣** ʔiʔ siq̓úst cn. So I took the head of the halibut, and I turned it around. (TC)}

scx̣áč ⟦s-√cx̣ač s-√hip⟧ hip, rump, upper leg, thigh. (EPT; LC; ES; TC) {ʔuʔɬə́yəqʷi tiə n**scx̣áč**. My hip was smashed. (ES)} VAR: scx̣áč (BC; AS)

scx̣áyəm̓ ⟦s-√cx̣ayəm̓ s-√sword_fern⟧ sword fern. *Polystichum munitum.* (TC) VAR: scx̣áyəm (ABT) VAR: scx̣éyəm (BC)

scx̣éyəm sword fern. *See under:* scx̣áyəm̓

scáʔcaʔ on top. *See under:* ʔəscáʔcaʔ

scáʔcaʔwáʔč sitting. *See under:* ʔəscáʔcaʔwáʔč

scáʔčə́k̓ʷɬ ⟦s-čaʔ+√čək̓ʷ-ɬ s-dim+√decay-dur⟧ [function of the 'durative' suffix is not clear here] ☞ scə́k̓ʷ small worm or caterpillar. (ES)

scáʔəw̓txʷ ⟦s-√caʔ=aw̓txʷ s-√upon=house⟧ ☞ čáʔ the East Saanich Reserve. {suʔhiyáʔɬ čáʔiɬ ʔúxʷ ʔaʔ**scáʔəw̓txʷ**. We went to work at East Saanich. (TC)}

scáʔkʷíŋəɬ ⟦s-√caw̓-iŋɬ s-√wash-cstm⟧ ☞ čaʔkʷíŋəɬ laundry, washing. {kʷɬəscéʔyəč u či **scáʔkʷíŋəɬ**. Is the washing already wrung out? (MJT) | kʷɬčéʔct cn tə nə**scáʔkʷéʔŋəɬ**. I'm wringing my laundry. (MJT)}

scáʔméʔqʷ ⟦s-√cum̓=iʔqʷ s-√bone=head⟧ ☞ scúm̓ skull. (EPT; ES; TC; TC,BC; TC)

scáʔmə́qsən ⟦s-√cum̓=əqsən s-√bone=nose⟧ ☞ scúm̓ bridge of nose, nose bone. (ES; TC)

scáʔmə́w̓əč tailbone. *See under:* sxʷcáʔmə́w̓əč

scáʔmiʔáx̣ən ⟦s-√cum̓-iʔ=ax̣an s-√bone-ext=arm⟧ ☞ scúm̓ any arm bone. (ES)

scáʔmínəs ⟦s-√cum̓=inəs s-√bone=chest⟧ ☞ scúm̓ chest bone, breastbone, sternum. (TC)

scáʔmuʔéʔč backbone. *See under:* sxʷcáʔməwéʔč

scáʔmúcən ⟦s-√cum̓=ucin s-√bone=mouth⟧ ☞ scúm̓ jaw bone. (TC) VAR: scəmúcən (TC) VAR: scəm̓súcən (MJT) ⟦s-√cum̓=us=ucin s-√bone=face=mouth⟧

scáʔmúɬən ⟦s-√cum̓=uɬən s-√bone=rib⟧ ☞ scúm̓ the skeleton of any animal, but especially the backbone and ribs of a salmon. (ES; MJT) {ŋən̓ kʷi **scáʔmúɬən** ʔaʔ čixʷícən. There were many skeletons at čixʷícən. (AS)}

scáʔwáčən chair. *See under:* sxʷcáʔwáčən

scáʔyaʔčiʔíkʷən ⟦sxʷ-č<aʔy>aʔ+√čy=iwən for-dim<pl>+√seed=interior⟧ ☞ sxʷcáʔčiʔíkʷən several seeds. (MJT)

scáʔyə́k̓ʷɬ ⟦s-√č<aʔy>ək̓ʷ-ɬ s-√decay<pl>-dur⟧ [function of the 'durative' suffix is not clear here] ☞ scə́k̓ʷ a group of worms. (ES) VAR: scicə́k̓ʷ (EPT; MJT) ⟦s-cy+√cək̓ʷ s-pl+√worm⟧

scáʔyəm̓ ⟦s-√c<aʔy>um̓ s-√bone<pl>⟧ [/u/ → /a/ in plural] ☞ scúm̓
1. several bones. (TC; AA) {čiʔáw kʷaʔčaʔɬ či sƛ̓áys ƛ̓kʷnə́kʷi či nə**scáʔyəm̓**. Time passed, and my bones mended again. (ES) | ʔuʔscúʔsəŋs cə **scáʔyəm̓**. She doesn't like bones. (MJ) | níɬ suʔhúyɬ ʔiʔ q̓pə́təŋ cə **scáʔyəm̓** ʔiʔ ʔúŋəst ʔaʔ Gypsy. Then we finished and gathered the bones and gave them to Gypsy. (MJ)}
2. area east of Dungeness close to Washington Harbor. (EWH)

scayíq̓ʷən shoulders. *See under:* čaʔyíq̓ʷən

scèʔčəmáw̓txʷ ⟦s-čiʔ+√cim̓=aw̓txʷ s-aff+√bird=house⟧ ☞ čéʔčəm̓ birdhouse, nest. (ES) VAR: čéʔčəm̓háw̓txʷ ⟦čiʔ+√cim̓=aw̓txʷ aff+√bird=house⟧ (MJT) VAR: čicəmáw̓txʷ (MJT)

scéʔyəŋ ⟦s-√ciʔ-iy-ŋ s-√upon-dev-mdl⟧ ☞ céʔyəŋ a small hill, stairs, ladder, anything that might be climbed up on. (EPT) VAR: scéʔiŋ {níɬ kʷi kʷə *sčéʔiŋ* ʔaʔxtéʔtəŋ. *It's the stairs that they're working on.* (AS)}

sčə́kʷ ⟦s-√čə́kʷ s-√decay⟧ worm, caterpillar, maggot. (EPT; MJ; LC; ES; AS,BC; ES,AS) ⟪USAGE: This is a mild insult when used to refer to a person. AS's grandmother used to use this to the children when they bothered her.⟫ (AS) {néʔənɬ *sčə́kʷ* wuʔ č tə caʔniɬ. *It had turned into a worm.* (AA) | ʔuʔ*sčə́kʷ*! *You worm!* (AS,BC) | ʔuʔ*sčə́kʷ* cxʷ! *You're a worm!* (AS) | nəxʷqə́yəkʷct cə *sčə́kʷ*. *The worm coiled up.* (AS)}

sčəməč cormorant. See under: sɬəməč

sčəṁúcən jaw. See under: sčaʔmúcən

sčə́ŋəɬ chest. See under: čə́ŋəɬ

sčə́təwəč heel. See under: sxʷčútəwəč

sčəyuqíɬč ⟦s-√čiywq̓ s-√elderberry⟧ ☞ *sčíyuq̓* elderberry bush. (LB,EWH)

sčíci ⟦s-√čicy s-√sliver⟧ very fine bark slivers, like dust. ⟪encountered when throwing logs off a truck or while collecting bark for basketry⟫ (AS,BC; AS) {q̓ʷáyəx či ʔaʔ tə *sčíci*. *Be careful of the slivers.* (AS) | ŋə́ń tə *sčíci*. *There are lots of slivers.* (AS)} VAR: sčíci (LGH)

sčíčəkʷ worms. See under: sčaʔyə́kʷɬ

sčíq̓ʷən shoulder. See under: číq̓ʷən

sčiyáʔiyəq̓ ⟦s-√čiy<áʔiy>wq̓ s-√elderberry<pl>⟧ ☞ *sčíyuq̓* several red elderberries. (MJT)

sčiyaʔméʔqʷ ⟦s-√č<iyaʔ>um=iʔqʷ s-√bone=head⟧ ☞ sčaʔméʔqʷ several skulls. (EPT)

sčíyuq̓ ⟦s-√čiywq̓ s-√elderberry⟧ red elderberry. *Sambucus callicarpa.* (AS,BC) {níɬ ti həmú ʔéʔɬən ʔaʔ ti *sčíyuq̓*. *It's the pigeons that are eating the elderberries.* (AS)} VAR: sčíwəq̓ (LB,EWH; MJT) {čiʔáyu ti *sčíwəq̓*. *There are lots of elderberries.* (MJT)} VAR: sčíwq̓ {čɬə́tct cə *sčíwq̓*. *The elderberries thickened.* (AS)} VAR: číwəq̓ (AS,HS,TC; HS; AS,BC) VAR: číwq̓ (ES; AS,BC)

sčúʔčəʔ ⟦s-√čuʔčaʔ s-√leaf⟧ leaf of a tree or bush. (EPT; ES) {čúʔəɬ níɬ cə ɬíɬəqt tiə *sčúʔčaʔ*s sqəyə́yŋəxʷ. *It's the tree that typically has wide leaves.* (MJ) | ŋə́ń cə *sčúʔčaʔ* sə́təŋ. *There are lots of leaves dropping.* (EPT)} VAR: sčúčɬə (MJT) VAR: čúčɬ (AS) VAR: čúčɬə (LBH) VAR: čúčɬ (AS,BC)

sčúʔčɬč ⟦√čuč=iɬč √maple=plant⟧ maple tree. *Acer spp.* (AS,BC)

sčúmi ⟦s-√čum̓ s-√bone⟧ bone. (EPT; LC; ES; AS,BC; TC) {ʔuʔčaʔ*sčúmi*. *There was just bone. / It was a skeleton.* (ES; MJT) | x̌q̓ə́təŋ cə *sčúmi* ʔaʔ cə čə́nəss. *He stuck a bone in his teeth.* (TC) | kʷəšqéʔt cn ʔaʔ cə *sčúmi*. *I'm choking on a bone.* (AS) | kʷɬčáq ʔiʔ ʔáwənə sʔácss ʔuʔ čaʔ*sčúmi*. *She's old and has no face-only bone.* (ES) | ʔáwənə ʔəsʔács ʔuʔčaʔ*sčúmi*. *There was no face, only bone.* (ES) | kʷáyəs čaʔn cə *sčúmi*. *I'm going to hide the bone somewhere.* (TC,AS,BC; TC) | súpt cn ti *sčúmi*. *I draw bones (always finding unwelcome bones in food).* (MJT) | čə́yəč cn ʔaʔ tə *sčúmi* ʔiyá ʔaʔ tə nəsɬúp. *I found a bone in my soup.* (MJT) | níɬ č suʔɬŋáss cə *sčúmi*s ʔəsčáčɬ ʔaʔ cə čə́nəss. *Then he removed the bone from between his teeth.* (TC) | níɬ č suʔʔ̓kʷnáxʷs cə *sčúmi* ʔiʔ cə néʔ stíqʷs ʔəsx̌áq̓ʷɬ ʔaʔ cə čə́nəss. *Then he took the bone, and meat stuck on his teeth.* (TC) | x̌ənáɬ caʔ ti ńsuʔɬŋás ti *sčúmi* ʔiyá ʔaʔ tə sŋəqnúŋəts ʔaʔ ti ʔəcɬtáyŋxʷ ti *sčúmi*. *You will always remove a bone when a person accidentally swallows a bone.* (MJ)}

sčx̌ʷás ⟦s-√čx̌ʷas s-√cook_on_rocks⟧ ☞ čx̌ʷás a session of cooking on rocks, a seafood bake. (EPT; MJT) {hiyáʔtxʷ yaʔ cn kʷi ʔúx̌ʷtxʷ ʔaʔ kʷə *sčx̌ʷás*. *I took him to the salmon bake.* (MJT)}

sčáʔč ⟦s-√čaʔč s-√brother⟧ [possibly related to the word meaning 'friend'] cp. sčáʔčaʔ brother. (MV) ⟪The audio recorded by Metcalf indicates that MV had some confusion and uncertainty about sibling terms. Only she mentions this word and only once.⟫

sčáʔčaʔ ⟦s-√čaʔčaʔ s-√friend⟧ friend, relative. (MV; EPT; LC; TC; ES; AS,BC; WB,AS,BC) [possibly frozen reduplication] {nə*sčáʔčaʔ* cxʷ. *You are my friend.* (ES) | ʔə́y̓ skʷáči, nə*sčáʔčaʔ*. *It's a nice day, my friend.* (NS,JW) | nə́kʷ u nə*sčáʔčaʔ*? *Are you my friend?* (TC) | n*sčáʔčaʔ* cxʷ. *You are my friend.* (AS,BC) | ʔənʔáxʷ cn tiə nə*sčáʔčaʔ*. *I brought my friend.* (ES) | čúnəxʷ cn kʷsə nə*sčáʔčaʔ*. *I found my friend.* (ES) | hiyáʔ cn ʔiʔʔúxʷ ʔaʔ tə nə*sčáʔčaʔ*. *I'm going to my friend.* (LC) | hiyáʔ cn kʷ́ənt tə nə*sčáʔčaʔ*. *I'm going to see my friend.* (LC)} VAR: sčáʔčə (EPT) {n*sčáʔčə* ʔu? *Is it your relation?* (ABT)} VAR: sčáčaʔ {ns*čáčaʔ* *my relative* (LB,CWH)}

sčáʔčaʔəŋ ⟦s-√čaʔčaʔ-ŋ s-√friend-mdl⟧ ☞ sčáʔčaʔ to be befriended (by someone or something). {níɬ ixʷ kʷaʔčaʔ *sčáʔčaʔəŋ* ʔaʔ ʔəc. *So that must be what befriended me.* (MJ)}

sčaʔčakʷaʔyúɬ ⟦s-čaʔ+√√čəʔkʷ-ay=uɬ s-dim+√conveyance-ext=conveyance⟧ ☞ sčakʷaʔyúɬ any small vehicle such as a small boat. {ʔaʔáʔi? cn ʔaʔ či *sčaʔčakʷaʔyúɬ*. *I'm borrowing a little canoe.* (MJT) | ʔiʔxʷəyə́kʷts cə n*sčaʔčakʷaʔyúɬ* tə́yi. *They were dragging my little boat upstream.* (MJ) | suʔáxəŋs cə táns ʔaʔ či sčə́ŋaʔtəŋs ʔaʔ cə cáccs cə *sčaʔčakʷaʔyúɬ*. *His mother said that he had been given that little boat by his uncle.* (MJ) | sqə́ńyəxʷ kʷɬaʔ kʷɬi nə*sčaʔčakʷaʔyúɬ* yaʔ. *Must be my canoe has been stolen.* (MJT)}

sčaʔčaʔnə́ńxʷ ⟦s-čaʔ+√ča<ʔ>nn<ʔ>əxʷ s-dim+√salmon<dim>⟧ ☞ sčánnəxʷ a small salmon, a little piece of salmon meat. (MJT)

sčaʔčaʔqʷíwc ⟦s-čaʔ+√č<ʔ>qʷ=iwc s-dim+√burn<dim>=fire⟧ ☞ sčáqʷəwc any small fire. (ES)

sčaʔčiʔə́y̓ɬ ⟦s-čaʔ+√čy̓=əy̓ɬ s-dim+√relative=child⟧ ☞ sčiʔə́yəɬ young relative, child, baby. (MJT) {saʔk̓ʷúts tə *sčaʔčiʔə́y̓ɬ*. *She's bathing the*

sčaʔčʷáʔič *youngster.* (MJT) | súkʷt tə **sčaʔčiʔáy̓ɬ**. *Bathe the baby.* (MJT)}

sčaʔčʷáʔič ⟦s-čaʔ+√čqʷ-ay̓=ač s-dim+√burn-ext=backside⟧ ☞ **sčqʷáy̓əč** small bear, cub. (TC) VAR: **sčəč̓qáʔič** (MJT)

sčaʔčúʔyəɬc ⟦s-čaʔ+√ču<ʔ>y=aɬc s-dim+√wave<dim>=water⟧ ☞ **sčúyəɬc**
1. small wave, ripple. (ES)
2. microwave oven. (AS,BC; TC,AS,BC) VAR: **sčaʔčúʔiɬ** (AS,BC)

sčaʔəwtáʔiɬ ⟦s-√č<aʔ>wtay̓ɬ s-√child_inlaw<pl>⟧ ☞ **sčutáy̓əɬ** sons-in-law, daughters-in-law. (EPT)

sčáʔiɬ ⟦s-√ču<ʔi>ɬ s-√wood<pl>⟧ [/ú/ becomes /á/ in the plural.] ☞ **sčúɬ** lots of wood. (EPT) VAR: **sčəyúɬ** (TC) VAR: **sčáʔyəɬ** (TC)

sčaʔkʷaʔyúɬ ⟦s-√čəʔkʷ-ay̓=uɬ s-√conveyance-ext=conveyance⟧ [root not identified in other words] vehicle, any conveyance, any means of transportation. (MJT; AS,BC; ES) {λ̓áyucts cə **sčaʔkʷaʔyúɬ**s. *She stopped her car.* (ES) | kʷɬkʷə́y̓əxt cn cə n**sčaʔkʷaʔyúɬ**. *I started my rig already.* (ES) | cxnáŋ cn ʔaʔ tə **sčaʔkʷaʔyúɬ**. *I got hit by a car.* (ES) | nəsxʷúyəm kʷsə nə**sčaʔkʷaʔyúɬ**. *I sold my car.* (ES) | ččáts canu **sčaʔkʷaʔyúɬ**s. *They built their ark.* (ES) | čáy ʔaʔ či čəq **sčaʔkʷaʔyúɬ**. *Build a big boat.* (ES) | k̓ʷəns cə ɬíxʷ **sčaʔkʷaʔyúɬ** táʔči. *She saw three canoes arriving.* (AS) | sƛ̓éʔ či sʔíŋəts cə **sčaʔkʷaʔyúɬ**. *It wanted to step on our boat.* (ES) | ʔiʔáʔiɬ ʔaʔ cə **sčaʔkʷaʔyúɬ**. *They were aboard the ark.* (ES) | ʔəŋʔíŋtəŋ ʔaʔ cə **sčaʔkʷaʔyúɬ**. *He was run over by a car.* (AS,BC) | k̓ʷə́nts cə skáʔəts cə **sčaʔkʷaʔyúɬ**s. *He looked at the stern of his boat.* (ES) | ʔiʔmáy cn ʔaʔ cə n**sčaʔkʷaʔyúɬ**. *I borrowed your rig.* (ES) | cxnə́kʷi cə nə**sčaʔkʷaʔyúɬ**. *My vehicle bumped together.* (TC) | xʷikʷíct caʔn kʷsə nə**sčaʔkʷaʔyúɬ**. *I'm going to cover up my canoe.* (MJT) | ʔuʔsə́ɬəŋ ʔuʔ čaʔčáʔts cə **sčaʔkʷaʔyúɬ**s. *He kept on building his boat.* (ES) | suʔúy̓ɬs cə čáʔsaʔ suʔáʔwəs ʔaʔ cə **sčaʔkʷaʔyúɬ**. *So two boys got on the boat.* (MJ) | čúkʷs cə **sčaʔkʷaʔyúɬ**s, "wagon" ti snáʔatəŋs yaʔ. *He used his vehicle, "wagon" it's called.* (ES) | k̓ʷənít u cxʷ təsə swə́y̓qaʔ ʔiyá ʔaʔ təsə **sčaʔkʷaʔyúɬ**, Timmy? *Do you see that man on that boat, Timmy?* (MJ) | níɬ suʔúy̓ɬs ʔiʔ ʔə́mət ʔaʔ cə sxʷčaʔwáčəns cə **sčaʔkʷaʔyúɬ**s. *Then she boarded and sat on the seat of his wagon.* (ES) | k̓ʷánəŋət sqéyŋ ʔúxʷ ʔaʔ kʷsə **sčaʔkʷaʔyúɬ**s sqaʔáwəɬ. *He ran out to his car outside.* (ES) | ʔiʔ níʼʼɬ suʔxʷə́y̓q̓ʷs kʷsə **sčaʔkʷaʔyúɬ**s ʔiʔáʔiɬ kʷi nə́wə. *And then the ark that Noah was aboard drifted.* (ES) | ʔiʔ ƛ̓kʷə́ts cə kapús ʔiʔ tə sčə́səqʷs ʔiʔ kʷánəŋət sqéyŋ ʔúxʷ ʔaʔ cə **sčaʔkʷaʔyúɬ**s ʔiʔ hiyáʔ ɬúkʷ. *He took his coat and his hat and ran outside to his car and went home.* (ES) | ʔiʔɬúyənəŋ ʔaʔ cə **sčaʔkʷaʔyúɬ** či sƛ̓ayéʔƛ̓q̓ɬ ʔəɬ skʷúkʷələs. *She was abandoned by the school bus.* (ES) | šə́təŋ yaʔ ʔəɬ hiyáʔəs ʔúxʷ ʔaʔ kʷəsə sxʷʔiyás či sʔúy̓ɬs ʔaʔ tə **sčaʔkʷaʔyúɬ** ʔəɬ hiyáʔəs čáy. *He was walking over to where he got on the crummy to go to work.* (ES)} VAR: **sčaʔkʷay̓úɬ** (AS,BC; ES) VAR: **sčaʔkʷəyúɬ** (AS,BC)

sčaʔqaʔítən ⟦s-√čaʔqaʔitən s-√place_name⟧ traditional Klallam village at east side of Freshwater Bay near the mouth of the Elwha River on the beach past the end of Ranger Road. (AS,BC)

sčáʔsəŋ ⟦s-√čaʔs-ŋ s-√conifer_limb-mdl⟧ a bundle of conifer limbs. ✱These are used for medicine and in pit-cooking to flavor camas. It gives a "bitey" flavor. (MJT)

sčáʔyaʔčaʔ friends. *See under:* **sčə́yaʔčaʔ**

sčaʔyaʔčiʔáy̓ɬ ⟦s-č<aʔy>aʔ+√čy̓=əy̓ɬ s-dim<pl>+√relative=child⟧ ☞ **sčaʔčiʔáy̓ɬ** several young relatives, young children, babies. (MJT) VAR: **sčaʔyəčiʔáy̓ɬ** (MJT)

sčaʔyaʔkʷaʔyúɬ ⟦s-√č<aʔy>əʔkʷ-ay̓=uɬ s-√conveyance<pl>-ext=conveyance⟧ ☞ **sčaʔkʷaʔyúɬ** several conveyances. (MJT) VAR: **sčəyaʔkʷaʔyúɬ** {xʷəyáʔkʷtəŋ kʷi kʷə **sčəyaʔkʷaʔyúɬ**. *The cars were being pulled/dragged.* (AS)}

sčaʔyəɬiqʷáʔsəŋ be put up framework. *See under:* **scəyəɬiqʷáʔsəŋ**

sčaʔyəqʷáʔič ⟦s-√č<aʔy>qʷ-ay̓=ač s-√burn<pl>-ext=backside⟧ ☞ **sčqʷáy̓əč** bears. (TC)

sčaʔyəqʷáyəɬ ⟦s-√č<aʔy>qʷ=ayəɬ s-√burn<pl>=conveyance⟧ ☞ **sčqʷáyəɬ** several old canoes. (MJT)

sčaʔyəqʷíɬc ⟦s-√čaʔyiqʷɬ=iɬc s-√fruit=plant⟧ ☞ **sčaʔyíqʷɬ** any berry bush, fruit tree. (HS,ES) VAR: **sčəyəqʷɬíɬc** (MJT)

sčáʔyəqʷɬ fruit. *See under:* **sčaʔyíqʷɬ**

sčaʔyətáŋxʷən ⟦s-√č<aʔy>təŋxʷ=ən s-√land<pl>=instr⟧ ☞ **sčtáŋxʷən** several lands, a vast area of land. (ES) VAR: **sčaʔitáŋxʷən** {ŋə́n **sčaʔitáŋxʷən**. *It's lots of land.* (EPT) | **sčaʔitáŋxʷən**s yaʔ kʷi ʔaʔicɬtáyŋxʷ. *It was the Indians' lands.* (EPT) | ɬáyəŋtəŋ caʔ tiə **sčaʔitáŋxʷən**. *This land will be flooded.* (ES)} VAR: **sčaʔitə́ŋəxʷən** (EWH)

sčaʔyəx̣úycs fingers. *See under:* **sčič̓xács**

sčaʔyəx̣ʷáɬc ⟦s-√č<aʔy>xʷ=aɬc s-√saliva<pl>=water⟧ ☞ **sčx̣ʷáɬc** lots of spit, expectoration, saliva. (TC) VAR: **sčəyəx̣ʷáɬc** (TC) VAR: **sčičx̣ʷáɬc** (TC)

sčaʔyiʔáyəɬ teenagers. *See under:* **sčiʔčiʔáyəɬ**

sčaʔyíqʷɬ ⟦s-√čaʔyiqʷɬ s-√fruit⟧ [possibly a frozen plural] any fruit, berries, jam, jelly. (LBH; EPT; LC; ES,TC; ES; AS,BC) {ʔə́ŋəc ʔaʔ či **sčaʔyíqʷɬ**. *Give me some fruit.* (ES) | sə́ɬəŋ cə **sčaʔyíqʷɬ**. *The fruit is falling.* (ES) | xʷxʷúʔyəm cn ʔaʔ tə **sčaʔyíqʷɬ**. *I'm selling fruit.* (ES) | xʷísi cə **sčaʔyíqʷɬ**. *The fruit is being shaken from the tree.* (ES) | xʷaʔsítəŋ cə **sčaʔyíqʷɬ**. *The fruit is shaken down.* (ES) | təŋáʔəŋ t cn ʔaʔ či **sčaʔyíqʷɬ**. *I'm wishing for fruit.* (EPT) | mán ʔuʔ q̓ʷə́y cə **sčaʔyíqʷɬ**. *That fruit is very ripe.* (EPT) | páʔət cn tə **sčaʔyíqʷɬ**. *I tasted the berries.*

(MJT) | ʔuʔk̓ʷaʔk̓ʷáʔən st łə́mc̓əŋ ʔaʔ tə *scaʔyíqʷł*. *Just a few of us are picking berries.* (AS)} VAR: scayíqʷł (AS,BC; ES) {snúʔnəkʷ *scayíq"ł*. *snowberry* (AS,BC) | ʔiʔ níł ti *scayíq"ł* q̓ʷáy. *And then the fruit ripened.* (AS) | nuʔás ʔaʔ tə ʔənspčúʔ tsə n̓*scayíq"ł*. *Put the fruit into your basket.* (MJ) } VAR: scayíqʷł (AS,BC) {ʔaʔčšústəŋ č yaʔ ʔaʔ tə *scayíq"ł*. *They exchanged fruit.* (AS) | px̌ʷíyəčəŋ ixʷ cə nəspčúʔ ʔiʔ ŋə́n̓ *scəyíq"ł* cə nsk̓ʷánəŋ. *My basket must have been overflowing, and I lost a lot of berries.* (MJT)} VAR: scəyíqʷł (AS,BC) {ŋə́n̓ kʷi kʷə *scəyíq"ł* ʔaʔ kʷi nsúʔsəŋ. *There were lots of berries when I looked up.* (AS) | tə́yəq̓ʷ kʷi kʷə n*scəyíq"ł*. *My jelly foamed up.* (AS) | hiyáʔ caʔn ʔúxʷnəs kʷə *scəyíq"ł*. *I'm going to go after berries.* (AS) | čípt cn tə *scəyíq"ł*. *I squeezed the fruit.* (AS) | nuʔcaʔq̓ʷə́y *scəyíq"ł*. *It was like just ripe fruit.* (MJ) | níł ixʷ cə scaʔíts cə *scəyíq"ł* ʔaʔ kʷi stáčis ʔaʔ kʷi čiʔáqł. *He must have put the fruit down when he was here yesterday.* (AS) | čx̌éʔ cə sx̌íx̌aʔx̌ qł cə *scəyíq"ł*. *The child always likes to have jam.* (AS)} VAR: scáʔyəqʷł (ES)

scák̓ʷł tight. See under: ʔəscák̓ʷł

scánnəxʷ ⟦s-√čannəxʷ s-√salmon⟧ any salmon, fish. *Oncorhynchus spp.* ⟪includes steelhead and any sea-running Oncorhynchus, but not freshwater trout or other anadromous fish⟫ ⟪USAGE: This is often used as a cover term for any kind of fish.⟫ (EPT; ES; AS,BC; AS; MJ) {ŋə́n̓ tə *scánnəxʷ*. *There are lots of salmon.* (ES) | nəsqə́čaʔ cə *scánnəxʷ*. *I caught a salmon.* (ES) | xʷxʷúʔyəm cn ʔaʔ tə *scánnəxʷ*. *I'm selling salmon.* (ES) | nəxʷxən̓ŋínəkʷ *scánnəxʷ*. *There were all kinds of salmon.* (ES) | təŋʔáʔŋət cn ʔaʔ či *scánnəxʷ*. *I'm craving some salmon.* (ES) | ʔáwə cn kʷaʔ čán̓txʷən ti *scánnəxʷ*. *I never bring home fish.* (MJ) | hiyáʔ č yaʔ x̌ʷəkʷ́ts či *scánnəxʷ*. *They went to get salmon.* (AS) | yaʔíct ʔaʔ ti nəkʷé̓ʔuc tiə *scánnəxʷ*. *I'm helping myself by butchering the salmon.* (AS,BC) | xʷčáts ixʷ tə *scánnəxʷ*. *He must have killed (lots of) salmon.* (MJT) | níł suʔxaʔłáms canu *scánnəxʷ* łəŋúʔəŋ. *Then he watched those salmon swimming.* (ES) | níł č suʔq̓ʷə́yəŋ ʔaʔ sk̓ʷtúʔ ʔaʔ cə *scánnəxʷ* x̌áy. *Then Raven barbecued a salmon, too.* (TC) | níł suʔhúyl t scan̓ánx̌ʷ x̌iyáŋ ʔaʔ či *scánnəxʷ*. *Then we finished fishing, looking for fish.* (MJ) | ʔáwənə nəsxčít kʷaʔ stáŋəs yaʔ čtə ti čəʔúʔwəs ʔəł q̓ʷə́yəŋəs ʔaʔ ti *scánnəxʷ*. *I don't know what it was they used to barbecue the salmon.* (TC) | qə́kʷ cn ʔaʔ tə nəsłaʔk̓ʷə́yuʔ ʔaʔ cə *scánnəxʷ*. *I'm sored up from hooking salmon.* (TC) | x̌áy tə́s ʔaʔ tə sxʷʔiyás ti ŋə́n̓ *scánnəxʷ*. *He again got to a place where there were many salmon.* (ES) | ʔaʔáʔmət kʷaʔčaʔ ʔuʔhúy č ʔuʔ kʷənits cə *scánnəxʷ* ʔaʔ táʔaʔis. *He was sitting and, apparently, just watching the salmon go up the river.* (ES)} VAR: scánənəxʷ (MJT; TC; ES; AS,BC) {*scánəxʷ* ti nəsʔíłən. *I eat salmon.* (TC) | suʔx̌kʷnáxʷs cə *scánəxʷ*. *He got a salmon.* (TC) | níł č suʔxʷéʔtəŋs cawnił *scánənəxʷ*.' *Then those salmon were jumping.* (TC)} VAR: scánxʷ (AS,BC) VAR: scánəxʷ (AS) {kʷaʔłənə́qʷt cn cə *scánəxʷ*. *I blew up the fish.* (AS) | kʷaʔłənə́qʷtəŋ kʷə *scánəxʷ*. *The fish were blown up.* (AS)} VAR: čánnəxʷ (LSpH; MJ)

scánnəxʷáw̓txʷ ⟦s-√čannəxʷ=aw̓txʷ s-√salmon=house⟧ [neologism] ☞ scánnəxʷ fish hatchery. (TC,AS,BC)

scáx̌ł torn. See under: ʔəscáx̌ł

scáy ⟦s-√čay s-√work⟧ ☞ čáy
1. job, one's work. (LC; ES; TC,AS,BC) {čə́q *scáy*. *Hard work.* (ES) | ʔə́y ʔən*scáy*. *Good work!* (TC) | x̌ʷnás cə *scáys*. *He got the job.* (TC) | x̌ə́p kʷi *scáył*. *Our work is ended.* (AS) | yəcúst yaʔ cn ʔaʔ kʷə nə*scáy*. *I told him about my work.* (TC) | húytəŋ cə n*scáy*. *My job was finished.* (AS) | ʔuʔhúyt cn či n*scáy*. *I quit my job.* (AS) | x̌ə́p kʷi n*scáy*. *I finished my job.* (AS) | ʔaʔk̓ʷústəŋ cn ʔaʔ či nə*scáy*. *He showed me how to do my job.* (TC) | ʔuʔčúkʷs yaʔ cn ʔaʔ kʷi nə*scáy*. *I used it for my job.* (TC) | nəskʷá kʷi nə*scáy* tiʔə məhúy̓. *This basket was my own work.* (MJT) | níł kʷi *scáy* ʔaʔ Dan; x̌ə́tk̓ʷts. *This is Dan's work; he carved it.* (MJT) | csx̌łə́k cn ʔaʔ či *scáy* ʔaʔ či logging camp. *I got a job at a logging camp.* (ES) | ʔáwə cn c hiyáʔtəŋ ʔúxʷtəŋ ʔaʔ cə sxʷʔiyás cə sŋə́n̓s ʔəttáw̓txʷ sxʷʔiyás ti sʔə́łtt ti *scáy* ʔaʔ cə ʔəsqʷáʔłiʔ. *I wasn't taken over to the bunkhouse where the loggers sleep.* (ES)}
2. material to work with such as wool, cloth or split cedar bark. (TC) {čúʔx̌əŋ cn ʔaʔ ti *scáy*. *I'm spinning wool.* (LC) | n*scáy* ʔaʔ cə spčúʔ. *It was my basket material.* (MJ) | x̌kʷnáxʷ cn tiə nə*scáy* čʔiyá ʔaʔ cə ləmətú. *I got my wool from a sheep.* ⟪TC finds it funny that this could also mean 'I got my job from a sheep.'⟫ (TC)}
3. a worker. {*scáy* ʔaʔ cə ʔəsqʷáłiʔ. *He's a logger. (he's a worker at logging)* (TC)}

scayʔaʔčqʷáʔič ⟦s-č<aʔy>aʔ+√cqʷ-ay̓=ač s-dim<pl>+√burn-ext=backside⟧ ☞ scaʔcqʷáʔič small bears, cubs. (MJT)

scayáw̓txʷ ⟦s-√cay=aw̓txʷ s-√work=house⟧ workshop. (ʔəxənúkʷəŋ kʷi kʷə *scayáw̓txʷ*s. *They swept up their workshop.* (AS)}

scáyəł ⟦s-√č<áy>uł s-√wood<pl>⟧ ☞ scúł Green Point, east of Morse Creek. (LBH; AS,BC) cp. čtqáy

scáyəsaʔqʷ hats. See under: sčičə́saʔqʷ

scayíqʷł fruit. See under: scaʔyíqʷł

scáyəq̓ fallen (pl). See under: ʔəscáyəq̓

sčə́c̓ł ⟦s-√čəc̓ł s-√gravel⟧ gravel (small stones mixed with sand). (EPT) VAR: ščə́c̓ł (LB,CWH)

scəcqáʔič small bear. See under: scaʔcqʷáʔič

scəncánnəxʷ ⟦s-čən+√čannəxʷ s-pl+√salmon⟧ ☞ scánnəxʷ a group of salmon. (EPT) {níł suʔqaʔyúsəŋs ʔiʔ x̌áy kʷəntís cə *scəncánnəxʷ* łəŋúʔəŋ ʔaʔ cə stúʔwiʔ. *Then he looked away and again watched the salmon swimming in the river.* (ES)} VAR: scəncánənəxʷ (EPT) VAR: sciyanənəxʷ (AS,BC,HS) ⟪ES rejects this variant.⟫ ⟦s

sčəníŋəɬ

-√č<iy>annxʷ s-√salmon<pl>⟧ VAR: sčiyánəxʷ {p̓aʔkʷúsəŋ tə **sčiyánəx**ʷ. *The salmon surfaced.* (AS,BC) | x̣ʷaʔqʷə́yu kʷi **sčiyánəx**ʷ. *The salmon are spawning.* (AS)}

sčəníŋəɬ ⟦s-√čən-iŋɬ s-√bury-cstm⟧ ☞ čəníŋəɬ any plant. (EPTA; AS,BC) {ʔúxʷ či čənt kʷsə n**sčəníŋəɬ**. *Go bury (plant) your plants.* (EPT)}

sčə́q ⟦s-√čq s-√big⟧ ☞ čə́q a big one, a person or anything large. {ʔiʔ ʔáwənə kʷə kʷə **sčə́q** məsíts yaʔ. *And the big guy he had chosen wasn't there.* (ES) | ʔúy̓ čixʷáŋ ti **sčə́q** ʔiʔ kʷqə́tən ti čəq súɬ. *When the put in something big, a big door would be opened.* (MJ)}

sčə́qʷəwc ⟦s-√čqʷ-iwc s-√burn=fire⟧ ☞ čə́qʷəwc any fire, especially a controlled fire as a campfire or in a fireplace. (JCo; EPT; LC; AS,BC) {ƛ̓kʷə́t cə **sčə́qʷəwc**. *Put out the fire.* (ES) | k̓ʷəns cə **sčə́qʷəwc**. *He saw a fire.* (ES) | ʔncə́qʷ či **sčə́qʷəwc**. *A fire is red.* (ES) | ɬənə́qʷ tə **sčə́qʷəwc**. *The fire popped.* (AS) | ƛ̓ə́k̓ʷ cə nə**sčə́qʷəwc**. *My fire is out.* (MJT) | suʔənƛ̓áʔməns cə **sčə́qʷəwc**. *It was a greenish fire.* (ES) | ƛ̓ə́k̓ʷ kʷaʔ cə **sčə́qʷəwc**. *The fire went out.* (ES) | k̓ʷásəŋ ʔaʔ či **sčə́qʷəwc**. *They toasted them by a fire.* (BC) | kʷúkʷuct ƛ̓áy ʔaʔ cə čə́q **sčə́qʷəwc**. *He warmed himself again on the big fire.* (TC) | níɬ suʔyə́q̓s ʔaʔ či sxʷʔiyás cə **sčə́qʷəwc**. *Then he got even to where the fire was.* (ES) | ŋə́n̓ cə sqʷəyúŋiʔs siqáʔwəɬ ʔaʔ cə **sčə́qʷəwc**. *There were many heads around the fire.* (ES) | ʔiʔ ʔáw c xʷənʔáŋ ʔaʔ ti skʷáʔɬ **sčə́qʷəwc**. *And it wasn't like our fire.* (ES) | ʔiʔ níɬ kʷaʔčaʔ suʔčiʔáws ʔaʔ tím ʔaʔ tə sxʷʔiyás cə **sčə́qʷəwc**. *And then Tim was past where the fire was.* (ES) | húʔ cxʷ k̓ʷə́nəxʷ tə x̣ʷənʔáŋ ʔnƛ̓áʔmən ti **sčə́qʷəwc** ʔiʔ níɬ ʔənsuʔx̣čnáxʷ ʔaʔ či snáyaʔnəkʷs. *If you see something like a greenish fire, then you can figure it's ghosts.* (ES)} VAR: sčə́qʷuc (LC; TC; LST) {čqʷács ʔaʔ cə **sčə́qʷuc**. *He burned his hand in the fire.* (TC) | čási kʷi kʷə n**sčə́qʷuc**. *My fire went out.* (AS) | čəsít cn tsiə n**sčə́qʷuc**. *I put out my fire.* (AS)} VAR: sčə́qʷuʔc (ES)

sčə́saʔqʷ ⟦s-√čəs=iʔqʷ s-√hat=head⟧ [may have the root for 'two' giving the meaning 'second head'] cp. čə́saʔ hat, any head covering. (MJT; LC; ES; TC) {k̓ʷə́nnəxʷ cn cə čuʔəɬ čáyni **sčə́saʔq**ʷ. *I saw that Chinese hat.* (TC) | k̓ʷə́nnəxʷ cn cə swə́y̓qaʔ c**sčə́saʔq**ʷ. *I saw the man with a hat.* (TC) | ʔəsčiʔúʔyəs cə n**sčə́saʔq**ʷ. *Put your hat on backwards.* (TC) | čšáʔitxʷ kʷi nəsqáʔyúst ʔaʔ cə **sčə́saʔq**ʷs. *I paid him two dollars for his hat.* (TC) | ʔiʔ ččə́saʔqʷ ʔaʔ cə híkčəm ʔiʔ ʔəskʷáʔkʷi tə sʔácss ʔaʔ cə **sčə́saʔq**ʷs. *She had a bandanna on her head, and her face was hidden by her head covering.* (ES) | ʔiʔ níɬ suʔčixʷnúŋəts ʔiʔ ƛ̓kʷə́ts cə **sčə́saʔq**ʷs ʔiʔ tə kapús. *He got back inside and took his hat and coat.* (ES) | ʔiʔ ƛ̓kʷə́ts cə kapús ʔi tə **sčə́saq**ʷs ʔiʔ kʷánəŋət sqéyŋ ʔúxʷ ʔaʔ cə sčaʔkʷaʔyúɬs ʔiʔ hiyáʔ ɬúk̓ʷ. *He took his coat and his hat and ran outside to his car and went home.* (ES)} VAR: sčəsáʔqʷ (TC)

sčáyaʔčaʔ

sčə́t pull it. See under: ščə́t

sčə́təŋ be pulled. See under: ščə́təŋ

sčəyaʔčúʔyəɬc ⟦s-č<əy>aʔ+√ču<ʔ>y=əɬc s-dim<pl>+√wave<dim>=water⟧ ☞ sčaʔčúʔyəɬc small waves, ripples. (ES) VAR: sčəyaʔčúʔiɬc (ES)

sčəyaʔkʷaʔyúɬ conveyances. See under: sčaʔyaʔkʷaʔyúɬ

sčəyá̓ʔyə sticks. See under: ščəyé̓ʔyə

sčəyáɬ ⟦s-√čəyaɬ s-√chowder⟧ salmon soup, salmon chowder, salmon stew. ✱Fresh or dried, usually dog salmon, is boiled in big chunks and eaten with the broth. (TC; AS,BC) VAR: sčə́yɬ (AS) {mán̓ kʷuʔ ʔə́y̓ kʷi sʔíɬən **sčə́yɬ**. *Salmon chowder is very good to eat.* (AS)}

sčəyəqʷíɬč fruit plant. See under: sčaʔyəqʷíɬč

sčəyəxʷ goofy. See under: ʔəsčə́yəxʷ

sčəyəxʷáɬc spit (pl). See under: sčaʔyəxʷáɬc

sčəyəxʷáwtxʷ ⟦s-√čəyəxʷ=awtxʷ s-√crazy=house⟧ ☞ ʔəsčə́yəxʷ insane asylum. (AS,BC)

sčəyəxʷə́ynč ⟦s-√čəyəxʷ-əy=nač s-√crazy-ext=tail⟧ a dolt, a stupid person, one who acts contrary to his or her own best interests. ⟪Usage: often said to little boys when scolding them⟫ (AS,BC) VAR: sčixʷáynč (AS)

sčəyəyús ⟦s-√č<əy>aya=us s-√first<pl>=face⟧ ☞ sčəyús several elders, older relatives. (BG,MJT; AS) {ŋə́n̓ kʷi n**sčəyəyús** kʷənə́kʷiɬ. *There were many of my elders who we met.* (AS)}

sčəyíqʷɬ fruit. See under: sčaʔyíqʷɬ

sčə́yɬ salmon chowder. See under: sčəyáɬ

sčəyúɬ wood (pl). See under: sčáʔiɬ

sčəyús ⟦s-√čəya=us s-√first=face⟧ ☞ ɬčáʔi elder, older relative. (BG,MJT; AS) {hiyáʔ yaʔ cn nə́č̓uʔtxʷəŋ ʔaʔ kʷi n**sčəyús** yaʔ. *I went to visit my late elder.* (AS)}

sčáyaʔčaʔ ⟦s-č<ə́y̓>aʔčaʔ s-√friend<pl>⟧ ☞ sčáʔčaʔ a group of friends or relatives. {háʔnəŋ cn, nə**sčáyaʔčaʔ**. *Thank you, my friends.* (TC)} VAR: sčáʔyaʔčaʔ {ʔəsqə́y̓əŋ st ʔáɬa ʔiʔ táči tə **sčáʔyaʔčaʔ**ɬ. *We were camped here, and our friends got here.* (MJT)} VAR: sčáyačaʔ (ES) {níɬ č ʔuʔ **sčáyačaʔ**s. *They are their friends.* (AS) | ʔáw c tənkʷáʔəct ʔaʔ cə sx̣áʔəs sqʷáq̓ʷis cə ʔən**sčáyačaʔ** kʷaʔ ʔuʔstánəs ʔaʔ kʷaʔ sčáyačaʔs u čtə. *Don't get involved in bad words with your friends, whatever they are, if they are your friends.* (TC)} VAR: sčáyaʔčaʔ (EPT) {nsčáyaʔčaʔ *my relatives* (LB,CWH) | ʔuʔɬúyst kʷi kʷə **sčáyaʔčaʔ**. *I left my friends.* (AS) | háʔnəŋ cn, nə**sčáyaʔčaʔ**. *Thank you, my friends.* (AS,BC) | **sčáyaʔčaʔ**ɬ sxʷʔiyá ʔaʔFraser River. *We have relatives there at the Fraser River.* (MJ) | nəsuʔtxʷaʔkʷəntúy ʔaʔ kʷi nə**sčáyaʔčaʔ** yaʔ. *I got together with my relatives.* (TC) | ŋə́n̓ **sčáyaʔčaʔ**ɬ ʔi ʔuʔx̣ctís suʔčəɬáʔs ʔaʔ tiə ʔé̓ɬx̣ʷaʔ. *We have many relatives, and they know they come from Elwha.* (TC) | níɬ kʷaʔčaʔ sxʷŋə́ns **sčáyaʔčaʔ**ɬ ʔiyá

ʔaʔ cə Vancouver Island. *That's why we have many relatives on Vancouver Island.* (TC) | húʔ yaʔ st tiə ʔuʔłákʷi ʔúxʷ ʔaʔ cə łnáʔəč ʔiʔ níł suʔk̕ʷənnə́kʷił ʔaʔ cə **scáyaʔčaʔł** ʔiyá ʔaʔéʔłxʷaʔ ʔiyá ʔaʔčixʷícən. *When we went across to the other side, we met with our relatives there at Elwha and at Port Angeles.* (TC)}

scəýíqʷł fruit. *See under:* scaʔíqʷł

sciʔáʔyəŋ̕ ⟦s-√cəy̕<aʔy>-ŋ<ˀ> s-√turn<pl>-mdl<actl>⟧ to be upside down. (TC) VAR: sciʔáʔin (BC)

sciʔánəŋ ⟦s-√cəy̕=anəŋ s-√turn=season⟧ ☞ čiʔánəŋ year; years old. (EPT; LST; LC; AS,BC) {nə́cuʔ **sciʔánəŋ**. *one year* (EPT) | ʔúpən **sciʔánəŋ**. *ten years* (EPT) | hiyáʔ cn ʔaʔ či **sciʔánəŋ**. *I go next year.* (AS,BC) | hiyáʔ cn ʔaʔ kʷi **sciʔánəŋ**. *I went last year.* (AS,BC) | hiyáʔ cn ʔaʔ tiə **sciʔánəŋ**. *I go this year.* (AS,BC) | k̕ʷín cxʷ **sciʔánəŋ**? *How old are you?* (AS,BC) | níł ixʷ sŋúss **sciʔánəŋ**. *He must have been four years old.* (MJ) | k̕ʷłk̕ʷín cxʷ **sciʔánəŋ**? *How old are you?* (MJT) | k̕ʷín ʔuč cə ʔənsciʔánəŋ? *How old are you?* (AS,BC) | ʔúpən cn ʔiʔ či táʔcs **sciʔánəŋ**. *I'm 18 years old.* (AS,BC) | k̕ʷnčxʷk̕ʷə́s cn **sciʔánəŋ**. *I'm already twenty years old.* (MJ) | kʷi kʷłhíc čiʔáw **sciʔánəŋ** ʔiʔ ʔəsx̣áłł cn. *Long ago in years past I was sick.* (ES) | x̣áwəs **sciʔánəŋ**. *new year; January* (AS,BC) | x̣áʔwəs **sciʔánəŋ**. *January.* (AS,BC) | x̣ə́p tiə **sciʔánəŋ**. *It's the end of the year.* (AS,BC) | ʔə́y̕ yəxʷ ta tiə **sciʔánəŋ**. *This must be a good year (for salmon).* (AS) | čiʔáw nə́cuʔ **sciʔánəŋ** či sqiʔə́m či nštə́n. *I couldn't walk for over a year.* (ES) | čaʔqʷúy kʷłi ntán ʔaʔ kʷi nə́cuʔ **sciʔánəŋ**. *My mother had been dead just one year.* (MJ) | ŋə́n̕ skʷáqən ʔaʔ ti ʔuʔx̣ə́n **sciʔánəŋ** ʔiyá ʔaʔ kʷs nəʔáʔin. *There are many flowers every year at my house.* (EPT) | kʷŋə́n **sciʔánəŋ** kʷi čiʔáw ʔiʔ x̌áy cn ʔuʔ qʷiʔqʷaʔyéʔwən ʔaʔ kʷi nəsyaʔcústəŋ ʔaʔ kʷi nəsíyaʔ yaʔ. *Many years have passed, and I still think about what my grandfather told me.* (AS)} VAR: šciʔánəŋ (TC) {łxʷłšáʔ **šciʔánəŋ**. *Thirty years.* (EPT)} VAR: sciyánəŋ (AS,BC) {x̣áwəs **sciyánəŋ**. *New year.* (AS,BC)}

sciʔanəŋáwtxʷ museum. *See under:* sxʷčiyaŋənáwtxʷ

sciʔčaʔyíqʷł ⟦s-čyʔ+√caʔyiqʷł s-pl+√fruit⟧ ☞ scaʔyíqʷł a group of berries or other fruit. {ŋə́n̕ **sciʔčaʔyíqʷł**. *There's lots of fruit.* (EPT)} VAR: sciyəyíqʷł {čiʔáyu kʷi nəsciyəyíqʷł. *I have a lot of fruit.* (AS)} VAR: scičaʔyíqʷł {ŋə́n̕ kʷ **scičaʔyíqʷł** ʔaʔmácməc. *There are lots of berries at Mats Mats.* (MJ)}

sciʔčiʔánəŋ ⟦s-čy+√cəy̕=anəŋ s-pl+√turn=season⟧ ☞ sciʔánəŋ several years. (LST)

sciʔčiʔə́yəł ⟦s-čy+√cəy̕=əyəł s-pl+√relative=child⟧ ☞ sciʔə́yəł several teenage relatives, older children. ⟪USAGE: This is used to refer to children in an especially respectful way.⟫ (MJT) VAR: sčičiʔə́yəł (MJT; AS) {ʔuʔx̣ə́n̕əʔ ʔuʔ **sčičiʔə́yəł**. *It's all the children.* (MJT) | ŋə́n̕ kʷi kʷə **sčičiʔə́yəł** táči. *There were many teenagers that got here.* (AS)} VAR: scaʔyiʔə́yəł ⟦s-√c<aʔy>y̕=əyəł s-√relative<pl>=child⟧ (MJT)

sciʔəkʷłnát ⟦s-√čyaw=łnat s-√pass=day⟧ *Lit: the day after (Sunday)* (LN) ☞ čiʔáw
1. the day before yesterday. (AS)
2. Monday. (ES) VAR: sciʔikʷłnát (ES) VAR: sciʔkʷłnát (AS,BC) VAR: čiʔəkʷłnát (ES) ⟦√čiʔaw=łnat √pass=day⟧ {ʔaʔ kʷi **číʔəkʷłnat**. *on the day before yesterday* (AS)} VAR: čikʷłnát (AS) {čqéʔis cn ʔaʔ kʷi **číkʷłnat**. *I'm getting paid on Monday.* (AS)} VAR: čiyakʷłnát (EPT; MJT) VAR: čiʔikʷłnát (EPT)

sciʔə́yəł ⟦s-√cy̕=əyəł s-√relative=child⟧ teenage relative, older child. (MJT) {čaʔuʔə́y̕ kʷi tiʔə **sciʔə́yəł**. *He's a good child.* (MJT) | qanítəŋ cn ʔaʔ kʷi **sciʔə́yəł**. *I got robbed by a teenager.* (AS) | ʔiʔ uʔníł kʷi nsciʔə́yəł cə qáʔŋi. *That girl is my teenager.* (AS)}

sciʔəyəqʷłłč ⟦s-√c<iʔə>aʔyqʷł=iłč s-√fruit<pl>=plant⟧ ☞ scaʔyəqʷłłč several berry bushes, fruit trees. (MJT)

sciʔúʔis ⟦s-√caya=uy<ˀ>əs s-√first=forehead⟧ ☞ łčáʔi ancestor, one who went ahead, came before us. (ES; AS,BC) {siʔám **sciʔúʔisł**. *Our respected ancestors.* (AS,BC) | níł yaʔ sqʷáys kʷi čiyaméʔqʷł yaʔ **sciʔúʔisł**. *That was the word of our great-grandparents, our ancestors.* (ES) | níł kʷi x̣ənáts kʷi **sciʔúʔisł** ʔaʔyəcłtáyŋxʷ *That is what the people who came before us said.* (ES) | ʔáxən kʷi **sciʔúʔisł** ʔaʔ či snł cə čə́čtəŋxʷ swə́y̕qaʔ ʔaʔ kʷi stwawʔáłaʔs ʔaʔ tiə sctə́ŋxʷən ʔuʔ twawhiyí. *Our ancestors said that the great horned owl was a man when he was still alive here on earth.* (ES) | kʷi **sciʔúʔisł** yaʔ ʔiʔ kʷikʷiyáy yaʔ sxʷniyáʔəm ʔiʔ ti skʷənúcəns. *Our ancestors, they were expert Indian doctors with their power songs.* (ES)} VAR: sčiyúʔis (ES) VAR: sčiyúys {**sčiyúysł** *our ancestors* (ES; AS,BC)} VAR: sčiyúʔəs (ES)

sčičaʔyíqʷł fruit (pl). *See under:* sciʔčaʔyíqʷł

sčičsaʔqʷ ⟦s-čy+√cəs=iʔqʷ s-pl+√hat=head⟧ ☞ scə́saʔqʷ several hats. (MJT) VAR: sčiyə́saʔqʷ (AS) VAR: sčáyəsaʔqʷ (MJT) ⟦s-√c<ay>əs=iʔqʷ s-√hat<pl>=head⟧

sčičiʔásən ⟦s-čy+√cya=sən s-pl+√switch=foot⟧ ☞ čiʔát to have ones shoes on the wrong feet. (AS,BC; AS) VAR: sčiyásən (AS,BC)

sčičiʔúʔis ⟦s-čy+√caya=uy<ˀ>əs s-pl+√first=forehead<actl>⟧ ☞ sciʔúʔis ancestors, ones who went ahead, came before us. {nəsčičiʔúʔis. *My ancestors, those who are ahead of me.* (TC) | ʔáwənə qə nəsxčít kʷi nəsčičiʔúʔis yaʔ. *I don't know who my ancestors were.* (TC)} VAR: sčičiʔúʔəs (ES)

sčičqʷáw̕txʷ ⟦s-čy+√cqʷ=aw̕txʷ s-pl+√burn=house⟧ ☞ čičqʷáw̕txʷ burning building, house fire. (ES)

sčičúyəɬc ⟦s-čy + √čuy = aɬc s-pl + √wave = water⟧ ☞ sčúyəɬc several waves (rolling in or out on the water). (MJT; ES) VAR: sčičúwiɬc (EPT)

sčičx̣ács ⟦s-čy + √čx̣ = acis s-pl + √split = hand⟧ ☞ sčx̣úycs several fingers. (EPT) VAR: sča?yəx̣úycs (EPT)

sčičx̣úysən ⟦s-čy + √čx̣ = uy = sən s-pl + √split = digit = foot⟧ ☞ sčx̣úysən several toes. (EPT) VAR: sčičx̣ásən (EPT)

sčičʷáɬc spit (pl). See under: sča?yəx̣ʷáɬc

sčix̣ʷáyn̓č dolt. See under: sčəyəx̣ʷáyn̓č

sčiyanənəxʷ salmon (pl). See under: sčənčánnəxʷ

sčiyánəŋ year. See under: sči?ánəŋ

sčiyánəxʷ salmon (pl). See under: sčənčánnəxʷ

sčiyásən have shoe on wrong foot. See under: sčiči?ásən

sčiyása?qʷ hats. See under: sčičə́sa?qʷ

sčiyəyíqʷɬ fruit (pl). See under: sči?ča?yíqʷɬ

sčiyú?is ancestor. See under: sči?ú?is

sčkʷá? ⟦s-č-√wa? have-s-√own⟧ ☞ skʷá? owner. (ES) {?u?x̣čtíŋ ?a? cə qiya?qə́yu? ?a? či nsčkʷá? ?a? či sčə́yəxʷs cə məyúsmus ?a? cə q̓əyáx̣ən. The police knew that I was the owner of where the cows came into the fence. (MJ)} VAR: čškʷá? (AS,BC)

sčqán̓ ⟦s-č-√qan̓ s-have-√steal⟧ ☞ qán̓ stolen property, anything that one has by theft. (MJ; AS) {ŋə́n̓ ya? kʷi kʷi sčqán̓s. They had lots of stolen property. (AS)}

sčqʷa?cáyə stove. See under: sxʷčqʷu?cáyə

sčqʷáyəɬ ⟦s-√čqʷ = ayəɬ s-√burn = conveyance⟧ ⟪It is ready to be burned up.⟫ ☞ čə́qʷ an old canoe. (MJT)

sčqʷáy̓əč ⟦s-√čqʷ = ay̓ = əč s-√burn = wood = backside⟧ ⟪So called because they look black and rounded like a burned stump.⟫ black bear; bear meat. Ursus americanus. (MV; TC; EPT) VAR: sčqʷá?ič (EPT; RS; TC; AS,BC) {su?x̣čnáxʷs ?a? či sčqʷá?ič k̓ʷəwi?. He figured it was a bear hide. (ES) | ?úmənə̓ ca?n ?a? či sčqʷá?ič. I'm going to hunt bear. (AS,BC) | čá?x̣ʷəŋ̓ cə sčqʷá?ič smə́c. The bear grease is melting. (AS) | sáysi? ?a? tsə sčqʷá?ič. He was afraid of the bear. (MJT) | sčqʷá?ič ti?ə nəs?é?ɬən. This food is bear meat. (MJT) | su?x̌ʷkʷəts canu sčqʷá?ič kʷa? ?u?stáŋs ya? čtə ?i? sčšə́yus. That bear or whatever it was took it, and he threw. (ES)} VAR: sčqʷá?ič (ES; TC) {?u?šə́təŋ̓ cə sčqʷá?ič. Bear was walking. (TC) | níɬ č su?kʷəntíŋs ?a? cə skʷtú? cawnił sčqʷá?ič. Then Bear was being watched by Raven. (TC) | su?ánəŋs kʷi syə́cəm ?a? kʷi syə́cɬ q̓ʷúčt canu sčqʷá?ič ?i? ?əcɬtáyŋx. So they agreed to tell what we did to kill that bear and person. (ES)} VAR: sčqʷáy̓əč {sək̓ʷítəŋ̓ cə sčqʷáy̓əč. The bear was skinned. (AS) | hú? kʷɬsxʷɬŋə́n̓ či ?əns?é?ɬən ?i? txʷa?sčqʷáyəč qɬ cxʷ. If you eat many you would turn into a bear. (MJ)}

sčssínkʷɬ ⟦s-√čəsə? = sən = akʷɬ s-√two = foot = conveyance⟧ ☞ čssə́nkʷɬ bicycle or motorcycle. (AS)

sčšá?ič ⟦s-√čšay̓č s-√stump⟧ tree stump, trunk of cut tree, the butt end of a log. (LBH; EPT; ES; TC; AS,BC) [may have 'bottom' lexical suffix] VAR: sčšə́yəč (LB,CWH) VAR: čšá?yəč (HJH)

sčšə́yu? ⟦s-√čus-əyu s-√throw-activ⟧ ☞ čúst to be knocked, thrown down. {sčšə́yu? cn. Someone knocked me down. (ES) | n̓sčšə́yu? u? Did you knock him down? (ES)}

sčtə́ŋxʷən ⟦s-√čtəŋxʷ = ən s-√land = instr⟧ ☞ tə́ŋəxʷ
1. ground, land, earth, dirt, soil. (LB,CWH,H; JCo; EPT; LC; ES; AS,BC; MJ) {níɬ ?u? skʷá?s u? sčtə́ŋxʷən. It was their land. (ES) | na?cá?uŋx sčtə́ŋxʷən. Foreign land. (ES) | cú?məŋ kʷsə sčtə́ŋxʷən. The ground is wet. (EPT) | ?u?mán ?u? mə́təŋ ?ɬ ɬə́məxʷs tiə sčtə́ŋxʷən. This land is very muddy when it rains. (AS) | ?i? kʷə́nəŋ tə ŋə́·n̓ kʷítsən ?iyá ?a? cə x̣áčəŋ sčtə́ŋxʷən. And many spring salmon were seen there on the dry land. (MJ) | nəxʷɬəŋənúkʷt cə n̓sčtə́ŋxʷən. Clear your land. (ES) | kʷi?ə́t cə sčtə́ŋxʷən. Pour out the dirt. (ES) | ?u?mán ?u? ƛ̓áč cə ?əscə́yqʷəŋ sčtə́ŋxʷən. The hole in the earth was too deep. (ES) | ?u?ɬáwənə ?əx̣ín ?a? kʷi sxʷ?iyá ?a? nə́wə či sčtə́ŋxʷən ?əs?é?nəŋ. There was no land visible where Noah was. (ES) | ɬáx̣əŋ kʷi sči?ú?sɬ ?a? či sníɬ cə čáčtənəxʷ swə́yqa? ?a? kʷi stwaw̓?áɬa?s ?a? tiə sčtə́ŋxʷən ?u? twaw̓hiyí. Our ancestors said that the great horned owl was a man when he was still alive here on earth. (ES)}
2. territory, country. (LB,CWH) {sčtə́ŋxʷənɬ. Our country. (AS) | níɬ ya? skʷá?s sčtə́ŋxʷəns nəxʷsƛ̓áyəm. It was their Klallam land. (EPT) | ?iyá ?a? či na?cá?uŋx sčtə́ŋxʷən nəxʷsƛ̓áyəmúcən. They are there in foreign lands speaking the Klallam language. (ES) | níɬ ya? sčtə́ŋxʷəns ti yəščənúŋət ?əcɬtáyŋx. It (Ediz Hook) was the land of the poor Indians. (ES) | mán̓ st kʷa?ča ?u? ša?šú?ɬ kʷə stáčiɬ ?a? tiə sčtə́ŋxʷən ?a? tiə nəxʷyámi. We are very glad to arrive at this land, Lummi. (TC) | sƛ̓é?s či s?ən?ás ti sč?iyá ?a? tə nə́cu? sčtə́ŋxʷən. They want them to come from there to another land. (ES) | ƛ̓áy ?u? níɬ ?a? kʷi stáyəŋtəŋs ?iyá ?a? kʷi yíy̓ sčtə́ŋxʷən. It was also their flood in that far away land. (ES)}
3. farm. (LB,CWH) VAR: sčtə́ŋxʷ {?əsx̣ʷán̓íŋ ca? či shícs či n̓qaysáyɬ ?a? či n̓sxʷ?əsyáya? ?a? tiə sčtə́ŋxʷ. How long will you be paying for what you've done on this earth? (RSh)} VAR: sčtə́ŋxʷən (TC; MJ) {skʷá?s sčtə́ŋxʷəns. It's his land. (LC) | ƛ̓a?ƛ̓é?qi? cn ?a? cə sčtə́ŋxʷən. I'm getting close to the land. (TC) | ƛ̓áy ya? kʷ ?u? táči ti čəmšiyán ?a? skʷá?ɬ sčtə́ŋxʷənɬ. The Tsimshians also came here to our land. (ES)} VAR: sčtə́ŋxʷən (LB,CWH; LC) cp. tə́ŋəxʷ

sčtə́ŋxʷən skʷáči ⟦s-√čtəŋxʷ = ən ʔs-√kʷayiy s-√land = instr stat-√day⟧ ☞ sčtə́ŋxʷən ☞ skʷáči Earth Day. (AS,BC)

sčučutáyəɬ ⟦s-čw + √čwtayɬ s-pl + √child_inlaw⟧ ☞ sčutáyəɬ sons-in-law, daughters-in-law, spouses of one's children, nieces, or nephews. {ʔuʔx̣ə́n̓ ŋə́nəŋənaʔɬ, **sčučutáyəɬ** ʔiʔ cə ŋə́nŋənaʔs sx̣ayéʔx̣ɬ. *There were all of our children, our in-laws and all of their young children.* (ES)}

scúkʷiʔ skunk cabbage. *See under:* čúkʷiʔ

sčúɬ ⟦s-√čuɬ s-√wood⟧ wood, firewood, driftwood. (LB,CWH; EPT; LC; AS,BC; TC) {q̓ə́pəŋ̓ cn ʔaʔ cə **sčúɬ**. *I'm gathering firewood.* (ES; TC) | q̓pə́t cn cə **sčúɬ**. *I gathered the firewood.* (ES) | ŋə́n̓ kʷə **sčúɬ** *There is a lot of wood.* (EPT) | mák̓ʷəŋ cn ʔaʔ cə **sčúɬ**. *I picked up the driftwood.* (ES) | čixʷás cn cə **sčúɬ**. *I brought in the wood.* (AS) | **sčúɬ** x̣čáʔčč q̓ʷčáŋ. *It's cedar root wood.* (MJ) | ŋə́n̓ tə **sčúɬ** ʔəsqʷáɬ. *There's lots of driftwood.* (AS) | čx̣ə́t cn či nə**sčúɬ** spčúʔ. *I ripped my basket wood.* (MJ) | níɬ suʔx̣̓ʷə́ts cə **sčúɬ** ʔcɬtáyŋxʷ stáyŋxʷ. *Then she stuck on the wood Indian medicine.* (TC) | níɬ suʔúyəɬtxʷɬ cə **sčúɬ** ɬaʔčítəŋ. *Then we'll load the wood being cut.* (ES) | níɬ nsuʔstə́ŋct ʔənʔáxʷ cúŋ cə n**sčúɬ**. *Then I went ahead and brought up my firewood.* (ES) | stáŋ yaʔ ʔuč ti **sčúɬ** čəʔúʔwəxʷ ʔəɬ q̓ʷə́yŋəxʷ ʔaʔ ti sčánnəxʷʔ *What wood did you use when you cooked the salmon?* (TC)} VAR: sčúɬ (LBH; TC)

sčúɬásən ⟦s-√čuɬ-a = sən s-√wood-ext = foot⟧ ☞ sčúɬ wooden leg, any artificial leg. (ES)

sčúɬáw̓txʷ ⟦s-√čuɬ = awtxʷ s-√wood = house⟧ ☞ sčúɬ
1. woodshed, a place to store firewood. (ES,HS,AS; TC; MJ)
2. wooden house, any building made of wood. (TC)

sčúŋ ⟦s-√čuŋ s-√push⟧ the wind (blowing). (EPT; LC; TC; ES; AS,BC) {paʔxʷə́yu cə **sčúŋ**. *The wind is blowing.* (TC) | x̣àx̣̓ kʷsə **sčúŋ**. *It's a strong wind.* (EPT) | hiʔənʔáʔə cə **sčúŋ**. *A wind is coming.* (MJT) | ɬáɬačí **sčúŋ**. *It's a cold wind.* (TC) | ʔiyə́m tə **sčúŋ**. *The wind is strong.* (TC) | púxʷtəŋ cn ʔaʔ cə **sčúŋ**. *The wind blew on me.* (AS) | čə́saʔqʷəŋ kʷi; mán ʔuʔ x̣àx̣̓ kʷə **sčúŋ**. *Put your hat on; it's very windy.* (AS) | ʔuʔyéʔyəqʷ tə **sčúŋ**; ʔáwə c x̣àx̣̓. *The wind is calm; it's not windy.* (AS) | ʔáwənə sčtə́ŋxʷən ʔiʔ náč cə **sčúŋ**. *There was no land, and the wind was different.* (MJ) | ʔuʔx̣éʔsiʔ cə **sčúŋ**; ʔuʔp̓úqʷəŋ cə x̓ɬáɬc. *The wind is terrible; the ocean is foaming.* (AS) | ʔi uʔtáči tə ŋáqaʔ, **sčúŋ**, ʔiʔ kʷiʔə́y̓ tiə čənʔéy. *And the snow came, the wind, and then it was summer.* (AS)} VAR: sčúŋ (ES)

sčutáyəɬ ⟦s-√čwtayɬ s-√child_inlaw⟧
1. any younger generation in-law, son-in-law, daughter-in-law, spouse of one's child, niece, or nephew. (LB,CWH; EPT; MJT; AS,BC)
2. any male in-law. (AS,BC)
3. a man's brother-in-law. (ES) VAR: sčutáyəɬ (ES) {níɬ kʷaʔ suʔyúyts cə **sčutáyəɬ** kʷaʔ hiyáʔəs ʔaʔ cə ʔúxʷ ʔaʔ cə ʔáckʷɬ. *So she invited her brother-in-law when she went out to the deep water.* (AA) | suʔánɬs cə **sčutáyəɬ**, swə́yqaʔs cə saʔə́yčəns. *So the brother-in-law, husband of her younger sister, agreed.* (AA) | mán ʔuʔ nəxʷčiyaʔyéʔwən ʔaʔ či smán̓s ʔuʔ nəxʷsx̣̓iyʔáməxʷ cə **sčutáyəɬ**s. *She was very resentful of her brother-in-law being such a good provider.* (AA) | suʔəwíyəŋs ʔiʔ hiyáʔ ʔúyɬ ʔaʔ cə ʔuʔútx̣s ʔiʔ ɬúys kʷaʔ cə **sčutáyəɬ**s yaʔ. *She returned and got aboard her canoe and left her brother-in-law behind.* (AA) | txʷúy kʷaʔ ɬúyəŋs cə **sčutáyəɬ**s. *He became alone when she abandoned her brother-in-law.* (AA) | mán ʔuʔ nəxʷčiyaʔyéʔwən ʔawsuʔmán̓s ʔuʔ nəxʷsx̣̓iyʔáməxʷ cə **sčutáyəɬ**s swə́yqaʔs cə saʔə́yčəns. *She was very resentful because her brother-in-law, her younger sister's husband, was a good provider.* (AA) | ʔiʔ ʔuʔx̣ə́ʾn̓ tə ŋə́nŋənaʔɬ ʔiʔ tə **sčutáyəɬ** ʔiʔ tə sx̣ayéʔx̣ɬ ʔuʔ ʔscə́yxʷ ʔaʔ nə́cuʔ. *And all of our children and in-laws and their children were inside the one.* (ES)} VAR: sčutáʔiɬ {**sčutáʔiɬ**s *Their son-in-law. / jack of other suit of same color as trumps in pinochle.* (MJT)} VAR: sčutáyəɬ (EPT; ES) {hiyáʔ ixʷ nəcə́wtxʷən kʷsi nəsíyaʔ ʔuxʷ ʔaʔ kʷsə **sčutáy**s. *My grandmother must have gone visiting her in-laws.* (MJ)} VAR: sčutáyəɬ (LC; ES) VAR: sčutáyɬ (ES)

sčúwiɬc wave. *See under:* sčúyəɬc

sčúyəɬc ⟦s-√čuy = əɬc s-√wave = water⟧ [root not identified in other words] any wave (rolling in or out on the water). (MJT; TC; ES; TC,AS,BC) VAR: sčúyiɬc (ES) VAR: sčúwiɬc (EPT) VAR: sčúyɬc (TC,AS,BC; AS,BC) {sáʔsiʔsiʔ yaʔ cn ʔawmán ʔuʔ čə́yq ti **sčúyɬc** ʔiyá ʔaʔšiyŋ̓úy̓kʷɬ. *I was scared because the waves were very big there at Beechey Head.* (TC)}

sčx̣áʔič stinging nettle. *See under:* čc̓čx̣áɬc

sčx̣áč hip. *See under:* scx̣áč

sčx̣áyč stinging nettle. *See under:* čc̓čx̣áɬc

sčx̣úycs ⟦s-√čx̣ = uy = acis s-√split = digit = hand⟧ ☞ čə́x̣ finger. (EPT)

sčx̣úysən ⟦s-√čx̣ = uy = sən s-√split = digit = foot⟧ ☞ čə́x̣ toe.

sčxʷáɬc ⟦s-√čxʷ = aɬc s-√saliva = water⟧ ☞ čxʷáɬc spit, expectoration, saliva. (TC) {níɬ suʔčxʷáɬcs ʔiʔ ŋə́ʾn̓ ŋáčɬ tə **sčxʷáɬc**s. *Then she spat, and there was lots of pus in her spit.* (MJ)}

sčáʔi ⟦s-√čiʔy s-√take_away < actl >⟧ [analysis uncertain - stressed /á/ is unaccounted for and other speakers do not know this form] ☞ čéʔyət to be taking away. (ES)

sčáʔiɬ ⟦s-√čaʔyɬ s-√place_name⟧ Gibson Spit south of Port Williams on Sequim Bay. (EPT)

sčaʔyaʔčáʔi ⟦s-č < aʔy > aʔ + √čə < ʔ > y = ay̓ s-dim < pl > + √treebark < dim > = wood⟧ ☞ čə́yiʔ small pieces of tree bark. {ʔuʔmák̓ʷəŋ ʔaʔ tə qʷə́ɬtəŋ **sčaʔyačáʔi**. *He was picking up small pieces of bark brought in by the waves.* (ES)}

sčaʔyəsúycs ⟦s-√č⟨aʔy⟩suy=acis s-√nail⟨pl⟩=hand⟧ ☞ **čšúycs** several fingernails. (EPT; ES; TC)

sčáwaʔčay cupboard. See under: sxʷčawaʔčay

sččíyəxʷ ⟦s-č+√č⟨í⟩əyxʷ s-pl+√enter⟨pl⟩⟧ ☞ **sčə́yəxʷ** several bays. (EPT) VAR: sččíyxʷ (EPT)

sčéʔəmkʷ ⟦s-√č⟨iʔ⟩əmkʷ s-√bullhead⟨dim⟩⟧ ☞ **sčə́məkʷ** little specimen of a small bullhead fish species. (MJT)

sčéʔəy̓əxʷ ⟦s-√č⟨iʔ⟩əy⟨ˀ⟩xʷ s-√enter⟨dim⟩⟧ [analysis uncertain - The meaning fits, but this looks more like a plural than a diminutive.] ☞ **sčə́yəxʷ** a small protected area, bay. {ʔiʔ k̓ʷə́nəx kʷsə **sčéʔəy̓əxʷ**. *And see a small bay.* (MJT)}

sčéy̓ tree bark. See under: čə́yiʔ

sčə́kʷxəŋ fried. See under: ʔəsčə́kʷx

sčə́məkʷ ⟦s-√čəmkʷ s-√bullhead⟧ a small bullhead fish with a large head, short horns, and varicolored face. *unidentified species.* (MJT) {ŋə́n̓ cə páwi, xʷə́čt, **sčə́məkʷ** ʔíya ʔaʔ cə sxʷʔíyas ti ɬúməčən ʔaʔ sxʷʔíyas nəwíyŋ ʔaʔ tə ʔəscə́y̓qʷ. *There were lots of flounders, grunt-fish, bullheads there where the blackfish go into the hole.* (MJ)}

sčə́nəŋ ⟦s-√čən-ŋ s-√shake-mdl⟧ ☞ **čə́nəŋ** the Shaker Church. {níɬ suʔtáčis tiə **sčə́nəŋ**. *Then the Shaker Church arrived.* (ES) | čtát cn kʷsi nəsíyaʔ kʷaʔ níɬs ʔuʔ**sčə́nəŋ** tə ssúʔpts ʔúxʷ ʔaʔ cə cross. *I asked my grandmother if it is the Shaker Church that is drawing her to the cross.* (MJ) | ʔiʔ xə́nəŋ ʔaʔ či sníɬs č kʷi **sčə́nəŋ**. *And she said that it is, apparently, the Shaker Church.* (MJ)} VAR: sčə́nəŋ (LC)

sčə́nəs ⟦s-√čəns s-√steam_bake⟧ ☞ **čə́nəs** anything baked or steamed in a cooking pit. (MJT)

sčə́ṅəč ⟦s-√čən̓č s-√pinch⟧ ☞ **čə́ṅčt** two of the three small Village Islands at the east side of Becher Bay that are very close together. (TC) *cp.* sáwsuʔqən VAR: sčə́ṅč (TC)

sčə́pxʷiʔ ⟦s-√čəpxʷy̓ s-√wart⟧ [root not identified in other words] wart. (TC)

sčəyəšúysən ⟦s-√č⟨əyə⟩suy=sən s-√nail⟨pl⟩=foot⟧ ☞ **čšúysən** several toenails. (EPT)

sčə́yəxʷ ⟦s-√čəyxʷ s-√enter⟧ ☞ **čə́yəxʷ** protected area, bay (especially an inlet with small opening to sea). (LB,CWH; EPT; MJT; ES) {ʔiʔ hiyáʔ cxʷ ʔúxʷ ʔə cə **sčə́yəxʷ**. *And you go into the bay.* (MJT)}

sčə́y̓ə yard. See under: sčə́y̓aʔ

sčə́y̓i yard. See under: sčə́y̓aʔ

sčə́y̓xʷ inside. See under: ʔəsčə́y̓xʷ

sčiʔyə́məkʷ ⟦s-√č⟨iʔy⟩əmkʷ s-√bullhead⟨pl⟩⟧ ☞ **sčə́məkʷ** several small bullhead fish. (MJT)

VAR: sčiyə́məkʷ ☞ **sčə́məkʷ** several small bullheads. (EPT)

sčixʷíkʷən insides. See under: sxʷčixʷíkʷən

sčiyaʔyéʔwən envious. See under: nəxʷčiyaʔyéʔwən

sčšúycs fingernail. See under: čšúycs

sčšúysən toenail. See under: čšúysən

sčúʔsəŋ ⟦s-√ču⟨ʔ⟩s-ŋ⟨ˀ⟩ s-√displeased⟨actl⟩-mdl⟨actl⟩⟧ [subjective genitive stem] ☞ **čúʔsəŋ** to be unpleasing, repellent, unwelcome, something disliked, ignored. (ES) {**sčúʔsəŋ** cn. *They don't care for me. / They don't like me. / I'm not good enough for them. / He ignored me. / He stuck up his nose at me.* (MJT; ES; AS) | ʔən**sčúʔsəŋ** u? *Don't you like it? / Isn't that good enough for you?* (MJT; ES) | nə**sčúʔsəŋ**. *I don't like it.* (MJT; ES) | ʔiʔ **sčúʔsəŋ**s. *And she didn't like them. / She turned her nose up at it.* (MJ) | ʔu**sčúʔsəŋ**s cə sčáʔyəm̓. *She doesn't like bones.* (MJ) | hə́ʔnəŋ cn ʔaʔ či nə**sčúʔsəŋ** ʔaʔ či čə́xtən. *Thank you for my dislike of poison (drugs).* (TC,AS,BC)}

sčúsəŋ ⟦s-√čus-ŋ s-√displeased-mdl⟧ ☞ **čúsəŋ** to be anything repellent, unwanted, unpleasant. (AS,BC) {**sčúsəŋ** yaʔ kʷi kʷə nsʔíɬən. *My food was unpleasant.* (AS) | **sčúsəŋ** kʷi kʷə swéʔwəs. *That boy is repellent.* (AS)}

sčxáʔiɬč stinging nettle. See under: čččxáɬč

sčxáy̓č stinging nettle. See under: čččxáɬč

sčxáy̓ɬč stinging nettle. See under: čččxáɬč

sčyúwi twin. See under: čiyúwi

sčyúwyə twin. See under: čiyúwi

séʔəx ⟦√si⟨ʔə⟩x √move_over⟨actl⟩⟧ ☞ **síx** to be moving, operating, running (of a machine). (AS) {**séʔəx** cə məšín. *The machine is running.* (AS,BC) | xən̓áɬ ti suʔ**séʔəx**s kʷɬə nʔáys. *My sister is always moving.* (AS)}

séʔəxtəŋ being moved. See under: saʔxítəŋ

séʔk̓ʷəŋ ⟦√si⟨ʔ⟩k̓ʷ-ŋ⟨ˀ⟩ √peel⟨actl⟩-mdl⟨actl⟩⟧ ☞ **sík̓ʷəŋ** to be peeling, pulling skin off. (AS) {**séʔk̓ʷəŋ** cn. *I'm pulling skin off.* (AS)}

séʔk̓ʷt ⟦√si⟨ʔ⟩k̓ʷ-t √peel⟨actl⟩-trns⟧ ☞ **sík̓ʷt** to be peeling, skinning something. {**séʔk̓ʷt** cn cə húʔpt. *I'm skinning the deer.* (AS)}

séʔqiʔct ⟦√si⟨ʔ⟩q̓y⟨ʔ⟩-cut √heavy⟨actl⟩-rflxv⟧ ☞ **síqi** to be getting heavy. {kʷɬiʔ**séʔqiʔct**. *It's getting heavy.* (MJT)}

séʔxt ⟦√si⟨ʔ⟩x-t √move_over⟨actl⟩-trns⟧ ☞ **síxt** to be moving something, putting something somewhere else. {**séʔxt** cn. *I'm moving it.* (TC) | **séʔxt** cn cə čáʔwi. *I'm moving the dish over.* (AS) | nuʔnéʔ ʔuʔ ʔiʔuʔ**séʔxt**. *There was something moving it.* (MJ)}

séʔxʷəŋ ⟦√si⟨ʔ⟩xʷ-ŋ⟨ˀ⟩ √wade⟨actl⟩-mdl⟨actl⟩⟧ ☞ **síxʷəŋ** to be wading. (EPT; TC) {**séʔxʷəŋ** cn. *I'm wading.* (ES) | kʷɬ**séʔxʷəŋ** cn.

I'm wading now. (LC) | ŋə́ń kʷsə **séʔx̣ʷəŋ**. *There are a lot of people wading.* (EPT)}

séʔyaʔ grandparent. *See under:* sséʔyaʔ?

sehéʔwaməš ⟦√səhiʔwaməš √Sahewamish⟧ Sahewamish tribe around the west half of Hartstene Island, Hammerslay Inlet, Mud Bay, and Oyster Bay. (EWH) VAR: ʔehéʔwaməš (EWH)

sénts ⟦√sents √cent⟧ penny, one cent coin. (TC) [from English 'cents'] {nə́čuʔ **sénts**. *one cent* (TC)}

séylmən ⟦√séylmən √sailor⟧ sailor. (ES) [from English 'sailor man']

səʔúykʷč dancer's regalia. *See under:* sʔúykʷč

sə́čəŋ bleed. *See under:* šə́čəŋ

sək̓ʷítəŋ ⟦√sik̓ʷ-t-ŋ √peel-trns-psv⟧ ☞ **sík̓ʷt** to be peeled, skinned, stripped by someone or something. {sək̓ʷítəŋ cə sčqʷáyəč. *The bear was skinned.* (AS)} VAR: sík̓ʷtəŋ {**sík̓ʷtəŋ** cə k̓ʷə́wiʔ. *The skin was peeled.* (AS) | níɬ kʷi suʔ**sík̓ʷtəŋ**s kʷə k̓ʷə́wiʔs kʷə músmus. *Then they skinned the cow.* (AS)}

sə́ɬəŋ ⟦√səɬ-ŋ √continue-mdl⟧ [u-class intensifier] to do continuously, keep on. {ʔuʔ**sə́ɬəŋ** ʔuʔ hiyáʔ. *Keep going.* (TC) | **sə́ɬəŋ** ʔuʔ čtáŋ. *He keeps on asking.* (TC) | **sə́ɬəŋ** či ʔuʔ čáʔəy. *Keep on working.* (MJT) | ʔuʔ**sə́ɬəŋ** ʔuʔ čaʔčáʔts cə sčaʔk̓ʷaʔúɬs. *He kept on building his boat.* (ES) | **sə́ɬəŋ** ʔuʔ ɬéʔyəm cə sɬániʔ. *The woman sang continuously.* (ES) | ʔiʔ níɬ suʔ**sə́ɬəŋ**s ʔuʔ čaʔsútəŋ. *And they kept on throwing at him.* (ES) | ʔuʔ**sə́ɬəŋ** ʔuʔ qʷáqʷiʔ. *Keep on talking.* (TC) | ʔuʔ**sə́ɬəŋ** cn ʔuʔ qʷáqʷiʔ. *I'm going to keep talking.* (TC) | ʔuʔ**sə́ɬəŋ** ʔuʔ ʔéʔɬən. *Keep eating.* (TC) | ʔuʔ**sə́ɬəŋ** ʔuʔ ʔíɬən. *Keep eating.* (TC) | ʔuʔ**sə́ɬəŋ** cn ʔuʔ ʔíɬən. *I'll keep on eating.* (TC) | **sə́ɬəŋ** caʔn ʔuʔ qʷáqʷiʔ. *I'm going to continue talking.* (TC) | čsqə́ča̓ cn ʔi uʔ**sə́ɬəŋ** ʔuʔ cúcəŋtəŋ ʔaʔ Rags. *I'd get some (fish), and Rags kept carrying up them up from the beach.* (MJT)} VAR: sə́ɬəŋ {**sə́ɬəŋ** cə xʷanítəm ʔuʔ čtáŋ ʔuʔ čtáŋ. *The white man kept on asking and asking.* (ES) | ʔuʔ**sə́ɬəŋ** cə xʷanítəm ʔuʔ čtáŋ ʔaʔ či syáyac cə ʔəcɬtáyŋxʷ *The white man kept asking the Indian what he was doing.* (ES)}

sə́ɬəŋ ⟦√səɬ-ŋ <ʔ> √continue-mdl <actl>⟧ ☞ **sə́ɬəŋ** to continue, go on, carry on, keep on doing (something). (ES; TC) {**sə́ɬəŋ** cn. *I'm going on.* (TC) | **sə́ɬəŋ** či! *Carry on! Keep on!* (TC) | huʔ**sə́ɬəŋ** či! *Keep at it!* (MJT)} VAR: sə́ɬəŋ (MJT) {**sə́ɬəŋ** cn. *I carry on, continue.* (TC)}

sə́maʔčəŋ ⟦√səmỷ-ŋ √blanket-mdl⟧ [/ỷ/ → /ʔč/] ☞ **sə́miʔ** to cover up with a blanket. (ES) {**sə́maʔčəŋ** cn. *I covered with a blanket.* (TC) | **sə́maʔčəŋ** či! *Cover up!* (TC) VAR: sə́məčəŋ {**sə́məčəŋ** či. *Cover yourself up.* (AS) | **sə́məčəŋ** ʔiʔ ʔíɬt. *Put a blanket on and sleep.* (MJ) | kʷsáʔič či ʔiʔ **sə́məčəŋ**. *Get back and cover up.* (AS)} VAR: sə́mək̓ʷəŋ (AS,BC; AS) VAR: sə́mačəŋ {**sə́mačəŋ** cn. *I covered myself up.* (MJT) | **sə́mačəŋ** caʔn. *I'm going to cover up.* (MJT)}

səmaʔčúʔiɬ ⟦√səmỷ=uyɬ √blanket=child⟧ [/ỷ/ → /ʔč/] ☞ **sə́miʔ** baby blanket. (ES,TC)

səmá́ʔtəŋ ⟦√səmỷ-t-ŋ √blanket-trns-psv⟧ [rightward stress shift with passive] ☞ **sə́məčt** to be covered with a blanket. (AS,BC) {**səmá́ʔtəŋ** cn. *Someone covered me.* (TC; AS) | **səmá́ʔtəŋ** ʔaʔ cawniɬ. *He covered him up.* (TC) | **səmá́ʔtəŋ** ʔaʔ cə sɬániʔ. *Someone was covered by the woman.* (TC)} VAR: sə́matəŋ {**sə́matəŋ** cn. *They covered me up.* (AS)}

sə́məc fat. *See under:* smə́c

sə́məčc ⟦√səmỷ-t-c √blanket-trns-1obj/2obj⟧ ☞ **sə́məčt** cover me; cover you. {**sə́məčc** či hayə. *Cover me up, you folks.* (MJT)} VAR: sə́maʔc (TC) {**sə́maʔc** u cxʷ? *Did you cover me with a blanket?* (TC) | **sə́maʔc** či. *Cover me.* (TC) | **sə́maʔc** cn. *I covered you.* (TC)}

sə́məčt ⟦√səmỷ-t √blanket-trns⟧ ☞ **sə́miʔ** to cover someone or something with a blanket. (MJT; ES,HS) {**sə́məčt** tiə nəstcík̓ʷən. *Cover my back with a blanket.* (HS) | **sə́məčt** tə nɬáwiʔ. *Cover my arm up.* (MJT) | **sə́məčt** caʔn tsiʔə. *I'm going to cover her up.* (MJT) VAR: sə́mačt (MJT) {**sə́mačt** tə nɬáwiʔ. *Cover my arm up.* (MJT) | **sə́mačt** cn tə nɬáwiʔ. *I'm covering my arm up.* (MJT)} VAR: sə́maʔt (BC) VAR: sə́mət {**sə́mət** cn. *I covered him with a blanket.* (BC)}

sə́mətəŋ be covered. *See under:* səmá́ʔtəŋ

sə́məxʷ ⟦√səmxʷ √quiet⟧ to hush, be quiet, shut up, stop talking. (TC; TC,BC) {**sə́məxʷ** či! *Shut up! / Be quiet! / Stop talking!* (MJT; ES) | húy̓ či **sə́məxʷ**. *Please stop talking.* (NS,JW) | **sə́məxʷ** cn *I hushed. / I stopped talking.* (MJT) | ʔə́mət či **sə́məxʷ**. *Sit down and shut up.* (AS,BC) | **sə́məxʷ** či. ʔáwə c xʷuʔúŋ̓. *Hush. Don't cry.* (ES) | **sə́məxʷ** či. ɬə́məxʷ caʔ. *Be quiet. It'll rain.* (TC) | x̣ənʔáxʷ cn cə nəsqáxaʔ kʷaʔ ʔuʔ**sə́məxʷ**s. *I told my dog to be quiet.* (TC) | níɬ suʔ**sə́məxʷ**s cə nəsqáxaʔ. *So then my dog shut up.* (TC)}

sə́məxʷáyŋən ⟦√səmxʷ-ayŋən √quiet-want⟧ ☞ **sə́məxʷ** to get quiet, want to be quiet. {**sə́məxʷáyŋən** u ʔəɬ qʷáyəs? *You can't stop him when he gets started talking?* (MJT) | **sə́məxʷáyŋən** ʔəɬ qʷáyəs; ʔiʔ mán ʔuʔ x̣éʔči ixʷ kʷi. *His voice gets quiet when he talks; he must be bashful.* (AS)}

sə́miʔ ⟦√səmỷ √blanket⟧
1. any blanket, cover, sheet. (LC; AS,BC; ES; ES,HS; TC; AS) ✻Blankets are a traditional symbol of wealth and honor. They are very highly valued items given at public ceremonies. {yáʔt cə **sə́miʔ**. *Fix the blanket.* (ES) | mičiyúʔyəst cə n**sə́miʔ**. *Roll up your blanket.* (TC) | xʷə́ykʷtəŋ cn ʔaʔ tə **sə́miʔ**. *They wrapped me in a blanket.* (AS) | čúkʷs cn cə **sə́miʔ**. *I used the blanket.* (AS) | cíɬəŋ cxʷ, siʔám̓ Tim. ʔə́ŋaʔtəŋ cxʷ ʔaʔ tiə **sə́miʔ**. *Stand up, Tim. You are being given this blanket.* ✻Said when formally giving a gift at a naming or other ceremony. (TC) | qán̓təŋ yaʔ cn ʔaʔ cə n**sə́miʔ** ʔiyá

cə nsxʷʔiyá ʔəɬ mitáliən *My blanket was stolen from me there where I was gambling.* (BC)}
2. lightweight blanket. (EPT) VAR: sʔmi {ɬáxʷɬ ʔuʔ mə́kʷ cə **sə́mi**. *The blanket is really thick and lumpy.* (AS) | xʷə́kʷtəŋ tiə **sə́mi**. *This blanket was being dragged.* (AS) | xʷkʷə́ts tə **sə́mi** tə sxʷák̕ʷi swə́yqaʔ. *The crazy man dragged the blanket.* (AS)}

səmíxʷ silent. See under: səmíxʷ

səmkʷúsəŋ angelica. See under: sxʷməkʷúsŋən

səmšə́sət sun. See under: sʔəmš́ácət

səmúst 〚√səm-us-t √sell-rcpnt-trns〛 [probably has the same root as the word for 'blanket'] *cp.* sə́miʔ to sell someone, convince someone to buy or take. (AS,BC) {**səmúst** cn. *I sold (it) to him.* (AS)}

səmústəŋ 〚√səm-us-t-ŋ √sell-rcpnt-trns-psv〛 ☞ **səmúst** to be sold to by someone, be convinced to buy. {**səmústəŋ** cn. *I got sold to.* (AS) | **səmústəŋ** cn ʔaʔ cə sə́miʔ. *The tried to make me buy a blanket. / I was sold a blanket.* (AS,BC)}

səmíxʷ 〚√səm<ʔ><í>xʷ √quiet<actl><pers>〛 ☞ **sə́məxʷ** to be keeping quiet, silent, still. (LB,CWH; EPT; MJT; ES; TC; TC,BC) {**səmíxʷ** cn. *I'm keeping quiet, silent.* (MJT; TC,BC) | qʷáy či! ʔáwə c **səmíxʷ**! *Talk! Don't be silent!* (ES) | xənʔáxʷ cn kʷaʔ ʔuʔ**səmíxʷ**s. *I told him to keep quiet.* (TC) | ʔə́mət či **səmíxʷ**. *Sit down and shut up.* (AS,BC) | **səmíxʷ** či ʔəɬ qʷáqʷiʔən. *Be silent when I'm talking.* (TC) | níɬ kʷaʔčaʔ sxʷ**səmíxʷ** ti q́áʔŋi. *That's why girls are quiet.* (AA) | sátəŋ cn kʷaʔ **səmíxʷ**ən. *He told me to keep quiet.* (TC) | ʔáwə cn c nəxʷtčács; ʔuʔ**səmíxʷ** cn. *I didn't get even; I kept quiet.* (ES) | sɬáxʷɬ ʔuʔ **səmíxʷ** ʔi ʔuʔhúʔ cxʷ qʷáy. *Definitely be quiet if you talk.* (AA) | húʔ q cxʷ ʔáwə c **səmíxʷ** ʔiʔ ʔuʔməyaʔwáčc. *If you don't be quiet, I'll kick you in the rump.* (ES)} VAR: səmíxʷ (AS,BC)

səmíxʷtəŋ 〚√səm<ʔ><í>xʷ-txʷ-ŋ √quiet<actl><pers>-inancaus-psv〛 ☞ **səmíxʷtxʷ** to be silenced by someone or something. (AS,BC)

səmíxʷtxʷ 〚√səm<ʔ><í>xʷ-txʷ √quiet<actl><pers>-inancaus〛 ☞ **səmíxʷ** to silence someone, make someone keep quiet. (AS,BC)

sə́naʔkʷ 〚√sənaʔkʷ √bed_partner〛 bed partner, one that sleeps in the same bed. ((Usage: This does not imply a sexual relationship. Siblings sleeping in the same bed could use this in reference to each other.)) (MJTA; TC) {kʷaʔčíy kʷaʔčaʔ ʔiʔ ʔə́mət cə n**sə́naʔkʷ**. *It was morning, and my bed partner got up.* (MJ) | níɬ suʔənʔás čə́yəxʷ cə nə**sə́naʔkʷ** yaʔ, my aunt, nəcáčc. *Then my bed partner, my aunt, came in.* (MJ)} VAR: sə́nəkʷ (AS,BC)

sə́naʔxʷ 〚√sənaʔxʷ √tube〛 tube. (LBH)

səŋéʔ invited. See under: sŋéʔ

səŋéʔwən sad. See under: ʔəsxʷsəŋéʔwən

səŋəná́ʔəŋ adopted child. See under: sŋəná́ʔəŋ

sə́ŋsəŋəyoo 〚√sə́ŋsəŋəyoo √n_s〛 words of unknown meaning in a crying song sung by Raven in the story of Raven and Seal. Perhaps this means something like "boo hoo". {níɬ č suʔáx̣əŋs, "**sə́ŋsəŋəyoo** kʷi nəstíkʷən yaʔ." *Then he said, "Boo hoo, my late nephew."* (TC)}

səŋús intestines. See under: sŋús

səŋyéʔwən̓ sad. See under: ʔəsxʷsəŋ̓éʔwən̓

səŋyéʔwəs sad. See under: ʔəsxʷsəŋ̓éʔwən̓

sə́ŋ 〚√səŋ √ebb〛 *cp.* ɬə́ŋ to faint, pass out, lose consciousness. (LC; AS,BC) {**sə́ŋ** cn. *I fainted.* (MJT; ES) | **sə́ŋ** kʷsə sɬáni. *The woman fainted.* (AS) | húy cn ʔuʔ ɬáqʷi ʔiʔ ʔuʔčiyáy či n**sə́ŋ**. *I only lost weight, and I almost fainted.* (AS,BC)}

səŋ́éʔwən̓ sad. See under: ʔəsxʷsəŋ̓éʔwən̓

səŋ́íkʷs 〚√səŋ̓=iws √ebb=body〛 ☞ **sə́ŋ** to faint, completely pass out. (BC) {mán ʔuʔ ɬaʔɬíqəŋ tə skʷáči; **səŋ́íkʷs** kʷɬə q̓áʔŋi. *The weather was very warm; the girl fainted.* (AS)}

səŋ́íkʷsəŋ 〚√səŋ̓=iws-ŋ √ebb=body-mdl〛 ☞ **səŋ́íkʷs** to fall into a faint, pass out. {**səŋ́íkʷsəŋ** cn. *I fell into a dead faint.* (BC)}

sə́ŋ̓səŋ̓íkʷs 〚sə́ŋ̓ + √səŋ̓=iws char + √ebb=body〛 ☞ **səŋ́íkʷs** to completely faint, pass out. {**sə́ŋ̓səŋ̓íkʷs** kʷsə sɬáni. *The woman passed out.* (AS)}

sə́ŋ̓səŋ̓íkʷst 〚sə́ŋ̓ + √səŋ̓=iws-t char + √ebb=body-trns〛 ☞ **sə́ŋ̓səŋ̓íkʷs** to make someone faint, pass out. {**sə́ŋ̓səŋ̓íkʷst** cn cə sɬáni. *I made the woman faint.* (AS,BC)}

sə́ŋ̓səŋ̓íkʷstəŋ 〚sə́ŋ̓ + √səŋ̓=iws-t-ŋ char + √ebb=body-trns-psv〛 ☞ **sə́ŋ̓səŋ̓íkʷst** to be passed out cold. {**sə́ŋ̓səŋ̓íkʷstəŋ** cn. *I passed out cold.* (AS,BC) | **sə́ŋ̓səŋ̓íkʷstəŋ** cə sɬáni. *The woman fainted.* (AS) | čə́yŋ cn ʔiʔ **sə́ŋ̓səŋ̓íkʷstəŋ**. *He scared me and made me faint.* (AS)}

səŋ́úcən 〚√səŋ̓=ucin √ebb=mouth〛 ☞ **sə́ŋ** *cp.* ɬəŋ̓úcən to ebb (of the tide), water starts to go down. (MJT; AS) {**səŋ́úcən** cə cáw. *The tide is out.* (AS) | **səŋ́úcən** cə stúʔwi. *The river went down.* (AS)}

səp̓út draw it in. See under: súp̓t

sə́q 〚√səq √outside〛 to be outside. (ES) {**sə́q** cn. *I'm outside.* (TC) | níɬ suʔhiyáʔs **sə́q**. *So they went outside.* (ES) | **sə́q** cə q́éʔs. *His guts were out.* (MJ) | suʔ**sə́q**s tə ŋə́naʔs. *Her child was outside.* (MJ) | **sə́q** tsə músmus ʔaʔ cə sxʷʔəsnáwəɬ *The cow was out of what it had been stuck in.* (MJ) | suʔ**sə́q**s ʔiʔ cə cáccs. *So she was outside with her aunt.* (MJ) | níɬ nsuʔ**sə́q** ʔiʔ kʷənəxʷ ʔəscáʔnəč ʔiyá ʔaʔ tə skʷáʔət. *Then I went out and saw him leaning back against the stern.* (MJ) | ʔiʔ húy ti suʔhiyáʔs ti x̣ɬə́n ʔiʔ ʔənʔá həwíyŋ **sə́q**. *The evil power only went and came back out.* (MJ) | ʔiʔtáxʷ st kʷə ti nsʔənʔá **sə́q** ʔəsxʷáʔxʷkʷ. *We were amused that you came out drunk.* (MJ) | hiyáʔ kʷɬə ɬaʔɬə́m kʷəyŋ ʔúxʷ ʔaʔ cə ŋəqsəns ʔiʔ **sə́q**. *The wren went* and flew to his nose and went out. (MJ) | níɬ č suʔsə́qs xʷítəŋ ʔiʔ hiyáʔ txʷaʔyéʔi t sxʷítəŋs hiyáʔ čšaʔnáwəɬ ʔaʔ cə ɬamúʔəč. *Then he jumped out, and his jump from inside the barrel went far.* (MJ)}

sə́qtxʷ ⟦√səq-txʷ √outside-letcaus⟧ ☞ **sə́q** to let someone or something exit, go out. (TC) {*sə́qtxʷ* cə músmus. *Let the cow out.* (AS) | *sə́qtxʷ* cə ɬəmətú. *Let the sheep out.* (AS)}

sə́qʷq wild carrot. *See under:* sáʔkʷq

səqʷámš ⟦√səqʷámš √Suquamish⟧ [from Lushootseed 'suqʷábš'] Suquamish tribe and the area around the Port Madison Indian Reservation. (EWH) {twəw̓ʔiyá č kʷaʔčaʔ či stitúykʷəns cə *səq̓ʷámš* ʔiyá ʔaʔ cə sŋiyánt. *The blood of the Suquamish is still there on the rocks.* (MJ)} VAR: səq̓ʷábš (MJ) {x̌čátəŋ cə čšaʔ*səq̓ʷábš*. *The people from Suquamish were being slaughtered.* (MJ)} VAR: yəq̓ʷáməš (LB,CWH)

səsáʔŋət ⟦sə + √saʔ-ŋ = an̓-t incep + √lift-mdl = ear-trns⟧ [not known to other speakers. Perhaps the missing / = an̓ / is a mispronunciation.] ☞ **saʔŋán̓ət** to be raising, pulling up the anchor. {*səsáʔŋət* cn. *I'm pulling the anchor up now.* (MJT)}

səséʔyaʔ grandparents. *See under:* səsíyaʔ

səsíyaʔ ⟦sə + √siyəʔ pl + √grandparent⟧ ☞ **síyaʔ** a group of grandparents. (EPT; HS) {č*səsíyaʔ* cn ʔiʔ ʔáwənə nəsx̌čít kʷaʔ ʔəxínəs kʷi nə*səsíyaʔ*. *I have grandparents, but I don't know where my grandparents are.* (MJ)} VAR: ssíyaʔ (ES) VAR: səséʔyaʔ (AS,BC; AS) {yáʔɬt cn cə sxʷʔáʔmət; táči kʷə n*səséʔyaʔ*. *I fixed a bed; my grandparents got here.* (AS)} VAR: siʔséʔyaʔ (EPT) ⟦syʔ + √si<ʔ>yəʔ pl + √grandparent<pl>⟧ VAR: siʔsíyaʔ (ES) ⟦syʔ + √siyəʔ pl + √grandparent⟧ VAR: sisíyaʔ (EPT; MJT; ES) ⟦siy + √siyəʔ pl + √grandparent⟧ {nɬ u n̓*sisíyaʔ* tsanu? *Are those your grandparents?* (EPT) | kʷɬʔiyá yaʔ cn ʔaʔ tə ʔáʔiŋ ʔaʔ kʷi nə*sisíyaʔ* ʔaʔtqə́čaʔ. *I was already there at the house of my grandparents at Seabeck.* (MJ)}

səsqást ⟦s + √sq-as incep + √outside-ptcaus⟧ [final /t/ is unusual] ☞ **sqás** to start to put, take, bring something outside. {suʔ*səsqást*s cə .síl. *She started to take out the cloth.* (MJ)}

sətsítt ⟦√sətsitt √sleepyhead⟧ [This must be related to the word for 'sleep', but it is not clear how.] *cp.* ʔítt

1. sleepyhead. (EPT) {mán̓ ʔuʔ *sətsítt* kʷsə nəʔíŋəc. *My grandson is a real sleepyhead.* (EPT) | man̓ ʔuʔ *sətsítt* x̌áy kʷsə nəʔíŋəc. *She's a real sleepyhead, my granddaughter.* (EPT)}

2. western ringed lucine shell. *Lucinoma annulatum*. (EPT) ✱If you put one of these shells under a crib, it will help the child go to sleep. (MJT) VAR: stsítt (MJT)

sə́ɬct ⟦√s<ə́>ɬ-cut √drop<actl>-rflxv⟧ ☞ **sɬəŋ** to be lying down. {kʷɬiʔ*sə́ɬct* *He's (in the process of) lying down.* (MJT)}

sə́ɬəŋ ⟦√s<ə́>ɬ-ŋ<ʔ> √drop<actl>-mdl<actl>⟧ ☞ **sɬəŋ** to be dropping, falling. (TC; AS;BC) {hiʔ*sə́ɬəŋ*. *It's dropping.* (MJT) | *sə́ɬəŋ* cə ʔápəls. *The apples are falling.* (AS) | ŋán̓ cə scú̓ʔčɬaʔ *sə́ɬəŋ*. *There are lots of leaves dropping.* (EPT) | *sə́ɬəŋ* tə sxʷčiX̌aháysən. *It's hailing.* (MJT) VAR: sə́ɬəŋ (TC) {*sə́ɬəŋ* cn. *I keep falling down.* (AS,BC) | *sə́ɬəŋ* cə scaʔyíqʷɬ. *The fruit is falling.* (ES) | kʷɬníɬ kʷi suʔmə́kʷəns kʷi scəyíqʷɬ *sə́ɬəŋ*. *Now they picked up the fruit that was falling.* (AS) | *sə́ɬəŋ* cə sŋiyánt ʔiyəwəɬ ʔaʔ cə nəsnóxʷɬ. *The rocks were falling beside my canoe.* (TC) | nɬ suʔyə́qs ʔiʔ ʔuʔšátəŋ ʔiʔ kʷɬʔŋáʔ *sə́ɬəŋ* cə sŋiyánt. *He was walking even with it, and rocks came falling.* (ES)}

səwáʔ ⟦√swaʔ √accompany⟧ to go, come along with. (ES,TC) {ʔiʔ*səwáʔ* cn. *I'm going along.* (TC) | nsx̌éʔ či nəsʔiʔ*səwáʔ*. *I want to go along.* (TC) | hiyáʔ cn ʔiʔ*səwáʔ*. *I'm going to go with him.* (LC) | xʷə́ŋ u cn ʔiʔ *səwáʔ*? *Can I go along?* (TC) | ʔáwənə nəsxʷʔiʔ*səwáʔ*. *I've got nobody to go along with.* (TC) | x̌áy u cxʷ ʔiʔ*səwáʔ*? *Are you going along again?* (AS) | x̌áy u cxʷ ʔuʔ ʔiʔ*səwáʔ*? *Are you going along, too?* (TC; AS) | ʔiʔ*səwáʔ* yaʔ cn ʔaʔ cə nəcát. *I went along with my father.* (TC) | ʔuʔʔáy qɬ kʷi kʷaʔ túkʷən ʔiʔ*səwáʔ* ʔaʔ nə́kʷ. *It would be okay if I went home along with you.* (MJ) | ʔiyá yaʔ cn ʔiʔ*səwáʔ* ʔaʔ kʷə skʷyaʔkʷʔátuʔ. *I was there going along with the crows.* (MJ) | nɬ suʔqʷáys ʔaʔ či sx̌éʔs ʔaʔ či sʔən̓ʔás ʔiʔ*səwáʔ* ʔaʔ ʔə́c kʷaʔ túkʷən ʔawmán̓ ʔuʔ sxʷʔtín̓s cə sxʷʔiyás. *Then she said that she wanted to come along with me when I go home because she really hated where she was.* (TC)} VAR: wáʔ (TC; EPT; MJ; AS,BC) {*wáʔ* cn. *I go along.* (TC) | ʔiʔ*wáʔ* caʔn. *I'm going along.* (AS,BC) | xʷə́ŋ u cn ʔiʔ *wáʔ*? *Can I go along?* (TC) | *wáʔ* u q cn? *Could I go along?* (ES) | *wáʔ* u cxʷ? *Are you coming along?* (ES) | *wáʔ* caʔn. *I'm going along.* (AS,BC; ES) | *wáʔ* caʔn kʷaʔ túkʷs. *I'll go with him when he goes home.* (EPT) | ʔən̓ʔá či *wáʔ*. *Come along.* (ES) | cán či *wáʔ*? *Who's going along?* (TC) | cán caʔ ʔay či *wáʔ*? *Who's going with you?* (ES) | ʔən̓ʔá kʷaʔčaʔɬ *wáʔ*. *So he came along.* (TC) | ʔiʔ*wáʔ* cn ʔaʔ nə́kʷ. *I'm going along with you.* (TC) | nɬ suʔxə́nəŋs cə qáʔŋi, "*wáʔ* cn!" *Then the girl said, "I'll go along!"* (MJ)} VAR: swáʔ (LC; AS,BC) {ʔis*wáʔ* caʔn. *I'm going along.* (AS,BC) | nəsx̌éʔ či nəs*wáʔ*. *I want to go along.* (MJ) | ʔuʔx̌ʷiyús caʔn či n*wáʔ*. *I don't care if I go along.* (BC) | hiyáʔ šaʔ cn *swáʔ*. *I went along, obviously.* (AS) | his*waʔ* caʔn, hiʔ*swáʔ* kʷaʔ hiyáʔəxʷ túkʷ. *I'll go along, go along when you go home.* (MJ)}

səwáʔt ⟦√swaʔ-t √accompany-trns⟧ ☞ **səwáʔ** to let someone go along, take someone along. {*səwáʔt* cn cə sx̌íX̌aʔX̌qɬ. *I let the child come along.* (AS)} VAR: wáʔət ⟦√waʔ-t √accompany-trns⟧ {*wáʔət* cn. *I took him along.* (AS)}

səwáʔtəŋ ⟦√swaʔ-t-ŋ √accompany-trns-psv⟧ ☞ **səwáʔt** to be allowed to go along by someone, be taken along with. {*səwáʔtəŋ* cn. *They let me go along.* (AS)} VAR: wáʔtəŋ ⟦√waʔ-t-ŋ √accompany-trns-psv⟧

{*wáʔtəŋ* ixʷ kʷɬə. *She must have been taken along.* (AS) | ʔənʔá·· či *wáʔtəŋ*əxʷ, sƛ̓iƛ̓áʔƛ̓qɬ. *Come take me with you, child.* (MJ) | ʔənʔá či *wáʔtəŋ*əxʷ. *Come take me along with you.* (TC) | níɬ suʔ*wáʔtəŋ*s ʔáɬa ʔaʔ cə boat. *So she was taken along on the boat.* (MJ)}

səwaʔtúŋəɬ ⟦√swaʔ-t-uŋɬ √along-trns-1plobj⟧ ☞ səwáʔt *take us along.* {ʔiʔ*səwaʔtúŋəɬ*. *Take us along.* (TC)}

səwéʔiŋ ⟦√sw̓-i<ʔ>y-ŋ √enter_bush-dev<actl>-mdl⟧ ☞ nəxʷsəʔəẃəŋ *to be going through, along (a trail).* {níɬ kʷi čəʔúʔwəss *səwéʔiŋ*s. *It's what they were using to go through.* (AS)}

səwə́ct *go into bush. See under:* səẃəct

sə́w̓ ⟦√sw̓ √enter_bush⟧ *to get into the bush, in the woods (off the path or out of a clearing).* {*sə́w̓* cn. *I got in the bush.* (TC)} VAR: sáw̓ (AS) {*sáw̓* cn. *I got in the bush.* (TC)}

səwáʔ ⟦√sw<ʔ>áʔ √accompany<actl>⟧ ☞ səwáʔ *to be going along with, accompanying.* (ES) {xʷə́ŋ u cn ʔiʔ *səwáʔ*. *Can I come along?* (TC) | ʔiʔ*səwáʔ* cn. *I'm going with you. / I'm coming along.* (TC) | ʔiʔ*səwáʔ* caʔn. *I'll come along.* (TC) | hyáʔ yaʔ cn ʔiʔ*səwáʔ*. *I went with him.* (TC) | ʔuʔhúy caʔn ʔiʔ*səwáʔ*. *I'm the only one going along.* (TC) | nəsƛ̓éʔ či nəsʔiʔ*səwáʔ*. *I want to go along.* (TC) | cán či ʔiʔ*səwáʔ*? *Who's going along?* (TC)} VAR: səwáʔaʔ (ES)

sə́w̓ct ⟦√s<ə́>w̓-cut √enter_bush<actl>-rflxv⟧ [actual metathesis] ☞ səwə́ct *to be going into the woods.* {kʷɬiʔ*sə́w̓ct* kʷi. *He's just now going into the woods.* (MJT)}

səw̓əcísən *finger ring. See under:* suʔəcísən

səwə́ct ⟦√səw̓-cut √enter_bush-rflxv⟧ [metathesis with reflexive] ☞ sə́w̓ *to go into the bush, woods, make one's way through the brush without a trail.* (ES; TC; AS,BC) {*səwə́ct* cn. *I went into the bush.* (TC) | hiyáʔ či *səwə́ct*. *Go into the woods.* (MJT) | hiyáʔ č kʷaʔ xʷítəŋ cə húʔpt *səwə́ct*. *The deer went jumping into the bush.* (MJ) | *səwə́ct* ʔiʔ čaʔuʔštə́ŋ ʔiʔ ʔuʔənáʔŋict. *It hesitated (went into the bush) then walked and showed itself.* (ES)} VAR: suʔə́ct (AS) {ʔúxʷ či *suʔə́ct*. *Go into the bush.* (TC; ES) | *suʔə́ct* cn. *I'm going into the bush.* (TC) | xʷítəŋ *suʔə́ct*. *Jump into the bush.* (ES)} VAR: səwə́ct (AS,BC) {ʔuʔ*səwə́ct* yaʔ cn kʷi nəstúk̓ʷ. *I went home through the bushes.* (AS) | ŋə́n̓ kʷi píxʷ ʔaʔ kʷi s*səwə́ct*s. *There were lots of red huckleberries as she made her way through the brush.* (AS)}

səwə́t ⟦√sw̓-t √enter_bush-trns⟧ ☞ sə́w̓ *to take or hide someone or something in the bush or woods.* (TC) {*səwə́t* cn. *I put it in the bushes.* (TC) | *səwə́t* cə kʷɬčáyq ʔiʔ cə sƛ̓əyéʔƛ̓qɬ. *Take the elders and children into the woods.* (AS) | níɬ č suʔkʷánəŋəts ʔiʔ ƛ̓kʷə́ts cə sƛ̓əyéʔƛ̓qɬ ʔiʔ *səwə́t*s. *Then they ran, and they took the children, and they hid them in the woods.* (AS)} VAR: suʔə́t (ES) {ʔúxʷ či *suʔə́t*. *Take it into the woods.* (MJT) | kʷɬ*suʔə́t* cn kʷaʔ. *I've already got it in the woods.* (MJT)}

səwə́təŋ *be taken into woods. See under:* suʔə́təŋ

sə́w̓nəs ⟦√səw̓-nəs √enter_bush-intent⟧ ☞ sə́w̓ *to get something into the woods.* {kʷɬ*sə́w̓nəs* kʷaʔ. *He's already got it in the woods.* (MJT) | kʷɬ*sə́w̓nəs* cn. *I've got it in the woods now.* (MJT)}

sə́w̓qc ⟦√səw̓q-t-c √whisper-trns-1obj/2obj⟧ ☞ sə́w̓qt *whisper to me; whisper to you.* {*sə́w̓qc* cn. *I whispered it to you.* (TC)}

sə́w̓qəŋ ⟦√səw<ʔ>q-ŋ<ʔ> √whisper<actl>-mdl<actl>⟧ ☞ sáw̓qəŋ *to be whispering, talking quietly.* (LC; MJ; ES) {*sə́w̓qəŋ* cn. *I'm whispering.* (LC)} VAR: sáw̓qəŋ (TC) {ʔuʔáw kʷə c *sáw̓qəŋ*. *Don't whisper.* (ES)} VAR: sáw̓qəŋ (ES)

sə́w̓qt ⟦√səw̓q-t √whisper-trns⟧ ☞ sə́w̓qəŋ *to whisper to someone.* {*sə́w̓qt* cn. *I whispered it to her.* (TC)}

sə́w̓qtəŋ ⟦√səw̓q-t-ŋ √whisper-trns-psv⟧ ☞ sə́w̓qt *to be whispered to.* {*sə́w̓qtəŋ* cn. *They whispered to me.* (TC)}

sə́w̓q̓ct ⟦√səw̓q̓-cut √around-rflxv⟧ ☞ sə́w̓q̓əŋ *to spin oneself around in a circle.* {kʷɬníɬ nsuʔ*sə́w̓q̓ct*, sə́w̓q̓ct, sə́w̓q̓ct, čən̓əŋ. *Soon I was going around, around, around, shaking.* (MJ)}

sə́w̓q̓əŋ ⟦√səw̓q̓-ŋ √round-mdl⟧ *to go around.* {*sə́w̓q̓əŋ* cn ʔiʔ *sə́w̓q̓əŋ* ʔiʔ *sə́w̓q̓əŋ* ʔiʔ *sə́w̓q̓əŋ*. *I went round and round and round and round.* (MJT)}

sə́w̓q̓əŋ ⟦√səw̓q̓-ŋ<ʔ> √round-mdl<actl>⟧ ☞ sə́w̓q̓əŋ *to be going around.* (MJT)

sə́w̓t ⟦√s<ə́>w̓-t √enter_bush<actl>-trns⟧ [actual metathesis] ☞ səwə́t *to be taking something into the bush or woods.* {kʷɬiʔ*sə́w̓t*s *He's taking it into the woods.* (MJT)}

sə́x ⟦sə́x n_s⟧ *nonsense syllables sung by Chipmunk in the story of how he got his stripes told by MJ.* {*sə́··x sə́x* ti láyə. *(no meaning)* (MJ)}

sə́xʷ ⟦√sxʷ √enter_clearing⟧ *to come out of the woods into a clearing.* (TC) {*sə́xʷ* cn. *I came out into a clearing.* (TC) | čaʔ*sə́xʷ* cn. *I just came out of the woods.* (MJT)}

səyaʔčúʔiɬ *younger siblings. See under:* siyaʔčúʔiɬ

səyámən ⟦√s<əy>amən √salmon<pl>⟧ *a bunch of salmon.* (ES) [from English 'salmon']

səyə́cəm *news. See under:* syə́cəm

sə́yəq̓ ⟦√səyq̓ √circle⟧ *to go around in a circle.* (AS) {kʷɬníɬ suʔ*sə́yəq̓*s. *She's starting to turn around.* (AS)}

sə́yəq̓ct ⟦√səyq̓-cut √circle-rflxv⟧ ☞ sə́yəq̓ *to go around, spin around, rotate, revolve.* (BC; AS) {*sə́yəq̓ct* cn. *I spun around.* (AS) | kʷɬníɬ kʷi nsuʔ*sə́yəq̓ct* ʔiʔ túkʷ. *I turned around and went home.* (AS) | č̓ʔiyá·· təsə cíxʷəŋ ʔiʔ ʔənʔá·· ʔuʔ*sə́yəq̓ct*. *They were from the spit and came around.* (ES)} VAR: səyə́q̓ʷct (AS)

səyəq́úsəŋ 〚√səyq́ = us-ŋ √circle = face-mdl〛 ☞ sə́yəq́
1. whirlwind, tornado, dust devil. (AS) {x̣éʔsiʔ cə scúŋ; ʔuʔ**səyəq́úsəŋ** tə sčtə́ŋx̌ʷən. *The wind is fierce; the land is spinning in a dust storm.* (AS) | **səyəq́úsəŋ** kʷə scúŋ. *The wind is a whirlwind.* (AS)}
2. to turn completely around (to look back). (AS,BC)
3. to move in a circle. (AS)} VAR: səy̓əq́úsəŋ (AS,BC) {**səy̓əq́úsəŋ** kʷi ti ʔaʔyəcłtáyŋx̌ʷ ʔiyáʔs ʔaʔ kʷi čə́nəŋ. *The people turn around at the Shake.* (AS)}

sə́yəq́ʷct go around. *See under:* sə́yəq́ct

sə́yəx̌ʷ 〚√səyx̌ʷ √dodge〛 to dodge, duck. (ES) {ʔuʔ**sə́yəx̌ʷ** cn ʔaʔ kʷi x̌ʷiyanítəm kʷaʔnéʔŋət. *I dodged the white people who were running.* (AS)}

səy̓əy̓čən 〚√s<əy>əʔəy̓čn √younger_adult_sibling<pl>〛 ☞ saʔəy̓čən̓ younger adult siblings. {λ́úλ̓aʔ yaʔ kʷə nə**səy̓əy̓čən**. *My siblings were small.* (BC)} VAR: siyəy̓əy̓čən (MJT)

səyí life. *See under:* shəyí

sə́yuʔ 〚√səyw̓ √sweetheart〛
1. sweetheart, boyfriend, girlfriend. (ES) {x̣iʔəsít cn kʷłəsə nə**sə́yuʔ**. *I wrote to my sweetheart.* (ES)}
2. rival. (MJT)

sə́y̓ct whirlpool. *See under:* nəxʷsə́y̓ct

səy̓əqʷíy̓təŋ 〚√say̓ = iʔqʷ-iy-t-ŋ √afraid = head-dev-trns-psv〛 ☞ say̓əqʷíy̓t to be emotionally upset, disturbed by someone or something. {**səy̓əqʷíy̓təŋ** tiə ʔaycłtáyŋx̌ʷ. *These people were disturbed.* (AS) VAR: səy̓əqʷéy̓təŋ (BC) VAR: səy̓əqʷéʔtəŋ (AS,BC)

sə́y̓p 〚√səy̓p √half_smoke〛 to be cooking (of food), in the process of being cooked. (AS) {ŋə́ń kʷi kʷə ss**ə́y̓p**s tiə sčánnəxʷ. *Lots of fish were being cooked.* (AS)}

sə́y̓siʔ afraid. *See under:* sáy̓siʔ

səy̓siʔŋístəŋ 〚say̓ + √say̓-ŋi-stx-ŋ char + √afraid-rel-caus-psv〛 ☞ səy̓siʔŋístxʷ to be scared, frightened by someone or something. (ES) {**səy̓siʔŋístəŋ** u cxʷ? *Was he scaring you?* (MJT) | **səy̓siʔŋístəŋ** cn ʔaʔ kʷi čiʔáqł. *They scared me yesterday.* (AS)} VAR: səy̓siʔŋítəŋ {**səy̓siʔŋítəŋ** cn. *He scared me.* (MJT)} VAR: siʔsiʔŋístəŋ {**siʔsiʔŋístəŋ** cn. *Someone scared me.* (AS) | **siʔsiʔŋístəŋ** cxʷ. *It scares you.* (ES)}

səy̓siʔŋístxʷ 〚say̓ + √say̓-ŋi-stx char + √afraid-rel-caus〛 ☞ sáy̓siʔ to scare, frighten someone (on purpose). {**səy̓siʔŋístxʷ** cn. *I scared him.* (MJT; AS) VAR: siʔsiʔŋístxʷ {**siʔsiʔŋístxʷ** cn. *I scared him.* (AS)} VAR: say̓siʔŋístxʷ (TC) {**say̓siʔŋístxʷ** cn *I scared him (on purpose).* (MJT; TC) VAR: say̓siʔŋít 〚say̓ + √say̓-ŋi-t char + √afraid-rel-trns〛 {**say̓siʔŋít** cn. *I scared him.* (AS)}

səy̓skʷúŋ 〚səy̓ + √sukʷ-ŋ<ʔ> pl + √bathe-mdl<actl>〛 [reverse actual metathesis, but note that /*skʷúŋ/ without the reduplication is unacceptable] ☞ súkʷəŋ to be bathing, swimming (of a group). {**səy̓skʷúŋ** st. *We're bathing.* (ES)} VAR: sáy̓skʷəŋ (ES) VAR: siʔskʷúŋ (LB,CWH)

sháhəkʷ 〚s-há + √hakʷ s-rslt + √remember〛 [subjective genitive stem] ☞ hákʷ to be the object of remembering, wondering about, thinking of (something or someone known from the past). (LC; ES) {nə**sháhəkʷ**. *I remember.* (MJT; ES; TC) | nə**sháhəkʷ** cxʷ. *I'm thinking of you.* (ES) | nə**sháhəkʷ** kʷi nəcə́t. *I remember my father.* (TC) | nə**sháhəkʷ** kʷi nəsyəcústəŋ yaʔ. *I remember what he told me.* (TC) | nə**sháhəkʷ** či nəshiyáʔ. *I remembered to go.* (TC) | nə**sháhəkʷ** cxʷ ʔaʔ t uʔ x̣ənáł. *I remember (think of) you all the time.* (ES) | ʔənsháhəkʷ u cn? *Do you remember me?* (ES) | ʔáaʔ, nəsháhəkʷ cxʷ. *Yes, I remember you.* (ES) | ʔó, nəsháhəkʷ cxʷ. *Oh, I remember you.* (MJT) | **sháhəkʷ**ł cxʷ. *We remember you.* (ES) | **sháhəkʷ** cxʷ ʔaʔ łníłł. *We remember you.* (ES) | ʔənsháhəkʷ u st? *Do you remember us?* (ES) | nə**sháhəkʷ** kʷi nəcə́t ʔaʔ kʷi sq̓úys. *I remember when my father died.* (TC) | x̣ənʔáł ti nəsuʔč**sháhəkʷ** ʔaʔ tiʔə skʷáči. *I'll always remember this day.* (MJT) | ʔuʔmán ʔuʔ nə**sháhəkʷ** ti nsné ʔaʔ kʷi n̓yaʔcícəm sxʷiʔám. *I very much remember something of the story you told.* (EJ) | nə**sháhəkʷ** kʷi nəsyəcústəŋ yaʔ kʷaʔ ʔənʔán túkʷ. *I remember that he told me to come home.* (TC)} VAR: shaháʔkʷ (ES) {ʔuʔnə**sháhaʔkʷ** cxʷ. *I'm remembering you.* (TC)}

shéʔu 〚s-√hiw̓ s-√front〛 ☞ híw̓ the front area, bow (of a canoe or boat). (TC; AS,BC) {ʔə́mət cn ʔaʔ cə **shéʔu**. *I sat in the front.* (BC)} VAR: shéʔəw {nstíkʷən cə ʔiʔéʔst ʔiyá ʔaʔ tə **shéʔəw**. *The one paddling in the bow is my nephew.* (MJT)}

shéʔwət 〚s-√hiw̓-ət s-√front-?〛 ☞ shéʔu the bow of a canoe or boat. (TC) 《unknown suffix》 cp. skʷáʔət

shəyí 〚s-√hyi s-√live〛 ☞ hiyí life spirit, soul. (TC) {níł yəx̌ ʔuʔ **shəyí**s yaʔ kʷi słániʔ yaʔ. *It must have been the soul of that woman.* (TC)} VAR: səyí {níł yəxʷ ʔuʔ **səyí**s yaʔ kʷłi słániʔ. *It must have been the soul of that woman.* (ES)} VAR: shiyí (AS,BC) {**shiyí**s. *His soul.* (ES) | níł **shiyí**s ti ʔəcłtáyŋxʷ cə skʷə́yəxʷ. *The screech owl is the soul of a person.* (ES)}

shínəłqiʔ type of power. *See under:* sínəłqiʔ

shiyí life. *See under:* shəyí

shúnuc 〚s-√hun = iwc s-√burn = fire〛 ☞ húnuc camp-fire, cooking fire. (EPT) {húʔən kʷsə n**shúnuc**. *Your fire is burning.* (EPT) | λ̓ə́kʷ kʷsə n**shúnuc**. *Your fire just went out.* (EPT) | čsátəŋ tə **shúnuc**. *The fire was put out.* (MJ) | kʷłʔiʔyáyaʔtəŋ tə **shúnuc**. *The fire was already being prepared.* (MJ) | níł suʔčásis cə **shúnuc**. *Then the fire went out.* (MJ) | suʔƛ̓kʷə́ts cə čə́yiʔ ʔiʔ hiyá··ʔ łtełtéʔimstxʷ sqáʔwi cə sxʷuʔúŋ **shúnuc**. *He took some bark and went taking them singing circling the crying fire.* (MJ)} VAR: súnuc

siʔáʔəmict

(EPT; AS,BC) {kʷáʔus tə **súnuc**. *The fire is hot.* (EPT) | x̌ə́k̓ʷ kʷsə ṅ**súnuc**. *Your fire just went out.* (EPT) | hiʔčáʔsiʔ tə nə**súnuc**. *My fire's going out.* (MJT) | x̌ix̌ə́kʷ kʷəsə ṅ**súnuc**. *Your fire went out (some time ago).* (EPT) | x̌k̓ʷə́t tə **súnuc**. *Put out the fire.* (EPT) | kʷiʔúst cə ṅ**súnuc**. *Dump water on your fire.* (MJT) | mán̓ ʔuʔ łaʔłíqən tə **súnuc**. *The fire's real hot.* (MJT) | txʷčičəyáy ixʷ ʔiʔ čási tə nə**súnuc**. *My fire is almost out.* (MJT) | nił suʔpúxʷts cə ashes ʔaʔ cə **súnuc**. *She blew the ashes from the fire.* (AA) | čaʔyásih ixʷ tə nə**súnuc**; cáʔxʷəŋ. *My fire went out; it's lazy.* (MJT)}

siʔáʔəmict 〚√syˀa<ʔə>m̓-cut √high_class<actl>-rflxv〛 ☞ siʔám̓əct *being bossy.* {**siʔáʔəmict** cn. *I'm being bossy.* (MJT) | **siʔáʔəmict** cə łə́qʷəm̓. *Honey is being bossy.* (MJT) | čaʔčáŋ cə łə́qʷəm̓ ʔiʔ **siʔáʔəmict** ʔaʔ kʷi sʔiyás ʔaʔ Mudd. *Honey just came home and is bossy from being at Mudd's.* (MJT)}

siʔáʔił *in-law.* See under: siyáʔił

siʔáł 〚√syał √Seattle〛
1. *Chief Seattle.* (MJT; AS,BC)
2. *the city of Seattle, Washington.* {čaʔtáči cn čšaʔ**siʔáł**. *I just got here from Seattle.* (TC,AS,BC)}

siʔałám̓ 〚√s<iʔ>ałám̓ √lady<pl>〛 ☞ sałám̓ *several respected ladies, a group of important women.* (AS,BC) VAR: siyałám (AS,BC) VAR: siyałám (BC) VAR: siyaʔłám (AS,BC)

siʔáł skʷáči 〚√syał ʔs-√kʷayiy √Seattle stat-√day〛 ☞ siʔáł ☞ skʷáči *Chief Seattle Days.* (AS,BC)

siʔám̓ 〚√syam̓ √high_class〛
1. *person of high class, an important person, gentleman; boss, foreman; government official, council member, chief, lord, big shot, distinguished.* (LBH; LB,CWH; EPT; AS,BC; TC) ((Usage: This word was not used by children in addressing anyone-only by adults.)) (ABT) [This may be related to the word for 'strong'. The plural /siʔsiʔám̓/, however, shows that the /s/ is not a prefix.] cp. ʔiyə́m̓ {ʔən**siʔám̓**. *your boss* (ES) | nił skʷáʔł **siʔám̓**ł. *He is our Lord.* (BH) | ʔəc kʷi nu**siʔám̓**. *I'm the one being bossy.* (MJT) | yəcúst caʔn kʷə kʷə **siʔám̓**ł. *I'll tell our boss.* (AS) | łaʔkʷáyŋən cn, cíct **siʔám̓**. *I want to go home, Lord (from a Shaker song).* (BC) | **siʔám̓** cn swə́yqaʔ. *I am a rich man.* (TC) | łəŋ cn ʔuʔ **siʔám̓**. *I'm just like a rich man.* (TC) | mán̓ ʔuʔ **siʔám̓** kʷiʔə cə́tł. *Our father is very important.* (AA) | **siʔám̓** ʔaʔ cə nəxʷx̌ayəmúcən. *Klallam Language Board.* (AS,BC) | ʔuʔx̌ənʔátəŋ či nskʷə́nt kʷə **siʔám̓**. *I was told to see the boss.* (AS) | kʷłhíc ʔuʔ kʷuʔáxəŋs ʔəł ʔuʔšátəŋəs tiəwnił **siʔám̓**. *A long time ago you spoke to this traveling gentleman.* (RSh) | cíłəŋ cxʷ, **siʔám̓** Tim. ʔəŋaʔtəŋ cxʷ ʔaʔ tiə sə́miʔ. *Stand up, Tim. You are being given this blanket.* ∗Said when formally giving a gift at a naming or other ceremony. (TC) | ŋə́n̓ cə táləs cə **siʔám̓**. *The boss has a lot of money.* (TC,AS,BC) | sátəŋ cn ʔaʔ cə **siʔám̓** kʷaʔ čáčtn cə x̌éʔləm. *I was told by the boss to work on the rope.* (TC) | nił suʔx̌ʷiyastís

siʔiʔám̓

či shiyís ti ʔəcłtáyŋxʷ tə **siʔám̓**. *The bosses don't care about an Indian's life.* (ES) | **siʔám̓**s. *Their boss. / ten of trumps in pinochle.* (MJT)
2. *to be rich, well off; to be high class; respected, distinguished; dear (in address); noble.* (AS,BC; ES) {nił suʔkʷə́nəxʷs cə **siʔám̓** swə́yqaʔ. *Then they saw a rich man.* (TC) | ʔuʔhúy kʷ ʔuʔ **siʔám̓**. *Well, she's rich.* (AS,BC) | háʔnəŋ cn kʷaʔčaʔ **siʔám̓** nəx̌əyéʔx̌qł ʔaʔ t ṅsuʔyaʔyáʔnəŋʔaʔ tiə nəsqʷáy. *Thank you my dear children for listening to my words.* (TC)} VAR: siyám̓ VAR: siyám̓

siʔám̓əct 〚√syam̓-cut √high_class-rflxv〛 ☞ siʔám̓ *to get bossy, start acting bossy.* (ES) {mán̓ cxʷ ʔuʔ **siʔám̓əct**. *You're getting too bossy.* (ES)}

siʔám̓ət 〚√syam̓-t √high_class-trns〛 ☞ siʔám̓
1. *to be well off, wealthy.* ((Usage: usually used of a woman)) (AS,BC) {**siʔám̓ət** cə táns cə swéʔwəs. *The boy's mother is well off.* (BC) | ʔuʔhúy st ʔuʔ **siʔám̓ət**. *We're the only wealthy people.* (AS,BC)}
2. *to take it easy, relax.* {**siʔám̓ət** či; ʔáwə cxʷ mán̓ ʔuʔ ŋaʔx̌áct. *Take it easy; don't rush too much.* (ES) | mán̓ cn ʔuʔ **siʔám̓ət**. *I take it too easy.* (TC)}

siʔám̓əwəs 〚√syam̓=iws √high_class=body〛 ☞ siʔám̓ *spirit power to discover (something hidden or unknown).* ∗This is the Klallam equivalent of the Skagit sgʷədiličˀ (MJT)

siʔám̓təŋ 〚√syam̓-t-ŋ √high_class-trns-psv〛 ☞ siʔám̓ət *to be respected, thought of or identified as important, high class.* {txʷaʔ**siʔám̓təŋ** swə́yqaʔ. *He became a respected man.* (TC) | nił kʷi **siʔám̓təŋ** cə ʔcłtáyŋxʷ. *The person was identified as high class.* (AS)}

siʔát *order it (pl).* See under: siyát

siʔátən 〚√syʔatn √hair〛 *hair on the head.* (LBH; LC; ES; TC) {šəwáyət cə ṅ**siʔátən**. *Grow your hair.* (ES) | łxʷít cn cə ṅ**siʔátən**. *I straightened my hair.* (AS) | łə́ŋəst caʔn tiʔə nə**siʔátən**. *I'm going to braid my hair.* (MJT) | ʔsqáʔməł cə **siʔátən**s. *Her hair is broken off.* (AS,BC) | čáʔkʷts tə **siʔátən**s ʔiʔ tšéʔqʷəŋ. *She washed her hair and combed.* (MJ)} VAR: siátn (AS,BC) VAR: siʔátn (EPT; AS,BC) {łəŋánət cn tiə ṅ**siʔátn**. *I'm braiding my hair.* (ES) | čáʔkʷt u yaʔ cxʷ cə ṅ**siʔátn**. *Did you wash your hair?* (EPT) | łə́ŋəstəŋ cə ṅ**siʔátn**. *They braided my hair.* (AS)}

siʔátəŋ *be ordered (pl).* See under: siyátəŋ

siʔéʔqʷəŋ 〚√say=iʔqʷ-ŋ √scratch_itch=head-mdl〛 ☞ sáyct *to scratch the head.* (ES,TC; ES; TC)

siʔéwsəŋ 〚√say=iw<ʔ>s-ŋ √scratch_itch=body<actl>-mdl〛 ☞ siʔíkʷsəŋ *to be scratching, itching one's body.* (ES; AS) {**siʔéw̓səŋ** cn. *I'm scratching.* (AS)} VAR: siʔíw̓səŋ (ES)

siʔiʔám̓ 〚√s<iʔ>yam̓ √high_class<pl>〛 ☞ siʔám̓ *to be high class (of several), a group of rich people, bosses, dignitaries, important people.* (TC,AS,BC; TC) {ʔáxəŋ kʷi **siʔiʔám̓** ʔaʔ ʔiyá tə čəq táwn, Seattle, húʔ q ʔiʔqʷúy cə sx̣íx̌aʔx̌q̌ɬ ʔiʔ ŋə́ń, ŋə́ń təsə ŋaʔk̓ʷaʔcút ti scáytəŋs ʔaʔSeattle. *The bosses in the city, Seattle, said that if a child dies there are many, many waiting to be put to work in Seattle.* (ES) VAR: saʔyám̌ {kʷɬnít kʷi suʔhaʔyúccəns cə **saʔyám̌**. *Then the high class people finished eating.* (AS)} VAR: siʔsiʔám̌ [sy̌+√syam̌ pl+√high_class] (ES) VAR: sisiyám̌ (BC) VAR: sisiʔám̌ (AS,BC)

siʔík̓ʷs [√say̌=iws √scratch_itch=body] ☞ sáyct *to feel itchy*. {**siʔík̓ʷs** cn. *I'm itchy.* (AS)}

siʔík̓ʷsəŋ [√say̌=iws-ŋ √scratch_itch=body-mdl] [/w/ → /k̓ʷ/] ☞ siʔík̓ʷs *to scratch, itch one's body.* (EPT; TC) {**siʔík̓ʷsəŋ** cn. *I'm itching.* (AS)}

siʔíw̌səŋ scratching. See under: siʔéw̌sən

siʔséʔyaʔ grandparents. See under: səsíyaʔ

siʔsiʔám̌ high class (pl). See under: siʔiʔám̌

siʔsiʔŋístəŋ being frightened. See under: səy̌siʔŋístəŋ

siʔsiʔŋístx̌ʷ scare it. See under: səy̌siʔŋístx̌ʷ

siʔsíyaʔ grandparents. See under: səsíyaʔ

siʔsk̓ʷúŋ bathing (pl). See under: səy̌sk̓ʷúŋ

siátn hair. See under: siʔátən

sík̓ʷ [√sik̓ʷ √peel] *to remove peel, skin.* (AS,BC; AS) {**sík̓ʷ** cn. *I got skinned.* (AS)}

sík̓ʷəŋ [√sik̓ʷ-ŋ √peel-mdl] ☞ sík̓ʷ *to peel, pull skin off.* {**sík̓ʷəŋ** cn. *I skinned.* (AS) | **sík̓ʷəŋ** cn ʔaʔ cə húʔpt. *I skinned the deer.* (AS)}

sik̓ʷəŋíyɬ [√sik̓ʷ-ŋ-iyɬ √peel-mdl-go] ☞ sík̓ʷəŋ *to go peeling, skinning.* {**sik̓ʷəŋíyɬ** yaʔ cn. *I went skinning.* (AS)}

sík̓ʷt [√sik̓ʷ-t √peel-trns] ☞ sík̓ʷ *to peel, skin, strip, pry off something.* (AS) {**sík̓ʷt** cn. *I skinned it.* (AS) | **sík̓ʷt** cn cə sx̌ə́čɬ. *I skinned the dried fish.* (AS,BC) | **sík̓ʷt** cn cə syə́wiʔ. *I stripped the bark off.* (AS) | **sík̓ʷt** cn cə húʔpt. *I skinned the deer.* (AS)}

sík̓ʷtəŋ be peeled. See under: sək̓ʷítəŋ

síl [√sil √cloth] *cloth, canvas.* (ES) [from Chinook Jargon from English 'sail'] {nɬ suʔúx̌ʷtx̌ʷs tə **síl** ʔiʔ x̌áy ɬənə́ts cəwnɬ ncxʷk̓ʷsáytxʷ. *Then she brought some cloth there and again lined up twenty dollars.* (MJ) | x̌áy ʔúx̌ʷts cə **síl**. *Again she brought the cloth.* (MJ)}

siláw̌txʷ [√sil-aw̌txʷ √cloth=house] ☞ síl *tent, tarp, any canvas shelter.* (ES) {mán̓ ʔuʔ x̌éʔtən ti **siláw̌txʷ**. *Tents are too expensive.* (TC) | q̓ʷéʔit cn cə **siláw̌txʷ**. *I hung the tarp over (to dry).* (AS) | nɬ suʔcə́ŋəts cə **siláw̌txʷ** ʔiʔ c̓csáyəqən ʔaʔ cə swə́y̌qaʔs. *Then she put the tent on her back and followed her husband.* (MJT) | ʔuʔhuʔhúʔi cn ʔəɬ ʔúx̌ʷnəsən kʷi nəswə́y̌qaʔ? ʔéʔtt ʔiyá ʔaʔ tə **siláw̌txʷ**. *I went alone after my husband who was sleeping in the tent.* (MJ)}

símiʔ blankets. See under: sisómi

sínəɬqiʔ [√sinəɬqiʔ √tempter_spirit]
1. *a type of red paint spirit power seen in lakes.* ∗It can change itself to anything: a snake or fancy duck or anything. It is very dangerous, but if you holler ʔəc q̓ ʔuʔ ʔənčiyánən! 'I am your ancestor! / I was here ahead of you!', it will not touch you. (TC)
2. *an invisible killer spirit.* (ES) ∗This will tempt you to go into a beautiful place (like a meadow with flowers, etc.), then harm you. It can take any form. (AS,BC; AS) VAR: sínəɬqi {ʔuʔmán̓ yaʔ ʔuʔ q̓ʷáʔyəx̌ ti nəxʷx̌áyəm̌ ʔaʔ či **sínəɬqi**. *The Klallam people were very careful of the sínəɬqi.* (AS) | mán̓ ʔuʔ sx̌áʔəs ti x̌áʔiss ti **sínəɬqi**. *The sinəɬqi's spirit is very evil.* (AS)} VAR: shínəɬqiʔ (ES) VAR: sínɬqi (ES)

sinəɬqiʔáw̌txʷ [√sinəɬqi=aw̌txʷ √tempter_spirit=house] ☞ sínəɬqi *the name of a pond on Discovery Island (x̌čás).* (TC)

siq̓aʔáʔwəɬ [√səy̌q̓=əʔəw<ʔ>-ɬ √circle=side<actl>-dur] ☞ siq̓áʔwəɬ *being around, encircling.* {**siq̓aʔáʔwəɬ** ʔaʔ ʔəc. *It's around me.* (TC,AS,BC) | nɬ suʔyə́q̓s ʔaʔ či sx̌ʷʔiyás cə sčə́q̓ʷəwc ʔiʔ sx̌ʷʔiyás cə **siq̓aʔáʔwəɬ** ʔaʔyəcɬtáyŋxʷ. *Then he got even to where the fire was where the people were around it.* (ES)}

siq̓áʔwəɬ [√səy̌q̓=əʔəw-ɬ √circle=side-dur] ☞ siq̓úst cp. q̓aʔwíyəŋ *to be around, encircle.* {ŋə́ń cə sq̓ʷəyúniʔs **siq̓áʔwəɬ** ʔaʔ cə sčə́q̓ʷəwc. *There were many heads around the fire.* (ES) | ŋə́ń cə ʔəcɬtáyŋxʷ **siq̓áʔwəɬ** ʔaʔ cə sčə́q̓ʷəwc. *Many people were around the fire.* (ES)}

siq̓áʔwi circle. See under: sq̓áʔwi

siq̓aʔwíyəŋ [√səy̌q̓=əʔəw-iy-ŋ √circle=side-dev-mdl] ☞ siq̓áʔwəɬ *to go around (something), go in a circle, move in a curve.* (ES) VAR: siq̓aʔwíyŋ (AS,BC; AS) {**siq̓aʔwíyŋ** st. *We went around.* (AS) | **siq̓aʔwiyŋ** cn ʔaʔ tə sŋánt. *I went around the rock.* (AS)} VAR: saʔq̓əwíyŋ (AS)

siq̓áyəsct [√səy̌q̓=ayus-cut √circle=eye-rflxv] ☞ siq̓áysəŋ *to turn oneself around.* {**siq̓áyəsct** cn. *I turned around.* (TC)}

siq̓áyəst [√səy̌q̓=ayus-t √circle=eye-trns] ☞ siq̓áysəŋ *to turn something around.* (TC) {**siq̓áyəst** cn. *I turned it around.* (TC)}

siq̓áys [√səy̌q̓=ayus √circle=eye] *to go around in a circle.* (AS) {nɬ kʷi **siq̓áys** tiə čə́nəŋ ʔɬ táčis. *The Shakers circle when they arrive.* (AS)} VAR: siq̓əyús (AS)

siq̓ayáʔnəŋ [√səy̌q̓-ay̌=an-ŋ<ʔ> √circle-ext=ear-mdl<actl>] ☞ siq̓áys *to be spinning (wool).* (LC) {kʷɬ**siq̓ayáʔnəŋ** cn. *I'm spinning now.* (LC)}

siq̓əmúʔis spherical. See under: ʔəsiq̓əmúʔis

siq̓əyúsəŋ [√səy̌q̓=ayus-ŋ √circle=eye-mdl] ☞ siq̓úst *to go all the way around.* (AS,BC) {**siq̓əyúsəŋ** yaʔ cn. *I went clear around.* (AS) | **siq̓əyúsəŋ** yaʔ kʷi nscáʔčaʔ ʔiʔ čak̓ʷə́nəŋ cn. *My friend went all the way around and finally saw me.* (AS)} VAR: siq̓áysəŋ {nɬ č suʔ**siq̓áysəŋ**s ʔi kʷɬnɬ č suʔhiyáʔs. *Then they turned around and went away.* (AS)} VAR: siqáyəsəŋ (TC)

síqi ⟦√siqy √heavy⟧ to be heavy. (EPT; MJ; LC; ES; AS,BC; TC) {mánʔ kʷ uʔ**síqi**. *It's too heavy.* (ES) | mán yaʔ ʔuʔ **síqi**. *It was too heavy.* (MJ) | mánʔ ʔuʔ **síqi**; hiʔčúʔəŋəɬ. *It's too heavy; push it.* (MJT) | mánʔ ʔuʔ **síqi** tiʔə nəməhúy̓. *My basket is very heavy.* (MJT) | níɬ nuʔ**síqi** tiʔə. *This one is heavier.* (MJT) | níɬ ʔuʔ mánʔ ʔuʔ **síqi** tiʔə ʔáɬə. *This one here is heavy.* (MJT) | mánʔ ʔuʔ **síqi** tə nəsx̣ə́naʔ ti nəssáʔət. *My feet were too heavy for me to lift.* (MJ) | nəx̣čŋ́ín ʔaʔ či sɬíkʷs či sŋiyánt ʔawʔmánʔ ʔuʔ **síqi**. *I thought I hooked the rocks because it was so heavy.* (TC) | ʔáwə cn kʷaʔ ʔəssáʔənəxʷən tə nəsx̣ə́naʔ ʔawʔmánʔ ʔuʔ **síqi**. *I couldn't lift my foot because it was too heavy.* (MJ)} VAR: síqəy̓ (LB,CWH)

siqiʔúʔis ⟦√səyq̓-iy=uy<ʔ>əs √circle-dev=forehead<actl>⟧ ☞ siq̓úst
1. to be round, spherical, like a ball. (LC; AS,BC; ES; TC)
2. to be round, circular, like a ring. (AS,BC) {ƛ̓áqt ʔiʔ uʔčiyáy **siqiʔúʔis**. *It's long and almost round (it's oval).* (AS)} VAR: siqiyúʔis (AS,ES; ES; AS)

siqiʔúʔisəŋ ⟦√səyq̓-iy<ʔ>=uy<ʔ>əs √circle-dev<actl>=forehead<actl>⟧ ☞ siqiʔúʔis to be going round in a circle, rotate. {**siqiʔúʔisəŋ** sčúŋ. *whirlwind, tornado, waterspout* (BC)}

siq̓úst ⟦√səyq̓=us-t √circle=face-trns⟧ ☞ sə́yəq̓ to turn something around (to face another way). {nəsuʔƛ̓kʷət cə sq̓ʷúŋiʔs cə scúʔtx̣ ʔiʔ **siq̓úst** cn. *So I took the head of the halibut, and I turned it around.* (TC)}

sisə́miʔ ⟦sy+√səmy̓ pl+√blanket⟧ ☞ sə́miʔ a group of blankets. {xʷaʔsə́yuʔ kʷi ʔaʔ kʷi sčáŋs tiə **sisə́miʔ**s. *She was shaking out her blankets when she got home.* (AS) | čaʔx̣aʔčéʔŋəɬ cn ʔaʔ tə n**sisə́miʔ**. *I just dried my blankets.* (AS)} VAR: siyə́miʔ (AS,BC) ⟦√s<iy>əmaʔy̓ √blanket<pl>⟧ VAR: símiʔ {xʷəsə́yu kʷi ʔaʔ kʷə **símiʔ**s ʔaʔ kʷi sčáŋs. *She shook out her blankets when she got home.* (AS)} ⟦√sə<í>maʔy̓ √blanket<pl>⟧ VAR: ssímiʔ (EPT) ⟦s+√sə<í>maʔy̓ pl+√blanket<pl>⟧ VAR: səsímiʔ ⟦sə+√s<í>my̓ pl+√blanket<pl>⟧ (ES)

sisə́yuʔ ⟦sy+√səyw̓ pl+√sweetheart⟧ ☞ sə́yuʔ several rivals. (MJT)

sisiʔám̓ high class (pl). See under: siʔiʔám̓

sisíyaʔ grandparents. See under: səsíyaʔ

sisiyáʔɬ ⟦sy+√syaʔyɬ pl+√parent_in_law⟧ ☞ siyáʔɬ in-laws of previous generation. (EPT; ES) {suʔqʷáys cəníɬ **sisiyáʔɬ**s, "húy či hiyaʔtúŋəɬ ƛ̓iyáʔəŋ ʔaʔ kʷsi čx̣ʷə́yuʔ." *So his in-laws said, "Please take us to look for a whale."* (AA) | ƛ̓aʔičíyəŋ kʷaʔ cə **sisiyáʔɬ**s ʔiʔ x̣ʷáy. *His in-laws went to the bottom and perished.* (AA) | ʔənʔá·· ʔiʔ ʔə́mət kʷə cawʔníɬ, cə **sisiyáʔɬ**s cawʔníɬ q̓áʔŋi. *They came in and sat down, the in-laws of that girl.* (EB) | ʔuʔhúy ʔuʔ kʷənətíŋ ʔaʔ tə čəʔəsqásɬ **sisiyáʔɬ**s cawʔníɬ q̓áʔŋi. *It was seen only by the girl's in-laws who were outside.* (EB)}

sisiyám̓ high class (pl). See under: siʔiʔám̓

sisɬə́ŋ ⟦sy+√sɬ-ŋ pl+√drop-mdl⟧ ☞ sɬə́ŋ to drop, fall (of several items). {cicxʷánəŋ č ʔaʔ kʷɬi táləs; **sisɬə́ŋ** č ixʷ ʔaʔ kʷɬi táləs. *He lost his money; he must have dropped his money.* (EPT)}

sísu ⟦√sísu √scissors⟧ scissors. (ES) [from English 'scissors'] {ʔəsqʷə́mxʷ tə **sísu**. *The scissors are dull.* (AS)}

sisúyəʔəč ⟦sy+√suyaʔəč pl+√bed_mat⟧ ☞ súyaʔəč several long bed mats. (EPT) VAR: sisuyáʔyəč (MJT)

sisúyəq nets. See under: siyúyəq

sisúytəŋ ⟦sy+√suy-t-ŋ pl+√swell-trns-psv⟧ ☞ súytəŋ to be swollen (of several or repeatedly). (AS,BC) {**sisúytəŋ** cə ncáys. *My hands repeatedly swelled up.* (AS,BC) | **sisúytəŋ** cə nsx̣ə́naʔ. *My leg is swollen.* (AS)}

síx̣ ⟦√six̣ √move_over⟧ to move. (AS) {**síx̣** kʷi cə caʔcítən. *The table moved.* (AS)}

síx̣nəxʷ ⟦√six̣-nəxʷ √move_over-nctrns⟧ ☞ síx̣t to manage to move something, move something accidentally. {**síx̣nəxʷ** cn. *I moved it.* (TC)}

síx̣t ⟦√six̣-t √move_over-trns⟧ [metathesis with third-person subject] ☞ síx̣ to move something, put something somewhere else, slide it over. (ES; TC; AS,BC; AS) Stem: sx̣it [stem for the third-person subject] {**sx̣íts**. *He moved it.* (TC) | **sx̣íts** čáni. *He moved it to a different place.* (ES) | níɬ ti suʔə́wkʷs ti maʔsíts ʔiʔ **sx̣íts** ʔənʔá qʷúʔq̓ʷi ʔaʔ cə stúʔwiʔ. *When what he was choosing was finished he moved it coming down the river.* (ES) | **síx̣t** cn. *I moved it.* (ES) | **síx̣t** cn cə čáʔwiʔ. *I moved the dish over.* (AS) | **síx̣t** cə nsx̣ʷčaʔwáčən; yəqáɬ *Move your chair; it's in the way.* (ES) | **síx̣t** cn cə scaʔwáčən. *I moved the chair.* (AS) | šaʔšúʔɬ ʔaʔ cə nəs**síx̣t** tə sx̣ʷáʔmət. *She was glad I moved the bed.* (MJ)}

síx̣ʷəŋ ⟦√six̣ʷ-ŋ √wade-mdl⟧ to wade. (LC; ES; AS) {**síx̣ʷəŋ** cn. *I waded.* (ES) | níɬ suʔ**síx̣ʷəŋ**s. *Then he waded.* (ES) | nəsƛ̓éʔ či n**síx̣ʷəŋ**. *I like to wade.* (EPT) | hiyáʔ či **síx̣ʷəŋ**. *Let's go wading.* (EPT) | ʔiʔ suʔənʔás **síx̣ʷəŋ** ɬán. *And so he came wading ashore.* (ES) | **síx̣ʷəŋ** ɬákʷi ʔaʔ cə stútaʔwiʔ. *They waded across the creek.* (ES)} VAR: číx̣ʷəŋ {**číx̣ʷəŋ** caʔn. *I'm going wading.* (AS)}

siyáʔ ⟦√syaʔ √sweetheart⟧
1. sweetheart, boyfriend, girlfriend. (AS,BC) ⟪ES and TC do not know this word.⟫ {n**siyáʔ**. *My sweetheart.* (BC) | **siyáʔ** skʷáči. *Valentine's Day.* (AS,BC)}
2. co-wife. (LB,CWH)

síyaʔ ⟦√siyaʔ √grandparent⟧ cp. ssə́ʔya?
1. grandparent, especially grandfather. ⟪USAGE: This can be used for either grandmother or grandfather but usually refers to grandfather.⟫ (MV; EPT; MJT; LC; EPT; ES; TC; AS,BC) ⟪USAGE: This can also be used to refer to siblings of one's grandparents.

siyaʔcíc

For example, MJ used this to refer to her father's aunt.)) (MJ) {nsíyaʔ *my grandparent* (LB,CWH) | x̣ʷuʔúts kʷi *síyaʔ*s yaʔ. *He cried for his late grandfather.* (ES) | n*síyaʔ* č yaʔ ti sx̣ənəŋtíŋs. *It's what my grandmother was called.* (RSh) | ʔúx̣ʷ ʔaʔ kʷɬəsə n*síyaʔ*. *Go to your grandmother.* (MJ) | čáq yaʔ tə ʔáʔiŋs kʷi nə*síyaʔ*. *My grandfather's house was big.* (MJ) | k̓ʷə́ntəŋ ʔaʔ kʷsi nə*síyaʔ* cə cicáyəss. *My grandmother looked at her hands.* (MJ) | ʔúŋəsts cə *síyaʔ*s ʔaʔ či sčəyáʔyə. *They gave their grandmother the sticks.* (MJ) | nsuʔčáyəxʷ ʔaʔ kʷsi nə*síyaʔ*. *So I went into my grandmother's.* (MJ) | ʔaʔčšikʷə́ttəŋ ʔaʔ kʷi nə*síyaʔ*. *My clothes were changed by my grandmother.* (MJ) | ʔiʔ ƛáy ʔuʔ čáʔi tə nə*síyaʔ*. *And my grandfather was working also.* (MJ) | nít ixʷ suʔƛ̓kʷə́ts ʔaʔ kʷsə nə*síyaʔ* tsə ƛ̓úyəqs. *Then I guess my grandmother took a box.* (MJ) | suʔƛ̓kʷə́təŋs ʔaʔ kʷi nə*síyaʔ* cə ƛ̓úyəqs ʔiʔ hiyáʔ štəŋ txʷaʔúxʷ ʔaʔnəxʷqíyt. *So my grandfather took the box and walked toward Little Boston.* (MJ)}

2. to act like a grandparent (moving slowly and carefully). {ʔuʔhúy t suʔ*síyaʔ*s. *She was just grandma-ing.* (MJT) VAR: síyə (AS,BC)

siyaʔcíc tattletale. *See under:* syə́cic

siyaʔčúʔiɬ 〚√s<iy>aʔčuʔyɬ √younger_sibling<pl>〛☞ saʔčúʔiɬ younger siblings. (EPT; MJT) {táx̣ʷ ʔuʔ ću̓ʔkʷs tə *siyaʔčúʔiɬ*. *I had exactly seven younger siblings.* (MJ)} VAR: saʔyaʔčúwiɬ (MJT) VAR: səyaʔčúʔiɬ {ƛ̓úƛ̓aʔ yaʔ kʷə nə*səyaʔčúʔiɬ*. *My siblings were little.* (BC)}

siyáʔəx̣ poison. *See under:* syáʔəx̣

siyáʔiɬ 〚√sya?yɬ √parent_in_law〛 cp. skʷúwʔis in-law of preceding generation, parent/uncle/aunt-in-law, mother-in-law, father-in-law. (EPT; MJ; LC; ES; AS,BC) {ʔáwənə sx̣číts ʔaʔ či sx̣ʷənáŋs ʔuč ʔaʔ či x̣čŋíns cə *siyáʔiɬ*. *He didn't know what his in-law had in mind.* (AA) | nít suʔhiʔƛ̓kʷə́ts tə ŋə́nŋənaʔs ʔiʔ hiyáʔ ʔúx̣ʷ ʔaʔ cə *siyáʔiɬ*s, ʔáʔiŋs tə *siyáʔiɬ*s ʔiʔ ʔítt. *The she took her children and went over to her in-laws, the house of her in-laws and slept.* (MJ)} VAR: siyáʔyəɬ (LB,CWH; EPT; MJT) VAR: siʔáʔiɬ (AS,BC)

siyaʔɫám̓ ladies. *See under:* siʔaɫám̓

siyáʔ skʷáči 〚√syaʔ √s-√kʷayiy √sweetheart stat-√day〛 ☞ siyáʔ ☞ skʷáči Valentine's Day. (AS,BC)

siyáʔtəŋ widow. *See under:* syáʔtəŋ

siyácɬ full. *See under:* ʔəsyácɬ

siyaɫám ladies. *See under:* siʔaɫám

siyaɫám̓ ladies. *See under:* siʔaɫám̓

siyát 〚√s<iy>a-t √order<pl>-trns〛 ☞ sát to order, tell a group (to do something). {*siyát*s kʷaʔ hiyáʔs čáy. *He told them to go to work.* (AS)} VAR: siʔát {*siʔát*s kʷaʔ hiyáʔs čáy. *He told them to go to work.* (AS)} VAR: syát {*syát*s kʷaʔ hiyáʔs čáy. *He told them to go to work.* (AS)}

siyátəŋ 〚√s<iy>a-t-ŋ √order<pl>-trns-psv〛 ☞ sátəŋ to be ordered to do (something) (of a group or by a group). {*siyátəŋ* kʷaʔ ƛ̓aʔtáwns. *They were told to go to town.* (AS,BC)} VAR: siʔátəŋ (AS) {*siʔátəŋ* cn kʷaʔ hiyáʔs ƛ̓aʔtáwn. *They told me to go to town.* (AS)}

siyátkʷ 〚√siyatkʷ √giant_monster〛 a type of monster or giant similar to čičəyíqʷtən. ✻They are not friendly. They live mostly from the Jamestown area and east. (AS,BC) {suʔx̣ə́nəŋs kʷə nəsiyáʔ ʔaʔ či sx̣ʷníɬs kʷaʔ či *siyátkʷ*. *My grandfather said it was because of the siyátkʷ.* (MJ)}

siyáw̓ seer. *See under:* ʔəsyə́w̓ə

siyáw̓ah seer. *See under:* ʔəsyə́w̓ə

siyáyəct preparing. *See under:* syáyəct

siyə́cəm news. *See under:* syə́cəm

siyə́mi? blankets. *See under:* sisə́mi?

siyə́naʔkʷ 〚√s<iy>ənaʔkʷ √bed_partner<pl>〛 ☞ sə́naʔkʷ several bed partners. (AB,MJT)

siyə́wi? cedar bark. *See under:* syə́wi?

siyəyə́yčən̓ younger siblings. *See under:* səyə́yčən

siyúʔuq̓ʷ 〚√s<iy>uʔəkʷ √Sooke<pl>〛 ☞ súʔəkʷ several Sooke people. (MJT)

siyúyəq 〚√s<iy>uyq √gill_net<pl>〛 ☞ súyəq several fishnets, especially gill nets. (MJT) VAR: sisúyəq (sy+√suyq pl+√gill_net) (MJT)

skʷáʔ

skʷáʔ 〚s-√waʔ s-√own〛 [emphatic possession stem] to be one's own property. (LC; ES) {ʔuʔn*skʷáʔ*. *It's my own.* (TC) | n*skʷáʔ* sɬáni?. *It's my wife.* (TC) | n̓*skʷáʔ*. *It's yours.* (NS,JW) | nə*skʷáʔ* cxʷ. *You're mine.* (TC) | nə*skʷáʔ* u cxʷ? *Am I yours?* (TC) | *skʷáʔ*s táns. *It's his mother.* (TC) | nít u n̓*skʷáʔ* ṅcáyəs? *Is it your own hand?* (NS,JW) | tw̓əwn*skʷáʔ*. *It's still mine.* (AS) | *skʷáʔɬ* ʔiʔ Terry. *It's mine and Terry's.* (MJT) | nít kʷ n*skʷáʔ* ncə́t. *That's my father.* (AS,BC) | nít kʷi nə*skʷáʔ* nəcáyəs. *It's my own hand.* (NS,JW) | nít caʔ kʷsə ʔuʔ nə*skʷáʔ*. *It'll be my own.* (TC) | nə*skʷáʔ* kʷi nəmuhúy̓. *It's my basket.* (AB,ICT) {*skʷáʔɬ* ʔáʔiŋɬ; ʔáwə c n̓*skʷáʔ*. *It's our house; it's not yours.* (TC) | ʔiʔ ʔúyɬ cə n̓*skʷáʔ* ŋə́nŋənaʔ ʔiʔ cə n̓ʔəŋʔínc. *Board your own children and your grandchildren.* (ES) | nə*skʷáʔ* nətálə. *That's my money.* (ES) | n̓*skʷáʔ* cə tálə. *That's your money.* (ES) | ʔáwə c ʔən*skʷáʔ*. *It's not yours.* (TC) | ʔáwə c nə*skʷáʔ* nətálə. *It's not my money.* (TC) | ʔuʔx̣ə́nə ʔuʔ nə*skʷáʔ* cə tálə. *It's all my money.* (ES) | nə*skʷáʔ* kʷi nəsčáy tiʔə məhúy̓. *This basket was my own work.* (MJT) | nít nuʔsíqi tiə nəmuhúy̓ txʷʔúxʷ ʔaʔ cə n̓*skʷáʔ*. *My basket is heavier than yours.* (TC) | nít kʷi mán ʔuʔ síqi tiʔə nə*skʷáʔ*. *It's mine that is very heavy.* (MJT) | nít nuʔsíqi tiʔə nəmuhúy̓ txʷʔúxʷ ʔaʔ cə n̓*skʷáʔ*. *My basket is heavier than yours.* (MJT) | huʔ*skʷáʔ*s ʔuʔ stíkʷəns cə. *It was his own nephew.* (TC) | xʷanítəm kʷaʔčaʔɬ cə *skʷáʔɬ* číɬt. *Our chief is a white person.* (TC) | hiyáʔ yaʔ kʷi *skʷáʔɬ* ʔəcɬtáyŋxʷ. *Our people went.* (ES) | ʔiʔ ʔáw c xʷənʔáʔ ʔaʔ ti *skʷáʔɬ* sčáqʷəwc. *And it wasn't like our fire.* (ES) | txʷʔáwənə caʔn xčít tiə **skʷáʔɬ** ʔuʔ sqʷáyɬ. *I'll get so I don't know our own language.* (TC) | ʔáwə yaʔ c **skʷáʔ**s sčaʔkʷaʔyúɬ kʷi nəsqʷúʔšən. *It was not my husband's own boat.* (MJ) | sʔúŋəstəŋɬ ʔaʔ cíčłsiʔám̓ ʔaʔ či ʔuʔ**skʷáʔɬ** ʔuʔskʷənáŋətəŋɬ. *It was given to us by the Lord to be ours to help us.* (BH)}

skʷáʔət¹ [s-√kʷaʔət s-√stern] the stern of a canoe or boat, back seat of a vehicle. (ES; TC; AS,BC) {ʔaʔ**skʷáʔət** cn. *I'm in the stern.* (TC) | ʔiyá ʔaʔ tə **skʷáʔət** či n̓sʔiʔaʔám̓ət. *Sit there in the stern.* (MJ) | ɬíˑtct cə **skʷáʔət**s cə ʔúʔutxs. *They sprayed the stern of the canoe.* (MJ) | ʔiʔ níɬ scákʷss cə q̓áʔŋi ʔiyá ʔaʔ tə **skʷáʔət**. *And then they'll put the girl in the stern.* (MJ) | níɬ nsuʔsə́q ʔiʔ k̓ʷə́nəxʷ ʔəscáʔnəč ʔiyá ʔaʔ tə **skʷáʔət**. *Then I went out and saw him leaning back against the stern.* (MJ) | kʷɬƛ̓íq cə ʔəšás ʔuʔiyá ʔaʔ cə nə**skʷáʔət** cə nsnə́xʷɬ. *The sea lion came up out of the water at my stern of my canoe.* (TC) | níɬ ɬə́ŋ ʔuʔ ʔiyá ʔaʔ cə **skʷáʔət**s cə nəsnə́xʷɬ. *He was exactly in the stern of my canoe.* (AS,BC) | ʔiʔ čəyáy ʔúyɬ ʔaʔ cə **skʷáʔət**s cə nəsnə́xʷɬ ʔiʔ čaʔtə́x̣ʷ cn ʔaʔ cə cácu ʔaʔ cə sŋiyánt. *And it almost got into the stern of my canoe as I just got to the beach on the rocks.* (TC)}

skʷáʔət² in the stern. *See under:* ʔəskʷáʔət

skʷáʔəwč pried. *See under:* ʔəskʷáʔəwč

skʷáʔiɬ [ʔs-√kʷ<á>y̓-ɬ stat-√spill<rslt>-dur] ☞ kʷə́y̓ to be spilled, capsized, anything not upright. (AS,BC) {**skʷáʔiɬ** kʷi kʷə snə́xʷɬ. *The canoe was capsized.* (AS)}

skʷáʔkʷiʔ hidden. *See under:* ʔəskʷáʔkʷiʔ

skʷáʔnaməš [s-√kʷaʔnaməš s-√?] [analysis uncertain - may have the =uməš 'type' suffix] 1. Oak Harbor area and area on north side of Penn Cove across from Coupeville. (EWH) 2. Swinomish tribe. (LB,CWH) VAR: swáʔnaməš (H)

skʷaʔtúŋə [s-√waʔ-txʷ-uŋə s-√own-inancaus-2obj] ☞ skʷáʔtxʷ fix for you. {nə**skʷaʔtúŋə**. *I'm fixing that for you. / I'm getting it for you. / I'm making it to be yours.* (TC)}

skʷaʔtúŋəs [s-√waʔ-txʷ-uŋəs s-√own-inancaus-1obj] ☞ skʷáʔtxʷ fix for me. {ʔən**skʷaʔtúŋəs**. *You're doing it for me.* (TC)}

skʷaʔtúŋɬ [s-√waʔ-txʷ-uŋɬ s-√own-inancaus-1plobj] ☞ skʷáʔtxʷ make for us. (TC) {níɬ kʷi **skʷaʔtúŋɬ**. *It was made for us.* (AS)}

skʷáʔtxʷ¹ [s-√waʔ-txʷ s-√own-inancaus] ☞ skʷáʔ to work on, fix, do (something) to be owned by someone. {nə**skʷáʔtxʷ** ʔaʔ Jamie. *I'm doing it to be Jamie's.* (TC)}

skʷáʔtxʷ² [s-√waʔ-txʷ s-√own-letcaus] [subjective genitive stem] ☞ skʷáʔ to let something be one's own. {ʔən**skʷáʔtxʷ** *Let it be yours. (You can have it.)* (ES) | nə**skʷáʔtxʷ** *It'll be mine. / Could I have it? / Let it be mine.* (AS,BC; TC) | nə**skʷáʔtxʷ** cə nəŋə́naʔ. *Could I have my child? / Let me have my child.* (TC)}

skʷáʔwaʔ [s-√waʔ+√waʔ s-actl+√own] ☞ skʷáʔ being one's own property. {ʔóˑ, **skʷáʔwaʔ**. *Oh, it's ours.* (MJT) | n**skʷáʔwaʔ**. *It's mine.* (AS) | ʔən**skʷáʔwaʔ** u hayə? *Is it you folks'?* (MJT)}

skʷaʔyaʔk̓ʷáʔəyəxʷ small screech owls. *See under:* skʷaʔyaʔk̓ʷə́y̓xʷ

skʷaʔyáči days. *See under:* skʷikʷáči

skʷaʔyáqəŋ [s-√kʷ<aʔy>aq-ŋ s-√flower<pl>-mdl] ☞ skʷáqəŋ a bunch of flowers, garden. (EPT; ES; BC) {čaʔínəŋ cə **skʷaʔyáqəŋ**. *The flowers just came up.* (AS,BC) | ŋə́n **skʷaʔyáqəŋ**. *There are lots of flowers.* (EPT) | ʔiʔčə́nts ʔúxʷ ʔaʔ tə nə**skʷaʔyáqəŋ**. *He was burying them by my flowers.* (MJT)} VAR: skʷəyáqəŋ {x̣ə́ct cn cə **skʷəyáqəŋ**. *I was plucking flowers.* (AS)}

skʷaʔyáẃs [s-√kʷa<ʔ>y=iw<ʔ>s s-√hide<actl>=body<actl>] [There appears to be metathesis in this form.] ☞ skʷáyəkʷs to be getting murdered. (MJT)

skʷáči [ʔs-√kʷayiy stat-√day] ☞ kʷáči day; sky; weather; world, universe; time; heaven. (EPT; MJT; RS; LC; AS,BC; AS) {ʔə́y̓ **skʷáči**. *It's a good day.* (EWH; EPT; ES) | kʷɬčə́saʔ **skʷáči** ʔəɬ ʔaʔáʔiŋən. *I've been home for two days.* (TC) | nəmá **skʷáči**. *Holy day; Sunday.* (EPT; ES) | ʔə́y̓ **skʷáči** ʔáynəkʷ. *It's a good day today.* (EPT; NS,JW) | ʔə́y̓ tiə **skʷáči**. *It's a good day.* (AS) | spáx̣ʷəŋ tiə **skʷáči**. *It's foggy today.* (TC,AS,BC) | kʷíxʷi tə **skʷáči**. *The sky is blue.* (AS) | ɬə́c **skʷáči**. *It's the middle of the day.* (MJT) | čiʔáw **skʷáči**. *Past days. / Days gone by. / Days of yore* (TC) | ŋə́n **skʷáči** či sxʷə́y̓q̓ʷs. *They drifted many days.* (ES) | cúʔkʷs **skʷáči** cə słə́mxʷs. *It was raining for seven days.* (ES) | ʔə́y̓txʷ tiə **skʷáči**. *Have a good day.* (AS,BC) | **skʷáči**, kʷənánəc. *Heaven, help me.* (MJ) | x̣ə́ʔsiʔ kʷi či **skʷáči**. *It's a really bad weather.* (AS,BC) | hiyáʔ caʔn kʷaʔ ʔə́yəs tə **skʷáči**. *I'll go if it's a good day.* (LC) | suʔx̣aʔx̣ə́nəŋs, "ó, **skʷáči**, yəščənúŋət cn". *So he said, "Oh, Heaven, I'm pitiful."* (MJ)} {ʔuʔhiyáʔ q cn kʷi kʷaʔ ʔuʔə́yəs tiə **skʷáči**. *I'd go if the weather stays good.* (TC) | čə́saʔ **skʷáči** tə nəsʔáɬaʔ. *I was here for two days.* (TC) | čə́saʔ **skʷáči** tə nəsʔiʔčiʔás. *I was chasing it for two days.* (TC) | həwíyŋ caʔn ʔaʔ či čə́saʔ **skʷáči**. *I'll come back in two days.* (TC) | ŋús **skʷáči** tə nəsčáʔiʔ ʔiʔ mák̓ʷɬ cn. *I was working four days, and I got injured.* (ES) | nəcáxʷ ʔaʔ kʷi kʷɬhíc čiʔáw **skʷáči** *It was once long ago in days gone by.* (ES) | sxʷaʔníŋ ʔuč tiə **skʷáči**. *How is the weather?* (TC,AS,BC) | čɬ**skʷáči** cn. *I got caught in a storm.* (ES; TC) | ʔáwə cxʷ c čɬ**skʷáči**. *You didn't get caught in a storm.* (TC) | x̣ənʔáɬ ti nəsuʔčšáhək̓ʷ ʔaʔ tiʔə **skʷáči**. *I'll always remember this day.* (MJT) | čaʔƛ̓k̓ʷə́təŋ ʔiʔ hiyáʔtəŋ čáʔ kʷaʔ cə **skʷáči**. *They were immediately grabbed and taken up into the sky.* (AA) | ʔáwətəŋ cn yəhúmətəŋ ʔaʔ tiə sx̣ayéʔƛ̓q̓ɬ ʔaʔ tiə **skʷáči**. *I'm not respected by these kids these days.* (AS) | hiyáʔ caʔ st taʔwəɬít ʔaʔ kʷi nəmá **skʷáči**. *We will go pray for him on Sunday.* (AS) | húʔ yaʔ kʷənéʔŋət kʷi tím ʔaʔ ti táŋən ʔəɬ ʔiʔɬáccts činu **skʷáči** ʔiʔ níɬ

skʷánəyuʔ   **skʷənáŋəɬ**

táči cə čaʔčéʔx̣ʷəŋ ʔiyá ʔaʔ tə cácu. *When Tim was running in the evening when the day was getting dark, he would get to a shallow place at the beach.* (ES) ⟪The following are special days on the calendar.⟫ {x̣ə́wəs **skʷáči**. *New Year's Day* (AS,BC) | siyáʔ **skʷáči**. *Valentine's Day.* (AS,BC) | xʷanítəm siʔám̓ **skʷáči**. *President's Day* (AS,BC) | nx̣ʷə́ɬ **skʷáči**. *St. Patrick's Day* (AS,BC) | ɬə́čxʷmən **skʷáči**. *April Fool's Day* (AS,BC) | hiyinúŋət **skʷáči**. *Easter* (AS,BC) | skʷáqəŋ **skʷáči**. *May Day* (AS,BC) | ɬéʔwiʔəɬ **skʷáči**. *National Day of Prayer* (AS,BC) | tán **skʷáči**. *Mother's Day* (AS,BC) | ʔəcɬtáyŋxʷ **skʷáči**. *Native American Day* (AS,BC) | hákʷ **skʷáči**. *Memorial Day* (AS,BC) | cə́t **skʷáči**. *Father's Day* (AS,BC) | čənʔə́yi **skʷáči**. *first day of summer/midsummer's day* (AS,BC) | siʔáɬ **skʷáči**. *Chief Seattle Days* (AS,BC) | məq̓áʔaʔ **skʷáči**. *Makah Days* (AS,BC) | čáy **skʷáči**. *Labor Day* (AS,BC) | ssə́ʔya **skʷáči**. *Grandparents' Day* (AS,BC) | ʔínəŋ **skʷáči**. *birthday* (AS,BC) | sčtə́ŋxʷən **skʷáči**. *Earth Day* (AS,BC) | ɬán kʷi xʷanítəm **skʷáči**. *Columbus Day* (AS,BC) | snúʔnəkʷ **skʷáči**. *Halloween* (AS,BC) | ʔaʔtšə́nəmən **skʷáči**. *Veteran's Day* (AS,BC) | háʔnəŋ **skʷáči**. *Thanksgiving Day* (AS,BC)} VAR: ʔəskʷáči (TC) VAR: skʷáčiʔ {ʔə́y̓ u **skʷáčiʔ**. *Is it a nice day?* (ABT)}

skʷánəyuʔ ⟦s-√wan-əyu s-√lose-activ⟧ [subjective genitive stem] ☞ kʷán to be something thrown away, discarded, be trash, garbage, unwanted and left behind; to be anything disposable. (TC; AS,BC) {nə**skʷánəyuʔ**. *I'm leaving it, discarding it.* ⟪What you might tell someone who reminds you that you are leaving something behind that you do not want.⟫ (TC) | **skʷánəyuʔ** cn. *I got thrown away.* (TC)} VAR: skʷánəyu {**skʷánəyu** cn. *They threw me away.* (BC)}

skʷáqəŋ ⟦s-√kʷaq-ŋ s-√flower-mdl⟧ ☞ kʷáqəŋ
1. flower, blossom. (JCo; EPT; AS,BC; ES; ES,HS) {hiʔhaʔčúct tə **skʷáqəŋ**. *It's forming a flower.* (MJT) | kʷɬšáqəŋ tə **skʷáqəŋ**. *The flower is open.* (MJT) | kʷáqəŋ kʷə **skʷáqəŋ**. *The flower is blooming.* (AS) | q̓pə́n cə **skʷáqəŋ**. *Gather the flowers.* (AS) | čaʔínəŋ cə **skʷáqəŋ**. *The flower just bloomed.* (AS) | qʷúʔət či tə n**skʷáqəŋ**. *Water your flower.* (MJT) | tiʔíŋ cn ʔaʔ tiə **skʷáqəŋ**. *I asked for this flower.* (AS) | x̌̕kʷə́t cn kʷi kʷə **skʷáqəŋ**. *I took the flower.* (MJT) | čaʔiʔkʷáʔqəŋ kʷsə **skʷáqəŋ**. *The flower is just beginning to bloom.* (EPT) | cə́yq̓ʷəŋ cn či nsxʷʔiyá cə **skʷáqəŋ**. *I'm digging where my flowers are.* (AS,BC) | ŋə́n **skʷáqəŋ** ʔaʔ ti ʔuʔx̣ə́n sčiʔínəŋ ʔiyá ʔaʔ kʷs nəʔáʔiŋ. *There are many flowers every year at my house.* (EPT)}
2. seeds. (LBH)

skʷáqəŋ skʷáči ⟦s-√kʷaq-ŋ ʔs-√kʷayiy s-√flower-mdl stat-√day⟧ ☞ skʷáqəŋ ☞ skʷáči *May Day.* (AS,BC)

skʷáqɬ open. *See under:* ʔəsxʷkʷáqɬ

skʷáyəkʷs ⟦s-√kʷay=iws s-√hide=body⟧ ☞ kʷáy to be murdered. (JA,MJT) {nə**skʷáyəkʷs** caʔ cxʷ. *I'm going to murder you.* (JA,MJT)}

skʷayəkʷsáy̓ŋən̓ ⟦s-√kʷay=iws-ay̓ŋən̓ s-√hide=body-want⟧ ☞ skʷáyəkʷs to want to murder. {**skʷayəkʷsáy̓ŋən̓** cn. *Somebody wants to murder me.* (MJT)}

skʷayəqəŋíɬč ⟦s-√kʷa<yə>q-ŋ=iɬč s-√flower<pl>-mdl=plant⟧ ☞ skʷáqəŋ flower bed, flower bushes. (ES)

skʷccəŋítəŋ be sent to. *See under:* skʷəccəŋítəŋ

skʷčiŋínəŋ breakfast. *See under:* kʷčiʔŋínəŋ

skʷéʔəxʷ ⟦s-√kʷiʔəxʷ s-√fern_root⟧ summer fern root. ✱Girls were forbidden to eat this fern root. One time a girl ate this fern root and she gave birth to little snakes. She was abandoned on Smith Island. (LB,CWH; MJT) *cp.* c̓isíɬč

skʷéxʷən ⟦s-√kʷiʔəxʷ=ən s-√fern_root=instr⟧ [This has the unusual pronunciation [skʷǽxʷn].] name of one of AS's mother's cows. ✱This was a very tame cow that would come when they called it. When it died, AS and her sisters all cried. (AS) [probably a loan]

skʷə́cc ⟦s-√kʷəcc s-√send⟧ [subjective genitive stem] ☞ kʷə́cc
1. to be sent. (TC; ES) {nə**skʷə́cc**. *I sent it.* (TC) | ʔənə**skʷə́cc** u? *Did you send it?* (TC) | **skʷə́cc** cn. *Someone sent me.* (TC) | kʷɬnə**skʷə́cc**. *I sent it.* (MJT)}
2. a message, anything sent. {x̌̕kʷnás cə nə**skʷə́cc**. *He got my message.* (MJT) | kʷɬʔəshúʔəy̓ cə n̓**skʷə́cc**. *What you're sending is ready.* (MJT)}

skʷəccəŋít ⟦s-√kʷəcc-ŋi-t s-√send-rel-trns⟧ [subjective genitive stem] ☞ kʷə́cc to send something over with (someone). {n**skʷəccəŋít** kʷə sx̣áč. *I sent the dried fish over with someone.* (AS)}

skʷəccəŋítəŋ ⟦s-√kʷəcc-ŋi-t-ŋ s-√send-rel-trns-psv⟧ [subjective genitive stem] ☞ skʷəccəŋít to be sent to by someone. (AS) {nə**skʷəccəŋítəŋ**. *He sent it to me.* (TC)} VAR: skʷccəŋítəŋ {nə**skʷccəŋítəŋ** ʔaʔ kʷɬəs nətán. *My mother sent it to me.* (TC)}

skʷəlalháyə ⟦s-√kʷəlal=ayə s-√kerosene=container⟧ ☞ kʷə́lal oil drum. {ʔiyánəxʷ cn či **skʷəlalháyə** č̓ástəŋ. *I heard an oil drum being hit.* (MJ)}

skʷə́n ⟦s-√kʷən s-√?⟧ Snoqualmie Falls. (LBH)

skʷənáŋəɬ ⟦s-√kʷnaŋi-ɬ s-√help-dur⟧ [This may be related to the word for 'enrapture'.] *cp.* kʷən ☞ kʷənáŋəɬ spirit power, personal power, talent, strength; one's spiritual help. (ES) ✱When powers are too much alike, they fight. For example, one woman did not get along well with her husband because he had white blackfish power and her father's power was the white shark. (MJT) {x̌̕kʷnáxʷ cn cə **skʷənáŋəɬ**. *I received the power.* (ES) | ʔə́y̓ **skʷənáŋəɬ**. *It's good help.* (TC) | ʔə́y̓ nəxčnín ʔaʔ t n̓stwəw̓ʔiyə́m či n̓**skʷənáŋəɬ**. *I feel good that your power is still strong.* (ES,TC) | ʔə́y̓ **skʷənáŋəɬ** ʔaʔ cícɬsiʔám̓. *It's the good power of the Lord.* (BH) | tiə háʔɬ ttáʔwiʔ **skʷənáŋəɬ** ʔaʔ cícɬsiʔám̓. *This good bright power of the Lord.* (BH) | txʷʔáx̣əŋ či nətíxʷɬc ʔaʔ či **skʷənáŋəɬ** ʔaʔ

skʷənáŋət

cícłsiʔám̓. *My tongue is speaking of the power of the Lord.* (BH) | tiə **skʷənáŋət** ʔaʔ cícłsiʔám̓, níł kʷaʔčaʔ nəsqʷáqʷi ʔaʔ či ʔuʔ x̣ʷənʔáŋ. *This power of the Lord, that's what I'm talking about.* (BH)}

skʷənáŋət 〚s-√kʷnaŋi-t s-√help-trns〛 ☞ kʷənáŋət to be hired. {sx̣̓éʔs ti nə**skʷənáŋət**. *He wants to hire me.* (LC)}

skʷənəŋə́čł 〚s-√kʷəŋ=əčł s-√orphan=child〛 [this may have a root meaning 'lose'] cp. kʷán 1. one's niece or nephew after their parent has died, orphan. (AS) {nə**skʷənəŋə́čł**. *my niece/nephew* 《USAGE: This use indicates that you have become the children's protector.》 《After TC's brother Jasper passed away, TC stopped calling Jasper's children /nəstíkʷən/ and started calling them /nəskʷənəŋə́čł/.》 (TC)} cp. sqəsaʔčáyəł 2. orphan. (AS,BC) VAR: skʷənəŋə́łč (BC)

skʷənəŋúcən 〚s-√wan-ŋ=ucin s-√lose-mdl=mouth〛 ☞ kʷánəŋ leftovers, leavings, scraps left after eating. (TC) {ŋə́ń tə **skʷənəŋúcən**s łúyŋ ʔaʔ tə ʔaʔyəcłtáyŋxʷ. *There were lots of leftovers left by the people.* (AS)}

skʷənəsə́yuʔ 〚s-√wan-as-əyu s-√lose-ptcaus-activ〛 ☞ kʷánəs to be left, thrown away, discarded. {**skʷənəsə́yuʔ** cn. *I got thrown away (my better half left me).* (TC)}

skʷəníləč 〚s-√kʷəniləč s-√cedar_ring_dance〛 1. a spirit power and dance associated with a cedar ring. (TC) 2. a person with power in charge of a spirit dance. (MJ) [From Lushootseed, the root is probably related to the Klallam word for 'enrapture'.] cp. kʷən {níł suʔtə́ss ʔaʔ cə ʔáʔiŋł cə **skʷədíləč**. *Then the skʷədíləč got to our house.* (MJ)} VAR: skʷədíləč (MJ; TC) 《RS defined this as 'all fouled up'》 (RS)

skʷənúcən 〚s-√kʷən=ucin s-√enrapture=mouth〛 ☞ kʷənúcən spirit song, spirit dance, power song; spirit gathering for singing and dancing, smokehouse dance; Indian doctor's trance song and dance; traditional winter dance. (AS) {łə́ŋ ʔuʔ smə́yəqs kʷi **skʷənúcən**s yaʔ či x̣ən̓x̣aʔníti ʔiʔ ti ʔuʔx̣ə́nəstəŋ. *They completely forgot their power songs, black paint dance and everything.* (ES) | kʷi sčiʔúʔisł yaʔ ʔiʔ kʷikʷiyáy yaʔ sxʷniyáʔəm ʔiʔ ti **skʷənúcən**s. *Our ancestors, they were expert Indian doctors with their power songs.* (ES) | níł yəxʷ yaʔ ʔuʔ x̣aʔyéʔsi ti čʔáła? ʔaʔ tiə, ti sʔiyə́ms, tə **skʷənúcən**s. *I guess they were fierce from here in this, their strength, their spirit dancers.* (TC)} VAR: skʷən̓úcən (EPT; ES) {łíxʷ čtə snáčəwəč kʷi šúys yaʔ ti **skʷən̓úcən**s. *It must be three hundred years since they quit the spirit dance.* (ES)}

skʷən̓áx̣ʷ 〚s-√kʷn̓ax̣ʷ s-√bullhead〛 a species of large bullhead fish. (TC)

skʷə́šiʔ 〚√skʷəšy̓ √too_old〛 to be soft and too old to use, no good anymore. 《USAGE: This is used to refer to food that is beyond its prime or materials such as cattails that have become soft and too old for use in weaving.》 (MJT) {kʷi**skʷə́šiʔ** tiʔə łtúc. *This horsetail is no good anymore.* (MJT) | ʔuʔmán ʔuʔ **skʷə́šiʔ** tə scánəxʷ. *The salmon was very soft.* (AS)}

skʷəyáqəŋ flowers. *See under:* skʷaʔyáqəŋ

skʷiʔáx̣ən 〚s-√kʷəy<ʔ>=ax̣an s-√fly<actl>=arm〛 ☞ kʷə́yəŋ wing of a bird, airplane, etc. (AS,BC)

skʷikʷáči 〚s-kʷy+√kʷayiy stat-pl+√day〛 ☞ skʷáči several days. {kʷənəłnát kʷaʔčaʔ **skʷikʷáči**. *It was many days.* (AA; TC) | ʔə́y̓ **skʷikʷáči**. *We've been having good weather.* (MJT)} VAR: skʷaʔyáči 〚s-√kʷ<əy>ayiy s-√day<pl>〛 (TC)

skʷikʷiʔáx̣ən 〚s-kʷy+√kʷəy<ʔ>=ax̣an s-pl+√fly<actl>=arm〛 ☞ skʷiʔáx̣ən wings. (AS,BC)

skʷiyéʔəx̣ 〚s-√kʷ<iy>iʔəxʷ s-√fern_root<pl>〛 ☞ skʷéʔəx̣ several summer fern roots. (MJT)

skʷukʼáw̓tx̣ʷ 〚s-√kʷukʷ=aw̓tx̣ʷ s-√cook=house〛 ☞ kʷúkʷ kitchen. (TC; AS,BC) {ʔuʔhúy č kʷi sx̣ʷtúnəqs ʔuʔ ʔiyá ʔaʔ či **skʷukʼáw̓tx̣ʷ**. *Only her older sister was there in the kitchen.* (AS)}

skʷúkʷəl 〚s-kʷú+√kʷul s-actl+√school〛 ☞ skʷúl to be going to school. (ES,TC) {x̣áp̓ kʷi nə**skʷúkʷəl**. *I graduated from school. / My going to school was over.* (ES) | ʔuʔáwə yaʔ st **skʷúkʷəl**. *We didn't go to school.* (TC) | ʔiʔłúyənəŋ ʔaʔ cə sčaʔkʷaʔyúł či sx̣ayéʔx̣qł ʔəł **skʷúkʷəl**əs. *She was abandoned by the school bus.* (ES) | x̣úx̣aʔ yaʔ cə sxʷʔiyáł ʔaʔ cə **skʷúkʷəl**. *Where we went to school was small.* (TC)} VAR: skʷúkʷəł {níł yaʔ sxʷʔiyás ti nə**skʷúkʷəł**. *That is where I went to school.* (TC)}

skʷúkʷəltxʷ 〚s-kʷu+√kʷul-txʷ s-actl+√school-caus〛 ☞ skʷúkʷəl to be teaching someone. {**skʷúkʷəltxʷ** cn. *I'm teaching him how.* (ES)} {**skʷúkʷəltxʷ** cn cə nəŋə́nəŋənaʔ. *I'm teaching my children.* (ES)}

skʷúkʷm 〚s-√kʷukʷm s-√strong〛 to be strong, husky. (ES) [recognized by Klallam speakers as coming from Chinook Jargon 'skookum'] VAR: skʷúkəm (MJT)

skʷúl 〚s-√kʷul s-√school〛 to go to school; school. (BC) [based on a back formation from English 'school'] {kʷkʷáʔ caʔ či nəshiyáʔ **skʷúl**. *I'll go to school later.* (TC) | hiyáʔ kʷaʔ x̣̓aʔ**skʷúl** ʔaʔ cə Government School. *He went to school at the Government School.* (MJ) | ʔuʔx̣ə́nə st ʔuʔ ʔiyá məqʷúʔəs ʔiʔ ʔáwənə **skʷúl**. *We were all there at Smyth Point, and there was no school.* (TC) | swéʔwəss ti nəsx̣̓áqšən ti nəstaʔáwən ʔaʔ kʷsə nətán ʔaʔ či sqʷsə́ŋs ʔəł **skʷúł**. *They're boys shoes that my mother buys me because they're sturdy when we go to school.* (AS)}

skʷuláw̓txʷ 〚s-√kʷul=aw̓txʷ s-√school=house〛 ☞ skʷúl school building, schoolhouse. (ES) {níł nəsuʔúx̣ ʔaʔ kʷsə **skʷuláw̓txʷ**s cəwnáʔił yikʷəŋən. *I went to the school house of those Songhees.* (TC)}

skʷúmah 〚s-√kʷaməh s-√ratfish〛 ratfish. *Not edible, but the boiled liver is used as medicine for cough or earache. Hydrolagus colliei.* (TC)

skʷáʔiɬ cleared. *See under:* ʔəskʷáyəl

skʷaʔkʷátɬqɬ ⟦s-kʷaʔ + √kʷatɬqɬ s-dim + √robin⟧ [The /ɬ/'s are unaccounted for here.] ☞ skʷə́sqq small robin. (ES) VAR: skʷaʔkʷə́sqq (AS)

skʷaʔkʷátuʔ ⟦s-kʷaʔ + √kʷ<əʔ>tuʔ s-dim + √raven<dim>⟧ ☞ skʷtúʔ
1. crow. *Corvus brachyrhynchos; Corvus caurinus.* (EPT; MJT; ES; AS,BC; TC) [frozen diminutive] {tə́ŋkʷáʔct kʷaʔčaʔ cə **skʷaʔkʷátuʔ**. *That crow mixes in.* (ES) | kʷə́xt cn cə **skʷaʔkʷátuʔ**. *I shooed the crow.* (AS) | šə́təŋ ʔiʔ kʷə́nəs cə **skʷaʔkʷátuʔ**. *She was walking, and she saw a crow.* (MJ)}
2. tomboy, a young girl who likes to play boys' games. (ES) VAR: skʷakʷátuʔ (WB) VAR: skʷaʔkʷátu (AS) {stkʷiyáxən kʷsə **skʷaʔkʷátu**. *That crow had a broken wing.* (AS)} VAR: skʷaʔkʷaʔtúʔ {kʷə́nəs cə **skʷaʔkʷaʔtúʔ**. *She saw a crow.* (MJ; TC) | čáŋ cə táns cə **skʷaʔkʷaʔtúʔ**. *The mother of the crows got home.* (MJ)}

skʷaʔkʷéʔqʷəm hatchet. *See under:* sxʷkʷaʔkʷéʔqʷəm

skʷaʔkʷənáysən curtain. *See under:* sxʷkʷaʔkʷənáysən

skʷaʔkʷə́y̓xʷ ⟦s-kʷaʔ + √kʷəy̓xʷ s-dim + √screech_owl⟧ ☞ skʷə́yəxʷ small screech owl. (ES)

skʷáʔkʷiʔ pregnant. *See under:* ʔəskʷáʔkʷi

skʷaʔkʷtúʔ ⟦s-kʷaʔ + √kʷtuʔ s-dim + √raven⟧ ☞ skʷtúʔ small raven. (AS,BC)

skʷaʔkʷúwyəs ⟦s-kʷaʔ + √kʷuwʔys s-dim + √child's_inlaw⟧ ☞ skʷúwʔis small relative through marriage of one's child. (MJT)

skʷáʔɬaʔməš ⟦s-√kʷaʔɬaʔməš s-√?⟧ Brinnon Mountain, possibly Mount Turner. (JSH; LBH)

skʷaʔwəyéʔqʷ ⟦ʔs-√kʷəw̓y = iʔqʷ stat-√skin = head⟧ ☞ kʷə́wiʔ *cp.* kʷəwléʔqʷ to be bald, bare headed. (ES) VAR: sxʷkʷaʔwaʔéʔqʷ (TC) VAR: ʔəskʷəwəyéʔqʷ (EPT; MJT) {**ʔəskʷəwəyéʔqʷ** cə xʷanítəm. *The white man is bald.* (EPT)} VAR: skʷəwəyéʔqʷ (BC) VAR: skʷəwiyéʔqʷ (BC) VAR: skʷəwaʔéʔqʷ (LC)

skʷaʔyaʔkʷə́sqq ⟦s-kʷ<aʔy>aʔ + √kʷəsqq s-dim<pl> + √robin⟧ ☞ skʷaʔkʷátɬqɬ a group of small robins. (ES)

skʷaʔyaʔkʷə́y̓xʷ ⟦s-kʷ<aʔy>aʔ + √kʷəy̓xʷ s-dim<pl> + √screech_owl⟧ ☞ skʷaʔkʷə́yxʷ a group of small screech owl. (ES) VAR: skʷaʔyaʔkʷáʔəyəxʷ (MJT)

skʷaʔyíčiʔ ⟦s-kʷ<aʔy>icy s-√small_urchin<pl>⟧ ☞ skʷíciʔ several green sea urchins. (MJT)

skʷácɬ crooked. *See under:* ʔəskʷácɬ

skʷás ⟦s-√kʷas s-√scorch⟧ ☞ kʷás anything toasted, roasted, barbecued. (ES) {ʔə́y̓ kʷi kʷi **skʷás** kʷi saplín. *Bread is good toast.* (AS)}

skʷásct ⟦s-√kʷas-ct s-√scorch-rflxv⟧ ☞ kʷás to scald, burn oneself. (ES) {**skʷásct** cn. *I scalded myself.* (ES)}

skʷásən ⟦s-√kʷas=ən s-√scorch=instr⟧ ☞ kʷás toaster, broiler. (AS,BC)

skʷásəŋ ⟦s-√kʷas-ŋ s-√scorch-mdl⟧ ☞ kʷásəŋ toast, roast, barbecue, anything seared (especially toasted dried fish). (ES) {ŋə́ń tə ʔəsxáč **skʷásəŋ** sʔíɬəns tə ʔaʔyəcɬtáyŋxʷ. *There's lots of toasted dried fish eaten by the Indians.* (AS) | ŋə́ń tə ʔsxáč **skʷásəŋ** ʔəɬ ʔéʔɬəns ti ʔaʔyəcɬtáyŋxʷ. *There's lots of toasted dried fish being eaten by the Indians.* (AS)}

skʷáxʷsən ⟦s-√kʷáxʷ=sən s-√?=foot⟧ Squaxin Island. (CWH,H; EWH) VAR: skʷáwxʷsən (EWH) VAR: kʷáxʷxʷsən (EWH)

skʷáxʷsənháʔwəŋəxʷ ⟦s-√kʷáxʷ=sən=haʔwəŋəxʷ s-√?=foot=tribe⟧ ☞ skʷáxʷsən Squaxin Island tribe. (CWH)

skʷčníyɬč ⟦s-√kʷčniy=iɬč s-√cherry=plant⟧ wild cherry tree; wild plum tree. *Prunus sp.* (ES) ✱Soak the bark in cold water to make a tonic good for any ailment. It is especially good for young mothers. (ES,TC; HS) ⟪A smaller bush with larger fruit than c̓xʷíɬč.⟫ *cp.* c̓xʷíɬč (AS,BC) VAR: skʷčníyəɬč (ES) VAR: skʷəčníyɬč (BC) VAR: sq̓ʷčníyɬč (AS) ⟪AS usually pronounces this word with /kʷ/, but perceives it as related to the word for 'root', which has /q̓ʷ/.⟫ *cp.* q̓ʷčəŋ

skʷə́čis part in hair. *See under:* sxʷkʷčáyəs

skʷə́ń ⟦s-√kʷən<ʔ> s-√see<actl>⟧ to have the appearance, look of someone or something. {ƛ̓áytxʷ či ʔuʔ ʔə́y̓ či **skʷə́ń**s. *Let him look good.* (MJT) | nuʔGypsy t **skʷə́ń**s. *It looks like Gypsy.* (MJT) | huʔníɬ kʷi Gypsy t **skʷə́ń**s. *It looks like Gypsy.* (MJT)}

skʷəŋúykʷɬ ⟦√sukʷ-ŋ=uykʷɬ √bathe-mdl=bodyside⟧ ☞ súkʷəŋ swimsuit, bathing suit. (TC)

skʷə́s ⟦s-√kʷs s-√count⟧ ☞ kʷə́s advice, lecture, sermon, learning, counseling from elders. (AS,BC; AS) {ʔuʔáwənə **skʷə́s**. *He's got no advice (he's not well-raised).* (AS,BC) | ʔáwənə ʔən**skʷə́s**. *You've got no learning (you're ignorant).* (AS,BC)}

skʷə́sqq ⟦s-√kʷəsqq s-√robin⟧ robin. *Turdus migratorius.* (AS,BC; ES; AS) ✱The robin's song calls for rain. ✱BC had a hard time saying this when she was little, so her grandfather, ɬəmtiyáčaʔ, had her say this over and over. VAR: kʷə́sqq (MJT) VAR: skʷə́sqq (AB,ICT)

skʷə́stəŋ ⟦s-√kʷs-t-ŋ s-√count-trns-psv⟧ ☞ kʷə́stəŋ to be taught right from wrong, be given advice about living. {**skʷə́stəŋ** kʷsə sƛ̓íƛ̓aʔƛ̓qɬ. *The girl was taught right from wrong.* (AS)}

skʷəyaʔkʷátuʔ ⟦s-kʷ<əy>aʔ + √kʷ<əʔ>tuʔ s-dim<pl> + √raven<dim>⟧ ☞ skʷaʔkʷátuʔ several crows. {šə́·təŋ ʔiʔ kʷə́nts cə ƛ̓úƛ̓aʔ **skʷəyaʔkʷátuʔ** ʔuʔčəné. *She walked, and she saw little newborn crows.* (MJ) | ʔiyá yaʔ cn

ʔiʔsəwáʔ ʔaʔ kʷə **sk̓ʷəyaʔk̓ʷátuʔ**. *I was there going along with the crows.* (MJ)} VAR: sk̓ʷəyaʔk̓ʷatúʔ (MJ) {hiyáʔ ʔiʔ k̓ʷə́nnəs cə sxʷʔiyás tə **sk̓ʷəyaʔk̓ʷatúʔ** ti sʔéʔtts. *She went, and she saw where the crows were sleeping.* (MJ) | k̓ʷíynəq ti kʷɬčə́q kʷaʔ ʔáwəs c sxʷqaʔxqíŋ ʔaʔ či ʔuʔstáŋ ʔuʔhiyí xʷənʔáŋ ʔaʔ či **sk̓ʷəyaʔk̓ʷatúʔ**. *The elders advised not to make fun of any living thing such as crows.* (MJ)} VAR: sk̓ʷaʔyaʔk̓ʷatúʔ (EPT; MJT)

sk̓ʷəyácəŋ ⟦s-√k̓ʷəyac-ŋ s-√slave-mdl⟧ ☞ sk̓ʷə́yəc to be kidnapped and made a slave. (ES) {**sk̓ʷəyácəŋ** cn. *I was kidnapped and made a slave.* (ES)}

sk̓ʷə́yəc ⟦s-√k̓ʷəyac s-√slave⟧ slave, pitiful person. (EPT; TC; ES) {ʔiʔ **sk̓ʷə́yəc** yaʔ cə náʔcuʔ. *And another one was a slave.* (AA) | sx̌éʔs či sc**sk̓ʷə́yəc**s. *They wanted her to be the slave.* (MJT) | suʔqʷáys cə **sk̓ʷə́yəc**, "ʔiʔ ʔuʔníɬ kʷə kʷi ʔənsx̌éʔ yaʔ." *The slave said, "He is the one you wanted."* (AA) | suʔqʷáys cə **sk̓ʷə́yəc**, "ʔəctíxʷ kʷi ʔəńsʔaʔčšúsəŋ." *The slave said, "Let me be your replacement."* (AA)} VAR: sk̓ʷəyic (EPT; AS,BC) VAR: sk̓ʷə́yc (ES) VAR: sk̓ʷáʔic (ES) VAR: sk̓ʷéyəc (AS,BC) VAR: sk̓ʷéyc (AS,BC)

sk̓ʷəyə́ɬnəɬ ⟦s-√k̓ʷəy=əɬnɬ s-√itch=throat⟧ ☞ k̓ʷə́yəŋ́
1. a certain kind of disease involving a very sore throat with a rash-possibly strep throat. (ES; TC)
2. pneumonia. (HS)

sk̓ʷə́yəŋ ⟦s-√k̓ʷəy-ŋ s-√itch-mdl⟧ ☞ k̓ʷə́yəŋ́ the itch, impetigo, mange. (ES)

sk̓ʷə́yəxʷ ⟦s-√k̓ʷəyxʷ s-√screech_owl⟧ screech owl. *Megascops kennicottii.* (EPT; TC; ES) ✱They bring death nine times out of ten if they come to your house. (AS) {níɬ cə **sk̓ʷə́yəxʷ** ɬɬéʔyəm̓. *It was the screech owl that was singing.* (ES) | níɬ shiyís ti ʔəcɬtáynəxʷ cə **sk̓ʷə́yəxʷ**. *The screech owl is the soul of a person.* (ES) | níɬ ti suʔq̓ʷúys txʷaʔ**sk̓ʷə́yəxʷ**. *When they die they become a screech owl.* (ES) | **sk̓ʷə́yəxʷ** ʔiʔ ʔuʔxčtís cə sɬéʔyəḿs cə **sk̓ʷə́yəxʷ**. *It was a screech owl, and he knew what that owl was singing.* (ES) | níɬ kʷi χənáts kʷi sčiʔúʔisɬ ʔaʔyəcɬtáyŋxʷ ʔaʔ či sníɬs či **sk̓ʷə́yəxʷ** sɬáni ʔəɬ twawʔəcɬtáynəxʷs. *That is what the people who came before us said, that it is the screech owl that was a woman when it was still a human.* (ES)} VAR: sk̓ʷéyxʷ (AS,BC) VAR: sk̓ʷáyxʷ (AS,BC) VAR: sk̓ʷáyəxʷ (AS,BC) VAR: sk̓ʷaʔéʔyəxʷ (MJT)

sk̓ʷə́yič ⟦s-√k̓ʷəyič s-√filleted_herring⟧ filleted herring. (MJT)

sk̓ʷə́y̓qsən ⟦s-√k̓ʷəy̓<ʔ>=əqsən s-√control<actl>=nose⟧ ☞ k̓ʷə́yət Creyke Point, a narrow point in Becher Bay on the west side. (TC)

sk̓ʷiʔáʔəm̓ ⟦s-√k̓ʷiʔa<ʔə>m<ʔ> s-√hold_dear<actl>⟧ [subjective genitive stem] to want others not to use, feel possessive about (something), not want to give (something) up, cherish, hold dear, feel emotionally attached to a person or object. (AS,BC) {nəs**k̓ʷiʔáʔəm̓**. *I don't want him to use it.* (TC) | **sk̓ʷiʔáʔəm̓** cn. *I don't want to give it up.* (AS,BC) | **sk̓ʷiʔáʔəm̓** cə məhúy. *I won't share the basket.* (AS,BC) | **sk̓ʷiʔáʔəm̓** cn ʔaʔ kʷə nsɬáni. *My wife is possessive of me.* (AS,BC) | n**sk̓ʷiʔám̓** caʔ cə nscətə́ŋxʷən. *I don't want to give up my land.* (AS)} VAR: sk̓ʷiʔám̓ {n**sk̓ʷiʔám̓** cə ntálə. *I don't want to give up my money.* (AS)}

sk̓ʷíčiʔ ⟦s-√k̓ʷičy̓ s-√small_urchin⟧
1. green sea urchin, small sea eggs. *Strongylocentrotus droebachiensis.* (EWH; MJT; AB,ICT; NS,JW; ES; TC) {čuwɬ **sk̓ʷíčiʔ** yək̓ʷə́ŋən. *dip net* (MJT)}
2. small purple sea urchin. *Strongylocentrotus purpuratus.* (AS) {x̌áy u ʔuʔ níɬ ns**k̓ʷíčiʔ**? *Is that my sea urchin, too?* (AS)}

sk̓ʷíčiʔúmš ⟦s-√k̓ʷičy̓=umš s-√small_urchin=type⟧ ☞ sk̓ʷíčiʔ to be purple in color; to look like a sea-egg. (AS,BC) VAR: sk̓ʷičiʔúməš (TC)

sk̓ʷik̓ʷə́čɬ ⟦ʔs-k̓ʷy+√k̓ʷəč-ɬ stat-pl+√crooked-dur⟧ ☞ ʔəsk̓ʷáčɬ to be all, completely crooked (as a very crooked road), all bent up. (TC)

sk̓ʷik̓ʷə́tuʔ ⟦s-k̓ʷy+√k̓ʷtuʔ s-pl+√raven⟧ ☞ sk̓ʷtúʔ several ravens. (MJT)

sk̓ʷik̓ʷə́yəc ⟦s-k̓ʷy+√k̓ʷəyac s-pl+√slave⟧ ☞ sk̓ʷə́yəc slaves. (TC) VAR: sk̓ʷk̓ʷíyəc (EPT) ⟦s-k̓ʷ+√k̓ʷ<í>əyac s-pl+√slave<pl>⟧

sk̓ʷik̓ʷqʷə́m ⟦s-k̓ʷy+√k̓ʷiqʷəm s-pl+√chop⟧ ☞ sxʷk̓ʷqʷə́m several axes. (EPT; AS)

sk̓ʷk̓ʷə́yəxʷ ⟦s-k̓ʷ+√k̓ʷəyxʷ s-pl+√screech_owl⟧ ☞ sk̓ʷə́yəxʷ a group of screech owls. (ES) VAR: sk̓ʷk̓ʷíyəxʷ (EPT)

sk̓ʷɬáʔiʔ ⟦s-√k̓ʷɬaʔy̓ s-√littleneck⟧ cp. šəčə́ńaʔ littleneck clam, steamer clam. *Protothaca staminea.* (LB,CWH; TC)

sk̓ʷqʷə́m axe. See under: sxʷk̓ʷqʷə́m

sk̓ʷsə́nəq ⟦s-√k̓ʷs-ənəq s-√count-hab⟧ ☞ k̓ʷsə́nəq a sermon, lecture, advice, speech, preaching. {hiʔyaʔyáʔnəŋ ʔaʔ tə **sk̓ʷsə́nəq**. *Listen to the preaching.* (MJT)}

sk̓ʷtə́čɬ ⟦√sukʷ-t=əčɬ √bathe-trns=child⟧ ☞ súk̓ʷt to bathe a child. {kʷɬ**sk̓ʷtə́čɬ**. *She gave him a bath.* (MJT)}

sk̓ʷtúʔ ⟦s-√k̓ʷtuʔ s-√raven⟧ raven. *Corvus corax.* (EPT,MJ; LC; TC; ES; AS,BC; TC,AS,BC) ✱Raven is an important trickster character in traditional Klallam stories. He was always hungry (ravenous) and greedy, stealing food and keeping it from his children for himself. He spoke Cowichan so his children would not be able to understand him. {hiyáʔ č tə **sk̓ʷtúʔ**. *Raven went.* (TC) | ʔáχəŋ yəxʷ k̓ʷiwńíɬ **sk̓ʷtúʔ**. *I guess that Raven said.* (TC) | suʔχənátəŋs ʔaʔ səq̓ʷáʔič cawńiɬ **sk̓ʷtúʔ**. *Bear told Raven.* (TC) | níɬ č suʔk̓ʷəńtíŋs ʔaʔ cə **sk̓ʷtúʔ** cawńiɬ sčqʷáʔič. *Then Bear was being watched by Raven.* (TC) | níɬ č suʔq̓ʷə́yəŋ ʔaʔ **sk̓ʷtúʔ** ʔaʔ cə scánnəxʷ x̌áy. *Then Raven barbecued a salmon, too.* (TC)}

sk̕ʷúct ⟦√suk̕ʷ-cut √bathe-rflxv⟧ [metathesis with reflexive] ☞ súk̕ʷəŋ to bathe oneself. {mətə́q̕ʷts ʔaʔ tə q̕ʷúʔ ʔiʔ **sk̕ʷúct**. *She put him in the water, and he bathed himself.* (MJ)}

sk̕ʷút bathe someone. *See under:* súk̕ʷt

sk̕ʷútəŋ ⟦√suk̕ʷ-t-ŋ √bathe-trns-psv⟧ [metathesis with passive] ☞ súk̕ʷt to be bathed by someone. {q̕ʷáy tə céʔcts k̕ʷaʔ **sk̕ʷútəŋ** ʔiʔčáʔi ʔaʔ či stíyms. *The parent said that he be bathed before they sing.* (MJ) | suʔƛ̕k̕ʷətəŋs ʔaʔ cə táns ʔiʔ **sk̕ʷútəŋ** ʔiʔ cák̕ʷəŋ ƛ̕áy. *So he was taken by his mother and bathed and laid down again.* (MJ)}

sk̕ʷútuwəɬ ⟦s-√k̕ʷutuwəɬ s-√fowl_backbone⟧ cooked backbone of a duck or other fowl. (MJT)

sk̕ʷúwʔis ⟦s-√k̕ʷuwʔys s-√child's_inlaw⟧
1. relative through marriage of one's child, a parent or sibling of one's son-in-law or daughter-in-law. (EPT) {ns**k̕ʷúwʔis**. *It's my son-in-law.* (EPT)}
2. the parent of a deceased husband or wife, an ex-parent-in-law. (LB,CWH) VAR: sk̕ʷúwis (AS,BCT) VAR: sk̕ʷúwyəs (LB,CWH; MJT) VAR: sk̕ʷə́wyəs (ES)

sk̕ʷuwk̕ʷúwyəs ⟦s-k̕ʷuw+√k̕ʷuwʔys s-pl+√child's_inlaw⟧ ☞ sk̕ʷúwʔis several relatives through marriage of one's child, the parents and siblings of one's son-in-law or daughter-in-law. (MJT) VAR: sk̕ʷuk̕ʷúys (MJT) VAR: sk̕ʷaʔyúwyəs (MJT) ⟦s-√k̕ʷ<aʔy>uwys s-√inlaw<pl>⟧ VAR: sk̕ʷək̕ʷúwis (EPT) ⟦s-k̕ʷə+√k̕ʷuwʔis s-pl+√child's_inlaw⟧ {hiyáʔ č k̕ʷi nə́c̕əwtxʷ či s**k̕ʷək̕ʷúwis**s. *They went to visit their son's in-laws.* (MJT)} VAR: sk̕ʷək̕ʷúwyəs (MJT)

slahál ⟦s-√ləhal s-√bone_game⟧ ☞ ləhál
1. slahal, stick game, bone game. (EPT; MJT; TC; AS,BC)
2. a set of slahal bones. (MJT) [from Chinook Jargon] VAR: sləhál (ES) {hiyáʔ əw cxʷ ʔúxʷ ʔə či **sləhál**? *Are you going to the slahal?* (MJT)}

slak̕ʷamíŋəɬ ⟦s-√lak̕ʷamíŋəɬ s-√salmon_soup⟧ [loan of unknown origin] dried salmon soup. ✱Pound dried salmon until it is a powder like flour. Boil it for about four hours until it is thick. HS's mother made this and taught her how. It is good food especially for someone who is ill and cannot eat solid food. (HS)

slamáw̕txʷ ⟦s-√lam=aw̕txʷ s-√liquor=house⟧ ☞ lám tavern, beer joint, bar. (ES) {ʔəsč̕áyxʷ ʔiyá ʔaʔ cə **slamáw̕txʷ** k̕ʷi nəswə́y̕qaʔ. *My husband was in a tavern.* (MJ)}

slapúʔ ⟦√slapuʔ √witch⟧ a monstrous, old woman witch who steals children and puts them in her basket, Slapu. ✱She is a character in an number of traditional stories. She has traditionally been mentioned to children as a threat to prevent bad behavior. She was sunk near Washington Harbor in Sequim Bay. (EPT; TC) {šánəč ʔaʔ **slapúʔ**. *Slapu's apron.* (MJT) | ʔaʔéʔpən ʔaʔ **slapúʔ**. *It's Slapu's little apron.* (MJT) | níɬ k̕ʷaʔčaʔ **slapúʔ** ʔiyáʔ. *That's where Slapu is.* (MJ) | x̣əy̕ústs ʔaʔ **slapúʔ**. *She's going to draw a picture of Slapu.* (MJT) | k̕ʷənəs cə məhúy̕ ʔaʔ **slapúʔ**. *He saw Slapu's basket.* (MJ) | twəw̕ɬaʔtúq̕ʷəŋ č k̕ʷsə **slapúʔ**. *Slapu is still boiling.* (MJ) | k̕ʷánəŋət txʷʔúxʷ ʔaʔ cə **slapúʔ**. *He ran towards Slapu.* (TC) | ʔiʔ**slapúʔ** cə ccíɬəŋ. *The one that was standing was Slapu.* (TC) | x̣əy̕ústəŋ caʔ ʔaʔ Judy k̕ʷsi **slapúʔ**. *Judy is going to draw Slapu.* (MJT) | suʔččšáyəqəŋs ʔaʔ cə **slapúʔ**. *So she followed Slapu.* (MJ) | čáŋ k̕ʷaʔčaʔ ʔaʔ cə ʔáʔiŋs cə **slapúʔ**. *They got home to Slapu's house.* (MJ) | níɬ yəxʷ suʔənʔánsəŋs ʔaʔ cə **slapúʔ** ʔiʔ həwəŋístəŋ. *Then she must have been come for by Slapu and brought back.* (MJ) | suʔúy̕ɬs tə **slapúʔ** ʔiʔ ʔə́mət ʔəctúŋən ʔaʔ cə ʔuʔútx̣s. *So Slapu boarded and sat in the middle of the canoe.* (MJ) | nəx̣čŋín k̕ʷə ʔux̣ə́n̕ə k̕ʷsə nuʔx̣číts cə **slapúʔ**. *I think everybody knows Slapu.* (EB)} VAR: slapú {k̕ʷánəŋət ʔúxʷnəsəŋ cə **slapú**. *He ran after Slapu.* (TC)}

slapúʔnə ⟦s-√lapuʔnə s-√useless⟧
1. a type of small inedible chiton with a coarse greenish back. (BC)
2. anything useless. (AS,BC) ⟨⟨USAGE: This is used as a mild insult to someone who refuses to do something.⟩⟩ {ɬə́ŋ cxʷ ʔuʔ **slapúnə**. *You're useless.* (AS)}
3. a homosexual. (AS,BC) VAR: slapúnə (AS) VAR: slapúnaʔ (AS,BC)

sləhál slahal. *See under:* slahál

sləmətuháyəqən sheep's wool. *See under:* ləmətuháyəqən

slə́mpiyə ⟦√slə́mpiyə √Sylvia⟧ Sylvia. (AS,BC) [from English 'Sylvia']

sɬaʔɬáʔniʔ ⟦s-ɬaʔ+√ɬa<ʔ>ny̕ s-dim+√female<dim>⟧ ☞ sɬániʔ cp. sɬɬáʔniʔ small woman. (ES) {ƛ̕úƛ̕aʔ **sɬaʔɬáʔniʔ**. *small woman* (ES)}

sɬaʔɬúʔŋət ⟦s-ɬaʔ+√ɬuʔŋt s-dim+√herring⟧ ☞ sɬúʔŋət small herring. (AS,BC)

sɬáʔniʔct ⟦s-√ɬa<ʔ>ny̕-cut s-√female<actl>-rflxv⟧ ☞ sɬániʔct to turning into a woman. {k̕ʷɬi s**ɬáʔniʔct**. *It's turning into a woman.* (MJT)}

sɬaʔp̕x̣áys ⟦s-√ɬaʔp̕x̣=ayus s-√blink=eye⟧ ☞ ɬaʔp̕x̣áys someone who blinks, snaps the eyes (in flirting or in anger). (AS) VAR: sɬaʔp̕x̣áys (AS,BC)

sɬaʔp̕x̣ayúsəŋ ⟦s-√ɬaʔp̕x̣=ayus-ŋ s-√blink=eye-mdl⟧ ☞ sɬaʔp̕x̣áys someone who has big eyes and rolls and blinks them. (AS,BC)

sɬaʔyaʔɬáʔniʔ ⟦s-ɬ<aʔy>aʔ+√ɬa<ʔ>ny̕ s-dim<pl>+√female<dim>⟧ ☞ sɬaʔɬáʔniʔ small women. (HS,ES)

sɬaʔyaʔɬúʔŋət ⟦s-ɬ<aʔy>aʔ+√ɬuʔŋt s-dim<pl>+√herring⟧ [vowel change and loss of /ʔ/ in the plural] ☞ sɬúʔŋət a bunch of small herrings. (ES)

sɬániʔ ⟦s-√ɬany̕ s-√female⟧ woman, female. (LB,CWH, MV; EPT; TC; AS,BC; ES; AS) {səmáʔtəŋ ʔaʔ cə

słáni?. *Someone was covered by the woman.* (TC) | čaʔčsít cn cə n**słáni?**. *I'm fixing it for my wife.* (ES) | kʷə́nəs ʔaʔ či **słáni?**s. *He saw that it was a woman.* (TC) | ʔə́mət kʷi tsiʔə **słáni?**. *The woman is sitting down.* (MV)}
2. *wife (when possessive affix is attached).* (LB,CWH) {x̣̂iʔaʔt cn kʷsə nə**słáni?**. *I'm looking for my wife.* (ES) | ʔən**słáni?**. *It's your wife.* (TC; LC) | kʷlə nəsłáni? yaʔ *my ex-wife* (LB,CWH) | łúyəŋ cn ʔaʔ cə nə**słáni?**. *My wife left me.* (TC) | sqán kʷłəs nə**słáni?**. *Someone stole my wife.* (ES) | ŋaʔkʷaʔcút u caʔ cxʷ ʔaʔ kʷłi n**słáni?**. *Are you going to wait for your wife?* (EPT) | ʔiʔ kʷúkʷ cə n**słáni?** ʔaʔ tə stəŋiʔŋínəŋ cə ʔuʔx̣ə́ń txʷhuʔáʔis łxʷłšáʔ ʔəcłtáyŋəxʷ. *My wife cooked supper for all of those nearly thirty people.* (ES) | kʷə́nəs ʔaʔ či sníłs **słáni?**s. *He saw that it was his wife.* (TC) | níł nə**słáni?** kʷsə táns kʷsə nəŋə́naʔ. *My wife is the mother of my child.* (TC) | **słáni?**s. *His wife. / queen of trumps in pinochle.* (MJT)} VAR: słáni (ES; AS,BC) {ʔáwə c nsx̣̂éʔ ʔaʔ cə n**słáni**. *Your wife doesn't like me.* (ES) | x̣̂iʔáʔəŋ cn ʔaʔ či **słáni**. *I'm looking for a woman.* (ES) | łúyəs cə **słáni**s cə. *His wife left him.* (ES) | łaʔkʷáct cn ʔaʔ cə n**słáni**. *I'm running away from my wife.* (ES) | suʔx̣ʷúŋs cə **słáni**s yaʔ. *So his wife cried.* (AA) | ʔiyá yaʔ ʔaʔ kʷi ʔáʔiŋs ʔaʔ kʷi nəcát ʔáłaʔ ʔaʔ kʷi **słáni**s ʔaʔ kʷi nəcát. *He was there at my father's house where my father's wife was.* (ES) | níł suʔčíŋis ʔiʔ kʷə́ns ʔaʔ či **słáni**s, kʷłčə́q **słáni**. *Then he went close and saw that it was a woman, an old woman.* (ES) | nsuʔx̣ənátəŋ ʔaʔ cə **słáni** kʷsə kʷaʔyə́yu. *She told me about the woman peeking.* (ES) | nəxʷx̣iʔúʔst cn cə n**słáni**. *I'm taking a picture of my wife.* (ES)} Stem: łáni? {ʔuʔ č**łáni?** cn. *I have a wife.* (ES)}

słaniʔáčł *young girl. See under:* słnaʔčúyəł

słáni?ct ⟦s-√łanỳ-cut s-√female-rflxv⟧ ☞ słáni? *to turn into a woman.* (MJT; AS) {čaʔ**słáni?ct** cə qáʔŋi. *The girl just became a woman.* (AS)}

słani?úməš ⟦s-√łanỳ=uməš s-√female=type⟧ ☞ słáni? *to be, look, act like a woman, seem feminine.* (TC; AS) {čəʔúʔwəss cə łqít **słani?úməš**. *The clothes he's wearing look feminine.* (AS)}

sła̓x̣ʷł[1] *straight. See under:* ʔəsła̓x̣ʷł

sła̓x̣ʷł[2] *definitely. See under:* ʔəsła̓x̣ʷł

słáya?ŋət *herrings. See under:* słúŋ̓ła?ŋət

słéʔłən *tied up. See under:* ʔəsłéʔłən

słə́məxʷ ⟦s-√łəmxʷ s-√rain⟧ ☞ łə́məxʷ *rain, rainwater.* (EPT; TC; ES; EPT; AS,BC) {sx̣̂éʔs či **słə́məxʷ**s. *It's threatening to rain. (It wants to rain.)* (TC) | húy kʷaʔ kʷi **słə́məxʷ**. *It's stopped raining. / The rain stopped.* (EPT) | cə́qəŋ ʔaʔ cə **słə́məxʷ**. *It dripped from the rain.* (EPT) | xʷác kʷaʔ kʷi **słə́məxʷ**. *It stopped raining.* (EPT; HS) | ʔuʔčaʔ**słə́məxʷ** ʔaʔ tiə ʔáynəkʷ. *It's all rain today.* (TC) | mán ʔuʔ ŋə́ŋ **słə́məxʷ**. *It's raining very hard.* (MJT) | qʷúʔqʷaʔ cn ʔaʔ cə **słə́məxʷ**. *I drank the rainwater.* (TC)}

słəməxʷay̓éʔqʷ ⟦s-√łəmxʷ =ay̓=iʔqʷ s-√rain=wood=head⟧ ☞ **słə́məxʷ** *rain hat.* (TC)

słəməxʷúykʷt ⟦s-√łəmxʷ=uykʷət s-√rain=clothing⟧ ☞ **słə́məxʷ** *raincoat.* (TC)

słə́mx̣ʷ ⟦ʔs-√łəm<ʔ>x̣ʷ stat-√smear<actl>⟧ ☞ łə́məx̣ʷt *to be smeared (with something), dirty.* (TC)

słənłáni? ⟦s-łan+√łany̓ s-pl+√female⟧ ☞ słáni? *a group of women.* (TC; ES) {kʷaʔkʷəńáʔi **słənłáni?**. *few women* (ES) | ŋəńáy **słənłáni?**. *Lots of women.* (ES) | huʔča**słənłáni?**. *There are only girls in the family.* (MJT)} VAR: słnłáni? (EPT) VAR: łənłáni? (ES; MJ) {níł nəsyaʔcústəŋ ʔaʔ tiə nəsqʷúʔšən ʔaʔ či sčʔəłáʔtəŋs yaʔ kʷi **łənłáni?**. *That's what I was told by my wife that they brought the women here.* (TC)} VAR: słənłáni (ES; AS,BC)

słə́ŋct ⟦√səł-ŋ-cut √continue-mdl-rflxv⟧ [metathesis with reflexive] ☞ sə́łəŋ *to go ahead, keep going, continue, be steady, persevere. proceed.* (ES) ⟪Usage: used as a word of encouragement to a person who may feel reluctant to do something⟫ (ES) {níł nsuʔ**słə́ŋct** ʔənʔáxʷ cúŋ cə nscúł. *Then I went ahead and brought up my firewood.* (ES)} VAR: słə́ŋəct (AS,BC; ES) {**słə́ŋəct** ʔaʔ či nšaʔníčəŋ. *Proceed with your discussion.* (ES)} VAR: ʔəsłə́ŋct (HS)

słəŋłúʔŋət *herrings. See under:* słúŋ̓ła?ŋət

słə́ŋ̓šən *shoeless. See under:* ʔəsłə́ŋ̓šən

słəwíčaʔ *naked. See under:* ʔəsłuʔíčaʔ

słəya?ŋət *herrings. See under:* słúŋ̓ła?ŋət

słəýp̓ *wrinkled. See under:* ʔəsłə́ýp̓

słəyúʔŋət *herrings. See under:* słúŋ̓ła?ŋət

słə́ýəx̣ʷ ⟦s-√łəýx̣ʷ s-√freeze⟧ ☞ łə́ýəx̣ʷ *ice.* (MJT; LST; ES; TC) {čáx̣ʷəŋ cə **słə́ýəx̣ʷ**. *The ice melted.* (ES) | mán kʷi ʔuʔ čaʔčəméʔi cə **słə́ýəx̣ʷ**. *The ice is too thin.* (TC) | q̓ʷsəŋ tə **słə́ýəx̣ʷ**. *The ice is hard.* (MJ) | mán ʔuʔ čłə́t tiə **słə́ýəx̣ʷ**. *The ice is very thick.* (MJT) VAR: ʔəsłə́ýəx̣ʷ {mán ʔuʔ čaʔčəméʔi cə **ʔəsłə́ýəx̣ʷ**. *The ice is too thin.* (MJ) VAR: słə́ýəx̣ʷ (AS) {pcít cn ʔaʔ cə **słə́ýəx̣ʷ**. *I slipped on the ice.* (AS,BC) | níł caʔ łə́c cə słə́ýəx̣ʷ, ʔiʔ níł caʔ łə́c cə sŋánt, ʔiʔ ʔáwə c łə́c cə **słə́ýəx̣ʷ**. *Then ice will break, or then the rock will break if the ice doesn't break.* (MJ)} VAR: słə́ýx̣ʷ (MJT; LC; AS,BC)

sti?x̣ʷə́yu *frost. See under:* stix̣ʷə́yu

stíčaʔqʷtən ⟦s-√łič=iʔqʷ=tən s-√cut=head=instr⟧ ☞ łíc *haircut.* (EPT) {mán ʔuʔ ʔə́ỳ cə n**stíča?qʷtən**. *Your haircut is very good.* (EPT)}

stiłipúykʷt ⟦s-łỳ+√łəýp̓=uykʷət s-pl+√flap=clothing⟧ ☞ słipúykʷt *several shirts, blouses.* (AB,MJT)

stiłq̓ʷáyəqsən *nostrils. See under:* sxʷłiłq̓ʷáyəqsən

słipə́qsən ⟦s-√łəýp̓=əqsən s-√flap=nose⟧ ☞ łə́ýp̓
1. *to have a wobbly, floppy nose.* (ES; AS)
2. *any cap with a bill (like a baseball cap).* (ES; BC) {čəʔúʔwəs cn cə **słipə́qsən** sčə́sa?qʷ. *I'm using a*

sɬipáwəč *baseball cap.* (AS,BC)} VAR: ɬípəqsən (BC) VAR: sɬipənáqsən (ES) ⟦s-√ɬiyṗ=ən=əqsən s-√flap=instr=nose⟧

sɬipáwəč ⟦s-√ɬəyṗ=əwač s-√flap=bottom⟧ ☞ ɬə́yṗ *to have a flabby rear end wearing baggy pants.* (AS,BC)

sɬipíkʷən ⟦s-√ɬəyṗ=iws=ən s-√flap=body=instr⟧ ☞ ʔəsɬə́yṗ *wrinkled body.* (ES,TC; AS,BC)

sɬipíqən ⟦s-√ɬəyṗ=iqən s-√flap=belly⟧ ☞ ɬə́yṗ *to have a slack, sloppy, floppy belly.* (ES)

sɬipúcən ⟦s-√ɬəyṗ=ucin s-√flap=mouth⟧ ☞ ɬə́yṗ
1. *lip.* (ES)
2. *wrinkled mouth, flabby mouth.* (TC) {ʔuʔ**sɬipúcən** cn. *I have a wrinkled mouth.* (AS)}

sɬipúykʷt ⟦s-√ɬəyṗ=uykʷət s-√flap=clothing⟧ ☞ ɬə́yṗ *any shirt, blouse, top.* (AB,MJT; LC; ES; ES,TC) {ʔéʔčəŋ cn ʔaʔ tiə nə**sɬipúykʷt**. *I'm putting on my shirt.* (ES) | čəŋ́əts kʷaʔčaʔ cə **sɬipúykʷt**s. *He bit his shirt.* (MJ) | ʔaʔáʔmət ʔuʔəskʷáq̇ɬ cə **sɬipúykʷt**s. *He's sitting with his shirt open.* (MJ) | cíɬəŋ kʷi ncáčc yaʔ ʔiʔq̇ʷəyéʔyəš ʔaʔ cə sxʷŋáqaʔ ʔiyá ʔaʔ cə **sɬipúykʷt**s. *My uncle stood up dancing because of the snow in his shirt.* (MJ)} VAR: sɬipúykʷɬ ⟪TC uses this word, but later defers to ES's version as better.⟫ (TC) VAR: šɬipúykʷt (AB,MJT) VAR: sɬipúykʷən ⟦s-√ɬiyṗ=uykʷət=ən s-√flap=clothing=instr⟧ (AS,BC)

sɬíqʷ ⟦s-√ɬiqʷ s-√flesh⟧
1. *flesh, meat.* (MJT; AS,BC; TC; AS) {níɬ suʔkʷə́nnəxʷs ʔiʔ ʔáwənə **sɬíq**ʷs ʔaʔ cə sʔácss. *Then he saw it, and there was no flesh on her face.* (ES) | níɬ č̇ suʔɬŋáŋs kʷə cə ʔsx̣áq̇ʷɬ ʔaʔ **sɬíq**ʷs kʷaʔ ʔuʔstáŋəs yaʔ čtə. *Then they took off what was stuck on his flesh, whatever it was.* (TC) | níɬ č̇ suʔk̇ʷnáxʷs cə scúṁ ʔiʔ cə néʔ **sɬíq**ʷs. *Then Wolf took what was left of the meat.* (TC) | níɬ č̇ suʔk̇ʷnáxʷs cə scúṁ ʔiʔ cə néʔ **sɬíq**ʷs cə sčánnəxʷs yaʔ skʷúkʷs yaʔ ʔaʔ cə čə́nəss. *A bone of the leftover meat of the salmon he had cooked was stuck to his teeth.* (TC)}
2. *one's body.* (AS,BC) {x̣ə́ɬ cn ʔuʔx̣ə́nə tiʔə nə**sɬíq**ʷ. *I feel sick all over my body.* (MJT)}

sɬiqʷéʔqʷ ⟦s-√ɬiqʷ=iʔqʷ s-√flesh=head⟧ ☞ sɬíqʷ
1. *the flesh of the head.* {ʔəséʔnəŋ cə **sɬiqʷéʔq**ʷs. *The flesh of their scalps was showing.* (MJ)}

sɬíxʷəŋ ⟦s-√ɬixʷ-ŋ s-√slippery-mdl⟧ ☞ ɬíxʷəŋ *slime, any slippery substance.* (AS,BC) {ŋə́ń tə **sɬíxʷəŋ** ʔiyá ʔaʔ cə súɬ. *There's lots of slime on the road.* (AS)} VAR: sɬíxʷəṁ (ES)

sɬixʷə́yu ⟦s-√ɬəẏxʷ-əyu s-√freeze-activ⟧ ☞ ɬə́yəxʷ *frost, hoarfrost, ice.* (ES) {ŋə́ń tə **sɬixʷə́yu**. *There's lots of frost.* (AS)} VAR: sɬiʔxʷə́yu (ES)

sɬiyə́ẏəxʷ ⟦s-√ɬ<iy>əẏxʷ s-√freeze<pl>⟧ ☞ sɬə́yəxʷ *lots of ice.* (MJT)

sɬiyúʔŋət *herrings.* See under: sɬúŋ̇taʔŋət

sɬkʷsə́wəs ⟦s-ʔɬ-wəs+√wəs s-part-char+√behind⟧ ☞ ɬkʷə́s *descendant, one left behind by the ancestors.* (TC) {ʔác ʔuʔ n**sɬkʷsə́wəs**. nə́kʷ ʔuʔ nčiyáŋən. *I am your descendant. You are my ancestor.* (TC) | n**sɬkʷsə́wəs** či nsmán ʔuʔ ʔə́y ʔəcɬtáyŋxʷ kʷaʔ šə́wiʔəxʷ *My descendant, you'll be a good person when you grow up.* (TC)} VAR: sɬkʷsə́ws (TC) {**sɬkʷsə́ws** cn. *I'm left behind by my ancestors.* (TC)} VAR: sɬkʷsúʔəs (TC; AS,BC) {ʔác ʔuʔ ʔənsɬkʷsúʔəs. *I come behind you, follow you (my ancestors). / I am your descendant.* (TC)}

sɬkʷuʔéʔčən ⟦s-√ɬkʷ-əw=iʔč=ən s-√hook-ext=hump=instr⟧ ☞ ɬkʷə́t *shoelaces.* (ES)

sɬɬáni? ⟦s-ɬ+√ɬan<ʔ>ẏ s-incep+√female<actl>⟧ ☞ sɬáni? *little girl (younger than teenage).* (ES,TC)

sɬnaʔčúyəɬ ⟦s-√ɬanẏ=uyɬ s-√female=child⟧ [/ẏ/ → /ʔč/] ☞ sɬáni? cp. swiʔqúʔiɬ *young girl (approximately 8-13 years old); baby girl.* (LB,EWH; ES) ⟪USAGE: used when a child is born to say what it is.⟫ (MJT) cp. q̇áʔŋi VAR: sɬnaʔčúʔiɬ (ES; AS,BC) {hiyáʔ ɬəŋ́kʷáʔct ti **sɬnaʔčúʔiɬ**. *The girl when and joined in.* (ES)} VAR: sɬnaʔčúyɬ (EPT; HS) VAR: sɬənaʔčúyɬ (ES) VAR: ɬnaʔčúyɬ (ES) VAR: sɬnaʔčúwiɬ (EPT) VAR: sɬaniʔáčɬ (MJT) VAR: sɬənə́čɬ (LB,CWH)

sɬnɬáni? *women.* See under: sɬənɬáni?

sɬnɬnáʔčúwiɬ ⟦s-ɬn+√ɬa<ʔ>nẏ=uwiɬ s-pl+√female<pl>=child⟧ ☞ sɬnaʔčúyəɬ *young girls, baby girls.* (EPT) cp. q̇áʔŋi

sɬn̓ɬáʔni? ⟦s-ɬn<ʔ>+√ɬa<ʔ>nẏ s-pl<actl>+√female<actl>⟧ [analysis uncertain] ☞ sɬənɬáni?
1. *small women.* (ES)
2. *little girls (younger than teenage).* (TC) VAR: sɬn̓ɬáni? (TC)

sɬqáẏ ⟦s-√ɬqaẏ s-√meat_fat⟧ ☞ ɬqáẏ *fat on meat.* (AS,BC)

sɬqáẏč ⟦s-√ɬqaẏč s-√moon⟧ ☞ ɬqáẏč *month.* (TC)

sɬqčšɬnát *Friday.* See under: ɬqčšɬnát

sɬqʷáxəń ⟦s-√ɬqʷaxəń s-√cheek⟧ [analysis uncertain - may contain 'ear' suffix] cp. sxʷɬíqʷəń *cheek (of human or fish).* *Many consider this the best part of the salmon for eating.* (TC; AS,BC)

sɬuʔíc̓aʔ *naked.* See under: ʔəsɬuʔíc̓aʔ?

sɬúʔŋət ⟦s-√ɬuʔŋt s-√herring⟧ *herring. Clupea spp.* (LB,EWH; BG,MJT; TC) *A nickname given by Emily Sampson, grandmother of AS, to a white man who owned a dime store in town. His name was 'Herron', which sounds like 'herring'* (AS,BC) {čiʔáyu či **sɬúʔŋət** sqə́čaʔs. *They caught a lot of herring.* (MJT) | šíwaʔ č̇ kʷsi **sɬúʔŋət**. *The herring spawned.* (MJT)} VAR: sɬúŋət (AS,BC) VAR: sɬúŋ̇t (AS,BC)

sɬúŋət *herring.* See under: sɬúʔŋət

sɬúŋ̇taʔŋət ⟦s-ɬúŋ+√ɬuʔŋt s-pl+√herring⟧ [unusual plural pattern] ☞ sɬúʔŋət *a bunch of herrings.* (ES) VAR: sɬáyaʔŋət (ES) ⟦s-√ɬ<áy>uʔŋt s-√herring<pl>⟧ [/u/ → /a/ in plural] {čiʔáyu či

sɬúp

sɬáyaʔŋət sqə́čaʔs. *They caught a lot of herring.* (MJT)} VAR: sɬəŋɬúʔŋət (TC) ⟦s-ɬəŋ + √ɬuʔŋt s-pl + √herring⟧ VAR: sɬəyúʔŋət (TC) VAR: sɬiyúʔŋət (BG,MJT) VAR: sɬəyaʔŋət (BG,MJT) ⟦s-√ɬ<əy>uʔŋt s-√herring<pl>⟧ [/u/ → /a/ in plural]

sɬúp ⟦s-√ɬup s-√slurp⟧ ☞ ɬúp soup, chowder, broth. (ES) {súsəŋ̇nəxʷ cn tə **sɬúp**. *I can smell the soup.* (MJT) | mán̓ ʔuʔ ɬák̓ʷəŋ tiə **sɬúp**. *This soup is very flat tasting.* (AS) | qʷə́yəs č cə **sɬúp** tə sq̓x̣əyuʔ *Cook the clam chowder.* (MJ) | čə́yəč cn ʔaʔ tə sc̓úm̓ ʔiyá ʔaʔ tə nə**sɬúp**. *I found a bone in my soup.* (MJT) | ŋə́n̓ cə sčáys **sɬúp** múʔuqʷ. *She made lots of duck soup.* (MJ) | qʷə́ys cn ʔaʔ tə sq̓x̣əyuʔ nəsčáy **sɬúp**. *I'm boiling clams to make soup.* (MJT)}

sɬúqəmən ⟦s-√ɬuqəmən s-√crazy⟧ crazy. (RS) ⟪dubious form - not recorded and could not be re-elicited from RS or anyone else⟫

sɬx̣ʷíqən ⟦s-√ɬx̣ʷ=iqən s-√?=belly⟧ navel, belly-button. (EPT)

sɬx̣ʷɬnát Wednesday. *See under:* ɬx̣ʷɬnát

sɬx̣ʷnə́səŋ ⟦s-√ɬx̣ʷ-nəs-ŋ s-√arrive_find-intent-psv⟧ ☞ ɬx̣ʷnə́səŋ
1. descendant. {ŋə́n̓ kʷi kʷə n**sɬx̣ʷnə́səŋ**. *I have many descendants.* (AS)}
2. someone who gets there later. (AS) VAR: sx̣ʷɬnə́səŋ (AS,BC) {níɬ kʷi **sx̣ʷɬnə́səŋ**s kʷiə sx̣ʷəyéʔx̣ʷqɬ. *He got there after the children.* (AS)}

sɬx̣áčən floor. *See under:* sxʷɬx̣áčən

sɬx̣ənúkʷən floor boards. *See under:* ɬx̣ənúkʷən

sɬx̣ʷaʔmúcən ⟦s-√ɬx̣ʷaʔm=ucin s-√mucus=mouth⟧ saliva, mucus in the mouth. (ES)

sɬx̣ʷənə́č ⟦s-√ɬx̣ʷ=nač s-√straight=tail⟧ ☞ ɬə́x̣ʷ a particular team, side in a contest. {nə́kʷ caʔ kʷi nə**sɬx̣ʷənə́č**. *I'll be on your side.* (MJT) | ʔə́ctxʷ kʷi n**sɬx̣ʷənə́č**. *Be on my side.* (MJT)}

sx̣̌aʔášən ⟦s-√x̣̌aʔašn s-√invite_to_eat⟧ [subjective genitive stem] to invite (someone) to eat. [must be related to the word for 'give a feast'] *cp.* x̣̌áʔnəq {nəs**x̣̌aʔášən** cxʷ. *I'm inviting you.* (TC) | ʔən̓s**x̣̌aʔášən** u cn? *Are you inviting me?* (TC) | s**x̣̌aʔášən** cxʷ ʔaʔ ɬníɬ. *We are inviting you.* (TC)} [Second-person subject with first-person plural possessive is not allowed.]

sx̣̌aʔx̣̌íx̣̌aʔqɬ ⟦s-x̣̌aʔ+x̣̌i+√x̣̌ə<ʔ>qɬ s-dim+aff+√child<dim>⟧ ☞ sx̣̌ix̣̌áʔqɬ small child. {s**x̣̌aʔx̣̌íx̣̌aʔqɬ** yaʔ cn. *I was a small child.* (BC)}

sx̣̌áʔqɬ child. *See under:* sx̣̌éʔqɬ

sx̣̌aʔx̣̌úʔx̣̌əm̓ ⟦ʔs-x̣̌aʔ+x̣̌úʔ+√x̣̌um̓ stat-dim+actl+√correct⟧ ☞ ʔəsx̣̌úʔx̣̌əm̓ to be rather okay, fine, alright; to be all right (of a small person). ⟪This diminutive form could refer either to someone being a little alright or to a little person being alright.⟫ (AS,BC)

sx̣̌aʔx̣̌úx̣̌aʔ ⟦s-x̣̌aʔ+√x̣̌uxaʔ s-dim+√small⟧ ☞ x̣̌aʔx̣̌úx̣̌aʔ a little one, small person.

sx̣̌éʔ

{nəxʷx̣̌iʔáʔiɬ ʔuʔx̣ə́n̓ ʔiʔ ʔáwənə kʷə kʷə s**x̣̌aʔx̣̌úx̣̌aʔ**. *They all looked around, and the little guy wasn't there.* (ES)}

sx̣̌aʔméʔwən pleased. *See under:* ʔəsx̣̌aʔméʔwən

sx̣̌aʔnəqáwtxʷ ⟦s-√x̣̌aʔnəq=awtxʷ s-√potlatch=house⟧ ☞ x̣̌áʔnəq potlatch house, long-house. (MJT) VAR: sx̣̌aʔnəqáw̓txʷ (MJ) {čs**x̣̌aʔnəqáw̓txʷ** yaʔ kʷi nəsíyaʔ ʔaʔ kʷi sʔiyáɬ. *My grandfather had a potlatch building there where we were.* (MJ)}

sx̣̌aʔyéʔx̣̌qɬ children. *See under:* sx̣̌əyéʔx̣̌qɬ

sx̣̌aʔyəqáʔy̓ ⟦s-√x̣̌<aʔy>q̇aʔy s-√feather<pl>⟧ ☞ sx̣̌q̇áʔi several long feathers. (EPT)

sx̣̌áləp pot. *See under:* sxʷx̣̌áləp

sx̣̌ayéʔx̣̌qɬ children. *See under:* sx̣̌əyéʔx̣̌qɬ

sx̣̌áyəqəm ⟦s-√x̣̌ayqm s-√monster⟧ monster; any fierce animal such as a bear or cougar. ⟪USAGE: used at Becher Bay only⟫ (TC) [The variants with /l/ are probably from Northern Straits.] VAR: sx̣̌áləqəm (LC; TC) {k̓ʷə́nəxʷ cn cə nuʔs**x̣̌áləqəm**. *I saw what looked like a monster.* (TC)} VAR: sx̣̌éləqəm (ES) [stressed vowel is [æ]]

sx̣̌ayéʔx̣̌qɬ children. *See under:* sx̣̌əyéʔx̣̌qɬ

sx̣̌ayəm̓úcən Klallam language. *See under:* nəxʷsx̣̌ayəm̓úcən

sx̣̌cayúsən ⟦s-√x̣̌acu=ayus=ən s-√troll=eye=instr⟧ ☞ x̣̌ácu fishing line. (ES) ⟪ES not certain if this is the right word for 'fishing line'. It is something like this.⟫

sx̣̌cúʔis ⟦s-√x̣̌acu=uy<ʔ>əs s-√troll=forehead<actl>⟧ ☞ x̣̌ácu sinker, weight for a fishing line. (ES; AS,BC)

sx̣̌čúcən ⟦s-√x̣̌č=ucin s-√under=mouth⟧ ☞ x̣̌ə́č jaw, jawbone, chin, lower lip. (EP; MJT; ABT; ES; TC) {x̣̌ə́m̓ cə nəs**x̣̌čúcən**. *I bumped my chin.* (ES)}

sx̣̌éʔ ⟦s-√x̣̌iʔ s-√want⟧ [subjective genitive stem] to be the object of wanting, be liked, admired, needed, loved. (EPT) ⟪The bare root cannot take a first-person subject.⟫ ☞ x̣̌éʔ {nəs**x̣̌éʔ**. *I like him/her/it. / I want him/her/it.* (LC; ES,TC; ES) | ʔáwə c nəs**x̣̌éʔ**. *I don't want it. / I don't like it.* (MJT) | nəs**x̣̌éʔ** cxʷ. *I like you.* (ES; TC; AS,BC) | s**x̣̌éʔ** cxʷ. *Somebody likes you.* (TC) | mán̓ cxʷ ʔuʔ nəs**x̣̌éʔ**. *I like you very much.* (TC) | ʔə́c u ʔən̓s**x̣̌éʔ**? *Do you like me?* (TC) | ʔən̓s**x̣̌éʔ** u st? *Do you like us?* (TC) | s**x̣̌éʔ** u cxʷ? *Does he like you?* (TC) | s**x̣̌éʔ** u cn? *Does he like me?* (TC) | nəs**x̣̌éʔ** ti sqáx̣aʔ. *I like dogs.* (MJT; LC) | s**x̣̌éʔ** cn. *I'm wanted.* (TC) | nəs**x̣̌éʔ** kʷə či muhúy. *I need a basket.* (AB,ICT) | mán̓ kʷ uʔ nəs**x̣̌éʔ**. *I like it very much.* (ES) | ʔáwə c nəs**x̣̌éʔ**. *I don't like it. / I don't want it.* (MJT; TC) | ʔáwənə nəs**x̣̌éʔ**. *I don't want anything. / I don't like anything.* (TC) | ʔuʔmán̓ cxʷ ʔuʔ nəs**x̣̌éʔ**. *I like you very much.* (ES) | ʔáwə cxʷ c nəs**x̣̌éʔ**. *I don't like you.* (TC) | ʔuʔnəs**x̣̌éʔ** cn. *I like myself.* (TC) | nəs**x̣̌éʔ** či nəsʔən̓á ɬúk̓ʷ. *I want to come home.* (TC) | ʔən̓s**x̣̌éʔ** u či nəskʷənáŋəc? *Do you want me* *to help you?* (TC,AS,BC) | ʔənsx̌éʔ u či ʔənshiyáʔ? *Do you want to go?* (TC,AS,BC) | nəsx̌éʔ či nəshiyáʔ. *I want to go.* (TC,AS,BC) | ʔuʔxčít cn cə **sx̌éʔ**s. *I know what he wanted.* (TC) | twəẃnéʔ či nəsx̌éʔ. *I want some more.* (TC) | ʔáw c nəs**x̌éʔ** či nəshiyáʔ. *I don't want to go.* (TC,AS,BC; TC) | nəsx̌éʔ či nsʔáwə c hiyáʔ. *I want you not to go.* (TC) | ʔáwə c nəs**x̌éʔ** či nəsk̓ʷə́nət. *I don't want to look at it.* (TC) | ʔáwə c nəs**x̌éʔ** či nsk̓ʷə́nət. *I don't want you to look at it.* (TC) | nsx̌éʔ či nsk̓ʷcáci kʷaʔ x̌aʔtáwnəx̌ʷ. *I'd like to get a ride with you when you go to town.* (AS) | s**x̌éʔ**s či sʔə́ys či sk̓ʷə́nts tsə sqx̌ə́yuʔ. *She wanted the clams to look nice.* (MJ) | čtáŋ kʷaʔ stáŋəs či nəs**x̌éʔ** čʔiyá ʔaʔ ti sx̌ʷəyəmáyə. *He asked if there was something I wanted from the store.* (MJ) | ʔuʔmán cxʷ ʔuʔ nəs**x̌éʔ** ʔaʔ kʷ suʔx̌ə́nə̓ nəxčŋín. *I love you with all my heart.* (ES) | ʔiʔ s**x̌éʔ**s či qʷúʔ. *She needed water.* (ES) | nəs**x̌éʔ** cxʷ. *I want you. / I like you.* (ES; ES,TC) | ʔuʔ nəs**x̌éʔ** cn. *I admire myself.* (ES) | ʔáw u cə n̓sx̌éʔ? *Don't you like it?* (ES) | nəs**x̌éʔ** či shiyáʔs. *I want him to go.* (TC) | s**x̌éʔ**s či sqʷčútəŋs ʔaʔ cə snáyaʔnəkʷ. *The ghosts wanted to kill him.* (ES) | s**x̌éʔ**s či shiyáʔs cə Bea. *He wants Bea to go.* (TC) | s**x̌éʔ**s cə náʔcu̓ či shiyáʔ. *That one wants to go.* (TC) | ʔənsx̌éʔ u či nscáy ʔaʔ či saplín? *Do you want to make bread?* (TC,AS,BC) | s**x̌éʔ**s cə swə́yqaʔ či shiyáʔs cə słáni. *The man wants the woman to go.* (TC) | ʔáwə c nəs**x̌éʔ** či kʷápi. *I don't want coffee.* (ES) | nəs**x̌éʔ** či nčúxʷt cə nəkʷápi. *I want some more coffee.* (ES) | s**x̌éʔ**s kʷi či nəshúnuc. *He wants me to make a fire.* (MJT) | s**x̌éʔ**s cə słáni cə swə́yqaʔ či shiyáʔs. *The woman wants the man to go.* (TC) | s**x̌éʔ**s cə słáni či shiyáʔs cə swə́yqaʔ. *The woman wants the man to go.* (TC) | nəs**x̌éʔ** cə swə́yqaʔ či shiyáʔs. *I want the man to go.* (TC) | nəs**x̌éʔ** či shiyáʔs cə swə́yqaʔ. *I want the man to go.* (TC) | nəs**x̌éʔ** cə słáni či shiyáʔs. *I want the woman to go.* (TC) | nəs**x̌éʔ** cə s**x̌éʔ**s. *I like what he likes.* (TC) | s**x̌éʔ**s či shiyáʔs. *He wants to go.* (ES) | nəs**x̌éʔ** či nəshiyáʔ. *I want to go.* (TC) | nəs**x̌éʔ** kʷaʔ hiyáʔən. *I'd like to go.* (TC) | s**x̌éʔ** ʔaʔ Ed či shiyáʔs cə Bea. *Ed wants Bea to go.* (TC) | hásəŋ kʷaʔ ʔuʔəns**x̌éʔ**s. *Sneeze if you want to.* (EPT) | nəs**x̌éʔ** či nstə́ct ʔiʔ xʷáŋaʔłəŋ. *I want to lie down and rest.* (EPT) | nəs**x̌éʔ** či nsíxʷəŋ. *I like to wade.* (EPT) | x̌áy šakʷi łáʔqʷts; mán ixʷ ʔuʔ s**x̌éʔ**s. *He licked it again, must be he liked it.* (EPT) | nəs**x̌éʔ** cə słáni či ssáts cə swə́yqaʔ kʷaʔ hiyáʔəs. *I'd like that woman to tell that man to go.* (TC) | nəs**x̌éʔ** cə słáni či ssáts cə swə́yqaʔ či ssáts cə swéʔwəs kʷaʔ hiyáʔəs. *I want that woman to tell the man to tell the boy to go.* (TC) | ʔuʔs**x̌éʔ**s tə canu qʷáyqʷi. *He thought that mouthy guy got what he was asking for (a punch).* ((USAGE: used in an idiom similar to the English ironic use of 'get what one deserves' or 'get what one is asking for.')) (ES) | {ʔiʔ náʔcu̓ cə xʷanítəm s**x̌éʔ**s či snuʔhiyáʔ sqéyŋ ʔiʔ ʔəłsmánəš. *One of the white men wanted to kind of go outside and smoke.* (ES) | nəs**x̌éʔ** či nəshiyitíxʷ tiə nəxʷsx̌ayəmúcən sqʷáy. *I want to revive the Klallam language.* (TC)} VAR:

sx̌íʔ (ES) {s**x̌íʔ**s cə swə́yqaʔs. *She wanted her husband.* (EB) | ncáxʷ kʷ ins**x̌íʔ**s či nsx̌ə́yyuʔ. *Once I wanted to write.* (AC) | s**x̌íʔ**s ixʷ ti syaʔyəŋícs tə nəsʔaʔcłtiŋíxʷəŋ. *He must have like to listen to me singing in the Indian language.* (MJ)}

sx̌éʔct 〚s-√x̌iʔ-cut s-√want-rflxv〛 ☞ sx̌éʔ *to get to like (someone or something).* {čaʔnəs**x̌éʔct** kʷi. *I just now got to like him.* (MJT)}

sx̌eʔéyəŋ 〚s-√x̌iʔ-iy-ŋ s-√want-dev-mdl〛 [subjective genitive stem] ☞ sx̌éʔ *to be attached (emotionally), dependent (as a pet).* {s**x̌eʔéyəŋ** cn. *It's attached to me (my little dog).* (TC)}

sx̌éʔx̌qł 〚s-√x̌i<ʔ>x̌q-ł s-√young<actl>-dur〛 ☞ x̌íx̌q
1. *child, youngster, kid, especially a child from a high class (siʔám) family.* (MJT; ES; AS,BC) {ʔuʔmán ʔuʔ s**x̌éʔx̌qł**. *He was a really little child.* (TC) | suʔx̌ə́nəs cə s**x̌éʔx̌qł**, "nəséʔyaʔ, nəséʔyaʔ." *So the child said, "My grandmother, my grandmother."* (MJ)}
2. *a relative (cousin, aunt, or uncle) about the same age as oneself.* {suʔx̌ə́nəŋs kʷsi nəs**x̌éʔx̌qł**, "cicáxʷ st kʷi." *So my cousin said, "We're lost."* (MJ) VAR: sx̌áʔx̌qł (AS)

sx̌éʔtəŋ *be expensive.* See under: x̌éʔtəŋ

sx̌éʔtxʷ 〚s-√x̌iʔ-txʷ s-√want-letcaus〛 ☞ sx̌éʔ *to cherish, hold dear someone or something.* {s**x̌éʔtxʷ** cn. *I like that.* (AS) | ʔəns**x̌éʔtxʷ** ʔawnəŋə́nəŋənaʔ. *Cherish them because they are my children.* (MJ)}

sx̌éləqəm *monster.* See under: sx̌áyəqəm

sx̌ə́kʷ *find lover.* See under: nəxʷsx̌ə́kʷ

sx̌ə́mkʷ 〚s-√x̌əmkʷ √salmon_eggs〛 *prepared salmon eggs roe.* (AS,BC; ES; TC,AS,BC) {saʔsúsəŋ u ti s**x̌ə́mk̓ʷ**? *Are the salmon eggs stinky?* (AS)} VAR: sx̌ə́mk̓ʷ (AS,BC; ES; AS)

sx̌ə́pənč 〚s-√x̌əp=nač s-√?=tail〛 *tail.* (JCo)

sx̌ə́qšən *shoe.* See under: x̌ə́qšən

sx̌ə́wən̓ 〚s-√x̌əw=an̓ s-√earring=ear〛 *earring.* (EPT; LC; ES; TC) {łəyámət cə s**x̌ə́wən̓**s. *She put her earrings on.* (MJT)} VAR: sx̌ə́wən (AS,BC) VAR: x̌ə́wən (AS)

sx̌əyéʔx̌qł 〚s-√x̌<əy>i<ʔ>x̌q-ł s-√young<pl><actl>-dur〛 ☞ sx̌ix̌áʔx̌qł *children, kids, young people.* (TC; ES; AS,BC; AS) {čs**x̌əyéʔx̌qł** cn. *I had children.* (TC) | táns cə nəs**x̌əyéʔx̌qł**. *She was the mother of my kids.* (TC) | kʷłʔáła kʷi cə s**x̌əyéʔx̌qł**. *The kids are already here.* (AS,BC) | kʷaʔkʷə́čən̓ kʷi kʷə s**x̌əyéʔx̌qł**. *The children are hollering.* (AS) | suʔítts tə s**x̌əyéʔx̌qł**. *So the children slept.* (MJ) | səẃət cə kʷłčə́yq ʔiʔ cə s**x̌əyéʔx̌qł**. *Take the elders and children into the woods.* (AS) | níł kʷaʔčaʔ nəsxʷʔáxəŋ kʷaʔ kʷáʔətəŋəs ʔaʔ tiə x̌əẃəs s**x̌əyéʔx̌qł**. *That's why I tell this new generation to let go of it.* (TC) | níł č suʔkʷánəŋəts ʔiʔ x̌kʷə́ts cə s**x̌əyéʔx̌qł** ʔiʔ səẃəts. *Then they ran, and they took the children, and they hid them in the woods.* (AS) | háʔnəŋ cn kʷaʔčaʔ

sƛ̕əyəčúcən

siʔám̕ nəsƛ̕əyéʔƛ̕qɬ ʔaʔ t n̓suʔyaʔyáʔnəŋʔaʔ tiə nəsqʷáy. *Thank you my dear children for listening to my words.* (TC)} VAR: sƛ̕aʔyéʔƛ̕qɬ (EPT; MJT; LC; TC) {k̕ʷɬsƛ̕aʔyéʔƛ̕qɬs. *They are the ones he was a child with (his age mates).* (TC) | təwəx̣ʷən̓áŋ č tə **sƛ̕aʔyéʔƛ̕qɬ** súʔk̕ʷəŋ. *As usual the children were swimming.* (AA) | ʔən̓ʔá ʔiʔ sqán̓s ti ʔəncq̕ʷéʔqʷ **sƛ̕aʔyéʔƛ̕qɬ**. *They came and stole the red-headed children.* (TC) | ʔuʔx̣ə́n̓ ti sčáʔis tiə **sƛ̕aʔyéʔƛ̕qɬ** ʔiyá ʔaʔ cə. *These kids are doing all the work there.* (TC) | txʷaʔsƛ̕é ̕ kʷaʔčaʔ ʔaʔ cə k̕ʷɬʔəx̣ʷíyŋəxʷs, k̕ʷɬsƛ̕aʔyéʔƛ̕qɬs. *He became liked by his fellow villagers and the children of his age.* (TC) | k̕ʷi nəsʔuʔúʔ yaʔ ʔuʔ k̕ʷə́nnəxʷ ʔaʔ Flora ʔiʔ **sƛ̕aʔyéʔƛ̕qɬ** yaʔ st. *When I first saw Flora we were children.* (TC)} VAR: sƛ̕ayéʔƛ̕qɬ (ES) {ʔáwətəŋ cn yəhúmətəŋ ʔaʔ tiə **sƛ̕ayéʔƛ̕qɬ** ʔaʔ tiə skʷáči. *I'm not respected by these kids these days.* (AS) | ʔuʔx̣ə́n̓ ŋə́nŋənaʔɬ, sčučutáyəɬ ʔiʔ cə ŋə́nŋənaʔs **sƛ̕ayéʔƛ̕qɬ**. *There were all of our children, our in-laws and all of their young children.* (ES) | ʔáwənə či cán ʔiʔánəŋ ʔəɬ nəxʷsƛ̕ayəmúcənəs ʔawčʔiyá cə north k̕ʷi táns yaʔ cə nəsƛ̕ayéʔƛ̕qɬ. *None of them understand the Klallam language because the late mother of my children was from the north.* (TC)} VAR: sƛ̕ayéʔƛ̕qɬ {naʔɬnə́k̕ʷi cə **sƛ̕ayéʔƛ̕qɬ**. *The children look alike.* (TC) | ʔáwə cn c yəhúmətəŋ ʔaʔ tiə **sƛ̕ayéʔƛ̕qɬ** ʔaʔ tiə skʷáči. *I'm not respected by these kids these days.* (TC) | ʔiʔ ʔuʔx̣ə́n̓ tə ŋə́nŋənaʔɬ ʔiʔ tə sčutáyəɬ ʔiʔ tə **sƛ̕ayéʔƛ̕qɬ** ʔuʔ ʔsčə́yxʷ ʔaʔ nə́cuʔ. *And all of our children and in-laws and their children were inside the one.* (ES) | sƛ̕é̕ʔs ʔaʔ ti sqqín̓s cə ʔəstáʔŋək̕ʷ ʔaʔ cə néʔ suʔáwəs k̕ʷɬsƛ̕ayéʔƛ̕qɬs. *He wanted to play together with those boys that were there of his age.* (TC)} VAR: sƛ̕aʔyíƛ̕qɬ (MJT) {ʔuʔx̣ə́n̓ə ʔuʔ **sƛ̕aʔyíƛ̕qɬ**. *It's all the children.* (MJT)} VAR: sƛ̕iyíƛ̕qɬ (RSh) VAR: sƛ̕iʔəyéʔƛ̕qɬ (AS,BC)

sƛ̕əyəčúcən ⟦s-√ƛ̕<əyə>č=ucin s-√under<pl>=mouth⟧ ☞ sƛ̕čúcən *several jaws, chins, lower lips.* (MJT)

sƛ̕əyúʔəm̕ ⟦s-√ƛ̕yuʔm √cockle⟧ [no plural] *heart cockle. Clinocardium nuttallii.* (ES; TC) VAR: sƛ̕iyúʔəm (EPT; MJT; ES) {ŋə́n̓ **sƛ̕iyúʔəm**. *There are lots of cockles.* (EPT)} VAR: sƛ̕əyúʔəm̕ (ES) VAR: sƛ̕əyúʔəm {x̣aʔčéʔŋəɬ cn ʔaʔ tə **sƛ̕əyúʔəm**. *I'm drying the cockles.* (MJT)}

sƛ̕í̕ʔ *want.* See under: sƛ̕éʔ

sƛ̕iƛ̕áʔƛ̕qɬ ⟦s-ƛ̕i+ƛ̕a+√ƛ̕qɬ s-aff+dim+√child⟧ ☞ sƛ̕éʔƛ̕qɬ *child, youngster, kid.* (ES) {suʔnə́qəŋs cə **sƛ̕iƛ̕áʔƛ̕qɬ**. *So the child dove in.* (TC) | ʔuʔx̣čít cn cə **sƛ̕iƛ̕áʔƛ̕qɬ**. *I know that child.* (TC) | ƛ̕iʔáʔəŋ cn ʔaʔ k̕ʷə **sƛ̕iƛ̕áʔƛ̕qɬ**. *I'm looking for a little child.* (LC) | k̕ʷɬʔaʔƛ̕úx̣aʔ **sƛ̕iƛ̕áʔƛ̕qɬ** cə nəŋə́nəŋənaʔ. *My children are already little kids.* (TC) | ʔaʔkʷúst caʔn ciʔə **sƛ̕iƛ̕áʔƛ̕qɬ** či snəxʷsƛ̕ayəmúcəns. *I'm going to teach this child to speak Klallam.* (TC) | ʔuʔ hú ʔaʔ k̕ʷi nstwaws**ƛ̕iƛ̕áʔƛ̕qɬ**, ʔi ʔuʔyaʔyáʔnəŋ yaʔ cn ʔaʔ ŋə́n sx̣ʷiʔám̕. *When I was still a child I listened to many stories.* (AC) | VAR: sƛ̕íƛ̕aʔƛ̕qɬ (EPT; LC; ES; AS)

{néʔ cə **sƛ̕iƛ̕aʔƛ̕qɬ**. *The child is just born.* (TC) | hihíyəŋ k̕ʷaʔ k̕ʷə **sƛ̕iƛ̕aʔƛ̕qɬ**. *That child fell off.* (EPT) | hiʔƛ̕íƛ̕uʔ təsə **sƛ̕iƛ̕aʔƛ̕qɬ**. *The child is running away.* (MJT) | ʔáwə yaʔ c xʷən̓áŋ ʔaʔ k̕ʷi nəsƛ̕íƛ̕aʔƛ̕qɬ yaʔ. *It wasn't like that when I was a kid.* (TC)} VAR: ƛ̕íƛ̕aʔƛ̕qɬ (TC; TC,AS,BC)

sƛ̕iƛ̕aʔƛ̕qɬáwtxʷ ⟦s-ƛ̕i+ƛ̕a+√ƛ̕qɬ=awtxʷ s-aff+dim+√child=house⟧ ☞ sƛ̕íƛ̕aʔƛ̕qɬ *day care facility.* (TC,AS,BC)

sƛ̕íƛ̕əɬqɬ ⟦s-√ƛ̕iƛ̕əɬqɬ s-√child⟧ *child, youngster, kid.* {qiʔéytəŋ cə **sƛ̕íƛ̕əɬqɬ**. *The child is being spoiled.* (ES) | čŋə́scən̓ cə **sƛ̕íƛ̕əɬqɬ**. *The child has lice.* (TC)}

sƛ̕iƛ̕əyéʔƛ̕qɬ *children.* See under: sƛ̕əyéʔƛ̕qɬ

sƛ̕iƛ̕q̕ʷáys ⟦s-ƛ̕y+√ƛ̕q̕ʷ=ayus s-pl+√stuck=eye⟧ ☞ ƛ̕áq̕ʷ *to have eyes stuck together from sleep.* (AS,BC)

sƛ̕iyík̕ʷs ⟦s-√ƛ̕uy=iws s-√right=body⟧ ☞ ƛ̕úy *right side, right hand.* (ES)

sƛ̕iyíƛ̕qɬ *children.* See under: sƛ̕əyéʔƛ̕qɬ

sƛ̕iyúʔəm *cockle.* See under: sƛ̕əyúʔəm̕

sƛ̕ƛ̕íwən̓ ⟦s-ƛ̕+√ƛ̕<í>w=an̓ s-pl+√earring<pl>=ear⟧ ☞ sƛ̕áwən̓ *several earrings.* (EPT)

sƛ̕páy̕qən ⟦s-√ƛ̕p=ay<ʔ>qən s-√feather=fur<actl>⟧ [root not identified in other words] *waterfowl down, small feathers.* (EPT; TC; ES; ES,HS; AS,BC) {ŋə́n̓ **sƛ̕páy̕qən** náčnəč ʔiyá ʔaʔ cə sqʷún̓is cə sƛ̕íƛ̕aʔƛ̕qɬ. *There were many feathers of different kinds there on the head of the child.* (MJ) *feather bed, mattress, pillow.* (AS,BC) VAR: ƛ̕páy̕qən (AS,BC)

sƛ̕pay̕qənə́wəč ⟦s-√ƛ̕p=ayqən=əwač s-√feather=fur=bottom⟧ ☞ sƛ̕páy̕qən *cushion (for sitting on).* (TC)

sƛ̕qács ⟦s-√ƛ̕qacs √limb⟧ [This must have the suffix for 'hand' and may have the root meaning 'long'.] *cp.* ƛ̕áqt *tree limb, branch, plant stem, knot.* (ES; TC; AS,BC)

sƛ̕qáʔi ⟦s-√ƛ̕qaʔy s-√feather⟧ *any long feather from a bird's wing or tail.* (EPT; AS,BC; AS) {ŋə́n̓ tiə **sƛ̕q̕áʔi**. *These are lots of feathers.* (AS) | qəmán̓ ʔaʔ cə **sƛ̕q̕áʔi**. *He asked for feathers.* (TC) | ʔuʔáx̣ən ʔi ʔuʔčičáqʷ k̕ʷaʔ k̕ʷi **sƛ̕q̕áʔi**s yaʔ. *He was doing that, and his feathers caught on fire.* (TC) | qəmán̓ ʔaʔ či **sƛ̕q̕áʔi**s ʔuʔƛ̕ʷə́ts ʔaʔ cə skʷáʔs ɬáwiʔs. *He asked for feathers to stick onto his own wing.* (TC) | níɬ suʔxən̓ʔátəŋs ʔaʔ cə sʔúq̕ʷaʔs k̕ʷaʔ hiyáʔs ʔúxʷ ʔaʔ cə čə́yq č̕éʔčəm̕, múʔuqʷ ʔuʔx̣ə́nəstəŋ ʔiʔ qəmán̓ ʔaʔ či **sƛ̕q̕áʔi**. *He was told by his brother to go over to the big birds, ducks, and everything and ask for feathers.* (TC)} VAR: sƛ̕q̕áʔəy (EPT) VAR: sƛ̕q̕áʔiʔ (LST) VAR: ƛ̕q̕áʔiʔ (EPT; AA) VAR: ƛ̕q̕áʔi (AS)

sƛ̕táʔsən ⟦s-√ƛ̕taʔ=sən s-√arch=foot⟧ ☞ ƛ̕táʔsən *arch of the foot.* (ES)

sƛ̕úʔƛ̕əm̕ *correct.* See under: ʔəsƛ̕úʔƛ̕əm̕

sx̣ʷyúʔəṁ cockle. *See under:* sx̣ʷəyúʔəṁ

smaʔəkʷéʔwən 〚s-√m<ə?>kʷ=i<ʔ>wən s-√lump<actl>=interior<actl>〛 ☞ mə́kʷ small butterball duck, bufflehead. *Bucephala albeola.* (BG,MJT) VAR: maʔməkʷéʔwən (JCo; AS,BC) 〚maʔ+√mkʷ=e<ʔ>wən dim+√lump=interior<actl>〛 VAR: maʔmikʷéʔwən (AS) {mə́ṅ ʔuʔ ŋə́ṅ tə **maʔmikʷéʔwən** ʔəɬ x̣ʼácuən. *There were lots of butterballs while I was fishing.* (AS) | ɬə́ŋ cxʷ ʔuʔ **maʔmikʷéʔwən**. *You're really all hunched up (from the cold).* (AS)}

smáʔkʷɬ 〚s-√maʔkʷ-ɬ s-√injure-dur〛 ☞ mə́ʔkʷɬ wound, injury. (TC) {ʔuʔhúy tə nəsuʔxʷéʔitəŋ ʔaʔ cə sxʷʔiyə́ tə nə**smáʔkʷɬ**. *They just moved me away from where I was injured.* (TC) | hiyə́ʔ cn ʔuʔ həwíyəŋ ʔúxʷ ʔaʔ kʷə nəsxʷʔiyə́ yaʔ tənə**smáʔkʷɬ**. *I went back over to where I was injured.* (TC)}

smáʔkʼʷaʔ grave. *See under:* mə́kʼʷaʔ

smaʔkʼʷaʔáẃtxʷ funeral home. *See under:* sməkʼʷaʔáẃtxʷ

smaʔkʼʷaʔáy cemetery. *See under:* sxʷməkʼʷáʔəyə

smaʔkʼʷəyéʔč piled up. *See under:* ʔəsmaʔkʼʷiʔéʔč

smaʔkʼʷiyéʔč piled up. *See under:* ʔəsmaʔkʼʷiʔéʔč

smaʔmə́ʔčəṅ 〚s-maʔ+√ma<ʔ>čṅ s-dim+√skunk<dim>〛 ☞ smə́čəṅ small skunk. (TC; ES) {kʷətə́q̣ csə **smaʔmə́ʔčəṅ**. *The little skunk is spraying.* (MJT)}

smaʔmaʔyúcən 〚s-maʔ+√ma<ʔ>yucn s-dim+√in-law<dim>〛 [For AS, this is not plural.] ☞ smaʔyúcən 〚s-maʔ+√ma<ʔ>yucn s-pl+√in-law<dim>〛 [This is a unique diminutive plural form with glottal stop infix and stress shift to the right. This seems more like the 'actual' shape. The reduplication pattern is that typical of the diminutive.]
1. small ex-in-laws. (MJT)
2. small ex-in-law. (AS)

smaʔmə́cɬ chubby. *See under:* maʔmə́cɬ

smaʔmə́yc 〚s-maʔ+√məy<ʼ>c s-dim+√elk<dim>〛 ☞ smə́yəc small elk, a little piece of elk meat. (ES) VAR: smaʔmə́ýəc (AS,BC) VAR: smə́ýəʔc 〚s-√mə<ʔ>y<ʔə>c s-√elk<dim>〛 [unique diminutive form] (MJT)

smáʔnəš 〚s-√ma<ʔ>nəš s-√tobacco<actl>〛 ☞ smánəš to be smoking. (LC; TC) {húy či ti ṅ**smáʔnəš**. *Quit smoking.* (LC) | hiyə́ʔ ʔúxʷ ʔaʔ cə stúʔwiʔ ʔəɬ**smáʔnəš** ʔaʔ cə pə́ʔəkʷ. *He went over to the river and was smoking a pipe.* (ES)}

smaʔqʷə́s 〚s-√maʔqʷəs s-√drown〛 [This may be a neologism. Neither AS nor BC is entirely sure of this and related 'drown' words. Other speakers could not remember a word for 'drown'.] to drown, be drowned. (AS,BC; AS) VAR: smaʔqʷís (AS,BC) VAR: sməqʷiyús (AS,BC) VAR: smaʔqʷaʔyús (AS,BC)

smaʔxʷúct 〚s-√mə<ʔ>xʷu-ct s-√torment<actl>-rflxv〛 ☞ sməxʷúct
1. being tormented, tortured, made to suffer. (ES,TC; TC; AS,BC) {**smaʔxʷúct** cn. *Someone's tormenting me.* (ES,TC; TC; AS) | ʔáwətxʷ c ʔənˈ**smaʔxʷúct**. *Don't torment it.* (TC) | mə́ṅ cn ʔuʔ **smaʔxʷúct**. *They're tormenting me too much.* (TC) | mə́ṅ ʔuʔ nə**smaʔxʷúct**. *I'm tormenting too much.* (TC)}
2. being teased. (TC)

smaʔxʷút 〚s-√mə<ʔ>xʷu-t s-√torment<actl>-trns〛 ☞ sməxʷút to be tormenting someone, making someone suffer, getting a raw deal. {**smaʔxʷút** cn. *I'm tormenting him.* (AS)}

smaʔxʷútəŋ 〚s-√mə<ʔ>xʷu-t-ŋ s-√torment-trns-psv〛 ☞ smaʔxʷút being tormented, made to suffer by someone or something. {**smaʔxʷútəŋ** cn. *I'm being tormented.* (AS)}

smaʔyaʔmə́ʔčəṅ 〚s-m<aʔy>aʔ+√ma<ʔ>čṅ s-dim<pl>+√skunk<dim>〛 ☞ smə́čəṅ a group of small skunks, baby skunks. (ES) {čaʔné? kʷsə **smaʔyaʔmə́ʔčəṅ**. *The baby skunks are just born.* (ES)} VAR: smaʔyaʔmə́cən (MJT)

smaʔyaʔməkʷéʔwən 〚s-√m<aʔy><ə?>kʷ=i<ʔ>wən s-√lump<pl><actl>=interior<actl>〛 ☞ smaʔəkʷéʔwən several small butterball ducks, buffleheads. (BG,MJT)

smaʔyáčəṅ 〚s-√m<aʔy>ačṅ s-√skunk<pl>〛 ☞ smə́čəṅ a group of skunks. (EPT; ES; TC) VAR: smaʔyə́čən (EPT)

smáʔyəʔc small elk. *See under:* smaʔmə́yc

smaʔyəkʼʷáyə 〚sxʷ-√m<aʔy>akʼʷiʔ=ayə for-√grave<pl>=container〛 ☞ sxʷməkʼʷáʔəyə several graves. (MJT)

smaʔyə́ýəq 〚s-√m<aʔy>əýq s-√forget<pl>〛 ☞ smə́yəq to be forgetting. {ʔiʔ kʷɬʔuʔmə́ṅ ʔuʔ ŋə́ṅ ti nə**smaʔyə́ýəq**. *But there are very many I forget.* (EJ)}

smaʔyúcən 〚s-√ma<ʔ>yucn s-√in-law<dim>〛 [This is a unique diminutive form with glottal stop infix and stress shift to the right. This seems more like the 'actual' shape.] ☞ smáyəcən small ex-in-law. (MJT)

smə́cɬ fat. *See under:* ʔəsmə́cɬ

smə́čəṅ 〚s-√mačṅ s-√skunk〛 any skunk. *Mephitidae spp.* (EPT; AS,BC; ES; TC) {súsəŋ cxʷ nuʔ**smə́čəṅ**. *You stink like a skunk.* (TC,BC) | titə́q̣tən ʔaʔ cə **smə́čəṅ**. *She got blown on by a skunk.* (MJT) | tuwaʔtq̇ə́tən cxʷ ʔaʔ či **smə́čəṅ**. *The skunk might spray you.* (MJT) | níɬ nsuʔx̣čnáxʷ ʔaʔ či **smə́čəṅ**s ixʷ kʷsi ʔəssə́qɬ. *Then I figured it was a skunk outside.* (MJ) VAR: smə́cən (EPT; ES) {kʼʷənət cn tə sxʷx̣ənaʔŋən ʔaʔ **smə́čən** ʔəssə́qɬ. *I saw the skunk tracks outside.* (MJ)}

smə́kʼʷɬ pile. *See under:* ʔəsmə́kʼʷɬ

smaliyíti ⟦s-√malyí-ty s-√marry-rcprcl⟧ ☞ maliyíti wedding. {txʷəsmaliyítił sqʷəyéyəš. *It became our wedding dance.* (MJ)}

smamáʔkʷł crippled. *See under:* ʔəsmámaʔkʷł

smánəš ⟦s-√manəš s-√tobacco⟧ ☞ mánəšəŋ
1. any tobacco, cigarette, cigar, snoose, chewing tobacco. (MJT; TC; AS,BC) {čʔíłən cn ʔaʔ ti *smánəš*. *I smoke a lot.* (TC) | ʔáwə c ʔəńsxʷʔəý cə *smánəš*. *Cigarettes are no good for you.* (TC) | txʷhúy tiə *smánəš* ʔuʔ ʔáw kʷaʔ kʷáʔətən. *It's only these cigarettes I never gave up.* (TC) | čʔíłən cn ʔaʔ či *smánəš*. *I smoke all the time.* (BC)}
2. to smoke tobacco. {mičiyúʔyəst cə ńs*mánəš*. *Roll your cigarette.* (TC)}

smánəšəŋ ⟦s-√manəš-ŋ s-√tobacco-mdl⟧ ☞ smánəš to smoke tobacco. (AS,BC) {hiyáʔ caʔn sqíyŋ *smánəšəŋ*. *I'm going to go outside to have a smoke.* (AS)}

smanəšíył ⟦s-√manəš-ił s-√tobacco-go⟧ ☞ smánəš to go to smoke tobacco. {*smanəšíył* caʔn sqíyŋ. *I'm going to go out to smoke.* (AS)}

smanəšíyłtxʷ ⟦s-√manəš-ił-txʷ s-√tobacco-go-letcaus⟧ ☞ smanəšíył to let someone go to smoke tobacco. {*smanəšíyłtxʷ* caʔn cə swéʔwəs. *I'll let the boy go have a smoke.* (AS)}

smańáyəł ⟦s-√mańáyəł s-√sickness⟧ sickness, illness. (MJT) VAR: smańáył {λ̓kʷənáŋ cn ʔaʔ tiʔə *smańáył*. *The sickness got me.* (MJT)}

smáqł satiated. *See under:* ʔəsmáqł

smáyəcən ⟦s-√mayucn s-√in-law⟧
1. ex-in-law, reciprocal term used for relative by marriage when the connecting relative has died. (LB,CWH; EB; EPT; MJT; ES; AS,BC) {óˑ nə*smáyəcən*, ʔiʔ wayənəhákʷ či ńsuʔtwawx̣ʷənʔáŋ. *Oh, my ex-in-law, it's a pity that you are still that way.* (RSh)}
2. in-law of an in-law. ⟪for example, the husband and family of one's wife's sister⟫ (AS,BC) VAR: smáycən (TC) {kʷłuʔqaʔqiyám̓ st cə ńs*máycən* sxʷtúnəq. *We're weak now, my ex-sister-in-law.* (RSh) | óˑ óˑ nə*smáycən* səʔəýcən. *Oh, oh, my ex-sister-in-law* (RSh)} VAR: sməyúcən (AS)

smác ⟦s-√mc s-√fat⟧
1. fat, grease, oil, lard. (EPT; MJT; LST; LC; AS,BC; ES,HS; ES) ✻AS and BC remember when deer or elk fat was used for smearing on the face like face cream. It was also used on the hair before braiding it. Bear grease was never used because of its stink. (AS,BC) ✻Bear grease used to be used to mix with powdered ocher to make red face paint. Today petroleum jelly is usually used. (TC) {ʔuʔáwənə *smác*s cq̓əŋ. *He had no fat to drip.* (TC) | suʔcq̓əŋs cə *smác*s náwəł ʔaʔ cə čáwiʔs. *His fat dripped into his dish.* (TC) | čáʔxʷəŋ cə sčqʷáʔič *smác*. *The bear grease is melting.* (AS)}
2. gasoline, motor-oil, lubricant, petroleum. (ES; AS,BC) ✻This was also a nickname given to the owner of a local gas station. VAR: səmác (EPT)

sməcáyŋəxʷ ⟦s-√mc-ay=ŋixʷ s-√fat-ext=breast⟧ ☞ smác butter, cream, whipped cream, milk. (EPT; ES) VAR: sməcáyŋəxʷ (EPT)

sməcéʔqʷ ⟦s-√mc=iʔqʷ s-√fat=head⟧ ☞ smác fat head, greasy head, old man. (ES) ⟪USAGE: teenage boy word, dysphemism for 'father' like 'old man' in English⟫ (ES) {nə*sməcéʔqʷ*. *My old man (father).* (ES)}

sməcíŋəxʷ ⟦s-√mc-i=ŋixʷ s-√fat-ext=breast⟧ ☞ móc butter. (AS,BC)

sməčáys ⟦s-√məč-ays s-√brain-activ⟧ brains. {ʔuʔčqéʔqʷ ʔiʔ ʔáwənə *sməčáys*. *He's all head and no brains.* (BC) | ʔuʔłəŋ ʔuʔ ʔáwənə *sməčáys* kʷə siʔám̓. *That important man has no brains.* (AS)}

smə́kʷ ⟦s-√mkʷ s-√lump⟧ ☞ mə́kʷ
1. lump, hump, bump. (ES) {ʔuʔ*smə́kʷ* kʷi kʷə ncáys x̣áł. *My sore hand is a lump.* (AS)}
2. any ball, especially a baseball. (ES) {čə́q kʷi kʷə *smə́kʷ* čəʔúʔwəs ʔł sqaʔxqíńs. *The ball that they were using to play was big.* (AS)}

smək̓ʷə́łnł ⟦s-√mkʷ=əłnł s-√lump=throat⟧ ☞ smə́kʷ Adam's apple. (MJT)

smək̓ʷúsŋən angelica. *See under:* sxʷmək̓ʷúsŋən

smək̓ʷaʔáwtxʷ ⟦s-√mak̓ʷiʔ=awtxʷ s-√grave=house⟧ ☞ mák̓ʷaʔ funeral home. (ES) VAR: smaʔk̓ʷaʔáwtxʷ (AS) VAR: mak̓ʷaʔáwtxʷ (AS)

smək̓ʷaʔə́nəkʷ ⟦s-√mak̓ʷiʔ=ənukʷ s-√grave=ground⟧ ☞ mák̓ʷaʔ graveyard, cemetery. (ES) VAR: smək̓ʷə́nəkʷ (ES)

smək̓ʷáyə cemetery. *See under:* sxʷmək̓ʷáʔəyə

smə́k̓ʷəŋ ⟦s-√mk̓ʷ-ŋ s-√claim-mdl⟧ ☞ mə́k̓ʷəŋ anything salvaged, picked up and claimed (especially something that someone else has discarded). (LC; AS,BC) {nił kʷi nə*smə́k̓ʷəŋ* tə swə́ýqaʔs. *I salvaged her husband (she threw him away, and I picked him up).* (AS)}

smək̓ʷŋúył ⟦s-√mk̓ʷ-ŋ=uył s-√claim-mdl=child⟧ ☞ mək̓ʷəŋúył to be adopted. (ES; AS) {*smək̓ʷŋúył* cn. *I was adopted.* (AS) | nił kʷi *smək̓ʷŋúył* cə sx̌íx̌aʔʔqł. *That's the child that was adopted.* (AS) | nił kʷi nə*smək̓ʷŋúył* tiə sqaʔqáxaʔ. *It's my adopted puppy.* (AS)} VAR: smək̓ʷŋúyəł (ES)

sməliyúykʷt ⟦s-√malyí=uykʷət s-√marry=clothing⟧ ☞ maliyíti wedding gown. (TC; AS) VAR: sməliyúkʷt (AS)

sməqʷiyús drown. *See under:* smaʔqʷə́s

smə́łqsən ⟦s-√mə́ł=əqsən s-√mucus=nose⟧ [root not identified in other words] snot, nasal mucus. (AS,BC; ES; TC) ✻also Snotboy, a character in a traditional story (AS,BC) *cp.* smimáʔłqsən ✻good for curing stinging nettle wounds (ES) {ʔuʔŋə́ń ti *smə́łqsən*s ti sx̌íx̌aʔʔqł. *The child has a lot of snot.* (AS)} VAR: smə́łqsən̓ (EPT)

sməxʷə́yu ⟦s-√mixʷ-əyu s-√quake-activ⟧ ☞ məxʷə́yu earthquake. (TC; AS) {*sməxʷə́yu* kʷi kʷə sx̣aʔikʷuʔyéʔč. *The mountain quaked.* (AS)}

sməx̣ʷúct ⟦s-√məx̣ʷu-cut s-√torment-rflxv⟧ ☞ sməx̣ʷút to be tormented, made to suffer. (ES,TC) {**sməx̣ʷúct** cn. *I'm being tormented.* (AS)}

sməx̣ʷút ⟦s-√məx̣ʷu-t s-√torment-trns⟧ to torment someone, make someone suffer, give someone a raw deal. {**sməx̣ʷút** cn. *I tormented him.* (AS)}

sméyəc ⟦s-√məyc s-√elk⟧
1. elk. *Cervus canadensis.* (LB,EWH; LB,CWH; EPT; MJT; LC; AS,BC) {čə́q **sméyəc**. *big elk* (EPT) | čx̣áti st ʔaʔ cə **sméyəc**. *We split the elk in half.* (AS) | q̓ʷáyəx̣ či ʔɬ ɬáčqss ti **sméyəc**. *Be careful when the elks are mating.* (AS)}
2. deer. (TC; LC; WB) {hiyáʔ cn ʔəsʔúmənaʔ ʔaʔ či **sméyəc**. *I'm going hunting for deer.* (TC) | ʔuʔx̣ənáɬ yaʔ ti suʔx̌iyáŋs ʔaʔ ti **sméyəc** ʔəɬ ʔəsnáts. *He always looked for deer at night.* (TC) | húʔ st x̌k̓ʷnáx̌ʷ ti sx̌ənaʔs ti **sméyəc** ʔiʔ níɬ suʔqʷəyə́snítɬ. *When we get the deer hooves, we boil them.* (TC)}
3. meat (not seafood or poultry). (MJT)
4. Skunk Island, Elk Island off Port Hadlock. 《According to Harrington, in 1942, the island was not there anymore; speakers just remembered the name of island that used to be off Hadlock coast.》 (LB,EWH)

sməyəcásən ⟦s-√məyc-a=sən s-√elk-ext=foot⟧ ☞ sméyəc elk hoof. (MJT)

sməyək̓ʷə́ɬnɬ ⟦s-√m<aʔy>k̓ʷ=əɬnɬ s-√lump<pl>=throat⟧ ☞ smək̓ʷə́ɬnɬ several Adam's apples. (MJT)

sméyəš ⟦s-√məyəš s-√female_crab⟧ [root not identified in other words] a female crab. (AS,BC) {ʔáwə c ʔíɬən ʔaʔ cə **sméyəš**. *Don't eat the female crab.* (AS,BC)}

sməyúcən ex-in-law. See under: smáyəcən

sməy̓ək̓ʷáyə ⟦s-√m<aʔy>ak̓ʷiʔ=ayə s-√grave<pl>=container⟧ ☞ mák̓ʷaʔ graveyard. (MJT; AS)

sməy̓əq ⟦s-√məy̓q s-√forget⟧ [subjective genitive stem] ☞ méy̓əq to forget. (TC; ES) {nəsmə́y̓əq. *I forget.* (LC; TC) | nəsmə́y̓əq cə nətálə. *I forgot my money.* (TC) | kʷɬnəsmə́y̓əq kʷə snás. *I forget his name.* (LC) | kʷɬnəsmə́y̓əq kʷə nsná. *I forget your name.* (LC) | nəsmə́y̓əq cə stíym. *I forget the song.* (MJ) | ʔáwənə nəsmə́y̓əq. *I never forget anything.* (TC) | kʷɬŋə́ń nəsmə́y̓əq. *I've already forgotten much.* (TC) | nəsmə́y̓əq ixʷ kʷi. *I must have forgot about it.* (MJ) | ʔuʔx̣ə́nə kʷə ʔuʔnəsmə́y̓əq. *I forgot everything.* (TC) | kʷɬsmə́y̓əqs ti nsná. *He forgot your name.* (LC) | x̌čŋíns tə ʔaʔ či shiyáʔs ʔiʔ **sməy̓əqs**. *He thought he went, but he forgot.* (TC) | ʔuʔŋə́ń kʷaʔča ʔaʔ tiə skʷə́ʔɬ ʔuʔ sqʷáy̓ɬ nəsmə́y̓əq. *So there's much of our language that I've forgotten.* (TC) | níɬ ʔuʔ ŋə́ń nəsmə́y̓əq ʔaʔ tiə sqʷáqʷi. *There's a lot I've forgotten of this language.* (TC) | sx̌ʷaʔníń q ʔay či nəsmə́y̓əq ʔaʔ kʷi nsqaʔqiʔnuʔŋəs? *How could I forget that you were mad at me?* (ES)}

sməy̓əqnúŋət ⟦s-√məy̓q-nuŋt s-√forget-ncmdl⟧ [subjective genitive stem] ☞ sməy̓əq to manage to forget. (MJ) {čəyáy cn ʔiʔ **sməy̓əqnúŋət** kʷsə Gypsy. *I almost forgot Gypsy.* (AS)}

sméy̓st ⟦s-√məy̓s-t s-√crowd-trns⟧ ☞ méy̓st to be crowded, over full. {**sméy̓st** cə snə́x̌ʷɬ. *The canoe is crowded.* (BC)}

smiʔmáyəcən ⟦s-my̓+√mayucn s-pl+√in-law⟧ ☞ smáyəcən ex-in-laws. (MJT)

smiʔmək̓ʷúy̓s ⟦ʔs-my̓+√mk̓ʷ=uy̓s stat-pl+√lump=forehead⟧ ☞ ʔəsmək̓ʷúy̓s to have several lumps on one's forehead; several rounded foreheads. (MJT)

smiʔtáli cards. See under: smitáli

smiʔtə́nəq renting. See under: ʔəsʔiʔmiʔtə́nəq

smik̓ʷúsəŋ angelica. See under: sx̌ʷmək̓ʷúsŋən

smíx̌i ⟦s-√mix̌-iy s-√mud-dev⟧
1. mud, mushy place in tide flats, muck, anything like mud. (AS,BC; AS) {ɬiɬə́kʷ cn ʔaʔ cə **smíx̌i**. *I got stuck in the mud.* (ES) | ʔuʔɬəŋ ʔuʔ **smíx̌i**. *It's really muddy, mushy.* (AS) | ʔiʔ níɬ ti suʔx̣ə́ps tinu sŋəyaʔŋaʔánt ʔiʔ txʷaʔ**smíx̌i** kʷaʔ ʔuʔstánəs ti sxʷʔiyás ti sɬáčəŋ. *And then it got to the end of the small rocks and became mud or whatever where the tideflats are.* (ES)}
2. the texture of the meat of salmon after spawning. (AS,BC) VAR: smíx̌iʔ (LB,CWH)

smimáʔɬqsən ⟦s-mi+√ma<ʔ>ɬ=əqsən s-aff+√mucus<aff>=nose⟧ ☞ smə́ɬqsən Snotboy, Little snot. (AS) ✱Character in a traditional story who grows from his mother's nasal mucus. All of the elders know versions of this story. It was recorded in multiple versions in English by Erna Gunther. VAR: smímətqsən (AS,BC) VAR: smimə́ɬqsən (AS,BC) VAR: smímaʔɬqsən (AS,BC)

smímətqsən snot boy. See under: smimáʔɬqsən

smiməyəc elk (pl). See under: smiyə́y̓əc

smiməyəcásən ⟦s-my+√məyc-a=sən s-pl+√elk-ext=foot⟧ ☞ sməyəcásən several elk hooves. (MJT)

smiməy̓əc elk (pl). See under: smiyə́y̓əc

smimiy̓šán ⟦s-my+√miy̓šan s-pl+√mountain⟧ ☞ smiy̓šán rocky mountains. (EPT)

smitáli ⟦s-√mitáli s-√gamble⟧ ☞ mitáli
1. cards used for gambling or other kinds of games. (MJT; TC) ✱This originally referred to a game played with smooth black rocks. (MJT)
2. a plant used to make playing cards. *unidentified.* ✱In the old days people used to make their own playing cards from the spike of a plant that grew along the side of the road. (MJT) VAR: smiʔtáli (MJT)

smitə́nəq renting. See under: ʔəsʔiʔmiʔtə́nəq

smiyánəš ⟦s-√m<iy>anəš s-√tobacco<pl>⟧ ☞ smánəš several cigarettes, etc. (MJT)

smiyayhéʔnəs small porpoises. *See under:* sxʷmaʔyaʔmahúʔnəs

smiyə́y̓əc ⟦s-√məy<əy̓>c s-√elk<pl>⟧ ☞ smə́yəc a group of elk. (MJT) VAR: smimə́yəc (ES; AS,BC) VAR: smimə́yəc (MJT) ⟦s-my+√məyc s-pl+√elk⟧

smiyšán ⟦s-√miyšan s-√mountain⟧ [root not identified in other words] rocky mountain. (EPT)

sná ⟦s-√na s-√name⟧ name. (NS,JW; JCo; TC; AS,BC) {nəsná. *My name.* (TC) | ʔən̓sná. *Your name.* (TC) | snás. *His or her name.* (TC; AS) | snáɬ. *Our name.* (TC) | mə́y̓əq cn ʔaʔ cə snás. *I forget his name.* (TC) | kʷɬnəsmə́y̓əq kʷə snás. *I forget his name.* (LC) | cán ʔuč či snás? *What is her/his name?* (MJT) | ʔáwənə nəsxčít či snás. *I don't know his name.* (TC) | ʔáwənə snás. *He has no name.* (AS) | nəxʷsx̌áy̓əm̓ sná. *It's a Klallam name.* (AS) | ʔuʔcán ʔuč či snás? *What is her name?* (AS,BC) | stáŋ ʔuč či n̓sná ʔaʔ ti 'squirrel'? *What do you call a squirrel?* (MJT) | stáŋ ʔuč či snás kʷsə 'fir bark'? *What is the word for 'fir bark'?* (NS,JW) | čə́yi? kʷi t snás. *It's called fir bark.* (NS,JW) | náts ʔaʔ cə ʔəcɬtáyŋxʷ snás. *He called him by his Indian name.* (MJ) | ʔáwənə nəsxčít či snás yaʔ čtə. *I don't know what it was called.* (TC) | ʔə́ŋaʔt cn ʔaʔ cə nəsná. *I gave him my name.* (TC) | nəsʔə́ŋaʔt cə nəsná. *I gave him my name.* (TC) | Pysht Jack yaʔ ti snás. *His name was Pysht Jack.* (ES) | sxʷx̌áy̓əmáɬ sná. *It's a Klallam name.* (TC) | ʔiʔ či snás čtə ʔáwənə nəsxčít. *And its name, I don't remember.* (TC) | húʔ cn nát či n̓sná ʔiʔ xʷítəŋ cxʷ. *When I say your name, you jump.* (TC) | sáy̓si? ʔaʔ kʷi snátəŋs cə sná. *He was scared when his name was called.* (MJ) | nə́kʷ caʔ yaʔyáʔnəŋ ʔaʔ či sqʷáys ʔaʔ tiə ʔəxʷíyŋxʷ, tiə ʔən̓sčə́y̓aʔčə. sná c̓ caʔ či ʔən̓ʔá kʷi. ʔən̓ʔá cáw. *It will be you who listens to the word of these people, your friends. A name is coming. It is coming down to the beach.* (TC)} *This is said to the witnesses at a formal naming ceremony. {ʔiʔ kʷiʔə puyáləp ʔiʔ x̌áy ʔuʔ taʔčaʔx̌ʷéʔəyuʔ cə tayápš snás. *And the Puyallup, they were bothered by what they call tayápš.* (ES) | kʷɬhíc kʷi nyaʔcústəŋ ʔaʔ kʷi nséʔyaʔ yaʔ, ɬəmtiyáčaʔ (Tim Pysht kʷi snás, kʷi snaʔátəŋs ʔaʔ ti xʷanítəm) ʔaʔ kʷɬi ʔiʔánkʷs q̓áʔŋi čpə́šct. *Long ago I was told by my late grandfather, ɬəmtiyáčaʔ (Tim Pysht was his name, what he was called by the Whites), about the brave young woman of Pysht.* (AS)}

snaʔáʔwəɬč ⟦s-√n<á>w̓=iɬč s-√in<rslt>=plant⟧ ☞ náw̓əɬ something in the bushes. {níɬ č̓ suʔk̓ʷə́nəxʷs cənɬ snaʔáʔwəɬč nuʔméʔxʷəŋ. *Then he saw something in the bushes kind of shaking.* (MJ)}

snaʔnáʔxʷɬ ⟦s-naʔ+√nə<ʔ>xʷɬ s-dim+√canoe<dim>⟧ ☞ snə́xʷɬ small canoe. (TC; AS,BC) VAR: snaʔnə́xʷɬ (MJT)

snaʔnə́w̓əs ⟦s-naʔ+√nəw̓əs s-dim+√cloud⟧ ☞ sxʷnə́w̓əs small cloud. (AS)

snaʔniʔtiʔúʔəŋ ⟦s-naʔ+√nəy<ʔ>-ti-ʔúʔ-ŋ<ʔ> s-dim+√laugh<dim>-rcprcl-?-mdl<dim>⟧ ☞ snəctiʔúʔəŋ to be a laughingstock, be ridiculed, laughed at by a group. (ES; AS,BC) {snaʔniʔtiʔúʔəŋ cn. *Lots are laughing at me. / Someone's laughing at me.* (TC; MJT) | snaʔniʔtiʔúʔəŋs. *He's laughing at her.* (MJT) | ʔən̓snaʔniʔtiʔúʔəŋ u cn? *Are you laughing at me?* (MJT)} VAR: snaʔniʔtiʔúʔəŋət ⟦s-naʔ+√nəy<ʔ>-tiʔúʔ-ŋ<ʔ>-t s-dim+√laugh<dim>-?-mdl<dim>-trns⟧ VAR: sninəctiʔúʔəŋ {níɬ nsuʔsninəctiʔúʔəŋ ʔaʔ kʷi nəcə́t ʔaʔ tə nsáy̓si?. *Then my father laughed at my being scared.* (MJ)}

snaʔnúkʷɬ ⟦s-naʔ+√nukʷ-ɬ s-dim+√ghost-dur⟧ ☞ snúʔnəkʷ ghost fire, greenish-blue flames in a fire. (AS,BC; BC) VAR: snanúkʷɬ (BC)

snaʔyaʔnə́xʷɬ small canoes. *See under:* snəyaʔnáʔxʷɬ

snaʔyəčíwəɬ ⟦s-√n<aʔy>ač=iwɬ s-√different<pl>=family⟧ ☞ snəčíwəɬ several half-siblings. (MJT) VAR: snəyačíwəɬ (AS)

snaʔyə́q̓iʔ ⟦s-√n<aʔy>əq̓y̓ s-√old_thing<pl>⟧ ☞ snə́q̓iʔ a group of old things that are still used. (MJT)

snáč̓əwəč ⟦s-√nač=əwəč s-√different=bottom⟧ ☞ náč̓ hundred. (ES; TC) {hiyáʔ čə́saʔ cə snáč̓əwəč sx̌ónaʔ. *He went two hundred feet.* (ES) | ʔúpən snáč̓əwəč. *one thousand* (TC) | čə́saʔ snáč̓əwəč ʔiʔ t ɬxʷɬšáʔ ʔiʔ t cúʔk̓ʷs. *It's two hundred and thirty seven.* (MJT) | ɬíxʷ čtə snáč̓əwəč kʷi shúys yaʔ ti skʷənúcəns. *It must be three hundred years since they quit the spirit dance.* (ES)} VAR: snáč̓əw̓əč {nəcxʷk̓ʷə́s snáč̓əw̓əč. *two thousand* (ES)} VAR: náč̓əwəč (EPT; AS,BC)

snačít ⟦s-√nač-i-t s-√different-persist-trns⟧ ☞ načít 1. to be unusual, different, abnormal, eccentric, unconventional, wrong. (TC; AS,BC) {txʷsnačít kʷaʔčaʔ cə ɬə́ŋkʷ ʔiyá. *The mix there has become unusual.* (TC) | snačít cə swə́y̓qaʔ ʔaʔ cə sčáʔiʔs. *The man is doing his work wrong.* (TC) | ʔuʔtxʷsnačít kʷaʔčaʔ kʷsə tə́ŋəxʷs. *Their reserve has become abnormal (because the chief is white).* (TC)}
2. homosexual. (AS,BC)

snanúkʷɬ ghost fire. *See under:* snaʔnúkʷɬ

snán̓ǰəɬ folded. *See under:* ʔəsnán̓ǰəɬ

snás ⟦s-√nas s-√fat⟧ fat, grease, lard; oil; gasoline. ⟪USAGE: used only at Becher Bay⟫ (TC) [from Northern Straits]

snát night. *See under:* ʔəsnát

snáyaʔnəkʷ ⟦s-√nu<ya>ʔnkʷ s-√ghost<pl>⟧ [/u/ → /a/ in the plural] ☞ snúʔnəkʷ several ghosts, spirits. (MJT; ES) {ɬáw̓ ʔaʔ cə snáyaʔnəkʷ. *He escaped from the ghosts.* (ES) | ɬúynəs cə snáyaʔnəkʷ. *He left the ghosts behind.* (TC) | ʔiʔ ʔáwə c ʔaʔyəcɬtáyŋxʷ. snáyaʔnəkʷ. *And there were no people. They were ghosts.* (ES) | sx̌éʔs či sqʷčútəŋs ʔaʔ cə snáyaʔnəkʷ. *The ghosts wanted* *to kill him.* (ES) | čqʷátəŋ tə sʔíɬəns tə **snáyaʔnəkʷ**. *Food is burned for the ghosts.* (MJT) | suʔtáčis tə **snáyaʔnəkʷ** ʔiʔ ʔíɬən. *Then the ghosts arrived and ate.* (MJ) | x̣ƛ̓kʷáts tə sʔíɬən ʔəɬənísts tə **snáyaʔnəkʷ**. *He carried the food to feed the ghosts.* (MJ) | ʔəɬənístxʷ caʔ cxʷ kʷačaʔ cə **snáyaʔnəkʷ** ʔaʔ tiə táŋən. *You are going to feed the ghosts this evening.* (MJ) | húʔ cxʷ kʷánəxʷ tə x̣ʷənʔáŋ ʔnx̣ɬáʔmən ti sčáqʷəwc ʔiʔ níɬ ʔənsuʔx̣čnáxʷ ʔaʔ či **snáyaʔnəkʷ**s. *If you see something like a greenish fire, then you can figure it's ghosts.* (ES) | hiyitíŋ kʷə tím ʔaʔ cə néʔ **snáyaʔnəkʷ**. *Tim was saved by the ghosts that were there.* (TC) | hiyitíŋ kʷə tím ʔaʔ cə čáʔsaʔ ʔaʔ cə néʔ **snáyaʔnəkʷ** q̓ʷaʔčtáyŋən. *Tim was saved by those two from those ghosts that were wanting to kill him.* (ES) | q̓q̓áʔnítəŋ ʔaʔ či sx̣iyáʔəs **snáyaʔnəkʷ** q̓ʷaʔčútəŋayŋən. *He was being threatened by the bad ghosts who wanted to kill him.* (ES)}

snáy̓niʔ giggly. *See under:* snáy̓niʔ

snəčtiʔúʔəŋ ⟦s-√nəy-ti-ʔúʔ-ŋ s-√laugh-rcprcl-?-mdl⟧ ☞ náčəŋ to be a laughingstock, the object of someone's laughter. {nəsnəčtiʔúʔəŋ. *I laughed at him.* (MJT)}

snəčíwəɬ ⟦s-√nəč=iwɬ s-√different=family⟧ ☞ náč half-sibling, half-brother, half-sister. (MJT; ES; TC; AS) {**snəčíwəɬ** ʔaʔ ččx̣áɬč mint (half-sister of nettle) (MJT)} VAR: sničáwəɬ (ES) VAR: sničíwəɬ (ES) VAR: snəčéwəɬ (LB,CWH) VAR: snə́čəwəɬ (CWH; LB,CWH)

snəčíwəɬ ʔaʔ čisíɬč ⟦s-√nəč=iwɬ ʔaʔ √cis=iɬč s-√different=family obl √fern=plant⟧ Lit: summer fern's half-sister (LN) ☞ snəčíwəɬ ☞ čisíɬč an unidentified species of fern. (MJT)

snəčíynəq ⟦s-√nəč-iy-ənəq s-√different-dev-hab⟧ ☞ náč the spouse of one's brother-in-law or sister-in-law, one's spouse's sibling's spouse. (MJT)

snə́q̓iʔ ⟦s-√nəq̓y̓ s-√old_thing⟧ [root not identified in other words] something old that is still used (for example a basket or car). (MJT)

snəq̓ʷáwəč ⟦s-√nəq̓ʷ=əwəč s-√excrement=bottom⟧ ☞ nəxʷnəq̓ʷáwəč dirty bottom. (TC)

snə́q̓ʷsən ⟦s-√nəq̓ʷ=sən s-√excrement=foot⟧ ☞ náq̓ʷ to step in excrement. {snə́q̓ʷsən cn. *I stepped in it.* (BC)}

snáxʷɬ ⟦s-√nəxʷɬ s-√canoe⟧
1. canoe, especially a dugout canoe. (LC; TC; ES; AS,BC; WB,AS,BC) {ʔíst cn cə **snáxʷɬ**. *I paddled the canoe.* (TC) | ʔəxtéʔt cn cə **snáxʷɬ**. *I fixed the canoe.* (TC) | híqt cə n̓**snáxʷɬ**. *Launch your canoe.* (ES) | ččátəŋ cə **snáxʷɬ**. *They fixed the canoe.* (TC) | čáʔiʔ cn ʔaʔ kʷsə **snáxʷɬ**. *I'm building a canoe.* (ES) | nəsxʷúyəm kʷaʔ kʷə nəs**náxʷɬ**. *I sold my canoe.* (TC) | xʷíx̣ʷəŋ cə nə**snáxʷɬ**. *My canoe is leaking.* (TC) | yáʔt cn cə **snáxʷɬ**. *I fixed the canoe.* (TC) | ɬúyəs cn cə **snáxʷɬ**. *I left the canoe.* (TC) | tkʷsíc cn ʔaʔ cə čə́q **snáxʷɬ**. *I bought you a big canoe.* (TC) | q̓ʷíŋi či ʔaʔ cə **snáxʷɬ**. *Get out of the canoe.* (TC) | x̣čŋin tə ʔaʔ či sʔənʔás caʔ ʔuʔúyəɬtxʷ ʔaʔ cə nə**snáxʷɬ**. *I thought it would come and be brought aboard my canoe.* (TC)}
2. small canoe for fishing, with sharp-pointed end. (EPT) {kʷə́y̓ č kʷaʔ kʷi **snáxʷɬ**. *The canoe apparently spilled.* (EPT)}
3. any vehicle such as a car, boat, or raft. (TC) {nəskʷáʔ nə**snáxʷɬ**. *I own a boat.* (TC) | ččšə́pt cn cə **snáxʷɬ**. *I deflated the raft.* (AS,BC) | níɬ ʔuʔ nəskʷáʔ nə**snáxʷɬ**. *It's my canoe.* (TC) | ʔəsʔístxʷ caʔ cxʷ cə **snáxʷɬ**. *What are you going to do with that skiff?* (AS) | suʔúyəɬtəŋs ʔaʔ cə **snáxʷɬ**s cə xʷanítəm. *So they put him aboard the white man's boat.* (TC)}

snəxʷɬáyɬ ⟦s-√nəxʷɬ=ayɬ s-√canoe=conveyance⟧ ☞ snáxʷɬ to go, travel by canoe. (AS,BC) {**snəxʷɬáyɬ** cn tə nəstáči. *I came by canoe.* (ES) | **snəxʷɬáyɬ** caʔn kʷaʔ hiyáʔən túyi ʔúxʷ ʔaʔ mətúliyə. *I'm going by canoe when I go to Victoria.* (TC)}

snəyaʔnáʔxʷɬ ⟦s-n<əy>aʔ + √nə<ʔ>xʷɬ s-dim<pl> + √canoe<dim>⟧ ☞ snaʔnáʔxʷɬ several small canoes. (TC) VAR: snaʔyaʔnáxʷɬ (MJT)

snəyačíwəɬ half-siblings. *See under:* snaʔyəčíwəɬ

snə́yəxʷɬ canoes. *See under:* snináxʷɬ

snáy̓niʔ ⟦s-nə́y<ʔ> + √nəy<ʔ> s-char<actl> + √laugh<actl>⟧ ☞ náčəŋ to be giggly, a person who laughs all the time, smiley. ✱The old people said that a person who laughs all the time is really a mean person trying to cover the real self. (ES; MJT) VAR: snáy̓niʔ (ES)

sničáwəɬ half-sibling. *See under:* snəčíwəɬ

sničíwəɬ half-sibling. *See under:* snəčíwəɬ

sninát ⟦s-ny + √nat s-pl + √night⟧ ☞ ʔəsnát nights. (TC; AS,BC)

sninčtiʔúʔəŋ ⟦s-ny + √nəy-ti-ʔúʔ-ŋ s-pl + √laugh-rcprcl-?-mdl⟧ ☞ snəčtiʔúʔəŋ to be a laughingstock, be laughed at by a group. {**sninčtiʔúʔəŋ** caʔ cxʷ. *They're going to laugh at you.* (MJT)}

sninəčtiʔúʔəŋ laughingstock. *See under:* snaʔniʔtiʔúʔəŋ

snínənə ⟦s-ní + nə + √na s-pl + pl + √name⟧ ☞ sná lots of names. (TC)

sniná q̓ʷšən ⟦s-ny + √nəq̓ʷ=šən s-pl + √excrement=foot⟧ ☞ náq̓ʷ to step in a pile of excrement. (BC)

snináxʷɬ ⟦s-ny + √nəxʷɬ s-pl + √canoe⟧ ☞ snáxʷɬ several canoes. (TC; AS,BC) VAR: snə́yəxʷɬ (TC; AS,BC) ⟦s-√n<əy>əxʷɬ s-√canoe<pl>⟧

snúʔnanəkʷ ⟦s-núʔ + √nuʔəkʷ s-dim + √ghost⟧ ⟪So-called because they fly at night.⟫
1. moth. (MJT)
2. screech owl. (MJT) (MJT) ☞ snúʔnəkʷ

snúʔnəkʷ ⟦s-√nuʔnukʷ s-√ghost⟧
1. ghost, spirit, supernatural visitation. (EPT; MJT; ES; TC,AS,BC) [This may historically be a compound of words for 'in' and 'you'.] *cp.* nə́w̓ *cp.* nə́kʷ

snuʔnəkʷéʔiɬč

《snúʔnəkʷ ƛ̓úyəqs.》
3. television. (AS,BC) {níɬ yaʔ nə́ču? **snúʔnəkʷ**. *That was another ghost.* (ES) | **snúʔnəkʷ** sčayíqʷɬ. *snowberry, waxberry* (AS,BC) | hiyitíŋ ʔaʔ cə **snúʔnəkʷ**. *He was saved by the ghost.* (TC) | **snúʔnəkʷ** ɬíkʷən. *It was a ghost gaff hook.* (ES) | ó, níɬ kʷaʔ suʔánəɬs tə **snúʔnəkʷ** ʔučtə. *Oh, then the ghost agreed, as expected.* (AA) | ʔuʔhúy yaʔ cn ʔuʔ ʔúʔx̣ʷnəsəŋ ʔaʔ cawnił **snúʔnəkʷ** kʷaʔ ʔuʔstáŋəs yaʔ čtə ʔəɬ ʔíttɬ xə́ṅɬcan. *I was the only one that the ghost or whatever it was went after while everyone slept.* (TC) | ɬúyəs kʷə sxʷʔiyás kʷəsə **snúʔnəkʷ** ɬaʔk̓ʷítəŋáyŋən kʷə yəwíntən. *Pysht Jack left the place where the ghost wanted to gaff him.* (ES) | hiyá··ʔ q̓cə́ct ʔi ʔuʔtə́s ʔaʔ cə sxʷʔiyás canu **snúʔnəkʷ** ʔəskʷáʔkʷiʔ. *It went shrinking and got to where that ghost was hidden.* (ES)}
2. moving picture, movie, cinema, television. {k̓ʷə́ṅt tə **snúʔnəkʷ**. *Watch the TV.* (TC,AS,BC)} VAR: snúṅəkʷ (EPT)

snuʔnəkʷéʔiɬč 〚s-√nuʔnəkʷ-iʔ=iɬč s-√ghost-ext=plant〛 ☞ snúʔnəkʷ waxberry, snowberry bush. (AS,BC) VAR: snuʔnəkʷíɬč (AS)

snúʔnəkʷ ƛ̓úyəqs 〚s-√nuʔnukʷ √ƛ̓uyqs s-√ghost √box〛 ☞ snúʔnəkʷ ☞ ƛ̓úyəqs television. (AS,BC) {xɬə́m ʔaʔ kʷə ƛ̓úyəqs. *Watch the television.* (TC) | xiyús ƛ̓úyəqs. *television* (AS)}

snúʔnəkʷ skʷáči 〚s-√nuʔnukʷ ʔs-√kʷayiy s-√ghost stat-√day〛 ☞ snúʔnəkʷ ☞ skʷáči Halloween. (AS,BC)

snúʔnəq̓ʷ nasty smear. *See under:* ʔəsnúʔnəq̓ʷ

snúṅəkʷ ghost. *See under:* snúʔnəkʷ

sŋáʔəw̓əɬč 〚s-√ŋəʔaw̓=iɬč s-√fir=plant〛 fir tree. *Abies sp.* (EPT; MJT)

sŋáʔnətct 〚s-√ŋa<ʔ>nt-cut s-√stone<actl>-rflxv〛 ☞ sŋánt to be turning to stone. (MJT) {hiʔ**sŋáʔnətct** st. *We're turning into stone.* (MJT)}

sŋaʔŋáʔant 〚s-ŋaʔ+√ŋa<ʔ>nt s-dim+√stone<dim>〛 ☞ sŋánt small rock, stone. (TC) VAR: sŋaʔŋáʔnt (MJT)

sŋaʔŋáʔq̓ʷuʔ 〚s-ŋaʔ+√ŋə<ʔ>q̓ʷʔ s-dim+√heron<dim>〛 ☞ sŋə́q̓ʷuʔ small heron or crane. (ES)

sŋáʔŋəx̣ hurry. *See under:* ʔəsŋáʔŋəx̣

sŋaʔq̓éʔqʷ 〚s-√ŋ<əʔ>q̓=iʔqʷ s-√swallow<actl>=head〛 ☞ ŋəq̓ə́t
1. to have the head down, land on one's head. (AS,BC) {həhíyŋ yaʔ kʷi kʷə swə́ʔwəs **sŋaʔq̓éʔqʷ**. *The boy fell on his head.* (AS) | **sŋaʔq̓éʔqʷ** cn ʔaʔ kʷi nəshəhíyŋ. *I landed on my head when I fell.* (AS)}
2. schwa, the letter "ə". (AS,BC)

sŋaʔyaʔŋáʔq̓uʔ 〚s-ŋ<aʔy>aʔ+√ŋə<ʔ>q̓ʷʔ s-dim<pl>+√heron<dim>〛 ☞ sŋaʔŋáʔq̓ʷuʔ small herons, cranes. (ES)

sŋaʔyaʔŋáṅt small rocks. *See under:* sŋəyaʔŋáʔant

sŋéʔwəs

sŋaʔyátxʷən 〚s-√ŋ<aʔy>atxʷn s-√siblinginlaw<pl>〛 ☞ sŋátxʷən brothers-in-law. (EPT)

sŋaʔyéʔəy̓əqʷ 〚s-√ŋ<aʔy>iʔy<ʔ>qʷ s-√uvula<pl>〛 ☞ sŋéʔyəqʷ several uvulas, tonsils. (MJT) VAR: sŋiʔéʔəy̓əqʷ (MJT)

sŋánətct 〚s-√ŋant-cut s-√stone-rflxv〛 ☞ sŋánt to turn to stone. (CWH)

sŋánt 〚s-√ŋant s-√stone〛 any rock, stone, boulder; mountain; grave marker, headstone. (EPT; LC; TC; ES; AS,BC) {cákʷs cə **sŋánt**. *Put down the rock.* (TC) | ʔáwə c ʔásxʷ; **sŋánt**. *It's not a seal; it's a rock.* (TC) | čsə́t cn ʔaʔ tiə **sŋánt**. *I hit it with this rock.* (TC) | čús cn ʔaʔ kʷi **sŋánt**. *I was hit by a rock.* (LC) | **sŋánt** kʷi nəsxʷčšútəŋ. *It was a rock he hit me with.* (TC) | suʔičiʔáwəɬ ʔaʔ canu sxʷpúq̓ʷs **sŋánt**. *We were passing by that rocky bluff.* (ES) | níɬ caʔ ɬə́c cə sɬə́yəxʷ, ʔiʔ níɬ caʔ ɬə́c cə **sŋánt**, ʔiʔ ʔáwə c ɬə́c cə sɬə́yəxʷ. *Then ice will break, or then the rock will break if the ice doesn't break.* (MJT)} VAR: sŋánət (LB,CWH; JCo; EPT; LST) {čaʔsútəŋ cn ʔaʔ cə **sŋánət**. *Someone's throwing rocks at me.* (ES) | nəscsə́yuʔ təsə **sŋánət**. *I threw the rock.* (ES) | hiyáʔ caʔn ƛ̓kʷə́t či **sŋánət** ʔiʔ kʷánəs. *I'll go take a rock and throw it.* (MJ)

sŋáŋaʔtxʷ 〚s-ŋa+√ŋaʔ-txʷ s-actl+√give-inancaus〛 [subjective genitive stem] ☞ ŋáŋaʔtxʷ to be giving away things at a potlatch gathering. (TC)

sŋátšən 〚s-√ŋatšn s-√hire〛 [subjective genitive stem] to be hired, supervised. (ES) {**sŋátšən** cn. *Someone hired me.* (ES; AS,BC) | nəsŋátšən. *I hired him.* (ES) | nə**sŋátšən** cə swə́y̓qaʔ. *I hired that man.* (ES) | níɬ kʷi Randy kʷi nsŋátšən. *It was Randy that I hired.* (AS)}

sŋátxʷən 〚s-√ŋatxʷn s-√siblinginlaw〛 [may be related to word for 'give away'] *cp.* ŋáʔtxʷ
1. brother-in-law, sister-in-law. 《wife's brother's wife or husband's sister's husband》 (MJT) {níɬ nəsuʔx̣iʔəsít cə **sŋátxʷən**s kʷi nswə́y̓qaʔ. *Then I wrote to my husband's sister-in-law.* (MJ)}
2. relationship between a woman and her brother's or cousin's wife, sister-in-law of a woman. 《reciprocal term》 (ES)
3. brother-in-law. (EPT; AS,HS)
4. older brother's wife or husband's older brother. (LB,CWH)

sŋéʔ 〚s-√ŋiʔ s-√invite〛 [subjective genitive stem] to be invited. (ES; MJ) {**sŋéʔ** cn. *I'm invited.* (ES,HS) | **sŋéʔ** u cxʷ? *Did they invite you?* (ES) | **sŋéʔ** cxʷ. *You are invited.* (AB,ICT) | **sŋéʔ** č cə ʔaʔyəcɬtáyŋxʷ ʔaʔ cə ʔiyá ʔaʔClallam Bay. *The people were invited to a place on Clallam Bay.* (MJ)} VAR: səŋéʔ (ES) {nsuʔhiyáʔ ʔúxʷ ʔaʔ cə sxʷ**səŋéʔ**ɬ či sʔíɬənɬ. *I went to where we were invited to eat.* (MJ)}

sŋéʔtxʷ 〚s-√ŋiʔ-txʷ s-√invite-letcaus〛 ☞ sŋéʔ to invite someone to a gathering. (ES)

sŋéʔwəs sad. *See under:* ʔəsxʷsəŋéʔwəṅ

sŋéʔyəq̣ʷ ⟦s-√ŋiʔyqʷ s-√uvula⟧ uvula, tonsils. (ES) ∗These portions of the salmon were strung on a stick and roasted for youngsters to eat (MJT) VAR: sŋéʔiqʷ (ES; TC) VAR: sŋéʔəyəqʷ (MJT)

sŋéhəŋ ⟦s-√ŋihəŋ s-√crane⟧ sandy crane. (EWH)

sŋənáʔəŋ ⟦s-√ŋənəʔ-ŋ s-√offspring-mdl⟧ [stress shift with middle] ☞ ŋónaʔ an adopted child, stepson, stepdaughter, stepchild. (MJT; ES; TC) {*sŋənáʔəŋ* cn. *I'm a step child.* (ES; TC) | *ʔiʔ ncáxʷ słúyənəŋs kʷɬi qáʔŋiʔ sŋənáʔəs yaʔ kʷɬi nətán. Once there was an abandoned girl who was taken in by my mother.* (ES)} VAR: sənənáʔəŋ (LB,CWH)

sŋənəŋənáʔəŋ ⟦s-ŋən+√ŋənəʔ-ŋ s-pl+√offspring-mdl⟧ ☞ sŋənáʔəŋ several adopted children, stepsons, stepdaughter, stepchild. (MJT)

sŋənŋánt rocks. See under: sŋiyánt

sŋəntáw̓txʷ ⟦s-√ŋant=aw̓txʷ s-√stone=house⟧ ☞ sŋánt brick, stone, concrete house or any building. (ES)

sŋənté̓ʔqʷ ⟦s-√ŋant=iʔqʷ s-√stone=head⟧ ☞ sŋánt stone head, blockhead. ⟪USAGE: This can be used in kidding someone or it can refer to a sculpture like Mount Rushmore.⟫ (AS,BC; AS)

sŋəntúʔił ⟦s-√ŋant=uʔił s-√stone=child⟧ ☞ sŋánt gravel, little rocks. (EPT)

sŋənáy̓əs ⟦s-√ŋənəʔ=ay<ʔ>us s-√offspring=eye<actl>⟧ ☞ ŋónaʔ lingcod eggs. (MJT) cp. x̣tcáʔyəs

sŋəq̓ʷáʔis one-eyed. See under: čŋəq̓ʷáʔis

sŋə́q̓ʷuʔ ⟦s-√ŋəq̓ʷʔ s-√heron⟧ great blue heron, crane. ⟪probably originally 'great blue heron', which is locally referred to in English as a 'crane'⟫ *Ardea herodias.* (EWH; EPT; MJT; LC; ES; TC) {*swə́y̓qaʔs yaʔ cə sŋə́q̓ʷuʔ. Crane was her husband.* (AA) | *níɬ č suʔhiyáʔs kʷə cə yə́ščən sŋə́q̓ʷuʔ. So poor Crane went.* (AA) | *suʔx̣čə́ts ti sčə́ŋs kʷaʔ cə sŋə́q̓ʷuʔ swə́y̓qaʔs. She figured out that Crane, her husband, came home.* (AA) | *níɬ kʷaʔ suʔq̓ʷáy̓s cə sŋə́q̓ʷuʔ ʔaʔ či suʔcəʔítəns ʔuʔ x̣áɬ cə stániʔ. So Crane believed that his wife was really sick.* (AA) | *níɬ kʷaʔčaʔ scsə́təŋs yaʔ ʔaʔ cə sŋə́q̓ʷuʔ swə́y̓qaʔs ʔaʔ kʷi sčaʔx̣éʔnəŋs ʔaʔ cə ʔuʔnáč. It's because Crane, her husband, hit her when he caught her by surprise with a stranger.* (AA)}

sŋəq̓ʷuʔhúyəɬ ⟦s-√ŋəq̓ʷʔ=uyɬ s-√heron=child⟧ ☞ sŋə́q̓ʷuʔ baby heron or crane. (HS,ES)

sŋəsɬnát Thursday. See under: ŋəsɬnát

sŋətə́xʷəŋ̓ ⟦s-√ŋatxʷn<ʔ> s-√siblinginlaw<actl>⟧ ☞ sŋátxʷən younger brother's wife or husband's younger brother. (LB,CWH)

sŋəyaʔŋá̓ʔant ⟦s-ŋ<aʔy>aʔ+√ŋa<ʔ>nt s-dim<pl>+√stone<dim>⟧ ☞ sŋaʔŋá̓ʔant several small rocks, stones. (TC) VAR: sŋəyaʔŋaʔánt {*ʔiʔ sŋəyaʔŋá̓ʔant tinu ʔiʔ ti pq̓ʷə́čən. And there were small rocks and sand.* (ES) | *ʔiʔ níɬ ti suʔx̣ə́ps tinu sŋəyaʔŋáʔánt ʔiʔ txʷaʔsmíƛ̓i kʷaʔ ʔuʔstáŋəs ti sxʷʔiyás ti stáčən. And then it got to the end of the small rocks and became mud or whatever where the tideflats are.* (ES)} VAR: sŋaʔyaʔŋánt (MJT)

sŋə́yəq̓ʷu ⟦s-√ŋə<yə>q̓ʷʔ s-√heron<pl>⟧ ☞ sŋə́q̓ʷuʔ a group of herons or cranes. (EPT; ES)

sŋəy̓ə́yi ⟦s-√ŋəy̓əy-iy s-√ʔ-dev⟧ to go over or across a hill or ridge. (LB,CWH)

sŋiʔáʔuxʷɬč Dungeness. See under: sŋiyáw̓ɬč

sŋiʔáw̓ɬč Dungeness. See under: sŋiyáw̓ɬč

sŋiʔéʔəy̓əqʷ uvulas. See under: sŋaʔyéʔəy̓əqʷ

sŋíŋaʔ ⟦s-ŋi+√ŋiʔ s-actl+√invite⟧ [may be resultative] ☞ sŋéʔ to be inviting, being invited. (ES) {*nəsŋíŋaʔ. I'm inviting someone.* (ES) | *nəsŋíŋaʔ cxʷ. I'm inviting you.* (ES)}

sŋíŋaʔtxʷ ⟦s-ŋi+√ŋiʔ-txʷ s-actl+√invite-letcaus⟧ ☞ sŋíŋaʔ to be inviting someone. (ES)

sŋiŋiyéʔwən ⟦s-ŋy+√ŋy=i<ʔ>wən<ʔ> s-pl+√sad=interior<actl>⟧ [analysis uncertain - One speaker has root /√ŋy/ rather than /√səŋ̓/.] ☞ ʔəsxʷsəŋéʔwən to be sad, feel blue (of a group). (AS) {*sŋiŋiyéʔwən kʷi kʷə ʔaycɬtáyŋxʷ. The people were sad.* (AS)}

sŋiyaʔáẃxʷɬč Dungeness. See under: nəxʷŋiyaʔáwəɬč

sŋiyánt ⟦s-√ŋ<y>ant s-√stone<pl>⟧ ☞ sŋánt rocks, stones; rocky, craggy mountains or hills. (EPT; ES; AS,BC; TC) {*ʔuʔqéʔqaʔ tə sŋiyánt The rocks were loose.* (ES) | *cə́xʷ kʷaʔ kʷi cə sŋiyánt. The mountains disappeared (behind a cloud).* (TC) | *cə́xʷ cə sŋiyánt. The rocks disappeared.* (TC) | *txə́nəŋ cn ʔaʔ cə sŋiyánt. I'm going through the mountains.* (TC) | *sq̇tayéʔqʷs cə sŋiyánt. They are the peaks of the mountains.* (ES) | *čə́saʔ cə ʔiyáˑʔaʔ tə sq̇tayéʔqʷs cə sŋiyánt. There are two peaks there in the mountains.* (ES) | *níɬ č suʔštə́ŋs hiyáʔ cún ʔúxʷ ʔaʔ cə sŋiyánt. So he walked inland to the mountains.* (TC) | *ʔáw kʷaʔ kʷánənəts ʔaʔ či xʷə́ŋ cə snáyaʔnəkʷ ʔaʔ či sŋiyánt. The ghosts couldn't run fast on the rocks.* (ES) | *suʔstə́ŋs ʔiʔ ʔiyaʔnəŋíts cə sŋiyánt ʔaʔ ƛ̓áy ʔuʔ štə́ŋ cə snáyaʔnəkʷ. So he walked, and he listened to the rocks where the ghosts also walked (he listened for their footsteps).* (ES) | *níɬ suʔyə́qs ʔiʔ ʔuʔšə́təŋ ʔiʔ kʷiʔnʔá sə́ɬəŋ cə sŋiyánt. He was walking even with it and rocks came falling.* (ES)} VAR: sŋənŋánt {*ʔəstásɬ cn ʔaʔ cə sŋənŋánt. I was close to the rocks.* (TC)} VAR: sŋiyánət (EPT; LST) VAR: sŋíyant (TC)

sŋiyáw̓ɬč ⟦s-√ŋ<əy>aw̓=iɬč s-√fir<pl>=plant⟧ ☞ sŋáʔəwəɬč

1. village at the mouth of the Dungeness River. (AS) {*čaʔtáči kʷi kʷə čšaʔsŋiyáẃəɬč. Those that just came were from Dungeness.* (AS)}

2. fir trees. (EPT; AS,BC) VAR: sŋiʔáw̓ɬč (AS,BC) VAR: sŋiyáw̓əɬč {*yəq̓ʷáʔič kʷi kʷə sŋiyáw̓əɬč. The firs were uprooted.* (AS)} VAR: sŋiyaʔáw̓əɬč (EPT) VAR: sŋiyaʔáw̓əɬč (MJT) (MJT) VAR: sŋiyáʔuɬč (AS,BC) VAR:

sṇyáʔułč (AS,BC)   VAR: sṇiʔáw̓x̌ʷłč (AS)   VAR: sṇiʔáʔuxʷłč (AS)

sŋús ⟦s-√ŋus s-√intestines⟧ belly, gullet, gizzard, intestines. (AS) {čaʔéʔłən ixʷ kʷaʔ; ʔuʔčáq tə **sŋús**. *He must have just eaten; his belly is big.* (AS)} VAR: səŋús (BC)

sṇyáʔułč Dungeness. *See under:* sṇiyáw̓łč

sŋyéʔwən sad. *See under:* ʔəsxʷsəŋéʔwən̓

sŋyéʔwəs sad. *See under:* ʔəsxʷsəŋéʔwən̓

spáʔəc spread. *See under:* ʔəspáʔpc

spák̓ʷəŋ smoke. *See under:* spk̓ʷəŋ

spaʔpáču? ⟦s-paʔ+√paču? s-dim+√basket⟧ ☞ spčúʔ small, water-tight basket. (MJT)

spaʔpáytə ⟦s-paʔ+√paytə s-dim+√spider⟧ ☞ spáytə small spider. (TC)

spáʔxʷəŋ ⟦s-√paʔxʷ-ŋ s-√fog-mdl⟧ mist, light fog; to be foggy. (LBH; EPT; LC; AS,BC; ES; TC; TC,AS,BC; AS) {**spáʔxʷəŋ** tiə skʷáči. *It's foggy today.* (TC,AS,BC) | čłət tə **spáʔxʷəŋ**. *The fog is thick.* (LC) | ʔuʔmán ʔuʔ hə́m kʷiə **spáʔxʷəŋ**. *This fog is very thick.* (AS) | ʔəshá?mə̓ł cə **spáʔxʷəŋ**. *The fog comes right down to the ground.* (MJT) | ʔiʔ níł suʔqʷánəss či **spáʔxʷəŋ**. *And then they summoned the fog.* (MJ) | ʔiʔ níł suʔənʔás tə **spáʔxʷəŋ**. *And then the fog came.* (MJ)} nickname of the mother of Moses Rob, an old man who lived in the Marine Drive village near čixʷícən before all the Indians were removed from the area during World War II. This was also the name of Louis John's mother, the mother-in-law of MJ. (AS,BC; MJT)   VAR: páʔxʷəŋ (AS,BC)

spaʔyaʔpáču? ⟦s-p<aʔy>aʔ+√paču? s-dim<pl>+√basket⟧ ☞ spaʔpáču? several small, water-tight baskets. (MJT)

spayək̓ʷəŋáw̓tx̣ʷ ⟦s-p<aʔy>k̓ʷ-ŋ=aw̓txʷ s-√smoke<pl>-mdl=house⟧ ☞ spk̓ʷəŋáw̓txʷ several smokehouses, drying sheds. (MJT)

spáʔyən ⟦s-√pa<ʔyə>n s-√spoon<pl>⟧ [/u/ → /a/ in plural] ☞ spún several spoons. (ES)   VAR: spə́yən (AS,BC)   VAR: spəyún (AS,BC)

spaʔyúsəŋ ⟦s-√p<aʔy>us-ŋ s-√furuncle<pl>-mdl⟧ ☞ spúsəŋ several boils, abscesses. (EPT)

spaʔyúxʷən sails. *See under:* ʔəspaʔyúxʷən

spápaʔxʷəŋ ⟦s-pá+√paʔxʷ-ŋ s-rslt+√fog-mdl⟧ ☞ pápaʔxʷəŋ fogginess, fog. {níł yəxʷ suʔtáčis cə **spápaʔxʷəŋ**. *Then, I guess, the fogginess got there.* (MJ)}

spáq̓əŋ ⟦s-√paq̓-ŋ s-√bloom-mdl⟧ flower, blossom. (TC) {ʔiʔšáʔwiʔ cə **spáq̓əŋ**. *The flower is growing.* (TC)}

spáyaʔxʷəŋ ⟦s-p<ay>aʔxʷ-ŋ s-√fog<pl>-mdl⟧ ☞ spáʔxʷəŋ lots of light fog. (EPT)

spaypsénts ⟦s-√paypsents s-√nickel⟧ a nickel, five cents. [from English 'five cents'] {ʔuʔčəwín̓ či n**spaypsénts**. *I haven't even got five cents.* (AS,BC)}

spáytə ⟦s-√paytə s-√spider⟧ spider. (TC) [from English 'spider']

spcákʷən ⟦s-√pac=akʷ=ən s-√spread_out=ground=instr⟧ ☞ páct tarp, anything spread on the floor or ground. (AS,BC; AS)   VAR: spcácən (AS)

spčúʔ ⟦s-√pačuʔ s-√basket⟧ berry basket, water-tight, water-proof cooking basket. (MJT; ES; AS,BC) {nsuʔčáčt cə **spčúʔ**. *I'm making a basket.* (MJ) | čx̣ə́t cn či nəscúł **spčúʔ**. *I ripped my basket wood.* (MJ) | txʷcán ʔay̓ **spčúʔ**. *Whose basket is it?* (MJT) | nsuʔƛ̓kʷə́t cə **spčúʔ**. *So I took a basket.* (MJ) | čə́q cə **spčúʔ** kʷaʔ čáčtən. *It's a big basket that I'll make.* (MJ) | nuʔás ʔaʔ tə ʔən̓**spčúʔ** tsə n̓sčayíqʷł. *Put the fruit into your basket.* (MJ) {p̓x̣ʷíyəčəŋ ixʷ cə nə**spčúʔ** ʔiʔ ŋə́n̓ sčəyíqʷł cə nskʷánəŋ. *My basket must have been overflowing, and I lost a lot of berries.* (MJT)}   VAR: spəčúʔ (EPT)

spəčúʔ water-tight basket. *See under:* spčúʔ

spək̓ʷəŋáw̓txʷ smokehouse. *See under:* spk̓ʷəŋáw̓txʷ

spə́łxən ⟦s-√pəłxn s-√field⟧
1. open area, field, meadow, plain. (LB,CWH; EPT; ICT; LC) {ʔuʔmán ʔuʔ mə́kʷ tə **spə́łxən**. *The field is very lumpy.* (AS) | hiyáʔ caʔn ʔúxʷ ʔaʔ kʷə **spə́łxən**. *I'm going to go over to the meadow.* (AS) | ʔuʔsx̌ášł kʷi kʷə **spə́łxən**. *The field is plowed.* (AS)]
2. sidehill, bluff, headland, high point. (AS,BC)
3. Sequim area. (EWH; EPT)
4. area west of Mats Mats. (CWH)
5. Chemakum Prairie, area between Irondale and Port Ludlow. (H)

spə́xʷ ⟦s-√pəxʷ s-√tripe⟧
1. tripe, cow's stomach. (EPT; ES; AS)
2. yeast bread, raised bread, a loaf of bread. ⟪So called because it puffs up like tripe.⟫ (MJT; AB,ICT; ES; TC)

spə́xʷəŋ ⟦s-√pəxʷ-ŋ s-√tripe-mdl⟧ ☞ spə́xʷ
1. insides (fish or person). ⟪MJ uncertain about this form⟫ (MJT)
2. smoke. (AS)

spə́yən spoons. *See under:* spáʔyən

spə́yəq̓ʷ ⟦s-√pəyq̓ʷ s-√powder⟧ ☞ pə́yəq̓ʷəŋ powder, flour, dust. (ES) {xʷsíct cn ʔaʔ cə **spə́yəq̓ʷ**. *I shook the dust off myself.* (AS)}

spə́yəq̓ʷəŋ ⟦s-√pəyq̓ʷ-ŋ s-√dust-mdl⟧ ☞ pə́yəq̓ʷəŋ dust, sawdust, powder. (LB,CWH; ES; AS,BC)

spəyúxʷən sails. *See under:* ʔəspaʔyúxʷən

spə́yq̓ʷ powdered. *See under:* ʔəspə́yq̓ʷ

spəyq̓ʷúsəŋ ⟦s-√pəyq̓ʷ=us-ŋ s-√powder=face-mdl⟧ ☞ piq̓ʷúsəŋ face powder. (AS)

spəyún spoons. *See under:* spáʔyən

spiʔpáčuʔ baskets. *See under:* spipáčuʔ

spiʔyəq̓ʷúsən ⟦s-√pə<ʔ>yq̓ʷ=us=ən s-√powder<actl>=face=instr⟧ ☞ spə́yəq̓ʷ face

spipə́ču? powder. (MJT) VAR: sxʷpiq̓ʷúsən {*sxʷpiq̓ʷúsən ʔaʔ sk̓ʷaʔk̓ʷátuʔ*. puffball mushroom ("Crow's face powder") (MJT)}

spipə́ču? ⟦s-py + √pəču? s-pl + √basket⟧ ☞ spčú? several water-tight baskets. (EPT; MJT) {*ič̓náxʷ st cə spipə́čuʔɬ*. We filled our baskets. (MJ)} VAR: spiʔpə́ču? (MJT)

spipk̓ʷə́ŋ ⟦s-py + √pk̓ʷ-ŋ s-pl + √smoke-mdl⟧ ☞ spk̓ʷə́ŋ lots of smoke. (TC)

spíq̓ʷi ⟦s-√piq̓ʷ-iy s-√fed_up-dev⟧ [root not identified in other words] to be fed up, disgusted, sick and tired (of something). {*nspíq̓ʷi*. I'm fed up. (AS,BC) | *ʔuʔɬə́ŋ st ʔuʔ spíq̓ʷi*. We're completely sick of it. (AS)}

spk̓ʷə́ŋ ⟦s-√pk̓ʷ-ŋ s-√smoke-mdl⟧ ☞ pk̓ʷə́ŋ smoke (from a fire). (JCo; LC; ES; TC) {*ŋə́ń kʷsə spk̓ʷə́ŋ* There is a lot of smoke. (EPT) | *k̓ʷənít cn cə spk̓ʷəŋ*. I can see the smoke. (MJT)} VAR: spáʔk̓ʷəŋ {*ɬtə́x̣ʷtəŋ cə spáʔk̓ʷəŋ ʔaʔ cə məšín*. The smoke was sucked up by the machine (when welding). ⟪AS was a welder in the Seattle shipyards during World War II.⟫ (AS)} ⟦s-√p<əʔ>k̓ʷəŋ s-√smoke<actl>⟧

spk̓ʷəŋáw̓txʷ ⟦s-√pk̓ʷ-ŋ = aw̓tx s-√smoke-mdl = house⟧ ☞ spk̓ʷə́ŋ smokehouse, drying shed, building used for smoking and drying meat. (MJT; ES; TC) ⟪Note that this is not the word for the 'smokehouse' of the winter spirit dance.⟫ cp. kʷənəsáw̓txʷ VAR: spk̓ʷuŋáw̓txʷ {*čəqʷ ixʷ cə spk̓ʷəŋáw̓txʷ ʔiʔ ʔáwə c tsnə́sən cə ʔáʔyəŋ*. The smokehouse must have burned, but it didn't get to the house. (MJT)} VAR: spk̓ʷŋáw̓txʷ (ES) VAR: spək̓ʷəŋáw̓txʷ (AS)

spqə́ʔqʷ ⟦s-√pəq̓ = iʔqʷ s-√white = head⟧ ☞ pə́q̓ gray hair. (TC)

spú? ⟦s-√puʔ s-√defecate⟧ ☞ púʔ a piece of feces, excrement. (AS,BC)

spuʔyáləp ⟦s-√puʔyáləp s-√Puyallup⟧ Puyallup area, reservation, tribe, and people. (ES) VAR: puyáləp (LB,CWH) {*ʔiʔ kʷiʔə puyáləp ʔiʔ x̌áy ʔuʔ taʔčaʔx̣ʷéʔəyuʔ cə tayápš snás*. And the Puyallup, they were bothered by what they call tayápš. (ES) | *ʔiʔ sqə́kʷs cə puyáləp ʔəɬ ʔuʔtaʔčaʔx̣ʷéʔəyuʔs canu č̓iyá ʔaʔ cə sxaʔɛʔk̓ʷuyéʔč ʔəcɬtáynx̣ʷ*. And the Puyallup people were tired of being bothered by those people from the mountains. (ES)}

spuʔyáləpámš ⟦s-√puʔyáləp = aməš s-√Puyallup = type⟧ ☞ spuʔyáləp Puyallup tribe. (LBH) VAR: spuyələphámš (LBH; LB,CWH) VAR: spuyáləpháʔəwŋəxʷ (LBH)

spún ⟦s-√pun s-√spoon⟧ any spoon. (ES; AS,BC) [from English 'spoon']

spúsəŋ ⟦s-√pus-ŋ s-√furuncle-mdl⟧ [root not identified in other words] boil, abscess, furuncle, carbuncle. (EPT; TC; AS,BC) ✱This is what you get if you eat acorn barnacles. (BC,TC) {*ŋə́w̓ət kʷsə nspúsəŋ*. Open your boil. (EPT) | *čšə́p cə spúsəŋ*. The boil went down. (AS,BC) | *nəxʷsúytəŋ cə spúsəŋ*. The boil swelled up. (AS) | *xʷsúʔitəŋ kʷsə nspúsəŋ*. My boil it getting swollen. (AS)}

spuyáləpháʔəwŋəxʷ Puyallup. See under: spuʔyáləpámš

spuyələphámš Puyallup. See under: spuʔyáləpámš

spxʷə́yu ⟦s-√puxʷ-əyu s-√blow-activ⟧ ☞ pxʷə́yu blowing wind. (TC) {*ɬáɬačči spxʷə́yu*. It's a cold wind. (TC) | *ʔiyə́m tə spxʷə́yu*. The wind is strong. (TC)}

spáʔk̓ʷɬ ⟦s-√pa<ʔ>k̓ʷɬ s-√race<actl>⟧ ☞ páʔk̓ʷɬ a race. (EPT)

spáʔk̓ʷɬə́k̓ʷɬ ⟦s-√pa<ʔ>k̓ʷɬ=ak̓ʷɬ s-√race<actl>=conveyance⟧ ☞ spáʔk̓ʷɬ racing canoe, race car, any racing vehicle. (EPT; ES)

spaʔɬéʔq̓ ⟦s-√paʔɬiʔq̓ s-√side_by_side⟧ [root not identified in other words] to be very close to, right up against, side by side. (TC; AS) {*ŋə́ń ʔaʔyəcɬtáyŋxʷ ʔuʔspaʔɬéʔq̓*. There were many people side by side. (AS)} VAR: spɬéʔq̓ (BC)

spáʔwaʔk̓ʷɬ ⟦s-√pa<ʔ>wa<ʔ>k̓ʷɬ s-√race<actl>⟧ [This is glossed as plural, but it has no plural morphology.] ☞ páʔwaʔk̓ʷɬ several races. (EPT)

spaʔyaʔq̓ʷɬə́k̓ʷɬ ⟦s-√pa<aʔ>a<ʔ>k̓ʷɬ=ak̓ʷɬ s-√race<pl><actl>=conveyance⟧ ☞ páʔwaʔk̓ʷ several racing canoes. {*ŋə́ń kʷsə spaʔyaʔq̓ʷɬə́k̓ʷɬ*. There quite a few race canoes. (EPT)}

spaʔyákʷs ⟦s-√p<aʔy>akʷ=us s-√float<pl>=face⟧ ☞ pə́kʷ small floats on a fishing net. (TC) VAR: spayákʷs (AS)

spaʔyúqʷs bluffs. See under: sxʷpaʔyúqʷs

spáɬ sober. See under: ʔəspáɬɬ

spáɬucən absent-minded. See under: ʔəspáɬɬucən

spápa ⟦s-√papa s-√excrement⟧ [Stress is0 unmarked in LCT notes. Unkown to other speakers.] bird droppings, children's word for excrement. (EPT)

spáyuqʷs bluffs. See under: sxʷpaʔyúqʷs

spə́č ⟦s-√pəč s-√excrement⟧ poop, excrement. (EPT) ⟪USAGE: child's word⟫ (AS) [probably borrowed from Lushootseed /spə́č/]

spɬéʔq̓ against. See under: spaʔɬéʔq̓

spúʔqʷs bluff. See under: sxʷpúqʷs

spúqʷs bluff. See under: sxʷpúqʷs

spúq̓ʷəŋ ⟦s-√puq̓ʷ-ŋ s-√foam-mdl⟧ ☞ púq̓ʷəŋ to foam, suds up. (EPT; MJT; LC; TC) {*ŋə́ń tə spúq̓ʷəŋ*. There's lots of foam. (AS)}

spúq̓ʷəŋaʔyéʔč ⟦s-√puq̓ʷ-ŋ=ay<ʔ>ə=iʔč s-√foam-mdl=container=hump⟧ ☞ spúq̓ʷəŋ any pot used for boiling. {*nsuʔhiyáʔ yáʔt tə láyəs ʔúxʷtxʷ tə spúq̓ʷəŋaʔyéʔč*. So I went to prepare the rice, taking our boiling pot. (MJ)}

spúq̓ʷəŋayeʔč ⟦s-√puq̓ʷ-ŋ-y=iʔč s-√foam-mdl-ext=hump⟧ ☞ púq̓ʷəŋ frosting for a cake. (MJT)

sqaʔáw̓əɬ outside. See under: ʔəsqaʔáw̓əɬ

sqá?ča? ⟦s-√qə<?>čə? s-√catch<actl>⟧ ☞ sqə́ča? to be catching, harvesting. (TC)

sqá?əŋ ⟦s-√qa?-ŋ s-√defecate-mdl⟧ ☞ qá?əŋ
1. to defecate. (TC) {*sqá?əŋ* ca?n. I'm going to leave a shit. (TC)}
2. feces, excrement. (EPT)

sqá?əs ⟦√sq-a<?ə>s √outside-ptcaus<actl>⟧ ☞ sqás to be putting something outside. (ES) {*sqá?əs* cn. I'm taking it out. (ES) | kʷɬi?*sqá?əs* cn. I'm putting it outside. (MJT)}

sqá?əw̓əɬ ⟦√sq=ə?əw<ʼ>-ɬ √outside=side<actl>-dur⟧ being on the outside. (LB,CWH)

sqá?məɬ ⟦?s-√qə<?>m-ɬ stat-√chop<actl>-dur⟧ ☞ qəmə́yu to be (already) chopped. {*sqá?məɬ* kʷi kʷə scúɬ. The wood is chopped. (AS)}

sqá?ŋət ⟦s-√qa?ŋt s-√south_wind⟧
1. southeast wind, a warm south wind. (ES; LST; TC; AS,BC) ⟪Usage: Some avoid using this word because of its similarity to the word meaning 'defecate'.⟫ cp. sqá?əŋ (TC)
2. southwest wind. (EPT) VAR: sqáṅət (ES)

sqaŋə́ýnəč ⟦s-√qa?-ŋ-əy̓=nač s-√defecate-mdl-ext=tail⟧ ☞ sqá?əŋ to have feces on the bottom of anything. (MJT)

sqa?qáx̣a? ⟦s-qa?+√qax̣ə? s-dim+√dog⟧ [Note that there is no glottal stop after the stressed vowel as there is in most diminutives.] ☞ sqáx̣a?
1. puppy, small dog. (EPT; LC; TC; ES; AS,BC) {ča?né? kʷsə *sqa?qáx̣a?*. The puppy is just born. (ES) | ʔiṅíct cə *sqa?qáx̣a?*. The puppy did it on his own. (AS) | níɬ kʷi nsməkʷnúyɬ tiə *sqa?qáx̣a?*. It's my adopted puppy. (AS) | twəw̓*sqa?qáx̣a?* cə. He's still a puppy yet. (AS) | níɬ suʔkʷənəxʷs tə nəs*qa?qáx̣a?*. Then he saw my little dog. (MJ) | čáyəṅtən ʔa? tə nəs*qa?qáx̣a?* cə xʷəx̣ím. My little dog brought home those drummer fish. (MJT)}
2. hot dog. (MJ) {ʔúŋəstən ʔa? Gypsy ʔa? cə ɬa?ɬíqəṅ *sqa?qáx̣a?* ʔa? t táŋən. Gypsy was given a hot dog in the evening. (MJ)}

sqa?qi?áýŋəxʷ ⟦s-qa?+√qy<?>ay<ʼ>=ŋixʷ s-dim+√tree<dim>=being⟧ ☞ sqiyáýŋxʷ small tree, sapling. (MJT) VAR: sqa?qəyáýŋəxʷ {suʔtə́sɬ ʔa? tə *sqa?qəyáýŋəxʷ*. We got to a small tree. (MJ)}

sqa?qi?úyc ⟦s-qa?+√qy̓uyc s-dim+√toe⟧ [root not identified in other words] any toe but the big toe. (ES; BC) VAR: sqa?qi?úyəc (BC) VAR: sa?qi?úys (AS)

sqa?qmə́ý small dog. See under: sqʷa?qʷəmə́ý

sqa?qtəmús ⟦s-√q<ə?>qi=tm̓=us s-√play<actl>=ball=face⟧ ☞ qa?qtəmús any ball; any ball game. (ES) {ɬə́ɬəŋ cə *sqa?qtəmús*. The ball bounced. (AS) | txʷʔúxʷnəsəŋ ʔa? cə *sqa?qtəmús* qa?x̣qíṅ cə suʔá?wəs ʔiʔ sx̣é?s či sxʷtíṅts. The ball the boys were playing with came toward him, and he wanted to jump for it. (TC)}

sqa?qtəmúsəŋ ⟦s-√q<ə?>qi=tm̓=us-ŋ s-√play<actl>=ball=face-mdl⟧ ☞ qa?qtəmúsəŋ ball game. {čə́l ya? ʔa? kʷi *sqaqtəmúsəŋ*. They lost the ball game. (AS)}

sqa?qʷú?ŋəɬč ⟦s-qʷa?+√qʷuŋ=iɬč s-dim+√alder=plant⟧ ☞ sqʷúŋəɬč small alder tree. (MJT)

sqa?ti?úməš ⟦s-√qa<?>ty=umš s-√crazy<actl>=type⟧ ☞ sqatihúmš to be acting crazy. (LC)

sqa?wíyəŋ ⟦√sq=ə?əw-iy-ŋ √outside=side-dev-mdl⟧ ☞ sə́q to go on the outside. (TC) VAR: sqa?wíyŋ {*sqa?wíyŋ* cə músmus. The cow is going outside (the fence). (AS)} VAR: sqawíyəŋ (TC) {ʔuʔiṅíct s*sqawíyəŋ*s. It went outside by itself. (ES)}

sqa?x̣qíŋ ⟦s-√q<?>qi-ŋ s-√play<actl>-mdl⟧ ☞ qa?x̣qíŋ a mocking, playing, making fun of. (ES) {*sqa?x̣qíŋ* ʔa? ti nəsuʔyəščənúŋət sqiʔám či nəsqa?x̣qíŋ. They made fun because I was poor and unable to play. (TC)}

sqa?ya?qáx̣a? ⟦s-q<a?y>a?+√qax̣ə? s-dim<pl>+√dog⟧ ☞ sqa?qáx̣a? a group of puppies or small dogs. (EPT; ES) {níɬ suʔné?s tə *sqa?ya?qáx̣a?* ʔiʔ ɬúyəŋ ʔa? tə ʔiyáýəŋs. Then the puppies were born and were abandoned by their parent. (MJ) | ʔáwə c *sqa?ya?qáx̣a?*. They were not puppies. (MJ)} VAR: sqəya?qáx̣a? (LC; TC; AS,BC) {twawq̓aʔáṅiʔ cə ʔəcɬtáynxʷ ʔiʔ čŋə́na? ʔa? cəsə ŋa?ŋəsáʔyə *sqəya?qáx̣a?*. A person was still a young girl, and she gave birth to four little puppies. (MJ)}

sqa?ya?qiyáýŋəxʷ ⟦s-q<a?y>a?+√qyay<ʼ>=ŋixʷ s-dim<pl>+√tree=being<dim>⟧ ☞ sqa?qi?áýŋəxʷ a group of small trees, saplings. {ʔiyá ʔa? cə *sqa?ya?qiyáýŋəxʷ*. She was there in the little trees. (ES) | suʔhiyáʼʔs qtaʔáwəɬ ʔa? cə *sqa?ya?qiyáýŋəxʷ*. So he went around the little trees. (ES) | ccéʔiŋ ʔiʔ ʔiyá ʔa? tə scáʔča? *sqa?ya?qiyáýŋəxʷ*. He was climbing, and there at the top were some small trees. (ES)} VAR: sqa?ya?qiyáýŋəxʷ {ʔiyá ʔa? tə *sqa?ya?qiyáýŋəxʷ*. It was there in the small trees. (MJ) | cúṅ st ʔiʔ štə́·ŋ ʔiʔ tə́kʷt st tə *sqa?ya?qiyáýŋəxʷ*. We went inland and walked, and we were breaking the saplings. (MJ)} VAR: sqəya?qi?áýŋəxʷ (MJT)

sqa?yáx̣a? ⟦s-√q<a?y>ax̣a? s-√dog<pl>⟧ ☞ sqáx̣a? a group of dogs. (EPT) {čə́ý̓q *sqa?yáx̣a?*. They're big dogs. (TC) | táči kʷaʔčaʔɬ cə *sqa?yáx̣a?*. The dogs got here. (TC) | kʷə́nnəxʷ u cxʷ cə ʔuʔx̣ə́ṅə *sqa?yáx̣a?*? Did you see all those dogs? (TC) | paʔyíšpš ʔiʔ ti *sqa?yáx̣a?*. There were lots of cats and lots of dogs. (TC) | x̣čṅín ʔa? či *sqa?yáx̣a?* cə ʔiyá ʔa? cə sṅiyánt. He thought there were dogs on the rocks. (TC)} VAR: sqəyáx̣a? (AS,BC) VAR: sqa?yáx̣a (LST)

sqa?yéʔč ⟦√sq-a?y=iʔč √outside-ext=hump⟧ ☞ sə́q
1. the outside beach of a point of land or any rise in the land. (TC; AS)
2. the coast. (LB,CWH)

sqáčət ⟦s-√qačət s-√?⟧ Skagit area, Coupeville tribe. (LBH) cp. nəxʷyə́š

sqákʷɬ tired out. *See under:* ʔsqákʷɬ

sqáləsən ⟦s-√qálsn s-√wild_person⟧ a type of wild person that is small with black face paint and great power. (TC)

sqán̓ ⟦s-√qan̓ s-√steal⟧ [subjective genitive stem] ☞ qán̓ to steal, be stolen, be kidnapped. (LC; MJT; TC; ES) {nəs**qán̓**. *I stole it.* (TC; ES) | **sqán̓** kʷi nətálə. *Someone stole my money.* (ES) | **sqán̓** caʔ cxʷ. *You'll be kidnapped.* (MJ) | **sqán̓** ixʷ kʷaʔ. *Somebody must have stolen it.* (MJT) | **sqán̓**s č tiə tálə. *He apparently stole the money.* (LC) | **sqán̓** kʷɬəs nəsɬániʔ. *Someone stole my wife.* (ES) | nəs**qán̓** caʔ cxʷ. *I'm going to steal you.* (ES) | **sqán̓**s kʷɬəsə nəʔuʔúʔtxs. *He stole my canoe.* (MJT) | ʔəɬčáx ʔaʔ cə tálə **sqán̓**. *Half the money was stolen.* (MJ) | **sqán̓** yəxʷ kʷɬaʔ kʷɬi nəsčaʔčaʔkʷaʔyúɬ yaʔ. *Must be my canoe has been stolen.* (MJT) | **sqán̓** ixʷ kʷə kʷi nəpie yaʔ ʔiʔ kʷi nəsáʔkʷq. *Somebody must have stolen my pie and my carrots.* (MJT)} VAR: qán (LC) {ʔənʔá ʔiʔ **sqán̓**s ti ʔncqʷéʔqʷ sƛ̓ayéʔƛ̓qɬ. *They come and steal the red-headed children.* (ES)}

sqáŋ ⟦√sq-as-ŋ √outside-ptcaus-psv⟧ ☞ sqás to be put, taken, brought outside. {**sqáŋ** u cn? *Did they take me out?* (ES) | **sqáŋ** cn. *He took me out. / They put me outside.* (TC; BC) | xʷk̓ʷátəŋ cn **sqáŋ**. *They pulled me out.* (ES)} VAR: sqásəŋ {ʔuʔx̌ə́nəstaŋ kʷ **sqásəŋ** ʔiʔ ʔáwənə k̓ʷáɬən. *Everything was taken out, and there was no rat.* (MJ)}

sqáŋ̓ət south wind. *See under:* sqáʔŋət

sqás ⟦√sq-as √outside-ptcaus⟧ ☞ sə́q to put, take, bring something outside. (ES; TC; BC; AS,BC) {**sqás** cn. *I took it out. / I put it out.* (ES; BC) | **sqás** u cxʷ? *Did you take it out?* (ES) | **sqás** či. *Take it outside.* (MJTA; ES) | **sqás** či cə sqáx̌aʔ. *Put the dog out.* (BC) | **sqás** u caʔ cxʷ? *Are you going to take it out?* (HS) | xʷk̓ʷústs **sqás**. *They dragged them out.* (ES)} VAR: sqə́s {**sqə́s** cn ti ʔuʔx̌ə́nəstaŋ. *I took out everything.* (MJ)} VAR: sqást (AS) {**sqást** cn kʷaʔ kʷə nməhúy̓. *I put my basket outside.* (MJT) | **sqást**s cə ʔəɬčáx ʔaʔ cə tálə. *He took out half the money.* (MJ)}

sqásəŋ be put outside. *See under:* sqáŋ

sqásɬ in the water. *See under:* ʔəsqásɬ

sqástəŋ ⟦√sq-as-t-ŋ √outside-ptcaus-trns-psv⟧ [There is apparently a slight meaning difference between this and /sqáŋ/, but it is not clear.] *cp.* sqáŋ ☞ sqás to be put, taken, brought outside. (AS) {**sqə́stəŋ** cn. *They took me out.* (ES; AS)}

sqáti ⟦s-√qaty s-√foolish⟧ to act crazy, silly, foolish, clownish. (LC; ES; AS,BC; AS) {**sqáti** cn. *I'm crazy.* (LC) | qaʔyáxct ʔaʔ ti **sqáti**s. *He's pretending to be crazy.* (LC) | mán̓ yaʔ cn ʔuʔ **sqáti** sx̌áxʷk̓ʷ. *I was very crazy drunk.* (TC)}

sqatihə́ynč ⟦√sqaty-əy=nač √foolish-ext=tail⟧ ☞ sqáti someone who is foolish, crazy. (AS,BC)

sqatihúmš ⟦s-√qaty=umš s-√crazy=type⟧ ☞ sqáti to act, look or seem crazy, silly, mentally unbalanced. (AS,BC) {táči kʷɬə sɬaniʔs **sqatihúmš**. *The woman who acts silly got here.* (AS) | ʔuʔčəyáy ʔiʔ **sqatihúmš** kʷɬə sɬánis. *His wife is not all there.* (AS)}

sqáwc ⟦s-√qawc s-√potato⟧ potato, arrowhead root, wapato. (NS,JW; TC; TC,AS,BC) {čánət cn cə **sqáwc**. *I planted potatoes.* (ES) | nuʔás cə **sqáwc** ʔaʔ cə lisák. *Put the potatoes in the sack.* (TC) | qəmát cn ʔaʔ či **sqáwc**. *I asked him for potatoes.* (AS) | níɬ kʷi skʷáʔs **sqáwc**. *These are her potatoes.* (ICT) | čán kʷi kʷə **sqáwc**. *The potatoes got buried (accidentally).* (AS) | huʔáčtəŋ či sxʷnánəčs cə **sqáwc**. *They raised the price on potatoes.* (ES) | yaʔn̓ict cn ʔaʔ ti nəsčə́nt kʷi **sqáwc**. *I helped myself by planting potatoes.* (AS,BC) | ʔuʔɬə́ytəŋ tiə ʔaycɬáyŋxʷ ʔaʔ tə **sqáwc**. *They gave the people potatoes.* (AS)} VAR: sqáwəc (LBH; NS,JW; EPT; MJT; TC; HS; TC,AS,BC) {čáné?ŋəɬ cn ʔaʔ cə **sqáwəc**. *I'm planting potatoes.* (ES) | txʷcán ʔay̓ tiʔə **sqáwəc**? *Whose potato is this?* (NS,JW) | ʔúxʷ či qʷə́y̓əs ʔaʔ či **sqáwəc**. *Go boil the potatoes.* (EPT) | č**sqáwc** u cxʷ? *Do you have a potato?* (NS,JW) | nuʔ**sqáwəc**; ʔuʔčaʔqə́yəŋ, ʔáwənə q̓ʷə́yən̓. *He's like a potato; he's all eyes and no ears.* (TC)}

sqawíyəŋ go on the outside. *See under:* sqaʔwíyəŋ

sqáx̌aʔ ⟦s-√qax̌aʔ s-√dog⟧ *cp.* sqʷəmə́y̓ dog. *Canis lupus familiaris.* ⟪This is the usual word.⟫ (LBH; JCo; MV; EPT; RS; TC; AS,BC; ES; WB,AS,BC) Stem: qáx̌aʔ {ʔuʔč**qáx̌aʔ** cn. *I have a dog.* (ES) | ʔuʔ**sqáx̌aʔ**. *It's just a dog.* (TC) | ŋə́syuʔ cə n**sqáx̌aʔ**. *Your dog is barking.* (ES) | šášaʔš cə nə**sqáx̌aʔ**. *My dog is thirsty.* (ES) | čɬ**sqáx̌aʔ** cn. *I got attacked by a dog.* (ES) | maʔkʷə́ɬnəs cə **sqáx̌aʔ**. *He hurt the dog.* (TC) | maʔkʷə́ɬnəs cə **sqáx̌aʔ** cə swə́y̓qaʔ. *The dog hurt the man.* (TC) | maʔkʷə́ɬnəs cə swə́y̓qaʔ cə **sqáx̌aʔ**. *The man hurt the dog.* (TC) | čɬ**sqáx̌aʔ** cŋ̓ə́tən cn. *The dog attacked me. It bit me.* (TC) | ɬúyəŋ cn ʔaʔ cə nə**sqáx̌aʔ**. *My dog left me.* (TC) | txʷəsuʔšə́wis ʔiʔ kʷɬən**sqáx̌aʔ**. *It grew and turned into a dog.* (AA) | níɬ kʷaʔ suʔták̓ʷis ʔiʔ ʔúyɬ ʔaʔ cə **sqáx̌aʔ** šəwiɬ níɬ yaʔ ɬqíts. *Then he went across aboard the dog that had grown that was his clothes.* (AA)} VAR: qáx̌aʔ (LBH)

sqax̌aʔáwtxʷ ⟦s-√qax̌aʔ=awtxʷ s-√dog=house⟧ ☞ sqáx̌aʔ dog house. (TC)

sqax̌aʔáyəqən ⟦s-√qax̌aʔ=ayqən s-√dog=fur⟧ ☞ sqáx̌aʔ dog's wool. (MJT) VAR: sqax̌aʔháyəqən (MJT)

sqáx̌aʔct ⟦s-√qax̌aʔ-cut s-√dog-rflxv⟧ ☞ sqáx̌aʔ to turn into a dog. (MJT) {ʔuʔɬə́ŋ cxʷ ʔuʔ **sqáx̌aʔct**. *You're really turning into a dog.* ⟪an insult⟫ (AS)}

sqáx̌aʔ ƛ̓čás ⟦s-√qax̌aʔ √ƛ̓čás s-√dog-√island⟧ ☞ sqáx̌aʔ ☞ ƛ̓čás Guemes Island. (MJT) {čʔəcɬtiŋxʷáwtxʷ ʔiyá kʷə nəsíyaʔ ʔiyá ʔaʔ **sqáx̌aʔ ƛ̓čás**. *My grandfather had a longhouse there on Guemes Island.* (MJ)}

sqaxa?úməš ⟦s-√qaxa?=umš s-√dog=type⟧ ☞ sqáxa? to be like a dog, look like a dog. {*sqaxa?úməš* cxʷ. You're like a dog. (TC)}

sqáyəx ⟦s-√qayx s-√digging_stick⟧ [no special plural form] digging-stick, a sharp stick used to dig clams and roots. (EPT; MJT)

sqčáy jug. See under: sxʷqʷəčáy

sqé?əq in jail. See under: ?əsqé?əq

sqé?məq̓ ⟦s-√qi?məq̓ s-√octopus⟧ octopus, devilfish. (TC) ⟪USAGE: used only in Becher Bay Klallam⟫ cp. stíxʷa?č

sqé?qi mean. See under: ?əsqé?qi

sqé?qs ⟦s-√qi?qs s-√snipe⟧ snipe, possibly killdeer. *Gallinago sp.; possibly Charadrius vociferus.* (ES; AS,BC; AS)

sqé?yəŋ ⟦√sq-i<?>y-ŋ<ʔ> √outside-dev<actl>-mdl<actl>⟧ ☞ sqíyəŋ
1. to be going outside. {kʷɬi?*sqé?yəŋ̓* cn. I'm going out. (MJT) | ča?i?*sqé?yəŋ̓*. He's just now going outside. (MJT)}
2. to use a toilet. {níɬ ixʷ ?uʔčúkʷs cə stiɬəc čáw̓i ?aʔ či sxʷ?iyás ?əɬ *sqé?yəŋ̓*s. I guess he used a broken dish for where he went. (MJ)}

sqé?yəxʷ ⟦s-√qi?yəxʷ s-√tied⟧ seat belt. (AS,BC) VAR: sqé?əxʷ (AS) ☞ qé?əxʷ

sqéyŋ go outside. See under: sqíyəŋ

sqə́ča? ⟦s-√qəča? s-√catch⟧ [subjective genitive stem]
1. a catch, harvest. (TC; ES; AS,BC) {nə*sqə́ča*. my catch (MJT) | ɬíxʷ cə nə*sqə́ča?*. I caught three. (TC) | stáŋ ca? ?ay̓ či n*sqə́ča?*? What did you get? (NS,JW) | ŋə́n̓ u či n*sqə́ča?*? Did you get a lot? (NS,JW) | ŋə́n̓ nə*sqə́ča?*. I got lots. (TC) | qan̓ítəŋ ?a? cə *sqə́ča?*s. He was robbed of his catch. (TC) | suʔtxʷaʔúyɬs cə *sqə́ča?*ɬ. So our catch got on board. (TC) | níɬ suʔxʷk̓ʷústs cə *sqə́ča?*s. Then he dragged his catch. (ES) | cúŋ kʷa? hiyá? ?úx̣ʷnəs cə *sqə́ča?*s. He'd go up into the bush to get his catch. (TC) | č*sqə́ča?* cn ?a? tə stə́yəxʷəŋ. I got some pheasant. (MJT) | či?áyu či sɬú?ŋət *sqə́ča?*s. They caught a lot of herring. (MJT) | hiyá? ya? cn ƛ̓ácu ?i? ?áwənə nə*sqə́ča?*. I went fishing, and I didn't get any. (TC) | nə́ču?, čə́sa? ti *sqə́ča?*s ?i? ɬk̓ʷísts. He'd get one or two, and he'd take them home. (TC)}
2. to be caught. {*sqə́ča?* cn. Something caught me. (TC) | nə*sqə́ča?*. I caught it. (ES) | nə*sqə́ča?* cxʷ. I caught you. (TC) | ŋə́n̓txʷ či n*sqə́ča?*! Catch lots! (TC) | kʷɬŋə́n̓ nə*sqə́ča?*. I already caught lots. (TC) | nə*sqə́ča?* cə húpt. I caught a deer. (ES) | nə*sqə́ča?* cə sčánnəxʷ. I caught a salmon. (ES) | ?uʔəsqi?ám̓ tiə nə*sqə́ča?*. My catch is bad. (TC) | twəw̓ƛ̓aʔƛ̓úx̣aʔ ixʷ ya? cə stáčən ?i?*sqə́ča?*s kʷi nəcáčč. The wolf must have been still small that my uncle caught. (MJ)} VAR: sqə́čə (MJT) {čə́sa? kʷi nə*sqə́ča*. I caught two. (EPT) | ?u?nə́ču? kʷsə nə*sqə́ča*. I caught one fish. (MJT)}

sqə́čət ⟦s-√qə́čət s-√Skagit⟧ Skagit tribe. (LB,EWH)

sqəlé? ⟦s-√qli? s-√witch⟧ a monstrous, old woman witch who steals children and puts them in her basket. ⟪This word for the witch was used by Joe Hillaire.⟫ (MJT) cp. slapú? [possibly from Lummi]

sqə́mu? ⟦s-√qəmu? s-√nurse⟧
1. breast, nipple. (LBH; EPT; LC; AS,BC; ES; TC)
2. milk. (EPT; LC; AS,BC; ES; TC) {sxʷ?iyáɬ ya? ti staʔwə́yuɬ ya? *sqə́mu?*s ti músməs ?i? ti saplín ?i? ti šúkʷa?, tíy, ?uʔx̣ə́n̓əstaŋ. We were there to buy milk, bread, sugar, tea, everything. (TC)} Tatoosh Island. (EWH)
3. the milky way. (EWH)

sqənáŋ ⟦√sq-naxʷ-ŋ √outside-nctrns-psv⟧ ☞ sqənáxʷ to finally, managed to be gotten out. {*sqənáŋ* cn. They finally got me out. (TC) | ?i? ?uʔ*sqənáŋ* cn. And they managed to get me out. (ES) | *sqənáŋ* cn ?a? cə nsqʷáyaʔšən. I was gotten out by my co-workers. (ES) | níɬ nsuʔ*sqənáŋ* ?a? cə sxʷcə́y̓qʷəŋ. Then I was taken out of the hole. (ES)}

sqənáxʷ ⟦√sq-naxʷ √outside-nctrns⟧ ☞ sə́q to manage to get someone out. {*sqənáxʷ* cn. I got him out. (TC)}

sqə́nəxʷ ⟦s-√qənxʷ s-√starvation⟧ ☞ qə́nxʷ to be a glutton, greedy for food, hungry, overeat for anything. (TC; AS,BC) {*sqə́nəxʷ* cn. I ate everything in sight. / I'm piggish. (AS,BC; AS) | *sqə́nəxʷ* u cxʷ? Are you greedy? (AS) | *sqə́nəxʷ* cə sqáxa?. The dog is a glutton. (AS) | *sqə́nəxʷ* cə sqʷmə́y̓. The dog is greedy. (AS) | *sqə́nəxʷ* cn ?a? tiə sqʷáy. I'm hungry for this language. (AS) | ?uʔmán̓ ?u? *sqə́nəxʷ* cə sqáxa?. The dog is very piggish. (AS) | ?u?x̣ən?áɬ ti suʔ*sqə́nəxʷ*s ?a? ti sʔíɬəns. She's always greedy about food. (AS)}

sqə́s put outside. See under: sqás

sqəsa?čáyəɬ ⟦s-√qəsa?č=əyəɬ s-√orphan=child⟧
1. one's niece or nephew after their parent has died. (MJT) cp. skʷənəŋə́čɬ
2. in-law of an in-law. (AS) VAR: sqəsa?čáyɬ (AS)

sqə́w ⟦s-√qəw s-√bread⟧ Indian bread, buckskin bread. ✶This refers to bread baked in sand. Make a big fire and make a pit next to the fire and put clean sand in it. Put the dough in the sand and cover it with more clean sand. The sand brushes right off when it is done. This does not refer to fry-bread, which AS and BC never had until they were adults. (TC,AS,BC; AS)

sqəya?qáxa? puppies. See under: sqa?ya?qáxa?

sqəya?qi?áyəŋəxʷ small trees. See under: sqa?ya?qiyáyŋəxʷ

sqəyáwəc ⟦s-√q<əy>awc s-√potato<pl>⟧ ☞ sqáwc several potatoes. (MJT) {ŋə́n̓ *sqəyáwəc*. It's lots of potatoes. (EPT)} VAR: sqiyáwc {čənčə́nt cn cə *sqiyáwc*. I planted potatoes. (AS)} VAR: sqiyáwəc {čənčə́ntəŋ tiə *sqiyáwəc*. They planted these potatoes. (AS)}

sqəyáyŋəxʷ tree. See under: sqiyáyŋxʷ

sqəyéʔč ⟦√sq-əy=iʔč √outside-ext=hump⟧ outside of any bay, the outside of a point of land. (LB,EWH; LBH)

sqəyéʔmt being unable. *See under:* ʔəsqiʔéʔmət

sqəyəŋács ⟦s-√qəyəŋ=acis s-√eye=hand⟧ ☞ qə́yəŋ the hollow of the palm of the hand. (MJT)

sqə́yəp ⟦s-√qəyp s-√red_paint_power⟧ red paint spirit power. (TC)

sqəyáyŋxʷ tree. *See under:* sqiyáyŋxʷ

sqəyíkʷs ⟦s-√qy=iws s-√weak=body⟧ [several words in Klallam indicating notions like 'weak', 'spoiled', 'bad', 'uncontrolled' have a root √qy.] left side; to be left-handed. (EPT; AS,BC; ES) VAR: sqiyíkʷs (ES)

sqəysaʔčə́yəɬ ⟦s-√qə<y>saʔč=əyəɬ s-√orphan<pl>=child⟧ ☞ sqəsaʔčə́yəɬ several nieces or nephews after their parent has died. (MJT)

sqəyáxaʔ dogs. *See under:* sqaʔyáxaʔ

sqəyáyəŋəxʷ tree. *See under:* sqiyáyŋxʷ

sqəyáyŋəxʷ tree. *See under:* sqiyáyŋxʷ

siʔáʔəṁ unable. *See under:* ʔəsqiʔám̓

siʔáʔəṁtxʷ ⟦ʔs-√qyəm-tx s-stat-√weak-letcaus⟧ ☞ ʔəsqiʔám̓ to not like, feel uncomfortable about something or someone. {*siʔáʔəṁtxʷ* cn. *I kind of don't like it.* (TC)}

siʔáʔm unable. *See under:* ʔəsqiʔám̓

siʔáʔmət being unable. *See under:* ʔəsqiʔéʔmət

siʔám̓ unable. *See under:* ʔəsqiʔám̓

siʔáw̓ beaver. *See under:* sq̓iyáw̓

siʔéʔmət being unable. *See under:* ʔəsqiʔéʔmət

siʔéʔm̓ unable. *See under:* ʔəsqiʔám̓

siʔém̓ unable. *See under:* ʔəsqiʔám̓

siʔnúŋət anger. *See under:* sqinúŋət

siʔnúŋət ⟦s-√qəy<ʔ>-nuŋ<ʔ>t s-√angry<actl>-ncmdl<actl>⟧ ☞ qinúŋət to be angry, mad at someone, hate someone. {nəs**qiʔnúŋət**. *I hate him. / I'm mad at him.* (ES) | kʷaʔ ʔáwə c x̣ʷənáŋ či x̣čníns, ʔiʔ húʔ caʔ cxʷ sxʷčiyaʔyéʔwən ʔiʔ *siʔnúŋət* ʔiʔ nəxʷqʷiʔqʷəyéʔwən ʔaʔ či nsʔístxʷ caʔ ʔiʔ ʔuʔcxʷə́t ʔiʔ ʔuʔnə́kʷ caʔ ʔuʔ cə́xʷ ʔaʔ či syáʔts cə sisiyáʔiɬs cə sčiyaʔyéʔwən yaʔ scutáy̓əɬs ʔaʔ ʔuʔ mán̓ ʔuʔ nəxʷsƛ̓iyʔámə́xʷ. *If you are not thinking like that, and if you are resentful and angry and thinking that you'll do something to make someone disappear, it will be you that disappears as what happened to the envious in-laws of that very good provider.* (AA)}

siʔqaʔyáʔyəŋəxʷ trees. *See under:* sqiqəyáyŋəxʷ

siʔqə́y̓cəm̓ ⟦s-qy̓+√qəy̓cm̓ s-actl+√wounded⟧ [may be related to word for 'weak'] *cp.* ʔəsqiʔám̓ to be wounded, crippled, moving clumsily (as a duck or deer that has been shot but not killed), sickly, weakened. (ES)

sqinúŋət ⟦s-√qəy-nuŋt s-√angry-ncmdl⟧ [subjective genitive stem] ☞ qinúŋət to be the object of anger, be disliked. {nəs**qiʔnúŋət** cxʷ. *I'm mad at you.* (ES) | **sqinúŋət** cn ʔaʔ cə nsɬáni. *My wife doesn't like me.* (ES)} VAR: sqiʔnúŋət {*sqiʔnúŋət* cn ʔaʔ cə nsɬáni. *Your wife doesn't like me.* (ES)}

sqiqəyáyŋəxʷ ⟦qy+√qyay=ŋixʷ pl+√tree=being⟧ ☞ sqiyáyŋxʷ trees, forest, woods. (LB,EWH,H; TC) {suʔkʷáčis ƛ̓áy ʔiʔ kʷə́nəs cə *sqiqəyáyŋəxʷ*. *It was day again, and she saw trees.* (MJ) | níɬ suʔcúŋs ʔiʔ tə́s ʔaʔ cə skʷáq̓ɬ ʔaʔ tə *sqiqəyáyŋəxʷ*. *Then they went inland and got to an opening in the trees.* (MJ)} VAR: sqiʔqaʔyáʔyəŋəx (MJT) VAR: sqiʔqaʔyáʔyəŋəx {šə́čts tə *sqiʔqaʔyáʔyəŋəx*. *They were hitting the trees.* (MJT)} VAR: sqiqəyáyŋəxʷ {čə́q *sqiqəyáyŋəxʷ*. *big trees.* (TC,AS,BC) | čə́y̓q *sqiqəyáyŋəxʷ*. *big trees.* (TC,AS,BC) | níɬ suʔštə́ŋɬ hiyáʔ ʔaʔ tə súɬ ʔiʔ kʷə́nəxʷ cn cə *sqiqəyáyŋəxʷ*. *We walked along the road, and I saw the trees.* (MJ) | níɬ č suʔhiyáʔs cúŋ ʔúxʷ ʔaʔ cə *sqiqəyáyŋəxʷ*. *Then they went inland to the trees.* (TC) | níɬ sxʷčʔiyás cə saʔsúɬ ti scúŋs ʔiʔ ʔəsáwəɬ ʔaʔ tə *sqiqəyáyŋəxʷ*. *That's where the trail goes from up and into the trees in the brush.* (ES)} VAR: sqiyəyáyŋəxʷ (TC)

sqiyám̓ unable. *See under:* ʔəsqiʔám̓

sqiyáwc potatoes. *See under:* sqəyáwəc

sqiyáyŋxʷ ⟦s-√qyay=ŋixʷ s-√tree=being⟧ [root not identified in other words] any large tree, log. (LST; AS,BC; ES) {níɬ č suʔčéʔəŋs ʔaʔ cə *sqiyáyŋxʷ*. *Then she climbed up a tree.* (AS) | sxʷq̓taʔyéʔqʷs cə *sqiyáyŋxʷ*. *It's the top of the tree.* (TC) | suʔxičáyss ʔaʔ cə *sqiyáyŋxʷ*. *So it clawed its way up the tree.* (ES) | stə́ŋ yəxʷ yaʔ cə čə́q *sqiyáyŋxʷ*. *A big tree must have fallen.* (ES) | ʔəskʷáʔkʷi kʷsáʔič ʔaʔ cə *sqiyáyŋxʷ*. *He was hiding behind a tree.* (ES) | ʔiʔ ʔaʔáʔmət ʔaʔ cə q̓ʷúʔq̓ʷiʔ *sqiyáyŋxʷ*. *And he was sitting on a dead tree.* (ES) | ʔənʔá stə́ŋ kʷi ʔəsʔáyəxʷ *sqiyáyŋxʷ*. *A tall tree came down.* (ES) | níɬ syáyac ʔaʔ kʷi nščə́tən ʔaʔ tə *sqiyáyŋəxʷ*. *That's what happened when I was hit by a tree.* (ES) | ʔənʔá cíq ʔaʔ ti sq̓tayéʔqʷs cə *sqiyáyŋxʷ* ʔiʔ kʷə́y̓kʷiʔ. *They came and were poked by the tops of the trees and capsized.* (ES)} VAR: sqəyáyŋəxʷ (LB,CWH; MJ) {čúʔəɬ níɬ cə ɬiɬə́qt tiə scúʔčlaʔs *sqəyáyŋəxʷ*. *It's the tree that typically has wide leaves.* (MJ)} VAR: sqiyáyŋəxʷ (MJT; TC) {ɬíc̓t cn cə *sqiyáyŋəxʷ*. *I cut the tree.* (ES) | čqcút cə *sqiyáyŋəxʷ*. *The tree got big.* (AS) | čaʔq̓əyu cn ʔaʔ cə *sqiyáyŋəxʷ*. *I'm felling that tree.* (ES) | qə́yəkʷt cn cə xʷéʔləm ʔaʔ cə *sqiyáyŋəxʷ*. *I wound the rope around the tree.* (ES) | ʔuʔsə́ɬəŋ ʔuʔ qʷáʔqʷi či stxʷnaʔáwəɬ ʔaʔ cə *sqiyáyŋəxʷ*. *They continued talking on the other side of the trees.* (ES)} VAR: sqyáyŋxʷ (EPT; AS,BC) VAR: sqəyáyŋəxʷ (TC; AS,BC) {ʔiʔxʷəy̓q̓ʷ tə *sqəyáyŋəxʷ*. *The tree is drifting.* (EPT)} VAR: sqəyáyŋəxʷ (EPT; MJT; TC; ES; TC) {nsuʔkʷə́nəxʷ ŋə́·n̓ sčəyíqʷɬ ʔiyá ʔaʔ cə ƛ̓číqən *sqəyáyŋəxʷ. I saw many berries in the trees below.* (MJ) | *ʔiʔštəŋ ʔiʔ hiyáʔ ʔúxʷ ʔaʔ cə sqəyáyŋəxʷ ʔəsccáwt. He walked and went over to a tree that was lying down.* (MJ)} VAR: sqəy̓áyŋəxʷ (EPT) VAR: sqiy̓áyŋxʷ (EPT) VAR: sqəy̓áyəŋəxʷ {*twəw̓hiyí tə sqəy̓áyəŋəxʷ. The tree is still alive.* (MJT)}

sqíyəŋ 〚√sq-iy-ŋ √outside-dev-mdl〛 ☞ sə́q
1. to go outside. (MJT; ES; TC) {*sqíyəŋ či. Go outside.* (ES) | *sqíyəŋ ʔúxʷ! Get out!* (MJT) | *ʔúxʷ či sqíyəŋ. Go on out.* (EPT) | *sqíyəŋ cn txə́n̓əŋ ʔaʔ cə súɬ. I'm going out through the door.* (TC)}
2. to go to the outhouse, toilet. {*kʷɬ sqíyəŋ cn I went out. / I went to the toilet.* (MJT)} VAR: sqíyŋ (ES) {*ʔúxʷ či sqíyŋ! Go out! (said to a dog)* (ES) | *sqíyŋ cn ʔəɬsmánəš. I went out to smoke.* (AS) | *suʔsqíyŋs ƛ̓áy ʔiʔ xʷítəŋ. So he went outside again and jumped.* (TC) | *ʔuʔsƛ̓é̓ʔs či ssqíyŋs. She wanted to go out.* (MJ) | *níɬ č̓ suʔsátəŋs sqíyŋəxʷ ʔiʔ xʷítəŋ. Then he was told you go outside and jump.* (TC) | *níɬ č̓ suʔsqíyŋ ʔaʔ stíxʷaʔč. Then Octopus went out.* (TC) | *suʔhúys cə nsʔaʔčšikʷə́təŋ ʔiʔ ɬəyə́mt tə nkapú ʔiʔ hiyáʔ sqíyŋ. So I finished changing and put on my coat and went outside.* (MJ) | *mán ixʷ ʔuʔ ɬaʔɬíq̓əŋ tə ʔáʔinɬ ʔiʔ hiyáʔ kʷɬaʔ sqíyŋ. It must have been too warm in our house, and it went outside.* (MJ)} VAR: sqéyŋ (ES; AS,BC) {*nîɬ nəsuʔƛ̓áy ʔuʔ sqéyŋ. So I went outside, too.* (ES) | *ʔənʔá či sqéyŋ. Come outside.* (ES) | *hiyáʔ či sqéyŋ. Go outside.* (AS,BC) | *ʔúxʷ či sqéyŋ ʔiʔ xʷítəŋ. Go outside and jump.* (TC) | *suʔhiyáʔs kʷə sʔúqʷaʔs sqéyŋ. So his brother went outside.* (ES) | *ʔiʔ nə́ʔcuʔ cə xʷanítəm sƛ̓éʔs či snuʔhiyáʔ sqéyŋ ʔiʔ ʔəɬsmánəš. One of the white men wanted to kind of go outside and smoke.* (ES) | *kʷánəŋət sqéyŋ ʔúxʷ ʔaʔ kʷsə sčaʔkʷaʔyúɬs sqaʔáwəɬ. He ran out to his car outside.* (ES) | *ʔiʔ hiyáʔ txʷʔúxʷ ʔaʔ cə súɬ či sqéyŋs. She went toward the door to the outside.* (ES) | *ʔiʔ ƛ̓kʷə́ts cə kapús ʔiʔ tə sčə́səqʷs ʔiʔ kʷánəŋət sqéyŋ ʔúxʷ ʔaʔ cə sčaʔkʷaʔyúɬs ʔiʔ hiyáʔ túkʷ. He took his coat and his hat and ran outside to his car and went home.* (ES)} VAR: sqéyəŋ (AS,BC)

sqiyəyáyŋxʷ trees. *See under:* sqiqəyáyŋəxʷ

sqiyíkʷs left side. *See under:* sqəyíkʷs

sqiyím 〚s-√qy̓ə<í>m̓ s-√weak<pers>〛 ☞ qiyám̓ to be uncomfortable. {*mán cn kʷaʔčaʔɬ ʔuʔ q̓ʷáʔq̓ʷəxʷct ʔiʔ sqiyím. I was really in pain and uncomfortable.* (ES)}

sqiy̓áʔəm̓ unable. *See under:* ʔəsqiʔám̓

sqmə́y dog. *See under:* sqʷəmə́y̓

sqqəyəŋ́ács 〚s-q+√qəyəŋ=acis s-pl+√eye=hand〛 ☞ sqəyəŋács several palms. (MJT)

sqqíŋ 〚s-√qqi-ŋ s-√play-mdl〛 ☞ qəqíŋ any toy or toys, anything one plays (games) with, athletic equipment. {*ɬáʔyət cə ʔənsqqíŋ. Put away your toys.* (AS,BC) | *ƛ̓kʷnás cə sqqíŋs kʷaʔ ʔuʔstánəs yaʔ čtə sqaʔxqíŋs cawná̓ʔiɬ suʔáwəs. He took whatever it was those boys were playing with.* (TC)}

sqqiṇáw̓txʷ 〚s-√qqi-ŋ=aw̓txʷ s-√play-mdl=house〛 ☞ qəqíŋ recreation center, gym. (TC,AS,BC) [neologism] VAR: qqiṇáw̓txʷ (AS,BC; AS)

sqq̓áw̓txʷ 〚s-√q̓iq̓=aw̓txʷ s-√restrain=house〛 ☞ q̓íq̓ jail, prison. (TC)

sqq̓ə́yu 〚s-√q̓iq̓-əyu s-√restrain-activ〛 [subjective genitive stem] ☞ q̓íq̓ to have someone put in jail. (MJT) {*nəsqq̓ə́yu. I put him in jail.* (MJT)}

sqq̓əyuʔáw̓txʷ 〚s-√q̓iq̓-əyu=aw̓txʷ s-√restrain-activ=house〛 ☞ sqq̓ə́yu jail, prison, police station. (TC)

sqsíkʷs 〚ʔ-s-√qs=iws stat-√dunk=body〛 ☞ qə́s to fall completely into the water. (AS,BC; TC) {*sqsíkʷs kʷi kʷsə píšpš. The cat fell in the water.* (AS)}
2. to drown. (AS,BC; TC)

sqyáyŋxʷ tree. *See under:* sqiyáyŋxʷ

sq̓áʔiƛ̓ 〚s-√q̓aʔyƛ̓ s-√scar〛 scar. (TC)

sq̓aʔiyákʷəŋ knees. *See under:* sq̓iq̓iyákʷəŋ

sq̓áʔməɬ broken off. *See under:* ʔəsq̓áʔməɬ

sq̓aʔq̓xə́yuʔ 〚s-q̓aʔ+√q̓x-əyu s-dim+√clam-activ〛 ☞ sq̓xə́yuʔ small butter clam. (ES)

sq̓áʔwi 〚√səyq̓=əʔəw-iy √circle=side-dev〛 ☞ siq̓áʔwəɬ to go around in a circle. (AS) {*suʔƛ̓kʷə́ts cə č̓əy̓iʔ ʔiʔ híyaʔ ɬ̓eʔɬ̓éʔimstxʷ sq̓áʔwi cə sxʷuʔúŋ šúnuc. He took some bark and went taking them singing circling the crying fire.* (MJ) | *sq̓áʔwi tiə músmus ʔaʔ kʷi sxʷč̓ʔiyás. The cows circled around where they were.* (AS)} VAR: siq̓áʔwi (AS)

sq̓aʔyákʷəŋ knees. *See under:* sq̓iq̓iyákʷəŋ

sq̓aʔyəxə́yuʔ 〚s-√q̓<aʔy>x-əyu s-√clam<pl>-activ〛 ☞ sq̓xə́yuʔ a bunch of butter clams. (EPT; ES) VAR: sq̓aʔixə́yuʔ (EPT; ES)

sq̓aʔyiyákʷəŋ knees. *See under:* sq̓iq̓iyákʷəŋ

sq̓éʔəxʷ 〚s-√q̓i<ʔə>xʷ s-√west_wind<actl>〛 ☞ sq̓íxʷ a west wind or any crosswind as it is blowing. (AS,BC)

sq̓éʔyu food for later. *See under:* sq̓íyuʔ

sq̓éynč skirt. *See under:* sq̓ə́yənč

sq̓ə́či? 〚s-√q̓əč̓y̓ s-√moss〛 moss. (MJT)

sq̓əmə́yu 〚s-√q̓m̓-əyu s-√break_off-activ〛 cp. ɬxəŋɬnát ☞ q̓ə́m̓ Saturday. (MJT; HS; ES,HS) VAR: sq̓əmə́yu (AS,BC) VAR: ʔaʔsq̓əmə́yuʔ (MJT) VAR: q̓əmáyu (MJ)

sq̓ə́pɬ gathering. *See under:* ʔəsq̓ápɬ

sq̓əyákʷəŋ knee. *See under:* sq̓iyákʷəŋ

sq̓əyáxən fence. *See under:* q̓əyáxən

sq̓ə́yənč 〚s-√q̓əy=nač s-√encircle=tail〛 a woman's skirt. {*ƛ̓áqt tə nsq̓ə́yənč. Your skirt is long.* (MJT)} VAR: sq̓íynč (EPT) VAR: sq̓éynəč (MJT) VAR: sq̓éynəč (EPT) VAR: sq̓éynč (AS) {*číct cə sq̓éynč. Turn the skirt inside out.* (AS)}

sq̓ə́yəs 〚s-√q̓iy-us s-√pay-rcpnt〛 ☞ q̓əyús pay, compensation for work. {*nəsq̓ə́yəs caʔ cə maʔmúsmus. The calf will be my pay.* (MJ)}

sq̓əyəsə́tnəł ⟦s-√q̓<əyə>s=əłnł s-√ʔ<pl>=throat⟧ ☞ sq̓sə́tnəł several necklaces. (MJT)

sq̓əyəwáčən ⟦s-√q̓əy=əwač=ən s-√encircle=bottom=instr⟧ ☞ q̓əyəwáčt a diaper (for a baby). (AS)

sq̓ə́yp̓ curled. See under: ʔəsq̓ə́yp̓

sq̓ə́yuʔ food for later. See under: sq̓íyuʔ

sq̓ə́yəŋ camping. See under: ʔəsq̓ə́yəŋ

sq̓əyíŋ camping. See under: ʔəsq̓əyíŋ

sq̓iʔíŋ camping. See under: ʔəsq̓əyíŋ

sq̓iʔpéʔqʷ curly hair. See under: ʔəsq̓iʔpéʔqʷ

sq̓ipéʔqʷ ⟦s-√q̓yp̓=iʔqʷ s-√curl=head⟧ ☞ q̓ipéʔqʷəŋ
1. wave, curl, frizz in the hair. (TC,AS,BC; AS,BCe) {ʔuʔnə́cu cə **sq̓ipéʔqʷ**. There's one curl. (AS)}
2. to have curly hair, be a curly head. {**sq̓ipéʔqʷ** kʷi kʷi swéʔwəs. The boy has curly hair. (AS)}

sq̓iq̓iyákʷəŋ ⟦s-q̓y+√q̓yakʷŋ s-pl+√knee⟧ ☞ sq̓iyákʷəŋ several knees. (EB) VAR: sq̓aʔyákʷəŋ (EPT) ⟦s-√q̓<aʔy>yakʷŋ s-√knee<pl>⟧ VAR: sq̓aʔyiyákʷəŋ (EPT; MJT) VAR: sq̓aʔiyákʷəŋ (EPT) VAR: q̓aʔyəyákʷəŋ (MJT)

sq̓iq̓íyuʔ ⟦s-q̓i+√q̓iyuʔ s-pl+√preserve⟧ ☞ sq̓íyuʔ lots of food put away. (AB,MJT)

sq̓íxʷ ⟦s-√q̓ixʷ s-√west_wind⟧ ☞ q̓íxʷ the west wind or any crosswind. (AS,BC) {**sq̓íxʷ** kʷi kʷə scúŋ. The wind is a crosswind. (AS) | x̣éʔsiʔ tə **sq̓íxʷ**. The crosswind is fierce. (AS)}

sq̓ixʷáməš ⟦s-√q̓ixʷa=məš s-√ʔ=type⟧ Skihwamish, part of the Skykomish river. ⟪Identity is unclear; the gloss comes from Curtis 9.174.⟫ (LB,CWH) VAR: sq̓ʷíxʷaməš (LB,CWH; LBH)

sq̓iyákʷəŋ ⟦s-√q̓yákʷŋ s-√knee⟧ knee, kneecap. (EPT; MJT; TC; AS,BC; ES) {x̣ə́m̓ cə n**sq̓iyákʷəŋ**. You bumped your knee. (ES) | ʔə́mət ʔiyá ʔaʔ tə nə**sq̓iyákʷəŋ**. He sat there on my knee. (MJ) | x̣ʷət cn ʔiʔ ʔúxʷtxʷ ʔaʔ tə nə**sq̓iyákʷəŋ**. I took them and put them on my knee. (MJ) | cítəŋ ʔiʔ ʔə́mət ʔúxʷ ʔaʔ tə n**sq̓iyákʷəŋ**. He stood up and sat on my knee. (MJ) | ʔéʔłən cn ʔiʔ ʔənʔá ʔiʔ ʔə́mət ʔaʔ tə nə**sq̓iyákʷəŋ**. I was eating, and he came and sat on my knee. (MJ)} VAR: sq̓əyákʷəŋ (EPT; MJT; TC) VAR: cq̓iyáqʷəŋ (LBH)

sq̓iyáw̓ ⟦s-√q̓yaw̓ s-√beaver⟧ beaver. Castor canadensis. (TC,AS,BC; AS,BC; AS) cp. stəq̓áyuʔ VAR: sq̓iyáw (AS,BC) VAR: sq̓iʔáw̓ (EWH; AB,ICT)

sq̓íyəct ⟦√siq̓y-cut √heavy-rflxv⟧ [metathesis with reflexive] ☞ síq̓i to get heavy, gain weight, get fat. {**sq̓íyəct** cn. I gained weight. (ES) | **sq̓íyəct** u cxʷ? Are you getting heavy? (ES)}

sq̓íynč skirt. See under: sq̓ə́yənč

sq̓íyuʔ ⟦s-√q̓iyuʔ s-√preserve⟧ ☞ q̓éʔyuʔ any food put away, packaged for later use, winter food supplies, larder. (MJT; ES) VAR: sq̓ə́yuʔ {nə**sq̓ə́yuʔ**. It's the food I put away. (MJT)} VAR: sq̓íyu (ES)

VAR: sq̓éʔyu (AS) {níł kʷi n**sq̓éʔyu**. It's my lunch for later (if someone asked you "What's that bag there?"). (AS) | ʔuʔníł n**sq̓éʔyu** kʷsə sx̣áč. The dried fish is what I put away for later. (AS) | níł kʷi **sq̓éʔyu**s cə sx̣cáʔi. It's hay put away for later. (AS)} VAR: sq̓éyu {níł kʷi n**sq̓éyu** tiə. This is my food for later. (AS)}

sq̓iyuʔáw̓txʷ ⟦s-√q̓iyuʔ=aw̓txʷ s-√preserve=house⟧ ☞ sq̓íyuʔ smoke house, any building for hanging meat to dry. (TC)

sq̓q̓ʷiyyəšáw̓txʷ ⟦s-q̓ʷ+√q̓ʷ<í>yiyš=aw̓txʷ s-pl+√dance<pl>=house⟧ ☞ sq̓ʷəyiyəšáw̓txʷ several dance halls. {ŋə́n̓ **sq̓q̓ʷiyyəšáw̓txʷ**. Lots of dance houses. (EPT)}

sq̓sə́tnəł ⟦s-√q̓s=əłnł s-√ʔ=throat⟧ ☞ q̓snáyətəŋ necklace. (MJT) {čáʔi cn ʔaʔ tə qʷə́yqʷi **sq̓sə́tnəł**. I'm making a bead necklace. (MJT)}

sq̓tayéʔqʷ ⟦s-√q̓t-ay=iʔqʷ s-√edge-ext=head⟧ cp. q̓túcən cp. q̓táqsən cp. q̓táw̓txʷ cp. q̓taʔáw̓əł
1. mountain peak, ridge; pointed top of a tree or snag; top of anything standing. (ES; AS,BC) {**sq̓tayéʔqʷ**s cə sniyánt. They are the peaks of the mountains. (ES) | hiyáʔ číŋi ʔaʔ cə **sq̓tayéʔqʷ**s cə sq̓iyáyŋxʷ It went to the top of that tree. (ES) | čə́saʔ cə ʔiyá ʔaʔ tə **sq̓tayéʔqʷ**s cə sniyánt. There are two peaks there in the mountains. (ES)}
2. crown, top of the head. (ES) VAR: sq̓taʔyéʔqʷ (ES)

sq̓túyəs ⟦s-√q̓t=uyəs s-√around=forehead⟧ ☞ q̓tiʔúsəŋ headband. (LC)

sq̓túyəsən band. See under: q̓túysən

sq̓x̣ə́łən ⟦s-√q̓x̣=əłnł s-√ʔ=throat⟧ [root not identified in other words] scarf, necktie, anything worn around the neck. (ES; AS)

sq̓x̣áyuʔ ⟦s-√q̓x̣-əyu s-√clam-activ⟧ ☞ q̓aʔx̣́əyu
1. butter clam. Saxidomus giganteus. (LB,CWH; EPT; TC; ES; MJ) {ŋə́n̓ cə x̣úx̣aʔ **sq̓x̣áyuʔ**. There are lots of butter clams. (ES) | mán̓ ʔuʔ ʔə́y̓ kʷə **sq̓x̣áyuʔ**. The clams were very good. (EPT) | qʷə́yəs č cə słúp tə **sq̓x̣áyuʔ** Cook the clam chowder. (MJ) | ʔəʔyúłtxʷ cn cə **sq̓x̣áyuʔ** ʔaʔ cə nsnə́xʷł. I loaded the clams onto my canoe. (AS,BC) | qʷə́ys cn ʔaʔ tə **sq̓x̣áyuʔ** nəscáy słúp. I'm boiling clams to make soup. (MJT) | sx̣́éʔs či sʔə́ys či skʷə́nts tsə **sq̓x̣áyuʔ**. She wanted the clams to look nice. (MJ) | ʔúxʷnəss tə **sq̓x̣áyuʔ**s ʔiʔ cúŋts. She went for her clams and carried them inland. (MJ) | níł nsuʔxənʔátəŋ kʷaʔ ʔə́cts či skʷə́nts či **sq̓x̣áyuʔ**. Then I was told that the one watching the clams would be me. (MJ) | níł suʔŋúts tə ncə́t kʷaʔ húyəs ʔaʔ cə **sq̓x̣áyuʔ** ʔət ʔéʔłəns. Then my father ate it when he finished the clams he was eating. (MJ) | níł nsuʔúŋəst ʔaʔ cə sxʷcaʔwáčən ʔiʔ x̣ənáxʷ kʷaʔ łuʔə́ts cə **sq̓x̣áyuʔ**. Then I gave her the chair and told her to shell the clams. (MJ)}
2. any clam, any bivalve mollusk that has to be dug up in tide flats. (HS,ES; AS,BC) {mán̓ cn ʔuʔxʷáʔəm ʔaʔ či **sq̓x̣áyuʔ**. I'm very hungry for clams. (AS)} VAR: sq̓x̣áyuʔ (TC) VAR: sq̓x̣áyu (EPT;

sqʷáʔis

(AS) {ciʔkʷéʔŋət cn cə **sq̓x̌ə́yu**. *I'm gathering clams.* (AS) | ʔúy̓ qɬ yaʔ ʔə́c xʷtə́q nə́w̓ ʔaʔ cə sqʷúʔs ʔaʔ tə **sq̓x̌ə́yu**, ʔiʔ x̌áyq yaʔ cn ʔuʔ súʔskʷ. *If I had fallen into the clam juice, I'd be taking a bath, too.* (MJ)}

sqʷáʔis boiled. *See under:* ʔəsqʷə́ys

sqʷáʔɬiʔ logging. *See under:* ʔəsqʷáʔɬiʔ

sqʷaʔx̌iʔáy ⟦s-√qʷaʔx̌y̓=ayə s-√ʔ=person⟧ a young adult. (MJT)

sqʷaʔx̌iʔáyay ⟦s-√qʷaʔx̌y̓=⟨ay̓⟩ayə s-√ʔ=person⟨pl⟩⟧ [unique plural infixation (or reduplication) pattern] ☞ sqʷaʔx̌iʔáy a group of young adults. (MJT)

sqʷaʔqú?məš ⟦s-√qʷaʔq=u⟨ʔ⟩məš s-√ʔ=type⟨actl⟩⟧ Skykomish River. (H)

sqʷaʔqʷáy̓ sun. *See under:* sqʷqʷə́y̓

sqʷaʔqʷəmə́y̓ ⟦s-qʷaʔ+√qʷməy̓ s-dim+√dog⟧ ☞ sqʷəmə́y̓ small dog, puppy. (BC) VAR: sqaʔqmə́y̓ (AS)

sqʷaʔqʷə́mx̌ʷ ⟦s-qʷaʔ+√qʷəmx̌ʷ s-dim+√thin⟧ ☞ ʔəsqʷə́mx̌ʷ to be very skinny, thin. (TC)

sqʷaʔqʷúʔməš ⟦s-qʷaʔ+√qʷu=uməš s-dim+√water=type⟧ ☞ qʷúʔ Skokomish tribe; Skokomish River and the land occupied by the Skokomish people. (LBH; EPT)

sqʷaʔyaʔqʷúʔŋəɬč ⟦s-qʷ⟨ay⟩aʔ+√qʷuŋ=iɬč s-dim⟨pl⟩+√alder=plant⟧ ☞ sqaʔqʷúʔŋəɬč several small alder trees. (MJT)

sqʷaʔyáməs Pacific cod. *See under:* sx̌ʷə́y̓aʔməs

sqʷáʔyiʔ ⟦s-√qʷaʔyiʔ s-√ʔ⟧ Nisqually area and tribe. (EWH; LB,CWH)

sqʷáɬiʔ logging. *See under:* ʔəsqʷáʔɬiʔ

sqʷáŋət ⟦√saqʷ-ŋ-t √sweet-mdl-trns⟧ [rightward metathesis with transitive] ☞ sáqʷəŋ to sweeten something. (MJT) {kʷɬsqʷáŋət cn. *I already sweetened it.* (MJT)}

sqʷáqʷi ⟦s-qʷá+√qʷy s-actl+√talk⟧ ☞ qʷáqʷiʔ language, word, talk, what someone is saying. {ʔuʔ x̌čít u cxʷ tiə nəsqʷáqʷi, "x̌qtáʔɬ"? *Do you know the word, "tall".* (TC) | q̓áqʷiʔ cn ʔaʔ cə nsqʷáqʷi. *I believe what you are saying.* (ES) | tiə skʷənáŋəɬ ʔaʔ cíc̓ɬsiʔám̓, níɬ kʷaʔčaʔ nəsqʷáqʷi ʔaʔ či ʔuʔ xʷənʔáŋ. *This power of the Lord, that's what I'm talking about.* (BH) | ʔáw c ɬəŋkʷáʔəct ʔaʔ cə sx̌áʔəs sqʷáqʷis cə ʔənscə́yəčaʔ kʷaʔ ʔuʔstáŋəs ʔaʔ kʷaʔ scə́yəčaʔs u čtə. *Don't get involved in bad words with your friends, whatever they are, if they are your friends.* (TC) | háʔnəŋ cn kʷaʔčə txʷʔúxʷ ʔaʔ nə́kʷə ʔiʔ háʔnəŋ cn kʷi txʷʔúxʷ ʔaʔ cə xʷanítəm táči skʷáʔs cəniɬ sqʷáqʷi, sqʷáqʷi məšín čəʔúʔwəsɬ ʔaʔ tiə ʔáynəkʷ. *Thank you to you, and thank you to the white man who got here who owns the recorder we are using today.* (BH)}

sqʷáqʷ scab. *See under:* qʷáqʷ

sqʷáqʷɬ sore. *See under:* ʔsqʷáqʷɬ

sqʷásɬ adrift. *See under:* ʔsqʷásɬ

sqʷáy ⟦s-√qʷay s-√talk⟧ ☞ qʷáy language, word (especially spoken word), speech, voice, story. (TC; WB,AS,BC) {hiyitíxʷ či tiə **sqáyɬ**. *Revive our language.* (TC) | nəsmə́yəq cə **sqʷáy**s. *I forgot the word for it.* (TC) | x̌ʷənʔáŋ ʔaʔ tiə **sqʷáyɬ**. *It's like our language.* (TC) | sqə́nəxʷ cn ʔaʔ tiə **sqʷáy**. *I'm hungry for this language.* (AS) | **sqʷáy**s yaʔ kʷi sʔiʔáyəxʷɬ yaʔ, čiyáŋənɬ. *It's the language of our elders, our ancestors.* (TC) | ʔuʔhúy tiə **sqʷáyɬ** ʔuʔ náč. *Only our languages are different.* (TC) | x̌kʷə́tən ixʷ kʷi **sqʷáy**s. *She must have taken his voice.* (ES) | ʔə́y̓ či n**sqʷáy** ʔəɬ qʷáqʷiʔəxʷ. *Have good words when you speak.* (TC) | ʔuʔcəʔéʔt ʔuʔ ʔə́y̓ kʷə n**sqʷáy**. *Your words are really good.* (TC) | čənshá?kʷ kʷi kʷə **sqʷáyɬ** yaʔ. *I finally remember what we said.* (AS) | čaʔníɬ kʷi nsʔiyánəxʷ cə n**sqʷáy**. *That's the first time I heard your story.* (TC) | níɬ suʔhúys x̌čtín ʔaʔ tiə n**sqʷáy**. *That finishes what I know of my story.* (TC) | čəŋíkʷs cn t nəsqʷáy x̌ʷənáŋ ʔaʔ Ed. *I don't know my language as Ed does.* (TC) | twawháhaʔkʷ u cxʷ ʔaʔ či ʔəcɬtáynx ʔən**sqʷáy**. *Do you still remember your Indian language?* (MJ) | ʔaʔkʷústxʷ ʔaʔ tiə **sqʷáy**s yaʔ kʷi nsčičiyánən yaʔ. *Tell them that this language is your heritage.* (TC) | čtát cn kʷaʔ stáŋəs či sx̌iʔáʔts ʔaʔ tiə **sqʷáyɬ**. *I asked him what he's looking for in our language.* (TC) | ʔuʔtxʷncáxʷ ʔi ʔuʔəstáx̌ tə nə**sqʷáy** ʔəɬ nəsx̌éʔs ti nəxʷsx̌ayəmúcən ʔəɬ qʷáqʷiʔən. *Every once in a while now I am mistaken in my words when I want to talk in the Klallam language.* (TC) | ʔi uʔx̌iʔáŋ st ʔaʔ či sxʷənúʔəsənɬ ʔiʔ x̌áy st huŋístxʷ tiə **sqʷáyɬ** yaʔ kʷɬkʷán. *And we look for where to turn for a way to bring back again our language that was lost.* (TC) | nəsx̌éʔ či nəshiyitíxʷ tiə nəxʷsx̌ayəmúcən **sqʷáy**. *I want to revive the Klallam language.* (TC) | ʔaʔakʷúst cn ʔaʔ či nəxʷsx̌áyəm **sqʷáy**. *I'm teaching them the Klallam language.* (ES) | ʔuʔx̌kʷə́tən wuʔ ʔaʔ tsə kʷɬčəq kʷi **sqʷáy**s yaʔ. *I wonder if that old lady took his voice.* (ES) | níɬ yaʔ **sqʷáy**s kʷi čiyaʔmə́ʔqʷɬ yaʔ sčiʔúʔisɬ. *That was the word of our great-grandparents, our ancestors.* (ES) | kʷaʔ ʔuʔhúyɬ ʔuʔ čəʔúʔwəs ʔaʔ či ʔə́y̓ cəniɬ nəxʷsx̌ayəmúcən **sqʷáy**. *If we use the Klallam language only for good.* (BH)}

sqʷáyəkʷs ⟦s-√qʷuy=iws s-√die=body⟧ [subjective genitive stem] [The stressed /á/ rather than /ú/ is unaccounted for.] ☞ qʷáy to be murdered. (MJT; ES; AS) {nəsqʷáyəkʷs caʔ cxʷ. *I'm going to murder you.* (MJT) | **sqʷáyəkʷs** cn. *I'm murdered. (but you can't tell anybody this)* (ES) | nəsqʷáyəkʷs. *I murdered.* (ES) | **sqʷáyəkʷs** kʷi kʷə swéʔwəs. *The boy was murdered.* (AS)} VAR: sqʷáyikʷs (AS)

sqʷáytən ⟦s-√qʷay=tən s-√talk=instr⟧ ☞ sqʷáy language, words. (AS,BC) {ʔəstáʔəŋkʷ cə nsqʷáytən ʔaʔ tə sčəʔúʔwəsɬ nəxʷyə́mi **sqʷáytən**. *My words are all mixed up because we're using the Lummi language.* (EB) | ʔuʔmáŋ ʔuʔ ʔə́y̓ nəxčńin ʔaʔ tə nəsʔiyánəxʷ či n**sqʷáytən**. *I'm very glad to hear your words.* (EJ) | ʔáwə cn c yaʔyáʔnəŋ ʔaʔ či

sqʷay x̣iyúst

*sqʷáytən*s tə nəsiyáʔ ʔaʔ kʷi nəsčtátəŋ kʷaʔ hiyáʔən čáy ʔaʔ či tíy. *I didn't understand my grandfather's language when he asked me to go make tea.* (MJ)}

sqʷay x̣iyúst ⟦s-√qʷay √x̣iy=us-t s-√talk √mark=face-trns⟧ ☞ qʷáy ☞ x̣əyúst television, movie. (AS,BC) {ŋə́ń ti *sqʷayx̣iyúst* čəʔúʔwəs ti ʔaycɬtáyŋxʷ. *There are a lot of televisions used by the people.* (AS)}

sqʷáyqʷiʔ ⟦s-qʷáy<ʔ>+√qʷay<ʔ> s-char<actl>+√talk<actl>⟧ ☞ qʷáyqʷi conversation, storytelling. (TC)

sqʷéʔəx̣ʷ out of the way. See under: ʔəsqʷéʔəx̣ʷ

sqʷəmə́ý ⟦s-√qʷməẏ s-√dog⟧ dog. ⟪USAGE: an insult if used in reference to a person⟫ (AS,BC; BC) ⟪preferred by AS over the usual word for 'dog'⟫ cp. sqáx̣aʔ. (AS) {ɬə́ŋ ʔuʔ *sqʷəmə́ý*. *He's just like a dog.* (AS) | ɬə́ŋ cxʷ ʔuʔ *sqʷəmə́ý*. *You're just like a dog.* (AS) | ɬaʔqʷátəŋ cn ʔaʔ cə *sqʷəmə́ý*. *The dog was licking me.* (AS)} VAR: sqmə́ý (AS) {nəx̣ʷx̣ʹčústs cə *sqmə́ý*. *It scratched the dog's face.* (AS)} VAR: sqʷmə́ý (AS) {kʷáʔət cn cə *sqʷḿə́ý*. *I let the dog go.* (AS) | x̣ičáʔis cə píšpš sáʔsəsiʔ ʔaʔ cə *sqʷḿə́ý*. *The cat that was scared of the dog clawed its way up.* (AS)}

sqʷəm̓qʷéʔməs ⟦s-qʷəm̓+√qʷims s-pl+√cod⟧ ☞ sx̣ʷə́ýaʔməs several Pacific cod fish. VAR: sqʷəm̓qímməs (MJT)

sqʷə́m̓x̣ʷ thin. See under: ʔəsqʷə́m̓x̣ʷ

sqʷə́m̓x̣ʷi ⟦ʔs-√qʷəm<ʔ>x̣ʷ-iy stat-√thin<actl>-dev⟧ ☞ ʔəsqʷə́m̓x̣ʷ to be thin, skinny (of a person). (AS,BC) {*sqʷə́m̓x̣ʷi* cə nʔáys. *My sister is skinny.* (AS)}

sqʷən̓sə́yuʔ ⟦√qʷan<ʔ>-as-əyu<ʔ> √call<actl>-ptcaus-activ<actl>⟧ ☞ qʷən̓sə́yuʔ invitation to a meeting or feast. {nə́ɬ yaʔ hiyáʔtxʷ či *sqʷən̓sə́yuʔ*. *It was him that was taking the invitation.* (TC)}

sqʷəŋqʷúŋəɬč ⟦s-qʷəŋ+√qʷuŋ=iɬč s-pl+√alder=plant⟧ ☞ sqʷúŋəɬč a group of alder trees. (MJT; AS,BC) VAR: sqʷəẏúŋəɬč (AS,BC) ⟦s-√qʷ<əy>uŋ=iɬč s-√alder<pl>=plant⟧

sqʷəyáy ⟦s-√qʷay=ayə s-√talk=container⟧ ☞ sqʷáy anything that can hold words such as a dictionary. (AS) {ʔsx̣áʔiɬ *sqʷəyáy* púkʷ. *It's a dictionary (written word container book).* (AS)}

sqʷəyúʔəs tears. See under: sx̣ʷqʷəyúʔus

sqʷə́ýəs boiled. See under: ʔəsqʷə́ýs

sqʷəýəsáw̓txʷ ⟦s-√qʷəýs=aw̓txʷ s-√boil_food=house⟧ ☞ qʷə́ýəs cannery. (TC) {nə́ɬ nəsuʔčáʔi ʔaʔ tə *sqʷəýəsáw̓txʷ* snátɬ yaʔ. *Then I was working at the cannery, as we called it.* (TC) | nə́ɬ suʔhúys ti sčáʔiʔs ʔiyá ʔaʔ cə *sqʷəýəsáw̓txʷ* ti snaʔátəŋs. *Then the work was finished there at the cannery, as it was called.* (TC)}

sqʷəýməs Pacific cod. See under: sx̣ʷə́ýaʔməs

sqʷíməs Pacific cod. See under: sx̣ʷə́ýaʔməs

sqʷiqʷəyaʔúyəs ⟦s-qʷy+√qʷ<əy>u=uyəs s-pl+√water<pl>=forehead⟧ ☞ sqʷuʔúyəs teardrop. (MJT)

sqʷɬaʔčáw̓txʷ ⟦s-qʷɬ=aẏ=aw̓txʷ s-√drift_ashore=wood=house⟧ [/ẏ/ → /ʔč/] ☞ qʷɬáy log cabin, any building made of logs. (ES)

sqʷmə́ý dog. See under: sqʷəmə́ý

sqʷqʷə́ý ⟦s-qʷ+√qʷəy<ʔ> s-incep+√sun<actl>⟧ ☞ qʷqʷə́ýəŋ the sun. (MJT; TC; AS,BC; ES) ⟪USAGE: This is the word for 'sun' used at Elwha and Becher Bay.⟫ cp. sʔuʔšáct {x̣ʹíq cə *sqʷqʷə́ý*. *The sun rose.* (TC) | nə́qəŋ cə *sqʷqʷə́ý*. *The sun set.* (TC; ES) | ʔáwənə *sqʷqʷə́ý*. *There's no sun. (it's cloudy)* (TC) | čaʔkʷéʔwi cə *sqʷqʷə́ý*. *The sun is just coming up.* (AS) | siqəmúʔis ti *sqʷqʷə́ý*. *The sun is round.* (AS,BC) | čaʔqʷə́ýəŋ kʷi kʷə *sqʷqʷə́ý*. *The sun is just now shining.* (AS) | səkʷsúkʷət cə n̓ʔəŋʔíŋəc, *sqʷqʷə́ý*. *Bathe your grandchildren, sun.* ⟪Robin's song calling for rain so all the worms will come out.⟫ (TC) VAR: sqʷqʷə́ýəŋ (LST) {mán̓ ʔuʔ ɬaɬíqən tiʔə *sqʷqʷə́ýəŋ*. *It's really warm, the sun.* (EPT)} VAR: sqʷaʔqʷáý {saʔkʷsúkʷət tə n̓ʔíŋəc *sqʷaʔqʷáý, sqʷaʔqʷáý*. *Bathe your grandchildren, Sun, Sun.* ⟪from Robin's song calling for rain⟫ (TC)} VAR: qʷqʷə́ý (JCo) VAR: qʷqʷéý (JCo)

sqʷúʔəs teardrop. See under: sqʷuʔús

sqʷúʔqʷaʔ ⟦s-qʷúʔ+√qʷuʔ s-char+√water⟧ ☞ qʷúʔqʷaʔ any drink, but especially a drink of alcohol. {ʔáwə c ʔə́ý tiə *sqʷúʔqʷaʔ*. *This drink is not good.* (TC) | nə́ɬ ʔə́ý či kʷáʔəts tiə x̣áwəs sx̣ʹəẏéʔx̣ʹqɬ čəʔúʔwəs tiə sčə́ýəčaʔs xʷiyanítəm tiə *sqʷúʔqʷaʔ* lám. *It's good for this new generation to quit drinking liquor using their white friends.* (TC)}

sqʷuʔqʷaʔáw̓txʷ ⟦s-qʷúʔ+√qʷuʔ=aw̓txʷ s-char+√water=house⟧ ☞ sqʷúʔqʷaʔ tavern, beer joint, bar. (AS)

sqʷúʔtən ⟦s-√qʷuʔ=tən s-√water=instr⟧ ☞ qʷúʔ bucket, pail. (LC; ES; TC; BC) {ʔəstúŋət ʔaý nəx̣ʷtkʷíkʷən cə nsqúʔtən. *Why is your bucket half full?* (ES) | pə́ýx̣ʷəŋ tə nsqʷúʔtən. *Your bucket is overflowing.* (LC) | ʔəstúŋət ʔaý sxʷʔáwə c ʔəsyácɬ cə nsqʷúʔtən? *Why isn't your bucket full?* (ES) | píxʷəŋ cə *sqʷúʔtən*. *The bucket overflowed.* (AS)} VAR: sqʷúʔtn (AS,BC) {nə́ɬ ti suʔyə́cs ti *sqʷúʔtn*s ʔaʔ ti sčayíqʷɬ *Then the bucket was full of berries.* (ES) | nəɬtíxʷ cə *sqʷúʔtn* čúkʷs či nsqʷə́yəct. *Let it be the bucket you use for bailing.* (ES)} VAR: qʷúʔtən {ʔáwənə ʔəsnáw̓əɬ ʔaʔ cə *qʷúʔtən*. *There's nothing in that bucket.* (EPT) | ʔsnáw̓ɬ cə píšpš ʔaʔ cə *qʷúʔtən*. *The cat is inside the bucket.* (AS)} VAR: sxʷqʷúʔtən ⟦sxʷ-√qʷuʔ=tən for-√water=instr⟧ {kʷə́ýts tə qʷúʔ čiʔa ʔaʔ tə *sxʷqʷúʔtən*. *She's pouring water out of a bucket.* (MJT) | néʔ cə qʷúʔ ʔəsnáw̓əɬ ʔaʔ tə *sxʷqʷúʔtən*; kʷiʔə́t. *There's water in that pail; pour it out.* (MJT)}

sqʷuʔús 〚s-√qʷuʔ=us s-√water=face〛 ☞ qʷúʔ teardrop. (MJT) VAR: sqʷúʔəs (TC)

sqʷuʔúyəs 〚s-√qʷuʔ=uyəs s-√water=forehead〛 ☞ qʷúʔ teardrop. (MJT)

sqʷúŋəłč 〚s-√qʷuŋ=iłč s-√alder=plant〛 alder tree. *Alnus spp.* (LB,EWH; LB,CWH; EPT; MJT; ES,TC; AS,BC) VAR: sqʷúŋłč (ES; AS,BC)

sqʷúqʷaʔtən 〚s-qʷú+√qʷuʔtən s-dim+√bucket〛 [unusual diminutive pattern] ☞ sqʷúʔtən small bucket. (ES)

sq̕ʷáʔəč 〚s-√q̕ʷaʔəč s-√dogfish〛 dogfish. *Squalus acanthias.* (TC; ES; AS)

sq̕ʷáʔəkʷł canoe partner. *See under:* sxʷq̕ʷúʔkʷł

sq̕ʷaʔháʔuŋəx 〚s-√q̕ʷuʔ-aw=ŋix stat-√join-ext=being〛 ☞ q̕ʷúʔ those similar that one is among. (TC) {suʔx̣ə́ns ʔuʔ ʔítt ti nə*sq̕ʷáʔhaʔuŋəx*. *All of those that I was among were sleeping.* (TC) | níɬ č suʔłiyəmtástəŋs ʔaʔ cə néʔ *sq̕ʷáʔháʔuŋəx*. *So those that he was among sang to him.* (TC)}

sq̕ʷáʔi 〚ʔs-√q̕ʷa<ʔ>y stat-√bruise_up<actl>〛 ☞ ʔəsq̕ʷáy being bruised up, beaten up. {*sq̕ʷáʔi* cn. *I'm bruised up.* (AS) | *sq̕ʷáʔi* kʷłə słániʔ. *The woman was all beat up.* (AS)}

sq̕ʷaʔiyáyŋxʷ 〚s-√q̕ʷ<aʔ>yayŋxʷ s-√blackberry<pl>〛 ☞ sq̕ʷəyáyŋxʷ several blackberries. {ŋə́ń *sq̕ʷaʔyáyŋxʷ*. *Lots of blackberries.* (EPT)}

sq̕ʷaʔqʷéʔł 〚s-√q̕ʷaʔqʷiʔł √Port_Discovery〛 Discovery Bay, Port Discovery; a person from the former Klallam village at Port Discovery. (AS) ✱There is, apparently, a very deep black hole off the beach on the west side of the inlet of Discovery Bay. Apparently one can see tracks of some kind leading up to it while spear fishing when the tide is low. This is known as q̕łuməčənáwtxʷ, the home of the orcas, or súł ʔaʔ q̕łúməčən, orca road. This is where the orcas go when they are about to die. The deep hole leads to a cave, which leads to a pond up on the land. When the dying orcas arrive at the pond, they turn into people. This is one reason why the Klallam people never harm an orca; it might be a relative. (ES) *cp.* q̕łuməčənáwtxʷ VAR: sq̕ʷaʔqʷéʔił (ES) VAR: sq̕ʷaqʷéył (AS,BC) VAR: q̕ʷáʔəkʷi (LBH) {čšaʔ*q̕ʷáʔəkʷi*. *He's from Port Discovery.* (MJT)} VAR: q̕ʷáʔaʔqʷi (MJT) VAR: q̕ʷáʔəqʷi (MJT) VAR: sq̕ʷaʔkʷíyəł (MJT) {ʔiyá ʔaʔ*sq̕ʷáʔkʷíyəł* kʷéʔwənti cə słánis. *He was at Discovery Bay fighting with his wife.* (MJ)} VAR: sq̕ʷaʔqʷíyəł (EWH) VAR: sq̕ʷaʔqʷéʔyəł (AS,BC) VAR: sq̕ʷaʔqʷéył (AS,BC) VAR: sq̕ʷaʔqʷíył (AS,BC) VAR: sq̕ʷaʔqʷə́yəł (MJT) VAR: sq̕ʷaʔqʷə́yəł (MJT)

sq̕ʷaʔq̕ʷáʔəč 〚s-q̕ʷaʔ+√q̕ʷaʔəč s-dim+√dogfish〛 ☞ sq̕ʷáʔəč small dogfish. (AS)

sq̕ʷaʔq̕ʷaʔúnəq relative (dimin). *See under:* q̕ʷəq̕ʷaʔúnəq

sq̕ʷaʔq̕ʷiʔə́ł quiet. *See under:* nəxʷsq̕ʷaʔq̕ʷiʔə́ł

sq̕ʷaʔq̕ʷúʔŋiʔ 〚s-q̕ʷaʔ+√q̕ʷu<ʔ>ŋiʔ s-dim+√head<dim>〛 ☞ sq̕ʷúŋiʔ small head. (TC)

sq̕ʷaʔyaq̕ʷáʔəč 〚s-q̕ʷ<aʔ>a+√q̕ʷaʔəč s-dim<pl>+√dogfish〛 ☞ sq̕ʷaʔq̕ʷáʔəč a group of small dogfish. (ES)

sq̕ʷáq̕ʷ 〚s-√q̕ʷaq̕ʷ s-√bladder〛 bladder. (ES)

sq̕ʷáy bruised up. *See under:* ʔəsq̕ʷáy

sq̕ʷáył be beat up. *See under:* ʔsq̕ʷáył

sq̕ʷčŋíyłč cherry tree. *See under:* skʷčŋíyłč

sq̕ʷéʔq̕ʷiʔ 〚ʔs-q̕ʷiʔ+√q̕ʷiʔy stat-rslt+√go_over〛 ☞ q̕ʷéʔyəŋ to be draped over. {*sq̕ʷéʔq̕ʷiʔ* cn. *I'm draped over (something).* (TC) | *sq̕ʷéʔq̕ʷiʔ* ti x̣únəŋs ʔaʔ tə ćíq̕ʷəns tə šamáns ʔiʔ nəxʷtə́qt ti sxʷsáʔčəŋs. *His shoulder was against the enemy's throat and closed off his breath.* (ES)}

sq̕ʷəʔúʔnəq 〚s-√q̕ʷ<əʔ>uʔ-ənəq s-√join<actl>-hab〛 ☞ q̕ʷúʔ to be a close friend, best friend, pal. (TC)

sq̕ʷə́nəs 〚s-√q̕ʷənəs s-√forehead〛 [possibly has a root 'head' with the 'face' suffix] *cp.* sq̕ʷúŋiʔ. *cp.* scłúys forehead. (LC; ES; TC; AS) {čə́q tə *sq̕ʷə́nəs*s. *He has a large forehead.* (AS)}

sq̕ʷəyaʔq̕ʷúʔŋiʔ 〚s-q̕ʷ<əy>aʔ+√q̕ʷu<ʔ>ŋiʔ s-dim<pl>+√head<dim>〛 ☞ sq̕ʷaʔq̕ʷúʔŋiʔ several small heads. (TC)

sq̕ʷəyaʔšən 〚s-√q̕ʷ<y>aʔ=šən s-√join<pl>=foot〛 ☞ sq̕ʷúʔšən companions, partners, one's crew, co-workers. {níł kʷi suʔáwənəs ʔiʔ čúkʷss cə nə*sq̕ʷə́yaʔšən*. *There was nothing for my companions to use.* (TC) | níł kʷi suʔiʔáwənəs či čúkʷss cə nə*sq̕ʷə́yaʔšən*. *There was nothing my partners could use.* (ES) | x̣aʔx̣łám̓ ʔaʔ cə néʔ *sq̕ʷə́yaʔšən*s. *He was watching his companions.* (TC)} VAR: sq̕ʷayáʔšən (ES) {sqənáń cn ʔaʔ cə nə*sq̕ʷáyaʔšən*. *I was gotten out by my co-workers.* (ES)} VAR: sq̕ʷáyaʔšən (ES) {nə*sq̕ʷáyaʔšən*. *My partners.* (TC) | níł suʔx̣ʷčátəŋs kʷi *sq̕ʷáyaʔšən*s ʔiyá ʔəxʷíyŋxʷ. *Then their companions there in the village were massacred.* (ES) | łčnáyts tə šamáns cə ʔuʔx̣ə́ń *sq̕ʷáyaʔšən*s. *They cut the throats of all their enemies' companions.* (ES) | kʷáčəŋ ʔúxʷ ʔaʔ cə cə *sq̕ʷáyaʔšən*s kʷaʔ ʔənʔás ʔiʔ kʷənáŋəts ʔəyə́wəsəqs. *He hollered to his companions to come and help ʔəyə́wəsəqs.* (MJ)}

sq̕ʷəyáyəł 〚s-√q̕ʷəyayəł s-√?〛 Mud Bay, Sahewamish. (LBH; LB,EWH) VAR: sq̕ʷəyayəłháʔwəŋəxʷ (LBH)

sq̕ʷəyayəŋxʷáyəqsən 〚√sq̕ʷyayŋxʷ-ay=əqsən √blackberry-ext=nose〛 ☞ sq̕ʷəyáyŋxʷ someone who likes a lot of blackberries. {*sq̕ʷəyayəŋxʷáyəqsən* cn. *I like lots of blackberries.* (MJT)}

sq̕ʷəyáyŋxʷ 〚s-√q̕ʷyayŋxʷ s-√blackberry〛 blackberry, dewberry. *Rubus ursinus; Rubus discolor.* 《This refers to both the native trailing blackberry and the, now more common, Himalayan

sq̓ʷəyaŋxʷíɬč

blackberry.》 (EPT; AS,BC) {x̣̓iyáʔəŋ st ʔaʔ či **sq̓ʷəyáyŋxʷ**. *We were looking for blackberries.* (MJ)} VAR: sq̓ʷiyáyŋəxʷ (HS,TC; ES; TC) VAR: sq̓ʷiyáyəŋəxʷ (MJT) VAR: sq̓ʷiyáyŋəxʷ (AS,BC; ES) {néʔ ti **sq̓ʷiyáyŋxʷ**. *There are some blackberries.* (AS) | ɬəməčəŋ caʔ st ʔaʔ kʷi **sq̓ʷiyáyŋxʷ**. *We're going to pick blackberries.* (AS,BC)} VAR: sq̓ʷəyáyŋəxʷ (LB,CWH; LC; ES) {ʔəmx̣ʷúcən cn ʔaʔ cə **sq̓ʷəyáyŋəxʷ**. *I picked the blackberries.* (TC) | xačéʔŋəɬ ʔaʔ tə **sq̓ʷəyáyŋəxʷ**. *I'm drying the blackberries.* (MJT)} VAR: sq̓ʷáyŋxʷ (EPT) VAR: sq̓ʷəyáyəŋəxʷ {ʔáaʔ, ʔəŋaʔc cxʷ cə **sq̓ʷəyáyəŋəxʷ**. *Yes, you gave me the blackberries.* (MJT) | sxʷq̓ʷáʔətən ʔaʔ **sq̓ʷəyáyəŋəxʷ**. *It's blackberry juice.* (MJT)} VAR: q̓ʷəyáyŋəxʷ (LBH)

sq̓ʷəyaŋxʷíɬč ⟦s-√q̓ʷyayŋxʷ=iɬč s-√blackberry=plant⟧ ☞ **sq̓ʷəyáyŋxʷ** blackberry plant. (ES) VAR: sq̓ʷəyayəŋxʷíɬč (MJT) VAR: sq̓ʷiyayŋxʷíɬč {páqəŋ cə **sq̓ʷiyayŋxʷíɬč**. *The blackberries are flowering.* (TC)} VAR: sq̓ʷiyayəŋəxʷíɬč (MJT) VAR: sq̓ʷiyŋhíɬč (ES)

sq̓ʷəyéyəš ⟦s-√q̓ʷyiyš s-√dance⟧ ☞ **q̓ʷəyíyəš** dance. {ʔiʔ q̓ʷiʔéʔiš ʔaʔ či sxʷanitəməɬ **sq̓ʷəyéyəš**. *And we were dancing at the white man style dance.* (ES) | txʷəsmaliyítiɬ **sq̓ʷəyéyəš**. *It became our wedding dance.* (MJ)}

sq̓ʷóyəŋ ⟦s-√q̓ʷəy-ŋ s-√cooked/ripe-mdl⟧ ☞ **q̓ʷóyəŋ** a roast, barbecue, anything cooked on an open fire, especially barbecued salmon. (EPT; LC; ES) {níɬ č kʷə suʔŋəŋútəŋs kʷi **sq̓ʷóyəŋ** yaʔ. *Then he gobbled up his barbecue.* (TC) | x̣̓kʷəts cə **sq̓ʷóyəŋ**s. *He took his barbecue.* (TC) | hiyáʔ st ʔúxʷ ʔaʔ kʷsə **sq̓ʷóyəŋ**. *We're going to the salmon bake.* (MJT)}

sq̓ʷəyiyəšáw̓txʷ ⟦√q̓ʷyi<ʔ>yš=aw̓txʷ √dance<actl>=house⟧ ⟦s-√q̓ʷyiyš=aw̓txʷ s-√dance=house⟧ ☞ **q̓ʷəyíyəš** dance hall. (ES) VAR: sq̓ʷəyišáw̓txʷ (EPT) VAR: sq̓ʷəyiyəšháw̓txʷ (ES) VAR: q̓ʷəyéʔyəšáw̓txʷ (ES)

sq̓ʷəy̓úŋiʔ ⟦s-√q̓ʷ<əy̓>uŋyʔ s-√head<pl>⟧ ☞ **sq̓ʷúŋiʔ** several heads. (EPT) {ŋə́ń **sq̓ʷəy̓úŋiʔ**. *a lot of heads* (EPT) | kʷiʔəts cə **sq̓ʷəy̓úŋiʔ** ʔiʔ nuʔás cə múʔuqʷ. *He poured out the heads and put in the ducks.* (MJ) | níɬ nsuʔqʷəy̓əsnít ʔiʔ ʔíɬən st ʔaʔ tə **sq̓ʷəy̓úŋiʔ**. *Then I boiled them, and we ate the heads.* (MJ)} VAR: sq̓ʷəy̓úŋiʔ? {ŋə́ń cə **sq̓ʷəy̓úŋiʔ**s siqáʔwəɬ ʔaʔ cə sčáqʷəwc. *There were many heads around the fire.* (ES) | ʔuʔhúy tə ʔuʔ **sq̓ʷəy̓úŋiʔ**s ʔuʔəsʔéʔnəŋ. *Only their heads were visible.* (ES) | čáw̓ kʷi **sq̓ʷəy̓úŋiʔ**s, canu. *Those heads disappeared.* (ES)} VAR: sq̓ʷiyúŋiʔ (TC) {suʔníɬs yəcə́ts ʔaʔ cə **sq̓ʷiyúŋiʔ** q̓ʷóys. *So then he filled it with the boiled fish heads.* (MJ) | huŋísts cə **sq̓ʷiyúŋiʔ** nuʔás ʔaʔ tə təmúʔləč. *He returned the fish heads to the barrel.* (MJ)} VAR: sq̓ʷaʔyúŋiʔ (TC)

sq̓ʷiʔáʔən deaf. See under: ʔəsq̓ʷiʔáʔən

sq̓ʷiʔáʔəń deaf. See under: ʔəsq̓ʷiʔáʔən

sq̓ʷíŋəyu ⟦s-√q̓ʷiŋ-əyu s-√borrow-activ⟧ [subjective genitive stem] ☞ **q̓ʷíŋəyu** to borrow. (TC)

{**sq̓ʷíŋəyu**s kʷi kʷə sčaʔkʷaʔyúɬ. *They borrowed the car.* (AS)}

sq̓ʷiyáɬnəɬ ⟦s-√q̓ʷəy=əɬnɬ s-√cooked/ripe=throat⟧ ☞ **q̓ʷə́y** fever. (HS)

sq̓ʷitxʷəyuʔ ⟦s-√q̓ʷətuxʷ-əyu s-√grumble-activ⟧ [possibly /x̣ʷ/ here rather than /xʷ/] ☞ **q̓ʷə́txʷəyuʔ** a shivaree, lots of noise. (MJT)

sq̓ʷúʔ ⟦s-√q̓ʷuʔ s-√join⟧ ☞ **q̓ʷúʔ** to be part of a group, be with. (AS,BC) {níɬ kʷi **sq̓ʷúʔ**s kʷi cə́ts yaʔ. *He was with his late father.* (AS) | níɬ kʷi ncə́t n**sq̓ʷúʔ**. *It was my father I was with.* (AS)}

sq̓ʷúʔkʷɬ canoe partner. See under: sxʷq̓ʷúʔkʷɬ

sq̓ʷúʔšən ⟦s-√q̓ʷuʔ=šən s-√join=foot⟧ 《Walking together is a metaphor for a personal relationship.》 ☞ **q̓ʷúʔ**

1. partner, companion, buddy, spouse, person who accompanies (especially on foot). (MJT; TC; ES; AS,BC) {nə**sq̓ʷúʔšən**. *He's my partner.* (TC) | ʔúxʷ či x̣̓iʔáʔt kʷɬəsə nə**sq̓ʷúʔšən**. *Go look for my wife.* (MJT) | tsiə n**sq̓ʷúʔšən**. *my wife* (AS,BC) | níɬ nə**sq̓ʷúʔšən**. *She's my partner.* (TC) | tiə nə**sq̓ʷúʔšən**. *my husband* (AS,BC) | níɬ ʔuč cán cə n̓**sq̓ʷúʔšən**? *Who's that fellow with you?* (NS,JW) | cán yaʔ či n̓**sq̓ʷúʔšən**? *Who was your companion?* (TC) | níɬ ʔuč cán csə n̓**sq̓ʷúʔšən**? *Who is that girl with you?* (NS,JW) | ʔuʔcán caʔ či n̓**sq̓ʷúʔšən**. *Who will go with you?* (TC) | **sq̓ʷúʔšən** cn ʔaʔ nə́kʷ. *I'm going with you.* (TC) | ʔənʔá či nə**sq̓ʷúʔšən**. *Come walk with me.* (TC) | malyít cn cə n**sq̓ʷúʔšən**. *I married my partner.* (AS,BC) | ɬxʷáy cə táči **sq̓ʷúʔšən** cə nəcə́t. *Three got here with my father.* (TC) | húʔ cn hiyáʔ ʔiʔ nə́kʷ caʔ nə**sq̓ʷúʔšən**. *If I go, you'll be my companion.* (TC) | x̣̓kʷnə́kʷi cn ʔaʔ cə nə**sq̓ʷúʔšən**. *I got together with my partner.* (TC) | čəčáyiʔ u csə n̓**sq̓ʷúʔšən**? *Does that girl with you have fir bark?* (NS,JW) | níɬ kʷaʔčaʔ ʔəɬ níɬəɬ **sq̓ʷúʔšən**ɬ ʔaʔ tiə ʔáynəkʷ. *That's why we're partners today.* (TC) | cán yaʔ či n̓**sq̓ʷúʔšən** ʔaʔ či n̓šiyáʔ x̣̓acu. *Who did you go fishing with?* (TC) | ʔáwə c híc caʔniɬ swə́y̓qaʔ **sq̓ʷúʔšən**s yaʔ ʔiʔčćtəŋxʷcínəŋ. *It wasn't long, and the man who was her companion was talking like an owl.* (AA) | níɬ nəsyaʔcústəŋ ʔaʔ tiə nə**sq̓ʷúʔšən** ʔaʔ či sčʔəɬáʔtəŋs yaʔ kʷi ɬənɬániʔ. *That's what I was told by my wife that they brought the women here.* (TC)}

2. to be with, accompany someone. {nə**sq̓ʷúʔšən**. *She's with me.* (HS,ES)}

sq̓ʷúŋiʔ ⟦s-√q̓ʷuŋyʔ s-√head⟧

1. head. (MV; EPT; LC; TC; AS,BC; ES) {cqʷúst cə ʔən**sq̓ʷúŋiʔ**. *Point at your head.* (TC,AS,BC) | cákʷs cə n**sq̓ʷúŋiʔ**. *Put your head down.* (AS,BC) | ɬíč kʷə nə**sq̓ʷúŋiʔ**. *I cut my head.* (EPT) | čʔíɬaʔ cn ʔaʔ tə ŋús **sq̓ʷúŋiʔ**. *I bought four (salmon) heads.* (MJ) | txʷúy cə **sq̓ʷúŋiʔ**s ʔuʔəsʔéʔnəŋ. *Only his head was showing.* (ES) | níɬ yəxʷ cə **sq̓ʷúŋiʔ**s, u? *I guess it'll be the head, eh?* (TC) | ʔuʔáx̣əŋ, "či **sq̓ʷúŋiʔ** q u?" *He said, "Should it be the head?"* (TC) | níɬ yəxʷ suʔhiyáʔs ʔiʔ ćɬə́kʷts cə **sq̓ʷúŋiʔ**s. *Then I guess she went and pinched their heads.* (MJ) |

nəsuʔƛ̓kʷə́t cə **sq̓ʷúŋiʔ**s cə scúʔtx̣ ʔiʔ siqʔúst cn. *So I took the head of the halibut, and I turned it around.* (TC)}
2. Admiralty Head, on Whidbey Island. (LB,CWH)

ssaʔyáčəŋ ⟦s-√s<aʔy>ač-ŋ s-√breathe<pl>-mdl⟧
☞ sáčəŋ several breaths. (MJT)

ssáx̣əŋ ⟦s-√sax̣-ŋ s-√bitter-mdl⟧ ☞ sáx̣əŋ a person one does not like. {nəssáx̣əŋ. *I don't like (that person).* (MJT) | nít kʷi ʔuʔ nəssáx̣əŋ. *He's the one I don't like.* (MJT)}

sséʔəx̣ be moved over. See under: ʔəsséʔəx̣

sséʔyaʔ ⟦s+√si<ʔ>yaʔ aff+√grandparent<dim>⟧
☞ síyaʔ
1. grandma, grandpa; grandmother. ⟪In some circumstances this could refer to 'grandfather' according to ES.⟫ (ES; AS,BC) {ʔənʔá nəsséʔyaʔ! *Come Grandma!* (MJ) | ʔáwə cn c ʔənsséʔyaʔ. *I'm not your grandmother.* (MJ) | suʔx̣ənəs cə sƛ̓éʔƛqł, "nəsséʔyaʔ, nəsséʔyaʔ." *So the child said, "My grandmother, my grandmother."* (MJ) | čaʔxənʔátəŋ ʔaʔ či sséʔyaʔs kʷaʔ ʔáwəs ə x̣łx̣ə́ł. *She was told by her grandmother not to be hurtful.* (MJ) | nuʔnít kʷə qʷłáy̓ ʔiyá čéʔƛəŋ ʔaʔ kʷsə ʔáʔiŋ ʔaʔ nəsséʔyaʔ. *That's like the log that was near my grandmother's house.* (MJ) | ʔiʔ x̣ə́nəŋ cə, "nəsséʔyaʔ, nəsséʔyaʔ, nəsséʔyaʔ." *And they said, "My grandmother. My grandmother. My grandmother."* (MJ)}
2. to act like a grandmother (moving slowly and carefully). {ʔuʔhúy tə nəsuʔsséʔyaʔ ʔiʔ x̣áčəŋ tə n̓sq̓ʷəyáyəŋəxʷ. *You were just grandma-ing, and your blackberries dried up.* (MJT)} VAR: séʔyaʔ (EPT; HS; TC,AS,BC; BC) {yuhúmət kʷiə nséʔyaʔ. *Respect your grandparents.* (TC,AS,BC) | kʷáčəŋ cn ʔaʔ kʷə nséʔyaʔ. *I hollered to my grandfather.* (AS) | yəcústs kʷłi séʔyaʔs, "hiyáʔ caʔn ʔəmx̣ʷúcən ʔaʔ či lílúʔ." *Then she told her grandmother, "I'm going to go pick salmonberries."* (AS) | kʷłíc kʷi nyaʔcústən ʔaʔ kʷi nséʔyaʔ yaʔ, łəmtiyáčaʔ? (TimPysht kʷi snás, kʷi snaʔátəŋs ʔaʔ ti xʷanítəm) ʔaʔ kʷłi ʔiʔánkʷs q̓áʔŋi čpə́šct. *Long ago I was told by my late grandfather, łəmtiyáčaʔ (Tim Pysht was his name, what he was called by the Whites), about the brave young woman of Pysht.* (AS)}

sséʔyaʔ skʷáči ⟦s+√si<ʔ>yaʔ ʔs-√kʷayiy aff+√grandparent<dim> stat-√day⟧ ☞ sséʔyaʔ
☞ skʷáči Grandparents' Day. (AS,BC)

ssiʔám̓ ⟦s-√sy̓am̓ s-√high_class⟧ ☞ siʔám̓ slave master, boss. (ES)

ssími? blankets. See under: sisómi?

ssíyaʔ grandparents. See under: səsíyaʔ

ssúŋ ⟦s-√suŋ s-√smell⟧ ☞ súŋ a stink, a smell. {čúwł smácən ssúŋ. *It's the smell typical of a skunk.* (MJ)}

ssaʔšéʔwi ⟦s-ša?+√š<iʔ>way s-dim+√grow<pl>⟧ [infix is unique] ☞ šə́wi
1. youngster, youth, a person just grown, especially a young man. (ES)

2. young boy (up to teenager). (AS,BC) VAR: šaʔšéʔwi (MJT; AS,BC) {nít č kʷə **šaʔšéʔwi** ƛ̓ácu. *The young man was the one that was fishing.* (AS) | hiyáʔ caʔ qʷátəŋ cə **šaʔšéʔwi**. *The young man is going to go logging.* (AS)}

sšíwaʔ ⟦s-√šiwaʔ s-√urinate_m⟧ ☞ šíwaʔ urine. (TC)

st ⟦st 1plnom⟧ we, first-person plural main-clause subject. (TC) {x̣ə́nəŋ **st**. *We say so.* (TC) | ʔuʔhúy caʔ **st** ʔuʔaʔáʔiŋ. *We're just going to stay home.* (TC) | ŋəňáy **st** kʷənnúŋə. *Lots of us saw you.* (TC) | mán **st** ʔuʔ ŋə́n̓. *There are too many of us.* (TC) | ʔáa, ʔuʔə́y̓ **st** kʷi. *Yes, we're well.* (NS,JW) | hiyáʔ **st** qx̣əyuʔ ʔaʔ tiə ʔáynəkʷ. *We went clam digging today.* (LC) | ʔáwə **st** c ƛ̓kʷnáxʷ tə xʷə́q̓ʷaʔł. *We didn't get whooping cough.* (MJ) | čšaʔJamestown **st** ʔiʔ kʷə nəcə́t. *My father and I went from Jamestown.* (MJ) | nəsq̓áʔyúʔəŋ kʷi; ŋút caʔ **st** ʔaʔ či uʔtxʷkʷáʔkʷaʔ. *I'm putting it away; we'll eat it later.* (MJT)}

stáʔčəŋ ⟦s-√taʔčŋ s-√wolf⟧ wolf. (LB, EWH; LB,CWH; EPT; MJT; TC; ES,HS; AS,BC) {nsuʔhiyáʔ həwíyŋ ʔiʔ kʷənnəxʷ cə **stáʔčəŋ**. *I went back and saw a wolf.* (MJ) | ʔə́y̓ cə **stáʔčəŋ**. *Wolf is good.* (MJ) | twəx̣ʷƛ̓aʔƛ̓úƛ̓aʔ ixʷ yaʔ cə **stáʔčəŋ** ʔiʔsqə́čaʔs kʷi nəcáčc. *The wolf must have been still small that my uncle caught.* (MJ) | nít suʔmə́kʷəŋs ʔaʔ cə **stáʔčəŋ**. *So then he was picked up by a wolf.* (TC) | nít č suʔətúttəŋs ʔaʔ cə **stáʔčəŋ**. *Then he was put to sleep by Wolf.* (TC) | suʔŋaŋútəŋs kʷaʔ cə skʷúks yaʔ ʔaʔ cə **stáʔčəŋ**. *What he cooked was eaten up by Wolf.* (TC) | nít č cə **stáʔčəŋ** ŋəŋút kʷə kʷi sʔítəns yaʔ. *It was Wolf that ate up his food.* (TC) | ʔuʔáx̣əŋ č ʔi ʔuʔtsnə́sən ʔaʔ cə **stáʔčəŋ**. *He was saying that when he was approached by Wolf.* (TC) | suʔƛ̓kʷə́təŋs ʔiʔcəŋáʔaʔtəŋ hiyáʔ t̓kʷístəŋ ʔúxʷtəŋ ʔaʔ cə sxʷiyáscə **stáʔčəŋ**, cə ʔáʔiŋs cə stáʔčəŋ. *So he was taken being packed over home to where the wolves were, the wolves' home.* (TC)}

staʔčəŋéʔqʷ ⟦s-√taʔčŋ=iʔqʷ s-√wolf=head⟧
☞ stáʔčəŋ
1. the head of a wolf. ⟪Usage: used to curse a male wolf⟫ (MJT)
2. wolf head, a large white rock in Becher Bay. ✱If you splash water on it, you will make it cry and it will rain. (TC)
3. wolf-head design on beaded headband. VAR: stáʔčəŋhéʔqʷ (MJT)

staʔčəŋháʔič ⟦s-√taʔčŋ=ayč s-√wolf=hip⟧
☞ stáʔčəŋ wolf hip. ⟪Usage: used as in cursing a female wolf⟫ (MJT)

staʔčəŋúyəł ⟦s-√taʔčŋ=uył s-√wolf=child⟧
☞ stáʔčəŋ wolf pup. (TC) VAR: staʔčəŋúył (TC)

stáʔkʷəyu ⟦s-√taʔw-əyu s-√light-activ⟧ ☞ taʔkʷəyu a light. {cícłsiʔám̓ **stáʔkʷəyu**. *God's light.* (MJT)}

staʔkʷáʔct mixing together. See under: łəŋkʷáʔct

staʔsčúysən big toe. See under: scaʔctúysən

staʔtáʔčəŋ ⟦s-taʔ + √taʔčŋ <ʔ> s-dim + √wolf<dim>⟧ ☞ stáʔčəŋ *small wolf*. (TC; HS,ES) VAR: staʔtáʔčəŋ (MJT; AS)

staʔtə́y̓xʷəŋ ⟦s-taʔ + √təy<ʔ>xʷŋ<ʔ> s-dim + √ptarmigan<dim>⟧ ☞ stə́yəxʷəŋ *small ptarmigan, grouse*. (ES) VAR: staʔtə́y̓əxʷəŋ (MJT)

staʔtiʔqéw̓ ⟦s-taʔ + √ti<ʔ>qiw̓ s-dim + √horse<dim>⟧ ☞ stiqéw̓ *any small horse, pony, foal, colt, filly*. (TC; ES) {čaʔné̓ kʷsə **staʔtiʔqéw̓**. *The foal was just born.* (ES)} VAR: staʔtiqéw̓ (MJT; TC)

staʔtím̓ə ⟦s-taʔ + √tim<ʔ>ə s-dim + √ship<dim>⟧ ☞ stímə *a small ferry, any small motorboat*. {ʔuʔkʷaʔkʷaʔnéʔŋət c **staʔtím̓ə**. *A little motorboat was running.* (MJ)} VAR: staʔtímə (AS) {ʔúy̓ł cn ʔaʔ tə **staʔtímə**. *I boarded the small ferry.* (AS)}

staʔtúʔwiʔ *creek. See under:* stútaʔwiʔ

staʔyaʔčəŋ *wolves. See under:* stəyáʔčəŋ

staʔyaʔtáʔčəŋ ⟦s-t<aʔy>aʔ + √taʔčŋ<ʔ> s-dim<pl> + √wolf<dim>⟧ ☞ staʔtáʔčəŋ *a group of small wolves*. (MJT) VAR: stayaʔtáʔčəŋ (HS,ES)

staʔyaʔtə́y̓xʷəŋ ⟦s-t<əʔy>aʔ + √təy<ʔ>xʷŋ<ʔ> s-dim + √ptarmigan<dim>⟧ ☞ staʔtə́y̓xʷəŋ *a group of small, baby ptarmigans, grouse*. (ES) VAR: stəyaʔtə́y̓xʷəŋ (MJT)

staʔyaʔtiqéw̓ ⟦s-t<aʔy>aʔ + √ti<ʔ>qiw̓ s-dim<pl> + √horse<dim>⟧ ☞ staʔtiʔqéw̓ *a group of small horses, ponies, foals, colts, fillies*. (HS,ES; ES)

staʔyákən ⟦s-√t<aʔy>ak=ən s-√sock<pl>=instr⟧ ☞ stákən *several socks, stockings*. (MJT)

staʔyəqáyuʔ ⟦s-√t<aʔy>iqayuʔ s-√beaver<pl>⟧ ☞ stəqáyuʔ *several beavers*. (MJT) VAR: stitiqáyuʔ (MJT) ⟦s-ty + √təqayuʔ s-pl + √beaver⟧

stáckʷł ⟦s-√tac=kʷł s-√back=conveyance⟧ [analysis uncertain] *the back of the body, especially the middle of the back*. (EPT; AS) ⟪TC perceives this as being a Cowichan word.⟫ cp. stcíkʷən (TC) {tə́kʷ tiə n**stáckʷł**. *My back was broken.* (TC) | c̓sə́təŋ cn ʔaʔ kʷsə n**stáckʷł**. *I got hit on the middle of the back.* (EPT) | x̣áɬ tiʔə nə**stáckʷł**. *My lower back is sick.* (MJT) | ʔáʔc̓t cn tiʔə nə**stáckʷł**. *I'm wiping my back.* (MJT) | ʔúxʷtxʷ či tə ńŋə́na ʔaʔ tə ń**stáckʷł** ʔiʔ cə́ŋəʔt. *Take your child on your back and pack him.* (MJ) {ʔúxʷts ʔaʔ cə λ̓ács ʔiʔ cə **stáckʷł**s. *She put them on her belly and her back.* (MJ) | húy suʔx̣íc̓ts tə **stáckʷł**s tə x̣aʔx̣iyəwéʔč. *He only scratched Chipmunk's back.* (MJ) | ʔúxʷts ʔaʔ tə **stáckʷł**s ʔiʔ qíq̓ts cə sx̣íƛ̓aʔʔq̓ł ʔiyá ʔaʔ tə **stáckʷł**s. *She brought him to his back, and she tied the child there on his back.* (MJ) | suʔhiyá čə́yəx̣ ʔiʔ suʔúxʷtxʷ tə nə̓łáwiʔ ʔaʔ cə **stáckʷł**s kʷə nəcáčc. *I went in and put my hand on my uncle's back.* (MJ)}

stákən ⟦s-√tak=ən s-√sock=instr⟧ *sock, stocking, hose*. (MJT; LC; TC) [reanalyzed from English 'stocking'] {čaʔkʷéʔŋəł cn ʔaʔ cə n**stákən**. *I'm washing a bunch of my socks.* (AS)}

staləháw̓txʷ ⟦s-√talə=awtxʷ s-√money=house⟧ ☞ tálə *savings bank*. (TC) VAR: tələháw̓txʷ {ƛ̓kʷnáxʷ cn cə nətálə čšaʔiyá ʔaʔ kʷə **tələháw̓txʷ**. *I got my money from the bank.* (TC)}

staləháyəsən *glasses. See under:* sxʷtələháyəs

staləháys *glasses. See under:* sxʷtələháyəs

stáməš *Stamish Days. See under:* táməš

stáŋ ⟦s-√taŋ s-√who⟧
1. *what, whatever.* (TC; AS,BC) {**stáŋ** ʔučʔ? *What is it?* (TC) | **stáŋ** ʔuč či snás či "drum"? *What is the word for "drum"?* (AB,ICT) | **stáŋ** ʔuč cə? *What is that?* (TC,AS,BC; TC) | **stáŋ** ʔuč tiə? *What is this?* (TC) | **stáŋ** ʔuč kʷsə? *What is that (not visible)?* (ABT; TC) | **stáŋ** ʔuč tsə? *What is that?* (NS,JW) | **stáŋ** cn? *What am I?* (TC) | **stáŋ** či c̓sə́txʷ? *What did you hit?* (TC) | **stáŋ** ʔuč kʷsiə? *What was this (feminine)?* (TC) | **stáŋ** ʔuč či ƛ̓iʔáʔtxʷ. *What are you looking for?* (TC) | **stáŋ** ʔuč ti ńsnaʔátəŋ ti "fish"? *What do you call "fish"?* (TC) | **stáŋ** ʔuč či ʔíłən? *What's going to eat?* (TC) | **stáŋ** ʔuč cə ʔaʔámət? *What is that sitting there?* (LC) | **stáŋ** ʔuč či sʔíłənɬ? *What are we going to eat?* (TC) | **stáŋ** ʔuč cə ńsʔéʔłən? *What are you eating?* (TC) | **stáŋ** či ʔənsƛ̓éʔ? *What do you like?* (TC) | **stáŋ** ʔuč či kʷə́nəxʷ? *What did/do you see?* (TC) | **stáŋ** ʔuč ʔay̓ či ńsʔə́ŋaʔt? *What did you give him?* (TC) | **stáŋ** yaʔ kʷi ńsxʷšč̓ə́t? *What did you hit it with?* (TC) | **stáŋ** kʷi nəsxʷščə́təŋ? *What was I hit with?* (TC) | **stáŋ** yaʔ kʷi ńsxʷščə́c? *What did you hit me with?* (TC) | **stáŋ** ʔay̓ kʷi sxʷčqʷácss? *What did he burn his hand on?* (TC) | **stáŋ** ʔuč či ńsxʷšaʔšúʔł? *What are you happy for?* (TC) | ʔáwənə **stáŋ** nəsx̣cít. *I didn't know what it is.* (TC) | **stáŋ** ʔuč či ńsc̓táŋ? *What are you asking about?* (EPT) | **stáŋ** ʔuč či ńsná ʔaʔ ti squirrel? *What do you call a squirrel?* (MJT) | nə**stáŋ** ʔuč tiʔə nəsʔələnístəŋ? *What are they feeding me?* (MJT) | čaʔ**stáŋ** ʔaʔ či nəsqʷúʔqʷaʔ. *What did I just drink?* (MJ) | **stáŋ** yaʔ ʔuč ti scúł čəʔúʔwəxʷ ʔəł q̓ʷə́yŋəxʷ ʔaʔ ti scánnəxʷ? *What wood did you use when you cooked the salmon?* (TC) | ʔáwənə nəsx̣cít kʷaʔ **stáŋ**əs yaʔ čtə ti čəʔúʔwəs ʔəł q̓ʷə́yəŋəs ʔaʔ ti scánnəxʷ. *I don't know what it was they used to barbecue the salmon.* (TC)}
2. *something, anything.* {ʔuʔx̣ə́nə **stáŋ**. *everything.* (ES) | kʷaʔ ʔuʔ**stáŋ**s yaʔ čtə. *whatever it was* (ES) | kʷaʔ ʔuʔ**staŋ**əs *whatever it is* (ES) | ʔə́c ʔuč **stáŋ**? *What am I?* (TC,AS,BC) | **stáŋ** kʷi kʷə́nəxʷ? *What did you see?* (TC) | **stáŋ** ʔuč kʷi kʷə́nəxʷ? *What did you see?* (TC) | tákʷəyuʔ ʔaʔ či ʔuʔ**stáŋ**. *Buy something.* (MJT) | ʔiʔ ʔáwənə ƛ̓áy̓ **stáŋ** sqə́čaʔł. *And we didn't catch anything else.* (TC) | ʔáwənə **stáŋ** ʔənsxʷʔə́y̓. *You're good for nothing.* (TC) | məhúy̓ ʔuʔ **stáŋ**. *It was a basket or something.* (ES) | ʔuʔyaʔcústəŋ st ʔaʔ či ʔuʔ**stáŋ**. *He told us that it was something.* (MJ) | ʔuʔ txʷʔáwənə **stáŋ** nəsx̣cít kʷaʔ ʔuʔeʔéʔnt ʔəł qʷáqʷiʔən kʷaʔ ʔuʔsƛ̓úʔƛ̓əmən. *It's getting so that*

I don't know if anything I'm saying is correct when I talk. (TC) | k̓ʷíynəq ti kʷɬčáq kʷaʔ ʔáwəs c sxʷqaʔx̣qíŋ ʔaʔ či ʔuʔ**stáy** ʔuʔhiyí x̣ʷənʔáŋ ʔaʔ či sk̓ʷəyaʔk̓ʷaʔtúʔ. *The elders advised not to make fun of any living thing such as crows.* (MJ) | ʔáw c təŋk̓ʷáʔəct ʔaʔ cə sx̣áʔəs sqʷáqʷis cə ʔənscə́yəčaʔ kʷaʔ ʔuʔ**stáy**əs ʔaʔ kʷaʔ sčə́yəčaʔs u čtə. *Don't get involved in bad words with your friends, whatever they are, if they are your friends.* (TC) | ʔiʔ ʔáw kʷə ʔúŋəstəŋ ʔaʔ či **stáy** sčáʔis suʔƛ̓kʷnáxʷs či ƛ̓úƛ̓aʔ tálə. *And they are not given any job where they can manage to get a little money.* (TC) | níɬ nsuʔnəxʷƛ̓iʔáʔiɬ ʔaʔ kʷsi kʷaʔ **stáy**s kʷaʔ cáns či kʷaʔyə́yu. *Then I looked around for her, whatever, whoever was peeking.* (ES) | ʔiʔ níɬ ti suʔx̣ə́ps tinu snəyaʔŋaʔánt ʔiʔ txʷasmíƛ̓i kʷaʔ ʔuʔ**stáy**əs ti sxʷʔiyás ti stáčəŋ. *And then it got to the end of the small rocks and became mud or whatever where the tideflats are.* (ES)}

stáŋənə ⟦s-√taŋ√niʔ s-√thing√exist⟧ [This appears to be the word for 'what/something' compounded with the root for 'exist' similar to /ʔáwənə/. This analysis does not account for the forms ending in /-nu/ or /-nuʔ/.] ☞ **stáŋ** ☞ **néɬ** to be a thing, an issue, matter. ⟪USAGE: used as a polite way to refer to private body parts⟫ (AS) {ʔənˈ**stáŋənə**. *Your thing.* (TC,AS,BC) | **stáŋənə** cə ƛ̓kʷítxʷ? *What is it you have?* (AS) | ʔiʔ ʔuʔáwə c **stáŋənə** nə́wə cə sqaʔx̣qíŋ. *But Noah paid no attention to the ones who were mocking him. / The mocking did not matter to Noah.* (ES)} VAR: **stáŋənu** (MV; AS) {**stáŋənuʔ** yaʔ ayʔ? *What thing is it?* (AS) | ʔáwənə nsx̣čít kʷaʔ **stáŋənu**ʔs kʷə swéʔwəs. *I don't know what the boy is.* (AS)} VAR: **stáŋənu** {níɬ kʷ uʔ **stáŋənu**s. *That's something.* (EPT)} VAR: **stáŋən** {ʔuʔáw cxʷ c ʔuʔ**stáŋən**. *Don't bother with it. / Just ignore it.* (TC) | **stáŋən** kʷaʔ. *That's what it is.* (AA)} VAR: ʔəstáŋənu ⟦ʔs-√taŋ√niʔ stat-√thing√exist⟧ {**ʔəstáŋənu** kʷə čšə́yus? *What is that thing he threw?* (AS)}

stáqɬ closed. See under: ʔstáqɬ

stáy ⟦s-√tay s-√canoe_race⟧ ☞ **táy** canoe race. (TC)

stayaʔtúʔwiʔ ⟦s-ta<yə>ʔ+√tuʔwy s-dim<pl>+√river⟧ ☞ **stúta?wiʔ** several creeks, streams. (HS) VAR: **sttútaʔwiʔ** (EPT)

stayə́kʷɬ ⟦s-√tay=akʷɬ s-√canoe_race=conveyance⟧ ☞ **stáy** any racing canoe. ✱This type of canoe can accommodate one to eleven people (TC)

stáyəxʷəŋ ptarmigan. See under: stə́yəxʷəŋ

stayəx̣áyəs ⟦s-√tayəx̣=ayus s-√wide=eye⟧ [root not identified in other words] to have big, wide open eyes (as someone startled). (AS,BC) VAR: **stayx̣áyəs** (AS) VAR: **stayx̣áys** (AS)

stayəx̣áyəsəŋ ⟦s-√tayəx̣=ayus-ŋ s-√wide=eye-mdl⟧ ☞ **stayəx̣áyəs** to open one's eyes wide (as someone startled). (BC) {ʔunú ʔuʔ **stayəx̣áyəsəŋ** kʷə ʔaʔyəcɬtáynx̣ʷ. kʷʷənts ti q̓ɬúməčən. *See how the people open their eyes wide. They looked at the blackfish.* (AS)}

stayx̣áyəɬ spread legs. See under: sxʷtaʔx̣áyəɬ

stcíkʷən ⟦s-√tc=iwən s-√back=interior⟧ cp. stáckʷɬ the back of the body, especially the lower back. (EPT; MJT; LC; ES; AS,BC) {ʔúx̣ʷts cə x̣ʷúʔŋəts ʔaʔ cə **stcíkʷən**s. *He put the paddle on his back.* (TC) | x̣ənʔáts kʷaʔ ʔúx̣ʷtxʷs cə x̣ʷúʔŋəts ʔaʔ či **stcíkʷən**s. *He told him to take his paddle on his back.* (ES) | čsə́təŋ cn ʔaʔ kʷsə n**stcíkʷən**. *I got hit on my back.* (EPT)} VAR: sccíkʷən (LBH; TC)

stéʔčaʔx̣ʷiʔ ⟦s-√tə<í>ʔčiʔx̣ʷ-iy<ʔ> s-√disturb<actl>-dev<actl>⟧ ☞ taʔčéʔx̣ʷiʔ trouble. (ES)

stéʔəx̣ʷ ⟦s-√tiʔəx̣ʷ s-√fish_spear⟧ a fish spear, gig for flounder, crab and other fish. ✱a long, 6-7 meter spear with two or three metal tines (sometimes barbed), often used with a cod jig (púʔqʷɬč). (MJT; ES; TC; AS,BC) {cákʷs cə nə**stéʔəx̣ʷ**. *I put down my spear.* (MJ)}

stədíʔ ⟦√stədiʔ √monster⟧ a type of monster, boogeyman. ✱Old folks used to say "You behave yourself or /stədíʔ/ will get you." (AS,BC) ✱Never peek out windows at night because /stədíʔ/ will stare right back at you. (BC) [probably from Quileute] {x̣ənátəŋ yaʔ cn ʔaʔ kʷi nəsíyaʔ kʷaʔ čə́yəxʷxʷ ʔaʔ či stáŋəns; níɬ č kʷi sšə́təŋs ti **stədí**. *I was told by my grandmother to be careful in the evening; it's stədíʔ walking.* (AS)}

stə́məŋ ⟦s-√təmŋ s-√good_tide⟧
1. good fishing tide. (TC)
2. whirlpool. (ES)

stəŋiʔŋínəŋ ⟦s-√taŋn-i=nin-ŋ s-√evening-ext=piece-mdl⟧ ☞ táŋən supper, evening meal. {ʔiʔ kʷúkʷ cə nstániʔ ʔaʔ tə **stəŋiʔŋínəŋ** cə ʔuʔx̣ə́n txʷhuʔáʔis ɬxʷɬšáʔ ʔəcɬtáyŋəxʷ. *My wife cooked supper for all of those nearly thirty people.* (ES)}

stəqáyuʔ ⟦s-√tiqayuʔ s-√beaver⟧ beaver. *Castor canadensis.* (MJT) cp. sq̓iyáw̓

stəqéw horse. See under: stiqéw̓

stə́qəməš ⟦s-√təq=uməš s-√?=type⟧ ☞ tqáməš Stuckamish River, White River, also the name of a tribe. (CWH)

stətíɬəm ⟦s-√tətɬm s-√Jamestown⟧ [related to word meaning 'shovelnose canoe'] cp. stə́tɬəm
1. the traditional Klallam village in the Dungeness and Jamestown area on the water north of Sequim east of the mouth of the Dungeness River. (EPT; AS,BC) ⟪a cemetery site between Dungeness and Jamestown, one mile west of Jamestown⟫ (H) {hiyáʔ yaʔ cn tx̣ə́nəŋ ʔaʔ čxʷícən tə nəsʔúx̣ʷ ʔaʔ **stətíɬəm**. *I went through Port Angeles to go to Jamestown.* (TC) | nəx̣čŋín ʔúx̣ʷ caʔn ʔaʔ**stətíɬəm** kʷaʔ ʔáwən c ʔúx̣ʷ ʔaʔčixʷícən. *I think I'll go to Jamestown if I don't go to Port Angeles.* (TC)}
2. man's name; personal name of a legendary leader at Jamestown who had seven sons and a daughter. (MV) VAR: sttíɬəm (EPT; MJT; AS)

stə́tɬəm ⟦s-√tə́tɬəm s-√?⟧ shovelnose canoe. (JSH)

stəyáʔčəŋ ⟦s-√t<əy>aʔčŋ<ʔ> s-√wolf<pl>⟧
☞ stáʔčəŋ a group of wolves. (TC; ES) VAR: staʔyáʔčəŋ (MJT) VAR: stə́yaʔčəŋ (MJTB; AS,BC) {tsnə́sən ʔaʔ cə **stə́yaʔčəŋ**. The wolves got there to him. (TC) | suʔtsnə́səŋs ʔaʔ tə **stə́yaʔčəŋ**. So the wolves came upon him. (TC) | ʔúxʷtəŋ ʔaʔ cə ʔuʔ sxʷʔiyás cə **stə́yaʔčəŋ**. They took him to where the wolves were. (TC) | twawʔéʔtt č sxʷʔiyá ʔiʔ kʷɬtsnə́sən ʔaʔ cə **stə́yaʔčəŋ**. He was still sleeping there when he was approached by the wolves. (TC)} VAR: stəyáʔčəŋ {ʔéʔtt č kʷaʔčaʔ ʔiʔ tsnə́sən ʔaʔ cə **stəyáʔčəŋ**. He was sleeping and was approached by the wolves. (TC)}

stəyaʔtə́yxʷəŋ small ptarmigans. See under: staʔyaʔtə́yxʷəŋ

stə́yaxʷəŋ ⟦s-√təyxʷŋ s-√ptarmigan⟧
1. ptarmigan, grouse. Lagopus leucura. (ES)
2. chicken. (MJT)
3. pheasant. (MJT) {čsqə́čaʔ cn ʔaʔ tə **stə́yaxʷəŋ**. I got some pheasant. (MJT)} VAR: stə́yəxʷəm (AS) VAR: stə́yxʷəŋ (ES) VAR: stáyəxʷəŋ (ES,TC; AS,BC) VAR: stáyxʷəŋ (AB,ICT; AS,BC; ES)

stiʔéʔəxʷ ⟦s-√t<iʔ>iʔəxʷ s-√fish_spear<pl>⟧
☞ stéʔəxʷ several fish spears, gigs. (MJT)

stíʔəɬ Indian Valley. See under: tiʔtiʔə́ɬ

stiʔqáyuʔct ⟦s-√ti<ʔ>qayuʔ-cut s-√beaver<actl>-rflxv⟧ ☞ stiqáyuʔct to be turning into a beaver. (MJT)

stíkʷən ⟦s-√tiwən s-√niece/nephew⟧
1. nephew or niece whose parent is still living. (LC; EPT; ES; TC) {níɬ nə**stíkʷən**. He's my nephew. (MJT) | ʔó, níɬ nə**stíkʷən**. Oh, that's my niece. (MJT) | níɬ kʷi nə**stíkʷən** tiʔə. This is my nephew. (NS,JW) | níɬ kʷi nə**stíkʷən** tsiʔə. This is my niece. (NS,JW) | kʷənaŋítəŋ ʔaʔ cə **stíkʷən**s. Her niece is helping her. (ES) | ʔəxín ʔuč kʷi nə**stíkʷən**? Where is my nephew? (NS,JW) | ʔəxín ʔuč kʷɬi nə**stíkʷən**. Where is my niece? (NS,JW) | ʔənʔáxʷ cn cə n**stíkʷən**. I brought your niece. (MJ) | suʔsáts cə **stíkʷən**s kʷaʔ nə́qəŋs. So he told his nephew to dive in. (TC) | huʔskʷáʔs ʔuʔ **stíkʷən**s cə. It was his own nephew. (TC) | yəcústs cə **stíkʷən**s ʔaʔ kʷi kʷə́nnəs yaʔ. He told his nephew what he saw. (TC) | xənáts cə **stíkʷən**s kʷaʔ hiyáʔəs ɬúkʷ. He told his nephew to go home. (TC) | yəcúst cn cə nə**stíkʷən** ʔaʔ kʷi kʷənətín yaʔ. I told my nephew/niece what I was looking at. (TC) | suʔŋaŋúts cə **stíkʷən**s yaʔ. Then he gobbled up his niece/nephew. (TC) | **stíkʷən**s yaʔ kʷi yəwíntən. She was the niece of Pysht Jack. (ES) | hiyáʔ yaʔ č kʷə **stíkʷən**s kʷə nəswáyqaʔ yaʔ. My husband's nephew went. (MJ) | níɬ suʔčáŋs ʔiʔ yəcústs kʷɬi **stíkʷən**s yaʔ ʔaʔ kʷi kʷə́nnəs. Then he got home and told his late niece what he saw. (ES)}
2. niece. (AS,BC) ⟪USAGE: For AS and BC this form means only 'niece', not 'nephew'.⟫ cp. stíwən
3. older sibling's child. (LB,CWH)

stikʷənúyɬ little niece/nephew. See under: tkʷənúyɬ

stímə ⟦s-√timə s-√ship⟧
1. ferry, ocean liner, large ship. (TC) {hiyáʔ st ʔiʔúyɬ ʔaʔ cə **stímə**. We went aboard the ferry. (MJ) | nəsuʔxə́nʔátəŋ kʷaʔ štə́ŋən čšaʔiyá ʔaʔ cə sxʷʔiyás cə **stímə** sƛ́áyucis. I was told to walk from there where the ferry stops. (MJ)} [from English 'steamer']
2. any motor boat. (AS,BC)

stiqáyuʔct ⟦s-√tiqayuʔ-cut s-√beaver-rflxv⟧
☞ stəqáyuʔ to turn into a beaver. (MJT)

stiqewáyɬ ⟦s-√tiqiw=ayɬ s-√horse=conveyance⟧
☞ stiqéw to go by horse, travel on horseback. (ES) {**stiqewáyɬ** cn tə nəstáči. I came on horseback. (ES)} VAR: stiqewháyəɬ (HS)

stiqéw ⟦s-√tiqiw s-√horse⟧ horse. Equus caballus. (TC) {ɬəŋíkʷ st cə n**stiqéw**. Take the harness off your horse. (ES) | nəsxúyəm kʷsə nə**stiqéw**. I sold my horse. (ES) | ʔúyɬ caʔn ʔaʔ cə nə**stiqéw**. I'm going to ride my horse. (TC) | mə́yaʔtəŋ cn ʔaʔ cə **stiqéw**. The horse kicked me. (TC)} VAR: stqéw (RS) VAR: stiqéw (TC; AS,BC) {ɬaʔkʷáct cə n**stiqéw**. My horse is running away. (ES) | ɬaʔnítən cə **stiqéw**. The horse is tied up. (AS) | ƛ́iʔáʔəŋ cn ʔaʔ či **stiqéw**. I'm looking for a horse. (ES) | ʔúyɬ ʔaʔ cə **stiqéw**. Get on the horse. (TC) | sqaʔáwəɬ cə n**stiqéw**. Your horse is outside (the fence). (ES) | qíqt cə n**stiqéw**. Tie up your horse. (TC) | ʔuʔəsx̣áɬɬ tə n**stiqéw** púqʷəŋ ʔaʔ cə cúcəns. My horse that's foaming at the mouth is sick. (AS)} VAR: stiqíw (EPT; AS,BC; AS) {ʔiyəmút tə **stiqíw** ʔəɬ čáʔis. Make the horse strong by working it. (AS)} VAR: stəqéw {kʷán kʷi kʷə **stəqéw**. The horse is lost. (AS)}

stiqiwáwtxʷ ⟦s-√tiqiw=awtxʷ s-√horse=house⟧
☞ stiqéw horse barn, stables. (TC)

stitiqáyuʔ beavers. See under: staʔyəqayuʔ

stitiqéw ⟦s-ty+√tiqiw s-pl+√horse⟧ ☞ stiqéw horses. (TC) {suʔyéʔkʷs cə **stitiqéw**s. So he got his horses ready. (ES) | ʔiʔ níɬ suʔčéʔŋis ʔaʔ canu ʔiʔ sáysiʔ tə **stitiqéw**. And when they were getting near, the horses were scared. (ES) | ʔiʔ ʔáwə c ƛ́áyuct cə **stitiqéw**s. But he didn't stop his horses. (ES) | ʔuʔtawwʔiʔkʷiyanéʔənt cə **stitiqéw**s. His horses were still running. (ES)} VAR: stitiqíw (EPT; ES) {qʷqʷə́yəts ti **stitiqíw**. She tames horses. (MJT)}

stitúykʷən ⟦s-ty+√tuykʷən s-pl+√blood⟧
☞ stúyəkʷən lots of blood. {twəwʔiyá č kʷaʔčaʔ či **stitúykʷən**s cə səqʷáməš ʔiyá ʔaʔ cə sŋiyánt. The blood of the Suquamish is still there on the rocks. (MJ)}

stíwən ⟦s-√tiw<ʔ>ən s-√niece/nephew<actl>⟧
☞ stíkʷən nephew. (AS,BC(only)) VAR: stíwən (AS,BC) {čačáwtxʷəŋ kʷsə n**stíwən**. My nephew built a house. (AS)}

stiyə́yəxʷəŋ ptarmigans. See under: sttíyəxʷəŋ

stiyúʔwi rivers. See under: stúyaʔwiʔ

stkʷáʔič limp. See under: ʔəstkʷáʔič

stkʷiyáx̣ən ⟦s-√tkʷ-iy=ax̣an s-√break-ext=arm⟧ ☞ tə́kʷ a broken arm or wing. (AS,BC) {*stkʷiyáx̣ən* cn. I have a broken arm. (AS) | qáqɬ cn ʔaʔ kʷi nə*stkʷiyáx̣ən*. My broken arm aches. (AS) | *stkʷiyáx̣ən* kʷsə skʷaʔkʷátu. That crow had a broken wing. (AS)}

stqáyuʔ ⟦s-√tqayw s-√wolf⟧ wolf. ⟪Usage: used at Becher Bay only⟫ (TC)

stqéw̕ horse. See under: stiqéw̕

stsítt lucine shell. See under: sətsítt

sttíkʷən ⟦s-t+√tiwən s-pl+√niece/nephew⟧ ☞ stíkʷən several nieces, nephews. (EPT) {sxʷáčɬ cn ʔaʔ tiə n*sttíkʷən*. I'm between my nieces. (AS)}

sttíɬəm Jamestown. See under: stətíɬəm

sttíyəxʷəŋ ⟦s-t+√tə<í>yxʷŋ s-pl+√ptarmigan<pl>⟧ ☞ stə́yəxʷəŋ a group of ptarmigans, grouse. (ES) VAR: stiyə́yəxʷəŋ (MJT) ⟦s-√t<iy>ə́yx̣ŋ s-√ptarmigan<pl>⟧

sttútaʔwiʔ creeks. See under: stayaʔtúʔwiʔ

stuʔáx̣aʔ direction. See under: stxʷʔáx̣aʔ

stúʔŋət doing what. See under: ʔaʔstúʔŋət

stúʔq̓ʷəŋ ⟦s-√tu<ʔ>q̓ʷ-ŋ<ˀ> s-√cough<actl>-mdl<actl>⟧ ☞ stúq̓ʷəŋ the coughing, any illness causing coughing. (MJT)

stuʔtáʔwiháʔəwŋəxʷ ⟦s-tú+√tuʔwy̕=aʔəwŋəxʷ s-dim+√river=people⟧ ☞ stútaʔwiʔ Stillaguamish tribe, Skagit tribe, Stillaguamish River. (LGH) VAR: stuʔlaʔkʷáməš (H)

stúʔwiʔ ⟦s-√tuʔwy̕ s-√river⟧ river. (LB,CWH; LBH; EPT; LC; ES; TC) {ɬákʷi ʔaʔ kʷi *stúʔwiʔ*. He went across the river. (ES) | táyi cn ʔaʔ cə *stúʔwiʔ*. I went up the river. (TC) | ʔáɬə ʔaʔ tə *stúʔwiʔ*. It's here at the river. (ES) | t̕kʷísts táyi ʔaʔ tə *stúʔwiʔ*. He took them home up the river. (ES) | ʔáwə c ƛ̓áy həwíyŋ ʔúx̣ʷ ʔaʔ cə *stúʔwiʔ*. They didn't go back again to the river. (ES) | hiyáʔ caʔn ʔúx̣ʷ ʔaʔ kʷi *stúʔwiʔ*. I'm going over to the river. (TC,AS,BC) | k̕ʷəns cə qʷɬáy ʔəsʔéʔəyuc ʔaʔ tə *stúʔwiʔ*. He saw a log at the mouth of the river. (ES) | níɬ nsuʔx̣ʷk̕ʷótəŋ ʔaʔ kʷi ncát yaʔ ʔiʔ čšə́yu ʔ qsə́təŋ ʔaʔ cə *stúʔwiʔ*. Then I'd be taken by my father and thrown into the river. (TC) | níɬ ti suʔə́wk̕ʷs ti maʔsíts ʔiʔ sxíts ʔənʔá qʷúʔq̓ʷi ʔaʔ cə *stúʔwiʔ*. When what he was choosing was finished he moved it coming down the river. (ES)} VAR: stúʔwi (EPT; LST; AS,BC; ES) {suʔhiyáʔɬ ɬákʷi ʔaʔ kʷə *stúʔwi*. So we went across the river. (ES) | ʔúx̣ ʔaʔ kʷə *stúʔwi* qʷúʔqʷaʔ. He went over to the river to drink. (ES) | ʔiʔ číx̣ʷ tə sxʷƛ̓ayáʔčtíŋ tsə *stúʔwi*. And the dam (thing that stopped the river) collapsed. (MJ) | ʔiʔ ʔənʔá č kʷəkʷə́y tə *stúʔwi*. And the river came spilling. (MJ)}

stúq̓ʷəŋ ⟦s-√tuq̓ʷ-ŋ s-√cough-mdl⟧ ☞ túq̓ʷəŋ a cold, cough. (MJT; TC; ES) {ŋə́ń *stúq̓ʷəŋ*. There are a lot of colds going around. (MJT) | ƛ̓kʷənáx̣ʷ cn tiə *stúq̓ʷəŋ*. I caught a cold. (MJT) | ʔuʔhá c nsɬúyəŋ ʔaʔ tə *stúq̓ʷəŋ*. I haven't gotten over my cold yet. (MJT)}

stútaʔwiʔ ⟦s-tú+√tuʔwy̕ s-dim+√river⟧ [unique diminutive] ☞ stúʔwiʔ creek, stream, brook. (EPT; ES; TC) {ƛ̓ə́č *stútawiʔ* gulch, gully, ravine (MJT) | ʔiʔ néʔ cə *stútaʔwiʔ*. And there was a creek. (ES) | síx̣ʷəŋ ɬákʷi ʔaʔ cə *stútaʔwiʔ*. They waded across the creek. (ES) | ʔiyá ccítəŋ ʔíycən ʔaʔ cə *stútaʔwiʔ*. He was standing at the edge of the creek. (TC) | ʔiʔuʔiyá ccítəŋ ʔíyəcən ʔaʔ cə *stútaʔwiʔ*. He was standing there at the edge of the creek. (ES) | níɬ suʔtə́ss kʷi tím yaʔ ʔaʔ cə sʔíycəns cə *stútaʔwiʔ*. Then Tim got to the edge of the creek. (ES) | kʷəntís canu suʔwə́y̕qaʔ txʷnə́w̕əcən ʔaʔ cə *stútaʔwiʔ*. He watched those men on the other side the creek. (ES) | ƛ̓kʷótəŋ tə ɬuʔɬáʔwiʔs ʔiʔ hiyáʔ ɬkʷístəŋ ʔaʔ cə *stútaʔwiʔ*. They took his arms and took him across the creek. (ES)} VAR: stutáwiʔ (AS,BC) VAR: staʔtúʔwiʔ ⟦s-taʔ+√tuʔwy̕ s-dim+√river⟧ (TC; AS,BC) {x̣aʔx̣əwéyŋ tiə *staʔtúʔwiʔ*. The creek is shallow. (BC)}

stutáwiʔ creek. See under: stútaʔwiʔ

stúyaʔwiʔ ⟦s-√tu<yə>ʔwy̕ s-√river<pl>⟧ ☞ stúʔwiʔ several rivers. (ES) VAR: stuyáʔwi (AS,BC) VAR: stiyúʔwi (AS,BC)

stúyəkʷən ⟦s-√tuykʷən s-√blood⟧ [probably has a frozen lexical suffix] blood. (LC; EPT; ES; AS,BC; TC) {ʔáwə c *stúyəkʷən*. It's not blood. (MJT) | nuʔáwə kʷi c *stúyəkʷən*. It doesn't look like blood. (MJT) | ʔəncə́qʷ ʔuʔx̣ʷənʔáŋ ʔaʔ ti *stúyəkʷən*. It's red like blood. (MJ)} VAR: stúykʷən {híkʷəŋ cə *stúykʷən* ʔaʔ cə húʔpt. The blood is flowing from the deer. (AS)}

stxʷʔáx̣aʔ ⟦s-txʷ-√ʔax̣aʔ s-becm-√here⟧ ☞ ʔáx̣aʔ to be a way to go, direction, a usual way. (AS) {níɬ kʷi *stxʷʔáx̣aʔ*ɬ. That's the way we're going. (AS) | níɬ kʷi hiyáʔ ʔaʔ kʷi *stxʷʔáx̣aʔ*s. He went his usual way. (AS)} VAR: stxʷʔáx̣ {níɬ kʷi nə*stxʷʔáx̣*. That's the way I'm going. (AS)} VAR: stuʔáx̣aʔ (AS)

stxʷnaʔyéʔč ⟦s-√txʷn-ay̕<i>č s-√far_side-ext=hump⟧ the far side, other side of a point of land. {x̣ʷčátəŋ canu čʔiyá ʔaʔ tə *stxʷnaʔyéʔč*. Those from the other side were killed. (ES)}

sƛ̓áʔčaʔs ⟦s-√ƛ̓aʔčaʔs s-√Olympia⟧ [AS feels the meaning of this has something to do with being elevated flat ground, but she cannot identify a stem.] Olympia, Washington, especially the prison there. (AS,BC; AS) VAR: sƛ̓áʔčas (AS) {níɬ č yaʔ kʷi hiyáʔtəŋ ʔaʔ kʷi *sƛ̓áʔčas* sxʷʔiyátəŋs ti qaʔq̓ítəŋ. Then he was taken to Olympia where he was put in prison. (AS)} VAR: sƛ̓áčas (CWH; LB,CWH)

sƛ̓aʔčasháʔwəŋəxʷ ⟦s-√ƛ̓aʔčaʔs=haʔwəŋəxʷ s-√Olympia=people⟧ [analysis uncertain] ☞ sƛ̓áʔčaʔs Olympia tribe. (CWH)

sƛ̓aʔk̓ʷáʔct mixing together. See under: ɬəŋk̓ʷáʔct

sƛ̓áʔk̓ʷəŋ ⟦s-√ƛ̓a<ʔ>k̓ʷ-ŋ<ˀ> s-√beesting<actl>-mdl<actl>⟧ [root not identified in other words] bee, any stinging, flying insect. (AS) {x̣ʷəyáčt cn cə **stáʔk̓ʷəŋ**. *I killed all the bees.* (AS)} VAR: sták̓ʷəŋ (AS,BC) VAR: ƛ́ák̓ʷəŋ (AS,BC)

stáʔŋəɬ high tide. *See under:* ʔəstáʔŋəɬ

staʔtáčəŋ ⟦s-ɫaʔ+√ta<ʔ>č-ŋ<ʔ>⟧ s-dim+√tide<dim>-mdl<dim>⟧ ☞ **stáčəŋ** small tide, a low tide that does not go out far. (TC)

staʔtáči ⟦s-ɫaʔ+√taʔči s-dim+√spider⟧ any spider. (AS) {ʔuʔk̓ʷənəxʷ cn k̓ʷi k̓ʷə **staʔtáči** ʔaʔ k̓ʷi nssqéyŋ. *I saw a spider when I went outside.* (AS)} VAR: stəɫáči (AS)

staʔtáʔk̓ʷəŋ bee. *See under:* sx̌ʷtaʔtáʔk̓ʷəŋ

staʔtáʔqaʔ ⟦s-ɫaʔ+√ta<ʔ>qaʔ s-dim+√liver<dim>⟧ ☞ **stáqaʔ** little liver. {ʔiʔitáxʷ k̓ʷi **staʔtáʔqaʔ**s yaʔ k̓ʷi ńŋáʔna?. *Enjoy the little liver of your son.* (TC)}

stáʔtčiʔ ⟦s-ɫáʔ+√tač-iy s-rslt+√snag-dev⟧ [analysis uncertain] ☞ **stáč** snag, a standing dead tree or large tree stump. (LB,CWH; ES; TC) ⟪USAGE: Some loggers use this to refer to a person in an insulting way.⟫ (AS,BC) {ŋə́ń k̓ʷi k̓ʷi **stáʔtčiʔ** čáʔiqʷ. *There are lots of snags in the woods.* (AS)} VAR: stáʔtči (ES; AS,BC) VAR: stáɫčiʔ (AS,BC)

staʔtéʔxʷaʔč ⟦s-ɫaʔ+√ti<ʔ>xʷaʔč s-dim+√octopus<dim>⟧ ☞ **stíxʷaʔč** small octopus. (ES)

staʔyaʔɫə́məč ⟦s-ɫ<aʔy>aʔ+√ɫəməč s-dim<pl>+√cormorant⟧ ☞ **stə́məč** several small cormorants. (BG,MJT)

staʔyáčəŋ ⟦s-ɫ<aʔy>ač-ŋ s-√tide<pl>-mdl⟧ ☞ **stáčəŋ** tides. (TC)

staʔyáqaʔ ⟦s-ɫ<aʔy>aqaʔ s-√liver<pl>⟧ ☞ **stáqaʔ** several livers. (EPT; MJT) {nəs**taʔyáqaʔ**. *My dear livers.* (MJT)} VAR: staʔyaqə (EPT)

staʔyíxʷaʔč ⟦s-ɫ<aʔy>ixʷaʔč s-√octopus<pl>⟧ ☞ **stíxʷaʔč** a group of octopuses. (ES) VAR: staʔyíxʷač (MJT)

staʔyíyəm ⟦s-ɫ<aʔy>iym s-√sing<pl>⟧ ☞ **stíym** several songs. (MJT) VAR: stiɫíyəm (MJT) ⟦s-ɫy+√tiym s-pl+√sing⟧

stáčɬ broken. *See under:* ʔəstáčɬ

stáč ⟦s-√tač s-√snag⟧ remnants of wood used for kindling, a snag. (AS)

stáčəŋ ⟦s-√tač-ŋ s-√tide-mdl⟧ tide, tide flat. ✱Where in English 'tide' refers primarily to the water, in Klallam **stáčəŋ** refers primarily to the land covered or exposed by the tide water. The culturally and economically important aspect of the tide is when it is low, making crabs, clams, and other seafood accessible. (EPT; NS,JW; AS,BC) {čəq **stáčəŋ**. low tide ⟪Note that 'low tide' is literally 'big tide'.⟫ (NS,JW; TC) | čəq **stáčəŋ** ʔáynək̓ʷ. *It's a big low tide today.* (EPT) | ʔuʔhiyáʔ ti **stáčəŋ**. *The tide went out.* (ES) | čəq tiə **stáčəŋ**. *The tide is low.* (AS) | ɫə́ŋ k̓ʷi k̓ʷə **stáčəŋ**. *The tide is high.* (AS) | ɫáʔaʔ cn ʔaʔ tiə **stáčəŋ**. *I'm going by way of the tide flat.* (AS) | nəsuʔx̌čəŋín ʔaʔ či scə́qs ti **stáčəŋ**s. *I think the tide was out.* (MJT) | šə́təŋ k̓ʷi tím yaʔ ʔaʔ cə **stáčəŋ** x̌áčəŋs. *Tim was walking on the tide flats that were dry.* (ES) | ʔúy̓ q k̓ʷə či čəq ti **stáčəŋ** ʔiʔ hiyáʔ ɬcú cə q̓áʔŋi ʔiʔ q̓x̌əyuʔ ʔəɫəništxʷs tə ŋənəŋənaʔs. *When there would be a big low tide, the girl went to the beach digging clams to feed her children.* (MJ) | ʔiʔ níɬ ti suʔx̌əps tinu sŋəyaʔŋaʔánt ʔiʔ txʷaʔsmíx̌i k̓ʷaʔ ʔuʔstáŋəs ti sxʷʔiyás ti **stáčəŋ**. *And then it got to the end of the small rocks and became mud or whatever where the tideflats are.* (ES)}

stákʷɬ stuck. *See under:* ʔəstákʷɬ

stamáy̓s ⟦s-√tamay<ʔ>s s-√guess<actl>⟧ ☞ ƛ̓amáy̓s
1. a guess. (ES)
2. guesser in slahal. (AS,BC) VAR: stáʔmáy̓s (AS,BC)

stáńəɬ lined up. *See under:* ʔəsx̌ʷɫáńəɬ

stáŋ high tide. *See under:* ʔəstáʔŋəɬ

stáŋəɬ high tide. *See under:* ʔəstáʔŋəɬ

stáŋən ⟦s-√taŋn s-√miss⟧ [s-passive] ☞ ƛ̓áŋən to be missed. {**stáŋən** cn. *He missed me. / It missed me.* (ES; TC) | ʔəń**stáŋən**. *You missed it.* (TC) | nə**stáŋən**. *I missed it.* (TC) | ʔuʔx̌ənʔáɬ ti sʔənʔás ščə́ct ʔiʔ **stáŋən**s cə ʔuʔúʔtxs. *Every time it came and slapped itself (on the water), it missed the canoe.* (ES) | **stáŋən** cn ʔaʔ cə húʔpt. *The deer missed me.* (TC)}

stáŋk̓ʷ be mixed in. *See under:* ʔəstáŋk̓ʷ

stáqaʔ ⟦s-√taqaʔ s-√liver⟧ liver. (JCo; EPT; ES; AS,BC) {nə**stáqaʔ**. *My liver.* ⟪USAGE: used as a term of endearment to a child⟫ (MJT; ES)} VAR: stáqə (EPT) VAR: ƛ̓áqaʔ (ES; TC)

staqaʔáy̓s ⟦s-√taqaʔ=ay<ʔ>us s-√bruise=eye<actl>⟧ ☞ ƛ̓áqaʔ black eye. (ES; AS,BC)

stáq̓ʷɬ out of breath. *See under:* ƛ̓áq̓ʷɬ

stáwəq̓ʷ ⟦s-√tawəq̓ʷ for-√diatomaceous_earth⟧ diatomaceous earth, lime. (EWH)

stáxɬ wrong. *See under:* ʔəstáxɬ

stáyŋəxʷ ⟦s-√tay=ŋixʷ s-√medicine=being⟧ ☞ tinixʷəŋ medicine. (EPT; LC; ES; TC) {suʔƛ̓k̓ʷnáxʷs cə **stáyŋəxʷ**. *So he managed to get the medicine.* (TC) | ƛ̓k̓ʷnás cə **stáyŋəxʷ**. *He managed to get the medicine.* (ES) | ʔəń**stáyŋəxʷ** tiə sxʷlamáyə. *This bottle is your medicine.* (TC) | ʔə́y̓ **stáyŋəxʷ** ti čiyúyaʔ ʔəɬ ƛ̓k̓ʷətəŋxʷ; x̌ənáɬ ti suʔɬáws. *Twins are good medicine when the take hold of you; they always get better.* (MJT)} VAR: stáyŋxʷ (RS; TC) {níɬ ʔəńsmə́tqsən ʔə́y̓ **stáyŋxʷ**, u. *It's your snot that's good medicine, eh?* (TC) | níɬ k̓ʷaʔčaʔ sxʷʔə́y̓s **stáyŋxʷ** ti púʔq̓ʷɬč. *That's why devil's club is good medicine.* (TC) | níɬ suʔx̌q̓ʷə́ts cə scúɬ ʔcɬtáyŋxʷ **stáyŋxʷ**. *Then she stuck on the wood Indian medicine.* (TC) | ʔəńʔá či ɬə́məx̌ʷc ʔə tə **stáyŋxʷ**. *Come and rub me with the medicine.* (MJT)} VAR: stáyəŋxʷ (EPT) {čq̓ʷútəŋ ʔaʔ tə **stáyəŋxʷ**. *It was*

sté?wi?əł

drawn out by the medicine. (MJT)} VAR: stáy?u? (MV)

sté?wi?əł ⟦s-√ti?wyəł s-√pray⟧ ☞ ɬé?wi?əł prayer, religion. {?iyánəs kʷsi sɫani? ɫɫé?yəm **sté?wi?əł**. *He heard a woman singing a hymn.* (ES)}

ste?wi?əłháwtxʷ ⟦s-√ti?wyəł = awtxʷ s-√pray = house⟧ ☞ ɬé?wi?əł church or any religious building. (ES) VAR: ste?wi?əłáwtxʷ (TC; AS) VAR: sté?wiłáwtxʷ (MJT)

stácəŋ ⟦√stəcŋ √Butler_Cove⟧ Klallam village at Butler Cove, place near the mouth of the Pysht River where Tim Pysht (ɫəmtiyáčə?) lived. (AS,BC)

stáct ⟦√stə-cut √drop-rflxv⟧ ☞ sɫáŋ to lie down, go down, drop down. (MJ; TC; ES; AS,BC) {**stáct** cn. *I lay down.* (TC) | **stáct** či. *Lie down!* (EPT; TC) | **stáct** ca?n. *I'm going to lie down.* (ES; AS) | hiyá? či **stáct**. *Go lie down.* (ES) | su?**stáct**s ?i? ?itt. *So he lay down and slept.* (TC) | nəsx̣é? či n**stáct** ?i? xʷáŋa?ɫəŋ. *I want to lie down and rest.* (EPT) | hiyá? ca?n **stáct** ?i? xʷáŋa?ɫəŋ. *I'm going to lie down and take a rest.* (EPT) | xən?áw cn kʷi kʷa? **stáct**s. *I told him to lie down.* (MJT) | kʷł**stáct**. *He's already lain down.* (MJT) | ?əctíx ?i?ɫčá?i ti nshiyá? **stáct**. *Let me be first to go down.* (AA) | ?i? nəłtíx ?ənsu?ən?á **stáct**. *And then you can come dropping down.* (AA) | su?**stáct**s ?i? qʷáy, "ó, ?u?áɫa? ca?n." *So he lay down and said, "Oh, I'll stay here."* (AA)}

stáči? ⟦s-√ɫəčy s-√buttocks⟧ butt, rear end, bottom, buttocks. (EPT; ES,HS) {níɫ su?míxʷts tə **stáči?**s ?i? hiyá? kʷła? sqíyŋ. *Then (the dog) shook her bottom, and she went outside.* (MJ) VAR: stáči (EPT) VAR: stáči? {ɫípts tə **stáči?**s. *It's flipping its behind.* (MJT)}

stáməč ⟦s-√ɫəməč s-√cormorant⟧
1. Brandt's cormorant, shag, black duck. *Phalacrocorax penicillatus.* (EPT; MJT; BG,MJT; LC; TC)
2. hermaphrodite. (MJT) VAR: scáməč (AS,BC)

stáməča?q geoduck. *See under:* ɫáməča?q

stáməčúyəł ⟦s-√ɫəməč = uyəł s-√cormorant = child⟧ ☞ stáməč young cormorant, shag. (MJT)

stənáxʷ ⟦√sɫə-naxʷ √drop-nctrns⟧ ☞ sɫáŋ to drop something unintentionally. {**stənáxʷ** cn. *I dropped it.* (MJT)} VAR: stənáxʷ {**stənáxʷ** cn kʷłəsə nsxʷtəláhayə ?a? cə s?əmətáwtxʷ. *I dropped my purse into the outhouse.* (MJ) ⟦√stə-naxʷ √drop-nctrns⟧

stánəs ⟦s-√ɫən-as s-√set-ptcaus⟧ [subjective genitive stem] ☞ ɫánəs to be set, stood beside, set or stood next to, by. (TC; ES) {**stánəs** cn. *Someone is sitting by me.* (HS,ES) | nə**stánəs**. *I sat beside (someone).* (TC; ES) | nə**stánəs** cxʷ. *I sit beside you.* (TC) | nə**stánəs** cawníɫ. *I sat next to him.* (TC) | ?ən?á či nə**stánəs**. *Come sit beside me.* (ES) | ?əns**tánəs** ?a? cə ńcət. *You'll sit by your father.* (TC)}

stáŋ ⟦√sɫ-ŋ √drop-mdl⟧ to drop down, fall, settle, stumble. (AA; EPT; MJT; TC; AS,BC; AS) ((USAGE: This is usually used to refer to something falling from a standing position.)) (TC) {**stáŋ** cn. *I fell down. / I stumbled.* (AS,BC; ES; TC; AS) | **stáŋ** cə sqiyáyŋxʷ. *The tree fell down.* (TC) | su?húys ?i?**stáŋ**. *So she finished dropping.* (AA) | čəyáy cn ?i? **stáŋ**. *I almost fell.* (AS) | **stáŋ** yəxʷ ya? cə čáq sqiyáyŋxʷ. *A big tree must have fallen.* (ES) | stáŋ ?uč kʷi **stáŋ**? *What dropped?* (EPT) | **stáŋ** ca? či náqa?. *Snow will fall.* (EPT) | **stáŋ** cə sča?kʷa?yúł ?a? tə sčtáŋxʷən. *The ark settled on the earth.* (ES) | ?ən?á **stáŋ** kʷi ?əs?áyəxʷ sqiyáyŋxʷ. *A tall tree came down.* (ES) | **stáŋ** ?iyá ?a? tə sčtáŋxʷən. *He fell on the ground.* (MJ) | **stáŋ** cə swáyqa? ?a? cə sŋiyánt. *The man fell on the rocks.* (TC) | níɫ su?kʷá?əts cə q̣é?s ?i? **stáŋ**. *Then he let go of his guts and fell.* (MJ) | ?u?áw c txʷa?yíy ?i? **stáŋ** ?əł kʷáyəŋs. *He didn't get far, and he'd drop when he flew.* (TC) | níɫ ti su?**stáŋ**s ?iyá ?a? cə sɫxənúkʷən ?i? ?ámət. *Then he dropped to the floor and sat.* (MJ) | **stáŋ** yəxʷ ya? cə čáq sqiyáyŋxʷ ?u?xa?xá?ɫəŋ. *A big tree must have been blown down.* (ES) | **stáŋ** cə sŋiyánt. *The rocks dropped.* (TC) | húy či ?ác ca? hiyá? **stáŋ**. *Now it's my turn to drop down.* (AA) | ?áw kʷła? c híc cə yúx ya? ?i? **stáŋ** q̣ʷúy. *It wasn't very long, and the older one fell dead.* (AA) | nəsu?hiyá? čáyəxʷ ?i? yəcúst cə sxʷ?iyáł cə č**stáŋ** kʷłə cə nəsxʷtəlaháyə hiyá? ya? ?a? cə s?əmtáwtxʷ. *So I went inside and told the ones we were staying with that my purse dropped in going to the outhouse.* (MJ)} VAR: stáŋ {čúŋətəŋ cn ?i? **stáŋ** cn. *He pushed me, and I fell.* (ES)}

stəŋánəŋ ⟦√sɫ-ŋ-anəŋ √drop-mdl-ncontrol⟧ ☞ sɫáŋ to drop (something). {**stəŋánəŋ** cn. *I dropped it.* (ES) | **stəŋánəŋ** u cxʷ? *Did you drop it?* (ES) | ńs**stəŋánəŋ**. *You dropped it.* (MJT) | **stəŋánəŋ** cxʷ. *You dropped it.* (MJT) | nu?**stəŋánəŋ** cxʷ ta. *I thought you dropped something.* (MJT)}

stáŋəsən ⟦s-√ɫəŋs = ən s-√braid = instr⟧ ☞ ɫáŋəst braid. (ES; AS) VAR: stáŋsən (AS; AS,BC)

stáŋsań ⟦s-√ɫəŋ<?>s = ań s-√braid<actl> = ear⟧ ☞ ɫáŋsánəŋ braided hair. ((refers to braids worn over the ears)) (TC)

stát ⟦√sɫ-t √drop-trns⟧ ☞ sɫáŋ to drop something down, lay something or someone down. {**stát** cn. *I dropped it down.* (MJT) | **stát** či. *Drop it.* (MJT)}

stəɫčí spider. *See under:* sɫa?ɬá?či

stəya?ɬá?či ⟦s-ɫ<əy>a? + √ɬəčy s-dim<pl> + √spider⟧ ☞ sɫa?ɬá?či a group of spiders. (AS)

stáyəq ⟦s-√ɫəyəq s-√bake⟧ ☞ ɫáyəq anything baked or cooked in hot sand or ashes. (ES) {**stáyəq** cə saplín. *The bread is baked in sand.* (AS)}

stáyínət ⟦√sɫ-əyin-t √drop=end-trns⟧ ☞ sɫáŋ to tilt something, lift something up at one end. (ES)

stáyti? ⟦s-ɫ<əy><?> + √ɫəy<?> s-char<actl> + √sing<actl>⟧ ☞ ɫíym singer, a great one to sing. (MJT)

sȼikʷéʔnəs choking. *See under:* sȼkʷéʔnəs

sȼikʷáynəs choke. *See under:* ɬkʷíns

sȼíqiʔ ⟦s-√ciq̓-iy s-√mud-dev⟧ [TC has /ȼ/ here where /c/ is expected.] ☞ ćíqiʔ mud. (TC)

sȼiɬə́yəq ⟦s-ɬy+√ɬəyəq s-pl+√spot⟧ ☞ ɬə́yəq to be spotted, speckled. (ES)

sȼiɬíyəm songs. *See under:* staʔyíyəm

sȼíxʷaʔč ⟦s-√ɬixʷaʔč s-√octopus⟧ octopus, devilfish. *Octopoda spp.* (EPT; MJT; TC; AS,BC; ES) ✱One way to hunt devilfish is to use a sharp stick to poke at them under the land side of their rock while a partner splashes water under the rock on the water side. The octopus thinks the tide is coming in and is grabbed when it tries to escape the poking. (AS) {k̓ʷənɬnáyəŋ cn ʔaʔ či **sȼíxʷaʔč**. *I'm looking around for an octopus to eat.* (TC) | hiyáʔ šə́təŋ cə **sȼíxʷaʔč**. *Octopus went walking.* (TC) | x̣iʔáŋ č cə **sȼíxʷaʔč** ʔaʔ či swə́yqaʔ. *Octopus was looking for a man.* (TC) | níɬ č suʔsqíyŋ ʔaʔ **sȼíxʷaʔč**. *Then Octopus went out.* (TC) | suʔčə́yəxʷs ʔaʔ cə ʔáʔiŋs cə **sȼíxʷaʔč**. *He went into Octopus's house.* (TC) | níɬ č suʔhiyáʔ ʔaʔ **sȼíxʷaʔč** x̣iʔáŋ ʔaʔ či táməx. *Then Octopus went to look for eelgrass.* (TC) | txʷaʔəscə́yxʷ č kʷaʔča ʔaʔ cə ʔáʔiŋs cawniɬ **sȼíxʷaʔč**. *They got inside Octopus's house.* (TC) | mán ʔuʔ q̓ʷsəŋ tə **sȼíxʷaʔč**. *The devilfish is very tough.* (MJT) | cqít cn cə **sȼíxʷaʔč**. *I poked the octopus.* (AS,BC) | c̓q̓ʷútəŋ cn ʔaʔ tə **sȼíxʷaʔč**. *The octopus stuck on me with its suction cups.* (MJT)} VAR: ɬíxʷaʔč {ʔáwənə nəsxčít ʔaʔ či nəsčíxʷaʔč yaʔ. *I didn't know I had devilfish power.* (MJ)}

sȼixʷaʔčáw̓txʷ ⟦s-√ɬixʷaʔč=aw̓txʷ s-√octopus=house⟧ ☞ sȼíxʷaʔč the name of a small spring-fed creek at Becher Bay next to staʔčəné̓ʔqʷ. ✱The water was clear blue-the color of octopus blood. It was said there was a special octopus that lived in a hole in this creek and provided the clear water. If one was clean, of a good mind, and lucky one might get a glimpse of it. TC has seen one arm coming out. This was a clear creek providing fresh water for the residents at Becher Bay until the installation of septic tanks ruined it. (TC)

sȼiyaʔyə́məč ⟦s-√ɬ<yaʔy>əməč s-√cormorant<pl>⟧ ☞ sȼə́məč several cormorants. (BG,MJT)

sȼíym ⟦s-√ɬiym s-√sing⟧ ☞ ɬíym song. (ES) {níɬ č yaʔ **sȼíym**s. *That was his song.* (TC) | náč cə nə**sȼíym**. *My song is different.* (TC) | x̣úx̣aʔ cə nə**sȼíym**. *My song is small.* (TC) | ʔáwənaʔ nə**sȼíym**. *I have no song.* (TC) | nəsmə́yəq cə **sȼíym**. *I forget the song.* (MJ) | sx̣éʔs či sxčnáxʷs kʷsə **sȼíym**s. *He wants to get to know his song.* (MJ) | yaʔyəŋəcút ʔaʔ cə sxʷák̓ʷi nə**sȼíym**. *He was listening to my crazy song.* (MJ)} VAR: sȼíyəm (MJT; LC; TC) {ɬíyəm cn ʔaʔ t ʔúpən **sȼíyəm**. *I sang ten songs.* (MJT)}

sȼkʷéʔnəs ⟦s-√ɬək̓ʷ=i<ʔ>nəs s-√stuck_in=chest<actl>⟧ ☞ ɬkʷíns to be choking.

(TC) VAR: sȼikʷéʔnəs (AS) {**sȼikʷéʔnəs** cn. *I'm choked.* (LC)} VAR: sȼkʷéʔnəs (AS)

sȼq̓áč ⟦s-√ɬq̓ə<á>č s-√gather_wood<rslt>⟧ ☞ ɬq̓ə́čəŋ snag, dead tree. (AS,BC)

stúʔukʷ be home. *See under:* ʔəstúʔəkʷ

suʔáʔwəs young men. *See under:* suwáʔwəs

suʔáw̓əs young men. *See under:* suwáʔwəs

suʔəcísən ⟦√sw̓=acis=ən √around=hand=instr⟧ finger ring. (ES) {x̣iyát cn tə nə**suʔəcísən** ʔiʔ k̓ʷə́nəxʷ cn. *I looked for my ring, and I saw it.* (MJT)} VAR: səw̓əcísən {sʔə́ŋaʔts cə **səw̓əcísən**. *He gave her a ring.* (TC) | ʔə́ŋaʔts cə swéʔwəs cə q̓áʔŋiʔs ʔaʔ cə **səw̓əcísən**. *The boy gave his girl a ring. / He gave the boy's girl a ring.* (TC)} VAR: suwəcísən (MJT; LC; ES) VAR: sucísən {ʔəsq̓əy̓k̓ʷəŋ cə **sucísən**s. *Her ring is round.* (AS)} VAR: suʔcísən {k̓ʷánəxʷ cn cə n**suʔcísən**. *I lost my ring.* (AS)}

suʔəct go into bush. *See under:* səw̓əct

súʔəkʷ ⟦√suʔəkʷ √Sooke⟧ Sooke tribe; Sooke Harbour and the surrounding lands. (ES) {čšə**súʔək** č či táči ʔaʔ či k̓ʷáči. *She's coming from Sooke tomorrow.* (MJT)} VAR: súʔuk (ES) VAR: súʔukʷ (ES; TC) {níɬ č yaʔ čʔiyá ʔaʔ cə **súʔukʷ** ʔuʔtás x̣áy ʔaʔNitinaht. *It was from Sooke to Nitinaht again.* (TC)} VAR: súʔuq̓ʷ (MJT) VAR: súʔuqʷ (H)

súʔənəxʷ smell it. *See under:* súŋnəxʷ

súʔəsəŋ ⟦√suʔs-ŋ √look_up-mdl⟧ to look up, raise one's head. (AS,BC) {**súʔəsəŋ** cn. *I raised my head.* (MJT) | ŋə́n̓ k̓ʷi k̓ʷə scəyíqʷɬ ʔaʔ k̓ʷi n**súʔsəŋ**. *There were lots of berries when I looked up.* (AS)} VAR: súʔəsəŋ {čaʔiʔ**súʔəsəŋ**. *He's just now raising his head.* (MJT)}

suʔət take it into bush. *See under:* səw̓ə́t

suʔə́təŋ ⟦√sw̓-t-ŋ √enter_bush-trns-psv⟧ [metathesis with passive] ☞ səw̓ə́t to be taken into the woods by someone or something. (AS) {**suʔə́təŋ** cn. *They took me into the woods.* (ES)} VAR: səw̓ə́təŋ (TC) {**səw̓ə́təŋ** cn. *They put me in the bush.* (TC) | štəŋístəŋ **səw̓ə́təŋ**. *He made him walk into the bush.* (ES)}

suʔə́yqaʔ men. *See under:* suwə́yqaʔ

súʔi finished. *See under:* ʔəshúʔiʔ

súʔitəŋ ⟦√su<ʔ>y-txʷ-ŋ<ˀ> √swell<actl>-caus-psv<actl>⟧ ☞ súytəŋ being swelled up. {**súʔitəŋ** cə ncáys. *My hands are swelling up.* (AS)}

suʔiwaʔwəs young men. *See under:* swəyaʔwəs

súʔk̓ʷəŋ ⟦√su<ʔ>k̓ʷ-ŋ<ˀ> √bathe<actl>-mdl<actl>⟧ ☞ súk̓ʷəŋ to be bathing, swimming. (TC; ES) {**súʔk̓ʷəŋ** cn. *I'm swimming. / I'm bathing.* (TC; ES) | **súʔk̓ʷəŋ** yaʔ cn. *I was swimming.* (TC) | **súʔk̓ʷəŋ** u cxʷ? *Are you swimming?* (LC) | ɬéʔyəm cn ʔəɬ **súʔk̓ʷəŋ**ən. *I'm singing when I'm bathing.* (TC) | twəw̓xʷənʔáŋ č tə sx̣ay̓éʔx̣qɬ **súʔk̓ʷəŋ**. *As usual the children were swimming.* (AA) | sʔənʔás q̓ʷíni canu **súʔk̓ʷəŋ**. *The one that was bathing*

súʔkʷt

came out of the water. (ES)} VAR: saʔskʷúŋ (EPT) ⟦saʔ+ √sukʷ-ŋ<ʔ> actl + √bathe <actl>-mdl<actl>⟧ [reduplication and rightward metathesis in the actual] {ŋə́n̓ kʷsə **saʔskʷúŋ**. *There are a lot of people swimming.* (EPT)}

súʔkʷt ⟦√su<ʔ>kʷ-t √bathe<actl>-trns⟧ ☞ **súkʷt** to be bathing someone, giving someone a bath. {**súʔkʷt** cn cə sx̣ íx̣ aʔx̣ qɬ. *I'm bathing the baby.* (ES)} VAR: saʔkʷút {**saʔkʷúts** tə sčaʔčiʔə́y̓ɬ *she's bathing the youngster* (MJT)}

súʔŋət smell it. See under: súŋət

súʔŋnəŋ ⟦√su<ʔ>ŋ-naxʷ-ŋ<ʔ> √smell<actl>-nctrns-psv<actl>⟧ ☞ **súŋnəŋ** being smelled, having one's scent be picked up. {čáyəqʷ yaʔ cn kʷi ʔiʔ níɬ yəxʷ nəsu**ʔsúʔŋnəŋ** ʔaʔ kʷsə húʔpt. *I was up in the woods,, and the deer must have been scenting me.* (MJT)}

súʔpt ⟦√su<ʔ>p-t √draw_in<actl>-trns⟧ ☞ **súpt** to be drawing someone or something in. {čtát cn kʷsi nəsíyaʔ kʷaʔ níɬs ʔuʔscə́nəŋ tə s**súʔpts** ʔúxʷ ʔaʔ cə cross. *I asked my grandmother if it is the Shaker Church that is drawing her to the cross.* (MJ)}

súʔsiʔ ⟦súʔ + √suy<ʔ> rslt + √swell<actl>⟧ ☞ **súytxʷ** to be swollen. (AS,BC) {nəsxʷ**súʔsiʔ** ti nəsx̣ónaʔ. *My foot is swollen.* (MJ) | ɬíxʷ ʔučaʔ kʷ ʔiʔ ŋús skʷáči či sxʷ**súʔsiʔ**s tə nəsʔács. *My face must have been swollen for three or four days.* (ES) | ʔáwə caʔn c hiyáʔ ʔəmxʷúcən ʔaʔ tiə ʔáynəkʷ ʔəsxʷ**súʔsiʔ** tiə nsx̣ónaʔ. *I'm not going to go pick berries today because my feet are swollen.* (MJ)}

súʔskʷ ⟦suʔ + √sukʷ rslt + √bathe⟧ ☞ **súkʷəŋ** to be bathing, taking a bath. {ʔúy̓ qɬ yaʔ ʔə́c xʷtə́q nə́w̓ ʔaʔ cə sqʷúʔs ʔaʔ tə sqx̣ə́yu, ʔiʔ x̣áy q yaʔ cn ʔuʔ **súʔskʷ**. *If I had fallen into the clam juice, I'd be taking a bath, too.* (MJ)}

suʔsuwəcísən ⟦sw̓ + √sw̓=acis=ən pl + √around=hand=instr⟧ ☞ suʔəcísən several finger rings. (MJT)

súʔukʷ Sooke. See under: súʔəkʷ

súʔuqʷ Sooke. See under: súʔəkʷ

suʔúy̓q ⟦√s<ə?>uy<ʔ>q √gill_net<actl>⟧ ☞ **súyəq** to be fishing with a net, setting a net. (ES; TC) {**suʔúy̓q** cn. *I'm setting a net.* (ES) | ɬúyəŋ cə **suʔúy̓q** ʔəxʷíyŋxʷ. *They left the fishing village.* (TC) | níɬ č yaʔ su**ʔsúʔúy̓q**s cə məqáʔaʔ, əw̓? *Then the Makahs were net fishing, eh?* (TC)}

suʔwə́y̓qaʔ men. See under: suwə́y̓qaʔ?

sucísən finger ring. See under: suʔəcísən

súkʷəŋ ⟦√sukʷ-ŋ √bathe-mdl⟧
1. bathe; swim, take a dip in the water. (LB,CWH; EPT; LC; TC; ES; AS) {**súkʷəŋ** cn. *I bathed.* (ES) | **súkʷəŋ** caʔn. *I'm going to take a bath.* (HS,ES) | hiyáʔ u cxʷ **súkʷəŋ**? *Are you going swimming?* (LC) | ʔáwə cn kʷaʔ **súkʷəŋ**ən. *I couldn't bathe.* (ES) | ʔúxʷ či **súkʷəŋ**. *Go take a bath.* (EPT) | x̣ə́nát ti su**súkʷəŋ**s. *He's always taking a bath.* (MJT) | hiyáʔ cn txʷ**súkʷəŋ** ʔiʔ čaʔx̣ ácu. *I'm going to bathe before I go fishing.* (TC) | húʔ caʔn čáŋ, ʔiʔ **súkʷəŋ** cn. *When I get home, I'll take a bath.* (ES) | hiyáʔ yaʔ cn x̣ ácu nəsu**ʔsúkʷəŋ**. *I went fishing, then I went swimming.* (TC) | húʔ cn kʷi ʔaʔáʔiŋ ʔiʔ cəncáŋ ʔaʔ ti nə́cuʔ skʷáči ti n**súkʷəŋ**. *When I'm at home I bathe twice a day.* (ES) | čtáŋ cə ʔcɬtáynxʷ **súkʷəŋ**, "stáŋ či nsx̣ éʔʔ?" *He asked the person bathing, "What do you want?"* (ES) | níɬ nəsu**ʔsúkʷəŋ** ʔiʔ nəsʔəčsikʷótəŋ ʔiʔ təyámət cə ʔəscə́ʔcəŋ nəʔaʔáwkʷ. *Then I bathed and changed clothes and put on the things that were nearby.* (MJ)}
2. white clay for washing hair. (LBH) ⟪This second definition may be a misunderstanding.⟫

sukʷəŋáw̓txʷ ⟦√sukʷ-ŋ=aw̓txʷ √bathe-mdl=house⟧ ☞ **súkʷəŋ** bathroom, bathhouse. (EPT; TC; TC,AS,BC) {ʔəxén či **sukʷəŋáw̓txʷ**. *Where is the bathroom?* (TC)}

súkʷnəxʷ ⟦√sukʷ-naxʷ √bathe-nctrns⟧ ☞ **súkʷəŋ** to manage to bathe someone. {**súkʷnəxʷ** cn. *I got to bathe him.* (MJT)}

súkʷt ⟦√sukʷ-t √bathe-trns⟧ ☞ **súkʷəŋ** to bathe someone. (MJT) {**súkʷt** cn cə sx̣ íx̣ aʔx̣ qɬ. *I bathed the baby.* (ES) | **súkʷts** tə sčaʔčiʔə́y̓ɬ. *She's bathing the youngster.* (MJT) | **súkʷts** cə ŋánəŋənaʔs. *She bathed her children.* (MJ)} VAR: skʷút {**skʷúts** tə ŋənaʔs. *She gave the child a bath.* (MJT)} VAR: súkʷət (ES,TC)

súlčəs ⟦√sulčəs √soldier⟧ soldier. (TC) [from English 'soldiers']

súɬ ⟦√suɬ √door/road⟧
1. door, gate, threshold. (LBH; LB,CWH; JCo; EPT; MJT; TC; AS,BC; WB,AS,BC) {nəxʷtqə́t cə **súɬ**. *Close the door.* (ES) | cqʷúst cə **súɬ**. *Point at the door.* (ES) | níɬ **súɬ**s. *It's his door.* (TC) | nəxʷtqə́ts cə **súɬ**. *They shut the door.* (ES) | x̣ q̓ʷət cn cə **súɬ**. *I stuck the door together.* (ES) | nəxʷčsə́nəŋ či ʔaʔ tə **súɬ**. *Knock on the door.* (MJT) | x̣ q̓ʷət cn cə sxəyús ʔaʔ cə **súɬ**. *I stuck the picture on the door.* (TC) | ʔiʔ hiyáʔ txʷʔúxʷ ʔaʔ cə **súɬ** či sqéyŋs. *She went toward the door to the outside.* (ES) | čtáŋ ʔúxʷ ʔaʔ kʷsə **súɬ**. *He crawled over to the door.* (EPT) | qʷiʔnə́wits tsə nə**súɬ**. *She was talking to my door.* (MJT) | sqíyəŋ cn txʔə́nəŋ ʔaʔ cə **súɬ**. *I'm going out through the door.* (TC) | níɬ ʔiʔúʔuxʷ ʔaʔ tə **súɬ**. *Then it went over to the door.* (MJ) | ʔuʔaʔ**súɬ** kʷinu qaʔqiyám̓ yaʔ. *The one that was formerly weak was at the door.* (ES) | húʔ cxʷ ʔəcɬtáynxʷ ti ńscə́yəxʷ ʔiʔ kʷə́qəts cə ʔəsxʷsə́wq **súɬ**. *If you are a person entering, they open the round door.* (MJ)}
2. road, trail, path. (LBH; JCo; EPT; LC; TC; AS,BC; ES; WB,AS,BC) {nə**súɬ**. *It's my trail.* (ES) | skʷáʔɬ **súɬ**. *It's our road.* (ES) | txʔə́nəŋ caʔn ʔaʔ cə tiə **súɬ**. *I'm going to take that road.* (TC) | txʔə́nəŋ caʔn ʔaʔ cə **súɬ**. *I'm going to go by the road.* (TC) | níɬ **súɬ**s. *It's his road.* (TC) | ɬxʷə́təŋ či **súɬ**. *They straightened the road out.* (AS,BC) | ʔəsnát č sxʷxʷčŋíns ʔaʔ či scə́təŋ kʷiʔíx̣ iyáʔts či **súɬ**. *At night she thought she would crawl to find a path.*

(MJ) | txə́ŋəŋ cn ʔaʔ cə **sút** tə nəsʔúxʷ ʔaʔstətíɬəm. *I went by road to Jamestown.* (TC) | húʔ x̌kʷnás činu ʔəcɬtáyŋxʷ ʔəɬ ʔiʔšə́təŋs ʔaʔ ti **sút**, ʔiʔ sqqíŋs. *When they took a person walking on the road, they would play with them.* (ES)}

súnuc cooking fire. See under: shúnuc

súŋ ⟦√suŋ √smell⟧ to have a smell, stink. ⟪This works similar to the word 'smell' in English. It does not necessarily mean 'stink', but when you say 'something smells', it usually implies that it stinks.⟫ (AS,BC) {**súŋ** cn ʔaʔ tə ʔə́y̓. *I smell something good.* (AS) | **súŋ** cn ʔaʔ cə saplín. *I smell the bread.* (AS,BC) | ʔə́y̓ t s**súŋ**s. *It smells good.* (MJT) | **súŋ** cn ʔaʔ cə ʔə́y̓ saplín. *I smell the good bread.* (AS) | qə́yəq cə ʔəycɬtáyŋxʷ ʔɬ **súŋ**s. *The people made a choking noise when they smelled it.* (AS) | ʔə́y̓ t s**súŋ**s canu. *That smells good.* (EPT; MJT) | mán̓ ʔuʔ sxáʔəs t **súŋ**s tiʔə nəʔáʔyəŋ. *My house smells awful bad.* (MJT)}

súŋət ⟦√suŋ-t √smell-trns⟧ ☞ súŋ to smell, sniff at something (for example a flower). ⟪The object of this verb is the thing being sniffed, not the smell itself.⟫ (EPT; ES) {**súŋət** či. *Smell it.* (AS) | **súŋət** cn kʷi kʷə sʔíɬən. *I smelled the food.* (AS) | **súŋət**s cə sqaʔqáxaʔ cə sʔíɬən. *The puppy sniffed the food.* (AS)} VAR: súʔŋət (LC)

súŋnəŋ ⟦√suŋ-naxʷ-ŋ √smell-nctrns-psv⟧ ☞ súŋnəxʷ to be smelled, scented by someone or something. (MJT) {čáyəqʷ yaʔ cn kʷi ʔiʔ níɬ yəxʷ nəsu**ʔúŋnəŋ** ʔaʔ cə húʔpt. *I was up in the woods, and the deer must have smelled me.* (MJT)}

súŋnəxʷ ⟦√suŋ-naxʷ √smell-nctrns⟧ ☞ súŋ to get a whiff of something, smell something. {**súŋnəxʷ** cn. *I smell something.* (ES) | **súŋnəxʷ** cn cə sʔíɬən. *I smell the food.* (ES)} VAR: súŋənəxʷ {**súŋənəxʷ** cn. *I smell something.* (ES)} VAR: súʔənəxʷ {**súʔənəxʷ** cn kʷə cə sxáʔəs. *I smelled something bad.* (MJT)}

súp ⟦√sup √soap⟧
1. soap. (LC) [from English]

súpt ⟦√sup-t √draw_in-trns⟧ Stem: səpút [stem with subject suffixes]
1. to sip, slurp up, draw in with breath (food such as broth). (ES; HS,ES) {**súpt** cn. *I sipped it.* (ES)}
2. to draw, attract something. {**súpt** cn ti scúm̓. *I draw bones.* ⟪always finding unwelcome bones in food⟫ (MJT) VAR: səpút {**səpút**s ti siʔátən. *It attracts hair.* (MJT)}

súqʷəməš ⟦√suqʷ=uməš √?=type⟧ Suquamish area. (H)

súsaʔnəŋ ⟦sú+√su⟨ʔ⟩ŋ-naxʷ-ŋ⟨ʔ⟩ actl+√smell⟨actl⟩-nctrns-psv⟨actl⟩⟧ ☞ súŋ being smelled (especially as a stink). {**súsaʔnəŋ** cxʷ. *Somebody smells you.* (ES)}

súsəŋ ⟦sú+√suŋ actl+√smell⟧ ☞ súŋ to be stinking, smelling bad. (LB,CWH; EPT; LC; ES; TC; AS,BC; AS) {txʷaʔ**súsəŋ**. *It got stink.* (TC) | **súsəŋ** cn. *I stink.* (MJT; ES) | **súsəŋ** cxʷ. *You stink.* (TC; TC,BC) | **súsəŋ** cxʷ nuʔsmáčən. *You smell like a skunk.* (TC,BC) | **súsəŋ** tə ṅsxə́naʔ. *Your feet stink.* (MJT) | **súsəŋ** tiʔə kitchen. *This kitchen stinks.* (MJT)} cp. xʷásəŋ

súsəŋnəxʷ ⟦sú+√suŋ-naxʷ actl+√smell-nctrns⟧ ☞ súsəŋ to be able to smell something. {**súsəŋnəxʷ** cn tə sɬúp. *I can smell the soup.* (MJT)}

sút ⟦√sut √suit⟧ suit of clothes. [from English 'suit'] {č**sút** cn. *I have a suit.* (TC)}

sútč ⟦√sutč √north_wind⟧ northeast wind, cold north wind of the winter. (JCo; EPT; LST; ES; TC) {ʔáʔiʔ kʷsə **sútč**. *The north wind is blowing on.* (EPT)}

sutəwátə ⟦√sutəwátə √pop⟧ pop, any carbonated soft drink. (TC) [from English 'soda water']

suwáʔwəs ⟦s-w+√wiʔws s-pl+√boy⟧ ☞ swə́ʔwəs a group of young men, boys. (TC; ES; AS,BC) VAR: suʔáwəs (TC) {čaʔsaʔ **suʔáwəs** cə x̌čtín. *I know two of the boys.* (TC) | ʔuʔx̌čít cn cə **suʔáwəs**. *I know those boys.* (TC) | néʔ **suʔáwəs**. *There were boys.* (TC) | təŋkʷáct ʔaʔ kʷsə **suʔáwəs** qaʔxqíŋ. *Join in with those boys who are playing.* (TC) | níɬ nəsxʷsxʷaʔtín ʔaʔ cə néʔ **suʔáwəs**. *That's why I was hated by those boys.* (TC) | sx̌éʔs ʔaʔ ti sqqíŋs cə ʔəstáʔŋəkʷ ʔaʔ cə néʔ **suʔáwəs** kʷɬsx̌ayéʔx̌qɬs. *He wanted to play together with those boys that were there of his age.* (TC) VAR: suʔáʔwəs (TC) {suʔcúŋts cə **suʔáʔwəs**. *So the boy's brought him up from the beach.* (MJ) | qiqə́p tə **suʔáʔwəs** *The young men were gathered.* (MJ) | suʔúyɬs cə čáʔsaʔ **suʔáʔwəs** ʔaʔ cə scaʔkʷaʔyúɬ. *So two boys got on the boat.* (MJ) | txʷʔúxʷnəsəŋ ʔaʔ cə sqaʔqtəmús qaʔxqíŋ cə **suʔáʔwəs** ʔiʔ sx̌éʔs či sxʷtíŋts. *The ball the boys were playing with came toward him, and he wanted to jump for it.* (TC)} VAR: swáʔaʔwəs {cúŋtəŋ č ʔaʔ či **swáʔaʔwəs** cə múʔuqʷ. *The ducks were apparently brought up by the young men.* (MJ)}

suwəcísən finger ring. See under: suʔəcísən

suwə́yqaʔ ⟦s-w+√wəy̓qəʔ s-pl+√male⟧ ☞ swə́yqaʔ a group of men. (TC) VAR: suʔwə́yqaʔ (ES) {ŋənáy **suʔwə́yqaʔ**. *Many men.* (ES) | kʷaʔkʷənáʔi **suʔwə́yqaʔ**. *few men* (ES; TC) | ʔuʔxə́n st ʔuʔ **suʔwə́yqaʔ**, ncə́t ʔiʔ ʔə́c. *We're all men, my father and I.* (MJ) | qpə́ts či ŋə́n̓ ʔiʔiyə́m **suʔwə́yqaʔ**. *They gathered many strong men.* (ES) | kʷəntís canu **suʔwə́yqaʔ** txʷnə́w̓əcən ʔaʔ cə stútaʔwiʔ. *He watched those men on the other side the creek* (ES) | níɬ suʔən̓ʔás cə čáʔsaʔ **suʔwə́yqaʔ**. *Then two men came.* (ES)} VAR: suʔə́yqaʔ (EPT) {huʔča**suʔə́yqaʔ**. *There are only boys in the family.* (MJT) | ní·ɬ kʷaʔ suʔmán̓s ʔuʔ xə́ɬ cə xčŋíns cə čáʔsaʔ qáyaʔŋi ʔaʔ cə **suʔə́yqaʔ**. *Then the two young women were very dissatisfied with the men.* (AA)} VAR: swiwə́yqaʔ (AS,BC) ⟦s-wy+√wəy̓qəʔ s-pl+√male⟧ {čsústi tiə **swiwə́yqaʔ**. *The men punched each other.* (AS) | čičə́sti tiə **swiwə́yqaʔ**. *The men are boxing.* (AS)} VAR: swiʔwə́yqaʔ (AS,BC)

súy ⟦√suy √swell⟧ to swell up. {**súy** cn. *I swelled up.* (AS,BC)}

súyaʔəč ⟦√suyaʔč √bed_mat⟧ a long woven cattail bed mat. ✱This is the largest kind of cattail mat. It was formerly used as a bed mat and as a wall mat to keep the wind out. It was woven from cattails using a needle made of bone. (LBH; EPT) VAR: súyáʔəč (EPT) VAR: súyəʔəč (EPT) VAR: súyyáʔəč (EPT) VAR: súyyaʔč (EPT) VAR: suyáʔi {húʔ tə́s tə sxʷʔiyás ti sq̓óyəŋs ʔiʔ čáy ʔaʔ ti ʔáʔiŋs ʔaʔ táʔcs sx̣ónaʔ ti ɬq̓əts cə *suyáʔi* ti sčáys ʔáʔiŋs tə sxʷʔáwəs c ɬáʔɬačí. *When they got to where they camped they would make their house from eight-foot long mats so that they would make the house not be chilly.* (MJ)} VAR: súyaʔič (MJT)

suyáʔi bed mat. See under: súyaʔəč

súyəq ⟦√suyq √gill_net⟧ any fishnet, especially a gill net. (MJT; TC; AS,BC; AS) {čáy ʔaʔ cə *súyəq*s. *He made his net.* (TC) | čáʔčt cn cə *súyəq*. *I'm making a net.* (ES) | níɬ ʔuʔ ʔənskʷáʔ ʔənsúyəq. *It's your net.* (AS,BC) | ɬkʷáyəs caʔn ʔaʔ či *súyəq*. *I'm going to make a fish net.* (MJT) | ʔi uʔkʷəntís ʔaʔ kʷi sqaṅítəŋs cə *súyəq*s cə məqáʔaʔ ʔəcɬtáyŋxʷ. *They looked at what was robbing the nets of the Makah people.* (TC)}

súyət let it swell. See under: súytxʷ

súytəŋ ⟦√suy-txʷ-ŋ √swell-caus-psv⟧ ☞ súytxʷ to be swollen. (LC; AS; AS,BC) {*súytəŋ* cə ncáys. *My hands were swollen.* (AS) | *súytəŋ* u ʔay̓? *Did it swell up?* (AS) | ʔiʔ ʔuʔníɬ kʷi sxʷ*súytəŋ*s. *So that's why it swelled up.* (AS) | ʔáwə nsx̣čít kʷaʔ ʔəstúʔŋəts nsxʷ*súytəŋ*s. *I don't know why I got swollen.* (MJ)} VAR: súyətəŋ (AS,BC)

súytxʷ ⟦√suy-txʷ √swell-letcaus⟧ ☞ súy to make or let something swell up. (AS) {*súytxʷ* cn. *I let it swell.* (AS) | *súytxʷ* cn cə ncáys. *I let my hand swell up.* (AS)} VAR: súyt (AS) VAR: súyət (BC) {*súyət* cə ncáys. *I let my hand swell up.* (BC)}

súyyáʔəč bed mat. See under: súyaʔəč

súyəʔəč bed mat. See under: súyaʔəč

swáʔ go with. See under: səwáʔ

swáʔaʔwəs young men. See under: suwáʔwəs

swaʔáy̓ŋən want to go along. See under: waʔáy̓ŋən

swáʔləx̣ ⟦s-√waʔləx̣ s-√?⟧ Mount Baker. (LB,EWH)

swáʔnəməš Penn Cove. See under: skʷáʔnəməš

swaʔwáʔhəm̓ ⟦s-waʔ+√wa<ʔ>həm<ˀ> s-dim+√horse_clam<dim>⟧ ☞ swáhəm small horse clam. (ES)

swaʔwéʔwəs ⟦s-waʔ+√wiʔws s-dim+√boy⟧ ☞ swéʔwəs small boy, small young man. (AS,BC)

swaʔwiʔqúʔiɬ ⟦s-waʔ+√wəy̓q?=uʔiɬ s-dim+√male=child⟧ ☞ swiʔqúʔiɬ small young boy, baby boy. (ES)

swaʔyáhəm ⟦s-√w<aʔy>ahəm s-√horse_clam<pl>⟧ ☞ swáhəm a bunch of horse clams. (ES) VAR: swiyáhəm (MJT)

swáʔyət ⟦s-√waʔyət s-√place_name⟧ a shallow place at Becher Bay near məqʷúʔəs. (TC)

swáam black-neck clam. See under: swáhəm

swáhəm ⟦s-√wahəm s-√horse_clam⟧
1. horse clam. *Tresus spp.* (LB,CWH; MJT; HS,ES; TC; ES)
2. black-neck clam. *Schizothaerus sp.?.* ⦅USAGE: This definition is used at Jamestown only.⦆ (EPT) cp. ŋáʔŋaʔ VAR: swáam (EPT; TC)

swákʷən ⟦s-√wakʷn s-√loon⟧ common loon. *Gavia immer.* (TC)

swák̓ʷɬ potlatch blanket. See under: swák̓ʷaʔɬ

sway̓kʷúkʷt loon. See under: sxʷaʔxʷúkʷt

swéʔwəs ⟦s-√wiʔws s-√boy⟧ boy, young man, youth (approximately age 13-marriage). ✱This could refer to an older man depending on how he acts. AS and BC knew of a man in his 50's who thought all women were in love with him and wasc alled swéʔwəs. (LB,EWH; EPT; ES; ES,TC; TC; WB,AS,BC; MJ) {sxʷkʷənkʷánəŋət cə *swéʔwəs*. *That boy is a runner.* (ES) | txʷaʔ*swéʔwəs* cn. *I became a young man.* (TC) | ʔəyyə́m kʷsə *swéʔwəs*. *That young man is strong.* (EPT) | táči cə *swéʔwəs*. *The young man got here.* (TC) | ɬx̣ʷət caʔn kʷə *swéʔwəs*. *I'm going to straighten that young man out.* (AS,BC) | ʔuʔx̣ʷənʔáŋ yaʔ ʔaʔ kʷi nə*swéʔwəs* yaʔ. *It was like that when I was a young man.* (TC) | x̣áwəs sxʷənáʔəm *swéʔwəs*. *He was a new Indian doctor young man.* (MJ) | ʔiʔšə́təŋ canu *swéʔwəs* ʔiʔ nəxʷsəʔáwəŋ ʔaʔ cə saʔsúɬɬ. *That young man was walking and going along our path.* (ES) | ʔiʔ ʔuʔmá·n̓ ʔuʔ sáʔysiʔ cə *swéʔwəs*. *And the young man was very scared.* (ES) | cə́ŋaʔtəŋ cn ʔaʔ cə náʔcuʔ *swéʔwəs*. *I was carried by one young man.* (ES) | čtáʔtəŋ cə *swéʔwəs* ʔəcɬtáyŋxʷ. *He asked the Indian young man.* (ES) | húy tə *swéʔwəs* ʔuʔ ʔəscáʔnəč ʔaʔ cə ɬúŋən. *The boy is only leaning back against the wall.* (AS)} cp. q̓áʔŋi VAR: swéʔus (ES; WB; AS,BC) VAR: swéʔəwəs (EPT) VAR: swə́wəs (AS; MJ)

swaʔwəscút ⟦s-√wiʔws-cut s-√boy-rflxv⟧ ☞ swéʔwəs to become a young man. {ʔuʔtxʷaʔnuʔ*swaʔwəscút* cn. *I became kind of a young man.* (TC)}

swák̓ʷaʔɬ ⟦s-√wək̓ʷ=aʔɬ s-√wool=mass⟧ [root not identified in other words]
1. potlatch blanket (made of mountain goat wool). ✱Used for spirit dancers' clothing (TC)
2. shawl, anything used to cover one's back. (AS,BC)
3. mountain goat wool. (TC) VAR: swák̓ʷɬ (BC)

swə́n̓əməš ⟦s-√wən̓=uməš s-√?=type⟧ Swinomish tribe at La Conner. (LB,CWH,H)

swə́wəs boy. See under: swéʔwəs

swə́yaʔwəs ⟦s-√w<áy>iʔws s-√boy<pl>⟧ [alternate plurals] cp. swíwaʔwəs cp. suwáʔwəs cp. swíwaʔwəs ☞ swéʔwəs a group of young men, boys. (ES) {suʔhiyáʔs məsíct či ʔuʔhúy ʔuʔ

ʔiʔiyə́ms **swə́yaʔwəs**. *They went and chose only their strong young men.* (ES) | suʔkʷiʔə́təŋs ʔəʔ tə **swə́yaʔwəs** tə sq̕ʷiyúŋiʔ ʔiʔ x̌ʷnás tə múʔuqʷ. *The boys spilled out the heads and managed to get the ducks.* (MJ)} VAR: swəyáʔwəs (BC) VAR: suʔíwaʔwəs (EPT)

swə́ytən ⟦s-√wəy=tən s-√gear=instr⟧   net or any fishing gear (line, jig, etc.). (TC) {nəsuʔx̌čiŋítxʷ cə nə**swə́ytən** ʔiyá txʷaʔx̌áč̕. *I sank my net deep there.* (TC)}

swəy̌áʔwəs young men. *See under:* swə́yaʔwəs

swə́y̌qaʔ ⟦s-√wəy̌qaʔ s-√male⟧
1. man, male. (LB,CWH; MV; JCo; EPT; TC; AS,BC) {níɬ ʔay̌ cán cə **swə́y̌qaʔ**? *Who is that man?* (ES) | kʷə́ns cə čáʔsaʔ **swə́y̌qaʔ**. *He saw two men.* (ES) | ʔáwənə **swə́y̌qaʔ**s. *They had no men.* (AS) | maʔkʷə́ɬnəs cə sqáx̌aʔ cə **swə́y̌qaʔ**. *The dog hurt the man.* (TC) | maʔkʷə́ɬnəs cə **swə́y̌qaʔ** cə sqáx̌aʔ. *The man hurt the dog.* (TC) | ʔə́ŋaʔts cə **swə́y̌qaʔ** cə q̕áʔŋiʔ. *The man gave something to the girl.* (TC) | šč̕átəŋ cə **swə́y̌qaʔ** xʷanítəm. *(I was) pulled by the white man.* (ES) | kʷənít u cxʷ təsə **swə́y̌qaʔ** ʔiyá ʔəʔ təsə sčaʔkʷaʔyúɬ, Timmy? *Do you see that man on that boat, Timmy?* (MJ)}
2. husband (when a possessive affix is attached). (LB,CWH) {níɬ nskʷɬč**swə́y̌qaʔ** ʔiʔ táči. *I was already married, and he arrived.* (MJ) | níɬ kʷə **swə́y̌qaʔ**s cə sɬániʔ. *He's the husband of that woman.* (AS) | ʔə́n**swə́y̌qaʔ**. *It's your husband.* (TC; LC) | x̌iʔə́ʔt cn kʷə nə**swə́y̌qaʔ**. *I'm looking for my husband.* (ES) | kʷánəs cn cə n**swə́y̌qaʔ**. *I left my husband.* (ES) | kʷə́nəxʷ cn kʷaʔ kʷə **swə́y̌qaʔ**s. *I saw her husband.* (AS,BC) | níɬ suʔkʷáčəŋs kʷə **swə́y̌qaʔ**s. *Then her husband hollered.* (AS) | kʷáčəŋ kʷɬawńit **swə́y̌qaʔ**s. *That woman's husband hollered.* (AS) | ɬúyəŋ cn ʔəʔ cə nə**swə́y̌qaʔ**. *My husband left me.* (TC) | nəxʷsx̌iyʔáməxʷ cə **swə́y̌qaʔ**s c sʔúqʷaʔs. *Her sister's husband was a good provider.* (AA) | suʔánɬs cə scutáyəɬ, **swə́y̌qaʔ**s cə saʔə́y̌čəns. *So the brother-in-law, husband of her younger sister, agreed.* (AA) | ɬuʔísti st ʔiʔ kʷə nə**swə́y̌qaʔ** x̌aʔPort Angeles ʔiʔ maliyíti. *My husband and I ran away to Port Angeles and got married.* (MJ) | ʔiʔ naʔčáʔuŋxʷ yaʔ tə **swə́y̌qaʔ**s kʷsə náʔcuʔ ŋə́naʔɬ. *The husband of one of our daughters was a foreigner.* (ES)}

swə́y̌qaʔáč̕ɬ young boy. *See under:* swiʔqúʔiɬ

swə́y̌qaʔct ⟦s-√wəy̌qaʔ-cut s-√male-rflxv⟧
☞ swə́y̌qaʔ   to turn into a man. (MJT) {ʔuɬə́ŋ cxʷ ʔuʔ **swə́y̌qaʔct**. *You're really becoming a man.* (AS) | čaʔ**swə́y̌qaʔct** cə swéʔwəs. *The boy is just turned into a man.* (AS)}

swə́y̌qaʔúməš ⟦s-√wəy̌qaʔ=umš s-√male=type⟧
☞ swə́y̌qaʔ   to be, look, act like a man, seem masculine. (TC; AS) {táči kʷi kʷə **swə́y̌qaʔúməš**. *The one that looks like a man got here.* (AS)}

swə́y̌qúʔiɬ young boy. *See under:* swiʔqúʔiɬ

swəy̌wəy̌kʷúkʷt ⟦s-wəy̌+√wəy̌kʷukʷt s-pl+√loon⟧
☞ sxʷaʔxʷúkʷt   several loons. (MJT)

swiʔqúʔiɬ ⟦s-√wəy̌q=uʔiɬ s-male=child⟧
☞ swə́y̌qaʔ cp. sɬnaʔčúyəɬ cp. swéʔwəs   young boy (up to approximately 8-13 years old). (EPT; ES) ⟪USAGE: used when a child is born to say what it is⟫ (MJT) {húʔ č kʷi qaʔx̌qíŋ ti **swiʔqúʔiɬ** ʔiʔ hiyáʔ tənk̕ʷáʔct ti sɬnaʔčúʔiɬ. *When the boys are playing, a girl goes and joins in.* (ES)} VAR: swəy̌qúʔiɬ {čŋənaʔ tə **swəy̌qúʔiɬ**. *She had a baby boy.* (MJ)} VAR: swəy̌qaʔáč̕ɬ (MJT) VAR: swiqə́č̕ɬ (LB,CWH) VAR: swiqúʔyəɬ (LB,EWH)

swiʔwáʔwəs young men. *See under:* suwáʔwəs

swiʔwáʔwəs little boys. *See under:* swíwaʔwəs

swiʔwə́y̌qaʔ men. *See under:* suwə́y̌qaʔ

swiʔwiʔqúʔiɬ ⟦s-wy̌+√wəy̌q=uʔiɬ s-pl+√male=child⟧ ☞ swiʔqúʔiɬ   a group of young boys. (EPT)

swiqə́č̕ɬ young boy. *See under:* swiʔqúʔiɬ

swíštəɬ ⟦s-√wišt-əɬ s-√?-dur⟧   blanket. (EWH)

swíwaʔwəs ⟦s-wí+√wiʔws s-pl+√boy⟧ ☞ swéʔwəs
1. young men, boys. (LB,EWH; ES; AS)
2. small young man, little boy. (ES; TC) ⟦s-wí+√wiʔws s-aff+√boy⟧ {níɬ č yaʔ suʔəʔə́məts cəẃniɬ **swíwaʔwəs**. *So the little boy was sitting.* (TC)} VAR: swiwéʔwəs (AS,BC) VAR: swiʔwéʔwəs (AS,BC) VAR: swiʔwáʔwəs (AS,BC) VAR: swiwéʔus (AS,BC)

swíwaʔwəs young men. *See under:* suwáʔwəs

swiwə́y̌qaʔ men. *See under:* suwə́y̌qaʔ

swiyáhəm horse clams. *See under:* swaʔyáhəm

sxʷʔaʔáʔmət ⟦sxʷ-ʔa+√ʔə<ʔ>mut for-dim+√sit<actl>⟧   ☞ sxʷʔáʔmət   small bed, bench, couch, cot. (ES) {ʔəsccáwt cn ʔáɬaʔ ʔəʔ tiə **sxʷʔaʔáʔmət**. *I'm lying here on this bed.* (ES) | ʔúxʷ ixʷ kʷə Gypsy ʔəʔ cə **sxʷʔaʔáʔmət**. *Gypsy must have gone to her little bed.* (MJ)} VAR: sxʷʔáʔaʔmət {**sxʷʔáʔmət** ʔiyá ʔaʔ tə nəkitchen. *It's a little bed there in my kitchen.* (MJ)}

sxʷʔaʔčx̌áy̌ ⟦sxʷ-√ʔaʔčx̌=ayə for-√crab=container⟧ ☞ ʔáʔčx̌
1. crab trap, crab pot. (ES)
2. container for live crabs. (ES)

sxʷʔaʔkʷsáy̌s ⟦sxʷ-√ʔaʔkʷus-ay̌s for-√teach-activ⟧ ☞ ʔaʔaʔkʷsáy̌s   teacher. (AS,BC) {cəʔít ʔəʔ či **sxʷʔaʔkʷsáy̌s** ʔəʔ cə nəxʷsx̌ay̌əmúcən. *She/he is a true teacher of the Klallam language.* (AS,BC)}

sxʷʔáʔmət ⟦sxʷ-√ʔə<ʔ>mut for-√sit<actl>⟧ ⟪A bed in Klallam is seen as something for sitting on or getting up from.⟫ ☞ ʔə́mət   bed, bench (in the longhouse where people sit). (ES; TC; AS,BC) {yáʔt tə **sxʷʔáʔmət**. *Get the bed ready.* (ES) | kʷʔəsyáyaʔ kʷsə ṅ**sxʷʔáʔmət**. *Your bed is ready.* (ES) | x̌čaʔwíyət ʔəʔ cə ṅ**sxʷʔáʔmət**. *Put it under your bed.* (ES) | ʔúxʷ či x̌ca**sxʷʔáʔmət** ʔiʔ ʔitt. *Go to bed and sleep.* (EPT) | ʔúxʷ ʔaʔ kʷə ṅ**sxʷʔáʔmət**

sxʷʔáʔsəŋ

ʔiʔ ʔítt. *Go to your bed and sleep.* (EPT) | nsuʔə́mət ʔiyá ʔaʔ cə céʔčəŋ ʔaʔ cə **sxʷʔáʔmət**s. *So I sat down near her bed.* (MJ) | šaʔšúʔɬ ʔaʔ cə nəssíxt tə **sxʷʔáʔmət**. *She was glad I moved the bed.* (MJ) | ŋəsáyə swə́y̓qaʔ tə sáʔət tə **sxʷʔáʔmət**. *It took four men to lift the bed.* (MJ) | yáʔɬt cn cə **sxʷʔáʔmət**; táči kʷə nsəséʔyaʔ. *I fixed a bed; my grandparents got here.* (AS) | ʔə́yəmít tənəɬ sx̣ayéʔx̌qɬ ʔiyá ʔaʔ tə **sxʷʔáʔmət**. *Those children were sitting on the bed.* (MJ) | húʔ tə́s ʔaʔ cə nə**sxʷʔáʔmət** ʔiʔ níɬ suʔx̌ʷə́ts tə nəcáys. *When it got to my bed it took my hand.* (TC)}

sxʷʔáʔsəŋ ⟦sxʷ-√ʔáʔsəŋ for-√ʔ⟧ vagina. (LB,CWH)

sxʷʔáʔus maybe. *See under:* sxʷə́wəs

sxʷʔáɬaʔ ⟦sxʷ-√ʔ<á>ɬaʔ for-√here<actl>⟧ ☞ ʔáɬaʔ place here where it is. {ʔə́y̓ kʷi či nsɬúyəs tiə n**sxʷʔáɬaʔ**. *I better leave this place where I am.* (ES) | ʔuʔníɬ kʷi ʔuʔ **sxʷʔáɬaʔ**s yaʔ. *That's where he used to be.* (TC) | ʔi ʔuʔsqiʔám̓ kʷə nəɬúyəs ti n**sxʷʔáɬaʔ**. *But I can't leave where I am.* (AC)} VAR: sxʷʔáɬa {ʔə́y̓ kʷi či nsɬúyəs tiə n**sxʷʔáɬa**. *I better get out of here.* (ES)}

sxʷʔáw̓əs maybe. *See under:* sxʷə́wəs

sxʷʔáyəs ⟦sxʷ-√ʔays for-√sister⟧ ☞ ʔáyəs in-law of the same generation, one's spouse's sibling or cousin, brother-in-law, sister-in-law. (LB,CWH; EPT; MJT)

sxʷʔéʔčɬ ⟦sxʷ-√ʔi<ʔ>čɬ for-√dip<actl>⟧ ☞ ʔíčɬ dipper, ladle. (TC)

sxʷʔəč̓čísən ⟦sxʷ-√ʔač̓=acis=ən for-√wipe=hand=instr⟧ ☞ ʔáč̓əŋ hand towel. (EB) VAR: ʔəč̓čísən (TC)

sxʷʔəč̓úsən ⟦sxʷ-√ʔač̓=us=ən for-√wipe=face=instr⟧ ☞ ʔáč̓t small towel, face towel. (EPT; AS,BC; TC; AS) {húy ti suʔčaʔmúŋətəŋ či **sxʷʔəč̓úsən**. *They just dampened a small face towel.* (ES)} VAR: šč̓úsən (LC)

sxʷʔəmətáw̓txʷ ⟦sxʷ-√ʔəmut=aw̓txʷ for-√sit=house⟧ ☞ ʔə́mət toilet, bathroom, restroom, outhouse. (HS) {x̣̌aʔ**sxʷʔəmətáw̓txʷ** yaʔ cn. *I went to the toilet.* (MJT) | níɬ yəxʷ suʔúxʷtxʷs tə pípə ʔaʔ cə **sxʷʔəmətáw̓txʷ**. *I guess she took the paper to the outhouse.* (MJ)} VAR: sʔəmətáw̓txʷ (EPT; AS,BC; TC; ES) {ʔúxʷ či ʔaʔ cə **sʔəmətáw̓txʷ**. *Go to the bathroom.* (ES) | mán ʔuʔ x̌č̓ cə **sʔəmətáw̓txʷ**. *The outhouse was very deep.* (MJ) | hiyáʔ cn sqíyŋ ʔúxʷ ʔaʔ cə **sʔəmətáw̓txʷ**. *I went outside to the outhouse.* (MJ)} ⟦s-√ʔəmut=aw̓txʷ s-√sit=building⟧ VAR: sʔəmtáw̓txʷ (MJT) {hiyáʔ ʔúxʷ ʔaʔ cə **sʔəmtáw̓txʷ**. *He went over to the outhouse.* (MJ) | nsuʔhiyáʔ ʔúxʷ ʔaʔ tə sʔəmtáw̓txʷ ʔiʔ kʷənít cn tə pípə ʔiyá. *I went to the outhouse and read the paper there.* (MJ)}

sxʷʔə́mutan ⟦sxʷ-√ʔmw=tən for-√bow=instr⟧ hunting bow, bow and arrow. (EPT; BG,MJT; ES,TC; BC; AS) [probably related to the word for 'hunt'] *cp.* ʔəsʔúmənə? {mə́tə́t cn cə **sxʷʔə́mutan**. *I bent the bow.* (AS)} VAR: sxʷʔə́muʔn (ES) VAR: sxʷʔə́mutn

(AS) VAR: sxʷʔúmətən (BC) VAR: sxʷʔə́muʔtən (NS,JW) {níɬ u skʷáʔs **sxʷʔə́muʔtən**s? *Is it your own bow?* (NS,JW) | č**sxʷʔə́muʔtən** u? *Does he have a bow?* (NS,JW)}

sxʷʔəyáʔmət ⟦sxʷ-√ʔ<əy>ə<ʔ>mut for-√sit<pl><actl>⟧ ☞ sxʷʔáʔmət several beds. (ES)

sxʷʔə́yanít ⟦sxʷ-√ʔ<əy>əm<ʔ>ut for-√sit<pl><actl>⟧ ☞ sxʷʔáʔmət beds. (ES)

sxʷʔiʔáyəs ⟦sxʷ-√ʔy+√ʔays for-pl+√sister⟧ ☞ sxʷʔáyəs one's spouse's siblings, brothers-in-law, sisters-in-law. (EPT)

sxʷʔiʔčə́sən ⟦sxʷ-hy̓-√čs-ŋ for-proc-√punch-mdl⟧ ☞ čə́s any hammer. (BG,MJT)

sxʷʔiʔčičə́sən ⟦sxʷ-hy̓-√čy+čs-ŋ for-proc-pl+√punch-mdl⟧ ☞ sxʷʔiʔčə́sən several hammers. (BG,MJT)

sxʷʔiʔə́kʷtəŋ mechanical donkey. *See under:* sxʷiʔxʷiʔxʷə́kʷtəŋct

sxʷʔiʔiʔúyəɬ ⟦sxʷ-√ʔy+√ʔ<y̓>uyɬ for-pl+√go_aboard<pl>⟧ ☞ sxʷʔúyəɬ several conveyances. (MJT)

sxʷʔiʔíyəɬ ⟦sxʷ-√ʔy+√ʔiyʔɬ for-pl+√thigh⟧ ☞ sxʷʔíyʔəɬ several thighs. (EPT)

sxʷʔiʔíyəṅ ⟦sxʷ-√ʔy+√ʔiy=an̓ for-pl+√beside=ear⟧ ☞ sxʷʔíyəṅ the sides of the face or head, cheeks. (EPT)

sxʷʔiʔqʷə́yct ⟦sxʷ-hy̓-√qʷəyc-t for-proc-√bail-trns⟧ ☞ qʷə́yct bailer for removing water from a canoe. (TC) VAR: sxʷqʷə́yct (ES; TC) ⟦sxʷ-√qʷəyc-t for-√bail-trns⟧

sxʷʔiʔxʷə́kʷtəŋct mechanical donkey. *See under:* sxʷiʔxʷiʔxʷə́kʷtəŋct

sxʷʔiɬənáy ⟦sxʷ-√ʔiɬn-ayə for-√eat=container⟧ ☞ ʔíɬən food container. (TC)

sxʷʔíŋəc ⟦sxʷ-√ʔiŋc for-√grandchild⟧ ☞ ʔíŋəc grandchild's spouse, grandchild-in-law. {nə**sxʷʔíŋəc**. *my grandchild-in-law*

sxʷʔíyʔəɬ ⟦sxʷ-√ʔiyʔɬ for-√thigh⟧
1. thigh. (EPT)
2. groin, between the legs. (TC; AS,BC) VAR: šxʷʔíyʔəɬ VAR: sxʷʔíyɬ (AS,BC)

sxʷʔiyá ⟦sxʷ-√ʔya for-√there⟧ ☞ ʔiyá place there, where it is, location. (EPT; BH; ES) {ʔiʔ níɬ ʔuʔ n**sxʷʔiyá**. *And that's where I was.* (ES) | **sxʷʔiyá**s ti ʔáʔyəŋs. *It's where his house was.* (ES) | ʔiyá ʔaʔ cə **sxʷʔiyá**ɬ. *It was where we were.* (TC) | **sxʷʔiyá**s cə sxʷiʔám̓ yaʔ. *It was the story of that place.* (EB) | ʔiyá cn ʔuʔiyá ʔaʔ cə **sxʷʔiyá**ɬ. *I was there where we were.* (TC) | níɬ kʷi **sxʷʔiyá**s stáns. *That's where they landed.* (AS,BC) | ʔáwənə nəsxčít kʷə n**sxʷʔiyá**. *I don't know where I am.* (AS) | ʔiʔ hiyáʔ ʔúxʷ ʔaʔ kʷə **sxʷʔiyá**s kʷsə məšín. *She went to where the machine was.* (ES) | štə́ŋ ʔúxʷ ʔaʔ cə **sxʷʔiyá**s c sʔúy̓ɬs ʔaʔ cə snə́xʷɬs. *He walked over to where he boarded his canoe.* (TC) | ʔuʔiyá ʔaʔ ti **sxʷʔiyá**s tə ʔáʔiŋs ti ʔənsuʔqaʔxqín. *Stay where the house is when you're playing.* (MJ) | ʔuʔáwənə

ʔəxín ʔaʔ kʷi **sxʷʔiyá** ʔaʔ nə́wə či sčtə́ŋxʷən ʔəsʔéʔnəŋ. *There was no land visible where Noah was.* (ES) | ʔiʔ ʔənʔá st həwíyŋ ƛ́ay ʔúx̣ʷ ʔaʔ tə scannery nə**sxʷʔiyá** tə nəsčáʔi. *And we came back again to the cannery where I was working.* (MJ) | níɬ suʔyə́q́s ʔaʔ či **sxʷʔiyá**s cə sčə́q̓ʷəwc ʔiʔ **sxʷʔiyá**s cə siqaʔáʔwəɬ ʔaʔyəcɬtáyŋxʷ. *Then he got even to where the fire was where the people were around it.* (ES) | ƛ́ay tə́s ʔaʔ tə **sxʷʔiyá**s ti ŋə́ń scánnəxʷ. *He again got to a place where there were many salmon.* (ES) | ʔuʔyéy canu **sxʷʔiyá**s cə kʷaʔnaʔŋútxʷ ti qʷúʔ. *It was far where it made the water run.* (ES) | kʷánəŋət čə́yəxʷ ʔaʔ tə **sxʷʔiyá**s tə q̓ʷəyéʔiš. *He ran in to where they were dancing.* (ES) | níɬ suʔhiyáʔs ʔiʔ tə́s ʔaʔ **sxʷʔiyá**s ɬɬéʔyəm cə sɬániʔ. *He went and got to where the woman was singing.* (ES)} VAR: sxʷʔíya {ʔiʔ sƛ́éʔs či qʷúʔ cə nsɬániʔ ʔiʔ ʔənʔá čʔíya ʔaʔ cə **sxʷʔiya**s či skʷúkʷs caʔ či sʔíɬən. *My wife wanted the water to come from there to where she was going to cook the food.* (ES)} VAR: sxʷʔiyáʔ {níɬ kʷi **sxʷʔiyáʔ**s ti sɬək̓ʷəyústəŋs tə kapú. *That's where they hang the coats.* (AS) | suʔtə́ss cə swə́ýqaʔs yaʔ ʔaʔ kʷi **sxʷʔiyáʔ**s yaʔ kʷi ʔuʔútxs ʔiʔ ʔáwənə kʷaʔ. *So her husband got to where the canoe had been, but it wasn't there.* (AA)} VAR: sxʷʔiyáʔ [possible the 'actual'] {ʔáwənə ʔíyaʔ ʔaʔ cə **sxʷʔiyáʔ**s či sxənʔáx̣ʷs canu swéʔwəs. *There was nothing where the boy said.* (ES)}

sxʷʔiyáx̣ən ⟦sxʷ-√ʔiy-ax̣an for-√beside=arm⟧ the side of one's body. (TC; AS)

sxʷʔiyáýəŋ ⟦sxʷ-√ʔyaýŋ for-√parent⟧ ☞ ʔiyáýəŋ
1. uncle-in-law or aunt-in-law, parent's sibling's spouse. (LB,CWH; MJT)
2. term for a great aunt or great uncle who has died. (CWH)

sxʷʔíyən ⟦sxʷ-√ʔiy-an̓ for-√beside=ear⟧ the side of the face or head, one's profile, cheek. (EPT; ES) VAR: sxʷʔíyn̓ (AS,BC) VAR: sxʷʔíyən (MJT)

sxʷʔiyiyáýəŋ ⟦sxʷ-√ʔy⟨y⟩aýŋ for-√parent⟨pl⟩⟧ ☞ sxʷʔiyáýəŋ several aunts-in-law. (MJT)

sxʷʔuk̓ʷáy ⟦sxʷ-√ʔawk̓ʷ=aya for-√belongings=container⟧ ☞ ʔáwk̓ʷ anything used to contain belongings such as any pocket, suitcase, trunk, bureau, chest-of-drawers. (AB,ICT; ES) {suʔx̣ənəŋs, "ƛ̓k̓ʷə́t cə n̓**sxʷʔuk̓ʷáy** ʔiʔ ʔənʔá ʔiswáʔ." *He said, "Take your suitcase and come along."* (MJ)} VAR: sxʷʔuk̓ʷáyə (HS) {ʔúx̣ts ʔaʔ cə **sxʷʔuk̓ʷáyə**s. *He put it in his pocket.* (MJ)} VAR: sxʷuʔk̓ʷáyə (MJT)

sxʷʔúk̓ʷɬ[1] babysittee. See under: sʔúk̓ʷɬ

sxʷʔúk̓ʷɬ[2] step-parent. See under: sxʷsʔúk̓ʷɬ

sxʷʔúyəɬ ⟦sxʷ-√ʔuyɬ for-√go_aboard⟧ ☞ ʔúyɬ any conveyance such as a canoe, raft, boat, car, horse, floating log, and so on. (MJT) {hiyáʔts cə **sxʷʔúyəɬ**. *He took what he was going to ride.* (MJ)} VAR: sxʷʔúyɬ (MJ) {suʔúyɬs nəníɬəyə ʔaʔ cə **sxʷʔúyɬ**s ʔaʔ t skʷáčis. *So they boarded their craft in the morning.* (MJ)} VAR: sxʷʔúyəɬ ⟦sxʷ-√ʔuy⟨ʔ⟩ɬ for-√go_aboard⟨actl⟩⟧ {čə́saʔ **sxʷʔúyəɬ**. *It's two conveyances.* (MJT)}

sxʷaʔáʔi chamber pot. See under: sxʷáʔəy

sxʷaʔáý chamber pot. See under: sxʷáʔəy

sxʷáʔəy ⟦√sax̣ʷəʔ=ayə √urinate_fem=container⟧ ☞ sáx̣ʷaʔɬ chamber pot. (MJT) VAR: sxʷáʔəý (MJT) {kʷɬʔaʔáʔmət ʔiyá ʔaʔ tə **sxʷáʔəý**s. *He's sitting on the chamber pot.* (MJT)} VAR: sxʷáʔi (AS,BC; AS) VAR: sxʷáý (AS) VAR: sxʷáy (AS) VAR: sxʷaʔáʔi (AS) {níɬ kʷi **sxʷaʔáʔi**s tsiə sx̣íƛ̓aʔƛ̓qɬ. *It's the little girl's chamber pot.* (AS)} VAR: sxʷaʔáý (AS) VAR: sxʷáʔaʔi {níɬ ʔuʔ súsəŋəs ti **sxʷáʔaʔi** x̣ásəŋ. *A chamber pot stinks when it smells strong.* (MJT)}

sxʷaʔk̓ʷéʔqʷ crazy. See under: ʔəsxʷak̓ʷéʔqʷ

sxʷáʔk̓ʷiʔ ⟦ʔs-√xʷa⟨ʔ⟩k̓ʷ-iy⟨ʔ⟩ stat-√crazy⟨actl⟩-dev⟨actl⟩⟧ ☞ sxʷák̓ʷiʔ to be acting crazy. (ES) {huʔ**sxʷáʔk̓ʷiʔ**; níɬ nəsxʷiʔqinúŋət. *He was acting crazy; that's why I got mad.* (MJT)}

sxʷaʔŋáɬ resting. See under: ʔəsxʷaʔŋáɬ

sxʷaʔŋáɬəŋ ⟦ʔs-√xʷa⟨ʔ⟩ŋ=aɬ-ŋ⟨ʔ⟩ stat-√rest⟨actl⟩=mass-mdl-⟨actl⟩⟧ ☞ xʷáʔŋaɬ to be taking a rest. {**sxʷaʔŋáɬəŋ** cn. *I'm taking a rest.* (ES)}

sxʷaʔtín ⟦s-√xʷəʔtiŋ s-√dislike⟧ [subjective genitive stem] to dislike, hate, not want, despise. (ES; AS,BC) {**sxʷaʔtín**s č skʷə́nnəxʷtxʷ. *He hated to let them see it.* (TC) | nə**sxʷaʔtín** cə kʷápi. *I hate coffee.* (ES) | nə**sxʷaʔtín** ti sqáx̣aʔ. *I don't like dogs.* (MJT) | **sxʷaʔtín** č yaʔ. *They didn't like him.* (TC) | n̓**sxʷaʔtín** u ʔuč ti sq̓x̣əyuʔ. *Don't you like clams?* (EPT) | nə**sxʷaʔtín**. *I don't want it.* (MJT) | n**sxʷaʔtín** kʷsáyə. *I don't like that person.* (EPT) | ʔáwə c ʔənʔá. n**sxʷaʔtín** cxʷ. *Don't come. I don't like you.* (MJ) | ʔuʔƛ̓ʷiyuʔús kʷaʔ ʔuʔn̓**sxʷaʔtín**ən. *I don't care if you don't like me.* (TC) | n̓**sxʷaʔtín** u ʔuč haý ti sq̓x̣əyuʔ. *Don't you folks like clams?* (EPT) | níɬ nə**sxʷsxʷaʔtín** ʔaʔ cə néʔ suʔáwəs. *That's why I was hated by those boys.* (TC)} VAR: sxʷatín (AS)

sxʷáʔwəs maybe. See under: sxʷə́wəs

sxʷaʔx̣áʔk̓ʷiʔ ⟦ʔs-xaʔ+√xʷa⟨ʔ⟩k̓ʷ-iy⟨ʔ⟩ stat-dim+√crazy⟨actl⟩-dev⟨actl⟩⟧ ☞ sxʷáʔk̓ʷiʔ to be acting crazy (speaking of a small person). (MJT)

sxʷaʔx̣áʔx̣ʷč ⟦s-xʷaʔ+√xʷaʔx̣ʷč s-dim+√aroused⟧ ☞ sxʷáʔx̣ʷč small snake. (MJT)

sxʷáʔx̣ʷč ⟦s-√xʷaʔx̣ʷč s-√aroused⟧ ☞ x̣ʷáʔx̣ʷč any snake, serpent. *Serpentes.* (EPT; MJT; ES; AS,BC; AS) {níɬ suʔtácis cə čə́q **sxʷáʔx̣ʷč**. *Then a big snake arrived.* (MJ) | ŋúts ixʷ cə **sxʷáʔx̣ʷč** cə wəqə́q ʔiʔ sqiʔám či sɬtə́xʷts. *The snake must have eaten a frog, but couldn't swallow it.* (MJ) | níɬ kʷaʔčaʔ suʔx̣ənəŋs č ʔaʔ cə **sxʷáʔx̣ʷč**, "kʷənáŋəc caʔn." *Then she said to the snake, "I'm going to help you."* (MJ) | ʔuʔk̓ʷənt q́ cn kʷə kʷsə **sxʷáʔx̣ʷč** ʔáwənə ƛ̓əwəq́s. *I will indeed look at a snake with no anus.* (MJ)} VAR: sxʷáʔəc (AS,BC) VAR: sxʷáx̣ʷč

(EPT; MJT) [AS and BC definitely reject the form with /xʷ/ rather than /x̣ʷ/.]

sxʷaʔx̣ʷənáʔəm ⟦s-xʷaʔ+√x̣ʷnaʔm s-dim+√shaman⟧ ☞ sxʷnáʔəm
1. any small bug, spider, etc. >. (MJT; HS,ES) {ʔíŋət cn cə **sxʷaʔx̣ʷənáʔəm**. *I stepped on the bug.* (TC) | k̓ʷənít cn kʷaʔčə cə **sxʷaʔx̣ʷənáʔəm**. *I looked at the bug.* (MJ) | níɬ suʔk̓ʷəníts cə **sxʷaʔx̣ʷənáʔəm** ʔiʔ púxʷts ʔiʔ čə́w. *Then he looked at the bug, and he blew on it, and it disappeared.* (MJ) | nəsuʔk̓ʷə́xt cə cáyss ʔaʔ cə sx̣̓íqtis ʔiyá ʔaʔ cə **sxʷaʔx̣ʷənáʔəm**. *I pushed away his hands that he had pressed together on a bug.* (MJ)}
2. any small animal that makes a path (such as a snake, rat, skunk). (MJT) VAR: sxʷaʔx̣ʷəná̓ʔəm (ES)

sxʷaʔx̣ʷəníti sk̓ʷáqəŋ ⟦s-xʷaʔ+√x̣ʷin-ty s-√k̓ʷaq-ŋ s-dim+√swear-rcprcl s-√flower-mdl⟧ ☞ xʷaʔx̣ʷəníti ☞ sk̓ʷáqəŋ rainflower, swearing flower. *unidentified species - a small, pink, rotate flower blooming in early spring in bushes.* ∗AS and BC think there must be a story behind this name, but no one would ever explain to them why the flower has this name. (AS,BC)

sxʷáʔxʷk̓ʷ drunk. *See under:* ʔəsxʷáʔxʷək̓ʷ

sxʷaʔxʷk̓ʷéʔqʷ crazy a little. *See under:* ʔəsxʷaʔxʷk̓ʷéʔqʷ

sxʷaʔxʷúk̓t ⟦s-xʷaʔ+√xʷuk̓t s-dim+√loon⟧ common loon. *Gavia immer.* (AS,BC) VAR: sxʷaʔk̓ʷúyk̓ʷt (ES) VAR: swayk̓ʷúk̓ʷt (MJT) VAR: sxʷaʔk̓ʷúk̓ʷt (ABT)

sxʷaʔxʷúpšən ⟦s-xʷaʔ+√xʷup=šən s-dim+√?=foot⟧ to wear long clothes (hanging down to the heals). (AS,BC; AS) {**sxʷaʔxʷúpšən** cn. *I've got long clothes on.* (AS) | cán ʔuč cə xʷanítəm. ʔúnu ʔuʔ **sxʷaʔxʷúpšən**. *Who is that white man. Notice his long coat.* (AS)}

sxʷaʔyaʔxʷáʔxʷč̓ ⟦s-xʷ<aʔy>aʔ+√xʷaʔxʷč̓ s-dim<pl>+√aroused⟧ ☞ sxʷaʔxʷáʔxʷč̓ several small snakes. (MJT)

sxʷaʔyáʔxʷč̓ ⟦s-√xʷ<aʔy>aʔxʷč̓ s-√aroused<pl>⟧ ☞ sxʷáʔxʷč̓ several snakes. (MJT) {ʔiʔíst ɬúyəs cə sxʷʔiyás tə **sxʷaʔyáʔxʷč̓**. *They paddled and left the place where the snakes were.* (MJ)} VAR: sxʷáyaʔxʷč̓ (MJT) {níɬ cə **sxʷáyaʔxʷč̓** ʔəsqə́yaʔq ʔiyá ʔaʔ kʷsə čáyəqʷ. *It was snakes tangled up there in the backwoods.* (MJ) | nsx̣̓éʔ u či kʷə́nəxʷ či **sxʷáyaʔxʷč̓** ʔáwənə x̣̓ə́wəq̓s? *Do you want to see snakes with no anus?* (MJ)}

sxʷaʔyaʔxʷənáʔəm ⟦s-xʷ<aʔy>aʔ+√xʷnaʔm s-dim<pl>+√shaman⟧ ☞ sxʷaʔxʷənáʔəm [this form indicates that the /xʷ/ is not part of the prefix, but others indicate that it is.] *cp.* sxʷniyáʔəm
1. little monsters. {nuʔx̣ʷənʔáŋ ʔaʔ či **sxʷəyaʔxʷənáʔəm̓**. *They're like little monsters.* (AA)}
2. small animals that make paths (such as snakes, rats, skunks). (MJT) {čúwɬ **sxʷaʔyaʔxʷənáʔəm** súɬ. *It's a path for little animals.* (MJT)} VAR: sxʷəyaʔxʷənáʔəm̓ (AA)

sxʷaʔyək̓ʷiʔáx̣ən ⟦s-√xʷ<aʔy>ak̓ʷ-iy=ax̣an s-√crazy<pl>-dev=arm⟧ ☞ sxʷək̓ʷiʔáx̣ən elbows, crazy bones. (MJT)

sxʷáčɬ in middle. *See under:* ʔəsxʷáčɬ

sxʷáčɬtxʷ let it in between. *See under:* ʔəsxʷáčɬtxʷ

sxʷák̓ʷiʔ ⟦ʔs-√xʷak̓ʷ-iy stat-√crazy-dev⟧ to be crazy, insane, promiscuous, foolish, stupid. (EPT; MJT; RS; LC; TC; ES) {**sxʷák̓ʷiʔ** cxʷ. *You're crazy.* (LC) | nsuʔ**sxʷák̓ʷiʔ**. *So I was crazy.* (ES) | **sxʷák̓ʷiʔ** ʔəcɬtáynxʷ. *Crazy person.* (ES) | **sxʷák̓ʷi** xʷanítəm słáni. *She's a crazy white woman.* (ES) | níɬ ʔənsuʔ**sxʷák̓ʷiʔ** xʷənʔáŋ ʔaʔ ʔəc. *You're crazy like me.* (TC) VAR: ʔəsxʷák̓ʷi (EPT) {ʔəsxʷák̓ʷi ɬaʔ słáni?. *The woman is crazy.* (EPT)} VAR: sxʷák̓ʷi (RS; EPT; AS,BC) {xʷk̓ʷə́ts tə sə́mi tə **sxʷák̓ʷi** swə́y̓qaʔ. *The crazy man dragged the blanket.* (AS) | yaʔyəŋəcút ʔaʔ cə **sxʷák̓ʷi** nəstíym. *He was listening to my crazy song.* (MJ)}

sxʷak̓ʷihúmš ⟦s-√xʷak̓ʷ-iy=umš s-√crazy-dev=type⟧ ☞ sxʷák̓ʷiʔ to act stupid. (LC) VAR: sxʷak̓ʷiʔúməš (LC) {**sxʷak̓ʷiʔúməš** kʷi kʷə nswə́y̓qaʔ. *My husband acts stupid.* (AS)}

sxʷám̓xʷəm̓ ⟦ʔs-√xám̓+√xʷam̓ stat-char+√alone⟧ ☞ xʷám̓xʷəm̓ to feel lonesome, lonely. (ES; AS,BC) {mán̓ ʔuʔ **sxʷám̓xʷəm̓** kʷsə nséʔya?. *My grandmother was very lonely.* (AS)}

sxʷanítəməɬ ⟦s-√xʷanitəm=aɬ s-√white_man=belonging⟧ ☞ xʷanítəm to be of or from the white people and their culture, white man style. {ʔiʔ q̓ʷiʔéʔiš ʔaʔ či **sxʷanítəməɬ** sq̓ʷəyéyəš. *And we were dancing at the white man style dance.* (ES)} VAR: sxʷanítəmɬ ☞ xʷanítəm {xʷə́k̓ʷt ʔaʔ cə nə... cə čəʔúʔwən **sxʷanítəmɬ** kʷi x̣̓ácus ti xʷanítəm naʔátəŋ "rod and reel". *I pulled on the thing white people use for fishing that the white people call "rod and reel".* (TC)}

sxʷaŋaʔɬəŋáw̓txʷ ⟦s-√xʷaŋ=aɬ-ŋ=aw̓txʷ s-√rest=mass-mdl=house⟧ ☞ xʷáŋaʔɬəŋ restroom. (TC,AS,BC)

sxʷáwəs maybe. *See under:* sxʷə́wəs

sxʷaxʷk̓ʷéʔqʷ ⟦s-xʷa+√xʷak̓ʷ=iʔqʷ s-rslt+√crazy=head⟧ ☞ ʔəsxʷáʔxʷək̓ʷ to be or act crazy in the head, insane, retarded. (TC)

sxʷáyaʔxʷč̓ snakes. *See under:* sxʷaʔyáʔxʷč̓

sxʷáyiʔhiʔ ⟦s-√xʷayiʔhiʔ s-√?⟧ Lofall area. ⟪where canoes are made⟫ (LB,EWH)

sxʷcacsə́yuʔ ⟦sxʷ-caʔ+√cs-əyu for-dim+√?-activ⟧ a species of small hawk. (ES) VAR: sxʷtactsə́yuʔ (ABT) VAR: sxʷcaʔcə́yu (AS) ⟦sxʷ-caʔ+√caʔ-əyu for-dim+√upon-activ⟧ [may be based on a folk etymology] *cp.* cáʔ

sxʷcáʔiy̓sən ⟦sxʷ-√ca<ʔi>y=sən for-√lie_down<pl>=foot⟧ ☞ sxʷcáy̓sən several small canoe mats. (EPT)

sxʷcaʔqʷiʔáxən 〚sxʷ-√caʔqʷiʔ = axan for-√hole = arm〛 [may be related to word for 'hole'] cp. ʔəscáy̓qʷ armpit, underarm.

sxʷcaʔyíɬən̓ 〚sxʷ-√cəʔyiɬn̓ for-√upper_mouth〛 the upper part of the mouth including the palate, roof of the mouth. (ES)

sxʷcə́ɬqʷəŋ 〚sxʷ-√c<ə́>ɬəqʷ-ŋ<ʔ> for-√pass_through<actl>-mdl<actl>〛 [actual metathesis] ☞ sxʷcɬə́qʷəŋ
1. any hole that goes into something (but not a hole in the ground). (TC; AS,BC)
2. any hole-making tool, drill, auger, posthole digger. (AS) {níɬ kʷi čəʔúʔwəs cə **sxʷcə́ɬqʷəŋ**. It's a drill they used. (AS)}

sxʷcə́ɬqʷəyu 〚sxʷ-√c<ə́>ɬəqʷ-əyu for-√pass_through<actl>-activ〛 ☞ cə́ɬqʷt drill, bit and brace, awl, piercer. (TC)

sxʷcəyaʔqʷiʔáxən 〚sxʷ-√c<əy>aʔqʷiʔ = axan for-√hole<pl> = arm〛 ☞ sxʷcaʔqʷiʔáxən several armpits. (EPT)

sxʷcáy̓ciʔəqʷtən south wind. See under: sxʷčay̓čiʔəqʷtən

sxʷcə́y̓qʷəŋ 〚sxʷ-√cəy<ʔ>qʷ-ŋ<ʔ> for-√dig<actl>-mdl<actl>〛 ☞ cə́y̓qʷəŋ hole in the ground, ditch, pit. (TC) {λ̓ə́čtxʷ cn cə **sxʷcə́y̓qʷəŋ**. I made the hole deep. (TC) | túxʷ ʔuʔ nə́w̓ ʔaʔ cə čə́q **sxʷcə́y̓qʷəŋ**. He went right into a big hole. (ES) | níɬ nsuʔsqənán ʔaʔ cə **sxʷcə́y̓qʷəŋ**. Then I was taken out of the hole. (ES) | ʔiʔčáʔi c sxʷátəŋs λ̓kʷə́ts cə λ̓áyəqšəns cə náʔcuʔ xʷátəŋ ʔaʔ canu **sxʷcə́y̓qʷəŋ**. The first one that was lowered took the shoes of another man lowered down that hole. (ES)}

sxʷcə́y̓sən 〚sxʷ-√cay<ʔ> = sən for-√lie_down<actl> = foot〛 ☞ cáy small mat, doubled and put in a canoe to kneel on. (EPT) VAR: sxʷcə́y̓cən (EPT)

sxʷcɬə́qʷən 〚sxʷ-√cɬəqʷ = ən for-√pass_through = instr〛 ☞ cɬə́qʷ awl, anything used to poke a hole into something. {ʔiʔ txʷaʔx̌áčəŋ scɬə́qʷtɬ ti čísən kʷaʔ stáŋəs čtə ti **sxʷcɬə́qʷən**s. And it becomes dry, and we make a hole in it with at nail or whatever will make a hole. (TC)}

sxʷcɬə́qʷəŋ 〚sxʷ-√cɬəqʷ-ŋ for-√pass_through-mdl〛 ☞ cɬə́qʷ any hole, perforation, tunnel. (TC; ES,AS) {čə́q tə **sxʷcɬə́qʷəŋ**. The hole is big. (AS)}

sxʷčaʔcaʔwáčən 〚sxʷ-čaʔ + √čiʔ = əwač = ən for-dim + √upon = bottom = instr〛 ☞ sxʷčaʔwáčən small chair, stool, bench. (ES)

sxʷčaʔčiʔíkʷən 〚sxʷ-čaʔ + √čy̓ = iwən for-dim + √seed = interior〛 [root not identified in other words] any seed. ⟪This includes seeds in the middle of fruit like cherries, peaches, apples, pears, but not the tiny seeds in blackberries, strawberries, etc.⟫ (ES; AB,MJT; MJT) VAR: scaʔčiʔíkʷən (MJT)

sxʷčaʔkʷcísən 〚sxʷ-√čaw̓ = acis = ən for-√wash = hand = instr〛 ☞ čáʔkʷt hand basin, sink. {cákʷəŋ cə **sxʷčaʔkʷcísən** They put down the basin. (EB)}

sxʷčaʔkʷikʷə́ɬəŋ 〚sxʷ-√čaw̓ = iwən = əɬəŋ for-√wash = interior = surface〛 ☞ čáʔkʷt washtub, washing machine. (ES; AS,BC)

sxʷčaʔkʷúsən 〚sxʷ-√čaw̓ = us = ən for-√wash = face = instr〛 ☞ čáʔkʷt wash basin, sink. {suʔúŋəstəŋs ʔaʔ cə **sxʷčaʔkʷúsən**. So he was given a wash basin. (MJ) | λ̓kʷə́ts cə ɬaʔɬíqəŋ qʷúʔ ʔiʔ čaʔkʷáts cə ʔuʔəscáʔcuʔ **sxʷčaʔkʷúsən**. And he took the hot water, and he washed the hot water and washed the clean basin. (MJ)}

sxʷčaʔmə́ʔč 〚sxʷ-√čum̓ = iʔč for-√bone = hump〛 ☞ scúm̓ backbone, vertebrae. (ES)

sxʷčaʔməwə́ʔč 〚sxʷ-√čum̓-əw̓ = iʔč for-√bone-ext = hump〛 ☞ scúm̓ backbone, vertebrae. (TC) VAR: sxʷčaʔmuʔə́ʔč (ES) VAR: scaʔmuʔə́ʔč 〚s-√čum̓-əw̓ = iʔč s-√bone-ext = hump〛 (ES)

sxʷčaʔmə́w̓əč 〚sxʷ-√čum̓ = əw̓ač for-√bone = bottom〛 ☞ scúm̓ cp. čəmə́ʔxʷəwəč tailbone. (ES) VAR: sxʷčaʔmúʔwəč (ES) VAR: scaʔmə́w̓əč (TC)

sxʷčaʔmícən 〚sxʷ-√čum̓ = icən for-√bone = back〛 ☞ scúm̓ backbone, vertebrae. (ES)

sxʷčaʔmínəs 〚sxʷ-√čum̓ = inəs for-√bone = chest〛 ☞ scúm̓ chest, breast bone, sternum. (ES)

sxʷčaʔsáyuʔ hammer. See under: sxʷiʔčəsə́yu

sxʷčaʔwáčən 〚sxʷ-√čiʔ = əwač = ən for-√upon = bottom = instr〛 ☞ čə́ʔ chair, stool, bench, seat, anything used to sit on (but not a bed). (MJT; TC; ES) {ʔə́mət kʷi ʔaʔ kʷsə **sxʷčaʔwáčən**. Sit on the chair. (EPT) | λ̓čaʔwíyət ʔaʔ cə **sxʷčaʔwáčən**. Put it under the chair. (ES) | síxt cə n**sxʷčaʔwáčən**; yəq̓áɬ Move your chair; it's in the way. (ES) | níɬ nsuʔúŋəst ʔaʔ cə **sxʷčaʔwáčən**. Then I gave her the chair. (MJ) | níɬ suʔúyɬs ʔiʔ ʔə́mət ʔaʔ cə **sxʷčaʔwáčən**s cə scaʔkʷaʔyúɬs. Then she boarded and sat on the seat of his wagon. (ES) | níɬ nsuʔúŋəst ʔaʔ cə **sxʷčaʔwáčən** ʔiʔ xənáxʷ kʷaʔ ɬuʔáts cə sqx̌əyuʔ. Then I gave her the chair and told her to shell the clams. (MJ)} VAR: scaʔwáčən {čínət či cə **scaʔwáčən**. Bring the chair closer. (AS) | qíx̌ʷt cn cə **scaʔwáčən**. I moved the chair out of the way. (AS) | ʔənʔaxʷsít či cə **scaʔwáčən**. Bring him a chair. (AS) | qʷúsəŋ cn kʷi ʔaʔ kʷi nsʔaʔáʔmət ʔaʔ cə **scaʔwáčən**. I rocked when I was sitting on the chair. (AS)} VAR: sxʷčaʔyuʔáčən (MV)

sxʷčaʔwéyŋ 〚sxʷ-√čaʔ = əʔəw-iy-ŋ for-√upon = side-dev-mdl〛 ☞ čaʔwéyŋ stile, steps used for going over a fence. (AS)

sxʷčiʔčiʔáʔyəč Seattle. See under: čiʔčiʔáʔyəč

sxʷčícaʔyəŋ 〚sxʷ-čí + √čiʔ-iy-ŋ<ʔ> for-actl + √upon-dev-mdl<actl>〛 ☞ čə́ʔyəŋ ladder, stairs, steps. (MJT; ES,TC; TC) {hiyáʔ ʔiʔ λ̓kʷə́t tə **sxʷčícaʔyəŋ**. He went and got a ladder. (MJ)}

sxʷčq̓ʷə́ynəč ⟦sxʷ-√čq̓ʷ-əy̓=nač for-√dirt-ext=tail⟧ ☞ č́áq̓ʷ dirt on the bottom of something (such as inside a bottle). (MJT) VAR: sxʷčq̓ʷə́ynəč (MJT)

sxʷčq̓ʷús ⟦sxʷ-√čq̓ʷ=us for-√dirt=face⟧ ☞ č́áq̓ʷ to have a dirty face. (MJT) {čaʔ**sxʷč́q̓ʷús** cxʷ. *You've got a dirty face. / Your face is completely dirty.* (EPT)}

sxʷčsátən ⟦sxʷ-√čs=tən for-√punch=instr⟧ ⟪You pound it on a rock to open it.⟫ [The /a/ is unaccounted for here.] ☞ čsə́t Oregon hairy triton. *Fusitriton oregonensis.* (MJT; AB,ICT) VAR: sxʷčsátən (MJT)

sxʷčsč́sə́ti ⟦sxʷ-čs+√čs-ty for-char+√punch-rcprcl⟧ ☞ čsə́ti boxer, fighter. (ES) VAR: čsčsə́ti (ES)

sxʷčúʔməs ⟦sxʷ-√čum̓=us for-√bone=face⟧ ☞ scúm̓ cheek bone.

sxʷčúcɬ ⟦sxʷ-√čucɬ for-√spin⟧ [root not identified in other words] to be spinning (wool). (ES)

sxʷčútəwəč ⟦sxʷ-√čut=əwəč for-√heel=bottom⟧ heel, back of the foot. (LB,CWH; TC) VAR: č́útəwəč (TC) VAR: sč́ə́təwəč (AS)

sxʷčaʔč́áy̓x̣ʷs ⟦sxʷ-ča?+√čəy<ʔ>x̣ʷ=us for-dim+√crazy<actl>=face⟧ ☞ ʔəsč́áyəxʷ to be tipsy, half-shot, a little intoxicated, a little mentally unbalanced. (ES; AS,BC)

sxʷčaʔk̓ʷɬáw̓txʷ ⟦sxʷ-√ča<ʔ>k̓ʷ-ɬ=aw̓txʷ for-√tight<actl>-dur=house⟧ ☞ č́ák̓ʷ dam. (AS,BC; AS) {č́íx̣ʷtəŋ č čak̓ʷi kʷə **sxʷčaʔk̓ʷɬáw̓txʷ**. *They're going to tear the dam out.* (AS)} VAR: čəq̓ʷɬáytxʷ (AS)

sxʷčaʔtum̓áʔiɬ ⟦sxʷ-√čaʔtum̓=aʔiɬ for-√?=child⟧ [analysis uncertain] portage. (LBH) VAR: sxʷčáʔtamʔəy̓əɬ (LBH)

sxʷčaʔx̣áyən̓ ⟦sxʷ-√čaʔx̣-ay=an̓ for-√wax-ext=ear⟧ [root not identified in other words] earwax. (ES)

sxʷčaʔyuʔáčən chair. See under: sxʷčaʔwáčən

sxʷčáŋkʷən ⟦sxʷ-√čaŋ=iwən for-√feisty=interior⟧ ☞ ʔəsčáŋkʷən to be mean by nature, always mean, a disagreeable person, always ready to fight. (AS,BC; AS) {**sxʷč́áŋkʷən** cn kʷi. *I'm always ready to fight.* (AS)}

sxʷčay̓čiʔə́qʷtən ⟦sxʷ-čay̓+√čay̓iqʷ=tən for-char+√backwoods=instr⟧ ☞ čáy̓əqʷ south wind from out of the woods over the hills. (ES) VAR: sxʷčiʔč́áy̓əqʷtən (ES) VAR: sxʷčə́y̓ciʔəqʷtən (ES)

sxʷččsə́yuʔ ⟦sxʷ-č+√čs-əyu for-incep+√throw-activ⟧ ☞ čsə́yuʔ baseball pitcher. (ES)

sxʷččiʔkʷáʔsən ⟦sxʷ-√ččiʔkʷáʔsən for-√?⟧ December. (EPT) VAR: sxʷčixʷiʔácən (BC) ⟪Other speakers do not know this word and BC is unsure of it.⟫

sxʷčəč́íyəɬ ⟦sxʷ-√čəč=ay̓i-ɬ for-√stuck_between=leg-dur⟧ ☞ ʔəsč́áčɬ

1. to be straddling, have legs around (something) (as a horse or log). (AS) {**sxʷč́əč́íyəɬ**

cə nŋə́naʔ ʔaʔ tə stiqə́w. *My son is straddling the horse.* (AS) | ʔuʔ**sxʷč́əč́íyəɬ** tə stiqíw ʔaʔ tə sx̣íƛ̓aʔƛ̓qɬ. *The horse is straddling the child.* (AS)}
2. something straddled, saddle. (AS,BC) {ʔə́y̓ cə n**sxʷč́əč́íyəɬ**. *Your saddle is good.* (AS)} VAR: sxʷč́əčiʔəɬ (TC)

sxʷčə́m̓əs ⟦sxʷ-√čəm̓əs for-√meet⟧ ☞ č́ə́m̓əs to meet (someone). (ES) {**sxʷč́ə́m̓əs** cn. *I met (someone).* (TC) | nə**sxʷč́ə́m̓əs** cxʷ. *I met you.* (TC) | čaʔníɬ kʷə nə**sxʷč́ə́m̓əs**. *I just met him.* (ES) | **sxʷč́ə́m̓əsɬ** kʷɬaʔčaʔ wəcqínicaʔ ʔiʔɬútk̓ʷ. *Then we met Mary Ann Adams going home.* (MJ) | ʔuʔá st c cáw ʔaʔnəx̣ʷqíyət ʔiʔ **sxʷč́ə́m̓əsɬ** kʷi ncə́t x̣áɬ. *We weren't yet down to the Little Boston, and we met my father, who was sick.* (MJ)}

sxʷčəm̓əsŋíti ⟦sxʷ-√čəm̓əs-ŋi-ty for-√meet-rel-rcprcl⟧ ☞ sxʷč́əm̓əs to meet each other. (TC) {**sxʷč́əm̓əsŋíti** kʷi kʷə q̓áyaʔŋi. *The girls all met.* (AS)}

sxʷčən̓é?ŋəɬ ⟦sxʷ-√čən<ʔ>-i<ʔ>ŋɬ for-√bury<actl>-cstm<actl>⟧ ☞ čəníŋəɬ a garden. (MJT)

sxʷč́ə́x̣əŋ ⟦sxʷ-√č<ə́>x̣-ŋ<ʔ> for-√split<actl>-mdl<actl>⟧ ☞ č́ə́x̣əŋ a long knife with a handle used for splitting cedar. (BG,MJT)

sxʷčičə́x̣ ⟦sxʷ-čy+√čəx̣ for-pl+√split⟧ ☞ čičə́x̣ paper shredder. (AS,BC) {níɬ kʷi **sxʷč́ičə́x̣** cə məšín. *That machine is a paper shredder.* (AS)}

sxʷčikənáw̓txʷ ⟦sxʷ-√čikən=aw̓txʷ for-√chicken=house⟧ ☞ č́ə́kəns henhouse. (TC)

sxʷčix̣əhéʔwən ⟦sxʷ-√čix̣ə=i<ʔ>wən for-√?=interior⟧ [perhaps this has the same root as the word for 'hail'] cp. čix̣aháysən June plum. (EWH)

sxʷčixʷə́ynəč ⟦sxʷ-√čəyxʷ-əy̓=nač for-√crazy-ext=tail⟧ ☞ ʔəsč́áyəxʷ to have no sense, be absolutely stupid. ⟪He has no sense on his sit-down. (MJT)⟫ {ʔáwə či c ʔuʔ**sxʷč́ixʷə́ynəč**. *Don't be such a goon.* (MJT)}

sxʷčiyánəxʷ salmon (pl). See under: čiyánəxʷ

sxʷčiyaŋənáw̓txʷ ⟦sxʷ-√čaya=ŋin=aw̓txʷ for-√first=piece=house⟧ ☞ čiʔáŋən museum, heritage center. (AS) VAR: sčiʔanəŋáw̓txʷ (AS)

sxʷčiyawəsáw̓txʷ ⟦sxʷ-√čaya=uy<ʔ>əs=aw̓txʷ for-√first=forehead=house⟧ ☞ sčiʔúʔis museum, archive. (AS)

sxʷčk̓ʷíyəŋ ⟦sxʷ-√čk̓ʷu-iy-ŋ for-√shoot-dev-mdl⟧ Sequim, Sequim Bay, Washington Harbor. (LB,CWH,H; EPT) ⟪Literally, 'hunting grounds' - the name 'Sequim' is derived from this Klallam word.⟫ {ʔúxʷ ʔaʔ **sxʷč́k̓ʷíyəŋ**. *They went over to Sequim.* (MJ) | ʔiʔiyáʔ ʔaʔ **sxʷč́k̓ʷíyəŋ**. *She's there at Sequim.* (MJ)} VAR: sxʷčk̓ʷíyŋ (EPT; AS) {tə́s cə x̣áʔis ʔaʔ**sxʷč́k̓ʷíyəŋ**. *Changer got to Sequim.* (MJ) | q̓ə́yəŋ yaʔ cn ʔaʔ**sxʷč́k̓ʷíyŋ**. *I camped at Sequim.* (EPT) | ƛ̓aʔ**sxʷč́k̓ʷíyŋ** kʷɬaʔ kʷɬəsə nəʔíŋəc. *My granddaughter went to Sequim.* (EPT)} VAR: sxʷčk̓ʷéyŋ (AS,BC) {ʔiʔúʔuxʷ cn ʔaʔ**sxʷč́k̓ʷéyŋ**. *I'm on my way to Sequim.* (AS)} VAR: sxʷčk̓ʷéʔyəŋ

(AS,BC) VAR: ščkʷéyŋ {hiyáʔ caʔ st cikʷíyŋət ʔaʔščkʷéyŋ. *We're going to go gather seafood at Sequim.* (AS)} VAR: sxʷčkʷíyəŋ (EPT) VAR: šx̣čkʷíʔyəm (MVT)

sxʷčqʷə́yu ⟦sxʷ-√čqʷ-əyu for-√burn-activ⟧ ☞ čə́qʷ flame from a fire. (ES)

sxʷčqʷuʔcáyə ⟦sxʷ-√čqʷ- iwc=ayə for-√burn=fire=container⟧ ☞ čə́qʷəwc fireplace, stove, hearth. (MJT) VAR: sxʷčqʷucáy (ES; TC) VAR: sxʷčqʷuʔcáy (ES) VAR: sčqʷaʔcáyə (ES; AS,BC) {ʔuʔɬaʔɬíqəŋ kʷə **sčqʷaʔcáyə**. *The stove was hot.* (AS)} VAR: sxʷčəqʷucáy (AS,BC)

sxʷčšə́yuʔ ⟦sxʷ-√čsu-əyu for-√throw-activ⟧ ☞ čsə́yuʔ baseball pitcher. ⟨⟨neologism created July 28, 2008⟩⟩ (AS,BC)

sxʷčaʔčéʔŋəɬ ⟦sxʷ-√čaʔč-i<ʔ>ŋɬ for-√sew-cstm<actl>⟧ ☞ čaʔčéʔŋəɬ sewing machine. {ɬəŋás tə čáčəns cə nsxʷ**čaʔčéʔŋəɬ**. *Take the needle off your sewing machine.* (MJT)}

sxʷčaʔčənáyə ⟦sxʷ-√čaʔč=ən=ayə for-√sew=instr=container⟧ ☞ čáʔčən sewing box. (MJT) VAR: sxʷčaʔčənhayə (MJT)

sxʷčawaʔčáy ⟦sxʷ-√čawẏ=ayə for-√dish=container⟧ ☞ čáwiʔ larder, cupboard. (ES) VAR: sčáwaʔčay (AS)

sxʷčəyəpáyəs closed eyes. *See under:* ʔəsxʷčəyəpáyəs

sxʷčix̌aháyˀsən hail. *See under:* čix̌aháyˀsən

sxʷčixʷíkʷən ⟦sxʷ-√čəyxʷ=iwən for-√enter=interior⟧ ☞ čə́yəxʷ insides of the body, guts, stomach, intestines. (ES) {q̓ʷaʔčúx̣ʷəŋ tiə nəsxʷ**čixʷíkʷən**. *My stomach is growling.* (ES) | sxʷ**čixʷíkʷən**s ti músmus. *It (tripe) is the insides of a cow.* (EPT) VAR: čixʷíkʷən (MJT; ES) {kʷsíqən caʔ kʷi kʷsə nčixʷíkʷən. *You're going to get your stomach tickled.* (MJT)} VAR: sčixʷíkʷən (MJT) {q̓ʷaʔčúx̣ʷəŋ kʷə nəsčixʷíkʷən. *My stomach is growling.* (ES)}

sxʷə́kʷ ⟦s-√xʷəkʷ s-√rump⟧ butt, rump, rear end, lower back (of person). (MJT; ES; TC; AS,BC) {mán̓ cn uʔ x̣əɬ tiʔə nəsxʷ**ə́kʷ**. *My lower back really hurts.* (MJT) | x̣ənʔátəŋ ʔaʔ cə načtə́ŋəq, "ʔúx̣ʷtxʷ cə n̓čáytən ʔaʔ cə n̓sxʷ**ə́kʷ**." *She was told by the Changer, "Take your tool on your butt."* (ES) | ʔúx̣ʷts cə sxʷíʔčáʔiʔs ʔaʔ cə sxʷ**ə́kʷ**s. *So she took what she was working with on her butt.* (ES)}

sxʷəkʷiʔáx̣ən ⟦s-√xʷakʷ-iy=ax̣ən s-√crazy-dev=arm⟧ ☞ sxʷákʷiʔ elbow, crazy bone. (MJT) [probably from English via loan translation]

sxʷənaʔmáw̓txʷ ⟦s-√xʷnaʔm=aw̓txʷ s-√shaman=house⟧ ☞ sxʷnáʔəm
1. a mysterious place where one sees weird things like two-headed snakes, fancy ducks, half-fish, and so on. There were lots of places like this at Discovery Island. (TC)
2. any cave. (ES) VAR: sxʷnaʔmáw̓txʷ (ES)

sxʷəná̓ʔəm̓ monster. *See under:* sxʷnáʔəm

sxʷəná́ʔwəs cloud. *See under:* sxʷnə́w̓əs

sxʷəŋəcáyətən brains. *See under:* sxʷŋəcáyətən

sxʷə́wəs ⟦s-√xʷəws s-√maybe⟧ [interjection] maybe, I suppose so, why not, I don't care, might as well, whatever. (AS,BC; AS) {ʔuʔsxʷ**ə́wəs** kʷi. *Why not?* (AS,BC)} VAR: sxʷə́ws (AS,BC) VAR: sxʷáwəs (AS,BC) VAR: sxʷʔáw̓əs (AS,BC) VAR: sxʷáʔwəs (AS,BC) VAR: sxʷʔáʔus (AS,BC)

sxʷəyaʔxʷənáʔəm̓ little monsters. *See under:* sxʷaʔyaʔxʷənáʔəm

sxʷəyəmáyə store. *See under:* sxʷimáy

sxʷə́yxʷiʔ willing. *See under:* ʔəsxʷə́yxʷiʔ

sxʷhiyí ⟦sxʷ-√hyi for-√live⟧ ☞ hiyí reason for living. *used with first-person possessive as a term of endearment {ó, nəsxʷ**hiyí**. *Oh, my darling.* Lit: my reason for living (LN) ⟨⟨a term of endearment⟩⟩ (ES; AS,BC)} VAR: sxʷíyi (ES) VAR: sxʷiyí {nəsxʷ**iyí**. *My dear, I'm just living for you.* (EPT)}

sxʷiʔax̣ʷíct ⟦sxʷ-hy̓-√ʔi<ʔ>xʷ-ct for-proc-√sweep<actl>-rflxv⟧ ☞ ʔəxʷíct broom, anything used to sweep. (EPT)

sxʷiʔcəsə́yu ⟦sxʷ-hy̓-√cis-əyu for-proc-√nail-activ⟧ ☞ čaʔsə́yuʔ any hammer, anything used for pounding. (TC) VAR: sxʷiʔcaʔsə́yuʔ (EPT) VAR: sxʷcaʔsáyuʔ (BG,MJT)

sxʷiʔcəyaʔsə́yuʔ ⟦sxʷ-hy̓+√c<y>i<ʔ>s-əyu<ʔ> for-proc+√nail<pl><actl>-activ<actl>⟧ ☞ sxʷiʔcəsə́yu several hammers. (BG,MJT)

sxʷiʔcəy̓csíti̓ʔ ⟦sxʷ-iʔ-c̓<əy̓>+√cs-ŋi-ty<ʔ> for-proc-incep<pl>+√punch-rel-rcprcl<actl>⟧ ☞ čəy̓csíti̓ʔ boxing gloves. (MJT)

sxʷiʔc̓íčaʔyəŋ ⟦sxʷ-hy̓-c̓í+√čiʔ-iy-ŋ<ʔ> for-proc-actl+√upon-dev-mdl<actl>⟧ ☞ c̓íčaʔyəŋ a flight of steps. (EPT)

sxʷiʔčáʔəy̓ ⟦sxʷ-hy̓-√ča<ʔ>y<ʔ> for-proc-√work<actl>⟧ ☞ čáʔiʔ any tool, what one is using to do work. {hihíyəŋ kʷaʔ kʷə n̓sxʷ**iʔčáʔəy̓**. *Your tool fell down from up high.* (EPT)}

sxʷiʔɬə́xʷct ⟦sxʷ-ʔiʔ-√ɬ<ə́>xʷ-ct for-proc-√straight<actl>-rflxv⟧ ☞ ɬə́xʷct rudder, steering wheel, anything used to keep a conveyance going straight. {nsuʔhiyáʔ ʔúx̣ʷ ʔaʔ tə skʷáʔət ʔiʔ ƛ̓kʷə́t cə sxʷ**iʔɬə́xʷct**. *So I went to the stern and took the rudder.* (MJ)}

sxʷiʔƛ̓aʔyáy̓s oar. *See under:* sxʷƛ̓aʔyáy̓s

sxʷiʔq̓ʷə́yəŋ ⟦sxʷ-hy̓-√q̓ʷəy-ŋ for-proc-√cooked/ripe-mdl⟧ ☞ q̓ʷə́yəŋ a stick used for roasting food (especially salmon) placed in the ground around a fire. (LC)

sxʷiʔxʷiʔxʷə́kʷtəŋ̓ct ⟦sxʷ-hy̓-xʷy̓+√xʷ<ə́>kʷ-t-ŋ<ʔ>-ct for-proc-pl+√drag<actl>-trns-psv<actl>-rflxv⟧ ☞ xʷə́kʷtəŋ mechanical donkey used in logging. (TC) VAR: sxʷʔiʔxʷə́kʷtəŋct (BC) ⟦sxʷ-hy̓-√xʷ<ə́>kʷ-t-ŋ-ct for-proc-√drag<actl>-trns-mdl

sxʷičtáyə -psv-rflxv⟧ VAR: sxʷʔiʔə́kʷtəŋ (AS) ⟦sxʷ-hy-√xʷ<ə́>k̓ʷ-t-ŋ for-proc-√drag<actl>-trns-mdl-psv⟧

sxʷičtáyə arrow quiver. *See under:* sxʷyəčtáyə

sxʷimáy ⟦s-√xʷuym=ayə s-√sell=container⟧ ☞ xʷúyəm store, trading post. (LC; ES; AS,BC) {hiyáʔ cn ƛ̓aʔ*sxʷimáy*. *I'm going to the store* (LC) | ʔuʔx̣ə́ṅəstəŋ sxʷxʷúʔyəṁ cəẃniɬ *sxʷimáy*. *The store was selling everything.* (TC) | hiyáʔ yaʔ takʷsít ʔaʔ kʷə čə́q *sxʷimáy*. *I went to buy it for her at a big store.* (AS)} VAR: šxʷimáy (LC) {hiyáʔ cn ƛ̓aʔ*šxʷimáy*. *I'm going to the store.* (LC) | ʔistá ƛ̓aʔ*šxʷimáy*. *Let's go to the store.* (LC) | hiyáʔ yaʔ cn ƛ̓aʔ*šxʷimáy* ʔiʔɬčáʔi yaʔ ʔaʔ či nəsƛ̓ácu. *I went to the store before I went fishing.* (TC) VAR: sxʷimáyə (MJT) VAR: sxʷəyəmáyə {čtáŋ kʷaʔ stáŋəs či nəsƛ̓éʔ čʔiyá ʔaʔ ti *sxʷəyəmáyə*. *He asked if there was something I wanted from the store.* (MJ) | čáy ʔaʔ tə nə*sxʷəyəmáyə*. *He worked at my store.* (MJ)}

sxʷínxʷən ⟦s-xʷín+√xʷin s-char+√swear⟧ ☞ xʷínt 1. a curser, someone who swears a lot, uses rude language. (AS,BC; ES; TC) {*sxʷínxʷən* cn. *I'm foulmouthed.* (AS) | *sxʷínxʷən* cə swə́y̓qaʔ. *That man is always swearing.* (TC) | ʔuʔmán cxʷ ʔuʔ *sxʷínxʷən*. *You swear too much.* (BC)}
2. scallop. *Pectinidae spp.* ⟪We have no explanation for why scallops are called cursers (or why cursers are called scallops).⟫ (TC)

sxʷiščəníkʷən pity. *See under:* sxʷyəščəníkʷən

sxʷíxʷək̓ʷ ⟦s-xʷi+√xʷək̓ʷ s-pl+√rump⟧ ☞ sxʷə́k̓ʷ a group of lower backs, rumps. (MJ) VAR: sxʷixʷə́k̓ʷ (MJT)

sxʷixʷimáy ⟦s-xʷy+√xʷuym=ayə s-pl+√sell=container⟧ ☞ sxʷimáy shopping center, mall, downtown area, anyplace where there are lots of stores. (TC)

sxʷiyəʔáy̓ ⟦√saxʷə<iy>ʔ=ayə √urinate_fem<pl>=container⟧ ☞ sxʷáʔəy chamber pots. (MJT) VAR: sxʷiyáʔi (AS)

sxʷiyəmaɬ ⟦s-√xʷuym=aɬ s-√sell=belonging⟧ [analysis uncertain - This may be the word for Esquimalt.] *cp.* sxʷimáɬ ☞ xʷúyəm the Klallam people at Becher Bay who moved there from Elwha. (EWH)

sxʷiyənaʔəm Indian doctors. *See under:* sxʷniyáʔəm

sxʷiyí for living. *See under:* sxʷhiyí

sxʷk̓ʷaʔk̓ʷáʔčəŋ ⟦sxʷ-k̓ʷaʔ+√k̓ʷa<ʔ>č-ŋ for-dimutive+√yell<dim>-mdl⟧ ☞ k̓ʷáčəŋ telephone. (TC) {qʷiʔnə́wi st ʔiʔɬáʔaʔ ʔaʔ cə *sxʷk̓ʷaʔk̓ʷáʔčəŋ*. *We were talking together through the telephone.* (TC)}

sxʷk̓ʷaʔk̓ʷíw̓cct ⟦sxʷ-√k̓ʷə<ʔ>w=iw<ʔ>c-cut for-√warm=fire-rflxv⟧ ☞ k̓ʷaʔk̓ʷíw̓cct heater, furnace. (TC; AS)

sxʷk̓ʷáʔŋənúcən ⟦sxʷ-√k̓ʷaʔ=ŋin=ucin for-√release=piece=mouth⟧ ☞ k̓ʷáʔŋən to leave food on one's plate. (TC) {*sxʷk̓ʷáʔŋənúcən* cn. *I left food.* (TC)}

sxʷk̓ʷáns ⟦sxʷ-√wan-as for-√lose-ptcaus⟧ ☞ kʷánəs any container for trash, garbage. (AS,BC)

sxʷk̓ʷapiháy ⟦sxʷ-√kʷapi=ayə for-√coffee=container⟧ ☞ kʷápi coffee pot. {ɬúyəs caʔn tiə nə*sxʷk̓ʷapiháy*. *I'm going to leave my coffee pot behind.* (ES)}

sxʷk̓ʷáw̓aʔ ⟦sxʷ-wáʔ+√waʔ for-actl+√own⟧ ☞ skʷáʔwaʔ dear one. {húy̓ ʔaʔ kʷə n*sxʷk̓ʷáw̓aʔ* nsaʔə́yčəṅ. *Goodbye to my dear sister.* (RSh)}

sxʷk̓ʷənisənáy ⟦sxʷ-√kʷənis=ən=ayə for-√button=instr=container⟧ ☞ kʷənísən button box. (TC)

sxʷk̓ʷənk̓ʷánəŋət ⟦sxʷ-kʷən+√kʷaniŋut for-char+√run⟧ ☞ k̓ʷánəŋət runner, a person who runs. (ES) ✶Traditionally a sk̓ʷənk̓ʷánəŋət was a person who ran from village to village to deliver messages and invitations. ɬəmtiyáčaʔ was a sk̓ʷənk̓ʷánəŋət and had many stories of his adventures on the trail that he told to ES, AS, and BC. {níɬ yaʔ *sxʷk̓ʷənk̓ʷánəŋət*. *He was a runner.* (ES) | ʔaʔ kʷi swéʔwəs yaʔ ʔiʔ *sk̓ʷənk̓ʷánəŋət* yaʔ. *In his youth he was a runner.* (ES) | *sxʷk̓ʷənk̓ʷánəŋət* cə swéʔwəs. *That boy is a runner.* (ES) | *sxʷk̓ʷənk̓ʷánəŋət* cə q̓áʔŋiʔ. *That girl is a runner.* (ES)} VAR: k̓ʷənk̓ʷánəŋət {suʔhəwístəŋs cə *k̓ʷənk̓ʷánəŋət*. *The runner was brought forward.* (MJ)}

sxʷk̓ʷə́yəŋ ⟦sxʷ-√k̓ʷəy-ŋ for-√fly-mdl⟧ ☞ k̓ʷə́yəŋ airplane, helicopter, any flying machine. (TC; AS,BC)

sxʷk̓ʷaʔk̓ʷéʔqʷəm ⟦sxʷ-k̓ʷaʔ+√k̓ʷi<ʔ>qʷəm for-dim+√chop<dim>⟧ ☞ sxʷk̓ʷqʷə́m hatchet, small axe. (ES) VAR: sk̓ʷaʔk̓ʷéʔqʷəm (TC) ⟦s-k̓ʷaʔ+√k̓ʷi<ʔ>qʷəm s-dim+√chop<dim>⟧

sxʷk̓ʷaʔk̓ʷənáysən ⟦sxʷ-k̓ʷaʔ+√k̓ʷən=ayus=ən for-dim+√see=eye=instr⟧ curtain, drapes, any window covering. (TC) ✶Close curtains at night to keep out spirits. (AS,BC) VAR: sk̓ʷaʔk̓ʷənáysən (AS)

sxʷk̓ʷaʔk̓ʷənúsən ⟦sxʷ-k̓ʷaʔ+√k̓ʷən=us=ən for-dim+√see=face=instr⟧ ☞ k̓ʷə́nnəxʷ window, mirror, looking glass. (ES) ✶Never peek out windows at night because /stədí/ will stare right back at you. (BC) {ƛ̓aʔqtáys ti *sxʷk̓ʷaʔk̓ʷənúsən*. *The mirror is oval.* (AS)} VAR: sxʷk̓ʷaʔk̓ʷənúsəŋ (ES; AS,BC) {xʷkʷq̓ə́t cn cə *sxʷk̓ʷaʔk̓ʷənúsəŋ*. *I opened the window.* (AS) | Celia ʔaʔ cə *sxʷk̓ʷaʔk̓ʷənúsəŋ*. *It was Celia at the window.* (MJ) | q̓éʔit cn cə pípə ʔiyá ʔaʔ tə ʔəsɬácɬ nə*sxʷk̓ʷaʔk̓ʷənúsəŋ*. *I hung up the paper where my window is broken.* (MJ)} VAR: sk̓ʷaʔk̓ʷənúsən {čə́yəxʷ ʔiɬáʔ ʔaʔ cə *sk̓ʷaʔk̓ʷənúsən* *He came in through the window.* (MJ)} VAR: sxʷk̓ʷaʔk̓ʷənʔúsəŋ (TC) VAR: sk̓ʷaʔk̓ʷənúsəŋ (AS,BC) VAR: sxʷk̓ʷənúsəŋ (AS,BC)

sxʷk̓ʷaʔwaʔéʔqʷ bald. *See under:* sk̓ʷaʔwəy̓éʔqʷ

sxʷk̓ʷčáʔis ⟦sxʷ-√k̓ʷč=a<ʔ>yus for-√crooked=eye<actl>⟧ ☞ k̓ʷčəŋ to be cross-eyed. (LC)

sxʷk̓ʷcáyəs ⟦sxʷ-√k̓ʷəy-ays for-√control-activ⟧ ☞ k̓ʷə́y the part in one's hair. (ES) VAR: sk̓ʷə́čis (AS,BC; AS) {čə́q tə **sk̓ʷə́čis**s tsə nséʔya. *The part in my grandmother's hair was big.* (AS)}

sxʷk̓ʷéʔwəč ⟦sxʷ-√wič for-actl+√butcher⟧ ☞ k̓ʷíct butcher knife, any knife used to clean and dress game. (MJT; TC)

sxʷk̓ʷəṅúɬ ⟦sxʷ-√k̓ʷən-uɬ for-√see-compl⟧ ☞ k̓ʷəṅúɬ vision, sight, the ability to see. (TC)

sxʷk̓ʷəyaʔk̓ʷənúsəŋ ⟦sxʷ-k̓ʷ<əy>aʔ+√k̓ʷən=us-ŋ for-dim+√see=face-mdl⟧ ☞ sxʷk̓ʷaʔk̓ʷənúsən several windows or mirrors. (AS,BC)

sxʷk̓ʷqʷə́m ⟦sxʷ-√k̓ʷiqʷəm for-√chop⟧ axe. (ES; AS,BC) {ɬqáxt cə n̓**sxʷk̓ʷqʷə́m**. *Sharpen your ax.* (ES) | čák̓ʷt cn cə **sxʷk̓ʷqʷə́m**. *I got the axe stuck.* (AS) | q̓əm̓sə́n cn ʔaʔ cə **sxʷk̓ʷqʷə́m**. *I chopped my foot with the axe.* (AS)} VAR: sk̓ʷqʷə́m (EPT; TC; AS) VAR: sxʷk̓ʷqʷə́m̓ {ʔaʔáʔiʔ cn ʔaʔ cn n̓**sxʷk̓ʷqʷə́m̓**. *I'm borrowing your axe.* (TC)} VAR: k̓ʷqʷə́m (AS)

sxʷk̓ʷtúʔəŋ ⟦sxʷ-√k̓ʷtuʔ-ŋ for-√raven-mdl⟧ ☞ sk̓ʷtúʔ place name at Becher Bay, "Raven Place". ⟪exact location unknown⟫ {ncáxʷ yaʔ k̓ʷi nəsƛ̓ácu ʔiyá ʔaʔs**xʷk̓ʷtúʔəŋ** ʔiʔ k̓ʷɬáči cə ŋə́n̓ q̓ɬúməčən. *One time I was fishing at Raven Place, and many blackfish got there.* (TC)}

sxʷk̓ʷúŋən̓ ⟦sxʷ-√k̓ʷuŋ=ən for-√ʔ=instr⟧ throat (inside), pharynx, windpipe, trachea. (EPT; ES) VAR: sxʷk̓ʷúŋən (EPT) VAR: sxʷq̓ʷúŋən̓ (EPT; ES)

sxʷk̓ʷuyəkʷáy ⟦sxʷ-√k̓ʷuyəkʷ=ayə for-√fishhook=container⟧ ☞ k̓ʷúyəkʷ fishing tackle box. (TC)

sxʷləmáy ⟦sxʷ-√lam=ayə for-√liquor=container⟧ ⟪The root means liquor, but this word can refer to any bottle.⟫ ☞ lám any bottle or jar. (ES; MJ) VAR: sxʷlamáyə (EPT; MJT; TC) VAR: sxʷlamáy (EPT; TC) {ƛ̓aʔčéʔyəŋ cə **sxʷlamáy**. *The bottle is sinking.* (ES) | ƛ̓čiyŋítxʷ cn cə **sxʷlamáy**. *I sank the bottle.* (ES)}

sxʷliyəmáyə ⟦sxʷ+√l<iy>am=ayə for+√liquor<pl>=container⟧ ☞ sxʷləmáy (EPT) several bottles or jars. {nə́w̓əs ʔaʔ cə **sxʷliyəmáyə**. *Put it in the jars.* (MJ)} VAR: sxʷliyəmáy (EPT) {ič̓náxʷ cn cə ʔúpən ʔiʔ ti čə́saʔ **sxʷliyəmáy**. *I managed to fill twelve jars.* (MJ)}

sxʷɬaʔɬéʔčəm̓ ⟦sxʷ-ɬaʔ+√li<ʔ>č-əm̓ for-dim+√cut<dim>-ʔ⟧ [analysis uncertain - possibly related to name of marsh near Foulweather Bluff] cp. sxʷɬéʔčəm marsh between Mats Mats and Oak Bay. (EWH) VAR: sxʷɬaʔɬéʔčəm̓ (LB,CWH)

sxʷɬaʔɬq̓íŋəyuʔ ⟦sxʷ-√ɬ<əʔ>ɬiq̓-ŋ-əyu<ʔ> for-√warm_up<actl>-mdl<actl>-activ<actl>⟧ ☞ ɬaʔɬq̓íŋəyuʔ anything used for warming (something up) such as a teakettle. (MJT) {šč̓ə́t cn ʔaʔ tiʔə **sxʷɬaʔɬq̓íŋəyuʔ**. *I hit him with this kettle.* (MJT)}

sxʷɬaʔyaʔɬáxʷ ⟦sxʷ-ɬ<aʔy>aʔ+√ɬaxʷ for-dim<pl>+√jellyfish⟧ ☞ sxʷɬáxʷ a group of small jellyfish. {ŋə́n̓ **sxʷɬaʔyaʔɬáxʷ**. *It's lots of small jellyfish.* (ES)}

sxʷɬaʔyíqʷən ⟦sxʷ-√ɬ<aʔy>iqʷ=ən for-√flesh<pl>=instr⟧ ☞ sxʷɬíqʷən̓ several cheeks. (MJT)

sxʷɬáxʷ ⟦sxʷ-√ɬaxʷ for-√jellyfish⟧ [analysis uncertain] jellyfish. *Scyphozoa spp.* (ES; AS,BC) {ŋaʔŋéʔŋənaʔ **sxʷɬáxʷ**. *Baby jellyfish.* (ES)}

sxʷɬéʔčəm ⟦sxʷ-√ɬiʔčəm for-√ʔ⟧ [possibly related to name for marsh near Mats Mats] cp. sxʷɬaʔɬéʔčəm̓ marsh south of Foulweather Bluff. (EWH)

sxʷɬə́k̓ʷəŋ ⟦sxʷ-√ɬ<ə́>k̓ʷ-ŋ<ʔ> for-√hollow<actl>-mdl<actl>⟧ ☞ ɬk̓ʷə́t a chisel. (MJT)

sxʷɬəŋŋín ⟦sxʷ-√ɬəŋ=ŋin for-√detach=piece⟧ ☞ ɬə́ŋ something removed, peeled off, detached, released. ⟪USAGE: This can refer to anything physically detached from something, or it can refer to inhibitions released by alcohol.⟫ (AS) {nɬ yaʔ ssáysiʔs ʔaʔ cə **sxʷɬəŋŋín** ʔaʔ wine. *She was afraid of what would be released by wine.* (MJ)}

sxʷɬə́yək̓ʷəŋ ⟦sxʷ-√ɬ<ə́><yə>k̓ʷ-ŋ<ʔ> for-√hollow<actl><pl>-mdl<actl>⟧ ☞ sxʷɬə́k̓ʷəŋ several chisels. (MJT)

sxʷɬiʔq̓ʷəyuʔ ⟦sxʷ-√ɬəyq̓ʷ-əyu for-√smash-activ⟧ ☞ ɬə́yəq̓ʷ grinder, anything used for grinding. (MJT)

sxʷɬiɬq̓ʷáyəqsən ⟦sxʷ-ɬy+√ɬq̓ʷ-ay=əqsən for-pl+√hollow-ext=nose⟧ [The root here is apparently distinct from the 'hollow' root, which has /k̓ʷ/ rather than /q̓ʷ/.] cp. ɬk̓ʷə́t nostrils. (ES,HS) VAR: sɬiɬq̓ʷáyəqs (AS) VAR: sɬiɬq̓ʷáyəqsən (AS) {čə́q tə **sɬiɬq̓ʷáyəqsən**s. *He's got big nostrils.* (AS)}

sxʷɬíqʷən̓ ⟦sxʷ-√ɬiqʷ=ən̓ for-√flesh=ear⟧ ☞ sɬíqʷ cheek, fleshy part of the face on human or animal. (ES; BC) cp. sɬqʷáxən VAR: čxʷɬíqʷən (MJT) VAR: čšxʷɬíqʷən (MJT) VAR: sxʷɬík̓ʷən (AS) VAR: čɬík̓ʷən (AS,BC) {ʔiʔtáxʷ cn tə **čɬík̓ʷən**s tə scánəxʷ. *I like fish cheeks.* (AS)}

sxʷɬnə́səŋ descendant. See under: sɬxʷnə́səŋ

sxʷɬtə́xʷəŋ ⟦sxʷ-√ɬtəxʷ-ŋ for-√suck_in-mdl⟧ ☞ ɬtə́xʷəŋ any magnet. (AS) {ʔənʔáxʷ či tə **sxʷɬtə́xʷəŋ**. *Bring the magnet.* (AS)}

sxʷɬx̣áčən ⟦sxʷ-√ɬax=ač=ən for-√lie_flat=backside=instr⟧ ☞ ɬáxən floor. (MJT; ES; AS,BC) VAR: sɬx̣áčən (AS,BC) {tkʷát cə **sɬx̣áčən**. *Shine a light on the floor.* (AS) | hihíyəŋ cn ʔiʔ ʔučɬə́qʷəŋ ʔaʔ k̓ʷi **sɬx̣áčən**. *I fell and went through the floor.* (AS)} VAR: sxʷɬx̣áčəŋ (ABT) VAR: ɬx̣áčən (MJT; TC,AS,BC; AS) {√ɬx=ač=ən √lie_on=back=instr} {ʔúxʷ ʔaʔ tə nc̓íq̓ʷən ʔiʔ tə́s ʔaʔ tə **ɬx̣áčən**. *It goes from your shoulder to the floor.* (MJ)}

sxʷɬx̣áwyəɬtən ⟦sxʷ-√ɬx̣=awyəɬ=tən for-√lie_flat=?=instr⟧
1. canoe thwarts. (EWH)
2. creek three-fourths of a mile north of Lofall. (EWH)

sxʷɬx̣ʷaʔmə́ɬənɬ ⟦sxʷ-√ɬx̣ʷaʔm=əɬnɬ for-√mucus=throat⟧ saliva, phlegm. (EPT; AS)

sxʷƛ̓aʔyáy̓s ⟦sxʷ-√ƛ̓a<ʔ>ys-ay̓s for-√go_backwards<actl>-activ⟧ ☞ ƛ̓aʔyáy̓s oar. (JA,MJT; ES; ES,TC; TC) {cákʷs cə n̓**sxʷƛ̓aʔyáy̓s**. Put your oars down. (ES)} VAR: sxʷiʔƛ̓aʔyáy̓s (EPT) ⟦sxʷ-ʔiʔ-√ƛ̓a<ʔ>ys-ay<ˀ>s for-proc-√backward<actl>-activ<actl>⟧

sxʷƛ̓áləp ⟦sxʷ-√ƛ̓aləp for-√pot⟧ any cooking pot, kettle. (MJT) [from Lushootseed xʷƛ̓áləp (Bates, et al. 1994:151)] {sxʷtqə́ns cə **sxʷƛ̓áləp**. It's the cover of the kettle. (MJT) | ɬəŋás tə sxʷtqə́ns tə **sxʷƛ̓áləp**. Take the cover off the pot. (MJT) | kʷɬɬəŋáʔəs cn tə sxʷtqə́ns tə **sxʷƛ̓áləp**. I'm taking the cover off the pot. (MJT) | ʔəx̣ín ʔuč či sxʷtqə́ns tiʔə **sxʷƛ̓áləp**? Where is a cover for this kettle? (MJT)} VAR: sƛ̓áləp (ES) {míxʷt cn cə **sƛ̓áləp**. I shook the pot. (AS) | yə́ct tə **sƛ̓áləp**. Fill the pot. (AS) | ʔuʔmán̓ ʔu? píx̣ʷəŋ cə **sƛ̓áləp**. The pot is really overflowing. (AS) | ɬɬə́t tə **sƛ̓áləp** syácɬ ʔaʔ tiə scəyíqʷɬ. Cover the pot that's filled with fruit. (AS) | ɬitústəŋ cn ʔaʔ cə **sƛ̓áləp**. The pot splashed on my face. (AS)}

sxʷƛ̓ay̓əm̓áɬ ⟦sxʷ-√ƛ̓ay̓əm̓=aɬ for-√Klallam=belonging⟧ Olympic Mountains. ⟪This refers specifically to mountains fifty miles behind Port Angeles, which belonged to the Klallam people.⟫ (JSH)

sxʷƛ̓áyəm̓áɬ of Klallam. See under: ƛ̓ay̓əm̓áɬ

sxʷƛ̓áyuči ⟦sxʷ-√ƛ̓ayuč-iy for-√stop-dev⟧ ☞ ƛ̓áyuči baseball shortstop. ⟪neologism created July 28, 2008⟫ (AS,BC)

sxʷƛ̓čáy̓əɬ ⟦sxʷ-√ƛ̓č=ay<ˀ>ə-ɬ for-√under=container<actl>-dur⟧ ☞ ƛ̓ə́č any underwear, especially covering the lower body underpants, drawers. (ES; ES,TC; TC) {**sxʷƛ̓čáy̓əɬ**s, əw? His underwear, eh? (TC)} VAR: sxʷƛ̓čáʔiɬ (TC)

sxʷƛ̓číkʷən ⟦sxʷ-√ƛ̓č=iws=ən for-√under=body=instr⟧ ☞ ƛ̓ə́č any underwear, especially covering the upper body such as undershirt, slip, union suit, etc. (AB,MJT; ES; ES,TC) VAR: šxʷƛ̓číkʷən (LC)

sxʷƛ̓ə́w̓əŋ ⟦sxʷ-√ƛ̓əw<ˀ>-ŋ<ˀ> for-√howl<actl>-mdl<actl>⟧ ☞ ƛ̓ə́w̓əŋ any horn (on a boat, car, lighthouse, etc.). (AS)

sxʷƛ̓əyəčíkʷən ⟦sxʷ-√ƛ̓<əyə>č=iws=ən for-√under<pl>=body=instr⟧ ☞ sxʷƛ̓číkʷən several pieces of underwear. (AB,MJT)

sxʷiƛ̓q̓ʷáyəs ⟦sxʷ-ƛ̓y+√ƛ̓q̓ʷ=ayus for-pl+√stuck=eye⟧ ☞ ƛ̓ə́q̓ʷq̓ʷ eye mucus, sleep (in the eyes). (ES,HS,TC) ⟪HS prefers this over the other words meaning 'eye mucus'.⟫ cp. naʔq̓ʷáy̓s cp. sxʷnəy̓əq̓ʷáyəs

sxʷƛ̓iyaʔyáy̓s ⟦sxʷ-√ƛ̓<iy>a<ʔ>ys-ay̓s for-√go_backwards<pl><actl>-activ⟧ ☞ sxʷƛ̓aʔyáy̓s several oars. (JA,MJT)

sxʷƛ̓iyáləp ⟦sxʷ-√ƛ̓<iy>aləp for-√pot<pl>⟧ ☞ sxʷƛ̓áləp several cooking pots, kettles. (MJT)

sxʷƛ̓kʷnáxʷ ⟦sxʷ-√ƛ̓kʷ-naxʷ for-√take-nctrns⟧ ☞ ƛ̓kʷnáxʷ baseball catcher. ⟪neologism created July 28, 2008⟫ (AS,BC)

sxʷƛ̓péʔwən ⟦sxʷ-√ƛ̓p=i<ʔ>ws=ən for-√feather=body<actl>=instr⟧ shirt. ⟪USAGE: used only at Becher Bay⟫ (LC; TC) {ɬáʔyaʔmət cə n̓**sxʷƛ̓péʔwən**. Put your shirt on. (TC) | ʔíct cə n̓**sxʷƛ̓péʔwən**. Wear your shirt. (TC) | ʔəsčiʔúʔyəs cə n̓**sxʷƛ̓péʔwən**. Put your shirt on backwards. (TC)}

sxʷmaʔmaʔhéʔwən̓ ⟦sxʷ-maʔ+√mə<ʔ>hiʔ-wən̓ for-dim+√porpoise<dim>-ʔ⟧ ☞ sxʷməhéʔənəs small porpoise or dolphin. (ES)

sxʷmaʔməkʷuʔéʔč ⟦sxʷ-maʔ+√mkʷ-əw̓=iʔč for-dim+√lump-ext=hump⟧ ☞ maʔməkʷuʔéʔč hunchback. (TC)

sxʷmaʔyaʔmahúʔnəs ⟦sxʷ-m<aʔy>aʔ+√mhiʔns for-dim<pl>+√porpoise⟧ [The change in root vowel is unexplained.] ☞ sxʷmaʔmaʔhéʔwən̓ a group of small porpoises or dolphins. (ES) VAR: sxʷmaʔyaʔməhéʔwəs (ES) VAR: smiyayhéʔnəs (BC)

sxʷməhéʔənəs ⟦sxʷ-√məhiʔns for-√porpoise⟧ [analysis uncertain] porpoise, dolphin. (ES; AS) VAR: sxʷməhéʔnəs (MJT; BG,MJT; AB,ICT; TC) VAR: sxʷməx̣éʔnəs (ABT)

sxʷməkʷuʔéʔč ⟦sxʷ-√mkʷ-əw̓=iʔč for-√lump-ext=hump⟧ ☞ smə́kʷ hunchback. (TC)

sxʷməkʷúsŋən ⟦sxʷ-√mkʷ=us=ŋin for-√lump=face=piece⟧ wild celery, probably seawatch, possibly cow parsnip. *Angelica lucida; possibly Heracleum lanatum*. ✻This used to be collected near Deep Creek (AB,ICTnr; AS) VAR: smikʷúsəŋ (AS) VAR: smək̓ʷúsŋən (AS,BC; AS) VAR: səmk̓ʷúsəŋ (ICT)

sxʷmək̓ʷáʔəyə ⟦sxʷ-√mak̓ʷiʔ=ayə for-√grave=container⟧ ☞ mák̓ʷaʔ cemetery, graveyard, grave. (TC) VAR: sxʷmək̓ʷaʔáy (TC) VAR: smaʔk̓ʷaʔáy {nɬ suʔyə́q̓s ʔaʔ tə **smaʔk̓ʷaʔáy**. Then he got up to (even with) the cemetery. (ES)} VAR: smək̓ʷáyə (MJT)

sxʷməqə́c ⟦sxʷ-√mqəc for-√?⟧ a sacred rattle made in the shape of a duck used in the x̣ən̓x̣aʔníti spirit dance. (TC)

sxʷməq̓áʔsay ⟦sxʷ-√mq̓aʔs=ayə for-√food_gift=container⟧ ☞ məq̓áʔs any container used to carry food home from a feast, a doggy bag. (TC)

sxʷnáʔəm ⟦s-√xʷnaʔm s-√shaman⟧ [Some forms containing this stem indicate that the initial /sxʷ-/ is a prefix and the root begins with the /n/

(*sxʷniyáʔəm*). Other forms show the /xʷ/ reduplicated as if it were part of the root (*sxʷaʔyaʔxʷənáʔəm*).] *cp.* sxʷniyáʔəm *cp.* sxʷaʔyaʔxʷənáʔəm
1. Indian doctor, shaman, a person with supernatural power to heal or hurt someone. (ES; AS,BC; TC) ✻A sxʷənáʔəm, Indian doctor, is a person with supernatural powers, not necessarily a person who knows medicine, healing herbs, and so on. There are, in traditional Klallam society, people who have special knowledge of medicines, but these people are not called 'sxʷənáʔəm' in Klallam or 'Indian doctor' in English. (AS,BC) {pṕáʔct cn ci nə*sxʷnáʔəm*. *I'm training to be an Indian doctor.* (ES) | suʔhiyáʔs cə *sxʷnáʔəm* túkʷ. *So the Indian doctor when home.* (MJ)}
2. the spirit power to heal. {kʷłiʔƛ̓kʷənáʔəs kʷi či *sxʷənáʔəm*s. *He's getting the power to heal.* (MJT) | ƛ̓kʷnáxʷ u cxʷ či n*sxʷənáʔəm*? *Did you manage to get your power?* (MJ)}
3. any supernatural monster, beast. (ES) {níɫ suʔkʷə́nəxʷs cə *sxʷnáʔəm*. *Then they saw the monster.* (ES) | čə́q *sxʷnáʔəm*. *big monster* (LBH) | ʔiʔ níɫ suʔínəŋs cə *sxʷnáʔəm*. *And then a monster appeared.* (ES) | txʷníɫ n*sxʷnáʔəm*. *You have become a monster.* (AA) | ʔaʔnaʔŋíct cə *sxʷnáʔəm*. *The monster was showing itself.* (ES) | ʔuʔčiyáʔy ti suʔiʔłaʔáʔŋəńs cə *sxʷnáʔəm* ʔaʔ canu. *The monster barely missed it.* (ES) | níɫ suʔsqiʔáḿs či sq̓ʷaʔyíyŋs cə *sxʷnáʔəm* ʔaʔ cə čaʔčéʔxʷəŋ. *So the monster couldn't go over the sandbar.* (ES)}
4. ghost. (LBH) VAR: sxʷənáʔəm̓ (ES) {x̣áẃəs *sxʷənáʔəm̓* swéʔwəs. *He was a new Indian doctor young man.* (MJ) | pxʷútəŋ ʔaʔ cə *sxʷənáʔəm̓* ʔiʔ čə́ẃ kʷɫə. *The Indian doctor blew on it, and it disappeared.* (MJ) | suʔxə́nəŋs cə *sxʷənáʔəm̓* ʔaʔ či sɫáwnəxʷs qɫ. *So the Indian doctor said he would heal her.* (MJ) | suʔtáčis cə *sxʷənáʔəm̓* ʔiʔ ƛ̓ápts cə nəxʷúŋən. *The Indian doctor got there, and he felt my neck.* (MJ) VAR: sxʷənáʔəm (MJT) {hiʔənʔá cə *sxʷənáʔəm*. *The bogeyman is coming.* ⟪USAGE: used to scare a child into behaving⟫ (MJT)}

sxʷnánəč ⟦sxʷ-√nanəč for-√pay⟧ price. (ES) {huʔáčt ti *sxʷnánəč*. *Raise the price.* (ES) | huʔáčt ti *sxʷnánəč*s cə saplín. *Raise the price of bread.* (ES) | huʔáčt cn či *sxʷnánəč*s cə nsaplín. *I raised the price on my bread.* (ES) | huʔáčtəŋ či *sxʷnánəč*s cə saplín. *They raised the price on the bread.* (ES) | xʷkʷás cn či *sxʷnánəč*s tə saplín. *I lowered the price on the bread.* (ES) VAR: sxʷnánč (ES; AS) {ʔáwənə nəsx̣čít kʷi *sxʷnánč*s. *I don't know how much it is.* (AS)}

sxʷné ⟦sxʷ-√niʔ for-√exist⟧ ☞ né the origin, beginning (of something). {níɫ kʷaʔčaʔ *sxʷné*s cə q̓ʷq̓ʷéʔis ʔəsnáwəɫ ʔaʔ cə sx̣x̣ínaʔs. *That is the origin of the knives in its legs.* (MJ) | níɫ kʷaʔčaʔɫ *sxʷné* či ʔəcɫtáynxʷ ʔiyá ʔaʔ či naʔčáʔuŋxʷ sčtə́ŋxʷən. *That's the origin of Indians in foreign lands.* (ES)}

sxʷnéʔiŋ ⟦s-√xʷniʔ-ŋ s-√pregnant-mdl⟧ ☞ xʷnéʔəŋ pregnancy. {ʔuʔə́y kʷi *sxʷnéʔiŋ*s. *Her pregnancy is going well.* (AS,BC)}

sxʷnə́ẃəs ⟦sxʷ-√nəẃəs for-√cloud⟧ [analysis uncertain] cloud. (ES; TC,AS,BC; AS) {ɫáč tiə *sxʷnə́ẃəs*. *The clouds are dark.* (TC,AS,BC)} VAR: šxʷnə́ẃəs (AS,BC) VAR: sxʷənáʔẃəs (EPT) VAR: sxʷnáʔẃəs (AS,BC) VAR: nəxʷnə́ẃəs (LBH)

sxʷnəy̓əq̓ʷáyəs ⟦sxʷ-√n⟨əy̓⟩uq̓ʷ=ayus for-√excrement⟨pl⟩=eye⟧ ☞ naʔq̓ʷáys eye mucus, sleep (in the eyes). (ES)

sxʷnəynáčəŋ ⟦sxʷ-nəy̓+√nəy-ŋ for-pl+√laugh-mdl⟧ ☞ náčəŋ helldiver, western grebe. *Aechmophorus occidentalis.* (ES) VAR: sxʷnəynáčəŋ (AS,BC) VAR: sxʷnəynáčəŋ (BG,MJT)

sxʷniʔəynáčəŋ ⟦sxʷ-n⟨iy⟩ay⟨ʔ⟩+√nač-ŋ⟨ʔ⟩ for-char⟨pl⟩⟨actl⟩+√laugh-mdl⟨actl⟩⟧ ☞ sxʷnəynáčəŋ several helldivers. (BG,MJT)

sxʷniyáʔəm ⟦sxʷ-√n⟨iy⟩aʔm for-√shaman⟨pl⟩⟧ [This form indicates that the /xʷ/ is part of the prefix, but others indicate that it is part of the root.] *cp.* sxʷaʔyaʔxʷənáʔəm ☞ sxʷnáʔəm Indian doctors, shamans. {ti ɫqíyns ti *sxʷnyáʔəm*. *the power of the Indian doctors.* (TC) | ɫənə́ts ti *sxʷniyáʔəm*. *They were next to some Indian doctors.* (MJ) | kʷi sčiʔúʔisɫ yaʔ ʔiʔ kʷikʷiyáy yaʔ *sxʷniyáʔəm* ʔiʔ ti skʷənúcəns. *Our ancestors, they were expert Indian doctors with their power songs.* (ES)} VAR: sxʷniyám̓ {ʔuʔmán̓ ʔuʔ sáʔsiʔsiʔ ʔaʔ cə ʔuʔmán̓ ʔuʔ kʷikʷiyáy *sxʷniyám̓*. *They were very afraid of those very expert Indian doctors.* (ES)} VAR: sxʷiyənáʔəm

sxʷnuʔíčaʔ ⟦sxʷ-√nuẃ=ičaʔ for-√in=clothing⟧ ☞ nə́ẃ
1. pocket. (AB,ICT) {čə́sa ʔ či *sxʷnuʔíčaʔ*. *There are two pockets.* (AS)}
2. to be in one's pocket. {*sxʷnuʔíčaʔ* cə ntálə. *My money is in my pocket.* (AS) | ƛ̓iʔáŋ cn ʔaʔ kʷi ntálə *sxʷnuʔíčaʔ*. *I was looking for my money in my pocket.* (AS)}

sxʷŋáʔčč ⟦sxʷ-√ŋaʔčč for-√bay⟧ any bay. (TC)

sxʷŋaynáčəŋ ⟦sxʷ-√ŋa⟨y⟩ʔ=nač-ŋ for-√give⟨pl⟩=tail-mdl⟧ ⟪So called because they pluck their tail feathers with the beak.⟫ ☞ ŋáʔət red-necked grebe. *Podiceps grisegena.* (TC)

sxʷŋəćáyətən ⟦sxʷ-√ŋəć=aya=tən for-√pus=container=instr⟧ ☞ ŋə́ćɫ brains. (EPT; MJT; ES) {ʔáwənə u či n*sxʷŋəćáyətən*? *Don't you have any brains?* (ES)} VAR: sxʷəŋəćáyətən (EPT)

sxʷŋiʔáyə ⟦sxʷ-√ŋiʔayə for-√?⟧ Coupeville area. (LB,CWH)

sxʷŋíqən ⟦sxʷ-√ŋiq=ən for-√erect=instr⟧ ☞ ŋíq any erected pole (for a tent, house, flag), a mast for a sail. (ES; TC) {ŋíq cə *sxʷŋíqən*. *The pole is put up.* (AS,BC)}

sxʷpiq̓ʷúsən face powder. *See under:* spiʔyəq̓ʷúsən

sxʷpk̕ʷəŋáy ⟦sxʷ-√pk̕ʷ-ŋ=ayə for-√smoke-mdl=container⟧ ☞ pák̕ʷəŋ stovepipe, chimney. (ES; TC)

sxʷpuyəkháy ⟦sxʷ-√puyaʔk=ayə for-√gun=container⟧ ☞ púyək holster, gun case. (ES)

sxʷp̕aʔpúʔqʷs ⟦sxʷ-p̕aʔ+√p̕uqʷs for-dim+√bluff⟧ ☞ sxʷp̕úqʷs
1. small bluff. (TC)
2. name of the bluff at the east side of Becher Bay. ✱There is an old cemetery at the top of this bluff from the days when the people lived at məqʷúʔəs. (TC)

sxʷp̕aʔyúqʷs ⟦sxʷ-√p̕<aʔy>uqʷs for-√bluff<pl>⟧ ☞ sxʷp̕úqʷs cliff, bluffs (such as those along the Elwha). (TC; ES) {ʔiʔ ʔuʔxənáts ʔi ʔuʔtáči ʔaʔ tə **sxʷp̕aʔyúqʷs**. And he was doing that until he came to the bluffs. (ES) | táči ʔaʔ kʷs **sxʷp̕aʔyúqʷs** ʔiʔ níɬ kʷə suʔqíqəkʷs. He got to the bluff, and then he was tired. (ES)} VAR: sp̕aʔyúqʷs {ʔiʔ tás ʔaʔ kʷə súɬ ćićaʔiŋ ʔaʔ kʷə **sp̕aʔyúqʷs** And we got to the road that climbs the bluffs. (ES)} VAR: sp̕áyuqʷs (AS)

sxʷp̕úqʷs ⟦sxʷ-√p̕uqʷs for-√bluff⟧ bluff, cliff as viewed from the bottom. (TC) [may have the 'face' suffix] {suʔiʔčiʔáwəɬ ʔaʔ canu **sxʷp̕úqʷs** snánt. We were passing by that rocky bluff. (ES)} VAR: sp̕úqʷs (ES) {ćéʔiŋ ʔaʔ tə **sp̕úqʷs**. Climb the bluff. (ES)} VAR: p̕úqʷs {níɬ suʔxićáyss ʔaʔ cə **p̕úqʷs**. It clawed its way up the bluff. (ES)} VAR: sp̕úʔqʷs (AS,BC) ⟦s-√p̕u<ʔ>qʷs s-√bluff<actl>⟧

sxʷqaʔx̣áyu ⟦sxʷ-√qaʔx̣-əyu for-√shave-activ⟧ ☞ qaʔx̣áyuʔ a curved knife with two handles for shaving or carving wood. (ES)

sxʷqq̕íkʷən ⟦sxʷ-√qiq̕=iws=ən for-√restrain=body=instr⟧ ☞ qíq̕t spirit dancer's belt. (TC)

sxʷq̕aʔx̣áyu ⟦sxʷ-√q̕<əʔ>x-əyu for-√clam<actl>-activ⟧ ☞ q̕aʔx̣áyu clam fork, anything used for digging clams. (LC; TC)

sxʷq̕taʔyéʔqʷ ⟦sxʷ-√q̕t-əʔy=iʔqʷ for-√edge-ext=head⟧ ☞ q̕taʔyéʔqʷ the top of anything, especially the crown of the head. (ES; TC) {**sxʷq̕taʔyéʔqʷ**s cə sqiyáyŋxʷ. It's the top of the tree. (TC)} VAR: šq̕taʔyéʔqʷ (TC)

sxʷqʷáʔətən ⟦sxʷ-√qʷaʔ=tən for-√?=instr⟧ juice. (MJT) {**sxʷqʷáʔətən** ʔaʔ sqʷəyáyəŋəxʷ. It's blackberry juice. (MJT) | ćúʔqʷt cn tə **sxʷqʷáʔətən**s. I sucked the juice out of it. (MJT) | kʷəɬćqʷútən ixʷ kʷaʔ tiʔə **sxʷqʷáʔətən**s tiʔə orange. The juice is all sucked out of this orange. (MJT)} VAR: sxʷqʷáʔətən (MJT)

sxʷqʷáqʷiʔ ⟦sxʷ-qʷa+√qʷay<ʔ> for-actl+√talk<actl>⟧ ☞ qʷáqʷiʔ any audio recorder such as a tape recorder. (AS,BC) {níɬ suʔnuʔŋəx̣áct kʷiʔə níɬ siʔám štəŋístxʷ tiə **sxʷqʷáqʷiʔ**s sqʷinə́wiɬ. So this gentleman who brought this recorder we are talking with is kind of in a hurry. (RSh)}

sxʷqʷáyəkʷən ⟦sxʷ-√qʷay=iwən for-√talk=interior⟧ ☞ qʷáy mind, consciousness. (TC) {x̣áɬ tiə nə**sxʷqʷáyəkʷən**. My mind hurts. (TC)}

sxʷqʷáytən ⟦sxʷ-√qʷay=tən for-√talk=instr⟧ ☞ qʷáy
1. voice. (MJT) {wayənəhákʷ či nsʔiyánəxʷ či n**sxʷqʷáytən**. It's heartbreaking to hear your voice. (RSh)}
2. any audio recording of speech. {tčístən tiə n**sxʷqʷáytən**. This recording of you was brought here. (RSh)}
3. language. {níɬ yaʔ **sxʷqʷáytən**s kʷɬi ntán. It was the language of my mother. (MJ)} VAR: sxʷqʷáytən (MJT)

sxʷqʷáyyu ⟦sxʷ-√qʷay-əyu for-√talk-activ⟧ ☞ qʷáy microphone, telephone. (AS,BC; AS)

sxʷqʷəčáy ⟦sxʷ-√qʷuʔ-č=ayə for-√water-?=container⟧ jug, bottle, canteen, water container to carry along. (AS,BC) VAR: sxʷqʷčáy (AS) VAR: sqčáy (AS)

sxʷqʷənáyəqsən ⟦sxʷ-√qʷin-ay=əqsən for-√hair-ext=nose⟧ ☞ qʷínəcən nose hair. (ES)

sxʷqʷəyaʔčáy ⟦sxʷ-√qʷ<əy>əʔ-č=ayə for-√water<pl>-?=container⟧ ☞ sxʷqʷəčáy jugs, water containers. {yəćát či **sxʷqʷəyaʔčáy** ʔaʔ či qʷúʔ! Fill your jugs with water! (ES)} VAR: sxʷqəyəčáy (AS)

sxʷqʷəyúʔus ⟦sxʷ-√qʷ<əy>uʔ=us for-√water<pl>=face⟧ ☞ sqʷuʔús tears, lachrymal liquid. (EPT) VAR: sqʷəyúʔəs (MJT)

sxʷqʷə́yct bailer. See under: sxʷʔiʔqʷə́yct

sxʷqʷə́ys ⟦sxʷ-√qʷəys for-√boil_food⟧ ☞ qʷə́yəs any pot, cauldron used for boiling. (MJT; TC)

sxʷqʷinə́kʷi ⟦sxʷ-√qʷay-nəwəy for-√talk-ncrcprcl⟧ ☞ qʷinə́kʷi telephone. (AS,BC) {čaʔćúʔis yaʔ cn kʷi **sxʷqʷinə́kʷi**. I just used the phone. (AS)} VAR: sxʷqʷinə́wi (ES; TC; AS) ⟦sxʷ-√qʷay<ʔ>-nəwəy for-√talk<actl>-ncrcprcl⟧ VAR: sxʷqʷinə́wi (AS,BC; AS) {níɬ kʷi **sxʷqʷinə́wi**. It's a phone. (AS)}

sxʷqʷúʔəs ⟦sxʷ-√qʷuʔ=us for-√water=face⟧ ☞ sqʷuʔús a baby born at the time someone dear died is called a tear. ⟪Usage: term of endearment.⟫ (MJT) {**sxʷqʷúʔəs**ɬ. He's our teardrop. (MJT)} cp. sxʷqʷuʔúyəs

sxʷqʷúʔtən bucket. See under: sqʷúʔtən

sxʷqʷuʔúyəs ⟦sxʷ-√qʷuʔ=uyəs for-√water=forehead⟧ ☞ sqʷuʔúyəs a baby born at the time someone dear died is called a tear. ⟪Usage: term of endearment.⟫ {**sxʷqʷuʔúyəs**ɬ. He's our teardrop. (MJT)} cp. sxʷqʷúʔəs

sxʷqʷúqʷaʔtən ⟦sxʷ-qʷú+√qʷuʔ=tən for-char+√water=instr⟧ ☞ qʷúʔqʷaʔ
1. drinking straw. ✱This refers especially to the drinking straw necklace worn by new dancers (TC)

2. bucket. VAR: sxʷqʷúʔqʷaʔtən (AS) {tčístəŋ kʷi kʷə *sxʷqʷúʔqʷaʔtən*. *They brought the bucket.* (AS)}

sxʷq̓ʷúʔkʷɬ ⟦sxʷ-√q̓ʷuʔ=akʷɬ for-√join=conveyance⟧ ☞ q̓ʷúʔkʷɬ canoe partner, a companion in any vehicle, someone who rides along, traveling companion. {č*sxʷq̓ʷúʔkʷɬ* cn. *I have someone with me on the canoe.* (TC) | *sxʷq̓ʷúʔkʷɬ* cn ʔaʔ nə́kʷ. *I'll go with you (on a canoe).* (TC) | xʷə́ŋ u cn ʔiʔ ʔən*sxʷq̓ʷúʔkʷɬ*? *Can I ride along with you?* (TC)} VAR: sq̓ʷúʔkʷɬ (AS,BC) {níɬ kʷi nsʔúq̓ʷaʔ n*sq̓ʷúʔkʷɬ*. *My brother is my canoe partner.* (AS)} VAR: sq̓ʷáʔəkʷɬ

sxʷq̓ʷúŋən throat. *See under:* sxʷk̓ʷúŋən

sxʷsʔaʔyúk̓ʷɬ ⟦sxʷ-s-√ʔ<aʔy>uk̓ʷɬ for-√take_care<pl>⟧ ☞ sxʷsʔúk̓ʷɬ several step-parents. (MJT)

sxʷsʔúk̓ʷɬ ⟦sxʷ-s-√ʔuk̓ʷɬ for-√take_care⟧ ☞ ʔúk̓ʷɬ
1. step-parent, step-mother, step-father. (MJT; ES) {sqás č kʷsi nə*sxʷsʔúk̓ʷɬ* cə x̣̌ə́x̣̌ číčt čʔiyá ʔaʔ cə hunucáy. *My step-parent took out the beargrass ashes from the fireplace.* (MJ) | ʔə́š, ʔáwə cn c yəcústəŋ ʔaʔ kʷɬsə n*sxʷsʔúk̓ʷɬ* ʔaʔ či ʔənəqíx̣ cə nəqqíyəŋ. *Ugh, my stepmother didn't tell me that my eyes were black.* (MJ)}
2. caretaker, babysitter (for a person or house). (AS) VAR: sxʷʔúk̓ʷɬ {nsxʷʔúk̓ʷɬ *my step-parent* (LB,CWH)}

sxʷsaʔmúst ⟦sxʷ-√sə<ʔ>m-us-t for-√sell<actl>-rcpnt-trns⟧ ☞ saʔmúst advertisement, commercial message, sales pitch. (AS,BC)

sxʷsaʔwənáy ⟦sxʷ-√saʔwn=ayə for-√lunch=container⟧ ☞ sáʔwən lunchbox, lunchpail, nosebag. (ES; TC)

sxʷsánəč ⟦sxʷ-√sanəč for-√Saanich⟧ Saanich people; Saanich territory. (LB,CWH; MJT; LC)

sxʷsčáʔčaʔ ⟦sxʷ-s-√čaʔčaʔ for-s-√friend⟧ ☞ sčáʔčaʔ in-law, any relative of one's spouse. (MJT)

sxʷsčəyáʔčaʔ ⟦sxʷ-s-√č<əy>aʔčaʔ for-s-√friend<pl>⟧ ☞ sxʷsčáʔčaʔ in-laws, relatives of one's spouse. (MJT)

sxʷsiyánəč ⟦sxʷ-√s<iy>anəč for-√Saanich<pl>⟧ ☞ sxʷsánəč several Saanich people. (MJT)

sxʷskʷáʔ ⟦sxʷ-s-√waʔ for-s-√own⟧ ☞ skʷáʔ dear elder, one's beloved counselor, guide, master, teacher, any person that one listens to and gets advice and direction from. ⟪USAGE: A term of deep respect and endearment to elders and teachers that can be used any time but is often used in speeches or when addressing a crowd. It is used often by Shaker speakers. It is used to address men, women or both. It shows deep friendship.⟫ (EPT; MJT; AS,BC) {*sxʷskʷáʔ*. *Our dear one.* (MJT) | nə*sxʷskʷáʔ*. *My elder master, my very own.* (EPT; AS,BC) | háʔnəc cn nə*sxʷskʷáʔ*. *I thank you (to someone older than me).* (MJT) | həwíyŋ ʔúxʷ ʔaʔ təsə *sxʷskʷáʔ*s. *It (the pipe) returned to its master.* (ES)}

sxʷskʷáwaʔ ⟦sxʷ-s-wa+√waʔ for-s-actl+√own⟧ ☞ skʷáʔ
1. countryman, compatriot, someone from one's hometown, country, or tribe. {nə*sxʷskʷáwaʔ*. *He is my countryman.* ⟪USAGE: This could be used in a speech introducing someone.⟫ (AS,BC) | *sxʷskʷáwaʔɬ*. *She's our countryman.* (AS)}
2. thank you, excuse me. ⟪USAGE: to one's own generation⟫ (MJT) VAR: sxʷskʷáʔwə (RSh) {nə*sxʷskʷáʔwə*. *My dear.* (MJT)} VAR: sxʷskʷáʔwaʔ (RSh) {húyakʷ, n*sxʷskʷáʔwaʔ*, húy. *Goodbye, my compatriot, goodbye.* (RSh)}

sxʷskʷáyaʔ ⟦sxʷ-s-√wa<ya>ʔ for-s-√own<pl>⟧ ☞ sxʷskʷáʔ a group of dear elders, beloved advisers. {nə*sxʷskʷáyaʔ*. *My dear elders.* ⟪USAGE: A host or hostess would use this addressing visitors and welcoming them.⟫ (MJT)} VAR: sxʷskʷə́yaʔ {n*sxʷskʷə́yaʔ*. *My dear advisers.* (AS,BC) | háʔnəŋ cn, nə*sxʷskʷə́yaʔ*. *Thank you, my dears.* (AS,BC)}

sxʷskʷukʷáwtxʷ ⟦sxʷ-s-√kʷukʷ=awtxʷ for-√cook=house⟧ ☞ kʷúkʷ kitchen. (ES)

sxʷsqəsaʔčə́yəɬ ⟦sxʷ-s-√qəsaʔč=əyəɬ for-s-√orphan=child⟧ ☞ sqəsaʔčə́yəɬ aunt or uncle after one's parent has died. (MJT)

sxʷsqəysaʔčə́yəɬ ⟦sxʷ-s-√qə<y>saʔč=əyəɬ for-s-√orphan<pl>=child⟧ ☞ sxʷsqəsaʔčə́yəɬ several aunts or uncles after one's parent has died. (MJT)

sxʷstíkʷən ⟦sxʷ-s-√tiwən for-s-√niece/nephew⟧ ☞ stíkʷən niece-in-law or nephew-in-law. (MJT)

sxʷsttíkʷən ⟦sxʷ-s-t+√tiwən for-s-pl+√niece/nephew⟧ ☞ sxʷstíkʷən several nieces-in-law or nephews-in-law. (MJT)

sxʷsúʔsiʔ swollen. *See under:* ʔəsxʷsúʔsi

sxʷswétə ⟦sxʷ-√swétə for-√sweater⟧ sweater. [from English 'sweater'] {ɬíxʷ skʷáči ʔiʔ húy ti *sxʷswétə*. *It's three days to finish a sweater.* (LC) | ɬíxʷ skʷáči ti nə́cuʔ *sxʷswétə*. *One sweater takes three days.* (LC)}

sxʷšaʔméʔŋəɬ ⟦sxʷ-√šamiʔŋəɬ for-√?⟧ Cape George area at east side of mouth of Discovery Bay. (EWH,H)

sxʷšaʔšə́təŋ ⟦sxʷ-šaʔ+√š<ə́>t-ŋ for-dim+√walk<actl>-mdl⟧ ☞ šə́təŋ any narrow path or trail. (ES)

sxʷšáməns ⟦sxʷ-√šamn-s for-√enemy-3pos⟧ [possibly related to word for 'enemy'] *cp.* šəmán rocky area along side of river; rocky bank of a river. (AS,BC)

sxʷščə́yuʔ ⟦sxʷ-√šč-əyu for-√hit-activ⟧ ☞ sčə́yuʔ baseball batter. (AS)

sxʷšéʔyək̓ʷ twisted. *See under:* ʔəsxʷšáʔyaʔk̓ʷ

sxʷšə́təŋ ⟦sxʷ-√š<ə́>t-ŋ for-√walk<actl>-mdl⟧ ☞ šə́təŋ
1. walking path, sidewalk, hiking trail, walking ramp. (ES) {k̓ʷáy cə nə*sxʷšə́təŋ*. *My walking is blocked.* (ES)}

sxʷtaʔx̣áyəɬ

2. a term of endearment, reason for walking. 《used with first-person singular possessive prefix usually by an older person talking to a young person》 {nəsxʷšə́təŋ. *My reason for walking.* (MJT)}

sxʷtaʔx̣áyəɬ ⟦sxʷ-√taʔx̣=ayi-ɬ for-√spread=leg-dur⟧ to spread the legs, do the splits, stand with feet apart. (TC) {ʔáwə cn c *sxʷtaʔx̣áyəɬ*. *I don't have my legs spread.* (ES,TC; TC)} VAR: stayx̣áyɬ (AS) VAR: stayx̣áyəɬ (AS) ⟦s-√ta<y>ʔx̣=ayəɬ s-√spread<pl>=leg⟧

sxʷtaʔyəqəḿáyə ⟦sxʷ-√taʔ<yə>qm=ayə for-√bird_net<pl>=container⟧ ☞ tá?qəm
1. bird net. (EW,CW,GAH)
2. longest spit in Kilisut Harbor region. (LBH; EW,CW,GAH) 《Harrington gives 'spit opposite Gloucester,' but the location of Gloucester is not given.》

sxʷtactsə́yuʔ hawk. *See under:* sxʷcaʔcsə́yuʔ

sxʷtaláháy ⟦sxʷ-√talə=ayə for-√money=container⟧ ☞ tálə purse, anything to carry money in. (TC; AS,BC) {ʔə́ytxʷ či nk̓ʷə́nt tsiʔə nsxʷtaláháy. *Take good care of your pocketbook.* (MJT)} VAR: sxʷtələháy (AS) {níɬ suʔcə́xʷs cə nsxʷtələháy. *Then my purse disappeared.* (MJ)} VAR: sxʷtələháyə {níɬ kʷi nəsxʷtələháyə. *That's my purse.* (MJT) | nəsuʔhiyáʔ čə́yəxʷ ʔiʔ yəcúst cə sxʷʔiyáɬ cə čsɬə́ŋ kʷə cə nəsxʷtələháyə hiyáʔ yaʔ ʔaʔ cə sʔəmtáw̓txʷ. *So I went inside and told the ones we were staying with that my purse dropped in going to the outhouse.* (MJ)}

sxʷtáwinəq ⟦sxʷ-√taw<í>nq for-√sibling<pl>⟧ [This is a unique plural form.] ☞ sxʷtáwnq older siblings; children of parent's older sibling. (EPT)

sxʷtáwnq ⟦sxʷ-√tawnq for-√older_sibling⟧ *cp.* sxʷtúnəq
1. older brother. (AS; TC)
2. older sister. (BC) VAR: sxʷtawínq {suʔx̣ənáxʷs kʷi sxʷtawínqɬ. *He told our older brother.* (ES)}

sxʷtəccéʔnəŋ ⟦sxʷ-√tč=uci<ʔ>n-ŋ for-√√ʔ=mouth<actl>-mdl⟧ ☞ tčcéʔnəŋ beach between Jamestown and Dungeness. 《Consultant says this means 'where you walk along the beach by the edge of the water'》 (EWH)

sxʷtələháy̓əs ⟦sxʷ-√talə=ay<ʔ>us for-√money=eye<actl>⟧ ☞ tálə a pair of glasses, spectacles. (ES) [Both 'glasses' and 'money' were round shiny objects.] VAR: sxʷtələháyəs (ES; TC,AS,BC) VAR: sxʷtələháys (ES; TC) VAR: staləháys (TC) VAR: sxʷtələháys (TC) VAR: sxʷtələháyəsn (AS,BC) ⟦sxʷ-√talə=ayus=ən for-√money=eye=instr⟧ VAR: sxʷtələháyəsn (AS,BC) VAR: sxʷtələháyəsn (AS) {ʔiʔ uʔníɬ kʷi sxʷtələháyəsns kʷə ncə́t. *And they are my father's glasses.* (AS)} VAR: staləháyəsn ⟦s-√talə=ayus=ən s-√money=eye=instr⟧

sxʷtəltələháy̓əs ⟦sxʷ-təl+√talə=ay<ʔ>us for-pl+√money=eye<actl>⟧ ☞ sxʷtələháyəs more than one pair of glasses, spectacles. (ES) VAR: sxʷtəltələháyəs (ES)

sxʷtiháy ⟦sxʷ-√tiy=ayə for-√tea=container⟧ ☞ tíy teapot, coffeepot, kettle. (TC; AS,BC) {ɬúyəs caʔn tiə nəsxʷtiháy. *I'm going to leave my teapot behind.* (ES)} VAR: sxʷtiháyə (MJT)

sxʷtitiháyə ⟦sxʷ-ty+√tiy=ayə for-pl+√tea=container⟧ ☞ sxʷtiháy several teapots. (MJT)

sxʷtitqə́n ⟦sxʷ-ty+√tq=ən for-pl+√shut=instr⟧ ☞ sxʷtqə́n several covers, lids. (MJT)

sxʷtɬə́n ⟦sxʷ-√tɬ=ən for-√cover=instr⟧ ☞ tɬə́t cover, lid on any container. (TC)

sxʷtqə́n ⟦sxʷ-√tq=ən for-√shut=instr⟧ ☞ tə́q a cover, lid. (MJT) {*sxʷtqə́n*s cə sxʷƛ̓áləp. *It's the cover of the kettle.* (MJT) | ɬəŋás tə *sxʷtqə́n*s tə sxʷƛ̓áləp. *Take the cover off the pot.* (MJT) | ʔəx̣ín ʔuč či *sxʷtqə́n*s tiʔə sxʷƛ̓áləp? *Where is a cover for this kettle?* (MJT) | kʷɬəŋáʔəs cn tə *sxʷtqə́n*s tə sxʷƛ̓áləp. *I'm taking the cover off the pot.* (MJT)}

sxʷtqtə́qəm ⟦sxʷ-tq+√taʔqm for-char+√bird_net⟧ [analysis uncertain] a kind of spider that makes a web like a bird net. *Arachnida sp.* (ABT)

sxʷtúnəq ⟦sxʷ-√tunq for-√older_sibling⟧ older sibling or child of parent's older sibling. (EPT; MJT; AB,ICT; TC; ES; BC) ✱This does not refer to a cousin that is older than oneself, but to a cousin whose parent is older than one's own parent. So, for example, MJ had no cousins that were her /sxʷtúnəq/ because her father was the oldest child. Allher cousins were her /saʔčúʔiɬ/. (LB,CWH; MJT) *cp.* saʔčúʔiɬ *cp.* sxʷtáwnq {yaʔsít cə nəsxʷtúnəq. *I prepared it for my brother.* (ES) | ʔuʔč*sxʷtúnəq* cn. *I have an older brother.* (TC) | č*sxʷtúnəq* u cxʷ? *Do you have an older brother/sister?* (NS,JW) | níɬ u ṅ*sxʷtúnəq*? *Is it your older brother/sister?* (NS,JW) | níɬ kʷi nəsxʷtúnəq. *It's my older brother/sister.* (NS,JW) | ʔuʔəc kʷi tiə, nəsxʷtúnəq. *This is me, my cousin.* (EB) | suʔčáŋɬ ʔiʔ tás kʷi nəsxʷtúnəq. *So we got home, and my cousin arrived.* (MJ) | hiyáʔ ʔəmənéʔəŋ kʷi yúƛ̓ yaʔ nəsxʷtúnəq. *My oldest brother went hunting.* (TC) | ʔiʔ níɬ yaʔ kʷaʔčaʔ sxʷəṅáŋs kʷi yúƛ̓ yaʔ nəsxʷtúnəq ʔáwnə cicáyss. *And that's how my oldest brother had no fingers.* (TC)} older sister. (TC; AS) {suʔčənts cə *sxʷtúnəq*s yaʔ ʔaʔ cáw. *She buried her sister at the beach.* (AA) | níɬ kʷə ʔuʔ čx̣ə́nəs kʷə nyəcúsc, n*sxʷtúnəq*. *That's all I have to tell you, my cousin.* (EJ) | ʔásxʷ cə *sxʷtúnəq*s. *Seal was his sister.* (TC) | ʔuʔhúy č kʷi *sxʷtúnəq*s ʔuʔ ʔiyá ʔaʔ či skʷukʷáwtxʷ. *Only her older sister was there in the kitchen.* (AS) | níɬ č kʷɬaʔ suʔhíyəŋs ʔiʔ suʔq̓ʷúys cə *sxʷtúnəq*s. *Then she fell, and his sister died.* (TC)} VAR: štúnəq (LC)

sxʷɬaʔɬaʔk̓ʷəŋáw̓txʷ ⟦sxʷ-ɬaʔ+√ɬa<ʔ>k̓ʷ-ŋ=aw̓txʷ for-dim+√beesting<actl>-mdl=house⟧ ☞ sxʷɬaʔɬaʔk̓ʷəŋ beehive, hornet nest or wasp nest. (ES)

sxʷta?łá?kʷəŋ 〚sxʷ-ła? + √ła<?>kʷ-ŋ<ˀ> for-dim + √beesting<actl>-mdl<actl>〛 ☞ **sła?kʷəŋ** any small bee, hornet, wasp, bumblebee, yellow jacket, any stinging insect of the order Hymenoptera; beehive. (ES) [Though the root is similar, this is not likely to be related to the word for 'go home' since the stressed vowel is different.] VAR: sxʷłá?ła?kʷəŋ (ABT) VAR: šła?łá?kʷəŋ (LC) VAR: sxʷłəłákʷəŋ {čkʷútəŋ cn ?a? cə **sxʷłəłákʷəŋ**. I got stung by a bee. (MJT)} VAR: sxʷłá?łakʷəŋ (ES) VAR: słá?łá?kʷəŋ (AS) {xʷixʷáčtəŋ kʷi kʷə **sła?łákʷəŋ**. The bees were all killed. (AS)} VAR: sła?łá?kʷəŋ (LC) {čkʷút cn ?a? či **słáʔłákʷəŋ**. I was stung by a bee. (ES) | čkʷə́qsən cn ?a? kʷi **słá?ła?kʷəŋ**. I got stung on the nose by a bee. (ES)} VAR: sła?łákʷəŋ (MJT) {?a?múxʷəŋ kʷi kʷə **sła?łákʷəŋ**. The bee is buzzing. (AS)} VAR: ła?łá?kʷəŋ (AS,BC; TC,AS,BC)

sxʷłákʷi 〚sxʷ-√łakʷ-iy for-√go_across-dev〛 ☞ łákʷi bridge, anything used for going across. (TC) {nəxʷčxʷícts kʷi kʷə **sxʷłákʷił**. They demolished our bridge. (AS)} VAR: sxʷłákʷi? (ES)

sxʷłákʷłəkʷi? 〚sxʷ-łákʷ + √łakʷ-iy for-char + √go_across-dev〛 Hazel Point. (LB,CWH)

sxʷłáwq̓ʷ 〚sxʷ-√ławq̓ʷ for-√diatomaceous_earth〛 ☞ słáwəq̓ʷ area near Mats Mats one to one and a half miles north of Ludlow. (EWH)

sxʷłčáyəṅ 〚sxʷ-√łč=ayaṅ for-√corner=room〛 [root not identified in other words] any corner. (ES) VAR: sxʷłčáyṅ (MJT; ES)

sxʷłə́cən 〚sxʷ-√łəc=ən for-√break=instr〛 ☞ łə́c a place to break something like eggs. (JSH)

sxʷłəya?łákʷəŋ 〚sxʷ-ł<əy>a? + √łakʷ-ŋ for-dim<pl> + √beesting-mdl〛 ☞ sxʷła?łákʷəŋ several bees. (MJT)

sxʷu?k̓ʷáyə suitcase. See under: sxʷ?uk̓ʷáy

sxʷu?u?k̓ʷáyə 〚sxʷ-?w + √?awk̓ʷ=ayə for-pl + √belongings=container〛 ☞ sxʷ?uk̓ʷáy several containers for belongings pockets, suitcases, etc. (MJT)

sxʷú?yəṁ 〚s-√xʷu<?>ym<ˀ> s-√sell<actl>〛 ☞ sxʷúyəm to be selling. (LC) VAR: sxʷu?ím {**sxʷu?ím** č či qə́yəx̣. They're selling fish eggs. (AS)}

sxʷułc 〚s-√xʷułc s-√?〛 long bank near Green Point. (EWH)

sxʷúyəɬč 〚s-√xʷuy=iɬč s-√?=plant〛 willow tree. (LB,CWH)

sxʷúyəm 〚s-√xʷuym s-√sell〛 ☞ xʷúyəm
1. to be precious, expensive. (AS,BC) {?i u?mán ?u? čə́q **sxʷúyəm** txʷ?úxʷ ?a? ?ə́c And it is very precious to me. (BH)}
2. to be sold. (AS) {**sxʷúyəm**s cə λ̓ə́q̓šəns. He sold his shoes. (AS)}

sxʷxa?yək̓ʷəyé?č mountains. See under: sx̣a?ik̓ʷəyé?č

sxʷx̣cə́q̓ʷ 〚√sxʷx̣cə́q̓ʷ √joint〛 [may have 'for' prefix] any joint in the body. (ES)

sxʷx̣ə́łəwəč 〚sxʷ-√x̣<ə́>ɬ=əwəč for-√hurt<actl>=bottom〛 ☞ x̣ə́ł having a sore, aching rear end, upper hip. (ES,TC)

sxʷx̣əṁúsən 〚sxʷ-√x̣əṁ=us=ən for-√?=face=instr〛 curtain. (ES) ✱Close curtains at night to keep out spirits. (AS,BC) {?u?áwənə kʷi cə **sxʷx̣əṁúsən**s ti ?á?iŋ. The house has no curtains. (AS)} VAR: sx̣əmúsən (AS)

sxʷx̣əna?ŋən 〚sxʷ-√x̣əna?=ŋin for-√foot=piece〛 ☞ sx̣əna? any tracks, footprints. (ES) {?íčt cn cə **sxʷx̣ə́na?ŋən**. I dipped (my basket) into the tracks (for water). (MJ) | kʷə́nət cn tə **sxʷx̣ə́na?ŋən** ?a? smáčən ?əssáqɬ. I saw the skunk tracks outside. (MJ)}

sxʷx̣əẏəyu? 〚sxʷ-√x̣əy-əyu for-√mark-activ〛 ☞ x̣əẏəyu? anything to write with, pen, pencil, marker, chalk. (TC) VAR: sxʷx̣əẏyu? (TC)

sxʷx̣əẏús picture. See under: sx̣i?ús

sxʷx̣əẏúsən 〚sxʷ-√x̣y̓=us=ən for-√mark=face=instr〛 ☞ sx̣i?ús picture, photograph, painting. (TC)

sxʷx̣əẏx̣əẏús 〚sxʷ-x̣əy + √x̣y̓=us for-pl + √mark=face〛 ☞ sx̣i?ús several pictures. (MJT)

sxʷx̣i?sáẏs 〚sxʷ-√x̣y̓=us-aẏs for-√mark=face-activ〛 ☞ x̣i?t camera.

sxʷx̣iyúsəŋ 〚sxʷ-√x̣y=us-ŋ for-√mark=face-mdl〛 ☞ x̣iyúsəŋ camera. (AS,BC; AS)

sxʷx̣ʷa?q̓ʷə́yu? 〚sxʷ-√x̣ʷ<ə?>q̓ʷ-əyu<?> for-√rub<actl>-activ<actl>〛 ☞ x̣ʷa?q̓ʷə́yu? washboard, ironing board. (ES)

sxʷx̣ʷən?é?wəṅ 〚sxʷ-√x̣ʷṅa=i<?>wən<ˀ> for-√way=interior<actl>〛 [subjective genitive stem] ☞ x̣ʷəné?wəṅ being cared for, looked after, be kept in mind. {**sxʷx̣ʷən?é?wəṅ** cn. He's looking after me. (TC) | nəs**xʷx̣ʷən?é?wəṅ** cxʷ. I care for you. / I look after you. (TC) | ?ən̓s**xʷx̣ʷən?é?wəṅ** u cn? Do you care for me? (TC) | ?ən̓s**xʷx̣ʷən?é?wəṅ** cn. I'm keeping you in mind. (TC)}

sxʷya?čšṅé?wəṅ 〚sxʷ-√yə<?>sčn<ˀ>=i<?>wən<ˀ> for-√poor<actl>=interior<actl>〛 ☞ sxʷyəščəníkʷən being pitied. (ES) {nəs**xʷya?čšṅé?wəṅ**. I'm pitying him. (ES)}

sxʷyəčtáyə 〚sxʷ-√yəčt=ayə for-√arrow=container〛 ☞ yə́čt quiver for arrows. (ES) VAR: sxʷyəčtáy (ES) VAR: sxʷičtáyə (ES)

sxʷyənəwsáyə 〚sxʷ-√yənws=ayə for-√heart=container〛 ☞ yə́nəwəs
1. bottom end of the chest bone, the xiphoid process. (ES)
2. pit of the stomach, heart cavity. (ES) VAR: sxʷyənəwsháyə (ES) VAR: sxʷyənəwəsháy (ES)

sxʷyəščəníkʷən 〚sxʷ-√yəsčən=iwən for-√poor=interior〛 ☞ yə́ščən to be pitied. (ES)

sx̣aʔánəxʷ

{*sxʷyəščəníkʷən* cn. *They pity me.* (ES)} VAR: sxʷiščəníkʷən (TC) {*sxʷiščəníkʷən* cn. *They pity me.* (TC) | *nəsxʷiščəníkʷən* cxʷ. *I pity you.* (TC) | *nəsxʷiščəníkʷən caw̓náʔił. I pity them.* (TC)}

sx̣aʔánəxʷ ⟦s-√x̣əʔanxʷ s-√bullfrog⟧ bullfrog, any large frog. *Rana sp.* (ES,TC; ES,AS; TC,AS,BC; AS,BC)

sx̣aʔčméʔqʷ ⟦s-√x̣aʔčm=iʔqʷ s-√gray=head⟧ [root not identified in other words] to have gray hair. (ES,AS; AS,BC) VAR: sx̣aʔčəméʔqʷ (BC)

sx̣áʔəs ⟦ʔs-√x̣aʔs stat-√bad⟧ to be bad, evil, mean, dirty. (LB,CWH; RS; TC; LC; AS,BC; ES; WB,AS,BC) {*ʔáwə c sx̣áʔəs. It's not bad.* (TC) | *sx̣áʔəs* cn. *I'm bad.* (AS,BC) | *sx̣áʔəs cə n̓sx̣x̣ína? Your feet are dirty.* (EPT) | *sx̣áʔəs skʷáči ʔáynəkʷ. It's a bad day today.* (EPT) | *mán̓ ʔuʔ sx̣áʔəs. He's very mean.* (AS,BC) | *sx̣áʔəs kʷə sx̣ółs túʔq̓ʷəŋ. He's got a bad cough.* (EPT) | *mán̓ətəŋ; mán̓ ʔuʔ sx̣áʔəs. It got worse; it was real bad.* (MJT) | *sx̣áʔəs ixʷ či sʔíłəns sxʷčaʔyáts. What he ate must have been bad is why he's throwing up.* (MJT) | *ʔáw c łəŋkʷáʔəct ʔaʔ cə sx̣áʔəs sqʷáqʷis cə ʔən̓scə́yəčaʔ kʷaʔ ʔuʔstánəs ʔaʔ kʷaʔ scə́yəčaʔs u čtə. Don't get involved in bad words with your friends, whatever they are, if they are your friends.* (TC)} VAR: ʔəsx̣áʔəs (ES) {*twəw̓mán̓ cxʷ ʔuʔ ʔəsx̣áʔəs. You're still very bad.* (TC) | *həčáyəŋən či txʷuʔəsx̣áʔəs či ńskʷaʔwiʔnúʔŋət. Let up, or you'll have bad dreams.* (MJT)}

sx̣áʔəstxʷ ⟦s-√x̣aʔs-taxʷ s-√bad-emot⟧ ☞ sx̣áʔəs
1. to dislike something. (TC) {*sx̣áʔəstxʷ* cn. *I dislike it.* (AS)}
2. to be no good. (AS) {*sx̣áʔəstxʷ* ti sqʷáys. *His words were no good.* (AS)} VAR: sx̣áʔəstəxʷ (AS,BC) VAR: sx̣áʔəstáxʷ (TC) {*sx̣áʔəstáxʷ* cn cə *ʔəcłtáyŋxʷ. I don't care for that person.* (AS) | *sx̣áʔəstáxʷ* cn cə *ʔəcłtáyŋxʷ ʔəł qʷáys. I don't like the way that person talks.* (AS)}

sx̣aʔikʷəyéʔč ⟦s-√x̣ə<ʔi>kʷəʔ-y=iʔč s-√backbone<pl>-ext=hump⟧ ☞ sxkʷəyéʔč cp. x̣əy̓kʷəyéʔč mountains, rough terrain. (ES; AS,BC) {*xʷəʔéʔiŋ ʔaʔ cə cícł sx̣aʔikʷəyéʔč. They were coming down from the high mountains.* (ES) | *hiyáʔ č caʔ céʔiŋ ʔaʔ či sx̣aʔikʷəyéʔč. He's going to climb mountains.* (EPT) | *ʔuʔ húy cə ʔuʔ čʔiyás txʷnaʔyéʔč ʔaʔ cə sx̣aʔikʷəyéʔč. They only came from the other side of the mountains.* (ES)} VAR: sx̣aʔikʷuʔéʔč (ES) VAR: sx̣aʔeʔkʷuyéʔč (ES) {*ƛ̓áy ʔuʔ čʔiyá ʔaʔ ti sx̣aʔeʔkʷuyéʔč. They were also from the mountains.* (ES) | *ʔiʔ sqə́kʷs cə puyáləp ʔəł ʔuʔtačaxʷéʔəyuʔs canu čʔiyá ʔaʔ cə sx̣aʔeʔkʷuyéʔč ʔəcłtáyŋxʷ. And the Puyallup people were tired of being bothered by those people from the mountains.* (ES)} VAR: sx̣aʔikʷuʔyéʔč (AS) {*q̓iyaʔyéʔčəŋ ʔaʔ cə sx̣aʔikʷuʔyéʔč. They came over the mountains.* (TC) | *tə́s ʔaʔ cə sx̣aʔeʔkʷuyéʔč ʔiʔ łəŋ. It (the water) got to the mountains and flooded them.* (ES) | *níł suʔƛ̓áys ʔínəŋ cə sɲiyánt sx̣aʔikʷuʔyéʔč. Then the mountain peaks appeared again.* (ES)} VAR: sx̣aykʷəyéʔč (AS,BC) VAR: sx̣aykʷəyéʔč (EPT)

sx̣áłł

AS,BC) {*míxʷtəŋ tə sx̣aykʷəyéʔč. The mountain was shaken.* (AS) | *čə́y̓q kʷsə sx̣aykʷəyéʔč. The mountains are big.* (EPT)} VAR: sx̣əy̓kʷuʔyéʔč (AC,BC) VAR: sx̣əy̓kʷəyéʔč (TC,AS,BC) VAR: sx̣əy̓kʷəyéʔč (AS,BC) VAR: sx̣əy̓kʷiyéʔč (TC,BC) VAR: sx̣əy̓kʷuyéʔč (TC,AS,BC) VAR: sxʷx̣ayəkʷəyéʔč {*twəw̓hiʔáyaʔ txʷʔúx̣ ʔaʔ cə sxʷx̣ayəkʷəyéʔč. He was still going toward the mountains.* (MJ)}

sx̣áʔis Changer. *See under:* x̣áy̓əs

sx̣aʔpíłč cedar tree. *See under:* x̣paʔčíłč

sx̣aʔq̓ət ⟦s-√x̣aʔq̓ət s-√?⟧ Bremerton area. (LB,CWH) cp. x̣áq̓t

sx̣aʔsánkʷs ⟦s-√x̣aʔs=ankʷs s-√bad=abdomen⟧ ☞ sx̣áʔəs to be mean, a mean person. (ES) {*sx̣aʔsánkʷs* kʷsi *swə́y̓qaʔs. Her husband is a mean person.* (AS)}

sx̣aʔsáyəqč ⟦s-√x̣aʔs-ay=aqač s-√bad-ext=taste⟧ ☞ sx̣áʔəs to stink, smell bad (especially animal smells). (MJT; ES) ⟪like the smell of sheep in the rain⟫ (AS) VAR: sx̣aʔsáyqč (AS) {*sx̣aʔsáyqč* cn. *I stink.* ⟪USAGE: used only as a joke⟫ (AS) | *sx̣aʔsáyqč* cxʷ. *You stink like an animal.* (AS)}

sx̣aʔsíkʷən mean. *See under:* nəxʷsx̣aʔsíkʷən

sx̣aʔsúcən ⟦ʔs-√x̣aʔs=ucin stat-√bad=mouth⟧ ☞ sx̣áʔəs to have a bad, dirty mouth, use vulgar language a lot. (MJT; AS,BC) {*mán̓ cxʷ ʔuʔ sx̣aʔsúcən. You've got a very dirty mouth.* (BC)} VAR: sx̣aʔəsúcən (AS,BC)

sx̣aʔx̣áʔəs ⟦s-x̣aʔ+√x̣aʔs s-dim+√bad⟧ ☞ sx̣áʔəs to be a little bad or to be a little bad thing or to be a mean child. {*sx̣aʔx̣áʔəs cə sƛ̓íƛ̓aʔƛ̓qł. That child is mean.* (AS)}

sx̣aʔx̣aʔx̣áʔwəs ⟦s-x̣aʔ+x̣aʔ+√x̣əw̓s s-pl+dim+√new⟧ ☞ x̣aʔx̣áʔwəs newlyweds. {*čtáŋ kʷaʔ sxʷaʔnéʔəŋəs či scaʔsx̣aʔx̣aʔx̣áʔwəs. She asked how the newlyweds are doing.* (MJ)}

sx̣aʔx̣əyáʔs ⟦ʔs-x̣aʔ+√x̣<əy>aʔs stat-dim+√bad<pl>⟧ [diminutive of plural] cp. sx̣aʔyəxiʔáʔs ☞ sx̣áʔəs to be mean, no good, hard to get along with; to act like brat. ⟪spoiled but kind of cute⟫ (AS,BC; AS,BCHS) {*sx̣aʔx̣əyáʔs* cn. *I'm hard to get along with.* (AS)}

sx̣aʔx̣iyáʔs small bad. *See under:* ʔəsx̣aʔx̣iyáʔs

sx̣áʔxł lying on back. *See under:* ʔəsx̣áxł

sx̣aʔx̣łám̓ ⟦s-x̣aʔ+√x̣łam̓ s-dim+√watch⟧ ☞ x̣łám̓ a show, demonstration. (ES; AS,BC)

sx̣áʔyəcáʔy̓ ⟦s-√x̣<aʔy>caʔy̓ s-√grass<pl>⟧ ☞ sx̣cáʔy̓ a lot of grass, hay, weeds. {*ŋán̓ kʷsə sx̣áʔyəcáʔy̓. There's lots of hay.* (EPT)}

sx̣aʔyəxiʔáʔs ⟦s-x̣<aʔy>ə+√x̣<y̓>aʔs s-dim<pl>+√bad<pl>⟧ [plural of diminutive] cp. sx̣aʔx̣əyáʔs ☞ sx̣áʔəs to be bad (of many things or people). (MJT)

sx̣áč dried fish. *See under:* ʔəsx̣áč

sx̣áčł known. *See under:* ʔəsx̣áčł

sx̣áłł sick. *See under:* ʔəsx̣áłł

sx̣áxɬ lying on back. *See under:* ʔəsx̣áxɬ

sx̣ayəkʷəyéʔč mountains. *See under:* sx̣aʔikʷəyéʔč

sx̣aykʷəyéʔč mountains. *See under:* sx̣aʔikʷəyéʔč

sx̣caʔəyánəkʷ ⟦s-√x̣caʔy̓ = ənukʷ s-√grass = ground⟧ ☞ sx̣cáʔəy̓ meadow, field of grass. (EPT)

sx̣cáʔəy̓ ⟦s-√x̣caʔy̓ s-√grass⟧ any grass, hay, weeds. (LB,CWH; EPT; MJ) {ŋə́n̓ či **sx̣cáʔəy̓**s. *They have a lot of hay.* (AS)} VAR: sx̣cáʔəy {húnts ixʷ tə **sx̣cáʔəy**. *He must have set fire to the hay.* (MJT)} VAR: sx̣cáʔi (TC) {ʔəstásɬ ʔaʔ cə **sx̣cáʔi**. *They were close to the grass.* (TC) | txʷaʔiyá ʔaʔ cə **sx̣cáʔi**. *They got into the weeds.* (TC) | x̣cə́t cn cə **sx̣cáʔi**. *I pulled the weeds.* (AS) | **čxʷsít** cn ʔaʔ kʷi sx̣cáʔi. *I gave him more hay.* (AS) | ʔiyá st kʷaʔčaʔ c sčáʔiɬ ʔaʔ cə ɬéʔyəqʷ ɬəŋáʔas ti **sx̣cáʔi** šáʔwiʔ ʔiyá ʔaʔ cə ɬéʔyəqʷ. *We were there working on the strawberries removing the weeds growing in the strawberries.* (TC)} VAR: sx̣cáʔiʔ (TC; ES) {ɬíč̓t cə **sx̣cáʔiʔ**. *Mow the grass.* (TC)} VAR: x̣cáʔəy̓ (AS,BC) VAR: x̣cáʔi (AS,BC)

sx̣caʔyáw̓txʷ ⟦s-√x̣caʔy̓ = awtxʷ s-√grass = house⟧ ☞ sx̣cáʔəy̓ barn, hay storage building. (ES) {níɬ suʔən̓ás nəxʷsəwín̓ ʔaʔ tiə súɬ ʔiʔ tə́s ʔaʔ tə sxʷʔíyaʔs yaʔ kʷə nəsʔúq̓ʷaʔ ʔiʔ čáq **sx̣caʔyáw̓txʷ** cə čixʷəyáʔəwəɬ ʔaʔ cə qəyáxən. *He came along this road and got to where my brother was, and there was a big barn inside the fence.* (ES) | kʷɬʔiʔɬáɬcct ʔiʔ níɬ suʔyə́qs ʔaʔ cə **sx̣caʔyáw̓txʷ** ʔiʔ k̓ʷə́ns tsə kʷɬčə́q ʔaʔáʔmət. *It was getting dark, and she got up to the barn and saw the old lady sitting.* (ES)} VAR: sx̣cayáw̓txʷ (AS,BC)

sx̣éʔči ⟦s-√x̣i<ʔ>č-iy s-√raw<actl>-dev⟧ [subjective genitive stem] ☞ x̣éʔčiʔ to be the object of shame. {nəs**x̣éʔči** cxʷ. *I'm ashamed of you.* (ES)}

sx̣èʔyəx̣úkʷɬ war canoe. *See under:* x̣ix̣ə́kʷɬ

sx̣əčəŋáw̓txʷ ⟦s-√x̣ač-ŋ = aw̓txʷ s-√dry-mdl = house⟧ ☞ x̣áčəŋ drying shed. (TC)

sx̣ə́kʷaʔ ⟦s-√x̣əkʷaʔ s-√backbone⟧
1. ribs, rib cage. (ES; TC; AS)
2. backbone of a fish, ribs of animal, a serving of fish backbone. (EPT; TC; AS,BC; BC) cp. yə́kʷx̣ VAR: sx̣ə́kʷəʔ (EPT)

sx̣ə́ɬ ⟦s-√x̣ɬ s-√hurt⟧ ☞ x̣ə́ɬ sickness, an ache, a hurt, a sore. (RSh) {sx̣áʔəs kʷə **sx̣ə́ɬ**s túʔq̓ʷəŋ̓. *He's got a bad cough.* (EPT) | ŋéʔčiʔ kʷi kʷə ns**x̣ə́ɬ**. *My sore is getting infected.* (AS) | ɬəŋás cn cə **sx̣ə́ɬ**s. *I removed his illness.* (AS)}

sx̣əɬáw̓txʷ hospital. *See under:* sx̣ɬáw̓txʷ

sx̣əmx̣ʷéʔqʷ ⟦s-√x̣əmx̣ʷ = iʔqʷ s-√cut = head⟧ ☞ x̣əmx̣ʷéʔqʷəŋ to be cut hair. (AS) {**sx̣əmx̣ʷéʔqʷ** kʷsə nsʔúq̓ʷaʔ. *My brother has a haircut.* (AS)}

sx̣əmúsən curtain. *See under:* sxʷx̣əmúsən

sx̣əmíx̣əm̓[1] ⟦s-x̣əm̓ + √x̣əm̓ s-char + √ʔ⟧ the edible part of top of salmon head at its nose. ✱This small portion of salmon meat and cartilage is considered a delicacy: "I'd rather have a fish head than a t-bone steak." (AS) (TC; AS,BC) {ʔáy̓ sʔítən ti **sx̣əmíx̣əm̓**. *A fish head is good eating.* (AS)}

sx̣əmíx̣əm̓[2] ⟦s-x̣əm̓ + √x̣əm̓ s-char + √ʔ⟧ fern root, probably bracken fern. *probably Pteridium aquilinum.* ✱The first green to eat uncooked in the spring. The root is like a potato only black. (MJT)

sx̣ə́naʔ ⟦s-√x̣ənəʔ s-√leg⟧
1. foot, lower leg. ⟪The primary definition is 'foot', but it also covers the leg below the knee.⟫ (LB,CWH; JCo; EPT; LC; TC; AS,BC; ES) {q̓q̓ítəŋ cə **sx̣ə́naʔ**s cə cáys. *She tied up his feet and hands.* (TC) | qaʔqiʔám tə nə**sx̣ə́naʔ**. *My legs are weak.* (TC) | mán̓ ʔuʔ síqi tə nəs**sx̣ə́naʔ** ti nəssáʔət. *My feet were too heavy for me to lift.* (MJ) | txʷiʔŋə́n̓ cə q̓ʷáqq ʔiyá ʔaʔ cə **sx̣ə́naʔ**s. *There came to be lots of seaweed on her feet.* (EB) | x̣̓kʷátəŋ ti **sx̣ə́naʔ**s ʔiʔ nəxʷčxícən ti ʔəcɬtáyŋxʷ. *They would take them by the legs and rip a person in two.* (ES) | ʔáwə cn kʷaʔ ʔəssáʔənəxʷən tə nə**sx̣ə́naʔ** ʔawmán ʔuʔ síqi. *I couldn't lift my foot because it was too heavy.* (MJ) | níɬ č̓ suʔɬŋáŋs cə ʔəsx̣̓áq̓ʷɬ ʔaʔ cə ɬáw̓iʔs, cə **sx̣ə́naʔ**s. *They took off what was on his arms and his feet.* (TC) | x̣̓áy č čcátəŋ ɬŋán̓ cə néʔ q̓ʷčə́n̓ ʔəsx̣̓áq̓ʷɬ ʔaʔ cə **sx̣ə́naʔ**s ʔaʔ cə ɬuɬáw̓iʔs. *They worked on him again removing the roots that stuck to his feet and to his arms.* (TC)}
2. foot unit of measure, twelve inches. (ES) {hiyáʔ čəsaʔ cə snáčəwəč **sx̣ə́naʔ**. *He went two hundred feet.* (ES) | húʔ tə́s tə sxʷʔiyás ti sq̓ə́yəŋs ʔiʔ čáy ʔaʔ ti ʔáʔiŋs ʔaʔ táʔcs **sx̣ə́naʔ** ti ɬq̓ə́ts cə suyáʔi ti sčáys ʔáʔiŋs tə sxʷʔáwəs c ɬáʔɬaʔči. *When they got to where they camped they would make their house from eight-foot long mats so that they would make the house not be chilly.* (MJ)} VAR: sx̣ə́nə {nəskʷáʔ nə**sx̣ə́nə**. *My own feet.* (EPT)} VAR: sx̣ə́naʔ (LC)

sx̣ə́nəsən ⟦s-√x̣ənəʔ = sən s-√foot = foot⟧ ☞ sx̣ə́naʔ foot. (AS)

sx̣ənx̣ə́naʔ feet. *See under:* sx̣x̣ínaʔ

sx̣ə́n̓ə ⟦ʔs-√x̣ən̓ə stat-√all⟧ ☞ x̣ə́n̓ə everything. {x̣̓áy cn kʷ uʔ ŋuʔút ti **sx̣ə́n̓ə**. *I eat everything, too.* (ES)} VAR: sx̣ə́n̓ (ES) {suʔ**sx̣ə́n̓**s či sxʷə́ŋs či skʷánəŋəts. *He ran as fast as he could.* (ES)}

sx̣ən̓x̣aníti black paint dance. *See under:* x̣ən̓x̣aʔníti

sx̣ə́pšən ⟦s-√x̣əp = šən s-√end = foot⟧ ☞ x̣ə́p fish tail, caudal fin and peduncle. (ES; AS) {níɬ suʔx̣ənəŋs, "ʔuʔníɬ ixʷ caʔ cə **sx̣ə́pšən**s ŋútn." *So he said, "I guess it will be the tail that I'll eat."* (TC)}

sx̣əsámənət ⟦s-√x̣aʔs = amənt s-√bad = appearance⟧ ☞ sx̣áʔəs to make oneself look bad, mean, terrible, fierce. ⟪like a motorcycle gang member⟫ (AS,BC) {**sx̣əsámənət** cn. *I made myself look bad.* (BC)}

sx̣əyáʔəs ⟦s-√x̣<y>aʔs s-√bad<pl>⟧ ☞ sx̣áʔəs to be bad, evil (of several). (MJT; ES) VAR: sx̣iyáʔəs {q̓q̓ə́ʔnítəŋ ʔaʔ či **sx̣iyáʔəs** snáyaʔnəkʷ}

sx̣áy̓ 〚s-√xy̓ s-√mark〛 ☞ x̣iʔáyu the written word, any words in print, anything written down. {k̓ʷənít cə **sx̣áy̓**s. Look at the writing. / Read it. (AS,BC) | níɬ kʷi n**sx̣áy̓** tiə. This is my writing. (AS)}

sx̣áy̓əs picture. See under: sx̣iʔús

sx̣áy̓kʷuʔéʔč mountains. See under: sx̣aʔikʷəyéʔč

sx̣áy̓sən foot tattoo. See under: sx̣iʔsán

sx̣əy̓ús picture. See under: sx̣iʔús

sx̣iʔáx̣ən 〚s-√xy̓=ax̣an s-√mark=arm〛 ☞ x̣iʔát a tattoo on the arm. (AS)

sx̣íʔəmnəč driftwood. See under: x̣əy̓ámnəč

sx̣iʔán pen. See under: x̣iʔán

sx̣iʔsán 〚s-√xy̓=sən s-√mark=foot〛 ☞ x̣iʔát a tattoo on the foot or leg. (AS) {**sx̣iʔsán** cə nsx̣ánaʔ. My leg is tattooed. (AS)} VAR: sx̣áy̓sən (AS)

sx̣iʔús 〚s-√xy̓=us s-√mark=face〛 ☞ x̣iʔát any image or graphic such as a picture, photograph, drawing, painting, print, chart, tattoo. (ES,HS; AS,BC) {čiyəŋústxʷ caʔn tiə **sx̣iʔús**. I'm going to hang up this picture. (TC)} VAR: sx̣əy̓ús {ƛ̓q̓ʷát cn cə **sx̣əy̓ús** ʔaʔ cə súɬ. I stuck the picture on the door. (TC)} VAR: sx̣iyús {ʔəy̓áʔtən cə n**sx̣iyús**. I put away my pictures. (AS,BC) | ʔinəŋít cn cə **sx̣iyús**. I showed the picture. (AS,BC)} VAR: x̣iyús {**x̣iyús** ƛ̓úyəqs. television (AS)} VAR: sx̣áy̓əs (AS) VAR: sxʷx̣əy̓ús (TC; MJT) 〚sxʷ-√xy̓=us for-√mark=face〛 {níɬ nə**sxʷx̣əy̓ús**. This is my picture. (TC) | níɬ kʷi nə**sxʷx̣əy̓ús** ʔaʔ ʔəc. This is my picture of me. (TC) | ʔuʔnéʔ kʷsə **sxʷx̣əy̓ús**s kʷsə nəcát. There is a picture of my father. (TC)}

sx̣íct 〚√six-cut √move_over-rflxv〛 [metathesis with reflexive] ☞ síxt to move, move on, slide over. (ES; TC; AS,BC) {**sx̣íct** cn. I moved. (TC) | **sx̣íct** či! Move over! (TC) | ƛ̓áy štəŋ **sx̣íct**. He moved on again walking. (ES) | níɬ suʔ**sx̣íct**s tə slapúʔ. Then Slapu moved away. (MJ) | kʷi nəsʔuʔúʔ ʔuʔ **sx̣íct** ʔənʔá ʔaʔ ʔéʔɬxʷaʔ. When I first moved to Elwha. (ES) | ncáxʷ ʔaʔ kʷi sʔuʔúʔɬ ʔuʔ **sx̣íct** ʔənʔá. It was one time when we first moved and came here. (ES) | ʔiʔ kʷi sʔuʔúʔɬ yaʔ ʔuʔ **sx̣íct** ʔiʔənʔá ʔiʔ uʔmáń yaʔ ʔuʔ ʔáwənə sčáy. When we first moved here there were no jobs at all. (ES) | kʷi sʔuʔúʔɬ yaʔ ʔuʔ**sx̣íct**. When we first moved. / When we finally moved. (ES; TC)}

sx̣ínaʔ feet. See under: sx̣x̣ínaʔ

sx̣ínəsən feet. See under: sx̣x̣ínəsən

sx̣íŋi 〚s-√x̣iŋ-iy s-√grab-dev〛 ☞ x̣əŋáyu handful. {nácuʔ **sx̣íŋi**. One handful (MJT) | čásaʔ **sx̣íŋi**. Two handfuls. (MJT)}

sx̣ísč 〚s-√x̣isč s-√headdress〛 fancy Plains Indian headdress. (ES)

sx̣ítəŋ 〚√six-t-ŋ √move_over-trns-psv〛 [metathesis with passive] ☞ síxt to be moved, put somewhere else by someone or something. {**sx̣ítəŋ** cn. I was moved. (AS) | níɬ yaʔ sxʷʔiyáʔs tiə ʔaʔicɬtáyŋxʷ ʔiʔčáʔi kʷi **sx̣ítəŋ**s ʔənʔá ʔaʔ tiə ʔéʔɬxʷaʔ. That's where the Indians were before they were moved to Elwha. (ES)}

sx̣ix̣áɬ 〚s-x̣y+√x̣ɬ s-pl+√hurt〛 ☞ x̣áɬ several sick people. {ʔaʔk̓ʷɬníts ti **sx̣ix̣áɬ**. She nurses sick people. (ES) | ʔuʔqáp ʔaʔ kʷi **sx̣ix̣áɬ**. He caught the disease, too. (AS)}

sx̣ix̣tšéʔqʷ 〚s-x̣y+√x̣aʔəs√tš=iʔqʷ s-pl+√mess√comb=head〛 ☞ tšéʔqʷəŋ ☞ sx̣áʔəs to have one's hair messed up. (AS,BC; AS) {**sx̣ix̣tšéʔqʷ** cn. My hair is messed up. (AS,BC)}

sx̣iyáʔəs bad ones. See under: sx̣əyáʔəs

sx̣íyəmnəč 〚s-√x̣iym=nač s-√stump=tail〛 stump of a tree. (AS,BC)

sx̣iyəx̣ák̓ʷɬ war canoe. See under: x̣ix̣ák̓ʷɬ

sx̣iyús picture. See under: sx̣iʔús

sx̣kʷəyéʔč 〚s-√x̣əkʷəʔ-y=iʔč s-√backbone-ext=hump〛 ☞ sx̣ák̓ʷaʔ mountain. (LBH; EWH; EPT) {štáŋ č caʔ či sʔúxʷs ʔaʔ kʷi **sx̣kʷəyéʔč**. He's going to walk on the mountain. (EPT)}

sx̣ɬáw̓txʷ 〚s-√x̣ɬ=aw̓txʷ s-√hurt=house〛 ☞ x̣áɬ hospital, clinic. (ES; AS,BC) {čixʷáŋ ʔaʔ kʷə **sx̣ɬáw̓txʷ**. He was put into the hospital. (ES) | ƛ̓aʔ**sx̣ɬáw̓txʷ** cn. I went to the hospital. (AS) | tás cn kʷaʔčaʔ ʔaʔ cə **sx̣ɬáw̓txʷ**. I arrived, then, at the hospital. (TC) | níɬ nsuʔəscáy̓xʷ ʔaʔ tə **sx̣ɬáw̓txʷ** ʔaʔ či ŋáń skʷáči. I was in the hospital many days. (ES) | ŋáń skʷáči tə nəscáy̓xʷ ʔaʔ tə **sx̣ɬáw̓txʷ**. I was in the hospital for many days. (ES) | nsuʔkʷənəŋúttəŋ yaʔ ʔúxʷtəŋ ʔaʔ cə **sx̣ɬáw̓txʷ** ʔiyá ʔaʔ cə táwn, mətúliyə. I was run into the hospital in town, Victoria. (TC)} VAR: sx̣əɬáw̓txʷ (AS,BC) VAR: x̣ɬáw̓txʷ (AS,BC)

sx̣ɬéʔqʷ 〚s-√x̣ɬ=iʔqʷ s-√hurt=head〛 ☞ x̣áɬ headache, sore head. (ES)

sx̣ɬák̓ʷɬ 〚s-√x̣ɬ=ak̓ʷɬ s-√hurt=conveyance〛 ☞ x̣áɬ ambulance. (ES)

sx̣paʔčíyəɬč 〚s-√x̣əp=ay̓-iy=iɬč s-√cedar=wood-ext=plant〛 [/y̓/ → /ʔč/] ☞ x̣páy̓ cedar boughs. (HS,ES) VAR: sx̣paʔčíyɬč (ES)

sx̣x̣ínaʔ 〚s-x̣+√x̣<í>naʔ s-pl+√foot<pl>〛 ☞ sx̣ánaʔ a bunch of legs, feet. (EPT; ES; TC; AS,BC) {sx̣áʔəs cə n**sx̣x̣ínaʔ** Your feet are dirty. (EPT) | ʔáwənə xʷéʔləm čúkʷss či słaʔnítəŋs cə nə**sx̣x̣ínaʔ**. They had no rope to tie my feet up. (TC) | ʔuʔəncáqʷ tə sq̓ʷúŋiʔs ʔiʔ páq̓ tə **sx̣x̣ínaʔ**s. His head was red, and his feet were white. (MJ) | ʔuʔk̓ʷənəxʷ cn cə **sx̣x̣ínaʔ**s I saw their feet. (MJ) | níɬ suʔnuʔxʷíyŋ ʔaʔ Dash cə **sx̣x̣ínaʔ**s ʔiʔ ʔənʔáxʷ cə ƛ̓úƛ̓aʔ cicáyəs. Then Dash's legs came down a ways and brought his little paws. (MJ) | níɬ č suʔyəxʷáss cə néʔ ʔəsɬáyəŋɬəŋ ʔaʔ tə **sx̣x̣ínaʔ**s cə yək̓ʷəŋən. Then he untied what remained unattached on the feet of the Songhees. (MJ) | ʔuʔk̓ʷənəxʷ cn tə **sx̣x̣ínaʔ**s ʔəɬ sxʷʔiyás ƛ̓kʷəys ʔaʔ ti sʔíɬəns ʔiʔ ʔíɬən. I saw their feet while they got the food and ate. (MJ) VAR: sx̣ínaʔ (AS,BC) {ƛ̓áy

sx̣x̣ínəsən

č łŋáŋ cə né? q̓ʷčəŋ ʔsx̣áq̓ʷł ʔə? cə t̓ut̓áwiʔs ʔi? cə sx̣ónaʔs **sx̣ínaʔ**s. *Again they took off those roots that were attached to his arms and his feet.* (TC)} VAR: sx̣ənx̣ónaʔ ⟦s-x̣ən+√x̣ənaʔ s-pl+√leg⟧ (TC)

sx̣x̣ínəsən ⟦s-x̣+√x̣<í>nəʔ=sən s-pl+√foot<pl>=foot⟧ ☞ sx̣ónəsən feet. (AS) VAR: sx̣ínəsən {kʷənít cn tə **sx̣ínəsən**s tə snúʔnəkʷ. *I watched the feet of the ghost.* (MJ)}

sx̣ʷáʔʔi chamber pot. *See under*: sx̣ʷáʔəy

sx̣ʷaʔnéʔəŋ how. *See under*: ʔəsx̣ʷaʔnéʔəŋ

sx̣ʷáʔnəł ⟦s-√x̣ʷaʔnł s-√bullhead⟧
1. a species of small bullhead fish. (EWH; TC) cp. skʷənáxʷ
2. a species of large bullhead fish with smooth skin and long horns. (EPT; MJT) cp. sčómakʷ VAR: sx̣ʷáʔənəł (EPT) VAR: sx̣ʷáʔənł (EPT; MJT) {ʔáwə kʷaʔ kʷənits ti p̓áwi ʔəł kʷánəŋəts ʔiʔ ti **sx̣ʷáʔənł**. *He couldn't see the flounder when it ran or the bullhead.* (MJ)}

sx̣ʷaʔníŋ way. *See under*: ʔəsx̣ʷaníŋ

sx̣ʷaʔx̣ʷəníŋ ⟦ʔs-x̣ʷaʔ+√x̣ʷna-i-ŋ stat-dim+√way-persist-mdl⟧ ☞ ʔəsx̣ʷaníŋ to be how (of something or someone small). {**sx̣ʷaʔx̣ʷəníŋ** cxʷ. *How are you?* ⟨⟨USAGE: endearing used to a child⟩⟩ (AS,BC)}

sx̣ʷaʔyásəm ⟦s-√x̣ʷ<aʔy>asm s-√soapberry<pl>⟧ ☞ sx̣ʷásəm several soapberries. {ŋə́ń **sx̣ʷaʔyásəm**. *It's lots of soapberries.* (EPT)}

sx̣ʷaníŋ way. *See under*: ʔəsx̣ʷaníŋ

sx̣ʷásəm ⟦s-√x̣ʷasm s-√soapberry⟧ soapberry, foamberry. *Shepherdia canadensis.* (EPT; TC; AS,BC; ES,HS; AS,BC) {kʷə́yəxt tə **sx̣ʷásəm**. *Beat the soapberries.* (MJT)}

sx̣ʷáx̣ʷč snake. *See under*: sx̣ʷáʔx̣ʷč

sx̣ʷáyuʔ ⟦s-√x̣ʷayuʔ s-√reef_net⟧ reef net. (MJT; TC) VAR: sx̣ʷáyu (AS,BC)

sx̣ʷə́ct ⟦√sx̣ʷ-cut √enter_clearing-rflxv⟧ ☞ sə́x̣ʷ to (start to) come out of woods, enter a clearing. {kʷłnít caʔ kʷi s**sx̣ʷə́ct**. *We're starting to come out of the woods now.* (MJT)}

sx̣ʷənéʔŋ way. *See under*: ʔəsx̣ʷənʔáŋ

sx̣ʷəníŋ way. *See under*: ʔəsx̣ʷaníŋ

sx̣ʷəníŋ way. *See under*: ʔəsx̣ʷənʔáŋ

sx̣ʷə́t ⟦√sx̣ʷ-t √enter_clearing-trns⟧ ☞ sə́x̣ʷ to take something out of the woods, bring something into a clearing. {**sx̣ʷə́t** či. *Take it out of the woods.* (MJT)}

sx̣ʷə́yx̣ʷi ⟦s-x̣ʷəy+√x̣ʷəy s-char+√?⟧ [Speakers are unable to identify a root. It is not perceived to be related to words for 'awake' or 'perish'.] a type of joyful spirit dance associated with a mask having protruding eyes. (TC; JCh; BC; AS) {ŋə́ń kʷi ʔaʔyəcłtáyŋxʷ **sx̣ʷə́yx̣ʷi**s. *Many Indians are masked dance participants.* (AS)}

sx̣ʷóyaʔməs ⟦s-√x̣ʷəyaʔms s-√cod⟧ Pacific cod, bull cod, gray cod. *Gadus macrocephalus.* (MJT) VAR: sqʷə́yməs (MJT) VAR: sqʷíməs (MJT) VAR: sqʷaʔyáməs (MJT)

sx̣ʷiʔám̓ ⟦s-√x̣ʷyam̓ s-√story⟧ ☞ x̣ʷiʔám̓ mythical story, fairy tale, legend, myth, fable, fiction. (EPT; LC; TC; ES; AS) ⟨⟨USAGE: This is sometimes used to call someone a faker or liar in a joking or serious way.⟩⟩ {ícúsc ʔəʔ či **sx̣ʷiʔám̓**. *Tell me a fable.* (ES) | yəcúst cn ʔəʔ cə **sx̣ʷiʔám̓**. *I told him a story.* (TC) | sx̣ʷʔiyás cə **sx̣ʷiʔám̓** yaʔ. *It was the story of that place.* (EB) | ŋə́ń yaʔ yəxʷ tə **sx̣ʷiʔám̓**s. *I guess there were many stories.* (TC) | yaʔcícəm̓ cn ʔəʔ cə **sx̣ʷiʔám̓**. *I'm telling a story.* (TC) | yaʔcícəm̓ cn ʔəʔ tiʔə nə**sx̣ʷiʔám̓**. *I'm telling my story.* (TC) | ʔáwənə nəsx̣čít či **sx̣ʷiʔám̓**. *I don't know fairy tales.* (ES) | yə́cəm caʔn ʔəʔ či **sx̣ʷiʔám̓**. *I'm going to tell a tale.* (ES; TC) | ʔuʔx̣ə́nə ʔuʔ x̣čtín tə **sx̣ʷiʔám̓**. *I know all of that story.* (TC) | yəcúsc caʔn ʔəʔ tə **sx̣ʷiʔám̓**. *I'm going to tell you a story.* (LC) | ʔáwənə u n**sx̣ʷiʔám̓**, ntán, x̣čtíxʷ? *Aren't there any stories that you know, mother?* (AC) | sx̣éʔs či sʔiyánəxʷł kʷə ʔə́y̓ **sx̣ʷiʔám̓**. *We want to hear a good story.* (EB) | yə́cəm cn ʔəʔ tə **sx̣ʷiʔám̓**. *I told a story.* (MJT) | yəcúst ʔəʔ či **sx̣ʷiʔám̓** ʔəʔ kʷi kʷłhíc. *Tell a story from long ago.* (MJ) | yaʔcúst yaʔ cxʷ ʔəʔ či **sx̣ʷiʔám̓** ʔiʔ ʔəttnúŋət. *You were telling him a story, and he dropped off to sleep.* (EPT) | ʔáwə qł kʷi c x̣ə́ł kʷaʔ yəcústxʷ ʔəʔ či **sx̣ʷiʔám̓** ʔəʔ či ʔuʔnəcáxʷ. *It wouldn't hurt if you told a story one time.* (MJT) | nə́kʷ u yaʔ kʷ uʔyaʔcustúʔŋət ʔəʔ či **sx̣ʷiʔám̓** ʔəʔ kʷi čiʔáqł? *Were you the one telling us a story yesterday?* (EPT) | ʔuʔmán ʔuʔ nəsháhəkʷ ti nsné? ʔəʔ kʷi ńyaʔcícəm̓ **sx̣ʷiʔám̓**. *I very much remember something of the story you told.* (EJ) | húy ʔuʔ x̣čtín ʔay̓ ʔəʔ kʷsə nmóščn n**sx̣ʷiʔám̓**. *That's all I know of my Mink story.* (TC) | x̣ənáł nəsuʔyócəm ʔəʔ tə **sx̣ʷiʔám̓** ʔiʔ nił suʔhásəŋs. *Every time I started to tell a story, he'd sneeze.* (MJT) | ŋə́ń yaʔ yuʔ **sx̣ʷiʔám̓** nəsyaʔcústəŋ ʔəʔ kʷi nədad yaʔ. *There were a lot of stories I was told by my dad.* (TC) | ʔəʔstúʔŋət ʔuč či ńsʔáwə kʷaʔ hiyáʔəxʷ ʔiʔ kʷənt wəcqínca? ʔiʔ čtát ʔəʔ či **sx̣ʷiʔám̓**? *Why don't you go and see Mary Ann and ask her for a story?* (MJ) | ʔuʔ húʔ ʔəʔ kʷi nstwawsx̣ix̣áʔx̣qł, ʔi ʔuʔyaʔyánəŋ yaʔ cn ʔəʔ cə ŋə́ń **sx̣ʷiʔám̓**. *When I was still a child I listened to many stories.* (AC) | nił č yaʔ kʷi Amy yaʔcícəm̓ ʔəʔ či **sx̣ʷiʔám̓** ʔəʔ kʷłi kəkántu čšʔiyá ʔəʔqámqəm. *It was Amy who told the story of Kakantu from Point Hudson.* (EPT)} VAR: sx̣ʷiyám̓ (ES; TC)

sx̣ʷiʔamúst ⟦s-√x̣ʷyam̓-us-t s-√story-rcpnt-trns⟧ ☞ sx̣ʷiʔám̓ to tell a story to someone. (AS) {**sx̣ʷiʔamúst** cn tiə sx̣ayéʔx̣ł. *I told these children a story.* (AS)} VAR: x̣ʷiʔamúst (AS,BC)

sx̣ʷiʔamústəŋ ⟦√x̣ʷyam̓-us-t-ŋ √story-rcpnt-trns-psv⟧ ☞ sx̣ʷiʔamúst to be told a story by someone. {**sx̣ʷiʔamústəŋ** tiə sx̣ayéʔx̣ł. *They told the children stories.* (AS)} VAR: x̣ʷiʔamústəŋ {**x̣ʷiʔamústəŋ** cn. *He told me a story.* (TC)}

Klallam-English Dictionary

sx̣ʷiʔamústi ⟦√x̣ʷyam̓-us-ty √story-rcpnt-rcprcl⟧
☞ sx̣ʷiʔamúst to tell each other stories.
{*sx̣ʷiʔamústi kʷi kʷə kʷɬčə́yq.* The old people told each other stories. (AS)} VAR: x̣ʷiʔamústi (TC)

sx̣ʷiʔx̣ʷaʔyəwáčən̓ ⟦s-x̣ʷay<ʔ>+√x̣ʷay<ʔ>=əw<ʔ>ač=ən<ʔ> s-char<actl>+√perish<actl>=bottom<actl>=instr<actl>⟧ ☞ x̣ʷáy a species of lizard (a gray lizard that can shoot poison with its tail). *unidentified species.* (ES) {*húy čtə kʷi ʔuʔ x̣ɬə́tən ʔaʔ kʷsi sx̣ʷiʔx̣ʷaʔyəwáčən̓.* The only thing that stings is the lizard. (MJ)} VAR: sx̣ʷiʔx̣ʷəyəwáčən (MJT) {*x̣ɬə́tən cn ʔaʔ cə sx̣ʷiʔx̣ʷəyəwáčən̓.* I got stung by a lizard. (MJT)} VAR: sx̣ʷiʔx̣ʷaʔyəwáčən (MJT) VAR: x̣ʷiʔx̣ʷəyəwáčən̓ (MJT; TC)

sx̣ʷíƛ̓iʔ ⟦s-√x̣ʷiƛ̓y s-√mountain_sheep⟧ mountain goat, mountain sheep. *Oreamnos americanus.* (ABT)

sx̣ʷimáɬ ⟦s-√x̣ʷymaɬ s-√Esquimalt⟧ Esquimalt Reserve and area near Victoria. (TC) {*ʔi ʔuʔhúy ʔiʔ níɬ nəsuʔƛ̓áy čáni ʔúxʷ ʔaʔ yəkʷənən sx̣ʷimáɬ.* But that ended, and again we moved to Songhees Esquimalt. (TC) | *húʔ st ƛ̓áy čáni ʔiʔ ƛ̓áy st hiyáʔ ʔúxʷ ʔaʔ sx̣ʷimáɬ.* When we moved again, we again went to Esquimalt. (TC) | *níɬ suʔčánis cə nəsʔiʔáyəxʷ yaʔ ʔúxʷ ʔaʔ cə sx̣ʷimáɬ sx̣ʷʔiyás čáy ʔaʔ ti sčánnəxʷ.* Then my parents move over to Esquimalt where they worked on the salmon. (TC)} VAR: sx̣ʷimáyɬ (AS,BC)

sx̣ʷix̣ʷiyəwáčən ⟦s-x̣ʷy+√x̣ʷay=əw<ʔ>ač=ən s-pl+√perish=bottom<pl>=instr⟧ ☞ sx̣ʷiʔx̣ʷaʔyəwáčən̓ several lizards. (MJT)

sx̣ʷúʔƛ̓əm̓ ⟦s-√x̣ʷuʔƛ̓əm̓ s-√?⟧ North Bay area. (H)

sx̣ʷúʔucən̓ ⟦s-√x̣ʷu<ʔ>=ucən<ʔ> s-√cry<actl>=mouth<actl>⟧ ☞ x̣ʷúŋ
1. a traditional name whose use is taboo because its carrier has recently died. (LB,CWH)
✱formerly when a person died their name was not spoken while the memory still brought sadness
2. Turner Creek, north of Brinnon. (LB,CWH) VAR: x̣ʷúʔucən (H)

sx̣ʷúʔx̣t handsome. See under: ʔəsx̣ʷúʔx̣t

sx̣ʷúʔx̣ʷt ⟦ʔs-√x̣ʷu<ʔ>x̣ʷ-t stat-√smart<actl>-stat⟧ ☞ x̣ʷúx̣ʷ to be clever, smart, sharp, well-dressed. (AS,BC) {*ʔuʔɬə́ŋ ʔuʔ sx̣ʷúʔx̣ʷt.* He's real smart. (AS,BC) | *sx̣ʷúʔx̣ʷt cə swéʔwəs.* The boy looks sharp. (AS)}

sx̣ʷúm̓aməš ⟦s-√x̣ʷum̓=uməš s-√?=type⟧ Samamish tribe and the area around Lake Samamish. (LB,CWH)

sx̣ʷúŋəs ⟦s-√x̣ʷu-ŋ=us s-√weep-mdl=face⟧ ☞ x̣ʷúŋ tears (from weeping). (TC; AS) {*ʔuʔšaʔkʷíšəŋ kʷi sx̣ʷúŋəs.* The tears are gushing out. (AS)}

sx̣ʷúpč ⟦s-√x̣ʷupč s-√old_salmon⟧
1. old salmon, kelt, any salmon after spawning. (NST; AS,BC; ES,HS; TC) ⟪USAGE: This can be used jokingly to refer to an old man.⟫ (ES,HS)
2. October. (AS,BC)

sx̣ʷús ⟦√sx̣ʷus √springtime⟧ [This may involve the root for 'new' and the suffix for 'face'.] *cp.* x̣ə́wəs *cp.* =us springtime. (AS,BC)

syaʔcícəm ⟦s-√ya<ʔ>cicm s-√tell<actl>⟧ ☞ yaʔcícəm̓
1. a gossiper, someone who cannot keep a secret. (AS) {*kʷɬníɬ čaʔkʷi suʔsyaʔcícəms.* He can't keep his mouth shut. (AS)}
2. any news medium such as a newspaper or a news program on the television or radio. (AS)

syaʔcicəmáwtxʷ ⟦√ya<ʔ>cicm<ʔ>=awtxʷ √tell<actl>=house⟧ ☞ syaʔcícəm newspaper office. (AS,BC)

syáʔəx̣ ⟦s-√yaʔəx̣ s-√poison⟧
1. poison. (TC)
2. to be poisoned, affected by bad medicine. (ES) VAR: siyáʔəx̣ (ES,TC; ES) {*siyáʔəx̣ ʔəɬ čŋʔə́yuʔs.* One gets poisoned when it (a rattlesnake) bites. (ES)}

syáʔict preparing. See under: syáyəct

syáʔiščən poor. See under: ʔəsyáʔiščən

syaʔƛ̓áyən̓ ⟦s-√yu<ʔ>ƛ̓-ay=an̓ s-√eldest<actl>-ext=ear⟧ ☞ yúƛ̓ the oldest one. {*syaʔƛ̓áyən̓ cn.* I'm the oldest one. (MJT) | *ʔəc kʷi syaʔƛ̓áyən̓.* I'm the oldest one. (MJT)}

syáʔtən ⟦s-√yaʔtn s-√widow⟧ anyone whose spouse has died, widow, widower. (MJT; ES) VAR: siyáʔtən (ES)

syáʔyaʔct ⟦s-yáʔ+√yaʔ-cut s-char+√prepare-rflxv⟧ ☞ yáʔct what to do or prepare, something to do. {*yəcúst ʔaʔ či syáʔyaʔct ti sʔəɬənístxʷs ti čánən.* Tell her what to do to feed the Shakers. (MJ)}

syaʔyáʔiščən ⟦s-yaʔ+yáʔ+√yəscn s-dim+rslt+√poor⟧ ☞ ʔəsyáʔiščən poor thing. ⟪used toward or about an object of pity as an expression like "you poor thing"⟫ (AS,BC) {*mán ʔuʔ syaʔyáʔiščən.* She's very poor. (BC)}

syaʔyáʔtən ⟦s-√y<aʔy>aʔtn s-√widow<pl>⟧ ☞ syáʔtən several widows, widowers. (MJT)

syáčɬ full. See under: ʔəsyáčɬ

syáqɬ even. See under: ʔəsyáqɬ

syát order it (pl). See under: siyát

syáx̣ʷɬ free. See under: ʔəsyáx̣ʷɬ

syáyaʔct ⟦ʔs-yá+√yaʔ-cut stat-actl+√prepare-rflxv⟧ ☞ yáyaʔct being ready, doing, happening, preparing. {*syáyaʔct cn.* I'm ready. (TC) | *níɬ kʷi nəsyáyaʔct.* That's what I was doing. (AS)}

syáyəcm ⟦s-√y<ay>əcm s-√tell<pl>⟧ ☞ syə́cəm a lot of news. (MJT)

syáyəct ⟦s-ya+√ya-cut s-actl+√prepare-rflxv⟧ ☞ yáyaʔt to be doing, preparing, prepare. (AS,BC; BC) {*ʔáw kʷi nəsyáyəct.* I'm not doing anything. (BC; AS,BC) | *ʔáwənə kʷi nəsyáyəct.* I'm not doing anything. (TC,AS) | *txʷaʔsyáyəct cə sq̓ʷə́yəŋs.* His cooking became ready. (TC) | *níɬ kʷaʔčaʔ sxʷʔə́c*

syéʔyəqʷ

yaʔ sáy̓siʔ ʔaʔ kʷə nəskʷənít cə **syáyəct**s cə q̓ɬúməčən ʔəɬ ɬáčqs q̓ɬúməčən. *It was me that was frightened to watch what those blackfish did when they were angry blackfish.* (TC)} VAR: siyáyəct (AS,BC) VAR: yə́yəct (AS,BC) VAR: yáyact {**yáyact** cn. *I'm doing something (to prepare).* (AS,BC)} VAR: yáʔict {**yáʔict** cn. *I'm ready.* (BC)} VAR: syáʔict (BC) VAR: syáyact (TC; AS,BC) {**syáyact** cn. *I'm preparing it.* (ES) | ʔáwənə n**syáyact**. *I'm not doing anything.* (AS,BC) | níɬ ʔuʔ **syáyaʔct**. *That's what he's doing.* (ES) | ʔuʔ ɬəŋ ʔuʔ x̣ə́n̓ č ʔuʔ **syáyact** ʔáw̓ ʔuʔmán ʔuʔ sáy̓siʔ cə stitqéw̓. *The horses just did everything because they were scared.* (ES)}

syéʔyəqʷ calm. *See under:* ʔəsyéʔyəqʷ

syə́cəm ⟦s-√yəcm s-√tell⟧ ☞ yə́cəm news, information, report. (MJT; TC) {ʔə́y̓ **syə́cəm**. *It's good news.* (TC) | yə́cəm caʔn ʔaʔ či kʷɬhíc **syə́cəm**. *I'm going to tell you a story of long ago.* (ES)} to tattle, tell squeal, inform on. {**syə́cəm** cn. *He squealed on me.* (ES)} VAR: səyə́cəm (ES) {icúsc ʔaʔ či **səyə́cəm**. *Tell me the news.* (ES)} VAR: siyə́cəm (HS,AS)

syə́cic ⟦s-yə́c+√yəc s-char+√tell⟧ ☞ yə́cəm tattletale, gossiper. (ES; AS) {kʷɬníɬ kʷi su**ʔsyə́cic**s tsə q̓áʔŋi. *That girl is a tattletale now.* (AS) | kʷɬníɬ nsuʔ**syə́cic**. *I told right away.* (AS)} VAR: syə́cyəc (TC) VAR: siyaʔcíc (ES)

syəcíct ⟦s-yə́c+√yəc-t s-char+√tell-trns⟧ ☞ syə́cic to tell the news, pass on word to someone. (AS) {**syəcíct** cn. *I passed on word.* (AS)}

syəcíctəŋ ⟦s-yə́c+√yəc-t s-char+√tell-trns⟧ ☞ syəcíct to be told the news, have information passed to one by someone. (AS)

syə́wən ⟦s-√yəwəh=ən s-√power=instr⟧ ☞ ʔəsyə́w̓ə spirit power song, winter spirit dance music. (EPT; TC; BC) {k̓ʷaʔčáct ʔə či k̓ʷə́yəŋsən **syə́wən**. *They seek the eagle's power song.* (MJT) | x̣̓iʔáŋ ʔaʔ či **syə́wən**s. *He was seeking his power song.* (MJ) | suʔx̣ə́nəŋs ʔaʔ či sníɬs čʔiyá kʷə kʷi síyaʔs yaʔ **syə́wən**s tsə ʔənʔánsəŋ. *She said that it was from her grandmother's spirit song that it came to her.* (MJ)} VAR: syə́wən̓ (MJT) VAR: syə́w̓ən (LC)

syə́wiʔ ⟦s-√yəw=ay̓ s-√cedar_bark=wood⟧ the soft inner bark of the cedar tree used for weaving. (LBH; MJT; TC) {ɬq̓ʷə́t cn cə **syə́wiʔ**. *I peeled/pried up the cedar bark.* (AS)} VAR: siyə́wiʔ (MJT)

syə́w̓ə seer. *See under:* ʔəsyə́w̓ə

syəẃín̓[1] ⟦s-√yəw<ʔ>əh-i=ən<ʔ> s-√power<actl>-persist=instr<actl>⟧ ☞ ʔəsyə́w̓ə the power to see the future, blue jay power. (MJT)

syəẃín̓[2] being a seer. *See under:* ʔəsyəẃín̓

syiʔyáʔəx̣ ⟦s-√y<əy̓>aʔəx̣ s-√poison<pl>⟧ ☞ syáʔəx̣ lots of poison. (TC)

syíq̓ʷi ⟦s-√yiq̓ʷ-iy s-√good_weather-dev⟧ to be calm, good weather, still, no wind. (TC; AS,BC) VAR: yíq̓ʷi ⟦√yiq̓ʷ-y √good_weather-dev⟧ {**yíq̓ʷi** ʔuʔ. *Is it good weather?* (ABT)}

syiyə́wiʔ ⟦s-√y<iy>əw=ay̓ s-√cedar_bark<pl>=wood⟧ ☞ syə́wiʔ a bunch of cedar bark. (MJT)

syúʔi finished. *See under:* ʔəshúʔiʔ

syúy ⟦s-√yuy s-√intend⟧ [subjective genitive stem] to intend, mean, expect (to happen). {ʔuʔnə**syúy** či nscx̣ə́t. *I meant to tear it.* (ES) | ʔáw kʷə či n**syúy**. *I didn't mean it.* (ES) | ʔáwə kʷə c ʔuʔnə**syúy**. *I didn't mean it.* (HS,ES) | mák̓ʷɬnəxʷ cn, ʔáwə c n**syúy**. *I hurt him; I didn't mean to.* (EPT) | ʔáwə c ʔuʔ**syúy**s. *He didn't mean it.* (MJT) | qsnáxʷ cn kʷi ʔiʔ ʔáw c nə**syúy**. *I got him in the water but didn't mean to.* (ES) | qsə́t cn kʷi ʔiʔ ʔuʔáwə c nə**syúy**. *I threw him into the water but didn't mean to.* (ES) | ʔuʔáwə c n**syúy** či nəsnəxʷčsúst. *I didn't mean to hit him.* (EPT) | ʔuʔáwə kʷi c nə**syúy** či nəsčxənáxʷ. *I didn't intend to split it.* (ES) | ʔuʔnə**syúy** kʷi tə nəsuʔx̣ənáxʷ. *I meant what I said.* (MJT) | ʔuʔnə**syúy** kʷi tə nəsuʔyəcúst. *I meant what I told him.* (MJT) | ʔuʔnə**syúy** kʷi tə nəsx̣ənʔáʔəxʷ. *I meant what I was saying.* (MJT) | ʔun̓**syúy** u tə n̓sx̣ənʔáʔəxʷ? *Did you mean what you were saying?* (MJT)}

š

šá ⟦√ša √darn!⟧ [interjection] darn it. (AS,BC) {áa, šá! Oh, darn it! (AS)}

šaʔ ⟦šaʔ obviously⟧ [This cannot be used in conjunction with the yes/no question marker.] evidently, as you can see, as usual, obviously, still in sight. [a speech act enclitic that indicates the evidence for the statement is shared by both the speaker and the addressee] {ʔáckʷɬ *šaʔ* təsanu. He's way out now. (EPT) | hiyáʔ *šaʔ* cn. I left, obviously. (AS) | hiyáʔ č *šaʔ*. As usual, they went. (AS) | hiyáʔ *šaʔ* cn swáʔ. I went along, obviously. (AS) | hiyáʔ kʷɬə *šaʔ* kʷɬə cínc̓aʔ. cínc̓aʔ left on her usual route. (AS) | kʷə́yəxct *šaʔ*. It's moving (the tape in the recorder). (AB,IC,NST) | ʔiyáʔ *šaʔ* kʷɬiʔsáx̌ʷɬ. There he is coming out of the woods. (MJT) VAR: šə ⟦šə {hiyáʔ *šə*. He just left (still in sight, just walking away). (AS) | ʔiʔcac̓ɬéʔiŋ *šə*. He's going up high (on the ladder). (EPT) | ʔiʔcícaʔyəŋ *šə*. He's going up. (EPT) |

šaʔč̓ə́nəń littleneck clam. See under: šəč̓ə́ńaʔ

šaʔč̓ə́ńə littleneck clam. See under: šəč̓ə́ńaʔ

šaʔkʷi expected. See under: čakʷi

šaʔkʷíšəŋ ⟦vš<əʔ>kʷiš-ŋ<ʔ> √flow<actl>-mdl<actl>⟧ ☞ škʷíšəŋ to be running, flowing, gushing. (MJT; AS) {ʔuʔ*šaʔkʷíšəŋ* kʷi sxʷúŋəs. The tears are gushing out. (AS)}

šáʔnəč̓ ⟦√šaʔnč̓ √apron⟧ apron. {*šáńəč̓* ʔaʔ slapúʔ. Slapu's apron. (MJT)}

šaʔptástxʷ ⟦√šupt-tastxʷ √whistle-dirtrns⟧ ☞ šúpt to whistle to or at someone. {*šaʔptástxʷ* cn. I whistled at him. (ES) | *šaʔptástxʷ* cn cə q̓áʔŋiʔ. I whistled at the girl. (AS)} VAR: šaʔptístxʷ {*šaʔptístxʷ* yaʔ cn ʔiʔ ʔuʔáwə c yaʔyáʔnəŋ. I whistled at her, but she didn't hear me. (AS)}

šáʔq̓əŋ ⟦vša<ʔ>q̓-ŋ<ʔ> √open_mouth<actl>-mdl<actl>⟧ ☞ šáq̓əŋ to be opening one's mouth. {kʷɬiʔ*šáʔq̓əŋ*. He's opening his mouth. (MJT)}

šaʔq̓ístəŋ ⟦vša<ʔ>q̓-istxʷ-ŋ<ʔ> √open_mouth<actl>-caus-psv<actl>⟧ ☞ šəq̓ístəŋ being made to open one's mouth by someone. {*šaʔq̓ístəŋ* cn. He made me open my mouth. (ES)}

šaʔsáʔct ⟦vša<ʔ>s<ʔ><á>-cut √sneak<actl>-rflxv⟧ [metathesis with reflexive] ☞ šaʔsát to be sneaking, walking quietly. (ES) {*šaʔsáʔct* či hayə. Walk quietly, you folks. (MJT)}

šaʔsátəŋ ⟦vša<ʔ>s-t-ŋ<ʔ> √sneak<actl>-trns-psv<actl>⟧ [metathesis with passive and actual] ☞ šástəŋ being stalked, sneaked after by someone. {*šaʔsátəŋ* cn. Someone's sneaking after me. (ES)}

šaʔsáy̓s ⟦vša<ʔ>s-ay̓s √sneak<actl>-activ⟧ ☞ šást to be sneaky, sneaking around, stalking. (LC; ES; AS,BC) {*šaʔsáy̓s* cn. I'm sneaking. (ES) | ʔiʔ*šaʔsáy̓s* cn. I'm sneaking (after something). (TC) | ʔiʔánəŋ cxʷ ti n̓*šaʔsáy̓s*. You're good at sneaking. (LC) | níɬ cə swə́y̓qaʔ kʷə́nəxʷ ʔaʔ ʔəc ʔaʔ kʷə nəsʔiʔ*šaʔsáy̓s*. That's the man that saw me sneaking. (TC)}

šaʔsáy̓st ⟦vša<ʔ>s-ay̓s-t √sneak<actl>-activ-trns⟧ ☞ šaʔsáy̓s to stalk, sneak up on something or someone. {*šaʔsáy̓st* cn cə həmú. I sneaked up on the pigeon. (AS)}

šaʔsáy̓stəŋ ⟦vša<ʔ>s-ay̓s-t-ŋ √sneak<actl>-activ-trns-psv⟧ ☞ šaʔsáy̓st to be stalked, sneaked up on by something or someone. {*šaʔsáy̓stəŋ* cə húʔpt. The deer was stalked. (AS)}

šaʔsə́nəŋ ⟦vša<ʔ>s=sən-ŋ √sneak<actl>=foot-mdl⟧ ☞ šást to walk softly, quietly, sneaking. (HS,ES; TC)

šáʔst ⟦vša<ʔ>s-t √sneak<actl>-trns⟧ ☞ šást to be stalking, sneaking up on someone or something. {*šáʔst* cn. I'm sneaking after it. (TC) | *šáʔst* cn cə húʔpt. I'm stalking a dear. (TC)} VAR: šaʔsát ⟦vša<ʔ>s<á>-t √sneak<actl>-trns⟧ [rightward metathesis with actual] (HS)

šáʔš ⟦všaʔš √thirsty⟧ to be thirsty. (ES; TC) {*šáʔš* cn. I'm thirsty. (ES) | *šáʔš* cə nstiqéw. Your horse got thirsty. (ES) | č̓ɬ*šáʔš*. He died of thirst. / He got hit by thirst. (TC)}

šáʔšaʔš ⟦šáʔ+ všaʔš char+ √thirst⟧ ☞ šáʔš being thirsty. (ES; TC) ⟪There are a number of similar words meaning 'thirsty'.⟫ {kʷɬiʔ*šáʔšaʔš* cn. I'm getting thirsty. (MJT) | ʔuʔxənʔáɬ tə nəsuʔ*šáʔšaʔš*. I'm always thirsty. (TC) | mán cn ʔuʔ *šáʔšaʔš*; nsuʔhiyáʔ qəmáŋ ʔaʔ či qʷúʔ. I was very thirsty; so I went to ask for some water. (AS)} VAR: šášaʔš (LC; TC; BC) {*šášaʔš* cn. I'm thirsty. (LC; TC) | *šášaʔš* cə nəstiqéw. My horse is thirsty. (ES)} VAR: šáʔšaʔ (ES,HS) {*šáʔšaʔ* cn. I'm thirsty. (ES)} VAR: šášaʔ (HS(TCrejects)) {*šášaʔ* cn. I'm thirsty. (ES) | *šášaʔ* u cxʷ? Are you thirsty? (ES)} VAR: šášaš {*šašáš* cn. I'm thirsty. (MJT) | ʔáwə či c *šášaš*. Don't be thirsty. (MJT)} VAR: šášaʔč (ES(HSrejects)) VAR: šášaɬ (AS(TCrejects)) VAR: šášáš (BC) VAR: šə́šaš (MJT) {ʔáwə c *šə́šaš*. He's not thirsty. (MJT)}

šáʔšaʔt ⟦šáʔ+ všaʔ-t char+ √thirst-trns⟧ ☞ šáʔšaʔš to make someone or something thirsty. {*šáʔšaʔt* cn. I made him thirsty. (AS)}

šáʔšaʔtəŋ ⟦šáʔ+ všaʔ-t-ŋ char+ √thirst-trns-psv⟧ ☞ šáʔšaʔt to be made thirsty. (TC) {*šáʔšaʔtəŋ* cn. It made me thirsty. (AS)}

šaʔšás ⟦šaʔ+ √šas dim+ √sneak⟧ ☞ šást to sneak up. {*šaʔšás* cn. I sneaked up. (BC)}

šaʔšást ⟦šaʔ+ √šas-t dim+ √sneak-trns⟧ ☞ šást to sneak up on someone or something. (AS,BC) {*šaʔšást* cn. I sneaked up on him. (BC)}

šaʔšáš being thirsty. *See under:* šáʔšaʔš

šaʔšéʔpən ⟦šaʔ+√ši<ʔ>p=ən dim+√knife<dim>=instr⟧ ☞ šípən small knife, pocket knife. {nítֿ č̓ suʔqsə́ts cə **šaʔšéʔpən**s kʷaʔ stáŋs yaʔ čtə. *Then he threw his pocket knife, or whatever it was, into the water.* (TC)}

šaʔšéʔwi youngster. *See under:* ssaʔšéʔwi

šaʔšéʔwiʔ ⟦šaʔ+√šə<ʔ>way<ˀ> dim+√grow<actl>⟧ [The quality of the stress vowel is unexplained-/ə/ expected.] ☞ šə́wi young man, teenage boy. ⟪Said only of boys, it's an insult used in reference to a girl.⟫ (ES,TC) *cp.* swéʔwəs

šaʔšə́č̓qsən ⟦šaʔ+√šəč̓q=sən dim+√sway=foot⟧ to swagger, sway, bounce while walking (as when walking in high heels); to walk in a silly way. (AS,BC) {ʔunú ʔuʔ **šašə́č̓qsən**. *Notice how she sways.* (AS,BC) | **šaʔšə́č̓qsən** cə q̓áʔŋi. *The girl is walking silly.* (AS) | kʷnítֿ cə q̓áʔŋi ʔuʔ **šaʔšə́č̓qsən** ʔəɬ šə́təŋs. *Now the girl is swaying when she walks.* (AS)}

šaʔšəmán̓ti ⟦šaʔ+√šman<ʔ>-ty dim+√enemy<dim>-rcprcl⟧ ☞ šəmán to be feuding, quarrelling with each other, be enemies. (AS) {ʔáwə c **šaʔšəmán̓ti**. *Don't be quarrelling with each other.* (TC)}

šaʔšə́təŋ ⟦šaʔ+√š<ə́>t-ŋ<ˀ> dim+√walk<actl>-mdl<actl>⟧ ☞ štə́ŋ to be walking a little; be toddling (as a small child). (ES; AS,BC)

šaʔšƛ̓úsəŋ brag. *See under:* nəxʷšaʔšƛ̓úsəŋ

šaʔšƛ̓úsəŋ bragging. *See under:* nəxʷšaʔšƛ̓úsəŋ

šaʔšpiʔúsəŋ ⟦šaʔ+√šupt-iʔ=us-ŋ<ˀ> dim+√whistle-ext=face-mdl<actl>⟧ ☞ šúpt to be whistling a tune. (TC)

šaʔštəŋúsəŋ ⟦šaʔ+√št-ŋ=us-ŋ dim+√walk-mdl=face-mdl⟧ ☞ štəŋúsəŋ to take a short walk, stroll. (AS,BC)

šaʔštə́ŋ ⟦šaʔ+√št-ŋ<ˀ> dim+√walk-mdl<dim>⟧ ☞ štə́ŋ to walk a little or be a small thing walking. (AS,BC)

šaʔšúʔkʷaʔ ⟦šaʔ+√šu<ʔ>kʷə dim+√sugar<dim>⟧ ☞ šúkʷaʔ a little sugar. (TC)

šaʔšúʔɬ ⟦šaʔ+√šuʔ-ɬ dim+√glad-dur⟧ to be glad, happy. (BH; ES; TC; AS; AS,BC) {ʔuʔ**šaʔšúʔɬ** cn. *I'm glad.* (TC) | **šaʔšúʔɬ** cn ʔəɬ štə́ŋən. *I'm happy when I walk.* (TC) | **šaʔšúʔɬ** cn ʔəɬ táciən. *I'm happy when I get here.* (TC) | **šaʔšúʔɬ** cn ʔəɬ táciəxʷ. *I'm happy when you get here.* (TC) | **šaʔšúʔɬ** cn kʷaʔ táciəxʷ. *I'll be happy if/when you get here.* (TC) | **šaʔšúʔɬ** st ʔaʔ tə sʔáɬaʔɬ. *We're happy to be here.* (TC) | **šaʔšúʔɬ** q cn kʷaʔ štə́ŋən. *I'd be happy if I walked.* (TC) | nəsxʷ**šaʔšúʔɬ** cxʷ. *You make me happy.* (TC) | nəsxʷ**šaʔšúʔɬ** cə ʔəcɬtáyŋxʷ. *That person makes me happy.* (TC) | **šaʔšúʔɬ** ʔaʔ cə nəssíxt tə sxʷʔáʔmət. *She was glad I moved the bed.* (MJ) | **šaʔšúʔɬ** cn ʔaʔ tə nəsqʷúʔqʷaʔ ʔaʔ tiʔə coffee. *I'm glad I'm drinking this coffee.* (TC) | **šaʔšúʔɬ** cn txʷʔúxʷ ʔaʔ nə́kʷ. *You make me happy. / I'm happy towards you.* (TC; AS,BC) | ʔuʔhúytxʷ ti suʔ**šaʔšúʔɬ**s ʔaʔ či ʔəsƛ̓úʔƛ̓əm. *Just be glad that you are well.* (AA) | mán̓ st kʷaʔčaʔ ʔuʔ **šaʔšúʔɬ** kʷə stáčiɬ ʔaʔ tiə sctə́ŋxʷən ʔaʔ tiə nəxʷyə́mi. *We are very glad to arrive at this land, Lummi.* (TC)}

šaʔšúm̓ ⟦šaʔšúm̓ yo_heave_ho⟧ [interjection] yo-heave-ho. ⟪said when coordinating a physical effort such as pushing out a large canoe⟫ {húy̓ či **šaʔšúm̓**. *Let's yo-heave-ho!* (WB) | hiyáʔ caʔ st **šaʔšúm̓**. *We're going to yo-heave-ho.* (WB)}

šáʔwiʔ ⟦√šə<ʔ>way<ˀ> √grow<actl>⟧ ☞ šə́wi to be growing. (ES) {ʔiʔ**šáʔwiʔ** cə spáq̓ən. *The flower is growing.* (TC) | kʷiʔ**šáʔwiʔ**. *It's already growing.* (TC) | ŋə́n̓ skʷáqən **šáʔwiʔ**. *There are lots of flowers growing.* (EPT) | ʔiʔ**šáʔwiʔ** cə sƛ̓íƛ̓aʔƛ̓ɬ. *That child is growing.* (EPT) | ʔiyá ʔaʔ məqʷúʔəs tə nəsʔiʔ**šáʔwiʔ**. *I was growing up at Smyth Head.* (TC) | nítֿ kʷaʔčaʔ nsxʷʔiʔ**šáʔwiʔ** yaʔ ʔiyá ʔaʔ cə tə́ŋəxʷs kʷɬi ntán. *And that's why I grew up in the land of my mother.* (RSh) | ʔiyá st kʷaʔčaʔ c scáʔiɬ ʔaʔ cə t̓éʔyəqʷ ɬəŋáʔas ti sxcáʔi **šáʔwiʔ** ʔiyá ʔaʔ cə t̓éʔyəqʷ. *We were there working on the strawberries removing the weeds growing in the strawberries.* (TC)}

šaʔyaʔšə́təŋ ⟦š<aʔy>aʔ+√š<ə>t-ŋ<ˀ> dim<pl>+√walk<actl>-mdl<actl>⟧ ☞ šaʔšə́təŋ to be walking a little (in a group); be a group of small children toddling. (ES)

šaʔyášaš ⟦š<aʔy>aʔ+√šaʔš dim<pl>+√thirsty⟧ ☞ šáʔšaʔš to be thirsty (of several). {ʔuʔxə́n̓ə ʔuʔ **šaʔyášaš**. *They're really thirsty.* (MJT)}

šaʔyəmán ⟦√š<ʔy>man √enemy<pl>⟧ ☞ šəmán enemies. {nə**šaʔyəman**. *They're my enemies.* (MJT)}

šaʔyípən ⟦√š<aʔy>ip=ən √knife<pl>=instr⟧ ☞ šípən several knives. (MJT)

šakʷi expected. *See under:* čakʷi

šám ⟦√šam √dried_berries⟧ dried berries of any kind. (MJT) {čiʔáyu či **šám**. *There are lots of dried berries.* (MJT) | ŋə́n̓ tə nə**šám**. *I have lots of dried berries.* (MJT)}

šápəl ⟦√šapl √shovel⟧ shovel. (AS) [from English]

šáqəŋ ⟦√šaq-ŋ √open_mouth-mdl⟧ to open one's mouth. (ES) {**šáqəŋ** či. *Open your mouth.* (MJT) | ʔáw c **šáqəŋ**. *Don't open your mouth.* (ES) | **šáqəŋ** cn. *I opened my mouth.* (ES) | kʷɬ**šáqəŋ**. *His mouth's already open.* (MJT) | ʔáw kʷaʔ **šáqəŋ**s. *He never opened his mouth.* (AS)} to open up, bloom (of a flower). {kʷɬ**šáqəŋ** tə skʷáqən. *The flower is open.* (MJT)}

šás sea lion. *See under:* ʔəšás

šásəŋ be stalked. *See under:* šástəŋ

šást ⟦√šas-t √sneak-trns⟧ to stalk, follow, sneak up on someone or something. (ES) {**šást** cn cə húʔpt. *I stalked the deer.* (AS)}

šástəŋ ⟦√šas-t-ŋ √sneak-trns-psv⟧ ☞ **šást** to be stalked, followed, sneaked up on by someone or something. {*šástəŋ* cn. *I've been followed. / Someone's sneaking up on me.* (AS,BC; AS)} VAR: šásəŋ {*šásəŋ* cn. *Someone's sneaking behind me. / Someone's sneaking up on me.* (AS) | kʷɬníɬ kʷi nsuʔšásəŋ. *There he goes sneaking up on me.* (AS)}

šášaʔ being thirsty. *See under:* šáʔšaʔš

šášaʔč being thirsty. *See under:* šáʔšaʔš

šášaʔš being thirsty. *See under:* šáʔšaʔš

šášał being thirsty. *See under:* šáʔšaʔš

šášaš being thirsty. *See under:* šáʔšaʔš

šášəŋ ⟦√šaʔš-ŋ √thirsty-mdl⟧ ☞ **šáʔš** to be thirsty. (TC) {*šášəŋ* cn. *I'm thirsty.* (TC) | *šášəŋ* u cxʷ? *Are you thirsty?* (TC; AS)}

šášəyəs ⟦√šašəyəs √place_name⟧ Willoughby Lake, Point of Arches. (JSH)

šát ⟦√šat √shot⟧ lead (metal), bullet, shell, shot. (ES) [from English 'shot']

šatatá ⟦√šatatá √my_goodness⟧ [interjection] ☞ **ʔaatətáa** oh no!, oh, my goodness!. (TC) {*šatatáʼʼʼ* kʷaʔ táməxs q wuʔ! *Oh, no, I wonder if it would be eelgrass!* ⟪Mink tricks Octopus into using eelgrass to tie him up with this exclamation. Eelgrass breaks very easily.⟫ [This is Mink's peculiar pronunciation of /ʔatatá/.] (TC)}

ščácɬ gravel. *See under:* scácɬ

ščəníɬč ⟦√šačn=iɬč √Oregon_grape=plant⟧ ☞ **šáčən** Oregon grape bush. (ES)

ščəqʷɬən ⟦s-√čəqʷɬn √mouth_full⟧ mouth full. (LC)

ščát ⟦√šč-t √pull-trns⟧ to pull something. (EPT; LC; ES; AS,BC; TC; AS) {*ščáts* cə kʷáwiʔs cə ƛúƛaʔ skʷəyaʔkʷáʔtuʔ. *She pulled the skin of the little crows.* (MJ)} VAR: scát (AS,BC; TC) {suʔhiyáʔs tə yəkʷəŋən ʔiʔ *scáts* tə ƛúyəqs sxʷʔəsnáwəɬs cə tálə. *So the Songhees went, and he pulled the box that had the money in it.* (MJ)}

ščátəŋ ⟦√šč-t-ŋ √pull-trns-psv⟧ ☞ **ščát** to be pulled by someone or something. {níɬ nsuʔ*ščátəŋ*. *Then I was pulled.* (ES) | *ščátəŋ* cə swə́yqaʔ xʷanítəm. *(I was) pulled by the white man.* (ES) | *ščátəŋ* kʷi kʷə scaʔkʷaʔyúɬ. *The boat was pulled.* (AS)} VAR: scátəŋ (AS,BC)

šciʔánəŋ year. *See under:* sciʔánəŋ

ščkʷéyŋ Sequim. *See under:* sxʷčkʷíyəŋ

ščqʷáʔič bear. *See under:* scqʷáyəč

ščtáŋxʷən land. *See under:* sctáŋxʷən

ščúɬ wood. *See under:* scúɬ

ščúɬp West Saanich. *See under:* xʷcáɬəɬp

ščúŋ wind. *See under:* scúŋ

ščutáyɬ son-/daughter-in-law. *See under:* scutáyəɬ

ščxʷəýənš stupid. *See under:* ʔscixʷəýənč

ščéʔqʷc ⟦√šč=iʔqʷ-t-c √hit=head-trns-1obj/2obj⟧ ☞ **ščéʔqʷt** club me on the head; club you on the head. {*ščéʔqʷc* caʔn. *I'm going to hit you on the head.* (MJT)}

ščéʔqʷən ⟦√šč=iʔqʷ=ən √hit=head=instr⟧ ☞ **ščéʔqʷən** billy club, salmon club. (TC)

ščéʔqʷəŋ ⟦√šč=iʔqʷ-ŋ √hit=head-mdl⟧ ☞ **ščát** to get hit, clubbed on the head. {*ščéʔqʷəŋ* cn *Someone clubbed me on the head.* (EPT; AS)}

ščéʔqʷt ⟦√šč=iʔqʷ-t √hit=head-trns⟧ ☞ **ščát** to hit, club someone or something (such as a fish) on the head. (ES) {*ščéʔqʷt* cn. *I hit him on the head.* (AS) | čaʔ*ščéʔqʷt*s. *They immediately clubbed them on the head.* (ES) | níɬ cə nəx̣ʷúʔŋət čúkʷən tə nə*ščéʔqʷt*. *It was my paddle I used to hit it on the head.* (TC) | čúkʷs cn cə nəx̣ʷúʔŋət tə nə*ščéʔqʷt*. *I used my paddle to hit it on the head.* (TC)}

ščéʔqʷtəŋ ⟦√šč=iʔqʷ-t-ŋ √hit=head-trns-psv⟧ ☞ **ščéʔqʷt** to be clubbed on the head. (AS) {*ščéʔqʷtəŋ* cn. *Someone clubbed me on the head.* (EPT; MJT) | *ščéʔqʷtəŋ* kʷi kʷə nswə́ýqaʔ. *My husband got clubbed on the head.* (AS)} VAR: šəščéʔqʷtəŋ (AS,BC; AS)

ščác ⟦√šč-t-c √hit-trns-1obj/2obj⟧ ☞ **ščát** hit me; hit you. {kʷɬ*ščác* u cxʷ? *Did you hit me?* (LC) | *ščác* u cn? *Did I hit you?* (TC) | níɬ cán ti s*ščác*? *Who hit me/you?* (LC) | stáŋ yaʔ kʷi nsxʷ*ščác*? *What did you hit me with?* (TC) | čəŋác, ʔiʔ *ščác* qɬ cn. *Bite me, and I'll hit you.* (MJT) | ʔəstúŋət cxʷ ʔuč kʷaʔ či nsxʷ*ščác*? *Why did you hit me?* (LC)}

ščáct ⟦√šč-cut √hit-rflxv⟧ ☞ **ščát** to hit, slap oneself. ⟪USAGE: used of a whale or seal that slaps itself on the water after surfacing⟫ (TC) {ʔiʔ *ščáct*. *And it slapped itself down.* (ES) | ʔuʔx̣ənʔáɬ ti sʔənʔás *ščáct* ʔiʔ stáŋəns cə ʔuʔúʔtx̣s. *Every time it came and slapped itself (on the water), it missed the canoe.* (ES)}

ščán ⟦√šč=ən √hit=instr⟧ ☞ **ščát** any club, war club, golf club, bat, baseball bat, racket. (ES)

ščánəŋ Shaker Church. *See under:* scánəŋ

ščát ⟦√šč-t √hit-trns⟧ ☞ **šáč** to hit, beat, whip someone or something with a hand-held instrument such as a stick. (LC; TC; AS,BC; ES; WB,AS,BC) {*ščát* či. *Hit it.* (ICT) | *ščát* cn. *I hit it.* (MJT) | kʷɬ*ščát* cxʷ. *You hit him.* (LC) | kʷɬ*ščát*s. *He hit him.* (TC) | *ščát* cn cawniɬ. *I hit him.* (TC) | *ščát* caʔn cawniɬ. *I'll hit him/her.* (LC) | stáŋ yaʔ kʷi nsxʷ*ščát*? *What did you hit it with?* (TC) | ʔstúʔŋət kʷaʔčaʔ ʔənsxʷ*ščát*? *Why did you hit him/her?* (TC) | ʔúy qɬ cxʷ *ščát*, ʔiʔ čəŋátəŋ cxʷ. *If you hit him, you'll get bit.* (MJT)}

ščátəŋ ⟦√šč-t-ŋ √hit-trns-psv⟧ ☞ **ščát** to be hit, whipped. (TC; AS,BC) {*ščátəŋ* cn. *I was hit.* (LC; AS)} {*ščátəŋ* cxʷ. *Somebody hit you.* (LC; TC) | *ščátəŋ* u cxʷ? *Did you get hit?* (LC) | čəyáy cn ʔiʔ *ščátəŋ*. *I almost got hit.* (TC) | stáŋ kʷi nəsxʷ*ščátəŋ*? *What did he hit me with?* (TC) | *ščátəŋ* cn ʔaʔ kʷə sčáyaʔ. *I was hit (with a stick or slapped).* (LC) | *ščátəŋ* cn

ʔaʔ cawńił. *He hit me.* (TC) | ʔuʔxʷənáŋ ʔaʔ kʷi sščátəŋs. *He was whipped like that.* (TC) | ʔuʔxʷənáŋ kʷaʔ ʔuʔščátəŋən. *It's like if he whipped me.* (TC) | xʷənáŋ ʔaʔ kʷə ʔuʔščátəŋs. *It was like it got hit.* (ES) | ʔstúʔŋət kʷaʔčaʔ ʔənsxʷščátəŋ? *Why did they hit you?* (TC) | kʷaʔ suʔščátəŋs cə ʔuʔútxs ʔiʔ łiʔłə́yqʷts. *When the canoe was hit it smashed it.* (AA) | níł syáyac ʔaʔ kʷi nščátəŋ ʔaʔ tə sqiyáyŋxʷ. *That's what happened when I was hit by a tree.* (ES)}

šč̓əyéʔyə 〚s-√č̓ə<yi>ýəʔ s-√stick<pl>〛 ☞ **šč̓əyáʔ** several sticks, clubs. (MJT) VAR: sč̓əyáʔyə {ʔúŋəsts cə síyaʔs ʔaʔ či **sč̓əyáʔyə**. *They gave their grandmother the sticks.* (MJ)} VAR: šč̓íyaʔyə {hiyáʔtxʷ cn či **šč̓íyaʔyə** tə́yitxʷ. *I'll take some sticks upstream.* (MJ)} VAR: šč̓əyéʔi (AS) VAR: šč̓əyéy (AS)

šč̓əyuʔ 〚√šč̓-əyu<ʔ> √hit-activ<actl>〛 ☞ **sč̓ə́t** to be hitting (as in baseball). (AS) {níł kʷi **šč̓əyuʔ** ʔəł qaʔqtəmúsəŋs. *He got a hit playing ball.* (AS)} VAR: šáč̓əyu {níł ixʷ ʔuʔ sxʷʔiyás ti s**šáč̓əyu**s ti tayápš ʔaʔ kʷi nəstwəẃʎ̓aʔx̌úʎ̓aʔ. *That must have been where the tayápš was hitting when I was still little.* (MJ)}

šč̓áyəʔ 〚s-√č̓əýəʔ s-√stick〛
1. any stick, piece of wood; club (weapon). (LBH; TC) {ŋə́n **sč̓áyəʔ**. *There are lots of sticks.* (TC) | č̓úʔəł čáyni **sč̓áyəʔ** sxʷʔéʔłəns. *Chinese use sticks for eating.* (TC) | sč̓ə́t cn cə sŋánt ʔaʔ cə **sč̓áyəʔ**. *I hit the rock with a stick.* (TC) | níł kʷi nuʔččəq tiʔə **sč̓áyəʔ** ʔaʔ tsáyə. *This stick is bigger than that one.* (MJT) | tkʷət kʷsə **sč̓áyə**. *Break that stick.* (EPT) | titə́kʷt kʷə **sč̓áyə**. *He's breaking that stick.* (EPT)}
2. a yard (measure). (EPT) {łixʷ **sč̓áyə**. *It's three yards.* (MJT)} VAR: sč̓áyah (TC) {k̓ʷə́nnəxʷ cn cə swə́ýqaʔ čsč̓áyah. *I saw the man with a stick.* (TC) VAR: sč̓áyə (EPT; MJT) {sč̓ə́t cn cə swə́ýqaʔ ʔaʔ cə **sč̓áyə**. *I hit the man with a stick.* (TC) | sč̓ə́t cn cə swə́ýqaʔ čsč̓áyə. *I hit the man who had a stick.* (TC)} VAR: sč̓áyi (AS) VAR: sč̓áyi (RS; ES; AS,BC) {twawšátəŋ st ʔiʔ kʷłiyánəxʷ či nuʔsč̓áyi tə́kʷł. *We were still walking, and we heard something like a stick breaking.* (ES)} VAR: sč̓áyə (MJ; AS,BC) VAR: sč̓áyi (AS,BC; WB,AS,BC)

ščiʔáx̌ən 〚√šč-iʔ=ax̌an √hit-ext=arm〛 ☞ **šáč̓** to get hit on the arm. {**ščiʔáx̌ən** cn. *I got hit on the arm.* (MJT)}

ščiʔáx̌ənəŋ 〚√šč-iʔ=ax̌an-nəxʷ-ŋ √hit-ext=arm-nctrns-psv〛 ☞ **ščiʔáx̌ənəxʷ** to be hit by someone or something on the arm accidentally. {**ščiʔáx̌ənəŋ** cn. *Someone hit me on the arm accidentally.* (MJT)}

ščiʔáx̌ənəxʷ 〚√šč-iʔ=ax̌an-nəxʷ √hit-ext=arm-nctrns〛 ☞ **ščiʔáx̌ən** to hit someone on the arm accidentally. {**ščiʔáx̌ənəxʷ** cn. *I hit him on the arm accidentally.* (MJT)}

ščiʔáx̌t 〚√šč-iʔ=ax̌an-t √hit-ext=arm-trns〛 ☞ **ščiʔáx̌ən** to hit someone on the arm (on purpose). {**ščiʔáx̌t** cn. *I hit him on the arm on purpose.* (MJT)} VAR: **ščiʔəx̌át** {**ščiʔəx̌át** caʔn. *I'm going to hit him on the arm.* (MJT)}

ščiʔáx̌təŋ 〚√šč-iʔ=ax̌an-t-ŋ √hit-ext=arm-trns-psv〛 ☞ **ščiʔáx̌t** to be hit on the arm by someone or something. {**ščiʔáx̌təŋ** cn. *Someone hit me on the arm.* (MJT)} VAR: **ščiʔəx̌átəŋ** {**ščiʔəx̌átəŋ** cn. *Someone hit me on the arm.* (MJT)}

ščíyaʔyə sticks. *See under:* **šč̓əyéʔyə**

ščnáŋ 〚√šč-naxʷ-ŋ √hit-nctrns-psv〛 ☞ **ščnáxʷ** to manage to be hit. (AS,BC) {**ščnáŋ** kʷi kʷə swéʔwəs. *The boy got hit.* (AS) | čəyáy cn ʔiʔ **ščnáŋ**. *I almost got hit.* (AS)}

ščnáxʷ 〚√šč-naxʷ √hit-nctrns〛 ☞ **šáč̓** manage to hit something or someone, hit accidentally. (AS,BC) {**ščnáxʷ** cn. *I hit him accidentally.* (AS) | **ščnáxʷ** cn cə swéʔwəs. *I accidentally hit the boy.* (AS) | čəyáy cn ʔiʔ **ščnáxʷ** cə swéʔwəs. *I almost hit the boy.* (AS)}

šč̓uʔáč̓t spank someone. *See under:* nəxʷšč̓uʔáč̓t

ščúsən towel. *See under:* sxʷʔəčúsən

ščúst 〚√šč=us-t √hit=face-trns〛 ☞ **šč̓ə́t** to hit someone in the face (with a stick). (AS) {**ščúst** cn. *I hit him in the face.* (AS)}

ščústəŋ 〚√šč=us-t-ŋ √hit=face-trns-psv〛 ☞ **ščúst** to be hit in the face (with a stick). {**ščústəŋ** cn. *I got hit in the face.* (AS)}

šéʔnəkʷs 〚√šiʔnəkʷs √Gloucester〛 Gloucester, a place in the Port Townsend area not otherwise identified. (LB,CWH; CWH)

šéʔtəŋ 〚√ši<ʔ>t-ŋ<ʔ> √covet<actl>-mdl<actl>〛 ☞ **šítəŋ** to be coveting, desiring, wishing for. (ES; TC; MJ) {**šéʔtəŋ** cn. *I'm wishing for what he has.* (MJT; ES) | nəs**šéʔtəŋ** cə słáni. *I'm wishing for that lady.* (TC) | **šéʔtəŋ** ʔaʔ cə słáni. *He's wishing for a wife.* (AS) | ʔáwə caʔn c **šéʔtəŋ**. *I'm not going to wish for it.* (MJT) | níł kʷi nəs**šéʔtəŋ**. *That's what I wished for.* (MJT) | s**šéʔtəŋ** cn ʔaʔ cə słáni. *That lady is wishing for me.* (TC) | **šéʔtəŋ** cn ʔaʔ ti ʔəmx̌úcən. *I'm wishing to go pick berries.* (MJT) | ʔi ʔuʔəc kʷi kʷi ʔən**šéʔtəŋ**. *It's me you were wishing for.* (AA) | kʷə́yəŋ kʷə kʷi č̓áč̓təŋəxʷ ʔučtə **šéʔtəŋ**s yaʔ. *The owl that she had been desiring predictably flew away.* (AA) | níł sxʷníłs ti q̓á̓ŋi ʔáw c **šéʔtəŋ** ʔaʔ ti ʔuʔ x̌ə́nə kʷə́ŋnəs. *That is why a girl should not be wishing for everything she sees.* (AA) | ʔiʔ ʔuʔəc kʷi kʷi ʔəns**šéʔtəŋ** ʔaʔ kʷi nsʔiʔšátəŋ. *It was me you were wishing for while you were walking.* (AA)}

šéʔyək̓ʷ twisted. *See under:* ʔəsxʷšáʔyaʔk̓ʷ

šə obviously. *See under:* šaʔ

šə́b 〚√šəb √defecate〛 to defecate, have bowel movement. *Sometimes words from other languages are used for this. (TC) [probably from Nitinaht by taboo substitution]

šə́čən 〚√šəčn √Oregon-grape〛 Oregon-grape, mahonia. *Mahonia aquifolium; Berberis aquifolium.* (MJT; ES)

šəčənáyəs ⟦√šačn=ayəs √Oregon_grape=color⟧ ☞ šáčən yellow color. ∗Boil Oregon-grape root in water and it can be used to dye cloth this color. (MJT)

šáčəŋ ⟦√šay-ŋ √bleed-mdl⟧ to bleed. (ES,HS) {šáčəŋ caʔ. It's going to bleed. (MJT)} VAR: sáčəŋ (ES)

šáčəŋ̓ ⟦√šay-ŋ<ˀ> √bleed-mdl<actl>⟧ [/y/ → /č/] ☞ šáčəŋ to be bleeding. (MJT) {šáčəŋ̓ cn. I'm bleeding. (ES)} VAR: šáyəŋ̓ (MJT) {šáyəŋ̓ cn. I'm bleeding. (LC; ES) | šáyəŋ̓ ta. It's bleeding. (MJT) | šáyəŋ̓ cə sʔács. His face is bleeding. (EPT) | níɬ suʔə́nəxʷs sšáyəŋ̓s. Then it stopped the bleeding. (TC) | nəxčŋín ʔaʔ či sšáyəŋ̓s tə sq̓ʷúŋiʔs. I thought his head was bleeding. (MJ)}

šáčt ⟦√š<á>č-t √pull<actl>-trns⟧ [actual metathesis] ☞ ščát to be pulling something. (EPT; AS,BC; AS) {šáčt cn. I'm pulling it. (TC)}

šáč ⟦√šč √hit⟧ to get hit (with a stick). (AS) {šáč cn. I got hit with a stick. (AS) | šáč u cxʷ? Did you get hit? (AS)}

šačə́ńaʔ ⟦√šačə́ńaʔ √littleneck⟧ cp. skʷɬáʔiʔ littleneck clam, steamer clam. *Protothaca staminea*. (LB,CWH; ES) {kʷə́yəts tə šačə́ńaʔs ʔíɬənɬ qitəŋínənɬ. He spilled his clams we were eating for our dinner. (AS)} VAR: šaʔčə́ńə (EPT; HS,BC; HS) VAR: šaʔčə́nə (HS,ES; AS,BC) VAR: šaʔčə́nəń (TC)

šáčəŋ̓ ⟦√š<á>č-ŋ<ˀ> √hit<actl>-mdl<actl>⟧ ☞ šáč to be hitting (with a stick). (AS) {šáčəŋ̓ cn. I'm hitting. (AS)}

šáčəyu hitting. See under: ščáyuʔ

šáčt ⟦√š<á>č-t √hit<actl>-trns⟧ [actual metathesis] ☞ ščát to be hitting, beating. (LC) {šáčt cn. I'm hitting it. (TC) | kʷɬšáčt cn tiə ƛ̓úyəqs. I'm beating the drum now. (LC) | ʔáwə c šáčt; tuwaʔčəŋ́ə́təŋ cxʷ. Don't hit him; he'll bite you. (MJT)}

šáčtəŋ̓ ⟦√š<á>č-t-ŋ<ˀ> √hit<actl>-trns-psv<actl>⟧ ☞ ščátəŋ being hit by someone or something. (TC; LC) {ʔuʔšáčtəŋ̓ ʔaʔ tə šəmáns. He was being hit by his enemy. (ES) | šáčtəŋ̓ ɬŋáŋ cə q̓ʷčəŋ̓ They hit the roots off of him. (TC)}

šačústəŋ be slapped. See under: nəxʷščústəŋ

šəlán shawl. See under: lišán

šəmán ⟦√šman √enemy⟧ enemy. (EPT; MJT; TC; ES; AS,BC) {náʔcuʔ xʷanítəm cə nəšəmán. My enemy was one white man. (ES) | nəšəmán tə sqáxaʔ. Dogs are my enemy. (TC,AS,BC) | ƛ̓kʷət či nšəmán. Take your enemy. (ES) | csústs cə šəmáns. He punched his enemy. (AS) | ʔáwə c níɬ nšəmán cə náʔcuʔ ʔcɬtáyŋxʷ. Those other people are not your enemy. (TC) | ʔi uʔkʷɬníɬ č suʔxə́ńəŋ̓s, "níɬ kʷi šəmánɬ!" And right away she said, "It's our enemy!" (AS) | ɬcnáyəts tə šəmáns cə ʔuʔxə́ń sqʷə́yaʔšəns. They cut the throats of all their enemies' companions. (ES) | xčnás ʔaʔ či sƛ̓čaʔáwəɬs kʷə či šəmáns. They figured out that the enemy was underneath. (ES)}

šə́nct ⟦√šən-cut √separate-rflxv⟧ ☞ šə́nət to separate, divide, remove oneself. (ES) {šə́nct cn. I separated myself (from the others). (AS) | šə́nct cn kʷi ʔaʔ kʷi nəsxʷčʔiyá. I separated myself from where I came from. (AS)}

šə́nət ⟦√šən-t √separate-trns⟧ to separate, part objects. (ES) {šə́nət cn. I separated it. (ES) | šə́nət u cxʷ? Did you separate it? (ES)} VAR: šə́nt {šə́nt cn. I separated them. (AS) | šə́nt cn cə sqáwc. I separated the potatoes (sorted them out). (AS) | šə́nt cn cə sƛ̓əyéʔƛ̓qɬ ʔawmán ʔuʔ kʷéʔwəṅti. I separated the children because they were fighting too much. (AS)}

šəpláš board. See under: ləpláš

šəq̓ístəŋ ⟦√šaq̓-istxʷ-ŋ √open_mouth-caus-psv⟧ ☞ šəq̓ístxʷ to be made to open one's mouth by someone or something. {šəq̓ístəŋ st ʔəɬ ʔə́ŋaʔtəŋən ʔaʔ ti čéʔəx. They opened our mouths when they gave me the gum. (AS)}

šəq̓ístxʷ ⟦√šaq̓-istxʷ √open_mouth-caus⟧ ☞ šáq̓əŋ to make someone open his or her mouth. (AS) {šəq̓ístxʷ cn tə sƛ̓íƛ̓aʔƛ̓qɬ. I made the child open his mouth. (AS)}

šə́šaš being thirsty. See under: šáʔšaʔš

šəščéʔqʷtəŋ be head clubbed. See under: sčéʔqʷtəŋ

šə́šəyus ⟦√šə́šəyus √place_name⟧ a place three miles south of Sooes where there was formerly a gold mine. (JSH)

šəsƛ̓úsəŋ̓ ⟦šə+√sƛ̓us-ŋ<ˀ>⟧ incep+√pleased-mdl<actl>⟧ [may contain the 'face' suffix] being pleased, tickled (with something), proud (of something). {ʔuʔšəsƛ̓úsəŋ̓ cn. I'm pleased with it, proud of it. (MJT) | ʔuʔnəssəsƛ̓úsəŋ̓. I'm tickled over it. (MJT)}

šəštə́ŋ ⟦šə+√št-ŋ incep+√walk-mdl⟧ ☞ štə́ŋ to start to walk. {níɬ kʷaʔčaʔ suʔšəštə́ŋs cə nmaʔyaʔmúsmus. Then my little cows started to walk. (MJ)}

šə́təŋ̓ ⟦√š<á>t-ŋ<ˀ> √walk<actl>-mdl<actl>⟧ ☞ štə́ŋ

1. to be walking, traveling. (JCo; LC; ES) {šə́təŋ̓ cn. I'm walking. (ES; TC; AS,BC) | ʔuʔšə́təŋ̓ cn kʷə. I walked. (answer to "How did you get here?") (ES) | ʔiʔšə́təŋ̓ cn. I'm walking. (TC) | ʔuʔšə́təŋ̓ st kʷi. We're walking. (NS,JW) | šaʔšúʔɬ cn ʔaʔ tə nəstwawšə́təŋ̓. I'm glad I'm still walking. (TC) | wiʔšə́təŋ̓ cn čšaʔčixʷícən. I walked from Port Angeles. (ES) | ʔiʔšə́təŋ̓ cn txʷiʔáxəŋ ʔaʔtáwn. I'm walking towards town. (TC) | ʔiʔšə́təŋ̓ cn ɬúyəs cə táwn. I'm walking away from town. (TC) | ʔuʔšə́təŋ̓ u cxʷ? Are you walking? (EPT; TC) | ʔáwə c nuʔšə́təŋ̓. I'm not walking much. (ES) | ʔuʔiʔšə́təŋ̓ u cxʷ ʔaʔ kʷə nšʔənʔá? Did you walk when you came? (EPT) | čáq̓ č kʷ ʔiʔšə́təŋ̓. He fell down while walking. (EPT) | šə́təŋ̓ ƛ̓iʔáʔəŋ. She was

walking, searching. (TC) | kʷənít cn cə q̓ayúx̌ʷən **šátəŋ** ʔiyá ʔaʔ tiə ɬxənúkʷən. *I watched the slug walking on the floorboards.* (MJ) | ʔáw yaʔ c híc sʔiʔ**šátəŋ**s ʔiʔ kʷənnəs cə ʔəcɬtáyŋxʷ ʔiʔkʷaʔnéʔŋət. *She wasn't walking long when she saw a person running.* (TC) | kʷɬíc ʔuʔ kʷɬuʔáx̌əns ʔəɬ ʔuʔ**šátəŋ**əs tiəwnıɬ siʔám̓. *A long time ago you spoke to this traveling gentleman.* (RSh) | húʔ x̌kʷnás činu ʔəcɬtáyŋxʷ ʔəɬ ʔiʔ**šátəŋ**s ʔaʔ ti súɬ ʔiʔ sqqíŋs. *When they took a person walking on the road, they would play with them.* (ES) | ʔuʔáw č c híc sʔiʔ**šátəŋ**s ʔiʔ kʷənəs kʷi kʷaʔnéʔŋət. *She wasn't walking very long, and she saw someone running.* (AS) | ʔiʔ**šátəŋ** canu swéʔwəs ʔiʔ nəxʷsəʔəẃəŋ ʔaʔ cə saʔsúɬɬ. *That young man was walking and going along our path.* (ES) | wiʔ**šátəŋ** cn čšaʔčixʷícən tə nəsʔúxʷ ʔaʔéʔɬxʷaʔ. *I walked from Port Angeles to go to Elwha.* (ES) | ʔiʔ saʔsúɬs či stxʷáx̌əŋs ti ʔəcɬtáyŋxʷ ʔəɬ **šátəŋ**s. *And it was the trail where the people would travel while they were walking.* (ES)}
2. *to be operating, running (of a machine).* {kʷɬníɬ kʷi suʔ**šátəŋ**s cə məsín. *Now the machine is running.* (AS)}
3. *to be alive.* ʔuʔ ʔəy̓ q kʷaʔ twaw**šátəŋ**ən. *It would be good if I'm still walking (still alive).* (TC)} VAR: šátəŋ (ES) {ʔiʔ**šátəŋ** kʷi tím. *Tim was walking.* (ES) | ʔuʔx̌ʷiʔuʔus kʷi ti ns**šátəŋ**. *It doesn't matter if I walk. / I don't have to, but I'm walking.* (AS)}

šəwátəŋ 〚√šəway-t-ŋ √grow-trns-psv〛 ☞ šəwáyət to be raised, reared, brought up (of a child, an animal or a crop) by someone or something. {twəẃʔiʔ**šəwátəŋ** č cə q̓áʔŋiʔ. *The girl was still being brought up.* (MJ)}

šəwáyət 〚√šəway-t √grow-trns〛 ☞ šə́wi to raise, rear a child, bring up a child, raise an animal, grow a crop or anything. (ES,TC; ES; TC) {**šəwáyət** cn. *I raised a child. / I brought him up. / I grew it.* (ES; TC) | **šəwáyət** cə ńqʷínəcən. *Grow your whiskers.* (ES)} VAR: šwáyət (ES; TC)

šə́wi 〚√šəway √grow〛 to grow, mature, grow up, develop. ((can refer to a plant, a child, or an animal)) (EPT; ES,TC; TC; WB) {kʷɬ**šə́wi**. *It's already grown.* (TC) | níɬ nsxʷʔiyá tə nə**šə́wi**. *That's where I grew up.* (TC) | **šə́wi** cə čə́saʔ! *The two grew!* (ES) | **šə́wi** cn kʷaʔčaʔ ʔiʔ txʷaʔswéʔwəs. *I grew and became a young man.* (TC) | txʷəsuʔ**šə́wi**s ʔiʔ kʷənsqáx̌aʔ. *It grew and turned into a dog.* (AA) | suʔx̌áys kʷə **šə́wi**. *So it grew again.* (AA) | **šə́wi** cn ʔiyá ʔaʔ məq̓ʷúʔəs. *I grew up at Symth Head.* (TC) | ʔiʔ kʷɬənk̓ʷáqq cə **šə́wi** ʔaʔ cə sʔácss. *And then seaweed had grown on her face.* (AA) | níɬ caʔ kʷaʔčaʔ ʔənsʔəy̓ kʷaʔ **šə́wi**əxʷ. *They you will grow up to be good.* (MJ)} VAR: šə́wiʔ (AS,BC) {**šə́wiʔ** cn. *I'm growing.* (AS,BC) | nsɬk̓ʷsəwəs či nsmáń ʔuʔ ʔəy̓ ʔəcɬtáyŋxʷ kʷaʔ **šə́wiʔ**əxʷ *My descendant, you'll be a good person when you grow up.* (TC)}

šə́wiʔət raising someone. *See under:* šəẃáyt

šə́wi ʔəyxʷíyŋxʷ 〚√šəway √ʔ<y>xʷiy=nixʷ √grow √person<pl>=being〛 ☞ šə́wi ☞ ʔəyxʷíyŋxʷ community development. (TC,AS,BC)

šə́wiɬ 〚√šəway-ɬ √grow-dur〛 ☞ šə́wi to be grown. {níɬ kʷaʔ suʔɬákʷis ʔiʔ ʔúy̓ ʔaʔ cə sqáx̌aʔ **šə́wiɬ** níɬ yaʔ ɬqíts. *Then he went across aboard the dog that had grown that was his clothes.* (AA)}

šə́wšəwəyu 〚šəw+√šəway-əyu char+√grow-activ〛 grow. ((occurs only in the chant of the Envious Sister-in-law story told by AA)) ☞ šə́wi { "**šə́wšəwəyu**, qʷəmqʷəmáy̓," q̓ʷáy kʷaʔ. *"Grow, little dog," she said.* (AA)}

šəwáyt 〚√šəw<ʔ>ay<ʔ>-t √grow<actl>-trns〛 ☞ šəwáyət to be raising, rearing a child, bringing up a child or animal, growing a crop. (ES,TC) {**šəwáyt** cn. *I'm raising him.* (ES)} VAR: šuʔáyt (ES; TC) {**šuʔáyt** cn cə nəŋə́naʔ. *I'm raising my child.* (ES)} VAR: šə́wiʔət (AS,BC)

šə́yə 〚√šəyə √penis〛 penis. (LB,CWH)

šə́yəŋ̓ bleeding. *See under:* šə́čəŋ̓

šəyəŋ̓úykʷɬ 〚√šəy-ŋ<ʔ>=uykʷɬ √bleed-mdl<actl>=bodyside〛 ☞ šə́čəŋ̓ Beechey Head, Vancouver Island. *This means "bleeding side" because it is where the whales come to scrape against the rocks to remove barnacles from their sides. Another explanation for the name involves warriors washed ashore at this place. A third explanation involves a red lichen that grows on the rocks here. *TC says that this is a great place for casting for salmon. (TC) VAR: šiŋúykʷɬ (TC) VAR: šiyŋúykʷɬ (ES; TC) {ʔiyá st ʔaʔ**šiyŋ́úykʷɬ**. *We were at Beechey Head.* (TC) | x̌ácu st ʔiyá ʔaʔ**šiyŋ́úykʷɬ**. *We were fishing at Beechey Head.* (TC) | sáʔsiʔsiʔ yaʔ cn ʔəwmán ʔuʔ čə́yq ti scúyɬc ʔiyá ʔaʔ**šiyŋ́úykʷɬ**. *I was scared because the waves were very big there at Beechey Head.* (TC)} VAR: šiyŋúxʷɬ (AS,BC)

šəy̓šúʔɬ 〚šə<y̓>+√šuʔ-ɬ dim<pl>+√glad-dur〛 ☞ šəʔšúʔɬ to be glad, happy, pleased, proud (of someone, something). (MJT; ES) {**šəy̓šúʔɬ** u cxʷ? *Are you glad of it?* (MJT) | **šəy̓šúʔɬ** cn. *I'm glad of it.* (MJT) | nəs**šəy̓šúʔɬ** cxʷ. *I'm proud of you.* (MJT) | ʔəńs**šəy̓šúʔɬ** u? *Are you pleased with her?* (MJT) | ʔəńs**šəy̓šúʔɬ** u cn? *Are you pleased with me?* (MJT) | mán cn ʔuʔ **šəy̓šúʔɬ** ʔaʔ tə nsʔə́y̓. *I'm awfully glad you're nice.* (MJT) | mán cn ʔuʔ **šəy̓šúʔɬ** ʔaʔ tə nsʔəńʔá kʷánəcxʷ. *I'm glad you came to see me.* (MJT) | **šəy̓šúʔɬ** cn ʔaʔ cə sʔəy̓s caʔ či sʔíɬən ʔaʔ ncát kʷaʔ ʔíɬəns ʔaʔ tiə tánəŋ. *I'm glad that my father's food will be good when he eats this evening.* (MJT) VAR: šiʔšúʔɬ (TC) {ʔuʔ**šiʔšúʔɬ** cn. *I'm happy.* (TC) | mán ʔuʔ **šiʔšúʔɬ**. *She was very happy.* (MJ) | suʔ**šiʔšúʔɬ** ʔaʔ təwəwáytəm. *So təwəwáytəm was happy.* (MJ) | {ʔəsɬáx̌ʷɬ či nuʔ**šiʔšúʔɬ** ʔaʔ tə nsʔiyaʔnúŋə. *I was definitely happy to hear you.* (TC) | níɬ kʷaʔ suʔmáńs ʔuʔ **šiʔšúʔɬ** cə ʔaycɬtáyŋxʷ kʷaʔ čáńs. *Then the people were very glad when he got home.* (AA) | ʔuʔhúytxʷ či suʔ**šiʔšúʔɬ**s. *Just be happy.* (AA) |

ši?šú?ɬ kʷsi nətán ʔaʔ tə scə́ŋtəŋs ʔaʔ tə sxʷtúnəqs. *My mother was glad that her sister was brought home.* (MJ) | ʔuʔ**ši?šú?ɬ** cn ʔaʔ tə nsʔiyáʔnəxʷ kʷɬi sʔúq̓ʷaʔɬ, Emma, ʔaʔ či sqʷáqʷis ʔaʔ ɬníŋɬ ʔaʔ ti ʔuʔx̣ənáɬ. *I'm glad to hear our sister, Emma, talking for us all the time.* (BH)}
VAR: šišú?ɬ (AS,BC)

ši?šú?ɬ glad. *See under:* šəy̓šú?ɬ

ši?šú?ɬtəŋ ⟦š<y>+√šu?ɬ-txʷ-ŋ dim<pl>+√happy-caus-psv⟧ ☞ **ša?šú?ɬ** to be made glad (of a group). (BH)

šícs ⟦√šics √meat⟧ meat, flesh. (EPT; ES; AS,BC; AS) {ɬaʔtúqʷt cn cə **šícs**. *I'm boiling the meat.* (AS) | níɬ kʷi **šícs** kʷiə músmus. *This is beef.* (AS)}

šiŋ̓úykʷɬ Beechey Head. *See under:* šəyəŋ̓úykʷɬ

šípən ⟦√šip=ən √knife=instr⟧ knife. (MJT; LC; TC) ⟪This word is used today only by Becher Bay Klallam speakers. MJ told LCT that she thought this is an Elwha word and her uncle told her that this is the real Klallam word for 'knife' and that the usual word today is the newer one.⟫ (MJT) ⟪AB recognizes this as the old word for 'knife', but it is not used now.⟫ (ABT) *cp.* qʷqʷaʔéyəs {ɬéʔčt cn ʔaʔ tiə **šípən**. *I'm cutting it with a knife.* (LC) | níɬ č suʔqsə́ts cə **šípən**s. *So he dropped his knife into the water.* (TC) | suʔtə́s ʔaʔ cə **šípən**. *So he got to the knife.* (TC) | ɬéʔčt cn ʔaʔ tiə **šípən**. *I'm cutting it with a knife.* (LC) | ɬíčt cn tiə músməs ʔaʔ tə **šípən**. *I cut this meat with a knife.* (LC)}

šiščé?qʷt ⟦šy+√šč=i?qʷ-t pl+√hit=head-trns⟧ ☞ **šišáčt** to club several things on the head. {níɬ č suʔkʷənəŋútnəss ʔiʔ **šiščé?qʷt**s. *So he runs after them, and he clubs them on the head.* (TC)}

šiščát ⟦šy+√šč-t pl+√hit-trns⟧ ☞ **ščát** to hit, strike, beat something or someone repeatedly. {níɬ suʔsáy̓siʔs tə xʷanítəm ʔiʔ **šiščát**s cə stitiqéw̓s ʔiʔ kʷənəŋútts. *The white man was scared, and he beat his horses and made them run.* (ES)}

šiščəw̓áčt ⟦šy+√šč=əw̓ač-t pl+√hit=bottom-trns⟧ ☞ **ščát** to spank someone on the bottom. {**šiščəw̓áčt** cn *I spanked him.* (MJT)}

šiščíkʷst ⟦šy+√šč=iws-t pl+√hit=body-trns⟧ ☞ **ščát** to clobber a bunch, beat several up. {**šiščíkʷst** cn cawná?iɬ. *I clobbered them.* (TC)}

šišáčtəŋ ⟦šy+√šč-t-ŋ pl+√pull-trns-psv⟧ ☞ **ščátəŋ** to be pulled by several or have several things pulled or be pulled several times. {**šišáčtəŋ** cə ncə́ns ʔiʔ ʔuʔáwənə. *They pulled my teeth, and there are none.* (AS)}

šišáčt ⟦šy+√š<á>č-t pl+√hit<actl>-trns⟧ ☞ **šáčt** to be hitting, clubbing something repeatedly or more than one thing. {kʷɬ**šišáčt** cn. *I'm already hitting them.* (LC) | ʔə́c caʔ **šišáčt**. *I'll do the hitting.* (LC) | ʔúx̣ʷ či **šišáčt**. *Go ahead, club him.* (EPT)}

šišáčtəŋ ⟦šy+√š<á>č-t-ŋ pl+√hit<actl>-trns-psv⟧ ☞ **šišáčt** being clubbed (repeatedly or by several). (EPT)

šišú?ɬ glad. *See under:* šəy̓šú?ɬ

šišúptəŋ ⟦šy+√šupt-txʷ-ŋ pl+√whistle-caus-psv⟧ ☞ **šúptəŋ** to be whistled at by a group. (AS,BC)

šítəŋ ⟦√šit-ŋ √covet-mdl⟧ to covet, desire, admire, wish to have (something, especially something someone else has). (ES) {**šítəŋ** cn. *I wish for it.* (TC) | **šítəŋ** cn ʔaʔ cə sɬáni. *I wish for that woman.* (TC) | **šítəŋ** cə q̓áʔŋi. *The girl desired it.* (AA) | **šítəŋ** yaʔ ʔaʔ cə sʔács ʔəshú?itəŋ yaʔ ʔaʔ cə mə́k̓ʷaʔ. *She wanted the carved face that was at the grave.* (AA) | x̣̌áʔnəq ʔaʔ cə ŋə́ń tálə ʔiʔ cə ŋə́ń sʔíɬən ʔaʔ cə ŋə́naʔ **šítəŋ** cə sʔács yaʔ ʔaʔ cə mə́k̓ʷaʔ. *There was a big give-away of much money and much food for the daughter who had desired the face at the grave.* (AA)}

šíwaʔ ⟦√šiwəʔ √urinate_m⟧
1. to urinate (of a male). (LB,CWH; MJ; TC; AS,BC) {ʔənsx̣̌éʔ u či ns**šíwaʔ**? *Do you need to pee?* ⟪USAGE: used to a man or boy⟫ (TC,AS,BC) | ʔaw̓k̓ʷɬhiyáʔ cn **šíwaʔ**. *It's because I'm going to pee.* (TC)}
2. to spawn, deposit eggs (of a fish). {**šíwaʔ** č kʷsi sɬú?ŋət. *The herring spawned.* (MJT)} VAR: šíwə (EPT; AS,BC)

šiwaʔáw̓txʷ ⟦√šiwəʔ=aw̓txʷ √urinate_m=house⟧ ☞ **šíwaʔ** outhouse, washroom. (TC)

šíx̣ʷaʔ urinate (f). *See under:* šíx̣ʷaʔ

šíx̣ʷaʔ ⟦√šix̣ʷəʔ √urinate_fem⟧ to urinate (of a female). (MJT; BC; AS,BC) VAR: šíx̣ʷaʔ (AS) VAR: šíx̣ʷə (EPT; T)

šiyá?nəč ⟦√š<iy>aʔnč √apron<pl>⟧ ☞ **šá?nəč** several aprons. (MJT)

šíya?yəs ⟦√šiyay̓əs √stubborn⟧ [may have the 'eye' suffix] to be stubborn. (TC) VAR: šíyayəs (AS) {má̓n kʷ uʔ **šíyayəs** cə sx̣̌íx̣̌a?x̣̌qɬ. *That child is very stubborn.* (AS) VAR: šíyays (AS,BC; AS) VAR: šíya?is (AS,BC; AS) {ʔuʔɬə́x̣ʷ ʔuʔ **šíya?is**. *He's definitely stubborn.* (AS) | **šíya?is** cə swéʔwəs; ʔáw kʷaʔ táycəns. *The boy is stubborn; he won't answer.* (AS) | **šíya?is** kʷə nswə́yqaʔ; ʔáw kʷaʔ táycəns ʔəɬ qʷáyn. *My husband is stubborn; he never answers when I talk.* (AS)}

šiyə́čn̓ə ⟦√š<iy>əčn̓əʔ √littleneck<pl>⟧ ☞ **šəčn̓aʔ** several littleneck clams, steamer clams. (EPT)

šiyŋúyxʷɬ Beechey Head. *See under:* šəyəŋ̓úykʷɬ

šiyŋ̓úykʷɬ Beechey Head. *See under:* šəyəŋ̓úykʷɬ

škʷíšəŋ ⟦√škʷiš-ŋ √flow-mdl⟧ to flow, run, drip (of liquid). (AS) {níɬ suʔ**škʷíšəŋ**s tə stúwiʔ ʔaʔ ʔéʔɬx̣ʷaʔ. *Then the river flowed through Elwha.* (MJT)}

sɬip̓úykʷt shirt. *See under:* sɬip̓úykʷt

sq̓taʔyéʔqʷ top. *See under:* sx̣ʷq̓taʔyéʔqʷ

ssáct ⟦√sas-cut √sneak-rflxv⟧ ☞ **šást** [metathesis with reflexive] to sneak around, sneak up on someone or something. (ES) {**ssáct** caʔn ʔiʔ čq̓ə́t. *I'm going to sneak around and surprise him.* (MJT)}

štə́ŋ 〚√št-ŋ √walk-mdl〛 to walk, go, travel; operate, run (of a machine); swim (of a fish). 《Usage: can be used of any animal's natural means of locomotion or of a machine's motion》 (LB,CWH,H; JCo; LC; AS,BC; ES; WB) {*štə́ŋ* cn. *I'll walk.* (ES; AS,BC) | hiyáʔ *štə́ŋ*. *Go walk. / He walked away.* (ES; AS) | *štə́ŋ* či hay. *Walk, you people.* (NS,JW) | hiyáʔ u cxʷ *štə́ŋ*? *Are you going to walk?* (LC) | suʔ*štə́·ŋ*s ʔiʔ štə́ŋ ʔiʔ štə́ŋ. *So they walked and walked and walked.* (AA) | *štə́ŋ* či. ʔáw c kʷánəŋət! *Walk! Don't run!* (TC,AS,BC) | *štə́ŋ* kʷaʔ cə ńŋə́naʔ. *Your child is walking.* 《said to the parents of a child you see walking for the first time》 (ES) | x̌q̓ʷənəkʷáyətxʷ yaʔ kʷi ʔiʔ *štə́ŋ*. *Make up and get back together.* 《Walking together is a metaphor for a personal relationship.》 (AS) *cp.* sq̓ʷúʔšən {*štə́ŋ* ʔiʔ ʔúxʷ ʔaʔ cə čəq sqiyáyŋxʷ xpaʔčíɬč. *It walked and went to a big cedar tree.* (ES) | *štə́ŋ* či xʷənʔáŋ ʔaʔ či píšpš. *Walk like a cat.* (TC,AS,BC) | ʔáwənə kʷɬ*štə́ŋ*s. *He's got nobody to walk with.* (TC) | níɬ č suʔ*štə́ŋ*s cə q̓áʔŋi. *Then the girl walked.* (AS) | ʔúy *štə́ŋ* ʔiʔ x̌áy cn ʔuʔ *štə́ŋ*. *When he walked I walked, too.* (MJ) | čiʔáw nə́cuʔ sčiʔánəŋ či sqiʔə́m̓ či n*štə́ŋ*. *I couldn't walk for over a year.* (ES) | suʔqʷáys cə sʔúq̓ʷaʔs ʔáwənə sxčíts ʔuʔtxʷén yəx̌ kʷaʔ kʷaʔ u*štə́ŋ*. *The older sister said she didn't know where he walked to.* (AA) | ʔáwa c čáʔipct či s*štə́ŋ*s ʔiʔx̌aʔyáys. *He didn't turn around but walked backwards.* (ES) | suʔkʷə́təŋs ʔaʔ kʷi nəsíyaʔ cə x̌úyəqs ʔiʔ hiyáʔ *štə́ŋ* txʷaʔúx̌ʷ ʔaʔnəx̌ʷqíyt. *So my grandfather took the box and walked toward Little Boston.* (MJ) | suʔ*štə́ŋ*s ʔiʔ ʔiyánəŋíts cə sŋiyánt ʔaʔ x̌áy ʔuʔ *štə́ŋ* cə snáyaʔnəkʷ. *So he walked, and he listened to the rocks where the ghosts also walked (he listened for their footsteps).* (ES)}

štə́ŋəŋən 〚√št-ŋ=ŋin √walk-mdl=piece〛 ☞ štə́ŋ foot path, footprints, tracks. (MJT) VAR: štə́ŋŋən (MJT)

štəŋístəŋ 〚√št-ŋi-stxʷ-ŋ √walk-rel-caus-psv〛 ☞ štəŋístxʷ to be walked. {*sáʔətəŋ* cn ʔiʔ štəŋístəŋ ʔúx̌ʷ. *I was picked up and walked over.* (ES) | *štəŋístəŋ* səwə́təŋ. *He made him walk into the bush.* (ES) | suʔkʷənəŋúttəŋs *štəŋístəŋ* yaʔ. *They ran him and walked him.* (TC)}

štəŋístxʷ 〚√št-ŋi-stxʷ √walk-rel-caus〛 ☞ štə́ŋ to walk someone or something, carry something while walking. {*štəŋístxʷ* cn. *I walked him.* (TC) | *štəŋístxʷ* cn cə nəsqáxaʔ. *I walked my dog.* (ES) | txʷaʔ*štəŋístxʷ* ti coal sxʷxʷúʔyəm̓s cəẃniɬ xʷiyanítəm. *I started carrying coal to sell to the white people.* (TC) | níɬ suʔnuʔŋəxáct kʷiʔə níɬ siʔám̓ *štəŋístxʷ* tiə sxʷqʷáqʷiʔs sqʷińə́wiɬ. *So this gentleman who brought this recorder we are talking with is kind of in a hurry.* (RSh)}

štəŋnə́wi 〚√štəŋ-nəw<ʔ>əy √walk-ncrcprcl<actl>〛 ☞ štə́ŋ to share companionship, date, go steady with each other in courtship. 《In Klallam 'walking together' is a metaphor for a personal relationship.》 ☞ sq̓ʷúʔšən {níɬ suʔ*štəŋnə́wi*ɬ kʷaʔčaʔ. *Then we went together.* (TC)}

štəŋnúŋət 〚√št-ŋ-nuŋt √walk-mdl-ncmdl〛 ☞ štə́ŋ to manage to walk. {*štəŋnúŋət* cn. *I finally walked.* (TC) | čaʔ*štəŋnúŋət* cn. *I could just manage to walk. / I finally started to walk.* (ES; TC)}

štəŋúʔŋət 〚√št-ŋ-nu<ʔ>ŋt √walk-mdl-ncmdl<actl>〛 ☞ štəŋnúŋət to manage to be walking. {šaʔšúʔɬ cn ʔaʔ ti nəsuʔ*štəŋúʔŋət*. *I'm glad I can walk.* (TC)}

štəŋúsəŋ 〚√št-ŋ=us-ŋ √walk-mdl=face-mdl〛 ☞ štə́ŋ to take a walk, stroll, go on a trip on foot. (AB,ICT; AB,IC,NST; ES; AS,BC) {*štəŋúsəŋ* cn. *I'm going for a walk.* (ES) | *štəŋúsəŋ* u cxʷ? *Are you going for a walk?* (ES) | ʔənʔá či. *štəŋúsəŋ* caʔ st. *Come. We'll go for a walk.* (BC) | ʔuʔhúy nsuʔ*štəŋúsəŋ*. *I'm just going for a walk.* (ES) | hiyáʔ či *štəŋúsəŋ*. *Let's go for a walk.* (HS) | *štəŋúsəŋ* tuŋɬ či. *Let's go for a walk.* (MJT)}

štəŋúst 〚√št-ŋ=us-t √walk-mdl=face-trns〛 ☞ štəŋúsəŋ to take someone for a walk. {*štəŋúst* cn. *I took him for a walk.* (BC)}

štəŋústəŋ 〚√št-ŋ=us-t-ŋ √walk-mdl=face-trns-psv〛 ☞ štəŋúst to be taken for a walk by someone. {*štəŋústəŋ* cn. *They took me for a walk.* (AS,BC)}

štəŋúyɬ 〚√št-ŋ=uyɬ √walk-mdl=child〛 ☞ štə́ŋ
1. toddler, a child around 2 years old just starting to walk. (ES)
2. to go for a little walk. {hiyáʔ caʔ st *štəŋúyɬ*. *We'll go for a little walk.* (AS) | hiyáʔ caʔn *štəŋúyɬ* ʔiʔ cə ncə́t. *I'm going for a little walk with my father.* (AS) | *štəŋúyɬ* yaʔ kʷə ncə́t. *My father went for a little walk.* (AS)} VAR: štəŋúyəɬ (ES)

štəŋə́ńəkʷ 〚√št-ŋ<ʔ>=ən<ʔ>=ukʷ √walk-mdl<actl>=ground<actl>〛 ☞ štə́ŋ
1. to be walking around aimlessly, wandering, pacing. (TC)
2. to have no place to live, be homeless. (TC) {níɬ kʷaʔčaʔ sxʷúʔtxʷ*štəŋə́ńəkʷ*s txʷʔáwənə sxʷʔúx̌ʷs či sxə́nəŋs ʔaʔ či sʔáʔiŋs. *That's why they have become aimless with nowhere to go to call home.* (TC)}

štúnəq older sibling. *See under:* sxʷtúnəq

šɬaʔɬáʔkʷəŋ bee. *See under:* sxʷɬaʔɬáʔkʷəŋ

šuʔáy̓t raising someone. *See under:* šəẃáy̓t

šúʔpšupt little people. *See under:* šúpšupt

šúʔpt 〚√šu<ʔ>pt √whistle<actl>〛 ☞ šúpt to be whistling. (LC; ES; TC) {*šúʔpt* cn. *I'm whistling.* (MJT) | kʷɬʔiʔ*šúʔpt*. *He's already in the process of whistling.* (LC) | x̌ənətúŋə cn kʷaʔ ʔáwəx c *šúʔpt*. *I told you not to whistle.* (MJT) | ʔáx̌əŋ kʷaʔ ʔáwən c *šúʔpt*. *She said for me not to whistle.* (MJT)}

šúkʷaʔ 〚√šukʷaʔ √sugar〛 sugar. (EPT; RS; ES; TC) [from Chinook Jargon from English] {*šúkʷaʔ*, uʔ *It's sugar, eh?* (TC) | níɬ ʔiʔčáʔi č kʷiʔústs ʔaʔ cə *šúkʷaʔ*. *First she poured sugar on it.* (TC) | sxʷʔiyáɬ yaʔ ti staʔwə́yuɬ yaʔ sqə́muʔs ti músməs

ʔiʔ ti saplín ʔiʔ ti **šúkʷaʔ**, tíy, ʔuʔx̣ə́n̓əstaŋ. *We were there to buy milk, bread, sugar, tea, everything.* (TC)} VAR: šúkʷə (LB,CWH)

šukʷaʔáyəqsən ⟦√šukʷəʔ-ay=əqsən √sugar-ext=nose⟧ ☞ šúkʷaʔ someone who likes a lot of sugar. {*šukʷaʔáyəqsən* cn. *I want lots of sugar.* (MJT)}

šukʷaʔháyə ⟦√šukʷəʔ=ayə √sugar=container⟧ ☞ šúkʷaʔ sugar bowl. (MJT)

šúkʷaʔt ⟦√šukʷəʔ-t √sugar-trns⟧ ☞ šúkʷaʔ to sugar something, put sugar on something. {kʷɬ*šúkʷaʔt* cn. *I sugared it.* (MJT)}

šúpšupt ⟦šúp+√šupt char+√whistle⟧ ☞ šúpt
1. little people that follow bigfoot around. ✱When you hear them whistling, you know that čičəy̓íqʷtən is nearby. (AS,BC) *cp.* čičəy̓íqʷtən {x̣ənʔáɬ ti suʔiʔsəwáʔs ti *šúpšupt* ʔɬ štə́ŋs ti čičəy̓íqʷtən. *The šúpšupt always goes along when čičəy̓íqʷtən walks.* (AS)}
2. a type of night bird spirit power. ✱usually a woman's power (TC) VAR: šúʔpšupt (AS,BC) VAR: šúpšəp (TC) VAR: šúpšp (AS,BC)

šúpt ⟦√šupt √whistle⟧ to whistle. (MJT; LC; ES) ✱Berry pickers whistle in the woods to signal each other. (HS,ES) {*šúpt* tuŋɬ ʔiʔ čaʔxʷítəŋ cxʷ. *When I whistle, you jump.* (TC)}

šúptəŋ ⟦√šupt-txʷ-ŋ √whistle-caus-psv⟧ ☞ šúpttxʷ to be whistled at by someone. (AS,BC) {čaʔ*šúptəŋ* cə q̓á̓ʔŋi. *The girl just got whistled at.* (AS)}

šupttúŋəɬ ⟦√šupt-txʷ-uŋɬ √whistle-caus-1plobj⟧ ☞ šúpttxʷ whistle at us. {*šupttúŋəɬ* cxʷ. *You whistled at us.* (TC)}

šúpttxʷ ⟦√šupt-txʷ √whistle-caus⟧ ☞ šúpt to whistle at or to someone. {*šúpttxʷ* cn. *I whistled to him.* (AS,BC)}

šušást ⟦šu+√šas-t pl+√sneak-trns⟧ [a unique plural form] ☞ šást to stalk, sneak up on a group (or of a group). (AS,BC; AS) {*šušást* st. *We snuck up on them.* (AS) | *šušást* caʔ st kʷə šəmánɬ. *We're going to sneak up on our enemy.* (AS)}

šušukʷlí ⟦√šušukʷlí √holy_man⟧ holy man, Jesus. ⟪USAGE: Shakers use this word a lot.⟫ (TC) [from English 'Jesus Christ']

šwáyət grow it. *See under:* šəwáyət

šxʷʔíy̓əɬ thigh. *See under:* sxʷʔíy̓əɬ

šxʷčkʷíyəŋ Sequim. *See under:* sxʷčkʷíyəŋ

šxʷimáy store. *See under:* sxʷimáy

šxʷƛ̓číkʷən underwear. *See under:* sxʷƛ̓číkʷən

šxʷmə́c̓qən ⟦sxʷ-√məc̓=qin for-√brains=voice⟧ ☞ smə́c̓ays brains. (LST) {*šxʷmə́c̓qən* ʔyá ʔaʔ tə sq̓ʷúŋi. *Brains are in the head.* (LSaT)}

šx̣čkʷíʔyəm Sequim. *See under:* sxʷčkʷíyəŋ

šx̣ʷáy ⟦√šix̣ʷəʔ=ayə √urinate_fem=container⟧ ☞ šíx̣ʷaʔ urinal, pisspot, chamber pot. (TC) *cp.* sxʷáʔəy

t

t¹ negative. *See under:* c

t² determiner. *See under:* cə

t³ non-specific. *See under:* či

t⁴ contrary. *See under:* ta

ta ⟦ta contrary⟧ [speech act enclitic] I think, on the contrary, anyway, contrary to expectation. ⟪Usage: This indicates that the statement is contrary to what the speaker or the listener had previously thought true.⟫ (TC) {nuʔhiyáʔ cxʷ *ta*. *I thought you were going.* (TC) | nuʔhiyáʔ cn *ta*. *I thought I was going.* (TC) | nuʔswə́yqaʔ *ta*. *I thought it was a man.* (TC) | nuʔƛ̓kʷə́ts caʔ *ta* tiʔə. *I thought he was going to take it.* (MJT) | huʔhiyáʔ č caʔ *ta* kʷi. *He's apparently going to go anyhow.* (MJT) | ʔáwə *ta* kʷaʔ x̣ɬə́yus ti wəx̣ə́ɬ. *The frog never stings (contrary to what you think).* (MJ) | ʔáwə c nx̣čəŋín ʔaʔ či shúns caʔ, ʔiʔ uʔhún *ta* kʷi. *I didn't think it would burn, but it must have.* (MJT) | óʼʼ nəx̣čŋín *ta* ʔaʔ či n̓shiyáʔ ƛ̓ácu. *Oh, I thought you were going fishing.* (TC) | nuʔstəŋánəŋ cxʷ *ta*. *I thought you dropped something.* (MJT)} VAR: tə {nəsƛ̓éʔ *tə*. *If I want it.* (TC) | nəx̣čŋín *tə* ʔaʔ či n̓shiyáʔ. *I thought you went.* (TC) | x̣čŋíns *tə* ʔaʔ či shiyáʔs ʔiʔ smə́yəqs. *He thought he went, but he forgot.* (TC) | txʷiʔáx̣əŋ cn *tə*. *I am walking towards (there).* (TC) | ʔuʔtáči ʔi ʔuʔmán *tə* ʔuʔ ɬə́mxʷ. *He got here even though it's raining hard.* (TC) | ʔáwə qi *tə* c ʔuʔpipihúŋəs! *Don't be such a gull (goofy)!* (MJT) | nətán *tə* cə sɬániʔ. *That lady is my mother.* ⟪Usage: You might say this if someone were insulting a lady, not knowing that she was your mother. You might also say this if someone directly or indirectly indicated that the lady is not your mother, but you knew she was.⟫ (TC) | hiyáʔ cn *tə*. *I'm going anyway.* (TC) | kʷə́nəxʷ cn *tə* cə swə́yqaʔ čsə́c. *I think I saw the man that hit me.* (ES) | ʔiʔ ʔáwə č *tə* c níɬ cə q̓ʷúʔəŋ ʔiʔkʷaʔné̓ʔŋət. *But it wasn't Kelp that was running.* (TC) | ʔiʔ ʔáwə č *tə* c níɬ ŋút. *But he wasn't the one that ate it.* (TC) | ʔáwə cxʷ *tə* c yaʔcúst ʔaʔ tiə sčáʔiʔɬ. *Don't tell them about the work we did.* (TC) | ʔuʔhúy *tə* ʔuʔ sqʷəyúŋiʔs ʔuʔəsʔéʔnəŋ. *Only their heads were visible.* (ES) | ʔən̓suʔiʔɬáʔaʔ ʔiʔ txʷiʔxʷəné̓ʔəŋ *tə* ʔaʔ tiə nə́cuʔ súɬ. *You are going the same way on this one road.* (RSh) | x̣čəŋíns ʔaʔ či sx̣číts ʔiʔ ʔáwənə *tə* kʷi sx̣číts. *He thinks he knows, but he doesn't know.* (MJT) | x̣čəŋíns ʔaʔ či sáʔsiʔsi ̓cə q̓ʷq̓ʷúʔəŋ ʔiʔ ʔuʔníɬ č *tə* ʔuʔ ʔiʔxʷə́yk̓ʷtəŋ cawniɬ mə́šču. *He thought he was afraid, but it was Mink that was being drifted.* (TC)} VAR: t {təŋáʔəŋ *t* cn ʔaʔ či sčaʔíqʷɬ. *I'm wishing for fruit.* (EPT)} VAR: taʔ {huʔyaʔcícəm *taʔ* kʷi. *He was telling that anyway.* (MJT) | huʔyə́cəm *taʔ* kʷi. *He told anyway.* (MJT)}

taʔ contrary. *See under:* ta

táʔaʔis going upstream. *See under:* taʔáʔyəs

taʔáʔyəs ⟦√t<əʔ>a<ʔ>y=us √upstream<actl>=face⟧ ☞ táyi to be going upstream, going into a bay. (TC; AS,BC) VAR: táʔaʔis {ʔaʔámət kʷaʔčaʔɬ ʔuʔhúy č ʔuʔ kʷənits cə scánnəxʷ ʔaʔ*táʔaʔis*. *He was sitting and, apparently, just watching the salmon go up the river.* (ES)} VAR: taʔáʔis (AS,BC) {ʔuʔhúy č ʔuʔ kʷənits cə scánəxʷ *taʔaʔis*. *He just watched the salmon going upstream.* (AS)}

taʔáw̓əŋ ⟦√t<ʔ>aw<̓>-as-ŋ √buy<actl>-ptcaus-psv⟧ [The /s/ of the causative deletes.] ☞ taʔáw̓əs being bought by someone. {swéʔwəss ti nəsƛ̓əqšən ti nəs*taʔáw̓əŋ* ʔaʔ kʷsə nətán ʔaʔ či sqʷsə́ŋs ʔəɬ skʷúɬt. *They're boys shoes that my mother buys me because they're sturdy when we go to school.* (AS)}

taʔáw̓əs ⟦√t<ʔ>aw<̓>-as √buy<actl>-ptcaus⟧ [Actual glottalization prevents /w/ → /kʷ/.] ☞ tákʷs to be buying something. {*taʔáw̓əs* cn. *I'm buying it now.* (MJT; TC; ES) | kʷ*taʔáw̓əs* cn. *I'm buying it now.* (LC) | ʔáwə c *taʔáw̓əs*. *Don't buy it.* (MJT) | ŋə́n̓ caʔ či ƛ̓əqšən *taʔáw̓əs*xʷ. *There will be many shoes that you buy.* (AS) | kʷə́nəts cə swə́yqaʔ cə snə́xʷɬ *taʔáw̓əs*s. *The man looked at the canoe he's buying.* (TC) | ʔuʔhúy yaʔ *taʔáw̓əs*ɬ ʔiʔ ti milks tə sƛ̓əyéʔƛ̓qɬ. *That's all we bought, and milk for the children.* (TC)}

táʔcs ⟦√taʔcs √eight⟧ eight. (EPT; NS,JW; LC; AS,BC) [This may have a frozen form of the 'hand' suffix.] {pə́ɬ cn ʔaʔ kʷi nəs*táʔcs* čiʔánəŋ. *I became aware when I was eight years old.* (TC) | ʔúpən i či *táʔcs*. *eighteen.* (NS,JW)}

taʔcsáʔitxʷ ⟦√taʔcs=aʔitxʷ √eight=dollar⟧ ☞ táʔcs
1. eight dollars. (EPT)
2. eight years. (MJ)

taʔcsáʔwin̓əxʷ ⟦√taʔcs=aʔwin̓əxʷ √eight=year⟧ ☞ táʔcs eight years. (MJT)

taʔcsáɬ ⟦√taʔcs=aɬ √eight=times⟧ ☞ táʔcs eight times. {*taʔcsáɬ* tə nəstíyəm. *I sang the song eight times.* (MJT)}

taʔcsáw̓txʷ ⟦√taʔcs=aw̓txʷ √eight=house⟧ ☞ táʔcs eight houses. (MJT)

taʔcsáxʷɬ ⟦√taʔcs=axʷɬ √eight=conveyance⟧ ☞ táʔcs eight canoes. (MJT)

taʔcsáy ⟦√taʔcs=ayə √eight=person⟧ ☞ táʔcs eight people. (EPT; LC)

taʔcsə́čɬ ⟦√taʔcs=əčɬ √eight=child⟧ ☞ táʔcs eight children. (MJT)

taʔcsə́wəč ⟦√taʔcs=əwač √eight=bottom⟧ ☞ táʔcs cp. taʔcsɬšáʔ eighty. (MJT) [Note that this form deviates from the pattern. It is interesting to note that in Saanich the word for 'eighty' is suppletive.]

taʔcsíkʷs ⟦√taʔcs=iws √eight=body⟧ ☞ táʔcs eight animals or people. (EPT)

taʔcsɬnát ⟦√taʔcs=ɬnat √eight=day⟧ ☞ táʔcs eight nights or days. (MJT)

taʔcsɬšáʔ ⟦√taʔcs=ɬšaʔ √eight=ten⟧ ☞ táʔcs eighty. (EPT)

taʔčaʔx̣ʷéʔənəq ⟦√taʔčiʔx̣ʷ<iʔ>-ənəq √disturb<actl>-hab⟧ [rightward metathesis in actual] ☞ taʔčaʔx̣ʷéʔt to be bothersome, troublesome, stirring up trouble. (ES) VAR: taʔčaʔx̣ʷéʔnəq (ES)

taʔčaʔx̣ʷéʔəyuʔ ⟦√taʔčiʔx̣ʷ<iʔ>-əyu<ʔ> √disturb<actl>-activ<actl>⟧ [rightward metathesis in actual] ☞ taʔčéʔx̣ʷiʔ to be bothering, upsetting, annoying, disturbing; to be a nuisance. {*taʔčaʔx̣ʷéʔəyuʔ* cn. I'm a nuisance. (TC) | *taʔčaʔx̣ʷéʔəyuʔ* cə tayápš. Tayapš is bothering (them). (TC) | ʔiʔ kʷiʔə puyáləp ʔiʔ ƛ́áy ʔuʔ *taʔčaʔx̣ʷéʔəyuʔ* cə tayápš snás. And the Puyallup, they were bothered by what they call tayápš. (ES) | ʔiʔ sqə́kʷs cə puyáləp ʔəɬ ʔuʔ*taʔčaʔx̣ʷéʔəyuʔ*s canu čʔiyá ʔaʔ cə sxaʔeʔkʷuyéʔč ʔəcɬtáyŋx̣ʷ. And the Puyallup people were tired of being bothered by those people from the mountains. (ES)}

taʔčaʔx̣ʷéʔt ⟦√taʔčiʔx̣ʷ<iʔ>-t √disturb<actl>-trns⟧ [rightward metathesis in actual] ☞ taʔčaʔx̣ʷít to be bothering, disturbing, upsetting, stirring up trouble for someone. (AS,BC) {*taʔčaʔx̣ʷéʔt* cn. I'm bothering him. (ES)}

taʔčaʔx̣ʷéʔtəŋ ⟦√taʔčiʔx̣ʷ<iʔ>-t-ŋ<ʔ> √disturb<actl>-trns-psv<actl>⟧ [metathesis with passive] ☞ taʔčéʔx̣ʷt being troubled by someone or something. {*taʔčaʔx̣ʷéʔtəŋ* cn. They're getting me in trouble. (ES)} VAR: taʔčaʔx̣ʷéʔtəŋ {*taʔčaʔx̣ʷéʔtəŋ* cn. They're stirring up trouble for me. (ES)}

taʔčaʔx̣ʷít ⟦√taʔčiʔx̣ʷ-i-t √disturb-persist-trns⟧ ☞ taʔčéʔx̣ʷiʔ
1. to bother, disturb, trouble, upset, mentally stress someone. (ES; AS) {kʷɬníɬ kʷi suʔ*taʔčaʔx̣ʷít*s kʷiə ʔaʔyəcɬtáyŋx̣ʷ. They're upsetting the people. (AS)}
2. to demolish, tear down. {kʷɬníɬ kʷi suʔ*taʔčaʔx̣ʷít*s cə ʔáʔiŋs. Now he's demolishing his house. (AS)}

taʔčaʔx̣ʷítəŋ ⟦√taʔčiʔx̣ʷ-t-ŋ √disturb-trns-psv⟧ [metathesis with passive] ☞ taʔčaʔx̣ʷít to be bothered, disturbed, troubled, mentally stressed by someone or something. {*taʔčaʔx̣ʷítəŋ* cn ʔaʔ kʷi nsʔúq̓ʷaʔ. My brother is upsetting me. (AS)} VAR: taʔčéʔx̣ʷtəŋ (BC) {*taʔčéʔx̣ʷtəŋ* cn. Someone got me disturbed. (BC)}

taʔčáct move ahead. See under: caʔčáct

taʔčéʔx̣ʷiʔ ⟦√taʔčiʔx̣ʷ-iy √disturb-dev⟧ to be disturbed, bothered, have trouble, have problems, be apprehensive, uneasy, upset. (AS; ES; AS,BC) {*taʔčéʔx̣ʷiʔ* cn. I'm having troubles. (TC) | *taʔčéʔx̣ʷiʔ* cə ʔəcɬtáyŋx̣ʷ. That person's having problems. (TC) | *taʔčéʔx̣ʷiʔ* cn ʔaʔ cə nəŋə́naʔ. I'm having trouble with my kid. (TC) | *taʔčéʔx̣ʷiʔ* cn ʔaʔ cə nəsnə́xʷɬ. I'm having trouble with my canoe. (TC)} VAR: taʔčéʔx̣ʷi (AS; AS,BC) {*taʔčéʔx̣ʷi* cn. I'm upset. (AS)}

taʔčéʔx̣ʷt ⟦√taʔčiʔx̣ʷ-t √disturb-trns⟧ ☞ taʔčéʔx̣ʷiʔ to disturb, trouble, upset someone. {*taʔčéʔx̣ʷt* cn. I disturbed him. (BC)}

táʔči ⟦√ta<ʔ>č-iy<ʔ> √arrive_here<actl>-dev<actl>⟧ ☞ táči to be arriving here. {ʔiʔ*táʔči* cn. I'm getting here. (TC)} VAR: táʔči {kʷə́ns cə ɬíxʷ sčaʔkʷaʔyúɬ *táʔči*. She saw three canoes arriving. (AS) | x̣ʷaʔčátəŋ ti čpəyə́šct ʔaʔ ti naʔčáʔuŋxʷ *táʔči*. The people of Pysht were being slaughtered by the strangers who were arriving. (AS)}

taʔikʷáʔnəŋ ⟦√tu<ʔ>ykʷə<ʔ>n-ŋ √blood<actl>-mdl⟧ ☞ stúyəkʷən to hemorrhage, bleed. (EPT)

taʔkʷátəŋ ⟦√taʔw<a>-t-ŋ √light<actl>-trns-psv⟧ [metathesis with passive and actual] ☞ táʔkʷt to be lit, lit up, enlightened. (ES; TC) {*taʔkʷátəŋ* cn. It shined on me. (TC) | *taʔkʷátəŋ* cxʷ. Someone's shining a light on you. (HS,ES) | *taʔkʷátəŋ* cxʷ ayə. You've been enlightened. ⟪said by Shaker preacher to people after confessing⟫ (MJT)} VAR: taʔkʷátəŋ {*taʔkʷátəŋ* ʔaʔ čínəkʷaʔ. lightning (it's lit by čínəkʷaʔ). (BG,MJT)}

taʔkʷát ⟦√taʔw<á>-t √light<actl>-trns⟧ ☞ táʔkʷt to be lighting up, shining a light on something. {*taʔkʷát* cn. I'm shining a light on it. (TC)} VAR: táʔkʷat {*táʔkʷat*s kʷaʔčaʔ cə sŋiyánt. He was shining a light on the rocks. (TC)}

taʔkʷátəŋ ⟦√ta<ʔ>w-t-ŋ √buy<actl>-trns-psv⟧ [The actual of the put causative passive has the -t transitive suffix.] ☞ tákʷəŋ being bought. {*taʔkʷátəŋ* cə nəʔáʔiŋ. Someone was buying my house. (ES)}

taʔkʷə́yu ⟦√taʔw-əyu √light-activ⟧ ☞ táʔkʷi to light up. {*taʔkʷə́yu* ʔaʔ čínəkʷaʔ. čínəkʷaʔ is lighting. (BG,MJT)}

táʔkʷi ⟦√taʔw-iy √light-dev⟧ to be coming to light, becoming light. {ʔiʔ*táʔkʷi*. It's coming to daylight. (TC) | kʷɬ*táʔkʷi*. It's already starting to get light. (TC)}

taʔkʷíŋəɬ ⟦√taʔw-iŋɬ √light-cstm⟧ ☞ taʔkʷə́yu to light up. {*taʔkʷíŋəɬ* kʷsi čínəkʷaʔ. It's lightning. (BG,MJT)}

táʔkʷt ⟦√taʔw-t √light-trns⟧ ☞ taʔkʷə́yu to light up, illuminate something, shine, flash a light on something. (ES; TC) {*táʔkʷt* cn. I shined a light on it. (TC)} VAR: tkʷát (AS) {*tkʷát* cə sɬx̣áčən. Shine a light on the floor. (AS)}

taʔméʔct ⟦√tiym<ʔ>-cut √hard_force<actl>-rflxv⟧ [metathesis with reflexive] ☞ tíymact to be going fast and hard, striving, doing one's best. (AS,BC) VAR: taʔmíct {mán cxʷ ʔuʔ *taʔmíct* tə nsáʔčəŋ.

You're breathing too hard. (ES) | *ʔáwə c nuʔtaʔmíct. Don't go so hard.* (HS)}

taʔnáʔct ⟦√taʔnaʔ-cut √do_best-rflxv⟧ [possibly related to the word for 'mother'] *cp.* tán ☞ taʔnáʔt to do the best one can, take care of oneself. (TC,AS,BC; AS,BC; AS) {*taʔnáʔct* cxʷ, saɫám. *Do the best you can, ma'am.* (AS)} VAR: taʔnáct {*taʔnáct* cn. *I take care of myself.* (TC)} VAR: tanáct (TC)

taʔnáʔt ⟦√taʔnaʔ-t √do_best-trns⟧ to encourage someone, tell someone to do their best. {*taʔnáʔt* cn. *I told her to do the best she can.* (AS)}

taʔnáʔtəŋ ⟦√taʔnaʔ-t-ŋ √do_best-trns-psv⟧ ☞ taʔnáʔt to be encouraged by someone, be told by someone to do one's best. {*taʔnáʔtəŋ* cn. *I was told to do the best I can.* (AS)}

taʔŋənúcən ⟦√ta<ʔ>ŋn=ucin √evening<actl>=mouth⟧ ☞ táŋən to be eating supper, an evening meal. (TC) VAR: taŋənúcən (AS)

taʔŋiʔŋéʔnəŋ ⟦√ta<ʔ>ŋn-iʔ=ŋi<ʔ>n-ŋ √evening<actl>-ext=piece<actl>-mdl⟧ ☞ təŋiʔŋínəŋ to be eating supper, an evening meal. {kʷɬhúy u cxʷ kʷi n̓staʔŋiʔéʔnəŋ? *Did you already have your supper?* (ES)} VAR: tiŋiŋínəŋ (EWH)

táʔqəm ⟦√taʔqm √bird_net⟧ a large bird net on a frame. (ABT) VAR: tə́qəm̓ (LB,EWH)

taʔqənixʷ ⟦√taʔq-na<í>xʷ √sense-nctrns<pers>⟧ ☞ táqənəxʷ Stem: taʔqəní [stem for subject suffixes] to find out, sense, feel or hear about something, be bothered by something. (AS) {ʔáwənə nəsxʷ*taʔqənixʷ*. *I don't feel it.* (ES) | *taʔqənixʷ* yaʔ cn ʔaʔ cə pípə. *I found out about it in the newspaper.* (AS) | ča*taʔqənixʷ* cn kʷi. *I just heard it (distressing news).* (AS) | *taʔqənixʷ* st ʔaʔ či sčán̓s kʷɬə. *We heard that she got home.* (AS) | níɬ či yánəwəss *taʔqənís*. *It was his heart that was bothering him.* (MJT)} VAR: taʔqə́nixʷ (BC) VAR: taʔqnixʷ {*taʔqnixʷ* u yaʔ cxʷ? *Did you hear about it?* (AS)}

taʔqənixʷəŋ ⟦√taʔq-na<í>xʷ-ŋ √sense-nctrns<pers>-mdl⟧ ☞ taʔqənixʷ to sense, hear, feel. {*taʔqənixʷəŋ* cn. *I hear.* (AS) | *taʔqənixʷəŋ* st ʔaʔ či sɬúyŋs ʔaʔ kʷi swə́yqaʔs. *We heard that her husband left her.* (AS)} VAR: taʔqə́nixʷəŋ {*taʔq̓ənixʷəŋ* cn. *I hear.* (BC)}

taʔšéʔqʷəŋ̓ ⟦√t<əʔ>š=iʔqʷ-ŋ<ʔ> √comb<actl>=head-mdl<actl>⟧ ☞ tšéʔqʷəŋ to be combing one's hair. {kʷɬ*taʔšéʔqʷəŋ̓* cn. *I'm combing my hair.* (MJT) | ʔúyɬ cə q̓áʔŋi twəw̓*taʔšéʔqʷəŋ̓*. *The girl boarded still combing her hair.* (MJ)}

taʔtáʔciŋəxʷ ⟦taʔ+√ta<ʔ>c-i=ŋ<ʔ>ixʷ dim+√animal<dim>-ext=being<dim>⟧ small animals. (ES) VAR: taʔtáciŋəxʷ (MJT) VAR: ttáciŋəxʷ (AS,BC)

taʔtáʔki ⟦taʔ+√ta<ʔ>ki dim+√turkey<actl>⟧ ☞ tə́ki small turkey. (ES)

taʔtáʔkʷi ⟦taʔ+√taʔw-iy actl+√light-dev⟧ ☞ táʔkʷi to be glowing, bright lighting, shining, daytime. (ES) VAR: taʔtáʔwi (AS,BC) {*taʔtáʔwi* cə ŋ̓áʔəq. *The torch is glowing.* (AS)} VAR: táʔwi ⟦√taʔw<ʔ>-iy √light<actl>-dev⟧ (HS; AS) {kʷ*táʔwi* kʷi kʷi nscə́č. *It was already bright when I got up.* (AS)} VAR: táwi (AS)

taʔtaciŋxʷúy̓ɬ ⟦taʔ+√ta<ʔ>c-iy=ŋixʷ=uy̓ɬ dim+√animal<dim>-dev=being=child⟧ ☞ taʔtáʔciŋəxʷ young small animals. (MJT)

taʔtéʔnəqsən ⟦taʔ+√ti<ʔ>n=əqsən dim+√ʔ<dim>=nose⟧ ☞ tínəqsən small mallard, any small duck. (AS) VAR: taʔtínəqsən (BC)

taʔtə́mɬs ⟦taʔ+√təm<ʔ>ɬ=us dim+√ocher<dim>=face⟧ Lit: little painted face (the rocks are rusty colored) (LN) ☞ tə́məɬ Wolfe Island, the more northern of the two larger islands in Becher Bay, especially the south side of the island where the rocks are rusty colored. (TC)

taʔwáyu buying. *See under:* tawə́yuʔ

taʔwə́yu buying. *See under:* tawə́yuʔ

táʔwəyu buying. *See under:* tawə́yuʔ

táʔwi bright. *See under:* taʔtáʔkʷi

taʔx̣ín ⟦√taʔx̣in √which⟧ [Other speakers do not know this word.] which one. (LC) {níɬ *taʔx̣ín* n̓sx̣̌éʔ. *Which one do you like?* (LC)}

taʔyatéʔnəqsən ⟦t<aʔy>aʔ+√ti<ʔ>n=əqsən dim<pl>+√ʔ<dim>=nose⟧ ☞ taʔtéʔnəqsən a group of small mallards. (AS) VAR: taʔyaʔtə́qsən [The loss of the /in/ is unexplained.] (ES)

taʔyáči ⟦√t<aʔy>ači √arrive_here<pl>⟧ ☞ táči to arrive here (of a group). {ča*taʔyáči*. *They just now came.* (MJT)}

taʔyán mothers. *See under:* titán

taʔyatáʔki ⟦t<aʔy>aʔ+√tə<ʔ>ki dim<pl>+√turkey<actl>⟧ ☞ taʔtáʔki a group of small turkeys. (ES)

taʔyataciŋxʷúy̓ɬ ⟦t<aʔy>aʔ+√ta<ʔ>c-iy=ŋixʷ=uy̓ɬ dim<pl>+√animal<dim>-dev=being=child⟧ ☞ taʔtaciŋxʷúy̓ɬ several young small animals. (MJT)

taʔyəčə́n ⟦√t<aʔy>č=ən √stab<pl>=instr⟧ ☞ tčə́n several small spears, forks. (BG,MJT)

taʔyə́ki ⟦√t<aʔy>əki √turkey<pl>⟧ ☞ tə́ki turkeys. (ES)

taʔyəkʷátəŋ ⟦√t<aʔy>aʔw-t-ŋ √light<pl>-trns-psv⟧ ☞ tkʷátəŋ to be illuminated (of several). (MJT)

taʔyəkʷənúy̓ɬ ⟦√t<aʔy>iwən=uy̓ɬ √niece/nephew<pl>=child⟧ ☞ tkʷənúy̓ɬ several child nieces or nephews. (EPT)

taʔyətáciŋəxʷ animals (pl). *See under:* tiyaʔtáciŋəxʷ

táʔyi? 〚√ta<ʔ>y-iy<ʔ> √upstream<actl>-dev<actl>〛 ☞ táyi to be going upstream, up the bay. {ʔiʔtáʔyi? cn. *I'm going upriver.* (MJT; ES) | kʷłiʔtáʔyi? *She's right now going up.* (MJT)} VAR: táʔyi (MJT)

taʔyíxʷɬc 〚√t<aʔ>y>ixʷɬc √tongue<pl>〛 ☞ tíxʷɬc several tongues. (EPT)

taʔyúʔq̓ʷəŋ̓ 〚√t<aʔ>y>u<ʔ>q̓ʷ-ŋ<ʔ> √cough<pl><actl>-mdl<actl>〛 ☞ túʔq̓ʷəŋ̓ to be coughing (many times or of a group of people). (TC) {ŋə́n̓ tiʔə **taʔyúʔq̓ʷəŋ̓**. *A lot of them are coughing.* (MJT)}

taʔyús 〚√təʔyus √married_couple〛 to be a married couple, be man and wife. (AA; MJT; ES; AS,BC) {**taʔyús** cəwniɬ. *They're a married couple.* (TC)} VAR: təy̓ús {**təy̓ús** st. *We're man and wife.* (TC)}

táči 〚√tač-iy √arrive_here-dev〛 to arrive, come here. (EPT; MJT; LC; TC; ES; HS; AS,BC) ⟪This word is often translated as 'arrive there' in stories. Unlike the English use of 'here' and 'there', táči and tə́s are relative to some narrative position. For example, in a story where the doctor goes to get something and comes back with it, a following sentence in English would be "Then he got there." Klallam would use táči as in níɬ suʔtáčis. In English 'here' and 'there' are near or far relative to where the speaker is when he or she is telling the story. In Klallam táči and tə́s are near or far relative to where the action is happening in the story.⟫ {**táči** cn. *I got here.* (ES) | huʔ**táči** caʔn. *I'll be there.* (ICT) | čaʔ**táči** cn. *I just got here.* (LC) | kʷɬ**táči** cxʷ kʷaʔčaʔ. *Oh, you're here now.* ⟪USAGE: used as a greeting to someone who has just arrived⟫ (TC) | čaʔ**táči** ʔu cxʷ? *Did you just get here?* ⟪USAGE: used as a greeting to someone who has just arrived⟫ (ABT; LC) | kʷɬ**táči** cn. *I already got here.* (LC) | čaʔníɬ ʔuʔ n̓s**táči**? *Did you just get here?* (EPT) | q̓ʷánsəŋ caʔ st **táči** ʔəɬtəŋiʔŋínəŋ. *We'll be invited to come eat supper.* (MJ) | ʔənʔá cn kʷaʔčaʔ **táči**. *I finally got here.* (TC) | ʔu**táči** u caʔ cxʷ? *Are you going to get here?* (TC) | ʔənʔá caʔ **táči**. *They'll get here.* (TC) | čaʔ**táči** cn čšaʔsiʔáɬ. *I just got here from Seattle.* (TC,AS,BC) | čən̓táŋ ʔay̓ kʷə n̓s**táči**? *When did you get here?* (ES) | snəxʷɬáy̓ɬ cn tə nə**stáči**. *I came by canoe.* (ES) | stiqəwáyɬ cn tə nə**stáči**. *I came on horseback.* (ES) | ʔiʔ**táči** cə nɬáni. *My wife got here.* (ES) | **táči** cə nəcət. *My father got here.* (TC) | nəcə́t cə **táči**. *My father got here (stressing 'here').* (TC) | níɬ nəcə́t cə **táči**. *It's my father that got here.* (TC) | čən̓táŋ kʷi n̓s**táči**? *When did you get here?* (EPT) | níɬ **táči** cə nəcət. *He's the one that got, my father.* (TC) | **táči** kʷi kʷəs xʷánitəm. *A white man got here.* (EPT) | ʔúy̓ **táči** hiʔ ʔíɬən st. *When she comes, we eat.* (MJT) | níɬ suʔ**táči**s tiə sčə́nəŋ. *Then the Shaker Church arrived.* (ES) | čaʔníɬ nə**stáči**. *I just got here (for the first time).* (LC) | suʔtúkʷs ʔiʔ **táči** ʔaʔ cə táŋən. *So he went home and got here in the evening.* (MJ) | čáŋ **táči** cə nə́cuʔ ʔuʔútxs. *Another canoe arrived home.* (MJ) | ʔiʔ níɬ kʷə suʔ**táči**s canu ʔiʔšə́təŋ. *And then those that were walking got there.* (ES) | mán̓ kʷ uʔ ʔə́y̓ ʔaʔ tə n̓**stáči**. *It's very good that you arrived (welcome).* (ES) | mán̓ cxʷ ʔuʔ qaʔqánəɬ ti n̓**stáči**. *You're too slow getting here.* (ES) | cút iq kʷaʔ **táči**s. *I wish they'd get here.* (ES) | ʔaʔ kʷi sčaʔ**táči**ɬ. *when we first got here.* (TC) | níɬ kʷi suʔʔáys **táči**. *Then they will come again.* (AS) | **táči** kʷaʔ kʷə céʔcts ʔiʔ x̌ kʷə́ts kʷə ŋə́naʔs. *His father came, and he got his child.* (AS,BC) | ʔənʔá **táči** cə q̓áʔŋi, xʷánitəm q̓áʔŋiʔ. *A girl got there, a white girl.* (ES) | ʔuʔáwə c ŋaʔkʷaʔcút; ʔáwə caʔ c **táči**. *Don't wait; he's not going to get here.* (EPT) | nə́cuʔ kʷaʔčíy̓ ʔiʔ**táči** cə xʷánitəm q̓áʔŋiʔ. *One morning a white young lady arrived.* (ES) | ʔáxəŋ yaʔ cn ʔaʔ či nhúʔ caʔ **táči** ʔaʔ tiə ʔiʔ qəmáŋ caʔn ʔaʔ či nəʔáʔyəŋ. *I said that when I get here I'll ask for a house.* (TC) | suʔtə́ss ʔiʔ xə́nəŋ, "ʔəɬʔúɬ! ʔəɬʔúɬ! **táči** kʷə kʷə ʔatšə́nəmən!" *She got there as said, "ʔəɬʔúɬ! ʔəɬʔúɬ! The raiders have arrived!"* (AS) | ʔiʔ ʔuʔxənáts ʔi ʔuʔ**táči** ʔaʔ tə sxʷpaʔyúqʷs. *And he was doing that until he came to the bluffs.* (ES)}

táčis 〚√tačis √?〛 [analysis uncertain - may be from the word for 'arrive here'] cp. táči Destruction Island, out from Queets. (JSH)

táčšəŋ 〚√tačš-ŋ √back_of_neck-mdl〛 [analysis uncertain] cp. =ačš back, nape of the neck; back of the head; upper back. (EPT; ES; AS,BC; TC) {x̌ápnəxʷ cn cə šə́təŋ ʔaʔ tiə nə**táčšəŋ**. *I felt it crawling on my neck.* (TC) | xáɬ kʷsə n**táčšəŋ**. *I have a sore neck.* (EPT) | xɬtáʔəs tə **táčšəŋ**s. *The back of his neck is hurting him.* (MJT)}

takən̓hə́nəŋ̓ 〚√tak=ən<ʔ>-hən-ŋ<ʔ> √sock=instr<actl>-?-mdl<actl>〛 ☞ stákən to put on socks, stockings. {**takən̓hə́nəŋ̓** či. *Put on your stockings.* (MJT)}

tákʷəŋ 〚√taw-as-ŋ √buy-ptcaus-psv〛 ☞ tákʷs to be bought by someone. (ES; TC) {**tákʷəŋ** cn. *Someone bought me.* (TC) | **tákʷəŋ** cə ʔáʔiŋ. *Someone bought the house.* (TC) | **tákʷəŋ** cə nəʔáʔiŋ. *My house is sold.* (ES) | ʔə́wkʷ kʷi farmers yaʔ ʔaʔ kʷi s**tákʷəŋ**s cə tə́ŋəxʷ ʔaʔ cə mə́nuwa. *There were no more farmers on the land that was bought by the navy.* (TC)}

tákʷəyuʔ 〚√taw-əyu √buy-activ〛 to buy, shop. {**tákʷəyuʔ** caʔn. *I'm going to buy.* (TC) | **tákʷəyuʔ** cn ʔaʔ cə nəsʔíɬən. *I bought some food.* (TC) | nə**stákʷəyuʔ**. *I bought it.* (TC) | nə**stákʷəyuʔ** cə snə́xʷɬ. *I bought the canoe.* (TC) | nə**stákʷəyuʔ** cə snə́xʷɬ ʔaʔ či čšáʔitxʷ. *I bought the canoe for two dollars.* (TC) | **tákʷəyuʔ** ʔaʔ cə čəq xə́w̓əs ʔáʔyəŋ. *He bought a big new house.* (TC) | kʷə́nət cn cə snə́xʷɬ ʔən̓**stákʷəyuʔ**. *I looked at the canoe you bought.* (TC) | ʔiʔ níɬ suʔ**tákʷəyuʔ**s ʔaʔ či sʔíɬən ʔiʔ či čaʔyáʔwi. *And then they bought food and dishes.* (MJ) | **tákʷəyuʔ** cn ʔaʔ cə nəʔáʔyəŋ ʔiʔ cə nəsnə́xʷɬ. *I bought my house and my canoe.* (TC) | ʔáw cə nəsx̌ə́ʔ či nəskʷə́nət cə snə́xʷɬ ʔən̓**stákʷəyuʔ**. *I don't want to look at the canoe* *you bought.* (TC) | ʔúx̣ʷ či **tákʷəyuʔ**. ʔaʔ či čəsaʔ tíxʷɬc. *Go buy two tongues.* (EPT) | **tákʷəyuʔ**. ʔaʔ či ʔuʔstáŋ. *Buy something.* (MJT) | čaʔən̓s**tákʷəyuʔ**. *It's what you just bought.* (TC) | háhəkʷ cn či nəs**tákʷəyuʔ**. ʔaʔ cə saplín. *I remembered to buy bread.* (TC) | hiyáʔ yaʔ cn ƛ̓aʔšxʷimáy ʔiʔ háhəkʷ cn či nəs**tákʷəyuʔ**. ʔaʔ cə saplín. *I went to the store, and I remembered to buy bread.* (TC)} VAR: təkʷəyu (MJ)

tákʷɬ¹ 〚√t<á>kʷ-ɬ √break<rslt>-dur〛 ☞ tkʷə́t *to be broken.* (ES) {twawš̓ə́təŋ st ʔiʔ kʷɬʔiyáʔnəx̣ʷ či nuʔsč̓ə́yi **tákʷɬ**. *We were still walking, and we heard something like a stick being broken.* (ES)}

tákʷɬ² 〚√taw-ɬ √buy-dur〛 ☞ tákʷs *to be buying, shopping.* (AS,BC) {**tákʷɬ** cn. *I'm buying.* (ES) | hiyáʔ caʔn **tákʷɬ**. *I'm going buying.* (AS)}

tákʷnəxʷ 〚√taw-naxʷ √buy-nctrns〛 ☞ tákʷs *to finally buy something, succeed in buying something.* {**tákʷnəxʷ** cn. *I finally bought it.* (ES)}

tákʷs 〚√taw-as √buy-ptcaus〛 [/w/ → /kʷ/] ☞ **tákʷəyuʔ** *cp.* taʔáwəs *to buy something.* (AS,BC; TC; TC,AS,BC) {**tákʷs** cn *I bought it.* (MJT; LC; ES; TC) | **tákʷs** caʔn. *I'm going to buy it.* (MJT; LC; ES,AS; TC) | **tákʷs** u caʔ cxʷ? *Are you going to buy it?* (ES) | čaʔ**tákʷs** cn tiə ƛ̓ə́qšən. *I just bought these shoes.* (AS) | suʔ**tákʷs**s cə ŋə́naʔs yaʔ. *So he bought his daughter.* (AA) | ʔuʔčšáʔitxʷ tə nəs**tákʷs**. *I bought it for two dollars.* (TC) | **tákʷs** caʔn cə snə́xʷɬ. *I'll buy the canoe.* (TC) | **tákʷs** cn kʷsə ʔáʔiŋ. *I bought that house.* (ES; TC) | **tákʷs**s cə čə́q x̣ə́wəs ʔáʔiŋ. *He bought a big new house.* (ES) | čtát cn kʷaʔ **tákʷs**s u cə ʔáʔiŋs. *I asked him if he bought his house.* (TC) | čtác cn kʷaʔ **tákʷs**xʷ u cə ʔáʔiŋ. *I asked you if you bought the house.* (TC) | **tákʷs** yaʔ cn cə snə́xʷɬ ʔiʔ ʔuʔkʷáʔət cn. *I was going to buy a canoe, but I let it go.* (TC) | **tákʷs** q yaʔ cn cə snə́xʷɬ kʷaʔ ʔáwəs q yaʔ c ʔuʔmán ʔuʔ čə́q. *I would have bought the canoe if it hadn't been too big.* (TC) | tkʷnás cə x̣ʷúʔŋəts cə swə́y̓qaʔ **tákʷs** yaʔ cə snə́xʷɬs. *The man that bought the canoe broke his paddle.* (TC) | ŋə́n̓ lisák ti nə́cuʔ ʔáʔyəŋ ʔəɬ **tákʷs**s čəʔúʔwəs ti čə́qʷəwc. *One house bought many sacks to use in the fire.* (TC)} VAR: tákʷt (AS) 〚√taw-t √buy-trns〛

takʷsáyŋ *buy food. See under:* tkʷsnáyəŋ

takʷsít *buy for someone. See under:* tkʷsít

takʷsítəŋ *be bought for. See under:* tkʷsítəŋ

tálə 〚√talə √money〛
1. *money.* (LB,CWH; EPT; MJ; NS,JW; TC; ES; WB,AS,BC) [from English 'dollar'] {ŋə́n̓ cə nə**tálə**. *I have lots of money.* (TC) | qəmán̓ ʔaʔ či **tálə**. *He's begging for money.* (ES) | q̓áʔnət cn ʔaʔ cə **tálə**s. *I stole his money.* (TC) | **tálə** q̓i! *It's money!* (ICT) | níɬ u **tálə**? *Is it money?* (NS,JW) | nəsk̓anáŋən cə nə**tálə**. *I lost my money.* (ES) | ʔuʔč**tálə** cn. *I have some money.* (TC) | ʔuʔhúy kʷi **tálə**. *It's only money.* (TC) | ʔaʔčšúst cn cə nə**tálə**. *I exchanged my money.* (TC) | ŋə́n̓ cə **tálə**s cə swə́y̓qaʔ. *That man has a lot of money.* (TC) | sqán̓s č tiə nə**tálə**. *He apparently stole my money.* (LC) | sqásts cə ʔəɬčə́x̣ ʔaʔ cə **tálə**. *He took out half the money.* (MJ) | ƛ̓kʷə́t ixʷ cxʷ kʷsi néʔ **tálə**. *You must have taken some money.* (MJ) | ʔuʔhúy či **tálə** ʔuʔ sxʷx̣ʷənéʔwəns. *They only think about money.* (ES) | ʔáwə cn c ƛ̓kʷə́t cə **tálə**. *I didn't take the money.* (MJ) | ʔáwə c ʔuʔx̣ə́n̓ cə **tálə** ʔiyá. *Not all the money was there.* (MJ) | ʔuʔhúy či **tálə**s ʔuʔ sxʷx̣ʷənéʔwəns. *They only think about their money.* (TC) | ŋə́n̓ nə**tálə**. *I have lots of money.* (TC) | ʔáwə c nə**tálə**. *It's not my money.* (TC) | ʔáwənə nə**tálə**. *I have no money.* (TC; AS,BC) | kʷɬʔáwənə kʷə nə**tálə**. *I have no more money.* (AS,BC) | ʔáwənə **tálə**s. *They had no money.* (ES) | ƛ̓kʷít či kʷsə n**tálə**. *Hold your money.* (EPT) | ŋə́n̓ cə **tálə**s cə siʔám̓. *The boss has a lot of money.* (TC,AS,BC) | ʔəɬčə́x̣ ʔaʔ cə **tálə** sqán̓. *Half the money was stolen.* (MJ) | sáy̓siʔ cn kʷaʔ ʔə́wk̓ʷs kʷə n**tálə**. *I'm scared that I'll run out of money.* (LC) | yaʔcícəm ʔaʔ či sqaʔnítəŋs ʔaʔ kʷɬi **tálə**s yaʔ. *She told the news of being robbed of her money.* (MJ) | cicx̣ʷánəŋ č ʔaʔ kʷɬi **tálə**s; sistə́ŋ č ixʷ ʔaʔ kʷɬi **tálə**s. *He lost his money; he must have dropped his money.* (EPT) | suʔčáʔiɬ ʔiyá ʔiʔ ʔáwə st kʷaʔ q̓aʔyústənɬ ʔaʔ ti **tálə**. *So we were working, but we weren't getting paid any money.* (TC) | ƛ̓kʷnáxʷ cn cə nə**tálə** čʔiyá ʔaʔ kʷə tələháwtxʷ. *I got my money from the bank.* (TC) | ʔiʔ ʔáw kʷə ʔúŋəstəŋ ʔaʔ či stáŋ scáʔis suʔƛ̓kʷnáxʷs či ƛ̓úƛ̓a **tálə**. *And they are not given any job where they can manage to get a little money.* (TC) | ƛ̓áʔnəq ʔaʔ cə ŋə́n̓ **tálə** ʔiʔ cə ŋə́n̓ sʔíɬən ʔaʔ cə ŋə́naʔ šítəŋ cə sʔács yaʔ ʔaʔ cə mə́kʷaʔ. *There was a big give-away of much money and much food for the daughter who had desired the face at the grave.* (AA)}
2. *to be circular (like a coin).* (LB,CWH)

táməš 〚√tamš √Stamish〛 *Stamish Days, an annual celebration at Lummi.* [from Lummi 'stáməš' meaning 'warrior'] {níɬ kʷaʔčaʔ nsxʷʔáwə c sxʷwáʔ ʔaʔ ʔátaʔ kʷiʔə ʔə́yəs ʔátaʔ ʔaʔ tiə **táməš**. *That's why I don't go along to this celebration here at Stamish days.* (EB)} VAR: stáməš (RSh)

táməx̣ 〚√tamx̣ √eel_grass〛 *eelgrass. Zostera marina.* {šatatá··· kʷaʔ **táməx̣**s q wuʔ! *Oh, no, I wonder if it would be eelgrass!* 《Mink tricks Octopus into using eelgrass to tie him up with this exclamation. Eelgrass breaks very easily.》 (TC) | suʔƛ̓kʷnáxʷs cə **táməx̣**s. *So she got the eelgrass.* (TC) | ɬaʔnítəŋ ʔaʔ cə **táməx̣**. *He was tied up with eelgrass.* (TC) | suʔqəmə́təŋs cə mə́ščú ʔaʔ cə **táməx̣**s. *Mink broke the eelgrass.* (TC) | níɬ č suʔƛ̓iʔáŋ ʔaʔ stíxʷaʔč či **táməx̣**. *Then Octopus looked for eel grass.* (TC) | níɬ č suʔhiyáʔ ʔaʔ stíxʷaʔč ƛ̓iʔáŋ ʔaʔ či **táməx̣**. *Then Octopus went to look for eelgrass.* (TC) | sáʔsiʔsiʔ č kʷaʔ **táməx̣**s či sxʷqqsə́ntəŋs. *He was afraid that his legs would be tied up with eel grass.* (TC)}

tán 〚√tan √mother〛 *mother.* (MV; EPT; TC; ES; AS,BC; WB,AS,BC) {nə**tán** u cxʷ? *Are you my mother?* (ES,TC) | níɬ n**tán**. *That's my mother.* (WB) | n**tán** *my mother* (LB,CWH) | **tán** yaʔ ʔaʔ Rosalie. *She was* *the mother of Rosalie.* (ES) | ʔíst ʔiyə́m kʷɬi nə**tán**. *My mother paddled strong.* (TC) | ʔáwənə nəsx̣čít, n**tán**. *I don't know, Mother.* (MJ) | x̣iʔsít cn ɬəsə n**tán**. *I'm writing to my mother.* (ES) | ʔuʔə́mət čaʔ kʷi tsiʔə nə**tán**. *My mother will sit down.* (MV) | x̣iʔəsítəŋ u cxʷ ʔaʔ ɬəsə ń**tán**? *Did your mother write to you?* (ES) | čáŋ cə **tán**s cə skʷaʔk̓ʷaʔtú?. *The mother of the crows got home.* (MJ) | x̣ənʔáxʷ cn cə nə**tán** ʔaʔ či nəshiyáʔ ɬúkʷ. *I told my mother that I'm going home.* (TC) | ʔiʔ ncáxʷ sɬúyənəŋs kʷɬi q̓áʔŋiʔ sŋənáʔŋəs yaʔ kʷɬi nə**tán**. *Once there was an abandoned girl who was taken in by my mother.* (ES)}

tanáct *do best.* See under: taʔnáʔct

tán skʷáči 〚√tan ʔs-√kʷayiy √mother stat-√day〛 ☞ **tán** ☞ **skʷáči** Mother's Day. (AS,BC)

táŋən 〚√taŋn √evening〛
1. **evening, dusk.** (TC; ES; AS,BC) {tiə **táŋən**. *this evening.* (EPT) | ʔə́y **táŋən**. *It's a good evening.* (AS,BC) | **táŋən** ʔaʔ cə **táŋən**. *Evening came.* (MJ) | k̓ʷənnúŋə caʔn ʔaʔ tiə **táŋən**. *I'll see you this evening.* (TC) | kʷaʔčíy̓ ʔiʔ ti **táŋən**. *Morning and evening.* (ES) | ɬíyəm caʔ st ʔaʔ cə **táŋən**. *We will sing in the evening.* (MJ) | ʔəɬnístəŋɬ ʔaʔ cə **táŋən**. *They fed us in the evening.* (MJ) | ʔuʔx̣ə́ńń **táŋən** ti sʔuʔtáčis. *It's every evening he comes.* (EPT) | ʔaʔstúʔŋət cxʷ ʔuč hay ʔaʔ tiə **táŋən**? *What are you folks doing this evening?* (MJ) | suʔ**táŋən**s ʔaʔ cə **táŋən** ʔiʔ tsnə́səŋ. *Evening came, and he came for her.* (AA) | suʔ**táŋən**s ʔaʔ cə **táŋən** ʔiʔ q̓ʷáy̓, "ʔə́c caʔ kʷi." *So evening came, and she said, "It will be me."* (AA) | ʔuʔiʔk̓ʷəníc cn ʔaʔ kʷə n̓sʔiʔčiʔáʔəw̓ hay ʔaʔ kʷi **táŋən**. *I saw you folks when you were passing by in the evening.* (EPT) | ʔiʔčiʔáʔəw̓ cxʷ ay̓ ʔaʔ kʷi ɬqáčš ʔaʔ kʷi **táŋən**. *You folks passed by at five in the evening.* (EPT) | ʔənʔá či ʔíɬən ʔaʔ tiə **táŋən**. *Come and eat this evening.* (MJT) | kʷɬ**táŋən**. *It's dusk.* (MJT; TC) | ʔiʔ ʔə́y̓ kʷaʔčaʔ nəx̣čŋín kʷə nəsʔiyaʔnúŋə ʔaʔ tiə **táŋən**. *And so I'm glad to hear you this evening.* (EB) | x̣ənáɬ yaʔ ti suʔx̣ʷaʔx̣ʷiyáms kʷi nədad yaʔ ʔəɬ **táŋən**s ʔiʔ q̓ə́pst. *My dad was always telling fairy tales when it was evening and we'd get together.* (TC) | húʔ yaʔ kʷaʔnéʔŋət kʷi tím ʔaʔ ti **táŋən** ʔəɬ ʔiʔtáčcts činu skʷáči ʔiʔ níɬ táči cə c̓aʔcéʔx̣ʷəŋ ʔiyá ʔaʔ tə cácu. *When Tim was running in the evening when the day was getting dark, he would get to a shallow place at the beach.* (ES)}

2. **to become evening.** {níɬ kʷaʔ suʔ**táŋən**s. *It became evening.* (TC) | **táŋən** ʔaʔ cə táŋən. *Evening came.* (MJ) | suʔ**táŋən**s ʔaʔ cə táŋən ʔiʔ tsnə́səŋ. *Evening came, and he came for her.* (AA) | suʔ**táŋən**s ʔaʔ cə táŋən ʔiʔ q̓ʷáy̓, "ʔə́c caʔ kʷi." *So evening came, and she said, "It will be me."* (AA)} VAR: táŋən̓ (ES; TC)

taŋənúcən *eating supper.* See under: taʔŋənúcən

táqənəxʷ 〚√taʔq-naxʷ √sense-nctrns〛 **to find out, discover, hear about something.** {**táqənəxʷ** cn. *I found out.* (TC) | čaʔ**táqənəxʷ** cn ʔaʔ či scáŋs ʔaʔ Amy. *I just found out that Amy got home.* (EPT) | ʔuʔ**táqənəxʷ** cn cə sqʷáys cə ʔcɬtáyŋxʷ. *I found out what that person was saying.* (TC)} VAR: táqnəxʷ (AS)

táq̓ʷat 〚√táq̓ʷat √place_name〛 point one mile south of Sooes. (JSH)

tásɬ 〚√t<á>s-ɬ √arrive_there<rslt>-dur〛 ☞ **tə́s** arrived there. {ʔiʔ**tásɬ** cn. *I'm getting there.* (TC) | ʔuʔ**tásɬ** yaʔ cn. *I used to get there.* (TC)}

tátən̓ 〚ta+√tan<ʔ> dim+√mother<dim>〛 [unique diminutive pattern] ☞ **tán** mommy, mom, a small mother. (HS,ES; TC)

táti 〚ta+√tay actl+√canoe_race〛 ☞ **táy** canoe racing. (LC; TC) VAR: taʔtiʔ (ES)

tátqənəxʷ 〚tá+√taʔq-naxʷ rslt+√sense-nctrns〛 ☞ **táqənəxʷ** to be finding out, discovering something. {ʔuʔ**tátqənəxʷ** cn. *I'm finding out about it.* (TC; AS) | ʔuʔ**tátqənəxʷ** cn ʔaʔ kʷə ńsʔənʔá táči yaʔ. *I found out about your coming here.* (EB) | ʔuʔ**tátqənəxʷ** cn ʔaʔ či ʔəsɬáxʷɬs kʷɬuʔqaʔqiyám. *I found out that he is very weak.* (RSh) | ʔuʔ**tátqənəxʷ** cn t ʔaʔ či ńskʷɬʔáw kʷaʔ nuʔiyə́mstxʷ čiyá ʔaʔ kʷi ńsɬúynəŋ ʔaʔ kʷi táns kʷi ʔəńŋə́nənəna?. *I found out that you are not getting your strength back since you were left by the mother of your children.* (RSh)}

táwi *bright.* See under: taʔtáʔkʷi

táwn 〚√tawn √town〛 town, city. (《This refers to the nearest urban center, not any town. At Elwha it refers to Port Angeles, at Jamestown to Sequim, at Port Gamble to Seattle, at Becher Bay to Victoria.》) (EPT; RS; TC) [from English 'town'] {hiyáʔ cn x̌aʔ**táwn**. *I'm going to town.* (TC,AS,BC) | tx̣ə́nəŋ cn ʔaʔ cə **táwn**. *I'm going that way to town.* (TC) | ɬúyəs cn cə **táwn**. *I left town.* (TC) | ʔiʔšátəŋ cn txʷiʔáx̣əŋ ʔaʔ**táwn**. *I'm walking towards town.* (TC) | ʔúxʷ ʔaʔ tə sxʷʔiyás či skʷáʔs ʔáʔiŋs ʔaʔ**táwn**. *He went to his where his own house was in town.* (ES) | ʔiʔ níɬ suʔštəŋs č?iyáʔ cə **táwn**. *She walked from there in town.* (ES) | txʷiʔáx̣əŋ cn tə nəsiʔšátəŋ ʔaʔ**táwn**. *I'm walking towards town.* (TC) | x̣ənʔátəŋ ʔaʔ či sŋə́ns xʷə́q̓ʷaʔɬ ʔaʔ tə **táwn**. *He was told that there was lots of whooping cough in town.* (MJ) | ʔáx̣əŋ kʷi siʔiʔám ʔaʔ ʔiyá tə čə́q **táwn**, Seattle, húʔ q ʔiʔq̓ʷúy cə sx̣íx̣aʔx̣q̓ɬ ʔiʔ ŋə́ń, ŋə́ń təsə ŋaʔkʷaʔcút ti scáytəŋs ʔaʔSeattle. *The bosses in the city, Seattle, said that if a child dies there are many, many waiting to be put to work in Seattle.* (ES)} VAR: táwən (ES)

tawníyɬ *go to town.* See under: x̌aʔtawníyɬ

taw̓ə́yuʔ 〚√taw<ʔ>-əyu<ʔ> √buy<actl>-activ<actl>〛 ☞ **tákʷs** to be buying. (AS,BC) {**taw̓ə́yuʔ** cn. *I'm buying (I'm going to buy it).* (AS,BC) | **taw̓ə́yuʔ** cn ʔaʔ cə páas. *I'm buying a pear.* (ES)} VAR: taʔwáyu (AS,BC) {sxʷʔiyáɬ yaʔ ti sta?wáyuɬ yaʔ sqə́muʔs ti músməs ʔiʔ ti saplín ʔiʔ ti šúkʷaʔ, tíy, ʔuʔx̣ə́nəstəŋ. *We were there to buy milk, bread, sugar, tea, everything.* (TC)} VAR: taʔwə́yu {taʔwə́yu cn. *I'm buying.* (ES) | taʔwə́yu

táwqən

ʔu cxʷ? *Are you buying?* (ES)} VAR: táʔwəyu {ʔuʔhúy yaʔ ʔuʔ **stáʔwəyuɬ** ti saplín ʔiʔ ti šúkʷaʔ ʔiʔ ti tíy. *We bought only bread and sugar and tea.* (TC)}

táw̓qən ⟦√taw̓qn √troubled⟧ to be troubled, bothered, disturbed, upset, in emotional distress, worried. (ES; AS,BC) {**táw̓qən** cn. *I'm in distress.* (AS,BC) | **táw̓qən** ʔu cxʷ? *Are you troubled?* (ES; AS) | **táw̓qən**; q̓ʷúy kʷi swə́y̓qaʔs. *She's upset; her husband died.* (AS) | **táw̓qən**; ʔáwənə táləs. *He's troubled; he has no money.* (AS,BC) VAR: táwqən (AS,BC) {mán̓ cn ʔuʔ**táwqən**. *I'm very upset.* (AS,BC)}

táx̣ ⟦√tax̣ √rumor⟧ to tell news, report a rumor. (AS) {**táx̣** kʷi kʷə swéʔwəs yə́cəm ʔaʔ kʷi sq̓ʷúys kʷi cə́ts. *The boy told the news of his father's death.* (AS)}

táx̣ənəŋ ⟦√tax̣-naxʷ-ŋ √rumor-nctrns-psv⟧ ☞ **táx̣ənəxʷ** to be heard about, rumored. {**táx̣ənəŋ** cn. *They heard about me.* (AS) | **táx̣ənəŋ** ixʷ či sʔiʔənʔáʔə či ɬəqitat q̓ʷčútəŋ či nəxʷsƛ̓áy̓əm. *They must have heard that the Klickitat were coming to kill the Klallams.* (MJ)}

táx̣ənəxʷ ⟦√tax̣-naxʷ √rumor-nctrns⟧ ☞ **táx̣** to hear a rumor about someone or something. {ʔuʔ**táx̣ənəxʷ** cn. *I heard a rumor about it.* (AS)} VAR: tax̣əníxʷ ⟪This variant may have the persistent /í/.⟫ {**tax̣əníxʷ** cn. *I heard a rumor about it.* (AS)}

tax̣ənúŋət ⟦√tax̣-nuŋt √rumor-ncmdl⟧ ☞ **táx̣** to manage to hear some news (about someone or something), catch a rumor. {**tax̣ənúŋət** cn. *I managed to hear (about it).* (AS) | čaʔ**tax̣ənúŋət** cn. *I just heard.* (AS)}

táy ⟦√tay √canoe_race⟧ to race in a canoe, have a canoe race. (TC) {**táy** cn. *I race.* (TC)}

tayápš ⟦√tayápš √wild_man⟧ type of tall wild man similar to Sasquatch. ✻They are husky and strong, but short. They do not understand language and communicate with whistles hung around their necks. They were common around Puyallup and bothered the people there. They were mean. They could pick up a strong man by the ankles and split him in two. The Puyallup people got together and killed them all. (ES; MJT) ✻It has been said that the people living along the Thompson River in Canada are descended from the **tayápš**. (AS) ✻There is a Quinault group graduation photograph from years ago that has the face of a **tayápš** appearing on a stump. (BC) {ʔiʔ kʷiʔə puyáləp ʔiʔ ƛ̓áy ʔuʔ taʔčaʔx̌ʷéʔəyuʔ cə **tayápš** snás. *And the Puyallup, they were bothered by what they call tayápš.* (ES) | ʔuʔƛ̓k̓ʷnáŋ ti ʔəcɬtáyŋxʷ ʔaʔ cə **tayápš** ʔiʔ čiʔáyətəŋ. *The people were caught by the tayápš and were turned back.* (ES) | níɬ ixʷ ʔuʔ sxʷʔiyás ti sšə́čəyus ti **tayápš** ʔaʔ kʷi nəstwəw̓ƛ̓aʔƛ̓úƛ̓aʔ. *That must have been where the tayápš was hitting when I was still little.* (MJ)} VAR: táyapš (ES; AS) {nəssáʔsiʔsiʔəyu ti **táyapš**. *I was always afraid of the táyapš.* (MJ)}

táyə ⟦√tayə √tire⟧ automobile tire. [from English 'tire'] {yáʔctxʷ cn kʷi tə **táyə**. *I fixed the tire.* (MJT)}

táyəcən ⟦√tay=ucin √respond=mouth⟧ [root not identified in other words] to answer, respond, reply, acknowledge. (ES,HS; TC; ES) {**táyəcn** u cxʷ? *Did you answer?* (ES) | **táyəcən** cn. *I answered.* (ES) | **táyəcən** cn ʔaʔ kʷi nscčtátəŋ. *I answered when I was asked.* (AS) | ʔiʔ ʔáwə kʷaʔ **táyəcəns**. *But she didn't respond.* (ES; TC) | ʔáwə cn kʷaʔ **táyəcən**ə. *I didn't answer.* (TC) | níɬ suʔáwəs kʷaʔ **táyəcəns** cə kʷɬčə́q. *Then the old lady didn't respond.* (ES) | ʔáwə kʷaʔ **táyəcəns** cə swéʔwəs ʔəcɬtáyŋxʷ. *The Indian young man never answered.* (ES) | kʷi nəstwəwčaʔsɬániʔ ʔiʔ čtátəŋ cn ʔaʔ kʷi nəswə́y̓qaʔ kʷaʔ maliyítiɬ ʔiʔ ʔáwə cn c **táyəcən**. *When I was still single and I was asked by my husband to marry, I didn't answer.* (MJ)} VAR: táycən (ES; TC; AS,BC) {ʔáw kʷaʔ **táycən**s. *He never answers.* (AS) | ʔáw c **táycən**. *He didn't answer.* (AS) | šiyáʔis cə swéʔwəs; ʔáw kʷaʔ **táycən**s. *The boy is stubborn; he won't answer.* (AS)} VAR: táycn (AS,BC)

táyəs ⟦√tay=us √canoe_race=face⟧ [The identity of the suffix is uncertain. This word is unknown to other speakers.] ☞ **táy** to paddle in a canoe race. (ES)

táyi ⟦√təy-iy √upstream-dev⟧ to go upstream, toward the upper part of a river, toward the head of a bay. ⟪This is the source of the Chinook Jargon word 'tyee' meaning 'boss' and in 'tyee salmon' referring to *Oncorhynchus tshawytscha*, the Chinook or king salmon. The connection is that the largest and most powerful of the salmon species, *O. tshawytscha*, is the one that travels farthest upstream (*táyi*).⟫ (LBH; LB,EWH; TC; AS,BC; AS) {**táyi** cn. *I'm going upstream.* (ES) | **táyi** ʔu caʔ cxʷ? *are you going to go upriver?* (EPT) | **táyi** cn ʔaʔ cə stúʔwiʔ. *I went up the river.* (TC) | ɬk̓ʷísts **táyi** ʔaʔ tə stúʔwiʔ. *He took them home up the river.* (ES) | ʔáwənə yaʔ ʔatəməbíls tə ʔəxʷíyŋxʷ ʔiyá suʔ**táyi**s ʔúxʷ ʔaʔ cə txʷnaʔáwəɬ ʔaʔxʷčiyánəxʷ. *They had no automobiles in the village that goes deep into the bay a Cheanuh.* (TC)} VAR: táyi (LBH; AS,BC) {**táyi** cn. *I'm going upriver.* (TC) | **táyi** u cxʷ? *Are you going up river?* (ES) | **táyi** u caʔ cxʷ? *Are you going to go up river?* (EPT) | txʷ**táyi** yəxʷ st. *We must have gone upstream.* (MJ) | **táyi** tə scánnəxʷ čiʔástəŋ ʔaʔ cə ʔaʔcáʔkʷɬ. *The salmon went upstream chased by the thunder.* (AS) | čáni cə xʷíyŋxʷ **táyi** ʔúxʷ ʔaʔ cə naʔátəŋ sxʷčiyánəxʷ. *The village moved into the bay to what's called Cheanuh.* (TC)}

tayúcən ⟦√tay=<ú>cin √respond=mouth<actl>⟧ [rightward stress shift with actual] ☞ **táyəcən** to be answering. (AS)

tčács ⟦√tč=acis √stab=hand⟧ ☞ **tə́č** to get poked, pricked, stabbed in the hand or finger, have a sliver in one's hand or finger. (TC; ES) {**tčács** cn. *I* have a sliver in my hand. / My hand got poked. (MJT; ES)}

tčácsəŋ ⟦√tay=acis-ŋ √respond=hand-mdl⟧ ☞ nəxʷtčács to retaliate, get back at, get even with, get revenge. {*tčácsəŋ* kʷi ʔatšánəmən ʔaʔ kʷi skʷéʔwəntis. *The enemy retaliated when they were fighting.* (AS)}

tčácst retaliate against someone. *See under:* nəxʷtčácst

tčácstəŋ ⟦nxʷ-√tay=acis-t-ŋ loc-√respond=hand-trns-psv⟧ ☞ nəxʷtčácst to be retaliated against by someone. {*tčácstəŋ* cn. *He retaliated against me.* (AS)}

tčánkʷ ⟦√tčankʷ √last_year⟧ last year. (TC; AS,BC) {hiyáʔ yaʔ st ʔaʔ kʷi *tčánkʷ*. *We went last year.* (AS)} VAR: tčánəkʷ {q̓ʷiʔnákʷi st kʷi ʔaʔ kʷi *tčánək*ʷ. *We got acquainted last year.* (MJT) | níɫ kʷi kʷi *tčánək*ʷs q̓ʷinákʷiɫ. *It was last year we met.* (MJT)}

tčánkʷs ⟦√tč=ankʷs √stab=abdomen⟧ ☞ táč to be poked in the ribs. (AS,BC) {čəyáy cn ʔiʔ *tčánk*ʷs ʔaʔ kʷi nsstə́ŋ. *I almost got poked in the ribs when I fell.* (AS)}

tčcéʔnəŋ ⟦√tč=uci<ʔ>n-ŋ<ˀ> √ʔ=mouth<actl>-mdl<actl>⟧ ☞ tčcínəŋ to be walking along the edge of the water on the beach. (ES)

tčcínəŋ ⟦√tč=ucin-ŋ √ʔ=mouth-mdl⟧ to go along the edge. {*tčcínəŋ* cn. *I walked along the edge.* (AS)}

tčác ⟦√tč-t-c √stab-trns-1obj/2obj⟧ ☞ tčát stab me; stab you. (ES) {hú? q cxʷ tčác ʔiʔ X̌áy q cn ʔuʔ *tčác*. *If you stab me, I'll stab you, too.* (ES)} VAR: tčíc ⟨⟨from a story where a foreign slave makes this mispronunciation⟩⟩ (ES)

tčáct ⟦√tč-cut √stab-rflxv⟧ ☞ táč
1. to poke oneself. (ES; AS) {*tčáct* cn. *I poked myself.* (AS) | *tčáct* cn ʔaʔ cə čáʔcən. *I poked myself with a needle.* (AS)}
2. to wake oneself up. (ES)

tčán ⟦√tč=ən √stab=instr⟧ ☞ táč
1. small spear, fork, pitchfork. (BG,MJT; ES; HS; TC; AS) {X̌kʷíts cə cə *tčán*. *He held the spear.* (MJ)}
2. slave. (LBH)

tčə́ŋ ⟦√tč-ŋ √stab-mdl⟧ ☞ táč to get poked, speared. (AS) {*tčə́ŋ* cn. *I got poked.* (AS) | *tčə́ŋ* kʷi kʷə stə́məč. *The shag got speared.* (AS) | *tčə́ŋ* kʷi kʷə swə́yqaʔ. *The man got poked.* (AS) | *tčə́ŋ* kʷi kʷə scánəxʷ. *The salmon was speared.* (AS)}

tčə́t ⟦√tč-t √stab-trns⟧ ☞ táč
1. to poke, impale, stab, pierce someone or something (with a knife or spear). (ES; TC; AS,BC; MJ) {níɫ č suʔ*tčə́t*s cəwniɫ máščču cə stíkʷəns. *Then Mink speared his nephew.* (TC) | *tčə́t* cn *I stabbed him. / I speared it. / I poked it.* (MJT; TC; BC) | *tčə́t* či! *tčə́t* či! *Spear it! Spear it!* (MJ) | ʔuʔ*tčə́t*s. *They stabbed them.* (ES) | *tčə́t* cn cə scánəxʷ. *I speared a salmon.* (AS) | nsuʔxə́nəŋ, "*tčə́t* či, nəcát!" *Then I said, "Spear it, father!"* (MJ) | X̌kʷə́ts ʔiʔ *tčə́t*s tə šamə́ns. *They took them and stabbed the enemy.* (ES) | ʔiʔ níɫ kʷaʔčaʔ suʔxʷəyítəŋs ʔiʔ *tčə́t*s. *And so then they jumped down and stabbed them.* (ES) | *tčə́t*s ʔiʔ ɫkʷísts yaʔ sʔəɫəníst xʷs cə saʔə́yčəns. *He stabbed him and took him home to feed his sister.* (TC) | níɫ caʔn suʔ*tčə́t* ʔaʔ tiə nəqʷqʷéʔis ʔiʔ ʔuʔq̓ʷúčt. *I'm going to stab it with this knife of mine and kill it.* (MJ) | níɫ suʔənʔás kʷi nəcát ʔiʔ xə́nəŋ, "nə́kʷtx kʷi *tčə́t* ʔiʔ ʔəc caʔ ʔiyá ʔəskʷáʔət či nəsʔiʔk̓ʷənít cə." *Then my father came and said, "You spear them, and I will be in the stern to watch it."* (MJ)}
2. to pick up something with a fork, spike, or spear. (TC) VAR: tčə́ŋtxʷ ⟦√tč-ŋ-txʷ √stab-mdl-trns⟧ {*tčə́ŋtx*ʷ cn tə scánəxʷ. *I speared the salmon.* (AS)}

tčə́təŋ ⟦√tč-t-ŋ √stab-trns-psv⟧ ☞ tčə́t to be stabbed, poked, speared by someone or something. (TC) {níɫ č suʔ*tčə́təŋ*s ʔiʔ ɫkʷístəŋ. *Then he was speared and taken home.* (TC)}

tčə́yu ⟦√tč-əyu √stab-activ⟧ ☞ táč to spear (fish). {hiyáʔ č caʔ *tčə́yu* ʔaʔ či pə́wi ʔiʔ či xʷə́čt, ʔiʔ či ʔáʔcx. *He'll go spear the flounder and the gruntfish and the crab.* (MJ)}

tčíc stab me/you. *See under:* tčác

tčínəs ⟦√tač-i-nəs √arrive_here-persist-intent⟧ ☞ táči to arrive for, come for someone or something. {*tčínəs* cn. *I got here for him.* (TC)}

tčínəsəŋ ⟦√tač-i-nəs-ŋ √arrive_here-persist-intent-psv⟧ ☞ tčínəs to be arrived for, come for, approached by someone or something. {*tčínəsəŋ* cn. *He got here for me.* (TC) | *tčínəsəŋ* cn ʔaʔ cə nəšəmán. *My enemy got here for me.* (TC) | suʔ*tčínəsəŋ*s ʔaʔ cə čáʔsaʔ. *Then those two came after them.* (AA) | ɫə́mxʷ ʔi ʔuʔ*tčínəsəŋ* cn. *Even though it's raining, he got here for me.* (TC) | *tčínəsəŋ* cn ʔi ʔuʔɫə́məxʷ. *They got here for me, but it rained.* (TC) | *tčínəsəŋ* yaʔ cn ʔaʔ syáctən ʔi ʔúxʷtəŋ ʔə či čxʷás. *He came for me and took me to the clambake.* (MJT) VAR: tčínsəŋ {*tčínsəŋ* cn. *They approached me.* (AS,BC) | *tčínsəŋ* ʔaʔ ti kʷɫčə́yq. *The elders got there to them.* (AS) | sqiʔám kʷi či suʔX̌iʔčéʔɫ ʔiʔ *tčínsəŋ* caʔ X̌áy ʔaʔ či nəyaʔčáʔuŋəxʷ! *We can't remain still and be come for by the foreigners again!* (AS)} VAR: tčísəŋ {ʔənʔá, *tčísəŋ* cn kʷi. *He came for me.* (EPT) | *tčísəŋ* tə ʔuʔútxs. *A canoe was brought to them.* (MJ)}

tčinúŋət ⟦√tač-iy-nuŋt √arrive_here-dev-ncmdl⟧ ☞ táči
1. to manage reach (something), be able to get to (something). (ES,TC)
2. to finally arrive here, manage to get here. (ES) {*tčinúŋət* cn. *I got here.* (ES)}

tčísəŋ be arrived for. *See under:* tčínəsəŋ

tčístəŋ ⟦√tč-istxʷ-ŋ √arrive_here-caus-psv⟧ ☞ tčístxʷ to be brought here by someone or something. {*tčístəŋ* tiə n̓sxʷq̓ʷáytən. *This recording of you was brought here.* (RSh) | mán ʔuʔ ʔə́y kʷə st*čístəŋ* scaʔyíqʷɫ. *The fruit they brought was very good.*

(EPT) | ʔuʔ*tčístəŋ* caʔ ʔaʔ Martha. *Martha's bringing it.* (MJT) | *tčístəŋ* ʔúxʷtəŋ ʔaʔ kʷi sxʷʔiyáɬ yaʔ. *It was brought over to where we were.* (MJ) | *tčístəŋ* yaʔ ʔaʔ či ŋə́naʔs ʔaʔ tiə tə́ŋəxʷɬ. *He was brought here by his son to this land of ours.* (RSh) | cítəŋ kʷə nəsíyaʔ ʔiʔ yə́cəm ʔaʔ či s*tčístəŋ*s ʔaʔ či ŋə́ń múʔuqʷ. *My grandfather stood and told them that they had brought many ducks.* (MJ) VAR: təčístəŋ (AS) *təčístəŋ* kʷi ncə́t ʔaʔ tə doctor. *My father was brought to the doctor.* (MJ)}

tčístxʷ ⟦√tač-istxʷ √arrive_here-caus⟧ ☞ táči Stem: tčíst [stem for subject suffixes] to bring something here. (MJT) {*tčístxʷ* cn. *I brought it.* (MJT) | *tčíst*s kʷsə xʷéʔləm. *He brought the rope.* (EPT) | *tčístxʷ* cn kʷsə xʷéʔləm. *I brought the rope* (EPT) | máń ʔuʔ ʔiʔáyəqč kʷə s*tčístxʷ*s sčaʔyíqʷɬ. *The fruit they brought was very good.* (EPT) | *tčíst*s cə pípə ʔiʔ ʔupənáʔitx cə ʔəsnáwəɬ. *He brought a letter, and ten dollars was inside.* (MJ) | níɬ kʷi *tčístxʷ*. *She's the one who brought it.* (MJT) | ʔiʔ ʔuʔ*tčíst*s ti húʔpt ʔiʔ ʔúyəɬtxʷ ʔaʔ cə snə́xʷɬ. *And he brought the deer here and loaded it onto the canoe.* (TC)}

tčnáŋ ⟦√tč-naxʷ-ŋ √stab-nctrns-psv⟧ ʔ!cfck tčnáxʷ to be poked, stabbed (accidentally or after trying) by someone or something. {ʔáwə kʷaʔ *tčnáŋ*əs. *They didn't stab him.* (MJ)}

tčnáxʷ ⟦√tč-naxʷ √stab-nctrns⟧ ☞ tə́č to manage to poke someone or something or to accidentally poke. {*tčnáxʷ* caʔn cə nswə́yqaʔ. *I'll poke my husband.* (AS)}

tčsə́n ⟦√tč=sən √stab=foot⟧ ☞ tə́č to get poked, pricked, stabbed in the foot or leg, have a sliver in one's foot. {*tčsə́n* cn ʔaʔ tə čaʔyísən. *I stepped on a bunch of nails.* (MJT)} VAR: tčšə́n (TC; ES) {*tčšə́n* cn. *I have a sliver in my foot.* (MJT)}

tčšə́n poke foot. *See under:* tčsə́n

téʔčaʔxʷiʔ ⟦√tə<í>ʔčiʔxʷ-iy<ʔ> √disturb<actl>-dev<actl>⟧ [actual metathesis] ☞ taʔčéʔxʷiʔ being in trouble, worried, disturbed. {*téʔčaʔxʷiʔ* cn. *I'm in trouble.* (ES)}

tə[1] determiner. *See under:* cə

tə[2] contrary. *See under:* ta

tə́č ⟦√tč √stab⟧ to be poked, speared, stabbed. (AS) {*tə́č* u cxʷ? *Did you get poked?* (AS) | *tə́č* kʷi kʷə sqʷəmə́y. *The dog got poked.* (AS)}

tə́čəŋ ⟦√t<ə́>č-ŋ<ʔ> √stab<actl>-mdl<actl>⟧ ☞ tčəŋ to be spearing, poking. {kʷə́nəs cə sX̌iX̌áʔX̌qɬ *tə́čəŋ* ʔaʔ tə ʔáʔčx. *He saw a child spearing crabs.* (MJ)}

tə́čəyuʔ ⟦√t<ə́>č-əyu<ʔ> √stab<actl>-activ<actl>⟧ ☞ tčəyu to be spearing (fish). {suʔxə́nəŋs kʷə nʔiyáʔəŋ, "ʔənʔá či nə́kʷtx ʔiʔ *tə́čəyu* ʔaʔ či pə́wiʔ." *So my father told me, "Come, you spear the flounder."* (MJ)}

təčístəŋ be brought here. *See under:* čístəŋ

tə́čt ⟦√t<ə́>č-t √stab<actl>-trns⟧ [actual metathesis] ☞ tčə́t to be poking, stabbing someone or something. {hiʔ*tə́čt*s. *He's stabbing it.* (MJT)}

tə́čtəm̉úys ⟦√tč=tm̉=uy<ʔ>əs √stab=ball=forehead<actl>⟧ ☞ tə́č to play pool, billiards. (ES)

tə́čtəŋ ⟦√t<ə́>č-t-ŋ<ʔ> √stab<actl>-trns-psv<actl>⟧ [actual metathesis] ☞ tčə́təŋ being stabbed, poked. (TC) {hiʔ*tə́čtəŋ* cn. *He's stabbing me.* (MJT)}

tə́ki ⟦√təki √turkey⟧ a turkey. (HS,ES) [from English 'turkey']

tə́kʷ ⟦√tkʷ √break⟧ to be broken (of a long object). (LC; ES; AS,BC) {*tə́kʷ* cə xʷúʔŋəts. *His paddle broke.* (TC) | *tə́kʷ* tiə nətáwi. *My arm is broken.* (LC; TC) | X̌ay kʷi *tə́kʷ* či ščə́yi ʔiʔ cəʔéʔŋi. *Again the stick broke, and it was coming closer.* (ES)} cp. ɬə́c

tə́kʷəwč ⟦√təkʷ=əwač √break=bottom⟧ ☞ tə́kʷ to break the hip. (AS,BC)

tə́kʷəyu buy. *See under:* tákʷəyuʔ

təkʷɬnaʔiŋ break neck. *See under:* tkʷɬnáyəŋ

təkʷɬnáyəŋ break neck. *See under:* tkʷɬnáyəŋ

tə́kʷnəx ⟦√t<ə́>kʷ-naxʷ √break<actl>-nctrns⟧ ☞ tkʷnáxʷ to be managing to succeed in breaking something, breaking something accidentally. {*tə́kʷnəx* cn. *I succeeded in breaking it.* (ES)}

təkʷsít buy for someone. *See under:* tkʷsít

təkʷsnáyŋ buy food. *See under:* tkʷsnáyəŋ

tə́kʷt ⟦√t<ə́>kʷ-t √break<actl>-trns⟧ [actual metathesis] ☞ tkʷə́t to be breaking a long object. {ʔuʔ*tə́kʷt*s kʷi. *She's breaking it.* (NS,JW) | ʔuʔ*tə́kʷt* st kʷi. *We're breaking it.* (NS,JW) | *tə́kʷt* caʔ st kʷaʔ či sqaʔyáʔqiyáyŋəxʷ. *We'll break the saplings.* (MJ) | cúŋ st ʔiʔ štə́ʔŋ ʔiʔ *tə́kʷt* st tə sqaʔyáʔqiyáyŋəxʷ. *We went inland and walked, and we were breaking the saplings.* (MJ)}

tə́kʷxʷ ⟦√təkʷxʷ √nine⟧ nine. (EPT; NS,JW; LC; AS,BC) [AS feels that this is possibly related to a word for 'break'.] cp. tə́kʷ. {ʔúpən i či *tə́kʷxʷ*. *nineteen.* (NS,JW) | nəxčŋín ʔaʔ či s*tə́kʷxʷ*s sčiʔánəŋs či shiyís kʷi nəsíyaʔ ʔiʔ čaʔáwənə. *I think it was nine years my grandmother lived before she died.* (MJ)}

təkʷxʷaʔwińəxʷ ⟦√təkʷxʷ=aʔwińəxʷ √nine=year⟧ ☞ tə́kʷxʷ nine years. (MJT)

təkʷxʷáɬ nine times. *See under:* tkʷxʷáɬ

təkʷxʷáwtxʷ ⟦√təkʷxʷ=awtxʷ √nine=house⟧ ☞ tə́kʷxʷ nine houses. (MJT)

təkʷxʷáxʷɬ ⟦√təkʷxʷ=axʷɬ √nine=conveyance⟧ ☞ tə́kʷxʷ nine canoes. (BG,MJT) VAR: tkʷxʷákʷɬ (BG,MJT)

təkʷxʷɬnát ⟦√təkʷxʷ=ɬnat √nine=day⟧ ☞ tə́kʷxʷ nine nights or days. (MJT)

təkʷxʷłšáʔ ninety. *See under:* tkʷxʷłšáʔ

tələháwtxʷ bank. *See under:* staləháwtxʷ

təltálə 〚təl + √talə pl + √money〛 ☞ **tálə** lots of money. (TC) {ŋə́nˀ nə**təltálə**. *I have lots of money.* (TC) | ʔuʔhúy ʔuʔ x̌ʷkʷnáxʷ cə **təltálə** čʔiyá ʔaʔ cə marina. *They are the only ones that manage to get money from the marina.* (TC)}

təłús lie on stomach. *See under:* tłús

tə́məł 〚√təmł √ocher〛
1. red ocher, red face paint. ✻Red earth is baked, ground to a fine powder, and mixed with grease to make red face paint for the spirit dance. The powder is also used as a medicine for sores on the skin. (EW,LBH; LBH; MJT; TC) {łə́q̓ʷ tə **tə́məł**. *The face paint came off.* (AS,BC) | níł suʔx̌ʷəts cə **tə́məł** ʔiyá tə cáyəss. *Then she took the red paint in her hand.* (EB) | ʔáwənə nəsx̌čít kʷaʔ ʔəx̣ínəs čtə či sŋə́nˀs cə **tə́məł**. *I don't know where to get lots of ocher.* (TC)}
2. any face paint, makeup. (AS,BC)
3. Union area on Hood Canal. (EW,LBH) VAR: **tə́mł** (ES) {níł x̌ay ʔuʔ čəʔúʔwəs ti čyáʔwənł; níł sxʷ**tə́mł**s. *The spirit dancers also use it; it's for their face paint.* (TC) | kʷłhíc cn ʔəł x̌iʔáʔtən ti **tə́mł** ʔiʔ ʔáw cn kʷaʔ x̌ʷkʷnáxʷən. *I've been looking for ocher for a long time and haven't got hold of any.* (TC)}

təməłíct 〚√təmł-i-cut √ocher-persist-rflxv〛 [metathesis with reflexive] ☞ **tə́məł** to paint one's body. (TC) VAR: **təmłíct** (AS) {**təmłíct** kʷi kʷə nsé̓yaʔ. *My grandfather painted himself.* (AS)}

təməłúsən 〚√təmł = us = ən √ocher = face = instr〛 ☞ **tə́məł** red face paint. (MJT)

təməłúsəŋ 〚√təmł = us-ŋ √ocher = face-mdl〛 ☞ **tə́məł** to put paint on one's face. ((USAGE: This usually refers to the red paint made with **tə́məł**, but it can be any kind or color of paint.)) (TC) {**təməłúsəŋ** caʔn. *I'm going to put red paint on my face.* (MJT)}

təməsáyəqən 〚√təməs = ayqən √velvet = fur〛 [root not identified in other words] velvet cloth or velvet of deer antlers. (MJT)

təmłíct paint body. *See under:* təməłíct

tə́məqʷ 〚√təmqʷ √gumberry〛 gumberry, gummy gooseberry, sticky gooseberry. *Ribes lobbii*. (MJT; HS,ES,TC; ES,HS,BC; ES) VAR: **tə́mqʷ** (BC) VAR: **tə́məqʷ** (AS)

tənčáy̓əqʷ 〚√tnčəy̓əqʷ √southwest_wind〛 southwest wind, wind coming down from the hills. (TC)

tə́nčŋən 〚√tənč = ŋin √thump = piece〛
1. the sound of footsteps. (AS,BC; AS)
2. to make the sound of footsteps on the ground. {**tə́nčŋən** kʷi kʷə húʔpt ʔł kʷánəŋəts sáy̓siʔ. *The deer thumped when it ran scared.* (AS) | yaʔyáʔnəŋ cn **tə́nčŋən** kʷi smə́yəc. *I heard the sound of footsteps of the elk.* (AS)}

tənəł the one. *See under:* cəw̓níł

təntán mothers. *See under:* titán

təntínəqsən 〚tən + √tin = əqsən pl + √? = nose〛 ☞ **tínəqsən** several mallards or geese. (MJT; BG,MJT)

tənəłitín 〚tənəłitín √n_s〛 from the rich people (?). (TC) ((nonsense syllables in a song in the story about girls gathering feathers)) [perhaps /tə nəłitín/]

təŋʔáʔəŋət 〚√tŋaʔ-ŋi-t √crave-rel-trns〛 [This appears to have transitive morphology, but intransitive syntax.] ☞ **təŋáʔəŋ** to be craving (some particular thing). (ES) VAR: **təŋʔáʔŋət** (ES; AS,BC) {**təŋʔaʔŋət** cn. *I'm craving it.* (AS) | **təŋʔáʔŋət** cn ʔaʔ či scánnəxʷ. *I'm craving some salmon.* (ES; BC) | **təŋʔáʔŋət** cn ʔaʔ či słáni. *I'm craving a woman.* (ES)} VAR: təŋáʔŋət (AS,BC)

təŋʔáʔŋət craving it. *See under:* təŋʔáʔəŋət

təŋaʔŋínəŋ supper. *See under:* təŋiʔŋínəŋ

təŋənínəŋ supper. *See under:* təŋiʔŋínəŋ

təŋəŋnínəŋ supper. *See under:* təŋiʔŋínəŋ

təŋŋ̓ínəŋ supper. *See under:* təŋiʔŋínəŋ

tə́ŋəxʷ 〚√təŋxʷ √land〛 land, ground, earth, Indian reserve. ((Considered 'Canadian' by Klallam speakers at Elwha, but used by TC and LC at Becher Bay, RS of Tulalip (originally from Port Angeles), JCo at Jamestown, and by LB and CW at Port Gamble.)) (LB,CWH; JCo; LC) cp. sctə́ŋxʷən {x̌áy ʔuʔ xʷənáŋ ʔaʔ cə sxʷʔiyás ʔaʔ cə nə́cuʔ **tə́ŋəxʷ**. *It's also like that at that other land.* (TC) | tiə nəsxʷʔáłaʔ **tə́ŋəxʷ**. *this land where I'm at* (RSh) | níł suʔx̌iyáʔtł ti **tə́ŋəxʷ**. *Then we looked for land.* (TC) | ʔuʔtxʷsnačít kʷaʔčaʔ kʷsə **tə́ŋəxʷ**s. *Their reserve has become abnormal (because the chief is white).* (TC) | ʔiʔ ʔuʔciʔít ʔiyá či **tə́ŋəxʷ**, ʔə́y̓ **tə́ŋəxʷ** sxʷtə́sł caʔ. *And that land, that good land that we will get to is really there.* (RSh) | ʔuʔčʔəłá č yaʔ ʔaʔ tiə **tə́ŋəxʷ** tiə ʔéʔłxʷaʔ stə́ss ʔaʔNitinaht. *They apparently came from this land here, Elwha, to get to Nitinaht.* (TC) | ʔuʔtxʷʔáwənə kʷaʔčaʔ ʔáłaʔ ʔaʔ tiə **tə́ŋəxʷ** ʔiʔánəŋ ti nəxʷsx̌ayəm̓úcəns, əw? *It's getting so that nobody here in this land knows the Klallam language, eh?* (TC) | tčístəŋ yaʔ ʔaʔ či ŋə́naʔs ʔaʔ tiə **tə́ŋəxʷ**ł. *He was brought here by his son to this land of ours.* (RSh) | txʷaʔmə́nuwa kʷaʔčaʔ cə **tə́ŋəxʷ**. *So the land became a Navy base.* (TC) | ʔə́wk̓ʷ kʷi farmers yaʔ ʔaʔ kʷi stákʷəŋs cə **tə́ŋəxʷ** ʔaʔ cə mə́nuwa. *There were no more farmers on the land that was bought by the navy.* (TC)} VAR: tə́ŋxʷ {qʷúy̓i cə **tə́ŋxʷ**. *The ground is soft.* (TC) | ʔənʔá cn čáŋ̓ ʔaʔ ti łáčq̓ ʔiʔ ntə́ŋxʷ. *I came home to my land.* (TC) | húʔ č yaʔ cn łáčq̓ ʔiʔ mič̓iyúʔisəŋ č cn ʔiyá ʔaʔ ti **tə́ŋxʷ**. *When I got mad, I'd roll around on the ground.* (TC) | ʔúxʷ cn ʔaʔ cə sxʷʔiyás ti čaʔčáʔtəŋs tə sxiyəxə́kʷł ʔawx̌éʔyəx yaʔ tiə xʷiyanítəm yaʔ ʔaʔ cə nə́cuʔ **tə́ŋxʷ**. *I went to where they were building a battleship because the* *white people were fighting a war in another land.* (TC)}

təŋiʔŋínəŋ ⟦√taŋn-iʔ=ŋin-ŋ √evening-ext=piece-mdl⟧ ☞ táŋən to eat supper, have an evening meal. (EPT; ES,TC; ES; TC; AS) {ʔənʔá cxʷ hay ʔaʔ či ńsʔəɬ*təŋíʔŋənəŋ*. *Come have your supper.* (MJ) | qʷánsəŋ caʔ st táči ʔəɬ*təŋíʔŋínəŋ*. *We'll be invited to come eat supper.* (MJ) | hiyáʔ caʔn túkʷ ʔiʔ *təŋiʔŋínəŋ*. *I'm going to go home and have supper.* (MJ)} VAR: təŋiŋínəŋ (AS,BC) VAR: təŋaʔŋínəŋ (AS) {ʔíɬən cxʷ kʷaʔčaʔ ʔən*təŋaʔŋínəŋ* ʔiʔ hiyáʔ cxʷ túkʷ. *Eat your supper and go home.* (MJ) | *təŋaʔŋínəŋ* ʔaʔ tiə táŋən. *Have supper this evening.* (MJ)} VAR: təŋənŋínəŋ (AS) VAR: təŋənínəŋ (AS,BC) VAR: təŋəŋínəŋ {ʔuʔiyá cn kʷaʔčaʔ *təŋəŋínəŋ*. *I had supper there.* (MJ)}

təŋáʔəŋ ⟦√tŋaʔ-ŋ<ˀ> √crave-mdl<actl>⟧ to be craving (some particular thing). (ES; AS,BC) {*təŋáʔəŋ* cn. *I'm craving.* (ES) | *təŋáʔəŋ* cn ʔaʔ tə sʔíɬəns tə nsʔúqʷaʔ. *I'm wishing for what my brother is eating.* (AS) | *təŋáʔəŋ* t cn ʔaʔ či scaʔíqʷɬ. *I'm wishing for fruit.* (EPT)}

təŋáʔət ⟦√tŋaʔ-t √crave-trns⟧ ☞ təŋáʔəŋ to be craving, wishing for some particular thing. {*təŋáʔət* cn cə scánəxʷ. *I'm craving salmon.* (BC)}

tə́q ⟦√təq √shut⟧ to be shut, closed. (AS,BC) {*tə́q* tə súɬ. *The door closed. / The road is closed.* (AS,BC) | ʔuʔ*tə́q* ixʷ kʷə tə súɬ. *The door must be closed.* (AS)}

tə́qəmʔ bird net. See under: táʔqəm

tə́qt ⟦√t<ə́>q-t √shut<actl>-trns⟧ ☞ tə́q to be closing something. (AS) {*tə́qt* cə súɬ. *Close the door.* (AS)}

tə́qʷ ⟦√təqʷ √tight⟧ to be tight, taut (as a rope). (ES) {mánʔ ʔuʔ *tə́qʷ* tə xʷéʔləm. *The rope is too taut.* (AS)}

tə́qʷəm̓ ⟦√təqʷm̓ √gooseberry⟧ a gooseberry species (perhaps mountain gooseberry). *Ribes sp.* (MJT)

tə́qʷtqʷ ⟦√təqʷ + √təqʷ char + √tight⟧ red snapper fish. *Lutjanus campechanus.* (MJT; AS,BC) VAR: tə́qʷtəqʷ (TC) *cp.* tqʷə́t

təqʷúʔmaʔ ⟦√tqʷuʔməʔ √Mt_Rainier⟧ Mount Rainier, Tacoma. (MJT) *cp.* nəxʷwə́kʷ

tə́s ⟦√ts √arrive_there⟧ to arrive there, get to, reach (a place or time). (ES; AS,BC) {*tə́s* u cxʷ? *Did you get there?* (ES) | *tə́s* cn. *I got there.* (MJT; ES,HS; ES; TC) | *tə́s* ʔiʔšə́təŋ. *He got there walking.* (TC) | čiyáy st ʔiʔ *tə́s*. *We're almost there.* (TC,BC) | ʔuʔ ʔiʔhúʔi ʔəɬ *tə́s*s. *She got there alone.* (ES) | níɬ ʔuʔ *tə́s* kʷi čúʔkʷs skʷáči. *Then it got to the seventh day.* (ES) | ʔúx̣ʷ ʔaʔ tə nćíqʷən ʔiʔ *tə́s* ʔaʔ tə ɬx̣áčən. *It goes from your shoulder to the floor.* (MJ) | kʷɬkʷənáwtxʷ ʔay̓ kʷə nsxʷ*tə́s*? *How many houses have you been to now?* (MJT) | x̌áy *tə́s* ʔaʔ tə sxʷʔiyás ti ŋə́ń scánnəxʷ. *He again got to a place where there were many salmon.* (ES) | ʔiʔ *tə́s* sxʷʔiyá ʔaʔ tím ʔiyá cə cácu. *And it got to where Tim was there on the beach.* (ES) | *tə́s* ʔaʔ cə sx̣aʔəʔkʷuyéʔč ʔiʔ ɬə́ŋ. *It (the water) got to the mountains and flooded them.* (ES) | *tə́s* cxʷ ʔaʔ cə bottom ʔiʔ nuʔkʷə́yəxct. *When you get to the bottom kind of shake yourself.* (TC) | níɬ su*tə́s*s kʷi tím yaʔ ʔaʔ cə sʔíycəns cə stútaʔwiʔ. *Then Tim got to the edge of the creek.* (ES) | su*tə́s* ʔaʔ cə šípən. *So he got to the knife.* (TC) | xʷítəŋ qɬ cn ʔiʔ *tə́s* ʔaʔ tə čúʔkʷs ʔuʔútxs. *I could jump to seven canoes.* (MJ) | su*tə́s*s cə swáyqaʔs yaʔ ʔaʔ kʷi sxʷʔiyaʔs yaʔ kʷi ʔuʔútxs ʔiʔ ʔáwənə kʷaʔ. *So her husband got to where the canoe had been, but it wasn't there.* (AA) | su*tə́s*s ʔiʔ x̣ə́nəŋ, "ʔəɬʔúɬ! ʔəɬʔúɬ! táči kʷə kʷə ʔatšə́nəmən!" *She got there as said, "ʔəɬʔúɬ! ʔəɬʔúɬ! The raiders have arrived!"* (AS) | hiyá··ʔ q̓cə́ct ʔi ʔuʔ*tə́s* ʔaʔ cə sxʷʔiyás canu snúʔnəkʷ ʔəskʷáʔkʷiʔ. *It went shrinking and got to where that ghost was hidden.* (ES) | níɬ su*tə́s*s ʔaʔ kʷi ʔáʔiŋs kʷi sʔúqʷaʔs. *Then he arrived at his brother's house.* (ES) | ʔiʔ x̌áy *tə́s* ʔaʔ kʷi sxʷʔiyas kʷi nəsʔúqʷaʔ. *And she again got to where my brother was.* (ES) | níɬ su*tə́s*t ʔaʔ tə sxʷʔiyás či skʷaʔyə́yus. *Then we got to where she was peeking.* (ES) | níɬ suʔhiyáʔs ʔiʔ *tə́s* ʔaʔ sxʷʔiyás ɬɬéʔyəm cə slániʔ. *He went and got to where the woman was singing.* (ES) | ʔuʔhúy ʔuʔ čʔiyá ʔaʔx̣ʷáyəŋ *təs* ʔaʔməq̓ʷúʔəs ʔiʔ cə súʔukʷ. *It was only from Bentinck Island to Smyth Head and Sooke.* (TC) | ʔuʔčʔáɬaʔ ʔaʔməq̓ʷúʔəs ʔiʔ ʔuʔ*tə́s* ʔaʔNitinaht. *They come from here at Smyth Head to Nitinaht.* (TC) | níɬ č yaʔ čʔiyá ʔaʔ cə súʔukʷ ʔuʔ*tə́s* x̌áy ʔaʔNitinaht. *It was from Sooke to Nitinaht again.* (TC)}

təs specific far determiner. See under: təsə

təsánu feminine obviative determiner. See under: tsanu

təsáyu ⟦tsayu there⟧ demonstrative referring to a specific, visible, distant object. {ʔiyá ʔaʔ *təsáyu*. *It's way over there.* (MJT)} VAR: təsáyə {ʔuʔkʷə́nəxʷ cn yaʔ *təsáyə*. *I saw him way over there.* (LC)} VAR: təsáyə {ʔuʔkʷə́nəxʷ cn yaʔ *təsáyə*. *I saw him way over there.* (LC)}

tə́sct ⟦√t<ə́>s-cut √arrive_there<actl>-rflxv⟧ ☞ tsə́ct to be getting near, close. {kʷɬiʔ*tə́sct*. *He's coming near.* (MJT) | xʷéʔi. ʔáwə c *tə́sct*. xʷə́ŋ cxʷ ʔiʔ q̓áp̓. *Stay away. Don't come near. You might catch the disease.* (TC)}

təsə ⟦təsə sp_far⟧ [specific, far demonstrative determiner] the, a, that. ⟪over there, you can still see it but it is far off⟫ (LB,CWH; ES; AS,BC) {x̣iʔsít cn *təsə* nəcə́t. *I'm writing to my father.* (ES) | x̣iʔsít cn *təsə* nəcáčc. *I'm writing to my uncle. / I'm writing to my aunt.* (ES) | x̣iʔsítəŋ u cxʷ ʔaʔ *təsə* ńcə́t? *Did your father write to you?* (ES) | qanít cn *təsə* ʔəcɬtáyŋxʷ. *I robbed that person.* (ES) | níɬ suʔənʔás čéʔiŋ *təsə* šəmánɬ. *Then our enemy came up.* (ES) | hiʔx̌íx̌uʔ *təsə* sx̣íx̣aʔx̣qɬ. *The child is running away.* (MJT) | kʷə́nəxʷ cn *təsə* swáyqaʔ. *I saw that man (far away).* (TC) | ɬaʔcayíws cn yaʔ ʔaʔ *təsə* cáʔcu. *I was cutting wood on the beach.*

(ES) | ʔiʔ kʷənáŋətəŋ či nscúŋtxʷ tə scúɬ čʔíya *təsə* cácuʔ. He'll help me carry the wood up from the beach. (ES) | k̕ʷənít u cxʷ təsə swə́y̕qaʔ ʔiyá ʔaʔ *təsə* sčaʔkʷaʔyúɬ, Timmy? Do you see that man on that boat, Timmy? (MJ) | ʔáxəŋ kʷi siʔiʔám̕ ʔaʔ ʔiyá tə čə́q táwn, Seattle, hú q ʔiʔq̕ʷúy cə sx̣íx̌aʔx̌q̕ɬ ʔiʔ ŋə́n̕, ŋə́n̕ *təsə* ŋaʔkʷaʔcút ti sčáytəŋs ʔaʔSeattle. The bosses in the city, Seattle, said that if a child dies there are many, many waiting to be put to work in Seattle. (ES)} VAR: təs {xiʔsít cn *təs* nəcə́t. I'm writing to my father. (ES) | xiʔsít cn *təs* nəsʔúq̕ʷaʔ. I'm writing to my brother. (ES) | ʔiyá *təs* nəŋə́naʔ. That's my son there. (EPT) VAR: cəsə

təsəniɬ ⟦təsəniɬ that_far⟧ [far, definite demonstrative determiner] the, that (far). {ʔuʔiyá yaʔ cn kʷaʔ ʔaʔ *təsəniɬ* sxʷx̌ay̕əmáɬ ʔaʔ kʷi snunáčtəŋs yaʔ ʔaʔ cə tə́ŋəxʷs kʷi čiyáŋənɬ yaʔ. I was there at that Klallam land which our ancestors were paid for. (TC)}

tə́səŋ ⟦√ts-ŋ √arrive_there-mdl⟧ ☞ tə́s to arrive there, come upon, discover. (AS,BC) {*tə́səŋ* cə swə́ʔwəs. The boy got there. (AS,BC) | *tə́səŋ* ʔaʔ cə sŋə́q̕ʷu? ʔaʔ kʷi sčaʔx̣éʔnəxʷs. Crane came upon them and caught them by surprise. (AA)}

tə́stxʷ Stem: tə́st [stem for subject suffixes] ⟦√ts-txʷ √arrive_there-caus⟧ ☞ tə́s to get something there. (AS) {*tə́st*s kʷaʔčaʔ. So they got him there. (TC) | *tə́stxʷ* yaʔ st ʔaʔ kʷi sxəy̕kʷuyéʔč. We got it to the mountains. (AS)}

təšéʔqʷən comb. See under: tšéʔqʷən

tətə́s ⟦tə+√ts actl+√arrive_there⟧ ☞ tə́s to be arriving there. {suʔ*tətə́s* ʔaʔ x̣áʔis. So the Changer was arriving. (MJ)}

təw̕ánəxʷ ⟦√təw̕anəxʷ √Skokomish⟧ the Skokomish tribe and the area around Skokomish River; the Twana people and language. (AS) VAR: túw̕ənəxʷ (H) VAR: tuʔánəxʷ (H)

təw̕niɬ the one. See under: cəw̕niɬ

tə́xʷyaʔ ⟦√təxʷyaʔ √Tahuya⟧ Tahuya area at the mouth of the river. (EWH)

tə́xʷ[1] ⟦√txʷ √hit_shore⟧ to hit the shore with a canoe or boat. (TC) {ʔuʔ*tə́xʷ* cn ʔaʔ cə cácuʔ sŋiyánt. I hit shore on the rocky beach. (TC) | ʔiʔ čəyáy ʔúyɬ ʔaʔ cə sk̕ʷáʔəts cə nəsnə́xʷɬ ʔiʔ čaʔtə́xʷ cn ʔaʔ cə cácuʔ ʔaʔ cə sŋiyánt. And it almost got into the stern of my canoe as I just got to the beach on the rocks. (TC)}

tə́xʷ[2] exactly. See under: túxʷ

təx̣ʷənə́wəcən on the other edge. See under: txʷnə́wəcən

tə́yəqʷtq ⟦tə́<yə>qʷ+√təqʷ char<pl>+√tight⟧ ☞ tə́qʷtqʷ several red snapper fish. (MJT)

tə́yət ⟦√təy-t √upstream-stat⟧ ☞ táyi
1. to be upstream, located toward the upper part of a river or the inner end of a bay. (CWH; LB,EWH; EPT; TC) [The final /t/ seems to be a relict of a Salishan stative suffix.] {*tə́yət* cn. I'm upriver. (TC) | *čtə́yət* cn. I'm from upriver. (TC) | *čtə́yət* u cxʷ? Are you from up the river? (TC) | *čtə́yət*. from up the canal or up the sound (LBH) | *čsətə́yət* go from upstream (CW,LSpH) | hiyáʔ kʷɬaʔ təyi ʔúxʷ ʔaʔ tə pástən *tə́yət*. She went up the bay to a white person's place upstream. (MJT)}
2. an upstream area. {suʔčíŋis ʔaʔ tə *tə́yət* ʔiʔ ʔə́mət xʷáŋaʔtəŋ. So he got near the upstream area and sat down to rest. (MJ)} VAR: tə́yit {ʔúxʷ ʔaʔ tə *tə́yit*. They went upstream. (MJ)}

tə́yətəŋ ⟦√təy-txʷ-ŋ √upstream-inancaus-psv⟧ ☞ tə́yətxʷ to be taken upstream by someone or something. {*tə́yətəŋ* cn. Someone took me upriver. (TC)}

tə́yətxʷ ⟦√təy-iy-txʷ √upstream-dev-inancaus⟧ ☞ táyi to take someone or something upstream to the upper part of a river. {*tə́yətxʷ* cn. I took it up river. (TC)} VAR: tə́yitxʷ {hiyáʔtxʷ cn či sčíyaʔyə *tə́yitxʷ*. I'll take some sticks upstream. (MJ)}

táyi go upstream. See under: táyi

təyiŋístxʷ take it upstream. See under: tiyiŋístxʷ

təyán mothers. See under: titán

təy̕ək̕ʷə́təŋ ⟦√t<əy̕>kʷ-t-ŋ √break<pl>-trns-psv⟧ ☞ tk̕ʷə́təŋ to be broken by a group or of several long objects. (AS,BC)

taʔyús married couple. See under: taʔyús

ti non-specific determiner. See under: či

tiʔaw̕niɬ ⟦tiʔaw̕niɬ this_one⟧ [definite, proximate demonstrative determiner] this one. {ʔuʔníɬ *tiʔaw̕niɬ* nəŋə́naʔ ʔuʔ nəsxʷʔáɬaʔ. I'm staying here with my son. (TC)}

tiʔə this. See under: tiə

tiʔiʔə ⟦t<iʔ>iʔə this<pl>⟧ [specific, proximate, plural demonstrative determiner] these. (MJT) ⟪This form appears only once and out of context. It is not elicitable from other speakers.⟫ ☞ tiə

tiʔkʷáʔnəŋ ⟦√t<iʔ>kʷ=an-ŋ √break<pl>=ear-mdl⟧ ☞ tk̕ʷə́t to vomit blood. (ES)

tiʔtiʔə́ɬ ⟦√titiʔə́ɬ √Indian_Valley⟧ traditional Klallam village in Indian Valley at the confluence of Indian Creek and the Elwha River on the west side of the bridge on route 101. ⟪a place where really high class, rich people lived⟫ (ES) {suʔənʔás túkʷ *tiʔtiʔə́ɬ*. So he came home to Indian Valley. (ES)} VAR: titiʔə́ɬ (AS,BC) {ʔəx̣ín ʔuč ti *titiʔə́ɬ*? Where is Indian Valley? (BC)} VAR: stíʔə́ɬ (EWH)

tiʔxʷə́ŋət ⟦√txʷəŋ-t √startle-trns⟧ to startle someone or something. (ES; TC) VAR: tixʷə́ŋət (AS,BC; ES) {suʔqʷáys kʷi sk̕ʷáʔɬ ʔəcɬtáyŋxʷ "*tiʔxʷə́ŋət*!" So our people said, "Surprise them!" (ES)}

tiə ⟦tiə this⟧ [specific, proximate demonstrative determiner] this. (TC; AS,BC) {stáŋ ʔuč *tiə*? What is this? (TC) | ʔuʔ x̣čít cn *tiə* swə́y̕qaʔ. I know this man. (AS,BC) | ʔuʔx̌áy kʷə ʔuʔ xʷənʔáŋ *tiə*. This is like that, too. (AS) | ʔuʔə́c kʷi *tiə*, nəsxʷtúnəq. This is me, my cousin. (EB) | ʔəsccáwt cn ʔáɬaʔ ʔaʔ

tiə sxʷʔaʔáʔmət. *I'm lying here on this bed.* (ES) | ʔáwə q̓i c qatúš *tiə*! *This isn't a kitten!* (AA) | ʔənʔá či q̓íxʷt *tiə*. *Come tie this up.* (EPT) | ʔáwə c scúɬ xčáʔčɬč *tiə*. *This isn't cedar wood.* (MJ) | mán̓ kʷi ʔuʔ ʔə́y *tiə* n̓sčáʔiʔ. *You're doing very good work!* (TC) | ʔə́y kʷi či nslúyəs *tiə* nsxʷʔáɬa. *I better leave this place where I am.* (ES) | ʔuʔ čʔəɬáʔ č yaʔ ʔaʔ *tiə* tə́ŋəxʷ *tiə* ʔéʔɬx̌ʷaʔ. *They apparently came from this land here, Elwha.* (TC) | níɬ yəxʷ yaʔ ʔuʔ cəʔéʔt ʔuʔ x̌aʔyéʔsi čʔáɬa? ʔaʔ *tiə*, əw? *I guess this was a truly fierce bunch from here, eh?* (TC) | txʷx̌ʷənín̓txʷ? twawn̓ə́ću? *tiə*. ʔáwənə nəsxčít kʷaʔ txʷx̌ʷənín̓s. *Where is it to be put? There's still one piece. I don't know where it goes.* (AS,BC)} VAR: tiʔə (TC; AS,BC) | {stán̓ ʔuč *tiʔə*? *What is this?* (EPT; NS,JW) | níɬ kʷi muhúy *tiʔə*. *This is a basket.* (ABT) | níɬ kʷi nəsxʷtúnəq *tiʔə*. *It's my older brother.* (NS,JW) | ʔənʔáxʷ cn *tiʔə* nəsčáʔčaʔ. *I brought my friend.* (ES) | qaqéʔnəxʷ cn *tiʔə*. *I'm mad at him.* (MJT) | k̓ʷə́nəxʷ cn *tiʔə* swə́y̓qaʔ. *I saw this man.* (TC) | yaʔcícəm̓ cn ʔaʔ *tiʔə* nəsxʷiʔám̓. *I'm telling my story.* (TC) | ʔəɬsmán̓əš cn ʔaʔ *tiʔə* nəpáʔəkʷ. *I'm smoking my pipe.* (TC) | mán̓ ʔuʔ ɬiʔx̌ʷəyu ʔaʔ *tiʔə* kʷaʔčíy. *It's freezing this morning.* (EPT) | háʔnəŋ cn ʔaʔ *tiʔə* ʔəns̓ʔə́ŋəc. *Thank you for this that you gave me.* (TC) | šaʔšúʔɬ cn ʔaʔ tə nəsqʷúʔqʷaʔ ʔaʔ *tiʔə* coffee. *I'm glad I'm drinking this coffee.* (TC)} VAR: ciʔə {x̌ə́ɬ *ciʔə* nəxčn̓ín. *My feelings got hurt.* (ES) | čaʔyáʔt *ciʔə* nəŋə́naʔ. *My baby is throwing up.* (ES) | ʔáɬaʔ *ciʔə* ʔəɬčə́x. *Here's half a dollar.* (EPT) | ʔaʔkʷúst caʔn *ciʔə* sx̌iƛ̓áʔx̌qɬ či snəxʷsƛ̓ayəmúcəns. *I'm going to teach this child to speak Klallam.* (TC)}

tiəníɬ def.prox. *See under:* tiəwníɬ

tiəwníɬ ⟦tiəwníɬ this_one⟧ [definite, proximate demonstrative] this one here. (TC) [possibly from tiə-w̓√níɬ] VAR: tiəníɬ {nsuʔnuʔíyŋ ʔaʔ *tiəníɬ* siláwtxʷ ʔiʔ ʔə́mət. *So I went inside the tent and sat.* (MJ)}

tiəw̓níɬ this one. *See under:* tiw̓níɬ

tíli nickname. *See under:* díli

timítəŋ ⟦√tiym-t-ŋ √hard_force-trns-psv⟧ [metathesis with passive] ☞ tíymət to be pushed hard on by someone or something. {*timítəŋ* cn. *I got pushed hard on by someone.* (AS)}

tínəqsən ⟦√tin=əqsən √ʔ=nose⟧
1. mallard, also any domestic duck. *Anas platyrhynchos.* (BG,MJTc; ABT; ES; AS,BC; AS)
2. goose. (MJT) *cp.* x̌átx̌ət

tíntən ⟦√tintn √bell⟧
1. bell. (LC; TC) [from Chinook Jargon] {ʔənʔáxʷ tə *tíntən*. *Bring the bell. / Hand me the bell.* (WB) | c̓sə́t tə n*tíntən*. *ring your bell* (LC) | c̓síŋəɬ cn ʔaʔ cə *tíntən*. *I rang the bell.* (TC) | c̓áʔət cə *tíntən* ʔaʔ cə shelf. *Put the bell on the shelf.* (TC) | níɬ suʔúx̌ʷs kʷɬsə́q ʔaʔ cə *tíntən*. *Then she went out of the bell.* (MJ)}
2. o'clock, hour. {nə́ću? *tíntən*. *It's one o'clock.* (TC) | nə́ću? *tíntən* caʔ ʔiʔ hiyáʔ cn. *I'm going at one o'clock.* (TC) | čə́sa? *tíntən*. *It's two o'clock.* (TC) | həwíyŋ caʔn ʔaʔ či čə́sa? *tíntən*. *I'll come back at two o'clock. / I'll come back in two hours.* (TC) | k̓ʷənnúŋə caʔn ʔaʔ či čə́sa? *tíntən*. *I'll see you at two o'clock.* (TC)}

tinu non-specific obviative. *See under:* činu

tiŋiŋínəŋ supper. *See under:* taʔŋiʔŋéʔnəŋ

titáʔəw̓əɬ ⟦ty+√taʔ=əw-ɬ pl+√back=side-dur⟧ to be behind, in back of. {*titáʔəw̓əɬ* č yaʔ ʔaʔ cə naʔátəŋ "farmers". *We were in back of what they called "farmers".* (TC)} VAR: titáʔw̓əɬ (AS,BC)

titán ⟦ty+√tan pl+√mother⟧ ☞ tán a group of mothers. (TC) {*titán*s. *They are their mothers.* (AS,BC)} VAR: tiyán {*tiyán*s. *They are their mothers.* (AS) | titə́s č kʷi *tiyán*s. *Their mothers got there.* (AS) | kʷɬuʔx̌ənə ʔuʔ *tiyán*. *They're all mothers, now.* (MJT)} VAR: taʔyán (TC) VAR: təyán (AS,BC) ⟦√t<aʔy>an √mother<pl>⟧ {*taʔyán*s. *They are their mothers.* (AS)} VAR: təntán (TC) ⟦tən+√tan pl+√mother⟧ {*təntán*s. *They are their mothers.* (AS)}

titáwqən ⟦ty+√tawqn pl+√troubled⟧ ☞ táwqən to be very troubled, in emotional distress (of a group).

titáyəcən ⟦ty+√tay=ucin pl+√respond=mouth⟧ ☞ táyəcən to respond (of several, to several or repeatedly). {*titáyəcən* cn. *I kept answering. / I answered them.* (AS) | mán̓ ʔuʔ *titáyəcən* cə nŋə́naʔ. *My child is always answering back.* (BC)} VAR: titayúcən (AS) {*titayúcən* cn. *I answered.* (AS)}

titə́čtəŋ ⟦ty+√tč-t-ŋ pl+√stab-trns-psv⟧ ☞ tčátəŋ to be poked, speared by a group (or of a group or several times). (AS) {*titə́čtəŋ* č yaʔ kʷi ʔaʔ kʷi naʔcáʔŋəxʷ ʔaycɬtáyŋxʷ. *He was apparently stabbed by the strangers.* (AS)}

titə́kʷ ⟦ty+√tkʷ pl+√break⟧ ☞ tə́kʷ to be broken (of several long objects). {ʔiʔ níɬ caʔ xə́čtəŋɬ či s*titə́kʷ*. *And then we'll be figuring out the broken ones.* (MJ)}

titə́kʷt ⟦ty+√t<ə́>kʷ-t pl+√break<actl>-trns⟧ ☞ tkʷə́t to be breaking something (into several pieces or by several people). (LC) {*titə́kʷt*s kʷə scə́yə. *He's breaking that stick.* (EPT) | ʔáw caʔ st kʷi c *titə́kʷt*. *We're not going to break it.* (NS,JW) | ʔuʔ*titə́kʷt* u cxʷ hay tsə n̓čə́yiʔ? *Are you people breaking your fir bark?* (NS,JW)}

titə́nčŋən ⟦ty+√tənč=ŋin pl+√ʔ=piece⟧ ☞ tə́nčŋən the sound of many footsteps, sound of a stampede. (AS,BC; AS)

titə́ŋxʷi ⟦ty+√təŋxʷ-iy pl+√land-dev⟧ ☞ tə́ŋəxʷ to be dirty, covered with earth. {txʷaʔ*titə́ŋxʷi* ti nɬqít. *My clothes got dirty.* (TC)}

titə́qt ⟦ty+√tq-t pl+√shut-trns⟧ ☞ tqə́t to close, shut several things. (AS,BC; TC) {*titə́qt* kʷə súɬ. *Shut the doors.* (AS)}

titə́q̓təŋ ⟦ty + √t‹ə́›q̓-t-ŋ pl + √fart ‹actl› -trns-psv⟧ ☞ tq̓ə́t to be sprayed on by a skunk. {*titə́q̓təŋ* ʔaʔ cə smáč̓ən. *She got blown on by a skunk.* (MJT)}

titə́s ⟦ty + √ts pl + √arrive_there⟧ ☞ tə́s to arrive, get there (of a group). (TC) {*titə́s* č̓ kʷi tiyáns. *Their mothers got there.* (AS) | *titə́s* st. *We got there.* (AS)}

titə́yi ⟦ty + √təy-iy pl + √upstream-dev⟧ ☞ táyi
1. to go upstream, toward the upper part of a river (of a group). (AS,BC)
2. people who live upstream. (AS,BC)

titiʔə́ɬ Indian Valley. *See under:* tiʔtiʔə́ɬ

titkʷúcən ⟦ty + √tkʷ=ucin pl + √break=mouth⟧ ☞ tkʷə́t to break one's jaw, mouth.

titkʷúɬən ⟦ty + √tkʷ=uɬən pl + √break=rib⟧ ☞ tkʷə́t to break one's ribs.

tiw̓niɬ ⟦tiw̓niɬ this_one⟧ [definite, specific, proximate demonstrative determiner] this one. {q̓ʷčútəŋ cn kʷaʔ yaʔyáʔnəŋən ʔaʔ *tiw̓niɬ*. *I'd get beat up if this guy was listening to me.* (TC)} VAR: tiəw̓niɬ {kʷɬhíc ʔuʔ kʷɬuʔáx̣əŋs ʔəɬ ʔuʔšə́təŋəs *tiəw̓niɬ* siʔám̓. *A long time ago you spoke to this traveling gentleman.* (RSh)}

tixʷə́ŋət startle it. *See under:* tiʔxʷə́ŋət

tíxʷɬc ⟦√tixʷɬc √tongue⟧ [possibly has 'water' lexical suffix] tongue. (EPT; TC; ES; AS,BC) {ɬíc̓ cə n*tíxʷɬc*. *My tongue got cut.* (ES) | húy č̓ yaʔ ti suʔɬc̓ítəŋs ti *tíxʷɬc*s ɬŋán̓. *They only cut out his tongue.* (TC) | ʔáwənə *tíxʷɬc*s. *He had no tongue.* (TC) | *tíxʷɬc*s cə sxʷáʔxʷc̓. *It's the snake's tongue.* (MJ) | č̓əsaʔtxʷ či n̓sƛ̓kʷə́ys ʔaʔ či *tíxʷɬc*. *Get two tongues.* (EPT) | ʔúxʷ či tákʷəyuʔ ʔaʔ či č̓əsaʔ *tíxʷɬc*. *Go buy two tongues.* (EPT) | txʷʔáx̣əŋ či n*tíxʷɬc* ʔaʔ či skʷənáŋəɬ ʔaʔ cícɬsiʔám̓. *My tongue is speaking of the power of the Lord.* (BH) | ʔiʔənʔá ʔaʔ słq̓čšɬnát ʔiʔ ʔəsqiʔéʔmət ʔaʔ či nsɬxʷə́t cə n*tíxʷɬc*. *By this coming Friday I won't be able to straighten out my tongue.* (ES)}

tíy ⟦√tiy √tea⟧ tea. (TC; AS,BC) [from English 'tea'] {ńsƛ̓éʔ u či *tíy*? *Do you want some tea?* (TC) | ʔəcɬtiŋíxʷɬ *tíy*. *Indian tea.* (HS,ES) | ʔəɬ*tíy* cn. *I'm having tea.* (TC) | púxʷtəŋ cə *tíy*. *She blew on the tea (to cool it off).* (AS) | qʷúʔqʷaʔ cn ʔaʔ tiə *tíy*. *I drank this tea.* (MJT) | kʷə́yətəŋ cə *tíy*. *The tea was poured.* (AS) | čáy ʔaʔ či *tíy*, nəʔíŋəc. *Make some tea, granddaughter.* (MJT) | ɬaʔčíyət cə *tíy*; ʔuʔmán̓ ʔuʔ ɬaʔɬíq̓əŋ. *Cool off the tea; it's too hot.* (AS) | sxʷʔiyáɬ yaʔ ti staʔwə́yuɬ yaʔ sqə́muʔs ti músməs ʔiʔ ti saplín ʔiʔ ti šúkʷaʔ, *tíy*, ʔuʔx̣ə́nəstəŋ. *We were there to buy milk, bread, sugar, tea, everything.* (TC) | ʔáwə cn c yaʔyáʔnəŋ ʔaʔ či sqʷáytəns tə nəsiyáʔ ʔaʔ kʷi nəsčtátəŋ kʷaʔ hiyáʔən čáy ʔaʔ či *tíy*. *I didn't understand my grandfather's language when he asked me to go make tea.* (MJ)}

tiyaʔtáciŋəxʷ ⟦t‹iy›aʔ+√ta‹ʔ›c-iy=ŋixʷ dim‹pl› + √animal‹dim›-dev=being⟧ ☞ taʔtáʔciŋəxʷ a group of small animals. (MJT) VAR: taʔyətáciŋəxʷ (MJT)

tiyáʔyus ⟦√t‹iy›əʔyus √married_couple‹pl›⟧ ☞ taʔyús to be a married couple, be man and wife. (MJT)

tiyán mothers. *See under:* titán

tiyiŋístxʷ ⟦√təy-iy-ŋi-stxʷ √upstream-dev-rel-caus⟧ ☞ táyi to take someone or something upstream. {ʔiʔ*tiyiŋístxʷ* cn. *I took them upstream.* (MJ)} VAR: təyiŋístxʷ (AS)

tíymct ⟦√tiym-cut √hard_force-rflxv⟧ ☞ tíymət to use maximum effort, work as hard as possible. (AS,BC) {*tíymct* cn. *I used all my strength.* (AS,BC) | *tíymct* či hay! *Push as hard as you can!* (BC) | sátəŋ *tíymct* ɬéʔwiʔəɬ *They were told to pray hard.* (MJ)}

tíymət ⟦√tiym-t √hard_force-trns⟧ to apply a hard force to something, push, pull, lift something hard and fast. (TC) {*tíymət* cn. *I'm pulling (paddling) really hard.* (TC) | *tíymət* cn cə snə́xʷɬ. *I pushed on the canoe.* (AS)} VAR: tíymt (BC)

tíymətəŋ ⟦√t‹í›ym-t-ŋ √hard_force‹actl›-trns-psv⟧ [actual counter-metathesis in passive] ☞ tíymət being affected by a hard force, pushed, pulled, lifted hard and fast. (TC) {*tíymətəŋ* cn. *It (the wind) is pushing really hard on me.* (TC)}

tiyúʔyəqʷ ⟦√t‹iy›uʔyəqʷ √small_mussel‹pl›⟧ ☞ túʔyəqʷ a group of small blue-purple mussels that grow in clusters. (MJT) {ŋə́n̓ tə n*tiyúʔyəqʷ*. *I have a lot of mussels.* (MJT)}

tkʷács ⟦√tkʷ=acis √break=hand⟧ ☞ tə́kʷ to break the arm or hand. (TC) {*tkʷács* cn. *I got a broken hand.* (TC) | xʷənʔáŋ yəxʷ yaʔ ʔaʔ nə́kʷ. s*tkʷács*s. *I guess he was like you. His arm was broken.* (TC)}

tkʷáčšəŋ ⟦√tkʷ=ačš-ŋ √break=back_of_neck-mdl⟧ ☞ tə́kʷ to break the back of the neck. (TC)

tkʷát illuminate it. *See under:* táʔkʷt

tkʷátəŋ ⟦√taʔw-t-ŋ √light-trns-psv⟧ [metathesis with passive] ☞ táʔkʷt to be illuminated, lit up, have a light shined on one by someone. (TC) {*tkʷátəŋ* cn. *Someone shined a light on me.* (TC)} {*tkʷátəŋ* cxʷ ayə. *You've gotten light.* ✶Said by a Shaker preacher to people after confessing (MJT)}

tkʷáynəs ⟦√tkʷ-ay=nis √break-ext=tooth⟧ ☞ tə́kʷ to break a tooth. {*tkʷáynəs* cn. *I broke a tooth.* (ES)}

tkʷáyŋxʷ ⟦√tkʷ-ay=ŋixʷ √break-ext=being⟧ ☞ tə́kʷ Freshwater Bay, especially the west end. (AS,BC) cp. nəxʷtkʷáyən VAR: tkʷáyŋəxʷ (AS,BC) VAR: nəxʷtkʷáyŋxʷ (AS) VAR: nəxʷtkʷáyŋ (AS,BC) VAR: tkʷáyŋ (AS,BC)

tkʷə́ɬnɬ ⟦√tkʷ-əɬnɬ √break=throat⟧ ☞ tə́kʷ to break one's neck. (ES)

tkʷənúyɬ ⟦√tiwən=uyɬ √niece/nephew=child⟧ ☞ stíkʷən
1. child niece or nephew. (EPT; MJT; ES)

2. younger sibling's child. (LB,CWH) VAR: stikʷənúyɬ 〚s-√tiwən=uyɬ s-√niece/nephew=child〛 (AS)

tkʷə́qsən 〚√tkʷ=əqsən √break=nose〛 ☞ tə́kʷ to break the nose or a point. (TC)

tkʷə́t 〚√tkʷ-t √break-trns〛 to break a long object. (EPT; LC; ES; WB,AS,BC) {*tkʷə́t* u cxʷ? *Did you break it?* (ES) | *tkʷə́t* u caʔ cxʷ? *Are you going to break it?* (NS,JW) | *tkʷə́ts* u caʔ? *Is she going to break it?* (NS,JW) | ʔuʔáw kʷi c *tkʷə́t* hay. *Don't break it, you people.* (NS,JW) | *tkʷə́ts* cə x̣ʷúʔŋət. *He broke the paddle.* (TC) | *tkʷə́t* cə x̣iyə́n. *Break the pencil.* (AS)}

tkʷə́tən 〚√tkʷ-t-ŋ √break-trns-psv〛 ☞ tkʷə́t to be broken by someone or something (of a long object). (AS,BC) {*tkʷə́tən* cə x̣iyə́n. *The pencil was broken.* (AS,BC)}

tkʷəw̓éʔč 〚√tkʷ-əw̓=iʔč √break-ext=hump〛 ☞ tə́kʷ to break the lower back. (TC)

tkʷiʔáx̣ən 〚√tkʷ-iʔ=ax̣ən √break-ext=arm〛 ☞ tə́kʷ to break one's arm. (ES) {*tkʷiʔáx̣ən* cn. *I broke my arm.* (MJT) | ʔáwə či c *tkʷiʔáx̣ən*. *Don't break your arm.* (MJT)}

tkʷícən break back. *See under:* nəxʷtkʷícən

tkʷíkʷən break back. *See under:* nəxʷtkʷíkʷən

tkʷínəxʷ 〚√tkʷ-i-nax √break-persist-nctrns〛 ☞ tkʷnáxʷ to manage to break something. {*tkʷínəxʷ* cn cə x̣iyə́n. *I broke the pencil accidentally.* (AS) | *tkʷínəxʷ* cn kʷi kʷiə nčə́ns. *I broke my tooth.* (AS) | *tkʷínəxʷ* cn kʷi kʷiə nŋə́qsən. *I broke my nose.* (AS)}

tkʷíns 〚√tkʷ-i=nis √break-persist=tooth〛 ☞ tə́kʷ to have a tooth broken off. (AS) {ʔuʔ*tkʷíns* cn. *My tooth is broken off.* (AS) | *tkʷíns* cə nčə́ns. *My tooth is broken off.* (AS)}

tkʷíŋət 〚√tkʷ-iŋt √break-scs〛 ☞ tkʷə́t *cp.* tkʷnáxʷ to get to break, finally break something. {*tkʷíŋət* cn. *I finally broke it.* (AS)}

tkʷíŋətəŋ 〚√tkʷ-iŋt-ŋ √break-scs-psv〛 ☞ tkʷíŋət to get to be broken. {*tkʷíŋətəŋ* cə x̣iyə́n. *The pencil got to be broken.* (AS)}

tkʷɬnáyəŋ[1] 〚√tkʷ=ɬnay-ŋ √break=neck-mdl〛 ☞ tkʷə́t to break one's neck or collar bone. (AS,BC) VAR: təkʷɬnáyəŋ (AS,BC) {*təkʷɬnáyəŋ* kʷaʔ kʷéʔwəntiʔs kʷiə swéʔwəs. *The boy broke his neck when he was fighting.* (AS)} VAR: təkʷɬnaʔiŋ (AS)

tkʷɬnáyəŋ[2] buy food. *See under:* tkʷsnáyəŋ

tkʷnáŋ 〚√tkʷ-nax-ŋ √break-nctrns-psv〛 ☞ tkʷnáxʷ to manage to be broken by someone or something. (AS,BC) {*tkʷnáŋ* cə ncáys. *My arm got broken.* (AS)}

tkʷnáxʷ 〚√tkʷ-naxʷ √break-nctrns〛 ☞ tə́kʷ Stem: tkʷná [stem before third-person subject and subordinate subjects] to manage break something, break something accidentally. (AS,BC) {*tkʷnáxʷ* cn. *I succeeded in breaking it.* / *I accidentally broke it.* (ES; AS,BC) | *tkʷnás* cə x̣ʷúʔŋəts cə cə́ts. *His dad broke his paddle.* / *He broke his dad's paddle.* (TC) | *tkʷnás* cə x̣ʷúʔŋəts cə swə́yqaʔ. tə́kʷs yaʔ cə snə́xʷɬs. *The man that bought the canoe broke his paddle.* (TC) | *tkʷnás* cə x̣ʷúʔŋəts cə swə́yqaʔ. *The man broke his paddle.* (TC) | *tkʷnás* cə swə́yqaʔ cə x̣ʷúʔŋəts. *The man broke his paddle.* (TC)}

tkʷsə́n 〚√tkʷ=sən √break=foot〛 ☞ tə́kʷ to break the lower leg or foot. (TC; ES) {*tkʷsə́n* cn. *I broke my leg.* / *I got a broken foot.* (MJT; TC) | ʔáwə či c *tkʷsə́n*. *Don't break your leg.* (MJT)}

tkʷsíc 〚√taw-sít-c √buy-bene-1obj/2obj〛 ☞ tkʷsít buy for me; buy for you. {*tkʷsíc* u cxʷ? *Did you buy it for me?* (TC) | *tkʷsíc* caʔn. *I'll buy it for you.* (TC) | *tkʷsíc* cn ʔaʔ cə snə́xʷɬ. *I'll buy you that canoe.* (TC) | *tkʷsíc* cn ʔaʔ cə čə́q snə́xʷɬ. *I bought you a big canoe.* (TC) | *tkʷsíc* caʔn ʔaʔ či saplín. *I'm going to buy you bread.* (ES) | k̓ʷə́nət cn cə snə́xʷɬ nə*stkʷsíc*. *I looked at the canoe I bought you.* (TC)} VAR: tkʷsícəŋ 〚√taw-sít-cŋ √buy-bene-1obj/2obj〛 {*tkʷsícəŋ* caʔn. *I'm going to buy it for you.* (TC) | *tkʷsícəŋ* u cxʷ? *Will you buy it for me?* (TC) | *tkʷsícəŋ* ʔaʔ cə snə́xʷɬ. *Buy me a canoe.* (TC) | *tkʷsícəŋ* cn ʔaʔ cə snə́xʷɬ. *I'm buying you a canoe.* (TC) | *tkʷsícəŋ* cxʷ ʔaʔ či səplín. *You buy me bread.* (ES) | k̓ʷə́nət cn cə snə́xʷɬ ʔəns*tkʷsícəŋ*. *I looked at the canoe you bought me.* (TC)}

tkʷsít 〚√taw-sít √buy-bene〛 ☞ tə́kʷs to buy (something) for someone. {*tkʷsít* cn. *I bought it for him/her.* (TC; AS)} VAR: takʷsít (AS,BC) {*takʷsít* cn ʔaʔ cə kapús. *I bought her her coat.* (AS) | hiyáʔ yaʔ *takʷsít* ʔaʔ kʷə čə́q sx̣imáy. *I went to buy it for her at a big store.* (AS)} VAR: təkʷsít (LC; AS,BC) {nə*stəkʷsít* tə nəŋə́naʔ. *I bought something for my kid.* (LC)}

tkʷsítəŋ 〚√taw-sít-ŋ √buy-bene-psv〛 ☞ tkʷsít to have (something) bought one by someone. {*tkʷsítəŋ* cn. *He bought it for me.* (TC) | *tkʷsítəŋ* caʔn. *They're going to buy it for me.* (ES) | ʔúŋəst cn ʔaʔ Gypsy ʔaʔ cə scúm̓ s*tkʷsítəŋs* ʔaʔ Willis. *I gave Gypsy the bone Mrs. Willis bought for her.* (MJT)} VAR: takʷsítəŋ {*takʷsítəŋ* st. *Someone bought it for us.* (AS) | *takʷsítəŋ* cn ʔaʔ cə kapú. *They bought me a coat.* (AS)}

tkʷsnáyəŋ 〚√taw-as=ɬnay-ŋ √buy-ptcaus=neck-mdl〛 ☞ tə́kʷs to buy supplies. (AS,BC) VAR: tkʷɬnáyəŋ (ES) {ʔiʔ hiyáʔ *tkʷɬnáyəŋ* cə nsɬáni ʔaʔ či sʔíɬən. *And my wife went to buy food.* (ES) | *tkʷɬnáyəŋ* u? *Is he going to buy groceries?* (ES) VAR: takʷsáyŋ {hiyáʔ caʔn *takʷsáyŋ* ʔaʔ ti sʔíɬən. *I'm going to buy food.* (AS) | *takʷsáyŋ* cn ʔaʔ kʷi nƛ̓ə́q̓šən. *I bought a supply of shoes.* (AS)} VAR: tkʷsnáyŋ {*tkʷsnáyŋ* cn ʔaʔ kʷi ɬqít. *I bought a supply of clothes.* (AS) | *tkʷsnáyŋ* cn ʔaʔ kʷi sčəyíqʷɬ. *I bought a supply of fruit.* (AS)} VAR: təkʷsnáyŋ (AS)

tkʷúɬ ⟦√tkʷ-uɬ √break-compl⟧ ☞ tkʷə́t to break completely. {čiyáy cn ʔiʔ **tkʷúɬ**. *I almost broke to pieces.* (AS)}

tkʷútən ⟦√tkʷ=utən √break=rib⟧ ☞ tə́kʷ to break a rib, spine. (TC)

tkʷúykʷɬ ⟦√tkʷ=uykʷɬ √break=bodyside⟧ ☞ tə́kʷ to break a rib, break one's side. (TC; ES)

tkʷxʷáʔitxʷ ⟦√təkʷxʷ=aʔitxʷ √nine=dollar⟧ ☞ tə́kʷxʷ nine dollars. (EPT)

tkʷxʷáčɬ ⟦√təkʷxʷ=əčɬ √nine=child⟧ ☞ tə́kʷxʷ nine children. (MJT)

tkʷxʷákʷɬ nine canoes. *See under:* təkʷxʷákʷɬ

tkʷxʷáɬ ⟦√təkʷxʷ=aɬ √nine=times⟧ ☞ tə́kʷxʷ nine times. {**tkʷxʷáɬ** tə nəsíyəm. *I sang nine times.* (MJT)} VAR: təkʷxʷáɬ (MJT)

tkʷxʷásən ⟦√təkʷxʷ-a=sən √nine-ext=foot⟧ ☞ tə́kʷxʷ to have nine points. {**tkʷxʷásən** q̓aʔyács. *nine-rayed sea star* (MJT)}

tkʷxʷáy ⟦√təkʷxʷ=ayə √nine=person⟧ ☞ tə́kʷxʷ nine people. (EPT; LC)

tkʷxʷíkʷs ⟦√təkʷxʷ=iws √nine=body⟧ ☞ tə́kʷxʷ nine animals or people. (EPT)

tkʷxʷɬšáʔ ⟦√təkʷxʷ=ɬšaʔ √nine=ten⟧ ☞ tə́kʷxʷ ninety. (EPT) VAR: təkʷxʷɬšáʔ (BGT)

tɬaʔáwəɬ ⟦√tɬ=əʔəw-ɬ √near_side=side-dur⟧ to be on the nearside, this side (toward the speaker). (TC; ES; AS) {ʔuʔ**tɬaʔáwəɬ** cə nsɬáni. *Your wife is on this side (of where we're standing).* (AS) | ʔuʔ**tɬaʔáwəɬ** ʔaʔ cə sq̓iyáxən. *She's on this side of the fence.* (AS)} VAR: tɬaʔáw̓əɬ (EPT; MJT) {**tɬaʔáwəɬ** ʔaʔ tsə ʔáʔyəŋ. *It's this side of the house.* (MJT) | **tɬaʔáwəɬ** kʷi kʷə číkən. *The chickens are on this side (of the fence).* (AS)}

tɬaʔáyən̓ ⟦√tɬ-əʔ=ayən̓ √near_side-ext=room⟧ to be inside a room or fence, this side of a wall. (MJT) VAR: tɬaʔáyn̓ɬ (AS) ⟦√tɬ=aʔayən̓-ɬ √near_side=ear-dur⟧ VAR: tɬaʔáyən̓ɬ {**tɬaʔáyən̓ɬ** tiə sx̌aʔyéʔx̌qɬ. *The children are on this side.* (AS)}

tɬaʔáyəs ⟦√tɬ-əʔ=ayus √near_side-ext=eye⟧ to be on the nearside, this side (that the speaker can see). (AS) {ʔuʔ**tɬaʔáyəs** kʷi kʷi scúɬ. *The wood is on this side.* (AS)}

tɬə́t ⟦√tɬ-t √near_side-trns⟧ to cover anything with a lid. (TC) {**tɬə́t** či cə sčəyíqʷɬ. *Put the cover on that fruit.* (AS) | **tɬə́t** tə sx̌álap syáčɬ ʔaʔ tiə sčəyíqʷɬ. *Cover the pot that's filled with fruit.* (AS)}

tɬə́tən ⟦√tɬ-t-ŋ √near_side-trns-psv⟧ ☞ tɬə́t to be covered with a lid by someone. {**tɬə́təŋ** cə sx̌álap ʔaʔ cə sx̌íx̌aʔx̌qɬ. *The child put the cover on the pot.* (AS)}

tɬíyəŋ ⟦√tɬ-iy-ŋ √near_side-dev-mdl⟧ to stoop down to go under. (ES) VAR: tɬíyŋ {**tɬíyŋ** cn ʔaʔ cə ċaʔcítən. *I bent down to go under the table.* (AS)}

tɬnáʔəč ⟦√tɬnaʔəč √across⟧ [may have √tɬ 'this side']

1. to be across, on the other side. {**tɬnáʔəč** cə ʔaʔ nə́kʷ. *I'm across from you.* (TC) | húʔ yaʔ st tiə ʔuʔtákʷi ʔúx̣ʷ ʔaʔ cə **tɬnáʔəč** ʔiʔ níɬ suʔk̓ʷənnə́kʷiɬ ʔaʔ cə sčəyaʔčaɬ ʔiyá ʔaʔéʔɬx̣ʷaʔ ʔiyá ʔaʔčixʷícən. *When we went across to the other side, we met with our relatives there at Elwha and at Port Angeles.* (TC)}

2. Canada. (EPT; AS,BC; ES) {**tɬnáʔəč** cn. *I'll be across (in Canada).* (AS,BC) | x̌aʔ**tɬnáʔəč** cn. *I'm going to Canada.* (AS,BC) | č**tɬnáʔəč** cn. *I'm from Canada.* (AS,BC) | húy q cn yaʔ ʔuʔ xčít ti sxʷən̓ʔán̓s yaʔ ʔiyá ʔaʔ cə **tɬnáʔəč**. *I only know how it was there in Canada.* (TC) | čʔiyá ʔaʔ cə **tɬnáʔəč** kʷɬi sɬaniʔ čɬtéʔim yaʔ ʔəɬ čə́n̓əŋəs. *The woman who got that song when she was in the Shaker church was from Canada.* (ES)} VAR: tɬnáʔəč (TC) {**tɬnáʔəč** cə ʔaʔ nə́kʷ. *I'm across from you.* (TC)}

tɬuʔúcən ⟦√tɬ-əʔ=ucin √near_side-ext=edge⟧ to be on this side, bank, edge (of a river of bay). (MJT) {ʔiyá st kʷi **tɬuʔúcən** ʔaʔ cə stúʔwi. *We were on this side of the river.* (AS)}

tɬús ⟦√tɬ=us √near_side=face⟧ to lie on one's stomach, lie face down lie upside down (of a canoe). (LC; ES; TC) {**tɬús** cn. *I'm lying on my belly.* (TC)} VAR: təɬús (TC)

tɬúsəŋ ⟦√tɬ=us-ŋ √near_side=face-mdl⟧ ☞ tɬús to turn one's face down (as in prayer). {**tɬúsəŋ** či. *Put your face down.* (BC)}

tɬúst ⟦√tɬ=us-t √near_side=face-trns⟧ ☞ tɬús to turn something (such as a canoe) upside down, face down, the open end down. (ES; TC; AS,BC) {**tɬúst** cn cə snə́xʷɬ. *I turned the canoe over.* (AS) | **tɬúst** cn cə sqʷúʔtən. *I turned the bucked over.* (AS)}

tɬústəŋ ⟦√tɬ=us-t-ŋ √near_side=face-trns-psv⟧ ☞ tɬúst to be turned upside down by someone or something. {**tɬústəŋ** cn. *They turned me face down.* (TC)}

tqáʔpən ⟦√tqa<ʔ>p=ən<ʼ> √trap_fish<actl>=instr<actl>⟧ ☞ tqápən to be trapping fish. {**tqáʔpən** cn. *I'm trapping.* (ES) | **tqáʔpən** u cxʷ? *Are you trapping?* (ES)}

tqáməš ⟦s-√təq=uməš s-√?=type⟧ Stuckamish tribe. (LBH) VAR: tqhámeš (LBH) VAR: tə́qhəməš (LBH)

tqápən ⟦√tqap=ən √trap_fish=instr⟧
1. to trap fish. (ES)
2. a type of large salt-water fish trap. (ES)

tqə́ċaʔ ⟦√tqəċaʔ √Seabeck⟧ [Harrington suggests that this comes from the Chemakum word for river mouth.] Seabeck Bay area. (CWH; MJT; AS,BC) *cp.* qáʔmaʔqʷ {kʷɬʔiyá yaʔ cn ʔaʔ tə ʔáʔiŋ ʔaʔ kʷi nəsisíyaʔ ʔaʔ**tqə́ċaʔ**. *I was already there at the house of my grandparents at Seabeck.* (MJ)}

tqə́t ⟦√tq-t √shut-trns⟧ ☞ tə́q to close, shut something. (AS,BC; TC) {**tqə́t** cə súɬ. *Shut the door.* (TC; AS,BC; AS)}

tqə́təŋ ⟦√tq-t-ŋ √shut-trns-psv⟧ ☞ tqə́t to be closed, shut by someone or something. (TC; AS,BC) {*tqə́təŋ cə súɬ. The door was closed by someone.* (AS)}

tq̓ə́təŋ be farted on. *See under:* ɬq̓ə́təŋ

tqʷə́t ⟦√tqʷ-t √tight-trns⟧ ☞ tə́qʷ to tighten something. (ES) {*tqʷə́t cn. I tightened it.* (ES)}

tqʷə́təŋ ⟦√tqʷ-t-ŋ √tight-trns-psv⟧ ☞ tqʷə́t to be tightened by someone. (ES) {*tqʷə́təŋ cə x̣ʷéʔləm. The rope was tightened.* (AS) | *tqʷə́təŋ cə súɬ. The door was (closed) tight.* (AS)}

tqʷíkʷsəŋ ⟦√tqʷ=iws-ŋ √tight=body-mdl⟧ ☞ tə́qʷ to pack up. (MJT) {*tqʷíkʷsəŋ yaʔ cə nsʔúqʷaʔ; hiyáʔ č ʔəsʔúmənə. My brother packed up; he was going hunting.* (AS)}

tqʷíw̓səŋ ⟦√tqʷ=iw<ʔ>s-ŋ<ʔ> √tight=body<actl>-mdl<actl>⟧ ☞ tqʷíkʷsəŋ to be packing up. {*kʷtqʷíw̓səŋ cn. I'm packing up.* (MJT)}

ts spec.fem. *See under:* tsə

tsanu ⟦tsanu det_fem_obv⟧ [specific, feminine, obviative demonstrative determiner] the, a, that other (feminine). {*suʔx̣ánəŋs, "nəséʔyaʔ, níɬ nəŋə́nəŋənaʔ tsanu." She said, "My grandmother, those are my children."* (MJ) | *níɬ kʷə ʔuʔ nəŋə́naʔ tsanu. That's my daughter.* (EP) | *níɬ kʷi nəŋə́naʔ tsanu. That's my daughter.* (EPT) | *níɬ ʔəw ṅŋə́nəŋənaʔ tsanu. Are those your children?* (EPT) | *páʔkʷɬ č caʔ tsanu. He's (apparently) going to race.* (EPT) | *qáyəx̣ tsanu. He's a liar.* (EPT) | *hiyáʔ č caʔ ɬúk̓ʷ tsanu. He's going home.* (EPT)} VAR: təsánu {*ʔáckʷɬ šaʔ təsanu. He's way out now.* (EPT)}

tsə́ŋ ⟦√ts-as-ŋ √arrive_there-ptcaus-psv⟧ ☞ tsə́s to be brought there. {*tsə́ŋ cn. They brought me there.* (AS) | *níɬ č suʔtsə́ŋs ʔaʔ cə sxʷʔiyás cə slapú? Then she brought them arriving at Slapu's place.* (AA)}

tsə́s ⟦√ts-as √arrive_there-ptcaus⟧ ☞ tə́s to get something there. {*tsə́s cn. I got it there.* (AS)}

tsaw̓niɬ def.fem. *See under:* tsəw̓niɬ

tsayə ⟦tsayə that_one_fem⟧ [probably a compound of a determiner and the root meaning 'there'] ☞ tsə ☞ ʔiyá that, that other one (feminine). (EP; MJ) {*ʔáwə c qʷáqʷiʔ ʔaʔ či sśéʔtəŋs ʔaʔ tsayə ʔə́y̓ tiskʷánts. They don't say their desires for one that's good looking.* (AA)} VAR: tsáyə {*ʔúx̣ʷ ʔaʔ tsáyə. Go there.* (LC) | *níɬ kʷi nuʔčə́q tiʔə sčáyə ʔaʔ tsáyə. This stick is bigger than that one.* (MJT) | *x̣ənʔátəŋ ʔaʔ tə swə́yqaʔs kʷaʔ ʔáwəs c šə́təŋ txʷx̣ə́nəŋ ʔaʔ tsáyə. She was told by her husband to not walk that way.* (MJ)}

tsə ⟦tsə det_fem_spec⟧ [specific, feminine demonstrative determiner] [There are examples of this determiner used in reference to a male. The details of how this works or when it may be used in reference to a male are unclear.] the, a, that (feminine). (LC; ES; AS,BC; AS) {*kʷikʷiyáy tsə. She's an expert.* (ES) | *níɬ iqɬ nəsɬániʔ tsə. I wish she were my wife.* (MJT) | *ʔənʔá tsə ŋə́naʔs. His daughter came.* (MJ) | *níɬ suʔhúys tsə. Then she was finished.* (MJ) | *stáŋ ʔuč tsəʔ? What is that?* (NS,JW) | *txʷcán ʔay̓ tsə ʔáʔyəŋ? Whose house is it?* (NS,JW) | *níɬ cán tsə? Who is this?* (LC) | *níɬ u skʷáʔs táləs tsə? Is that her money?* (NS,JW) | *níɬ u nskʷáʔ ṅʔáʔyəŋ hay tsə? Is that you people's house?* (NS,JW) | *níɬ ixʷ suʔx̌kʷə́ts ʔaʔ kʷsə nəsíyaʔ tsə ƛ̓úyəqs. Then I guess my grandmother took a box.* (MJ) | *nəsčínuʔ tsə ʔəcɬtáynxʷ mán̓ ʔuʔ qʷáqʷiʔ. I'm sick and tired of that person talking too much.* (TC) | *kʷɬnə́qən kʷɬaʔ tsə sʔuʔšáct. The sun's already gone down.* (MJT) | *nəsčínuʔ tsə ʔən̓sqʷáqʷiʔ. I'm tired of what you're saying (said to his wife).* (TC) | *nanəɬtíxʷ či tsə qʷiŋítxʷ; ʔáwətxʷ c ʔə́c. Talk him, not me. / Let it be him that you talk to; don't let it be me.* (MJT) | *hiyáʔ čə naʔcúʔtxʷəŋ cə máščuʔ ʔaʔ tsə saʔə́yčəns. Mink went to visit his sister.* (TC) | *ʔuʔx̣čít cn tsə swə́yqaʔ. I know that man.* (TC)} VAR: csə (ES) {*csə céʔct. the mother.* (MJT) | *níɬ ʔuč cán csə ṅsqʷúʔšən? Who is that girl with you?* (NS,JW) | *ʔuʔx̣čít cn csə swə́yqaʔ. I know that man.* (TC) | *kʷətə́q csə smaʔmáʔcən. The little skunk is spraying.* (MJT) | *ʔiyáʔ csə ŋə́naʔs ʔyá ʔaʔ cə ʔəctúnən. His daughter is there in the middle.* (MJT) | *čč́əyiʔ u csə ṅsqʷúʔšən? Does that girl with you have fir bark?* (NS,JW)} VAR: ts {*k̓ʷə́nəs ʔaʔ ts nəskʷáʔ sɬániʔ. He saw that it was my wife.* (TC)}

tsə́ct ⟦√ts-cut √arrive_there-rflxv⟧ [metathesis with reflexive] ☞ tə́s to get near, approach, get close. (MJT; AS,BC) {*tsə́ct ʔaʔ cə sx̣cáʔi. Get close to the weeds.* (TC) | *nəsuʔhiyáʔ mán̓ ʔuʔ tsə́ct. Then I got very close.* (TC) | *mán̓ ʔuʔ tsəct ʔaʔ tə stove ʔiʔ k̓ʷás. He got too close to the stove and got burned.* (MJT)}

tsəsə ⟦tsəsə det_fem_far⟧ [specific, far, feminine demonstrative determiner] the, a, that (far, feminine). {*níɬ suʔčáčts c sŋánt kʷs sxʷʔiyás kʷaʔčaʔ tsəsə ʔáʔiŋ slapú? Then he turned it into stone where Slapu's house is.* (MJ)}

tsə́t ⟦√ts-t √arrive_there-trns⟧ ☞ tə́s to bring or take (something) close to someone or something. (AS) {*tsə́t cn. I brought it close. / I took it there.* (AS) | *tsə́ts ʔaʔ tə súɬ. She took it to the door.* (MJ) | *ʔuʔtsə́ts tə súɬ ʔaʔ tə ŋə́qsəns. She put her nose close to the door.* (MJ)}

tsə́təŋ ⟦√ts-t-ŋ √arrive_there-trns-psv⟧ ☞ tsə́t to be arrived at, got to by someone or something. {*tsə́təŋ ʔaʔ kʷi síyaʔs yaʔ. Her grandfather go to her.* (AS)}

tsəw̓niɬ ⟦tsəw̓niɬ fem_def⟧ [definite, feminine demonstrative determiner] the, that (feminine). (TC) {*ʔiʔ níɬ tsəw̓niɬ nəŋə́naʔ ʔaʔ nəsxʷʔáɬa kʷə tə nəskʷə́ntəŋ kʷə. And it is my daughter that I'm here with who looks after me.* (BH)} VAR: tsaw̓niɬ {*ʔiʔ čŋáʔna tsaw̓niɬ sxʷtúnəqs. And his older* sister had a had a baby. (TC) | mán ʔuʔ χaʔx̣éʔsi **tsawṅił**. *She (Octopus) was very ugly.* (TC)}

tsiʔə *this.fem. See under:* tsiə

tsiə ⟦tsiə this_fem⟧ [feminine proximate determiner] *this.* (AS,BC; TC) {k̓ʷə́nəxʷ cn **tsiə**. *I saw her.* (BC) | ʔi ̓ níɬ yaʔ kʷaʔčaʔ sxʷʔiyás ʔiʔuʔú? cn ʔuʔ k̓ʷə́nnəxʷ kʷsə nəsɬániʔ, **tsiə** nəsɬániʔ. *And that is where I first saw my wife, this wife.* (TC) | níɬ kʷi sxʷaʔáʔis **tsiə** sx̣íʔx̣aʔx̣qɬ. *It's the little girl's chamber pot.* (AS)} VAR: tsiʔə {sə́mə̌ct caʔn **tsiʔə**. *I'm going to cover her up.* (MJT) | k̓ʷə́nəxʷ cn **tsiʔə** sɬániʔ. *I see this woman.* (TC) | níɬ kʷi nəsxʷtúnəq **tsiʔə**. *It's my older sister.* (NS,JW) | qaqéʔnəxʷ cn **tsiʔə**. *I'm mad at her.* (MJT) | nəxʷsx̣áʔyəm u **tsiʔə** n̓sčáʔčaʔ? *Is your (girl) friend here Klallam?* (NS,JW) | ʔə́mət kʷi **tsiʔə** sɬániʔ. *The woman is sitting down.* (MV) | níɬ nətán **tsiʔə** táči. *That's my mother coming.* (MJT) | ʔuʔə́mət čaʔ kʷi **tsiʔə** nətán. *My mother will sit down.* (MV) | ʔə́ytxʷ či n̓k̓ʷə́n̓t **tsiʔə** n̓sxʷtaləháy. *Take good care of your pocketbook.* (MJT)}

tsiqʷə́y̓ ⟦√tsyqʷəy̓ √Ediz_Hook⟧ *Ediz Hook.* (AS,BC; AS) {čšaʔ**tsiqʷə́y̓** cn. *I came from Ediz Hook.* (AS)}

tsnáxʷ ⟦√ts-naxʷ √arrive_there-nctrns⟧ *to manage to get someone or something to somewhere.* (AS) {**tsnáxʷ** cn cə sʔíɬən. *I managed to get the food there.* (AS)}

tsnə́s ⟦√ts-nəs √arrive_there-intent⟧ ☞ tə́s *to arrive there for someone or something, come upon someone or something.* (AS,BC) {**tsnə́s** cn. *I got there for him/her.* (MJT; TC; AS) | suʔ**tsnə́s**s cə ŋə́n̓ kʷítšən. *He got to where There are lots of salmon.* (TC)}

tsnə́səŋ ⟦√ts-nəs-ŋ √arrive_there-intent-psv⟧ ☞ tsnə́s *to be got to, arrived for, approached by someone or something.* (AA) {**tsnə́səŋ** ʔaʔ cə stə́yaʔčən. *The wolves got there to him.* (TC) | **tsnə́səŋ** cn. *He got here to me.* (MJT; TC) | **tsnə́səŋ** u cxʷ? *Did they get to you?* (TC) | **tsnə́səŋ** cn ʔaʔ kʷɬi ntán. *My mother got there for me.* (AS) | suʔ**tsnə́səŋ**s ʔaʔ tə stə́yaʔčən. *So the wolves came upon him.* (TC) | **tsnə́səŋ** cn kʷi ʔaʔ kʷəsə nsxʷʔiyá. *He got to me where I was.* (EPT) | ʔéʔtt č kʷaʔčaʔ ʔiʔ **tsnə́səŋ** ʔaʔ cə stəyáʔčən. *He was sleeping and was approached by the wolves.* (TC) | suʔtáŋəns ʔaʔ cə táŋən ʔiʔ **tsnə́səŋ**. *Evening came, and he came for her.* (AA) | čəq̓ ixʷ cə spk̓ʷəŋáwtxʷ ʔiʔ ʔáwə c **tsnə́səŋ** cə ʔáʔyəŋ. *The smokehouse must have burned, but it didn't get to the house.* (MJT) | níɬ nəsuʔ**tsnə́səŋ** ʔaʔ cawniɬ kʷaʔ ʔuʔstánəs yaʔ čta snúʔnəkʷ. *Then I was approached by that whatever it was ghost.* (TC) | twawʔéʔtt č sxʷʔiyá ʔiʔ kʷɬ**tsnə́səŋ** ʔaʔ cə stəyaʔčən. *He was still sleeping there when he was approached by the wolves.* (TC) | ʔáwənə sxčíts cə q̓áʔŋi kʷaʔ ʔuʔəcɬtáyŋxʷs kʷaʔ stánəs ʔəɬ **tsnə́səŋ**s ʔaʔ ti ʔəsnát. *She didn't know if it was human, whatever it was that came for her in the night.* (EB) VAR: tsə́nəŋ (AS) {txʷčəyáy ʔaʔ tə snát ʔiʔ nəs**tsə́nəŋ**. *It got close to night, and he came to me.* (MJ) | nəs**tsə́nəŋ** yaʔ ʔiʔ ʔáwə cn c nəxʷk̓ʷq̓ə́t cə súɬ. *He approached, and I didn't open the door.* (MJ)} VAR: nəxʷtsə́nəŋ (MJ) {suʔtáčis ʔiʔ nəxʷ**tsə́nəŋ**. *So he got there and approached.* (MJ)}

tsnúŋət ⟦√ts-nuŋt √arrive_there-ncmdl⟧ ☞ tə́s *to manage to arrive, get near, approach.* (TC) {čaʔ**tsnúŋət** cn. *I just finally got there.* (AS) | čaʔ**tsnúŋət** ti ʔaʔyəcɬtáyŋxʷ. *The people finally just got there.* (AS)}

tsús ⟦√tsus √pitiful⟧ *pitiful, pathetic, having hard times, having a tough time making a go of life.* (ES)

tšáyəqən ⟦√tš=ayqən √comb=fur⟧ ☞ tšə́t *wool carder.* (TC; BC)

tšéʔqʷən ⟦√tš=iʔqʷ=ən √comb=head=instr⟧ ☞ tšə́t *comb.* (LC; TC; AS; AS,BC) {x̣ʷət cə **tšéʔqʷən** ʔiʔ **tšéʔqʷəŋ** či. *Take the comb, and comb your hair.* (TC,AS,BC)} VAR: təšéʔqʷən (BC)

tšéʔqʷəŋ ⟦√tš=iʔqʷ-ŋ √comb=head-mdl⟧ ☞ tšə́t *to comb one's hair.* (MJT; ES,HS,AS; ES; AS,BC) {**tšéʔqʷəŋ** caʔn. *I'm going to comb my hair.* (MJT) | čáʔkʷts tə siʔátəns ʔiʔ **tšéʔqʷəŋ**. *She washed her hair and combed.* (MJ) | x̣ʷət cə **tšéʔqʷən** ʔiʔ **tšéʔqʷəŋ** či. *Take the comb, and comb your hair.* (TC,AS,BC)}

tšéʔqʷt ⟦√tš=iʔqʷ-t √comb=head-trns⟧ ☞ **tšéʔqʷəŋ** *to comb someone's hair.* {súk̓ʷts cə ŋə́nəŋənaʔs ʔiʔ **tšéʔqʷt**s *She bathed her children, and combed their hair.* (MJ)}

tšéʔqʷtəŋ ⟦√tš=iʔqʷ-t-ŋ √comb=head-trns-psv⟧ ☞ **tšéʔqʷt** *to be combed by someone.* {níɬ suʔhúys tə s**tšéʔqʷtəŋ**s ʔaʔ kʷsə nəsxʷʔúkʷɬ, tə ŋáʔnaʔs. *Then she finished combing my babysitee, her child.* (MJ)}

tšə́t ⟦√tš-t √comb-trns⟧ *to comb something or someone.* (AS,BC) {**tšə́t** tsə siʔátəns. *Comb her hair.* (AS) | **tšə́t** cn cə nsiʔátən. *I combed my hair.* (AS)}

ttáʔciŋəxʷ *animals. See under:* taʔtáʔciŋəxʷ

ttaʔkʷác ⟦t+√taʷ<á>-t-c incep+√light<actl>-trns-1obj/2obj⟧ ☞ ttaʔkʷát *shining on me; shining on you.* {**ttaʔkʷác** u cxʷ? *Are you shining a light on me?* (TC)}

ttaʔkʷát ⟦t+√taʷ<á>-t incep+√light<actl>-trns⟧ [rightward stress shift actual] ☞ tə́kʷt *to be shining, flashing a light on something.* {**ttaʔkʷát** cn. *I'm flashing a light on it.* (ES)}

ttaʔnáct ⟦t+√taʔnaʔ-cut incep+√do_best-rflxv⟧ ☞ taʔnáct *to start to take care of oneself, do the best one can.* (TC; AS,BC) {**ttaʔnáct** cxʷ kʷi, siʔám̓. *Take care of yourself, dear.* (AS) | ʔuʔiʔ**ttaʔnáct** cn kʷi ʔuʔiʔəstéʔtəm tə nəsʔinuʔčičáʔi. *I'll be taking care of myself being steady and strong in my working.* (RSh)}

ttáʔŋən ⟦t+√ta<ʔ>ŋn incep+√evening<actl>⟧ ☞ ttáŋən *becoming dusk, getting to be evening.* (MJT) {kʷɬiʔ**ttáʔŋən**. *It's getting dusk.* (MJT) | ɬíct cn tə nəčšúycs ʔaʔ kʷɬiʔ**ttáʔŋən**s. *I cut my fingernails*

ttá?wi? 〚t+ √ta?w-iy < ? > pl + √light-dev < actl >〛 ☞ tá?kʷi to be bright light shining, flashing, throwing its rays. (ES; TC; MJ) {tiə háʔɬ **ttá?wi?** skʷənáŋəɬ ʔaʔ cícɬsiʔám. *This good bright power of the Lord.* (BH)} VAR: tta?wi (ES; TC) *when it was getting evening.* (MJT)} VAR: ttáŋən (MJT) VAR: ttáŋən {níɬ č suʔ**ttáŋən**s ʔiʔ ʔəssáqɬ tə ʔaʔyəcɬtáyŋxʷ. *Then it was starting to be evening, and the people were outside.* (MJ)}

ttáŋən 〚t+ √taŋn incep+√evening〛 ☞ táŋən 1. the start of the evening, dusk, early evening. {ɬkʷísts ʔiʔ čáŋ ʔaʔ ti **ttáŋən**. *He brought her home in the early evening.* (MJ)}

ttú?yi? 〚t+√tu<?>y-iy<ʔ> incep+√over_water<actl>-dev<actl>〛 ☞ túyi to be arriving going over deep water. {ʔiʔ**ttú?yi?** cn. *I'm going by water now.* (TC)}

tu?ánəxʷ Skokomish. *See under:* təẃánəxʷ

tu?ánxʷ 〚√tw?ánxʷ √Twana〛 Twana tribe, Skokomish people. (MVT; AS,BC) VAR: tu?ánəxʷ (EPT) VAR: tuʔánəxʷ (AS,BC) VAR: tuẃánəxʷ (LBH; LB,EWH; CWH)

tú?əyəqʷ small mussel. *See under:* tú?yəqʷ

tú?i 〚√tu<?>y √over_water<actl>〛 ☞ túyi to be arriving going over deep water. {hiyáʔ kʷi sxʷɬə́ss ʔiʔ kʷɬčáyq ti skʷəníts ti scánnəxʷ ʔəɬ **tú?i**s. *She got to where the elders watch the salmon coming upstream.* (AS)}

tú?qʷəŋ 〚√tu<?>qʷ-ŋ<?> √cough<actl>-mdl<actl>〛 ☞ túqʷəŋ to be coughing; to have a cold. (EPT; LC; TC) {**tú?qʷəŋ** cn. *I'm coughing / I have a cold.* (ES) | sxáʔəs kʷə sxə́ɬs **tú?qʷəŋ**. *He's got a bad cough.* (EPT) | ʔiʔ**tú?qʷəŋ** cə swə́yqaʔ. *That man (moving along there) is coughing.* (TC)}

tú?xʷ exactly. *See under:* túxʷ

tú?yəqʷ 〚√tu?yəqʷ √small_mussel〛 a small blue-purple mussel that grow in clusters. *Mytilus edulis (?).* (LB,EWH; MJT; ES; AS,BC) [may contain the suffix for 'head'] VAR: tú?əyəqʷ (MJT)

túi arrive via water. *See under:* túyi

tuléyləp 〚√tuléyləp √Tulalip〛 Tulalip tribe. (ES) [from English 'Tulalip' from Lushootseed 'dəxʷlilap']

tuŋɬ 〚tuŋɬ let's〛 let's, let me, let us, when I. [cohortative speech act enclitic] {hiyáʔ **tuŋɬ**. *Let's go.* (NS,JW) | kʷɬkʷáčəŋ **tuŋɬ** ʔiʔ čaʔxʷítəŋ cxʷ. *When I holler, you jump.* (TC; ES) | kʷáčəŋ **tuŋɬ** ʔiʔ čaʔxʷítəŋ cxʷ. *When I holler, you jump.* (TC; ES) | hiyáʔ či ƛaʔtáwn **tuŋɬ**. *Let's go to town.* (EPT) | kʷɬqʷáy **tuŋɬ**. *when I talk* (TC) | qʷinə́kʷi **tuŋɬ**. *Let's talk.* (AS,BC) | čáy **tuŋɬ** ʔaʔ či xʷéʔləm. *Let's make rope.* (TC) | ʔənʔá či kʷənət **tuŋɬ** *Come let me look at it.* (MJ) | húy či čáy **tuŋɬ** ʔaʔ či xʷéʔləm. *Let's please make rope.* (AA) | ɬákʷi **tuŋɬ**. *Let's go across.* (MJ) | hiyáʔ či ʔəsʔúmənaʔ **tuŋɬ**. *Let's go hunting.* (EPT) | štəŋúsəŋ **tuŋɬ** či. *Let's go for a walk.* (MJT) | ʔənʔá či hiyáʔ **tuŋɬ** ƛáʔcuʔ. *Come, let's go fishing.* (MJT) | hiyáʔ či mitáli **tuŋɬ**. *Let's play cards.* (MJT) | húy či mitáli **tuŋɬ**. *Let's play cards.* (MJT) | ʔənʔá kʷaʔkʷə́čəŋ "ʔúyɬ **tuŋɬ**! ʔúyɬ **tuŋɬ**!" *They came hollering, "Put us aboard! Let us get on!"* (ES) | kʷɬqʷáy **tuŋɬ** ʔiʔ ʔáw cxʷ c qʷáqʷi?. *I'm talking so don't talk.* (TC) | kʷɬxʷítəŋ **tuŋɬ** ʔiʔ čaʔkʷáčəŋ cxʷ. *We'll jump before you holler.* (TC) | kʷɬʔítt **tuŋɬ** ʔiʔ čaʔtúkʷ cxʷ. *Wait until we go to bed before you go home.* (TC) | kʷɬʔítt **tuŋɬ** ʔiʔ čahiyáʔ cxʷ. *When we got to bed, you leave.* (TC) | šúpt **tuŋɬ** ʔiʔ čaʔxʷítəŋ cxʷ. *When I whistle, you jump.* (TC) | čpaʔyúsəŋ **tuŋɬ** ʔiʔ čaʔxʷítəŋ cxʷ. *When wink, you jump.* (TC) | ʔə́mət **tuŋɬ** ʔiʔ čaʔxʷítəŋ cxʷ. *When I sit down, you jump.* (TC) | xʷítəŋ **tuŋɬ** ʔiʔ čaʔʔə́mət cxʷ. *Let me jump before you sit down.* (TC) | hiyáʔ **tuŋɬ** ʔiʔ čaʔʔə́mət cxʷ. *When we go, you sit down.* (TC) | hiyáʔ či ʔəmxʷúcəŋ **tuŋɬ** ʔaʔ či yéʔxəm. *Let's go berry-picking for blueberries.* (MJ) | suʔxə́nəŋs cawniɬ skʷaʔkʷáʔtuʔ, "húy či ʔúyəɬtxʷ **tuŋɬ**." *So the crow said, "Let's put her aboard."* (MJ)} VAR: tuŋəɬ {xʷítəŋ **tuŋəɬ**. *Let's jump.* (TC) | ʔúyɬ **tuŋəɬ**. *Let's get on. / Let me get on.* (AS,BC) | húy či mitáli **tuŋəɬ**. *Let's play cards.* (MJT) | húy či pə́kʷɬ **tuŋəɬ**. *Let's race.* (ES) | húy či páʔət **tuŋəɬ** ʔaʔ Timmy. *Let's test Timmy.* (MJ)}

túqʷəŋ 〚√tuqʷ-ŋ √cough-mdl〛 to cough. (LB,CWH; LST; LC; TC; AS,BC) {**túqʷəŋ** cn. *I coughed.* (TC) | mə́n cxʷ ʔuʔ **túqʷəŋ**. *You're coughing too much.* (LSaT) VAR: túqʷəŋ (ES)

tušék 〚√tušék √n_s〛 a foreign word of unknown meaning or origin. 《spoken by an enemy invading force from Nitinaht area in a story told by Sam Ulmer to Ed Sampson》 {**tušék** ʔéʔɬʷaʔ. 《This is, according to the story, a Nitinaht expression indicating surprise.》 (ES)

túta?mi? 〚√tuta?m-iy √warm-dev〛 to be warm (not hot). (ES) {**túta?mi?** tiə skʷáči. *It's warm today.* (AS) | **túta?mi?** tiə qʷú?. *This water is warm.* (AS)}

tuwəqáys 〚√tuwəqáys √place_name〛 a place some distance north of Point of Arches. (JSH)

túwánəxʷ Skokomish. *See under:* təẃánəxʷ

túxʷ 〚√tuxʷ √exactly〛 [u-intensifier] to be exactly, just, precisely. {ʔuʔ**túxʷ** ʔuʔ ʔə́y. *It's just right.* (ES,TC) | **túxʷ** ʔuʔ ʔəsx̣úʔƛəm. *It's just right.* (TC) | **túxʷ** ʔuʔ ʔəstáʔŋəɬ. *It was just at high tide.* (ES) | **túxʷ** yaʔ ʔuʔ wəsáyəs. *She was just beginning to bark.* (MJT) | **túxʷ** st ʔuʔ ʔəsyəqənə́wi. *We're exactly the same.* (ES) | **túxʷ** ʔuʔ ʔəctúŋən. *It's (exactly) in the middle.* (MJT) | **túxʷ** ʔuʔ nə́w ʔaʔ cə čə́q sxʷcə́yqʷəŋ. *He went right into a big hole.* (ES) | ʔiʔ **túxʷ** ʔuʔ húy tə nsʔaʔyəɬtayéʔčəŋ ʔaʔ cə scúɬ. *I had just finished loading the wood.* (ES)} VAR: tú?xʷ {**tú?xʷ** ʔuʔ ʔəctúŋən či sʔə́məts. *She sat right in the middle.* (MJ) | **tú?xʷ** cn ʔuʔ hiyáʔ. *I'm just (now) going to go.* (TC) | **tú?xʷ** yaʔ cn kʷi ʔuʔ ʔúyəɬ. *I was just getting in.* (MJT) | **tú?xʷ** yaʔ cn kʷi ʔuʔ qʷíni?. *I was just getting out.* (MJT) | **tú?xʷ** q̓éyt *It's high noon.* (TC) | **tú?xʷ** cn. *I'm right in the middle.* (TC)} VAR: tə́xʷ {**tə́xʷ** cn ʔuʔ yəqáɬ. *I'm* right in the way. (TC) | *táx̣ʷ* ixʷ kʷ uʔ kʷánəŋət ʔiʔ čáq̓. *He just started to run but fell.* (MJT) | *táx̣ʷ* ʔuʔ čúʔkʷs tə siyaʔčúʔiɬ. *I had exactly seven younger siblings.* (MJ) | *táx̣ʷ* ʔuʔ ʔəsx̣úʔƛ̓əm̓. *It's just right.* (MJT) | *táx̣ʷ* cn ʔuʔ ʔúpən ʔiʔ ɬíxʷ. *I was exactly thirteen.* (MJ) | *táx̣ʷ* cn ʔaʔ nəxʷtə́qt cə gate ʔiʔ ƛ̓áy kʷəkʷáčəŋ či q̓əwičáp. *Just as I closed the gate the cougar started to holler again.* (MJ) | ʔiʔ čəyáy ʔúyɬ ʔaʔ cə skʷáʔəts cə nəsnóxʷɬ ʔiʔ čaʔ*táx̣ʷ* cn ʔaʔ cə cácu ʔaʔ cə sn̓iyánt. *And it almost got into the stern of my canoe as I just got to the beach on the rocks.* (TC)}

túx̣ʷtxʷ ⟦√tux̣ʷ-txʷ √exactly-letcaus⟧ [u-intensifier] ☞ túx̣ʷ to let something be exactly so. {*túx̣ʷtxʷ* kʷi ʔuʔ ʔəctúŋən. *Put it in the middle.* (MJT)}

túyəstəŋ ⟦√tuy-istxʷ-ŋ √over_water-caus-psv⟧ ☞ túyistxʷ to be taken over deep water. (ES) {*túyəstəŋ* caʔ st. *They're going to take us (across to Victoria).* (AS)}

túyi ⟦√tuy-iy √over_water-dev⟧ to arrive going over deep water, overseas. {*túyi* cn. *I'm going over water.* (TC) | *túyi* caʔn. *I'm going to get there (across the Strait to Victoria).* (ES,HS; AS) | hiyáʔ cn *túyi*. *I'm going out to deep water.* (MJT) | *túyi* caʔn hiyáʔ ƛ̓aʔmitúliyə. *I'm going to Victoria.* (AS) | níɬ č suʔhiyáʔs kʷaʔ ƛ̓áy *túyi*. *Then it goes back out again to the water.* (TC) | snəxʷɬáyɬ caʔn kʷaʔ hiyáʔən *túyi* ʔúx̣ʷ ʔaʔ mətúliyə. *I'm going by canoe when I go to Victoria.* (TC)} VAR: túi {ʔənʔá caʔn *túi* ʔux̣ʷnúŋəs. *I'm going to come across to get you.* (TC)}

túyistxʷ ⟦√tuy-istxʷ √over_water-caus⟧ ☞ túyi to bring someone or something going over deep water. {*túyistxʷ* cn. *I'm bringing him across.* (AS)}

twaw̓ʔáx̣əŋ ⟦twəw̓-√ʔax̣ə-ŋ still-√do/say-mdl⟧ [i-class intensifier] to happen suddenly. ☞ ʔáx̣əŋ {*twaw̓ʔáx̣əŋ* ʔiʔ kʷɬčəyəxʷ. *He suddenly came in.* (TC) | *twaw̓ʔáx̣əŋ* kʷaʔ ʔiʔ čúŋət cn. *Suddenly I pushed him.* (MJ)}

twəw̓x̣ʷənʔáŋ̓ ⟦twəw̓-√x̣ʷn̓a-ŋ<ʔ> still-√way-mdl<actl>⟧ ☞ x̣ʷənʔáŋ̓ to be as usual, typical. {*twəw̓x̣ʷənʔáŋ̓* č tə sƛ̓aʔyéʔƛ̓qɬ súʔkʷəŋ. *As usual the children were swimming.* (AA)}

txʷʔáx̣əŋ ⟦txʷ-√ʔax̣ə-ŋ becm-√do/say-mdl⟧ ☞ ʔáx̣əŋ
1. to go toward, go in a particular direction. (TC) {*txʷʔáx̣əŋ* cn ʔaʔ tiə ʔáɬaʔ. *I'm going this way.* (TC) | *txʷʔáx̣əŋ* ʔaʔ ti n̓šə́təŋ; ʔáwə c ʔúx̣ʷ ʔaʔ tsáyə. *Go this way when you're walking; don't go that way.* (MJ) | x̣ʷən̓úʔəs cn ʔaʔ tə nə*txʷʔáx̣əŋ*. *I'm facing where I'm going.* (TC) | ʔiʔ saʔsúɬs či s*txʷʔáx̣əŋ*s ti ʔəcɬtáyŋxʷ ʔəɬ šə́təŋs. *And it was the trail where the people would travel while they were walking.* (ES)}
2. to talk about, speak of. (TC) {*txʷʔáx̣əŋ* či nətíxʷɬc ʔaʔ či skʷənáŋəɬ ʔaʔ cícɬsiʔám̓. *My tongue is speaking of the power of the Lord.* (BH)}

txʷʔənʔá ⟦txʷ-√ʔn̓ʔa becm-√come⟧ ☞ ʔənʔá to come toward. {suʔqʷáys, "ó, ʔuʔ x̣ʷənáŋ̓ kʷiči ʔuʔ n̓xčŋín *txʷʔənʔá* ʔaʔ ʔə́cə." *So he said, "Oh, I know how you feel toward me."* (AA)}

txʷʔiyá ⟦txʷ-√ʔya becm-√there⟧ [u-class intensifier] ☞ ʔiyá to stay there. {ʔuʔ*txʷʔiyá* ʔuʔ ʔəsqásɬ kʷi tím yaʔ. *The late Tim stayed in the water.* (ES)}

txʷʔúʔux̣ʷ ⟦txʷ-ʔu+√ʔux̣ʷ becm-actl+√go_to⟧ ☞ txʷʔúx̣ʷ to be going toward (a particular direction). {ʔənʔá ʔúʔti *txʷʔúʔux̣ʷ* ʔaʔ cəw̓niɬ kʷɬčə́q ɬaʔƛ̓ʷə́yuʔ ʔaʔ cə ʔəsnát. *It came stretching toward that old man gaffing in the night.* (ES)}

txʷʔúx̣ʷ ⟦txʷ-√ʔux̣ʷ becm-√go_to⟧ ☞ ʔúx̣ʷ
1. to go toward. (ES; AS,BC) {*txʷʔúx̣ʷ* cn. *I'm going towards there.* (TC) | *txʷʔúx̣ʷ* ʔaʔ nə́kʷə. *It is towards you.* (TC) | *txʷʔúx̣ʷ* ʔaʔ ʔə́cə. *It's towards me.* (TC) | qʷáqʷiʔ cn *txʷʔúx̣ʷ* ʔaʔ nə́kʷə. *I'm talking to you.* (AA) | níɬ ns*txʷʔúx̣ʷ* ʔuʔ ʔúpən ʔiʔ čúʔkʷs. *I was going on seventeen.* (MJ) | *txʷʔúx̣ʷ* cn ʔaʔčixʷícən. *I'm going towards Port Angeles.* (TC) | šaʔšúʔɬ cn *txʷʔúx̣ʷ* ʔaʔ nə́kʷ. *You make me happy. / I'm happy towards you.* (TC) | kʷánəŋət *txʷʔúx̣ʷ* ʔaʔ cə slapúʔ. *He ran towards Slapu.* (TC) | šaʔšúʔɬ cn *txʷʔúx̣ʷ* ʔaʔ nə́kʷ. *I'm happy toward (because of) you.* (ES) | twəw̓hiʔáyaʔ *txʷʔúx̣ʷ* ʔaʔ cə sxʷxạʔyəkʷəyéʔč. *He was still going toward the mountains.* (MJ) | ʔiʔ hiyáʔ *txʷʔúx̣ʷ* ʔaʔ cə súɬ či sqéyŋs. *She went toward the door to the outside.* (ES) | ʔi uʔmán̓ ʔuʔ čə́q sxʷúyəm *txʷʔúx̣ʷ* ʔaʔ ʔə́c *And it is very precious to me.* (BH) | hán̓əŋ cn kʷaʔčaʔ *txʷʔúx̣ʷ* ʔaʔ nə́kʷə ʔiʔ hán̓əŋ cn kʷi *txʷʔúx̣ʷ* ʔaʔ cə xʷanítəm táči skʷáʔs cəniɬ sqʷáqʷi, sqʷáqʷiməšín čəʔúʔwəst ʔaʔ tiə ʔáynəkʷ. *Thank you to you, and thank you to the white man who got here who owns the recorder we are using today.* (BH)} [used in the comparative construction] {ʔə́c kʷi nuʔƛ̓úƛ̓aʔ *txʷʔúx̣ʷ* ʔaʔ nə́kʷ. *I'm smaller than you.* (ES) | níɬ kʷi nuʔčə́q cə sqáx̣aʔ *txʷʔúx̣ʷ* ʔaʔ cə píšpš. *The dog is bigger than the cat.* (ES) | níɬ kʷi nuʔčə́q cə nəsɬáni? *txʷʔúx̣ʷ* ʔaʔ ʔə́c. *My wife is bigger than me.* (ES) | nə́kʷ kʷi nuʔčə́q *txʷʔúx̣ʷ* ʔaʔ ʔə́c. *You are bigger than I am.* (ES) | ʔə́c nuʔəsqʷə́m̓x̣ʷ *txʷʔúx̣ʷ* ʔaʔ nə́kʷ. *I'm skinnier than you.* (ES) | ʔə́c nuʔəsʔáyəxʷ *txʷʔúx̣ʷ* ʔaʔ nə́kʷ. *I'm taller than you.* (ES) | níɬ nuʔsíqi tiə nəmuhúy̓ *txʷʔúx̣ʷ* ʔaʔ cə n̓skʷáʔ. *My basket is heavier than yours.* (TC)}
2. almost. [u-class intensifier] {*txʷʔúx̣ʷ* ʔuʔ ƛ̓úm̓. *It's almost right.* (AS,BC) VAR: txʷaʔúx̣ʷ {*txʷaʔúx̣ʷ* ʔaʔ cə stíkʷəns cə čxʷáyu. *They went toward the nephew of the whale.* (AA) | suʔƛ̓kʷə́təŋs ʔaʔ kʷi nəsíyaʔ cə ƛ̓úyəqs ʔiʔ hiyáʔ štəŋ*txʷaʔúx̣ʷ* ʔaʔnəxʷq̓íyt. *So my grandfather took the box and walked toward Little Boston.* (MJ)}

txʷʔúx̣ʷtəŋ ⟦txʷ-√ʔux̣ʷ-txʷ-ŋ becm-√go_to-caus-psv⟧ ☞ txʷʔúx̣ʷtxʷ to be brought toward (someone or something) by someone or something. {*txʷʔúx̣ʷtəŋ* ʔaʔ Citizen Sam and Indian Billy tsə múʔuqʷ. *The ducks were brought toward Citizen Sam and Indian Billy.* (MJ)}

txʷʔúx̣ʷtxʷ ⟦txʷ-√ʔux̣ʷ-txʷ becm-√go_to-letcaus⟧ ☞ txʷʔúx̣ʷ to let someone or something go toward. {*txʷʔúxʷtxʷ* kʷaʔ ʔaʔ či x̣áʔyəs. *Let it go toward God.* (EJ) | níɬ ʔuʔ sx̣ə́nəs či suʔəsƛ̕úʔƛ̕əm̕s *txʷʔúxʷtxʷ* ʔaʔ kʷə cícɬsiʔám̕. *Everything is all right that is let go toward God.* (BH)}

txʷaʔčqə́qsən ⟦txʷaʔ-√čq = əqsən becm-√big = nose⟧ ☞ čqə́qsən to get a big nose. {ʔiʔ *txʷaʔčqə́qsən* cn. *And I got a big nose (from a bee sting).* (ES)}

txʷaʔúx̣ʷ go toward. *See under:* txʷʔúx̣ʷ

txʷaʔx̣ʷéʔi ⟦txʷaʔ-√ʔx̣ʷiʔy becm-√apart⟧ ☞ ʔəx̣ʷéʔi to get away, put distance (from something). {*txʷaʔx̣ʷéʔi* cn ʔaʔ cə sčtə́ŋx̣ʷən. *I got away from the land.* (TC) | *txʷaʔx̣ʷéʔi* cn ʔaʔ cə n̕ʔáʔiŋ. *I got away from your house.* (TC)}

txʷcáʔx̣ʷəŋ̕ ⟦txʷ-√caʔ>x̣ʷ-ŋ<ˀ> becm-√reluctant<actl>-mdl<actl>⟧ ☞ cáʔx̣ʷəŋ̕ to be reluctant, not want to (do something). (AS) {óˑ, ʔiʔ ʔu*txʷcáʔx̣ʷəŋ̕* kʷɬə. *Oh, she was reluctant.* (AA) | *txʷcáʔx̣ʷəŋ̕* č kʷi; ʔuʔhə́w ʔɬ ƛ̕aʔtáwns. *He's reluctant; he refuses to go to town.* (AS)}

txʷcán ⟦txʷ-√can becm-√who⟧ ☞ cán whose. (TC) {*txʷcán* ʔay̕? *Whose is it?* (ES; AS,BC) | *txʷcán* ʔuč? *Whose is it?* (AB,ICT) | *txʷcán* cə́t? *Whose father is it?* (TC) | *txʷcán* ʔay̕ tsə tálə? *Whose money is that?* (NS,JW) | *txʷcán* cə́t či ʔənʔá? *Whose father is coming?* (TC) | *txʷcán* yaʔ tálə či ƛ̕kʷə́txʷ? *Whose money did you take?* (TC) | *txʷcán* ʔay̕ spčúʔ? *Whose basket is it?* (MJT) | *txʷcán* cə́t či k̕ʷə́nən. *Whose father did I see?* (TC) | *txʷcán* cə́t či k̕ʷənənúŋəs. *Whose father saw me?* (TC) | *txʷcán* ʔuč tiʔə muhúy? *Whose basket is this?* (AB,ICT) | *txʷcán* ʔay̕ ŋə́naʔ či ƛ̕iʔáʔtxʷ? *Whose child are you looking for?* (TC) | *txʷcán* ŋə́naʔ či ƛ̕iʔáʔc? *Whose child is looking for you?* (TC) | *txʷcán* cə́t či k̕ʷənənúŋə. *Whose father saw you?* (TC) | *txʷcán* ŋə́naʔ či ƛ̕iʔáʔtəŋ? *Whose child are they looking for?* (TC) | *txʷcán* snə́xʷɬ či n̕sxʷʔiʔiʔáʔiɬ caʔ? *Whose canoe are you going to go on?* (TC)}

txʷcántxʷ ⟦txʷ-√can-txʷ becm-√who-letcaus⟧ ☞ txʷcán whose is something, who does it belong to. (AS,BC; AS) {*txʷcántxʷ* ʔay̕ tiə sƛ̕aʔyéʔƛ̕qɬ? *Who do these children belong to?* (AS) | *txʷcántxʷ* ʔay̕ cə sčəyíqʷɬ. *Who does the fruit belong to?* (AS)}

txʷčičəyáy ⟦txʷ-či+√čyay becm-aff+√almost⟧ ☞ čəyáy to become almost. (ES) {*txʷčičəyáy* či nsƛ̕aʔtáwn. *I almost went to town.* (AS) | *txʷčičəyáy* ʔiʔ q̕ʷə́y kʷə nskʷúkʷ. *What I'm cooking is almost done.* (AS) VAR: txʷččəyáy (AS) {*txʷččəyáy* cn ʔiʔ čə́q̕. *I just almost fell.* (AS)}

txʷéʔiŋ move over. *See under:* txʷəx̣ʷéʔiŋ

txʷéʔwi go forward. *See under:* txʷhéʔwi

txʷéʔyəŋ move over. *See under:* txʷəx̣ʷéʔiŋ

txʷənʔáx̣ʷ ⟦txʷ-√ʔn̕a-xʷ becm-√come-caus⟧ ☞ txʷʔən̕ʔá to put something that way, bring something there. (ES) {*txʷənʔáx̣ʷ* cn. *I brought it there.* (AS) | *txʷənʔáx̣ʷ* cxʷ ʔúxʷ ʔaʔ cə sxʷčaʔwácən. *You brought the coat to the chair.* (AS) | *txʷənʔáx̣ʷ* cə kapú. *Bring the coat there.* (AS)}

txʷənəʔúcən on the other edge. *See under:* txʷnə́wəcən

txʷənəčáxʷtxʷ ⟦txʷə-√nəču? = axʷ-txʷ becm-√one = times-letcaus⟧ ☞ nəčáxʷ to do something once more, one more time. (ES; AS) {*txʷənəčáxʷtxʷ* či sƛ̕aʔtáwnxʷ. *Go to town just one more time.* (AS)}

txʷəx̣ʷéʔiŋ ⟦txʷ-√x̣ʷi<ʔ>y-ŋ becm-√descend<actl>-mdl⟧ ☞ x̣ʷíyəŋ to move over. {*txʷəx̣ʷéʔiŋ* či. *Move over.* (AS)} VAR: txʷéʔiŋ (TC) VAR: txʷéʔyəŋ (TCnr; AS)

txʷhéʔwi ⟦txʷ-√hiw̕-iy becm-√front-dev⟧ ☞ héʔwi to go toward the front. (TC; AS) {*txʷhéʔwi* caʔn ʔúxʷ ʔaʔ kʷi stúʔwi. *I'm going forward over to the river.* (AS)} VAR: txʷéʔwi (TC; AS,BC) {*txʷéʔwi* caʔn. *I'm going to the front.* (AS)}

txʷhúʔi ⟦txʷ-√hiw<ʔ>y becm-√only<actl>⟧ ☞ txʷúy becoming alone, being the only one. {*txʷhúʔi* kʷɬə ʔéʔst cə q̕áʔŋi. *The girl was left paddling alone.* (AA)}

txʷiʔáx̣əŋ̕ ⟦txʷ-hy̕-√ʔaxə-ŋ becm-proc-√do/say-mdl⟧ ☞ txʷʔáxəŋ̕ to go toward. (TC) {*txʷiʔáx̣əŋ̕* cn. *I'm going towards (there).* (TC) | *txʷiʔáx̣əŋ̕* cn ʔaʔ nə́kʷ. *I'm going towards you.* (TC) | *txʷiʔáx̣əŋ̕* cn ʔaʔ táwn. *I'm going towards town.* (TC) | *txʷiʔáx̣əŋ̕* cn ʔaʔ cə táwn. *I'm going towards town.* (TC) | *txʷiʔáx̣əŋ̕* cn tə nəsiʔšə́tən ʔaʔ táwn. *I'm walking towards town.* (TC) | ʔiʔšə́təŋ cn *txʷiʔáx̣əŋ̕* ʔaʔtáwn. *I'm walking towards town.* (TC)}

txʷiʔtxʷéʔx̣ʷən̕ ⟦txʷ-hy̕-txʷ-xi<ʔ>+√ʔxin<ˀ> becm-proc-becm-actl+√where<actl>⟧ [unusual case of two occurrences of the /txʷ-/ prefix] [The remote labialization is unexected.] ☞ txʷín to be going where. {*txʷiʔtxʷéʔx̣ʷən̕* cxʷ ʔuč? *Where are you going?* (ES; AS) | *txʷiʔtxʷéʔx̣ʷən̕* cxʷ? *Where are you going?* (MJT) VAR: txʷiʔtxʷíx̣ʷən {*txʷiʔtxʷíx̣ʷən* cxʷ ʔuč? *Where are you going?* (ES) | čtáts cə táns, "*txʷiʔtxʷíx̣ʷən* cxʷ ʔay̕?" *He asked his mother, "Where are you going?"* (ES)}

txʷisčník̕ʷən ⟦txʷ-√yəscn=iwən becm-√poor=interior⟧ ☞ yə́ščən to take pity on (someone). {*txʷisčník̕ʷən* ʔiʔ uʔƛ̕k̕ʷtíŋ. *They took pity on her and kept her.* (AA)}

txʷnaʔáwəɬ ⟦√txʷn=əʔəw-ɬ √far_side=side-dur⟧ to be on the far side, other side. (TC; ES; AS,BC) {*txʷnaʔáwəɬ* cə píšpš ʔaʔ cə q̕iyáx̣ən. *The cat is on the other side of the fence.* (AS)} VAR: txʷnaʔáw̕əɬ (EPT; MJT) [may be the 'actual' form of the word] {*txʷnaʔáw̕əɬ* kʷi cə píšpš. *The cat is on the other side.* (AS) | ʔuʔsə́ɬəŋ ʔuʔ q̕ʷáʔqʷi či s*txʷnaʔáw̕əɬ* ʔaʔ cə sqiyáyŋəxʷ. *They continued talking on the other side of the trees.* (ES) | ʔáwənə yaʔ ʔatəməbíls tə ʔəxʷíyŋx̣ ʔiyá suʔtáyis ʔúxʷ ʔaʔ cə *txʷnaʔáwəɬ* ʔaʔxʷčiyánəxʷ. *They had no automobiles in the village that goes deep into the bay a Cheanuh.* (TC) | *txʷnaʔáwəɬ* ʔaʔ tə ʔáʔyəŋ. *It's on the other side of the house.* (MJT)}

txʷnaʔčéʔyəŋ ⟦txʷ-√na⟨ʔ⟩č-i⟨ʔ⟩y-ŋ becm-√different⟨actl⟩-dev⟨actl⟩-mdl⟧ ☞ naʔčéʔyəŋ to be making (something) different, changing the subject. (TC) {*txʷnaʔčéʔyəŋ* yaʔ tiə xʷanítəm. This white man is changing the subject. (TC)}

txʷnáʔəyəṅ ⟦√txʷn-əʔ=ayaṅ √far_side-ext=room⟧ to be in the other room. (MJT) VAR: txʷnáʔyəṅ {*txʷnáʔyəṅ* ixʷ kʷi. It must be in the other room. (MJT)}

txʷnaʔyéʔč ⟦√txʷn-ay̓=iʔč √far_side-ext=hump⟧ to be on the far side, other side of a point of land. (TC; AS,BC) {sxʷčə́məs cə čʔiyá təsə *txʷnaʔyéʔč* ʔaʔ cə sxaʔeʔkʷuyéʔč. They met those from the other side of the mountains. (ES) | ʔuʔ húy cə ʔuʔ čʔiyás *txʷnaʔyéʔč* ʔaʔ cə sxaʔikʷəyéʔč. They only came from the other side of the mountains. (ES) | *txʷnaʔyéʔč* yaʔ kʷi nəsʔúmənaʔ. I was hunting on the other side (of the ridge). (AS)}

txʷnaʔyéʔčəŋ ⟦√txʷn=əʔyiʔč-ŋ √far_side=point_side-mdl⟧ ☞ txʷnaʔyéʔč to go to the far side, other side of a point of land. (ES) {*txʷnaʔyéʔčəŋ* yaʔ st ʔaʔ tə sxaʔikʷəyéʔč. We went to the other side of the mountains. (AS)}

txʷnačéyŋ ⟦txʷ-√nač-iy-ŋ becm-√different-dev-mdl⟧ ☞ náč to become strange, different. {*txʷnačéyŋ* yaʔ. It became different, strange. (AS)} VAR: txʷnačéyŋəyu (TC) ⟦txʷ-√nač-iy-ŋ-əyu becm-√different-dev-mdl-activ⟧

txʷnéʔiŋ ⟦txʷ-√ni⟨ʔ⟩y-ŋ becm-√move_aside⟨actl⟩-mdl⟧ to move over, move aside. {*txʷnéʔiŋ* či! Move over! (AS) | nił č̓ suʔxənʔáxʷs cə sxʷtúnəqs, "nuʔ*txʷnéʔiŋ*." Then he told his sister, "Kind of move over." (TC) | nił č̓ suʔƛ̕áys *txʷnéʔiŋ*. So she moved over again. (TC)}

txʷnə́w̓əcən ⟦√txʷn=əʔəw=ucin √far_side=side=edge⟧ to be on the other side, other bank, other edge, across. (LB,EWH; ES; TC) {*txʷnə́w̓əcən* cn. I'm on the other side. (TC) | *txʷnə́w̓əcən* ʔaʔ cə stúwi. He was on the other side of the river. (ES) | nił suʔłáyəms ʔaʔ cə *txʷnə́w̓əcən*. Then he was put on the other side. (ES) | k̕ʷə́nts cə *txʷnə́w̓əcən*. He looked at the other side. (ES) | k̕ʷə́ntís canu suʔwə́yqaʔ *txʷnə́w̓əcən* ʔaʔ cə stútaʔwi?. He watched those men on the other side the creek (ES) | čtxʷnə́w̓əcən person from across the strait (LB,EWH; EWH)} VAR: təxʷənə́w̓əcən {tə́s ʔaʔ cə *təxʷənə́w̓əcən*. It got to the other bank. (MJ)} VAR: txʷənəʔúcən (MJT)

txʷtúyi ⟦txʷ-√tuy-iy becm-√over_water-dev⟧ ☞ túyi to go out over deep water. (ES) {*txʷtúyi* caʔn. I'm going out (into the Strait). (ES,HS)}

txʷtxʷín go where. See under: txʷín

txʷúy ⟦txʷ-√huy becm-√only⟧ ☞ húy to become alone, only, be left alone. {ʔuʔ*txʷúy* cxʷ ʔáłaʔ. You're the only one here. (AS,BC) | *txʷúy* cə sq̓ʷúŋiʔs ʔuʔəsʔéʔnəŋ. Only his head was showing. (ES) | *txʷúy* kʷaʔ cə ʔuʔúyč yaʔ ʔuʔ šə́təŋ. Now the younger one was the only one walking. (AA; TC) | *txʷúy* kʷaʔ łúyəŋs cə scutáyəłs. He became alone when she abandoned her brother-in-law. (AA)}

txʷx̣ə́nəŋ go a particular way. See under: tx̣ə́ṅəŋ

txʷx̣ín go where. See under: tx̣ʷín

txʷx̣ʷáʔnəŋ ⟦txʷ-√x̣ʷ⟨á⟩ṅa-ŋ becm-√way⟨actl⟩-mdl⟧ [metathesis with actual] ☞ txʷx̣ʷəníṅ to be going where. {*txʷx̣ʷáʔnəŋ* kʷaʔ kʷə swéʔwəs. Where was that boy going? (AS)}

txʷx̣ʷənéʔəṅ ⟦txʷ-√x̣ʷna-i⟨ʔ⟩y-ŋ⟨ʔ⟩ becm-√way-dev⟨actl⟩-mdl⟨actl⟩⟧ ☞ txʷx̣ʷəníṅ to be going toward. {níł kʷi mán ʔuʔ λ̕qtáʔł *txʷx̣ʷənéʔəṅ* ʔaʔ ʔəc. He's much taller than me. (TC)}

txʷx̣ʷəníṅ ⟦txʷ-√x̣ʷna-i-ŋ becm-√way-persist-mdl⟧ ☞ x̣ʷaʔníṅ to go where, where it goes, which way, where is it supposed to go. {*txʷx̣ʷəníṅ* cə swə́yqaʔ? Which way is the man going? (AS) | txʷx̣ʷəníṅtxʷ? twawnə́cuʔ tiə. ʔáwənə nəsx̣čít kʷaʔ *txʷx̣ʷəníṅ*s. Where does it go? There's still one piece. I don't know where it goes. (AS,BC)}

txʷx̣ʷəníṅtxʷ ⟦txʷ-√x̣ʷna-i-ŋ-txʷ becm-√way-persist-mdl-inancaus⟧ ☞ txʷx̣ʷəníṅ to put something where; where is it to be put. {*txʷx̣ʷəníṅtxʷ*? twawnə́cuʔ tiə. ʔáwənə nəsx̣čít kʷaʔ txʷx̣ʷəníṅs. Where is it to be put? There's still one piece. I don't know where it goes. (AS,BC)}

txʷyáy̓ ⟦txʷ-√yay̓ becm-√near⟧ [i-class intensifier] nearly. {*txʷyáy̓* yaʔ cn ʔiʔ hiyáʔ. I pretty nearly went. (AS,BC) | *txʷyáy̓* yaʔ ʔiʔ čə́qʷ. It nearly burned. (AS,BC) | *txʷyáy̓* cn ʔiʔ stə́ŋ. I almost fell. (AS)}

tx̣aʔyúsəŋ ⟦√tx̣=a⟨ʔ⟩yus-ŋ √direction=eye⟨actl⟩-mdl⟧
1. to be facing the same direction. (AS)
2. to stare with eyes wide open. (AS) {ʔuʔ*tx̣aʔyúsəŋ* cn. I looked with wide open eyes. (AS) | ʔuʔhúy ʔuʔ *tx̣aʔyúsəŋ*. He just stared buggy-eyed. (AS)}

tx̣ə́ṅəŋ ⟦√tx̣-əṅ-ŋ √direction=instr-mdl⟧ to go a particular way, go that way, go via, go in a particular direction. (TC) {*tx̣ə́ṅəŋ* cn. I'm going that way. (TC) | *tx̣ə́ṅəŋ* ʔaʔ t łáʔ. Go this way. (TC) | *tx̣ə́ṅəŋ* caʔn ʔaʔ t łáʔ. I'm going to go this way. (TC) | *tx̣ə́ṅəŋ* caʔn ʔaʔ cə súł. I'm going to go by the road. (TC) | *tx̣ə́ṅəŋ* caʔn ʔaʔ táwn. I'm going through town. (TC) | *tx̣ə́ṅəŋ* cn ʔaʔ cə táwn. I'm going through the town. / I'm going that way to town. (TC) | *tx̣ə́ṅəŋ* cn ʔaʔ cə sṅiyánt. I'm going through the mountains. (TC) | sqíyəŋ cn *tx̣ə́ṅəŋ* ʔaʔ cə súł. I'm going out through the door. (TC) | *tx̣ə́ṅəŋ* caʔn ʔaʔ cə tiə súł. I'm going to take that road. (TC) | hiyáʔ cn *tx̣ə́ṅəŋ* ʔaʔčixʷícən. I'm going to Port Angeles. (TC) | ččás cn *tx̣ə́ṅəŋ* ʔaʔ cə súł. I chased him down the road/through the door. (TC) | ʔuʔx̣ə́ṅáł caʔ tə nəsuʔλ̕kʷít ʔaʔ ti ʔuʔx̣ə́ṅə nəsxʷ*tx̣ə́ṅəŋ* ʔawmáṅʔuʔ nəsx̣éʔ tiə ʔəṅsʔə́ṅaʔc. I will always hold it and take it wherever I go because I very much like what you gave me. (TC) |

suʔxənʔáxʷs cə sčutáyɬs, "txə́ńəŋ cxʷ ʔaʔ ti ʔáɬaʔ ʔiʔ *txə́ńəŋ* cn ʔaʔ ti ʔáɬaʔ." *So she said to her brother-in-law, "You go this way, and I'll go this way."* (AA) | hiyáʔ yaʔ cn *txə́ńəŋ* ʔaʔ čxʷícən tə nəsʔúxʷ ʔaʔstətíɬəm. *I went through Port Angeles to go to Jamestown.* (TC) | *txə́ńəŋ* cn ʔaʔ cə súɬ tə nəsʔúxʷ ʔaʔstətíɬəm. *I went by road to Jamestown.* (TC) | *txə́ńəŋ* cn ʔaʔ cə qʷúʔ tə nəsʔúxʷ ʔaʔstətíɬəm čšaʔčixʷícən. *I went by water to Jamestown from Port Angeles.* (TC) | *txə́ńəŋ* cn ʔaʔ cə qʷúʔ tə nəsʔúxʷ ʔaʔčixʷícən čšaʔstətíɬəm. *I went by water to Port Angeles from Jamestown.* (TC)} VAR: txə́nəŋ (AS,BC) {*txə́ńəŋ* cn. *I go through that way.* (AS,BC)} VAR: txʷx̣ə́nəŋ (MJ) {štə́ŋ *txʷx̣ə́nəŋ* ʔaʔ cə ʔaʔyəcɬtáyŋxʷ *Walk toward the people.* (MJ) | x̣ənʔátəŋ ʔaʔ tə swə́yqaʔs kʷaʔ ʔáwəs c šə́təŋ *txʷx̣ə́nəŋ* ʔaʔ tsáyə. *She was told by her husband to not walk that way.* (MJ)}

tx̣sə́nəŋ move feet. See under: cx̣sə́nəŋ

tx̣ʷáʔənə ⟦tx̣ʷ-√x̣ʷaʔənə becm-√go_toward⟧ to be going toward. {ʔawn̓íɬ čəq nəsʔiʔánəŋ či ʔə́y̓ xčŋín ʔaʔ cícɬsiʔám̓ či s*tx̣ʷáʔənə*s. *It's because of the great knowledge I have from the good wisdom of the Lord, who it goes toward.* (BH)} VAR: tx̣ʷáʔnə {*tx̣ʷáʔnə* cn. *I'm going towards.* (TC) | *tx̣ʷáʔnə* cn ʔaʔ cə sqʷáy ʔaʔ cícɬsiʔám̓. *I'm going toward the word of God.* (TC)}

tx̣ʷás ⟦√tx̣ʷ-as √hit_shore-ptcaus⟧ ☞ tə́x̣ʷ to beach a canoe or boat, push or pull a canoe up onto the beach. (TC; AS,BC) {*tx̣ʷás* cn cə nəsnóxʷɬ. *I beached my canoe.* (TC) | nsuʔxʷítəŋ q̓ʷíŋi ʔiʔ *tx̣ʷás* cə nəsnóxʷɬ. *I jumped ashore and beached my canoe.* (TC) | níɬ nəsuʔq̓ʷíŋi *tx̣ʷás* cə nəsnóxʷɬ. *Then I got out and beached my canoe.* (TC) | húʔ ƛ̓kʷnás ʔiʔ *tx̣ʷás*s či snóxʷɬs ʔaʔ cə sn̓iyánt. *If he got it, he'd beach his canoe on the rocks.* (TC)}

tx̣ʷéʔx̣ʷən̓ ⟦txʷ-xiʔ+√ʔxin<ˀ> becm-actl+√where⟧ ☞ txʷín to be going where, which way. (LC; AS,BC) {*tx̣ʷéʔx̣ʷən̓* cxʷ ʔuč? *Where are you going?* (AS) | ʔiʔ*tx̣ʷéʔx̣ʷən̓* cxʷ ʔuč? *Where are you going?* (LC) | *tx̣ʷéʔx̣ʷən̓* cxʷ ʔay̓. *Where are you going, then?* (AS) | *tx̣ʷéʔx̣ʷən̓* cxʷ ʔay̓? *Where are you going?* (AB,ICT) | ʔáwənə nəsxčít kʷaʔ *tx̣ʷéʔx̣ʷən̓*ən. *I don't know where I'm going.* (LC)} VAR: tx̣ʷíx̣ʷən (TC) {txʷiʔ*tx̣ʷíx̣ʷən* cxʷ ʔuč? *Which way are you going?* (TC)}

tx̣ʷén̓ go where. See under: tx̣ʷín

tx̣ʷiʔúsəŋ ⟦√tx̣ʷ-iʔ=us-ŋ √hit_shore-ext=face-mdl⟧ ☞ tə́x̣ʷ to land, go ashore, get grounded (of a boat). (ES)

tx̣ʷín ⟦tx̣ʷ-√ʔxin becm-√where⟧ to go where, whither. (LB,CWH; TC; LC; MJ; AB,ICT) [perhaps from txʷ- and ʔəxín, but reduplication shows /x̣ʷ/ as part of the root] [This word is phonologically unusual in that the fusion of the *tx̣ʷ*- prefix is not found elsewhere. Also, the vowel is lax and somewhat lower then the usual /i/ so that it sounds sometimes like /e/.] *cp*. tx̣ʷéʔx̣ʷən̓ *cp*. ʔəxín {*tx̣ʷín* cn? *Where am I going?* (TC) | *tx̣ʷín* cxʷ ʔuč? *Where are you going?* (TC) | *tx̣ʷín* ʔay̓ sxʷhiyáʔs? *Where are they going?* (TC) | ƛ̓aʔ*tx̣ʷín* cxʷ? *Where are you going?* (TC) | *tx̣ʷín* cxʷ hay? *Where are you people going?* (NS,JW) | *tx̣ʷín* caʔ cxʷ ʔay̓? *Where are you going to go?* (EPT) | *tx̣ʷín* cxʷ ʔəwč? *Where are you going?* (TC; TC,AS,BC) | *tx̣ʷín* ixʷ kʷə ʔəwč. *I wonder where he's gone.* (TC) | kʷaʔ *tx̣ʷín*əs čtə. *wherever they went.* (MJ) | čəwín či nəsuʔ*tx̣ʷín*. *I didn't even go anywhere.* (TC) | cán ʔay̓ či hiyáʔ *tx̣ʷín*. *Who's going where?* (TC) | níɬ č suʔkʷáčəŋs cə nə́ču?, "*tx̣ʷín* cxʷ ʔuč?" *Then one of them hollered, "Where are you going?"* (TC) | suʔqʷáys cə sʔúqʷaʔs ʔáwənə sxčíts ʔuʔ*tx̣ʷín* yəxʷ kʷaʔ kʷaʔ uʔštə́ŋ. *The older sister said she didn't know where he walked to.* (AA)} VAR: tx̣ʷín (BC) {*tx̣ʷín* cxʷ ʔuč? *Where are you going?* (AS,BC)} VAR: tx̣ʷén̓ (AS) VAR: x̣ʷín {*x̣ʷín* cxʷ? *where are you going?* (AS) | *x̣ʷín* cxʷ ʔuč? *Where are you going?* (AS)} VAR: tx̣ʷx̣ín (EPT) VAR: tx̣ʷtx̣ʷín (ES) {*tx̣ʷtx̣ʷín* cxʷ kʷi, nəsčáʔčaʔ? *Where are you going, my friend?* (MV)}

tx̣ʷín̓txʷ ⟦tx̣ʷ-√ʔxin-txʷ becm-√where-inancaus⟧ ☞ tx̣ʷín to take something where. {*tx̣ʷín̓txʷ* cxʷ ʔuč? *Where did you take it?* (AS,BC)}

tx̣ʷíx̣ʷən going where. See under: tx̣ʷéʔx̣ʷən̓

tx̣ʷnúʔəsəŋ ⟦tx̣ʷ-√ʔxin=u<ʔə>s-ŋ becm-√where=face<actl>-mdl⟧ [analysis uncertain] *cp*. ʔəxín to face toward a particular way, look the other way. (ES; AS,BC) {*tx̣ʷnúʔəsəŋ* kʷi kʷə ʔaycɬtáyŋxʷ ʔaʔ kʷi stáns. *The people were looking to where they land.* (AS)}

tx̣ʷúsəŋ ⟦√tx̣ʷ=us-ŋ √hit_shore=face-mdl⟧ ☞ tə́x̣ʷ to run (the bow of a canoe or boat) up onto the beach. (ES)

tx̣ʷúst ⟦√tx̣ʷ=us-t √hit_shore=face-trns⟧ ☞ tx̣ʷúsəŋ to run the bow of a canoe or boat up onto the beach. (ES)

t̕

t̕aʔáŋ̕ən̕ ⟦√t̕<ə>ʔaŋ<ʼ>n<ʼ> √miss<actl>⟧ ☞ t̕áŋən to be missing (the target). (TC) {*t̕aʔáŋ̕ən̕* cn. *I'm missing (it)*. (MJT) | ʔuʔi*t̕aʔáŋ̕ən̕* kʷaʔ ʔuʔčsə́yuʔs. *They were missing him when they were throwing.* (ES) | ʔuʔiyá čtə či snáyaʔnəkʷ či suʔi*t̕aʔáŋ̕ən̕*s. *It must have been ghosts there that were missing him.* (ES) | čiyáy tə suʔiʔi*t̕aʔáŋ̕ən̕*s. *He barely missed it.* (TC) VAR: t̕aʔáʔŋən (TC; AS,BC) {*t̕aʔáʔŋən* cn. *I'm missing (something).* (AS) | ʔáwətxʷ c nʼs*t̕aʔáʔŋən*. *Don't pay any attention to him. (Don't let him be what you miss.)* (ES) | ʔuʔčiyá"y ti suʔi*t̕aʔáʔŋən*s cə sxʷnáʔəm ʔaʔ canu. *The monster barely missed it.* (ES)} VAR: t̕áʔŋən {čəyáy cn ʔiʔ *t̕áʔŋən*. *I almost missed.* (AS,BC)}

t̕áʔŋ ⟦√t̕aʔ-ŋ √ask_for-mdl⟧ to ask for (something). {*t̕áʔəŋ* cn. *I asked (for something).* (AS)} *cp.* qəmáŋ

t̕áʔkʷiʔ ⟦√t̕a<ʔ>kʷ-iy<ʔ>-dev<actl>⟧ ☞ t̕ákʷi to be going across, crossing over. {ččáts kʷi nəcə́t yaʔ sxʷ*t̕áʔkʷiʔ*s. *My father built it for going across.* (TC)} VAR: t̕áʔkʷi {kʷt̕iʔ*t̕áʔkʷi*. *He's on his way across.* (MJT)}

t̕aʔkʷístəŋ ⟦√t̕a<ʔ>kʷ-istxʷ-ŋ<ʼ> √go_across<actl>-caus-psv<actl>⟧ ☞ t̕kʷístəŋ being taken across by someone or something. {nít ncáxʷ sk̕ʷə́nnəxʷs či snáyaʔnəkʷ ʔiʔ hiyitíŋ ʔaʔ cə čáʔsa? kʷə si*t̕aʔkʷístəŋ* ʔaʔ tím ʔaʔ cə stútaʔwiʔ. *That was one time he saw ghosts and was saved by two of them taking Tim across the creek.* (ES) | nsuʔtə́s ʔiʔ čtát cn cə ʔiyá k̕ʷə́nts cə *t̕aʔkʷístəŋ* sxʷʔúyəɬs t̕it̕áʔkʷi. *So I got there, and I asked the one there that watches being taken across what they board to go across.* (MJ)}

t̕aʔkʷáct mix together. *See under:* t̕əŋkʷáct

t̕aʔkʷáyŋən want to go home. *See under:* t̕əkʷáyŋən

t̕aʔkʷáyŋən ⟦√t̕u<ʔ>kʷ-ayŋən √go_home<actl>-want⟧ ☞ t̕əkʷáyŋən to be wanting to go home, be homesick. (MJT; ES) {*t̕ʷaʔkʷáyŋən̕* u cxʷ? *Do you want to go home?* (ES) | *t̕aʔkʷáyŋən̕* cn. *I want to go home.* (ES) | *t̕aʔkʷáyŋən̕* ʔu cxʷ? *Do you want to go home?* (ES)}

t̕aʔkʷístxʷ ⟦√t̕ukʷ-istxʷ √go_home-caus⟧ ☞ t̕kʷístxʷ Stem: t̕aʔkʷíst [stem with subject suffixes] to be taking or bringing someone or something home. {stáŋ ʔuč *t̕aʔkʷístxʷ*? *What are you bringing home?* (MJ) | hiʔ*t̕aʔkʷíst*s. *She was bringing it home.* (MJ)}

t̕aʔmáʔct ⟦√t̕aʔma<ʔ>-cut √suspect<actl>-rflxv⟧ ☞ t̕aʔmáct being suspicious, untrusting (of someone or something). {*t̕aʔmáʔct* cn. *I'm suspicious.* (TC) | *t̕aʔmáʔct* u cxʷ ʔaʔ ʔə́c? *Are you suspicious of me?* (TC)}

t̕aʔmáʔtəŋ ⟦√t̕aʔma<ʔ>-t-ŋ √suspect<actl>-trns-psv⟧ ☞ t̕aʔmát being suspected (of something) by someone. {*t̕aʔmáʔtəŋ* cn. *They're suspicious of me.* (TC)}

t̕aʔmáct ⟦√t̕aʔma-cut √suspect-rflxv⟧ ☞ t̕aʔmát to be suspicious, untrusting (of someone or something). (AS) {ʔuʔi*t̕aʔmáct* táčis. *He doesn't trust when he gets here.* (AS)}

t̕aʔmát ⟦√t̕aʔma-t √suspect-trns⟧ to distrust, be suspicious of someone or something. {*t̕aʔmát* cn. *I don't trust him.* (AS) | *t̕aʔmát* cn cə swə́yqaʔ. *I don't trust that man.* (AS)}

t̕aʔmáti ⟦√t̕aʔma-ty √suspect-rcprcl⟧ ☞ t̕aʔmát to be suspicious of each other. {*t̕aʔmáti* kʷi. *They don't trust each other.* (AS)}

t̕aʔmáys guess. *See under:* t̕amáys

t̕aʔnísc ⟦√t̕a<ʔ>-n-istxʷ-c √go_ashore<actl>-caus-1obj/2obj⟧ ☞ t̕aʔnístxʷ putting me ashore; putting you ashore. (TC)

t̕aʔnístxʷ ⟦√t̕a<ʔ>-n-istxʷ √go_ashore<actl>-caus⟧ ☞ t̕ənístxʷ to be putting someone or something ashore. {*t̕aʔnístxʷ* cn. *I'm putting it ashore.* (AS)}

t̕áʔŋəɬ ⟦√t̕a<ʔ>-ŋ-ɬ √flood<actl>-dur⟧ ☞ t̕ə́ŋ *cp.* sáʔŋəɬ to be coming in, flowing (of the tide). (EPT; TC) {hiʔ*t̕áʔŋəɬ*. *The water is rising.* (MJT) | ʔiʔ nít suʔiʔ*t̕áʔŋəɬ*s. *And then the tide was coming in.* (ES) | kʷɬiʔ*t̕áʔŋəɬ*. *The tide is beginning to come in.* (MJT) | ʔiʔ *t̕áʔŋəɬ* čtə wuʔ. *And the tide probably came in.* (TC) | ʔiʔ*t̕áʔŋəɬ*s ʔiʔ nít suʔhúys ɬə́mc̓əŋɬ. *The tide was coming in so we quit gathering.* (ES)} VAR: t̕áʔəŋəɬ (TC) {ʔiʔ*t̕áʔəŋəɬ*. *The tide is coming in.* (EPT)}

t̕áʔŋən missing. *See under:* t̕aʔáŋ̕ən̕

t̕aʔqáxt ⟦√t̕<əʔ>qax̣-t √sharpen<actl>-trns⟧ ☞ t̕qáx̣t to be sharpening something. {*t̕aʔqáxt*s cə q̕ʷq̕ʷéʔis. *He was sharpening a knife.* (MJ) | *t̕aʔqáxt*s č kʷsə q̕ʷq̕ʷaʔéyəs. *He's sharpening the knife.* (EPT)}

t̕aʔqʷéʔt ⟦√t̕<əʔ>qʷiʔ-t √extend<actl>-trns⟧ ☞ t̕qʷéʔt to splice, extend, tie together (rope or anything). {*t̕aʔqʷéʔt* cn tiə x̣ʷéʔləm. *I'm splicing the rope.* (ES)}

t̕áʔqʷi ⟦√t̕a<ʔ>qʷ-iy √recede<actl>-dev⟧ ☞ t̕áqʷi to be receding, getting low of water (in a river, pond, well, cooking pot, etc.). (ES) {ʔnʔá"ʔiʔwáʔwaʔ ʔaʔ cə qʷúʔ ʔaʔ ti *t̕áʔqʷi*s. *They came along with the water as it was receding.* (ES)}

t̕aʔq̕ʷɬnáyət ⟦√t̕<əʔ>q̕ʷ=ɬnay-t √breathless<actl>=neck-trns⟧ ☞ t̕áq̕ʷɬ to choke, strangle someone or something. (AS,BC) {*t̕aʔq̕ʷɬnáyət* cn cə sqaʔqáxaʔ. *I choked the little dog.* (AS)} VAR: t̕əq̕ʷɬnáyətxʷ (AS,BC; AS) VAR: t̕aʔq̕ʷɬnáyt (AS) VAR: t̕əmq̕ʷɬnáyət ⟨⟨The /m/ here is

ƛ̕aʔq̕ʷɬnáyətŋ

unexpected and unexplained.)) {*ƛ̕əmq̕ʷɬnáyəts* č ʔiʔ ʔuʔq̕ʷúy. *He choked him to death.* (EPT) | ƛ̕áy šaʔkʷi *ƛ̕əmq̕ʷɬnáyts. He's choking him again.* (EPT) | ƛ̕áy kʷaʔ či *sƛ̕əmq̕ʷɬnáyəts. He's choking him again.* (EPT)}

ƛ̕aʔq̕ʷɬnáyətŋ ⟦√ɬ<əʔ>q̕ʷ=ɬnay-t-ŋ √breathless<actl>=neck-trns-psv⟧ ☞ *ƛ̕aʔq̕ʷɬnáyət* to be choked by someone or something. {*ƛ̕aʔq̕ʷɬnáyətŋ* cn. *He choked me.* (AS)}

ƛ̕aʔti? canoe racing. *See under:* táti

ƛ̕aʔƛ̕áʔkʷəŋ bee. *See under:* sxʷƛ̕aʔƛ̕áʔkʷəŋ

ƛ̕aʔƛ̕áʔŋən ⟦ƛ̕aʔ+√ƛ̕a<ʔ>ŋn dim+√miss<dim>⟧ ☞ *ƛ̕áŋən* to barely miss, almost miss, a child misses. {*ƛ̕aʔƛ̕áʔŋən* cn. *I barely missed. / I almost missed.* (AS) | ʔáw c *ƛ̕aʔƛ̕áʔŋən. Don't miss (talking to a child).* (AS)}

ƛ̕aʔƛ̕éʔyəm̕ ⟦ƛ̕aʔ+√ƛ̕i<ʔ>ym<ʔ> dim+√sing<dim>⟧ ☞ *ƛ̕íym* to sing (of a small person). {*ƛ̕aʔƛ̕éʔyəm̕* cn. *I'm singing. (I feel small)* (TC) | *ƛ̕aʔƛ̕éʔyəm̕* u cxʷ? *Are you singing? (said to a child or small adult)* (TC)}

ƛ̕aʔƛ̕ə́m̕ ⟦ƛ̕aʔ+√ƛ̕əm̕ dim+√wren⟧ wren. (Troglodytidaesp) (MJT; LC,ES; AS,BC) [probably onomatopoeic] {ɬtə́xʷc caʔn, *ƛ̕aʔƛ̕ə́m̕*. *I'm going to swallow you, Wren.* (MJT) | stáŋ ʔay̕ cə *ƛ̕aʔƛ̕ə́m̕*? *What is a wren?* (MJ) | ƛ̕kʷə́təŋ kʷɬə *ƛ̕aʔƛ̕ə́m̕* ʔiʔ məkʷút. *He took the wren and put it in his mouth.* (MJ) | kʷə́nəs ʔaʔ tə *ƛ̕aʔƛ̕ə́m̕* ʔiyá ʔaʔ tə nəkapú. *She saw the wren on my coat.* (MJ) | ƛ̕kʷə́təŋ ʔaʔ cə slapú cə *ƛ̕aʔƛ̕ə́m̕* ʔiʔ ŋ́úts. *Slapu took the wren and gobbled it up.* (MJ) | hiyáʔ kʷɬə *ƛ̕aʔƛ̕ə́m̕* kʷə́yŋ ʔúxʷ ʔaʔ cə ŋə́qsəns ʔiʔ sə́q. *The wren went and flew to her nose and went out.* (MJ)} VAR: *ƛ̕əƛ̕ə́m̕* (TC) VAR: *ƛ̕ə́m̕* (TC) VAR: *ƛ̕aƛ̕ə́m̕* (AB,ICT)

ƛ̕aʔƛ̕ənústi ⟦ƛ̕aʔ+√ƛ̕ən=us-ty actl+√ʔ=face-rcprcl⟧ ☞ *sƛ̕ə́ŋəs* to be sitting side by side. (TC)

ƛ̕aʔƛ̕ənsuʔéʔč ⟦ƛ̕aʔ+√ƛ̕əŋs-əw̕=iʔč dim+√braid-ext=hump⟧ ☞ *ƛ̕əŋsəwéʔč* small black chiton. (ES)

ƛ̕aʔƛ̕áwəsnaʔ ⟦ƛ̕aʔ+√ƛ̕awsnaʔ dim+√star⟧ star. (EPT; MJT; AS,BC) VAR: *ƛ̕əƛ̕áwsənaʔ* (MJT) VAR: *ƛ̕aʔƛ̕áwsnaʔ* (TC; ES) VAR: *ƛ̕əƛ̕áwsnaʔ* VAR: *ƛ̕aʔƛ̕áwəsnaʔ* (TC) VAR: *ƛ̕əƛ̕áwsnə* (EWH) VAR: *ƛ̕əʔƛ̕áwəsnaʔ* (EPT,A) VAR: *ƛ̕aʔƛ̕áwsənaʔ* (JCo; ES) VAR: *ƛ̕ƛ̕áwəsnaʔ* {níˑɬ suʔkʷənʔits cə *ƛ̕ƛ̕áwəsnaʔ*. *Then the saw a star.* (AA) | níɬ canu mán̕ ʔuʔ pə́q́ *ƛ̕ƛ̕áwəsnaʔ*. *It was that very white star.* (AA)} VAR: *ƛ̕áwəsən* (AS,BC) VAR: *ƛ̕aʔƛ̕áwəsən* (JCo)

ƛ̕aʔƛ̕qús ⟦ƛ̕aʔ+√ƛ̕qus dim+√greenling⟧ ☞ *ƛ̕qús* small greenling, kelp cod, rock cod. (ES) VAR: *ƛ̕aʔƛ̕áʔqs* (ES)

ƛ̕áʔƛ̕si ⟦ƛ̕aʔ+√ƛ̕as-iy actl+√tiptoe-dev⟧ [This form appears several times in only one story. TC, AS, and BC do not know the word, but speculate that this is the meaning. Galloway (2009:717) shows a Halkomelem root *tás* 'move stealthily' that may be cognate.] to be walking on tiptoe. (MJ)

ƛ̕aʔƛ̕ɬéʔim ⟦ƛ̕aʔ+ɬ+√ƛ̕i<ʔ>ym<ʔ> dim+incep+√sing<actl>⟧ ☞ *ƛ̕ɬéʔyəm̕* to be singing a little or a little person singing or singing alone. {*ƛ̕aʔƛ̕ɬéʔim* cn. *I'm singing by myself.* (AS)}

ƛ̕áʔwi arm. *See under:* ƛ̕áwiʔ

ƛ̕aʔwiʔəɬíc ⟦√ƛ̕tiʔwyəɬ-sít-c √pray-bene-1obj/2obj⟧ ☞ *ƛ̕aʔwiɬít* pray for me; pray for you. (ES) {*ƛ̕aʔwiʔəɬíc* cn. *I'll pray for you.* (ES)}

ƛ̕aʔwiɬíct pray for self. *See under:* ƛ̕éʔwiʔəɬíct

ƛ̕aʔwiɬít ⟦√ƛ̕tiʔwyəɬ-sít √pray-bene⟧ [/s/ of the benefactive transitivizer deletes following /ɬ/.] ☞ *ƛ̕éʔwiʔəɬ* to pray for someone or something. (AS) {*ƛ̕aʔwiɬít* cn cə sxáɬ swéʔwəs. *I prayed for the sick boy.* (AS)} VAR: *ƛ̕éʔwiʔəɬít* (MJ) {*ƛ̕éʔwiʔəɬít* cn kʷə swéʔwəs. *I prayed for the boy.* (AS)} VAR: *ƛ̕aʔwəɬít* {hiyá cáʔ st *ƛ̕aʔwəɬít* ʔaʔ kʷi nəmá skʷáči. *We will go pray for him on Sunday.* (AS)}

ƛ̕aʔwiɬítəŋ ⟦√ƛ̕tiʔwyəɬ-i-t-ŋ √pray-persist-trns-psv⟧ ☞ *ƛ̕aʔwiɬít* to be prayed for by someone. (AS) {*ƛ̕aʔwiɬítəŋ* cn. *They prayed for me.* (AS)} VAR: *ƛ̕aʔwiɬíctəŋ* (AS) {*ƛ̕aʔwiɬíctəŋ* kʷsə ntán. *They're praying for my mother.* (AS)} VAR: *ƛ̕aʔwiʔəɬíctəŋ* (ES) VAR: *ƛ̕aʔwəɬítəŋ* {*ƛ̕aʔwəɬítəŋ* cn. *Someone prayed for me.* (AS) | *ƛ̕aʔwəɬítəŋ* yaʔ cə q́áʔŋi. *They prayed for that girl.* (AS)}

ƛ̕áʔyaʔmət putting it on. *See under:* ƛ̕əyəmt

ƛ̕aʔyaʔmít wearing it. *See under:* ƛ̕əyəmít

ƛ̕aʔyaʔƛ̕áʔqs ⟦ƛ̕<aʔy>aʔ+√ƛ̕<aʔ>qus dim<pl>+√greenling<dim>⟧ ☞ *ƛ̕aʔƛ̕qús* a bunch of small greenlings. (ES)

ƛ̕aʔyaʔƛ̕áʔwiʔ ⟦ƛ̕<aʔy>aʔ+√ƛ̕a<ʔ>wy̕ dim<pl>+√arm<dim>⟧ ☞ *ƛ̕áwiʔ* pectoral fins. (ES)

ƛ̕aʔyaʔƛ̕ə́m̕ ⟦ƛ̕<aʔy>aʔ+√ƛ̕əm̕ dim<pl>+√wren⟧ ☞ *ƛ̕aʔƛ̕ə́m̕* several wrens. (MJT)

ƛ̕aʔyáqaʔ ⟦√ƛ̕<aʔy>aqəʔ √salal<pl>⟧ ☞ *ƛ̕áqaʔ* several salal berries. (EPT)

ƛ̕aʔyéʔmət ⟦√ƛ̕əya<i><ʔ>m-t √wear<pl><actl>-trns⟧ [analysis uncertain - unique form of the plural] ☞ *ƛ̕əyámət* to be putting on several items of clothing. {*ƛ̕aʔyéʔmət* cn. *I put them on.* (AS)}

ƛ̕aʔyəmcísəŋ ⟦√ƛ̕iym̕-acis-ŋ √sing=hand-mdl⟧ ☞ *ƛ̕íym* to clap one's hands to accompany singing or other music. (TC; AS) {*ƛ̕aʔyəmcísəŋ* cə ʔəycɬtáyŋxʷ; ʔuʔmán̕ ʔuʔ ʔə́yəs. *The people are clapping; they're very happy.* (AS)} VAR: *ƛ̕aʔyaməcísəŋ* (AS)

ƛ̕aʔyəm̕tástxʷ Stem: *ƛ̕aʔyəm̕tást* [stem for subject suffixes] ⟦√ƛ̕ti<ʔ>ym<ʔ>-tastxʷ √sing<actl>-dirtrns⟧ ☞ *ƛ̕iymtástxʷ* to be singing to, towards, or for someone or something. {*ƛ̕aʔyəm̕tásts* cə slapúʔ. *He's singing to Slapu.* (TC) | *ƛ̕aʔyəm̕tástxʷ* u cxʷ cə slapúʔ. *Are you singing to Slapu?* (TC) | *ƛ̕aʔyəm̕tástxʷ* cn cə slapúʔ. *I'm singing to Slapu.* (TC)}

ƛ̕aʔyə́qʷəm̕ ⟦√ƛ̕ə<aʔy>əqʷm̕ √thimbleberry<pl>⟧ ☞ *ƛ̕ə́qʷəm̕* several thimbleberries. (MJT) VAR:

ƛ́əyəqʷəm̓ {ŋə́n̓ kʷsə **ƛ́əyəqʷəm̓**. *There are lots of thimbleberries.* (EPT)}

ƛ́ácɬ ⟦√ƛ<á>c-ɬ √break<rslt>-dur⟧ ☞ ƛ́óc *to break*. {hiʔ**ƛ́ácɬ**. *It's breaking.* (MJT)}

ƛ́áčq̓ ⟦√ƛayq̓ √angry⟧ *to be angry, mad*. (TC) {**ƛ́áčq̓** cn. *I'm mad.* (TC) | nɬ̓ č̓ suʔ**ƛ́áčq̓** ʔaʔ mə́ščú. *Then Mink got mad.* (TC) | sx̌áʔəs cn ʔəɬ **ƛ́áčq̓**ən. *I'm bad when I'm angry.* (TC) | sx̌áʔəs cn kʷaʔ **ƛ́áčq̓**ən. *I'm bad if I get mad.* (TC) | húʔ č̓ yaʔ cn **ƛ́áčq̓** ʔiʔ mič̓iyúʔisəŋ č̓ cn ʔiyá ʔaʔ ti tə́ŋxʷ. *When I got mad, I'd roll around on the ground.* (TC) | x̌áy **ƛ́áčq̓** ʔiʔ x̌áy cn mič̓iyúʔisəŋ ʔiyá cə tə́ŋəxʷ. *Again I got mad, and again I rolled around on the ground.* (TC) | nɬ̓ kʷačaʔ sxʷʔə́c yaʔ sáysiʔ ʔaʔ kʷə nəskʷəńt cə syáyəcts cə q̓ɬúməčən ʔəɬ **ƛ́áčq̓**s q̓ɬúməčən. *It was me that was frightened to watch what those blackfish did when they were angry blackfish.* (TC)}

ƛ́ákʷi ⟦√ƛakʷ-iy √go_across-dev⟧ *to go across (especially water), cross over*. (EPT; MJT; ES; TC; AS,BC; AS) {**ƛ́ákʷi** cn. *I'm going across.* (TC) | hiyáʔ cn **ƛ́ákʷi**. *I'm going across.* (TC) | kʷ**ƛ́ákʷi** kʷaʔ. *He went across.* (MJT) | **ƛ́ákʷi** cn x̌aʔčxʷícən. *I crossed to Port Angeles.* (TC) | **ƛ́ákʷi** ʔaʔ kʷi stúʔwiʔ. *He went across the river.* (ES) | ʔənʔá cn **ƛ́ákʷi** x̌aʔčxʷícən. *I came across to Port Angeles.* (TC) | hiyáʔ **ƛ́ákʷi** ʔaʔ tə súɬ. *He went across the road.* (MJ) | nɬ̓ yaʔ kʷačaʔ nəsxʷsáʔsiʔsiʔ ti nəs**ƛ́ákʷi**. *So I was afraid to cross.* (TC) | síx̌ʷəŋ **ƛ́ákʷi** ʔaʔ cə stútaʔwiʔ. *They waded across the creek.* (ES) | ʔiʔəŋúʔəŋ cə páʔəkʷ **ƛ́ákʷi** ʔaʔ cə stúʔwi. *The pipe swam across the river.* (ES) | hiyáʔ yaʔ cn kʷi **ƛ́ákʷi** ʔaʔ cə stúʔwi ʔiʔ qós. *I was crossing the river, and I fell in.* (EPT) | nɬ̓ kʷaʔ suʔ**ƛ́ákʷi**s ʔiʔ ʔúyɬ ʔaʔ cə sqáx̌aʔ šáwiɬ nɬ̓ yaʔ ɬqíts. *Then he went across aboard the dog that had grown that was his clothes.* (AA) | húʔ yaʔ st tiə ʔuʔ**ƛ́ákʷi** ʔúxʷ ʔaʔ cə tɬnáʔəč ʔiʔ nɬ̓ suʔkʷənnákʷiɬ ʔaʔ cə sčəyačaʔɬ ʔiyá ʔaʔéʔɬxʷaʔ ʔiyá ʔaʔčixʷícən. *When we went across to the other side, we met with our relatives there at Elwha and at Port Angeles.* (TC)}

ƛ́akʷinúŋət ⟦√ƛakʷ-iy-nuŋt √go_across-dev-ncmdl⟧ ☞ **ƛ́ákʷi** *to manage to go across*. {ʔəsqiʔám̓ či nəs**ƛ́akʷinúŋət**. *I can't make it across.* (MJ)}

ƛ́akʷáyŋ *want to go home*. *See under*: ɬəkʷáyŋən

ƛ́ákʷəŋ *bee*. *See under*: stáʔkʷəŋ

ƛ́amáys ⟦√ƛam-ays √guess-activ⟧ *to guess*. (AS,BC; ES) {**ƛ́amáys** ʔɬ mitális. *He guesses when he gambles.* (AS)} VAR: **ƛ́amáys** (ES; AS,BC) {**ƛ́amáys** cn. *I guessed.* (ES) | nɬ̓ s**ƛ́amáys**s kʷi nəuncle tə sč̓ʔiyás ʔaʔ tə skʷənáyɬ. *My uncle guessed that they were from Quinault.* (ES)} VAR: ƛaʔmáys {**ƛaʔmáys** cn ʔəɬ mitálíən. *I guess when I gamble.* (AS)}

ƛ́amúʔəč ⟦√ƛamúʔəč √barrel⟧ *barrel, washtub*. (ES; TC; MJ) ⟨⟨only 'barrel' for ES; 'barrel' or 'washtub' for HS⟩⟩ [loan of unknown origin] VAR: ƛəmúʔəč (MJT) {huŋísts cə sqʷiyúŋiʔ nuʔás ʔaʔ tə **ƛəmúʔəč**. *He returned the fish heads to the barrel.* (MJ)} VAR: ƛamúʔəč (MJ; AS) {x̌iʔáŋ caʔ st ʔaʔ či čóq ƛamúʔəč. *We'll look for a big barrel.* (MJ) | nɬ̓ č̓ suʔhiyáʔs cə suʔáʔwəs ʔiʔ x̌kʷə́t cə **ƛamúʔəč**. *Then the young men went and got a barrel.* (MJ) | hiyáʔ č̓ kʷaʔ ʔuʔcicóxʷ ʔiʔúyɬ ʔaʔ cə **ƛamúʔəč**. *He went, and he disappeared aboard the barrel.* (MJ) | nɬ̓ č̓ suʔsə́qs xʷítəŋ ʔiʔ hiyáʔ txʷaʔyéʔi t sxʷítəŋs hiyáʔ čšaʔnáwəɬ ʔaʔ cə **ƛamúʔəč**. *Then he jumped out, and his jump from inside the barrel went far.* (MJ)}

ƛ́án ⟦√ƛan √go_ashore⟧ *to land, go or come ashore, get to shore, reach land from the water*. (ES; TC; BC) {**ƛ́án** cn. *I went ashore.* (AS,BC; TC) | **ƛ́án** či. *Go ashore. / Come ashore.* (TC,AS,BC) | ʔənʔá či **ƛ́án**! *Come ashore!* (AS,BC) | nɬ̓ č̓ suʔ**ƛ́án**s. *Then he went ashore.* (TC) | ʔiʔ suʔənʔás síx̌ʷəŋ **ƛ́án**. *And so he came wading ashore.* (ES) | ʔənʔá **ƛ́án**. *Come ashore.* (TC,AS,BC) | ʔuʔáw č̓ c **ƛ́án**. *They didn't land.* (AS) | **ƛ́án** caʔn ʔiʔ cúŋ. *I'm going to land and go up.* (AS) | kʷ**ƛ́án** kʷi. *He already went ashore.* (MJT) | xʷəŋ kʷaʔčaʔ ti nəsʔíst **ƛ́án**. *So I paddled ashore fast.* (TC) | suʔhiyáʔs ʔiʔ **ƛ́án**. *So he went and landed.* (MJ) | suʔhiyáʔs ʔiʔ **ƛ́án** tə naʔnítiyaʔ. *So they went and landed.* (MJ) | suʔ**ƛ́án**s ʔaʔ cə xʷíyŋəxʷ ʔuč̓tə. *So she landed at a village.* (AA) | ča**ƛ́án** ʔaʔ kʷi stəŋúʔəŋs. *The one that was swimming just came ashore.* (AS) | nɬ̓ č̓ suʔ**ƛ́án**s cə ʔuʔútxs. *Then the canoe landed.* (MJ) | suʔ**ƛ́án** ʔaʔ šičaʔpúʔəɬ ʔiʔ ɬəḿ̓čən ʔaʔ cə sčaʔyíqʷɬ. *So Jenny went ashore and was picking berries.* (MJ) | txʷnúʔəsəŋ kʷi kʷə ʔaycɬtáyŋxʷ ʔaʔ kʷi s**ƛ́án**s. *The people were looking to where they land.* (AS) | nɬ̓ č̓ suʔ**ƛ́án**s cə nócuʔ ʔiʔ kʷɬsuʔxʷtíŋtəŋs ʔaʔ cə q̓áyaʔŋi. *One came ashore, and the young women jumped on him.* (AS) | ʔiʔ sx̌éʔɬ kʷaʔčaʔ či s**ƛ́án**ɬ ʔaʔ cə n̓cáwŋən kʷaʔ ʔuʔənətúŋɬəxʷ. *And we want to land on your shore if you allow us.* (TC) | **ƛ́án** ʔúxʷ ʔaʔ tə sctə́ŋxʷən. *It went ashore onto the land.* (ES) | nɬ̓ kʷaʔ suʔ**ƛ́án**s yaʔ. *Then he landed.* (AA)}

ƛ́án kʷi xʷanítəm skʷáči ⟦√ƛan kʷi √xʷanitəm ʔs-√kʷayiy √go_ashore the_inv_nsp √white_person stat-√day⟧ ☞ **ƛ́án** ☞ xʷanítəm ☞ skʷáči *Columbus Day*. (AS,BC)

ƛ́annúŋət ⟦√ƛan-nuŋt √go_ashore-ncmdl⟧ ☞ **ƛ́án** *to manage to finally get to shore*. {húʔ cn kʷaʔčaʔ x̌áy ʔənʔá **ƛ́annúŋət** ʔəɬ pákʷəŋən ʔiʔ x̌áy č̓ cn čtáŋ kʷaʔ, "húy u?" *When I managed to float ashore again, I again asked, "Is it finished?"* (TC)}

ƛ́ántəŋ ⟦√ƛan-txʷ-ŋ √go_ashore-inancaus-psv⟧ ☞ **ƛ́ántxʷ** *to be put ashore by someone or something*. {ʔiʔ**ƛ́ántəŋ** č̓. *They were brought ashore.* (MJ) | suʔnáčs cə scúŋ ʔiʔ **ƛ́ántəŋ** ʔúxʷtən ʔaʔ sctə́ŋxʷən. *The wind was different, and it brought her ashore to the land.* (MJ)}

ƛ́ántxʷ ⟦√ƛan-txʷ √go_ashore-inancaus⟧ ☞ **ƛ́án** *to put someone or something ashore*. {**ƛ́ántxʷ** cn. *I put it ashore.* (TC)}

ƛ́án̓ɬ ⟦√ƛ<á>n̓-ɬ √line_up<rslt>-dur⟧ ☞ ƛ́ən̓ə́t *to be in a row, lined up*. {**ƛ́án̓ɬ** st. *We're sitting/standing in a row.* (AS) | ccítəŋ st ʔiʔ **ƛ́án̓ɬ**. *We're standing in a row.* (AS)}

ƛ́áŋən ⟦√ƛaŋn √miss⟧
1. to miss (the target), miss a shot. (ES; TC) {*ƛ́áŋən* cn. *I missed.* (MJT; TC; AS) | *ƛ́áŋən* či. *Miss it!* (TC) | *ƛ́áŋən* cn ʔaʔ cə húʔpt. *I missed the deer.* (TC) | *nəsƛ́áŋən. I missed.* (TC) | *ʔənsƛ́áŋən. You missed your shot.* (ES) | *ʔənsƛ́áŋən* cn. *You missed me.* (TC) | *nəsƛ́áŋən* cə húʔpt. *I missed the deer.* (TC) | *ƛ́áŋən* cə nəcə́t. *My father missed.* (MJT) | *čəyáy ʔiʔ ƛ́áŋən. He almost missed it.* (TC) | *čəyáy t suʔƛ́áŋən*s. *He barely missed it.* (TC) | *čúkʷt cn ʔiʔ nəsƛ́áŋən. I shot at it but missed.* (TC) | *čúkʷt cn cə húʔpt ʔiʔ nəsƛ́áŋən. I shot at the deer, but missed.* (TC) | *hiyáʔ yaʔ cn ʔaʔ tə súɬ ʔiʔ ƛ́áŋən. I went to the road, but missed.* (AS)}
2. to mess up one's life. {*ƛ́áŋən* cn. *I missed the straight and narrow way of life.* ⟪Usage: often used by preachers⟫ (AS) | *ʔáwə c ƛ́áŋən. Don't mess up your life. / Don't miss.* (AS)}

ƛ́áŋəntəŋ ⟦√ƛaŋn-txʷ-ŋ √miss-inancaus-psv⟧ ☞ ƛ́áŋəntxʷ to be made to miss. {*ƛ́áŋəntəŋ* cn. *Someone made me miss it.* (TC)}

ƛ́áŋəntxʷ ⟦√ƛaŋn-txʷ √miss-caus⟧ ☞ ƛ́áŋən to make someone miss. ⟪Usage: This is not used as 'I miss him' in English where it means 'feel lonely for'.⟫ {*ƛ́áŋəntxʷ* cn kʷə nsʔúq̓ʷaʔ. *I missed my brother (I was supposed to meet him, and I missed him).* (AS)}

ƛ́áqaʔ[1] ⟦√ƛaqaʔ √salal⟧
1. salal berry. *Gaultheria shallon.* (LB,CWH; EPT; AS,BC; ES; TC; TC) {*ʔíɬən cn ʔaʔ ti ƛ́áqaʔ. I eat salal berries.* (TC,AS,BC)}
2. bruise, contusion. ⟪from the similar color of the salal berry⟫ (AS,ES)

ƛ́áqaʔ[2] liver. See under: sƛ́áqaʔ.

ƛ́aqaʔáy̓s ⟦√ƛaqaʔ=ay⟨ʔ⟩us √bruise=eye⟨actl⟩⟧ ☞ ƛ́áqaʔ to have a black eye. (ES,TC) {*ƛ́aqaʔáy̓s* cn. *I have a black eye.* (AS)} VAR: ƛ́aqaʔáy̓əs (TC) VAR: ƛaqaʔáys (TC)

ƛ́áqʷi ⟦√ƛaqʷ-iy √recede-dev⟧
1. to recede, get low of water (in a river, pond, well, cooking pot, etc.), ebb, go down (of tide or flood); to dry up, evaporate (of any body of water), drop (of water level). (ES; TC; AS,BC; AS) {*ƛ́áqʷi* kʷi kʷə stúʔwi. *The river went down.* (AS) | *ƛ́áqʷi* cə qʷúʔ. *The water receded.* (ES) | *níɬ suʔhiyáʔs kʷi qʷúʔ ƛ́áqʷi ƛ́ay. Then the water went back down again.* (ES)}
2. to reduce, drop in weight or size, lose weight. (AS,BC) {*húy cn ʔuʔ ƛ́áqʷi ʔiʔ ʔuʔčiyáy či nsə́ŋ. I only lost weight, and I almost fainted.* (AS,BC)}

ƛ́áq̓ʷɬ ⟦√ƛ⟨á⟩q̓ʷ-ɬ √breathless⟨rslt⟩-dur⟧ ☞ ƛ́áq̓ʷ to be choked up, can't breathe, panting. {*ƛ́áq̓ʷɬ* cn. *I'm choked up. / I can't breathe.* (MJT) | *ʔáwə c híc ʔiʔ táči Dash ʔiʔkʷaʔnéŋət ʔiʔƛ́áq̓ʷɬ. It wasn't long, and Dash got there running, panting.* (MJ)} VAR: sƛ́áq̓ʷɬ (AS,BC) ⟦ʔs-√ƛ⟨á⟩q̓ʷ-ɬ stat-√breathless⟨rslt⟩-dur⟧ {*sƛ́áq̓ʷɬ* cn. *I'm out of breath.* (AS)}

ƛ́atə́m̓ wren. See under: ƛaʔƛə́m̓.

ƛ́átən ⟦ƛá+√ƛan⟨ʔ⟩ actl+√go_ashore⟨actl⟩⟧ ☞ ƛ́án to be landing, going ashore. (MJT)

ƛ́áwəsən star. See under: ƛaʔƛə́wəsnaʔ.

ƛ́áwiʔ ⟦√ƛawy √arm⟧ arm, wing, elbow. (LBH; EPT; TC; ES; AS,BC) {*x̣áɬ tiə nəƛ́áwiʔ. My arm is sore.* (TC) | *níɬ kʷi nəƛ́áwiʔ. It's my arm.* (NS,JW) | *tə́kʷ tiə nƛ́áwiʔ. My arm is broken.* (TC) | *níɬ kʷə nƛ́áwiʔ csnáŋ. It was my arm that got hit.* (EPT) | *níɬ u nskʷáʔ nƛ́áwiʔ. Is it your own arm?* (NS,JW) | *x̣áɬ č ti ƛ́áwiʔs. His arm was apparently hurt.* (TC) | *ʔúɬt cə nƛ́áwiʔ. Stretch your arm.* (ES) | *níɬ č suʔɬŋáŋs cə ʔəsx̣áq̓ʷɬ ʔaʔ cə ƛ́áwiʔs, cə sx̣ə́naʔs. They took off what was on his arms and his feet.* (TC) | *qəmáŋ ʔaʔ či sx̣̓qáʔis ʔuʔx̣̓q̓ʷə́ts ʔaʔ cə skʷáʔs ƛ́áwiʔs. He asked for feathers to stick onto his own wing.* (TC)} VAR: ƛ́áwi (LC; TC) {*qáqɬ kʷsə nƛ́áwi ʔaʔ kʷə nscsə́tən. My arm's sore now where he hit me.* (EPT)} VAR: ƛ́áwi (AS,BC) VAR: ƛ́áʔwi (AS,BC) VAR: ƛ̓áwi (AS,BC)

ƛ́áxɬ ⟦√ƛ⟨á⟩x-ɬ √deviate⟨rslt⟩-dur⟧ ☞ ƛ́əx to go wrong. (ES; AS) {*ƛ́áxɬ yaʔ st ʔaʔ kʷi súɬ. We took the wrong road.* (AS)}

ƛ́áyəm put on. See under: ƛ́əyəm.

ƛ́áyən ⟦√ƛa⟨y⟩n √go_ashore⟨pl⟩⟧ ☞ ƛ́án to go ashore, land (of a group). (AS,BC)

ƛ́áyəqəŋ ⟦√ƛayq-ŋ √soak-mdl⟧ to be soaked, completely wet. (TC; BC; AS) {*ƛ́áyəqəŋ cə sx̣íx̣aʔx̣̓qɬ. The child is soaking wet.* (AS)} VAR: ƛ́áyəqəŋ (AS)

ƛ́áyət ⟦√ƛay-t √flat-trns⟧ to flatten something, roll out dough. (TC) {*ƛ́áyət* caʔn. *I'm going to flatten it.* (TC) | *ƛ́áyət* či. *Flatten it out.* (MJT)}

ƛ́áyətəŋ ⟦√ƛay-t-ŋ √flat-trns-psv⟧ ☞ ƛ́áyət to be flattened, rolled out (of dough) by someone. (TC) {*ƛ́áyətəŋ* cn. *They flattened me.* (TC)}

ƛ́áy̓t ⟦√ƛa⟨y⟩ʔ-t √flat⟨actl⟩-trns⟧ ☞ ƛ́áyət to be flattening something, rolling out dough. {*ƛ́áy̓t* cn. *I'm flattening it.* (TC) | *ƛ́áyət* {čaʔƛ́áy̓t cn. *I'm flattening it out.* (MJT)}

ƛ́céʔqʷ ⟦√ƛc=iʔqʷ √break=head⟧ ☞ ƛ́əc to crack, break, shatter the skull. (ES,BC; ES,HS; AS) {*ƛ́céʔqʷ kʷi kʷə smə́yəc ʔaʔ kʷi sčkʷútəŋs. The elk's skull shattered when it was shot.* (AS)}

ƛ́cənáxʷ ⟦√ƛc-naxʷ √break-nctrns⟧ ☞ ƛ́əc Stem: ƛ́cəná [stem for subject suffixes] to break something (such as a cup) unintentionally. (MJT) {*ƛ́cənáxʷ* cn. *I broke it accidentally.* (MJT) | *ƛ́cənás ixʷ. He must have broken it.* (MJT)} VAR: ƛ́cnáxʷ {*ƛ́cnáxʷ* cn. *I broke it (accidentally).* (TC)}

ƛ́cət ⟦√ƛc-t √break-trns⟧ ☞ ƛ́əc to break an object with a broad surface such as a cup, head, or glass. (MJT; TC; AS,BC) {*ƛ́cət* caʔn. *I'm going to break it.* (TC) | *ƛ́cət* cn. *I broke it.* (TC)}

ƛ́éʔim sing. See under: ƛ́iym.

ƛ́eʔiqʷíɬč ⟦√ƛiʔyqʷ=iɬč √strawberry=plant⟧ ☞ ƛ́éʔyəqʷ strawberry plant. (ES) VAR: ƛ́eyəqʷíɬč (MJT)

łéʔmət wearing it. *See under:* ɫəy̓əmít

łéʔwiʔəɬ ⟦√ti?wy̓əɬ √pray⟧ to pray. (MJT; TC; ESf; AS,BC) {*łéʔwiʔəɬ* hay. *Everybody pray.* (MJ) | čq̓ʷúsəŋ ʔiʔ *łéʔwiʔəɬ*. *Put your head down and pray.* (AS,BC) | níɬ suʔŋəɬáʔqəŋs ʔiʔ *łéʔwiʔəɬ*. *Then she kneeled down and prayed.* (MJ) | suʔcítəŋs ʔuʔx̣ə́n̓ tsə łéʔwiʔəɬ ʔiʔ *łéʔwiʔəɬ*. *So all those who were praying stood up and prayed.* (MJ)} VAR: łéʔwiɬ {*łéʔwiɬ* cn. *I'm praying.* (AS,BC) | níɬ suʔłéʔwiɬs kʷi nsiyáʔiɬ. *Then my in-law prayed.* (ES)}

łéʔwiʔəɬict ⟦√ti?wy̓əɬ-sít-cut √pray⟨actl⟩-bene-rflxv⟧ ☞ ɬaʔwiɬít to pray for oneself. {*łéʔwiʔəɬict* hay. *Pray for yourselves.* (MJ)} VAR: ɬaʔwiɬíct {*ɬaʔwiɬíct* cn. *I prayed for myself.* (AS)}

łéʔwiʔəɬit pray for someone. *See under:* ɬaʔwiɬít

łéʔwiʔəɬiy̓ɬ ⟦√ti?wy̓əɬ-iy̓ɬ √pray-go⟧ ☞ łéʔwiʔəɬ to go to pray, go to church. {níɬ č suʔhiyáʔs *łéʔwiʔəɬiy̓ɬ* ti ʔaʔyəcɬtáyŋxʷ ʔaʔ ti nəmá skʷáči. *Then the people went to church on Sunday.* (AS)} VAR: łéʔwiʔəɬéy̓ɬ {níɬ kʷi suʔŋəŋəɬə́qəŋs kʷi *łéʔwiʔəɬéy̓ɬ*. *They knelt down to pray.* (AS)}

łéʔwiʔəɬ skʷáči ⟦√ti?wy̓əɬ ʔs-√kʷayiy √pray stat-√day⟧ ☞ łéʔwiʔəɬ ☞ skʷáči National Day of Prayer. (AS,BC)

łéʔyəm̓ sing. *See under:* ɬíym

łéʔyəqʷ ⟦√ti?yqʷ √strawberry⟧ [may have the suffix for 'head'] strawberry. *Fragaria spp.* (LB,CWH; EPT; TC; LC; ES) ⟨⟨Harrington gives this with a final /kʷ/.⟩⟩ {qaʔitíŋ cn cə *łéʔyəqʷ*. *The strawberries are spoiled.* (AS) | nəłéʔyəqʷ. *My strawberry (endearment).* (MJT) | ɬə́yq̓ʷt cn tə *łéʔyəqʷ*. *I'm mashing up the strawberries.* (MJT) | ʔiyá st kʷaʔčaʔ c scáʔiɬ ʔaʔ cə *łéʔyəqʷ* ɬəŋáʔəs ti sxcáʔi šáʔwiʔ ʔiyá ʔaʔ cə *łéʔyəqʷ*. *We were there working on the strawberries removing the weeds growing in the strawberries.* (TC)}

łéyəm sing. *See under:* ɬíym

łeyəqʷíɬč strawberry plant. *See under:* łeʔiqʷíɬč

łə́c[1] ⟦√ɬc √break⟧ *cp.* tə́kʷ to be broken, cracked (of a cup, window or anything with a relatively broad surface). (ES; AS,BC) {kʷłə́c *It's broken.* (MJT) | xə́ɬ ʔaʔ kʷi s*łə́c*s. *It hurt when it broke.* (MJ) | ʔáwə c ʔəsxʷanín̓ ʔiʔ *łə́c* kʷaʔ ʔə́cs x̌kʷít. *It won't be that way and break if it's me that holds it.* (MJT) | níɬ caʔ *łə́c* cə sɬə́yəxʷ, ʔiʔ níɬ caʔ *łə́c* cə sŋánt, ʔiʔ ʔáwə c *łə́c* cə sɬə́yəxʷ. *Then ice will break, or then the rock will break if the ice doesn't break.* (MJ)}

łə́c[2] ⟦√ɬəc √middle⟧ middle. (ES) {*łə́c* skʷáči. *It's the middle of the day.* (MJT) | *łə́c* ʔəsnát. *It's the middle of the night.* (ES; AS,BC)}

łəcsnát ⟦√ɬəc?s-√nat √middle stat-√night⟧ ☞ łə́c ☞ ʔəsnát midnight. (ES) VAR: łəc̓ʔəsnát (ES) VAR: łəcsnat (TC,AS,BC) {čiʔáw ʔaʔ *łə́csnat* kʷi nstúkʷ. *It was past midnight when I went home.* (AS)}

łə́ct ⟦√ɬ⟨ə́⟩c-t √break⟨actl⟩-trns⟧ [actual metathesis] ☞ ɬcət to be breaking something. {ʔáwə c *łə́ct* kʷə čáwiʔ. *Don't break that dish.* (EPT)}

łə́čmən ⟦√ɬəčmn √barbecue_stake⟧ stake set in the ground around an open fire to hold salmon as it cooks. (EPT) VAR: łə́čəmən (MJT)

łə́kʷ ⟦√ɬəkʷ √stuck_in⟧ to be stuck. (AS; AS,BC) {čiyáy cn ʔiʔ *łə́kʷ* ʔaʔ kʷi nəsštə́ŋ. *I almost got stuck when I walked.* (AS) | *łə́kʷ* cə číkən ʔaʔ cə smíx̌i ʔəɬ šátəŋs. *The chicken got stuck in the mud when it was walking.* (AS)}

łəkʷíns choke. *See under:* ɬkʷíns

łəkʷáyŋən ⟦√ɬukʷ-ayŋən √go_home-want⟧ ☞ ɬúkʷ to want to go home. (ES; MJ) VAR: ɬúkʷayŋən {*ɬúkʷayŋən* cn, cícɬ siʔám̓. *I want to go home, Lord.* (TC,AS,BC)} VAR: ɬukʷáyŋən (AS,BC; AS) {*ɬukʷáyŋən* cn. *I want to go home.* (AS)} VAR: ɬkʷáyəŋən {*ɬkʷáyəŋən* cn. *I want to go home.* (AS,BC)} VAR: ɬaʔkʷáyŋən {*ɬaʔkʷáyŋən* cn, cícɬ siʔám̓. *I want to go home, Lord (from a Shaker song).* (BC) | x̌čtís kʷi nəsíyaʔ ʔaʔ či n*ɬaʔkʷáyŋən*. *My grandmother knew I wanted to go home.* (MJ)} VAR: ɬkʷáyŋən (AS) {*ɬkʷáyŋən* cn ʔaʔ kʷɬɬíxʷ cənu sánti. *I wanted to go home after three weeks.* (MJ) | *ɬkʷáyŋən* cə ʔəɬʔúɬ ʔaʔ kʷi sʔáɬaʔs. *Wendy wanted to go home when she was here.* (AS) | *ɬkʷáyŋən* cn, cícɬsiʔám̓. *I want to go home, Lord.* ✱From a Shaker song. (AS) / VAR: ɬakʷáyŋ (MJ) ⟨⟨This variant is the modification of the usual form of the word to fit into the rhythm of the Klallam Friendship Song sung by Martha John.⟩⟩

łəlúm̓ ⟦√ɬəlum̓ √smoked_salmon⟧ smoked salmon made from the best parts of the fish. (EPT) [loan of unknown origin] {ʔənsx̌é? u či *łəlúm̓*. *Do you want some smoked salmon?* (EPT) | mán̓ cn ʔuʔ xʷáʔəm̓ ʔaʔ či *ɬalúm̓* *I'm awfully hungry for smoked salmon.* (EPT)}

łəménəwəs ⟦√ɬəménəwəs √spirit_power⟧ [stressed vowel is [æ]] spirit power, a person who has spirit power. (ES) *cp.* ɬq̓íyən [from Chinook Jargon] VAR: ɬəmánəwəs (EPT) VAR: təmánwəs (EPT)

łəməčáʔ geoduck. *See under:* ɬəməčáʔq

łəməčáʔq ⟦√ɬəməčáʔq √geoduck⟧ [This may have a lexical suffix for 'privates'. See MJ comment below.] white-neck clam, geoduck, big white horse clam. *Panopea abrupta.* (EPT) 2. a thin-shelled horse clam. (LB,CWH) VAR: ɬəmčáʔq (EWH; MJT) | VAR: ɬəməčáʔq (MJT) VAR: ɬəməčáʔ (MJT) ⟨⟨MJ prefers this variant because the other "sounds like it's on your sit down". But that is what the old-timers called it.⟩⟩ VAR: sɬə́məčáʔq (LB,CWH)

łə́mət put it on. *See under:* ɬəyámət

łəmít wear it. *See under:* ɬəyəmít

łəmítəŋ ⟦√ɬəyam-i-t-ŋ √wear-persist-trns-mdl⟧ ☞ ɬəyəmít to have something put on, worn.

ɬəmiyát

{ɬəmítəŋ st ʔaʔ cə kapú. *They put a coat on us.* (AS)}

ɬəmiyát put it on. *See under:* ɬəyámət

ɬəmq̓ʷɬnáyət choke someone. *See under:* ɬaʔq̓ʷɬnáyət

ɬə́m̓əxʷ 〚√ɬəm̓əxʷ √gooseberry〛 coastal black gooseberry. *Ribes divaricatum.* ((identification by ONP botanist)) (LB,CWH; MJT; ES; TC; AS,BC) {xʷəyíst cn cə ɬə́m̓əxʷ. *I shook up the gooseberries.* (AS)} ∗Gooseberries are harvested by vigorously shaking the bush to make the berries drop onto a blanket laid under it. (AS,BC) VAR: ɬə́m̓əq̓ʷ (MJT)

ɬəmú?ləč barrel. *See under:* ɬamú?ləč

ɬənə́q̓ʷ 〚√ɬnəq̓ʷ √explode〛 to explode, pop, backfire, go off (as a gun or bom). (AS) {ɬənə́q̓ʷ tə sčə́q̓ʷəwc. *The fire popped.* (AS)}

ɬənə́q̓ʷəŋ 〚√ɬnəq̓ʷ-ŋ √explode-mdl〛 ☞ ɬənə́q̓ʷ
1. to pop, explode into sparks (as wet alder in a fire). (AS,BC)
2. to shoot off fireworks. {kʷɬníɬ kʷaʔčaʔ ɬənə́q̓ʷəŋ ti ʔaʔyəcɬtáyŋxʷ ʔaʔ ti putčuláy. *Now the people shoot fireworks on the Fourth of July.* (AS)}

ɬənístxʷ 〚√ɬan-istxʷ √go_ashore-caus〛 ☞ ɬán to put someone or something ashore. {ɬənístxʷ cə snə́xʷɬ. *Put the canoe ashore.* (AS)}

ɬənqsá?aməš 〚√ɬənqsáʔ=aməš √?=type〛 a tribe living south of Hood Canal. (LBH; LB,CWH) ((CW thinks this is near Snohomish, not in the Skokomish region.)) (CWH)

ɬə́nqʷ 〚√ɬ<ə́>nəqʷ √explode<actl>〛 [actual metathesis] ☞ ɬənə́q̓ʷ to be exploding, popping, backfiring. {ɬə́nqʷ kʷsə sčaʔkʷaʔyúɬs. *The car is backfiring.* (AS)}

ɬə́n̓əŋ 〚√ɬ<ə́>n-ŋ<ʔ> √line_up<actl>-mdl<actl>〛 [actual metathesis, but no non-actual middle] to set in place, be lining up in a row. (TC) {ɬə́n̓əŋ cn. *I'm lining up things.* (TC)} VAR: ɬə́n̓əŋ {ɬə́n̓əŋ cn. *I lined (it) up.* (AS)}

ɬə́n̓əs 〚√ɬn̓=us √line_up=face〛 ☞ ɬə́n̓əŋ to sit, stand beside, next to. {ɬə́n̓əs cn ʔaʔ nə́kʷ. *I sat next to you.* (TC)}

ɬə́n̓ət 〚√ɬn̓-t √line_up-trns〛 ☞ ɬə́n̓əŋ to set something in place, line up people or things, stack something (such as firewood) in a row. (ES; TC; TC,AS,BC; AS) {ɬə́n̓ət cn. *I lined it up.* (TC; AS) | ɬə́n̓ət cə n̓čaʔcítən. *Set your table.* (TC) | ɬə́n̓ət cn tiə ʔəycɬtáyŋxʷ. *I lined up the people.* (AS) | ɬə́n̓ət cn cə čáʔwi. *I set the table.* (AS) | ʔáwə c ɬə́n̓ət cə sčayíqʷɬ. *Don't line up the fruit.* (MJ) | ɬə́n̓əts ti sxʷniyáʔəm. *They were next to some Indian doctors.* (MJ) | níɬ suʔúxʷtxʷs tə síɬ ʔiʔ ƛ̓áy ɬə́n̓əts cəwniɬ ncxʷk̓ʷsáytxʷ. *Then she brought some cloth there and again lined up twenty dollars.* (MJ)}

ɬə́n̓ətəŋ 〚√ɬn̓-t-ŋ √line_up-trns-psv〛 ☞ ɬə́n̓ət to be lined up in a row by someone. {ɬə́n̓ətəŋ cn. *Someone put me in line.* (TC)}

ɬənq̓ʷə́yuʔ 〚√ɬn<ʔ>əqʷ-əyu<ʔ> √explode<actl>-activ<actl>〛 ☞ ɬənə́q̓ʷ an exploding spark from a fire, a backfire from an engine, a gun firing. (ES) VAR: ɬənq̓ʷə́yu (AS,BC) {ɬənq̓ʷə́yu kʷsə sčaʔkʷaʔyúɬs. *His car backfired.* (AS)}

ɬəńɬə́n̓təŋ 〚ɬn̓+√ɬn̓-t-ŋ pl+√line_up-trns-psv〛 ☞ ɬə́n̓ət to be set in place (of a group), be lined up, stacked by someone or something. {ɬəńɬə́n̓təŋ ti ʔəyaʔúʔtx̣s. *The canoes were all lined up.* (MJ)}

ɬəŋəsán̓əŋ 〚√ɬəŋs=an̓-ŋ √braid=ear-mdl〛 ☞ ɬə́ŋəst to braid hair. {ɬəŋəsán̓əŋ caʔn. *I'm going to braid my hair.* (MJT)} VAR: ɬəŋsán̓əŋ (MJT)

ɬə́ŋəst 〚√ɬəŋs-t √braid-trns〛 to braid, weave something. (LC) {ʔə́c yaʔ ɬə́ŋəst. *I braided it.* (MJT) | ɬə́ŋəst caʔn tiʔə nəsiʔátən. *I'm going to braid my hair.* (MJT)} VAR: ɬə́ŋst {ɬə́ŋst cn tiə nsíʔatən. *I braided my hair.* (AS)}

ɬə́ŋəstəŋ 〚√ɬəŋs-t-ŋ √braid-trns-psv〛 ☞ ɬə́ŋəst to be braided by someone. {ɬə́ŋəstəŋ cə nsiʔátn. *They braided my hair.* (AS)}

ɬəŋk̓ʷáct 〚√ɬəŋk̓ʷ-cut √among-rflxv〛 [metathesis with reflexive] ☞ ɬə́ŋk̓ʷ to mix together, mix in with, join in with, mingle, get involved, become part of a social group. (AS,BC; ES) {ɬəŋk̓ʷáct cn. *I mixed in with them.* (TC) | níɬ nsuʔɬəŋk̓ʷáct ʔaʔ či k̓ʷéʔwənti. *Then I'll join in the fighting.* (TC) | ɬəŋk̓ʷáct ʔaʔ kʷsə suʔáwəs qaʔx̣qín̓. *Join in with those boys who are playing.* (TC)} VAR: ɬaʔk̓ʷáct {ɬaʔk̓ʷáct cn ʔaʔ tiə ʔaʔyəcɬtáyŋxʷ. *I mixed in with the people.* (AS) VAR: ɬə́ŋk̓ʷct (AS) {hiyáʔ caʔ st ɬə́ŋk̓ʷct. *We're going to mix in.* (AS)}

ɬəŋk̓ʷístxʷ 〚√ɬəŋk̓ʷ-istxʷ √among-caus〛 ☞ ɬə́ŋk̓ʷ to mix someone or something in with (something), put it among. (TC) {ɬəŋk̓ʷístxʷ cn cə sɬúp̓. *I mixed in the soup.* (AS) | ɬəŋk̓ʷístxʷ cn cə sqáwc ʔaʔ cə sɬúp̓. *I mixed the potatoes into the soup.* (AS)} VAR: ɬəŋək̓ʷíst (TC) {ɬəŋək̓ʷíst cn. *I mixed it.* (TC)}

ɬəŋsəwéʔč 〚√ɬəŋs-əw=iʔč √braid-ext=hump〛 ((The back of the shell has the pattern of a braid.)) [The root here may rather be related to the word for 'flood.'] *cp.* ɬə́ŋ black chiton, little China shoes, little stick shoes, little China hats. *Katharina tunicata.* ∗These must be steamed for a very short time quickly after harvest or they become rubbery and inedible. The plumper ones are more tender. The ones found under the seaweed at low tide are better than those found in the sun. (MJT; HSAS,BC; TC; AS,BC) ∗Some people can eat these only in the morning because eating them can cause wild loud dreams. (AS,BC) {ŋə́n̓ ɬəŋsəwéʔč. *It's lots of black chitons.* (ES) | ʔaʔq̓ʷə́yuʔ cn ʔaʔ cə ɬəŋsəwéʔč. *I'm prying up the China slipper.* (AS) | k̓ʷənɬnáyəŋ cə ʔaʔ či ɬəŋsəwéʔč. *I'm looking for chitons.* (AS)} VAR: ɬəŋsuʔéʔč (AS,BC) {ʔúqʷt cn cə ɬəŋsuʔéʔč. *I pried off they chiton.* (BC) | ŋə́n̓ ti k̓ʷáq ʔaʔƛ̓cánt sxʷʔiyás ti ɬəŋsuʔéʔč. *There's lots of seaweed at Agate Beach where there's chitons.* (AS)} VAR:

ɬəŋúʔəŋ

ɬəŋsəwéʔč (ES) VAR: ɬəŋsuʔéʔč (NS,JW; TC) VAR: ɬəŋsəwʔéʔč (TC) VAR: ɬəŋsəwéč (MJT) VAR: ɬəŋswéʔč (AS) VAR: ɬəŋsuwéʔč (LB,CWH)

ɬəŋúʔəŋ ⟦√ɬŋuʔ-ŋ √swim-mdl⟧ to swim, locomote through the water. (RS; TC; AS,BC; ES; TC,AS,BC) {*ɬəŋúʔəŋ* cn. *I swam.* (AS,BC) | *ɬəŋúʔəŋ* caʔn. *I'm going to swim.* (MJT) | kʷ*ɬəŋúʔəŋ* cn. *I'm swimming now.* (MJT) | ʔiʔ*ɬəŋúʔəŋ* cn. *I'm swimming now.* (TC) | suʔx̌áys ɬəŋúʔəŋ cə páʔəkʷ ɬákʷi ʔaʔ cə stúʔwiʔ. *So again the pipe swam across the river.* (ES) | níɬ č suʔ*ɬəŋúʔəŋ* ʔaʔ məšču ʔúxʷnəs cə q̓ʷq̓ʷúʔəŋ. *Then Mink swam after Kelp.* (TC) | níɬ kʷaʔ suʔqʷáys, "húy či ɬəŋúʔəŋ!" *Then he said, "Please, swim!"* (AA) | níɬ č suʔ*ɬəŋúʔəŋ*s ʔúxʷnəs cə q̓ʷq̓ʷúʔəŋ. *He swam after Kelp.* (TC) | čaʔɬán ʔaʔ kʷi s*ɬəŋúʔəŋ*s. *The one that was swimming just came ashore.* (AS)}

ɬə́ŋ ⟦√ɬəŋ √flood⟧ to fill up with liquid to a certain level, flood, inundate, become high tide. (TC; AS; AS,BC) {*ɬə́ŋ* cə qʷúʔ. *The tide water's come in.* (TC) | kʷ*ɬə́ŋ*. *The tide is high.* (MJT) | *ɬə́ŋ* kʷi kʷə stáčəŋ. *The tide is high.* (AS) | *ɬə́ŋ* kʷə ncoffee. *My coffee is filled right up.* (AS) | *ɬə́ŋ* tiə sčtə́ŋxʷən. *This land is flooded.* (TC,AS,BC) | ʔáwə kʷaʔ *ɬə́ŋ*əs. *Water doesn't reach it. / It never floods.* (MJT) | suʔ*ɬə́ŋ*s ʔaʔ cə sčtə́ŋxʷən. *So the land flooded.* (MJ) | tə́s ʔaʔ cə sxaʔeʔkʷuyéʔč ʔiʔ *ɬə́ŋ*. *It (the water) got to the mountains and flooded them.* (ES)}

ɬə́ŋaʔtəŋ ⟦√ɬəŋ-aʔ-t-ŋ √flood-ʔ-trns-psv⟧ [no non-passive, transitive form] ☞ *ɬə́ŋ* to be inundated by the tide. {*ɬə́ŋaʔtəŋ* cn. *The tide came up to me.* (TC)}

ɬə́ŋkʷ ⟦√ɬəŋkʷ √among⟧ mixture, combination. (AS,BC) {txʷsnačít kʷaʔčaʔ cə *ɬə́ŋkʷ* ʔiyá. *The mix there has become unusual.* (TC) | *ɬə́ŋkʷ* ʔaʔ kʷsə siʔátəns. *It was mixed in with her hair.* (AC) | *ɬə́ŋkʷ* kʷi kʷə músmus. *The cows are a mixture.* (AS) | suʔcáwɬ ʔiʔ ʔiʔéʔmət *ɬə́ŋkʷ*ɬ ʔaʔ cə ʔəcɬtáyŋəxʷ. *So we were on the beach and sat among the people.* (MJ)}

ɬəŋkʷáʔct ⟦√ɬəŋ<ʔ>kʷ<ʔ>-cut √among<actl>-rflxv⟧ [metathesis with reflexive] ☞ *ɬəŋkʷáct* to be mixing together, mixing in with, joining in with, mingling, getting involved. (ES) {*ɬəŋkʷáʔct* kʷaʔčaʔ cə skʷaʔkʷáʔtuʔ. *That crow mixes in.* (ES) | ʔiʔ níɬ cə nuʔ*ɬəŋkʷáʔct* ʔaʔ tiə ʔəxʷíyŋxʷ. *And so he mixed in with the locals.* (TC) VAR: ɬəŋkʷáʔəct (TC) {ʔáw c *ɬəŋkʷáʔəct* ʔaʔ cə sxáʔəs sqʷáqʷis cə ʔənsčáyəčaʔ kʷaʔ ʔuʔstánəs ʔaʔ cə sčáyəčaʔs u čtə. *Don't get involved in bad words with your friends, whatever they are, if they are your friends.* (TC)} VAR: staʔk̓ʷáʔct (BC) VAR: staʔk̓ʷáʔct (AS) {*staʔk̓ʷáʔct* kʷi ʔaʔyəcɬtáyŋəxʷ. *The people are mixing together.* (AS)}

ɬəŋkʷátəŋ ⟦√ɬəŋkʷ-t-ŋ √among-trns-psv⟧ ☞ *ɬəŋkʷt* to be put among others by someone or something. {ʔáw kʷaʔ *ɬəŋkʷátəŋ*s ʔaʔ tinu néʔs qaʔxqiŋ. *He was never put in among those that were playing.* (ES)}

ɬə́qt

ɬəŋkʷt ⟦√ɬəŋkʷ-t √among-trns⟧ ☞ *ɬəŋkʷ* to put something among, mix something in. (ES; AS) {*ɬə́ŋkʷt* cn. *I put it among the others.* (AS)}

ɬəŋsánəŋ ⟦√ɬəŋ<ʔ>s=an-ŋ<ʔ> √braid<actl>=ear-mdl<actl>⟧ ☞ *ɬəŋəsánəŋ* to be braiding hair. ⟪This refers to braids worn over the ears.⟫ (MJT; TC) {kʷ*ɬəŋsánəŋ* cn. *I'm braiding my hair now.* (MJT) | *ɬəŋsáʔnəŋ* či. *Braid your hair!* (ES)} VAR: ɬəŋsáʔnəŋ {*ɬəŋsáʔnəŋ* cn. *I braided my hair. / I'm braiding my hair.* (MJT; ES)} VAR: ɬəŋsáʔnəŋ (AS,BC) {*ɬəŋsáʔnəŋ* cn. *I'm braiding my hair.* (AS)}

ɬəŋsánət ⟦√ɬəŋ<ʔ>s=an-t √braid<actl>=ear-trns⟧ ☞ *ɬəŋəst* to be braiding, splicing something. (TC) {*ɬəŋsánət* cn. *I'm braiding it.* (ES)}

ɬə́ŋst ⟦√ɬəŋ<ʔ>s-t √braid<actl>-trns⟧ ☞ *ɬəŋəst* to be braiding something. (MJT)

ɬə́ŋstəŋ ⟦√ɬəŋ<ʔ>s-t-ŋ √braid<actl>-trns-psv⟧ ☞ *ɬə́ŋəstəŋ* being braided by someone. (MJT)

ɬəŋɬə́ŋətəŋ ⟦ɬəŋ+ √ɬəŋ-t-əŋ char+√flood-trns-psv⟧ ☞ *ɬə́ŋ* to be flooded. (EWH)

ɬəŋɬəŋúʔəŋ ⟦ɬəŋ+ √ɬəŋ<ʔ>uʔ-ŋ char+√swim<actl>-mdl⟧ ☞ *ɬəŋúʔəŋ* a good swimmer. (MJT)

ɬəŋúʔəŋtxʷ ⟦√ɬŋ<ʔ>uʔ-ŋ<ʔ>-txʷ √swim<actl>-mdl-caus⟧ ☞ *ɬəŋúʔəŋ* to have someone swim, help someone swim. {*ɬəŋúʔəŋtxʷ* cn. *I helped him swim.* (MJT)}

ɬəŋúʔəŋ ⟦√ɬŋ<ʔ>uʔ-ŋ<ʔ> √swim<actl>-mdl<actl>⟧ ☞ *ɬəŋúʔəŋ* to be swimming. (JCo; ES; TC) {ʔiʔ*ɬəŋúʔəŋ* cə páʔəkʷ. *The pipe was swimming.* (ES) | *ɬəŋúʔəŋ* cn ʔaʔ kʷi čiʔáqɬ. *I swam yesterday.* (TC) | *ɬəŋúʔəŋ* qɬ cn nuʔə́y ʔaʔ nə́kʷ. *I can swim better than you.* (MJT) | ʔiʔánəŋ cn ʔəɬ *ɬəŋúʔəŋ*ən. *I know how to swim.* (MJT) | nəsʔiʔánəŋ ti nəs*ɬəŋúʔəŋ*. *I know how to swim.* (MJT) | ʔúy qɬ cn kʷi *ɬəŋúʔəŋ* ʔiʔ tə́s. *I have to swim to get there.* (MJT) | *ɬəŋúʔəŋ* caʔn či nsʔúxʷənəs tə sčaʔkʷaʔyúɬ. *I'm going to swim out to the boat.* (MJT) | níɬ suʔxaʔxɬáms canu sčánnəxʷ *ɬəŋúʔəŋ*. *Then he watched those salmon swimming.* (ES) | níɬ suʔqaʔyúsəŋs ʔiʔ x̌áy kʷəntís cə sčənčánnəxʷ *ɬəŋúʔəŋ* ʔaʔ cə stúʔwiʔ. *Then he looked away and again watched the salmon swimming in the river.* (ES)} VAR: ɬəŋúʔəŋ {ʔáwənə nsxčít kʷaʔ *ɬəŋúʔəŋ*ən u qɬ. *I wonder if I can (still) swim.* (MJT)}

ɬəŋúcən ⟦√ɬəŋ=ucin √flood=mouth⟧ ☞ *ɬə́ŋ* cp. *səŋúcən* to flow (of the tide), water comes up, tide almost in. {kʷ*ɬəŋúcən*. *The tide is about in.* (MJT)}

ɬə́qəŋ ⟦√ɬ<ə́>q-ŋ<ʔ> √alight<actl>-mdl<actl>⟧ [actual metathesis] ☞ *ɬqə́ŋ* to be alighting on land or water (of a bird, plane, etc.). {ʔiʔ*ɬə́qəŋ*. *It's landing.* (TC) | *ɬə́qəŋ* cə múʔuqʷ. *The ducks are landing.* (ES)}

ɬə́qt ⟦√ɬ<ə́>q-t √fart-trns⟧ ☞ *ɬqə́t* to be farting, breaking wind on someone or something. (TC) {*ɬə́qt* cn. *I just left a fart.* (TC)}

ƛ̕áq̕ʷəm̕ 〚√ƛ̕əq̕ʷm̕ √thimbleberry〛 thimbleberry, red cap berry. *Rubus parviflorus*. (EPT; MJT; LC; ES,TC; TC) *The names of berries are used as terms of endearment to address one's lover similar to English 'honey'. /nəƛ̕áq̕ʷəm̕/ 'my thimbleberry' is often used this way, but any berry name can be used. (MJT) *If children eat too many thimbleberries or eat them while picking, they will have babies with red eyes when they grow up. AS and BC were told this by their elders. AS now says in jest, "They just wanted more for themselves." (AS,BC) {ʔiʔáyəqč tə **ƛ̕áq̕ʷəm̕**. *The thimbleberries taste good.* (AS) | siʔáʔəm̕ct cə **ƛ̕áq̕ʷəm̕**. *"Honey" is being bossy.* (MJT)} VAR: ƛ̕áq̕ʷəm (HS; AS,BC; ES) {ʔəmxʷúcən ixʷ kʷsə **ƛ̕áq̕ʷəm**. *"Honey" must be picking berries.* (EPT)}

ƛ̕əq̕ʷəm̕íɬč 〚√ƛ̕əq̕ʷm̕=iɬč √thimbleberry=plant〛 ☞ ƛ̕áq̕ʷəm̕ thimbleberry bush. *Rubus parviflorus*. (HS,TC; ES)

ƛ̕áq̕ʷ 〚√ƛ̕q̕ʷ √breathless〛
1. to quit breathing, die. (HS,ES) {**ƛ̕áq̕ʷ** cn. *I'm dead.* (ES)}
2. to be extremely tired, exhausted, all out of breath. (TC,AS,BC; AS) {ʔuʔ**ƛ̕áq̕ʷ** cn. *I'm all out of breath.* (AS)}

ƛ̕əq̕ʷɬnáyətxʷ choke someone. *See under*: ƛ̕aʔq̕ʷɬnáyət

ƛ̕áq̕ʷt 〚√ƛ̕<á>q̕ʷ-t √breathless<actl>-trns〛 ☞ ƛ̕q̕ʷət to be making someone tired and out of breath. (AS) {**ƛ̕áq̕ʷt** cn. *I'm making him out of breath.* (AS)}

ƛ̕áq̕ʷtəŋ 〚√ƛ̕<á>q̕ʷ-t-ŋ<ʔ> √breathless<actl>-trns-psv<actl>〛 ☞ ƛ̕q̕ʷətəŋ being made tired, out of breath by someone or something. (MJT)

ƛ̕əƛ̕ə́m̕ wren. *See under*: ƛ̕aʔƛ̕ə́m̕

ƛ̕əƛ̕áwsənaʔ star. *See under*: ƛ̕aʔƛ̕áwsnaʔ

ƛ̕əƛ̕áwsnaʔ star. *See under*: ƛ̕aʔƛ̕áwsnaʔ

ƛ̕áwi arm. *See under*: ƛ̕áwiʔ

ƛ̕áx̣ 〚√ƛ̕x̣ √deviate〛 to make a mistake, err, miss, go the wrong way. (HS; ES; AS,BC; AS) {**ƛ̕áx̣** cn. *I made a mistake. / I went wrong.* (ES; TC; BC; AS) | **ƛ̕áx̣** kʷi kʷə swə́ʔwəs. *The boy was wrong.* (AS) | txʷ**ƛ̕áx̣** cn ʔaʔ kʷi nshiyáʔ x̣̌aʔtáwn. *I went the wrong way when I was going to town.* (AS)}

ƛ̕əx̣náxʷ 〚√ƛ̕x̣-naxʷ √deviate-nctrns〛 ☞ ƛ̕áx̣
1. to disagree with someone. (HS)
2. to miss a cue, misunderstand someone; make a mistake on something. (HS) {**ƛ̕əx̣náxʷ** cn. *I made a mistake on it.* (TC)}

ƛ̕áx̣təŋ 〚√ƛ̕<á>x̣-txʷ-ŋ √deviate<actl>-inancaus-psv〛 〚√ƛ̕<á>x̣-t-ŋ √deviate<actl>-trns-psv〛 ☞ ƛ̕x̣étəŋ being made to be wrong, made to make a mistake by someone or something. {**ƛ̕áx̣təŋ** cn. *They're making me make a mistake.* (TC)}

ƛ̕áx̣txʷ 〚√ƛ̕x̣-txʷ √deviate-inancaus〛 ☞ ƛ̕áx̣ to make something be wrong, make someone make a mistake. (TC) {**ƛ̕áx̣txʷ** cn cə swə́ʔwəs. *I made the boy go wrong.* (AS)}

ƛ̕əyámət 〚√ƛ̕əyam-t √wear-trns〛 ☞ ƛ̕əyəm to wear, put on, try on clothes. (AS) {**ƛ̕əyámət** či. *Put it on. / Wear it.* (MJT) | **ƛ̕əyámət** či cə sčə́saʔqʷ. *Put the hat on.* (AS) | **ƛ̕əyámət** cn cə kapú. *I put the coat on.* (AS) | **ƛ̕əyámət** caʔn. *I'm going to wear it.* (MJT) | **ƛ̕əyámət** cə sx̣̌ə́wəns. *She put her earrings on.* (MJT) | x̣̌kʷə́ts cə x̣̌ə́q̕šəns ʔiʔ **ƛ̕əyáməts**. *She took her shoes and put them on.* (MJ) | niɬ nəsuʔsúkʷəŋ ʔiʔ nəsʔačšikʷə́təŋ ʔiʔ **ƛ̕əyámət** cə ʔəscə́ʔčəŋ nəʔaʔáwkʷ. *Then I bathed and changed clothes and put on the things that were nearby.* (MJ)} VAR: ƛ̕əyəmt (AS,BC; AS) {suʔ**ƛ̕əyəmt**s cə x̣áčəŋ ʔaʔáwkʷs. *So he put on his dried little clothes.* (MJ) | suʔhúys cə nsʔaʔčšikʷə́təŋ ʔiʔ **ƛ̕əyəmt** tə nkapú ʔiʔ hiyáʔ sqíyŋ. *So I finished changing and put on my coat and went outside.* (MJ)} VAR: ƛ̕əyəmt {**ƛ̕əyəmt** či. *Try it on.* (BC)} VAR: ƛ̕əmə́t {**ƛ̕əmə́t** či cə kapú. *Try on the coat.* (AS) | **ƛ̕əmə́t** cn cə sčə́saʔqʷ. *I put the hat on.* (AS)} VAR: ƛ̕əmə́t (AS) {suʔ**ƛ̕əmə́t**s cə x̣̌ə́q̕šəns. *So she put on her shoes.* (AS)} VAR: ƛ̕əmiyát (AS)

ƛ̕əyaymít wear it (pl). *See under*: ƛ̕iƛ̕əyamít

ƛ̕áycəmən 〚√ƛ̕<áy>əc̕mn √barbecue_stake<pl>〛 ☞ ƛ̕ə́c̕mən several barbecue stakes. (EPT) VAR: ƛ̕áyəc̕mən (MJT)

ƛ̕əyəm 〚√ƛ̕əyam √put_on〛 to dress, be put on. {**ƛ̕əyəm** či. *Put it on.* (AS)} VAR: ƛ̕áyəm {niɬ suʔ**ƛ̕áyəm**s ʔaʔ cə txʷnə́wə̕cən. *Then he was put on the other side.* (ES)}

ƛ̕əyəmít 〚√ƛ̕əyam-i-t √wear-persist-trns〛 ☞ ƛ̕əyámət to have something on, wear something. (AS,BC) {**ƛ̕əyəmít** cn cə n̕sčə́saʔqʷ. *I have your hat on.* (AS) | **ƛ̕əyəmít** cə n̕skʷáʔ n̕kapú. *Wear your own coat.* (AS)} VAR: ƛ̕əymít {**ƛ̕əymít** caʔn kʷə ʔúykʷtxʷ. *I'm going to wear my suit.* (AS)} VAR: ƛ̕əmít (AS) {ʔuʔ**ƛ̕əmít** cn cə sčə́saʔqʷ. *My hat is on.* (AS)}

ƛ̕əyəmt put it on. *See under*: ƛ̕əyámət

ƛ̕əyəmtástxʷ sing to someone. *See under*: ƛ̕iyəmtástxʷ

ƛ̕əyəm̕ít 〚√ƛ̕<á>yam<ʔ>-t √wear<actl>-trns〛 [leftward stress shift with actual] ☞ ƛ̕əyámət to be wearing, putting on, trying on clothes. {niɬ nsuʔ**ƛ̕əyəm̕ít** cə nəx̣̌ə́q̕šən. *Then I was putting on my shoes.* (MJ)} VAR: ƛ̕ə́m̕t {húy či **ƛ̕ə́m̕t** cə sčə́saʔqʷ. *Put your hat on.* (AS)} VAR: ƛ̕áʔyaʔmət 〚√ƛ̕<ʔ>ya<ʔ>m-t √wear<actl>-trns〛 {kʷɬ**ƛ̕áʔyaʔmət** cn. *I'm putting it on.* (MJT) | **ƛ̕áʔyaʔmət** cə n̕sxʷx̣̌pə́ʔwən. *Put your shirt on.* (TC)}

ƛ̕əyəŋ 〚√ƛ̕əy-ŋ √not_reach-mdl〛 to not quite reach, be too short. ⟪For example, you might use this if you were on a boat and threw a rope to shore, but it did not quite make it.⟫ (ES) {čiyáy cn ʔiʔ **ƛ̕əyəŋ**; ʔuʔčaʔčə́ʔiɬ cə xʷə́ʔləm. *I almost reached it; the rope was short.* (AS)}

ƛ́əy̕əŋtəŋ ⟦ƛ́<əy>əŋ+√təŋ char<pl>+√flood⟧
☞ **táŋ**
1. to be very high tide, high water. (EPT; MJT; ES) {ʔiʔƛ́əy̕əŋtəŋ kʷaʔ. *The tide is very high.* (EPT) | **ƛ́əy̕əŋtəŋ** tə stúʔwiʔ. *The river's gotten high.* (MJT)}
2. to be flooding, be flooded, flood tide. (ES; TC) {ʔənʔá **ƛ́əy̕əŋtəŋ** tə sčtə́ŋxʷən. *The earth was flooded.* (ES) | **ƛ́əy̕əŋtəŋ** caʔ tiə sčaʔitə́ŋxʷən. *This land will be flooded.* (ES) VAR: **ƛ́əy̕əŋtəŋ** {ƛ́áy ʔuʔ nít̕ ʔaʔ kʷi s**ƛ́əy̕əŋtəŋ**s ʔiyá ʔaʔ kʷi yíy̕ sčtə́ŋxʷən. *It was also their flooding in that far away land.* (ES)}

ƛ́áyəq ⟦√ƛ́əyəq √bake⟧ to bake. ✱Traditionally this refers to cooking under sand or gravel heated by hot coals or in ashes and steam (AS,BC; AS) {kʷłnít̕ kʷi suʔ**ƛ́áyəq**s kʷi sčánnəxʷ. *Now the salmon is baked.* (AS)}

ƛ́áyəqəŋ soaked. *See under:* **ƛ́áyəqəŋ**

ƛ́áyəqt ⟦√ƛ́əyəq-t √bake-trns⟧ ☞ **ƛ́áyəq** to bake something. {**ƛ́áyəqt** cn cə saplín. *I baked the bread.* (AS) | **ƛ́áyəqt** cn cə sčánnəxʷ. *I baked the salmon.* (AS)}

ƛ́áyəqʷəm̓ thimbleberries. *See under:* ƛ́aʔy̕ə́qʷəm̓

ƛ́áyəq̕ʷ ⟦√ƛ́əyəq̕ʷ √foam⟧ to foam up. (AS) {**ƛ́áyəq̕ʷ** kʷi kʷə nsłúp. *My soup foamed up.* (AS) | **ƛ́áyəq̕ʷ** kʷi kʷə nstáčəŋ. *The tide foamed up.* (AS) | **ƛ́áyəq̕ʷ** kʷi kʷə nscəyíqʷł. *My jelly foamed up.* (AS)}

ƛ́áyəq̕ʷi ⟦√ƛ́əyəq̕ʷ-iy √foam-dev⟧ ☞ **ƛ́áyəq̕ʷ** to foam out (as jelly out of the top of a jar). (AS,BC; AS) {**ƛ́áyəq̕ʷi** kʷə sčəyíqʷł q̕əyi. *The spoiled fruit foamed out.* (AS)}

ƛ́əyəmít Stem: ƛ́əyəmtí [stem for subject suffixes] ⟦√ƛ́əy<ʔ>am<ʔ>-i-t √wear<actl>-persist<actl>-trns⟧ ☞ **ƛ́əyəmít** to be putting on clothes, be wearing something. {ʔáwənə ʔáwk̕ʷs **ƛ́əyəmtí**s. *They were wearing none of their things.* (MJ) | ʔiʔ uʔx̣éʔčiʔ ʔaw̓ʔáwənə ʔáwk̕ʷs **ƛ́əyəmtí**s. *They were ashamed because they had nothing to wear.* (MJ) VAR: **ƛ́éʔmət** ⟦√ƛ́i<ʔ>m-t √wear<actl>-trns⟧ [unusual relationship between actual and non-actual] {**ƛ́éʔmət** cə λ̕áq̕šən. *Put on your shoes.* (AS) | **ƛ́éʔmət** cn cə sčə́saʔqʷ. *I put the hat on.* (AS)} VAR: **ƛ́aʔyamít** {**ƛ́aʔyaʔmít** cn. *I'm wearing it.* (MJT)}

ƛ́áyəm̓ ⟦√ƛ́əy<ʔ>am<ʔ> √wear<actl>⟧ ☞ **ƛ́áyəm** to be putting (something) on, wearing (something). (AS,BC)

ƛ́iʔíŋ ⟦√ƛ́əy<ʔ>-i-ŋ<ʔ> √not_reach<actl>-persist-mdl<actl>⟧ ☞ **ƛ́əyəŋ** to be asking for (something). ⦅USAGE: This is often used like 'please' in English when asking someone to pass something out of reach.⦆ {**ƛ́iʔíŋ** cn. *I'm asking (for something).* (AS) | **ƛ́iʔíŋ** cn ʔaʔ tiə skʷáqən. *I'm asking for this flower. / May I please have this flower.* (AS) | ʔuʔ**ƛ́iʔíŋ** cn ʔə či muhúy̕. *May I please have a basket? (I'm not quite reaching a basket.)* (AB,ICT)}

ƛ́iʔƛ́áʔyəqʷ ⟦ƛ́iʔ+√ƛ́<aʔy>iʔyqʷ pl+√strawberry⟧ ☞ **ƛ́éʔyəqʷ** several strawberries. {ŋə́n̓ **ƛ́iʔƛ́áʔyəqʷ**. *There are lots of strawberries.* (EPT)}

ƛ́iŋíxʷc ⟦√ƛ́ay=ŋixʷ-t-c √medicine=being-trns-1obj/2obj⟧ ☞ **ƛ́iŋíxʷt** medicate me; medicate you. {**ƛ́iŋíxʷc** či. *Give me some medicine.* (MJT)}

ƛ́iŋíxʷəŋ ⟦√ƛ́ay=ŋixʷ-ŋ √medicine=being-mdl⟧ to medicate, take medicine. (ES) {**ƛ́iŋíxʷəŋ** u cxʷ? *Did you take your medicine?* (ES)}

ƛ́iŋíxʷt ⟦√ƛ́ay=ŋixʷ-t √medicine=being-trns⟧ ☞ **ƛ́iŋíxʷəŋ** to medicate, give medicine to someone. (AS) {**ƛ́iŋíxʷt** cn cə nŋə́naʔ; mán̓ ʔuʔ sxáł. *I gave medicine to my child; she's very sick.* (AS)}

ƛ́iŋíxʷtəŋ ⟦√ƛ́ay=ŋixʷ-t-ŋ √medicine=being-trns-psv⟧ ☞ **ƛ́iŋíxʷt**
1. to receive medicine from someone, be medicated by someone. {**ƛ́iŋíxʷtəŋ** cn. *I was given medicine.* (AS) | **ƛ́iŋíxʷtəŋ** st. *We're getting medicine.* (MJT)}
2. to receive a blessing from someone (medicine for the soul). ⦅USAGE: This could be used, for example, when speaking of cheering each other up after a funeral.⦆ (MJT)

ƛ́iq̕sáy̕s ⟦√ƛ́iq̕=us-ay̕s √wave_hand=face-activ⟧ ☞ **ƛ́iq̕úst** to be waving, making a waving motion with the hand to signal to someone. (ES) {**ƛ́iq̕sáy̕s** cn. *I'm waving.* (ES) | **ƛ́iq̕sáy̕s** cə nsłáni. *My wife is waving.* (ES)} VAR: **ƛ́iq̕sáy̕s** (TC)

ƛ́iq̕úst ⟦√ƛ́iq̕=us-t √wave_hand=face-trns⟧ to wave at someone. (ES) {**ƛ́iq̕úst** caʔn. *I'll wave at him.* (AS) | nə́kʷ caʔn **ƛ́iq̕úst**. *You'll be the one I'll wave at.* (AS) | **ƛ́iq̕úst** cn tə swə́y̕qaʔ. *I waved at the man.* (TC) | stán̓ ixʷ ʔuč ti s**ƛ́iq̕úst**s? *What is she waving at?* (TC)} VAR: **ƛ́q̕íst** (AS,BC)

ƛ́iq̕ústəŋ ⟦√ƛ́iq̕=us-t-ŋ √wave_hand=face-trns-psv⟧ ☞ **ƛ́iq̕úst** to be waved at by someone. {**ƛ́iq̕ústəŋ** cn. *Someone waved at me.* (ES; AS)} VAR: **ƛ́q̕ústəŋ** {**ƛ́q̕ústəŋ** cn. *Someone waved at me.* (TC,AS,BC)}

ƛ́iƛ́ʔáy̕sən ⟦ƛ́iy+√ƛ́ay-ay=sən pl+√medicine-ext=foot⟧ ☞ **ƛ́iƛ́iyáʔis** to feel a tingling or numbness in the foot or leg. (AS,BC) VAR: **ƛ́iƛ́iyásən** {**ƛ́iƛ́iyásən** yaʔ cn kʷi. *My foot was tingling from being asleep.* (AS)}

ƛ́iƛ́áʔkʷi ⟦ƛ́iy+√ƛ́a<ʔ>kʷ-iy pl+√go_across<actl>-dev⟧ ☞ **ƛ́ákʷi** to be going across (of several). {nsuʔtə́s ʔiʔ čtát cn cə ʔiyá kʷə́nts cə ƛ́aʔkʷístəŋ sxʷʔúyəłs **ƛ́iƛ́áʔkʷi**. *So I got there, and I asked the one there that watches being taken across what they board to go across.* (MJ)}

ƛ́iƛ́áwi arms. *See under:* ƛ́uʔƛ́áʔwiʔ

ƛ́iƛ́óc ⟦ƛ́iy+√ƛ́c pl+√break⟧ ☞ **ƛ́óc** to be broken more than once or in several places. (AS,BC) {pcítəŋ cn ʔiʔ **ƛ́iƛ́óc** cə nčáns. *I slipped and broke my tooth.* (MJ) | nít̕ ixʷ ʔuʔčúkʷs s**ƛ́iƛ́óc** čáwiʔ? ʔaʔ či sxʷʔiyás ʔəł sqéʔyəŋ̓s. *I guess he used a broken dish for where he went.* (MJ)}

ƛ́iƛ́óct ⟦ƛ́iy+√ƛ́c-t pl+√break-trns⟧ ☞ **ƛ́cút** to break several things or one thing in several places.

ƛ̓íƛ̓әkʷ

{ƛ̓íƛ̓ə́ct cn. *I broke a bunch.* (AS) | ƛ̓íƛ̓ə́cts kʷəs ča?yá?wi?. *He broke the dishes.* (EPT)}

ƛ̓íƛ̓әkʷ ⟦ƛ̓y + √təkʷ pl + √stuck_in⟧ ☞ ƛ̓ə́kʷ to get stuck (in mud, sand, snow), step in something muddy or mucky. (TC; BC) {ƛ̓íƛ̓ə́kʷ cn. *I stepped in something. / I got stuck.* (ES; TC) | ƛ̓íƛ̓ə́kʷ cn ?a? cə smíƛ̓i. *I got stuck in the mud.* (ES)}

ƛ̓íƛ̓әkʷt ⟦ƛ̓y + √təkʷ-t pl + √stuck_in-trns⟧ ☞ ƛ̓íƛ̓ə́kʷ to get someone or something stuck. {ƛ̓íƛ̓ə́kʷt cn cə sča?kʷa?yúɬ. *I got the car stuck.* (AS)}

ƛ̓íƛ̓әkʷtәŋ ⟦ƛ̓y + √təkʷ-t-ŋ pl + √stuck_in-trns-psv⟧ ☞ ƛ̓íƛ̓ə́kʷt to get stuck (in mud, etc.) by someone or something. {ƛ̓íƛ̓ə́kʷtəŋ cn. *Something got me stuck.* (TC)}

ƛ̓íƛ̓ə́q̓ʷ ⟦ƛ̓y + √ɫə́q̓ʷ pl + √breathless⟧ ☞ ƛ̓ə́q̓ʷ to be unable to breathe, out of breath, choked up, tired, all in, exhausted, panting, smothered. (EPT; BC; AS) (MJ) | ƛ̓íƛ̓ə́q̓ʷ cn *I'm out of breath.* (MJT; BC) | ?áwə či nsƛ̓é? či sƛ̓íƛ̓ə́q̓ʷs cə kʷátəŋ. *I didn't want to smother the rat.* (MJ)} VAR: ƛ̓íƛ̓ə́q̓ʷ (EPT; ES; AS,BC) {ƛ̓íƛ̓ə́q̓ʷ cn. *I'm all in (from running); I'm out of breath.* (MJT; ES) | ƛ̓íƛ̓ə́q̓ʷ cn; níɬ kʷə nsu?xʷá?ŋa?ɬ. *I'm out of breath; so I'm resting.* (AS)}

ƛ̓íƛ̓ə́x ⟦ƛ̓i + √ɫx̣ aff + √deviate⟧ ☞ ƛ̓ə́x to be wrong, mistaken. (TC; AS,BC) {ƛ̓íƛ̓ə́x cn. *I made a mistake.* (AS) | ƛ̓íƛ̓ə́x cə swé?wəs. *The boy made a mistake.* (AS) | ?uƛ̓íƛ̓ə́x kʷi kʷə si?ám̓. *The boss figured it wrong.* (AS) | na?nə́yəŋ st ?əɬ ?uƛ̓íƛ̓ə́xɬ. *We laugh when we make a mistake.* (TC) | hú? q ya? cxʷ ?áwənə ?i? ?u?ŋə́n q ya? či nƛ̓íƛ̓ə́x. *If it weren't for you I'd make many mistakes.* (TC)} to backslide (in Christian religion), return to sin. (MJT)

ƛ̓íƛ̓әyәmít ⟦ƛ̓y + √ɫəyam-i-t pl + √wear-persist-trns⟧ ☞ ƛ̓ə́yəmít to wear several things or several people wearing something. {ƛ̓íƛ̓əyəmíts cə sčiyə́sa?qʷ. *They're putting their hats on.* (AS)} VAR: ƛ̓əyaymít (AS) ⟦√ƛ̓əy<ay>am-i-t √wear<actl>-persist-trns⟧

ƛ̓íƛ̓i?áycs ⟦ƛ̓y + √ƛ̓ay-ay=acis pl + √medicine-ext=hand⟧ ☞ ƛ̓íƛ̓iyá?is to feel a tingling or numbness in the hand or arm. (AS,BC) VAR: ƛ̓íƛ̓iyács ⟦ƛ̓y + √ƛ̓iy=acis pl + √tingle=hand⟧ {ƛ̓íƛ̓iyács ya? cn. *My hand was tingling.* (AS)}

ƛ̓íƛ̓iyá?is ⟦ƛ̓y + √ƛ̓ay-ay̓s pl + √medicine-activ⟧ ☞ ƛ̓íŋíxʷt to have a tired, tingling feeling as part of the body has gone to sleep, pins and needles feeling. (AS,BC) VAR: ƛ̓íƛ̓i?áys (AS,BC) VAR: ƛ̓íƛ̓á?is {ƛ̓íƛ̓á?is cn. *I'm numb.* (AS) | x̣ənáɬ ti nsuƛ̓íƛ̓á?is ?əɬ ?ə́mətən. *I always get numb when I sit.* (AS)}

ƛ̓íƛ̓iyé?q̓ʷ ⟦ƛ̓y + √ƛ̓ay=i?q̓ʷ pl + √medicine=head⟧ ☞ ƛ̓íƛ̓iyá?is to feel a tingling or numbness in the head. {ƛ̓íƛ̓iyé?q̓ʷ cn. *My head is numb.* (AS)}

ƛ̓íƛ̓iyúcәn ⟦ƛ̓y + √ƛ̓ay=ucin pl + √medicine=mouth⟧ ☞ ƛ̓íƛ̓iyá?is to feel a tingling or numbness in the mouth. {ƛ̓íƛ̓iyúcən cn. *My mouth is numb.* (AS)}

ƛ̓íƛ̓kʷé?nәs ⟦ƛ̓y + √ƛ̓əkʷ=i<?>nəs pl + √stuck_in=chest<actl>⟧ ☞ ƛ̓íƛ̓kʷínəs to be choking, have a chunk (of something) stuck in the throat. (AS,BC)

ƛ̓íƛ̓kʷínәs ⟦ƛ̓y + √ƛ̓əkʷ=inəs pl + √stuck_in=chest⟧ ☞ ƛ̓kʷíns to choke, have a chunk (of something) stuck in the throat. (LC; ES; TC; AS) {?áwə c ƛ̓íƛ̓kʷínəs. *Don't choke.* (ES) | ƛ̓íƛ̓kʷínəs č ?a? kʷi saplín. *He got choked by bread.* (LC)} VAR: ƛ̓íƛ̓kʷíns {ƛ̓íƛ̓kʷíns cn ?ə ti?ə qʷú?. *I got choked on my water (that I'm drinking).* (AB,ICT)}

ƛ̓íxʷa?č octopus. See under: stíxʷa?č

ƛ̓iya?ɫə́wәsna? ⟦ƛ̓<iy>a? + √ɫəwsnə? dim<pl> + √star⟧ ☞ ƛ̓a?ɫə́wəsna? several stars. (MJT) VAR: ƛ̓iya?ɫə́wəsana? (MJT) VAR: ƛ̓iya?ɫáwsəna? {čá?qʷəŋ̓ tə ƛ̓iya?ɫáwsəna?. *The stars glittered.* (MJT)}

ƛ̓iyamú?lәč ⟦√ƛ̓<iy>amu?ləč √barrel⟧ ☞ ƛ̓amú?ləč several barrels. {ƛ̓̓kʷə́tən ti x̣áčən sqʷúŋi? ?i? nu?áŋ ?a? tə ƛ̓iyamú?ləč. *They took the dried fish heads and put them in barrels.* (MJ)}

ƛ̓iyәmtásc ⟦√ƛ̓iym-tastxʷ-c √sing-dirtrns-1obj/2obj⟧ ☞ ƛ̓iyəmtástxʷ sing to me; sing to you. {ƛ̓iyəmtásc cn. *I sang to you.* (TC)}

ƛ̓iyәmtástәŋ ⟦√ƛ̓iym-tastxʷ-ŋ √sing-dirtrns-psv⟧ ☞ ƛ̓iyəmtástxʷ to be sung to by someone. {ƛ̓iyəmtástəŋ cn. *They sang to me.* (TC) | níɬ č suƛ̓iyəmtástəŋs. *Then they sang to him.* (TC) | níɬ č suƛ̓iyəmtástəŋs ?a? cə né? sqʷa?há?uŋəxʷ. *So those that he was among sang to him.* (TC)}

ƛ̓iyәmtástxʷ ⟦√ƛ̓iym-tastxʷ √sing-dirtrns⟧ ☞ ƛ̓íym to sing to, towards, for someone or something. {ƛ̓iyəmtástxʷ cn. *I sang to him/her.* (TC) | ?i? nə́cu? cə sƛ̓é?s ti sya?yəŋícəŋ ?a? ?əcɬtáynəxʷ ƛ̓íyəm ?əɬ ƛ̓iyəmtástxʷən. *And one of them like to listen to me singing Indian songs to him.* (MJ)} VAR: ƛ̓əyəmtástxʷ {ƛ̓əyəmtástxʷ cn tə nəsa?čuwíɬ ?əɬ ?a?tútəŋəs. *I sang to my younger siblings when they got sleepy.* (MJ)} VAR: ƛ̓iyəmtást {ƛ̓iyəmtást cn. *I sang to him/her.* (TC)}

ƛ̓iyə́nәxʷ ⟦√ƛ̓<iy>ən̓əxʷ √gooseberry<pl>⟧ ☞ ƛ̓ə́n̓əxʷ several gooseberries. (MJT)

ƛ̓iyә́ɫé?yәm̓ ⟦ƛ̓<iy> + √ƛ̓i<?>ym<?> incep<pl> + √sing<actl>⟧ ☞ ƛ̓ɫé?yəm to be singing (of several people). (MJT) VAR: ƛ̓iyə́ɫé?im̓ (MJT)

ƛ̓íym ⟦√ƛ̓iym √sing⟧ [Though not seen in any other Klallam word, evidence that the /m/ here is a suffix is found in the word for 'singer', which lacks the /m/.] cp. stə́yti? to sing. (RS; TC; ES) {ƛ̓íym cn. *I sing.* (ES) | ƛ̓íym či. *Sing!* (HS) | ƛ̓íym u ca? cxʷ? *Are you going to sing?* (ES) | nsuƛ̓íym. *So I sang.* (MJ) | níɬ č kʷa?ča? suƛ̓íyms. *So, then they sang.* (TC) | su?úyɬs ?i? níɬ suƛ̓íyms. *So they boarded, and then they sang.* (AS) | níɬ č kʷa?ča? sxʷƛ̓íyms ya?. *So that's why he sang.* (TC) | x̣ʷə́ŋ ?i? ɫə́məxʷ kʷa? ƛ̓íymən. *It might rain if I sing.* (TC) | níɬ suƛ̓íyms cəwniɬ x̣əwəsúykʷɬ. *Then the new-dancer sang.* (MJ)} VAR: ƛ̓íyəm (MJT; LC; ES) {ƛ̓íyəm ca?n. *I'm going to sing.* (ES) | ƛ̓íyəm ca? st ?a? cə

Klallam-English Dictionary

tánəŋ. *We will sing in the evening.* (MJ) | *ʔaʔ t ʔúpən stíyəm. I sang ten songs.* (MJT)} ⟪The verb meaning 'sing' implies singing a song. The word /stíym/, usually translated 'song', can be thought to mean literally 'a singing' or 'an act of singing'. So this sentence would literally mean 'I am going to sing a singing' and is unacceptable. The previous example, with the word for 'song' modified by the word for 'ten', is okay because /tíym/ implies only one, unmodified song. It literally translates 'I sang ten singings.'⟫ *ʔáwənə nəkʷłtíyəm. I have nobody to sing with.* (TC) | *ʔiyánəŋ cn ʔəł tíyəmən. I know how to sing.* (MJT) | *čəŋíkʷs cn či nəstíyəm. I don't know how to sing.* (MJT) | *tíyəm caʔn ʔaʔ či łáʔči. I'm going to sing for cold.* (MJ) | *tíyəm cn ʔaʔ t ʔúpən stíyəm. I sang ten songs.* (MJT) | *kʷənáł ʔay kʷi stíyəms? How many times did they sing?* (MJT) | *ʔuy̓ tíyəm ʔiʔ qaʔqán̓əłtxʷ tə nstíyəm. When you sing, sing slow.* (MJT) | *huʔnəčáxʷ tə nəstíyəm. I sang the song once.* (MJT) | *ʔuʔxə́n̓əłcan łtéʔyəm̓; ʔuʔcəwín̓ cn ʔuʔ tíyəm. Everyone was singing; even I sang.* (TC)} VAR: téym (AS,BC) VAR: téyəm (AS,BC) VAR: téʔim (AS,BC) VAR: téʔyəm̓ (LC)

łkʷéʔnəs ⟦√łəkʷ-i<ʔ>nəs √stuck_in=chest<actl>⟧ ☞ łkʷíns to be choking from food stuck in throat. (LC; ES,TC; AS) VAR: łkʷéʔnəs (ES,TC) {*łkʷéʔnəs cn ʔəł ʔíłənən ʔaʔ ti qʷə́łs. I was choking while eating smelts.* (AS)}

łkʷíns ⟦√łəkʷ=inəs √stuck_in=chest⟧ ☞ łákʷ to choke on food stuck in the throat. (AS,BC; AS) {*čəyáy cn ʔiʔ łkʷíns. I almost choked.* (AS)} VAR: tkʷíns (BC) [Sometimes the /kʷ/ becomes glottalized next to the /t/.] VAR: łkʷínəs (ES; AS,BC) VAR: təkʷíns (AS,BC) VAR: łkʷáynəs ⟦√łəkʷ-ay=inəs √stuck_in-ext=chest⟧ {*łkʷáynəs kʷi kʷsə sx̌íx̌aʔx̌qł. The child choked.* (AS)} VAR: stíkʷáyns (AS) VAR: stíkʷáynəs (AS)

łkʷísc ⟦√łəkʷ-istxʷ-c √go_across-caus-1obj/2obj⟧ ☞ łkʷístxʷ take me across; take you across. (ES) {*łkʷísc q cn. I'd take you across.* (ES) | *łkʷísc caʔn kʷi hiyáʔ qł sxʷkʷə́nt cə qaʔqə́yuʔ. I'll take you across to go see the police.* (MJ)}

łkʷísnəxʷ ⟦√łək-iy-s-naxʷ √go_across-dev-?-nctrns⟧ ☞ łákʷi Stem: łkʷísn to manage to bring or take someone or something across. (AS) {*łkʷísnəs cə čáʔsa ʔiyá ʔəł kʷiʔə́ct. He managed to bring the two of them there that were tipped over.* (MJ)}

łkʷístəŋ ⟦√łəkʷ-istxʷ-ŋ √go_across-caus-psv⟧ ☞ łkʷístxʷ to be taken across by someone or something. (TC; AS,BC; AS) {*łkʷístəŋ caʔ st. Someone will take us across.* (AS) | *x̌kʷə́təŋ tə tułáʔwiʔs ʔiʔ hiyáʔ łkʷístəŋ ʔaʔ cə stútaʔwiʔ. They took his arms and took him across the creek.* (ES)}

łkʷístxʷ ⟦√łəkʷ-istxʷ √go_across-caus⟧ ☞ łákʷi to take someone or something across. (ES) {*łkʷístxʷ cn. I took him across.* (AS)}

łkʷás ⟦√łukʷ-as √go_home-ptcaus⟧ ☞ łúkʷ to take someone or something home. (TC) {*łkʷás cn. I took it home.* (TC) | *łkʷás či. Take it home.* (TC)}

łkʷáyəŋən want to go home. See under: łəkʷáyŋən

łkʷéʔnəs choking. See under: łkʷéʔnəs

łkʷéyɬ go home in vehicle. See under: łukʷéyɬ

łkʷíns choke. See under: łkʷíns

łkʷísc ⟦√łukʷ-istxʷ-c √go_home-caus-1obj/2obj⟧ ☞ łkʷístxʷ bring me home; bring you home. (TC; AA) {*łkʷísc cn. I brought you home.* (ES) | *łkʷísc u cxʷ? Did you bring me home?* (ES) | *łkʷísc cxʷ. You took me home.* (TC)}

łkʷístəŋ ⟦√łukʷ-istxʷ-ŋ √go_home-caus-psv⟧ ☞ łkʷístxʷ to be taken home. (AS,BC; AS) {*łkʷístəŋ cn. Someone brought me home. / He took me home.* (ES; TC) | *níɬ č suʔtčátəŋs ʔiʔ łkʷístəŋ. Then he was speared and taken home.* (TC) | *suʔcəŋáʔtəŋs yaʔ łkʷístəŋ. So they packed him home.* (TC) | *níɬ suʔłkʷístəŋł ʔaʔ tə ŋə́n̓ ʔaʔyəcłtáyŋxʷ. Then we were brought home by many people.* (MJ) | *łkʷístəŋ ʔəł ʔuʔkʷłkʷaʔkʷiʔə́ctł. He was brought home when we were tipping.* (MJ) | *suʔłkʷístəŋs ʔaʔ tə ncə́čc cə təwəwáytəm. So təwəwáytəm was brought home by my uncle.* (MJ) | *húʔ caʔ cxʷ ʔuʔáwə c ʔuʔcəʔéʔt ʔuʔ maliyíti ʔiʔ níɬ caʔ ʔənsuʔłkʷístəŋ ʔawmán̓ cxʷ ʔuʔ twəwsx̌íx̌aʔx̌qł. If you don't get properly married you will be brought home because you are still very much a child.* (TC) | *suʔx̌kʷə́təŋs ʔiʔcəŋáʔatəŋ hiyáʔ łkʷístəŋ ʔúxʷtəŋ ʔaʔ cə sxʷʔiyás cə stáʔčəŋ, cə ʔáʔiŋs cə stáʔčəŋ. So he was taken being packed over home to where the wolves were, the wolves' home.* (TC)} VAR: łkʷústəŋ (MJ)

łkʷistúŋəł ⟦√łukʷ-istxʷ-uŋł √go_home-caus-1plobj⟧ ☞ łkʷístxʷ bring us home. (MJ)

łkʷístxʷ ⟦√łukʷ-istxʷ √go_home-caus⟧ ☞ łúkʷ Stem: łkʷíst [stem with subject suffixes] to take or bring someone home. (TC; MJ) {*łkʷístxʷ cn. I took it home.* (TC; ES; AS) | *ʔənʔáxʷ łkʷístxʷ. Bring it home.* (MJT) | *ʔiʔhiyáʔ łkʷísts. He brought him home.* (MJ) | *łkʷísts táyi ʔaʔ tə stúʔwiʔ. He took them home up the river.* (ES) | *x̌kʷáts cə qayúx̌ən̓ ʔiʔ łkʷísts. He got a slug and brought it home.* (MJ) | *níɬ č suʔkʷícts ʔiʔ łkʷísts. Then they butchered it, and they took it home.* (AS) | *łkʷísts ʔiʔ čáŋ ʔaʔ ti ttáŋən. He brought her home in the early evening.* (MJ) | *ʔuʔhiyáʔ caʔ cxʷ ʔúxʷəns ʔiʔ ʔənʔáxʷ łkʷístxʷ. You will go for them and bring them home.* (MJ) | *cúcəŋtəŋ ʔaʔ Rags ʔiʔ cəŋətís ʔəł łkʷístxʷs. Rags brought it up and carried it home in his mouth.* (MJT) | *tčáts ʔiʔ łkʷísts yaʔ sʔələnístxʷs cə saʔáyčən̓s. He stabbed him and took him home to feed his sister.* (TC) | *níɬ č suʔtčáts cəwn̓ɬ máščču cə stíkʷəns ʔiʔ łkʷísts. Then Mink stabbed his nephew, and he brought him home.* (TC) | *łkʷísts ʔiʔ ʔəłnístxʷ cə sʔúqʷaʔs. He brought him home and fed it to his sister.* (TC) | *nə́čuʔ, čə́saʔ ti sqə́čaʔs ʔiʔ łkʷísts. He'd get one or two, and he'd take them home.* (TC)}

łɬč ⟦√łɬč √crack⟧ to split (of a board). (ES)

ƛ̕ə́t [√ƛ̕ɬ-t √flick-trns] to bounce something. (BC) {ƛ̕ət cn cə. *I bounced it.* (AS) | ƛ̕ə́t cn cə qaʔqtəmús. *I bounced the ball.* (AS)}

ƛ̕ə́təŋ [√ƛ̕ɬ-t-ŋ √flick-trns-psv] ☞ ƛ̕ə́t to be bounced by someone or something. {ƛ̕ə́təŋ kʷsə qaqtəmús. *He bounced the ball.* (AS)}

ƛ̕qáx̣t [√ƛ̕qax̣-t √sharpen-trns] to sharpen something. (HS,ES) {ƛ̕qáx̣t cn. *I sharpened it.* (ES) | ƛ̕qáx̣t cə nɬc̕ayác̕ən. *Sharpen your saw.* (ES) | ƛ̕qáx̣t cə nsx̣ʷk̕ʷqʷə́m. *Sharpen your ax.* (ES) | ʔúx̣ʷ či ƛ̕qáx̣t kʷsə n̕qʷqʷaʔéyəs. *Go sharpen your knife.* (EPT)}

ƛ̕qéʔiɬc̕ [√ƛ̕aqəʔ-iʔ=iɬc̕ √salal-ext=plant] ☞ ƛ̕áqaʔ salal berry bush. (AS,BC; ES) *Gaultheria shallon.*

ƛ̕qx̣ə́qst [√ƛ̕qax̣=əqsən-t √sharpen=nose-trns] ☞ ƛ̕qáx̣t to sharpen the point of something (such as a pencil). (ES; AS) {ƛ̕qx̣ə́qst cə x̣iʔə́n. *Sharpen the pencil.* (AS)}

ƛ̕q̕áč̕ɬ [√ƛ̕q̕ə<á>č-ɬ √gather_wood<rslt>-dur] [This may have a form of the lexical suffix for 'wood', but the rest of the stem is unanalyzable.] ☞ ƛ̕q̕əč to gather firewood (in the bush, not on the beach). (ES) {ƛ̕q̕áč̕ɬ kʷi kʷə ʔaʔyəcɬtáyŋxʷ. *The people are gathering wood.* (AS)}

ƛ̕q̕áɬc̕ [√ƛ̕q̕a=iɬc̕ √hemlock=plant] hemlock tree. *No positive identification.* (AS,BC; AS)

ƛ̕q̕ə́č [√ƛ̕q̕əč √gather_wood] to gather short pieces of wood for a fire. (LB,CWH; AS,BC; BC) ⟪Usage: This means to go out and find firewood, not just go to the supply to bring some in.⟫ (AS) {hiyáʔ kʷɬə ƛ̕q̕ə́č kʷɬə ntán. *My mother went out to gather wood.* (AS)} VAR: ƛ̕q̕áč (AS) {ƛ̕q̕áč cn. *I gathered wood.* (AS) | ƛ̕q̕áč yaʔ cn. *I got small pieces of wood.* (AS) | hiyáʔ caʔn ƛ̕q̕áč. *I'm going to gather wood.* (AS)}

ƛ̕q̕ə́čəŋ [√ƛ̕q̕əč-ŋ √gather_wood-mdl] ☞ ƛ̕q̕ə́č 1. to go gather short pieces of wood for a fire. (BC) {ƛ̕q̕ə́čəŋ caʔn. *I'm going to go pick up wood.* (BC) | hiyaʔ caʔ st ƛ̕q̕ə́čəŋ. *We'll go get firewood.* (AS)}
2. to beachcomb, walk along the beach looking for things. (AS,BC)

ƛ̕q̕ə́ŋ [√ƛ̕q̕-ŋ √light-mdl] to alight on land or water (of a bird, plane, etc.). (ES; TC) {ƛ̕q̕ə́ŋ cə qʷəní. *The seagull landed.* (AS) | ʔuʔkʷə́yəŋ st ʔiʔ ƛ̕q̕ə́ŋ ʔəsnát. *We flew in and landed last night.* (AS)}

ƛ̕q̕ə́t [√ƛ̕q̕-t √fart-trns] to fart, break wind on someone or something. (ES; TC)

ƛ̕q̕ə́təŋ [√ƛ̕q̕-t-ŋ √fart-trns-psv] ☞ ƛ̕q̕ə́t to be farted on by someone or some animal (be sprayed by a skunk). {ƛ̕q̕ə́təŋ cn. *It farted on me.* (TC)} VAR: tq̕ə́stəŋ {tuwaʔƛ̕q̕ə́təŋ cxʷ ʔaʔ či smác̕ən̕. *The skunk might spray you.* (MJT)}

ƛ̕qíst wave at someone. *See under:* ƛ̕iqúst

ƛ̕qús [√ƛ̕qus √greenling] [may have the 'face' suffix] rock cod, kelp cod, greenling, black bass,. *Hexagrammos spp.* (TC; ES) {ŋə́n̕ ƛ̕q̕ús. *It's lots of kelp cod.* (ES)}

ƛ̕qústəŋ be waved at. *See under:* ƛ̕iqústəŋ

ƛ̕qʷenəkʷáyət [√ƛ̕qʷiʔ-nəwəy-t √extend-ncrcprcl-trns] ☞ ƛ̕qʷéʔt to splice something together. (ES)

ƛ̕qʷéʔt [√ƛ̕qʷiʔ-t √extend-trns] ☞ ƛ̕áqʷi to splice, extend, tie together (rope or anything). (ES)

ƛ̕q̕ʷə́c [√ƛ̕q̕ʷ-t-c √breathless-trns-1obj/2obj] ☞ ƛ̕q̕ʷə́t choke me; choke you. {ƛ̕q̕ʷə́c caʔn. *I'm going to choke you.* (MJT)}

ƛ̕q̕ʷə́t [√ƛ̕q̕ʷ-t √breathless-trns] ☞ ƛ̕áq̕ʷ to make someone tired and out of breath. (ES; BC) {ƛ̕q̕ʷə́t cn. *I made him out of breath. / I choked him.* (MJT; AS)}

ƛ̕q̕ʷə́təŋ [√ƛ̕q̕ʷ-t-ŋ √breathless-trns-psv] ☞ ƛ̕q̕ʷə́t to made tired, out of breath by someone or something. (MJT) {ƛ̕q̕ʷə́təŋ cn. *It made me tired. / I can't catch my breath.* (ES; MJT) | ƛ̕q̕ʷə́təŋ cn ʔaʔ kʷi nskʷánəŋət. *I'm out of breath from running.* (AS)}

ƛ̕táʔiq̕ [ɬ+√ta<ʔ>yq̕ incep+√angry<actl>] ☞ ƛ̕áčq to be acting angry, mad; throwing a tantrum. {c̕sə́t cn, ʔawƛ̕táʔiq̕ cn. *I hit him because I was mad.* (TC)} VAR: ƛ̕táʔyəq̕ (LC) {ƛ̕táʔyəq̕ cn. *I'm mad.* (LC; TC) | ɬaʔtúqʷəŋ cn ƛ̕táʔyəq̕. *I'm boiling mad.* (TC)}

ƛ̕teʔƛ̕téʔim [ɬ+ƛ̕iʔ+ɬ+√ƛ̕i<ʔ>ym actl+pl+actl+√sing<actl>] [unique reduplication pattern] ☞ ƛ̕iym to go along singing (of a group). (BC)

ƛ̕teʔƛ̕téʔimstxʷ [ɬ+ƛ̕iʔ+ɬ+√ƛ̕i<ʔ>ym-stxʷ actl+pl+actl+√sing<actl>-caus] [unique reduplication pattern] ☞ ƛ̕teʔƛ̕téʔim to be taking people along singing. {suʔƛ̕kʷə́ts cə čə́yiʔ ʔiʔ híyaʔ· ƛ̕eʔƛ̕téʔimstxʷ sq̕áʔwi cə sx̣ʷuʔúŋ shúnuc. *He took some bark and went taking them singing circling the crying fire.* (MJ)}

ƛ̕téʔwiʔəɬ [ɬ+√ƛ̕iʔwyəɬ incep+√pray] ☞ ƛ̕éʔwiʔəɬ to be praying. (MJT) {ƛ̕téʔwiʔəɬ cn. *I'm praying.* (LC) | suʔcíɬəŋs ʔuʔx̣ə́n tsə ƛ̕téʔwiʔəɬ ʔiʔ ƛ̕éʔwiʔəɬ. *So all those who were praying stood up and prayed.* (MJ)}

ƛ̕téʔyəm̕ [ɬ+√ƛ̕i<ʔ>ym<ʔ> incep+√sing<actl>] ☞ ƛ̕iym to be singing. (EPT; LC; ES; HS,ES) {ƛ̕téʔyəm̕ cn. *I'm singing.* (AS,BC; ES; MJT) | kʷƛ̕téʔyəm̕ cn. *I'm already singing.* (LC) | ƛ̕téʔyəm̕ u cxʷ? *Are you singing?* (ES) | cán ʔuč či ƛ̕téʔyəm̕? *Who's singing?* (EPT) | ʔuʔx̣ə́nəɬ tə nəsuƛ̕téʔyəm̕. *I'm always singing.* (TC) | ʔuʔx̣ə́nəɬcan ƛ̕téʔyəm̕; ʔuʔc̕əwín cn ʔuʔ ƛ̕íyəm. *Everyone was singing; even I sang.* (TC) | ʔiʔ ʔiyánəs kʷsi sɬániʔ ƛ̕téʔyəm̕. *And he heard a woman singing.* (ES) | sə́ɬəŋ ʔuʔ ƛ̕téʔyəm̕ cə sɬániʔ. *The woman sang continuously.* (ES) | ƛ̕téʔyəm̕ ʔaʔ či "sə́·x̣ sə́x̣ ti láyə" kʷaʔ ɬə́məxʷs. *Chipmunk. He was singing "sə́·x̣ sə́x̣ ti láyə" to make it rain.* (MJ) | slapúʔ. ƛ̕téʔyəm̕ ʔaʔ kʷsi "č̕əm̕ č̕əm̕ ti láyə" cút stxʷac̕ɬə́ts cə sɬə́yəx̣ʷ. *Slapu. She was singing "č̕əm̕ č̕əm̕ ti layə" hoping to make the ice thick.* (MJ) | níɬ suʔhiyáʔs ʔiʔ tə́s ʔaʔ sxʷiyás ƛ̕téʔyəm̕ cə sɬániʔ. *He went and got to where the woman was* singing. (ES) | níɫ cə skʷáyəxʷ **ƛ̕éʔyəmˀ**. *It was the screech owl that was singing.* (ES) | skʷáyəxʷ ʔiʔ ʔuʔx̣čtís cə s**ƛ̕éʔyəmˀ**s cə skʷáyəxʷ. *It was a screech owl, and he knew what that owl was singing.* (ES) VAR: **ƛ̕éʔyəm** {x̣ənáxʷ cn kʷaʔ ʔáwəs c **ƛ̕éʔyəm**. *I told him not to sing.* (MJT) VAR: **ƛ̕éʔim** (ES) {čʔiyá ʔaʔ cə tɬnáʔəč kʷɬi sɬáni č**ƛ̕éʔim** yaʔ ʔəɬ čə́nəŋəs. *The woman who got that song when she was in the Shaker church was from Canada.* (ES) | nʔɬ suʔhúys tə s**ƛ̕éʔim**s ʔiʔ q̓ʷəyéʔyəš. *Then the singing and dancing finished.* (MJ) | čyáy cn ʔiʔ q̓áp ʔiʔ **ƛ̕éʔim**. *I almost got taken in with those singing.* (AS)} VAR: **ƛ̕íyəm** (MJ) {ƛ̕íym ʔiʔ húy t s**ƛ̕íyəmˀ**s. *He sang and finished singing.* (MJ)}

ƛ̕éʔyəmˀct [ɬ+√ti<ʔ>ym<ʔ>-cut incep+√sing<actl>-rflxv] ☞ **ƛ̕éʔyəm** *to be beginning to sing, getting the power to sing.* {kʷɬiʔ**ƛ̕éʔyəmˀct**. *She's getting the power to sing. / She's beginning to sing.* (MJT)}

ƛ̕ɬə́mˀ *wren. See under:* **ɬaʔɬə́mˀ**

ƛ̕ɬə́wəsnaʔ *star. See under:* **ɬaʔɬə́wəsnaʔ**

ƛ̕úʔkʷtəŋ [ɬ+√tu<ʔ>kʷ-tx-ŋ incep+√go_home<actl>-caus-psv] ☞ **ƛ̕úkʷtəŋ** *being taken home by someone or something.* {suʔ**ƛ̕úʔkʷtəŋ**s ʔaʔ cə stáɬčəŋ *He was being taken home by the wolf.* (TC)}

ƛ̕ɬúč [√ƛ̕ɬuč √horsetail] *giant horsetail. Equisetum sp.* ((identified by ONP botanist)) (MJT; ES,TC; AS,BC) ✱The shoots are good to eat with dried salmon eggs. (AS,BC) {kʷɬskʷə́šiʔ tiʔə **ƛ̕ɬúč**. *This horsetail is no good anymore.* (MJT)} VAR: **ɬuɬúʔc** (AS,BC)

ƛ̕úkʷ [ɬ+√tukʷ incep+√go_home] ☞ **ƛ̕úkʷ** *to start to go home.* {hiyáʔ st **ƛ̕úkʷ** x̣aʔsxʷčkʷíyŋ. *We started to go home to Sequim.* (MJ)}

ɬuʔɬáʔwiʔ [ɬw+√ɬa<ʔ>wiˀ pl+√arm<actl>] *arms, wings.* (TC; AS,BC) {qaʔqiʔámˀ tə n**ɬuʔɬáʔwiʔ**. *My arms are weak.* (TC) | c̓aʔkʷáts tə **ɬuʔɬáʔwiʔ**s. *He washed his arms.* (MJ) | X̣kʷə́təŋ tə **ɬuʔɬáʔwiʔ** ʔiʔ hiyáʔ ɬkʷístəŋ ʔaʔ cə stútaʔwiʔ. *They took his arms and took him across the creek.* (ES)} VAR: **ɬiɬáwi** (AS,BC) ☞ **ɬáwiʔ** VAR: **ɬuɬáwiʔ** (EPT) {nʔɬ č suʔpáʔəcts ʔiʔ sqiʔámˀ či skʷáyəŋs ʔawmánˀ ʔuʔ čə́yix̣ cə **ɬuɬáwiʔ**s. *He tried, but he couldn't fly because his wings were too short.* (TC) | x̣ay č ččátəŋ ɬŋəŋ cə néʔ q̓ʷčə́ŋ ʔsx̣áq̓ʷɬ ʔaʔ cə sx̣náʔs ʔaʔ cə **ɬuɬáwiʔ**s. *They worked on him again removing the roots that stuck to his feet and to his arms.* (TC) | x̣ay č ɬŋáŋ cə néʔ q̓ʷčə́ŋ ʔsx̣áq̓ʷɬ ʔaʔ cə **ɬuɬáwiʔ**s ʔiʔ cə sx̣náʔs sx̣naʔs. *Again they took off those roots that were attached to his arms and his feet.* (TC)} VAR: **ɬuɬáwiʔ** (AS,BC)

ƛ̕úkʷ [√tukʷ √go_home] *to go home.* (EPT, RS; ES; AS,BC) {ʔúx̣ či **ƛ̕úkʷ**! *Go home!* (ES) | yáʔ či **ƛ̕úkʷ**. *Go home.* (RS) | **ƛ̕úkʷ** ʔúx̣ʷ. *Go home.* (TC) | ʔənʔá **ƛ̕úkʷ**. *Come home.* (TC) | ʔyáʔ či ƛ̕úkʷ ʔi ʔiƛ̕. *Go home and sleep.* (LB,CWH) | **ƛ̕úkʷ** caʔn. *I'm going home.* (EPT; ES; AS,BC) | həwíyəŋ cn **ƛ̕úkʷ**. *I'm going back home.* (TC) | suʔhiyáʔɬ **ƛ̕úkʷ**. *So we went home.* (MJ) | nəsx̣éʔ či nəsʔənʔá **ƛ̕úkʷ**. *I want to come home.* (TC) | hiyáʔ caʔ st kʷi **ƛ̕úkʷ**. *We're going to go home.* (NS,JW) | ʔəstúŋət cxʷ ʔənsxʷčáw **ƛ̕úkʷ**? *Why did you go home so soon?* (ES) | nʔɬ suʔ**ƛ̕úkʷ**s. *So he went home.* (ES) | suʔənʔás ʔuʔ **ƛ̕úkʷ**. *So she came home.* (AA) | ʔiʔ ʔáw c **ƛ̕úkʷ**. *And he didn't go home.* (ES) | hiyáʔ či **ƛ̕úkʷ** *Go home!* (EPT) | **ƛ̕úkʷ** či. mánˀ cn ʔuʔ čéʔnəw. *Go home! I'm very annoyed.* (TC,AS,BC) | **ƛ̕úkʷ** caʔn. *I'm going (to go) home* (EPT) | hiyáʔ caʔn **ƛ̕úkʷ**. *I'm going to go home* (EPT; TC) | hiyáʔ cn **ƛ̕úkʷ**. *I'm going home now.* (TC) | hiyáʔ yaʔ cn **ƛ̕úkʷ**. *I went home.* (TC) | x̣ənʔáxʷ cn kʷaʔ hiyáʔəs **ƛ̕úkʷ**. *I told him to go home.* (TC) | x̣čít u cxʷ ʔaʔ či nshyáʔ caʔ **ƛ̕úkʷ**? *Do you know I'm going home?* (EPT) | yəcúst cn ʔaʔ či nəshiyáʔ **ƛ̕úkʷ**. *I told him that I'm going home.* (TC) | ʔənʔá kʷaʔčə **ƛ̕úkʷ** kʷə nəʔiyáyəŋ. *My parent came home.* (MJ) | x̣ənʔáxʷ cn cə nətán ʔaʔ či nəshiyáʔ **ƛ̕úkʷ**. *I told my mother that I'm going home.* (TC) | hiyáʔ yaʔ cn x̣acu nəsuʔənʔá **ƛ̕úkʷ**. *I went out fishing, and then I came home.* (TC) | x̣ənáts cə stíkʷəns kʷaʔ hiyáʔəs **ƛ̕úkʷ**. *He told his nephew to go home.* (TC) | suʔx̣áys kʷánəŋət ʔənʔá **ƛ̕úkʷ** x̣aʔéʔɬx̣ʷaʔ. *So he again ran back home to Elwha.* (ES) | **ƛ̕úkʷ** ʔawqinúŋət cn. *He went home because I got angry.* (MJ) | nʔɬ nsuʔ**ƛ̕úkʷ**. *So I left to go home.* (MJ) | hiyáʔ kʷaʔ ʔúxʷ **ƛ̕úkʷ**. *She went home.* (AA) | nʔɬ suʔhúys ʔiʔ hiyáʔ **ƛ̕úkʷ**. *Then she finished and went home.* (MJ) | suʔsáysiʔs cə qiyaʔq́əyuʔ ʔiʔ **ƛ̕úkʷ**. *The policemen got scared and went home.* (TC) | hiʔswáʔ caʔn kʷi kʷaʔ hiyáʔəxʷ **ƛ̕úkʷ**. *I'll go along when you go home.* (MJT) | nʔɬ suʔhúys t sčaʔčéʔəŋəɬs ʔiʔ hiyáʔ kʷɬaʔ **ƛ̕úkʷ**. *After she finished sewing, she went home.* (MJT) | ʔiʔ x̣kʷáts cə kapús ʔiʔ tə sčə́səqʷs ʔiʔ kʷánəŋət sqéyŋ ʔúxʷ ʔaʔ cə sčaʔkʷaʔyuɬs ʔiʔ hiyáʔ **ƛ̕úkʷ**. *He took his coat and his hat and ran outside to his car and went home.* (ES) | nəšáhəkʷ kʷi nəsyəcústəŋ yaʔ kʷaʔ ʔənʔán **ƛ̕úkʷ**. *I remember that he told me to come home.* (TC) | ʔənʔaxʷsícəŋ ʔaʔ či sʔíɬən kʷaʔ ʔənʔáəxʷ **ƛ̕úkʷ**. *Bring me some food when you come home.* (ES)}

ƛ̕úkʷayŋən *want to go home. See under:* **ɬəkʷáyŋən**

ƛ̕ukʷéyɬ [√tukʷ=iyɬ √go_home=conveyance] ☞ **ƛ̕úkʷ** *to go home by vehicle.* (ES) VAR: **ɬkʷéyɬ** {**ɬkʷéyɬ** caʔ st. *We're going to go home (by car).* (AS)}

ƛ̕úkʷnəs [√tukʷ-nəs √go_home-intent] ☞ **ƛ̕úkʷ** *to go home to get someone or something.* {**ƛ̕úkʷnəs** cn cə nŋə́naʔ. *I went home for my child.* (AS)}

ƛ̕úkʷnəsəŋ [√tukʷ-nəs-ŋ √go_home-intent-psv] ☞ **ƛ̕úkʷnəs** *to be gone home for by someone.* {**ƛ̕úkʷnəsəŋ** cn. *He went home to me.* (TC)}

ƛ̕úkʷtəŋ [√tukʷ-tx-ŋ √go_home-caus-psv] ☞ **ƛ̕úkʷtxʷ** *to be taken home by someone or something.* {**ƛ̕úkʷtəŋ** kʷi kʷsə ŋaʔŋáʔnaʔs. *They took his baby home.* (AS)}

ƛ̕úkʷtxʷ [√tukʷ-tx √go_home-letcaus] ☞ **ƛ̕úkʷ** *to let someone or something go home, take someone or something home.* (TC) {**ƛ̕úkʷtxʷ** cn. *I* *took it home.* (AS) | **łúkʷtxʷ** cə ŋə́naʔs. *Take his child home.* (AS)}

łúŋən ⟦√łuŋn √wall⟧ any wall. (ABT; ES; BC) {čə́q cə **łúŋən**s cə ʔáʔiŋ. *The walls of the house are big.* (AS) | húy tə swéʔwəs ʔuʔ ʔəscáʔnəč ʔaʔ cə **łúŋən**. *The boy is only leaning back against the wall.* (AS) | ʔuʔmán ʔuʔ xənʔáł ti suʔqíxʷs scúŋ ʔł táčis; níł kʷaʔčaʔ nsuʔxtéʔt tə **łúŋən**. *It's really always the west wind when it comes; that's why I built the wall.* (AS)}

łułáwiʔ arms. *See under:* łuʔłáʔwiʔ.

łúłkʷ ⟦łú + √łukʷ actl + √go_home⟧ ☞ **łúkʷ** to be going home, on the way home. (TC) {kʷaʔnéʔŋət ʔiʔ**łúłkʷ** kʷi tím. *Tim was running home.* (ES) | čaʔiʔ**łúłkʷ**. *He's just now going home.* (MJT) | ʔiʔ**łúłkʷ** st kʷaʔčaʔ. *We were coming home.* (MJ) | ʔiʔ**łúłkʷ** kʷłəs nəŋənaʔ. *She's on her way home, my daughter.* (EPT) | kʷłiʔ**łúłkʷ** st. *We're on our way home.* (MJT) | sxʷčə́məsł kʷłaʔčaʔ wəcqínicaʔ ʔiʔ**łúłkʷ**. *Then we met Mary Ann Adams going home.* (MJ) | ʔiʔənʔá st ʔiʔ**łúłkʷ** čšaʔčəčə́qʷ. *We were coming home from Jamestown.* (MJ) | níł suʔənʔás ʔiʔ **łúłkʷ** ʔiʔ kʷənts canu súkʷəŋ. *Then he was going home, and he saw that bather.* (ES) | **łúłkʷ** st čšacicə́qʷ ʔənʔá ʔúxʷ ʔaʔnəxʷqéyt. *We went home from Dungeness to Little Boston.* (MJ) | xə́nəŋ kʷə ncə́t kʷaʔ ʔáwən c **łúłkʷ** ʔaʔ či stwəwskʷáčis. *My father said I'm not going home while it's still day.* (MJ)}

łułúʔc horsetail (giant). *See under:* łłúc.

łxayúsəŋ ⟦√łx-ay = us-ŋ √deviate-ext = face-mdl⟧ ☞ **łə́x** to tell (someone) off, tell (someone) they are wrong to their face. (AS,BC; AS) {**łxayúsəŋ** cə ncáčc. *My aunt told (someone) off.* (AS) | **łxayúsəŋ** cə nstíkʷən. *My niece told (someone) off.* (AS)}

łxayúst ⟦√łx-ay = us-t √deviate-ext = face-trns⟧ ☞ łxayúsəŋ to tell someone off, tell someone that they are wrong directly to their face. (AS) {**łxayúst** cn. *I told him straight to his face.* (AS)}

łxayústəŋ ⟦√łx-ay = us-t-ŋ √deviate-ext = face-trns-psv⟧ ☞ łxayúst to be told off by someone off to one's face. {**łxayústəŋ** cn. *He told me straight off. / I got told off.* (AS)}

łx̣ə́c ⟦√łx̣-t-c √deviate-trns-1obj/2obj⟧ ☞ łx̣ə́t make me go the wrong way; make you go the wrong way. {**łx̣ə́c** u cxʷ? *Did you make me go the wrong way?* (ES)}

łx̣ə́ct ⟦√łx̣-cut √deviate-rflxv⟧ ☞ łə́x̣ to deviate, go the wrong way, turn off (to another path), go off from the rest of the group. (ES) {**łx̣ə́ct** caʔn. *I'm going to turn off.* (MJT) | **łx̣ə́ct** u cxʷ? *Did you turn off?* (MJT)}

łx̣ə́ŋ ⟦√łx̣əŋ √six⟧ six. (EPT; MJT; NS,JW; LC; TC; AS,BC) [This possibly has the root /łx̣/ meaning 'deviate' with the semantic connection that when counting, one deviates to the other hand for 'six'.] {ʔúpən ʔiʔ či **łx̣ə́ŋ** sixteen (EPT) | kʷłcaʔkʷsłšáʔ ʔiʔ **łx̣ə́ŋ**. *Seventy-six.* (MJT)}

łx̣əŋáʔitxʷ ⟦√łx̣əŋ = aʔitxʷ √six = dollar⟧ ☞ łx̣ə́ŋ six dollars. (EPT; TC)

łx̣əŋáʔwiñəxʷ ⟦√łx̣əŋ = aʔwiñəxʷ √six = year⟧ ☞ łx̣ə́ŋ six years. (MJT)

łx̣əŋákʷł ⟦√łx̣əŋ = akʷł √six = conveyance⟧ ☞ łx̣ə́ŋ six canoes. (MJT) {**łx̣əŋákʷł** kʷi snə́xʷł. *There were six canoes.* (AS)}

łx̣əŋáł ⟦√łx̣əŋ = ał √six = times⟧ ☞ łx̣ə́ŋ six times. {**łx̣əŋáł** tə nəstíyəm. *I sang the song six times.* (MJT)}

łx̣əŋáy ⟦√łx̣əŋ = ayə √six = person⟧ ☞ łx̣ə́ŋ six people. (LC) {**łx̣əŋáy** kʷsə táči. *Six people came.* (EPT)} VAR: łx̣ŋáy (ES)

łx̣əŋayəhə́čł ⟦√łx̣əŋ = ayə = əčł √six = person = child⟧ ☞ łx̣əŋáy to have six children. (MJT)

łx̣əŋíkʷs ⟦√łx̣əŋ = iws √six = body⟧ ☞ łx̣ə́ŋ six animals or people. (EPT)

łx̣əŋłnát ⟦√łx̣əŋ = łnat √six = day⟧ ☞ łx̣ə́ŋ
1. six days or nights. (MJT)
2. Saturday. (ES) ⟨⟨other words for 'Saturday' are preferred⟩⟩ cp. qəmə́təŋ cp. sqə́məyu VAR: łx̣əŋəłnát (MJT)

łx̣əŋłšáʔ ⟦√łx̣əŋ = łšaʔ √six = ten⟧ ☞ łx̣ə́ŋ sixty. (AS) VAR: łx̣əməłšáʔ (EPT)

łx̣əŋuʔtxʷ ⟦√łx̣əŋ = awtxʷ √six = house⟧ ☞ łx̣ə́ŋ six houses. (MJT)

łx̣əŋáʔkʷł ⟦√łx̣əŋ <ʔ> = ə < ʔ > kʷł √six < actl > = conveyance < actl >⟧ ☞ łx̣əŋákʷł to be six canoes (arriving, traveling, etc.). {hiʔ**łx̣əŋáʔkʷł** ti ʔənʔáʔə. *Six canoes are coming.* (BG,MJT)}

łx̣ə́t ⟦√łx̣-t √deviate-trns⟧ ☞ łə́x̣
1. to make someone go wrong, turn someone off onto another path. (ES; TC; AS,BC) {**łx̣ə́t** cn. *I made him make a mistake. / I made him go the wrong way.* (TC; AS)}
2. to tell someone he or she is wrong, mistaken. (AS,BC) {**łx̣ə́t** cn. *I told him he was wrong.* (AS,BC) | **łx̣ə́t** cn cə nŋə́naʔ. *I told my son he was wrong.* (AS)}

łx̣ə́təŋ ⟦√łx̣-t-ŋ √deviate-trns-psv⟧ ☞ łx̣ə́t ⟦√łx̣-txʷ-ŋ √deviate-inancaus-psv⟧ ☞ łə́x̣txʷ
1. to be taken the wrong way; to be diverted, pushed aside, brushed by. (ES; ES,HS) {**łx̣ə́təŋ** cxʷ. *You're going the wrong way.* (AS,BC) | **łx̣ə́təŋ** cn. *They made me make a mistake.* (TC)}
2. to be told one is making a mistake, going wrong. {**łx̣ə́təŋ** cn. *They got after me, telling me I was wrong.* (AS) | **łx̣ə́təŋ** cn ʔaʔ kʷłə nsłáni. *My wife told me I was wrong.* (AS)}

łx̣ŋáy six people. *See under:* łx̣əŋáy

u ⟦w question⟧ [speech act enclitic]
1. yes/no question marker. (LC) {hiyáʔ **u** cxʷ? *Are you going?* (LC) | máʔqʷəłc **u** cn? *Did I hurt you?* (ES) | ƛ̓áy **u** ʔuʔ hiyáʔ? *Did he go too?* (AS) | n̓sčšáyu **u**? *Did you knock him down?* (ES) | nəxʷsƛ̓áʔyəm̓ **u**? *Is he Klallam?* (NS,JW) | ncə́t **u**

cxʷ? *Are you my father?* (AS,BC) | ʔuʔhiyáʔ *u* caʔ xłə́mʔ? *Will she watch?* (MJ) | xʷə́ŋ *u* cn ʔiʔ ʔuʔhiyáʔ? *Can I go?* (TC,AS,BC) | níł *u* məhúy̓? *Is it a basket?* (NS,JW) | níł *u* n̓tálə? *Is it your money?* (NS,JW) |ƛ̓áy *u* cxʷ ʔuʔ x̣čít. *Do you know, too?* (EPT) | x̣iʔəsítəŋ *u* cxʷ ʔaʔ łəsə n̓tán? *Did your mother write to you?* (ES) | yəx̣ʷás *u* cxʷ kʷaʔ? *Did you untie it?* (TC) | xʷə́ŋ *u* cxʷ ʔiʔ hiyáʔ? *Can you go?* (TC) | hiyáʔ *u* caʔ cxʷ? *Are you going to go?* (AS) | kʷənáŋəc *u* qł cxʷ, q̓łúməčən? *Could you help me, Blackfish?* (MJ) | čáy *u* cxʷ ʔaʔ tiə ʔáynəkʷ? *Are you going to work today?* (MJ) | ʔáwə *u* cxʷ c hiyáʔ? *Aren't you going?* (TC) | ʔəx̣ín ʔuč kʷsanu, ʔéʔtt *u*? *Where is he, is he asleep?* (EPT) | níł *u* n̓skʷáʔ n̓ʔáʔyəŋ hay tsə? *Is that you people's house?* (NS,JW) | ncéʔt, hiyáʔ *u* qł cn ƛ̓iʔáŋ ʔaʔ či čéʔəx̣? *Daddy, could I go look for some pitch?* (MJ) | k̓ʷənít *u* cxʷ təsə swə́y̓qaʔ ʔiyá ʔaʔ təsə sčaʔkʷaʔyúł, Timmy? *Do you see that man on that boat, Timmy?* (MJ) | ʔáw c łəŋk̓ʷáʔəct ʔaʔ cə sx̣áʔəs sqʷáqʷis cə ʔən̓sčə́yəčaʔ kʷaʔ ʔuʔstáŋəs ʔaʔ kʷaʔ sčə́yəčaʔs *u* čtə. *Don't get involved in bad words with your friends, whatever they are, if they are your friends.* (TC) | ʔuʔítt *u* caʔ cxʷ nəw̓ ʔíłən *u* caʔ cxʷ? *Are you going to sleep, or are you going to eat?* (TC) | ʔuʔaʔáʔiŋ *u* caʔ cxʷ nəw̓ hiyáʔ *u* caʔ cxʷ ƛ̓aʔtáwn. *Are you going to stay home, or are you going to town?* (TC)}
2. **tag question marker.** {saʔmústəŋ cn ʔaʔ kʷsə ʔuʔútxs. n̓x̣čŋín ʔaʔ či sʔuʔə́y̓s, *u*? *He sold me the canoe. Do you think it's good?* (ES) | ʔáłaʔ caʔn, *u*? *Can I stay here?* (AS) | čəwín cə snə́xʷł, *u*? *Even that canoe?* (TC) | šúkʷaʔ, *u*? *It's sugar, eh?* (TC) | níł č̓ yaʔ suʔsuʔúy̓qs cə məqáʔaʔ, *əw*? *Then the Makahs were net fishing, eh?* (TC) | níł suʔłuʔčáʔts, *əw*? *They they'd undress them, eh?* (TC) | ʔuʔtxʷʔáwənə kʷaʔčaʔ ʔáłaʔ ʔaʔ tiə tə́ŋəxʷ ʔiʔánəŋ ti nəxʷsƛ̓ay̓əm̓úcəns, *əw*? *It's getting so that nobody here in this land knows the Klallam language, eh?* (TC) | níł yəxʷ yaʔ ʔuʔ cəʔéʔt ʔuʔ x̣aʔyéʔsi č̓łáłaʔ ʔaʔ tiə, *əw*? *I guess this was a truly fierce bunch from here, eh?* (TC) | łə́ŋ q cxʷ ʔuʔ čaʔscúm̓ či n̓šə́təŋ *u* kʷaʔ ʔáwəxʷ c ʔəłənístəŋ kʷaʔ q̓ʷúyəxʷ caʔ. *You'd be just walking bones, wouldn't you, when you aren't fed when you're dead.* (TC) | xʷənʔáŋ ʔaʔ nə́kʷ, *əw*? *They're like you, eh?* (ES)}
3. **subordinate question.** {ʔáwənə nəsx̣čít kʷaʔ ʔuʔhiyáʔs *u* caʔ. *I don't know if he's going to go.* (TC) | ʔáwənə nəsx̣čít kʷaʔ ʔuʔhiyáʔxʷ *u* caʔ. *I don't know if you're going.* (TC) | ʔáwənə nəsx̣čít kʷaʔ ʔuʔhiyáʔs *u* kʷaʔ. *I don't know if he's gone.* (TC) | ʔáwənə nəsx̣čít kʷaʔ ʔuʔhiyáʔxʷ *u* yaʔ. *I didn't know if you went.* (TC) | čtát cn kʷaʔ tákʷss *u* cə ʔáʔiŋs. *I asked him if he bought his house.* (TC) | čtát cn kʷaʔ hiyáʔs *u* ƛ̓aʔčxʷícən. *I asked him if he was going to Port Angeles.* (TC) | čtác cn kʷaʔ tákʷsxʷ *u* cə ʔáʔiŋ. *I asked you if you bought the house.* (TC) | ʔáwənə nsx̣čít kʷaʔ łəŋú?əŋən *u* qł. *I wonder if I can (still) swim.* (MJT) | ʔáwənə nəsx̣čít kʷaʔ sáy̓siʔs *u* yaʔ čtə cə xʷiyanítəm. *I don't know if the white men were scared.* (TC) | hiyáʔ caʔ st kʷánəŋət ʔaʔ či sx̣čnáŋs kʷaʔ ʔuʔxʷə́ŋs *u* ʔəł kʷánəŋəts. *We will go run to find out if he's fast when he runs.* (TC)}
4. **Other uses.** {x̣éʔsi yəxʷ *u* cxʷ. *You must be fierce.* (TC) | ó·, ʔə́y̓ ixʷ yaʔ *u* kʷi swéʔwəs ixʷ yaʔ čkʷáʔ ʔaʔ cə sʔács. *Oh, he must have been a nice young man who had that face.* (AA) | yaʔyáʔnəŋ čtə *u* tiə swéʔwəs ʔaʔ tiə ʔaʔcłtiŋíxʷəŋ. *This young man probably understands this Indian language.* (MJ)} VAR: ʔu (ES) {taʔwə́yu *ʔu* cxʷ? *Are you buying?* (ES) | qaʔx̣ə́yu *ʔu* caʔ cxʷ? *Are you going to dig clams?* (ES) | łáłaʔči *ʔu* cxʷ? *Are you cold?* (EPT) | ʔə́c *ʔu* k̓ʷə́ntxʷ? *Was it me you saw?* (EPT) | huʔínəŋ *ʔu* caʔ cxʷ? *Are you going to show up?* (ICT)} VAR: hu {čə́yəxʷ *hu* q cn. *Can I come in?* (ES) | ʔənʔanəsŋúŋə *hu* cxʷ? *Are you coming for me?* (MJT)} VAR: ʔəw (TC) {níł *ʔəw* n̓ŋə́nəŋənaʔ tsanu. *Are those your children?* (EPT)} VAR: əw (TC) {náʔcuʔ *əw*? *Was there one person?* (TC) | ʔən̓sná *əw*? *Is it your name?* (TC) | ʔuʔnə́kʷ *əw* ʔuč? *Is that you?* (EPT) | níł *ʔuʔ* húy x̣ctíxʷ, *əw*? *That's all you know, eh?* (AC)}

w

wáʔ go with. *See under:* səwáʔ

waʔáč ⟦√waʔač √Waatch⟧ Waatch, a village southwest of Neah Bay. (JSH)

waʔáyŋən ⟦√waʔ-ayŋən √accompany-want⟧ ☞ səwáʔ to want to go along, come along. (ES,TC; ES; AS) {*waʔáyŋən* cn. *I want to go along.* (ES; TC; HS; AS,BC; MJ) | nsuʔx̣ə́nəŋ ʔaʔ či nəsuʔ*waʔáyŋən*. *So I said I'd go along.* (MJ)} VAR: waʔáynən (AS) VAR: swaʔáyŋən {ʔis*waʔáyŋən* cn. *I want to go along.* (AS,BC)}

waʔcənístəŋ ⟦√wuʔcən-istxʷ-ŋ √sing_along-caus-psv⟧ ☞ waʔcənístxʷ to be accompanied by someone singing while singing, dancing or playing an instrument. {*waʔcənístəŋ* cn. *He sang for me. / He sang along with me.* (TC)}

waʔcənístxʷ ⟦√wuʔcən-istxʷ √sing_along-caus⟧ ☞ wúʔcən to sing along with someone, sing for someone who is dancing or playing an instrument. {*waʔcənístxʷ* cn. *I sang with him.* (TC)}

wáʔət take someone along. *See under:* səwáʔt

wáʔnəs ⟦√waʔ-nəs √accompany-intent⟧ ☞ səwáʔ to catch up to, meet and go along with someone. {*wáʔnəs* cn. *I caught up with him and went with him.* (AS)} VAR: wáʔns {*wáʔns* cn kʷi ncə́t. *I met and went along with (to help) my father.* (MJ) | hiyáʔ caʔn *wáʔns*. *I'm going to meet and go along with him.* (AS)}

waʔnəsəŋúŋə ⟦√waʔ-nəs-ŋuŋə √accompany-intent-2obj⟧ ☞ wáʔnəs go to with you. {hiyáʔ caʔ st ʔúxʷ ʔuʔ*waʔnəsəŋúŋə*. *We will go along to her with you.* (MJ)}

wáʔnsəŋ ⟦√waʔ-nəs-ŋ √accompany-intent-psv⟧ ☞ wáʔnəs to be met going the same way by someone, be caught up with. ⟨⟨USAGE: usually refers to someone helping⟩⟩ {*wáʔnsəŋ* cn ʔaʔ kʷsə nséʔyaʔ. *My grandmother met me and went along.* (AS)} VAR: wánsəŋ (AS) {*wánsəŋ* cn. *I was met by someone and went the same way.* (MJ) | nił suʔ*wánsəŋ*s ʔaʔ kʷi nəcə́t č. *She was met going along with my father.* (MJ)}

waʔsə́yu ⟦√wu⟨ʔ⟩s-əyu √bark-activ⟧ to be barking. (AS,BC) {*waʔsə́yu* kʷsə kíwi. *Kiwi (the dog) barked.* (AS) | *waʔsə́yu* kʷsə sqaʔqáʔxaʔs. *Her puppy barked.* (AS)}

wáʔtəŋ be taken along. *See under:* səwáʔtəŋ

wáʔtxʷ ⟦√waʔ-txʷ √accompany-letcaus⟧ ☞ səwáʔ to let someone go along. {*wáʔtxʷ* caʔ st. *We'll let her go along.* (MJ)}

waʔušə́li helldiver. *See under:* wəẃəwšəlʔí

waʔusáy̓s barking. *See under:* waʔwəsáy̓s

waʔušəlʔí helldiver. *See under:* wəẃəwšəlʔí

wáʔwaʔ ⟦wáʔ+√waʔ char+√accompany⟧ ☞ səwáʔ to be going along, accompanying. (ES) {hiyáʔ ʔiʔ*wáʔwaʔ*. *He was going along.* (AS,BC) | ʔiʔ*wáʔwaʔ* cn. *I'm going along.* (TC)} VAR: wáwaʔ {ʔə́wə c híc ʔiʔ yə́č kʷə nspčúʔ kʷə nəsʔiʔ*wáwaʔ*. *It wasn't long any basket was full when I went along.* (MJ) | *wáwaʔ* cn. *I was going along.* (MJ)}

waʔwaʔáyŋən ⟦waʔ+√waʔ-ay⟨ʔ⟩ŋ char+√accompany-want⟨actl⟩⟧ [secondary stress on first syllable] ☞ waʔáyŋən to be wanting to go along all the time. (ES) ✱The late Jasper Charles (of Becher Bay) used this as a nickname for HS because he always would hop in the back of his car whenever he went anywhere. (ES) VAR: waʔwaʔáynən (ES; TC)

waʔwaʔx̣ə́ɬ ⟦waʔ+√wə⟨ʔ⟩x̣əɬ dim+√small_frog⟨dim⟩⟧ ☞ wəx̣ə́ɬ a tiny frog. (MJT)

waʔwəsáy̓s ⟦waʔ+√wus-ay̓s dim+√bark-activ⟧ ☞ wəsáy̓əs to be barking (of a dog), making a barking sound. (MJT; ES) {*waʔwəsáy̓s* cə ṅsqáx̣aʔ. *Your dog is barking.* (EPT; ES) | *waʔwəsáy̓s* cn. *I'm barking.* (ES) | *waʔwəsáy̓s* u cxʷ? *Are you barking?* (ES) | *waʔwəsáy̓s*háynən cə Gypsy. *Gypsy wants to bark.* (MJT)} VAR: waʔusáy̓s {*waʔusáy̓s* cə Gypsy. *Gypsy started to bark.* (MJT)}

waʔwəsə́yuʔ ⟦waʔ+√wus-əyu dim+√bark-activ⟧ ☞ waʔsə́yu to be barking. {mán ʔuʔ *waʔwəsə́yuʔ*. *He's barking too much.* (EPT)}

waʔwəšəlí ⟦√waʔwəšəli √grebe⟧ [probably has diminutive reduplication] horned grebe, eared grebe. *Podiceps auritus; Podiceps nigricollis.* (TC) VAR: waʔwəšəlʔí (TC)

waʔwúsc ⟦waʔ+√wus-t-c dim+√bark-trns-1obj/2obj⟧ ☞ waʔsə́yu bark at me; bark at you. {*waʔwúsc* u cxʷ? *Are you barking at me?* (ES)}

waʔwústəŋ ⟦waʔ+√wus-t-ŋ⟨ʔ⟩ dim+√bark-trns-psv⟨dim⟩⟧ ☞ waʔsə́yu to be barked at. (ES) VAR: waʔwústəŋ {*waʔwústəŋ* st ʔaʔ Gypsy. *Gypsy barked at us.* (MJT)} VAR: wáʔwəstəŋ (AS)

waʔx̣wəx̣ɬcítəŋ ⟦wə⟨ʔ⟩x̣+√wəx̣əɬ=ci-t-ŋ⟨ʔ⟩ char⟨actl⟩+√small_frog=mouth-trns-psv⟨actl⟩⟧ ☞ wəx̣ə́ɬ a name for the month of March. (MJT)

waʔyaʔwaʔx̣ə́ɬ ⟦w⟨aʔy⟩aʔ+√wə⟨ʔ⟩x̣əɬ dim⟨pl⟩+√small_frog⟨dim⟩⟧ ☞ waʔwaʔx̣ə́ɬ several tiny frogs. (MJT)

waʔyú ⟦√wa⟨ʔ⟩yu √bright⟨actl⟩⟧ being bright, sunny, clear. (TC) {*waʔyú* tiə skʷáči. *It's a bright day.* (TC)}

waʔyúct ⟦√wa⟨ʔ⟩yu-cut √bright⟨actl⟩-rflxv⟧ ☞ waʔyú to be getting bright, be daybreak, first light of dawn. (ES) VAR: waʔyəcút {kʷɬiʔ*waʔyəcút*. *It's gotten light.* (MJT)}

wáa ⟦√waa √hunh⟧ [interjection] hunh?. ⟪Usage: a request to repeat or clarify⟫ (AS,BC) [possibly from English 'what?']

wáč ⟦√wač √watch⟧ clock, watch, any time piece. (TC) [from English] {nəxʷlakəlít cə n̓*wáč*. Wind up your watch. (ES) | ʔəstásɬ cn ʔaʔ cə nəw*áč*. I'm near my watch. (TC) | ʔaʔk̓ʷín ʔuč kʷsə n̓w*áč*? What time is it? (EPT) VAR: wé*ʔč* (AS,BC) {ʔaʔk̓ʷín kʷi n̓w*éʔč*. What time is it? (AS,BC)}

wačíʔ ⟦√wačíʔ √perch⟧ [unusual stressed /í/ before glottal stop] perch fish. (ES)

wá"liʔóli hey. See under: ʔóliʔóli

wánsəŋ be met. See under: wáʔnsəŋ

wášiʔtən ⟦√wášiʔtən √Washington⟧ Washington. (AS,BC) [from English 'Washington']

wáwaʔ going along. See under: wáʔwaʔ

wáwaʔtxʷ ⟦wá + √waʔ-txʷ actl + √along-caus⟧ ☞ wáʔwaʔ to be taking something or someone along. {*wáwaʔtxʷ* cn tiə nəsɬáni. I'm taking my wife along. (ES) | *wáwaʔtxʷ* u cxʷ tiə n̓ŋən̓əŋənaʔʔ? Are you going to take you babies with you? (ES)}

wáya ⟦√waya √place_name⟧ a village a half mile south of Ozette west of the lake. (JSH)

wayənəhákʷ ⟦√wayənəhákʷ √alas⟧ alas! it's a pity! heartbreaking, touching. ⟪Usage: this has strong emotional content expressing sadness⟫ (TC) {ó" nəsmáyəcən, ʔiʔ *wayənəhákʷ* či n̓suʔtwawx̌ʷənʔáŋ. Oh, my ex-in-law, it's a pity that you are still that way. (RSh) | ó" ʔiʔ*wayənəhákʷ* či n̓suʔtwawx̌ʷənʔáŋ. Oh, it's touching that you are still like that. (RSh) | ʔiʔ *wayənəhákʷ* nsiʔám̓ saʔə́y̓čən̓ či n̓suʔtwawʔiyá, twawʰiyí ʔuʔtwawšátəŋ. And it's touching, my dear brother, that you are still there, still alive, still walking. (RSh)}

wáyhi ⟦√wayhi √black_person⟧ [from Chinook Jargon 'whyhee' from 'Hawaii'] black person, person of African descent. (TC)

wayú ⟦√wayu √bright⟧ to be bright, lit up, clear, sunny. (AS) {ʔuʔ*wayú* tiə skʷáči. It's a clear day. (AS)}

wayúct ⟦√wayu-cut √bright-rflxv⟧ ☞ waʔyú to get brightly lit, brightened, lit up. (TC) {*wayúct* cə ŋáʔəq. The torch brightened up the area. (AS)}

wéʔč watch. See under: wáč

wéʔqs ⟦√wi<ʔ>qs √yawn<actl>⟧ ☞ wíqs to be yawning. (MJT; ES; TC) {*wéʔqs* cn. I yawned. (TC) | *wéʔqs* u cxʷ? Did you yawn? (TC)} VAR: wíwaʔqs ⟦wí + √wi<ʔ>qs actl + √yawn<actl>⟧ ☞ wíqs to be yawning. (ES,HS) {*wíwaʔqs* cn. I'm yawning. (ES)}

wéʔqsstəŋ ⟦√wi<ʔ>qs-stxʷ-ŋ<ʔ> √yawn<actl>-caus-psv<actl>⟧ ☞ wíqsstxʷ being made to yawn. (MJT)

wəq̓ə́q̓ ⟦√wəq̓ə́q̓ √small_frog⟧
1. a small, common frog, tree frog, peepers. Hyla regilla or Rana sp. (MV; ES,TC; ES) cp. wəx̣ə́ɬ {*wəq̓ə́q̓* cə ʔiyá yaʔ ti sxʷʔiyás. There were little frogs there where they were. (MJ) | ŋúts ixʷ cə sxʷáʔxʷč cə *wəq̓ə́q̓* ʔiʔ sqiʔám̓ či sɬtə́xʷts. The snake must have eaten a frog, but couldn't swallow it. (MJ)}
2. croak, a frog's call. (LST) VAR: wə́q̓ə́q̓ (EPT; ES)

wəsáyəs ⟦√wus-ay̓s √bark-activ⟧ ☞ waʔsəyu to bark (of a dog). (MJT) {*wəsáyəs* caʔ. She's going to bark. (MJT) | ʔáw kʷaʔ *wəsáyəs*s. She never barked. (MJ)} VAR: usáyəs {sx̌éʔs či s*usáyəs*s. She wants to bark. (MJT)}

wəw̓əw̓šəlʔí ⟦√wəw̓əw̓šəlʔi √helldiver⟧ small helldiver, American grebe, pied-billed grebe. Podilymbus podiceps. (ES) [unanalyzable loan from unknown source] VAR: waʔuʔšəlí (ES) VAR: waʔušəlʔí (AB,ICT; AS,BC)

wəx̣ə́ɬ ⟦√wəx̣əɬ √small_frog⟧ a small, common frog, tree frog, peepers. Hyla regilla or Rana sp. (EPT; ES,TC; ES; AS,BC) {ʔáwə ta kʷaʔ x̣ɬə́yus ti *wəx̣ə́ɬ*. The frog never stings (contrary to what you think). (MJ) | x̌áy caʔ cxʷ ʔuʔ q̓aʔyústəŋ ʔaʔ cə *wəx̣ə́ɬ*. You will also be paid by the frog. (MJ) ⟪There is another name for this same type of little frog.⟫ cp. wəq̓ə́q̓ VAR: wə́x̣əɬ (LST)

wəyəq̓ʷíct ⟦√wəyəq̓ʷ-i-cut √recognize-persist-rflxv⟧ [metathesis with reflexive] ☞ wə́yəq̓ʷt to get recognized, known. (AS,BC; AS) {*wəyəq̓ʷíct* cn. I got recognized. (AS)}

wəyəq̓ʷít ⟦√wəyəq̓ʷ-i-t √recognize-persist-trns⟧ ☞ wə́yəq̓ʷt to recognize, know someone or something. {*wəyəq̓ʷít* cn cə stiqíw. I know that horse. (AS)}

wəyəq̓ʷítəŋ ⟦√wəyəq̓ʷ-i-t-ŋ √recognize-persist-trns-psv⟧ ☞ wəyəq̓ʷít to be recognized, known by someone. {*wəyəq̓ʷítəŋ* cə sqáx̣aʔ. He knew the dog. (AS) VAR: wəyq̓ʷítəŋ {*wəyq̓ʷítəŋ* st. We are recognized. (AS)}

wə́yəq̓ʷt ⟦√wəyəq̓ʷ-t √recognize-trns⟧ to recognize someone or something, know that someone or something has been seen before. (AS,BC) cp. yéyəq̓ʷt {čaʔ*wə́yəq̓ʷt*. Finally recognize it. (AS,BC) | ʔuʔ*wə́yəq̓ʷt* u cxʷ? Did you recognize him? (AS) | *wə́yəq̓ʷt* u cxʷ kʷə swéʔwəs? Do you recognize the boy? (AS)}

wə́yəq̓ʷtəŋ ⟦√wəyəq̓ʷ-t-ŋ √recognize-trns-psv⟧ ☞ wə́yəq̓ʷt to be recognized by someone. {čaʔ*wə́yəq̓ʷtəŋ* cn. They just recognized me. (AS)} VAR: wə́yq̓ʷtəŋ {*wə́yq̓ʷtəŋ* cn. I was recognized. (AS)}

wəyq̓ʷítəŋ be recognized. See under: wəyəq̓ʷítəŋ

wič ⟦√wič √wedge⟧ wedge used for splitting wood. (TC) [from English 'wedge']

wíqs ⟦√wiqs √yawn⟧ to yawn. (AS,BC) {*wíqs* či. Well, go ahead and yawn. (MJT)}

wíqsstxʷ ⟦√wiqs-stxʷ √yawn-caus⟧ ☞ wíqs to make someone yawn. {*wíqsstxʷ* cn. I made her yawn. (MJT)}

wíwaʔqs yawning. *See under:* wéʔqs

wiyə́q̓əq̓ ⟦√w<iy>əq̓əq̓ √small_frog<pl>⟧ ☞ wəq̓əq̓ several frogs. (EPT)

wiyəx̣ə́ɬ ⟦√w<iy>əx̣əɬ √small_frog<pl>⟧ ☞ wəx̣ə́ɬ several frogs. (EPT)

wú ⟦√wu √hey⟧ [interjection] hey. ⟪Usage: used to call to someone to get their attention⟫ {kʷčáŋətəŋ cn, "*wú*", nə́kʷ ʔuʔ nMartha." *She hollered to me, "Hey, you, my Martha."* (MJ)}

wuʔ ⟦wuʔ wonder⟧ [second position speech act enclitic indicating that the statement is a speculation on the part of the speaker] I wonder. {ʔuʔx̣ʼkʷə́təŋ *wuʔ* ʔaʔ tsə kʷɬčə́q kʷi sqʷáys yaʔ. *I wonder if that old lady took his voice.* (ES) | šatatá··· kʷaʔ táməx̣s q *wuʔ*! *Oh, no, if I wonder if it would be eelgrass!* (TC) | twawʼníɬ *wuʔ*. ɬúkʷ cxʷ ʔaʔ či kʷáči. *Maybe you'll go home tomorrow.* (TC) | néʔənɬ scə́kʷ *wuʔ* č tə caʔniɬ. *It must have turned into a worm.* (AA) | ʔiʔ ɬáʔŋəɬ čtə *wuʔ*. *And the tide probably came in.* (TC)}

wúʔcən ⟦√wuʔcən √sing_along⟧ to sing along (to accompany someone who is dancing, singing or playing an instrument). (TC) [may come historically from /wáʔ/ 'accompany' with the 'mouth' suffix /=ucin/] {*wúʔcən* či. *Sing along!* (TC) | *wúʔcən* či hay! *Everybody sing!* (TC) | *wúʔcən* caʼn. *I'm going to sing along.* (TC) | *wúʔcən* cəwʼniɬ x̣ə́wəs. *That new dancer sang along.* (MJ) | x̣ʼáy kʷ uʔ *wúʔcən* tə sx̣ʼíx̣ʼaʔx̣ʼqɬ. *The children sang along, too.* (AS)}

wúʔcəntxʷ ⟦√wuʔcən-txʷ √sing_along-letcaus⟧ ☞ wúʔcən to let someone sing along. (TC) {*wúʔcəntxʷ* cə sx̣ʼíx̣ʼaʔx̣ʼqɬ. *Let the children sing along.* (AS)}

xʷ

xʷʔačúsəŋ wiping face. *See under:* nəxʷʔaʔčúsəŋ

xʷaʔát ⟦√xʷ<ə?>a-t √down<actl>-trns⟧ ☞ xʷát to be bringing, taking, putting something down. {*xʷaʔát* cn. *I'm bringing it down.* (ES) | *ʔiʔxʷaʔát* cn. *I'm lowering it down.* (TC)}

xʷaʔčíʔ ⟦√xʷa<ʔ>č-iy<ʔ> √stop_rain<actl>-dev<actl>⟧ ☞ xʷác to be stopping raining, starting to stop raining. (ES) {*xʷaʔčíʔ* kʷaʔ. *It's starting to stop raining.* (ES)}

xʷaʔéʔyəŋ descending. *See under:* xʷéʔyəŋ

xʷáʔəm ⟦√xʷaʔm √hungry⟧ to be hungry. (EPT; TC; ES; AS,BC) {*xʷáʔəm* u cxʷ. *Are you hungry?* (ES; TC,AS,BC; AS) | *xʷáʔəm* cn. *I'm hungry.* (EPT; LC; AS,BC; TC,AS,BC) | níɫ č suʔxʷáʔəms. *Then he got hungry.* (TC) | xənáɫ ti nsuʔčáʔkʷaʔɫ ʔəɫ xʷáʔəmən. *I always get hiccups when I'm hungry.* (AS) | mán cn ʔuʔ xʷáʔəm̓ ʔaʔ či ɫalúm̓ *I'm awfully hungry for smoked salmon.* (EPT) VAR: xʷáʔəm̓ (EPT; LC; ES) {*xʷáʔəm̓* cn. *I'm hungry.* (EPT; TC; AS,BC) | *xʷáʔəm̓* u cxʷ? *Are you hungry?* (TC; AS,BC) | ʔáwə cn c xʷáʔəm̓. *I'm not hungry.* (EPT) | kʷɬiʔxʷáʔəm̓ cn. *I'm getting hungry.* (MJT) | ʔáw cn c xʷáʔəm̓. *I'm not hungry.* (LC)} VAR: xʷáhəm (MJT; ES; AS,BC) {*xʷáhəm* u cxʷ? *Are you hungry?* (ES) | *xʷáhəm* ixʷ. *He must have got hungry.* (MJT) | ʔiyáʔ cə ʔiʔ ʔuʔq̓ʷúy ʔuʔ čɫxʷáhəm. *He was there to die of starvation.* (AA) | *xʷáhəm* ʔawk̓ʷɬhíc ʔəɫ ʔáwəs c ʔíɫən. *He was hungry because it was a long time since he had eaten.* (MJ)}

xʷáʔəmxʷəm̓ lonesome. *See under:* xʷám̓xʷəm̓

xʷaʔinəkʷáyŋ separate. *See under:* xʷəy̓nəkʷáyŋ

xʷaʔisíct ⟦√xʷi<ʔi>s-cut √shake<pl>-rflxv⟧ [metathesis with reflexive] ☞ xʷəy̓íst to be shaking oneself, shiver. (ES)

xʷaʔkʷéʔyəŋ ⟦√xʷ<ə?>kʷ-i<ʔ>y-ŋ √lower<actl>-dev<actl>-mdl⟧ ☞ xʷkʷíyəŋ to be lowering, dropping back. (ES)

xʷáʔk̓ʷaʔɫ ⟦√xʷa<ʔ>k̓ʷ=aʔɫ √crazy<actl>=mass⟧ ☞ sxʷák̓ʷiʔ cp. čáʔk̓ʷaʔɫ to hiccup, have the hiccups. (MJT) {*xʷáʔk̓ʷaʔɫ* caʔ cxʷ. *You're going to hiccup.* (MJT) | kʷɬxʷáʔk̓ʷaʔɫ cxʷ. *You're hiccupping.* (MJT) | ʔúy̓txʷ *xʷáʔk̓ʷaʔɫ* ʔiʔ qʷaʔqʷústxʷ cxʷ. *If he hiccups give him a drink.* (MJT)}

xʷaʔk̓ʷáʔtəŋ ⟦√xʷa<ʔ>k̓ʷ<ʔ>-t-ŋ √crazy<actl>-trns-psv⟧ [metathesis with passive] ☞ xʷk̓ʷátəŋ becoming drunk, intoxicated, going crazy. {*ʔiʔxʷaʔk̓ʷáʔtəŋ* cn. *I'm getting drunk.* (ES)}

xʷaʔk̓ʷúst ⟦√xʷ<ə?>k̓ʷ-us-t √drag<actl>-rcpnt-trns⟧ ☞ xʷk̓ʷúst to be dragging, pulling something in; pulling net or set line in. (ES) VAR: xʷk̓ʷúʔst (LC) ⟦√xʷk̓ʷ-u<ʔ>st √drag-rcpnt<actl>⟧ VAR: xʷək̓ʷúʔst (ES)

xʷaʔnéʔtaʔməŋ ⟦√xʷa<ʔ>ni<ʔ>tə<ʔ>m-ŋ<ʔ> √white_man<actl>-mdl<actl>⟧ ☞ xʷanítəm to be talking the English language. {čəŋíkʷs či nsxʷaʔnéʔtaʔməŋ. *I don't know how to speak English.* (ES) | ʔuʔhúy ti nsuʔxʷaʔnéʔtaʔməŋ. *I only speak English.* (ES)} VAR: xʷaʔnítaʔməŋ {ʔáwənə nəsx̌čít ti *xʷaʔnítaʔməŋ*. *I don't understand English.* (ES) | ʔáwənə nəsx̌čít ʔəɫ *xʷaʔnítaʔməŋ*əxʷ. *I don't understand when you're talking English.* (TC)}

xʷaʔnéʔtamqən ⟦√xʷa<ʔ>ni<ʔ>təm<ʔ>=qin<ʔ> √white_man<actl>=voice<actl>⟧ ☞ xʷanítəmqən to be speaking the English language. (TC) {ʔaʔaʔkʷsáys cn ʔaʔ či *xʷaʔnéʔtamqən*. *I'm teaching English.* (ES)} VAR: xʷaʔnéʔtəmqən (AS; AS,BC)

xʷaʔnéʔtəŋ speaking English. *See under:* xʷənítəməŋ

xʷaʔnít ⟦√xʷi<ʔ>n-t √swear<actl>-trns⟧ [reverse actual metathesis] ☞ xʷínt cp. xʷéʔənət to be cursing, swearing at someone or something. (ES) {*xʷaʔnít* cn. *I'm swearing at him.* (AS)}

xʷaʔnítəm white person. *See under:* xʷanítəm

xʷaʔnítəŋ ⟦√xʷi<ʔ>n-t-ŋ<ʔ> √swear<actl>-trns-psv<actl>⟧ [metathesis with actual passive] ☞ xʷíntəŋ being cursed at, sworn at. {*xʷaʔnítəŋ* cn. *Somebody's swearing at me.* (MJT)}

xʷaʔnítiʔ ⟦√xʷi<ʔ>n-ty<ʔ> √swear<actl>-rcprcl<actl>⟧ [metathesis with reciprocal] ☞ xʷínt to be cursing, swearing at each other. (ES)

xʷáʔŋaʔɫ ⟦√xʷa<ʔ>ŋ=aʔɫ √rest<actl>=mass⟧ ☞ xʷáŋaʔɫ to be resting. (AS,BC) {*xʷáʔŋaʔɫ* cn. *I'm resting.* (BC) | tiɫəqʷ cn; níɫ kʷə nsuʔxʷáʔŋaʔɫ. *I'm out of breath; so I'm resting.* (AS)}

xʷaʔsáy̓s ⟦√xʷi<ʔ>s-ay̓s √shake<actl>-activ⟧ ☞ xʷíst to be shaking (something) off. (AS,BC)

xʷaʔsáy̓səŋ ⟦√xʷi<ʔ>s-ay̓s-ŋ<ʔ> √shake<actl>-activ-mdl<actl>⟧ ☞ xʷaʔsáy̓s to delouse using a fine-toothed comb. (ES; AS,BC)

xʷaʔsə́yuʔ ⟦√xʷi<ʔ>s-əyu<ʔ> √shake<actl>-activ<actl>⟧ ☞ xʷəsə́yu
1. to be shaking out or off (as a tree for fruit or blankets to air out), thresh (grain). (ES) {*xʷaʔsə́yuʔ* kʷi ʔaʔ kʷi sčáŋ̓s tiə sisə́miʔs. *She was shaking out her blankets when she got home.* (AS)}
2. to be fanning (to cool). (HS,ES)

xʷaʔsíct ⟦√xʷi<ʔ>s-cut √shake<actl>-rflxv⟧ [metathesis with reflexive] ☞ xʷíst to shiver, shake oneself (as a dog coming out of the water).

xʷaʔsítəŋ ⟦√xʷi<ʔ>s-t-ŋ √shake<actl>-trns-psv⟧ [metathesis with passive] ☞ xʷíst to be shaken off, shaken down (as apples from a tree). (ES) {*xʷaʔsítəŋ* cn. *Someone's shaking me.* (ES) | *xʷaʔsítəŋ* cə sčaʔyíqʷɫ. *The fruit is shaken down.* (ES)}

xʷaʔsúsəŋ ⟦√xʷi<ʔ>s=us-ŋ<ʔ>
√shake<actl>=face-mdl<actl>⟧ ☞ xʷsúsəŋ to be
shaking one's head. (TC)

xʷaʔtaʔŋístəŋ ⟦√xʷi<ʔ>t<ʔ>-ŋi-stxʷ-ŋ
√jump<actl>-rel-caus-psv⟧ ☞ xʷaʔtaʔŋístxʷ being
made to jump by someone or something. (AS)
{*xʷaʔtaʔŋístəŋ* cn. *They're making me jump.* (AS) |
ʔuʔ*xʷaʔtaʔŋístəŋ* ixʷ kʷi ʔaʔ či sxaʔsáns. *Her sins
must be making her jump.* (AS)}

xʷaʔtaʔŋístxʷ ⟦√xʷi<ʔ>t<ʔ>-ŋi-stxʷ
√jump<actl>-rel-caus⟧ ☞ xʷitəŋístxʷ to be
making someone or something jump. (AS)
{*xʷaʔtaʔŋístxʷ* cxʷ. *You're making him jump.* (AS)}

xʷaʔwáwaʔxʷaʔ ⟦√xʷaʔwáwaʔxʷaʔ √lightweight⟧
[There is some kind of reduplication here that is
unique and probably not synchronic.] ☞ xʷáʔxʷaʔ
to be very light weight. (LC; ES) VAR: xʷaʔwáwə
(TC) VAR: xʷaʔwáwaʔxʷə (EPT; MJ) VAR:
xʷaʔwáʔwaʔxʷaʔ (MJT) {níɬ kʷi
nu*xʷaʔwáʔwaʔxʷaʔ* cə n̓muhúy txʷʔúx̣ʷ ʔaʔ
tiʔənəskʷáʔ. *Your basket is lighter than mine.*
(MJT)} VAR: xʷaʔwə́wəwx̣ʷaʔ (LB,CWH)

xʷaʔwáwaʔxʷaʔct ⟦√xʷaʔwáwaʔxʷaʔ-cut
√lightweight-rflxv⟧ ☞ xʷaʔwáwaʔxʷaʔ to be
getting light weight. (MJT)

xʷáʔxʷaʔ ⟦xʷáʔ+√xʷaʔ char+√lightweight⟧ [root
not identified in other words]
1. to be light weight. (MJT; ES) {ʔuʔmán ʔuʔ
xʷáʔxʷaʔ cə swéʔwəs. *That boy is very light.* (AS)}
2. be quick. (ES) {nə́kʷ kʷi nu*xʷáʔxʷaʔ* ʔaʔ ʔəc.
You're faster/lighter than me. (ES) | níɬ č suʔxčnáŋs
ʔaʔ či smáŋs ʔuʔtxʷaʔ*xʷáʔxʷaʔ*. *They knew that he
had become very quick.* (TC)}

xʷaʔxʷáʔƛ̓qən ⟦xʷaʔ+√xʷə<ʔ>ƛ̓qən
dim+√pillow<dim>⟧ ☞ xʷə́ƛ̓qən small pillow.
(ES)

xʷaʔxʷaʔnéʔtəm̓ ⟦xʷaʔ+√xʷa<ʔ>ni<ʔ>təm<ʔ>
dim+√white_man<dim>⟧ ☞ xʷanítəm small
white person, white child. (ES; AS,BC) VAR:
xʷaʔxʷəńítəm (MJT)

xʷaʔxʷáʔtxʷ ⟦xʷaʔ+√xʷaʔ-txʷ char+√lightweight-
caus⟧ ☞ xʷáʔxʷaʔ to make something light
weight. {hú? č kʷɬsə́q ʔiʔ ʔiʔə́ýəct ʔiʔ *xʷaʔxʷáʔtxʷ*
č či bell. *When she gets out, she will get better,
and it will make the bell light.* (MJ)}

xʷáʔxʷč̓ ⟦√xʷaʔxʷč̓ √aroused⟧ [This may be a
diminutive form of an unknown root, but the
semantics do not compel such an analysis.] to be
sexually aroused (of a man). (MJT) {*xʷáʔxʷč̓* cə
swə́ýqaʔ. *That man is sexually aroused.* (MJT)}

xʷáʔxʷəm̓ lonesome. *See under:* xʷám̓xʷəm̓

xʷaʔxʷə́m̓xʷəm̓ ⟦xʷaʔ+xʷə́m̓+√xʷəm̓
dim+char+√alone⟧ ☞ sxʷám̓xʷəm̓ to feel a little
lonesome, lonely. {*xʷaʔxʷə́m̓xʷəm̓* ʔaʔ či ʔáʔyəŋs.
She's lonesome for her home. (MJT) VAR:
xʷáʔxʷə́m̓xʷəm̓ (AA,MJT)

xʷaʔxʷəna̓ʔmítəŋ ⟦xʷaʔ+√xʷəna̓ʔm-i-t-ŋ<ʔ>
dim+√shaman-persist-trns-psv<actl>⟧
☞ sxʷaʔxʷənáʔəm to be getting buggy, feel like
bugs are crawling on one. {*xʷaʔxʷəna̓ʔmítəŋ* cn.
I'm getting buggy. (ES) | ʔiʔ*xʷaʔxʷəna̓ʔmítəŋ*. *It's
getting buggy (as when you're sitting on the grass
eating, and you have to keep brushing off the
bugs).* (ES)}

xʷaʔxʷəníti ⟦xʷaʔ+√xʷin-ty dim+√swear-rcprcl⟧
[metathesis with diminutive and reciprocal]
☞ xʷínt to swear, curse at each other. (ES)
{*xʷaʔxʷəníti* ʔu cxʷ? *Are you swearing?* (ES) |
xʷaʔxʷəníti ʔəɬ qʷáqʷiʔəs. *He's swearing when he
talks.* (TC)} VAR: xʷaʔxʷəníti (EPT) {*xʷaʔxʷəńíti*
cxʷ; ʔáwə c cəʔít. *You're searing; it isn't true.*
(MJT)}

xʷaʔxʷəńítiʔ ⟦xʷaʔ+√xʷin<ʔ>-ty<ʔ>
dim+√swear<actl>-rcprcl<actl>⟧ ☞ xʷaʔxʷəníti
to be swearing, cursing at each other. (TC)
{*xʷaʔxʷəńítiʔ* cn. *I'm swearing.* (TC)}

xʷáʔxʷəxʷəm̓ lonesome. *See under:* xʷám̓xʷəm̓

xʷaʔxʷiʔə́š ⟦√xʷaʔxʷýəš √salmonberry_bird⟧
salmonberry bird, Swainson's thrush. *Catharus
ustulatus.* (ICT; TC; AS) [onomatopoeic]

xʷaʔxʷík̓ʷs ⟦xʷaʔ+√xʷik̓ʷs dim+√loon⟧ ☞ xʷík̓ʷs
small loon. (BG,MJTc; MJ) {táči cə *xʷaʔxʷík̓ʷs*. *A
loon came.* (MJ) | ʔaʔstúʔŋət ʔuč cə *xʷaʔxʷík̓ʷs*?
What is that loon doing? (MJ)}

xʷaʔxʷk̓ʷátəŋ ⟦xʷaʔ+√xʷakʷ-t-ŋ dim+√crazy-trns-
psv⟧ [metathesis with passive] ☞ xʷk̓ʷátəŋ to be
getting drunk, intoxicated. {ʔiʔ*xʷaʔxʷk̓ʷátəŋ* cn.
I'm getting drunk. (ES)}

xʷaʔxʷtəŋyáʔčaʔ ⟦xʷaʔ+√xʷit-ŋ-yiʔčaʔ dim+√jump-
mdl-?⟧ ☞ xʷítəŋ
1. western jumping mouse. *Zapus princeps.*
(AS,BC; AS)
2. grasshopper. *Caelifera spp.* (MJT) VAR:
xʷaʔxʷtəmiʔáčaʔ (AS,BC) VAR: xʷaʔxʷtəmiʔáčə (MJT)
VAR: xʷaʔxʷtəŋiyáčaʔ (AS,BC) VAR: xʷáxʷtəŋyáʔčə
(AS,BC) VAR: xʷaʔxʷtəŋyáʔčaʔ (AS) VAR:
xʷaʔxʷtəŋyéʔčaʔ (ES; AS,BC) VAR: xʷaʔxʷtəŋyáčə
(AS,BC)

xʷaʔyaʔməsítəŋ ⟦√xʷu<ʔ>y<ʔ>m-sít-ŋ
√sell<actl>-bene-psv⟧ ☞ xʷəyəmsítəŋ being sold
for one by someone. {*xʷaʔyaʔməsítəŋ* cn.
They're selling it for me. (ES)}

xʷaʔyaʔxʷəńítəm ⟦xʷ<aʔy>aʔ+√xʷan<ʔ>itəm
dim<pl>+√white_man<dim>⟧ ☞ xʷaʔxʷəńítəm
several small white people. (MJT)

xʷaʔyaʔxʷík̓ʷs ⟦xʷ<aʔy>aʔ+√xʷik̓ʷs
dim<pl>+√loon⟧ ☞ xʷaʔxʷík̓ʷs several small
loons. {ŋə́ń *xʷaʔyaʔxʷík̓ʷs*. *There are lots of little
loons.* (BG,MJT)}

xʷaʔyəsítəŋ ⟦√xʷ<aʔy>is-t-ŋ √shake<pl>-trns-
psv⟧ [metathesis with passive] ☞ xʷístəŋ being
vigorously shaken up by someone or something.
{*xʷaʔyəsítəŋ* cn. *They're shaking the heck out of
me.* (ES)} VAR: xʷaʔisítəŋ {*xʷaʔisítəŋ* cn. *I got

xʷaʔyík̫ʷs ... **xʷáŋ**

shaken. (ES)} VAR: xʷəysítəŋ (ES) {*xʷəysítəŋ* cə swə́yqaʔ ʔaʔ cə słániʔs. *The man was shaken up by his wife.* (ES,TC) | x̣íŋətəŋ caʔ cxʷ ʔiʔ *xʷəysítəŋ*. *He grabbed you and shook you.* (TC; AS,BC)}

xʷaʔyík̫ʷs ⟦√xʷ<aʔy>ik̫ʷs √loon<pl>⟧ ☞ xʷík̫ʷs several loons. (BG,MJT)

xʷaʔyísc ⟦√xʷ<aʔy>is-t-c √shake<pl>-trns-1obj/2obj⟧ ☞ xʷəyíst shaking me up; shaking you up. (ES)

xʷác ⟦√xʷa-t-c √down-trns-1obj/2obj⟧ ☞ xʷát lower me; lower you. {*xʷác* cn. *I lowered you down.* (TC)}

xʷáč̓ ⟦√xʷač̓ √stop_rain⟧
1. to stop (of the rain or other weather). (ES) {*xʷáč̓* ixʷ. *It must have stopped raining.* (MJT) | *xʷáč̓* cə słə́məxʷ. *The rain stopped.* (AS) | *xʷáč̓* kʷaʔ kʷi słə́məxʷ. *It stopped raining.* (EPT; HS) | *xʷáč̓* tə sčúŋ. *The wind stopped.* (AS)}
2. to stop any forward progress. {*xʷáč̓* cə stiqéw. *The horse stopped.* (AS) | *xʷáč̓* tə sčaʔkʷaʔyúł. *The car stopped.* (AS) | *xʷáč̓* tə snə́xʷł. *The canoe stopped.* (AS)}

xʷáč̓ ⟦√xʷ<á>č̓ √between<rslt>⟧ ☞ xʷə́č̓t to be between, in the middle, wedged in. (AS,BC) {*xʷáč̓* kʷi tiə nstiqéw. *The horse is in between (the fences).* (AS)}

xʷáč̓sən ⟦√xʷač̓=sən √rain_stop=foot⟧ [definitely /č̓/, not /č/ in this form] cp. xʷáč̓ to stop (of the rain). (TC)

xʷáhəm hungry. *See under:* xʷáʔəm

xʷáłnəł ⟦√xʷałnł √mourn⟧ to cry in mourning a deceased loved one. (ES,HS; AS,BC) VAR: xʷáłənł (AS,BC) {*xʷáłənł* cn. *I'm weeping, mourning.* (AS)}

xʷám̓xʷəm̓ ⟦xʷám̓ + √xʷam̓ char + √alone⟧ [root not identified in other words] to be lonesome (for someone), miss (someone), be concerned (about someone). (ES; AS) {áaˑ, słáxʷł cn ʔuʔ kʷłuʔ*xʷám̓xʷəm̓*. *Oh, I'm very lonely.* (RSh) | mán̓ cn ʔuʔ*xʷám̓xʷəm̓* ʔaʔ nə́kʷ. *I'm very lonely for you.* (AS,BC) VAR: xʷə́m̓xʷəm̓ (MJT) VAR: xʷáʔəmxʷəm̓ (HS) VAR: xʷáʔxʷəm̓ {ʔuʔ*xʷáʔxʷəm̓* ʔaʔ nə́kʷə. *I'm lonesome for you.* (AA) | ʔuʔmán̓ cn ʔuʔ *xʷáʔxʷəm̓* ʔaʔ nə́kʷə kʷaʔ ʔəsłáxʷłəxʷ ʔuʔ ʔə́y. *I am very concerned that you are really well.* (AA)} VAR: xʷáʔxʷəxʷəm̓ {yəcúst kʷaʔčaʔ kʷłəsə n̓tán ʔaʔ či nsuʔmán̓ ʔuʔ *xʷáʔxʷəxʷəm̓*. *Tell your mother that I am very lonesome.* (AA)}

xʷánaʔłəŋ rest. *See under:* xʷáŋaʔłəŋ

xʷánəłtxʷ rest it. *See under:* xʷáŋaʔłt

xʷánəxʷ ⟦√xʷa-naxʷ √down-nctrns⟧ ☞ xʷát to manage to lower something down. {*xʷánəxʷ* cn. *I got it lowered down.* (TC)}

xʷanítəm ⟦√xʷanitəm √white_man⟧ white person, Anglo, person of European descent. (EPT; RS; TC; ES; AS,BC) ⟪USAGE: This word is the usual word for 'white person' at Elwha. The word used sometimes at Jamestown and usually at Port Gamble is different.⟫ cp. pástən [possibly has an old -m suffix] {ʔáwənə či *xʷanítəm*. *There were no white people.* (TC) | *xʷanítəm* u cxʷ? *Are you a white man?* (AS) | ʔə́y̓ ʔəcłtáyŋxʷ; ʔə́y̓ *xʷanítəm*. *He was a good person; he was a good white man.* (ES) | nuʔ*xʷanítəm* cə nəxʷsx̣ay̓əmúcən. *That man talking Klallam looks like a white man.* (TC) | tčísts kʷsə xʷéʔləm cə *xʷanítəm*. *The white man brought the rope.* (EPT) | ʔiʔ ʔáwə yaʔ c kʷə́nəŋ kʷinu *xʷanítəm*. *And that white man was never seen again.* (ES) | nił nuʔpə́q̓ ʔaʔ či *xʷanítəm*. *He was a white as a white man.* (ES) | *xʷanítəm* kʷaʔčaʔł cə skʷáʔł číłł. *Our chief is a white person.* (TC) | suʔtxʷaʔčífs cə *xʷanítəm*. *So the white person became chief.* (TC) | ščə́tən cə swə́y̓qaʔ *xʷanítəm*. *(I was) pulled by the white man.* (ES) | nił kʷaʔčaʔ suʔtxʷhúys ti nsuʔ*xʷanítəm* ʔəł q̓ʷáq̓ʷiʔən. *So then I've become only a white man when I speak.* (TC) | kʷłíˑc ʔəł ʔuʔhúy tə nsuʔ*xʷanítəm* ʔəł q̓ʷáq̓ʷiʔən. *It's been a long time that I've used only English when I speak.* (TC) | sə́łəŋ cə *xʷanítəm* ʔuʔ čtáŋ̓ ʔuʔ čtáŋ̓. *The white man kept on asking and asking.* (ES) | ʔənʔá táči cə q̓áʔŋiʔ, *xʷanítəm* q̓áʔŋiʔ. *A girl got there, a white girl.* (ES)} VAR: xʷənítəm (EPT; MJT; LC) {táči kʷi kʷəs *xʷənítəm*. *That white man got here.* (EPT)} VAR: xʷaʔnítəm {nəxʷcsústən cn ʔaʔ kʷəs *xʷaʔnítəm*. *That white man hit me in the face.* (EPT)} VAR: xʷánt ⟦√xʷanit √white_man⟧ (AS) {*xʷánt* kʷi tiə swéʔwəs. *That boy is white.* (AS)}

xʷanítəməł ⟦√xʷanitəm-ł √white_man-dur⟧ ☞ xʷanítəm to be of or belonging to the white man; the white man's way. {*xʷanítəməł* sqʷáy. *White man's language.* (TC)}

xʷanítəmqən ⟦√xʷanitəm=qin √white_man=voice⟧ ☞ xʷanítəm to speak the English language, talk like a white person. (AS; AS,BC) {ʔaʔstúʔŋət ʔuč či ńsuʔ*xʷanítəmqən*? *What are you doing talking English?* (AS) | nuʔ*xʷanítəmqən* cə nəxʷsx̣ay̓əmúcn. *That man talking Klallam sounds like a white man.* (TC)}

xʷanítəm siʔám̓ skʷáči ⟦√xʷanitəm √syam̓ ʔs-√kʷayiy √white_man √high_class stat-√day⟧ ☞ xʷanítəm ☞ siʔám̓ ☞ skʷáči President's Day. (AS,BC)

xʷanítəmúcən ⟦√xʷanitəm=ucin √white_man=mouth⟧ ☞ xʷanítəm speak the English language. {*xʷanítəmúcən* cn. *I talk English.* (TC)}

xʷanítəmúmš ⟦√xʷanitəm=umš √white_man=type⟧ ☞ xʷanítəm to be, look, act, seem like a white man. (AS,BC) VAR: xʷanitəmúməš (TC) VAR: xʷanitəmʔúmš {*xʷanitəmʔúmš* u cxʷ? *Are you acting like a white person?* (AS)}

xʷánł rest. *See under:* xʷáŋaʔł

xʷánt white person. *See under:* xʷanítəm

xʷáŋ[1] ⟦√xʷa-ŋ √down-mdl⟧ to get down. ⟪related to a similar root with /í/, but not clear how⟫ cp. xʷíyəŋ ⟪See also a similar pair: ćáʔ and ćéʔ.⟫ cp. ćáʔ cp. ćéʔ {*xʷáŋ* cn. *I got down.* (ES)}

xʷáŋ² ⟦√xʷaŋ √rest⟧ to be rested, feel refreshed. {*xʷáŋ* cn. *I got/feel better. / I'm rested.* (TC; AS)}

xʷáŋaʔɬ ⟦√xʷaŋ = aʔɬ √rest = mass⟧ ☞ xʷáŋ to rest, be resting. (AS) {*xʷáŋaʔɬ* cn. *I'm resting.* (AS)} VAR: xʷánɬ (AS,BC) {*xʷánɬ* cn. *I rested.* (AS)} VAR: xʷánəɬ (BC)

xʷáŋaʔɬəŋ ⟦√xʷaŋ = aʔɬ-ŋ √rest = mass-mdl⟧ ☞ xʷáŋaʔɬ to rest, take a rest, take a break. (LC; ES,HS; TC; AS,BC; AS) {*xʷáŋaʔɬəŋ* či. *Take a rest!* (TC) | *xʷáŋaʔɬəŋ* cn. *I'm going to take a rest.* (TC) | *xʷáŋaʔɬəŋ* yaʔ cn. *I was taking a rest.* (TC) | húy̓ či *xʷáŋaʔɬəŋ*. *Take a rest.* (AS) | níɬ suʔ*xʷáŋaʔɬəŋ*s. *So he rested.* (TC) | ʔə́mət *xʷáŋaʔɬəŋ*. *He sat and rested.* (ES) | ʔə́mət cn ʔiʔ *xʷáŋaʔɬəŋ*. *Sit down and rest.* (TC) | nəsƛ̓éʔ či nstə́ct ʔiʔ *xʷáŋaʔɬəŋ*. *I want to lie down and rest.* (EPT) | hiyáʔ caʔn stə́ct ʔiʔ *xʷáŋaʔɬəŋ*. *I'm going to lie down and take a rest.* (EPT) | suʔcíŋis ʔaʔ tə tə́yət ʔiʔ ʔə́mət *xʷáŋaʔɬəŋ*. *So he got near the upstream area and sat down to rest.* (MJ) | suʔqiqə́kʷs kʷi nəsíyaʔ ʔiʔ ʔə́mət *xʷáŋaʔɬəŋ*. *So my grandfather got tired, and he sat down to rest.* (MJ)} VAR: xʷánaʔɬəŋ (AS) VAR: xʷənáɬəŋ (AS,BC) {*xʷənáɬəŋ* cn. *I'm taking a rest.* (AS,BC) | *xʷənáɬəŋ* caʔn kʷi nəstúkʷ. *I'm going to rest when I go home.* (BC)}

xʷáŋaʔɬt ⟦√xʷaŋ = aʔɬ-t √rest = mass-trns⟧ ☞ xʷáŋaʔɬ to rest someone or something, give someone or something a break. {*xʷáŋaʔɬt* cn tsə nəstiqéw. *I rested my horse.* (ES)} VAR: xʷaŋáʔɬt {*xʷaŋáʔɬt* cn cə stiqéw. *I rested the horse.* (TC)} VAR: xʷánəɬtxʷ {*xʷánəɬtxʷ* cə shiyís. *Let their souls rest.* (AS,BC) | *xʷánəɬtxʷ* kʷə ṅséʔyaʔ. *Let your grandmother rest.* (AS)}

xʷaŋáʔɬct ⟦√xʷaŋ<ʔ> = aʔɬ-cut √rest<actl> = mass-rflxv⟧ ☞ xʷáŋaʔɬt to be resting oneself. {*xʷaŋáʔɬct* cn. *I'm taking a rest.* (LC)}

xʷáŋaʔɬt ⟦√xʷaŋ<ʔ> = aʔɬ-t √rest<actl> = mass-trns⟧ ☞ xʷáŋaʔɬt to be resting someone or something, giving someone or something a break. {*xʷáŋaʔɬt* cn tsə nəstiqéw. *I'm resting my horse.* (ES)}

xʷás ⟦√xʷa-as √down-ptcaus⟧ ☞ xʷát to lower something down. {*xʷás* či. *Lower it down.* (TC)}

xʷásəŋ ⟦√xʷas-ŋ √smell_strong-mdl⟧ to smell strong. (MJT; AS) {*xʷásəŋ* cn. *I stink.* (AS) | níɬ ʔuʔ súsəŋəs ti sxʷáʔaʔi *xʷásəŋ*. *A chamber pot stinks when it smells strong.* (MJT) | ʔuʔ*xʷásəŋ* kʷi kʷə ʔáʔiŋs kʷə músmus. *The cow barn stinks.* (AS) | mán ʔuʔ *xʷásəŋ* cə čéʔčšinč. *The Indian Plum really stinks.* (AS)} cp. súsəŋ̓

xʷát ⟦√xʷa-t √down-trns⟧ ☞ xʷáŋ to put, bring, take something down, lower something. (ES) {*xʷát* kʷi. *Take it down.* (ES) | *xʷát* cn. *I brought it down. / I lowered it.* (ES; TC) | *xʷát* či. *Bring it down.* (AS) | *xʷát*s cə múʔuqʷ. *He brought down the duck.* (MJ)}

xʷátəŋ ⟦√xʷa-t-ŋ √down-trns-psv⟧ ☞ xʷát to be put down, brought, lowered down, taken down. {*xʷátəŋ* cn. *They brought me down. / Someone lowered me down.* (ES; TC) | ʔiʔčáʔi cn tə nəs*xʷátəŋ*. *I was the first one they lowered down.* (TC) | ʔiʔčáʔi cn či nəs*xʷátəŋ*. *They're going to lower me down first.* (TC) | ʔiʔčáʔi c s*xʷátəŋ*s. *He was the first to be lowered down.* (TC) | ʔə́c yaʔ ʔiʔčáʔi či nəs*xʷátəŋ*. *It was me that was the first to be lowered down.* (TC) | ƛ̓áy̓ *xʷátəŋ* cə náʔcuʔ ʔəsʔáyəxʷ. *Another tall man was lowered again.* (ES) | ʔiʔčáʔi c s*xʷátəŋ*s ƛ̓kʷə́ts cə ƛ̓áyəq̓šəns cə náʔcuʔ *xʷátəŋ* ʔaʔ canu sxʷcə́y̓qʷəŋ. *The first one that was lowered took the shoes of another man lowered down that hole.* (ES)}

xʷátxʷ ⟦√xʷa-txʷ √down-letcaus⟧ ☞ xʷát to let something down, let it be lowered. (TC) {*xʷátxʷ* cn. *I let it down.* (TC)}

xʷáxʷɬnət ⟦xʷá + √xʷa = əɬnt pl + √down = throat⟧ ☞ xʷáɬnət to cry in mourning a deceased loved one (of a group crying or one person crying a lot). (ES,HS)

xʷáxʷtəŋyáʔčə grasshopper. See under: xʷaʔxʷtəŋyáʔčəʔ

xʷáyaʔƛ̓qən ⟦√xʷə<yaʔ>ƛ̓qən √pillow<pl>⟧ ☞ xʷə́ƛ̓qən several pillows. (ES) VAR: x̌ʷə́yəƛ̓qən (EPT)

xʷáyəm sell. See under: xʷúyəm

xʷčálətp ⟦√xʷčálətp √Tsartlip⟧ the West Saanich reserve, Tsartlip. (AS,BC) [from Saanich word meaning 'place of maple leaves'] VAR: ščúɬp (TC)

xʷčə́ŋ ⟦√xʷč-ŋ √stagger-mdl⟧ ☞ xʷə́č to stagger, stumble, totter, walk unsteadily, slip and fall. (ES; TC) {níɬ kʷaʔ *xʷčə́ŋ*ən ʔiʔ qə́s cn. *It was in case I'd stagger and fall in the water.* (TC) | *xʷčə́ŋ* cn ʔaʔ kʷi nšátəŋ ʔaʔ tiə ʔáynəkʷ. *I stumbled when I was walking today.* (AS)}

xʷčiyánəxʷ ⟦xʷ-vč<iy>annəxʷ loc-√salmon<pl>⟧ ☞ sčánnəxʷ Becher Bay, place name on Vancouver Island, Cheanuh. {ʔáwənə yaʔ ʔatəməbíls tə ʔəxʷíyŋx̌ ʔiyá suʔtáyis ʔúxʷ ʔaʔ cə txʷnaʔáwəɬ ʔaʔ*xʷčiyánəxʷ*. *They had no automobiles in the village that goes deep into the bay a Cheanuh.* (TC)}

xʷeʔéʔyəŋ ⟦√xʷ<aʔy>i<ʔ>y-ŋ √descend<pl><actl>-mdl⟧ ☞ xʷíyəŋ to be going down, descending stairs. (EPT) VAR: xʷéʔeyəŋ (EPT) VAR: xʷeʔéʔiŋ (ES) {ʔiʔ*xʷeʔéʔiŋ*. *He's coming downstairs.* (ES)}

xʷéʔənəc ⟦√xʷi<ʔ>n-t-c √swear<actl>-trns-1obj/2obj⟧ ☞ xʷéʔənət swear at me; swear at you. {*xʷéʔənəc* cxʷ. *You're swearing at me.* (MJT) | *xʷéʔənəc* u cxʷ? *Are you swearing at me?* (MJT)}

xʷéʔənət ⟦√xʷi<ʔ>n-t √swear<actl>-trns⟧ ☞ xʷínt to be cursing, swearing at someone. {*xʷéʔənət* cn. *I'm swearing at him.* (MJT)} cp. xʷaʔnít VAR: xʷéʔənt (AS) {*xʷéʔənt* cn. *I'm swearing.* (AS)}

xʷéʔi away. See under: ʔəxʷéʔi

xʷéʔict ⟦√xʷiʔy-cut √apart-rflxv⟧ [no metathesis with reflexive] ☞ ʔəxʷéʔi to move away, apart (from something), get out of the way. {*xʷéʔict* caʔń. I'm going to move away. (TC) | *xʷéʔict* cn ʔaʔéʔɬxʷaʔ. I moved away from Elwha. (TC) | *xʷéʔict* ʔaʔ cə qʷúʔ. They moved away from the water. (TC) | ʔuʔhúy caʔ či nəsuʔxʷéʔict. I just moved away (from it). (TC) | ʔáwənə či sxʷtxənə́nɬ či sxʷéʔictɬ ʔaʔ cawníɬ q̓əy̓ɬúməčən. We had nowhere to go to move away from those blackfish. (TC)}

xʷéʔitəŋ ⟦√xʷiʔy-txʷ-ŋ √apart-inancaus-psv⟧ ☞ xʷéʔitxʷ to be put, moved away, put aside, put apart (from something) by someone or something. {*xʷéʔitəŋ* cn. They moved me away. (TC) | ʔuʔhúy tə nəsuʔxʷéʔitəŋ ʔaʔ cə sxʷʔiyá tə nəsmáʔkʷɬ. They just moved me away from where I was injured. (TC) | ʔuʔhúy tə nsuʔxʷéʔitəŋ ʔaʔ cə sxʷʔiyá tə nsmáʔkʷɬ. They just put me aside from where I got injured. (ES)}

xʷéʔitxʷ ⟦√xʷiʔy-txʷ √apart-inancaus⟧ ☞ ʔəxʷéʔi to move something or someone away, aside, apart (from something). (TC; AS,BC) {ʔuʔxʷéʔitxʷ cə čaʔcítən. Move the table aside. (AS)} VAR: xʷéʔit {*xʷéʔit* cn. I moved it away. (TC)}

xʷéʔst ⟦√xʷi<ʔ>s-t √shake_out<actl>-trns⟧ ☞ xʷíst to be shaking something out. {*xʷéʔst* cn. I'm shaking it. (ES) | kʷɬxʷéʔst yaʔ cn ʔaʔ kʷə n̓stáči. I was shaking it out when you came. (EPT)}

xʷéʔtəŋ ⟦√xʷi<ʔ>t-ŋ √jump<actl>-mdl⟧ ☞ xʷítəŋ to be jumping. (EPT; ES) {ʔiʔxʷéʔtəŋ. He's jumping. (TC) | txʷaʔcícɬ ʔaʔ či n̓sxʷéʔtəŋ. You'll go high when you are jumping. (TC) | hiyáʔ č kʷə *xʷéʔtəŋ* cúŋ. He went jumping inland. (MJ) | ŋə́-n̓ č scánnəxʷ *xʷéʔtəŋ*. There were lots of salmon jumping. (TC) | níɬ č suʔxʷéʔtəŋ̓s cawníɬ scánnəxʷ. So the salmon were jumping. (TC) | ʔi ʔuʔxʷéʔtəŋ ʔi ʔuʔ q̓ʷíŋi. They were jumping out of the water. (TC) | kʷɬkʷə́nəs cə ŋə́n̓ scánnəxʷ *xʷéʔtəŋ* ʔiyá ʔaʔ cə qʷúʔ. He saw lots of salmon jumping there in the water. (TC)}

xʷéʔyəŋ ⟦√xʷi<ʔ>y-ŋ √descend<actl>-mdl⟧ ☞ xʷíyəŋ to be going down, descending. (AS,BC) {ʔiʔ uʔníɬ kʷaʔčaʔ ʔuʔ ʔənʔá *xʷéʔyəŋ* ʔaʔ či ʔuʔiʔčáʔyə ʔəcɬtáynəxʷ ʔaʔ tiə nəxʷčiyaʔyéʔwən ʔiʔ qiʔnúʔŋəts cayə húy ʔuʔ sx̌úʔx̌əm̓. And it will be coming down from those people who went before to these who are resentful and angry at those who are well off. (AA)} VAR: xʷéʔiŋ (AS,BC)

xʷéʔyəŋ̓ ⟦√xʷi<ʔ>y-ŋ<ʔ> √descend<actl>-mdl<actl>⟧ ☞ xʷíyəŋ to be going down, descending. (ES,TC) VAR: xʷəʔéʔyəŋ (ES) {ʔiʔxʷəʔéʔyəŋ cn. I'm getting down now. (TC)} VAR: xʷəʔéʔiŋ (EPT) {ʔiʔxʷəʔéʔiŋ. He's going down. (EPT) | *xʷəʔéʔiŋ* ʔaʔ cə cícɬ sxaʔikʷəyéʔč. They were coming down from the high mountains. (ES)} VAR: xʷəʔéʔyəŋ (ES) VAR: xʷéʔəyəŋ {ʔiʔxʷéʔəyəŋ. He's going down. (EPT)}

xʷéyŋ descend. See under: xʷíyəŋ

xʷəʔéʔiŋ descending. See under: xʷéʔyəŋ

xʷəʔéʔyəŋ descending. See under: xʷéʔyəŋ

xʷə́č ⟦√xʷə́č √stagger⟧ to stagger, stumble, almost fall. (MJ; AS) {*xʷə́č* cn ʔəɬ šə́təŋən. I stumbled while walking. (AS)}

xʷə́čəŋ ⟦√xʷ<ə́>č-ŋ<ʔ> √stumble<actl>-mdl<actl>⟧ [actual metathesis] ☞ xʷčəŋ to be staggering, stumbling, falling down, tottering, walking unsteadily. (ES; TC) {*xʷə́čəŋ* cn ʔiʔ čáq cn. I was stumbling, and I fell. (ES)} VAR: xʷə́čən (MJ; AS) {*xʷə́čəŋ* kʷə nséʔyaʔ. My grandmother is tottering. (AS)}

xʷə́čt ⟦√xʷəč-t √between-trns⟧ to put something or someone between, in the middle; to wedge something in between. (AS,BC) {*xʷə́čt* tə sxáč. Put the dried fish between (the sticks for roasting). (AS)}

xʷə́k̓ʷ ⟦√xʷk̓ʷ √drag⟧ to be dragged, pulled. (AS) {*xʷə́k̓ʷ* cn. I got dragged. (AS) | *xʷə́k̓ʷ* tə sqáx̌aʔ. The dog got dragged. (AS)}

xʷə́k̓ʷátəŋ get crazy. See under: xʷk̓ʷátəŋ

xʷə́k̓ʷəŋ ⟦√xʷ<ə́>k̓ʷ-ŋ<ʔ> √drag<actl>-mdl<actl>⟧ ☞ xʷə́k̓ʷ to be dragging. (AS)

xʷə́k̓ʷt ⟦√xʷ<ə́>k̓ʷ-t √drag<actl>-trns⟧ ☞ xʷə́k̓ʷ to be dragging, pulling something. (EPT; MJT; LC; AS,BC; BC; AS) {*xʷə́k̓ʷt* cn. I'm dragging it. (ES; AS) | *xʷə́k̓ʷt*s tə ʔəxʷə́yən. He's pulling in the net. (MJT) | čəʔúʔwəs st canu sxʷxʷə́k̓ʷt ti qʷiqʷə́ɬi. We were using it to drag logs. (ES) | čəʔúʔwəs st sxʷiʔxʷə́k̓ʷt ti qʷiqʷə́ɬiʔ. We were using it to pull logs. (TC) | *xʷə́k̓ʷt* ʔaʔ cə nə… cə čəʔúʔwən sxʷanítəmɬ kʷi x̌ácus ti xʷanítəm naʔátəŋ "rod and reel". I pulled on the thing white people use for fishing that the white people call "rod and reel". (TC)} VAR: xʷə́k̓ʷət (EPT; LC)

xʷə́k̓ʷtəŋ ⟦√xʷ<ə́>k̓ʷ-t-ŋ<ʔ> √drag<actl>-trns-psv<actl>⟧ ☞ xʷk̓ʷátəŋ being pulled, dragged by someone or something. {*xʷə́k̓ʷtəŋ* tiə sə́mi. This blanket was being dragged. (AS)}

xʷə́k̓ʷúʔst dragging it. See under: xʷaʔk̓ʷúst

xʷə́x̌qən ⟦√xʷəx̌qən √pillow⟧ pillow. (EPT; AS,BC; ES; TC) [may have a suffix for 'hair, feather'] VAR: x̌ə́x̌qən (EPT)

xʷə́m̓xʷəm̓ lonesome. See under: xʷám̓xʷəm̓

xʷənéʔəŋ pregnant. See under: xʷnéʔəŋ

xʷanítəm white person. See under: xʷanítəm

xʷanítəməŋ ⟦√xʷanitəm-ŋ<ʔ> √white_man-mdl<actl>⟧ ☞ xʷanítəm to be speaking the English language. (MJT) VAR: xʷaʔnéʔtəŋ {ʔáwənə nəsxčít ʔəɬ *xʷaʔnéʔtəŋ*xʷ. I don't understand when you talk English. (AS)}

xʷənxʷínətəŋ ⟦xʷən+ √xʷin-t-ŋ pl+ √swear-trns-psv⟧ ☞ xʷənxʷínt to be cursed, sworn at. {*xʷənxʷínətəŋ* cn. He swore at me. (TC)} VAR: xʷənxʷíntəŋ (TC) {*xʷənxʷíntəŋ* cn. He swore at *me.* (AS) | **xʷənxʷínətəŋ** cn. nɬ nsuʔhiyáʔ nəsʔiʔc̓sə́t. *He swore at me. Then I went and hit him.* (EPT)}

xʷənxʷínt 〚xʷən+√xʷin-t pl+√swear-trns〛 ☞ xʷínt to curse, swear repeatedly at someone. {*xʷənxʷínt* cn kʷəs xʷanítəm. *I swore at the white man.* (EPT)}

xʷənxʷínti 〚xʷən+√xʷin-ty pl+√swear-rcprcl〛 ☞ xʷínti to be cursing, swearing at each other. (AS,BC)

xʷə́q̓ʷaʔɬ 〚√xʷəq̓ʷ=aʔɬ √whooping_cough=mass〛 whooping cough, pertussis. (MJT) {ʔáwə st c ƛ̓kʷnáxʷ tə *xʷə́q̓ʷaʔɬ*. *We didn't get whooping cough.* (MJ) | xənʔátəŋ ʔaʔ či sŋə́ns *xʷə́q̓ʷaʔɬ* ʔaʔ tə táwn. *He was told that there was lots of whooping cough in town.* (MJ) | nɬ kʷaʔčaʔ sčixʷáss kʷi ncə́t cə q̓ayúƛ̓ən̓ cə sxʷʔáwəl c ƛ̓kʷnáxʷ č̓ qɬ či *xʷə́q̓ʷaʔɬ*. *Then my father brought in the slug so that we wouldn't get whooping cough.* (MJ) 2. to have whooping cough. {*xʷə́q̓ʷaʔɬ* tə paʔyaʔpástən. *The white children had whooping cough.* (MJ)} VAR: x̣ʷáq̓ʷaʔɬ (MJT)

xʷəsə́yu 〚√xʷis-əyu √shake-activ〛 ☞ xʷíst to shake (something) off, shake out (as a blanket). (AS,BC) {*xʷəsə́yu* kʷi ʔaʔ kʷə símiʔs ʔaʔ kʷi sčáŋs. *She shook out her blankets when she got home.* (AS)}

xʷə́ɬaʔšən rainbow. See under: x̣ʷə́ɬaʔšən

xʷəxʷtəŋyáʔčaʔ grasshopper. See under: xʷaʔxʷtəŋyáʔčaʔ

xʷəxʷtəŋyéʔčaʔ grasshopper. See under: xʷaʔxʷtəŋyáʔčaʔ

xʷəyáʔk̓ʷtəŋ 〚√xʷ<əy><ə́ʔ>k̓ʷ-t-ŋ √drag<pl><actl>-trns-psv〛 ☞ xʷəyə́k̓ʷt being dragged (of several people or things or by several people or things). {*xʷəyáʔk̓ʷtəŋ* kʷi kʷə sčəyaʔkʷaʔyúɬ. *The cars were being pulled/dragged.* (AS)}

xʷəyanítəm white people. See under: xʷiyanítəm

xʷə́yək̓ʷ 〚√xʷəykʷ √wrap〛 to get covered, wrapped up. {*xʷə́yək̓ʷ* cn. *I'm covered.* (AS,BC)}

xʷəyə́k̓ʷt 〚√xʷ<əy><ə́>k̓ʷ-t √drag<pl><actl>-trns〛 ☞ xʷə́k̓ʷt to be dragging several things or several people drag something. (AS,BC) {*xʷəyə́k̓ʷt* cn. *I'm dragging them.* (AS)} VAR: xʷəyáʔk̓ʷt {*xʷəyáʔk̓ʷt* cn. *I'm dragging them.* (AS)}

xʷə́yək̓ʷt 〚√xʷəyk̓ʷ-t √wrap-trns〛 ☞ xʷə́yək̓ʷ to wrap something up, bandage something. (TC; AS) {*xʷə́yək̓ʷt* cn. *I wrapped it.* (AS) | *xʷə́yək̓ʷt* cn cə ɬqít. *I wrapped up the dress.* (TC)} VAR: xʷə́yuk̓ʷt (TC)

xʷəyəməsít 〚√xʷuym-sít √sell-bene〛 ☞ xʷúyəm to sell (something) for someone, help someone sell (something). (AS) VAR: xʷuyəmsít {*xʷuyəmsít* cn ʔaʔ cə snə́xʷɬs. *I sold his canoe for him.* (BC)} VAR: xʷəyəmsít (AS,BC) {*xʷəyəmsít* cn cə nscáʔčaʔ ʔaʔ kʷsə snə́xʷɬ. *My friend helped me sell the canoe.* (AS)}

xʷəyəmsítəŋ 〚√xʷuym-sít-ŋ √sell-bene-psv〛 ☞ xʷəyəməsít to be sold for someone by someone. {čaʔ*xʷəyəmsítəŋ* cn. *They just sold it for me.* (AS) | *xʷəyəmsítəŋ* cn ʔaʔ kʷɬə snə́xʷɬ ʔaʔ kʷsə nscáʔčaʔ. *My friend sold (helped me sell) my canoe for me.* (AS) | kʷənáŋətəŋ caʔn ʔiʔ *xʷəyəməsítəŋ* kʷə nməhúy̓ nəscáʔiʔ. *She'll help me sell the basket I'm making.* (AS)} VAR: xʷuyəmsítəŋ {*xʷuyəmsítəŋ* cn. *They helped me sell it.* (BC)}

xʷəyənítəm white people. See under: xʷiyanítəm

xʷə́yəq̓ʷ drift. See under: x̣ʷə́yəq̓ʷ

xʷə́yəq̓ʷt set it adrift. See under: x̣ʷə́yəq̓ʷt

xʷə́yəq̓ʷtəŋ be drifted. See under: x̣ʷə́yəq̓ʷtəŋ

xʷəyəxʷtəmiʔáčə 〚xʷ<əy>ə+√xʷit-ŋ-yiʔčaʔ dim<pl>+√jump-mdl-?〛 ☞ xʷaʔxʷtəŋyáʔčaʔ several grasshoppers. (MJT)

xʷəyísc 〚√xʷ<əy>is-t-c √shake<pl>-trns-1obj/2obj〛 ☞ xʷəyíst shake me up; shake you up. (ES)

xʷəyíst 〚√xʷ<əy>is-t √shake<pl>-trns〛 ☞ xʷíst to shake something up. (AS) {*xʷəyíst* cn cə ɬə́məxʷ. *I shook up the gooseberries.* (AS)}

xʷəyítəŋ 〚√xʷ<əy>it-ŋ √jump<pl>-mdl〛 ☞ xʷítəŋ to jump (of a group). {ʔuʔx̣ə́n̓ ʔuʔ *xʷəyítəŋ*. *They all jumped.* (ES) | ʔiʔ nɬ kʷaʔčaʔ suʔ*xʷəyítəŋ*s ʔiʔ tčə́ts. *And so then they jumped down and stabbed them.* (ES)}

xʷəyk̓ʷátəŋ 〚√xʷa<əy>k̓ʷ-t-ŋ √crazy<pl>-trns-psv〛 ☞ xʷk̓ʷátəŋ to become drunk, intoxicated, go crazy (multiply or of a group). (AS) (TC; AS,BC) {*xʷk̓ʷátəŋ* cn. *I got drunk.* (ES; TC) | ʔiʔ ʔuʔ*xʷk̓ʷátəŋ*. *And they went crazy (the horses).* (ES) | ƛ̓aʔtáwn yaʔ cn ʔiʔ *xʷəyk̓ʷátəŋ*. *I went to town and went crazy.* (AS)}

xʷəyk̓ʷíct cover it. See under: xʷik̓ʷíct

xʷəyk̓ʷtəŋ 〚√xʷəyk̓ʷ-t-ŋ √wrap-trns-psv〛 ☞ xʷə́yək̓ʷt to be wrapped up, bandaged by someone. (AS,BC) {*xʷə́yk̓ʷtəŋ* cn. *They wrapped me up.* (TC) | *xʷə́yk̓ʷtəŋ* cn ʔaʔ tə sə́miʔ. *They wrapped me in a blanket.* (AS) VAR: xʷə́yək̓ʷtəŋ {*xʷə́yək̓ʷtəŋ* tə sčəyíqʷɬ. *The fruit was wrapped up.* (AS) | *xʷə́yək̓ʷtəŋ* cə sƛ̓iƛ̓áʔƛ̓qɬ. *The baby is wrapped up.* (AS)}

xʷə́yŋxʷ village. See under: ʔəxʷíyŋxʷ

xʷəysítəŋ being shaken up. See under: xʷaʔyəsítəŋ

xʷəyúc̓əŋ icky feeling. See under: x̣ʷəyúc̓əŋ

xʷə́y̓ away. See under: ʔəxʷéʔi

xʷəyíst 〚√xʷ<əy̓>is-t √shake<pl>-trns〛 ☞ xʷəyíst to be shaking someone or something. (ES)

xʷə́y̓k̓ʷ 〚√xʷəy<ʔ>k̓ʷ √wrap<actl>〛 ☞ xʷə́yək̓ʷ to be getting wrapped. (AS,BC) {*xʷə́y̓k̓ʷ* cn. *I'm wrapped up.* (AS) | *xʷə́y̓k̓ʷ* cə píšpš. *The cat is wrapped up (in the yarn).* (AS)}

xʷə́y̓k̓ʷt 〚√xʷ<ə́>y̓k̓ʷ-t √wrap<actl>-trns〛 ☞ xʷə́yək̓ʷt to be wrapping something. (TC; AS,BC;

AS) {x̣ʷə́yk̓ʷt cn. *I'm wrapping it.* (AS,BC) | húy̓ či x̣ʷə́yk̓ʷt. *Please wrap it.* (AS)}

xʷəy̓nəkʷáyŋ ⟦√ʔxʷiʔy-nəwəy-ŋ √apart-ncrcprcl-mdl⟧ ☞ xʷəy̓nə́kʷi *to go apart, separate from each other.* (TC) {*xʷə́y̓nəkʷáyŋ* st. *We're separated.* (AS)} VAR: xʷaʔinəkʷáyŋ {x̣čə́t ti sx̣ə́n̓s či xʷəy̓nə́kʷi ʔiʔ *xʷaʔinəkʷáyŋ* či sx̣ə́n̓s. *Figure out that they are all separated and that they all go apart from each other.* (ES)}

xʷəy̓nə́kʷi ⟦√ʔxʷiʔy-nəwəy √apart-ncrcprcl⟧ ☞ ʔəxʷə́ʔi *to be apart, separate, spread out.* (TC) {x̣čə́t ti sx̣ə́n̓s či *xʷəy̓nə́kʷi* ʔiʔ xʷaʔinəkʷáyŋ či sx̣ə́n̓s. *Figure out that they are all separated and that they all go apart from each other.* (ES)} VAR: xʷiʔnə́kʷi (TC) {x̌ʷə́t či n̓šəmán *xʷiʔnə́kʷi*. *Get your enemy that is spread out.* (ES) | x̣čə́t təsə n̓šəmán či sx̣ə́n̓s či s*xʷiʔnə́kʷi*s. *Size up your enemies that are all separated.* (ES)}

xʷə́yq̓ʷtəŋ *being drifted. See under:* x̣ʷə́yq̓ʷtəŋ

xʷəyxʷtíŋ ⟦xʷ⟨əy̓⟩+√xʷit⟨í⟩-ŋ⟨ʔ⟩ incep⟨pl⟩+√jump⟨actl⟩-mdl⟨actl⟩⟧ [reverse actual metathesis] ☞ xʷítəŋ *to be jumping (of a group).* (TC)

xʷiʔk̓ʷúʔst ⟦√xʷ⟨iʔ⟩k̓ʷ=u⟨ʔ⟩s-t √drag⟨pl⟩=face⟨actl⟩-trns⟧ ☞ xʷk̓ʷúst *to be dragging several objects (or several people dragging something).* {*xʷiʔk̓ʷúʔst* cn. *I'm dragging them.* (TC)}

xʷiʔnə́kʷi *apart. See under:* xʷəy̓nə́kʷi

xʷiʔtiʔá̓č ⟦√xʷyty̓ač √go_with_wind⟧ *to go with the wind or tide.* (ES) {*xʷiʔtiʔá̓č* cn. *I'm going with the wind.* (ES)}

xʷik̓ʷéʔqʷən ⟦√xʷəyk̓ʷ=iʔqʷ=ən √wrap=head=instr⟧ ☞ xʷə́yək̓ʷt *head scarf, kerchief, bandanna, anything used to cover, wrap up the head.* (BC,TC; ES)

xʷik̓ʷéʔqʷəŋ ⟦√xʷəyk̓ʷ=iʔqʷ-ŋ √wrap=head-mdl⟧ ☞ xʷə́yək̓ʷ 1. *to cover one's head.* (MJT) {*xʷik̓ʷéʔqʷəŋ* cn. *I covered my head.* (AS)} 2. *any head covering such as a bandanna.* {ɬəyəmíts cə *xʷik̓ʷéʔqʷəŋ*. *She put on the bandanna.* (AS)}

xʷik̓ʷáwəč ⟦√xʷəyk̓ʷ=əwəč √wrap=bottom⟧ ☞ xʷə́yək̓ʷ *to cover the bottom.* (ES)

xʷik̓ʷíct¹ ⟦√xʷəyk̓ʷ-i-cut √wrap-persist-rflxv⟧ ☞ xʷə́yək̓ʷ *to cover up, wrap oneself.* {*xʷik̓ʷíct* či! *Cover up!* (AS) | *xʷik̓ʷíct* caʔn. *I'm going to cover myself.* (AS)}

xʷik̓ʷíct² ⟦√xʷəyk̓ʷ=ic-t √wrap=back-trns⟧ ☞ xʷə́yək̓ʷ *to cover up, wrap something, spread (something) over something.* (EPT; ES) {*xʷik̓ʷíct* caʔn kʷsə nəsčaʔkʷaʔyuɬ. *I'm going to cover up my canoe.* (MJT) | ʔúxʷ či *xʷik̓ʷíct* cə nəʔuʔúʔtxs. *Go cover up my canoe.* (MJT)} VAR: xʷk̓ʷíct (AS,BC; AS) VAR: xʷəyk̓ʷíct (AS)

xʷik̓ʷs ⟦√xʷik̓ʷs √loon⟧ *arctic loon, red throated loon, Pacific loon. Gavia spp.* (BG,MJTc; TC)

xʷik̓ʷuʔáčən ⟦√xʷəyk̓ʷ=əwač=ən √wrap=bottom=instr⟧ ☞ xʷə́yək̓ʷt *a diaper.* (TC)

xʷint ⟦√xʷin-t √swear-trns⟧ *to curse, swear at someone or something.* (AS,BC; AS,BC) {*xʷínt* cn. *I swore at him.* (AS)}

xʷíntəŋ ⟦√xʷin-t-ŋ √swear-trns-psv⟧ ☞ xʷint *to be cursed at, sworn at.* (AS,BC) {čaʔu*xʷíntəŋ* cn kʷaʔ. *I just got sworn at.* (MJT)} VAR: xʷínətəŋ {*xʷínətəŋ* cn. *He swore at me.* (TC)}

xʷínti ⟦√xʷin-ty √swear-rcprcl⟧ ☞ xʷint *to swear at, curse each other.* (AS,BC) {níɬ yaʔ kʷi sƛ̓ayéʔƛ̓ qɬ *xʷínti*. *It was the children that were swearing at each other.* (AS)}

xʷiséʔqʷəŋ *shake head. See under:* x̣ʷséʔqʷəŋ

xʷísəŋ ⟦√xʷis-ŋ √shake-mdl⟧ *to shake.* (AS) {kʷníɬ kʷi suʔ*xʷísəŋ*s kʷiə píxʷ ʔaʔ kʷi spxʷútəŋs. *The huckleberries shook when they were blown.* (AS)}

xʷísi ⟦√xʷis-iy √shake-dev⟧ ☞ xʷísəŋ *to fall (fruit from tree being shaken).* (TC) {*xʷísi* cə sčaʔyíqʷɬ. *The fruit is being shaken from the tree.* (ES)}

xʷíst ⟦√xʷis-t √shake-trns⟧ ☞ xʷísəŋ *to shake something out or off (such as fruit out of a tree or dust out of a blanket).* (EPT; HS,ES; AS) ✱ *Used by Shakers to refer to stroking to shake out evil.* (TC) {*xʷíst* cn. *I shook (the tree).* (TC; ES) | *xʷíst* tə n̓ɬqit. *Shake out your blanket.* (EPT) | *xʷíst* cn cə kapú. *I shook the coat off.* (AS) VAR: xʷsít {*xʷsít* cn. *I shook it.* (BC)}

xʷístəŋ ⟦√xʷis-t-ŋ √shake-trns-psv⟧ ☞ xʷíst *to be shaken.* {*xʷístəŋ* cn. *I got brushed, shaken.* (TC)} VAR: xʷsítəŋ {*xʷsítəŋ* cn. *He shook me up.* (AS) | x̣ínətəŋ caʔ cxʷ ʔiʔ *xʷsítəŋ*. *You're going to get grabbed and shaken up.* (AS,BC)}

xʷítəŋ ⟦√xʷit-ŋ √jump-mdl⟧ *to jump, jump up.* (EPT; TC; ES; AS,BC; WB; AS) {*xʷítəŋ* caʔn. *I'm going to jump.* (ES) | *xʷítəŋ* suʔə́ct. *Jump into the bush.* (ES) | *xʷítəŋ* iq q̓ʷíni či nə́cuʔ. *I wish one would jump out of the water.* (TC) | sqiʔám̓ či s*xʷítəŋ*s. *He couldn't jump.* (TC) | x̣ənáts č cə scánnəxʷ kʷaʔ *xʷítəŋ*s hiyáʔ q̓ʷíni. *He told the salmon to jump out of the water.* (TC) | *xʷítəŋ* xʷíyəŋ cə swə́y̓qaʔ xʷanítəm. *The white man jumped down.* (ES) | suʔsqíyŋs ƛ̓áy ʔiʔ *xʷítəŋ*. *So he went outside again and jumped.* (TC) | kʷɬkʷáčəŋ caʔ cxʷ ʔiʔ čaʔ*xʷítəŋ* cn. *When you holler, I'll jump.* (TC)} {*xʷítəŋ* tuŋɬ ʔiʔ čaʔʔə́mət cxʷ. *Let me jump before you sit down.* (TC) | níɬ č suʔsátəŋs sqíyŋəxʷ ʔiʔ *xʷítəŋ*. *Then he was told you go outside and jump.* (TC) | nsuʔ*xʷítəŋ* q̓ʷíni ʔiʔ txʷás cə nəsnə́xʷɬ. *I jumped ashore and beached my canoe.* (TC) | *xʷítəŋ* qɬ cn ʔiʔ tə́s ʔaʔ tə čúʔkʷs ʔuʔútxs. *I could jump to seven canoes.* (MJ) | *xʷítəŋ* ʔúxʷ ʔaʔ tə čúʔkʷs ʔuʔútxs ʔiʔ cələyuʔ. *She jumped seven canoes and won.* (MJ) | níɬ č suʔsə́qs *xʷítəŋ* ʔiʔ hiyáʔ txʷaʔyéʔi t s*xʷítəŋ*s hiyáʔ čšaʔnáwəɬ ʔaʔ cə ɬəmúʔəč. *Then* *he jumped out, and his jump from inside the barrel went far.* (MJ)}

xʷitəŋístəŋ ⟦√xʷit-ŋi-stxʷ-ŋ √jump-rel-caus-psv⟧ ☞ xʷitəŋístxʷ to be made or allowed to jump by someone or something. {*xʷitəŋístəŋ* cə sx̣íx̣aʔx̣ɫ. *He let the child jump.* (AS)}

xʷitəŋístxʷ ⟦√xʷit-ŋi-stxʷ √jump-rel-caus⟧ ☞ xʷítəŋ to make or let someone or something jump. {*xʷitəŋístxʷ* kʷi kʷə sx̣íx̣aʔx̣ɫ. *I let the child jump.* (AS)}

xʷitəŋúŋət ⟦√xʷit-ŋ-nuŋt √jump-mdl-ncmdl⟧ ☞ xʷítəŋ to finally manage to jump. (AS,BC) VAR: xʷitnúŋət {*xʷitnúŋət* cn. *I managed to jump.* (AS) | *xʷitnúŋət* cə nʔíŋəc. *My grandson managed to jump.* (AS)}

xʷixʷáʔx̣qən ⟦xʷi+√xʷə<ʔ>x̣qən aff+√pillow<dim>⟧ [unusual diminutive] ☞ xʷə́x̣qən small pillow. (ES; TC)

xʷixʷə́st ⟦xʷy+√xʷis-t pl+√shake-trns⟧ ☞ xʷíst to shake several things or shake something several times. (AS) cp. xʷəyíst {*xʷixʷə́st* cn. *I shook it.* (AS)} VAR: xʷixʷíst {*xʷixʷíst* cn. *I shook them.* (AS)}

xʷixʷístəŋ ⟦xʷy+√xʷis-t-ŋ pl+√shake-trns-psv⟧ ☞ xʷístəŋ to be shaken up (several times or by several people). (AS,BC) {*xʷixʷístəŋ* cn. *I'm being shaken up. / They shook me.* (AS) | x̣əŋx̣íŋətəŋ cn ʔiʔ *xʷixʷístəŋ* ʔaʔ kʷə nswə́yqaʔ. *I was grabbed and shaken up by my husband.* (AS)} VAR: xʷixʷə́stəŋ (AS) {*xʷixʷə́stəŋ* kʷi. *They were shaken.* (AS)}

xʷiyanítəm ⟦√xʷ<iy>anitəm √white_man<pl>⟧ ☞ xʷanítəm white people. (ES) {ʔuʔhúy ti suʔ*xʷiyanítəm*s cə nəŋə́nəŋənaʔ. *My children are only white people (because they don't speak Klallam).* (TC) | hiyáʔ cúŋtəŋ ʔúx̣ʷ ʔaʔ cə *xʷiyanítəm*. *They took him up over to the white people.* (TC) | kʷánəŋət kʷaʔ cúŋ cawnáʔiɫ *xʷiyanítəm*. *Those white men ran inland.* (TC) | ʔuʔqʷiŋíts cə ʔəcɬtáyŋxʷ *xʷiyanítəm*. *He told the white people.* (ES) | x̣ʷáy kʷi ʔuʔx̣ə́ń yaʔ *xʷiyanítəm*. *All the white people perished.* (ES) | ʔiʔ mán ʔuʔ ŋə́ń canu qʷiʔéʔəš, *xʷiyanítəm*, ʔəycɬtáyŋxʷ. *Very many people were dancing, white people, Indians.* (ES) | ʔáwənə nəsx̣čít kʷaʔ sáysiʔs u yaʔ čta cə *xʷiyanítəm*. *I don't know if the white men were scared.* (TC) | níɫ nsuʔčx̣čŋín ʔaʔ či sníɫs ixʷ cə *xʷiyanítəm*. *I thought it must be the white people.* (ES) | nəx̣čŋín ʔaʔ či sníɫs csxʷíyas ʔaʔ ʔáʔiŋs ʔaʔ *xʷiyanítəm*. *I thought there were from the place of the white peoples' house.* (ES) | Tim Pysht yaʔ kʷi snaʔátəŋs ʔaʔ kʷi *xʷiyanítəm*. *He was called Tim Pysht by the white people.* (AS) | sx̣iyəx̣ə́kʷɬ ti scáʔis ʔaʔ kʷi sx̣éʔixs ʔaʔ ti *xʷiyanítəm*. *They were building a battleship for the white man's war.* (TC) | níɫ ʔə́y či kʷáʔəts tiə x̣ə́wəs sx̣əyéʔx̣ɬ čəʔúʔwəs tiə scáyəčaʔs *xʷiyanítəm* tiə sqʷúʔqʷaʔ lám. *It's good for this new generation to quit drinking liquor using their*

white friends. (TC)} VAR: xʷəyanítəm {ŋə́ń *xʷəyanítəm*. *There are lots of white people.* (EPT) | mán ʔuʔ ŋə́ń tə *xʷəyanítəm*. *There are lots and lots of white people.* (EPT) | ʔiʔ čəyítəŋ ʔaʔ či *xʷəyanítəm* *And it was taken by the white man.* (ES) VAR: xʷiyanítəm {ŋə́ń u kʷi *xʷiyanítəm* kʷə́nəxʷ ʔaʔmitúliyəʔ? *Were there many white people that you saw at Victoria?* (EPT) VAR: xʷəyanítəm {*xʷəyanítəm* cxʷ ayə́. *You folks are white people.* (MJT)}

xʷíyəŋ ⟦√xʷiy-ŋ √descend-mdl⟧ to go down, descend. (EPT; ES,TC; ES; TC) {*xʷíyəŋ* cn. *I went down.* (ES) | xʷítəŋ *xʷíyəŋ* cə swə́yqaʔ. xʷanítəm. *The white man jumped down.* (ES)} VAR: xʷíyŋ (ES; TC) {*xʷíyŋ* cn. *I went down.* (ES; TC)} VAR: xʷéyŋ (AS,BC; ES) {níɫ č suʔ*xʷéyŋ*s ʔiʔ kʷánəŋt. *Then she climbed down and ran.* (AS)} VAR: ʔəxʷíyəŋ (AS,BC) VAR: ʔəxʷíyŋ (AS,BC)

xʷíyŋxʷ village. See under: ʔəxʷíyŋxʷ

xʷkʷáʔəs ⟦√xʷkʷ-a<ʔə>s √lower-ptcaus<actl>⟧ ☞ xʷkʷás to be lowering something. {*xʷkʷáʔəs* cn cə nʔə́wkʷ. *I'm taking my stuff down.* (AS)}

xʷkʷás ⟦√xʷkʷ-as √lower-ptcaus⟧ to lower something, drop something back, let something down; to lower the price of something. (ES,HS; ES; AS,BC) {*xʷkʷás* cn. *I let it down.* (ES) | *xʷkʷás* cn či sxʷnánəcs tə saplín. *I lowered the price on the bread.* (ES)}

xʷkʷíyəŋ ⟦√xʷkʷ-iy-ŋ √lower-dev-mdl⟧ ☞ xʷkʷás to lower, drop back, go down. (ES) VAR: xʷkʷíyŋ (ES) {*xʷkʷíyŋ* caʔ st. *We're going to go down.* (AS) | *xʷkʷíyŋ* kʷi kʷə sčaʔkʷaʔyúɫ. *The car is going down.* (AS)}

xʷkʷqə́t open it. See under: nəxʷkʷqə́t

xʷk̓ʷánc ⟦√xʷk̓ʷ=an-t-c √drag=ear-trns-1obj/2obj⟧ ☞ xʷk̓ʷánt pull my ear; pull your ear. {*xʷk̓ʷánc* cn. *I pulled your ear.* (MJT)}

xʷk̓ʷánt ⟦√xʷk̓ʷ=an-t √drag=ear-trns⟧ ☞ xʷə́k̓ʷ 1. to pull someone's or something's ear. (MJT) 2. to pull, drag an anchor. {*xʷk̓ʷánt* cn *I pulled up the anchor (onto the beach).* (MJT)}

xʷk̓ʷát ⟦√xʷak̓ʷ-t √crazy-trns⟧ [metathesis here is unaccounted for] ☞ sxʷák̓ʷiʔ to make someone crazy. {*xʷk̓ʷát* cn. *I made him crazy.* (AS)}

xʷk̓ʷátəŋ ⟦√xʷak̓ʷ-t-ŋ √crazy-trns-psv⟧ [metathesis with passive] ☞ xʷk̓ʷát to become drunk, intoxicated, go crazy. (TC; AS,BC) {*xʷk̓ʷátəŋ* cn. *I got drunk.* (ES; TC) | ʔiʔ ʔuʔ*xʷk̓ʷátəŋ*. *And they went crazy (the horses).* (ES)} VAR: xʷək̓ʷátəŋ {qʷúʔqʷaʔqʷaʔ ʔiʔ ʔuʔ*xʷək̓ʷátəŋ* kʷə. *He was drinking and went crazy.* (AS)}

xʷk̓ʷə́ct ⟦√xʷk̓ʷ-cut √drag-rflxv⟧ ☞ xʷə́k̓ʷ to drag oneself. (AS) {*xʷk̓ʷə́ct* cn. *I dragged myself.* (AS)}

xʷk̓ʷə́t ⟦√xʷk̓ʷ-t √drag-trns⟧ ☞ xʷə́k̓ʷ drag, pull, tow something. (EPT; MJT; LC; TC; ES; AS,BC) {*xʷk̓ʷə́t* cn. *I dragged it.* (AS) | *xʷk̓ʷə́t* cn cə ċaʔcítən. *I pulled the table.* (AS) | *xʷk̓ʷə́t*s tə sə́mi tə sxʷák̓ʷi swə́yqaʔ. *The crazy man dragged the blanket.* (AS)

xʷkʷə́təŋ

| hiyáʔ caʔ st ʔuʔ **xʷḱʷə́t** hiyáʔ ʔaʔ ti x̌ə́č x̌łáłc. *We will go drag them to the deep sea.* (AS) | nəsuʔ**xʷḱʷə́t** txʷaʔcícłtxʷ. *So I dragged it high up.* (TC)}

xʷḱʷə́təŋ ⟦√xʷḱʷ-t-ŋ √drag-trns-psv⟧ ☞ xʷḱʷə́t to be pulled, dragged by someone or something. {**xʷḱʷə́təŋ** cn. *Someone's dragging me.* (ES) | **xʷḱʷə́təŋ** cə qʷłáy̓. *The log was dragged.* (BC) | **xʷḱʷə́təŋ** cn sqáŋ. *They pulled me out.* (ES; TC) | **xʷḱʷə́təŋ** ʔiyá ʔaʔ cə ʔíyəqsən. *It was pulled onto the point.* (MJ)}

xʷḱʷíct cover it. See under: xʷikʷíct

xʷḱʷúʔst dragging it. See under: xʷaʔkʷúst

xʷḱʷúʔstiʔ ⟦√xʷḱʷ-u<ʔ>s-ty<ʔ>⟧ √drag-rcpnt<actl>-rcprcl<actl>⟧ ☞ xʷaʔkʷúst to be dragging, pulling each other. (LC; TC)

xʷḱʷúst ⟦√xʷḱʷ-us-t √drag-rcpnt-trns⟧ ☞ xʷḱʷə́t to drag, pull something in, drag someone along, pull a net or set line in. (TC; ES) ⟪Usage: This is almost always used to refer to dragging a living thing such as the catch on a line.⟫ (AS,BC) {**xʷḱʷúst** cn. *I dragged it.* (LC) | **xʷḱʷúst** cə n̓xʷéʔləm. *Pull in your line.* (ES) | **xʷḱʷúst** cn cə nsqáx̌aʔ. *I dragged my dog along.* (AS) | **xʷḱʷúst** cn cə čaʔcítən. *I pulled the table along with me.* (AS) | níł suʔ**xʷḱʷúst**s cə sqə́čaʔs. *Then he dragged his catch.* (ES) | **xʷḱʷúst**s sqás. *They dragged them out.* (ES)}

xʷḱʷústəŋ ⟦√xʷḱʷ-us-t-ŋ √drag-rcpnt-trns-psv⟧ ☞ xʷḱʷúst to be dragged, pulled in by someone or something. {**xʷḱʷústəŋ** cn. *He pulled me.* (TC)}

xʷlómi Lummi. See under: nəxʷyómi

xʷƛ̓ay̓əmúcən Klallam language. See under: nəxʷsƛ̓ay̓əmúcən

xʷməkʷúct kiss someone. See under: nəxʷməkʷúct

xʷnaʔnə́yəŋəs smiling. See under: nəxʷnaʔnə́yəŋəs

xʷnéʔəŋ ⟦√xʷniʔ-ŋ √pregnant-mdl⟧ to be pregnant, expecting a baby. (AS,BC; AS) ⟪Usage: typically used only of humans, not animals⟫ (AS,BC) {**xʷnéʔəŋ** č cə q̓áʔŋi. *That girl is apparently pregnant.* (AS) VAR: xʷənéʔəŋ (AS)

xʷsčiyánəxʷ salmon (pl). See under: čiyánəxʷ

xʷséʔqʷəŋ ⟦√xʷis=iʔqʷ-ŋ √shake=head-mdl⟧ ☞ xʷíst to shake one's head. (ES) VAR: xʷiséʔqʷəŋ {**xʷiséʔqʷəŋ** kʷsə sx̌íƛ̓aʔx̌qł. *The child is shaking her head.* (AS)}

xʷsíct ⟦√xʷis-cut √shake-rflxv⟧ [metathesis with reflexive] ☞ xʷíst to shake oneself (as a dog does when it comes out of the water). (ES; AS,BC) {**xʷsíct** cə sqáx̌aʔ. *The dog shook himself.* (AS) | **xʷsíct** cn ʔaʔ cə spə́yəqʷ. *I shook the dust off myself.* (AS)}

xʷsít shake it. See under: xʷíst

xʷsítəŋ be shaken. See under: xʷístəŋ

xʷsx̌áy̓əm̓ Klallam. See under: nəxʷsx̌áy̓əm̓

xʷsúʔitəŋ getting swollen. See under: nəxʷsaʔyútəŋ

xʷsúsəŋ ⟦√xʷis=us-ŋ √shake=face-mdl⟧ ☞ xʷíst to shake one's head. {**xʷsúsəŋ** kʷi kʷə nséʔya. *My grandmother shook her head.* (AS)}

xʷsúyətəŋ get swollen. See under: nəxʷsúyətəŋ

xʷtáčcs get sliver. See under: nəxʷtčács

xʷtə́q ⟦√xʷtəq √fall_through⟧ to fall through, fall into. {**xʷtə́q** qł cn kʷaʔ cíŋətən. *I'd fall through if I got near.* (MJ) | hiyáʔ qł cn **xʷtə́q** kʷaʔ ʔuʔqqíŋən. *I'd go through If I played.* (MJ) | hiyáʔ ixʷ **xʷtə́q** cə músmus ʔiʔ ʔáwə kʷaʔ štə́ŋs. *The cow must have fallen in and couldn't walk.* (MJ) | ʔuy̓ qł yaʔ ʔə́c **xʷtə́q** nə́w̓ ʔaʔ cə sqʷúʔs ʔaʔ tə sqx̌ə́yu, ʔiʔ x̌áyq yaʔ cn ʔuʔ súʔskʷ. *If I had fallen into the clam juice, I'd be taking a bath, too.* (MJ)}

xʷtə́qsən ⟦√xʷtəq=sən √fall_through=foot⟧ ☞ xʷtə́q to have one's foot slip through (a hole in the ground). {ʔuʔ**xʷtə́qsən** kʷə nsx̌ə́naʔ. *My foot slipped through.* (AS) | twawʔiʔšə́təŋ kʷaʔ tsə q̓áyaʔŋi ʔiʔ txʷtə́qsən cə nə́ʔcuʔ q̓áʔŋi. *While they were out walking, one of the girls' foot slipped through something.* (AA)}

xʷtíŋət ⟦√xʷit-ŋ-t √jump-mdl-trns⟧ [metathesis with middle and transitive] ☞ xʷítəŋ to jump, spring over, on, at, or after something or someone. (TC) {**xʷtíŋət** cn. *I jumped after it.* (TC) | níł suʔ**xʷtíŋət**s. *So he jumped after it.* (TC) | níł suʔ**xʷtíŋət**s cə ʔaʔáwkʷs ʔiʔ x̌íŋəts ʔiʔ čqʷə́ts. *Then she sprang at their belongings, and she grabbed them, and she burned them.* (MJ) | sx̌éʔs či sx**xʷtíŋət**s, ʔiʔ ʔáw kʷaʔ **xʷtíŋət**s. *He wanted to jump for it, but he didn't jump for it.* (TC)} VAR: xʷtíŋt {kʷłníł suʔtáns ʔiʔ níł caʔ suʔ**xʷtíŋtł**. *As soon as they land, we'll jump on them.* (AS) | txʷʔúxʷnəsəŋ ʔaʔ cə sqaʔqtəmús qaʔx̌qíŋ cə suʔáʔwəs ʔiʔ sx̌éʔs či sx**xʷtíŋt**s. *The ball the boys were playing with came toward him, and he wanted to jump for it.* (TC)}

xʷtíŋətúŋł ⟦√xʷit-ŋ-t-uŋł √jump-mdl-trns-1plobj⟧ ☞ xʷtíŋət jump at us. (TC)

xʷtíŋtəŋ ⟦√xʷit-ŋ-t-ŋ √jump-mdl-trns-psv⟧ ☞ xʷtíŋət to be jumped over or on by something or someone. {níł č suʔtáns cə nə́cuʔ ʔiʔ kʷłsuʔ**xʷtíŋtəŋ**s ʔaʔ cə q̓áyaʔŋi. *One came ashore, and the young women jumped on him.* (AS) | čaʔ**xʷtíŋtəŋ**. *They jumped on them.* (TC) | {ʔuʔkʷənít cn ʔiʔ kʷł**xʷtíŋtəŋ** ʔaʔ cə q̓łúməčən. *I was watching them, and they got jumped on by the blackfish.* (TC) | níł kʷaʔ x̌áyəs **xʷtíŋtəŋ** ʔaʔ cə q̓łúməčən. *It was in case they got jumped again by the blackfish.* (TC)}

xʷtkʷíkʷən break back. See under: nəxʷtkʷíkʷən

xʷúʔyəm̓ selling. See under: xʷxʷúʔyəm̓

xʷuxʷéy ⟦√xʷuxʷéy √hey⟧ [interjection] [high pitch on the final vowel, which is lengthened] hey!. ⟪Usage: used to get someone's attention⟫ (AS,BC; AS)

xʷúy ⟦√xʷuy √yay⟧ [interjection] **yay, a joyful shout.** ((USAGE: typically used by boys while playing)) (AS,BC)

xʷúyəm ⟦√xʷuym √sell⟧ **to sell.** (MJT; TC; ES; AS; AS,BC) {nəs*xʷúyəm* kʷaʔ. *I sold it.* (MJT) | ʔəńs*xʷúyəm*. *You sold it.* (LC) | nəs*xʷúyəm* kʷaʔ kʷə nəsnə́xʷɬ. *I sold my canoe.* (TC) | nsƛ̕éʔ či ns*xʷúyəm*. *I want to sell.* (AS) | ʔúx̣ʷtxʷ ʔaʔ ti ʔə́yaʔyəŋs s*xʷúyəm*s tə coal. *We took it to their houses to sell the coal.* (TC) | ƛ̕ə́q̕šən ti s*xʷúyəm*s. *He's a shoe salesman.* (AS)} VAR: xʷáyəm (BC) {*xʷáyəm* caʔn. *I'm going to sell.* (BC)}

xʷuyəmsíc ⟦√xʷuym-sít-c √sell-bene-1obj/2obj⟧ ☞ xʷəyəməsít **sell for me; sell for you.** (ES) {nəs*xʷuyəmsíc*. *I'll sell it for you.* (ES)}

xʷuyəmsít **sell for someone.** *See under:* xʷəyəmsít

xʷuyəmsítəŋ **be sold for.** *See under:* xʷəyəmsítəŋ

xʷxʷk̕ʷə́t ⟦xʷ + √xʷk̕ʷ-t incep + √drag-trns⟧ ☞ xʷk̕ʷə́t **to be dragging something.** {*xʷxʷk̕ʷə́t* cn. *I'm dragging it.* (ES)}

xʷxʷúʔyəm̕ ⟦xʷ + √xʷu<ʔ>ym<ʼ> incep + √sell<actl>⟧ ☞ xʷúyəm **to be selling.** (ES) {*xʷxʷúʔyəm̕* cn ʔaʔ cə saplín. *I'm selling bread.* (ES) | nəs*xʷxʷúʔyəm̕* cə nəʔuʔútxs. *I'm selling my canoe.* (ES) | *xʷxʷúʔyəm̕* cn ʔaʔ cə nəʔuʔútxs. *I'm selling my canoe.* (ES)} VAR: xʷxʷúyəm̕ {nəs*xʷxʷúyəm̕*. *I'm selling it.* (MJT) | ʔáwətxʷ kʷi cə ńs*xʷxʷúyəm̕*. *Don't sell it.* (MJT)} VAR: xʷxʷúʔim̕ (AS) VAR: xʷúʔyəm̕ (TC) {nəs*xʷxʷúʔyəm̕* caʔ nəʔáʔyəŋ. *I'm going to be selling my house.* (ES) | ʔuʔx̣ə́nəstəŋ s*xʷxʷúʔyəm̕* cəẃniɬ sxʷimáy. *The store was selling everything.* (TC) | níɬ yaʔ sxʷʔiyás kʷi sʔiʔáyəxʷɬ yaʔ ʔəɬ sq̕ə́yəŋəs ʔəɬ ƛ̕áʔcuʔs ʔaʔ ti scánnəxʷ ʔiʔ ti ʔáčt s*xʷxʷúʔyəm̕*s. *We were there because our elders were camping and fishing for salmon and lingcod to sell.* (TC)}

x̣áʔays Changer. *See under:* x̣áy̓əs

x̣aʔcíw̓st [√x̣c=iws-t √pluck=body-trns] ☞ x̣cíkʷst to be plucking a bird, removing feathers. {*x̣aʔcíw̓st* cn tiə múʔuqʷ. *I'm plucking this duck.* (ES)}

x̣aʔcíxʷəŋ [√x̣əʔcixʷ-ŋ √crunch-mdl] [Several words referring to noises begin with /x̣aʔ/. This may be a prefix, but the rest of the word is not independently identifiable.] *cp.* x̣aʔpúx̣ʷəŋ *cp.* x̣aʔtíšəŋ *cp.* x̣aʔtúx̣ʷəŋ *cp.* x̣aʔx̣ə́təŋ 1. to make a crunch, crackle, noise while chewing. (MJT; AS) *cp.* x̣aʔpúx̣ʷəŋ {*x̣aʔcíxʷəŋ* ʔəɬ ʔéʔɬənən ʔaʔ ti číčaʔ. *It makes a crunching noise when I eat popcorn.* (AS)} 2. to be crisp. (MJT) VAR: x̣aʔcíxʷəŋ (MJT)

x̣aʔcáct [√x̣a<ʔ>č-cut √dry<actl>-rflxv] [metathesis with reflexive] ☞ x̣čáct to be drying oneself. {*x̣aʔcáct* cn. *I'm drying myself.* (ES)}

x̣aʔčéʔəŋəɬ [√x̣a<ʔ>č-i<ʔ>ŋɬ √dry<actl>-cstm<actl>] ☞ x̣číŋəɬ to be drying (laundry, etc.), smoking (fish, etc.). (ES) {*x̣aʔčéʔəŋəɬ* cn. *I'm drying (clothes). / I'm smoking (salmon).* (ES)} VAR: x̣aʔčéʔəŋɬ {*x̣aʔčéʔəŋɬ* cn ʔaʔ cə sčánnəxʷ. *I'm drying the salmon.* (AS)} VAR: x̣aʔčéʔəɬ (AS) {ča*x̣aʔčéʔŋɬ* cn ʔaʔ tə nsisə́miʔ. *I just dried my blankets.* (AS) | *x̣aʔčéʔŋɬ* cn ʔaʔ tə sx̣̌əyúʔəm. *I'm drying the cockles.* (MJT) | *x̣aʔčéʔŋɬ* ʔaʔ tə sqʷəyáyŋəxʷ. *I'm drying the blackberries.* (MJT)}

x̣áʔčəŋ [√x̣a<ʔ>č-ŋ<ˀ> √dry<actl>-mdl<actl>] ☞ x̣áčəŋ to be drying. (MJT; LC; TC) {nɬ nsuʔnuʔás cə ʔə́nyəns č̓iyá ʔaʔ tə *x̣áʔčəŋ* ʔə́nyəns. *Then I put in the onions from the dried onions.* (MJ)}

x̣áʔčɬč cedar tree. *See under:* x̣paʔčíɬč

x̣áʔčx̣ɬč [√x̣aʔčx̣=iɬč √hemlock=plant] western hemlock tree. *Tsuga heterophylla*. *Used for medicine good for anything. Steep the green cones in water for use on open sores. One or two cups in a basin can be used as a medicinal shampoo for impetigo on the scalp. ⟨identified by ONP botanist⟩ (AS,BC; ES; TC)

x̣áʔəyəs Changer. *See under:* x̣áy̓əs

x̣áʔəy̓s Changer. *See under:* x̣áy̓əs

x̣aʔičisə́ŋən [√x̣<aʔi>č-isə=ŋin √scratch<pl>-ʔ=piece] ☞ x̣čít spring on the beach at Smyth Head at Becher Bay. *There are long, smooth, parallel grooves carved into the rock at this spring. "According to the old people, this rock that has the scratches on it is where the salmon came up to look for fresh water at the little spring there" (TC; ES,TC)

x̣aʔiɬács moles. *See under:* x̣aʔyəx̣ɬács

x̣áʔis Changer. *See under:* x̣áy̓əs

x̣aʔix̣ístxʷ [√x̣i<ʔ>yx̣-istxʷ √war<actl>-caus] ☞ x̣éʔyəx̣ to be making war on someone, making trouble for someone (wanting to fight). (ES) VAR: x̣éʔyəx̣stxʷ (AS) VAR: x̣éʔix̣ístxʷ (AS) VAR: x̣èʔix̣ístxʷ (AS)

x̣aʔɬéʔyəŋ [√x̣<ʔ>ɬ-i<ʔ>y-ŋ<ˀ> √hurt<actl>-dev<actl>-mdl<actl>] ☞ x̣ɬíyəŋ falling backwards. {hiʔ*x̣aʔɬéʔyəŋ*. *He's falling backwards.* (MJT)} VAR: ɬaʔx̣éyəŋ ⟨This may be a slip. Such a metathesis is completely unexpected.⟩ {túxʷ ʔuʔ *ɬaʔx̣éyəŋ* ʔiʔ x̣̌kʷənáxʷ cn. *He was just falling over backwards, and I caught him.* (MJT)}

x̣aʔx̣̌ct [√x̣a<ʔ>x̣̌-cut √windy<actl>-rflxv] ☞ x̣ax̣̌ct to be getting windy. {kʷɬiʔ*x̣áʔx̣̌ct*. *It's getting windy.* (MJT)}

x̣aʔnáti [√x̣əna-ty √say-rcprcl] ☞ x̣ənʔáxʷ to tell each other. (TC) VAR: x̣ənáti {*x̣ənáti* yaʔ kʷi kʷə nčáčc. *My aunt and uncle are telling each other.* (AS)}

x̣aʔníti [√x̣an<ˀ>-ŋi-ty √growl<actl>-rel-rcprcl] ☞ x̣aníti to be growling, making a growling noise (as a dog or any animal or human). (TC; ES; TC,AS,BC; AS,BC) {miyaʔéʔqt cn ʔiʔ *x̣aʔníti*. *I kicked it (the bear) in the belly, and it growled.* (ES) | ʔiʔɬkʷáwəs *x̣aʔníti*s. *It was its last growl.* (ES)}

x̣aʔŋát [√x̣aŋ-t √all_gone-trns] ☞ x̣áŋət to be taking all of something. {*x̣aʔŋát*s. *He's taking everything.* (ES)}

x̣aʔpúx̣ʷəŋ [√x̣aʔpux̣ʷ-ŋ √cruch-mdl] [Several words referring to noises begin with /x̣aʔ/. This may be a prefix, but the rest of the word is not independently identifiable.] *cp.* x̣aʔcíxʷəŋ *cp.* x̣aʔtíšəŋ *cp.* x̣aʔtúx̣ʷəŋ *cp.* x̣aʔx̣ə́təŋ to make a crunching, crackling noise while chewing or walking (as when eating a fish nose or walking on crisp leaves). (AS; AS,BC) *cp.* x̣aʔcíxʷəŋ {*x̣aʔpúx̣ʷəŋ* ʔəɬ ʔéʔɬəṅɬ ʔaʔ ti sqʷúŋis ti scánnəxʷ. *There's a crunching noise while we eat fish head.* (AS) | *x̣aʔpúx̣ʷəŋ* kʷi kʷə ʔəsk̓ʷás saplín ʔɬ ʔéʔɬənn. *The toasted bread made a crunching sound while I was eating.* (AS)} VAR: x̣aʔpúk̓ʷəŋ (MJT) VAR: x̣aʔpúx̣ʷəŋ (AS) {ʔuʔ*x̣aʔpúx̣ʷəŋ* cn ʔəɬ ʔéʔɬənən ʔaʔ či sqʷúŋiʔs či kʷítšən. *I made a crackling noise while eating a king salmon head.* (AS)}

x̣aʔpúx̣ʷəŋ [√x̣aʔpux̣ʷ-ŋ<ˀ> √crunch-mdl<actl>] ☞ x̣aʔpúx̣ʷəŋ to be making a crunching noise, be noisy (while stalking an animal). (TC) {*x̣aʔpúx̣ʷəŋ* cn. *I'm crunching.* (TC)}

x̣aʔsáʔnəŋ [√x̣aʔs=aṅ-ŋ<ˀ> √bad=ear<actl>-mdl<actl>] ☞ x̣aʔsán to be committing a sin. {ʔuʔnə́cuʔtxʷ či ns*x̣aʔsáʔnəŋ*. *You'll be committing just one sin.* (MJ)}

x̣aʔsán ⟦√x̣aʔs=an̓ √bad=ear⟧ ☞ sx̣áʔəs sin. (AS,BC) {mán̓ ʔuʔ ŋə́n̓ cə n̓x̣aʔsán. *You have too many sins.* (AS,BC) | ŋə́n̓ tiə nəx̣aʔsán. *I have many sins.* (AS) | ʔuʔx̣ʷaʔtaʔŋístəŋ ixʷ kʷi ʔaʔ či sx̣aʔsáns. *Her sins must be making her jump.* (AS)}

x̣aʔséʔyəŋ ⟦√x̣i<ʔ>s-i<ʔ>y-ŋ √terrible<actl>-dev<actl>-mdl⟧ ☞ x̣éʔsiʔ to get fierce, out of control, mad, raising hell, throwing a tantrum, doing something distasteful in anger, be angry and inappropriately act on it, being ugly with anger. (ES) {*x̣aʔséʔyəŋ* cn. *I'm mad.* (ES)} VAR: x̣aʔséʔiŋ {*x̣aʔséʔiŋ* cn. *I'm angry.* (AS,BC) | *x̣aʔséʔiŋ* kʷi ʔaycɬtáyŋxʷ qiʔnúʔŋət. *The people are being ugly with anger.* (AS)}

x̣aʔsíct ⟦√x̣i<ʔ>si-cut √terrible<actl>-rflxv⟧ ☞ x̣éʔsiʔ to be fierce, out of control, mad, raising hell, throwing a tantrum. (ES) VAR: x̣aʔséy̓ct (HS) {*x̣aʔséʔct* kʷi. *He's going overboard with anger.* (AS)}

x̣áʔšəŋ ⟦√x̣a<ʔ>š-ŋ<ʔ> √trap<actl>-mdl<actl>⟧ ☞ x̣ášəŋ to be trapping animals. (TC)

x̣aʔtíšəŋ ⟦√x̣<əʔ>tiš-ŋ<ʔ> √rattle<actl>-mdl<actl>⟧ [Several words referring to noises begin with /x̣aʔ/. This may be a prefix, but the rest of the word is not independently identifiable.] cp. x̣aʔcíxʷəŋ cp. x̣aʔpúxʷəŋ cp. x̣aʔtúxʷəŋ cp. x̣aʔx̣átəŋ to be making a rattling, rustling, rough, rasping noise. ⦅Usage: The subject of this verb is the item (rattle, bell, beads, throat, etc.) making the noise, not a person.⦆ (TC) {*x̣aʔtíšəŋ* tiə nəxʷúŋən. *My throat is rattling (I need to cough).* (TC) | *x̣aʔtíšəŋ* cə kʷčmín. *The rattle is rattling.* (TC) | *x̣aʔtíšəŋ* cə sáwəɬ. *The bushes are rustling.* (TC) | ʔiyáʔnəs činu *x̣aʔtíšəŋ*. *He heard something rustling.* (ES) | niɬ suʔiyánəxʷs ƛ́ay či *x̣aʔtíšəŋ*. *Then he again heard the rustling.* (ES)}

x̣aʔtúxʷəŋ ⟦√x̣aʔtuxʷ-ŋ √small_noise-mdl⟧ [Several words referring to noises begin with /x̣aʔ/. This may be a prefix, but the rest of the word is not independently identifiable.] cp. x̣aʔcíxʷəŋ cp. x̣aʔpúxʷəŋ cp. x̣aʔtíšəŋ cp. x̣aʔx̣átəŋ to make any small noise made in a quiet area (such as an animal in the brush or someone moving a chair). (AS,BC) {*x̣aʔtúxʷəŋ* cn. *I'm making a noise.* (AS) | ʔuʔ*x̣aʔtúxʷəŋ* kʷi ʔət kʷúkʷs. *She's making noise while cooking.* (AS)}

x̣áʔwəs new. *See under:* x̣ə́w̓əs

x̣aʔx̣áʔƛ̓əŋ ⟦x̣aʔ+√x̣a<ʔ>ƛ̓-ŋ<ʔ> dim+√windy<dim>-mdl<dim>⟧ ☞ x̣áƛ̓əŋ to be blown by the wind. {stə́ŋ yəxʷ yaʔ cə čáq sqiyáyŋxʷ ʔuʔ*x̣aʔx̣áʔƛ̓əŋ*. *A big tree must have been blown down.* (ES)}

x̣aʔx̣aʔníti black paint dance. *See under:* x̣ən̓x̣aʔníti

x̣aʔx̣áʔwəs ⟦x̣aʔ+√x̣ə<ʔ>ẃs dim+√new<dim>⟧ ☞ x̣ə́w̓əs

1. to be a little new or something small and new. (AS,BC)

2. newlywed. {suʔčtátəŋs cán ʔay̓ či *x̣aʔx̣áʔwəs*. *She was asked who is newlywed.* (MJ)}

x̣aʔx̣áyək̓ʷs ⟦x̣aʔ+√x̣ayk̓ʷs dim+√raccoon⟧ ☞ x̣áyk̓ʷs small raccoon. (ES)

x̣aʔx̣cəyə́qsən ⟦x̣aʔ+√x̣cay̓-əqsən dim+√grass=nose⟧ ☞ sx̣cáʔəy̓ the small island in Freshwater Bay. (ABT) VAR: x̣ax̣ciʔə́qsən (ABT)

x̣aʔx̣čáʔčɬč ⟦x̣aʔ+√x̣əč=ay̓=iɬč dim+√cedar=wood=plant⟧ ☞ x̣paʔčíɬč any small cedar tree. (MJT; AS) VAR: x̣péʔiɬč (AS,BC; AS) ⟦√x̣əp-iʔ=iɬč √cedar-dim=plant⟧

x̣aʔx̣čáy̓s ⟦x̣aʔ+√x̣č-ay̓s actl+√know-activ⟧ ☞ x̣čáy̓s to be studying, examining, describing, doing research. (HS) {ʔiʔ ʔuʔníɬ kʷi ti siʔámɬ *x̣aʔx̣čáy̓s* ʔaʔ ti pípə ti sʔúŋəstəŋs ti sx̣čə́ts. *It's our counsel that studied the papers that they were given to inspect.* (AS)}

x̣aʔx̣éʔsiʔ ⟦x̣aʔ+√x̣i<ʔ>s-iy<ʔ> dim+√terrible<actl>-dev<actl>⟧ ☞ x̣éʔsiʔ ugly, homely, terrible, funny looking. (LC; ES; TC; AS,BC) {mán̓ ʔuʔ *x̣aʔx̣éʔsi* tsəw̓niɬ. *She (Octopus) was very ugly.* (TC) | ʔuʔx̣ə́n̓ ti suʔáw̓əs ʔuʔ sxʷaʔtín ʔawsxʷmán̓s ʔuʔ *x̣aʔx̣éʔsiʔ*. *All the men disliked her because she was very ugly.* (TC) | ʔáwənə č cán sƛ̓éʔ ʔaw̓smán̓s ʔuʔ *x̣aʔx̣éʔsiʔ*. *Nobody wanted her because she was too ugly.* (TC)} VAR: x̣aʔx̣éʔsi (ES) {*x̣aʔx̣éʔsi* ti nəsƛ̓ə́qšən. *My shoes are ugly.* (AS) | *x̣aʔx̣éʔsi* xʷanítəm. *Ugly white person.* (ES)}

x̣aʔx̣éʔwəs ⟦x̣aʔ+√x̣<i>əw̓s dim+√new<aff>⟧ ☞ x̣éʔəwəs to be very small and new. (AS)

x̣aʔx̣ánəŋ ⟦x̣aʔ+√x̣ən-ŋ dim+√say-mdl⟧ ☞ x̣ánəŋ say, call, refer to, do quietly, humbly. {suʔ*x̣aʔx̣ánəŋ*s, "ó, skʷáči, yəščənúŋət cn". *So he said, "Oh, Heaven, I'm pitiful."* (MJ)}

x̣aʔx̣aníti black paint dance. *See under:* x̣ən̓x̣aʔníti

x̣aʔx̣anítiháw̓txʷ ⟦x̣aʔ+√x̣ən-ni-ty=aw̓txʷ dim+√growl-rel-rcprcl=house⟧ ☞ x̣ən̓x̣aʔníti blackface dance house, any spirit dance house. (AS,BC)

x̣aʔx̣áqʷ ⟦x̣aʔ+√x̣əqʷ dimn+√nit⟧ nits. (AS) VAR: x̣ə́x̣aʔqʷ (ES)

x̣aʔx̣átəŋ ⟦x̣aʔ+√x̣ət-ŋ dim+√talk_loud-mdl⟧ [Several words referring to noises begin with /x̣aʔ/. This may be a prefix, but the rest of the word is not independently identifiable.] cp. x̣aʔcíxʷəŋ cp. x̣aʔpúxʷəŋ cp. x̣aʔtíšəŋ cp. x̣aʔtúxʷəŋ to talk loudly, not quite hollering. (AS,BC; AS) {*x̣aʔx̣átəŋ* yaʔ cn ʔaʔ kʷi nsqʷáy. *I was loud when I spoke.* (AS) | cín̓iʔ yaʔ cn ʔaʔ kʷi *x̣aʔx̣átəŋ* sałám̓. *I got close to that lady who was speaking loudly.* (AS)}

x̣aʔx̣átt ⟦x̣aʔ+√x̣ət-t dim+√talk_loud-trns⟧ ☞ x̣aʔx̣átəŋ to talk loudly, not quite hollering to someone. (AS) {*x̣aʔx̣átt* cn. *I talked loudly to him.* (AS) | *x̣aʔx̣átt* cn kʷsə ntán. *I talked loudly to my mother.* (AS)}

x̣aʔx̣ə́ttəŋ ⟦x̣aʔ+ √x̣ət-t-ŋ dim+√talk_loud-trns-psv⟧ ☞ x̣aʔx̣ə́tt to be talked loudly to by someone. {*x̣aʔx̣ə́ttəŋ* st. Someone talked loudly to us. (AS)}

x̣aʔx̣əwéʔyəŋ ⟦x̣aʔ+ √x̣əwi⟨ʔ⟩y-ŋ dim+√shallow⟨actl⟩-mdl⟨actl⟩⟧ to be very shallow water, almost dry. (EPT; ES) VAR: x̣aʔx̣əwéyŋ (AS,BC) {*x̣aʔx̣əwéyŋ* tiə staʔtúʔwiʔ. The creek is shallow. (BC)}

x̣aʔx̣íŋət ⟦x̣aʔ+√x̣iŋ-t dim+√grab-trns⟧ ☞ x̣íŋət to grab something a little or something small. {čáŋ cn ʔiʔ *x̣aʔx̣íŋət* cə nŋə́naʔ. I got home, and grabbed my son. (AS)}

x̣aʔx̣íst ⟦x̣aʔ+√x̣is-t dim+√terrible-trns⟧ ☞ x̣íst to make something or someone look a little fierce or ugly. {*x̣aʔx̣íst* cn. I made it ugly. (AS)}

x̣aʔx̣iyáʔs ⟦x̣aʔ+√x̣⟨iy⟩aʔs dim+√bad⟨pl⟩⟧ ☞ sx̣áʔəs to be ornery, uncooperative, naughty. (AS,BC) {*x̣aʔx̣iyáʔs* yaʔ cn. I was ornery. (AS) | *x̣aʔx̣iyáʔs* cə q̓áʔŋi. The girl is ornery. (AS) | yaʔcústəŋ yaʔ cn ʔaʔ ti nsmán yaʔ ʔuʔ *x̣aʔx̣iyáʔs* ʔaʔ kʷi nstwawx̌úx̌aʔ sx̌ix̌áʔx̣qɬ. They tell me I was very ornery when I was still a small child. (TC)}

x̣aʔx̣iyuʔéʔč ⟦x̣aʔ+√x̣y-əw⟨ʔ⟩=iʔč dim+√mark-ext⟨actl⟩=hump⟧ ⟪so named for the stripes on its back⟫ ☞ x̣iʔə́yu chipmunk. Eutamias spp. (MJT; ES; TC) {níɬ suʔtx̌ʷaʔ *x̣aʔx̣iyuʔéʔč*. So he became a chipmunk. (TC) | suʔčɬə́ts cə sɬə́y̓əx̌ʷ ʔiʔ qqíŋ cn ʔaʔ ti *x̣aʔx̣iyuʔéʔč*. So the ice will get thick, and I'll play with Chipmunk. (MJ)} VAR: x̣aʔx̣iʔuʔéʔč (ES) VAR: x̣aʔx̣iyəwéʔč {kʷánəŋət cə *x̣aʔx̣iyəwéʔč* Chipmunk ran. (MJ) | *x̣aʔx̣iyəwéʔč* cə qax̌qíŋ ʔiyá ʔaʔ tə cə́y̓əɬ. It was Chipmunk playing at the lake. (MJ) | húy suʔx̣íčts tə stáckʷɬs tə *x̣aʔx̣iyəwéʔč*. He only scratched Chipmunk's back. (MJ)} VAR: x̣aʔx̣əyuʔéʔč (MJT)

x̣aʔx̣ɬács ⟦x̣aʔ+√x̣ɬ=acis dim+√hurt=hand⟧ mole (animal). Scapanus spp. (AS) [This probably has the 'hand' suffix and may have the root for 'hurt'.] {ŋə́ń tə *x̣áx̣ɬacs* ʔaʔ kʷə nsxʷčʔiyá. There are lots of moles where I'm from. (AS)} VAR: x̣áx̣ɬacs (AS,BC)

x̣aʔx̣ɬám̓ ⟦x̣aʔ+√x̣ɬam̓ actl+√watch⟧ ☞ x̣ɬám̓ to be watching (a performance, for example), observing; being a spectator. (ES; AS,BC) {suʔx̌áys *x̣aʔx̣ɬám̓*. He watched again. (TC) | *x̣aʔx̣ɬám̓* caʔn ʔaʔ či páʔkʷɬ. I'm going to watch the race. (AS) | *x̣aʔx̣ɬám̓* ʔaʔ cə néʔ sq̓ʷə́yašəns. He was watching his companions. (TC) | níɬ suʔ *x̣aʔx̣ɬám̓*s canu scánnəxʷ ɬəŋúʔəŋ. Then he watched those salmon swimming. (ES)}

x̣aʔx̣páy̓ ⟦x̣aʔ+√x̣əp=ay̓ dim+√cedar=wood⟧ ☞ x̣páy̓ a little cedar wood. (MJT) VAR: x̣aʔx̣áʔpiʔ

x̣aʔx̣ʷə́yuʔ ⟦√x̣ax̣ʷ-əyu √gnaw-activ⟧ to gnaw (as a mouse or rat). (ES) {ʔuʔyaʔyáʔnəŋ cn ʔɬ *x̣ax̣ʷə́yuʔ*s cə kʷáɬən. I heard the rat gnawing. (AS)}

x̣aʔyaʔx̣áʔčɬč ⟦x̣⟨aʔy⟩aʔ+√x̣əč=ay̓=iɬč dim⟨pl⟩+√cedar=wood=plant⟧ ☞ x̣aʔx̣čáʔčɬč several small cedar trees. (MJT)

x̣aʔyaʔx̣ə́piʔ ⟦x̣⟨aʔy⟩aʔ+√x̣əp=ay̓ dim⟨pl⟩+√cedar=wood⟧ ☞ x̣aʔx̣páy̓ several little pieces of cedar wood. (MJT)

x̣aʔyáčəŋ ⟦√x̣⟨aʔy⟩ač-ŋ √dry⟨pl⟩-mdl⟧ ☞ x̣áčəŋ to be dry (of several). {*x̣aʔyáčəŋ* ixʷ tə sq̓ʷəyáyəŋəxʷ. The berries must have got dry. (MJT)}

x̣aʔyéʔsi ⟦√x̣⟨aʔy⟩i⟨ʔ⟩s-iy √terrible⟨pl⟩⟨actl⟩-dev⟧ ☞ x̣éʔsiʔ to be fierce, terrible (of a group). (AS,BC) {níɬ yəxʷ yaʔ ʔuʔ cəʔéʔt ʔuʔ *x̣aʔyéʔsi* čʔáɬaʔ ʔaʔ tiə, əw? I guess this was a truly fierce bunch from here, eh? (TC) | níɬ yəxʷ yaʔ ʔuʔ *x̣aʔyéʔsi* ti čʔáɬaʔ ʔaʔ tiə, ti sʔiyə́ḿs, tə skʷənúcəns. I guess they were fierce from here in this, their strength, their spirit dancers. (TC)}

x̣aʔyəčáʔčɬč ⟦√x̣⟨aʔy⟩əč=ay̓=iɬč √cedar⟨pl⟩=wood=plant⟧ ☞ x̣paʔčíɬč several cedar trees. (EPT; MJT)

x̣áʔyəŋ ⟦√x̣aʔyŋ √gill⟧ gill on a fish. (TC)

x̣aʔyəpáy̓ ⟦√x̣⟨aʔy⟩əp=ay̓ √cedar⟨pl⟩=wood⟧ ☞ x̣páy̓ a group of cedar objects or pieces of cedar wood. (MJT) VAR: x̣əy̓əpáy̓ (AS,BC) VAR: xix̣ə́piʔ ⟦xy+√x̣əp=ay̓ pl+√cedar=wood⟧ (MJT) {ŋə́ń cə *xix̣ə́piʔ* ʔəscə́xɬ. There's lots of cedar that's cut. (MJT)}

x̣áʔyəxʷ ⟦√x̣⟨áʔy⟩ixʷ √red_urchin⟨pl⟩⟧ ☞ x̣íxʷ several red sea urchins. (MJT)

x̣aʔyəx̣íst ⟦x̣⟨aʔy⟩aʔ+√x̣is-t dim⟨pl⟩+√terrible-trns⟧ ☞ x̣aʔx̣íst to make several look a little fierce or ugly. (AS)

x̣aʔyəx̣ɬács ⟦x̣⟨aʔy⟩ə+√x̣ɬ=acis dim⟨pl⟩+√hurt=hand⟧ ☞ x̣aʔx̣ɬács several moles. (AS) VAR: x̣aʔiɬács (AB,ICT)

x̣áčəŋ ⟦√x̣ač-ŋ √dry-mdl⟧ to be dry. (JCo; LC; TC; ES; AS,BC; MJ) {*x̣áčəŋ* cn. I'm dry. (AS,BC) | *x̣áčəŋ* ti qʷúʔ. The water dried up. (ES) | huʔuʔəha c *x̣áčəŋ*. It's not dry yet. (MJT) | ʔuʔ *x̣áčəŋ* ʔaʔ c sx̌ʷkʷnáxʷs. It was dry when he got it. (MJ) | páct ʔiʔ níɬ caʔ suʔ *x̣áčəŋ*s. Spread them out so they'll dry. (TC) | ʔuʔ *x̣áčəŋ* cn; nsx̌éʔ či qʷúʔ. I'm dry; I need water. (AS,BC) | suʔɬə́yəmts cə *x̣áčəŋ* ʔəʔáwkʷs. So he put on his dried little clothes. (MJ) | *x̣áčəŋ* scánnəxʷ ʔiʔ *x̣áčəŋ* scəyíqʷɬ. It was dried salmon and dried berries. (MJ) | šə́tən kʷi tím yaʔ ʔaʔ cə stáčəŋ *x̣áčəŋ*s. Tim was walking on the tide flats that were dry. (ES) | suʔ *x̣áčəŋ*s ʔiʔ níɬ suʔtxʷʔə́y̓s c kʷčmín. So it's dry, and then our deer hoof rattle becomes good. (TC) | ʔiʔ kʷánəŋ tə ŋə́ʔń kʷítšən ʔiyá ʔaʔ cə *x̣áčəŋ* sctə́ŋxʷən. And many spring salmon were seen there on the dry land. (MJ)}

x̣áčnəŋ ⟦√x̣ač-naxʷ-ŋ √dry-nctrns-psv⟧ ☞ x̣áčnəxʷ to manage to be dried by someone or something. (AS,BC) {*x̣áčnəŋ* kʷi kʷə nkapú. My *coat managed to get dried.* (AS) | **x̣áčnəy** kʷi kʷə nx̣ʼə́qšən. *My shoes got dried.* (AS)}

x̣áčnəxʷ ⟦√x̣ač-naxʷ √dry-nctrns⟧ ☞ x̣áčəŋ to manage to dry something. (AS,BC) {**x̣áčnəxʷ** cn. *I managed to dry it.* (AS) | **x̣áčnəxʷ** cn cə nłqit ʔaʔ kʷi nəscáʔkʷt. *I managed to dry my clothes when I washed them.* (AS)}

x̣áčt ⟦√x̣ač-t √dry-trns⟧ ☞ x̣áčəŋ
1. to dry something (in the air or sun). (LC; ES; WB,AS,BC; MJ) {suʔx̣áčt. *So we dry it.* (TC) | **x̣áčt** caʔn. *I'm going to dry it.* (BC)}
2. to string up, spread out something to dry. {**x̣áčt** cə kʷə́wiʔ. *Spread out the hide to dry.* (ES)}

x̣áčtəŋ ⟦√x̣ač-t-ŋ √dry-trns-psv⟧ ☞ x̣áčt to be dried by someone. (AS,BC) {**x̣áčtəŋ** tə scánnəxʷ. *The salmon was dried.* (AS) | **x̣áčtəŋ** cə kʷúʔət. *They dried the cattails.* (AS)}

x̣áɬ ⟦√x̣<á>ɬ √hurt<rslt>⟧ ☞ x̣ə́ɬ to feel sore, hurt, ache, sick, ill. (EPT; ICT; ES; AS,BC; MJ) {**x̣áɬ** cn. *I'm sick.* (LBH; EPT; MJT) | **x̣áɬ** č̓ tiɬáwis. *His arms apparently hurt.* (TC) | **x̣áɬ** cn ʔi ʔuʔšə́təŋ. *I'm sick, but I'm walking.* (TC) | **x̣áɬ** tə nəx̣ʼúŋən. *My throat is sore.* (ES) | **x̣áɬ** kʷsə ntáčšən. *I have a sore neck.* (EPT) | ʔúxʷts ʔaʔ cə **x̣áɬ** cə x̣ʼács. *She put it where his stomach was hurting.* (MJ) | **x̣áɬ** tiə nəstcíkʷən. *My back is sick.* (MJT) | mán ʔuʔ **x̣áɬ** *She's awful sick.* (EPT; AS) | cəʔít kʷi ʔuʔ **x̣áɬ** či nəx̣čəŋín. *I'm sorry.* (MV) | čtáts cə cícɬsiʔám kʷaʔ huŋístəŋs cə **x̣áɬ**. *They asked the Lord to bring the sick one back.* (MJ) | níɬ kʷaʔ suʔq̓ʷáys cə sŋə́q̓ʷuʔ ʔaʔ či suʔcəʔítəŋs ʔuʔ **x̣áɬ** cə sɬáni. *So Crane believed that his wife was really sick.* (AA) | ʔiʔ níɬ č̓ yaʔ suʔ**x̣áɬ**s x̣čŋíns ti séʔyaʔs ʔiʔ ti q̓áyaʔŋi. *And so the grandparents and the girls were feeling bad.* (AS) | níˑɬ kʷaʔ suʔmáns ʔuʔ **x̣áɬ** cə x̣čŋíns cə čáʔsaʔ q̓áyaʔŋi ʔaʔ cə suʔə́yqaʔ. *Then the two young women were very dissatisfied with the men.* (AA) | níɬ č̓ suʔ**x̣áɬ**s ti x̣čŋíns x̣ʼiʔáʔts či swə́yqaʔ či ʔuʔsx̣ʼéʔ caʔ. *So she felt bad looking for a man that would like her.* (TC)}

x̣áɬɬ ⟦√x̣<á>ɬ-ɬ √hurt<rslt>-dur⟧ ☞ x̣ə́ɬ to be sick, hurting, in pain. (ES)

x̣aɬɬáyŋən ⟦√x̣<á>ɬ-ɬ-ayŋən √hurt<rslt>-dur-want⟧ ☞ x̣áɬɬ to start to hurt. {kʷɬ**x̣aɬɬáyŋən** tiʔə nətáčšən. *My neck began to hurt (wants to hurt).* (MJT)}

x̣áɬt hurting it. See under: x̣ə́ɬt

x̣áɬtəŋ ⟦√x̣<á>ɬ-t-ŋ √hurt<rslt>-trns-psv⟧ ☞ x̣ə́ɬt to be made sick, hurt by someone or something. {mán cn ʔuʔ**x̣áɬtəŋ** nəx̣čŋín ʔaʔ cə nəsx̣ʼə́qšən. *I feel very bad about my shoes.* (AS) | **x̣áɬtəŋ** cn ʔəɬ qʷáys. *What he said hurt me.* (AS) | **x̣áɬtəŋ** cn ʔəɬ qaʔx̣qíŋɬ. *I got hurt while we were playing.* (AS)}

x̣áx̣ʼ ⟦√x̣ax̣ʼ √windy⟧ to be windy; to blow (of the wind). (MJT; LC; TC; AS,BC; TC,AS,BC; AS,BC) {**x̣áx̣ʼ** tiə skʷáči. *It's windy today.* (TC,AS,BC) | mán ʔuʔ **x̣áx̣ʼ**. *It's really blowing.* (EPT) | ʔáwə c **x̣áx̣ʼ**. *It's not windy.* (EB) | **x̣áx̣ʼ** kʷsə scúŋ. *It's a strong wind.* (EPT) | ʔuʔyéʔyəqʷ tə scúŋ; ʔáwə c **x̣áx̣ʼ**. *The wind is calm; it's not windy.* (AS) | čə́saʔqʷəŋ kʷi; mán ʔuʔ **x̣áx̣ʼ** kʷə scúŋ. *Put your hat on; it's very windy.* (AS)}

x̣áx̣ʼct ⟦√x̣ax̣ʼ-cut √windy-rflxv⟧ ☞ x̣áx̣ʼ wind storm; to get suddenly windy. (MJT; TC) {**x̣áx̣ʼct** ixʷ caʔ. *There's a storm coming.* (TC)}

x̣áx̣ʼən ⟦√x̣ax̣ʼ=ən √windy=instr⟧ ☞ x̣áx̣ʼ tide water that goes in and out. ⟪This refers to the water while /sɬáčəŋ/ refers to the land.⟫ cp. sɬáčəŋ (ES)

x̣áx̣ʼəŋ ⟦√x̣ax̣ʼ-ŋ √windy-mdl⟧ to be blown by the wind. (TC) {ʔuʔ**x̣áx̣ʼəŋ** tə scúŋ. *The wind is blowing.* (AS) | ʔuʔ**x̣áx̣ʼəŋ** tiə ʔáynəkʷ. *It's a windy day today.* (BC)}

x̣áx̣ʼsən ⟦√x̣ax̣ʼ=sən √windy=foot⟧ ☞ x̣áx̣ʼ
1. name of the sandbar that is right out from the beach at Jamestown and goes nearly to Dungeness. (LBH; EPT)
2. any sandbar. (LBH)

x̣án all. See under: x̣ə́nə

x̣aníti ⟦√x̣an-ŋi-ty √growl-rel-rcprcl⟧ to growl (as a dog). {**x̣aníti** cə Gypsy. *Gypsy started to growl.* (MJT)}

x̣áŋ ⟦√x̣aŋ √all_gone⟧ to be all gone, no more. (AS) {ʔuʔ**x̣áŋ** kʷi kʷə ʔaʔyəcɬtáynx̣ʷ. *The people were all gone.* (AS) | ʔuʔ**x̣áŋ** kʷi kʷə qʷɬúʔi. *The camas is all gone.* (AS)}

x̣áŋət ⟦√x̣aŋ-t √all_gone-trns⟧ ☞ x̣áŋ to take all of something. {ʔuʔ**x̣áŋət** cn. *I took everything.* (ES) | ʔuʔ**x̣áŋət** cn kʷi kʷə sčəyíqʷɬ. *I took all the fruit.* (AS)}

x̣áŋətəŋ ⟦√x̣aŋ-t-ŋ √all_gone-trns-psv⟧ ☞ x̣áŋət to be all taken by someone. {ʔuʔ**x̣áŋətəŋ** kʷə sčəyíqʷɬ. *Someone took all the fruit.* (AS)}

x̣áq̓t ⟦√x̣aq̓t √?⟧ Bremerton area. (LB,CWH) cp. sx̣áʔqət

x̣áq̓taməš ⟦√x̣aq̓t=améš √?=type⟧ ☞ x̣áq̓t Bremerton tribe. (LB,CWH)

x̣ášəŋ ⟦√x̣aš-ŋ √trap-mdl⟧ to trap animals. (TC) {**x̣ášəŋ** st ʔaʔ kʷə mə́ščú. *We trapped minks.* (AS)}

x̣átəŋ be told. See under: x̣ənʔátəŋ

x̣átx̣ət ⟦√x̣atx̣t √mallard⟧ mallard duck. (MJT) cp. tínəqsən

x̣áwəs new. See under: x̣ə́wəs

x̣awəsúykʷɬ new-dancer. See under: x̣əwəsúykʷɬ

x̣ax̣ciʔə́qsən island in Freshwater Bay. See under: x̣aʔx̣cəyə́qsən

x̣ax̣ícs ⟦√x̣ax̣ics √place_name⟧ Gettysburg Mountain, west of Brinnon Mountain, one of several mountains south of Clallam Bay. ✱This mountain was the wife of skʷáʔɬaʔməš (JSH)

x̣áx̣ɬ lying on back. See under: ʔəsx̣áx̣ɬ

x̣áx̣ɬacs mole. See under: x̣aʔx̣ɬács

x̣áx̣x̣ʼ ⟦x̣a+√x̣ax̣ʼ actl+√windy⟧ ☞ x̣áx̣ʼ to be blowing, windy. (MJT) {níɬ nsuʔcáw ʔiʔ mán

ʔuʔx̣áx̣ƛ̕. *Then I was on the beach, and it was very windy.* (MJ) | ʔáwənə nsx̣čít kʷaʔ ʔuʔx̣áx̣ƛ̕s cə paʔpaʔxʷəyu suʔəssáqɬ. *Nobody could tell if the breeze was blowing outside.* (MJ)}

x̣ayəkʷəyéʔč mountains. See under: x̣əy̕kʷəyéʔč

x̣áyəŋ̕ ⟦√x̣ay-ŋ √eat_seafood-mdl⟧ cp. q̕əwáʔəŋ to eat fresh seafood, cooked or raw, on the beach. (ES; AS) {x̣áyəŋ̕ cn ʔaʔ kʷi čiʔáqɬ. *I ate out on the beach yesterday.* (AS)} VAR: x̣áyəŋ (AS,BC)

x̣áyk̕ʷs ⟦√x̣ayk̕ʷs √raccoon⟧ raccoon. *Procyon lotor.* (AS,BC; ES; TC) [Perhaps the word originally referred to the markings on the raccoon's face with =us 'face' suffix.] VAR: x̣áyək̕ʷs (ES) {ŋə̕n̕ x̣áyk̕ʷs. *It's a lot of raccoons.* (ES)} VAR: x̣ə́yək̕ʷs (MJT)

x̣áy̕əs ⟦√x̣ay̕s √Changer⟧
1. Changer. (MJ; TC) *The Changer is an important personage in traditional Klallam stories. He walked the earth long ago changing people into animals and prominent rocks. *The Changer is also known by other names cp. nəc̕tə́n̕əq cp. núk̕ʷimət cp. ʔiʔaʔyačštúʔŋəɬ
2. Almighty, God, Creator, Great Spirit. *The word for the traditional Changer has been acculturated to use in reference to the Christian God. {xay̕əs nəmá. *God.* (TC,AS,BC) | mási či x̣áy̕əs. *Praise God.* (TC) | txʷʔúxʷtxʷ kʷaʔ ʔaʔ či x̣áy̕əs. *Let it go toward God.* (EJ) | háʔnəŋ cn, či x̣áy̕əs, ʔaʔ či nəsʔəcɬtáyŋxʷtəŋ. *Thank you, Great Spirit, for making me an Indian.* (TC,AS,BC)}
3. magic, spirit. (AS) {ʔuʔmán̕ ʔuʔ sx̣áʔis ti **x̣áʔis**s. *Its spirit is very evil.* (AS) | mán̕ ʔuʔ sx̣áʔəs ti **x̣áʔis**s ti sinəɬqi. *The sinəɬqi's spirit is very evil.* (AS)} VAR: x̣áʔays (AS,BC) VAR: x̣áʔəy̕s (MJT) VAR: x̣áys (AS,BC) VAR: sx̣áʔis (TC) {ʔuʔk̕ʷənəxʷ cxʷ ixʷ tə suʔɬúyŋs ʔaʔ s**x̣áʔis**. *You can see what the Changer left.* (MJ) VAR: x̣áʔis (LC; TC; AS) {suʔštə́ŋs tə **x̣áʔis** hiyáʔ. *So Changer walked.* (MJ) | txʷʔúxʷtxʷ ʔaʔ kʷə **x̣áʔis**. *Let it go toward God.* (BH) | mási či **x̣áʔis**. *Praise the lord.* (AS,BC) | q̕ʷúčt caʔn kʷə kʷsə **x̣áʔis** kʷaʔ táčis. *I'm going to kill Changer when he gets here.* (MJ) | suʔúŋəstəŋ ʔaʔ **x̣áʔis** ʔaʔ cə q̕ʷq̕ʷéʔis. *So he gave Changer the knife.* (MJ) VAR: x̣áys {mási či **x̣áy̕s**. *Praise the lord.* (AS,BC)} VAR: x̣áʔəyəs (MJ)

x̣ayúst ⟦√x̣ay̕-us-t √argue-rcpnt-trns⟧ to argue with someone, tell someone off. {x̣áy̕úst cn. *I told him off.* (AS) | hiyáʔ caʔn **x̣ay̕úst**. *I'm going to argue.* (MJT)}

x̣ayústəŋ ⟦√x̣ay̕-us-t-ŋ √argue-rcpnt-trns-psv⟧ ☞ x̣ay̕úst to be argued with, be told off. {x̣ay̕ústəŋ cn. *He argued with me.* (AS)}

x̣ayústəŋ̕ ⟦√x̣ay̕-us-t-ŋ<ʔ> √argue-rcpnt-trns-psv<actl>⟧ ☞ x̣ay̕úst being argued with. (MJT)

x̣ayústi ⟦√x̣ay̕-us-ty √argue-rcpnt-rcprcl⟧ ☞ x̣ay̕úst to argue with each other. {x̣ay̕ústi tə swéʔwəs. *The boys are arguing with each other.* (AS)}

x̣caʔəy̕ grass. See under: sx̣cáʔəy̕

x̣cáʔi grass. See under: sx̣cáʔəy̕

x̣cət ⟦√x̣c-t √pluck-trns⟧ ☞ x̣ə́c to pluck, pull something out or away. {x̣cə́t cn cə sx̣cáʔi. *I pulled the weeds.* (AS)}

x̣cə́təŋ ⟦√x̣c-t-ŋ √pluck-trns-psv⟧ ☞ x̣cə́t to be plucked, pulled out or away by someone or something. {x̣cə́təŋ kʷə sx̣cáʔi. *The weeds were pulled.* (AS)}

x̣cík̕ʷs ⟦√x̣c=iws √pluck=body⟧ ☞ x̣ə́c to pluck (a bird), remove feathers. (AS,BC) {x̣cík̕ʷs cn cə múʔuqʷ. *I plucked the duck.* (AS)}

x̣cík̕ʷst ⟦√x̣c=iws-t √pluck=body-trns⟧ ☞ x̣cík̕ʷs to pluck a bird, remove feathers. (ES; AS,BC) {x̣cík̕ʷst cn. *I plucked it.* (ES) | x̣cík̕ʷst cn cə čikən. *I plucked the chicken.* (AS)}

x̣čáʔčɬč cedar tree. See under: x̣paʔčíɬč

x̣čáct ⟦√x̣ač-cut √dry-rflxv⟧ [metathesis with reflexive] ☞ x̣áčt to dry oneself. (ES) {x̣čáct cn ʔaʔ kʷi nsqə́s ʔaʔ tə stúʔwi. *I dried myself when I fell into the river.* (AS)}

x̣čáy̕s ⟦√x̣č-ay̕s √know-activ⟧ ☞ x̣čə́t to study, examine, describe, do research, plan out. (AS) {x̣čáy̕s yaʔ st sxʷčʔiyás ʔaʔ ti súɬ. *We studied where the road would be.* (AS)}

x̣čə́n ⟦√x̣č=ən √know=instr⟧ ☞ x̣čə́t the authority, responsible one in charge, conductor, director. {ʔə́c yaʔ kʷi **x̣čə́n** *I was the one conducting.* (MJT)}

x̣čənáxʷ ⟦√x̣č-naxʷ √know-nctrns⟧ ☞ x̣čə́t Stem: x̣čná [stem with third-person subject] to manage to figure something out, size it up, find out, get to know about something, realize something, measure something, discover something, learn something, know something by intuition or spirit revelation. (ES; TC; AS) {x̣čənáxʷ cn. *I realize it. / I learned it. / I found out. / Now I know.* (LB,CWH; MJT; ES) | čaʔx̣čənáxʷ cn. *I just found out about it.* (TC) | ʔuʔx̣čənáxʷ st ʔaʔ či snə́kʷs. *We found out it was you.* (TC) | ʔiʔx̣čnás cə ʔuʔúy̕č. *The young one found out.* (TC) | ʔuʔx̣čnáxʷ cn ʔaʔ či sʔə́cs. *I found out it was me.* (TC) | ʔáwə kʷaʔ x̣čnás. *They never figured it out.* (MJ) | suʔhúys yəxʷ x̣čnás cə stíyms. *He finished getting to know his song.* (MJ) | niɬ suʔx̣čənáxʷs ʔaʔ či sʔáwəs c ʔaʔyəcɬtáyŋxʷ. *Then he figured that they weren't human beings.* (ES) | ʔuʔx̣čnás ʔaʔ či sʔə́cs. *He found out it was me.* (TC) | ʔuʔx̣čnás ʔaʔ či sɬníŋɬs. *He found out it was us.* (TC) | čšaʔiyá ʔaʔ kʷsə nəsʔúq̕ʷaʔ tə nəsx̣čənáxʷ. *I'm getting my knowledge from my cousin.* (MJT) | x̣čnás cə ʔuʔúy̕č, "tə́s ixʷ yaʔ či sctə́ŋxʷən." *And the younger one figured, "She must have reached the ground."* (AA) | x̣čnás ʔaʔ či sx̣čaʔáwəɬs kʷə či šəmáns. *They figured out that the enemy was underneath.* (ES) | txʷaʔyíy̕ č kʷaʔčaʔ ʔiʔ čaʔx̣čnás ʔaʔ či sníɬs ʔuʔ x̣ʷə́yəq̕ʷtən. *He was drifted far before he figured it out.* (TC) | ʔiʔ kʷhíc kʷaʔčaʔ ʔiʔ čaʔx̣čənáxʷ cn či ʔuʔx̣ə́nəs č ʔuʔəsƛ̕ú?ƛ̕əm̕. *And a long time later I finally found out that everything was all right.* (MJ)} VAR: x̣čnáxʷ (ES; AS,BC) {x̣čnáxʷ cn. *I found out.* (ES; TC)} |

čaʔx̣čnáx̣ʷ cn. *I just now found out.* (TC) | sx̣ʷéʔs či sx̣čnáx̣ʷs kʷsə stíyms. *He wants to get to know his song.* (MJ) | nił nsuʔx̣čnáx̣ʷ ʔaʔ či smáčəns ixʷ kʷsi ʔəssáqɬ. *Then I figured it was a skunk outside.* (MJ) | suʔx̣čnáx̣ʷs ʔaʔ či scqʷáʔič k̓ʷəwiʔ. *He figured it was a bear hide.* (ES) | ʔuʔx̣čnáx̣ʷ cn ʔaʔ či snə́kʷs. *I found out it was you.* (TC) | čaʔx̣čnáx̣ʷ cn ti sqʷáy. *I'll figure out the language.* (TC) | yəcúsc qɬ cn kʷaʔ x̣čnáx̣ʷən. *I'll tell you when I know.* (MJT) | ʔáwə cn c mán ʔuʔ x̣čnáx̣ʷ ti sqʷáys ti xʷanítəm. *I didn't study the words of the white man very much.* (TC) | ʔiʔ nił caʔn nsuʔx̣čnáx̣ʷ kʷaʔ ʔuʔsxʷaʔníŋ čtə ʔəɬ qʷáqʷiʔəɬ. *And then I'll find out how we talk.* (TC) | ʔiʔ suʔx̣čnáx̣ʷs ʔaʔ cə swéʔwəs ʔaʔ či sštə́ŋs cə słánis. *And then the young man figured out that his wife was walking.* (MJ) | húʔ cxʷ k̓ʷə́nəxʷ tə xʷənʔáŋ ʔnx̣ƛ́aʔmən ti sčáqʷəwc ʔiʔ nił ʔənsuʔx̣čnáx̣ʷ ʔaʔ či snáyaʔnəkʷs. *If you see something like a greenish fire, then you can figure it's ghosts.* (ES) | kʷčáŋəts, "ʔənʔá ʔiʔ yəcúst tiə xʷanítəm ʔaʔ či sx̣ʷéʔs či sx̣čnáx̣ʷs." *He hollered to him, "Come and tell this white man what he wants to know."* (ES)}

x̣čənúŋət ⟦√x̣č-nuŋt √know-ncmdl⟧ ☞ x̣čənáx̣ʷ
1. to learn about oneself, find out who one is. {x̣čənúŋət cn. *I learned myself. / I found out who I am.* (ES)}
2. to finally figure out, find out. (BC) VAR: x̣čnúŋət {ʔiʔ uʔnił č kʷi x̣čnúŋəts. *He apparently found out.* (AS)}

x̣čə́ŋtən ⟦√x̣č-ŋ<ʔ>=tən<ʔ> √know-mdl<actl>=instr<actl>⟧ ☞ x̣čə́t adviser, wise person, authority. (MJT) {x̣čə́ŋtən cxʷ. *You're the authority.* (MJT)}

x̣čə́t ⟦√x̣č-t √know-trns⟧ to study, examine, inspect something or someone, figure something out, get to know and understand, check someone or something out, size up someone or something, do research on something. (ES; AS,BC) {kʷɬx̣čə́t cn. *I figured it out.* (MJT) | x̣čə́t či. *Figure it out.* (MJT) | x̣čə́t caʔn. *I'm going to check on it.* (TC) | x̣čə́ts. *He sized it up.* (ES) | x̣čə́t cn cə nəxʷsx̓ayəmúcən sqʷáy. *I studied the Klallam language.* (AS) | ʔuʔx̣čə́t caʔn cə ʔəcɬtáyŋxʷ. *I'm going to check on that person.* (TC) | x̣čə́t ti sx̣ə́ns či xʷəỳnə́kʷi ʔiʔ xʷaʔinəkʷáyŋ či sx̣ə́ns. *Figure out that they are all separated and that the all go apart from each other.* (ES) | ʔiʔ ʔuʔnił kʷi ti siʔámɬ x̣aʔčáys ʔaʔ ti pípə ti sʔúŋəstəŋs ti sx̣čə́ts. *It's our counsel that studied the papers that they were given to inspect.* (AS)}

x̣čə́təŋ ⟦√x̣č-t-ŋ √know-trns-psv⟧ ☞ x̣čə́t to be figured out, sized up. (AS,BC) {x̣čə́təŋ cn. *They're looking me over.* (AS) | ʔunú st ʔuʔ x̣čə́təŋ ʔaʔ cə swéʔwəs. *Notice we're being sized up by that boy.* (AS)}

x̣čə́yuʔ ⟦√x̣č-əyu<ʔ> √figure_out-activ<actl>⟧ ☞ x̣čə́t to be sizing a situation up, making a judgment about a situation. (TC) {hiyáʔ caʔ st x̣čə́yuʔ ʔaʔ cə x̣ə́wəs ʔáʔiŋ. *We'll go check out the new house.* (AS)}

x̣číc ⟦√x̣č-i-t-c √know-persist-trns-1obj/2obj⟧ ☞ x̣čə́t know me; know you. {x̣číc u cxʷ? *Do you know me?* (MJT; ES; MJ) | x̣číc cn. *I know you.* (ES) | ʔáwənə nəsx̣číc. *I don't know you.* (TC; MJ) | ʔáwə cn c x̣číc. *I didn't know you.* (TC) | ʔáwənə nəsx̣čít kʷə nəcáčc yaʔ ʔiʔ ʔáwənə sx̣čícs. *I didn't know my uncle, and he didn't know me.* (MJ)}

x̣číkʷsəŋ ⟦√x̣č=iws-ŋ √know=body-mdl⟧ ☞ x̣čə́t figure out what to do. {kʷɬuʔx̣číkʷsəŋ yaʔ st kʷi. *We've already figured out what to do.* (MJT)}

x̣číŋɬ ⟦√x̣ač-iŋɬ √dry-cstm⟧ ☞ x̣áčəŋ to dry (a batch of something such as clams or laundry). {x̣číŋɬ či. *Dry (the clothes).* (AS) | x̣číŋɬ ʔaʔ tə sqx̣əyuʔ *Dry the clams.* (MJT)}

x̣číŋt ⟦√x̣č-iŋt √know-scs⟧ ☞ x̣čə́t to get to know, get to understand. {ʔuʔx̣číŋt cn či sqʷáys. *I got to understand what he was saying.* (AS)}

x̣čít ⟦√x̣č-i-t √know-persist-trns⟧ ☞ x̣čə́t Stem: x̣čtí [stem for third-person and subordinate subject suffixes] to know, understand something or someone. (JCo; AS,BC; ES; WB,AS,BC) {x̣čít u cxʷ? *Do you know it?* (JCo; MJT; ES) | ʔuʔx̣čít cxʷ. *You know it.* (LC; TC) | x̣čít cn. *I know it.* (EPT; TC) | ʔuʔx̣čít cn. *I know it.* (LB,CWH; MJT) | kʷɬx̣čít cn. *I already know it.* (LC) | huʔx̣číts. *He knows it.* (MJT) | cəẃín cn ʔuʔ x̣čít. *Even I know it.* (TC) | ʔáwənə yaʔ nəsx̣čít. *I didn't know.* (TC) | ʔáwənə nəsxʷx̣čít. *I don't know.* (TC) | ʔáwənə nəsx̣čít. *I don't know.* (TC) | húỳ ʔuʔ x̣čtín. *That's all I know.* (TC) | náč cə nəsx̣čít. *I know different.* (TC) | ʔuʔáw kʷaʔ x̣číts. *He never learns.* (AS) | ʔáwənə stáŋ nəsx̣čít. *I didn't know what it is.* (TC) | ʔáwənə nəsx̣čít kʷaʔ txʷéʔxʷənən. *I don't know where I'm going.* (LC) | ʔiʔ ʔáwənə st taʔ x̣čít či sxʷʔiyáɬ. *But neither of us knew where we were.* (TC) | ʔáwənə nəsx̣čít kʷaʔ ʔəstúŋətən caʔ. *I don't know what I'm going to do.* (MJ) | x̣čtís kʷi ʔiʔ ʔáwə kʷaʔ yəcúscs. *She knows, but she won't tell me.* (MJT) | ʔáwənə nəsx̣čít ʔəɬ xʷaʔnéʔtəŋəxʷ. *I don't understand when you talk English.* (AS) | ʔáwənə caʔ nəsx̣čít. *I'm never going to know.* (TC) | ʔáwə caʔn t x̣čít. *I'm never going to know.* (TC) | ʔuʔx̣čít cn cə swə́ỳqaʔ. *I know that man.* (AS,BC) | ʔáwənə sx̣číts kʷaʔ ʔəstúŋəts. *He didn't know what to do.* (ES) | ʔáwənə u ṅsxʷiʔám̓, ntán, x̣čtíxʷ? *Aren't there any stories that you know, mother?* (AC) | nił ʔuʔ húỳ x̣čtíxʷ, əw? *That's all you know, eh?* (AC) | ʔuʔx̣čít cn tə nsqʷáqʷiʔ. *I understand you. / I know what you're saying.* (ES) | x̣čít u cxʷ či ṅsyáyact? *Do you know what you're doing?* (ES) | ʔáwə nəsx̣čít kʷaʔ stáŋəs yaʔ čtə. *I don't know what it was.* (TC) | nił kʷaʔčaʔ suʔhúys x̣čtíxʷ. *That's the only thing you know.* (TC) | ʔáwənə sx̣číts kʷsə stíyms. *He doesn't know his song.* (MJ) | ʔáwənə nəsx̣čít kʷə k̓ʷín skʷáči cə ŋaʔkʷaʔcúts. *I don't know how many days they waited.* (ES) | x̣ay u cxʷ ʔuʔ x̣čít? *Do you know, too?* (EPT) | ʔáwə cn c x̣čít. *I didn't know. / I never knew.* (TC) | ʔáwənəʔ sx̣číts kʷsə

x̣číti

ŋə́naʔ či sx̣ʷayə́múcəns. *My daughter doesn't know the Klallam language.* (EPT) | kʷɬtwawʔ**x̣čtí**s ixʷ čtə kʷi nəxʷsx̣ʷayə́múcən. *She must still know the Klallam language.* (AC) | ʔuʔhúy **x̣čtí**n kʷi sʔənʔás č cə čaʔʔəsqásɬ yaʔ. ʔaʔ cə x̣́ɬálc. *All I know is that it came from the sea.* (EB) | ʔáwənə s**x̣čtí**s ʔaʔ či sx̣ʷənáŋs ʔuč ʔaʔ či x̣čŋíns cə siyáʔiɬ. *He didn't know what his in-law had in mind.* (AA) | suʔqʷáys cə sʔúqʷaʔs ʔáwənə s**x̣čtí**s ʔuʔtx̣ʷén yəxʷ kʷaʔ kʷaʔ uʔštəŋ. *The older sister said she didn't know where he walked to.* (AA) | ʔiʔ ʔuʔníɬ ʔuʔ**x̣čtí**s ʔaʔ či stúyəŋs. *And then he knew he was abandoned.* (AA) | ʔáwənə nəs**x̣čít** kʷaʔ ʔuʔčəx̣íns yaʔ čtə. *I don't know where they might have come from.* (ES) | yə́cəm caʔn ʔaʔ či **x̣čtí**n. *I'm going to tell what I know.* (ES) | yəcústəŋ caʔn ʔaʔ či **x̣čtí**s. *He's going to tell me what he knows.* (ES) | skʷə́yəxʷ ʔiʔ ʔuʔ**x̣čtí**s cə stɬéʔyəms cə skʷə́yəxʷ. *It was a screech owl, and he knew what that owl was singing.* (ES) | húy yaʔ cə ʔuʔsɬáx̣ɬ ʔuʔ sʔəsʔúʔiʔs ʔuʔ **x̣čtí**s kʷ ʔiʔčáʔi ʔəcɬtáyŋxʷ. *The wrong way was the only way the people before us knew.* (BH) | ŋə́n sčə́yačaɬ ʔi ʔuʔ**x̣čtí**s suʔčʔəɬáʔs ʔaʔ tiə ʔéʔɬx̣ʷaʔ. *We have many relatives, and they know they come from Elwha.* (TC) | níɬ kʷaʔčaʔ suʔhúys **x̣čtí**n cə nəsyaʔcústəŋ ʔaʔ kʷi old man Charlie Jones yaʔ. *That's all I know that I was told by the late old man Charlie Jones.* (TC) | húy ʔuʔ **x̣čtí**n ʔaý ʔaʔ kʷsə nmə́ščú nsx̣ʷiʔám̓. *That's all I know of my Mink story.* (TC) | čaʔsaʔ suʔáwəs cə **x̣čtí**n. *I know two of the boys.* (TC)}

x̣číti ⟦√x̣č-ŋi-ty √know-rel-rcprcl⟧ ☞ x̣čít *to know each other.* (AS,BC) {**x̣číti** st. *We know each other.* (AS) | **x̣číti** yaʔ st ʔaʔ kʷi skʷənəkʷiɬ. *We knew each other when we saw each other.* (AS)}

x̣číw̓səŋ ⟦√x̣č=iw<ʔ>s-ŋ<ʔ> √know=body<actl>-mdl<actl>⟧ ☞ x̣číkʷsəŋ *to be figuring out what to do.* {**x̣číw̓səŋ** st. *We're figuring out what to do.* (MJT)}

x̣čnáŋ ⟦√x̣č-nax̣-ŋ √know-nctrns-psv⟧ ☞ x̣čənáxʷ *to be figured out, found out about.* {**x̣čnáŋ** u cx̣ʷ? *Did they find out about you?* (ES; AS) | ʔiʔ uʔča**x̣čnáŋ** č kʷi kʷə swéʔwəs. *They just figured out the boy.* (AS)} VAR: x̣čníŋ (AS,BC) {**x̣čníŋ** u cx̣ʷ? *Did he/she find out about you?* (AS)}

x̣čnáw̓tx̣ʷ ⟦√x̣č-nax̣ʷ=awtx̣ʷ √know-nctrns=house⟧ ☞ x̣čənáxʷ *house of knowledge, learning, library.* (AS)

x̣čníŋ *be figured out. See under:* x̣čnáŋ

x̣čnúŋə ⟦√x̣č-nax̣ʷ-uŋə √know-nctrns-2obj⟧ ☞ x̣čənáxʷ *find out about you.* {ʔuʔ**x̣čnúŋə** cn. *I got to know you.* (TC)}

x̣čnúŋəs ⟦√x̣č-nax̣ʷ-uŋəs √know-nctrns-1obj/2obj⟧ ☞ x̣čənáxʷ *find out about me; find out about you.* {**x̣čnúŋəs** cn. *I found out about you.* (ES)}

x̣čnúŋət *learn self. See under:* x̣čənúŋət

x̣čŋənáw̓tx̣ʷ ⟦√x̣č=ŋin=awtx̣ʷ √know=piece=house⟧ ☞ x̣čŋín *library.* (AS,BC)

x̣čŋín ⟦√x̣č=ŋin √know=piece⟧ ☞ x̣čə́t

1. *mind, thought, idea, wisdom, memory, feeling; will, spirit.* (BH; AS,BC; ES; TC) {**x̣čŋín**s ʔaʔ či ńshiyáʔ kʷaʔ. *He thought you went.* (TC) | x̣ə́ɬ nə**x̣čŋín**. *My feelings are hurt.* (TC) | x̣ə́ɬ ciʔə nə**x̣čŋín**. *My feelings got hurt.* (ES) | x̣ə́ɬ u ń**x̣čŋín**? *Are you sorry?* (MJT) | x̣ə́ɬ kʷi nə**x̣čŋín**. *I'm sorry.* (MJT) | ʔuʔʔýtxʷ či ń**x̣čŋín**. *Let your thoughts be good.* (AA) | níɬ kʷi ʔuʔ n**x̣čŋín**. *That's what I thought.* (MJT) | ʔuʔčəʔít ʔuʔ x̣ə́ɬ či n**x̣čŋín**. *I'm truly sorry.* (EPT) | huʔx̣čít cn či **x̣čŋín**s. *I knew what he was thinking.* (ES) | ń**x̣čŋín** ʔaʔ či sʔuʔə́ýs, u? *Do you think it's good?* (ES) | mán ʔuʔ ʔə́ý nə**x̣čŋín**. *My thoughts are very good (I'm very glad).* (EJ) | nə**x̣čŋín** tə ʔaʔ či ńshiyáʔ. *I thought you went.* (TC) | nə**x̣čŋín** tə ʔaʔ či nəshiyáʔ. *I thought I went.* (TC) | ʔuʔə́ý caʔ **x̣čŋín**ɬ kʷaʔ kʷənnəxʷɬ. *We'll be glad to see him.* (AC) | ʔáwənə nə**x̣čŋín**. *I've got no mind.* (TC) | níɬ kʷi **x̣čŋín** ti nəsx̣ʷ́kʷə́t. *I decided to take it.* (AS) | ʔáʔčšt kʷi nə**x̣čŋín**. *I changed my mind.* (ES) | ʔaʔčšít cn kʷsiə nə**x̣čŋín**. *I changed my mind.* (ES,HS) | nə**x̣čŋín**. ʔuʔ hiyáʔ caʔn. *I thought and decided I'll go.* (TC) | čaʔyéʔix̣ kʷsə nə**x̣čŋín**. *I've got a short memory.* (ES) | ʔáwənə yaʔ **x̣čŋín**s cə swə́ýqaʔ. *He was a man without wisdom.* (TC) | ʔáwə yaʔ kʷi c nə**x̣čŋín** ʔaʔ či nəsx̣ɬnáxʷ caʔ. *I didn't think I was going to hurt him that much.* (MJT) | ʔuʔháhəkʷ cn ʔaʔ či **x̣čŋín**s ʔaʔ kʷi nəcə́t. *I remember the wisdom of my father.* (TC) | **x̣čŋín** ʔaʔ či sʔiyás cə swéʔwəs ʔiyá ʔaʔ cə sx̣ʷʔúyəɬs. *I thought the young man was at his car.* (MJ) | níʔɬ kʷaʔ suʔmáns ʔuʔ x̣ə́ɬ cə **x̣čŋín**s cə čáʔsaʔ qáyaʔŋi ʔaʔ cə suʔə́ýqaʔ. *Then the two young women were very dissatisfied with the men.* (AA) | ʔiʔx̣ʷə́ýqʷtəŋ č ʔiʔ **x̣čŋín**s ʔaʔ či sʔiʔɬuʔúʔiŋs ʔaʔ cə qʷ̓qʷúʔəŋ. *They were being drifted, and he thought Kelp was leaving him.* (TC) | ʔə́ý nə**x̣čŋín** ʔaʔ t ństwəwʔiyə́m̓ tə ńsqʷáqʷiʔ. *I feel good that your speaking is still strong.* (TC) | ʔiʔ ʔuʔmán kʷaʔčaʔ ʔuʔ ʔə́ý nə**x̣čŋín** ʔaʔ ti nəsʔiyánəxʷ. *And I am very glad to hear it.* (BH) | háʔnəŋ cn ʔaʔ či nəsč**x̣čŋín**. *Thank you for making me smart.* (TC,AS,BC) | ʔəsnát č sx̣ʷ**x̣čŋín**s ʔaʔ či sčtəŋs kʷɬiʔx̣́iyáʔts či súɬ. *At night she thought she would crawl to find a path.* (MJ) | ʔiʔ níɬ č yaʔ suʔx̣ə́ɬs **x̣čŋín**s ti séʔyaʔs ʔiʔ ti qáyaʔŋi. *And so the grandparents and the girls were feeling bad.* (AS) | **x̣čŋín**s ʔaʔ či sʔəskʷáʔkʷis ʔiʔuʔəsʔéʔnəŋ̓. *He thought he was hiding, but he was visible.* (TC) | nə**x̣čŋín** ʔúxʷ caʔn ʔaʔstətíɬəm kʷaʔ ʔáwən c ʔúxʷ ʔaʔčixʷícən. *I think I'll go to Jamestown if I don't go to Port Angeles.* (TC) | ʔuʔmán cxʷ ʔuʔ nəsx̣ə́ʔ ʔaʔ kʷ suʔx̣ə́nə nə**x̣čŋín**. *I love you with all my heart.* (ES) | nə**x̣čŋín** ʔaʔ či sníɬs čsxʷʔiyas ʔaʔ ʔáʔiŋs ʔaʔ xʷiyanítəm. *I thought there were from the place of the white peoples' house.* (ES) | **x̣čŋín** ʔaʔ či náʔcəwtxʷəŋəs yaʔ kʷi kʷiwníɬ máščú ʔaʔ cə sʔúqʷaʔs. *Mink thought he'd go visit his older sister.* (TC) | hiyáʔ ʔučtə kʷi či **x̣čŋín**s ʔaʔ či shiyáʔs. *He went because he thought he might as well go.* (AA) | ʔáwənə sx̣číts ʔaʔ či sx̣ʷənáŋs ʔuč ʔaʔ či **x̣čŋín**s cə siyáʔiɬ. *He didn't know what his*

in-law had in mind. (AA) | suʔqʷáys, "ó, ʔuʔ xʷənáŋ kʷiči ʔuʔ nx̣čŋín txʷʔənʔá ʔaʔ ʔə́cə." *So he said, "Oh, I know how you feel toward me."* (AA) | ʔiʔ ʔə́ý či **x̣čŋín**. *And have good thoughts.* (AA) | ʔiʔ nił kʷaʔča? cxʷ hayə ʔəyciłtáyŋxʷ húytxʷ či suʔə́ýs či nx̣čŋín ʔaʔ cayə húy ʔuʔ sx̣ʷúʔx̣ʷəm ʔiʔ uʔšašúʔł. *And therefore you people should have good thought for those who are well off and be happy.* (AA) | máń kʷə ʔuʔ ʔə́ý nəx̣čŋín ʔaʔ tə nəsʔiyánəxʷ kʷłə qʷáqʷi ʔəciłayŋxʷ yaʔcustúŋəł ʔaʔ či sʔəshúʔiʔs ti ʔəciłayŋxʷ ʔiyá ʔaʔ kʷi sxʷʔiyáł. *I'm very happy to hear her speaking telling us how the people were where we are.* (BH) | **x̣čŋín**s q kʷə kʷłčáq yaʔ, Pysht Jack, ʔaʔ či sx̣ʷkʷnáxʷs kʷaʔ čáyəss. *The old man, Pysht Jack, thought he'd grab it when he turned around.* (ES)} 2. **heart**. (LBH) VAR: x̣čəŋín (LBH) {máń uʔ x̣əł či cəx̣čəŋín. *I'm sure sorry* (EPT) | cəʔít kʷi ʔuʔ x̣əł či nəx̣čəŋín. *I'm sorry.* (MV) | ʔə́ý **x̣čəŋín**s ʔiʔ hún. *It (the fire) got a good spirit and burned.* (MJT) | nəsuʔx̣čəŋín ʔaʔ či sčáqs ti stáčəns. *I think the tide was out.* (MJT) | **x̣čəŋín**s ʔaʔ či sx̣číts ʔiʔ ʔáwənə tə kʷi sx̣číts. *He thinks he knows, but he doesn't know.* (MJT)}

x̣čŋináy ⟦√x̣č=ŋin=ayə √know=piece=container⟧ ☞ x̣čŋín **computer**. (AS,BC)

x̣čŋínəŋ ⟦√x̣č=ŋin-ŋ √know=piece-mdl⟧ ☞ x̣čŋín **to plan, will**. {čʔiyás tiə sx̣čŋínəys yaʔ či cícł siʔám. *from the will of the Lord.* (RSh)}

x̣čŋín ƛúyəqs ⟦√x̣č=ŋin √ƛuyqs √know=piece √box⟧ ☞ x̣čŋín ☞ ƛúyəqs **computer**. (TC,AS,BC)

x̣čŋíntəŋ ⟦√x̣č=ŋin-txʷ-ŋ √know=piece-letcaus-psv⟧ ☞ x̣čŋíntxʷ **to be made to think**. {xʷənʔáŋ či nx̣čŋíntəŋ ʔaʔ či cícł siʔám. *That's the way I've been made to think by God.* (RSh) | ʔiʔ uʔ**x̣čŋíntəŋ** kʷi či snə́kʷs caʔ čáy. *They think that it's going to be you that will do the work.* (AS) | **x̣čŋíntəŋ** ʔaʔ či nʔə́c kʷaʔ čáy. *They figured it would be me to work.* (AS)}

x̣čŋíntxʷ ⟦√x̣č=ŋin-txʷ √know=piece-letcaus⟧ ☞ x̣čŋín **to decide on someone or something**. {ʔiʔ nił kʷi nx̣čŋíntxʷ cə q̓áʔŋiʔ. *I decided that that's the girl.* (AS)}

x̣ctíŋ ⟦√x̣č-t-i-ŋ √know-trns-persist-psv⟧ ☞ x̣čít **to be known, known about by someone**. (AS,BC) {**x̣čtíŋ** cn. *They know me.* (TC) | ʔáwənə sx̣čtíŋs kʷaʔ čʔəxíns. *They didn't know where they were from.* (ES) | ʔáwənə kʷaʔ nəsx̣čtíŋ ʔiyá yaʔ cn ʔaʔ tə hospital. *They don't know what's the matter with me there at the hospital.* (MJ)}

x̣čít ⟦√x̣či-t √scratch-trns⟧ [metathesizes in the actual] ☞ x̣íč **to scratch something**. (EPT; AS,BC) ⟪USAGE: For the non-actual TC uses only x̣íčt.⟫ cp. x̣íčt {**x̣čít** yaʔ st. *We scratched it.* (AS) | **x̣čít**s cə sʔíłəns cə píšpš. *The cat scratched its food.* (AS)}

x̣čítəŋ ⟦√x̣či-t-ŋ √scratch-trns-psv⟧ ☞ x̣čít **to be scratched by someone or something**. (ES) {**x̣čítəŋ** cn. *He scratched me.* (MJT; TC) | **x̣čítəŋ** cn ʔaʔ kʷsə píšpš. *The cat scratched me.* (ES; TC) | **x̣čítəŋ** cn ʔaʔ kʷłəs kʷaʔtúš. *I was scratched by the cat.* (EPT) | **x̣čítəŋ** u cxʷ? *Did he scratch you?* (MJT)}

x̣éʔ ⟦√xi √appear_suddenly⟧ **to appear, show up suddenly, by surprise**. (AS) {čaʔ**x̣éʔ** cn. *I finally showed up.* (AS) | ča?**x̣éʔ** u cxʷ? *Did you just show up?* (AS) | ča?**x̣éʔ** cxʷ, u? *So, you finally showed up?* (AS)}

x̣éʔčiʔ ⟦√xi<ʔ>č-iy<ʔ> √raw<actl>-dev<actl>⟧ ☞ x̣íči **to feel ashamed, bashful**. (MJT; TC) {**x̣éʔčiʔ** cn. *I'm ashamed.* (ES; TC) | **x̣éʔčiʔ** u cxʷ? *Are you ashamed?* (MJT) | **x̣éʔčiʔ** cn či nəsqʷáy. *I'm afraid to talk.* (TC) | ʔuʔ**x̣éʔčiʔ** či sʔéʔłəns. *They were ashamed to eat.* (MJ) | čáyk̓ʷəŋ cə sx̣íx̣aʔx̣qt; ʔuʔ**x̣éʔčiʔ**. *The child is squirming; he's bashful.* (AS) | ʔiʔ uʔ**x̣éʔčiʔ** ʔawʔáwənə ʔáwkʷs təyəmtís. *They were ashamed because they had nothing to wear.* (MJ) | hiyáʔ cn túkʷ ʔiʔ **x̣éʔčiʔ** či nəsnáčəŋ *I went home and was ashamed to laugh.* (MJ)} VAR: x̣éʔči (AS,BC) {səməxʷáyŋən ʔəł qʷáyəs; ʔiʔ mán̓ ʔuʔ **x̣éʔči** ixʷ kʷi. *His voice gets quiet when he talks; he must be bashful.* (AS)}

x̣éʔčt ⟦√xi<ʔ>č-t √scratch<actl>-trns⟧ ☞ x̣íčt **to be scratching something**. {**x̣éʔčt** cn. *I'm scratching it.* (TC)}

x̣éʔəw̓s ⟦√x<iʔ>əw̓s √new<aff>⟧ [unique diminutive form] ☞ x̣ə́w̓əs **to be small and new**. (MJT) VAR: x̣éʔw̓əs (MJT; AS)

x̣éʔiʔəx̣ **warring**. *See under:* x̣éʔyəx̣

x̣éʔix̣ **warring**. *See under:* x̣éʔyəx̣

x̣èʔix̣ístxʷ **making war on someone**. *See under:* x̣aʔix̣ístxʷ

x̣éʔƛ̓č ⟦√xi<ʔ>ƛ̓č √fell<actl>⟧ ☞ x̣íƛ̓č **to be felling a tree, bringing a tree down**. (ES,TC)

x̣éʔnəŋ ⟦√xiʔ-naxʷ-ŋ √appear_suddenly-nctrns-psv⟧ ☞ x̣éʔnəxʷ **to be caught by surprise by someone**. (TC) {**x̣éʔnəŋ** cn. *He surprised me.* (TC) | nił kʷaʔčaʔ scsə́təŋs yaʔ ʔaʔ cə sŋə́q̓ʷuʔ swə́yqaʔs ʔaʔ kʷi sčaʔ**x̣éʔnəŋ**s ʔaʔ cə ʔuʔnáč. *It's because Crane, her husband, hit her when he caught her by surprise with a stranger.* (AA)}

x̣éʔnəxʷ ⟦√xiʔ-naxʷ √appear_suddenly-nctrns⟧ ☞ x̣éʔ **to catch someone by surprise, catch someone red-handed**. (TC; AA; AS) {**x̣éʔnəxʷ** cn. *I surprised him.* (TC) | **x̣éʔnəxʷ** cn kʷi qánqən̓. *I caught the thief red-handed.* (AS) | **x̣éʔnəxʷ** cn kʷi kʷə swéʔwəs šátəŋ. *I caught the boy who was walking by surprise.* (AS)} VAR: x̣éʔənəxʷ (AS,BC)

x̣éʔqt ⟦√xi<ʔ>q-t √scrape<actl>-trns⟧ ☞ x̣íqt **to be scraping something**. {kʷł**x̣éʔqt** cn. *I'm scraping it.* (MJT)}

x̣éʔsiʔ ⟦√xi<ʔ>s-iy<ʔ> √terrible<actl>-dev<actl>⟧ ☞ x̣ísi **to be fierce, terrible, ugly, frightening**. (AS,BC) {**x̣éʔsiʔ** yəxʷ u cxʷ. *You must be fierce.* (TC) | **x̣éʔsiʔ** tə słə́məxʷ. *The rain is fierce.* (AS) | **x̣éʔsiʔ** tə sčúŋ. *The wind was terrible.* (AS) | **x̣éʔsiʔ** kʷi či skʷáči. *It's a really bad weather.* (AS,BC) | **x̣éʔsiʔ** tə słə́məxʷ; ʔuʔłəŋ st ʔuʔ čaʔmúnəq. *The rain was fierce; we got* *completely wet.* (AS) | ʔuʔx̣éʔsiʔ ʔuʔcq̣ʷə́łənł ʔi qiʔnúŋəts. *He's a real ugly red-neck when he's angry.* (AS) | mán̓ ʔuʔ x̣éʔsiʔ caw̓nił. *He was very fierce.* (TC) | ʔuʔx̣éʔsiʔ cə scúŋ; ʔuʔpúq̓ʷəŋ cə x̌ƛáłc. *The wind is terrible; the ocean is foaming.* (AS) | ʔuʔmán̓ uʔ x̣éʔsiʔ tə ʔiyəcíłc nsxʷčʔiyá. *The brambles were real mean where I come from.* (AS)}

x̣éʔt ⟦√x̣iʔ-t √appear_suddenly-trns⟧ ☞ x̣éʔ to make or let someone or something appear, show up. (AS) {*x̣éʔt* cn. *I made it show up.* (AS,BC)} VAR: x̣éʔət (AS) {*x̣éʔət* cn cə swéʔwəs. *I made the boy show up.* (AS)}

x̣éʔtəŋ ⟦√x̣iʔ-t-ŋ √appear_suddenly-trns-psv⟧ ☞ x̣éʔt to be made to or allowed to appear by someone or something. {*x̣éʔtəŋ* cə x̣íyən. *The pen showed up.* (AS)}

x̣éʔax̣ ⟦x̣íʔ+ √x̣iʔ char+√appear_suddenly⟧ ☞ x̣éʔ to be embarrassed, bashful, shy, ashamed. (ES) {mán̓ cn ʔuʔ *x̣éʔax̣*. *I'm awfully embarrassed.* (AS) | *x̣éʔx̣aʔ* cə sx̌íx̌aʔx̌qł. *The child is shy.* (AS)}

x̣eʔx̣éʔčiʔ ⟦x̣aʔ+ √x̣i<ʔ>č-iy<ʔ> dim+√raw<actl>-dev<actl>⟧ ☞ x̣éʔčiʔ cp. x̣íx̣aʔx̣aʔ to feel ashamed, bashful. {*x̣eʔx̣éʔčiʔ* cn. *I'm ashamed.* (TC)}

x̣éʔx̣ʷt ⟦√x̣i<ʔ>x̣ʷ-t √scrape_with_teeth<actl>-trns⟧ ☞ x̣íx̣ʷt to be scraping something with one's teeth. {kʷłx̣éʔx̣ʷt cn. *I'm scraping it with my teeth.* (MJT)}

x̣éʔyəx̣ ⟦√x̣i<ʔ>yx̣ √war<actl>⟧ ☞ x̣íyəx̣ being at war, battling. (ES; HS,ES; TC; AS,BC; AS) {*x̣éʔyəx̣* cn ʔaʔ cə məq̓áʔaʔ. *I'm making war on the Makah.* (TC) | ʔúx̣ʷ cn ʔaʔ cə sxʷʔiyás ti čaʔčáʔtəŋs tə sx̣iyəx̣ə́kʷł ʔawx̣éʔyəx̣ yaʔ tiə xʷiyanítəm yaʔ ʔaʔ cə nə́cuʔ tə́ŋxʷ. *I went to where they were building a battleship because the white people were fighting a war in another land.* (TC)} VAR: x̣éʔix̣ (AS,BC; AS) {sx̣iyəx̣ə́kʷł ti sčáʔis ʔaʔ kʷi sx̣eʔix̣s ʔaʔ ti xʷiyanítəm. *They were building a battleship for the white man's war.* (TC) | tčácsts tə ʔatšə́nəmən ʔaʔ kʷi sx̣éʔix̣s. *He retaliated against the enemy when they were at war.* (AS)} VAR: x̣éʔəyəx̣ (MJ) VAR: x̣éʔiʔəx̣ (ES) VAR: x̣éyx̣ (AS,BC)

x̣éʔyəx̣stxʷ making war on someone. *See under:* x̣aʔix̣ístxʷ

x̣éyəŋ Jim Creek. *See under:* x̣ʷáyəŋ

x̣éyəx̣ war. *See under:* x̣íyəx̣

x̣óc ⟦√x̣c √pluck⟧ to be pulled away, plucked (as weeds or feathers). (AS) {*x̣óc* tə skʷáqəŋ. *The flower was plucked.* (AS)}

x̣óct ⟦√x̣<ó>c-t √pluck<actl>-trns⟧ [actual metathesis] ☞ x̣cót to be plucking something, pulling something off, out, or away. (AS,BC; AS) {*x̣óct* cn cə skʷəyáqən. *I was plucking flowers.* (AS) | *x̣óct* cn cə x̌óx̌. *I pulled out the bear grass.* (AS)}

x̣óctəŋ ⟦√x̣<ó>c-t-ŋ<ʔ> √pluck<actl>-trns-psv<actl>⟧ ☞ x̣cótəŋ to be plucked, pulled out or away by someone or something. {*x̣óctəŋ* kʷə q̓ʷłúʔi. *The camas is being pulled out.* (AS)}

x̣óčt ⟦√x̣<ó>č-t √know<actl>-trns⟧ [actual metathesis] ☞ x̣čót to be figuring something out. (AS,BC) {*x̣óčt* cn. *I'm figuring it out.* (MJT; ES; TC) | ʔáwə cn t x̣óčt. *I didn't figure it out.* (TC) | ʔáwənə nsx̣óčt. *I couldn't figure it out.* (TC) | *x̣óčt* kʷə sʔístxʷ caʔ či sq̓ʷúčt cə ʔəcłtáyŋxʷ. *They were figuring out what to do to kill the person.* (ES)}

x̣óčtəŋ ⟦√x̣<ó>č-t-ŋ<ʔ> √know<actl>-trns-psv<actl>⟧ ☞ x̣čótəŋ being figured out, sized up. {ʔiʔ nił caʔ *x̣óčtəŋ*ł či stitə́kʷ. *And then we'll be figuring out the broken ones.* (MJ)}

x̣ə́ł ⟦√x̣ł √hurt⟧
1. to get hurt, ache, feel pain, feel sick, suffer, have a hard time. (ES; AS,BC) {*x̣ə́ł* cn. *I'm hurt, my feelings got hurt.* (EPT; MJT; ES) | mán̓ ʔuʔ *x̣ə́ł*. *It hurt very much.* (ES) | *x̣ə́ł* u cxʷ? *Did you get hurt?* (ES) | *x̣ə́ł* tə nəx̣ʷúŋən. *My throat hurt.* (MJ) | *x̣ə́ł* cn má?kʷł. *I got hurt real bad.* (EPT) | *x̣ə́ł* caʔ cxʷ. *You're going to get sick.* (MJT) | mán̓ cn ʔuʔ *x̣ə́ł*. *I really got hurt.* (ES) | ʔáwə c nsx̣ə́ł. *It didn't hurt me.* (MJT) | *x̣ə́ł* ʔaʔ kʷi stə́cs. *It hurt when it broke.* (MJ) | *x̣ə́ł* u n̓x̣čnín? *Are you sorry?* (MJT) | ʔuʔcəʔít ʔuʔ *x̣ə́ł* či nx̣čnín. *I'm truly sorry.* (EPT) | mán̓ cn ʔuʔ *x̣ə́ł* má?kʷł. *I got hurt bad.* (MJT) | *x̣ə́ł* ixʷ ʔiʔ ʔáwənə táləs či sx̌kʷə́ts či doctor. *He must have been sick, and they had no money to take him to a doctor.* (MJ) | ʔáwə qł kʷi c *x̣ə́ł* kʷaʔ yəcústxʷ ʔaʔ či sxʷʔám̓ ʔaʔ či ʔuʔnəcáxʷ. *It wouldn't hurt if you told a story one time.* (MJT)}
2. a sick or injured person. {hiyáʔ st ʔúxʷ ʔaʔ cə ʔáʔiŋs cə *x̣ə́ł*. *We went to the home of the sick person.* (MJ) | nił suʔłáw̓s cə *x̣ə́ł*. *Then the sick one was healed.* (MJ)}

x̣ə́łəŋ ⟦√x̣<ə́>ł-ŋ √hurt<actl>-mdl⟧ ☞ x̣ə́ł to hurt (oneself). {*x̣ə́łəŋ* cn. *I hurt myself.* (ES)}

x̣ə́łəync̓ ⟦√x̣ł-əy=nač̓ √hurt-ext=tail⟧ ☞ x̣ə́ł to have a sore, hurt, injured rump. (AS,BC)

x̣ə́łił ⟦√x̣ł=ył √hurt=child⟧ ☞ x̣ə́ł to have a sick or injured child. (AS) {*x̣ə́łił* cə Dick Purser ʔaʔ tə ŋáʔnaʔs. *Dick Purser's baby son was sick.* (MJ)}

x̣ə́łnáxʷ hurt someone. *See under:* x̣łnáxʷ

x̣ə́łnł damn!. *See under:* hə́łnł

x̣ə́łt ⟦√x̣<ə́>ł-t √hurt<actl>-trns⟧ ☞ x̣ə́ł to be hurting someone. (AS) {*x̣ə́łt* cn. *I hurt it.* (AS)} {*x̣ə́łt* cn ʔł qaʔx̣qín̓ł. *I hurt him while we were playing.* (AS) | xən̓átəŋ kʷaʔ yəhúməcts ʔiʔ ʔuʔstán̓ ʔəł kʷə́nəxʷs kʷə ʔáwə c *x̣ə́łt*s. *They were told to be careful and don't hurt anything you see.* (MJ)} VAR: x̣áłt (AS)

x̣ə́łtəŋ ⟦√x̣<ə́>ł-t-ŋ √hurt<actl>-trns-psv⟧ ☞ x̣łə́təŋ being hurt by someone or something. {*x̣ə́łtəŋ* cn. *Someone hurt me.* (ES,HS; AS) | *x̣ə́łtəŋ* u cxʷ? *Did someone hurt you?* (ES)}

x̣ə́łti ⟦√x̣ł-ty √hurt-rcprcl⟧ ☞ x̣ə́ł to hurt each other. {ʔáw c *x̣ə́łti*. *Don't hurt each other.* (ES)}

x̣əɬx̣ɬnáx̌ʷ ⟦x̣ɬ + √x̣ɬ-nax̌ʷ pl + √hurt-nctrns⟧
☞ x̣ɬnáx̌ʷ to hurt several people or several hurt someone. {suʔx̣ə́ŋəs cə céʔct, "hiyáʔ caʔ st kʷə tx̌ʷx̌ə́nəŋ ʔaʔ kʷsə séʔyaʔs kʷsə q̓ə́ƛ̓ŋi **x̣əɬx̣ɬnáx̌ʷ** tiə nŋə́nəŋənaʔ." *The parent said, "We will go to the grandmother of the girl who hurt my children."* (MJ)}

x̣ə́x̌̓s ⟦√x̣ə́x̌̓s √seaweed⟧ edible seaweed. *Porphyra abbottae.* ⟪once collected and sold to Chinese people⟫ (ES)

x̣əmkʷéʔqʷəŋ haircut. See under: x̣əmx̣ʷéʔqʷəŋ

x̣əmx̣əmáy̓ Hamahama. See under: nəx̌ʷx̣əmx̣əmáy̓

x̣əmx̣ʷéʔqʷəŋ ⟦√x̣əmx̣ʷ = iʔqʷ-ŋ √cut = head-mdl⟧ to cut the hair, get a haircut. (ES; TC; AS) {**x̣əmx̣ʷéʔqʷəŋ** cn. *I cut my hair.* (ES; AS) | **x̣əmx̣ʷéʔqʷəŋ** či. *Cut your hair.* (AS,BC)} VAR: x̣əmx̣ʷéʔqʷəŋ (ES) VAR: x̣əmkʷéʔqʷəŋ (TC) VAR: məx̣ʷéʔqʷəŋ (AS,BC) {**məx̣ʷéʔqʷəŋ** cn. *I got a haircut.* (AS) | **məx̣ʷéʔqʷəŋ** či! *Get a haircut!* (AS)}

x̣əmx̣ʷéʔqʷt ⟦√x̣əmx̣ʷ = iʔqʷ-t √cut = head-trns⟧
☞ x̣əmx̣ʷéʔqʷəŋ to cut someone's hair. {**x̣əmx̣ʷéʔqʷt** cn. *I cut his hair.* (AS,BC) | **x̣əmx̣ʷéʔqʷt** cə nscáʔčaʔ. *Cut my friend's hair.* (AS,BC)}

x̣əmx̣ʷéʔqʷtəŋ ⟦√x̣əmx̣ʷ = iʔqʷ-t-ŋ √cut = head-trns-psv⟧ ☞ x̣əmx̣ʷéʔqʷəŋ to have one's hair cut by someone. {**x̣əmx̣ʷéʔqʷtəŋ** cn. *He cut my hair.* (ES)}

x̣əmx̣ʷéʔqʷəŋ haircut. See under: x̣əmx̣ʷéʔqʷəŋ

x̣ənʔáʔəx̌ʷ ⟦√x̣ənʔa<ə>x̌ʷ √say:trns<actl>⟧
☞ x̣ənʔáx̌ʷ to be doing something, saying something. {**x̣ənʔáʔəx̌ʷ** cn caw̓niɬ. *I'm saying it to him.* (TC) | ʔstúʔŋət cxʷ kʷaʔčaʔ ʔəńsxʷ**x̣ənʔáʔəx̌ʷ**? *Why are you doing it?* (TC) | **x̣ənʔáʔəx̌ʷ** cn, ʔaw̓nəsx̌̓éʔ. *I'm doing it because I want to.* (TC) | ʔuńsyúy u tə ns**x̣ənʔáʔəx̌ʷ**? *Did you mean what you were saying?* (MJT) | ʔuʔnəsyúy kʷi tə nəs**x̣ənʔáʔəx̌ʷ**. *I meant what I was saying.* (MJT)}

x̣ənʔáɬ always. See under: x̣əńáɬ

x̣ənʔátəŋ ⟦√x̣ənʔax̌ʷ-t-ŋ √say:trns-trns-psv⟧
☞ x̣ənʔáx̌ʷ
1. to be told, said to by someone. {**x̣ənʔátəŋ** cn. *He said (it) to me.* (TC) | **x̣ənʔátəŋ** cn kʷaʔ hiyáʔən. *He said to me to go.* (TC) | **x̣ənʔátəŋ** cn kʷaʔ ʔíɬənən. *He said to me to eat.* (TC) | ʔiʔ **x̣ənʔátəŋ** kʷi nə́wə, "yéʔkʷsəŋ!" *And Noah was told, "Get ready!"* (ES) | **x̣ənʔátəŋ** cn kʷaʔ hiyáʔən ɬúkʷ. *They told me to go home.* (TC) | **x̣ənʔátəŋ** cn kʷaʔ ʔáwən c ṕṕáʔct. *He told me not to try.* (MJT) | **x̣ənʔátəŋ** kʷaʔ ʔáwəs c x̌ʷuʔúŋ. *He was told not to cry.* (MJ) | háhəkʷ cn ʔaʔ kʷi nəs**x̣ənʔátəŋ** yaʔ kʷaʔ ʔəńʔán ɬúkʷ. *I remember that he told me to come home.* (TC) | ʔuʔq̓áy̓ cn ʔaʔ kʷi nəs**x̣ənʔátəŋ** kʷaʔ hiyáʔən. *I believe that he told me to go.* (TC) | **x̣ənʔátəŋ** kʷaʔ štə́ŋs. *He was told to walk.* (ES) | **x̣ənʔátəŋ**, "štə́ŋ." *He was told, "Walk."* (ES) | ʔiʔ níɬ č suʔ**x̣ənʔátəŋ**s ʔiʔ ʔítts. *And then she was told to sleep.* (MJ) | níɬ č kʷi s**x̣ənʔátəŋ**s ʔaʔ či sʔunús ʔuʔ x̌ʷaʔx̌ʷəńíkʷs kʷsəswéʔəs. *They remark on how fast that boy is.* (AS) | húʔ cn nəx̌ʷsx̌ay̓əmúcən ʔəɬ q̓ʷáq̓ʷiʔən ʔiʔ **x̣ənʔátəŋ** cn ʔaʔ či nscayné̓əŋ č̓. *When I'm talking Klallam they tell me I'm apparently talking Chinese.* (TC) | **x̣ənʔátəŋ** ʔaʔ či sʔunús ʔuʔ x̌ʷə́ŋ. *Word is that he is fast.* (AS) | **x̣ənʔátəŋ** ʔaʔ či sʔunús ʔuʔ kʷikʷiyáy̓. *They say he's clever.* (AS)}
2. to be done to, happened to. {**x̣ənʔátəŋ** cn. *He did it to me.* (TC) | ʔuʔhíc kʷi s**x̣ənʔátəŋ**s. *It was a long time this was happening.* (EB) | húy č kʷi c s**x̣ənʔátəŋ**s. *They finished doing that to him.* (TC) | ʔiʔ ƛ̓áy ʔuʔ **x̣ənʔátəŋ** ʔaʔ kʷi sx̌ʷʔiyás ʔaʔ kʷə stútaʔwiʔ. *And what happened to him where he was at the creek did here, too.* (ES) } VAR: x̣əńátəŋ (ES) {nsuʔ**x̣əńátəŋ** ʔaʔ cə sɬáni kʷsə kʷaʔyə́yu. *She told me about the woman peeking.* (ES) | **x̣əńátəŋ** cn kʷaʔ ʔúx̌tx̌ʷən. *They told me to put it there.* (TC)} VAR: x̣əńátəŋ (TC) {**x̣əńátəŋ** ʔaʔ nə́wə. *Noah told him.* (TC)} VAR: x̣əńə́təŋ {**x̣əńə́təŋ** cn. *I was told.* (ES)} VAR: x̣átəŋ {**x̣átəŋ** č yaʔ ʔaʔ tə síyaʔs. *She was told by her grandmother.* (MJ)}

x̣ənʔáx̌ʷ ⟦√x̣ənʔax̌ʷ √say:trns⟧ [This is the only verb in Klallam to be syntactically transitive without an overt transitivizing suffix. This functions as if it has the /-t/ basic transitivizer and when it is suffixed, the /-t/ appears on the stem in place of the final consonant.] Stem: x̣əńát [stem for third-person subject and subordinate subjects] Stem: x̣ənʔə [stem for possessive suffixes]
1. to tell someone (something), say (something) to someone. (ES) {**x̣ənʔáx̌ʷ** cn. *I said (it) to him/her.* (ES; TC; AS,BC) | **x̣ənʔáx̌ʷ** cn ʔaʔ či nshiyáʔ. *I said to him I was going.* (ES) | **x̣ənʔáx̌ʷ** cn kʷaʔ hiyáʔəs. *I said to him to go.* (ES) | **x̣ənʔáx̌ʷ** cn kʷaʔ hiyáʔəs ɬúkʷ. *I told him to go home.* (TC) | **x̣ənʔáx̌ʷ** cn cə nətán ʔaʔ či nəshiyáʔ ɬúkʷ. *I told my mother that I'm going home.* (TC) | **x̣ənʔáx̌ʷ** cn ʔaʔ či ʔəcɬtáyŋəx̌ʷ. *I told him it was a person.* (ES) | **x̣ənʔáx̌ʷ** cn kʷaʔ hiyáʔəs. *I told him to go.* (ES,TC) | **x̣ənʔáx̌ʷ** caʔn kʷaʔ ʔáwəs c hiyáʔ. *I told him not to go.* (TC) | **x̣ənʔáx̌ʷ** cn kʷi kʷaʔ stə́cts. *I told him to lie down.* (MJT) | **x̣əńáts** tə ʔəcɬtáyŋəx̌ʷ kʷaʔ yékʷsəŋs. *He told the people to get ready.* (ES) | **x̣əńáts** kʷɬi sɬánis, "húy či ɬúkʷ caʔ st." *Then he said to his wife, "Let's go home."* (AS) | "nəʔáwənə nəŋáʔəq," **x̣ənʔáx̌ʷ** cn kʷi nəcə́t. *"I have no light," I told my father.* (MJ) | níɬ kʷaʔčaʔ nsu**x̣ənʔáx̌ʷ** kʷə nəŋə́nəŋənaʔ kʷaʔ ʔuʔsəmíx̌ʷs. *I tell my kids to be quiet.* (TC) | **x̣ənʔáx̌ʷ** cn ʔaʔ či nəshiyáʔ ɬúkʷ. *I told him I'm going home.* (TC) | ʔuʔ**x̣ənʔáx̌ʷ** cn kʷaʔ húʔəs ʔiʔ həwéyŋ ʔiʔ ƛ̓áyuci. *I told her that when she comes back, stop.* (ES) | **x̣ənʔáx̌ʷ** cn cə sɬáni, "hiyáʔ čanitúŋɬ." *I told my wife, "Let's go somewhere else."* (ES) | níɬ su**x̣ənʔáx̌ʷ**s cə stíkʷəns kʷaʔ nə́qəŋs ʔiyáʔ. *Then he told his nephew to dive there.* (TC) | su**x̣ənʔáx̌ʷ**s cə scutáyɬs, "tx̌ə́nəŋ cxʷ ʔaʔ ti ʔáɬaʔ ʔiʔ tx̌ə́nəŋ cn ʔaʔ ti ʔáɬaʔ." *So she said to her brother-in-law, "You go this way, and I'll go this way."* (AA) | níɬ su**x̣ənʔáx̌ʷ**s, "ʔaʔstúʔŋət cxʷ ʔay

ʔənsxʷsáqɬ?" Then he said to her, "What are you doing outside?" (ES) | níɬ suʔxənʔáxʷs canu naʔcáʔəwŋəxʷ, "nəsx̣ɬéʔ kʷə či qʷúʔ ʔiʔ ʔáw kʷaʔ kʷánəŋəts." She said to the foreigner, "I need water, but it won't run." (ES) | ʔáwənə ʔíyaʔ ʔaʔ cə sxʷʔiyáʔs či sx̣ənʔáxʷs canu swéʔwəs. There was nothing where the boy said. (ES) | níɬ kʷi x̣əńáts kʷi sčiʔúʔisɬ ʔaʔyəcɬtáyŋxʷ That is what the people who came before us said. (ES) | x̣əńáts cə stíkʷəns kʷaʔ hiyáʔəs túkʷ. He told his nephew to go home. (TC) | nɬ č suʔx̣ənʔáts, "x̣ʷčác caʔ st!" Then she told them, "We will slaughter you!" (AS) | x̣əńáts cə ʔáʔcx̣, "ʔúx̣." He told Crab, "Go." (MJ) | náʔcuʔ ʔəcɬtáyŋxʷ kʷi x̣əńátən. There was one person I told. (TC) | suʔx̣ənʔəs ʔúxʷ icúst ʔaʔ Ed. They said to go tell Ed. (MJ)} 2. to do something. (ES) {ʔuʔx̣ənʔáxʷ cn. I did it. (TC; AS,BC) | x̣əńáts. He's doing it. (TC) | ʔuʔhúy ʔuʔ x̣əńáts. He's only doing it. (TC) | ʔiʔ ʔuʔx̣əńáts ʔi ʔuʔtáči ʔaʔ tə sxʷpaʔyúqʷs. And he was doing that until he came to the bluffs. (ES) | ʔuʔx̣ənʔáxʷ cn kʷaʔčaʔ ʔiʔ kʷɬʔənʔá táči. I was doing that, and then it came. (TC) VAR: x̣ənə {suʔx̣ənəs cə siʔám̓, "mán̓, mán kʷ ʔuʔəsqéʔqi kʷaʔ x̣ənəxʷs kʷsə q̓áʔŋi." So the boss said, "It would be very, very mean to do that to the girl." (MJ)} VAR: x̣ənáxʷ (AS) {ʔuʔnəsyúy kʷi tə nəsuʔx̣ənʔáxʷ. I meant what I said. (MJT) | x̣ənáxʷ cn kʷi kʷaʔ ʔáwəs c ʔáx̣əŋ. I told him not to say that. (MJT) | nɬ nsuʔúŋəst ʔaʔ cə sxʷcaʔwáčən ʔiʔ x̣ənʔáxʷ kʷaʔ ɬuʔáts cə sqx̣óyuʔ. Then I gave her the chair and told her to shell the clams. (MJ)} VAR: x̣ənáxʷ {x̣ənáxʷ cn. I said to him. (MJT; AS) | x̣ənáxʷ cn kʷaʔ ʔáwəs c iʔhiyáʔ. I told him not to go. (MJT) | nsuʔx̣ənáxʷ. So I said to him. (MJ)} VAR: x̣ənót {x̣ənót cn. I told him. (AS)} VAR: x̣ənəxʷ (MJ)

x̣ónaʔŋən ⟦√x̣anaʔ=ŋin √foot=piece⟧ ☞ sx̣ónaʔ footprints. (TC) {x̣ənátəŋ ʔaʔ či sʔiyás kʷi či sx̣ónaʔŋəns. They say his footprints are there. (TC) | x̣ənʔátəŋ ʔaʔ či sʔiyás kʷi či sx̣ónaʔŋəns ʔuʔʔiyá. It's said that his footprints are there. (ES)}

x̣ónaʔsən ⟦√x̣anaʔ=sən √foot=foot⟧ ☞ sx̣ónaʔ footprints, animal tracks. (TC)

x̣ənátəŋ be told. See under: x̣ənʔátəŋ

x̣ónə say to someone. See under: x̣ənʔáxʷ

x̣ónəŋ ⟦√x̣ən-ŋ √say-mdl⟧ say, call, refer to, do. (JCo; LC) {x̣ónəŋ u cxʷ? Did you say (it)? (MJT) | x̣ónəŋ cn. I said so. (MJT; TC) | x̣ónəŋ ʔaʔ či stáŋ? Do what? / Say what? (TC) | x̓áy cn ʔuʔx̣ónəŋ. I'm doing the same thing. (AS,BC) | hiyáʔ caʔn kʷaʔ x̣ónəŋəxʷ. I'll go if you say so. (TC) | ʔiʔ nɬ č yaʔ suʔx̣ónəŋs kʷɬi q̓áʔŋi, náʔcuʔ q̓áʔŋi, ʔəɬʔúɬ, "sqiʔám̓ kʷi či suʔx̣̓iʔćéʔɬ!" And then a girl, one girl, ʔəɬʔúɬ, said, "We can't remain still!" (AS) | nɬ kʷaʔcaʔ sxʷuʔtxʷštəŋónəkʷs txʷʔáwənə sxʷʔúxʷs či sx̣ónəŋs ʔaʔ či sʔáʔiŋs. That's why they have become aimless with nowhere to go to call home. (TC)} VAR: x̣ónəŋ (TC) {ʔstúʔŋət cxʷ kʷaʔčaʔ ʔənsx̣ónəŋ? Why did you do that? (TC) | x̣ónəŋ cn. I said so. (MJT) | nɬ kʷaʔcaʔɬ nsuʔx̣ónəŋ,

"yéʔkʷsəŋ caʔ st!" Therefore I say, "We will get ready!" (AS)} VAR: x̣ónəŋ {x̣ónəŋ cn. I said (it). (MJT)} VAR: x̣ónəŋ {x̣ónəŋ cn. I said. (MJT) | x̣ónəŋ ʔaʔ ʔáwənə q̓ ʔiʔáʔiɬ ʔaʔ cə n̓wagon. He said there was no one at all aboard your wagon. (ES) | ʔi uʔkʷɬnɬ č suʔx̣ónəŋs, "nɬ kʷi šəmánɬ!" And right away she said, "It's our enemy!" (AS)}

x̣ənəŋtíŋ ⟦√x̣ən-ŋ-t-i-ŋ √say-mdl-trns-persist-psv⟧ ☞ x̣ónəŋ to be called, told. {nsíyaʔ č yaʔ ti sx̣ənəŋtíŋs. It's what my grandmother was called. (RSh)}

x̣ənót say to someone. See under: x̣ənʔáxʷ

x̣ənótəŋ be told. See under: x̣ənʔátəŋ

x̣ənətúŋə ⟦√x̣ən-txʷ-uŋə √say-caus-1obj/2obj⟧ ☞ x̣ənʔáxʷ say to me; say to you. {x̣ənətúŋə cn kʷaʔ ʔáwəx c šúʔpt. I told you not to whistle. (MJT) | x̣ənətúŋə cn kʷi kʷaʔ ʔáwəx c ʔéʔtt. I told you not to go to sleep. (MJT) | x̣ənətúŋə cn kʷi kʷaʔ ʔáwəx c xʷuʔúŋ. I told you not to cry. (MJT)} VAR: x̣ən̓túŋə {x̣ən̓túŋə u cxʷ kʷaʔ čáyən? Are you telling me to work? (MJT)}

x̣ónəxʷ say to someone. See under: x̣ənʔáxʷ

x̣əńáɬ ⟦√x̣ənə=aɬ √all=times⟧ ☞ x̣ónə always, all the time, every time. (MJT; LC; TC; ES) {x̣əńáɬ ti suʔháʔsəŋs. He's always sneezing. (MJT) | ʔuʔx̣əńáɬ ti sʔənʔás. It came all the time. / Every time it came. (TC) | x̣əńáɬ ti suʔɬómxʷs. It's always raining. (MJT) | x̣ɬ cn ʔaʔ ti ʔuʔx̣əńáɬ. I'm sick all the time. (MJ) | ʔuʔʔéʔɬən cn ʔaʔ ti ʔuʔx̣əńáɬ. I'm eating all the time. (TC) | ʔuʔx̣əńáɬ tə nəsuʔéʔɬən. I'm eating all the time. (TC) | ʔuʔx̣əńáɬ yaʔ ti nəsuʔéʔst ʔaʔ ti snəxʷɬ. I always paddled a canoe. (TC) | x̣əńáɬ ti suʔséʔəxs kʷɬə nʔáys. My sister is always moving. (AS) | čəýsútiʔ č yaʔ ʔaʔ ti ʔuʔx̣əńáɬ. They were throwing (things) at each other all the time. (TC) | ʔuʔnəćuʔ family cə čáʔi ʔaʔ ti ʔuʔx̣əńáɬ. It's one family that's working all the time. (TC) | ʔuʔx̣əńáɬ yaʔ ti suʔx̣̓iyáŋs ʔaʔ ti smóyəc ʔəɬ ʔəsnáts. He always looked for dear at night. (TC) | ʔuʔx̣əńáɬ yaʔ ti suʔnəxʷsx̣̓ayəmúcənɬ ʔəɬ qʷáqʷiʔəɬ. We always used Klallam when we talked. (TC) | x̣əńáɬ yaʔ ti suʔxʷaʔxʷiyáms kʷi nədad yaʔ ʔəɬ táŋənəs ʔiʔ q̓əp st. My dad was always telling fairy tales when it was evening and we'd get together. (TC) | ʔuʔšiʔšúʔɬ cn ʔaʔ tə nsʔiyáʔnəxʷ kʷɬi sʔúqʷaʔɬ, Emma, ʔaʔ či sqʷáqʷis ʔaʔ ɬnínɬ ʔaʔ ti ʔuʔx̣əńáɬ. I'm glad to hear our sister, Emma, talking for us all the time. (BH)} {ʔáwə yaʔ c ʔuʔx̣əńáɬ ti nəsuʔyaʔcústəŋ ʔaʔ ti ʔuʔx̣ənəstáŋ ʔáɬə ʔaʔ tiə ʔéʔɬxʷaʔ. They didn't always tell me everything about here at Elwha. (TC) | x̣əńáɬ ti suʔɬómxʷs ʔiyá ʔaʔ məqáʔaʔ. It always rains at Neah Bay. (MJT)} VAR: x̣ənʔáɬ {x̣̓asxʷimáy cə nəsɬáni ʔaʔ či uʔx̣ənʔáɬ. My wife goes to the store all the time. (ES) | ʔuʔx̣ənʔáɬ tə nəsuʔšáʔšaʔš. I'm always thirsty. (TC) | x̣ənʔáɬ ti nəsuʔčšáhəkʷ ʔaʔ tiʔə skʷáči. I'll always remember this day. (MJT) | ʔuʔx̣ənʔáɬ ti sʔənʔás ščəct ʔiʔ stáŋəns cə ʔuʔúʔtxs. Every time it came and slapped itself (on the water), it missed the *canoe.* (ES)} VAR: x̣ənáɬ (BH; ES) {*x̣ənáɬ ti suʔɬáčs. It's always dark.* (MJT)}

x̣əńátəŋ *be told. See under:* x̣ənʔátəŋ

x̣əńáti *tell each other. See under:* x̣aʔnáti

x̣əńáxʷ *say to someone. See under:* x̣ənʔáxʷ

x̣əńáy ⟦√x̣əńə=ayə √all=person⟧ ☞ x̣ə́ńə *all the people.* (TC) {ʔuʔ*x̣əńáy* st ʔiʔ nə́kʷ. *It's all of us including you.* (TC) | ʔuʔ*x̣əńáy* st ʔiʔ Mike. *It's all of us including Mike.* (TC) | ʔuʔ*x̣əńáy* st ʔiʔ ʔáw c nə́kʷ. *It's all of us except you.* (TC)}

x̣əńáyɬ ⟦√x̣əńə=ayə-ɬ √all=person-dur⟧ ☞ x̣ə́ńə *everybody.* (AS,BC)

x̣ə́ńə ⟦√x̣əńə √all⟧ *all, both; every; absolutely.* (LC; TC) {ʔuʔ*x̣ə́ńə* st. *It's all of us.* (TC) | ʔuʔ*x̣ə́ńə* st həwíyəŋ. *All of us came back.* (TC) | ʔuʔ*x̣ə́ńə* snát. *It's every night.* (MJT) | *x̣ə́ńə* st ʔuʔ həwíyəŋ. *All of us came back.* (TC) | ʔuʔ*x̣ə́ńə* st ʔuʔ čáʔiʔ. *We're all working.* (TC) | ʔuʔ*x̣ə́ńə* caʔ st ʔuʔ hiyáʔ. *We're all going to go.* (TC) | ʔuʔ*x̣ə́ńə* ʔuʔ hiyáʔ. *They're all gone.* (TC) | ʔuʔ*x̣ə́ńə* ʔuʔ šaʔyášaš. *They're really thirsty.* (MJT) | ʔuʔ*x̣ə́ńə* nətálə. *I have all the money.* (TC) | ʔuʔ*x̣ə́ńə* cə nəŋə́nŋənaʔ. *It's all of my children.* (TC) | ʔuʔ*x̣ə́ńə* kʷi ʔuʔ čʔáʔyəŋ. *Everyone has a house.* (TC) | ʔuʔ*x̣ə́ńə* ti čxʷə́yuʔ ʔuʔ čə́yq. *All whales are big.* (TC) | ʔuʔ*x̣ə́ńə* ti čxʷə́yuʔ ʔuʔ čə́q. *All whales are big.* (TC) | ʔáwə c ʔuʔ*x̣ə́ńə* ʔuʔ ʔiyá kʷsə tálə. *The money is not all there.* (MJ) | ʔuʔ*x̣ə́ńə* cə qəyɬúməčən ʔuʔ ʔənəqáʔyəx. *All blackfish are black.* (TC) | ʔáwə c nəsx̣ɬéʔ či ńsuʔ*x̣ə́ńə* kʷənət. *I don't want all of you to look at it.* (TC) | ʔuʔ*x̣ə́ńə* ʔuʔ ʔáwənə či qʷíŋi. *Everybody didn't get off. / No one got off. / Not all got off.* (TC) | ʔáw kʷi c ʔuʔ*x̣ə́ńə* sqaʔyáxaʔ ʔuʔ čə́yq. *Not all the dogs are big.* (TC) | ʔuʔ*x̣ə́ńə* st ʔuʔ ʔáwə c čáʔəy. *None of us are working. / All of us aren't working.* (MJT) | kʷə́nnəxʷ u cxʷ cə ʔuʔ*x̣ə́ńə* sqaʔyáxaʔʔ *Did you see all those dogs?* (TC) | ʔiʔ nɬ́ caʔ suʔəsx̣úʔx̣əḿs či ʔuʔ*x̣ə́ńə* ʔaycɬáyŋxʷ. *And then all of the people will be all right.* (AA) | ʔiʔ nɬ́ kʷaʔčaʔ x̣ʷənáŋ ʔaʔ či ʔuʔ*x̣ə́ńə*. *That's the way it is with everybody.* (AA) | ʔuʔ *x̣ə́ńə* ʔuʔ ʔáwənə sʔíɬəns. *There was absolutely no food.* (ES)} VAR: x̣ə́ń (ES; AS,BC; AS) {nɬ́ suʔhúys ɬəḿcəŋ cə ʔuʔ *x̣ə́ń*. *So then they were finished picking everything.* (ES) | ʔuʔ*x̣ə́ń* ʔuʔ ʔiyáʔ. *They were all there.* (ES) | ʔuʔ*x̣ə́ń* č ʔuʔ ʔáwənə qʷíŋi. *Not all of them landed.* (AS) | ʔuʔ*x̣ə́ń* či skʷə́nts. *He looked it over.* (AS) | xʷáˑy či ʔuʔ*x̣ə́ń* stáŋ. *Everything perished.* (ES) | ʔuʔ*x̣ə́ń* ʔuʔ čtálə naʔnə́ʔɬiyaʔ. *Both of them had money.* (MJ) | ʔáwə c ʔuʔ*x̣ə́ń* cə tálə ʔiyá. *Not all the money was there.* (MJ) | ʔuʔ*x̣ə́ń* st ʔuʔ suʔwə́yqaʔ, ncə́t ʔiʔ ʔə́c. *We're all men, my father and I.* (MJ) | x̣ʷáy kʷi ʔuʔ*x̣ə́ń* yaʔ xʷiyanítəm. *All the white people perished.* (ES) | ŋə́ń skʷáqəŋ ʔaʔ ti ʔuʔ*x̣ə́ń* sčiʔánəŋ ʔiyá ʔaʔ kʷs nəʔáʔiŋ. *There are many flowers every year at my house.* (EPT) | hú cxʷ kʷə́nnəxʷ ti xʷənʔáŋ ʔiʔ kʷánət ʔaʔ či ʔuʔs*x̣ə́ń*s či ńsxʷə́ŋ. *If you see something like that, run as fast as you can.* (ES) | ʔiʔ nɬ́ suʔhiyinúŋəts či ʔuʔ*x̣ə́ń* ʔəcɬáyŋxʷ. *And*

all of us Indians will be saved. (BH)} VAR: x̣án (ES) [this variant occurs when the vowel is rhetorically lengthened.] {nɬ́ suʔ*x̣áˑn*s ʔuʔ xʷčátəŋ. *Then they slaughtered them all.* (ES) VAR: x̣ə́ńń {ʔuʔ*x̣ə́ńń* táŋən. *It's every evening.* (EPT)}

x̣ə́ńəʔəɬcan ⟦√x̣əńə-ʔəɬ √can √all-ext √who⟧ ☞ x̣ə́ńə ☞ cán *everyone, everybody.* {ʔuʔ*x̣ə́ńəʔəɬcán*. *It's everybody.* (TC)} VAR: x̣ə́ńɬcan {ʔuʔhúy yaʔ cn ʔuʔ ʔúʔxʷnəsəŋ ʔaʔ cawnɬ snúʔnəkʷ kʷaʔʔuʔstáŋəs yaʔ čtə ʔəɬ ʔíttɬ *x̣ə́ńɬcan*. *I was the only one that the ghost or whatever it was went after while everyone slept.* (TC)} VAR: x̣ə́ńəɬcan {ʔuʔ*x̣ə́ńəɬcan*. *It's everyone.* (TC) | ʔuʔ*x̣ə́ńəɬcan* ɬʔéʔyəm. *Everyone was singing.* (TC)} VAR: x̣ə́ńcan (AS,BC)

x̣ə́ńəstəŋ ⟦√x̣əńə s-√təŋ √all s-√what⟧ ☞ x̣ə́ńə ☞ stáŋ *everything, all kinds.* (TC) {ʔuʔ*x̣ə́ńəstəŋ*. *It's everything.* (TC; AS) | kʷaʔwəntiʔíct ʔuʔ*x̣ə́ńəstəŋ*. *They're fighting over everything.* (TC) | ʔáwənə *x̣ə́ńəstəŋ*. *Everything is gone, nothing to look forward to.* ⟨⟨USAGE: This phrase is often used in preaching.⟩⟩ (AS,BC) | kʷənańjíc cxʷ ʔaʔ ti ʔuʔ*x̣ə́ńəstəŋ*. *You help me with everything.* (TC) | ʔuʔ*x̣ə́ńəstəŋ* sʔíɬənɬ čaʔiyá ʔaʔ ti qʷúʔ. *We had all kinds of food from the water.* (TC) | ʔə́y ʔəsnát; ʔuʔəsʔéʔnəŋ tə *x̣ə́ńəstəŋ*. *I was a nice night; everything was visible.* (TC) | ɬəŋ ʔuʔ smə́yəqs kʷi skʷənúcəns yaʔ či x̣ənx̣aʔníti ʔiʔ ti ʔuʔ*x̣ə́ńəstəŋ*. *They completely forgot their power songs, black paint dance and everything.* (ES) | sxʷʔiyáɬ yaʔ ti staʔwə́yuɬ yaʔ sqə́muʔs ti músməs ʔiʔ ti saplín ʔiʔ ti šúkʷaʔ, tíy, ʔuʔ*x̣ə́ńəstəŋ*. *We were there to buy milk, bread, sugar, tea, everything.* (TC) | nɬ́ suʔxənʔátəŋs ʔaʔ cə sʔúqʷaʔs kʷaʔ hiyáʔs ʔúxʷ ʔaʔ cə čə́yq čéʔʔəm, múʔuqʷ ʔuʔ*x̣ə́ńəstəŋ* ʔiʔ qəmáŋ ʔaʔ či sx̣qáʔi. *He was told by his brother to go over to the big birds, ducks, and everything and ask for feathers.* (TC)} VAR: x̣ənəstáŋ {ʔáwə yaʔ c ʔuʔx̣ənáɬ ti nəsuʔyaʔcústəŋ ʔaʔ ti ʔuʔ*x̣ə́ńəstáŋ* ʔáɬəʔ ʔaʔ tiə ʔéʔɬxʷaʔ. *They didn't always tell me everything about here at Elwha.* (TC)} VAR: x̣ə́ństəŋ {xʷáˑy či ʔuʔ*x̣ə́ństáy*. *Everything perished.* (ES)}

x̣ə́ńəxin ⟦√x̣əńə√ʔxin √all√where⟧ ☞ x̣ə́ńə ☞ ʔəxín *to be everywhere.* {ʔəxʷíyŋxʷ čšaʔ*x̣ə́ńəxín*. *There were Indians from everywhere.* (TC) | nɬ́ č sxʷʔiyáɬ ʔuʔ*x̣ə́ńəxin*. *Then we were everywhere.* (TC)}

x̣ə́ńəyaʔ ⟦√x̣əńə=ayə<ʔ> √all=person<actl>⟧ ☞ x̣ə́ńə *everyone, all the people.* (TC)

x̣əńíkʷs ⟦√x̣əńə=iws √all=body⟧ ☞ x̣ə́ńə *all creatures.* (AS,BC) VAR: x̣əńínəkʷ (ES) VAR: x̣əńínkʷ (ES)

x̣əńíŋt ⟦√x̣əńə-iŋt √all-scs⟧ ☞ x̣ə́ńə *to take all of something.* (AS,BC) {ʔiʔ uʔ*x̣əńíŋt* kʷi kʷə sčəyíqʷɬ. *Take all of the fruit.* (AS) | táči yaʔ cn ʔiʔ *x̣əńíŋt* kʷi sčəyíqʷɬ. *I got here and took all the fruit.* (AS)}

x̣əńńúŋə ⟦√xnʔaxʷ-naxʷ-uŋə √say-nctrns-2obj⟧ ☞ x̣ənʔáxʷ *do or say to you.* {ʔuʔ*x̣əńńúŋə* cn. *I said to you. / I did it to you.* (TC)}

xə́ŋŋínkʷ all creatures. *See under:* nəxʷxə́ŋŋínəkʷ

xə́ńt ⟦√xənə́-t √all-trns⟧ ☞ xə́nə́ to take all of something. {ʔuʔxə́ńt cn. *I took all of it.* (AS)}

xəntúŋə say to me/you. *See under:* xənətúŋə

xənx̣aʔníti ⟦xən⟨ʔ⟩ + √xan⟨ʔ⟩-ŋi-ty char⟨actl⟩ + √growl⟨actl⟩-rel-rcprcl⟧ ☞ x̣aníti black paint dance, masked dance. ∗A private hereditary spirit society with rights to wear black face paint made from devil's club charcoal and certain secret clothing and rituals in the spirit dance smokehouse. Considered by all to be a very powerful spirit, many, including ES, consider it very fierce and dangerous. Nearly everyone who is not a member mentions that a person under this spirit would "eat a dog alive." ES's family are not members, but he had a lot to say about it. TC was a member and would not speak of it at all. Some description of this can be found in Elmendorf (1993, section 14). (EPT; MJT; ES; TC) {łəŋ ʔuʔ smə́y̓əqs kʷi skʷənúcəns yaʔ či *xənx̣aʔníti* ʔiʔ ti ʔuʔxə́ṅəstəŋ. *They completely forgot their power songs, black paint dance, and everything.* (ES)} VAR: x̣əx̣aníti (ES) VAR: x̣aʔx̣aʔníti (AS) VAR: x̣aʔx̣aníti (AS,BC; AS) VAR: sx̣ənx̣aníti

xəŋə́yu ⟦√xiŋ-əyu √grab-activ⟧ to grab. (AS,BC) {kʷłníł kʷi suʔ*xəŋə́yu*s cə sqáx̣aʔ. *Now the dog is grabbing.* (AS) | *xəŋə́yu* cn ʔaʔ cə sʔíłən *I grabbed the food.* (AS)}

xəŋínət Clallam Bay. *See under:* xŋínt

xəŋítəŋ be grabbed. *See under:* x̣íŋətəŋ

xəŋxíŋət ⟦xəŋ + √xiŋ-t pl + √grab-trns⟧ ☞ xíŋət to grab a group or of a group or repeatedly and roughly. (AS) {*xəŋxíŋət* cn. *I grabbed several. / I grabbed more than once.* (AS)}

xəŋxíŋtəŋ ⟦xəŋ + √xiŋ-t-ŋ pl + √grab-trns-psv⟧ ☞ xəŋxíŋət to be grabbed by a group or of a group or repeatedly or roughly. {*xəŋxíŋtəŋ* cn. *A bunch grabbed me.* (BC) VAR: xəŋxíŋətəŋ (AS) {*xəŋxíŋətəŋ* cn. *They grabbed me.* (AS) | *xəŋxíŋətəŋ* cn ʔiʔ xʷixʷístəŋ ʔaʔ kʷə nswə́y̓qaʔ. *I was grabbed and shaken up by my husband.* (AS)}

xə́p̓ ⟦√xəp̓ √end⟧ to end, finish, graduate. (ES; AS,BC) {*xə́p̓* kʷi nəskʷúkʷəl. *I graduated from school.* (ES) | *xə́p̓* kʷi nscáy. *I finished my job.* (AS) | *xə́p̓* cə súł. *End of the trail.* ⟨⟨refers to James Earle Fraser's famous design⟩⟩ (AS,BC) | *xə́p̓* tiə sčiʔánəŋ. *It's the end of the year.* (AS,BC) | *xə́p̓* kʷi scáy̓ł. *Our work is ended.* (AS) | *xə́p̓* sčiʔánəŋ. *December.* (AS,BC) | ʔiʔčáʔi cn ʔaʔ kʷi s*xə́p̓*s. *I was ahead at the end.* (AS) | ʔiʔ níł ti suʔ*xə́p̓*s tinu sŋəyaʔŋaʔánt ʔiʔ txʷaʔsmíƛ̓i kʷaʔ ʔuʔstánəs ti sxʷʔiyás ti sɫáčən. *And then it got to the end of the small rocks and became mud or whatever where the tideflats are.* (ES)}

xə́p̓əŋ ⟦√xəp̓-ŋ √end-mdl⟧ ☞ xə́p̓ to end. (AS) {čaʔ*xə́p̓əŋ* cn. *I just ended.* (AS)}

xəp̓áyu ⟦√xəp̓-əyu √end-activ⟧ ☞ xə́p̓ to be ending. (AS,BC) {táči kʷə kʷə *xəp̓áyu*. *The one who's ending got here.* (AS)}

xə́p̓t ⟦√xəp̓-t √end-trns⟧ ☞ xə́p̓ to end something. {*xə́p̓t* cn. *I ended it.* (AS)}

xə́p̓təŋ ⟦√xəp̓-t-ŋ √end-trns-psv⟧ ☞ xə́p̓t to be ended, discontinued by someone or something. (AS) {*xə́p̓təŋ* cn. *I was ended.* (AS,BC)}

xə́šəń ⟦√xaš-əń √trap=instr⟧ ☞ x̣ášəŋ
1. any trap, snare for small animals. (TC; ES; BC)
2. to trap (small animals). {*x̣ə́šəń* cn. *I'm trapping.* (ES)}

xə́tk̓ʷəŋ ⟦√x⟨ə́⟩tk̓ʷ-ŋ⟨ʔ⟩ √carve⟨actl⟩-mdl⟨actl⟩⟧ to be carving. (MJT)

xə́tk̓ʷt ⟦√x⟨ə́⟩tk̓ʷ-t √carve⟨actl⟩-trns⟧ [actual metathesis] ☞ x̣tə́k̓ʷt to be carving something. {*xə́tk̓ʷt* cn. *I'm carving it.* (MJT) | níł kʷi scáy ʔaʔ Dan; *xə́tk̓ʷt*s. *This is Dan's work; he carved it.* (MJT) | ʔə́c yaʔ kʷi *xə́tk̓ʷt* ʔaʔ kʷi čiʔáqł. *It was me that carved it yesterday.* (MJT)}

xə́t̓t ⟦√x⟨ə́⟩t̓-t √sting⟨actl⟩-trns⟧ [actual metathesis] ☞ x̣tə́t to be shooting (not with a gun or bow), stinging, putting a spell on someone or something. {*xə́t̓t* cn. *I'm shooting it.* (TC) | kʷł*xə́t̓t* cn. *I'm right now shooting it (with a sling shot).* (MJT)}

xə́t̓təŋ ⟦√x⟨ə́⟩t̓-t-ŋ⟨ʔ⟩ √sting⟨actl⟩-trns-psv⟨actl⟩⟧ ☞ x̣tə́təŋ being shot, stung, hit with evil spirit power. (MJ)

xəwəsíłč ⟦√xəw̓əs=iłč √new=plant⟧ ☞ xə́w̓əs standing live tree. (LBH)

xə́w̓əs ⟦√xəw̓s √new⟧
1. to be new, fresh, novice. (JCo; TC; ES; WB,AS,BC) {čə́q cə *xə́w̓əs* ʔáʔiŋ. *The new house is big.* (ES) | *xə́w̓əs* ʔáʔyəŋ. *It's a new house.* (TC) | mán cn ʔuʔ*xə́w̓əs*. *I'm brand new.* (BC) | tákʷss cə čə́q *xə́w̓əs* ʔáʔiŋ. *He bought a big new house.* (ES) | *xə́w̓əs* sxʷəná̓ʔəm̓ swéʔwəs. *He was a new Indian doctor young man.* (MJ) | suʔxə́nəŋs kʷi nəsíyaʔ ʔuctə ʔiʔ*xə́w̓əs*. *So my grandfather said it must have been a new dancer.* (MJ) | wúʔcən cəwnił *xə́w̓əs*. *That new dancer sang along.* (MJ) | níł kʷaʔčaʔ nəsxʷʔáxən kʷaʔ kʷáʔətəŋəs ʔaʔ tiə *xə́w̓əs* sƛ̓əyéʔƛ̓qł. *That's why I tell this new generation to let go of it.* (TC)}
2. to be green (of fruit). {níł č yaʔ syáyaʔts kʷi kʷłčə́y̓q ti *xə́w̓əs* scəyíqʷł ti scə́nts ʔiyá ʔaʔ ti či̓qi. *That's what the old people were doing with their green fruit they buried in the wet ground.* (MJ)}
3. to be modern, late-model, recent. {*xə́w̓əs* yaʔ kʷə stíym. *The song was modern.* (MJ)} VAR: x̣áʔəs {*x̣áʔəs* sčiʔánəŋ. *January.* (AS,BC) VAR: x̣áwəs (TC) {*x̣áw̓əs* łqáyč. *new moon* (TC) | *x̣áwəs* qʷúʔ. *fresh water* (TC)} VAR: x̣áwəs {*x̣áw̓əs* sčiyánəŋ. *New year.* (AS,BC) | *x̣áw̓əs* cə ƛ̓áq̓šəns cə ŋŋə́naʔ. *My child's shoes are new.* (AS)}

xə́w̓əs čiʔánəŋ ⟦√xəw̓s √čəy=aŋŋ √new √turn=season⟧ ☞ xə́w̓əs ☞ sčiʔánəŋ January;

new year. {k̕ʷənnúŋə caʔn ʔaʔ či x̣ə́w̕əsčiʔánəŋ. I'll see you in January. / I'll see you in the new year. (TC)}

x̣ə́w̕əs sk̕ʷáči ⟦√x̣əw̕s ʔs-√k̕ʷayiy √new stat-√day⟧ ☞ x̣ə́w̕əs ☞ sk̕ʷáči New Year's Day. (AS,BC)

x̣əw̕əsúyk̕ʷɬ ⟦√x̣əw̕s=uyk̕ʷɬ √new=bodyside⟧ ☞ x̣ə́w̕əs new dancer. (MJT; AS,BC) {ʔáwə k̕ʷaʔčaʔ k̕ʷaʔ ƛ̕áyucis cə **x̣əw̕əsúyk̕ʷɬ**. The new-dancer never stopped. (MJ) | níɬ suʔɬíyms cəw̕níɬ **x̣əw̕əsúyk̕ʷɬ**. Then the new-dancer sang. (MJ)} VAR: x̣aw̕əsúyk̕ʷɬ (TC) VAR: x̣əw̕əsúyk̕ʷɬ (BC)

x̣əw̕x̣əw̕əsúyk̕ʷɬ ⟦√x̣əw̕+√x̣əw̕s=uyk̕ʷɬ pl+√new=bodyside⟧ ☞ x̣əw̕əsúyk̕ʷɬ a group of new dancers. (MJT)

x̣ə́x̣aʔqʷ nits. See under: x̣aʔx̣ə́qʷ

x̣əx̣ániti black paint dance. See under: x̣ənx̣aʔníti

x̣əy̕ʔámnəč ⟦√x̣⟨əy⟩ʔam=nač √driftwood⟨pl⟩=tail⟧ roots and tree stumps that drift down river. (TC) VAR: x̣əy̕ə́mənəč (ES; TC) VAR: x̣iʔə́mnəč (TC; BC) VAR: sx̣íʔəmnəč (TC)

x̣əyaʔpúx̣ʷəŋ ⟦√x̣⟨əy⟩=aʔpux̣ʷ-ŋ √cruch⟨pl⟩-mdl⟧ ☞ x̣aʔpúx̣ʷəŋ to make a crunching, crackling noise while chewing or walking (of a group). {ʔuʔ**x̣əyaʔpúx̣ʷəŋ** k̕ʷi k̕ʷə ʔaʔyəcɬtáyŋxʷ ʔəɬ ʔéʔɬəns. The people were making a crunching noise while they were eating. (AS)}

x̣ə́yatx̣ət ⟦√x̣⟨əy⟩atx̣t √mallard⟨pl⟩⟧ ☞ x̣átx̣ət several mallard ducks. (MJT)

x̣ə́yč̕ ⟦√x̣əyč̕ √twist⟧ to be twisted (as rope made from stinging nettles). (AS; AS,BC) {**x̣ə́yč̕** k̕ʷi tiə x̣ʷéʔləm. The rope is twisted. (AS) | **x̣ə́yč̕** cə scx̣áyč̕. The stinging nettles are twisted. (AS)}

x̣əyč̕ústəŋ ⟦√x̣⟨əy⟩č̕=us-t-ŋ √scratch⟨actl⟩=face-trns-psv⟧ ☞ nəx̣ʷx̣č̕ústəŋ to be scratched multiple times on the face by someone or something. {**x̣əyč̕ústəŋ** k̕ʷi tə sqáx̣əʔ ʔaʔ ti píšpš. The dog was scratched up by the cat. (AS,BC)}

x̣əyəčənúŋət ⟦√x̣⟨əy⟩ač-nuŋt √dry⟨pl⟩-ncmdl⟧ ☞ x̣áčəŋ to be over dry, dryer than it ought to be. (MJT)

x̣əyəč̕t ⟦√x̣əyč̕-t √twist-trns⟧ ☞ x̣ə́yč̕ to twist, wring something. (TC) VAR: x̣əyúč̕t {**x̣əyúč̕t** cn. I twisted it. (AS)}

x̣ə́yəč̕təŋ ⟦√x̣əyč̕-t-ŋ √twist-trns-psv⟧ ☞ x̣ə́yəč̕t to be twisted, wrung by something or someone. (TC) VAR: x̣əyúč̕təŋ (AS) {**x̣əyúč̕təŋ** cə x̣ʷéʔləm. The rope is twisted. (AS) | k̕ʷɬníɬ k̕ʷi nsuʔ**x̣əyúč̕təŋ**. Now I got twisted up. (AS)}

x̣əyk̕ʷiʔéʔč mountains. See under: x̣əy̕k̕ʷəyéʔč

x̣ə́yək̕ʷs raccoon. See under: x̣áyk̕ʷs

x̣əyəsít write to someone. See under: x̣iʔsít

x̣əyət write it. See under: x̣iʔə́t

x̣əyə́təŋ ⟦√x̣əy̕-t-ŋ √mark-trns-psv⟧ ☞ x̣iʔə́t to be written by someone. {k̕ʷə́nt ti **x̣əyə́təŋ**. read

(AS,BC)} VAR: x̣iyáʔtəŋ {k̕ʷənt ti **x̣iyáʔtəŋ**. Look at what was written. (AS,BC)}

x̣əyəx̣éʔəw̕s ⟦x̣əyə+√x̣⟨iʔ⟩əw̕s pl+√new⟨dim⟩⟧ ☞ x̣éʔəw̕əs to be small and new (of several). (MJT)

x̣əyəx̣éʔw̕əs ⟦x̣əyə+√x̣⟨iʔ⟩w̕s pl+√new⟨pl⟩⟧ ☞ x̣éw̕əs to be new, fresh (of several). (MJT; AS) {**x̣əyəx̣éʔw̕əs** tiə ƛ̕ə́qšəns tə ŋənəŋənaʔ. My children's shoes are new. (AS)}

x̣ə́yəyuʔ writing. See under: x̣əy̕ə́yuʔ

x̣ə́yu writing. See under: x̣əy̕ə́yuʔ

x̣əyúq̕ʷəŋ snore (pl). See under: x̣ʷəyúq̕ʷəŋ

x̣əy̕ə́mənəč driftwood. See under: x̣əy̕ʔámnəč

x̣əy̕əpáy̕ cedar (pl). See under: x̣aʔyəpáy̕

x̣əy̕ə́yuʔ ⟦√x̣y̕-əyu⟨ʔ⟩ √mark-activ⟨actl⟩⟧ [actual metathesis] ☞ x̣iʔə́yu to be writing. (MJT; AS,BC,HS,ES,TC; TC) {ʔuʔhúy k̕ʷaʔ ʔuʔ pástən k̕ʷi ns**x̣əy̕ə́yuʔ**. I only write English. (AC)} VAR: x̣iʔə́yuʔ {ʔáw̕ qi k̕ʷaʔ **x̣iʔə́yuʔ**s k̕ʷɬəsə ntán. My mother never writes to me. (ES)} VAR: x̣ə́yu (TC) VAR: x̣ə́yəyuʔ (EPT; MJT; TC) {**x̣ə́yəyuʔ** cn. I was writing. (EPT) VAR: x̣ə́yyuʔ (EPT; NS,JW; AB,ICT; ES) {**x̣ə́yyuʔ** cn. I'm writing. (TC) | **x̣ə́yyuʔ** yaʔ cn. I was writing. (EPT) | ƛ̕áy u cxʷ ʔuʔ **x̣ə́yyuʔ** hay? Are you folks writing, too? (NS,JW) | mán ʔuʔ ʔə́y̕ k̕ʷsə ns**x̣ə́yyuʔ**. You have good handwriting. (EPT) | ncáxʷ k̕ʷɬnsƛ̕íʔs či ns**x̣ə́yyuʔ**. Once I wanted to write. (AC) | k̕ʷɬʔuʔmán cn ʔuʔ ʔəscáxʷcxʷ k̕ʷi nəs**x̣ə́yyuʔ**. But I'm too lazy to write. (AC)} VAR: x̣ə́yyuʔ (ES) {**x̣ə́yyuʔ** cn. I'm writing. (ES)}

x̣əy̕k̕ʷəyéʔč ⟦√x̣ə⟨y̕⟩k̕ʷəʔ-y=iʔč √backbone⟨pl⟩-ext=hump⟧ cp. sx̣aʔik̕ʷəyéʔč mountains. (AC,BC) VAR: x̣ayk̕ʷəyéʔč (AS,BC) VAR: x̣ayək̕ʷəyéʔč (AS,BC) VAR: x̣əyək̕ʷiʔéʔč (MJT) VAR: x̣əy̕k̕ʷəyéʔč (AS,BC)

x̣əy̕sítəŋ be written to. See under: x̣iʔəsítəŋ

x̣ə́y̕t ⟦√x̣⟨ə́⟩y̕-t √mark⟨actl⟩-trns⟧ ☞ x̣iʔə́t to be writing something. {**x̣ə́y̕t** cn. I'm writing it. (MJT)}

x̣əy̕úst ⟦√x̣y̕=us-t √mark=face-trns⟧ ☞ x̣iʔə́t to draw or take a picture of someone or something. {**x̣əy̕úst**s ʔaʔ slapúʔ. She's going to draw a picture of Slapu. (MJT)}

x̣əy̕ústəŋ ⟦√x̣y̕=us-t-ŋ √mark=face-trns-psv⟧ ☞ x̣əy̕úst to be drawn, photographed by someone. {**x̣əy̕ústəŋ** caʔ ʔaʔ Judy k̕ʷsi slapúʔ. Judy is going to draw Slapu. (MJT)}

x̣əy̕ústi ⟦√x̣y̕=us-ty √mark=face-rcprcl⟧ ☞ x̣əy̕úst to photograph, take pictures of each other. (AS,BC) {**x̣əy̕ústi** st. We took pictures of each other. (AS)}

x̣ə́y̕yuʔ writing. See under: x̣əy̕ə́yuʔ

x̣iʔáq̕ ⟦√x̣y̕aq̕ √crosswise⟧ to be crosswise. {**x̣iʔáq̕** tiə qʷɬáy̕. The log is crosswise. (AS)}

x̣iʔáq̕ɬnɬ ⟦√x̣y̕aq̕=əɬnɬ √crosswise=throat⟧ ☞ x̣iʔáq̕ to be stuck in one's throat crosswise. (TC) {**x̣iʔáq̕ɬnɬ** cə scúm̕. The bone is stuck. (AS) | **x̣iʔáq̕ɬnɬ** cn. I have something stuck in my throat. (ES) | **x̣iʔáq̕ɬnɬ** u cxʷ? Do you have something stuck in your throat? (ES)} VAR: x̣iʔáq̓łnəɫ (ES) {*x̣iʔáq̓łnəɫ* u cxʷ? *Do you have something stuck in your throat?* (ES)}

x̣ičáʔyəs 〚√x̣i<ʔ>č=aʔys √scratch<actl>=claw〛 ☞ x̣čít *to cling on with nails or claws (as a cat climbing a tree).* (TC) VAR: x̣iʔčáys (EPT) VAR: x̣ičáʔis {*x̣ičáʔis* cə píšpš sáʔsəsi? ʔaʔ cə sqʷmə́y. *The cat that was scared of the dog clawed its way up.* (AS) | *x̣ičáʔis* st ʔiʔ *x̣ičáʔis* kʷi nẋ̣íẋ̣q. *We clawed up, and my uncle (same age as me) clawed up.* (MJ)} VAR: x̣iʔčaʔyís

x̣iʔčaʔyís 〚√x̣i<ʔ>č=aʔy<í>s √scratch<actl>=claw<pers>〛 ☞ x̣ičáʔyəs *to cling on with nails or claws.* {*ʔuʔx̣iʔčaʔyís* kʷaʔča? ʔəɫ x̣̌kʷaʔyís *He was clinging on with his nails.* (ES)}

x̣iʔə́mnəč[1] 〚√x̣iʔəm=nəč √ʔ=tail〛 *an area between Discovery Bay and Point Wilson.* (EWH)

x̣iʔə́mnəč[2] *driftwood.* See under: x̣əyʔámnəč

x̣iʔə́n 〚√x̣y̓=ən √mark=instr〛 ☞ x̣iʔə́t *pen, pencil; any writing implement.* (AS,BC) {ʔəyucə́qst či tiʔə nəx̣*iʔə́n*. *Sharpen my pencil.* (MJT) | ɫqx̣ə́qst cə *x̣iʔə́n*. *Sharpen the pencil.* (AS) VAR: x̣iyə́n (AS) {ʔuẋ̣kʷíŋət caʔn cə *x̣iyə́n*. *I got to take the pencil.* (AS)} VAR: x̣íyən {mə́ɫ cə *x̣íyən*. *The pencil is bent.* (AS) | céʔitəŋ kʷsə *x̣íyən*. *The pencil was put up.* (AS)} VAR: sx̣iʔə́n (AS) 〚s-√x̣y̓=ən s-√mark=instr〛

x̣iʔəsítəŋ 〚√x̣y̓-sít-ŋ √mark-bene-psv〛 ☞ x̣iʔsít *to be written to by someone.* {*x̣iʔəsítəŋ* u cxʷ ʔaʔ ɫəsə ńtán? *Did your mother write to you?* (ES)} VAR: x̣isítəŋ {*x̣isítəŋ* yaʔ cn ʔaʔ kʷɫə nstíkʷən. *My niece wrote to me.* (AS) VAR: x̣əy̓sítəŋ {kʷɫníɫ suʔ*x̣əy̓sítəŋ*s čšaʔLa Conner. *Soon she was written to from La Conner.* (MJ)}

x̣iʔə́t 〚√x̣y̓-t √mark-trns〛 ☞ x̣iʔə́yu *to write something down, sign something, mark something.* (AB,ICT; ES; AS) {*x̣iʔə́t* cn. *I wrote it.* (MJT) | cáʔx̣ʷəŋ či s*x̣iʔə́t*s. *She's lazy to write it.* (MJT) | ʔuʔ*x̣iʔə́t* q cxʷ kʷi. *You could write it.* (AB,ICT) | kʷ*x̣iʔə́t* u cxʷ? *Did you write it already?* (MJT) VAR: x̣əyə́t (TC) {*x̣əyə́t* caʔn. *I'm going to write it down.* (TC) | *x̣əyə́t*s ʔiʔ ʔúxʷ ʔaʔ cə qaʔqə́yuʔ ʔaʔPort Orchard. *He wrote it up and went to the police at Port Orchard.* (MJ)}

x̣iʔə́yu 〚√x̣y̓-əyu √mark-activ〛 *to write.* (ES; AS,BC) {*x̣iʔə́yu* cn. *I wrote.* (ES) | *x̣iʔə́yu* st. *We'll write.* (MJ)}

x̣iʔə́yuʔ *writing.* See under: x̣əyə́yuʔ

x̣iʔsáys 〚√x̣y̓=us-ays √mark=face-activ〛 ☞ x̣əy̓úst *to be taking a picture, photographing, drawing.* {*x̣iʔsáys* u cxʷ. *Are you taking a picture?* (MJT)} VAR: x̣iyusáys (AS) {táči kʷi kʷə swə́y̓qaʔ *x̣iyusáys*. *The man taking pictures got here.* (AS)}

x̣iʔsə́nt 〚√x̣y̓=sən-t √mark=foot-trns〛 ☞ x̣iʔə́t *to write on or tattoo someone's foot or leg.* (AS)

x̣iʔsít 〚√x̣y̓-sít √mark-bene〛 ☞ x̣iʔə́yu *to write to or for someone.* {*x̣iʔsít* cn ɫəsə ńtán. *I wrote to my mother.* (ES) | *x̣iʔsít* cn təsə nəcáčc. *I'm writing to my uncle. / I'm writing to my aunt.* (ES) | *x̣iʔsít* cn ɫəsə nəcáčc. *I'm writing to my aunt.* (HS,ES)} VAR: x̣iʔəsít {*x̣iʔəsít* cn kʷɫəsə nətán. *I wrote to my mother.* (ES)} VAR: x̣əyəsít (AS,BC) VAR: x̣isít (AS) {*x̣isít* cn kʷɫə nstíkʷən. *I wrote to my niece.* (AS)}

x̣iʔúsəŋ *take picture.* See under: nəxʷx̣iʔúsəŋ

x̣iʔúst *take picture of it.* See under: nəxʷx̣iʔúst

x̣iʔx̣aʔyúsc 〚x̣y̓+√x̣ay̓-us-t-c pl+√argue-rcpnt-trns-1obj/2obj〛 ☞ x̣iʔx̣aʔyúst *arguing with me; arguing with you.* {*x̣iʔx̣aʔyúsc* u cxʷ? *Are you arguing with me?* (ES)}

x̣iʔx̣aʔyúst 〚x̣y̓+√x̣ay̓-us-t pl+√argue-rcpnt-trns〛 ☞ x̣ay̓úst *to be arguing with someone, telling someone off.* (ES) {*x̣iʔx̣aʔyúst* cn. *I'm telling him off.* (AS)}

x̣iʔx̣aʔyústəŋ 〚x̣y̓+√x̣ay̓-us-t-ŋ pl+√argue-rcpnt-trns-psv〛 ☞ x̣iʔx̣aʔyúst *being argued with, told off, preached to by someone.* {*x̣iʔx̣aʔyústəŋ* cn. *Someone's arguing with me.* (ES) | *x̣iʔx̣aʔyústəŋ* cn ʔaʔ kʷi nəsʔáyəxʷ. *My elder preached to me.* (AS)}

x̣iʔx̣aʔyústiʔ 〚x̣y̓+√x̣ay̓-us-ty<ʔ> pl+√argue-rcpnt-rcprcl<actl>〛 ☞ x̣iʔx̣aʔyúst *to be arguing with each other.* (ES) {*x̣iʔx̣aʔyústiʔ* cn. *I'm arguing (with someone).* (ES) | nsẋ̣éʔ u či ns*x̣iʔx̣aʔyústiʔ*. *Do you want to argue with me?* (TC)}

x̣iʔx̣iʔáʔq̓łnɫ 〚x̣y̓+√x̣x̣ya<ʔ>q̓=ɫnɫ pl+√crosswise<actl>=throat〛 ☞ x̣iʔáq̓łnɫ *having fish bones or something stuck in one's throat.* (ES)

x̣íč 〚√x̣ič √raw〛 *to be raw, uncooked, underdone, not ripe.* (ES; TC) {*x̣íč* cə ńskʷúkʷ. *What you cooked is underdone.* (TC)}

x̣íči 〚√x̣ič-iy √raw-dev〛 ☞ x̣íč *to be bashful, ashamed, embarrassed, shy.* (MJT; ES) {*x̣íči* cn. *I got shamed.* (TC) | nəs*x̣íči*. *I'm ashamed.* (MJT) | nəs*x̣íči* cxʷ. *I'm ashamed of you.* (MJT) | *x̣íči* cn ʔaʔ cə nəsqʷáy. *I'm ashamed of what I said.* (TC) | {níɫ suʔ*x̣íči*s cə xʷanítəm. *So the white man was embarrassed.* (ES)} VAR: x̣íčiʔ (MJT)

x̣íč̓ 〚√x̣ič̓ √scratch〛 *to get scratched, clawed.* {*x̣íč̓* cn. *I got clawed.* (AS,BC)}

x̣ičáʔis *grab with claws.* See under: x̣iʔčáʔyəs

x̣ičáʔisəŋ 〚√x̣ič=aʔys-ŋ √scratch=claw-mdl〛 ☞ x̣iʔčáʔyəs *to climb with nails or claws (as a cat climbing a tree).* (TC) {*x̣ičáʔisəŋ* cn. *I'm climbing.* (TC) | níɫ nsuʔ*x̣ičáʔisəŋ* hiyáʔ. *Then I went clawing my way up.* (AS) | *x̣ičáʔisəŋ* cn čéʔiŋ. *I clawed my way up.* (BC) | *x̣ičáʔisəŋ* cn čéʔiŋ ʔaʔ cə spúqʷs. *I clawed my way up the bluff.* (AS)}

x̣ičáys 〚√x̣ič=aʔys √scratch=claw〛 ☞ x̣íč̓
1. *to scratch, claw.* (ES)
2. *to climb by clawing (as a cat clawing up a tree), shinny up (a tree).* (TC; ES; AS,BC) {nsuʔx̣ə́nəŋ ʔaʔ či nəs*x̣ičáys* ʔiyá ʔaʔ tə sqiqəyáyŋxʷ *I told him that I was climbing trees.* (MJ)} VAR: x̣ičáyəs (TC; ES) VAR: x̣ičáys (EPT)

x̣íč̓t ⟦√x̣<í>č̓-t √scratch<actl>-trns⟧ [actual metathesis] ☞ x̣č̓ít
1. to be scratching something. (EPT; LC; AS,BC)
2. to scratch something. (TC) [This is non-actual for TC.] *cp.* x̣éʔč̓t ⟦√x̣ič̓-t √scratch-trns⟧ {*x̣íč̓t* cn. *I scratched him.* (ES) | *x̣íč̓t* u cxʷʔ *Did you scratch him?* (MJT) | húy suʔx̣íč̓ts tə stáckʷɬs tə x̣aʔx̣iyəwéʔč̓. *He only scratched Chipmunk's back.* (MJ)}

x̣íƛ̓č ⟦√x̣iƛ̓č √fell_tree⟧ to fell a tree, bring, cut a tree down. (ES,TC; AS) {hiyáʔ caʔ st *x̣íƛ̓č*. *We're going to go fell a tree.* (AS)}

x̣íƛ̓čnəxʷ ⟦√x̣iƛ̓č-naxʷ √fell_tree-nctrns⟧ ☞ x̣íƛ̓č to manage to fell a tree, cut a tree down or accidentally fell a tree. {*x̣íƛ̓čnəxʷ* cn cə sqiyáyŋxʷ. *I managed to fell the tree.* (AS)}

x̣íƛ̓č̓t ⟦√x̣iƛ̓č-t √fell_tree-trns⟧ ☞ x̣íƛ̓č to fell a tree, bring, cut a tree down. (AS) {*x̣íƛ̓č̓t* cn cə sqiyáyŋəxʷ. *I felled that tree.* (AS)}

x̣ínɬ ⟦√x̣inɬ √shell⟧ a type of small shell used in necklaces. (AB,ICT; ABT)

x̣íŋət ⟦√x̣iŋ-t √grab-trns⟧ ☞ x̣əŋə́yu to grab, snatch, get a handful of something. (ES; TC; AS) {*x̣íŋət* cn. *I grabbed it.* (TC; AS) | níɬ suʔxʷtíŋəts cə ʔaʔáwkʷs ʔiʔ *x̣íŋəts* ʔiʔ čqʷə́ts. *Then she sprang at their belongings, and she grabbed them, and she burned them.* (MJ)} VAR: x̣íŋt {*x̣íŋt* cn. *I grabbed a handful of it.* (AS,BC) | *x̣íŋt*s ʔiʔ č̓cústs ʔiʔ č̓ixʷás ʔaʔ cə ʔáʔyəŋs. *She grabbed him, hugged him, and put him into her house.* (TC)}

x̣íŋətəŋ ⟦√x̣iŋ-t-ŋ √grab-trns-psv⟧ ☞ x̣íŋət to be grabbed by someone. (AS,BC) {*x̣íŋətəŋ* cn. *Someone grabbed me.* (TC; AS) | *x̣íŋətəŋ* caʔ cxʷ ʔiʔ xʷəysítəŋ. *He grabbed you and shook you.* (TC; AS,BC)} VAR: x̣íŋtəŋ {*x̣íŋtəŋ* cn. *Someone grabbed me.* (AS)} VAR: x̣əŋítəŋ (AS,BC) {*x̣əŋítəŋ* cn cə sʔíɬən. *I grabbed the food.* (AS)}

x̣íqt ⟦√x̣iq-t √scrape-trns⟧ *cp.* ʔíxt *cp.* qíxt to scrape something. {*x̣íqt* cn. *I scraped it.* (MJT)}

x̣ísi ⟦√x̣is-iy √terrible-dev⟧ to be terrible, fierce, awful. {*x̣ísi* tə sčún. *The wind was awful.* (AS) | čaʔx̣ísi kʷə tiə sx̣áʔəs sqʷáqʷis. *This bad talking just got terrible.* (TC)}

x̣isít write to someone. *See under:* x̣iʔsít

x̣isítəŋ be written to. *See under:* x̣iʔəsítəŋ

x̣íst ⟦√x̣is-t √terrible-trns⟧ ☞ x̣ísi to make something or someone look fierce or ugly. {*x̣íst* cn cə nʔáʔiŋ. *I messed up my house.* (AS)}

x̣ístəŋ ⟦√x̣is-t-ŋ √terrible-trns-psv⟧ ☞ x̣íst to be made ugly, terrible, fierce, messed up. {ʔuʔ*x̣ístəŋ* tə spúqʷs ʔɬ ɬə́m̓s. *The bluff gets ugly when it slides off.* (AS,BC) | *x̣ístəŋ* kʷə spúʔqʷs kʷi stə́m̓s. *The bluff got ugly when it slid.* (AS) | *x̣ístəŋ* kʷi kʷə ʔáʔiŋɬ. *Our house was messed up.* (AS)}

x̣íxʷ ⟦√x̣ixʷ √red_urchin⟧ red sea urchin or purple sea urchin, large sea-egg. *Strongylocentrotus franciscansus; S. purpuratus.* (EWH; AB,ICT; MJT; NS,JW; ES; TC; AS) {ŋə́n̓ *x̣íxʷ*. *It's lots of urchins.* (ES)} VAR: x̣íxʷə (ES)

x̣íx̣aʔx̣aʔ ⟦x̣i+x̣iʔ+√x̣iʔ aff+char+√appear_suddenly⟧ ☞ x̣éʔx̣aʔ *cp.* x̣eʔx̣éʔči? to feel ashamed, bashful, shy. (MJT) {*x̣íx̣aʔx̣aʔ* či sʔíɬəns. *She's ashamed to eat.* (MJT) | *x̣íx̣aʔx̣aʔ* u cxʷ ʔaʔ či ńsʔíɬən. *Are you ashamed to eat?* (MJT)}

x̣ix̣áykʷs ⟦x̣y+√x̣aykʷs pl+√raccoon⟧ ☞ x̣áykʷs raccoons. (TC) VAR: x̣ix̣áyəkʷəs (MJT)

x̣ix̣áč̓t ⟦x̣y+√x̣č̓-t pl+√know-trns⟧ ☞ x̣č̓t to be figuring things out, studying something from every angle. (ES; AS)

x̣ix̣áč̓təŋ ⟦x̣y+√x̣č̓-t-ŋ pl+√know-trns-psv⟧ ☞ x̣č̓ə́təŋ to be sized up, looked over, evaluated. {*x̣ix̣áč̓təŋ* cn ʔaʔ tə swéʔwəs. *The boy is sizing me up.* (AS) | *x̣ix̣áč̓təŋ* kʷi kʷə sčaʔkʷaʔyúɬ. *He looked the car over.* (AS)}

x̣ix̣ákʷɬ ⟦√x̣iyx̣=akʷɬ √war=conveyance⟧ ☞ x̣íyəx̣ war canoe, battleship. {čúʔəɬ ʔéʔɬxʷaʔ cə snə́xʷɬ, ʔéʔɬxʷaʔ *x̣ix̣ákʷɬ*. *The canoe, Elwha Warrior, belongs to Elwha.* (TC)} VAR: sx̣iyəx̣ə́kʷɬ (TC) {ʔiyá yaʔ cn ʔaʔ cə čáy ʔaʔ tə *sx̣iyəx̣ə́kʷɬ*. *I was there to work on a battleship.* (TC) | *sx̣iyəx̣ə́kʷɬ* ti sčáʔis ʔaʔ kʷi sx̣éʔix̣s ʔaʔ ti xʷiyanítəm. *They were building a battleship for the white man's war.* (TC) | ʔúxʷ cn ʔaʔ cə sxʷʔiyás ti čaʔčáʔtəŋs tə *sx̣iyəx̣ə́kʷɬ* ʔawx̣éʔyəx̣ yaʔ tiə xʷiyanítəm yaʔ ʔaʔ cə nə́cuʔ tə́ŋxʷ. *I went to where they were building a battleship because the white people were fighting a war in another land.* (TC)} VAR: sx̣èʔyəx̣úkʷɬ (AS,BC; AS)

x̣ix̣ə́ɬtxʷ ⟦x̣y+√x̣ɬ-txʷ pl+√hurt-caus⟧ ☞ x̣ə́ɬt to hurt several or hurt repeatedly. {*x̣ix̣ə́ɬtxʷ* cn. *I hurt him.* (AS)}

x̣ix̣əpiʔ[1] ⟦x̣i+√x̣əp=ay̓ aff+√cedar=wood⟧ ☞ x̣páy̓ cedar pole used in the spirit dance, the Klallam equivalent of Lushootseed sgʷədíləč. (MJT) *cp.* kʷə́yəxʷən VAR: x̣ix̣ə́pi (JCo)

x̣ix̣əpiʔ[2] cedar (pl). *See under:* x̣aʔyəpáy̓

x̣ix̣ə́ɬtəŋ ⟦x̣y+√x̣ɬ-t-ŋ pl+√sting-trns-psv⟧ ☞ x̣ɬə́t to be shot, stung, cursed by a group or of a group. {*x̣ix̣ə́ɬtəŋ* ti nəyaʔčáʔuŋəxʷ. *The foreigners were shot (with power).* (TC)}

x̣ix̣əyəkʷəs raccoons. *See under:* x̣ix̣áykʷs

x̣ix̣íst ⟦x̣i+√x̣is-t aff+√terrible-trns⟧ ☞ x̣íst to make something terrible, ugly. {*x̣ix̣íst* cn. *I made it ugly.* (AS)}

x̣íxʷt ⟦√x̣ixʷ-t √scrape_with_teeth-trns⟧ to scrape something with one's teeth. {*x̣íxʷt* cn. *I scraped it with my teeth.* (MJT) | k̓ʷsə́ŋ kʷsə ʔápəls; níɬ kʷi nsuʔ*x̣íxʷt*. *The apple was hard; I just scraped it with my teeth.* (AS)}

x̣iyáʔtəŋ be written. *See under:* x̣əyə́təŋ

x̣iyaʔx̣əyuʔéʔč 〚x̣ < iy > aʔ + √x̣ẏ-əw < ʔ > = iʔč dim + √mark-ext < actl > = hump〛 ☞ x̣aʔx̣iyuʔéʔč several chipmunks. (MJT)

x̣iyə́n pen. *See under:* x̣iʔə́n

x̣íyəx̣ 〚√x̣iyx̣ √war〛 to make war, be at war, battle. (ES; TC) {x̣ʷčátəŋ yaʔ ti ʔənʔá *x̣íyəx̣*. *The ones who came to war were slaughtered.* (TC) | x̣ʷčátəŋ st yaʔ ti ti ʔnʔá *x̣íyəx̣* čšaʔiyá cə c̓əm̓šiyán. *We slaughtered those that came to war from Tsimshian.* (TC)} VAR: x̣íyx̣ (TC) VAR: x̣éyəx̣ (LBH; TC; ES)

x̣iyús picture. *See under:* sx̣iʔús

x̣iyusáysəŋ 〚√x̣ẏ = us-aẏs-ŋ √mark = face-activ-mdl〛 ☞ x̣iʔsáys to be taking a picture, photographing, drawing a picture. (AS) {nsx̣̌éʔ či nsuʔ*x̣iyusáysəŋ*. *I want to take a picture.* (AS)}

x̣iyusáẏs photographing. *See under:* x̣iʔsáys

x̣iyúsəŋ 〚√x̣ẏ = us-ŋ √mark = face-mdl〛 ☞ sx̣iʔús to draw a picture, take a photograph. (AS) {*x̣iyúsəŋ* cn. *I took a picture.* (AS) | nsx̣̌éʔ u či ns*x̣iyúsəŋ*? *Do you want to take a picture?* (AS)}

x̣ɬám̓ 〚√x̣ɬam̓ √watch〛 to watch, observe. (AS,BC) {*x̣ɬám̓* cn. *I watched.* (ES) | *x̣ɬám̓* ʔaʔ kʷə x̣̌úyəqs. *Watch the television.* (TC)} VAR: x̣ɬə́m̓ {hiyáʔ yaʔ st *x̣ɬám̓* ʔaʔ kʷi payaʔkʷɬ. *We went to watch the races.* (AS) | hiyáʔ u caʔ cxʷ *x̣ɬám̓* ʔaʔ kʷə ʔíɬənəs či snáyaʔnəkʷ? *Are you going to go watch the ghosts eat?* (MJ)}

x̣ɬánkʷs 〚√x̣ɬ = ankʷs √hurt = abdomen〛 ☞ x̣ə́ɬ to feel bad (for oneself or for someone else), get one's feelings hurt, feel disappointed in someone. (MJT) {*x̣ɬánkʷs* cn. *I got my feelings hurt.* (MJT)} VAR: x̣ɬán̓kʷs {nəs*x̣ɬán̓kʷs*. *I'm feeling bad (because someone is doing something I think is bad for him).* (MJT; T) | *x̣ɬán̓kʷs* cn. *I'm hurt (in my feelings).* (MJT) | nəs*x̣ɬán̓kʷs* kʷsə nəŋə́naʔ? *I'm disappointed with my son.* (MJT)}

x̣ɬáw̓txʷ hospital. *See under:* sx̣ɬáw̓txʷ

x̣ɬáẏəč 〚√x̣ɬ = aẏč √hurt = hip〛 ☞ x̣ə́ɬ to hurt, ache in the hip. ⟪Usage: This is also used as an insulting curse to a woman.⟫ (MJT) {*x̣ɬáẏəč* cn. *My hip aches.* (MJT)}

x̣ɬáẏnəs 〚√x̣ɬ-ay < ʔ > = nis √hurt-ext < actl > = tooth〛 ☞ x̣ə́ɬ to have a toothache. (ES)

x̣ɬéʔqʷ 〚√x̣ɬ = iʔqʷ √hurt = head〛 ☞ x̣ə́ɬ headache. (TC)

x̣ɬéyəŋ fall backwards. *See under:* x̣ɬíyəŋ

x̣ɬéyŋstxʷ throw back. *See under:* x̣ɬiyŋístxʷ

x̣ɬə́m̓ watch. *See under:* x̣ɬám̓

x̣ɬə́qsən 〚√x̣ɬ = əqsən √hurt = nose〛 ☞ x̣ə́ɬ to hurt one's nose. (ES)

x̣ɬə́t 〚√x̣ɬ-t √hurt-trns〛 ☞ x̣ə́ɬ to hurt someone (physically or emotionally). (ES; TC) {*x̣ɬə́t* cn. *I hurt him.* (TC; AS)}

x̣ɬə́tən 〚√x̣ɬ-t-ŋ √hurt-trns-psv〛 ☞ x̣ɬə́t to be hurt by someone or something. {*x̣ɬə́tən* cn. *Someone hurt me.* (TC; AS,BC) | *x̣ɬə́tən* ixʷ kʷi či n̓ŋə́nəŋənaʔ. *Someone must have hurt your children.* (MJ)}

x̣ɬiʔáx̣ən 〚√x̣ɬ-iʔ = ax̣ən √hurt-ext = arm〛 ☞ x̣ə́ɬ to hurt, ache in the arm. {*x̣ɬiʔáx̣ən* cn. *My arm hurts.* (MJT)}

x̣ɬíkʷs 〚√x̣ɬ = iws √hurt = body〛 ☞ x̣ə́ɬ to hurt, ache, be sore all over. (TC; AS,BC) {ʔuʔmán̓ cn ʔuʔ *x̣ɬíkʷs*. *My whole body aches very much.* (AS)}

x̣ɬíŋəstəŋ be thrown back. *See under:* x̣ɬiyəŋístəŋ

x̣ɬíqən 〚√x̣ɬ = iqən √hurt = belly〛 ☞ x̣ə́ɬ bellyache, stomachache, diarrhea. (TC) {*x̣ɬíqən* cn. *I have a bellyache.* (ES) | *x̣ɬíqən* caʔ cxʷ. *You're going to get a bellyache.* (MJT)}

x̣ɬíw̓s 〚√x̣ɬ = iw < ʔ > s √hurt = body < actl >〛 ☞ x̣ɬíkʷs to be hurting, sore all over. (TC; ES) {*x̣ɬíw̓s* cn. *My body is all sore.* (TC)}

x̣ɬíyəŋ 〚√x̣ɬ-iy-ŋ √hurt-dev-mdl〛 ☞ x̣ə́ɬ to fall backwards, fall on one's back. (MJT; ICT; ES) ⟪Usage: It is considered very bad manners to use this word of a woman.⟫ [Note that this is related to the word meaning 'hurt, sick'. The connection is that when someone is hurt or sick, they must lie on their back.] {*x̣ɬíyəŋ* cn. *I fell backwards.* ⟪Usage: A woman would never say this.⟫ (AS,BC; TC; ES)} VAR: x̣ɬéyəŋ (AS,BC) VAR: x̣ɬéyŋ (ES; AS,BC) VAR: x̣ɬíyŋ (TC; AS,BC)

x̣ɬiyəŋístəŋ 〚√x̣ɬ-iy-ŋ-ístxʷ-ŋ √hurt-dev-mdl-caus-psv〛 ☞ x̣ɬiyŋístxʷ to be thrown backwards, thrown on one's back, be turned face up by someone or something. (ES,TC) VAR: x̣ɬiyŋístəŋ {*x̣ɬiyŋístəŋ* cn. *Someone put me on my back (wrestling).* (ES)} VAR: x̣ɬíŋəstəŋ {*x̣ɬíŋəstəŋ* cn. *They turned me on my back.* (TC)}

x̣ɬíyŋəstxʷ throw back. *See under:* x̣ɬiyŋístxʷ

x̣ɬiyŋístxʷ 〚√x̣ɬ-iy-ŋi-stxʷ √hurt-dev-rel-caus〛 ☞ x̣ɬíyəŋ to throw someone or something down on its back, make someone or something fall backwards face up. (ES; AS,BC) {*x̣ɬiyŋístxʷ* cn. *I threw him down and back.* (AS)} VAR: x̣ɬíyŋəstxʷ (AS) VAR: x̣ɬéyŋstxʷ

x̣ɬnáx̣ʷ 〚√x̣ɬ-nax̣ʷ √hurt-nctrns〛 ☞ x̣ə́ɬ to harm, hurt someone accidentally. (AS) {*x̣ɬnáx̣ʷ* cn kʷə sqáx̣aʔ. *I accidentally hurt the dog.* (AS) | ʔáwə yaʔ kʷi c nəxčnín ʔaʔ či nəs*x̣ɬnáx̣ʷ* caʔ. *I didn't think I was going to hurt him that much.* (MJT)} VAR: x̣əɬnáx̣ʷ (AS)

x̣ɬtáʔəŋ 〚√x̣ɬ-taxʷ < ʔ > -ŋ √hurt-emot < actl > -psv〛 ☞ x̣ɬtáŋ being pitied, felt sorry for. {*x̣ɬtáʔəŋ* u cxʷ? *Is someone feeling sorry for you?* (ES)}

x̣ɬtáʔəxʷ 〚√x̣ɬ-ta < ʔə > xʷ √hurt-emot < actl >〛 ☞ x̣ɬtáxʷ Stem: x̣ɬtáʔə [stem for subject suffixes] 1. to hurt someone's feelings. {ʔáw c ʔuʔ*x̣ɬtáʔəxʷ*. *Don't hurt them.* (MJ) | *x̣ɬtáʔəxʷ* cn. *I hurt his feelings.* (BC) | *x̣ɬtáʔəs* cə swə́yqaʔ cə sɬáni. *The man is feeling sorry for the lady.* (ES)} 2. to be feeling hurt. {mán̓ cn u ʔuʔ *x̣ɬtáʔəxʷ* tiə nəsxʷə́kʷ. *My lower back really hurts.* (MJT) | *x̣ɬtáʔəxʷ* cn ʔaʔ kʷi nəsyəcústən. *I'm feeling bad about what I was told.* (AS) | ʔáwə c *x̣ɬtáʔəxʷ* či ʔuʔstáŋ. *Don't hurt anything.* (MJ) | *x̣ɬtáʔəs* tə táčšəŋs. *The back of his neck is hurting him.* (MJT)}

x̣ɬtáŋ [√x̣ɬ-taxʷ-ŋ √hurt-emot-psv] ☞ x̣ɬtáxʷ to be pitied, felt sorry for. {*x̣ɬtáŋ* cn ʔaʔ kʷɬə ntán. *My mother felt bad for me.* (AS)}

x̣ɬtáxʷ [√x̣ɬ-taxʷ √hurt-emot] ☞ x̣ə́ɬ
1. to feel bad, sad about something, feel sorry for someone. (TC; AS,BC) {*x̣ɬtáxʷ* cn *I feel bad about it. / I feel sorry for him/her.* (MJT; ES; TC) | mán̓ cn uʔ *x̣ɬtáxʷ* *I feel very sorry for him/her.* (MJT) | *x̣ɬtáxʷ* cn ʔaʔ kʷi nəsyəcústən. *I felt bad for him when I was told.* (AS) | *x̣ɬtáxʷ* cn ʔaʔ kʷi nəsyəcústən ʔaʔ kʷi skʷənčátis kʷi nsʔúq̓ʷaʔ. *I felt sad when they told me my brother got a divorce.* (AS)}
2. to feel hurt. {suʔx̣ə́nəŋs kʷi nəsíyaʔ ʔaʔ či nəs*x̣ɬtáxʷ* či nəxʷúŋən. *So my grandfather said that my throat hurt me.* (MJ)}

x̣ɬtəŋíŋə pity you. *See under:* x̣ɬtúŋə

x̣ɬtəŋíŋəc [√x̣ɬ-taxʷ-ŋi-ŋəc √hurt-emot-rel-1obj] ☞ x̣ɬtáxʷ pity me. {*x̣ɬtəŋíŋəc* u cxʷ? *Do you feel bad for me?* (TC)}

x̣ɬtúŋə [√x̣ɬ-taxʷ-uŋə √hurt-emot-2obj] ☞ x̣ɬtáxʷ pity you. {*x̣ɬtúŋə* cn. *I feel bad for you.* (TC)} VAR: x̣ɬtəŋíŋə {*x̣ɬtəŋíŋə* cn. *I feel bad for you.* (TC)}

x̣ɬx̣ə́ɬ [x̣ɬ + √x̣ɬ char + √hurt] ☞ x̣ə́ɬ
1. to be hurtful. {čaʔx̣ənʔátən ʔaʔ či ssé̓yaʔs kʷaʔ ʔáwəs c *x̣ɬx̣ə́ɬ*. *She was told by her grandmother not to be hurtful.* (MJ)}

x̣ŋínt [√x̣ŋint √Clallam_Bay] a former Klallam village on the east side of Clallam Bay area where creeks meet. (AS,BC; AS) VAR: x̣ŋínət (ES,ASa:) VAR: x̣əŋínət (HJH; JSH)

x̣paʔčáw̓tx̣ʷ [√x̣əp=ay̓=aw̓tx̣ʷ √cedar=wood=house] ☞ x̣páy̓ village at Boston Creek, about 1-1.5 mi. up the Elwha. ⟪one of thirteen Klallam villages on the Elwha⟫ (ES)

x̣paʔčíɬč [√x̣əp=ay̓=iɬč √cedar=wood=plant] ☞ x̣páy̓ [/y̓/ → /ʔč/] cedar tree, western redcedar. *Thuja plicata.* (ES) VAR: x̣payíɬč (TC) VAR: x̣paʔyáɬč (ES) VAR: x̣paʔhíɬč (ES) VAR: x̣paʔyaʔhíɬč (ES) VAR: x̣áʔčɬč (AS,BC; AS) VAR: x̣čáʔčɬč (EPT; MJT; AB,ICT) VAR: x̣čə́čɬč (LB,EWH) {scúɬ *x̣čáʔčɬč* q̓ʷčə́ŋ. *It's cedar root wood.* (MJ) | ʔáwə c scúɬ *x̣čáʔčɬč* tiə. *This isn't cedar tree wood.* (MJ) | níɬ suʔkʷə́nəxʷs ti ʔuʔŋə́n̓ q̓ʷčə́ŋ scúɬ *x̣čáʔčɬč*. *Then he saw lots of cedar tree roots.* (MJ)} VAR: sx̣aʔpíɬč (ES) [s-√x̣ə<ʔ>p=iɬč √cedar<actl>=plant]

x̣páyəkʷɬ [√x̣əp=ay̓=akʷɬ √cedar=wood=conveyance] ☞ x̣páy̓ cedar canoe. (TC)

x̣páy̓ [√x̣əp=ay̓ √cedar=wood] western redcedar wood, cedar shakes. (LB,EWH; JCo; EPT; TC; ES; AS,BC)

{ƛ̓kʷə́ts cə ƛ̓áqt qʷɬáy̓ *x̣páy̓*. *He took a long cedar log.* (MJ)}

x̣payíɬč cedar tree. *See under:* x̣paʔčíɬč

x̣péʔiɬč small cedar tree. *See under:* x̣aʔx̣áʔčɬč

x̣sít [√x̣si-t √move-trns] to move something. (AS) {*x̣sít* cn. *I moved it.* (AS,BC; AS) | *x̣sít* cn cə čaʔcítən. *I moved the table.* (AS)}

x̣sítəŋ [√x̣si-t-ŋ √move-trns-psv] ☞ x̣sít to be moved by someone. {*x̣sítəŋ* cn. *I got moved.* (AS) | *x̣sítəŋ* kʷsə čaʔcítən. *The table was moved.* (AS)}

x̣téʔəŋ prepare. *See under:* ʔəx̣téʔəŋ

x̣téʔt fix it. *See under:* ʔəx̣téʔt

x̣t̓áyu shoot power. *See under:* x̣t̓áyu

x̣tcáʔyəs [√x̣tcay̓s √lingcod_eggs] [may have the 'eye' suffix] cp. sŋəńáy̓əs
1. lingcod eggs. (AS,BC)
2. March. (AS,BC) VAR: x̣tcáʔis (AS,BC; TC)

x̣t̓ə́c [√x̣t̓-t-c √sting-trns-1obj/2obj] ☞ x̣t̓ə́t shoot me; shoot you. {*x̣t̓ə́c* cn. *I shot you.* (TC)}

x̣t̓ə́k̓ʷt [√x̣t̓ək̓ʷ-t √carve-trns] ☞ x̣ə́t̓k̓ʷəŋ to carve something, create something by carving. {*x̣t̓ə́k̓ʷt* caʔn. *I'm going to carve it.* (MJT)}

x̣t̓ə́n [√x̣t̓=ən √sting=instr] ☞ x̣t̓ə́t
1. slingshot, bean-shooter, peashooter. (MJT; AS,BC; TC; AS)
2. evil power shot into someone. {ʔiʔ húy ti suʔhiyáʔs ti *x̣t̓ə́n* ʔiʔ ʔənʔá həwíyŋ sə́q. *The evil power only went and came back out.* (MJ)}

x̣t̓ə́t [√x̣t̓-t √sting-trns] ☞ x̣t̓áyu
1. to shoot someone or something (with a sling shot), sling (a rock) at someone. ⟪USAGE: Note that this is not used for 'shoot' with a gun or bow and arrow.⟫ (MJT; ES,TC; TC; AS,BC) cp. čkʷút {*x̣t̓ə́t* cn. *I shot him.* (MJT) | *x̣t̓ə́t* cn ʔaʔ tsə x̣t̓ə́n. *I shot him with a peashooter.* (MJT)}
2. to send bad spirit power into someone, curse, put a spell on someone. (AS,BC) {*x̣t̓ə́t* cn cə ʔcɬtáyŋxʷ. *I shot power into that person.* (AS)}
3. to sting someone or something. (MJT)

x̣t̓ə́təŋ [√x̣t̓-t-ŋ √sting-trns-psv] ☞ x̣t̓ə́t to be shot, hit with evil spirit power, cursed, hit with a slingshot, stung by a lizard or snake. (ES; HS,ES; TC) {*x̣t̓ə́təŋ* cn. *I got shot.* (TC) | *x̣t̓ə́təŋ* əw? *Were they shot?* (TC) | *x̣t̓ə́təŋ* cxʷ. *You got shot with spirit power.* (AS) | *x̣t̓ə́təŋ* cn ʔaʔ kʷi sxʷná̓ʔəm čʔéʔɬxʷaʔ. *I was shot by the Indian doctor from Elwha.* (AS) | ʔiʔ u*x̣t̓ə́təŋ* yəxʷ kʷə ʔaʔ kʷsi wəx̣ə́ɬ. *It must have been stung by a frog.* (MJ) | *x̣t̓ə́təŋ* cn ʔaʔ cə sxʷiʔxʷəyəwáčən *I got stung by a lizard* (MJT) | *x̣t̓ə́təŋ* cn ʔaʔ kʷsə péʔtšən. *I was stung by a salamander.* (AS) | níɬ kʷaʔ *x̣t̓ə́təŋ*ən ʔaʔ Richy Sampson, ʔaʔ maʔmix̣ʷə́y̓. *I might get shot by Richy Sampson, by Dipper.* (TC)}

x̣t̓áyu [√x̣t̓-əyu √sting-activ] to shoot spirit power, inject venom (as a snake). ✱an evil sxʷnáʔəm can do this to hurt a person (ES) {x̣čŋíns ʔaʔ či s*x̣t̓áyu*s ti wəx̣ə́ɬ. *She thought she was stung by a*

x̣úʔŋən *frog.* (MJ) | ʔáwə ta kʷaʔ *x̣ƚáyu*s ti wəx̣ə́ƚ. *The frog never stings (contrary to what you think).* (MJ) | suʔx̣čənáxʷs ʔaʔ či snít̕s č̓ s*x̣ƚáyu*s. *He figured that that was his power.* (MJ)} VAR: x̣ƚáyu (TC)

x̣úʔŋən paddle. *See under:* x̣ʷúʔŋət

x̣x̣aníti? ⟦x̣+√x̣an-ŋi-ty<ʔ> incep+√growl-rel-rcprcl<actl>⟧ ☞ x̣aníti to be growling. {kʷɬ*x̣x̣aníti?* cə Gypsy. *Gypsy is growling.* (MJT)}

x̣x̣ayʼúst ⟦x̣+√x̣ayʼ-us-t incep+√argue-rcpnt-trns⟧ ☞ x̣ayʼúst to start to argue with someone. {kʷɬ*x̣x̣ayʼúst*. *He started to argue.* (MJT)}

x̣ʷ

x̣ʷaʔčátəŋ ⟦√x̣ʷa<ʔ>y-t-ŋ √perish<actl>-trns-psv⟧ [metathesis with passive] ☞ x̣ʷáčt being slaughtered, massacred killed by someone or something. ⟪USAGE: This must be used with a plural subject.⟫ {*x̣ʷaʔčátəŋ* yaʔ st. *They were massacring us.* (AS) | *x̣ʷaʔčátəŋ* st. *They're killing us all.* (TC) | *x̣ʷaʔčátəŋ* ti čpəyə́šct ʔaʔ ti naʔčáʔuŋxʷ táʔči. *The people of Pysht were being slaughtered by the strangers who were arriving.* (AS)} VAR: x̣ʷaʔčátəɲ̊ (MJT)

x̣ʷaʔčáti? ⟦√x̣ʷa<ʔ>y-ty<ʔ> √perish<actl>-rcprcl<actl>⟧ ☞ x̣ʷčáti to be killing one another. (MJT)

x̣ʷaʔčéʔəɲ̊əɬ ⟦√x̣ʷa<ʔ>y-i<ʔ>ŋ<ˀ>əɬ √perish<actl>-cstm<actl>⟧ ☞ x̣ʷáčt to be slaughtering, killing many. {ʔiʔ níɬ suʔhúys *x̣ʷaʔčéʔəɲ̊əɬ*. *And then they finished killing.* (ES)}

x̣ʷáʔčt ⟦√x̣ʷa<ʔ>y-t √perish<actl>-trns⟧ ☞ x̣ʷáčt to be killing a group of people or animals. {*x̣ʷáʔčt*s tə k̓ʷátən̓. *He's killing the rats.* (MJT)}

x̣ʷaʔníɲ̊ ⟦√x̣ʷ<əʔ>n̓a-i-ŋ<ˀ> √way<actl>-persist-mdl<actl>⟧ [This cannot take a first- or second-person subject.] to be able, be a certain way (to do something). ☞ x̣ʷənáŋ {ʔáw c *x̣ʷaʔníɲ̊*. *He isn't the one. / He doesn't know. / That's not the way to do it.* (AS) | ʔiʔ ʔáwə c *x̣ʷaʔníɲ̊* či ńsʔíst. *And you won't be able to paddle.* (AA) | ʔiʔ ʔáwə c *x̣ʷaʔníɲ̊* či sʔaʔčšústəŋs ʔaʔ cə sk̓ʷə́yəc. *And they're not able to change places with a slave.* (AA)}

x̣ʷaʔŋáy̓ŋən ⟦√x̣ʷu<ʔ>-ŋ-ay̓ŋən √cry<actl>-mdl-want⟧ ☞ x̣ʷúŋ to want to cry. {k̓ʷɬ*x̣ʷaʔŋáy̓ŋən*. *He wants to cry.* (MJT)}

x̣ʷáʔŋəɬ ⟦√x̣ʷə<ʔ>ŋ-ɬ √fast<actl>-dur⟧ ☞ x̣ʷə́ŋ to hurry, be quick. {hiʔ*x̣ʷáʔŋəɬ* či! *Hurry up!* (MJT)}

x̣ʷaʔŋístəŋ ⟦√x̣ʷu<ʔ>-ni-stxʷ-ŋ<ˀ> √cry<actl>-rel-caus-psv<actl>⟧ ☞ x̣ʷəŋístəŋ being made to cry by someone or something. (MJT)

x̣ʷaʔŋístxʷ ⟦√x̣ʷu<ʔ>-ni-stxʷ √cry<actl>-rel-caus⟧ ☞ x̣ʷúŋəstxʷ to be making someone cry. {*x̣ʷaʔŋístxʷ* cn. *I'm making him cry.* (MJT)}

x̣ʷaʔqʷə́yu? ⟦√x̣ʷi<ʔ>-qʷ-əyu<ʔ> √rub<actl>-activ<actl>⟧ ☞ x̣ʷqʷə́yu
1. to be ironing. (MJT) {*x̣ʷaʔqʷə́yu?* cn *I'm ironing* (MJTA; ES)}
2. to be spawning (of salmon). ⟪This refers to the motion of the salmon wiggling back and forth to rub down into the bottom of the river to lay their eggs.⟫ {*x̣ʷaʔqʷə́yu* kʷi sčiyánəxʷ. *The salmon are spawning.* (AS)}

x̣ʷaʔqʷíct ⟦√x̣ʷi<ʔ>-qʷ-ct √rub<actl>-rflxv⟧ [metathesis with reflexive] ☞ x̣ʷqʷíct
1. to be scrubbing oneself. ✱This is especially used to refer to the scrubbing with cedar boughs of a young person or new-dancer seeking spirit power (AS,BC) {*x̣ʷaʔqʷíct* kʷi kʷə swéʔwəs. *The boy was scrubbing himself.* (AS,BC) | suʔx̣̌áyučis ʔiʔ k̓ʷəntís k̓ʷaʔčáct ʔiʔ *x̣ʷaʔqʷíct*. *So he stopped and watched it bathing and scrubbing itself.* (ES)}
2. to be spawning (of salmon). ⟪This refers to the motion of the salmon wiggling back and forth to rub down into the bottom of the river to lay their eggs.⟫ (BC)

x̣ʷaʔq̓ʷəyəɬnáyəc ⟦√x̣ʷ<əʔ>q̓ʷ-əyə=ɬnay-t-c √strangle<actl>-ext=neck-trns-1obj/2obj⟧ ☞ x̣ʷq̓ʷəyəɬnáyət choke me; choke you. {*x̣ʷaʔq̓ʷəyəɬnáyəc* u cxʷ? *Are you choking me?* (MJT)} VAR: x̣ʷiq̓ʷɬnáy̓c {*x̣ʷiq̓ʷɬnáy̓c* u cxʷ? *Are you choking me?* (MJT)}

x̣ʷaʔq̓ʷúct ⟦√x̣ʷu<ʔ>-q̓ʷ-cut √go_upriver<actl>-rflxv⟧ [metathesis with reflexive] ☞ x̣ʷúq̓ʷt to be poling (a canoe) in a river. ✱Some people were real experts at this. (ES) {ʔiʔ*x̣ʷaʔq̓ʷúct*. *He's poling upriver.* (ES)}

x̣ʷaʔx̣ʷáʔt ⟦x̣ʷaʔ+√x̣ʷaʔ-t actl+√imitate-trns⟧ to be imitating someone or something. {níɬ č suʔ*x̣ʷaʔx̣ʷáʔt*s cə sčqʷáʔič. *Then he was imitating Bear.* (TC) | *x̣ʷaʔx̣ʷáʔt*s cə sčqʷáʔič. *He was imitating Bear.* (TC)}

x̣ʷaʔx̣ʷáʔtəŋ ⟦x̣ʷaʔ+√x̣ʷaʔ-t-ŋ<ˀ> actl+√imitate-trns-psv<actl>⟧ ☞ x̣ʷaʔx̣ʷáʔt being imitated by someone or something. (MJT)

x̣ʷaʔx̣ʷáʔyəɬ ⟦x̣ʷaʔ+√x̣ʷa<ʔ>y-ɬ dim+√slim<dim>-dur⟧ to be thin, narrow in diameter (such as a thin tree or string). ⟪can refer to something like a stick, rope, or tree, but not to a person⟫ (TC) cp. ʔəsqʷə́mx̣ʷ [may be related to word for 'perish'] cp. x̣ʷáy VAR: x̣ʷaʔx̣ʷáʔiɬ (EPT; AS,BC; ES; TC) {ɬaʔníct cə *x̣ʷaʔx̣ʷáʔiɬ* x̣ʷéʔləm. *They tied up the thin rope.* (ES)} VAR: x̣ʷaʔx̣ʷéʔiɬ (BC)

x̣ʷaʔx̣ʷəŋík̓ʷs ⟦x̣ʷaʔ+√x̣ʷəŋ=iws dim+√fast=body⟧ ☞ x̣ʷə́ŋ to be a little fast, be in a hurry, be lively and quick in movement. (AS,BC) {*x̣ʷaʔx̣ʷəŋík̓ʷs* cə swéʔwəs. *That fellow is pretty fast.* (AS) | *x̣ʷaʔx̣ʷəŋík̓ʷs* ʔɬ ʔéʔɬəńs. *He eats fast.* (AS) | xənʔáɬ ti suʔ*x̣ʷaʔx̣ʷəŋík̓ʷs*s. *He's always fast.* (BC) | ʔuʔhúy cxʷ ʔuʔ *x̣ʷaʔx̣ʷəŋík̓ʷs*. *You are the fastest. / Only you are fast.* (AS) | *x̣ʷaʔx̣ʷəŋík̓ʷs* kʷi kʷə sqaʔqáxaʔ ʔɬ šátəŋs. *The puppy is lively when it walks.* (AS) | níɬ č kʷi sxənʔátəŋs ʔaʔ či sʔunús ʔuʔ *x̣ʷaʔx̣ʷəŋík̓ʷs* kʷsə swéʔwəs. *They remark on how fast that boy is.* (AS) VAR: x̣ʷaʔx̣ʷəŋík̓ʷs (AS)

x̣ʷaʔx̣ʷə́ŋ ⟦x̣ʷaʔ+√x̣ʷəŋ<ˀ> dim+√fast<dim>⟧ ☞ x̣ʷə́ŋ to be a little fast or a small thing going fast. (AS,BC)

x̣ʷaʔx̣ʷə́y̓q̓ʷi ⟦x̣ʷaʔ+√x̣ʷəy<ˀ>q̓ʷ-iy dim+√drift<actl>-dev⟧ ☞ x̣ʷə́yəq̓ʷ to be drifting (of something small). {suʔk̓ʷə́yəŋs ʔiʔ txʷaʔhúʔiʔ

cə q̕áʔŋi x̣ʷaʔx̣ʷəy̕q̕ʷi ʔaʔ cə skʷáʔəts ʔaʔ cə ʔuʔútx̣s. *They flew, and she ended up alone drifting in the stern of the canoe.* (MJ)}

x̣ʷaʔx̣ʷiʔám̕ [x̣ʷaʔ + √x̣ʷyam̕ actl + √story] ☞ x̣ʷiʔám̕ to be telling a story. {*x̣ʷaʔx̣ʷiʔám̕* cn. *I'm telling a story.* (TC) | kʷłx̣ʷaʔx̣ʷiʔám̕. *He's telling a story now.* (MJT) | *x̣ʷaʔx̣ʷiʔám̕* caʔn ʔaʔ kʷi slapúʔ yaʔ. *I'm going to be telling a story about Slapu.* (AA)} VAR: x̣ʷaʔx̣ʷiyám̕ {x̣ənáł yaʔ ti suʔx̣ʷaʔx̣ʷiyám̕s kʷi nədad yaʔ ʔəł táŋənəs ʔiʔ q̕ə́p st. *My dad was always telling fairy tales when it was evening and we'd get together.* (TC)}

x̣ʷaʔx̣ʷtči̕ʔí [x̣ʷaʔ + √x̣ʷtči̕ʔí dim + √hummingbird] hummingbird. *Trochilidae spp.* (LC; TC) VAR: x̣ʷaʔx̣ʷłči̕ʔí (AB,ICT)

x̣ʷaʔx̣ʷúʔstəŋ [x̣ʷaʔ + √x̣ʷuʔ = us-t-ŋ dim + √mimic = face-trns-psv] ☞ x̣ʷúʔəst being mocked, made faces at by someone. (AS) {*x̣ʷaʔx̣ʷúʔstəŋ* cn. *She's making faces at me.* (AS,BC)} VAR: x̣ʷaʔx̣ʷúʔstəŋ (BC) VAR: x̣ʷx̣ʷúʔustəŋ̕ {*x̣ʷx̣ʷúʔustəŋ̕* cxʷ. *She's making faces at you.* (MJT)}

x̣ʷaʔx̣ʷúʔŋət [x̣ʷaʔ + √x̣ʷuʔŋt dim + √canoe_paddle] ☞ x̣ʷúʔŋət small paddle. (MJT)

x̣ʷaʔx̣ʷúŋ [x̣ʷaʔ + √x̣ʷu-ŋ dim + √cry-mdl] ☞ x̣ʷúŋ to be a crybaby. (ES,HS; ES; MJT) {mán̕ cxʷ ʔuʔx̣ʷaʔx̣ʷúŋ. *You're too much of a crybaby.* (BC)} VAR: x̣ʷax̣ʷúŋ (TC) {*x̣ʷax̣ʷúŋ* cn. *I'm a crybaby.* (TC)}

x̣ʷaʔyáʔŋət [√x̣ʷ<aʔy>uʔŋt √canoe_paddle<pl>] [/u/ → /a/ in the plural] ☞ x̣ʷúʔŋət several paddles. (MJT)

x̣ʷaʔyaʔx̣ʷúʔŋət [x̣ʷ<aʔy>aʔ + √x̣ʷuʔŋt dim<pl> + √canoe_paddle] ☞ x̣ʷaʔx̣ʷúʔŋət several small paddles. (MJT)

x̣ʷaʔyáčt slaughter them (pl). See under: x̣ʷix̣ʷáčt

x̣ʷaʔyəčáti [√x̣ʷ<aʔy>ay-ty √perish<pl>-rcprcl] ☞ x̣ʷčáti to kill one another (of many). (MJT)

x̣ʷaʔyíq̕ʷəŋ snoring. See under: x̣ʷəyúq̕ʷəŋ̕

x̣ʷaʔyúŋən necks. See under: x̣ʷiʔx̣ʷúʔŋən

x̣ʷaʔyúq̕ʷəŋ̕ snoring. See under: x̣ʷəyúq̕ʷəŋ̕

x̣ʷáčnəŋ [√x̣ʷay-nax̣ʷ-ŋ √perish-nctrns-psv] ☞ x̣ʷáčnəxʷ to get killed (of a group), massacred by someone or something. (MJT) {*x̣ʷáčnəŋ* yaʔ kʷi kʷə nəxʷsX̣áʔyəm̕. *The Klallams got massacred.* (AS) | *x̣ʷáčnəŋ* kʷi kʷə ləmətú ʔaʔ kʷə sqaʔyáx̣a. *The sheep were all killed by the dogs.* (AS)}

x̣ʷáčnəxʷ slaughter them. See under: x̣ʷáynəxʷ

x̣ʷáčt [√x̣ʷay-t √perish-trns] ☞ x̣ʷáy to kill a group of people or animals, slaughter, massacre. (AS,BC) ⟨Usage: The direct object must be plural.⟩ {*x̣ʷáčt* cn. *I slaughtered them.* (MJT; TC) | *x̣ʷáčt* cn cə čəsaʔ húʔpt. *I killed two deer.* (TC) | níł č suʔx̣ʷáčts cə. *Then they slaughtered them.* (AS) | *x̣ʷáčt* cn cə húʔpt. *I killed a bunch of deer.* (TC) | x̣ʷə́ŋ cn ʔiʔ X̣áy ʔuʔ *x̣ʷáčt* tiə n̕sx̣ʷʔáła. *I can slaughter them here at your place, too.* (TC)} VAR:

x̣ʷčát {*x̣ʷčát* cn. *I killed a whole bunch (of bugs).* (AS,BC) | *x̣ʷčát* caʔ st. *We'll slaughter them.* (TC) | *x̣ʷčáts* ixʷ tə sčánnəxʷ. *He must have killed (lots of) salmon.* (MJT) | ʔən̕á *x̣ʷčáts* cə miyəq̕áʔaʔ. *They came and slaughtered the Makahs.* (ES)}

x̣ʷáčx̣ʷč [x̣ʷay + √x̣ʷay char + √perish] ☞ x̣ʷáy
1. a type of edible plant sometimes called Indian rhubarb, probably cow parsnip. *prob. Heracleum lanatum.* ⟨Found on hillsides in the shade where it is always wet. The stem, about one foot long, is eaten in the early spring before salmonberries are ripe. It is very juicy and wilts quickly, thus its name. Its leaves kind of look like maple leaves.⟩ (AS,BC; AS)
2. celery. (AS,BC)

x̣ʷáłəp [√x̣ʷałəp √red_paint_power] a type of red paint power associated with some kind of bird-like man or flying snake. ✽When summoned, it lands on top of the longhouse and hollers there. A person who uses this power paints their face in a particular way with red paint straight across. Other powers have more individual painting patterns. (TC)

x̣ʷáq̕ʷał whooping cough. See under: x̣ʷə́q̕ʷał

x̣ʷax̣ʷúŋ crybaby. See under: x̣ʷaʔx̣ʷúŋ

x̣ʷáy [√x̣ʷay √perish] to die (of a group), perish, be wiped out. (ES; ES,HS; AS,BC; TC) {ŋə́n̕ kʷi *x̣ʷáy*. *Many died.* (ES) | *x̣ʷáy* ixʷ. *They must have died.* (MJT) | *x̣ʷá·y* či ʔuʔx̣ə́n̕stáŋ. *Everything perished.* (ES) | mán̕ kʷ uʔ ŋə́n̕ kʷi *x̣ʷáy* ʔaʔ kʷi x̣éʔyəx̣. *Very many died in the war.* (AS) | *x̣ʷáy* kʷi ʔuʔx̣ə́n̕ yaʔ xʷiyanítəm. *All the white people perished.* (ES) | X̕aʔičíyəŋ kʷaʔ cə sisiyáʔiłs ʔiʔ *x̣ʷáy*. *His in-laws went to the bottom and perished.* (AA) | *x̣ʷáy* kʷaʔčaʔ cə sisiyáʔiłs. *Thus his in-laws perished.* (AA)}

x̣ʷáyəŋ[1] [√x̣ʷayŋ √Bentinck_Island] Bentinck Island, Race Rocks, Race Passage, Rocky Point. ⟨largest island off Vancouver Island between Becher Bay and Pedder Bay, the rocky islets just south of it, and the passage between⟩ (LC; TC) {nəcáx̣ nəshiyáʔ X̕acu ʔúx̣ʷ ʔaʔ *x̣ʷáyəŋ*. *One time I went fishing over at Race Rocks.* (TC) | ʔiʔ suʔtə́sł ʔaʔ *x̣ʷáyəŋ*. *And we got to Race Rocks.* (TC) | ʔuʔhúy ʔuʔ čʔiyá ʔaʔx̣ʷáyəŋ təs ʔaʔməq̕ʷúʔəs ʔiʔ cə súʔukʷ. *It was only from Bentinck Island to Smyth Head and Sooke.* (TC)} VAR: x̣ʷíyŋ {ʔiʔ hiyáʔ yaʔ st ʔúx̣ʷ ʔaʔ kʷəsə *x̣ʷíyŋ* ti snás. *And we went over to Rocky Point, it's called.* (ES)} VAR: x̣ʷáyŋ (TC)

x̣ʷáyəŋ[2] [√x̣ʷayŋ √Jim_Creek] Jim Creek and the Klallam village that was formerly at the mouth of Jim Creek (between Deep Creek and Pysht). (AS,BC) VAR: x̣ʷə́yŋ (AS,BC) VAR: x̣éyəŋ (AS,BC) VAR: x̣ʷáyŋ (AS)

x̣ʷáynəxʷ [√x̣ʷay-nax̣ʷ √perish-nctrns] ☞ x̣ʷáy to manage to kill, massacre, wipe out a group. {ʔiʔ níł kʷaʔčaʔ suʔ*x̣ʷáynəxs* cə ʔuʔcəʔít ʔuʔ miyəq̕áʔaʔ. *And thus they managed to wipe out the*

x̣ʷáyləm̓ ... x̣ʷənʔáŋ

ones that are truly Makahs. (ES)} VAR: x̣ʷáčnəxʷ (AS) {x̣ʷáčnəxʷ cn kʷiə čiyaʔčə́mc̓ənaʔ. *I wiped out the ants.* (AS)}

x̣ʷáyləm̓ rope. See under: x̣ʷéʔləm

x̣ʷćác ⟦√x̣ʷay-t-c √perish-trns-1obj/2obj⟧ [metathesis with object suffix] ☞ x̣ʷáčt slaughter me; slaughter you. {*x̣ʷćác* caʔ st! *We will slaughter you!* (AS)}

x̣ʷćát slaughter them. See under: x̣ʷáčt

x̣ʷćátəŋ ⟦√x̣ʷay-t-ŋ √perish-trns-psv⟧ ☞ x̣ʷáčt to be killed (of a group of people or animals) by someone or something. (MJT; AS,BC) ⟪USAGE: This must be used with a plural subject.⟫ {*x̣ʷćátəŋ* yaʔ. *They were massacred.* (ES) | *x̣ʷćátəŋ* kʷaʔ. *They were wiped out.* (TC) | *x̣ʷćátəŋ* st. *They slaughtered us.* (TC) | *x̣ʷćátəŋ* yaʔ ti ʔənʔá xíyəx̣. *The ones who came to war were slaughtered.* (TC) | nít̓ suʔx̣ʷćátəŋs kʷi sq̓ʷáyaʔšəns ʔiyá ʔəx̣ʷíyŋxʷ. *Then their companions there in the village were massacred.* (ES) | ʔənʔánəsəŋ kʷiʔə miyaʔq̓áʔaʔ ʔiʔ *x̣ʷćátəŋ*. *They came after the Makahs and slaughtered them.* (ES) | *x̣ʷćátəŋ* č yaʔ ti ti ʔnʔá xíyəx̣ čšaʔiyá cə čəmšiyán. *Those that came to war from Tsimshian were slaughtered.* (TC) | nít̓ tás ʔiʔ yócəm, "ʔənʔánəsəŋ č cxʷ hay ʔaʔ či ɬə́qitat *x̣ʷćátəŋ*." *Then he got there and reported, "The Klickitats are coming to kill all of you."* (MJ)}

x̣ʷćáti ⟦√x̣ʷay-ty √perish-rcprcl⟧ [metathesis with reciprocal] ☞ x̣ʷáčt
1. to kill one another. (MJT) {*x̣ʷćáti* yaʔ kʷi kʷi ʔaʔyəcɬtáyŋxʷ ʔiyá ʔaʔ ćíxʷəŋ. *The people killed each other at Deep Creek.* (AS)}
2. to be killed all together. {*x̣ʷćáti* yaʔ kʷi kʷi ʔaʔyəcɬtáyŋxʷ ʔiyá ʔaʔ ćíxʷəŋ. *The people were all killed together at Deep Creek.* (AS)}

x̣ʷéʔləm ⟦√x̣ʷiʔlm √rope⟧ [no plural] rope, string, twine, line. (EPT; LC; ES; TC; AS,BC) [loan of unknown origin] {xʷk̓ʷúst cə n̓x̣ʷéʔləm. *Pull in your line.* (ES) | yəx̣ʷás cə *x̣ʷéʔləm*. *Untie the rope.* (TC) | ʔuʔmə́qʷ cə *x̣ʷéʔləm*. *The rope is thick.* (AS) | yəx̣ʷát cn cə *x̣ʷéʔləm*. *I let the rope loose.* (TC) | ɬx̣ʷə́t cə *x̣ʷéʔləm*. *Straighten the rope.* (ES) | ɬx̣ʷə́t cn cə *x̣ʷéʔləm*. *I straightened out the rope.* (ES) | ɬéʔnət cn cə *x̣ʷéʔləm*. *I tied that line up.* (TC) | qəmtə́n *x̣ʷéʔləm*. cable (metal rope) (TC) | čə́q qəmtə́n *x̣ʷéʔləm*. *It's a big cable.* (TC) | syáx̣ʷɬ kʷi kʷsə *x̣ʷéʔləm*. *The rope is untied.* (AS) | čaytúŋəɬ u cxʷ ʔaʔ či *x̣ʷéʔləm*? *Did you make us some rope?* (TC) | ʔəsx̣ə́y̓č cə *x̣ʷéʔləm*. *The rope is twisted.* (AS,BC) | čáy cə ʔaʔyəcɬtáyŋxʷ ʔaʔ cə *x̣ʷéʔləm*s. *The people worked with their rope.* (ES) | ɬaʔníct cə x̣ʷaʔx̣ʷáʔiɬ *x̣ʷéʔləm*. *They tied up the thin rope.* (ES) | ʔáwənə *x̣ʷéʔləm* čúk̓ss či nshiyáʔ ɬaʔnítəŋ. *They had no rope to use to go and attach to me.* (ES) | ʔənʔáxʷ kʷsə *x̣ʷéʔləm*. *Bring that rope.* (EPT) | ʔuʔənʔáxʷ caʔn kʷsə *x̣ʷéʔləm*. *I'm bringing the rope.* (EPT) | qəmə́t cn kʷəs *x̣ʷéʔləm*. *I broke the rope.* (EPT) | ɬaʔqʷéʔt cn tiə *x̣ʷéʔləm*. *I'm splicing the rope.* (ES) | q̓ə́yək̓ʷt cn cə *x̣ʷéʔləm*. *I coiled up the rope.* (ES) | q̓ə́yək̓ʷt cn cə *x̣ʷéʔləm* ʔaʔ cə sqiyáyŋəxʷ. *I wound the rope around the tree.* (ES) | ɬaʔníct ʔaʔ cə *x̣ʷéʔləm*. *He tied himself up with a rope.* (TC) | nsuʔɬəŋás cə *x̣ʷéʔləm* ʔiyá ʔaʔ cə maʔmúʔsmus. *I took the rope off the calf.* (MJ) | ʔúxʷ cn ʔaʔ cə xʷéʔi ʔaʔ canu čáq qəmtə́n *x̣ʷéʔləm* č̓ʔiyá cə sʔáyəxʷ x̣ʷéʔləm. *I went away from that big cable (iron rope) from where that tall rope was.* (ES) VAR: x̣ʷáyləm (LBH)

x̣ʷéʔqʷt ⟦√x̣ʷi<ʔ>qʷ-t √rub<actl>-trns⟧ ☞ x̣ʷíqʷt to be rubbing, shining, buffing, ironing something. (EPT; MJT) {*x̣ʷéʔqʷt* cn. *I'm rubbing it.* (MJT) | *x̣ʷéʔqʷt* cn cə čáwiʔ. *I'm rubbing the dishes.* (AS)}

x̣ʷéʔx̣ʷəŋ̓ ⟦√x̣ʷi<ʔ>x̣ʷ-ŋ<ˀ>⟧ √leak_in<actl>-mdl<actl>⟧ ☞ x̣ʷíx̣ʷəŋ to be leaking in or out. (EPT) {*x̣ʷéʔx̣ʷəŋ̓* cə nəsnə́xʷɬ. *My canoe is leaking.* (TC) | *x̣ʷéʔx̣ʷəŋ̓* cə n̓snə́xʷɬ. *Your boat is leaking (in).* (BC) | *x̣ʷéʔx̣ʷəŋ̓* tiə n̓méʔtqʷ. *Your cup is leaking (out).* (AS)}

x̣ʷəʔúŋ̓ crying. See under: x̣ʷuʔúŋ̓

x̣ʷə́čt ⟦√x̣ʷəčt √sculpin⟧ grunt-fish, grunt sculpin. *Rhamphocottus richardsonii.* ⟪They smile when they are poked with a spear.⟫ (MJT; TC; ES) {tčə́t cə *x̣ʷə́čt*! *Spear the grunt-fish!* (MJ) | ŋən̓ cə pə́wi, *x̣ʷə́čt*, scə́mək̓ʷ ʔiya ʔaʔ cə sxʷʔiyas ti q̓ɬúməčən ʔaʔ sxʷʔíyas nəẃíyŋ ʔaʔ tə ʔəscə́yqʷ. *There were lots of flounders, grunt-fish, bullheads there where the blackfish go into the hole.* (MJ) | hiyáʔ č caʔ tčəyu ʔaʔ či pə́wi ʔiʔ či *x̣ʷə́čt*, ʔiʔ či ʔáʔčx̣. *He'll go spear the flounder and the grunt-fish and the crab.* (MJ)} VAR: x̣ʷə́tč (MJT)

x̣ʷə́laʔp ⟦√x̣ʷələʔəp √Manhattan_Beach⟧ Manhattan Beach, between Squamish Harbor and Thorndyke Bay. (H)

x̣ʷə́λ̓qən pillow. See under: xʷə́λ̓qən

x̣ʷə́λ̓s ⟦√x̣ʷəλ̓s √menstruation⟧ to be the onset of first menstruation, when a girl comes to womanhood, has change of life. (MJT) {ʔiʔ uʔx̣ʷə́λ̓s kʷsə q̓áʔŋi. *The girl changed life.* (AS)}

x̣ʷə́λ̓sx̣ə́čt ⟦√x̣ʷəλ̓s-x̣=əčt √menstruation-ext=child⟧ ☞ x̣ʷə́λ̓s to have one's daughter come to womanhood, have change of life. {*x̣ʷə́λ̓sx̣ə́čt* cn. *My daughter changed life.* (MJT) | *x̣ʷə́λ̓sx̣ə́čt* kʷi kʷə nŋə́naʔ. *My daughter changed life.* (AS)}

x̣ʷə́məŋ ⟦√x̣ʷəm-ŋ √hum-mdl⟧ to buzz, hum (as bees). (HS) VAR: x̣ʷə́mməŋ (ES)

x̣ʷə́məŋ̓ ⟦√x̣ʷəm-ŋ̓ √hum-mdl⟧ ☞ x̣ʷə́məŋ to make a humming noise (as a bee). (ES)

x̣ʷənʔáŋtxʷ ⟦√x̣ʷəna-ŋ-txʷ √way-mdl-letcaus⟧ ☞ x̣ʷənʔáŋ to make, leave or keep something a certain way. (TC) {*x̣ʷənʔáŋtxʷ* či. *Let it be just like that.* (MJT)}

x̣ʷənʔáŋ ⟦√x̣ʷəna-ŋ<ˀ> √way-mdl<actl>⟧ ☞ x̣ʷənáŋ being a certain way, be like, be how, such as. (MJT; ES; TC; AS) {ʔuʔx̣ʷənʔáŋ. *It's like that.* (TC) | ʔáw c *x̣ʷənʔáŋ*. *It's not like that.* (TC) | *x̣ʷənʔáŋ* kʷi. *It's that way. / That's right.* (agreeing with someone) (TC) | *x̣ʷənʔáŋ* cn. *I'm*

x̣ʷənaʔŋús — x̣ʷəńúʔəsəŋ

that way. (TC) | *x̣ʷənʔáŋ* cxʷ. *You're that way.* (TC) | *x̣ʷənʔáŋ* či nsʔíst. *That's the way I'm going to paddle.* (AS) | níɬ kʷi ʔuʔ *x̣ʷənʔáŋ*. *That's the way it is.* (AS) | ʔəsƛ́úʔƛ̓əm *x̣ʷənʔáŋ* tsə. *That's the right way.* (EPT) | ʔáwə c *x̣ʷənʔáŋ* cə ńsqʷáʔqʷiʔ. *What you said isn't the way it is.* (EPT) | ƛ́áy cn kʷi ʔuʔ *x̣ʷənʔáŋ*. *I'm that way, too.* (TC; EJ) | *x̣ʷənʔaŋ* cn kʷi. *I think it's that way.* (TC) | níɬ kʷi ʔuʔ *x̣ʷənʔáŋ* ʔaʔ kʷi cɔ́ts. *He's like his father.* (AS) | níɬ suʔsxʷákʷiʔs *x̣ʷənʔáŋ* ʔaʔ ʔɔ́c. *He's crazy like me.* (TC) | ʔəstúŋət cxʷ ʔay ʔəńsxʷ *x̣ʷənʔáŋ*. *Why are you like that?* (ES) | níɬ kʷi ʔuʔ s*x̣ʷənʔáŋ*s kʷi sčáʔiɬ. *That's the way we were working.* (AS) | níɬ kʷaʔča nəsqʷáqʷiʔ ʔaʔ či ʔuʔ*x̣ʷənʔáŋ*. *That's why I'm talking like that.* (TC) | ʔáwə yaʔ c *x̣ʷənʔáŋ* ʔaʔ kʷi nəsƛ́iƛ́aʔƛ̓qɬ yaʔ. *It wasn't like that when I was a kid.* (TC) | cáʔxʷəŋ cə tím; ʔáw c *x̣ʷənʔáŋ* ʔaʔ ʔɔ́c. *Tim is lazier than me.* (TC) | x̣ʷəŋ ʔəɬ kʷánəŋəts; ʔáw c *x̣ʷənʔáŋ* ʔaʔ ʔɔ́c. *He runs faster than me.* (TC) | ʔée, ʔəstúŋət ʔay ʔəńsqʷáqʷiʔ ʔaʔ tə *x̣ʷənʔáŋ*. *Hey, why are you talking that way?* (AA) | tiə skʷənáŋəɬ ʔaʔ cícɬsiʔám, níɬ kʷaʔčaʔ nəsqʷáqʷi ʔaʔ či ʔuʔ *x̣ʷənʔáŋ*. *This power of the Lord, that's what I'm talking about.* (BH) | kʷíynəq ti kʷɬčɔ́q kʷaʔ ʔáwəs c sxʷqaʔxqín ʔaʔ či ʔuʔstán ʔuʔhiyí *x̣ʷənʔáŋ* ʔaʔ či skʷəyaʔk̓ʷəʔtúʔ. *The elders advised not to make fun of any living thing such as crows.* (MJ) | nəsʔúŋəstəŋ ʔaʔ cícɬsiʔám či *x̣ʷənʔáŋ* nəskʷəńí't caʔ kʷənətúý či ʔuʔx̣éńə cán q̓ʷáy txʷʔúx̣ʷ ʔaʔ či ʔɔ́ý xčńín ʔaʔ cícɬsiʔám. *I have been given a way to see along with everyone who believes in the good wisdom of the Lord.* (BH) | hiyáʔ u cxʷ *x̣ʷənʔáŋ* ʔaʔ ʔɔ́c? *Are you going like me?* (TC) | ʔənʔá u cxʷ *x̣ʷənʔáŋ* ʔaʔ ʔɔ́c? *Are you coming like me?* (TC) | ƛ̓aʔtáwn u cxʷ *x̣ʷənʔáŋ* ʔaʔ ʔɔ́c? *Are you going to town like me?* (TC) | *x̣ʷənʔáŋ* u cxʷ ʔaʔ ʔɔ́c ƛ̓aʔtáwn? *Are you going to be like me going to town?* (TC)} VAR: x̣ʷənʔáŋ (ES; TC) {štɔ́ŋ či *x̣ʷənʔáŋ* ʔaʔ či píšpš. *Walk like a cat.* (TC,AS,BC) | ʔuʔ*x̣ʷənʔáŋ* u caʔ cxʷ ʔuʔ*x̣ʷənʔáŋ* ʔaʔ ʔɔ́c? *Are you going to be like me?* (AS,BC) | ʔəstúŋət ʔaý kʷi sšɔ́təŋs ti s*x̣ʷənʔáŋ*s? *Why is he walking that way?* (AS) | ʔiʔ k̓ʷə́ns *x̣ʷənʔáŋ* ʔaʔ cə ʔiʔčáʔi k̓ʷə́nnəxʷ. *And he saw one like that one before had seen.* (ES) | ʔiʔ ʔáw c *x̣ʷənʔáŋ* ʔaʔ ti skʷáʔɬ sčɔ́qʷəwc. *And it wasn't like our fire.* (ES) | ʔncɔ́qʷ či sčɔ́qʷəwc ʔiʔ ʔáw c *x̣ʷənʔáŋ* cə sčɔ́qʷəwc k̓ʷə́nts. *A fire is red, but the fire he saw was not like that.* (ES) | húʔ cxʷ k̓ʷə́nəxʷ tə *x̣ʷənʔáŋ* ʔnƛ̓ɬáʔmən ti sčɔ́qʷəwc ʔiʔ níɬ ʔəńsuʔxčnáxʷs ʔaʔ či snáyaʔnəkʷs. *If you see something like a greenish fire, then you can figure it's ghosts.* (ES) | húʔ cxʷ k̓ʷə́nnəxʷ ti *x̣ʷənʔáŋ* ʔiʔ k̓ʷánət ʔaʔ či ʔuʔsx̣ɔ́ńs či ńsxʷɔ́ŋ. *If you see something like that, run as fast as you can.* (ES)} VAR: x̣ʷənáŋ {*x̣ʷənáŋ* ʔuʔ kʷɬaʔ. *She's like that.* (TC) | ʔuʔƛ́áy cn kʷ ʔuʔ *x̣ʷənáŋ* ʔuʔ ƛ́áy. *I'm also that way, too.* (EJ)} VAR: x̣ʷənáŋ {ʔiʔ níɬ kʷaʔča *x̣ʷənáŋ* ʔaʔ či ʔuʔx̣ə́ńə. *That's the way it is with everybody.* (AA)} VAR: x̣ʷənáʔəŋ {sƛ́úʔƛ̓əm *x̣ʷənáʔəŋ*. *It's the right way.* (BC)}

x̣ʷənaʔŋús ⟦√x̣ʷna<ʔ>-ŋ=us √way<actl>-mdl=face⟧ ☞ x̣ʷənáŋ *to look like (facially).* (LC) {*x̣ʷənaʔŋús* ʔaʔ tə cɔ́ts. *He looks like his dad.* (LC)}

x̣ʷənáŋ ⟦√x̣ʷna-ŋ √way-mdl⟧ *way, manner, like.* (BH; ES) {*x̣ʷənáŋ* ʔaʔ tiə ʔéʔɬxʷaʔ. *It's like Elwha here.* (ES) | *x̣ʷənáŋ* ʔaʔ ʔɔ́c. *It's like me.* (ES) | ƛ́áy cn kʷ uʔ *x̣ʷənáŋ*. *I'm like that too.* (TC) | níɬ kʷi ʔuʔ s*x̣ʷənáŋ*s. *That's the way it is.* (TC,AS,BC) | ʔuʔ*x̣ʷənáŋ* ʔaʔ kʷi sščɔ́təŋs. *He was whipped like that.* (TC) | čəńíkʷs cn t nəsqʷáy *x̣ʷənáŋ* ʔaʔ Ed. *I don't know my language as Ed does.* (TC) | ʔuʔ*x̣ʷənáŋ* kʷaʔ ʔuʔščɔ́təŋən. *It's like if he whipped me.* (TC) | ʔuʔ*x̣ʷənáŋ* kʷaʔ ʔuʔčɔ́təŋəs. *It's just like if he was crawling.* (TC) | hu*x̣ʷənáŋ* ʔaʔ Gypsy, t suʔmɔ́c. *She's like Gypsy, fat.* (MJT) | ʔáwənə sxčíts ʔaʔ či s*x̣ʷənáŋ*s ʔuč ʔaʔ či xčńíns cə siyáʔiɬ. *He didn't know what his in-law had in mind.* (AA) | *x̣ʷənáŋ* ʔaʔ či sxʷiʔƛ́áʔcuʔ. *It's like what they use for trolling.* (AA) | ƛ́áy ʔuʔ *x̣ʷənáŋ* ʔaʔ cə sxʷʔiyás ʔaʔ cə nɔ́cuʔ tə́ŋəxʷ. *It's also like that at that other land.* (TC)} [used in equative construction] {ʔáwə c kʷi x̣ʷə́ŋ *x̣ʷənáŋ* ʔaʔ ʔɔ́c. *You're not as fast as I am.* (ES) | ʔuʔɬə́ŋ ʔuʔ *x̣ʷənáŋ* ʔaʔ ti pípə ʔuʔ pə́q̓. *It was exactly as white as paper.* (ES)} VAR: x̣ʷnáŋ {čɔ́q cn *x̣ʷnáŋ* ʔaʔ nɔ́kʷ. *I'm as big as you.* (AS,BC)}

x̣ʷəné?wəń ⟦√x̣ʷna-i<ʔ>wən<ʔ> √way=interior<actl>⟧ ☞ x̣ʷənáŋ *to be thinking about (something).* {ʔuʔhúy či tálə ʔuʔ sxʷ*x̣ʷəné?wəń*s. *They only think about money.* (ES) | ʔuʔhúy či táləs ʔuʔ sxʷ*x̣ʷəné?wəń*s. *They only think about their money.* (TC)}

x̣ʷənəŋtíŋ ⟦√x̣ʷna-ŋ-t-i-ŋ √way-mdl-trns-persist-psv⟧ ☞ x̣ʷənáŋ *to be how, the way, manner one is kept by someone or something.* {*x̣ʷənəŋtíŋ* cn. *That's how they keep me.* (TC)}

x̣ʷəńéʔəŋ ⟦√x̣ʷna-i<ʔ>-ŋ √way-persist<actl>-mdl⟧ ☞ x̣ʷənáŋ *to be a way, manner.* {ʔəńsuʔiʔɬáʔəʔ ʔiʔ txʷiʔ*x̣ʷəńéʔəŋ* tə ʔaʔ tiə nɔ́cuʔ súɬ. *You are going the same way on this one road.* (RSh)}

x̣ʷəńúʔəs ⟦√x̣ʷna=u<ʔə>s √way=face<actl>⟧ ☞ x̣ʷənáŋ *to be facing a direction, a certain way.* (BH; TC) {nіɬ skʷáʔɬ sxʷ*x̣ʷəńúʔəs*. *He is the one we look to.* (TC) | *x̣ʷəńúʔəs* cn ʔaʔ cə ʔáʔyəŋ. *I'm facing the house.* (TC) | ʔuʔ*x̣ʷəńúʔəs* ti ʔaycɬtáyŋxʷ. *The people are facing one direction.* (AS)}

x̣ʷəńúʔəsəŋ ⟦√x̣ʷna=u<ʔə>s-ŋ √way=face<actl>-mdl⟧ ☞ x̣ʷəńúʔəs *to be facing a certain way; be facing, looking away.* (MJT; TC) {*x̣ʷəńúʔəsəŋ* cn ʔaʔ cə ʔáʔyəŋ. *I'm looking away from the house.* (TC) | kʷɬuʔ*x̣ʷəńúʔəsəŋ* yaʔ cn. *I was looking to one side.* (MJT) | suʔ*x̣ʷəńúʔəsəŋ*s cə xʷanítəm ʔəɬsmánəš ʔaʔ cə qʷaʔyəqʷáɬiʔ. *The white man who was smoking was facing the small logs.* (ES) | ʔáwə či c *x̣ʷəńúʔəsəŋ*. *Don't look the other way.* (MJT) | *x̣ʷəńúʔəsəŋ* či. *Look the other way.* (MJT) | ʔáwə c sɔ́ýsiʔ kʷaʔ *x̣ʷəńúʔəsəŋəɬ*. *Don't get scared if we turn and look at you.* (MJT) | ʔi uʔx̣íʔáŋ st ʔaʔ či sx̣ʷəńúʔəsəŋɬ ʔiʔ x̌áy st huŋístxʷ tiə sqʷáyɬ yaʔ kʷɬkʷán. *And we look for where to turn for a way to bring back again our language that was lost.* (TC)}

x̣ʷəńúʔəstəŋ ⟦√x̣ʷna=u<ʔə>-s-txʷ-ŋ √way=face<actl>-inancaus-psv⟧ ☞ x̣ʷəńúʔəstxʷ to be put facing a certain way by someone or something. {**x̣ʷəńúʔəstəŋ** cn. *They faced me towards something.* (TC)}

x̣ʷəńúʔəstxʷ ⟦√x̣ʷna=u<ʔə>-s-txʷ √way=face<actl>-inancaus⟧ ☞ x̣ʷəńúʔəs to put something facing a certain way. (TC)

x̣ʷə́ŋ[1] ⟦√x̣ʷəŋ √fast⟧ to be fast, quick, rapid. (LBH; EPT; LC; MJT; ES; WB,AS,BC) {**x̣ʷə́ŋ** cn. *I'm fast.* (TC) | **x̣ʷə́ŋ** či cítəŋ. *Stand up quickly.* (TC) | **x̣ʷə́ŋ** nəsɬáw. *I healed quickly.* (TC) | **x̣ʷə́ŋ** cn ʔəɬ štə́ŋən. *I walk fast.* (TC) | **x̣ʷə́ŋ** cn ʔəɬ hiyáʔən. *I go fast.* (TC) | **x̣ʷə́ŋ** cn ʔaʔ kʷi nəshiyáʔ. *I was fast when I went.* (TC) | máń cxʷ ʔuʔ **x̣ʷə́ŋ** ʔəɬ štə́ŋəxʷ. *You walk too fast.* (EPT) | ʔáwə cn t **x̣ʷə́ŋ**. *I'm not fast.* (TC) | **x̣ʷə́ŋ** u tə siʔkʷaʔnéʔŋəts? *Is he running fast?* (LC) | **x̣ʷə́ŋ** kʷaʔčaʔ ti nəsʔíst ɬán. *So I paddled ashore fast.* (TC) | ʔi ʔuʔáwə c čə́yəs ʔaʔ ti ʔuʔ**x̣ʷə́ŋ**. *And he didn't turn around quickly.* (ES) | suʔsx̣ə́ńs či s**x̣ʷə́ŋ**s či skʷánəŋəts. *He ran as fast as he could.* (ES) | ʔáwə c kʷi **x̣ʷə́ŋ** x̣ʷənáŋ ʔaʔ ʔəc. *You're not as fast as I am.* (ES) | ʔuʔ**x̣ʷə́ŋ** kʷə nəyə́nəwəs ʔəɬ čáʔiʔs. *My heart is working fast.* (TC,AS,BC) | ʔuʔɬə́ŋ ʔuʔ **x̣ʷə́ŋ** či ʔaʔstástəŋs. *It was very quickly towing him.* (ES) | ʔáw kʷaʔ kʷánəŋəts ʔaʔ či **x̣ʷə́ŋ** cə snáyaʔnəkʷ ʔaʔ či sŋiyánt. *The ghosts couldn't run fast on the rocks.* (ES) | húʔ cxʷ kʷə́nnəxʷ ti x̣ʷənʔáŋ ʔiʔ kʷánəŋt ʔaʔ či ʔuʔsx̣ə́ńs či ns**x̣ʷə́ŋ**. *If you see something like that, run as fast as you can.* (ES)}

x̣ʷə́ŋ[2] ⟦√x̣ʷəŋ √might/can⟧ [i-class intensifier] to be able, be liable to, might, could. {**x̣ʷə́ŋ** cn. *I can.* (TC) | **x̣ʷə́ŋ** cn ʔiʔ hiyáʔ. *I can go. / I might go.* (TC) | **x̣ʷə́ŋ** cn ʔiʔ štə́ŋ. *I can walk.* (TC,AS,BC; TC) | **x̣ʷə́ŋ** cn ʔiʔ q̓áp. *I might catch it (a disease).* (TC) | **x̣ʷə́ŋ** cxʷ ʔiʔ q̓áp. *You might get a disease.* (TC) | **x̣ʷə́ŋ** cxʷ ʔiʔ čkʷútəŋ. *You're liable to get shot.* (TC) | **x̣ʷə́ŋ** u cn ʔiʔ səwáʔ? *Can I come along?* (TC) | **x̣ʷə́ŋ** u cn ʔiʔ ʔuʔáɬaʔ? *Can I stay here?* (TC,AS,BC) | **x̣ʷə́ŋ** cn ʔiʔ ʔúx̣ʷ ʔaʔcx̌ʷícən. *I can go to Port Angeles.* (TC) | **x̣ʷə́ŋ** u cxʷ ʔiʔ kʷčáŋət cə nəsqáxaʔ? *Can you holler at my dog (for me)?* (TC) | **x̣ʷə́ŋ** u cxʷ ʔiʔ kʷčaŋəsícən? *Can you holler at it for me?* (TC) | **x̣ʷə́ŋ** ʔiʔ ɬə́məxʷ kʷaʔ tíymən. *It might rain if I sing.* (TC) | **x̣ʷə́ŋ** ʔiʔ číq. *It might snow.* (TC) | ʔáwə. **x̣ʷə́ŋ** cn ʔiʔ txʷaʔəstákʷɬ kʷaʔ qq̓íŋən. *No. I might get stuck if I play.* (TC)}

x̣ʷəŋaʔɬ ⟦√x̣ʷəŋ=aʔɬ √fast=mass⟧ ☞ x̣ʷə́ŋ to go fast. (AS) {**x̣ʷəŋaʔɬ** cn. *I'm going fast.* (AS)}

x̣ʷəŋács ⟦√x̣ʷəŋ=acis √fast=hand⟧ ☞ x̣ʷə́ŋ to have fast hands, work quickly with the hands. {**x̣ʷəŋács** ʔəɬ čáʔis cə q̓áʔŋi. *The girl has fast hands when she works.* (AS)}

x̣ʷəŋáyəqən ⟦√x̣ʷəŋ=ayqən √fast=water⟧ ☞ x̣ʷə́ŋ swift water, fast tide, undertow. (TC; AS,BC)

x̣ʷəŋíct ⟦√x̣ʷəŋ-i-cut √fast-persist-rflxv⟧ ☞ x̣ʷə́ŋ to go fast. (AS) {**x̣ʷəŋíct** kʷi ʔɬ šə́təŋs. *He walks fast.* (AS)}

x̣ʷəŋíkʷs ⟦√x̣ʷəŋ=iws √fast=body⟧ ☞ x̣ʷə́ŋ to be lively and quick in movement. (ES) {**x̣ʷəŋíkʷs** ʔɬ štə́ŋs. *He's lively when he walks.* (AS) | máń ʔuʔ **x̣ʷəŋíkʷs** kʷə Mason ʔəɬ kʷánəŋəts. *Mason is very lively when he runs.* (AS)}

x̣ʷəŋístəŋ[1] ⟦√x̣ʷu-ŋi-stxʷ-ŋ √cry-rel-caus-psv⟧ ☞ x̣ʷúŋəstxʷ be made to cry by someone or something. {**x̣ʷəŋístəŋ** cn ʔaʔ kʷɬi ntán ʔaʔ kʷi sqʷáys. *What my mother said made me cry.* (AS)}

x̣ʷəŋístəŋ[2] ⟦√x̣ʷəŋ-istxʷ-ŋ √fast-caus-psv⟧ ☞ x̣ʷəŋístxʷ to be made to go fast. {**x̣ʷəŋístəŋ** kʷə swéʔwəs ʔaʔ kʷi skʷaʔnéʔŋəts. *It made the boy fast when he ran.* (AS) | ʔə́y cə x̌ə́q̓šəns cə swéʔwəs; ʔuʔ**x̣ʷəŋístəŋ** ʔəɬ kʷánəŋəts. *They boy's shoes are good; they make him run fast.* (AS)}

x̣ʷəŋístxʷ[1] ⟦√x̣ʷəŋ-istxʷ √fast-caus⟧ ☞ x̣ʷə́ŋ to make someone go fast. (AS) {**x̣ʷəŋístxʷ** cn. *I made it go fast.* (AS) | **x̣ʷəŋístxʷ** cə sx̌íx̌aʔx̌qɬ. *Make the child go fast.* (AS) | **x̣ʷəŋístxʷ** cə sqaʔqáxaʔ. *Make the puppy go fast.* (AS)}

x̣ʷəŋístxʷ[2] make someone cry. See under: x̣ʷúŋəstxʷ

x̣ʷəŋsə́n ⟦√x̣ʷəŋ=sən √fast=foot⟧ ☞ x̣ʷə́ŋ to walk or run fast, have fast feet. (MJT) {**x̣ʷəŋsə́n** ʔɬ kʷánəŋəts. *His feet are fast when he runs.* (AS)}

x̣ʷəŋúcən ⟦√x̣ʷəŋ=ucin √fast=mouth⟧ ☞ x̣ʷə́ŋ to have a fast mouth, eat, talk, or sing too fast. (MJT) {**x̣ʷəŋúcən** ʔɬ ʔíɬəns. *He eats fast.* (AS) | **x̣ʷəŋúcən** ʔɬ ɬéyms. *He sings fast.* (AS) | **x̣ʷəŋúcən** ʔəɬ qʷáq̓ʷis. *He talks fast.* (AS)}

x̣ʷəŋúct ⟦√x̣ʷu-ŋ-cut √cry-mdl-rflxv⟧ [metathesis with reflexive] ☞ x̣ʷúŋ to cry, feeling sorry for oneself. {nsuʔcítəŋ ʔiʔ hiyáʔ x̌aʔkitchen ʔiʔ **x̣ʷəŋúct**. *I stood up and went to the kitchen and cried.* (MJ)}

x̣ʷəŋúkʷɬ ⟦√x̣ʷəŋ=ukʷɬ √fast=conveyance⟧ ☞ x̣ʷə́ŋ a fast canoe or other vehicle. (AS,BC) {**x̣ʷəŋúkʷɬ** cn. *I'm going fast (in a conveyance).* (AS) | **x̣ʷəŋúkʷɬ** cə nscaʔkʷaʔyúɬ. *My vehicle is fast.* (AS)}

x̣ʷəŋx̣ʷəŋiʔ ⟦x̣ʷəŋ<ʔ> + √x̣ʷəŋ-iy<ʔ> char<actl> + √fast-dev<actl>⟧ ☞ x̣ʷə́ŋ to be always going around fast, be speedy. (ES,HS) {**x̣ʷəŋx̣ʷəŋiʔ** cn. *I'm speedy.* (ES)}

x̣ʷə́pct ⟦√x̣ʷəp-cut √noise-rflxv⟧ to make noise. (ES)

x̣ʷə́q̓ʷ ⟦√x̣ʷəq̓ʷ √downstream⟧ downstream area, lower part of river. (AS)

x̣ʷə́q̓ʷi ⟦√x̣ʷəq̓ʷ-iy √downstream-dev⟧ ☞ x̣ʷə́q̓ʷ to go downstream. (BC) {**x̣ʷə́q̓ʷi** kʷi kʷə scánəxʷ. *The salmon is going downstream.* (AS) | **x̣ʷə́q̓ʷi** kʷi kʷə nsnə́xʷɬ. *My canoe is going downstream.* (AS)}

x̣ʷə́šct ⟦√x̣ʷ<ə́>š-ct √move_water<actl>-rflxv⟧
☞ x̣ʷə́št to be splashing around (as a fish put into a tub of water). (MJT; ES) {ʔiyánəs či **x̣ʷə́šct**. *He heard some noise in the water.* (ES) | ʔənʔá cə swéʔwəs ʔiʔ**x̣ʷə́šct**. *The young man came splashing.* (AS) | suʔx̣ə́nəŋs kʷsi nəsíyaʔ kʷaʔ stáŋəs čtə či **x̣ʷə́šct** ʔiyá ʔaʔ cə ʔíyəqsən ʔiʔ ʔənʔá. *So my grandmother said what was it that came splashing along on the point.* (MJ)}

x̣ʷə́št ⟦√x̣ʷ<ə́>š-t √move_water<actl>-trns⟧
☞ x̣ʷšə́t to be agitating, flushing, making water move. {**x̣ʷə́št** cn. *I'm flushing it.* (AS)}

x̣ʷə́štəŋ ⟦√x̣ʷ<ə́>š-t-ŋ √move_water<actl>-trns-psv⟧ ☞ x̣ʷə́št
1. being agitated, flushed, stirred, moved around in water to get clean. (AS,BC) {**x̣ʷə́štəŋ** cə qʷúʔ. *The water was stirred around.* (AS) | **x̣ʷə́štəŋ** cə qʷúʔ ʔiʔ kʷiʔə́təŋ. *The water was stirred around and spilled.* (AS)}
2. to have diarrhea. (TC) {**x̣ʷə́štəŋ** cn. *I have diarrhea.* (AS) | **x̣ʷə́štəŋ** cə sx̣ǐʔaʔx̣q. *The child has diarrhea.* (AS)}

x̣ʷə́łaʔšən ⟦√x̣ʷə́łaʔšən √rainbow⟧ rainbow. (EPT; HS; TC; AS) ✽If you point at a rainbow (or at the moon), your finger will rot. If you accidentally point at one, quickly put your finger in your mouth to save it. (AS,BC) [may contain the suffix for 'foot'] {ʔáw c cqʷúst cə **x̣ʷə́łaʔšən**. *Don't point at the rainbow.* (TC,AS,BC)} VAR: x̣əłáʔšən (ES) VAR: x̣ʷə́łaʔšən (MJT)

x̣ʷəxím̓ ⟦√x̣ʷəxim̓ √grunter_fish⟧ grunter fish, drummer fish. ⟪markings on belly look like buttons⟫ possibly *Porichthys notatus*. (MJT) {čáyəŋtəŋ ʔaʔ tə nəsqaʔqáx̣aʔ cə **x̣ʷəxím̓**. *My little dog brought home those drummer fish.* (MJT) | ʔuʔhiyáʔ łcú ʔiʔ x̣̌iʔáŋ ʔaʔ či **x̣ʷəxím̓**. *He went down to the beach and was looking for drummer fish.* (MJT)}

x̣ʷə́x̣ʷx̣̌ł ⟦x̣ʷə́ + √x̣ʷəx̣̌s actl + √menstruation⟧
☞ x̣ʷə́x̣̌s being the onset of first menstruation, when a girl is coming to womanhood, changing of life. (MJT)

x̣ʷəyaʔčátəŋ ⟦√x̣ʷ<əy>a<ʔ>y-t-ŋ<ʔ> √perish<pl><actl>-trns-psv⟧ ☞ x̣ʷəyəčátəŋ being killed (of a large group of people or animals) by someone or something. (MJT)

x̣ʷəyáčt slaughter them (pl). *See under:* x̣ʷix̣ʷáčt

x̣ʷəyəčátəŋ ⟦√x̣ʷ<əy>ay-t-ŋ √perish<pl>-trns-psv⟧
☞ x̣ʷčátəŋ to be killed (of a large group of people or animals) by someone or something. (MJT) VAR: x̣ʷəyáčtəŋ {**x̣ʷəyáčtəŋ** kʷi kʷə ʔaʔyəcłtáyŋxʷ. *The people were all killed.* (AS)} VAR: x̣ʷix̣ʷáčtəŋ ⟦x̣ʷy + √x̣ʷay-t-ŋ pl + √persish-trns-psv⟧ {**x̣ʷix̣ʷáčtəŋ** kʷi kʷə staʔłáʔkʷəŋ. *The bees were all killed.* (AS)}

x̣ʷə́yəčt ⟦√x̣ʷə<yə>čt √sculpin<pl>⟧ ☞ x̣ʷə́čt several grunt-fish. (MJT)

x̣ʷə́yəx̣̌qən pillows. *See under:* x̣ʷáyaʔx̣̌qən

x̣ʷə́yəq̓ʷ ⟦√x̣ʷəyq̓ʷ √drift⟧ to drift with wind or current. (MJT; ES; AS,BC; AS) {ŋə́n̓ néʔ kʷi ʔəcłtáyŋxʷ **x̣ʷə́yəq̓ʷ** ʔiʔ txʷaʔnáč sčtə́ŋxʷən. *There were many Indians that drifted away to different lands.* (ES)} VAR: x̣ʷə́yq̓ʷ (HS,AS) VAR: x̣ʷə́yəq̓ʷ (BC; AS) [Apparently either /x̣ʷ/ or /xʷ/ can be used here.] VAR: x̣ʷə́yəq̓ʷ (LC)

x̣ʷə́yəq̓ʷt ⟦√x̣ʷəyq̓ʷ-t √drift-trns⟧ ☞ x̣ʷə́yəq̓ʷ to set someone or something adrift. {**x̣ʷə́yəq̓ʷ**ts cə sxʷʔiyás ʔaʔ ti skʷəyaʔkʷáʔtuʔ. *The crows set where she was adrift.* (MJ)} VAR: x̣ʷə́yəq̓ʷt (AS,BC) {**x̣ʷə́yəq̓ʷt** cn. *I let it drift.* (AS) | ʔiʔ ʔuʔníł kʷi **x̣ʷə́yəq̓ʷt**. *That's the one that let it drift.* (AS)}

x̣ʷə́yəq̓ʷtəŋ ⟦√x̣ʷəyq̓ʷ-t-ŋ √drift-trns-psv⟧ ☞ x̣ʷə́yəq̓ʷt to be set adrift, drifted by someone or something. (MJT; TC) {suʔ**x̣ʷə́yəq̓ʷtəŋ**s. *They were drifted (by the tide).* (TC) | **x̣ʷə́yəq̓ʷtəŋ** yaʔ ʔiʔ x̣čŋíns ʔaʔ či shiyáʔs. *He was being drifted, and he thought it was leaving.* (TC) | txʷaʔyíy̓ č kʷaʔčaʔ ʔiʔ čaʔx̣čnás ʔaʔ či sniłs ʔuʔ **x̣ʷə́yəq̓ʷtəŋ**. *He was drifted far before he figured it out.* (TC) VAR: x̣ʷə́yəq̓ʷtəŋ {**x̣ʷə́yəq̓ʷtəŋ** cn. *I got drifted.* (AS,BC)}

x̣ʷə́yəq̓ʷtxʷ ⟦√x̣ʷəyq̓ʷ-txʷ √drift-letcaus⟧ ☞ x̣ʷə́yəq̓ʷ to let someone or something drift, set something adrift. {nił caʔ suʔ**x̣ʷə́yəq̓ʷtxʷ**ł. *Then we'll set her adrift.* (MJ) | ʔəstúʔŋət ʔay̓ ʔənsx̣̌éʔ či nsx̣ʷə́yəq̓ʷtxʷ cə q̓áʔŋiʔ. *Why do you want to set the girl adrift?* (MJ)}

x̣ʷə́yəw̓əč ⟦√x̣ʷəyəw̓əč √cabezon⟧ [probably has the 'bottom' suffix] cabezon fish. *Scorpaenichthys marmoratus*. (MJT) {ŋə́n̓ **x̣ʷə́yəw̓əč**. *There are lots of cabezons.* (MJT)} VAR: x̣ʷə́yuʔəč (MJT)

x̣ʷəyəxím̓ ⟦√x̣ʷ<əy>əxim̓ √grunter_fish<pl>⟧
☞ x̣ʷəxím̓ several grunter fish, drummer fish. (MJT) VAR: x̣ʷix̣ʷəxím̓ (MJT) ⟦x̣ʷy + √x̣ʷəxim̓ pl + √grunter_fish⟧

x̣ʷə́yŋ Jim Creek. *See under:* x̣ʷáyəŋ

x̣ʷəyúcəŋ ⟦√x̣ʷ<əy>uc-ŋ √fruit_sick<pl>-mdl⟧
☞ x̣ʷúcəŋ to feel sick, icky, yucky, ill, uncomfortable from eating too much fruit. ✽Parents gave bread and butter to eat to cure it. (AS,BC) {**x̣ʷəyúcəŋ** cn. *I feel bad from eating lots of berries.* (AS,BC)} VAR: x̣ʷəyúcəŋ (AS,BC) VAR: x̣ʷəyúcəŋ (ES) {**x̣ʷəyúcəŋ** cn. *I'm sick from eating berries.* (ES)} VAR: x̣ʷəyúc {**x̣ʷəyúc** tə sx̣̌iʔaʔx̣q. *The child is sick from eating berries.* (AS)}

x̣ʷəyúq̓ʷəŋ ⟦√x̣ʷ<əy>uq̓ʷ-ŋ √snore<pl>-mdl⟧
☞ x̣ʷúq̓ʷəŋ to snore repeatedly or of a group. (TC,AS,BC; AS,BC) {**x̣ʷəyúq̓ʷəŋ** cxʷ. *You're snoring.* (TC)} VAR: x̣əyúq̓ʷəŋ (AS,BC) {**x̣əyúq̓ʷəŋ** cn ʔł ʔéʔttn. *I snore when I'm sleeping.* (AS)} VAR: x̣ʷə́yəq̓ʷəŋ (TC) VAR: x̣ʷúyəq̓ʷəŋ {**x̣ʷúyəq̓ʷəŋ** kʷi ʔaʔ t uʔx̣úx̣aʔ. *He snored a little.* (MJT) | **x̣ʷúyəq̓ʷəŋ** ʔaʔ ti nəxʷsqaʔyáł. *He snores loud.* (MJT)}

x̣ʷə́yq̇ʷ ⟦√x̣ʷəy<ʔ>əq̇ʷ √drift<actl>⟧ ☞ x̣ʷə́yəq̇ʷ to be drifting. (EPT; MJT; ES,HS) {*x̣ʷə́yq̇ʷ* cn. *I'm drifting.* (AS,BC) | ʔiʔx̣ʷə́yq̇ʷ. *He's drifting around.* (ES) | *x̣ʷə́yq̇ʷ* tə sčúɬ. *The wood is drifting down.* (AS) | txʷhúʔi cn tə nəsx̣ʷə́yq̇ʷ. *I was drifting alone.* (MJ) | ʔiʔx̣ʷə́yq̇ʷ tə sqəyáyŋxʷ. *The tree is drifting.* (EPT) | ʔiʔx̣ʷə́yq̇ʷ kʷəs pút. *The boat is drifting.* (EPT) | txʷiʔənʔáʔə ʔaʔ t siʔx̣ʷə́yq̇ʷs. *It's drifting this way.* (MJT) | ŋə́ń skʷáči či sx̣ʷə́yq̇ʷs. *They drifted many days.* (ES) | ʔuʔníɬ č ʔuʔ ʔiʔx̣ʷə́yq̇ʷ txʷiʔhəwíyŋ. *He was the one drifting backwards.* (TC) | ʔiʔ níˑɬ suʔx̣ʷə́yq̇ʷs kʷsə sčaʔkʷaʔyúɬs ʔiʔáʔiɬ kʷi nə́wə. *And then the ark that Noah was aboard drifted.* (ES)}

x̣ʷə́yq̇ʷtəŋ ⟦√x̣ʷəy<ʔ>q̇ʷ-t-ŋ<ʔ> √drift<actl>-trns-psv<actl>⟧ ☞ x̣ʷə́yəq̇ʷtəŋ being drifted. (TC) {stáń či *x̣ʷə́yq̇ʷtəŋ*? *What was being drifted?* (ES) | ʔiʔx̣ʷə́yq̇ʷtəŋ cə mə́šču. *Mink was being drifted.* (TC) | hiyáʔ č kʷaʔčaʔ ʔiʔx̣ʷə́yq̇ʷtəŋ. *They went drifting away.* (TC) | ʔiʔx̣ʷə́yq̇ʷtəŋ č ʔiʔ xčŋíns ʔaʔ či sʔiʔɬuʔúʔiŋs ʔaʔ cə q̇ʷq̇ʷúʔəŋ. *They were being drifted, and he thought Kelp was leaving him.* (TC) | xčŋíns ʔaʔ či sáʔsiʔsiʔ cə q̇ʷq̇ʷúʔəŋ ʔiʔ ʔuʔníɬ č tə ʔuʔ ʔiʔx̣ʷə́yk̇ʷtəŋ cawniɬ mə́šču. *He thought he was afraid, but it was Mink that was being drifted.* (TC)} VAR: x̣ʷəyq̇ʷtəŋ {*x̣ʷə́yq̇ʷtəŋ* cn. *I'm getting drifted.* (AS) | ʔiʔx̣ʷə́yq̇ʷtəŋ. *It's drifting.* (MJT)}

x̣ʷəyúq̇ʷəŋ ⟦√x̣ʷ<əy>uq̇ʷ-ŋ<ʔ>-mdl<actl>⟧ ☞ x̣ʷúq̇ʷəŋ to be snoring. (ES,TC) {*x̣ʷəyúq̇ʷəŋ* cn. *I'm snoring.* (ES) | mə́ń cxʷ ʔuʔ *x̣ʷəyúq̇ʷəŋ*. *You snore too much.* (ES)} VAR: x̣ʷaʔyúq̇ʷəŋ (EPT; MJT; ES,TC; TC) VAR: x̣ʷaʔyíq̇ʷəŋ (LC) {mə́ń ʔuʔ *x̣ʷaʔyíq̇ʷəŋ*. *He snores too much.* (LC)}

x̣ʷə́yx̣ʷiʔ ⟦x̣ʷəẏ + √x̣ʷəẏ char + √divorce⟧ to be leaving one's spouse, divorcing. {*x̣ʷə́yx̣ʷiʔ* č kʷɬaʔ. *She's apparently leaving her husband.* (EPT) | *x̣ʷə́yx̣ʷiʔ* č kʷaʔ. *He's apparently leaving his wife.* (EPT)}

x̣ʷiʔáṁ ⟦√x̣ʷyaṁ √story⟧ to tell a story, especially a story of long ago from when time began. (ES; TC) {čŋíkʷs cn kʷaʔ *x̣ʷiʔáṁ*ən *I don't know how to tell a story.* (TC) | ʔíɬən st ʔiʔ níɬ suʔx̣ʷíyáṁs. *We ate, and he told stories.* (TC) | ʔúy̆ cn *x̣ʷiʔáṁ* ʔiʔ hásəŋ. *When I told a story, he sneezed.* (MJT) | *x̣ʷiʔáṁ* či hayə. *Tell a story, you folks.* (MJT) | *x̣ʷiʔáṁ* u cn hayə. *Do I tell a story to you folks?* (MJT)} VAR: x̣ʷiyáṁ {*x̣ʷiyáṁ* ʔaʔ ti ʔuʔx̣ənʔáɬ. *He told stories all the time.* (TC)}

x̣ʷiʔáṁúsc ⟦√x̣ʷy̆aṁ-us-t-c √story-rcpnt-trns-1obj/2obj⟧ ☞ sx̣ʷiʔamúst tell me a story; tell you a story. {*x̣ʷiʔáṁúsc*! *Tell me a story!* (TC)}

x̣ʷiʔaṁúst tell someone a story. See under: sx̣ʷiʔaṁúst

x̣ʷiʔaṁústəŋ be told a story. See under: sx̣ʷiʔaṁústəŋ

x̣ʷiʔaṁústi tell each other. See under: sx̣ʷiʔaṁústi

x̣ʷiʔq̇ʷéʔyəŋ ⟦√x̣ʷy<ʔ>q̇ʷ-i<ʔ>y-ŋ<ʔ> √drift<actl>-dev<actl>-mdl<actl>⟧ ☞ x̣ʷə́yəq̇ʷ to be going, drifting downstream or with the current. (ES) {kʷɬiʔx̣ʷiʔq̇ʷíyəŋ. *They're already on their way drifting.* (MJT)}

x̣ʷiʔx̣ʷəy̆əẃáčəŋ lizard. See under: sx̣ʷiʔx̣ʷaʔyəwáčən

x̣ʷiʔx̣ʷúʔŋən ⟦x̣ʷy<ʔ> + √x̣ʷu<ʔ>ŋən pl<actl> + √neck<actl>⟧ ☞ x̣ʷúŋən several necks, throats. (AS,BC) VAR: x̣ʷaʔyúŋən ⟦√x̣ʷ<aʔy>uŋən √neck<pl>⟧ {ŋə́ń *x̣ʷaʔyúŋən*. *It's lots of necks.* (EPT)}

x̣ʷíct sweep. See under: ʔəx̣ʷíct

x̣ʷín go where. See under: tx̣ʷín

x̣ʷíq̇ʷən ⟦√x̣ʷiq̇ʷ=ən √rub=instr⟧ ☞ x̣ʷíq̇ʷəŋ an iron for pressing clothes. (ES)

x̣ʷíq̇ʷəŋ ⟦√x̣ʷiq̇ʷ-ŋ √rub-mdl⟧ to rub, buff, iron. (ES) {*x̣ʷíq̇ʷəŋ* cn. *I'm rubbing, ironing.* (AS) | *x̣ʷíq̇ʷəŋ* kʷi kʷə ləpláš. *The board rubs (on something).* (AS) | *x̣ʷíq̇ʷəŋ* kʷə sčánnəxʷ. *The salmon rubs (when spawning).* (AS)}

x̣ʷíq̇ʷt ⟦√x̣ʷiq̇ʷ-t √rub-trns⟧ ☞ x̣ʷíq̇ʷəŋ to rub, scrub, shine, buff, iron, press something; to curry (a horse). (EPT; ES; ES; AS) {*x̣ʷíq̇ʷt* caʔn. *I'm going to rub it.* (MJT)} VAR: x̣ʷq̇ʷít {*x̣ʷq̇ʷít* cn cə nɬqít. *I scrubbed my clothes.* (AS) | *x̣ʷq̇ʷít* u cxʷ cə kapú? *Did you press the coat?* (AS)}

x̣ʷíq̇ʷíyəŋ ⟦√x̣ʷyq̇ʷ-iy-ŋ √drift-dev-mdl⟧ ☞ x̣ʷə́yəq̇ʷ to go with the current, go downstream, go with the tide, be a fair tide. (LB,EWH; TC; ES) {*x̣ʷíq̇ʷíyəŋ* cn. *I'm going out downstream.* (MJT)}

x̣ʷíq̇ʷɬnáy̆c choke me/you. See under: x̣ʷaʔq̇ʷəɬnáy̆əc

x̣ʷíx̣ʷ ⟦√x̣ʷix̣ʷ √leak⟧ to leak. (EPT; AS,BC) {*x̣ʷíx̣ʷ* cə nəsnə́xʷɬ. *My canoe leaks.* (TC) | *x̣ʷíx̣ʷ* tsə ńpút. *Your boat leaks.* (EPT)}

x̣ʷíx̣ʷaʔləm ⟦x̣ʷí + √x̣ʷiʔləm dim + √rope⟧ [unusual diminutive with stress on first part] ☞ x̣ʷéʔləm thread, string. (ES)

x̣ʷix̣ʷáčt ⟦x̣ʷy + √x̣ʷay-t pl + √perish-trns⟧ ☞ x̣ʷáčt to kill all of a group of people, massacre, wipe out. {*x̣ʷíx̣ʷáčt* cn. *I killed all of them.* (MJT)} VAR: x̣ʷaʔyáčt ⟦√x̣ʷ<aʔy>ay-t √perish<pl>-trns⟧ {*x̣ʷaʔyáčt* cn. *I killed them.* (MJT)} VAR: x̣ʷəyáčt {*x̣ʷəyáčt* cn cə čaʔčə́mċənaʔ. *I killed all the ants.* (AS) | *x̣ʷəyáčt* cn cə stáʔkʷəŋ. *I killed all the bees.* (AS)}

x̣ʷix̣ʷáčtəŋ be massacred (pl). See under: x̣ʷəyačátəŋ

x̣ʷíx̣ʷəŋ ⟦√x̣ʷix̣ʷ-ŋ √leak-mdl⟧ ☞ x̣ʷíx̣ʷ to leak in (as a canoe). (TC,BC) {*x̣ʷíx̣ʷəŋ* cə nəsnə́xʷɬ. *My canoe is leaking.* (TC)}

x̣ʷix̣ʷə́štəŋ ⟦x̣ʷy + √x̣ʷ<ə́>š-t-ŋ pl + √move_water<actl>-trns-psv⟧ ☞ x̣ʷə́štəŋ being agitated vigorously to get something clean. (AS,BC) x̣ʷix̣ʷəxímʼ grunter fish (pl). *See under:* x̣ʷəyəxímʼ

x̣ʷix̣ʷə́yəq̓ʷ ⟦xʷy + √x̣ʷəyəq̓ʷ pl + √drift⟧ ☞ x̣ʷə́yəq̓ʷ to be drifting. (ES)

x̣ʷix̣ʷə́yuʔč ⟦xʷy + √x̣ʷəyəw̓əč pl + √cabezon⟧ ☞ x̣ʷə́yəw̓əč several cabezon fish. (MJT)

x̣ʷiyámʼ tell a story. *See under:* x̣ʷiʔámʼ

x̣ʷiyn̓úʔəs ⟦√x̣ʷ<iy>n̓a=u<ʔə>s √way<pl>=face<actl>⟧ ☞ x̣ʷən̓úʔəs to be a group facing a direction, a certain way. (AS,BC)

x̣ʷíyŋ Bentinck Island. *See under:* x̣ʷáyəŋ

x̣ʷƛ̓ə́mʼ ⟦√x̣ʷƛ̓əmʼ √?⟧ bay at extreme southern end of Case Inlet. (LB,CWH)

x̣ʷƛ̓əmʼámə̌š ⟦√x̣ʷƛ̓əmʼ=aməš √?=type⟧ ☞ x̣ʷƛ̓ə́mʼ Shotlmamish, Case Inlet tribe. (LB,CWH)

x̣ʷnáŋ manner. *See under:* x̣ʷənáŋ

x̣ʷqʷə́yu ⟦√x̣ʷiqʷ-əyu √rub-activ⟧ ☞ x̣ʷíqʷəŋ to iron, press clothes. {*x̣ʷqʷə́yu* caʔn. *I'm going to iron.* (MJT)}

x̣ʷqʷiʔnáč ⟦√x̣ʷqʷy̓=nač √upside_down=tail⟧ to be upside down. (TC; AS) {níɫ suʔƛ̓kʷə́təŋs čə ƛ̓ə́qšəns čə sʔáyəxʷ x̣ʷanítəm *x̣ʷqʷiʔnáč*. *Then they held the shoes of a tall white man who was upside down.* (ES)}

x̣ʷqʷiʔnáčəŋ ⟦√x̣ʷqʷy̓=nač-ŋ √upside_down=tail-mdl⟧ ☞ x̣ʷqʷiʔnáč to go upside down. {*x̣ʷqʷiʔnáčəŋ* kʷə x̣ʷanítəm čéʔiŋ ʔaʔ čə sqiyáyŋxʷ. *The white man climbing the tree went upside down.* (AS)}

x̣ʷqʷiʔnáčt ⟦√x̣ʷqʷy̓=nač-t √upside_down=tail-trns⟧ ☞ x̣ʷqʷiʔnáč to turn something or someone upside down. {*x̣ʷqʷiʔnáčt* cn čə sqʷúʔtən. *I turned the bucket upside down.* (AS)}

x̣ʷqʷiʔnáčtəŋ ⟦√x̣ʷqʷy̓=nač-t-ŋ √upside_down=tail-trns-psv⟧ ☞ x̣ʷqʷiʔnáčt to be turned upside down by something or someone. {*x̣ʷqʷiʔnáčtəŋ* cn. *Someone pushed me upside down.* (AS,BC)}

x̣ʷqʷíct ⟦√x̣ʷiqʷ-cut √rub-rflxv⟧ [metathesis with reflexive] ☞ x̣ʷíqʷəŋ to scrub, rub oneself. (AS,BC) {*x̣ʷqʷíct* kʷi kʷə sčiyánəxʷ. *The salmon rub themselves.* (AS) | hiyáʔ č kʷi kʷə swə́ʔwəs *xqʷíct*. *The boy went to scrub himself (to seek power).* (AS)}

x̣ʷqʷít rub it. *See under:* x̣ʷíqʷt

x̣ʷqʷítəŋ ⟦√x̣ʷiqʷ-t-ŋ √rub-trns-psv⟧ [metathesis with passive] ☞ x̣ʷíqʷt to be rubbed, scrubbed, buffed, ironed, pressed by someone or something. (AS) {*x̣ʷqʷítəŋ* kʷi kʷə nɫqít. *My clothes were scrubbed.* (AS,BC)}

x̣ʷq̓ʷəɫnáyət ⟦√x̣ʷq̓ʷ-əyə=ɫnay-t √strangle-ext=neck-trns⟧ to choke, strangle, hang someone. {*x̣ʷq̓ʷəɫnáyət* cn. *I choked him.* (MJT)}

x̣ʷq̓ʷəɫnáyətəŋ ⟦√x̣ʷq̓ʷ-əyə=ɫnay-t-ŋ √strangle-ext=neck-trns-psv⟧ ☞ x̣ʷq̓ʷəɫnáyət to be hanged, choked by someone. (MJT)

x̣ʷq̓ʷúct ⟦√x̣ʷuq̓ʷ-cut √go_upriver-rflxv⟧ [metathesis with reflexive] ☞ x̣ʷúq̓ʷt to propel one's canoe or boat with a pole. {suʔhiyáʔs ʔiʔ *x̣ʷq̓ʷúct* ʔúxʷ ʔaʔ čə cácu. *So he went and poled over to the beach.* (MJT)}

x̣ʷšə́t ⟦√x̣ʷš-t √move_water-trns⟧ to agitate, flush, make water move, shake, splash, stir up something in water (especially to get it clean). {*x̣ʷšə́t* caʔn. *I'm going to splash it.* (MJT) | *x̣ʷšə́t* cn čə qʷúʔ. *I stirred up the water.* (AS,BC)}

x̣ʷúʔəŋ crying. *See under:* x̣ʷuʔúŋ

x̣ʷúʔəq̓ʷ ⟦√x̣ʷu<ʔə>q̓ʷ √go_upriver<actl>⟧ to be going upriver. (AS,BC) VAR: x̣ʷúʔuq̓ʷ {hiyáʔ caʔn *x̣ʷúʔuq̓ʷ*. *I'm going upriver.* (AS)}

x̣ʷúʔəst ⟦√x̣ʷuʔ=us-t √mimic=face-trns⟧ to mock, mimic, make faces at someone. {*x̣ʷúʔəst* cn. *I mocked him.* (AS)} VAR: x̣ʷúʔust {*x̣ʷúʔust* caʔn. *I'm going to make faces at her.* (MJT)}

x̣ʷúʔƛ̓əmʼ ⟦√x̣ʷuʔƛ̓əmʼ √Henderson⟧ Henderson Inlet. (H)

x̣ʷúʔŋət ⟦√x̣ʷuʔŋt √canoe_paddle⟧ any canoe paddle, oar. (EPT; MJT; LC; AS; ES; ES,TC; TC; AS,BC) *Traditionally in November paddles were put away for the winter. They were hung up diagonally on the wall with the point up. The point of a paddle was never put down on the floor or ground. (MJT) {cák̓ʷs kʷi čə *x̣ʷúʔŋət*. *Put the paddle down.* (ES) | čx̣ʷúʔŋət cn. *I have oars.* (TC) | tə́kʷ čə *x̣ʷúʔŋət*s. *His paddle broke.* (TC) | tkʷnás tə *x̣ʷúʔŋət*. *He broke the paddle.* (TC) | tkʷə́ts čə *x̣ʷúʔŋət*. *He broke the paddle.* (TC) | ɫitsáyəs ʔaʔ tə n̓*x̣ʷúʔŋət*. *Splash with your paddle.* (MJT) | čúk̓ʷs cn čə nə*x̣ʷúʔŋət* tə nəščéʔqʷt. *I used my paddle to hit it on the head.* (TC) | xən̓áts kʷaʔ ʔúxʷtxʷs čə *x̣ʷúʔŋət*s ʔaʔ či stcíkʷəns. *He told him to take his paddle on his back.* (ES) | níɫ čə nə*x̣ʷúʔŋət* čúk̓ʷən tə nəščéʔqʷt. *It was my paddle I used to hit it on the head.* (TC) | ʔəsʔístxʷ caʔ cxʷ čə *x̣ʷúʔŋət*? *What are you going to do with the paddle?* (TC) | tkʷnás čə *x̣ʷúʔŋət*s čə swə́ʔqaʔ ták̓ʷs yaʔ čə snə́xʷɫs. *The man that bought the canoe broke his paddle.* (TC)} VAR: x̣ú̓ʔŋən (BC)

x̣ʷuʔúc ⟦√x̣ʷ<əʔ>u-t-c √cry<actl>-trns-1obj/2obj⟧ ☞ x̣ʷuʔút crying for me; crying for you. {*x̣ʷuʔúc* cn. *I was crying for you.* (ES)} {*x̣ʷuʔúc* yaʔ cn. *I was crying for you.* (TC) | *x̣ʷuʔúc* u cxʷ? *Are you crying for me?* (ES; TC)}

x̣ʷúʔucən tabooed name. *See under:* sx̣ʷúʔucən̓

x̣ʷuʔúŋti ⟦√x̣ʷ<əʔ>u-ŋ<ʔ>-ty √cry<actl>-mdl<actl>-rcprcl⟧ ☞ x̣ʷuʔúŋ to be crying together. (AS) VAR: x̣ʷuʔúŋəti (AS) {ŋə́n̓ kʷi kʷə ʔaʔyəcɫtáyŋəxʷ *x̣ʷuʔúŋəti*. *A lot of people were crying together.* (AS)}

x̣ʷuʔúŋ ⟦√x̣ʷ<əʔ>u-ŋ<ʔ> √cry<actl>-mdl<actl>⟧ ☞ x̣ʷúŋ to be crying. (EPT; TC; ES,HS; ES; AS,BC) {húy či či nsx̣ʷuʔúŋ! *Quit crying!* (ES) | ʔuʔáwə c *x̣ʷuʔúŋ*. *Don't cry. / He isn't crying.* (TC) | ʔáwə či c *x̣ʷuʔúŋ*. *Don't cry.* (TC) | x̣ʷuʔúŋ ʔiʔ

xʷúʔuŋ̓. He was crying and crying. (MJT) | *xʷuʔúŋ̓* cawṅił sk̓ʷtúʔ. Raven was crying. (TC) | *xʷuʔúŋ̓* ʔəł ʔéʔsts. She was crying while she was paddling. (AA) | *xʷuʔúŋ̓* č kʷsi nəsíyaʔ. My grandmother must have been crying. (MJ) | x̣ənətúŋə cn kʷi kʷaʔ ʔáwəxʷ c *xʷuʔúŋ̓*. I told you not to cry. (MJT) | łúyəs cn cə stəqáyuʔ *xʷuʔúŋ̓*. I left the beaver that was crying. (MJT) | x̣ənʔátəŋ kʷaʔ ʔáwəs c *xʷuʔúŋ̓*. He was told not to cry. (MJ) | suʔiyánəxʷs cə stəqáyuʔ *xʷuʔúŋ̓*. He heard the beaver crying. (MJT) | suʔƛ̓k̓ʷáts cə čáyiʔ ʔiʔ híyá·ʔ łtéʔłłéʔimstxʷ sqáʔwi cə sx̣ʷuʔúŋ̓ shúnuc. He took some bark and went taking them singing circling the crying fire. (MJ)} VAR: x̣ʷəʔúŋ̓ (EPT) VAR: x̣ʷúʔəŋ {*xʷúʔəŋ* ʔaʔ ti nəsƛ̓éʔ či ʔaʔáʔił ƛ̓áq̓šən. Crying because I wanted cute shoes. (AS) | nił nsx̣ʷx̣ʷúʔəŋ. That's why I was crying. (MJ)} VAR: x̣ʷúʔuŋ̓ (LB,CWH; LBH)

x̣ʷúʔuq̓ʷ 〚√x̣ʷuʔəq̓ʷ √sawbill〛 sawbill duck, common merganser, red-breasted merganser. *Mergus sp.* (BG,MJT; AB,ICT; TC; ES; AS,BC)

x̣ʷúʔusti 〚√x̣ʷuʔ=us-ty √mimic=face-rcprcl〛 ☞ x̣ʷúʔəst to mock, mimic, make faces at each other. {*x̣ʷúʔusti* či hayə. Make faces at each other, you folks. (MJT)}

x̣ʷuʔút 〚√x̣ʷ<ə?>u-t √cry<actl>-trns〛 ☞ x̣ʷúŋ to be crying for something or someone. (ES) {*x̣ʷuʔút* cn. I cried for him. (TC; ES) | *x̣ʷuʔúts* kʷłi ŋə́naʔs yaʔ. He cried for his late daughter. (ES) | *x̣ʷuʔúts* kʷi ŋə́naʔs yaʔ. He cried for his late son. (ES) | *x̣ʷuʔút* cn kʷi nəŋə́naʔ. I'm crying for my son. (MJT) | *x̣ʷuʔúts* či ŋə́naʔs. She is crying for her child. (MJT) | *x̣ʷuʔúts* cə słániʔ cə ŋə́naʔs. The woman is crying for her child. (TC) | *x̣ʷuʔúts* cə ŋə́naʔs cə słániʔ. The woman is crying for her child. (TC) | *x̣ʷuʔúts* cə nəŋə́naʔ cə húʔpt. My child cried for the deer. (TC)}

x̣ʷuʔútəŋ 〚√x̣ʷ<ə?>u-t-ŋ<ʔ> √cry<actl>-trns-psv<actl>〛 ☞ x̣ʷuʔút to be cried for. {*x̣ʷuʔútəŋ* cn. They're crying over me. (ES) | *x̣ʷuʔútəŋ̓* st. They're crying for us. (ES)}

x̣ʷuʔutúʔŋəł 〚√x̣ʷ<ə?>u-t-u<ʔ>ŋł √cry<actl>-trns-1plobj<actl>〛 ☞ x̣ʷuʔút crying for us. {*x̣ʷuʔutúʔŋəł* u yaʔ cxʷ? Were you crying for us? (TC)}

x̣ʷuʔutuŋəł 〚√x̣ʷ<ə?>u-t-úŋł √cry<actl>-trns-1plobj〛 ☞ x̣ʷuʔút cry for us. {*x̣ʷuʔutúŋəł* u cxʷ? Did you cry for us? (ES)}

x̣ʷúc 〚√x̣ʷu-t-c √cry-trns-1obj/2obj〛 ☞ x̣ʷút cry for me; cry for you. {*x̣ʷúc* či. Cry for me. (TC)}

x̣ʷúčəŋ 〚√x̣ʷuč-ŋ √fruit_sick-mdl〛 to feel sick, icky, yucky, ill, uncomfortable from eating too much fruit. (AS,BC) {*x̣ʷúčəŋ* cn. I feel like I had too much fruit. (MJT)}

x̣ʷúk̓ʷt 〚√x̣ʷuk̓ʷ-t √impale-trns〛 to impale something with a fork. (ES)

x̣ʷúmʔaməš 〚√x̣ʷum?=uməš √?=type〛 Shomamish tribe located on Vashon Island. (H)

x̣ʷúŋ 〚√x̣ʷu-ŋ √cry-mdl〛
1. to cry, weep, sob. (EPT; LC; AS,BC; ES; WB) {suʔ*x̣ʷúŋ*s cə słánis yaʔ. So his wife cried. (AA) | nił nsu*x̣ʷúŋ* ʔaʔ t čiʔáw ʔaʔ q̓íyt. Then I cried in the afternoon. (MJ) | ʔawmán cn ʔuʔ *x̣ʷúŋ* ʔaʔ kʷi nshiyáʔ. It's because I cried so much when you left. (MJ) | *x̣ʷúŋ* yaʔ ʔiʔ həwástəŋ ʔaʔ kʷłi táns. He cried, and he was turned away by his mother. (MJ)}
2. to pour rain. {*x̣ʷúŋ* tiə skʷáči. It's pouring rain today. (AS)}

x̣ʷúŋən 〚√x̣ʷuŋən √neck〛 [may be related to the word for 'cry'] cp. x̣ʷúŋ
1. neck, especially the front, throat, gullet. (JCo; EPT; LC; ES; TC; AS,BC) {nəčə́q tiə nəx̣ʷúŋən. I sprained my neck. (ES) | x̣ə́ł tə nəx̣ʷúŋən. My throat hurt. (MJ) | nił suʔƛ̓k̓ʷáts ʔiʔ č̓łə́k̓ʷts tə *x̣ʷúŋən*s. Then she took them and pinched their necks. (MJ) | suʔtáčis cə sx̣ʷənáʔəm ʔiʔ ƛ̓ápts cə nəx̣ʷúŋən. The Indian doctor got there, and he felt my neck. (MJ) | x̣ə́nəŋ ʔaʔ kʷ ƛ̓ík̓ʷən cə ʔəsmákʷł ʔiyá ʔaʔ tə nsx̣ʷúŋən. The lump in my throat was like a pea. (MJ) | sq̓ʷéʔq̓ʷiʔ ti *x̣ʷúŋən*s ʔaʔ tə č̓íq̓ʷəns tə šamáns ʔiʔ nəxʷtə́qt ti sxʷsáʔčəŋs. His shoulder was against the enemy's throat and closed off his breath. (ES)}
2. siphon of a clam. (ES) VAR: x̣ʷúŋət 〚√x̣ʷuŋt √neck〛 (ES) VAR: x̣ʷúŋəł 〚√x̣ʷuŋł √neck〛 (ES) ((AS and HS reject this variant.)) VAR: x̣ʷúŋəy̓ (LBH)

x̣ʷúŋəstxʷ 〚√x̣ʷu-ŋi-stxʷ √cry-rel-caus〛 ☞ x̣ʷúŋ to make someone cry. {*x̣ʷúŋəstxʷ* cn. I made him cry. (MJT)} VAR: x̣ʷəŋístxʷ 〚√x̣ʷu-ŋi-stxʷ √cry-rel-caus〛 {*x̣ʷəŋístxʷ* cn kʷsə nstíkʷən. I made my niece cry. (AS)}

x̣ʷuŋətástxʷ 〚√x̣ʷu-ŋ-tastxʷ √cry-mdl-dirtrns〛 ☞ x̣ʷúŋ to cry for someone. {*x̣ʷuŋətástxʷ* cn. I cried for him. (TC)}

x̣ʷúq̓ʷən 〚√x̣ʷuq̓ʷ=ən √go_upriver=instr〛 ☞ x̣ʷúq̓ʷt canoe pole, for poling a canoe or raft up river. (ABT; TC)

x̣ʷúq̓ʷəŋ 〚√x̣ʷuq̓ʷ-ŋ √snore-mdl〛 to snort, snore. (AS,BC; AS) {mán ʔuʔ *x̣ʷúq̓ʷəŋ* kʷi nswə́y̓qaʔ. My husband snores a lot. (AS) | *x̣ʷúq̓ʷəŋ* cə nsqáx̣aʔ. My dog snores. (AS)}

x̣ʷúq̓ʷt 〚√x̣ʷuq̓ʷ-t √go_upriver-trns〛 ☞ x̣ʷúʔəq̓ʷ to pole a canoe upriver. (AS,BC) {*x̣ʷúq̓ʷt* cn cə snə́xʷł. I poled the canoe upriver. (AS)}

x̣ʷút 〚√x̣ʷu-t √cry-trns〛 ☞ x̣ʷúŋ to cry, weep for something or someone. (HS) {*x̣ʷút* cn ʔaʔ kʷi shiyáʔs kʷi nswə́y̓qaʔ. I cried for him when my husband left. (AS)}

x̣ʷútəŋ 〚√x̣ʷu-t-ŋ √cry-trns-psv〛 ☞ x̣ʷút to be cried for by someone. {*x̣ʷútəŋ* cn ʔaʔ cə słániʔ. The lady cried for me. (TC) | *x̣ʷútəŋ* cxʷ ʔaʔ cə słániʔ. The lady cried for you. (TC) | *x̣ʷútəŋ* cə słániʔ ʔaʔ cə ŋə́naʔs. The child cried for her mother. (The woman was cried for by her child.) (TC) | *x̣ʷútəŋ* cə húʔpt ʔaʔ cə ŋə́naʔs. His/her child cried for the deer. (TC) | *x̣ʷútəŋ* cə ŋə́naʔs ʔaʔ cə słániʔ. The

x̣ʷúx̣ʷ

woman cried for someone's child (not her own). (TC)}

x̣ʷúx̣ʷ ⟦√x̣ʷux̣ʷ √smart⟧ [interjection] **smarty!, smart aleck!**. (AS,BC; AS)

x̣ʷuyəm̓áɬ ⟦√x̣ʷuyəm̓áɬ √place_name⟧ [analysis uncertain] **the name of an island, probably in upper Hood Canal area.** (LBH)

x̣ʷúyəq̓ʷəŋ snore (pl). *See under:* x̣ʷəyúq̓ʷəŋ

x̣ʷx̣ʷéʔləm̓ ⟦x̣ʷ + √x̣ʷiʔləm<ˀ> dim + √rope<dim>⟧ ☞ x̣ʷéʔləm **string, fishing line.** {qəm̓əts canu *x̣ʷx̣ʷéʔləm̓is. He cut his line.* (ES)}

x̣ʷx̣ʷúʔustəŋ being mocked. *See under:* x̣ʷaʔx̣ʷúʔəstəŋ

y

yaʔ ⟦yaʔ past⟧ [past tense speech act enclitic] past. (TC) {hiyáʔ *yaʔ* cn. *I went.* (TC) | ŋaʔk̓ʷaʔcút *yaʔ* cn. *I was waiting.* (LC) | hiyáʔ *yaʔ* cn ʔaʔ tiə ʔáynək̓ʷ. *I went today.* (TC) |ták̓ʷs *yaʔ* cn cə snə́x̌ʷɬ. *I bought the canoe.* (TC) | čə́saʔ *yaʔ* sk̓ʷáči tə nəsʔáɬaʔ. *I was here for two days.* (TC) | ɬáw̓ u *yaʔ* cx̌ʷ? *Did you get well?* (EPT) | ɬx̌ʷə́t *yaʔ* cn. *I straightened it out.* (AS,BC) | x̌ʷuʔúts k̓ʷɬi ŋə́naʔs *yaʔ*. *He cried for his late daughter.* (ES) | qaʔyúst cn ʔaʔ cə sčə́saʔq̓ʷs *yaʔ*. *I paid him for his hat.* (TC) | ƛ̓aʔmitúliyə č *yaʔ* k̓ʷə x̌ʷənítəm. *The white man apparently went to Victoria.* (EPT) | k̓ʷə́nəx̌ʷ cn k̓ʷi swə́y̓qaʔ *yaʔ*. *I saw the late man.* (TC) | čənshá́ʔk̓ʷ k̓ʷi k̓ʷə sq̓ʷáyɬ *yaʔ*. *I finally remember what we said.* (AS) | hiyáʔ q *yaʔ* cn ʔaʔ či k̓ʷáči. *I would have gone tomorrow.* (TC) | sk̓ʷáʔs *yaʔ* k̓ʷi q̓ʷúy ʔəcɬtáyŋəx̌ʷ *yaʔ*. *It had belonged to a person that had died.* (AA) | hú q *yaʔ* ʔáwə c nə́k̓ʷ ʔi uʔhiyáʔ q *yaʔ* cn. *If it weren't for you, I would have left.* (TC) | ʔəx̌ín *yaʔ* cx̌ʷ ʔuč ʔənsx̌ʷmán ʔu hí́c? *Where were you when you took so long?* (TC) | ŋə́ń *yaʔ* yuʔ sx̌ʷiʔám̓ nəsyaʔcústən ʔaʔ k̓ʷi nədəd *yaʔ*. *There were a lot of stories I was told by my dad.* (TC) | sqáń yəx̌ʷ k̓ʷɬaʔ k̓ʷɬi nəsčaʔčaʔk̓ʷaʔyúɬ *yaʔ*. *Must be my canoe has been stolen.* (MJT)} VAR: yə {k̓ʷaʔ stáŋəs *yə* čtə *whatever it was* (TC)}

yáʔ *go.* See under: hiyáʔ

yaʔáʔɬc ⟦√yaʔ=aʔɬ-t-c √prepare=mass-trns-1obj/2obj⟧ ☞ yaʔáʔɬt *make me a bed; make you a bed.* {*yaʔáʔɬc* u cx̌ʷ? *Will you fix a bed for me?* (ES)}

yaʔáʔɬəŋ ⟦√yaʔ=aʔɬ-ŋ √prepare=mass-mdl⟧ *to make, fix a bed, get a place to sleep ready.* (ES) {*yaʔáʔɬəŋ* yaʔ st ʔaʔ k̓ʷi stə́sɬ ʔaʔpə́šct. *We got beds ready when we got to Pysht.* (AS)}

yaʔáʔɬt ⟦√yaʔ=aʔɬ-t √prepare=mass-trns⟧ ☞ yaʔáʔɬəŋ *to make, fix a bed for someone, get a bed ready for someone.* (ES) {*yaʔáʔɬt* cə ńscáʔčaʔ. *Fix a bed for your friend.* (ES)} VAR: yáʔɬt (AS) {*yáʔɬt* cn cə sx̌ʷʔáʔmət; táči k̓ʷə nsəsé̓ʔyaʔ. *I fixed a bed; my grandparents got here.* (AS)}

yaʔáʔɬtəŋ ⟦√yaʔ=aʔɬ-t-ŋ √prepare=mass-trns-psv⟧ ☞ yaʔáʔɬt *to have a bed prepared for one by someone.* {*yaʔáʔɬtəŋ* cn. *He fixed me a bed.* (ES)}

yaʔáy̓ŋən *want to go.* See under: hiyaʔáy̓ŋən

yaʔcícəm̓ ⟦√yə<ʔ>cicm<ˀ> √tell<actl>⟧ [analysis uncertain - This may have a unique +iC reduplication or it may have CC+ with unique stress on the /i/ from /y/ or it may have a unique lexical suffix. Another possibility is that this is a blend based on /syə́cic/ and /syə́cəm̓/.] cp. syə́cic ☞ syə́cəm *to be telling (someone something), tattling, informing.* (ES; TC; AS,BC; AS) {*yaʔcícəm̓* cn. *I'm telling (something).* (TC) | *yaʔcícəm̓* cn ʔaʔ cə sx̌ʷiʔám̓. *I'm telling a story.* (TC) | *yaʔcícəm̓* cn ʔaʔ tiʔə nəsx̌ʷiʔám̓. *I'm telling my story.* (TC) | nəs*yaʔcícəm̓* cx̌ʷ. *I'm squealing on you.* (ES) | níɬ k̓ʷi s*yaʔcícəm̓*s tiə ʔaycɬtáyŋx̌ʷ. *She's telling the news to the people.* (AS) | k̓ʷɬiʔ*yaʔcícəm̓* k̓ʷi ʔaʔ cə sx̌ʷiʔám̓. *He's telling a story now.* (MJT) | k̓ʷɬníɬ yaʔ k̓ʷi su*yaʔcícəm̓*s k̓ʷɬaʔ q̓áʔŋi. *The girl soon told the news.* (AS) | suʔčáŋs tə nəsíyaʔ ʔiʔ x̌ənəŋ, "ʔáw k̓ʷə c *yaʔcícəm̓*." *So my grandfather got home and said, "Don't tell about it."* (MJ) | *yaʔcícəm̓* ʔaʔ či sqaʔnítəŋs ʔaʔ k̓ʷɬi táləs yaʔ. *She told the news of being robbed of her money.* (MJ) | ʔuʔmán ʔuʔ nəsháhək̓ʷ ti nsné ʔaʔ k̓ʷi ń*yaʔcícəm̓* sx̌ʷiʔám̓. *I very much remember something of the story you told.* (EJ) | níɬ č yaʔ k̓ʷi Amy *yaʔcícəm̓* ʔaʔ či sx̌ʷiʔám̓ ʔaʔ k̓ʷɬi kəkántu čšʔiyá ʔaʔqám̓qəm. *It was Amy who told the story of Kakantu from Point Hudson.* (EPT)} VAR: yáʔcicəm {nsuʔqəqáynəŋ ʔaʔ k̓ʷi nəcə́t ʔaʔ ti nəs*yáʔcicəm* ʔaʔ či k̓ʷə́nəx̌ʷən. *So I was scolded by my father for telling what I saw.* (MJ)} VAR: yəcic {ʔuʔx̌ənáɬ ti su*yəcic*s. *He's always tattling.* (AS,BC)}

yáʔct ⟦√yaʔ-cut √prepare-rflxv⟧ ☞ yáʔt *to do, begin, happen, get ready, prepare to do (something).* (ES; TC) {*yáʔct* cn. *I'm getting ready.* (TC; ES) | nəs*yáʔct*. *I did it.* (ES) | hi*yáʔct* či k̓ʷánəŋət. *Get ready to run.* (ICT) | yə́cəm ʔaʔ či s*yáʔct* k̓ʷi yúƛ̓ yaʔ. *She told what happened to the older one.* (AA) | níɬ caʔ ʔuʔ s*yáʔct*. *That's what we'll do.* (TC) | mán k̓ʷ ʔuʔ ʔə́y̓ cə ńs*yáʔct*! *It's very well done!* (ES) | ʔáwə k̓ʷi c nəsƛ̓é̓ či nəs*yáʔct*. *I don't want to do it.* (ES) | nəsƛ̓é̓ k̓ʷə či nəs*yáʔct*. *I want to do it.* (ES) | níɬ č sui*yáʔct*s. *Then they got ready.* (TC) | ʔáwənə nəsx̌čít či nəs*yáʔct*. *I don't know what to do.* (MJ) | k̓ʷɬníɬ caʔ k̓ʷi nəsu*yáʔct*. *I'm going to get ready.* (MJT) | níɬ ʔuʔ s*yáʔct*s. *That's what he did.* (AS,BC) | ʔiyá yəcúst k̓ʷə cə́tɬ ʔaʔ či s*yáʔcɬ*. *There we told our father what we did.* (ES) | níɬ č suʔx̌ə́ńəŋs cə q̓áyaʔŋi, "ʔó", níɬ k̓ʷi s*yáʔcɬ*." *Then the young women said, "Oh, that's what we'll do."* (AS) | níɬ suʔáwənəs sx̌číts čaʔ ʔuʔ haʔhúʔi. *She didn't know what she was going to do all alone.* (MJ)} VAR: yə́ʔct (ES) VAR: yə́ct {s*yə́ct*s. *It's what happened.* (AS,BC) | s*yə́ct* cn. *I did it.* (AS) | níɬ k̓ʷi s*yə́ct*s. *That's what they prepared.* (AS) | suʔánəŋs k̓ʷi syə́cəm ʔaʔ k̓ʷi s*yə́cɬ*. *So he agreed to tell what we did.* (ES)}

yáʔctx̌ʷ ⟦√yaʔc-tx̌ʷ √repair-caus⟧ *to fix, repair something.* {*yáʔctx̌ʷ* cn k̓ʷi tə táyə. *I fixed the tire.* (MJT)}

yaʔcúsc ⟦√yə<ʔ>c-us-t-c √tell<actl>-rcpnt-trns-1obj/2obj⟧ ☞ yaʔcúst *telling me; telling you.* {smə́yəq ti nəs*yaʔcúsc* ʔáynən. *I forgot what I wanted to tell you.* (ES) | cán yaʔ k̓ʷi *yaʔcúsc*? *Who told you?* (EPT) | ʔuʔnə́k̓ʷə yaʔ ʔu *yaʔcúsc*. *It was you who was telling me.* (EPT) | ɬníɬ ʔuʔ *yaʔcúsc*. *It's us telling you.* (EPT) | níɬ yaʔ k̓ʷi ʔu *yaʔcúsc. They told me.* (EPT) | *cán ʔaỷ či yaʔcúsc? Who told you that?* (MJT)}

yaʔcúst [√yə<ʔ>c-us-t √tell<actl>-rcpnt-trns] ☞ yəcúst to be telling someone. (ES; AS,BC) {*yaʔcúst* cn. *I'm telling him.* (AS,BC) | *ʔuʔcəʔít cn ʔaʔ kʷi nəsyaʔcúst. I told him the truth.* (TC) | *łnínł ʔuʔ yaʔcúst. It's us telling him.* (EPT) | *ʔə́c yaʔ ʔuʔ yaʔcúst ʔaʔ Littlejohn. It was me telling Littlejohn.* (EPT) | *ʔáw c yaʔcúst či ʔuʔcán. Don't tell anyone.* (MJ) | *yaʔcúst cn cawnił ʔaʔ cə sxʷiʔám̕. I told him a story.* (TC) | *yaʔcúst yaʔ cxʷ ʔaʔ či sxʷiʔám̕ ʔiʔ ʔəttnúŋət. You were telling him a story, and he dropped off to sleep.* (EPT)}

yaʔcústəŋ [√yə<ʔ>c-us-t-ŋ<ʔ> √tell<actl>-rcpnt-trns-psv<actl>] ☞ yaʔcúst being told. (ES) {*yaʔcústəŋ* cxʷ. *He was telling you.* (TC) | *yaʔcústəŋ cn kʷaʔ hiyáʔən ḷúkʷ. They're telling me to go home.* (TC) | *yaʔcústəŋ yaʔ cn kʷi. He told me.* (EPT) | *ʔuʔhúy yaʔ ʔuʔ nəsyaʔcústəŋ ʔaʔ kʷi nəsʔáyəxʷ yaʔ ti suʔxənáł č yaʔ ti suʔkʷéʔwənti ʔs. My elders told me that they (Mt. Baker and Mt. Olympus) were fighting all the time.* (TC) | *ŋə́n̕ yaʔ yuʔ sxʷiʔám̕ nəsyaʔcústəŋ ʔaʔ kʷi nədad yaʔ. There were a lot of stories I was told by my dad.* (TC) | *ʔáwə yaʔ c ʔuʔxənáł ti nəsuʔyaʔcústəŋ ʔaʔ ti ʔuʔxənəstáŋ ʔáła ʔaʔ tiə ʔéʔłxʷaʔ. They didn't always tell me everything about here at Elwha.* (TC) | *níł yaʔcústəŋ yaʔ ncə́t ʔaʔ kʷi kʷłhíc kʷaʔ ʔiʔuʔxə́ˀn̕ə ʔuʔ kʷłʔuʔəstáʔŋəkʷ. I was told by my father a long time ago, but it's all mixed up.* (EB) | *kʷłhíc kʷi nyaʔcústəŋ ʔaʔ kʷi nsə́ʔyaʔ yaʔ, ləmtiyáčaʔ (Tim Pysht kʷi snás, kʷi snaʔátəŋs ʔaʔ ti xʷanítəm) ʔaʔ kʷi ʔiʔánkʷs qáʔŋi čpə́šct. Long ago I was told by my late grandfather, ləmtiyáčaʔ (Tim Pysht was his name, what he was called by the Whites), about the brave young woman of Pysht.* (AS)} VAR: ʔaʔcústəŋ (ES; AS,BC) {*ʔaʔcústəŋ* cn. *They told me.* (AS,BC)} VAR: yaʔcústəŋ̕ {*yaʔcústəŋ̕* yaʔ st kʷi. *He was telling us.* (EPT) | *ʔə́c ʔuʔ yaʔcústəŋ̕. I'm the one he was telling.* (EPT) | *ʔáłaʔ yaʔ kʷi ʔiʔ yaʔcústəŋ̕ st. He was here telling us.* (EPT)}

yaʔcustúŋəł [√yə<ʔ>c-us-t-uŋł √tell<actl>-rcpnt-trns-1plobj] ☞ yaʔcúst telling us. (BH) {*mán kʷa ʔuʔ ʔə́ỷ nəxčnín ʔaʔ tə nəsʔiyánəxʷ kʷłə qʷáqʷi ʔəcłtáyŋxʷ yaʔcustúŋəł ʔaʔ či sʔəshúʔiʔs ti ʔəcłtáyŋxʷ ʔiyá ʔaʔ kʷi sxʷʔiyáł. I'm very happy to hear her speaking Indian telling us how the people were where we are.* (BH) VAR: yaʔcustúʔŋəł {*nə́kʷ u yaʔ kʷ uʔyaʔcustúʔŋəł ʔaʔ či sxʷiʔám̕ ʔaʔ kʷi čiʔáqł? Were you the one telling us a story yesterday?* (EPT)}

yáʔəxt [√yaʔəx-t √poison-trns] ☞ syáʔəx to poison someone. {*yáʔəxt* cn. *I poisoned him.* (TC)}

yáʔəxtəŋ [√yaʔəx-t-ŋ √poison-trns-psv] ☞ yáʔəxt to be poisoned by someone or something. {*yáʔəxtəŋ* cn. *He poisoned me.* (TC)}

yáʔict preparing. See under: syáʔəct

yáʔičt [√ya<ʔi>čt √arrow<pl>] ☞ yə́čt several arrows. (MJT)

yaʔiŋəcút listening. See under: yaʔyəŋəcút

yaʔiŋíc listen to me/you. See under: yaʔyəŋíc

yáʔit getting it ready. See under: yáyaʔt

yáʔłt make bed for someone. See under: yaʔáʔłt

yáʔnəŋ listen. See under: ʔiyáʔnəŋ

yaʔnəŋíct listen. See under: ʔəyaʔnəŋíct

yaʔnəŋístəŋ [√ʔəy̕=an̕-ŋi-stxʷ-ŋ √good=ear-rel-caus-psv] ☞ yaʔnəŋístxʷ to be made to listen by someone. {*yaʔnəŋístəŋ* cn. *They made me listen.* (AS)}

yaʔnəŋístxʷ [√ʔəy̕=an̕-ŋi-stxʷ √good=ear-rel-caus] ☞ ʔiyáʔnəŋ to let or make someone listen. (AS) {*yaʔnəŋístxʷ* tə sx̣íʔaʔƛ̕qł. *Make the child listen.* (AS)}

yaʔnəŋít listen to it. See under: ʔiyaʔnəŋít

yaʔnəŋítəŋ be listened to. See under: ʔyaʔnəŋítəŋ

yáʔnəxʷ hear it. See under: ʔiyáʔnəxʷ

yáʔnnəŋ be heard. See under: ʔiyáʔnəŋ

yaʔnúŋə [√yaʔ-naxʷ-uŋə √prepare-nctrns-2obj] ☞ yéʔnəxʷ fix you up. {*yaʔnúŋə* cn. *I managed to fix you up.* (TC)}

yaʔnúŋət [√yaʔ-nuŋt √prepare-ncmdl] ☞ yéʔnəxʷ to finally, manage to get set up, get something wanted for a long time. {*yaʔnúŋət* cn. *I finally got it.* (TC)}

yaʔŋíct [√yaʔ-ŋi-cut √prepare-rel-rflxv] ☞ yáʔt to help oneself, prepare (something) for oneself, do (something) by oneself. (AS,BC) {*yaʔŋíct* cn ʔaʔ ti nəscə́n̕t kʷi sqáwc. *I helped myself by planting potatoes.* (AS,BC) | *yaʔŋíct ʔaʔ ti nəkʷéʔuč tiə sčánnəxʷ. I'm helping myself by butchering the salmon.* (AS,BC)} VAR: ʔiŋíct (AS,BC) {*ʔiŋíct* cn. *I did it myself.* (ES) | *ʔuʔiŋíct. It did it itself.* (ES) | *ʔiŋíct cə sqaʔqáx̣aʔ. The puppy did it on his own.* (AS) | *ʔuʔiŋíct ssqawíyəŋs. It went outside by itself.* (ES)}

yaʔqínəŋ [√yaʔqin-ŋ √sick-mdl] to get sick, spoiled. {*hiʔyaʔqínəŋ* cn ʔaʔ kʷi nəscéʔič. *I got sick when I found it.* (EPT) | *yaʔqínəŋ cn ʔaʔ kʷi nshyáʔ. I got sick when I went.* (AS) | *yaʔqínəŋ kʷi kʷə ncə́t. My father is getting sick.* (AS)} VAR: yəqínəŋ (AS,BC)

yaʔqít [√yaʔqi-t √launch-trns] to push out, launch a canoe. {*yaʔqít* cn cə snə́xʷł ʔaʔ kʷi ŋə́n̕ sčiʔánəŋ. *I pushed out the canoe many years ago.* (AS)} VAR: yəqít (AS,BC)

yaʔqítəŋ [√yaʔqi-t-ŋ √launch-trns-psv] ☞ yaʔqít to be pushed out, launched by someone or something. {*yaʔqítəŋ* kʷi kʷə snə́xʷł. *The canoe was pushed out.* (AS)}

yaʔq̕łcúʔət [√y<əʔ>q̕=ałcu<ʔ>t √even<actl>=mass-rflxv<actl>] ☞ yəq̕łcút to be obstructing, getting in the way. {*yaʔq̕łcúʔət* cxʷ. *You're getting in the way.* (ES) | *ʔáwə c yaʔq̕łcúʔət. Don't be getting in the way.* (ES)}

yaʔsíc ⟦√yaʔ-sít-c √prepare-bene-1obj/2obj⟧ ☞ yaʔsít prepare for you; prepare for you. {*yaʔsíc* cn. *I prepared it for you.* (ES)}

yaʔsít ⟦√yaʔ-sít √prepare-bene⟧ ☞ yáʔt to prepare, get ready, fix (something) for someone. (AS,BC) {*yaʔsít* cə nəsxʷtúnəq. *I prepared it for my brother.* (ES) | *yaʔsít* cə nəsaʔčúʔił. *I fixed it for my sister.* (ES)}

yaʔsítəŋ ⟦√yaʔ-sít-ŋ √prepare-bene-psv⟧ ☞ yaʔsít to be prepared, readied, fixed for someone by someone. {*yaʔsítəŋ* cn. *He prepared it for me.* (ES)}

yaʔščənʔéʔwən pity. See under: nəxʷyaʔščənʔéʔwən

yaʔščə́ńəŋ ⟦√yə<ʔ>sč<ə́>n<ʔ>-ŋ √poor<actl>-mdl⟧ [rightward metathesis in actual] ☞ yə́ščən being made pitiful, be disparaged. {*yaʔščə́ńəŋ* cn ʔaʔ tiə nəsčáʔčaʔ kʷaʔ stáŋəs čtə. *I'm being disparaged by my relatives, if that's what they are.* (TC)}

yaʔščəńtənʔáʔmət ⟦√yə<ʔ>sčən<ʔ>-tən<ʔ>aʔŋət √poor<actl>-contingent<actl>⟧ ☞ yəščəntənáʔmət to be pitying, feeling sorry for oneself. (ES)

yáʔt¹ ⟦√yaʔ-t √prepare-trns⟧ to get something ready, fixed, get ready to do something. (TC; AS,BC) {*yáʔt* či. *Get it ready.* (MJT) | *yáʔt* cn *I fixed it up. / I prepared it.* (MJT; TC; ES; AS) | *yáʔt* tə sxʷʔáʔmət. *Get the bed ready.* (ES) | *yáʔt* cə səmiʔ. *Fix the blanket.* (ES) | *yáʔt* cn cə snə́xʷł. *I fixed the canoe.* (TC) | nsuʔhiyáʔ *yáʔt* tə láyəs. *So I went to prepare the rice.* (MJT) | níʔł suʔƛ̕iyáʔəns ʔaʔ či *syáʔt*s caʔ. *Then they looked for what they were going to do.* (AA) | húʔ q yaʔ ʔáwə c x̣ə́nəŋ ʔaʔ tə *syáʔt*s nyə́nəwəs ʔiʔ təwəʔiyə́m q yaʔ cn swə́y̕qaʔ ʔaʔ tiə ʔáynəkʷ. *If that had not happened to my heart, I'd still be a strong man today.* (TC)} VAR: yáʔtxʷ {kʷłyáʔtxʷ cn kʷi tə táyə. *I already fixed the tire.* (MJT)}

yáʔt² take it. See under: hiyáʔtxʷ

yaʔtəníyəŋ ⟦√yaʔtn-iy-ŋ √widow-dev-mdl⟧ ☞ syáʔtən to become a widow or widower. (MJT)

yáʔtəŋ ⟦√yaʔ-t-ŋ √prepare-trns-psv⟧ ☞ yáʔt to be readied, fixed, built, prepared by someone. (TC) {*yáʔtəŋ* cn. *They fixed me.* (TC) | *yáʔtəŋ* cə ńčə́nəs. *Your tooth will be fixed.* (MJ) | ŋəq̕ítəŋ tə sxʷyáʔtəŋs či ʔáʔiŋ. *The posts for building houses were put up.* (AS)}

yáʔwəs ⟦√ya<ʔ>ws √jig<actl>⟧ ☞ yáwəs to be jigging for bottom fish such as lingcod, halibut, or red snapper using a hand held line. (ES; TC)

yaʔyáʔnəŋ ⟦ʔy̕+√ʔəy̕=ań-ŋ<ʔ>⟩ actl+√good=ear-mdl<actl>⟧ ☞ ʔiyáʔnəŋ
1. to be listening, hearing. (JCo; MJT; ES) {*yaʔyáʔnəŋ* cn. *I hear. / I'm listening.* (JCo; ES; TC) | ʔuʔyaʔyáʔnəŋ caʔn. *I'll listen.* (TC) | *yaʔyáʔnəŋ* u cxʷ? *Are you listening?* (AA) | ʔáwənə nəsxʷ*yaʔyáʔnəŋ*. *I can't hear.* (TC) | ʔáwə cn c *yaʔyáʔnəŋ*. *I can't hear you.* (MJT) | *yaʔyáʔnəŋ* ʔaʔ či ʔə́y̕. *I don't hear well.* (RSh) | ʔuʔpíq̕ʷi cn ʔəł *yaʔyáʔnəŋ*ən ʔaʔ tiə ʔaʔyəcłtáyŋxʷ. *I'm tired of listening to these people.* (AS)}
2. to understand (what someone says). 《Note that just as in English 'see' can mean 'understand' as in 'Do you see?', in Klallam 'hear' can mean 'understand'.》 {*yaʔyáʔnəŋ* u cxʷ? *Do you understand?* (MJT) | ʔáwənəʔ nəsxʷʔi*yaʔyáʔnəŋ*. *I don't understand (they're talking another language).* (MJT) | *yaʔyáʔnəŋ* čtə u tiə swéʔwəs ʔaʔ tiə ʔaʔcłtińíxʷəń. *This young man probably understands this Indian language.* (MJ) | ʔáwə cn c *yaʔyáʔnəŋ* ʔaʔ či sqʷáytəns tə nəsiyáʔ ʔaʔ kʷi nəsčtátən kʷaʔ hiyáʔən čáy ʔaʔ či tíy. *I didn't understand my grandfather's language when he asked me to go make tea.* (MJ) | ʔáwənə nəsx̣čít kʷaʔ təwək̕ʷənáyəs čtə kʷaʔ ʔaʔ Jamestown *yaʔyáʔnəŋ* ʔaʔ tiə nəxʷsƛ̕áyəm sqʷáqʷiʔ. *I don't know how many people still at Jamestown understand this Klallam message.* (AC)} VAR: yaʔyáʔnəŋ (MJT; LC; ES; AS,BC) {*yaʔyáʔnəŋ* u cxʷ? *Are you listening?* (TC,AS,BC; AS,BC) | ʔuʔ*yaʔyáʔnəŋ* cn. *I'm listening. / I hear.* (TC,AS,BC; AS,BC) | húy ti su*yaʔyáʔnəŋ*s. *All he does is listen.* (TC) | ʔiʔ ʔiyá cə swéʔwəs *yaʔyáʔnəŋ*. *And the young man was there listening.* (MJ) | *yaʔyáʔnəŋ* cə ʔaycłtáyŋxʷ. *The people are listening.* (AS) | sqə́nəxʷ cn ʔaʔ tiə sqʷáy̕ ʔəł *yaʔyáʔnəŋ*ən. *I'm hungry for this language when I'm listening.* (AS,BC) | q̕ʷčútəŋ cn kʷaʔ *yaʔyáʔnəŋ*ən ʔaʔ tiwnił. *I'd get beat up if this guy was listening to me.* (TC) | ʔuʔ húʔ ʔaʔ kʷi nstwawsƛ̕iX̣áƛ̕qł, ʔi ʔuʔ*yaʔyáʔnəŋ* yaʔ cn ʔaʔ cə ŋə́ń sxʷiʔám̕. *When I was still a child I listened to many stories.* (AC) VAR: ʔyaʔyáʔnəŋ (ES) {*yaʔyáʔnəŋ* cn. *I hear; I'm listening.* (ES) | ʔáwənə nsyaʔyáʔnəŋ. *I can't hear.* (ES)}

yaʔyaʔŋít ⟦√yaʔyə<ʔ>-ŋi-t √listen<actl>-rel-trns⟧ to be hearing, listening to someone or something. {nił su*yaʔyaʔŋít*s či sqʷáqʷiʔs canu snáyaʔnəkʷ kʷaʔ q̕q̕aʔnítəŋ či syáʔtəns ʔaʔ či sqʷčútəns. *Then he was listening to those ghosts that were threatening to get ready to kill him talking.* (ES)} VAR: yaʔyəŋít {ʔuʔ*yaʔyəŋít* cn. *I'm listening to it.* (TC) | *yaʔyəŋít* tiə nsqʷáqʷiʔ, Aurelia. *Listen to what I'm saying, Aurelia.* (AA) | *yaʔyəŋít* cn cə sńiyánt. *I'm listening to the rocks (moving).* (TC) | ʔiʔ kʷłic ʔəł ʔáwən kʷə nəs*yaʔyəŋít* kʷə nəxʷsƛ̕ayəmúcən ʔaʔ kʷi nəstáči ʔaʔ tiə xʷlə́mi. *It's been a long time that I haven't heard the Klallam language since I came here to Lummi.* (EB)} VAR: yaʔyəŋít {*yaʔyəŋít* cn. *I hear someone. / I'm listening to him.* (ES; TC; AS) | *yaʔyəŋít* yaʔ cn. *I was listening.* (AS)}

yaʔyéʔx̣ḿ ⟦√y<aʔy>iʔx̣m √huckleberry<pl>⟧ ☞ yéʔx̣əm several evergreen huckleberries. (MJT) VAR: yəyéx̣əm {ŋə́ń tiʔə *yəyéx̣əmi*. *It's lots of huckleberries.* (MJT)}

yaʔyéʔyəŋ ⟦yaʔ+√yi<ʔ>y-ŋ<ʔ>⟩ dim+√far<actl>-mdl<actl>⟧ ☞ yaʔyíyəŋ to be going on a long journey, going far. (ES) {ʔáwə c *yaʔyéʔyəŋ*. *Don't* *be going far.* (MJ) | níɬ hiyáʔ yaʔ **yaʔyéʔyəŋ́** ti skʷánəŋəts ʔúxʷ ʔaʔ či ncaʔŋəxʷ. *He'd be going far away on his runs to foreign lands.* (ES)} VAR: yaʔyéyŋ {**yaʔyéyŋ́** caʔn. *I'm going far away.* (AS,BC)}

yaʔək̓ʷáŋən ⟦√y⟨aʔy⟩ək̓ʷəŋn √Songhees⟨pl⟩⟧ ☞ yək̓ʷáŋən several Songhees, Lkungen people. (MJT)

yaʔyəŋəcút ⟦√yaʔyə-ŋi-cut √listen-rel-rflxv⟧ ☞ yaʔyaʔńít to be listening, paying attention. {**yaʔyəŋəcút** cn. *I'm listening (to you).* (ES) | huʔ**yaʔyəŋəcút** yaʔ cn. *I was paying close attention.* (MJT) | twəw̓ʔiyá cn tə nəs**yaʔyəŋəcút**. *I was still there listening.* (MJ) | **yaʔyəŋəcút** ʔaʔ cə sxʷák̓ʷi nəsɬíym. *He was listening to my crazy song.* (MJ)} VAR: yaʔiŋəcút {**yaʔiŋəcút** cn. *I'm listening.* (TC) | húy ti nsuʔ**yaʔiŋəcút**. *I'm just listening.* (ES; TC)}

yaʔyəŋíc ⟦√yaʔyə-ŋi-t-c √listen-rel-trns-1obj/2obj⟧ ☞ yaʔyaʔńít listen to me; listen to you. {**yaʔyəŋíc** či. *Listen to me!* (TC,AS,BC) | **yaʔyəŋíc** cn. *I'm listening to you.* (TC) | **yaʔyəŋíc** u cxʷ? *Did you listen to me?* (ES)} VAR: yaʔyəŋ̓íc (TC) {**yaʔyəŋ̓íc** cn. *I hear you.* (TC) | **yaʔyəŋ̓íc** u cxʷ? *Do you hear me?* (TC) | ʔu**yaʔyəŋ̓íc** cn kʷaʔ. *I hear you.* (TC) | sx̣íʔs ixʷ ti s**yaʔyəŋ̓íc**s tə nəsʔaʔcɬtiŋíxʷəŋ̓. *He must have like to listen to me singing in the Indian language.* (MJ)} VAR: yaʔyəŋícəŋ (MJ) VAR: yay̓əŋ̓íc {**yay̓əŋ̓íc** u cxʷ? *Do you hear me?* (ES) | ʔu**yay̓əŋ̓íc** cn. *I hear you.* (ES)} VAR: yay̓ŋ̓íc (ES) VAR: yaʔiŋ̓íc (ES)

yaʔyəŋítəŋ be listened to. *See under:* ʔyaʔnəŋítəŋ

yaʔyəŋ̓ístxʷ ⟦√yi⟨ʔ⟩y-ŋ⟨ʔ⟩í-stxʷ √far⟨actl⟩-rel⟨actl⟩-caus⟧ ☞ yíy̓ to be putting, taking something far away. (TC; AS,BC) {**yaʔyəŋ̓ístxʷ** cxʷ. *You took it far away.* (BC)}

yaʔyəŋ̓ítəŋ ⟦√yaʔyə⟨ʔ⟩-ŋ⟨ʔ⟩í-t-ŋ⟨ʔ⟩ √listen⟨actl⟩-rel⟨actl⟩-trns-psv⟨actl⟩⟧ ☞ yaʔyaʔńít being heard, listened to by someone or something. {**yaʔyəŋ̓ítəŋ** cn. *They hear me.* (TC)}

yaʔyəščənúŋ̓ət ⟦√y⟨aʔy⟩əščn-nuŋt √poor⟨pl⟩-ncmdl⟧ ☞ yəščənúŋ̓ət to be poor, pitiful. (MJT) VAR: yaʔyəščənúŋ̓ət (TC)

yaʔyíx̣t ⟦yaʔ + √yix̣-t dim + √pay_attention-trns⟧ [root not found in other words] to pay attention to, notice someone or something. (MJT) {ʔáwə c **yáʔyíx̣t**. *Don't pay any attention. Don't believe him. / Don't let it worry you. / Never mind (what he said).* (MJT) | ʔúytxʷ nəxʷšaʔšx̣úsəŋ ʔiʔ ʔáwə c **yaʔyíx̣t**. *When he starts bragging, don't pay attention to it.* (MJT)}

yaʔyíyəŋ ⟦yaʔ + √yiy-ŋ dim + √far-mdl⟧ ☞ yíy̓ to go on a long journey, go far. (EPT; ES) {ʔuʔ**yaʔyíyəŋ**. *He went far.* (ES) | **yaʔyíyəŋ** cn. *I'm going on a long trip.* (ES; TC) | hiyáʔ cn **yaʔyíyəŋ**. *I'm going far away.* (TC) | ʔáw caʔn c **yaʔyíyəŋ**. *I won't be going far.* (ES)} VAR: yaʔyéyəŋ (BC) VAR: yaʔyíyŋ {ʔuʔá č c txʷaʔ**yaʔyíyŋ** čəməsnák̓ʷi ʔaʔ či náʔcu?

x̣áy ʔuʔ sq̓ʷiʔáʔən. *He hadn't yet gone far when he met another man who was also deaf.* (TC)}

yaʔyíy̓ ⟦yaʔ + √yiy⟨ʔ⟩ dim + √far⟨dim⟩⟧ ☞ yíy̓ to be far. {ʔuʔiyá cn ʔuʔ ʔiyá ʔaʔ tə sxʷʔiyáɬ čáʔiɬ ʔaʔ tə **yaʔyíy̓** ʔəssáwəɬ ʔaʔ canu. *I was there at the place where we were working far into the bush there.* (ES)}

yaʔyúct ⟦√yu⟨ʔ⟩y-cut √invite_along⟨actl⟩-rflxv⟧ ☞ yúyt to be inviting oneself, hinting to be invited. {**yaʔyúct** cn. *I'm hinting I want to be invited.* (AS)}

yaʔyútəŋ ⟦√yu⟨ʔ⟩y-t-ŋ √invite_along⟨actl⟩-trns-psv⟧ [metathesis with actual and passive] ☞ yúytəŋ being invited, coaxed, convinced to go (somewhere). {**yaʔyútəŋ** cn. *Someone's asking me to go with them.* (ES) | **yaʔyútəŋ** yaʔ cn. *I was asked to go along.* (AS) | **yaʔyútəŋ** cə swéʔwəs. *The boy was being asked to go.* (AS)}

yátəŋ be put there. *See under:* ʔiyátəŋ

yáwəs ⟦√yaws √jig_deep⟧ to jig deep for fish (such as cod, lingcod, halibut) using a hand line. (ES)

yáyaʔc ⟦yá + √yaʔ-t-c actl + √prepare-trns-1obj/2obj⟧ ☞ yáyaʔt fixing me; fixing you. {**yáyaʔc** cn. *I'm fixing you (getting you ready).* (TC) | **yáyaʔc** u cxʷ? *Are you fixing me?* (TC)}

yáyaʔct ⟦yá + √yaʔ-cut actl + √prepare-rflxv⟧ ☞ yáʔt be doing, intending to do, getting ready to do, planning to do, preparing. (ES) {**yáyaʔct** cn. *I'm getting ready.* (TC) | kʷɬ**yáyaʔct** cn. *I'm getting ready.* (MJT) | **yáyaʔct** cn cə nəshiyáʔ. *I intend to go.* (ES) | níɬ s**yáyaʔct**s. *That's what he's doing.* (TC) | ʔáwənə nəs**yáyaʔct**. *I'm not doing anything.* (MJT) | níɬ ʔuʔ s**yáyaʔct**s. *That's what they did.* (AS,BC) | **yáyaʔct** kʷə nswə́y̓qaʔ. *My husband got it ready (before he left).* (AS) | xčít u cxʷ či ns**yáyaʔct**? *Do you know what you're doing?* (ES) | mán kʷ ʔuʔ ʔə́y̓ cə ns**yáyaʔct**! *You're doing very well!* (ES) | ʔáwə c ʔə́y̓ cə ns**yáyaʔct**; húy! *You're not doing it well; quit!* (ES) | níɬ yaʔ ʔúxʷ ʔaʔ ti sxʷʔiyás tiə ʔaʔyəcɬtáyŋxʷ ʔiʔ sátəŋ kʷaʔ hiyáʔs ʔiʔ yə́cəm ʔaʔ či s**yáyaʔct**s. *It was him who would go to the people, and they would send him to go tell what they were planning to do.* (ES)}

yáyaʔt ⟦yá + √yaʔ-t actl + √prepare-trns⟧ ☞ yáʔt to be getting something ready, fixing something, doing something. ⟪USAGE: This would not be used to refer to cooking food, but it could be used for getting a dish ready to cook.⟫ {**yáyaʔt** yaʔ cn *I was preparing it (the cake).* (MJ) | **yáyaʔt** cn cə sʔíɬən. *I was getting the food ready.* (MJ) | **yáyaʔt** cn. *I'm getting him ready. / I'm fixing it.* (ES; TC) | kʷɬ**yáyaʔt** cn. *I'm getting it ready.* (MJT) | níɬ kʷi ns**yáyaʔt**. *That's what I was doing to him.* (AS) | níɬ yaʔ s**yáyaʔt**s ʔaʔ kʷi sčiyúysɬ. *That's what our ancestors did.* (ES) | níɬ kʷi ʔuʔ s**yáyaʔt**s. *He's doing (what he always does).* (AS) | xʷənʔáŋ ʔaʔ či s**yáyaʔt**s ʔaʔ či ʔuʔ x̣ənáɬ. *That's the way he always did it.* (ES) | níɬ s**yáyaʔt**s ʔaʔ kʷi nščátəŋ ʔaʔ tə sqiyáyŋəxʷ. *That's what happened when I*

yayá?təŋ [ya+√ya?-t-ŋ<ˀ>] actl+√prepare-trns-psv<actl>] ☞ yáya?t
was hit by a tree. (ES) | nił č ya? s*yáya?t*s kʷi kʷłčə́yɬ ti x̣ə́wəs sčəyíqʷł ti sčə́nts ?iyá ?a? ti číq̇i. *That's what the old people were doing with their green fruit they buried in the wet ground.* (MJ) | ?u?sə́łəŋ cə xʷanítəm ?u? čtáŋ ?a? či s*yáya?t*s cə ?əcłtáyŋxʷ *The white man kept asking the Indian what he was doing.* (ES)} VAR: yá?it {*yá?it* cn. *I'm getting it ready.* (BC)} VAR: yayá?txʷ ⟦ya+√ya?-txʷ actl+√prepare-caus⟧ {kʷł*yayá?txʷ* cn kʷi. *I'm fixing it.* (MJT)}

1. being made ready to do (something) by someone or something. {*yayá?təŋ* cn. *They're getting me ready.* (ES) | txʷa?*yayá?təŋ* təsə nčə́nəs ?a? cə kʷa?číy̓. *Your teeth will be fixed in the morning.* (MJ)}
2. being treated a certain way, having something done to one by someone or something. (ES) VAR: yáya?təŋ {kʷł?i?*yáya?təŋ* tə shúnuc. *The fire was already being prepared.* (MJ) | nił su?x̣ə́łs či sx̣čŋíns ?a? či s*yáya?təŋ*s ?a? canu kʷłʔa?yəcłtáyŋxʷ. *He felt bad about the way his fellows treated him.* (ES)}

yayá?txʷ getting it ready. *See under:* yáya?t

yáyact preparing. *See under:* syáyəct

yayút invite someone to go. *See under:* yúyt

yayə̌ŋic listen to me/you. *See under:* ya?yəŋic

yayə̌ŋitúŋəł ⟦√yayə-ŋ<ˀ>í-t-uŋł √hear-rel<actl>-trns-1plobj⟧ ☞ ya?ya?ŋít hear us. {*yayə̌ŋitúŋəł* u cxʷ. *Do you hear us?* (ES)}

yé?i? far. *See under:* yíy̓

yé?iq cheap. *See under:* yé?yəq

yé?iqtxʷ ⟦yi?+√yiq-txʷ actl+√cheap-inancaus⟧ ☞ yé?yəq to make something cheap, inexpensive. (AS,BC)

yé?kʷs ⟦√yi?=iws √ready=body⟧ ☞ yé?txʷ to get ready. {su?*yé?kʷs*s cə stitiqéw̓s. *So he got his horses ready.* (ES)}

yé?kʷsəŋ ⟦√yi?=iws-ŋ √ready=body-mdl⟧ ☞ yé?kʷs to get ready, prepare. (ES; AS,BC) {*yé?kʷsəŋ* či! *Get ready!* (ES) | nił č su?*yé?kʷsəŋ*s. *So they got ready.* (AS) | kʷł*yé?kʷsəŋ* kʷłi ɬ́aya?ŋi. *The young women got ready.* (AS) | kʷł*yé?kʷsəŋ* cn či nəsƛ̓a?táwn. *I'm ready to go to town.* (TC) | *yé?kʷsəŋ* ?i? ƛ̓a?táwn ca?n. *I'm ready, and I'll go to town.* (ES; AS,BC) | *yé?kʷsəŋ* č cə nə́?cu? sq̇ʷi?a?ən. *One deaf man got ready.* (TC) | nił kʷa?ča?ł nsu?x̣ə́nəŋs, "*yé?kʷsəŋ* ca? st!" *Therefore I say, "We will get ready!"* (AS) | nił č su?x̣ə́nəŋs tə ɬ́aya?ŋi, "*yé?kʷsəŋ* ca? st!" *Then the young women said, "We will get ready!"* (ES; AS,BC) | ?áwə c ?ánəł ?a? kʷi ssa?átəŋs ?a? cə kʷłčəq kʷa? *yé?kʷsəŋ*s. *They did not obey when they were told by the old man to get ready.* (ES)} VAR: yikʷsəŋ (AS,BC)

yé?nəxʷ ⟦√yi?-naxʷ √ready-nctrns⟧ ☞ yé?txʷ to manage to get something ready, fixed up. {*yé?nəxʷ* cn. *I managed to get it ready.* (BC)}

yé?təŋ ⟦√yi?-txʷ-ŋ √ready-inancaus-psv⟧ ☞ yé?txʷ to be gotten ready by someone. (AS) {*yé?təŋ* cn. *They got me ready.* (AS)}

yé?txʷ ⟦√yi?-txʷ √ready-inancaus⟧ to get something ready. (AS,BC) {hú? *yé?txʷ* ?u?ƛ̓ə́kʷ ?a? či q̇ʷú? ?i? ?úx̣ʷtxʷ. *When the water is ready to take, bring it.* (MJ)} VAR: yé?t {*yé?t* cn cə nŋə́na?. *I got my child ready.* (AS)}

yé?x̣əm ⟦√yi?x̣m √huckleberry⟧ evergreen huckleberry, blue huckleberry, Hood Canal blueberry. *Vaccinium ovatum, Vaccinium ovalifolium*. (AB,MJT; ES) ✱Used as a term of endearment similar to English 'honey' typically by a woman addressing her husband. (EPT; MJT) {nə*yé?x̣əm*. *My huckleberry (endearment).* (MJT) | hiyá? či ?əmxʷúcəŋ tuŋł ?a? či *yé?x̣əm*. *Let's go berry-picking for blueberries.* (MJ)} VAR: yə́yx̣əm (TC) VAR: yə́yx̣əm̓ (TC) VAR: yí?x̣əm (MJT) VAR: yé?x̣əm̓ (MJT)

yé?yəq ⟦yi?+√yiq actl+√cheap⟧
1. to be cheap, inexpensive. (ES; TC; AS,BC) {?u?mán ?u? *yé?yəq*. *It's very cheap.* (AS,BC) | *yé?yəq* cn. *I'm not expensive (like BC who sells her knitting and bead work cheap).* (BC)}
2. to be easy. (ES) VAR: yé?iq (AS,BC)

yé?yəqʷ ⟦yi?+√yiqʷ actl+√calm⟧ ☞ syíq̇ʷi to be calm, fine weather, no wind. (ES; AS,BC) {?u?*yé?yəqʷ* tə sčúŋ; ?áwə c x̣áƛ̓. *The wind is calm; it's not windy.* (AS)}

yénəwəs heart. *See under:* yə́nəwəs

yéyəq̇ʷ ⟦√yiyq̇ʷ √recognize⟧ to be recognized. (AS) {*yéyəq̇ʷ* cn. *I was recognized.* (AS)} VAR: yéyq̇ʷ (AS)

yéyəq̇ʷt ⟦√yiyq̇ʷ-t √recognize-trns⟧ ☞ yéyəq̇ʷ to recognize someone. *cp.* wə́yəq̇ʷt {*yéyəqt* cn. *I recognized him.* (AS)}

yéyəq̇ʷtəŋ ⟦√yiyq̇ʷ-t-ŋ √recognize-trns-psv⟧ ☞ yéyəq̇ʷt to be recognized by someone. {ča?*yéyəq̇ʷtəŋ* cn. *They just recognized me.* (AS)}

yéy̓ far. *See under:* yíy̓

yéyq̇ʷt ⟦√yiy<ˀ>q̇ʷ-t √recognize<actl>-trns⟧ ☞ yéyəq̇ʷt to be recognizing someone. {*yéyq̇ʷt* cn. *I recognize him.* (AS)}

yə past. *See under:* ya?

yə́cəm ⟦√yəcm √tell⟧ to tell, inform, report, recite, tattle. (TC; ES; AS) [This probably is a loan with a frozen form of the 'middle' suffix. It is certainly historically related to the transitive form for 'tell', but the relationship is not clear.] *cp.* yəcúst {*yə́cəm* či. *Tell now!* (TC) | *yə́cəm* cn ?a? tə sxʷi?ám. *I told a story.* (MJT) | sá?si?si? kʷa? nə*syə́cəm*s. *They were afraid we'd tell on them.* (ES) | *yə́cəm* cn. *I'll tell.* (AS,BC; TC) | *yə́cəm* ca?n. *I'm going to tell.* (TC; AS,BC) | *yə́cəm* cn ?a? nə́kʷ. *I'm telling on* you. (TC) | **yácəm** caʔ kʷaʔ čáŋs. *They will tell when they get home.* (AS) | **yácəm** caʔn ʔaʔ či x̣ctín. *I'm going to tell what I know.* (ES) | níɬ suʔ**yácəm**s ʔaʔ či spaʔstánəqs. *Then he told her that was jealously accused.* (MJT) | suʔ**yácəm**s, "ʔəc kʷi ŋánaʔ kʷəsə číf." *She told them, "I am the daughter of the chief."* (AA) | **yácəm** caʔn ʔaʔ či kʷɬhíc s**yácəm**. *I'm going to tell you a story of long ago.* (ES) | **yácəm** caʔn ʔaʔ či sx̣ʷiʔám̓. *I'm going to tell a tale.* (ES; TC) | ʔáwk̓ʷ kʷə kʷi nəs**yácəm** yaʔ. *I have no more to tell.* (TC) | táx̣ kʷi kʷə swéʔwəs **yácəm** ʔaʔ kʷi cə́xʷ cə́ts. *The boy told the news of his father's death.* (AS) | **yácəm** ʔaʔ či syáʔct kʷi yúx̣̓ yaʔ. *She told what happened to the older one.* (AA) | x̣ə́n̓áɬ nəsuʔ**yácəm** ʔaʔ tə sx̣ʷiʔám̓ ʔiʔ níɬ suʔhásəŋs. *Every time I started to tell a story, he'd sneeze.* (MJT) | ʔŋaʔc cn ʔaʔ či nə́ču̓ʔ ʔaʔ cə húʔpt kʷaʔ ʔáwəxʷ c **yácəm**. *I'll give you one of the deer if you don't tell.* (ES) | mán̓ ʔuʔ sáysi̓ʔ ʔiʔ sqiʔám̓ či sqʷáys **yácəm** kʷaʔ ʔəstúŋəts. *He was so scared he couldn't talk to tell what happened.* (ES) | ʔiʔ níɬ suʔ**yácəm**s ʔaʔ či sʔíyas kʷsi kʷɬčə́q ʔiʔ ʔaʔáʔmət ʔaʔ tə saʔsúɬ ʔáwənə sʔácss ʔuʔčaʔscúm. *And then he told about the old woman that had no face, only bone, who was sitting there on the path.* (ES) | níɬ yaʔ ʔúxʷ ʔaʔ ti sx̣ʷʔiyás tiə ʔaʔyəcɬtáyŋx̣ ʔiʔ sátəŋ kʷaʔ hiyáʔs ʔiʔ **yácəm** ʔaʔ či syáyaʔcts. *It was him who would go to the people, and they would send him to go tell what they were planning to do.* (ES) | níɬ suʔ**yácəm**s ʔaʔ či sníŋaʔs. *Then he told them of their give-aways.* (ES)}

yácəm pípə 〚√yəcm √pipə √tell √paper〛 ☞ yácəm ☞ pípə *newspaper.* (AS,BC)

yəcíc *telling.* See under: yaʔcícəm

yáct *begin.* See under: yáʔct

yáctəŋ 〚√yəc-t-ŋ <ʔ> √tell-trns-psv <actl>〛 [no corresponding active form] ☞ yácəm *to be told, hear gossip.* {**yáctəŋ** ʔaʔ či smán̓s ʔuʔ ʔə́y̓. *I heard he was very nice.* (TC)}

yəcúsc 〚√yəc-us-t-c √tell-rcpnt-trns-1obj/2obj〛 ☞ yəcúst *tell me; tell you.* {**yəcúsc** cn. *I'll tell you.* (TC) | **yəcúsc** ʔaʔ či səyácəm. *Tell me the news.* (ES) | **yəcúsc** caʔn. *I'm going to tell you.* (EPT) | ʔáwə caʔn c **yəcúsc**. *I'm not going to tell you.* (MJT) | kʷɬ**yəcúsc** cn. *I already told you.* (LC) | **yəcúsc** cn kʷaʔ hiyáʔəxʷ. *I told you to go.* (TC) | ʔúy̓ qɬ cn x̣čít ʔiʔ **yəcúsc** cn. *If I knew I'd tell you.* (MJT) | **yəcúsc** qɬ cn kʷaʔ x̣čítən. *I'd tell you if I knew.* (MJT) | **yəcúsc** yaʔ cn ʔaʔ či nshiyáʔ caʔ. *I told you that I'm going to go.* (ES) | níɬ yaʔ kʷi kʷɬə ńtán **yəcúsc**. *That was my mother that told me.* (MJT) | níɬ kʷəssə nəstíkʷən **yəcúsc**. *It was my niece who told me.* (MJT) | **yəcúsc** caʔn ʔaʔ tə sx̣ʷiʔám̓. *I'm going to tell you a story.* (LC) | x̣čtís kʷi ʔiʔ ʔáwə kʷaʔ **yəcúsc**s. *She knows, but she won't tell me.* (MJT) | ʔúy̓ qɬ x̣čtís ʔiʔ **yəcúsc**s. *She'd tell me if she knew.* (MJT) | níɬ kʷə ʔuʔ čx̣ə́n̓əs kʷ n**yəcúsc**, nsx̣ʷtúnəq. *That's all I have to tell you, my cousin.* (EJ) | *Here's another story* ʔaʔ či nəs**yəcúsc** hayə. *Here's another story that I'll tell you.* (AA)} VAR: icúsc {**icúsc** cn. *I'll tell you.* (TC) | **icúsc** ʔaʔ či səyácəm. *Tell me the news.* (ES) | **icúsc** ʔaʔ či sx̣ʷiʔám̓. *Tell me a fable.* (ES)}

yəcúst 〚√yəc-us-t √tell-rcpnt-trns〛 cp. yácəm *to tell, report (news or a story) to someone.* (EPT; MJT; ES; TC; MJ; AS,BC) {**yəcúst** cn. *I told them/him/her.* (TC; AS,BC) | **yəcúst**s cəwniɬ. *He told him.* (TC) | **yəcúst** ʔaʔ či sx̣ʷiʔám̓. *Tell a story.* (TC) | yáʔ cn **yəcúst**. *I'm going to tell him.* (LC) | **yəcúst** caʔn cəwniɬ. *I'm going to tell him.* (TC) | **yəcúst** cn ʔaʔ cə sx̣ʷiʔám̓. *I told him a story.* (TC) | **yəcúst** cn cə qaʔqə́yuʔ. *I reported it to the police.* (TC) | **yəcúst** cn kʷi ʔaʔ kʷə nəcə́t. *I told him about my father.* (ES) | **yəcúst** cn cə nətán ʔaʔ či nəshiyáʔ túkʷ. *I told my mother that I'm going home.* (TC) | **yəcúst** cn ʔaʔ či nshiyáʔ. *I told him I went.* (ES) | **yəcúst** cn kʷaʔ hiyáʔəs. *I told him to go.* (TC) | **yəcúst** cn ʔaʔ či nəshiyáʔ túk̓ʷ. *I told him that I'm going home.* (TC) | ʔúy̓ qɬ st kʷi kʷə́nəxʷ ʔiʔ **yəcúst**. *If we see him we'll tell him.* (MJT) | níɬ suʔ**yəcúst**s sʔúqʷaʔs. *Then he told his brother.* (MJT) | ʔuʔnəsyúy kʷi tə nəsuʔ**yəcúst**. *I meant what I told him.* (MJT) | **yəcúst** ʔaʔ či sx̣ʷiʔám̓ ʔaʔ kʷi kʷɬhíc. *Tell a story from long ago.* (MJ) | **yəcúst** ʔaʔ či syáʔyaʔct ti sʔəɬənístxʷs ti čə́nəŋ. *Tell her what to do to feed the Shakers.* (MJ) | **yəcúst**s kʷɬi séʔyaʔs, "hiyáʔ caʔn ʔəmx̣ʷúcən ʔaʔ či líluʔ." *Then she told her grandmother, "I'm going to go pick salmonberries."* (AS) | **yəcúst**s cə stíkʷəns ʔaʔ kʷi kʷə́nnəs yaʔ. *He told his nephew what he saw.* (TC) | **yəcúst** cn cə nəstíkʷən ʔaʔ kʷə nətín yaʔ. *I told my nephew what I was looking at.* (TC) | **yəcúst**s cə stíkʷəns kʷaʔ hiyáʔəs túkʷ. *He told his nephew to go home.* (TC) | níɬ suʔčáŋs ʔiʔ **yəcúst**s kʷɬi stíkʷəns yaʔ ʔaʔ kʷi kʷə́nnəs. *Then he got home and told his late niece what he saw.* (ES) | ʔáwə qɬ kʷi c x̣ə́ɬ kʷaʔ **yəcúst**xʷ ʔaʔ či sx̣ʷiʔám̓ ʔaʔ či ʔuʔnəčáxʷ. *It wouldn't hurt if you told a story one time.* (MJT) | ʔúy̓ caʔ čaʔčáŋ cə q̓ayúx̣̓ən ʔiʔ **yəcúst**s tə ʔəŋʔíŋəcs ʔaʔ či scəyáys ʔiʔ ʔíŋənəs ʔaʔ Markishtum. *When Slug gets home he will tell his grandchildren that he almost stepped on Markishtum.* (MJ)} VAR: icúst (EPT; BC) {suʔxən̓ʔəs ʔúxʷ **icúst** ʔaʔ Ed. *They said to go tell Ed.* (MJ)} VAR: cúst {**cúst** či *Tell her. / Tell him.* (AS)} VAR: ʔaʔcúst {**ʔaʔcúst** či. *Tell her. / Tell him.* (BC)}

yəcústəŋ 〚√yəc-us-t-ŋ √tell-rcpnt-trns-psv〛 ☞ yəcúst *to be told about.* (ES) {**yəcústəŋ** cn. *Someone told me.* (AS,BC; ES; TC) | **yəcústəŋ** cn kʷaʔ hiyáʔən. *He told me to go.* (TC) | **yəcústəŋ** cn ʔaʔ kʷi čiʔáqɬ. *He told me about it yesterday.* (MJT) | čiʔáqɬ kʷi kʷi nəs**yəcústəŋ**. *It was yesterday he told me.* (MJT) | **yəcústəŋ** caʔn ʔaʔ či x̣ctís. *He's going to tell me what he knows.* (ES) | ʔuʔqʷáy̓ cn ʔaʔ kʷə nəs**yəcústəŋ**. *I believe what he told me.* (TC) | nəsháhəkʷ kʷi nəs**yəcústəŋ** yaʔ. *I remember what he told me.* (TC) | ʔuʔ**yəcústəŋ** cn ʔaʔ kʷsə ʔəcɬtáyŋxʷ. *That person told me.* (TC) | nəsháhəkʷ kʷi nəs**yəcústəŋ** yaʔ kʷaʔ ʔənʔán túkʷ. *I remember that he told me to come home.* (TC) | nəsqʷáy̓ kʷə nəs**yəcústəŋ** yaʔ. *I believe what he*

yə́cyəcəm *told me. / I believe that he told me.* (TC)} VAR: həcústəŋ (AS,BC) VAR: icústəŋ (ES) {kʷɬcəŋcáŋ ʔəɬ **icústəŋ**əxʷ. *She's told you twice now.* (MJT)}

yə́cyəcəm 〚√yə́c+√yəcm char+√tell〛☞ yə́cəm tattletale, informer. (TC; AS) {**yə́cyəcəm** cə q̓áʔŋi. *That girl is a tattletale.* (AS)}

yə́c̓ 〚√yəc̓ √fill〛 to be full. (MJT; ES; TC) {**yə́c̓** u? *Is it full?* (ES) | ćíŋi či s**yə́c̓**. *It's nearly full.* (AB,IC,NST) | čyáy **yə́c̓**. *It's almost full.* (AB,IC,NST) | kʷɬiʔ**yə́c̓** kʷi. *It's already full.* (MJT) | nɬ́ suʔ**yə́c̓**s. *Then it was full.* (MJ) | **yə́c̓** kʷi kʷə nsnə́xʷɬ; ʔuʔɬə́ŋ ʔuʔ ćɬə́p ʔaʔ kʷi nsq̓ə́čaʔ. *My canoe was full; it completely sank with my catch.* (AS)}

yə́c̓áw̓txʷ 〚√yə́c̓=aw̓txʷ √fill=house〛☞ yə́c̓ a houseful, a full house. (MJT) {kʷɬiʔ**yə́c̓áw̓txʷ**. *That's a houseful now.* (MJT)}

yə́c̓əŋ 〚√yəc̓-ŋ<ʔ> √fill-mdl<actl>〛☞ yə́c̓ to be filling (a container). (MJT)

yəc̓ə́t 〚√yəc̓-t √fill-trns〛☞ yə́c̓ to fill something. (MJT; ES; AS) {**yəc̓ə́t** či tə məhúy̓. *Fill up your basket.* (MJT) | **yəc̓ə́t** či sxʷqʷəyaʔčáy ʔaʔ či qʷúʔ! *Fill your jugs with water!* (ES) | ʔəstúŋət ʔay̓ ʔənsxʷʔáwə c **yəc̓ə́t**? *Why didn't you fill it?* (ES) | suʔxʷ**yəc̓ə́t**s cə ƛ̓úyəqs ʔaʔ tə síɬ ʔiʔ čáʔi. *So they filled the box with cloth and went to work.* (MJ) | suʔníɬs **yəc̓ə́t**s ʔaʔ cə sqʷiyúŋiʔ qʷə́ys. *So then he filled it with the boiled fish heads.* (MJ)} VAR: yic̓ə́t (ES)

yəc̓ə́təŋ 〚√yəc̓-t-ŋ √fill-trns-psv〛☞ yəc̓ə́t to be filled by someone or something. (ES) {**yəc̓ə́təŋ** tə sqʷúʔtən. *The bucket was filled.* (AS)} VAR: ic̓ə́təŋ (ES)

yəc̓ə́yuʔ 〚√yəc̓-əyu √fill-activ〛☞ yə́c̓ to fill (something) up. (TC) {**yəc̓ə́yuʔ** cn. *I'll fill it up.* (TC)}

yəc̓náxʷ 〚√yəc̓-naxʷ √fill-nctrns〛☞ yə́c̓ to manage to fill something. {**yəc̓náxʷ** cn cə sqʷúʔtən. *I managed to fill the bucket.* (AS) | má̓ŋ cn uʔ **yəc̓náxʷ** tiʔə nəməhúy̓. *I've really got my basket full.* (MJT)} VAR: ic̓náxʷ {ʔiʔ **ic̓náxʷ** cn cə nspc̓úʔ. *And I managed to fill my basket.* (MJ) | **ic̓náxʷ** cn cə ʔúpən ʔiʔ ti čə́saʔ sxʷliyəmáy̓. *I managed to fill twelve jars.* (MJ)}

yə́c̓t 〚√y<ə́>c̓-t √fill<actl>-trns〛 [actual metathesis] ☞ yəc̓ə́t to be filling something. {**yə́c̓t** cn. *I'm filling it.* (ES) | **yə́c̓t** tə sƛ̓áləp. *Fill the pot.* (AS) | kʷɬiʔ**yə́c̓t** cn kʷi. *I'm filling it up.* (MJT) | ʔiʔ**yə́ʔc̓t**s cə miyəhúys. *She was filling her baskets.* (MJ)}

yə́c̓təŋ 〚√y<ə́>c̓-t-ŋ √fill<actl>-trns-psv〛☞ yə́c̓t being filled. (MJ)

yəc̓úcən 〚√yəc̓=ucin √fill=mouth〛☞ yə́c̓ to have a full mouth. {**yəc̓úcən** caʔ cxʷ. *You're going to have a mouthful.* (MJT)}

yə́čt 〚√yəčt √arrow〛 arrow. (EPT; MJT; NS,JW; ES; AS,BC) {ƛ̓kʷə́ts cə **yə́čt**s ʔiʔ hiyáʔ. *He took his arrows and went.* (MJ) | čyə́čt u? *Does he have an arrow?* (NS,JW) | ʔáa, nɬ́ kʷi skʷáʔs **yə́čt**s. *Yes, it's his arrow.* (NS,JW) | nɬ́ kʷi sxʷʔə́muʔtən ʔiʔ či **yə́čt**. *It's a bow and an arrow.* (NS,JW) | suʔhiyáʔs tə swə́y̓qaʔs ʔiʔ ƛ̓iyáŋ **yə́čt**s. *So her husband went and looked for his arrows.* (MJ)}

yəhúməct 〚√yəhum-cut √respect-rflxv〛☞ yəhúmət to take care of oneself, respect oneself, keep on going with courage. ⟪USAGE: often used as 'goodbye'⟫ (LB,CWH; ES; AS,BC) {**yəhúməct** cn. *I take care of myself.* (AS) | **yəhúməct** či! *Take care of yourself!* ⟪USAGE: said when taking leave of a friend or relative⟫ (ES; MJT) | xənʔátəŋ kʷaʔ **yəhúməct**s ʔiʔ ʔuʔstə́ŋ ʔəɬ k̓ʷə́nəxʷs kʷə ʔáwəc xə́ɬts. *They were told to be careful and don't hurt anything you see.* (MJ)} VAR: yuhúməct (MJT; AA) {**yuhúməct** či. *Be good to yourself.* (MJT)}

yəhúmət 〚√yəhum-t √respect-trns〛 to show respect to someone, care for someone or something. {**yəhúmət** cn cə nséʔyaʔ. *I respect my grandmother.* (AS) | **yəhúmət** či nʔəsʔiʔʔáyəxʷ. *Respect your elders.* (BG,MJT)} VAR: yuhúmət (BC) {**yuhúmət** kʷi. *Be good to it.* (MJT) | **yuhúmət** kʷiə nséʔyaʔ. *Respect your grandparents.* (TC,AS,BC)}

yəhúmətəŋ 〚√yəhum-t-ŋ √respect-trns-psv〛☞ yəhúmət to be shown respect by someone, cared for by someone. {**yəhúmətəŋ** cn. *They respected me.* (AS,BC) | ʔáwətəŋ cn **yəhúmətəŋ** ʔaʔ tiə sƛ̓ayə́ʔq̓ɬ ʔaʔ tiə skʷáči. *I'm not respected by these kids these days.* (AS)}

yə́kʷɬtaʔx̣ 〚√yə́kʷɬtaʔx̣ √Haida〛 Haida tribe. (TC) *cp.* haytá

yə́kʷx̣ 〚√yəkʷx̣ √rib〛 *cp.* sx̣ə́kʷaʔ rib. (EPT; TC; AS,BC) {máʔkʷɬ kʷsə n**yə́kʷx̣**. *I got hurt in the ribs.* (EPT) | cciʔáptəŋ č caʔ tiʔə nə**yə́kʷx̣**. *He is going to tickle my ribs.* (MJT)}

yəkʷəŋéʔnəŋ 〚√yəkʷŋiʔn-ŋ √Songhees-mdl〛☞ yəkʷə́ŋən the languages of the Songhees, Esquimalt, Saanich, and Cowichan. ⟪Klallam speakers perceive these languages as all about the same.⟫ (MJT; TC) {nuʔnəxʷsƛ̓ayə́múcən cə **yəkʷəŋéʔnəŋ**. *He's talking Cowichan like a Klallam.* (TC)}

yəkʷə́ŋən 〚√ykʷəŋn √Songhees〛
1. the Songhees reserve. (MJT; TC) {ʔiyá st kʷəʔčaʔ ʔaʔ tsə **yəkʷə́ŋən**. *We were there at Songhees.* (TC) | ʔi ʔuʔhúy ʔiʔ nɬ́ nəsuʔƛ̓áy čáni ʔúxʷ ʔaʔ **yəkʷə́ŋən** sxʷimáɬ. *But that ended and again we moved to Songhees Esquimalt.* (TC) | nɬ́ yəxʷ suʔúx̣ʷnəsəŋs ʔaʔ cə čšaʔ**yəkʷə́ŋən**. *It must have been someone from Songhees that came after it.* (MJ)}
2. a person or people from Songhees, Lkungen. {nɬ́ nəsuʔúx̣ʷ ʔaʔ kʷsə skʷuláw̓txʷs cawnáʔiɬ **yəkʷə́ŋən**. *I went to the school house of those Songhees.* (TC) | sáysiʔ tə **yəkʷə́ŋən**. *The Songhees was scared.* (MJ) | čuw̓ɬ skʷíciʔ **yəkʷə́ŋən**. *dip-net* (MJT) | suʔhiyáʔs tə **yəkʷə́ŋən** ʔiʔ sčəts tə ƛ̓úyəqs sxʷʔəsnáw̓əɬs cə táləʔ. *So the Songhees went, and he pulled the box that had the money in it.* (MJ)}

yəmáyaməš strong type. *See under:* ʔiyəmáyəmš

yénəwəs　⟦√yənws √heart⟧
1. heart. (EPT; LC; ES; AS,BC) {nə**yénəwəs**. *my heart* ⟪Usage: term of endearment; also used as polite address to someone younger⟫ (MJT)} *cp.* sxʷhiyí {sáqʷən nə**yénəwəs**. *my sweet heart* ⟪loan translation from English considered amusing because in Klallam it suggests cannibalism (literally 'my heart is sweet tasting')⟫ (AS,BC) | ʔəstásɬ cxʷ ʔaʔ tə nə**yénəwəs**. *You are close to my heart.* (TC,AS,BC; AS,BC) | ʔuʔxʷə́ŋ kʷə nə**yénəwəs** ʔəɬ čáʔiʔs. *My heart is working fast.* (TC,AS,BC) | qáqɬ cə n**yénəwəs**. *My heart aches.* (AS,BC) | níɬ či **yénəwəs**s taʔqənís. *It was his heart that was bothering him.* (MJT) | čəyáy ʔiʔ ʔə́nəxʷs yaʔ nə**yénəwəs**. *My heart almost stopped.* (TC) | ʔuʔnaʔnə́yəŋəs cn ʔi ʔuʔńqéʔx̣ tə n**yénəwəs**. *I'm smiling, but my heart is black.* (AS) | húʔ q yaʔ ʔáwə c x̣ə́nəŋ ʔaʔ tə syác c n**yénəwəs** ʔiʔ twəẃʔiyə́m̓ q yaʔ cn swə́ýqaʔ ʔaʔ tiə ʔáynəkʷ. *If that had not happened to my heart, I'd still be a strong man today.* (TC)}
2. navel, belly-button. (LBH) VAR: yénus (AS,BC) VAR: yénəwəs (EPT)

yə́q　⟦√yəq √sold⟧ to be sold, be a completed deal. (HS,ES) {**yə́q** kʷaʔ. *It's sold (the deal is over).* (ES) | **yə́q** cn. *I'm sold (only a slave could say this).* (HS,ES) | **yə́q** kʷsə nəʔáʔiŋ. *My house is sold.* (ES) | **yə́q** caʔ cə nəʔáʔiŋ. *My house is going to be sold.* (ES)}

yəq wish. *See under:* iq

yəqínəŋ get sick. *See under:* yaʔqínəŋ

yəqít launch it. *See under:* yaʔqít

yə́q̓　⟦√yq̓ √even⟧ to be even with, up to, aligned with. (ES; TC; AS,BC) {**yə́q̓** cn. *I'm even.* (TC) | níɬ suʔ**yə́q̓**s ʔaʔ tə smaʔk̓ʷaʔáy. *Then he got up to (even with) the cemetery.* (ES) | ʔiʔ níɬ č suʔ**yə́q̓**s ʔaʔ cə table cə qʷúʔ. *And the water was even with the table.* (MJ) | níɬ suʔ**yə́q̓**s ʔaʔ či sxʷʔiyás cə scə́qʷəwc. *Then he got even to where the fire was.* (ES) | kʷɬʔiʔɬáɬcct ʔiʔ níɬ suʔ**yə́q̓**s ʔaʔ cə sxcaʔyáw̓txʷ ʔiʔ k̓ʷəns tsə kʷɬčəq ʔaʔá̓ʔmət. *It was getting dark, and she got up to the barn and saw the old lady sitting.* (ES) | níɬ suʔ**yə́q̓**s ʔiʔ ʔuʔšə́tən ʔiʔ kʷɬʔnʔá sə́tən cə sn̓iyánt. *He was walking even with it and rocks came falling.* (ES) | níɬ suʔ**yə́q̓**s ʔaʔ tə sxʷʔiyás tə skʷáʔkʷiʔs canu nəxʷsx̌áyəm̓. *Then they were even with where the hidden Klallams were.* (ES)}

yəq̓áɬ　⟦√yq̓=aʔɬ √even=mass⟧ ☞ **yə́q̓**
1. to bother, interfere, be in the way, obstruct. (ES) {**yəq̓áɬ** cxʷ *You're in the way.* (MJT; ES; TC) | **yəq̓áɬ** caw̓niɬ scúʔtx. *That halibut was in the way.* (TC) | tə́xʷ cn ʔuʔ **yəq̓áɬ**. *I'm right in the way.* (TC) | q̓ʷáʔyəx či! **yəq̓áɬ** cxʷ. *Look out! You're in the way.* (TC) | qʷx̣ʷíct či! **yəq̓áɬ** cxʷ. *Get out of the way! You're in the way.* (ES) | **yəq̓áɬ** cn. *I'm in the way.* (TC) | ʔáwə či c **yəq̓áɬ**. *Don't get in the way.* (MJT) | **yəq̓áɬ** ʔaʔ cə sxʷʔiyá ʔaʔ tím. *They blocked Tim's way.* (ES)}
2. to get evened up, aligned with. {ʔiʔ txʷʔə́y̓ **yəq̓áɬ**. *They got well even (with them).* (ES) | cúts, "ʔə́nsxʷuʔtúx̣ʷ ʔuʔ **yəq̓áɬ** kʷaʔ ʔənʔás ʔiʔ čiʔáʔəw̓." *He told them, "It's so you can get exactly aligned with them when they come by."* (ES)}

yəq̓áɬt　⟦√yq̓=aʔɬ-t √even=mass-trns⟧ ☞ **yəq̓áɬ** to put something in the way to obstruct. (TC) {**yəq̓áɬt** cn. *I put it in the way.* (TC)}

yəq̓áɬtəŋ　⟦√yq̓=aʔɬ-t-ŋ √even=mass-trns-psv⟧ ☞ **yəq̓áɬt** to be deliberately put in the way by someone to obstruct. {**yəq̓áɬtəŋ** cn. *They put me in the way.* (TC) | **yəq̓áɬtəŋ** kʷi cə čikcik. *They deliberately put the wagon in the way.* (AS)}

yəq̓ác　⟦√yq̓-t-c √even-trns-1obj/2obj⟧ ☞ **yəq̓ót** measure me; measure you. (ES) {**yəq̓ác** caʔn. *I'm going to measure you.* (AS) | **yəq̓ác** u cxʷ? *Did you measure me?* (AS)}

yəq̓ən　⟦√yq̓=ən √even=instr⟧ ☞ **yə́q̓**
1. measurer, anything used to measure with, tape measure, yardstick, ruler. (MJT; TC)
2. a type of knife used to measure and cut. (MJT; TC) {čúw̓ɬ x̌ə́x̌ **yəq̓ən**. *knife to cut bear grass* (MJT)}

yəq̓ə́ŋ　⟦√yq̓-ŋ √even-mdl⟧ ☞ **yə́q̓** to measure. (AS) {**yəq̓ə́ŋ** cn ʔaʔ cə súɬ. *I measured the door.* (AS)}

yéq̓əŋ　⟦√y<ə́>q̓-ŋ √even<actl>-mdl⟧ ☞ **yəq̓ə́ŋ** to be measuring. (ES; TC)

yəq̓ə́t　⟦√yq̓-t √even-trns⟧ ☞ **yə́q̓** to measure something. (MJT; ES; TC) {**yəq̓ə́t** cn. *I measured it.* (ES; TC) | **yəq̓ə́t** u cxʷ? *Did you measure it?* (ES) | **yəq̓ə́t** kʷi. *You better measure it.* (ES) | **yəq̓ə́t** či. *Go ahead and measure it.* (MJT; ES) | **yəq̓ə́t** caʔn. *I'm going to measure it.* (TC)}

yəq̓ə́tən　⟦√yq̓-t-ŋ √even-trns-psv⟧ ☞ **yəq̓ə́t** to be measured. {**yəq̓ə́tən** cn. *They're measuring me.* (ES; TC) | **yəq̓ə́tən** st. *They measured us.* (AS)}

yəq̓ɬcút　⟦√yq̓=aʔɬ-cut √even=mass-rflxv⟧ ☞ **yəq̓áɬ** to get in (someone's) way. (TC) {**yəq̓ɬcút** cn. *I got in the way.* (TC)}

yəq̓ɬtíŋ　⟦√yq̓=aʔɬ-t-i-ŋ √even=mass-trns-persist-psv⟧ ☞ **yəq̓áɬtəŋ** to be put in the way. {**yəq̓ɬtíŋ** cn. *They put me in the way.* (TC) | **yəq̓ɬtíŋ** tiə ləpláš ʔaʔ tə súɬ. *The board is in the way of the door.* (AS)}

yə́q̓t　⟦√y<ə́>q̓-t √even<actl>-trns⟧ [actual metathesis] ☞ **yəq̓ə́t** to be measuring something. (TC; AS) {**yə́q̓t** cn. *I'm measuring it.* (ES) | kʷɬ**yə́q̓t** cn. *I'm measuring it.* (MJT) | **yə́q̓t** cn cə ʔáʔyəŋ. *I'm measuring the house.* (ES) | **yə́q̓t** cn cə ləpláš. *I'm measuring the board.* (AS)}

yə́q̓ʷ　⟦√yq̓ʷ √pry_apart⟧ to be pried apart. (AS,BC) {**yə́q̓ʷ** cə scúɬ. *The wood was pried apart.* (AS)}

yəq̓ʷáʔič　⟦√yq̓ʷ=ayč √pry_apart=hip⟧ ☞ **yə́q̓ʷ** to fall (of a tree), roots give up, windfall. (AS) {**yəq̓ʷáʔič** kʷi kʷə sn̓iyáwəɬč. *The firs were uprooted.* (AS)}

yəq̓ʷáməš Suquamish. *See under:* səq̓ʷámš

yəq̓ʷə́t ⟦√yq̓ʷ-t √pry_apart-trns⟧ ☞ yə́q̓ʷ to pry something apart or off. (AS) {*yəq̓ʷə́t* cn. *I pried it off.* (AS,BC)}

yəq̓ʷə́təŋ ⟦√yq̓ʷ-t-ŋ √pry_apart-trns-psv⟧ ☞ yəq̓ʷə́t to be pried apart or peeled off by someone or something. (AS,BC) {*yəq̓ʷə́təŋ* kʷi kʷə x̣áʔčɬč. *The cedar was peeled off.* (AS)}

yə́ščən ⟦√yəscn √poor⟧ to be poor, pitiful, have no relatives, be an orphan; you poor thing. (MJT; AS,BC; TC) ⟪Usage: used as an expression of pity toward an unfortunate person, or jokingly to someone feeling slightly sorry for himself or herself⟫ {*yə́ščən* cn. *I'm pitiful.* (TC) | níɬ č suʔhiyáʔs kʷə cə *yə́ščən* sŋə́q̓ʷuʔ. *So poor Crane went.* (AA) | hiyáʔ kʷə cə sŋə́q̓ʷuʔ *yə́ščən* ƛ̓iyáŋ ʔaʔ či sʔələnístxʷs caʔniɬ x̣áɬ sɬániʔs. *Poor Crane went to look for something to feed his sick wife.* (AA)}

yəščəntənáʔmət ⟦√yəscn-tənaʔŋət √poor-contingent⟧ ☞ yə́ščən to pity, feel sorry for oneself. (AS,HS) {ʔu*ʔyə́ščəntənáʔmət* cn. *I felt sorry for myself (for losing sixty dollars).* (AS) | *yəščəntənáʔmət* u cxʷ? *Do you feel sorry for yourself?* (AS,BC)} VAR: yaʔštənáʔmət

yəščənúŋət ⟦√yəscn-nuŋt √poor-ncmdl⟧ ☞ yə́ščən to be poor, pitiful, sad, destitute, poorly, humble, having no relatives, homeless person, a poor soul, in misery. (LC; ES; TC) {*yəščənúŋət* cn. *I'm poor.* (MJT; ES) | mán cn ʔuʔ *yəščənúŋət* ʔuʔqáqɬ. *I'm very poor and aching.* (BH) | nəkʷɬ*yəščənúŋət*. *We have a common misery.* (MJT) | ʔənʔá *yəščənúŋət*. *Come, poor thing.* (MJT) | kʷənáŋətəŋ caʔ st *yəščənúŋət*. *He will help us poor souls.* (TC) | suʔxaʔx̣ə́nəŋs, "ó, skʷáči, *yəščənúŋət* cn". *So he said, "Oh, Heaven, I'm pitiful."* (MJT) | kʷənáŋətəŋ caʔ st ʔaʔ či *yəščənúŋət*. *A poor person is going to help us.* (TC) | ʔi uʔnə́kʷə *yəščənúŋət* ʔəcɬtáyŋxʷ. *And you are a poor person yourself.* (BH) | níɬ yaʔ sctə́nxʷəns ti *yəščənúŋət* ʔəcɬtáyŋxʷ. *It (Ediz Hook) was the land of the poor Indians.* (ES) | ʔuʔmán cn twaw̓*yəščənúŋət* kʷɬʔuʔqaʔqiʔám̓ ʔaʔ ti ʔuʔx̣ə́nə skʷáči. *I'm still very poor and weak every day.* (EJ) | sqaʔx̣qíŋ̓ ʔaʔ ti nəsuʔ*yəščənúŋət* sqiʔám̓ či nəsqaʔxqíŋ̓. *They made fun because I was poor and unable to play.* (TC)} VAR: yəščənúŋt (AS,BC) {*yəščənúŋt* cn. *I'm poor.* (BC)} VAR: iščənúŋət (BH) {mán̓ cn ʔuʔ *iščənúŋət*. *I'm awfully poor.* (MJT)} VAR: yiščənúŋət (ES)

yəxʷ ⟦yxʷ guess⟧ [conjectural speech act enclitic] | guess, presume, must be. {hiyáʔ *yəxʷ* cn. *I think I'll go.* (AS,BC) | hiyáʔ *yəxʷ* caʔ. *I guess he's going to go.* (TC) | ʔuʔhiyáʔ *yəxʷ* cn. *I guess I'll go.* (TC) | ʔuʔhiyáʔ *yəxʷ* yaʔ cn. *I guess I went.* (TC) | níɬ *yəxʷ* yaʔ kʷi. *He must be the one.* (MJT) | qəwə́čən *yəxʷ* yaʔ kʷiw̓níɬ. *He must have been Cowichan.* (TC) | ʔiʔšə́təŋ *yəxʷ* yaʔ. *He must have been walking.* (TC) | ʔiʔšə́təŋ *yəxʷ* caʔ. *I guess he's going to walk.* (TC) | ʔə́c *yəxʷ* ʔuʔ štə́ŋ. *I guess I'll have to walk.* (TC) | ʔə́c *yəxʷ* ʔuʔ hiyáʔ. *I guess I'll have to go.* (TC) | ʔə́c *yəxʷ* caʔ ʔuʔ štə́ŋ. *I guess I'll walk.* (TC) | ʔáx̣əŋ *yəxʷ* kʷiw̓níɬ skʷtúʔ. *I guess that Raven said.* (TC) | x̣éʔsi *yəxʷ* u cxʷ. *You must be fierce.* (TC) | níɬ *yəxʷ* kʷaʔ ʔíɬəns. *I think/presume he's eating.* (AS) | q̓áp *yəxʷ* cn ʔaʔ tiə nəcousin. *I must have caught it from my cousin here.* (TC) | ƛ̓qáɬ *yəxʷ* kʷsə číkən. *The chicken must be cackling.* (EPT) | stə́ŋ *yəxʷ* yaʔ cə čə́q sqiyáyŋxʷ. *A big tree must have fallen.* (ES) | níɬ *yəxʷ* ʔuʔ šəyís yaʔ kʷi sɬániʔ yaʔ. *It must have been the soul of that woman.* (TC; ES) | níɬ *yəxʷ* suʔúx̣ʷnəsəŋs ʔaʔ cə čšaʔyəkʷə́ŋən. *It must be that someone from Songhees came after it.* (MJ) | níɬ *yəxʷ* suʔənʔánsəŋs ʔaʔ cə slapúʔ ʔiʔ həwəŋístəŋ. *Then she must have been come for by Slapu and brought back.* (MJ) | níɬ *yəxʷ* suʔúx̣ʷtxʷs tə pípə ʔaʔ cə sxʷʔəmətáwtxʷ. *I guess she took the paper to the outhouse.* (MJ) | níɬ *yəxʷ* yaʔ ʔuʔ cəʔéʔt ʔuʔ xaʔyéʔsi čʔáɬaʔ ʔaʔ tiə, əw? *I guess this was a truly fierce bunch from here, eh?* (TC) | suʔqʷáys cə sʔúq̓ʷaʔs ʔáwənə sxčíts ʔuʔtx̣ʷén *yəxʷ* kʷaʔ kʷaʔ uʔštə́ŋ. *The older sister said she didn't know where he walked to.* (AA)} VAR: ixʷ (TC; ES) {hiyáʔ *ixʷ*. *He must have gone.* (AS,BC) | hiyáʔ *ixʷ* cn. *I guess I'm going.* (TC) | nə́kʷ *ixʷ*. *I guess it's you.* (TC) | ƛ̓kʷə́t *ixʷ* cxʷ. *You must have taken it.* (MJ) | nə́kʷ *ixʷ* caʔ čáy. *I guess it's you that's going to work.* (TC) | níɬ *ixʷ* nətán. *It must be my mother.* (MJT) | néʔ *ixʷ* či ʔənʔáʔə. *Somebody must be coming.* (MJT) | qiqə́kʷ *ixʷ* caʔn. *I'll probably get tired.* (MJT) | ƛ̓kʷə́t *ixʷ* cxʷ kʷsi néʔ tálə. *You must have taken some money.* (MJ) | níɬ *ixʷ* suʔƛ̓kʷə́ts ʔaʔ kʷsə nəsíyaʔ tsə ƛ̓úyəqs. *Then I guess my grandmother took a box.* (MJ) | níɬ suʔxə́nəŋs, "ʔuʔníɬ *ixʷ* caʔ cə sx̣ə́pšəns ŋútn." *So he said, "I guess it will be the tail that I'll eat."* (TC) | nə́kʷ *ixʷ* yaʔ hiyáʔ čáy. *I guess it's you who were the one who went to work.* (TC) | ʔuʔmán *ixʷ* ʔuʔ sáysiʔ. *They must have been very scared.* (TC) | ʔuʔ x̣ə́nə *ixʷ* kʷə ʔuʔ hiyáʔ. *They must have all gone.* (TC) | kʷɬtawáx̣čtís *ixʷ* čtə kʷi nəxʷsx̣áy̓əmúcən. *She must still know the Klallam language.* (AC) | kʷɬx̣áwəŋáy̓əŋ *ixʷ* č cə Gypsy. *Gypsy (the dog) must be ready to start howling.* (MJT) | sqán̓ *ixʷ* kʷə kʷi nəpie yaʔ ʔiʔ kʷi nəsáʔkʷq. *Somebody must have stolen my pie and my carrots.* (MJT) | néʔ *ixʷ* yaʔ šə́təŋ ʔiʔ ɬq̓ʷéʔqʷtəŋ kʷə nəŋə́nŋənaʔ. *There must have been someone walking and scalped my children.* (MJ) | ó·, ʔə́y̓ *ixʷ* yaʔ u kʷi swéʔwəs ʔaʔ čkʷáʔ ʔaʔ cə sʔács. *Oh, he must have been a nice young man who had that face.* (AA) | níɬ nəsuʔčx̣əŋín ʔaʔ či sníɬs *ixʷ* cə xʷiyanítəm. *I thought it must be the white people.* (ES) | ʔiʔ hiyáʔ *ixʷ* ʔúx̣ʷ ʔaʔ tə súɬ ƛ̓iyáʔəŋ ʔaʔ činu pípə. *And she must have gone to the road looking for some mail.* (ES) | táx̣əŋən *ixʷ* či sʔiʔənʔáʔə či ɬə́qitat q̓ʷčútəŋ či nəxʷsx̣áy̓əm. *They must have heard that the Klickitat were coming to kill the Klallams.* (MJ)} VAR: hixʷ {čási *hixʷ*. *It (the fire) went out.* (MJT)}

yəx̣ítəŋ be scraped. *See under:* ʔəx̣ítəŋ

yə́x̣ʷ ⟦√yx̣ʷ √free⟧ to be set free, unbound, untied. (ES) {*yə́x̣ʷ* cn. *I got free.* (ES)}

yəx̣ʷáʔəs ⟦√yx̣ʷ-a<ʔə>s √free-ptcaus<actl>⟧ ☞ yə́x̣ʷ to be untangling, untying, unbraiding something. (TC) {*ʔáwə c yəx̣ʷáʔəs. Don't undo it.* (MJT)}

yəx̣ʷáŋ ⟦√yx̣ʷ-as-ŋ √free-ptcaus-psv⟧ ☞ yəx̣ʷás to be freed, released, undone, untied. (AS,BC) {*yəx̣ʷáŋ* cn. *He untied me.* (TC)} VAR: yə́x̣ʷəŋ (BC)

yəx̣ʷás ⟦√yx̣ʷ-as √free-ptcaus⟧ ☞ yə́x̣ʷ to free, release, undo, untie, unbraid, untangle, unfasten something, rip thread from something sewn. (MJT; ES; TC) {*yəx̣ʷás* cn. *I untied it. / I freed him.* (ES; TC; AS,BC) | *yəx̣ʷás cə x̣ʷéʔləm. Untie the rope.* (TC) | *yəx̣ʷás cn cə x̣ʷéʔləm. I untied the rope.* (TC) | *nił suʔyəx̣ʷáss cə x̣ʷéʔləms suʔstéʔłəńs ʔiyá ʔaʔ cə scaʔkʷáʔyułs. So they untied the rope that had tied up the canoe.* (ES)} VAR: ix̣ʷás (AS,BC; ES) {*ix̣ʷás* cn. *I untied it.* (AS,BC) | *kʷłix̣ʷás* cn. *I'm untying it.* (MJT)}

yəx̣ʷáy̌čəŋ ⟦√yx̣ʷ=ay̌č-ŋ √free=hair-mdl⟧ ☞ yə́x̣ʷ to unbraid the hair. {*yəx̣ʷáy̌čəŋ* či. *Unbraid your hair.* (MJT) | *kʷłiʔyəx̣ʷáy̌čəŋ. She already unbraided her hair.* (MJT) | *ʔáwə c yəx̣ʷáy̌čəŋ. Don't unbraid your hair.* (MJT)}

yə́x̣ʷənaʔ ⟦√yəx̣ʷnaʔ √goose⟧ goose. (BG,MJT) cp. ƛ́ák̇ʷx̣ən

yə́x̣ʷəŋ be freed. See under: yəx̣ʷáŋ

yəx̣ʷəŋíŋə ⟦√yx̣ʷ-as-ŋi-ŋə √free-ptcaus-rel-2obj⟧ [The /s/ of the causative deletes.] ☞ yəx̣ʷás free you. {*yəx̣ʷəŋíŋə* cn. *I freed you.* (AS,BC)}

yəx̣ʷəŋíŋəs ⟦√yx̣ʷ-as-ŋi-ŋəs √free-ptcaus-rel-1obj/2obj⟧ [The /s/ of the causative deletes.] ☞ yəx̣ʷás free me; free you. {*yəx̣ʷəŋíŋəs u cxʷ? Will you free me?* (ES) | *yəx̣ʷəŋíŋəs* cn. *I'll free you.* (ES)}

yəx̣ʷəŋíŋł ⟦√yx̣ʷ-as-ŋiŋł √free-ptcaus-1plobj⟧ [The /s/ of the causative deletes.] ☞ yəx̣ʷás free us. {*yəx̣ʷəŋíŋł cxʷ. You freed us.* (AS,BC)}

yəx̣ʷət ⟦√yx̣ʷə-t √free-trns⟧ ☞ yə́x̣ʷ to set something free, untie, unwind, unravel, untangle, let loose something. (ES; TC) {*yəx̣ʷə́t* cn. *I let it loose.* (TC) | *kʷłyəx̣ʷə́t. I already untied it.* (TC) | *yəx̣ʷə́t cn cə x̣ʷéʔləm. I let the rope loose.* (TC)}

yəx̣ʷə́təŋ ⟦√yx̣ʷ-t-ŋ √free-trns-psv⟧ [metathesis with passive] ☞ yəx̣ʷə́t to be freed, set free, let loose, bailed out by someone. (ES) {*yəx̣ʷə́təŋ* cn. *Someone freed me.* (ES; TC)} VAR: yəx̣ʷátəŋ {*yəx̣ʷátəŋ* cn. *They freed me.* (ES)}

yə́x̣ʷəyu ⟦√yx̣ʷ-əyu √free-activ⟧ ☞ yə́x̣ʷ to free, unbind someone or something. (AS) {*yə́x̣ʷəyu ʔaʔ tə lisák. She's ripping sacks.* (MJT)} VAR: yəx̣ʷə́yu (AS)

yəx̣ʷnáxʷ ⟦√yx̣ʷ-naxʷ √free-nctrns⟧ ☞ yə́x̣ʷ to manage to free, untie something, finally get something loose. {*yəx̣ʷnáxʷ* cn. *I finally got it loose.* (TC) | *yəx̣ʷnáxʷ cn cə snə́xʷł. I finally got the canoe untied.* (BC)}

yə́x̣ʷtxʷ ⟦√yx̣ʷ-txʷ √free-letcaus⟧ ☞ yə́x̣ʷ to let someone or something free, loose, unbound, untied. (TC) {*yə́x̣ʷtxʷ* cn cə x̣ʷéʔləm. *I let the rope loose.* (AS)}

yəyéx̣əm̓ huckleberries. See under: yaʔyéʔx̣əm̓

yə́yəct preparing. See under: syáyəct

yəyəŋístəŋ ⟦√yiy-ŋi-stxʷ-ŋ √far-rel-caus-psv⟧ ☞ yaʔyəŋístxʷ to be taken far away by someone or something. {*yəyəŋístəŋ* cn. *They took me far away.* (TC)}

yəyəq̇ə́n ⟦√yq̇=ən √even=instr⟧ ☞ yəq̇ə́n several measurers. (MJT)

yəyəq̇ʷíti ⟦√yiyq̇ʷ-ŋi-ty √recognize-rel-rcprcl⟧ ☞ yéyəq̇ʷt to recognize each other. (AS) {*čaʔyəyəq̇ʷíti kʷi sƛ̇aʔyéʔƛ̇qł. The children just recognized each other.* (AS)}

yə́yəščən ⟦√yə<yə>sčn √poor<pl>⟧ ☞ yə́ščən several orphans, poor people. (MJT)

yəyə́x̣ʷənaʔ ⟦√y<əy>əx̣ʷnaʔ √goose<pl>⟧ ☞ yə́x̣ʷənaʔ several geese. (BG,MJT)

yəyq̇ʷít ⟦√yiyq̇ʷ-i-t √recognize-persist-trns⟧ ☞ yéyəq̇ʷt to recognize someone. {*yəyq̇ʷít* cn. *I recognized him.* (AS)}

yəyútəŋ be invited to go. See under: yúytəŋ

yə́y̌x̣əm̓ huckleberry. See under: yéʔx̣əm

yíʔx̣əm huckleberry. See under: yéʔx̣əm

yičə́t fill it. See under: yəcə́t

yikʷsəŋ get ready. See under: yéʔkʷsəŋ

yíq̇ʷi calm weather. See under: syíq̇ʷi

yiščənúŋət poor. See under: yəščənúŋət

yíxt scrape it. See under: ʔíxt

yíxtəŋ being scraped. See under: ʔaʔxítəŋ

yiyə́nwəs ⟦√y<iy>ənws √heart<pl>⟧ ☞ yə́nəwəs several hearts. {*nəyiyə́nwəs. My dear hearts.* (MJT)} VAR: yiyə́nəwəs (MJT)

yiyəq̇ʷáʔič ⟦yi+√yəq̇ʷ=ay̌č pl+√fall_over=hip⟧ ☞ yəq̇ʷáʔič to fall (of a group of trees), roots give up, windfall. (ES) VAR: yiyəq̇ʷáʔyəč (ES)

yíy̌ ⟦√yiy √far⟧ to be far, far away. (LC; ES; TC) {*yíy̌* cn. *I'm far away.* (TC) | *yíy̌ ʔəssáwəł. It was far into the bush.* (TC) | *yíy̌ cn ʔaʔéʔłxʷaʔ. I'm far away from Elwha.* (TC) | *txʷaʔyíy̌ cn ʔaʔ kʷi nəštəŋ. I walked far.* (TC) | *ʔuʔyíy̌ sxʷstə́ŋs. They walked far.* (TC) | *łúis st ʔaʔ ʔuʔmán ʔuʔ yíy̌ ʔəł štə́ŋł. We left for a very long walk.* (TC) | *ʔuʔáw c txʷaʔyíy̌ ʔiʔ stə́ŋ ʔəł kʷə́yəŋs. He didn't get far, and he'd drop when he flew.* (TC) | *suʔtxʷaʔyíy̌s ʔaʔ cə ʔáckʷł. So they ended up far out at sea.* (MJ) | *txʷaʔyíy̌ ʔiʔ níł suʔčə́y̌əss yaʔ. It became far, and then she looked back.* (MJ) | *hiyáʔ cn ʔuʔyíy̌ ʔuʔ haʔhúʔi tə nsʔáʔmət. I went far away and was sitting alone.* (MJ) | *ƛ̓áy ʔuʔ nił ʔaʔ kʷi stáy̌əŋłəŋ̇s*

ʔiyá ʔaʔ kʷi *yíy̓* sctə́ŋxʷən. *It was also their flood in that far away land.* (ES) | txʷaʔ*yíy̓* č kʷaʔčaʔ ʔiʔ čaʔx̣čnás ʔaʔ či sníɬs ʔuʔ x̣ʷə́yəq̓ʷtəŋ. *He was drifted far before he figured it out.* (TC)} VAR: yéy̓ (AS,BC; AS) {ʔuʔmán̓ kʷ uʔ *yéy̓* kʷsə táwn. *That town is very far.* (AS) | ʔuʔ*yéy̓* kʷi kʷsə nsxʷčʔiyá. *I come from far away.* (AS) | ʔuʔ*yéy̓* canu sxʷʔiyás cə kʷaʔnaʔŋútxʷ ti qʷúʔ. *It was far where it made the water run.* (ES) | čšaʔ*yéy̓* cxʷ kʷaʔ. *You're from far away.* (TC,AS,BC) | sáʔsiʔsiʔ yaʔ ʔaʔ ti ʔuʔnáč̓ ʔaʔyəcɬtáyŋx čʔiyá ti ʔuʔ*yéy̓*. *They were feared by different people from far away.* (ES)} VAR: yéʔi (AS,BC) {ʔuʔmán̓ ʔuʔ *yéʔi*. *It's very far.* (MJ) | ʔuʔ*yéʔi* kʷi. *It's farther away.* (ICT) | níɬ č suʔsə́qs xʷítəŋ ʔiʔ hiyáʔ txʷaʔ*yéʔi* t sxʷítəŋs hiyáʔ čšaʔnáw̓əɬ ʔaʔ cə ɬamúʔəč. *Then he jumped out, and his jump from inside the barrel went far.* (MJ)} VAR: yéʔiʔ (EPT)

yúʔyəc ⟦√yu<ʔ>y-t-c √invite_along<actl>-trns-1obj/2obj⟧ ☞ yúʔyət inviting me to go; inviting you to go. {*yúʔyəc* u cxʷ? *Are you inviting me?* (MJT)}

yúʔyəŋ ⟦√yu<ʔ>y-ŋ √invite_along<actl>-mdl⟧ ☞ yúyŋ to be inviting (someone) to go (somewhere). {*yúʔyəŋ* cn. *I'm inviting to go.* (TC)}

yúʔyət ⟦√yu<ʔ>y-t √invite_along<actl>-trns⟧ ☞ yúyt to be inviting, coaxing someone to go (somewhere). {*yúʔyət* cn. *I'm asking him to go.* (TC) | cáʔx̣əŋ yaʔ kʷi ʔiʔ ʔuʔ*yúʔyət* cn. *He was lazy, but I coaxed him to go.* (MJT)}

yuhúməct take care. *See under:* yəhúməct

yuhúmət show someone respect. *See under:* yəhúmət

yúɬsəqx̣̓əs ⟦√yuɬsəqx̣̓əs √place_name⟧ former village a half mile south of wáya on Ozette Lake. (JSH)

yúx̣̓ ⟦√yux̣̓ √eldest⟧ eldest sibling; oldest child in a family. (LB,CWH; TC; LC; AS,BC; ES; AS) {ʔə́c kʷi *yúx̣̓*. *I'm the oldest one.* (MJT) | *yúx̣̓* cn. *I'm the oldest.* (MJT) | suʔx̓kʷə́ts cə *yúx̣̓*. *The older one took them.* (AA) | *yúx̣̓* kʷi kʷə swéʔwəs. *The boy is the oldest.* (AS) | ʔə́c kʷi *yúx̣̓* ʔaʔ nə́kʷ. *I'm older than you.* (ES) | yə́cəm ʔaʔ či syáʔct kʷi *yúx̣̓* yaʔ. *She told what happened to the older one.* (AA) | suʔqʷáys cə *yúx̣̓*, "ʔəctíxʷ ʔiʔɬčáʔi ti nshiyáʔ stə́ct." *So the older one said, "Let me be first to go down."* (AA) | ʔáw̓ kʷɬaʔ c híc cə *yúx̣̓* yaʔ ʔiʔ stə́ŋ q̓ʷúy. *It wasn't very long and the older one fell dead.* (AA) | hiyáʔ ʔəmənéʔəŋ kʷi *yúx̣̓* yaʔ nəsxʷtúnəq. *My oldest brother went hunting.* (TC) | ʔiʔ níɬ yaʔ kʷaʔčaʔ sxʷəńáŋs kʷi *yúx̣̓* yaʔ nəsxʷtúnəq ʔáwnə cicáyss. *And that's how my oldest brother had no fingers.* (TC)}

yúŋ ⟦√yuŋ √skunked⟧ to get skunked, miss everything, get nothing while hunting or fishing. (MJT) {*yúŋ* cn. *I didn't get anything.* (MJT)}

yuqʷéʔəč ⟦√yuqʷiʔəč √place_name⟧ area on outside of Point Wilson. (LBH)

yúxʷ ⟦√yuxʷ √good_looking⟧ good-looking. {*yúxʷ* ʔə́y̓ sɬániʔ. *good-looking woman* (EPT)}

yúyəc ⟦√yuy-t-c √invite_along-trns-1obj/2obj⟧ ☞ yúyt invite me to go; invite you to go. {*yúyəc* cn. *I invited you to go.* (TC) | *yúyəc* cn či ń̓sʔənʔá ɬúkʷ ʔúx̣ʷ ʔaʔ kʷə nəʔáʔyəŋ. *I asked you to come to my house.* (MJT) VAR: yúyc {*yúyc* cn či shiyáʔɬ x̣̌aʔtáwn. *I'm inviting you to go to town with me.* (AS)}

yúyŋ ⟦√yuy-ŋ √invite_along-mdl⟧ to invite (someone) to go (somewhere). {ʔuʔx̣ənʔáxʷ cn kʷaʔ *yúyŋ*s. *I asked him to go along.* (AS,BC)}

yúyt ⟦√yuy-t √invite_along-trns⟧ ☞ yúyŋ to invite, coax, convince, persuade someone to go (somewhere). (AS,BC; AS) {*yúyt* cn. *I asked him to go along.* (AS) | *yúyt* cn tə swə́y̓qaʔ. *I asked the man to go along.* (AS) | níɬ kʷaʔ suʔ*yúyt*s cə sčutáyəɬs kʷaʔ hiyáʔəs ʔaʔ cə ʔúxʷ ʔaʔ cə ʔáckʷɬ. *So she invited her brother-in-law when she went out to the deep water.* (AA)} VAR: yúyət {*yúyət* cn. *I asked him to come along.* (TC; ES)} VAR: yayút {*yayút* cn. *I'm persuading him.* (AS)}

yúytəŋ ⟦√yuy-t-ŋ √invite_along-trns-psv⟧ [metathesis with passive for AS and BC but not for ES and TC] ☞ yúyt to be invited, coaxed, convinced, persuaded to go (somewhere). (ES) {*yúytəŋ* cn. *I was invited to go. / He asked me to go.* (AS,BC; ASv) | *yúytəŋ* cn či sčániɬ. *He convinced me to move to a different place with him.* (ES) | *yúytəŋ* cn ʔaʔ ttáscaʔ či smiʔtáʔliɬ. *Sylvia asked me to go gambling.* (AS)} VAR: yəyútəŋ {*yəyútəŋ* cn či nsx̣̌aʔtáwn. *They persuaded me to go to town.* (AS,BC)} VAR: yúyətəŋ (ES) {*yúyətəŋ* cn. *Someone asked me to go.* (TC; ES)}

English – Klallam Index

a a, the: *čiʔ*. a, the, another one: *činu*. a, the (not visible): *kʷiʔ*. demonstrative referring to a specific, visible, distant object: *təsáyu*. distant, invisible demonstrative: *kʷsáyə*. he, him, she, her, that one (not visible): *kʷsəwnił*. her, she is the one: *kʷłəwnił*. she, her, that one: *kʷłə*. that, the, a (far feminine): *łəsə*. the, a (feminine): *łaʔ*. the, a (not visible, feminine): *kʷłi*. the, a, that: *cə, təsə*. the, a, that (far, feminine): *tsəsə*. the, a, that far not visible feminine: *kʷłəsə*. the, a, that (feminine): *tsə*. the, a, that other (feminine): *łəsanu, sanu, tsanu*. the, a, that other (not visible): *kʷsanu*. the, a, that other (not visible feminine): *kʷłanu*. the, a, that other over there: *kʷinu*. the, a, that (remote and not visible): *kʷsəs*. the, that, a: *kʷəsə*. the, that, a (not visible): *kʷəʔ*.

abandon to be abandoned, left behind accidentally: *łúynəŋ*. being left behind, abandoned: *łuʔúʔiŋ*. orphans, abandoned people: *nəxʷskʷiyánəŋ*. to be abandoned: *łiłúyəŋ*. to be leaving, abandoning someone or something: *łuʔúʔis*. to be leaving one's spouse, divorcing: *xʷə́yxʷiʔ*. to be left, abandoned: *łúy*. to be left behind, abandoned: *łúyəŋ*. to leave, abandon, give up someone or something: *łúyəs*. to leave, abandon several people or things: *łiłúyəs*. orphan, any abandoned person: *nəxʷskʷánŋən*.

abdomen abdomen, belly, tummy, stomach: *ƛ́ác*. belly, lower abdomen: *=iqən*. mid abdomen, solar plexus, pit of the stomach, mind: *=ankʷs*. to be hit in the abdomen: *csíqtəŋ*.

abduct to kidnap, abduct someone: *łuʔístxʷ*. to be run away with, abducted, kidnapped, eloped with: *łuʔístəŋ*.

able get to, finally, opportunity, able, success, achievement, get a chance: *-niŋt*. to be able, be a certain way (to do something): *xʷaʔnúŋ*. to be able, be liable to, might, could: *xʷə́ŋ*. to be unable, be too weak, feel sick: *ʔəsqiʔám*.

abnormal to be unusual, different, abnormal, eccentric, unconventional, wrong: *snačít*.

aboard to go aboard, get on, mount (any conveyance): *ʔúył*. being aboard, in any conveyance (such as a boat, car, horse, etc.): *ʔiʔáʔił*. to be boarding, going aboard, getting on: *ʔúyəł*. to be lading, loading up, packing a vehicle, putting things aboard: *ʔaʔyúłtxʷ*. to be loaded onto a vehicle, be put aboard: *ʔúyəłtəŋ*. to get on, go aboard: *q'ʷáʔił¹*.

aboil to be aboil, in boiling state: *ʔəsłtúʔqʷəŋ*.

about about, over: *-ic*. almost, nearly, soon, about to, barely (applied to a number of items): *čičəyáy*.

to be told about: *yəcústəŋ*. to find out, discover, hear about something: *táqənəxʷ*.

above being on top, above: *cłaʔáwəł*. to be on top, above: *cłaʔáwəł*. to be raised above by something or someone: *huʔáčtəŋ*. to be raised up above, over, more than: *huʔáʔič*. to raise oneself above others: *huʔáčəŋ*. to raise something above: *huʔáčt*.

abscess boil, abscess, furuncle, carbuncle: *spúsəŋ*. several boils, abscesses: *spaʔyúsəŋ*.

absent-minded absent-minded, not in right mind: *ʔəspáłłucən*.

absolutely *xə́nə*.

absurd to be unnecessary to do, do anyway (even though it does not need to be done), not care, not matter, not taken seriously, "going through the motions": *ƛ́xʷiyuʔús*.

abundant to be more than expected, superabundant: *ʔəscúʔyəxʷ*.

accent to have a strong accent or slurred speech (be flabby mouthed): *łpcéʔnəŋ*.

accept to reject, refuse, deny someone, not accept, not let someone or something: *ʔáwətxʷ*.

accompany to go, come along with: *səwáʔ*. with, co-, accompany: *kʷł-*. to sing along (to accompany someone who is dancing, singing or playing an instrument): *wúʔcən*. partner, companion, buddy, spouse, person who accompanies (especially on foot): *sqʷúʔšən*. to accompany someone, go along with someone: *q'ʷaʔšə́nət*. to be accompanied by someone: *q'ʷaʔšə́nətəŋ*. to be going along, accompanying: *wáʔwaʔ*. to be with, accompany someone: *sq'ʷúʔšən*. to be going along with, accompanying: *səwáʔ*.

accusatory being jealous, accusatory: *paʔstə́nəq*.

accuse to accuse: *péʔwəsəŋ*. to accuse (someone) of infidelity, act jealous: *pstə́nəq*. being blamed, accused: *qʷaʔmítəŋ, qʷéʔmətəŋ*. to be blaming, accusing: *qʷqʷéʔməŋ*. to be jealously accused by someone: *pístəŋ*. to be jealously accused of infidelity: *péʔwəstəŋ*. to blame, accuse someone: *qʷaʔmít¹*. to jealously accuse someone: *píst*. to jealously accuse someone of infidelity: *péʔwəst*.

ache to get hurt, ache, feel pain, feel sick, suffer, have a hard time: *xə́ł*. bellyache, stomachache, diarrhea: *xłíqən*. having a sore, aching rear end, upper hip: *sxʷxə́łəwəč*. headache, sore head: *sxłéʔqʷ*. sickness, an ache, a hurt, a sore: *sxə́ł*. to ache all over: *qaqłsə́nət*. to ache, hurt, feel sore, sensitive, touchy, ill: *qáqł*. to be fatigued, tired, hurting, aching: *qákʷł*. to be tired out, hurting, aching: *ʔəsqákʷł*. to feel sore, hurt, ache, sick, ill: *xə́ł*. to have a headache: *qaqłéʔqʷ*. to have a

achievement

toothache: *x̌łáy̓nəs*. to hurt, ache, be sore all over: *x̌łík̓ʷs*. to hurt, ache in the arm: *x̌łiʔáxən*. to hurt, ache in the hip: *x̌łáy̓əč*. to let someone or something ache: *qáqłtxʷ*.

achievement get to, finally, opportunity, able, success, achievement, get a chance: *-iŋt*.

acknowledge to acknowledge, pay respect to someone, introduce someone to the public: *naʔtíxʷ*. to answer, respond, reply, acknowledge: *táyəcən*. being respected, acknowledged, introduced by someone in public: *naʔnéʔnətəŋ*. to be respected, acknowledged, introduced, mentioned: *naʔtíŋ*. to be respecting, acknowledging someone, introducing someone in public: *naʔnéʔnət*.

acorn barnacle acorn barnacle: *cúŋc̓əŋ*. several acorn barnacles: *caʔyúŋc̓əŋ*.

acquaint to meet, get acquainted, make friends with each other: *q̓ʷinák̓ʷi*. to get friendly, get acquainted: *q̓ʷə́y̓¹, q̓ʷəyáct*. being made acquainted with: *q̓ʷq̓ʷəy̓ə́təŋ*. to be getting acquainted with each other: *q̓ʷiʔnə́wi*. to be getting friendly, get acquainted, getting tame: *q̓ʷáʔi*. to be introducing people to each other: *q̓ʷiʔnə́witxʷ*. to be meeting and getting acquainted with someone: *q̓ʷə́y̓nəxʷ*. to introduce people to each other: *q̓ʷə́ynák̓ʷitxʷ*. getting acquainted: *c̓aʔŋíct*. to make friends, try to be friendly, get acquainted: *q̓ʷáyaʔct*. to tame, domesticate, get acquainted with someone or something: *q̓ʷq̓ʷə́y̓ət*.

across to go across (especially water), cross over: *łákʷi*. to go over or across a hill or ridge: *syəy̓áyi*. to go over to the opposite side, across: *łqcínəŋ*. being taken across by someone or something: *łaʔk̓ʷístəŋ*. bridge, anything used for going across: *sxʷłákʷi*. to be across: *nə́wəcən*. to be across, on the other side: *tłnáʔəč*. to be from across the strait, Canada: *čaʔtłnáʔəč*. to be going across, crossing over: *łáʔk̓ʷiʔ*. to be going across (of several): *łiłáʔk̓ʷi*. to be on the other side, other bank, other edge, across: *txʷnə́wəcən*. to be taken across by someone or something: *łk̓ʷístəŋ*. to manage to bring or take someone or something across: *łk̓ʷísnəxʷ*. to manage to go across: *łákʷinúŋət*. to take someone or something across: *łk̓ʷístxʷ*.

act to act, play at being something or someone else: *qəqíŋ*. to act, look or seem crazy, silly, mentally unbalanced: *sqatihúmš*. to brag, boast (falsely), act proud: *qayəxúsəŋ*.

activity perform a customary activity: *-iŋł*. structured activity, always, regularly: *-ay̓s, -əyu*. to be taken in by a group activity: *qə́p*.

actually truly, really, actually, properly: *cəʔéʔt*.
truly, really, actually: *cəʔítəŋ*.

Adam's apple Adam's apple: *smək̓ʷə́łnł*. several Adam's apples: *smay̓ək̓ʷə́łnł*.

add to add more of something: *čúxʷt*. being added to by someone or something: *čaʔxútəŋ*. to be added to by someone or something: *čxútəŋ*. to be adding, exaggerating, making it more: *čaʔxéʔŋəł*. to be adding more of something: *čúʔxʷt*.

additionally also, too, additionally, still, either, another: *λ̓ay̓²*.

adductor bivalve adductor muscle (the muscle that holds a shellfish shell together): *c̓éʔqʷəŋ*.

adhere being stuck onto by someone or something: *c̓aʔqʷtíŋ*.

Admiralty Head Admiralty Head, on Whidbey Island: *sq̓ʷúŋiʔ*.

admire to be the object of wanting, be liked, admired, needed, loved: *sx̌éʔ*. to covet, desire, admire, wish to have (something, especially something someone else has): *šítəŋ*.

admit to give up, admit defeat: *nəxʷq̓ʷúčk̓ʷən*. to be giving up, admitting defeat: *nəxʷq̓ʷúʔčk̓ʷən*.

adopt to adopt (a child): *mək̓ʷəŋ*. to adopt someone: *mək̓ʷəŋúy̓ł, mək̓ʷə́t*. an adopted child, foster child, stepchild: *nəc̓íwas*. an adopted child, stepson, stepdaughter, stepchild: *syənáʔəŋ*. several adopted children, stepsons, stepdaughter, stepchild: *syənəŋənáʔəŋ*. to adopt a child, find and take in an abandoned baby: *mək̓ʷəŋúy̓ł*. to be adopted: *smək̓ʷŋúy̓ł*. to protect, take care of, nurse, adopt someone or something: *ʔaʔk̓ʷłnít*.

adrift to be adrift, floating in the water: *ʔsqʷásł*. to be set adrift, drifted by someone or something: *xʷə́yəq̓ʷtəŋ*. to float something in the water, set something adrift: *qʷłə́t*. to let someone or something drift, set something adrift: *xʷə́yəq̓ʷtxʷ*. to set someone or something adrift: *xʷə́yəq̓ʷt*.

adult to be an adult, old, an elder: *ʔəsʔáyəxʷ*. a group of young adults: *sqʷaʔλ̓iʔáy̓ay*. a young adult: *sqʷaʔλ̓iʔáy̓*.

advance to advance, go forward, go ahead, move past, go in front, do it: *čiyáct*.

advertisement advertisement, commercial message, sales pitch: *sxʷsaʔmúst*.

advice advice, lecture, sermon, learning, counseling from elders: *sk̓ʷə́s*. a sermon, lecture, advice, speech, preaching: *sk̓ʷsə́nəq*. to be lecturing, advising, preaching to someone, giving advice to someone: *k̓ʷə́st*. to be preaching, lecturing, advising, making speeches: *k̓ʷə́snəq*. to be taught right from wrong, be given advice about living: *sk̓ʷə́stəŋ*. to hand down advice, learning, knowledge, lessons to younger generations: *k̓ʷtýnəq*. to lecture, advise, preach to someone, give advice to a group of people: *k̓ʷik̓ʷə́st*. to lecture, advise, preach to someone, give advice to someone: *k̓ʷsə́t*. to preach, lecture, advise, make a speech: *k̓ʷsə́nəq*. to refuse to do (something), be stubborn, not take advice, disagree: *hə́wə*.

advise to lecture, advise, preach to someone, give advice to someone: *k̓ʷsə́t*. to preach, lecture, advise, make a speech: *k̓ʷsə́nəq*. being advised, taught, shown how by someone: *ʔaʔʔak̓ʷústəŋ*.

adviser being lectured, advised, preached to: k^wə́stəŋ. to advise, teach someone, show someone how: ʔaʔk^{w}úst. to be advised: ʔəsk^{w}ást. to be advised, taught, shown how by someone: ʔəʔk^{w}ústəŋ. to be advising, teaching: ʔaʔəʔk^{w}sáys. to be lectured, advised, preached to by someone: k̓^{w}sə́təŋ. to be lecturing, advising, preaching to someone, giving advice to someone: k̓^{w}ə́st. to be preached to, advised, lectured: k̓^{w}ə́s. to be preached to, advised (of several or by a group): k̓^{w}ik̓^{w}ə́stəŋ. to be preaching, lecturing, advising, making speeches: k̓^{w}ə́snəq. to lecture, advise, preach to someone, give advice to a group of people: k̓^{w}ik̓^{w}ə́st.

adviser adviser, wise person, authority: xčə́ŋtən. dear elder, one's beloved counselor, guide, master, teacher, any person that one listens to and gets advice and direction from: sx^{w}sk^{w}áʔ. a group of dear elders, beloved advisers: sx^{w}sk^{w}áyaʔ.

adze adze, canoe carving tool: qəmtə́n. to be scraping something, be using an adze: ʔéʔxt. to whittle, shave, scrape, plane the surface of something with a knife or adze: qíxt.

affected to be affected by, be at fault, be to blame, be under the impact of: čɬ-. to be affected, treated by him/her/it: čɬnít.

afghan any blanket, cover, sheet: sə́miʔ.

afire to be burning, on fire: čáq^{w}ɬ. to be on fire: čičə́q^w.

afraid to be afraid scared: sáy̓siʔ. afraid, scared, frightened: ʔəsáy̓siʔ. to be always or regularly scared, afraid (of some particular thing): sáʔsiʔsiʔəyu. to be scared, afraid: sáʔsiʔsiʔ. to feel afraid, scared: saʔsáy̓əŋ.

African black person, a person of African descent: nəx^{w}sqíxs. black person, person of African descent: wáyhi. a group black people, people of African descent: nəx^{w}sqáʔyixs.

after be past, after: čiʔáw. to be a long time since, long time ago, a long time after: k^{w}ɬhíc. to be last, behind (in a contest), come after: ɬk^{w}áw̓əs. to be later, after a little while, pretty soon: k^{w}k^{w}áʔ. to get there after and be found: ɬx^{w}nə́səŋ. to jump, spring over, on, at, or after something or someone: x^{w}tíŋət. to run after, chase, follow someone or something: ččás.

again x̌áy¹. to let it be done again, do it again, make it so, let it be so, let it be that way, let it happen again: x̌áytx^{wl}.

against to be back against (something), be seated back towards the wall in the longhouse, on the inside edge of the bed: k^{w}sáʔič. to be going against, bucking the tide, going into the wind or current: paʔšúsəŋ. to be leaned back against: cənʔáctəŋ. to be retaliated against, got revenge on by someone: nəx^{w}tčícstəŋ. to be very close to, right up against, side by side: sp̓aʔɬéʔq̓. to go against, buck the current, against the tide, into the wind, opposite the flow, be a head tide: pšús. to go against, buck the tide, go into the wind: pšúsəŋ. to go back against (something), move back towards the wall in the longhouse, move to the inside of a bed: k^{w}sáčəŋ. to lean back against: cənʔáč. to lean something against (something): cənʔát. to lean something back against (something): cənʔáčt. to stop (something) by applying an opposite force such as hitting, bumping or leaning against, colliding with: cə́n̓.

Agate Beach traditional Klallam village at Agate Beach: X̌cə́nt.

age to get old, age: ʔəsʔáyəx^{w}ct.

age-mate any relative (cousin, aunt, uncle) about the same age as oneself: x̌íx̌q.

aggravate to aim at oneself, aggravate oneself: maʔčúct. being aimed at, being threatened, aggravated: maʔčútəŋ. to be aggravated: məčútəŋ.

aggressive to be a tough, feisty, brave, unhesitating, aggressive, not afraid of doing anything: nəx^{w}sčáŋk^{w}ən.

agitate to agitate, flush, make water move, shake, splash, stir up something in water (especially to get it clean): x^{w}šə́t. being agitated, flushed, stirred, moved around in water to get clean: x^{w}ə́štəŋ. being agitated vigorously to get something clean: x^{w}ix^{w}ə́štəŋ. to be agitating, flushing, making water move: x^{w}ə́št.

agitated to act jumpy, agitated, unable to keep still: sáyct.

ago to be a long time since, long time ago, a long time after: k^{w}ɬhíc.

agree to comply, agree (with someone), obey, mind (someone), give in: ʔánɬ. to obey, agree, comply, concur with someone: ʔánəɬt. to comply, agree with someone, allow, obey someone (something), give in to someone, give someone what they want, honor someone (as in 'honor a request'): ʔánət. being agreed with, believed by someone: q̓^{w}q̓^{w}ay̓ŋítəŋ. being agreed with by someone: q̓^{w}q̓^{w}aʔnítəŋ. to be angry at, disagree with someone: qaʔqínəx^w. to be complying, agreeing with someone, allowing, obeying someone: ʔaʔánət. to be complying, agreeing (with someone), obeying, minding (someone): ʔaʔáʔnɬ.

ahead to be first, ahead, before (in time or distance or in a game): ɬčáʔi. to be first, ahead, before (someone or something): ʔiʔčáʔyə. to make something protrude, stick something out beyond others, put something in front, ahead: híčt. to be making something protrude, stick something out beyond, in front, ahead of others: héʔčt. ancestor, heritage, ones who came before us, are ahead of us: čiʔáyən. ancestor, one who went ahead, came before us: sčiʔúʔis. ancestors, ones who went ahead, came before us: sčičiʔúʔis. to advance, go forward, go ahead, move past, go in front, do it: čiyáct. to be made to protrude, stick out beyond others, be put in front, ahead by someone or something: *həčístəŋ*. to continue on, move ahead, move on: *caʔčáct*. to do something someone else was expecting to do, take over, "he went and did it ahead of me": *nítɬənúʔŋət*. to go ahead, keep going, continue, be steady, persevere, proceed: *sɬə́ŋct*. to go first, ahead, before (someone or something): *ʔiʔɬčáʔi*.

aid help, support: *kʷənáŋəɬ*.

aim to aim, point (a gun) at someone or something: *múčt*. to be aimed at, threatened with a gun: *məčútəŋ*. to be aiming: *maʔčə́yu, múʔčəŋ*. being aimed at, being threatened, aggravated: *maʔčútəŋ*. to aim at oneself, aggravate oneself: *maʔčúct*.

aimless to be walking around aimlessly, wandering, pacing: *štəŋə́nəkʷ*.

air to deflate, remove the air from something: *čšə́pt*. to inflate, blow something up, put air into something: *nəxʷpúxʷt*.

airplane airplane, helicopter, any flying machine: *sxʷkʷə́yəŋ*.

alas alas! it's a pity! heartbreaking, touching: *wayənəhákʷ*.

alcohol any drink, but especially a drink of alcohol: *sqʷúʔqʷaʔ*.

alcohol plant a place near Hadlock between Hadlock and Port Townsend, the site of a wood alcohol plant: *ʔənəƛ́ánnəxʷ*.

alder a group of alder trees: *sqʷəŋqʷúŋəɬč*. alder tree: *sqʷúŋəɬč*. several small alder trees: *sqʷaʔyaʔqʷúʔŋəɬč*. small alder tree: *sqaʔqʷúʔŋəɬč*.

alder sap to be eating alder sap: *ʔəɬsqʷúʔŋəɬč*.

Aldridge Point Aldridge Point, named for half-seal petroglyph there: *q̓əmq̓əmícən*.

alert to be expecting (somebody or something), be alert of (something coming), be on the lookout: *q̓ʷaʔɬcút*. to watch out, be on the lookout, on guard, alert: *kʷənawíyəŋ*. to be watching out, on the lookout, on guard, alert: *kʷənaʔwéʔyəŋ*.

alight to alight on land or water (of a bird, plane, etc.): *t̓q̓áŋ*. to be alighting on land or water (of a bird, plane, etc.): *t̓ə́q̓əŋ*.

align to be even with, up to, aligned with: *yə́q̓*. to get evened up, aligned with: *yəq̓áɬ*.

alike to resemble each other, look alike: *naʔɬnə́kʷi*.

alive to live, be alive: *hiyí*. to be alive: *šə́təŋ*. to be still kicking, still alive: *cixsə́nəŋ*. to manage to live, stay alive, be saved: *hiyinúŋət*.

all all and only, completely, single: *čaʔ-¹*. all, both: *xə́nə*. all creatures: *xəníkʷs*. all kinds of living things, creatures: *nəxʷxəŋínək*. all the people: *xəŋáy*. always, all the time, every time: *xənáɬ*. everyone, all the people: *xə́nəyaʔ*. everything, all kinds: *xə́nəstəŋ*. to be all taken by someone: *xáŋətəŋ*. to be taking all of something: *xaʔŋát*. to be unable to breathe, out of breath, choked up, tired, all in, exhausted, panting, smothered: *ɬitə́q̓ʷ*. to take all of something: *xáŋət, xəníŋt, xə́nt*.

all gone to be all gone, no more: *xáŋ*.

allow to comply, agree with someone, allow, obey someone (something), give in to someone, give someone what they want, honor someone (as in 'honor a request'): *ʔánət*. to be complying, agreeing with someone, allowing, obeying someone: *ʔaʔánət*. to be obeyed, be allowed: *ʔánəɬtəŋ, ʔánətəŋ*.

Almighty Almighty, God, Creator, Great Spirit: *xáyəs*.

almost *txʷʔúxʷ*. almost, nearly: *-aʔmən*. almost, almost, nearly, soon, barely: *čəyáy*. kind of, sort of, a little, like, seem, almost: *nuʔ-*. nearly, soon, about to, barely (applied to a number of items): *čičəyáy*. to almost do something: *čəyáytxʷ*. to become almost: *txʷčičəyáy*.

alone only, completely, always, just, solo, alone: *húy²*. to be all alone: *húʔhuʔhiʔ*. to be alone: *húʔiʔ*. to be alone together: *haʔyahúʔəy̓*. becoming alone, being the only one: *txʷhúʔi*. to become alone, only, be left alone: *txʷúy*. to be doing (something) alone: *huʔhúʔi*. to be releasing something, letting something go, giving up on something, letting someone or something alone: *kʷaʔkʷaʔát*. to do, be responsible for (something) by oneself or for oneself: *ʔəy̓ŋíct*. to let something go, let it alone: *k̓ʷk̓ʷáʔtxʷ*. to release, let go of, give up, drop something, leave something alone, ignore something: *k̓ʷáʔət*.

along to accompany someone, go along with someone: *q̓ʷaʔšə́nət*. to be feeling along with one's feet: *ƛ̓aʔpsə́nəy̓*. to be going along, accompanying: *wáʔwaʔ*. to be going along with, accompanying: *səwáʔ*. to be going through, along (a trail): *səwéʔiŋ*. to be allowed to go along by someone, be taken along with: *səwáʔtəŋ, səwáʔtəŋ*. canoe partner, a companion in any vehicle, someone who rides along, traveling companion: *sxʷq̓ʷúʔkʷɬ*. someone hard to get along with (not evil): *ʔəsxaʔxiyáʔs*. to be mean, no good, hard to get along with: *sxaʔxəyáʔs*. to be met going the same way by someone, be caught up with: *wáʔnsəŋ*. to be taking something or someone along: *wáwaʔtxʷ*. to be together, along with: *kʷəntúy*. to be wanting to go along all the time: *waʔwaʔáy̓ŋən*. to catch up to, meet and go along with someone: *wáʔnəs*. to drag, pull something in, drag someone along, pull a net or set line in: *xʷk̓ʷúst*. to feel along with one's feet: *ƛ̓apsə́nəy̓*. to follow the edge of the water (in a canoe or on foot), going along close to the shore on the beach or in the water: *q̓túcən*. to get along okay, be just fine: *ʔəsƛ̓aƛ̓úʔƛ̓əm*. to get along well, be good to each other: *ʔiʔtúy̓*. to get along well, be good to each other, be happy together: *ʔiʔnə́kʷi*. to let someone go along: *wáʔtxʷ*. to let someone go along, take someone along: *səwáʔt, səwáʔt*. to manage to go along, get a ride (with someone): *hiyáʔtənúʔŋət -tənúʔŋət*. to sing along

alongside (to accompany someone who is dancing, singing or playing an instrument): *wúʔcən*. to take, follow a path (into the woods), go a particular way, this way or that way along (a trail): *nəxʷsúyəŋ*.

alongside to be beside, next to, around, alongside: *ʔíyəwəɬ*. to be put beside, alongside: *ʔíyəwəɬtəŋ*. to manage to finally bring something beside, next to, around, alongside: *ʔéʔwəɬnəxʷ*. to put something or someone beside, alongside, next to, around, alongside: *ʔíyəwəɬtxʷ*, *ʔíyəwəɬtxʷ*.

along the edge to go along the edge: *tččínəŋ*.

already already: *kʷɬ-*. to be here already: *kʷɬáʔ*.

alright to be fine, right, correct, okay, alright: *ƛ'úy*. to be well, well off, healthy, fit, alright, fine, okay: *ʔəsƛúʔƛəm̓*. to be rather okay, fine, alright: *sƛ̓aʔƛ̓úʔƛ̓əm̓*. to make it all right: *ƛ̓úmət*.

also also, too, additionally, still, either, another: *ƛ̓áy²*. to might as well let it be done also: *ƛ̓áytxʷ²*.

always always, all the time, every time: *xənəɬ*. constantly, always, habitually: *č-¹*. only, completely, always, just, solo, alone: *húy²*. structured activity, always, regularly: *-ays̓, -əyu*. to be always angry, mad, quick tempered: *nəxʷsqinúŋət*.

amaze to be surprised, amazed, impressed, astounded: *čə́q̓*. to astound, amaze, shock by showing off or bragging: *čə́q̓ənəq*. to be astounding, amazing, shocking: *čaʔq̓ə́ʔnəq*. to be surprised, shocked, amazed: *ʔəsčə́q̓ɬ*.

ambitious to be ambitious, willing, ready, eager: *ʔəsxʷə́yxʷiʔ*. to be diligent, busy, ambitious, always working, industrious: *čáyči*.

ambulance *sxɬə́kʷɬ*.

amen amen, praise, thank the lord: *mási*.

America American, America, stateside: *pástən*.

American *ʔəmélakən*. American, America, stateside: *pástən*. Indian, Native American: *ʔəcɬtáyŋxʷ, ʔəxʷíyŋxʷ*. Nitinaht tribe and the area of the west coast of southern Vancouver Island where they live: *ŋəcáʔiʔŋəx*. to talk Indian, speak a Native American language: *ʔəcɬtiŋíxʷəŋ*.

American grebe small helldiver, American grebe, pied-billed grebe: *wəẃəw̓šəlʔí*.

among to be among: *ʔəctúŋən*. to be in the middle, among, between, in a crowd: *ʔəsxʷə́čɬ*. to join, be among a group, be part of something, be involved with someone or a group: *q̓ʷúʔ*. to put something among, mix something in: *tə́ŋk̓ʷt*. to be put among others by someone or something: *təŋk̓ʷátəŋ*. those similar that one is among: *sq̓ʷaháʔuŋəxʷ*. to let be in the middle, among, between, in a crowd: *ʔəsxʷə́čɬtxʷ*. to mix someone or something in with (something), put it among: *təŋk̓ʷístxʷ*.

amphibian any salamander, newt, water dog: *péʔtšən*. a small, common frog, tree frog, peepers: *wəq̓ə́q̓, wəxə́ɬ*. a type of small frog: *huhúʔəŋ*. bullfrog: *huhúʔəŋ*. bullfrog, any large frog: *sxaʔánəxʷ*.

amuse to tickle, amuse someone: *ciyápt*. to be tickled, amused by someone or something: *ciyáptəŋ*. to enjoy, like, love something, find something delicious or amusing: *ʔiʔtáxʷ*.

amusing to be nice, amusing, comical, funny: *ʔə́yəs*. being enjoyed, liked, found amusing by someone: *ʔiʔtáʔəŋ*. to be enjoyed, liked, found amusing by someone: *ʔiʔtáŋ*.

ancestor ancestor, heritage, ones who came before us, are ahead of us: *čiʔáŋən*. ancestor, one who went ahead, came before us: *sčiʔúʔis*. ancestors, heritage: *čičiyáŋən*. ancestors, ones who went ahead, came before us: *sčičiʔúʔis*. descendant, one left behind by the ancestors: *sɬkʷsə́wəs*. one's heritage, traditions, legacy, inheritance what one has descended from one's ancestors: *c̓əxtán*.

ancestral name ancestral name, a traditional name passed from ancestors to younger generations: *nəhíymət*.

anchor anchor, grapnel: *ŋaʔsántən*. to anchor (a boat or canoe): *ŋaʔsánəŋ*. to anchor something: *ŋaʔsánət*. to be anchored: *ŋaʔŋaʔsáʔnəŋ*. to be raised, up (of an anchor), unanchored: *ʔəssaʔŋánət*. to be raising, pulling up the anchor: *səsáʔŋət*. to lift the anchor: *saʔánəŋ*. to pull, drag an anchor: *xʷkʼʷánt*. to raise, pull up anchor: *saʔŋánət*. to stick up out (of something anchored in the water): *ʔəsxʷáq̓ʷɬ*.

anchovy anchovy fish: *ɬáʔyəs*.

ancient to be ancient, a very old person: *kʷɬčayéʔq*.

and and, but, or: *ʔiʔ¹*.

angelica wild celery, probably sea-watch, possibly cow parsnip: *sxʷməkʷúsŋən*.

anger to be the object of anger, be disliked: *sqinúŋət*. to blow up in anger, have an outburst of rage: *ŋáq̓ʷ*.

angle ear, corner, angle: *=an̓*. any triangle: *ɬxʷéyn̓*.

Anglo white person, Anglo, person of European descent: *xʷanítəm*. any white person, white man: *pástən*.

angry being angry, mad: *qaʔqéʔwən*. to act angry toward someone or something: *qə́yət*. to be acting angry, mad: *ɬ̓áʔiq̓*. being angry at someone, scold someone: *qéʔnəxʷ*. to be a little angry, mad: *qaʔqinúʔŋət*. to be always angry, mad, quick tempered: *nəxʷsqinúŋət*. to be angry at a group (or of a group): *qənqínəxʷ*. to be angry at, disagree with someone: *qaʔqínəxʷ*. to be angry, mad: *ɬ̓áčq̓*. to be angry, mad at someone, hate someone: *sqiʔnúŋət*. to be angry, mad at someone or something: *qínəxʷ*. to be feeling angry, mad: *qiʔnúʔŋət*. to be made angry, mad by someone or something: *qínəŋ*. to be quick tempered, easily angered: *qiqinúŋət*. to be very angry, mad: *ɬaʔtúqʷəŋ*. to disagree, be angry, mad at someone,

animal   **appear**

get after someone in an angry way: *qaʔqéʔnəxʷ*. to feel angry, mad, hateful: *qinúŋət*. to get angry at someone or something: *qiqə́yət*. to get angry, mad at someone (repeatedly or at a group): *qiqə́ynəxʷ*. to get fierce, out of control, mad, raising hell, throwing a tantrum, doing something distasteful in anger, be angry and inappropriately act on it, being ugly with anger: *xaʔséʔyəŋ*. to have a red neck from anger or embarrassment: *cqʷəɬənɬ*. to have someone act angry toward one: *qiqə́yətəŋ*. to have someone angry at one: *qaʔqínəŋ*. to have someone angry with one, be the object of someone's anger: *qéʔnəŋ*. to have someone angry with one, be the object of someone's anger, be disagreed with: *qaʔqéʔnəŋ*. to have someone get angry, mad at one: *qiqə́ynəŋ*.

animal any fierce animal such as a bear or cougar: *sƛ́áyəqəm*. any small animal that makes a path (such as a snake, rat, skunk): *sxʷaʔxʷənáʔəm*. deer: *máwəč*. eight animals or people: *taʔcsíkʷs*. five animals or people: *ɬqčšíkʷs*. four animals or people: ŋ*əsíkʷs*. horse: *stiqə́wˈ*. one person or animal: *nəcíkʷs*. seven animals or people: *c̓aʔkʷsíkʷs*. several young small animals: *taʔyataciŋxʷúyɬ*. six animals or people: *ɬxəŋíkʷs*. small animals: *taʔtáʔciŋəxʷ*. a group of small animals: *tiyaʔtáciŋəxʷ*. small animals that make paths (such as snakes, rats, skunks): *sxʷaʔyaʔxʷənáʔəm*. three animals or birds: *ɬxʷíkʷs*. twenty animals: *ncxʷk̓ʷsíkʷs*. young small animals: *taʔtaciŋxʷúyɬ*.

ankle to sprain one's ankle: *nəčə́qsən*.

Annas Bay Union, Washington, the eastern point of Annas Bay in the Great Bend of Hood Canal: *nəxʷɬúqʷaʔtəŋ*.

annoy to not want (something), get tired (of something), dislike, get bothered, annoyed (by something), especially a noise: *č̓čínəwˈ*. to be bothering, upsetting, annoying, disturbing: *taʔčaʔxʷéʔəyuʔ*. to be habitually distracting, bothering, interfering, annoying, disturbing: *c̓aʔpáʔnəq*. to not want (something), being tired (of something), dislike, being bothered, annoyed (by something), especially a noise: *č̓éʔnuʔ*. to not want something, be tired of something, dislike (especially a noise), feel annoyed at something: *č̓čéʔnəxʷ*. to not want (something), getting tired (of something), dislike, getting bothered, annoyed (by something), especially a noise: *č̓čéʔnuʔ*.

another another, other: *nə́cuʔ*. a, the, another one: *činu*. one person, another person, some one person: *náʔcuʔ*. also, too, additionally, still, either, another: *ƛ́áyʔ*.

answer answer, reply: *nəxʷtčúcən*. to answer, reply to someone, respond by speaking: *nəxʷtčúct*. to answer, respond, reply, acknowledge: *táyəcən*. to be answering: *tayúcən*.

ant *c̓aʔč̓ə́mc̓ənaʔ, č̓ə́mc̓naʔ*. a lot of ants: *č̓ič̓ə́mc̓naʔ*. ants: *c̓aʔyaʔč̓ə́məc̓ənaʔ*.

antler horn, antler: *c̓ístən*. velvet cloth or velvet of deer antlers: *təməsáyəqən*.

antsy to be squirming, wriggling, twitching, antsy (as when tickled): *cə́yk̓ʷ*.

anus rectum, anus, cloaca: *ƛ́ə́wəq̓*.

anxiety to have a nightmare, be ghosted, haunted, spooked in the night, have an anxiety attack in the night: *naʔnəkʷítəŋ*.

any to exist, be some (more), be left over, remaining: *néʔ*.

anyone someone, anyone, everyone: *cán*.

anything something, anything: *ʔəstáŋ, stáŋ*.

anyway I think, on the contrary, anyway, contrary to expectation: *ta*. to be unnecessary to do, do anyway (even though it does not need to be done), not care, not matter, not taken seriously, "going through the motions": *ƛ́ʷiyuʔús*.

apart This prefix is used to indicate something apart from something else.: *ʔəɬ-*. to be apart, separate, spread out: *xʷəynə́kʷi*. to be away, stay away, be apart (from something or someone), not close: *ʔəxʷéʔi*. being demolished, broken apart, knocked down: *č́íxʷtəŋ*. to be breaking up, taking apart, demolishing something: *č́éʔxʷt, č́íxʷt*. to be broken apart, broken down (as a machine that will not work): *ʔəscéʔyəxʷ*. to be demolished, broken apart, knocked down: *čxʷítəŋ*. to be pried apart: *yə́q̓ʷ*. to be pried apart or peeled off by someone or something: *yəq̓ʷə́təŋ*. to be put, moved away, put aside, put apart (from something) by someone or something: *xʷéʔitəŋ*. to break apart, fall apart, collapse, be demolished, disassembled: *č́íxʷ*. to crumple, fall apart, disintegrate: *ɬə́yəq̓ʷi*. to go apart, separate from each other: *xʷəynəkʷə́yŋ*. to move away, apart (from something), get out of the way: *xʷéʔict*. to move away, set apart: *ʔəxʷʔyáys*. to move something or someone away, aside, apart (from something): *xʷéʔitxʷ*. to peel off, come apart: *ɬə́q̓ʷəŋ*. to pry something apart or off: *yəq̓ʷə́t*. to split, separate, break apart in pieces: *ɬəŋɬəŋnəkʷə́yət*. to spread one's legs apart: *nəxʷtxiʔíyəŋ*.

ape to imitate, copy, pretend to be someone else, ape (someone to mock them): *nəxʷsʔáʔi*.

Apostolic Church the Apostolic Church: *pastálək*.

apparently apparently: *č*.

appear to appear, come into view, show up, become visible (of something unexpected): *ʔínəŋ*. to appear, show up, come to the forefront (of something expected): *híwˈ*. to appear, show up suddenly, by surprise: *xéʔ*. to show up, come into view, appear, be showing: *kʷíy̓*. being made to appear, show up: *ʔənʔaʔŋítəŋ*. to be appearing, coming into sight, showing oneself: *ʔéʔnəŋ*. to be made to or allowed to appear by someone or something: *xéʔtəŋ*. to be revealed, shown to someone: *ʔínəŋítəŋ*. to make appear, make show

550   English-Klallam Index

appearance

up, put on display: ʔínaʔŋət. to make or let someone or something appear, show up: xéʔt.

appearance =amənət. to have the appearance, look of someone or something: skʷə́n.

appetizing to be appetizing, tease the appetite: ƛkʷíns.

apple ʔápələs. a bucket full of apples: ʔaʔyápələs. apple tree: ʔapələsíɬč. Pacific crab apple: qáʔəxʷ. wild crab apple tree: qaʔxʷíɬč. several crab apples: qəyáʔəxʷ.

apprehensive to be disturbed, bothered, have trouble, have problems, be apprehensive, uneasy, upset: taʔčéʔxʷiʔ.

approach to get near, approach, get close: tsə́ct. to be got to, arrived for, approached by someone or something: tsnə́səŋ. to manage to arrive, get near, approach: tsnúŋət. to be arrived for, come for, approached by someone or something: tčínəsəŋ.

April čəṅmáʔəxʷ.

April Fool's Day ɬə́čxʷmən skʷáči.

apron šáʔnəc̓, ʔípən. several aprons: šiyáʔnəc̓. small apron: ʔeʔéʔpən.

arch arch of the foot: sx̌táʔsən. the instep or arch part of the foot: x̌táʔsən.

archive museum, archive: sxʷčiyəwəsáwtxʷ.

arctic loon arctic loon, red throated loon, Pacific loon: xʷík̓ʷs.

are there are: níɬ.

area several lands, a vast area of land: scaʔyətə́ŋxʷən.

argue to argue with each other: xayústi. to argue with someone, tell someone off: xayúst. being argued with: xayústəŋ. being argued with, told off, preached to by someone: xiʔxaʔyústəŋ. to be argued with, be told off: xayústəŋ. to be arguing with each other: xiʔxaʔyústiʔ. to be arguing with someone, telling someone off: xiʔxaʔyúst. to start to argue with someone: xxayúst.

arise to get up, arise, get out of bed: ʔə́mət. to get up, arise: ʔə́p.

ark vehicle, any conveyance, any means of transportation: scaʔk̓ʷaʔyúɬ.

arm =axan. arm, wing, elbow: ɬáwiʔ. arms, wings: ɬuʔɬáʔwiʔ. a broken arm or wing: stkʷiyáxən. any arm bone: scaʔmiʔáxən. any gun, firearm: púyəq. armpit, underarm: sxʷcaʔqʷiʔáxən. a tattoo on the arm: sxiʔáxən. to be a broken arm or wing: ʔəstkʷiʔáxən. to be cutting someone on the arm: ɬčiʔáxt. to be hit by someone or something on the arm accidentally: ščiʔáxənəŋ. to be hit on the arm: csiʔáxtəŋ. to be hit on the arm accidentally: csiʔáxənəŋ. to be hit on the arm by someone or something: ščiʔáxtəŋ. to be strong armed: ʔiyamiʔáxən. to break one's arm: tkʷiʔáxən. to break the arm or hand: tkʷács. to bump the arm, shoulder, elbow: ƛ̓əmiʔáxən. to cut someone on the arm or sleeve: ɬčiyəxánt. to cut someone or something's arm off: q̓miʔáxt. to cut the arm or sleeve: ɬiciyáxən. to get cut on the arm: ɬčiʔáxən. to get hit on the arm: csiʔáxən, ščiʔáxən. to have big arms or big hands: čqács. to have one's arms spread: ʔəstaʔxiʔáxən. to hit someone on the arm accidentally: ščiʔáxənəxʷ. to hit someone on the arm (on purpose): ščiʔáxt. to hurt, ache in the arm: xɬiʔáxən. to lift one's arm: saʔyəxánəŋ. to wash one's arms clear up to the armpit (as a doctor does): caʔkʷiʔəxánəŋ.

arm band q̓iʔəxátən.

armpit armpit, underarm: sxʷcaʔqʷiʔáxən. several armpits: sxʷcəyaʔqʷiʔáxən.

around to be around, encircle: siq̓áʔwəɬ. being around, encircling: siq̓aʔáʔwəɬ. being turned over or around by someone or something: čə́yptəŋ. go around a point of land: q̓tə́qsən. to be beside, next to, around, alongside: ʔíyəwəɬ. to be going around: sə́wq̓əŋ. to be looking sideways, looking around: čə́yq̓əŋ. to be put around (something) by someone or something: q̓taʔáwəɬtəŋ. to be shared, passed around: q̓ʷaʔátəŋ. to be thick, big around, have a large circumference (as a large rope or pole): mə́qʷ. to be turned over or around by someone or something: čəypútəŋ. to be turning around, looking: čə́ys. to be turning around, turning over: čə́ypəŋ. to be turning around, turning over oneself: čáʔipct. to be turning something around or over: čə́ypt. to be wrapped around, encircle horizontally: q̓tawyéʔ, q̓tawyéʔ. to coil something up (as a rope, hose, etc.), wind something around: q̓ə́yək̓ʷt. to flank, get on each side, go around the outskirts: ʔəčaʔwíyŋ. to go all the way around: siq̓əyúsəŋ. to go around: sə́wq̓əŋ. to go around a little: q̓aq̓tiyúsəŋ. to go around in a circle: sə́yəq̓, siq̓áys. to go around (something): q̓taʔáwəɬ, q̓taʔwíyəŋ, q̓tiʔúsəŋ. to go around (something), go in a circle, move in a curve: siq̓aʔwíyəŋ. to go around, spin around, rotate, revolve: sə́yəq̓ct. to go, walk around the house or any building: q̓táwtxʷ. to go, wrap around, under, encircle (especially vertically): q̓taʔwíyɬ, q̓taʔwíyɬ. to manage to finally bring something beside, next to, around, alongside: ʔéʔwəɬnəxʷ. to put something around an object: q̓əyík̓ʷs. to put something around (something): q̓taʔáwəɬtxʷ. to put something or someone beside, alongside, next to, around, alongside: ʔíyəwəɬtxʷ. to spin oneself around in a circle: sə́wq̓ct. to take something or someone around (some object): q̓tústxʷ. to turn around: céʔis, céʔisəŋ, čə́yəp. to turn around, look back, look away, turn one's eyes away (from something): čiʔáʔis. to turn around, look back, turn the head to look, look away (from something): čə́yəs. to turn around to look: čəyáʔisəŋ. to turn around, turn over, rotate: čə́yəpəŋ. to turn oneself around: siq̓áyəsct. to turn oneself over, turn around: čə́yəpct. to turn, roll something over or around: čə́yəpt. to turn something around: siq̓áyəst. to turn something

English-Klallam Index 551

around (to face another way): *siqúst*. to wait, waiting: *ŋaʔkʷaʔcút*.

arouse to be sexually aroused (of a man): *xʷáʔxʷc̓*.

arrest to be arrested put in jail, imprisoned, incarcerated: *qəqítəŋ*.

arrive to arrive, come here: *táči*. to arrive there, get to, reach (a place or time): *tə́s*. arrived there: *tásɬ*. just now arrived: *čaʔtáči*. to appear, show up, come to the forefront (of something expected): *híw̓*. to arrive for, come for someone or something: *tčínəs*. to arrive, get there (of a group): *titə́s*. to arrive going over deep water, overseas: *túyi*. to arrive here (of a group): *taʔyáči*. to arrive home, get home: *čáŋ̓*. to arrive home, get home (of a several): *čáyəŋ̓*. to arrive there, come upon, discover: *tə́səŋ*. to arrive there for someone or something, come upon someone or something: *tsnə́s*. to be arrived at, got to by someone or something: *tsə́təŋ*. to be arrived for, come for, app by someone or something: *tčínəsəŋ*. to be arriving going over deep water: *ttúʔyiʔ, túʔi*. to be arriving here: *táʔčiʔ*. to be arriving home, getting home: *čáʔčəŋ̓*. to be arriving there: *tətə́s*. to be got to, arrived for, approached by someone or something: *tsnə́səŋ*. to finally arrive here, manage to get here: *tčinúŋət*. to manage to arrive, get near, approach: *tsnúŋət*. to manage to get someone or something to somewhere: *tsnáxʷ*.

arrive home to finally get home, manage to make it home: *čəŋ̓núŋət*.

arrogant to be arrogant, have a silent proud attitude ignoring others: *ƛ̓hús*.

arrow *yə́čt*. hunting bow, bow and arrow: *sxʷʔə́mutən*. quiver for arrows: *sxʷyəčtáyə*. several arrows: *yáʔičt*. to fire a gun, shoot an arrow: *čúkʷt*.

arrowhead root potato, arrowhead root, wapato: *sqáwc*.

arthritis rheumatism, arthritis: *ləmətísəm*.

artifact an artifact, something that was man-made, sculpted, drawn, carved, built: *ʔəshúʔitəŋ*.

artificial respiration to make someone breathe, give artificial respiration, CPR: *saʔc̓aʔŋístxʷ*.

ascend to ascend, climb up, get up on top: *ćéʔyəŋ*. to be ascending, climbing, going up: *ćicaʔyəŋ̓*.

ashamed to be bashful, ashamed, embarrassed, shy: *xíci*. to be embarrassed, bashful, shy, ashamed: *xéʔxaʔ*. to be the object of shame: *sxéʔci*. to feel ashamed, bashful: *xéʔciʔ, xeʔxéʔciʔ*. to feel ashamed, bashful, shy: *xíxaʔxaʔ*.

ashes ashes, coals in a fire: *číc̓t̓*. lots of ashes, coals: *čaʔyíct*. anything baked or cooked in hot sand or ashes: *stə́yəq*.

ashore to land, go or come ashore, get to shore, reach land from the water: *ɬán*. to put someone or something ashore: *ɬántxʷ, ɬənístxʷ*. being drifted ashore, getting washed ashore, pounded by waves, brought in by the waves: *qʷə́ɬtəŋ*. to be ashore: *ʔəsɬáɬən*. to be landing, going ashore: *ɬáɬən*. to be on the beach, washed ashore: *ʔəsqʷáɬ*. to be put ashore by someone or something: *ɬántəŋ*. to be putting someone or something ashore: *taʔnístxʷ*. to drift ashore: *qʷə́ɬ*. to go ashore, land (of a group): *ɬáyən*. to land, go ashore, get grounded (of a boat): *txʷiʔúsəŋ*. to remove, take something from water, put ashore: *q̓ʷíŋət*.

aside to be diverted, pushed aside, brushed by: *txótəŋ*. to be moved over, moved aside: *ʔəsséʔəx*. being ejected, told to go away, pushed aside: *kʷə́xtəŋ*. to be put aside, back, away by someone: *kʷsáčtəŋ*. to be put, moved away, put aside, put apart (from something) by someone or something: *xʷéʔitəŋ*. to move over, move aside: *txʷnéʔiŋ*. to move something or someone away, aside, apart (from something): *xʷéʔitxʷ*. to put something aside, put into the background: *kʷsáčt*.

ask to ask (a question), inquire: *čtáŋ̓*. to ask for donations: *qəmáyu*. to ask for, request, beg for something: *qəmát*. to ask for (something): *ɬáʔəŋ*. to ask someone (a question): *čtát*. being asked: *čtáʔtəŋ*. to ask a lot: *čičtáŋ̓*. to be asked: *čtátəŋ*. to be asked, begged for something: *qəmsítəŋ*. to be asked for (something) by someone: *qəmátəŋ*. to be asking for (something): *ɬiʔíŋ*. to be asking, inquiring: *čtáŋ̓*. to be asking someone: *čtáʔt*. to be begging, asking for (something), panhandling: *qəmánəq*. to be begging, asking, pleading for (something): *qəmáŋ̓*. to beg, ask for (something) to use: *qəm̓áŋ̓*. to beg someone, ask someone for (something): *qəmsít*. to get a spouse, propose, ask to marry: *ʔəsckʷísəŋ*. to beg someone, ask someone for (something): *qəmsít*.

asleep to be asleep: *ʔəsʔéʔtt*. to be sleeping, asleep: *ʔéʔtt*.

assemble to gather, assemble (of people), come together, crowd together: *q̓pə́ct*. to be gathering, assembling (of a group people): *q̓ə́ypct*. to gather, assemble (of a group people): *q̓ə́ypct*. to gather together, assemble (several peoples): *q̓iq̓ə́p*.

assembly a gathering, assembly: *q̓iq̓ə́p*. to be gathered together, any gathering, assembly of people: *ʔəsqápɬ*.

astound to astound, amaze, shock by showing off or bragging: *čə́q̓ənəq*. to be astounding, amazing, shocking: *čaʔq̓áʔnəq*. to be surprised, amazed, impressed, astounded: *čə́q̓*.

as usual evidently, as you can see, as usual, obviously, still in sight: *šaʔ*. to be as usual, typical, expected, conforming: *čúwəɬ*.

asylum insane asylum: *scəyəxʷáwtxʷ*.

at be at a particular place: *ʔaʔ-*. to be there, at a place: *ʔiyá*. to be at a particular location (of a child): *ʔiyaháčɬ*. to come after, come for, come at someone: *ʔənʔánəs*. to go for, go after, go at someone or something: *hiyáʔnəs*. to jump, spring over, on, at, or after something or someone: *xʷtíŋət*.

athletic any toy or toys, anything one plays (games) with, athletic equipment: *sqqíŋ*.

atop to be atop, on top: *ʔəscéʔci*. being atop (as on a plate), lying flat on: *ʔəsɬáʔɬx*. to be laid on, put atop, served up by someone: *ɬxátəŋ*. to be on top, sitting atop, be upstairs: *ʔəscáʔcaʔ*. to lay something on, put something flat atop (a surface): *ɬáxt*. to lie down flat atop (something): *ɬáxəŋ*.

attach to tie down, attach something: *ɬéʔnət*. to manage to tie down, attach something: *ɬéʔnəxʷ*. to let something be tied up, attached: *ɬéʔntxʷ*. being tied down, attached by someone or something: *ɬéʔəntəŋ*. button, pin, safety pin, any similar thing used to attach or close clothing (but not zipper): *kʷənísən*. to attach, tie up (to something): *ɬaʔníct*. to be attached, tied up (to something): *ʔəsɬaʔníct, ɬaʔnítəŋ*. to be attaching something, tying something up: *ɬíɬaʔnət*. to be stuck, tightly attached: *ʔəsƛ́áqʷɬ*. to be tied up, attached: *ɬéʔnəq*. to be tied up, attached (to something): *ʔəsɬéʔɬəntxʷ*.

attached to be attached (emotionally), dependent (as a pet): *sƛ́eʔéyəŋ*.

attempt to try, attempt (to do something): *páʔət*.

attention to observe, watch, see and understand, pay attention: *kʷənúɬ*. to pay attention to, notice someone or something: *yaʔyíxt*. to pay attention to someone, respect, honor, praise someone, give someone special care: *naʔnaʔtíxʷ*. Don't pay any attention to him. (Don't let him be what you miss.): *ɬaʔáŋən*. hey, a call to get someone's attention: *héh*. make someone wake up and pay attention: *kʷčə́t*. to be listening, paying attention: *yaʔyəŋəcút*. to be not paying attention, mind wandering, uninterested, ignoring what is going on: *ƛ́ɬús*. to be paid no attention, ignored: *ƛ́xʼiyústəŋ*. to ignore, pay no attention to, not care for or about something or someone: *ƛ́xʷiyuʔústxʷ*. to nudge, bump someone to get their attention without speaking: *cúɬt*.

attitude to be arrogant, have a silent proud attitude ignoring others: *ƛ́ɬús*. to be rude, mean spirited, have bad manners, a bad attitude: *nəxʷsxaʔsíkʷən*.

attract to draw, attract something: *súpt*. to be drawing in, attracting: *saʔpə́yuʔ*. to be drawn, attracted to something: *saʔpútəŋ*.

auger any hole-making tool, drill, auger, posthole digger: *sxʷcə́ɬqʷəŋ*.

August *čəńɬáqaʔ*.

auklet a very small auklet or murrelet: *qʷaʔqʷə́c*.

aunt aunt, uncle, either parent's sibling: *cácc*. parent's younger sibling: *ƛ́iƛ́q*. a group of aunts and/or uncles: *caʔyáčc*. any relative (cousin, aunt, uncle) about the same age as oneself: *ƛ́iƛ́q*. aunt or uncle after one's parent has died: *sxʷsqəsaʔčáyəɬ*. small aunt or uncle: *caʔcáčc*.

aunt-in-law in-law of preceding generation, parent/uncle/aunt-in-law, mother-in-law, father-in-law: *siyáʔiɬ*. several aunts-in-law: *sxʷʔiyiyáyəŋ*. uncle-in-law or aunt-in-law, parent's sibling's spouse: *sxʷʔiyáyəŋ*.

authority adviser, wise person, authority: *xčə́ŋtən*. the authority, responsible one in charge, conductor, director: *xčə́n*.

automobile automobile, car: *ʔatəməbíl*. car, automobile: *káa*. vehicle, any conveyance, any means of transportation: *scaʔkʷaʔyúɬ*. automobile tire: *táyə*.

aviary birdhouse, nest: *scèʔcəmáwtxʷ*.

avoid to shy away, make oneself scarce, avoid people: *céʔcq*.

aw ugh, aw, gosh, exclamation of disgust or irritation: *ʔə́š*.

awake to be awake: *cácɬ*. to be awake, wide awake: *čiyáʔwiʔ*. to be just awakened: *čaʔcə́č*. to be wide awake, eager, lively: *ʔəscácɬ*. to manage to be awakened: *ccnáŋ*.

awaken to wake someone: *cčə́t*. to wake up, awaken: *cə́č*. to be awakened by someone: *ccə́təŋ*. to be waking someone up: *cčə́t*. to manage to awaken someone, wake someone unintentionally or with difficulty: *ccnáxʷ*.

aware to sober up, come to, behave oneself, come to one's senses, become aware: *pə́ɬ*.

away to be away, gone, not home, on vacation: *háʔəw*. to be away, stay away, be apart (from something or someone), not close: *ʔəxʷéʔi*. to be far, far away: *yíy*. any food put away, packaged for later use, winter food supplies, larder: *sqíyuʔ*. be facing, looking away: *xʷənúʔəsəŋ*. being away, gone, not home, on vacation: *háʔəw*. being ejected, told to go away, pushed aside: *kʷə́xtəŋ*. lots of food put away: *sqiqíyuʔ*. to bar someone's or something's entry, tell someone to leave, go away: *kʷšə́t*. to be driven away, chased away by someone: *kʷikʷə́xtəŋ*. to be driving away, shooing away (especially animals): *čaʔqʷáʔyuʔ*. to be ejecting, chasing, shooing away someone or something, boot someone out: *kʷə́xt*. to be escaping, running away, getting away, disappearing: *ƛ́iƛ́əw*. to be held, pushed, moved away by someone or something: *cxítəŋ*. to be in the woods, forest, up away from the water: *čáyəqʷ*. to be looking away: *qqəyáʔis*. to be looking away, looking the other way, turning back: *čiʔúʔsəŋ*. to be lost, left behind, thrown away by someone: *kʷánəŋ*. to be put aside, back, away by someone: *kʷsáčtəŋ*. to be put away: *ʔaʔyáʔtəŋ*. to be put, moved away, put aside, put apart (from something) by someone or something: *xʷéʔitəŋ*. to be put, stored away by someone: *ʔaʔyístəŋ*. to be putting away something, storing something: *ʔáʔaʔyət*. to be putting something away: *čə́ɬt*. to be putting, taking something far away: *yaʔyəŋístxʷ*. to be right now, right away, as soon as: *kʷnɬ*. to be sent away, shooed, ejected: *kʷə́x*. to be taken away from by someone or something: *čəyústəŋ*. to be taken away (of several things): *čəyaʔyítəŋ*. to be taken far away by

English-Klallam Index 553

someone or something: *yəyəŋístəŋ*. to be taking away: *čaʔyáʔnəq, sčáʔi*. to be taking (something) away from someone: *čiyáʔyət*. to be turning around, looking back, turning the head to look, looking away (from something): *čiʔús*. to chase, drive, shoo something away: *čáqʷt*. to drive away, chase away a group: *kʷikʷáxt*. to elope, run away with each other: *ɬuʔísti*. to escape, run away, get away, disappear from some confinement: *x̌íw*. to escape, seek refuge, flee, get away from an immediate situation: *ɬáwʲ*. to fight over (something), taking (something) away from each other: *čaʔyíti*. to get away, escape (from someone or something): *ɬaʔkʷáct*. to get away, put distance (from something): *txʷaʔxʷéʔi*. to get taken away: *ɬə́w*. to give away, potlatch giving, giving to charity: *ŋáʔtxʷ*. to give something away: *sʔə́ŋaʔtxʷ*. to go away, have one's things together ready to go: *kʷšə́ct*. to go inland, up away from water, go into the bush: *cúŋ*. to have (something) taken away by someone or something: *čaʔyítəŋ*. to hold something away: *cxít*. to kick someone out, shoo, chase, push, drive someone away, tell someone to get out: *kʷxə́t*. to let someone look back, look away: *čə́yəstxʷ*. to look away, look the other way, turn back: *čiʔúsəŋ*. to manage to barely get away, escape: *x̌aʔx̌iwnúŋət*. to manage to get away, escape: *ɬawnúŋət*. to move away, apart (from something), get out of the way: *xʷéʔict*. to move away, set apart: *ʔəxʷʔyáys*. to move something or someone away, aside, apart (from something): *xʷéʔitxʷ*. to put away oneself: *ʔaʔyáct*. to put away (something): *sʔaʔyíŋəɬ*. to put away something, store something away to keep it good for later use: *ʔáʔyət*. to put something away, stow something (in a small space or between two things): *čʲə́t*. to put, store away something: *ʔaʔyístxʷ*. to shy away, make oneself scarce, avoid people: *céʔcq*. to take something away from a person: *čəyúst*. to take (something) away from someone: *čéʔyət*. to take something away from the fire, remove food from the heat: *ɬáyəs*. to throw away (something): *kʷánəyu*. to throw away something, discard something, leave something behind: *kʷánəs*. to turn around, look back, look away, turn one's eyes away (from something): *čiʔáʔis*. to turn around, look back, turn the head to look, look away (from something): *čə́yəs*.

awful to be terrible, fierce, awful: *xísi*.

awfully very, awfully, too much, so much: *mán*.

awl any tool used to make holes, puncher, awl: *cɬə́qʷtən*. awl, anything used to poke a hole into something: *sxʷcɬə́qʷən*. drill, bit and brace, awl, piercer: *sxʷcə́ɬqʷyu*.

axe *sxʷk̓ʷqʷə́m*. hatchet, small axe: *sxʷk̓ʷaʔk̓ʷéʔqʷəm*. hoe, mattock, pickaxe, shovel: *lapiyúš*. several axes: *sk̓ʷik̓ʷqʷə́m*.

baby baby, infant child: *ŋaʔŋéʔənaʔ*. baby girl: *sɬnaʔčúyəɬ*. small young boy, baby boy: *swaʔwiʔqúʔiɬ*. baby, infant son or daughter: *ŋáʔnaʔ*. infant, baby, toddler, young child, young son or daughter: *ŋaʔŋáʔnaʔ*. offspring, one's own child, son, daughter, baby, doll: *ŋə́naʔ*. a baby born at the time someone dear died is called a tear: *sxʷqʷúʔəs, sxʷqʷuʔúyəs*. baby blanket: *səmaʔčúʔiɬ*. cradle-basket, cradle, cradle-board, swing (for a baby): *púʔcs*. several infants, babies: *ŋaʔyaʔŋáʔnaʔ*. several young relatives, young children, babies: *sčaʔyaʔčiʔə́yɬ*. to adopt a child, find and take in an abandoned baby: *məkʷəŋúyɬ*. to be a crybaby: *xʷaʔxʷúŋ*. to be just born, newborn baby, just hatched: *čaʔnéʔ*. to be nursing a baby: *qaʔmaʔstə́yɬ*. to be putting a child to sleep: *ʔaʔttə́yɬ*. to carry a baby: *x̌kʷíʔiɬ*. to give birth, have a baby: *čŋə́naʔ*. to hold a baby in one's lap: *ʔəpə́čt, ʔəpə́čtəŋ*. to nurse a baby, give milk (to a baby): *qə́muʔstxʷ*. to put a child to sleep: *ʔəttə́čt*. to put a diaper on a baby: *qə́yəwáčt*. to start putting a diaper on a baby: *qqəyəwáčt*. young girls, baby girls: *sɬnɬnáʔčúwiɬ*. young relative, child, baby: *sčaʔčiʔə́yɬ*.

babysit to babysit, take care of someone: *ŋaʔk̓ʷaʔéʔt*. to protect, care for, babysit: *ʔáʔk̓ʷɬ*. to take care (of someone or something), babysit: *ʔúk̓ʷɬ*. someone taken care of (by someone), the children a babysitter watches: *sʔúk̓ʷɬ*.

babysittee someone taken care of (by someone), the children a babysitter watches: *sʔúk̓ʷɬ*.

babysitter caretaker, babysitter (for a person or house): *sxʷsʔúk̓ʷɬ*.

bachelor bachelor, widower, an unmarried grown man: *čaʔswə́yqaʔ*.

back back, often referring to the back, inland side: *=icən*. back of the head: *táčšəŋ*. back of the neck: *=ačš*. back, usually the bottom or lower back of the body: *=ač*. butt, rump, rear end, lower back (of person): *sxʷə́kʷ*. the back of the body, especially the lower back: *stcíkʷən*. the back of the body, especially the middle of the back: *stáckʷɬ*. the back, upper side of a house: *čaʔyəqʷáwtxʷ*. a group of lower backs, rumps: *sxʷíxʷəkʷ*. being carried on the back: *cəŋáʔəŋ*. being packed, carried on the back by someone: *cəŋáʔətəŋ*. hunchback: *sxʷmaʔməkʷuʔéʔč, sxʷməkʷuʔéʔč*. to be back against (something), be seated back towards the wall in the longhouse, on the inside edge of the bed: *kʷsáʔič*. to be backing up, rowing facing the stern: *x̌əyáys*. to be behind, in back of: *titáʔəwəɬ*. to be carrying a child on the back: *cəŋaʔáʔčtəŋ*. to be leaned back against: *cənʔáčtəŋ*. to be looking away, looking the other way, turning back: *čiʔúʔsəŋ*. to be lowering, dropping back: *xʷaʔkʷéʔyəŋ*. to be lying on one's back: *ʔəsxáxɬ*. to be on the woods side, back side, side away from the water: *čayəqʷaʔáwəɬ*. to be packed, carried on the back by someone: *cə́ŋaʔtəŋ*. to be packing, carrying something on the back: *cəŋáʔat*. to be put aside, back, away by someone: *kʷsáčtəŋ*. to be thrown backwards, thrown on one's back, be turned face up by someone or something:

back and forth

xɬiyəŋístəŋ. to be turned back: čiʔáyətəŋ. to break the back: nəxʷtkʷícən, nəxʷtkʷíkʷən. to break the lower back: tkʷəwéʔč. to bump one's lower back: x̣̌əmáčəŋ. to carry a child on the back: cəŋáʔčtəŋ. to carry something on one's back: cəŋaʔnít. to get bumped on the back: nəxʷx̣̌əmúʔéʔč. to go back against (something), move back towards the wall in the longhouse, move to the inside of a bed: kʷsáčəŋ. to go behind, drop back (in a race): ɬkʷásct. to go to the stern, go to the back seat of a vehicle: kʷáʔətct. to have a back: čtáčšəŋ. to have a hunched, rounded back: maʔməkʷuʔéʔč. to have a long back, long neck: x̣̌qtáčšəŋ. to lean back against: cənʔáč. to lean back (on something to rest): cənáčəŋ. to lean something back against (something): cənʔáčt. to let someone look back, look away: čáyəstxʷ. to look away, look the other way, turn back: čiʔúsəŋ. to lower, drop back, go down: xʷkʷíyəŋ. to manage, succeed in packing, carrying something on the back: cə́ŋaʔnəxʷ. to pack, carry a child on the back: cəŋaʔíɬ. to pack, carry something on one's back: cə́ŋaʔt. to relapse, be taken back to the way it was: huŋítəŋ. to retaliate, get back at, get even with, get revenge: nəxʷtčács¹. to retaliate, get back at, get even with, revenge against someone: nəxʷtčácst. to return, go back: həwíyəŋ, həwéʔyəŋ. to return something or someone, take something or someone back: huŋístxʷ. to rip, split down the back: nəxʷčxícəŋ. to take (something) back from someone: huŋít. to throw someone or something down on its back, make someone or something fall backwards face up: xɬiyŋístxʷ. to turn around, look back, look away, turn one's eyes away (from something): čiʔáʔis. to turn around, look back, turn the head to look, look away (from something): čáyəs.

back and forth to oscillate, move, shake back and forth: míxʷəŋ. to move something back and forth, stir, beat (as an egg): kʷə́yəxt.

back at to retaliate, get back at, get even with, get revenge: tčácsəŋ.

backbone backbone, vertebrae: sxʷcaʔméʔč, sxʷcaʔməwéʔč, sxʷcaʔmícən. backbone of a fish, ribs of animal, a serving of fish backbone: sxə́kʷaʔ. cooked backbone of a duck or other fowl: skʷútuwəɬ. the skeleton of any animal, but especially the backbone and ribs of a salmon: scaʔmúɬən.

backfire to explode, pop, backfire, go off (as a gun or bomb): tə́nə́qʷ. to explode, blow up, burst, backfire (of an engine), go off (of a gun), bang: kʷaʔtənə́qʷ. an exploding spark from a fire, a backfire from an engine, a gun firing: tə́nqʷə́yuʔ. to be exploding, popping, backfiring: tə́nqʷ.

background to put something aside, put into the background: kʷsáčt.

back out to back out on a deal, renege, change plans, change one's mind: huhəwíyəŋ.

backpack backpack: qaʔáwəc.

back seat the stern of a canoe or boat, back seat of a vehicle: skʷáʔət¹. to be in the stern of a canoe or boat, back seat of a vehicle: ʔəskʷáʔət.

backslide to backslide (in Christian religion), return to sin: titə́x.

back up to go backwards, back up, go in reverse: x̣̌áyəs. to back something up, go in reverse: x̣̌áyəst. to be backed up: x̣̌áyəstəŋ.

backwards to go backwards, back up, go in reverse: x̣̌áyəs. falling backwards: xaʔɬéʔyəŋ. to back something up, go in reverse: x̣̌áyəst. to be going backwards: x̣̌aʔyáys. to be going backwards, backing up: x̣̌ayséʔiŋ. to be thrown backwards, thrown on one's back, be turned face up by someone or something: xɬiyəŋístəŋ. to fall backwards, fall on one's back: xɬíyəŋ. to wear clothing backwards: ʔəsčiʔúʔyəs.

backwater to backwater with a canoe paddle: q̓ánəč.

backwoods the backwoods, forest: ʔəsčáyəqʷ. woods, forest: čáyəqʷ.

bad to be bad, evil, mean, dirty: sxáʔəs. to be spoiling, going bad: qáʔiʔ. a small bad person or thing: ʔəsxaʔxiyáʔs. to be a little bad or to be a little bad thing or to be a mean child: sxaʔxáʔəs. to be bad, evil (of several): sxəyáʔəs. to be bad (of many things or people): sxaʔyəxiʔáʔs. to be calling for, predicting, making rain or bad weather: qʷqʷaʔánxʷ. to be sorry, unfortunate, too bad: qáʔiʔ. to be too bad, sorry: qə́y. to be treated badly by someone, be treated mean: qaʔitíŋ. to feel bad (for oneself or for someone else), get one's feelings hurt, feel disappointed in someone: xɬánkʷs. to feel bad, sad about something, feel sorry for someone: xɬtáxʷ. to make oneself look bad, mean, terrible, fierce: sxəsámənət. to treat someone badly, be mean to someone: qaʔyát.

bad attitude to be rude, mean spirited, have bad manners, a bad attitude: nəxʷsxaʔsíkʷən.

bad manners to be rude, mean spirited, have bad manners, a bad attitude: nəxʷsxaʔsíkʷən.

bad medicine to be poisoned, affected by bad medicine: syáʔəx.

bag sack, bag: lisák. to be in a bag, sack: ʔəslisák. any container used to carry food home from a feast, a doggy bag: sxʷməqáʔsay. grocery bag: sʔɬnáy. lunchbox, lunchpail, nosebag: sxʷsaʔwənáy.

baggage one's stuff, baggage, belongings, clothing: ʔáwkʷ.

baggy to have a flabby rear end wearing baggy pants: sɬipáwəč.

bail to bail: qʷə́yəc, qʷə́yəct. to bail something: qʷə́yəct, qʷə́yət. to be bailed by someone: qʷə́yəctəŋ. to be bailing: qʷə́yct. to be bailing a canoe: qʷə́yt. to be freed, set free, let loose, bailed out by someone: yəxʷə́təŋ. to be free, unbound, untied, out on bail, on the loose: ʔəsyáxʷɬ.

English-Klallam Index

bailer bailer, anything used to bail water from canoe: *q̉ʷiʔtán*. bailer for removing water from a canoe: *sxʷʔiʔqʷə́ỷct*. a bailer made of maple: *c̉áŋətən*.

bait bait for any line or trap: *ŋáʔŋaʔ*. bait (for fish or anything): *ŋáỷŋiʔ*. to set bait, bait a line or trap: *ŋaʔŋáʔt*.

bake to bake: *ƚə́yəq*. to bake by steaming in a fire pit: *c̉ə́nəs*. to bake in an oven: *həqkʷənáys*. to bake something: *ƚə́yəqt*. to cook, roast, barbecue, bake on an open fire: *q̉ʷə́yəŋ*. to put something into the oven to bake: *nəxʷhəqíkʷt*. anything baked or cooked in hot sand or ashes: *stə́yəq*. anything baked or steamed in a cooking pit: *sc̉ə́nəs*. a roast, barbecue, anything cooked on an open fire, especially barbecued salmon: *sq̉ʷə́yəŋ*. a session of cooking on rocks, a seafood bake: *scxʷás*. to be baked, cooked in hot sand: *ʔəsƚə́yaʔq*. to be baked in the oven: *ʔəshəqíkʷən*. to be baked, steamed: *ʔəsc̉ə́nəs*. to be baking, in the oven: *ʔəshaʔqéʔwən*. to cook, bake: *q̉ʷəyíŋəƚ*. to cook, roast, bake, barbecue something: *q̉ʷə́yət²*.

Baker Mount Baker: *swáʔləx*.

bald to be bald: *k̉ʷəwléʔqʷ*. to be bald, bare: *ʔəsk̉ʷəyéʔqʷ*. to be bald, bare headed: *sk̉ʷaʔwəỷéʔqʷ*.

bald eagle eagle, bald eagle, golden eagle: *k̉ʷə́yŋsən*.

ball *=tm̉*. any ball: *qaʔqtəmús, sqaʔqtəmús*. any ball, especially a baseball: *smə́kʷ*. any ball game: *qaʔqtəmús, sqaʔqtəmús*. ball game: *qaʔqtəmúsəŋ, sqaʔqtəmúsəŋ*. baseball pitcher: *sxʷc̉c̉sə́yuʔ*. forehead, round, ball-shaped object: *=uyəs¹*. several balls, especially baseballs: *qəyəqtəmús*. to be gathered into rounded lumps, crumpled, smashed together, balled up: *məkʷə́təŋ*. to be playing any ball game, especially baseball: *qaqtəmúys*. to be round, spherical (like a ball): *ʔəsiqəmúʔis, siqiʔúʔis*.

balled up to be balled up, bunched up, piled up: *ʔəsmə́kʷƚ*.

balloon to get swollen, bloated, get blown up (as a balloon): *nəxʷsúyətəŋ*.

baloney big deal! baloney! you've got to be kidding!: *hə́xʷ, huxʷéy*.

band arm band: *q̉iʔəxátən*. barrel band: *q̉túysən*. headband: *sq̉túyəs*. headband, a bandage around the head: *q̉túysən*. tumpline, basket headband, pack-strap worn across the forehead attached to a load on the back: *cáŋaʔtən*.

bandage to bandage, wrap up: *ʔəsxʷə́yk̉ʷtxʷ*. to be wrapped up, bandaged: *ʔəsxʷə́yk̉ʷ*. to wrap something up, bandage something: *xʷə́yək̉ʷt*. headband, a bandage around the head: *q̉túysən*. to be wrapped up, bandaged by someone: *xʷə́yk̉ʷtəŋ*.

bandanna any head covering such as a bandanna: *xʷik̉ʷéʔqʷəŋ*. handkerchief, head scarf, bandanna: *híkčəm*. hat, any head covering: *sc̉ə́saʔqʷ*. head scarf, kerchief, bandanna, anything used to cover, wrap up the head: *xʷik̉ʷéʔqʷəŋ*.

bang to explode, blow up, burst, backfire (of an engine), go off (of a gun), bang: *kʷaʔtənə́qʷ*.

bank edge of a bank or cliff: *sʔíycən*. rocky bank of a river: *sxʷšáməns*. savings bank: *staləháwtxʷ*. to be by the edge of the water, beach, shore, riverbank: *cácu*. to be on the other side, other bank, other edge, across: *txʷnə́wəcən*. to be on this side, bank, edge (of a river of bay): *ƚuʔúcən*.

bar to bar someone's or something's entry, tell someone to leave, go away: *kʷšə́t*. tavern, beer joint, bar: *slamáwtxʷ, sq̉uʔq̉ʷaʔáwtxʷ*. name of the sandbar that is right out from the beach at Jamestown and goes nearly to Dungeness: *xáƛ̉sən*.

barbecue to cook, roast, barbecue, bake on an open fire: *q̉ʷə́yəŋ*. to roast, barbecue, cook something on an open fire: *q̉ʷə́yəs*. anything barbecued or roasted, especially salmon: *ʔəsq̉ʷə́y*. anything toasted, roasted, barbecued: *sk̉ʷás*. a roast, barbecue, anything cooked on an open fire, especially barbecued salmon: *sq̉ʷə́yəŋ*. a stick used for roasting food (especially salmon) placed in the ground around a fire: *sxʷiʔq̉ʷə́yəŋ*. barbecuing: *q̉ʷáʔyəŋ*. being toasted, seared, scalded, roasted, barbecued, burned on the surface by someone or something: *k̉ʷástəŋ*. stake set in the ground around an open fire to hold salmon as it cooks: *ƚə́cmən*. toast, roast, barbecue, anything seared (especially toasted dried fish): *sk̉ʷásəŋ*. to be cooked, roasted, barbecued by someone: *q̉ʷə́yətəŋ²*. to be cooking, barbecuing something: *q̉ʷə́yt*. to be scorched, barbecued, toasted (especially dried fish): *ʔəsk̉ʷás*. to cook, bake, barbecue something: *q̉ʷə́yət²*. to toast, sear, scald, roast, barbecue, burn the surface of something: *k̉ʷást*.

bare to be bald, bare: *ʔəsk̉ʷəyéʔqʷ*. to be bare, cleared: *ʔəsk̉ʷáyəƚ*. to make something bare, clear a surface: *k̉ʷc̉ə́t*.

barefoot to be barefoot: *ʔəsƚəŋƚəŋsə́n*.

bare headed to be bald, bare headed: *sk̉ʷaʔwəỷéʔqʷ*.

barely almost, nearly, soon, about to, barely (applied to a number of items): *čičəyáy*. almost, nearly, soon, barely: *čəyáy*.

barge to go in, barged in on someone: *čixʷnə́s*.

barge in to barge in on someone: *nuʔnə́s*. to be barged in on by someone: *nuʔnə́səŋ*.

bark fir or cedar tree bark: *čə́yiʔ*. a bunch of cedar bark: *syiyáwiʔ*. any tree bark: *k̉ʷə́wiʔ*. any tree bark (except fir bark): *k̉ʷiyaʔk̉ʷíkʷs*. small pieces of tree bark: *scáʔyaʔčáʔi*. the soft inner bark of the cedar tree used for weaving: *syə́wiʔ*. very fine bark slivers, like dust: *scíci*. to bark (of a dog): *wəsáyəs*. to be barking: *waʔsáyu, waʔwəsáyuʔ*. to be barking (of a dog), making a barking sound: *waʔwəsáys*. being barked at: *ŋə́stəŋ*. to bark at someone: *ŋiŋə́st*. to bark at someone or something: *ŋəsə́t*. to bark, make a barking sound: ŋəsə́yu. to be barked at: ŋəsə́təŋ, ŋiŋə́stəŋ, waʔwústəŋ. to be barking at someone or something: ŋə́st. to be barking, make a barking sound: ŋə́syuʔ, ŋə́syuʔ.

barn barn, hay storage building: sxcaʔyáw̓txʷ. cattle barn: musməsáw̓txʷ. horse barn, stables: stiqiwáw̓txʷ.

barnacle acorn barnacle: c̓úŋc̓əŋ. a group of small acorn barnacles: c̓aʔyaʔc̓úŋc̓əŋ. small acorn barnacle: c̓aʔc̓úŋc̓əŋ. gooseneck barnacle, boots: nəqʷsiʔí. several acorn barnacles: c̓aʔyúŋc̓əŋ.

barrel barrel, washtub: ƛ̓amúʔləč. barrel band: q̓túysən. oil drum: skʷəlaháyə. several barrels: ƛ̓iyamúʔləč.

base navy base: mánuwa. tree stump, trunk of cut tree, the butt end of a log: scšáʔič.

baseball any ball, especially a baseball: smə́kʷ. any cap with a bill (like a baseball cap): stípəqsən. baseball batter: sxʷščə́yuʔ. baseball catcher: sxʷƛ̓kʷnáxʷ. baseball pitcher: sxʷčcsə́yuʔ, sxʷčšə́yuʔ. baseball shortstop: sxʷƛ̓áyuči. several balls, especially baseballs: qəyəqtəmús. to be hitting (as in baseball): ščə́yuʔ. to be playing any ball game, especially baseball: qaqtəmúys.

baseball bat any club, war club, golf club, bat, baseball bat, racket: šč̓ə́n.

bashful to be bashful, ashamed, embarrassed, shy: x̣íc̓i. to be embarrassed, bashful, shy, ashamed: x̣éʔx̣aʔ. to feel ashamed, bashful: x̣éʔc̓iʔ, x̣eʔx̣éʔc̓iʔ. to feel ashamed, bashful, shy: x̣íx̣aʔx̣aʔ.

basin hand basin, sink: sxʷc̓aʔkʷc̓ísən. wash basin, sink: sxʷc̓aʔkʷúsən.

basket any basket: məhúy̓. any basket packed on the back, clam basket: qaʔáwəc. berry basket, water-tight, water-proof cooking basket: spčúʔ. cradle-basket, cradle, cradle-board, swing (for a baby): púʔc̓s. a group of baskets: miyəhúy̓. a monstrous, old woman witch who steals children and puts them in her basket: sqəléʔ. a monstrous, old woman witch who steals children and puts them in her basket, Slapu: slapúʔ. several small, water-tight baskets: spaʔyaʔpáču. several soft baskets: ƛ̓iyəmək̓ʷə́yəs. several water-tight baskets: spipáčuʔ. small basket: maʔmuhúy̓. small, water-tight basket: spaʔpáčuʔ. soft basket made of cedar bark or cattail: ƛ̓əmək̓ʷə́yəs. to be weaving a basket: ʔiʔáʔk̓ʷiʔáyəs. tumpline, basket headband, pack-strap worn across the forehead attached to a load on the back: cə́ŋaʔtən.

bass rock cod, kelp cod, greenling, black bass: ƛ̓qús.

bat bat (animal): ƛ̓aʔƛ̓iʔpiʔáx̣ən, ƛ̓aʔƛ̓ápt. several bats: ƛ̓əyaʔƛ̓ápt. any club, war club, golf club, bat, baseball bat, racket: šč̓ə́n.

bath to have had a bath, be bathed: ʔəssúʔskʷ. to take a little bath or bathe a little child or animal: saʔsúʔkʷəŋ.

bathe súkʷəŋ. to bathe a child: sk̓ʷə́čł. to bathe oneself: sk̓ʷúct. to bathe someone: súk̓ʷt. to be bathed by someone: sk̓ʷútəŋ. to be bathing a child: saʔk̓ʷtə́yɬ. to be bathing someone, giving someone a bath: súʔk̓ʷt. to be bathing, swimming: súʔkʷəŋ. to be bathing, swimming (of a group): səysk̓ʷúŋ. to be bathing, taking a bath: súʔsk̓ʷ. to be seeking spirit power, making oneself spiritually strong especially through bathing in the cold water of a river or stream: k̓ʷaʔčáʔct. to manage to bathe someone: súk̓ʷnəxʷ. to seek spirit power, make oneself spiritually strong especially through bathing in the cold water of a river or stream: k̓ʷčáct. to take a little bath or bathe a little child or animal: saʔsúʔkʷəŋ. to be bathing someone: saʔk̓ʷsúk̓ʷət.

bathing suit swim suit, bathing suit: sk̓ʷəŋúykʷɬ.

bathroom bathroom, bathhouse: sukʷəŋáw̓txʷ. to go to the toilet: ʔəmətíyəɬ. toilet, bathroom, restroom: ʔəmətáw̓txʷ. toilet, bathroom, restroom, outhouse: sxʷʔəmətáw̓txʷ.

batter baseball batter: sxʷščə́yuʔ.

battle to make war, be at war, battle: x̣íyəx̣. to go on a raid, clash in battle against someone (especially in retaliation): ʔaʔtšəmənít. to physically fight, battle, esp. wrestle, grapple: kʷínti. being at war, battling: x̣éʔyəx̣. to be going on a raid, clashing in battle against someone: ʔaʔtšaʔmənít.

battleship war canoe, battleship: x̣ix̣ə́kʷɬ.

bawl out to bawl someone out, tell someone off, correct someone, speak roughly to someone: ŋəx̣ə́t. to be bawling someone out, telling someone off, correct someone, raising Cain with someone: ŋə́xt. being bawled out, getting verbal discipline from an elder: ŋə́xtəŋ. being reprimanded, told off, bawled out, given a talking to: ɬaʔxʷúʔstəŋ. to be bawled out, get verbal discipline from an elder: ŋəx̣ə́təŋ. to be bawled out, reprimanded, chewed out: ŋaŋútəŋ. to be telling someone off, bawling someone out, giving someone a talking to: ɬxʷúʔst. to get a bawling out, being told off, corrected, scolded: ŋiŋə́xtəŋ. to reprimand someone, tell someone off, bawl someone out, give someone a talking to, call someone down, straighten someone up: ɬxʷúst. to start bawling someone out, telling someone off, scolding someone: ŋiŋə́xt.

bay any bay: sxʷŋáʔčč. a small protected area, bay: scéʔəyəxʷ. a deeply inward-projecting bay: nəx̣yéyəč. bay at extreme southern end of Case Inlet: xʷƛ̓ə́m. outside of any bay, the outside of a point of land: sqəyéʔč. protected area, bay (especially an inlet with small opening to sea): scə́yəxʷ. several bays: sccíyəxʷ. to be going downstream, going north, going out of a bay: qʷə́q̓ʷiʔ. to be going upstream, going into a bay: taʔáʔyəs. to be going upstream, up the bay: táʔyiʔ. to be upstream, located toward the upper part of a river or the inner end of a bay: tə́yət. to go downstream, go out to sea, go north, downriver, go out of a bay toward the mouth: qʷə́q̓ʷi. to go

English-Klallam Index 557

beach upstream, toward the upper part of a river, toward the head of a bay: *táyi*.

beach shore, beach: *cáwŋən*. the beach, shore, riverbank, waterline: *cácu*. the inside beach of a point of land: *čixʷaʔyéʔč*. the outside beach of a point of land or any rise in the land: *sqaʔyéʔč*. to beach a canoe or boat, push or pull a canoe up onto the beach: *txʷás*. to be brought to the beach, down toward or up away from the water: *cáwtəŋ*. to be by the edge of the water, beach, shore, riverbank: *cácu*. to be carried inland, up away from the water, from the beach by someone or something: *cúŋtəŋ*. to be down toward the water, be on the beach at the edge of the water: *ɬcú*. to be going down toward the water, to the beach: *ɬác*. to be going to a clam digging beach: *qiq̓xəyuʔíyɬ*. to be on the beach, get to the beach up away from the water: *cáw*. to be on the beach, washed ashore: *ʔəsqʷáɬ*. to be taken to the beach: *ɬcútəŋ*. to be walking along the edge of the water on the beach: *ɬcéʔnəŋ*. to bring to the beach, down toward or up away from the water: *cáwtxʷ*. to carry something inland, up away from the water, from the beach: *cúŋtxʷ*. to follow the edge of the water (in a canoe or on foot), going along close to the shore on the beach or in the water: *q̓túcən*. to leave something on the beach, let someone or something stay on the beach: *cácutxʷ*. to run (the bow of a canoe or boat) up onto the beach: *txʷúsəŋ, txʷúst*. to take someone or something down to the beach: *ɬcútxʷ*. to walk along the beach: *ɬəŋá*. to walk along the edge of the water on the beach: *ɬəŋácən*.

beachcomb to beachcomb, walk along the beach looking for things: *ɬq̓áčəŋ*.

beach hopper sand flea, beach hopper: *qéʔqəwəc*.

bead a bead, a bead necklace: *qʷə́yq̓ʷi*. to be threading a needle, stringing beads: *nəxʷsuʔə́čt*. to string beads, sew, thread beads onto a needle: *nəxʷsúyət*.

bean-shooter slingshot, bean-shooter, peashooter: *xtə́n*.

bear black bear: *scq̓ʷáyəč*. grizzly bear: *k̓ʷə́yəčən*. bears: *sčaʔyəqʷáʔič*. several grizzly bears: *k̓ʷəyə́yəčən*. small bear, cub: *sčaʔčqʷáʔič*. small bears, cubs: *sčayʔaʔčqʷáʔič*.

beard beard, mustache, any whiskers: *qʷínəcən*. lots of whiskers, several people with beards: *qʷə́nqʷínəcən*. to have whiskers all over the face, be bewhiskered, have a beard: *ʔəsqʷaʔnúcən*.

bear grass *ƛ̓ə́ƛ̓*.

beast any supernatural monster, beast: *sxʷnáʔəm*.

beat to hit, beat, whip someone or something with a hand-held instrument such as a stick: *ščə́t*. to beat someone, bruise someone up: *q̓ʷčə́t*. to beat someone, win against someone, be better than someone: *cəlít*. to beat a drum, beat rhythm by clapping or with any instrument: *ƛ̓k̓ʷuʔyáʔsəŋ, ƛ̓k̓ʷuʔyáʔsəŋ*. being beaten up by someone: *q̓ʷaʔčútəŋ*. being bruised up, beaten up: *sq̓ʷáʔi*. to beat a drum or board (as during slahal): *ƛ̓aʔƛ̓k̓ʷuʔyáʔsəŋ*. to beat up (on someone): *q̓ʷčə́yu*. to be badly beaten in a contest, lose badly: *clcə́lətəŋ*. to be beaten, bruised up: *q̓ʷáy*. to be beaten, lose a contest: *cələ́təŋ*. to be black and blue from a beating: *ʔsq̓ʷáyɬ*. to be bruised up, beaten up: *ʔəsq̓ʷáy*. to be hitting, beating: *šə́čt*. to be trying to beat each other in a contest: *cəlcəlítiʔ, cəycəlíti*. to clobber a bunch, beat several up: *šiščík̓ʷst*. to hit, strike, beat something or someone repeatedly: *šiščə́t*. to lose, get beat (in a contest): *cə́l*. to move something back and forth, stir, beat (as an egg): *kʷə́yəxt*. to tie, both win, beat each other in a contest: *clə́ti*. to win a game, beat someone (in a contest): *cələ́t*. to win, beat (someone) together: *clə́ti*.

Beatrice *píčəs*.

beat up to beat someone up: *q̓ʷčút*. to be beating someone up: *q̓ʷúčt*. to be beat up by someone: *q̓ʷčútəŋ*.

beautiful cute, beautiful, pretty, good-looking, handsome: *ʔaʔáʔiɬ*. to be beautiful: *múst*.

beauty *músta*.

beaver *ɬqtə́wəč, sq̓iyə́w̓, stəqáyuʔ*. mountain beaver, groundhog: *čuɬawítxʷ*. several beavers: *staʔyəqáyuʔ*. to be turning into a beaver: *stiʔqáyuʔct*. to turn into a beaver: *stiqáyuʔct*.

because *ʔaw̓-*.

Becher Bay Becher Bay, place name on Vancouver Island, Cheanuh: *xʷčiyánəxʷ*. a small island just outside Becher Bay: *ɬipícən*. Creyke Point, a narrow point in Becher Bay on the west side: *sk̓ʷə́yqsən*. Frazer Island, the large island in the middle of Becher Bay: *qaʔéʔŋəxʷ*. name of the bluff at the east side of Becher Bay: *sxʷp̓aʔpúʔqʷs*. spring on the beach at Smyth Head at Becher Bay: *xaʔičisə́ŋən*. the Klallam people at Becher Bay who moved there from Elwha: *sxʷiyəməɬ*. the land in Becher Bay where the marina is now located: *qaʔqéʔaʔis*. the low tide spit and beach on Large Bedford Island off of *məqʷúʔəs* at Becher Bay: *ƛ̓qtáčšəŋ*. the name of a small spring-fed creek at Becher Bay next to *staʔčəŋéʔqʷ*: *stixʷaʔc̓áwtxʷ*. the traditional Klallam village in the western side of Becher Bay where the marina now is: *čiyánəxʷ*. two of the three small Village Islands at the east side of Becher Bay that are very close together: *sčə́nəč*. Wolfe Island, the more northern of the two larger islands in Becher Bay, especially the south side of the island where the rocks are rusty colored: *taʔtə́miɬs*. wolf head, a large white rock in Becher Bay: *staʔčəŋéʔqʷ*.

become *-cut*. become..., turn to..., be getting to, begin to, end up: *txʷaʔ-*. to become, turn into: *néʔənɬ*. to change oneself, make oneself different, become something else, turn into something different: *náčct*.

bed bed, bench (in the longhouse where people sit): sxʷʔáʔmət. feather bed: qáynəŋ. a long woven cattail bed mat: súyaʔəč. feather bed, mattress, pillow: sƛ̓páyqən. flower bed, flower bushes: skʷayəqəŋíɫč. put someone to bed: ʔətúttxʷ. several beds: sxʷʔəyáʔmət. several long bed mats: sisúyaʔəč. small bed, bench, couch, cot: sxʷʔaʔáʔmət. to be putting someone to bed: ʔaʔtúttxʷ. to get up, arise, get out of bed: ʔə́mət. to have a bed prepared for one by someone: yaʔáʔɬtəŋ. to make, fix a bed for someone, get a bed ready for someone: yaʔáʔɬt. to make, fix a bed, get a place to sleep ready: yaʔáʔɬəŋ. to prepare, make a bed or nest: ʔaʔáɬəŋ. to sleep at the foot or edge of the bed: kʷɬáčəŋ. to sleep, go to sleep, go to bed: ʔítt. beds: sxʷʔə́yamət.

Bedford Island the low tide spit and beach on Large Bedford Island off of məq̓ʷúʔəs at Becher Bay: ƛ̓qtáčšəŋ.

bed partner bed partner, one that sleeps in the same bed: sónaʔkʷ. several bed partners: siyónaʔkʷ.

bee bee, any stinging, flying insect: stáʔkʷəŋ. bee, wasp: q̓əm̓q̓əm̓ícən. any small bee, hornet, wasp, bumblebee, yellow jacket, any stinging insect of the order Hymenoptera: sxʷɬaʔɬáʔkʷəŋ. several bees: sxʷɬəyaʔɬákʷəŋ. to make a humming noise (as a bee): xʷə́məŋ.

Beechey Head Beechey Head, Vancouver Island: šəyəŋúykʷɬ.

beef beef, meat: músmus.

beehive sxʷɬaʔɬáʔkʷəŋ. beehive, hornet nest or wasp nest: sxʷɬaʔɬaʔɬákʷəŋáw̓txʷ.

beer páyə. liquor, beer, any intoxicating drink: lám.

beer joint tavern, beer joint, bar: slamáw̓txʷ, sqʷuʔqʷaʔáw̓txʷ.

before to do something (for a while) first, before doing something else: txʷ-. to be first, ahead, before (in time or distance or in a game): ɬčáʔi. to be first, ahead, before (someone or something): ʔiʔčáʔyə. to come before in time: ɬkʷáw̓əs. to go first, ahead, before (someone or something): ʔiʔɬčáʔi. ancestor, heritage, ones who came before us, are ahead of us: čiʔáyən. ancestor, one who went ahead, came before us: sčiʔúʔis. ancestors, ones who went ahead, came before us: sčičiʔúʔis.

befriend to be befriended (by someone or something): scáʔčaʔəŋ.

beg to beg, ask for (something) to use: q̓əm̓áŋ. to ask for, request, beg for something: q̓əm̓át. to be asked, begged for something: q̓əm̓sítəŋ. to be begging, asking for (something), panhandling: q̓əm̓ánəq. to be begging, asking, pleading for (something): q̓əm̓áŋ. to beg someone, ask someone for (something): q̓əm̓sít.

begin become..., turn to..., be getting to, begin to, end up: txʷəʔ-. to begin, start (doing something): ʔáyəct. to do, begin, happen, get ready, prepare to do (something): yáʔct. to first begin, finally (do something): ʔuʔúʔ.

beginning the origin, beginning (of something): sxʷnéʔ.

behave to behave oneself: qsə́ŋəct. to behave, straighten up, come to one's senses: p̓ɬə́ŋ. to be keeping still, behaving oneself: ƛ̓aʔyaʔccút. to be made to behave, be sobered up by someone or something: p̓ɬə́təŋ. to be sober, sobered up, behaving oneself, be back to one's senses after a seizure or faint: ʔəspə́ɬ. to make someone behave, sober up: p̓ɬə́t. to sober up, behave oneself: p̓ɬə́ct. to sober up, come to, behave oneself, come to one's senses, become aware: p̓ə́ɬ.

behead to remove the head: ɬəŋéʔqʷəŋ. to decapitate, take the head off: ɬəŋéʔqʷt. to be decapitated, have head taken off, broken: ɬəŋéʔqʷ. to be decapitated, have the head taken off: ɬəŋéʔqʷtəŋ.

behind being left behind, abandoned: ɬuʔúʔiŋ. butt, rear end, bottom, buttocks: stáči?. descendant, one coming behind: ɬkʷə́səŋ. descendant, one left behind by the ancestors: sɬkʷsə́wəs. to be abandoned, left behind accidentally: ɬúynəŋ. to be behind, in back of: titáʔəwəɬ. to be hidden behind (something): ʔəscúʔyəp. to be kind of slow, be behind in a race, be late: qaʔqə́nəɬ. to be last, behind (in a contest), come after: ɬkʷə́wəs. to be left behind, abandoned: ɬúyəŋ. to be put behind (in line or in a race) by someone or something: ʔiʔɬkʷástəŋ. to be slow, be behind in a race (of several): qaʔyaʔq̓ánəɬ. to follow behind, chase (someone), catch up with (someone): čiʔsáyqəŋ. to go behind, drop back (in a race): ɬkʷásct. to hide behind (something), have something in front of one's face: caʔpúsct. to leave, abandon, give up someone or something: ɬúyəs. to leave behind: ɬkʷə́s. to put someone behind (in line or in a race): ʔiʔɬkʷást. to throw away something, discard something, leave something behind: kʷánəs.

being being, having potential spirit power: =ŋix^wl.

belch to burp, belch: ʔəɬənínəs. to be burping, belching: ʔəɬənéʔnəs.

Belfair Bay Lynch Cove, Belfair Bay: nəxʷyíyəp.

believe to believe, trust: q̓ʷáy. to believe someone: q̓ʷaq̓ʷiʔŋít, q̓ʷay̓kʷənít, q̓ʷáyŋət, q̓ʷáytxʷ. to believe something: q̓ʷáynəxʷ. being agreed with, believed by someone: q̓ʷq̓ʷay̓ŋítəŋ. to be believed by someone: q̓ʷay̓kʷənítəŋ. to be believing: q̓ʷaq̓ʷáyəŋ, q̓ʷáq̓ʷiʔ.

bell tíntən. to ring (a bell): c̓sə́t, c̓síŋət.

belly abdomen, belly, tummy, stomach: ƛ̓ác. belly, gullet, gizzard, intestines: sŋús. belly, lower abdomen: =iqən. big belly, pot-belly: čqíqən. to be hit in the abdomen: c̓síqtəŋ. to feel full, have a full belly, have eaten enough, be satisfied, satiated: mə́q. to get bumped on the belly: ƛ̓əmíqən. to have a full belly: ʔəsmaʔmə́q. to have a slack, sloppy,

bellyache

floppy belly: *słipíqən*. to punch someone in the belly: *c̓síqt*.

bellyache bellyache, stomachache, diarrhea: *x̣łíqən*.

belly-button navel, belly-button: *máx̌ʷəyaʔ, słx̌ʷíqən, yánəwəs*. umbilical cord, navel, belly button: *ŋáwiʔ*.

belong whose is something, who does it belong to: *txʷcántxʷ*.

belonging belonging, characteristic of: *=ałʔ*.

belongings one's stuff, baggage, belongings, clothing: *ʔáwkʷ*. anything used to contain belongings such as any pocket, suitcase, trunk, bureau, chest-of-drawers: *sxʷʔukʷáy*. little belongings: *ʔaʔáʔawkʷ*. several containers for belongings pockets, suitcases, etc.: *sxʷuʔuʔkʷáyə*. small belongings, few belongings: *ʔaʔáwkʷ*.

below to be under, below, beneath, on the bottom, on the underside, in the cellar: *ƛ̓cáwəł*. being under, below, beneath, on the bottom, on the underside, in the cellar: *ƛ̓caʔáwəł*. to be under, below the chest: *ƛ̓číqəŋ*.

belt belt: *ƛ̓cácən*. seat belt: *sqéʔyəxʷ*. spirit dancer's belt: *sxʷqqíkʷən*.

bench bed, bench (in the longhouse where people sit): *sxʷʔáʔmət*. chair, stool, bench, seat, anything used to sit on (but not a bed): *sxʷcaʔwáčən*. small bed, bench, couch, cot: *sxʷʔaʔáʔmət*. small chair, stool, bench: *sxʷcaʔcaʔwáčən*.

bend to bend: *mətáŋ*. to bend down, bend over to reach for something: *c̓əŋúst*. to bend, fold: *náŋ*. to bend, fold something over: *nəx̌ʷc̓əŋúst*. to bend, fold something over (not oneself): *nəŋát*. to bend (one's body) down, bend over, nod one's head, bow (one's body or head): *nəqʷúsəŋ*. to bend over, look down: *nəx̌ʷc̓əŋúsəŋ*. to bend something: *mətát*. to bend something, make something crooked: *k̓ʷc̓ət*. to turn a corner, go around a bend, make a turn in a canoe or other vehicle: *qaʔwíyəŋ*. bending something down: *náŋt*. to be all, completely crooked (as a very crooked road), all bent up: *sk̓ʷik̓ʷə́cł*. to be bending (one's body) down, bending over, nodding one's head, bowing (one's body or head), taking a bow: *naʔqʷúsəŋ*. to be bent: *mə́t*. to be bent, folded over: *ʔəsnáŋəł*. to be crooked, bent: *ʔəsk̓ʷácł*. to be made crooked, bent crooked: *k̓ʷc̓ətəŋ*.

beneath to be under, below, beneath, on the bottom, on the underside, in the cellar: *ƛ̓cáwəł*. being under, below, beneath, on the bottom, on the underside, in the cellar: *ƛ̓caʔáwəł*.

benefactive for, to: *-sít*.

Bentinck Island Bentinck Island, Race Rocks, Race Passage, Rocky Point: *x̌ʷáyəŋʔ*.

berate to tell someone off, tell someone that they are wrong directly to their face: *txayúst*. to be told off by someone off to one's face: *txayústəŋ*. to tell (someone) off, tell (someone) they are wrong to their face: *txayúsəŋ*.

Bernice *pənséʔe*.

berry any fruit, berries, jam, jelly: *scaʔyíqʷł*. a group of berries or other fruit: *sciʔcaʔyíqʷł*. any berry bush, fruit tree: *scaʔyəqʷíłč*. blackberry, dewberry: *sq̓ʷəyáyŋxʷ*. blackberry plant: *sq̓ʷəyayŋxʷíłč*. blueberry: *ŋáciʔnəč*. coastal black gooseberry: *táməxʷ*. cranberry: *ƛ̓iʔxʷúys*. dried berries of any kind: *šám*. evergreen huckleberry, blue huckleberry, Hood Canal blueberry: *yéʔx̌əm*. gumberry, gummy gooseberry, sticky gooseberry: *táməqʷ*. Indian plum, osoberry, stink berry: *čéʔčšinč*. mountainberry: *múlsən*. raspberry, blackcap berry: *c̓q̓ʷúmah*. raspberry, blackcap berry plant: *c̓q̓ʷumaʔíłč*. red elderberry: *scíyuq̓*. red elderberry bush: *ciwəq̓íłč*. red huckleberry: *píxʷ*. salal berry: *táqaʔl*. salal berry bush: *iqéʔíłč*. salmonberry: *ʔəlíluʔ*. salmonberry bush: *ʔəliluʔíłč*. serviceberry, saskatoon berry: *čéʔčšinč*. several berry bushes, fruit trees: *sciʔəyəqʷíłč*. several red elderberries: *sciyáʔiyəq̓*. several thimbleberries: *łaʔyəqʷəm*. soapberry, foamberry: *sxʷásəm*. strawberry: *té̓ʔyəqʷ*. strawberry plant: *łeʔiqʷíłč*. thimbleberry bush: *łəqʷəmíłč*. thimbleberry, red cap berry: *łə́qʷəm*. to be going out to pick berries: *ʔəmxʷcəníył*. to be picking berries or other fruit: *ʔəmxʷúcən*. to eat berries from the vine: *məxʷłnáyəŋ*. to form, appear on the plant (of berries or other fruit): *məkʷúyəsəŋ*. to harvest, pick berries, gather berries or other fruit or vegetables: *ʔəmxʷúcən*. to harvest something, pick berries, gather berries or other fruit or vegetables: *ʔəmxʷúct*. waxberry: *pəpq̓əyús*. waxberry, snowberry bush: *snuʔnəkʷéʔíłč*. to be picking berries or other fruit: *ʔəmxʷúcən*.

berry basket berry basket, water-tight, water-proof cooking basket: *spčuʔ*.

beside to be beside, next to, around, alongside: *ʔíyəwəł*. to sit, stand beside, next to: *tánəs*. to be put beside, alongside: *ʔíyəwəłtəŋ*. to be set, stood beside, set or stood next to, by: *stánəs*. to manage to finally bring something beside, next to, around, alongside: *ʔéʔwəłnəxʷ*. to put something or someone beside, alongside, next to, around, alongside: *ʔíyəwəłtxʷ*.

best to be going fast and hard, striving, doing one's best: *taʔméʔct*. to do the best one can, take care of oneself: *tanáʔct*. to encourage someone, tell someone to do their best: *tanáʔt*. to start to take care of oneself, do the best one can: *ttaʔnáct*.

best friend to be a close friend, best friend, pal: *sq̓ʷəʔúʔnəq*.

bet to gamble, bet: *mitáli*.

better better, improve oneself: *huʔáčəŋ*. I suggest..., why don't I/you..., I or you better..., should: *k̓ʷiʔ*. should, better: *ʔáy*. to beat someone, win against someone, be better than someone: *cəlít*. to be getting better (after being sick), getting well:

ʔáy̕əct. to be improving, getting better, more correct: ƛ̕úmʼəct. to be right, correct, legal, enough, satisfactory, fitting, sufficient, proper, in working order, okay, better (over an illness): ƛ̕úm. to get better (after being sick), get well: ʔíʔcút. to improve, get better, more correct: ƛ̕aʔmúct.

between to be between, in the middle, wedged in: xʷáč. to be in the middle, among, between, in a crowd: ʔəsxʷáčɬ. being wedged between, passing between: ʔaʔčáʔwəɬ. groin, between the legs: sxʷʔíy̕əɬ. to be straddling, have legs around (something) (as a horse or log): sxʷčəčíyəɬ. to be stuck, pinned in between (two things): ʔəsčáčɬ. to let be in the middle, among, between, in a crowd: ʔəsxʷáčɬtxʷ. to put something or someone between, in the middle: xʷə́čt.

beware to look out, be careful, heads up, beware, be wary: q̕ʷáʔyəx̣.

bewhiskered to have whiskers all over the face, be bewhiskered, have a beard: ʔəsqʷaʔnúcən.

bewildered bewildered, uncomprehending, puzzled: qʷaqʷəmús. to be confused, bewildered: ʔəsmimə́yč.

beyond former, over, beyond: čiʔáw. to be making something protrude, stick something out beyond, in front, ahead of others: héʔčt.

bicycle bicycle, bike: páysəkəl. bicycle or motorcycle: scssínkʷɬ. to ride a bicycle or motorcycle: cssə́nkʷɬ. vehicle, any conveyance, any means of transportation: scaʔkʷaʔyúɬ.

bid to order, tell someone (to do something): sát. to be bidding someone to (do something): saʔát.

big big, large, huge: čə́q. a big one, a person or anything large: sčə́q. big belly, pot-belly: čqíqən. big, large foot: čqsə́n. big nose: čqə́qsən. big toe, great toe: scaʔctúysən. big waves: čiʔqəyáʔq. longhouse, winter dance house, big house: čəqáwtxʷ. several big toes: sciyəctúysən. to be big (of several things): čə́y̕q. to be bragging, boasting, making oneself big: čqcúʔət. to be exceptionally big: ʔəsčə́q. to be getting bigger: čqcúʔət. to be having big feet: čiqsə́n. to be making something bigger: čqənáʔəxʷ, čqtáʔəxʷ. to be thick, big around, have a large circumference (as a large rope or pole): mə́qʷ. to be very big: čáqɬ. to finally manage to make something bigger: čqənáxʷ. to get a big nose: txʷaʔčqə́qsən. to get big, grow up: čqcút. to get big, grow up (of several): čiqcút. to have a big body, a big build: čqíkʷs. to have a big bosom: čiʔqáy̕ŋəxʷ. to have a big bottom: čqə́wəč. to have a big head, be bull-headed: čqéʔqʷ. to have a big, large mouth: čqúcən. to have a big neck: čqə́ɬnɬ. to have big arms or big hands: čqács. to have big ears: čiʔqán, čqáyən. to have big eyes: čiqə́ys, nəxʷčəqáʔis, nəxʷčiʔqáʔis. to have big hands: čiʔqács. to have big teeth: čiʔqáy̕nəs. to make something bigger: čqtáxʷ.

big deal big deal! baloney! you've got to be kidding!: hə́xʷ, huxʷéy.

Big Dipper the Big Dipper constellation: mə́tqʷ. the Big Dipper, Ursa Major constellation: méʔtqʷ.

bigfoot Sasquatch, bigfoot, a large man-like creature living up in the bush that few people have ever seen: čičəyíqʷtən. little people that follow bigfoot around: šúpšupt.

big shot government official, council member, chief, lord, big shot, distinguished: siʔám̕. I want, try to be it, important, first, a big shot push myself forward: ʔəccúʔət. to try, want to be it, be important, be first, be a big shot, be in front, take credit, take the show away: nəɬcút. you want, try to be it, important, first, a big shot, push yourself forward: nəkʷcút.

big stick shoe big stick shoe, giant chiton, gumboot, giant Pacific chiton, China shoe: ʔúkʼʷs.

big stuff big stuff!: həxʷstáxʷ.

bike bicycle, bike: páysəkəl. bicycle or motorcycle: scssínkʷɬ. to ride a bicycle or motorcycle: cssə́nkʷɬ. vehicle, any conveyance, any means of transportation: scaʔkʷaʔyúɬ.

bile bile, gall, gall bladder, mind, brains: ƛ̕ə́ɬ.

bilious yellow, greenish yellow, green, greenish blue, blue, bilious green: ʔənəƛ̕ə́ɬ.

bill any cap with a bill (like a baseball cap): stipə́qsən.

billiards to play pool, billiards: təčtəmúys.

billy club billy club, salmon club: ščéʔqʷən.

bind to bind, restrain, secure someone or something: qíq̕t. being bound, restrained, jailed, tied up by someone or something: qéʔq̕təŋ. to be binding: qéʔq̕. to be binding, restraining, tightening, tying someone or something up: qéʔq̕t. to be restrained, bound, tied up: qəq̕ítəŋ. to bind the legs, tie up someone or something by the legs: qəq̕sə́nt. to free, unbind someone or something: yáx̣ʷəyu.

bird any bird, especially any small bird: céʔcəm̕. any duck, any waterfowl: múʔuqʷ. a bird similar to but smaller than a common loon, possibly the Pacific loon: načqʷə́ys. a flock of butterball ducks, bufflehead: maʔyaʔməkʷéʔwən. a group of seagulls: qʷaʔiní. a group of young small birds: ccícaʔcəm, cə́y̕əcicéʔcəm. an unidentified species of duck with long beak: kʼʷaʔkʷə́y̕qsən. any goose, snow goose, Canada goose: ƛ̕ákʷxən. any gull, seagull: qʷəní. any long feather from a bird's wing or tail: sƛ̕qáʔi. any woodpecker: kʷiʔáʔiʔ. arctic loon, red throated loon, Pacific loon: xʷíkʼʷs. a small dark brown bird that climbs along trees looking for bugs, probably the brown creeper: čacuxáʔyəč. a species of small hawk: sxʷcacsə́yuʔ. a turkey: tə́ki. a type of bird spirit power: q̕ʷə́x̣qs. a very small auklet or murrelet: qʷaʔq̕ʷə́c. a young small bird, nestling: cícaʔcəm̕. belted kingfisher: čaʔcšə́y̕. blue jay, Steller's jay: kʼʷaʔkʼʷšə́čən, kʼʷə́škʼʷš. Brandt's cormorant, shag, black duck: stə́məč. brant: qʷqʷáʔyəqʷiʔ. chicken:

birdhouse

čákəns, stáyəxʷəŋ. common goldeneye, whistle wing duck: kʷənkʷənšán. common loon: swákʷən, sxʷaʔxʷúkʷt. common murre: ƛ́áyqən. common scoter, coot, black duck: čəwaʔčáxən. crow: skʷaʔkʷátuʔ. dipper bird, water ouzel, fish duck: maʔmixʷáy. double-crested cormorant: ƛ́əŋqɬčáqsən. dove, pigeon: həmú. eagle, bald eagle, golden eagle: kʷáyŋsən. fish hawk, osprey: cíxʷcxʷ. goose: tínəqsən, yáxʷənaʔ. gray gull, Heermann's gull (the darkest of the gulls): puhúŋəs. great blue heron, crane: sŋáqʷuʔ. great horned owl: čáčtəŋəx. helldiver, western grebe: sxʷnáynáčəŋ. horned grebe, eared grebe: waʔwəšəlí. hummingbird: xʷaʔxʷtčiʔí. kingfisher: čšáy. loon: nəxƛáqtcs. mallard, also any domestic duck: tínəqsən. mallard duck: xátxət. mud hen: saʔsímác. mud hen, possibly common gallinule or American coot: qʷáqʷaʔč. nighthawk: pipíhəq. oldsquaw, sea pigeon: ʔaʔaŋí. pheasant: stáyəxʷəŋ. ptarmigan, grouse: stáyəxʷəŋ. raven: skʷtúʔ. red-necked grebe: sxʷŋaynáčəŋ. robin: skʷásqq. ruffed grouse: həmhəm. salmonberry bird, Swainson's thrush: xʷaʔxʷiʔáš. sawbill duck, common merganser, red-breasted merganser: xʷúʔuqʷ. screech owl: skʷáyəxʷ, snúʔnaʔnəkʷ. shag, a type of black bird like a shag or loon, flies straight, possibly black: ƛ́əməqɬčáqsən. small butterball duck, bufflehead: maʔməkʷiʔúʔyəs, smaʔəkʷéʔwən. small helldiver, American grebe, pied-billed grebe: wəwəwšəlʔí. snipe, possibly killdeer: sqéʔqs. snowy owl: čáčtəŋəx. surf scoter: ƛ́áyən. swallow bird: qʷsáčən. three animals or birds: ɬxʷíkʷs. to be, look, act like a bird: cicaʔcəmúməš. to defecate (of a bird): qʷcáyuʔ. turkey: ncqʷáɬənɬ. western grebe: kʷáyəkʷs. woodpecker: ƛ́áʔeʔqʷ, ƛ́aʔƛ́əmqʷáyqsən. wren: íaʔɬám. young cormorant, shag: stəməčúyəɬ.

birdhouse birdhouse, nest: scéʔcəmáwtxʷ.

bird net sxʷtaʔyəqəmáyə. a large bird net on a frame: táʔqəm.

birth to give birth, have a baby: čŋənaʔ. to give birth to someone: néʔət. to be given birth: néʔətəŋ.

birthday birthday: ʔínəŋ skʷáči.

biscuit cracker, hardtack, sea biscuit: kəlákəs.

bit a small amount, little bit: ƛ́úƛ́aʔ.

bit and brace drill, bit and brace, awl, piercer: sxʷcáɬqʷəyu.

bite to bite someone or something: cəŋát. to bite someone or something at a particular place: nəxʷcəŋát. to hold something in the mouth with the teeth, be biting on something: cəŋít. being bitten: cəŋtəŋ. being held in the mouth with the teeth: cəŋətíŋ. one that bites, a biter (such as a mean dog): cəŋcəŋáyuʔ. to be biting something: cáŋt. to be bitten: cəŋátəŋ. to be bitten on the nose: cəŋáqstəŋ. to be nibbling, gnawing, scratching (like a rodent): čátxʷəŋ. to bite: cáŋ, cəŋáyu.

biting to be biting (of fish): múʔkʷəŋ.

bitter to let it spoil, get bitter: číxəŋtxʷ. to taste bitter: číxəŋ, sáxəŋ.

black black: ʔənəqíx. black color: ʔənəqxáyəs. black face paint: ʔənəqxúsən. to be black (of several): ʔənəqáʔyəx. to be black (plural): ʔəyənəqíx. to get black: qíxi.

black and blue to be black and blue from a beating: ʔsqʷáyɬ.

blackberry blackberry, dewberry: sqʷəyáyŋxʷ. blackberry plant: sqʷəyayŋxʷíɬč. several blackberries: sqʷaʔiyáyŋxʷ. someone who likes a lot of blackberries: sqʷəyayəŋəxʷáyəqsən.

blackcap raspberry, blackcap berry: cqʷúmah. raspberry, blackcap berry plant: cqʷumaʔíɬč.

black chiton black chiton, little China shoes, little stick shoes, little China hats: təysəwéʔč.

black duck Brandt's cormorant, shag, black duck: stáməč. common scoter, coot, black duck: čəwaʔčáxən.

blacken to burn and smoke a canoe to blacken it: čqʷáyəɬ.

black eye staqaʔáys. to get a black eye: nəxʷtaʔqaʔáys. to have a black eye: ʔəsxʷtaʔqaʔáys, taqaʔáys.

black face dance black paint dance, masked dance: xənxaʔníti. blackface dance house, any spirit dance house: xaʔxənítiháwtxʷ. a type of wild person that is small with black face paint and great power: sqáləsən.

blackfish blackfish, orca, killer whale: qɬúməčən. a group of blackfish, orcas, killer whales: qaʔyəɬúməčən. home of the blackfish: qɬuməčənáwtxʷ.

black-neck several horse clams, black-neck clams: ŋáyaʔŋaʔ.

black-neck clam black-neck clam: swáhəm. horse clam, black-neck clam: ŋáʔŋaʔ.

blackout to pass out, faint, blackout, keel over: kʷíciyéʔqʷəŋ. to pass out, faint, blackout, lose consciousness: kʷíciyéʔqʷ.

black paint dance black paint dance, masked dance: xənxaʔníti.

black person black person, a person of African descent: nəxʷsqíxs. black person, person of African descent: wáyhi. a group black people, people of African descent: nəxʷsqáʔyixs.

bladder bladder: sqʷáqʷ. bile, gall, gall bladder, mind, brains: ƛ́áɬ.

blame to be affected by, be at fault, be to blame, be under the impact of: čɬ-. to blame, accuse someone: qʷaʔmít¹. being blamed, accused: qʷaʔmítəŋ, qʷéʔmətəŋ. to be blaming, accusing: qʷqʷéʔməŋ. to be blaming, accusing someone: qʷqʷéʔmət.

blanket any blanket, cover, sheet: sámiʔ, ɬqít, scáməŋ, swíštəɬ. potlatch blanket (made of mountain goat wool): swák̓ʷaʔɬ. lightweight blanket: sə́miʔ. a bunch of clothing, several blankets: ɬaʔyíqt. a group of blankets: sisə́miʔ. baby blanket: səmaʔčúʔiɬ. small blanket: saʔsáʔmiʔ. small blankets: saʔyaʔsáʔmiʔ. to be covered with a blanket: səmáʔtəŋ. to be uncovered, have no blanket: ʔsɬəq̓ʷícən. to cover oneself up with a blanket: saʔmə́čct. to cover someone or something with a blanket: sə́məčt. to cover up with a blanket: səmaʔčəŋ. to spread (something) out (such as a blanket, or mat) to lie on: pacáʔɬəŋ. to uncover, remove a cover or blanket: ɬq̓ʷcə́nəŋ. to uncover, take a blanket off one's feet: ɬq̓ʷsə́nəŋ.

bleach bluing, chlorine bleach: q̓ʷeʔxʷiháyəs.

bleed to bleed: šáčəŋ. to hemorrhage, bleed: taʔikʷáʔnəŋ. blood: stúyəkʷən. to be bleeding: šáčəŋ.

bless to cross oneself, bless oneself, make the sign of the cross: nəxʷƛ̓k̓ʷúsəŋ.

blessing to get the power in the Shaker religion, get a blessing: k̓ʷənáŋətəŋ. to receive a blessing from someone (medicine for the soul): tiŋíxʷtəŋ.

blind to be blind: ƛ̓áʔič. to go blind: ƛ̓iƛ̓áy̓əčiŋ.

blink to blink: ɬaʔpxáys, ɬəpxəyúsəŋ. to blink, close both eyes: čpáysəŋ. someone who blinks, snaps the eyes (in flirting or in anger): sɬaʔpxáys. someone who has big eyes and rolls and blinks them: sɬaʔpxayúsəŋ. to be blinking: ɬaʔpxaʔyúsəŋ. to be blinking (with both eyes): čaʔpayúsəŋ¹.

bloated to get swollen, bloated, get blown up (as a balloon): nəxʷsúyətəŋ.

block to be blocked by any obstacle: k̓ʷə́y. to be stopped, restrained, blocked, prevented from doing something: k̓ʷčə́təŋ. to be stopping, restraining, blocking, preventing someone from doing something: k̓ʷə́yt. to stop, restrain, block, prevent someone from doing something: k̓ʷčə́t. to stop (something) by applying an opposite force such as hitting, bumping or leaning against, colliding with: cə́n̓.

blockhead stone head, blockhead: syəntéʔqʷ.

blood blood: stúyəkʷən. lots of blood: stitúykʷən. to be bleeding: šáčəŋ. to vomit blood: tiʔkʷáʔnəŋ.

bloom to bloom, blossom, flower: k̓ʷáqəŋ, páqəŋ. to open up, bloom (of a flower): šáqəŋ. to be blooming, blossoming, flowering: k̓ʷáʔqəŋ.

blossom flower, blossom: sk̓ʷáqəŋ, spáqəŋ. to be blooming, blossoming, flowering: k̓ʷáʔqəŋ. to bloom, blossom, flower: k̓ʷáqəŋ, páqəŋ.

blouse any shirt, blouse, top: stipúykʷt. several shirts, blouses: stiɬipúykʷt.

blow to blow: púxʷ, púxʷəŋ, pxʷə́yu. to blow (of an Indian doctor during a cure): pxʷáyəs. to blow (of the wind): xáƛ̓. to blow on or at something: púxʷt. a west wind or any crosswind as it is blowing: sq̓éʔəxʷ. being blown on by someone or something: paʔxʷútəŋ. blowing wind: spxʷə́yu. the wind (blowing): scúŋ. to be blowing: paʔxʷə́yu. to be blowing gently, a breeze: paʔpaʔxʷə́yuʔ. to be blowing (of the wind): nəxʷspxʷə́yu. to be blowing on something: púʔxʷt. to be blowing the water when you put it on your face: ɬpqséʔnəŋ. to be blowing, windy: xáxƛ̓. to be blown by the wind: xaʔxáʔƛəŋ, xáƛ̓əŋ. to be blown on or at by someone or something, be driven by the wind: pxʷútəŋ. to clear, clean the nose: ɬəŋqsə́nəŋ. to get swollen, bloated, get blown up (as a balloon): nəxʷsúyətəŋ. to have one's hair blown straight back as when moving forward at high speed: ʔəsʔéʔps. to inflate, blow something up, put air into something: nəxʷpúxʷt. to surface and blow (of a whale, orca, or other marine mammal): pxʷáyəs. to wipe, clear, blow one's nose: nəxʷɬəŋqsə́nəŋ.

blow out to blow out (of a tire), rupture (of an inner tube): ŋəq̓ʷsə́n. to manage to blow out a tire, rupture an inner tube: ŋəq̓ʷsə́nnəxʷ.

blow up to explode, blow up, burst, backfire (of an engine), go off (of a gun), bang: kʷaʔɬənə́qʷ. to blow up with explosives: kʷaʔɬənə́qʷt. to blow up in anger, have an outburst of rage: ŋáq̓ʷ. to be blown up with explosives: kʷaʔɬənə́qʷtəŋ.

blue blue color: q̓ʷeʔxʷiʔháyəs. to be blue in color: k̓ʷíxʷi. to be greenish, bluish colored: ʔənƛ̓ɬáʔmən. yellow, greenish yellow, green, greenish blue, blue, bilious green: ʔənəƛɬ. to be sad, blue, lonesome, unhappy: háʔpiʔ. to be black and blue from a beating: ʔsq̓ʷáyɬ. to be sad, feel blue (of a group): sŋiŋiyéʔwən. to feel sad blue, depressed, lonely: ʔəsxʷsəŋéʔwən.

blueberry blueberry: ŋə́ciʔnəč. evergreen huckleberry, blue huckleberry, Hood Canal blueberry: yéʔxəm.

blue jay blue jay, Steller's jay: kʷaʔkʷšáčən, kʷəškʷš. several blue jays: kʷə́yəškʷš. the power to see the future, blue jay power: syəwín̓.

bluff bluff, cliff as viewed from the bottom: sxʷpúqʷs. sidehill, bluff, headland, high point: spə́ɬxən. small bluff: sxʷpaʔpúʔqʷs. cliff, bluffs (such as those along the Elwha): sxʷpaʔyúqʷs.

bluing bluing, chlorine bleach: q̓ʷeʔxʷiháyəs.

blunt to be blunt, dull (edge or point): ʔəsqə́mxʷ.

board board, plank of wood, lumber: ləplə́š. plank, board, milled wood, lumber: ɬíc̓ŋən. a board used as a drum for beating rhythm: ƛ̓k̓ʷuʔyáʔsən. cradle-basket, cradle, cradle-board, swing (for a baby): púʔcs. boards, planks: ɬəyíc̓ŋən. floor boards of a house of boat: ɬxənúkʷən. to be boarding, going aboard, getting on: ʔúyəɬ. to go aboard, get on, mount (any conveyance): ʔúyɬ. to go join, get on, board a vehicle: q̓ʷúʔiŋ. washboard, ironing board: sxʷx̌aʔqʷə́yuʔ.

boast to brag, boast (falsely), act proud: qayəxúsəŋ. be boastful, a braggart: qáyxs. to be bragging, boasting: nəxʷšaʔšƛúsəŋ. to be bragging, boasting, making oneself big: čqcúʔət.

boastful to be proud, boastful: *nəxʷqáyəxs*. to be showing off, acting conceited, boastful, proud of oneself: *nəxʷqaʔyəxúsəŋ*. to show off, act conceited, boastful, unjustifiably proud of oneself: *nəxʷqəyəxúsəŋ*.

boat *pút*. vehicle, any conveyance, any means of transportation: *sčaʔkʷaʔyúɬ*. any vehicle such as a car, boat, or raft: *snə́xʷɬ*. any conveyance such as a canoe, raft, boat, car, horse, floating log, and so on: *sxʷʔúyəɬ*. any motor boat: *stímə*. any small vehicle such as a small boat: *sčaʔčaʔkʷaʔyúɬ*. a type of boat with cabins at both ends: *čaʔčə́mčənaʔ*. ferry, ocean liner, large ship: *stímə*. flat boat: *ʔúyəq*. several boats: *páʔyət*. small boat: *paʔpúpt*. support boat: *kʷənáŋəɬ sčaʔkʷaʔyúɬ*. the bow of a canoe or boat: *shéʔwət*. the bow, prow of a canoe or boat, front seat of a vehicle: *héʔuʔ*. the stern of a canoe or boat, back seat of a vehicle: *skʷáʔət¹*. to be in the bow of a canoe or boat, front seat of a vehicle: *héʔuʔ*. to be in the stern of a canoe or boat, back seat of a vehicle: *ʔəskʷáʔət*. to be rowing a boat facing the bow: *naʔqʷúsəŋ*. to row a boat facing the bow: *nəqʷúsəŋ*. to run (the bow of a canoe or boat) up onto the beach: *txʷúsəŋ, txʷúst*.

bobber float on a fishing line or net, bobber: *pákʷən*.

body =*iws*, =*sənət*. abdomen, belly, tummy, stomach: *ƛác*. a bunch of legs, feet: *sxxínaʔ*. a cold, cough: *stúqʷəŋ*. Adam's apple: *smákʷɬənɬ*. any arm bone: *scaʔmiʔáxən*. any body hair, especially leg hair or underarm hair: *qʷínəkʷs*. any joint in the body: *sxʷxcə́qʷ*. any long feather from a bird's wing or tail: *sƛqáʔi*. any open sore, especially one where a scab has come off: *ʔsqʷáqʷɬ*. any toe but the big toe: *sqaʔqiʔúyc*. arch of the foot: *sƛtáʔsən*. armpit, underarm: *sxʷcaʔqʷiʔáxən*. arm, wing, elbow: *táwiʔ*. a whole mouthful of teeth: *čə́nəcən*. backbone of a fish, ribs of animal, a serving of fish backbone: *sxə́kʷaʔ*. backbone, vertebrae: *sxʷcaʔméʔč, sxʷcaʔməwéʔč, sxʷcaʔmícən*. back, nape of the neck: *táčšəŋ*. back of the head: *táčšəŋ*. back, usually the bottom or lower back of the body: =*ač*. beard, mustache, any whiskers: *qʷínəcən*. bellyache, stomachache, diarrhea: *xɬíqən*. belly, gullet, gizzard, intestines: *sŋús*. big nose: *čqə́qsən*. big toe, great toe: *scaʔctúysən*. bile, gall, gall bladder, mind, brains: *ƛə́ɬ*. black eye: *staqaʔáys*. bladder: *sqʷáqʷ*. blood: *stúyəkʷən*. boil, abscess, furuncle, carbuncle: *spúsəŋ*. bone: *scúm*. both eyes: *qqə́yəŋ*. bottom end of the chest bone, the xiphoid process: *sxʷyənəwsáyə*. brains: *sxʷŋəcáyətən, šxʷmə́cqən*. breast, nipple: *sqə́muʔ*. bridge of nose, nose bone: *scaʔmə́qsən*. bruise: *ŋéʔci*ʔ. bruise, contusion: *táqaʔ¹*. butt, rump, rear end, lower back (of person): *sxʷə́kʷ*. cheek bone: *sxʷcúʔməs*. cheek, fleshy part of the face on human or animal: *sxʷɬíqʷən*. cheek (of human or fish): *sɬqáxən*. chest bone, breastbone, sternum: *scaʔmínəs*. chest, breast bone, sternum: *sxʷcaʔmínəs*. chest (of the body): *cə́ŋəɬ*. cooked backbone of a duck or other fowl: *skʷútuwəɬ*. corpse, dead body: *kʷɬsnúʔnəkʷ*. crown, top of the head: *sq̓tayéʔqʷ*. deer hoof: *húʔptsən*. dorsal fin of any fish, whale, etc.: *qáʔəwčən*. ear: *qʷə́yəŋ*. earwax: *sxʷčaʔxáyən*. elbow, crazy bone: *sxʷəkʷiʔáxən*. elbows, crazy bones: *sxʷaʔyəkʷiʔáxən*. elk hoof: *sməyəcásən*. eye: *qə́yəŋ*. eyebrow: *qəwəkʷáyəs*. eyelash: *ɬə́ptən*. eye mucus, sleep (in the eyes): *sxʷƛiƛqʷáyəs, sxʷnəyəqʷáyəs*. face: *sʔács*. fat, grease, oil, lard: *smə́c*. feet: *sxxínəsən*. fever: *sqʷiyálnəɬ*. finger: *sčxúycs*. fingernail: *čšúycs*. fish eggs, roe, especially salmon roe: *qə́yəx*. fish tail, caudal fin and peduncle: *sxə́pšən*. flesh, meat: *stíqʷ*. foot: *sxə́nəsən*. foot, lower leg: *sxə́naʔ*. forehead: *scɬúys, sqʷə́ŋəs*. gill on a fish: *xáʔyəŋ*. gray hair: *spqéʔqʷ*. groin, between the legs: *sxʷʔíyəɬ*. guts, intestines: *qéʔ*. hair on the head: *siʔátən*. hand (including fingers), paw: *cáys*. having heartburn, indigestion, pyrosis: *čqʷéʔnəs*. head: *sqʷúŋiʔ*. headache: *xɬéʔq*ʷ. headache, sore head: *sxɬéʔqʷ*. heart: *yə́nəwəs*. heel, back of the foot: *sxʷcútəwəč*. hip, rump, upper leg, thigh: *scxə́č*. horn, antler: *cístən*. hunchback: *sxʷmaʔməkʷuʔéʔč, sxʷməkʷuʔéʔč*. insides of the body, guts, stomach, intestines: *sxʷčixʷíkʷən*. intestines, stomach, where the food goes: *csúʔ*. jaw bone: *scaʔmúcən*. jaw, jawbone, chin, lower lip: *sƛčúcən*. knee, kneecap: *sqiyákʷəŋ*. lip: *sɬipúcən*. little liver: *staʔɬáʔqaʔ*. liver: *cqéʔ, stáqaʔ*. mass, referring to a substantial body of material and in a few words this refers to body fluids tears, sweat, urine: =*aʔɬ*. mouth: *cúcən*. muscle, tendon, sinew: *ƛɬéʔŋən*. my breath, a term of endearment: *nəssácəŋ*. navel, belly-button: *mə́xʷəyaʔ, sɬxʷíqən*. neck, especially the front, throat, gullet: *xʷúŋən*. nose: *ŋə́qsən*. nose hair: *sxʷqʷənáyəqsən*. nostrils: *sxʷɬiɬqʷáyəqsən*. one's body: *ʔəcɬtáyŋxʷ, stíqʷ*. pectoral fins: *ɬaʔyaʔɬáʔwiʔ*. penis: *šə́yə*. pit of the stomach, heart cavity: *sxʷyənəwsáyə*. pregnancy: *sxʷnéʔiŋ*. pus: *ŋéʔciʔ, ŋə́cɬ*. rectum, anus, cloaca: *ƛə́wəq*. rheumatism, arthritis: *ləmətísəm*. rib: *yə́kʷx*. ribs, rib cage: *sxə́kʷaʔ*. right side, right hand: *sƛiyíkʷs*. saliva, mucus in the mouth: *sɬxʷaʔmúcən*. saliva, phlegm: *sxʷɬxʷaʔmə́ɬənɬ*. saliva, spit: *čə́xʷ*. salmon testis, milt sac, a long white organ in the bottom of male salmon: *qə́tŋən*. scab, a healing wound: *qʷáqʷ*. scar: *sqáʔiƛ*. several armpits: *sxʷcəyaʔqʷiʔáxən*. several boils, abscesses: *spaʔyúsəŋ*. several fingernails: *scaʔyəsúycs*. several foreheads: *scəyaɬúys*. several skulls: *sciyaʔméʔqʷ*. several small eyes: *ƛəyəƛaʔáʔis*. several small mouths: *cəyaʔcúʔcən*. several thighs: *sxʷʔiʔíyəɬ*. several upper lips: *scəyaɬúcən*. shoulder: *cíqʷən*. side of the body: *sʔiyákʷɬ, =uykʷɬ*. siphon of a clam: *ŋə́qsən, xʷúŋən*. skin, animal hide: *kʷə́wiʔ*. skull: *scaʔméʔqʷ*. small eye: *ƛaʔƛaʔáʔis*. small mouth: *caʔcúʔcən*. snot, nasal mucus: *smə́ɣqsən*. spit, expectoration, saliva: *sčxʷə́ɬc*. tail: *ƛə́piʔsnəč*. tailbone: *cəméʔxʷəwəč, sxʷcaʔmə́wəč*. teardrop: *sqiqʷəyaʔúyəs, sqʷúʔús, sqʷúʔúyəs*. tears (from weeping): *sxʷúŋəs*. tears, lachrymal liquid: *sxʷqʷəyúʔus*. teeth: *ččínəs*. tendon, sinew: *ƛɬéʔŋən*.

the area of the face between the upper lip and nose: scúcən. the back of the body, especially the lower back: stcíkʷən. the back of the body, especially the middle of the back: stáckʷɬ. the flesh of the head: sɬiqʷéʔqʷ. the hollow of the palm of the hand: sqəyəŋács. the instep or arch part of the foot: x̣táʔsən. the side of one's body: sxʷʔiyáxən. the side of the face or head, one's profile, cheek: sxʷʔíyəŋ. the sides of the face or head, cheeks: sxʷʔíʔíyəŋ. the upper part of the mouth including the palate, roof of the mouth: sxʷcaʔyíɬən. thick hair, lots of hair: čɬtáyč. thick lip: čɬtúcən. thigh: sxʷʔíyʔəɬ. throat (inside), pharynx, windpipe, trachea: sxʷk̓ʷúŋən. thumb: scaʔctúycs. to be bald, bare: ʔəsk̓ʷəyéʔqʷ. to be bald, bare headed: sk̓ʷaʔwəyéʔqʷ. to be bleeding: šáčəŋ. to be breaking out (with a disease): x̌aʔqíws. to be cutting someone's or something's body: ɬcíwst. to be feeling itchy, tickling: kʷaʔsíqəŋ. to be left-handed: sqəyíkʷs. to be scratching, itching one's body: siʔéwsəŋ. to bump any part of one's body: x̌əmíkʷs. to cut someone's or something's body: ɬcíkʷst. to cut the body: ɬcíkʷsəŋ. toe: sčxúysən. toe, especially the big toe: cúʔis. toenail: čšúysən. to get hit in the diaphragm, solar plexus, mid body by someone or something: c̓snəkʷástəŋ. to have a big body, a big build: čqíkʷs. to have a big head, be bull-headed: čqéʔqʷ. to have a big, large mouth: čqúcən. to have a big neck: čqə́ɬnɬ. to have a black eye: ɬaqaʔáys. to have a thick neck: məqʷə́ɬnɬ. to have a toothache: x̣ɬáynəs. to have curly hair, have a perm: ʔəsqiʔpéʔqʷ. to have gray hair: sxaʔc̓méʔqʷ. to have heartburn, indigestion, pyrosis: čqʷínəs. to have long hair: x̌qtáyč. to have one's body cooked: qʷəyíksəŋ. to have one's body wiped by someone or something: ʔəčíkʷstəŋ. to have one's whole body burned: čičqʷíkʷs. to have whiskers all over the face, be bewhiskered, have a beard: ʔəsqʷaʔnúcən. tongue: tíxʷɬc. tooth: čónəs. tooth decay: cick̓ʷinísəŋ. to scratch, itch one's body: siʔíkʷsəŋ. to sprain, wrench a joint in the body: nəčáq̓. tripe, cow's stomach: spáxʷ. tuberculosis, TB: cáwnq. umbilical cord, navel, belly button: ŋə́wiʔ. upper back: táčšəŋ. upper torso, solar plexus, seat of the feelings: hánkʷs. urine: sšíwaʔ. uvula, tonsils: sŋéʔyəqʷ. vagina: sxʷʔáʔsən. wart: sc̓ápxʔíʔ. waterfowl down, small feathers: sx̌páyqən. wave, curl, frizz in the hair: sqipéʔqʷ. whole body: ʔəxínəŋən. whooping cough, pertussis: xʷə́q̓ʷaʔɬ. wrinkled body: sɬipíkʷən.

body hair any body hair, especially leg hair or underarm hair: qʷínəkʷs.

bog swamp, marsh, bog: c̓c̓aʔmə́nəkʷ. swampy, boggy ground: c̓c̓aʔməŋə́nəkʷ.

bogeyman bogeyman: čqə́qsən.

boil any pot, cauldron used for boiling: sxʷq̓ə́ys. boil, abscess, furuncle, carbuncle: spúsəŋ. several boils, abscesses: spaʔyúsəŋ. to be aboil, in boiling state: ʔəsɬtúqʷəŋ. to be boiled, anything boiled: ʔəsqʷə́ys. to be boiled, steam-cooked, canned by someone or something: qʷəyəsnítəŋ, qʷə́yəstəŋ. to be boiling, bubbling up: ɬaʔtúqʷəŋ. to be boiling something: ɬaʔtúqʷt. to be bubbling up (as a spring, boiling water, carbonated drink): maʔtúʔqəŋ. to be cooking food by boiling: qʷə́ys. to be overflowing, running over, boiling over: péʔxʷəŋ. to boil: ɬtúqʷ, ɬtúqʷəŋ. to boil something: ɬtúqʷt. to boil something, cook something by boiling it: qʷə́yəst. to boil, steam-cook something: qʷə́yəsnít. to cook by boiling: qʷə́yəs.

bone scúm. any arm bone: scaʔmiʔáxən. a set of slahal bones: slahál. backbone of a fish, ribs of animal, a serving of fish backbone: sxə́kʷaʔ. backbone, vertebrae: sxʷcaʔméʔč, sxʷcaʔmícən. bridge of nose, nose bone: scaʔmə́qsən. cheek bone: sxʷcúʔməs. chest bone, breastbone, sternum: scaʔmínəs. chest, breast bone, sternum: sxʷcaʔmínəs. elbow, crazy bone: sxʷə́k̓ʷiʔáxən. jaw bone: scaʔmúcən. several bones: scáʔyəm̓. tailbone: cəméʔxʷəwəč, sxʷcaʔmə́wəč. the skeleton of any animal, but especially the backbone and ribs of a salmon: scaʔmúɬən. to break one's neck or collar bone: tkʷɬnáyəŋ¹. to break one's tailbone: nəxʷtkʷə́wəč. to have a broken tail bone or hip: ʔəstə́kʷəwəč.

bone game slahal, stick game, bone game: slahál. to play slahal, the bone game: ləhál.

bones elbows, crazy bones: sxʷaʔyək̓ʷiʔáxən.

bony to be skinny, thin, slender: ʔəsqʷə́mx̌ʷ.

boogeyman a type of monster, boogeyman: stədíʔ.

book book: púkʷ. small book, booklet: paʔpúʔkʷ. to fold something up, close a book: nəxʷməsúst.

boot boots, overshoes: čaʔxásən. several boots, overshoes: čaʔyəxásən. to be ejecting, chasing, shooing away someone or something, boot someone out: kʷə́xt.

boots gooseneck barnacle, boots: nəqʷsiʔí.

bore to pass something through (by making a hole if one does not already exist), bore a hole in something, perforate, pierce something: cɬə́qʷt.

bored to get tired of, bored with (something): čqə́kʷ.

born to be born, hatch: néʔ. to be just born, newborn baby, just hatched: čaʔnéʔ.

borrow to borrow: sqʷíŋəyuʔ. to borrow, rent: ʔiʔmáy. to borrow (something such as food or money, which will be repaid in kind but will not itself be returned): q̓ʷíŋəyu. to borrow (something which can itself be returned), rent: ʔáʔiʔ². to be borrowing: ʔaʔáʔiʔ. to be borrowing, owing: q̓ʷaʔŋə́yuʔ. to be renting, borrowing (something from someone): ʔəsʔiʔmiʔtə́nəq. to lend somebody (something), let somebody borrow (something): ʔáʔitxʷˡ.

bosom to have a big bosom: čiʔqáyŋəxʷ.

boss boss, foreman: siʔám̓. slave master, boss: ssiʔám̓. to be high class (of several), a group of rich people, bosses, dignitaries, important people: siʔiʔám.

bossy being bossy: siʔáʔəm̓ct. to get bossy, start acting bossy: siʔám̓əct.

Boston Creek village at Boston Creek, about 1-1.5 mi. up the Elwha: xpaʔčáwtxʷ.

Boston Spit Little Boston, Boston Spit, Port Gamble Reservation, the area where the reservation now is across Gamble Bay from the town of Port Gamble: nəxʷqíyt.

both all, both: xə́nə. to be got on both sides, be flanked by someone: ʔəčaʔəwíyətəŋ.

bother to bother, distract, influence, sway, interfere with someone, get in someone's way: c̓ápt. to bother, disturb, trouble, upset, mentally stress someone: taʔčaʔx̌ʷít. to bother, interfere, be in the way, obstruct: yəqə́ɬ. to find out, sense, feel or hear about something, be bothered by something: taʔqəníxʷ. being bothered by someone or something: c̓aʔpáʔtəŋ. to be bothered (by a sound), weary of, sick and tired (of something), especially of a noise: č̓ínuʔ. to be bothered, disturbed, troubled, mentally stressed by someone or something: taʔčaʔx̌ʷítəŋ. to be bothering, disturbing, interrupting someone, interfering with someone, getting in someone's way: c̓ápt. to be bothering, disturbing, upsetting, stirring up trouble for someone: taʔčaʔx̌ʷéʔt. to be bothering, upsetting, annoying, disturbing: taʔčaʔx̌ʷéʔəyuʔ. to be disturbed, bothered, have trouble, have problems, be apprehensive, uneasy, upset: taʔčéʔx̌ʷiʔ. to be getting busy, getting distracted, bothered (ignoring something else): c̓aʔpáʔct. to be habitually distracting, bothering, interfering, annoying, disturbing: c̓aʔpáʔnəq. to be troubled, bothered, disturbed, upset, in emotional distress, worried: táw̓qən. to bothering, disturbing someone (unintentionally): c̓aʔpánəxʷ.

bothered to not want (something), being tired (of something), dislike, being bothered, annoyed (by something), especially a noise: čéʔnuʔ. to not want (something), getting tired (of something), dislike, getting bothered, annoyed (by something), especially a noise: ččéʔnuʔ. to not want (something), get tired (of something), dislike, get bothered, annoyed (by something), especially a noise: ččínəw̓.

bothersome to be bothersome, troublesome, stirring up trouble: taʔčaʔx̌ʷéʔənəq.

bottle any bottle or jar: sxʷləmáy. jug, bottle, canteen, water container to carry along: sxʷqʷəčáy. several bottles or jars: sxʷliyəmáyə.

bottom back, usually the bottom or lower back of the body: =ač. bottom, rump: =əwač. tail, rump, bottom: =nač. butt, rear end, bottom, buttocks: stə́čiʔ. to be low, under, deep, way down, at the bottom (especially of the water): ƛ̓áčt. being under, below, beneath, on the bottom, on the underside, in the cellar: ƛ̓čaʔáwəɬ. dirt on the bottom of something (such as inside a bottle): sxʷc̓q̓ə́ynəč. dirty bottom: snəq̓ʷáwəč. the bottom inside a container: ƛ̓aʔƛ̓áčɬ. to be dirty on the bottom: nəxʷnəq̓ʷáwəč. to be pecked on the bottom: ɬkʷáčtəŋ. to be scraping bottom: ʔaʔxəwáčəŋ, ʔəyxəwáčəŋ. to be scraping the bottom of something: ʔaʔxəwáčt. to be under, below, beneath, on the bottom, on the underside, in the cellar: ƛ̓čáwəɬ. to cover the bottom: xʷikʷə́wəč. to get bumped on the bottom: ƛ̓əmə́wəč. to have a big bottom: cqə́wəč. to have feces on the bottom of anything: sqaʔŋə́ynəč. to hunt on the bottom of the water, spear bottom fish, crab, etc.: čə́yəx. to sink, go deep under water, got to the bottom (of several): ƛ̓aʔčíyəŋ. to spank someone on the bottom: šiščəwáčt.

boughs cedar boughs: sxpaʔčíyəɬč.

boulder any rock, stone, boulder: sŋánt.

bounce to bounce something: ɬɬə́t. to fall and bounce (like a ball): ɬɬə́ŋ. to be bounced by someone or something: ɬɬə́təŋ. to be bouncing, flouncing: ɬaʔɬə́ŋ. to be falling with a small bounce: ɬə́ʔəŋ. to swagger, sway, bounce while walking (as when walking in high heels): šaʔšə́čqsən.

bound to be in jail, tied up, bound, restrained: qíq̓. to be bound, tied up with several things or by several people: qaʔyəqítəŋ. to be free, unbound, untied, out on bail, on the loose: ʔəsyáxʷɬ. to be in jail, in prison, incarcerated, bound, tied up, be a prisoner: ʔəsqéʔəq̓. to be restrained, bound, tied up: qəqítəŋ. to be set free, unbound, untied: yáxʷ. to let someone or something free, loose, unbound, untied: yáxʷtxʷ.

bow hunting bow, bow and arrow: sxʷʔə́mutən. the bow of a canoe or boat: šéʔwət. the bow, prow of a canoe or boat, front seat of a vehicle: héʔuʔ. the front area, bow (of a canoe or boat): šéʔu. to be bending (one's body) down, bending over, nodding one's head, bowing (one's body or head), taking a bow: naʔqʷúsəŋ. to be in the bow of a canoe or boat, front seat of a vehicle: héʔuʔ. to be looking down, bowing one's head: cq̓ʷúʔsəŋ. to bend (one's body) down, bend over, nod one's head, bow (one's body or head): nəqʷúsəŋ. to look down, bow one's head, hang one's head: cq̓ʷúsəŋ. to run (the bow of a canoe or boat) up onto the beach: txʷúsəŋ, txʷúst.

bow and arrow hunting bow, bow and arrow: sxʷʔə́mutən.

bowel movement to defecate, have bowel movement: púʔ, q̓ʷə́c, šə́b. to defecate, move bowels, go to the toilet: pápəʔ.

bowl sugar bowl: šukʷaʔháyə.

bow-legged to be bow-legged: ʔəskʷikʷəčáyəɬ.

box box, chest (especially a wooden box): ƛ̓úyəqs. button box: sxʷkʷənisənáy. fishing tackle box: sxʷk̓uyəkʷáy. lunchbox, lunchpail, nosebag: sxʷsaʔwənáy. several boxes: ƛ̓iƛ̓úyəqs. sewing box:

box crab

sxʷčaʔčənáyə. small box: *x̌aʔx̌aʔyáʔqs*. to be physically fighting, boxing: *kʷéʔwəntiʔ*.

box crab Puget Sound box crab, green crab: *ŋáyaʔčx*.

boxer boxer, fighter: *sxʷc̕sc̕sáti*. boxer, fist fighter: *nəxʷc̕aʔsústiʔ*.

boxing to be boxing: *c̕əýc̕sítiʔ*. to fistfight, box, punch each other: *c̕ic̕sáti, c̕sáti*. boxing gloves: *sxʷiʔc̕əýc̕sítiʔ*.

box lunch provisions for trip, box lunch, food carried along: *sáʔwən*.

boy boy, young man, youth (approximately age 13-marriage): *swéʔwas*. young boy (up to approximately 8-13 years old): *swiʔqúʔił*. small young boy, baby boy: *swaʔwiʔqúʔił*. small young man, little boy: *swíwaʔwəs*. young boy (up to teenager): *sšaʔšéʔwi*. a group of young boys: *swiʔwiʔqúʔił*. a group of young men, boys: *suwáʔwəs, swáyaʔwəs*. small boy, small young man: *swaʔwéʔwəs*. young man, teenage boy: *šaʔšéʔwiʔ*. young men, boys: *swíwaʔwəs*.

boyfriend sweetheart, boyfriend, girlfriend: *sáyuʔ, siyáʔ*. to have a boyfriend or girlfriend, be paired up: *čx̌ə́kʷ*. someone that has found a girlfriend or boyfriend: *nəxʷsx̌ə́kʷ*. to find a girlfriend or boyfriend: *nəxʷsx̌ə́kʷ*.

brace drill, bit and brace, awl, piercer: *sxʷcə́łqʷəyu*.

bracelet bracelet, wristwatch, anything worn around the wrist or arm: *cúʔməčən*. bracelets: *ciyúʔməčən*.

bracken summer fern, bracken: *c̕isíłč*. fern root, probably bracken fern: *sxə́mx̕əm*.

brag to brag, boast (falsely), act proud: *qayəxúsəŋ*. to brag right in someone's face: *nəxʷšaʔx̌úsəŋ*. to astound, amaze, shock by showing off or bragging: *c̕áqənəq*. to be bragging, boasting: *nəxʷšaʔšx̌úsəŋ*. to be bragging, boasting, making oneself big: *čqcúʔət*.

braggart be boastful, a braggart: *qáyxs*.

braid to braid hair: *təŋəsánəŋ*. to braid, weave something: *təŋəst*. being braided by someone: *təŋstəŋ*. braid: *stə́ŋəsən*. to be braided: *ʔəstə́ŋs*. to be braided by someone: *təŋəstəŋ*. to be braiding hair: *təŋsánəŋ*. to be braiding something: *təŋst*. to be braiding, splicing something: *təŋsánət*. to free, release, undo, untie, unbraid, untangle, unfasten something, rip thread from something sewn: *yəxʷás*. to unbraid the hair: *yəxʷáýcəŋ*. to be untangling, untying, unbraiding something: *yəxʷáʔəs*. braided hair: *stə́ŋsən*. unbraided hair: *ʔəsyəxʷáýč*.

brain brains: *smə́cáys, sxʷŋəc̕áyətən, šxʷmə́c̕qən*. bile, gall, gall bladder, mind, brains: *x̌ə́ł*.

brainless to be crazy, foolish, mentally unbalanced, brainless, goofy, no sense, stupid: *ʔəsč̕áyəxʷ*.

brambles brambles, any brushy plant with lots of thorns, thistles, rose bushes: *ʔiyəc̕íłč*.

branch tree limb, branch, plant stem, knot: *sx̌qác̕s*. to take branches off of a tree: *ɬəŋíkʷst*.

Brandt's cormorant Brandt's cormorant, shag, black duck: *stə́məč*.

brant *qʷqʷáʔyəqʷiʔ*. a group of brants: *qʷiyəqʷáyəqʷiʔ*.

brass copper, brass, bronze: *cúʔməčən*.

brat to act like brat: *sxaʔx̌əyáʔs*.

brave to be brave: *ʔiʔánkʷs*. to be a tough, feisty, brave, unhesitating, aggressive, not afraid of doing anything: *nəxʷsč̕áŋkʷən*.

bread bread, especially fry bread: *saplín*. fry-bread, anything fried: *čkʷə́xt*. hardtack, pilot bread, cracker: *pə́skət*. Indian bread, buckskin bread: *sqə́w*. yeast bread, raised bread, a loaf of bread: *spə́xʷ*.

break to break: *ɬác̕ɬ*. to break a long object: *tkʷə́t*. to break an object with a broad surface such as a cup, head, or glass: *ic̕ə́t*. to break camp: *čxʷáwtxʷəŋ*. to break completely: *tkʷíɬ*. to break something off (from something): *qə́ʔməs*. to break something (such as a cup) unintentionally: *ic̕ənáxʷ*. to manage to break something, break something accidentally: *tkʷnáxʷ*. to sever, break or cut something off, cut something to length, shorten something (as a piece of string): *qə́mət*. to smash, crush, pulverize, break something up: *ɬə́ýqʷt, ɬiʔɬə́ýqʷt*. to smash, crush, pulverize, grind up, break up something: *ɬə́ýəqʷt*. to smash, crush, pulverize, grind up, break up something into many pieces or of several agents: *ɬiʔɬə́ýəqʷt*. to rest someone or something, give someone or something a break: *xʷáŋaʔɬt*. to rest, take a rest, take a break: *xʷáŋaʔɬəŋ*. to break each other: *čxʷíti*. to break off, slough off, strip off (by a force of nature as when the wind blows branches off of a tree or when a storm causes a landslide): *ɬə́m*. a broken arm or wing: *stkʷiyáxən*. a place to break something like eggs: *sxʷɬə́cən*. being cut or broken off: *qə́mtəŋ*. being demolished, torn up, broken apart: *čéʔxʷiʔ*. to be a broken arm or wing: *ʔəstkʷiʔáxən*. to be at rest, taking a break: *ʔəsxʷaʔyə́ʔɬ*. to be breaking a long object: *tə́kʷt*. to be breaking, cutting something off, chopping something up: *qə́mt*. to be breaking off: *qə́məyuʔ*. to be breaking something: *tə́c̕t*. to be breaking something (into several pieces or by several people): *titə́kʷt*. to be breaking up, taking apart, demolishing something: *čéʔxʷt, čéʔxʷt*. to be broken by a group or of several long objects: *təyəkʷə́təŋ*. to be broken by someone or something (of a long object): *tkʷə́təŋ*. to be broken, cracked: *ʔəstác̕ɬ*. to be broken, cracked (of a cup, window or anything with a relatively broad surface): *tə́c̕¹*. to be broken more than once or in several places: *titə́c̕*. to be broken (of a long object): *ʔəstákʷɬ, tə́kʷ*. to be broken off: *ʔəsqáʔməɬ*. to be broken (of several long objects): *titə́kʷ*. to be decapitated, have head taken off, broken: *təŋéʔqʷ*. to be demolished, broken apart, knocked down: *čxʷítəŋ*. to be hurt, injured, broken by someone or

English-Klallam Index

something: *maʔkʷə́ɬtəŋ*. to be managing to succeed in breaking something, breaking something accidentally: *tə́knəxʷ*. to be relaxing, pausing, taking break: *haʔčáyŋən*. to be resting someone or something, giving someone or something a break: *xʷáŋaʔɬt*. to be tearing, breaking (something) apart, demolishing: *čaʔxʷə́yu*. to break a rib, break one's side: *tkʷúykʷɬ*. to break a rib, spine: *tkʷúɬən*. to break a tooth: *tkʷáynəs*. to break one's arm: *tkʷiʔáxən*. to break one's jaw, mouth: *titkʷúcən*. to break one's neck: *tkʷə́ɬnɬ*. to break one's neck or collar bone: *tkʷɬnáyəŋ¹*. to break one's ribs: *titkʷúɬən*. to break one's tailbone: *nəxʷtkʷə́wəč*. to break several things or one thing in several places: *ɬiɬə́ct*. to break the arm or hand: *tkʷács*. to break the back: *nəxʷtkʷícən, nəxʷtkʷíkʷən*. to break the back of the neck: *tkʷáčšəŋ*. to break the hip: *tə́kʷəwč*. to break the lower back: *tkʷəwéʔč*. to break the lower leg or foot: *tkʷsán*. to break the nose or a point: *tkʷə́qsən*. to crack, break, shatter the skull: *ɬcéʔqʷ*. to get broken, cut off, chopped: *qə́m*. to get hurt, injured, wounded, broken, out of order: *máʔkʷɬ*. to get to be broken: *tkʷíŋətəŋ*. to get to break, finally break something: *tkʷíŋət*. to have a broken tail bone or hip: *ʔəstə́kʷəwəč*. to have a tooth broken off: *tkʷíns*. to hurt, break someone or something: *máʔkʷɬtxʷ*. to manage to be broken by someone or something: *tkʷnáŋ*. to manage to break or cut something off: *qəmnáxʷ*. to manage to break something: *tkʷínəxʷ*. to smash up, break up, shatter, crumble: *ɬiʔɬə́yəqʷi*. to split, separate, break apart in pieces: *ɬəŋɬəŋnəkʷə́yət*.

break apart to break apart, fall apart, collapse, be demolished, disassembled: *číxʷ*. to break apart, demolish, tear down something: *čxʷít*. to be breaking up, taking apart, demolishing something: *číxʷt*. to break apart, fall apart: *číxʷi*.

breakfast *kʷənsíŋən*. to be having breakfast, eating a morning meal: *kʷaʔčiʔŋéʔnəŋ*. to have breakfast, eat a morning meal: *kʷčiʔŋínəŋ*.

break off to cut short, break off (anything): *qəmə́yu*. to break off several, strip off leaves and branches (from a log, stick, or plant), prune (a tree or bush): *ɬəmɬəmíkʷs*. to break off, strip off leaves and branches (from a log, stick, or plant), prune (a tree or bush): *ɬəmíkʷs, ɬəmíkʷst*.

break out to be breaking out (with a disease): *ƛ̓aʔqíwəs*.

break up to break up with each other, dissolve a relationship: *čxʷíti*.

break wind to break wind on someone or something: *ɬq̓ə́t*.

breast = *ŋixʷ²*. breast, nipple: *sqə́muʔ*.

breastbone chest bone, breastbone, sternum: *scaʔmínəs*. chest, breast bone, sternum: *sxʷcaʔmínəs*.

breath *sácəŋ*. being made tired, out of breath by someone or something: *ɬə́q̓ʷtəŋ*. my breath, a term of endearment: *nəssácəŋ*. several breaths: *ssaʔyácəŋ*. to be extremely tired, exhausted, all out of breath: *ɬə́q̓ʷ*. to be making someone tired and out of breath: *ɬə́q̓ʷt*. to choke, be out of breath: *ʔəsɬə́q̓ʷɬ*. to made tired, out of breath by someone or something: *ɬq̓ʷə́təŋ*. to make someone tired and out of breath: *ɬq̓ʷə́t*. to sip, slurp up, draw in with breath (food such as broth): *súpt*.

breathe to breathe: *sácəŋ*. to be breathing: *sáʔcəŋ*. to be making someone breathe again: *saʔcaʔŋístəŋ*. to be unable to breathe, out of breath, choked up, tired, all in, exhausted, panting, smothered: *ɬiɬə́q̓ʷ*. to make someone breathe, give artificial respiration, CPR: *saʔcaʔŋístxʷ*. to quit breathing, die: *ɬə́q̓ʷ*.

breathless to be choked up, can't breathe, panting: *ɬáq̓ʷɬ*.

breeze to be blowing gently, a breeze: *paʔpaʔxʷə́yuʔ*.

Bremerton Bremerton area: *sxáʔqət, xáq̓t*. Bremerton tribe: *xáq̓taməš*.

brick brick, stone, concrete house or any building: *sŋəntáwtxʷ*.

bridge bridge, anything used for going across: *sxʷtákʷi*. bridge of nose, nose bone: *scaʔmə́qsən*.

bright to be bright, lit up, clear, sunny: *wayú*. being bright, sunny, clear: *waʔyú*. to be bright colored, colorful: *ʔiʔúyəs*. to be bright light shining, flashing, throwing its rays: *ttáʔwiʔ*. to be getting bright, be daybreak, first light of dawn: *waʔyúct*. to be glowing, bright lighting, shining, daytime: *taʔtáʔkʷi*. to be too bright (of a light): *nəxʷsaʔitáys*. to get brightly lit, brightened, lit up: *wayúct*.

bring to bring something (here): *ʔənʔáxʷ, tčístxʷ*. being carried inland by someone or something: *cúcəŋtəŋ*. to be bringing something (here): *ʔənʔáʔəxʷ*. to be bringing, taking, putting something up: *cáʔcaʔt*. to be bringing things or people together: *qə́pt*. to be brought: *ʔənʔáxʷtəŋ*. to be brought from here: *čəɬáʔtəŋ*. to be brought here by someone or something: *tčístəŋ*. to be brought home: *čáŋtəŋ*. to be brought inside by someone or something: *čixʷtáŋ*. to be brought over by someone or something: *kʷčístəŋ*. to be brought, taken, put up by someone: *cáʔətəŋ, cáʔətəŋ*. to be brought there: *ʔiyátəŋ, tsáŋ*. to be carrying something inland: *cúcəŋtxʷ*. to be put, taken, brought, let inside by someone: *čixʷáŋ*. to be taking or bringing someone or something home: *ɬaʔk̓ʷístxʷ*. to bring, get something from here: *čʔəɬaʔtxʷ*. to bring in firewood: *čixʷayíwc*. to bring or take (something) close to someone or something: *tsə́t*. to bring or take something inside: *čixʷístxʷ*. to bring someone or something over: *kʷčíst*. to bring something closer, tow something: *ʔəstásɬtxʷ*. to bring (something) for someone: *ʔənʔaxʷsít*. to bring something home: *čáŋtxʷ*. to bring something inside: *čixʷáŋət, čixʷtáx*. to bring, take, put something up on: *cáʔət*. to bring things or people together: *q̓pə́t*. to bring to their sense, manage to revive someone, succeed in getting someone to behave.: p̓ínáxʷ. to carry something inland, up away from the water, from the beach: cúŋtxʷ. to get to bring, finally bring something: hiyaʔíŋət. to manage to bring something: ʔúxʷnəxʷ. to manage to get someone or something to somewhere: tsnáxʷ. to put something that way, bring something there: txʷənʔáxʷ. to put, take, bring, let someone or something inside, indoors: čixʷás. to put, take, bring something outside: sqás. to start to put, take, bring something outside: səsqást. to take or bring someone home: ƛ̕k̕ʷístxʷ.

bring back to bring someone back to life, save someone's life: hiyít.

bring down to put, bring, take something down, lower something: xʷát. to be bringing, taking, putting something down: xʷaʔát. to be put down, brought, lowered down, taken down: xʷátəŋ.

bring forward to bring something forward: ʔačístxʷ.

bring here to have something be here, bring something here, leave something here: ʔáɬaʔtxʷ.

bring home to be brought home (of several, by several or several times): čáyəŋtəŋ.

bring up to raise, rear a child, bring up a child, raise an animal, grow a crop or anything: šəwáyət. to be raised, reared, brought up (of a child, an animal or a crop) by someone or something: šəwátəŋ. to be raising, rearing a child, bringing up a child: čiʔáyt. to be raising, rearing a child, bringing up a child or animal, growing a crop: šəwáyt.

Brinnon Turner Creek, north of Brinnon: sxʷúʔucən.

Brinnon Mountain Brinnon Mountain, possibly Mount Turner: sk̕ʷáɬaʔməš.

Brinnon River nəxʷčíx.

broad to be wide, broad: ɬq̓ət. to be broad, wide (of several things): tiɬə́qt.

broiler toaster, broiler: sk̕ʷásən.

broken to be broken: tákʷɬ. to be broken, cracked (of a cup, window or anything with a relatively broad surface): tə́cɬ. to be broken apart, broken down (as a machine that will not work): ʔəsčéʔyəxʷ. to be broken, cracked: ʔəstácɬ. to be broken (of a long object): ʔəstákʷɬ, tákʷ. to be broken (of several long objects): titə́kʷ.

bronze copper, brass, bronze: cúʔməcən.

brood to be brooding, be sitting on, hatching eggs: λ̓áqɬ. to brood, sit on eggs, cackle (of chicken): λ̓qə́ɬ.

brook creek, stream, brook: stútaʔwiʔ.

broom ʔə́čnúkʷən. broom, any floor sweeper: ʔəxʷənúkʷən. broom, anything used to sweep: sxʷiʔəxʷíct. broom for sweeping the floor: ʔəxənúkʷən. mop, broom: ʔəʔčənúkʷən. to sweep, use a broom: ʔəxʷənúkʷən. several brooms: ʔaʔixʷənúkʷən.

broth juice, broth: qáʔmən. soup, chowder, broth: stúp.

brother sčáʔč. half-sibling, half-brother, half-sister: snəčíwət. older brother: sxʷtáwnq. older sibling or child of parent's older sibling: sxʷtúnəq. sibling, brother, sister, cousin: sʔúq̓ʷaʔ. sibling or cousin of the opposite sex, brother or sister: ʔáyəs. siblings, brothers and sisters: sʔəyúq̓ʷaʔ. younger adult siblings: səyə́yčən. younger brother: ʔuʔúyč, saʔčúʔiɬ, saʔə́yčən. younger sibling, brother, sister, cousin: saʔčúʔiɬ. younger siblings: siyaʔčúʔiɬ.

brother-in-law sŋátxʷən. a man's brother-in-law: sčutáyəɬ. brother-in-law or sister-in-law when their spouse has died: čáyʔə. brother-in-law, sister-in-law: sŋátxʷən. in-law of the same generation, one's spouse's sibling or cousin, brother-in-law, sister-in-law: sxʷʔáyəs.

brow eyebrow: q̓əwək̓ʷáyəs.

brown to be brown, brownish yellow in color: pqʷáy. to be brown: pqʷaʔčáyəs.

brown creeper a small dark brown bird that climbs along trees looking for bugs, probably the brown creeper: čəčuxáʔyəč.

bruise bruise: ŋéʔčiʔ. bruise, contusion: ɬáqaʔ¹. to be beaten, bruised up: q̓ʷáy. being bruised up, beaten up: sq̓ʷáʔi. to beat someone, bruise someone up: q̓ʷčət. to be bruised up, beaten up: ʔəsq̓ʷáy.

brush brush, thicket, dense woods where there is no trail: k̕ʷəy. to brush, wipe, erase something: ʔáčt. to tap, stroke, pet, brush something: ʔípt. to gather things together to get rid of them by scraping them up, brush, sweep up something, especially heavier objects: ʔíxʷt. to be gathered together to get rid of, be brushed, swept up: ʔəxʷítəŋ. to be gathering things together to get rid of them: ʔéʔxʷt. to be in the dense brush, woods: ʔəssáwət. to be swept up, gathered up, brushed off: ʔəsʔéʔəxʷ. to be tapping, wiping, stroking, petting, brushing something: ʔéʔpt. to be wiped, stroked, petted, brushed by someone or something: ʔəpítəŋ. to clean one's teeth: caʔkʷcinísəŋ.

brush by to be diverted, pushed aside, brushed by: txátəŋ.

bubble to foam, bubble up: púq̓ʷəŋ. to be fermenting (when it starts to bubble): puʔq̓ʷəŋáyŋən.

bubbling to be boiling, bubbling up: ɬaʔtúq̓ʷəŋ. to be bubbling up (as a spring, boiling water, carbonated drink): maʔtúq̓ʷəŋ. to be splashing, bubbling out: tə́təŋ.

bubbly to foam, be foamy, frothy, bubbly: púq̓ʷ.

buck húʔpt. to be going against, bucking the tide, going into the wind or current: paʔšúsəŋ. to go against, buck the current, against the tide, into the

bucket wind, opposite the flow, be a head tide: *pšús*. to go against, buck the tide, go into the wind: *pšúsəŋ*.

bucket *sqʷúʔtən, sxʷqʷúqʷaʔtən*. small bucket: *sqʷúqʷaʔtən*.

buckle to have one's knees buckle, completely collapse, have one's body fold up: *ninəŋíkʷs*.

buckskin buckskin, leather, fur, pelt: *k̕ʷə́wiʔ*.

buckskin bread Indian bread, buckskin bread: *sqə́w*.

buddy partner, companion, buddy, spouse, person who accompanies (especially on foot): *sqʷúʔšən*.

buff to rub, buff, iron: *xʷíqʷəŋ*. to rub, scrub, shine, buff, iron, press something: *xʷíqʷt*. to be rubbed, scrubbed, buffed, ironed, pressed by someone or something: *xʷqʷítəŋ*. to be rubbing, shining, buffing, ironing something: *xʷéʔqʷt*.

bufflehead small butterball duck, bufflehead: *maʔməkʷiʔúʔyəs, smaʔəkʷéʔwən*. a flock of butterball ducks, bufflehead: *maʔyaʔməkʷéʔwən*. several small butterball ducks, buffleheads: *smaʔyaʔməkʷéʔwən*.

bug any small bug, spider, etc.: *sxʷaʔxʷənáʔəm*. to be getting buggy, feel like bugs are crawling on one: *xʷaʔxʷənaʔmítəŋ*.

buggy wagon, buggy, cart, car: *c̓ikc̓ik*. to go, travel by horse-drawn wagon, buggy: *c̓ikc̓ikháyəł*.

build to work, build, make: *čáy*. to build, make something, work on something: *čáčt*. to burn, light, set fire to something, build a fire: *čqʷə́t*. to have a big body, a big build: *čqíkʷs*. being built, made fixed, repaired, worked on: *čáʔčatəŋ*. to be building a house: *čaʔčáwtxʷəŋ*. to be building, making, lighting a fire, starting a fire: *čaʔqʷə́wc*. to be making something, doing something, working on something: *čáʔčt*. to be readied, fixed, built, prepared by someone: *yáʔtəŋ*. to be working, building, doing, making: *čáʔiʔ*. to build a fire: *čə́qʷuct*. to build a house, put up a tent or make camp: *čačáwtxʷəŋ*. to build, make, fix something, work on something: *č̓čát*.

building *ʔáʔyəŋ*. house, building, room: *=awtxʷ*. a Shaker church building: *čənəŋáwtxʷ*. barn, hay storage building: *sxcaʔyáwtxʷ*. brick, stone, concrete house or any building: *syəntáwtxʷ*. burning building, house fire: *sčičqʷáwtxʷ*. church or any religious building: *sɫeʔwiʔəɫháwtxʷ*. five houses, buildings: *ɫqáčšuʔtxʷ*. hospital, clinic: *sxɫáwtxʷ*. school building, schoolhouse: *skʷuláwtxʷ*. the inside of a building or room: *ʔəsčáyxʷɫ*. to be one house, building, room: *nəčáwtxʷ*. to burn (of a house or other building): *čičqʷáwtxʷ*. to go, walk around the house or any building: *qtáwtxʷ*. twenty houses, buildings: *nəcxʷk̕ʷsáwtxʷ*. wooden house, any building made of wood: *scuɫáwtxʷ*.

bulb light, candlelight, lamp, flashlight, spotlight, pitch torch, light bulb, lantern: *ŋáʔəq*. a type of bulb: *c̓snúʔ*.

bull cattle, cow, bull, ox: *músmus*. cattle, cows, bulls, oxen: *maʔyúsməs*.

bull cod Pacific cod, bull cod, gray cod: *sxʷə́yaʔməs*.

bulldozer bulldozer, snow plow: *ʔéʔəxʷ scaʔk̕ʷaʔyúɫ*.

bullet lead (metal), bullet, shell, shot: *šát*.

bullfrog bullfrog: *huhúʔəŋ*. bullfrog, any large frog: *sxaʔánəxʷ*.

bullhead a small bullhead fish with a large head, short horns, and varicolored face: *sčə́mək̕ʷ*. a species of large bullhead fish: *skʷənáxʷ*. a species of large bullhead fish with smooth skin and long horns: *sxʷáʔnəɫ*. a species of small bullhead fish: *sxʷáʔnəɫ*. grunt-fish, grunt sculpin: *xʷə́čt*. little specimen of a small bullhead fish species: *sčéʔəmk̕ʷ*. several small bullhead fish: *sčiʔyə́mək̕ʷ*. several small bullheads: *sčiʔyə́mək̕ʷ*.

bullheaded to be stubborn, pouting, bullheaded: *ŋisúŋəs*. to have a big head, be bull-headed: *čqéʔqʷ*.

bull kelp bull kelp: *q̓ʷq̓ʷúʔəŋ*.

bully to be mean, a mean, cruel person, a bully: *ʔəsqéʔqi*.

bulrush cattail reed, bulrush: *k̕ʷúʔət*. tule, a type of round reed: *cə́naʔxʷ*.

bumblebee any small bee, hornet, wasp, bumblebee, yellow jacket, any stinging insect of the order Hymenoptera: *sxʷɫaʔɫáʔk̕ʷəŋ*.

bump to get bumped: *ƛ̓ə́m̓*. to bump: *ƛ̓əmə́ŋ*. to accidentally bump someone or something: *ƛ̓ə́mnəxʷ*. lump, hump, bump: *smə́kʷ*. to get bumped against, stopped in one's path, shoved: *cə́x*. to shove, bump, push, run into something: *cxə́t*. to stop (something) by applying an opposite force such as hitting, bumping or leaning against, colliding with: *cə́n̓*. bump one's head: *ƛ̓əméʔqʷəŋ*. to be a lump, bump: *ʔəsmə́kɫ*. to be bumped into by someone or something: *ƛ̓əmə́təŋ*. to be bumping into each other: *cxnə́wi*. to be hit (accidentally), bumped: *cxnə́ŋ*. to be nudged, bumped by someone: *cúttəŋ*. to be shoved, pushed, bumped into: *cxə́təŋ*. to bump any part of one's body: *ƛ̓əmíkʷs*. to bump each other: *ƛ̓əm̓nə́kʷi*. to bump each other (of several or repeatedly): *ƛ̓əmƛ̓əm̓nə́kʷi*. to bump, hit into something: *cxnə́xʷ*. to bump into each other: *cxnə́kʷi*. to bump into someone or something: *ƛ̓əmə́t*. to bump, jostle, run into, accidentally shove each other: *cicxənə́kʷi*. to bump one's ear: *ƛ̓əmə́n̓*. to bump one's face: *ƛ̓əmúsəŋ, nəxʷƛ̓əmús*. to bump one's foot: *ƛ̓əmsə́n*. to bump one's head: *ƛ̓əméʔqʷ, nəxʷƛ̓əméʔqʷ*. to bump one's head in multiple places: *ƛ̓əmƛ̓əméʔqʷ*. to bump one's lower back: *ƛ̓əmáčəŋ*. to bump one's lower leg: *ƛ̓əmáɫxaʔ*. to bump one's rear end: *nəxʷƛ̓əmə́wač*. to bump someone's face (on purpose): *nəxʷƛ̓əmúst*. to bump someone's head: *ƛ̓əméʔqʷt*. to bump the arm, shoulder, elbow:

x̣ʼəmʼiʔáxən. to bump the back of the neck, upper back: x̣ʼəmʼáčšəŋ. to bump the tooth: x̣ʼəmʼáynəs. to get bumped on the back: nəxʷx̣ʼəmʼuʔéʔč. to get bumped on the belly: x̣ʼəmʼíqən. to get bumped on the bottom: x̣ʼəmʼəwəč. to get bumped on the chest: x̣ʼəmʼínəs. to get bumped on the ear or side of the head: nəxʷx̣ʼəmʼáyən. to get bumped on the eye: x̣ʼəmʼáyəs, nəxʷx̣ʼəmʼáyəs. to get bumped on the forehead: x̣ʼəmʼúyəs. to get bumped on the mouth or chin: x̣ʼəmʼúcənʼ. to get bumped on the nose: x̣ʼəmʼáqsən. to get bumped on the side of the body: x̣ʼəmʼúykʷɬ. to make noise, make a sound, make bumping, rumbling noises: qʼʷə́txʷct. to nudge, bump someone to get their attention without speaking: cúɬt. to push, bump, jostle, shove each other intentionally: cicə́xti.

bunch to gather a group, bunch up: qə́yp. to be balled up, bunched up, piled up: ʔəsmákʼʷɬ. to be squeezed, bunched up together: ʔəsčéʔip.

bundle to pile, stack, bundle, shock (hay): mə́kʼʷəyuʔ.

bureau anything used to contain belongings such as any pocket, suitcase, trunk, bureau, chest-of-drawers: sxʷʔukʼʷáy.

burial funeral, burial: məkʼʷéʔəŋəɬ.

burn to burn: čə́qʷ. to burn, catch fire: hún. to burn one's skin: kʼʷás. to burn, light, set fire to something, build a fire: čqʷə́t. to toast, sear, scald, roast, barbecue, burn the surface of something: kʼʷást. being burned by someone or something: čə́qʷtəŋ. being toasted, seared, scalded, roasted, barbecued, burned on the surface by someone or something: kʼʷástəŋ. burning building, house fire: sčičqʷáwtxʷ. to be burned by someone or something: čqʷə́təŋ. to be burned, scorched (of several things): čičəqʷ. to be burning, on fire: húʔən. to be burning, on fire (of a house or other building): čqʷáwtxʷəŋ. to be burning something, putting something into a fire: čəqʷt. to be burnt all over: kʼʷáykʼʷáyəs. to be clearing the land by burning: čaʔqʷənúkʼʷəŋ. to be going out (of a fire), not burning: čáʔsiʔ. to be out (of a fire), stopped burning, extinguished: čási. to be starting to burn, igniting: húhən. to burn all (of something): čqʷánəŋ. to burn and smoke a canoe to blacken it: čqʷáyəɬ. to burn (of a house or other building): čičqʷáwtxʷ. to burn one's fingers, hands: čičqʷács. to burn one's foot: kʼʷəyássən. to burn one's hand: čqʷács, kʼʷaʔisács. to burn one's rump: kʼʷsə́ynč. to burn, scald someone's hand: kʼʷsácst. to burn several things: čičəqʷt. to burn (something) accidentally: čqʷánəŋ. to burn the throat: kʼʷsə́ɬnəɬ. to burn the throat badly: kʼʷəykʼʷəyəsə́ɬnəɬ. to burn the throat (drinking something hot): kʼʷəysə́ɬnəɬ. to clear the land by burning: čqʷnúkʼʷəŋ. to get burned: kʼʷə́ykʼʷəyəs. to get burned on the mouth: kʼʷsúcən. to get burned, scorched on the mouth (as when eating hot food): kʼʷaʔyəsúcən. to get fried, badly burned, scorched: čkʼʷíxəŋ. to get scorched, scalded, toasted, burned (of several): kʼʷə́yəs. to have a burned, scorched, scalded, cooked throat: ʔəskʼʷaʔsə́ɬnəɬ. to have one's whole body burned: čičqʷíkʷs. to manage to burn something or burn something by mistake: čqʷənáxʷ. to scald, burn oneself: skʼʷáscт. to scald, scorch, burn one's hand: kʼʷsács.

burning to be barely burning, on fire: čaʔčáqʷɬ. to be burning, on fire: čáqʷɬ.

burp to be burping, belching: ʔəɬənéʔnəs. to burp a baby: ʔəɬənínəst. to burp, belch: ʔəɬənínəs.

burped to be burped (of a baby) by someone: ʔəɬənínəstəŋ.

burst being burst, smashed by someone or something: ŋə́qʼʷtəŋ. to be bursting, popping, smashing, squashing, crushing something open: ŋə́qʼʷt. to be burst, popped, smashed, squashed by something or someone: ŋəqʼʷə́təŋ. to be burst, smashed of a group or by a group or multiple times: ŋiŋə́qʼʷtəŋ. to burst apart: ŋəyə́qʼʷ. to burst open, pop, flatten, smash, squash (as stepping on an apple): ŋə́qʼʷ. to burst, pop, smash, squash, crush something open: ŋəqʼʷə́t. to explode, blow up, burst, backfire (of an engine), go off (of a gun), bang: kʼʷaʔiʔənə́qʼʷ. to rupture, burst open, rip open (as a dropped sack of flour): nəxʷx̣ʼsáxən.

bury to get buried in the ground, covered with soil or sand: čə́n. to bury, plant something (in the ground), cover with earth: čə́nət. to inter, bury someone: məkʼʷéʔət. being buried, planted, covered with earth by someone or something: čə́ntəŋ. to be buried: ʔəsčáʔnɬ. to be buried accidentally: ʔəsčáʔnəxʷ. to be buried, interred: məkʼʷéʔətəŋ. to be buried, planted: čə́nətəŋ. to be burying, planting something or someone: čə́nt. to be cooked in hot sand: ʔəsčə́n. to be managing to bury something or bury something accidentally: čə́nnəxʷ. to be planting, burying: čənə́yuʔ, čənéʔŋəɬ. to bury each other: čə́nəti. to bury oneself: čə́nəct. to bury, plant several things: čənčə́nt, čənčə́ntəŋ. to manage to bury something or bury something accidentally: čənnáxʷ.

bus vehicle, any conveyance, any means of transportation: sčaʔkʼʷaʔyúɬ.

bush plant, tree, shrub: =iɬč. any berry bush, fruit tree: sčaʔyəqʷíɬč. to get into the bush, in the woods (off the path or out of a clearing): sə́wʼ. to go inland, up away from water, go into the bush: cúŋ. to be in the dense brush, woods: ʔəssáwəɬ. to be in the bushes, brambles: ʔiyəcíɬč. to be going into the woods: sə́wct. to be taking something into the bush or woods: sə́wt. being taken into the bush: sáwtəŋ. flower bed, flower bushes: skʼʷayəqəŋíɬč. leaf of a tree or bush: scúʔčɬaʔ. red huckleberry bush: pxʷéʔiɬč. salal berry bush: ɬqéʔiɬč. several berry bushes, fruit trees: sčiʔayəqʷíɬč. something in the bushes: snaʔáʔwəɬč. to go into the bush, woods, make one's way through the brush without a trail: səwʼcт, səwə́ct. to take or hide someone or something in the bush or woods: səwə́t.

Bush Point Bush Point on Whidbey Island across from Port Townsend: ʔəspaʔyúxʷən.

business to discuss, have a discussion, talk things over in public, have a meeting, talk business: hánəčəŋ.

bust to burst open, pop, flatten, smash, squash (as stepping on an apple): ŋə́q̓ʷ.

busy being busy: cácp. to be diligent, busy, ambitious, always working, industrious: čáyči. to be getting busy, getting distracted, bothered (ignoring something else): caʔpáʔct. to get busy (with something ignoring other things): cpáct.

but and, but, or: ʔiʔˡ.

butcher to get butchered: ɬíc̓. to butcher, cut up: k̓ʷíc̓. to butcher, gut, skin, clean, dress (an animal): k̓ʷíct. be butchering, gutting, skinning, cleaning, dressing (an animal): k̓ʷéʔwəct. to be butchered: ʔsk̓ʷéʔwəc. to be butchered, cut up in small chunks: ʔəsɬaɬaʔyíc̓. to be butchered into pieces: ʔəsk̓ʷəyk̓ʷəyic̓. to be butchering: k̓ʷcáyuʔ. to be butchering, skinning: k̓ʷéʔwəc. to be skinned, butchered by someone: k̓ʷcítəŋ. to butcher, cut something up into pieces: ɬaʔyíct. butcher knife, any knife used to clean and dress game: sxʷk̓ʷéʔwəc̓. any knife, especially a butcher knife: q̓ʷq̓ʷaʔéyəs.

Butler Cove Klallam village at Butler Cove, place near the mouth of the Pysht River where Tim Pysht (ɬəmtiyáčəʔ) lived: stə́cəŋ.

butt butt, rear end, bottom, buttocks: stə́čiʔ. butt, rear end, buttocks: háyəč. butt, rump, rear end, lower back (of person): sxʷə́kʷ. tree stump, trunk of cut tree, the butt end of a log: sčšáʔič.

butter pə́tə, sməcíŋəxʷ. butter, cream, whipped cream, milk: sməcáyŋəxʷ.

butterball small butterball duck, bufflehead: maʔməkʷiʔúʔyəs, smaʔəkʷéʔwən. a flock of butterball ducks, bufflehead: maʔyaʔməkʷéʔwən. several small butterball ducks, buffleheads: smaʔyaʔməkʷéʔwən.

butter clam butter clam: sq̓xə́yuʔ. small butter clam: sq̓aʔq̓xə́yuʔ. a bunch of butter clams: sq̓aʔyəxə́yuʔ.

butterfly butterfly, moth: ƛ̓aʔƛ̓ápt. several butterflies: ƛ̓əyaʔƛ̓ápt.

buttock ƛ̓ə́wəq̓. butt, rear end, bottom, buttocks: stə́čiʔ. butt, rear end, buttocks: háyəč. to wash, clean the buttocks: caʔkʷáčəŋ.

button to button up (clothing): kʷənísəŋ. button, pin, safety pin, any similar thing used to attach or close clothing (but not zipper): kʷənísən. a small button: kʷaʔkʷənísən. several buttons, pins: kʷaʔyənísən. to button something up: kʷəníst. to press down on repeatedly or on several things, press buttons (on a machine), dial (a telephone): ƛ̓ə́yəq̓t. umbilical cord, navel, belly button: ŋə́wiʔ.

button-back big stick shoe, giant chiton, gumboot, giant Pacific chiton, China shoe: ʔúkʷs. black chiton, little China shoes, little stick shoes, little China hats: ɬəŋsəwéʔč.

button box sxʷkʷənisənáy.

buy to buy: sʔíɬaʔ. to buy, purchase: čʔíɬaʔ. to buy, shop: tákʷəyuʔ. to buy something: tákʷs. to buy (something) for someone: tkʷsít. being bought: taʔkʷátəŋ. being bought by someone: taʔáwəŋ. to be bought by someone: tákʷəŋ. to be buying: tawə́yuʔ. to be buying, shopping: tákʷɬ. to be buying something: taʔáwəs. to be sold to by someone, be convinced to buy: səmústəŋ. to be trying to sell (something) to someone, convincing someone to buy, making a sales pitch: saʔmúst. to buy supplies: tkʷsnáyəŋ. to finally buy something, succeed in buying something: tákʷnəxʷ. to have (something) bought one by someone: tkʷsítəŋ. to sell someone, convince someone to buy or take: səmúst.

buzz to buzz, hum (as bees): xʷə́məŋ. to rumble, make a buzzing, humming, rumbling noise, the sound a machine makes: ʔaʔmúxʷəŋ.

by to be set, stood beside, set or stood next to, by: stə́nəs. to let someone pass, go by: čiʔawtástxʷ, čiʔáwtxʷ.

bye goodbye: húyˡ.

cabbage skunk cabbage: čúk̓ʷiʔ. a bunch of skunk cabbage: čaʔyúk̓ʷiʔ.

cabezon cabezon fish: xʷə́yəwə́č. several cabezon fish: xʷíxʷə́yuʔəč.

cabin log cabin, any building made of logs: sqʷɬaʔčáwtxʷ.

cable cable (metal rope): qəmtə́n, xʷéʔləm.

cackle to brood, sit on eggs, cackle (of chicken): ƛ̓qə́ɬ.

cafeteria restaurant, diner, dining hall, dining room, cafeteria: sʔəɬənáwtxʷ.

Cain to be bawling someone out, telling someone off, correct someone, raising Cain with someone: ŋə́xt.

calendar ɬqáyč.

calf a group of calves, small cows: maʔyaʔmúʔsməs. small cow, calf: maʔmúʔsmus.

call say, call, refer to, do: xə́nəŋ. to call out to, shout at, yell to, holler at someone: kʷčáŋət. to name someone or something, say or call someone or something by name: nát. to phone someone, call someone on the telephone: kʷčáŋət. to whoop, holler, hoot to someone over distance: húkʷɬ. to yell, shout, holler, call out: kʷáčəŋ. to call someone to come: qʷaʔnít. to go visiting, calling on (someone): náʔcəwtxʷəŋ. to holler, call to someone: həkʷtástxʷ. to manage to call someone to come, invite someone to come: qʷánəxʷ. being called, invited to come by someone: qʷaʔánsəŋ. being called to come, being invited: qʷaʔántəŋ.

call down

croak, a frog's call: *wəq̓ə́q̓*. hey, a call to get someone's attention: *héh*. say, call, refer to, do quietly, humbly: *xaʔxə́nəŋ*. to be called, told: *xənəŋtíŋ*. to be calling for, predicting, making rain or bad weather: *qʷq̓ʷaʔánxʷ*. to be calling to come: *qʷaʔánəxʷ*. to be hollered to, hooted to by someone over distance: *húkʷtəŋ²*. to be invited, called to come by someone: *qʷánsəŋ*. to be inviting (a big group of people), calling to a meeting or feast: *q̓ʷənsə́yuʔ*. to be named, called: *naʔátəŋ*. to be named, called, mentioned, noted: *nátəŋ*. to be naming someone, calling someone's name: *naʔát*. to be yelled at, hollered at, called to by someone: *kʷčáŋətəŋ*. to be yelling, shouting, hollering, calling out: *kʷaʔkʷáʔčəŋ*. to call for rain, predict rain, make rain: *qʷaʔánəxʷ*.

call down to reprimand someone, tell someone off, bawl someone out, give someone a talking to, call someone down, straighten someone up: *ɬxʷúst*.

call to to be calling to someone to come: *qʷáʔəns*. to invite, summon, call to someone to come: *qʷánəs*.

calm to be calm, fine weather, no wind: *yéʔyəqʷ*. to be warm, calm: *k̓ʷə́yəs*. to be nice, pleasant, at peace, calm, happy: *ʔáʔiʔ¹*. to stop crying, stop talking, calm down: *cə́xʷiʔ*. getting good, calm, clear (of the weather): *ʔə́ytəŋ*. to be calm, good weather, still, no wind: *syíq̓ʷi*. to be calm, peaceful, quiet, no wind: *ʔəsyéʔyəqʷ*. to get good, calm, clear (of the weather): *ʔiʔʔáʔtəŋ*.

camas edible camas: *q̓ʷɬúʔi*. a bunch of edible camas: *qʷaʔyəɬúʔi*. to be digging camas: *páʔnəxʷ*. to be digging camas root: *pənpánnəxʷ*. to be going to dig camas root: *pənpənəxʷíyəɬ*.

camera *sxʷxiʔsáy̓s, sxʷxiyúsəŋ*.

camp camp, campground: *q̓ə́ynəŋ*. to be camping, encamped, staying overnight: *ʔəsq̓ə́yəŋ*. to be camping while fishing or hunting: *caɬaʔŋéʔiɬ*. to be going on a fishing trip, camping to get fish: *čənčánnəxʷíyɬ*. to be steadily camping, encamped, staying regularly overnight: *ʔəsq̓əyíŋ*. to break camp: *čxʷáwtxʷəŋ*. to build a house, put up a tent or make camp: *čačáwtxʷəŋ*. to go camping: *cəŋéʔiɬ*. to go on a fishing trip, go camping looking for salmon: *čənčánnəxʷ*.

campaign to be organizing, gathering people together for a purpose (such as a political campaign): *q̓aʔpéʔŋəɬ*.

campfire any fire, especially a controlled fire as a campfire or in a fireplace: *sčə́qʷəwc*. camp-fire, cooking fire: *shúnuc*.

campground camp, campground: *q̓ə́ynəŋ*. It's where they camp. / It's their campground.: *q̓ə́yəŋ*.

camp out to stay overnight, camp out, make camp: *q̓ə́yəŋ*.

can tin, metal can: *k̓ʷə́čtən²*. to be boiled, steam-cooked, canned by someone or something: *qʷə́yəsnítəŋ*. to can food: *qʷə́yəs*.

Canada Canada: *ɬɬnáʔəč*. to be from across the strait, Canada: *čaʔtɬnáʔəč*.

Canada goose any goose, snow goose, Canada goose: *x̌ák̓ʷxən*.

candlefish candlefish, eulachon: *qʷəlístiyuʔ*.

candlelight light, candlelight, lamp, flashlight, spotlight, pitch torch, light bulb, lantern: *ŋáʔəq*.

cane walking stick, cane, crutch: *qʷcáysən*. my dear, my cane, my crutch: *nəqʷcáyəsən*. several walking sticks, canes: *qʷaʔyəcáyəsən*.

canned to be boiled, steam-cooked, canned by someone or something: *qʷə́yəstəŋ*.

cannery *sqʷəyəsáwtxʷ*.

canning to be preserving, putting up food by canning or hanging to dry: *q̓éʔyuʔ*. to be putting away, storing (something) for later use (canning, drying, smoking, etc.): *q̓aʔyúʔəŋ*.

cannot *ʔəsqiʔám̓*. being unable, can't: *ʔəsqiʔéʔmət*.

canoe conveyance, canoe: *=akʷɬ*. small canoe for fishing, with sharp-pointed end: *snə́xʷɬ. kəním*. shovelnose canoe: *stə́tɬəm*. a type of large canoe with a prominent bow for passengers, cargo, whaling, war: *ʔuʔútxs*. Quinault style canoe, Tahola canoe: *kʷənáyɬ*. any conveyance such as a canoe, raft, boat, car, horse, floating log, and so on: *sxʷʔúyəɬ*. any racing canoe: *stayákʷɬ*. a fast canoe or other vehicle: *xʷəŋúkʷɬ*. war canoe, battleship: *xixə́kʷɬ*. an old canoe: *sčqʷáyəɬ*. old canoe: *čqʷáyəɬ*. any canoe paddle, oar: *xʷúʔŋət*. a pole used to push out a canoe: *q̓úkʷən*. a small freight canoe: *ʔaʔaʔúʔtxs*. a small Quinault canoe: *kʷaʔkʷiʔnáyɬ*. bailer for removing water from a canoe: *sxʷʔiʔqʷə́yct*. canoe, especially a dugout canoe: *snə́xʷɬ*. canoe partner, a companion in any vehicle, someone who rides along, traveling companion: *sxʷqʷúʔkʷɬ*. canoe racing: *táti*. cedar canoe: *xpáyəkʷɬ*. eight canoes: *taʔcsáxʷɬ*. five canoes: *ɬqəčsákʷɬ, ɬqəčšíkʷs*. four canoes: *yəsákʷɬ*. nine canoes: *təkʷxʷáxʷɬ*. one canoe: *nəcákʷɬ*. racing canoe, race car, any racing vehicle: *spaʔkʷɬə́kʷɬ*. seven canoes: *caʔkʷsáxʷɬ*. several canoes: *ʔayaʔúʔtxs, sninə́xʷɬ*. several old canoes: *sčaʔyəqʷáyəɬ*. several Quinault style canoes: *kʷaʔyənáyəɬ*. several small canoes: *snəyaʔnáʔxʷɬ*. several small Quinault canoes: *kʷəyaʔkʷiʔnáyɬ*. six canoes: *ɬxəŋákʷɬ*. small canoe: *snaʔnáʔxʷɬ*. ten conveyances (such as canoes, cars): *ʔəpənə́kʷɬ*. the bow of a canoe or boat: *shéʔwət*. the bow, prow of a canoe or boat, front seat of a vehicle: *héʔuʔ*. the stern of a canoe or boat, back seat of a vehicle: *skʷáʔət¹*. three canoes: *ɬxʷáxʷɬ*. to backwater with a canoe paddle: *q̓ánəč*. to beach a canoe or boat, push or pull a canoe up onto the beach: *txʷás*. to be four canoes (arriving, traveling, etc.): *ŋaʔsáxʷɬ*. to be how many canoes: *kʷaʔnə́xʷɬ, kʷənákʷɬ*. to be in the bow of a canoe or boat, front seat of a vehicle: *héʔuʔ*. to be in the stern of a canoe or boat, back seat of a vehicle: *ʔəskʷáʔət*. to be poling (a canoe) in a river: *xʷaʔqʷúct*. to be six canoes (arriving,

canoe pole

traveling, etc.): *ƛ̓xəŋʼáʔkʷɬ*. to be three canoes (arriving, traveling, etc.): *ɬaʔxʷáxʷɬ*. to be two canoes (arriving, traveling, etc.): *caʔŋáxʷɬ*. to burn and smoke a canoe to blacken it: *čqʼáyəɬ*. to get off a canoe, disembark: *q̓ʷéʔyəŋ*. to go, travel by canoe: *kənimáyəɬ, snəxʷɬáyɬ*. to launch a canoe: *həqáyəɬ*. to paddle in a canoe race: *táyəs*. to paddle, pull (a canoe), row (a boat): *ʔíst*. to pole a canoe upriver: *xʷúq̓ʷt*. to push or pull a canoe out from the beach: *haʔqíct*. to race in a canoe, have a canoe race: *táy*. to run (the bow of a canoe or boat) up onto the beach: *txʷúsəŋ, txʷúst*. twenty conveyances (such as canoes, cars): *nəc̓xʷk̓ʷsáyəɬ*. two canoes: *cə́ŋuɬ*. vehicle, any conveyance, any means of transportation: *sčaʔkʷaʔyúɬ*. several racing canoes: *sp̓aʔyaʔqʷɬə́kʷɬ*.

canoe pole canoe pole, for poling a canoe or raft up river: *xʷúq̓ʷən*.

canoe race *stáy*.

canoe racer *nəxʷstáy*.

canoe thwart canoe thwarts: *sxʷɬxáwyəɬtən*.

can't being unable, can't: *ʔəsqiʔéʔmət*. cannot: *ʔəsqiʔám*.

canteen jug, bottle, canteen, water container to carry along: *sxʷqʷəčáy*.

cant hook any tool used for prying such as a cant hook, peavey, or crowbar: *kʷácən*.

canvas cloth, canvas: *síl*. any cloth or rag, especially canvas: *púxʷən*. tent, tarp, any canvas shelter: *siláwtxʷ*.

cap any cap with a bill (like a baseball cap): *ɬipə́qsən*.

capable to not know how (to do something), be inexperienced, be incapable: *čəŋíkʷs*.

Cape George Cape George area at east side of mouth of Discovery Bay: *sxʷšaʔméʔŋəɬ*.

capsize to spill, tip over, capsize: *kʷə́y*. to be capsized, spilled, tipped over: *kʷə́ykʷiʔ*. to be spilled, capsized, anything not upright: *skʷáʔiɬ*. to be spilled, poured out, tipped over, capsized by someone or something: *kʷiʔə́təŋ*. to be spilling, capsizing: *kʷəkʷə́y*. to be spilling, pouring, capsizing something: *kʷə́yt*. wanting to, trying to be spilled, capsized: *kʷə́ytəŋáyŋən*. wanting to, trying to tip, spill, capsize: *kʷə́ytáyŋən*.

captain to be steering (a car, etc.), skippering (a canoe, boat, etc.), captain (a ship): *ɬə́xʷct*.

car any conveyance such as a canoe, raft, boat, car, horse, floating log, and so on: *sxʷʔúyəɬ*. any vehicle such as a car, boat, or raft: *snə́xʷɬ*. automobile, car: *ʔatəməbíl*. car, automobile: *káa*. racing canoe, race car, any racing vehicle: *sp̓aʔkʷɬə́kʷɬ*. ten conveyances (such as canoes, cars): *ʔəpənə́kʷɬ*. twenty conveyances (such as canoes, cars): *nəc̓xʷk̓ʷsáyəɬ*. vehicle, any conveyance, any means of transportation: *sčaʔkʷaʔyúɬ*. wagon, buggy, cart, car: *cíkcik*.

carrot

carbonated pop, any carbonated soft drink: *sutəwátə*. to be bubbling up (as a spring, boiling water, carbonated drink): *maʔtúʔqʷəŋ*.

carbuncle boil, abscess, furuncle, carbuncle: *spúsəŋ*.

carder wool carder: *tšáyəqən*.

card game to play any card game: *mitáli*. to be playing cards, gambling: *miʔtáʔli*.

cards cards used for gambling or other kinds of games: *smitáli*. to be playing cards, gambling: *miʔtáʔli*. to be gambling, playing a gambling game (especially cards): *ʔəssmitáli*.

care to take care (of someone or something), babysit: *ʔúkʷɬ*. to babysit, take care of someone: *ŋaʔkʷaʔéʔt*. to be looking after, taking care of someone or something: *kʷə́nt*. to take care of oneself, respect oneself, keep on going with courage: *yəhúmact*. Take good care of yourself: *ʔə́ytxʷ*. maybe, I suppose so, why not, I don't care, might as well, whatever: *sxʷə́wəs*. to do the best one can, take care of oneself: *taʔnáʔct*. to ignore, pay no attention to, not care for or about something or someone: *ƛ̓xʷiyuʔústxʷ*. to pay attention to someone, respect, honor, praise someone, give someone special care: *naʔnaʔtíxʷ*. to protect, care for, babysit: *ʔáʔkʷɬ*. to protect oneself, take care of oneself over others, watch out for one's own interests: *niʔnaʔcút*. to protect, take care of, nurse, adopt someone or something: *ʔaʔkʷɬnít*. to protect, take care of someone or something: *ʔaʔkʷɬə́ɬt*. to show respect to someone, care for someone or something: *yəhúmət*. to start to take care of oneself, do the best one can: *ttaʔnáct*. being cared for, looked after, be kept in mind: *sx̌ʷx̌ʷənʔéʔwən̓*. day care facility: *sx̌iƛ̓aʔx̌qɬáwtxʷ*. someone taken care of (by someone), the children a babysitter watches: *sʔúkʷɬ*. to be disrespected, ignored as good for nothing, not cared about, not needed: *ƛ̓xʷyastíŋ*. to be feeling concerned (about), care (about): *kʷəmkʷaʔmáyəmš*. to be not cared for or about, be ignored by someone: *ƛ̓xʷiyuʔústəŋ*. to be shown respect by someone, cared for by someone: *yəhúmətəŋ*. to be unnecessary to do, do anyway (even though it does not need to be done), not care, not matter, not taken seriously, "going through the motions": *ƛ̓xʷiyuʔús*. to disrespect, ignore as good for nothing, not care about, not need: *ƛ̓əxʷiyaʔstíxʷ*.

careful heads up, excuse me, watch out, be careful, keep a lookout: *q̓ʷáyəx*. to be careful, be on the lookout: *q̓ʷaʔq̓ʷáʔyəx*. to look after oneself, be careful: *kʷənəcút*. to look out, be careful, heads up, beware, be wary: *q̓ʷáʔyəx*.

caretaker caretaker, babysitter (for a person or house): *sxʷsʔúkʷɬ*.

carpet mat, rug, carpet: *caʔyəsə́ntən*.

carrot any carrot, especially wild carrot: *sáʔq*. several carrots: *saʔyáʔq*. carrot: *kéwəc*.

carry to carry something: *saʔqəwín̓t*. to carry something inland, up away from the water, from the beach: *cúŋtxʷ*. to carry something on one's back: *cəŋaʔnít*. being carried inland by someone or something: *cúcəŋtəŋ*. being carried on the back: *cəŋáʔəŋ*. being packed, carried on the back by someone: *cəŋáʔaʔtəŋ*. to be carried by someone: *saʔqəwín̓təŋ*. to be carrying a child on the back: *cəŋaʔáʔčtəŋ*. to be carrying (anything): *saʔqəwín̓*. to be carrying something inland: *cúcəŋtxʷ*. to be packed, carried on the back by someone: *cə́ŋaʔtəŋ*. to be packing, carrying something on the back: *cəŋáʔaʔt*. to carry a baby: *ƛ̓kʷiʔít*. to carry a child on the back: *cəŋáʔčtəŋ*. to get firewood, carry firewood: *ƛ̓kʷayíwc*. to manage, succeed in packing, carrying something on the back: *cə́ŋaʔnəxʷ*. to pack, carry a child on the back: *cəŋaʔít*. to pack, carry something on one's back: *cə́ŋaʔt*. to walk someone or something, carry something while walking: *štəŋístxʷ*.

carry on to continue, go on, carry on, keep on doing (something): *sə́ɬəŋ*. to continue, keep going, carry on: *ʔáʔiʔ³*.

cart wagon, buggy, cart, car: *c̓ikc̓ik*.

carve to get shaved, carved, whittled: *qíx̣²*. to carve something, create something by carving: *x̣ɬə́k̓ʷt*. to shave, plane, carve, shape (wood, for example): *ʔsqéʔəxtxʷ*. to whittle, shave, scrape, plane the surface of something with a knife or adze: *qíxt*. a curved knife with two handles for shaving or carving wood: *sxʷqaʔx̣áyu*. an artifact, something that was man-made, sculpted, drawn, carved, built: *ʔəshúʔitəŋ*. to be carving: *x̣ə́ɬk̓ʷəŋ*. to be carving something: *x̣ə́ɬk̓ʷt*. to be shaved, planed, carved (of wood, for example): *ʔsqéʔəx*. to be shaving, carving, planing, whittling: *qéʔəx*. to be whittled, shaved, scraped, carved by someone: *qaʔx̣ítəŋ*. to carve, shave, whittle, plane: *qaʔx̣áyuʔ*.

case holster, gun case: *sxʷpuyəkháy*.

Case Inlet bay at extreme southern end of Case Inlet: *x̣ʷƛ̓ə́m̓*. Shotlmamish, Case Inlet tribe: *x̣ʷƛ̓əmáməš*.

casino casino, any gambling establishment: *mitaliháw̓txʷ*.

cast to cast (a line or net): *múcəŋ, múčt*. to cast (for trout or other smaller fish): *ɬtiʔúʔis, ɬtiʔúʔisəŋ*. fishing rod for casting for small fish: *ɬtíʔəwʔisən*. to be casting for fish (especially for trout): *ɬəyɬtiʔúʔis*. to be fishing with a small casting rod (still fishing on a boat or dock or from the shore, not trolling): *ɬaʔɬtíʔəwʔis*. to be fishing, especially casting from shore: *péʔšman*.

cat house cat: *píšpš*. kitten, cat: *kʷaʔtúš*. a group of cats: *paʔyíšpš*. a group of kittens, small cats: *paʔyaʔpéʔš*. kitten, small cat: *paʔpéʔš*. to be turning into a cat: *péʔšpšct*. to turn into cats (of several): *paʔyíšpšct*.

catch to catch (game), harvest: *čqə́čaʔ*. to catch, manage to get, manage to take something or someone: *ƛ̓k̓ʷnáxʷ*. to catch sight, get a glimpse of something, see something out of the corner of one's eye, glance at something: *čə́yəq̓ənəxʷ*. to catch someone by surprise, catch someone red-handed: *x̣éʔnəxʷ*. to catch anything contagious (such as illness, lice, etc.), contract a disease, be exposed to a disease: *qə́p*. to contract, catch a contagious disease: *ɬíx̣*. a catch, harvest: *sqə́čaʔ*. to be catching, harvesting: *čqáʔčaʔ, sqáʔčaʔ*. to be caught: *sqə́čaʔ*. to be caught by surprise by someone: *x̣éʔnəŋ*. to be caught, gotten, manage to be taken: *ƛ̓k̓ʷnáŋ*. to burn, catch fire: *hún*. to catch a glimpse (of something): *čk̓ʷən*. to follow behind, chase (someone), catch up with (someone): *čiʔsáyqəŋ*. to hear, get word of, catch (through hearing): *čʔiyán̓*.

catcher baseball catcher: *sxʷƛ̓k̓ʷnáxʷ*.

catch up to catch up with, intercept someone, cut someone off on their way: *q̓əm̓náxʷ*. to be caught up to by someone: *q̓əm̓náŋ*. to be met going the same way by someone, be caught up with: *wáʔnsəŋ*. to catch up to, meet and go along with someone: *wáʔnəs*.

caterpillar worm, caterpillar, maggot: *scə́k̓ʷ*. small worm or caterpillar: *scaʔcə́k̓ʷɬ*.

cattail cattail reed, bulrush: *kʷúʔət*. a long woven cattail bed mat: *súyaʔč*. several cattail reeds: *kʷəyúʔət*. soft basket made of cedar bark or cattail: *ɬəmək̓ʷə́yəs*.

cattail mat short cattail mat: *qáy̓ŋən*. several short cattail mats: *qáyiʔŋən*.

cattle cattle, cows, bulls, oxen: *maʔyúsməs*. cattle barn: *musməsáw̓txʷ*. cattle, cow, bull, ox: *músmus*.

caudal fin fish tail, caudal fin and peduncle: *sxə́pšən*.

caught to be caught: *sqə́čaʔ*.

cauldron any pot, cauldron used for boiling: *sxʷq̓ʷə́ys*.

causal reason for, reason why, thing for: *sxʷ-*.

causative causative transitivizer: *-istxʷ*. inanimate causative: *-tx^{w2}*. 'let' causative suffix: *-tx^{w1}*.

cautious to look out, be careful, heads up, beware, be wary: *q̓ʷáʔyəx*.

cave any cave: *sxʷənaʔəmáw̓txʷ, kéyp*.

cedar western redcedar wood, cedar shakes: *xpáy̓*. the soft inner bark of the cedar tree used for weaving: *syə́wiʔ*. fir or cedar tree bark: *čə́yiʔ*. rope made of cedar limbs: *čúčɬ*. a bunch of cedar bark: *syiyə́wiʔ*. a bunch of rope made of cedar limbs: *čaʔyúčɬ*. a group of cedar objects or pieces of cedar wood: *xaʔyəpáy̓*. a little cedar wood: *xaʔxpáy̓*. a long knife with a handle used for splitting cedar: *sxʷčáx̣əŋ*. any small cedar tree: *xaʔxčáʔčɬ*. cedar boughs: *sxpaʔčíyəɬč*. cedar canoe: *xpáyək̓ʷɬ*. cedar pole used in the spirit dance, the Klallam equivalent of Lushootseed sgʷədíləč: *xix̣ápiʔ¹*. cedar tree, western redcedar: *xpaʔčíɬč*. several

cedar ring

cedar trees: xaʔyəčáʔčɬč. several little pieces of cedar wood: xaʔyaʔxə́piʔ. several small cedar trees: xaʔyaʔxčáʔčɬč. soft basket made of cedar bark or cattail: ɬəmək̕ʷə́yəs.

cedar ring a spirit power and dance associated with a cedar ring: sk̕ʷəníləč.

celebration fun, celebration, party: ʔə́yəs. Stamish Days, an annual celebration at Lummi: táməš.

celery xʷáčʷč. Indian consumption plant, wild celery (especially the seeds): qə́xmín. wild celery: sʔéʔyəm. wild celery, probably sea-watch, possibly cow parsnip: sxʷmək̕ʷúsŋən.

cellar to be under, below, beneath, on the bottom, on the underside, in the cellar: ƛ̕čáw̕əɬ. being under, below, beneath, on the bottom, on the underside, in the cellar: ƛ̕čaʔáw̕əɬ.

cemetery cemetery, graveyard, grave: sxʷmək̕ʷáʔəyə. grave, cemetery: mák̕ʷaʔ. graveyard, cemetery: smək̕ʷaʔə́nək̕ʷ.

cent penny, one cent coin: sénts. a quarter dollar, twenty-five cents: kʷátə. ten cents, dime: mít. a nickel, five cents: ɬčəxmít, spaypsénts.

center to be in the middle, the center: ʔəctúŋən. Klallam tribal center: nəxʷsƛ̕ayəmáw̕txʷ. museum, heritage center: sxʷčiyəŋənáw̕txʷ. shopping center, mall, downtown area, anyplace where there are lots of stores: sxʷixʷimáy.

certain to be sure, certain: ʔəscəʔít.

chair chair, stool, bench, seat, anything used to sit on (but not a bed): sxʷcaʔwáčən. small chair, stool, bench: sxʷcaʔcaʔwáčən.

chalk anything to write with, pen, pencil, marker, chalk: sxʷxáyəyuʔ.

challenge to challenge someone: p̕áʔət. to challenge, test each other, compete: p̕áʔti. challenging, testing (of several): p̕ayp̕áʔti. to be challenging, trying, testing each other: p̕p̕áʔti. to be competing with each other, challenging each other: pəyp̕áʔti.

chamber pot sxʷáʔəy. chamber pots: sxʷiyəʔáy̕. urinal, pisspot, chamber pot: šx̣ʷáy.

change to change: ʔáʔčš. to change clothes: ʔaʔčšikʷə́təŋ. to change, exchange (especially clothes): ʔaʔčšíkʷən. to change, exchange, switch places: ʔaʔčšúŋət. to change, exchange, switch, trade something: ʔaʔčšít. to change oneself, make oneself different, become something else, turn into something different: náčct. to back out on a deal, renege, change plans, change one's mind: huhəwíyəŋ. to change something: ʔáʔčšt. to change something into something different: náčtíxʷ. to change, turn to other side (of a canoe): čiʔúykʷɬ. to exchange positions, change places: čiʔnə́kʷi. to exchange, trade: ʔaʔčšúsəŋ. to move, change location: čáni. to rechannel, redirect, divert, change the flow, dam up something: qiyáxt. to switch, exchange something: čiʔát. to be changed,

Cheanuh

exchanged, switched by someone or something: ʔaʔčšítəŋ. to be changed, made different: nəčtíŋ. to be changing clothes: ʔaʔčšikʷə́təŋ. to be changing the subject, talking about something else: naʔčéʔyəŋ. to be making (something) different, changing the subject: txʷ"naʔčéʔyəŋ. to be watching a change of weather: k̕ʷənánxʷ. to change (of several): ʔaʔyáʔčš. to change oneself, change over, switch to something else, change places: ʔaʔčšíct. to change several things or change something several times: ʔáyaʔčšt. to change shoes: čənəsə́nəŋ. to change someone's clothes: ʔaʔčšikʷə́tt. to have ones clothes changed by someone: ʔaʔčšikʷə́ttəŋ. to move, change location (of a group or multiple times): čəncáni. to move house, change one's place of residence: čanəyáwtxʷ. to be exchanged, changed places with: ʔaʔčšústəŋ.

Changer xáyəs. Changer, Transformer, Creator: nəčtə́nəq. the Changer: núkʷiməɬ. the Changer, the one that is changing us: ʔiʔaʔyaʔčštúʔŋəɬ.

channel to rechannel, redirect, divert, change the flow, dam up something: qiyáxt.

characteristic belonging, characteristic of: =aɬ².

charcoal charcoal, coal: číct¹.

charge someone taken care of (by someone), the children a babysitter watches: sʔúkʷɬ. to be responsible for something, be in charge of something: ʔə́yŋət.

charity to give away, potlatch giving, giving to charity: ŋáʔtxʷ. to be given to in potlatch giving or in charity by someone: ŋáʔtəŋ.

chart any image or graphic such as a picture, photograph, drawing, painting, print, chart, tattoo: sxiʔús.

chase to run after, chase, follow someone or something: ččás. to chase, drive, shoo something away: čáqʷt. to drive away, chase away a group: kʷikʷə́xt. to follow behind, chase (someone), catch up with (someone): čiʔsáyqəŋ. to kick out, shoo, chase away: kʷxə́ŋ. to kick someone out, shoo, chase, push, drive someone away, tell someone to get out: kʷxə́t. being chased, followed, pursued, stalked: čiʔásəŋ. to be chased, followed by someone or something: ččásəŋ. to be chasing: čiʔsnúʔŋət. to be chasing, pursuing, following someone: čiʔás. to be driven away, chased away by someone: kʷikʷə́xtəŋ. to be ejecting, chasing, shooing away someone or something, boot someone out: kʷə́xt. to be followed, chased, pursued: čiʔástəŋ.

chattering to make the chattering sound of a squirrel: c̕aʔc̕əm̕əsáys.

Cheanuh Becher Bay, place name on Vancouver Island, Cheanuh: xʷčiyánəxʷ. name of Cheanuh Marina at Becher Bay: čiyánəxʷ.

cheap to be cheap, inexpensive: *yéʔyəq*. to be made inexpensive, cheap: *ʔiʔíqtəŋ*. to make something cheap, inexpensive: *yéʔiqtxʷ*.

check to be compelled, kept in check, controlled, corrected, be made to: *k'ʷčátəŋ*. to study, examine, inspect something or someone, figure something out, get to know and understand, check someone or something out, size up someone or something, do research on something: *xčát*.

cheek cheek, fleshy part of the face on human or animal: *sxʷɬíqʷən*. cheek (of human or fish): *sɬqʷáxən*. several cheeks: *sxʷɬaʔyíqʷən*. the side of the face or head, one's profile, cheek: *sxʷʔíyən*. the sides of the face or head, cheeks: *sxʷʔíʔiyən*.

cheek bone cheek bone: *sxʷcúʔməs*.

cheese *čís*.

Chehalis Chehalis Tribe: *c̣xéʔyəs*.

Chemakum the Chemakum tribe and the area around Chimacum, Washington: *čə́məqəm*.

Chemakum Prairie Chemakum Prairie, area between Irondale and Port Ludlow: *spə́ɬxən*.

cherish to cherish, hold dear someone or something: *sƛ̓éʔtxʷ*. souvenir, anything acquired that is cherished, treasured, valuable: *sʔúyəx*. to want others not to use, feel possessive about (something), not want to give (something) up, cherish, hold dear, feel emotionally attached to a person or object: *sk̓ʷiʔáʔəm*.

cherry *čáləs*. wild cherry tree: *c̣xʷíɬč, sk̓ʷcŋíyɬč*.

chest chest, the front part of the upper torso, any broad waterfront area: =*inəs*. chest (of the body): *c̓áŋəɬ*. bottom end of the chest bone, the xiphoid process: *sxʷyənəwsáyə*. chest, breast bone, sternum: *sxʷcaʔmínəs*. box, chest (especially a wooden box): *ƛ̓úyəqs*. chest bone, breastbone, sternum: *scaʔmínəs*. to be under, below the chest: *ƛ̓číqəŋ*. to get bumped on the chest: *ƛ̓əmínəs*.

chest-of-drawers anything used to contain belongings such as any pocket, suitcase, trunk, bureau, chest-of-drawers: *sxʷʔuk̓ʷáy*.

chew to chew (something): *ŋákʷəŋ, ŋákʷt*. to chew something up: *ŋiŋákʷt*. to consume tobacco, smoke a cigarette, cigar, chew tobacco, dip snoose: *ʔəɬsmánəš*. being chewed by something or someone: *ŋaʔkʷáʔtəŋ*. to be bawled out, reprimanded, chewed out: *ŋaŋútəŋ*. to be chewed by someone or something: *ŋəkʷátəŋ*. to be chewing: *ŋaʔkʷéʔŋəɬ*. to be chewing away (as when chewing gum): *ŋaʔkʷə́yu*. to be chewing, having something in one's mouth: *maʔkʷéʔŋəɬ*. to be chewing something: *ŋaʔkʷéʔŋət, ŋáʔkʷəŋ, ŋáʔkʷt*. to hold something in one's mouth, be chewing on something: *maʔkʷít*. to make a crunching, crackling noise while chewing or walking (as when eating a fish nose or walking on crisp leaves): *xaʔpúxʷəŋ*. to make a crunching, crackling noise while chewing or walking (of a group): *xəyaʔpúxʷəŋ*. to suck something in, swallow something whole without chewing: *ɬtə́xʷt*.

chewing gum pitch, resin, tree sap, chewing gum: *čéʔəx*.

chewing tobacco any tobacco, cigarette, cigar, snoose, chewing tobacco: *smánəš*. to be smoking, chewing, consuming tobacco: *ʔəɬsmáʔnəš*.

chick chick, baby chicken: *čaʔčéʔkən*. a group of chicks, small chickens: *čaʔyaʔčéʔkən*. a group of young small birds: *cícaʔcəm, cáyəcicéʔcəm*. a young small bird, nestling: *cícaʔcəm*.

chicken chicken: *čə́kəns, stə́yəxʷəŋ*. a group of chickens: *čaʔyíkən*. chick, baby chicken: *čaʔčéʔkən*. chicken house, henhouse: *čikənáwtxʷ*.

chief *číf*. government official, council member, chief, lord, big shot, distinguished: *siʔám*.

Chief Seattle *siʔáɬ*.

Chief Seattle Days Chief Seattle Days: *siʔáɬ skʷáči*.

child child of: *tənə-*. child, offspring: =*əčɬ*. child, youngster, kid: *sƛ̓iƛ̓áʔƛ̓qɬ, sƛ̓iƛ̓əɬqɬ*. child, youngster, kid, especially a child from a high class (siʔám) family: *sƛ̓éʔƛ̓qɬ*. offspring, one's own child, son, daughter, baby, doll: *ŋə́naʔ*. a child of a high class family: *saʔsiʔáhəm*. teenage relative, older child: *sčiʔə́yəɬ*. an adopted child, stepson, stepdaughter, stepchild: *sŋənáʔəŋ*. oldest child in a family: *yúƛ̓*. youngest child in the family: *ʔuʔúyč*. young relative, child, baby: *sčaʔčiʔə́yɬ*. baby, infant child: *ŋaʔŋéʔŋaʔ*. baby, infant son or daughter: *ŋáʔnaʔ*. children, kids, young people: *sƛ̓əyéʔƛ̓qɬ*. children (of a younger person): *ŋaʔáʔnəŋənaʔ*. children, sons, daughters: *ŋə́nəŋənaʔ*. eight children: *taʔcsə́čɬ*. grandchild, grandson, granddaughter, also grand niece or nephew: *ʔíŋəc¹*. great-grandchild: *čáʔməqʷ*. how many children: *k̓ʷənayəhə́čɬ*. infant, baby, toddler, young child, young son or daughter: *ŋaʔŋáʔnaʔ*. nine children: *tkʷxʷáčɬ*. several children of high class families: *saʔyaʔsiyáhəm*. several teenage relatives, older children: *sčiʔčiʔə́yəɬ*. several young relatives, young children, babies: *sčaʔyaʔčiʔə́yɬ*. small child: *sƛ̓aʔƛ̓iƛ̓aʔqɬ*. small white person, white child: *xʷaʔxʷaʔnéʔtəm*. ten children: *ʔəpənə́čɬ*. the second oldest child in a family: *čtícən*. to be a little bad or to be a little bad thing or to be a mean child: *sxaʔxáʔəs*. to be carrying a child on the back: *cəŋaʔáʔčtəŋ*. to be or have two living things (such as children): *čəsáʔiɬ*. to be putting a child to sleep: *ʔaʔttə́yɬ*. to be raising, rearing a child, bringing up a child: *čiʔáyt*. to carry a child on the back: *cəŋáʔčtəŋ*. to have a sick or injured child: *xə́ɬiɬ*. to have five children: *ɬqčšayəhə́čɬ*. to have four children: *ŋəsayəhə́čɬ*. to have many children: *ŋəŋayəhə́čɬ*. to have one child: *naʔcuʔə́yɬ*. to have seven children: *c̓aʔkʷsayəhə́čɬ*. to have six children: *ɬxəŋayəhə́čɬ*. to have three children: *ɬxʷayəhə́čɬ*. to have two children: *čaʔsaʔə́yɬ*. to lose a child: *qiyamiʔíɬ*. to put a child to sleep: *ʔattə́čɬ*. twenty children: *nəcxʷk̓ʷəsə́čɬ*.

chill to cool, chill something, make something cold: *łaʔčítxʷ*.

chills to get the chills, be feeling chilly: *céʔxʷəŋ*.

chilly to be chilly: *łaʔłixʷə́yu*. to be cold, chilly: *łáʔłačí*. to get the chills, be feeling chilly: *céʔxʷəŋ*. to be cold, chilly weather: *łaʔčihúnəqʷ*. to be kind of chilly: *łaʔčiʔúcən*. to feel chilly: *cíxʷəŋ*. to get chilly cold, cool: *łáʔčiʔ*.

Chimacum the Chemakum tribe and the area around Chimacum, Washington: *čə́məqəm*.

Chimacum Creek Chimacum Creek, just north of Irondale: *nəxʷcqʷáy̓*.

chimney chimney thimble, smoke hole cover: *q̓ʷíw̓qən*. stovepipe, chimney: *sxʷpk̓ʷəŋáy*.

chin jaw, jawbone, chin, lower lip: *sƛ̓čúcən*. several jaws, chins, lower lips: *sƛ̓əyəčúcən*. to get bumped on the mouth or chin: *ƛəmúcən¹*.

China hats any of several species of edible limpet, little hats, China hats: *ləmáqəs*.

China shoe big stick shoe, giant chiton, gumboot, giant Pacific chiton, China shoe: *ʔúk̓ʷs*.

China slipper big stick shoe, giant chiton, gumboot, giant Pacific chiton, China shoe: *ʔúk̓ʷs*. black chiton, little China shoes, little stick shoes, little China hats: *təŋsəwéʔč*.

Chinese *čáyni*. Chinese: *čáymən*. Chinese people: *čičáyni*. to be speaking the Chinese language: *čaynéʔəŋ*.

Chinook spring salmon, Chinook salmon, king salmon, tyee salmon: *kʷítšən*.

chipmunk *xaʔxiyuʔéʔč*. several chipmunks: *xiyaʔxəyuʔéʔč*. small squirrel, chipmunk: *caʔcəcpsiʔúcən*.

chisel a chisel: *sxʷłə́k̓ʷəŋ*. several chisels: *sxʷłə́yək̓ʷəŋ*.

chiton big stick shoe, giant chiton, gumboot, giant Pacific chiton, China shoe: *ʔúk̓ʷs*. black chiton, little China shoes, little stick shoes, little China hats: *təŋsəwéʔč*. a type of small inedible chiton with a coarse greenish back: *slapúʔnə*. a group of giant chitons: *ʔaʔyúk̓ʷs*. a group of small giant chitons: *ʔaʔyaʔúʔk̓ʷs*. small black chiton: *łaʔłəŋsuʔéʔč*. small giant chiton: *ʔuʔúʔk̓ʷs*.

chlorine bluing, chlorine bleach: *q̓ʷəʔxʷiháyəs*.

choke to be choked: *ʔəsták̓ʷł*. to be choked up, can't breathe, panting: *táq̓ʷł*. to be unable to breathe, out of breath, choked up, tired, all in, exhausted, panting, smothered: *łitáq̓ʷ*. to choke, be out of breath: *ʔəstáq̓ʷł*. to choke, have a chunk (of something) stuck in the throat: *łitkʷínəs*. to choke on food stuck in the throat: *íkʷins*. to choke, strangle, hang someone: *xʷq̓ʷəyłnáyət*. to be choked by someone or something: *łaʔq̓ʷłnáyətəŋ*. to be choking: *kʷəšqéʔt, sík̓ʷéʔnəs*. to be choking (especially on liquid going down the wrong pipe in the throat): *nəxʷk̓ʷəšqéʔtəŋ*. to be choking from food stuck in throat: *íkʷéʔnəs*. to be choking, have a chunk (of something) stuck in the throat: *łitkʷéʔnəs*. to be hanged, choked by someone: *xʷq̓ʷəyəłnáyətəŋ*. to choke, strangle someone or something: *łaʔq̓ʷnáyət*. to made tired, out of breath by someone or something: *íq̓ʷə́təŋ*. to make a choking, gurgling sound: *q̓áyəq̓*. to make someone tired and out of breath: *íq̓ʷə́t*. to be making a choking, gurgling, strangling sound, death rattle: *q̓aʔyíq̓əŋ*.

choose to choose someone or something, pick something or someone out, sort something: *míst*. manage to choose, sort something: *mísnəxʷ*. sorting out a group of things: *maʔsít*. to be choosing someone or something, picking something or someone out, sorting something: *méʔst*. to be sorted, chosen, picked out: *məsítəŋ*. to choose, pick out: *məsíct*. to manage to be sorted, chosen by someone: *məsínəŋ*. being sorted, selected, chosen from a group by someone: *maʔsítəŋ*.

chop to get broken, cut off, chopped: *qə́m̓*. to chop something: *qəmə́t*. to chop (with an axe): *qəmə́yu*. to be (already) chopped: *sqá̓mət*. to be breaking, cutting something off, chopping something up: *q̓ə́m̓t*. to be chopped by someone or something: *qəmə́təŋ*. to be chopping something: *qə́m̓t*. to be chopping (with an axe): *qəmə́yuʔ*. to be cutting, chopping or sawing firewood: *łaʔcaʔyíwct*. to be splitting, chopping firewood: *čaʔxáyuct*. to chop firewood: *qəmaʔyíwc*.

choppy choppy (of waves in the water): *čaʔiłcúŋ*.

chowder salmon soup, salmon chowder, salmon stew: *sčəyáł*. dried salmon soup: *slakʷamíŋəł*. soup, chowder, broth: *słúp̓*.

Christ *núkʷimə́ł*.

Christmas *kə́smas*.

chubby to be chubby, fat: *maʔmácł*.

chum salmon chum salmon, dog salmon: *ƛ̓x̣ʷáy̓*. several chum salmon, dog salmon: *ƛ̓iƛ̓ə́x̣ʷiʔ*. chum salmon, dog salmon: *q̓ʷaʔə́ləxʷ*.

church church or any religious building: *sieʔwiʔəłháwtxʷ*. the Indian Shaker Church: *čə́nəŋ*. a Shaker church building: *čə́nəŋáwtxʷ*. Shaker religion, a member of the Shaker Church, a Shaker service: *čə́nəŋ*. the Apostolic Church: *pastáləк*. to be religious, go to church regularly: *nəxʷstéʔwiʔəł*. to go to pray, go to church: *téʔwiʔəłíyt*.

Church Hill Church Point, Church Hill: *nəxʷk̓ʷtúʔəŋ*.

Church Point Church Point, Church Hill: *nəxʷk̓ʷtúʔəŋ*.

cigar any tobacco, cigarette, cigar, snoose, chewing tobacco: *smánəš*. to consume tobacco, smoke a cigarette, cigar, chew tobacco, dip snoose: *ʔəłsmánəš*.

cigarette any tobacco, cigarette, cigar, snoose, chewing tobacco: *smánəš*. several cigarettes, etc.:

cinema *smiyánəš*. to consume tobacco, smoke a cigarette, cigar, chew tobacco, dip snoose: *ʔəłsmánəš*.

cinema moving picture, movie, cinema, television: *snúʔnəkʷ*.

circle to be round, circular, like a ring: *siqiʔúʔis*. to be wrapped around, encircle horizontally: *q̓tawyéʔ*. to go around in a circle: *sə́yəq̓, siq̓áys, sq̓áʔwi*. to move in a circle: *səyəq̓úsəŋ*. to spin oneself around in a circle: *sə́wq̓ct*. being around, encircling: *siqaʔáʔwəł*. to be around, encircle: *siq̓áʔwəł*. to be going round in a circle, rotate: *siqiʔúʔisəŋ*. to go around (something), go in a circle, move in a curve: *siqaʔwíyəŋ*. to go, wrap around, under, encircle (especially vertically): *q̓taʔwíyɬ*. to be circular (like a coin): *tálə*. to be round, circular, like a ring: *siqiʔúʔis*.

circumference to be thick, big around, have a large circumference (as a large rope or pole): *mə́qʷ*.

cislocative to be on the nearside, this side (that the speaker can see): *łaʔáyəs*. to be on the nearside, this side (toward the speaker): *łaʔáwəł*.

city town, city: *táwn*.

claim to be picked up and claimed, taken away: *mə́k̓ʷ*. to find something and pick it up, claim something found: *mək̓ʷát*. to find (something) and pick it up, discover, claim (something) and take it, take (something found) into one's possession: *mə́k̓ʷəŋ*. anything salvaged, picked up and claimed (especially something that someone else has discarded): *smə́k̓ʷəŋ*. to be claimed, found and picked up: *mək̓ʷátəŋ*.

Clallam Bay a former Klallam village on the east side of Clallam Bay area where creeks meet: *xŋínt*. an area in the Clallam Bay region: *čičiʔyúcxəy*.

clam butter clam: *sq̓xə́yuʔ*. to dig clams: *q̓xə́yuʔ*. black-neck clam: *swáhəm*. horse clam: *swáhəm*. horse clam, black-neck clam: *ŋáʔŋaʔ, ŋáʔŋaʔ*. littleneck clam, steamer clam: *sk̓ʷłáʔiʔ, šəčánaʔ*. razor clam: *ƛ̓ə́xʷƛ̓xʷ*. siphon of a clam: *xʷúŋən*. tidal food, any food found at low tide including clams, oysters, mussels, sea urchins, etc.: *sciʔkʷíyŋat*. to be digging clams: *q̓aʔxə́yu*. to be eating clams: *ʔəłsq̓axə́yu*. to be going to a clam digging beach: *q̓iqxəyuʔíyɬ*. to eat fresh clams raw on the beach: *q̓əwáʔəŋ*. white-neck clam, geoduck, big white horse clam: *ʔə́məčaʔq*. several littleneck clams, steamer clams: *šiyə́čənə*.

clambake a clambake on the beach: *ćxʷás*.

clam basket any basket packed on the back, clam basket: *qaʔáwəc*.

clam fork clam fork, anything used for digging clams: *sxʷq̓axə́yu*.

clanging to rattle, make a rattling, clanging, clinking noise (as a rattle, bell, beads or shells in a box), the sound of pieces of metal or glass against each other: *čaʔtíxəŋ*.

clap to clap one's hands to accompany singing or other music: *ta̓ʔyəmćísəŋ*. to beat a drum, beat rhythm by clapping or with any instrument: *ƛ̓k̓ʷuʔyáʔsəŋ*.

clash to go on a raid, clash in battle against someone (especially in retaliation): *ʔaʔtšəmənít*. to be going on a raid, clashing in battle against someone: *ʔaʔtšaʔmənít*.

class to be in school, in class: *ʔəskʷúl*. person of high class, an important person, gentleman: *siʔám̓*. a child of a high class family: *saʔsiʔáhəm̓*. a high class person, one with highly respected ancestors: *csxʷiʔám̓*. several children of high class families: *saʔyaʔsiyáhəm̓*.

claw =*ayas²*. to get scratched, clawed: *xíč*. to scratch, claw: *xičáys*. to climb by clawing (as a cat clawing up a tree), shinny up (a tree): *xičáys*. to climb with nails or claws (as a cat climbing a tree): *xičáʔisəŋ*. to cling on with nails or claws: *xiʔčáʔyís*. to cling on with nails or claws (as a cat climbing a tree): *xiʔčáʔyəs*.

clay white clay for washing hair: *súkʷəŋ*.

clean to be washed, clean: *ʔəscáʔcəw̓, ćáw̓ˡ*. to clean, wash something: *ćáʔkʷt*. to butcher, gut, skin, clean, dress (an animal): *k̓ʷíct*. be butchering, gutting, skinning, cleaning, dressing (an animal): *k̓ʷéʔwəct*. to agitate, flush, make water move, shake, splash, stir up something in water (especially to get it clean): *xʷšə́t*. being agitated, flushed, stirred, moved around in water to get clean: *xʷə́štəŋ*. butcher knife, any knife used to clean and dress game: *sxʷk̓ʷéʔwəć*. to be cleaned, washed by someone: *ćaʔkʷátəŋ*. to be cleaning, washing the floor: *ćaʔkʷənúkʷəŋ*. to be clean, washed face: *ʔəsxʷćácaʔkʷs*. to be clearing, cleaning the nose: *łəŋqsánəŋ*. to be washing, cleaning: *ćáʔkʷəŋ*. to be washing, cleaning one's body: *ćaʔkʷíwsəŋ*. to clean one's teeth: *ćaʔkʷcinísəŋ*. to clean, wash something on the inside: *nəxʷćáʔkʷt*. to clean, wash the floor: *ćaʔkʷənúkʷəŋ*. to clear, clean the nose: *łəŋqsánəŋ*. to wash, clean the buttocks: *ćaʔkʷáčəŋ*. to wash, clean the feet: *ćaʔkʷsánəŋ*. to wipe, mop, clean the floor: *ʔaćənúkʷəŋ*.

clear to be bright, lit up, clear, sunny: *wayú*. to be clear (especially of water): *nəxʷʔiʔáyəŋ*. to be detached, come off, fall off, be cleared: *łə́ŋ²*. to be empty, emptied, clear: *nəxʷłə́ŋ*. to make something bare, clear a surface: *k̓ʷćə́t*. to sweep up, gather up to clear: *ʔíxʷəŋ*. to sweep up, remove trash, clear space: *ʔəxʷíct*. being bright, sunny, clear: *waʔyú*. getting good, calm, clear (of the weather): *ʔə́ytəŋ*. to be clearing, cleaning the nose: *łəŋqsánəŋ*. to be clearing land: *nəxʷłaʔŋənúkʷəŋ*. to be clearing one's throat in order to speak: *nəxʷłəŋqéʔnəŋ*. to be clearing the land by burning: *čaʔqʷənúkʷəŋ*. to clear, clean the nose: *łəŋqsánəŋ*. to clear land: *nəxʷłəŋənúkʷəŋ, nəxʷłəŋənúkʷt*. to clear one's throat in order to speak: *nəxʷłəŋqínəŋ*. to clear the land by burning: *čqʷnúkʷəŋ*. to get good, calm, clear (of

clearing the weather): ʔiʔáʔtəŋ. to wipe, clear, blow one's nose: nəxʷɬəŋqsánəŋ. to be bare, cleared: ʔəskʷáyəɬ.

clearing to be out of the woods, in a clearing: sáxʷɬ. to come out of the woods into a clearing: sáxʷ. to (start to) come out of woods, enter a clearing: sxʷə́ct. to take something out of the woods, bring something into a clearing: sxʷə́t.

clever to be clever, smart, sharp, well-dressed: sxʷúʔxʷt.

cliff bluff, cliff as viewed from the bottom: sxʷpúqʷs. cliff, bluffs (such as those along the Elwha): sxʷpáʔyúqʷs. edge of a bank or cliff: sʔíycən.

climb to go up, climb up: cáʔiŋ. to ascend, climb up, get up on top: céʔyəŋ. to climb by clawing (as a cat clawing up a tree), shinny up (a tree): xičáys. a small hill, stairs, ladder, anything that might be climbed up on: scéʔyəŋ. to be ascending, climbing, going up: cícaʔyəŋ. to be climbing (of several): caʔyéʔiŋ. to climb with nails or claws (as a cat climbing a tree): xičáʔisəŋ.

cling to cling on with nails or claws: xiʔčaʔyís. to cling on with nails or claws (as a cat climbing a tree): xiʔčáʔyəs.

clinic hospital, clinic: sxɬáwtxʷ.

clink to rattle, make a rattling, clanging, clinking noise (as a rattle, bell, beads or shells in a box), the sound of pieces of metal or glass against each other: čaʔtíxəŋ.

cloaca rectum, anus, cloaca: x̌áwəq̓.

clobber to clobber a bunch, beat several up: šiščíkʷst.

clock clock, watch, any time piece: wáč. o'clock, hour: tíntən. to wind a clock or watch: nəxʷlakəlít.

close by to be close, near: ʔəscéʔcəy, céʔcəy. to be near, close by: ʔəstásɬ, x̌éʔqiʔ. to be very near, close by, pressed close: x̌íq. to be very close to, right up against, side by side: spaʔɬéʔq. to be near, close by, be in a position that is close to another position: x̌aʔx̌éʔqiʔ. to be getting near, close: caʔyíct, céʔyi, tásct. to be a close friend, best friend, pal: sq̓əʔúʔnəq. to be brought near, close by someone or something: cíŋətəŋ. to bring or take (something) close to someone or something: tsə́t. to get near, approach, get close: tsə́ct. to get near, close (in space or time): cíŋiʔ. to get near, close to: cíŋəct. to get near, close to someone or something: cíŋət. to be away, stay away, be apart (from something or someone), not close: ʔəxʷéʔi.

closed to be shut, closed: tə́q. to be closed, shut: ʔəsxʷtáqɬ. to shut, close: nəxʷtə́q. to close it, shut it, cover a container, shut a door: nəxʷtqə́t. to close one's eyes: nəxʷčaʔyəpáyəsəŋ. to close, shut several things: titáqt. to close, shut something: tqə́t. to fold something up, close a book: nəxʷməsúst. to have closed eyes (like a newborn kitten): ʔəsxʷčəyəpáyəs. to be closed by someone or something: nəxʷtqə́təŋ. to be closed, shut by someone or something: tqə́təŋ. to be closing one's eyes: nəxʷčaʔpáys. to be closing something: tə́qt. to be covering, closing something: nəxʷtə́qt.

closer to bring something closer, tow something: ʔəstásɬtxʷ.

cloth material to work with such as wool, cloth or split cedar bark: sčáy. any cloth or rag, especially canvas: púxʷən. cloth, canvas: síl. velvet cloth or velvet of deer antlers: təməsáyəqən.

clothespin clothespin: čə́ńcən.

clothing =icaʔ, =uykʷət. ʔácəŋ. any clothes, clothing: sʔícəŋ. suit of clothes: súit. any clothes, clothing: sʔícəŋ. any clothing, but especially a dress or skirt: ɬqít, ɬqít. a bunch of clothing, several blankets: ɬaʔyíqt. to be changing clothes: ʔaʔčšikʷə́təŋ. to be getting dressed, putting clothes on: ʔéʔcəŋ. to be putting on clothes, be wearing something: təyəmít. to be sewing clothes: čaʔciʔkʷə́təŋ. to be sewing, repairing clothes with needle and thread: čaʔcéʔəŋəɬ. to be undressing, taking clothes off: ɬuʔcáʔəŋ. to be washing clothes: caʔkʷiʔkʷə́təŋ. to be washing clothes, doing laundry: caʔkʷéʔəŋəɬ, ccaʔkʷéʔəŋəɬ. to be wearing, putting on, trying on clothes: təyəmít. to change clothes: ʔaʔčšikʷə́təŋ. to change, exchange (especially clothes): ʔaʔčšíkʷən. to change someone's clothes: ʔaʔčšikʷə́tt. to do the laundry, wash clothes: caʔkʷíŋəɬ. to dress, put clothes on someone, help someone get dressed: ʔəcístxʷ. to get dressed, put clothes on: ʔícəŋ. to undress, take clothes off: ɬuʔcáʔəŋ. to undress, take clothes off someone: ɬuʔcáʔt. to wash clothes: caʔkʷikʷə́təŋ. to wear long clothes (hanging down to the heals): sxʷaʔxʷúpšən. to wear, put on, try on clothes: təyámət. a diaper: xʷikʷuʔáčən. a diaper (for a baby): sqáyəwáčən. any cap with a bill (like a baseball cap): sɬipə́qsən. any nightclothes such as pajamas, nightgown, kimono: sʔəttúykʷt. any shirt, blouse, top: sɬipúykʷt. any underwear, especially covering the lower body underpants, drawers: sxʷx̌čáyəɬ. any underwear, especially covering the upper body such as undershirt, slip, union suit, etc.: sxʷx̌číkʷən. apron: ʔípən. a suit of clothing, an outfit, uniform, costume, clothing ensemble: ʔúykʷtxʷ. a woman's skirt: sqáyənač. being put on (of clothing): ʔaʔcáŋ. belt: x̌cácən. bracelet, wristwatch, anything worn around the wrist or arm: cúʔməčən. button, pin, safety pin, any similar thing used to attach or close clothing (but not zipper): kʷənísən. coat, sweater: kapú. earring: sx̌áwən. fancy Plains Indian headdress: sx̌ísč. finger ring: suʔəcísən. handkerchief, head scarf, bandanna: híkčəm. hat, any head covering: sčə́saʔqʷ. headband: sq̓túyəs. head scarf, kerchief, bandanna, anything used to cover, wrap up the head: xʷikʷéʔqʷən. necklace: sqsə́ɬnəɬ. one's stuff, baggage, belongings, clothing: ʔáwkʷ. pants, trousers: nuʔsə́ntən. pocket: sxʷnuʔíca?. raincoat: sɬəməxʷúykʷt. rain hat: sɬəməxʷayéʔqʷ. scarf, necktie, anything worn around the neck: sqxə́tən. shawl: lišán. shirt: sxʷx̌péʔwən. shoe: x̌áqšən,

cloud

qʷɬáy̓šən. sock, stocking, hose: stákən. spirit dancer's belt: sxʷqqíkʷən. spirit dancer's head-dress: sʔúyč. spirit dancer's regalia, paddle shirt: sʔúykʷč. suspenders (for keeping trousers up): ɬíkʷəntən. sweater: sxʷswétə. swim suit, bathing suit: skʷəŋúykʷɬ. to be putting a hat on: čáʔsaʔqʷəŋ. to be putting on clothing, have something on: ʔaʔcás. to be putting on several items of clothing: ɬaʔyéʔmət. to put a coat on: kapúhəŋ. to put on an article of clothing: ʔəcás. to put on an article of clothing, wear something: ʔíct. to put on socks, stockings: takənhánəŋ. to wear clothing backwards: ʔəsčiʔúʔyəs. wedding gown: sməliyúykʷt.

cloud sxʷnə́wəs. small cloud: snaʔnə́wəs. to be cloudy: ʔəsxʷənáʔwəs.

clown clown, comic: pik̓ʷúŋəs. several clowns, comics: pipik̓ʷúŋəs. several small clowns, comics: paʔyaʔpiʔk̓ʷúʔŋəs. small clown, comic: paʔpiʔk̓ʷúʔŋəs.

clownish to act crazy, silly, foolish, clownish: sqáti. to act goofy, silly, clownish (to distract): pik̓ʷúŋəs. to be acting goofy, clownish, silly: pik̓ʷúʔŋəs.

club any club, war club, golf club, bat, baseball bat, racket: sčə́n. being clubbed (repeatedly or by several): šišə́čtəŋ. billy club, salmon club: sčéʔqʷən. club (weapon): sčə́yaʔ. several sticks, clubs: sčə́yeʔya. to be clubbed on the head: sčéʔqʷtəŋ. to be hitting, clubbing something repeatedly or more than one thing: šišə́čt. to club several things on the head: šiščéʔqʷt. to get hit, clubbed on the head: sčéʔqʷəŋ. to hit, club someone or something (such as a fish) on the head: sčéʔqʷt.

clump to gather into multiple rounded lumps, clumps: mimə́kʷt. to gather into rounded lumps, clumps: mə́kʷt¹.

clumsily to be wounded, crippled, moving clumsily (as a duck or deer that has been shot but not killed), sickly, weakened: sqiʔqə́ycəm.

clutter clutter, mess: k̓ʷə́y. to be sweeping, moving clutter out of the way: ʔaʔx̌ʷə́yuʔ. to be sweeping up, moving clutter out of the way: ʔaʔx̌ʷíct. to mess something up, make it cluttered: k̓ʷáytxʷ.

co- with, co-, accompany: k̓ʷɬ-.

coal charcoal, coal: číct¹.

Coalmine a Klallam village, closely associated with the Klallam village at Pysht, on the west side of Pillar Point, Coalmine: cxʷás.

coal oil kerosene, coal oil: kʷə́lal.

coals ashes, coals in a fire: číct¹. lots of ashes, coals: čaʔyíct.

coast the coast: sqaʔyéʔč.

coat coat, sweater: kapú. raincoat: stəməxʷúykʷt. several coats: kiyapú. small coat, jacket: kaʔkaʔpú. to be putting on a coat: kaʔpúhəŋ. to put a coat on: kapúhəŋ.

coax to invite, coax, convince, persuade someone to go (somewhere): yúyt. being invited, coaxed, convinced to go (somewhere): yaʔyútəŋ. to be invited, coaxed, convinced, persuaded to go (somewhere): yúytəŋ. to be inviting, coaxing someone to go (somewhere): yúʔyət.

cockle heart cockle: sƛ̓əyúʔəm.

cod Pacific cod, bull cod, gray cod: sxʷə́yaʔməs. lure for cod: púʔqʷɬč. rock cod, kelp cod, greenling, black bass: ɬq̓ús. rock cod, rockfish: ʔiyaʔcícən. several Pacific cod fish: sqʷəm̓qʷéʔməs. tommycod: cə́nəkʷaʔ. lingcod: ʔáčt.

coffee kʷápi.

coffee pot sxʷkʷapiháy. teapot, coffeepot, kettle: sxʷtiháy.

coffin ƛ̓úyəqs.

coho coho salmon, silver salmon: q̓ə́čqs. group of small cohos: q̓aʔyaʔq̓áʔčqs. several coho salmon, silver salmon: q̓ə́yčqs. small coho salmon: q̓aʔq̓ə́čqs.

coil to be coiled up: ʔəsxʷq̓ə́yk̓ʷ. to be coiled up (as a rope or snake): ʔəsq̓ə́yk̓ʷ. to coil something up (as a rope, hose, etc.), wind something around: q̓ə́yək̓ʷt. to be coiling, wrapping something up: nəxʷq̓ə́yk̓ʷt. to coil up (as a snake): nəxʷq̓ə́yək̓ʷct.

coin penny, one cent coin: sénts.

cold to be cold, chilly: ɬáʔɬaʔči. to be cold, chilly weather: ɬaʔčihúnəqʷ. to be getting cold, cooling off: ɬaʔčéʔyəŋ. to be kind of chilly: ɬaʔčiʔúcən. northeast wind, cold north wind of the winter: sútč. to cool, chill something, make something cold: ɬaʔčítxʷ. to get chilly cold, cool: ɬáʔči. to get cold: ɬiɬaʔčíyəŋ. to get cold, cool off: ɬaʔčíyəŋ. to have a cold: túʔqʷəŋ. a cold, cough: stúqʷəŋ.

Cole's Bay the Cole's Bay Saanich Reserve: p̓áqʷčən.

collapse to break apart, fall apart, collapse, be demolished, disassembled: číxʷ. to collapse, have one's legs fold: nəŋíkʷs. to have one's knees buckle, completely collapse, have one's body fold up: ninəŋíkʷs.

collar bone to break one's neck or collar bone: tkʷɬnáyəŋ¹.

collect to gather, collect: q̓ə́pəŋ. to be gathered, collected by someone: q̓ə́pətəŋ. to be gathering, collecting: q̓ə́pəŋ.

collide to stop (something) by applying an opposite force such as hitting, bumping or leaning against, colliding with: cə́n.

color ʔənə-, =ayəs¹. variegated, of different colors: nəčúyəs. to be bright colored, colorful: ʔiʔúyəs. black: ʔənəqíx̌. black color: ʔənəqx̌áyəs. white: p̓áq̓. white color: p̓q̓áyəs. red, gold color: ʔənəcə́qʷ. red color: ʔənəcqʷáyəs. blue color: q̓ʷəʔxʷiʔháyəs. gray: ʔənəxʷíkʷ. green color: ʔənəƛ̓əɬáyəs. green (the color of trees): ƛ̓úʔɬi. light gray: ʔənəpáxʷ. purple: lalúpən. to be blue in color: k̓ʷíxʷi. to be

colorful   **compatriot**

brown: *pqʷaʔčáyəs*. to be brown, brownish yellow in color: *pqʷáy̓*. to be dark colored: *łčúyəs*. to be gray colored, the color of the fog: *pxʷayáyəs*. to be gray, fog colored: *páʔxʷiʔ*. to be greenish, bluish colored: *ʔənƛ̓łáʔmən*. to be green, yellow in color: *ʔənəqʷáy*. to be orange colored: *čłtuyəsháyəs*. to be purple in color: *skʷíciʔúmš*. to be reddish in color: *ʔncqʷáʔmən*. yellow color: *šačənáyəs*.

colorful to be bright colored, colorful: *ʔiʔúyəs*.

colt any small horse, pony, foal, colt, filly: *staʔtiʔqéw̓*. a group of small horses, ponies, foals, colts, fillies: *staʔyaʔtiqéw̓*.

Columbus Day Columbus Day: *tán kʷi xʷanítəm skʷáči*.

comb *łčíŋən, tšéʔqʷən*. to comb something or someone: *tšát*. several combs: *łəyacíŋən*. to be combed by someone: *tšéʔqʷtəŋ*. to be combing one's hair: *taʔšéʔqʷəŋ*. to comb one's hair: *tšéʔqʷəŋ*. to comb someone's hair: *tšéʔqʷt*. to delouse using a fine-toothed comb: *xʷaʔsáysəŋ*.

combination mixture, combination: *táŋkʷ*.

come *ʔənʔá*. to arrive, come here: *táči*. go from, come from: *čšaʔ-*. being called, invited to come by someone: *qʷaʔánsəŋ*. being called to come, being invited: *qʷaʔántəŋ*. to arrive for, come for someone or something: *tčínəs*. to arrive here (of a group): *taʔyáči*. to be arrived for, come for, app by someone or something: *tčínəsəŋ*. to be calling to someone to come: *qʷáʔəns*. to be come at, come after by someone or something: *ʔənʔánəsəŋ*. to be coming: *ʔənʔáʔə*. to call someone to come: *qʷaʔnít*. to come after, come for, come at someone: *ʔənʔánəs*. to come (of a group): *ʔənʔənʔá*. to come to see (someone) to see how they are: *kʷəmkʷaʔmáyəmš*. to come up out of the water: *ƛ̓qíct*. to come up out of water: *ƛ̓íq*. to go, come along with: *səwáʔ*. to invite, summon, call to someone to come: *qʷánəs*. to let someone or something come: *ʔənʔátxʷ*. to let someone or something enter, come in: *čáyəxʷtxʷ*. to manage to call someone to come, invite someone to come: *qʷánəxʷ*. to want to go along, come along: *waʔáyŋən*.

come ashore to land, go or come ashore, get to shore, reach land from the water: *tán*.

come inside to go inside, come inside, enter: *čáyəxʷ*.

come off to come off, fall off from being stuck: *łəŋíct*. to come off from a body: *łəŋíkʷs*. to be removing, coming off: *łaʔŋíct*.

come out to (start to) come out of woods, enter a clearing: *sxʷšct*.

come to to sober up, come to, behave oneself, come to one's senses, become aware: *pə́ł, pə́ł*. to behave, straighten up, come to one's senses: *płəŋ*. to come to after passing out, regain consciousness, snap out of it, sober up: *cə́mxi*.

come toward to come toward: *txʷʔənʔá*.

come upon to arrive there for someone or something, come upon someone or something: *tsnə́s*.

comfort to comfort, pacify someone who is crying or grieving: *ƛ̓úʔət*. to comfort oneself, stop crying: *ƛ̓úʔəct*. to be comforted by someone: *ƛ̓úʔətəŋ*. to start to comfort oneself, stopping crying: *ƛ̓ƛ̓úʔct*.

comfortable to rest comfortably, relax, settle in, retire: *ʔaʔyáct²*. to be feeling uneasy, not right, uncomfortable, helpless (about something): *ʔəsqiʔéʔmət*. to be uncomfortable: *sqiyím*. to not like, feel uncomfortable about something or someone: *sqiʔáʔəmtxʷ*.

comic clown, comic: *pikʷúŋəs*. several clowns, comics: *pipikʷúŋəs*. several small clowns, comics: *paʔyaʔpiʔkʷúʔŋəs*. small clown, comic: *paʔpiʔkʷúʔŋəs*.

comical to be comical, funny (especially physically): *nəxʷʔiʔáqč*. to be nice, amusing, comical, funny: *ʔáyəs*.

comitative with, together: *-tuy̓*.

command command: *či¹*. to order, tell someone (to do something): *sát*. to be bidding someone to (do something): *saʔát*.

commercial advertisement, commercial message, sales pitch: *sxʷsaʔmúst*.

commit to be committing a sin: *x̌aʔsáʔnəŋ̓*. to commit something to memory: *háhəkʷtxʷ*.

common loon *swákʷən*.

common murre *ƛ̓áy̓qən*.

common scoter common scoter, coot, black duck: *čəwaʔčáxən*. several common scoters, coots: *čaʔyuwaʔčáxən*.

community village, tribe, community: *ʔəxʷíyŋəxʷ*. village, community of people, tribe, group of related people: *ʔay̓xʷíyŋəxʷ*.

community development *šə́wi ʔəy̓xʷíyŋəxʷ*.

co-mourner co-mourner of a deceased in-law: *k̓ʷłxʷúʔuŋ̓*. a group of co-mourners of a deceased: *k̓ʷłxʷiyúʔəŋ̓*.

companion partner, companion, buddy, spouse, person who accompanies (especially on foot): *sq̓ʷúʔšən*. to have a partner, companion: *čq̓ʷúʔšən*. canoe partner, a companion in any vehicle, someone who rides along, traveling companion: *sxʷq̓ʷúʔkʷł*. companions, partners, one's crew, co-workers: *sq̓ʷəyaʔšən*.

companionship to share companionship, date, go steady with each other in courtship: *štəŋnə́w̓i*.

compare to be even it, be unlike as compared with: *čəw̓íntxʷ*.

compatriot countryman, compatriot, someone from one's hometown, country, or tribe: *sxʷskʷáwaʔ*.

English-Klallam Index

compel being compelled, controlled, corrected by someone: kʷə́ytəŋ. to be compelled, kept in check, controlled, corrected, be made to: k̓ʷčátəŋ.

compensate to be paid back, repaid a debt, compensated by someone: nuʔnáčtəŋ.

compensation pay, compensation for work: sq̓áyəs.

compete to compete against each other, win together against someone: c̓ałíti. to challenge, test each other, compete: p̓áʔti. to be competing with each other, challenging each other: p̓əyp̓áʔti. to be racing in a vehicle: p̓áʔkʷɬ.

competent to be handsome, smart, debonair, strong, competent, energetic, confident, someone who takes pride in his work and does it well: ʔəsxʷúʔxt.

complain to complain, tell a hard luck story to get pity or sympathy: c̓aʔxʷíct. being complained about by someone: kʷaʔcátəŋ. to be complaining: q̓aʔkʷáʔnəŋ. to be complaining, griping about doing something unpleasant or unrewarding: kʷaʔcáct. to be insulting, show disgust with (someone), complain (about someone): kʷaʔcáʔnəq. to be starting to complain: q̓q̓aʔkʷáʔnəŋ.

complete to be done, over, finished, complete: húy¹. to complete doing something: həčút.

completely -uɬ. all and only, completely, single: čaʔ-¹. exactly, simply, completely: ɬə́ŋ¹. only, completely, always, just, solo, alone: húy².

comply to comply, agree (with someone), obey, mind (someone), give in: ʔánəɬ. to comply, agree with someone, allow, obey someone (something), give in to someone, give someone what they want, honor someone (as in 'honor a request'): ʔánət. to obey, agree, comply, concur with someone: ʔánəɬt. to be complying, agreeing with someone, allowing, obeying someone: ʔaʔánət. to be complying, agreeing (with someone), obeying, minding (someone): ʔaʔáʔnəɬ.

compress to shrink, compress something: q̓cát.

computer xčŋináy, xčŋín ƛ̓úyəqs.

conceal to hide, conceal something: cúʔipt, kʷáyət. to hide, guard, conceal, cover, tuck away (something) on oneself: kʷxʷnáčəŋ. to be hidden, concealed: kʷáyi. to conceal something, make something hidden, not visible: cúpt. being hidden, concealed by someone: kʷáʔyətəŋ. to be concealed, hidden by someone or something: cúptəŋ. to be hidden, concealed by someone: kʷáyətəŋ. to be hiding, concealing something: kʷáʔyət.

conceited to show off, act conceited, boastful, unjustifiably proud of oneself: nəxʷqəyəxúsəŋ. to be showing off, acting conceited, boastful, proud of oneself: nəxʷqaʔyəxúsəŋ.

concern to be feeling concerned (about), care (about): k̓ʷəmk̓ʷaʔmáyəmš. to be lonesome (for someone), miss (someone), be concerned (about someone): xʷámx̓əm.

concrete brick, stone, concrete house or any building: syəntáw̓txʷ.

concur to obey, agree, comply, concur with someone: ʔánəɬt.

conductor the authority, responsible one in charge, conductor, director: xčán.

confess to confess (in the Shaker church): miʔláləm. to confessing: miʔláʔləm.

confident to be handsome, smart, debonair, strong, competent, energetic, confident, someone who takes pride in his work and does it well: ʔəsxʷúʔxt.

conform to go along (with the current pattern), conform, cooperate, do as expected: čúwəɬ.

confuse to be confused, mixed up: mimíyč. to be confusing someone: máyčt. being stirred, mixed, rolled around, confused: máyčtəŋ. really being stirred, mixed, rolled around, confused: miʔmáyčtəŋ. to be confused, bewildered: ʔəsmimáyč.

congeal hard, solid, sturdy, congealed, jelled, tough, strong (material): q̓ʷsáŋ.

conifer a bundle of conifer limbs: scáʔsəŋ.

conjecture I guess, presume, must be: yəxʷ.

connect to join, connect something, put something together (with something else): q̓ʷúʔtxʷ. to pass by (in space or time), miss, not connect: čiʔáw.

consciousness mind, consciousness: sxʷq̓ʷáyəkʷən. to come to after passing out, regain consciousness, snap out of it, sober up: c̓ámxi. to faint, pass out, lose consciousness: sáŋ. to pass out, faint, blackout, lose consciousness: k̓ʷic̓iyéʔqʷ.

consider to think, consider someone an expert: kʷikʷiyáyt.

constantly constantly, always, habitually: č-¹.

constellation the Big Dipper constellation: mátqʷ. the Big Dipper, Ursa Major constellation: méʔtqʷ. the skate fish constellation: q̓áqu̓ʔ.

construct to build, make, fix something, work on something: ččát.

consume consume, eat, drink, smoke: ʔəɬ-. to eat, consume, dine, have a meal: ʔíɬən. to consume habitually: čʔíɬən. to consume habitually (of several): čɬʔíɬən.

contagious to catch anything contagious (such as illness, lice, etc.), contract a disease, be exposed to a disease: qáp. to contract, catch a contagious disease: ɬíx. to be spreading a contagious disease: ɬaʔxə́yu.

container =ayə¹. any container used to carry food home from a feast, a doggy bag: sxʷməq̓áʔsay. anything used to contain belongings such as any pocket, suitcase, trunk, bureau, chest-of-drawers: sxʷʔuk̓ʷáy. cover, lid on any container: sxʷɬán. five containers: ɬq̓ə́ččáy. food container: sxʷʔiɬənáy. jug, bottle, canteen, water container to carry along: sxʷq̓ʷə́čáy. jugs, water containers: sxʷq̓ʷəyaʔčáy.

contest several containers for belongings pockets, suitcases, etc.: sxʷuʔʔkʷáyə. three containers: ɬxʷáy. to put something into a container: nuʔás.

contest a particular team, side in a contest: stxʷənə́č. to be badly beaten in a contest, lose badly: c̓ɫc̓áɫətəŋ. to be beaten, lose a contest: c̓əɫátəŋ. to be last, behind (in a contest), come after: ɫkʷáw̓əs. to be trying to beat each other in a contest: c̓əɫc̓əɫítiʔ, c̓əy̓c̓əɫíti. to win a game, beat someone (in a contest): c̓əɫát.

contingent dependent, contingent activity: -tənúʔŋət.

continue to continue, go on, carry on, keep on doing (something): sə́ɬəŋ. to continue, keep going, carry on: ʔáʔiʔ³. to continue on: c̓aʔc̓əct. to continue on, move ahead, move on: c̓aʔc̓áct. to go ahead, keep going, continue, be steady, persevere, proceed: sɬə́ŋct.

continuously to do continuously, keep on: sə́ɬəŋ.

contract to catch anything contagious (such as illness, lice, etc.), contract a disease, be exposed to a disease: q̓áp. to contract, catch a contagious disease: ɬíx.

contrary I think, on the contrary, anyway, contrary to expectation: ta.

control non-control: -anəŋ. non-control middle: -nuŋt. non-control reciprocal: -nəwəy. non-control transitivizer: -naxʷ. to control oneself, prevent oneself (from doing something), hold (something) in: ƛ̓aʔpcút. to control, dominate, henpeck someone: scaʔqəmúʔist. being compelled, controlled, corrected by someone: k̓ʷə́ytəŋ. to be compelled, kept in check, controlled, corrected, be made to: k̓ʷčátəŋ. to be controlled, dominated, henpecked by someone: scaʔqəmúʔistəŋ. to be controlled, nagged, dominated, henpecked: scaʔqmúʔis. to be fierce, out of control, mad, raising hell, throwing a tantrum: xaʔsíct. to get fierce, out of control, mad, raising hell, throwing a tantrum, doing something distasteful in anger, be angry and inappropriately act on it, being ugly with anger: xaʔsə́ʔyəŋ. to relax, pause, let up, take it easy, stop (doing something), control oneself, desist: həčáyŋən.

contusion bruise, contusion: ɫáqaʔ¹.

conversation conversation, storytelling: sqʷáyqʷiʔ. to talk together, have a conversation, dialogue: qʷinə́kʷi. to talk together with someone, have a conversation, dialogue with someone: qʷinə́kʷitxʷ. to be discussing, having a discussion, talking things over in public, having a meeting, having a conversation: haʔníčəŋ. to be conversing, talking together, having a dialogue: qʷiʔnə́wiʔ. to be talked to, spoken to (in conversation): qʷinə́kʷitəŋ. to be talking together with someone, having a conversation, dialogue with someone: qʷiʔnə́witxʷ.

converse to talk together, have a conversation, dialogue: qʷinə́kʷi. to talk together with someone, have a conversation, dialogue with someone: qʷinə́kʷitxʷ.

conveyance conveyance, canoe: =akʷɬ. go, especially on a conveyance (by canoe, car, horse, etc.): -iyɬ. vehicle, any conveyance, any means of transportation: sčaʔkʷaʔyúɬ. any conveyance such as a canoe, raft, boat, car, horse, floating log, and so on: sxʷʔúyəɬ. being aboard, in any conveyance (such as a boat, car, horse, etc.): ʔiʔáʔiɬ. four conveyances: ŋuʔŋəsə́kʷɬ. several conveyances: sčaʔyaʔkʷaʔyúɬ, sxʷʔiʔiʔúyəɬ. ten conveyances (such as canoes, cars): ʔəpənə́kʷɬ. twenty conveyances (such as canoes, cars): nəc̓xʷkʷsáyəɬ.

convince to invite, coax, convince, persuade someone to go (somewhere): yúyt. being invited, coaxed, convinced to go (somewhere): yaʔyútəŋ. to be invited, coaxed, convinced, persuaded to go (somewhere): yúytəŋ. to be trying to sell (something) to someone, convincing someone to buy, making a sales pitch: saʔmúst.

cook to cook: kʷúkʷ. to roast, barbecue, cook something on an open fire: q̓ʷə́yəs. to cook, bake: q̓ʷə́yiŋəɬ. to cook by boiling: q̓ʷə́yəs. to cook on rocks on the beach, steam clams: c̓xʷás. to cook, prepare a feast: k̓ʷəncínəŋ. to cook, roast, bake, barbecue something: q̓ʷə́yət². to cook, roast, barbecue, bake on an open fire: q̓ʷə́yəŋ. to fry: čkʷə́xəŋ. a cook, someone who cooks a lot: k̓ʷənk̓ʷəncínəŋ, nəxʷsk̓ʷəncínəŋ. anything baked or cooked in hot sand or ashes: stə́yəq. anything baked or steamed in a cooking pit: scə́nəs. a roast, barbecue, anything cooked on an open fire, especially barbecued salmon: sq̓ʷə́yəŋ. a session of cooking on rocks, a seafood bake: scxʷás. stake set in the ground around an open fire to hold salmon as it cooks: tə́cmən. to bake: tə́yəq. to bake something: tə́yəqt. to be baked, cooked in hot sand: ʔəstə́yaʔq. to be cooked: ʔəsq̓ʷáʔyəɬ. to be cooked in hot sand: ʔəscə́n. to be cooked, roasted, barbecued by someone: q̓ʷə́yətəŋ². to be cooking: k̓ʷəncéʔnəŋ. to be cooking, barbecuing something: q̓ʷə́yt. to be cooking food by boiling: q̓ʷə́ys. to be cooking (of food), in the process of being cooked: sə́yp. to be cooking (of food on the fire): c̓ə́č. to be fried: ʔəsčə́kʷx. to be not cooking (of food on insufficient heat): ʔítt. to be ripe, cooked done: q̓ʷə́y². to boil something, cook something by boiling it: q̓ʷə́yəst. to boil, steam-cook something: q̓ʷə́yəsnít. to have a burned, scorched, scalded, cooked throat: ʔəskʷaʔsə́ɬnəɬ. to have one's body cooked: q̓ʷə́yikʷsəŋ. to overcook, cook too much (for example, when smoking salmon and fire also cooks it): q̓ʷə́yq̓ʷəynúŋət. to put something being cooked onto the fire: həwístxʷ.

cooked to be ripe, cooked, not raw: ʔəsq̓ʷáyəɬ. to be raw, uncooked, underdone, not ripe: xíc.

cooking basket berry basket, water-tight, water-proof cooking basket: spčúʔ.

cool to get chilly cold, cool: ɫáʔčiʔ. to be cooling something off: ɫaʔčíyt. to be fanning (to cool):

coop — **cover**

xʷaʔsə́yuʔ. to be getting cold, cooling off: łaʔčéʔyəŋ. to be kind of chilly: łaʔčiʔúcən. to be kind of cool, cold ground: łaʔčiʔə́nəkʷ. to cool, chill something, make something cold: łaʔčítxʷ. to cool something off: łaʔčíyət. to get cold, cool off: łaʔčíyəŋ. to manage to cool something off: łaʔčíynəxʷ.

coop chicken house, henhouse: čikənáw̓txʷ.

cooperate to go along (with the current pattern), conform, cooperate, do as expected: čúw̓əł.

coot common scoter, coot, black duck: c̓awaʔčáxən. mud hen: saʔsímc. mud hen, possibly common gallinule or American coot: qʷə́qʷaʔc. several common scoters, coots: c̓aʔyuwaʔčáxən.

copper copper, brass, bronze: cú̓ʔməčən.

copy to imitate, copy, pretend to be someone else, ape (someone to mock them): nəxʷsʔáʔi.

cormorant Brandt's cormorant, shag, black duck: stə́məč. double-crested cormorant: ƛ̓əŋq̓łčə́qsən. several cormorants: stiyaʔyə́məč. several small cormorants: staʔyaʔłə́məč. young cormorant, shag: stəməčúyəł.

corn popcorn: číčaʔ.

corner sxʷíc̓áyən. ear, corner, angle: =an̓. to be in the corner: ʔəsxʷíc̓áyən. to catch sight, get a glimpse of something, see something out of the corner of one's eye, glance at something: c̓áyəq̓ánəxʷ. to turn around a corner, turn around a point: qáʔwíct.

corpse corpse, dead body: kʷłsnúʔnəkʷ. to be dead, be a corpse: ʔəsq̓ʷúʔq̓ʷiʔ, q̓ʷúʔq̓ʷiʔ.

correct to be right, correct, legal, enough, satisfactory, fitting, sufficient, proper, in working order, okay, better (over an illness): ƛ̓úm̓. to be right, correct: ʔəsƛ̓úʔƛ̓əm̓. to be fine, right, correct, okay, alright: ƛ̓úy̓. to bawl someone out, tell someone off, correct someone, speak roughly to someone: ŋəxə́t. to straighten something, correct the course, steer, put someone on the right path, unfold something: łxʷə́t. being compelled, controlled, corrected by someone: kʷə́ytəŋ. to be bawling someone out, telling someone off, correct someone, raising Cain with someone: ŋə́xt. to be compelled, kept in check, controlled, corrected, be made to: kʷčə́təŋ. to be improving, getting better, more correct: ƛ̓úməct. to be known, understood, correct: ʔəsxáč̓ł. to be mistaken, incorrect, wrong: ʔəsmaʔmiʔmíy̓. to be straightened, corrected: łxʷə́təŋ. to be straightened, corrected a little: łaʔłə́xʷtəŋ. to be straightened, corrected, made to go straight: łxʷístəŋ. to get a bawling out, being told off, corrected, scolded: ŋiŋə́xtəŋ. to improve, get better, more correct: ƛ̓aʔmúct. to manage to get well, right, correct: ƛ̓əm̓núyət. to say (something) correctly: ƛ̓əmúcən².

costume a suit of clothing, an outfit, uniform, costume, clothing ensemble: ʔúykʷtxʷ.

cot small bed, bench, couch, cot: sxʷʔaʔá̓ʔmət.

couch small bed, bench, couch, cot: sxʷʔaʔá̓ʔmət.

cougar cougar, mountain lion: q̓əwicə́p. mountain lion, cougar: k̓ʷə́yəčən. several cougars: k̓ʷəyə́yəčən, q̓aʔyəwícəp. several small cougars: q̓aʔyáq̓əwícəp. small cougar: q̓aʔq̓ə́wicəp.

cough to cough: túq̓ʷəŋ. a cold, cough: stúq̓ʷəŋ. whooping cough, pertussis: xʷə́q̓ʷaʔł. the coughing, any illness causing coughing: stúʔq̓ʷəŋ, stúʔq̓ʷəŋ. to be coughing: túʔq̓ʷəŋ. to be coughing (many times or of a group of people): taʔyúʔq̓ʷəŋ.

could hypothetical, would, could: q. to be able, be liable to, might, could: xʷə́ŋ².

council government official, council member, chief, lord, big shot, distinguished: siʔám̓. tribal council, councilor: kánsəl.

councilor tribal council, councilor: kánsəl.

counseling advice, lecture, sermon, learning, counseling from elders: sk̓ʷə́s.

counselor dear elder, one's beloved counselor, guide, master, teacher, any person that one listens to and gets advice and direction from: sxʷskʷáʔ.

count to be counted: kʷə́s. to count something: kʷsə́t. being counted: kʷə́stəŋ. to be counted by someone: kʷsə́təŋ. to be counted, measured: ʔəskʷásł. to be counting: kʷə́səŋ. to be counting something: kʷə́st. to count: kʷsə́ŋ. to count (something) for someone: kʷssít.

country territory, country: sčtə́ŋxʷən. countryman, compatriot, someone from one's hometown, country, or tribe: sxʷskʷáwaʔ.

countryman countryman, compatriot, someone from one's hometown, country, or tribe: sxʷskʷáwaʔ.

Coupeville Coupeville area: sxʷŋiʔáy̓ə. Skagit area, Coupeville tribe: sqáčət.

couple to be a married couple, be man and wife: taʔyús, tiyáʔyus.

courage to take care of oneself, respect oneself, keep on going with courage: yəhúməct.

course as one might expect, of course, predictably, probably: ʔúčtə.

courtship to share companionship, date, go steady with each other in courtship: štəŋnə́w̓i.

cousin any relative (cousin, aunt, uncle) about the same age as oneself: ƛ̓íƛ̓q. brother or male cousin: sʔúqʷaʔ. children of parent's older sibling: sxʷtáwinəq. little sister, little sibling or cousin of the opposite sex: ʔaʔáʔyəs. older sibling or child of parent's older sibling: sxʷtúnəq. several little sisters, little siblings or cousins of the opposite sex: ʔaʔyaʔáʔyəs. sibling, brother, sister, cousin: sʔúqʷaʔ. sibling or cousin of the opposite sex, brother or sister: ʔáyəs. younger sibling, brother, sister, cousin: saʔcúʔił.

cover a cover, lid: sxʷtqə́n. any blanket, cover, sheet: sə́miʔ. cover, lid on any container: sxʷłə́n.

English-Klallam Index

covered

head scarf, kerchief, bandanna, anything used to cover, wrap up the head: $x^wik'^wéʔq^wən$. to close it, shut it, cover a container, shut a door: $nəx^wtqə́t$. to cover anything with a lid: $tɬə́t$. to cover one's back, throw on a shawl or blanket: $ck'^wíct$. to cover oneself up with a blanket: $saʔmə́čct$. to cover one's head: $x^wik'^wéʔq^wəŋ$. to cover over something (for example, a grave): $ck'^wíct$. being buried, planted, covered with earth by someone or something: $čə́ntəŋ$. chimney thimble, smoke hole cover: $q'^wíwqən$. several covers, lids: $sx^wtitqə́n$. to be covered with a blanket: $səmáʔtəŋ$. to be covered with a lid by someone: $tɬə́təŋ$. to be covering, closing something: $nəx^wtə́qt$. to be covering someone or something (with a blanket): $sáʔmaʔčt$. to be covering (with a blanket): $sáʔmaʔčəŋ$. to be submerged, covered with water over the head: $ctpiyéʔq^w$. to bury, plant something (in the ground), cover with earth: $čə́nət$. to cover several things, or several people cover someone or something: $cə́yək^wt$. to cover someone or something with a blanket: $sə́məčt$. to cover the bottom: $x^wik'^wə́wəč$. to cover up with a blanket: $sə́maʔčəŋ$. to cover up, wrap oneself: $x^wik'^wíct^1$. to cover up, wrap something, spread (something) over something: $x^wik'^wíct^2$. to get buried in the ground, covered with soil or sand: $čə́n$. to get covered, wrapped up: $x^wə́yək'^w$. to hide, guard, conceal, cover, tuck away (something) on oneself: $k^wx^wnə́čəŋ$. to remove a cover: $ɬq'^wíct$. to uncover, remove a cover or blanket: $ɬq'^wcə́nəŋ$. to uncover, take a blanket off one's feet: $ɬq'^wsə́nəŋ$.

covered to be covered up (with a blanket): $ʔəssáʔmiʔ$. to be uncovered: $k'^wčə́nəŋ$. to be uncovered, have no blanket: $ʔsɬəq'^wícən$. to come off, peel off, be removed, uncovered: $ɬə́q'^w$.

covet to covet, desire, admire, wish to have (something, especially something someone else has): $šítəŋ$. to be coveting, desiring, wishing for: $šéʔtəŋ$.

covetous to feel envious, covetous, jealous (as if someone got something good that you deserved): $nəx^wčaʔyík'^wən$.

cow cattle, cow, bull, ox: $músmus$. a group of calves, small cows: $maʔyaʔmúʔsməs$. cattle, cows, bulls, oxen: $maʔyúsməs$. name of one of AS's mother's cows: $sk^wéx^wən$. small cow, calf: $maʔmúʔsmus$. to be milking (a cow): $čaʔcáyŋəx^w$. to milk a cow: $čcáyŋəx^w$, $čəciŋíx^wt$.

cowardly $ʔəsáysiʔ$. to act cowardly: $sáysiʔ$.

Cowichan Cowichan Tribe, Cowichan area on Vancouver Island and neighboring smaller islands: $qəwʔə́čən$. the languages of the Songhees, Esquimalt, Saanich, and Cowichan: $yək'^wəŋéʔnəŋ$.

co-wife $siyáʔ$.

co-worker companions, partners, one's crew, co-workers: $sq'^wə́yaʔšən$.

cow parsnip a type of edible plant sometimes called Indian rhubarb, probably cow parsnip: $x^wáčx^wč$. wild celery, probably sea-watch, possibly cow parsnip: $sx^wmək^wúsŋən$.

CPR to make someone breathe, give artificial respiration, CPR: $saʔcaʔŋístx^w$.

crab crab, Dungeness crab: $ʔáʔčx$. a female crab: $smə́yəš$. any of various species of small tidewater crabs: $qaʔqə́ləwaʔ$. helmet crab: $q'^wəŋq'^wínsən$. Puget Sound box crab, green crab: $ŋáyaʔčx$. purple shore crab, tiny crabs that live under the rocks and in the seaweed: $k^waʔk^wə́ləwaʔ$. red rock crab: $k^waʔk^wáƛšən$. several crabs: $ʔə́yaʔčx$. small crab: $ʔaʔáʔčx$. to be crabbing, hunting for crabs: $ʔəsʔaʔyáʔčx$. to go crabbing, hunting for crabs: $ʔəsʔaʔyaʔčxíyɬ$.

crab apple Pacific crab apple: $qáʔəx^w$. several crab apples: $qəyáʔəx^w$. wild crab apple tree: $qaʔx^wíɬč$.

crab scoop dip net, scoop net, crab scoop: $ʔəq'^wáyən$.

crab trap crab trap, crab pot: $sx^wʔaʔčxáy$.

crack to be broken, cracked (of a cup, window or anything with a relatively broad surface): $tə́c^1$. to crack, break, shatter the skull: $tcéʔq^w$. to be broken, cracked: $ʔəstácɬ$. to be cracked, torn, ripped, split: $ʔəscáxɬ$. to be split (of a board), cracked (not completely broken off): $ʔəstə́ɬc$. to be torn, ripped, split: $čə́x$.

cracker cracker, hardtack, sea biscuit: $kəlákəs$. hardtack, pilot bread, cracker: $pə́skət$. hardtack, pilot bread, crackers: $saplín$. several small crackers, especially oyster crackers: $paʔpəyə́skət$.

crackle to make a crunch, crackle, noise while chewing: $xaʔcíx^wəŋ$. to shine (as glass, jewels, etc.), sparkle, crackle, flicker, be shiny: $ƛ'aʔk'^wíqəŋ$. to make a crunching, crackling noise while chewing or walking (as when eating a fish nose or walking on crisp leaves): $xaʔpúx^wəŋ$. to make a crunching, crackling noise while chewing or walking (of a group): $xəyaʔpúx^wəŋ$.

cradle cradle-basket, cradle, cradle-board, swing (for a baby): $púʔcs$.

craft any conveyance such as a canoe, raft, boat, car, horse, floating log, and so on: $sx^wʔúyəɬ$.

craggy to cramp up: $qcə́ŋ$. rocky, craggy mountains or hills: $sŋiyánt$.

cramp to be cramped, have a cramp: $qcə́təŋ$. to be having a cramp: $qə́ctəŋ$.

cranberry cranberry: $ƛ'iʔx^wúys$. cranberry plant: $ƛ'ix^wuysíɬč$.

crane great blue heron, crane: $sŋə́q'^wuʔ$. sandy crane: $sŋéhəŋ$. a group of herons or cranes: $sŋə́yəq'^wuʔ$. baby heron or crane: $sŋə́q'^wuʔhúyəɬ$. small heron or crane: $sŋaʔŋáʔq'^wuʔ$. small herons, cranes: $sŋaʔyaʔŋáʔqəuʔ$.

crave to be craving (some particular thing): $təŋʔáʔəŋət$, $təŋáʔəŋ$. to be craving, wishing for some particular thing: $təŋáʔət$.

crawl to crawl: *čtə́ŋ*. to go over the top, crawl over: *q̓ʷaʔyíyəŋ*. to be crawling: *čə́təŋ*. to be getting buggy, feel like bugs are crawling on one: *xʷaʔxʷənaʔmítəŋ*.

crayfish crayfish, shrimp, lobster: *mútčuʔ*.

crazy *słúqəmən*. to be acting crazy: *sqaʔtiʔúməš, sxʷáʔkʷiʔ*. to act, look or seem crazy, silly, mentally unbalanced: *sqatihúmš*. to act, look or seem crazy, silly, mentally unbalanced: *sqatihúmš*. becoming drunk, intoxicated, going crazy: *xʷaʔkʷáʔtəŋ*. someone who is foolish, crazy: *sqatiháync̓*. to act crazy, silly, foolish, clownish: *sqáti*. to be acting crazy (speaking of a small person): *sxʷaʔxʷáʔkʷiʔ*. to be a little crazy in the head, insane: *ʔəsxʷaʔxʷkʷéʔqʷ*. to become drunk, intoxicated, go crazy: *xʷkʷátəŋ*. to become drunk, intoxicated, go crazy (multiply or of a group): *xʷəykʷátəŋ*. xto be or act crazy in the head, insane, retarded: *sxʷaxʷkʷéʔqʷ*. to drive someone crazy, make someone insane: *ʔəsčáyəxʷt*. to have lost one's mind, gone crazy, be driven crazy by someone or something: *ʔəsčáyəxʷtəŋ*. to make someone crazy: *xʷkʷát*.

crazy bone elbow, crazy bone: *sxʷək̓ʷiʔáxən*. elbows, crazy bones: *sxʷaʔyək̓ʷiʔáxən*.

creak to creak, make a creaking sound (of a building): *čłíkʷəŋ*.

cream butter, cream, whipped cream, milk: *sməcáyŋəxʷ*.

creambush oceanspray, ironwood bush, creambush: *q̓áʔčłč*.

create to be worked on, fixed, made, created by someone: *ččátəŋ*.

Creator Almighty, God, Creator, Great Spirit: *xáyəs*. Changer, Transformer, Creator: *nəčtə́nəq*.

creature =*ŋinkʷ*. all creatures: *xəníkʷs*. all kinds of living things, creatures: *nəxʷxəŋŋínəkʷ*. Sasquatch, bigfoot, a large man-like creature living up in the bush that few people have ever seen: *čičəyíqʷtən*.

creek creek, stream, brook: *stútaʔwiʔ*. several creeks, streams: *stayaʔtúʔwiʔ*. spring, source of water, a small spring-fed creek: *mútčuʔ*.

Crescent Bay Crescent Bay: *kʷaʔšə́nəm*.

Crescent Lake Crescent Lake: *cə́łmət*.

crew companions, partners, one's crew, co-workers: *sq̓ʷəyaʔšən*.

Creyke Point Creyke Point, a narrow point in Becher Bay on the west side: *skʷə́yqsən*.

cripple to be crippled: *ʔəsqiʔéʔmət*. to be crippled, to have been hurt, to be getting hurt: *ʔəsmámaʔkʷł*. to be wounded, crippled, moving clumsily (as a duck or deer that has been shot but not killed), sickly, weakened: *sqiʔqáycəm̓*.

crisp to be crisp: *xaʔcíxʷəŋ*. to make a crunching, crackling noise while chewing or walking (as when eating a fish nose or walking on crisp leaves): *xaʔpúxʷəŋ*.

crisscross to be crosswise, lying across each other as downed trees in the woods: *q̓łaʔáw̓əł*.

criticize to criticize, find fault with someone: *kʷáct*. being criticized by someone: *kʷaʔcátəŋ*. to be criticized by someone: *kʷcátəŋ*.

croak croak, a frog's call: *wəqáq̓*.

crochet to be crocheting: *łaʔkʷáyəs*. to crochet: *łkʷáyəs*.

crooked to be crooked: *k̓ʷc̓ə́ŋ*. to be crooked, bent: *ʔəskʷác̓ł*. to be crooked, move crookedly: *ʔəskʷikʷə́c̓*. to be all, completely crooked (as a very crooked road), all bent up: *skʷikʷə́c̓ł*. to be made crooked, bent crooked: *k̓ʷc̓átəŋ*. to bend something, make something crooked: *k̓ʷc̓át*. to get a crooked face from seeing a ghost: *nəxʷk̓ʷcústəŋ*.

cross to go across (especially water), cross over: *łákʷi*. to go over to the opposite side, across: *łqcínəŋ*. to be going across, crossing over: *łáʔkʷiʔ*. to cross oneself, bless oneself, make the sign of the cross: *nəxʷƛ̓kʷúsəŋ*. to take someone or something across: *łkʷístxʷ*.

cross-eyed to be cross-eyed: *sxʷk̓ʷcáʔis*.

crosswind the west wind or any crosswind: *sqíxʷ*. a west wind or any crosswind as it is blowing: *sqéʔəxʷ*.

crosswise to be crosswise: *xiʔáq̓*. to be crosswise, lying across each other as downed trees in the woods: *q̓łaʔáw̓əł*. to be stuck in one's throat crosswise: *xiʔáq̓łł*.

crow *skʷaʔkʷátuʔ*. several crows: *skʷəyaʔkʷáʔtuʔ*.

crowbar any tool used for prying such as a cant hook, peavey, or crowbar: *kʷácən*.

crowd many people: *ŋənáy*. to be crowded, over full: *smə́yst*. to be crowded, over full, overloaded: *ʔəsmáys*. to be in the middle, among, between, in a crowd: *ʔəsxʷác̓ł*. to crowd, over fill something: *máyst*. to gather, assemble (of people), come together, crowd together: *qpə́ct*. to let be in the middle, among, between, in a crowd: *ʔəsxʷác̓łtxʷ*. to be full, crowded: *ʔəsyác̓ł*. to be full, crowded (of several spaces): *ʔəsyiyác̓ł*.

crown crown, top of the head: *sq̓tayéʔqʷ*. the top of anything, especially the crown of the head: *sxʷq̓taʔyéʔqʷ*. top, crown of the head: *q̓taʔyéʔqʷ*.

cruel to be a mean, cruel, fierce person: *nəxʷsxaʔyíkʷən*. to be cruel, mean: *sáčəŋ*. to be cruel, mean, ornery (of a child or something small): *saʔsáʔčəŋ*. to be cruel, mean to someone: *sáčt*. to be mean, a mean, cruel person, a bully: *ʔəsqéʔqi*. to be treated cruelly: *sáčtəŋ*.

crumble to smash up, break up, shatter, crumble: *łiʔłə́yəqʷi*.

crummy vehicle, any conveyance, any means of transportation: *scaʔkʷaʔyúł*.

crumple crumple, smash together: *mə́kʷt¹*. crumple up: *miməkʷt*. to be gathered into rounded lumps, crumpled, smashed together, balled up: *məkʷə́təŋ*. to crumple, fall apart, disintegrate: *łə́yəqʷi*.

crunch to be making a crunching noise, be noisy (while stalking an animal): *xaʔpúxʷəŋ*. to make a crunch, crackle, noise while chewing: *xaʔcíxʷəŋ*. to make a crunching, crackling noise while chewing or walking (as when eating a fish nose or walking on crisp leaves): *xaʔpúxʷəŋ*. to make a crunching, crackling noise while chewing or walking (of a group): *xəyaʔpúxʷəŋ*.

crush to burst, pop, smash, squash, crush something open: *ŋə́qʷət*. to be bursting, popping, smashing, squashing, crushing something open: *ŋə́qʷt*. to crush the foot: *ŋəqʷsə́n*. to smash, crush, pulverize, break something up: *łə́yqʷt, tiʔłə́yqʷt*. to smash, crush, pulverize, grind up, break up something: *łə́yəqʷt*. to smash, crush, pulverize, grind up, break up something into many pieces or of several agents: *tiʔłə́yəqʷt*.

crutch walking stick, cane, crutch: *qʷcáysən*. my dear, my cane, my crutch: *nəqʷcáyəsən*.

cry to cry, weep, sob: *xʷúŋ*. to wail, cry in lamentation: *ƛ́əwəŋ́*. being made to cry by someone or something: *xʷaʔŋístəŋ́*. be made to cry by someone or something: *xʷəŋístəŋ¹*. don't cry, hush: *cáxʷaʔł*. to be cried for: *xʷuʔútəŋ*. to be cried for by someone: *xʷútəŋ*. to be crying: *xʷuʔúŋ*. to be crying for something or someone: *xʷuʔút*. to be crying together: *xʷuʔúŋti*. to be making someone cry: *xʷaʔŋístxʷ*. to comfort oneself, stop crying: *ƛ́úʔəct*. to comfort, pacify someone who is crying or grieving: *ƛ́úʔət*. to cry, feeling sorry for oneself: *xʷəŋúct*. to cry for someone: *xʷuŋətástxʷ*. to cry in mourning a deceased loved one: *xʷátnəł*. to cry in mourning a deceased loved one (of a group crying or one person crying a lot): *xʷáxʷtnəł*. to cry, weep for something or someone: *xʷút*. to make someone cry: *xʷúŋəstxʷ*. to start to comfort oneself, stopping crying: *ƛ́ƛ́úʔct*. to stop crying, stop talking, calm down: *cáxʷiʔ*. to want to cry: *xʷaʔŋáyŋən*.

crybaby to be a crybaby: *xʷaʔxʷúŋ*.

cub small bear, cub: *sčaʔčqʷáʔič*. small bears, cubs: *sčayʔaʔčqʷáʔič*.

cue to miss a cue, misunderstand someone: *təxnáxʷ*.

cull to cull (a herd or flock), get rid of bad ones, throw someone out: *kʷənəyúst*.

Cultus Bay southern point of Whidbey Island west of Cultus Bay: *nəxʷʔə́cx*.

cup *kə́p*. cup, dipper: *méʔtqʷ*. several cups: *maʔyátqʷ*.

cupboard larder, cupboard: *sxʷčawaʔčáy*.

cure to heal, be healed, be cured, get well: *łáw²*. to heal, cure someone: *łáwtx*. to manage to heal, cure someone, make someone well: *łáwnəxʷ*. to be cured by someone or something: *łaʔkʷátəŋ*. to be healed, cured by someone: *łáwtəŋ*. to be well, cured, healed: *ʔəstáʔłuʔ*. to cure someone (of a disease): *łáʔkʷt*.

curl to be curled up, shriveled, shrunken, wrinkled: *ʔəsqáyp*. to be curled by someone or something: *qipə́təŋ*. to be curling something up, shrinking something, making something shrivel up: *qə́yəpt*. to be shrinking, shriveling, curling up: *qə́yəpct*. to curl hair, get a perm: *qipéʔqʷəŋ*. to curl one's hair: *qipúysəŋ*. to curl something, make something curly: *qipə́t*. wave, curl, frizz in the hair: *sqipéʔqʷ*. to go to get one's hair curled, go to get a perm: *qipéʔqʷəŋiył*.

curling to be sliding (something), slinging to let slide (as in curling): *paʔcáyu*.

curly to have curly hair, be a curly head: *sqipéʔqʷ*. to have curly or curled hair: *ʔəsqáyp*. to have curly hair, have a perm: *ʔəsqiʔpéʔqʷ*.

current to drift with wind or current: *xʷə́yəqʷ*. to be going against, bucking the tide, going into the wind or current: *paʔšúsəŋ*. to be going, drifting downstream or with the current: *xʷiʔqʷéʔyəŋ*. to go against, buck the current, against the tide, into the wind, opposite the flow, be a head tide: *pšús*. to go with the current, go downstream, go with the tide, be a fair tide: *xʷiqʷíyəŋ*.

curry to curry (a horse): *xʷíqʷt*.

curse to curse, swear at someone or something: *xʷínt*. to curse, swear repeatedly at someone: *xʷənxʷínt*. to send bad spirit power into someone, curse, put a spell on someone: *xtə́t*. to swear at, curse each other: *xʷínti*. to swear, curse at each other: *xʷaʔxʷəníti*. to be cursed (to die) by someone, have a spell put on one by someone: *naʔhústəŋ*. being cursed at, sworn at: *xʷaʔnítəŋ*. darn you! damn! "on the head!": *héʔqʷ*. darn you! "on the hip!": *háyič*. to be cursed at, sworn at: *xʷíntəŋ*. to be cursed, sworn at: *xʷənxʷínətəŋ*. to be cursing, swearing at each other: *xʷaʔnítiʔ, xʷənxʷínti*. to be cursing, swearing at someone: *xʷéʔənət*. to be cursing, swearing at someone or something: *xʷaʔnít*. to be shot, hit with evil spirit power, cursed, hit with a slingshot, stung by a lizard or snake: *xtə́t*. to be shot, stung, cursed by a group or of a group: *xixə́ttəŋ*. to curse, do evil work (on so), wish (a person) to die, do any behavior that might cause someone to die through spirit power: *naʔəsáys*. to curse someone to die, talk to someone about their death: *naʔhúst*.

curser a curser, someone who swears a lot, uses rude language: *sxʷínxʷən*.

curtain *sxʷxəmúsən*. curtain, drapes, any window covering: *sxʷkʷaʔkʷənáysən*.

curve to go around (something), go in a circle, move in a curve: *siqaʔwíyəŋ*.

cushion cushion (for sitting on): *sx́payqənə́wəč*.

customary perform a customary activity: *-iŋł*.

cut to butcher, cut up: *kʷíc*. to get cut, especially of meat: *łíc*. being cut by someone: *łaʔcítəŋ*. being cut on one's hand by someone or something: łaʔccístəŋ. being cut on the ear: tícannəŋ. being cut on the head: łaʔcéʔqʷəŋ. being cut or broken off: qʼə́mtəŋ. being cut, torn on one's face by someone or something: čxúʔstəŋ. being cut, torn on one's forehead by someone or something: čxúystəŋ. being cut up by someone: łaʔyəciʔítəŋ. be slicing, cutting up (meat): kʷéʔwəct. to be butchered, cut up in small chunks: ʔəsłałaʔyíc. to be cut hair: sxəmxʷéʔqʷ. to be cut in front of, cut off, headed off by someone: qʼəmústəŋ. to be cut on one's foot or leg (accidentally) by someone or something: łcsə́nəŋ. to be cut on one's hand (accidentally) by someone or something: łcácsnəŋ. to be cut on the face by someone or something: łcústəŋ. to be cut on the forehead: łcúyəs. to be cut on the hand by someone or something: łccístəŋ. to be cut on the mouth: łcúcən. to be cut, sliced: łcítəŋ. to be cutting: łaʔcáʔyu. to be cutting a log with a saw (not chop with an axe): łaʔcaʔíws. to be cutting, chopping or sawing firewood: łaʔcaʔyíwct. to be cutting one's forehead: ʔəsłaʔcúysəŋ. to be cutting someone on the arm: łciʔáxt. to be cutting someone on the face: łaʔcúst. to be cutting someone on the head, cutting someone's hair: łaʔcéʔqʷt. to be cutting someone's foot: łcsə́nt. to be cutting someone's hand: łaʔccíst. to be cutting someone's or something's body: łcíwst. to be cutting something: łéʔct. to be cutting the forehead: łaʔcúyst. to be cutting the mouth: łaʔcúcən. to be cut up, torn up on one's face by someone or something: čičxústəŋ. to be getting one's hand cut: łaʔcács. to be in a cut condition: ʔəsłcítəŋ. to be mowing grass, cutting hay, haying: łaʔcáʔyəŋ. to be sawing wood: łaʔcaʔíwc. to butcher, cut something up into pieces: łaʔyíct. to cut a round object: łcúyəsəŋ. to cut hair, get a haircut: łícaʔqʷəŋ. to cut in front of someone, cut someone off, get in someone's way, prevent someone from continuing, head someone off: qʼəmúst. to cut material for making (something): łícəm. to cut oneself: łícct. to cut one's face: nəxʷłcús. to cut one's foot: qʼəmsə́n. to cut one's hand: łcácsənúŋət. to cut one's head: łcéʔqʷ. to cut, saw (wood for fuel): łəcaʔyíwc, łəcayíwct. to cut, slice, mow something: łíct. to cut someone on the arm or sleeve: łciyəxánt. to cut someone on the face: łcúst. to cut someone on the head: łícaʔqʷt. to cut someone or something on the ear accidentally: tíłcannəxʷ. to cut someone or something on the nose: łcə́qst. to cut someone or something's leg off: qʼəməsə́nət. to cut someone's face (accidentally): łcúsnəxʷ. to cut someone's foot accidentally: łcsə́nnəxʷ. to cut someone's foot (on purpose): łcsə́nt. to cut someone's hair: łícaʔqʷt, xəmxʷéʔqʷt. to cut someone's hand (accidentally): łcácsnəxʷ. to cut someone's hand (intentionally): łccíst. to cut someone's mouth (accidentally): łcúcənnəxʷ. to cut someone's or something's body: łcíkʷst. to cut something's throat: łcnáytxʷ. to cut the arm or sleeve: łciyáxən. to cut the body: łcíkʷsəŋ. to cut the ear (of a sheep for identification): łcánt. to cut the face: łcús. to cut the forehead: łcúyəsəŋ. to cut the forehead or any round object: łcúyəst. to cut the hair, get a haircut: xəmxʷéʔqʷəŋ. to cut the mouth (intentionally): łccínəŋ. to fell a tree, bring, cut a tree down: xíƛč, xíƛčt. to get cut on the arm: łciʔáxən. to get cut on the foot: łcsə́n, tícsən. to get cut on the hand or finger: łcács. to get cut on the hip: łcáʔič. to get cut on the nose: łcə́qsən. to get one's head cut: tícaʔqʷəŋ. to have one's hair cut by someone: xəmxʷéʔqʷtəŋ. to have the ear cut by someone or something: tícannəŋ. to manage to be cut accidentally by someone or something: łcínəŋ. to manage to cut, succeed in cutting something: tícnəxʷ. to manage to fell a tree, cut a tree down or accidentally fell a tree: xíƛčnəxʷ. to saw wood: łcaʔyíwc.

cute cute, beautiful, pretty, good-looking, handsome: ʔaʔáʔił. several cute people or things: ʔaʔyaʔáʔił. to be very cute (of several): hayəháhaʔł.

cut off to get broken, cut off, chopped: qʼə́mʼ. to manage to break or cut something off: qʼəmnáxʷ. to sever, break or cut something off, cut something to length, shorten something (as a piece of string): qʼəmə́t. being cut or broken off: qʼə́mtəŋ. to be breaking, cutting something off, chopping something up: qʼə́mt. to be cut in front of, cut off, headed off by someone: qʼəmústəŋ. to be cut off: qʼəmə́təŋ. to be cut off (of several things): qʼəmqʼə́mətəŋ. to catch up with, intercept someone, cut someone off on their way: qʼəmnáxʷ. to cut in front of someone, cut someone off, get in someone's way, prevent someone from continuing, head someone off: qʼəmúst.

cut short to cut short, break off (anything): qʼəmə́yu.

cut up to slice, cut up (meat): kʷíct.

cycle bicycle or motorcycle: scssínkʷł. motorcycle: məwtəsáykəl. to ride a bicycle or motorcycle: cssə́nkʷł.

daddy daddy, dad: céʔt.

dagger qʷqʷaʔéyəs.

dam sxʷcaʔkʷłáwtxʷ. to rechannel, redirect, divert, change the flow, dam up something: qiyáxt. to be held steady, stopped, prevented from moving: ƛaʔyáʔctíŋ.

damaged to be hurt, injured, sore, damaged: ʔəsmáʔkʷł.

damn damn!, fool!, liar!: čxʷə́łnəł. darn, damn: háyəč. darn, damn you!: hə́łnł. darn you! damn! "on the head!": héʔqʷ. goddamn: kʷatém.

damp to be made wet, dampened by someone or something: caʔmúŋətəŋ.

dampen to be dipping something to dampen, moisten it, making it partly wet: qʼáʔŋət. to dip something to dampen, moisten it, making it partly wet: qʼə́ŋaʔt.

dance sq̕ʷəyéyəš. to dance: q̕ʷəyíyəš. to dance with spirit power: čyə́wən. to go to a spirit dance: kʷənucənhíyɬ. to participate in a winter spirit dance: kʷənúcən. a spirit power and dance associated with a cedar ring: skʷəníləč. a type of joyful spirit dance associated with a mask having protruding eyes: sxʷə́yxʷi. blackface dance house, any spirit dance house: xaʔxənítiháwtxʷ. black paint dance, masked dance: xənxaʔníti. cedar pole used in the spirit dance, the Klallam equivalent of Lushootseed sgʷədíləč: xixə́piʔ¹. Indian doctor's trance song and dance: skʷənúcən. several dance halls: sq̕q̕ʷíyyəšáwtxʷ. spirit dance house, Indian dance house, smokehouse: kʷənəsáwtxʷ. spirit dancer's belt: sxʷqq̕íkʷən. spirit gathering for singing and dancing, smokehouse dance: skʷənúcən. spirit power song, winter spirit dance music: syə́wən. to be dancing: q̕ʷəyéʔyəš. to be dancing (of a group or multiple times): q̕ʷəq̕ʷəyéʔyəš.

dance hall sq̕ʷəyiyəšáwtxʷ.

dance house longhouse, winter dance house, big house: čəqáwtxʷ.

dancer q̕ʷiq̕ʷiyíyəš. a spirit dancer, someone under spirit power while dancing or performing the rites of a spirit dancer: ʔəsyə́wən. new dancer: xəwəsúykʷɬ. deer hoof rattle, spirit dancer's pole (two or three feet long) with deer hooves: kʷčmín. spirit dancer, one having a spirit power song: čyáʔwənɬ. spirit dancer's head-dress: sʔúykʷč. a group of new dancers: xəwxəwəsúykʷɬ.

dancing pole a tall dancing pole: kʷúxʷən. several small dancing poles: kʷəyaʔkʷúʔxʷən. several tall dancing poles: kʷə́yəxʷən. small dancing pole: kʷaʔkʷúʔxʷən.

dark to be dark, shaded: ɬáč. to be dark colored: ɬčúyəs. to be dark, foggy: ʔəsxʷhəmhəmáyəs. to be dark, murky (of water): ɬčáʔmən. to be dusk, getting dark: ɬáɬcct, ɬiɬáčct. to be getting darker, all light going out: ƛ̕aʔkʷəŋíyɬ. to be made or kept dark by someone or something: ɬčátəŋ. to be managing to make it dark: ɬáɬčənəxʷ. to get dark, darken: ɬáčct. to get pitch dark, be almost completely dark, all lights out: nəxʷsƛ̕aʔk̕ʷəŋ. to make it dark: ɬčə́ŋət. to make or keep something dark: ɬáčtxʷ. to manage to make it dark: ɬáčnəxʷ.

darling my darling, my dear: nəkáwaʔ. Oh, my darling.: sxʷhiyí.

darn darn, damn: hə́yəč. darn, damn you!: hə́ɬnɬ. darn it: šá. darn you! damn! "on the head!": héʔqʷ. darn you! "on the hip!": hə́yič.

date to share companionship, date, go steady with each other in courtship: štəŋnə́wi.

dative for, to: -sít.

daughter offspring, one's own child, son, daughter, baby, doll: ŋə́naʔ. baby, infant son or daughter: ŋáʔnaʔ. an adopted child, stepson, stepdaughter, stepchild: syənáʔəŋ. baby girl: sɬnaʔčúyəɬ. children, sons, daughters: ŋə́nəŋənaʔ. grandchild, grandson, granddaughter, also grand niece or nephew: ʔíŋəc¹. infant, baby, toddler, young child, young son or daughter: ŋaʔŋáʔnaʔ.

daughter-in-law any younger generation in-law, son-in-law, daughter-in-law, spouse of one's child, niece, or nephew: scutáyəɬ.

dawn the early morning, before daybreak, dawn, early: kʷaʔčíy. to be getting bright, be daybreak, first light of dawn: waʔyúct.

day skʷáči, =aqɬ, =s. day, night: =ɬnat. day, today, tomorrow, the next day: kʷáči. when, what time, what day, sometime, some day: čəntáŋ. yesterday: čiʔáqɬ. to be the next day: kʷɬkʷáči. to be how many days, so many days: kʷəntnát. Monday: sčiʔəkʷɬnát. Tuesday: cəŋənát. Wednesday: ɬxʷɬnát. Thursday: ŋəsɬnát. Friday: ɬq̕čšɬnát. Saturday: qəmə́təŋ, sqəmə́yu, ɬxəŋɬnát. Sunday: nəmá skʷáči. April Fool's Day: ɬə́čxʷmən skʷáči. birthday: ʔíŋəŋ skʷáči. Chief Seattle Days: siʔáɬ skʷáči. Columbus Day: tán kʷi xʷanítəm skʷáči. Earth Day: sčtə́ŋxʷən skʷáči. Easter: hiyinúŋət skʷáči. Father's Day: cə́t skʷáči. first day of summer/midsummer's day: čənʔə́yi skʷáči. Grandparents' Day: ssə́ʔyaʔ skʷáči. Halloween: snúʔnəkʷ skʷáči. Independence Day, the Fourth of July: putculáy. Labor Day: čáy skʷáči. Makah Days: məqáʔaʔ skʷáči. May Day: skʷáqəŋ skʷáči. Memorial Day: hák̕ʷ skʷáči. Mother's Day: tán skʷáči. National Day of Prayer: ɬə́ʔwiʔəɬ skʷáči. Native American Day: ʔəcɬtáyŋxʷ skʷáči. President's Day: xʷanítəm siʔám̕ skʷáči. St. Patrick's Day: nƛ̕ə́ɬ skʷáči. Thanksgiving Day: hə́ʔnəŋ skʷáči. Veteran's Day: ʔaʔtšə́nəmən skʷáči. to be a few nights or days: kʷaʔkʷəntnát. several days: skʷikʷáči. two days: čə́saʔəs. three days, three nights: ɬxʷɬnát. six days or nights: ɬxəŋɬnát. eight nights or days: taʔcsɬnát. nine nights or days: təkʷxʷɬnát.

daybreak daybreak, daylight: kʷkʷáʔyiʔ. the early morning, before daybreak, dawn, early: kʷaʔčíy. to be getting bright, be daybreak, first light of dawn: waʔyúct.

day care day care facility: sƛ̕iƛ̕aʔƛ̕qɬáwtxʷ.

daylight daybreak, daylight: kʷkʷáʔyiʔ. It's coming to daylight.: táʔkʷi.

daytime to be glowing, bright lighting, shining, daytime: taʔtáʔkʷi.

dead to be dead: q̕ʷúy. to be dead, be a corpse: ʔəsq̕ʷúʔq̕ʷiʔ, q̕ʷúʔq̕ʷiʔ. to be dying, dead: q̕ʷúq̕ʷiʔ. corpse, dead body: kʷɬsnúʔnəkʷ. to cry in mourning a deceased loved one: xʷáɬnəɬ. to cry in mourning a deceased loved one (of a group crying or one person crying a lot): xʷáxʷɬnəɬ.

dead tree snag, a standing dead tree or large tree stump: stáʔtčiʔ.

deaf to be deaf: ʔəsq̕ʷiʔáʔən. to be going deaf: q̕ʷq̕ʷiyániŋ.

deal to be sold, be a completed deal: *yə́q*. to back out on a deal, renege, change plans, change one's mind: *huhəwíyəŋ*.

dear dear (in address): *siʔám̓*. dear one: *sxʷkʷáwaʔ*. my darling, my dear: *nəkáwaʔ*. my dear, my cane, my crutch: *nəqʷc̓áyəsən*. my dear, my heart: *nəyə́nəwəs*. my dear, my life, my reason for living: *nəsxʷhiyí*. my dear one, my loved one, my master, my thanks: *nəsxʷskʷáʔ*. my dear ones, my loved ones, my masters: *nəsxʷkʷə́yaʔ*. to be expensive, dear, important: *ƛ̓éʔ*. to cherish, hold dear someone or something: *sƛ̓éʔtxʷ*. to want others not to use, feel possessive about (something), not want to give (something) up, cherish, hold dear, feel emotionally attached to a person or object: *sk̓ʷiʔə́ʔəm̓*.

death to curse someone to die, talk to someone about their death: *naʔhúst*.

death rattle to be making a choking, gurgling, strangling sound, death rattle: *qaʔyíqəŋ*.

debonair to be handsome, smart, debonair, strong, competent, energetic, confident, someone who takes pride in his work and does it well: *ʔəsxʷúʔxt*.

debt to pay back, repay a debt to someone: *nuʔnáčt*.

decapitate to decapitate, take the head off: *łəŋéʔqʷt*. to remove the head: *łəŋéʔqʷəŋ*. to be decapitated, have head taken off, broken: *łəŋéʔqʷ*. to be decapitated, have the head taken off: *łəŋéʔqʷtəŋ*.

decay to rust, decay: *c̓ə́k̓ʷ*. to be moldy, mildewed, rotten, rusted, decayed: *c̓áq̓ʷ*. to be rusty, decayed: *c̓ic̓ə́k̓ʷ*. tooth decay: *c̓ick̓ʷinísəŋ*.

deceased to cry in mourning a deceased loved one: *xʷáłnəł*. to cry in mourning a deceased loved one (of a group crying or one person crying a lot): *xʷáxʷłnəł*.

deceive to lie, tell a lie, falsehood, prevaricate, deceive: *qáyəx*. to be fooled, deceived, kidded by someone: *q̓ʷaʔq̓ʷáystəŋ*. to tell a small lie, fib to someone to entice, fool, deceive, kid someone, turn someone's thoughts another way to distract: *q̓ʷaʔq̓ʷáystxʷ*.

December see under *čən̓šəyí*, *čən̓syə́wən*, *čən̓téʔwiʔəł*, *sxʷčiʔkʷáʔsən*.

decide to decide on someone or something: *xčŋíntxʷ*. to be thinking, wondering, deciding: *nəxʷqʷiʔqʷaʔyéʔwən̓*.

dedicated to be true, dedicated, honest, real, meaning it, sincere in what one is doing: *ʔəscəʔít*.

deep to be deep (of a hole, water, etc.): *ƛ̓ə́č*. to be deep water (above the chest): *ƛ̓číqəŋ*. to be low, under, deep, way down, at the bottom (especially of the water): *ƛ̓áčł*. any deep hole, especially a deep place in a river: *ʔəsxʷƛ̓ə́čəŋ*. to become deep, deeper: *ƛ̓čút*. to be taken over deep water: *túyəstəŋ*. to lower something, put it down, make something deep: *ƛ̓čiŋístxʷ*. to make something (such as a hole) deep: *ƛ̓ə́čtxʷ*. to sink, go deep under water, got to the bottom (of several): *ƛ̓aʔičíyəŋ*. to sink, go under water: *ƛ̓číyəŋ*.

Deep Creek Deep Creek: *c̓íxʷəŋ¹*.

deer deer, venison: *húʔpt*, *máwəč*, *smə́yəc*. a group of deer: *hayáʔpt*. deer hoof: *húʔptsən*. fawn, baby deer, small deer: *húhaʔpt*. several fawns, baby deer, small deer: *haʔyaʔhúhaʔpt*. small deer: *huʔhúʔpt*. velvet cloth or velvet of deer antlers: *təməsáyəqən*.

deer hooves deer hoof rattle, spirit dancer's pole (two or three feet long) with deer hooves: *kʷčmín*.

defeat to give up, admit defeat: *nəxʷq̓ʷúčkʷən*, *q̓ʷúč*. to give up, admit defeat, stop trying, stop thinking about it: *kʷaʔčéʔwən̓*. to be giving up, admitting defeat: *nəxʷq̓ʷúʔčkʷən*.

defecate to defecate, have bowel movement: *púʔ*, *q̓ʷə́c̓*, *šə́b*. to defecate, move bowels, go to the toilet: *pápaʔ*. to defecate (of a bird): *q̓ʷc̓áyuʔ*. to be defecated on by a bird: *q̓ʷc̓ə́təŋ*. to defecate: *qáʔəŋ*, *q̓ʷc̓əŋ*, *sqáʔəŋ*. to defecate on someone or something: *q̓ʷc̓ət*.

definitely definitely, really: *ʔəsłáxʷƛ̓*.

deflate to deflate, go down (of something inflated or swollen): *čšə́p*. to deflate, remove the air from something: *čšə́pt*. to just deflate, go down (of swelling): *čaʔčšə́pi*. to be deflated by someone or something: *čšə́ptəŋ*. to be deflated, flat after swelling has gone down: *čšə́pi*.

delay to go slow, delay: *scáʔi*. to go slow, take it easy, delay: *caʔcáʔłəŋ*. to be going slow, taking it easy, delaying, slow down, not hurry: *ʔəscáʔyaʔł*.

delegate to propose marriage for someone, be a delegate for someone: *q̓ʷinúkʷəŋ*.

delicious to enjoy, like, love something, find something delicious or amusing: *ʔiʔtáxʷ*.

delouse to delouse using a fine-toothed comb: *xʷaʔsáysəŋ*.

demand to be expensive, highly valued, in great demand: *ƛ̓éʔtəŋ*.

demolish to break apart, fall apart, collapse, be demolished, disassembled: *číxʷ*. to demolished, tear down something: *nəxʷčxʷíct*. to demolish something, tear something down: *čxʷíct*. to demolish, tear down: *taʔčaʔxʷít*. being demolished, broken apart, knocked down: *číxʷtəŋ*. being demolished, torn up, broken apart: *čéʔxʷiʔ*. to be breaking up, taking apart, demolishing something: *čéʔxʷt*, *číxʷt*. to be demolished, broken apart, knocked down: *čxʷítəŋ*. to be demolished, torn down by someone or something: *nəxʷčxʷíctəŋ*. to be tearing, breaking (something) apart, demolishing: *čaʔxʷə́yu*. to break apart, demolish, tear down something: *čxʷít*.

demonstration a show, demonstration: *sxaʔxłám̓*.

dense brush, thicket, dense woods where there is no trail: *k̓ʷə́y*.

dentist *łəŋás*.

deny to reject, refuse, deny someone, not accept, not let someone or something: *ʔáwətxʷ*.

depart to go, go away, leave, depart: *hiyáʔ*. to depart soon, early: *cə́w̓*.

department education department, school: *kʷəstəŋáw̓txʷ*.

dependent dependent, contingent activity: *-tənúʔŋət*. to be attached (emotionally), dependent (as a pet): *sx̌eʔéyəŋ*.

depleted to give out, be all gone, be depleted, be done, no more, finished (of a consumable): *ʔə́wk̓ʷ*.

deposit to spawn, deposit eggs (of a fish): *šíwaʔ*.

depressed to feel sad blue, depressed, lonely: *ʔəsxʷsəŋéʔwən̓*. to have low spirits, be depressed: *ʔsqákʷɬ*.

descend to go down, descend: *xʷíyəŋ*. to be dropping, falling: *sə́ɬəŋ*. to be going down, descending: *xʷéʔyəŋ, xʷéʔyəŋ*. to be going down, descending stairs: *xʷeʔéʔyəŋ*.

descendant *sɬxʷnə́səŋ*. descendant, one coming behind: *ɬkʷə́səŋ*. descendant, one left behind by the ancestors: *sɬkʷsə́wəs*.

describe to study, examine, describe, do research, plan out: *xčáy̓s*. to be studying, examining, describing, doing research: *xaʔxčáy̓s*.

desire want to, feel like, desire: *-ayŋən*. to covet, desire, admire, wish to have (something, especially something someone else has): *šítəŋ*. to be coveting, desiring, wishing for: *šéʔtəŋ*.

desist to relax, pause, let up, take it easy, stop (doing something), control oneself, desist: *həčáyŋən*. to be relaxing, pausing, taking break: *haʔčáyŋən*.

despise to dislike, hate, not want, despise: *sxʷaʔtín̓*. to be hateful toward, despise: *ʔəsqinúŋət*.

destitute to be poor, pitiful, sad, destitute, poorly, humble, having no relatives, homeless person, a poor soul, in misery: *yəščənúŋət*.

destroy to be in a smashed, destroyed, shattered condition: *ʔəsɬə́yqʷ*.

Destruction Island Destruction Island, out from Queets: *táčis*.

detach to be detached, come off, fall off, be cleared: *ɬə́ŋ²*. to detach, untie, remove something (from a particular location): *ɬəŋás*. to manage to detach, loosen, come off: *ɬəŋnúŋət*. to manage to detach something, get something off: *ɬəŋnáxʷ*. to remove, detach something: *ɬə́ŋtxʷ*. being detached, removed: *ɬəŋáʔŋ*. something removed, peeled off, detached, released: *sxʷɬəŋŋín*. to be detached: *ʔəɬáŋəɬ*. to be detached, removed, taken off by someone or something: *ɬŋáy*. to be detached, removed, taken off of several things or by several people: *ɬŋɬŋáy*. to be detaching, removing, taking something off: *ɬŋáʔəs*. to be unattached, detached, loose: *ʔəsɬə́yəŋɬəŋ*.

determiner a, the, another one: *činu*. a, the (not visible): *kʷiʔ*. he, him, she, her, that one (not visible): *kʷsəwniɬ*. her, she is the one: *kʷɬəwniɬ*. she, her, that one: *kʷɬə*. that one: *cayaʔ*. that one (feminine): *csawniɬ*. that, that other one (feminine): *tsayə*. that, the, a (far feminine): *ɬəsə*. the, a (feminine): *ɬaʔ*. the, a (not visible, feminine): *kʷɬi*. the, a, that: *cə, təsə*. the, a, that (far, feminine): *tsəsə*. the, a, that far not visible feminine: *kʷɬəsə*. the, a, that (feminine): *tsə*. the, a, that other (feminine): *ɬəsanu, sanu, tsanu*. the, a, that other (not visible): *kʷsanu*. the, a, that other (not visible feminine): *kʷɬanu*. the, a, that other over there: *kʷinu*. the, a, that (remote and not visible): *kʷsəs*. these: *tiʔiʔə*. the, that, a: *kʷəsə*. the, that, a (not visible): *kʷəʔ*. the, that (far): *təsəniɬ*. the, that (feminine): *tsəw̓niɬ*. the, that (not visible): *kʷaw̓niɬ*. the, that one: *cəw̓niɬ*. the, that other one: *canu*. this: *tiə, tsiə*. this (not visible, feminine, near): *kʷsiə*. this (not visible, near): *kʷiə*. this one: *tiʔaw̓niɬ, tiw̓niɬ*. this other one: *ciʔanu*. those ones: *cəyəw̓naʔiɬ*.

develop to grow, mature, grow up, develop: *šə́wi*.

development community development: *šə́wi ʔəyxʷíyŋxʷ*.

developmental *-iy¹*.

deviate to deviate, go the wrong way, turn off (to another path), go off from the rest of the group: *ƛ̓xə́ct*.

devil the devil: *ličúm*.

devilfish octopus, devilfish: *stíxʷaʔc̓, sqéʔməq̓*.

devil's club devil's club bush: *púʔqʷɬč*.

devour to be eaten up, gobbled up: *ŋəŋútəŋ*. to devour, eat something up, gobble something up: *ŋəŋút*.

dewberry blackberry, dewberry: *sq̓ʷəyáyŋxʷ*.

dial to press down on repeatedly or on several things, press buttons (on a machine), dial (a telephone): *ƛ̓áyəqt*. to be pressing something, dialing (a telephone): *ƛ̓áyqt*.

dialogue to talk together, have a conversation, dialogue: *qʷinə́kʷi*. to talk together with someone, have a conversation, dialogue with someone: *qʷinə́kʷitxʷ*. to be conversing, talking together, having a dialogue: *qʷiʔnə́w̓iʔ*. to be talking together with someone, having a conversation, dialogue with someone: *qʷiʔnə́w̓itxʷ*.

diameter to be thick (layer), have a big diameter: *čɬə́t*. to be thin, narrow in diameter (such as a thin tree or string): *xʷaʔxʷáʔyəɬ*.

Diamond Point Diamond Point, west side at the mouth of Discovery Bay: *x̌píyiqən*.

diaper a diaper: *xʷik̓ʷuʔáčən*. a diaper (for a baby): *sqəyəwáčən*. to put a diaper on a baby: *qəyəw̓áčt*. to start putting a diaper on a baby: *q̓qəyəw̓áčt*.

diarrhea bellyache, stomachache, diarrhea: x̣íqən. to have diarrhea: xʷə́štəŋ.

diatomaceous earth diatomaceous earth, lime: stáwəq̓ʷ.

dictionary anything that can hold words such as a dictionary: sqʷəyáy. book: púkʷ.

die to be dying, dead: q̓ʷúq̓ʷiʔ. to curse someone to die, talk to someone about their death: naʔhúst. to die: q̓ʷúy. to die (of a group), perish, be wiped out: xʷáy. to die, pass on: pxʷə́nəŋ. to let something die: q̓ʷúytxʷ. to quit breathing, die: t̓ə́q̓ʷ.

died to be gone, passed away, died: kʷán.

different to be different, strange, other: nác̓. to go next door, go someplace different: čánu. a group of foreigners, strangers, people of a different nationality: nəyaʔcáʔuŋəxʷ. different kinds: nác̓nəc̓. to be a stranger, a different kind of person: nc̓áʔis. to be changed, made different: nəc̓tíŋ. to become strange, different: txʷnəc̓éyŋ. to be different: naʔc̓ə́c̓. to be different, strange, other (of a group): naʔyác̓. to be doing things differently, living a different way: naʔc̓áʔistxʷ. to be made different, odd, strange by someone or something: nəc̓ítəŋ. to be making (something) different, changing the subject: txʷnaʔc̓éʔyəŋ. to be unusual, different, abnormal, eccentric, unconventional, wrong: snəc̓ít. to change oneself, make oneself different, become something else, turn into something different: nác̓ct. to change something into something different: nəc̓tíxʷ. to do something differently, do it the wrong way: naʔc̓éʔyəŋ. to make something different: nəc̓táxʷ. to make something different, let it be different: nác̓təŋ, nác̓txʷ. to make something different, odd, strange: nəc̓ít. variegated, of different colors: nəc̓úyəs.

difficult to be difficult, hard to do: x̌éʔ.

dig to dig: c̓ə́yəqʷ. to dig (something): c̓ə́yəqʷəŋ, c̓ə́yəqʷt. being dug up by someone or something: c̓ə́yq̓ʷtəŋ. hole in the ground, ditch, pit, any place that has been dug: ʔəscə́yqʷ. to be digging: c̓ə́yq̓ʷ, c̓ə́yq̓ʷəŋ, ciʔqʷə́yu. to be digging camas: pánəxʷ. to be digging camas root: pənpánnəxʷ. to be digging up something: c̓ə́yq̓ʷt. to be going to a clam digging beach: q̓iqxəyuʔíyəɬ. to be going to dig camas root: pənpənəxʷíyəɬ. to digging a hole: nəxʷciʔqʷáyŋəɬ.

dig around to search, dig around in something: qə́mct.

dig clams to dig clams: q̓xə́yuʔ.

digger any hole-making tool, drill, auger, posthole digger: sxʷcə́ɬqʷəŋ.

digging stick digging stick, any stick used for digging clams or roots: q̓ʷúkʷ. digging-stick, a sharp stick used to dig clams and roots: sqáyəx̌.

digit digit, finger, toe: =uy.

dignitaries to be high class (of several), a group of rich people, bosses, dignitaries, important people: siʔiʔám.

diligent to be diligent, busy, ambitious, always working, industrious: čáyči.

dime ten cents, dime: mít.

dine to eat, consume, dine, have a meal: ʔíɬən.

diner restaurant, diner, dining hall, dining room, cafeteria: sʔəɬənáwtxʷ.

dinner supper, evening meal: stəŋiʔŋínəŋ. to be eating dinner, lunch, having a noon meal: q̓aʔtəŋéʔnəŋ. to eat lunch, dinner, have a noon meal: q̓itəŋínəŋ.

dip to ladle, dip, scoop up (food or water): ʔíc̓ɬ. to ladle, dip, scoop, ladle something up (soup, water, etc.): ʔíc̓ɬt. to dip something to dampen, moisten it, making it partly wet: q̓ə́ŋaʔt. to consume tobacco, smoke a cigarette, cigar, chew tobacco, dip snoose: ʔəɬsmánəš. being ladled, dipped, scooped up for by someone: ʔíc̓ɬtəŋ. swim, take a dip in the water: súkʷəŋ. to be dipping, ladling, scooping (something) up: ʔéʔc̓ɬ. to be dipping, scooping, ladling something up: ʔéʔc̓t. to be dipping something to dampen, moisten it, making it partly wet: q̓áʔŋət. to be ladled, dipped, scooped up by someone: ʔəc̓íɬtəŋ.

dip net čúwəɬ, sk̓ʷíciʔ, yək̓ʷə́yən. dip net, scoop net, crab scoop: ʔəq̓ʷáyən.

dipper cup, dipper: méʔtqʷ. dipper, ladle: sxʷʔéʔc̓ɬ. dipper bird, water ouzel, fish duck: maʔmix̌ʷə́y.

direct to be straight, direct: ʔəstáxʷƛ̓. to rechannel, redirect, divert, change the flow, dam up something: qiyáxt.

direction to be a way to go, direction, a usual way: stxʷʔáxaʔ. to go toward, go in a particular direction: txʷʔáxəŋ. to be facing a direction, a certain way: xʷənúʔəs. dear elder, one's beloved counselor, guide, master, teacher, any person that one listens to and gets advice and direction from: sxʷskʷáʔ. to be a group facing a direction, a certain way: xʷiynúʔəs. to be facing the same direction: txaʔyúsəŋ. to go a particular way, go that way, go via, go in a particular direction: txə́nəŋ.

directional directional transitivizer: -tastxʷ.

directionless k̓ʷ-.

director director of a club or group: ɬxʷə́n. the authority, responsible one in charge, conductor, director: x̌čə́n.

dirt dirt, soil: c̓ə́q̓ʷ. ground, land, earth, dirt, soil: sctə́ŋxʷən. litter, dust and dirt: čáŋəɬ. litter, trash, dust and dirt: čaʔŋáʔɬ. dirt on the bottom of something (such as inside a bottle): sxʷcq̓áynəč. to be covered in dirt: čə́nnəxʷ. to be mildly displeased by dirt or anything disliked, repellent, no good, feel that something is not good enough for one, feel mildly offended at someone's behavior: čúsəŋ.

dirty

to have dirt all over one: *c̓icq̓ʷə́y*. to throw sand or dirt on someone: *čənúst*.

dirty to be dirty: *c̓ə́q̓ʷc̓q̓ʷ*. to be dirty, covered with earth: *titə́ŋxʷi*. to be dirty, have dirt on one: *cq̓ʷə́y*. to be bad, evil, mean, dirty: *sxáʔəs*. dirty bottom: *snəq̓ʷáwəč*. muddy, dirty water: *nəxʷq̓ʷáqəŋ*. to be dirty on the bottom: *nəxʷnəq̓ʷáwəč*. to be smeared (with something), dirty: *sɬə́mx̣ʷ*. to have a bad, dirty mouth, use vulgar language a lot: *sxaʔsúcən*. to have a dirty face: *sxʷcq̓ʷús*. to make water dirty: *nəxʷk̓ʷk̓ʷíyət*.

disagree to disagree with someone: *ɬə́xnáxʷ*. to be angry at, disagree with someone: *qaʔqínəxʷ*. to disagree, be angry, mad at someone, get after someone in an angry way: *qaʔqéʔnəxʷ*. to have someone angry with one, be the object of someone's anger, be disagreed with: *qaʔqéʔnəŋ*. to refuse to do (something), be stubborn, not take advice, disagree: *hə́wə*.

disagreeable to be mean by nature, always mean, a disagreeable person, always ready to fight: *sxʷčə́ŋkʷən*.

disappear to disappear, become invisible, fade away, go out of sight, dissolve, vanish: *c̓ə́w*. to disappear, be lost, go out of sight: *cə́xʷ*. to escape, run away, get away, disappear from some confinement: *ƛ̓íw*. to be lost, disappeared, gone from sight, missing: *cicə́xʷ*. to be made to disappear, be lost, go out of sight by someone or something: *cxʷə́təŋ*. to be making something disappear, be lost, go out of sight: *cə́xʷt*. to be sunk, submerged, disappeared below the surface: *c̓ɬə́p̓*. to make something disappear, be lost, go out of sight: *cxʷə́t*. to be invisible, gone from sight, disappeared, faded away: *ʔəscə́wɬ*.

disappointed to feel bad (for oneself or for someone else), get one's feelings hurt, feel disappointed in someone: *xɬə́ŋkʷs*.

disarray to mess up, put in disorder, disarray: *mimə́stxʷ*.

disassemble to break apart, fall apart, collapse, be demolished, disassembled: *čtíxʷ*. to be breaking up, taking apart, demolishing something: *čéʔxʷt, čtíxʷt*.

discard to throw away something, discard something, leave something behind: *kʷánəs*. to be left, thrown away, discarded: *skʷənəsə́yuʔ*. to be something thrown away, discarded, be trash, garbage, unwanted and left behind: *skʷánəyuʔ*. to be throwing something away, discarding something, leaving something behind: *kʷaʔáʔnəs*. to be thrown away, discarded, left behind: *kʷánətəŋ*.

discipline to discipline oneself: *k̓ʷcáct*. being bawled out, getting verbal discipline from an elder: *ŋəxtəŋ*. to be bawled out, get verbal discipline from an elder: *ŋəxə́təŋ*.

discontinued to be ended, discontinued by someone or something: *xə́ptəŋ*.

discouraged to feel weakened, give up: *qiʔqiʔím̓*.

discover to manage to figure something out, size it up, find out, get to know about something, realize something, measure something, discover something, learn something, know something by intuition or spirit revelation: *xčənáxʷ*. to find, discover something looked for: *čúnəxʷ*. to find out, discover, hear about something: *táqənəxʷ*. to find (something) and pick it up, discover, claim (something) and take it, take (something found) into one's possession: *mə́k̓ʷəŋ*. spirit power to discover (something hidden or unknown): *siʔámə́wəs*. to arrive there, come upon, discover: *tə́səŋ*. to be finding, discovering something looked for: *čúʔnəxʷ*. to be finding out, discovering something: *tátqənəxʷ*.

Discovery Bay Discovery Bay, Port Discovery: *sq̓ʷaʔq̓ʷéʔəɬ*. an area between Discovery Bay and Point Wilson: *xiʔə́mnəč¹*. Cape George area at east side of mouth of Discovery Bay: *sxʷšaʔméʔŋəɬ*.

Discovery Island Discovery Island: *ƛ̓čás*. the name of a pond on Discovery Island (*ƛ̓čás*): *sinəɬqiʔáwtxʷ*.

discuss to discuss, have a discussion, talk things over in public, have a meeting, talk business: *hánəčəŋ*. to talk together, have a conversation, dialogue: *qʷinə́kʷi*. being discussed, talked over: *haʔníčtəŋ*. to be discussing, having a discussion, talking things over in public, having a meeting, having a conversation: *haʔníčəŋ*. to be discussing something or someone: *haʔníčt*.

disease , contract a disease, be exposed to a disease: *q̓áp*. to contract, catch a contagious disease: *ɬíx*. to spread a disease: *q̓ápt*. a certain kind of disease involving a very sore throat with a rash-possibly strep throat: *sk̓ʷəyə́ɬnəɬ*. to be breaking out (with a disease): *ƛ̓aʔqíws*. to be spreading a contagious disease: *ɬaʔxə́yu*. to be spreading disease: *q̓pə́yu*. to catch anything contagious (such as illness, lice, etc.)

disembark to be out of a boat or other conveyance, to have disembarked: *q̓ʷíŋ*. to disembark, get out of or off of a vehicle, go out of water: *q̓ʷíŋi*. to get off a canoe, disembark: *q̓ʷéʔyəŋ*. to be getting out of a boat or other conveyance, be disembarking: *q̓ʷəʔéʔŋiʔ*.

disgust ugh, aw, gosh, exclamation of disgust or irritation: *ʔə́š*.

disgusted to be mildly displeased by dirt or anything disliked, repellent, no good, feel that something is not good enough for one, feel mildly offended at someone's behavior: *čúsəŋ*. feeling mildly displeased (with something or someone), repelled, disgusted (with something or someone's behavior), offended (by someone's behavior): *čúʔsəŋ*. to be displeased, repelled, disgusted, offended: *ʔscúʔsəŋ*. to be fed up, disgusted, sick and tired (of something): *spíq̓ʷi*. to be feeling disgusted, dissatisfied, distressed, helpless about a

dish

situation: *kʷaʔcáct*. to be insulting, show disgust with (someone), complain (about someone): *kʷaʔcáʔnəq*.

dish dish, plate: *čáwiʔ*. dishes: *čəyáʔwi*. to be wiping dishes: *nəxʷʔaʔčéʔŋəɬ*.

dishpan pan, cooking pan or dishpan: *ƛ̕útaʔ*.

disintegrate to crumple, fall apart, disintegrate: *ɬə́yəqʷi*. to be crumpling, falling apart, disintegrate: *ɬə́yq̕ʷiʔ*.

dislike to be mildly displeased by dirt or anything disliked, repellent, no good, feel that something is not good enough for one, feel mildly offended at someone's behavior: *čúsəŋ*. to dislike, hate, not want, despise: *sxʷaʔtín*. a person one does not like: *ssáxəŋ*. to be disliked, unwanted, disrespected: *ʔscúʔis*. to be the object of anger, be disliked: *sqinúŋət*. to be unpleasing, repellent, unwelcome, something disliked, ignored: *scúʔsəŋ*. to dislike, not want: *čúʔis*. to dislike something: *sxáʔəstxʷ*. to have dislike, distaste for (someone or something): *čxʷaʔtín*. to not want (something), being tired (of something), dislike, being bothered, annoyed (by something), especially a noise: *čéʔnuʔ*. to not want something, be tired of something, dislike (especially a noise), feel annoyed at something: *ččéʔnəxʷ*. to not want (something), getting tired (of something), dislike, getting bothered, annoyed (by something), especially a noise: *ččéʔnuʔ*. to not want (something), get tired (of something), dislike, get bothered, annoyed (by something), especially a noise: *ččínəw̕*.

dismantle to dismantle, take parts off of something: *nəxʷɬəŋás*. to be breaking up, taking apart, demolishing something: *číxʷt*. to be dismantling, taking parts off of something: *nəxʷɬəŋáʔəs*. to be removed, taken off, dismantled by someone or something: *ɬəŋíyŋtəŋ*.

disobedient to be stubborn, disobedient, rebellious: *ʔəsšíyayə̕s*.

disorder to mess up, put in disorder, disarray: *mimə́stxʷ*.

disparage being made pitiful, be disparaged: *yaʔščə́nəŋ*.

display to make appear, make show up, put on display: *ʔínaʔŋət*.

displeased to be mildly displeased by dirt or anything disliked, repellent, no good, feel that something is not good enough for one, feel mildly offended at someone's behavior: *čúsəŋ*. feeling mildly displeased (with something or someone), repelled, disgusted (with something or someone's behavior), offended (by someone's behavior): *čúʔsəŋ*. to be displeased, repelled, disgusted, offended: *ʔscúʔsəŋ*.

disposable to be anything disposable: *skʷánəyuʔ*.

disrespect to disrespect, ignore as good for nothing, not care about, not need: *ƛ̕əxʷiyaʔstíxʷ*. to be disliked, unwanted, disrespected: *ʔscúʔis*. to be

disturb

disrespected, ignored as good for nothing, not cared about, not needed: *ƛ̕əxʷyastíŋ*.

dissatisfied to be feeling disgusted, dissatisfied, distressed, helpless about a situation: *kʷaʔcáct*.

dissolve to disappear, become invisible, fade away, go out of sight, dissolve, vanish: *cə́w̕*. to break up with each other, dissolve a relationship: *čxʷíti*.

distance to get away, put distance (from something): *txʷaʔxʷéʔi*.

distant demonstrative referring to a specific, visible, distant object: *təsáyu*.

distaste to have dislike, distaste for (someone or something): *čxʷaʔtín*.

distasteful to be mildly displeased by dirt or anything disliked, repellent, no good, feel that something is not good enough for one, feel mildly offended at someone's behavior: *čúsəŋ*. to get fierce, out of control, mad, raising hell, throwing a tantrum, doing something distasteful in anger, be angry and inappropriately act on it, being ugly with anger: *xaʔséʔyəŋ*.

distinguished government official, council member, chief, lord, big shot, respected, distinguished: *siʔám̕*.

distract to bother, distract, influence, sway, interfere with someone, get in someone's way: *c̕ápt*. to be getting busy, getting distracted, bothered (ignoring something else): *c̕aʔpáʔct*. to be habitually distracting, bothering, interfering, annoying, disturbing: *c̕aʔpáʔnəq*. to be interfered with a little, distracted by someone or something: *c̕aʔcáʔptəŋ*. to tell a small lie, fib to someone to entice, fool, deceive, kid someone, turn someone's thoughts another way to distract: *q̕ʷaʔq̕ʷáy̕stxʷ*.

distress to be troubled, bothered, disturbed, upset, in emotional distress, worried: *táwqən*. to be very troubled, in emotional distress (of a group): *titáwqən*.

distressed to be feeling disgusted, dissatisfied, distressed, helpless about a situation: *kʷaʔcáct*.

distribute to give away, potlatch giving, giving to charity: *ŋáʔtxʷ*. to give one each to several: *nə́c̕ənəc̕uʔtxʷ*.

distrust to distrust, be suspicious of someone or something: *taʔmát*.

disturb to disturb, trouble, upset someone: *taʔčéʔxʷt*. to disturb, upset someone: *sayəqʷíyt*. being in trouble, worried, disturbed: *téʔčaʔxʷiʔ*. to be bothered, disturbed, troubled, mentally stressed by someone or something: *taʔčaʔxʷítəŋ*. to be bothering, disturbing, interrupting someone, interfering with someone, getting in someone's way: *c̕ápt*. to be bothering, disturbing, upsetting, stirring up trouble for someone: *taʔčaʔxʷéʔt*. to be bothering, upsetting, annoying, disturbing: *taʔčaʔxʷéʔyuʔ*. to be disturbed, bothered, have trouble, have problems, be apprehensive, uneasy,

English-Klallam Index

ditch

upset: *taʔčéʔxʷiʔ*. to be emotionally upset, disturbed by someone or something: *səyəqʷíytəŋ*. to be habitually distracting, bothering, interfering, annoying, disturbing: *ċaʔpáʔnəq*. to be troubled, bothered, disturbed, upset, in emotional distress, worried: *táw̓qən*. to bother, disturb, trouble, upset, mentally stress someone: *taʔčaʔxʷít*. to be bothering, disturbing someone (unintentionally): *ċaʔpánəxʷ*. to feel disturbed, upset: *sáʔyaʔqʷiʔ*.

ditch hole in the ground, ditch, pit: *ʔəscáy̓qʷəŋ̓*, *sxʷcáy̓qʷəŋ̓*. hole in the ground, ditch, pit, any place that has been dug: *ʔəscáy̓qʷ*.

dive to dive, go down into water: *nə́qəŋ*. to be diving, go down into water: *nə́qəŋ̓*. to be diving for something: *naʔqə́ŋət*. to dive for something: *nəqə́ŋət*. to surface and dive (of a fish, orca, whale, etc.): *p̓aʔkʷúsəŋ*.

diver a diver, someone who dives a lot: *nəxʷsnə́qəŋ*. arctic loon, red throated loon, Pacific loon: *xʷíkʷs*.

divert to rechannel, redirect, divert, change the flow, dam up something: *qiyáxt*. to be diverted, pushed aside, brushed by: *t̓x̌ə́təŋ*.

divide to separate, divide, remove oneself: *šə́nct*. to separate, part objects: *šə́nət*. to split, divide something half and half with someone: *čx̌áti*. to be divided: *qəmústəŋ*. to divide, split things up, share: *cáy̓əqti*.

divorce to divorce, separate (in marriage): *kʷənčáti*. to divorce someone: *kʷənčát*. to be divorcing, separating (of a married couple): *kʷaʔnəčáti*. to be leaving one's spouse, divorcing: *xʷə́yx̌ʷiʔ*.

do to do, begin, happen, get ready, prepare to do (something): *yáʔct*. to do, be responsible for (something) by oneself or for oneself: *ʔəy̓ŋíct*. to do something: *xənʔáxʷ*. to do (something) with something: *ʔístxʷ*. to get something ready, fixed, get ready to do something: *yáʔt¹*. to prepare, do (something) to (something): *ʔəxtéʔəŋ*. to say, do, perform: *ʔáxəŋ*. be doing, intending to do, getting ready to do, planning to do, preparing: *yáyaʔct*. being made ready to do (something) by someone or something: *yayáʔtəŋ*. let me do it, let it be me: *ʔəctíxʷ*. let you do it, let it be you: *nəkʷtíxʷ*. say, call, refer to, do: *x̌ə́nəŋ*. say, call, refer to, do quietly, humbly: *x̌aʔx̌ə́nəŋ*. to advance, go forward, go ahead, move past, go in front, do it: *čiyáct*. to be doing, preparing, prepare: *syáyəct*. to be doing something, saying something: *xənʔáʔəxʷ*. to be doing (something) with something: *ʔaʔíst*. to be doing what, what's happening, what's going on: *ʔaʔstúʔŋət*. to be done to, happened to: *xənʔátəŋ*. to be done what with or to do: *ʔístəŋ*. to be done with or to do: *ʔəsʔístəŋ*. to be making something, doing something, working on something: *čáʔčt*. to be saying, doing: *ʔə́xəŋ̓*. to be working, building, doing, making: *čáʔiʔ*. to do something once more, one more time: *txʷənəcákʷtxʷ*. to free, release, undo, untie, unbraid, untangle, unfasten something, rip thread from something sewn: *yəxʷás*. to help oneself, prepare (something) for oneself, do

dominate

(something) by oneself: *yaʔŋíct*. to let it be done again, do it again, make it so, let it be so, let it be that way, let it happen again: *ƛ̓áytxʷl*. to want to do the same as (someone else): *ʔəxəŋáyŋən*. to work on, fix, do (something) to be owned by someone: *skʷáʔtxʷl*. to work or do something for each other, work together, share responsibility: *ʔəy̓ŋíti*. what to do or prepare, something to do: *syáʔyaʔct*.

doctor Indian doctor, shaman, a person with supernatural power to heal or hurt someone: *sxʷnáʔəm*. to have Indian doctor power, have the power to heal: *čšxʷnáʔəm*. Indian doctors, shamans: *sxʷniyáʔəm*.

dodge to dodge, duck: *sə́yəxʷ*. to get out of the way, move away, dodge (something): *qʷx̌ʷíct*.

dog *sqáxaʔ*, *sqʷəmáy̓*. a group of dogs: *sqaʔyáxaʔ*. a group of puppies or small dogs: *sqaʔyaʔqáxaʔ*. dog's wool: *sqaxaʔáyəqən*. little dog: *qʷəmqʷəmáy̓*. puppy, small dog: *sqaʔqáxaʔ*. small dog, puppy: *sqʷaʔqʷəmáy̓*. to be like a dog, look like a dog: *sqaxaʔúməš*. to turn into a dog: *sqáxaʔct*. to be barking (of a dog), making a barking sound: *waʔwəsáy̓s*. any salamander, newt, water dog: *péʔtšən*.

dogfish *sq̓ʷáʔəċ*. a group of small dogfish: *sq̓ʷaʔyaq̓ʷáʔəċ*. small dogfish: *sq̓ʷaʔq̓ʷáʔəċ*.

doggy bag any container used to carry food home from a feast, a doggy bag: *sxʷməq̓áʔsay*.

dog house *sqaxaʔáw̓txʷ*.

dog salmon chum salmon, dog salmon: *ƛ̓x̌ʷáy̓*, *q̓ʷaʔə́ləxʷ*. summer dog salmon: *maʔyałéʔcs*, *məłác*. a group of small dog salmon: *ƛ̓aʔyaʔƛ̓óx̌ʷiʔ*. several chum salmon, dog salmon: *ƛiƛóx̌ʷiʔ*. small dog salmon: *ƛ̓aʔƛ̓áʔxʷiʔ*.

do it do it, please, let's, okay, go ahead: *húy²*.

doll offspring, one's own child, son, daughter, baby, doll: *ŋə́naʔ*.

dollar =*aʔitxʷ*. a few dollars, a little money: *kʷənáʔitxʷ*. many dollars, round things: *ŋənáʔitxʷ*. one dollar: *nəcákʷtxʷ*. two dollars: *čšáʔitxʷ*. three dollars: *łxʷáʔitxʷ*. four dollars: *ŋəsáʔitxʷ*. five dollars: *łq̓čšáʔitxʷ*. six dollars: *txəŋáʔitxʷ*. seven dollars: *caʔkʷsáʔitxʷ*. eight dollars: *taʔcsáʔitxʷ*. nine dollars: *tkʷx̌ʷáʔitxʷ*. ten dollars: *ʔəpənáʔitxʷ*. twenty dollars: *nəcx̌ʷk̓ʷsáʔitxʷ*. thirty dollars: *łxʷłšaʔáytxʷ*. half dollar: *ʔəłčə́x*.

dolphin dolphin: *q̓cə́w̓əč*. porpoise, dolphin: *sxʷməhéʔənəs*. a group of small porpoises or dolphins: *sxʷmaʔyaʔmahúʔnəs*. small porpoise or dolphin: *sxʷmaʔmaʔhéʔwən̓*.

dolt a dolt, a stupid person, one who acts contrary to his or her own best interests: *scəyəx̌ʷə́ynč*.

domesticate to tame, domesticate, get acquainted with someone or something: *q̓ʷq̓ʷə́y̓ət*.

dominate to control, dominate, henpeck someone: *scaʔqəmúʔist*. to be controlled, dominated, henpecked by someone: *scaʔqəmúʔistəŋ*. to be controlled, nagged, dominated, henpecked: *scaʔqmúʔis*.

Donaldson Island Secretary Island (Donaldson Island), off Sooke Inlet: *huʔhúʔpt*.

donation to ask for donations: *qəmáyu*.

done to be done, over, finished, complete: *húy¹*. to be ripe, cooked done: *qʷə́y²*. to be freed, released, undone, untied: *yəxʷáŋ*. to be raw, uncooked, underdone, not ripe: *xíc*. to give out, be all gone, be depleted, be done, no more, finished (of a consumable): *ʔə́wk̕ʷ*. to let it be done: *húytxʷl*.

done deal to be sold, be a completed deal: *yə́q*.

donkey mechanical donkey used in logging: *sxʷiʔxʷiʔxʷə́k̕ʷtəŋct*.

don't not, no, don't, never: *ʔáwə*.

door door, gate, threshold: *súɬ*. several doors or roads: *sáʔyəɬ*. small doors: *saʔyaʔsúɬ*. to go next door, go someplace different: *čánu*.

do over to do anything over and over again: *páʔnəxʷ*.

dormitory hotel, motel, dormitory: *ʔəsʔəttáw̕txʷ*.

dorsal fin dorsal fin of any fish, whale, etc.: *qáʔəwčəṇ*.

double-barrel shotgun *nəxʷčə́saʔqən*.

Double Bluff Useless Bay, the area east of Double Bluff on Whidby Island: *nəxʷčqáɬnɬ*.

double-crested cormorant double-crested cormorant: *ƛ̕əŋq̕čə́qsən*.

double weave to be working in double strands in weaving: *ʔəsčšaʔmáct*.

dough to flatten something, roll out dough: *ɬáyət*.

dove dove, pigeon: *həmú*. doves, pigeons: *haʔyəmʔú*.

down to get down: *xʷáŋ¹*. to go down, descend: *xʷíyəŋ*. to go down from a height: *híyct*. to recede, get low of water (in a river, pond, well, cooking pot, etc.), ebb, go down (of tide or flood): *ɬáqʷi*. to put, lay down: *cákʷ*. to be going down toward the water, to the beach: *ɬác*. to sit down (on a chair or something else off the ground), take a seat: *nəxʷcaʔwáčəŋ*. to lie down: *cáy*. to lie down, go down, drop down: *stə́ct*. to lie on one's stomach, lie face down lie upside down (of a canoe): *ɬús*. to lie (position of person), be lying down, be fallen (of a tree): *ʔəsccáwt*. to look down, bow one's head, hang one's head: *cq̕ʷúsəŋ*. to lower, drop back, go down: *xʷk̕ʷíyəŋ*. to lower something down: *xʷás*. being tied down, attached by someone or something: *ɬéʔəntəŋ*. to be bending (one's body) down, bending over, nodding one's head, bowing (one's body or head), taking a bow: *naq̕ʷúsəŋ*. to be diving, go down into water: *nə́qəŋ*. to be down: *ʔəssə́ŋ, ʔəsxʷáɬ*. to be down on the ground: *scáwt*. to be down toward the water, be on the beach at the edge of the water: *ɬcú*. to be falling down from a height, falling off: *héʔyəŋ*. to be falling off, falling down from a height: *hihíyəŋ*. to be going down, descending: *xʷéʔyəŋ, xʷéʔyəŋ*. to be going down, descending stairs: *xʷeʔéʔyəŋ*. to be knocked down, felled by someone: *čxátəŋ*. to be low, down, under: *ƛ̕aʔƛ̕áčɬ*. to be low, under, deep, way down, at the bottom (especially of the water): *ƛ̕áčɬ*. to be lying down flat, spread out: *ʔspáʔcaʔɬ*. to bend down, bend over to reach for something: *čəŋúst*. to bend (one's body) down, bend over, nod one's head, bow (one's body or head): *naq̕ʷúsəŋ*. to bend over, look down: *nəxʷčəŋúsəŋ*. to be pressed down on by something or someone: *cq̕ítəŋ*. to be pressing down on something: *céʔqt*. to be put down, brought, lowered down, taken down: *xʷátəŋ*. to be put, laid down by someone: *cákʷəŋ*. to be putting, laying something down: *caʔwə́s*. to be staggering, stumbling, falling down, tottering, walking unsteadily: *xʷə́cəŋ*. to be turned upside down by someone or something: *ɬústəŋ*. to break apart, demolish, tear down something: *čxʷít*. to by lying down (of a group, as a bunch of trees): *ʔəsciyəcáwt*. to dive, go down into water: *nə́qəŋ*. to fall down from a height, fall off: *híyəŋ*. to fall over (of something standing), fall forward, fall down (from standing), stumble and fall: *čáq̕*. to have one's head hanging down, look down: *cq̕ʷús*. to have the head down, land on one's head: *sŋaʔqéʔqʷ*. to just deflate, go down (of swelling): *caʔčšə́pi*. to let something down, let it be lowered: *xʷátxʷ*. to let something go, put something down: *k̕ʷáʔəs*. to lower something, drop something back, let something down: *xʷk̕ʷás*. to lower something, put it down, make something deep: *ƛ̕čiŋístxʷ*. to manage to lower something down: *xʷánəxʷ*. to manage to tie down, attach something: *ɬéʔnəxʷ*. to press down on something: *cíqt*. to slip, be slid down: *pcítəŋ*. to squat down: *nəxʷšəpúct*. to stoop down to go under: *ɬíyəŋ*. to swoop down, soar (as an eagle): *čiqéʔəŋ*. to take someone or something down to the beach: *ɬcútxʷ*. to tie down, attach something: *ɬéʔnət*. to turn one's face down (as in prayer): *ɬúsəŋ*. to turn something (such as a canoe) upside down, face down, the open end down: *ɬúst*. waterfowl down, small feathers: *sƛ̕páyqən*.

downriver to be downriver, towards the sea, to the north: *qʷə́q̕ʷ*. to go downstream, go out to sea, go north, downriver, go out of a bay toward the mouth: *qʷə́q̕ʷi*.

downstream downstream area, lower part of river: *xʷə́q̕ʷ*. to go downstream: *xʷə́q̕ʷi*. to go downstream, go out to sea, go north, downriver, go out of a bay toward the mouth: *qʷə́q̕ʷi*. to go with the current, go downstream, go with the tide, be a fair tide: *xʷiq̕ʷíyəŋ*. to be going downstream, going north, going out of a bay: *qʷáʔq̕ʷiʔ*. to be going, drifting downstream or with the current: *xʷiq̕ʷéʔyəŋ*. to be oriented downstream, have one's canoe heading downstream: *qʷə́q̕ʷiʔáwəɬ*.

downtown shopping center, mall, downtown area, anyplace where there are lots of stores: *sxʷixʷimáy*.

drag to be dragged, pulled: *xʷə́kʷ̓*. to drag, pull something in, drag someone along, pull a net or set line in: *xʷk̓ʷúst*. to pull, drag an anchor: *xʷk̓ʷánt*. to drag oneself: *xʷk̓ʷə́ct*. to be pulled, dragged by someone or something: *xʷk̓ʷə́təŋ*. being dragged (of several people or things or by several people or things): *xʷəyáʔk̓təŋ*. being pulled, dragged by someone or something: *xʷə́kʷ̓təŋ̓*. drag, pull, tow something: *xʷk̓ʷə́t*. to be dragged, pulled in by someone or something: *xʷk̓ʷústəŋ̓*. to be dragging: *xʷə́kʷ̓əŋ̓*. to be dragging, pulling each other: *xʷk̓ʷúʔstiʔ*. to be dragging, pulling something: *xʷə́kʷ̓t*. to be dragging, pulling something in: *xʷaʔk̓ʷúst*. to be dragging several objects (or several people dragging something): *xʷiʔk̓ʷúʔst*. to be dragging several things or several people drag something: *xʷəyə́kʷ̓t*. to be dragging something: *xʷxk̓ʷə́t*.

dragon two-headed snake, flying lizard spirit monster, dragon, lightning spirit, lightning: *čínəkʷaʔ*.

drain to move, flow, drain (of a liquid): *híkʷ*. to be flowing, draining (of a liquid): *héʔkʷ*.

drape to be draped over: *sq̓ʷéʔq̓ʷiʔ*. to be hanging up, be draping: *ʔəsq̓éʔqiʔ*. to put, hang something over, put on the other side over the top (for example, a fence), drape something over a rail or line: *q̓ʷéʔəyət*.

drapes curtain, drapes, any window covering: *sxʷk̓ʷaʔk̓ʷənáysən*.

draw (attract) to get water, go for water, draw water: *q̓ʷúʔəŋ*. to suck on something, draw out by sucking: *c̓úqʷt*. to swallow, draw in, suck in: *ɬtə́xʷəŋ*. to be drawing in, attracting: *saʔpə́yuʔ*. to sip, slurp up, draw in with breath (food such as broth): *súpt*. to be drawing someone or something in: *súʔpt*. to be drawing, sucking out: *c̓aq̓ʷə́yuʔ*. to be drawn, attracted to something: *saʔpútəŋ*. to be sucked, drawn in or out by someone or something: *c̓q̓útəŋ*. to be sucked up, draw out by sucking: *c̓úqʷtəŋ*. to be sucking on something, drawing out by sucking: *c̓úq̓ʷt*.

draw (picture) to be taking a picture, photographing, drawing: *x̌iʔsáys*. to be taking a picture, photographing, drawing a picture: *x̌iyusáysəŋ*. to draw a picture, take a photograph: *x̌iyúsəŋ*. to draw or take a picture of someone or something: *x̌əyúst*. to be drawn, photographed by someone: *x̌əyústəŋ*. to be something drawn or written: *ʔəsx̌áʔɬ*. an artifact, something that was man-made, sculpted, drawn, carved, built: *ʔəshúʔitəŋ*.

draw (tie) to tie, both win, beat each other in a contest: *c̓ə́ti*.

drawers any underwear, especially covering the lower body underpants, drawers: *sxʷx̌čáyəɬ*.

drawing any image or graphic such as a picture, photograph, drawing, painting, print, chart, tattoo: *sx̌iʔús*.

draw knife salmon knife, draw knife for taking the meat off the backbone of the fish: *k̓ʷə́čtən*[1].

dream to dream: *kʷiʔnúŋət*. to have a nightmare, be ghosted, haunted, spooked in the night, have an anxiety attack in the night: *naʔnəkʷítəŋ*. to be dreaming: *kʷəwiʔnúʔŋət*.

dredge to powder something, dredge something with powder or flour: *pə́yəq̓ʷt*.

dress any clothing, but especially a dress or skirt: *ɬqít*. a long dress, a dress that hangs down to the ground: *ƛ̓qtúykʷɬ*. to dress, be put on: *tə́yəm*. to dress, put clothes on someone, help someone get dressed: *ʔəcístxʷ*. to get dressed, put clothes on: *ʔícəŋ*. to put on an article of clothing, wear something: *ʔíct*. to be dressed by someone: *ʔəcístəŋ*. to be dressing a child: *ʔaʔcaʔŋə́yɬ*. to be getting dressed, putting clothes on: *ʔéʔcəŋ*. to be putting on clothing, have something on: *ʔaʔcás*. to undress: *ɬicáŋ*. to butcher, gut, skin, clean, dress (an animal): *k̓ʷíct*. be butchering, gutting, skinning, cleaning, dressing (an animal): *k̓ʷéʔwəct*. butcher knife, any knife used to clean and dress game: *sxʷk̓ʷéʔwəc̓*.

dried to be dried, preserved (especially of fish): *ʔəsx̌áčɬ*[1].

dried fish any smoked, dried meat, especially smoked, dried salmon: *ʔəsx̌áč*.

drift to drift with wind or current: *xʷə́yəq̓ʷ*. to drift ashore: *qʷə́ɬt*. to float something in the water, set something adrift: *qʷɬə́t*. being drifted: *xʷə́yq̓ʷtəŋ*. being drifted ashore, getting washed ashore, pounded by waves, brought in by the waves: *qʷə́ɬtəŋ*. to be drifting: *xʷə́yq̓ʷ*, *xʷixʷə́yəq̓ʷ*. to be drifting (of something small): *xʷaʔxʷə́yq̓ʷi*. to be going, drifting downstream or with the current: *xʷiʔq̓ʷéʔyəŋ*. to be set adrift, drifted by someone or something: *xʷə́yəq̓ʷtəŋ*. to let someone or something drift, set something adrift: *xʷə́yəq̓ʷtxʷ*. to set someone or something adrift: *xʷə́yəq̓ʷt*. to be drifted ashore, get washed ashore by waves: *qʷə́ɬtəŋ*.

driftwood *qʷiqʷə́ɬiʔ*, *qʷɬáy̓*. wood, firewood, driftwood: *sčúɬ*.

drill any hole-making tool, drill, auger, posthole digger: *sxʷcə́ɬqʷəŋ*. drill, bit and brace, awl, piercer: *sxʷcə́ɬqʷəyu*.

drink consume, eat, drink, smoke: *ʔəɬ-*. to have a drink: *qʷúʔqʷaʔ*. to give (someone) a drink: *ƛ̓áʔčt*. to suck, drink with a straw: *c̓q̓ʷə́yuʔ*. any drink, but especially a drink of alcohol: *sqʷúʔqʷaʔ*. being slurped while drinking (as dog), lapped up: *ɬaʔqʷáʔtəŋ*. drinking straw: *sxʷqʷúqʷaʔtən*. liquor, beer, any intoxicating drink: *lám*. pop, any carbonated soft drink: *sutəwátə*. to be drinking: *qʷúʔqʷaqʷaʔ*, *qʷúʔqʷqʷaʔ*. to be drinking something: *qʷúʔqʷaʔŋət*. to be drinking the bottom of a container: *qʷaʔqʷəháynəč*. to be given something to drink: *qʷaʔqʷaʔnítəŋ*. to be let, allowed to drink: *qʷúʔqʷaʔtəŋ*. to be thirsty, want

drinker

to drink: qʷáʔqʷaʔáy̕ŋən̕. **to consume habitually:** č̕ʔítən. **to drink:** qʷúʔqʷaʔ. **to drink something:** qʷáʔqʷaʔnít, qʷúʔqʷaʔt. **to give someone something to drink:** qʷáʔqʷúʔstxʷ. **to have a sick feeling from eating too much fat or from excessive drinking:** ʔəsqəy̕əmcút. **to let someone or something drink:** qʷúʔqʷaʔtxʷ.

drinker a drinker, someone who drinks regularly: nəxʷsqʷúʔqʷaʔ.

drip to drip: c̕q̕, c̕q̕áŋ̕. to drip, drop liquid on something or someone: c̕q̕ət. to flow, run, drip (of liquid): šk̕ʷíšəŋ. being dripped on or over by something: c̕q̕təŋ. to be dripped on by something: c̕q̕ətəŋ̕. to be dripping: c̕q̕q̕əŋ̕. to be dripping liquid on something or someone: c̕q̕t.

drive away to kick out, shoo, chase away: k̕ʷxə́ŋ. to kick someone out, shoo, chase, push, drive someone away, tell someone to get out: k̕ʷxə́t. to chase, drive, shoo something away: čáqʷt. to drive away, chase away a group: k̕ʷik̕ʷə́xt. to be driving away, shooing away (especially animals): čaʔqʷáʔyuʔ. to be driven away, chased away by someone: k̕ʷik̕ʷə́xtəŋ. to drive someone crazy, make someone insane: ʔəsčəyəxʷt.

drizzle to be misting, drizzling: ɬiʔísəŋ̕. to be misting, drizzling, lightly sprinkling: ɬaʔɬiʔísəŋ̕.

drool to drool: hík̕ʷəŋ.

droopy to have droopy, sleepy, hollow eyes: ʔəsɬuʔɬuʔáys.

drop to drop down, fall, settle, stumble: stə́ŋ. to drip, drop liquid on something or someone: c̕q̕ət. to drop something down, lay something or someone down: stə́t. to release, let go of, give up, drop something, leave something alone, ignore something: k̕ʷáʔət. to drop something, let something go (accidentally): k̕ʷáʔnəxʷ. to drop something unintentionally: stənáxʷ. to be dropped: k̕ʷáʔnəŋ. to be dropping, falling: sə́təŋ̕. to be lowering, dropping back: xʷaʔk̕ʷéʔyəŋ. to be released, let go, dropped: k̕ʷáʔətəŋ. to drop, fall (of several items): sistə́ŋ. to drop (something): stəŋánəŋ. to drop something (deliberately), let go of something: k̕ʷáʔnət. to let something go, put something down: k̕ʷáʔəs. to lie down, go down, drop down: stə́ct. to dry up, evaporate (of any body of water), drop (of water level): táqʷi. to go behind, drop back (in a race): ɬk̕ʷásct. to lower, drop back, go down: xʷk̕ʷíyəŋ. to reduce, drop in weight or size, lose weight: táqʷi.

drop off to manage to go to sleep, drop off to sleep, fall asleep, finally fall asleep: ʔəttnúŋət. to be managing to go to sleep, dropping off to sleep, falling asleep: ʔaʔttənúʔŋət.

droppings bird droppings, children's word for excrement: sp̕ap̕a. poop, excrement: sp̕ə́c̕.

drown to drown: sqsík̕ʷs. to drown, be drowned: smaʔqʷə́s.

drug any poison, narcotics, drugs: c̕áxtən.

drum ƛúyəqs. to beat a drum, beat rhythm by clapping or with any instrument: ƛ̕k̕ʷuʔyáʔsəŋ. to beat a drum or board (as during slahal): ƛ̕aʔƛ̕k̕ʷuʔyáʔsəŋ.

drummer fish grunter fish, drummer fish: xʷəxím̕. several grunter fish, drummer fish: xʷəyəxím̕.

drumstick drumstick, any stick for beating rhythm: ƛ̕k̕ʷuʔyáʔsən. small drumstick: ƛ̕aʔƛ̕k̕ʷuʔyáʔsən.

drunk to be drunk, intoxicated: ʔəsxʷáʔxʷək̕ʷ. to be a tiny bit drunk, a little tipsy: ʔəsxʷčaʔčə́yx̣ʷs. to become drunk, intoxicated, go crazy: xʷk̕ʷátəŋ. becoming drunk, intoxicated, going crazy: xʷaʔk̕ʷátəŋ. to become drunk, intoxicated, go crazy (multiply or of a group): xʷəyk̕ʷátəŋ. to be getting drunk, intoxicated: xʷaʔxʷk̕ʷátəŋ. to be half drunk, tipsy, half shot: ʔəsxʷčə́yx̣ʷs.

dry to be dry: x̣áčəŋ. to dry up, evaporate (of any body of water), drop (of water level): táqʷi. to wipe, dry one's body: ʔəčíkʷsəŋ. smoke house, any building for hanging meat to dry: sq̕iyuʔáw̕txʷ. smokehouse, drying shed, building used for smoking and drying meat: spk̕ʷəŋáw̕txʷ. to be dried by someone: x̣áčtəŋ. to be drying: x̣áʔčəŋ. to be drying (laundry, etc.), smoking (fish, etc.): x̣aʔčéʔəŋəɬ. to be drying oneself: x̣aʔčáct. to be dry (of several): x̣aʔyáčəŋ. to be over dry, dryer than it ought to be: x̣əyəčənúŋət. to be preserving, putting up food by canning or hanging to dry: q̕éʔyuʔ. to be very shallow water, almost dry: x̣aʔx̣əwéʔyəŋ. to be wiping, drying one's body: ʔaʔčiw̕səŋ. to be wiping, drying oneself: ʔaʔčáct. to dry (a batch of something such as clams or laundry): x̣číŋəɬ. to dry oneself: x̣čáct. to dry something (in the air or sun): x̣áčt. to hang meat or fish to dry: ʔsc̕áʔyuʔ. to manage to be dried by someone or something: x̣áčnəŋ. to manage to dry something: x̣áčnəxʷ. to string up, spread out something to dry: x̣áčt.

Dry Creek name of the traditional Klallam village at the mouth of Dry Creek: čxʷíʔxʷiʔúcən.

drying to be putting away, storing (something) for later use (canning, drying, smoking, etc.): q̕aʔyúʔəŋ.

drying shed sx̣əčəŋáw̕txʷ. smokehouse, drying shed, building used for smoking and drying meat: spk̕ʷəŋáw̕txʷ. several smokehouses, drying sheds: spaʔək̕ʷəŋáw̕txʷ.

dry rot rotten log, crumbling dry rot wood that turns to dust: pqʷáy̕.

duck any duck, any waterfowl: múʔuqʷ. a group of ducks: míyaʔqʷ. small duck: maʔməʔúʔqʷ. a group of small ducks: maʔyaʔməʔúʔqʷ. a flock of butterball ducks, bufflehead: maʔyaʔmək̕ʷéʔwən. an unidentified species of duck with long beak: k̕ʷaʔk̕ʷə́yqsən. Brandt's cormorant, shag, black duck: stə́məč. brant: qʷqʷáʔyəqʷiʔ. common goldeneye, whistle wing duck: k̕ʷənk̕ʷənšán. common scoter, coot, black duck: čəwaʔčáxən. cooked backbone of a duck or other fowl: sk̕ʷútuwəɬ. mallard, also any domestic duck:

English-Klallam Index

Duckabush River

tínəqsən. mallard duck: *x̲átx̲ət.* sawbill duck, common merganser, red-breasted merganser: *x̲ʷúʔuq̓ʷ.* several mallard ducks: *x̲áyatx̲ət.* several small butterball ducks, buffleheads: *smaʔyaʔmək̓ʷéʔwən.* small butterball duck, bufflehead: *maʔmək̓ʷiʔúʔyəs, smaʔək̓ʷéʔwən.* small mallard, any small duck: *taʔtéʔnəqsən.* to be spearing ducks: *čačáʔtx̲ɬ.* to dodge, duck: *sə́yəx̲ʷ.*

Duckabush River Duckabush River, south of Brinnon: *nəx̲ʷyəmús.*

dugout canoe, especially a dugout canoe: *snə́x̲ʷɬ.*

dull to be blunt, dull (edge or point): *ʔəsq̓ʷə́mx̌ʷ.* to be dull, not sharp (of a blade): *ʔəməq̓ʷə́məx̌ʷ.*

dumb to be totally stupid, dumb: *ʔscix̌ʷə́yənč.*

dump to spill, pour (something) on something or someone: *kʷiʔúst.* to be spilling, pouring (something) on something or someone: *kʷiʔúʔst.*

Dungeness Dungeness: *cə́q̓ʷ.* Dungeness or Jamestown Klallam people: *cicə́q̓ʷ.* village at the mouth of the Dungeness River: *sŋiyáwɬč.* Old Dungeness, Old Town, the area at the base of the Dungeness Spit: *čšáʔič.* area east of Dungeness close to Washington Harbor: *scáʔyəm̓.* beach between Jamestown and Dungeness: *sx̌ʷtəččéʔnəŋ.* Old Dungeness, on west side of the river: *céʔsqaʔt.* the traditional Klallam village in the Dungeness and Jamestown area on the water north of Sequim east of the mouth of the Dungeness River: *stətíɬəm.* to be from Jamestown or Dungeness, of the Jamestown Klallam people: *čšcə́q̓ʷ.*

Dungeness crab *ʔáʔčx̲.*

Dungeness River Dungeness River and the area at the mouth of it: *nəx̲ʷŋiyaʔáwəɬč.*

Dungeness Spit the Dungeness Spit: *cicákʷč.* area on the inside edge of Dungeness Spit where ground is rough: *məmək̓ʷə́nəkʷ.* Old Dungeness, Old Town, the area at the base of the Dungeness Spit: *čšáʔič.* to go out to the Dungeness Spit: *cickʷáčəŋ.*

dunk fall overboard, fall into water, dunk: *qə́s.* to put, throw someone or something into water, immerse someone or something, dunk someone or something: *qsə́t.* being put in water, dunked: *qə́stəŋ.* to be put in water, be dunked: *qsə́təŋ.*

durative *-ɬ¹.*

dusk evening, dusk: *táŋən.* to be dusk, getting dark: *ɬáɬcct, ɬiɬáčct.* the start of the evening, dusk, early evening: *ttáŋən.* becoming dusk, getting to be evening: *ttáʔŋən.*

dust dust, sawdust, powder: *spə́yəq̓ʷəŋ.* litter, dust and dirt: *čáŋəɬ.* litter, trash, dust and dirt: *čaʔŋáʔɬ.* powder, flour, dust: *spə́yəq̓ʷ.* sawdust: *qíx̲ŋən.* very fine bark slivers, like dust: *scíci.*

dust devil whirlwind, tornado, dust devil: *səyəq̓úsəŋ.*

dusty to be powdery, dusty: *pə́yəq̓ʷəŋ.*

Duwamish Duwamish: *nəx̲ʷnúwəməš.*

dwarf dwarf, a little person: *q̓ʷaʔq̓ʷiʔstáyŋəx̲ʷ.*

dying to be dying: *q̓ʷúʔq̓ʷiʔ.* to be very sick, dying: *q̓ʷaʔčáyŋən.*

dynamite gunpowder or any explosive material: *q̓ʷáɬc.*

each to give one each to several: *nə́cənəcuʔtx̲ʷ.* to give two each to several: *čə́sčšaʔtx̲ʷ.* to give three each to several: *ɬíx̲ʷɬx̲ʷtx̲ʷ.* be four dollars each of several: *ŋəsŋəsáʔitx̲ʷ.*

each other each other, together: *-ty.* non-control reciprocal: *-nəwəy.*

eager to be ambitious, willing, ready, eager: *ʔəsx̌ʷə́yx̌ʷiʔ.* to be wide awake, eager, lively: *ʔəscáčɬ.*

eagle eagle, bald eagle, golden eagle: *k̓ʷə́yŋsən.* a group of eagles: *k̓ʷiyə́yŋəsən.* a group of small eagles: *k̓ʷaʔyaʔk̓ʷə́yŋəsən̓.* small eagle: *k̓ʷaʔk̓ʷə́yŋsən.* to swoop down, soar (as an eagle): *čiqéʔəŋ.*

ear ear, corner, angle: *=an̓.* ear: *q̓ʷə́yən.* several ears: *q̓ʷq̓ʷə́yən.* several small ears: *q̓ʷaʔyaʔq̓ʷə́yən̓.* small ear: *q̓ʷaʔq̓ʷə́yən.* to bump one's ear: *ƛəmán̓.* to cut someone or something on the ear accidentally: *ɬíɬcán̓nəx̲ʷ.* to cut the ear (of a sheep for identification): *ɬcán̓t.* being cut on the ear: *ɬicán̓nəy.* to get bumped on the ear or side of the head: *nəx̲ʷƛəmáyən.* to have big ears: *čiʔqán̓, čqáyən.* to have the ear cut by someone or something: *ɬicán̓nəy.* to pull someone's or something's ear: *x̲ʷk̓ʷán̓t.*

eared grebe horned grebe, eared grebe: *waʔwəšəlí.*

early to be early: *kʷaʔčíy̓.* to depart soon, early: *cə́w̓.* the early morning, before daybreak, dawn, early: *kʷaʔčíy̓.*

earring earring: *sƛ̓ə́wən̓.* several earrings: *sƛ̓ƛ̓íwən̓.*

earth ground, land, earth, dirt, soil: *sctə́ŋx̲ʷən.* land, ground, earth, Indian reserve: *tə́ŋəx̲ʷ.* to be dirty, covered with earth: *titə́ŋx̲ʷi.*

Earth Day Earth Day: *sctə́ŋx̲ʷən skʷáči.*

earthquake *méʔx̲ʷəŋ, smə́x̲ʷəyu.* being shaken by someone or something (such as an earthquake): *míx̲ʷtəŋ̓.* to be shaken in an earthquake: *məx̲ʷítəŋ.* to be shaking (of the earth), having an earthquake: *məx̲ʷə́yu.*

earwax earwax: *sx̲ʷčaʔxáyən̓.*

earwig earwig: *čʔíɬən, q̓ʷə́yən̓.* earwigs: *čʔɬʔíɬən.*

Easter Easter: *hiyinúŋət skʷáči.* Easter Sunday (they killed God today).: *cícɬsiʔám̓.*

East Saanich Reserve the East Saanich Reserve: *scáʔəwtx̲ʷ.*

easy to be easy: *yéʔyəq.* to slow down, take it easy: *kʷkʷáʔ.* to take it easy, relax: *siʔámət.* to be going slow, taking it easy, delaying, slow down, not hurry: ʔəscáʔyaʔɬ. to go slow, take it easy, delay: caʔčáʔtəŋ.

eat consume, eat, drink, smoke: ʔəɬ-. to eat, consume, dine, have a meal: ʔíɬən. to eat something: ŋút. to eat a meal: ʔiɬanínəŋ. to slurp, eat soup: ɬúp̕. to slurp something, eat the soup: ɬúp̕t. to eat fresh seafood, cooked or raw, on the beach: xáyəŋ. to eat fresh clams raw on the beach: q̕awáʔəŋ. to eat from the bottom of a container: ʔiɬənháyn̕ač. to have breakfast, eat a morning meal: kʷčiʔŋínəŋ. to eat lunch, dinner, have a noon meal: q̕itəŋínəŋ. to eat supper, have an evening meal: təŋiʔŋínəŋ. to eat berries from the vine: məxʷɬnáyəŋ. to eat berries while picking: ʔəmxʷɬnáyəŋ. to go out to eat, go to a restaurant: ʔətəníɬ. time to eat: čənʔíɬən. to be eaten: sʔíɬən. to be eating: ʔéʔɬən̕. to be eating a little or something small eating: ʔeʔéʔɬən̕. to be eating clams: ʔəɬsq̕aʔxə́yu. to be eating fish heads: ʔəɬsq̕ʷuʔúʔŋiʔ. to be eating (humble): ʔaʔeʔéʔɬən. to be eating (of a group): ʔaʔyaʔeʔéʔɬən. to consume habitually: čʔíɬən. to consume habitually (of several): čʔɬʔíɬən. to eat (of a group): ʔəɬʔíɬən, ʔəyʔíɬən. to finally get to eat: ʔiɬənnúʔət. to get to eat (having depended on someone or something for food): ʔiɬəntənúʔŋət -tənúʔŋət. to let someone or something eat: ʔiɬəntxʷ. to manage to get a taste of something: ŋúnəxʷ. to be eating something: ŋuʔút. to be eaten by someone or something: ŋútəŋ. to start eating something: ŋúŋut. being eaten by something or someone: ŋuʔútəŋ. to devour, eat something up, gobble something up: ŋəŋút. to be eaten up, gobbled up: ŋəŋútəŋ. to be eating soup: ɬúʔp̕t. to be slurping eating soup: ɬúɬp̕. to be eating alder sap: ʔəɬsqʷúʔŋəɬč. to eat slow: q̕aʔq̕ənúcən. to have a fast mouth, eat, talk, or sing too fast: xʷəŋúcən. to get full, eat a lot: məqáct. to be very hungry, as someone who eats a lot but cannot seem to get full: čaʔq̕ə́nəxʷ. to be eating supper, an evening meal: taʔŋənúcən, taʔŋiʔŋéʔnəŋ. to be having breakfast, eating a morning meal: kʷaʔčiʔŋéʔnəŋ. to invite (someone) to eat: sƛ̕aʔášən. to finish eating: húccən. to finish eating (of a group or of multiple foods): haʔyúččən. to be finished eating: ʔəshúccən. to be finishing eating: húʔccən. leftovers, leavings, scraps left after eating: skʷənəŋúcən. to be eating crumbs, licking the bowl, eating leftovers: məkʼúcən̕.

ebb to recede, get low of water (in a river, pond, well, cooking pot, etc.), ebb, go down (of tide or flood): ɬáqʷi. to ebb (of the tide), water starts to go down: səŋúcən. to be ebbing (of the tide), water getting very low: sáʔŋəɬ.

eccentric to be unusual, different, abnormal, eccentric, unconventional, wrong: snačít.

echo nəxʷc̕cáʔməŋ.

edge =ucən. the end, edge of an object (such as a bench, table, canoe): sʔíyən̕. to be at the edge: ʔíyəcən. being at the outside edge away from the wall, be flanking: ʔəčaʔáwət. edge of a bank or cliff: sʔíycən. to be made to sleep at the edge or foot of the bed: kʷɬáčtəŋ. to be on the edge of the main part of something, especially on the back side toward the wall: kʷɬáč. to be on the other side, other bank, other edge, across: txʷnáw̕ əcən. to be on this side, bank, edge (of a river of bay): ɬuʔúcən. to be put its side, on edge by something or someone: nə́šaʔtəŋ. to be sharp edged or sharp pointed: ʔəýuc. to be walking along the edge of the water on the beach: tčéʔnəŋ. to go along the edge: tččínəŋ. to go to the outside edge (away from the wall): ʔəčaʔwíyŋ. to push, roll something off, over an edge: híyət. to put something on its side, on edge: nə́šaʔt. to put something toward the edge of the main part of something, especially toward the back, wall side: kʷɬáčt. to sleep at the foot or edge of the bed: kʷɬáčəŋ. to walk along the edge of the water on the beach: ɬəŋácən.

Ediz Hook Ediz Hook: tsiqʷə́y̕.

educate to hand down advice, learning, knowledge, lessons to younger generations: k̕ʷíýnəq.

education department education department, school: k̕ʷəstəŋáw̕txʷ.

eelgrass eelgrass: támə x.

Eells Myron Eells (1843-1907), missionary, government agent, and collector of information about the Native Americans of western Washington: ʔiʔíləs.

effort to use maximum effort, work as hard as possible: tíymət.

egg hen's egg: ʔíks. fish eggs, roe, especially salmon roe: q̕áyəx. herring eggs, herring roe: čám̕aʔš. lingcod eggs: sŋənáyəs, xícáʔyəs. prepared salmon eggs roe: sƛ̕ə́mək̕ʷ. to be brooding, be sitting on, hatching eggs: ƛ̕áqɬ. to brood, sit on eggs, cackle (of chicken): ƛ̕qə́ɬ. to spawn, deposit eggs (of a fish): šíwaʔ.

Eglon Eglon, Washington, a village on the east coast of the Kitsap Peninsula east-northeast of Little Boston: c̕əpíliya.

eight eight: táʔcs. eight animals or people: taʔcsíkʷs. eight canoes: taʔcsáxʷɬ. eight children: taʔcsə́čɬ. eight dollars: taʔcsáʔitxʷ. eight houses: taʔcsáw̕txʷ. eight nights or days: taʔcsɬnát. eight people: taʔcsáy. eight times: taʔcsə́ɬ.

eighteen see under ʔúpən, táʔcs.

eighty taʔcsɬšáʔ, taʔcsə́wəč.

either also, too, additionally, still, either, another: ƛ̕áy².

eject to be sent away, shooed, ejected: kʷə́x. to kick out, shoo, chase away: kʷxəŋ. to kick someone out, shoo, chase, push, drive someone away, tell somcone to get out: kʷxə́t. being ejected, told to go away, pushed aside: kʷə́xtəŋ. being kicked out, ejected: kʷə́xtəŋ. to be ejected, told to go away for someone: kʷxsítəŋ. to be ejecting, chasing, shooing

English-Klallam Index

elbow away someone or something, boot someone out: kʷə́xt. to be kicked out, ejected: kʷxə́təŋ.

elbow elbow, crazy bone: sxʷək̓ʷiʔáxən. elbows, crazy bones: sxʷaʔyək̓ʷiʔáxən. arm, wing, elbow: t̕áwiʔ. to bump the arm, shoulder, elbow: x̌̕əmiʔáxən.

elder old person, elder: ʔəsmə́sən, kʷɫčə́q. to be an adult, old, an elder: ʔəsʔáyəxʷ. elder, older relative: scə́yús. a group of dear elders, beloved advisers: sxʷskʷáyaʔ. a group of old people, elders: ʔəsmáyəsən, kʷɫčáyq. an elder: sʔəsʔáyəxʷ. dear elder, one's beloved counselor, guide, master, teacher, any person that one listens to and gets advice and direction from: sxʷskʷáʔ. elders, old people: ʔəsʔiʔáyəxʷ. several elders, older relatives: scəyəyús.

elderberry red elderberry: scíyuq̓. elderberry bush: scə́yuq̓iɫč. elderberry wine: cík̓ʷik̓ʷ. red elderberry bush: ciwəq̓íɫč. several red elderberries: sciyáʔiyəq̓.

eldest eldest sibling: yúx̌. the oldest one: syaʔx̌áyən̓.

elect to elect someone, vote for someone: ʔəléʔkt. to be elected: ʔəléʔktəŋ.

election foot race, horse race, election, etc.): p̓ə́kʷɫ.

electricity ləklə́səti.

elephant seal some unidentified animal similar to a seal, perhaps the elephant seal, also possibly walrus: c̓áyi.

elevator vehicle, any conveyance, any means of transportation: scaʔkʷaʔyúɫ.

eleven see under ʔúpən, nəc̓uʔ.

elk smə́yəc, q̓əyéʔəč, húʔpt. a group of elk: smiyə́yəc. elk hoof: smə́yəcásən. group of elk: q̓aʔyəyéʔəč. several elk hooves: smiməyəcásən. small elk, a little piece of elk meat: smaʔmə́yc.

Elk Island Skunk Island, Elk Island off Port Hadlock: smə́yəc.

elope to elope, run away with each other: ɫuʔísti. to be eloping: ɫaʔwísti ʔ. to be run away with, abducted, kidnapped, eloped with: ɫuʔístəŋ.

else also, too, additionally, still, either, another: x̌áy̓. to be changing the subject, talking about something else: naʔčéʔyəŋ. to change oneself, make oneself different, become something else, turn into something different: nə́čct.

Elwha the Elwha River and the land bordering it, the name of the traditional village at the east side of the mouth of the Elwha River: ʔéʔɬx̌ʷaʔ. a former Klallam village up the Elwha located below the lower Elwha bridge: k̓ʷəčaʔcáwtxʷ. cliff, bluffs (such as those along the Elwha): sxʷpaʔyúqʷs. Elwha type canoe, a large canoe with a high prow: k̓ʷənáyɫ. traditional Klallam village in Indian Valley at the confluence of Indian Creek and the Elwha River on the west side of the bridge on route 101: tiʔtiʔə́ɫ. village at Boston Creek, about 1-1.5 mi. up the Elwha: xpaʔčáw̓txʷ.

embarrassed to be bashful, ashamed, embarrassed, shy: xíc̓i. to be embarrassed, bashful, shy, ashamed: xéʔxaʔ. to have a red neck from anger or embarrassment: cqʷə́ɬənɫ.

embrace being hugged, embraced: čaʔcstíŋ.

emerge to come up out of water: x̌íq. to come up out of the water: x̌qíct. to (start to) come out of woods, enter a clearing: sxʷə́ct.

emotion interior, mind, emotion: =ikʷən. object of emotion transitivizer: -taxʷl.

emphatic indeed, emphatic speech act enclitic: q̓.

employment job, employment: ʔəsčáʔiʔ. to be put to work, given a job: čáytəŋ.

empty to be empty: ʔəsxʷɫáʔŋəɫ. to be empty, emptied, clear: nəxʷɫə́ŋ. to empty, remove things from something: nəxʷɫəŋás. to be emptying, removing (things) from something: nəxʷɫəŋáʔəs. to be managing to empty something out: nəxʷɫəŋənəxʷ. to manage to be emptied out by someone or something: nəxʷɫəŋənáŋ. to manage to empty something out: nəxʷɫəŋənáxʷ.

encamped to be camping, encamped, staying overnight: ʔəsqáy̓əŋ. to be steadily camping, encamped, staying regularly overnight: ʔəsqəyíŋ.

encircle to be around, encircle: siqáʔwəɫ. being around, encircling: siqaʔáʔwəɫ.

encounter to meet, encounter someone or something: čə́məs.

encourage to encourage someone, tell someone to do their best: taʔnáʔt. to be encouraged by someone, be told by someone to do one's best: taʔnáʔtəŋ.

end =əyin. the end (of something): ʔəsxáp̓ɫ, ʔəsxáp̓. the end, edge of an object (such as a bench, table, canoe): sʔíyən̓. the ends of an object: sʔiʔíyən. to be ended, discontinued by someone or something: xə́ptəŋ. to be ending: xəpə́yu. to end: xə́pəŋ. to end, finish, graduate: xə́p. to end something: xə́pt. to other end, opposite end: sʔíyən̓.

endearment a term of endearment, reason for walking: sxʷšə́təŋ. a term of endearment used to a group of people younger than oneself: nəkʷáyaʔ. my breath, a term of endearment: nəssácəŋ. The names of berries are used as terms of endearment to address one's lover similar to English 'honey'; nəɫə́qʷəm̓ 'my thimbleberry' is often used this way, but any berry name can be used. used with first-person possessive as a term of endearment: sxʷhiyí 'life,' yiyə́nwəs 'hearts', yə́nəwəs 'heart'. a small relative: q̓ʷəq̓ʷəʔúnəq.

end up become..., turn to..., be getting to, begin to, end up: txʷaʔ-.

enemy šəmán. enemies: šaʔyəmán. raider, invader, warrior, enemy scout or scouting party: ʔəʔtšánəmən. to be feuding, quarrelling with each other, be enemies: šaʔšəmánti.

energetic to be handsome, smart, debonair, strong, competent, energetic, confident, someone who takes pride in his work and does it well: ʔəsxʷúʔxt.

engine to start, run (of a motor): kʷə́yəxct. to make something move, shake, rock itself, start a motor: kʷə́yəxcúttxʷ.

English to speak the English language, talk like a white person: xʷanítəmqən. speak the English language: xʷanitəmúcən. to speak English: pástənəŋ. to speak the English language: nəxʷpástənqən. English language: pástən. to be speaking the English language: pá̕stənəŋ, pastənqéʔnəŋ, xʷaʔnéʔtamqən, xʷənítəməŋ. to be speaking the English language, white man's language: nəxʷpáʔstənqən. to be talking the English language: xʷaʔnéʔtaʔməŋ.

enjoy to enjoy, like, love something, find something delicious or amusing: ʔiʔtáxʷ. to enjoy something, make someone happy: ʔə́yəstxʷ. being enjoyed, liked, found amusing by someone: ʔiʔtáʔəŋ. to be enjoyed, liked, found amusing by someone: ʔiʔtáŋ. to be enjoying, liking, loving something, finding something funny: ʔiʔtáʔəxʷ.

enlighten to be lit, lit up, enlightened: taʔkʷáʔtəŋ.

Ennis Creek Ennis Creek and the Klallam village at the mouth of Ennis Creek at the east end of Port Angeles: ʔiʔínəs.

enough to be right, correct, legal, enough, satisfactory, fitting, sufficient, proper, in working order, okay, better (over an illness): x̣̕úm. to be made enough by someone: x̣̕úmnəŋ. to feel full, have a full belly, have eaten enough, be satisfied, satiated: mə́q. to let something be enough: x̣̕úmtxʷ. to make something enough: x̣̕úmnəxʷ.

enrapture to be enraptured, taken by spirit power, under the influence of spirit power: kʷə́n.

ensemble a suit of clothing, an outfit, uniform, costume, clothing ensemble: ʔúykʷtxʷ.

enter to go inside, come inside, enter: čə́yəxʷ. to be entering: čə́yxʷ. to go inside: čə́yəxʷəŋ. to let someone or something enter, come in: čə́yəxʷtxʷ.

entice to tell a small lie, fib to someone to entice, fool, deceive, kid someone, turn someone's thoughts another way to distract: q̕ʷaʔq̕ʷáystxʷ.

envious to feel envious, covetous, jealous (as if someone got something good that you deserved): nəxʷčaʔyíkʷən. to be feeling envious, jealous, resentful: nəxʷčiyaʔyéʔwən.

equal to be even, equal, the same: ʔəsyəq̕ənə́wi.

equipment equipment, tool, a part of any man-made thing: haʔyáʔwən. any toy or toys, anything one plays (games) with, athletic equipment: sqqíŋ.

erase to brush, wipe, erase something: ʔáčt.

erect to be erected, a pole, post, mast in place: ŋíq. to erect, stick in place a pole, post, or mast, insert something into position so that it can stand upright: ŋíq̕t. to be erected (of a pole, post, or mast) by someone: ŋəqítəŋ.

ergative he, she, it, they, third-person transitive subject: -s⁴.

erode to be eroded, washed away (as a river bank): x̣̕ə́m. to be eroded by something (as bluff by the wind and water): x̣̕ə́mtəŋ. to erode something (as bluff by the wind and water), break something off: x̣̕ə́mt.

err to make a mistake, err, miss, go the wrong way: tə́x. to make something be wrong, make someone make a mistake: tə́xtxʷ.

escalator vehicle, any conveyance, any means of transportation: sčaʔkʷaʔyúɬ.

escape to escape, run away, get away, disappear from some confinement: x̣̕íw. to escape, seek refuge, flee, get away from an immediate situation: ɬáw. to be escaping, running away, getting away, disappearing: x̣̕íx̣̕əw. to be running away, escaping: ɬáɬuʔ. to get away, escape (from someone or something): ɬaʔkʷáct. to manage to barely get away, escape: x̣̕aʔx̣̕iwnúŋət. to manage to finally escape: x̣̕iwnúŋət. to manage to get away, escape: ɬawnúŋət.

Esquimalt Esquimalt Reserve and area near Victoria: sxʷímáɬ. the languages of the Songhees, Esquimalt, Saanich, and Cowichan: yəkʷəŋéʔnəŋ.

Esquimalt Lagoon Esquimalt Lagoon: čayəqʷáwəč, čixʷaʔyéʔč.

estuary river mouth, estuary: ʔəsʔéʔəyuc.

eulachon candlefish, eulachon: qʷəlístiyuʔ.

eulachon oil eulachon oil, oil from the candlefish: x̣̕éʔnah.

European white person, Anglo, person of European descent: xʷanítəm. any white person, white man: pástən.

evaluate to be sized up, looked over, evaluated: xixə́čtəŋ.

evaporate to dry up, evaporate (of any body of water), drop (of water level): táqʷi.

even even so, moreover: čəwín. to be even with, up to, aligned with: yə́q. to retaliate, get back at, get even with, get revenge: nəxʷtčács, tčácsəŋ. to be even it, be unlike as compared with: čəwíntxʷ. to be even, equal, the same: ʔəsyəq̕ənə́wi. to be even with, keep up with, be the same length, height or distance: ʔəsyáq̕ɬ. to be retaliated against, got revenge on by someone: nəxʷtčícstəŋ. to get evened up, aligned with: yəq̕ə́ɬ. to retaliate, get back at, get even with, revenge against someone: nəxʷtčácst.

evening to become evening: táŋən. becoming dusk, getting to be evening: ttáŋən. evening, dusk: táŋən. supper, evening meal: stəŋiʔŋínəŋ. the start of the evening, dusk, early evening: ttáŋən. to be eating supper, an evening meal: taʔŋənúcən,

evergreen huckleberry *taʔŋiʔŋéʔnəŋ*. to eat supper, have an evening meal: *təŋiʔŋínəŋ*.

evergreen huckleberry evergreen huckleberry, blue huckleberry, Hood Canal blueberry: *yéʔxəm*.

ever since to be from there, ever since: *čʔiyá*.

every every, all: *xə́nə*. always, all the time, every time: *xənáɬ*.

everyone *xəńáyɬ*. everyone, everybody: *xə́nəʔəɬcan*. everyone, all the people: *xə́nəyaʔ*. everyone, everybody: *xə́nəʔəɬcan*. someone, anyone, everyone: *cán*.

everything everything, all kinds: *xə́nəstəŋ*. to take all of something: *xáŋət*. to be all taken by someone: *xáŋətəŋ*. to be taking all of something: *x̣aʔŋát*.

everywhere to be everywhere: *xə́nəxin*.

evidently evidently, as you can see, as usual, obviously, still in sight: *šaʔ*.

evil to be bad, evil, mean, dirty: *sxáʔəs*. to be bad, evil (of several): *sxəyáʔəs*. to curse, do evil work (on so), wish (a person) to die, do any behavior that might cause someone to die through spirit power: *naʔəsáy̓s*.

evil power evil power shot into someone: *xtə́n*.

exact to be exactly, just, precisely: *túxʷ*. to let something be exactly so: *túxʷtxʷ*.

exactly exactly, simply, completely: *ɬə́ŋ¹*.

exaggerate to be adding, exaggerating, making it more: *čaʔxʷéʔŋəɬ*.

examine to study, examine, describe, do research, plan out: *x̣čáy̓s*. to study, examine, inspect something or someone, figure something out, get to know and understand, check someone or something out, size up someone or something, do research on something: *x̣čə́t*. to be studying, examining, describing, doing research: *x̣aʔx̣čáy̓s*.

exceed to advance, go forward, go ahead, move past, go in front, do it: *čiyáct*.

except *ʔiʔ¹*.

exchange to change, exchange, switch, trade something: *ʔaʔčšít*. to exchange positions, change places: *čiʔnə́kʷi*. to exchange something or someone: *ʔaʔčšúst*. to exchange, trade: *ʔaʔčšíti, ʔaʔčšúsəŋ*. to switch, exchange something: *čiʔát*. to be changed, exchanged, switched by someone or something: *ʔaʔčšítəŋ*. to be exchanged, changed places with: *ʔaʔčšústəŋ*. to change, exchange (especially clothes): *ʔaʔčšíkʷən*. to change, exchange, switch places: *ʔaʔčšúŋət*.

exclamation ugh, aw, gosh, exclamation of disgust or irritation: *ʔə́š*.

excrement a piece of feces, excrement: *spúʔ*. bird droppings, children's word for excrement: *spápa*. excrement: *nə́qʷ*. feces, excrement: *sqáʔəŋ*. poop, excrement: *spə́c*. to get one's hand in excrement or anything nasty: *naʔyəq̓ʷács*. to have excrement or anything nasty smeared on one: *ʔəsnúʔnəq̓ʷ*. to step in a pile of excrement: *sninə́q̓ʷšən*. to step in excrement: *snə́q̓ʷsən*. to step in excrement or anything nasty: *naʔyúq̓ʷsən*.

excuse me heads up, excuse me, watch out, be careful, keep a lookout: *q̓ʷáyəx*. thank you, excuse me: *sxʷskʷáwaʔ*.

exhausted to be worn out, exhausted: *cə́x*. to be extremely tired, exhausted, all out of breath: *ɬə́q̓ʷ*. to be unable to breathe, out of breath, choked up, tired, all in, exhausted, panting, smothered: *ɬiɬə́q̓ʷ*. to be worn out, exhausted, old: *ʔəscáxɬ*. to completely wear out, exhaust: *cicə́x*.

ex-in-law ex-in-law, reciprocal term used for relative by marriage when the connecting relative has died: *smáyəcən*. ex-in-laws: *smiʔmáyəcən*. small ex-in-law: *smaʔyúcən*. small ex-in-laws: *smaʔmaʔyúcən*.

exist to exist, be some (more), be left over, remaining: *néʔ*. he/she/it is (of something small): *naʔníɬ*. to not exist, be none, nothing, nobody, no one: *ʔáwənə*. to not yet exist, not yet have: *huʔhánə*.

exit to let someone or something exit, go out: *sə́qtxʷ*.

expect to expect, wait for (someone or something): *q̓ʷáʔəɬ*. to be expecting, watching for someone or something: *k̓ʷaʔk̓ʷín*. to do something someone else was expecting to do, take over, "he went and did it ahead of me": *níɬtənúʔŋət*. to intend, mean, expect (to happen): *syúy̓*.

expected to be as usual, typical, expected, conforming: *čúwəɬ*. as expected, as usual, routinely, as done before: *čakʷi*. as one might expect, of course, predictably, probably: *ʔuctə*. I think, on the contrary, anyway, contrary to expectation: *ta*. to be expected, in case, in the unlikely event, in the hope, in the expectation of: *cút*.

expecting to be expecting (somebody or something), be alert of (something coming), be on the lookout: *q̓ʷaʔɬcút*. to be pregnant, expecting: *ʔəsk̓ʷáʔk̓ʷi*. to be pregnant, expecting a baby: *xʷnéʔəŋ*. to be pregnant, expecting (said of a small or very young lady): *ʔəsk̓ʷaʔk̓ák̓ʷiʔ*.

expectorate to spit: *cə́xʷ*. to spit, expectorate: *cxʷə́ɬc*. to spit on something: *cxʷə́t*. lots of spit, expectoration, saliva: *scaʔyəxʷə́ɬc*. spit, expectoration, saliva: *scxʷə́ɬc*. to be spiting, expectorating: *čaʔxʷə́ɬc*. to be spitting on something or someone: *cə́xʷt*.

expensive to be expensive, dear, important: *x̌éʔ*. to be expensive, highly valued, in great demand: *x̌éʔtəŋ*. to be made inexpensive, cheap: *ʔiʔíqtəŋ*. to be precious, expensive: *sxʷúyəm*.

experienced to not know how (to do something), be inexperienced, be incapable: *čəŋíkʷs*.

expert to have a reputation of being good, great, genius, expert, professional at doing something, have a skill: *kʷikʷiyáy*. to become an expert, get good (at something), build a reputation as an expert: *kʷikʷiyáyct*. to be reputed to be, thought to be, said to be an expert: *kʷikʷiyáytəŋ*.

explode to explode, blow up, burst, backfire (of an engine), go off (of a gun), bang: *kʷaʔtənə́qʷ*. to explode, pop, backfire, go off (as a gun or bomb): *tənə́qʷ*. to pop, explode into sparks (as wet alder in a fire): *tənə́qʷəŋ*. to be blown up with explosives: *kʷaʔtənə́qʷtəŋ*. to be exploding, popping, backfiring: *tə́ŋqʷ*. to blow up with explosives: *kʷaʔtənə́qʷt*.

explosive gunpowder or any explosive material: *q̓ʷáɬc*.

exposed to catch anything contagious (such as illness, lice, etc.), contract a disease, be exposed to a disease: *qáp̓*.

extend to stretch, extend something out: *ʔúit*. to splice, extend, tie together (rope or anything): *taʔqʷéʔt, tq̓ʷéʔt*. to be stretched out (as gum, elastic, rubber), extended (as a long ladder or table with leaves added): *ʔəsʔúʔət*.

extinguish to go out as a fire, be extinguished: *ƛ̓ə́kʷ*. to be out (of a fire), stopped burning, extinguished: *čási*. to extinguish, put out a fire: *čəsít, ƛ̓ə́kʷt*. to extinguish, put out a light or fire: *část*. to extinguish, put the light out: *ƛ̓ə́kʷəŋ*. to be extinguishing, putting out a fire: *čáʔst*. to be extinguishing, putting out a fire, turning off a light or electrical appliance: *ƛ̓ə́kʷt*. to be extinguishing, putting the light out: *ƛ̓ə́kʷəŋ*. to be extinguished, put out (of a light or fire) by someone or something: *čsátəŋ*. to be out, extinguished (of a fire): *ƛ̓iƛ̓ə́kʷ*. to be out (of a fire), extinguished: *ƛ̓ə́kʷɬ*. to be out (of a fire), extinguished (of several or repeatedly): *čaʔyásih*.

extract to be extracted, uprooted, pried out: *ʔúqʷ*. to pry something out, extract, pull out something: *ʔúqʷt*. being extracted, pulled out by someone: *ʔaʔqʷə́təŋ*. to be extracted, pulled out by someone: *ʔúqʷtəŋ*. to be extracting, pulling out a tooth: *ʔaʔqʷiʔnísəŋ*.

extremely *čaʔnúʔ*.

eye =*ayus, qə́yəŋ, ʔáyəŋ*. black eye: *staqaʔáys*. both eyes: *qqə́yəŋ*. eye mucus, sleep (in the eyes): *sxʷƛ̓iƛ̓q̓ʷáyəs, sxʷnəyəq̓ʷáyəs*. eye mucus, sleep (in the eyes), gummy eye: *naʔq̓ʷáys*. several small eyes: *ƛ̓əyəƛ̓aʔáʔis*. small eye: *ƛ̓aʔƛ̓aʔáʔis*. someone who has big eyes and rolls and blinks them: *staʔpxayúsəŋ*. to be closing one's eyes: *nəxʷčaʔpáys*. to be cross-eyed: *sxʷk̓ʷcáʔis*. to be rolling one's eyes: *čiʔpiʔúʔyəsəŋ*. to be spitting in someone's eye: *čxʷáʔyəst*. to close one's eyes: *nəxʷčaʔyəpáyəsəŋ*. to get a black eye: *nəxʷtaqaʔáys*. to get bumped on the eye: *ƛ̓əmáyəs, nəxʷƛ̓əmáyəs*. to get one's eye poked: *nəxʷtčáys*. to have a black eye: *ʔəsxʷtaʔqaʔáys*, *taqaʔáys*. to have big eyes: *čiqə́ys, nəxʷčəqáʔis, nəxʷčiʔqáʔis*. to have big, wide open eyes (as someone startled): *stayəxáyəs*. to have closed eyes (like a newborn kitten): *ʔəsxʷčəyəpáyəs*. to have droopy, sleepy, hollow eyes: *ʔəstuʔtuʔáys*. to have eyes stuck together from sleep: *sƛ̓iƛ̓q̓ʷáys*. to have hair hanging down over eyes: *ʔəsxʷhəmhəmáyəs*. to have small, little eyes: *ƛ̓aʔƛ̓aʔáʔis*. to open one's eyes: *q̓ʷiyáči*. to open one's eyes wide (as someone startled): *stayəxáyəsəŋ*. to spit in someone's eye: *čxʷáyəst*. to sting the eye with stinging nettles: *nəxʷčiččxáys*. to wash one's eyes: *nəxʷcaʔk̓ʷáyəsəŋ*.

eyebrow eyebrow: *q̓awək̓áyəs*. several eyebrows: *q̓əwq̓əwaʔk̓áyəs*. several small eyebrows: *q̓əyaʔq̓əwaʔk̓áys*. small eyebrow: *q̓aʔq̓əwaʔk̓áys*.

eyed to be one-eyed: *čŋəq̓ʷáʔis*.

eyelash eyelash: *ɬə́ptən̓*. several eyelashes: *ɬə́yəptən̓*. several small eyelashes: *ɬəyaʔɬə́ptən*. small eyelash: *ɬaʔɬə́ptən*.

eyelid to be stuck closed (of the eyelids): *ʔəsƛ̓iƛ̓q̓ʷáyəs*.

fable mythical story, fairy tale, legend, myth, fable, fiction: *sxʷiʔám*.

face =*us, sʔács*. to face toward a particular way, look the other way: *txʷnúʔəsəŋ*. be facing, looking away: *xʷənúʔəsəŋ*. being mocked, made faces at by someone: *xʷaʔxʷúʔəstəŋ*. being scratched on the face: *nəxʷxaʔcústəŋ*. being spit on in the face by someone: *čxʷúʔstəŋ*. cheek, fleshy part of the face on human or animal: *sxʷtíqʷən̓*. several faces: *sʔaʔyács*. the side of the face or head, one's profile, cheek: *sxʷʔíyən̓*. the sides of the face or head, cheeks: *sxʷʔíʔíyən̓*. to be a group facing a direction, a certain way: *xʷiynúʔəs*. to be cut on the face by someone or something: *ɬcústəŋ*. to be cutting someone on the face: *ɬaʔcúst*. to be facing a direction, a certain way: *xʷənúʔəs*. to be hit in the face: *nəxʷcsúsənəŋ*. to be hit in the face by something thrown: *nəxʷčsústəŋ*. to be hit in the face (with a stick): *ščústəŋ*. to be hooked in one's face: *tikʷústəŋ*. to be licked on the face: *ɬqʷústəŋ*. to be licking someone on the face: *nəxʷɬaʔqʷúst*. to be looked at directly in the face: *kʷənústəŋ*. to be looking, facing this way: *q̓ʷƛ̓úʔəsəŋ*. to be put facing a certain way by someone or something: *xʷənúʔəstəŋ*. to be scratched on the face by someone or something: *nəxʷxcústəŋ*. to be shaking one's face: *nəxʷčənəyəs*. to be slapped in the face: *nəxʷščústəŋ*. to be spit on in the face by someone, be insulted: *čxʷústəŋ*. to be starting to wash the face: *c̓cak̓ʷúsəŋ*. to be wiping one's face: *nəxʷʔaʔcúsəŋ*. to be wiping the face: *ʔaʔcúsəŋ*. to bump one's face: *ƛ̓əmúsəŋ, ƛ̓əmús*. to bump someone's face (on purpose): *nəxʷƛ̓əmúst*. to cut one's face: *nəxʷɬcús*. to cut someone on the face: *ɬcúst*. to cut the face: *ɬcús*. to get a crooked face from seeing a ghost: *nəxʷk̓ʷcústəŋ*. to get hit, punched in the face by someone: *nəxʷcsústəŋ*. to have a dirty face: *sxʷcq̓ús*. to have a face: *ʔəsʔács*. to have a flushed, red face: *ncqʷə́ys*. to have a white face: nəxʷpqús. to have a wrinkled face: ʔəsxʷɬə́yps. to have one's face wiped: nəxʷʔčústəŋ. to hit someone in the face (with a stick): ščúst. to hit someone on the face accidentally by throwing: nəxʷčšúsnəxʷ. to hook someone or something on the face, hook a fish: ɬikʷúst. to lick someone on the face: ɬqʷúst. to look friendly, have a smiling or laughing face: nəčə́yəs. to look someone right in the face, look at something directly: k̕ʷənúst. to mock, mimic, make faces at each other: xʷúʔusti. to mock, mimic, make faces at someone: xʷúʔəst. to put any paint or makeup on one's face: nəxʷtəmɬúsəŋ. to put paint on one's face: təmaɬúsəŋ. to put powder on one's face: piq̕ʷúsəŋ. to put something facing a certain way: xʷənúʔəstxʷ. to scratch someone on the face: nəxʷxčúst. to slap, hit someone in the face repeatedly: nəxʷšəyčúst. to slap someone on the face: nəxʷščúst. to spit on someone in the face, insult: čxʷúst. to tear, rip the face: čxús. to turn one's face down (as in prayer): tɬúsəŋ. to wash one's face: nəxʷcaʔkʷúsəŋ. to wash the face: caʔkʷúsəŋ. to wipe one's face: nəxʷʔəčúsəŋ. to wipe someone's face: nəxʷʔəčúst. to wipe the face: ʔəčúsəŋ.

face down to lie on one's stomach, lie face down lie upside down (of a canoe): tɬús.

face paint red face paint: təməɬúsən. red ocher, red face paint: tə́məɬ.

face powder spəyq̕ʷúsəŋ, spiʔyəq̕ʷúsən.

face up to be turned upright, face up by someone or something: kʷtústəŋ. to be thrown backwards, thrown on one's back, be turned face up by someone or something: x̌ɬiyəŋístəŋ.

facing to be looking at, watching a particular place, looking toward, facing: k̕ʷənúʔəs.

fade to disappear, become invisible, fade away, go out of sight, dissolve, vanish: cə́w̕. to be invisible, gone from sight, disappeared, faded away: ʔəscə́wɬ.

faint to faint, pass out, lose consciousness: sə́ŋ. to pass out, faint, blackout, lose consciousness: k̕ʷiciyéʔqʷ. to be fainting: sə́ʔŋəɬ. to be passed out cold: səŋsəŋíkʷstəŋ. to completely faint, pass out: səŋsəŋíkʷs. to faint, completely pass out: səŋíkʷs. to fall into a faint, pass out: səŋíkʷsəŋ. to make someone faint, pass out: səŋsəŋíkʷst. to pass out, faint, blackout, keel over: k̕ʷiciyéʔqʷəŋ. to be sober, sobered up, behaving oneself, be back to one's senses after a seizure or faint: ʔəspáɬ.

fair tide to go with the current, go downstream, go with the tide, be a fair tide: xʷiq̕ʷíyəŋ.

fairy tale mythical story, fairy tale, legend, myth, fable, fiction: sxʷiʔám̕.

faithful to be jealously accused of infidelity: péʔwəstəŋ. to jealously accuse someone of infidelity: péʔwəst.

fall to drop down, fall, settle, stumble: stə́ŋ. to drop, fall (of several items): sistə́ŋ. to fall and bounce (like a ball): ɬtə́ŋ. to fall completely into the water: sqsíkʷs. to fall down from a height, fall off: híyəŋ. to fall (fruit from tree being shaken): xʷísi. to fall in the water, be immersed (of several): qiqə́s. to fall making a thump or flopping noise on something dry: kʷaʔtənə́č. to fall (of a group of trees), roots give up, windfall: yiyəq̕ʷáʔič. to fall (of a tree), roots give up, windfall: yəq̕ʷáʔič. to fall over, fall off in pieces: čítəŋ. to fall over, fall off (of several): cəyítəŋ. to fall over (of something standing), fall forward, fall down (from standing), stumble and fall: čáq̕. to fall through, fall into: xʷtə́q. to have fallen into water: qásɬ. fall overboard, fall into water, dunk: qə́s. to be detached, come off, fall off, be cleared: ɬə́ŋ². to be dropping, falling: sə́ɬəŋ̕. to be fallen (of a group, such as trees): ʔəsčáyəq. to be falling: čáyəq. to be falling down from a height, falling off: héʔyəŋ. to be falling off, falling down from a height: hihíyəŋ. to be falling over: čéʔtəŋ. to be falling with a small bounce: ɬə́ɬəŋ. to be made to fall down, felled: čqátəŋ. to be pushing something off, making something fall off: čéʔit. to be staggering, stumbling, falling down, tottering, walking unsteadily: xʷə́cəŋ̕. to make someone or something fall down, tackle someone, fell a tree, knock something or someone down: čáq̕t, čáxt¹. to pass through, fall through a hole: cɬə́qʷ. to push something off, make something fall off, fall over onto (something): číɬt. to stagger, stumble, almost fall: xʷə́c̕. to stagger, stumble, totter, walk unsteadily, slip and fall: xʷc̕əŋ. to struggle to get up after falling down: mə́čt.

fall apart to break apart, fall apart, collapse, be demolished, disassembled: číxʷ. to crumple, fall apart, disintegrate: ɬə́yəq̕ʷi. to break apart, fall apart: číxʷi. being demolished, torn up, broken apart: čéʔxʷiʔ.

fall asleep to manage to go to sleep, drop off to sleep, fall asleep, finally fall asleep: ʔəttnúŋət. to be managing to go to sleep, dropping off to sleep, falling asleep: ʔaʔttnúʔŋət.

fall backwards to fall backwards, fall on one's back: x̌ɬíyəŋ. falling backwards: xaʔɬéʔyəŋ.

fall down to fall over (of something standing), fall forward, fall down (from standing), stumble and fall: čáq̕.

fallen to lie (position of person), be lying down, be fallen (of a tree): ʔəsccáwt.

fall forward to fall over (of something standing), fall forward, fall down (from standing), stumble and fall: čáq̕.

fall off to fall down from a height, fall off: híyəŋ.

falsehood to lie, tell a lie, falsehood, prevaricate, deceive: qáyəx. to be lying, telling a lie, pretending: qəyáxct. to tell a lie: qáyəxct.

family =iwɬ. adult younger sibling or child of parent's younger sibling: saʔə́yčən. a group of co-mourners of a deceased: k̕ʷɬxʷiyúʔəŋ. a group of grandparents: səsíyaʔ. an adopted child, foster

fan

child, stepchild: *nəčíwəs*. an adopted child, stepson, stepdaughter, stepchild: *sŋəná?əŋ*. ancestor, one who went ahead, came before us: *sčiʔúʔis*. any relative: *q̓ʷaʔúnəq*. any relative (cousin, aunt, uncle) about the same age as oneself: *ƛ̓iƛ̓q*. any younger generation in-law, son-in-law, daughter-in-law, spouse of one's child, niece, or nephew: *sčutáyəɬ*. aunt or uncle after one's parent has died: *sxʷsqəsaʔčəyəɬ*. aunt, uncle, either parent's sibling: *cácc*. baby, infant son or daughter: *ŋáʔnaʔ*. brother: *sčáʔč*. brother-in-law or sister-in-law when their spouse has died: *čáyʔə*. brother-in-law, sister-in-law: *sŋátxʷən*. brother or male cousin: *sʔúq̓ʷaʔ*. children of parent's older sibling: *sxʷtáwinəq*. children, sons, daughters: *ŋánəŋənaʔ*. co-mourner of a deceased in-law: *k̓ʷɬxʷúʔuŋ*. descendant: *stxʷnə́səŋ*. descendant, one left behind by the ancestors: *sɬkʷsə́wəs*. double step-sibling, the reciprocal relationship between children when the father has a child and the mother has a child each by former marriages: *čə́nkʷs*. elder, older relative: *sčəyús*. ex-in-law, reciprocal term used for relative by marriage when the connecting relative has died: *smáyəcən*. father: *cə́t*. friend, relative: *sčáʔčaʔ*. grandchild, grandson, granddaughter, also grand niece or nephew: *ʔíŋəc¹*. grandchild's spouse, grandchild-in-law: *sxʷʔíŋəc*. grandmother: *ssəʔyaʔ*. grandparent, especially grandfather: *síyaʔ*. great-grandchild: *čáʔmaʔqʷ*. great-grandparents, great-grandchildren: *čiyaʔméʔqʷ*. great-great-grandchild: *háʔkʷiyaʔqʷ*. great-great-great-grandparent, great-great-great-grandchild: *cə́ɬpiyaʔqʷ*. half-sibling, half-brother, half-sister: *snəčíwəɬ*. infant, baby, toddler, young child, young son or daughter: *ŋaʔŋáʔnaʔ*. in-law, any relative of one's spouse: *sxʷsčáʔčaʔ*. in-law of preceding generation, parent/uncle/aunt-in-law, mother-in-law, father-in-law: *siyáʔiɬ*. in-law of the same generation, one's spouse's sibling or cousin, brother-in-law, sister-in-law: *sxʷʔáyəs*. in-laws of previous generation: *sisiyáʔiɬ*. in-laws, relatives of one's spouse: *sxʷsčəyáʔčaʔ*. mommy, mom, a small mother: *tátən*. mother: *tán*. nephew: *stíwən*. nephew or niece whose parent is still living: *stíkʷən*. niece-in-law or nephew-in-law: *sxʷstíkʷən*. offspring, one's own child, son, daughter, baby, doll: *ŋə́naʔ*. older brother: *sxʷtə́wnq*. older sibling or child of parent's older sibling: *sxʷtúnəq*. older siblings: *sxʷtáwinəq*. older sister: *sxʷtáwnq*. oldest child in a family: *yúƛ̓*. one's niece or nephew after their parent has died: *sqəsaʔčə́yəɬ*. one's niece or nephew after their parent has died, orphan: *skʷənəŋə́čɬ*. one's spouse's siblings, brothers-in-law, sisters-in-law: *sxʷʔiʔáyəs*. relationship between a woman and her brother's or cousin's wife, sister-in-law of a woman: *sŋátxʷən*. relative through marriage of one's child, a parent or sibling of one's son-in-law or daughter-in-law: *sk̓ʷúwʔis*. several aunts-in-law: *sxʷʔiyiyáyəŋ*. several relatives through marriage of one's child, the parents and siblings of one's son-in-law or daughter-in-law: *sk̓ʷuwk̓ʷúwyəs*. sibling, brother, sister, cousin: *sʔúq̓ʷaʔ*. sibling or cousin of the opposite sex, brother or sister: *ʔáyəs*. sons-in-law, daughters-in-law, spouses of one's children, nieces, or nephews: *sčučutáyəɬ*. step-parent, step-mother, step-father: *sxʷsʔúkʷɬ*. the parent as head of the family, the person in authority in the family: *céʔct*. the spouse of one's brother-in-law or sister-in-law, one's spouse's sibling's spouse: *snəčíynəq*. the youngest person of a family, youngest child (including sisters, brothers, cousins): *ʔuʔúyč*. to be living, staying with, visiting one's in-laws, one's spouse's family: *k̓ʷiʔk̓ʷaʔɬú*. toddler: *ŋaʔŋéʔŋanaʔ*. uncle-in-law or aunt-in-law, parent's sibling's spouse: *sxʷʔiyáyəŋ*. wife (when possessive affix is attached): *sɬániʔ*. younger sibling, brother, sister, cousin: *saʔčúʔiɬ*. youngest child in the family: *ʔuʔúyč*.

fan to be fanning (to cool): *xʷaʔsə́yuʔ*.

far to be far, far away: *yíy̓*. to be far: *yaʔyíy̓*. to be going on a long journey, going far: *yaʔyéʔyəŋ*. to be putting, taking something far away: *yaʔyəŋístxʷ*. to be taken far away by someone or something: *yəyəŋístəŋ*. to go on a long journey, go far: *yaʔyíyəŋ*. to go far out from the shore: *ʔəckʷíyəŋ*.

far out to be far out to sea: *ʔáckʷɬ*.

far side the far side, other side of a point of land: *stxʷnaʔyéʔč*. to be on the far side, other side: *txʷnaʔáwəɬ*. to be on the far side, other side of a point of land: *txʷnaʔyéʔč*. to go to the far side, other side of a point of land: *txʷnaʔyéʔčəŋ*.

fast to be fast, quick, rapid: *xʷə́ŋ¹*. to go fast: *xʷə́ŋaʔɬ*, *xʷəŋíct*. to hurry, be quick: *xʷáʔŋəɬ*. to hurry up, go faster: *ŋəxáct*. be quick: *xʷáʔxʷaʔ*. a fast canoe or other vehicle: *xʷəŋúkʷɬ*. swift water, fast tide, undertow: *xʷəŋáyəqən*. to be a little fast, be in a hurry, be lively and quick in movement: *xʷaʔxʷəŋíkʷs*. to be a little fast or a small thing going fast: *xʷaʔxʷə́ŋ*. to be always going around fast, be speedy: *xʷəŋxʷəŋiʔ*. to be fasting, going without food, starving oneself: *cə́yct*. to be made to go fast: *xʷəŋístəŋ²*. to be starving, fasting, going without food: *čɬqánxʷ*. to have fast hands, work quickly with the hands: *xʷəŋács*. to make someone go fast: *xʷəŋístxʷᵈ*. to walk or run fast, have fast feet: *xʷəŋsə́n*.

fat fat, grease, lard: *snás*. fat, grease, oil, lard: *smə́c*. fat of meat: *ɬqáy̓*. fat on meat: *sɬqáy̓*. tallow: *ʔúnuʔ*. to be fat, stout, greasy: *mə́c*. to be fleshy, obese, sloppy fat: *ɬíʔɬaʔqʷ*. to be chubby, fat: *maʔmácɬ*. to be fat: *ʔəsmácɬ*. to be fat (of several), lots of fat: *mimə́c*. to get fat, stout, put on weight: *məccút*. to get heavy, gain weight, get fat: *sqíyəct*. to have a sick feeling from eating too much fat or from excessive drinking: *ʔəsqəyəmcút*. fat head, greasy head, old man: *sməcéʔqʷ*.

father *cə́t*, *mán*. a group of fathers: *cicə́t*. daddy, dad: *céʔt*. fat head, greasy head, old man: *sməcéʔqʷ*. grandparent, especially grandfather: *síyaʔ*. parent, step-parent, parent-in-law: *ʔiyáyəŋ*.

father-in-law

step-parent or parent-in-law: *ʔəsxʷʔiyáʔyəŋ*. step-parent, step-mother, step-father: *sxʷsʔúkʷɬ*.

father-in-law in-law of preceding generation, parent/uncle/aunt-in-law, mother-in-law, father-in-law: *siyáʔiɬ*.

Father's Day Father's Day: *cə́t skʷáči*.

fatigue to be fatigued, tired and sore (from exertion), tired of (something): *qə́kʷ*. fatigued, tired from doing something, tired of doing something, "sored up" tired: *qiqə́kʷ*. to be fatigued, tired, hurting, aching: *qákʷɬ*.

fatten to fatten someone or something: *məcə́t*. to fatten up (something): *məcə́ʔyəɬ*. to be fattened, get fat: *məcə́təŋ*. to be fattening an animal: *mə́ct*. to be fattening up (something): *maʔcə́ʔyəɬ*.

fault to be affected by, be at fault, be to blame, be under the impact of: *čɬ-*. to criticize, find fault with someone: *kʷáct*.

fawn fawn, baby deer, small deer: *húhaʔpt*. several fawns, baby deer, small deer: *haʔyaʔhúhaʔpt*.

fear to act cowardly: *sə́y̓siʔ*.

fearless to be mean, tough, feisty, ornery, fearless: *ʔəscáŋkʷən*.

feast potlatch, a huge feast open to everyone: *pə́ɬəč*. to cook, prepare a feast: *k̓ʷəncínəŋ*. to feast (on something): *k̓ʷəncínəŋ*. to have a potlatch, a big gathering for a feast and give-away: *x̌áʔnəq*. to invite (someone) to eat: *sx̌aʔášən*.

feather any long feather from a bird's wing or tail: *sx̌qáʔi*. waterfowl down, small feathers: *sx̌páyqən*. several long feathers: *sx̌aʔyəqáʔəy̓*. to be plucking a bird, removing feathers: *xaʔcíwst*. to pluck (a bird), remove feathers: *xcíkʷs, xcíkʷst*.

feather bed *qáy̓ŋən*.

February see under *čaʔyéʔix̌*.

feces a piece of feces, excrement: *spúʔ*. bird droppings, children's word for excrement: *sṗap̓a*. excrement: *nə́q̓ʷ*. feces, excrement: *sqáʔəŋ*. poop, excrement: *sṗə́c*. to have feces on the bottom of anything: *sqaʔŋə́y̓nəč*.

fed up to be fed up, disgusted, sick and tired (of something): *spíq̓ʷi*. to be tired (of something), fed up, weary: *ṗíq̓ʷi*. being weary, tired (of something), fed up: *ṗə́ʔq̓ʷiʔ*.

feed to feed someone or something: *ʔəɬənístxʷ*. to be fed: *ʔəɬənístəŋ*. to be making, feeding a fire: *haʔníw̓c*.

feel want to, feel like, desire: *-ayŋən*. to feel, touch something (with hands or on skin): *x̌ápt*. being felt, touched with the hand: *x̌aʔpátəŋ*. being pitied, felt sorry for: *x̌ɬáʔəŋ*. feeling mildly displeased (with something or someone), repelled, disgusted (with something or someone's behavior), offended (by someone's behavior): *čúʔsəŋ*. to ache, hurt, feel sore, sensitive, touchy, ill: *qáqɬ*. to be feeling along with one's feet: *x̌aʔpsə́nəŋ*. to be feeling angry, mad: *qiʔnúʔŋət*. to be feeling around searching for something: *x̌aʔpáʔyəs*. to be feeling concerned (about), care (about): *k̓ʷəmk̓ʷaʔmáyəmš*. to be feeling disgusted, dissatisfied, distressed, helpless about a situation: *kʷaʔcáct*. to be feeling envious, jealous, resentful: *nəxʷčiyaʔyéʔwən*. to be feeling sick: *ʔəsɬáčɬ*. to be feeling something (with the sense of touch): *x̌áʔpt*. to be feeling uneasy, not right, uncomfortable, helpless (about something): *ʔəsqiʔéʔmət*. to be felt, touched with the hand: *x̌pátəŋ*. to be getting buggy, feel like bugs are crawling on one: *xʷaʔxʷənaʔmítəŋ*. to be mildly displeased by dirt or anything disliked, repellent, no good, feel that something is not good enough for one, feel mildly offended at someone's behavior: *čúsəŋ*. to be pitied, felt sorry for: *x̌ɬáŋ*. to be pitying, feeling sorry for oneself: *yaʔščəntənʔáʔmət*. to be pleased, feel proud: *ʔəsx̌aʔméʔwən*. to be rested, feel refreshed: *xʷáŋ²*. to be sad, feel blue (of a group): *sŋiŋiyéʔwən*. to be weak, feel weak: *qiyám̓*. to feel afraid, scared: *saʔsáyəŋ*. to feel along with one's feet: *x̌apsə́nəŋ*. to feel angry, mad, hateful: *qinúŋət*. to feel ashamed, bashful: *xéʔčiʔ, xeʔxéʔčiʔ*. to feel ashamed, bashful, shy: *xíxaʔxaʔ*. to feel a tingling or numbness in the foot or leg: *tiɬʔáysən*. to feel a tingling or numbness in the hand or arm: *tiɬʔáycs*. to feel a tingling or numbness in the head: *tiɬiyéʔqʷ*. to feel a tingling or numbness in the mouth: *tiɬiyúcən*. to feel bad (for oneself or for someone else), get one's feelings hurt, feel disappointed in someone: *xɬánkʷs*. to feel bad, sad about something, feel sorry for someone: *xɬtáxʷ*. to feel chilly: *cíxʷəŋ*. to feel envious, covetous, jealous (as if someone got something good that you deserved): *nəxʷčaʔyíkʷən*. to feel full, satiated: *máqɬ*. to feel hunger pangs: *x̌ix̌q̓ʷíkʷən*. to feel hurt: *xɬtáxʷ*. to feel jealous: *pstə́nəq*. to feel nauseated, queasy, wanting to vomit: *čaʔtáyŋən*. to feel pity (for someone): *nəxʷyaʔščənʔéʔwən*. to feel sick, icky, yucky, ill, uncomfortable from eating too much fruit: *xʷəyúcəŋ, xʷúcəŋ*. to feel sick inside: *nəxʷsxaʔyíkʷən*. to feel sore, hurt, ache, sick, ill: *xáɬ*. to feel stronger (after an illness): *ʔiyáməct*. to feel weakened, give up: *qiʔqiʔím̓*. to feel worried, uneasy: *cáʔckʷ*. to find out, sense, feel or hear about something, be bothered by something: *taʔqənixʷ*. to get the chills, be feeling chilly: *céʔxəŋ*. to happen to feel something on one's skin: *x̌ápnəxʷ*. to pity, feel sorry for oneself: *yəščəntənáʔmət*. to sense, hear, feel: *taʔqənixʷəŋ*. to start to feel uneasy, worried (especially about somebody that is out away from home): *ccáʔyəkʷ*. to want others not to use, feel possessive about (something), not want to give (something) up, cherish, hold dear, feel emotionally attached to a person or object: *sk̓ʷiʔáʔəm̓*.

feeling mind, thought, idea, wisdom, memory, feeling: *xčŋín*. to have a sick feeling from eating too much fat or from excessive drinking: *ʔəsqəyəmcút*.

feelings to hurt someone's feelings: *x̣ɬtáʔəxʷ*. upper torso, solar plexus, seat of the feelings: *hán̓kʷs*.

feisty to be a tough, feisty, brave, unhesitating, aggressive, not afraid of doing anything: *nəxʷsčáŋkʷən*. to be mean, tough, feisty, ornery, fearless: *ʔəscáŋkʷən*.

fell to fell a tree, bring, cut a tree down: *x̣íƛ̓č, x̣íƛ̓čt*. to make someone or something fall down, tackle someone, fell a tree, knock something or someone down: *čáq̓t, čáxt¹*. to manage to fell a tree, cut a tree down or accidentally fell a tree: *x̣íƛ̓čnəxʷ*. to be felling (a tree): *čaʔq̓áʔyuʔ*. to be felling a tree, bringing a tree down: *x̣éʔƛ̓č*. to be knocked down, felled by someone: *čx̣átəŋ*. to be made to fall down, felled: *čq̓átəŋ*. to fell (a tree): *čəq̓áyu*.

female woman, female: *sɬániʔ*.

feminine to be, look, act like a woman, seem feminine: *sɬaniʔúməš*.

fence any fence or enclosing wall around property: *q̓əyáx̣ən*. stile, steps used for going over a fence: *sx̣ʷcaʔwéyŋ*. to be inside a room or fence, this side of a wall: *ɬaʔáyən̓*.

ferment to be fermenting (when it starts to bubble): *puʔq̓ʷəŋáy̓ŋən*.

fern summer fern, bracken: *cisíɬč*. summer fern root: *skʷéʔəxʷ*. sword fern: *scx̣áyəm̓*. an unidentified species of fern: *snəčíwəɬ ʔaʔ cisíɬč*. fern root, probably bracken fern: *sx̣ə́mx̣əm²*. several summer fern roots: *skʷiyéʔəxʷ*.

ferns several summer ferns: *cicíɬč*.

ferry ferry, ocean liner, large ship: *stíma*. a small ferry, any small motorboat: *staʔtíma*. vehicle, any conveyance, any means of transportation: *scaʔkʷaʔyúɬ*.

feud to be feuding, quarreling with each other, be enemies: *šaʔšəmánti*.

fever fever: *sq̓ʷiyáɬnəɬ*.

few small, little, few, short: *ƛ̓úƛ̓aʔ*. a few dollars, a little money: *k̓ʷənáʔitxʷ*. being a few people: *k̓ʷaʔk̓ʷənáʔiʔ*. to be a few nights or days: *k̓ʷaʔk̓ʷənɬnát*. to be a few, not many: *k̓ʷaʔk̓ʷín*. to be few people: *k̓ʷaʔk̓ʷənáy*.

fib to tell a small lie, fib to someone to entice, fool, deceive, kid someone, turn someone's thoughts another way to distract: *q̓ʷaʔq̓ʷáystxʷ*. to tell fibs, lies (regularly, habitually), trick, fool (someone) into belief (like a politician): *q̓ʷaʔq̓ʷiʔstán̓əq*.

fiction mythical story, fairy tale, legend, myth, fable, fiction: *sx̣ʷiʔám̓*.

field open area, field, meadow, plain: *spə́ɬx̣ən*. meadow, field of grass: *sx̣caʔəyánəkʷ*.

field mouse western jumping mouse: *xʷaʔxʷtəŋyáʔčaʔ*.

fierce to be terrible, fierce, awful: *x̣ísi*. to get fierce, out of control, mad, raising hell, throwing a tantrum, doing something distasteful in anger, be angry and inappropriately act on it, being ugly with anger: *x̣aʔséʔyəŋ*. to make oneself look bad, mean, terrible, fierce: *sx̣əsámənət*. any fierce animal such as a bear or cougar: *sƛ̓áyəqəm*. to be a mean, cruel, fierce person: *nəxʷsx̣aʔyík̓ʷən*. to be fierce, out of control, mad, raising hell, throwing a tantrum: *x̣aʔsíct*. to be fierce, terrible (of a group): *x̣aʔyéʔsi*. to be fierce, terrible, ugly, frightening: *x̣éʔsiʔ*. to be made ugly, terrible, fierce, messed up: *x̣ístəŋ*. to make several look a little fierce or ugly: *x̣aʔyəx̣íst*. to make something or someone look a little fierce or ugly: *x̣aʔx̣íst*. to make something or someone look fierce or ugly: *x̣íst*.

fifteen see under *ʔúpən, ɬq̓áčš*.

fifty *ɬq̓čšɬšáʔ*.

fight to physically fight, battle, esp. wrestle, grapple: *kʷínti*. to fistfight, box, punch each other: *cicsə́ti, csə́ti*. to be arguing with each other: *x̣iʔx̣aʔyústiʔ*. to be fighting: *kʷantiʔíct*. to be fighting about, fighting over something: *kʷaʔwəntiʔíct*. to be making war on someone, making trouble for someone (wanting to fight): *x̣aʔix̣ístxʷ*. to be mean by nature, always mean, a disagreeable person, always ready to fight: *sxʷčáŋkʷən*. to be physically fighting, boxing: *kʷéʔwənti̓ʔ*. to be quarreling, talking at each other, fighting verbally: *qʷiʔnítiʔ*. to fight over (something), taking (something) away from each other: *čaʔyíti*. to scatter something, spread something out, separate a group of people fighting: *q̓ʷəyəšt*. to separate people fighting: *nəxʷɬəməqáys*. to wrestle: *kʷinə́kʷi*.

fighter *kʷənkʷínti*. boxer, fighter: *sxʷcscsə́ti*. boxer, fist fighter: *nəxʷcaʔsústiʔ*.

figure to manage to figure something out, size it up, find out, get to know about something, realize something, measure something, discover something, learn something, know something by intuition or spirit revelation: *x̣čənáxʷ*. being figured out, sized up: *x̣ə́čtəŋ*. to be figured out, found out about: *x̣čnáŋ*. to be figured out, sized up: *x̣čátəŋ*.

figure out to study, examine, inspect something or someone, figure something out, get to know and understand, check someone or something out, size up someone or something, do research on something: *x̣čát*. figure out what to do: *x̣číkʷsəŋ*. to be figuring out what to do: *x̣číwsəŋ*. to be figuring something out: *x̣ə́čt*. to be figuring things out, studying something from every angle: *x̣ix̣ə́čt*. to finally figure out, find out: *x̣čənúŋət*.

file to file, grind, sharpen (something): *čq̓əŋ*. to file something, sharpen something: *čq̓ə́t*. steel file (tool), anything used for filing or grinding: *čq̓ən̓*. to be filing, grinding something to sharpen it: *čáq̓t*. to be filing, sharpening, grinding something: *čə́q̓əŋ*.

fill to be full: *yə́c*. to crowd, over fill something: *máyst*. to fill something: *yəcə́t*. to fill (something)

filleted

up: *yəc̓áyuʔ*. to fill up with liquid to a certain level, flood, inundate, become high tide: *táŋ*. to manage to fill something: *yəc̓náxʷ*. being filled: *yác̓təŋ*. to be filled by someone or something: *yəc̓átəŋ*. to be filling (a container): *yác̓əŋ*. to be filling something: *yác̓t*.

filleted filleted herring: *sk̓ʷə́yič̓*.

filly any small horse, pony, foal, colt, filly: *staʔtiʔqéw̓*.

fin dorsal fin of any fish, whale, etc.: *q̓áʔəw̓čən̓*. fish tail, caudal fin and peduncle: *sx̣ə́pšən*.

finally get to, finally, opportunity, able, success, achievement, get a chance: *-niŋt*. just now, finally, suddenly: *čaʔ-¹*. to first begin, finally (do something): *ʔuʔúʔ*.

find to find, discover something looked for: *čúnəxʷ*. to find (something): *céʔič, céʔičt*. to find (something) and pick it up, discover, claim (something) and take it, take (something found) into one's possession: *mə́k̓ʷəŋ*. to get somewhere and find someone or something already there: *ɬxʷnáxʷ*. to adopt a child, find and take in an abandoned baby: *mək̓ʷəŋúɬ*. to be claimed, found and picked up: *mək̓ʷátəŋ*. to be figured out, found out about: *xčnáŋ*. to be finding, discovering something looked for: *čúʔnəxʷ*. to be finding (something) and picking it up: *mə́k̓ʷəŋ*. to be found: *čúnəŋ*. to find a girlfriend or boyfriend: *nəxʷsƛə́k̓ʷ*. to get there after and be found: *ɬxʷnə́səŋ*. to manage to find (something looked for): *čunúŋət*.

find out to find out, sense, feel or hear about something, be bothered by something: *taʔqəníxʷ*. to learn about oneself, find out who one is: *xčənúŋət*. to manage to figure something out, size it up, find out, get to know about something, realize something, measure something, discover something, learn something, know something by intuition or spirit revelation: *xčənáxʷ*. to be finding out, discovering something: *tátqənəxʷ*. to finally figure out, find out: *xčənúŋət*. to find out, discover, hear about something: *táqənəxʷ*.

fine to be good, fine, well, nice, neat, tidy, okay: *ʔə́y̓*. to be rather okay, fine, alright: *sƛ̓aʔƛ̓úʔƛ̓əm*. to be well, well off, healthy, fit, alright, fine, okay: *ʔəsƛ̓úʔƛ̓əm*. to get along okay, be just fine: *ʔəsƛ̓aʔƛ̓úʔƛ̓əm*. to get along well, be good to each other, be happy together: *ʔiʔnə́k̓ʷi*. to be calm, fine weather, no wind: *yéʔyəqʷ*. to be fine, right, correct, okay, alright: *ƛ̓úy*.

finger *sčxúycs, c̓iyaʔməcísən*. digit, finger, toe: *=uy*. hand (including fingers), paw: *cáys*. several fingers: *sčičxács*. several hands, paws, fingers: *cicáys*. to burn one's fingers, hands: *čičqʷács*. to get cut on the hand or finger: *ɬcács*. to get poked, pricked, stabbed in the hand or finger, have a sliver in one's hand or finger: *tcács*.

fingernail fingernail: *čšúycs*. several fingernails: *sc̓aʔyəsúycs*.

fire

finger ring finger ring: *suʔəcísən*. several finger rings: *suʔsuwəcísən*.

finish to be done, over, finished, complete: *húy¹*. to give out, be all gone, be depleted, be done, no more, finished (of a consumable): *ʔəẃk̓ʷ*. the past, the finish: *kʷhúy*. to be finished: *húynəŋ*. to be finished eating: *ʔəshúccən*. to be finished, ready: *ʔəshúʔiʔ*. to be finishing eating: *húʔccən*. to be finishing, quitting: *húhiʔ*. to be finishing something: *húʔčt*. to be made to or told to quit, finish: *húytəŋ*. to be time to quit, stop, finish: *čən̓húy̓*. to end, finish, graduate: *x̣ə́p̓*. to finally manage to finish something: *húynəxʷ*. to finish eating: *húccən*. to finish eating (of a group or of multiple foods): *haʔyúccən*. to finish (something): *húyəŋ*. to finish something, quit on something: *húyt*. to finish (with something), be through (with something): *həčúct*. to manage to be finishing something: *húhinəxʷ*. to manage to finish: *huynúŋət*. to manage to finish something up, use it up: *ʔuʔk̓ʷnáxʷ*.

fins pectoral fins: *ɬaʔyaʔɬáʔwiʔ*.

fir fir tree: *č̓č̓áɬč, č̓iyaʔčíɬč, sŋáʔəwəɬč*. fir or cedar tree bark: *č̓áyiʔ*. fir trees: *sŋiyáwɬč*. white fir tree: *ŋəq̓ʷŋəq̓ʷíɬč*. white pine, white fir: *č̓šáy̓*.

fire *=iwc*. any fire, especially a controlled fire as a campfire or in a fireplace: *sčə́qʷəwc*. camp-fire, cooking fire: *shúnuc*. any small fire: *sčaʔčaʔq̓íwc*. burning building, house fire: *sčicqʷáw̓tx̣ʷ*. flame from a fire: *sxʷčq̓ə́yu*. ghost fire, greenish-blue flames in a fire: *snaʔnúk̓ʷɬ*. poker for a fire: *č̓iʔicísən*. to be barely burning, on fire: *čaʔčáqʷɬ*. to be building a fire: *čičə́qʷ*. to be building, making, lighting a fire, starting a fire: *čaʔqʷə́wc*. to be burning, on fire: *čáqʷɬ, húʔən̓*. to be burning, on fire (of a house or other building): *čqʷáw̓tx̣ʷəŋ*. to be burning something, putting something into a fire: *čə́qʷt*. to be extinguishing, putting out a fire: *č̓áʔst*. to be extinguishing, putting out a fire, turning off a light or electrical appliance: *ƛ̓ə́k̓ʷt*. to be extinguished, put out (of a light or fire) by someone or something: *čsátəŋ*. to be going out (of a fire), not burning: *č̓áʔsiʔ*. to be igniting, setting fire to something: *húʔənət*. to be making a fire, stoking a fire: *čə́qʷəyu*. to be making, feeding a fire: *haʔníw̓c*. to be managing to ignite, set fire to something: *húhənnəxʷ*. to be on fire: *čičə́qʷ*. to be on fire (of a house or other building): *čqʷáw̓tx̣ʷ*. to be out, extinguished (of a fire): *ƛ̓iƛ̓ə́k̓ʷ*. to be out (of a fire), extinguished: *ƛ̓ák̓ʷɬ*. to be warming oneself by a fire: *kʷəʔk̓ʷíw̓cct*. to build a fire: *čə́qʷuct*. to build a fire (for cooking): *húnuc*. to build a fire, light a fire, start a fire: *čə́qʷəwc*. to burn, catch fire: *hún*. to burn, light, set fire to something, build a fire: *čqʷə́t*. to extinguish, put out a fire: *č̓əsít, ƛ̓ə́k̓ʷət*. to extinguish, put out a light or fire: *č̓ást*. to fire a gun, shoot an arrow: *čúkʷt*. to fix a fire, add wood to the fire: *həẃəstʔuc*. to go out as a fire, be extinguished: *ƛ̓ə́k̓ʷ*. to manage to ignite, set fire to something: *húnnəxʷ*. to put something being cooked onto the fire: *həwístxʷ*. to

firearm

set fire to, ignite something, turn on a light: *húnt*. to shoot something or someone (with bow and arrow, gun, hypodermic needle), sting (as a bee) someone: *čkʷút*. to start a fire: *čqʷə́yu*. to take something away from the fire, remove food from the heat: *ɬáyəs*. an exploding spark from a fire, a backfire from an engine, a gun firing: *tənqʷə́yuʔ*.

firearm any gun, firearm: *púyək*.

fireplace fireplace, stove, hearth: *sxʷčqʷuʔcáyə*. any fireplace: *hunucáy*.

firewood wood, firewood, driftwood: *sčúɬ*. to gather firewood (in the bush, not on the beach): *tqáčɬ*. to get firewood, carry firewood: *ƛ̓kʷayíwc*. to pick up firewood along the beach: *mə́k̓ʷáʔwəc*. to be cutting, chopping or sawing firewood: *ɬaʔcaʔyíwct*. to be splitting, chopping firewood: *čaʔxáyuct*. to be splitting firewood: *čaʔxayíwc*. to bring in firewood: *čixʷaʔyíwc, čixʷayíwc*. to chop firewood: *qəm̓aʔyíwc*.

fireworks to shoot off fireworks: *tənə́qʷəŋ*.

firm to be firm and healthy looking: *ʔiʔúyəs*.

first to do something (for a while) first, before doing something else: *txʷ-*. to be first, ahead, before (in time or distance or in a game): *ɬčáʔi*. to be first, ahead, before (someone or something): *ʔiʔčáʔyə*. to be the first time: *čaʔníɬ*. I want, try to be it, important, first, a big shot push myself forward: *ʔəccúʔət*. to first begin, finally (do something): *ʔuʔúʔ*. to go first, ahead, before (someone or something): *ʔiʔɬčáʔi*. to try, want to be it, be important, be first, be a big shot, be in front, take credit, take the show away: *nəɬcút*. you are wanting, trying to be it, important, first, pushing yourself forward, "you're pushy": *naʔkʷcúʔət*. you want, try to be it, important, first, a big shot, push yourself forward: *nəkʷcút*.

first-person I, first-person subject: *cn*. first-person subordinate subject: *-ən*. me, you, first-person and second-person direct object: *-c, -cəŋ, -ŋə, -ŋəs, -ŋuŋə, -uŋə*. us, first-person plural direct object: *-ŋɬ, -ŋuŋɬ, -uŋɬ*. we, first-person plural subordinate subject: *-əɬ*. our, first-person plural possessive (genitive): *-ɬ²*. my, first-person singular possessive (genitive) prefix: *nə-*.

fish *píš, =ayəq*. any salmon, fish: *scánnəxʷ*. a group of vermilion rockfish: *cəyánəqʷaʔ*. anchovy fish: *ɬáʔyəs*. any flounder fish: *pə́wiʔ*. any shark: *k̓ʷaʔcə́ntč*. any smoked, dried meat, especially smoked, dried salmon: *ʔəsxáč*. any trout: *k̓ʷəmámah*. a small bullhead fish with a large head, short horns, and varicolored face: *scə́mək̓ʷ*. a small flatfish, possibly sole: *ciʔsúp*. a species of large bullhead fish: *skʷənáx̌*. a species of large bullhead fish with smooth skin and long horns: *sxʷáʔnəɬ*. a species of small bullhead fish: *sxʷáʔnəɬ*. cabezon fish: *xʷə́yəwəč*. candlefish, eulachon: *qʷəlístiyuʔ*. chum salmon, dog salmon: *q̓ʷaʔə́ləx*. dogfish: *sq̓ʷáʔəc*. dorsal fin of any fish, whale, etc.: *qáʔəwčən*. fish tail, caudal fin and peduncle:

fishing

sxə́pšən. food, especially fish as food: *sʔaʔyíɬən*. general word for several kinds of deep-water fish: *cáw*. gill on a fish: *xáʔyəŋ*. grunter fish, drummer fish: *xʷəxím*. grunt-fish, grunt sculpin: *xʷə́čt*. halibut: *scútx*. herring: *stúʔŋət*. herring eggs, herring roe: *cəm̓aʔš*. humpback salmon, humpy, pink salmon: *hánən*. jellyfish: *sxɬáxʷ*. lingcod: *ʔáčt*. lingcod eggs: *syənáyəs, xicáʔyəs*. little specimen of a small bullhead fish species: *scéʔəmkʷ*. octopus, devilfish: *stíxʷaʔc*. Pacific cod, bull cod, gray cod: *sxʷə́yaʔməs*. pectoral fins: *ɬaʔyaʔɬáʔwiʔ*. perch fish: *wačíʔ*. ratfish: *sk̓úmah*. ray, skate fish: *qáqúʔ*. red snapper fish: *tə́qʷtqʷ*. rock cod, kelp cod, greenling, black bass: *tqús*. rock cod, rockfish: *ʔiyaʔcícən*. salmon testis, milt sac, a long white organ in the bottom of male salmon: *qátŋən*. sea star, starfish: *qəyács*. several deep-water fish: *cáyəw*. several Pacific cod fish: *sqʷəmiqʷéʔməs*. several pieces of the thin part of a fish dried: *ɬaʔyəqʷə́čən*. several red snapper fish: *tə́yəqtqʷ*. several small bullhead fish: *sciʔyə́mək̓ʷ*. small dogfish: *sq̓ʷaʔq̓ʷáʔəc*. smelts: *qʷə́ɬs*. smoked salmon made from the best parts of the fish: *təlúm*. sockeye salmon: *scə́qiʔ*. spring salmon, Chinook salmon, king salmon, tyee salmon: *kʷítšən*. steelhead: *ɬə́čšən*. the thin part of a fish (salmon, halibut, lingcod) dried: *tqʷə́čən*. to be casting for fish (especially for trout): *təyɬiʔúʔis*. to catch four fish: ŋəsáyəq. to catch one fish: *nəcáʔyəq*. to catch ten fish: *ʔəpənáyəq*. to catch three fish: *ɬxʷáyəq*. to catch twenty fish: *nəcxʷkʷəsáyəq*. to catch two fish: *čšáʔyəq*. tommycod: *cənəkʷaʔ*. vermilion rockfish: *cənəqʷaʔ*.

fish duck dipper bird, water ouzel, fish duck: *maʔmixʷə́y*.

fish egg fish eggs, roe, especially salmon roe: *qə́yəx*.

fisherman *píšmən*.

fish hatchery *scannəxʷáwtxʷ*.

fish hawk fish hawk, osprey: *cíxʷcxʷ*.

fish head the edible part of top of salmon head at its nose: *sxə́mxəmˡ*. to be eating fish heads: *ʔəɬsqʷuʔúʔŋiʔ*.

fishhook fishhook for fishing with a line: *k̓ʷúyəkʷ*. a small fishhook: *k̓ʷaʔk̓ʷúyəkʷ*.

fishing to troll for fish (especially for salmon): *ƛ̓ácu*. to be casting for fish (especially for trout): *təyɬiʔúʔis*. to be fishing, camping and getting fish: *čaʔnánixʷ*. to be fishing, especially casting from shore: *péʔšman*. to be fishing from a fixed point on land with a rod and reel (white man's style of fishing): *féʔšən*. to be fishing or hunting at night (especially for flounder) with torch and spear in shallow water: *c̓ac̓kʷayáyx*. to be fishing with a gaff hook: *ɬaʔkáys, ɬaʔkə́yuʔ, ɬ̓kʷə́yu*. to be fishing with a net: *ʔaʔxʷə́yən*. to be fishing with a net, setting a net: *suʔúyq*. to be fishing with a small casting rod (still fishing on a boat or dock or from the shore, not trolling): *ɬaʔɬíʔəwʔis*. to be fishing

English-Klallam Index

fishnet	**flash**

with at gaff hook at night: *ƛ̕aʔpáʔyəs*. to be going on a fishing trip, camping to get fish: *čəncannəxʷíyɬ*. to be jigging for bottom fish such as lingcod, halibut, or red snapper using a hand held line: *yáʔwəs*. to be trolling for fish (for example salmon): *ƛ̕áʔcuʔ*. to cast (a line or net): *múčəŋ, múčt*. to cast (for trout or other smaller fish): *ɬtiʔúʔis, ɬtiʔúʔisəŋ*. to fish for herring using a rake: *ɬśəm*. to fish or hunt at night (especially for flounder) with torch and spear in shallow water, pitlamp: *c̕uk̕ʷáyaʔčx*. to go on a fishing trip, go camping looking for salmon: *čəncannəxʷ*. to go to a place to reef-net: *ʔəsxʷíxʷayuʔíyɬ*. to hook someone or something on the face, hook a fish: *ɬik̕ʷúst*. to jig deep for fish (such as cod, lingcod, halibut) using a hand line: *yáwəs*. a fish spear, gig for flounder, crab and other fish: *stéʔəxʷ*. a net for fish: *ʔəxʷáyən*. any fishnet, especially a gill net: *súyəq*. a type of large salt-water fish trap: *tqápən*. bait for any line or trap: *ŋáʔŋaʔ*. bait (for fish or anything): *ŋáyŋiʔ*. crab trap, crab pot: *sxʷʔaʔčxáy*. dip net, scoop net, crab scoop: *ʔəq̕ʷáyən*. fisherman: *pišmən*. fishhook for fishing with a line: *k̕ʷúyək̕ʷ*. fishing line: *sƛ̕cayúsən*. fishing rod for casting for small fish: *ɬtiʔəwʔisən*. fishing tackle box: *sxʷk̕ʷuyək̕ʷáy*. float on a fishing line or net, bobber: *pák̕ʷən*. good fishing tide: *stəməŋ*. halibut hook: *cəmúʔəs*. herring rake: *ɬśəm*. lure for cod: *púʔqʷɬč*. net or any fishing gear (line, jig, etc.): *swáytən*. reef net: *sxʷáyuʔ*. several fishnets, especially gill nets: *siyúyəq*. sinker, weight for a fishing line: *sƛ̕cúʔis*. small floats on a fishing net: *sp̕aʔyák̕ʷs*. string, fishing line: *xʷxʷéʔləm*. three-pronged fish spear used for skate and salmon: *ɬxʷáqsən*. to be camping while fishing or hunting: *caʔɬaʔŋéʔiɬ*. to be making a fishnet: *ɬaʔk̕ʷáyəs*. to be trapping fish: *tqáʔpən*. to make a fishing net: *ɬk̕ʷáyəs*. to set bait, bait a line or trap: *ŋaʔŋáʔt*. to set fishing gear, especially nets: *ʔəxʷáyu*. to set nets, traps for fish: *k̕ʷáɬi*. to spear (fish): *tčáyu*. to trap, net fish: *k̕ʷáɬ*. to want to go fishing: *ƛ̕acuʔáyŋən*. traditional wooden halibut hook: *cəmúʔnə*. two-pronged fish spear used for flounder and crab: *cšáqsən*.

fishnet any fishnet, especially a gill net: *súyəq*. several fishnets, especially gill nets: *siyúyəq*. to be making a fishnet: *ɬaʔk̕ʷáyəs*.

fish trap a type of large salt-water fish trap: *tqápən*.

fistfight to fistfight, box, punch each other: *c̕ic̕sáti, c̕sáti*.

fit to fit in tightly, snug, wedged in: *čák̕ʷ*. to be tight (as clothes), fit tight, wedged in: *ʔəscák̕ʷɬ*. to be well, well off, healthy, fit, alright, fine, okay: *ʔəsƛ̕úʔƛ̕əm̕*. to fit (as clothing), be proper, be suitable: *ʔəsƛ̕úʔƛ̕əm̕*. to fit (of a shoe): *ƛ̕úm̕sən*. to get someone or something fit, wedged in tightly: *čák̕ʷt*.

fitting to be right, correct, legal, enough, satisfactory, fitting, sufficient, proper, in working order, okay, better (over an illness): *ƛ̕úm̕*.

five *ɬq̕ácš*. a nickel, five cents: *ɬc̕əxmít, spaypsénts*. five animals or people: *ɬq̕čšík̕ʷs*. five canoes: *ɬq̕čšák̕ʷɬ, ɬq̕čšík̕ʷs*. five containers: *ɬq̕čšáy*. five dollars: *ɬq̕čšáʔitxʷ*. five houses, buildings: *ɬq̕ácšuʔtxʷ*. five nights: *ɬq̕čšnát*. five people: *ɬq̕čšáy*. five times: *ɬq̕čšáɬ*. five years: *ɬq̕čšáʔwinəxʷ*. to be five at a time: *ɬq̕ɬq̕čšáy*. to have five children: *ɬq̕čšayəháčɬ*. to let it be five, give five to each: *ɬq̕ácštxʷ, ɬq̕ácštxʷ*.

fix to fix, repair, prepare, set, work on something: *ʔəxtéʔt*. to get something ready, fixed, get ready to do something: *yáʔt¹*. to fix, repair something: *yáʔctxʷ*. to fix, repair (something) for someone: *ʔəxtaʔsít*. to make, fix a bed for someone, get a bed ready for someone: *yaʔáʔɬt*. to make, fix a bed, get a place to sleep ready: *yaʔáʔɬəŋ*. to make, fix (something) for someone: *čaysít*. to build, make, fix something, work on something: *ččát*. being built, made fixed, repaired, worked on: *čáʔčaʔtəŋ*. being fixed, repaired, worked on by someone: *ʔaʔxtéʔtəŋ*. being worked on, made, fixed, built for someone by someone: *čaʔčsítəŋ*. to be fixed, repaired, worked on by someone: *ʔəxtéʔtəŋ*. to be getting something ready, fixing something, doing something: *yáyaʔt*. to be made for, fixed for, worked on for by someone: *čaysítəŋ*. to be making something, doing something, working on something: *čáʔčt*. to be prepared, readied, fixed for someone by someone: *yaʔsítəŋ*. to be readied, fixed, built, prepared by someone: *yáʔtəŋ*. to be ready, fixed, prepared: *ʔəsyáyaʔ*. to be worked on, fixed, made, created by someone: *ččátəŋ*. to be working on, making, fixing, building (something) for someone: *čaʔčsít*. to fix a fire, add wood to the fire: *háw̕astʔuc*. to manage to get something ready, fixed up: *yéʔnəxʷ*. to prepare, get ready, fix (something) for someone: *yaʔsít*. to work on, fix, do (something) to be owned by someone: *sk̕ʷáʔtxʷɬ*.

flabby to be wrinkled, flap, flip (as something hanging loose), loose, floppy, flabby, not stiff: *ɬə́yp̕*. to be wrinkled, flabby, hanging loose and floppy (as loose, wrinkled skin or clothes): *ʔəsɬə́yp̕*. to have a flabby rear end wearing baggy pants: *sɬipə́wəč*. to have a wrinkled, flabby mouth: *ɬipúcən*. wrinkled mouth, flabby mouth: *sɬipúcən*.

flame flame from a fire: *sxʷčqʷáyu*. ghost fire, greenish-blue flames in a fire: *snaʔnúkʷɬ*.

flank to flank, get on each side, go around the outskirts: *ʔəčaʔwíyŋ*. to flank, get on each side of someone or something: *ʔəčaʔwíyt*. being at the outside edge away from the wall, be flanking: *ʔəčaʔáwəɬ*. to be got on both sides, be flanked by someone: *ʔəčaʔəwíyətəŋ*.

flap to flap, flutter the arms around: *ɬaʔɬiʔp̕iʔáxən*. to be flapping (for example wings): *ɬípct*. to be wrinkled, flap, flip (as something hanging loose), loose, floppy, flabby, not stiff: *ɬə́yp̕*.

flash to light up, illuminate something, shine, flash a light on something: *táʔkʷt*. to be bright light

flashlight

shining, flashing, throwing its rays: *ttáʔwiʔ*. to be shining, flashing a light on something: *ttaʔkʷát*.

flashlight light, candlelight, lamp, flashlight, spotlight, pitch torch, light bulb, lantern: *ŋáʔəq*. several lights, lamps, flashlights, torches, lanterns: *ŋiyáʔəq*.

flat to be flat: *ʔəstáʔyəɬ*. to lie down flat (like fish on a platter): *ɬáx*. to be deflated, flat after swelling has gone down: *čšápi*. to be flat ground: *ʔəstáyənəkʷ*. to be lying down flat, spread out: *ʔspáʔcaʔɬ*. to be spread out flat: *ʔəspáʔpc*. to lay something on, put something flat atop (a surface): *ɬáxt*. to make something flat: *ʔəstáʔyəɬtxʷ*. flat nose: *ʔəstáyəqsən*.

flat-tasting to be flavorless, flat-tasting, tasteless: *ɬákʷəŋ*.

flatten to flatten something, roll out dough: *táyət*. to be squeezed, flattened: *číp*. to burst open, pop, flatten, smash, squash (as stepping on an apple): *ŋə́q'ʷ*. to be flattened, rolled out (of dough) by someone: *táyətəŋ*. to be flattening something, rolling out dough: *táyt*. to squeeze (as fruit for juice), flatten something: *čípt*. to squeeze, flatten (several): *čaʔyípt*.

flavorless to be flavorless, flat-tasting, tasteless: *ɬákʷəŋ*.

flaw physical or moral weakness, flaw: *ʔəsqiʔámʼ*.

flea *k'ʷə́čaʔc*. sand flea, beach hopper: *qéʔqəwəc*. personal name of a bad flea character in a story: *mə́kʷənʔaʔ*.

flee to escape, seek refuge, flee, get away from an immediate situation: *ɬáwʼ*.

flesh meat, flesh: *šícs*. flesh, meat: *sɬiqʷ*. the flesh of the head: *sɬiqʷéʔqʷ*.

fleshy to be fleshy, obese, sloppy fat: *ɬíʔɬaʔqʷ*.

flexible to be supple, flexible: *mə́ɬməɬ*.

flick to flick, flip, fling (someone or something): *ɬtəŋ*. to flip, flick (as the motion in casting a fishing rod): *ɬə́pəyu*. to be flicked, flipped, flung, slung off by someone or something: *ɬtə́təŋ*. to be flipped, flicked, splashed out or off: *ɬə́ɬ*. to be flipping, flicking, flinging: *ɬə́təŋ*. to flick, flip, fling, sling something (as a bug off the paper): *ɬtə́t*.

flicker to shine (as glass, jewels, etc.), sparkle, crackle, flicker, be shiny: *x̌aʔk'ʷíqəŋ*.

flight a flight of steps: *sxʷiʔcícaʔyəŋʼ*.

fling to flip, fling something away: *ɬpə́t*. to flick, flip, fling, sling something (as a bug off the paper): *ɬtə́t*. to be flipping, flicking, flinging: *ɬə́təŋ*. to flick, flip, fling (someone or something): *ɬtəŋ*. to fling, scatter something: *ɬiɬiɬiɬə́t*. to throw and hit someone or something: *čsút*.

flip to slip off, almost reach, but not quite, flip off (of something): *ɬə́p*. to flick, flip, fling, sling something (as a bug off the paper): *ɬtə́t*. to flick, flip, fling (someone or something): *ɬtəŋ*. to flip,

floppy

flick (as the motion in casting a fishing rod): *ɬə́pəyu*. to flip, fling something away: *ɬpə́t*. to flip something: *ɬípt*. to make a flipping motion (as a fish), flop around: *ɬpíct*. to be flipped, flicked, splashed out or off: *ɬə́ɬ*. to be flicked, flipped, flung, slung off by someone or something: *ɬtə́təŋ*. to be flipping, flicking, flinging: *ɬə́təŋ*. to be flipping the tail (as a flounder does): *ɬipəwáčəŋʼ*. to be wrinkled, flap, flip (as something hanging loose), loose, floppy, flabby, not stiff: *ɬə́ypʼ*.

flirt to be flirting with someone: *ciʔk'ʷáʔnət*. to be getting to, managing to flirt: *ciʔk'ʷaʔnúŋət*. someone who blinks, snaps the eyes (in flirting or in anger): *staʔpxáys*. to be flirting: *ciʔk'ʷáʔnəŋ*. to be flirting by making a kissing sound with the lips: *caʔcəməsáys*.

float to float: *pákʷ*. to float up: *pákʷəŋ*. to make something float: *pákʷt*. a float such as a log or inner tube used for floating: *pákʷəŋtən*. being made to float: *paʔkʷátəŋ*. floating: *ppákʷəŋ*. float on a fishing line or net, bobber: *pákʷən*. small floats on a fishing net: *spəyákʷs*. to be adrift, floating in the water: *ʔsqʷásɬ*. to be drifting: *xʷə́yqʼʷ*. to be floating: *paʔpáʔkʷəŋ*. to be floating, lying at surface of water: *páʔkʷəŋ*. to be making something float: *páʔkʷt*. to drift with wind or current: *xʷə́yəqʼʷ*. to float something in the water, set something adrift: *qʷɬə́t*.

flood to fill up with liquid to a certain level, flood, inundate, become high tide: *ɬə́ŋ*. a flood: *ʔəstáʔŋəɬ*. to be flooded: *ɬəŋʼtáŋətəŋ*. to be flooding, be flooded, flood tide: *ɬə́yəŋʼtəŋʼ*. to recede, get low of water (in a river, pond, well, cooking pot, etc.), ebb, go down (of tide or flood): *ɬáqʷi*.

flood tide to be flooding, be flooded, flood tide: *ɬə́yəŋʼtəŋʼ*.

floor *sxʷɬxáčən*. ground, floor, land: *=ənukʷ* b floor boards of a house of boat: *ɬxənúkʷən*. room, any floor sweeper: *ʔaxʷənúkʷən*. to be cleaning, washing the floor: *caʔkʷənúkʷəŋ*. to be licking the floor: *ɬaʔqʷənúkʷəŋ*. to clean, wash the floor: *caʔkʷənúkʷəŋ*. to sweep, gather, scrape up off the floor: *ʔxənúkʷəŋ*. to sweep the floor, gather (anything) up into a pile on the floor: *ʔaxʷənúkʷəŋ*. to sweep the floor, scrape the ground: *ʔəxənúkʷəŋ*. to wipe, mop, clean the floor: *ʔačənúkʷəŋ*.

flop to flip something: *ɬípt*. to make a flipping motion (as a fish), flop around: *ɬpíct*. to be flopping around: *ɬpʼct*. to be wrinkled, flabby, hanging loose and floppy (as loose, wrinkled skin or clothes): *ʔəstə́ypʼ*. to fall making a thump or flopping noise on something dry: *kʷaʔtənə́č*.

floppy to be wrinkled, flap, flip (as something hanging loose), loose, floppy, flabby, not stiff: *ɬə́ypʼ*. to be wrinkled, loose, limp, floppy: *ɬə́ypi*. to be wrinkled, loose, limp, floppy (of several or a mass): *ɬiɬə́ypi*. to have a slack, sloppy, floppy belly: *sɬipíqən*. to have a wobbly, floppy nose: *sɬipə́qsən*.

English-Klallam Index

flounce to be bouncing, flouncing: ɬaʔɬə́təŋ.

flounder any flounder fish: p̓ə́wiʔ. a bunch of flounders: p̓p̓íwiʔ. a group of small flounders: paʔyaʔpéʔwiʔ. small flounder: paʔp̓áʔwiʔ.

flour ʔəspə́yq̓ʷ sap̓lín, sap̓lín. anything powdered such as flour: ʔəspə́yq̓ʷ. powder, flour, dust: spə́yəq̓ʷ. to powder something, dredge something with powder or flour: pə́yəq̓ʷt.

flow to flow (of water or other liquid): hík̓ʷəŋ. to flow, run, drip (of liquid): šk̓ʷíšəŋ. to flow (of the tide), water comes up, tide almost in: ɬəŋúcən. to flow (of water): kʷánəŋət. to be flowing, draining (of a liquid): héʔk̓ʷ. to be flowing, running, streaming, gushing, rushing (of water or other liquid): héʔk̓ʷəŋ. to be going, drifting downstream or with the current: xʷiʔq̓ʷéʔyəŋ. to be running, flowing, gushing: šaʔk̓ʷíšəŋ. to go against, buck the current, against the tide, into the wind, opposite the flow, be a head tide: pšús. to go with the current, go downstream, go with the tide, be a fair tide: xʷiq̓ʷíyəŋ. to go with the wind or tide: xʷiʔtiʔə́č. to move, flow, drain (of a liquid): hík̓ʷ. to overflow, run over: px̓íyəčəŋ. to overflow, spill over: paʔyíx̌ʷəŋ. to overflow, spill over, run over: píx̌ʷəŋ. to rechannel, redirect, divert, change the flow, dam up something: qiyáxt. to be a container overflowing, running over: paʔx̌ʷiʔéʔčəŋ. to be overflowing: ʔəsɬáʔŋəɬ. to be overflowing (of any container's contents): paʔyəx̌ʷiʔéʔčəŋ. to be overflowing, running over, boiling over: péʔx̌ʷəŋ.

flower flower, blossom: sk̓ʷáqəŋ, spáqəŋ. to bloom, blossom, flower: k̓ʷáqəŋ, páqəŋ. to open up, bloom (of a flower): šáq̓əŋ. a bunch of flowers, garden: sk̓ʷaʔyáqəŋ. flower bed, flower bushes: sk̓ʷayəqəŋíɬč. rainflower, swearing flower: sxʷaʔxʷəníti sk̓ʷáqəŋ. to be blooming, blossoming, flowering: k̓ʷáʔqəŋ.

flow tide to be coming in, flowing (of the tide): ɬáʔŋəɬ.

flush to agitate, flush, make water move, shake, splash, stir up something in water (especially to get it clean): xʷšə́t. being agitated, flushed, stirred, moved around in water to get clean: xʷə́štəŋ. to be agitating, flushing, making water move: xʷə́št.

flushed to have a flushed, red face: ncqʷə́ys.

flutter to flap, flutter the arms around: ɬaʔɬiʔpíʔáxən.

fly to fly: kʷə́yəŋ. to be flown, taken or carried by air by someone or something: kʷiŋístəŋ. to be flying: kʷə́yəŋ. to fly a little: kʷaʔkʷə́yəŋ. to fly something, take or carry something or someone by air: kʷiŋístxʷ.

fly (insect) qaʔqə́yəxənaʔ. several flies: qəyaʔqə́yəxənaʔ.

flying lizard two-headed snake, flying lizard spirit monster, dragon, lightning spirit, lightning: čínək̓ʷaʔ.

flying snake a type of red paint power associated with some kind of bird-like man or flying snake: xʷáltəp.

foal any small horse, pony, foal, colt, filly: staʔtiʔqéw̓. a group of small horses, ponies, foals, colts, fillies: staʔyaʔtiqéw̓.

foam to foam, be foamy, frothy, bubbly: púq̓ʷ. to be foaming up: púʔq̓ʷəŋ. to foam, bubble up: púq̓ʷəŋ. to foam out (as jelly out of the top of a jar): ɬə́yəq̓ʷi. to foam, suds up: spúq̓ʷəŋ. to foam up: ɬə́yəq̓ʷ.

foamberry soapberry, foamberry: sx̌ʷásəm. several soapberries: sx̌ʷaʔyásəm.

fog mist, light fog: spáʔx̌ʷəŋ. thick fog (so thick one cannot see through it): hə́m̓. to be foggy: pápaʔx̌ʷəŋ, spáʔx̌ʷəŋ. lots of light fog: spáyaʔx̌ʷəŋ. to be gray colored, the color of the fog: px̌ʷayáyəs. to be gray, fog colored: páʔx̌ʷiʔ. to be very foggy: ʔəsháʔməɬ. fogginess, fog: spápaʔx̌ʷəŋ. to be dark, foggy: ʔəsxʷhəm̓həmáyəs.

fold to bend, fold: nə́ŋ. to bend, fold something over (not oneself): nəŋə́t. to fold together, fold in (as top of sack): məsə́t. folding pocket knife: naʔə́ŋnəŋ. to be bent, folded over: ʔəsnáŋəɬ. to be folded: ʔəsmásɬ. to be folded together: məsə́təŋ. to bend, fold something over: nəxʷčəŋúst. to collapse, have one's legs fold: nəŋík̓ʷs. to fold something up, close a book: nəxʷməsúst. to have one's knees buckle, completely collapse, have one's body fold up: ninəŋík̓ʷs. to open, unfold something, remove a lid from: nəxʷkʷqə́t. to straighten something, correct the course, steer, put someone on the right path, unfold something: ɬx̌ʷə́t.

follow to follow behind, chase (someone), catch up with (someone): čiʔsáyqəŋ. to follow the edge of the water (in a canoe or on foot), going along close to the shore on the beach or in the water: q̓túcən. to run after, chase, follow someone or something: ččás. to stalk, follow, sneak up on someone or something: šást. to take, follow a path (into the woods), go a particular way, this way or that way along (a trail): nəxʷsúyəŋ. being chased, followed, pursued, stalked: čiʔásəŋ. to be chased, followed by someone or something: ččásəŋ. to be chasing, pursuing, following someone: čiʔás. to be followed, chased, pursued: čiʔástəŋ. to be following: čisáy̓s. to be following a trail, path, road: nəxʷsuʔúŋiŋ. to be stalked, followed, sneaked up on by someone or something: šástəŋ. to follow along behind: ččáyəqəŋ.

food =ci¹. means of subsistence, food: =kʷaʔn. food, meal: sʔíɬən. food, especially fish as food: saʔyíɬən. food from a feast given to take home, any food gift: məqáʔs. provisions for trip, box lunch, food carried along: sáʔwən. dried berries of any kind: šám. food container: sxʷʔiɬənáy. juice: sxʷq̓ʷáʔətən. rice: láyəs. someone who is looking for food or other means all the time: nəxʷsƛ̓əyəkʷáʔnəŋ. sugar: šúkʷaʔ. tea: tíy. tidal food, any food found at low tide including clams,

food supplies

oysters, mussels, sea urchins, etc.: *sciʔkʷíyŋət*. to be fasting, going without food, starving oneself: *cáyct*. to be gathered (of tidal food): *ciʔkʷíyŋtəŋ*. to be gathering tidal food: *ciʔkʷéʔiŋət*. to be looking for food: *kʷənɬnáyəŋ*. to be preserving, putting up food by canning or hanging to dry: *qéʔyuʔ*. to be serving food: *łáʔɬxt*. to be starving, fasting, going without food: *čɬqánxʷ*. to get food: *ʔəsʔíɬən*. to go gather tidal food (such as mussels and chitons): *ciʔkʷíyŋət*. to have something (especially food) left over: *čštáŋ*. to invite (someone) to eat: *sx̣aʔášən*. to leave food on one's plate: *sxʷkʷáʔŋənúcən*. to look, be like food: *sʔiɬənúməš*. to serve food: *łáxt*. to share food, share up what one has: *q'ʷaʔcínəŋ*. to take leftover food home to eat later: *čštaŋúcən*. to take something away from the fire, remove food from the heat: *łáyəs*. restaurant, diner, dining hall, dining room, cafeteria: *sʔəɬənáwtxʷ*. any container used to carry food home from a feast, a doggy bag: *sxʷməq̓áʔsay*.

food supplies any food put away, packaged for later use, winter food supplies, larder: *sqíyuʔ*.

fool damn!, fool!, liar!: *čxʷəɬnəł*. to act goofy, funny, silly, be talkative, talk nonsense: *łáčxʷmən*. to be fooled, deceived, kidded by someone: *q'ʷaʔq'ʷáystəŋ*. to tell a small lie, fib to someone to entice, fool, deceive, kid someone, turn someone's thoughts another way to distract: *q'ʷaʔq'ʷáystxʷ*. to tell fibs, lies (regularly, habitually), trick, fool (someone) into belief (like a politician): *q'ʷaʔq'ʷiʔstánəq*.

fooling around to be fooling around, messing around, goofing off, acting silly, talking loudly and foolishly, talking nonsense and laughing: *łiʔxʷáys*.

foolish someone who is foolish, crazy: *sqatiháynč*. to act crazy, silly, foolish, clownish: *sqáti*. to be crazy, foolish, mentally unbalanced, brainless, goofy, no sense, stupid: *ʔəsčáyəxʷ*. to be crazy, insane, promiscuous, foolish, stupid: *sxʷák̓ʷiʔ*. to be fooling around, messing around, goofing off, acting silly, talking loudly and foolishly, talking nonsense and laughing: *łiʔxʷáys*.

foot =*sən*. foot, lower leg: *sxánaʔ*. foot unit of measure, twelve inches: *sxánaʔ*. a bunch of legs, feet: *sxxínaʔ*. arch of the foot: *sx̣táʔsən*. a tattoo on the foot or leg: *sxiʔsán*. big, large foot: *čqsán*. feet: *sxxínəsən*. foot: *sxánəsən*. heel, back of the foot: *sxʷcútəwəč*. the instep or arch part of the foot: *x̣táʔsən*. the right foot: *x̓úmʔsən*. to be barefoot: *ʔəsɬəŋɬəŋsán*. to be cut on one's foot or leg (accidentally) by someone or something: *łcsənəŋ*. to be cutting someone's foot: *łcsánt*. to be having big feet: *čiqsán*. to be hit on the foot accidentally: *c̓ssənáŋ*. to be hit on the foot intentionally: *c̓ssántəŋ*. to be licking ones foot or paw: *łaq̓ʷsánəŋ*. to be made to sleep at the edge or foot of the bed: *kʷɬáčəŋ*. to be moving one's feet: *kʷiɬxsánəŋ*. to be strong footed: *ʔiyəmsán*. to break the lower leg or foot: *tkʷsán*. to bump one's foot: *x̌əmsán*. to burn one's foot: *kʷáyássən*. to crush the foot: *ŋəq̓ʷsán*. to cut one's foot: *q̓əmsán*. to cut someone's foot accidentally: *łcsánnəxʷ*. to cut someone's foot (on purpose): *łcsánt*. to feel along with one's feet: *x̣̓əpsánəŋ*. to get cut on the foot: *łcsán*, *łícsən*. to get poked, pricked, stabbed in the foot or leg, have a sliver in one's foot: *tčsán*. to go in with one foot or one tire: *nəwəsán*. to have white on one's feet: *páqsən*. to lick one's paw or foot: *łq̓ʷsánəŋ*. to lift one's foot: *saʔsánəŋ*. to scald, scorch one's foot: *kʷássən*. to skin, scrape one's foot: *łq̓ʷsánəŋ*. to sleep at the foot or edge of the bed: *kʷɬáčəŋ*. to stop moving one's feet: *x̓áyucsən*. to take a step, move one's foot: *čənəsánəŋ*. to take a walk, stroll, go on a trip on foot: *štəŋúsəŋ*. to wash, clean the feet: *c̓aʔkʷsánəŋ*.

footprint any tracks, footprints: *sxʷxánaʔŋən*. foot path, footprints, tracks: *štáŋəŋən*. footprints: *xánaʔŋən*. footprints, animal tracks: *xánaʔsən*.

foot race a runner, foot race: *nəxʷskʷənkʷánəŋət*.

footstep the sound of footsteps: *tánčŋən*. the sound of many footsteps, sound of a stampede: *titánčŋən*.

footwear to put on shoes or any footwear: *x̓qsánəŋ*. to be putting on shoes or any footwear: *x̓aʔqsánəŋ*.

for for, to: -*sít*. reason for, reason why, thing for: *sxʷ-*. to come after, come for, come at someone: *ʔənʔánəs*.

force to apply a hard force to something, push, pull, lift something hard and fast: *tíymət*. being affected by a hard force, pushed, pulled, lifted hard and fast: *tíymətəŋ*.

forefront to appear, show up, come to the forefront (of something expected): *híw*.

forehead *scúys*, *sq̓ʷáŋəs*. forehead, round, ball-shaped object: =*uyəs*¹. being spit on in the forehead by someone: *čxʷúystəŋ*. several foreheads: *scəyəɬúys*. to be cut on the forehead: *łcúyəs*. to be cutting the forehead: *łaʔcúyst*. to be spit on in the forehead by someone: *čxʷúystəŋ*. to cut the forehead: *łcúyəsəŋ*. to cut the forehead or any round object: *łcúyəst*. to get bumped on the forehead: *x̌əmúyəs*. to have a lump on one's forehead: *ʔəsməkʷúys*. to have a small lump on one's forehead: *ʔəsmaʔməkʷúys*. to have several lumps on one's forehead: *smiʔməkʷúys*. to split, tear someone's forehead: *čxúyəst*.

foreign to be foreign: *naʔcáʔuʔŋəxʷ*. strange, foreign land: *naʔcáʔuʔŋəxʷ*. to be speaking a foreign language: *naʔcaʔíxʷəŋ*.

foreigner a foreigner, stranger: *naʔcáʔuʔŋəxʷ*. foreigner, stranger: *naʔcáʔuɬ*. a group of foreigners, strangers, people of a different nationality: *nəyaʔcáʔuŋəxʷ*.

foreman boss, foreman: *siʔám*.

forest woods, forest: *čáyəqʷ*. the backwoods, forest: *ʔəsčáyəqʷ*. to be in the woods, forest, up away from the water: *čáyəqʷ*. trees, forest, woods: *sqiqəyáyŋəxʷ*.

forget to forget: *məʔáy̓q, máy̓əq, smáy̓əq*. to forget, be forgetful: *miʔmáy̓əqi*. to be forgetting: *miʔmáy̓əq, smaʔy̓áy̓əq*. to manage to forget: *smáy̓əqnúŋət*.

forgetful to be forgetful: *máy̓miʔ*. to be forgetful, always forgetting things: *nəxʷsmiʔmáy̓əq*.

fork small spear, fork, pitchfork: *tčə́n*. table fork: *púk*. to impale something with a fork: *xʷúk̓ʷt*. to pick up something with a fork, spike, or spear: *tčə́t*. clam fork, anything used for digging clams: *sxʷq̓aʔxə́yu*. several small spears, forks: *taʔyəčə́n*. fork of a river: *nəxʷčə́saʔqən*.

form to be forming, coming into shape: *haʔčúct*. to form, appear on the plant (of berries or other fruit): *məkʷúyəsəŋ*.

former former, over, beyond: *čiʔáw*.

Fort Flagler Fort Flagler, northeast corner of Marrowstone Island: *ɬəyímən*.

fortune teller a seer, fortune teller, prophet, one who trained in the ability to predict the future: *ʔəsyáw̓ə*.

Fort Worden Point Wilson, Fort Worden area: *čixʷə́qsən, qám̓qəm̓*.

forty *ŋəsɬšáʔ, ŋúsəwəč*.

forward to advance, go forward, go ahead, move past, go in front, do it: *čiyáct*. to bring something forward: *ʔačístxʷ*. to fall over (of something standing), fall forward, fall down (from standing), stumble and fall: *čáq̓*. to put something or someone forward, to the front: *haʔwístxʷ*. I want, try to be it, important, first, a big shot push myself forward: *ʔəccúʔət*. you are wanting, trying to be it, important, first, pushing yourself forward, "you're pushy": *naʔkʷcúʔət*. you want, try to be it, important, first, a big shot, push yourself forward: *nəkʷcút*.

foster child an adopted child, foster child, stepchild: *nəčíwəs*.

foulmouthed a curser, someone who swears a lot, uses rude language: *sxʷínxʷən*.

Foulweather Bluff Foulweather Bluff: *péʔəč*. marsh south of Foulweather Bluff: *sxʷɬéʔčəm*.

four *ŋús*. being four (conveyances): *ŋúʔŋəs*. four canoes: *ŋəsákʷɬ*. four conveyances: *ŋuʔŋəsákʷɬ*. four dollars: *ŋəsáʔitxʷ*. four houses: *ŋúsuʔtxʷ*. four nights: *ŋəsɬnát*. four people: *ŋəsáy*. four small people: *ŋəʔŋəsáʔyə*. four times: *ŋəsáɬ*. four years: *ŋəsáʔwinəxʷ*. to be four at a time: *ŋəsŋəsáy*. to be four canoes (arriving, traveling, etc.): *ŋaʔsáxʷɬ*. to be four dollars each of several: *ŋəsŋəsáʔitxʷ*. to be four of a kind: *ŋəsíkʷs*. to catch four fish: *ŋəsáyəq*. to have four children: *ŋəsayəháčɬ*.

fourteen See under *ʔúpən, ŋús*.

fourth one fourth (of anything): *kʷátə*. to be one quarter Native American: *ʔəɬkʷátə*.

Fourth of July Independence Day, the Fourth of July: *putčuláy*.

fowl cooked backbone of a duck or other fowl: *sk̓ʷútuwəɬ*.

framework to put up the framework of a house: *scəyəɬiqʷáʔsəŋ*.

Frazer Island Frazer Island, the large island in the middle of Becher Bay: *qaʔéʔŋəxʷ*.

free to be set free, unbound, untied: *yə́xʷ*. to be freed, released, undone, untied: *yəxʷáŋ*. to free, release, undo, untie, unbraid, untangle, unfasten something, rip thread from something sewn: *yəxʷás*. to free, unbind someone or something: *yə́xʷəyu*. to let someone or something free, loose, unbound, untied: *yə́xʷtxʷ*. to manage to free, untie something, finally get something loose: *yəxʷnáxʷ*. to set something free, untie, unwind, unravel, untangle, let loose something: *yəxʷə́t*. to be freed, set free, let loose, bailed out by someone: *yəxʷə́təŋ*. to be free, unbound, untied, out on bail, on the loose: *ʔəsyáxʷɬ*.

freeze to freeze, be freezing, frosty: *ɬiʔxʷə́yu*. to freeze something: *ɬə́yəxʷt*. to manage to get something to freeze: *ɬə́yəxʷnəxʷ*. frozen ground: *ʔəsɬiʔəxʷə́nəkʷ*. to be frozen by someone or something: *ɬə́yəxʷtəŋ*. to be frozen, iced up: *ʔəsɬáy̓xʷ*. to freeze: *ɬə́yəxʷ*.

fresh to be new, fresh, novice: *xə́wəs*. to be new, fresh (of several): *xəyəxéʔwəs*.

fresh water *qʷúʔ*.

Freshwater Bay Freshwater Bay, especially the west end: *tkʷáyŋxʷ*. the point at the west side of Freshwater Bay: *nəxʷtkʷáyən*. the small island in Freshwater Bay: *xaʔxcəyə́qsən*. traditional Klallam village at east side of Freshwater Bay near the mouth of the Elwha River on the beach past the end of Ranger Road: *sčaʔq̓aʔítən*.

Friday *ɬq̓čšɬnát*.

friend friend, relative: *sčáʔčaʔ*. sweetheart, boyfriend, girlfriend: *sáyuʔ, siyáʔ*. to be a close friend, best friend, pal: *sq̓ʷəʔúʔnəq*. a group of friends or relatives: *sčə́yaʔčaʔ*. close friend or relative living nearby: *ʔəxʷíyŋxʷ*. to find a girlfriend or boyfriend: *nəxʷsƛ̓ə́kʷ*. to have a boyfriend or girlfriend, be paired up: *čƛ̓ə́kʷ*. to meet, get acquainted, make friends with each other: *q̓ʷinə́kʷi*. to be befriended (by someone or something): *sčáʔčaʔəŋ*.

friendly to get friendly, get acquainted: *q̓ʷə́y̓, q̓ʷəy̓ə́ct*. to be getting friendly, get acquainted, getting tame: *q̓ʷáʔi*. to be tamed, made friendly by someone: *q̓ʷə́y̓ətəŋ¹*. to be tame, not wild, friendly (of an animal or person): *q̓ʷə́yq̓ʷi*. to look friendly, have a smiling or laughing face: *nəčə́ŋəs*. to make friends, try to be friendly, get acquainted: *q̓ʷáyəct*. to tame an animal, make someone or something friendly: *q̓ʷə́y̓ət¹*.

frighten to scare, frighten someone (on purpose): *səýsiʔŋístxʷ*. to get scared, frightened: *sáysiʔ*. to be scared, frightened by someone or something: *saysiʔŋítəŋ, səýsiʔŋístəŋ*. afraid, scared, frightened: *ʔəsáysiʔ*.

frightening to be fierce, terrible, ugly, frightening: *x̣éʔsiʔ*.

frizz wave, curl, frizz in the hair: *sqipéʔqʷ*.

frog a small, common frog, tree frog, peepers: *wəq̓əq̓, wəx̣ə́ɬ*. a tiny frog: *waʔwaʔx̣ə́ɬ*. a type of small frog: *huhúʔəŋ*. bullfrog: *huhúʔəŋ*. bullfrog, any large frog: *sx̣aʔánəxʷ*. several frogs: *wiyə́qəq̓, wiyəx̣ə́ɬ*. several tiny frogs: *waʔyaʔwaʔx̣ə́ɬ*.

from go from, come from: *čšaʔ-*. to be from, originate from: *č-²*. to be from here: *čʔáɬaʔ*. to be from there, ever since: *čʔiyá*. to be from where: *čšaʔəxín*. to bring, get something from here: *čʔáɬaʔtxʷ*. to get something from where: *čšaʔəx̣íntxʷ*.

front the front area, bow (of a canoe or boat): *shéʔu*. to advance, go forward, go ahead, move past, go in front, do it: *čiyáct*. to be cut in front of, cut off, headed off by someone: *q̓əmústəŋ*. to be made to protrude, stick out beyond others, be put in front, ahead by someone or something: *həčístəŋ*. to be making something protrude, stick something out beyond, in front, ahead of others: *héʔčt*. to be put in front by someone: *haʔwístəŋ*. to cut in front of someone, cut someone off, get in someone's way, prevent someone from continuing, head someone off: *q̓əmúst*. to go to be in the front (of a building, vehicle, line, crowd, etc.): *héʔwi*. to make something protrude, stick something out beyond others, put something in front, ahead: *híčt*. to put something or someone forward, to the front: *haʔwístxʷ*.

front seat the bow, prow of a canoe or boat, front seat of a vehicle: *héʔuʔ*. to be in the bow of a canoe or boat, front seat of a vehicle: *héʔuʔ*.

frost frost, hoarfrost, ice: *sɬixʷə́yu*.

frosting frosting for a cake: *spúq̓ʷəŋəyeʔč*. powdered sugar, frosting (on a cake): *piq̓ʷəyéʔčən*.

frosty to freeze, be freezing, frosty: *ɬiʔx̣ʷə́yu*.

froth to be bubbling up (as a spring, boiling water, carbonated drink): *maʔtúʔqʷəŋ*. to foam, be foamy, frothy, bubbly: *púq̓ʷ*.

frozen to be frozen, iced up: *ʔəsɬáẏxʷ*. frozen ground: *ʔəsɬiʔəx̣ʷənək*. to be frozen by someone or something: *ɬə́yəx̣ʷtəŋ*. to be frozen (of a number of things or a large area): *ɬiɬə́yəx̣ʷi*.

fruit any fruit, berries, jam, jelly: *sčaʔyíq̓ʷɬ*. a group of berries or other fruit: *sčiʔčaʔyíq̓ʷɬ*. any berry bush, fruit tree: *sčaʔyəqʷíɬč*. orange: *ʔánčas*. several berry bushes, fruit trees: *sčiʔəyəqʷíɬč*. to be picking berries or other fruit: *ʔəmx̣ʷúcən*. to form, appear on the plant (of berries or other fruit): *məkʷúyəsəŋ*. to harvest, pick berries, gather berries or other fruit or vegetables: *ʔəmx̣ʷúcən*. to harvest something, pick berries, gather berries or other fruit or vegetables: *ʔəmx̣ʷúct*.

fry to fry: *čkʷə́x̣əŋ*. to fry something: *čkʷə́x̣t*. to be fried: *ʔəsčkʷə́x̣*. to be frying: *čaʔkʷə́x̣əŋ*. to get fried, badly burned, scorched: *čkʷíx̣əŋ*.

fry bread bread, especially fry bread: *saplín*. fry-bread, anything fried: *čkʷə́x̣t*.

fryer frying pan, skillet, fryer: *čkʷə́x̣ən*.

frying pan frying pan, skillet, fryer: *čkʷə́x̣ən*.

full to be full: *yə́c*. to feel full, have a full belly, have eaten enough, be satisfied, satiated: *mə́q̓*. mouth full: *ščə́qʷɬən*. to be a full house: *ʔəsiʔəcáẇtxʷ*. a houseful, a full house: *yəcáẇtxʷ*. to be crowded, over full: *smə́yst*. to be crowded, over full, overloaded: *ʔəsmə́ẏs*. to be full, crowded: *ʔəsyácɬ*. to be full, crowded (of several spaces): *ʔəsyiyácɬ*. to be full (of several containers): *ʔəsyiyə́c*. to be full, satiated, have a full stomach, too much to eat or drink: *ʔəsmə́q̓ɬ*. to be full, satiated (of a group): *ʔəsmimə́q̓, mimə́q̓*. to feel full, satiated: *má q̓ɬ*. to get full, eat a lot: *məq̓əct*. to have a full belly: *ʔəsmaʔmə́q̓*. to have a full mouth: *yəcúcən*. to have one's mouth full: *ʔəsyəcúcən*. to be half full: *nəxʷtx̣ʷíkʷən*.

full moon See under *ɬqáẏč*.

fun fun, celebration, party: *ʔə́yəs*. to be mocked, made fun of: *ʔəsqaʔx̣qíŋ*. a mocking, playing, making fun of: *sqaʔx̣qíŋ*. to be happy, having fun: *ʔə́yəs*. to be making fun of (someone): *qaʔx̣qíŋ*.

funeral funeral, burial: *məkʷéʔəŋəɬ*. funeral home: *smək̓ʷaʔáẇtxʷ*. to be buried, interred: *mək̓ʷéʔətəŋ*.

funny to be comical, funny (especially physically): *nəxʷʔiʔáqč*. to be nice, amusing, comical, funny: *ʔə́yəs*. to act goofy, funny, silly, be talkative, talk nonsense: *ɬə́čxʷmən*. to be enjoying, liking, loving something, finding something funny: *ʔiʔtáʔəxʷ*. to be humorous, funny, joking, telling funny stories: *nəxʷʔaʔiqáčəŋ*. ugly, homely, terrible, funny looking: *x̣aʔx̣éʔsiʔ*.

funny bone elbow, crazy bone: *sxʷək̓ʷiʔáx̣ən*. elbows, crazy bones: *sxʷaʔyək̓ʷiʔáx̣ən*.

fur =*ayqən*. buckskin, leather, fur, pelt: *k̓ʷə́wiʔ*.

furnace heater, furnace: *sxʷk̓ʷaʔk̓ʷíẇcct*.

fur seal any seal, fur seal, harbor seal: *ʔásxʷ*.

furuncle boil, abscess, furuncle, carbuncle: *spúsəŋ*.

fuss to stop fussing, come to one's sense after a tantrum: *hiyíct*.

future future tense: *caʔ*. a seer, fortune teller, prophet, one who trained in the ability to predict the future: *ʔəsyə́w̓ə*. having special knowledge or the ability to see into the future: *ʔəsyəw̓ín*. to have the power to see things in the future: *čšyə́w̓ə*.

gaff gaff hook: *ɬík̓ʷən*. being hooked, gaffed: *ɬaʔk̓ʷítəŋ*. to be fishing with a gaff hook: *ɬaʔk̓ʷáys, ɬaʔk̓ʷáyuʔ, ɬk̓ʷáyu*. to be fishing with at gaff hook at night: *x̣̓aʔpáʔyəs*.

English-Klallam Index

gain to get heavy, gain weight, get fat: *sq̕íyəct*.

gall bile, gall, gall bladder, mind, brains: *x̣̕ə́ɬ*.

gallinule mud hen, possibly common gallinule or American coot: *q̕ʷə́q̕ʷaʔc̕*.

gallop to run, gallop, trot: *kʷánəŋət*.

Gamble Little Boston, Boston Spit, Port Gamble Reservation, the area where the reservation now is across Gamble Bay from the town of Port Gamble: *nəxʷq̕íyt*.

gamble to gamble, bet: *mitáli*. cards used for gambling or other kinds of games: *smitáli*. casino, any gambling establishment: *mitalixáwtxʷ*. to be gambling, playing a gambling game (especially cards): *ʔəssmitáli*. to be playing cards, gambling: *miʔtáʔli*. to gamble: *ləhál*.

game any ball game: *qaʔqtəmús, sqaʔqtəmús*. ball game: *qaʔqtəmúsəŋ, sqaʔqtəmúsəŋ*. to play a ball game: *qaʔqtəmús, qaʔqtəmúsəŋ*. a game similar to hockey or lacrosse played on the beach using sticks to hit a kelp bladder: *x̣̕kʷáʔli*. cards used for gambling or other kinds of games: *smitáli*. hide-and-go-seek (game): *kʷaʔkʷáʔwi*. slahal, stick game, bone game: *slahál*. to be gambling, playing a gambling game (especially cards): *ʔəssmitáli*. to be playing any ball game, especially baseball: *qaqtəmúys*. to be playing cards, gambling: *miʔtáʔli*. to play any card game: *mitáli*. to play pool, billiards: *təčtəmúys*. to play slahal, the bone game: *ləhál*. to play the game of lacrosse: *x̣̕kʷáʔli*.

gang up to swarm, gang up: *ɬə́məq̕*. to swarm on or over, pile around, gather around, gang up on someone: *ɬə́məq̕t*. to be ganged up, swarmed, piled up on: *ɬə́məq̕təŋ*.

garbage trash, anything thrown away: *kʷáʔŋən*. to be something thrown away, discarded, be trash, garbage, unwanted and left behind: *skʷánəyuʔ*. any container for trash, garbage: *sxʷkʷáns*. litter, trash, dust and dirt: *čaʔŋə́ʔɬ*.

garden a garden: *sxʷčənéʔŋəɬ*. a bunch of flowers, garden: *skʷaʔyáqəŋ*.

gargle to gargle, wash one's throat: *nəxʷcaʔkʷɬnáyŋ*. to be gargling: *nəxʷcakʷɬnáʔyəŋ*.

gash to be gashed, torn open (as a sack or a fish's mouth from a hook): *x̣̕ə́š*.

gasoline *snás*. gasoline, motor-oil, lubricant, petroleum: *smə́c*.

gate door, gate, threshold: *súɬ*.

gather to be gathered, be a group: *q̕ə́p*. to gather a group, bunch up: *q̕ə́yp*. to gather, assemble (of a group people): *q̕ə́ypct*. to gather, assemble (of people), come together, crowd together: *q̕pə́ct*. to gather, collect: *q̕pə́ŋ*. to gather firewood (in the bush, not on the beach): *t̕qə́čɬ*. to gather, harvest something: *ʔúyəxt*. to gather into multiple rounded lumps, clumps: *mimə́kʷt*. to gather into rounded lumps, clumps: *mə́kʷt*. to gather, join things or people: *q̕pə́t*. to gather short pieces of wood for a fire: *t̕qə́č*. to gather (something) for someone: *q̕psít*. to gather (things or people) together: *q̕pə́yu*. to gather things together to get rid of them by scraping them up, brush, sweep up something, especially heavier objects: *ʔíx̣ʷt*. to gather together, assemble (several peoples): *q̕iq̕ə́p*. being gathered by someone: *q̕ə́ptəŋ*. to be gathered, collected by someone: *q̕pə́təŋ*. to be gathered into rounded lumps, crumpled, smashed together, balled up: *məkʷə́təŋ*. to be gathered (of tidal food): *ciʔkʷíyŋtəŋ*. to be gathered, scraped together to get rid of, be swept up by someone: *ʔíx̣ʷtəŋ*. to be gathered together to get rid of, be brushed, swept up: *ʔəxʷítəŋ*. to be gathering: *q̕pə́ʔŋəɬ*. to be gathering, assembling (of a group people): *q̕ə́ypct*. to be gathering, collecting: *q̕pə́ŋ*. to be gathering seafood: *ciʔkʷéʔiŋ*. to be gathering things or people: *q̕ə́pt*. to be gathering (things or people) together: *q̕ə́pəyuʔ*. to be gathering things together to get rid of them: *ʔéʔx̣ʷt*. to be gathering tidal food: *ciʔkʷéʔiŋət*. to be organizing, gathering people together for a purpose (such as a political campaign): *q̕aʔpéʔŋəɬ*. to be picking, gathering, harvesting something: *ɬə́mc̕əŋ*. to be swept up, gathered up, brushed off: *ʔəsʔéʔəxʷ*. to get gathered up by scraping: *ʔíxʷ*. to go gather short pieces of wood for a fire: *t̕qə́čəŋ*. to go gather tidal food (such as mussels and chitons): *ciʔkʷíyŋət*. to harvest, pick berries, gather berries or other fruit or vegetables: *ʔəmxʷúcən*. to harvest something, pick berries, gather berries or other fruit or vegetables: *ʔəmxʷúct*. to have something gathered for one: *q̕psítəŋ*. to mold, give shape, gather to put together something: *məkʷə́t*. to pick up firewood along the beach: *mə́kʷáʔwəc*. to put something together, gather the parts: *p̕sít*. to swarm on or over, pile around, gather around, gang up on someone: *ɬə́məq̕t*. to sweep, gather, scrape up off the floor: *ʔxənúkʷəŋ*. to sweep the floor, gather (anything) up into a pile on the floor: *ʔəxʷənúkʷəŋ*. to sweep up, gather up to clear: *ʔíxʷəŋ*.

gathering a gathering, assembly: *q̕iq̕ə́p*. spirit gathering for singing and dancing, smokehouse dance: *skʷənúcən*. to be gathered together, any gathering, assembly of people: *ʔəsq̕ápɬ*. to have a potlatch, a big gathering for a feast and give-away: *x̣̕áʔnəq*. to invite someone to a gathering: *sŋéʔtxʷ*.

gaze to look, gaze at, watch, observe, inspect something, watch over something: *k̕ʷənít*.

gear net or any fishing gear (line, jig, etc.): *swə́ytən*. to set fishing gear, especially nets: *ʔəxʷə́yu*.

gee gee! oh, my! holy cow! wow!: *húxʷ*. oh! gosh!, gee!: *ʔíš*.

generous to be generous: *ʔiʔánkʷs*. to be kind, generous, good-hearted, ready to help: *nəxʷʔiʔíkʷən*.

genitive his, her, its, their, third-person possessive (genitive): *-s³*. my, first-person singular possessive (genitive) prefix: *nə-*. our, first-person plural

genius

possessive (genitive): -ť². your, second-person singular possessive (genitive) prefix: ʔə́n-.

genius to have a reputation of being good, great, genius, expert, professional at doing something, have a skill: kʷikʷiyáy.

genocide to kill all of a group of people, massacre, wipe out: xʷixʷáčt.

gentleman person of high class, an important person, gentleman: siʔám.

geoduck łáłəqʷəq. white-neck clam, geoduck, big white horse clam: tə́məčaʔq.

German čámən s.

get get to, finally, opportunity, able, success, achievement, get a chance: -niŋt. to get, take: x̣ə́kʷ, x̣kʷáys. to grab, take, get (something): x̣kʷáyəs. to be caught, gotten, manage to be taken: x̣kʷnáŋ. to be getting something: x̣kʷnáʔəxʷ. to bring, get something from here: čʔáłaʔtxʷ. to catch, manage to get, manage to take something or someone: x̣kʷnáxʷ. to get something: x̣kʷás. to get something, take something and have it: čsx̣ə́kʷ. to manage to get, take over something: x̣kʷníŋət.

get after to scold someone tell someone off, get after someone (about something): qqáy̓nəxʷ.

get along to get along well, be good to each other: ʔiʔtúy̓. to get along well, be good to each other, be happy together: ʔiʔnə́kʷi. to reconcile with each other, get back together after a dispute, finally get along well: x̣əmnə́kʷi.

get away to escape, run away, get away, disappear from some confinement: x̣íw. to escape, seek refuge, flee, get away from an immediate situation: łáw̓. to get away, escape (from someone or something): łaʔkʷáct. to manage to barely get away, escape: x̣aʔx̣íw̓núŋət. to manage to get away, escape: ław̓núŋət.

get back at to retaliate, get back at, get even with, get revenge: tčácsəŋ.

get down to get down: xʷáŋ¹.

get even to retaliate, get back at, get even with, get revenge: nəxʷtčács¹, tčácsəŋ. to retaliate, get back at, get even with, revenge against someone: nəxʷtčácst. to be retaliated against, got revenge on by someone: nəxʷtčícstəŋ.

get it to understand, get it (after being told over and over): kʷáčkʷs.

get on to get on, go aboard: q̓ʷáʔił¹.

get out to kick someone out, shoo, chase, push, drive someone away, tell someone to get out: kʷxə́t.

get ready to do, begin, happen, get ready, prepare to do (something): yáʔct.

get to get to, finally, opportunity, able, success, achievement, get a chance: -niŋt. to arrive there, get to, reach (a place or time): tós.

Gettysburg a point west of the Lyre River: čičiʔyúcxəy. Lyre River and the former Klallam village at its mouth: kʷaʔxʷáʔmaʔ.

Gettysburg Mountain Gettysburg Mountain, west of Brinnon Mountain, one of several mountains south of Clallam Bay: xax̣ícs.

get up to get up, arise, get out of bed: ʔə́mət. to try to get up (after falling): ʔaʔyáct¹.

get used to to get used to (something): sʔiʔánəŋct.

ghost ghost, spirit, supernatural visitation: snúʔnəkʷ. ghost fire, greenish-blue flames in a fire: snaʔnúkʷł. several ghosts, spirits: snáyaʔnəkʷ. to get a crooked face from seeing a ghost: nəxʷk̓ʷcústəŋ. to get spooked, be visited by a ghost: naʔkʷítəŋ. to have a nightmare, be ghosted, haunted, spooked in the night, have an anxiety attack in the night: naʔnəkʷítəŋ.

giant a type of monster or giant similar to čičəyíqʷtən: siyátkʷ.

giant chiton big stick shoe, giant chiton, gumboot, giant Pacific chiton, China shoe: ʔúkʷs.

giant horsetail giant horsetail: łłúc.

Gibson Spit Gibson Spit south of Port Williams on Sequim Bay: scáʔił.

gift sʔə́ŋaʔt. gift, something given away: sʔúŋəyu. food from a feast given to take home, any food gift: məqáʔs. to be given (something), receive a gift: ɬə́y.

gig a fish spear, gig for flounder, crab and other fish: stéʔəxʷ. several fish spears, gigs: stiʔéʔəxʷ.

giggly to be giggly, a person who laughs all the time, smiley: snə́yniʔ.

gill gill on a fish: xáʔyəŋ.

gill net any fishnet, especially a gill net: súyəq. several fishnets, especially gill nets: siyúyəq.

girl girl, young lady, maiden (approximately age 13-marriage): q̓áʔyi. little girl (younger than teenage): słłániʔ. young girl (approximately 8-13 years old): słnačúyəł. young teenage girl, approximately aged 12-15: q̓aʔyaʔčúyəł. a group of small young women: q̓q̓áʔqáʔyiʔ. girls, maidens, young women: q̓áyaʔyi. little girls (younger than teenage): stnłániʔ. small young woman, adolescent girl: q̓aʔq̓áʔyiʔ. young girls, baby girls: stnłnáʔčúwił.

girlfriend sweetheart, boyfriend, girlfriend: sə́yuʔ, siyáʔ. someone that has found a girlfriend or boyfriend: nəxʷsx̣ə́kʷ. to find a girlfriend or boyfriend: nəxʷsx̣ə́kʷ. to have a boyfriend or girlfriend, be paired up: čx̣ə́kʷ.

girth to be thick, big around, have a large circumference (as a large rope or pole): mə́qʷ.

give to give: ŋáʔ. to give (something) to someone: ŋáʔət, sʔə́ŋaʔt. to give to someone: ʔə́ŋaʔt. to give someone (something), hand (something) to someone: ʔúŋəst. to give away, potlatch giving,

giving to charity: ŋáʔtxʷ. to make something more, give more, let be some left over, leave something or someone remaining: néʔtxʷ. being given, handed (something) by someone: ʔaʔŋústəŋ. being given (something) by someone: ʔáʔŋaʔtəŋ. gift, something given away: sʔúŋəyu. to be given, handed (something) by someone: ʔúŋəstəŋ. to be given (something) by someone: ʔə́ŋaʔtəŋ, łə́ytəŋ, ŋáʔətəŋ, sʔə́ŋaʔtəŋ. to be given (something), receive a gift: łə́y. to be given to in potlatch giving or in charity by someone: ŋáʔtəŋ. to be giving: ʔsʔúŋəyu, łíłiʔ. to be giving away things at a potlatch gathering: ŋáŋaʔtxʷ, sŋáŋaʔtxʷ. to be giving someone (something): ʔaʔŋúst. to be giving (something) to someone: ʔáʔŋaʔt. to be naming someone, giving someone a name: čnáʔət. to give a little bit of something, make it a little more: naʔnéʔtxʷ. to give one each to several: nə́čənəčuʔtxʷ. to give someone a name: čnát. to give someone more: čxʷsít. to give someone (something): łə́ytxʷ. to give someone something to drink: qʷaʔqʷúʔstxʷ. to give something away: sʔə́ŋaʔtxʷ. to lecture, advise, preach to someone, give advice to a group of people: k'ʷik'ʷə́st. to lecture, advise, preach to someone, give advice to someone: k'ʷsə́t. to rest someone or something, give someone or something a break: xʷáŋaʔt.

give-away potlatch giving, having a big give-away: ŋúŋaʔ. to have a potlatch, a big gathering for a feast and give-away: x̌áʔnəq.

give birth to give birth, have a baby: čŋə́naʔ. to give birth to someone: néʔət. to be given birth: néʔətəŋ.

give in to comply, agree (with someone), obey, mind (someone), give in: ʔánəł. to comply, agree with someone, allow, obey someone (something), give in to someone, give someone what they want, honor someone (as in 'honor a request'): ʔánət.

give out to give out, be all gone, be depleted, be done, no more, finished (of a consumable): ʔə́wk'ʷ.

give up to give up, admit defeat: nəxʷqʷúčkʷən, qʷúč. to give up, admit defeat, stop trying, stop thinking about it: k'ʷaʔčéʔwən. to leave, abandon, give up someone or something: łúyəs. to release, let go of, give up, drop something, leave something alone, ignore something: kʷáʔət. to be giving up, admitting defeat: nəxʷqʷúʔčkʷən. to be releasing something, letting something go, giving up on something, letting someone or something alone: kʷaʔkʷaʔát. to feel weakened, give up: qiʔqiʔím.

gizzard belly, gullet, gizzard, intestines: sŋús. Duck gizzard.: čúwəł.

glad to be glad, happy: šaʔšúʔł. to be glad, happy, pleased, proud (of someone, something): šəyšúʔł. to be made glad (of a group): šiʔšúʔłtəŋ.

glance to glance, look sideways, sneak a look: čə́yəq̓. to look at, glance at something: k'ʷnt. to look sideways, glance out of the corner of one's eye: čə́yəq̓əŋ. to glance at, look at someone or something sideways without turning the head: čə́yəqt. being looked at, glanced at out the corner of eyes: čə́yəqtəŋ. to be glanced at, looked at sideways by someone: čə́yəqtəŋ. to be peeking, looking at, glancing at out the corner of eyes: čə́yqt. to catch sight, get a glimpse of something, see something out of the corner of one's eye, glance at something: čə́yəq̓ənəxʷ.

glass window, mirror, looking glass: sxʷk'ʷaʔk'ʷənúsən.

glasses a pair of glasses, spectacles: sxʷtələháy'əs. more than one pair of glasses, spectacles: sxʷtəltələháy'əs.

glimpse to catch a glimpse (of something): čk'ʷə́n. to catch sight, get a glimpse of something, see something out of the corner of one's eye, glance at something: čə́yəq̓ənəxʷ.

glitter to glitter, shine in the dark: c̓áʔqʷ. to shine (as glass, jewels, etc.), sparkle, crackle, flicker, be shiny: x̌aʔk'ʷíqəŋ. a partly shady place where the light glitters in the shade: c̓ác̓aʔqʷ. to be glittering: c̓áʔqʷəŋ. to be shining, glittering in the dark: c̓aʔc̓áʔqʷəŋ.

Gloucester Gloucester, a place in the Port Townsend area not otherwise identified: šéʔnəkʷs.

glove any glove, mitt, mitten: nuʔəcísən. boxing gloves: sxʷiʔc̓áyc̓sítiʔ. to take off, remove gloves or mittens: łəŋcísəŋ.

glow to be glowing, bright lighting, shining, daytime: taʔtáʔk'ʷi.

glue to get stuck, glued on: x̌ə́q̓ʷ.

glutton to be a glutton, greedy for food, hungry, overeat for anything: sqə́nəxʷ. to be greedy for food, needy for food: ʔəsqə́nəxʷ.

gnat gnat, midge, a small blood-sucking, flying insect: paʔpxʷə́yqsən.

gnaw to be gnawing for a purpose (as a mouse gnawing a hole to get through): čə́txʷəyuʔ. to be nibbling, gnawing, scratching (like a rodent): čə́txʷəŋ. to gnaw (as a mouse or rat): xaʔxʷə́yuʔ.

go go, especially on a conveyance (by canoe, car, horse, etc.): -iyɬ. to go, go away, leave, depart: hiyáʔ. to be going backwards: x̌aʔyáy's. to be going fast and hard, striving, doing one's best: taʔméʔct. to be going, leaving: hiʔáyaʔ. to be going straight: łə́xʷct. to be going to, be on one's way to: ʔúʔuxʷ. to be gone at, gone after: hiyáʔnəsəŋ. to deviate, go the wrong way, turn off (to another path), go off from the rest of the group: ɬxə́ct. to follow the edge of the water (in a canoe or on foot), going along close to the shore on the beach or in the water: qtúcən. to get to go, manage to go: hiyaʔnúŋət. to go, leave together: hiyaʔstúy'. to go next door, go someplace different: čánu. to go slow, delay: scáʔi. to go somewhere to put a child on one's lap: ʔəpəčtíyɬ. to go to do repetitive job such as paddling, hammering, picking berries, digging camas, etc.: pə́npənəxʷí. to go to town (especially in a vehicle): x̣ʔawníɬ. to go, travel by canoe: kənimáyəɬ, snəxʷɬáyɬ. to go, travel by horse-drawn wagon, buggy: c̓ikc̓ikháyəɬ. to just now go, leave: čaʔhiyáʔ. to release, let go of, give up, drop something, leave something alone, ignore something: kʷáʔət. to take and put several things (somewhere), make several things go: hiyayáʔtxʷ. to take and put someone or something (somewhere), make something go: hiyáʔtxʷ. to take, follow a path (into the woods), go a particular way, this way or that way along (a trail): nəxʷsúyəŋ. to walk, go, travel: štə́ŋ. to want to go, leave: hiyaʔáyŋən.

go aboard to go aboard, get on, mount (any conveyance): ʔúyɬ. to get on, go aboard: q̓ʷáʔiɬ¹.

go across to go across (especially water), cross over: ɬákʷi. to go over to the opposite side, across: ɬq̓cínəŋ. to be going across, crossing over: ɬáʔkʷiʔ. to be going across (of several): ɬiɬáʔkʷi. to manage to go across: ɬakʷinúŋət.

go after to go for, go after, go at someone or something: hiyáʔnəs. to go to, go after someone or something with intent to act on it: ʔúxʷnəs. being gone after: ʔúʔxʷnəsəŋ. to be going after something or someone: ʔúʔxʷnəs. to be gone to, gone after by someone or something: ʔúxʷnəsəŋ.

go against to go against, buck the current, against the tide, into the wind, opposite the flow, be a head tide: pšús. to go against, buck the tide, go into the wind: pšúsəŋ.

go ahead to advance, go forward, go ahead, move past, go in front, do it: čiyáct. to go ahead, keep going, continue, be steady, persevere. proceed: stə́ŋct.

goal to be the goal, be gone after by someone: x̣̓q̓áʔtəŋ.

go along to go, come along with: səwáʔ. to accompany someone, go along with someone: q̓ʷaʔšə́nət. to be accompanied by someone: q̓ʷaʔšə́nətəŋ. to be going along, accompanying: wáʔwaʔ. to be going along with, accompanying: səwáʔ. to be allowed to go along by someone, be taken along with: səwáʔtəŋ. to be met going the same way by someone, be caught up with: wáʔnsəŋ. to be wanting to go along all the time: waʔwaɬáyŋən. to catch up to, meet and go along with someone: wáʔnəs. to let someone go along: wáʔtxʷ. to let someone go along, take someone along: səwáʔt. to manage to go along, get a ride (with someone): hiyáʔtənúʔyət -tənúʔyət. to want to go along, come along: waʔáyŋən.

go along the edge to go along the edge: tc̓cínəŋ.

go apart to go apart, separate from each other: xʷə́ynəkʷə́yŋ.

go around go around a point of land: q̓tə́qsən. to be going around the house: q̓átuʔtxʷ. to be going round in a circle, rotate: siq̓iʔúʔisəŋ. to be wrapped around, encircle horizontally: q̓tawyéʔ. to go all the way around: siq̓əyúsəŋ. to go around: sə́wq̓əŋ. to go around in a circle: siq̓áys. to go around (something): q̓taʔáwəɬ, q̓taʔwíyəŋ, q̓tiʔúsəŋ. to go around (something), go in a circle, move in a curve: siq̓aʔwíyəŋ. to go around, spin around, rotate, revolve: sə́yəqct. to go, walk around the house or any building: q̓táwtxʷ. to go, wrap around, under, encircle (especially vertically): q̓taʔwíyɬ. to turn a corner, go around a bend, make a turn in a canoe or other vehicle: q̓aʔwíyəŋ.

go ashore to land, go or come ashore, get to shore, reach land from the water: ɬán. to land, go ashore, get grounded (of a boat): txʷiʔúsəŋ. to be landing, going ashore: ɬáɬən. to go ashore, land (of a group): ɬáyən. to manage to finally get to shore: ɬannúŋət.

go at to go for, go after, go at someone or something: hiyáʔnəs.

goat mountain goat, mountain sheep: sxʷíx̣iʔ.

goat wool mountain goat wool: swə́kʷaʔɬ.

go away to go, go away, leave, depart: hiyáʔ. to kick out, shoo, chase away: kʷxə́ŋ. being ejected, told to go away, pushed aside: kʷə́xtəŋ. to bar someone's or something's entry, tell someone to leave, go away: kʷšə́t. to go away, have one's things together ready to go: kʷšə́ct. to kick someone out, shoo, chase, push, drive someone away, tell someone to get out: kʷxə́t.

go back to return, go back: həwíyəŋ, həwéʔyəŋ.

go backwards to go backwards, back up, go in reverse: x̣áyəs. to back something up, go in reverse: x̣áyəst. to be going backwards, backing up: x̣ayséʔiŋ.

gobble to devour, eat something up, gobble something up: ŋəŋút. to be eaten up, gobbled up: ŋəŋútəŋ.

God Almighty, God, Creator, Great Spirit: x̣áyəs. God, Lord on high: cícɬsiʔám.

goddamn kʷatém.

go down to go down, descend: xʷíyəŋ. to just deflate, go down (of swelling): čaʔčšə́pi. to lie down, go down, drop down: stə́ct. to lower, drop back, go down: xʷkʷíyəŋ. to be going down, descending: xʷéʔyəŋ, xʷéʔyəŋ. to be going down, descending stairs: xʷeʔéʔyəŋ. to be going down toward the water, to the beach: ɬác.

go downstream to go downstream: xʷə́q̓ʷi. to go downstream, go out to sea, go north, downriver, go out of a bay toward the mouth: qʷə́q̓ʷi. to go with the current, go downstream, go with the tide, be a fair tide: xʷiq̓ʷíyəŋ. to be going downstream, going north, going out of a bay: qʷáʔq̓ʷiʔ.

go far to go on a long journey, go far: yaʔyíyəŋ. to be going on a long journey, going far: yaʔyéʔyəŋ.

go fast to go fast: xʷə́ŋaʔɬ. to be made to go fast: xʷəŋístəŋ. to make someone go fast: xʷəŋístxʷ.

English-Klallam Index 621

go for to go for, go after, go at someone or something: *hiyáʔnəs*.

go forward to advance, go forward, go ahead, move past, go in front, do it: *čiyáct*. to go to be in the front (of a building, vehicle, line, crowd, etc.): *héʔwi*. to go toward the front: *txʷhéʔwi*.

go from go from, come from: *čšaʔ-*.

go home to go home: *ťúk̓ʷ*. to be going home, on the way home: *ťúłk̓ʷ*. to be gone home for by someone: *ťúk̓ʷnəsəŋ*. to be wanting to go home, be homesick: *ťaʔk̓ʷáyŋənʼ*. to go home by vehicle: *ťúk̓ʷéyɬ*. to go home to get someone or something: *ťúk̓ʷnəs*. to let someone or something go home, take someone or something home: *ťúk̓ʷtxʷ*. to start to go home: *ťťúk̓ʷ*. to want to go home: *ťək̓ʷáyŋən*.

go in to go in, barged in on someone: *čixʷnás*.

going on going on (seventeen): *txʷʔúxʷ*.

go inland to go inland, up away from water, go into the bush: *cúŋ*. to be going inland: *cúcəŋ*.

go inside to go inside, come inside, enter: *čəyəxʷ*. to go inside: *čəyəxʷəŋ*.

go into water to immerse oneself, go into water: *qsə́ct*. to get into water, immerse oneself: *qsə́ŋəct*.

go into woods to go into the bush, woods, make one's way through the brush without a trail: *səwʼə́ct*. to be going into the woods: *sə́wʼct*.

gold *kúl*. gold tooth: *kuláyns*. red, gold color: *ʔənəcə́qʷ*.

golden eagle eagle, bald eagle, golden eagle: *k̓ʷə́yŋsən*.

goldeneye common goldeneye, whistle wing duck: *k̓ʷən̓k̓ʷənšán*.

golf club any club, war club, golf club, bat, baseball bat, racket: *šč̓ə́n*.

gone to be all gone, no more: x̌áŋ. to be away, gone, not home, on vacation: *háʔəw*. to be gone, passed away, died: *k̓ʷán*. to be lost, disappeared, gone from sight, missing: *cicə́xʷ*. to give out, be all gone, be depleted, be done, no more, finished (of a consumable): *ʔə́wk̓ʷ*. being away, gone, not home, on vacation: *háʔəw̓*.

go next door to go next door, go someplace different: *čánu*.

good to be good, fine, well, nice, neat, tidy, okay: *ʔə́y*. to be good: *háʔɬ*. being done good to, be treated well, be made good: *ʔə́ytəŋ*. getting good, calm, clear (of the weather): *ʔə́ytəŋ*. to be a good provider: *nəxʷsx̌iyʔáməxʷ*. to be calm, good weather, still, no wind: *syíq̓ʷi*. to become an expert, get good (at something), build a reputation as an expert: *k̓ʷik̓ʷiyáyct*. to be done good to, be treated well, be made good: *ʔiʔáʔtəŋ*. to be good (of several things or people): *háyaʔɬ*. to be good weather, a good, joyful time: *ʔiʔətásəŋ*. to be mean, no good, hard to get along with: *sx̌aʔx̌əyáʔs*. to be soft and too old to use, no good anymore:

sk̓ʷə́šiʔ. to get along well, be good to each other: *ʔiʔtúy̓*. to get along well, be good to each other, be happy together: *ʔiʔnə́k̓ʷi*. to get good, calm, clear (of the weather): *ʔiʔáʔtəŋ*. to have a reputation of being good, great, genius, expert, professional at doing something, have a skill: *k̓ʷik̓ʷiyáy*. to learn, get good at (something): *ʔiʔánəŋct, ʔiʔánəŋt*. to let something be good, do good by something, do something well, be good to something or someone: *ʔə́ytxʷ*. to seem good, be a good kind: *ʔəyúməš*. to taste good, smell like it would taste good: *ʔiʔáyəqč*.

goodbye *húy̓, húy̓akʷ*. to take care of oneself, respect oneself, keep on going with courage: *yəhúməct*.

Good Friday *ɬq̓čšɬnát*.

good-hearted to be kind, generous, good-hearted, ready to help: *nəxʷʔiʔík̓ʷən*.

good-looking cute, beautiful, pretty, good-looking, handsome: *ʔaʔáʔiɬ*. good-looking: *yúxʷ*.

goodness my!, my goodness!: *máy*. oh no!, oh, my goodness!: *ʔaatətáa, ʔənəná, šatatá*.

goods secondhand, used goods: *c̓x̌ŋín*.

go off to explode, blow up, burst, backfire (of an engine), go off (of a gun), bang: *k̓ʷaʔtənə́qʷ*. to explode, pop, backfire, go off (as a gun or bomb): *tənə́qʷ*.

goofing off to be fooling around, messing around, goofing off, acting silly, talking loudly and foolishly, talking nonsense and laughing: *ɬiʔx̌ʷáy̓s*.

goofy a silly, goofy person: *pipihúŋəs*. to act goofy, funny, silly, be talkative, talk nonsense: *ɬə́čxʷmən*. to act goofy, silly, clownish (to distract): *pik̓ʷúŋəs*. to be acting goofy, clownish, silly: *pik̓ʷúʔŋəs*. to be crazy, foolish, mentally unbalanced, brainless, goofy, no sense, stupid: *ʔəsčə́yəx̌ʷ*.

go on to continue, go on, carry on, keep on doing (something): *sə́ɬəŋ*. yes, go on: *háaʔ*.

go on top to go on top: *c̓aʔwéyŋ*.

goose any goose, snow goose, Canada goose: *x̌ʼák̓ʷxən*. goose: *tínəqsən, yə́x̌ʷənaʔ*. several geese: *x̌ʼaʔyák̓ʷxən, yəyə́x̌ʷənaʔ*. several mallards or geese: *təntínəqsən*.

gooseberry a gooseberry species (perhaps mountain gooseberry): *tə́q̓ʷəm̓*. coastal black gooseberry: *tə́məx̌ʷ*. gumberry, gummy gooseberry, sticky gooseberry: *tə́məqʷ*. several gooseberries: *tiyə́məx̌ʷ*.

gooseneck barnacle gooseneck barnacle, boots: *nəq̓ʷsiʔí*.

goose pimples Chicken skin, goose pimples: *č̓ə́kəns, k̓ʷə́wiʔ*.

go out to go out as a fire, be extinguished: *x̌ʼə́k̓ʷ*. to let someone or something exit, go out: *sə́qtxʷ*.

go out of water to disembark, get out of or off of a vehicle, go out of water: *q̓ʷíŋi*.

go outside to go outside: sqíyəŋ. to go on the outside: sqaʔwíyəŋ.

go over to go over: qaʔwíyəŋ. to go over hill: q̕ʷiyaʔyéʔčəŋ. to go over or across a hill or ridge: sŋəyə́yi. to go over (something such as a fence): q̕ʷéʔyəŋ. to go over the top, crawl over: q̕ʷaʔyíyəŋ. to move to the top side, get on top, go over the top: cłaʔəwíyəŋ. to be going over (of a group or several times): q̕ʷəyəq̕ʷáʔi.

go over deep water to go out over deep water: txʷtúyi. to arrive going over deep water, overseas: túyi. to be arriving going over deep water: ttúʔyiʔ, túʔi. to bring someone or something going over deep water: túyistxʷ.

gosh oh! gosh!, gee!: ʔíš. ugh, aw, gosh, exclamation of disgust or irritation: ʔə́š.

gossip a gossiper, someone who cannot keep a secret: syaʔcícəm. tattletale, gossiper: syə́cic. to be gossiping, talking about somebody else: maʔkʷáʔənəq. to be told, hear gossip: yə́ctəŋ.

go steady to share companionship, date, go steady with each other in courtship: štəŋnə́wi.

go there to want to go there: ʔuxʷəŋáyŋən.

go through to go via, go by way of, go through: łáʔ¹. to be going through, along (a trail): səwéʔiŋ. to go through a hole or tunnel: cłə́qʷəŋ.

go to x̌aʔ-. to go to: ʔúxʷ.

go to harvest to go to harvest, pick fruit: ʔułíyŋ.

go to school to go to school: skʷúl. to be going to school: skʷúkʷəl.

go to shelter to go to shelter: qičíyŋ. to go to shelter, go leeward, go out of the wind: q̕ə́yəčct.

go to the back to go to the stern, go to the back seat of a vehicle: kʷáʔətct.

go to the inside to go on the inside: c̕xʷaʔwíyəŋ.

go to the other side to go to the other side: čaʔwíyəŋ.

go to town to go to town: x̌aʔtáwn. to be going to town: x̌aʔttáʔwən.

go toward to go toward: txʷʔúxʷ, txʷiʔáxəŋ. to go toward, go in a particular direction: txʷʔáxəŋ. to be going toward: txʷxʷənéʔəŋ, txʷáʔənə. to be going toward (a particular direction): txʷʔúʔuxʷ. to let someone or something go toward: txʷʔúxʷtxʷ.

go under to sink, go under water: x̌číyəŋ.

go up to go up, climb up: c̕áʔiŋ. to go up, upstairs (of a child or something small): c̕ac̕áʔiŋ.

go upriver to be going upriver: x̌ʷúʔəq̕ʷ.

go upside down to go upside down: xʷq̕ʷiʔnáčəŋ.

go up sound to go up sound, toward the south in Puget Sound: qax̌ahíyəŋ.

go upstream to go upstream, toward the upper part of a river, toward the head of a bay: táyi. to be going upstream, going into a bay: taʔáʔyəs. to be going upstream, up the bay: táʔyiʔ. to go upstream, toward the upper part of a river (of a group): titə́yi.

government government official, council member, chief, lord, big shot, distinguished: siʔám̕.

go via to go a particular way, go that way, go via, go in a particular direction: txə́nəŋ. to go via, go by way of, go through: łáʔ¹.

go visit to go visiting, calling on (someone): náʔcəwtxʷəŋ.

go where to go where, whither: txʷín. to go where, where it goes, which way, where is it supposed to go: txʷxʷəníŋ. to be going where: txʷiʔtxʷéʔxʷən̕, txʷxʷáʔnəŋ. to be going where, which way: txʷéʔxʷən̕.

go with the flow to be going, drifting downstream or with the current: xʷiʔqʷéʔyəŋ. to go with the current, go downstream, go with the tide, be a fair tide: xʷiqʷíyəŋ. to go with the wind or tide: xʷiʔtiʔə́č.

gown any nightclothes such as pajamas, nightgown, kimono: sʔattúykʷt. wedding gown: sməliyúykʷt.

go wrong to make a mistake, err, miss, go the wrong way: łə́x. to make someone go wrong, turn someone off onto another path: łxə́t. to deviate, go the wrong way, turn off (to another path), go off from the rest of the group: łxə́ct. to go wrong: łáxł.

grab to grab: xəŋə́yu. to grab, snatch, get a handful of something: xíŋət. to take, grab something (in one's hand): ƛ̕kʷə́t. to grab at (something) and just miss (but touch): łkʷə́ŋ. to be grabbed by a group or of a group or repeatedly or roughly: xəŋxíŋtəŋ. to be grabbed by someone: xíŋətəŋ. to be taken, grabbed by someone: ƛ̕kʷə́təŋ. to be taking, grabbing hold of something: ƛ̕ə́kʷt. to grab a group or of a group or repeatedly and roughly: xəŋxíŋət. to grab on (to something): ƛ̕kʷáʔisəŋ. to grab something a little or something small: xaʔxíŋət. to grab, take, get (something): ƛ̕kʷáyəs. to manage to grab something or someone: ƛ̕kʷnúŋət. to manage to take, grab hold of each other, get together with each other: ƛ̕kʷnə́kʷi.

graduate to end, finish, graduate: xə́p̕.

grandchild grandchild, grandson, granddaughter, also grand niece or nephew: ʔíŋəc¹. grandchildren: ʔəŋʔíŋəc. grandchild's spouse, grandchild-in-law: sxʷʔíŋəc. great-grandchild: čáʔmaʔqʷ. great-great-grandchild: háʔkʷiyaʔqʷ. great-great-great-grandparent, great-great-great-grandchild: c̕ə́łpiyaʔqʷ. great-grandparents, great-grandchildren: čiyaʔméʔqʷ. great-great-grandchildren: hə́yəkʷiyaʔqʷ. several great-great-great-grandparents, great-great-great-grandchildren: c̕əyəłpiyaʔqʷ.

grandchild-in-law grandchild's spouse, grandchild-in-law: sxʷʔíŋəc.

grandfather grandparent, especially grandfather: síyaʔ. grandma, grandpa: sséʔyaʔ.

grandmother grandmother: *sséʔyaʔ*. to act like a grandmother (moving slowly and carefully): *sséʔyaʔ*. grandma, grandpa: *sséʔyaʔ*.

grandparent grandparent, especially grandfather: *síyaʔ*. a group of grandparents: *səsíyaʔ*. great-grandparent: *čáʔmaʔqʷ*. great-great-grandparent: *háʔkʷiyaʔqʷ*. great-great-great-grandparent, great-great-great-grandchild: *cə́łpiyaʔqʷ*. to act like a grandparent (moving slowly and carefully): *síyaʔ*. great-grandparents, great-grandchildren: *čiyaʔméʔqʷ*. several great-great-grandparents: *hə́yəkʷiyaʔqʷ*. several great-great-great-grandparents, great-great-great-grandchildren: *cə́yəłpiyaʔqʷ*.

Grandparents' Day Grandparents' Day: *sséʔyaʔ skʷáči*.

grandson grandchild, grandson, granddaughter, also grand niece or nephew: *ʔíŋəc¹*.

grape Oregon-grape, mahonia: *šə́čən*. Oregon grape bush: *ščəníłč*.

graphic any image or graphic such as a picture, photograph, drawing, painting, print, chart, tattoo: *sxiʔús*.

grapnel anchor, grapnel: *ŋaʔsántən*.

grapple to physically fight, battle, esp. wrestle, grapple: *kʷínti*.

grasping to be grasping, trying to get something out of someone: *čə́txʷəyuʔ*. to be trying to get something out of someone: *čə́txʷəŋ*.

grass any grass, hay, weeds: *sxcáʔəy̓*. bear grass: *ƛə́ƛ*. meadow, field of grass: *sxcaʔəyánəkʷ*. a lot of grass, hay, weeds: *sxáʔyəcáʔəy̓*. to mow grass, cut hay: *łcáʔiŋ*.

grasshopper grasshopper: *xʷaʔxʷtəŋyáʔčaʔ*. several grasshoppers: *xʷəyəxʷtəmiʔáčə*.

grateful to be grateful, thankful: *háʔnəŋ*.

grave grave, cemetery: *mákʷaʔ*. cemetery, graveyard, grave: *sxʷməkʷáʔəyə*. several graves: *smaʔyəkʷáyə*.

gravel gravel, little rocks: *sŋəntúʔił*. gravel (small stones mixed with sand): *sčə́cł*.

grave marker grave marker, headstone: *sŋánt*.

graveyard *sməy̓əkʷáyə*. cemetery, graveyard, grave: *sxʷməkʷáʔəyə*. grave, cemetery: *mákʷaʔ*. graveyard, cemetery: *sməkʷaʔə́nəkʷ*.

gray *ʔənəxʷíkʷ*. light gray: *ʔənəpə́xʷ*. to be gray colored, the color of the fog: *pxʷay̓áyəs*. to be gray, fog colored: *páʔxʷiʔ*. to have gray hair: *sxaʔcméʔqʷ*.

gray cod Pacific cod, bull cod, gray cod: *sxʷə́y̓aʔməs*.

gray hair gray hair: *spqéʔqʷ*.

grease fat, grease, lard: *snás*. fat, grease, oil, lard: *smə́c*. to be greased, lubricated by someone: *məcə́təŋ*. to oil, grease up, lubricate something: *məcə́t*.

greasy to be fat, stout, greasy: *mə́c*. fat head, greasy head, old man: *sməcéʔqʷ*.

great to be good, fine, well, nice, neat, tidy, okay: *ʔə́y̓*. to have a reputation of being good, great, genius, expert, professional at doing something, have a skill: *kʷikʷiyáy*.

great blue heron great blue heron, crane: *sŋə́qʷuʔ*.

greater to be raised up above, over, more than: *huʔáʔič*.

great-grandchild *čáʔmaʔqʷ*. great-grandparents, great-grandchildren: *čiyaʔméʔqʷ*.

great-grandparent *čáʔmaʔqʷ*. great-grandparents, great-grandchildren: *čiyaʔméʔqʷ*.

great-great-grandchild *háʔkʷiyaʔqʷ*. great-great-grandchildren: *hə́yəkʷiyaʔqʷ*.

great-great-grandparent *háʔkʷiyaʔqʷ*. several great-great-grandparents: *hə́yəkʷiyaʔqʷ*.

great-great-great-grandchild *cə́łpiyaʔqʷ*. several great-great-great-grandparents, great-great-great-grandchildren: *cə́yəłpiyaʔqʷ*.

great-great-great-grandparent *cə́łpiyaʔqʷ*. several great-great-great-grandparents, great-great-great-grandchildren: *cə́yəłpiyaʔqʷ*.

great horned owl *čáčtəŋəxʷ*.

Great Spirit Almighty, God, Creator, Great Spirit: *x̣áy̓əs*.

great toe *scaʔctúysən*.

grebe western grebe: *k̓ʷáy̓ək̓ʷs*. helldiver, western grebe: *sxʷnəy̓náčəŋ*. horned grebe, eared grebe: *waʔwəšəlí*. red-necked grebe: *sxʷŋay̓náčəŋ*. small helldiver, American grebe, pied-billed grebe: *wəw̓əw̓šəlʔí*.

greedy to be greedy, hoggish: *k̓ʷə́yiʔ*. to be a glutton, greedy for food, hungry, overeat for anything: *sqə́nəxʷ*. to be greedy for food, needy for food: *ʔəsqə́nəxʷ*.

green to be green, yellow in color: *ʔənəqʷáy*. yellow, greenish yellow, green, greenish blue, blue, bilious green: *ʔənəƛə́ł*. green color: *ʔənəƛə́łáyəs*. green (the color of trees): *ƛúʔłi*. to be greenish, bluish colored: *ʔənƛə́ƛáʔmən*. to be green (of fruit): *x̣ə́w̓əs*. to be raw, uncooked, underdone, not ripe: *xíc*.

green crab Puget Sound box crab, green crab: *ŋáyaʔčx*.

greenling rock cod, kelp cod, greenling, black bass: *łqús*. a bunch of small greenlings: *łaʔyaʔłáʔqs*. small greenling, kelp cod, rock cod: *łaʔłqús*.

Green Point Green Point, east of Morse Creek: *čtqáy, sčáyəł*. long bank near Green Point: *sxʷúłc*. the name of a former Klallam village east of Green Point: *ʔáʔyaʔyəŋ*.

green sea urchin green sea urchin, small sea eggs: *skʷíčiʔ*. several green sea urchins: *skʷaʔyíčiʔ*.

grin to be smiling, grinning: *nəxʷnaʔnəyəŋəs*.

grind to file, grind, sharpen (something): *čqə́ŋ*. to grind (something): *ɬəyəqʷíŋəɬ, ɬəqʷə́yu*. to smash, crush, pulverize, grind up, break up something: *ɬə́yəqʷt*. to smash, crush, pulverize, grind up, break up something into many pieces or of several agents: *ɬiʔɬə́yəqʷt*. being smashed, ground up: *ɬə́yqʷtəŋ*. steel file (tool), anything used for filing or grinding: *čqə́n*. to be filing, grinding something to sharpen it: *čə́qt*. to be filing, sharpening, grinding something: *čə́qəŋ, čə́qəŋ*. to be grinding (something): *ɬiqʷéʔŋəɬ, ɬiʔqʷə́yuʔ*. to be ground up, smashed: *ɬə́yqʷtəŋ*.

grinder grinder, anything used for grinding: *sxʷɬiʔqʷə́yuʔ*.

grindstone grinding stone: *čqə́ytən*.

gripe to be complaining, griping about doing something unpleasant or unrewarding: *kʷaʔcáct*.

grizzly grizzly bear: *kʷə́yəčən*. several grizzly bears: *kʷəyə́yəčən, kʷəyə́yəčən*.

groan to grunt, groan with effort: *ʔəníqəŋ*. to be grunting, moaning, groaning: *ʔaʔníqəŋ*. to groan: *ʔaʔyáctˈ*.

groceries to buy supplies: *tkʷsnáyəŋ*.

grocery bag *sʔɬnáy*.

groin groin, between the legs: *sxʷʔíyʔəɬ*.

gross to be displeased, repelled, disgusted, offended: *ʔscúʔsəŋ*.

ground ground, floor, land: *=ənukʷ*. ground, land, earth, dirt, soil: *sčtə́ŋxʷən*. frozen ground: *ʔəsɬiʔxʷə́nəkʷ*. land, ground, earth, Indian reserve: *tə́ŋəxʷ*. mud, dark loamy ground: *cqʷə́nəkʷ*. muddy ground: *ciqiʔə́nəkʷ*. mud, muddy ground: *caʔməŋə́nəkʷ*. swampy, boggy ground: *c̓caʔməŋə́nəkʷ*. hole in the ground, ditch, pit: *ʔəscə́yqʷəŋ, sxʷcə́yqʷəŋ*. hole in the ground, ditch, pit, any place that has been dug: *ʔəscə́yqʷ*. to be down on the ground: *scáwt*. to be flat ground: *ʔəsɬáyənəkʷ*. to be ground up, smashed: *ɬə́yəqʷtəŋ*. to be kind of cool, cold ground: *ɬaʔčiʔə́nəkʷ*. to be level ground: *ʔəsyə́qənəkʷ*. to be uneven, lumpy ground: *ʔəsmiməkʷə́nəkʷ*. to bury, plant something (in the ground), cover with earth: *čə́nət*. to sweep the floor, scrape the ground: *ʔəxənúkʷəŋ*. being smashed, ground up: *ɬə́yqʷtəŋ.f*

grounded to land, go ashore, get grounded (of a boat): *txʷiʔúsəŋ*.

groundhog mountain beaver, groundhog: *čuɬawítxʷ*.

group a group of people: *ʔəxʷíyŋxʷ*. to be gathered, be a group: *qə́p*. to gather a group, bunch up: *qə́yp*. to join, be among a group, be part of something, be involved with someone or a group: *qʷúʔ*. to mix together, mix in with, join in with, mingle, get involved, become part of a social group: *təŋkʷáct*. village, community of people, tribe, group of related people: *ʔayxʷíyŋəxʷ*.

grouse blue grouse: *hə́mhəm*. ptarmigan, grouse: *stə́yəxʷəŋ*. ruffed grouse: *hə́mhəm*. a group of ptarmigans, grouse: *sttíyəxʷəŋ*. a group of small, baby ptarmigans, grouse: *staʔyaʔtə́yxʷəŋ*. small ptarmigan, grouse: *staʔtə́yxʷəŋ*.

grow to grow, mature, grow up, develop: *šə́wi*. to be growing: *šə́wiʔ*. to get big, grow up: *čqcút*. to raise, rear a child, bring up a child, raise an animal, grow a crop or anything: *šəwáyət*. o be raising, rearing a child, bringing up a child or animal, growing a crop: *šəwáyt*. to be grown: *šə́wiɬ*. to be grown up: *ʔəsšə́wi*. to be past puberty, be finished growing (over 13-14 years old): *nəxʷshúyhi*. to get big, grow up (of several): *čiqcút*.

growl to growl (as a dog): *xaníti*. to growl, grumble (of the stomach): *kʷaʔčúxʷəŋ*. to growl, talk back to an adult: *ɬtúqʷəŋ*. to be growling: *xxaníti*. to be growling, making a growling noise (as a dog or any animal or human): *xaʔníti*.

grown fully grown: *čə́q*. youngster, youth, a person just grown, especially a young man: *ssaʔšə́ʔwi*.

grow up to grow, mature, grow up, develop: *šə́wi*.

grumble to growl, grumble (of the stomach): *kʷaʔčúxʷəŋ*.

grunt to grunt, groan with effort: *ʔəníqəŋ*. to be grunting, moaning, groaning: *ʔaʔníqəŋ*.

grunter fish grunter fish, drummer fish: *xʷəxím*. several grunter fish, drummer fish: *xʷəyəxím*.

grunt-fish grunt-fish, grunt sculpin: *xʷə́čt*. several grunt-fish: *xʷə́yəčt*.

guard to look out, be careful, heads up, beware, be wary: *qʷáʔyəx*. to watch out, be on the lookout, on guard, alert: *kʷənawíyəŋ*. to hide, guard, conceal, cover, tuck away (something) on oneself: *kʷxʷnə́čəŋ*. the police, policeman, police officer, jailer, prison guard: *qaʔqə́yuʔ*. to be watching out, on the lookout, on guard, alert: *kʷənaʔwéʔyəŋ*.

Guemes Island Guemes Island: *sqáxaʔ x̣čás*.

guess I guess, presume, must be: *yəxʷ*. a guess: *s̓tamáys*. to guess: *t̓amáys*.

guesser guesser in slahal: *s̓tamáys*.

guest to have a visitor, guest: *nəcəwtxʷnítəŋ*.

guide to be steering, guiding: *ɬə́xʷəyu*. dear elder, one's beloved counselor, guide, master, teacher, any person that one listens to and gets advice and direction from: *sxʷskʷáʔ*.

gulch gulch, gully, ravine: *stútaʔwiʔ*.

gull any gull, seagull: *qʷəní*. gray gull, Heermann's gull (the darkest of the gulls): *puhúŋəs*. several gray gulls: *pipihúŋəs*. a group of seagulls: *qʷaʔiní*.

gullet belly, gullet, gizzard, intestines: *sŋús*. neck, especially the front, throat, gullet: *xʷúŋən*.

gully gulch, gully, ravine: *stútaʔwiʔ*.

gum pitch, resin, tree sap, chewing gum: *čéʔəx*. a lot of pitch, gum: *čiyéʔəx*. to be chewing away (as when chewing gum): *ŋaʔkʷə́yu*.

gumberry gumberry, gummy gooseberry, sticky gooseberry: *tə́məqʷ*.

gumboot big stick shoe, giant chiton, gumboot, giant Pacific chiton, China shoe: *ʔúkʷs*.

gummy eye mucus, sleep (in the eyes), gummy eye: *naʔqʷáy̓s*.

gummy gooseberry gumberry, gummy gooseberry, sticky gooseberry: *tə́məqʷ*.

gun any gun, firearm: *púyək*. an exploding spark from a fire, a backfire from an engine, a gun firing: *tənq̓ʷə́yuʔ*. to be aimed at, threatened with a gun: *məčútəŋ*. to load a gun: *nəxʷnuʔás*.

gun case holster, gun case: *sxʷpuyəkháy*.

gunpowder gunpowder or any explosive material: *q̓ʷáɫc*.

gurgling to be making a choking, gurgling, strangling sound, death rattle: *qaʔyíqəŋ*. to make a choking, gurgling sound: *q̓ə́yəq*.

gush to be flowing, running, streaming, gushing, rushing (of water or other liquid): *héʔkʷəŋ*. to be running, flowing, gushing: *šaʔkʷíšəŋ*.

gut to butcher, gut, skin, clean, dress (an animal): *k̓ʷíc̓t*. be butchering, gutting, skinning, cleaning, dressing (an animal): *k̓ʷéʔwəc̓t*.

guts guts, intestines: *q̓éʔ*. insides of the body, guts, stomach, intestines: *sxʷčixʷíkʷən*.

gym recreation center, gym: *sqqiŋáwtxʷ*.

habit like to, want to, habitually: *-ənəq*.

habitually constantly, always, habitually: *č-¹*.

Haida Haida tribe: *yə́kʷɬtaʔx*. homeland of the Haida tribe: *haytá*.

hail hail, hailstones: *čiƛaháy̓sən*. to be hailing: *čaʔƛaʔháy̓səŋ*. hail, hailstones: *čiƛaháy̓sən*.

hair =*ay̓č*. hair on the head: *siʔátən*. any body hair, especially leg hair or underarm hair: *qʷínəkʷs*. braid: *stə́ŋəsən*. braided hair: *stə́ŋ̓sən̓*. gray hair: *spqéʔqʷ*. lots of hair: *ŋənáy̓č*. nose hair: *sxʷq̓ʷənáyəqsən*. the part in one's hair: *sxʷk̓ʷčáyəs*. thick hair, lots of hair: *čɬtáy̓č*. to be braiding hair: *təŋsánəŋ*. to be combing one's hair: *taʔšéʔqʷəŋ*. to be cut hair: *sxəmxʷéʔqʷ*. to be cutting someone on the head, cutting someone's hair: *ɬaʔcéʔqʷt*. to braid hair: *təŋəsánəŋ*. to comb one's hair: *tšéʔqʷəŋ*. to comb someone's hair: *tšéʔqʷt*. to curl hair, get a perm: *q̓ipéʔqʷəŋ*. to cut hair, get a haircut: *ɬícaʔqʷəŋ*. to cut someone's hair: *ɬícaʔqʷt, xəmxʷéʔqʷt*. to go to get one's hair curled, go to get a perm: *q̓ipéʔqʷəŋiyɬ*. to have curly hair, have a perm: *ʔəsq̓ipéʔqʷ*. to have curly or curled hair: *ʔəsq̓áy̓p*. to have gray hair: *sxaʔcméʔqʷ*. to have hair hanging down over eyes: *ʔəsxʷhəm̓həmáyəs*. to have long hair: *ƛ̓ayəqtáy̓č, ƛ̓qtáy̓č*. to have one's hair blown straight back as when moving forward at high speed: *ʔəsʔéʔps*. to have one's hair cut by someone: *xəmxʷéʔqʷtəŋ*. to have one's hair messed up: *sxixtšéʔqʷ*. to have red hair, be a redhead: *ʔncqʷéʔqʷ*. to oil one's hair: *məcéʔqʷəŋ*. to singe (hairs off) skin: *čq̓ʷíkʷst*. to unbraid the hair: *yəxʔáyčəŋ*. to wash one's hair: *čaʔɬéʔqʷəŋ*. to wash one's head or hair: *c̓akʷéʔqʷəŋ*. unbraided hair: *ʔəsyəxʷáyč*. wave, curl, frizz in the hair: *sq̓ipéʔqʷ*.

haircut *stícaʔqʷtən*. to cut the hair, get a haircut: *xəmxʷéʔqʷəŋ*. to have a haircut: *ʔsmaʔxʷéʔqʷ*.

hairy to be hairy, have a lot of hair on one's body: *ʔəsqʷaʔníw̓s*.

half *ʔəɬcə́x*. to be half full: *nəxʷtxʷíkʷən*. to split half and half: *čxtúy̓*. to split in half: *nəxʷčxíctəŋ*. to split some whole thing in half: *nəxʷčxíkʷt*.

half-breed to be half Native American: *ʔəɬčxíkʷs*. a group of half-breeds: *ʔəɬčəčxíkʷs*. to be one quarter Native American: *ʔəɬkʷátə*.

half drunk to be half drunk, tipsy, half shot: *ʔəsxʷčáy̓xʷs*.

half moon see under *ʔəɬcə́x*.

half-seal Aldridge Point, named for half-seal petroglyph there: *q̓əm̓q̓əmícən*.

half shot to be half drunk, tipsy, half shot: *ʔəsxʷčáy̓xʷs*. to be tipsy, half-shot, a little intoxicated, a little mentally unbalanced: *sxʷčaʔčáy̓xʷs*.

half-sibling half-sibling, half-brother, half-sister: *snəčíwəɬ*. several half-siblings: *snaʔyəčíwəɬ*.

half-smoked salmon *ʔəsxʷsáy̓p*.

halibut *scúʔtx*. several halibuts: *scəyáʔtx*. several small halibuts: *scaʔyaʔcucáʔtx*. small halibut: *scaʔcúcaʔtx*. the thin part of a fish (salmon, halibut, lingcod) dried: *ɬq̓ʷə́čən̓*.

halibut hook *cəmúʔəs*. several halibut hooks: *caʔyəmúʔnə*. traditional wooden halibut hook: *cəmúʔnə*.

Halkomelem Halkomelem language: *həlqəméʔnəŋ*. the Halkomelem language, especially the island dialects: *qəwʔə́čən*. the languages of the Songhees, Esquimalt, Saanich, and Cowichan: *yə́kʷəŋéʔnəŋ*.

hall dance hall: *sq̓ʷəyiyəšáwtxʷ*. several dance halls: *sqq̓ʷiyyəšáwtxʷ*.

Halloween Halloween: *snúʔnəkʷ skʷáči*.

Hamahama River Hamahama River: *nəxʷxəmxəmáy̓*.

hammer hammer: *cástən, hə́mən, sxʷʔiʔcə́səŋ*. any hammer, anything used for pounding: *sxʷʔiʔcə́syu*. sledge hammer, maul: *mál*. several hammers: *sxʷʔiʔcicə́səŋ, sxʷʔiʔcəyaʔsə́yuʔ*. to be hammered, pounded with a hammer: *hə́məntəŋ*. to be hammering: *haʔmə́yu*. to be pounding, hammering, nailing something: *céʔst*. to be pounding, nailing, hammering: *c̓aʔsə́yuʔ*. to hammer, pound something with a hammer: *hə́məntxʷ*. to hammer

hand

something, pound something with a hammer: hə́mənt. to hit several objects being hit or several doing the hitting or hitting many times: c̓ic̓ást. to pound, hammer, nail: c̓ísəŋ. to pound, hammer, nail something: c̓íst.

hand = acis. hand (including fingers), paw: cáys. right hand, right side: sʔiymíkʷs. right side, right hand: sƛ̓iyíkʷs. several hands, paws, fingers: cicáys. the hollow of the palm of the hand: sqəyəŋács. to be cut on one's hand (accidentally) by someone or something: ɫcácsnəy. to be cut on the hand by someone or something: ɫccístəŋ. to be felt, touched with the hand: ƛ̓pátəŋ. to be getting one's hand cut: ɫaʔcács. to be given, handed (something) by someone: ʔúŋəstəŋ. to be held by the hand: ƛ̓kʷcístəŋ. to be licking one's hand: ɫaʔqʷcísəŋ. to be licking one's paw, hand: ɫaʔqʷács. to be moving one's hands: kʷiʔxcísəŋ. to be slow with the hands: qaʔqənács. to be starting to wash the hands: c̓c̓aʔkʷcísəŋ. to be wiping one's hands: ʔaʔccísəŋ. to break the arm or hand: tkʷács. to burn one's fingers, hands: čičqʷács. to burn one's hand: čqʷács, k̓ʷaʔisács. to clap one's hands to accompany singing or other music: ɫaʔyəmcísəŋ. to cut one's hand: ɫcácsənúŋət. to cut someone's hand (intentionally): ɫccíst. to get a sliver in one's hand: nəxʷtčács². to get cut on the hand or finger: ɫcács. to get one's hand in excrement or anything nasty: naʔyəqʷács. to get poked, pricked, stabbed in the hand or finger, have a sliver in one's hand or finger: tčács. to give someone (something), hand (something) to someone: ʔúŋəst. being given, handed (something) by someone: ʔaʔŋústəŋ. to have big arms or big hands: čqács. to have big hands: čiʔqács. to have fast hands, work quickly with the hands: xʷəŋács. to have one's hand shaken (by someone): ƛ̓kʷcístəŋ. to pass, hand something over: ʔənʔáxʷ. to raise, lift one's hand: saʔcísəŋ. to scald, scorch, burn one's hand: k̓ʷsács. to slip with the hand, touch (something) and the hand slips off of it: ɫpács. to sprain one's wrist or hand: nəc̓qács. to wash the hands: c̓aʔkʷcísəŋ.

handed to be left-handed: sqəyíkʷs.

handful sx̣íŋi. to grab, snatch, get a handful of something: x̣íŋət.

handkerchief handkerchief, head scarf, bandanna: híkčəm.

handle = sin̓. a handle: ƛ̓kʷə́ntən. a handle that protrudes (as on a skillet): ƛ̓kʷsín̓. several handles that protrude: ƛ̓əyəkʷsín̓.

handshake to shake hands with each other: ƛ̓kʷcísti. to shake hands with someone: ƛ̓kʷcíst. to be shaking hands with each other: ƛ̓aʔkʷcísti.

handsome good-looking: yúxʷ. to be handsome, smart, debonair, strong, competent, energetic, confident, someone who takes pride in his work and does it well: ʔəsxʷúʔxt. cute, beautiful, pretty, good-looking, handsome: ʔaʔáʔiɫ.

hang to hang: čáyəŋ. to hang meat or fish to dry: ʔscáʔyuʔ. to hang something on a hook or nail: ɫikʷəyúst. to hang something up: čiyəŋúst, q̓éʔəyət. to hang up (food or clothes to dry): q̓éʔyəŋ. to have one's head hanging down, look down: cq̓ʷús. to have something hung around one's neck by someone: q̓sɫnáyətəŋ. to look down, bow one's head, hang one's head: cq̓ʷúsəŋ. to put, hang something over, put on the other side over the top (for example, a fence), drape something over a rail or line: q̓ʷéʔəyət. to be hanged, choked by someone: xʷq̓ʷəyɫnáyətəŋ. to be hanging: čaʔčáyəŋəs, čaʔčáyəŋ. to be hanging down (of the legs): ʔəsq̓ʷiʔq̓ʷéʔsən. to be hanging on a hook: ʔəsɫikʷáyəs. to be hanging over the back (of something) or behind (something): ʔəsq̓ʷaʔq̓ʷaʔyícən. to be hanging something on a hook or nail: ɫaʔk̓ʷiʔúst. to be hanging something up: čəyəŋúst, q̓íwəyət. to be hanging up, be draping: ʔəsqéʔqiʔ. to be holding on, "hanging in there": ƛ̓aʔƛ̓kʷáys. to be holding on, hanging onto (something): ƛ̓kʷaʔyís. to be hung on a hook or nail by someone: ɫək̓ʷəyústəŋ. to be hung up: čiyəŋústəŋ. to be preserving, putting up food by canning or hanging to dry: q̓éʔyuʔ. to be wrinkled, flabby, hanging loose and floppy (as loose, wrinkled skin or clothes): ʔəsɫáyp̓. to choke, strangle, hang someone: xʷq̓ʷəyɫnáyət. to sit with legs hanging down (as on the edge of a bed): ʔəsq̓ʷaʔyíxsən.

hanger paddle hanger: čičk̓ʷik̓ʷúʔsəŋ.

hang in there hang in there!: čəyáʔŋəs.

hang on to hold, hang on to something: ƛ̓kʷít.

hangover to have a sick feeling from eating too much fat or from excessive drinking: ʔəsqəyəm̓cút.

Hansville Point No Point, Hansville, Washington: hácqs.

happen to happen: ʔəstúŋət. to do, begin, happen, get ready, prepare to do (something): yáʔct. to happen suddenly: twaw̓ʔáxəŋ. to let it be done again, do it again, make it so, let it be so, let it be that way, let it happen again: ƛ̓áytxʷ¹. being ready, doing, happening, preparing: syáyaʔct. to be doing what, what's happening, what's going on: ʔaʔstúʔŋət. to be doing what with, what is happening to something: ʔəsʔístxʷ. to be done to, happened to: xənʔátəŋ. to be the one (out of several) to make it happen: č̓níɫ.

happy to be glad, happy: šaʔšúʔɫ. to be happy, having fun: ʔóyəs. to be nice, pleasant, at peace, calm, happy: ʔáʔiʔ¹. to be glad, happy, pleased, proud (of someone, something): šəyšúʔɫ. to be made happy, made nice: ʔóyəstəŋ. to be sad, blue, lonesome, unhappy: háʔpiʔ. to enjoy something, make someone happy: ʔóyəstxʷ. to get along well, be good to each other, be happy together: ʔiʔnə́k̓ʷi.

harbor seal any seal, fur seal, harbor seal: ʔásxʷ.

hard hard, solid, sturdy, congealed, jelled, tough, strong (material): q̓ʷsə́ŋ. to apply a hard force to

hard-headed

something, push, pull, lift something hard and fast: *tíymət*. to be difficult, hard to do: *x̣́éʔ*. being affected by a hard force, pushed, pulled, lifted hard and fast: *tíymətəŋ*. to be getting hard, toughening, jelling: *q̓ʷə́səŋct*. to be going fast and hard, striving, doing one's best: *taʔméʔct*. to be making something hard, tough, sturdy: *q̓ʷə́səŋtxʷ*. to be mean, no good, hard to get along with: *sxaʔxəyáʔs*. to make something hard, tough: *q̓ʷsəŋít*. to make something hard, tough, sturdy: *q̓ʷsə́ŋət*. to rain very hard: *ʔaskʷiʔə́yu*. to use maximum effort, work as hard as possible: *tíyməct*.

hard-headed to be stubborn, proud, strong-willed, hard-headed, single-minded, not want to be told, know-it-all: *čqánkʷs*.

hardtack cracker, hardtack, sea biscuit: *kəlákəs*. hardtack, pilot bread, cracker: *pə́skət*. hardtack, pilot bread, crackers: *saplín*.

hard time to get hurt, ache, feel pain, feel sick, suffer, have a hard time: *xə́ɬ*.

hard times pitiful, pathetic, having hard times, having a tough time making a go of life: *tsús*.

hare rabbit, hare: *qaʔqiʔcə́y̓, qiʔcíy̓*. several rabbits, hares: *qaʔyaʔqiʔcíy̓*.

harm to harm, hurt someone accidentally: *xɬnáxʷ*.

harness to take a harness off of a horse: *ɬəŋíkʷst*.

harvest to catch (game), harvest: *čqə́čaʔ*. to gather, harvest something: *ʔúyəxt*. to go to harvest, pick fruit: *ʔuɬíyŋ*. to harvest, pick berries, gather berries or other fruit or vegetables: *ʔəmxʷúcən*. to harvest, pick fruit: *ʔə́məxʷ, ʔúɬt*. to harvest something, pick berries, gather berries or other fruit or vegetables: *ʔəmxʷúct*. to pick, harvest (fruit, berries, or other vegetables): *ɬə́məcəŋ*. to pick, harvest fruit or other plant material: *ɬə́məct*. a catch, harvest: *sqə́čaʔ*. to be catching, harvesting: *čqə́ʔčaʔ, sqə́ʔčaʔ*. to be picked, harvested by someone: *ɬə́məctəŋ*. to be picking, gathering, harvesting something: *ɬə́mc̓əŋ*.

hat hat, any head covering: *sčə́saʔqʷ*. rain hat: *sɬəməxʷayéʔqʷ*. several hats: *sčičə́saʔqʷ*. to be putting a hat on: *čá̓saʔqʷəŋ̓*. to have a hat on, be hatted: *ʔəsčə́saʔqʷ*. to have a hat on, have the head covered: *ččə́saʔqʷ*. to put a hat on: *čə́saʔqʷəŋ*. to take off, remove one's hat: *ɬiyŋáʔqʷəŋ*. to take one's hat off: *ɬəŋayéʔqʷəŋ*.

hatch to be born, hatch: *néʔ*. to be brooding, be sitting on, hatching eggs: *x̣́áqɬ*. to be just born, newborn baby, just hatched: *čaʔnéʔ*.

hatchery fish hatchery: *sčannəxʷáwtxʷ*.

hatchet hatchet, small axe: *sxʷk̓ʷaʔk̓ʷéʔqʷəm*.

hate to dislike, hate, not want, despise: *sxʷaʔtín*. to be angry, mad at someone, hate someone: *sqiʔnúŋət*.

hateful to be hateful toward, despise: *ʔəsqinúŋət*. to feel angry, mad, hateful: *qinúŋət*.

haunt to spook, haunt someone, startle (animals): *naʔnəkʷít*. to have a nightmare, be ghosted,

head

haunted, spooked in the night, have an anxiety attack in the night: *naʔnəkʷítəŋ*.

have have, own: *č-¹*. to own, have, possess: *čkʷáʔ*. to have (something of someone's): *q̓áp̓*. stolen property, anything that one has by theft: *sčqán*. to get something, take something and have it: *čsx̣́ə́kʷ*. to have a name: *čná*. to have a wife: *čɬániʔ*. to not yet exist, not yet have: *huʔəhánə*. to want to have, like, love to have (something): *čx̣́éʔ*.

have to see under *ʔəsqiʔám̓*. to have to, must (do something): *kʷɬníɬ*.

hawk fish hawk, osprey: *c̓íxʷc̓xʷ*. nighthawk: *pipíhəq̓*. a species of small hawk: *sxʷcaʔcsə́yuʔ*.

Hawk's Hole Hawk's Hole, half mile south of Racer's Cove: *céʔiɬ*.

hay any grass, hay, weeds: *sxcáʔəy*. a lot of grass, hay, weeds: *sxáʔyəcáʔəy*. barn, hay storage building: *sxcaʔyáwtxʷ*. to mow grass, cut hay: *ɬc̓áʔiŋ*.

haying to be mowing grass, cutting hay, haying: *ɬaʔcáʔyəŋ̓*.

Hazel Point Hazel Point: *sxʷɬákʷɬəkʷiʔ*.

he he, she, it, they, third-person transitive subject: *-s⁴*. he, she, they, it, third-person subordinate subject: *-əs¹*. he, him, she, her, it, they, them: *níɬ*. he, him, she, her, that one (not visible): *kʷsəwníɬ*. he/she/it is (of something small): *naʔníɬ*.

head =*iʔqʷ*. head: *sq̓ʷúŋiʔ*. back of the head: *táčšəŋ*. being cut on the head: *ɬaʔcéʔqʷəŋ*. bump one's head: *x̣́əméʔqʷəŋ*. crown, top of the head: *sq̓táyéʔqʷ*. darn you! damn! "on the head!": *héʔqʷ*. fat head, greasy head, old man: *sməcéʔqʷ*. forehead: *scúys, sq̓ʷə́ŋəs*. hair on the head: *siʔátən*. several heads: *sq̓ʷəyúŋiʔ*. several small heads: *sq̓ʷəyaʔq̓ʷúʔŋiʔ*. small head: *sq̓ʷaʔq̓ʷúʔŋiʔ*. the edible part of top of salmon head at its nose: *sxə́mx̓əm¹*. the flesh of the head: *sɬiqʷéʔqʷ*. the head of a wolf: *staʔčəŋéʔqʷ*. the parent as head of the family, the person in authority in the family: *céʔct*. the side of the face or head, one's profile, cheek: *sxʷʔíyən*. the sides of the face or head, cheeks: *sxʷʔíʔíyən*. the top of anything, especially the crown of the head: *sxʷq̓taʔyéʔqʷ*. three heads: *ɬxʷéʔqʷ*. to be a little crazy in the head, insane: *ʔəsxʷaʔxʷk̓ʷéʔqʷ*. to be clubbed on the head: *ščéʔqʷtəŋ*. to be cutting someone on the head, cutting someone's hair: *ɬaʔcéʔqʷt*. to be decapitated, have head taken off, broken: *ɬəŋéʔqʷ*. to be kicked in the head: *məyéʔqʷtəŋ*. to be looking down, bowing one's head: *c̓q̓ʷúʔsəŋ*. to be one head: *nəcéʔqʷ*. to be scalped, get head peeled by someone or something: *ɬq̓ʷéʔqʷtəŋ*. to be shaking one's head: *čənəŋéʔqʷ, xʷəsúsəŋ*. to bump one's head: *x̣́əméʔqʷ, nəxx̣́əméʔqʷ*. to bump one's head in multiple places: *x̣́əmx̣́əméʔqʷ*. to bump someone's head: *x̣́əméʔqʷt*. to cover one's head: *xʷik̓ʷéʔqʷəŋ*. to cut in front of someone, cut someone off, get in someone's way, prevent someone from continuing, head someone off:

headache qəmúst. to cut one's head: ƛ́céʔqʷ. to cut someone on the head: ƛícaʔqʷt. to decapitate, take the head off: ɬəŋéʔqʷt. to get bumped on the ear or side of the head: nəxʷƛ̣əmáyən. to get bumped on the forehead: ƛ̣əmúyəs. to get hit, clubbed on the head: šč̓éʔqʷəŋ. to get one's head cut: ƛícaʔqʷəŋ. to have a big head, be bull-headed: čq̓éʔqʷ. to have one's head stuck, pinched: čənəc̓éʔqʷ. to have the head down, land on one's head: syaʔq̓éʔqʷ. to have white heads (as a green sea urchin does): pq̓iʔéʔqʷ. to hit, club someone or something (such as a fish) on the head: šč̓éʔqʷt. to kick someone or something in the head: məyéʔqʷt. to look down, bow one's head, hang one's head: c̓q̓ʷúsəŋ. to look up, raise one's head: súʔəsəŋ. to nod one's head to someone: c̓q̓ʷúst. top, crown of the head: q̓taʔyéʔqʷ. to remove (something) from one's head: ɬəŋayéʔqʷ, ɬəŋayéʔqʷt. to remove the head: ɬəŋéʔqʷəŋ. to rub the head: ɬəməxʷéʔqʷəŋ. to scalp, peel the head of someone or something: ɬq̓ʷéʔqʷt. to scratch the head: siʔéʔqʷəŋ. to shake one's head: xʷséʔqʷəŋ, xʷsúsəŋ. to shake one's head (saying no): nəxʷxʷaʔsúsəŋ. to split one's head: čxéʔqʷ. to split someone or something's head: čxéʔqʷt. to wash one's head or hair: c̓aʔk̓éʔqʷəŋ. to wash someone's head: č̓íɬaʔqʷt. to wash the head: č̓íɬaʔqʷəŋ. to be eating fish heads: ʔəɬsq̓ʷuʔúʔŋiʔ.

headache x̣ɬéʔqʷ. headache, sore head: sx̣ɬéʔqʷ. to have a headache: qaqɬéʔqʷ.

headband sq̓túyəs. headband, a bandage around the head: q̓túysən. tumpline, basket headband, pack-strap worn across the forehead attached to a load on the back: cə́ŋaʔtən. wolf-head design on beaded headband: staʔčəŋéʔqʷ.

headdress spirit dancer's head-dress: sʔúykʷč. fancy Plains Indian headdress: sx̣íščʼ.

headland sidehill, bluff, headland, high point: spə́ɬxən.

head scarf head scarf, kerchief, bandanna, anything used to cover, wrap up the head: xʷik̓ʷéʔqʷən.

headstone grave marker, headstone: syánt.

heads up heads up, excuse me, watch out, be careful, keep a lookout: q̓ʷáyəx. to look out, be careful, heads up, beware, be wary: q̓ʷáʔyəx.

head tide to go against, buck the current, against the tide, into the wind, opposite the flow, be a head tide: pšús.

heal to heal, be healed, be cured, get well: ɬáw². to heal, cure someone: ɬáwtxʷ. to manage to heal, cure someone, make someone well: ɬáwnəxʷ. to be cured by someone or something: ɬaʔk̓átəŋ. to be healed, cured by someone: ɬáwtəŋ. to be healing, getting well: ɬáɬuʔ. to be shaken over for healing in the Shaker religion: čənəŋístəŋ. to be well, cured, healed: ʔəsɬáʔɬuʔ. to have Indian doctor power, have the power to heal: čšxʷnáʔəm. to shake over someone for healing in the Shaker religion: čənəŋístxʷ. the spirit power to heal: sxʷnáʔəm.

healthy to be well, well off, healthy, fit, alright, fine, okay: ʔəsƛ̣úʔƛ̣əm̓. to be firm and healthy looking: ʔiʔúyəs.

hear to hear, listen to or for something: ʔiyaʔnəŋít. to hear something: ʔiyáʔnəxʷ. to listen, hear: ʔiyáʔnəŋ¹. to sense, hear, feel: taʔqəníxʷəŋ. to hear, get word of, catch (through hearing): č̓ʔiyán. being heard, listened to by someone or something: yaʔyəŋítəŋ. to be deaf: ʔəsq̓ʷiʔáʔən. to be heard about, rumored: táxənəŋ. to be heard, listened to by someone: ʔyaʔnəŋítəŋ. to be heard, listened to by someone or something: ʔiyáʔnəŋ². to be hearing, listening to someone or something: yaʔyaʔŋít. to be listening, hearing: yaʔyáʔnəŋ. to hear a rumor about someone or something: táxənəxʷ.

hear about to find out, discover, hear about something: táqənəxʷ. to find out, sense, feel or hear about something, be bothered by something: taʔqəníxʷ.

hearing aid q̓ʷáyən.

heart yə́nəwas. my dear, my heart: nəyə́nəwas. my heart: yə́nəwas. pit of the stomach, heart cavity: sx̣ʷyənəwsáyə. several hearts: yiyə́nwəs.

heartbreaking alas! it's a pity! heartbreaking, touching: wayənəhákʷ.

heartburn to have heartburn, indigestion, pyrosis: čq̓ʷínəs. having heartburn, indigestion, pyrosis: čq̓ʷéʔnəs.

heart cockle sƛ̣əyúʔəm̓.

hearth fireplace, stove, hearth: sxʷčq̓ʷuʔcáyə. any fire, especially a controlled fire as a campfire or in a fireplace: sčə́q̓ʷəwc.

heat to take something away from the fire, remove food from the heat: ɬáyəs.

heater heater, furnace: sxʷkʷaʔkʷíwcct.

heaven skʷáči.

heavy to be heavy: síq̓i. to get heavy, gain weight, get fat: sq̓íyəct. to be getting heavy: séʔqiʔct.

heel heel, back of the foot: sxʷcútəwač.

helicopter airplane, helicopter, any flying machine: sxʷkʷə́yəŋ.

hell to be fierce, out of control, mad, raising hell, throwing a tantrum: xaʔsíct. to get fierce, out of control, mad, raising hell, throwing a tantrum, doing something distasteful in anger, be angry and inappropriately act on it, being ugly with anger: xaʔséʔyəŋ.

helldiver helldiver, western grebe: sxʷnəynáčəŋ. several helldivers: sxʷniʔynáčəŋ. small helldiver, American grebe, pied-billed grebe: wəw̓əw̓šəlʔí.

hello are you there? hello: ʔiyá.

helmet crab q̓ʷənq̓ʷínsən.

help to help someone or something: kʷənáŋət. help, support: kʷənáŋəɬ. help me: kʷənáŋəc. help us:

helpless

kʷənaŋətúŋɬ. one's spiritual help: skʷənáŋəɬ. to be helped: kʷənáŋətəŋ. being helped by someone: kʷənaʔŋítəŋ. to be helping one another: kʷənaŋíti. to be helping oneself: kʷənaŋíct. to be helping several or several people helping: kʷiʔnáʔŋət. to be helping someone or something: kʷənáʔŋət. to help each other: kʷənáŋəti. to help oneself: kʷənaŋíct. to manage to be helped by someone: kʷənáŋənəŋ. to manage to help someone: kʷənáŋənəxʷ. to be kind, generous, good-hearted, ready to help: nəxʷʔi̓ʔíkʷən. to help oneself, prepare (something) for oneself, do (something) by oneself: ya̓ʔŋíct. to not know how to help, be unskilled in a particular activity: q̓ʷa̓ʔq̓ʷx̓ám.

helpless to be feeling uneasy, not right, uncomfortable, helpless (about something): ʔəsqi̓ʔé̓ʔmət. to be feeling disgusted, dissatisfied, distressed, helpless about a situation: kʷa̓ʔcáct.

hemlock hemlock: ŋá̓ʔəwəɬč. hemlock tree: ɬq̓áɬč. western hemlock tree: xá̓ʔčxɬč.

hemorrhage to hemorrhage, bleed: ta̓ʔikʷá̓ʔnəŋ.

Henderson Inlet Henderson Inlet: xʷú̓ʔƛ̓əm̓.

henhouse sxʷčikənáwtxʷ, čikənáwtxʷ.

henpeck to control, dominate, henpeck someone: sca̓ʔqəmú̓ʔist. to be controlled, dominated, henpecked by someone: sca̓ʔqəmú̓ʔistəŋ. to be controlled, nagged, dominated, henpecked: sca̓ʔqmú̓ʔis.

her his, her, its, their, third-person possessive (genitive): -s³. she, her, that one: kʷɬə. he, him, she, her, that one (not visible): kʷsəw̓nɬ. her, she is the one: kʷɬəw̓nɬ. he, him, she, her, it, they, them: nɬ̓.

here to be here, there: ʔəɬá̓ʔ. to be here: ʔáxa̓ʔ, ʔəsʔáɬa̓ʔ. being here, there: ʔáɬa̓ʔ. place here where it is: sxʷʔáɬa̓ʔ. to be here already: kʷɬá̓ʔ. to arrive, come here: táči. to arrive here (of a group): ta̓ʔyáči. to be arriving here: tá̓ʔčiʔ. to be brought from here: č̓ʔəɬá̓ʔtəŋ. to be from here: č̓ʔáɬa̓ʔ. to bring, get something from here: č̓ʔáɬa̓ʔtxʷ. to finally arrive here, manage to get here: tčinúŋət. to have something be here, bring something here, leave something here: ʔáɬa̓ʔtxʷ.

heritage ancestor, heritage, ones who came before us, are ahead of us: či̓ʔáŋən. ancestors, heritage: čičiyáŋən. one's heritage, traditions, legacy, inheritance what one has descended from one's ancestors: cəxtán. museum, heritage center: sxʷčiyaŋənáwtxʷ.

hermaphrodite sɬə́məč.

heron great blue heron, crane: sŋə́q̓ʷu̓ʔ. a group of herons or cranes: sŋə́yəq̓ʷu̓ʔ. baby heron or crane: sŋəq̓ʷu̓ʔhúyəɬ. small heron or crane: sŋa̓ʔŋá̓ʔq̓ʷu̓ʔ. small herons, cranes: sŋa̓ʔya̓ʔŋá̓ʔqəu̓ʔ.

herring sɬú̓ʔŋət. dried herring: ʔəskʷ̓ás. filleted herring: skʷ̓áyič. a bunch of herrings: sɬúŋ̓ta̓ʔŋət. a bunch of small herrings: sɬa̓ʔyá̓ʔɬəŋət. small herring: sɬa̓ʔɬú̓ʔŋət.

him

herring egg čə́ma̓ʔš.

herring rake herring rake: ɬə́ɬəm.

hey ʔée, na-, wú. hey!: ʔíčənə, húysta, xʷuxʷéy. hey, a call to get someone's attention: héh. hey!, hey there!: huxʷéy. hey there!: ʔóliʔóli.

hiccup to have hiccups: čá̓ʔkʷ̓a̓ʔɬ. to hiccup, have the hiccups: xʷá̓ʔkʷ̓a̓ʔɬ.

hidden to be hidden: ʔəskʷá̓ʔkʷi̓ʔ. to be peeking, half hidden: kʷá̓ʔwi̓ʔ.

hide (conceal) to hide, be hidden: kʷáy. to conceal something, make something hidden, not visible: cúpt. to hide behind (something), have something in front of one's face: ca̓ʔpúsct. to hide, conceal something: cú̓ʔipt, kʷáyət. to hide, guard, conceal, cover, tuck away (something) on oneself: kʷxʷnə́čəŋ. to hide something in a particular place: kʷáyəs. to take or hide someone or something in the bush or woods: səw̓át. to tuck something away, hide something on oneself: kʷxʷnə́čt. being hidden, concealed by someone: kʷá̓ʔyətəŋ. being hidden in a particular place by someone: kʷa̓ʔá̓ʔyəŋ. to be concealed, hidden by someone or something: cúptəŋ. to be hidden: ʔəskʷá̓ʔkʷi̓ʔ. to be hidden behind (something): ʔəscú̓ʔyəp. to be hidden, concealed: kʷáyi. to be hidden, concealed by someone: kʷáyətəŋ. to be hidden in a particular place by someone: kʷáyəŋ. to be hiding: kʷə̓ʔá̓ʔi. to be hiding something: kʷa̓ʔáyəs, kʷkʷá̓ʔi̓ʔ. to be hiding (something), keeping a secret: kʷəyə́čəŋ.

hide (skin) skin, animal hide: kʷ̓ə́wi̓ʔ. several skins, hides: kʷ̓ikʷ̓ə́wi.

hide-and-go-seek hide-and-go-seek (game): kʷa̓ʔkʷá̓ʔwi̓ʔ.

high high, up: cícɬ. to be put, kept up high by someone or something: cícɬtəŋ. to be very high tide, high water: ɬə́yəŋtəŋ. to fill up with liquid to a certain level, flood, inundate, become high tide: ɬə́ŋ. to put, keep someone or something up high: cícɬtxʷ. to be going up high: ca̓ʔcɬé̓ʔiŋ. God, Lord on high: cícɬsi̓ʔám̓. sidehill, bluff, headland, high point: spə́ɬxən.

high class to be high class: si̓ʔám̓. a child of a high class family: sa̓ʔsi̓ʔáhəm̓. a high class person, one with highly respected ancestors: csxʷi̓ʔám̓. several children of high class families: sa̓ʔya̓ʔsiyáhəm̓. to be high class (of several), a group of rich people, bosses, dignitaries, important people: si̓ʔi̓ʔám̓. to be respected, thought of or identified as important, high class: si̓ʔám̓təŋ.

hiking walking path, sidewalk, hiking trail, walking ramp: sxʷšə́təŋ.

hill a small hill, stairs, ladder, anything that might be climbed up on: scé̓ʔyəŋ. rocky, craggy mountains or hills: sŋiyánt. sidehill, bluff, headland, high point: spə́ɬxən.

him he, him, she, her, it, they, them: nɬ̓. he, him, she, her, that one (not visible): kʷsəw̓nɬ.

hint to be inviting oneself, hinting to be invited: *yaʔyúct*.

hip =*ayč*. hip, rump, upper leg, thigh: *scxáč*. having a sore, aching rear end, upper hip: *sxʷxə́ɬəwəč*. several hips: *scaʔyəxáč*. to break the hip: *tə́kʷəwč*. to get cut on the hip: *ɬčáʔič*. to have a broken hip: *ʔəstkʷáʔič*. to have a broken tail bone or hip: *ʔəstə́kʷəwəč*. to hurt, ache in the hip: *xɬáyəč*. wild rosehip: *qə́yəq*. darn you! "on the hip!": *hə́yič*.

hire to hire someone, put someone to work, give someone a job: *čáytxʷ*. being put to work, given a job: *čáʔitəŋ*. to be hired: *skʷənáyət*. to be hired, supervised: *syátšən*. to be hiring someone, putting someone to work, giving someone a job: *čáʔitxʷ*.

his his, her, its, their, third-person possessive (genitive): -*s*³.

historical to be well-known, important, historical: *ʔəsxáčt̕²*.

hit to hit the shore with a canoe or boat: *táxʷl*. to stop (something) by applying an opposite force such as hitting, bumping or leaning against, colliding with: *cə́n̕*. to finally manage to hit something (shooting), shoot something accidentally: *čúkʷnəxʷ*. to be shot, hit with evil spirit power, cursed, hit with a slingshot, stung by a lizard or snake: *xtə́təŋ*. to bump, hit into something: *cxnáxʷ*. to be hit (accidentally), bumped: *cxnáŋ*.

hit (with hand) to get hit, punched, pounded: *c̓ə́s*. to hit (especially with the hand), punch, slap, pound: *c̓sə́t*. being hit by someone or something: *c̓ə́stəŋ*. being hit on the side (especially of an oarlock socket): *c̓əsniʔkʷáʔstəŋ*. to be hit by several people or several times: *c̓ic̓ə́stəŋ*. to be hit in the face: *nəxʷc̓súsənəŋ*. to be hit on the arm: *c̓siʔáxtəŋ*. to be hit on the arm accidentally: *c̓siʔáxənəŋ*. to be hit on the foot accidentally: *c̓ssənáŋ*. to be hit on the foot intentionally: *c̓ssə́ntəŋ*. to be hit, punched, slapped: *c̓sə́təŋ*. to be hitting someone in the solar plexus: *c̓sn̕kʷást*. to be managing to hit, pound someone or something: *c̓ə́snəxʷ*. to be punching, hitting (with the hand): *c̓ə́st*. to do some hitting (implying hitting several things or people): *c̓ə́səyuʔ*. to get hit in the diaphragm, solar plexus, mid body by someone or something: *c̓snəkʷástəŋ*. to get hit in the diaphragm, solar plexus, pit of the stomach: *c̓sánkʷs*. to get hit on the arm: *c̓siʔáxən*. to get hit, punched in the face by someone: *nəxʷc̓sústəŋ*. to hit several objects being hit or several doing the hitting or hitting many times: *c̓ic̓ə́st*. to hit someone on the foot: *c̓ssə́nt*. to manage to hit someone or something: *c̓sənáxʷ*. to punch, slap, hit on the face: *nəxʷc̓súsəŋ*. to punch, slap, hit someone in the face: *nəxʷc̓sú́st*.

hit (with extended object) to get hit (with a stick): *šə́č*. to hit, beat, whip someone or something with a hand-held instrument such as a stick: *ščə́t*. manage to hit something or someone, hit accidentally: *ščnáxʷ*. to manage to be hit: *ščnáŋ*. to hit, club someone or something (such as a fish) on the head: *ščéʔqʷt*. to hit, slap oneself: *ščə́ct*. to be hitting (as in baseball): *ščə́yuʔ*. to get hit, clubbed on the head: *ščéʔqʷəŋ*. to be hit in the face (with a stick): *ščústəŋ*. to be slapped in the face: *nəxʷščústəŋ*. to get hit on the arm: *ščiʔáxən*. to be hitting (with a stick): *šə́čəŋ*. to be hit, whipped: *ščə́təŋ*. to be hitting, beating: *šə́čt*. to be hitting, clubbing something repeatedly or more than one thing: *šišə́čt*. to be hit on the arm by someone or something: *ščiʔáxtəŋ*. being hit by someone or something: *šə́čtəŋ*. to be hit by someone or something on the arm accidentally: *ščiʔáxənəŋ*. to hit someone on the arm accidentally: *ščiʔáxənəxʷ*. to hit someone on the arm (on purpose): *ščiʔáxt*. to hit, strike, beat something or someone repeatedly: *šišə́čt*. to hit someone in the face (with a stick): *ščúst*. to slap, hit someone in the face repeatedly: *nəxʷšəyčúst*.

hit (with thrown object) to be hit (with something thrown): *čús*. to throw and hit someone or something: *čsút*. to manage to hit with something thrown, throw and hit accidentally: *čúsnəxʷ*. to throw (something) and hit someone accidentally: *čúsnəŋ*. to be hitting something (with something thrown): *čúst*. to be hit by something thrown: *čúsnəŋ*. to be thrown at or to, hit (with a thrown projectile such as a rock): *čsútəŋ*. being thrown at, hit by something thrown: *čaʔsútəŋ*. to be hit in the face by something thrown: *nəxʷčšústəŋ*. to hit someone in the face by something thrown: *nəxʷčšúst*. to hit someone on the face accidentally by throwing: *nəxʷčšúsnəxʷ*.

hitchhike to get a ride, hitchhike: *kʷcác*. to hitchhike, get a ride with (someone) in a car or canoe: *kʷcáci*. to want to hitchhike: *kʷcaciʔáyŋən*.

hive beehive: *sxʷɫaʔɫáʔkʷəŋ*. beehive, hornet nest or wasp nest: *sxʷɫaʔɫaʔkʷəŋáwtxʷ*.

hoarfrost frost, hoarfrost, ice: *stixʷə́yu*.

hoe hoe, mattock, pickaxe, shovel: *lapiyúš*.

hog pig, hog, pork: *kʷašú*. a group of pigs: *kʷiyašú*.

hoggish to be greedy, hoggish: *kʷə́yiʔ*.

hoist to lift, hoist up something: *sáʔət*. to be lifted, hoisted up, reeled in by someone or something: *sáʔətəŋ*.

Hoko River the name of the Hoko River and the former Klallam village at the mouth of it: *húʔquʔ*.

hold to hold, hang on to something: *ƛ̓kʷít*. to be held, hung on to by someone or something: *ƛ̓kʷtíŋ*. to be held steady, stopped, prevented from moving: *ƛ̓aʔyáʔctíŋ*. to be holding on, "hanging in there": *ƛ̓aʔƛ̓kʷáys*. to be holding on, hanging onto (something): *ƛ̓kʷaʔyís*. to be taken and held by someone or something: *ƛ̓kʷiŋítəŋ*. to be taking, grabbing hold of something: *ƛ̓ə́kʷt*. to manage to be held: *ƛ̓kʷníŋ*. to manage to get to hold: *ƛ̓kʷiníŋət*. to manage to hold something or

English-Klallam Index

hole

someone: *ƛ'k̓ʷinúŋət, ƛ'k̓ʷníx̌ʷ*. to take and hold, take possession of someone or something: *ƛ'k̓ʷiŋít*. to take, hold someone: *ƛ'k̓ʷístx̌ʷ*. to hold hands: *ƛ̓aʔk̓ʷcísti*. to be holding back one's laughter, wanting to laugh: *naʔnəyəŋáy̓ŋən̓*. to be holding laughter inside, not letting oneself laugh: *naʔnáyəŋéʔwən̓*. to control oneself, prevent oneself (from doing something), hold (something) in: *ƛ̓aʔpcút*. to hold a baby in one's lap: *ʔəpə́č̓t, ʔəpə́č̓təŋ*. to hold, keep something in one's mouth, make something stay in one's mouth: *maʔk̓ʷtíx̌ʷ*. to hold something in one's mouth, be chewing on something: *maʔk̓ʷít*. to hold something away: *cx̌ít*. to hold something steady, prevent something from moving: *ƛ̓aʔyaʔcít*.

hole = *ayŋəɬ*. hole, tunnel, any opening something can pass through: *scɬə́q̓ʷ, ʔəscə́ɬq̓ʷəŋ*. any deep hole, especially a deep place in a river: *ʔəsx̌ʷƛ̓áčəŋ*. any hole, perforation, tunnel: *sx̌ʷcɬə́q̓ʷəŋ*. any hole that goes into something (but not a hole in the ground): *sx̌ʷcə́ɬq̓ʷəŋ*. to go through a hole or tunnel: *cɬə́q̓ʷəŋ*. to have a hole, perforation: *ʔəscə́ɬq̓ʷ*. to pass something through (by making a hole if one does not already exist), bore a hole in something, perforate, pierce something: *cɬə́q̓ʷt*. to pass through, fall through a hole: *cɬə́q̓ʷ*. any tool used to make holes, puncher, awl: *cɬə́q̓ʷtən*. chimney thimble, smoke hole cover: *q̓ʷíwqən*. hole in the ground, ditch, pit: *ʔəscə́yq̓ʷəŋ, sx̌ʷcə́yq̓ʷəŋ*. hole in the ground, ditch, pit, any place that has been dug: *ʔəscə́yq̓ʷ*. making, passing through a hole or tunnel: *cə́ɬq̓ʷəŋ*. to be making a hole, passing through: *cə́ɬq̓ʷ*. to be passing something through (by making a hole if one does not already exist): *cə́ɬq̓ʷt*. to digging a hole: *nəx̌ʷciʔqʷáy̓ŋəɬ*.

holler to yell, shout, holler, call out: *k̓ʷáčəŋ*. to call out to, shout at, yell to, holler at someone: *k̓ʷčáŋət*. to whoop, holler, hoot to someone over distance: *húk̓ʷt̓*. to holler back and forth to one another: *hək̓ʷtásti*. to holler, call to someone: *hək̓ʷtástx̌ʷ*. to scream, holler: *k̓ʷaʔk̓ʷxcínəŋ*. being hollered to a little at someone or something: *k̓ʷaʔk̓ʷčəŋítəŋ*. to be hollered to, hooted to by someone over distance: *húk̓ʷtəŋ̓*. to be hollering to someone: *k̓ʷčá̓ʔəŋət*. to be hollering to, yelling a little at someone or something: *k̓ʷaʔk̓ʷčáʔŋət*. to be screaming, hollering (a little or of a small person): *k̓ʷaʔk̓ʷxcéʔnəŋ̓*. to be yelled at, hollered at, called to by someone: *k̓ʷčáŋətəŋ*. to be yelled for, hollered for by someone: *k̓ʷčaŋəsítəŋ*. to be yelling, shouting, hollering, calling out: *k̓ʷaʔk̓ʷá̓ʔčəŋ̓*. to start to holler: *k̓ʷək̓ʷáčəŋ*. to start to holler (of a group): *k̓ʷiyəkʷáčəŋ*. to yell, holler for someone (to get their attention): *k̓ʷčaŋəsít*. to talk loudly, not quite hollering: *x̌aʔx̌ə́təŋ*.

hollow to hollow out: *nəx̌ʷɬúwəŋ*. to hollow something, make a hollow opening in something: *ɬk̓ʷə́t*. to hollow something out: *nəx̌ʷɬk̓ʷə́ŋət, nəx̌ʷɬuʔə́t*. to be hollow, a dug out place: *ʔəsx̌ʷcə́yq̓ʷ*. to hollow something out, shave the inside of something: *nəx̌ʷqaʔxk̓ʷít*. the hollow of the palm of the hand: *sqəyəŋ̓ács*. to be getting hollowed out by someone or something: *nəx̌ʷɬúwtəŋ*. to be hollow: *ʔəsx̌ɬk̓ʷəŋ*. to be hollowing, shelling (clams): *nəx̌ʷɬuʔə́yuʔ*. to be hollowing something out: *ɬə́k̓ʷəŋt, ɬə́k̓ʷt, nəx̌ʷɬúwəŋ̓*. to have droopy, sleepy, hollow eyes: *ʔəstuʔɬuʔáys*.

holster holster, gun case: *sx̌ʷpuyəkháy*.

holy holy man, Jesus: *šušuk̓ʷlí*. holy, spiritual, sacred, religious, Lord: *nəmá*.

holy cow gee! oh, my! holy cow! wow!: *húx̌ʷ*.

Holy Ghost Holy Ghost, Holy Spirit: *sántuspli*.

home house, home: *ʔáʔyəŋ*. to be at home: *ʔaʔáʔyəŋ*. to be at home, stay home: *ʔaʔáʔmət*. to arrive home, get home: *čəŋ*. to go home: *túk̓ʷ*. a group of houses, homes: *ʔáʔyaʔyəŋ*. to let someone stay home: *ʔaʔáʔməttx̌ʷ*. to finally get home, manage to make it home: *čəŋnúŋət*. to arrive home for someone or something: *čə́ŋnəs*. to arrive home, get home (of a several): *čáyəŋ*. to be arriving home, getting home: *čá̓ʔčəŋ*. to bring something home: *čáŋ̓tx̌ʷ*. to be brought home: *čáŋ̓təŋ*. to be brought home (of several, by several or several times): *čáyəŋ̓təŋ*. to manage to get someone or something home: *čáŋnəx̌ʷ*. to be going home, on the way home: *tútk̓ʷ*. to be gone home for by someone: *túk̓ʷnəsəŋ*. to be taken home by someone or something: *túk̓ʷtəŋ*. to be taking or bringing someone or something home: *taʔk̓ʷístx̌ʷ*. to go home by vehicle: *túk̓ʷéyɬ*. to go home to get someone or something: *túk̓ʷnəs*. being at home (after being away), having arrived home: *ʔəstúʔək̓ʷ*. being taken home by someone or something: *tútúʔk̓ʷtəŋ*. to let someone or something go home, take someone or something home: *túk̓ʷtx̌ʷ*. to take or bring someone home: *tk̓ʷístx̌ʷ*. to take someone or something home: *tk̓ʷás*. to want to go home: *təʔk̓ʷáyŋən*. to move house, change one's place of residence: *čanəŋáwtx̌ʷ*. to be away, gone, not home, on vacation: *háʔəw*. being away, gone, not home, on vacation: *háʔəw̓*. funeral home: *smək̓ʷaʔáwtx̌ʷ*.

homeless to be poor, pitiful, sad, destitute, poorly, humble, having no relatives, homeless person, a poor soul, in misery: *yəščənúŋət*. to have no place to live, be homeless: *štəŋə́nək̓ʷ*.

homely ugly, homely, terrible, funny looking: *x̌aʔx̌éʔsiʔ*.

homesick to be wanting to go home, be homesick: *taʔk̓ʷáyŋən*.

hometown countryman, compatriot, someone from one's hometown, country, or tribe: *sx̌ʷsk̓ʷáwaʔ*.

homosexual *snačít, slapúʔnə*.

honest to be true, real, sincere, honest: *cəʔít*¹. to be honest, telling the truth: *nəx̌ʷcəʔítqən*. to be true, dedicated, honest, real, meaning it, sincere in what one is doing: *ʔəscaʔít*. being sincere, telling the truth: *ʔəscəʔéʔt*.

632   English-Klallam Index

honey names of berries are used as terms of endearment to address one's lover similar to English 'honey'. *nətə́qʷəm̕* 'my thimbleberry' is often used this way, but any berry name can be used. See under *tə́qʷəm̕*.

honk to be honking, hooting, tooting, howling (of a person, horn, car, boat, train, siren, crane, etc.): *cáʔyéʔəŋ*. to howl (as dog or wolf), toot, honk (as boat, train, or any horn): *x̕áwəŋ*.

honor to pay attention to someone, respect, honor, praise someone, give someone special care: *naʔnaʔtíxʷ*. to be honored, respected: *naʔnaʔtíŋ*. to comply, agree with someone, allow, obey someone (something), give in to someone, give someone what they want, honor someone (as in 'honor a request'): *ʔánət*.

Hood Head Whiskey Spit, Point Hannon, Hood Head: *nəxʷčsnúʔəŋ*.

hoof deer hoof: *húʔptsən*. elk hoof: *sməyəcásən*. several elk hooves: *smiməyəcásən*.

hook any tool used for prying such as a cant hook, peavey, or crowbar: *kʷácən*. fishhook for fishing with a line: *kʷúyəkʷ*. gaff hook: *t̕íkʷən*. halibut hook: *cəmúʔəs*. to be hooked, snagged: *t̕íkʷ*. to hook something, impale something with a hook: *t̕íkʷt*. to hook something accidentally: *t̕íkʷnəxʷ*. to hook someone (into doing something): *húkʷt¹*. a small fishhook: *kʷaʔkʷúyəkʷ*. being hooked, gaffed: *t̕aʔkʷítəŋ*. to be fishing with a gaff hook: *t̕aʔkʷáys, t̕aʔkʷəyuʔ, t̕kʷəyu*. to be fishing with at gaff hook at night: *x̕aʔpáʔyəs*. to be hanging on a hook: *ʔəst̕ikʷə́yəs*. to be hanging something on a hook or nail: *t̕aʔkʷíʔúst*. to be hooked accidentally: *t̕íkʷnəŋ*. to be hooked (as a fish): *ʔəstéʔyəkʷ*. to be hooked by someone (into doing something): *húkʷtəŋ¹*. to be hooked by someone or something: *t̕kʷítəŋ*. to be hooked in one's face: *t̕íkʷústəŋ*. to be hooking: *t̕éʔkʷəŋ*. to be hooking something: *t̕éʔkʷt*. to be hung on a hook or nail by someone: *təkʷəyústəŋ*. to get hooked on the head: *t̕kʷéʔqʷtəŋ*. to get hooked on the nose: *t̕kʷə́qsən*. to hang something on a hook or nail: *t̕ikʷəyúst*. to hook someone or something on the face, hook a fish: *t̕íkʷúst*. to pull off, hook off (something): *t̕kʷíct*. to trip, get one's foot hooked (on something): *t̕íkʷsən*. to trip, hook one's foot (on something): *t̕íkʷsənəŋ*. traditional wooden halibut hook: *cəmúʔnə*. several halibut hooks: *caʔyəmúʔnə*.

hoot to whoop, holler, hoot to someone over distance: *húkʷt²*. to be hollered to, hooted to by someone over distance: *húkʷtəŋ²*. to be honking, hooting, tooting, howling (of a person, horn, car, boat, train, siren, crane, etc.): *cáʔyéʔəŋ*. to hoot, talk like an owl: *ččtəŋxʷcínəŋ*.

hope to be expected, in case, in the unlikely event, in the hope, in the expectation of: *cút*.

hops *háps*. hop picking: *ʔəsháps*. to go hop picking: *ʔəshápsi*.

horn any horn (on a boat, car, lighthouse, etc.): *sxʷx̕áwəŋ*. horn, antler: *cístən*. to howl (as dog or wolf), toot, honk (as boat, train, or any horn): *x̕áwəŋ*.

horned grebe horned grebe, eared grebe: *waʔwəšəlí*.

hornet any small bee, hornet, wasp, bumblebee, yellow jacket, any stinging insect of the order Hymenoptera: *sxʷt̕aʔtáʔkʷəŋ*.

horse *stiqéw̕, kíwtən*. a group of small horses, ponies, foals, colts, fillies: *staʔyaʔtiqéw̕*. any small horse, pony, foal, colt, filly: *staʔtiʔqéw̕*. horse barn, stables: *stiqiwáwtxʷ*. horses: *stitiqéw̕*. to go by horse, travel on horseback: *stiqewáyt*. any conveyance such as a canoe, raft, boat, car, horse, floating log, and so on: *sxʷʔúyət*. to take a harness off of a horse: *təŋíkʷst*.

horse clam *swáhəm*. horse clam, black-neck clam: *ŋáʔŋaʔ*. a bunch of horse clams: *swaʔyáhəm*. a thin-shelled horse clam: *t̕əməčaʔq*. small horse clam: *swaʔwáʔhəm*. white-neck clam, geoduck, big white horse clam: *t̕əməčaʔq*. several horse clams, black-neck clams: *ŋáyaʔŋaʔ*.

horsetail common horsetail: *máʔəxʷ*. giant horsetail: *t̕t̕úc*.

hose sock, stocking, hose: *stákən*.

hospital hospital, clinic: *sxtáwtxʷ*. to take someone to the hospital: *x̕aʔsxtáwtxʷt*. to be taken to a hospital: *x̕aʔsxtáwtxʷtəŋ*.

hot to be hot, warm: *t̕aʔtíqəŋ*. to be hot to the touch: *kʷáʔus*. summer, hot time of year: *čəŋkʷáʔyəs*. to get hot, warm: *t̕tíqəŋ*.

hotcakes hotcakes, pancakes, fry-bread: *saplín*.

hot dog hot dog: *sqaʔqáxaʔ*.

hotel hotel, motel, dormitory: *ʔəsʔəttáwtxʷ*.

hour o'clock, hour: *tíntən*.

house house, building, room: =*awtxʷ*. house, home: *ʔáʔyəŋ*. a group of houses, homes: *ʔáʔyaʔyəŋ*. a small house: *ʔaʔáʔyəŋ*. any white house: *pəqáwtxʷ*. birdhouse, nest: *scéʔcəmáwtxʷ*. brick, stone, concrete house or any building: *syəntáwtxʷ*. burning building, house fire: *sčičqʷáwtxʷ*. dog house: *sqaxaʔáwtxʷ*. eight houses: *taʔcsáwtxʷ*. five houses, buildings: *t̕qáčšuʔtxʷ*. four houses: *ŋúsuʔtxʷ*. henhouse: *sxʷčikənáwtxʷ*. house of knowledge, learning, library: *xčnáwtxʷ*. how many houses: *kʷənáwtxʷ*. Indian style house, longhouse: *ʔəcltiŋxʷáwtxʷ*. inside the house: *nəcáwtxʷ*. longhouse: *x̕qtáwtxʷ*. longhouse, winter dance house, big house: *čəqáwtxʷ*. nine houses: *təkʷxʷáwtxʷ*. potlatch house, long-house: *sx̕aʔnəqáwtxʷ*. red house: *ʔnəcqʷáwtxʷ*. school building, schoolhouse: *skʷuláwtxʷ*. seven houses: *cúkʷsáwtxʷ*. six houses: *t̕xə́ŋuʔtxʷ*. small house: *x̕aʔx̕aʔáwtxʷ*. small red house: *ʔaʔəncqʷáwtxʷ*. small white house: *paʔpqáwtxʷ*. smokehouse, drying shed, building used for smoking and drying

housefly

meat: *spk̓ʷəŋáw̓tx̌ʷ*. spirit dance house, Indian dance house, smokehouse: *k̓ʷənəsáw̓tx̌ʷ*. ten houses: *ʔupənáw̓tx̌ʷ*. the back, upper side of a house: *čaʔyəqʷáw̓tx̌ʷ*. three houses: *łíx̌ʷuʔtx̌ʷ*. to be a full house: *ʔəsiʔəc̓áw̓tx̌ʷ*. to be building a house: *čačáw̓tx̌ʷəŋ*. to be burning, on fire (of a house or other building): *čq̓ʷáw̓tx̌ʷəŋ*. to be moving to a different house (of a whole family), changing one's residence: *saʔyúy̓k̓ʷł*. to be one house, building, room: *nəc̓áw̓tx̌ʷ*. to be on fire (of a house or other building): *čq̓ʷáw̓tx̌ʷ*. to build a house, put up a tent or make camp: *čačáw̓tx̌ʷəŋ*. to burn (of a house or other building): *čičq̓ʷáw̓tx̌ʷ*. to go, walk around the house or any building: *q̓táw̓tx̌ʷ*. toilet, bathroom, restroom, outhouse: *sx̌ʷʔəmətáw̓tx̌ʷ*. to move house, change one's place of residence: *čanənáw̓tx̌ʷ*. to put up the framework of a house: *scəyəłiq̓ʷáʔsəŋ*. twenty houses, buildings: *nəcx̌ʷk̓ʷsáw̓tx̌ʷ*. two houses: *cəŋuʔtx̌ʷ*. wooden house, any building made of wood: *sc̓ułáw̓tx̌ʷ*.

housefly fly (insect): *qaʔqə́yəx̌ənaʔ*. several flies: *qəyaʔqə́yəx̌ənaʔ*.

houseful a houseful, a full house: *yəc̓áw̓tx̌ʷ*.

house-post a vertical pole, house-post, tent-pole, mast: *qáqən*. several vertical poles, house-posts, tent-poles, masts: *qaʔyáqən*.

housing department *ʔaʔyəŋáw̓tx̌ʷ*.

how to be a certain way, manner, like, similar, how: *ʔəsx̌ʷaníŋ*. being a certain way, be like, be how, such as: *x̌ʷənʔáŋ*. being how: *ʔəsx̌ʷaʔnéʔəŋ*. to advise, teach someone, show someone how: *ʔaʔk̓ʷúst*. to be advised, taught, shown how by someone: *ʔaʔk̓ʷústəŋ*. to be advising, teaching someone, showing someone how: *ʔaʔaʔk̓ʷúst*. to be how (of something or someone small): *sx̌ʷaʔx̌ʷəníŋ*. to be how, the way, manner one is kept by someone or something: *x̌ʷənəŋtíŋ*. to know how: *ʔəyán*. to know how (to do something), be smart, intelligent, knowledgeable (about something): *ʔiʔánəŋ*. to not know how (to do something), be inexperienced, be incapable: *čəŋík̓ʷs*.

howl to howl (as dog or wolf), toot, honk (as boat, train, or any horn): *x̌ə́wəŋ*. to howl at someone: *naʔhúst*. to be honking, hooting, tooting, howling (of a person, horn, car, boat, train, siren, crane, etc.): *caʔyéʔəŋ*. to be howled at: *naʔhústəŋ*. to want to howl, be about to howl: *x̌ə́wəŋáy̓ŋən*.

how long how long in time, how many days, how many years: *k̓ʷíns*.

how many how many, how much: *k̓ʷín*. how long in time, how many days, how many years: *k̓ʷíns*. how many (canoes): *k̓ʷík̓ʷən*. how many children: *k̓ʷənayəhə́čł*. how many houses: *k̓ʷənáw̓tx̌ʷ*. how many of a kind, how many people or animals: *k̓ʷəník̓ʷs*. how many people: *k̓ʷənáy*. how many plants: *k̓ʷəníłč*. how many times: *k̓ʷənáł*. to be how many canoes: *k̓ʷaʔnə́x̌ʷł, k̓ʷənák̓ʷł*. to be how many days, so many days: *k̓ʷəníłnát*. to be how old, how many years: *k̓ʷínáwinəx̌ʷ*. to let it be how many, how many should it be, how many do you want: *k̓ʷíntx̌ʷ*. how much money, how many dollars: *k̓ʷənáʔitx̌ʷ*.

how old to be how old, how many years: *k̓ʷínáwinəx̌ʷ*.

huckleberry evergreen huckleberry, blue huckleberry, Hood Canal blueberry: *yéʔx̌əm, yéʔx̌əm*. several evergreen huckleberries: *yaʔyéʔx̌əm*. red huckleberry: *píx̌ʷ*. red huckleberry bush: *px̌ʷéʔiłč*.

hug to hug each other: *č̓c̓ústi, q̓ʷəyəmúti*. to hug someone: *č̓c̓úst, q̓ʷəyəmúst, q̓ʷúyaʔmət*. being hugged, embraced: *čaʔcstíŋ*. to be getting hugged: *q̓ʷayaʔmútəŋ*. to be getting hugged, squeezed: *čaʔcústəŋ*. to be hugged: *q̓ʷəyaʔməstíŋ*. to be hugged by someone: *q̓ʷəyaʔmústəŋ, q̓ʷəyaʔmútəŋ*. to be hugging: *čaʔcstúŋ, q̓ʷaʔyáʔmi*. to be hugging each other: *q̓ʷaʔyəmúti*. to be hugging someone: *q̓ʷúʔyaʔmət*. to be hugging someone or something: *c̓úcst*. to be hugging, squeezing each other: *čaʔcústi*. to be kissing, hugging someone: *čaʔcúst*. to be squeezed, hugged: *č̓c̓ústəŋ*.

huge big, large, huge: *čə́q*.

hulled to be shelled, hulled (for example, clams), pried open and removed: *ʔəsx̌ʷłáwəł*.

hum to buzz, hum (as bees): *x̌ʷə́məŋ*. to make a humming noise (as a bee): *x̌ʷə́məŋ*. to rumble, make a buzzing, humming, rumbling noise, the sound a machine makes: *ʔaʔmúx̌ʷəŋ*. to sing or hum a spirit song: *k̓ʷənúcən*.

human being person, human being: *ʔəcłtáyŋx̌ʷ*. to be made Indian, human: *ʔəcłtáyŋx̌ʷtəŋ*.

humble say, call, refer to, do quietly, humbly: *xaʔx̌ə́nəŋ*. to be poor, pitiful, sad, destitute, poorly, humble, having no relatives, homeless person, a poor soul, in misery: *yəščənúŋət*.

hummingbird *x̌ʷaʔx̌ʷtč̓iʔí*.

humorous to be humorous, funny, joking, telling funny stories: *nəx̌ʷʔaʔiqáčəŋ*.

hump hump, hunched, mounded, raised up: =*iʔč*. lump, hump, bump: *smə́k̓ʷ*.

humpback salmon humpback salmon, humpy, pink salmon: *hə́nən*. a group of humpback salmon: *hihínən*. a group of small humpback salmon: *haʔyahə́nən*. small humpback salmon: *haʔhə́ʔnən*.

humpback whale whale, especially the humpback whale: *čx̌ʷə́yuʔ*.

hunch to have a hunched, rounded back: *maʔmək̓ʷuʔéʔč*.

hunchback hunchback: *sx̌ʷmaʔmək̓ʷuʔéʔč, sx̌ʷmək̓ʷuʔéʔč*.

hunched hump, hunched, mounded, raised up: =*iʔč*. to be hunched up (as when cold or scared): *maʔmək̓ʷiʔúʔyəs*.

hundred *snáčəwəč*.

hunger to feel hunger pangs: x̌iƛ̌q̕ʷíkʷən.

hungry to be hungry: xʷáʔəm. starvation: qə́nxʷ. to be a glutton, greedy for food, hungry, overeat for anything: sqə́nəxʷ. to be very hungry, as someone who eats a lot but cannot seem to get full: čaʔqə́nəxʷ.

hunt to hunt for game animals, especially deer or elk: ʔəsʔúmənaʔ. to be hunting for things in water (fish, crab, etc.) with a spear: čə́yx̌. to fish or hunt at night (especially for flounder) with torch and spear in shallow water, pitlamp: c̕ukʷáyaʔčx. to hunt on the bottom of the water, spear bottom fish, crab, etc.: čə́yəx. hunting: ʔəməné*ʔəŋ*. hunting bow, bow and arrow: sxʷʔə́mutən. to be camping while fishing or hunting: caƛ̕aʔyéʔiɬ. to be fishing or hunting at night (especially for flounder) with torch and spear in shallow water: c̕aʔc̕kʷayáyx̌. to be hunting: ʔaʔmáʔnaʔ, ʔəsʔaʔmáʔnaʔ. to shoot (a gun or arrow), be shooting, hunting: čkʷə́yuʔ.

hunter ʔəsʔəmʔúmənaʔ. to be a hunter: ʔəsʔaʔmáʔnaʔ.

hurry to hurry: ʔáʔəɬ, ŋáx̌. to hurry, be quick: xʷáʔŋəɬ. to be a little fast, be in a hurry, be lively and quick in movement: xʷaʔxʷəŋíkʷs. to be hurried by someone: ŋə́xtəŋ. to be hurrying: ŋaʔxáʔct. to be hurrying someone: ŋáʔəxt. to be in a hurry: ʔəsŋáʔŋəx. to hurry someone: ŋáxt. to hurry up: ŋəxánəq. to hurry up, go faster: ŋəxáct. to be going slow, taking it easy, delaying, slow down, not hurry: ʔəscáʔyaʔɬ.

hurt to get hurt, ache, feel pain, feel sick, suffer, have a hard time: x̌ə́ɬ. to feel sore, hurt, ache, sick, ill: x̌áɬ. to ache, hurt, feel sore, sensitive, touchy, ill: qáqɬ. to get hurt, injured, wounded, broken, out of order: máʔkʷɬ. to be fatigued, tired, hurting, aching: qákʷɬ. being hurt by someone or something: x̌ə́ɬtəŋ. sickness, an ache, a hurt, a sore: sx̌ə́ɬ. to be feeling hurt: x̌ɬtáʔəxʷ. to be hurt by someone or something: x̌ə́ɬtəŋ. to be hurting someone: x̌ə́ɬt. to be hurting, sore all over: x̌ɬíw̕s. to be made sick, hurt by someone or something: x̌áɬtəŋ. to be sick, hurting, in pain: x̌áɬɬ. to be sick, ill, in pain: ʔəsx̌áɬɬ. to feel bad (for oneself or for someone else), get one's feelings hurt, feel disappointed in someone: x̌ɬánkʷs. to feel hurt: x̌ɬtáxʷ. to harm, hurt someone accidentally: x̌ɬnáxʷ. to have a sick or injured child: x̌ə́ɬiɬ. to have a sore, hurt, injured rump: x̌əɬə́ync̕. to hurt, ache, be sore all over: x̌ɬíkʷs. to hurt, ache in the arm: x̌ɬiʔáxən. to hurt, ache in the hip: x̌ɬáy̕əč. to hurt each other: x̌ə́ɬti. to hurt (oneself): x̌ə́ɬəŋ. to hurt one's nose: x̌ɬə́qsən. to hurt several or hurt repeatedly: x̌ix̌ə́ɬtxʷ. to hurt several people or several hurt someone: x̌əɬx̌náxʷ. to hurt someone (physically or emotionally): x̌ɬə́t. to hurt someone's feelings: x̌ɬtáʔəxʷ. to start to hurt: x̌aɬáyŋən. to hurt someone: maʔkʷə́ɬnəxʷ. to hurt, break someone or something: máʔkʷɬtxʷ. to be hurting someone: mámaʔkʷɬnəxʷ. to be hurt, injured, broken by someone or something: maʔkʷə́ɬtəŋ. to be getting hurt: mámaʔkʷɬ. to be hurt by someone: maʔkʷə́ɬtəŋ. to be hurt, injured, sore, damaged: ʔəsmáʔkʷɬ. to hurt (people), hurt habitually, cause trouble regularly: maʔkʷɬə́nəq. to be crippled, to have been hurt, to be getting hurt: ʔəsmámaʔkʷɬ. to be tired out, hurting, aching: ʔsqákʷɬ.

hurtful to be hurtful: x̌ɬx̌ə́ɬ.

husband husband (when a possessive affix is attached): swə́y̕qaʔ. partner, companion, buddy, spouse, person who accompanies (especially on foot): sqʷúʔšən. to get a husband: čwə́y̕qaʔ.

hush don't cry, hush: c̕áxʷaʔɬ. hush someone: k̕ʷčə́t. shoo! hush!: ʔíš. to hush, be quiet, shut up, stop talking: sə́məxʷ.

husky to be strong, husky: skʷúkʷm.

hymn He heard a woman singing a hymn.: stéʔwiʔəɬ.

hyper to act jumpy, agitated, unable to keep still: sáyct.

hypnotized to be put to sleep, hypnotized: ʔətúttəŋ.

hypothetical hypothetical, would, could: q.

I cn. I, me: ʔə́c. I, first-person subordinate subject: -ən. I am the one to do it, I take over: ʔəctənúʔŋət. I want, try to be it, important, first, a big shot push myself forward: ʔəccúʔət.

ice sɬə́y̕əxʷ. frost, hoarfrost, ice: stixʷə́yu. lots of ice: stiyə́y̕əxʷ. to be frozen, iced up: ʔəsɬə́y̕xʷ. to be icy: ɬə́y̕xʷi. to slip, be caused to slip by ice or anything slippery: ɬxʷaʔmítəŋ.

ice skate to slide (as children playing), slip, ice skate: pcíct. to be sliding (as children playing), slipping, ice skating: paʔcíct

icky to feel sick, icky, yucky, ill, uncomfortable from eating too much fruit: xʷəyúcəŋ, xʷúcəŋ.

icy to be icy: ɬə́y̕xʷi.

idea mind, thought, idea, wisdom, memory, feeling: x̌čnín. to have an idea, get a thought: čx̌čnín.

if if, when: húʔ, kʷaʔˡ. if, when, probably: ʔúytxʷ.

ignite to burn, light, set fire to something, build a fire: čqʷə́t. to set fire to, ignite something, turn on a light: húnt. to be igniting, setting fire to something: húʔənət. to be managing to ignite, set fire to something: húhənnəxʷ. to be starting to burn, igniting: húhən. to burn, catch fire: hún. to manage to ignite, set fire to something: húnnəxʷ.

ignorant You've got no learning (you're ignorant).: sk̕ʷə́s.

ignore to ignore, pay no attention to, not care for or about something or someone: ƛ̕x̌ʷiyuʔústxʷ. to ignore, waste someone or something: ƛ̕x̌ʷiyúst. to release, let go of, give up, drop something, leave something alone, ignore something: k̕ʷáʔət. to be disrespected, ignored as good for nothing, not cared about, not needed: ƛ̕x̌ʷyastíŋ. to be getting busy, getting distracted, bothered (ignoring something else): c̕aʔpáʔct. to be ignoring, wasting

English-Klallam Index

something: x̣ʷaʔyást. to be not cared for or about, be ignored by someone: x̣ʷiyuʔústəŋ. to be not paying attention, mind wandering, uninterested, ignoring what is going on: x̣ɬús. to be paid no attention, ignored: x̣ʷiyústəŋ. to be unpleasing, repellent, unwelcome, something disliked, ignored: scúʔsəŋ. to disrespect, ignore as good for nothing, not care about, not need: x̣əxʷiyaʔstíxʷ.

ill to feel sore, hurt, ache, sick, ill: xáɬ. to ache, hurt, feel sore, sensitive, touchy, ill: qáqɬ. to be sick, ill, in pain: ʔəsxáɬɬ. to feel sick, icky, yucky, ill, uncomfortable from eating too much fruit: xʷəyúc̓əŋ, xʷúc̓əŋ.

illness sickness, an ache, a hurt, a sore: sxə́ɬ. sickness, illness: smanáyəɬ. the coughing, any illness causing coughing: stúʔqʷəŋ. to catch anything contagious (such as illness, lice, etc.), contract a disease, be exposed to a disease: q̓áp.

ill tempered to turn nasty, unpleasant, ill tempered (especially used of the weather): k̓ʷaʔkʷéʔyəŋ.

illuminate to light up, illuminate something, shine, flash a light on something: táʔkʷt. to be illuminated, lit up, have a light shined on one by someone: tkʷátəŋ. to be illuminated (of several): taʔəkʷátəŋ.

image any image or graphic such as a picture, photograph, drawing, painting, print, chart, tattoo: sxiʔús.

imitate to imitate, copy, pretend to be someone else, ape (someone to mock them): nəxʷsʔáʔi. to imitate to mock: ʔáʔi. being imitated by someone or something: xʷaʔxʷáʔtəŋ. to be imitating someone or something: xʷaʔxʷáʔt.

immerse to put, throw someone or something into water, immerse someone or something, dunk someone or something: qsə́t. to be immersing something, putting something in water: mə́tqʷt. to get into water, immerse oneself: qsə́yəct. to immerse oneself, go into water: qsə́ct. to immerse, put something in water: mətə́qʷt. to fall in the water, be immersed (of several): qiqə́s.

impact to be affected by, be at fault, be to blame, be under the impact of: čɬ-.

impale to poke, impale, stab, pierce someone or something (with a knife or spear): tčə́t. to impale something with a fork: xʷúkʷt. to hook something, impale something with a hook: ɬíkʷt.

impetigo the itch, impetigo, mange: sk̓ʷə́yəŋ.

important to be expensive, dear, important: x̣éʔ. to be well-known, important, historical: ʔəsxáčɬ. to feel big, important: čqíkʷs. person of high class, an important person, gentleman: siʔám̓. several respected ladies, a group of important women: siʔaɬám̓. to be high class (of several), a group of rich people, bosses, dignitaries, important people: siʔiʔám̓. to be respected, thought of or identified as important, high class: siʔám̓təŋ. to be trying to be important and noticed, take credit, be pushy: naʔɬcúʔət. to make something known, make something important: ʔəsxáčɬtxʷ. to try, want to be it, be important, be first, be a big shot, be in front, take credit, take the show away: nəɬcút. I want, try to be it, important, first, a big shot push myself forward: ʔəccúʔət. you are wanting, trying to be it, important, first, pushing yourself forward, "you're pushy": naʔkʷcúʔət. you want, try to be it, important, first, a big shot, push yourself forward: nəkʷcút.

impress to be surprised, amazed, impressed, astounded: čə́q̓.

imprison to be arrested put in jail, imprisoned, incarcerated: qəqítəŋ.

improve to get better (after being sick), get well: ʔiʔcút. to improve, get better, more correct: x̣aʔmúct. better, improve oneself: huʔáčəŋ. to be getting better (after being sick), getting well: ʔə́yəct. to be getting stronger, getting well: ʔayaʔyə́m̓ct. to be improving, getting better, more correct: x̣úm̓əct.

in to be in: náw̓əɬ. to be in, inside: ʔəsnáw̓əɬ, náw̓. being aboard, in any conveyance (such as a boat, car, horse, etc.): ʔiʔáʔiɬ. to barge in on someone: nuʔnə́s. to be barged in on by someone: nuʔnə́səŋ. to be dragging, pulling something in: xʷaʔkʷúst. to be in jail, in prison, incarcerated, bound, tied up, be a prisoner: ʔəsqéʔəq. to be in jail, tied up, bound, restrained: qíq̓. to be in the dense brush, woods: ʔəssáw̓əɬ. to be in the water: ʔəsqásɬ. to be in the woods, forest, up away from the water: čáyəqʷ. to be put in (to a container): nuʔáŋ. to be put into a container by someone (of or by a group): nuʔnuʔásəŋ. to be stuck, pinned in between (two things): ʔəsčáčɬ. to bring in firewood: čixʷaʔyíwc, čixʷayíwc. to drag, pull something in, drag someone along, pull a net or set line in: xʷk̓ʷúst. to go in, barged in on someone: čixʷnás. to go in with one foot or one tire: nəw̓əsə́n. to have something in one's mouth: maʔkʷíŋ. to hold something in one's mouth, be chewing on something: maʔkʷít. to let someone or something enter, come in: čə́yəxʷtxʷ. to manage to take something or someone in: čixʷnáxʷ. to pinch, squeeze something together, squeeze it in: čə́nct. to put something in: nuʔít. to put something in an oven: həqíkʷt. to put something into a container: nuʔás. to put something in toward: nuʔnə́s. to swallow, draw in, suck in: ɬtə́xʷəŋ.

incapable to not know how (to do something), be inexperienced, be incapable: čəŋíkʷs.

incarcerate to put someone in jail: qíq̓t. to be arrested put in jail, imprisoned, incarcerated: qəqítəŋ. to be in jail, in prison, incarcerated, bound, tied up, be a prisoner: ʔəsqéʔəq.

in case to be expected, in case, in the unlikely event, in the hope, in the expectation of: cút.

incest to marry one's own relative: ʔə́yŋiti.

in charge to be responsible for something, be in charge of something: *ʔə́yŋət*. the authority, responsible one in charge, conductor, director: *x̣čə́n*.

inconsequential to be inconsequential, unnecessary, useless: *ƛ̓x̣ʷiyús*.

inconsiderate to be a mean, inconsiderate person: *nəxʷsčáŋkʷən*. to be a mean, inconsiderate group of people: *nəxʷščiyáŋkʷən*.

incorrect to be wrong, mistaken, incorrect: *ʔəstáx̣ł*. to be mistaken, incorrect, wrong: *ʔəsmaʔmiʔmíy*.

indeed indeed, emphatic speech act enclitic: *q̓*.

Independence Day Independence Day, the Fourth of July: *putčuláy*.

Indian Indian, Native American: *ʔəcłtáyŋxʷ*, *ʔəxʷíyŋxʷ*. a group of people, Indians: *ʔaʔyəcłtáyŋxʷ*. any Native American from the upper west coast of Vancouver Island, Nootka, Nuuchahnulth: *pcáyah*. any of the tribes of the interior, east of the Cascades such as the Yakima: *łə́q̓ətaʔ*. Haida tribe: *yə́kʷłtaʔx*. Indian style house, longhouse: *ʔəcłtiŋxʷáw̓txʷ*. Nitinaht tribe and the area of the west coast of southern Vancouver Island where they live: *ŋəcáʔiʔŋxʷ*. small person, Indian: *ʔaʔəcłtáyŋxʷ*. spirit dance house, Indian dance house, smokehouse: *kʷənəsáw̓txʷ*. to belong to the Indians: *ʔəcłtiŋíxʷł*. to be made Indian, human: *ʔəcłtáyŋxʷtəŋ*. to be one quarter Native American: *ʔəłkʷátə*. to be speaking in a Native American language, talking Indian: *ʔaʔcłtiŋíxʷəŋ*. to talk Indian, speak a Native American language: *ʔəcłtiŋíxʷəŋ*.

Indian bread Indian bread, buckskin bread: *sqə́w*.

Indian consumption plant Indian consumption plant, wild celery (especially the seeds): *qə́xmín*.

Indian doctor Indian doctor, shaman, a person with supernatural power to heal or hurt someone: *sxʷnáʔəm*. Indian doctors, shamans: *sxʷniyáʔəm*. to have Indian doctor power, have the power to heal: *čšxʷnáʔəm*.

Indian rhubarb a type of edible plant sometimes called Indian rhubarb, probably cow parsnip: *x̌ʷáčxʷč*.

Indian tea Labrador tea, Indian tea, swamp tea: *ʔəcłtiŋíxʷł tíy*.

Indian Valley traditional Klallam village in Indian Valley at the confluence of Indian Creek and the Elwha River on the west side of the bridge on route 101: *tiʔtiʔə́ł*.

indigestion to have heartburn, indigestion, pyrosis: *čqʷínəs*. having heartburn, indigestion, pyrosis: *čqʷéʔnəs*.

indoors to put, take, bring, let someone or something inside, indoors: *čixʷás*.

industrious to be diligent, busy, ambitious, always working, industrious: *čáyči*.

inebriated to be drunk, intoxicated: *ʔəsxʷáʔxʷək̓ʷ*.

inexpensive to be cheap, inexpensive: *yéʔyəq*. to be made inexpensive, cheap: *ʔiʔíqtəŋ*. to make something cheap, inexpensive: *yéʔiqtxʷ*.

inexperienced to not know how (to do something), be inexperienced, be incapable: *čəŋíkʷs*.

infant baby, infant child: *ŋaʔŋéʔŋanaʔ*. baby, infant son or daughter: *ŋáʔnaʔ*. infant, baby, toddler, young child, young son or daughter: *ŋaʔŋáʔnaʔ*. several infants, babies: *ŋaʔyaʔŋáʔnaʔ*.

infected to be getting infected: *ŋéʔciʔ*.

infested to be lousy, infested with lice: *čaʔŋə́scən*.

infidelity to accuse (someone) of infidelity, act jealous: *pstə́nəq*. to jealously accuse someone of infidelity: *péʔwəst*. to be jealously accused of infidelity: *péʔwəstəŋ*.

inflate to inflate, blow something up, put air into something: *nəxʷpúxʷt*.

influence to bother, distract, influence, sway, interfere with someone, get in someone's way: *c̓ápt*.

inform inform: *kʷaʔ*. to tell, inform, report, recite, tattle: *yócəm*. to be telling (someone something), tattling, informing: *yaʔcícəm*. to tattle, tell squeal, inform on: *syócəm*.

information request for information: *ʔuč*. news, information, report: *syócəm*. to be told the news, have information passed to one by someone: *syəcíctəŋ*.

informative informative: *kʷłaʔ*.

informer tattletale, informer: *yócyəcəm*.

in front to try, want to be it, be important, be first, be a big shot, be in front, take credit, take the show away: *nəłcút*.

inheritance one's heritage, traditions, legacy, inheritance what one has descended from one's ancestors: *c̓əxtán*.

inject to shoot spirit power, inject venom (as a snake): *x̣táyu*.

injure a sick or injured person: *x̣ə́ł*. to get hurt, injured, wounded, broken, out of order: *maʔkʷł*. to be hurt, injured, broken by someone or something: *maʔkʷə́łtəŋ*. to be hurt, injured, sore, damaged: *ʔəsmáʔkʷł*.

injury wound, injury: *smáʔkʷł*.

inland back, often referring to the back, inland side: =icən. to go inland, up away from water, go into the bush: *cúŋ*. to be in the woods, forest, up away from the water: *čáy̓əqʷ*. to carry something inland, up away from the water, from the beach: *cúŋtxʷ*. to take inland: *cúŋəs*. being carried inland by someone or something: *cúcəŋtəŋ*. to be carried inland, up away from the water, from the beach by someone or something: *cúŋtəŋ*. to be carrying something inland: *cúcəŋtxʷ*. to be going inland: *cúcəŋ*.

English-Klallam Index

in-law in-laws, relatives of one's spouse: *sxʷsčəyáʔčaʔ*. in-laws of previous generation: *sisiyáʔiɬ*. any younger generation in-law, son-in-law, daughter-in-law, spouse of one's child, niece, or nephew: *scutáyəɬ*. brother-in-law: *sŋátxʷən*. brother-in-law or sister-in-law when their spouse has died: *čáyʔə*. brother-in-law, sister-in-law: *sŋátxʷən*. brothers-in-law: *sŋaʔyátxʷən*. co-mourner of a deceased in-law: *k̕ʷɬxʷúʔuŋ*. ex-in-law, reciprocal term used for relative by marriage when the connecting relative has died: *smáyəcən*. grandchild's spouse, grandchild-in-law: *sxʷʔíŋəc*. in-law, any relative of one's spouse: *sxʷsčáʔčaʔ*. in-law of an in-law: *smáyəcən, sqəsaʔčáyəɬ, sqəsaʔčáyəɬ*. in-law of preceding generation, parent/uncle/aunt-in-law, mother-in-law, father-in-law: *siyáʔiɬ*. in-law of the same generation, one's spouse's sibling or cousin, brother-in-law, sister-in-law: *sxʷʔáyəs*. niece-in-law or nephew-in-law: *sxʷstíkʷən*. one's spouse's siblings, brothers-in-law, sisters-in-law: *sxʷʔiʔáyəs*. parent, step-parent, parent-in-law: *ʔiyáyəŋ*. relationship between a woman and her brother's or cousin's wife, sister-in-law of a woman: *sŋátxʷən*. relative through marriage of one's child, a parent or sibling of one's son-in-law or daughter-in-law: *sk̕ʷúwʔis*. several aunts-in-law: *sxʷʔiyiyáyəŋ*. several nieces-in-law or nephews-in-law: *sxʷsttíkʷən*. several relatives through marriage of one's child, the parents and siblings of one's son-in-law or daughter-in-law: *sk̕ʷuwk̕ʷúwyəs*. small ex-in-law: *smaʔyúcən*. small relative through marriage of one's child: *sk̕ʷaʔk̕ʷúwyəs*. sons-in-law, daughters-in-law: *sčaʔəwtáʔiɬ*. sons-in-law, daughters-in-law, spouses of one's children, nieces, or nephews: *sčučutáyəɬ*. step-parent or parent-in-law: *ʔəsxʷʔiyáʔyəŋ*. the spouse of one's brother-in-law or sister-in-law, one's spouse's sibling's spouse: *snəčíynəq*. to be living, staying with, visiting one's in-laws, one's spouse's family: *k̕ʷiʔk̕ʷaʔɬú*. to live, stay at one's spouse's land of origin, live with one's in-laws: *k̕ʷiɬuʔ*. uncle-in-law or aunt-in-law, parent's sibling's spouse: *sxʷʔiyáyəŋ*. ex-in-laws: *smiʔmáyəcən*. small ex-in-laws: *smaʔmaʔyúcən*.

inlet protected area, bay (especially an inlet with small opening to sea): *sčáyəxʷ*.

inner tube a float such as a log or inner tube used for floating: *p̕ákʷəŋtən*.

in office to be recent, in office, in style: *čaʔčtáʔ*.

inquire to ask (a question), inquire: *čtáŋ*. to be asking, inquiring: *čtáŋ*.

insane to be crazy, insane, promiscuous, foolish, stupid: *sxʷák̕ʷiʔ*. to be a little crazy in the head, insane: *ʔəsxʷaʔxʷk̕ʷéʔqʷ*. to be crazy, insane, out of one's mind: *ʔəsxʷak̕ʷéʔqʷ*. to be or act crazy in the head, insane, retarded: *sxʷaxk̕ʷéʔqʷ*. to drive someone crazy, make someone insane: *ʔəsčáyəxʷt*.

insane asylum *sčəyəx̣ʷáwtxʷ*.

insect any small bug, spider, etc.: *sxʷaʔxʷənáʔəm*. ant: *čaʔčəmčənaʔ, čəmcnaʔ*. any small bee, hornet, wasp, bumblebee, yellow jacket, any stinging insect of the order Hymenoptera: *sxʷɫaʔɫáʔk̕ʷəŋ*. a lot of ants: *čičəmcnaʔ*. bee, any stinging, flying insect: *stáʔk̕ʷəŋ*. beehive, hornet nest or wasp nest: *sxʷɫaʔɫaʔk̕ʷəŋáwtxʷ*. butterfly, moth: *ƛ̕aʔƛ̕ápt*. earwig: *čʔiɬən, q̕ʷəyən*. flea: *k̕ʷəčaʔc*. louse, head lice: *ŋəscən*. nits: *xaʔxə́qʷ*. fly (insect): *qaʔqə́yəx̣ənaʔ*. gnat, midge, a small blood-sucking, flying insect: *paʔpxʷə́yqsən*. grasshopper: *xʷaʔxʷtəŋyáʔčaʔ*. mosquito: *pxʷə́yqsən, q̕ʷáʔən*. moth: *snúʔnaʔnəkʷ*. sand flea, beach hopper: *qéʔqəwəc*. worm, caterpillar, maggot: *scə́k̕ʷ*. maggot: *ʔáčən*. any spider: *stáʔtáʔči*. a kind of spider that makes a web like a bird net: *sxʷtqtə́qəm*.

inside = *kʷiy*. to go inside, come inside, enter: *čə́yəxʷ*. an area inside a spit or point of land: *čixʷə́qsən*. being inside: *ʔəsčə́yxʷ*. being inside (of several): *čičéʔyəx*. being put inside by someone: *čə́yəxʷtəŋ*. being put, taken inside by someone: *čixʷáʔəŋ*. inside the house: *nəčáwtxʷ*. the inside beach of a point of land: *čixʷaʔyéʔč*. the inside of a building or room: *ʔəsčə́yxʷɬ*. to be back against (something), be seated back towards the wall in the longhouse, on the inside edge of the bed: *kʷsáʔič*. to be brought inside by someone or something: *čixʷtáŋ*. to be in, inside: *ʔəsnáwəɬ, nə́w*. to be inside: *ʔəsčə́yəxʷ*. to be inside a room or fence, this side of a wall: *ɬɬaʔáyən*. to be on the inside: *čixʷəyáʔəwəɬ*. to be on the nearside, this side (that the speaker can see): *ɬɬaʔáyəs*. to be on the nearside, this side (toward the speaker): *ɬɬaʔáwəɬ*. to be put, taken, brought, let inside by someone: *čixʷáŋ*. to be taking or bringing inside: *čixʷə́yuʔ*. to bring or take something inside: *čixʷístxʷ*. to bring something inside: *čixʷáŋət, čixʷtáxʷ*. to clean, wash something on the inside: *nəxʷcáʔkʷt*. to finally manage to get inside, make it in: *čixʷnúŋət*. to go inside: *čə́yəxʷəŋ*. to go inside a container: *nəwiyŋ*. to go on the inside: *čxʷaʔwíyəŋ*. to look inside something: *nəxʷk̕ʷənək̕ʷíyət*. to put several inside: *čičixʷás*. to put, take, bring, let someone or something inside, indoors: *čixʷás*. to wash the inside of something: *caʔk̕ʷk̕ʷíyət*.

inside out to be inside out: *čə́yc*. to be turned inside out by someone or something: *nəxʷčəyə́ctəŋ*. to be turning something inside out: *nəxʷčə́yct*. to be wrong side, inside out: *ʔəsxʷčə́yc*. to turn something inside out: *nəxʷčə́yəct*.

insides insides (fish or person): *spə́xʷəŋ*. insides of the body, guts, stomach, intestines: *sxʷčixʷíkʷən*.

inspect to look, gaze at, watch, observe, inspect something, watch over something: *k̕ʷənít*. to study, examine, inspect something or someone, figure something out, get to know and understand, check someone or something out, size up someone or something, do research on something: *xčə́t*. being watched, looked at, inspected, read by someone: *k̕ʷəntíŋ*.

installment to repay, pay someone back slowly, a little at a time, in installments: *naʔnunáčt*. to be repaying (in installments) someone: *nuʔnuʔnáčt*.

instep the instep or arch part of the foot: *x̣́táʔsən*.

instrument instrument, tool, useful object: *=tən*.

in style to be recent, in office, in style: *čaʔčtáʔ*.

insult to be insulting, show disgust with (someone), complain (about someone): *kʷaʔcánaq*. being insulted by someone: *kʷaʔcátəŋ*. to be spit on in the face by someone, be insulted: *čx̌ʷústəŋ*. to spit on someone in the face, insult: *čx̌ʷúst*.

intelligent to be wise, knowledgeable, smart, intelligent, have good sense: *čx̌čŋín*. to know how (to do something), be smart, intelligent, knowledgeable (about something): *ʔiʔánəŋ*.

intend to intend, mean, expect (to happen): *syúy*. be doing, intending to do, getting ready to do, planning to do, preparing: *yáyaʔct*.

intent intent transitivizer: *-nəs*.

inter to inter, bury someone: *məkʷ́éʔət*. to be buried, interred: *məkʷ́éʔətəŋ*.

intercept to catch up with, intercept someone, cut someone off on their way: *q̓əm̓ínáxʷ*.

interest to protect oneself, take care of oneself over others, watch out for one's own interests: *niʔnaʔcút*.

interested to be not paying attention, mind wandering, uninterested, ignoring what is going on: *x̣́łús*.

interfere to bother, distract, influence, sway, interfere with someone, get in someone's way: *c̓ápt*. to bother, interfere, be in the way, obstruct: *yəq̓áɬ*. to be interfered with a little, distracted by someone or something: *c̓aʔc̓áʔptəŋ*. to be habitually distracting, bothering, interfering, annoying, disturbing: *c̓aʔpáʔnəq*. to do something someone else was expecting to do, take over, "he went and did it ahead of me": *níɬtənúʔŋət*.

interior interior, mind, emotion: *=ikʷən*. any of the tribes of the interior, east of the Cascades such as the Yakima: *ɬə́q̓ətaʔ*.

interlaced to be interlaced, knotted: *q̓íxʷiˡ*.

interrupt to be bothering, disturbing, interrupting someone, interfering with someone, getting in someone's way: *c̓áʔpt*.

intestines intestines, stomach, where the food goes: *c̓súʔ*. guts, intestines: *q̓éʔ*. belly, gullet, gizzard, intestines: *sŋús*. insides of the body, guts, stomach, intestines: *sxʷc̓ixʷíkʷən*.

in the way to bother, interfere, be in the way, obstruct: *yəq̓áɬ*. to be deliberately put in the way by someone to obstruct: *yəq̓áɬtəŋ*. to be put in the way: *yəq̓ɬtíŋ*. to get in (someone's) way: *yəq̓ɬcút*. to put something in the way to obstruct: *yəq̓áɬ*.

into to put something into a container: *nuʔás*. to be taken into the woods by someone or something: *suʔə́təŋ*. to bump, hit into something: *cx̌náxʷ*. to fall through, fall into: *xʷtə́q*.

intoxicated to be drunk, intoxicated: *ʔəsxʷáʔxʷək̓ʷ*. to be getting drunk, intoxicated: *xʷaʔxʷk̓átəŋ*. to be tipsy, half-shot, a little intoxicated, a little mentally unbalanced: *sxʷčaʔčáyx̌ʷs*. becoming drunk, intoxicated, going crazy: *xʷaʔk̓ʷáʔtəŋ*. to become drunk, intoxicated, go crazy: *xʷk̓ʷátəŋ*. to become drunk, intoxicated, go crazy (multiply or of a group): *xʷəyk̓ʷátəŋ*.

intoxicating liquor, beer, any intoxicating drink: *lám*.

introduce to introduce people to each other: *q̓ʷəynəkʷitxʷ*. to acknowledge, pay respect to someone, introduce someone to the public: *naʔtíxʷ*. being respected, acknowledged, introduced by someone in public: *naʔnéʔnətəŋ*. to be introducing people to each other: *q̓ʷiʔnə́witxʷ*. to be respected, acknowledged, introduced, mentioned: *naʔtíŋ*. to be respecting, acknowledging someone, introducing someone in public: *naʔnéʔnət*.

intuition to manage to figure something out, size it up, find out, get to know about something, realize something, measure something, discover something, learn something, know something by intuition or spirit revelation: *x̌čənáxʷ*.

inundate to fill up with liquid to a certain level, flood, inundate, become high tide: *tə́ŋ*. to be inundated by the tide: *tə́ŋaʔtəŋ*.

invader raider, invader, warrior, enemy scout or scouting party: *ʔaʔtšə́nəmən*.

invisible to be invisible, gone from sight, disappeared, faded away: *ʔəsc̓áwɬ*. to disappear, become invisible, fade away, go out of sight, dissolve, vanish: *c̓əw̓*.

invitation invitation to a meeting or feast: *sqʷə́nsə́yuʔ*.

invite to invite someone to a gathering: *sŋéʔtxʷ*. to invite, summon, call to someone to come: *q̓ʷánəs*. to invite, coax, convince, persuade someone to go (somewhere): *yúyt*. to invite (someone) to eat: *sx̌ʷaʔášən*. being called, invited to come by someone: *q̓ʷaʔánsəŋ*. being called to come, being invited: *q̓ʷaʔántəŋ*. being invited, coaxed, convinced to go (somewhere): *yaʔyútəŋ*. to be calling to someone to come: *q̓ʷáʔəns*. to be invited: *sŋéʔ*. to be invited, called to come by someone: *q̓ʷánsəŋ*. to be invited, coaxed, convinced, persuaded to go (somewhere): *yúytəŋ*. to be inviting (a big group of people), calling to a meeting or feast: *q̓ʷənsə́yuʔ*. to be inviting, being invited: *sŋíŋaʔ*. to be inviting, coaxing someone to go (somewhere): *yúʔyət*. to be inviting oneself, hinting to be invited: *yaʔyúct*. to be inviting someone: *sŋíŋaʔtxʷ*. to be inviting (someone) to go (somewhere): *yúʔyəŋ*. to invite (someone) to go (somewhere): *yúyŋ*. to manage to call someone to come, invite someone to come: *q̓ʷánəxʷ*.

English-Klallam Index

involved to join, be among a group, be part of something, be involved with someone or a group: q'ʷúʔ. to mix together, mix in with, join in with, mingle, get involved, become part of a social group: təŋkʷáct.

in working order to be right, correct, legal, enough, satisfactory, fitting, sufficient, proper, in working order, okay, better (over an illness): x̣úm̓.

iron any metal, especially iron, steel: qəmtán. an iron for pressing clothes: xʷíqʷən. to iron, press clothes: xʷq̓ʷə́yu. to be ironing: xʷaʔqʷə́yuʔ. to be rubbed, scrubbed, buffed, ironed, pressed by someone or something: xʷq̓ʷítəŋ. to be rubbing, shining, buffing, ironing something: xʷéʔqʷt. to rub, buff, iron: xʷíqʷəŋ. to rub, scrub, shine, buff, iron, press something: xʷíqʷt.

Irondale Irondale: həm̓ə́ɬma.

ironing board washboard, ironing board: sxʷx̣ʷaʔqʷə́yuʔ.

ironwood oceanspray, ironwood bush, creambush: q̓áʔcɬč. several ironwood, oceanspray bushes: q̓aʔyácɬč.

irritation ugh, aw, gosh, exclamation of disgust or irritation: ʔə́š.

island any island: ƛ̓čás. group of islands: ƛ̓aʔyəčás. small island: ƛ̓aʔƛ̓áʔčs.

issue to be a thing, an issue, matter: stáyəŋə.

it he, she, it, they, third-person transitive subject: -s⁴. he, she, they, it, third-person subordinate subject: -əs¹. he, him, she, her, it, they, them: nít. he/she/it is (of something small): naʔnít. I want, try to be it, important, first, a big shot push myself forward: ʔəccúʔət. to try, want to be it, be important, be first, be a big shot, be in front, take credit, take the show away: nəɬcút. you are wanting, trying to be it, important, first, pushing yourself forward, "you're pushy": naʔkʷcúʔət. you want, try to be it, important, first, a big shot, push yourself forward: nəkʷcút.

itch to itch, feel itchy: čaʔčísəŋ. the itch, impetigo, mange: sk̓ʷə́yəŋ. to be scratching, itching one's body: siʔéw̓səŋ. to itch (of several spots on the skin): kʷikʷə́síqəŋ. to scratch an itch: sáy̓ct. to scratch, itch one's body: siʔíkʷsəŋ.

itchy to be feeling itchy, tickling: kʷaʔsíqəŋ. to feel itchy: kʷə́yəŋ, siʔíkʷs. to feel itchy, tickled: kʷsíqəŋ.

its his, her, its, their, third-person possessive (genitive): -s³.

jack Their son-in-law. / jack of other suit of same color as trumps in pinochle.: scutáy̓əɬ. to have been pried, jimmied, jacked up: ʔəskʷáʔəwc.

jacket small coat, jacket: kaʔkaʔpú.

jack of trumps jack of trumps in pinochle. / Their child.: ŋə́naʔ.

jail jail, prison: sqq̓áw̓txʷ. jail, prison, police station: sqq̓əyuʔáw̓txʷ. to be in jail, tied up, bound, restrained: qíq̓. to be in jail, in prison, incarcerated, bound, tied up, be a prisoner: ʔəsqéʔəq̓. being bound, restrained, jailed, tied up by someone or something: qéʔq̓təŋ. being in jail: qéʔəq̓. to be arrested put in jail, imprisoned, incarcerated: qəq̓ítəŋ. to be put in jail (of a group) by someone: qaʔyəq̓ítəŋ. to have someone put in jail: sqq̓ə́yu. to put someone in jail: qíq̓t.

jailer the police, policeman, police officer, jailer, prison guard: qaʔq̓ə́yuʔ.

jam any fruit, berries, jam, jelly: sčaʔyíqʷɬ. any jam or jelly: čám. to be stuck in, jammed in, wedged in: čičə́c. to jam, wedge several things in: čičə́ct.

Jamestown the traditional Klallam village in the Dungeness and Jamestown area on the water north of Sequim east of the mouth of the Dungeness River: stətíɬəm. beach between Jamestown and Dungeness: sxʷtəccéʔnəŋ. Dungeness or Jamestown S'Klallam people: cicə́q̓ʷ. east side of Jamestown: nəxʷŋiyaʔáwəɬč. name of the sandbar that is right out from the beach at Jamestown and goes nearly to Dungeness: xáƛ̓sən. to be from Jamestown or Dungeness, of the Jamestown S'Klallam people: čščə́q̓ʷ.

January see under sčiʔánəŋ, xə́w̓əs čiʔánəŋ.

Japanese čapán. to be Japanese: čapənís.

jar any bottle or jar: sxʷləmáy. several bottles or jars: sxʷliyəmáyə.

jaundice ʔənəƛ̓ɬ.

jaw jaw, jawbone, chin, lower lip: sƛ̓čúcən. jaw bone: scaʔmúcən. several jaws, chins, lower lips: sƛ̓əyəčúcən. to break one's jaw, mouth: titkʷúcən.

jay blue jay, Steller's jay: kʷaʔkʷšə́čən, kʷə́škʷš.

jealous to be jealous: čičaʔyíkʷən. to be jealous, have a jealous streak: péʔwəs. to feel jealous: pstə́nəq. to feel envious, covetous, jealous (as if someone got something good that you deserved): nəxʷčaʔyíkʷən. to jealously accuse someone: píst. to jealously accuse someone of infidelity: péʔwəst. being jealous, accusatory: paʔstə́nəq. to accuse (someone) of infidelity, act jealous: pstə́nəq. to be a jealous person, one who gets jealous easily: pspstə́nəq. to be feeling envious, jealous, resentful: nəxʷčiyaʔyéʔwən. to be jealously accused by someone: pístəŋ. to be jealously accused of infidelity: péʔwəstəŋ.

jell hard, solid, sturdy, congealed, jelled, tough, strong (material): q̓ʷsə́ŋ. to be getting hard, toughening, jelling: q̓ʷə́səŋct.

jelly any fruit, berries, jam, jelly: sčaʔyíqʷɬ. any jam or jelly: čám.

jellyfish sxʷɬáxʷ. a group of small jellyfish: sxʷɬaʔyaɬáxʷ.

Jesus holy man, Jesus: šušukʷlí.

jig to jig deep for fish (such as cod, lingcod, halibut) using a hand line: yáwəs. to be jigging for

bottom fish such as lingcod, halibut, or red snapper using a hand held line: *yáʔwəs*.

Jim Creek Jim Creek and the Klallam village that was formerly at the mouth of Jim Creek (between Deep Creek and Pysht): *x̣ʷáyəŋ²*.

jimmy to have been pried, jimmied, jacked up: *ʔəskʷáʔəwc̓*.

jittery to be twitching, squirming, jittery: *c̓áyk̓ʷəŋ*.

job job, one's work: *sc̓áy*. job, employment: *ʔəsc̓áʔiʔ*. being put to work, given a job: *čáʔitəŋ*. to be hiring someone, putting someone to work, giving someone a job: *čáʔitxʷ*. to be put to work, given a job: *čáytəŋ*. to hire someone, put someone to work, give someone a job: *čáytxʷ*.

join to gather, join things or people: *q̓pə́t*. to join, be among a group, be part of something, be involved with someone or a group: *q̓ʷúʔ*. to mix together, mix in with, join in with, mingle, get involved, become part of a social group: *təŋk̓ʷáct*. to splice, extend, tie together (rope or anything): *t̓iq̓ʷéʔt*. to stick, join together something that was broken: *x̌q̓ʷənk̓ə́yətxʷ*. to go join, get on, board a vehicle: *q̓ʷúʔiyŋ*. to be joined in on by someone: *ʔəʔq̓ʷúʔtəŋ*. to be mixed in, joined in with: *ʔəstə́ŋk̓ʷ*. to be mixing together, mixing in with, joining in with, mingling, getting involved: *təŋk̓ʷáʔct*. to join, connect something, put something together (with something else): *q̓ʷúʔtxʷ*. to join in (several people or with a group): *q̓ʷəyúʔəct*. to join in (with someone or a group): *q̓ʷúʔəct*. to let someone join, mix in: *q̓ʷúʔət*. to mix, join in with others: *q̓ʷúʔnəxʷ*.

joint any joint in the body: *sxʷxc̓áq̓ʷ*. tavern, beer joint, bar: *slamáwtxʷ*, *sq̓ʷuʔqʷaʔáwtxʷ*. to sprain, wrench a joint in the body: *nəč̓áq̓*.

joke to be comical, funny (especially physically): *nəx̌ʷʔiʔáqč*. to be humorous, funny, joking, telling funny stories: *nəx̌ʷʔaʔiqáčəŋ*.

jostle to bump, jostle, run into, accidentally shove each other: *cicxənə́kʷi*. to push, bump, jostle, shove each other intentionally: *cicə́xti*.

journey to go on a long journey, go far: *yaʔyíyəŋ*. to go on a journey together: *q̓ʷaʔkʷíyti*. to be going on a journey (of just two people): *q̓ʷaʔkʷéʔti*. to be going on a long journey, going far: *yaʔyéʔyəŋ*.

joyful to be good weather, a good, joyful time: *ʔiʔəʔtásəŋ*.

judgment to be sizing a situation up, making a judgment about a situation: *x̣c̓áyuʔ*.

jug jug, bottle, canteen, water container to carry along: *sxʷq̓ʷəčáy*. jugs, water containers: *sxʷq̓ʷəyaʔčáy*.

juice *sxʷq̓ʷáʔətən*, *q̓ʷúʔ*, *qáʔmən*. to be squeezed, especially to get juice or other liquid: *c̓úc̓*. to be squeezing juice (out of fruit): *c̓aʔc̓áyuʔ*, *c̓əʔə́yuʔ*. to squeeze juice (out of fruit): *c̓əc̓áyu*, *c̓əpáyu*.

juicy to be very wet, juicy: *c̓úc̓aʔməŋ*.

July *čənq̓ə́čqs*.

jump to jump, jump up: *xʷítəŋ*. to squirm, wriggle, twitch, act startled: *c̓áyək̓ʷ*. being made to jump by someone or something: *xʷaʔtaʔŋístəŋ*. to be jumped over or on by something or someone: *xʷtíŋtəŋ*. to be jumping: *xʷéʔtəŋ*. to be jumping (of a group): *xʷəyxʷtíŋ*. to be made or allowed to jump by someone or something: *xʷitəŋístəŋ*. to be making someone or something jump: *xʷaʔtaʔŋístxʷ*. to finally manage to jump: *xʷitəŋúŋət*. to jump (of a group): *xʷəyítəŋ*. to jump, spring over, on, at, or after something or someone: *xʷtíŋət*. to make or let someone or something jump: *xʷitəŋístxʷ*. to twitch, jump, move suddenly (as when startled): *c̓áyək̓ʷct*. to be made to twitch, jump when startled by someone or something: *c̓áyək̓ʷtəŋ*.

jumpy to act jumpy, agitated, unable to keep still: *sáyct*.

June *čənk̓ʷítšən*.

June plum *sxʷčix̌əhéʔwən*.

junk food It's junk food.: *x̌xʷiyuʔús*.

just just now, finally, suddenly: *čaʔ-¹*. just, limit, specifically: *ʔay*. only, completely, always, just, solo, alone: *húy²*. to be exactly, just, precisely: *túxʷ*.

just right It's just right.: *túxʷ*.

keel over to pass out, faint, blackout, keel over: *k̓ʷic̓iyéʔqʷəŋ*.

keen to wail, cry in lamentation: *x̌ə́wəŋ*.

keep to keep someone for a long time, make something take a long time: *híctxʷ*. to keep still, remain stopped: *x̌iʔcíy*. to make, leave or keep something a certain way: *xʷənʔáŋtxʷ*. to put, keep something there: *ʔiyátxʷ*. to be hiding (something), keeping a secret: *kʷəyáčəŋ*. to be kept, put at a place: *ʔiyátəŋ*. to control oneself, prevent oneself (from doing something), hold (something) in: *x̌aʔpcút*.

keep going to continue, keep going, carry on: *ʔáʔiʔ³*. to go ahead, keep going, continue, be steady, persevere, proceed: *sə́łŋct*.

keep on to continue, go on, carry on, keep on doing (something): *sə́łəŋ*. to do continuously, keep on: *sə́łəŋ*. to keep on: *kʷłníłtxʷ*. to take care of oneself, respect oneself, keep on going with courage: *yəhúməct*.

keep up to be even with, keep up with, be the same length, height or distance: *ʔəsyáqł*.

kelp kelp: *q̓ʷə́q̓q̓*. bull kelp: *q̓ʷq̓ʷúʔəŋ*. a bunch of kelp: *q̓ʷiq̓ʷúʔəŋ*, *q̓ʷq̓ʷúʔəŋən*.

kelp cod rock cod, kelp cod, greenling, black bass: *t̓ə́qús*. small greenling, kelp cod, rock cod: *t̓aʔt̓iqús*.

kelt old salmon, kelt, any salmon after spawning: *sxʷúpč*.

kerchief head scarf, kerchief, bandanna, anything used to cover, wrap up the head: *xʷíkʷéʔqʷən*.

kerosene kerosene, coal oil: *kʷə́lal*.

kettle any cooking pot, kettle: *sxʷƛ́áləp*. anything used for warming (something up) such as a teakettle: *sxʷtaʔtqíŋəyuʔ*. several cooking pots, kettles: *sxʷƛiyáləp*. teapot, coffeepot, kettle: *sxʷtiháy*.

key key, lock: *laklí*.

keyboard to type something, use a keyboard: *ƛə́yəqt*. to be typing, keyboarding something: *ƛə́yqt*.

kick to kick something or someone: *máyaʔt*. being kicked: *maʔyáʔtəŋ*. to be getting kicked: *miməyaʔtəŋ*. to be kicked by someone or something: *máyaʔtəŋ*. to be kicked by someone or something accidentally: *máyaʔnəŋ*. to be kicked in the head: *məyéʔqʷtəŋ*. to be kicked in the rear end by someone or something: *məyaʔwáčtəŋ*. to be kicking: *maʔyáys*. to be kicking, moving the legs in a kicking motion (as, for example, when playing with the sand): *cixsə́nəŋ*. to be kicking someone or something accidentally: *máyaʔnəxʷ*. to be kicking something: *məyáʔt*. to kick: *məyáʔyəs*. to kick around, give signs of life: *maʔmiʔáʔis*. to kick several things or several people or animals kick something or kick several times: *miməyaʔt*. to kick several times: *miməyáʔyəs*. to kick someone in the rear end: *məyaʔwáčt*. to kick someone or something accidentally: *máyaʔnəxʷ*. to kick someone or something in the head: *məyéʔqʷt*. to kick something or someone in the belly: *miyaʔéʔqt*.

kick out to kick out, shoo, chase away: *kʷxə́ŋ*. to kick someone out, shoo, chase, push, drive someone away, tell someone to get out: *kʷxə́t*. to be ejected, told to go away for someone: *kʷxsítəŋ*. to be kicked out, ejected: *kʷxə́təŋ*. being kicked out, ejected: *kʷə́xtəŋ*.

kid child, youngster, kid: *sƛ́iƛ́áʔƛqɬ, sƛ́iƛ́əɬqɬ*. child, youngster, kid, especially a child from a high class (siʔám) family: *sƛ́éʔƛqɬ*. offspring, one's own child, son, daughter, baby, doll: *ŋə́naʔ*. children, kids, young people: *sƛ́əyéʔƛqɬ*. to be fooled, deceived, kidded by someone: *q'ʷaʔq'ʷáystəŋ*. to tell a small lie, fib to someone to entice, fool, deceive, kid someone, turn someone's thoughts another way to distract: *q'ʷaʔq'ʷáystxʷ*.

kidding big deal! baloney! you've got to be kidding!: *hə́xʷ, huxʷéy*.

kidnap to kidnap, abduct someone: *ɬuʔístxʷ*. to be kidnapped and made a slave: *sk'ʷəyácəŋ*. to be kidnapping someone: *ɬuʔéʔstəŋ*. to be run away with, abducted, kidnapped, eloped with: *ɬuʔístəŋ*. to steal, be stolen, be kidnapped: *sqán*.

kieselguhr diatomaceous earth, lime: *stáwəq'ʷ*.

Kilisut Harbor Kilisut Harbor, Scow Bay: *čixʷəyéʔč*. longest spit in Kilisut Harbor region: *sxʷtaʔyəqəmáyə*. the area at the mouth of Kilisut Harbor: *sʔéʔuʔc*.

kill to kill, murder someone: *q'ʷčút*. to kill a group of people or animals, slaughter, massacre: *x̣ʷáčt*. being killed (by something animate): *q'ʷaʔčútəŋ*. to be killed by someone or something accidentally or indirectly: *q'ʷúynəŋ*. to be killed, murdered by someone: *q'ʷčútəŋ*. to be killing: *q'ʷaʔčə́yuʔ*. to be killing, murdering someone: *q'ʷúčt*. to be wanting to kill someone or something: *q'ʷaʔčtáyŋən*. to kill oneself, commit suicide: *q'ʷčúct*. to kill someone or something accidentally: *q'ʷúynəxʷ*. to manage to kill something or someone: *q'ʷúynəxʷ*. to manage to kill, massacre, wipe out a group: *x̣ʷáynəxʷ*. to kill one another (of many): *x̣ʷaʔyəčáti*. to be killed (of a group of people or animals) by someone or something: *x̣ʷčátəŋ*. to be killing one another: *x̣ʷaʔčáti*. to be slaughtering, killing many: *x̣ʷaʔčéʔəŋəɬ*. to get killed (of a group), massacred by someone or something: *x̣ʷáčnəŋ*. to be killing a group of people or animals: *x̣ʷáʔčt*. to kill all of a group of people, massacre, wipe out: *x̣ʷíx̣ʷáčt*. to kill one another: *x̣ʷčáti*. to be killed (of a large group of people or animals) by someone or something: *x̣ʷəyəčátəŋ*. being slaughtered, massacred killed by someone or something: *x̣ʷaʔčátəŋ*. to be killed all together: *x̣ʷčáti*. being killed (of a large group of people or animals) by someone or something: *x̣ʷəyaʔčátəŋ*.

killdeer snipe, possibly killdeer: *sqéʔqs*.

killer spirit an invisible killer spirit: *sínəɬqiʔ*.

killer whale blackfish, orca, killer whale: *q̓ɬúməčən*. a group of blackfish, orcas, killer whales: *q̓aʔyəɬúməčən*.

kimono any nightclothes such as pajamas, nightgown, kimono: *sʔəttúykʷt*.

kind kind of, sort of, a little, like, seem, almost: *nuʔ-*. type, kind, like: *=uməš*. to be a pair, two of a kind, two people or animals at a time: *čsíkʷs*. to be three of a kind: *ɬxʷíkʷs*. to be four of a kind: *ŋəsíkʷs*. to be ten of a kind: *ʔəpəníkʷs*. to be kind, generous, good-hearted, ready to help: *nəxʷʔiʔíkʷən*.

kindling shavings used for kindling: *qíxŋən*. remnants of wood used for kindling, a snag: *stáč*. to gather short pieces of wood for a fire: *tqə́č*. to go gather short pieces of wood for a fire: *tqə́čəŋ*.

kingfisher belted kingfisher: *čaʔčšə́y*. kingfisher: *čšə́y*.

king of trumps king of trumps in pinochle: *cə́t*.

king salmon spring salmon, Chinook salmon, king salmon, tyee salmon: *kʷítšən*.

Kingston Kingston, Washington: *q'ʷəyəqʷúliʔ*.

kiss to kiss someone: *ččúst, nəxʷməkʷúct*. to kiss someone (on the mouth): *məkʷúct*. to be kissed by someone: *nəxʷmaʔkʷúctəŋ*. to be kissed by someone (on the mouth): *məkʷúctəŋ*. to be kissing: *maʔkʷúcən*. to be kissing each other:

kissing sound nəxʷmaʔkʷcíti. to be kissing, hugging someone: c̓aʔcúst. to be kissing someone: maʔkʷúct. to reconcile, reestablish a relationship, kiss and make up with someone: x̣̓q̓ʷənk̓ʷə́yətxʷ.

kissing sound to be flirting by making a kissing sound with the lips: c̓aʔc̓əməsáys.

kitchen skʷuk̓ʷáwtxʷ, sxʷskʷuk̓ʷáwtxʷ.

kitten kitten, small cat: paʔpéʔš. a group of kittens, small cats: paʔyaʔpéʔš. kitten, cat: kʷaʔtúš. kittens: qiʔatúš.

Klallam Klallam people, Klallam tribe: nəxʷsx̣̓áyəm̓, nəxʷsx̣̓áyáyəm̓š. the Klallam language: nəxʷsx̣̓ayəm̓úcən. a Klallam tribe from the west end of Klallam territory: q̓ʷə́wəɬ. Klallam tribal center: nəxʷsx̣̓ayəmáwtxʷ. to be of, from, or belonging to the Klallam people and lands: x̣̓ayəmáɬ. to be speaking the Klallam language: nəxʷsx̣̓ayəmúcən. to speak the Klallam language: nəxʷsx̣̓ayəmúcən.

Klickitat the Klickitat tribe: ɬə́qitat.

knapsack backpack: qaʔáwəc.

knee knee, kneecap: sq̓iyákʷəŋ. several knees: sq̓iqiyákʷəŋ. to have one's knees buckle, completely collapse, have one's body fold up: ninəŋíkʷs.

kneecap knee, kneecap: sq̓iyákʷəŋ.

kneel to kneel down, get on one's knees: ŋəɬáʔqəŋ. small mat, doubled and put in a canoe to kneel on: sxʷcə́ysən. to be kneeling down: ŋaʔŋəɬaʔáq, ŋaŋəɬə́qəŋ.

knife any knife, especially a butcher knife: q̓ʷq̓ʷaʔéyəs. folding pocket knife: naʔə́ŋnəŋ̓. salmon knife, draw knife for taking the meat off the backbone of the fish: k̓ʷə́čtən¹. knife: šípən. a curved knife with two handles for shaving or carving wood: sxʷqaʔxə́yu. a long knife with a handle used for splitting cedar: sxʷčáxəŋ̓. a type of knife used to measure and cut: yəq̓án. butcher knife, any knife used to clean and dress game: sxʷk̓ʷéʔwəc. several knives: q̓ʷiyaʔq̓ʷiʔéyəs, šaʔyípən. small knife, pocket knife: šaʔšéʔpən.

knitting needle sewing needle, knitting needle: čáʔcən.

knock to knock, rap (at a door or window): nəxʷcsə́nəŋ. to knock something off, over (accidentally): híyinəxʷ. to make someone or something fall down, tackle someone, fell a tree, knock something or someone down: čáq̓t, čáxt¹. being demolished, broken apart, knocked down: číxʷtəŋ. being knocked, pounded on by someone: c̓ə́snəŋ. be knocked, punched, pounded on by someone accidentally: csnə́ŋ. to be demolished, broken apart, knocked down: čxʷítəŋ. to be knocked down, felled by someone: čxátəŋ. to be knocked, thrown down: sčšə́yuʔ. to be knocking, rapping (at a door or window): nəxʷcə́snəŋ.

knock over to push something off, make something fall off, fall over onto (something): čítt.

knot to tie a knot in something, tie something up: q̓íxʷt. tree limb, branch, plant stem, knot: sx̣̓qács. to be all tied in knots: ʔəsq̓əýqəyxʷ. to be interlaced, knotted: q̓íxʷi¹. to be knotted, tied up: q̓íxʷi¹. to be knotted up, tied up: ʔəsq̓éʔəxʷ. to be tying a knot something, tying something up: q̓éʔxʷt. to be tying knots: q̓aʔxʷə́yu.

know to know, understand something or someone: xčít. to know how: ʔəyán. to know how (to do something), be smart, intelligent, knowledgeable (about something): ʔiʔánəŋ. to recognize, know someone or something: wəyəq̓ʷít. to recognize someone or something, know that someone or something has been seen before: wə́yəq̓ʷt. figure out what to do: xčíkʷsəŋ. to be figuring something out: xə́čt. to be known, known about by someone: xčtíŋ. to be known, understood, correct: ʔəsxáč̓². to be recognized, known by someone: wəyəq̓ʷítəŋ. to get recognized, known: wəyəq̓ʷíct. to get to know, get to understand: xčíŋət. to know each other: xčíti. to let someone know, teach someone, make someone understand: ʔaʔk̓ʷústxʷ. to make something known, make something important: ʔəsxáčɬtxʷ. to manage to figure something out, size it up, find out, get to know about something, realize something, measure something, discover something, learn something, know something by intuition or spirit revelation: xčənáxʷ. to not know how (to do something), be inexperienced, be incapable: čəŋíkʷs. to not know something: čə́ŋət. to not know what is going on: kʷəkʷəmús. to study, examine, inspect something or someone, figure something out, get to know and understand, check someone or something out, size up someone or something, do research on something: xčə́t.

know-it-all to be stubborn, proud, strong-willed, hard-headed, single-minded, not want to be told, know-it-all: čqánkʷs.

knowledge having special knowledge or the ability to see into the future: ʔəsyəw̓ín. house of knowledge, learning, library: xčnáwtxʷ. to hand down advice, learning, knowledge, lessons to younger generations: k̓ʷíynəq.

knowledgeable to be wise, knowledgeable, smart, intelligent, have good sense: čxčŋín. to know how (to do something), be smart, intelligent, knowledgeable (about something): ʔiʔánəŋ.

la a nonsense singing syllable (like 'la' in English): náʔ¹.

Labor Day čáy skʷáči.

Labrador tea Labrador tea, Indian tea, swamp tea: ʔəcɬtiŋíxʷɬ tíy.

laces shoelaces: ʔstək̓ʷəwéʔč, stk̓ʷuʔéʔcən.

La Conner Swinomish tribe at La Conner: swə́nəməš.

lacrosse to play the game of lacrosse: x̣̓k̓ʷáʔli.

ladder ladder, stairs, steps: *sxʷcícaʔyəŋ*. a small hill, stairs, ladder, anything that might be climbed up on: *scéʔyəŋ*.

lade to lade, load up, pack, put something into a vehicle: *ʔúyałtxʷ*. to be lading, loading up, packing a vehicle, putting things aboard: *ʔaʔyúłtxʷ*.

ladle dipper, ladle: *sxʷʔéʔčt*. any spoon, ladle: *łúpən*. to ladle, dip, scoop, ladle something up (soup, water, etc.): *ʔíčt*. to ladle, dip, scoop up (food or water): *ʔíčt*. being ladled, dipped, scooped up for by someone: *ʔíčłtəŋ*. to be dipping, ladling, scooping (something) up: *ʔéʔčt*. to be dipping, scooping, ladling something up: *ʔéʔčt*. to be ladled, dipped, scooped up by someone: *ʔačíłtəŋ*.

lady *stániʔ*. respected lady, ma'am: *sałám*. all lady, just a woman: *čaʔstáni*ʔ. girl, young lady, maiden (approximately age 13-marriage): *qáʔŋi*. girls, maidens, young women: *qáyaʔŋi*. several respected ladies, a group of important women: *siʔałám*.

lake lake, marsh: *cóyəł*. several lakes: *ccéʔyəł*. small lake: *caʔcóyəł*.

Lake Samamish Samamish tribe and the area around Lake Samamish: *sxʷúmaməš*.

Lake Washington Seattle, on the west shore of Lake Washington: *ciʔciʔáʔyəč*.

lamb small sheep, lamb: *laʔləmtú*. a group of small sheep, lambs: *laʔyaʔləmtú*.

lame to be one-legged, lame: *ʔəsqámsən*.

lamentation to wail, cry in lamentation: *λ̓áwəŋ*.

lamp light, candlelight, lamp, flashlight, spotlight, pitch torch, light bulb, lantern: *ŋáʔəq*. several lights, lamps, flashlights, torches, lanterns: *ŋiyáʔəq*.

land ground, floor, land: *=ənukʷ*. ground, land, earth, dirt, soil: *sčtə́ŋxʷən*. land, ground, earth, Indian reserve: *tə́ŋəxʷ*. strange, foreign land: *naʔcáʔuʔŋəxʷ*. any point of land, the end of a spit: *sʔíyəqsən*. any small point of land: *sʔaʔéʔyəqsən*. any spit of land (such as Dungeness Spit or Ediz Hook), especially the neck of the spit, above water or in shallow water: *cíxʷəŋ*¹. several lands, a vast area of land: *sčaʔyətə́ŋxʷən*. the far side, other side of a point of land: *stxʷnaʔyéʔč*. to be clearing land: *nəxʷłaʔŋənúkʷəŋ*. to be clearing the land by burning: *čaʔqʷənúkʷəŋ*. to be on the far side, other side of a point of land: *txʷnaʔyéʔč*. to clear land: *nəxʷłəŋənúkʷəŋ, nəxʷłəŋənúkʷt*. to clear the land by burning: *čqnúkʷəŋ*. to go ashore, land (of a group): *táyən*. to go to the far side, other side of a point of land: *txʷnaʔyéʔčəŋ*. to land, go or come ashore, get to shore, reach land from the water: *tán, tán*. to be landing, going ashore: *tátən*. to manage to finally get to shore: *tannúŋət*. to land, go ashore, get grounded (of a boat): *txʷiʔúsəŋ*. to alight on land or water (of a bird, plane, etc.): *tíqəŋ*. to be alighting on land or water (of a bird, plane, etc.): *táqəŋ*.

language *sxʷqʷáytən*. language, word (especially spoken word), speech, voice, story: *sqʷáy*. language, words: *sqʷáytən*. language, word, talk, what someone is saying: *sqʷáqʷi*. the Klallam language: *nəxʷsx̌ayəmúcən*. to talk Indian, speak a Native American language: *ʔəcłtiŋíxʷəŋ*. speak the English language: *xʷanitəmúcən*. English language: *pástən*. Halkomelem language: *həlqəméʔnəŋ*. the Halkomelem language, especially the island dialects: *qəwʔáčən*. the languages of the Songhees, Esquimalt, Saanich, and Cowichan: *yək̓ʷəŋéʔnəŋ*. the Twana people and language: *təwánəxʷ*. to speak the Klallam language: *nəxʷsx̌ayəmúcən*. to speak the English language: *nəxʷpástənqən*. to speak the English language, talk like a white person: *xʷanitəmqən*. to be speaking a foreign language: *naʔcaʔŋíxʷəŋ*. to be speaking in a Native American language, talking Indian: *ʔaʔcłtiŋíxʷəŋ*. to be speaking one's own language: *saʔsáʔkʷəŋ*. to be speaking the Chinese language: *čaynéʔəŋ*. to be speaking the English language: *páʔstənəŋ, pastənqéʔnəŋ, xʷaʔnéʔtamqən, xʷənítəməŋ*. to be speaking the English language, white man's language: *nəxʷpáʔstənqən*. to be speaking the Klallam language: *nəxʷsx̌ayəmúcən*. to be talking the English language: *xʷaʔnéʔtaʔməŋ*. to speak English: *pástənəŋ*. to speak in the up-sound language, Southern Lushootseed: *qqax̌áʔəŋ*. to speak the Makah language: *maʔqáʔəŋ*. to translate from one language to another: *nəxʷčaʔcaʔtqín*. a curser, someone who swears a lot, uses rude language: *sxʷínxʷən*. to have a bad, dirty mouth, use vulgar language a lot: *sxaʔsúcən*. to be cursed at, sworn at: *xʷíntəŋ*.

lantern light, candlelight, lamp, flashlight, spotlight, pitch torch, light bulb, lantern: *ŋáʔəq*. several lights, lamps, flashlights, torches, lanterns: *ŋiyáʔəq*.

lap to lick, lap at: *łáqʷəŋ*. to lick something, lap, slurp something up: *łáqʷt*. being slurped while drinking (as dog), lapped up: *łaʔqʷáʔtəŋ*. to be licked, lapped, slurped up by someone or something: *łqátəŋ*. to be licking, lapping, slurping: *łáʔqʷəŋ*. to lift something up and put it on one's lap: *ʔəpát*. to sit on (someone's) lap: *ʔəpíyəŋ*. to hold a baby in one's lap: *ʔəpáčt, ʔəpáčtəŋ*. to go somewhere to put a child on one's lap: *ʔəpəčtíyt*.

lard fat, grease, lard: *snás, smác*.

larder larder, cupboard: *sxʷčawaʔčáy*. any food put away, packaged for later use, winter food supplies, larder: *sqíyuʔ*.

large big, large, huge: *čáq*. a big one, a person or anything large: *sčáq*. big, large foot: *čqsán*. to have a big, large mouth: *čqúcən*.

Large Bedford Island the low tide spit and beach on Large Bedford Island off of *məqʷúʔəs* at Becher Bay: *x̌qtáčšəŋ*.

lash eyelash: *łáptən*. small eyelash: *łaʔłáptən*. several small eyelashes: *łəyałáptən*.

last to be last, behind (in a contest), come after: *ɬkʷáwʼəs*.

last year *tčánkʷ*.

late to be kind of slow, be behind in a race, be late: *qaʔqánəɬ*.

late-model to be modern, late-model, recent: *xə́wʼəs*.

later to be later, after a little while, pretty soon: *kʷkʷáʔ*. to be a long time later: *kʷɬhíc*. to wait a while until later, let it be later: *kʷkʷáʔtxʷ*. someone who gets there later: *sɬxʷnə́səŋ*.

laugh to laugh, smile: *nəčə́ŋ*. to look friendly, have a smiling or laughing face: *nəčə́ŋəs*. to make someone laugh: *nəčəŋístxʷ*. to smile, laugh at someone or something: *nəčə́t*. to start to laugh (of several): *nəníčəŋ*. to want to laugh, but hold it in: *nəčəŋáyŋən*. being laughed at: *naʔnə́ytəŋ*. being made to laugh by someone or something: *naʔnə́yəŋtəŋ*. being made to laugh or smile by someone or something: *naʔnə́yəŋústəŋ*. to be giggly, a person who laughs all the time, smiley: *snə́yniʔ*. to be holding back one's laughter, wanting to laugh: *naʔnəyəŋáyŋən*. to be holding laughter inside, not letting oneself laugh: *naʔnə́yəŋéʔwən*. to be laughed at a little by someone: *nə́yətəŋ*. to be laughing: *naʔnə́yəŋ*. to be laughing at someone or something: *naʔnə́yt*. to be laughing (of a group of people): *niyaʔnə́yəŋ*. to be laughing (of several people): *nəyaʔnə́yəŋ*. to be made to laugh by someone or something: *nəčəŋístəŋ*. to be making someone laugh: *naʔnəyəŋístxʷ*. to be making someone laugh or smile: *naʔnəyəŋústxʷ*. to be roaring with laughter (of a group of people who are outside): *niʔnaʔčáxəŋ*. to be smiled, laughed at by someone: *nəčə́təŋ*. to be wanting to laugh, but holding it in: *naʔnə́yəŋʔáyŋən*. to laugh a little at someone or something: *nə́yət*. to laugh at something or someone: *nəčə́ŋət*. to laugh inside (while not showing it): *nəčəŋíkʷən*. to be fooling around, messing around, goofing off, acting silly, talking loudly and foolishly, talking nonsense and laughing: *ɬiʔxʷáys*.

laughingstock to be a laughingstock, be laughed at by a group: *sninčtiʔúʔəŋ*. to be a laughingstock, be ridiculed, laughed at by a group: *snaʔniʔtiʔúʔəŋ*. to be a laughingstock, the object of someone's laughter: *snəčtiʔúʔəŋ*.

launch to launch a canoe: *həqáyəɬ*. to launch, shove out a canoe: *híqt*. to push out, launch a canoe: *yaʔqít*. to be pushed out, launched by someone or something: *yaʔqítəŋ*. to be slid out, launched, pushed out by someone: *híqtəŋ*. to be slid, shoved, launched, pushed away by someone or something: *haʔqítəŋ*.

laundry laundry, washing: *scaʔkʷíŋəɬ*. to do the laundry, wash clothes: *caʔkʷíŋəɬ*. to be washing clothes, doing laundry: *caʔkʷéʔəŋ, ccaʔkʷéʔəŋ*.

laxative a traditional laxative medicine.: *čéʔčšinč*.

lay to put, lay down: *cákʷ*. to put, lay something down: *cákʷs*. to spread, lay one's belongings out as when camping: *páʔcaɬəŋ*. to spread something out, lay something down (as a blanket): *páct*. to drop something down, lay something or someone down: *sɬə́t*. to lay something on, put something flat atop (a surface): *ɬáxt*. to be laid on, put atop, served up by someone: *ɬxátəŋ*. to be laid out, opened out (as a blanket): *ɬxə́n*. to be laying something down, spreading something out (as a blanket): *páʔct*. to be laying something on (a surface): *ɬáʔɬxt*. to be lying on one's back: *ʔəsxáxɬ*. to be put, laid down by someone: *cákʷəŋ*. to be putting, laying something down: *caʔáwəs*. to lie on one's stomach, lie face down lie upside down (of a canoe): *tɬús*.

lay egg to lay eggs: *ƛ̕áqɬ*.

lazy to be lazy, be a lazy person: *ʔəscáxʷcxʷ*. being lazy, not wanting to (do something): *cáʔxʷəŋ*. to be lazy to do (some particular thing): *cáxʷəŋ*.

lead lead (metal), bullet, shell, shot: *šát*.

leaf leaf of a tree or bush: *scúʔčaʔ*.

leak to leak: *xʷíxʷ*. to leak in (as a canoe): *xʷíxʷəŋ*. to be leaking in or out: *xʷéʔxʷəŋ*. to be leaking (of a roof): *cə́qəŋ*.

lean to lean back (on something to rest): *cənáčəŋ*. to lean something against (something): *cənʔə́t*. to lean something back against (something): *cənʔáčt*. to press, lean against: *cqə́yu*. to be leaned against (something) by someone: *cənʔə́təŋ*. to be leaned back against: *cənʔáčtəŋ*. to be leaning (against something): *ʔəscáʔnəɬ, cáʔnəɬ*. to be leaning back (against something): *ʔəscáʔnəč*. to be leaning something (against something): *ʔəscáʔnəɬtxʷ*. to get pressed, leaned on: *cíq*. to lean back against: *cənʔáč*. to stop (something) by applying an opposite force such as hitting, bumping or leaning against, colliding with: *cə́n*.

learn to learn, get good at (something): *ʔiʔánəŋct, ʔiʔánəŋt*. to manage to figure something out, size it up, find out, get to know about something, realize something, measure something, discover something, learn something, know something by intuition or spirit revelation: *xčənáxʷ*. to observe, watch, learn from someone or something: *kʷənúɬt*. house of knowledge, learning, library: *xčnáwtxʷ*. to be learning (how to do something), going to school: *ʔəskʷúkʷəl*. to be training, testing oneself, trying to learn: *p̕p̕áʔct*. to learn about oneself, find out who one is: *xčənúŋət*.

learning advice, lecture, sermon, learning, counseling from elders: *skʷə́s*. to hand down advice, learning, knowledge, lessons to younger generations: *kʷíynəq*.

leather buckskin, leather, fur, pelt: *kʷə́wiʔ*.

leave to go, go away, leave, depart: *hiyáʔ*. to leave behind: *ɬkʷə́s*. to leave, abandon, give up someone or something: *ɬúyəs*. to leave each other, part: *ɬiyəčáti*. to manage to leave something behind,

leave behind

leave something behind accidentally: *łúynəxʷ*. to release, let go of, give up, drop something, leave something alone, ignore something: *kʷáʔət*. to throw away something, discard something, leave something behind: *kʷánəs*. being left behind, abandoned: *łuʔúʔiŋ*. to bar someone's or something's entry, tell someone to leave, go away: *kʷšát*. to be abandoned, left behind accidentally: *łúynəŋ*. to be going, leaving: *hiʔáyaʔ*. to be leaving, abandoning someone or something: *łuʔúʔis*. to be leaving (of a group): *łiłúʔi*. to be leaving one's spouse, divorcing: *xʷə́yxʷiʔ*. to be left, abandoned: *łúy*. to be left behind, abandoned: *łúyəŋ*. to be left behind by someone: *łúyəstəŋ*. to be letting something or someone go, leaving someone or something alone: *kʷaʔkʷaʔáʔtxʷ*. to go, leave together: *hiyaʔstúy*. to just now go, leave: *čaʔhiyáʔ*. to leave, abandon several people or things: *łiłúyəs*. to leave food on one's plate: *sxʷkʷáʔŋənúcən*. to leave something behind: *łúyəst*. to leave something on the beach, let someone or something stay on the beach: *cácutxʷ*. to make, leave or keep something a certain way: *xʷənʔáŋtxʷ*. to want to go, leave: *hiyaʔáyŋən*.

leave behind to leave, abandon, give up someone or something: *łúyəs*.

leave here to have something be here, bring something here, leave something here: *ʔáłaʔtxʷ*.

leavings leftovers, leavings, scraps left after eating: *skʷənəŋúcən*.

lecture advice, lecture, sermon, learning, counseling from elders: *skʷə́s*. a sermon, lecture, advice, speech, preaching: *skʷsə́nəq*. to preach, lecture, advise, make a speech: *kʷsə́nəq*. to lecture, advise, preach to someone, give advice to someone: *kʷsə́t*. being lectured, advised, preached to: *kʷə́stəŋ*. to be lectured, advised, preached to by someone: *kʷsə́təŋ*. to be lecturing, advising, preaching to someone, giving advice to someone: *kʷə́st*. to be preached to, advised, lectured: *kʷə́s*. to be preaching, lecturing, advising, making speeches: *kʷə́snəq*. to lecture, advise, preach to someone, give advice to a group of people: *kʷikʷə́st*. to be preaching, lecturing: *kʷə́səŋ*.

lee to be sheltered, on the lee side, out of the wind: *ʔəsqə́yč*. to go to shelter, go leeward, go out of the wind: *qə́yəčct*.

left behind to be thrown away, discarded, left behind: *kʷánətəŋ*.

left-handed to be left-handed: *sqəyíkʷs*. left side: *sqəyíkʷs*.

left over to exist, be some (more), be left over, remaining: *néʔ*. to make something more, give more, let be some left over, leave something or someone remaining: *néʔtxʷ*. to take leftover food home to eat later: *čštaŋúcən*.

leftovers leftovers, leavings, scraps left after eating: *skʷənəŋúcən*. to have something (especially food) left over: *čštáŋ*.

leg = *ayi*. lower leg: = *ałxaʔ*. foot, lower leg: *sxə́naʔ*. hip, rump, upper leg, thigh: *scxáč*. a bunch of legs, feet: *sxxínaʔ*. groin, between the legs: *sxʷʔíyʔəł*. to be cut on one's foot or leg (accidentally) by someone or something: *tcsánəŋ*. to be hanging down (of the legs): *ʔəsqʷiʔqʷéʔsən*. to be one-legged, lame: *ʔəsqə́msən*. to be sitting with legs straight out: *ʔəstaʔyúxʷsən*. to be straddling, have legs around (something) (as a horse or log): *sxʷčačíyəł*. to be strong legged: *ʔiyəmiʔásən*. to bind the legs, tie up someone or something by the legs: *qəqsə́nt*. to break the lower leg or foot: *tkʷsə́n*. to collapse, have one's legs fold: *nəŋíkʷs*. to cut someone or something's leg off: *qəməsə́nət*. to get poked, pricked, stabbed in the foot or leg, have a sliver in one's foot: *tčsə́n*. to have one's legs bound, tied up by someone or something: *qqsə́ntəŋ*. to sit with legs hanging down (as on the edge of a bed): *ʔəsqʷaʔyíxsən*. to spread one's legs apart: *nəxʷtxiʔíyəŋ*. to spread the legs, do the splits, stand with feet apart: *sxʷtaʔxáyəł*. having one's legs spread: *nəxʷtaʔxiʔítəŋ*. wooden leg, any artificial leg: *scułásən*. a tattoo on the foot or leg: *sxiʔsə́n*.

legacy one's heritage, traditions, legacy, inheritance what one has descended from one's ancestors: *cə́xtán*.

legal to be right, correct, legal, enough, satisfactory, fitting, sufficient, proper, in working order, okay, better (over an illness): *ƛúmʼ*.

legend mythical story, fairy tale, legend, myth, fable, fiction: *sxʷiʔám*.

lend to lend (something to be used and returned) to someone: *ʔəʔyít*. to lend (something) to someone: *qʷəŋəyúst, sʔáʔiʔ*. to lend, loan something to someone: *sʔəʔyístxʷ*. to lend somebody (something), let somebody borrow (something): *ʔáʔitxʷl*. to be lending (something) to someone: *ʔéʔit, qʷíŋəyuʔstxʷ*. to be lent, loaned (something) by someone: *ʔəʔyítəŋ, qʷíŋəyústəŋ, sʔəʔyístəŋ, sʔəʔyítəŋ*. being lent, loaned (something) by someone: *qʷəŋəyúʔstəŋ*.

lesbian homosexual: *snačít*.

lesson to hand down advice, learning, knowledge, lessons to younger generations: *kʷíynəq*. to take a lesson (from observing): *kʷənúł*.

let 'let' causative suffix: -*txʷl*. let me do it, let it be me: *ʔəctíxʷ, ʔə́ctxʷ*. let you do it, let it be you: *nəkʷtíxʷ*. to be put, taken, brought, let inside by someone: *čixʷáŋ*. to comply, agree with someone, allow, obey someone (something), give in to someone, give someone what they want, honor someone (as in 'honor a request'): *ʔánət*. to do, pick, take, let it be that one: *nəłtíxʷ*. to let it be done again, do it again, make it so, let it be so, let it be that way, let it happen again: *ƛáytxʷl*. to let someone join, mix in: *qʷúʔət*. to let something be one's own: *skʷáʔtxʷ2*. to might as well let it be done also: *ƛáytxʷ2*. to reject, refuse, deny someone,

646 English-Klallam Index

let alone not accept, not let someone or something: ʔáwətxʷ. to start to let someone be the one: nənəɬtíxʷ.

let alone to let something go, let it alone: kʷkʷáʔtxʷ.

let go to release, let go of, give up, drop something, leave something alone, ignore something: kʷáʔət. to drop something (deliberately), let go of something: kʷáʔnət. to let something go, let it alone: kʷkʷáʔtxʷ. to let something go, put something down: kʷáʔəs. to be letting something or someone go, leaving someone or something alone: kʷaʔkʷáʔtxʷ. to be released, let go, dropped: kʷáʔətəŋ. to be releasing something, letting something go, giving up on something, letting someone or something alone: kʷaʔkʷaʔát.

let inside to put, take, bring, let someone or something inside, indoors: čixʷás.

let's do it, please, let's, okay, go ahead: húyʔ. let's, let me, let us, when I: tuŋɬ. let's, let's go: ʔistá.

letter letter, mail: pípə. papers, letters, a stack of paper: paʔyípə.

lettuce sea lettuce, edible green seaweed: ɬə́qəs.

let up to relax, pause, let up, take it easy, stop (doing something), control oneself, desist: həčáyŋən.

level to be level, straight, in line: ʔəsyáqɬ.

level ground to be level ground: ʔəsyə́qənəkʷ.

lever any tool used for prying such as a cant hook, peavey, or crowbar: kʷácən. to pry, lever something up: kʷáct. being pried, levered up by someone or something: kʷaʔcátəŋ. to be pried: kʷác. to be pried, levered up: kʷcátəŋ. to be prying, levering something up: kʷáʔct.

liable to to be able, be liable to, might, could: xʷəŋʔ.

liar móščú, qáyəx. damn!, fool!, liar!: čxʷə́ɬnəɬ. Little Liar: qqáyxs. to be a liar: qaʔyəxtə́nəq.

library xčŋənáwtxʷ. house of knowledge, learning, library: xčnáwtxʷ.

lice louse, head lice: ŋə́scən. nits: xaʔxə́qʷ. a bunch of lice: ŋaʔyə́scən. to be looking for lice on someone, nit-picking: k̓ʷənʔáyst. to be lousy, infested with lice: čaʔŋə́scən. to delouse using a fine-toothed comb: xʷaʔsáy̓səŋ. to have someone looking for lice on, nit-picking one: k̓ʷənʔáystəŋ.

lick to be licked, slurped: ɬáqʷ. to lick, lap at: ɬáqʷəŋ. to lick something, lap, slurp something up: ɬáqʷt. to lick one's lips: ɬəməcínəŋ. being slurped while drinking (as dog), lapped up: ɬaʔqʷáʔtəŋ. to beat someone up: q̓ʷčút. to be eating crumbs, licking the bowl, eating leftovers: məkʷúcən. to be licked, lapped, slurped up by someone or something: ɬqʷátəŋ. to be licked on the face: ɬqʷústəŋ. to be licking each other (like two cats): ɬaqʷáti. to be licking, lapping, slurping: ɬáʔqʷəŋ. to be licking ones foot or paw: ɬaʔqʷsə́nəŋ. to be licking one's hand: ɬaʔqʷcísəŋ. to be licking one's lips: ɬəm̓ɬaʔməcénəŋ. to be licking one's paw, hand: ɬaʔqʷács. to be licking someone on the face: nəxʷɬaʔqʷúst. to be licking something: ɬáqʷt. to be licking the floor: ɬaʔqʷənúkʷəŋ. to lick one's paw or foot: ɬqʷsə́nəŋ. to lick someone on the face: ɬqʷúst.

licorice fern licorice fern: x̌̓aʔsíp.

lid a cover, lid: sxʷtqə́n. cover, lid on any container: sxʷtɬə́n. several covers, lids: sxʷtitqə́n. to be covered with a lid by someone: tɬə́təŋ. to cover anything with a lid: tɬə́t. to open, unfold something, remove a lid from: nəxʷk̓ʷq̓ə́t.

lie a lie: qáyəx. to lie, tell a lie, falsehood, prevaricate, deceive: qáyəx. to tell a lie: qáyəxct. to tell a small lie, fib to someone to entice, fool, deceive, kid someone, turn someone's thoughts another way to distract: q̓ʷaʔq̓ʷáystxʷ. to be falsely proud, lie: qáyxs. to be lying habitually, preaching the wrong thing: qaʔyəxtə́nəŋ. to be lying, telling a lie, pretending: qəyáxct. to be lying to be telling a lie: qáʔyəx. to be lying to someone, telling someone a lie: qáʔyəxt. to lie about one's accomplishments, be falsely proud: qəyəxúcən. to tell fibs, lies (regularly, habitually), trick, fool (someone) into belief (like a politician): q̓ʷaʔq̓ʷiʔstə́nəq.

lie back to be lying on one's back: ʔəsxáx̌ɬ.

lie down to lie down flat (like fish on a platter): ɬáx̌. to lie down flat atop (something): ɬáx̌əŋ. to lie down, go down, drop down: stə́ct. to lie (position of person), be lying down, be fallen (of a tree): ʔəsccáwt. to lie on one's stomach, lie face down lie upside down (of a canoe): tɬús. to be lying down: sə́ɬct. to be lying down flat, spread out: ʔspáʔcəɬ. to by lying down (of a group, as a bunch of trees): ʔəsciyəcáwt. to lie down: cáy, páʔcətəŋ. being atop (as on a plate), lying flat on: ʔəsɬáʔɬx̌.

life life spirit, soul: shəyí. to save someone's life, rescue someone: hiyínəxʷ. to save someone's or something's life, make someone or something live: hiyítxʷ. to try to save life, save soul: həyíkʷən. to come (back) to life, be revived: hiyíct. to be revived, brought back to life, saved: hiyítiŋ. to be saved, have one's life saved by someone: hiyínəŋ. to be trying to save one's life: nəsxhaʔyaʔkʷə́nct. to have one's life saved, brought back to life: hiyítəŋ. to kick around, give signs of life: maʔmiʔáʔis. to mess up one's life: ɬáŋən. to revive, resuscitate, bring someone or something back to life, save: hiyítxʷ. to save oneself, save one's own life: hiyíct. my dear, my life, my reason for living: nəsxʷhiyí.

lift to lift, hoist up something: sáʔət. to apply a hard force to something, push, pull, lift something hard and fast: tíymət. being lifted by someone or something: saʔsáʔtəŋ. to lift, pick up something carefully (as something treasured or cherished like a baby): ʔúyəxt. to lift the anchor: saʔánəŋ. manage to lift someone or something: sáʔənəxʷ. to be lifted carefully: ʔúyəxtəŋ. to be lifted, hoisted up, reeled in by someone or something: sáʔətəŋ. to be lifting, picking something up: ʔaʔyúxt. to be lifting something: sáʔt. to lift one's arm:

light saʔyəxánəŋ. to lift one's foot: saʔsə́nəŋ. to manage to be lifted: sáʔnəŋ. to manage to lift something or someone: sáʔnəxʷ. to manage to put into a lifted position: ʔəssáʔnəxʷ. to raise, lift one's hand: saʔcísəŋ. to raise up, lift something up: cłíŋəstxʷ. to stand someone or something up, have someone or something stand, raise up, lift something up: cłíŋəstxʷ. to tilt something, lift something up at one end: sɫəyínət. being affected by a hard force, pushed, pulled, lifted hard and fast: tíymətəŋ.

light a light: stáʔkʷəyu. to light up: taʔkʷə́yu, taʔkʷíŋəɬ. to light up, illuminate something, shine, flash a light on something: táʔkʷt. being bright, sunny, clear: waʔyú. daybreak, daylight: kʷkʷáʔyiʔ. light, candlelight, lamp, flashlight, spotlight, pitch torch, light bulb, lantern: ŋáʔəq. to burn, light, set fire to something, build a fire: čqʷə́t. to get brightly lit, brightened, lit up: wayúct. several lights, lamps, flashlights, torches, lanterns: ŋiyáʔəq. the early morning, before daybreak, dawn, early: kʷaʔčíy. to be bright light shining, flashing, throwing its rays: ttáʔwiʔ. to be coming to light, becoming light: táʔkʷi. to be getting bright, be daybreak, first light of dawn: waʔyúct. to be glowing, bright lighting, shining, daytime: taʔtáʔkʷi. to be igniting, setting fire to something: húʔənət. to be illuminated, lit up, have a light shined on one by someone: tkʷátəŋ. to be lighting up, shining a light on something: taʔkʷát, taʔkʷát. to be lit, lit up, enlightened: taʔkʷáʔtəŋ. to be shining, flashing a light on something: ttaʔkʷát. to be too bright (of a light): nəxʷsaʔitáys. to build a fire, light a fire, start a fire: čə́qʷəẃc. to extinguish, put out a light or fire: část. to extinguish, put the light out: ƛ̕k̕ʷə́ŋ. to be extinguishing, putting the light out: ƛ̕ə́kʷəŋ. to be extinguished, put out (of a light or fire) by someone or something: čsátəŋ. to get pitch dark, be almost completely dark, all lights out: nəxʷsƛ̕áʔk̕ʷəŋ. to set fire to, ignite something, turn on a light: húnt. to be building, making, lighting a fire, starting a fire: čaʔqʷə́ẃc. to be dark, shaded: ɫáč.

light bulb light, candlelight, lamp, flashlight, spotlight, pitch torch, light bulb, lantern: ŋáʔəq.

lightning lightning and thunder: ɫəmɫəmcínəŋ, ƛ̕əmƛ̕əmcéʔnəŋ, ƛ̕əmƛ̕əmcínəŋ. lightning (it's lit by číṅəkʷaʔ).: taʔkʷáʔtəŋ. thunder, thunderstorm, thunderbolt and accompanying lightning: ʔaʔcáʔkʷɬ. two-headed snake, flying lizard spirit monster, dragon, lightning spirit, lightning: čiṅəkʷaʔ. čə́qʷəyu.

light (weight) to be light weight: xʷáʔxʷaʔ. to be very light weight: xʷaʔwáwaʔxʷaʔ. to be getting light weight: xʷaʔwáwaʔxʷaʔct. to make something light weight: xʷaʔxʷáʔtxʷ.

like like to, want to, habitually: -ənəq. want to, feel like, desire: -ayŋən. to be the object of wanting, be liked, admired, needed, loved: sƛ̕éʔ. to enjoy, like, love something, find something delicious or amusing: ʔiʔtáxʷ. being enjoyed, liked, found amusing by someone: ʔiʔtáʔəŋ. to be enjoyed, liked, found amusing by someone: ʔiʔtáŋ. to be enjoying, liking, loving something, finding something funny: ʔiʔtáʔəxʷ. to get to like (someone or something): sƛ̕éʔct. to like each other: ƛ̕aʔnə́kʷi. to want to have, like, love to have (something): čƛ̕éʔ. to be disliked, unwanted, disrespected: ʔsčúʔis. to dislike, hate, not want, despise: sxʷaʔtín. to dislike, not want: čúʔis. to not like, feel uncomfortable about something or someone: sqiʔáʔəm̕txʷ.

like (similar) kind of, sort of, a little, like, seem, almost: nuʔ-. type, kind, like: =uməš. way, manner, like: xʷənáŋ. being a certain way, be like, be how, such as: xʷənʔáŋ. to be a certain way, manner, like, similar, how: ʔəsxʷaníŋ. to be just like him or her: kʷɬəṅníɬ. to look like (facially): xʷənaʔŋús. to resemble each other, look alike: naʔɬnə́kʷi.

limb tree limb, branch, plant stem, knot: sƛ̕qács.

limber to be stiff, not limber (of a body part): ɬéʔəxct.

lime diatomaceous earth, lime: sɫáwəq̕ʷ.

limit just, limit, specifically: ʔay̕.

limp to limp: ʔəstkʷáʔič. to be limping: kʷə́yct. to be wrinkled, loose, limp, floppy: ɬə́ypi. to be wrinkled, loose, limp, floppy (of several or a mass): ɬiɬə́ypi.

limpet any of several species of edible limpet, little hats, China hats: ɬəmáqs. a group of small limpets: ɬaʔyaʔɬəmáqs.

line rope, string, twine, line: xʷéʔləm. fishing line: sƛ̕cayúsən. string, fishing line: xʷxʷéʔləm̕. to be in a row, lined up: tánɬ. to be level, straight, in line: ʔəsyáq̕ɬ. to be lined up in a row by someone: tənə́təŋ. to be lined up, people in a row, side by side, standing in line: ʔəsxʷɬánəɬ. to be set in place (of a group), be lined up, stacked by someone or something: tənɬə́nt̕əŋ. to set bait, bait a line or trap: ŋaʔŋát. to set in place, be lining up in a row: tə́nəŋ. to set something in place, line up people or things, stack something (such as firewood) in a row: tənət. tumpline, basket headband, pack-strap worn across the forehead attached to a load on the back: cə́ŋaʔtən. bait for any line or trap: ŋáʔŋaʔ.

liner ferry, ocean liner, large ship: stímə.

lingcod ʔáčt. lingcod eggs: syəṅáyəs, x̌icáʔyəs. several lingcod: ʔaʔyáčt. the thin part of a fish (salmon, halibut, lingcod) dried: ɬqʷə́čən.

lion cougar, mountain lion: qəwicə́p. mountain lion, cougar: k̕ʷə́yəčən. sea lion: ʔəšás.

lip lip: sɫipúcən. upper lip: scɬúcən. jaw, jawbone, chin, lower lip: sƛ̕čúcən. several jaws, chins, lower lips: sƛ̕əyəčúcən. several upper lips: scəyəɬúcən. the area of the face between the upper lip and nose: scɬúcən. thick lip: čɬtúcən. to be licking one's lips: ɫəmɬaʔməcéʔnəŋ. to lick one's lips: ɫəməcínəŋ.

liquid to flow (of water or other liquid): *híkʷəŋ*. to be flowing, running, streaming, gushing, rushing (of water or other liquid): *héʔkʷəŋ*.

liquor liquor, beer, any intoxicating drink: *lám*.

listen to listen, hear: *ʔiyáʔnəŋ¹*. to listen: *ʔəyaʔnəŋíct*. to hear, listen to or for something: *ʔiyaʔnəŋít*. being heard, listened to by someone or something: *yaʔyəŋítəŋ*. to be heard, listened to by someone: *ʔyaʔnəŋítəŋ*. to be heard, listened to by someone or something: *ʔiyáʔnəŋ²*. to be hearing, listening to someone or something: *yaʔyaʔŋít*. to be listening: *ʔaʔyaʔnəŋíct*. to be listening, hearing: *yaʔyáʔnəŋ*. to be listening, paying attention: *yaʔyəŋəcút*. to be made to listen by someone: *yaʔnəŋístəŋ*. to let or make someone listen: *yaʔnəŋístxʷ*.

lit to be bright, lit up, clear, sunny: *wayú*. to be lit, lit up, enlightened: *taʔkʷáʔtəŋ*.

litter litter, dust and dirt: *čáŋəɬ*. litter, trash, dust and dirt: *čaʔŋáʔɬ*. trash, anything thrown away: *kʷáʔŋən*.

little kind of, sort of, a little, like, seem, almost: *nuʔ-*. small, little, few, short: *ƛúƛaʔ*. to be small, little, tiny: *ƛaʔƛúƛaʔ*. a little one, small person: *sƛaʔƛúƛaʔ*. little, inferior step-sibling: *čéʔyənəkʷs*. to be small, little (of several): *ƛaʔyaʔƛúƛaʔ*. to have small, little eyes: *ƛaʔƛaʔáʔis*. a few dollars, a little money: *kʷənáʔitxʷ*.

Little Beef Creek a creek north of Seabeck, probably Little Beef Creek: *ləwtyéʔqʷ*.

Little Boston Little Boston, Boston Spit, Port Gamble Reservation, the area where the reservation now is across Gamble Bay from the town of Port Gamble: *nəxʷqíyt*.

little China hats black chiton, little China shoes, little stick shoes, little China hats: *təŋsəwéʔč*.

little hats any of several species of edible limpet, little hats, China hats: *təmáqəs*.

littleneck clam littleneck clam, steamer clam: *skʷɬáʔiʔ, šəčə́naʔ*. several littleneck clams, steamer clams: *šiyáčənə*.

lit up to be lit, lit up, enlightened: *taʔkʷáʔtəŋ*.

live to live, be alive: *hiyí*. to live, stay at one's spouse's land of origin, live with one's in-laws: *kʷíɬuʔ*. to be doing things differently, living a different way: *naʔčáʔistxʷ*. to be living, staying with, visiting one's in-laws, one's spouse's family: *kʷiʔkʷaʔɬú*. to have no place to live, be homeless: *štəŋə́nəkʷ*. to manage to live, stay alive, be saved: *hiyinúŋət*. to save someone's or something's life, make someone or something live: *hiyítxʷ*. reason for living: *sxʷhiyí*.

lively to be lively and quick in movement: *xʷəŋíkʷs*. to be wide awake, eager, lively: *ʔəscáčɬ*. to be a little fast, be in a hurry, be lively and quick in movement: *xʷaʔxʷəŋíkʷs*.

liver liver: *sɬáqaʔ, cq̓éʔ*. little liver: *sɬaʔɬáʔqaʔ*. several livers: *sɬaʔyáqaʔ*.

lizard a species of lizard (a gray lizard that can shoot poison with its tail): *sxʷiʔxʷaʔyəwáčən*. several lizards: *sxʷixʷiyəwáčən*. two-headed snake, flying lizard spirit monster, dragon, lightning spirit, lightning: *čínəkʷaʔ*.

Lkungen a person or people from Songhees, Lkungen: *yəkʷə́ŋən*. several Songhees, Lkungen people: *yaʔyəkʷə́ŋən*. the languages of the Songhees, Esquimalt, Saanich, and Cowichan: *yəkʷəŋéʔnəŋ*.

load to load something: *həčút*. to lade, load up, pack, put something into a vehicle: *ʔúyəɬtxʷ*. to load a gun: *nəxʷnuʔás*. to be lading, loading up, packing a vehicle, putting things aboard: *ʔaʔyúɬtxʷ*. to be loaded onto a vehicle, be put aboard: *ʔúyəɬtəŋ*. to be loading: *ʔaʔyəɬtayéʔčəŋ*. to be loading (a canoe or other conveyance): *ʔaʔyəɬtaʔyéʔč*.

loaded to be crowded, over full, overloaded: *ʔəsmə́ys*.

loaf yeast bread, raised bread, a loaf of bread: *spə́xʷ*.

loamy mud, dark loamy ground: *cq̓ʷə́nəkʷ*.

loan to lend somebody (something), let somebody borrow (something): *ʔáʔitxʷl*. to lend (something to be used and returned) to someone: *ʔaʔyít*. to lend (something) to someone: *q̓ʷəŋəyúst*. to lend, loan something to someone: *sʔaʔyístxʷ*. being lent, loaned (something) by someone: *q̓ʷəŋəyúʔstəŋ*. to be lent, loaned (something) by someone: *ʔaʔyítəŋ, q̓ʷiŋəyústəŋ, sʔaʔyístəŋ, sʔaʔyítəŋ*. to borrow (something such as food or money, which will be repaid in kind but will not itself be returned): *q̓ʷíŋəyu*.

lobster crayfish, shrimp, lobster: *mútčuʔ*.

locals *ʔəxʷíyŋxʷ*.

location place there, where it is, location: *sxʷʔiyá*. to move, change location: *čáni*. to move, change location (of a group or multiple times): *čənčáni*. to move someone or something to a different location: *čánitxʷ*.

locative locative prefix, typically making reference to a location: *nəxʷ-*. the "put" causative: *-as*.

lock key, lock: *laklí*. to be locked: *ʔəslakəlín, ʔəsxʷkʷáʔəwc*. to lock something: *lakəlít*. to lock something, pry something: *nəxʷkʷáct*. to lock up: *lakəlínəŋ*. to be locked in, locked up by someone or something: *lakəlítəŋ*.

lodge to stick, lodge, wedge something in: *ckʷə́t*.

Lofall Lofall area: *sxʷáyiʔhiʔ*. Lofall, four miles southwest of Port Gamble: *ɬxáwəɬtən*. creek three-fourths of a mile north of Lofall: *sxʷɬxáwyəɬtən*.

log *qʷáy̓*. to log timber: *qʷə́ɬi*. a bunch of small logs: *qʷaʔyəqʷáɬiʔ*. any big, thick tree or log: *čqíɬč*.

English-Klallam Index

logging / **look for**

any large tree, log: *sqiyáyŋxʷ*. log cabin, any building made of logs: *sqʷɬaʔčáwtxʷ*. rotten log, crumbling dry rot wood that turns to dust: *pqʷáy*. several logs: *qʷiqʷə́ɬiʔ*. starter log, the first big log that small sticks are leaned up against when starting a fire: *nə́šaʔč*. tree stump, trunk of cut tree, the butt end of a log: *sčšáʔič*.

logging to be logging: *ʔəsqʷáʔɬiʔ*, *qʷáɬiŋ*. mechanical donkey used in logging: *sxʷíʔxʷíʔxʷə́kʷtəŋct*. the occupation of logging: *qʷɬáy*.

lonely to be lonesome (for someone), miss (someone), be concerned (about someone): *xʷámxʷəm*. to feel lonesome, lonely: *sxʷámxʷəm*. to feel lonesome: *kʷámkʷəm*. to feel sad blue, depressed, lonely: *ʔəsxʷsəŋéʔwən*. to feel a little lonesome, lonely: *xʷaʔxʷə́mxʷəm*. to be sad, blue, lonesome, unhappy: *háʔpiʔ*. to feel a little lonesome, lonely: *xʷaʔxʷə́mxʷəm*.

long to be long, tall: *x̌áqt*. a long dress, a dress that hangs down to the ground: *x̌qtúykʷɬ*. to be long (of a group of items): *x̌aʔyáqt*. to have a long back, long neck: *x̌qtáčšəŋ*. to have long hair: *x̌ayəqtáyč*, *x̌qtáyč*. to keep someone for a long time, make something take a long time: *híctxʷ*.

longhouse *x̌qtáwtxʷ*. Indian style house, longhouse: *ʔəcɬtiŋxʷáwtxʷ*. longhouse, winter dance house, big house: *čəqáwtxʷ*. potlatch house, long-house: *sx̌aʔnəqáwtxʷ*.

long time to be a long time, take a long time: *híc*. to be a long time since, long time ago, a long time after: *kʷɬhíc*.

look to have the appearance, look of someone or something: *skʷən*.

look after to look after oneself, be careful: *kʷənəcút*. to look at (something) for someone, look after (something) for someone: *kʷənsít*. being looked at, looked after by someone: *kʷə́ntəŋ*. to be looking after, taking care of someone or something: *kʷə́nt*. to be looking at, looking after oneself: *kʷəncút*. being cared for, looked after, be kept in mind: *sxʷxʷənʔéʔwən*.

look alike to resemble each other, look alike: *naʔɬnə́kʷi*.

look around to be looking around (for something): *nəxʷx̌iʔáʔiɬ*, *nəxʷx̌iyáʔi*. to be looking sideways, looking around: *čáyqəŋ*.

look at to look at, glance at something: *kʷə́nt*. to look, gaze at, watch, observe, inspect something, watch over something: *kʷənít*. to look at oneself: *kʷənəcút*. to look at each other: *kʷəníti*. to look at each other, look out for each other: *kʷə́nəti*. to look at, see several objects or by several people: *kʷiyə́nət*. to look at (something) for someone, look after (something) for someone: *kʷənsít*. to look at (something) for oneself: *kʷənsíct*. to look at the weather: *kʷənáynəxʷ*. to look at, watch a particular place: *kʷənús*. to look someone right in the face, look at something directly: *kʷənúst*. to peek, take a look at something: *kʷəyít*. being looked at, looked after by someone: *kʷə́ntəŋ*. being watched, looked at, inspected, read by someone: *kʷəntíŋ*. to be looked at directly in the face: *kʷənústəŋ*. to be looked at, seen by someone: *kʷə́ntəŋ*. to be looked at, watched (a little): *kʷaʔkʷənítəŋ*. to be looked at, watched, studied, read by someone: *kʷənítəŋ*. to be looking at, looking after oneself: *kʷəncút*. to be looking at, staring at, watching something: *kʷənít*. to be looking at, watching a particular place, looking toward, facing: *kʷənúʔəs*. to have (something) looked at by someone: *kʷənsítəŋ*. to be peeking, peering, peeping, taking a look at something: *kʷéʔyət*.

look away to look away: *qəyús*. to look away from someone or something: *qəyúst*. to look away from something: *qəyəsə́ŋət*, *qəyúsəŋ*. to be looked away from by someone: *qəyústəŋ*. to be looking away: *qəyús*, *qqaʔáʔyəs*, *qqəyáʔis*. to be looking away from something: *qaʔyəsə́ŋət*. to be looking away, looking the other way: *qaʔyúsəŋ*. to be looking, turning away: *qiʔáyəs*.

look back to turn around, look back, turn the head to look, look away (from something): *čáyəs*. to turn around, look back, look away, turn one's eyes away (from something): *čiʔáʔis*. to look away, look the other way, turn back: *čiʔúsəŋ*. to turn around, look back, look away, turn one's eyes away (from something): *čiʔáʔis*. to be looking away, looking the other way, turning back: *čiʔúʔsəŋ*. to be turning around, looking back, turning the head to look, looking away (from something): *čiʔús*. to let someone look back, look away: *čáyəstxʷ*. to be looking away, looking the other way, turning back: *čiʔúʔsəŋ*. to be turning around, looking back, turning the head to look, looking away (from something): *čiʔús*. to let someone look back, look away: *čáyəstxʷ*. to be looking away, looking the other way, turning back: *čiʔúʔsəŋ*. to be turning around, looking: *čáys*. to be turning around, looking back, turning the head to look, looking away (from something): *čiʔús*.

look down to have one's head hanging down, look down: *cq̓ʷús*. to look down, bow one's head, hang one's head: *cq̓ʷúsəŋ*. to be looking down, bowing one's head: *cq̓ʷúʔsəŋ*. to bend over, look down: *nəxʷčəŋúsəŋ*.

look for to look for, seek, search for: *x̌iʔáŋ*. to seek, search for, look for something or someone: *x̌iyáʔt*. being sought, looked for by someone: *x̌iʔáʔtəŋ*. to be looked for: *x̌iyáʔtəŋ*. to be looking for food: *kʷənɬnáyəŋ*. to be looking for lice on someone, nit-picking: *kʷənʔáyst*. to be looking for (something): *x̌əɬnáyŋ*. to be looking for something to eat or use: *x̌əykʷáʔnət*. to be searching, seeking, be looking for: *x̌iʔáʔəŋ*. to be seeking, looking for, searching for someone or something: *x̌iʔáʔt*, *x̌iʔáʔt*. to have someone looking for lice on, nit-picking one: *kʷənʔáystəŋ*.

650 English-Klallam Index

looking glass window, mirror, looking glass: *sxʷkʷaʔkʷənúsən*.

look inside to look inside something: *nəxʷk̉ʷənəkʷíyət*.

look like to look like (facially): *xʷənaʔŋús*.

lookout to watch out, be on the lookout, on guard, alert: *k̉ʷənawíyəŋ*. to look out, be careful, heads up, beware, be wary: *q̉ʷáʔyəx*. heads up, excuse me, watch out, be careful, keep a lookout: *q̉ʷáyəx*. to be careful, be on the lookout: *q̉ʷaʔq̉ʷáʔyəx*. to be expecting (somebody or something), be alert of (something coming), be on the lookout: *q̉ʷaʔɫcút*. to be watching out, on the lookout, on guard, alert: *k̉ʷənaʔwéʔyəŋ*.

look sideways to glance, look sideways, sneak a look: *čə́yəq̉*. to look sideways, glance out of the corner of one's eye: *čə́yəq̉əŋ*. to glance at, look at someone or something sideways without turning the head: *čə́yəq̉t*. to be looking sideways, looking around: *čə́yq̉əŋ*. to be peeking, looking at, glancing at out the corner of eyes: *čə́yq̉t*. to be glanced at, looked at sideways by someone: *čə́yəq̉təŋ*. being looked at, glanced at out the corner of eyes: *čə́yq̉təŋ*.

look the other way to face toward a particular way, look the other way: *txʷnúʔəsəŋ*.

look this way to be looking, facing this way: *q̉ʷƛ̉úʔəsəŋ*.

look toward to be looking at, watching a particular place, looking toward, facing: *k̉ʷənúʔəs*.

look up to look up, raise one's head: *súʔəsəŋ*. to look upward: *kʷtús, kʷtúsəŋ*. to turn something upright, make it look up: *kʷtúst*. to be looking up: *k̉ʷaʔtúsəŋ*.

loon common loon: *swákʷən, sxʷaʔxʷúkʷt*. loon: *nəxʷƛ̉áqtcs*. arctic loon, red throated loon, Pacific loon: *xʷíkʷs*. a bird similar to but smaller than a common loon, possibly the Pacific loon: *načqʷə́ys*. a group of loons: *nəxʷƛ̉aʔyáqtcs*. several loons: *swəywəykʷúkʷt, xʷaʔyíkʷs*. several small loons: *xʷaʔyaʔxʷíkʷs*. small loon: *xʷaʔxʷíkʷs*.

loop a loop spliced at the end of rope: *qə́yəŋ*.

loose to be free, unbound, untied, out on bail, on the loose: *ʔəsyáxʷɫ*. to be loose, not tightly fixed in place: *qə́ʔqaʔ*. to be loose, slack: *čáyc̉iʔxʷ*. to be unattached, detached, loose: *ʔəstə́yəŋtəŋ*. to be wrinkled, flabby, hanging loose and floppy (as loose, wrinkled skin or clothes): *ʔəstə́yp*. to be freed, set free, let loose, bailed out by someone: *yəxʷə́təŋ*. to be wrinkled, flap, flip (as something hanging loose), loose, floppy, flabby, not stiff: *ɫə́yp*. to be wrinkled, loose, limp, floppy: *ɫə́ypi*. to be wrinkled, loose, limp, floppy (of several or a mass): *ɫiɫə́ypi*. to get loose: *qaʔqéʔəct*. to let someone or something free, loose, unbound, untied: *yə́xʷtxʷ*. to manage to detach, loosen, come off: *təŋnúŋət*. to manage to free, untie something, finally get something loose: *yəxʷnáxʷ*. to set something free, untie, unwind, unravel, untangle, let loose something: *yəxʷə́t*. to wrinkle something, make something loose and floppy: *ɫə́ypt*.

loosen to loosen something (as screw, lid, etc.): *qaʔqéʔət*.

Lord God, Lord on high: *cíc̉ɫsiʔám̉*. holy, spiritual, sacred, religious, Lord: *nəmá*.

lord government official, council member, chief, lord, big shot, distinguished: *siʔám̉*.

lose to lose (something): *cicxʷánəy, kʷánnəxʷ*. to lose, get beat (in a contest): *cə́l*. to reduce, drop in weight or size, lose weight: *ɫáqʷi*. to lose a child: *qiyamíʔiɫ*. to lose something (deliberately): *kʷánt*. to be badly beaten in a contest, lose badly: *c̉lc̉álətəŋ*. to be beaten, lose a contest: *cə́látəŋ*. to be lost, disappeared, gone from sight, missing: *cicáxʷ*. to faint, pass out, lose consciousness: *sə́ŋ*. to pass out, faint, blackout, lose consciousness: *k̉ʷic̉iyéʔqʷ*. to tie, both win, beat each other in a contest: *c̉láti*.

lost to be lost: *ʔəskʷáʔwən, ʔəskʷán, kʷán*. to disappear, be lost, go out of sight: *cáxʷ*. to be lost, disappeared, gone from sight, missing: *cicáxʷ*. something lost: *kʷanáŋən*. to be made to disappear, be lost, go out of sight by someone or something: *cxʷə́təŋ*. to be making something disappear, be lost, go out of sight: *cáxʷt*. to make something disappear, be lost, go out of sight: *cxʷə́t*.

lots to be much, many, plenty, lots: *čiʔáyu, ŋə́n̉*. many people: *ŋənáỷ*. to be given, made many: *ŋən̉táy*. to be many, lots: *ŋə́nəŋ*. to get many, make it be a lot: *ŋən̉táxʷ*. to let it be a lot, much, get lots: *ŋə́n̉txʷ*.

loud to be noisy, loud: *nəxʷsqaʔyáɫ*. to be fooling around, messing around, goofing off, acting silly, talking loudly and foolishly, talking nonsense and laughing: *ɫiʔxʷáỷs*. to be talked loudly to by someone: *xaʔxə́ttəŋ*. to talk loudly, not quite hollering: *xaʔxə́təŋ*. to talk loudly, not quite hollering to someone: *xaʔxə́tt*.

louse louse, head lice: *ŋə́scən*. a bunch of lice: *ŋaʔyə́scən*. nits: *xaʔxə́qʷ*. to be looking for lice on someone, nit-picking: *k̉ʷənʔáỷst*. to delouse using a fine-toothed comb: *xʷaʔsáỷsəŋ*. to be lousy, infested with lice: *čaʔŋə́scən*.

love to be the object of wanting, be liked, admired, needed, loved: *sƛ̉éʔ*. to enjoy, like, love something, find something delicious or amusing: *ʔiʔtáxʷ*. love medicine: *ɫqáwc*. my dear one, my loved one, my master, my thanks: *nəsxʷskʷáʔ*. my dear ones, my loved ones, my masters: *nəsxʷk̉ʷə́yaʔ*. to be enjoying, liking, loving something, finding something funny: *ʔiʔtáʔəxʷ*. to want to have, like, love to have (something): *čƛ̉éʔ*.

low to be low, under, deep, way down, at the bottom (especially of the water): *ƛ̉áčɫ*. to be low, down, under: *ƛ̉aʔƛ̉áčɫ*. to recede, get low of water (in a river, pond, well, cooking pot, etc.), ebb, go

low-class down (of tide or flood): *táqʷi*. to be receding, getting low of water (in a river, pond, well, cooking pot, etc.): *táʔqʷi*. to talk quietly, keep noise low: *naxʷsqʼʷaʔqʷiʔɬ*. to whisper, talk quietly, softly, keep voice low: *sáwqəŋ*.

low-class to be poor, pitiful, low-class (permanently poor): *ʔəsyáʔiščən*.

lower to lower, drop back, go down: *xʷkʷíyəŋ*. to lower something down: *xʷás*. to lower something, drop something back, let something down: *xʷkʷás*. to lower something, put it down, make something deep: *x̣ʼčiŋístxʷ*. to lower the price of something: *xʷkʷás*. to manage to lower something down: *xʷánəxʷ*. to put, bring, take something down, lower something: *xʷát*. downstream area, lower part of river: *xʷə́qʼʷ*. to be lowering, dropping back: *xʷaʔkʷéʔyəŋ*. to be lowering something: *xʷkʷáʔəs*. to be put down, brought, lowered down, taken down: *xʷátəŋ*. to let something down, let it be lowered: *xʷátxʷ*.

lower back butt, rump, rear end, lower back (of person): *sxʷə́kʷ*.

Lower Elwha the Elwha River and the land bordering it, the name of the traditional village at the east side of the mouth of the Elwha River: *ʔéʔɬxʷaʔ*.

low spirits to have low spirits, be depressed: *ʔsqákʷɬ*.

low tide *čə́q stáčəŋ*. portage at low tide, passage at high tide: *scɬə́qʷ*. to be a very low tide: *čáqɬ*.

lubricant gasoline, motor-oil, lubricant, petroleum: *smə́c*.

lubricate v to be greased, lubricated by someone: *məcə́təŋ*.

lucine western ringed lucine shell: *sətsítt*.

Ludlow area near Mats Mats one to one and a half miles north of Ludlow: *sxʷɬáwqʼʷ*.

luggage *miyəhúyʼ*. any piece of luggage: *məhúyʼ*.

lumber plank, board, milled wood, lumber: *ɬíc̓yən*. board, plank of wood, lumber: *ləplə́š*. lumber mill: *ləplə́š*.

Lummi the Lummi tribe, the Lummi Reservation and the area around it: *naxʷyə́mi*.

lump any lump or thickness: *mə́kʷ*. lump, hump, bump: *smə́kʷ*. to be a lump, bump: *ʔəsmákʷɬ*. to be balled up, bunched up, piled up: *ʔəsmákʷɬ*. to be gathered into rounded lumps, crumpled, smashed together, balled up: *məkʷə́təŋ*. to gather into multiple rounded lumps, clumps: *mimə́kʷt*. to gather into rounded lumps, clumps: *mə́kʷtʼ*. to have a lump on one's forehead: *ʔəsmakʷúys*. to have a small lump on one's forehead: *ʔəsmaʔməkʷúys*. to have several lumps on one's forehead: *smiʔməkʷúys*.

lumpy to be lumpy: *ʔəsmimə́kʷ*, *máʔəkʷ*. to be uneven, lumpy ground: *ʔəsmiməkʷə́nəkʷ*.

lunch to eat lunch, dinner, have a noon meal: *q̓itəŋínəŋ*. to be eating dinner, lunch, having a noon meal: *q̓aʔtəŋéʔnəŋ*. provisions for trip, box lunch, food carried along: *sáʔwən*.

lunchbox lunchbox, lunchpail, nosebag: *sxʷsaʔwənáy*.

lure lure for cod: *púʔqʷɬč*.

Lushootseed to speak in the up-sound language, Southern Lushootseed: *qqaƛʼáʔəŋ*.

lying to lie, tell a lie, falsehood, prevaricate, deceive: *qáyəx*. to tell a small lie, fib to someone to entice, fool, deceive, kid someone, turn someone's thoughts another way to distract: *qʼʼaʔqʷʼáystxʷ*. to tell fibs, lies (regularly, habitually), trick, fool (someone) into belief (like a politician): *qʼʼaʔqʷʼiʔstə́nəq*. to be lying habitually, preaching the wrong thing: *qaʔyəxtə́nəŋ*. to be lying, telling a lie, pretending: *qəyáxct*. to be lying to be telling a lie: *qáʔyəx*. to be lying to someone, telling someone a lie: *qáʔyəxt*. to lie about one's accomplishments, be falsely proud: *qəyəxúcən*.

Lynch Cove Lynch Cove, Belfair Bay: *naxʷyíyəp*.

Lyre River Lyre River and the former Klallam village at its mouth: *kʷaʔxʷáʔmaʔ*. a point west of the Lyre River: *čičiʔyúcxəy*.

ma'am respected lady, ma'am: *saɬámʼ*.

machine machine, motor: *məšín*. to be operating, running (of a machine): *šə́təŋʼ*. to be started, running (of a machine): *kʷə́yxct*. to make someone or something run, start a machine: *kʷənəŋútt*. to press down on repeatedly or on several things, press buttons (on a machine), dial (a telephone): *ƛʼə́yəq̓t*. to start something (a machine): *kʷə́yəxt*. operate, run (of a machine): *štə́ŋ*. to run (of a machine): *kʷə́yəx*. to rumble, make a buzzing, humming, rumbling noise, the sound a machine makes: *ʔaʔmúxʷəŋ*. washtub, washing machine: *sxʷc̓aʔkʷikʷə́ɬəŋ*. airplane, helicopter, any flying machine: *sxʷkʷə́yəŋ*. sewing machine: *sxʷc̓aʔcéʔŋəɬ*.

mad to be angry, mad: *ɬáčq̓*. to be angry, mad at someone, hate someone: *sqiʔnúŋʼət*. to be angry, mad at someone or something: *qínəxʷ*. to be feeling angry, mad: *qiʔnúʔŋʼət*. to act angry toward someone or something: *qə́yət*. to get angry at someone or something: *qiqə́yət*. to get angry, mad at someone (repeatedly or at a group): *qiqə́yənəxʷ*. being angry at someone, scold someone: *q̓éʔnəxʷ*. being angry, mad: *qaʔqéʔwən*. to be acting angry, mad: *ɬáʔiq*. to be a little angry, mad: *qaʔqiʔnúʔŋʼət*. to be always angry, mad, quick tempered: *naxʷsqinúŋʼət*. to be angry at, disagree with someone: *qaʔqínəxʷ*. to be made angry, mad by someone or something: *qínəŋ*. to be quick tempered, easily angered: *qiqinúŋʼət*. to be very angry, mad: *ɬaʔtúqʷəŋ*. to disagree, be angry, mad at someone, get after someone in an angry way: *qaʔqéʔnəxʷ*. to feel angry, mad, hateful: *qinúŋʼət*. to have someone act angry toward one: *qiqə́yətəŋ*. to

maggot

have someone angry at one: *qaʔqínəŋ*. to have someone angry with one, be the object of someone's anger: *qéʔnəŋ*. to have someone angry with one, be the object of someone's anger, be disagreed with: *qaʔqéʔnəŋ*. to have someone get angry, mad at one: *qiqáynəŋ*. to be fierce, out of control, mad, raising hell, throwing a tantrum: *xaʔsíct*. to get fierce, out of control, mad, raising hell, throwing a tantrum, doing something distasteful in anger, be angry and inappropriately act on it, being ugly with anger: *xaʔséʔyəŋ*.

maggot maggot: *ʔáčən*. a bunch of maggots: *ʔaʔyáčən*. several small maggots: *ʔaʔyaʔáʔčən*. small maggot: *ʔaʔáʔčən*. to be getting maggoty, food is getting maggots in it: *ʔaʔčənítəŋ*. worm, caterpillar, maggot: *scákʷ*.

magic magic, spirit: *xáyəs*.

magnet any magnet: *sxʷɬtə́xʷəŋ*.

mahonia Oregon-grape, mahonia: *šə́čən*.

maiden girl, young lady, maiden (approximately age 13-marriage): *q̓áʔŋi*. girls, maidens, young women: *q̓áyaʔŋi*.

mail letter, mail: *pípə*.

Makah Makah Tribe: *məq̓áʔaʔ*. Makah people: *miyəq̓áʔaʔ*. Neah Bay, the Makah reservation: *nə́y*. to speak the Makah language: *maʔq̓áʔəŋ*.

Makah Days Makah Days: *məq̓áʔaʔ skʷáči*.

make to work, build, make: *čáy*. to build, make, fix something, work on something: *ččát*. to build, make something, work on something: *čáčt*. to make, work on oneself: *ččáct*. being built, made fixed, repaired, worked on: *čáʔčaʔtəŋ*. being worked on, made, fixed, built for someone by someone: *čaʔčsítəŋ*. to be making something, doing something, working on something: *čáʔčt*. to be working, building, doing, making: *čáʔiʔ*. to be working on, making, fixing, building (something) for someone: *čaʔčsít*. to make, fix a bed for someone, get a bed ready for someone: *yaʔáʔɬt*. to make, fix a bed, get a place to sleep ready: *yaʔáʔɬəŋ*. to make, fix (something) for someone: *čaysít*. to make something known, make something important: *ʔəsxáčɬtxʷ*. to prepare, make a bed or nest: *ʔaʔáɬəŋ*. to be making, weaving a mat: *ʔəsciyaysə́ntən*.

make camp to stay overnight, camp out, make camp: *q̓áyəŋ*.

make fun to be making fun of (someone): *qaʔxqúŋ*.

makeup any face paint, makeup: *tə́məɬ*. to put any paint or makeup on one's face: *naxʷtəmɬúsəŋ*. to reconcile, reestablish a relationship, kiss and make up with someone: *ƛ̓q̓ʷənk̓ə́yatxʷ*. to reconcile with each other, get back together after a dispute, finally get along well: *ƛ̓əmnə́k̓ʷi*.

male man, male: *swə́yqaʔ*. any male in-law: *scutáyəɬ*.

mall shopping center, mall, downtown area, anyplace where there are lots of stores: *sxʷixʷimáy*.

mallard mallard, also any domestic duck: *tínəqsən*. mallard duck: *xátxət*. a group of small mallards: *taʔyaʔtéʔnəqsən*. several mallard ducks: *xə́yatxət*. several mallards or geese: *təntínəqsən*. small mallard, any small duck: *taʔtéʔnəqsən*.

mammals bat: *ƛ̓aʔƛ̓ápt*. bat (animal): *ɬaʔɬiʔpiʔáxən*. beaver: *ɬqtə́wəč, sqiyáw, stəqáyuʔ*. black bear: *scq̓ʷáyəč*. blackfish, orca, killer whale: *q̓ɬúməčən*. chipmunk: *xaʔxiyuʔéʔč*. deer, venison: *húʔpt*. dog: *sq̓ʷəmáy*. dolphin: *qcə́wəč*. elk: *q̓əyéʔəč, smə́yəc*. grizzly bear: *k̓ʷə́yəčən*. horse: *stiqéw*. house cat: *píšpš*. mink: *mə́šču*. mink, weasel: *pəq̓íqən*. mole (animal): *xaʔxɬács*. mountain goat, mountain sheep: *sxʷíƛ̓iʔ*. mountain lion, cougar: *k̓ʷə́yəčən*. mouse: *k̓ʷəʔk̓ʷáʔɬən*. muskrat: *mə́šču*. pig, hog, pork: *k̓ʷašú*. porpoise: *k̓ʷánəɬ*. porpoise, dolphin: *sxʷməhéʔənəs*. rabbit, hare: *qaʔqiʔcə́y, qiʔcíy*. raccoon: *xáyk̓ʷs*. rat: *ʔɬsqíyuʔ, k̓ʷáɬən*. sea lion: *ʔəšás*. sea otter: *čaʔmús*. sheep: *ləmətú*. shrew: *čtxʷáyqsən*. any skunk: *smácən*. small bear, cub: *scaʔčq̓ʷáʔič*. small squirrel, chipmunk: *caʔcəcpsiʔúcən*. some unidentified animal similar to a seal, perhaps the elephant seal, also possibly walrus: *cə́yi*. western jumping mouse: *xʷaʔxʷtəŋyáʔča*. wolf: *stáʔčəŋ, stqáyuʔ*.

man man, male: *swə́yqaʔ*. a group of men: *suwə́yqaʔ*. a group of young men, boys: *suwáʔwəs, swə́yaʔwəs*. all man, just a man: *čaʔswə́yqaʔ*. bachelor, widower, an unmarried grown man: *čaʔswə́yqaʔ*. small boy, small young man: *swaʔwéʔwəs*. to become a young man: *swəʔwəscút*. to be, look, act like a man, seem masculine: *swə́yqaʔúməš*. to turn into a man: *swə́yqaʔct*. young man, teenage boy: *šaʔšéʔwiʔ*. young men, boys: *swíwaʔwəs*. youngster, youth, a person just grown, especially a young man: *sšaʔšéʔwi*. to be a married couple, be man and wife: *taʔyús, tiyáʔyus*.

mange the itch, impetigo, mange: *sk̓ʷə́yəŋ*.

Manhattan Beach Manhattan Beach, between Squamish Harbor and Thorndyke Bay: *xʷə́laʔəp*.

man-made an artifact, something that was man-made, sculpted, drawn, carved, built: *ʔəshúʔitəŋ*. equipment, tool, a part of any man-made thing: *haʔyáʔwən*.

manner to be a certain way, manner, like, similar, how: *ʔəsxʷaníy*. to be a way, manner: *xʷənéʔəŋ*. to be how, the way, manner one is kept by someone or something: *xʷənəŋtíy*. way, manner, like: *xʷənə́ŋ*.

manners to be rude, mean spirited, have bad manners, a bad attitude: *nəxʷsxaʔsík̓ʷən*.

many to be much, many, plenty, lots: *čiʔáyu, ŋə́n*. many dollars, round things: *ŋənáʔitxʷ*. many people: *ŋənə́y*. many times, often: *ŋənə́ɬ*. to be a few, not many: *k̓ʷaʔk̓ʷín*. to become many: *ŋə́nct*. to be many, lots: *ŋə́nəŋ*. to get many, make it be a

English-Klallam Index   653

maple lot: ŋə́ntáxʷ. to have many children: ŋənayəhə́čł. to let it be a lot, much, get lots: ŋə́ńtxʷ.

maple maple tree: scúʔcłč. vine maple: páʔq̓łč.

March čəńšə́wi, waʔxwəxłcítəŋ, x̣ícáʔyəs.

marine sailor, any uniformed navy or merchant marine person: mánuwa.

mark to write something down, sign something, mark something: xiʔə́t.

marker anything to write with, pen, pencil, marker, chalk: sxʷx̣ə́yəyuʔ.

marriage to propose marriage to someone: scuʔíst. to propose marriage for someone, be a delegate for someone: qʷinúkʷəŋ. to be proposing marriage: ʔəscəwísəŋ. to be proposing marriage for someone: qʷayńúkʷəŋ. to be splitting up a marriage: čaʔyáʔnəq. to refuse marriage: cəwnáytxʷ.

Marrowstone Island Fort Flagler, northeast corner of Marrowstone Island: łəyímən.

marry to marry, have a wedding, get married: maliyíti. to marry, especially informally: q̓ʷaʔšə́nti. to get married: ƛ̓k̓ʷnə́kʷi. to get married to someone: malyít. to marry one's own relative: ʔəyŋíti. to be a married couple, be man and wife: taʔyús, tiyáʔyus. to be married: malyí, malyítəŋ. to be married by someone (such as a priest): maliyístəŋ. to be marrying, newlywed: maʔliyíti. to get a spouse, propose, ask to marry: ʔəsckʷísəŋ. to let or have someone get married: maliyístxʷ. to marry a cross-sibling-in-law or cross-cousin-in-law, marry one's brother-in-law or sister-in-law: ƛ̓əmƛ̓əmáčti.

marsh lake, marsh: cə́yəł. marsh between Mats Mats and Oak Bay: sxʷłaʔłéʔcəm. swamp, marsh, bog: c̓c̓aʔmə́nəkʷ. the back of any marsh: nəxʷčáyəqʷəwəč.

marshmallow čáʔsiʔ.

masculine to be, look, act like a man, seem masculine: swəyqaʔúməš.

mash to smash, crush, pulverize, grind up, break up something: łə́yəqʷt. be smashed, mashed, squashed, shattered: łə́yəqʷi.

masked dance a type of joyful spirit dance associated with a mask having protruding eyes: sxʷə́yxʷi. black paint dance, masked dance: x̣əńxaʔníti.

mass mass, referring to a substantial body of material and in a few words this refers to body fluids tears, sweat, urine: =aʔł.

massacre to kill a group of people or animals, slaughter, massacre: xʷáčt. to kill all of a group of people, massacre, wipe out: xʷixʷáčt. to kill one another: xʷčáti. to kill one another (of many): xʷaʔyəčáti. to manage to kill, massacre, wipe out a group: xʷáynəxʷ. being slaughtered, massacred killed by someone or something: xʷaʔčátəŋ. to be killing a group of people or animals: xʷáʔčt. to be killing one another: xʷaʔčátiʔ. to get killed (of a group), massacred by someone or something: xʷáčnəŋ.

mast any erected pole (for a tent, house, flag), a mast for a sail: sxʷŋíq̓ən. a vertical pole, house-post, tent-pole, mast: qáqən. several vertical poles, house-posts, tent-poles, masts: qaʔyáqən. to be erected, a pole, post, mast in place: ŋíq̓. to be erected (of a pole, post, or mast) by someone: ŋəq̓ítəŋ. to erect, stick in place a pole, post, or mast, insert something into position so that it can stand upright: ŋíq̓t.

master slave master, boss: ssiʔám. dear elder, one's beloved counselor, guide, master, teacher, any person that one listens to and gets advice and direction from: sxʷskʷáʔ. master, a polite form of address to an Indian doctor: nəsxʷskʷáʔ. my dear one, my loved one, my master, my thanks: nəsxʷskʷáʔ. my dear ones, my loved ones, my masters: nəsxʷkʷə́yaʔ.

mat mat, rug: pcúkʷən. mat, rug, carpet: caʔyəsántən. a long woven cattail bed mat: súyaʔč. a mat made of cattail reeds: kʷúʔət. a table mat: cə́mət. several long bed mats: sisúyaʔč. several small canoe mats: sxʷcáʔiysən. several table mats: ciyə́mət. short cattail mat: qáyŋən. several short cattail mats: qáyiʔŋən. small mat, doubled and put in a canoe to kneel on: sxʷcə́ysən. to be making, weaving a mat: ʔəsciyaysántən. to spread (something) out (such as a blanket, or mat) to lie on: pacə́łəŋ.

material material to work with such as wool, cloth or split cedar bark: sčáy.

mating season to be mating (of animals), mating season for an animal: łəłáčqəs.

Mats Mats Mats Mats Bay: mácməc. area near Mats Mats one to one and a half miles north of Ludlow: sxʷłáwq̓ʷ. area west of Mats Mats: spə́łxən. name of a place near Mats Mats Bay: nəčsənúʔəŋ.

matter what did you do? what is the matter?: ʔəstúŋət. to be a thing, an issue, matter: stáŋəna. to be unnecessary to do, do anyway (even though it does not need to be done), not care, not matter, not taken seriously, "going through the motions": ƛ̓xʷiyuʔús. to not matter: ƛ̓xʷiyús.

mattock hoe, mattock, pickaxe, shovel: lapiyúš.

mattress feather bed, mattress, pillow: sƛ̓páyqən.

mature to grow, mature, grow up, develop: šə́wi.

maul sledge hammer, maul: mál.

May čəńlílúʔ.

maybe maybe, I suppose so, why not, I don't care, might as well, whatever: sxʷə́wəs.

May Day skʷáqəŋ skʷáči.

me I, me: ʔə́c. me, you, first-person and second-person direct object: -c, -cəŋ, -ŋə, -ŋəs, -ŋuŋə, -uŋə. let me do it, let it be me: ʔəctíxʷ, ʔə́ctxʷ.

meadow open area, field, meadow, plain: *spə́ɬxən*. meadow, field of grass: *sxcaʔəyánəkʷ*.

meal food, meal: *sʔíɬən*. breakfast: *kʷənsíy̓ən*. supper, evening meal: *stəŋiʔŋínəŋ*. to be eating dinner, lunch, having a noon meal: *q̓aʔtəŋéʔnəŋ*. to be eating supper, an evening meal: *taʔŋənúcən*, *taʔŋiʔŋéʔnəŋ*. to be having breakfast, eating a morning meal: *kʷa̓čiʔŋéʔnəŋ*. to eat a meal: *ʔiɬənínəŋ*. to eat, consume, dine, have a meal: *ʔíɬən*. to eat lunch, dinner, have a noon meal: *q̓itəŋínəŋ*. to eat supper, have an evening meal: *təŋiʔŋínəŋ*. to have breakfast, eat a morning meal: *kʷčiʔŋínəŋ*.

mean to be bad, evil, mean, dirty: *sx̣áʔəs*. to be cruel, mean: *sáčəŋ*. to be cruel, mean, ornery (of a child or something small): *saʔsáʔčəŋ*. to be cruel, mean to someone: *sáčt*. to be mean, a mean, cruel person, a bully: *ʔəsq̓éʔqi*. to be mean, a mean person: *sx̣aʔsánkʷs*. to be mean by nature, always mean, a disagreeable person, always ready to fight: *sxʷčáŋkʷən*. to be mean, no good, hard to get along with: *sx̣aʔx̣əyáʔs*. to be a mean, cruel, fierce person: *nəxʷsx̣aʔyíkʷən*. to be a mean, inconsiderate person: *nəxʷsčáŋkʷən*. to be mean, tough, feisty, ornery, fearless: *ʔəscáŋkʷən*. to be rude, mean spirited, have bad manners, a bad attitude: *nəxʷsx̣aʔsíkʷən*. to be a mean, inconsiderate group of people: *nəxʷsčiyáŋkʷən*. to be a little bad or to be a little bad thing or to be a mean child: *sx̣aʔx̣áʔəs*. to be mean (of a group): *nəxʷsčəyčáŋkʷən*. to be treated badly by someone, be treated mean: *qaʔitíŋ*. to get to be mean: *ʔəsq̓éʔqict*. to make oneself look bad, mean, terrible, fierce: *sx̣əsámənət*. to treat someone badly, be mean to someone: *qaʔyát*.

meaning to say, mean what?: *ʔínət*. to be meaning (something): *ʔəʔéʔnt*. to be saying, meaning what: *ʔeʔéʔnət*. to intend, mean, expect (to happen): *syúy*. to be true, dedicated, honest, real, meaning it, sincere in what one is doing: *ʔəscəʔít*.

means means of subsistence, food: *=kʷaʔn*. someone who is looking for food or other means all the time: *nəxʷsx̣̓əy̓əkʷáʔnəŋ*.

measure to measure: *yəq̓áŋ*. to measure something: *yəq̓át*. to manage to figure something out, size it up, find out, get to know about something, realize something, measure something, discover something, learn something, know something by intuition or spirit revelation: *xčənáxʷ*. a yard (measure): *ščə́ya̓ʔ*. foot unit of measure, twelve inches: *sx̣ə́naʔ*. to be counted, measured: *ʔəskʷásɬ*. to be measured: *yəq̓átəŋ*. to be measuring: *yə́q̓əŋ*. to be measuring something: *yə́q̓t*.

measurer measurer, anything used to measure with, tape measure, yardstick, ruler: *yəq̓án*. several measurers: *yəyəq̓án*.

meat flesh, meat: *sɬíqʷ*. meat, flesh: *šícs*. meat (not seafood or poultry): *smə́yəc*. a small salmon, a little piece of salmon meat: *scaʔčaʔnánx̓ʷ*. bear meat: *scq̓ʷáy̓əč*. beef, meat: *músmus*. fat of meat: *ɬqáy̓*. fat on meat: *sɬqáy̓*. small elk, a little piece of elk meat: *smaʔmə́y̓c*.

media any news medium such as a newspaper or a news program on the television or radio: *syaʔcícəm*.

medicate to medicate, give medicine to someone: *ɬiŋíxʷt*. to medicate, take medicine: *ɬiŋíxʷəŋ*. to receive medicine from someone, be medicated by someone: *ɬiŋíxʷtəŋ*.

medicine *stáyŋəxʷ*. love medicine: *ɬq̓áw̓c*. to be poisoned, affected by bad medicine: *syáʔəx*. to medicate, give medicine to someone: *ɬiŋíxʷt*. to medicate, take medicine: *ɬiŋíxʷəŋ*. to receive a blessing from someone (medicine for the soul): *ɬiŋíxʷtəŋ*. to receive medicine from someone, be medicated by someone: *ɬiŋíxʷtəŋ*. a traditional laxative medicine: *čéʔčšinč*.

meditate to sing one's spirit power song, meditate: *kʷənúcəŋ*.

meet to happen to meet each other: *čəməsnákʷi*. to meet each other: *nəxʷčəməsnákʷi*, *sxʷčəməsŋíti*. to meet, encounter someone or something: *čə́məs*. to meet, get acquainted, make friends with each other: *q̓ʷinə́kʷi*. to meet (someone): *sxʷčə́məs*. to meet someone or something: *číčəməs*. to see each other, meet with each other: *kʷənnə́kʷi*. being met by someone: *ččəm̓əsnítəŋ*. to be meeting and getting acquainted with someone: *q̓ʷə́ynəxʷ*. to be meeting, running into each other: *čəmčəm̓əsnákʷi*. to be met by someone: *čəməsnítəŋ*, *čə́m̓əsəŋ*. to be met going the same way by someone, be caught up with: *wáʔnsəŋ*. to catch up to, meet and go along with someone: *wáʔnəs*. to finally get together with a future spouse: *λ̓q̓ʷnə́kʷi*. to go to meet each other: *čəməsníti*. to go to meet someone: *čəməsnít*.

meeting to discuss, have a discussion, talk things over in public, have a meeting, talk business: *hánəčəŋ*. to be discussing, having a discussion, talking things over in public, having a meeting, having a conversation: *haʔníčəŋ*. your meeting is over.: *haʔníčtəŋ*.

melt to thaw, melt (of anything such as ice, butter, lead): *čáxʷəŋ*. to melt something: *čxʷás*. to melt, thaw something: *čáxʷt*. to be melting, thawing (something): *čáʔxʷəŋ*, *čáʔxʷt*. to be thawing, melting: *čaʔxʷéʔŋəɬ*.

Memorial Day *hák̓ʷ skʷáči*.

memory mind, thought, idea, wisdom, memory, feeling: *xčŋín*. to commit something to memory: *háhəktxʷ*.

men a group of men: *suwə́y̓qaʔ*.

mend to mend (of bones): *λ̓k̓ʷnə́kʷi*.

menstruation to be the onset of first menstruation, when a girl comes to womanhood, has change of life: *xʷə́ƛ̓s*. a girl after her first menstruation: *nəxʷshúyhi*. being the onset of first menstruation, when a girl is coming to womanhood, changing of

English-Klallam Index 655

mental life: *xʷə́xʷƛ̓ł*. to have one's daughter come to womanhood, have change of life: *xʷəƛ̓sxə́čł*.

mental to be tipsy, half-shot, a little intoxicated, a little mentally unbalanced: *sxʷčaʔčə́yxʷs*.

mention to be named, called, mentioned, noted: *nátəŋ*. to be respected, acknowledged, introduced, mentioned: *naʔtíŋ*.

merganser sawbill duck, common merganser, red-breasted merganser: *xʷúʔuq̓ʷ*.

mess clutter, mess: *k̓ʷə́y*. to be made ugly, terrible, fierce, messed up: *xístəŋ*. to be messed up, put out of order: *mimə́stəŋ*. to have one's hair messed up: *sxixtšéʔq̓ʷ*. to mess something up: *mə́st*. to mess something up, make it cluttered: *k̓ʷáytxʷ*. to mess up one's life: *tə́ŋən*. to mess up, put in disorder, disarray: *mimə́stxʷ*.

message a message, anything sent: *skʷə́cc*.

messing around to be fooling around, messing around, goofing off, acting silly, talking loudly and foolishly, talking nonsense and laughing: *tiʔxʷáys*.

metal any metal, especially iron, steel: *qəmtə́n*. copper, brass, bronze: *ćúʔməčən*. gold: *kúl*. lead (metal), bullet, shell, shot: *šát*. metal, money: *číkəmən*. tin, metal can: *k̓ʷə́čtən²*.

Metchosin Metchosin, British Columbia: *məčúcən*.

Mexican *méksəkən*.

microphone microphone, telephone: *sxʷq̓ʷáyyu*.

microwave microwave oven: *sčaʔčúʔyəłc*.

mid-day noon, mid-day: *q̓íyt*.

middle *tə́c²*. middle voice: *-ŋ²*. non-control middle: *-nuŋt*. to be between, in the middle, wedged in: *xʷáč*. to be in the middle, among, between, in a crowd: *ʔəsxʷáčt*. to be in the middle, the center: *ʔəctúŋən*. to let be in the middle, among, between, in a crowd: *ʔəsxʷáčtxʷ*. to put something or someone between, in the middle: *xʷə́čt*.

Middle Creek Middle Creek, entering Port Ludlow on the east: *nəxʷcəyítəkʷł*.

midge gnat, midge, a small blood-sucking, flying insect: *paʔpxʷə́yqsən*.

midget dwarf, a little person: *qʷaʔqʷiʔstáyŋəx*.

midnight *ʔə́nəxʷ snát, təcsnát*.

midsummer first day of summer/midsummer's day: *čənʔə́yi skʷáči*.

might probably, must be, might have: *čtə*. to be able, be liable to, might, could: *xʷə́ŋ²*.

might as well to might as well let it be done also: *ƛ̓áytxʷ²*.

mildew to be moldy, mildewed, rotten, rusted, decayed: *čáq̓ʷ*. to be moldy, mildewed: *čáq̓ʷəŋ*.

milk *sqə́muʔ*. to milk a cow: *ččáyŋəxʷ, čəciŋíxʷt*. to nurse a baby, give milk (to a baby): *qə́muʔstxʷ*. butter, cream, whipped cream, milk: *sməcáyŋəxʷ*. cow's milk: *músmus*. lots of milk: *ŋənáyəŋəxʷ*. to be milking (a cow): *čaʔčáyŋəxʷ*. to be milking several cows or one cow several times: *čicéʔŋəxʷt*.

milled plank, board, milled wood, lumber: *tícŋən*.

milt salmon testis, milt sac, a long white organ in the bottom of male salmon: *q̓átŋən*.

mimic to mock, mimic, make faces at someone: *xʷúʔəst*. to mock, mimic, make faces at each other: *xʷúʔusti*.

mind interior, mind, emotion: *=ikʷən*. mid abdomen, solar plexus, pit of the stomach, mind: *=ankʷs*. mind, consciousness: *sxʷq̓ʷáyəkʷən*. mind, thought, idea, wisdom, memory, feeling: *xčŋín*. absent-minded, not in right mind: *ʔəspáłłucən*. being cared for, looked after, be kept in mind: *sxʷxʷənʔéʔwən*. bile, gall, gall bladder, mind, brains: *ƛ̓ə́ł*. to back out on a deal, renege, change plans, change one's mind: *huhəwíyəŋ*. to be complying, agreeing (with someone), obeying, minding (someone): *ʔaʔáʔnəł*. to be crazy, insane, out of one's mind: *ʔəsxʷakʷéʔq̓*. to comply, agree (with someone), obey, mind (someone), give in: *ʔánəł*. to have lost one's mind, gone crazy, be driven crazy by someone or something: *ʔəsčə́yəxʷtəŋ*. to remember, come to one's mind: *hák̓ʷ*.

mingle to mix together, mix in with, join in with, mingle, get involved, become part of a social group: *təŋk̓ʷáct*. to be mixing together, mixing in with, joining in with, mingling, getting involved: *təŋk̓ʷáʔct*.

Mink Little Mink: *mimə́šču*.

mink mink: *mə́šču*. mink, weasel: *pəqíqən*. a group of minks: *maʔyəšču*. a group of small minks: *maʔyaʔmə́šču*. small mink: *maʔmə́ʔšču*.

mint window, mirror, looking glass: *sxʷk̓ʷaʔk̓ʷənúsən*. *ćcčxáłc*. mint (half-sister of nettle): *snəčíwəł*.

mirror several windows or mirrors: *sxʷk̓ʷəyaʔk̓ʷənúsəŋ*.

misery to be poor, pitiful, sad, destitute, poorly, humble, having no relatives, homeless person, a poor soul, in misery: *yəščənúŋət*.

miss to miss (the target), miss a shot: *tə́ŋən*. to get skunked, miss everything, get nothing while hunting or fishing: *yúŋ*. to grab at (something) and just miss (but touch): *łk̓ʷə́ŋ*. to make a mistake, err, miss, go the wrong way: *tə́x*. to pass by (in space or time), miss, not connect: *čiʔáw*. to make someone miss: *tə́ŋəntxʷ*. to miss a cue, misunderstand someone: *təxnáxʷ*. to miss a step, put one's foot on at step and have it slip off: *təpsə́n*. to barely miss, almost miss, a child misses: *taʔtə́ʔŋən*. to be made to miss: *tə́ŋəntəŋ*. to be missed: *stə́ŋən*. to be missing (the target): *taʔə́ŋən*. to be lonesome (for someone), miss (someone), be concerned (about someone): *xʷám̓xʷəm̓*.

missing to be lost, disappeared, gone from sight, missing: *cicə́xʷ*.

mist mist, light fog: *spáʔxʷəŋ*. to be misting, drizzling: *łiʔísəŋ*. to be misting, drizzling, lightly sprinkling: *łaʔłiʔísəŋ*.

mistake to do something wrong, make a mistake: *qíx¹*. to make a mistake, err, miss, go the wrong way: *t̕áx*. to make something be wrong, make someone make a mistake: *t̕áxtxʷ*. being made to be wrong, made to make a mistake by someone or something: *t̕áxtəŋ*. to be ruined, spoiled (as when a mistake is made building or fixing something): *qiqə́yʔi*. to be told one is making a mistake, going wrong: *txə́təŋ*. to be wrong, mistaken: *t̕it̕áx*. to see one's own mistakes: *k̕ʷənəcút*.

mistaken to be wrong, mistaken, incorrect: *ʔəst̕áxł*. to be mistaken, incorrect, wrong: *ʔəsmaʔmiʔmíy̕*. to tell someone he or she is wrong, mistaken: *t̕xə́t*.

misunderstand to miss a cue, misunderstand someone: *təxnáxʷ*.

mitten any glove, mitt, mitten: *nuʔəcísən*. to take off, remove gloves or mittens: *łəŋcísəŋ*.

mix to stir, mix, roll something around: *máyəčt*. to put something among, mix something in: *tə́ŋk̕ʷt*. being stirred, mixed, rolled around, confused: *máyčtəŋ*. really being stirred, mixed, rolled around, confused: *miʔmáyčtəŋ*. to be mixed in, joined in with: *ʔəst̕áŋk̕ʷ*. to be mixing someone or something up: *máyčt*. to be mixing together, mixing in with, joining in with, mingling, getting involved: *təŋk̕ʷáʔct*. to let someone join, mix in: *q̕ʷúʔət*. to mix, join in with others: *q̕ʷúʔnəxʷ*. to mix someone or something in with (something), put it among: *təŋk̕ʷístxʷ*. to mix together, mix in with, join in with, mingle, get involved, become part of a social group: *təŋk̕ʷáct*.

mixed up to be confused, mixed up: *mimíyč*. to be mixed up: *ʔəsmimáyč*.

mixture mixture, combination: *tə́ŋk̕ʷ*.

moan to be grunting, moaning, groaning: *ʔaʔníqəy̕*.

mock to imitate, copy, pretend to be someone else, ape (someone to mock them): *nəxʷsʔáʔi*. to imitate to mock: *ʔáʔi*. to mock, mimic, make faces at someone: *xʷúʔəst*. to mock, mimic, make faces at each other: *xʷúʔusti*. a mocking, playing, making fun of: *sqaʔxqíŋ*. being mocked, made faces at by someone: *xʷaʔxʷúʔəstəŋ*. to be a laughingstock, be ridiculed, laughed at by a group: *snaʔniʔtiʔúʔəŋ*. to be a laughingstock, the object of someone's laughter: *snəčtiʔúʔəŋ*. to be mocked, made fun of: *ʔəsqaʔxqíŋ*.

modern to be modern, late-model, recent: *xə́w̕əs*.

moisten to dip something to dampen, moisten it, making it partly wet: *q̕əyaʔt*. to be dipping something to dampen, moisten it, making it partly wet: *q̕áʔŋət*.

mold to mold, give shape, gather to put together something: *məkʷt*.

moldy to be moldy, mildewed, rotten, rusted, decayed: *čáq̕ʷ*. to be moldy, mildewed: *čáq̕ʷəŋ*. to be rotting, moldy: *caʔq̕ʷəŋct*.

mole mole (animal): *xaʔxłács*. several moles: *xaʔyəxłács*.

mollusks acorn barnacle: *cúŋcəŋ*. a large edible mussel: *x̣aʔcám*. any of several species of edible limpet, little hats, China hats: *təmáqəs*. a small blue-purple mussel that grow in clusters: *túʔyəqʷ*. a species of small mussel: *łáw̕qəm*. a type of small shell used in necklaces: *xínł*. big stick shoe, giant chiton, gumboot, giant Pacific chiton, China shoe: *ʔúkʷs*. black chiton, little China shoes, little stick shoes, little China hats: *təŋsəwéʔč*. black-neck clam: *swáhəm*. butter clam: *sqx̣əyuʔ*. heart cockle: *sƛ̕əyúʔəm*. horse clam: *swáhəm*. horse clam, black-neck clam: *ŋáʔŋaʔ*. littleneck clam, steamer clam: *sk̕ʷłáʔiʔ, šəčánaʔ*. octopus, devilfish: *sqéʔməq, stíxʷaʔc*. Oregon hairy triton: *sxʷcsátən*. oyster: *ƛ̕áx̣ʷƛ̕x̣ʷ*. purple sea urchin, sea-egg: *q̕ʷx̣ʷə́nəq̕ʷ*. purple sea urchins, sea-eggs: *qəyəx̣ʷə́nəq̕ʷ*. razor clam: *ƛ̕áx̣ʷƛ̕x̣ʷ*. scallop: *sxʷínxʷən*. sea cucumber: *cíkʷt*. several horse clams, black-neck clams: *ŋáyaʔŋaʔ*. slug, snail: *q̕ayúx̣ən*. western ringed lucine shell: *sətsítt*. white-neck clam, geoduck, big white horse clam: *təməčaʔq*.

mommy mommy, mom, a small mother: *tátən*.

Monday *sčiʔəkʷłnát*.

money *tálə*. a few dollars, a little money: *k̕ʷənáʔitxʷ*. how much money, how many dollars: *k̕ʷənáʔitxʷ*. lots of money: *təltálə*. metal, money: *číkəmən*. purse, anything to carry money in: *sxʷtaləháy*. treasure, money, wealth, savings: *maʔyúst*.

monster *sƛ̕áyəqəm*. any supernatural monster, beast: *sxʷnáʔəm*. an invisible killer spirit: *sínəłqiʔ*. a type of monster, boogeyman: *stədíʔ*. a type of monster or giant similar to *čičəyíqʷtən*: *siyátkʷ*. bogeyman: *čqə́qsən*. little monsters: *sxʷaʔyaʔxʷənáʔəm*. two-headed snake, flying lizard spirit monster, dragon, lightning spirit, lightning: *cínək̕ʷaʔ*.

month *łqáyč, słqáyč*. a name for the month of March: *čəńšáwi, waʔxwəxłcítəŋ*. April: *čəńmáʔəxʷ*. August: *čəńtáqaʔ*. December: *čəńshayi, čəńsyáwən, čəńtéʔwiʔł, sxʷččiʔkʷáʔsən*. January: *sčiʔánəŋ, xə́wəs čiʔánəŋ*. July: *čəńqə́čqs*. June: *čəńkʷítšən*. March: *xicáʔyəs*. May: *čəńlílúʔ*. November: *čəńháʔnəŋ*. November, time to put paddles away: *čiʔčiʔkʷáʔsəŋ*. October: *sxʷúpč*. one month.: *nə́cuʔ*. September: *čəńhánən, čəńsłəmə́xʷ*.

moon *łqáyč*. half moon: *ʔəłčəx*. new moon: *xə́w̕əs*.

moon snail Lewis' moon snail shell: *qəmánaʔ*. several Lewis' moon snail shells: *qəyumánaʔ*.

mop mop, broom: *ʔaʔcənúkʷən*. to wipe, mop, clean the floor: *ʔacənúkʷəŋ*.

more to add more of something: čúxʷt. to exist, be some (more), be left over, remaining: néʔ. to make something more, give more, let be some left over, leave something or someone remaining: néʔtxʷ. to give someone more: čxʷsít. to be more than expected, superabundant: ʔəscúʔyəxʷ. to be added to by someone or something: čxʷútəŋ. being added to by someone or something: čaʔxʷútəŋ. to be adding, exaggerating, making it more: čaʔxʷéʔŋəɬ. to be adding more of something: čúʔxʷt. to do something once more, one more time: txʷənəcáxʷtxʷ. to give a little bit of something, make it a little more: naʔnéʔtxʷ. to give out, be all gone, be depleted, be done, no more, finished (of a consumable): ʔə́wkʼʷ. to be all gone, no more: xáŋ.

moreover even so, moreover: čəwín.

more than to be raised up above, over, more than: huʔáʔič.

morning the early morning, before daybreak, dawn, early: kʷaʔčíy. to be having breakfast, eating a morning meal: kʷaʔčiʔŋéʔnəŋ. to have breakfast, eat a morning meal: kʷčiʔŋínəŋ.

Morse Creek former Klallam village at the mouth of Morse Creek: ʔiʔícən. Green Point, east of Morse Creek: scáyəɬ. Morse Creek: cə́ɬmət.

mosquito mosquito: pxʷə́yqsən, qʷáʔən. several mosquitoes: paʔyəxʷə́yqsən.

moss sqə́čiʔ.

motel hotel, motel, dormitory: ʔəsʔəttáwtxʷ.

moth butterfly, moth: ƛ̓aʔƛ̓ápt. moth: snúʔnaʔnəkʷ.

mother tán. a group of mothers: titán. grandmother: ssέʔyaʔ. mommy, mom, a small mother: tátən. parent, step-parent, parent-in-law: ʔiyáʔəŋ. step-parent or parent-in-law: ʔəsxʷʔiyáʔyəŋ. step-parent, step-mother, step-father: sxʷsʔúkʼʷɬ.

mother-in-law in-law of preceding generation, parent/uncle/aunt-in-law, mother-in-law, father-in-law: siyáʔiɬ.

Mother's Day tán skʷáči.

motor machine, motor: məšín. to make something move, shake, rock itself, start a motor: kʷəy̓əxcúttxʷ. to start, run (of a motor): kʷə́y̓əxct.

motor boat any motor boat: stíməʔ. a small ferry, any small motorboat: staʔtíməʔ.

motorcycle məwtəsáykəl. bicycle or motorcycle: scssínkʼʷɬ. to ride a bicycle or motorcycle: čssə́nkʼʷɬ.

motor-oil gasoline, motor-oil, lubricant, petroleum: smə́c.

mound hump, hunched, mounded, raised up: =iʔč.

mount to go aboard, get on, mount (any conveyance): ʔúyɬ.

mountain syánt, sxkʷəyéʔč. mountain peak, ridge: sqtayéʔqʷ. mountains: xəykʷəyéʔč. mountains, rough terrain: sxaʔikʷəyéʔč. rocky, craggy mountains or hills: syiyánt. rocky mountain: smiyšán. rocky mountains: smimiyšán.

mountain beaver mountain beaver, groundhog: čuɬawítxʷ.

mountainberry múlsən.

mountain goat mountain goat, mountain sheep: sxʷíƛ̓iʔ.

mountain goat wool swə́kʼʷaʔɬ.

mountain lion cougar, mountain lion: q̓əwicáp. mountain lion, cougar: kʼʷə́yəčən.

Mount Baker swáʔləx.

Mount Rainier nəxʷwə́kʼʷ. Mount Rainier, Tacoma: təqʷúʔmaʔ.

Mount Turner Brinnon Mountain, possibly Mount Turner: skʼʷáʔɬaʔməš.

mourn to cry in mourning a deceased loved one: xʷə́ɬnəɬ. to cry in mourning a deceased loved one (of a group crying or one person crying a lot): xʷáxʷɬnəɬ. to wail, cry in lamentation: ƛ̓ə́wəŋ.

mourner co-mourner of a deceased in-law: kʼʷɬxʷúʔuŋ. a group of co-mourners of a deceased: kʼʷɬxʷiyúʔəŋ.

mouse kʼʷáɬən. a group of mice or small rats: kʼʷaʔyaʔkʼʷáʔɬən. mouse: kʼʷaʔkʼʷáʔɬən. shrew: čtxʷáyqsən. western jumping mouse: xʷaʔxʷtəŋyáʔčaʔ.

mouth =ucən. mouth: cúcən. river mouth, estuary: ʔəsʔéʔəyuc. being made to open one's mouth by someone: šaʔqístəŋ. being put in the mouth: maʔkʷútəŋ. saliva, mucus in the mouth: sɬxʷaʔmúcən. several mouths: caʔyúcən. several small mouths: cəyaʔcúʔcən. small mouth: caʔcúʔcən, ƛ̓aʔƛ̓aʔúcən. the upper part of the mouth including the palate, roof of the mouth: sxʷcaʔyiɬən. to be chewing, having something in one's mouth: maʔkʷéʔŋəɬ. to be cutting the mouth: ɬaʔcúcən. to be made to open one's mouth by someone or something: šəqístəŋ. to be opening one's mouth: šáʔqəŋ. to be out of one's mouth: ʔəsɬáʔɬxʷ. to be put in one's mouth by someone or something: múkʼʷtəŋ. to be putting something in one's mouth: múʔkʼʷt. to be putting (something) in the mouth: múʔkʼʷəŋ. to be removed from the mouth by someone or something: ɬáxʷtəŋ. to be removing something from the mouth spitting something out: ɬáʔxʷt. to be removing something from the mouth, taking something out of the mouth: ɬáxʷt. to break one's jaw, mouth: titkʷúcən. to cut the mouth (intentionally): ɬccínəŋ. to get bumped on the mouth or chin: ƛ̓əmúcən[1]. to get burned on the mouth: kʼʷsúcən. to get burned, scorched on the mouth (as when eating hot food): kʼʷaʔyəsúcən. to have a big, large mouth: čqúcən. to have a fast mouth, eat, talk, or sing too fast: xʷəŋúcən. to have a full mouth: yəcúcən. to have a wrinkled, flabby mouth: ɬipúcən. to have one's mouth full: ʔəsyəcúcən. to have something in one's mouth: maʔkʷíŋ. to hold, keep something in one's mouth, make something stay in one's mouth: maʔkʷtíxʷ. to hold something in one's mouth, be chewing on something: *maʔkʷít*. to hold something in the mouth with the teeth, be biting on something: *cə́ŋít*. to keep one's mouth shut: *ƛ̓iyúcən*. to make someone open his or her mouth: *šəq̓ístxʷ*. to open one's mouth: *šáq̓əŋ*. to put (something) in one's mouth: *múkʷəŋ, múkʷt*. to remove something from the mouth, take something out of the mouth, spit something out: *ɬxʷát*. to remove the mouth: *łəŋúcən*. wrinkled mouth, flabby mouth: *sɬipúcən*.

mouth full *ščə́qʷɬən*.

mouthy to be talkative, talk too much, be mouthy: *qʷáyqʷi*.

move to move: *síx*. to move around, run, start (of a motor or anything that moves on its own): *qʷíxəŋ*. to move, change location: *čáni*. to be stirred, plowed up, moved: *cə́yəx*. to get out of the way: *qʷíxʷ*. to get out of the way, move away, dodge (something): *qʷxʷíct*. being moved, being put somewhere else by someone or something: *saʔxítəŋ*. being moved by something or someone: *qʷíxtəŋ*. being put, moved out of the way by someone: *qʷaʔxʷítəŋ*. to be moved by someone: *xsítəŋ*. to be moved by someone or something: *qʷxítəŋ*. to be moved by something someone: *čánəŋ*. to be moved by something or someone to another place: *čánətəŋ*. to be moved over, moved aside: *ʔəssé̓ʔəx*. to be moved, put somewhere else by someone or something: *sxítəŋ*. to be moving around: *qʷaʔqʷíxct, qʷəxə́yu*. to be moving around, shaking: *kʷə́yxəŋ*. to be moving around, shaking oneself: *kʷə́yxct, kʷə́yxct*. to be moving, changing location: *čáʔni̓*. to be moving oneself over: *saʔxíct*. to be moving one's feet: *kʷiʔxsə́nəŋ*. to be moving one's hands: *kʷiʔxcísəŋ*. to be moving, operating, running (of a machine): *séʔəx*. to be moving something: *čaʔə́nəs*. to be moving something or someone: *qʷíxt*. to be moving something, putting something somewhere else: *séɬxt*. to be moving to a different house (of a whole family), changing one's residence: *saʔyúy̓kʷɬ*. to be put, moved out of the way by someone: *qʷíxʷtəŋ*. to keep still, not move, be stopped (of a group): *ƛ̓aʔyaʔcíy̓*. to make something move, shake, rock itself, start a motor: *kʷə́yəxcúttxʷ*. to manage to move something, move something accidentally: *síxnəxʷ*. to move, change location (of a group or multiple times): *čənčáni*. to move (especially back and forth), shake, rock oneself: *kʷə́yəxct*. to move, exhibit motion: *qʷíx*. to move, flow, drain (of a liquid): *húkʷ*. to move house, change one's place of residence: *čanəŋáwtxʷ*. to move oneself: *qʷíxct*. to move one's feet around: *cxsə́nəŋ*. to move over: *txʷəxʷéʔiŋ*. to move someone or something: *qʷxít*. to move someone or something to a different location: *čánitxʷ*. to move something: *xsít*. to move something back and forth, stir, beat (as an egg): *kʷə́yəxt*. to move something or someone away, aside, apart (from something): *xʷéʔitxʷ*. to move something or someone to another place: *čánəs*. to move something, put something somewhere else, slide it over: *síxt*. to move to a different house: *čanáwtxʷəŋ*. to move, vibrate: *kʷə́yəx*. to oscillate, move, shake back and forth: *míxʷəŋ*. to put, move something out of the way: *qʷíxʷt*. to slide, move something by pushing it: *cxə́t*. to start to move, start to work or run (of a machine): *kʷə́yəxi*. to swim, locomote through the water: *łəŋúʔəŋ*. to take a step, move one's foot: *čənəsə́nəŋ*.

move away to move something or someone away, aside, apart (from something): *xʷéʔitxʷ*. to be put, moved away, put aside, put apart (from something) by someone or something: *xʷéʔitəŋ*. to move away, apart (from something), get out of the way: *xʷéʔict*.

move on to continue on, move ahead, move on: *caʔcáct*. to move, move on, slide over: *sxíct*.

move over to move over, move aside: *txʷnéʔiŋ*.

move suddenly to twitch, jump, move suddenly (as when startled): *cə́yəkʷct*.

movie moving picture, movie, cinema, television: *snúʔnəkʷ*. television, movie: *qʷáqʷiʔ xiyús, sqʷay xiyúst*.

mow to mow grass, cut hay: *ɬcáʔiŋ*. to be mowing grass, cutting hay, haying: *ɬaʔcáʔyəŋ*. to cut, slice, mow something: *ɬíct*.

much to be much, many, plenty, lots: *čiʔáyu, ŋə́n*. how many, how much: *kʷín*. to be given, made many: *ŋəntáŋ*. to get many, make it be a lot: *ŋəntáxʷ*. to let it be a lot, much, get lots: *ŋə́ntxʷ*. to let something be too much, very much: *mántxʷ*. very, awfully, too much, so much: *mán̓*.

muck mud, mushy place in tide flats, muck, anything like mud: *smíƛi*.

mucus snot, nasal mucus: *smə́ɬqsən*. eye mucus, sleep (in the eyes): *sxʷƛiƛ̓qʷáyəs, sxʷnəyəqʷáyəs*. eye mucus, sleep (in the eyes), gummy eye: *naʔq̓ʷáy̓s*. saliva, mucus in the mouth: *sɬxʷaʔmúcən*.

mud *stíqiʔ*. mud, dark loamy ground: *c̓q̓ʷə́nəkʷ*. mud, muddy ground: *caʔməŋə́nəkʷ*. mud, mushy place in tide flats, muck, anything like mud: *smíƛi*.

Mud Bay Mud Bay, Sahewamish: *sqʷəyáyəɬ*.

muddy a sloppy, muddy place: *mə́ɬəŋ*. muddy, dirty water: *nəxʷqʷáqəŋ*. muddy ground: *ciqiʔə́nəkʷ*. squishy, wet, saturated, muddy, soaking wet: *cíqi*.

mud hen *saʔsímə̓c*. mud hen, possibly common gallinule or American coot: *qʷə́qʷaʔc̓*. several mud hens: *saʔyaʔsímə̓c*. several mud hens: *qʷiʔyə́qʷaʔc̓*.

murder to kill, murder someone: *q̓ʷcút*. to be getting murdered: *skʷaʔyáw̓s*. to be killed, murdered by someone: *q̓ʷcútəŋ*. to be killing, murdering someone: *q̓ʷúčt*. to be murdered: *skʷáyəkʷs, sqʷáyəkʷs*. to want to murder: *skʷayəkʷsáyŋən̓*.

murky to be dark, murky (of water): *ɬčáʔmən*.

murre common murre: *ƛ̓áy̓qən*.

murrelet a very small auklet or murrelet: *qʷaʔqʷə́c̓*.

muscle muscle, tendon, sinew: *ƛ̓éʔŋən*. bivalve adductor muscle (the muscle that holds a shellfish shell together): *c̓éq̓ʷəŋ*. to have muscle stiffness: *ɬéʔxsən, ɬ̓éʔxsən*.

museum museum, archive: *sxʷčiyəwəsáwtxʷ*. museum, heritage center: *sxʷčiyaŋənáwtxʷ*.

mushroom puffball mushroom ("Crow's face powder"): *spiʔyəq̓ʷúsən*.

music spirit power song, winter spirit dance music: *syə́wən*. to clap one's hands to accompany singing or other music: *ɬaʔyəm̓c̓ísəŋ*.

muskrat muskrat: *mə́šču*.

mussel a large edible mussel: *ƛ̓aʔc̓ám̓*. a small blue-purple mussel that grow in clusters: *túʔyəqʷ*. a species of small mussel: *ɬáwqəm*. a group of small blue-purple mussels that grow in clusters: *tiyúʔyəqʷ*. tidal food, any food found at low tide including clams, oysters, mussels, sea urchins, etc.: *sciʔkʷíyŋət*.

must guess, presume, must be: *yəxʷ*. must be, presumed to be: *ʔuʔčaʔ*. probably, must be, might have: *čtə*. to have to, must (do something): *kʷɬnɬ*.

mustache beard, mustache, any whiskers: *qʷínəcən*.

mutative become..., turn to..., be getting to, begin to, end up: *txʷaʔ-*.

my gee! oh, my! holy cow! wow!: *húxʷ*. my, first-person singular possessive (genitive) prefix: *nə-*.

my goodness my goodness! a word said when one is surprised: *ʔáčəna, čəná*.

mysterious a mysterious place where one sees weird things like two-headed snakes, fancy ducks, half-fish, and so on. There were lots of places like this at Discovery Island.: *sxʷənaʔəmáwtxʷ*.

myth mythical story, fairy tale, legend, myth, fable, fiction: *sxʷiʔám̓*.

nag to be controlled, nagged, dominated, henpecked: *scaʔqmúʔis*.

nail any nail, spike, tack: *c̓ísən*. to pound, hammer, nail: *c̓ísəŋ*. to pound, hammer, nail something: *c̓íst*. fingernail: *čšúycs*. several nails: *c̓aʔyísən*. to be pounded, nailed: *c̓aʔsítəŋ, c̓ítəŋ*. to be pounding, hammering, nailing something: *c̓éʔst*. to be pounding, nailing, hammering: *c̓aʔsə́yuʔ*. to climb with nails or claws (as a cat climbing a tree): *x̌ič̓áʔisəŋ*. to cling on with nails or claws: *x̌ič̓aʔyís*. to cling on with nails or claws (as a cat climbing a tree): *x̌iʔč̓áʔyəs*. toenail: *čšúysən*.

naked to be naked, undressed: *ʔəsɬuʔícaʔ, ɬəwícaʔ*.

name *sná*. ancestral name, a traditional name passed from ancestors to younger generations: *nəhíymət*. to name someone or something, say or call someone or something by name: *nát*. to give someone a name: *čnát*. to give something small a name: *naʔnát*. to have a name: *čná*. to name a child: *nəhə́čəŋ*. a traditional name whose use is taboo because its carrier has recently died: *sxʷúʔucən̓*. being given a name by someone: *čnáʔətəŋ*. lots of names: *snínənə*. to be named, called: *naʔátəŋ*. to be named, called, mentioned, noted: *nátəŋ*. to be named, given a name: *čnátəŋ*. to be named of several: *naʔnítəŋ*. to be naming someone, calling someone's name: *naʔát*. to be naming someone, giving someone a name: *čnáʔət*.

nape back, nape of the neck: *táčšəŋ*.

narcotics any poison, narcotics, drugs: *c̓áxtən*.

narrate to tell a story, especially a story of long ago from when time began: *xʷiʔám̓*.

narrative language, word (especially spoken word), speech, voice, story: *sqʷáy*.

narrow thin, narrow (layer) of anything flat (such as thin cloth, paper, a thin board or a thin layer of dirt): *čaʔc̓əméʔiʔ*. to be skinny, narrow-waisted: *čaʔc̓ə́mcənaʔ*. to be thin, narrow in diameter (such as a thin tree or string): *xʷaʔxʷáʔyəɬ*.

nasal mucus snot, nasal mucus: *smə́ɬqsən*.

nasty to have excrement or anything nasty smeared on one: *ʔəsnúʔnəq̓ʷ*. to step in excrement or anything nasty: *naʔyúq̓ʷsən*. to get one's hand in excrement or anything nasty: *naʔyəq̓ʷács*. to turn nasty, unpleasant, ill tempered (especially used of the weather): *k̓ʷaʔkʷéʔyəŋ*.

nationality a group of foreigners, strangers, people of a different nationality: *nəyaʔčáʔuŋəxʷ*.

Native American Indian, Native American: *ʔəcɬtáyŋxʷ, ʔəxʷíyŋxʷ*. to talk Indian, speak a Native American language: *ʔəcɬtiŋíxʷəŋ*. any Native American from the upper west coast of Vancouver Island, Nootka, Nuuchahnulth: *pcáyah*. Nitinaht tribe and the area of the west coast of southern Vancouver Island where they live: *ŋəcáʔiʔŋəxʷ*. to be half Native American: *ʔəɬčxíkʷs*. to be of, from, originate with Native Americans: *ʔəcɬtiŋíxʷɬ*. to be one quarter Native American: *ʔəɬkʷátə*.

Native American Day *ʔəcɬtáyŋxʷ skʷáči*.

naughty to be a little bad, naughty, ornery: *ʔəsxaʔxiyáʔs*. to be ornery, uncooperative, naughty: *xaʔxiyáʔs*.

nauseated to feel nauseated, queasy, wanting to vomit: *čaʔtáyŋən*.

navel navel, belly-button: *mə́xʷəyaʔ, sɬxʷíqən, yə́nəwəs*. umbilical cord, navel, belly button: *ŋə́wiʔ*.

navy the navy: *mə́nuwa*. sailor, any uniformed navy or merchant marine person: *mə́nuwa*.

Neah Bay Neah Bay, the Makah reservation: *nə́y*. Neah Bay: *məqáʔaʔ*.

near to be near, close by: *ʔəstásɬ, ƛ̓éʔqiʔ*. to be near, close by, be in a position that is close to another position: *ƛ̓aʔƛ̓éʔqiʔ*. to be very near, close by, pressed close: *ƛ̓íq̓*. to get near, approach, get

close: *tsə́ct*. to get near, close (in space or time): *c̓íŋiʔ*. to get near, close to: *c̓íŋəct*. to get near, close to someone or something: *c̓íŋət*. to manage to arrive, get near, approach: *tsnúŋət*. to be brought near, close by someone or something: *c̓íŋətəŋ*. to be close, near: *ʔəscéʔc̓əŋ, céʔc̓əŋ*. to be getting near, close: *c̓a̓ʔŋíct, céʔŋi, tə́sct*. to be getting near (of a group): *c̓əyəc̓íŋiʔ*.

nearly *txʷyáy̓*. almost, nearly: *-aʔmən*. almost, nearly, soon, barely: *čəyáy*. almost, nearly, soon, about to, barely (applied to a number of items): *čičəyáy*.

nearside to be on the nearside, this side (that the speaker can see): *ɬaʔáyəs, ɬaʔáwəɬ*.

neat to be good, fine, well, nice, neat, tidy, okay: *ʔə́y̓*. to make oneself look good, neat, tidy: *ʔiʔámənət*.

neck neck, throat: *=ɬnay*. throat, front of the neck: *=əɬnɬ*. back of the neck: *=ačš*. neck, especially the front, throat, gullet: *xʷúŋən*. back, nape of the neck: *táčšəŋ*. several necks, throats: *xʷiʔxʷúʔŋən*. to be washing one's neck: *caʔkʷɬnáʔyəŋ*. to break one's neck: *tkʷə́ɬnɬ*. to break one's neck or collar bone: *tkʷɬnáyəŋ¹*. to break the back of the neck: *tkʷáčšəŋ*. to have a big neck: *čqə́ɬnɬ*. to have a long back, long neck: *ƛ̓qtáčšəŋ*. to have a red neck from anger or embarrassment: *cqʷə́ɬnɬ*. to have a thick neck: *məqʷə́ɬnɬ*. to have something hung around one's neck by someone: *q̓sɬnáyətəŋ*. to stretch one's neck to see: *ʔaɬɬnáʔyəŋ*. to wash one's neck: *c̓aʔkʷɬnáyəŋ*.

necklace *sq̓sə́ɬnəɬ*. a bead, a bead necklace: *qʷə́yqʷi*. several necklaces: *sq̓əyəsə́ɬnəɬ*. to have something hung around one's neck by someone: *q̓sɬnáyətəŋ*.

necktie scarf, necktie, anything worn around the neck: *sq̓xə́ɬən*.

need to be the object of wanting, be liked, admired, needed, loved: *sƛ̓éʔ*. to be disrespected, ignored as good for nothing, not cared about, not needed: *ƛ̓xʷyastíŋ*. to be unnecessary to do, do anyway (even though it does not need to be done), not care, not matter, not taken seriously, "going through the motions": *ƛ̓xʷiyuʔús*. to disrespect, ignore as good for nothing, not care about, not need: *ƛ̓əxʷiyaʔstíxʷ*.

needle *ʔə́yuc*. sewing needle, knitting needle: *čáʔcən*. several needles: *čáʔyáʔcən*. to string beads, sew, thread beads onto a needle: *nəxʷsúyət*.

needy to be greedy for food, needy for food: *ʔəsqə́nəxʷ*.

negative negative proclitic: *c¹*.

neglect to be spoiled, ruined by disuse and neglect or by natural causes such as the weather: *qə́y*. to neglect something and let it spoil: *qə́ynəxʷ*.

neighbor next-door neighbor: *nə́cəwtxʷ*.

nephew nephew or niece whose parent is still living: *stíkʷən, stíwən*. child niece or nephew: *tkʷənúyɬ*. grandchild, grandson, granddaughter, also grand niece or nephew: *ʔíŋəc¹*. one's niece or nephew after their parent has died: *sqəsaʔčáyəɬ*. one's niece or nephew after their parent has died, orphan: *skʷənəŋə́čɬ*. several child nieces or nephews: *taʔyəkʷənúyɬ*. several nieces, nephews: *sttíkʷən*.

nephew-in-law niece-in-law or nephew-in-law: *sxʷstíkʷən*. several nieces-in-law or nephews-in-law: *sxʷsttíkʷən*.

nest to prepare, make a bed or nest: *ʔaʔə́ɬəŋ*. birdhouse, nest: *scèʔc̓əmáwtxʷ*. beehive, hornet nest or wasp nest: *sxʷɬaʔɬaʔkʷəŋáwtxʷ*.

nestling a young small bird, nestling: *c̓íc̓aʔc̓əm̓*.

net any fishnet, especially a gill net: *súyəq*. dip net, scoop net, crab scoop: *ʔəqʷáyən*. bird net: *sxʷtaʔyəqəmáyə*. a large bird net on a frame: *táʔqəm*. a net for fish: *ʔəxʷə́yən*. several fishnets: *siyúyəq*. float on a fishing line or net, bobber: *pákʷən*. net or any fishing gear (line, jig, etc.): *swə́ytən*. reef net: *sxʷáyuʔ*. small floats on a fishing net: *spəʔyákʷs*. to be fishing with a net: *ʔaʔxʷə́yən*. to be fishing with a net, setting a net: *suʔúyq, suʔúyq*. to be making a fishnet: *ɬaʔkʷáyəs*. to go to a place to reef-net: *ʔəsxʷixʷayuʔíyɬ*. to make a fishing net: *ɬkʷáyəs*. to set nets, traps for fish: *k̓ʷə́ɬi*. to trap, net fish: *k̓ʷə́ɬ*.

nettle stinging nettle: *c̓c̓čxə́ɬč*. a group of small stinging nettles: *c̓aʔyaʔc̓čxə́ɬč*. a group of stinging nettles: *c̓aʔyəčxə́ɬč*. good for curing stinging nettle wounds: *smə́ɬqsən*. small stinging nettle: *c̓aʔc̓čxə́ɬč*. to be stung by a nettle: *c̓čxə́ɬčtəŋ*. to pick nettles: *ʔəsc̓čxə́ɬč*. to get stung by stinging nettles: *c̓ic̓čə́x*. to sting the eye with stinging nettles: *nəxʷc̓ic̓čxáys*. to be twisted (as rope made from stinging nettles): *xə́yč*.

never not, no, don't, never: *ʔáwə*. not yet, never yet: *ʔuʔá*.

new to be new, fresh, novice: *xə́w̓əs*. to be a little new or something small and new: *xaʔxáʔwəs*. to be new, fresh (of several): *xəyəxéʔwəs*. to be small and new: *xéʔwəs*. to be small and new (of several): *xəyəxéʔwəs*. to be very small and new: *xaʔxéʔwəs*.

newborn to be just born, newborn baby, just hatched: *čaʔné*ʔ.

new dancer *xəw̓əsúykʷɬ*. a group of new dancers: *xəw̓xəw̓əsúykʷɬ*. drinking straw necklace worn by new dancers: *sxʷqʷúqʷaʔtən*.

newlywed *xaʔxáʔwəs*. newlyweds: *sxaʔxaʔxáʔwəs*. to be marrying, newlywed: *maʔliyíti*.

new moon see under *xə́w̓əs*.

news news, information, report: *syə́cəm*. to tell the news, pass on word to someone: *syəcíct*. a lot of news: *syáyəcəm*. any news medium such as a newspaper or a news program on the television or radio: *syaʔcícəm*. to be told the news, have information passed to one by someone: *syəcíctəŋ*.

English-Klallam Index

newspaper yácəm pípə. any news medium such as a newspaper or a news program on the television or radio: syaʔcícəm. paper, newspaper, wallpaper: pípə.

newspaper office syaʔcicəmáwtxʷ.

newt any salamander, newt, water dog: péʔtšən.

new year x̣ə́wəs čiʔánəŋ.

New Year's Day x̣ə́wəs skʷáči.

next x̣áy¹. day, today, tomorrow, the next day: kʷáči. next night: x̣aynát. to be the next day: kʷɬkʷáči.

next-door next-door neighbor: nə́cəwtxʷ. to go next door, go someplace different: čánu.

next to to be beside, next to, around, alongside: ʔíyəwəɬ. to sit, stand beside, next to: tə́nəs. to bring something or someone up next to, pull next to someone or something: ʔaʔtást. to manage to finally bring something beside, next to, around, alongside: ʔéʔwəɬnəxʷ. to put something or someone beside, alongside, next to, around, alongside: ʔíyəwəɬtxʷ. to be set, stood beside, set or stood next to, by: stə́nəs.

nibble to be nibbling, gnawing, scratching (like a rodent): čə́txʷəŋ.

nice to be good, fine, well, nice, neat, tidy, okay: ʔə́y. to be nice, pleasant, at peace, calm, happy: ʔáʔiʔ¹. to be made happy, made nice: ʔə́yəstəŋ. to be nice, amusing, comical, funny: ʔə́yəs.

nickel a nickel, five cents: ɬčəxmít, spaypsénts.

nicknames a nickname given by Emily Sampson, grandmother of AS, to a white man who owned a dime store in town. His name was 'Herron', which sounds like 'herring': stúʔŋət. nickname given by Emily Sampson, grandmother of AS, to a German immigrant named Mr. Peters who lived up on top of the hill above the old Sampson homestead on the Elwha: kʷəwléʔqʷ. nickname of AS before she started school: díli. nickname of Mr. Lauridson, a white man who lived near the Elwha and used to push a wheelbarrow into town to get groceries. He was a real old-timer. He died around 1925. He was called this because he had a really big smile.: čqúcən. nickname of Solomon, husband of x̣áyx̣u: qaʔqə́yəxənaʔ. nickname of the mother of Moses Rob, an old man who lived in the Marine Drive village near čixʷícən before all the Indians were removed from the area during World War II. This was also the name of Louis John's mother, the mother-in-law of MJ.: spáʔxʷəŋ. The nickname given by Emily Sampson, AS's grandmother, to a white settler named Clarence Fosberg who lived near Elwha. He had some gold teeth and "kuláyns" sounds like "Clarence".: kuláyns.

niece stíkʷən. child niece or nephew: tkʷənúyɬ. nephew or niece whose parent is still living: stíkʷən. one's niece or nephew after their parent has died: sqəsaʔčə́yəɬ. one's niece or nephew after their parent has died, orphan: skʷənəŋə́čɬ. several child nieces or nephews: taʔyəkʷənúyɬ. several nieces, nephews: sttíkʷən.

niece-in-law niece-in-law or nephew-in-law: sxʷstíkʷən. several nieces-in-law or nephews-in-law: sxʷsttíkʷən.

night ʔəsnát. day, night: =ɬnat. midnight: ʔə́nəxʷ snát, tə́csnát. next night: x̣aynát. nights: snínát. to be at night: ʔəsnát. to be getting to be night: náʔnət. to be night time: kʷɬnát. to be a few nights or days: kʷaʔkʷənɬnát. to be two nights: cəŋənát. three days, three nights: ɬxʷɬnát. four nights: ŋəsɬnát. five nights: ɬqčšɬnát. six days or nights: txəŋɬnát. seven nights: cuʔkʷsɬnát. eight nights or days: taʔcsɬnát. nine nights or days: təkʷxʷɬnát. ten nights: ʔupənɬnát. to let it be night time: kʷɬnáttxʷ.

night bird a type of night bird spirit power: šúpšupt.

nightgown any nightclothes such as pajamas, nightgown, kimono: sʔəttúykʷt.

nighthawk pipíhəq.

nightmare to have a nightmare, be ghosted, haunted, spooked in the night, have an anxiety attack in the night: naʔnəkʷítəŋ.

nine təkʷxʷ. nine animals or people: tkʷxʷíkʷs. nine canoes: təkʷxʷáxɬ. nine children: tkʷxʷáčɬ. nine dollars: tkʷxʷáʔitxʷ. nine houses: təkʷxʷáwtxʷ. nine nights or days: təkʷxʷɬnát. nine people: tkʷxʷáy. nine times: tkʷxʷáɬ. to have nine points: tkʷxʷásən.

nineteen see under ʔúpən, təkʷxʷ.

ninety tkʷxʷɬšáʔ.

nipple breast, nipple: sqə́muʔ.

Nisqually Nisqually area and tribe: sqʷáʔyiʔ.

nit xaʔx̣ə́qʷ.

Nitinaht Nitinaht tribe and the area of the west coast of southern Vancouver Island where they live: ŋəcáʔiʔŋəxʷ.

nit-picking to be looking for lice on someone, nit-picking: kʷənʔáyst. to have someone looking for lice on, nit-picking one: kʷənʔáystəŋ.

no not, no, don't, never: ʔáwə. to shake one's head (saying no): nəxʷxʷaʔsúsəŋ.

Noah nə́wə.

noble siʔám. a child of a high class family: saʔsiʔáhəm. a high class person, one with highly respected ancestors: csxʷiʔám. several children of high class families: saʔyəʔsiyáhəm.

nobody see under cán. to not exist, be none, nothing, nobody, no one: ʔáwənə.

nod to bend (one's body) down, bend over, nod one's head, bow (one's body or head): nəqʷúsəŋ. to nod one's head to someone: cq̓ʷúst. to be bending (one's body) down, bending over, nodding one's head, bowing (one's body or head), taking a bow: naʔqʷúsəŋ. to be nodded to by someone: cq̓ʷústəŋ.

no good to be mean, no good, hard to get along with: *sxaʔxəyáʔs*. to be mildly displeased by dirt or anything disliked, repellent, no good, feel that something is not good enough for one, feel mildly offended at someone's behavior: *čúsəŋ*. to be no good: *sxáʔəstxʷ*. to be soft and too old to use, no good anymore: *skʷə́ši?*.

noise sound: =*ənəqʷ*. a noise: *q'ʷə́txʷ*. a shivaree, lots of noise: *sq'ʷtxʷə́yuʔ*. to be bothered (by a sound), weary of, sick and tired (of something), especially of a noise: *čínuʔ*. to be growling, making a growling noise (as a dog or any animal or human): *xaʔníti*. to be making a choking, gurgling, strangling sound, death rattle: *qáʔyíqəŋ*. to be making a rattling, rustling, rough, rasping noise: *xaʔtíšəŋ*. to be making lots of noise: *q'ʷaʔtíʔxʷəŋ*. to be making noise: *q'ʷaʔtúxʷct*. to be rattling, making lots of noise: *q'ʷə́txʷəyuʔ*. to buzz, hum (as bees): *xʷə́məŋ*. to fall making a thump or flopping noise on something dry: *kʷaʔtəná́č*. to make a crunch, crackle, noise while chewing: *xaʔcíxʷəŋ*. to make a crunching, crackling noise while chewing or walking (as when eating a fish nose or walking on crisp leaves): *xaʔpúxʷəŋ*. to make a crunching, crackling noise while chewing or walking (of a group): *xəyaʔpúxʷəŋ*. to make a noise: *q'ʷə́txʷ*. to make any background noise that interferes: *q'ʷtúxʷəŋ*. to make any small noise made in a quiet area (such as an animal in the brush or someone moving a chair): *xaʔtúxʷəŋ*. to make noise: *xʷə́pct*. to make noise, make a sound, make bumping, rumbling noises: *q'ʷə́txʷct*. to not want (something), being tired (of something), dislike, being bothered, annoyed (by something), especially a noise: *čéʔnuʔ*. to not want something, be tired of something, dislike (especially a noise), feel annoyed at something: *ččéʔnəxʷ*. to not want (something), getting tired (of something), dislike, getting bothered, annoyed (by something), especially a noise: *ččéʔnuʔ*. to not want (something), get tired (of something), dislike, get bothered, annoyed (by something), especially a noise: *ččínəw*. to rattle, make a rattling, clanging, clinking noise (as a rattle, bell, beads or shells in a box), the sound of pieces of metal or glass against each other: *čaʔtíxəŋ*. to rumble, make a buzzing, humming, rumbling noise, the sound a machine makes: *ʔaʔmúxʷəŋ*. to talk loudly, not quite hollering: *xaʔxə́təŋ*. to talk quietly, keep noise low: *nəxʷsq'ʷaʔq'ʷiʔə́ɬ*.

noisy *q'ʷaʔtúxʷ*. to act silly, be noisy: *ɬčxʷáyəs*. to be making a crunching noise, be noisy (while stalking an animal): *xaʔpúxʷəŋ*. to be noisy, loud: *nəxʷsqaʔyáɬ*.

nominalizer *s-¹*.

no more to be all gone, no more: *xáŋ*.

non-control -*anəŋ*. non-control middle: -*nuŋt*. non-control reciprocal: -*nəwəy*. non-control transitivizer: -*naxʷ*.

none to not exist, be none, nothing, nobody, no one: *ʔáwənə*.

no-no to be taboo, a no-no: *naʔəsáys*.

nonsense to act goofy, funny, silly, be talkative, talk nonsense: *ɬə́čxʷmən*. to be fooling around, messing around, goofing off, acting silly, talking loudly and foolishly, talking nonsense and laughing: *ɬiʔxʷáys*. to be unnecessary to do, do anyway (even though it does not need to be done), not care, not matter, not taken seriously, "going through the motions": *ƛ'xʷiyuʔús*.

noon It's afternoon: *čiʔáw*. noon, mid-day: *q'íyt*. to start to set (of the sun), descend from noon: *čiʔúykʷɬ*.

no one to not exist, be none, nothing, nobody, no one: *ʔáwənə*.

noon meal to eat lunch, dinner, have a noon meal: *qitəŋínəŋ*. to be eating dinner, lunch, having a noon meal: *qaʔtəŋéʔnəŋ*.

Nootka any Native American from the upper west coast of Vancouver Island, Nootka, Nuuchahnulth: *pcáyah*. the Nootka people and the area where they live on Vancouver Island: *qáyuqʷatx*.

Nordland second spit north of Nordland: *qəyáxən*. the spit north of Nordland at Port Hadlock: *nəxʷwák'ʷ*.

north to be downriver, towards the sea, to the north: *qʷə́q'ʷ*. to be going downstream, going north, going out of a bay: *qʷáʔq'ʷiʔ*. to go downstream, go out to sea, go north, downriver, go out of a bay toward the mouth: *qʷə́q'ʷi*.

North Bay North Bay area: *sxʷúʔƛ'əm*.

north wind northeast wind, cold north wind of the winter: *sútč*.

nose nose, point, any projection: =*əqsən*. nose: *ŋə́qsən*. big nose: *čqə́qsən*. bridge of nose, nose bone: *scaʔmə́qsən*. cute little nose: *ŋaʔŋiŋə́qsən*. cute nose: *ŋiŋə́qsən*. flat nose: *ʔəstə́yəqsən*. nose hair: *sxʷqʷənáyəqsən*. several noses: *ŋəyə́qsən*. small nose: *ŋaʔŋə́qsən*. to be bitten on the nose: *cəŋə́qstəŋ*. to be clearing, cleaning the nose: *ɬəŋqsánəŋ*. to be shot, stung on the nose: *čkʷə́qsən*. to be swollen, swelled up (of the nose): *ʔəsxʷsuʔsiʔə́qsən*. to bite someone or something on the nose: *cəŋə́qst*. to break the nose or a point: *tkʷə́qsən*. to clear, clean the nose: *ɬəŋqsánəŋ*. to cut someone or something on the nose: *ɬcə́qst*. to get a big nose: *txʷaʔčqə́qsən*. to get bumped on the nose: *ƛ'əmə́qsən*. to get cut on the nose: *ɬcə́qsən*. to get hooked on the nose: *ɬkʷə́qsən*. to have a sharp shaped nose: *ʔəyucə́qsən*. to have a wobbly, floppy nose: *stipə́qsən*. to hurt one's nose: *xɬə́qsən*. to punch someone in the nose: *csə́qst*. to remove (someone's or something's) nose: *ɬəŋə́qsən*. to tear open the nose (of a fish when removing the hook): *ƛ'šə́qsən*. to wipe, clear, blow one's nose: *nəxʷɬəŋqsánəŋ*.

English-Klallam Index

nosebag lunchbox, lunchpail, nosebag: *sxʷsaʔwənáy*.

nostrils *sxʷłiłqʷáyəqsən*.

not not, no, don't, never: *ʔáwə*. to not exist, be none, nothing, nobody, no one: *ʔáwənə*. to not know something: *čə́ŋət*. why not: *hakʷ*. being unable, can't: *ʔəsqiʔéʔmət*.

note to be named, called, mentioned, noted: *nátəŋ*.

nothing to not exist, be none, nothing, nobody, no one: *ʔáwənə*. to get skunked, miss everything, get nothing while hunting or fishing: *yúŋ̓*.

notice to notice, point out: *ʔunú*. to pay attention to, notice someone or something: *yaʔyíxt*. to be trying to be important and noticed, take credit, be pushy: *naʔłcúʔət*.

not yet not yet, never yet: *ʔuʔá*. to not yet exist, not yet have: *huʔəhánə*.

November *čəṅháʔnəŋ*. November, time to put paddles away: *čiʔčiʔk̓ʷáʔsəŋ*.

novice to be new, fresh, novice: *xə́w̓əs*.

now just now, finally, suddenly: *čaʔ-¹*. now, turn: *kʷłəṅ-*. just now, finally, suddenly: *čaʔ-¹*. now, turn: *kʷłəṅ-*. do it right now: *nəłtíxʷ*. recently, just now, simultaneously: *pəxʷéʔ*. xto let it be now: *kʷłnəłtíxʷ, kʷłníłtxʷ*.

nude to be naked, undressed: *ʔəstuʔícaʔ*.

nudge to nudge, bump someone to get their attention without speaking: *c̓úłt*. to be nudged, bumped by someone: *c̓úłtəŋ*. to be nudging someone: *c̓úʔłt*.

nuisance to be a nuisance: *taʔčaʔxʷéʔəyuʔ*.

numb to have a tired, tingling feeling as part of the body has gone to sleep, pins and needles feeling: *łiłiyáʔis*. to feel a tingling or numbness in the foot or leg: *łiłiʔáysən*. to feel a tingling or numbness in the hand or arm: *łiłiʔáycs*. to feel a tingling or numbness in the head: *łiłiyéʔqʷ*. to feel a tingling or numbness in the mouth: *łiłiyúcən*.

number one: *nə́cuʔ*. two: *čə́saʔ*. three: *łíxʷ*. four: *ŋús*. five: *łq̓áčš*. six: *t̓xə́ŋ*. seven: *c̓úʔkʷs*. eight: *táʔcs*. nine: *tə́kʷxʷ*. ten: *ʔúpən*. twenty: *čsłšáʔ*. thirty: *łxʷłšáʔ*. forty: *ŋəsłšáʔ, ŋúsəwəč*. fifty: *łq̓čšłšáʔ*. sixty: *t̓xəŋłšáʔ*. seventy: *c̓aʔkʷsłšáʔ*. eighty: *taʔcsə́wəč, taʔcsłšáʔ*. ninety: *tkʷxʷłšáʔ*. hundred: *snáčəwəč*.

nurse to nurse (a baby) at the breast: *qə́muʔ*. to nurse a baby, give milk (to a baby): *qə́muʔstxʷ*. to protect, take care of, nurse, adopt someone or something: *ʔaʔk̓ʷłnít*. to suck, suckle, nurse: *c̓úqʷəŋ*. to be nursing a baby: *qaʔmaʔstə́y̓ł*. to be nursing at breast: *qáʔmuʔ*. to be nursing someone (a baby): *qáʔmuʔstxʷ*.

Nuuchahnulth any Native American from the upper west coast of Vancouver Island, Nootka, Nuuchahnulth: *pcáyah*.

oak scrub oak: *čáʔŋəłč*.

Oak Harbor Oak Harbor area and area on north side of Penn Cove across from Coupeville: *skʷáʔnaməš*.

oar *ʔúyəq, sxʷƛ̓aʔyáys*. any canoe paddle, oar: *xʷúʔŋət*. several oars: *sxʷƛ̓iyaʔyáys*. to take a paddle or oar: *ƛ̓k̓ʷiʔk̓ʷáʔsəŋ*.

oarlock being hit on the side (especially of an oarlock socket): *c̓əsniʔkʷáʔstəŋ*.

obedient to be obedient: *nəxʷsʔánł*.

obese to be fleshy, obese, sloppy fat: *łíʔłaʔqʷ*.

obey to comply, agree (with someone), obey, mind (someone), give in: *ʔánət*. to obey, agree, comply, concur with someone: *ʔánəłt*. to obey (someone): *ʔánəŋ*. to comply, agree with someone, allow, obey someone (something), give in to someone, give someone what they want, honor someone (as in 'honor a request'): *ʔánət*. to be complying, agreeing with someone, allowing, obeying someone: *ʔaʔánət*. to be complying, agreeing (with someone), obeying, minding (someone): *ʔaʔáʔnəł*. to be obeyed, be allowed: *ʔánəłtəŋ, ʔánətəŋ*.

object me, you, first-person and second-person direct object: *-c, -cəŋ, -ŋə, -ŋəs, -ŋuŋə, -uŋə*. object of emotion transitivizer: *-taxʷł*. us, first-person plural direct object: *-ŋł, -ŋuŋł, -uŋł*.

oblong to be oblong, oval: *ƛ̓aʔqtáys*.

obscure to be obscured, partially hidden behind something: *cúʔip*. to be hidden behind (something): *ʔəscúʔyəp*.

observe to watch, observe: *xłám̓*. to look, gaze at, watch, observe, inspect something, watch over something: *k̓ʷənít*. to observe, watch, see and understand, pay attention: *k̓ʷənúł*. to observe, watch, learn from someone or something: *k̓ʷənúłt*. to be observed, watched: *k̓ʷənúłtəŋ*. to be observing, watching: *k̓ʷənúł*. to be watching (a performance, for example), observing: *xaʔxłám̓*.

obstacle to be blocked by any obstacle: *k̓ʷə́y*.

obstruct to be blocked by any obstacle: *k̓ʷə́y*. to bother, interfere, be in the way, obstruct: *yəq̓áł*. to put something in the way to obstruct: *yəq̓áłt*. to be deliberately put in the way by someone to obstruct: *yəq̓áłtəŋ*. to be obstructing, getting in the way: *yaʔq̓łcúʔət*. to be out of the way, not obstructing, off to one side: *ʔəsqʷéʔəxʷ*.

obviative this other one: *ciʔanu*.

obviously evidently, as you can see, as usual, obviously, still in sight: *šaʔ*.

ocean salt water, ocean, sea: *ƛ̓áłc, ƛ̓áłəŋ*.

ocean liner ferry, ocean liner, large ship: *stímə*.

oceanspray oceanspray, ironwood bush, creambush: *q̓áʔčč*. several ironwood, oceanspray bushes: *qaʔyáčłč*.

ocher red ocher, red face paint: *tə́məł*. to put ocher on one's face: *nəxʷtəmłúsəŋ*.

o'clock o'clock, hour: *tíntən*.

October sxʷúpč.

octopus octopus, devilfish: stíxʷaʔc, sqéʔməq́. a group of octopuses: staʔyíxʷaʔc. small octopus: staʔtéʔxʷaʔc.

odd to make something different, odd, strange: načít. to be made different, odd, strange by someone or something: načítəŋ.

odor taste, odor: =aqač.

of course as one might expect, of course, predictably, probably: ʔučtə.

off to come off, peel off, be removed, uncovered: łə́q̓ʷ. to be detached, come off, fall off, be cleared: łəŋ². to disembark, get out of or off of a vehicle, go out of water: q̓ʷíŋi. being cut or broken off: qə́mitəŋ. to be broken off: ʔəsq́áʔməł. to cut in front of someone, cut someone off, get in someone's way, prevent someone from continuing, head someone off: qəmúst. to break something off (from something): q́áʔməs. to detach, untie, remove something (from a particular location): łəŋás. to manage to detach, loosen, come off: łəŋnúŋət. to manage to detach something, get something off: łəŋnáxʷ. to have shoes or any footwear off: łəŋsə́n. to be removed, taken off, dismantled by someone or something: łəŋíyŋtəŋ. to decapitate, take the head off: łəŋíʔq̓ʷt. to be decapitated, have head taken off, broken: łəŋéʔq̓ʷ. to have shoes or any footwear off: łəŋsə́n. to push something off, make something fall off, fall over onto (something): číít. to be fallen on by (something) pushed over or knocked off by someone or something: čítəŋ. to fall over, fall off in pieces: čítəŋ. to fall over, fall off (of several): cəyítəŋ. to be pushing something off, making something fall off: čéʔít. to fall down from a height, fall off: híyəŋ. to push, roll something off, over an edge: híyət, híyətxʷ. to knock something off, over (accidentally): híyinəxʷ. to be falling down from a height, falling off: héʔyəŋ. to be falling off, falling down from a height: hihíyəŋ. to be pushed, rolled off, over an edge: híyətəŋ. to break off several, strip off leaves and branches (from a log, stick, or plant), prune (a tree or bush): łəmłəmíkʷs. to break off, strip off leaves and branches (from a log, stick, or plant), prune (a tree or bush): łəmíkʷs, łəmíkʷst. to peel off, pluck out, strip off (as small branches on a limb): łəmíct. to peel off something, remove by prying: łq̓ʷə́t. to take off, remove gloves or mittens: łəŋcísəŋ. xto uncover, take a blanket off one's feet: łq̓ʷsə́nəŋ. to undress, take clothes off: łuʔcáʔəŋ. to undress, take clothes off someone: łuʔcáʔt. to be undressing, taking clothes off: łuʔcáʔəŋ. turn off something (a light, radio, television, computer, etc.): ƛ̓k̓ʷə́t. to be extinguishing, putting out a fire, turning off a light or electrical appliance: ƛ̓ə́k̓ʷt. to deviate, go the wrong way, turn off (to another path), go off from the rest of the group: łxə́ct.

offended to be mildly displeased by dirt or anything disliked, repellent, no good, feel that something is not good enough for one, feel mildly offended at someone's behavior: čúsəŋ. feeling mildly displeased (with something or someone), repelled, disgusted (with something or someone's behavior), offended (by someone's behavior): čúʔsəŋ. to be displeased, repelled, disgusted, offended: ʔəsčúʔsəŋ.

office newspaper office: syaʔcicəmáwtxʷ. to be recent, in office, in style: čaʔčtáʔ.

officer the police, policeman, police officer, jailer, prison guard: qaʔq́ə́yuʔ.

official government official, council member, chief, lord, big shot, distinguished: siʔám̓.

off shore to be way out off the shore: cáwcu. being far off shore: cuʔcáw̓. being out off the shore: cáw̓cuʔ.

offspring child, offspring: =əčł. offspring, one's own child, son, daughter, baby, doll: ŋánaʔ. baby, infant son or daughter: ŋáʔnaʔ.

often many times, often: ŋənáł. how often: k̓ʷənáł.

oh ʔá¹, ʔúu. gee! oh, my! holy cow! wow!: húxʷ. oh! gosh!, gee!: ʔíš. oh, O: ʔó. oops, oh: ʔíh.

oh no oh no!, oh, my goodness!: ʔaatətáa, ʔanəná, šatatá.

oil snás, smə́c. eulachon oil, oil from the candlefish: ƛ̓éʔnah. to oil, grease up, lubricate something: məcə́t. to oil one's hair: məcéʔq̓ʷəŋ.

oil drum oil drum: skʷəlalháyə.

okay do it, please, let's, okay, go ahead: húy². to be fine, right, correct, okay, alright: ƛ̓úy. to be good, fine, well, nice, neat, tidy, okay: ʔə́y. to be right, correct, legal, enough, satisfactory, fitting, sufficient, proper, in working order, okay, better (over an illness): ƛ̓úm. to be rather okay, fine, alright: sƛ̓aʔƛ̓úʔƛ̓əm. to be well, well off, healthy, fit, alright, fine, okay: ʔəsƛ̓úʔƛ̓əm. to get along okay, be just fine: ʔəsƛ̓aʔƛ̓úʔƛ̓əm.

old old person, elder: ʔəsmə́sən, kʷčə́q. to be soft and too old to use, no good anymore: skʷə́šiʔ. to be worn out, exhausted, old: ʔəscáxł. something old that is still used (for example a basket or car): snə́qiʔ. a group of old people, elders: ʔəsmə́yəsən, kʷčə́yq. a group of old things that are still used: snaʔyə́qiʔ. elders, old people: ʔəsʔiʔáyəxʷ. small old person: kʷłcaʔčə́q. to be an adult, old, an elder: ʔəsʔáyəxʷ. to be ancient, a very old person: kʷłcayéʔq. to be getting old: kʷłičqéʔyəŋ. to be getting older: čqqéʔyəŋ. to get old: kʷłčqíyəŋ. to get old, age: ʔəsʔáyəxʷct. to let someone or something get old: kʷłčqíyəŋtxʷ. to make someone or something get old: kʷłčqiyəŋístxʷ. years old: sčiʔánəŋ.

old canoe cq̓ʷáyəł.

Old Dungeness Old Dungeness, Old Town, the area at the base of the Dungeness Spit: čšáʔič. Old Dungeness, on west side of the river: céʔsqaʔt.

older older brother: sxʷtáwnq.

oldest oldest child in a family: *yúx̌*. the oldest one: *syaʔx̌áyən*. the second oldest child in a family: *čtícən*.

old man fat head, greasy head, old man: *sməcéʔqʷ*.

old salmon old salmon, kelt, any salmon after spawning: *sx̌ʷúpč*.

oldsquaw oldsquaw, sea pigeon: *ʔaʔaŋí*.

Old Town Old Dungeness, Old Town, the area at the base of the Dungeness Spit: *čšáʔič*.

Olympia Olympia tribe: *sƛaʔčəsháʔwəŋəxʷ*. Olympia, Washington, especially the prison there: *sƛáʔčaʔs*.

Olympic Olympic mountains south of Crescent Bay and Port Angeles: *ʔáʔašit*.

Olympic Mountains *sx̌ʷƛayəmáɬ*.

on to get up on, go upstairs: *céʔ*. to be on top: *céy*. to be on, upon, on top of: *cáʔ*. to be on top, up (there): *cáʔcaʔ*. to go aboard, get on, mount (any conveyance): *ʔúyɬ*. to go join, get on, board a vehicle: *q̓ʷúʔiŋ*. step on, lie on, put oneself on something: *ʔíŋət*. to ascend, climb up, get up on top: *céʔyəŋ*. to be atop, on top: *ʔəscéʔci*. to be boarding, going aboard, getting on: *ʔúyəɬ*. to be jumped over or on by something or someone: *xʷtíŋtəŋ*. to be on the beach, get to the beach up away from the water: *cáw*. to be on the beach, washed ashore: *ʔəsqʷáɬ*. to be on the inside: *čixʷəyáʔəwəɬ*. to be on the other, opposite side: *ɬq̓cín*. to be on this side, bank, edge (of a river of bay): *ɬɬuʔúcən*. to be put on top (of something) by someone: *céʔyətəŋ*. to be spread, smeared on: *ɬíx*. to be spread, smeared on by someone or something: *ɬx̌ə́təŋ*. to bring, take, put something up on: *cáʔət*. to get on, go aboard: *q̓ʷáʔət¹*. to hold, hang on to something: *ƛ̓k̓ʷít*. to jump, spring over, on, at, or after something or someone: *xʷtíŋət*. to move to the top side, get on top, go over the top: *cɬaʔəwíyəŋ*. to put a coat on: *kapúhəŋ*. to put a hat on: *čə́saʔqʷəŋ*. to put on an article of clothing: *ʔəcás*. to put on shoes or any footwear: *x̌̓qšə́nəŋ*. to put on trousers, pants: *nuʔsə́nəŋ*. to put something on top: *cɬaʔwíyət*. to put something up on top (of something): *céʔyət*. to spread something out, smear something on (such as jam on bread): *ɬíxt*. to be putting on clothing, have something on: *ʔəʔcás*. being put on (of clothing): *ʔaʔcáŋ*.

once once, one time: *nəcáxʷ*. to let it be one time, once in a while: *nəcáxʷtxʷ*.

once more to do something once more, one more time: *txʷənəcáxʷtxʷ*.

one one: *nə́cuʔ*. her, she is the one: *kʷɬəwniɬ*. once, one time: *nəcáxʷ*. one at a time, one by one: *nəcnə́cuʔ*. one canoe: *nəcákʷɬ*. one dollar: *nəcákʷtxʷ*. one person, another person, some one person: *náʔcuʔ*. one person or animal: *nəcíkʷs*. one year: *nəcáʔwinəxʷ*. to act (group of people) as one, in union: *nəcéʔqʷ*. to be just one person: *naʔnáʔcuʔ*. to be one at a time, one alone: *nənə́cuʔ*. to be one head: *nəcéʔqʷ*. to be one here and there: *naʔyaʔnáʔcuʔ*. to be one house, building, room: *nəcáwtxʷ*. to be one person at a time: *náʔcəncuʔ*. to catch one fish: *nəcáʔyəq*. to give one each to several: *nə́cənəcuʔtxʷ*. to have one child: *naʔcuʔáyɬ*. to let it be one: *nə́cuʔtxʷ*.

one-eyed to be one-eyed: *čŋəq̓ʷáʔis*.

one-legged to be one-legged, lame: *ʔəsqə́m̓sən*.

on guard to look out, be careful, heads up, beware, be wary: *q̓ʷáʔyəx*.

onion *ʔə́nyəns*. wild onion: *q̓ʷəxʷíyəč*.

only all and only, completely, single: *čaʔ-¹*. becoming alone, being the only one: *txʷhúʔi*. only, completely, always, just, solo, alone: *húy²*. to become alone, only, be left alone: *txʷúy*.

on top to be up on top: *scéʔi*. being on top, above: *cɬaʔáwəɬ*. to be on top, above: *cɬaʔáwəɬ*. to be on top, sitting atop, be upstairs: *ʔəscáʔcaʔ*.

oops oops, oh: *ʔíh*.

ooze to be oozing pus: *ŋaʔcúʔyəŋ*.

open to open: *kʷə́q*. to be open: *ʔəsxʷkʷáqɬ*. to open one's eyes: *q̓ʷiyáči*. to open one's mouth: *šáqəŋ*. to open something: *kʷqə́t*. being made to open one's mouth by someone: *šaʔqístəŋ*. to be bursting, popping, smashing, squashing, crushing something open: *ŋə́qʷt*. to be laid out, opened out (as a blanket): *ɬx̌ə́n*. to be made to open one's mouth by someone or something: *šəqístəŋ*. to be opened by someone or something: *kʷqə́təŋ*. to be opening one's mouth: *šáʔqəŋ*. to burst open, pop, flatten, smash, squash (as stepping on an apple): *ŋə́qʷ*. to burst, pop, smash, squash, crush something open: *ŋəqʷə́t*. to hollow something, make a hollow opening in something: *ɬkʷə́t*. to make someone open his or her mouth: *šəqístxʷ*. to open (something) for someone: *kʷqsít, nəxʷkʷqsít*. to open, unfold something, remove a lid from: *nəxʷkʷqə́t*. to open up, bloom (of a flower): *šáqəŋ*. to rupture, burst open, rip open (as a dropped sack of flour): *nəxʷx̌šáxən*.

open area open area, field, meadow, plain: *spə́ɬxən*.

opening hole, tunnel, any opening something can pass through: *scɬə́qʷ*.

operate operate, run (of a machine): *štə́ŋ*. to undergo surgery, be operated on: *k̓ʷcítəŋ*. to be moving, operating, running (of a machine): *séʔəx*. to be operating, running (of a machine): *šə́təŋ*. to be walking, traveling: *šə́təŋ*.

operating to be operating (of a machine): *kʷaʔnéʔŋət*.

opportunity get to, finally, opportunity, able, success, achievement, get a chance: *-niŋt*.

opposite to other end, opposite end: *sʔíyən̓*. to be on the other, opposite side: *čaʔáwəɬ, ɬq̓cín*. to go over to the opposite side, across: *ɬq̓cínəŋ*.

or *nəw̓-*. and, but, or: *ʔiʔ¹*.

orange an orange: čłtúyəs, ʔánčəs. to be orange colored: čłtuyəsháyəs.

orca blackfish, orca, killer whale: q̕łúməčən. a group of blackfish, orcas, killer whales: qaʔyəłúməčən. a group of small orcas: qaʔyaʔq̕łúʔməčən. small orca: qaʔq̕łúʔməčən.

order to order, tell someone (to do something): sát. to order, tell a group (to do something): siyát. to be ordered to do (something) (of a group or by a group): siyátəŋ. to be ordered, told (to do something) by someone: sátəŋ. to be right, correct, legal, enough, satisfactory, fitting, sufficient, proper, in working order, okay, better (over an illness): ƛ̕úm̕. to get hurt, injured, wounded, broken, out of order: máʔk̕ʷɬ.

ordinal -s¹.

Oregon grape Oregon-grape, mahonia: šə́čən. Oregon grape bush: ščəníɬč.

organize to be organizing, gathering people together for a purpose (such as a political campaign): q̕aʔpéʔŋəɬ.

origin the origin, beginning (of something): sxʷnéʔ.

originate to be from, originate from: č-².

ornery to be ornery, uncooperative, naughty: xaʔxiyáʔs. to be a little bad, naughty, ornery: ʔəsxaʔxiyáʔs. to be cruel, mean, ornery (of a child or something small): saʔsáʔčəŋ. to be mean, tough, feisty, ornery, fearless: ʔəsčáŋkʷən.

orphan skʷənəŋə́čɬ. one's niece or nephew after their parent has died, orphan: skʷənəŋə́čɬ. orphan, any abandoned person: nəxʷskʷányən. orphans, abandoned people: nəxʷskʷiyánəŋ. several orphans, poor people: yə́yəščən. to be poor, pitiful, have no relatives, be an orphan: yə́ščən.

orts leftovers, leavings, scraps left after eating: skʷənəŋúcən.

oscillate to move (especially back and forth), shake, rock oneself: kʷə́yəxct. to move something back and forth, stir, beat (as an egg): kʷə́yəxt. to oscillate, move, shake back and forth: míxʷəŋ.

osoberry Indian plum, osoberry, stink berry: čéʔčšinč.

osprey fish hawk, osprey: c̕íxʷc̕xʷ.

other another, other: nə́c̕uʔ. one person, another person, some one person: náʔc̕uʔ. to be different, strange, other: náč. to be different, strange, other (of a group): naʔyáč. to be in the other room: txʷnáʔəyən. to be looking away, looking the other way: qaʔyúsəŋ. to be on the other, opposite side: čaʔáwəɬ, ɬq̕cín. to change, turn to other side (of a canoe): čiʔúykʷɬ.

other end to other end, opposite end: sʔíyən̕.

other side the far side, other side of a point of land: stxʷnaʔyéʔč. to be on the far side, other side: txʷnaʔáwəɬ. to be on the far side, other side of a point of land: txʷnaʔyéʔč. to be on the other side, other bank, other edge, across: txʷnə́wəcən. to go to the far side, other side of a point of land: txʷnaʔyéʔčəŋ. to go to the other side: čaʔwíyəŋ.

other way to face toward a particular way, look the other way: txʷnúʔəsəŋ.

otter sea otter: čaʔmús.

our our, first-person plural possessive (genitive): -ɬ².

out to be out of a boat or other conveyance, to have disembarked: q̕ʷíŋ. to be out (of a fire), extinguished: ƛ̕ákʷɬ. to be out (of a fire), extinguished (of several or repeatedly): čaʔyásih. to be out (of a fire), stopped burning, extinguished: čási. to be out of one's mouth: ʔəstáʔɬxʷ. to be far out to sea: ʔáckʷɬ. to be free, unbound, untied, out on bail, on the loose: ʔəsyáxʷɬ. to be out of the way, not obstructing, off to one side: ʔəsqʷéʔəxʷ. to be out of the woods, in a clearing: sáxʷɬ. to be passed out cold: səŋsəŋíkʷstəŋ. to be sticking out, protruding: ʔəshéheʔč. to be way out off the shore: cáwcu. to come out of the woods into a clearing: sə́xʷ. to come up out of the water: ƛ̕qíct. to disembark, get out of or off of a vehicle, go out of water: q̕ʷíŋi. to extinguish, put out a fire: ƛ̕k̕ʷə́t. to extinguish, put out a light or fire: část. being extracted, pulled out by someone: ʔaʔq̕ʷə́təŋ. being out off the shore: cáwcuʔ. to be extinguishing, putting out a fire: čáʔst. to be extinguished, put out (of a light or fire) by someone or something: čsátəŋ. to be extracted, pulled out by someone: ʔúq̕ʷtəŋ. to be getting out of a boat or other conveyance, be disembarking: q̕ʷəʔéʔŋiʔ. to be going out (of a fire), not burning: čáʔsiʔ. to be out, extinguished (of a fire): ƛ̕iƛ̕ə́k̕ʷ. to finally, managed to be gotten out: sqənáŋ. to flatten something, roll out dough: táyət. to get pitch dark, be almost completely dark, all lights out: nəxʷsƛ̕áʔk̕ʷəŋ. to go far out from the shore: ʔəckʷíyəŋ. to kick someone out, shoo, chase, push, drive someone away, tell someone to get out: k̕ʷxə́t. to pry something out, extract, pull out something: ʔúq̕ʷt. to remove something from the mouth, take something out of the mouth, spit something out: ɬxʷát. to (start to) come out of woods, enter a clearing: sxʷə́ct.

outburst to blow up in anger, have an outburst of rage: ŋáq̕ʷ.

outfit a suit of clothing, an outfit, uniform, costume, clothing ensemble: ʔúykʷtxʷ.

outhouse outhouse, washroom: šiwaʔáwtxʷ, sxʷʔəmətáwtxʷ. to go to the outhouse, toilet: sqíyəŋ.

out of control to be fierce, out of control, mad, raising hell, throwing a tantrum: xaʔsíct. to get fierce, out of control, mad, raising hell, throwing a tantrum, doing something distasteful in anger, be angry and inappropriately act on it, being ugly with anger: xaʔséʔyəŋ.

out of order to get hurt, injured, wounded, broken, out of order: *máʔkʷɬ*.

out of the way to get out of the way: *qʷíxʷ*. to get out of the way, move away, dodge (something): *qʷxʷíct*. being moved, being put somewhere else by someone or something: *saʔxítəŋ*. to be put, moved out of the way by someone: *qʷíxʷtəŋ*. to put, move something out of the way: *qʷíxʷt*.

outside = *ax̣*. to be outside: *ʔassáqɬ, sə́q*. to put, take, bring something outside: *sqás*. to start to put, take, bring something outside: *səsqást*. to let someone or something exit, go out: *sə́qtxʷ*. to manage to get someone out: *sqənáxʷ*. being on the outside: *sqáʔəwəɬ*. outside of any bay, the outside of a point of land: *sqəyéʔč*. the outside beach of a point of land or any rise in the land: *sqaʔyéʔč*. to be going outside: *sqéʔyəŋ*. to be on the outside: *ʔəsqaʔáwəɬ*. to be put, taken, brought outside: *sqáŋ, sqástəŋ*. to be putting something outside: *sqáʔəs*. to go on the outside: *sqaʔwíyəŋ*. to go outside: *sqíyəŋ*. to go to the outside edge (away from the wall): *ʔəčaʔwíyŋ*. being at the outside edge away from the wall, be flanking: *ʔəčaʔáwəɬ*.

outskirts to flank, get on each side, go around the outskirts: *ʔəčaʔwíyŋ*.

outstanding to be shining, outstanding: *ʔiʔúyəs*.

ouzel dipper bird, water ouzel, fish duck: *maʔmixʷə́y*.

oval to be oblong, oval: *ƛ̣aʔqtáys*.

oven to put something in an oven: *həqíkʷt*. to put something into the oven to bake: *nəxʷhəqíkʷt*. to be baked in the oven: *ʔəshəqíkʷən*. to be baking, in the oven: *ʔəshaʔqéʔwən*. microwave oven: *sčaʔčúʔyəɬc*.

over about, over: -*ic*. to be done, over, finished, complete: *húy¹*. to be draped over: *sqʷéʔqʷiʔ*. former, over, beyond: *čiʔáw*. to bend (one's body) down, bend over, nod one's head, bow (one's body or head): *nəqʷúsəŋ*. to fall over (of something standing), fall forward, fall down (from standing), stumble and fall: *čáq*. to go across (especially water), cross over: *tákʷi*. to go over hill: *qʷiyaʔyéʔčəŋ*. to go over (something such as a fence): *qʷéʔyəŋ*. to go over the top, crawl over: *qʷaʔyíyəŋ*. to go over to the opposite side, across: *ɬqcínəŋ*. to jump, spring over, on, at, or after something or someone: *xʷtíŋət*. to knock something off, over (accidentally): *híyinəxʷ*. to manage to get, take over something: *ƛ̣kʷníŋət*. to move, move on, slide over: *sxíct*. to move over: *txʷəxʷéʔiŋ*. to spill, tip over, capsize: *kʷə́y*. to turn around, turn over, rotate: *čə́yəpəŋ*. being spilled, tipped over: *kʷə́ytəŋ*. being turned over or around by someone or something: *čə́yptəŋ*. manage to step on something, step on something accidentally, run over something: *ʔíŋənəxʷ*. roll over, turn over: *mičiʔúʔisəŋ*. to arrive going over deep water, overseas: *túyi*. to be arriving going over deep water: *túʔi*. to be bending (one's body) down, bending over, nodding one's head, bowing (one's body or head), taking a bow: *naʔqʷúsəŋ*. to be capsized, spilled, tipped over: *kʷə́ykʷiʔ*. to be fallen on by (something) pushed over or knocked off by someone or something: *čítəŋ*. to be falling over: *čéʔtəŋ*. to be going across, crossing over: *táʔkʷiʔ*. to be hanging over the back (of something) or behind (something): *ʔəsqʷaʔqʷaʔyícən*. to be jumped over or on by something or someone: *xʷtíŋtəŋ*. to be moved over, moved aside: *ʔəsséʔəx̣*. to be moving oneself over: *saʔxíct*. to bend down, bend over to reach for something: *čəŋúst*. to bend, fold something over: *nəxʷčəŋúst*. to bend over, look down: *nəxʷčəŋúsəŋ*. to be pushed, rolled off, over an edge: *híyətəŋ*. to be raised up above, over, more than: *huʔáʔič*. to be run over, stepped on repeatedly: *ʔəŋʔíŋtəŋ*. to be spilled, poured out, tipped over, capsized by someone or something: *kʷiʔə́təŋ*. to be stepped on, run over by someone or something accidentally: *ʔíŋənəŋ*. to be turned over or around by someone or something: *čə́yputəŋ*. to be turning around, turning over: *čə́ypəŋ*. to be turning around, turning over oneself: *čáʔipct*. to be turning something around or over: *čə́ypt*. to change oneself, change over, switch to something else, change places: *ʔaʔčšíct*. to cover over something (for example, a grave): *ckʷíct*. to fall over, fall off in pieces: *čítəŋ*. to fall over, fall off (of several): *čəyítəŋ*. to move over, move aside: *txʷnéʔiŋ*. to move something, put something somewhere else, slide it over: *síxt*. to move to the top side, get on top, go over the top: *cɬaʔəwíyəŋ*. to overflow, spill over: *paʔyíxʷəŋ*. to push, roll something off, over an edge: *híyət, híyətxʷ*. to push something off, make something fall off, fall over onto (something): *čítt*. to put, hang something over, put on the other side over the top (for example, a fence), drape something over a rail or line: *qʷéʔəyət*. to roll over: *čipəyúsəŋ*. to roll, roll over: *čipiʔúʔis*. to roll something over: *mičiyúʔyəst*. to spill something, pour something out, tip something over to spill out: *kʷiʔət*. to tip over a little (in a boat or canoe): *kʷaʔkʷiʔə́ct*. to tip over (in a boat or canoe): *kʷiʔə́ct*. to turn oneself over, turn around: *čə́yəpct*. to turn over: *čə́ypúsəŋ*. to turn, roll something over or around: *čə́yəpt*.

overboard fall overboard, fall into water, dunk: *qə́s*.

overeat to be a glutton, greedy for food, hungry, overeat for anything: *sqə́nəxʷ*.

overflow to overflow, run over: *px̣ʷíyəčəŋ*. to overflow, spill over: *paʔyíxʷəŋ*. to overflow, spill over, run over: *píxʷəŋ*. to be a container overflowing, running over: *paʔx̣ʷiʔéʔčəŋ*. to be overflowing: *ʔəstáŋəɬ*. to be overflowing (of any container's contents): *paʔyəx̣ʷiʔéʔčəŋ*. to be overflowing, running over, boiling over: *péʔx̣ʷəŋ*.

overload to be crowded, over full, overloaded: *ʔəsmáys*.

overnight to stay overnight: *pacáʔtəŋ*. to stay overnight, camp out, make camp: *qə́yəŋ*. to be

camping, encamped, staying overnight: ʔəsqə́y̌əŋ. to be steadily camping, encamped, staying regularly overnight: ʔəsqəyíŋ.

overseas to arrive going over deep water, overseas: túyi.

overshoe boots, overshoes: čaʔxásən. several boots, overshoes: čaʔyəxásən.

owe to be borrowing, owing: q̕ʷaʔŋə́yuʔ.

owl great horned owl: čə́čtəŋəxʷ. screech owl: sk̕ʷə́yəxʷ, snúʔnaʔnək̕ʷ. a group of great horned owls: čáʔyəčtəŋəxʷ. a group of small owls: čaʔyaččə́čtəŋəxʷ. a group of small screech owl: sk̕ʷaʔyaʔk̕ʷə́yx̌. small owl: čaʔčə́čtəŋəxʷ. small screech owl: sk̕ʷaʔk̕ʷə́yx̌. snowy owl: čə́čtəŋəxʷ. to hoot, talk like an owl: čctəŋxʷcínəŋ. a group of screech owls: sk̕ʷk̕ʷə́yəxʷ.

own have, own: č-¹. to be one's own property: sk̕ʷáʔ. being one's own property: sk̕ʷáʔwaʔ. to let something be one's own: sk̕ʷáʔtxʷ². to own, have, possess: čk̕ʷáʔ. to work on, fix, do (something) to be owned by someone: sk̕ʷáʔtxʷˡ.

owner čk̕ʷáʔ, sčk̕ʷáʔ.

ox cattle, cow, bull, ox: músmus. cattle, cows, bulls, oxen: maʔyúsməs.

oyster λ̕áx̌ʷλ̕xʷ. several oysters: λ̕əyáx̌ʷλ̕xʷ. tidal food, any food found at low tide including clams, oysters, mussels, sea urchins, etc.: sciʔk̕ʷíyŋət.

oyster cracker several small crackers, especially oyster crackers: paʔpəyóskət.

Ozette a village a half mile south of Ozette west of the lake: wáya. Ozette village: ʔusét.

Ozette Lake q̕aʔúkʷ. former village a half mile south of wáya on Ozette Lake: yútsəqλ̕əs.

pace to be walking around aimlessly, wandering, pacing: štəŋə́nəkʷ.

Pacific cod Pacific cod, bull cod, gray cod: sxʷə́yaʔməs. several Pacific cod fish: sq̕ʷəmq̕ʷéʔməs.

Pacific loon arctic loon, red throated loon, Pacific loon: xʷík̕ʷs.

Pacific yew Pacific yew tree: λ̕əŋq̕átč.

pacify to comfort, pacify someone who is crying or grieving: λ̕úʔət.

pack to pack, carry something on one's back: cəŋaʔt. to pack up: tq̕ʷík̕ʷsəŋ. backpack: qaʔáwəc. being packed, carried on the back by someone: cəŋáʔaʔtəŋ. to be lading, loading up, packing a vehicle, putting things aboard: ʔaʔyútxʷ. to be packed, carried on the back by someone: cəŋaʔtəŋ. to be packing, carrying something on the back: cəŋáʔaʔt. to be packing up: tq̕ʷíwsəŋ. to carry something on one's back: cəŋaʔnít. to lade, load up, pack, put something into a vehicle: ʔúyəłtxʷ. to manage, succeed in packing, carrying something on the back: cəŋaʔnəxʷ. to pack, carry a child on the back: cəŋaʔít.

packaged any food put away, packaged for later use, winter food supplies, larder: sqíyuʔ.

pack-strap tumpline, basket headband, pack-strap worn across the forehead attached to a load on the back: cəŋaʔtən.

paddle =iʔk̕ʷaʔs. any canoe paddle, oar: xʷúʔŋət. to paddle, pull (a canoe), row (a boat): ʔíst. paddle hanger: čičk̕ʷik̕ʷúʔsəŋ. several paddles: xʷaʔyáʔŋət. several small paddles: xʷaʔyaʔxʷúʔŋət. small paddle: xʷaʔxʷúʔŋət. to backwater with a canoe paddle: q̕ánəč. to paddle in a canoe race: táyəs. to take a paddle or oar: λ̕k̕ʷiʔk̕ʷáʔsəŋ. to be paddling, pulling, rowing: ʔéʔst. spirit dancer's regalia, paddle shirt: sʔúyk̕ʷč. November, time to put paddles away: čiʔčiʔk̕ʷáʔsəŋ.

paid to get paid for what one does: čqíyaʔyəs. to be getting paid: čqéʔyəs.

pail bucket, pail: sq̕ʷúʔtən. lunchbox, lunchpail, nosebag: sxʷsaʔwənáy.

pain to get hurt, ache, feel pain, feel sick, suffer, have a hard time: xə́ł. to be sick, hurting, in pain: xə́ł. to be sick, ill, in pain: ʔəsxə́ł. to be suffering, in pain: q̕ʷáʔq̕ʷaxʷct.

paint any face paint, makeup: təmə́ł. red face paint: təmə́łúsən. red ocher, red face paint: təmə́ł. to paint one's body: təmə́łíct. to put any paint or makeup on one's face: nəxʷtəmłúsəŋ. to put paint on one's face: təmə́łúsəŋ. a type of red paint power associated with some kind of bird-like man or flying snake: xʷáłtəp. a type of red paint spirit power seen in lakes: sínəłqiʔ. a type of wild person that is small with black face paint and great power: sqáləsən. black face paint: ʔənəq̕xúsən. wood is burnt and the charcoal is mixed with grease to make black face paint.: púʔq̕ʷłč. red paint spirit power: sqə́yəp.

painting any image or graphic such as a picture, photograph, drawing, painting, print, chart, tattoo: sxiʔús. picture, photograph, painting: sxʷxəyúsən.

pair to be a pair, two of a kind, two people or animals at a time: čšík̕ʷs. to have a boyfriend or girlfriend, be paired up: čλ̕ák̕ʷ.

pajamas any nightclothes such as pajamas, nightgown, kimono: sʔəttúyk̕ʷt.

pal partner, companion, buddy, spouse, person who accompanies (especially on foot): sq̕ʷúʔšən. to be a close friend, best friend, pal: sq̕ʷəʔúʔnəq.

palate the upper part of the mouth including the palate, roof of the mouth: sxʷcaʔyíłən.

pale to turn pale from fright or illness: q̕ʷáči.

palm the hollow of the palm of the hand: sqəyəŋács. several palms: sqqəyəŋács.

pan frying pan, skillet, fryer: čk̕ʷə́xən. pan, cooking pan or dishpan: λ̕útaʔ. small pan: λ̕aʔλ̕útaʔ.

pancakes hotcakes, pancakes, fry-bread: saplín.

pang to feel hunger pangs: λ̕iλ̕q̕ʷík̕ʷən.

panhandling to be begging, asking for (something), panhandling: qəmánəq.

panic to have a nightmare, be ghosted, haunted, spooked in the night, have an anxiety attack in the night: naʔnəkʷítəŋ.

pant to be unable to breathe, out of breath, choked up, tired, all in, exhausted, panting, smothered: ƛitə́qʷ. to be choked up, can't breathe, panting: ƛáqʷɬ.

panther cougar, mountain lion: qəwicə́p. mountain lion, cougar: k̓ʷə́yəčən.

pants pants, trousers: nuʔsə́ntən, =iʔiy. any underwear, especially covering the lower body underpants, drawers: sxʷx̣̌čáyəɬ. to be putting pants, trousers on: nuʔsə́nəŋ. to have a flabby rear end wearing baggy pants: sƚipə́wəč. to put on trousers, pants: nuʔsə́nəŋ. to take off, remove one's pants: ƚəŋiʔíyəŋ.

paper paper, newspaper, wallpaper: pípə. papers, letters, a stack of paper: paʔyípə. newspaper office: syaʔcicəmáwtxʷ. newspaper: yə́cəm pipə.

paper shredder sxʷčičə́x.

parent parent, step-parent, parent-in-law: ʔiyáy̓əŋ. the parent as head of the family, the person in authority in the family: céʔct. step-parent, step-mother, step-father: sxʷsʔúk̓ʷɬ. the parent of a deceased husband or wife, an ex-parent-in-law: sk̓ʷúwʔis. grandparent, especially grandfather: síyaʔ. great-grandparent: čáʔmaʔqʷ. in-law of preceding generation, parent/uncle/aunt-in-law, mother-in-law, father-in-law: siyáʔiɬ. parents: ʔiʔiyáy̓əŋ. relative through marriage of one's child, a parent or sibling of one's son-in-law or daughter-in-law: sk̓ʷúwʔis. several relatives through marriage of one's child, the parents and siblings of one's son-in-law or daughter-in-law: sk̓ʷuwk̓ʷúwyəs. step-parent or parent-in-law: ʔəsxʷʔiyáʔyəŋ. a group of grandparents: səsíyaʔ. great-grandparents, great-grandchildren: čiyaʔméʔqʷ. several step-parents: sxʷsʔaʔyúk̓ʷɬ.

parsnip a type of edible plant sometimes called Indian rhubarb, probably cow parsnip: xʷáčxʷč. wild celery, probably sea-watch, possibly cow parsnip: sxʷməkʷúsyən.

part a piece, part of some larger object or collection: =ŋin. equipment, tool, a part of any man-made thing: haʔyáʔwən. the part in one's hair: sxʷk̓ʷčáyəs. to be part of a group, be with: sq̓ʷúʔ. to join, be among a group, be part of something, be involved with someone or a group: q̓ʷúʔ. to leave each other, part: ɬiyəčáti. to separate, part objects: šə́nət.

partner partner, companion, buddy, spouse, person who accompanies (especially on foot): sq̓ʷúʔšən. to have a partner, companion: čq̓ʷúʔšən. be a partner with someone: q̓ʷaʔšə́nət. bed partner, one that sleeps in the same bed: sə́naʔkʷ. canoe partner, a companion in any vehicle, someone who rides along, traveling companion: sxʷq̓ʷúʔkʷɬ. companions, partners, one's crew, co-workers: sq̓ʷə́yaʔšən.

party fun, celebration, party: ʔə́yəs.

pass to pass by (in space or time), miss, not connect: čiʔáw. to pass by someone: čiʔáwt. to pass, hand something over: ʔənʔáxʷ. to pass (someone) while walking: čiʔəkʷíct. to pass (something) over: q̓ʷƛ́éʔq̓ʷsən. to tell the news, pass on word to someone: syəcíct. to be passed by someone: čiʔáwtəŋ. to be passed through, pierced by something or someone: cɬə́qʷtəŋ. to be shared, passed around: q̓ʷaʔátəŋ. to be told the news, have information passed to one by someone: syəcíctəŋ. to let someone pass, go by: čiʔawtástxʷ, čiʔáwtxʷ. v

passage portage at low tide, passage at high tide: scɬə́qʷ.

passed away to be gone, passed away, died: kʷán. to be passed away: cə́xʷ. to die, pass on: pxʷə́nəŋ.

passive -ŋ¹.

pass out to faint, pass out, lose consciousness: sə́ŋ. to faint, completely pass out: səŋíkʷs. to fall into a faint, pass out: səŋíkʷsəŋ. to be passed out cold: səŋsəŋíkʷstəŋ. to completely faint, pass out: səŋsəŋíkʷs. to make someone faint, pass out: səŋsəŋíkʷst. to pass out, faint, blackout, keel over: k̓ʷiciyéʔqʷəŋ. to pass out, faint, blackout, lose consciousness: k̓ʷiciyéʔqʷ.

pass through to pass through, fall through a hole: cɬə́qʷ. to go through a hole or tunnel: cɬə́qʷəŋ. to pass something through (by making a hole if one does not already exist), bore a hole in something, perforate, pierce something: cɬə́qʷt.

past past tense: yaʔ. be past, after: čiʔáw. the past, the finish: kʷɬúy. to advance, go forward, go ahead, move past, go in front, do it: čiyáct.

path trail, path: saʔsúɬ. walking path, sidewalk, hiking trail, walking ramp: sxʷšə́təŋ. any narrow path or trail: sxʷšaʔšə́təŋ. foot path, footprints, tracks: štə́ŋəŋən. paths: saʔyaʔsúɬ. road, trail, path: súɬ. to be following a trail, path, road: nəxʷsuʔúʔiŋ. to make someone go wrong, turn someone off onto another path: ƛ́xə́t. to take, follow a path (into the woods), go a particular way, this way or that way along (a trail): nəxʷsúyəŋ.

pathetic to be poor, pitiful, sad, destitute, poorly, humble, having no relatives, homeless person, a poor soul, in misery: yəščənúŋət. pitiful, pathetic, having hard times, having a tough time making a go of life: tsús.

patient to be patient, understanding: č̓ɬčxčəŋín.

pause to relax, pause, let up, take it easy, stop (doing something), control oneself, desist: həčáyŋən. to be relaxing, pausing, taking break: haʔčáyŋən.

paw hand (including fingers), paw: *cáys*. several hands, paws, fingers: *cicáys*. to be licking ones foot or paw: *ɬaʔqʷsə́nəŋ*. to be licking one's paw, hand: *ɬaʔqʷács*. to lick one's paw or foot: *ɬqʷsə́nəŋ*.

pay to pay: *q̓aʔyəsáyəɬ, q̓əyús*. pay, compensation for work: *sq̓áyəs*. to pay someone (for something): *q̓aʔyúst*. to pay (workers): *q̓əyúsəŋ*. to be getting paid: *čq̓éʔyəs*. to be listening, paying attention: *yaʔyəŋəcút*. to be paid: *q̓aʔyústəŋ*. to get paid for what one does: *čq̓íyaʔyəs*. to observe, watch, see and understand, pay attention: *k̓ʷənúɬ*. to start to pay someone (for something): *q̓q̓aʔyúst*.

pay attention to pay attention to, notice someone or something: *yaʔyíxt*. to pay attention to someone, respect, honor, praise someone, give someone special care: *naʔnaʔtíxʷ*. make someone wake up and pay attention: *k̓ʷčát*.

pay back to be repaid, paid back: *nunáč*. to repay, pay back: *nunáčəŋ*. to pay back, repay a debt to someone: *nuʔnáčt*. to be repaid, paid back by someone planning to a little at a time: *naʔnuncsítəŋ*. to be repaying someone, paying someone back: *náw̓nəčt*. being repaid, paid back: *náw̓nəč*. to be paid back, repaid a debt, compensated by someone: *nuʔnáčtəŋ*. to plan to, intend to pay someone back: *nunacsít*. to plan to, intend to pay someone back a little: *naʔnuncsít*. to repay, pay someone back slowly, a little at a time, in installments: *naʔnunáčt*.

pea peas, seeds: *ƛ̓ík̓ʷən̓*.

peace to be nice, pleasant, at peace, calm, happy: *ʔáʔiʔˡ*.

peaceful to be calm, peaceful, quiet, no wind: *ʔəsyéʔyəqʷ*.

peak mountain peak, ridge: *sq̓tayéʔqʷ*.

pear pear: *páas*. pear tree: *paahíyəɬč*.

peashooter slingshot, bean-shooter, peashooter: *xtə́n*.

peavey any tool used for prying such as a cant hook, peavey, or crowbar: *k̓ʷácən*.

peck to peck (as a bird): *ɬkʷə́yu*. to peck (as a bird) (on something): *ɬkʷə́ŋ*. to peck (of a woodpecker): *ƛ̓əmq̓ʷə́yu*. to peck on something: *ɬkʷə́t*. to be all pecked (as by chickens): *tiɬə́kʷtəŋ*. to be pecked: *ɬə́kʷtəŋ*. to be pecked by someone or something: *ɬkʷə́tən*. to be pecked on the bottom: *ɬkʷáčtəŋ*. to be pecking: *ɬə́kʷəŋ, ɬə́kʷəyuʔ*. to be pecking at something (as a bird): *ɬə́kʷt*.

pectoral fin pectoral fins: *ɬaʔyaʔɬáʔwiʔ*.

Pedder Bay Pedder Bay, Vancouver Island: *nəxʷyéy̓əč*.

peduncle fish tail, caudal fin and peduncle: *sxápšən*.

pee to urinate (of a female): *sáxʷaʔɬ, šíxʷaʔ*. to urinate (of a male): *šíwaʔ*.

peek to peek, take a look at something: *kʷəyít*. to be peeking: *kʷaʔyə́yu*. to be peeking, half hidden: *kʷáʔwiʔ*. being peeked at: *kʷaʔyítəŋ*. being peeked at by someone: *kʷéʔyətəŋ*. to be peeking, half showing: *kʷéʔwi*. to be peeking, looking at, glancing at out the corner of eyes: *čáyqt*. to be peeking, peering, peeping, taking a look at something: *kʷéʔyət*.

peel to remove peel, skin: *sík̓ʷ*. to peel (any round object such as a potato): *qaʔxúys*. to come off, peel off, be removed, uncovered: *ɬə́q̓ʷ*. peelings from potatoes, apples, etc.: *qíxyən*. to peel, pull skin off: *sík̓ʷəŋ*. to peel fruit such as banana, orange, etc. where the skin separates freely without a knife: *ɬq̓ʷúyəst*. to peel, skin, strip, pry off something: *sík̓ʷt*. to peel, shave the skin from fruit such as potatoes, apples, etc. (using a blade): *qxúyəst*. being peeled, skinned by someone or something: *saʔk̓ʷítəŋ*. to be peeled off: *ɬiq̓ʷúyəstəŋ*. to be peeled off, removed by someone or something: *ɬq̓ʷə́təŋ*. to be peeled, skinned, stripped by someone or something: *sək̓ʷítəŋ*. to be peeling, pulling skin off: *séʔk̓ʷəŋ*. to be peeling, skinning something: *séʔk̓ʷt*. to be peeling something: *ɬuʔq̓ʷúyst*. to be pried apart or peeled off by someone or something: *yəq̓ʷə́təŋ*. to be scalped, get head peeled by someone or something: *ɬq̓ʷéʔqʷtəŋ*. to be scalped, have head peeled: *ɬq̓ʷéʔqʷ*. to be scalped, have head peeled (of a group): *tiɬq̓ʷéʔqʷ*. to be split or peeled (of any round object): *čxúyəstəŋ*. to go peeling, skinning: *sik̓ʷəŋíyɬ*. to have been scalped, have head peeled: *ʔəsɬiɬq̓ʷéʔqʷ*. to peel (fruit such as potatoes, apples, etc.): *qxúyəsəŋ*. to peel off, come apart: *ɬə́q̓ʷəŋ*. to peel off, pluck out, strip off (as small branches on a limb): *ɬəmíct*. to scalp, peel the head of someone or something: *ɬq̓ʷéʔqʷt*. something removed, peeled off, detached, released: *sxʷɬəŋŋín*.

peep to be peeking, peering, peeping, taking a look at something: *kʷéʔyət*.

peepers a small, common frog, tree frog, peepers: *wəq̓áq̓, wəxə́ɬ*.

peer to be peeking, peering, peeping, taking a look at something: *kʷéʔyət*.

pelt buckskin, leather, fur, pelt: *k̓ʷə́wiʔ*.

pen pen, pencil: *xiʔə́n*. anything to write with, pen, pencil, marker, chalk: *sxʷxə́yəyuʔ*.

pencil pen, pencil: *xiʔə́n*. anything to write with, pen, pencil, marker, chalk: *sxʷxə́yəyuʔ*.

peninsula any spit, peninsula, land mostly surrounded by water: *cicákʷč*.

penis *šə́yə*.

Penn Cove Oak Harbor area and area on north side of Penn Cove across from Coupeville: *skʷáʔnaməš*.

penny penny, one cent coin: *sénts*.

people village, community of people, tribe, group of related people: *ʔayxʷíyŋəxʷ*. village, tribe, community: *ʔəxʷíyŋəxʷ*. a group of people: *ʔəxʷíyŋxʷ*. a group of people, Indians: *ʔaʔyəcɬtáyŋxʷ*. a group of old people, elders:

English-Klallam Index 671

perch

kʷɬčə́yq. elders, old people: ʔəsʔiʔáyəxʷ. children, kids, young people: sx̌əyéʔx̌ɬ. many people: ŋənáy. everyone, all the people: x̌ə́nəyaʔ, x̌ənáy. how many of a kind, how many people or animals: k̓ʷəník̓ʷs. how many people: k̓ʷənáy. being a few people: k̓ʷaʔk̓ʷəná̓ʔi. white people: xʷiyanítəm. a group of foreigners, strangers, people of a different nationality: nəyaʔcáʔuŋəx. a group black people, people of African descent: nəxʷsqáʔyixs. any Native American from the upper west coast of Vancouver Island, Nootka, Nuuchahnulth: pcáyah. any of the tribes of the interior, east of the Cascades such as the Yakima: ɬə́q̓ətaʔ. black person, person of African descent: wáyhi. Chehalis Tribe: č̓xéʔyəs. Chinese: čáymən. Cowichan Tribe, Cowichan area on Vancouver Island and neighboring smaller islands: qəwʔə́čən. Haida tribe: yə́kʷɬtaʔx. Japanese: čapán. Klallam people: nəxʷsx̌əyáyəmš. Klallam people, Klallam tribe: nəxʷsx̌əyə́m. Makah people: miyəqáʔaʔ. Makah Tribe: məqáʔaʔ. Mexican: méksəkən. Nitinaht tribe and the area of the west coast of southern Vancouver Island where they live: ŋəcáʔiʔŋəxʷ. Puyallup area, reservation, tribe, and people: spuʔyáləp. Quinault tribe: kʷənáyɬ. Saanich people: sxʷsánəč. several Saanich people: sxʷsiyánəč. Skokomish tribe: sqʷaʔqʷúʔməš. Sooke tribe: súʔəkʷ. the Chemakum tribe and the area around Chimacum, Washington: čə́məqəm. the Klickitat tribe: ɬə́qitat. the Lummi tribe, the Lummi Reservation and the area around it: nəxʷyə́mi. the Quileute tribe: kʷəniyə́ctx. the Samish River tribe, a person of the Samish tribe: sʔáməš. the Twana people and language: təwánəxʷ. to be from Jamestown or Dungeness, of the Jamestown Klallam people: čščáq̓ʷ. Tulalip tribe: tuléyləp. Twana tribe, Skokomish people: tuʔánxʷ. orphans, abandoned people: nəxʷskʷiyánəŋ. several orphans, poor people: yə́yəščən. a bunch of small people: ŋaʔŋəná̓ʔi. little dark people who live in the trees and use a club instead of an axe or saw to fell them: nəxʷšiʔšəyčáyəs. to be two people: čáʔsaʔ. three people: ɬaʔxʷáʔyə, ɬxʷáy, ɬxʷíkʷs. to be just three people: ɬaʔɬxʷéʔi. four people: ŋəsáy. five animals or people: ɬq̓čík̓ʷs. five people: ɬq̓čsáy. six animals or people: t̓xəŋík̓ʷs. six people: t̓xəŋáy. seven people: c̓aʔkʷsáy. eight people: taʔcsáy. nine people: tkʷxʷáy. ten people: ʔupənáy. twenty people: nc̓xʷk̓ʷsáyə. to be few people: k̓ʷaʔk̓ʷənáy. to gather, assemble (of a group people): q̓óypct. to gather, assemble (of people), come together, crowd together: q̓pə́ct. to be gathered together, any gathering, assembly of people: ʔəsqápɬ. to be gathering, assembling (of a group people): q̓ə́ypct.

perch perch fish: wačíʔ. to be perched (as a bird): c̓óyu.

perforate to pass something through (by making a hole if one does not already exist), bore a hole in something, perforate, pierce something: cɬə́qʷt.

perforation any hole, perforation, tunnel: sxʷcɬə́qʷəŋ. to have a hole, perforation: ʔəscə́ɬq.

perform to say, do, perform: ʔáxəŋ.

perfume pəfúm.

period to be a short time, stay a short time, a little while: qaʔqaʔyís.

perish to die (of a group), perish, be wiped out: x̣ʷáy.

perm to curl hair, get a perm: q̓ipéʔqʷəŋ. to go to get one's hair curled, go to get a perm: q̓ipéʔqʷəŋiyɬ. to have curly hair, have a perm: ʔəsq̓iʔpéʔqʷ.

persevere to go ahead, keep going, continue, be steady, persevere. proceed: sɬə́ŋct.

persistent persistent, resulting state: -i¹.

person =ayə². person, human being: ʔəcɬtáyŋxʷ. one person, another person, some one person: náʔcuʔ. one person or animal: nəcík̓ʷs. small person, Indian: ʔaʔəcɬtáyŋəxʷ.

perspire to sweat, perspire: čq̓ʷáʔɬ.

persuade to invite, coax, convince, persuade someone to go (somewhere): yúyt. to be invited, coaxed, convinced, persuaded to go (somewhere): yúytəŋ.

pertussis whooping cough, pertussis: xʷə́q̓ʷaʔɬ.

pet to tap, stroke, pet, brush something: ʔípt. to be tapping, wiping, stroking, petting, brushing something: ʔéʔpt. to be wiped, stroked, petted, brushed by someone or something: ʔəpítəŋ.

petroglyph Aldridge Point, named for half-seal petroglyph there: q̓əmq̓əmícən.

petroleum gasoline, motor-oil, lubricant, petroleum: smə́c.

pharynx throat (inside), pharynx, windpipe, trachea: sxʷk̓ʷúŋən.

pheasant stə́yəxʷəŋ.

philtrum the area of the face between the upper lip and nose: scɬúcən. several upper lips: scəyəɬúcən.

phlegm saliva, phlegm: sxʷɬxʷaʔmə́ɬənɬ.

phone microphone, telephone: sxʷq̓ʷáyyu. telephone: sxʷk̓ʷaʔk̓ʷáʔčəŋ, sxʷq̓ʷinə́k̓ʷi. to phone someone, call someone on the telephone: kʷčáŋət.

photograph any image or graphic such as a picture, photograph, drawing, painting, print, chart, tattoo: sxiʔús. picture, photograph, painting: sxʷxəyúsən. to take a photograph (of someone): nəxʷxiʔúsəŋ. to take a picture, photograph of someone: nəxʷxiʔúst. to draw a picture, take a photograph: xiyúsəŋ. to draw or take a picture of someone or something: xəyúst. to photograph, take pictures of each other: xəyústi. to be drawn, photographed by someone: xəyústəŋ. to be having one's picture taken: nəxʷxiʔúʔstəŋ. to be photographed, have a picture taken: nəxʷxiʔústəŋ. to be taking a picture, photograph: nəxʷxiʔúʔst. to be taking a picture, photographing, drawing: xiʔsáys. to be taking a picture, photographing, drawing a picture:

672   English-Klallam Index

xiyusáysəŋ. to be taking pictures (like a tourist): *nəxʷxiʔəsáys.*

pick to harvest, pick fruit: *ʔəmaxʷ, ʔúɬt.* to pick, harvest (fruit, berries, or other vegetables): *ƛ́əmac̓əŋ.* to pick, harvest fruit or other plant material: *ƛ́əmác̓t.* to sort, select, pick out: *mísəŋ.* hop picking: *ʔəsháps.* to be going out to pick berries: *ʔəmx̌ʷcəníɬ.* to be picked, harvested by someone: *ƛ́əmác̓təŋ.* to be picking, gathering, harvesting something: *ƛ́əmc̓əŋ.* to be sorted, chosen, picked out: *məsítəŋ.* to choose, pick out: *məsíct.* to go hop picking: *ʔəshápsi.* to go to harvest, pick fruit: *ʔuɬíyŋ.*

pickaxe hoe, mattock, pickaxe, shovel: *lapiyúš.*

pick berries to harvest, pick berries, gather berries or other fruit or vegetables: *ʔəmx̌ʷúcən.* to harvest something, pick berries, gather berries or other fruit or vegetables: *ʔəmx̌ʷúct.* to be picking berries or other fruit: *ʔəmx̌ʷúcən.*

pick out to choose someone or something, pick something or someone out, sort something: *míst.* to be choosing someone or something, picking something or someone out, sorting something: *méʔst.*

pick up to be picked up and claimed, taken away: *mák̓ʷ.* to lift, pick up something carefully (as something treasured or cherished like a baby): *ʔúyəxt.* to pick up firewood along the beach: *mák̓ʷáʔwəc.* to pick up something with a fork, spike, or spear: *tc̓ə́t.* to find (something) and pick it up, discover, claim (something) and take it, (something found) into one's possession: *mák̓ʷəŋ.* to find something and pick it up, claim something found: *mək̓ʷə́t.* to be picking something up: *mák̓ʷt.* anything salvaged, picked up and claimed (especially something that someone else has discarded): *smák̓ʷəŋ.* to be claimed, found and picked up: *mək̓ʷə́təŋ.* to be finding (something) and picking it up: *mák̓ʷəŋ.* to be lifting, picking something up: *ʔəʔyúxt.* vehicle, any conveyance, any means of transportation: *sčaʔk̓ʷaʔyúɬ.*

picture any image or graphic such as a picture, photograph, drawing, painting, print, chart, tattoo: *sxiʔús.* moving picture, movie, cinema, television: *snúʔnəkʷ.* picture, photograph, painting: *sxʷxəyúsən.* several pictures: *sxʷxəyxəyús.* to be having one's picture taken: *nəxʷxiʔúʔstəŋ.* to be photographed, have a picture taken: *nəxʷxiʔústəŋ.* to be taking a picture: *nəxʷxiʔúʔsəŋ.* to be taking a picture, photograph: *nəxʷxiʔúʔst.* to be taking a picture, photographing, drawing: *xiʔsáys.* to be taking a picture, photographing, drawing a picture: *xiyusáysəŋ.* to be taking pictures (like a tourist): *nəxʷxiʔəsáys.* to draw a picture, take a photograph: *xiyúsəŋ.* to draw or take a picture of someone or something: *xəyúst.* to photograph, take pictures of each other: *xəyústi.* to take a photograph (of someone): *nəxʷxiʔúsəŋ.* to take a picture, photograph of someone: *nəxʷxiʔúst.*

piece a piece, part of some larger object or collection: *=ŋin.* a piece of something: *ɬəŋŋín.* a small piece of something: *ɬaʔɬəŋŋín.* several pieces of (removed from) something: *ɬəŋɬəŋəŋín.* several small pieces of something: *ɬəyaʔɬəŋəŋín.* to be torn to pieces by someone or something: *čičáxʷtəŋ.*

pied-billed grebe small helldiver, American grebe, pied-billed grebe: *wəw̓əw̓šəlʔí.*

pierce to poke, impale, stab, pierce someone or something (with a knife or spear): *tc̓ə́t.* to pass something through (by making a hole if one does not already exist), bore a hole in something, perforate, pierce something: *cɬə́qʷt.* to be passed through, pierced by something or someone: *cɬə́qʷtəŋ.* to be poking, stabbing someone or something: *tə́čt.*

piercer drill, bit and brace, awl, piercer: *sxʷcə́ɬqʷəyu.*

pig pig, hog, pork: *k̓ʷašú.* a group of pigs: *k̓ʷiyašú.* a group of small pigs, piglets: *k̓ʷaʔyaʔk̓ʷaʔšú.*

pigeon dove, pigeon: *həmú.* oldsquaw, sea pigeon: *ʔaʔaní.* doves, pigeons: *haʔyəmʔú.* a group of small pigeons: *haʔyaʔhəmú.* small pigeon: *haʔhəmú.*

piggish to be a glutton, greedy for food, hungry, overeat for anything: *sqə́nəxʷ.*

piglet small pig, piglet: *k̓ʷaʔk̓ʷaʔšú.* a group of small pigs, piglets: *k̓ʷaʔyaʔk̓ʷaʔšú.*

pike pole any tool used for prying such as a cant hook, peavey, or crowbar: *k̓ʷác̓ən.*

pile to pile, stack, bundle, shock (hay): *mák̓ʷəyuʔ.* to be balled up, bunched up, piled up: *ʔəsmák̓ʷɬ.* to be ganged up, swarmed, piled up on: *ƛ́əməqtəŋ.* to be piled up: *ʔəsmaʔk̓ʷiʔéʔč.* to be piled up by someone or something: *maʔk̓ʷaʔyéʔčtəŋ.* to pile up something: *mək̓ʷəyéʔčt.* to swarm on or over, pile around, gather around, gang up on someone: *ƛ́əməq́t.*

Pillar Point *qqímuʔ.* Klallam fishing ground around Pillar Point: *cx̌ʷáws.*

pillow *x̌ʷə́ƛ̓qən.* feather bed, mattress, pillow: *sƛ̓páyq̓ən.* several pillows: *x̌ʷáyaʔƛ̓qən.* small pillow: *x̌ʷaʔx̌ʷáʔƛ̓qən, x̌ʷix̌ʷáʔƛ̓qən.*

pilot bread hardtack, pilot bread, cracker: *pə́skət.* hardtack, pilot bread, crackers: *saplín.*

pimples chicken skin, goose pimples: see under *čə́kəns, k̓ʷə́wiʔ.*

pin button, pin, safety pin, any similar thing used to attach or close clothing (but not zipper): *kʷənísən.* clothespin: *čə́nc̓ən.* several buttons, pins: *kʷaʔyənísən.* to be stuck, pinned in between (two things): *ʔəsčáćɬ.*

pinch to pinch something or someone: *c̓ə́k̓ʷt.* to be pinched by something or someone: *c̓ə́k̓ʷtəŋ.* to be pinched, squeezed: *čə́nc̓.* to be pinching something: *c̓ə́ɬk̓ʷt.* to be squeezed in, squeezed together, stuck in, pinched in: *ʔəsčə́nc̓.* to be squeezed, pinched by

English-Klallam Index

pine

someone or something: čə́nctəŋ. to be stuck, squeezed, pinched in between two things: čənčǽnč. to have one's head stuck, pinched: čənəčéʔqʷ. to pinch several things, or several things pinch something or someone: ćićłə́kʷt. to pinch, squeeze something together, squeeze it in: čə́nct. to squeeze, pinch together: čənčnə́kʷi.

pine white pine, white fir: čšáy̓.

pink salmon humpback salmon, humpy, pink salmon: hánən̓.

pinochle queen of trumps in pinochle.: słániʔ. jack of trumps in pinochle: ŋánaʔ. king of trumps in pinochle: cə́t. ten of trumps in pinochle: siʔám̓. jack of other suit of same color as trumps in pinochle: scutáy̓əł.

pins and needles to have a tired, tingling feeling as part of the body has gone to sleep, pins and needles feeling: łiłiyáʔis.

pipe any pipe for smoking: páʔəkʷ. stovepipe, chimney: sxʷpk̓ʷəŋáy̓. several pipes (for smoking tobacco): piʔyáʔəkʷ. to be smoking a pipe: paʔpáʔəkʷəŋ. to smoke a pipe: páʔəkʷ, páʔəkʷəŋ.

pistol any gun, firearm: púyəkʼ.

pit hole in the ground, ditch, pit: ʔəscáy̓qʷəŋ, sxʷcáy̓qʷəŋ. hole in the ground, ditch, pit, any place that has been dug: ʔəscáy̓qʷ. pit of the stomach, heart cavity: sxʷyənəwsáyə. to get hit in the diaphragm, solar plexus, pit of the stomach: c̓sánkʷs.

pitch pitch, resin, tree sap, chewing gum: čéʔəx. to throw, pitch: čsáyuʔ. to be trying to sell (something) to someone, convincing someone to buy, making a sales pitch: saʔmúst. to get pitch dark, be almost completely dark, all lights out: nəxʷsƛ̓áʔk̓əŋ. a lot of pitch, gum: ćiyéʔəx. to be given a sales pitch, be sold (something) by someone: saʔmústəŋ. advertisement, commercial message, sales pitch: sxʷsaʔmúst.

pitcher baseball pitcher: sxʷčcsáyuʔ, sxʷčšáyuʔ.

pitchfork small spear, fork, pitchfork: tčə́n.

pitch torch light, candlelight, lamp, flashlight, spotlight, pitch torch, light bulb, lantern: ŋáʔəq.

pitiful to be poor, pitiful, sad, destitute, poorly, humble, having no relatives, homeless person, a poor soul, in misery: yəščənúŋət. pitiful, pathetic, having hard times, having a tough time making a go of life: tsús. slave, pitiful person: sk̓ʷə́yəc. to be poor, pitiful, have no relatives, be an orphan: yə́ščən. to be poor, pitiful: yaʔyəščənúŋət. to be poor, pitiful, low-class (permanently poor): ʔəsyáʔiščən. being made pitiful, be disparaged: yaʔščə́nəŋ. to be pitiful, a poor, sad case: ʔəsyáʔəščən.

pitlamp to fish or hunt at night (especially for flounder) with torch and spear in shallow water, pitlamp: ćukʷáyaʔčx.

pit of the stomach mid abdomen, solar plexus, pit of the stomach, mind: =ankʷs.

pity alas! it's a pity! heartbreaking, touching: wayənəhákʷ. to pity: cíxʷəŋ. to pity, feel sorry for oneself: yəščəntənáʔmət. to feel bad, sad about something, feel sorry for someone: xłtáxʷ. to feel pity (for someone): nəxʷyaʔščənʔéʔwən. to pity someone that is suffering: ʔúyəxt. to take pity on (someone): txʷiscníkʷən. being pitied: sxʷyaʔčšnéʔwən. being pitied, felt sorry for: xłtáʔəŋ. to be pitied: sxʷyəščəníkʷən. to be pitied, felt sorry for: xłtáŋ. to be pitying, feeling sorry for oneself: yaʔščəntənʔáʔmət. to complain, tell a hard luck story to get pity or sympathy: ćaʔxʷíct.

place =uŋt. to be there, at a place: ʔiyá. place here where it is: sxʷʔáłaʔ. place there, where it is, location: sxʷʔiyá. to exchange positions, change places: čiʔnə́kʷi. to let someone take their turn, take someone's place: ʔináčtxʷ.

place names a creek "south of the flounder place" and north of Union: máʔwi. Admiralty Head, on Whidbey Island: sq̓ʷúŋiʔ. a former Klallam village on the east side of Clallam Bay area where creeks meet: xŋínt. a former Klallam village up the Elwha located below the lower Elwha bridge: k̓ʷəčaʔcáwtxʷ. a Klallam village, closely associated with the Klallam village at Pysht, on the west side of Pillar Point, Coalmine: cxʷás. Aldridge Point, named for half-seal petroglyph there: qəmqəmícən. a little spit on the west side of Scow Bay going south where a creek comes in: qʷaʔə́nəkʷ. American, America, stateside: pástən. a mountain formation including Griff Peak, Unicorn Horn and Unicorn Peak in the Elwha River Range that looks like a reclining lady from the lower Elwha area: mímxʷtən. an area between Discovery Bay and Point Wilson: xiʔə́mnəč¹. a place 1.5 miles up shore of Little Boston: łłić. a place near Hadlock between Hadlock and Port Townsend, the site of a wood alcohol plant: ʔənəƛ̓ánnəxʷ. a place some distance north of Point of Arches: tuwəqáys. a place three miles south of Sooes where there was formerly a gold mine: šášəyus. a point west of the Lyre River: čičiʔyúcxəy. area east of Dungeness close to Washington Harbor: scáʔyəm̓. area in Scow Bay that separates Indian Island and Marrowstone at high tide: scłə́qʷ. area near Mats Mats one to one and a half miles north of Ludlow: sxʷł̓áwq̓ʷ. area on outside of Point Wilson: yuq̓ʷéʔč. area on the inside edge of Dungeness Spit where ground is rough: məmək̓ʷə́nəkʷ. area west of Mats Mats: spə́łxən. a shallow place at Becher Bay near məqʼúʔəs: swáʔyət. a small island just outside Becher Bay: łipícən. a village a half mile south of Ozette west of the lake: wáya. beach between Jamestown and Dungeness: sxʷtəccéʔnəŋ. beach on the Ennis Creek side of Morris Creek: ʔiʔínəs. Becher Bay, place name on Vancouver Island, Cheanuh: xʷčiyánəxʷ. Beechey Head, Vancouver Island: šəyəŋúykʷł. Bentinck Island, Race Rocks, Race Passage, Rocky Point: xʷáyəŋ¹.

Bremerton area: *sxáʔqət, xáqt*. Brinnon Mountain, possibly Mount Turner: *skʷáʔɬaʔməš*. Bush Point on Whidbey Island across from Port Townsend: *ʔəspaʔyúxʷən*. Canada: *ɬɬnáʔč*. Cape George area at east side of mouth of Discovery Bay: *sxʷšaʔméʔŋəɬ*. Chemakum Prairie, area between Irondale and Port Ludlow: *spə́ɬxən*. Chimacum Creek, just north of Irondale: *nəxʷcqʷáy̓*. Church Point, Church Hill: *nəxʷk̓ʷtúʔəŋ*. Coupeville area: *sxʷŋiʔáyə*. Cowichan Tribe, Cowichan area on Vancouver Island and neighboring smaller islands: *qəwʔə́čən*. creek six mile south of Seabeck, probably Stavis Creek: *čtéʔwəs*. creek three-fourths of a mile north of Lofall: *sxʷɬxáwyəɬtən*. Crescent Bay: *k̓ʷaʔšə́nəm*. Crescent Lake: *cə́ɬmət*. Creyke Point, a narrow point in Becher Bay on the west side: *sk̓ʷə́yqsən*. Deep Creek: *cíxʷəŋ¹*. Diamond Point, west side at the mouth of Discovery Bay: *x̣ʼpíyiqən̓*. Discovery Bay, Port Discovery: *sq̓ʷaʔqʷéʔəɬ*. Discovery Island: *x̣ʼčás*. Duckabush River, south of Brinnon: *nəxʷyəmús*. Dungeness: *cə́q̓ʷ*. Dungeness or Jamestown Klallam people: *cicə́q̓ʷ*. Dungeness River and the area at the mouth of it: *nəxʷŋiyaʔáwəɬč*. Duwamish: *nəxʷnúwəməš*. Ediz Hook: *tsiqʷə́y̓*. Eglon, Washington, a village on the east coast of the Kitsap Peninsula east-northeast of Little Boston: *cəpíliyə*. Esquimalt Lagoon: *čayəqʷáwəč, čixʷaʔyéʔč*. Esquimalt Reserve and area near Victoria: *sxʷimáɬ*. ferry landing across the north mouth of Hood Canal from Little Boston: *cə́cə́səw̓*. former Klallam village at the mouth of Morris Creek: *ʔiʔícən*. former village a half mile south of *wáya* on Ozette Lake: *yúɬsəqx̣ʼəs*. Fort Flagler, northeast corner of Marrowstone Island: *ɬəyímən*. Foulweather Bluff: *péʔč*. Frazer Island, the large island in the middle of Becher Bay: *qaʔéʔŋaxʷ*. Freshwater Bay, especially the west end: *tkʷáyŋx̣ʷ*. Gettysburg Mountain, west of Brinnon Mountain, one of several mountains south of Clallam Bay: *xax̣ícs*. Gibson Spit south of Port Williams on Sequim Bay: *scáʔiɬ*. Gloucester, a place in the Port Townsend area not otherwise identified: *šéʔnək̓ʷs*. Green Point, east of Morse Creek: *čtqáy, scáyəɬ*. Guemes Island: *sqáxaʔ x̣ʼčás*. Hamahama River: *nəxʷxəmxəmáy̓*. Hawk's Hole, half mile south of Racer's Cove: *céʔiɬ*. Hazel Point: *sxʷɬák̓ʼɬək̓ʷiʔ*. Henderson Inlet: *xʷúʔx̣ʼəm̓*. Irondale: *hə́məɬma*. Jim Creek and the Klallam village that was formerly at the mouth of Jim Creek (between Deep Creek and Pysht): *xʷáyəŋ²*. Kilisut Harbor, Scow Bay: *čixʷəyéʔč*. Kingston, Washington: *q̓ʼəyəqʷúliʔ*. Klallam fishing ground around Pillar Point: *c̓xʷáws*. Klallam village at Butler Cove, place near the mouth of the Pysht River where Tim Pysht (*ɬəmtiyáčaʔ*) lived: *stə́cəŋ*. Little Boston, Boston Spit, Port Gamble Reservation, the area where the reservation now is across Gamble Bay from the town of Port Gamble: *nəxʷqíyt*. Lofall area: *sxʷáyiʔhiʔ*. Lofall, four miles southwest of Port Gamble: *ɬxáwəɬtən*. long bank near Green Point: *sxʷútc*. longest spit in Kilisut Harbor region: *sxʷtaʔyəqəmáya*. Lynch Cove, Belfair Bay: *nəxʷyíyəp*. Lyre River and the former Klallam village at its mouth: *kʷaʔxʷáʔmaʔ*. Manhattan Beach, between Squamish Harbor and Thorndyke Bay: *xʷə́laʔəp*. marsh between Mats Mats and Oak Bay: *sxʷɬaʔɬéʔcəm̓*. marsh south of Foulweather Bluff: *sxʷɬéʔčəm*. marshy ground west of Dungeness: *čščáq̓ʷ*. Mats Mats Bay: *mácməc*. Metchosin, British Columbia: *məčúcən*. Middle Creek, entering Port Ludlow on the east: *nəxʷcəyíɬək̓ʷɬ*. Morse Creek: *cə́ɬmət*. Mount Baker: *swáʔləx*. Mount Rainier: *nəxʷwə́k̓ʷ*. Mount Rainier, Tacoma: *təqʷúʔmaʔ*. Mud Bay, Sahewamish: *sq̓ʷəyáyəɬ*. name of a place near Mats Mats Bay: *nəčsənúʔəŋ*. name of Cheanuh Marina at Becher Bay: *čiyánəxʷ*. name of the bluff at the east side of Becher Bay: *sxʷp̓aʔpúʔqʷs*. name of the sandbar that is right out from the beach at Jamestown and goes nearly to Dungeness: *xáx̣ʼsən*. name of the traditional Klallam village at the mouth of Dry Creek: *čxʷiʔxʷiʔúcən*. Neah Bay: *məqáʔaʔ*. Neah Bay, the Makah reservation: *nə́y̓*. Nisqually area and tribe: *sq̓ʷáʔyiʔ*. North Bay area: *sxʷúʔx̣ʼəm̓*. Oak Harbor area and area on north side of Penn Cove across from Coupeville: *skʷáʔnaməš*. Old Dungeness, Old Town, the area at the base of the Dungeness Spit: *čšáʔič*. Old Dungeness, on west side of the river: *céʔsqaʔt*. Olympia, Washington, especially the prison there: *stáʔčaʔs*. Olympic Mountains: *sxʷx̣ʼayəmáɬ*. Olympic mountains south of Crescent Bay and Port Angeles: *ʔáʔašit*. one name for the former Klallam village on Marine Drive near where the Boat Haven is now: *ščcayčáɬč, čxaycáčɬč*. Ozette Lake: *q̓aʔúkʷ*. Pedder Bay, Vancouver Island: *nəxʷyéyəč*. Pillar Point: *qqímuʔ*. place name at Becher Bay, "Raven Place": *sxʷk̓ʷtúʔəŋ*. Point Hudson at Port Townsend Bay: *qám̓qəm̓*. Point No Point, Hansville, Washington: *hácqs*. point one mile south of Sooes: *táq̓ʷat*. Point Wilson, Fort Worden area: *čixʷə́qsən, qám̓qəm̓*. Port Ludlow, Washington: *nəxʷsnaʔnáɬ*. Port Townsend: *cɬáləq̓ʷaʔt*. Port Townsend area: *qatáy*. Protection Island at Discovery Bay: *čəx̣ʼásyaʔ*. Puyallup area, reservation, tribe, and people: *spuʔyáləp*. Pysht: *pə́šct*. Quartermaster Harbor, point or spit between Portage and Sherman's Spit: *nəxʷqáyəcɬčəŋ*. Quilcene area: *q̓ʷə́ləsin*. Quilcene Bay, Quilcene River: *q̓ʷə́xʷmən*. region behind Port Ludlow, back in the woods: *čáʔq̓ʷ*. Sahewamish tribe around the west half of Hartstene Island, Hammersly Inlet, Mud Bay, and Oyster Bay: *sehéʔwaməš*. Samamish tribe and the area around Lake Samamish: *sxʷúm̓əməš*. Seabeck Bay area: *q̓áʔmaʔqʷ, tqə́caʔ*. Seattle, on the west shore of Lake Washington: *ciʔciʔáʔyəč*. second spit north of Nordland: *qəyáxən*. Secretary Island (Donaldson Island), off Sooke Inlet: *huʔhúʔpt*. Sekiu, traditional Klallam village at west end of Clallam Bay: *x̣ʼaʔx̣ʼəwáys*. Sequim area: *spə́ɬxən*. Sequim, Sequim Bay, Washington Harbor: *sxʷčk̓ʼíyəŋ*. Sherman's Spit: *k̓ʷičásli*. Shomamish tribe located on Vashon

Island: xʷúmʔaməš. Skagit area, Coupeville tribe: sqáčət. Skihwamish, an area along the Skykomish River: sq̕ʷíxʷaməš. Skokomish River and the land occupied by the Skokomish people: sq̕ʷaʔqʷúʔməš. Skunk Island, Elk Island off Port Hadlock: smáyəc. Skykomish River: sq̕ʷaʔqúʔməš. Smith Island: náʔəntən. Smyth Head, Vancouver Island, Rocky Point (at Becher Bay): məq̕ʷúʔəs. Snohomish River: nəxʷkʷéʔƛ̕əmaməš. Sooes: ćúyəs. Sooke Harbour and the surrounding lands: súʔəkʷ. southern point of Whidbey Island west of Cultus Bay: nəxʷʔácx. spring on the beach at Smyth Head at Becher Bay: xaʔičisə́ŋən. Squamish Harbor, south of Port Ludlow: nəxʷxáʔəy. Squaxin Island: sk̕ʷáxʷsən. Steilacoom Creek and neighboring beach: čtíləq̕ʷəm. Stillaguamish tribe, Skagit tribe, Stillaguamish River: stuʔtáʔwiháʔəwŋəxʷ. Strawberry Point, the eastern point on Whidby Island opposite Skagit Bay: q̕ʷə́čaʔč. Stuckamish River, White River, also the name of a tribe: stə́qəməš. Suquamish area: súq̕ʷəməš. Suquamish tribe and the area around the Port Madison Indian Reservation: səq̕ʷámš. Tahola: kʷənáył. Tahuya area at the mouth of the river: tə́xʷyaʔ. Tatoosh Island: sqə́muʔ. the area around Point Wilson, Port Townsend Lighthouse spit: kakántu. the area at the mouth of Kilisut Harbor: sʔéʔuʔc. the Chemakum tribe and the area around Chimacum, Washington: čə́məq̕əm. the city of Seattle, Washington: siʔáł. the Cole's Bay Saanich Reserve: ṕáq̕ʷəčən. the Dungeness Spit: cicákʷč. the Elwha River and the land bordering it, the name of the traditional village at the east side of the mouth of the Elwha River: ʔéʔłxʷaʔ. the land in Becher Bay where the marina is now located: qaʔqéʔaʔis. the low tide spit and beach on Large Bedford Island off of məq̕ʷúʔəs at Becher Bay: ƛ̕qtáčšən. the name of a former Klallam village east of Green Point: ʔáʔyaʔyəŋ. the name of a place referred to in a story told by Martha John: q̕ʷəyáxʷəwli. the name of a place where Martha John's grandmother lived: nəxʷq̕ə́cs. the name of a pond on Discovery Island (ƛ̕čás): sinəłqiʔáwtxʷ. the name of a small spring-fed creek at Becher Bay next to staʔčəŋéʔqʷ: stixʷaʔćáwtxʷ. the name of the Hoko River and the former Klallam village at the mouth of it: húʔquʔ. the Nootka people and the area where they live on Vancouver Island: qáyuqʷatx. the point at the west side of Freshwater Bay: nəxʷtkʷáyən. the Skokomish tribe and the area around Skokomish River: təẃánəxʷ. the small island in Freshwater Bay: xaʔxcəyə́qsən. the Songhees reserve: yək̕ʷə́ŋən. the spit north of Nordland at Port Hadlock: nəxʷwə́k̕ʷ. the third of the Village Islands: sə́wsuʔqəŋ. the traditional Klallam village at the base of the spit in Port Angeles: ćixʷícən. the traditional Klallam village in the Dungeness and Jamestown area on the water north of Sequim east of the mouth of the Dungeness River: statíłəm. the traditional Klallam village in the western side of Becher Bay where the marina now is: čiyánəxʷ. the West Saanich reserve, Tsartlip: xʷćátəłp. traditional Klallam village at Agate Beach: ƛ̕cə́nt. traditional Klallam village at east side of Freshwater Bay near the mouth of the Elwha River on the beach past the end of Ranger Road: sčaʔq̕aʔítən. traditional Klallam village in Indian Valley at the confluence of Indian Creek and the Elwha River on the west side of the bridge on route 101: tiʔtiʔə́ł. Turner Creek, north of Brinnon: sxʷúʔucən̕. Twin River, apparently referring to both East Twin River and West Twin River: nəxʷćə́saʔqən. two of the three small Village Islands at the east side of Becher Bay that are very close together: sčə́nəc. Union area on Hood Canal: tə́məł. Union, Washington, the eastern point of Annas Bay in the Great Bend of Hood Canal: nəxʷłúq̕ʷaʔtəŋ. Useless Bay, the area east of Double Bluff on Whidby Island: nəxʷčqáłnł. Victoria, British Columbia: mətúliya. village at Boston Creek, about 1-1.5 mi. up the Elwha: xpaʔćáwtxʷ. village at the mouth of the Dungeness River: sŋiyáwłč. Waatch, a village southwest of Neah Bay: waʔáč. Warm Beach, area opposite Camano Island in Port Susan: q̕ʷíƛ̕a. Washington: wášiʔtən. Whiskey Spit, Point Hannon, Hood Head: nəxʷćsnúʔəŋ. Willoughby Lake, Point of Arches: šášəyəs. Wolfe Island, the more northern of the two larger islands in Becher Bay, especially the south side of the island where the rocks are rusty colored: taʔtə́młs. wolf head, a large white rock in Becher Bay: staʔčəŋéʔqʷ.

plain open area, field, meadow, plain: spə́łxən.

plan to plan, will: xčŋínəŋ. to study, examine, describe, do research, plan out: xčáys. be doing, intending to do, getting ready to do, planning to do, preparing: yáyaʔct. to back out on a deal, renege, change plans, change one's mind: huhəwíyəŋ.

plane airplane, helicopter, any flying machine: sxʷk̕ʷə́yəŋ. to carve, shave, whittle, plane: qaʔxə́yuʔ. to shave, plane, carve, shape (wood, for example): ʔsqéʔəxtxʷ. to whittle, shave, scrape, plane the surface of something with a knife or adze: qíxt. to be shaved, planed, carved (of wood, for example): ʔsqéʔəx. to be shaving, carving, planing, whittling: qéʔəx. to be whittling something, scraping, shaving the surface of something: qéʔxt.

plank plank, board, milled wood, lumber: łíćŋən. board, plank of wood, lumber: ləplə́š. boards, planks: łəyíčŋən.

plant plant, tree, shrub: =iłč. to plant: čəníŋəł. to bury, plant something (in the ground), cover with earth: čə́nət. to be buried, planted: čə́nətəŋ. to be burying, planting something or someone: čə́nt. to be planting, burying: čənə́yuʔ, čəńéʔŋəł. to bury, plant several things: čənčə́nt, čənčə́ntəŋ. to form, appear on the plant (of berries or other fruit): məkʷúyəsəŋ. to bloom, blossom, flower: k̕ʷáqəŋ. how many plants: k̕ʷəníłč. three plants: łxʷíłč. five

plants trees or any kind of plant: ɬq̕əčšíɬč. the living roots of any plant: q̕ʷc̕əŋ.

plants a bunch of edible camas: qʷaʔyəɬúʔi. a gooseberry species (perhaps mountain gooseberry): táqʷəm. alder tree: sq̕ʷúŋəɬč. an unidentified species of fern: snəčíwəɬ ʔəʔ cisíɬč. any berry bush, fruit tree: sčaʔyəqʷíɬč. any carrot, especially wild carrot: sáʔkʷq. any plant: sčəníŋəɬ. any seed: sxʷc̕aʔcipíkʷən. a plant used to make playing cards: smitáli. apple tree: ʔapələsíɬč. a type of edible plant sometimes called Indian rhubarb, probably cow parsnip: xʷáčxʷč. bear grass: λ̕əλ̕. being buried, planted, covered with earth by someone or something: čə́ntəŋ. blackberry, dewberry: sq̕ʷəyáyŋxʷ. blackberry plant: sq̕ʷəyayŋxʷíɬč. blueberry: ŋə́c̕iʔnəč. bull kelp: q̕ʷq̕ʷúʔəŋ. carrot: kéwəc. cedar boughs: sxpaʔčíyəɬč. cedar tree, western redcedar: xpaʔčíɬč. coastal black gooseberry: tə́mə̕xʷ. common horsetail: máʔəxʷ. cranberry: λ̕iʔxʷúys. cranberry plant: λ̕ixʷuysíɬč. devil's club bush: púʔqʷɬč. edible camas: qʷɬúʔi. edible seaweed: x̣ə́λ̕s. eelgrass: támex. evergreen huckleberry, blue huckleberry, Hood Canal blueberry: yéʔxəm. fern root, probably bracken fern: sxə́m̕xəm². fir tree: čiyaʔčíɬč, sŋáʔəwəɬč. fir trees: sŋiyáwɬč. flower bed, flower bushes: skʷayəqəŋíɬč. giant horsetail: t̕ɬúc. gumberry, gummy gooseberry, sticky gooseberry: táməqʷ. hemlock: ŋáʔaʔwəɬč. hemlock tree: ɬqáɬč. hops: háps. Indian consumption plant, wild celery (especially the seeds): qəxmín. kelp: q̕ʷə́qq. licorice fern: λ̕aʔsíp. love medicine: ɬqáwc. maple tree: scúʔcɬč. moss: sqə́c̕iʔ. oceanspray, ironwood bush, creambush: qáʔcɬč. Oregon grape bush: ščəníɬč. Oregon-grape, mahonia: šə́čən. Pacific crab apple: qáʔəxʷ. Pacific yew tree: λ̕əŋqáɬč. pear tree: paahíyəɬč. peas, seeds: λ̕íkʷən. plum: pɬə́ms. potato, arrowhead root, wapato: sqáwc. rainflower, swearing flower: sxʷaʔxʷəníti skʷáqəŋ. raspberry, blackcap berry: c̕q̕ʷúmah. raspberry, blackcap berry plant: c̕q̕ʷumaʔíɬč. red elderberry: scíyuq. red elderberry bush: c̕iwəqíɬč. red huckleberry: píxʷ. red huckleberry bush: pxʷéʔiɬč. salal berry: ɬáqaʔ¹. salal berry bush: ɬqéʔiɬč. salmonberry: ʔəlíluʔ. salmonberry bush: ʔəliluʔíɬč. scrub oak: čáʔŋəɬč. sea lettuce, edible green seaweed: ɬə́qəs. seaweed, rockweed: k̕ʷə́qq. soapberry, foamberry: sxʷásəm. stinging nettle: c̕c̕čxáɬč. strawberry: ɬéʔyəqʷ. strawberry plant: ɬéʔiqʷíɬč. summer fern, bracken: c̕isíɬč. sword fern: scxáyəm. thimbleberry bush: təqʷəmíɬč. thimbleberry, red cap berry: táqʷəm. thistle: ʔiyaʔcáɬč. vine maple: páʔqɬč. waxberry: pəpqəyús. waxberry, snowberry bush: snuʔnəkʷéʔiɬč. western hemlock tree: xáʔcxɬč. white fir tree: ŋəq̕ʷŋəq̕ʷíɬč. wild celery, probably sea-watch, possibly cow parsnip: sxʷməkʷúsŋən. wild cherry tree: cxʷíɬč. wild crab apple tree: qaʔxʷíɬč. wild plum tree: sk̕ʷc̕ŋíyɬč. willow tree: sxʷúyəɬč.

plant stem tree limb, branch, plant stem, knot: sƛ̕qács.

plate dish, plate, dishes: čáwiʔ. to leave food on one's plate: sxʷkʷáʔŋənúcən.

play to act, play at being something or someone else: qəqíŋ. to go play: qqíyŋ. to play a ball game: qaʔqtəmús, qaʔqtəmúsəŋ. to play any card game: mitáli. to play pool, billiards: təčtəmúys. to play slahal, the bone game: ləhál. to be playing any ball game, especially baseball: qaqtəmúys. any toy or toys, anything one plays (games) with, athletic equipment: sqqíŋ. to be playing cards, gambling: miʔtáʔli. to let someone go play: qqiyŋíɬtxʷ. to play: qəqíŋ. a mocking, playing, making fun of: sqaʔxqíŋ. to be playing: qaʔxqíŋ. to be playing (of a group): qəyaʔxqíŋ.

plead to be begging, asking, pleading for (something): qəmáŋ.

pleasant to be nice, pleasant, at peace, calm, happy: ʔáʔiʔ¹.

please do it, please, let's, okay, go ahead: see under húy². to be asking for (something): tíʔiŋ.

pleased to be glad, happy, pleased, proud (of someone, something): šəyšúʔɬ. to be pleased by something or someone: ʔiʔtáŋ. to be pleased, feel proud: ʔəsλ̕aʔméʔwən. being pleased, tickled (with something), proud (of something): šəšƛ̕úsəŋ.

plenty to be much, many, plenty, lots: ŋə́n̕, čiʔáyu.

plop to plop into water or something wet making a flat splashing sound: kʷaʔt̕iyə́q.

plow a plow, tiller (for breaking earth): ƛ̕šnúkʷən. bulldozer, snow plow: ʔéʔəxʷ sčaʔkʷaʔyúɬ. to plow: ƛ̕šnúkʷəŋ. to plow some land: ƛ̕šnúkʷt. to stir, plow something up: cə́y̕əxt. to be plowed: ʔəsƛ̕šnəkʷ. to be plowed land: ʔsƛ̕ášɬ. to be stirred, plowed up by someone or something: cə́y̕əxtəŋ. to be stirred, plowed up, moved: cə́y̕əx. to gather things together to get rid of them by scraping them up, brush, sweep up something, especially heavier objects: ʔíx̣t.

pluck to pluck (a bird), remove feathers: xcíkʷs, xcíkʷst. to pluck, pull something out or away: xcə́t. to be plucked (of a bird): ʔəsxcíw̕s. to be plucked, pulled out or away by someone or something: xcə́təŋ, xə́ctəŋ. to be plucking a bird, removing feathers: xaʔcíw̕st. to be plucking something, pulling something off, out, or away: xə́ct. to be pulled away, plucked (as weeds or feathers): xə́c. to peel off, pluck out, strip off (as small branches on a limb): ɬəmíct.

plum pɬə́ms. Indian plum, osoberry, stink berry: čéʔčšinč. June plum: sxʷčiƛ̕əhéʔwən. wild plum tree: sk̕ʷc̕ŋíyɬč.

pneumonia sk̕ʷəyə́ɬnəɬ.

poach to be stealing, poaching: qáqəń.

pocket pocket: sxʷnuʔícaʔ. anything used to contain belongings such as any pocket, suitcase, trunk, bureau, chest-of-drawers: sxʷʔukʷáy. several

pocket knife

containers for belongings pockets, suitcases, etc.: *sxʷuʔuʔkʷáyə*. to be in one's pocket: *sxʷnuʔícaʔ*.

pocket knife folding pocket knife: *naʔə́ynəŋ*.

point nose, point, any projection: *=əqsən*. side of a point of land: *=əʔyiʔč*. any point of land, the end of a spit: *sʔíyəqsən*. to point: *cqʷsə́yə, cqʷúsəŋ*. to point at something: *cqʷúst*. to point, be pointed at: *cqʷús*. to aim, point (a gun) at someone or something: *múčt*. an area inside a spit or point of land: *čixʷə́qsən*. any small point of land: *sʔaʔéʔyəqsən*. being pointed at by someone: *caʔqʷústəŋ*. go around a point of land: *q̓tə́qsən*. outside of any bay, the outside of a point of land: *sqəyéʔč*. sandbar, small point, small sand spit, shallow place in the water: *c̓aʔcéʔxʷəŋ*. sharp point, thorn: *ʔəyucə́qsən*. the far side, other side of a point of land: *stxʷnaʔyéʔč*. to be on the far side, other side of a point of land: *txʷnaʔyéʔč*. to be pointed at by someone: *cqʷústəŋ*. to be pointing: *caʔqʷsáy̓s, caʔqʷúst*. to be sharp edged or sharp pointed: *ʔə́yuc*. to be sharp pointed: *ʔiyaʔcə́qsən*. to break the nose or a point: *tkʷə́qsən*. to go to the far side, other side of a point of land: *txʷnaʔyéʔčəŋ*. to sharpen the point of something (such as a pencil): *ɬqxə́qst*. to turn around a corner, turn around a point: *q̓aʔwíct*.

Point Hannon Whiskey Spit, Point Hannon, Hood Head: *nəxʷc̓snúʔəŋ*.

Point Hudson Point Hudson at Port Townsend Bay: *qám̓qəm̓*.

Point No Point Point No Point, Hansville, Washington: *hácqs*.

Point of Arches Willoughby Lake, Point of Arches: *šášəyəs*. a place some distance north of Point of Arches: *tuwəqáy̓s*.

point out to notice, point out: *ʔunú*.

Point Wilson Point Wilson, Fort Worden area: *čixʷə́qsən, qám̓qəm̓*. the area around Point Wilson, Port Townsend Lighthouse spit: *kakántu*. an area between Discovery Bay and Point Wilson: *xiʔə́mnəčˡ*. area on outside of Point Wilson: *yuq̓ʷéʔəč*.

poison any poison, narcotics, drugs: *c̓ə́xtən, syáʔəx*. lots of poison: *syiʔyáʔəx*. poisons: *c̓əyə́xtən*. to be poisoned, affected by bad medicine: *syáʔəx*. to be poisoned by someone: *paysənítəŋ*. to be poisoned by someone or something: *yáʔəxtəŋ*. to be poisoned by something or someone: *c̓əxtənítəŋ*. to poison someone: *yáʔəxt*. to poison someone or something: *c̓əxtənít, paysnít*.

poke to be poked, speared, stabbed: *tə́č*. to be poked: *cíq*. to get poked, speared: *tčə́ŋ*. to manage to poke someone or something or to accidentally poke: *tčnáxʷ*. to poke (especially to push away as with a paddle on a rock): *céʔəq*. to poke, impale, stab, pierce someone or something (with a knife or spear): *tčə́t*. to poke someone or something: *cqít*. being poked by someone or something: *caʔqítəŋ*. being stabbed, poked: *tə́čtəŋ*. to be poked by someone or something: *cíqtəŋ, cqítəŋ*. to be poked in the ribs: *tčánkʷs*. to be poked, speared by a group (or of a group or several times): *titə́čtəŋ*. to be poked, stabbed (accidentally or after trying) by someone or something: *tčnáŋ*. to be poking someone or something: *céʔqt*. to be poking, stabbing someone or something: *tə́čt*. to be spearing, poking: *tə́čəŋ*. to be stabbed, poked, speared by someone or something: *tčə́təŋ*. to get one's eye poked: *nəxʷtčáys*. to get poked, pricked, stabbed in the foot or leg, have a sliver in one's foot: *tčsə́n*. to get poked, pricked, stabbed in the hand or finger, have a sliver in one's hand or finger: *tčács*. to poke oneself: *tčə́ct*.

poker poker for a fire: *čiʔicísən*.

pole any erected pole (for a tent, house, flag), a mast for a sail: *sxʷŋíqən*. a pole used to push out a canoe: *q̓ʷúkʷən*. a vertical pole, house-post, tent-pole, mast: *qáqən*. canoe pole, for poling a canoe or raft up river: *xʷúqʷən*. any tool used for prying such as a cant hook, peavey, or crowbar: *kʷácən*. a tall dancing pole: *kʷúxʷən*. cedar pole used in the spirit dance, the Klallam equivalent of Lushootseed sgʷədíləč: *xixápiʔˡ*. deer hoof rattle, spirit dancer's pole (two or three feet long) with deer hooves: *kʷčmín*. pole, for pushing a raft or canoe: *cíqən*. several vertical poles, house-posts, tent-poles, masts: *qaʔyáqən*. small dancing pole: *kʷaʔkʷúʔxʷən*. to be erected, a pole, post, mast in place: *ŋíq̓*. to be erected (of a pole, post, or mast) by someone: *ŋəqítəŋ*. to be poling (a canoe) in a river: *xʷaʔq̓ʷúct*. to erect, stick in place a pole, post, or mast, insert something into position so that it can stand upright: *ŋíq̓t*. to pole a canoe upriver: *xʷúq̓ʷt*. to propel one's canoe or boat with a pole: *xʷq̓ʷúct*. to push something (such as a raft) with a pole: *cíqt*. several small dancing poles: *kʷəyaʔkʷúʔxʷən*. several tall dancing poles: *kʷə́yəxʷən*.

police the police, policeman, police officer, jailer, prison guard: *qaʔqə́yuʔ, kʷaʔcə́ńtč*. several policemen: *qiyaʔqə́yuʔ*.

police station jail, prison, police station: *sqq̓əyuʔáwtxʷ*.

politician to tell fibs, lies (regularly, habitually), trick, fool (someone) into belief (like a politician): *q̓ʷaʔq̓ʷiʔstə́nəq*.

pond the name of a pond on Discovery Island (x̌čás): *sinəɬqiʔáwtxʷ*.

pony any small horse, pony, foal, colt, filly: *staʔtiʔqéw̓*. a group of small horses, ponies, foals, colts, fillies: *staʔyaʔtiqéw̓*.

pool to play pool, billiards: *tačtəmúy̓s*.

poor to be poor, pitiful, have no relatives, be an orphan: *yə́ščən*. to be poor, pitiful, sad, destitute, poorly, humble, having no relatives, homeless person, a poor soul, in misery: *yəščənúŋət*. poor thing: *syaʔyáʔiščən*. several orphans, poor people:

pop *yáyəščən.* to be pitiful, a poor, sad case: *ʔəsyáʔəščən.* to be poor, pitiful: *yaʔyəščənúŋət.* to be poor, pitiful, low-class (permanently poor): *ʔəsyáʔiščən.*

pop to burst open, pop, flatten, smash, squash (as stepping on an apple): *ŋə́qʷ.* pop, any carbonated soft drink: *sutəwátə.* to be bursting, popping, smashing, squashing, crushing something open: *ŋə́q'ʷt.* to be burst, popped, smashed, squashed by something or someone: *ŋəq'ʷə́təŋ.* to be exploding, popping, backfiring: *tə́nqʷ.* to burst, pop, smash, squash, crush something open: *ŋəq'ʷə́t.* to explode, pop, backfire, go off (as a gun or bomb): *tənə́qʷ.* to pop, explode into sparks (as wet alder in a fire): *tənə́qʷəŋ.*

popcorn *číčaʔ.*

popsicle *ʔəstáyx̣ʷ.*

pork pig, hog, pork: *kʷašú.*

porpoise porpoise: *k'ʷánəɬ.* porpoise, dolphin: *sxʷməhéʔənəs.* a group of small porpoises or dolphins: *sxʷmaʔyaʔmahúʔnəs.* several porpoises: *k'ʷiyánəɬ.* small porpoise or dolphin: *sxʷmaʔmaʔhéʔwən.*

portage *sxʷčaʔtumáʔiɬ.* portage at low tide, passage at high tide: *scɬə́qʷ.*

Port Angeles Port Angeles, Washington, the town and harbor: *čixʷícən.* Ennis Creek and the Klallam village at the mouth of Ennis Creek at the east end of Port Angeles: *ʔiʔínəs.*

Port Discovery Discovery Bay, Port Discovery: *sq'ʷaʔqʷéʔəɬ.*

Port Gamble Little Boston, Boston Spit, Port Gamble Reservation, the area where the reservation now is across Gamble Bay from the town of Port Gamble: *nəxʷq'íyt.*

Port Hadlock Skunk Island, Elk Island off Port Hadlock: *smə́yəc.* the spit north of Nordland at Port Hadlock: *nəxʷwə́k'ʷ.*

Port Ludlow Port Ludlow, Washington: *nəxʷsnaʔnə́ɬ.* Middle Creek, entering Port Ludlow on the east: *nəxʷcəyíɬək'ʷɬ.* region behind Port Ludlow, back in the woods: *čáʔəqʷ.*

Port Madison Suquamish tribe and the area around the Port Madison Indian Reservation: *səq'ʷámš.*

Port Susan Warm Beach, area opposite Camano Island in Port Susan: *q'ʷiƛ̓a.*

Port Townsend Port Townsend area: *qatáy.* Port Townsend: *cɬáləq'ʷaʔt.* Point Hudson at Port Townsend Bay: *qámqəm.* the area around Point Wilson, Port Townsend Lighthouse spit: *kakántu.*

position you are the one to do it, you take over, put yourself into a position or vacancy: *nəkʷtənúʔŋət.*

possess to own, have, possess: *čkʷáʔ.* to take and hold, take possession of someone or something: *ƛ̓k'ʷiŋít.* to find (something) and pick it up, discover, claim (something) and take it, take (something found) into one's possession: *mə́k'ʷəŋ.*

possessed to be possessed by a spirit: *nuʔnə́səŋ.*

possessive his, her, its, their, third-person possessive (genitive): *-s³.* my, first-person singular possessive (genitive) prefix: *nə-.* our, first-person plural possessive (genitive): *-ɬ².* your, second-person singular possessive (genitive) prefix: *ʔən-.* to want others not to use, feel possessive about (something), not want to give (something) up, cherish, hold dear, feel emotionally attached to a person or object: *sk̓ʷiʔáʔəm.*

post a vertical pole, house-post, tent-pole, mast: *qáqən.* to be erected, a pole, post, mast in place: *ŋíq.* to be erected (of a pole, post, or mast) by someone: *ŋəqítəŋ.* to erect, stick in place a pole, post, or mast, insert something into position so that it can stand upright: *ŋíqt.* several vertical poles, house-posts, tent-poles, masts: *qaʔyáqən.*

posthole any hole-making tool, drill, auger, posthole digger: *sxʷcɬ́qʷəŋ.*

pot any cooking pot, kettle: *sxʷƛ̓áləp.* any pot, cauldron used for boiling: *sxʷq'ə́ys.* any pot used for boiling: *spuq'ʷəŋaʔyéʔč.* a pot for boiling: *ʔəsq'ʷə́ys.* chamber pot: *sxʷáʔəŋ.* crab trap, crab pot: *sxʷʔaʔčxáy.* several cooking pots, kettles: *sxʷƛ̓iyáləp.* urinal, pisspot, chamber pot: *šxʷáy.* chamber pots: *sxʷiyəʔáy.* teapot, coffeepot, kettle: *sxʷtiháy.* several teapots: *sxʷtitiháyə.* coffee pot: *sxʷk'ʷapiháy.*

potato potato, arrowhead root, wapato: *sqáwc.* several potatoes: *sqəyáwəc.*

pot-belly big belly, pot-belly: *čqíqən.*

potion love medicine: *ɬqáwc.*

potlatch potlatch giving, having a big give-away: *ŋíŋaʔ.* potlatch, a huge feast open to everyone: *pə́ɬəč.* potlatch blanket (made of mountain goat wool): *swə́k'ʷaʔɬ.* potlatch house, long-house: *sƛ̓aʔnəqáw̓txʷ.* to be given to in potlatch giving or in charity by someone: *ŋáʔtəŋ.* to be giving away things at a potlatch gathering: *ŋáŋaʔtxʷ, sŋáŋaʔtxʷ.* to be having a potlatch: *ƛ̓áʔƛ̓aʔnəq.* to give away, potlatch giving, giving to charity: *ŋáʔtxʷ.* to have a potlatch, a big gathering for a feast and give-away: *ƛ̓áʔnəq.*

potluck *pə́ɬəč.*

pound to get punched, pounded: *cə́s.* to hit (especially with the hand), punch, slap, pound: *cə́st.* to pound, hammer, nail: *císəŋ.* to pound, hammer, nail something: *císt.* to hammer, pound something with a hammer: *hə́məntxʷ.* to hammer something, pound something with a hammer: *hə́mənt.* any hammer, anything used for pounding: *sxʷiʔcəsə́yu.* being knocked, pounded on by someone: *cə́snəŋ.* be knocked, punched, pounded on by someone accidentally: *cəsnáŋ.* to be hammered, pounded with a hammer: *hə́məntəŋ.* to be managing to hit, pound someone or something:

ćásnəxʷ. to be pounded, nailed: ćaʔsítəŋ, ćsítəŋ. to be pounding, hammering, nailing something: ćéʔst. to be pounding, nailing, hammering: ćaʔsə́yuʔ.

pour to pour something: k̓ʷánt. to pour, spill: kʷiʔə́ŋ. to spill something, pour something out, tip something over to spill out: kʷiʔə́t. being poured out (of liquid) by someone: k̓ʷaʔnə́təŋ. to be poured by someone or something: k̓ʷántəŋ. to be poured on by rain, be caught in a rain storm: łəmłə́maxʷtəŋ. to be pouring out liquid: k̓ʷáʔnət. to be pouring (something): k̓ʷaʔnéʔŋəł. to be pouring, spilling: kʷə́yəyuʔ. to be spilled, poured out, tipped over, capsized by someone or something: kʷiʔə́təŋ. to be spilling, pouring, capsizing something: kʷə́yt. to be spilling, pouring (something) on something or someone: kʷiʔúʔst. to pour rain: xʷúŋ. to spill, pour (something) on something or someone: kʷiʔúst. to spill something (accidentally), manage to pour something: kʷiʔnáxʷ.

pout to be stubborn, pouting, bullheaded: ŋisúŋəs.

powder páyəq̓ʷ. dust, sawdust, powder: spáyəq̓ʷəŋ. face powder: spəyq̓ʷúsəŋ, spiʔyəq̓ʷúsən. gunpowder or any explosive material: q̓ʷáłc. powdered sugar, frosting (on a cake): piq̓ʷəyéʔčən. powder, flour, dust: spáyəq̓ʷ. to accidentally put powder on something or someone: páyəq̓ʷnəxʷ. to be making (something) into powder: páyq̓ʷəŋ, piq̓ʷə́yuʔ. to be powder, anything made into powder: ʔəspáyq̓ʷł. to be powdery, dusty: páyəq̓ʷəŋ. to be pulverizing, powdering something (making it into powder): páyq̓ʷt. to make something into powder, pulverize something: páyəq̓ʷt. to manage to make something into powder, pulverize: páyəq̓ʷnəxʷ. to powder something, dredge something with powder or flour: páyəq̓ʷt. to put powder on oneself: páyəq̓ʷct. to put powder on one's face: piq̓ʷúsəŋ. to be powdered: ʔəspáyq̓ʷ.

power being, having potential spirit power: =ŋixʷl. spirit power, personal power, talent, strength: skʷənáŋəł. spirit power song, winter spirit dance music: syə́wən. spirit power to discover (something hidden or unknown): siʔám̓əwəs. spirit song, spirit dance, power song: skʷənúcən. the power to see the future, blue jay power: ʔəsyə́wə, syəwín̓l. the spirit power to heal: sxʷnáʔəm. to be enraptured, taken by spirit power, under the influence of spirit power: k̓ʷə́n. to seek spirit power, make oneself spiritually strong especially through bathing in the cold water of a river or stream: k̓ʷčáct. to be seeking spirit power, making oneself spiritually strong especially through bathing in the cold water of a river or stream: k̓ʷaʔčáʔct. to be shot, hit with evil spirit power, cursed, hit with a slingshot, stung by a lizard or snake: xtə́təŋ. to curse, do evil work (on so), wish (a person) to die, do any behavior that might cause someone to die through spirit power: naʔsáys. to dance with spirit power: čyə́wən. to get the power in the Shaker religion, get a blessing: k̓ʷənáŋətəŋ. to have a spirit song, have the power to sing: čšyə́wən. to have Indian doctor power, have the power to heal: čšxʷnáʔəm. to have the power to see things in the future: čšyə́wə. a person with power in charge of a spirit dance: skʷəníləč. a spirit dancer, someone under spirit power while dancing or performing the rites of a spirit dancer: ʔəsyə́wən. a spirit power and dance associated with a cedar ring: skʷəníləč. a type of bird spirit power: q̓ʷə́xʷqs. a type of night bird spirit power: šúpšupt. a type of red paint power associated with some kind of bird-like man or flying snake: xʷáłəp. a type of red paint spirit power seen in lakes: sínəłqiʔ. a type of wild person that is small with black face paint and great power: sqáləsən. evil power shot into someone: xtə́n. Indian doctor, shaman, a person with supernatural power to heal or hurt someone: sxʷnáʔəm. red paint spirit power: sqə́yəp. spirit dancer, one having a spirit power song: čyáʔwənł. spirit power acquired by a person through special disciplines: łqíyən. spirit power, a person who has spirit power: təménəwəs. scrubbing with cedar boughs of a young person or new-dancer seeking spirit power: xʷaʔqʷíct. to be beginning to sing, getting the power to sing: t̓t̓éʔyəmct. to send bad spirit power into someone, curse, put a spell on someone: xtə́t. to shoot spirit power, inject venom (as a snake): xtə́yu. to sing one's spirit power song, meditate: k̓ʷənúcəŋ. to sing or hum a spirit song: k̓ʷənúcən. several spirit powers: łaʔyəqíyən.

prairie open area, field, meadow, plain: spə́łxən.

praise to pay attention to someone, respect, honor, praise someone, give someone special care: naʔnaʔtíxʷ. amen, praise, thank the lord: mási.

pray to pray: t̓éʔwiʔəł. to pray for oneself: t̓éʔwiʔəłíct. to pray for someone or something: łaʔwiłít. to be prayed for by someone: łaʔwiłítəŋ. to be praying: t̓t̓éʔwiʔəł. to go to pray, go to church: t̓éʔwiʔəłíyɫ. prayer, religion: stéʔwiʔəł.

preach to be preached to, advised, lectured: k̓ʷə́s. to preach, lecture, advise, make a speech: k̓ʷsə́nəq. to lecture, advise, preach to someone, give advice to someone: k̓ʷsə́t. to be reprimanded, told off, preached to about mistakes: łxʷusítəŋ, łxʷústəŋ. a sermon, lecture, advice, speech, preaching: skʷsə́nəq. being argued with, told off, preached to by someone: xiʔxaʔyústəŋ. being lectured, advised, preached to: k̓ʷə́stəŋ. being vigorously preached to by an elder: miʔmə́yčtəŋ. to be lectured, advised, preached to by someone: k̓ʷsə́təŋ. to be lecturing, advising, preaching to someone, giving advice to someone: k̓ʷə́st. to be lying habitually, preaching the wrong thing: qaʔyəxtə́nəŋ. to be preached to, advised (of several or by a group): k̓ʷik̓ʷə́stəŋ. to be preaching, lecturing, advising, making speeches: k̓ʷə́snəq. to lecture, advise, preach to someone, give advice to a group of people: k̓ʷik̓ʷə́st. to preaching, lecturing: k̓ʷə́səŋ.

preacher k̓ʷaʔstə́nəq, k̓ʷsk̓ʷsə́nəq. several preachers: k̓ʷaʔyəsk̓ʷsə́nəq.

precious to be precious, expensive: sxʷúyəm.

precise to be exactly, just, precisely: túxʷ.

predict a seer, fortune teller, prophet, one who trained in the ability to predict the future: ʔəsyə́wə. to call for rain, predict rain, make rain: qʷaʔánəxʷ. to be calling for, predicting, making rain or bad weather: qʷqʷaʔánx̣ʷ.

predictably as one might expect, of course, predictably, probably: ʔučtə.

pregnancy pregnancy: sxʷnéʔiŋ.

pregnant to be pregnant, expecting: ʔəsk̓ʷáʔk̓ʷi. to be pregnant, expecting a baby: xʷnéʔəŋ. to be pregnant, expecting (said of a small or very young lady): ʔəsk̓ʷaʔk̓ʷák̓ʷiʔ.

prepare to get ready, prepare: yéʔkʷsəŋ. to do, begin, happen, get ready, prepare to do (something): yáʔct. to get something ready, fixed, get ready to do something: yáʔt¹. to cook, prepare a feast: k̓ʷəncínəŋ. to fix, repair, prepare, set, work on something: ʔəxtéʔt. to help oneself, prepare (something) for oneself, do (something) by oneself: yaʔníct. to prepare, do (something) to (something): ʔəxtéʔəŋ. being ready, doing, happening, preparing: syáyaʔct. to be doing, preparing, prepare: syáyəct. to be getting something ready, fixing something, doing something: yáyaʔt. to be prepared, readied, fixed for someone by someone: yaʔsítəŋ. to be readied, fixed, built, prepared by someone: yáʔtəŋ. to be ready, fixed, prepared: ʔəsyáyaʔ. to prepare, get ready, fix (something) for someone: yaʔsít. what to do or prepare, something to do: syáʔyaʔct.

preserve to preserve, put up food: q̓əyúʔəŋ. to be preserving, putting up food by canning or hanging to dry: q̓éʔyuʔ.

preserved to be dried, preserved (especially of fish): ʔəsx̣áč̓ł.

President's Day xʷanítəm siʔám̓ skʷáči.

press to be very near, close by, pressed close: x̌íq̓. to get pressed, leaned on: cíq. to press down: cíqəŋ. to press on something: x̌íqt. to iron, press clothes: xʷq̓ʷə́yu. an iron for pressing clothes: xʷíqʷən. to be pressed down by someone or something: x̌q̓ítəŋ. to be pressed down on by something or someone: cq̓ítəŋ. to be pressing down on something: céʔqt. to be pressing something, dialing (a telephone): x̌ə́yq̓t. to be rubbed, scrubbed, buffed, ironed, pressed by someone or something: xʷq̓ʷítəŋ. to be typing, pressing: x̌iʔq̓ə́yuʔ. to press down on repeatedly or on several things, press buttons (on a machine), dial (a telephone): x̌ə́yəqt. to press down on several objects, repeatedly, or by several subjects: x̌ix̌ə́yəqt. to press down on something: cíqt. to press, lean against: cq̓ə́yu. to press (things) together: x̌íqti. to rub, scrub, shine, buff, iron, press something: xʷíqʷt.

presume I guess, presume, must be: yəxʷ.

presumed must be, presumed to be: ʔuʔčaʔ.

pretend to be lying, telling a lie, pretending: qəyáxct. to imitate, copy, pretend to be someone else, ape (someone to mock them): nəxʷsʔáʔi.

pretty cute, beautiful, pretty, good-looking, handsome: ʔaʔáʔił.

prevaricate to lie, tell a lie, falsehood, prevaricate, deceive: qáyəx. to tell a lie: qáyəxct. to be lying, telling a lie, pretending: qəyáxct.

prevent to stop, restrain, block, prevent someone from doing something: k̓ʷčát. to be compelled, kept in check, controlled, corrected, be made to: k̓ʷčátəŋ. to be held steady, stopped, prevented from moving: x̌aʔyáʔctíŋ. to be stopped, restrained, blocked, prevented from doing something: k̓ʷčátəŋ. to be stopping, restraining, blocking, preventing someone from doing something: k̓ʷə́yt. to control oneself, prevent oneself (from doing something), hold (something) in: x̌aʔpcút. to cut in front of someone, cut someone off, get in someone's way, prevent someone from continuing, head someone off: q̓əmúst. to hold something steady, prevent something from moving: x̌aʔyaʔcít.

price sxʷnánəč. to lower the price of something: xʷk̓ʷás.

prick to get poked, pricked, stabbed in the hand or finger, have a sliver in one's hand or finger: tčács. to get poked, pricked, stabbed in the foot or leg, have a sliver in one's foot: tčsə́n.

pride be boastful, a braggart: qáyxs.

priest ləplít.

print the written word, any words in print, anything written down: sx̣ə́y̓. any image or graphic such as a picture, photograph, drawing, painting, print, chart, tattoo: sxiʔús.

prints footprints: x̣ə́naʔŋən. footprints, animal tracks: x̣ə́naʔsən. foot path, footprints, tracks: štə́ŋəyən.

prison jail, prison: sq̓q̓áw̓txʷ. jail, prison, police station: sq̓q̓əyuʔáwtxʷ. Olympia, Washington, especially the prison there: stáʔčaʔs. the police, policeman, police officer, jailer, prison guard: qaʔq̓ə́yuʔ. to be in jail, in prison, incarcerated, bound, tied up, be a prisoner: ʔəsqéʔəq̓.

probably húy³. as one might expect, of course, predictably, probably: ʔučtə. if, when, probably: ʔúytxʷ. probably, must be, might have: čtə.

problem to be disturbed, bothered, have trouble, have problems, be apprehensive, uneasy, upset: taʔčéʔxʷiʔ.

proceed to go ahead, keep going, continue, be steady, persevere. proceed: stə́ŋct.

process in process: hiʔ-.

professional to have a reputation of being good, great, genius, expert, professional at doing something, have a skill: kʷikʷiyáy.

English-Klallam Index

profile the side of the face or head, one's profile, cheek: sxʷʔíyən.

projection nose, point, any projection: =əqsən.

promiscuous to be crazy, insane, promiscuous, foolish, stupid: sxʷák̕ʷiʔ.

pronged three-pronged fish spear used for skate and salmon: łxʷə́qsən. two-pronged fish spear used for flounder and crab: čšə́qsən.

propel to propel one's canoe or boat with a pole: xʷq̕ʷúct.

proper to be right, correct, legal, enough, satisfactory, fitting, sufficient, proper, in working order, okay, better (over an illness): x̌úm̕. to fit (as clothing), be proper, be suitable: ʔəsx̌úʔx̌əm̕.

properly truly, really, actually, properly: cəʔéʔt.

property to be one's own property: skʷáʔ. being one's own property: skʷáʔwaʔ. stolen property, anything that one has by theft: sčqán̕.

prophet a seer, fortune teller, prophet, one who trained in the ability to predict the future: ʔəsyə́wə̕. having special knowledge or the ability to see into the future: ʔəsyəwín̕.

propose to get a spouse, propose, ask to marry: ʔəsckʷísəŋ. to propose marriage for someone, be a delegate for someone: qʷinúkʷəŋ. to propose marriage to someone: scuʔíst. to be proposed marriage to: scuʔísəŋtəŋ. to be proposing marriage: ʔəscəwísəŋ. to be proposing marriage for someone: qʷa y̕núkʷəŋ.

protect to protect, care for, babysit: ʔáʔkʷł. to protect oneself, take care of oneself over others, watch out for one's own interests: niʔnaʔcút. to protect, take care of, nurse, adopt someone or something: ʔaʔkʷə́nít. to protect, take care of someone or something: ʔaʔkʷə́łt. to be protected, taken care of by someone or something: ʔaʔkʷə́łtəŋ, ʔəkʷə́nítəŋ.

protected protected area, bay (especially an inlet with small opening to sea): scə́yəxʷ. a small protected area, bay: scéʔəyəxʷ.

Protection Island Protection Island at Discovery Bay: čəx̌ə́syaʔ.

protrude to be sticking out, protruding: ʔəshéheʔč. to make something protrude, stick something out beyond others, put something in front, ahead: híčt. to be made to protrude, stick out beyond others, be put in front, ahead by someone or something: həčístəŋ. to be making something protrude, stick something out beyond, in front, ahead of others: héʔčt.

proud being pleased, tickled (with something), proud (of something): šəšx̌úsəŋ̕. to be arrogant, have a silent proud attitude ignoring others: x̌̕ús. to be falsely proud, lie: qáyxs. to be glad, happy, pleased, proud (of someone, something): šəyšúʔł. to be handsome, smart, debonair, strong, competent, energetic, confident, someone who takes pride in his work and does it well: ʔəsx̌úʔxt. to be pleased, feel proud: ʔəsx̌aʔméʔwən. to be proud, boastful: nəxʷqáyəxs. to be showing off, acting conceited, boastful, proud of oneself: nəxʷqaʔyəx̌úsəŋ̕. to be stubborn, proud, strong-willed, hard-headed, single-minded, not want to be told, know-it-all: čqánkʷs. to brag, boast (falsely), act proud: qayəx̌úsəŋ̕. to notice, point out: ʔunú. to show off, act conceited, boastful, unjustifiably proud of oneself: nəxʷqəyəx̌úsəŋ.

provider to be a good provider: nəxʷsx̌̕iy̕ʔáməxʷ.

provisions provisions for trip, box lunch, food carried along: sáʔwən.

prow the bow, prow of a canoe or boat, front seat of a vehicle: héʔuʔ. Elwha type canoe, a large canoe with a high prow: kʷənáył.

prune to prune (a plant), thin out (cultivated plants): łəmíct. to break off several, strip off leaves and branches (from a log, stick, or plant), prune (a tree or bush): łəmłəmíkʷs. to break off, strip off leaves and branches (from a log, stick, or plant), prune (a tree or bush): łəmíkʷs, łəmíkʷst.

pry to be extracted, uprooted, pried out: ʔúqʷ. to be pried: kʷác. to be pried apart: yə́qʷ. to pry, lever something up: kʷáct. to pry something apart or off: yəqʷə́t. to pry something out, extract, pull out something: ʔúqʷt. to lock something, pry something: nəxʷkʷáct. to peel off something, remove by prying: łqʷə́t. to peel, skin, strip, pry off something: síkʷt. any tool used for prying such as a cant hook, peavey, or crowbar: kʷácən. being pried, levered up by someone or something: kʷaʔcátəŋ. to be pried, levered up: kʷcátəŋ. to be prying, applying effort to get something or someone away from something else: kʷáʔəwc. to be prying, levering something up: kʷáʔct. to be prying up: ʔaʔqʷə́yuʔ. to be prying up, off: ʔúʔqʷt. to be shelled, hulled (for example, clams), pried open and removed: ʔəsx̌ʷłáwəł. to have been pried, jimmied, jacked up: ʔəskʷáʔəwc.

ptarmigan ptarmigan, grouse: stə́yəxʷəŋ. a group of small, baby ptarmigans, grouse: staʔyaʔtə́yxʷəŋ. small ptarmigan, grouse: staʔtə́yxʷəŋ. a group of ptarmigans, grouse: sttíyəxʷəŋ.

puberty to be past puberty, be finished growing (over 13-14 years old): nəxʷshúyhi.

puffball puffball mushroom ("Crow's face powder"): spiʔyəq̕ʷúsən.

pull to be dragged, pulled: xʷə́kʷ. to drag, pull, tow something: xʷk̕ʷət. to paddle, pull (a canoe), row (a boat): ʔíst. to pull something: sčə́t. to apply a hard force to something, push, pull, lift something hard and fast: tíymət. to be pulled away, plucked (as weeds or feathers): xə́c. to push or pull a canoe out from the beach: haʔqíct. to beach a canoe or boat, push or pull a canoe up onto the beach: txʷás. to pull, drag an anchor: xʷk̕ʷánt. to pluck, pull something out or away: xcə́t. being affected by a hard force, pushed, pulled, lifted hard and fast:

pull off

tíymətəŋ. being pulled, dragged by someone or something: *xʷə́kʷtəŋ.* being towed (in a car or boat), being pulled right next to by someone or something: *ʔaʔstástəŋ.* pulling net or set line in: *xʷaʔkʷúst.* to be dragged, pulled in by someone or something: *xʷk̓ʷústəŋ.* to be dragging, pulling each other: *xʷk̓ʷúʔsti?.* to be dragging, pulling something: *xʷə́kʷt.* to be dragging, pulling something in: *xʷaʔkʷúst.* to be paddling, pulling, rowing: *ʔéʔst.* to be plucked, pulled out or away by someone or something: *xcə́təŋ, xə́ctəŋ.* to be plucking something, pulling something off, out, or away: *xə́ct.* to be pulled by several or have several things pulled or be pulled several times: *šišə́ctəŋ.* to be pulled by someone or something: *šč̓ə́təŋ.* to be pulled, dragged by someone or something: *xʷk̓ʷə́təŋ.* to be pulling something: *šə́čt.* to be raising, pulling up the anchor: *səsáʔyət.* to bring something or someone up next to, pull next to someone or something: *ʔaʔtást.* to drag, pull something in, drag someone along, pull a net or set line in: *xʷk̓ʷúst, xʷk̓ʷúst.* to pull someone's or something's ear: *xʷk̓ʷánt.* to raise, pull up anchor: *saʔyánət.* to shoot a gun, pull a trigger: *tík̓ʷt.*

pull off to peel, pull skin off: *sík̓ʷəŋ.* to pull off, hook off (something): *tk̓ʷíct.*

pull out to pry something out, extract, pull out something: *ʔúq̓ʷt.* being extracted, pulled out by someone: *ʔaʔq̓ʷə́təŋ.* to be extracted, pulled out by someone: *ʔúq̓ʷtəŋ.* to be extracting, pulling out a tooth: *ʔaʔq̓ʷiʔnísəŋ.*

pulverize to be smashed, pulverized, totaled: *ɬə́yəqʷ.* to smash, crush, pulverize, break something up: *ɬə́yq̓ʷt, ɬiʔɬə́yq̓ʷt.* to smash, crush, pulverize, grind up, break up something: *ɬə́yəq̓ʷt.* to be pulverizing, powdering something (making it into powder): *pə́yq̓ʷt.* to make something into powder, pulverize something: *pə́yəq̓ʷt.* to manage to make something into powder, pulverize: *pə́yəq̓ʷnəxʷ.* to smash, crush, pulverize, grind up, break up something into many pieces or of several agents: *ɬiʔɬə́yəq̓ʷt.*

puma cougar, mountain lion: *q̓əwicə́p.* mountain lion, cougar: *k̓ʷə́yəčən.*

pump to pump (water): *čúŋət.* to be pushing, pumping: *čaʔŋə́yu.*

punch to get punched, pounded: *c̓ə́s.* to hit (especially with the hand), punch, slap, pound: *c̓sə́t.* be knocked, punched, pounded on by someone accidentally: *c̓snə́y.* to be hit, punched, slapped: *c̓sə́təŋ.* to be punching each other: *c̓ə́sti.* to be punching each other in the face: *c̓aʔsústiʔ.* to be punching, hitting (with the hand): *c̓ə́st.* to fistfight, box, punch each other: *cíc̓sə́ti, c̓sə́ti.* to get hit, punched in the face by someone: *nəxʷc̓sústəŋ.* to punch: *c̓sə́yuʔ.* to punch each other in the face: *c̓sústi.* to punch me or you in the face several times, or punch me or you (of a group): *cíc̓súsc.* to punch several people, or punch someone several times, or a group punches someone: *cíc̓síkʷst.* to punch, slap, hit on the face: *nəxʷc̓súsəŋ.* to punch, slap, hit someone in the face: *nəxʷc̓súst.* to punch someone in the belly: *c̓síqt.* to punch someone in the body: *c̓sánkʷst.* to punch someone in the nose: *c̓sə́qst.*

puncher any tool used to make holes, puncher, awl: *c̓ɬə́q̓ʷtən.*

punt to propel one's canoe or boat with a pole: *x̣ʷq̓ʷúct.*

puppy a group of puppies or small dogs: *sqaʔyaʔqə́xaʔ.* puppy, small dog: *sqaʔqə́xaʔ.* small dog, puppy: *sqʷaʔqʷəmə́y.* wolf pup: *staʔčəŋúyəɬ.*

purchase something purchased: *sʔíɬaʔ.* to buy, purchase: *čʔíɬaʔ.*

purple *lalúpən.* to be purple in color: *sk̓ʷic̓iʔúmš.* purple sea urchin, sea-egg: *q̓ʷx̣ʷə́nəq̓ʷ.* purple sea urchins, sea-eggs: *q̓əyəx̣ʷə́nəq̓ʷ.*

purple shore crab purple shore crab, tiny crabs that live under the rocks and in the seaweed: *kʷaʔkʷə́ləwaʔ.*

purse purse, anything to carry money in: *sxʷtaləháy.*

pursue to be chasing, pursuing, following someone: *čiʔás.* being chased, followed, pursued, stalked: *čiʔásəŋ.* to be followed, chased, pursued: *čiʔástəŋ.*

pus *ŋéʔciʔ, ŋə́cɬ.* to be oozing pus: *ŋaʔcúʔyəŋ.*

push to shove, bump, push, run into something: *cxə́t.* to beach a canoe or boat, push or pull a canoe up onto the beach: *txʷás.* to apply a hard force to something, push, pull, lift something hard and fast: *tíymət.* being affected by a hard force, pushed, pulled, lifted hard and fast: *tíymətəŋ.* to kick someone out, shoo, chase, push, drive someone away, tell someone to get out: *kʷxə́t.* to poke (especially to push away as with a paddle on a rock): *céʔyəq.* to push, bump, jostle, shove each other intentionally: *cicə́xti.* to push oneself: *čúŋəct.* to push, roll something off, over an edge: *híyət, híyətxʷ.* to push, shove something or someone: *čúŋət.* to push someone or something into a crowd: *ƛ̓əmút.* to push something off, make something fall off, fall over onto (something): *číɬt.* to push something (such as a raft) with a pole: *cíqt.* being pushed: *čaʔŋútəŋ.* being pushed, shoved by someone: *cə́xtəŋ.* being roughly pushed around by a group: *čičə́xtəŋ.* being roughly pushed, shoved around by a group or several times: *cicə́xtəŋ.* be pushed by someone or something: *čúŋətəŋ.* pole, for pushing a raft or canoe: *cíqən.* to be a group of people roughly pushing someone around: *čičə́xt.* to be fallen on by (something) pushed over or knocked off by someone or something: *čɬítəŋ.* to be pushed hard on by someone or something: *timítəŋ.* to be pushed into a crowd by someone or something: *ƛ̓əmútəŋ.* to be pushed off, pushed over: *hihíytəŋ.* to be pushed, rolled off, over an edge: *híyətəŋ.* to be pushing: *čaʔŋúct.* to be pushing, pumping: *čaʔŋə́yu.* to be pushing, shoving

push out something or someone: čúʔŋət. to be pushing something off, making something fall off: čéʔit. to be shoved, pushed, bumped into: cxátəŋ. to be shoving, pushing something: cáxt. being ejected, told to go away, pushed aside: kʷóxtəŋ. to be diverted, pushed aside, brushed by: ɫxátəŋ.

push out to push or pull a canoe out from the beach: haʔqíct. to push out, launch a canoe: yaʔqít. to be slid out, launched, pushed out by someone: híqtəŋ. to be slid, shoved, launched, pushed away by someone or something: haʔqítəŋ. to be pushed out, launched by someone or something: yaʔqítəŋ. to be pushing, sliding out in a canoe: haʔqáʔiɫ.

pushy to be trying to be important and noticed, take credit, be pushy: naʔɬcúʔət. you are wanting, trying to be it, important, first, pushing yourself forward, "you're pushy": naʔkʷcúʔət.

put to move something, put something somewhere else, slide it over: síxt. to put someone or something ashore: tənístxʷ. to put something among, mix something in: ɫə́ŋkʷt. to put something in the way to obstruct: yəqáɫt. to put something under: ƛ̕čaʔwíyət. to take and put someone or something (somewhere), make something go: hiyáʔtxʷ. to be kept, put at a place: ʔiyátəŋ.

put among to put something among, mix something in: ɫə́ŋkʷt. to be put among others by someone or something: ɫəŋkʷátəŋ.

put around to put something around (something): q̕taʔáw̕əɫtxʷ. to be put around (something) by someone or something: q̕taʔáw̕əɫtəŋ.

put ashore to put someone or something ashore: tántxʷ, tənístxʷ. to remove, take something from water, put ashore: q̕ʷíŋət. to be put ashore by someone or something: tántəŋ. to be putting someone or something ashore: taʔnístxʷ.

put atop to lay something on, put something flat atop (a surface): ɫáxt. to be laid on, put atop, served up by someone: ɫxátəŋ.

put away to put away something, store something away to keep it good for later use: ʔáʔyət. to put something away, stow something (in a small space or between two things): č̕ə́t. to stick one's paddle away for the season: čičkʷáʔst. any food put away, packaged for later use, winter food supplies, larder: sq̕íyuʔ. be to be stored, put away: ʔəsʔáʔəy̕. lots of food put away: sq̕iq̕íyuʔ. to be put away: ʔaʔyátəŋ. to be putting away something, storing something: ʔáʔəyət. to be putting away, storing (something) for later use (canning, drying, smoking, etc.): q̕aʔyúʔəŋ. to be putting something away: č̕ə́t. to put away oneself: ʔaʔyáct̕. to put away (something): sʔaʔyíŋəɫ.

put down to put, bring, take something down, lower something: xʷát. to put, lay down: cákʷ. to be bringing, taking, putting something down: xʷaʔát. to be put down, brought, lowered down, taken down: xʷátəŋ. to be put, laid down by someone: cákʷəŋ. to be putting, laying something down: caʔáwəs.

put far away to be putting, taking something far away: yaʔyəŋ̕ístxʷ.

put in to put something into a container: nuʔás. to put something into the oven to bake: nəxʷhəqíkʷt. to put something in toward: nuʔnás. to be put in (to a container): nuʔáŋ. to be put into a container by someone (of or by a group): nuʔnuʔásəŋ. to put something in: nuʔít.

put inside to put, take, bring, let someone or something inside, indoors: čixʷás. being put, taken inside by someone: čixʷáʔəŋ. to be put, taken, brought, let inside by someone: čixʷáŋ. to put several inside: čičixʷás.

put in the mouth to put (something) in one's mouth: múkʷəŋ, múkʷt. to be put in one's mouth by someone or something: múkʷtəŋ. to be putting something in one's mouth: múʔkʷt. to be putting (something) in the mouth: múʔkʷəŋ.

put in the way to be deliberately put in the way by someone to obstruct: yəqáɫtəŋ. to be put in the way: yəq̕ɫtíŋ.

put into water to put, throw someone or something into water, immerse someone or something, dunk someone or something: qsát. to put someone or something into water: qsə́yət. to manage to get something into water, succeed in immersing someone or something: qsnáxʷ. being put in water, dunked: q̕ástəŋ. to be put in water, be dunked: qsátəŋ. to be putting someone or something in water: q̕ást.

put off to be removed, put off a canoe or other vehicle: q̕ʷíŋətəŋ.

put on to dress, be put on: ɫə́yəm. to wear, put on, try on clothes: ɫəyámət. to put on an article of clothing: ʔəcás. to put on an article of clothing, wear something: ʔíct. to dress, put clothes on someone, help someone get dressed: ʔəcístxʷ. being put on (of clothing): ʔaʔcáŋ. to be put on top (of something) by someone: céʔyətəŋ. to be putting a hat on: čáʔsaʔqʷəŋ. to be putting on clothes, be wearing something: ɫəy̕əmít. to be putting on clothing, have something on: ʔaʔcás. to be putting on several items of clothing: ɫaʔyéʔmət. to be putting (something) on, wearing (something): ɫə́ym̕. to be wearing, putting on, trying on clothes: ɫə́yəmt. to put a hat on: čə́saʔqʷəŋ. to put on shoes or any footwear: ƛ̕q̕šánəŋ. to put on socks, stockings: takən̕hánəŋ. to put on trousers, pants: nuʔsánəŋ.

put on edge to be put its side, on edge by something or someone: nə́šaʔtəŋ.

put on the other side to put, hang something over, put on the other side over the top (for example, a fence), drape something over a rail or line: q̕ʷéʔəyət.

put out to extinguish, put out a fire: čəsít, x̣ƛ̕ʷə́t. to extinguish, put out a light or fire: část. to be extinguished, put out (of a light or fire) by someone or something: čsátəŋ.

put outside to put, take, bring something outside: sqás. to be put, taken, brought outside: sqáŋ, sqástəŋ. to be putting something outside: sqáʔəs. to start to put, take, bring something outside: səsqást.

put somewhere else to be moved, put somewhere else by someone or something: sx̣ítəŋ.

put there to put, keep something there: ʔiyátxʷ. to put something that way, bring something there: txʷənʔáxʷ. to take, put something (there), transfer something (from one place to another): ʔúxʷtxʷ.

put together to mold, give shape, gather to put together something: məkʷə́t. to put oneself together, get one's things together: p̕síct. to put something together, gather the parts: p̕sít.

put under to put something under: x̣̕čaʔwíyət. to be put under (something) by someone: x̣̕čaʔwíytəŋ.

put up to build, make, fix something, work on something: čč̕át. to preserve, put up food: q̕əyúʔəŋ. to bring, take, put something up on: cáʔət. to put something up on top (of something): céʔyət. to be bringing, taking, putting something up: cáʔcaʔt. to be brought, taken, put up by someone: cáʔətəŋ. to be preserving, putting up food by canning or hanging to dry: q̕éʔyuʔ. to build a house, put up a tent or make camp: čačáwtxʷəŋ.

put where to put something where: ʔəx̣ín̕txʷ.

Puyallup Puyallup area, reservation, tribe, and people: spuʔyáləp. Puyallup tribe: spuʔyaləpáməš.

puzzled bewildered, uncomprehending, puzzled: qʷaqʷəmús.

pyrosis to have heartburn, indigestion, pyrosis: čqʷínəs. having heartburn, indigestion, pyrosis: čqʷéʔnəs.

Pysht pə́šct. a Klallam village, closely associated with the Klallam village at Pysht, on the west side of Pillar Point, Coalmine: cxʷás. Pysht (plural form): pəyə́šct.

quake being shaken by someone or something (such as an earthquake): míxʷtəŋ. earthquake: sməxʷə́yu. to be quaking, shaking, quivering: méʔxʷəŋ. to be shaken in an earthquake: məxʷítəŋ. to be shaking (of the earth), having an earthquake: məxʷə́yu.

quarrel to be feuding, quarreling with each other, be enemies: šaʔšəmán̕ti. to be quarreling, talking at each other, fighting verbally: qʷiʔníti?.

quarter a quarter dollar, twenty-five cents: kʷátə. to be one quarter Native American: ʔət̕kʷátə.

Quartermaster Harbor Quartermaster Harbor, point or spit between Portage and Sherman's Spit: nəxʷqáyəct̕čəŋ.

queasy to feel nauseated, queasy, wanting to vomit: čaʔtáyŋən.

queen of trumps queen of trumps in pinochle.: sɬáni?.

question yes/no question marker: u. to ask someone (a question): čtát.

queue to be lined up, people in a row, side by side, standing in line: ʔəsx̣ʷiánəɬ.

quick be quick: xʷáʔxʷaʔ. to be fast, quick, rapid: xʷə́ŋ¹. to be lively and quick in movement: xʷəŋíkʷs. to be quick tempered, easily angered: qiqinúŋət. to hurry, be quick: xʷáʔŋəɬ. to be a little fast, be in a hurry, be lively and quick in movement: xʷaʔxʷəŋíkʷs.

quiet to be calm, peaceful, quiet, no wind: ʔəsyéʔyəqʷ. to be keeping quiet, silent, still: səmíxʷ. to be quiet (not talking and not moving around), a quiet person, a person that does not talk much: nəxʷsx̣̕ə́y. to be sneaking, walking quietly: šaʔsáct. to be whispering, talking quietly: sə́wqəŋ. to be whispering, talking quietly to each other: sáw̕qtiʔ. to get quiet, want to be quiet: səməxʷáyŋən. to hush, be quiet, shut up, stop talking: sə́məxʷ. to make any small noise made in a quiet area (such as an animal in the brush or someone moving a chair): xaʔtúxʷəŋ. to silence someone, make someone keep quiet: səmíxʷtxʷ. to talk quietly, keep noise low: nəxʷsq̕ʷaʔq̕ʷiʔə́ɬ. to walk softly, quietly, sneaking: šaʔsánəŋ. to whisper, talk quietly, softly, keep voice low: sáwqəŋ.

Quilcene Quilcene area: qʷə́ləsin.

Quilcene Bay Quilcene Bay, Quilcene River: q̕ʷə́xʷmən.

Quileute the Quileute tribe: kʷəniyáctx̣.

quilt any blanket, cover, sheet: sə́miʔ.

Quinault Quinault tribe: kʷənáyɬ. Quinault style canoe, Tahola canoe: kʷənáyɬ. a small Quinault canoe: kʷaʔkʷiʔnáyɬ. several Quinault style canoes: kʷaʔyənáyəɬ. several small Quinault canoes: kʷəyaʔkʷiʔnáyɬ.

quit to be done, over, finished, complete: húy¹. to release, let go of, give up, drop something, leave something alone, ignore something: kʷáʔət. to be finishing, quitting: húhiʔ. to be made to or told to quit, finish: húytəŋ. to be time to quit, stop, finish: čən̕húy̕. to finish something, quit on something: húyt. to quit for now: húy¹. to quit something: húytxʷ¹. to quit breathing, die: tə́q̕ʷ.

quiver quiver for arrows: sxʷyəctáyə. to be quaking, shaking, quivering: méʔxʷəŋ.

rabbit rabbit, hare: qaʔqiʔcə́y̕, qiʔcíy̕. several rabbits, hares: qaʔyaʔqiʔcíy̕.

raccoon x̣áyk̕ʷs. raccoons: x̣ix̣áyk̕ʷs. small raccoon: x̣aʔx̣áyək̕ʷs.

race to race in a canoe, have a canoe race: táy. any race (on foot, car, horse, canoe, etc.): p̕áwakʷɬ. a

race: *spáʔkʷɬ*. a race (in canoes or other vehicles): *páʔkʷɬ*. a runner, foot race: *nəxʷskʷənkʷánəŋət*. canoe race: *stáy*. canoe racing: *táti*. several races: *p̓ayáʔkʷɬ*, *sp̓áʔwaʔkʷɬ*. to be canoe racing: *p̓əwáwkʷɬ*. to be kind of slow, be behind in a race, be late: *q̓aʔq̓ánət*. to be racing in a vehicle: *páʔkʷɬ*. to be racing (of a group): *p̓áʔwaʔkʷɬ*. to be racing (of several): *p̓aʔyáʔkʷɬəŋ*. to be slow, be behind in a race (of several): *q̓aʔyaʔq̓ánət*. to go canoe racing: *p̓əwawkʷɬéyŋ*. to go racing: *paʔkʷɬíyɬ*. to paddle in a canoe race: *táyəs*. foot race, horse race, election, etc.: *p̓ə́kʷɬ*. to start racing: *p̓p̓áʔkʷɬ*.

racer canoe racer: *nəxʷstáy*.

Race Rocks Bentinck Island, Race Rocks, Race Passage, Rocky Point: *x̣ʷáyəŋ¹*.

Racer's Cove Hawk's Hole, half mile south of Racer's Cove: *céʔiɬ*.

racing canoe any racing canoe: *stayə́kʷɬ*. racing canoe, race car, any racing vehicle: *sp̓áʔkʷɬə́kʷɬ*. several racing canoes: *sp̓aʔyaʔqʷɬə́kʷɬ*.

racket any club, war club, golf club, bat, baseball bat, racket: *šč̓ə́n*. to make any background noise that interferes: *q̓ʷtúxʷəŋ*.

raft any conveyance such as a canoe, raft, boat, car, horse, floating log, and so on: *sxʷʔúyəɬ*. any vehicle such as a car, boat, or raft: *snə́xʷɬ*.

rag any cloth or rag, especially canvas: *púxʷən*. a small rag: *saʔsísəl*. several small rags: *saʔyaʔsísəlʔ*.

rage to blow up in anger, have an outburst of rage: *ŋáq̓ʷ*.

raid to raid, go on the warpath: *ʔaʔtšə́nəmən*. to raid, go on the warpath (of a group of people): *ʔəyətšə́nəmən*. to go on a raid, clash in battle against someone (especially in retaliation): *ʔaʔtšəmənít*. being raided by enemies: *ʔaʔtšaʔmənítəŋ*. to be going on a raid, clashing in battle against someone: *ʔaʔtšaʔmənít*. to be raided by enemies: *ʔaʔtšəmənítəŋ*.

raider raider, invader, warrior, enemy scout or scouting party: *ʔaʔtšə́nəmən*.

railroad train, railroad: *lilút*. a railroad train passing by: *lilúʔət*.

rain to rain: *ɬə́məxʷ*. to pour rain: *xʷúŋ*. to be raining: *ɬə́mix̣ʷ*. rain, rainwater: *sɬə́məxʷ*. being rained on: *ɬə́mix̣ʷtásəŋ*, *ɬə́mix̣ʷtəŋ*. rain hat: *sɬəməxʷayéʔqʷ*. to be poured on by rain, be caught in a rain storm: *ɬəmɬə́məxʷtəŋ*. to be rained on: *ɬə́məxʷtástəŋ*. to be rained on, rained out (as an outdoor activity canceled because of rain), rained in (unable to go out because of heavy rain): *ɬəmáxʷtəŋ*. to let it rain, make it rain: *ɬəmə́xʷtxʷ*. to threaten to rain, look like rain is coming: *ɬəməxʷáyŋən*. to rain very hard: *ʔəskʷiʔə́yu*. to stop (of the rain): *xʷáčsən*. to stop (of the rain or other weather): *xʷác̓*. to be stopping raining, starting to stop raining: *xʷaʔčí*. to call for rain, predict rain, make rain: *qʷaʔánəxʷ*. to be calling for, predicting, making rain or bad weather: *qʷqʷaʔánx̣ʷ*. west wind, the wind that brings rain: *qíxʷ²*.

rainbow *xʷə́ɬaʔšən*.

raincoat *sɬəməxʷúykʷt*.

rainflower rainflower, swearing flower: *sxʷaʔxʷəníti skʷáqəŋ*.

Rainier Mount Rainier, Tacoma: *təqʷúʔmaʔ*.

rainwater rain, rainwater: *sɬə́məxʷ*.

raise to raise something above: *huʔáčt*. to raise up, lift something up: *c̓íŋəstxʷ*. to raise, rear a child, bring up a child, raise an animal, grow a crop or anything: *šəwáyət*. to be raised above by something or someone: *huʔáčtəŋ*. to be raised, reared, brought up (of a child, an animal or a crop) by someone or something: *šəwátəŋ*. to be raised up above, over, more than: *huʔáʔič*. to be raising, pulling up the anchor: *səsáʔyət*. to be raising, rearing a child, bringing up a child: *čiʔáyt*. to be raising, rearing a child, bringing up a child or animal, growing a crop: *šəwáyt*. to look up, raise one's head: *súʔəsəŋ*. to raise, lift one's hand: *saʔcísəŋ*. to raise oneself above others: *huʔáčəŋ*. to raise, pull up anchor: *saʔŋánət*.

raised to be raised, up (of an anchor), unanchored: *ʔəssaʔŋánət*.

rake herring rake: *ɬə́ɬəm*. to be raking: *ʔaʔx̣ənúkʷəŋ*.

ramp walking path, sidewalk, hiking trail, walking ramp: *sxʷšə́təŋ*.

rap to knock, rap (at a door or window): *nəxʷcsə́nəŋ*. to be knocking, rapping (at a door or window): *nəxʷcə́snəŋ*.

rapid to be fast, quick, rapid: *xʷə́ŋ¹*.

rapture to be enraptured, taken by spirit power, under the influence of spirit power: *kʷə́n*.

rare to be raw, uncooked, underdone, not ripe: *x̣íc̓*.

rash a certain kind of disease involving a very sore throat with a rash-possibly strep throat: *skʷəyə́ɬnəɬ*.

rasp to be making a rattling, rustling, rough, rasping noise: *x̣aʔtíšəŋ*.

raspberry raspberry, blackcap berry: *c̓q̓ʷúmah*. raspberry, blackcap berry plant: *c̓q̓ʷumaʔíɬč*.

rat *k̓ʷátən*, *ʔɬsqíyuʔ*. a group of mice or small rats: *k̓ʷaʔyaʔkʷáʔtən*. a group of rats: *k̓ʷaʔyátən*. small rat: *k̓ʷaʔk̓ʷáʔtən*.

ratfish *skʷúmah*.

rattle to rattle, make a rattling, clanging, clinking noise (as a rattle, bell, beads or shells in a box), the sound of pieces of metal or glass against each other: *čaʔtíx̣əŋ*. to rattle, make a rattling sound: *q̓ʷtx̣ʷíŋəɬ*. to rattle, make a rattling sound (of something by itself): *q̓ə́txct*. to rattle, make a rattling sound, shake a rattle: *q̓ətíx̣əŋ*. deer hoof rattle, spirit dancer's pole (two or three feet long) with deer hooves: *kʷmín*. a sacred rattle made in the shape of a duck used in the *x̣ənx̣aʔníti* spirit

rattlesnake

dance: *sxʷməqə́c*. to be making a choking, gurgling, strangling sound, death rattle: *qáʔyíqəŋ*. to be rattling: *q̓ʷtxʷéʔŋəɬ*. to be rattling, making lots of noise: *q̓ʷə́txʷəyuʔ*. to be making a rattling, rustling, rough, rasping noise: *x̣aʔtíšəŋ*.

rattlesnake *nəxʷčaʔtxaʔŋə́wəč*.

raven *sk̓ʷtúʔ*. several ravens: *sk̓ʷik̓ʷə́tuʔ*. small raven: *sk̓ʷaʔk̓ʷtúʔ*.

ravine gulch, gully, ravine: *stútaʔwiʔ*.

raw to be raw, uncooked, underdone, not ripe: *x̣íc̓*. to be ripe, cooked, not raw: *ʔəsq̓áyəɬ*. to eat fresh clams raw on the beach: *q̓əwáʔəŋ*.

raw deal to torment someone, make someone suffer, give someone a raw deal: *smə́x̣ʷút*. to be tormenting someone, making someone suffer, getting a raw deal: *smaʔx̣ʷút*.

ray ray, skate fish: *q̓áq̓uʔ*. several rays, skate fish: *q̓aʔyáq̓uʔ*. to be bright light shining, flashing, throwing its rays: *ttáʔwiʔ*.

razor clam *ƛ̓áxʷƛ̓xʷ*.

reach to arrive there, get to, reach (a place or time): *tə́s*. to land, go or come ashore, get to shore, reach land from the water: *tán*. to manage reach (something), be able to get to (something): *tčinúŋət*. reach arms out in a stretch: *ʔətúct*. to bend down, bend over to reach for something: *čəŋúst*. to not be able to reach, be too short: *ʔəstáʔyəŋ*. to not quite reach, be too short: *táyəŋ*. to slip off, almost reach, but not quite, flip off (of something): *ɬə́p̓*.

read to read something: *k̓ʷənít*. being watched, looked at, inspected, read by someone: *k̓ʷəńtíŋ*. to be looked at, watched, studied, read by someone: *k̓ʷənítəŋ*. to be reading something: *k̓ʷəńít*.

ready to be finished, ready: *ʔəshúʔiʔ*. to be ambitious, willing, ready, eager: *ʔəsxʷə́yxʷiʔ*. to get ready: *yéʔk̓ʷs*. to get ready, prepare: *yéʔk̓ʷsəŋ*. to get something ready: *yéʔtxʷ*. to get something ready, fixed, get ready to do something: *yáʔt̓*. to be getting ready: *ʔiʔéʔwəsəŋ*. be doing, intending to do, getting ready to do, planning to do, preparing: *yáyaʔct*. being made ready to do (something) by someone or something: *yayáʔtəŋ*. being ready, doing, happening, preparing: *syáyaʔct*. to be getting something or someone ready: *ʔiʔéʔwəst*. to be getting something ready, fixing something, doing something: *yáyaʔt*. to be gotten ready by someone: *yéʔtəŋ*. to be prepared, readied, fixed for someone by someone: *yaʔsítəŋ*. to be readied, fixed, built, prepared by someone: *yáʔtəŋ*. to be ready: *ʔəsʔiʔéʔwəs, ʔiʔéʔwəs*. to be ready, fixed, prepared: *ʔəsyáyaʔ*. to do, begin, happen, get ready, prepare to do (something): *yáʔct*. to go away, have one's things together ready to go: *k̓ʷšə́ct*. to make, fix a bed for someone, get a bed ready for someone: *yaʔáʔɬt*. to manage to get something ready, fixed up: *yéʔnəxʷ*. to prepare, get ready, fix (something) for someone: *yaʔsít*.

real to be true, dedicated, honest, real, meaning it, sincere in what one is doing: *ʔəscəʔít*. to be true, real, sincere, honest: *cəʔít¹*.

realize to manage to figure something out, size it up, find out, get to know about something, realize something, measure something, discover something, learn something, know something by intuition or spirit revelation: *x̣čənáxʷ*.

realized already: *kʷɬ-*.

really definitely, really: *ʔəsɬáxʷɬ*. truly, really, actually: *cəʔítəŋ*. truly, really, actually, properly: *cəʔéʔt*.

rear to raise, rear a child, bring up a child, raise an animal, grow a crop or anything: *šəwáyət*. butt, rump, rear end, lower back (of person): *sxʷə́k̓ʷ*. butt, rear end, bottom, buttocks: *stə́čiʔ*. butt, rear end, buttocks: *háy̓əč*. to be raised, reared, brought up (of a child, an animal or a crop) by someone or something: *šəwátəŋ*. to be raising, rearing a child, bringing up a child or animal, growing a crop: *šəwáy̓t*. to be raising, rearing a child, bringing up a child: *čiʔáy̓t*. having a sore, aching rear end, upper hip: *sxʷx̣ɬəwəč*. to be kicked in the rear end by someone or something: *məyaʔwáčtəŋ*. to kick someone in the rear end: *məyaʔwáčt*. to bump one's rear end: *nəxʷƛ̓əmə́wəč*. to be standing, rearing up (of a horse): *céʔɬəŋ*.

reason reason for, reason why, thing for: *sxʷ-*. reason for living: *sxʷhiyí*.

rebellious to be stubborn, disobedient, rebellious: *ʔəsšíyayəs*.

recede to recede, get low of water (in a river, pond, well, cooking pot, etc.), ebb, go down (of tide or flood): *táqʷi*. to be receding, getting low of water (in a river, pond, well, cooking pot, etc.): *táʔqʷi*.

receive to be given (something), receive a gift: *ɬə́y̓*.

recent to be modern, late-model, recent: *x̣ə́wəs*. to be recent, in office, in style: *čaʔctáʔ*.

recently recently, just now, simultaneously: *pəxʷéʔ*.

rechannel to rechannel, redirect, divert, change the flow, dam up something: *qiyáxt*.

recipient recipient applicative: *-us*.

reciprocal each other, together: *-ty*. non-control reciprocal: *-nəwəy*.

recite to tell, inform, report, recite, tattle: *yə́cəm*.

recognize to recognize someone: *yéyəq̓ʷt, yəyq̓ʷít*. to recognize someone or something, know that someone or something has been seen before: *wə́yəq̓ʷt*. to be recognized: *yéyəq̓ʷ*. to be recognized by someone: *wəyəq̓ʷtəŋ, yéyəq̓ʷtəŋ*. to be recognized, known by someone: *wəyəq̓ʷítəŋ*. to be recognizing someone: *yéyq̓ʷt*. to get recognized, known: *wəyəq̓ʷíct*. to recognize each other: *yəyəq̓ʷíti*. to recognize, know someone or something: *wəyəq̓ʷít*. to not recognize, be a stranger to (someone or something): *načnəčáʔyəs*. to not recognize someone or something:

reconcile

načnačáʔistxʷ. to be not recognized by someone: načnačáʔistəŋ.

reconcile to reconcile, reestablish a relationship, kiss and make up with someone: x̣ʼqʼʷənkʷə́yətxʷ. to reconcile with each other, get back together after a dispute, finally get along well: x̣ʼəmnákʷi.

recorder any audio recorder such as a tape recorder: sxʷqʷáqʷiʔ.

recording any audio recording of speech: sxʷqʷáytən.

recreation center recreation center, gym: sqqiŋáw̓txʷ.

rectum rectum, anus, cloaca: x̣ʼə́wəq̓.

recuperate to get better (after being sick), get well: ʔiʔcút. to be getting better (after being sick), getting well: ʔə́yəct.

red red, gold color: ʔənəcə́qʷ. red color: ʔənəcqʷáyəs. red ocher, red face paint: təmət. red face paint: təmətúsən. red house: ʔnəcqʷáw̓txʷ. small red house: ʔaʔəńcqʷáw̓txʷ. to be reddish in color: ʔncqʷáʔmən. to have a flushed, red face: ncqʷə́ys. to have a red neck from anger or embarrassment: cqʷə́tənt. to have red hair, be a redhead: ʔncqʷə́ʔqʷ.

red-breasted merganser sawbill duck, common merganser, red-breasted merganser: xʷúʔuq̓ʷ.

red cap thimbleberry, red cap berry: tə́qʷəm̓.

redcedar western redcedar wood, cedar shakes: xpáy̓. cedar tree, western redcedar: xpaʔčítč.

red-handed to catch someone by surprise, catch someone red-handed: xéʔnəxʷ.

redhead to have red hair, be a redhead: ʔncqʷə́ʔqʷ.

red huckleberry píxʷ. red huckleberry bush: pxʷə́ʔitč.

redirect to rechannel, redirect, divert, change the flow, dam up something: qiyáxt.

red-necked grebe red-necked grebe: sxʷŋay̓náčəŋ.

red paint red face paint: təmətúsən. a type of red paint power associated with some kind of bird-like man or flying snake: xʷáłtəp. a type of red paint spirit power seen in lakes: sínətqiʔ. red paint spirit power: sqə́yəp.

red rock crab kʷaʔkʷáx̣ʼšən.

red snapper tə́qʷtqʷ. several red snapper fish: tə́yəqʷtqʷ.

red throated loon arctic loon, red throated loon, Pacific loon: xʷíkʷs.

reduce to reduce, drop in weight or size, lose weight: táqʷi.

reed cattail reed, bulrush: kʷúʔət. tule, a type of round reed: cə́naʔxʷ.

reef net sxʷáyuʔ. to go to a place to reef-net: ʔəsxʷíxʷayuʔíyt.

reel to reel something in: sáʔət. to be lifted, hoisted up, reeled in by someone or something: sáʔətəŋ.

reestablish to reconcile, reestablish a relationship, kiss and make up with someone: x̣ʼqʼʷənkʷə́yətxʷ.

refer say, call, refer to, do: xə́nəŋ. say, call, refer to, do quietly, humbly: xaʔxə́nəŋ.

refill to be refilling something: nəxʷkʼʷáʔnət. being refilled: nəxʷkʼʷáʔnətəŋ.

reflexive reflexive, self: -cut.

refresh to be rested, feel refreshed: xʷáŋ².

refuge to escape, seek refuge, flee, get away from an immediate situation: táw̓ʼ.

refuse to refuse to do (something), be stubborn, not take advice, disagree: hə́wə. to reject, refuse, deny someone, not accept, not let someone or something: ʔáwətxʷ. to be refused, turned down, turned away, sent back by someone: həwástəŋ. to be rejected, refused by someone: ʔáwətəŋ. to refuse marriage: cəwnáytxʷ. to refuse something or refuse to do something, turn something down, send something back: həwást.

regalia spirit dancer's regalia, paddle shirt: sʔúykʷč.

regularly structured activity, always, regularly: -ays, -əyu.

reject to reject, refuse, deny someone, not accept, not let someone or something: ʔáwətxʷ. to be rejected: kʷáʔnəŋ. to be rejected, refused by someone: ʔáwətəŋ.

relapse to relapse, be taken back to the way it was: huŋítəŋ.

relational relational applicative: -ŋi.

relationship to break up with each other, dissolve a relationship: čxʷíti.

relative friend, relative: sčáʔčaʔ. any relative: qʼʷaʔúnəq. any relative (cousin, aunt, uncle) about the same age as oneself: x̣ʼíx̣ʼq. close friend or relative living nearby: ʔəxʷíyŋxʷ. elder, older relative: sčəyús. a group of friends or relatives: sčə́ya̓ʔčaʔ. a small relative: qʼʷəq̓ʷaʔúnəq. ex-in-law, reciprocal term used for relative by marriage when the connecting relative has died: smáyəcən. in-law, any relative of one's spouse: sxʷsčáʔčaʔ. in-laws, relatives of one's spouse: sxʷsčəyáʔčaʔ. relative through marriage of one's child, a parent or sibling of one's son-in-law or daughter-in-law: skʼʷúwʔis. several elders, older relatives: sčəyəyús. several relatives through marriage of one's child, the parents and siblings of one's son-in-law or daughter-in-law: skʼʷuwkʼʷúwyəs. several young relatives, young children, babies: sčaʔyaʔčiʔə́yt. small relative through marriage of one's child: skʼʷaʔkʼʷúwyəs. teenage relative, older child: sčiʔə́yət. to marry one's own relative: ʔəy̓ŋíti. young relative, child, baby: sčaʔčiʔə́yt. several teenage relatives, older children: sčiʔčiʔə́yət. to be poor, pitiful, sad, destitute, poorly, humble, having no relatives,

relax homeless person, a poor soul, in misery: *yəščənúŋət*.

relax to relax, pause, let up, take it easy, stop (doing something), control oneself, desist: *həčáyŋən*. to rest comfortably, relax, settle in, retire: *ʔaʔyáctʼ*. to take it easy, relax: *siʔámət*. to be relaxing, pausing, taking break: *haʔčáyŋən*.

release to free, release, undo, untie, unbraid, untangle, unfasten something, rip thread from something sewn: *yəxʷás*. to release, let go of, give up, drop something, leave something alone, ignore something: *kʷáʔət*. something removed, peeled off, detached, released: *sxʷɬəŋŋín*. to be freed, released, undone, untied: *yəxʷáŋ*. to be released, let go, dropped: *kʷáʔətəŋ*. to be releasing something, letting something go, giving up on something, letting someone or something alone: *kʷaʔkʷaʔát*.

religion prayer, religion: *stéʔwiʔəɬ*. the Indian Shaker Church: *čánəŋ*. Shaker religion, a member of the Shaker Church, a Shaker service: *čánəŋ*. being shaken over for healing in the Shaker religion: *čánəŋistəŋ*. to be shaken over for healing in the Shaker religion: *čánəŋístəŋ*. to shake over someone for healing in the Shaker religion: *čánəŋístxʷ*.

religious to be religious, go to church regularly: *nəxʷstéʔwiʔəɬ*. holy, spiritual, sacred, religious, Lord: *nəmá*. church or any religious building: *stéʔwiʔəɬháwtxʷ*.

reluctant to be reluctant, not want to (do something): *txʷcáʔxʷəŋ*.

remain to exist, be some (more), be left over, remaining: *néʔ*. to make something more, give more, let be some left over, leave something or someone remaining: *néʔtxʷ*.

remark word is, they remark, they say, it is said: *ʔunú*.

remember to remember, come to one's mind: *hákʷ*. to be remembered: *ʔəsháhəkʷɬ*. to be remembered by someone: *hákʷnəsəŋ*. to be remembering: *háhəkʷ*. to be the object of remembering, wondering about, thinking of (something or someone known from the past): *sháhəkʷ*. to commit something to memory: *háhəkʷtxʷ*. to remember something: *hákʷnəs*. to remember something or someone: *háhəkʷnəs*. to remember where something was put: *ʔəsxáčɬtxʷ*.

remnant remnants of wood used for kindling, a snag: *stáč*.

remove to come off, peel off, be removed, uncovered: *ɬáqʷ*. to be detached, come off, fall off, be cleared: *ɬəŋ²*. to detach, untie, remove something (from a particular location): *ɬəŋás*. to empty, remove things from something: *nəxʷɬəŋás*. to open, unfold something, remove a lid from: *nəxʷkʷə́t*. to peel off something, remove by prying: *ɬqʷə́t*. to remove, detach something: *ɬəŋtxʷ*. to remove peel, skin: *síkʷ*. being detached, removed: *ɬəŋáʔəŋ*. several pieces of (removed from) something: *ɬəŋɬəŋəŋín*. something removed, peeled off, detached, released: *sxʷɬəŋŋín*. to be detached, removed, taken off by someone or something: *ɬŋáŋ*. to be detached, removed, taken off of several things or by several people: *ɬŋɬŋáŋ*. to be detaching, removing, taking something off: *ɬŋáʔəs*. to be emptying, removing (things) from something: *nəxʷɬəŋáʔəs*. to be peeled off, removed by someone or something: *ɬqʷə́təŋ*. to be removed from the mouth by someone or something: *ɬáxʷtəŋ*. to be removed, put off a canoe or other vehicle: *qʼʷíŋətəŋ*. to be removed, taken off, dismantled by someone or something: *ɬəŋíŋtəŋ*. to be removing, coming off: *ɬəŋíct*. to be removing something from the mouth spitting something out: *ɬáʔxʷt*. to be removing something from the mouth, taking something out of the mouth: *ɬáxʷt*. to be removing, taking something from water or out of a conveyance: *qʼʷéʔŋət*. to be taking off, removing shoes or any footwear: *ɬəŋsánəŋ*. to come off, fall off from being stuck: *ɬəŋíct*. to remove (someone's or something's) nose: *ɬəŋáqsən*. to remove something from a body: *ɬəŋíkʷst*. to remove (something) from one's head: *ɬəŋayéʔqʷ*, *ɬəŋayéʔqʷt*. to remove something from the mouth, take something out of the mouth, spit something out: *ɬxʷát*. to remove, take something from water, put ashore: *qʼʷíŋət*. to remove the head: *ɬəŋéʔqʷəŋ*. to remove the mouth: *ɬəŋúcən*. to separate, divide, remove oneself: *šánct*. to take off, remove gloves or mittens: *ɬəŋcísəŋ*. to take off, remove one's hat: *ɬiŋáʔqʷəŋ*. to take off, remove one's pants: *ɬəŋiʔíyəŋ*. to take off, remove shoes or any footwear: *ɬəŋsánəŋ*. to take one's hat off: *ɬəŋayéʔqʷəŋ*. to take something away from the fire, remove food from the heat: *ɬáyəs*. to uncover, remove a cover or blanket: *ɬqʷcánəŋ*.

rend to be torn, ripped, split: *čáx*. to tear, rip, split something: *čxə́t*.

renege to back out on a deal, renege, change plans, change one's mind: *huhəwíyəŋ*.

rent to borrow, rent: *ʔiʔmáy*. to borrow (something which can itself be returned), rent: *ʔáʔiʔ²*. to be renting, borrowing (something from someone): *ʔəsʔiʔmiʔtánəq*.

repair to fix, repair, prepare, set, work on something: *ʔəxtéʔt*. to fix, repair something: *yáʔctxʷ*. to fix, repair (something) for someone: *ʔəxtaʔsít*. to stick, join together something that was broken: *ƛ̓qʼʷənkʷə́yətxʷ*. being built, made fixed, repaired, worked on: *čáʔčaʔtəŋ*. being fixed, repaired, worked on by someone: *ʔəʔxtéʔtəŋ*. to be fixed, repaired, worked on by someone: *ʔəxtéʔtəŋ*. to be sewing, repairing clothes with needle and thread: *čaʔcéʔəŋəɬ*.

repay to be repaid, paid back: *nunáč*. to pay back, repay a debt to someone: *nuʔnáčt*. to repay, pay back: *nunáčəŋ*. to repay, pay someone back slowly, a little at a time, in installments: *naʔnunáčt*. being paid back, repaid: náw̕nəčtəŋ. being repaid, paid back: náw̕nəč. to be paid back, repaid a debt, compensated by someone: nuʔnáčtəŋ. to be repaid, paid back by someone planning to a little at a time: naʔnunčsítəŋ. to be repaying (in installments) someone: nuʔnuʔnáčt. to be repaying someone, paying someone back: náw̕nəčt. to plan to, intend to pay someone back: nunačsít. to plan to, intend to pay someone back a little: naʔnunčsít.

repelled feeling mildly displeased (with something or someone), repelled, disgusted (with something or someone's behavior), offended (by someone's behavior): čúʔsəŋ. to be displeased, repelled, disgusted, offended: ʔsčúʔsəŋ.

repellent to be anything repellent, unwanted, unpleasant: sčúsəŋ. to be unpleasing, repellent, unwelcome, something disliked, ignored: sčúʔsəŋ. to be mildly displeased by dirt or anything disliked, repellent, no good, feel that something is not good enough for one, feel mildly offended at someone's behavior: čúsəŋ.

repetitive to go to do repetitive job such as paddling, hammering, picking berries, digging camas, etc.: pənpənəxʷí.

reply to answer, respond, reply, acknowledge: táyəcən. to answer, reply to someone, respond by speaking: nəxʷtčúct. answer, reply: nəxʷtčúcən.

report to tell, inform, report, recite, tattle: yácəm. to tell news, report a rumor: táx. to tell, report (news or a story) to someone: yəcúst. news, information, report: syácəm.

reprimand to reprimand someone, tell someone off, bawl someone out, give someone a talking to, call someone down, straighten someone up: ɬxʷúst. to reprimand someone, tell someone what they are doing wrong: ɬxʷusít. being reprimanded, told off, bawled out, given a talking to: ɫaʔxʷúʔstəŋ. to be bawled out, reprimanded, chewed out: ŋaŋútəŋ. to be reprimanded, told off, preached to about mistakes: ɬxʷusítəŋ, ɬxʷústəŋ. to be telling someone off, bawling someone out, giving someone a talking to: ɬxʷúʔst.

reptiles snake: sʔáɬqə. any snake, serpent: sxʷáʔxʷč. a species of lizard (a gray lizard that can shoot poison with its tail): sxʷiʔxʷaʔyəwáčən. rattlesnake: nəxʷčaʔtxaʔŋə́wəč.

reputation to have a reputation of being good, great, genius, expert, professional at doing something, have a skill: kʷikʷiyáy. to become an expert, get good (at something), build a reputation as an expert: kʷikʷiyáyct.

request request for information: ʔuč. to ask for, request, beg for something: qəmát.

rescue to save someone's life, rescue someone: hiyínəxʷ.

research to study, examine, describe, do research, plan out: xčáys. to study, examine, inspect something or someone, figure something out, get to know and understand, check someone or something out, size up someone or something, do research on something: xčə́t. to be studying, examining, describing, doing research: xaʔxčáys.

resemble to resemble each other, look alike: naʔɬnə́kʷi.

resentful to be feeling envious, jealous, resentful: nəxʷčiyaʔyéʔwən.

reserve land, ground, earth, Indian reserve: tə́ŋəxʷ.

residence to be moving to a different house (of a whole family), changing one's residence: saʔyúykʷɬ.

resin pitch, resin, tree sap, chewing gum: čéʔəx.

respect to acknowledge, pay respect to someone, introduce someone to the public: naʔtíxʷ. to pay attention to someone, respect, honor, praise someone, give someone special care: naʔnaʔtíxʷ. to show respect to someone, care for someone or something: yəhúmət. to take care of oneself, respect oneself, keep on going with courage: yəhúməct. being respected, acknowledged, introduced by someone in public: naʔnéʔnətəŋ. to be honored, respected: naʔnaʔtíŋ. to be respected, acknowledged, introduced, mentioned: naʔtíŋ. to be respected, thought of or identified as important, high class: siʔámtəŋ. to be respecting, acknowledging someone, introducing someone in public: naʔnéʔnət. to be shown respect by someone, cared for by someone: yəhúmətəŋ. to disrespect, ignore as good for nothing, not care about, not need: ƛ̕əxʷiyaʔstíxʷ. respected, distinguished: siʔám. respected lady, ma'am: saɬám. several respected ladies, a group of important women: siʔaɬám. to be disliked, unwanted, disrespected: ʔsčúʔis. to be disrespected, ignored as good for nothing, not cared about, not needed: ƛ̕əxʷyastíŋ.

respond to answer, respond, reply, acknowledge: táyəcən. to answer, reply to someone, respond by speaking: nəxʷtčúct. to respond (of several, to several or repeatedly): titáyəcən.

responsible to be responsible for something, be in charge of something: ʔə́ŋət. to do, be responsible for (something) by oneself or for oneself: ʔəŋíct. to work or do something for each other, work together, share responsibility: ʔəŋíti. the authority, responsible one in charge, conductor, director: xčə́n.

rest to be at rest, taking a break: ʔəsxʷaʔŋáʔɬ. to rest comfortably, relax, settle in, retire: ʔaʔyáct. to be rested, feel refreshed: xʷáŋ. to be resting: xʷáŋaʔɬ. to be resting oneself: xʷaŋáʔɬct. to be resting someone or something, giving someone or something a break: xʷáŋaʔɬt. to be taking a rest: sxʷaʔŋáʔɬəŋ. to rest, be resting: xʷáŋaʔɬ. to rest someone or something, give someone or something a break: xʷáŋaʔɬt. to rest, take a rest, take a break: xʷáŋaʔɬəŋ.

restaurant restaurant, diner, dining hall, dining room, cafeteria: sʔəɬənáw̓tx̣ʷ. to go out to eat, go to a restaurant: ʔəɬəníyɬ.

restrain to be in jail, tied up, bound, restrained: qíq̓. to bind, restrain, secure someone or something: qíq̓t. to stop, restrain, block, prevent someone from doing something: k̓ʷčə́t. being bound, restrained, jailed, tied up by someone or something: qéʔqtəŋ. to be binding, restraining, tightening, tying someone or something up: qéʔqt. to be restrained, bound, tied up: qəq̓ítəŋ. to be stopped, restrained, blocked, prevented from doing something: k̓ʷčə́təŋ. to be stopping, restraining, blocking, preventing someone from doing something: k̓ʷə́yt.

restroom sx̣ʷaŋaʔɬəŋáw̓tx̣ʷ. toilet, bathroom, restroom: ʔəmətáw̓tx̣ʷ. toilet, bathroom, restroom, outhouse: sx̣ʷʔəmətáw̓tx̣ʷ. to go to the toilet: ʔəmətíyəɬ.

result persistent, resulting state: -i¹.

resuscitate to revive, resuscitate, bring someone or something back to life, save: hiyitíx̣ʷ.

retaliate to retaliate, get back at, get even with, get revenge: nəx̣ʷtčács¹, tčácsəŋ. to retaliate, get back at, get even with, revenge against someone: nəx̣ʷtčácst. to be retaliated against by someone: tčácstəŋ. to be retaliated against, got revenge on by someone: nəx̣ʷtčícstəŋ. to go on a raid, clash in battle against someone (especially in retaliation): ʔaʔtšəmənít.

retire to rest comfortably, relax, settle in, retire: ʔaʔyáct².

return to return, go back: həwíyəŋ, həw̓éʔyəŋ. to return something or someone, take something or something back: huŋístxʷ. to take (something) back from someone: huŋít. to be return, brought back by someone or something: huŋístəŋ. to be returning something or someone, taking something or something back: haʔuŋístxʷ.

reunite to reconcile with each other, get back together after a dispute, finally get along well: ƛ̓əmnə́kʷi.

reveal to reveal, show something: ʔinəŋít. to be revealed, shown to someone: ʔinəŋítəŋ.

revelation to manage to figure something out, size it up, find out, get to know about something, realize something, measure something, discover something, learn something, know something by intuition or spirit revelation: x̣čənáx̣ʷ.

revenge to retaliate, get back at, get even with, get revenge: nəx̣ʷtčács¹, tčácsəŋ. to retaliate, get back at, get even with, revenge against someone: nəx̣ʷtčácst. to be retaliated against, got revenge on by someone: nəx̣ʷtčícstəŋ.

reverse to go backwards, back up, go in reverse: ƛ̓áyəs. to back something up, go in reverse: ƛ̓áyəst, ƛ̓áyəst. to be backed up: ƛ̓áyəstəŋ.

revive to revive, resuscitate, bring someone or something back to life, save: hiyitíx̣ʷ. to come (back) to life, be revived: hiyíct. to be revived, brought back to life, saved: hiyitíŋ. to bring to their sense, manage to revive someone, succeed in getting someone to behave.: p̓ɬnáx̣ʷ.

revolve to go around, spin around, rotate, revolve: sə́yəq̓ct.

rheumatism rheumatism, arthritis: ləmətísəm.

rhubarb a type of edible plant sometimes called Indian rhubarb, probably cow parsnip: x̣ʷáčx̣ʷč.

rhythm to beat a drum, beat rhythm by clapping or with any instrument: ƛ̓k̓ʷuʔyáʔsəŋ. drumstick, any stick for beating rhythm: ƛ̓k̓ʷuʔyáʔsən.

rib =uɬə, yə́kʷx. ribs, rib cage: sx̣ə́kʷaʔ. backbone of a fish, ribs of animal, a serving of fish backbone: sx̣ə́kʷaʔ. the skeleton of any animal, but especially the backbone and ribs of a salmon: scaʔmúɬən. to be poked in the ribs: tčánkʷs. to break a rib, break one's side: tkʷúykʷɬ. to break a rib, spine: tkʷúɬən. to break one's ribs: titkʷúɬən.

ribbon lalúpə.

rice láyəs.

rich to be rich, well off: siʔám̓. to be high class (of several), a group of rich people, bosses, dignitaries, important people: siʔiʔám̓.

rid to cull (a herd or flock), get rid of bad ones, throw someone out: kʷənəyúst.

ride to get a ride, hitchhike: kʷcác. canoe partner, a companion in any vehicle, someone who rides along, traveling companion: sx̣ʷq̓ʷúʔkʷɬ. to be straddling, have legs around (something) (as a horse or log): sx̣ʷčəčíyəɬ. to hitchhike, get a ride with (someone) in a car or canoe: kʷcáci. to manage to go along, get a ride (with someone): hiyáʔtənúʔŋət. to ride a bicycle or motorcycle: čssə́nkʷɬ.

ridge mountain peak, ridge: sq̓tayéʔqʷ.

ridicule to be a laughingstock, be ridiculed, laughed at by a group: snaʔniʔtiʔúʔəŋ.

riffle riffle, shallow place in the water above a shoal or sandbar: ƛ̓aʔƛ̓áʔčuʔ.

rifle any gun, firearm: púyək.

rig vehicle, any conveyance, any means of transportation: scaʔkʷaʔyúɬ.

right right hand, right side: sʔiymíkʷs. right side, right hand: sƛ̓iyíkʷs. to be right, correct: ʔəsƛ̓úʔƛ̓əm̓. to be fine, right, correct, okay, alright: ƛ̓úy. to be right, correct, legal, enough, satisfactory, fitting, sufficient, proper, in working order, okay, better (over an illness): ƛ̓úm̓. to be just right: ƛ̓úm̓sən. to be known, understood, correct: ʔəsx̣áčɬ. the right foot: ƛ̓úm̓sən. to be feeling uneasy, not right, uncomfortable, helpless (about something): ʔəsqiʔéʔmət. to be taught right from wrong, be given advice about living:

right-handed

sk̕ʷə́stəŋ. to make it all right: *ƛ̕úmət*. to manage to get well, right, correct: *ƛ̕əm̕núŋət*. to say (something) correctly: *ƛ̕əmúcən²*. to walk the right path: *ƛ̕úmsən*.

right-handed to be right-handed: *sʔiymíkʷs*.

right now to be right now, right away, as soon as: *kʷłnít*.

ring to ring (a bell): *c̕sə́t, c̕síŋət*. finger ring: *suʔəcísən*. earring: *sƛ̕ə́wən*. to be ringing (a bell): *c̕ə́st*. to be round (as a ring): *ʔəsxʷq̕ə́yk̕ʷəŋ*. to be round, circular, like a ring: *siqiʔúʔis*. to be round (like a ring): *ʔəsxʷsə́yq̕əŋ*. a spirit power and dance associated with a cedar ring: *sk̕ʷənílač*. several finger rings: *suʔsuwəcísən*.

rip to be torn, ripped, split: *čə́x*. to be gashed, torn open (as a sack or a fish's mouth from a hook): *ƛ̕ə́š*. to split, tear, rip (something): *čxə́yu*. to tear, rip, split: *čxə́ŋ*. to tear, rip, split something: *čxə́t*. being ripped, torn, split by someone or something: *čə́xtəŋ*. to be a group tearing, ripping, splitting, shredding something: *čičə́xt*. to be cracked, torn, ripped, split: *ʔəscə́xł*. to be ripped, torn, split (of several): *čičə́x*. to be splitting, tearing, ripping (something): *čaʔxə́yuʔ*. to be tearing, ripping, splitting: *čə́xəŋ̕*. to be tearing, ripping, splitting several things: *čičə́xt*. to be tearing, ripping, splitting something: *čə́xt*. to be tearing, ripping, splitting something into a bunch of pieces: *čičə́xt*. to be torn, ripped, split by someone or something: *čxə́təŋ*. to get one's face torn, ripped by someone or something: *čxústəŋ*. to manage to rip, tear, split something: *čxənə́xʷ*. to rip, split down the back: *nəxʷčxícəŋ*. to rupture, burst open, rip open (as a dropped sack of flour): *nəxʷƛ̕šə́xən*. to tear, rip someone's face: *čxúst*. to tear, rip the face: *čxús*. to free, release, undo, untie, unbraid, untangle, unfasten something, rip thread from something sewn: *yəxʷə́s*.

ripe to be ripe, cooked done: *q̕ʷə́y̕*. to be ripe, cooked, not raw: *ʔəsq̕ʷə́yəł*. to get ripe: *q̕ʷə́yəł*. to be raw, uncooked, underdone, not ripe: *xíc*.

ripple small wave, ripple: *sčaʔčúʔyəłc*. small waves, ripples: *sčəyaʔčúʔyəłc*.

rise hump, hunched, mounded, raised up: =*iʔč*. to get up, arise, get out of bed: *ʔə́mət*. to rise (of the sun): *ƛ̕íq*. to be getting swollen, swelling up, rising: *nəxʷsaʔyútəŋ*. to be going up, rising: *caʔłéʔyəŋ*. to get up, arise: *ʔə́p*.

rival *sə́yuʔ*. several rivals: *sisə́yuʔ*.

river *stúʔwiʔ*. downstream area, lower part of river: *xʷə́qʷ*. rocky bank of a river: *sxʷšə́məns*. several rivers: *stúyaʔwiʔ*. to be going upriver: *xʷúʔəqʷ*. to be upstream, located toward the upper part of a river or the inner end of a bay: *tə́yət*. to go downstream, go out to sea, go north, downriver, go out of a bay toward the mouth: *qʷə́qʷi*. to go upstream, toward the upper part of a river, toward the head of a bay: *tə́yi*. to pole a canoe upriver: *xʷúqʷt*. to take someone or something upstream to the upper part of a river: *tə́yətxʷ*.

riverbank the beach, shore, riverbank, waterline: *cácu*. to be by the edge of the water, beach, shore, riverbank: *cácu*.

river mouth river mouth, estuary: *ʔəsʔéʔəyuc*.

road road, trail, path: *súł*. several doors or roads: *sáʔəł*. to be following a trail, path, road: *nəxʷsuʔúʔiŋ*.

roar to be roaring with laughter (of a group of people who are outside): *niʔnaʔčə́xəŋ*.

roast to cook, roast, barbecue, bake on an open fire: *q̕ʷə́yəŋ*. to roast, barbecue, cook something on an open fire: *q̕ʷə́yəs*. to toast, sear, scald, roast, barbecue, burn the surface of something: *k̕ʷə́st*. to cook, roast, bake, barbecue something: *q̕ʷə́yət²*. anything barbecued or roasted, especially salmon: *ʔəsq̕ʷə́y*. anything toasted, roasted, barbecued: *sk̕ʷə́s*. a roast, barbecue, anything cooked on an open fire, especially barbecued salmon: *sq̕ʷə́yəŋ*. a stick used for roasting food (especially salmon) placed in the ground around a fire: *sxʷiʔq̕ʷə́yəŋ*. being toasted, seared, scalded, roasted, barbecued, burned on the surface by someone or something: *k̕ʷə́stəŋ*. roasting: *q̕ʷə́ʔyəŋ*. toast, roast, barbecue, anything seared (especially toasted dried fish): *sk̕ʷə́səŋ*. to be cooked, roasted, barbecued by someone: *q̕ʷə́yətəŋ²*. to be roasted: *ʔəsxʷaʔqéʔwən*.

rob to steal from someone, rob someone: *qánət*. to manage to steal from, rob someone: *qánəxʷ*. to rob, steal from each other: *qanə́ti*. being robbed, stolen from by someone: *qqaʔnítəŋ*. to be robbed, have something stolen: *qanítəŋ*. to be robbed, have something stolen by someone: *qánətəŋ*. to be robbed, have (things) stolen: *qənqanítəŋ*. to have stolen from someone, robbed someone: *qanít*.

robber thief, robber, always stealing: *qánqən̕*.

robin *sk̕ʷə́sqq*. a group of small robins: *sk̕ʷaʔyaʔk̕ʷə́sqq*. several robins: *k̕ʷə́yəsqq*. small robin: *sk̕ʷaʔk̕ʷə́tłqł*.

rock any rock, stone, boulder: *sŋánt*. to move (especially back and forth), shake, rock oneself: *k̕ʷə́yəxct*. to rock back and forth: *q̕ʷúsəŋ*. gravel, little rocks: *sŋəntúʔił*. rocks, stones: *sŋiyánt*. several small rocks, stones: *sŋəyaʔŋáʔant*. small rock, stone: *sŋaʔŋáʔant*. to be shaken, rocked: *k̕ʷə́yəxtəŋ*. to make something move, shake, rock itself, start a motor: *k̕ʷə́yəxcúttxʷ*.

rock cod rock cod, kelp cod, greenling, black bass: *t̕qús*. rock cod, rockfish: *ʔiyaʔcícən*. small greenling, kelp cod, rock cod: *ɫaʔt̕qús*.

rockfish rock cod, rockfish: *ʔiyaʔcícən*. vermilion rockfish: *cánəqʷaʔ*. a group of vermilion rockfish: *cəyánəqʷaʔ*.

rockweed seaweed, rockweed: *k̕ʷáqq*.

rocky rocky, craggy mountains or hills: *sŋiyánt*. rocky area along side of river: *sxʷšə́məns*.

Rocky Point Bentinck Island, Race Rocks, Race Passage, Rocky Point: xʷáyəŋ¹. Smyth Head, Vancouver Island, Rocky Point (at Becher Bay): məq'ʷúʔəs.

rod stick, rod: =w̓yaʔs. fishing rod for casting for small fish: ɬíʔəw̓ʔisən. to be fishing with a small casting rod (still fishing on a boat or dock or from the shore, not trolling): ɫaʔɬíʔəw̓ʔis.

roe fish eggs, roe, especially salmon roe: qáyəx. herring eggs, herring roe: čámaʔš. prepared salmon eggs roe: sƛ̓ə́mək̓ʷ.

roll to roll: čipiʔúysəŋ. to roll around (as if struggling to get up): máyəč. to push, roll something off, over an edge: híyət, híyətxʷ. to roll around trying to get up: miməyəčəŋ. to roll over: čipəyúsəŋ. to stir, mix, roll something around: máyəčt. to turn, roll something over or around: čáyəpt. being stirred, mixed, rolled around, confused: máyčtəŋ. really being stirred, mixed, rolled around, confused: miʔmáyčtəŋ. roll over, turn over: mičiʔúʔisəŋ. to be pushed, rolled off, over an edge: híyətəŋ. to be rolling and rolling again (as children playing on a hillside): miməýčct. to be rolling around: máyčct, máyčəŋ. to be rolling one's eyes: čiʔpiʔúʔyəsəŋ. to be rolling over or away: čiʔpiʔúʔyəsəŋ. to be rolling something around, rolling over: máyčt. to roll, roll over: čipiʔúʔis. to roll something over: mičiyúʔyəst.

roll out to flatten something, roll out dough: ɫáyət.

roof the upper part of the mouth including the palate, roof of the mouth: sxʷcaʔyíɫən̓.

room =ayan̓. house, building, room: =awtxʷ. the inside of a building or room: ʔəsčáyxʷɫ. to be inside a room or fence, this side of a wall: ɫaʔáyən̓. to be in the other room: txʷnáʔəyən̓. to be one house, building, room: nəčáwtxʷ. restaurant, diner, dining hall, dining room, cafeteria: s̓əɫənáwtxʷ. restroom: sxʷaŋaʔɬəŋáwtxʷ. toilet, bathroom, restroom: ʔəmətáwtxʷ. toilet, bathroom, restroom, outhouse: sxʷʔəmətáwtxʷ.

root the living roots of any plant: q̓ʷc̓əŋ̓. fern root, probably bracken fern: sxə́mxəm². roots and tree stumps that drift down river: xəyʔámnəč. several roots: q̓ʷaʔyəc̓əŋ̓. several summer fern roots: skʷiyéʔəxʷ. summer fern root: skʷéʔəxʷ. to fall (of a group of trees), roots give up, windfall: yiyəq̓ʷáʔič. to fall (of a tree), roots give up, windfall: yəq̓ʷáʔič.

rope rope, string, twine, line: xʷéʔləm. rope made of cedar limbs: čúč̓ɫ. a bunch of rope made of cedar limbs: čaʔyúč̓ɫ. a loop spliced at the end of rope: qáyəŋ. a small rope made of cedar limbs: čaʔč̓úč̓ɫ. several small ropes made of cedar limbs: čaʔyačúč̓ɫ.

rose wild rose bush: qəy̓əqíɬč. brambles, any brushy plant with lots of thorns, thistles, rose bushes: ʔiyəcíɬč.

rosehip wild rosehip: qáyəq.

rot to be moldy, mildewed, rotten, rusted, decayed: c̓áq̓ʷ. to be rotten, spoiled: c̓áq̓ʷəŋ. rotten log, crumbling dry rot wood that turns to dust: pq̓ʷáy̓, pq̓ʷáy̓. to make or let something rot, rotten: c̓q̓ʷáŋət. to be made to rot, become rotten by someone: c̓q̓ʷáŋətəŋ. to be rotted teeth: čičq̓ʷnístəŋ. to be rotting: caʔq̓ʷúʔəŋ. to be rotting, moldy: c̓aʔq̓ʷə́ŋct. to get rotten: c̓q̓ʷáŋəct. to rot the teeth: čičq̓ʷníst.

rotate to turn around: céʔis, céʔisəŋ. to turn around, turn over, rotate: c̓áyəpəŋ. to go around, spin around, rotate, revolve: sáyəqct. to be going round in a circle, rotate: siqiʔúʔisəŋ.

rough to be rough, never calm, no shelter: c̓ášəŋ. mountains, rough terrain: sxaʔikʷəyéʔč. to be making a rattling, rustling, rough, rasping noise: x̌aʔtíšəŋ.

round forehead, round, ball-shaped object: =uyəs¹. to be round: ʔəsmək̓ʷiʔúyəs, ʔəsxʷsə́wq̓. to be round (as a ring): ʔəsxʷq̓áyk̓ʷəŋ. to be round, circular, like a ring: siqiʔúʔis. to be round (like a ring): ʔəsxʷsə́yqəŋ. to be round, spherical (like a ball): ʔəsiqəmúʔis, siqiʔúʔis. to be going round in a circle, rotate: siqiʔúʔisəŋ. to be small and round: ʔəsxʷsaʔsə́wq̓. to be small and round (of several): ʔəsxʷsaʔyaʔsə́wq̓. to cut a round object: ɫcúyəsəŋ. to cut the forehead or any round object: ɫcúyəst. twenty round things: nəcxʷk̓ʷsáʔitxʷ. many dollars, round things: ŋənáʔitxʷ.

rounded to gather into rounded lumps, clumps: mə́kʷt̓. to be gathered into rounded lumps, crumpled, smashed together, balled up: məkʷə́təŋ. to gather into multiple rounded lumps, clumps: mimə́kʷt̓. to have a hunched, rounded back: maʔmək̓ʷuʔéʔč.

route to be going a particular way, route, the same way: ɫáʔaʔ.

routinely as expected, as usual, routinely, as done before: čakʷi.

row to paddle, pull (a canoe), row (a boat): ʔíst. to row a boat facing the bow: nəq̓ʷúsəŋ. to be backing up, rowing facing the stern: ƛ̓əyáy̓s. to be in a row, lined up: tán̓ɬ. to be lined up in a row by someone: tənə́təŋ. to be lined up, people in a row, side by side, standing in line: ʔəsxʷɫán̓əɬ. to be paddling, pulling, rowing: ʔéʔst. to be rowing: ƛ̓ayáy̓s. to be rowing a boat facing the bow: naʔq̓ʷúsəŋ. to be rowing forward: čaʔŋə́yu. to set something in place, line up people or things, stack something (such as firewood) in a row: tənə́t. to set in place, be lining up in a row: tə́n̓əŋ.

rub to rub, buff, iron: xʷíq̓ʷəŋ. to be rubbed, smeared: ɫə́məxʷ. to rub, scrub, shine, buff, iron, press something: xʷíq̓ʷt. to be rubbed, scrubbed, buffed, ironed, pressed by someone or something: xʷq̓ʷítəŋ. to be rubbing, shining, buffing, ironing something: xʷéʔq̓ʷt. to be rubbing something, smearing something on: ɫə́mx̌ʷt. to be smeared, rubbed on by someone or something: ɫə́məxʷnəŋ,

rubbish litter, trash, dust and dirt: čaʔŋáʔɬ.

rudder rudder, steering wheel, tiller: ɬxʷə́n. rudder, steering wheel, anything used to keep a conveyance going straight: sxʷiʔɬə́xʷct.

rude to be rude, mean spirited, have bad manners, a bad attitude: naxʷsxaʔsíkʷən.

rug ɬxə́ńtən. mat, rug: pcúkʷən. mat, rug, carpet: caʔyəsə́ntən.

ruin to be spoiled, ruined by disuse and neglect or by natural causes such as the weather: qə́y. to spoil, ruin someone or something: qiyéyt. to be ruined, spoiled (as when a mistake is made building or fixing something): qiqə́yʔi. to be spoiled, ruined by someone or something: qiyínəŋ. to be spoiling, ruining: qiyéyənəq. to be spoiling, ruining someone or something: qiʔíyt.

ruler measurer, anything used to measure with, tape measure, yardstick, ruler: yəqə́n.

rumble to rumble, make a buzzing, humming, rumbling noise, the sound a machine makes: ʔaʔmúxʷəŋ. to make noise, make a sound, make bumping, rumbling noises: q'ə́txʷct.

rumor to tell news, report a rumor: táx. to be heard about, rumored: táxənəŋ. to hear a rumor about someone or something: táxənəxʷ. to manage to hear some news (about someone or something), catch a rumor: taxənúŋət.

rump bottom, rump: =əwač. tail, rump, bottom: =nač. butt, rump, rear end, lower back (of person): sxʷə́kʷ. hip, rump, upper leg, thigh: scxáč. a group of lower backs, rumps: sxʷíxʷək". to burn one's rump: k'ʷsə́ynč. to have a sore, hurt, injured rump: xəɬə́ynč.

run to run, gallop, trot: kʷánəŋət. to run (of a machine): kʷə́y'əx. to move around, run, start (of a motor or anything that moves on its own): qʷíxəŋ. to run (the bow of a canoe or boat) up onto the beach: txʷúsəŋ, txʷúst. to start, run (of a motor): kʷə́yəxct. operate, run (of a machine): štəŋ. to be flowing, running, streaming, gushing, rushing (of water or other liquid): héʔkʷəŋ. to be moving, operating, running (of a machine): séʔəx. to be operating, running (of a machine): šə́təŋ. to be run at, after by someone or something: kʷənəŋútnəsəŋ. to be running a little (of a group): kʷaʔyaʔkʷənéʔŋət. to be running, flowing, gushing: šaʔkʷíšəŋ. to be running (of a group): kʷiyanéʔəŋt. to be running together (two or more people or animals): kʷənkʷanəŋəttúy'. to be running, trotting: kʷaʔnéʔŋət. to be running, trotting (of someone or something small): kʷaʔkʷaʔnéʔŋət. to be started, running (of a machine): kʷə́yxct. to be taken running: kʷənəŋúttəŋ. to flow, run, drip (of liquid): škʷíšəŋ. to let someone or something run: kʷənəŋúttxʷ. to make something be running: kʷaʔnaʔŋútxʷ. to run at, after someone or something: kʷənəŋútnəs. to run (of a group): kʷənkʷánəŋət¹. to start to move, start to work or run (of a machine): kʷə́yəxi. to take something running, make it run: kʷənəŋúttxʷ. to walk or run fast, have fast feet: xʷəŋsə́n. to want to be running, feel like running: kʷaʔnéʔŋəthə́yŋən.

run after to run after someone (making them run): kʷənəŋútt. to run after, chase, follow someone or something: čč́ás.

run away to escape, seek refuge, flee, get away from an immediate situation: ɬáw'. to escape, run away, get away, disappear from some confinement: x̌'íw. to be run away with, abducted, kidnapped, eloped with: ɬuʔístəŋ. to be running away, escaping: ɬáɬuʔ. to elope, run away with each other: ɬuʔísti.

run into to shove, bump, push, run into something: cxə́t. to be meeting, running into each other: čəmč̓əmə́snə́kʷi. to bump, jostle, run into, accidentally shove each other: cicxənə́kʷi.

runner a runner: nəxʷskʷánəŋət. a runner, foot race: nəxʷskʷənkʷánəŋət. runner, a person who runs: sxʷkʷənkʷánəŋət.

run over manage to step on something, step on something accidentally, run over something: ʔíŋənəxʷ. to be run over, stepped on repeatedly: ʔəŋʔíŋtəŋ. to be stepped on, run over by someone or something accidentally: ʔíŋənəŋ. to overflow, spill over, run over: píx̌ʷəŋ.

rupture to burst open, pop, flatten, smash, squash (as stepping on an apple): ŋə́q'ʷ. to blow out (of a tire), rupture (of an inner tube): ŋəq'ʷsə́n. to manage to blow out a tire, rupture an inner tube: ŋəq'ʷsə́nnəxʷ. to rupture, burst open, rip open (as a dropped sack of flour): nəxʷx̌šáxən.

rush to be flowing, running, streaming, gushing, rushing (of water or other liquid): héʔkʷəŋ.

rust to rust, decay: čə́kʷ. to be moldy, mildewed, rotten, rusted, decayed: čáqʷ. to be rusted: cicə́kʷtəŋ. to be rusty, decayed: cicə́kʷ.

rustling to be making a rattling, rustling, rough, rasping noise: xaʔtíšəŋ.

Saanich Saanich people: sxʷsánəč. several Saanich people: sxʷsiyánəč. the languages of the Songhees, Esquimalt, Saanich, and Cowichan: yəkʷəŋéʔnəŋ.

Saanich Reserve the Cole's Bay Saanich Reserve: páqʷəčən. the West Saanich reserve, Tsartlip: xʷcáɬəɬp. the East Saanich Reserve: scáʔəwtxʷ.

sack sack, bag: lisák. a bunch of sacks: laʔyísak. several small sacks: laʔyaʔléʔsak. small sack: laʔléʔsak. to be in a bag, sack: ʔəslisák.

sacred holy, spiritual, sacred, religious, Lord: nəmá.

sad to feel sad blue, depressed, lonely: ʔəsxʷsəŋéʔwən. to feel bad, sad about something, feel sorry for someone: xɬtáxʷ. to be pitiful, a poor,

sad case: ʔəsyáʔəščən. to be sad, blue, lonesome, unhappy: háʔpiʔ. to be poor, pitiful, sad, destitute, poorly, humble, having no relatives, homeless person, a poor soul, in misery: yəščənúŋət. to be sad, feel blue (of a group): sŋiŋiyéʔwən.

saddle something straddled, saddle: sxʷčəčíyəɬ.

safety pin button, pin, safety pin, any similar thing used to attach or close clothing (but not zipper): kʷənísən.

Sahewamish Sahewamish tribe around the west half of Hartstene Island, Hammerslay Inlet, Mud Bay, and Oyster Bay: sehéʔwaməš. Mud Bay, Sahewamish: sqʷəyáyəɬ.

sail to sail: ʔəspúxʷəŋ, pxʷə́nəŋ. any sail: púxʷən. a sail: ʔəspúʔxʷən. any erected pole (for a tent, house, flag), a mast for a sail: sxʷŋíqən. sails: ʔəspaʔyúxʷən. several sails: paʔyúxʷən. to be sailing: ʔəspúʔxʷəŋ, paʔxʷə́nəŋ. to be sailing, moving in a canoe under sail: ʔəspúʔxʷən. to put up a sail: pxʷə́nəŋ.

sailor séylmən. sailor, any uniformed navy or merchant marine person: mə́nuwa.

salal salal berry: ɬáqaʔ. salal berry bush: ɬqéʔiɬč. several salal berries: ɬaʔyáqaʔ.

salamander any salamander, newt, water dog: péʔtšən.

saliva saliva, spit: čə́xʷ. spit, expectoration, saliva: scxʷáɬc. saliva, mucus in the mouth: sɬxʷaʔmúcən. saliva, phlegm: sxʷɬxʷaʔmə́ɬənɬ. lots of spit, expectoration, saliva: sčaʔyəxʷáɬc. to be spiting, expectorating: čaʔxʷáɬc. to spit, expectorate: čxʷáɬc.

salmon any salmon, fish: scánnəxʷ. a group of salmon: scənčánnəxʷ. chum salmon, dog salmon: ƛ̓xʷáy, q̓ʷaʔə́ləxʷ. coho salmon, silver salmon: q̓ə́cqs. several coho salmon, silver salmon: q̓ə́ycqs. small coho salmon: q̓aʔq̓ə́cqs. humpback salmon, humpy, pink salmon: hə́nən. small humpback salmon: haʔhə́ʔnən. sockeye salmon: scə́qiʔ. spring salmon, Chinook salmon, king salmon, tyee salmon: kʷítšən. steelhead: ɬə́čšən. old salmon, kelt, any salmon after spawning: sxʷúpč. salmon testis, milt sac, a long white organ in the bottom of male salmon: q̓átŋən. the thin part of a fish (salmon, halibut, lingcod) dried: ɬqʷə́čən. to be spawning (of salmon): xʷaʔqʷə́yuʔ, xʷaʔqʷíct. to go on a fishing trip, go camping looking for salmon: čənčánnəxʷ. a bunch of salmon: səyámən. any smoked, dried meat, especially smoked, dried salmon: ʔəsxáč. anything barbecued or roasted, especially salmon: ʔəsq̓ʷə́y. a roast, barbecue, anything cooked on an open fire, especially barbecued salmon: sq̓ʷə́yəŋ. a small salmon, a little piece of salmon meat: sčaʔčaʔnə́nxʷ. prepared salmon eggs roe: sƛ̓ə́məkʷ. salmon (plural): čiyánəxʷ. half-smoked salmon: ʔəsxʷsə́yp. smoked salmon made from the best parts of the fish: təlúm.

salmonberry ʔəlíluʔ. salmonberry bush: ʔəliluʔíɬč. several salmonberries: ʔaʔyəlíluʔ.

salmonberry bird salmonberry bird, Swainson's thrush: xʷaʔxʷiʔə́š.

salmon club billy club, salmon club: sčéʔqʷən.

salmon head the edible part of top of salmon head at its nose: sxə́mxəm.

salmon knife salmon knife, draw knife for taking the meat off the backbone of the fish: k̓ʷə́čtən.

salmon roe fish eggs, roe, especially salmon roe: q̓ə́yəx.

salmon soup salmon soup, salmon chowder, salmon stew: sčəyáɬ. dried salmon soup: slakʷamíŋəɬ.

salt ƛ̓átəŋ. to be getting salty: ƛ̓aƛ̓áŋəct. to be salted, have salt put or thrown on by someone: ƛ̓atəŋústəŋ. to get salty: ƛ̓áŋəct. to salt something, throw salt on someone: ƛ̓atəŋúst. to taste salty: ƛ̓átəŋ.

salt water q̓ɬáɬc. salt water, ocean, sea: ƛ̓ɬáɬc.

salvage anything salvaged, picked up and claimed (especially something that someone else has discarded): smə́kʷəŋ.

Samamish Samamish tribe and the area around Lake Samamish: sxʷúmaməš.

same to be even, equal, the same: ʔəsyəqənə́wi. to be even with, keep up with, be the same length, height or distance: ʔəsyáqɬ. to be facing the same direction: txaʔyúsəŋ. to be going a particular way, route, the same way: ɬáʔaʔ. to do the same: ʔáxəŋ. to want to do the same as (someone else): ʔəxəŋáyŋən.

Samish the Samish River tribe, a person of the Samish tribe: sʔáməš.

sand pqʷə́čən. gravel (small stones mixed with sand): sčə́čɬ. to be cooked in hot sand: ʔəsčə́n. to throw sand or dirt on someone: čənúst.

sandbar any sandbar: xáƛ̓sən. name of the sandbar that is right out from the beach at Jamestown and goes nearly to Dungeness: xáƛ̓sən. riffle, shallow place in the water above a shoal or sandbar: ƛ̓aʔƛ̓áʔčuʔ. sandbar, small point, small sand spit, shallow place in the water: čaʔčéʔxʷəŋ.

sand flea sand flea, beach hopper: qéʔqəwəc.

sand spit sandbar, small point, small sand spit, shallow place in the water: čaʔčéʔxʷəŋ.

sap pitch, resin, tree sap, chewing gum: čéʔəx. to be eating alder sap: ʔəɬsqʷúŋəɬč.

sapling small tree, sapling: sqaʔqiʔáyŋəxʷ. a group of small trees, saplings: sqaʔyaʔqiyáyŋəxʷ.

saskatoon berry serviceberry, saskatoon berry: čéʔčšinč.

Sasquatch Sasquatch, bigfoot, a large man-like creature living up in the bush that few people have ever seen: čičəyíqʷtən. type of tall wild man

satiate similar to Sasquatch: *číyátkʷ, tayápš*. little people that follow bigfoot around: *šúpšupt*.

satiate to feel full, have a full belly, have eaten enough, be satisfied, satiated: *máq̓*. to get full, eat a lot: *məq̓áct*. to be full, satiated, have a full stomach, too much to eat or drink: *ʔəsmáq̓ɬ*. to be full, satiated (of a group): *ʔəsmimáq̓*. to feel full, satiated: *máq̓ɬ*.

satisfactory to be right, correct, legal, enough, satisfactory, fitting, sufficient, proper, in working order, okay, better (over an illness): *x̌ʼúm̓*.

satisfied to feel full, have a full belly, have eaten enough, be satisfied, satiated: *máq̓*. to get full, eat a lot: *məq̓áct*.

saturated squishy, wet, saturated, muddy, soaking wet: *c̓íq̓i*.

Saturday *q̓əmə́təŋ, sq̓ə́məyu, ɬxəŋɬnát*.

save to save someone's life, rescue someone: *hiyínəxʷ*. to revive, resuscitate, bring someone or something back to life, save: *hiyitíxʷ*. to save oneself, save one's own life: *hiyíct*. to save someone's or something's life, make someone or something live: *hiyítxʷ*. to be revived, brought back to life, saved: *hiyítiŋ*. to be saved, have one's life saved by someone: *hiyínəŋ*. to be trying to save one's life: *nəxʷhaʔyaʔkʷə́nct*. to bring someone back to life, save someone's life: *hiyít*. to have one's life saved, brought back to life: *hiyítəŋ*. to manage to live, stay alive, be saved: *hiyinúŋət*. to try to save life, save soul: *həyíkʷən*.

savings treasure, money, wealth, savings: *maʔyúst*.

saw to cut, saw (wood for fuel): *ɬəc̓ayíwc, ɬəcayíwct*. to saw wood: *ɬc̓aʔyíwc*. any saw for cutting wood: *ɬcayáʔčən*. to be cutting a log with a saw (not chop with an axe): *ɬaʔc̓aʔíws*. to be cutting, chopping or sawing firewood: *ɬaʔc̓aʔyíwct*. to be sawing wood: *ɬaʔc̓aʔíwc*.

sawbill duck sawbill duck, common merganser, red-breasted merganser: *xʷúʔuq̓ʷ*.

sawdust *qíxŋən*. dust, sawdust, powder: *spə́yəq̓ʷəŋ*.

say to say, do, perform: *ʔáxəŋ*. to say, mean what?: *ʔínət*. say, call, refer to, do: *xə́nəŋ*. to say, talk: *q̓ʷáyŋ*. to say, tell: *ʔáxə*. say, call, refer to, do quietly, humbly: *xaʔxə́nəŋ*. to be doing something, saying something: *xənʔáʔəxʷ*. to be said to by someone or something: *ʔáxəŋtəŋ*. to be saying, doing: *ʔáxəŋ̓*. to be saying, meaning what: *ʔeʔéʔnət*. to be told, said to by someone: *xənʔátəŋ*. to say (something) correctly: *x̌əmúcən²*. to say (something) to someone: *ʔáxəŋtxʷ*. to tell someone (something), say (something) to someone: *xənʔáxʷ*. what is one saying to someone: *ʔaʔnáttxʷ*. word is, they remark, they say, it is said: *ʔunú*.

saying language, word, talk, what someone is saying: *sq̓ʷáq̓ʷi*.

scab scab, a healing wound: *q̓ʷáq̓ʷ*. any open sore, especially one where a scab has come off: *ʔsq̓ʷáq̓ʷɬ*.

scald to get scorched, scalded, toasted: *kʼʷás*. to toast, scorch, scald: *kʼʷásəŋ*. to toast, sear, scald, roast, barbecue, burn the surface of something: *kʼʷást*. to get scorched, scalded, toasted, burned (of several): *kʼʷə́yəs*. being toasted, seared, scalded, roasted, barbecued, burned on the surface by someone or something: *kʼʷástəŋ*. to be scorched, scalded, toasted by someone or something: *kʼʷsátəŋ*. to burn, scald someone's hand: *kʼʷsácst*. to have a burned, scorched, scalded, cooked throat: *ʔəskʼʷaʔsə́ɬnəɬ*. to scald, burn oneself: *skʼʷásct*. to scald, scorch, burn one's hand: *kʼʷsács*. to scald, scorch one's foot: *kʼʷássən*.

scallop scallop: *sxʷínxʷən*.

scalp the flesh of the head: *sɬiq̓ʷéʔqʷ*. to scalp, peel the head of someone or something: *ɬq̓ʷéʔqʷt*. to be scalped, get head peeled by someone or something: *ɬq̓ʷéʔqʷtəŋ*. to be scalped, have head peeled: *ɬq̓ʷéʔqʷ*. to be scalped (of a group): *ɬiɬq̓ʷéʔqʷ*. to be scalped (of or by something small): *ɬaʔɬəq̓ʷéʔqʷ*. to have been scalped, have head peeled: *ʔəsɬiɬq̓ʷéʔqʷ*.

scar *sq̓áʔiƛ̓*.

scare to be afraid, scared: *sáy̓siʔ*. to be startled, suddenly scared: *čə́čəŋ*. to scare, frighten someone (on purpose): *səy̓siʔŋístxʷ*. to scare someone: *saʔsáynəxʷ*. to startle, scare someone: *ččŋístxʷ*. to startle someone or something: *tiʔxʷə́ŋət*. afraid, scared, frightened: *ʔəsáy̓siʔ*. to be scared, afraid: *sáʔsiʔsiʔ*. one who usually gets scared: *nəxʷsáy̓siʔ*. to be always or regularly scared, afraid (of some particular thing): *sáʔsiʔsiʔəyu*. to be scared by someone: *say̓siʔŋístəŋ*. to be scared, frightened by someone or something: *say̓siʔŋítəŋ, səy̓siʔŋístəŋ*. to be startled, scared by something: *ččŋístəŋ*. to be startled, suddenly scared (of a group or several times): *čičə́čəŋ*. to feel afraid, scared: *saʔsáy̓əŋ*.

scarecrow *nəxʷsáy̓siʔ*.

scarf handkerchief, head scarf, bandanna: *híkčəm*. head scarf, kerchief, bandanna, anything used to cover, wrap up the head: *xʷikʼʷéʔqʷən*. scarf, necktie, anything worn around the neck: *sq̓xə́ɬən*.

scatter to be scattered: *q̓ʷə́yəš*. to scatter into the air, get sprayed: *ɬuʔɬə́s*. to be scattered (of several): *q̓ʷəy̓əy̓š*. to scatter something, spread something out, separate a group of people fighting: *q̓ʷə́yəšt*. to be scattered, spread out: *ʔəsq̓ʷə́yš*. to be scattered, spread out by someone or something: *q̓ʷə́yəštəŋ*. to be scattering something, spreading something out: *q̓ʷə́yšt*. to get all scattered, spread out: *q̓ʷiq̓ʷə́yəši*. to scatter around, spread out: *q̓ʷə́yəši*. to fling, scatter something: *ɬiɬiɬiɬə́t*.

scent to be smelled, scented by someone or something: *súy̓nəŋ*. being smelled, having one's scent be picked up: *súy̓ŋnəŋ*.

school skʷúl. education department, school: kʷəstəŋáwtxʷ. school building, schoolhouse: skʷuláwtxʷ. to be going to school: skʷúkʷəl. to be in school, in class: ʔəskʷúl. to be learning (how to do something), going to school: ʔəskʷúkʷəl. to go to school: skʷúl.

schoolhouse school building, schoolhouse: skʷuláwtxʷ.

schwa schwa, the letter "ə": sŋaʔqéʔqʷ.

scissors qcə́kʷən, sísu.

scold to scold someone tell someone off, get after someone (about something): qqáynəxʷ. to be bawled out, get verbal discipline from an elder: ŋəxə́təŋ. being angry at someone, scold someone: qéʔnəxʷ. being bawled out, getting verbal discipline from an elder: ŋə́xtəŋ. being talked to, scolded by someone: qʷiŋítəŋ. to be scolded: qəqáynəŋ, qqáyn. to be scolded, talked roughly to by someone: qʷiqʷáyŋətəŋ. to be talking to someone, scolding someone: qʷiŋít. to get a bawling out, being told off, corrected, scolded: ŋiŋə́xtəŋ. to scold someone, talk roughly to someone: qʷiqʷáyŋət. to start bawling someone out, telling someone off, scolding someone: ŋiŋə́xt.

scoop to ladle, dip, scoop up (food or water): ʔíčɬ. to ladle, dip, scoop, ladle something up (soup, water, etc.): ʔíčɬt. being ladled, dipped, scooped up for by someone: ʔíčɬtəŋ. dip net, scoop net, crab scoop: ʔəqʷáyən. to be dipping, scooping, ladling something up: ʔéʔčt. to be ladled, dipped, scooped up by someone: ʔəčíɬtəŋ.

scorch to get scorched, scalded, toasted: k̓ʷás. to be burned, scorched (of several things): čičə́qʷ. to toast, scorch: k̓ʷəsáyu. to toast, scorch, scald: k̓ʷásəŋ. to be scorched, barbecued, toasted (especially dried fish): ʔəsk̓ʷás. to be scorched, scalded, toasted by someone or something: k̓ʷsátəŋ. to be toasting, scorching (something): k̓ʷaʔsáʔyuʔ. to get burned, scorched on the mouth (as when eating hot food): k̓ʷaʔyəsúcən. to get fried, badly burned, scorched: čk̓ʷíxəŋ. to get scorched, scalded, toasted, burned (of several): k̓ʷə́yəs. to have a burned, scorched, scalded, cooked throat: ʔəsk̓ʷaʔsə́ɬnəɬ. to scald, scorch, burn one's hand: k̓ʷsács. to scald, scorch one's foot: k̓ʷássən.

scoter common scoter, coot, black duck: čəwaʔčáxən. surf scoter: x̣́áyən̓. several common scoters, coots: čaʔyuwaʔčáxən.

scout raider, invader, warrior, enemy scout or scouting party: ʔəʔtšánəmən.

Scow Bay a little spit on the west side of Scow Bay going south where a creek comes in: qʷaʔə́nəkʷ. area in Scow Bay that separates Indian Island and Marrowstone at high tide: scɬə́qʷ. Kilisut Harbor, Scow Bay: čixʷəyéʔč.

scrape to get gathered up by scraping: ʔíxʷ. to scrape: ʔíxəŋ. to scrape something: ʔíxt, xíqt. to scrape something with one's teeth: xíxʷt. being scraped by someone or something: ʔaʔxítəŋ. being scraped up: ʔéʔəxʷ. to be gathered, scraped together to get rid of, be swept up by someone: ʔíxʷtəŋ. to be scraped by someone or something: ʔíxítəŋ. to be scraped on the body or hide by something or someone: ʔəxíkʷstəŋ. to be scraping bottom: ʔaʔxəwáčəŋ, ʔəyxəwáčəŋ. to be scraping something: xéʔqt. to be scraping something, be using an adze: ʔéʔxt. to be scraping something with one's teeth: xéʔxʷt. to be scraping the bottom of something: ʔaʔxəwáčt. to be splitting, separating and scraping cattail stems: ɬəŋnəkʷáyt. to be whittled, shaved, scraped, carved by someone: qaʔxítəŋ. to be whittling something, scraping, shaving the surface of something: qéʔxt. to scrape a hide or anything: ʔəxíkʷst. to scrape the bottom of something: ʔəxəwáčt. to skin, scrape one's foot: ɬq̓ʷsə́nəŋ. to sweep, gather, scrape up off the floor: ʔxənúkʷəŋ. to sweep the floor, scrape the ground: ʔəxənúkʷəŋ. to whittle, shave, scrape, plane the surface of something with a knife or adze: qíxt.

scraps leftovers, leavings, scraps left after eating: skʷənəŋúcən.

scratch to get scratched, clawed: xíč. to scratch (an itch): čaʔčísəŋ, sáyct. to scratch something: xčít, xíčt. to scratch, claw: xičáys. to scratch, itch one's body: siʔíkʷsəŋ. being scratched on the face: nəxʷxaʔčústəŋ. to be nibbling, gnawing, scratching (like a rodent): čə́txʷəŋ. to be scratched by someone or something: xčítəŋ. to be scratched multiple times on the face by someone or something: xəyčústəŋ. to be scratched on the face by someone or something: nəxʷxčústəŋ. to be scratching, itching one's body: siʔéws̓əŋ. to be scratching something: xéʔčt, xíčt. to scratch someone on the face: nəxʷxčúst. to scratch the head: siʔéʔqʷəŋ.

scream to scream: kʷxcínəŋ. to scream, holler: kʷaʔkʷxcínəŋ. to be screaming: kʷaʔxcéʔnəŋ. to be screaming, hollering (a little or of a small person): kʷaʔkʷxcéʔnəŋ.

screech owl screech owl: sk̓ʷə́yəxʷ, snúʔnaʔnəkʷ. a group of screech owls: sk̓ʷk̓ʷə́yəxʷ. a group of small screech owl: sk̓ʷaʔyaʔk̓ʷə́yxʷ. small screech owl: sk̓ʷaʔk̓ʷə́yxʷ.

scrotum scrotum, testicles: ŋácən.

scrub to rub, scrub, shine, buff, iron, press something: xʷíqʷt. to scrub, rub oneself: xʷqʷíct. to be rubbed, scrubbed, buffed, ironed, pressed by someone or something: xʷqʷítəŋ. to be scrubbing oneself: xʷaʔqʷíct.

sculpin grunt-fish, grunt sculpin: xʷə́čt.

sculpt an artifact, something that was man-made, sculpted, drawn, carved, built: ʔəshúʔitəŋ.

sea salt water, ocean, sea: x̌ɬác. sea, ocean: x̌ɬátəŋ. to be downriver, towards the sea, to the north: qʷə́qʷ. to be far out to sea: ʔáckɬ. to go downstream, go out to sea, go north, downriver, go out of a bay toward the mouth: qʷə́q̓ʷi.

English-Klallam Index   697

Seabeck Seabeck Bay area: *tqə́ćaʔ*. creek six mile south of Seabeck, probably Stavis Creek: *čtéʔwəs*.

Seabeck Bay Seabeck Bay area: *qáʔmaʔqʷ*.

sea biscuit cracker, hardtack, sea biscuit: *kəlákəs*.

sea cucumber va bunch of sea cucumber: *caʔyéʔkʷt*. a bunch of small sea cucumbers: *caʔyaʔcíkʷt*. small sea cucumber: *caʔcéʔkʷt*.

sea-egg red sea urchin or purple sea urchin, large sea-egg: *xíxʷ*. green sea urchin, small sea eggs: *skʷíciʔ*. purple sea urchin, sea-egg: *q'ʷxə́nəq'ʷ*. purple sea urchins, sea-eggs: *qə́yəxʷə́nəq'ʷ*. to look like a sea-egg: *skʷ'iciʔúmš*.

seafood to eat fresh seafood, cooked or raw, on the beach: *xáyəŋ*. to take seafood out of its shell: *nəxʷ'uʔət*.

seagull *qʷəní*. a group of seagulls: *qʷaʔiní*.

seal any seal, fur seal, harbor seal: *ʔásxʷ*. a group of seals: *ʔaʔyásxʷ*. a group of small seals: *ʔaʔyaʔáʔsxʷ*. small seal: *ʔaʔáʔsxʷ*. some unidentified animal similar to a seal, perhaps the elephant seal, also possibly walrus: *ćáyi*.

sea lettuce sea lettuce, edible green seaweed: *łə́qəs*.

sea lion *ʔəšás*. a group of sea lions: *ʔaʔyəšás*.

sea pigeon oldsquaw, sea pigeon: *ʔaʔaŋí*.

sear toast, roast, barbecue, anything seared (especially toasted dried fish): *skʷ'ásəŋ*. to toast, sear, scald, roast, barbecue, burn the surface of something: *k'ʷást*. being toasted, seared, scalded, roasted, barbecued, burned on the surface by someone or something: *k'ʷástəŋ*.

search to look for, seek, search for: *x̌iʔáŋ*. to search: *qə́mć*. to search, dig around in something: *qə́mćt*. to seek, search for, look for something or someone: *x̌iyáʔt*. being sought, looked for by someone: *x̌iʔáʔtəŋ*. to be digging around searching for (something): *qə́mććt*. to be feeling around searching for something: *x̌aʔpáʔyəs*. to be looked for: *x̌iyáʔtəŋ*. to be searched: *qə́mćtəŋ*. to be searching, seeking, be looking for: *x̌iʔáʔəŋ*. to be seeking, looking for, searching for someone or something: *x̌iʔáʔt*.

season season, year: = *aŋ*. springtime: *čənsxʷiyús, čənsxʷús, sxʷús*. summer: *čənʔáyi*. summer, hot time of year: *čənk'ʷáʔyəs*. winter, the beginning of bad, rainy, cold weather: *čənsútč*. growing time: *čənšə́wi*. to be mating (of animals), mating season for an animal: *łəłáčqəs*. to be summer, to turn good weather: *čiʔánəŋ*. to stick one's paddle away for the season: *čičk'ʷáʔst*.

sea star sea star, starfish: *qə́yacs*. nine-rayed sea star: *tkʷ'xásən qaʔyács*. several sea stars, starfish: *qiʔqa̓ʔyács*.

seat chair, stool, bench, seat, anything used to sit on (but not a bed): *sxʷ'caʔwáčən*. to sit down, take a seat: *ćaʔwáć, ććaʔwáčəŋ*. the bow, prow of a canoe or boat, front seat of a vehicle: *héʔuʔ*. the stern of a canoe or boat, back seat of a vehicle: *skʷ'áʔət¹*. to be in the bow of a canoe or boat, front seat of a vehicle: *héʔuʔ*. to be in the stern of a canoe or boat, back seat of a vehicle: *ʔaskʷ'áʔət*. to sit down (on a chair or something else off the ground), take a seat: *nəxʷćaʔwáčəŋ*.

seat belt *sqéʔyəxʷ*.

Seattle Chief Seattle, the city of Seattle, Washington: *siʔáł*. Seattle, on the west shore of Lake Washington: *ćiʔćiʔáʔyəč*.

sea urchin red sea urchin or purple sea urchin, large sea-egg: *xíxʷ*. green sea urchin, small sea eggs: *skʷ'íciʔ*. purple sea urchin, sea-egg: *q'ʷxə́nəq'ʷ*. purple sea urchins, sea-eggs: *qə́yəxʷə́nəq'ʷ*. several green sea urchins: *skʷ'aʔyíciʔ*. several red sea urchins: *xáʔyəxʷ*. small purple sea urchin: *skʷ'íciʔ*. tidal food, any food found at low tide including clams, oysters, mussels, sea urchins, etc.: *sciʔkʷ'íyŋət*.

sea-watch wild celery, probably sea-watch, possibly cow parsnip: *sxʷməkʷ'úsŋən*.

seaweed edible seaweed: *xə́ƛ's*. sea lettuce, edible green seaweed: *łə́qəs*. seaweed, rockweed: *k'ʷáqq*.

second to be second: *čə́saʔs*.

secondhand secondhand, used goods: *ćxŋín*. secondhand store: *ćxŋináwtxʷ*.

second-person me, you, first-person and second-person direct object: *-c, -cəŋ, -ŋə, -ŋəs, -ŋuŋə, -uŋə*. you, second-person subordinate subject: *-əxʷ*. your, second-person singular possessive (genitive) prefix: *ʔən-*. See also under 'you'.

secret a gossiper, someone who cannot keep a secret: *syaʔcícəm*. to be hiding (something), keeping a secret: *k'ʷəyə́čəŋ*.

Secretary Island Secretary Island (Donaldson Island), off Sooke Inlet: *huʔhúʔpt*.

secret society black paint dance, masked dance: *xə́nxaʔníti*.

secure to be tied down, secure: *qéʔəxʷ*. to bind, restrain, secure someone or something: *qíq̓t*.

see evidently, as you can see, as usual, obviously, still in sight: *šaʔ*. to see something: *k'ʷə́nnəxʷ*. to catch a glimpse (of something): *čk'ʷən*. to catch sight, get a glimpse of something, see something out of the corner of one's eye, glance at something: *ćə́yəqənəxʷ*. to observe, watch, see and understand, pay attention: *k'ʷənút*. vision, sight, the ability to see: *sxʷk'ʷənúł*. see something regularly: *k'ʷənít*. to come to see (someone) to see how they are: *k'ʷəmk'ʷaʔmáyəmš*. to get to see something: *k'ʷəníŋət*. to let someone see something: *k'ʷə́nnəxʷtxʷ, k'ʷə́ntxʷ*. to look at, glance at something: *k'ʷə́nt*. to be seen: *k'ʷə́nəŋ*. to be getting to see something: *k'ʷənéʔŋət*. to be looked at, seen by someone: *k'ʷə́ntəŋ*. to be seeing each other: *k'ʷə́ntúy*. to be seeing something: *k'ʷə́nnəxʷ*. to be showing oneself, making oneself visible, letting oneself be seen: *ʔaʔnaʔŋíct*. to look at, see several

seed objects or by several people: *kʷiyánət*. to see each other, meet with each other: *kʷənnákʷi*. to see one's own mistakes: *kʷənəcút*.

seed any seed: *sxʷcaʔciʔíkʷən*. peas, seeds: *x̣̌íkʷən̕*. seeds: *skʷáqəŋ*. several seeds: *scaʔyaʔciʔíkʷən*.

seek to look for, seek, search for: *x̣̌iʔáŋ*. to seek, search for, look for something or someone: *x̣̌iyáʔt*. being sought, looked for by someone: *x̣̌iʔáʔtəŋ*. to be looked for: *x̣̌iyáʔtəŋ*. to be searching, seeking, be looking for: *x̣̌iʔáʔəŋ̕*. to be seeking, looking for, searching for someone or something: *x̣̌iʔáʔt*. to be seeking spirit power, making oneself spiritually strong especially through bathing in the cold water of a river or stream: *kʷaʔčáʔct*. to seek spirit power, make oneself spiritually strong especially through bathing in the cold water of a river or stream: *kʷčáct*.

seem kind of, sort of, a little, like, seem, almost: *nuʔ-*.

seer a seer, fortune teller, prophet, one who trained in the ability to predict the future: *ʔəsyáwʔə*. having special knowledge or the ability to see into the future: *ʔəsyəwín*. to have the power to see things in the future: *čšyə́wʔə*.

seizure to have a seizure: *kʷə́n*. to be sober, sobered up, behaving oneself, be back to one's senses after a seizure or faint: *ʔəspáɬ*.

Sekiu Sekiu, traditional Klallam village at west end of Clallam Bay: *x̣̌aʔx̣̌əwáys*.

select to sort, select, pick out: *mísəŋ*. to choose someone or something, pick something or someone out, sort something: *míst*. being sorted, selected, chosen from a group by someone: *maʔsítəŋ̕*. to be choosing someone or something, picking something or someone out, sorting something: *méʔst*. to be sorting, choosing, selecting something from a group: *maʔsít*.

self reflexive, self: *-cut*.

sell to sell: *xʷúyəm*. to sell someone, convince someone to buy or take: *səmúst*. being sold for one by someone: *xʷaʔyaʔməsítəŋ*. to be bought by someone: *tákʷəŋ*. to be given a sales pitch, be sold (something) by someone: *saʔmústəŋ*. to be selling: *sxʷúʔyəm̕, xʷxʷúʔyəm̕*. to be sold: *sxʷúyəm*. to be sold, be a completed deal: *yáq*. to be sold for someone by someone: *xʷəyəmsítəŋ*. to be sold to by someone, be convinced to buy: *səmústəŋ*. to be trying to sell (something) to someone, convincing someone to buy, making a sales pitch: *saʔmúst*. to sell (something) for someone, help someone sell (something): *xʷəyəməsít*.

send to send (something): *kʷə́cc*. to send (someone) away for someone: *kʷəxsít*. to send something over with (someone): *skʷəccəŋít*. to be sent: *skʷə́cc*. to be sent away, shooed, ejected: *kʷə́x*. to be sent to by someone: *kʷccəŋítəŋ, skʷəccəŋítəŋ*.

send back to refuse something or refuse to do something, turn something down, send something back: *həwást*. to be refused, turned down, turned away, sent back by someone: *həwástəŋ*.

sense to sober up, come to, behave oneself, come to one's senses, become aware: *pə́ɬ, pɬəŋ̕*. to be wise, knowledgeable, smart, intelligent, have good sense: *čxčýín*. to find out, sense, feel or hear about something, be bothered by something: *taʔqəníxʷ*. to be crazy, foolish, mentally unbalanced, brainless, goofy, no sense, stupid: *ʔəscə́yəxʷ*. to be sober, sobered up, behaving oneself, be back to one's senses after a seizure or faint: *ʔəspáɬ*. to have no sense, be absolutely stupid: *sxʷčixʷə́ynəč*. to sense, hear, feel: *taʔqəníxʷəŋ*.

sensible to be wise, knowledgeable, smart, intelligent, have good sense: *čxčýín*.

sensitive to ache, hurt, feel sore, sensitive, touchy, ill: *qáqɬ*.

separate to separate, part objects: *šə́nət*. to be apart, separate, spread out: *xʷəynə́kʷi*. to divorce, separate (in marriage): *kʷənčáti*. to go apart, separate from each other: *xʷəynəkʷə́yŋ*. to scatter something, spread something out, separate a group of people fighting: *qʷə́yəšt*. to separate, divide, remove oneself: *šə́nct*. to separate people fighting: *nəxʷɬəməqáys*. to be divorcing, separating (of a married couple): *kʷaʔnəčáti*. to be splitting, separating and scraping cattail stems: *ɬəŋnəkʷáyt*. to split, separate, break apart in pieces: *ɬəŋɬəŋnəkʷáyət*. to split, separate (for example, cattail stems for making mats): *ɬəŋnəkʷáyət*.

September *čəńhə́nəń, čəństə́məxʷ*.

Sequim Sequim, Sequim Bay, Washington Harbor: *sxʷčkʷíyəŋ*. Sequim area: *spə́ɬxən*.

sermon advice, lecture, sermon, learning, counseling from elders: *skʷə́s*. a sermon, lecture, advice, speech, preaching: *skʷsə́nəq*.

serpent any snake, serpent: *sxʷáʔxʷc̕*.

serve to serve food: *ɬáxt*. to be laid on, put atop, served up by someone: *ɬxátəŋ*. to be served (of food): *ʔəsɬáʔɬx*. to be serving food: *ɬáʔɬxt*.

service to be shaking, taking part in a Shaker service or Shaker prayer: *čə́nəŋ*. to take someone to a Shaker service: *čənəŋístxʷ*.

serviceberry serviceberry, saskatoon berry: *čéʔčšinč*.

set to set something in place, line up people or things, stack something (such as firewood) in a row: *tə́nət*. to start to set (of the sun), descend from noon: *čiʔúykʷɬ*. to be fishing with a net, setting a net: *suʔúyq*. to be freed, set free, let loose, bailed out by someone: *yəxʷə́təŋ*. to be set in place (of a group), be lined up, stacked by someone or something: *tənt́ə́ntəŋ*. to be set, stood beside, set or stood next to, by: *stə́nəs*. to finally, manage to get set up, get something wanted for a long time: *yaʔnúŋət*. to fix, repair, prepare, set, work on something: *ʔəxtéʔt*. to set bait, bait a line or trap: *ŋaʔŋáʔt*. to set in place, be lining up in a row:

English-Klallam Index   699

set fire

ténəŋ. to set nets, traps for fish: k̕ʷáɬi. to set (of the sun): nə́qəŋ. to set someone or something adrift: x̣ʷəyəq̕ʷt.

set fire to burn, light, set fire to something, build a fire: čq̕ʷə́t. to manage to ignite, set fire to something: húnnəx̣ʷ. to be managing to ignite, set fire to something: húhənnəx̣ʷ.

settle to drop down, fall, settle, stumble: stə́ŋ. to rest comfortably, relax, settle in, retire: ʔəʔyáct̕.

seven čúʔkʷs. seven animals or people: c̕aʔkʷsíkʷs. seven canoes: c̕aʔkʷsáx̣ʷɬ. seven dollars: c̕aʔkʷsáʔitxʷ. seven houses: čuʔkʷsáwtxʷ. seven nights: čuʔkʷsɬnát. seven people: c̕aʔkʷsáy. seven times: čuʔkʷsáɬ. to have seven children: c̕aʔkʷsayəhə́čɬ.

seventeen see under ʔúpən.

seventy c̕aʔkʷsɬšáʔ.

sever to sever, break or cut something off, cut something to length, shorten something (as a piece of string): q̕əmə́t.

sew to sew: čáʔc, ččíŋəɬ. to sew, stitch something: čáʔct. sewing needle, knitting needle: čáʔcən. to be sewing: čáʔcəŋ, c̕aʔcə́yu. to be sewing clothes: čaʔciʔkʷə́təŋ. to be sewing, repairing clothes with needle and thread: čaʔcéʔəŋəɬ. to be sewn, stitched by someone: čaʔcátəŋ. to sew several things: čáʔyaʔct. to string beads, sew, thread beads onto a needle: nəxʷsúyət.

sewing box sx̣ʷčaʔcənáyə.

sewing machine sx̣ʷčaʔcéʔŋəɬ.

shade čáʔx̣ʷaʔ. shadow, shade: qáʔƛ̕aʔq. to be dark, shaded: ɬác̕. a partly shady place where the light glitters in the shade: čáʔcaʔqʷ.

shadow shadow, shade: qáʔƛ̕aʔq.

shag Brandt's cormorant, shag, black duck: stə́məč. shag, a type of black bird like a shag or loon, flies straight, possibly black: ƛ̕əməqɬčə́qsən. young cormorant, shag: stəməčúyəɬ.

shake to shake: xʷísəŋ. to shake, shiver, tremble: čə́nəŋ. to oscillate, move, shake back and forth: míxʷəŋ. to shake one's head: xʷséʔqʷəŋ, xʷsúsəŋ. to shake one's head (saying no): nəxʷxʷaʔsúsəŋ. to shake something, move something back and forth: míxʷt. to shake (something) off, shake out (as a blanket): xʷəsə́yu. to shake something out or off (such as fruit out of a tree or dust out of a blanket): xʷíst. to shake oneself (as a dog does when it comes out of the water): xʷsíct. to agitate, flush, make water move, shake, splash, stir up something in water (especially to get it clean): xʷšə́t. being shaken by someone or something (such as an earthquake): míxʷtəŋ. being vigorously shaken up by someone or something: xʷaʔyəsítəŋ. to be made to shiver, shudder (as from cold or fear, shake (as from nervousness), wriggle: ɬə́txtəŋ. to be moving around, shaking: kʷə́yxəŋ. to be moving around, shaking oneself: kʷə́yxct. to be quaking, shaking, quivering: méʔxʷəŋ. to be shaken: xʷístəŋ. to be shaken in an earthquake: məxʷítəŋ. to be shaken off, shaken down (as apples from a tree): xʷaʔsítəŋ. to be shaken, rocked: kʷə́yəxtəŋ. to be shaken up (several times or by several people): xʷixʷístəŋ. to be shaking (of the earth), having an earthquake: məxʷə́yu. to be shaking oneself, shiver: xʷaʔisíct. to be shaking one's face: nəxʷčə́nəŋəs. to be shaking one's head: čə́nəŋéʔqʷ, xʷaʔsúsəŋ. to be shaking someone or something: xʷə́yíst. to be shaking (something) off: xʷaʔsáys. to be shaking something out: xʷéʔst. to be shaking, trembling: čə́yəŋ. to be shaking, trembling all over one's body: čə́nəŋíw̕s. to be stomping, shaking oneself: maʔxʷíct. to make something move, shake, rock itself, start a motor: kʷə́yəxcúttxʷ. to move (especially back and forth), shake, rock oneself: kʷə́yəxct. to rattle, make a rattling sound, shake a rattle: q̕atíxəŋ. to shake several things or shake several times or shake by several people: mimíxʷt. to shake several things or shake something several times: xʷixʷə́st. to shake something up: xʷə́yíst. to shiver, shake oneself (as a dog coming out of the water): xʷaʔsíct. to stomp, shake oneself: məxʷíct.

shake hands to shake hands with each other: ƛ̕kʷčísti. to be shaking hands with each other: ƛ̕aʔkʷčísti. to shake hands with someone: ƛ̕kʷčíst. to have one's hand shaken (by someone): ƛ̕kʷčístəŋ.

Shaker Shaker religion, a member of the Indian Shaker Church, a Shaker service: čə́nəŋ, čə́nəŋ, sčə́nəŋ. to be shaking, taking part in a Shaker service or Shaker prayer: čə́nəŋ. to shake over someone for healing in the Shaker religion: čənəŋístxʷ. a group of Shakers: čəyə́nəŋ. being shaken over for healing in the Shaker religion: čə́nəŋistəŋ. to be shaken over for healing in the Shaker religion: čənəŋístəŋ. to be shaking, taking part in a Shaker service or Shaker prayer: čə́nəŋ. to confess (in the Shaker church): miʔláləm. to get the power in the Shaker religion, get a blessing: kʷənáyətəŋ. to persuade someone to join the Shaker church: čənəŋístxʷ. to take someone to a Shaker service: čənəŋístxʷ.

shakes western redcedar wood, cedar shakes: x̣páy̕.

shallow to be shallow: q̕aʔq̕əwéʔiŋ. to be very shallow water, almost dry: x̣aʔx̣əwéʔyəŋ. riffle, shallow place in the water above a shoal or sandbar: ƛ̕aʔƛ̕áʔčuʔ. sandbar, small point, small sand spit, shallow place in the water: c̕aʔcéʔx̣ʷəŋ. any spit of land (such as Dungeness Spit or Ediz Hook), especially the neck of the spit, above water or in shallow water: c̕íxʷəŋ¹.

shaman Indian doctor, shaman, a person with supernatural power to heal or hurt someone: sxʷnáʔəm. Indian doctors, shamans: sxʷniyáʔəm.

shame to feel ashamed, bashful: xéʔciʔ, xeʔxéʔciʔ, xíxaʔxaʔ. to be the object of shame: sxéʔci.

shape to mold, give shape, gather to put together something: məkʷə́t. to shave, plane, carve, shape

share (wood, for example): ʔsqéʔəxtxʷ. to be forming, coming into shape: haʔčúct.

share to divide, split things up, share: cáyəqti. to share something: q̕ʷáʔət. to be shared, passed around: q̕ʷaʔátəŋ. to share food, share up what one has: q̕ʷaʔcínəŋ.

shark any shark: k̕ʷaʔcə́ntč. several sharks: k̕ʷəyaʔcə́ntč. several small sharks: k̕ʷaʔyaʔk̕ʷaʔcə́ntč. small shark: k̕ʷaʔk̕ʷaʔcə́ntč.

sharp to be sharp edged or sharp pointed: ʔə́yuc. to be sharp pointed: ʔiyaʔcə́qsən. to be strong, sharp (of the wind): kʷikʷiyáy. to have a reputation of being good, great, genius, expert, professional at doing something, have a skill: kʷikʷiyáy. sharp point, thorn: ʔəyucə́qsən. to be clever, smart, sharp, well-dressed: sxʷúʔxʷt. to be dull, not sharp (of a blade): ʔəməq̕ʷə́məxʷ.

sharpen to sharpen a point: ʔəyucə́qst. to sharpen something: ɬqáxt. to file, grind, sharpen (something): čq́əŋ. to sharpen the point of something (such as a pencil): ɬqxə́qst. to be filing, grinding something to sharpen it: čq́t. to be filing, sharpening, grinding something: čə́qəŋ. to be sharpening something: ʔə́yuct, taʔqáxt. to file something, sharpen something: čq́ət.

shatter be smashed, mashed, squashed, shattered: ɬə́yəqʷi. to be in a smashed, destroyed, shattered condition: ʔəstə́yəqʷ. to crack, break, shatter the skull: ɬcéʔqʷ. to smash up, break up, shatter, crumble: ɬiʔɬə́yəqʷi.

shave to shave one's face: ʔəxcínəŋ. to get shaved, carved, whittled: qíx². to whittle, shave, scrape, plane the surface of something with a knife or adze: qíxt. a curved knife with two handles for shaving or carving wood: sxʷqaʔxə́yu. to be shaved, planed, carved (of wood, for example): ʔsqéʔəx. to be shaving, carving, planing, whittling: qéʔəx. to be shaving one's face: ʔəxcéʔnəŋ. to be whittled, shaved, scraped, carved by someone: qaʔxítəŋ. to be whittled, shaved with a knife by someone: qxítəŋ. to be whittling something, scraping, shaving the surface of something: qéʔxt. to carve, shave, whittle, plane: qaʔxə́yuʔ. to hollow something out, shave the inside of something: nəxʷqaʔxkʷít. to peel, shave the skin from fruit such as potatoes, apples, etc. (using a blade): qxúyəst. to shave, plane, carve, shape (wood, for example): ʔsqéʔəxtxʷ.

shavings shavings used for kindling: qíxŋən.

shawl lišán. shawl, anything used to cover one's back: swə́k̕ʷəʔɬ. to cover one's back, throw on a shawl or blanket: ćk̕ʷíct.

she feminine, specific, obviative determiner/demonstrative: csánu. he, him, she, her, it, they, them: níɬ. he, him, she, her, that one (not visible): kʷsəwníɬ. he/she/it is (of something small): naʔníɬ. he, she, it, they, third-person transitive subject: -s⁴. he, she, they, it, third-person subordinate subject: -əs¹. she, her, that one: kʷɬə.

shear to shear a sheep: ɬćáyəqən.

shed drying shed: sxəčəŋáw̕txʷ. smokehouse, drying shed, building used for smoking and drying meat: spk̕ʷəŋáw̕txʷ. to be shedding (of an animal): ɬə́ŋiʔqəŋ. woodshed, a place to store firewood: sčuɬáwtxʷ. several smokehouses, drying sheds: spaʔyək̕ʷəŋáw̕txʷ.

sheep ləmətú. mountain goat, mountain sheep: sxʷíƛ̕iʔ. a group of sheep: ləmləmətú. a group of small sheep, lambs: laʔyaʔləm̕tú. sheep's wool: ləmətuháyəqən. small sheep, lamb: laʔləm̕tú. to cut the ear (of a sheep for identification): ɬcánt. to shear a sheep: ɬćáyəqən.

sheet any blanket, cover, sheet: sə́miʔ.

shell to take seafood out of its shell: nəxʷɬuʔə́t. any kind of mollusk shell: k̕ʷáʔŋən. lead (metal), bullet, shell, shot: šát. a type of small shell used in necklaces: xínɬ. bivalve adductor muscle (the muscle that holds a shellfish shell together): céʔq̕ʷəŋ. Lewis' moon snail shell: qəmánaʔ. several Lewis' moon snail shells: qəyumánaʔ. to be hollowing, shelling (clams): nəxʷɬuʔə́yuʔ. western ringed lucine shell: sətsítɬ. to be shelled, hulled (for example, clams), pried open and removed: ʔəsxʷɬáw̕əɬ.

shelter to go to shelter: qičíyŋ. to go to shelter, go leeward, go out of the wind: q̕ə́yəčt. to shelter someone or something: q̕ə́yəct. tent, tarp, any canvas shelter: siláw̕txʷ. to be rough, never calm, no shelter: ćášəŋ. to be sheltered by someone: q̕ə́yəčtəŋ. to be sheltered, on the lee side, out of the wind: ʔəsq̕ə́yč.

Sherman's Spit kʷičásli.

shine to shine (as glass, jewels, etc.), sparkle, crackle, flicker, be shiny: ƛ̕aʔk̕ʷíqəŋ. to shine (of the sun): qʷə́yəŋ. to glitter, shine in the dark: ćáʔqʷ. to light up, illuminate something, shine, flash a light on something: táʔkʷt. to rub, scrub, shine, buff, iron, press something: xʷíqʷt. sunshine: qʷaʔqʷə́yəŋ. to be bright light shining, flashing, throwing its rays: ttáʔwiʔ. to be glowing, bright lighting, shining, daytime: taʔtáʔk̕ʷi. to be rubbing, shining, buffing, ironing something: xʷéʔqʷt. to be shining, flashing a light on something: ttaʔk̕ʷát. to be shining, glittering in the dark: ćaʔćáʔqʷəŋ. to be starting to shine (of the sun): qʷqʷə́yəŋ. to be sunny, shining (of the sun): qʷaʔqʷə́yəŋ. to fish or hunt at night (especially for flounder) with torch and spear in shallow water, pitlamp: ćuk̕ʷáyaʔčx. to be shining, outstanding: ʔiʔúyəs.

shinny to climb by clawing (as a cat clawing up a tree), shinny up (a tree): xičáys.

ship vehicle, any conveyance, any means of transportation: sčaʔkʷaʔyúɬ. ferry, ocean liner, large ship: stímə. war canoe, battleship: xixə́kʷɬ.

shirt any shirt, blouse, top: stipúykʷt. any underwear, especially covering the upper body such as undershirt, slip, union suit, etc.:

shivaree / shove

sxʷƛ̕číkʷən. several shirts, blouses: sɬiɬipúykʷt. shirt: sxʷƛ̕péʔwən. spirit dancer's regalia, paddle shirt: sʔúykʷč.

shivaree a shivaree, lots of noise: sq̕ʷtxʷə́yuʔ.

shiver to shake, shiver, tremble: čə́nəŋ. to shiver, shake oneself (as a dog coming out of the water): xʷaʔsíct. to be shaking oneself, shiver: xʷaʔisíct. to be shivering, wriggling: ɬə́txct. to be made to shiver, shudder (as from cold or fear, shake (as from nervousness), wriggle: ɬə́txtəŋ. to make someone or something shiver: ɬə́txt.

shoal riffle, shallow place in the water above a shoal or sandbar: ƛ̕aʔƛ̕áʔčuʔ.

shoat small pig, piglet: kʷaʔkʷaʔšú.

shock to astound, amaze, shock by showing off or bragging: čə́qənəq. to be astounding, amazing, shocking: čaʔqáʔnəq. to be surprised, shocked, amazed: ʔəsčáqɬ. to pile, stack, bundle, shock (hay): mə́kʷəyuʔ.

shoe shoe: ƛ̕ə́qšən, q̕ʷɬáyšən. several shoes: ƛ̕áyəqšən. to be putting on shoes or any footwear: ƛ̕aʔqšə́nəŋ. to fit (of a shoe): ƛ̕úmsən. to have ones shoes on the wrong feet: sčičiʔásən. to have shoes or any footwear off: ɬəŋsə́n. to put on shoes or any footwear: ƛ̕qšə́nəŋ. to take off, remove shoes or any footwear: ɬəŋsə́nəŋ.

shoelace shoelaces: ʔstə́kʷwéʔč, stkʷuʔéʔčən.

shoeless to be shoeless: ʔəsɬə́ŋsən.

Shomamish Shomamish tribe located on Vashon Island: xʷúmʔaməš.

shoo shoo! hush!: ʔíš. to chase, drive, shoo something away: čáqʷt. to kick out, shoo, chase away: kʷxə́ŋ. to be chasing, driving, shooing something away: čáʔqʷt. to be driving away, shooing away (especially animals): čaʔqʷáʔyuʔ. to be ejecting, chasing, shooing away someone or something, boot someone out: kʷə́xt. to be sent away, shooed, ejected: kʷə́x. to kick someone out, shoo, chase, push, drive someone away, tell someone to get out: kʷxə́t.

shoot to shoot (a gun or arrow), be shooting, hunting: čkʷə́yuʔ. to shoot a gun, pull a trigger: ɬíkʷt. to shoot a slingshot: ɬíət. to shoot off fireworks: ɬənə́qʷəŋ. to shoot something or someone (with bow and arrow, gun, hypodermic needle), sting (as a bee) someone: čkʷút. to shoot spirit power, inject venom (as a snake): xíə́yu. being shot at: čaʔkʷúʔtəŋ. being shot, stung, hit with evil spirit power: xíə́təŋ. to be shooting: čaʔkʷə́yuʔ. to be shooting at each other: čaʔkʷúti. to be shooting at something: čaʔkʷút. to be shooting (not with a gun or bow), stinging, putting a spell on someone or something: xíə́t. to be shooting something (with bow and arrow or gun): čúkʷt. to be shot (by gun, arrow, needle), stung by a bee: čkʷútəŋ. to be shot, stung on the nose: čkʷə́qsən. to finally manage to hit something (shooting), shoot something accidentally: čúkʷnəxʷ,

čúkʷnəxʷ. to shoot oneself accidentally: čukʷnúŋət. to shoot someone or something (with a sling shot), sling (a rock) at someone: xíə́t.

shop to buy, shop: tákʷəyuʔ. to be buying, shopping: tákʷɬ. workshop: sčayáwtxʷ.

shopping center shopping center, mall, downtown area, anyplace where there are lots of stores: sxʷixʷimáy.

shore shore, beach: cáwŋən. the beach, shore, riverbank, waterline: cácu. to be ashore: ʔəstátən. to be by the edge of the water, beach, shore, riverbank: cácu. being far off shore: cuʔcáw. being out off the shore: cáwcuʔ. to be put ashore by someone or something: tántəŋ. to be way out off the shore: cáwcu. to follow the edge of the water (in a canoe or on foot), going along close to the shore on the beach or in the water: q̕túcən. to go far out from the shore: ʔəckʷíyəŋ. to hit the shore with a canoe or boat: tə́xʷl. to land, go or come ashore, get to shore, reach land from the water: tán. to manage to finally get to shore: tannúŋət. to put someone or something ashore: tántxʷ.

short to be short: čaʔyéʔiƛ̕. small, little, few, short: ƛ̕úƛ̕aʔ, ƛ̕aʔƛ̕úƛ̕aʔ. to be a short time, stay a short time, a little while: qaʔqaʔyís. to be very short: čaʔčaʔyéʔiƛ̕. to cut short, break off (anything): q̕əmə́yu. to not be able to reach, be too short: ʔəstáʔyəŋ. to not quite reach, be too short: tə́yəŋ.

shortcut to take a shortcut: q̕əmə́yu.

shorten to sever, break or cut something off, cut something to length, shorten something (as a piece of string): q̕əmə́t.

shortstop baseball shortstop: sxʷƛ̕áyuči.

shot lead (metal), bullet, shell, shot: šát. to be shot, hit with evil spirit power, cursed, hit with a slingshot, stung by a lizard or snake: xíə́təŋ. to be shot with a slingshot: ɬíə́təŋ.

shotgun any gun, firearm: púyəq. double-barrel shotgun: nəxʷčə́saʔqən.

Shotlmamish Shotlmamish, Case Inlet tribe: xʷƛ̕əmáməš.

should I suggest..., why don't I/you..., I or you better..., should: kʷil. should, better: ʔə́y.

shoulder shoulder: cíq̕ʷən. several shoulders: caʔyíq̕ʷən. to bump the arm, shoulder, elbow: ƛ̕əmiʔáxən.

shout to yell, shout, holler, call out: kʷáčəŋ. yay, a joyful shout: xʷúy. to call out to, shout at, yell to, holler at someone: kʷčáŋət. to whoop, holler, hoot to someone over distance: húkʷt². to be hollered to, hooted to by someone over distance: húkʷtəŋ². to be hollering to someone: kʷčáʔəŋət. to be yelling, shouting, hollering, calling out: kʷaʔkʷáʔčəŋ.

shove to get bumped against, stopped in one's path, shoved: cə́x. to push, bump, jostle, shove each other intentionally: cicə́xti. to push, shove something or someone: čúŋət. to shove, bump,

shovel push, run into something: *cx̣ə́t*. to slide something by shoving it: *híqt*. being pushed, shoved by someone: *cə́xtəŋ*. being roughly pushed, shoved around by a group or several times: *cicə́xtəŋ*. to be shoved, pushed, bumped into: *cx̣ə́təŋ*. to be slid, shoved, launched, pushed away by someone or something: *haʔqítəŋ*. to bump, jostle, run into, accidentally shove each other: *cicxənə́kʷi*.

shovel hoe, mattock, pickaxe, shovel: *lapiyúš*. shovel: *šápəl*.

shovelnose canoe *stə́tɬəm*.

shove off to launch, shove out a canoe: *híqt*. to push or pull a canoe out from the beach: *haʔqíct*.

show to show somebody (something): *k'ʷə́nəstxʷ*. a show, demonstration: *sx̣aʔx̣ɬám*. to reveal, show something: *ʔinəŋít*. to show oneself, make oneself visible: *ʔənəŋíct*. being shown (something) by someone: *k'ʷə́nstəŋ*. to appear, show up suddenly, by surprise: *x̣éʔ*. to be revealed, shown to someone: *ʔinəŋítəŋ*. to be showing off, acting conceited, boastful, proud of oneself: *nəxʷqaʔyəx̣úsəŋ*. to be showing oneself, making oneself visible, letting oneself be seen: *ʔaʔnaʔŋíct*. to be showing someone (something): *k'ʷə́nstxʷ*. to be shown respect by someone, cared for by someone: *yəhúmətəŋ*. to be shown (something) by someone: *k'ʷə́nəstəŋ*. to have one's teeth showing (as a dog growling or a person smiling): *cx̣iʔnís*.

shower to be misting, drizzling, lightly sprinkling: *ɬaʔɬiʔísəŋ*. to have a baby shower: *ɬaʔɬiʔísəŋ*.

show how to advise, teach someone, show someone how: *ʔaʔkʷúst*. being advised, taught, shown how by someone: *ʔaʔaʔkʷústəŋ*. to be advised, taught, shown how by someone: *ʔaʔkʷústəŋ*. to be advising, teaching someone, showing someone how: *ʔaʔaʔkʷúst*.

showing to be appearing, coming into sight, showing oneself: *ʔéʔnəŋ*. to be peeking, half showing: *kʷéʔwi*. to be visible, in sight, showing: *ʔəsʔéʔnəŋ*.

show off to show off: *k'ʷənəstə́nəq*. to show off, act conceited, boastful, unjustifiably proud of oneself: *nəxʷqəyəx̣úsəŋ*. to astound, amaze, shock by showing off or bragging: *čə́qənəq*.

show up to show up, come into view, appear, be showing: *kʷíy*. to appear, come into view, show up, become visible (of something unexpected): *ʔínəŋ*. to appear, show up, come to the forefront (of something expected): *híw*. being made to appear, show up: *ʔənʔaʔŋítəŋ*. to make appear, make show up, put on display: *ʔínaʔŋət*. to make or let someone or something appear, show up: *x̣éʔt*.

shred to be a group tearing, ripping, splitting, shredding something: *čičə́xt*.

shredder paper shredder: *sxʷčičə́x̣*.

shrew *čtxʷáyqsən*. several shrews: *čəyətxʷáyqsən*. several small shrews: *čaʔyaʔčtxʷáyqsən*. small shrew: *čaʔčtxʷáyqsən*.

shrimp crayfish, shrimp, lobster: *mútčuʔ*.

shrink to shrink: *q̓cə́ct, q̓ə́c*. to shrink, compress something: *q̓cə́t*. to be curling something up, shrinking something, making something shrivel up: *q̓ə́yəp̓t*. to be shrinking, shriveling, curling up: *q̓ə́yəpct*.

shrivel to be curled up, shriveled, shrunken, wrinkled: *ʔəsq̓ə́yp̓*. to be curling something up, shrinking something, making something shrivel up: *q̓ə́yəp̓t*. to be shrinking, shriveling, curling up: *q̓ə́yəpct*.

shrub plant, tree, shrub: =*iɬč*.

shrunken to be curled up, shriveled, shrunken, wrinkled: *ʔəsq̓ə́yp̓*.

shudder to be made to shiver, shudder (as from cold or fear, shake (as from nervousness), wriggle: *ɬə́txtəŋ*.

shut to be shut, closed: *tə́q*. to shut, close: *nəxʷtə́q*. to close it, shut it, cover a container, shut a door: *nəxʷtqə́t*. to close, shut something: *tqə́t*. to be closed, shut: *ʔəsxʷtə́qɬ*. to close, shut several things: *titə́qt*. to be closed, shut by someone or something: *tqə́təŋ*. to be closing one's eyes: *nəxʷčaʔpáys*. to be closing something: *tə́qt*. to be covering, closing something: *nəxʷtə́qt*. to keep one's mouth shut: *ƛ̓iyúcən*.

shut up to hush, be quiet, shut up, stop talking: *sə́məxʷ*.

shy to be bashful, ashamed, embarrassed, shy: *xíc̓i*. to be embarrassed, bashful, shy, ashamed: *x̣éʔx̣aʔ*. to feel ashamed, bashful, shy: *xíx̣aʔx̣aʔ*.

shy away to shy away, make oneself scarce, avoid people: *céʔcq*.

sibling sibling, brother, sister, cousin: *sʔúqʷaʔ*. sibling or cousin of the opposite sex, brother or sister: *ʔáyəs*. adult younger sibling or child of parent's younger sibling: *saʔə́yčən*. double step-sibling, the reciprocal relationship between children when the father has a child and the mother has a child each by former marriages: *čə́nkʷs*. eldest sibling: *yúƛ̓*. little, inferior step-sibling: *čéʔyənəkʷs*. little sister, little sibling or cousin of the opposite sex: *ʔaʔáʔyəs*. older sibling or child of parent's older sibling: *sxʷtúnəq*. older siblings: *sxʷtáwinəq*. several cross-sex siblings or cousins: *ʔiʔáyəs*. several little sisters, little siblings or cousins of the opposite sex: *ʔaʔyaʔáʔyəs*. siblings, brothers and sisters: *sʔəyúqʷaʔ*. younger adult siblings: *səyə́yčən*. younger sibling, brother, sister, cousin: *saʔčúʔiɬ*. younger siblings: *siyaʔčúʔiɬ*. several double step-siblings: *čənčə́nəkʷs*. several little, inferior step-siblings: *čaʔyaʔčéʔyənəkʷs*. several step-siblings: *čiyə́nəkʷs*.

sick to get hurt, ache, feel pain, feel sick, suffer, have a hard time: *x̣ə́ɬ*. to get sick, spoiled: *yaʔqínəŋ*. to have a sick feeling from eating too much fat or from excessive drinking: *ʔəsqəyəmcút*.

sick and tired a sick or injured person: *xə́ł*. several sick people: *sxixə́ł*. to be feeling sick: *ʔəstáčł*. to be getting better (after being sick), getting well: *ʔəyəct*. to be made sick, hurt by someone or something: *xáłtəŋ*. to be sick, hurting, in pain: *xáłł*. to be sick, ill, in pain: *ʔəsxáłł*. to be unable, be too weak, feel sick: *ʔəsqiʔám*. to be very sick: *ʔəsxáxł*. to be very sick, dying: *q̕ʷaʔčáy̕əŋ*. to feel sick, icky, yucky, ill, uncomfortable from eating too much fruit: *xʷəyúcəŋ, xʷúc̕əŋ*. to feel sick inside: *nəxʷsxaʔyík̕ʷən*. to feel sore, hurt, ache, sick, ill: *xáł*. to get better (after being sick), get well: *ʔiʔcút*. to have a sick or injured child: *xə́łił*.

sick and tired to be fed up, disgusted, sick and tired (of something): *spíq̕ʷi*. to be bothered (by a sound), weary of, sick and tired (of something), especially of a noise: *čínuʔ*.

sickly to be wounded, crippled, moving clumsily (as a duck or deer that has been shot but not killed), sickly, weakened: *siʔqə́y̕cəm̕*.

sickness sickness, an ache, a hurt, a sore: *sxə́ł*. sickness, illness: *smənáyəł*. to catch anything contagious (such as illness, lice, etc.), contract a disease, be exposed to a disease: *q̕áp̕*.

side =*əʔəw*. side of the body: *sʔiyák̕ʷł*, =*uyk̕ʷł*. side of a point of land: =*əʔyiʔč*. back, often referring to the back, inland side: =*icən*. a particular team, side in a contest: *słxʷənəč*. being under, below, beneath, on the bottom, on the underside, in the cellar: *ƛ̕čaʔáwəł*. left side: *sqəyík̕ʷs*. right hand, right side: *sʔiymík̕ʷs*. right side, right hand: *sƛ̕iyík̕ʷs*. the back, upper side of a house: *čaʔyəq̕ʷáwtxʷ*. the side of one's body: *sxʷʔiyáxən*. the side of the face or head, one's profile, cheek: *sxʷʔíyən̕*. the sides of the face or head, cheeks: *sxʷʔíʔiyən̕*. to be beside, next to, around, alongside: *ʔíyəwəł*. to be got on both sides, be flanked by someone: *ʔəčaʔəwíyətəŋ*. to be inside a room or fence, this side of a wall: *tłaʔáyən̕*. to be lined up, people in a row, side by side, standing in line: *ʔəsxʷtánəł*. to be lying on the side, tilted: *néʔnaʔšəŋ*. to be on the far side, other side: *txʷnaʔáwəł*. to be on the far side, other side of a point of land: *txʷnaʔyéʔč*. to be on the nearside, this side (that the speaker can see): *tłaʔáyəs, tłaʔáyəs*. to be on the nearside, this side (toward the speaker): *tłaʔáwəł, tłaʔáwəł*. to be on the other, opposite side: *čaʔáwəł, łqcín*. to be on the other side, other bank, other edge, across: *txʷnə́w̕əcən*. to be on the outside: *ʔəsqaʔáwəł*. to be on the woods side, back side, side away from the water: *čayəq̕ʷaʔáwəł*. to be on this side, bank, edge (of a river of bay): *tłuʔúcən*. to be out of the way, not obstructing, off to one side: *ʔəsqʷéʔəxʷ*. to be put beside, alongside: *ʔíyəwəłtəŋ*. to be put its side, on edge by something or someone: *nə́šaʔtəŋ*. to be under, below, beneath, on the bottom, on the underside, in the cellar: *ƛ̕čáwəł*. to be wrong side, inside out: *ʔəsxʷčáy̕c*. to break a rib, break one's side: *tk̕ʷúyk̕ʷł*. to change, turn to other side (of a canoe): *čiʔúyk̕ʷł*. to flank, get on each side, go around the outskirts: *ʔəčaʔwíyŋ*. to flank, get on each side of someone or something: *ʔəčaʔwíyt*. to get bumped on the ear or side of the head: *nəxʷƛ̕əmáyən*. to get bumped on the side of the body: *ƛ̕əm̕úyk̕ʷł*. to go over to the opposite side, across: *łqcínəŋ*. to go to the far side, other side of a point of land: *txʷnaʔyéʔčəŋ*. to go to the other side: *čaʔwíyəŋ*. to manage to finally bring something beside, next to, around, alongside: *ʔéʔwətnəxʷ*. to move to the underside, get underneath: *ƛ̕čaʔəwíyəŋ*. to put something on its side, on edge: *nə́šaʔt*. to put something or someone beside, alongside, next to, around, alongside: *ʔíyəwəłtxʷ, ʔíyəwəłtxʷ*.

side by side to be very close to, right up against, side by side: *spa̕ʔłéʔq̕*. to be sitting side by side: *łaʔłənústi*.

sidehill sidehill, bluff, headland, high point: *spə́łxən*.

sidewalk walking path, sidewalk, hiking trail, walking ramp: *sxʷšə́təŋ*.

sideways to glance, look sideways, sneak a look: *čə́yəq̕*. to look sideways, glance out of the corner of one's eye: *čə́yəq̕əŋ*. to be glanced at, looked at sideways by someone: *čə́yəqtəŋ*. to be looking sideways, looking around: *čə́yqəŋ*. to glance at, look at someone or something sideways without turning the head: *čə́yəqt*.

sigh to sigh: *kʷšə́q*. to be sighing: *kʷaʔšə́q, kʷaʔšə́qəŋ*.

sight evidently, as you can see, as usual, obviously, still in sight: *šaʔ*. to appear, come into view, show up, become visible (of something unexpected): *ʔínəŋ*. to be invisible, gone from sight, disappeared, faded away: *ʔəscáwł*. to be lost, disappeared, gone from sight, missing: *cicə́xʷ*. to be made to disappear, be lost, go out of sight by someone or something: *cxʷə́təŋ*. to be making something disappear, be lost, go out of sight: *cə́xʷt*. to be visible, in sight, showing: *ʔəsʔéʔnəŋ*. to catch sight, get a glimpse of something, see something out of the corner of one's eye, glance at something: *čə́yəq̕ənəxʷ*. to disappear, become invisible, fade away, go out of sight, dissolve, vanish: *cə́w̕*. to disappear, be lost, go out of sight: *cə́xʷ*. to make something disappear, be lost, go out of sight: *cxʷə́t*. vision, sight, the ability to see: *sxʷk̕ʷənúł*.

sign to write something down, sign something, mark something: *xiʔə́t*.

sign of the cross to cross oneself, bless oneself, make the sign of the cross: *nəxʷƛ̕k̕ʷúsəŋ*.

silence to be silenced by someone or something: *səmíxʷtəŋ*. to silence someone, make someone keep quiet: *səmíxʷtxʷ*.

silent to be keeping quiet, silent, still: *səmíxʷ*.

silly a silly, goofy person: *pipihúy̕əs*. to act crazy, silly, foolish, clownish: *sqáti*. to act goofy, funny, silly, be talkative, talk nonsense: *łə́čxʷmən*. to act

goofy, silly, clownish (to distract): *pikʷúŋəs*. to act, look or seem crazy, silly, mentally unbalanced: *sqatihúmš*. to act silly, be noisy: *ɬčxʷáyəs*. to be acting goofy, clownish, silly: *pikʷúʔŋəs*. to be fooling around, messing around, goofing off, acting silly, talking loudly and foolishly, talking nonsense and laughing: *ƛiʔxʷáys*. to be unnecessary to do, do anyway (even though it does not need to be done), not care, not matter, not taken seriously, "going through the motions": *ƛ̓xʷiyuʔús*. to walk in a silly way: *šaʔšə́čqsən*.

silver salmon coho salmon, silver salmon: *q̓ə́čqs*. several coho salmon, silver salmon: *q̓ə́yčqs*.

similar to be a certain way, manner, like, similar, how: *ʔəsxʷaníŋ*.

simply exactly, simply, completely: *tə́ŋ¹*.

simultaneously recently, just now, simultaneously: *pəxʷéʔ*.

sin *xaʔsán*. to backslide (in Christian religion), return to sin: *titə́x*. to be committing a sin: *xaʔsáʔnəŋ*. to be free from sin: *ʔəsyáxʷɬ*.

since to be a long time since: *híc*. to be a long time since, long time ago, a long time after: *kʷɬhíc*. to be from there, ever since: *čʔiyá*.

sincere being sincere, telling the truth: *ʔəscəʔéʔt*. to be true, dedicated, honest, real, meaning it, sincere in what one is doing: *ʔəscəʔít*. to be true, real, sincere, honest: *cəʔít¹*.

sinew muscle, tendon, sinew: *ƛ̓ɬéʔŋən*. tendon, sinew: *ƛ̓éʔŋən*.

sing to sing: *tíym*. to sing or hum a spirit song: *kʷənúcən*. to be singing: *ttéʔyəm̓*. to sing to, towards, for someone or something: *tiyəmtástxʷ*. spirit power song, winter spirit dance music: *syə́wən*. to be beginning to sing, getting the power to sing: *ttéʔyəm̓ct*. to be singing a little or a little person singing or singing alone: *taʔtéʔim*. to be singing (of several people): *tiyətéʔyəm̓*. to be singing to, towards, or for someone or something: *taʔyəmtástxʷ*. to be sung to by someone: *tiyəmtástəŋ*. to be taking people along singing: *tteʔttéʔimstxʷ*. to go along singing (of a group): *tteʔttéʔim*. to have a fast mouth, eat, talk, or sing too fast: *xʷəŋúcən*. to have a spirit song, have the power to sing: *čsyə́wən*. to sing (of a small person): *taʔtéʔyəm̓*. to sing one's spirit power song, meditate: *kʷənúcəŋ*.

sing along to sing along (to accompany someone who is dancing, singing or playing an instrument): *wúʔcən*. to let someone sing along: *wúʔcəntxʷ*. to sing along with someone, sing for someone who is dancing or playing an instrument: *waʔcənístxʷ*. to be accompanied by someone singing while singing, dancing or playing an instrument: *waʔcənístəŋ*.

singe to singe (hairs off) skin: *čqʷíkʷst*.

singer singer, a great one to sing: *stə́ytiʔ*.

single all and only, completely, single: *čaʔ-¹*. an unmarried grown woman, spinster, widow: *čaʔstániʔ*.

single-minded to be stubborn, proud, strong-willed, hard-headed, single-minded, not want to be told, know-it-all: *čqánkʷs*.

sink to sink, go under water: *ƛ̓číyəŋ*. to sink something: *ƛ̓čístxʷ*, *ƛ̓čiŋítxʷ*. hand basin, sink: *sxʷcaʔkʷcísən*, *sxʷcaʔkʷúsən*. to be sinking: *ƛ̓aʔčéʔyəŋ*. to be sunk, submerged, disappeared below the surface: *ctə́p̓*. to sink, go deep under water, got to the bottom (of several): *ƛ̓aʔičíyəŋ*.

sinker sinker, weight for a fishing line: *sƛ̓cúʔis*.

sip to sip, slurp up, draw in with breath (food such as broth): *súpt*.

siphon siphon of a clam: *ŋə́qsən*, *xʷúŋən*.

sir person of high class, an important person, gentleman: *siʔám̓*.

sister *ʔáyəs*. half-sibling, half-brother, half-sister: *snəčíwəɬ*. little sister, little sibling or cousin of the opposite sex: *ʔaʔáʔyəs*. older sibling or child of parent's older sibling: *sxʷtúnəq*. older sister: *ʔáyəs*, *sxʷtáwnq*, *sxʷtúnəq*. several little sisters, little siblings or cousins of the opposite sex: *ʔaʔyaʔáʔyəs*. sibling, brother, sister, cousin: *sʔúq̓ʷaʔ*. sibling or cousin of the opposite sex, brother or sister: *ʔáyəs*. siblings, brothers and sisters: *sʔáyəs*, *sʔəyúq̓ʷaʔ*. sisters: *ʔiʔáyəs*. younger adult siblings: *səyə́yčən*. younger sibling, brother, sister, cousin: *saʔčúʔiɬ*. younger siblings: *siyaʔčúʔiɬ*. younger sister: *saʔčúʔiɬ*.

sister-in-law brother-in-law or sister-in-law when their spouse has died: *čáyʔə*. brother-in-law, sister-in-law: *sŋátxʷən*. in-law of the same generation, one's spouse's sibling or cousin, brother-in-law, sister-in-law: *sxʷʔáyəs*. relationship between a woman and her brother's or cousin's wife, sister-in-law of a woman: *sŋátxʷən*.

sit to sit, assume a sitting position, sit up, sit down: *ʔə́mət*. to sit down, take a seat: *c̓aʔwáč̓*, *c̓c̓aʔwáčəŋ*. to sit down (on a chair or something else off the ground), take a seat: *nəxʷc̓aʔwáčəŋ*. to sit on (someone's) lap: *ʔəpíyəŋ*. to sit, stand beside, next to: *tə́nəs*. to sit with legs hanging down (as on the edge of a bed): *ʔəsq̓ʷaʔyíxsən*. to brood, sit on eggs, cackle (of chicken): *ƛ̓qáɬ*. to be brooding, be sitting on, hatching eggs: *ƛ̓áqɬ*. to be getting into a sitting position (of several): *ʔəyə́mt*. to be in a sitting position: *ʔəsxʷcaʔcaʔwáʔč*. to be on top, sitting atop, be upstairs: *ʔəscáʔcaʔ*. to be set, stood beside, set or stood next to, by: *stə́nəs*. to be sitting, in a sitting position: *ʔəscaʔcaʔwáʔč*. to be sitting side by side: *taʔtənústi*. to be sitting with legs straight out: *ʔəstaʔyúxʷsən*. to be squatting, sitting on one's heels: *ʔəsxʷšúʔšp̓*. to get someone to sit down: *ʔəmúttxʷ*. to go to sit down: *ʔəmətíyəɬ*. to manage to sit up: *ʔəmətnúŋət*. to sit, assume a sitting position as a group: *ʔiʔə́ʔmət*. to sit, be sitting, be assuming a sitting position: *ʔaʔə́ʔmət*.

sitter caretaker, babysitter (for a person or house): sxʷsʔúkʷɬ.

situation to be in a particular situation, be a particular way (especially well): ʔəshúʔiʔ.

six txəŋ. six animals or people: txəŋíkʷs. six canoes: txəŋákɬ. six days or nights: txəŋɬnát. six dollars: txəŋáʔitxʷ. six houses: txəŋuʔtxʷ. six people: txəŋáy. six times: txəŋáɬ. to be six canoes (arriving, traveling, etc.): txəŋáʔkʷɬ. to have six children: txəŋayəhə́čɬ.

sixteen see under ʔúpən, txəŋ.

sixty sixty: txəŋɬšáʔ.

size to reduce, drop in weight or size, lose weight: ƛáqʷi.

size up to study, examine, inspect something or someone, figure something out, get to know and understand, check someone or something out, size up someone or something, do research on something: xčə́t. being figured out, sized up: xə́čtəŋ. to be figured out, sized up: xčə́təŋ. to be sized up, looked over, evaluated: xixčə́təŋ. to be sizing a situation up, making a judgment about a situation: xčə́yuʔ. to manage to figure something out, size it up, find out, get to know about something, realize something, measure something, discover something, learn something, know something by intuition or spirit revelation: xčənáxʷ.

Skagit Skagit area, Coupeville tribe: sqáčət. Skagit tribe: nəxʷyə́š, sqə́čət. Stillaguamish tribe, Skagit tribe, Stillaguamish River: stuʔtáʔwiháʔəwŋəxʷ.

skate ray, skate fish: qáquʔ. several rays, skate fish: qaʔyáquʔ. to slide (as children playing), slip, ice skate: pcíct. to be sliding (as children playing), slipping, ice skating: paʔcíct.

skate fish constellation qáquʔ.

skeleton bone: scúmʼ. the skeleton of any animal, but especially the backbone and ribs of a salmon: scaʔmúɬən.

skiff a smaller canoe for river travel: ʔuʔútxs.

Skihwamish Skihwamish, an area along the Skykomish River: sqixʷáməš.

skill to have a reputation of being good, great, genius, expert, professional at doing something, have a skill: kʷikʷiyáy.

skillet frying pan, skillet, fryer: čkʷə́xən.

skin skin, animal hide: kʷə́wiʔ. to remove peel, skin: síkʷ. to singe (hairs off) skin: čqʷíkʷst. to skin, scrape one's foot: ɬqʷsə́nəŋ. be butchering, gutting, skinning, cleaning, dressing (an animal): kʷéʔwəct. being peeled, skinned by someone or something: saʔkʷítəŋ. several skins, hides: kʷikʷə́wi. to be butchering, skinning: kʷéʔwəc. to be peeled, skinned, stripped by someone or something: səkʷítəŋ. to be peeling, pulling skin off: séʔkʷəŋ. to be peeling, skinning something: séʔkʷt. to be skinned, butchered by someone: kʷcítəŋ. to butcher, gut, skin, clean, dress (an animal): kʷíčt. to go peeling, skinning: sikʷəŋíyɬ. to peel, pull skin off: síkʷəŋ. to peel, skin, strip, pry off something: síkʷt.

skinny to be skinny, thin, slender: ʔəsqʷə́mxʷ. to be thin, skinny (of a person): sqʷə́mxʷi. to be very skinny, thin: sqʷaʔqʷə́mxʷ. to be skinny, narrow-waisted: čaʔčə́mcənaʔ. to get skinny, thin: qʷə́məxʷi.

skipper to be steering (a car, etc.), skippering (a canoe, boat, etc.), captain (a ship): ɬə́xʷct.

skirt any clothing, but especially a dress or skirt: ɬqít. a woman's skirt: sqə́yənəč.

skittish to be skittish, easily startled, untamed, wild and unaccustomed to people (as deer or feral cats, for example): céʔcq.

Skokomish Skokomish tribe: sqʷaʔqʷúʔməš. the Skokomish tribe and the area around Skokomish River: təwánəxʷ. Twana tribe, Skokomish people: tuʔánxʷ.

skull scaʔméʔqʷ. several skulls: sciyaʔméʔqʷ. to crack, break, shatter the skull: ƛcéʔqʷ.

skunk smácənʼ. a group of skunks: smaʔyácənʼ. a group of small skunks, baby skunks: smaʔyaʔmáʔcənʼ. small skunk: smaʔmáʔcənʼ. to be farted on by someone or some animal (be sprayed by a skunk): ɬqə́təŋ. to be sprayed on by a skunk: titə́qtəŋ. to fart, spray (of a skunk): kʷətə́q. to get skunked, miss everything, get nothing while hunting or fishing: yúŋʼ.

skunk cabbage čúkʷiʔ. a bunch of skunk cabbage: čaʔyúkʷiʔ.

Skunk Island Skunk Island, Elk Island off Port Hadlock: smə́yəc.

sky cáʔcaʔ, skʷáči. sky, weather: =aynəxʷ.

Skykomish River sqʷaʔqúʔməš.

slack to be loose, slack: čáyčiʔxʷ. to have a slack, sloppy, floppy belly: ɬɬipíqən.

slahal slahal, stick game, bone game: slahál. to play slahal, the bone game: ləhál. guesser in slahal: sƛaməys. to beat a drum or board (as during slahal): ƛaƛƛkʷuʔyáʔsəŋ.

slap to hit (especially with the hand), punch, slap, pound: csə́t. to slap someone on the face: nəxʷščúst. to punch, slap, hit someone in the face: nəxʷcsúst. to slap on the water: pɬə́qʷct. to be hit, punched, slapped: csə́təŋ. to be slapped in the face: nəxʷščústəŋ. to be slapping on the water: pə́ɬqʷct. to be slapping someone's face: nəxʷšaʔcúst. to hit, slap oneself: ščə́ct. to punch, slap, hit on the face: nəxʷcsúsəŋ. to slap, hit someone in the face repeatedly: nəxʷšəycúst.

Slapu a monstrous, old woman witch who steals children and puts them in her basket, Slapu: slapúʔ.

slaughter to kill a group of people or animals, slaughter, massacre: x̣ʷáčt. to kill one another: x̣ʷčáti. to kill one another (of many): x̣ʷaʔyəčáti. to manage to kill, massacre, wipe out a group: x̣ʷáynəxʷ. being slaughtered, massacred killed by someone or something: x̣ʷaʔčátəŋ. to be killing a group of people or animals: x̣ʷáʔčt. to be killing one another: x̣ʷaʔčátiʔ. to be slaughtering, killing many: x̣ʷaʔčéʔəŋəɬ. to get killed (of a group), massacred by someone or something: x̣ʷáčnəŋ.

slave slave, pitiful person: sk̓ʷə́yəc. slaves: sk̓ʷik̓ʷə́yəc. to be kidnapped and made a slave: sk̓ʷəyácəŋ. to be turning into a slave: k̓ʷik̓ʷəyacíyəŋ. personal name of a slave in MJ's family, also the name of a cow when MJ was young: čiyúí. personal name of a slave. It was given as the name of a dog once owned by MJ.: čəšəyəxín.

slave master slave master, boss: ssiʔám̓.

sledge hammer sledge hammer, maul: mál.

sleep to sleep, go to sleep, go to bed: ʔítt. bed partner, one that sleeps in the same bed: sə́naʔkʷ. eye mucus, sleep (in the eyes): sxʷƛ̓iƛ̓q̓áyəs, sxʷnəyəq̓ʷáyəs, naʔq̓ʷáy̓s. to be asleep: ʔəsʔéʔtt. to be managing to go to sleep, dropping off to sleep, falling asleep: ʔaʔttənúʔŋət. to be putting a child to sleep: ʔaʔttə́yɬ. to be putting someone to bed: ʔaʔtúttxʷ. to be put to sleep, hypnotized: ʔətúttəŋ. to be sleeping, asleep: ʔéʔtt. to sleep (of several): ʔətʔítt. to have a tired, tingling feeling as part of the body has gone to sleep, pins and needles feeling: titiyáʔis. to have eyes stuck together from sleep: sƛ̓iƛ̓q̓ʷáys. to make, fix a bed, get a place to sleep ready: yaʔáʔɬəŋ. to manage to go to sleep, drop off to sleep, fall asleep, finally fall asleep: ʔəttnúŋət. to put a child to sleep: ʔəttə́čɬ. to put someone to sleep: ʔətúttxʷ. to sleep at the foot or edge of the bed: kʷɬáčəŋ. to be made to sleep at the edge or foot of the bed: kʷɬáčtəŋ.

sleeper billy club, salmon club: sč̓éʔqʷən.

sleepwear any nightclothes such as pajamas, nightgown, kimono: sʔəttúykʷt.

sleepy to be sleepy: ʔaʔtútəŋ. to have droopy, sleepy, hollow eyes: ʔəsɬuʔɬuʔáys.

sleepyhead sətsítt.

sleeve to cut the arm or sleeve: ɬiciyáxən. to cut someone on the arm or sleeve: ɬciyəxánt.

slender to be skinny, thin, slender: ʔəsqʷə́mix̣ʷ.

slice to slice, cut up (meat): k̓ʷíct. to be cut, sliced: ɬcítəŋ. to cut, slice, mow something: ɬíct.

slick to be slick, slippery: péʔcəŋ.

slide to slip, slide: píc, pícəŋ. to slide, slip something: pcít. to slide something by shoving it: híqt. being slid down: paʔcítəŋ. being slid down (of several): piyaʔcítəŋ. be slipping, sliding: péʔcəŋ. to be sliding (something), slinging to let slide (as in curling): paʔcə́yu. to be slid out, launched, pushed out by someone: híqtəŋ. to slide (as children playing), slip, ice skate: pcíct. to slide, move something by pushing it: cx̣ə́t. to slide oneself: ɬxʷaʔmíct. to slip, be slid down: pcítəŋ.

slide over to move, move on, slide over: sx̣íct. to move something, put something somewhere else, slide it over: síx̣t.

slim to be slim (not skinny): ʔənəxʷíq̓.

slime slime, any slippery substance: sɬíx̣ʷəŋ.

sling to flick, flip, fling, sling something (as a bug off the paper): ɬtə́t. to shoot someone or something (with a sling shot), sling (a rock) at someone: x̣tə́t.

slingshot slingshot, bean-shooter, peashooter: x̣tə́n. to be shot with a slingshot: ɬtə́təŋ. to shoot a slingshot: ɬtə́t.

slip to slip off, almost reach, but not quite, flip off (of something): ɬə́p. to slip, slide: píc, pícəŋ. any underwear, especially covering the upper body such as undershirt, slip, union suit, etc.: sxʷƛ̓číkʷən. be slipping, sliding: péʔcəŋ. to be sliding (as children playing), slipping, ice skating: paʔcíct. to have one's foot slip through (a hole in the ground): xʷtə́qsən. to miss a step, put one's foot on at step and have it slip off: ɬəpsə́n. to slide (as children playing), slip, ice skate: pcíct. to slide, slip something: pcít. to slip, be caused to slip by ice or anything slippery: ɬxʷaʔmítəŋ. to slip, be slid down: pcítəŋ. to slip off: ɬə́pəŋ. to slip with the hand, touch (something) and the hand slips off of it: ɬpács. to stagger, stumble, totter, walk unsteadily, slip and fall: xʷcə́ŋ.

slippery to be slippery, smooth: pícəŋ. to be slick, slippery: péʔcəŋ. to be slippery: ɬíx̣ʷəŋ, ɬíx̣ʷi.

sliver to get a sliver in one's hand: nəxʷtčács². to get poked, pricked, stabbed in the foot or leg, have a sliver in one's foot: tčsə́n. to get poked, pricked, stabbed in the hand or finger, have a sliver in one's hand or finger: tčács. very fine bark slivers, like dust: scíci.

sloppy a sloppy, muddy place: mə́ɬəŋ. to be fleshy, obese, sloppy fat: ɬíʔɬaʔqʷ. to have a slack, sloppy, floppy belly: sɬipíqən.

slough to break off, slough off, strip off (by a force of nature as when the wind blows branches off of a tree or when a storm causes a landslide): ɬə́m̓.

slow to go slow, delay: scáʔi. to go slow, slow down: q̓ánɬ. to slow down, take it easy: kʷkʷáʔ. to be kind of slow, be behind in a race, be late: q̓aʔq̓ánəɬ. to be slow, be behind in a race (of several): q̓aʔyaʔq̓ánəɬ. to be slow with the hands: q̓aʔq̓ənács. to be going slow: q̓áʔənɬ. to be going slow, taking it easy, delaying, slow down, not hurry: ʔəscáʔyaʔɬ. to eat slow: q̓aʔq̓ənúcən. to go slow, take it easy, delay: caʔčáʔɬəŋ. to make something go slow: q̓aʔq̓ánəɬtxʷ.

slowpoke to be a slowpoke: q̓aʔq̓əníw̓s. to be slowpokes: q̓aʔyaʔq̓əníw̓s.

English-Klallam Index

slug slug, snail: q̇ayúx̌ən̓. several slugs, snails: q̇əyəyúx̌ən.

slur to have a strong accent or slurred speech (be flabby mouthed): ɬpcéʔnəŋ.

slurp to slurp, eat soup: ɬúp̓. to be licked, slurped: ɬáq̓ʷ. to slurp something, eat the soup: ɬúp̓t. to lick something, lap, slurp something up: ɬáq̓ʷt. to sip, slurp up, draw in with breath (food such as broth): súp̓t. being slurped while drinking (as dog), lapped up: ɬaʔq̓ʷáʔtəŋ. to be licked, lapped, slurped up by someone or something: ɬq̓ʷátəŋ. to be licking, lapping, slurping: ɬáʔq̓ʷəŋ. to be slurping eating soup: ɬúɬp̓.

small small, little, few, short: x̌̓úx̌̓aʔ. to be small, little, tiny: x̌̓aʔx̌̓úx̌̓aʔ. a little one, small person: sx̌̓aʔx̌̓úx̌̓aʔ. small house: x̌̓aʔx̌̓aʔáwtxʷ. to be small, little (of several): x̌̓aʔyax̌̓úx̌̓aʔ. to have small, little eyes: x̌̓aʔx̌̓aʔáʔis.

smart to be wise, knowledgeable, smart, intelligent, have good sense: čxčŋín. to know how (to do something), be smart, intelligent, knowledgeable (about something): ʔiʔánəŋ. to be clever, smart, sharp, well-dressed: sxʷúʔxʷt. to be handsome, smart, debonair, strong, competent, energetic, confident, someone who takes pride in his work and does it well: ʔəsxʷúʔxt.

smart aleck smarty!, smart aleck!: xʷúxʷ.

smash to burst open, pop, flatten, smash, squash (as stepping on an apple): ŋə́q̓ʷ. to smash, crush, pulverize, break something up: ɬə́ẏq̓ʷt, tiʔɬə́ẏq̓ʷt. to smash, crush, pulverize, grind up, break up something: ɬə́ẏəqʷt. to smash, crush, pulverize, grind up, break up something into many pieces or of several agents: tiʔɬə́ẏəqʷt. to smash up, break up, shatter, crumble: tiʔɬə́ẏəq̓ʷi. being burst, smashed by someone or something: ŋə́q̓ʷtəŋ. being smashed, ground up: ɬə́ẏq̓ʷtəŋ. be smashed, mashed, squashed, shattered: ɬə́ẏəq̓ʷi. crumple, smash together: mə́kʷt̓. to be bursting, popping, smashing, squashing, crushing something open: ŋə́q̓ʷt. to be burst, popped, smashed, squashed by something or someone: ŋəq̓ʷə́təŋ. to be burst, smashed of a group or by a group or multiple times: ŋiŋə́q̓ʷtəŋ. to be gathered into rounded lumps, crumpled, smashed together, balled up: məkʷə́təŋ. to be ground up, smashed: ɬə́ẏəq̓ʷtəŋ. to be in a smashed, destroyed, shattered condition: ʔəsɬə́ẏq̓ʷ. to be really smashed up: ŋiŋə́q̓ʷtəŋ. to be smashed, pulverized, totaled: ɬə́ẏəq̓ʷ. to burst, pop, smash, squash, crush something open: ŋəq̓ʷə́t.

smear to be spread, smeared on: ɬíx. to be rubbed, smeared: ɬə́məxʷ. to smear, rub (something) on someone or something: ɬə́məxʷt. to spread something out, smear something on (such as jam on bread): ɬíxt. to be rubbing something, smearing something on: ɬə́mx̌ʷt. to be smeared, rubbed on by someone or something: ɬə́məxʷnəŋ, ɬə́məxʷtəŋ. to be smeared (with something), dirty: sɬə́mx̌. to be spread out, smeared on: ʔəsɬéʔəx. to be spread, smeared on by someone or something: ɬxátəŋ. to have excrement or anything nasty smeared on one: ʔəsnúʔnəq̓ʷ. to manage to smear, rub something on: ɬə́məxʷnəxʷ.

smell to have a smell, stink: súŋ. to smell, sniff at something (for example a flower): súŋət. to smell (something good or bad): čsúŋ. to smell strong: xʷásəŋ. to stink, smell bad (especially animal smells): sxaʔsáyəqč. to taste good, smell like it would taste good: ʔiʔáyəqč. a stink, a smell: ssúŋ. being smelled (especially as a stink): súsaʔnəŋ. being smelled, having one's scent be picked up: súʔŋnəŋ. to be able to smell something: súsəŋnəxʷ. to be smelled, scented by someone or something: súŋnəŋ. to be smelling, sniffing at something: saʔŋút. to be stinking, smelling bad: súsəŋ. to be stinky, smell: saʔsúsəŋ. to get a whiff of something, smell something: súŋnəxʷ.

smelts q̓ʷə́ɬs. a bunch of smelts: q̓ʷáyəɬs. small smelt: q̓ʷaʔq̓ʷə́ɬs.

smile to smile (not laugh): nəxʷnəčáyəs. to laugh, smile: nə́čəŋ. to look friendly, have a smiling or laughing face: nəčáyəs. to smile, laugh at someone or something: nəčát. being made to laugh or smile by someone or something: naʔnə́yəŋústəŋ. to bare one's teeth (as a dog growling or a person smiling): c̓xiynísəŋ. to be making someone laugh or smile: naʔnəyəŋústxʷ. to be smiled, laughed at by someone: nəčátəŋ. to be smiling: ʔəsxʷnaʔná́ʔyaʔŋəs. to be smiling, grinning: nəxʷnaʔnə́yəŋəs. to be smiling, have a smiling face: ʔəsxʷnəčáyəs. to have one's teeth showing (as a dog growling or a person smiling): c̓xiʔnís.

smiley to be giggly, a person who laughs all the time, smiley: snə́yniʔ.

Smith Island náʔəntən.

smoke smoke (from a fire): spk̓ʷə́ŋ, spə́xʷəŋ. consume, eat, drink, smoke: ʔəɬ-. to smoke tobacco: mánəšəŋ, smánəš, smánəšəŋ. chimney thimble, smoke hole cover: q̓ʷíwqən. lots of smoke: spipk̓ʷə́ŋ. to be smoking: smánəš. to be smoking a pipe: p̓aʔp̓áʔəkʷəŋ. to be smoking, steaming, giving off smoke (of a fire) or steam: pə́k̓ʷəŋ. to be smoking tobacco: ʔəɬsmáʔnəš, máʔnəšəŋ. to burn and smoke a canoe to blacken it: čq̓ʷáyəɬ. to consume habitually: čʔíɬən. to consume tobacco, smoke a cigarette, cigar, chew tobacco, dip snoose: ʔəɬsmánəš. to go to smoke tobacco: smanəšíyɬ. to have a little smoke of tobacco: ʔəɬsmaʔmáʔnəš. to let someone go to smoke tobacco: smanəšíyɬtxʷ. to smoke a pipe: p̓áʔəkʷ, p̓áʔəkʷəŋ. to smoke, give off smoke (of a fire): pk̓ʷə́ŋ. to want to smoke, have tobacco: ʔəɬsmanəšáyŋən.

smoked any smoked, dried meat, especially smoked, dried salmon: ʔəsxáč.

smoked salmon half-smoked salmon: ʔəsxʷsáyp.

smokehouse smoke house, any building for hanging meat to dry: sq̇iyuʔáwtxʷ. smokehouse, drying shed, building used for smoking and drying meat:

spk̓ʷəŋáw̓txʷ. several smokehouses, drying sheds: spaʔək̓ʷəŋáw̓txʷ. spirit dance house, Indian dance house, smokehouse: kʷənəsáw̓txʷ. spirit gathering for singing and dancing, smokehouse dance: skʷənúcən.

smoking to be drying (laundry, etc.), smoking (fish, etc.): xaʔčéʔəŋɬ. to be putting away, storing (something) for later use (canning, drying, smoking, etc.): q̓aʔyúʔəŋ. to be smoking, chewing, consuming tobacco: ʔəɬsmáʔnəš.

smooth to be slippery, smooth: pícəŋ. to be smoothing something down: paʔcíctxʷ. to smooth something down: pcícttxʷ.

smother to be unable to breathe, out of breath, choked up, tired, all in, exhausted, panting, smothered: t̓it̓áq̓ʷ.

Smyth Head Smyth Head, Vancouver Island, Rocky Point (at Becher Bay): məq̓ʷúʔəs. spring on the beach at Smyth Head at Becher Bay: xaʔičisáŋən.

snag snag, a standing dead tree or large tree stump: stáʔičiʔ. snag, dead tree: stq̓áč. pointed top of a tree or snag: sq̓tayéʔqʷ. remnants of wood used for kindling, a snag: stáč.

snagged to be hooked, snagged: ɬík̓ʷ.

snail slug, snail: q̓ayúƛən. several slugs, snails: q̓əyəyúƛən. Lewis' moon snail shell: qəmánaʔ. Oregon hairy triton: sxʷcsátən. several Lewis' moon snail shells: qəyumánaʔ.

snake any snake, serpent: sxʷáʔxʷc̓, sʔáɬqə. rattlesnake: nəxʷčaʔtxaʔŋə́w̓əč. several small snakes: sxʷaʔyaʔxʷáʔxʷc̓. several snakes: sxʷaʔyáʔxʷc̓. small snake: sxʷaʔxʷáʔxʷc̓. a type of red paint power associated with some kind of bird-like man or flying snake: xʷált̓əp. to shoot spirit power, inject venom (as a snake): xt̓əyu. two-headed snake, flying lizard spirit monster, dragon, lightning spirit, lightning: čínək̓ʷaʔ.

snap someone who blinks, snaps the eyes (in flirting or in anger): sɬaʔpxáys. to come to after passing out, regain consciousness, snap out of it, sober up: cə́mxi.

snapper red snapper fish: tə́qʷtqʷ. several red snapper fish: tə́yəqʷtqʷ.

snare any trap, snare for small animals: xə́šən.

snatch to grab, snatch, get a handful of something: xíŋət. to take (something) away from someone: čéʔyət.

sneak to stalk, sneak up on a group (or of a group): šušást. to stalk, sneak up on something or someone: šaʔsáy̓st. to walk softly, quietly, sneaking: šaʔsə́nəŋ. being stalked, sneaked after by someone: šaʔsátəŋ. to be sneaking, walking quietly: šaʔsə́ʔct. to be stalked, followed, sneaked up on by someone or something: šástəŋ. to be stalked, sneaked up on by something or someone: šaʔsáystəŋ. to be stalking, sneaking up on someone or something: šáʔst. to sneak around, sneak up on someone or something: ššáct. to sneak up: šaʔšás. to sneak up on someone or something: šaʔšást. to stalk, follow, sneak up on someone or something: šást. to glance, look sideways, sneak a look: čə́yəq.

sneaky to be sneaky, sneaking around, stalking: šaʔsáys.

sneeze to sneeze: hásəŋ. to be sneezing: há́ʔsəŋ.

snicker to snicker at someone: nančə́t. to be snickered at by someone: nančə́təŋ.

sniff to smell, sniff at something (for example a flower): súŋət. to be smelling, sniffing at something: saʔŋút.

snipe snipe, possibly killdeer: sqéʔqs.

Snohomish River nəxʷkʷéʔƛəməməš.

snoose any tobacco, cigarette, cigar, snoose, chewing tobacco: smánəš. to consume tobacco, smoke a cigarette, cigar, chew tobacco, dip snoose: ʔəɬsmánəš.

Snoqualmie Falls skʷə́n.

snore to snort, snore: xʷúq̓ʷəŋ. to be snoring: xʷəyúq̓ʷəŋ. to snore repeatedly or of a group: xʷəyúq̓ʷəŋ.

snort to snort, snore: xʷúq̓ʷəŋ.

snot snot, nasal mucus: smə́ɬqsən.

Snotboy Snotboy, Little snot: smimáʔiqsən.

snow to snow: číq. snow (on the ground): ŋáqaʔ. to be snowing: čéʔyəq. to snow, get a layer of snow: ŋáqaʔəŋ. a lot of snow: ŋaʔyáqaʔ.

snowberry snowberry, waxberry: snúʔnəkʷ. waxberry, snowberry bush: snuʔnəkʷéʔiɬč.

snow goose any goose, snow goose, Canada goose: ƛák̓ʷxən.

snow plow bulldozer, snow plow: ʔéʔəxʷ scaʔkʷaʔyúɬ.

snug to fit in tightly, snug, wedged in: čák̓ʷ. to be too tight, too snug, get wedged in (among a group): čičə́k̓ʷ.

so suʔ-. therefore: kʷaʔčaʔ, kʷaʔčaʔɬ.

soak to be soaked, completely wet: ɬáyəqəŋ. to get soaked, completely wet: caʔmúnəq.

soaking squishy, wet, saturated, muddy, soaking wet: cíq̓i.

soap súp.

soapberry soapberry, foamberry: sxʷásəm. several soapberries: sxʷaʔyásəm.

soar to swoop down, soar (as an eagle): čiqéʔəŋ.

sob to cry, weep, sob: xʷúŋ.

sober to sober up, come to, behave oneself, come to one's senses, become aware: pə́ɬ. to be sober, sobered up, behaving oneself, be back to one's senses after a seizure or faint: ʔəspə́ɬ. to sober up, behave oneself: pɬə́ct. to be made to behave, be

sock sobered up by someone or something: *ṗɬə́təŋ*. to make someone behave, sober up: *ṗɬə́t*. to sober up of several people or several times: *pipə́ɬ*. to come to after passing out, regain consciousness, snap out of it, sober up: *cə́mxi*.

sock sock, stocking, hose: *stákən*. several socks, stockings: *staʔyákən*. to put on socks, stockings: *takəńhə́nəŋ*.

sockeye *scə́qiʔ*. a group of small sockeye salmon: *scaʔyaʔcə́ʔqiʔ*. a group of sockeye salmon: *scaʔyə́ʔqiʔ*. small sockeye salmon: *scaʔcə́ʔqiʔ*.

soft to be soft: *qʷúyiʔ*. to be soft and too old to use, no good anymore: *skʷə́šiʔ*. soft basket made of cedar bark or cattail: *ɬəmək̕ʷə́yəs*. to be getting soft, softening: *qʷúʔyiʔct*. to walk softly, quietly, sneaking: *šaʔsə́nəŋ*. to whisper, talk quietly, softly, keep voice low: *sáwqəŋ*.

soften to be getting soft, softening: *qʷúʔyiʔct*.

soil dirt, soil: *cə́q̕ʷ*. ground, land, earth, dirt, soil: *sčtə́ŋxʷən*. litter, dust and dirt: *cə́ŋəɬ*.

solar plexus mid abdomen, solar plexus, pit of the stomach, mind: *=ankʷs*. upper torso, solar plexus, seat of the feelings: *hánk̕ʷs*. to get hit in the diaphragm, solar plexus, mid body by someone or something: *csnək̕ʷástəŋ*. to get hit in the diaphragm, solar plexus, pit of the stomach: *csánk̕ʷs*.

sold to be sold: *sxʷúyəm*. to be sold, be a completed deal: *yə́q*.

soldier *súlčəs*.

sole a small flatfish, possibly sole: *ciʔsúp*. any flounder fish: *ṗə́wiʔ*.

solid hard, solid, sturdy, congealed, jelled, tough, strong (material): *q̕ʷsə́ŋ*.

solo only, completely, always, just, solo, alone: *húy²*.

some to exist, be some (more), be left over, remaining: *néʔ*. to make something more, give more, let be some left over, leave something or someone remaining: *néʔtxʷ*. when, what time, what day, sometime, some day: *čəńtáŋ*.

someone someone, anyone, everyone: *cán*.

somersault to be turning a somersault: *čičiʔə́yəct*.

something something, anything: *ʔəstáŋ, stáŋ*. to give a little bit of something, make it a little more: *naʔnéʔtxʷ*. what to do or prepare, something to do: *syə́ʔyaʔct*.

sometime when, what time, what day, sometime, some day: *čəńtáŋ*.

sometimes *nəcáxʷ*.

so much very, awfully, too much, so much: *máń*.

son offspring, one's own child, son, daughter, baby, doll: *ŋə́naʔ*. an adopted child, stepson, stepdaughter, stepchild: *syənáʔəŋ*. baby, infant son or daughter: *ŋáʔnaʔ*. children, sons, daughters: *ŋə́nəŋənaʔ*. grandchild, grandson, granddaughter, also grand niece or nephew: *ʔíŋəc¹*. infant, baby, toddler, young child, young son or daughter: *ŋaʔŋáʔnaʔ*. young boy (up to approximately 8-13 years old): *swiʔqúʔiɬ*.

song *stíym*. spirit power song, winter spirit dance music: *syə́wən*. spirit song, spirit dance, power song: *skʷənúcən*. several songs: *staʔyíyəm*. spirit dancer, one having a spirit power song: *čyə́ʔwənɬ*. several spirit songs: *kʷiynúcən*. to be having or getting a spirit song: *čšyaʔwín*. to have a spirit song, have the power to sing: *čšyə́wən*.

Songhees a person or people from Songhees, Lkungen: *yək̕ʷə́ŋən*. several Songhees, Lkungen people: *yaʔyək̕ʷə́ŋən*. the languages of the Songhees, Esquimalt, Saanich, and Cowichan: *yək̕ʷəŋéʔnəŋ, yək̕ʷəŋéʔnəŋ*.

son-in-law any younger generation in-law, son-in-law, daughter-in-law, spouse of one's child, niece, or nephew: *scutáyəɬ*.

Sooes *cúyəs*. a place three miles south of Sooes where there was formerly a gold mine: *šə́šəyus*. point one mile south of Sooes: *táq̕ʷat*.

Sooke Sooke tribe: *súʔəkʷ*. several Sooke people: *siyúʔuq̕ʷ*.

Sooke Inlet Secretary Island (Donaldson Island), off Sooke Inlet: *huʔhúʔpt*.

soon *kʷɬčəyáy*. to be right now, right away, as soon as: *kʷɬniɬ*. almost, nearly, soon, barely: *čəyáy*. to be later, after a little while, pretty soon: *kʷkʷáʔ*. to depart soon, early: *cə́w*. almost, nearly, soon, about to, barely (applied to a number of items): *čičəyáy*.

sore any open sore, especially one where a scab has come off: *ʔsqʷáq̕ʷɬ*. to be fatigued, tired and sore (from exertion), tired of (something): *qə́kʷ*. to be hurting, sore all over: *xɬíws*. to be hurt, injured, sore, damaged: *ʔəsmáʔkʷɬ*. to feel sore, hurt, ache, sick, ill: *xə́ɬ*. having a sore, aching rear end, upper hip: *sxʷxə́ɬəwəč*. headache, sore head: *sxɬéʔqʷ*. sickness, an ache, a hurt, a sore: *sxə́ɬ*. to ache, hurt, feel sore, sensitive, touchy, ill: *qáqɬ*. to have a sore, hurt, injured rump: *xə́ɬəynč*. to hurt, ache, be sore all over: *xɬíkʷs*.

sorry see under *xčŋín, xə́ɬ, cəʔít¹, xə́ɬ*. to be sorry (about something): *qiqə́y*. to be sorry, unfortunate, too bad: *qáʔiʔ*. to be too bad, sorry: *qə́y*. to cry, feeling sorry for oneself: *xʷəŋúct*. to feel bad, sad about something, feel sorry for someone: *xɬtáxʷ*. to pity, feel sorry for oneself: *yəščəntənáʔmət*. being pitied, felt sorry for: *xɬtáʔəŋ*. to be pitied, felt sorry for: *xɬtáŋ*. to be pitying, feeling sorry for oneself: *yaʔščəntənʔáʔmət*.

sort kind of, sort of, a little, like, seem, almost: *nuʔ-*. to sort, select, pick out: *mísəŋ*. to choose someone or something, pick something or someone out, sort something: *míst*. being sorted, selected, chosen from a group by someone: *maʔsítəŋ*. manage to choose, sort something: *mísnəxʷ*. to be

soul sorted, chosen, picked out: *məsítəŋ*. to be sorting, choosing, selecting something from a group: *maʔsít*. to manage to be sorted, chosen by someone: *məsínəŋ*. to be choosing someone or something, picking something or someone out, sorting something: *méʔst*.

soul life spirit, soul: *shəyí*. to be poor, pitiful, sad, destitute, poorly, humble, having no relatives, homeless person, a poor soul, in misery: *yəščənúŋət*. to receive a blessing from someone (medicine for the soul): *tiŋíxʷtəŋ*. to try to save life, save soul: *həyíkʷən*.

sound sound: *=ənəqʷ*. a noise: *q'ʷə́txʷ*. a gurgling sound: *qaʔyíqəŋ*. to make noise: *xʷə́pct*. to make noise, make a sound, make bumping, rumbling noises: *q'ʷə́txʷct*. the sound of footsteps: *tə́nčŋən*. the sound of many footsteps, sound of a stampede: *titə́nčŋən*. to bark, make a barking sound: *ŋəsə́yu*. to be flirting by making a kissing sound with the lips: *caʔcəməsáys*. to be growling, making a growling noise (as a dog or any animal or human): *xaʔníti*. to be making a choking, gurgling, strangling sound, death rattle: *qaʔyíqəŋ*. to be making a rattling, rustling, rough, rasping noise: *xaʔtíšəŋ*. to be making lots of noise: *q'ʷaʔtúʔxʷəŋ*. to be making noise: *q'ʷaʔtúxʷct*. to be rattling: *q'ʷtxʷéʔŋəɬ*. to buzz, hum (as bees): *xʷə́məŋ*. to creak, make a creaking sound (of a building): *čɬíkʷəŋ*. to fall making a thump or flopping noise on something dry: *kʷaʔtənə́č*. to groan: *ʔaʔyáct¹*. to make a choking, gurgling sound: *qə́yəq*. to make a crunch, crackle, noise while chewing: *xaʔcíxʷəŋ*. to make a crunching, crackling noise while chewing or walking (as when eating a fish nose or walking on crisp leaves): *xaʔpúxʷəŋ*. to make a crunching, crackling noise while chewing or walking (of a group): *xəyaʔpúxʷəŋ*. to make any background noise that interferes: *q'ʷtúxʷəŋ*. to make any small noise made in a quiet area (such as an animal in the brush or someone moving a chair): *xaʔtúxʷəŋ*. to plop into water or something wet making a flat splashing sound: *kʷaʔtiyə́q*. to rattle, make a rattling, clanging, clinking noise (as a rattle, bell, beads or shells in a box), the sound of pieces of metal or glass against each other: *čaʔtíxəŋ*. to rattle, make a rattling sound: *q'ʷtxʷíŋəɬ*. to rattle, make a rattling sound (of something by itself): *qə́txct, qə́txct*. to rattle, make a rattling sound, shake a rattle: *qətíxəŋ*. to rumble, make a buzzing, humming, rumbling noise, the sound a machine makes: *ʔaʔmúxʷəŋ*. to talk loudly, not quite hollering: *xaʔxə́təŋ*. to be bothered (by a sound), weary of, sick and tired (of something), especially of a noise: *čínuʔ*.

soup soup, chowder, broth: *sɬúp*. to slurp, eat soup: *ɬúp*. dried salmon soup: *slakʷamíŋəɬ*. salmon soup, salmon chowder, salmon stew: *sčəyáɬ*. to be eating soup: *ɬúʔpt*. to be slurping eating soup: *ɬúɬp*. to slurp something, eat the soup: *ɬúpt*.

sour to taste sour: *čúxʷəŋ*. to be soured, spoiled: *čáxʷəŋ*. to turn sour: *čúxʷəŋct*.

source spring, source of water, a small spring-fed creek: *mútčuʔ*.

south southeast wind, a warm south wind: *sqáʔŋət*. to go up sound, toward the south in Puget Sound: *qaƛahíyəŋ*.

south wind *q'ʷə́xʷq*. south wind from out of the woods over the hills: *sxʷčayčiʔə́qʷtən*. southeast wind, a warm south wind: *sqáʔŋət*. southwest wind: *sqáʔŋət*. southwest wind, wind coming down from the hills: *tənčə́yəqʷ*.

souvenir souvenir, anything acquired that is cherished, treasured, valuable: *sʔúyəx*.

spank to spank someone: *nəxʷščuʔáčt*. to spank someone on the bottom: *šiščəwáčt*.

spark to give off sparks: *ɬicáys*. an exploding spark from a fire, a backfire from an engine, a gun firing: *tənq'ʷə́yuʔ*. to pop, explode into sparks (as wet alder in a fire): *tənə́qʷəŋ*.

sparkle to shine (as glass, jewels, etc.), sparkle, crackle, flicker, be shiny: *ƛ'aʔk'ʷíqəŋ*.

spawn to spawn, deposit eggs (of a fish): *šíwaʔ*. to be spawning (of salmon): *xʷaʔq'ʷə́yuʔ, xʷaʔq'ʷíct*. old salmon, kelt, any salmon after spawning: *sxʷúpč*. the texture of the meat of salmon after spawning: *smíƛi*.

speak to talk, speak: *q'ʷáy*. to speak, talk to somebody: *q'ʷáyŋət*. to talk together, have a conversation, dialogue: *q'ʷinákʷi*. speak the English language: *xʷanitəmúcən*. to be speaking a foreign language: *naʔcaʔyíxʷəŋ*. to be speaking in a Native American language, talking Indian: *ʔaʔcɬtiŋíxʷəŋ*. to be speaking one's own language: *saʔsáʔkʷəŋ*. to be speaking the Chinese language: *čaynéʔəŋ*. to be speaking the English language: *páʔstənəŋ, pastənqéʔnəŋ, xʷaʔnéʔtamqən, xʷənítəməŋ*. to be speaking the Klallam language: *nəxʷsƛayəmúcən*. to be spoken to: *q'ʷiŋítəŋ*. to be talking: *q'ʷáq'ʷiʔ*. to be talking the English language: *xʷaʔnéʔtaʔməŋ*. to finally manage to talk: *q'ʷaynúŋət*. to speak English: *pástənəŋ*. to speak in the up-sound language, Southern Lushootseed: *qqaƛáʔəŋ*. to speak the English language: *nəxʷpástəŋqən*. to speak the English language, talk like a white person: *xʷanítəmqən*. to talk about, speak of: *txʷʔáxəŋ*. to talk Indian, speak a Native American language: *ʔəcɬtiŋíxʷəŋ*. translator, spokesperson, someone who speaks for a group: *nəxʷscáʔcqən*.

spear to spear (fish): *tčə́yu*. two-pronged fish spear used for flounder and crab: *čššqsən*. small spear, fork, pitchfork: *tčə́n*. three-pronged fish spear used for skate and salmon: *ɬxʷə́qsən*. a fish spear, gig for flounder, crab and other fish: *stéʔəxʷ*. several fish spears, gigs: *stiʔéʔəxʷ*. several small spears, forks: *taʔyəčə́n*. to be fishing or hunting at night (especially for flounder) with torch and spear in shallow water: *caʔck'ʷayáyx*. to be hunting for things in water (fish, crab, etc.) with a spear: *čə́yx*. to be poked, speared by a group (or of a group or several times): *titəčtəŋ*. to be poked, speared,

special

stabbed: *táč*. to be poking, stabbing someone or something: *táčt*. to be spearing ducks: *čačáʔtxɬ*. to be spearing (fish): *táčəyuʔ*. to be spearing, poking: *táčəŋ*. to be stabbed, poked, speared by someone or something: *tčátəŋ*. to fish or hunt at night (especially for flounder) with torch and spear in shallow water, pitlamp: *čukʷáyaʔčx*. to get poked, speared: *tčáŋ*. to hunt on the bottom of the water, spear bottom fish, crab, etc.: *čáyəx*. to pick up something with a fork, spike, or spear: *tčát*. to poke, impale, stab, pierce someone or something (with a knife or spear): *tčát*.

special to pay attention to someone, respect, honor, praise someone, give someone special care: *naʔnaʔtíxʷ*.

specific demonstrative referring to a specific, visible, distant object: *təsáyu*.

specifically just, limit, specifically: *ʔayʼ*.

speckled to be spotted, speckled: *stitʼáyəq*.

spectacles a pair of glasses, spectacles: *sxʷtələháyəs*. more than one pair of glasses, spectacles: *sxʷtəltələháyəs*.

spectator being a spectator: *xaʔxɬámʼ*.

speculative speculative: *ʔaʔčtay*.

speech language, word (especially spoken word), speech, voice, story: *sqʷáy*. a sermon, lecture, advice, speech, preaching: *skʼʷsánəq*. to be preaching, lecturing, advising, making speeches: *kʼʷəsnəq*. to have a strong accent or slurred speech (be flabby mouthed): *ɬpcéʔnəŋ*. to preach, lecture, advise, make a speech: *kʼʷsánəq*.

speech act enclitics apparently: *č*. as expected, as usual, routinely, as done before: *čakʼi*. as one might expect, of course, predictably, probably: *ʔučtə*. command: *čiˡ*. evidently, as you can see, as usual, obviously, still in sight: *šaʔ*. future: *caʔ*. hypothetical, would, could: *q*. I: *cn*. I guess, presume, must be: *yəxʷ*. indeed, emphatic speech act enclitic: *qʼ*. inform: *kʷaʔ²*. informative: *kʷɬaʔ*. I suggest..., why don't I/you..., I or you better..., should: *kʼʷiˡ*. I think, on the contrary, anyway, contrary to expectation: *ta*. I will: *caʔn*. I wish: *iq*. I wonder: *wuʔ*. just, limit, specifically: *ʔayʼ*. let's, let me, let us, when I: *tuŋɬ*. must be, presumed to be: *ʔuʔčaʔ*. past: *yaʔ*. probably, must be, might have: *čtə*. request for information: *ʔuč*. speculative: *ʔaʔčtay*. speech act enclitic of unknown function: *kʼʷiči*. therefore: *kʼʷaʔčaʔ, kʼʷaʔčaɬ, kʼʷɬaʔčaʔ*. we, first-person plural main-clause subject: *st*. why not: *hakʷ*. yes/no question marker: *u*. you: *cxʷ*. you folks, yous, y'all: *hay*.

speedy to be always going around fast, be speedy: *xʷəŋxʼáŋiʔ*.

spell put a spell on someone: *naʔhúst*. to be cursed (to die) by someone, have a spell put on one by someone: *naʔhústəŋ*. to be shooting (not with a gun or bow), stinging, putting a spell on someone or something: *xáɬt*. to send bad spirit power into someone, curse, put a spell on someone: *xɬát*.

spherical to be round, spherical (like a ball): *ʔəsiqəmúʔis, siqiʔúʔis*.

spider any spider: *staʔtáʔči, spáytə*. a group of spiders: *stəyaʔtáʔči*. a kind of spider that makes a web like a bird net: *sxʷtqtáqəm*. any small bug, spider, etc.: *sxʷaʔxʷənáʔəm*. small spider: *spaʔpáytə*.

spike any nail, spike, tack: *čísən*. to pick up something with a fork, spike, or spear: *tčát*.

spill to spill, tip over, capsize: *kʷə́yʼ*. to pour, spill: *kʷiʔə́ŋ*. to spill accidentally: *kʷə́yəɬ*. to spill, pour (something) on something or someone: *kʷiʔúst*. to spill something (accidentally), manage to pour something: *kʷiʔnáxʷ*. to spill something, pour something out, tip something over to spill out: *kʷiʔə́t*. being spilled, tipped over: *kʷə́ytəŋ*. to be capsized, spilled, tipped over: *kʷə́ykʷiʔ*. to be pouring, spilling: *kʷə́yəyuʔ*. to be spilled, capsized, anything not upright: *skʷáʔiɬ*. to be spilled on: *kʷiʔústəŋ*. to be spilled, poured out, tipped over, capsized by someone or something: *kʷiʔə́təŋ*. to be spilling, capsizing: *kʷəkʷə́yʼ*. to be spilling, pouring, capsizing something: *kʷə́yt*. to be spilling, pouring (something) on something or someone: *kʷiʔúʔst*. to be spilling something (accidentally): *kʷiʔnáʔəxʷ*. to be spilling something unintentionally, being spilled by someone without their control: *kʷiʔə́ʔnəŋ*. wanting to, trying to be spilled, capsized: *kʷə́ytəŋáyŋən*. wanting to, trying to tip, spill, capsize: *kʷə́ytáyŋən*.

spill over to overflow, spill over, run over: *píxʷəŋ*. to overflow, spill over: *paʔyíxʷəŋ*.

spin to spin (wool): *čúƛʼəŋ, nəxʷčúƛʼs*. to go around, spin around, rotate, revolve: *sə́yəqct*. to spin oneself around in a circle: *sə́wqct*. any tool used to spin wool: *čúƛʼən*. to be spinning (wool): *čúʔƛʼəŋ, siqayáʔnəŋ*. to be spinning (wool): *sxʷcúcɬ*.

spine to break a rib, spine: *tkʷúɬən*.

spinster an unmarried grown woman, spinster, widow: *čaʔsɬáníʔ*.

spirit being, having potential spirit power: *=ŋixʷɬ*. ghost, spirit, supernatural visitation: *snúʔnəkʷ*. life spirit, soul: *šəyí*. magic, spirit: *xáyəs*. will, spirit: *xčŋín*. an invisible killer spirit: *sínəɬqiʔ*. two-headed snake, flying lizard spirit monster, dragon, lightning spirit, lightning: *čínəkʷaʔ*. deer hoof rattle, spirit dancer's pole (two or three feet long) with deer hooves: *kʷčmín*. Indian doctor, shaman, a person with supernatural power to heal or hurt someone: *sxʷnáʔəm*. red paint spirit power: *sqə́yəp*. several ghosts, spirits: *snáyaʔnəkʷ*. spirit dancer, one having a spirit power song: *čyáʔwənɬ*. spirit dancer's belt: *sxʷqqíkʷən*. spirit dancer's head-dress: *sʔúykʷč*. spirit dancer's regalia, paddle shirt: *sʔúykʷč*. scrubbing with cedar boughs of a young person or new-dancer seeking spirit power: *xʷaʔqʷíct*.

spirit dance to dance with spirit power: čyə́wən. to go to a spirit dance: kʷənucənhíyɬ. to participate in a winter spirit dance: kʷənúcən. spirit song, spirit dance, power song: skʷənúcən. a sacred rattle made in the shape of a duck used in the x̣ənx̣aʔníti spirit dance: sxʷməqə́c. a type of joyful spirit dance associated with a mask having protruding eyes: sxʷə́yxʷi. blackface dance house, any spirit dance house: x̣aʔx̣ənítiháwtxʷ. black paint dance, masked dance: x̣ənx̣aʔníti. spirit dance house, Indian dance house, smokehouse: kʷənəsáwtxʷ. to be spirit dancing: čyáʔwən̕.

spirit power to be enraptured, taken by spirit power, under the influence of spirit power: kʷə́n. spirit power acquired by a person through special disciplines: ɬqíyən. the spirit power to heal: sxʷnáʔəm. to be shot, hit with evil spirit power, cursed, hit with a slingshot, stung by a lizard or snake: x̣íə́tən. to dance with spirit power: čyə́wən. to send bad spirit power into someone, curse, put a spell on someone: x̣íə́t. to shoot spirit power, inject venom (as a snake): x̣íə́yu. a person with power in charge of a spirit dance: skʷəníləč. a spirit dancer, someone under spirit power while dancing or performing the rites of a spirit dancer: ʔəsyə́wən̕. to be having or getting a spirit song: čšyaʔwín. to be possessed by a spirit: nuʔnə́səŋ. to be seeking spirit power, making oneself spiritually strong especially through bathing in the cold water of a river or stream: k̕ʷaʔčáʔct. to curse, do evil work (on so), wish (a person) to die, do any behavior that might cause someone to die through spirit power: naʔəsáy̕s. to have a spirit song, have the power to sing: čšyə́wən. to seek spirit power, make oneself spiritually strong especially through bathing in the cold water of a river or stream: k̕ʷčáct. a spirit power and dance associated with a cedar ring: skʷəníləč. a type of bird spirit power: q̕ʷə́xʷqs. a type of night bird spirit power: šúpšupt. a type of red paint spirit power seen in lakes: sínəɬqiʔ. several spirit powers: ɬaʔyəqíyən. spirit power, a person who has spirit power: ɬəménəwəs. spirit power, personal power, talent, strength: skʷənáŋəɬ. spirit power song, winter spirit dance music: syə́wən. spirit power to discover (something hidden or unknown): siʔámə̕wəs.

spirit song spirit song, spirit dance, power song: skʷənúcən. to sing one's spirit power song, meditate: kʷənúcəŋ. to sing or hum a spirit song: kʷənúcən. several spirit songs: kʷiyn̕úcən.

spiritual holy, spiritual, sacred, religious, Lord: nəmá.

spit saliva, spit: čə́xʷ. any spit of land (such as Dungeness Spit or Ediz Hook), especially the neck of the spit, above water or in shallow water: cíx̣ʷəŋ¹. any spit, peninsula, land mostly surrounded by water: cicákʷč. an area inside a spit or point of land: čix̣ʷəqsən. any point of land, the end of a spit: sʔíyəqsən. sandbar, small point, small sand spit, shallow place in the water: caʔcéʔxʷəŋ. spit, expectoration, saliva: scxʷə́ɬc. to be removing something from the mouth spitting something out: ɬáʔxʷt. to be spiting, expectorating: čaʔxʷə́ɬc. to be spit on by someone: čxʷə́təŋ. to be spit on in the face by someone, be insulted: čxʷústəŋ. to be spit on in the forehead by someone: čxʷúystəŋ. to be spitting in someone's eye: čxʷáʔyəst. to be spitting on something or someone: čə́xʷt. to remove something from the mouth, take something out of the mouth, spit something out: ɬxʷát. to spit, expectorate: čxʷə́ɬc. to spit in someone's eye: čxʷáyəst. to spit on someone in the face, insult: čxʷúst. to spit on something: čxʷə́t. being spit on in the face by someone: čxʷúʔstəŋ̕. being spit on in the forehead by someone: čxʷúystəŋ. lots of spit, expectoration, saliva: scaʔyəxʷə́ɬc.

spit up to vomit, throw up, spit up: čáʔət.

splash wave, splash: =əy̕əʔq. to sprinkle, splash, spray: ɬitsáyəs. to sprinkle, splash, squirt, spray water on someone or something: ɬitúst. to splash the face: ƛ̕ɬúst. to agitate, flush, make water move, shake, splash, stir up something in water (especially to get it clean): xʷšə́t. to be flipped, flicked, splashed out or off: ɬə́t. to be splashed in the face: ƛ̕ɬústəŋ. to be splashing around (as a fish put into a tub of water): xʷəšct. to be splashing, bubbling out: ɬə́təŋ. to be sprinkled, splashed, squirted, sprayed with water by something or someone: ɬitústəŋ. to be sprinkling, splashing, spraying: ɬiɬitsáyəs. to be sprinkling, squirting, splashing, spraying water: ɬiʔtsáy̕s. to plop into water or something wet making a flat splashing sound: kʷaʔɬiyə́q.

splice to splice, extend, tie together (rope or anything): ɬaʔqʷéʔt, ɬqʷéʔt. to splice something together: ɬqʷeʔnəkʷáyət. to be braiding, splicing something: ɬəŋsánət.

split to be torn, ripped, split: čə́x. to tear, rip, split: čxəŋ. to split, tear, rip (something): čxə́yu. to be split (of a board), cracked (not completely broken off): ʔəstə́ɬc. to split in half: nəxʷčxíctəŋ. to split (of a board): ɬɬə́c. to tear, rip, split something: čxə́t. to be cracked, torn, ripped, split: ʔəscáx̣ɬ. to tear, split: čáx̣ɬ. being ripped, torn, split by someone or something: čə́x̣təŋ. being torn, split by a group: čičə́x̣təŋ. being torn, split into a bunch of pieces by someone or something: čičə́x̣təŋ. to be a group tearing, ripping, splitting, shredding something: čičə́x̣t. to be have one's forehead split, torn by someone or something: čxúyəstəŋ. to be ripped, torn, split (of several): čičə́x. to be splitting, chopping firewood: čaʔx̣áyuct. to be splitting firewood: čaʔx̣ayíwc. to be splitting, separating and scraping cattail stems: ɬəŋnəkʷáyt. to be splitting, tearing, ripping (something): čaʔx̣əyuʔ. to be splitting up a marriage: čaʔyáʔnəq. to be tearing, ripping, splitting: čə́x̣əŋ. to be tearing, ripping, splitting several things: čə́x̣əŋ. to be tearing, ripping, splitting something: čə́x̣t. to be tearing, ripping, splitting something into a bunch of pieces: čičə́x̣t. to be torn, ripped, split by someone or something: čx̣ə́təŋ. to divide, split things up, share:

splits — **sprinkle**

cáy̕əqti. to manage to rip, tear, split something: *čxənáxʷ*. to rip, split down the back: *nəxʷčxícəŋ*. to split, divide something half and half with someone: *čxə́ti*. to split half and half: *čxtúy̕*. to split one's head: *čxé?qʷ*. to split, separate, break apart in pieces: *ɬəŋɬəŋnəkʷə́yət*. to split, separate (for example, cattail stems for making mats): *ɬəŋnəkʷáyət*. to split someone or something's head: *čxé?qʷt*. to split some whole thing in half: *nəxʷčxík̕ʷt*. to split, tear someone's forehead: *čxúyəst*. to split wood: *čxa?yíwc*.

splits to spread the legs, do the splits, stand with feet apart: *sxʷta?xáyəɬ*.

spoil to be spoiled, ruined by disuse and neglect or by natural causes such as the weather: *qə́y*. to be soured, spoiled: *čáxʷəŋ*. to be rotten, spoiled: *cáq̕ʷəŋ*. to spoil, ruin someone or something: *qiyéy̕t*. to spoil someone or something: *qa?yát*. being spoiled by someone: *qi?éy̕təŋ*. to be ruined, spoiled (as when a mistake is made building or fixing something): *qiqə́y?i*. to be spoiled: *qa?itíŋ*. to be spoiled (of several): *qə́yi*. to be spoiled, ruined by someone or something: *qiyínəŋ*. to be spoiling: *qəqə́y̕*. to be spoiling, going bad: *qá?i?*. to be spoiling (of several): *qa?ə́y?i*. to be spoiling, ruining: *qiyéy̕ənəq*. to be spoiling, ruining someone or something: *qi?íyt*. to get sick, spoiled: *ya?qínəŋ*. to let it spoil, get bitter: *cíxəŋtxʷ*. to neglect something and let it spoil: *qə́y̕nəxʷ*.

spokesperson translator, spokesperson, someone who speaks for a group: *nəxʷscá?cqən̕*.

spook to spook, haunt someone, startle (animals): *na?nəkʷít*. to get spooked, be visited by a ghost: *na?kʷítəŋ*. to have a nightmare, be ghosted, haunted, spooked in the night, have an anxiety attack in the night: *na?nəkʷítəŋ*.

spoon any spoon, ladle: *ɬúpən, spún*. several spoons: *ɬa?yúpən, spá?yən*. small spoon: *ɬa?ɬú?pən̕*.

spotlight light, candlelight, lamp, flashlight, spotlight, pitch torch, light bulb, lantern: *ŋá?əq*.

spotted to be spotted, speckled: *sɬiɬə́yəq*.

spouse spouse of: *ckʷ-*. partner, companion, buddy, spouse, person who accompanies (especially on foot): *sq̕ʷú?šən*. to finally get together with a future spouse: *ƛ̕q̕nə́kʷi*. to get a spouse, propose, ask to marry: *?asckʷísəŋ*. anyone whose spouse has died, widow, widower: *syá?tən*. brother-in-law or sister-in-law when their spouse has died: *čáy̕ə*. grandchild's spouse, grandchild-in-law: *sxʷ?íŋəc*. the spouse of one's brother-in-law or sister-in-law, one's spouse's sibling's spouse: *snəčíynəq*. to be leaving one's spouse, divorcing: *xʷə́yx̌ʷi?*.

sprain to sprain, wrench a joint in the body: *nəčə́q*. to sprain one's ankle: *nəčə́qsən*. to sprain one's wrist or hand: *nəčqács*.

spray to scatter into the air, get sprayed: *ɬu?tə́s*. to sprinkle, splash, spray: *ɬitsáyəs*. to sprinkle, splash, squirt, spray water on someone or something: *ɬitúst*. to be sprayed on by a skunk: *titə́q̕təŋ*. to be sprinkled, splashed, squirted, sprayed with water by something or someone: *ɬitústəŋ*. to be sprinkling, splashing, spraying: *ɬiɬitsáyəs*. to be sprinkling, squirting, splashing, spraying water: *ɬi?tsáy̕s*. to fart, spray (of a skunk): *kʷətə́q̕*. to be farted on by someone or some animal (be sprayed by a skunk): *t̕q̕ə́təŋ*.

spread to spread something out, lay something down (as a blanket): *páct*. to be spread, smeared on: *ɬíx*. to scatter around, spread out: *qʷə́yəši*. to spread a disease: *q̕ə́pt*. to spread something out, smear something on (such as jam on bread): *ɬíxt*. to spread (something) out (such as a blanket, or mat) to lie on: *pacá?ɬəŋ*. to spread the legs, do the splits, stand with feet apart: *sxʷta?xáyəɬ*. to string up, spread out something to dry: *xáčt*. being out by someone: *pa?cá?təŋ*. having one's legs spread: *nəxʷta?xi?ítəŋ*. tarp, anything spread on the floor or ground: *spcákʷən*. to be laying something down, spreading something out (as a blanket): *pá?ct*. to be lying down flat, spread out: *?spá?caɬ*. to be scattered, spread out by someone or something: *qʷə́yəštəŋ*. to be scattering something, spreading something out: *qʷə́y̕št*. to be spread (as a blanket on a bed): *?əspácɬ*. to be spreading a contagious disease: *ɬa?xə́yu*. to be spreading disease: *q̕pə́yu*. to be spread out (as a blanket) by someone: *pcátəŋ*. to be spread out flat: *?əspá?pc*. to be spread out, smeared on: *?sɬé?əx*. to be spread, smeared on by someone or something: *ɬxə́təŋ*. to cover up, wrap something, spread (something) over something: *xʷik̕ʷíct̕*. to get all scattered, spread out: *qʷiqʷə́yəši*. to have one's arms spread: *?əsta?xi?áxən*. to scatter something, spread something out, separate a group of people fighting: *qʷə́yəšt*. to spread, lay one's belongings out as when camping: *pá?caɬəŋ*. to spread one's legs apart: *nəxʷtxi?íyəŋ*. to be apart, separate, spread out: *xʷə́ynəkʷi*. to be scattered, spread out: *?əsqʷə́yš*.

spring spring, source of water, a small spring-fed creek: *mútču?*. a spring of fresh water: *qʷú?*. several springs: *ma?yútču?*. spring on the beach at Smyth Head at Becher Bay: *xa?ičisə́ŋən*. to be bubbling up (as a spring, boiling water, carbonated drink): *ma?tú?q̕ʷəŋ*. to jump, spring over, on, at, or after something or someone: *xʷtíŋət*.

spring salmon spring salmon, Chinook salmon, king salmon, tyee salmon: *kʷítšən*. a group of small spring salmon: *kʷa?ya?kʷé?tšən̕*. a group of spring salmon: *kʷa?yítšən*. small spring salmon: *kʷa?k̕ʷé?tšən̕*.

springtime *čən̕sxʷiyús, čən̕sxʷús, sxʷús*.

sprinkle to sprinkle, splash, squirt, spray water on someone or something: *ɬitúst*. to be misting, drizzling, lightly sprinkling: *ɬa?ɬi?ísəŋ*. to be sprinkled: *?əsɬi?tú?əs*. to be sprinkled, splashed, squirted, sprayed with water by something or someone: *ɬitústəŋ*. to be sprinkling, splashing,

sprout

spraying: *łiłitsáyəs*. to be sprinkling, squirting, splashing, spraying water: *łiʔtsáys*. to sprinkle, splash, spray: *łitsáyəs*.

sprout edible sprouts (especially salmonberry or blackcap sprouts but could also be used for thimbleberry sprouts): *scácqi*. thimbleberry sprouts: *łqíyəłč*. several salmonberry sprouts: *scáyaʔcqiʔ*. several thimbleberry sprouts: *łaʔyəqíyəłč*.

spruce spruce tree: *ččáłč*.

Squamish Harbor Squamish Harbor, south of Port Ludlow: *nəxʷxáʔəy*.

squash to burst open, pop, flatten, smash, squash (as stepping on an apple): *ŋə́qʷ*. to burst, pop, smash, squash, crush something open: *ŋəqʷə́t*. be smashed, mashed, squashed, shattered: *łə́yəqʷi*. to be bursting, popping, smashing, squashing, crushing something open: *ŋə́qʷt*. to be burst, popped, smashed, squashed by something or someone: *ŋəqʷə́təŋ*.

squat to squat down: *ʔəsxʷšuʔšpíyəŋ, nəxʷšəpúct*. to be squatting, sitting on one's heels: *ʔəsxʷšúʔšp*.

Squaxin Island *skʷáxʷsən*. Squaxin Island tribe: *skʷáxʷsənháʔwəŋəxʷ*.

squeak to make a squeaking noise: *qčíqəŋ*. to be making a squeaking noise (as tight hinge or chair): *qaʔčíqəŋ*.

squeal to tattle, tell squeal, inform on: *syə́cəm*. to be telling (someone something), tattling, informing: *yaʔcícəm*.

squeeze to be squeezed, especially to get juice or other liquid: *čúc*. to be squeezed, flattened: *číp*. to be pinched, squeezed: *čə́nc*. to be stuck, wedged, squeezed in between two things: *čə́c*. to squeeze something: *čúpt*. to squeeze something or someone: *čúct*. to wedge, squeeze something in, stick something between: *čə́ct*. to wring, squeeze something: *číct*. being squeezed by someone or something: *čaʔpútəŋ, číptəŋ*. to be getting hugged, squeezed: *čaʔcústəŋ*. to be hugging, squeezing each other: *čaʔcústi*. to be squeezed, bunched up together: *ʔəscéʔip*. to be squeezed by something or someone: *čpítəŋ*. to be squeezed, hugged: *ččústəŋ*. to be squeezed in, squeezed together, stuck in, pinched in: *ʔəscə́nc*. to be squeezed, pinched by someone or something: *čə́nctəŋ*. to be squeezing: *čaʔpéʔŋəł*. to be squeezing juice (out of fruit): *čaʔcə́yuʔ, čaʔpə́yuʔ*. to be squeezing something: *čéʔpt, čúʔpt*. to be squeezing something together repeatedly: *čə́nčə́nct*. to be stuck, squeezed in tight: *ʔəscáʔəkʷ*. to be stuck, squeezed, pinched in between two things: *čə́nčə́nc*. to be wringing something out, squeezing something: *čéʔct*. to pinch, squeeze something together, squeeze it in: *čə́nct*. to squeeze (as fruit for juice), flatten something: *čípt*. to squeeze (customarily): *čpíŋəł*. to squeeze, flatten (several): *čaʔyípt*. to squeeze juice (out of fruit): *cəcə́yu, cəpə́yu*. to squeeze

stalk

oneself through: *čə́ncct*. to squeeze, pinch together: *čə́ncnə́kʷi*.

squirm to squirm, wriggle, twitch, act startled: *cə́yəkʷ*. to squirm, twitch, startle: *cə́yəkʷəŋ*. to be squirming around: *cə́yəkʷi, qə́yčt*. to be squirming around a lot or of several: *qiqə́yčt*. to be squirming, wriggling, twitching, antsy (as when tickled): *cə́ykʷ*. to be twitching, squirming, jittery: *cə́ykʷəŋ*. to squirm around (of a group): *cicə́yəkʷəŋ*.

squirrel *cə́cpsiʔúcən*. several squirrels: *caʔyaʔcpisiʔúcən*. small squirrel, chipmunk: *caʔcə́cpsiʔúcən*. to make the chattering sound of a squirrel: *caʔcə́məsáys*.

squirt to sprinkle, splash, squirt, spray water on someone or something: *łitúst*. to be sprinkled, splashed, squirted, sprayed with water by something or someone: *łitústəŋ*. to be sprinkling, squirting, splashing, spraying water: *łiʔtsáys*.

squish squishy, wet, saturated, muddy, soaking wet: *cíqi*. to step in something that squishes: *ŋəyə́qʷsən*.

stab to poke, impale, stab, pierce someone or something (with a knife or spear): *tčə́t*. being stabbed, poked: *táčtəŋ*. to be poked, speared by a group (or of a group or several times): *titáčtəŋ*. to be poked, speared, stabbed: *tə́č*. to be poked, stabbed (accidentally or after trying) by someone or something: *tčnə́y*. to be poking, stabbing someone or something: *tə́čt*. to be stabbed, poked, speared by someone or something: *tčə́təŋ*. to get poked, pricked, stabbed in the foot or leg, have a sliver in one's foot: *tčsə́n*. to get poked, pricked, stabbed in the hand or finger, have a sliver in one's hand or finger: *tčács*.

stable horse barn, stables: *stiqiwáwtxʷ*.

stack to pile, stack, bundle, shock (hay): *məkʷəyuʔ*. to set something in place, line up people or things, stack something (such as firewood) in a row: *tənə́t*. to be set in place (of a group), be lined up, stacked by someone or something: *tənt́əntəŋ*.

stagger to stagger, stumble, almost fall: *xʷə́c*. to stagger, stumble, totter, walk unsteadily, slip and fall: *xʷə́cəy*. to be staggering, stumbling, falling down, tottering, walking unsteadily: *xʷə́cəŋ*.

stairs ladder, stairs, steps: *sxʷcícaʔyəŋ*. a small hill, stairs, ladder, anything that might be climbed up on: *scéʔyəŋ*. to be on top, sitting atop, be upstairs: *ʔəscáʔcaʔ*.

stake stake set in the ground around an open fire to hold salmon as it cooks: *tə́cmən*. several barbecue stakes: *tə́ycəmən*.

stalk to stalk, follow, sneak up on someone or something: *šást*. to stalk, sneak up on a group (or of a group): *šušást*. to stalk, sneak up on something or someone: *šaʔsáyst*. being chased, followed, pursued, stalked: *čiʔásəŋ*. being stalked, sneaked after by someone: *šaʔsátəŋ*. to be making a crunching noise, be noisy (while stalking an animal): *xaʔpúxʷəŋ*. to be sneaky, sneaking around,

English-Klallam Index 715

stalking: šaʔsáys. to be stalked, followed, sneaked up on by someone or something: šástəŋ. to be stalked, sneaked up on by something or someone: šaʔsáystəŋ. to be stalking, sneaking up on someone or something: šáʔst.

Stamish Stamish Days, an annual celebration at Lummi: támə š.

stampede the sound of many footsteps, sound of a stampede: titə́nčyən.

stand to stand, stand up: cítəŋ. to step up, stand on (something): caʔsə́nəŋ. to sit, stand beside, next to: tə́nəs. be standing: ccítəŋ. to be lined up, people in a row, side by side, standing in line: ʔəsxʷtánəɬ. to be standing, rearing up (of a horse): céʔɬəŋ. to manage to stand up (after falling down): cləŋnúŋət. to spread the legs, do the splits, stand with feet apart: sxʷtaʔx̣áyəɬ. to stand (of several): caʔyíɬəŋ. to stand someone or something up, have someone or something stand, raise up, lift something up: clíŋəstxʷ.

star ɬaʔɬə́wəsnaʔ. several stars: ɬiyaʔɬə́wəsnaʔ.

stare to be looking at, staring at, watching something: kʷə́nít. to stare with eyes wide open: tx̣aʔyúsəŋ.

starfish sea star, starfish: q̣əyács. nine-rayed sea star: tkʷxʷásən q̣əyács. a group of small starfish: q̣aʔyaʔq̣aʔyács, q̣aʔyaʔq̣ácsɬ. several sea stars, starfish: qiʔq̣aʔyács. small starfish: q̣aʔq̣aʔyács.

start to begin, start (doing something): ʔáyəct. to move around, run, start (of a motor or anything that moves on its own): qʷíxəŋ. to start a fire: čqʷə́yu. to start, run (of a motor): kʷə́yəxct. to start something (a machine): kʷə́yəxt. to be building, making, lighting a fire, starting a fire: čaʔqʷə́wc. to be started, running (of a machine): kʷə́yxct. to build a fire, light a fire, start a fire: čə́qʷəwc. to make someone or something run, start a machine: kʷənəŋútt. to make something move, shake, rock itself, start a motor: kʷəy̓əxcúttxʷ.

starter starter log, the first big log that small sticks are leaned up against when starting a fire: nə́šaʔč.

startle to squirm, wriggle, twitch, act startled: cáyək̓ʷ. to be startled, suddenly scared: čə́čəŋ. to startle, scare someone: ččŋístxʷ. to startle someone or something: cáyk̓ʷt, tiʔx̣ʷə́ŋət. to twitch, jump, move suddenly (as when startled): cáyək̓ʷct. to be skittish, easily startled, untamed, wild and unaccustomed to people (as deer or feral cats, for example): céʔcq. to be startled, scared by something: ččŋístəŋ. to be startled, suddenly scared (of a group or several times): čičə́čəŋ. to have big, wide open eyes (as someone startled): stayəx̣áyəs. to open one's eyes wide (as someone startled): stayəx̣áyəsəŋ. to spook, haunt someone, startle (animals): naʔnək̓ʷít. to squirm, twitch, startle: cáyək̓ʷəŋ.

starve starvation: qə́nxʷ. to starve: čɬqə́nəxʷ. to starve someone: čɬqə́nəxʷtxʷ. being starved: čɬqə́nxʷtəŋ. to be fasting, going without food, starving oneself: cə́yct. to be starved by someone: čɬqə́nəxʷtəŋ. to be starving, fasting, going without food: čɬqə́nxʷ.

stateside American, America, stateside: pástən.

station jail, prison, police station: sqqəyuʔáw̓txʷ.

stative stative, indicating a completed state or condition: ʔəs-, -t².

Stavis Creek creek six mile south of Seabeck, probably Stavis Creek: čtéʔwəs.

stay to stay there: txʷʔiyá. to be at home, stay home: ʔaʔáʔmət. to stay overnight: pacáʔɬəŋ. to stay overnight, camp out, make camp: q̓ə́yəŋ. to be a short time, stay a short time, a little while: qaʔqaʔyís. to be living, staying with, visiting one's in-laws, one's spouse's family: kʷiʔkʷaʔɬú. to let someone stay home: ʔaʔáʔməttxʷ. to live, stay at one's spouse's land of origin, live with one's in-laws: kʷíɬuʔ.

stay away to be away, stay away, be apart (from something or someone), not close: ʔəxʷéʔi.

steady to hold something steady, prevent something from moving: x̌aʔyaʔcít. to be held steady, stopped, prevented from moving: x̌aʔyáʔctíŋ. to be steady and strong: ʔəstéʔtəm. to go ahead, keep going, continue, be steady, persevere, proceed: stə́ŋct. to share companionship, date, go steady with each other in courtship: štəŋnə́w̓i.

steal to steal, take something away (from someone): qán̓. to steal, be stolen, be kidnapped: sqán̓. to steal from someone, rob someone: qán̓ət. stolen property, anything that one has by theft: sčqán̓. thief, robber, always stealing: qán̓qən̓. to be robbed, have something stolen: qan̓ítəŋ. to be stealing, poaching: qáqən̓. to have stolen from someone, robbed someone: qan̓ít. to manage to steal from, rob someone: qán̓əxʷ. to rob, steal from each other: qan̓íti.

stealth to be sneaking, walking quietly: šaʔsáʔct.

steam to steam: páyəxʷəŋ. to be smoking, steaming, giving off smoke (of a fire) or steam: pə́k̓ʷəŋ. to be steaming: pəyúxʷəŋ.

steam-cook to boil, steam-cook something: qʷəyəsnít. to cook on rocks on the beach, steam clams: cxʷás. to bake by steaming in a fire pit: čə́nəs. anything baked or steamed in a cooking pit: sčə́nəs. to be baked, steamed: ʔəsčə́nəs. to be boiled, steam-cooked, canned by someone or something: qʷəyəsnítəŋ. to be boiled, steam-cooked, canned by someone or something: qʷə́yəstəŋ.

steamer littleneck clam, steamer clam: sk̓ʷɬáʔiʔ, šəčánaʔ. several littleneck clams, steamer clams: šiyə́čənə.

steel any metal, especially iron, steel: qəmtán.

steelhead łóčšən. a small steelhead: łaʔłóčšən. several small steelheads: łaʔyaʔłóčšən. a group of steelheads: łəyóčšən.

steer to straighten oneself, steer (a vehicle): łx̣ʷə́ct. to straighten something, correct the course, steer, put someone on the right path, unfold something: łx̣ʷə́t. being straightened, being steered: łə́x̣ʷtəŋ. to be steering (a car, etc.), skippering (a canoe, boat, etc.), captain (a ship): łə́x̣ʷct. to be steering, guiding: łə́x̣ʷyu. to be straightening, steering something: łə́x̣ʷtˀ¹.

steering wheel rudder, steering wheel, tiller: łx̣ʷə́n. rudder, steering wheel, anything used to keep a conveyance going straight: sx̌ʷiʔłə́x̣ʷct.

Steilacoom Creek Steilacoom Creek and neighboring beach: čtíləqʷəm.

Steller's jay blue jay, Steller's jay: kʷaʔkʷšə́čən, kʷə́škʷš.

stem tree limb, branch, plant stem, knot: sx̌qács.

stem extender -ʔəł, -a, -awˀ, -ay, -əʔ, -əw, -ix, -m, -nˀ¹, -x.

step to step on, lie on, put oneself on something: ʔíŋət. to take a step, move one's foot: čənəsə́nəŋ. to step up, stand on (something): caʔsə́nəŋ. being stepped on by someone or something: ʔaʔŋítəŋ. manage to step on something, step on something accidentally, run over something: ʔíŋənəxʷ. to be run over, stepped on repeatedly: ʔəŋʔíŋtəŋ. to be stepped on by someone or something: ʔíŋətəŋ. to be stepped on, run over by someone or something accidentally: ʔíŋənəŋ. to be stepping on something: ʔaʔŋít, ʔéʔŋət. to get stuck (in mud, sand, snow), step in something muddy or mucky: łiłə́kʷ. to miss a step, put one's foot on at step and have it slip off: łəpsə́n. to step in a pile of excrement: sninə́q̓ʷšən. to step in excrement: snə́q̓ʷsən. to step in something that squishes: ŋəyə́q̓ʷsən.

stepchild an adopted child, foster child, stepchild: nəčíwəs. an adopted child, stepson, stepdaughter, stepchild: syənáʔəŋ. several adopted children, stepsons, stepdaughter, stepchild: syənəyənáʔəŋ.

step in to step in excrement or anything nasty: naʔyúq̓ʷsən.

step-parent parent, step-parent, parent-in-law: ʔiyáyəŋ. several step-parents: sxʷsʔaʔyúkʷł. step-parent or parent-in-law: ʔəsxʷʔiyáʔyəŋ. step-parent, step-mother, step-father: sxʷsʔúkʷł.

steps ladder, stairs, steps: sxʷcícaʔyəŋ. stile, steps used for going over a fence: sxʷcaʔwéyŋ. a flight of steps: sxʷiʔcícaʔyəŋ.

step-sibling double step-sibling, the reciprocal relationship between children when the father has a child and the mother has a child each by former marriages: čə́nkʷs. little, inferior step-sibling: čéʔyənəkʷs. several double step-siblings: čənčənəkʷs. several little, inferior step-siblings: čaʔyaʔčéʔyənəkʷs. several step-siblings: čiyə́nəkʷs.

stern the stern of a canoe or boat, back seat of a vehicle: skʷáʔətˀ¹. to be in the stern of a canoe or boat, back seat of a vehicle: ʔəskʷáʔət. to go to the stern, go to the back seat of a vehicle: kʷáʔətct.

sternum chest bone, breastbone, sternum: scáʔmínəs, sxʷcáʔmínəs. bottom end of the chest bone, the xiphoid process: sxʷyənəwsáyə.

stew salmon soup, salmon chowder, salmon stew: sčəyáł.

stick stick, rod: =wyaʔs. to get stuck, glued on: x̌ˀə́q̓ʷ. to stick something on, stick something together: x̌ˀə́q̓ʷət. any stick, piece of wood: sčə́yaʔ. a stick used for roasting food (especially salmon) placed in the ground around a fire: sxʷiʔq̓ʷə́yəŋ. digging stick, any stick used for digging clams or roots: q̓ʷúkʷ. digging-stick, a sharp stick used to dig clams and roots: sqáyəx̣. drumstick, any stick for beating rhythm: x̌ˀkʷuʔyáʔsən. measurer, anything used to measure with, tape measure, yardstick, ruler: yəqə́n. walking stick, cane, crutch: q̓ʷcáysən. to be stuck on: x̌ˀíq̓ʷ. being stuck onto by someone or something: caʔq̓ʷtíŋ. several sticks, clubs: sčəyéʔyə. to be sticking something on: x̌ˀə́q̓ʷt. to be sticking together: x̌ˀéʔq̓ʷti. to be stuck on (something) by someone or something: x̌ˀə́q̓ʷtíŋ. to stick, join together something that was broken: x̌ˀə́q̓ʷənkʷə́yətxʷ. to stick, lodge, wedge something in: ckʷə́t. to stick something on: x̌ˀə́q̓ʷít. to stick things together: x̌ˀə́q̓ʷtúy. to stick to each other: x̌ˀə́q̓ʷíti. to wedge, squeeze something in, stick something between: čə́ct. several walking sticks, canes: q̓ʷaʔyəcáyəsən.

stick game slahal, stick game, bone game: slahál.

stick out to be sticking out, protruding: ʔəshéheʔč. to make something protrude, stick something out beyond others, put something in front, ahead: híčt. to be made to protrude, stick out beyond others, be put in front, ahead by someone or something: həčístəŋ. to be making something protrude, stick something out beyond, in front, ahead of others: héʔčt.

stick shoe big stick shoe, giant chiton, gumboot, giant Pacific chiton, China shoe: ʔúkʷs.

stick up to stick up out (of something anchored in the water): ʔəsxʷáq̓ʷł.

sticky to be sticky: x̌ˀə́q̓ʷx̌ˀə́q̓ʷ. to be sticky, things sticking together: x̌ˀix̌ˀə́q̓ʷti.

sticky gooseberry gumberry, gummy gooseberry, sticky gooseberry: tə́məqʷ.

stiff to be stiff, not limber (of a body part): łéʔəxct. to have muscle stiffness: łéʔxsən, łłéʔxsən. to be wrinkled, flap, flip (as something hanging loose), loose, floppy, flabby, not stiff: łə́yp.

stile stile, steps used for going over a fence: sxʷcaʔwéyŋ.

still still, yet: twawˀ-. to be calm, good weather, still, no wind: syíq̓ʷi. to be keeping quiet, silent, still: səmíxʷ. to be keeping still, behaving oneself:

Stillaguamish   **stop**

λ̓aʔyaʔccút. to be still, not moving: ʔə́nnixʷ. to get still, stop: λ̓áyuc̓. to keep still, not move, be stopped (of a group): λ̓aʔyaʔcíy̓. to keep still, remain stopped: λ̓íʔcíy̓. also, too, additionally, still, either, another: λ̓áy². to act jumpy, agitated, unable to keep still: sáy̓ct.

Stillaguamish Stillaguamish tribe, Skagit tribe, Stillaguamish River: stuʔtáʔwiháʔəwŋəxʷ.

still kicking to be still kicking, still alive: cix̣sə́nəŋ.

sting to get stung by stinging nettles: c̓ic̓čə́x̣. to shoot something or someone (with bow and arrow, gun, hypodermic needle), sting (as a bee) someone: čk̓ʷút. to sting someone or something: x̣ṯə́t. to be shot (by gun, arrow, needle), stung by a bee: čk̓ʷútəŋ. any small bee, hornet, wasp, bumblebee, yellow jacket, any stinging insect of the order Hymenoptera: sxʷṯaʔṯáʔk̓ʷəŋ. bee, any stinging, flying insect: sṯáʔk̓ʷəŋ. being shot, stung, hit with evil spirit power: x̣ə́ṯtəŋ. to be shooting (not with a gun or bow), stinging, putting a spell on someone or something: x̣ə́ṯt. to be shot, stung on the nose: čk̓ʷə́qsən. to be stung by a nettle: ccx̣ə́ɬctəŋ. to shoot spirit power, inject venom (as a snake): x̣ṯə́yu. to sting the eye with stinging nettles: nəxʷcic̓čxáy̓s.

stinging nettle c̓c̓čx̣ə́ɬč. to get stung by stinging nettles: c̓ic̓čə́x̣. to sting the eye with stinging nettles: nəxʷcic̓čxáy̓s. good for curing stinging nettle wounds: smə́ɬqsən.

stingy to be stingy: nəxʷk̓ʷaʔk̓ʷáʔyəɬ. to want others not to use, feel possessive about (something), not want to give (something) up, cherish, hold dear, feel emotionally attached to a person or object: sk̓ʷiʔáʔəm̓.

stink to have a smell, stink: súŋ̓. to smell strong: xʷásəŋ. to stink: c̓səŋ. to stink, smell bad (especially animal smells): sx̣aʔsáyəqč. a stink, a smell: ssúŋ̓. being smelled (especially as a stink): súsaʔnəŋ. to be a stink: ʔəssúsəŋ. to be stinking, smelling bad: súsəŋ. to be stinky, smell: saʔsúsəŋ.

stink berry Indian plum, osoberry, stink berry: čéʔčšinč.

stir to be stirred, plowed up, moved: cáy̓əx̣. to move something back and forth, stir, beat (as an egg): k̓ʷə́y̓əxt. to stir, mix, roll something around: má y̓əčt. to stir, plow something up: cáy̓əxt. to agitate, flush, make water move, shake, splash, stir up something in water (especially to get it clean): xʷšə́t. being agitated, flushed, stirred, moved around in water to get clean: xʷə́štəŋ. being stirred, mixed, rolled around, confused: má y̓čtəŋ. really being stirred, mixed, rolled around, confused: miʔmá y̓čtəŋ. to be bothersome, troublesome, stirring up trouble: taʔčaʔxʷéʔənəq. to be stirred, plowed up by someone or something: cáy̓əxtəŋ.

stir up trouble to be bothering, disturbing, upsetting, stirring up trouble for someone: taʔčaʔxʷéʔt.

stitch to sew, stitch something: čáʔct. to be sewn, stitched by someone: čaʔcátəŋ.

stocking sock, stocking, hose: stákən. several socks, stockings: staʔyákən. to put on socks, stockings: takən̓hə́nəŋ.

stoke to be making a fire, stoking a fire: čə́qʷəyu.

stolen to be robbed, have (things) stolen: qən̓qanítəŋ.

stomach mid abdomen, solar plexus, pit of the stomach, mind: =ankʷs. abdomen, belly, tummy, stomach: λ̓ác. tripe, cow's stomach: spə́xʷ. intestines, stomach, where the food goes: c̓súʔ. insides of the body, guts, stomach, intestines: sxʷc̓ixʷíkʷən. pit of the stomach, heart cavity: sxʷyənəwsáyə. to be hit in the abdomen: c̓síqtəŋ. to get hit in the diaphragm, solar plexus, pit of the stomach: c̓sánkʷs. to growl, grumble (of the stomach): k̓ʷac̓čúxʷəŋ. to lie on one's stomach, lie face down lie upside down (of a canoe): tɬús.

stomachache bellyache, stomachache, diarrhea: x̣ɬíqən.

stomp to stomp, shake oneself: məxʷíct. to be stomping, shaking oneself: maʔxʷíct.

stone any rock, stone, boulder: sŋánt. brick, stone, concrete house or any building: sŋəntáwtxʷ. gravel, little rocks: sŋəntúʔiɬ. gravel (small stones mixed with sand): sčə́čɬ. grinding stone: čqə́ytən̓. rocks, stones: sŋiyánt. several small rocks, stones: sŋəyaʔŋáʔant. small rock, stone: sŋaʔŋáʔant. stone head, blockhead: sŋəntéʔqʷ. to be turning to stone: sŋáʔnətct. to turn to stone: sŋánətct.

stool chair, stool, bench, seat, anything used to sit on (but not a bed): sxʷc̓aʔwáčən. small chair, stool, bench: sxʷc̓ac̓aʔwáčən.

stoop to stoop down to go under: tɬíyəŋ.

stop to stop (moving or doing anything): λ̓áyuci. to stop (of the rain or other weather): xʷác. to stop, restrain, block, prevent someone from doing something: k̓ʷčə́t. to stop (something) by applying an opposite force such as hitting, bumping or leaning against, colliding with: cə́n̓. to stop: ʔə́nəxʷ. to stop any forward progress: xʷác. to stop crying, stop talking, calm down: cə́xʷiʔ. to stop fussing, come to one's sense after a tantrum: hiyíct. to stop something (such as machinery): λ̓áyuct. to stop (of the rain): xʷáčsən. being stopped by someone or something: λ̓aʔyúctəŋ. to be done, over, finished, complete: húy¹. to be held steady, stopped, prevented from moving: λ̓aʔyáʔctíy̓. to be relaxing, pausing, taking break: haʔčáy̓ŋən. to be stopped by someone or something: λ̓áyuctəŋ. to be stopped, restrained, blocked, prevented from doing something: k̓ʷčə́təŋ. to be stopping: λ̓áʔyuʔciʔ. to be stopping raining, starting to stop raining: xʷaʔcíʔ. to be stopping, restraining, blocking, preventing someone from doing something: k̓ʷə́yt. to be time to quit, stop, finish: čən̓húy̓. to get bumped against, stopped in one's path, shoved:

---

718   English-Klallam Index

cáx̣. to get still, stop: x̣̌áyuc̓. to give up, admit defeat, stop trying, stop thinking about it: k̓ʷaʔčéʔwən̓. to hold something steady, prevent something from moving: x̣̌aʔyaʔcít. to keep still, not move, be stopped (of a group): x̣̌aʔyaʔcíy̓. to keep still, remain stopped: x̣̌iʔcíy̓. to relax, pause, let up, take it easy, stop (doing something), control oneself, desist: həčáyŋən. to release, let go of, give up, drop something, leave something alone, ignore something: kʷáʔət. to start to comfort oneself, stopping crying: x̣̌x̣̌úʔct. to stop moving one's feet: x̣̌áyucsən.

stop talking to hush, be quiet, shut up, stop talking: sə́məxʷ.

store store, trading post: sxʷimáy. to put away something, store something away to keep it good for later use: ʔáʔyət. be to be stored, put away: ʔəsʔáʔəy̓. secondhand store: c̓x̣ʷináwtxʷ. shopping center, mall, downtown area, anyplace where there are lots of stores: sxʷix̌ʷimáy. to be put, stored away by someone: ʔaʔyístəŋ. to be putting away something, storing something: ʔáʔaʔyət. to be putting away, storing (something) for later use (canning, drying, smoking, etc.): qaʔyúʔəŋ. to put, store away something: ʔaʔyístxʷ.

storm thunder, thunderstorm, thunderbolt and accompanying lightning: ʔaʔcáʔkʷɬ. to be poured on by rain, be caught in a rain storm: ɬəmɬə́məxʷtəŋ. wind storm: x̣áx̣̌ct.

story mythical story, fairy tale, legend, myth, fable, fiction: sxʷiʔám̓. language, word (especially spoken word), speech, voice, story: sqʷáy.

storytelling conversation, storytelling: sqʷáy̓qʷiʔ. to be telling a story: xʷaʔxʷiʔám. to be told a story by someone: sxʷiʔamústəŋ. to tell a story, especially a story of long ago from when time began: xʷiʔám. to tell a story to someone: sxʷiʔamúst. to tell each other stories: sxʷiʔamústi.

stout to be fat, stout, greasy: mə́c. to get fat, stout, put on weight: məccút.

stove fireplace, stove, hearth: sxʷčqʷuʔcáyə.

stovepipe stovepipe, chimney: sxʷpk̓ʷəŋáy.

stow to put something away, stow something (in a small space or between two things): č̓ə́t.

St. Patrick's Day nx̣̌ə́ɬ skʷáči.

straddle something straddled, saddle: sxʷčəč̓íyəɬ. to be straddling, have legs around (something) (as a horse or log): sxʷčəč̓íyəɬ.

straight to be straight: ɬə́xʷ. to be straight, direct: ʔəsɬáxʷɬ. to be level, straight, in line: ʔəsyáqɬ. to make something stay straight: ɬxʷít. to be going straight: ɬə́xʷct. to be sitting with legs straight out: ʔəstaʔyúxʷsən.

straighten to straighten something, correct the course, steer, put someone on the right path, unfold something: ɬxʷə́t. to behave, straighten up, come to one's senses: p̓ɬə́ŋ. to straighten oneself, steer (a vehicle): ɬxʷə́ct. to straighten someone or something out, set someone straight: ɬxʷístxʷ. being straightened, being steered: ɬə́xʷtəŋ. to be straightened, corrected: ɬxʷə́təŋ. to be straightened, corrected a little: ɬaʔɬə́xʷtəŋ. to be straightened, corrected, made to go straight: ɬxʷístəŋ. to be straightening out, going straight: ɬiɬə́xʷct. to be straightening, steering something: ɬə́xʷt¹. to reprimand someone, tell someone off, bawl someone out, give someone a talking to, call someone down, straighten someone up: ɬxʷúst. to straighten something or someone out a little or a little at a time: ɬaʔɬə́xʷt.

strait to be from across the strait, Canada: čaʔɬnáʔəč.

strange to be different, strange, other: náč. strange, foreign land: naʔcáʔuŋəxʷ. to become strange, different: txʷnačéyŋ. to be different, strange, other (of a group): naʔyáč. to be made different, odd, strange by someone or something: načítəŋ. to make something different, odd, strange: načít.

stranger a foreigner, stranger: naʔcáʔuŋəxʷ. to be a stranger, a different kind of person: nčáʔis. a group of foreigners, strangers, people of a different nationality: nəyaʔcáʔuŋəxʷ. foreigner, stranger: naʔcáʔuɬ. to be a stranger: nəčíwəs. to not recognize, be a stranger to (someone or something): načnəčáʔyəs.

strangle to choke, strangle, hang someone: xʷq̓ʷəyəɬnáyət. to choke, strangle someone or something: ɬaʔq̓ʷɬnáyət.

strangling to be making a choking, gurgling, strangling sound, death rattle: q̓aʔyíqəŋ.

strap tumpline, basket headband, pack-strap worn across the forehead attached to a load on the back: cə́ŋaʔtən.

straw drinking straw: sxʷqʷúqʷaʔtən. to suck, drink with a straw: c̓qʷə́yuʔ.

strawberry ɬéʔyəqʷ. strawberry plant: ɬeʔiqʷɬč. several strawberries: ɬiʔɬáʔyəqʷ.

Strawberry Point Strawberry Point, the eastern point on Whidby Island opposite Skagit Bay: qʷə́čaʔč.

stream creek, stream, brook: stútaʔwiʔ. several creeks, streams: stayaʔtúʔwiʔ. to be flowing, running, streaming, gushing, rushing (of water or other liquid): héʔkʷəŋ. to go downstream, go out to sea, go north, downriver, go out of a bay toward the mouth: qʷə́q̓ʷi.

strength spirit power, personal power, talent, strength: skʷənáŋəɬ.

strep a certain kind of disease involving a very sore throat with a rash-possibly strep throat: sk̓ʷəyə́ɬnəɬ.

stress to be bothered, disturbed, troubled, mentally stressed by someone or something: taʔčaʔxʷítəŋ. to bother, disturb, trouble, upset, mentally stress someone: taʔčaʔxʷít.

stretch to stretch: ʔúṫ, ʔúṫəŋ. to stretch, extend something out: ʔúṫt. to stretch oneself: ʔəṫúct. to be stretched, extended out by someone or something: ʔəṫúṫəŋ. to be stretched out (as gum, elastic, rubber), extended (as a long ladder or table with leaves added): ʔəsʔúʔəṫ. to be stretching: ʔúʔṫi. to be stretching something: ʔúʔıt. to stretch (a direction): ʔúṫi. to stretch one's neck to see: ʔaƚnáʔyəŋ.

strike to hit, strike, beat something or someone repeatedly: šıščət.

string rope, string, twine, line: xʷéʔləm. string, fishing line: xʷxʷéʔləm̓. thread, string: xʷıxʷaʔləm. to be threading a needle, stringing beads: nəxʷsuʔə́čt. to string up, spread out something to dry: xáčt.

string bead to string beads, sew, thread beads onto a needle: nəxʷsúyət.

strip to break off, slough off, strip off (by a force of nature as when the wind blows branches off of a tree or when a storm causes a landslide): ṫə́m̓. to peel, skin, strip, pry off something: síƙʷt. to break off, strip off leaves and branches (from a log, stick, or plant), prune (a tree or bush): ṫəmíƙʷs, ṫəmíƙʷst. to peel off, pluck out, strip off (as small branches on a limb): ṫəmíct. to be peeled, skinned, stripped by someone or something: səƙʷíṫəŋ. to be stripping off (leaves or branches): ṫəŋṫəŋíƙʷst. to break off several, strip off leaves and branches (from a log, stick, or plant), prune (a tree or bush): ṫəmṫəmíƙʷs. to trim down, strip off (as when taking off excess limbs of a plant before planting): ṫəmíƙʷsəŋ.

stroke to tap, stroke, pet, brush something: ʔípt. to be wiped, stroked, petted, brushed by someone or something: ʔəpíṫəŋ.

stroll to take a walk, stroll, go on a trip on foot: šṫəŋúsəŋ. to take a short walk, stroll: šaʔšṫəŋúsəŋ.

strong to be strong (of a person, wind, any force or may refer to strong material such as a strong rope or sturdy house): ʔiyə́m̓. to be strong, husky: skʷúƙʷm. to smell strong: xʷásəŋ. hard, solid, sturdy, congealed, jelled, tough, strong (material): q̓sə́ŋ. being made strong by someone: ʔaʔyaʔmúṫəŋ. to be a strong type of person: ʔiyəmáyəmš. to be getting stronger, getting well: ʔayaʔyə́mct. to be handsome, smart, debonair, strong, competent, energetic, confident, someone who takes pride in his work and does it well: ʔəsxʷúʔxt. to be made strong by someone: ʔiyəmúṫəŋ. to be making oneself strong: ʔaʔyaʔyə́mct. to be seeking spirit power, making oneself spiritually strong especially through bathing in the cold water of a river or stream: ƙʷaʔčáʔct. to be small and strong (of several): ʔayaʔiyiyə́m. to be steady and strong: ʔəstéʔtəm̓. to be strong: ʔiʔiyə́m̓. to be strong armed: ʔiyəmiʔáxən. to be strong legged: ʔiyəmiʔásən. to be strong, sharp (of the wind): ƙʷiƙʷiyáy. to be very strong (of several): ʔiʔiyiyə́m. to feel stronger (after an illness): ʔiyə́mct. to make oneself strong, become strong, train oneself: ʔiyəmúct. to make someone strong: ʔiyə́mstxʷ. to make someone strong, train someone: ʔiyəmút. to seek spirit power, make oneself spiritually strong especially through bathing in the cold water of a river or stream: ƙʷčáct.

strong-willed to be tough, strong-willed, strong-minded: ʔimənánkʷs. to be stubborn, proud, strong-willed, hard-headed, single-minded, not want to be told, know-it-all: čqánkʷs.

structured activity structured activity, always, regularly: -ays̓, -əyu.

struggle to struggle to get up after falling down: mə́čt.

stubborn to be stubborn: šíyaʔyəs. to be stubborn, disobedient, rebellious: ʔəsšíyayəs. to be stubborn (of several): ʔəsšiʔšíyayəs. to be stubborn, pouting, bullheaded: ŋisúŋəs. to be stubborn, proud, strong-willed, hard-headed, single-minded, not want to be told, know-it-all: čqánkʷs. to refuse to do (something), be stubborn, not take advice, disagree: hə́wə.

stuck to be stuck: ƛ̓ə́kʷ. to get stuck, glued on: ƛ̓áq̓ʷ. to be squeezed in, squeezed together, stuck in, pinched in: ʔəsčə́nč. to be stuck (in something such as mud): ʔəsṫáƙʷƚ. to be stuck on, stuck together by someone or something: ƛ̓q̓ʷə́ṫəŋ. to be stuck, pinned in between (two things): ʔəsčáčƚ. to be stuck, squeezed in tight: ʔəsčáʔəkʷ. to be stuck, squeezed, pinched in between two things: čənčə́nč. to be stuck, tightly attached: ʔəsƛ̓áq̓ʷƚ. to be stuck together, stuck with someone: ƛ̓q̓ʷnə́kʷi. to be stuck, wedged, squeezed in between two things: čə́č. being stuck on by someone or something: ƛ̓áq̓ʷṫəŋ. being stuck on by someone or something (by or of a group): ƛ̓iƛ̓áq̓ʷṫəŋ. having fish bones or something stuck in one's throat: xiʔxiʔáʔqƚnƚ. to be choking from food stuck in throat: ṫƙʷéʔnəs. to be completely stuck or several things stuck together: ƛ̓iƛ̓áq̓ʷ. to be stuck closed (of the eyelids): ʔəsƛ̓iƛ̓q̓ʷáyəs. to be stuck in, jammed in, wedged in: čičə́c. to be stuck in one's throat crosswise: xiʔáqƚnƚ. to choke, have a chunk (of something) stuck in the throat: ṫiṫƙʷínəs. to choke on food stuck in the throat: ṫƙʷíns. to get someone or something stuck: ṫiṫə́kʷt. to get stuck (in mud, etc.) by someone or something: ṫiṫə́kʷṫəŋ. to get stuck (in mud, sand, snow), step in something muddy or mucky: ṫiṫə́kʷ. to have one's head stuck, pinched: čənəčéʔqʷ. to have something stuck between teeth: ckʷíns.

Stuckamish Stuckamish tribe: tqáməš. Stuckamish River, White River, also the name of a tribe: stə́qəməš.

study to study, examine, describe, do research, plan out: xčáys̓. to study, examine, inspect something or someone, figure something out, get to know and understand, check someone or something out, size up someone or something, do research on something: xčát. study something: ƙʷə́nít. to be

stuff figuring things out, studying something from every angle: *xix̣áčt*. to be looked at, watched, studied, read by someone: *k̓ʷənítəŋ*. to be studying, examining, describing, doing research: *xaʔxčáys*.

stuff one's stuff, baggage, belongings, clothing: *ʔáwk̓ʷ*.

stumble to drop down, fall, settle, stumble: *stə́ŋ*. to fall over (of something standing), fall forward, fall down (from standing), stumble and fall: *čáq̓*. to stagger, stumble, almost fall: *xʷə́c̓*. to stagger, stumble, totter, walk unsteadily, slip and fall: *xʷc̓áŋ*. to be staggering, stumbling, falling down, tottering, walking unsteadily: *xʷə́c̓əŋ*.

stump stump of a tree: *sxíyəmnəč*. tree stump, trunk of cut tree, the butt end of a log: *sčšáʔič*. roots and tree stumps that drift down river: *xəy̓ʔámnəč*. snag, a standing dead tree or large tree stump: *stáʔłčiʔ*.

stung to be shot, hit with evil spirit power, cursed, hit with a slingshot, stung by a lizard or snake: *x̣tə́təŋ*. to be shot, stung, cursed by a group or of a group: *xix̣áttəŋ*.

stupid a dolt, a stupid person, one who acts contrary to his or her own best interests: *scəyəxʷə́ync̓*. to act crazy, silly, foolish, clownish: *sqáti*. to act stupid: *sxʷak̓ihúmš*. to be crazy, foolish, mentally unbalanced, brainless, goofy, no sense, stupid: *ʔəscə́yəxʷ*. to be crazy, insane, promiscuous, foolish, stupid: *sxʷák̓iʔ*. to be totally stupid, dumb: *ʔsčix̣ʷə́yənč*. to have no sense, be absolutely stupid: *sxʷčix̣ʷə́ynəč*.

sturdy hard, solid, sturdy, congealed, jelled, tough, strong (material): *q̓ʷsə́ŋ*. to be making something hard, tough, sturdy: *q̓ʷə́səŋtxʷ*. to make something hard, tough, sturdy: *q̓ʷsə́ŋət*.

stutter to be stuttering: *ƛ̓pc̓é?nəŋ*.

subject he, she, it, they, third-person transitive subject: *-s⁴*. he, she, they, it, third-person subordinate subject: *-əs⁷*. I: *cn*. I, first-person subordinate subject: *-ən*. we, first-person plural subordinate subject: *-ət*. you, second-person subordinate subject: *-əxʷ*. to be changing the subject, talking about something else: *naʔčéʔyəŋ*. to be making (something) different, changing the subject: *txʷnaʔčéʔyəŋ*.

submerge to be sunk, submerged, disappeared below the surface: *c̓ɬə́p̓*. to be submerged, under water: *c̓ɬə́p̓i*. to be submerged, covered with water over the head: *c̓ɬpiyéʔqʷ*.

subsistence means of subsistence, food: *=kʷaʔn*.

success get to, finally, opportunity, able, success, achievement, get a chance: *-niɬt*.

such as being a certain way, be like, be how, such as: *xʷənʔáŋ*.

suck to be sucked out: *c̓úqʷ*. to suck, suckle, nurse: *c̓úqʷəŋ*. to nurse (a baby) at the breast: *qə́muʔ*. to sip, slurp up, draw in with breath (food such as broth): *súp̓t*. to be drawing, sucking out: *c̓aʔqʷə́yuʔ*. to be nursing at breast: *qáʔmuʔ*. to be sucked, drawn in or out by someone or something: *c̓qʷútəŋ*. to be sucked in, swallowed whole without chewing: *ɬtə́xʷtəŋ*. to be sucked up, draw out by sucking: *c̓úqʷtəŋ*. to be sucking: *cúʔqʷəŋ*. to be sucking each other: *c̓aʔqʷúti*. to be sucking on something, drawing out by sucking: *cúʔqʷt*. to manage to suck something out: *cúʔqʷnəxʷ*. to suck a little, suckle (of a baby): *caʔcúʔqʷəŋ*. to suck, drink with a straw: *c̓qʷə́yuʔ*. to suck on something, draw out by sucking: *cúqʷt*. to suck something in, swallow something whole without chewing: *ɬtə́xʷt*. to swallow, draw in, suck in: *ɬtə́xʷəŋ*.

suckle to suck, suckle, nurse: *c̓úqʷəŋ*. to suck a little, suckle (of a baby): *caʔcúʔqʷəŋ*.

suddenly just now, finally, suddenly: *čaʔ-¹*. to happen suddenly: *twawʔáxəŋ*.

suds to foam, suds up: *spúq̓ʷəŋ*.

Suez Sooes: *cúyəs*.

suffer to get hurt, ache, feel pain, feel sick, suffer, have a hard time: *xə́ɬ*. being tormented, made to suffer by someone or something: *smaʔxʷútəŋ*. being tormented, tortured, made to suffer: *smaʔxʷúct*. to be suffering, in pain: *qʷáʔqʷaxʷct*. to be tormented, made to suffer: *sməxʷúct*. to be tormenting someone, making someone suffer, getting a raw deal: *smaʔxʷút*. to pity someone that is suffering: *ʔúyəxt*. to torment someone, make someone suffer, give someone a raw deal: *sməxʷút*.

sufficient to be right, correct, legal, enough, satisfactory, fitting, sufficient, proper, in working order, okay, better (over an illness): *ƛ̓úm̓*.

sugar *šúkʷaʔ, sáqʷəŋ*. a little sugar: *šaʔšúʔkʷaʔ*. powdered sugar, frosting (on a cake): *piq̓ʷəyéʔčən*. someone who likes a lot of sugar: *šukʷaʔáyəqsən*. sugar bowl: *šukʷaʔháyə*. to be sugared, have sugar in it: *ʔəsšúkʷaʔ*. to sugar something, put sugar on something: *šúkʷaʔt*.

suggest I suggest..., why don't I/you..., I or you better..., should: *kʷi¹*.

suicide to kill oneself, commit suicide: *q̓ʷčúct*.

suit a suit of clothing, an outfit, uniform, costume, clothing ensemble: *ʔúykʷtxʷ*. suit of clothes: *sút*. swim suit, bathing suit: *sk̓ʷəŋúykʷɬ*. any underwear, especially covering the upper body such as undershirt, slip, union suit, etc.: *sxʷƛ̓číkʷən*.

suitable to fit (as clothing), be proper, be suitable: *ʔəsƛ̓úʔƛ̓əm̓*.

suitcase anything used to contain belongings such as any pocket, suitcase, trunk, bureau, chest-of-drawers: *sxʷʔuk̓ʷáy*. several containers for belongings pockets, suitcases, etc.: *sxʷuʔuʔk̓ʷáyə*.

summer *čənʔə́yi*. summer, hot time of year: *čənk̓ʷáʔyəs*. to be summer, to turn good weather: *čiʔánəŋ*. summer dog salmon: *maʔyəɬéʔcs, məɬác*.

English-Klallam Index

summer fern several summer fern roots: *skʷiyéʔəxʷ*. several summer ferns: *cicíƚč*. summer fern, bracken: *cisíƚč*. summer fern root: *skʷéʔəx*.

summon to invite, summon, call to someone to come: *qʷánəs*. to be calling to someone to come: *qʷáʔəns*.

sun *sqʷqʷə́y̓, sʔəm̓šácət, sʔuʔšáct*. lots of sun, very sunny: *sʔuʔuʔšáct*. to rise (of the sun): *x̌íq*. to set (of the sun): *nə́qəŋ*. to shine (of the sun): *qʷə́yəŋ*. to start to set (of the sun), descend from noon: *čiʔúykʷƚ*.

Sunday *nəmá skʷáči*.

sunny to be sunny, shining (of the sun): *qʷaʔqʷə́yəŋ*. to be bright, lit up, clear, sunny: *wayú*. being bright, sunny, clear: *waʔyú*.

sunrise to rise (of the sun): *x̌íq*.

sunset to set (of the sun): *nə́qəŋ*.

sunshine *qʷaʔqʷə́yəŋ*.

superabundant to be more than expected, superabundant: *ʔəscúʔyəxʷ*.

superlative superlative marker: *húy²*.

supernatural ghost, spirit, supernatural visitation: *snúʔnəkʷ*. Indian doctor, shaman, a person with supernatural power to heal or hurt someone: *sxʷnáʔəm*. spirit power acquired by a person through special disciplines: *ƚqíyən*.

supervise to be hired, supervised: *sŋátšən*.

supper supper, evening meal: *stəŋiʔŋínəŋ*. to be eating supper, an evening meal: *taʔŋənúcən, taʔŋiʔŋéʔnəŋ*. to eat supper, have an evening meal: *təŋiʔŋínəŋ*.

supple to be supple, flexible: *mə́ƚməƚ*.

supplies any food put away, packaged for later use, winter food supplies, larder: *sqíyuʔ*. to buy supplies: *tkʷsnáyəŋ*.

support help, support: *kʷənáŋəƚ*.

support boat *kʷənáŋəƚ scaʔkʷaʔyúƚ*.

suppose maybe, I suppose so, why not, I don't care, might as well, whatever: *sxʷə́wəs*.

Suquamish Suquamish area: *súq̓ʷəməš*. Suquamish tribe and the area around the Port Madison Indian Reservation: *səq̓ʷámš*.

sure to be sure, certain: *səcəʔít*.

surface =*ə́ƚəŋ*. to come up out of water: *x̌íq*. to surface and blow (of a whale, orca, or other marine mammal): *pxʷáyəs*. to surface and dive (of a fish, orca, whale, etc.): *p̓aʔkʷúsəŋ*. to come up out of the water: *x̌qíct*.

surf scoter surf scoter: *x̌ə́yən̓*.

surgery to undergo surgery, be operated on: *k̓ʷcítəŋ*.

surpass to advance, go forward, go ahead, move past, go in front, do it: *čiyáct*.

surprise to be surprised, amazed, impressed, astounded: *čə́q*. to surprise someone: *čqə́t*. my goodness! a word said when one is surprised: *ʔáčəna, čəná*. to be caught by surprise by someone: *x̌éʔnəŋ*. to be surprised: *ʔəstə́ŋ*. to be surprised, shocked, amazed: *ʔəsčáqƚ*. to catch someone by surprise, catch someone red-handed: *x̌éʔnəxʷ*. to startle someone or something: *tiʔxʷə́ŋət*.

suspect being suspected (of something) by someone: *taʔmáʔtəŋ*.

suspenders suspenders (for keeping trousers up): *ƚík̓ʷəntən*.

suspicious to be suspicious, untrusting (of someone or something): *taʔmáct*. to distrust, be suspicious of someone or something: *taʔmát*. being suspicious, untrusting (of someone or something): *taʔmáct*. to be suspicious of each other: *taʔmáti*.

swagger to swagger, sway, bounce while walking (as when walking in high heels): *šaʔšə́čqsən*.

Swainson's thrush salmonberry bird, Swainson's thrush: *xʷaʔxʷiʔə́š*.

swallow to swallow something: *ŋəqə́t*. to swallow, draw in, suck in: *ƚtə́xʷəŋ*. to accidentally swallow (something): *ŋəqnúŋət*. to be sucked in, swallowed whole without chewing: *ƚtə́xʷtəŋ*. to be swallowed by someone or something: *ŋəqə́təŋ*. to be swallowing: *ƚtə́xʷəŋ*. to be swallowing something: *ŋə́qt*. to manage to be swallowed by someone or something: *ƚtə́xʷnəŋ*. to suck something in, swallow something whole without chewing: *ƚtə́xʷt*.

swallow (bird) *q̓ʷsə́čən̓*. several swallows (birds): *q̓ʷəyq̓ʷsə́čən*.

swamp swamp, marsh, bog: *c̓caʔmə́nəkʷ*. swampy, boggy ground: *c̓caʔməŋə́nəkʷ*.

swamp tea Labrador tea, Indian tea, swamp tea: *ʔəcƚtiŋíxʷƚ tíy*.

swarm to swarm, gang up: *ƚə́məq̓*. to swarm on or over, pile around, gather around, gang up on someone: *ƚə́məq̓t*. to be ganged up, swarmed, piled up on: *ƚə́məq̓təŋ*.

sway to bother, distract, influence, sway, interfere with someone, get in someone's way: *cápt*. to swagger, sway, bounce while walking (as when walking in high heels): *šaʔšə́čqsən*.

swear to curse, swear at someone or something: *xʷínt*. to curse, swear repeatedly at someone: *xʷənxʷínt*. to swear at, curse each other: *xʷínti*. a curser, someone who swears a lot, uses rude language: *sxʷínxʷən*. being cursed at, sworn at: *xʷaʔnítəŋ*. darn you! damn! "on the head!": *héʔq*. darn you! "on the hip!": *háyič*. to be cursed at, sworn at: *xʷíntəŋ*. to be cursed, sworn at: *xʷənxʷínətəŋ*. to be cursing, swearing at each other: *xʷaʔnítiʔ, xʷənxʷínti*. to be cursing, swearing at someone: *xʷéʔənət*. to be cursing, swearing at someone or something: *xʷaʔnít*. to be swearing,

swearing flower

swearing flower cursing at each other: xʷaʔxʷənítiʔ. to swear, curse at each other: xʷaʔxʷəníti.

swearing flower rainflower, swearing flower: sxʷaʔxʷəníti skʷáqəŋ.

sweat mass, referring to a substantial body of material and in a few words this refers to body fluids tears, sweat, urine: =aʔɬ. to sweat: čáqʷəŋ. to sweat, perspire: čqʷáʔɬ. to be sweating: čáʔqʷaʔɬ, čáʔqʷəŋ. to make someone sweat: čaqʷəŋístxʷ.

sweater sxʷswétə. coat, sweater: kapú.

sweep to sweep up, gather up to clear: ʔíx̣ʷəŋ. to sweep up, remove trash, clear space: ʔəx̣ʷíct. to sweep, use a broom: ʔəx̣ʷənúkʷən. broom, anything used to sweep: sxʷiʔaʔx̣ʷíct. broom for sweeping the floor: ʔəxənúkʷən. to be gathering things together to get rid of them: ʔéʔx̣ʷt. to be sweeping, moving clutter out of the way: ʔaʔx̣ʷə́yuʔ. to be sweeping up, moving clutter out of the way: ʔaʔx̣ʷíct. to be swept up, gathered up, brushed off: ʔəsʔéʔəx̣ʷ. to gather things together to get rid of them by scraping them up, brush, sweep up something, especially heavier objects: ʔíx̣ʷt. to sweep, gather, scrape up off the floor: ʔx̣ənúkʷəŋ. to sweep the floor, gather (anything) up into a pile on the floor: ʔəx̣ʷənúkʷəŋ. to sweep the floor, scrape the ground: ʔəx̣ənúkʷəŋ.

sweeper broom, any floor sweeper: ʔəx̣ʷənúkʷən.

sweet to taste sweet: sáqʷəŋ, sáqʷəŋtxʷ. to be a little sweet: saʔsáʔqʷəŋ.

sweeten to sweeten something: sqʷáŋət. to be sweetening something: saʔqʷáŋt.

sweetheart sweetheart, boyfriend, girlfriend: sə́yuʔ, siyáʔ.

swell to swell up: súy. to be swollen: súʔsiʔ, súytəŋ. being swelled up: súʔitəŋ. to be getting swollen, swelling up, rising: nəxʷsaʔyútəŋ. to be swollen (of several or repeatedly): sisúytəŋ. to get swollen, bloated, get blown up (as a balloon): nəxʷsúyətəŋ. to get swollen, swell up (repeatedly or of several things): nəxʷsaʔyúytəŋ. to make or let something swell up: súytxʷ. to be swollen: ʔəsxʷsúʔsi. to be swollen, swelled up (of the nose): ʔəsxʷsúʔsiʔəqsən, ʔəsxʷsúʔsiʔəqsən. to just deflate, go down (of swelling): caʔčšə́pi.

swift swift water, fast tide, undertow: xʷəŋáyəqən. to be a swift tide: nəxʷx̣áƛ̕əŋ.

swim to swim, locomote through the water: ɬəŋúʔəŋ. swim, take a dip in the water: súkʷəŋ. swim (of a fish): štəŋ. to be bathing, swimming: súk̕ʷəŋ. to be bathing, swimming (of a group): səysk̕ʷúŋ. to be swimming: ɬəŋúʔəŋ. to have someone swim, help someone swim: ɬəŋúʔəŋtxʷ.

swimmer swimmer, someone who swims a lot: nəxʷsɬəŋúʔəŋ. a good swimmer: ɬəŋɬəŋúʔəŋ.

swimsuit swimsuit, bathing suit: skʷəŋúykʷɬ.

swing to swing: ʔəmqʷúʔ. a swing, anything used for swinging: ʔəmqʷúʔtən. cradle-basket, cradle, cradle-board, swing (for a baby): púʔcs. to be swinging: ʔámqʷuʔ.

Swinomish Swinomish tribe: skʷáʔnaməš. Swinomish tribe at La Conner: swánəməš.

switch to switch, exchange something: čiʔát. to change, exchange, switch, trade something: ʔaʔčšít. to change oneself, change over, switch to something else, change places: ʔaʔčšíct. to be changed, exchanged, switched by someone or something: ʔaʔčšítəŋ. to change, exchange, switch places: ʔaʔčšúŋət.

swollen to be swollen: súʔsiʔ. to get swollen, bloated, get blown up (as a balloon): nəxʷsúyətəŋ. to get swollen, swell up (repeatedly or of several things): nəxʷsaʔyúytəŋ.

swoop to swoop down, soar (as an eagle): čiqéʔəŋ.

sword fern sword fern: scx̣áyəm.

sworn to be cursed, sworn at: xʷənxʷínətəŋ.

Sylvia slámpiyə.

sympathy to complain, tell a hard luck story to get pity or sympathy: caʔxʷíct.

table caʔcítən, céʔtən. small table: caʔcaʔcítən. tables: cayəcítən.

taboo to be taboo, a no-no: naʔəsáys. a traditional name whose use is taboo because its carrier has recently died: sxʷúʔucən.

tack any nail, spike, tack: císən.

tackle to make someone or something fall down, tackle someone, fell a tree, knock something or someone down: čáqt, čáxt¹.

tackle box fishing tackle box: sxʷk̕ʷuyəkʷáy.

Tacoma Mount Rainier, Tacoma: təqʷúʔmaʔ.

Tahola kʷənáyɬ. Quinault style canoe, Tahola canoe: kʷənáyɬ.

Tahuya Tahuya area at the mouth of the river: táxʷyaʔ.

tail ƛ̕ápiʔsnač, sƛ̕ápənč. tail, rump, bottom: =nač. fish tail, caudal fin and peduncle: sx̣ápšən.

tailbone caméʔxʷəwač, sxʷcaʔmáwač. to break one's tailbone: nəxʷtkʷáwač. to have a broken tail bone or hip: ʔəstákʷəwač.

take to get, take: ƛ̕ə́kʷ, ƛ̕k̕ʷáys. to grab, take, get (something): ƛ̕k̕áyəs. to take, grab something (in one's hand): ƛ̕k̕ʷə́t. to take, hold someone: ƛ̕k̕ʷístxʷ. to take someone in: ƛ̕əkʷúst. to find (something) and pick it up, discover, claim (something) and take it, take (something found) into one's possession: mə́k̕ʷəŋ. to take and put someone or something (somewhere), make something go: hiyáʔtxʷ. to take, put something (there), transfer something (from one place to another): ʔúxʷtxʷ. to be caught, gotten, manage to be taken: ƛ̕k̕ʷnáŋ. to be taken and held by someone or something:

λ̓k̓ʷiŋítəŋ. to be taken, carried by someone or something: hiyáʔtəŋ. to be taken, grabbed by someone: λ̓k̓ʷśtəŋ. to be taken running: k̓ʷənəŋúttəŋ. to be taking, grabbing hold of something: λ̓ák̓ʷt. to catch, manage to get, manage to take something or someone: λ̓k̓ʷnáxʷ. to get something, take something and have it: čsλ̓ə́k̓ʷ. to get to be taken: λ̓k̓ʷíŋətəŋ. to have (someone or something) be taken by someone or something: λ̓k̓ʷístəŋ. to manage to take, grab hold of each other, get together with each other: λ̓k̓ʷnə́k̓ʷi. to take and hold, take possession of someone or something: λ̓k̓ʷiŋít. to take a paddle or oar: λ̓k̓ʷiʔk̓ʷáʔsəŋ. to take and put several things (somewhere), make several things go: hiyayáʔtxʷ. to take (something somewhere) for someone: ʔuxʷtxʷsít. to be taken to: ʔúxʷtəŋ. to take someone to the hospital: λ̓aʔsx̌łáwtxʷt. to take someone to town: λ̓aʔtawnístxʷ. to take something to town: λ̓aʔtáwntxʷ. to take something running, make it run: k̓ʷənəŋúttxʷ.

take a break to rest, take a rest, take a break: xʷáŋaʔłəŋ.

take across to take someone or something across: łk̓ʷístxʷ. being taken across by someone or something: łaʔk̓ʷístəŋ. to be taken across by someone or something: łk̓ʷístəŋ.

take all to take all of something: x̌áŋət, x̌əníŋt. to be all taken by someone: x̌áŋətəŋ. to be taking all of something: x̌aʔŋát.

take along to let someone go along, take someone along: səwáʔt. to be allowed to go along by someone, be taken along with: səwáʔtəŋ. to be taking something or someone along: wáwaʔtxʷ.

take a long time to be a long time, take a long time: híc.

take a picture to take a photograph (of someone): nəxʷx̌iʔúsəŋ. to take a picture, photograph of someone: nəxʷx̌iʔúst. to be taking a picture: nəxʷx̌iʔúʔsəŋ. to be having one's picture taken: nəxʷx̌iʔúʔstəŋ. to be photographed, have a picture taken: nəxʷx̌iʔústəŋ.

take away to get taken away: łə́w̓. to take (something) away from someone: čéʔyət. to steal, take something away (from someone): qán. to take something away from a person: čəyúst. to be taken away (of several things): čəyaʔyítəŋ. to be taking away: sčáʔi. to steal from someone, rob someone: qánət. to be taken away from by someone or something: čəyústəŋ. to be taking away: čaʔyáʔnəq. to be taking (something) away from someone: čiyáʔyət. to fight over (something), taking (something) away from each other: čaʔyíti. to have (something) taken away by someone or something: čaʔyítəŋ.

take back to take (something) back from someone: huŋít. to return something or someone, take something or something back: huŋístxʷ.

take care to take care (of someone or something), babysit: ʔúk̓ʷł. to protect, take care of someone or something: ʔaʔk̓ʷə́łt. someone taken care of (by someone), the children a babysitter watches: sʔúk̓ʷł. to protect, take care of, nurse, adopt someone or something: ʔaʔk̓ʷłnít.

take close to bring or take (something) close to someone or something: tsə́t.

take credit to try, want to be it, be important, be first, be a big shot, be in front, take credit, take the show away: nə́łcút. to be trying to be important and noticed, take credit, be pushy: naʔłcúʔət.

take down to put, bring, take something down, lower something: xʷát. to be bringing, taking, putting something down: xʷaʔát. to be put down, brought, lowered down, taken down: xʷátəŋ.

take far to be putting, taking something far away: yaʔyəŋístxʷ. to be taken far away by someone or something: yəyəŋístəŋ.

take from water to carry something inland, up away from the water, from the beach: cúŋtxʷ. to remove, take something from water, put ashore: q̓ʷíŋət. being carried inland by someone or something: cúcəŋtəŋ. to be carrying something inland: cúcəŋtxʷ.

take home to take or bring someone home: ƛ̓k̓ʷístxʷ. to take someone or something home: ƛ̓k̓ʷás. being taken home by someone or something: ƛ̓úʔk̓ʷtəŋ. to be taken home: ƛ̓k̓ʷístəŋ. to be taken home by someone or something: ƛ̓úk̓ʷtəŋ. to be taking or bringing someone or something home: ƛ̓aʔk̓ʷístxʷ. to let someone or something go home, take someone or something home: ƛ̓úk̓ʷtxʷ.

take inside to put, take, bring, let someone or something inside, indoors: čixʷás. to manage to take something or someone in: čixʷnáxʷ. being put, taken inside by someone: čixʷáʔəŋ. to be put, taken, brought, let inside by someone: čixʷáŋ. to bring or take something inside: čixʷístxʷ.

take into to be taken into the woods by someone or something: suʔə́təŋ.

take it easy to go slow, take it easy, delay: caʔčáʔłəŋ. to be going slow, taking it easy, delaying, slow down, not hurry: ʔəscáʔyaʔł.

take medicine to medicate, take medicine: łiŋíxʷəŋ.

take off to detach, untie, remove something (from a particular location): łəŋás. to be detached, removed, taken off by someone or something: łŋáŋ. to be detached, removed, taken off of several things or by several people: łŋłŋáŋ. to be removed, taken off, dismantled by someone or something: łəŋíŋtəŋ. to be undressing, taking clothes off: łuʔcáʔəŋ. to undress, take clothes off: łuʔcáʔəŋ. to undress, take clothes off someone: łuʔcáʔt. to take off, remove gloves or mittens: łəŋcísəŋ. to take off, remove one's hat: łiŋáʔqʷəŋ. to take off, remove one's pants: łəŋiʔíyəŋ.

take out to take something out of the woods, bring something into a clearing: *sxʷə́t*. to be removing, taking something from water or out of a conveyance: *q'ʷéʔŋət*. to remove something from the mouth, take something out of the mouth, spit something out: *ɬxʷát*.

take outside to put, take, bring something outside: *sqás*. to be put, taken, brought outside: *sqáŋ, sqástəŋ*. to start to put, take, bring something outside: *səsqást*.

take over I am the one to do it, I take over: *ʔəctənúʔŋət*. to do something someone else was expecting to do, take over, "he went and did it ahead of me": *níɬtənúʔŋət*. to manage to get, take over something: *ƛ̓kʷníŋət*. you are the one to do it, you take over, put yourself into a position or vacancy: *nəkʷtənúʔŋət*.

take over deep water to be taken over deep water: *túyəstəŋ*.

take turns to take turns, take one's turn: *kʷə́ńcút*. to be allowed to take one's turn by someone: *ʔənáčtəŋ*. to let someone take their turn, take someone's place: *ʔináčtxʷ*.

take up to bring, take, put something up on: *c̓áʔət*. to take someone or something upstream: *tiyiŋístxʷ*. to be brought, taken, put up by someone: *c̓áʔətəŋ*.

take where to take something where: *txʷíntxʷ*.

take wrong to be taken the wrong way: *ɬxə́təŋ*.

tale mythical story, fairy tale, legend, myth, fable, fiction: *sxʷiʔám̓*. tattletale, informer: *yə́cyəcəm*.

talent spirit power, personal power, talent, strength: *skʷənáyəɬ*.

talk to talk, speak: *qʷáy*. to say, talk: *qʷáyŋ*. to speak, talk to somebody: *qʷáyŋət*. to talk someone to directly in the face: *qʷayúst*. to talk together, have a conversation, dialogue: *qʷinə́kʷi*. to talk together, talk at each other: *qʷiníti*. to talk together with someone, have a conversation, dialogue with someone: *qʷinə́kʷitxʷ*. to be talking: *qʷáqʷiʔ*. to talk too much: *čapčaʔyúcən*. to whisper, talk quietly, softly, keep voice low: *sáwqəŋ*. language, word, talk, what someone is saying: *sqʷáqʷi*. to be spoken to: *qʷiŋítəŋ*. to be talked to, spoken to (in conversation): *qʷinə́kʷitəŋ*. to be talked with by someone: *qʷinə́kʷitəŋ*. to be talking together with someone, having a conversation, dialogue with someone: *qʷiʔnə́witxʷ*. to be talking to someone: *qʷáqʷiʔŋət*. to be talking to someone, scolding someone: *qʷiŋít*. to scold someone, talk roughly to someone: *qʷiqʷáyŋət*. to be quarreling, talking at each other, fighting verbally: *qʷiʔníti?*. to be scolded, talked roughly to by someone: *qʷiqʷáyŋətəŋ*. to finally manage to talk: *qʷaynúŋət*. to get talked to directly in the face by someone: *qʷayústəŋ*. to manage to talk: *qʷiʔnúʔŋət*. being discussed, talked over: *haʔníčtəŋ*. being reprimanded, told off, bawled out, given a talking to: *ɬaʔxʷúʔstəŋ*. being talked to: *qʷaʔnítəŋ*. being talked to a little or by a child: *qʷaʔqʷaʔŋítəŋ*. being talked to, scolded by someone: *qʷiŋítəŋ*. being talked with by someone: *qʷiʔnə́wiʔtəŋ*. to be changing the subject, talking about something else: *naʔčéʔyəŋ*. to be conversing, talking together, having a dialogue: *qʷiʔnə́wiʔ*. to discuss, have a discussion, talk things over in public, have a meeting, talk business: *hánəčəŋ*. to be discussing, having a discussion, talking things over in public, having a meeting, having a conversation: *haʔníčəŋ*. to be fooling around, messing around, goofing off, acting silly, talking loudly and foolishly, talking nonsense and laughing: *ɬiʔxʷáys*. to be gossiping, talking about somebody else: *maʔk̓ʷáʔənəq*. to be speaking a foreign language: *naʔcaʔŋíxʷəŋ*. to be speaking in a Native American language, talking Indian: *ʔəcɬtiŋíxʷəŋ*. to be speaking one's own language: *saʔsáʔkʷəŋ*. to be speaking the Chinese language: *čaynéʔəŋ*. to be talked loudly to by someone: *xaʔxə́ttəŋ*. to be talking the English language: *xʷaʔnéʔtaʔməŋ*. to be telling someone off, bawling someone out, giving someone a talking to: *ɬxʷúʔst*. to be whispering, talking quietly: *sə́wqəŋ*. to be whispering, talking quietly to each other: *sáwqtiʔ*. to curse someone to die, talk to someone about their death: *naʔhúst*. to have a fast mouth, eat, talk, or sing too fast: *xʷəŋúcən*. to hoot, talk like an owl: *ččtəŋxʷcínəŋ*. to reprimand someone, tell someone off, bawl someone out, give someone a talking to, call someone down, straighten someone up: *ɬxʷúst*. to stop crying, stop talking, calm down: *cə́xʷiʔ*. to talk about, speak of: *txʷʔáxəŋ*. to talk loudly, not quite hollering: *xaʔxə́təŋ*. to talk loudly, not quite hollering to someone: *xaʔxə́tt*.

talkative to be talkative, talk too much, be mouthy: *qʷáyqʷi*. to act goofy, funny, silly, be talkative, talk nonsense: *ɬə́čxʷmən*.

talk back to growl, talk back to an adult: *ɬtúqʷəŋ*.

tall to be long, tall: *ƛ̓áqt*. to be tall: *ʔəsʔáyəxʷ, ƛ̓qtáʔɬ*. to be tall (of a person): *ƛ̓əqtáwəč*.

tallow *ʔúnuʔ*. a small piece of tallow: *ʔaʔyaʔúʔnuʔ, ʔuʔúʔnuʔ*. lots of tallow: *ʔəyúnuʔ*.

tamanawis spirit power acquired by a person through special disciplines: *ɬqíyən*. spirit power, a person who has spirit power: *təménəwəs*.

tame to be tame, not wild, friendly (of an animal or person): *q̓ʷə́yq̓ʷi*. to tame an animal, make someone or something friendly: *q̓ʷə́yət*. to tame, domesticate, get acquainted with someone or something: *q̓ʷq̓ʷə́yət*. to be getting friendly, get acquainted, getting tame: *q̓ʷáʔi*. to be tamed, made friendly by someone: *q̓ʷə́yətəŋ*. to be skittish, easily startled, untamed, wild and unaccustomed to people (as deer or feral cats, for example): *céʔcq*.

tangle to be tangled: *q̓iq̓ə́yəx*. to be tangled up (as a rope, for example): *q̓iq̓ə́yəq*. to tangle something up: *q̓iq̓ə́yəqt*. to be all tangled up (as thread, rope or fishing line): *ʔəsq̓iq̓ə́yəq*. to be tangled by someone or something: *q̓iq̓ə́yəqtəŋ*. to be tangled

tantrum

up: *ʔəsqə́y̕aʔq*. to free, release, undo, untie, unbraid, untangle, unfasten something, rip thread from something sewn: *yəxʷás*. to set something free, untie, unwind, unravel, untangle, let loose something: *yəxʷə́t*.

tantrum throwing a tantrum: *ƛ̕áʔiq̕*. to be fierce, out of control, mad, raising hell, throwing a tantrum: *xaʔsíct*. to get fierce, out of control, mad, raising hell, throwing a tantrum, doing something distasteful in anger, be angry and inappropriately act on it, being ugly with anger: *xaʔséʔyəŋ*. to move one's feet around: *cxsə́nəŋ*. to stop fussing, come to one's sense after a tantrum: *hiyíct*.

tap to tap, stroke, pet, brush something: *ʔípt*. to be tapping, wiping, stroking, petting, brushing something: *ʔéʔpt*.

tape measure measurer, anything used to measure with, tape measure, yardstick, ruler: *yəqə́n*.

tape recorder any audio recorder such as a tape recorder: *sxʷqʷáqʷiʔ*.

tardy to be kind of slow, be behind in a race, be late: *qaʔqánəɬ*.

target to miss (the target), miss a shot: *ƛ́áŋən*. to be missing (the target): *taʔáŋən̕*.

tarp tarp, anything spread on the floor or ground: *spcákʷən*. tent, tarp, any canvas shelter: *siláwtxʷ*.

taste taste, odor: =*aqač*. to try, test, taste something: *p̕áʔət*. to manage to get a taste of something: *ŋ̕únəxʷ*. to be tried, tested, tasted by someone: *p̕áʔətəŋ*. to be trying, tasting, testing something, trying to do something: *pp̕áʔt*. to be trying, testing, tasting something: *pap̕áʔt*. to taste bitter: *číxəŋ*, *sáxəŋ*. to taste good, smell like it would taste good: *ʔiʔáyəqč*. to taste salty: *ƛ́áɬəŋ*. to taste sour: *ču̕xʷəŋ*. to taste sweet: *sáqʷəŋ*.

tasteless to be flavorless, flat-tasting, tasteless: *ɬákʷəŋ*.

Tatoosh Island *sqámuʔ*.

tattle to tell, inform, report, recite, tattle: *yácəm*. to be telling (someone something), tattling, informing: *yaʔcícəm̕*. to tattle, tell squeal, inform on: *syácəm*.

tattletale tattletale, gossiper: *syácic*. tattletale, informer: *yácyəcəm*.

tattoo any image or graphic such as a picture, photograph, drawing, painting, print, chart, tattoo: *sxiʔús*. a tattoo on the arm: *sxiʔáxən*. a tattoo on the foot or leg: *sxiʔsə́n*. to write on or tattoo someone's foot or leg: *xiʔsə́nt*.

taut to be tight, taut (as a rope): *táqʷ*.

tavern tavern, beer joint, bar: *slamáwtxʷ*, *sqʷuʔqʷaʔáwtxʷ*.

TB tuberculosis, TB: *c̕áwn̕q*.

tea *tíy*. Labrador tea, Indian tea, swamp tea: *ʔəcɬtiŋíxʷɬ tíy*.

tears

teach to advise, teach someone, show someone how: *ʔaʔkʷúst*. to be advised, taught, shown how by someone: *ʔaʔkʷústəŋ*. to be advising, teaching: *ʔaʔaʔkʷsáy̕s*. to be advising, teaching someone, showing someone how: *ʔaʔaʔkʷúst*. to be taught right from wrong, be given advice about living: *skʷə́stəŋ*. to be teaching someone: *skʷúkʷəltxʷ*. to let someone know, teach someone, make someone understand: *ʔaʔkʷústxʷ*.

teacher *ʔaʔkʷustáʔnəq*, *sxʷʔaʔkʷsáy̕s*. dear elder, one's beloved counselor, guide, master, teacher, any person that one listens to and gets advice and direction from: *sxʷskʷáʔ*.

teakettle anything used for warming (something up) such as a teakettle: *sxʷɬaʔɬq̕íŋəyuʔ*.

team a particular team, side in a contest: *sɬx̕ʷənə́č*.

teapot teapot, coffeepot, kettle: *sxʷtiháy*. several teapots: *sxʷtitiháyə*.

tear to be torn, ripped, split: *čə́x*. to tear, split: *čáxɬ*. to be gashed, torn open (as a sack or a fish's mouth from a hook): *ƛ́áš*. to tear, rip, split: *cxə́ŋ*. to split, tear someone's forehead: *čxúyəst*. to tear, rip, split something: *čxə́t*. being cut, torn on one's forehead by someone or something: *čxúy̕stəŋ*. being ripped, torn, split by someone or something: *čə́xtəŋ*. being torn, split by a group: *čičə́xtəŋ*. to be a group tearing, ripping, splitting, shredding something: *čičə́xt*. to be cracked, torn, ripped, split: *ʔəscáxɬ*. to be cut up, torn up on one's face by someone or something: *čičxústəŋ*. to be have one's forehead split, torn by someone or something: *čxúyəstəŋ*. to be splitting, tearing, ripping (something): *čaʔxə́yuʔ*. to be tearing, breaking (something) apart, demolishing: *čaʔxʷə́yu*. to be tearing, ripping, splitting: *čə́xəŋ̕*. to be tearing, ripping, splitting several things: *čičə́xt*. to be tearing, ripping, splitting something: *čə́xt*. to be tearing, ripping, splitting something into a bunch of pieces: *čičə́xt*. to get one's face torn, ripped by someone or something: *čxústəŋ*. to manage to rip, tear, split something: *čxənáxʷ*. to split, tear, rip (something): *čxə́yu*. to tear open the nose (of a fish when removing the hook): *ƛ́šə́qsən*. to tear, rip someone's face: *čxúst*. to tear, rip the face: *čxús*.

tear down to break apart, demolish, tear down something: *čxʷít*. to demolished, tear down something: *nəxʷčxʷíct*. to demolish something, tear something down: *čxʷíct*. to demolish, tear down: *taʔčaʔxʷít*. to be demolished, torn down by someone or something: *nəxʷčxʷíctəŋ*.

tears mass, referring to a substantial body of material and in a few words this refers to body fluids tears, sweat, urine: =*aʔɬ*. tears (from weeping): *sxʷúŋəs*. tears, lachrymal liquid: *sxʷqʷəyúʔus*. teardrop: *sqʷiqʷəyaʔúyəs*, *sqʷuʔús*, *sqʷuʔúyəs*. a baby born at the time someone dear died is called a tear: *sxʷqʷúʔəs*.

tease to tease (playfully): nəxʷʔaʔiqáčəŋ. being teased: smaʔxʷúct. to physically tease, tickle someone (to make them laugh): nəxʷʔəyəqáčt. to be teased by someone: nəxʷʔəyəqáčtəŋ. to be appetizing, tease the appetite: ƛ́kʷíns.

teen girl, young lady, maiden (approximately age 13-marriage): q̓áʔŋi. **teenager** boy, young man, youth (approximately age 13-marriage): swéʔwəs. young man, teenage boy: šaʔšéʔwiʔ. young teenage girl, approximately aged 12-15: q̓aʔŋaʔčúyəɬ. several teenage relatives, older children: sčiʔčiʔə́yəɬ. teenage relative, older child: sčiʔə́yəɬ.

teeth ččínəs.

telephone sxʷkʷaʔkʷáʔčəŋ, sxʷqʷinə́kʷi. microphone, telephone: sxʷqʷáyyu. to be pressing something, dialing (a telephone): ƛ́əyq̓t. to phone someone, call someone on the telephone: kʷčáŋət.

television snúʔnəkʷ ƛ́úyəqs, sxiʔús. moving picture, movie, cinema, television: snúʔnəkʷ. television: snúʔnəkʷ, snúʔnəkʷ ƛ́úyəqs. television, movie: qʷáqʷiʔ xiyús, sqʷay xiyúst.

tell to order, tell someone (to do something): sát. to say, tell: ʔáxəŋ. to tell someone (something), say (something) to someone: xənʔáxʷ. to tell, inform, report, recite, tattle: yə́cəm. to tell news, report a rumor: táx. to tell each other: xaʔnáti. to tell, report (news or a story) to someone: yəcúst. to tattle, tell squeal, inform on: syə́cəm. being told: yaʔcústəŋ. to be called, told: xənəŋtíŋ. to be ordered, told (to do something) by someone: sátəŋ. to be telling someone: yaʔcúst. to be telling (someone something), tattling, informing: yaʔcícəm. to be telling someone to (do something): saʔát. to be told about: yəcústəŋ. to be told, hear gossip: yə́ctəŋ. to be told, said to by someone: xənʔátəŋ. to order, tell a group (to do something): siyát. to tell someone he or she is wrong, mistaken: ṭxə́t. to tell the news, pass on word to someone: syəcíct. to bar someone's or something's entry, tell someone to leave, go away: kʷšə́t. to kick someone out, shoo, chase, push, drive someone away, tell someone to get out: kʷxə́t. to encourage someone, tell someone to do their best: taʔnə́ʔt.

tell a lie to lie, tell a lie, falsehood, prevaricate, deceive: q̓áyəx. to tell fibs, lies (regularly, habitually), trick, fool (someone) into belief (like a politician): q̓ʷaʔq̓ʷiʔstə́nəq. to tell a small lie, fib to someone to entice, fool, deceive, kid someone, turn someone's thoughts another way to distract: q̓ʷaʔq̓ʷáystxʷ. to be lying, telling a lie, pretending: q̓əyə́xct. to be lying to be telling a lie: q̓áʔyəx. to be lying to someone, telling someone a lie: q̓áʔyəxt.

tell a story to tell a story, especially a story of long ago from when time began: xʷiʔám̓. to tell a story to someone: sxʷiʔamúst. to tell each other stories: sxʷiʔamústi. to be told a story by someone: sxʷiʔamústəŋ. to be telling a story: xʷaʔxʷiʔám̓. to complain, tell a hard luck story to get pity or sympathy: c̓aʔxʷíct.

teller a seer, fortune teller, prophet, one who trained in the ability to predict the future: ʔəsyə́w̓ə.

tell off being argued with, told off, preached to by someone: xiʔxaʔyústəŋ. being reprimanded, told off, bawled out, given a talking to: ɬaʔxʷúʔstəŋ. to argue with someone, tell someone off: xayúst, x̌ayúst. to bawl someone out, tell someone off, correct someone, speak roughly to someone: ŋəxə́t. to be argued with, be told off: xayústəŋ. to be arguing with someone, telling someone off: xiʔxaʔyúst. to be bawling someone out, telling someone off, correct someone, raising Cain with someone: ŋə́xt. to be telling someone off, bawling someone out, giving someone a talking to: ɬxʷúʔst. to be told off by someone off to one's face: ṭxayústəŋ. to get a bawling out, being told off, corrected, scolded: ŋiŋə́xtəŋ. to reprimand someone, tell someone off, bawl someone out, give someone a talking to, call someone down, straighten someone up: ɬxʷúst. to tell someone off, tell someone that they are wrong directly to their face: ṭxayúst. to tell (someone) off, tell (someone) they are wrong to their face: ṭxayúsəŋ.

tell truth to be honest, telling the truth: nəxʷcəʔítqən.

temper to be always angry, mad, quick tempered: nəxʷsqinúŋət. to be quick tempered, easily angered: qiqinúŋət. to turn nasty, unpleasant, ill tempered (especially used of the weather): k̓ʷaʔkʷéʔyəŋ.

ten multiple of ten: =ɬšaʔ. ten: ʔúpən. ten cents, dime: mít. ten children: ʔəpənə́čɬ. ten conveyances (such as canoes, cars): ʔəpənə́kʷɬ. ten dollars: ʔəpənáʔitxʷ. ten houses: ʔupənáwtxʷ. ten nights: ʔupənə́ɬnát. ten people: ʔupənáy. ten times: ʔupənə́ɬ. to be ten of a kind: ʔəpəníkʷs. to catch ten fish: ʔəpənáyəq.

tendon muscle, tendon, sinew: ƛ́ɬéʔŋən, ƛ́éʔŋən. several tendons: ƛ́iyéʔŋən.

ten of trumps ten of trumps in pinochle: siʔám̓.

tent tent, tarp, any canvas shelter: siláwtxʷ. to build a house, put up a tent or make camp: čačáwtxʷəŋ.

tent-pole a vertical pole, house-post, tent-pole, mast: qáqən. several vertical poles, house-posts, tent-poles, masts: qaʔyáqən.

terrain mountains, rough terrain: sxaʔikʷəyéʔč.

terrible to be terrible, fierce, awful: xísi. to be fierce, terrible (of a group): xaʔyéʔsi. to be fierce, terrible, ugly, frightening: xéʔsiʔ. to be made ugly, terrible, fierce, messed up: xístəŋ. to make oneself look bad, mean, terrible, fierce: sxəsámənət. to make something terrible, ugly: xixíst. ugly, homely, terrible, funny looking: xaʔxéʔsiʔ.

territory territory, country: sčtə́ŋxʷən.

test to try, test, taste something: p̓áʔət. challenging, testing (of several): pəyp̓áʔti. to be challenging, trying, testing each other: p̓p̓áʔti. to be training, testing oneself, trying to learn: p̓p̓áʔct. to be tried, tested, tasted by someone: p̓áʔətəŋ. to be trying,

tasting, testing something, trying to do something: *p̕pá?t*. to be trying, testing, tasting something: *papá?t*. to challenge, test each other, compete: *pá?ati*.

testis scrotum, testicles: *ŋácən*. salmon testis, milt sac, a long white organ in the bottom of male salmon: *q̕átŋən*.

texture the texture of the meat of salmon after spawning: *smíX̌i*.

thank to be grateful, thankful: *há?nəŋ*. to thank someone: *há?nət*. being thanked by someone: *ha?ná?təŋ*. thank you: *həhə́wəš*. to be thanked by someone: *há?nətəŋ, ha?nítəŋ*. to be thanking someone: *ha?há?nət*. to be thanking, thankful: *háha?nəŋ*. to get to thank someone: *há?nəx̌ʷ, ha?níŋət*. to thank a group: *háha?nət*. amen, praise, thank the lord: *mási*. to be thanking, thankful: *háha?nəŋ*. my dear one, my loved one, my master, my thanks: *nəsxʷskʷá?*. thank you, excuse me: *sxʷskʷáwa?*.

Thanksgiving Day *há?nəŋ skʷáči*.

that demonstrative referring to a specific, visible, distant object: *təsáyu*. distant, invisible demonstrative: *kʷsáyə*. he, him, she, her, that one (not visible): *kʷsəẃniɬ, kʷsəẃniɬ*. her, she is the one: *kʷəẃniɬ*. she, her, that one: *kʷɬə*. that one: *caya?*. that one (feminine): *csawniɬ*. that one, remote, obviative, definite: *kʷiẃniɬ*. that, that other one (feminine): *tsayə*. that, the, a (far feminine): *ɬəsə*. the, a, that: *cə, təsə*. the, a, that (far, feminine): *tsəsə*. the, a, that far not visible feminine: *kʷɬəsə*. the, a, that (feminine): *tsə*. the, a, that other (feminine): *ɬəsanu, sanu, tsanu*. the, a, that other (not visible): *kʷsanu*. the, a, that other (not visible feminine): *kʷɬanu*. the, a, that other over there: *kʷinu*. the, a, that (remote and not visible): *kʷsəs*. the, that, a: *kʷəsə*. the, that (far): *təsəniɬ*. the, that (feminine): *tsəẃniɬ*. the, that (not visible): *kʷawniɬ*. the, that one: *cəẃniɬ*. the, that other one: *canu*. to take, follow a path (into the woods), go a particular way, this way or that way along (a trail): *nəxʷsúyəŋ*.

that one to do, pick, take, let it be that one: *nəɬtíxʷ*.

thaw to thaw, melt (of anything such as ice, butter, lead): *čáx̌ʷəŋ*. to melt, thaw something: *čáx̌ʷt*. to be melting, thawing (something): *čá?x̌ʷəŋ, čá?x̌ʷt*. to be thawing, melting: *ča?x̌é?ŋəɬ*.

the the, a, that: *cə, təsə*. the, that, a (not visible): *kʷə*. a, the: *či?*. a, the, another one: *činu*. a, the (not visible): *kʷi?*. demonstrative referring to a specific, visible, distant object: *təsáyu*. distant, invisible demonstrative: *kʷsáyə*. he, him, she, her, that one (not visible): *kʷsəẃniɬ*. her, she is the one: *kʷəẃniɬ*. she, her, that one: *kʷɬə*. that, the, a (far feminine): *ɬəsə*. the, a (feminine): *ɬa?*. the, a (not visible, feminine): *kʷɬi*. the, a (far, feminine): *tsəsə*. the, a, that far not visible feminine: *kʷɬəsə*. the, a, that (feminine): *tsə*. the, a, that other (feminine): *ɬəsanu, sanu, tsanu*. the, a, that other (not visible): *kʷsanu*. the, a, that other (not visible feminine): *kʷɬanu*. the, a, that other over there: *kʷinu*. the, a, that (remote and not visible): *kʷsəs*. the, that, a: *kʷəsə*. the, that (far): *təsəniɬ*. the, that (feminine): *tsəẃniɬ*. the, that (not visible): *kʷawniɬ*. the, that one: *cəẃniɬ*. the, that other one: *canu*.

theft stolen property, anything that one has by theft: *sčqán̕*.

their his, her, its, their, third-person possessive (genitive): *-s³*.

them they, them, those: *na?néʔɬiya?*. he, him, she, her, it, they, them: *niɬ*. they, them: *caẃná?iɬ, ná?yəɬ*.

there to be there, at a place: *?iyá*. to be there: *?əs?iyá, ?iyáɬ*. to be here, there: *?əɬá?*. being here, there: *?áɬa?*. place there, where it is, location: *sxʷ?iyá*. to arrive, get there (of a group): *titə́s*. to arrive there for someone or something, come upon someone or something: *tsnəs*. to be brought there: *?iyátəŋ, tsáŋ*. to be from there, ever since: *č̕?iyá*. to get something there: *tə́stxʷ, tsás*. to put, keep something there: *?iyátxʷ*. to stay there: *txʷ?iyá*.

therefore therefore: *kʷa?ča?, kʷa?ča?ɬ, kʷɬa?ča?*.

these *ti?i?ə*.

they they, them, those: *na?néʔɬiya?*. he, him, she, her, it, they, them: *niɬ*. he, she, it, they, third-person transitive subject: *-s⁴*. he, she, they, it, third-person subordinate subject: *-əs¹*. they, them: *caẃná?iɬ, ná?yəɬ*.

thick to be thick (layer), have a big diameter: *čɬə́t*. to be thick, big around, have a large circumference (as a large rope or pole): *məqʷ*. any big, thick tree or log: *čqíɬč*. any lump or thickness: *mə́kʷ*. thick hair, lots of hair: *čɬtáyč̕*. thick lip: *čɬtúcən*. to be getting thick: *čɬtú?act*. to be making something thick: *čɬ́tt*. to be small and thick: *ča?č̕ɬt*. to be small and thick (of several): *ča?ya?č̕ɬt*. to be thickening, getting thick: *čɬ́tct*. to be thick (of several): *čičɬ́t*. to get thick: *čɬə́tct*. to have a thick neck: *məqʷɬ́nɬ*. to make something thick: *čɬ́tt*.

thicket brush, thicket, dense woods where there is no trail: *kʷə́y*.

thief thief, robber, always stealing: *qánqən̕*. several thieves: *qáyənqən̕*.

thigh hip, rump, upper leg, thigh: *scx̌ác̕*. several thighs: *sxʷ?i?íy?əɬ*. thigh: *sxʷ?íy?əɬ*.

thimble chimney thimble, smoke hole cover: *q̕ʷíwqən*.

thimbleberry thimbleberry, red cap berry: *ɬə́qʷəm̕*. several thimbleberries: *ɬa?yə́qʷəm̕*. xthimbleberry bush: *ɬəqʷəmíɬč*. thimbleberry sprouts: *ɬqíyəɬč*. thimbleberry, red cap berry: *ɬə́qʷəm̕*.

thin to be skinny, thin, slender: *?əsqʷə́mx̌ʷ*. to be thin, skinny (of a person): *sqʷə́mx̕ʷi*. to be very skinny, thin: *sqʷa?qʷə́mx̕ʷ*. to get skinny, thin: *qʷə́məxʷi*. thin, narrow (layer) of anything flat (such as thin cloth, paper, a thin board or a thin layer of dirt): *čaʔčəméʔiʔ*. to be thin, narrow in diameter (such as a thin tree or string): *xʷaʔxʷáʔyəɬ*.

thing everything.: *stáŋ*. to be a thing, an issue, matter: *stáŋənə*.

things one's stuff, baggage, belongings, clothing: *ʔáwkʼʷ*.

think I guess, presume, must be: *yəxʷ*. I think, on the contrary, anyway, contrary to expectation: *ta*. to think: *nəxʷqʷáyəkʷən*. to be thinking about (something): *xʷənéʔwən*. to be made to think: *xčŋíntəŋ*. to be the object of remembering, wondering about, thinking of (something or someone known from the past): *šáhəkʼʷ*. to be thinking, wondering, deciding: *nəxʷqʷiʔqʷaʔyéʔwən*. to think, consider someone an expert: *kʼʷikʷiyáyt*.

thin out to prune (a plant), thin out (cultivated plants): *ɬəmíct*.

third-person he, she, it, they, third-person transitive subject: *-s⁴*. he, she, they, it, third-person subordinate subject: *-əs¹*. his, her, its, their, third-person possessive (genitive): *-s³*.

thirsty to be thirsty: *šáʔš, šášəŋ*. to be thirsty, want to drink: *qʷaʔqʷaʔáyŋən*. being thirsty: *šáʔšaʔš*. to be made thirsty: *šáʔšaʔtəŋ*. to be thirsty (of several): *šaʔyášaš*. to make someone or something thirsty: *šáʔšaʔt*.

thirteen see under *ʔúpən, ɬíxʷ*.

thirty *ɬxʷɬšáʔ*. thirty dollars: *ɬxʷɬšaʔáytxʷ*.

this *tiə, tsiə*. this (not visible, feminine, near): *kʷsiə*. this (not visible, near): *kʷiə*. this one: *tiʔawniɬ, tiwniɬ*. this one here: *tiəwniɬ*. this other one: *ciʔanu*. to be inside a room or fence, this side of a wall: *tɬaʔáyən*. to take, follow a path (into the woods), go a particular way, this way or that way along (a trail): *nəxʷsúyəŋ*.

this side to be on the nearside, this side (toward the speaker): *tɬaʔáwəɬ*. to be on the nearside, this side (that the speaker can see): *tɬaʔáyəs*. to be on this side, bank, edge (of a river of bay): *tɬuʔúcən*.

thistle thistle: *ʔiyəʔčáɬč, ciyaʔčáɬč*. brambles, any brushy plant with lots of thorns, thistles, rose bushes: *ʔiyəcíɬč*.

thorn *qʼɬqác*. brambles, any brushy plant with lots of thorns, thistles, rose bushes: *ʔiyəcíɬč*. sharp point, thorn: *ʔəyucə́qsən*.

those they, them, those: *naʔnéʔɬiyaʔ*. those, invisible, definite, plural demonstrative determiner: *kʼʷəwnáʔiɬ*. those ones: *cəyəwnaʔiɬ*.

thought I think, on the contrary, anyway, contrary to expectation: *ta*. mind, thought, idea, wisdom, memory, feeling: *xčŋín*. to have an idea, get a thought: *čxčŋín*.

thousand see under *snáčəwəč*.

thread thread, string: *xʷíxʷaʔləm*. to be threading a needle, stringing beads: *nəxʷsuʔəčt*. to string beads, sew, thread beads onto a needle: *nəxʷsúyət*.

threaten to threaten someone: *qʼaʔnít*. being threatened: *qʼqʼaʔnítəŋ*. to be threatened: *qʼaʔnítəŋ*. to be threatening (to do something): *qʼaʔníct*. to threaten to rain, look like rain is coming: *ɬəməxʷáyŋən*. to be aimed at, threatened with a gun: *məčútəŋ*. being aimed at, being threatened, aggravated: *maʔčútəŋ*.

three *ɬíxʷ*. being three (conveyances): *ɬíɬxʷ*. three animals or birds: *ɬxʷíkʷs*. three canoes: *ɬxʷáxʷɬ*. three containers: *ɬxʷáy*. three days, three nights: *ɬxʷɬnát*. three dollars: *ɬxʷáʔitxʷ*. three heads: *ɬxʷéʔq*. three houses: *ɬíxʷuʔtxʷ*. three people: *ɬaʔxʷáʔya, ɬxʷáy, ɬxʷíkʷs*. three plants: *ɬxʷíɬč*. three round things (such as tangerines): *ɬxʷáʔitxʷ*. three times: *ɬxʷáɬ*. three years: *ɬxʷáʔwinəxʷ*. to be just three people: *ɬaʔɬxʷéʔi*. to be three at a time: *ɬxʷɬxʷáy*. to be three canoes (arriving, traveling, etc.): *ɬaʔxʷáxʷɬ*. to be three of a kind: *ɬxʷíkʷs*. to catch three fish: *ɬxʷáyəq*. to give three each to several: *ɬíxʷɬxʷtxʷ*. to have three children: *ɬxʷayəhə́čt*.

three-prong three-pronged fish spear used for skate and salmon: *ɬxʷə́qsən*.

thresh to be shaking out or off (as a tree for fruit or blankets to air out), thresh (grain): *xʷaʔsə́yuʔ*.

threshold door, gate, threshold: *súɬ*.

throat neck, throat: *=ɬnay*. throat, front of the neck: *=əɬnɬ*. throat (inside), pharynx, windpipe, trachea: *sxkʼúŋən*. neck, especially the front, throat, gullet: *xʷúŋən*. a certain kind of disease involving a very sore throat with a rash-possibly strep throat: *skʼəyə́ɬnəɬ*. having fish bones or something stuck in one's throat: *xiʔxiʔáʔqɬnɬ*. several necks, throats: *xʷíʔxʷúʔŋən*. to be choking from food stuck in throat: *ɬkʷéʔnəs*. to be choking, have a chunk (of something) stuck in the throat: *ɬiɬkʷéʔnəs*. to be clearing one's throat in order to speak: *nəxʷɬəŋqéʔnəŋ*. to be stuck in one's throat crosswise: *xiʔáqɬnɬ*. to burn the throat: *kʼʷsə́ɬnəɬ*. to burn the throat badly: *kʼʷəykʼʷəyəsə́ɬnəɬ*. to burn the throat (drinking something hot): *kʼʷəysə́ɬnəɬ*. to choke, have a chunk (of something) stuck in the throat: *ɬiɬkʷínəs*. to choke on food stuck in the throat: *ɬkʷíns*. to clear one's throat in order to speak: *nəxʷɬəŋqínəŋ*. to cut something's throat: *ɬcnáytxʷ*. to gargle, wash one's throat: *nəxʷcaʔkʼʷnáyŋ*. to have a burned, scorched, scalded, cooked throat: *ʔaskʼʷaʔsə́ɬnəɬ*.

through to pass through, fall through a hole: *cɬə́qʷ*. to fall through, fall into: *xʷɬə́q*. to go via, go by way of, go through: *ɬáʔ¹*. to finish (with something), be through (with something): *həčúct*. to be going through, along (a trail): *səwéʔiŋ*. to be making a hole, passing through: *cə́ɬqʷ*. to be passing something through (by making a hole if one does not already exist): *cə́ɬqʷt*. to go through a hole or tunnel: *cɬə́qʷəŋ*. to have one's foot slip

English-Klallam Index

throw through (a hole in the ground): *xʷtə́qsən*. to pass something through (by making a hole if one does not already exist), bore a hole in something, perforate, pierce something: *cłə́qʷt*.

throw to throw, pitch: *čsə́yuʔ*. to throw something to someone: *čsúst, čsút*. to throw and hit someone or something: *čsút*. to be hit (with something thrown): *čús*. being thrown at, hit by something thrown: *čaʔsútəŋ*. to be hit by something thrown: *čúsnəŋ*. to be hit in the face by something thrown: *nəxʷčšústəŋ*. to be hitting something (with something thrown): *čúst*. to be knocked, thrown down: *sčsə́yuʔ*. to be throwing: *čaʔsə́yuʔ*. to be throwing at each other: *čaʔsúti*. to be throwing (something) at or to someone or something: *čúʔst*. to be throwing (something) at someone or something (to hit): *čúst*. to be throwing (things) at each other: *čəy̓súti ʔ*. to be thrown at or to, hit (with a thrown projectile such as a rock): *čsútəŋ*. to be thrown backwards, thrown on one's back, be turned face up by someone or something: *xłiyəŋístəŋ*. to be thrown to by someone: *čsústəŋ*. to hit someone in the face by something thrown: *nəxʷčšúst*. to hit someone on the face accidentally by throwing: *nəxʷčšúsnəxʷ*. to manage to hit with something thrown, throw and hit accidentally: *čúsnəxʷ*. to put, throw someone or something into water, immerse someone or something, dunk someone or something: *qsə́t*. to throw at each other: *čsúti*. to throw sand or dirt on someone: *čənúst*. to throw (something) and hit someone accidentally: *čúsnəŋ̓*. to throw something out: *čšə́yuʔtxʷ*. to throw someone or something down on its back, make someone or something fall backwards face up: *xłiyŋístxʷ*.

throw away to throw away (something): *kʷánəyu*. to throw away something, discard something, leave something behind: *kʷánəs*. trash, anything thrown away: *kʷáʔŋən*. to be left, thrown away, discarded: *skʷənəsə́yuʔ*. to be something thrown away, discarded, be trash, garbage, unwanted and left behind: *skʷánəyuʔ*. to be lost, left behind, thrown away by someone: *kʷánəŋ*. to be throwing something away, discarding something, leaving something behind: *kʷaʔáʔnəs*. to be thrown away, discarded, left behind: *kʷánətəŋ*.

throw out to cull (a herd or flock), get rid of bad ones, throw someone out: *kʷənəyúst*.

throw up to vomit, throw up, spit up: *čáʔət*. to be made to vomit: *čaʔətístəŋ*. to be vomiting, throwing up: *čaʔyáʔt*. to feel nauseated, queasy, wanting to vomit: *čaʔtáy̓ŋən*. to make someone vomit: *čaʔtístxʷ*. to vomit blood: *tiʔkʷáʔnəŋ*.

thrush salmonberry bird, Swainson's thrush: *xʷaʔxʷiʔə́š*.

thud to fall making a thump or flopping noise on something dry: *kʷaʔtə́nə́č*.

thumb *scaʔctúycs*. several thumbs: *sciyəctúycs*.

thump to fall making a thump or flopping noise on something dry: *kʷaʔtə́nə́č*. to make the sound of footsteps on the ground: *tə́nčŋən*.

thunder lightning and thunder: *ləmłəmcínəŋ, x̌əm̓x̌əm̓céʔnəŋ, x̌əm̓x̌əm̓cínəŋ*. thunder, thunderstorm, thunderbolt and accompanying lightning: *ʔaʔcáʔkʷł*.

thunderbird *ʔaʔcáʔkʷł*.

Thursday *ŋəsłnát*.

thwarts canoe thwarts: *sxʷłxáwyəłtən*.

tickle to feel itchy, tickled: *kʷsíqəŋ*. to physically tease, tickle someone (to make them laugh): *nəxʷʔəy̓əqáčt*. to tickle, amuse someone: *ciyápt*. being pleased, tickled (with something), proud (of something): *šəšƛ̓úsəŋ*. being tickled by someone: *caʔciʔáptəŋ*. to be feeling itchy, tickling: *kʷaʔsíqəŋ*. to begin being tickled by someone: *cciʔáptəŋ*. to be tickled, amused by someone or something: *ciyáptəŋ*. to be tickled by someone a little: *caʔciyáptəŋ*. to be tickling someone (a little or a little person): *caʔciʔápt*. to tickle someone a little: *caʔciyápt*.

tidal food tidal food, any food found at low tide including clams, oysters, mussels, sea urchins, etc.: *sciʔkʷíyŋət*. to go gather tidal food (such as mussels and chitons): *ciʔkʷíyŋət*. to be gathered (of tidal food): *ciʔkʷíyŋtəŋ*. to be gathering tidal food: *ciʔkʷéʔiŋət*.

tide tide, tide flat: *sɫáčəŋ*. tide water that goes in and out: *x̌áƛ̓ən*. to fill up with liquid to a certain level, flood, inundate, become high tide: *łə́ŋ*. good fishing tide: *stə́məŋ*. small tide, a low tide that does not go out far: *staʔłáʔčəŋ*. swift water, fast tide, undertow: *xʷəŋáyəqən*. tides: *staʔyáčəŋ*. to be a swift tide: *nəxʷx̌áƛ̓əŋ*. to be at high tide: *ʔəstáʔŋəł*. to be a very low tide: *čáqł*. to be coming in, flowing (of the tide): *łáʔŋəł*. to be ebbing (of the tide), water getting very low: *sáʔŋəł*. to be flooding, be flooded, flood tide: *łə́yəŋtəŋ*. to be going against, bucking the tide, going into the wind or current: *paʔšúsəŋ*. to be inundated by the tide: *łə́ŋaʔtəŋ*. to be very high tide, high water: *łə́yəŋtəŋ*. to ebb (of the tide), water starts to go down: *səŋúcən*. to flow (of the tide), water comes up, tide almost in: *łəŋúcən*. to go against, buck the current, against the tide, into the wind, opposite the flow, be a head tide: *pšús*. to go against, buck the tide, go into the wind: *pšúsəŋ*. to go with the current, go downstream, go with the tide, be a fair tide: *xʷiqʷíyəŋ*. to go with the wind or tide: *xʷiʔtiʔə́č*. to recede, get low of water (in a river, pond, well, cooking pot, etc.), ebb, go down (of tide or flood): *łáqʷi*.

tidy to be good, fine, well, nice, neat, tidy, okay: *ʔə́y̓*. to make oneself look good, neat, tidy: *ʔiʔámənət*.

tie to tie a knot in something, tie something up: *q̓íxʷt*. to tie, both win, beat each other in a contest: *cłə́ti*. to splice, extend, tie together (rope or anything): łaʔqʷéʔt, iqʷéʔt. scarf, necktie, anything worn around the neck: sq̕x̣ə́łən. to be all tied in knots: ʔəsq̕ə́y̕q̕əy̕xʷ. to be knotted, tied: q̕íxʷ. to be knotted up, tied: ʔəsq̕éʔəxʷ. to be tying a knot something, tying something up: q̕éʔxʷt.

tie down to be tied down, secure: q̕éʔəxʷ. being tied down, attached by someone or something: łéʔəntəŋ. to manage to tie down, attach something: łéʔnəxʷ. to tie down, attach something: łéʔnət.

tie up to be in jail, tied up, bound, restrained: qíq̕. tie someone or something up: qíq̕t. to attach, tie up (to something): łaʔníct. to be binding, restraining, tightening, tying someone or something up: q̕éʔqt. to let something be tied up, attached: łéʔntxʷ. to be in jail, in prison, incarcerated, bound, tied up, be a prisoner: ʔəsq̕éʔəq̕. to be restrained, bound, tied up: qəq̕ítəŋ. to be attached, tied up (to something): ʔəsłaʔníct, łaʔnítəŋ. to be bound, tied up with several things or by several people: qaʔyəq̕ítəŋ. to have one's legs bound, tied up by someone or something: qq̕sə́ntəŋ. to be tied up: ʔəsłéʔłən̕. to be tied up, attached: łéʔnəq. to be tied up, attached (to something): ʔəsłéʔłəntxʷ. to bind the legs, tie up someone or something by the legs: qəq̕sə́nt.

tight to fit in tightly, snug, wedged in: čák̕ʷ. to be stuck, squeezed in tight: ʔəsčáʔək̕ʷ. to be stuck, tightly attached: ʔəsƛ̕áq̕ł. to be tight, taut (as a rope): táq̕ʷ. to be tight: ʔəstáq̕ʷł. to be tight (as clothes), fit tight, wedged in: ʔəsčák̕ʷł. to be tightened by someone: tq̕ʷə́təŋ. to be too tight, too snug, get wedged in (among a group): čičák̕ʷ. to get someone or something fit, wedged in tightly: čák̕ʷt.

tighten to tighten something: tq̕ʷə́t. to be binding, restraining, tightening, tying someone or something up: q̕éʔqt.

tiller rudder, steering wheel, tiller: łxʷə́n. a plow, tiller (for breaking earth): ƛ̕šnúkʷən.

tilt to tilt something, lift something up at one end: sləyínət. to be lying on the side, tilted: néʔnaʔšəŋ.

timber to log timber: qʷə́łi.

time time of or for (something): čən-, =tasəŋ. always, all the time, every time: x̣əná̕ł. when, what time, what day, sometime, some day: čəntáŋ. to be the first time: čaʔnít. to do something once more, one more time: txʷənəcáxʷtxʷ. to be a long time, take a long time: híc. to be a long time since, long time ago, a long time after: kʷłhíc. to be a short time, stay a short time, a little while: qaʔqaʔyís. o'clock, hour: tíntən. summer: čənʔə́yi. time to eat: čənʔíłən. to be good weather, a good, joyful time: ʔiʔətásəŋ. to be night time: kʷnát. to be time to quit, stop, finish: čənhúy̕. to keep someone for a long time, make something take a long time: híctxʷ. to let it be night time: kʷłnáttxʷ. winter, the beginning of bad, rainy, cold weather: čənsútč. clock, watch, any time piece: wáč.

times =ałˡ, =axʷ. many times, often: ŋəná̕ł. once, one time: nəcáxʷ. two times: cəycáŋ. three times: łxʷá̕ł. four times: ŋəsá̕ł. five times: łq̕čšá̕ł. six times: łx̣əŋá̕ł. seven times: ću?kʷsá̕ł. eight times: taʔcsá̕ł. nine times: tkʷxʷá̕ł. ten times: ʔupənál̕. twenty times: nəcxʷk̕ʷəsá̕ł.

tin tin, metal can: k̕ʷə́čtən².

tingling to have a tired, tingling feeling as part of the body has gone to sleep, pins and needles feeling: titiyáʔis. to feel a tingling or numbness in the foot or leg: titiʔáysən. to feel a tingling or numbness in the hand or arm: titiʔáycs. to feel a tingling or numbness in the head: titiyéʔqʷ. to feel a tingling or numbness in the mouth: titiyúcən.

tiny to be small, little, tiny: ƛ̕aʔƛ̕úƛ̕aʔ.

tip to spill, tip over, capsize: kʷə́y̕. to spill something, pour something out, tip something over to spill out: kʷiʔə́t. being spilled, tipped over: kʷə́ytəŋ. to be capsized, spilled, tipped over: kʷə́ykʷiʔ. to be spilled, poured out, tipped over, capsized by someone or something: kʷiʔə́təŋ. to tip over a little (in a boat or canoe): kʷaʔkʷiʔə́ct. to tip over (in a boat or canoe): kʷiʔə́ct. wanting to, trying to tip, spill, capsize: kʷəytáy̕ŋən.

tipsy to be a tiny bit drunk, a little tipsy: ʔəsxʷčaʔčə́yx̣ʷs. to be half drunk, tipsy, half shot: ʔəsxʷčə́yx̣ʷs. to be tipsy, half-shot, a little intoxicated, a little mentally unbalanced: sxʷčaʔčə́yx̣ʷs.

tiptoe to be walking on tiptoe: łáʔisi.

tire automobile tire: táyə. to blow out (of a tire), rupture (of an inner tube): ŋəq̕ʷsə́n. to go in with one foot or one tire: nəwəsə́n. to manage to blow out a tire, rupture an inner tube: ŋəq̕ʷsə́nnəxʷ.

tired to be extremely tired, exhausted, all out of breath: tə́q̕ʷ. to be fatigued, tired and sore (from exertion), tired of (something): qə́kʷ. to be fatigued, tired, hurting, aching: qákʷł. to be fed up, disgusted, sick and tired (of something): spíq̕ʷi. to be tired of waiting: q̕ʷúʔyəŋ. being made tired, out of breath by someone or something: tə́q̕ʷtəŋ. being tired: łčíw̕s. being weary, tired (of something), fed up: pə́ʔqʷiʔ. fatigued, tired from doing something, tired of doing something, "sored up" tired: qiqə́kʷ. to be getting tired: łə́čqiʔ. to be making someone tired and out of breath: tə́q̕ʷt. to be tired: łčíkʷs. to be tired (of something), fed up, weary: píq̕ʷi. to be tired out, hurting, aching: ʔəsqákʷł. to be unable to breathe, out of breath, choked up, tired, all in, exhausted, panting, smothered: titə́q̕ʷ. to get tired: łčə́qi. to get tired of, bored with (something): čqə́kʷ. to get very tired: łiłčə́qi. to have a tired, tingling feeling as part of the body has gone to sleep, pins and needles feeling: titiyáʔis. to made tired, out of breath by someone or something: tə́q̕ʷtəŋ. to make someone tired and out of breath: tə́q̕ʷt. to not want (something), being tired (of something), dislike, being bothered, annoyed (by something), especially a noise: čéʔnuʔ. to not want something, be tired of something, dislike (especially a noise), feel annoyed at something:

ččéʔnəxʷ. to not want (something), getting tired (of something), dislike, getting bothered, annoyed (by something), especially a noise: čćéʔnuʔ. to not want (something), get tired (of something), dislike, get bothered, annoyed (by something), especially a noise: ččínəw.

to for, to: -sít.

toast to get scorched, scalded, toasted: k̓ʷás. to toast, scorch: k̓ʷəsə́yu. anything toasted, roasted, barbecued: sk̓ʷás. to toast, scorch, scald: k̓ʷásəŋ. to toast, sear, scald, roast, barbecue, burn the surface of something: k̓ʷást. being toasted, seared, scalded, roasted, barbecued, burned on the surface by someone or something: k̓ʷástəŋ. toasting something: k̓ʷáʔsəŋ. toast, roast, barbecue, anything seared (especially toasted dried fish): sk̓ʷásəŋ. to be scorched, barbecued, toasted (especially dried fish): ʔask̓ʷás. to be scorched, scalded, toasted by someone or something: k̓ʷsátəŋ. to be toasting, scorching (something): k̓ʷaʔsáʔyuʔ. to get scorched, scalded, toasted, burned (of several): k̓ʷə́yəs.

toaster toaster, broiler: sk̓ʷásən.

tobacco any tobacco, cigarette, cigar, snoose, chewing tobacco: smánəš. several cigarettes, etc.: smiyánəš. to be smoking, chewing, consuming tobacco: ʔəɬsmáʔnəš. to be smoking tobacco: ʔəɬsmáʔnəš, máʔnəšəŋ. to consume tobacco, smoke a cigarette, cigar, chew tobacco, dip snoose: ʔəɬsmánəš. to go to smoke tobacco: smanəšíyɬ. to have a little smoke of tobacco: ʔəɬsmaʔmáʔnəš. to let someone go to smoke tobacco: smanəšíyɬtxʷ. to smoke tobacco: mánəšəŋ. to want to smoke, have tobacco: ʔəɬsmanəšáyŋən.

today ʔáynəkʷ. day, today, tomorrow, the next day: kʷáči.

toddle be toddling (as a small child): šaʔšə́təŋ. be a group of small children toddling: šaʔyaʔšə́təŋ.

toddler ŋaʔŋéʔŋanaʔ. infant, baby, toddler, young child, young son or daughter: ŋaʔŋáʔnaʔ. toddler, a child around 2 years old just starting to walk: štəŋúyɬ.

toe digit, finger, toe: =uy. any toe but the big toe: sqaʔqiʔúyc. big toe, great toe: scaʔctúysən. several big toes: sciyactúysən. several toes: sčičxúysən. toe: sčxúysən. toe, especially the big toe: cúʔis, cúʔisən.

toenail čšúysən. several toenails: sčəyəšúysən. toenails: cə́ysúysən.

together ʔəq̓ʷáʔti. each other, together: -ty. non-control reciprocal: -nəwəy. with, together: -tuy. to be alone together: haʔyahúʔəy. to be bringing things or people together: q̓ápt. to be gathered together, any gathering, assembly of people: ʔəsq̓ápɬ. to be gathering (things or people) together: q̓ápəyuʔ. to be mixing together, mixing in with, joining in with, mingling, getting involved: ɬəŋk̓ʷáʔct. to be squeezed, bunched up together: ʔəsčéʔip. to be squeezed in, squeezed together, stuck in, pinched in: ʔəsčə́nc. to be squeezing something together repeatedly: čənčə́nct. to be stuck on, stuck together by someone or something: x̌q̓ʷə́təŋ. to be together, along with: kʷəntúy. to bring things or people together: q̓pə́t. to fold together, fold in (as top of sack): məsə́t. to gather, assemble (of people), come together, crowd together: q̓pə́ct. to gather (things or people) together: q̓pə́yu. to go away, have one's things together ready to go: kʷšə́ct. to join, connect something, put something together (with something else): q̓ʷúʔtxʷ. to manage to take, grab hold of each other, get together with each other: x̌k̓nə́kʷi. to meet each other: sxʷčəməsŋíti. to mix together, mix in with, join in with, mingle, get involved, become part of a social group: ɬəŋk̓ʷáct. to mold, give shape, gather to put together something: mək̓ʷə́t. to pinch, squeeze something together, squeeze it in: čə́nct. to press (things) together: x̌íq̓ti. to put oneself together, get one's things together: p̓síct. to put something together, gather the parts: p̓sít. to reconcile with each other, get back together after a dispute, finally get along well: x̌əmnə́kʷi. to splice, extend, tie together (rope or anything): taʔq̓ʷéʔt, ɬq̓ʷéʔt. to stick something on, stick something together: x̌q̓ʷə́t. to stick things together: x̌q̓ʷətúy. to talk together, have a conversation, dialogue: q̓ʷinə́kʷi. to talk together, talk at each other: q̓ʷiníti. to talk together with someone, have a conversation, dialogue with someone: q̓ʷinə́kʷitxʷ. to work or do something for each other, work together, share responsibility: ʔəyŋíti.

toilet toilet, bathroom, restroom, outhouse: sxʷʔəmətáwtxʷ. to use a toilet: sqéʔyəŋ. outhouse, washroom: šiwaʔáwtxʷ. restroom: sxʷaŋaʔɬəŋáwtxʷ. to defecate, move bowels, go to the toilet: pápaʔ. to go to the outhouse, toilet: sqíyəŋ. to go to the toilet: ʔəmətíyəɬ. toilet, bathroom, restroom: ʔəmətáwtxʷ.

told being told to do something: saʔátəŋ. to be told about: yəcústəŋ.

tomboy tomboy, a young girl who likes to play boys' games: sk̓ʷaʔk̓ʷátuʔ.

tomcod tommycod: čə́nəkʷaʔ.

tomorrow day, today, tomorrow, the next day: kʷáči.

tongue tíxʷɬc, ɬq̓ʷáŋəqsən. several tongues: taʔyíxʷɬc.

tonsils uvula, tonsils: sŋéʔyəqʷ. several uvulas, tonsils: sŋaʔyéʔəyəqʷ.

too also, too, additionally, still, either, another: x̌áy².

too bad to be too bad, sorry: qə́y. to be sorry, unfortunate, too bad: qáʔiʔ.

tool instrument, tool, useful object: =tən. any tool used for work: čáytən. any tool, what one is using to do work: sxʷiʔčáʔəy. equipment, tool, a part of

too much (continued)
any man-made thing: *haʔyáʔwən*. a chisel: *sxʷɬə́kʷəŋ*. a curved knife with two handles for shaving or carving wood: *sxʷqaʔxə́yu*. adze, canoe carving tool: *qəmtə́n*. a handle: *ƛ̕k̕ʷə́ntən*. a handle that protrudes (as on a skillet): *ƛ̕k̕ʷsín*. a long knife with a handle used for splitting cedar: *sxʷčə́xəŋ*. an iron for pressing clothes: *xʷíqʷən*. any hammer: *sxʷʔiʔcə́səŋ*. any hammer, anything used for pounding: *sxʷíʔcə́səyu*. any hole-making tool, drill, auger, posthole digger: *sxʷcə́ɬqʷəŋ*. any knife, especially a butcher knife: *q̕ʷq̕ʷaʔéyəs*. any spoon, ladle: *ɬúpən*. anything used for a purpose such as a tool, a frying pan, etc.: *čaʔúʔwən*. any tool used for prying such as a cant hook, peavey, or crowbar: *k̕ʷácən, k̕ʷácən*. any tool used to make holes, puncher, awl: *cɬə́q̕ʷtən*. any tool used to spin wool: *čúƛən*. a plow, tiller (for breaking earth): *ƛšnúkʷən*. arrow: *yə́čt*. a steel wedge used for splitting wood: *qəmtə́n*. a type of knife used to measure and cut: *yəqə́n*. axe: *sxʷk̕ʷqʷə́m*. bailer for removing water from a canoe: *sxʷʔiʔqʷə́yct*. billy club, salmon club: *ščéʔqʷən*. broom for sweeping the floor: *ʔəxənúkʷən*. butcher knife, any knife used to clean and dress game: *sxʷk̕ʷéʔwəc*. canoe pole, for poling a canoe or raft up river: *xʷúq̕ʷən*. clam fork, anything used for digging clams: *sxʷqaʔxə́yu*. clothespin: *čə́ńcən*. crab trap, crab pot: *sxʷʔaʔčxáy*. drill, bit and brace, awl, piercer: *sxʷcə́ɬqʷəyu*. folding pocket knife: *naʔə́yńəŋ*. grinder, anything used for grinding: *sxʷɬiʔqʷə́yuʔ*. grinding stone: *čqə́ytən*. hammer: *cə́stən, hə́mən*. hatchet, small axe: *sxʷk̕ʷaʔk̕ʷéʔqʷəm*. hoe, mattock, pickaxe, shovel: *lapiyúš*. knife: *šípən*. measurer, anything used to measure with, tape measure, yardstick, ruler: *yəqə́n*. poker for a fire: *čiʔicísən*. rope made of cedar limbs: *čúčɬ*. salmon knife, draw knife for taking the meat off the backbone of the fish: *k̕ʷə́čtən¹*. scissors: *q̕cə́k̕ʷən*. sewing needle, knitting needle: *čáʔcən*. shovel: *šápəl*. small knife, pocket knife: *šaʔšéʔpən*. steel file (tool), anything used for filing or grinding: *cqə́ń*. wedge used for splitting wood: *wíč*. wool carder: *tšáyəqən*.

too much very, awfully, too much, so much: *mə́ń*. to let something be too much, very much: *mə́ntxʷ*.

toot to howl (as dog or wolf), toot, honk (as boat, train, or any horn): *ƛə́wəŋ*. to be honking, hooting, tooting, howling (of a person, horn, car, boat, train, siren, crane, etc.): *caʔyéʔəŋ*.

tooth *čə́nəs,* =*nis*. a whole mouthful of teeth: *čə́nəcən*. gold tooth: *kuláyns*. teeth: *ččínəs*. to bare one's teeth (as a dog growling or a person smiling): *c̕xiynísəŋ*. to be extracting, pulling out a tooth: *ʔaʔq̕ʷiʔnísəŋ*. to break a tooth: *tk̕ʷáynəs*. to bump the tooth: *ƛəmáynəs*. to clean one's teeth: *c̕aʔk̕ʷcinísəŋ*. to have a tooth broken off: *tk̕ʷíns*. to have big teeth: *čiʔqáynəs*. to have one's teeth showing (as a dog growling or a person smiling): *c̕xiʔnís*. to hold something in the mouth with the teeth, be biting on something: *cəńít*. tooth decay: *cick̕ʷinísəŋ*. to rot the teeth: *čič̕q̕ʷinísət*.

toothache to have a toothache: *xɬáynəs*.

toothless to be toothless: *ʔəsməxʷáyns, maʔmxʷáyns*.

top to be on, upon, on top of: *cáʔ*. to be on top: *céy*. to be on top, above: *cɬaʔáwəɬ*. to be on top, sitting atop, be upstairs: *ʔəscáʔcaʔ*. to be on top, up (there): *cáʔcaʔ*. any shirt, blouse, top: *stipúykʷt*. being on top, above: *cɬaʔáwəɬ*. crown, top of the head: *sqtayéʔqʷ*. the top of anything, especially the crown of the head: *sxʷqtaʔyéʔqʷ*. to ascend, climb up, get up on top: *céʔyəŋ*. to be atop, on top: *ʔəscéʔci*. to be put on top (of something) by someone: *céʔyətəŋ*. to be up on top: *scéʔi*. to go over the top, crawl over: *q̕ʷaʔyíyəŋ*. to manage to get up to the top: *caʔnúŋət*. to move to the top side, get on top, go over the top: *cɬaʔəwíyəŋ*. top, crown of the head: *qtaʔyéʔqʷ*. top of anything standing: *sqtayéʔqʷ*. to put something on top: *cɬaʔwíyət*. to put something up on top: *céʔət*. to put something up on top (of something): *céʔyət*.

torch light, candlelight, lamp, flashlight, spotlight, pitch torch, light bulb, lantern: *ŋáʔəq*. several lights, lamps, flashlights, torches, lanterns: *ŋiyáʔəq*.

torment to torment someone, make someone suffer, give someone a raw deal: *smə́xʷút*. being tormented, made to suffer by someone or something: *smaʔxʷútəŋ*. being tormented, tortured, made to suffer: *smaʔxʷúct*. to be tormented, made to suffer: *sməxʷúct*. to be tormenting someone, making someone suffer, getting a raw deal: *smaʔxʷút*. to be tormenting, torturing, teasing: *čmaʔxʷúct*.

tornado whirlwind, tornado, dust devil: *səyəqúsəŋ*. whirlwind, tornado, waterspout: *siq̕iʔúʔisəŋ*.

torso upper torso, solar plexus, seat of the feelings: *hə́nkʷs*.

torture being tormented, tortured, made to suffer: *smaʔxʷúct*. to be tormenting, torturing, teasing: *čmaʔxʷúct*.

totaled to be smashed, pulverized, totaled: *ɬə́yəqʷ*.

totter to stagger, stumble, totter, walk unsteadily, slip and fall: *xʷcə́ŋ*. to be staggering, stumbling, falling down, tottering, walking unsteadily: *xʷə́cəŋ*.

touch to feel, touch something (with hands or on skin): *ƛápt*. being felt, touched with the hand: *ƛaʔpátəŋ*. to be feeling something (with the sense of touch): *ƛáʔpt*. to be felt, touched with the hand: *ƛpátəŋ*. to happen to feel something on one's skin: *ƛápnəxʷ*. to touch someone accidentally while walking: *ɬík̕ʷnəŋ*.

touching alas! it's a pity! heartbreaking, touching: *wayənəhákʷ*.

touchy to ache, hurt, feel sore, sensitive, touchy, ill: *qáqɬ*.

tough hard, solid, sturdy, congealed, jelled, tough, strong (material): *q̕ʷsə́ŋ*. to be tough, strong-willed, strong-minded: *ʔimənə́nkʷs*. to be a tough, feisty, brave, unhesitating, aggressive, not afraid of doing

English-Klallam Index

anything: nəxʷsčáŋkʷən. to be making something hard, tough, sturdy: q̕ʷə́səŋtxʷ. to be mean, tough, feisty, ornery, fearless: ʔəsčáŋkʷən. to make something hard, tough: q̕ʷəŋít. to make something hard, tough, sturdy: q̕ʷsə́ŋət. to be getting hard, toughening, jelling: q̕ʷə́səŋct.

tough time pitiful, pathetic, having hard times, having a tough time making a go of life: tsús.

tourist to be taking pictures (like a tourist): nəxʷxiʔəsáys.

tow drag, pull, tow something: xʷk̕ʷə́t. to bring something closer, tow something: ʔəstásɬtxʷ. being towed (in a car or boat), being pulled right next to by someone or something: ʔaʔstástəŋ.

toward to go toward: txʷʔúxʷ, txʷiʔáxəŋ. to go toward, go in a particular direction: txʷʔáxəŋ. to be brought toward (someone or something) by someone or something: txʷʔúxʷtəŋ. to be going toward: txʷxʷənéʔəŋ, txʷáʔənə. to be going toward (a particular direction): txʷʔúʔuxʷ. to come toward: txʷʔənʔá. to face toward a particular way, look the other way: txʷnúʔəsəŋ. to let someone or something go toward: txʷʔúxʷtxʷ. to put something in toward: nuʔnə́s.

towel hand towel: sxʷʔəččísən. small towel, face towel: sxʷʔəčúsən.

town town, city: táwn. shopping center, mall, downtown area, anyplace where there are lots of stores: sxʷixʷimáy. to be going to town: ƛ̕aʔttáʔwən. to be taken to town: ƛ̕aʔtáwntəŋ. to go to town: ƛ̕aʔtáwn. to go to town (especially in a vehicle): ƛ̕aʔtawníɬ. to take someone to town: ƛ̕aʔtawnístxʷ. to take something to town: ƛ̕aʔtáwntxʷ.

toy any toy or toys, anything one plays (games) with, athletic equipment: sqqíŋ.

trachea throat (inside), pharynx, windpipe, trachea: sxʷk̕ʷúŋən.

tracks any tracks, footprints: sxʷxə́naʔŋən. foot path, footprints, tracks: štə́ŋəŋən. footprints, animal tracks: xə́naʔsən.

trade to exchange, trade: ʔaʔčšíti, ʔaʔčšúsəŋ. to change, exchange, switch, trade something: ʔaʔčšít.

trading post store, trading post: sxʷimáy.

tradition one's heritage, traditions, legacy, inheritance what one has descended from one's ancestors: cə́xtán.

trail road, trail, path: súɬ. trail, path: saʔsúɬ. walking path, sidewalk, hiking trail, walking ramp: sxʷšə́təŋ. any narrow path or trail: sxʷšaʔšə́təŋ. to be following a trail, path, road: nəxʷsuʔúʔiŋ.

train train, railroad: lilút. a railroad train passing by: lilúʔət. to be training, testing oneself, trying to learn: ppáʔct. to make oneself strong, become strong, train oneself: ʔiyəmúct. to make someone strong, train someone: ʔiyəmút.

trance song Indian doctor's trance song and dance: skʷənúcən.

transfer to take, put something (there), transfer something (from one place to another): ʔúxʷtxʷ.

Transformer Changer, Transformer, Creator: nəčtə́nəq. the Great Transformer: ʔiʔxiʔxayəstə́nəq.

transitivizer basic transitivizer: -t¹. causative transitivizer: -istxʷ. directional transitivizer: -tastxʷ. intent transitivizer: -nəs. non-control transitivizer: -naxʷ. object of emotion transitivizer: -taxʷɬ.

translate to translate from one language to another: nəxʷčaʔčaʔtqín.

translator translator, spokesperson, someone who speaks for a group: nəxʷscáʔcqən.

transportation vehicle, any conveyance, any means of transportation: sčaʔkʷaʔyúɬ.

trap to trap (small animals): xə́šən. to trap animals: xə́šəŋ. to trap fish: tqápən. to trap, net fish: k̕ʷáɬ. any trap, snare for small animals: xə́šən. a type of large salt-water fish trap: tqápən. bait for any line or trap: ŋáʔŋaʔ. crab trap, crab pot: sxʷʔaʔčxáy. to be trapping animals: xáʔšəŋ. to be trapping fish: tqáʔpən. to set bait, bait a line or trap: ŋaʔŋáʔt. to set nets, traps for fish: k̕ʷáɬi.

trash trash, anything thrown away: kʷáʔŋən. litter, trash, dust and dirt: čaʔŋáʔɬ. any container for trash, garbage: sxʷkʷáns. to be something thrown away, discarded, be trash, garbage, unwanted and left behind: skʷánəyuʔ. to sweep up, remove trash, clear space: ʔəxʷíct.

travel to be away, gone, not home, on vacation: háʔəw. to walk, go, travel: štə́ŋ. canoe partner, a companion in any vehicle, someone who rides along, traveling companion: sxʷq̕ʷúʔkʷɬ. to be walking, traveling: šə́təŋ. to go by horse, travel on horseback: stiqewáyɬ. to go on a journey together: q̕ʷaʔkʷíyti. to go, travel by canoe: kənimáyəɬ, snəxʷɬáyɬ. to go, travel by horse-drawn wagon, buggy: cikcikháyəɬ.

treasure souvenir, anything acquired that is cherished, treasured, valuable: sʔúyəx. to treasure something, take all of something: múst. treasure, money, wealth, savings: maʔyúst.

treat being treated a certain way, having something done to one by someone or something: yayáʔtəŋ. to be affected, treated by him/her/it: čɬníɬ. to be treated badly by someone, be treated mean: qaʔitíŋ. to treat someone badly, be mean to someone: qaʔyát.

tree plant, tree, shrub: =iɬč. any large tree, log: sqiyáŋxʷ. any big, thick tree or log: čqíɬč. standing live tree: xəwəsíɬč. trees, forest, woods: sqiqəyáŋəxʷ. a group of small trees, saplings: sqaʔyaʔqiyáŋəxʷ. small tree, sapling: sqaʔqiʔáŋəxʷ. any berry bush, fruit tree: sčaʔyəqʷíɬč. several berry bushes, fruit trees: sčiʔəyəqʷɬíɬč. alder tree: sqʷúŋəɬč. apple tree: ʔapələsíɬč. cedar tree, western redcedar: xpaʔčíɬč.

fir tree: ččátč, čiyaʔčítč, sŋáʔəwəłč. fir trees: sŋiyáwłč. hemlock tree: ṭqátč. maple tree: scúʔčtč. Pacific yew tree: x̌əŋqátč. pear tree: paahíyəłč. spruce tree: ččátč. white fir tree: ŋəq̓ʷŋəq̓ʷítč. wild cherry tree: c̓x̌ʷítč, sk̓ʷc̓ŋíyłč. wild crab apple tree: qaʔx̌ʷítč. willow tree: sx̌ʷúyəłč. any tree bark: k̓ʷəwiʔ. leaf of a tree or bush: scúʔčtaʔ. any tree bark (except fir bark): k̓ʷiyaʔk̓ʷík̓ʷs. fir or cedar tree bark: čəyiʔ. small pieces of tree bark: sc̓aʔyaʔčáʔi. pointed top of a tree or snag: sq̓tayéʔqʷ. tree limb, branch, plant stem, knot: sx̌qács. snag, a standing dead tree or large tree stump: stáʔtčiʔ. snag, dead tree: stq̓áč. stump of a tree: sxíyəmnəč. tree stump, trunk of cut tree, the butt end of a log: sčšáʔič. five trees or any kind of plant: łq̓əčšítč. to fell a tree, bring, cut a tree down: xíx̌č, xíx̌čt. to be felling a tree, bringing a tree down: xéʔx̌č. to manage to fell a tree, cut a tree down or accidentally fell a tree: xíx̌čnəxʷ.

tree frog a small, common frog, tree frog, peepers: wəq̓óq̓, wəx̌ə́ł.

tremble to shake, shiver, tremble: čə́nəŋ. to be shaking, trembling: čə́yəŋ. to be shaking, trembling all over one's body: čənəŋíws.

triangle łxʷéyn̓.

tribal center Klallam tribal center: nəxʷsx̌ay̓əmáwtxʷ.

tribe village, tribe, community: ʔəxʷíyŋxʷ. village, community of people, tribe, group of related people: ʔay̓xʷíyŋəxʷ. any Native American from the upper west coast of Vancouver Island, Nootka, Nuuchahnulth: pcáyah. any of the tribes of the interior, east of the Cascades such as the Yakima: łq̓ətaʔ. a tribe living south of Hood Canal: łənqsáʔaməš. Bremerton tribe: x̌áq̓taməš. Chehalis Tribe: c̓xéʔyəs. countryman, compatriot, someone from one's hometown, country, or tribe: sxʷsk̓ʷáwaʔ. Cowichan Tribe, Cowichan area on Vancouver Island and neighboring smaller islands: qəwʔə́čən. Haida tribe: yə́k̓ʷłtaʔx. homeland of the Haida tribe: haytá. Klallam people, Klallam tribe: nəxʷsx̌áy̓əm̓. Makah people: miyəqáʔaʔ. Makah Tribe: məqáʔaʔ. Nisqually area and tribe: sqʷáʔyiʔ. Nitinaht tribe and the area of the west coast of southern Vancouver Island where they live: ŋəcáʔiʔŋəxʷ. Olympia tribe: staʔčəsháʔwəŋəxʷ. Puyallup area, reservation, tribe, and people: spuʔyáləp. Puyallup tribe: spuʔyaləpáməš. Quinault tribe: kʷənáyɬ. Saanich people: sxʷsánəč. Sahewamish tribe around the west half of Hartstene Island, Hammerslay Inlet, Mud Bay, and Oyster Bay: sehéʔwaməš. Samamish tribe and the area around Lake Samamish: sxʷúmaməš. Shotlmamish, Case Inlet tribe: xʷx̌əmáməš. Skagit area, Coupeville tribe: sqáčət. Skagit tribe: nəxʷyə́š, sqáčət. Skokomish tribe: sqʷaʔqʷúʔməš. Skykomish tribe: sqʷíxʷaməš. Sooke tribe: súʔəkʷ. Squaxin Island tribe: sk̓ʷáxʷsənháʔwəŋəxʷ. Stuckamish River, White River, also the name of a tribe: stə́qəməš. Suquamish tribe and the area around the Port Madison Indian Reservation: səq̓ʷáməš. Swinomish tribe at La Conner: swə́nəməš. the Klickitat tribe: łə́qitat. the Lummi tribe, the Lummi Reservation and the area around it: nəxʷyə́mi. the name of a tribe south of the Hood Canal region: kʷéʔx̌aməš. the Quileute tribe: kʷəniyáctx. the Samish River tribe, a person of the Samish tribe: sʔáməš. the Skokomish tribe and the area around Skokomish River: təwánəxʷ. Tsimshian tribe: cəmšiʔán. Tulalip tribe: nəxʷyíyəp, tuléyləp. Twana tribe, Skokomish people: tuʔánxʷ.

trick to tell fibs, lies (regularly, habitually), trick, fool (someone) into belief (like a politician): q̓ʷaʔq̓ʷíʔstánəq. to tell a small lie, fib to someone to entice, fool, deceive, kid someone, turn someone's thoughts another way to distract: q̓ʷaʔq̓ʷáy̓stxʷ.

trigger to shoot a gun, pull a trigger: łík̓ʷt.

trim to trim down, strip off (as when taking off excess limbs of a plant before planting): ləmík̓ʷsəŋ. to trim something down (as when taking off excess limbs of a plant before planting): ləm̓ləmík̓ʷst.

trip to go on a journey together: q̓ʷaʔk̓ʷíyti. to take a walk, stroll, go on a trip on foot: štəŋúsəŋ. to trip: łaʔyík̓ʷsən. to trip, get one's foot hooked (on something): łík̓ʷsən. to trip, hook one's foot (on something): łík̓ʷsənəŋ. to trip someone: łk̓ʷsánət.

tripe tripe, cow's stomach: spáxʷ.

triton Oregon hairy triton: sxʷcsátən.

troll to troll for fish (especially for salmon): x̌ácu. to be trolling for fish (for example salmon): x̌áʔcuʔ.

trot to run, gallop, trot: kʷánəŋət. to be running, trotting: kʷaʔnéʔŋət. to be running, trotting (of someone or something small): kʷaʔkʷaʔnéʔŋət.

trouble stéʔčaʔxʷiʔ. being in trouble, worried, disturbed: téʔčaʔxʷiʔ. being troubled by someone or something: taʔčaʔxʷéʔtəŋ. to be bothered, disturbed, troubled, mentally stressed by someone or something: taʔčaʔxʷítəŋ. to be bothering, disturbing, upsetting, stirring up trouble for someone: taʔčaʔxʷéʔt. to be disturbed, bothered, have trouble, have problems, be apprehensive, uneasy, upset: taʔčéʔxʷiʔ. to be having trouble: łaʔčáxʷəŋ. to be making war on someone, making trouble for someone (wanting to fight): xaʔixístxʷ. to be troubled, bothered, disturbed, upset, in emotional distress, worried: táwqən. to be very troubled, in emotional distress (of a group): titáwqən.

troublesome to be bothersome, troublesome, stirring up trouble: taʔčaʔxʷéʔnəq. to bother, disturb, trouble, upset, mentally stress someone: taʔčaʔxʷít. to disturb, trouble, upset someone: taʔčéʔxʷt. to hurt (people), hurt habitually, cause trouble regularly: maʔk̓ʷə́nəq.

trousers pants, trousers: nuʔsə́ntən, =iʔiy. to be putting pants, trousers on: nuʔsánəŋ. to put on

trousers, pants: *nuʔsánəŋ*. to take off, remove one's pants: *łəŋiʔíyəŋ*.

trout *k̕ʷəmámah*. several small trout: *k̕ʷaʔyaʔk̕ʷəmáʔmaʔ*. several trout: *k̕ʷəyəmámaʔ*. small trout: *k̕ʷaʔk̕ʷəmáʔmaʔ*. steelhead: *łáčšən*. a small steelhead: *łaʔłáčšən*. several small steelheads: *łaʔyaʔłáčšəni*.

truck vehicle, any conveyance, any means of transportation: *sčaʔkʷaʔyúł*.

true to be true, dedicated, honest, real, meaning it, sincere in what one is doing: *ʔəscəʔít*. to be true, real, sincere, honest: *cəʔít¹*.

truly truly, really, actually, properly: *cəʔéʔt*. truly, really, actually: *cəʔítəŋ*.

trunk anything used to contain belongings such as any pocket, suitcase, trunk, bureau, chest-of-drawers: *sxʷʔuk̕ʷáy*. tree stump, trunk of cut tree, the butt end of a log: *sčšáʔič*.

trust to believe, trust: *q̕ʷáy̕*. to distrust, be suspicious of someone or something: *łaʔmát*. to be suspicious, untrusting (of someone or something): *łaʔmáct*.

truth to be honest, telling the truth: *nəxʷcəʔítqən*. being sincere, telling the truth: *ʔəscəʔéʔt*.

try to try, test, taste something: *p̕áʔət*. to try, want to be it, be important, be first, be a big shot, be in front, take credit, take the show away: *nəłcút*. to wear, put on, try on clothes: *łəyámət*. challenging, testing (of several): *p̕ayp̕áʔti*. to be challenging, trying, testing each other: *p̕p̕áʔti*. to be training, testing oneself, trying to learn: *p̕p̕áʔct*. to be tried, tested, tasted by someone: *p̕áʔətəŋ*. to be trying, tasting, testing something, trying to do something: *p̕p̕áʔt*. to be trying, testing, tasting something: *p̕ap̕áʔt*. to try, attempt (to do something): *p̕áʔəct*. to be trying to beat each other in a contest: *cəlcəlítiʔ*. to be trying to be important and noticed, take credit, be pushy: *naʔłcúʔət*.

Tsartlip the West Saanich reserve, Tsartlip: *xʷcáłəłp*.

Tsimshian Tsimshian tribe: *cəmšiʔán*.

tub washtub, washing machine: *sxʷcaʔkʷikʷáłəŋ*.

tube a float such as a log or inner tube used for floating: *p̕ákʷəŋtən*.

tuberculosis tuberculosis, TB: *cáw̕nq*.

tuck to tuck something away, hide something on oneself: *kʷxʷnáčt*.

tuck away to hide, guard, conceal, cover, tuck away (something) on oneself: *kʷxʷnáčəŋ*.

Tuesday *cəŋənát*.

Tulalip Tulalip tribe: *nəxʷyíyəp, tuléyləp*. opposite Tulalip on Tulalip Bay: *čáƛqs*.

tule tule, a type of round reed: *cánaʔxʷ*. a bunch of tules: *ciyaʔyáʔnəxʷ*.

tummy abdomen, belly, tummy, stomach: *ƛ̕ác*.

tumpline tumpline, basket headband, pack-strap worn across the forehead attached to a load on the back: *cáŋaʔtən*.

tune to be whistling a tune: *nəxʷsaʔskʷiʔúsəŋ, šaʔšpiʔúsəŋ*.

tunnel any hole, perforation, tunnel: *sxʷcłáqʷəŋ*. hole, tunnel, any opening something can pass through: *scłáqʷ*. making, passing through a hole or tunnel: *cłáqʷəŋ*. to go through a hole or tunnel: *cłáqʷəŋ*.

turkey *ncqʷáłənł, táki*. a group of small turkeys: *taʔyatáʔki*. small turkey: *taʔtáʔki*. turkeys: *taʔyáki*.

turn now, turn: *kʷłən-*. to turn a corner, go around a bend, make a turn in a canoe or other vehicle: *q̕aʔwíyəŋ*. to turn around a corner, turn around a point: *q̕aʔwíct*. to be one's turn (to do something): *ʔáynəč*. to take turns, take one's turn: *kʷəncút*. to be allowed to take one's turn by someone: *ʔənáčtəŋ*. to let someone take their turn, take someone's place: *ʔináčtxʷ*. to be looking, turning away: *qiʔáyəs*. to be thrown backwards, thrown on one's back, be turned face up by someone or something: *xłiyəŋístəŋ*. to be turned upright, face up by someone or something: *kʷtústəŋ*. to be turning a somersault: *čičiʔáyəct*. to change, turn to other side (of a canoe): *čiʔúykʷł*. to make someone go wrong, turn someone off onto another path: *łxát*. to turn something upright, make it look up: *kʷtúst*. to turn sour: *čúxʷəŋct*.

turn around to turn around: *céʔis, céʔisəŋ, čáyəp*. to turn around, look back, turn the head to look, look away (from something): *čáyəs*. to turn something around (to face another way): *siqúst*. to turn, roll something over or around: *čáyəpt*. to turn something around: *siqáyəst*. to turn oneself around: *siqáyəsct*. being turned over or around by someone or something: *čáyptəŋ*. to be turned over or around by someone or something: *čaypútəŋ*. to be turning around, looking: *čáys*. to be turning around, looking back, turning the head to look, looking away (from something): *čiʔús*. to be turning around, turning over: *čáypəŋ*. to be turning around, turning over oneself: *čáʔipct*. to be turning something around or over: *čáypt*. to turn around, look back, look away, turn one's eyes away (from something): *čiʔáʔis*. to turn around to look: *čəyáʔisəŋ*. to turn around, turn over, rotate: *čáyəpəŋ*. to turn completely around (to look back): *səyəqúsəŋ*. to turn oneself over, turn around: *čáyəpct*.

turn back to look away, look the other way, turn back: *čiʔúsəŋ*. to be turned back: *čiʔáyətəŋ*. to be looking away, looking the other way, turning back: *čiʔúʔsəŋ*.

turn down to refuse something or refuse to do something, turn something down, send something back: *həwást*. to be refused, turned down, turned away, sent back by someone: *həwástəŋ*.

Turner Creek Turner Creek, north of Brinnon: *sxʷúʔucən̓*.

turn inside out to turn something inside out: *nəxʷc̓áyəct*. to be turned inside out by someone or something: *nəxʷc̓áyəctəŋ*. to be turning something inside out: *nəxʷc̓áyc̓t*.

turn into become..., turn to..., be getting to, begin to, end up: *txʷaʔ-*. to become, turn into: *néʔənɬ*. to be turning into a cat: *péʔšpšct*. to be turning to stone: *syáʔnətct*. to change oneself, make oneself different, become something else, turn into something different: *náčct*. to turn into a beaver: *stiqáyuʔct*. to turn into a dog: *sqáxaʔct*. to turn into a man: *swə́y̓qaʔct*. to turn into a woman: *sɬániʔct*. to turn into cats (of several): *paʔyíšpšct*.

turn off to turn off something (a light, radio, television, computer, etc.): *ƛ̓k̓ʷə́t*. to be extinguishing, putting out a fire, turning off a light or electrical appliance: *ƛ̓ə́k̓ʷt*. to deviate, go the wrong way, turn off (to another path), go off from the rest of the group: *i̓x̓ə́ct*.

turn on to set fire to, ignite something, turn on a light: *húnt*. to turn on a lamp, radio, or other electric appliance: *čqʷə́t*.

turn over to turn over: *č̓əypúsəŋ*. to turn something (such as a canoe) upside down, face down, the open end down: *tɬúst*. to be turned upside down by someone or something: *tɬústəŋ*. to turn something or someone upside down: *xʷqʷiʔnáčt*. roll over, turn over: *mič̓iʔúʔisəŋ*.

tutelary spirit spirit power acquired by a person through special disciplines: *ɬqíyən*.

TV television: *snúʔnəkʷ, snúʔnəkʷ ƛ̓úyəqs*. television, movie: *qʷáqʷiʔ x̣iyús, sqʷay x̣iyúst*.

Twana the Twana people and language: *təwánəxʷ*. Twana tribe, Skokomish people: *tuʔánxʷ*.

twelve see under *ʔúpən, č̓ə́saʔ*.

twenty *nəc̓x̣ʷk̓ʷə́s*. to catch twenty fish: *nəc̓x̣ʷk̓ʷəsáyəq*. twenty: *čsɬšáʔ*. twenty animals: *ncx̣ʷk̓ʷsíkʷs*. twenty children: *nəc̓x̣ʷk̓ʷəsə́č̓*. twenty conveyances (such as canoes, cars): *nəc̓x̣ʷk̓ʷsáyəɬ*. twenty dollars: *nəc̓x̣ʷk̓ʷsáʔitxʷ*. twenty houses, buildings: *nəc̓x̣ʷk̓ʷsáwtxʷ*. twenty people: *nc̓x̣ʷk̓ʷsáyə*. twenty round things: *nəc̓x̣ʷk̓ʷsáʔitxʷ*. twenty times: *nəc̓x̣ʷk̓ʷəsáɬ*. twenty years: *nəc̓x̣ʷk̓ʷəsáʔwinəxʷ*.

twice *cəŋcáŋ*.

twin to be a twin: *č̓iyúwi*.

twine rope, string, twine, line: *x̣ʷéʔləm*.

Twin River Twin River, apparently referring to both East Twin River and West Twin River: *nəxʷc̓əsaʔqən*.

twist to twist, wring something: *x̣áyəčt*. to be twisted: *ʔəsxʷšáʔyaʔk̓ʷ, ʔəsx̣áyč̓*. to be twisted (as rope made from stinging nettles): *x̣áyč̓*. to be twisted, wrung by something or someone: *x̣áyəčtəŋ*.

twitch to squirm, wriggle, twitch, act startled: *c̓áyək̓ʷ*. to squirm, twitch, startle: *c̓áyək̓ʷəŋ*. to twitch, jump, move suddenly (as when startled): *c̓áyək̓ʷct*. to be made to twitch, jump when startled by someone or something: *c̓áyək̓ʷtəŋ*. to be squirming, wriggling, twitching, antsy (as when tickled): *c̓áy̓k̓ʷ*. to be twitching, moving suddenly: *c̓áy̓k̓ʷct*. to be twitching, squirming, jittery: *c̓áy̓k̓ʷəŋ*.

two *č̓ə́saʔ*. to be a pair, two of a kind, two people or animals at a time: *čšíkʷs*. to be just two people: *čaʔčáʔsaʔ*. to be or have two living things (such as children): *č̓əsáʔiɬ*. to be second: *č̓ə́saʔs*. to be two canoes (arriving, traveling, etc.): *caʔŋáxʷɬ*. to be two nights: *cəŋənát*. to be two people: *čáʔsaʔ*. to be two people at a time: *čscsáyə*. to catch two fish: *čšáʔyəq*. to give two each to several: *č̓əsčšaʔtxʷ*. to have two children: *čaʔsaʔə́y̓ɬ*. to let it be two: *č̓ə́saʔtxʷ*. two canoes: *cə́ŋuɬ*. two days: *č̓ə́saʔs*. two dollars: *čšáʔitxʷ*. two houses: *cə́ŋuʔtxʷ*. two small things or people: *čaʔč̓ə́saʔ*. two times: *cəŋcáŋ*. two years: *čšáʔwinəxʷ*.

two-headed snake two-headed snake, flying lizard spirit monster, dragon, lightning spirit, lightning: *čínəkʷaʔ*.

two-pronged two-pronged fish spear used for flounder and crab: *čšə́qsən*.

tyee salmon spring salmon, Chinook salmon, king salmon, tyee salmon: *kʷítšən*.

type type, kind, like: *=uməš*. to type something: *ƛ̓áyəqt*. being typed: *ƛ̓aʔq̓ə́yutəŋ*. to be typing, keyboarding something: *ƛ̓áy̓qt*. to be typing, pressing: *ƛ̓iʔq̓ə́yuʔ*. to be typing something: *ƛ̓aʔq̓ə́yut*.

typical to be as usual, typical, expected, conforming: *čúw̓əɬ*. to be as usual, typical: *twəw̓x̣ʷənʔáŋ*.

ugh ugh, aw, gosh, exclamation of disgust or irritation: *ʔə́š*.

ugly to be fierce, terrible, ugly, frightening: *x̣éʔsiʔ*. to be made ugly, terrible, fierce, messed up: *xístəŋ*. to get fierce, out of control, mad, raising hell, throwing a tantrum, doing something distasteful in anger, be angry and inappropriately act on it, being ugly with anger: *xaʔséʔyəŋ*. to make several look a little fierce or ugly: *xaʔyəxíst*. to make something or someone look a little fierce or ugly: *xaʔxíst*. to make something or someone look fierce or ugly: *xíst*. to make something terrible, ugly: *xix̣íst*. ugly, homely, terrible, funny looking: *xaʔx̣éʔsiʔ*.

umbilical cord umbilical cord, navel, belly button: *ŋə́wiʔ*.

unable to be unable, be too weak, feel sick: *ʔəsqiʔám̓*. being unable, can't: *ʔəsqiʔéʔmət*.

unattached to be unattached, detached, loose: *ʔəsɬə́yəŋtəŋ*.

unbalanced to act, look or seem crazy, silly, mentally unbalanced: *sqatihúmš*. to be crazy,

unbind foolish, mentally unbalanced, brainless, goofy, no sense, stupid: *ʔəscə́yəxʷ*. to be tipsy, half-shot, a little intoxicated, a little mentally unbalanced: *sxʷcaʔčə́yx̌ʷs*.

unbind to free, unbind someone or something: *yə́x̌ʷəyu*.

unbound to be set free, unbound, untied: *yə́x̌ʷ*. to be free, unbound, untied, out on bail, on the loose: *ʔəsyáx̌ʷɬ*. to let someone or something free, loose, unbound, untied: *yə́x̌ʷtxʷ*.

unbraid to free, release, undo, untie, unbraid, untangle, unfasten something, rip thread from something sewn: *yəx̌ʷás*. to unbraid the hair: *yəx̌ʷáyčəŋ*. unbraided hair: *ʔəsyəx̌ʷáyč*. to be untangling, untying, unbraiding something: *yəx̌ʷáʔəs*.

uncle aunt, uncle, either parent's sibling: *cácc*. a group of aunts and/or uncles: *caʔyáčc*. any relative (cousin, aunt, uncle) about the same age as oneself: *x̌íx̌q*. parent's younger sibling: *x̌íx̌q*. aunt or uncle after one's parent has died: *sxʷsqəsaʔčə́yəɬ*. in-law of preceding generation, parent/uncle/aunt-in-law, mother-in-law, father-in-law: *siyáʔiɬ*. small aunt or uncle: *caʔcáʔcc*.

uncle-in-law uncle-in-law or aunt-in-law, parent's sibling's spouse: *sxʷʔiyáyəŋ*.

uncomfortable to be uncomfortable: *sqiyím*. to feel sick, icky, yucky, ill, uncomfortable from eating too much fruit: *xʷəyúcəŋ, xʷúcəŋ*. to not like, feel uncomfortable about something or someone: *sqiʔáʔəmtxʷ*. to be feeling uneasy, not right, uncomfortable, helpless (about something): *ʔəsqiʔéʔmət*.

uncomprehending bewildered, uncomprehending, puzzled: *qʷaqʷəmús*.

unconventional to be unusual, different, abnormal, eccentric, unconventional, wrong: *snačít*.

uncooked to be raw, uncooked, underdone, not ripe: *x̌íc*.

uncooperative to be ornery, uncooperative, naughty: *xaʔxiyáʔs*. to be mean, no good, hard to get along with: *sxaʔxəyáʔs*.

uncover to come off, peel off, be removed, uncovered: *ɬə́qʷ*. to uncover, remove a cover or blanket: *ɬqʷcánəŋ*. to uncover the surface of something: *ɬuqʷíct*. to be uncovered: *kʷčánəŋ*. to be uncovered, have no blanket: *ʔstəqʷícən*. to uncover, take a blanket off one's feet: *ɬqʷsánəŋ*.

under to be low, under, deep, way down, at the bottom (especially of the water): *x̌áčɬ*. to be put under (something) by someone: *x̌čaʔwíytəŋ*. to be under, below, beneath, on the bottom, on the underside, in the cellar: *x̌čáwəɬ*. to be under, below the chest: *x̌číqəŋ*. being under, below, beneath, on the bottom, on the underside, in the cellar: *x̌čaʔáwəɬ*. to be low, down, under: *x̌aʔx̌áčɬ*. being under, below, beneath, on the bottom, on the underside, in the cellar: *x̌čaʔáwəɬ*. to move to the underside, get underneath: *x̌čaʔəwíyəŋ*. to go, wrap around, under, encircle (especially vertically): *q̓taʔwíyɬ*. to put something under: *x̌čaʔwíyət*. to sink, go deep under water, got to the bottom (of several): *x̌aʔičíyəŋ*. to sink, go under water: *x̌číyəŋ*. to stoop down to go under: *tɬíyəŋ*.

underarm armpit, underarm: *sxʷcaʔqʷiʔáxən*.

underdone to be raw, uncooked, underdone, not ripe: *x̌íc*.

underpants any underwear, especially covering the lower body underpants, drawers: *sxʷx̌čáyəɬ*.

undershirt any underwear, especially covering the upper body such as undershirt, slip, union suit, etc.: *sxʷx̌číkʷən*.

understand to know, understand something or someone: *x̌čít*. to observe, watch, see and understand, pay attention: *kʷənúɬ*. to understand, get it (after being told over and over): *kʷáčkʷs*. to understand (what someone says): *yaʔyáʔnəŋ*. to let someone know, teach someone, make someone understand: *ʔaʔkʷústxʷ*. figure out what to do: *x̌číkʷsəŋ*. to be figuring something out: *x̌ə́čt*. to get to know, get to understand: *x̌číyət*. to study, examine, inspect something or someone, figure something out, get to know and understand, check someone or something out, size up someone or something, do research on something: *x̌čə́t*. to miss a cue, misunderstand someone: *tə́xnáxʷ*.

understanding to be patient, understanding: *čɬčxčəŋín*.

understood to be known, understood, correct: *ʔəsx̌áčɬ*.

undertow swift water, fast tide, undertow: *xʷəŋáyəqən*.

under water to be submerged, under water: *čɬə́pi*.

underwear any underwear, especially covering the lower body underpants, drawers: *sxʷx̌čáyəɬ*. any underwear, especially covering the upper body such as undershirt, slip, union suit, etc.: *sxʷx̌číkʷən*. several pieces of underwear: *sxʷx̌əyəčíkʷən*.

undo to free, release, undo, untie, unbraid, untangle, unfasten something, rip thread from something sewn: *yəx̌ʷás*. to be freed, released, undone, untied: *yəx̌ʷáy*.

undress to undress: *ɬicáŋ*. to undress, take clothes off: *ɬuʔcáʔəŋ*. to undress, take clothes off someone: *ɬuʔcáʔt*. to be getting undressed: *ɬicáʔəŋ*. to be naked, undressed: *ʔəsɬuʔícaʔ*. to be undressed by someone or something: *ɬuʔcáʔtəŋ*. to be undressed, naked: *ɬəwícaʔ*. to be undressing, taking clothes off: *ɬuʔcáʔəŋ*.

uneasy to feel worried, uneasy: *cáʔckʷ, cáʔikʷ*. to be disturbed, bothered, have trouble, have problems, be apprehensive, uneasy, upset: *taʔčéʔx̌ʷiʔ*. to be feeling uneasy, not right, uncomfortable, helpless (about something):

uneven ʔəsqiʔéʔmət. to start to feel uneasy, worried (especially about somebody that is out away from home): ccáʔyəkʷ.

uneven to be uneven, lumpy ground: ʔəsmiməkʷə́nəkʷ.

unfaithful to jealously accuse someone of infidelity: péʔwəst. to be jealously accused of infidelity: péʔwəstəŋ.

unfasten to free, release, undo, untie, unbraid, untangle, unfasten something, rip thread from something sewn: yəxʷás.

unfold to open, unfold something, remove a lid from: nəxʷkʷqə́t. to straighten something, correct the course, steer, put someone on the right path, unfold something: ɬxʷə́t.

unfortunate to be sorry, unfortunate, too bad: qáʔiʔ.

unhappy to be sad, blue, lonesome, unhappy: háʔpiʔ.

unhesitating to be a tough, feisty, brave, unhesitating, aggressive, not afraid of doing anything: nəxʷsčáŋkʷən.

uniform a suit of clothing, an outfit, uniform, costume, clothing ensemble: ʔúykʷtxʷ.

uninterested to be not paying attention, mind wandering, uninterested, ignoring what is going on: ƛ́ɬús.

uninteresting to be unnecessary to do, do anyway (even though it does not need to be done), not care, not matter, not taken seriously, "going through the motions": ƛ́xʷiyuʔús.

Union Union area on Hood Canal: tə́məɬ. Union, Washington, the eastern point of Annas Bay in the Great Bend of Hood Canal: nəxʷɬúqʷaʔtəŋ.

union to act (group of people) as one, in union: nəc̓éʔqʷ.

union suit any underwear, especially covering the upper body such as undershirt, slip, union suit, etc.: sxʷƛčíkʷən.

unite to reconcile with each other, get back together after a dispute, finally get along well: ƛ́əmnə́kʷi.

unity to act (group of people) as one, in union: nəc̓éʔqʷ.

universe world, universe: skʷáči.

unlike to be even it, be unlike as compared with: čəw̓íntxʷ.

unmarried an unmarried grown woman, spinster, widow: čaʔstániʔ. bachelor, widower, an unmarried grown man: čaʔswə́yqaʔ.

unnecessary to be inconsequential, unnecessary, useless: ƛ́xʷiyús. to be unnecessary to do, do anyway (even though it does not need to be done), not care, not matter, not taken seriously, "going through the motions": ƛ́xʷiyuʔús.

unpleasant to be anything repellent, unwanted, unpleasant: sčúsəŋ. to turn nasty, unpleasant, ill tempered (especially used of the weather): k̓ʷaʔkʷéʔyəŋ. to be unpleasing, repellent, unwelcome, something disliked, ignored: sčúʔsəŋ.

unravel to set something free, untie, unwind, unravel, untangle, let loose something: yəxʷə́t.

unrealized c¹.

unskilled to not know how to help, be unskilled in a particular activity: q̓ʷaʔq̓ʷxə́m̓.

untamed to be skittish, easily startled, untamed, wild and unaccustomed to people (as deer or feral cats, for example): céʔcq.

untangle to free, release, undo, untie, unbraid, untangle, unfasten something, rip thread from something sewn: yəxʷás. to set something free, untie, unwind, unravel, untangle, let loose something: yəxʷə́t. to be untangling, untying, unbraiding something: yəxʷáʔəs.

untie to be set free, unbound, untied: yə́xʷ. to detach, untie, remove something (from a particular location): ɬəŋás. to free, release, undo, untie, unbraid, untangle, unfasten something, rip thread from something sewn: yəxʷás. to let someone or something free, loose, unbound, untied: yə́xʷtxʷ. to manage to free, untie something, finally get something loose: yəxʷnáxʷ. to set something free, untie, unwind, unravel, untangle, let loose something: yəxʷə́t. to be freed, released, undone, untied: yəxʷáŋ. to be untangling, untying, unbraiding something: yəxʷáʔəs. to be untying something: ɬiɬáʔŋət.

until ʔiʔ¹.

untrusting to be suspicious, untrusting (of someone or something): ɬaʔmáct. being suspicious, untrusting (of someone or something): ɬaʔmáʔct.

unusual to be unusual, different, abnormal, eccentric, unconventional, wrong: snačít.

unwanted to be anything repellent, unwanted, unpleasant: sčúsəŋ. to be disliked, unwanted, disrespected: ʔsčúʔis. to be something thrown away, discarded, be trash, garbage, unwanted and left behind: skʷánəyuʔ.

unwelcome to be unpleasing, repellent, unwelcome, something disliked, ignored: sčúʔsəŋ.

unwind to set something free, untie, unwind, unravel, untangle, let loose something: yəxʷə́t.

up high, up: cícɬ. to be on, upon, on top of: čáʔ. to ascend, climb up, get up on top: céʔyəŋ. to be up on top: scéʔi. to come up out of water: ƛ́iq. to float up: pákʷəŋ. to get up, arise: ʔə́p. to get up, arise, get out of bed: ʔə́mət. to get up on, go upstairs: céʔ. to go inland, up away from water, go into the bush: cúŋ. to be on top, up (there): čáʔcaʔ. to be raised up above, over, more than: huʔáʔič. to grow, mature, grow up, develop: šə́wi. to jump, jump up: xʷítəŋ. to lift, hoist up something: sáʔət. to look up, raise one's head: súʔəsəŋ. to bring, take, put something up on: c̓áʔət. to put something up on top: céʔət. to be ascending, climbing, going up: c̓íc̓aʔyəŋ. to be bringing, taking, putting something up: c̓áʔc̓aʔt. to be brought, taken, put up by someone: c̓áʔətəŋ. to be going up high: caʔɬéʔiŋ. to be going up, rising: caʔɬéʔyəŋ. to be hanging something up: čəy̓əŋúst. to be in the woods, forest, up away from the water: čáyəq̓ʷ. to be lifted, hoisted up, reeled in by someone or something: sáʔətəŋ. to be looking up: kʷaʔtúsəŋ. to be raised, up (of an anchor), unanchored: ʔəssaʔŋán̓ət. to build a house, put up a tent or make camp: čačáw̓txʷəŋ. to come up out of the water: x̌́qíct. to go up, climb up: c̓áʔiŋ. to manage to get up to the top: c̓aʔnúŋət. to raise, pull up anchor: saʔŋán̓ət. to stick up out (of something anchored in the water): ʔəsxʷáq̓ʷɬ. to struggle to get up after falling down: mə́c̓t. to try to get up (after falling): ʔaʔyáct¹. to vomit, throw up, spit up: čáʔət. roll something up (as a blanket, cigarette, etc.): mič̓iyúʔyəst.

upper to be upstream, located toward the upper part of a river or the inner end of a bay: táyət. the back, upper side of a house: čaʔyəq̓ʷáw̓txʷ. the upper part of the mouth including the palate, roof of the mouth: sxʷcaʔyiɬən.

upright to turn something upright, make it look up: kʷtúst. to be turned upright, face up by someone or something: kʷtústəŋ. to be spilled, capsized, anything not upright: skʷáʔiɬ.

upriver to go upstream, toward the upper part of a river, toward the head of a bay: táyi. to be going upriver: xʷúʔəq̓ʷ. to be going upstream, going into a bay: taʔáʔyəs. to pole a canoe upriver: xʷúq̓ʷt.

uproot to be extracted, uprooted, pried out: ʔúq̓ʷ.

upset to feel disturbed, upset: sáʔyaʔqʷiʔ. to be bothering, disturbing, upsetting, stirring up trouble for someone: taʔčaʔxʷéʔt. to be disturbed, bothered, have trouble, have problems, be apprehensive, uneasy, upset: taʔčéʔxʷiʔ. to be emotionally upset, disturbed by someone or something: səy̓əqʷíytəŋ. to be troubled, bothered, disturbed, upset, in emotional distress, worried: táw̓qən. to bother, disturb, trouble, upset, mentally stress someone: taʔčaʔxʷít. to disturb, trouble, upset someone: taʔčéʔxʷt. to disturb, upset someone: say̓əqʷíyt. to be bothering, upsetting, annoying, disturbing: taʔčaʔxʷéʔəyuʔ.

upside down to be upside down: sčiʔáʔyəŋ, xʷqʷiʔnáč. to go upside down: xʷqʷiʔnáčəŋ. to lie on one's stomach, lie face down lie upside down (of a canoe): ɬús. to turn something or someone upside down: xʷqʷiʔnáčt. to turn something (such as a canoe) upside down, face down, the open end down: ɬúst. to be turned upside down by someone or something: ɬústəŋ. to be turned upside down by something or someone: xʷqʷiʔnáčtəŋ.

upstage to try, want to be it, be important, be first, be a big shot, be in front, take credit, take the show away: nəɬcút. to be trying to be important and noticed, take credit, be pushy: naʔɬcúʔət.

upstairs to be on top, sitting atop, be upstairs: ʔəscáʔcaʔ. to get up on, go upstairs: céʔ. to go up, upstairs (of a child or something small): c̓aʔcáʔiŋ.

upstream to go upstream, toward the upper part of a river, toward the head of a bay: táyi. to be going upriver: xʷúʔəq̓ʷ. to be upstream, located toward the upper part of a river or the inner end of a bay: táyət. people who live upstream: titáyi. to be going upstream, going into a bay: taʔáʔyəs. to be going upstream, up the bay: táʔyiʔ. to be taken upstream by someone or something: táyətəŋ. to go upstream, toward the upper part of a river (of a group): titáyi. to take someone or something upstream: tiyiŋístxʷ. to take someone or something upstream to the upper part of a river: táyətxʷ.

up to to be even with, up to, aligned with: yə́q̓.

upward to look upward: kʷtús, kʷtúsəŋ.

urchin green sea urchin, small sea eggs: sk̓ʷíc̓iʔ. purple sea urchin, sea-egg: q̓ʷx̌ə́n̓əq̓ʷ. red sea urchin or purple sea urchin, large sea-egg: xíxʷ. several green sea urchins: sk̓ʷaʔyíc̓iʔ. small purple sea urchin: sk̓ʷíc̓iʔ. to look like a sea-egg: sk̓ʷíc̓iʔúmš. purple sea urchins, sea-eggs: q̓əyəx̌ə́n̓əq̓ʷ. several red sea urchins: x̌áʔyəxʷ. tidal food, any food found at low tide including clams, oysters, mussels, sea urchins, etc.: sciʔk̓ʷíyŋət.

urinal urinal, pisspot, chamber pot: šxʷáy.

urinate to urinate (of a female): sáxʷaʔɬ, šíxʷaʔ. to urinate (of a male): šíwaʔ.

urine mass, referring to a substantial body of material and in a few words this refers to body fluids tears, sweat, urine: =aʔɬ. urine: sšíwaʔ.

Ursa Major the Big Dipper, Ursa Major constellation: méʔtqʷ.

us us, first-person plural direct object: -ŋɬ, -ŋuŋɬ, -uŋɬ. we, us: ɬníŋɬ.

use to use something: čúkʷs. being used by someone or something: čəʔúʔwəŋ. to be used by someone or something: čúkʷəŋ. to be using something: čəʔúʔwəs, čuʔúʔnəs.

used secondhand, used goods: c̓xŋín. something old that is still used (for example a basket or car): snə́q̓iʔ. a group of old things that are still used: snaʔyə́q̓iʔ.

used to to get used to (something): sʔiʔánəŋct.

useful instrument, tool, useful object: =tən.

useless anything useless: slapúʔnə. to be inconsequential, unnecessary, useless: x̌́xʷiyús.

Useless Bay Useless Bay, the area east of Double Bluff on Whidby Island: nəxʷčqáɬnɬ.

use up to manage to finish something up, use it up: ʔuʔk̓ʷnáxʷ.

usual to be as usual, typical, expected, conforming: čúw̓əɬ. as expected, as usual, routinely, as done before: čakʷi. evidently, as you can see, as usual, obviously, still in sight: šaʔ. to be as usual, typical: twəẃxʷənʔáŋ. to be a way to go, direction, a usual way: stxʷʔáxaʔ. to be unusual, different, abnormal, eccentric, unconventional, wrong: snačít.

uvula uvula, tonsils: sŋéʔyəqʷ. several uvulas, tonsils: sŋaʔyéʔəẏəqʷ.

vacancy you are the one to do it, you take over, put yourself into a position or vacancy: nəkʷtənúʔŋət.

vacation to be away, gone, not home, on vacation: háʔəw. being away, gone, not home, on vacation: háʔəẃ.

vacuum cleaner nəxʷsxʷɬtə́xʷəŋ. vacuum cleaner (it sucks in dirt.): see under ɬtə́xʷəŋ. vacuum cleaner (It swallows dirt.): see under cə́q'ʷ.

vagina sxʷʔáʔsəŋ.

Valentine's Day siyáʔ skʷáči.

valuable souvenir, anything acquired that is cherished, treasured, valuable: sʔúyəx.

valued to be expensive, highly valued, in great demand: ƛ́éʔtəŋ.

Vancouver Island a person from a tribe on Vancouver Island: čɬqcín. a person from a tribe on the west coast of Vancouver Island: čsqə́ẏč.

vanish to disappear, become invisible, fade away, go out of sight, dissolve, vanish: cə́w.

variegated variegated, of different colors: nəčúyəs.

Vashon Island Shomamish tribe located on Vashon Island: xʷúmʔaməš.

vehicle vehicle, any conveyance, any means of transportation: sčaʔkʷaʔyuɬ. any vehicle such as a car, boat, or raft: snə́xʷɬ. any small vehicle such as a small boat: sčaʔčaʔkʷaʔyuɬ. to disembark, get out of or off of a vehicle, go out of water: q'ʷíŋi. to go home by vehicle: ƛukʷéyɬ.

velvet velvet cloth or velvet of deer antlers: təməsáyəqən.

venison deer, venison: húʔpt.

venom to shoot spirit power, inject venom (as a snake): xƛə́yu.

verbal to be quarreling, talking at each other, fighting verbally: qʷiʔnítiʔ.

vermilion rockfish cə́nəqʷaʔ. a group of vermilion rockfish: cəẏə́nəqʷaʔ.

vermin any small bug, spider, etc.: sxʷaʔxʷənáʔəm.

Veronica pəlánəkə.

vertebrae backbone, vertebrae: sxʷcaʔméʔč, sxʷcaʔməẃéʔč, sxʷcaʔmícən.

vertical to be in or move into a vertical position: cíɬəŋ.

very very, awfully, too much, so much: mə́n. to let something be too much, very much: mə́ńtxʷ.

Veteran's Day ʔaʔtšə́nəmən skʷáči.

via to go a particular way, go that way, go via, go in a particular direction: txə́ńəŋ. to go via, go by way of, go through: ɬáʔl.

vibrate to move, vibrate: kʷə́ẏəx. to move (especially back and forth), shake, rock oneself: kʷə́ẏəxct. to move something back and forth, stir, beat (as an egg): kʷə́ẏəxt.

Victoria Victoria, British Columbia: mətúliyə.

video television, movie: sqʷay xiyúst.

view to appear, come into view, show up, become visible (of something unexpected): ʔínəŋ. to show up, come into view, appear, be showing: kʷíẏ.

village village, tribe, community: ʔəxʷíyŋxʷ. village, community of people, tribe, group of related people: ʔayxʷíyŋəxʷ.

Village Islands two of the three small Village Islands at the east side of Becher Bay that are very close together: sčə́nəč. the third of the Village Islands: sáẃsuʔqəŋ.

vine blackberry plant: sqʷəyayŋxʷíɬč.

Viola payúni.

violet purple: lalúpən.

visible to be visible, in sight, showing: ʔəsʔéʔnəŋ. to appear, come into view, show up, become visible (of something unexpected): ʔínəŋ. to show oneself, make oneself visible: ʔənəŋíct. to be showing oneself, making oneself visible, letting oneself be seen: ʔaʔnaʔŋíct. to conceal something, make something hidden, not visible: cúpt. to be invisible, gone from sight, disappeared, faded away: ʔəscə́wɬ.

vision vision, sight, the ability to see: sxʷk̓ʷəńúɬ.

visit to visit: nə́cəẃtxʷ. to be visiting, be at someone's house for a visit: naʔcuʔtxʷíŋ. to go visiting: nə́cəẃtxʷəŋ. to go visiting, calling on (someone): ná ʔcəwtxʷəŋ. to be living, staying with, visiting one's in-laws, one's spouse's family: k̓ʷiʔk̓ʷaʔhú.

visitation ghost, spirit, supernatural visitation: snúʔnəkʷ. to get spooked, be visited by a ghost: naʔkʷítəŋ.

visitor to have a visitor, guest: nə́cəẃtxʷnítəŋ.

voice sxʷqʷáytən, =qin. language, word (especially spoken word), speech, voice, story: sqʷay. to whisper, talk quietly, softly, keep voice low: sáwqəŋ.

vomit to vomit, throw up, spit up: čáʔət. to be made to vomit: čaʔətístəŋ. to be vomiting, throwing up: čaʔyáʔt. to feel nauseated, queasy, wanting to vomit: čaʔtáyŋən. to make someone vomit: čaʔtístxʷ. to vomit blood: tiʔkʷáʔnəŋ.

vote to elect someone, vote for someone: ʔəléʔkt.

vulgar to have a bad, dirty mouth, use vulgar language a lot: sxaʔsúcən.

Waatch Waatch, a village southwest of Neah Bay: waʔáč.

English-Klallam Index

wade to wade: *síxʷəŋ*. to be wading: *séʔxʷəŋ*.

wagon wagon, buggy, cart, car: *c̓ikc̓ik*. to go, travel by horse-drawn wagon, buggy: *c̓ikc̓ikháyəɬ*.

wagon house *c̓ikc̓ikáwtxʷ*.

wail to wail, cry in lamentation: *ƛ̓áwəŋ*.

waist to be skinny, narrow-waisted: *čaʔc̓əmc̓ənaʔ*.

wait to wait, be waiting: *ŋaʔk̓ʷaʔcút*. to wait for someone: *ŋaʔk̓ʷaʔít*. being waited for by someone: *ŋaʔk̓ʷaʔtíŋ*. to be tired of waiting: *q̓ʷúʔyəŋ*. to be waiting for someone: *ŋaʔk̓ʷaʔéʔt*. to expect, wait for (someone or something): *q̓ʷáʔəɬ*. to wait a while until later, let it be later: *kʷk̓ʷáʔtxʷ*. to wait for or with each other: *ŋaʔk̓ʷaʔíti*. to wait together: *ŋaʔk̓ʷaʔtúy*.

wake to wake up, awaken: *c̓áč*. to wake oneself up: *tc̓ačt*. to wake up: *c̓čík̓ʷsəŋ*. to wake someone: *c̓čát*. to wake up on one's own, wake oneself up: *c̓čáct*. to make someone wake up and pay attention: *k̓ʷčát*. to be awake, wide awake: *čiyáʔwiʔ*. to be waking someone: *c̓iʔúŋt*. to be waking someone up: *c̓áčt*. to be wide awake, eager, lively: *ʔəsc̓áčɬ*. to manage to awaken someone, wake someone unintentionally or with difficulty: *c̓čnáxʷ*. to be awakened by someone: *c̓čátəŋ*. to be just awakened: *čaʔc̓áč*.

walk to walk, go, travel: *štáŋ*. to be staggering, stumbling, falling down, tottering, walking unsteadily: *xʷác̓əŋ*. to be walking on tiptoe: *ɬáʔisi*. to be walking along the edge of the water on the beach: *tc̓céʔnəŋ*. to be walking, traveling: *šátəŋ*. to walk softly, quietly, sneaking: *šaʔsánəŋ*. to walk someone or something, carry something while walking: *štəŋistxʷ*. to be taken for a walk by someone: *štəŋústəŋ*. to be walked: *štəŋístəŋ*. to be walking a little: *šaʔšátəŋ*. to be walking a little (in a group): *šaʔyaʔšátəŋ*. to be walking around aimlessly, wandering, pacing: *štəŋánəkʷ*. toddler, a child around two years old just starting to walk: *štəŋúyɬ*. to go for a little walk: *štəŋúyɬ*. to manage to be walking: *štəŋúʔyət*. to manage to walk: *štəŋnúŋət*. to start to walk: *šəštáŋ*. to take a short walk, stroll: *šaʔštəŋúsəŋ*. to take a walk, stroll, go on a trip on foot: *štəŋúsəŋ*. to take someone for a walk: *štəŋúst*. to walk a little or be a small thing walking: *šaʔštáŋ*. to walk along the beach: *ɬəŋá*. to walk along the edge of the water on the beach: *ɬəŋácən*. to walk in a silly way: *šaʔšáčqsən*. to walk or run fast, have fast feet: *xʷəŋsán*. walking path, sidewalk, hiking trail, walking ramp: *sxʷšátəŋ*. to stagger, stumble, almost fall: *xʷác̓*. to stagger, stumble, totter, walk unsteadily, slip and fall: *xʷc̓áŋ*. to touch someone accidentally while walking: *ɬík̓ʷnəŋ*. to go, walk around the house or any building: *qtáwtxʷ*.

walking stick walking stick, cane, crutch: *q̓ʷcáysən*. several walking sticks, canes: *q̓ʷaʔyəcáyəsən*.

wall *ɬúŋən*. any fence or enclosing wall around property: *q̓əyáxən*. to be back against (something), be seated back towards the wall in the longhouse, on the inside edge of the bed: *kʷsáʔič*. to be inside a room or fence, this side of a wall: *ɬaʔáyən*. to go back against (something), move back towards the wall in the longhouse, move to the inside of a bed: *kʷsáčəŋ*.

wallpaper paper, newspaper, wallpaper: *pípə*.

walrus some unidentified animal similar to a seal, perhaps the elephant seal, also possibly walrus: *c̓áyi*.

wander to be walking around aimlessly, wandering, pacing: *štəŋánəkʷ*. to be not paying attention, mind wandering, uninterested, ignoring what is going on: *ƛ̓ɬús*.

want want to, feel like, desire: *-ayŋən*. like to, want to, habitually: *-ənəq*. to be the object of wanting, be liked, admired, needed, loved: *sƛ̓éʔ*. to want to have, like, love to have (something): *čƛ̓éʔ*. to be wanting to go along all the time: *waʔwaʔáyŋən*. to be wanting to kill someone or something: *q̓ʷaʔčtáyŋən*. to try, want to be it, be important, be first, be a big shot, be in front, take credit, take the show away: *nəɬcút*. to want others not to use, feel possessive about (something), not want to give (something) up, cherish, hold dear, feel emotionally attached to a person or object: *sk̓ʷiʔáʔəm*. to want to do the same as (someone else): *ʔəxəŋáyŋən*. to want to go along, come along: *waʔáyŋən*. to want to go fishing: *ƛ̓acuʔáyŋən*. to want to go home: *ɬəkʷáyŋən*. to want to go, leave: *hiyaʔáyŋən*. to want to go there: *ʔuxʷəŋáyŋən*. to want to smoke, have tobacco: *ʔəɬsmanəšáyŋən*. you want, try to be it, important, first, a big shot, push yourself forward: *nəkʷcút*. to be disliked, unwanted, disrespected: *ʔsčúʔis*. to be reluctant, not want to (do something): *txʷcáʔxʷəŋ*. to dislike, hate, not want, despise: *sxʷaʔtín*. to dislike, not want: *čúʔis*. to not want (something), being tired (of something), dislike, being bothered, annoyed (by something), especially a noise: *c̓éʔnuʔ*. to not want something, be tired of something, dislike (especially a noise), feel annoyed at something: *c̓čéʔnəxʷ*. to not want (something), getting tired (of something), dislike, getting bothered, annoyed (by something), especially a noise: *c̓čéʔnuʔ*. to not want (something), get tired (of something), dislike, get bothered, annoyed (by something), especially a noise: *c̓čínəw*.

wapato potato, arrowhead root, wapato: *sqáwc*.

war to make war, be at war, battle: *xíyəx, xíyəx*. being at war, battling: *xéʔyəx*. to be making war on someone, making trouble for someone (wanting to fight): *xaʔixístxʷ*. war canoe, battleship: *xixək̓ʷɬ*.

war club any club, war club, golf club, bat, baseball bat, racket: *šč̓ən*.

ward someone taken care of (by someone), the children a babysitter watches: *sʔúk̓ʷɬ*.

warm to be hot, warm: *ɬaʔɬíqəŋ*. to be warm, calm: *k̓ʷáyəs*. to be warm (not hot): *tútaʔmiʔ*. to be warm weather: *k̓ʷáwəŋ*. to warm someone or something:

kʷkʷə́t. to warm something up: **ƛʔiqíyət.** anything used for warming (something up) such as a teakettle: **sxʷłaʔiqíyəyuʔ.** southeast wind, a warm south wind: **sqáʔəy.** to be warming oneself by a fire: **kʷaʔkʷíwcct.** to be warming (something) up: **łaʔiqíyəyuʔ.** to get hot, warm: **łíqəy.** to get oneself warm: **kʷkʷə́ct.** to warm up (of the weather): **qʷəwəyhúcən.**

Warm Beach Warm Beach, area opposite Camano Island in Port Susan: **qʷíƛa.**

warpath to raid, go on the warpath: **ʔaʔtšánəmən.** to raid, go on the warpath (of a group of people): **ʔəyətšánəmən.**

warrior raider, invader, warrior, enemy scout or scouting party: **ʔaʔtšánəmən, nəxʷscáyk'ʷən.**

wart **scápxʷiʔ.**

wary to look out, be careful, heads up, beware, be wary: **qʷáʔyəx.**

wash to be washed, clean: **ʔəscáʔcəw̓, cáw̓¹.** to be eroded, washed away (as a river bank): **ƛə́m².** to be washing: **caʔkʷə́yu.** to be washing, cleaning: **cáʔkʷəy.** to clean, wash something: **cáʔkʷt.** to be washing something: **caʔkʷát.** to wash oneself: **caʔkʷáct, caʔkʷíct.** to clean, wash something on the inside: **nəxʷcáʔkʷt.** to wash the inside of something: **caʔkʷkʷíyət.** to be cleaned, washed by someone: **caʔkʷátəy.** to do the laundry, wash clothes: **caʔkʷíyəł.** to wash clothes: **caʔkʷikʷə́təy.** to be washing clothes: **caʔkʷiʔkʷə́təy.** to be washing clothes, doing laundry: **caʔkʷéʔəyəł, ccaʔkʷéʔəyəł.** to be washing, cleaning one's body: **caʔkʷíwsəy.** to wash one's eyes: **nəxʷcaʔkʷáyəsəy.** to wash the head: **číłaʔqʷəy.** to wash one's hair: **čaʔíéʔqʷəy.** to wash one's head or hair: **caʔkʷéʔqʷəy.** to wash someone's head: **číłaʔqʷt.** to be washing someone's head: **čaʔíéʔqʷt.** to wash the mouth: **caʔkʷcínəy.** to be washing the mouth: **caʔkʷcéʔnəy.** to wash the face: **caʔkʷúsəy.** to wash one's face: **nəxʷcaʔkʷúsəy.** to be clean, washed face: **ʔəsxʷcácaʔkʷs.** to be starting to wash the face: **ccaʔkʷúsəy.** to wash, clean the feet: **caʔkʷsánəy.** to be starting to wash the feet: **ccaʔkʷsánəy.** to wash the hands: **caʔkʷcísəy.** to be starting to wash the hands: **ccaʔkʷcísəy.** to wash one's arms clear up to the armpit (as a doctor does): **caʔkʷiʔəxánəy.** to wash one's neck: **caʔkʷłnáyəy.** to be washing one's neck: **caʔkʷłnáʔyəy.** to gargle, wash one's throat: **nəxʷcaʔkʷłnáyy.** to wash, clean the buttocks: **caʔkʷáčəy.** to clean, wash the floor: **caʔkʷənúkʷəy.** to be cleaning, washing the floor: **caʔkʷənúkʷəy.**

wash ashore to wash in and out from shore with the waves: **qʷə́łct.** to be on the beach, washed ashore: **ʔəsqʷáł.** to be drifted ashore, get washed ashore by waves: **qʷə́łtəy.** being drifted ashore, getting washed ashore, pounded by waves, brought in by the waves: **qʷə́łtəy̓.**

washboard washboard, ironing board: **sxʷx̌ʷaʔqʷə́yuʔ.**

washing laundry, washing: **scaʔkʷíyəł.**

washing machine washtub, washing machine: **sxʷcaʔkʷikʷə́łəy.**

Washington **wášiʔtən.**

Washington Harbor Sequim, Sequim Bay, Washington Harbor: **sxʷčkʷíyəy.** area east of Dungeness close to Washington Harbor: **scáʔyəm̓.**

washroom outhouse, washroom: **šiwaʔáwtxʷ.**

washtub barrel, washtub: **łamúʔləč.** washtub, washing machine: **sxʷcaʔkʷikʷə́łəy.**

wasp any small bee, hornet, wasp, bumblebee, yellow jacket, any stinging insect of the order Hymenoptera: **sxʷłaʔłáʔkʷəy.** bee, wasp: **qəmqəmícən.**

waste to ignore, waste someone or something: **ƛ̓xʷiyúst.** to be ignoring, wasting something: **ƛ̓xʷaʔyást.**

watch to watch, observe: **x̌łám̓.** to be watching (a performance, for example), observing: **xaʔx̌łám̓.** clock, watch, any time piece: **wáč.** to look, gaze at, watch, observe, inspect something, watch over something: **k̓ʷənít.** to observe, watch, see and understand, pay attention: **k̓ʷənúł.** to observe, watch, learn from someone or something: **k̓ʷənúłt.** being watched, looked at, inspected, read by someone: **k̓ʷənítiy.** to be expecting, watching for someone or something: **k̓ʷaʔk̓ʷín.** to be looked at, watched (a little): **k̓ʷaʔk̓ʷənítəy.** to be looked at, watched, studied, read by someone: **k̓ʷənítəy.** to be looking at, staring at, watching something: **k̓ʷənít.** to be looking at, watching a particular place, looking toward, facing: **k̓ʷənúʔəs.** to be observed, watched: **k̓ʷənúłtəy.** to be observing, watching: **k̓ʷənúł.** to be watching a change of weather: **k̓ʷənánxʷ.** to look at, watch a particular place: **k̓ʷənús.** bracelet, wristwatch, anything worn around the wrist or arm: **cúʔməčən.** to wind a clock or watch: **nəxʷlakəlít.**

watch out heads up, excuse me, watch out, be careful, keep a lookout: **q̓ʷáyəx.** to watch out, be on the lookout, on guard, alert: **k̓ʷənawíyəy.** to be watching out, on the lookout, on guard, alert: **k̓ʷənaʔwéʔyəy.** to protect oneself, take care of oneself over others, watch out for one's own interests: **niʔnaʔcút.**

watch over to look, gaze at, watch, observe, inspect something, watch over something: **k̓ʷənít.**

water **qʷúʔ, =ałc, =ayqn.** salt water, ocean, sea: **ƛ̓łátc.** rain, rainwater: **słə́məxʷ.** to be in the water: **ʔəsqásł.** spring, source of water, a small spring-fed creek: **mútčuʔ.** fall overboard, fall into water, dunk: **qə́s.** to be submerged, under water: **cłə́pi.** to immerse, put something in water: **mətə́qʷt.** muddy, dirty water: **nəxʷqʷáqəy.** put me into water: **qsə́c.** put you into water: **qsə́c.** swift water, fast tide, undertow: **xʷəyáyəqən.** tide water that goes in and out: **xáƛən.** to agitate, flush, make water move, shake, splash, stir up something in water (especially to get it clean): **x̌ʷšə́t.** to be agitating, flushing, making water move: *xʷə́št*. to be clear (especially of water): *nəxʷʔiʔə́yəŋ*. to be flowing, running, streaming, gushing, rushing (of water or other liquid): *héʔkʷəŋ*. to be getting water: *qʷqʷúʔəŋ*. to be going down toward the water, to the beach: *łác*. to be hunting for things in water (fish, crab, etc.) with a spear: *čə́yx̣*. to be immersing something, putting something in water: *mə́tqʷt*. to be in the woods, forest, up away from the water: *čáy̓əqʷ*. to be receding, getting low of water (in a river, pond, well, cooking pot, etc.): *łáʔqʷi*. to be slapping on the water: *pə́łqʷct*. to be taken over deep water: *túyəstəŋ*. to be very high tide, high water: *tə́yəŋtəŋ*. to be walking along the edge of the water on the beach: *tccéʔnəŋ*. to be watered by someone, have someone get water for one: *qʷaʔútəŋ*. to bring to the beach, down toward or up away from the water: *cáwtxʷ*. to come up out of the water: *ƛ̓qíct*. to come up out of water: *ƛ̓íq*. to fall completely into the water: *sqsíkʷs*. to fall in the water, be immersed (of several): *qiqə́s*. to flow (of water or other liquid): *híkʷəŋ*. to follow the edge of the water (in a canoe or on foot), going along close to the shore on the beach or in the water: *q̓túcən*. to get water for someone or something: *qʷúʔət*. to get water, go for water, draw water: *qʷúʔəŋ*. to go inland, up away from water, go into the bush: *cúŋ*. to have lots of water: *čšqʷáyaʔ*. to hunt on the bottom of the water, spear bottom fish, crab, etc.: *čə́yəx̣*. to make water dirty: *nəxʷk̓ʷk̓ʷíyət*. to manage to get something into water, succeed in immersing someone or something: *qsnáxʷ*. to put, throw someone or something into water, immerse someone or something, dunk someone or something: *qsə́t*. to recede, get low of water (in a river, pond, well, cooking pot, etc.), ebb, go down (of tide or flood): *łáqʷi*. to sink, go deep under water, got to the bottom (of several): *ƛ̓aʔičíyəŋ*. to slap on the water: *płə́qʷct*. to stick up out (of something anchored in the water): *ʔəsxʷáq̓ʷł*. to swim, locomote through the water: *təŋúʔəŋ*. jug, bottle, canteen, water container to carry along: *sxʷqʷəčáy*. jugs, water containers: *sxʷqʷəyaʔčáy*.

water dog any salamander, newt, water dog: *péʔtšən*.

waterfall *héʔkʷəŋ*.

waterfowl any duck, any waterfowl: *múʔuqʷ*.

waterline the beach, shore, riverbank, waterline: *cácu*.

water-proof berry basket, water-tight, water-proof cooking basket: *spčúʔ*.

waterspout whirlwind, tornado, waterspout: *siqiʔúʔisəŋ*.

wave wave, splash: *=əy̓əʔq*. any wave (rolling in or out on the water): *scúyəłc*. small wave, ripple: *scaʔčúʔyəłc*. big waves: *čiʔqəyáʔq*. choppy (of waves in the water): *čaʔiłcúy*. being drifted ashore, getting washed ashore, pounded by waves, brought in by the waves: *qʷə́łtəŋ*. several waves (rolling in or out on the water): *sčičúyəłc*. small waves, ripples: *scəyaʔčúʔyəłc*. to wash in and out from shore with the waves: *qʷə́łct*. to wave at someone: *tiq̓úst*. to be waved at by someone: *tiq̓ústəŋ*. to be waving, making a waving motion with the hand to signal to someone: *tiq̓sáys*. wave, curl, frizz in the hair: *sq̓ipéʔqʷ*.

wax earwax: *sxʷčaʔx̣áyən*.

waxberry snowberry, waxberry: *snúʔnəkʷ*. waxberry: *pəpq̓əyús*. waxberry, snowberry bush: *snuʔnəkʷéʔiłč*.

way way, manner, like: *xʷənáŋ*. being a certain way: *ʔəsxʷənʔáŋ*. to be a certain way, manner, like, similar, how: *ʔəsxʷaníŋ*. to go a particular way, go that way, go via, go in a particular direction: *txə́nəŋ*. to go via, go by way of, go through: *łáʔ¹*. to go where, where it goes, which way, where is it supposed to go: *txʷxʷəníŋ*. being a certain way, be like, be how, such as: *xʷənʔáŋ*. to take, follow a path (into the woods), go a particular way, this way or that way along (a trail): *nəxsúyəŋ*. to bother, interfere, be in the way, obstruct: *yəq̓áł*. to get out of the way: *qʷíxʷ*. being put, moved out of the way by someone: *qʷaʔxʷítəŋ*. being treated a certain way, having something done to one by someone or something: *yayáʔtəŋ*. the white man's way: *xʷanítəməł*. to be able, be a certain way (to do something): *xʷaʔníŋ*. to be a group facing a direction, a certain way: *xʷiynúʔəs*. to be a way, manner: *xʷənéʔəŋ*. to be a way to go, direction, a usual way: *stxʷʔáxaʔ*. to be deliberately put in the way by someone to obstruct: *yəq̓áłtəŋ*. to be facing a certain way: *xʷənúʔəsəŋ*. to be facing a direction, a certain way: *xʷənúʔəs*. to be going a particular way, route, the same way: *łáʔaʔ*. to be going to, be on one's way to: *ʔúʔuxʷ*. to be going where, which way: *txʷéʔxʷən*. to be how, the way, manner one is kept by someone or something: *xʷənəŋtíŋ*. to be in a particular situation, be a particular way (especially well): *ʔəshúʔiʔ*. to be looking away, looking the other way: *qaʔyúsəŋ*. to be looking, facing this way: *q̓ʷƛ̓úʔəsəŋ*. to be obstructing, getting in the way: *yaʔq̓łcúʔət*. to be out of the way, not obstructing, off to one side: *ʔəsqʷéʔəx̣ʷ*. to be put facing a certain way by someone or something: *xʷənúʔəstəŋ*. to be put in the way: *yəq̓łtíŋ*. to be put, moved out of the way by someone: *qʷíxʷtəŋ*. to be taken the wrong way: *tx̣ə́təŋ*. to bother, distract, influence, sway, interfere with someone, get in someone's way: *c̓ápt*. to do something differently, do it the wrong way: *naʔčéʔyəŋ*. to face toward a particular way, look the other way: *txʷnúʔəsəŋ*. to get in (someone's) way: *yəq̓łcút*. to get out of the way, move away, dodge (something): *qʷx̣ʷíct*. to make, leave or keep something a certain way: *xʷənʔáŋtxʷ*. to move away, apart (from something), get out of the way: *xʷéʔict*. to put, move something out of the way: *qʷíx̣ʷt*. to put something facing a certain way: *xʷənúʔəstxʷ*. to put something in the way to obstruct: *yəq̓áłt*.

we we, first-person plural main-clause subject: *st*. we, first-person plural subordinate subject: *-əɬ*. we, us: *ɬníŋɬ*.

weak to be weak, feel weak: *qiyám̕*. to be unable, be too weak, feel sick: *ʔəsqiʔám̕*. to be the weak kind: *qaʔqiyamáyaməš*. to be weak, a weakling (may refer to a weak person or weak, unsturdy material such as a weak rope): *qaʔqiyám̕*. to be weakened by something or someone: *qaʔqiʔám̕stəŋ*. to get weak: *qaʔqiyám̕ct*. to make someone or something weak: *qaʔqiʔám̕stxʷ*.

weakened to be wounded, crippled, moving clumsily (as a duck or deer that has been shot but not killed), sickly, weakened: *sqiʔqə́y̕cəm̕*. to feel weakened, give up: *qiʔqiʔím̕*.

weakness physical or moral weakness, flaw: *ʔəsqiʔám̕*.

wealth treasure, money, wealth, savings: *maʔyúst*.

wealthy to be well off, wealthy: *siʔámət*.

weapon club (weapon): *sč̕ə́y̕aʔ*. hunting bow, bow and arrow: *sxʷʔə́mutən*.

wear to put on an article of clothing, wear something: *ʔíc̕t*. to be putting (something) on, wearing (something): *tə́y̕m̕*. to be wearing, putting on, trying on clothes: *tə́y̕mít*. to have something on, wear something: *tə́yəmít*. to have something put on, worn: *təmítəŋ*. to be putting a hat on: *čáʔsaʔq̕ʷəŋ*. to be putting on clothes, be wearing something: *tə́yəmít, təyəmít*. to put a coat on: *kapúhəŋ*. to wear clothing backwards: *ʔəsčiʔúʔyəs*. to wear long clothes (hanging down to the heals): *sxʷaʔxʷúpšən*. to wear, put on, try on clothes: *təyámət*. to wear several things or several people wearing something: *titəyəmít*.

wear out to be worn out, exhausted: *c̕ə́x̣*. to completely wear out, exhaust: *c̕ic̕ə́x̣*. to wear something or someone out: *c̕ə́xt*. to be worn out by someone or something: *c̕x̣ə́təŋ*.

weary to be tired (of something), fed up, weary: *píq̕ʷi*. being weary, tired (of something), fed up: *péʔq̕ʷiʔ*. to be bothered (by a sound), weary of, sick and tired (of something), especially of a noise: *čínuʔ*.

weasel mink, weasel: *pəq̕íqən*.

weather *skʷáči, =unəqʷ*. sky, weather: *=aynəxʷ*. getting good, calm, clear (of the weather): *ʔə́ytəŋ*. southwest wind, wind coming down from the hills: *tənčə́yəqʷ*. south wind from out of the woods over the hills: *sxʷčayčiʔə́qʷtən*. to be calling for, predicting, making rain or bad weather: *q̕ʷq̕ʷaʔánxʷ*. to be calm, fine weather, no wind: *yéʔyəqʷ*. to be calm, good weather, still, no wind: *syíq̕ʷi*. to be cold, chilly: *ɬáʔɬaʔči*. to be cold, chilly weather: *ɬaʔčihúnəqʷ*. to be good weather, a good, joyful time: *ʔiʔətásəŋ*. to be hailing: *čaʔƛ̕aʔháysəŋ*. to be misting, drizzling, lightly sprinkling: *ɬaʔtiʔísəŋ*. to be summer, to turn good weather: *čiʔánəŋ*. to be warm weather: *k̕ʷə́wəŋ*. to be watching a change of weather: *k̕ʷənán̕xʷ*. to get good, calm, clear (of the weather): *ʔiʔáʔtəŋ*. to look at the weather: *k̕ʷənáynəxʷ*. to stop (of the rain or other weather): *xʷác̕*. to turn nasty, unpleasant, ill tempered (especially used of the weather): *k̕ʷaʔk̕ʷéʔyəŋ*. to warm up (of the weather): *q̕ʷəwəŋhúcən*. winter, the beginning of bad, rainy, cold weather: *čən̕sútč*.

weave to weave: *ʔək̕ʷə́yəŋ*. to braid, weave something: *tə́ŋəst*. to be making, weaving a mat: *ʔəsciyaysə́ntən*. to be weaving: *ʔáʔk̕ʷiʔ*. to be weaving a basket: *ʔiʔáʔk̕ʷiʔáyəs*. to be weaving something: *ʔək̕ʷə́yət*. to be working in double strands in weaving: *ʔəsčšaʔmáct*. the soft inner bark of the cedar tree used for weaving: *syə́wiʔ*.

wedding *smaliyíti*. to be married by someone (such as a priest): *maliyístəŋ*. to marry, have a wedding, get married: *maliyíti*.

wedding gown wedding gown: *sməliyúyk̕ʷt*.

wedge to fit in tightly, snug, wedged in: *čák̕ʷ*. to be stuck, wedged, squeezed in between two things: *c̕ə́c̕*. wedge used for splitting wood: *wíč*. a steel wedge used for splitting wood: *qəmtán*. being wedged between, passing between: *ʔaʔčáʔwəɬ*. to be between, in the middle, wedged in: *xʷác̕*. to be stuck in, jammed in, wedged in: *čič̕ə́c̕*. to be tight (as clothes), fit tight, wedged in: *ʔəsčák̕ʷɬ*. to be too tight, too snug, get wedged in (among a group): *čičák̕ʷ*. to get someone or something fit, wedged in tightly: *čák̕ʷt*. to jam, wedge several things in: *čič̕ə́ct*. to stick, lodge, wedge something in: *ck̕ʷə́t*. to wedge something in between: *xʷə́c̕t*. to wedge, squeeze something in, stick something between: *c̕ə́c̕t*.

Wednesday *ɬxʷɬnát*.

weed edible seaweed: *xə́ƛ̕s*.

weeds any grass, hay, weeds: *sxcáʔəy̕*. a lot of grass, hay, weeds: *sxáʔyəcáʔəy̕*.

week *sánti*.

weep to cry, weep, sob: *xʷúŋ*. tears (from weeping): *sxʷúŋəs*. to cry, weep for something or someone: *xʷút*. to be crying for something or someone: *xʷuʔút*. to comfort oneself, stop crying: *ƛ̕úʔəct*. to start to comfort oneself, stopping crying: *ƛ̕ƛ̕úʔct*.

weigh to raise, pull up anchor: *saʔŋánət*. to be raising, pulling up the anchor: *səsáʔŋət*.

weight sinker, weight for a fishing line: *sƛ̕cúʔis*. to be heavy: *síqi*. to be light weight: *xʷáʔxʷaʔ*. to be getting light weight: *xʷaʔwáwaʔxʷaʔct*. to be very light weight: *xʷaʔwáwaʔxʷaʔ*. to get fat, stout, put on weight: *məccút*. to get heavy, gain weight, get fat: *sqíyəct*. to make something light weight: *xʷaʔxʷáʔtxʷ*. to reduce, drop in weight or size, lose weight: *táq̕ʷi*.

weird a mysterious place where one sees weird things like two-headed snakes, fancy ducks, half-fish, and so on. There were lots of places like this at Discovery Island.: *sxʷənaʔəmáwtxʷ*.

welcome You're welcome (I am also grateful).: háʔnəŋ.

well to be good, fine, well, nice, neat, tidy, okay: ʔə́y̓. to be well, well off, healthy, fit, alright, fine, okay: ʔəsx̣̌úʔx̣̌ə́m̓. to heal, be healed, be cured, get well: ɬáw̓². to get better (after being sick), get well: ʔiʔcút. being done good to, be treated well, be made good: ʔə́ytəŋ. to be done good to, be treated well, be made good: ʔiʔáʔtəŋ. to be getting better (after being sick), getting well: ʔə́yəct. to be getting stronger, getting well: ʔayaʔyə́m̓ct. to be healing, getting well: ɬáɬuʔ. to be in a particular situation, be a particular way (especially well): ʔəshúʔiʔ. to be well, cured, healed: ʔəsɬáʔɬuʔ. to get along well, be good to each other: ʔiʔtúy̓. to get along well, be good to each other, be happy together: ʔiʔnə́kʷi. to let something be good, do good by something, do something well, be good to something or someone: ʔə́ytxʷ. to manage to get well, right, correct: x̣̌əm̓núŋət. to manage to heal, cure someone, make someone well: ɬáwnəxʷ.

well-dressed to be clever, smart, sharp, well-dressed: sx̣ʷúʔxʷt.

well-known to be well-known, important, historical: ʔəsx̣áčɬ².

well off to be rich, well off: siʔám̓. to be well off, wealthy: siʔám̓ət. to be well, well off, healthy, fit, alright, fine, okay: ʔəsx̣̌úʔx̣̌ə́m̓.

west people from the west end of Klallam territory: čq̓əyəxʷə́wəɬ.

west coast a person from a tribe on the west coast of Vancouver Island: čsqə́y̓č.

western grebe helldiver, western grebe: sxʷnəynáčəŋ. western grebe: k̓ʷáyəkʷs.

western ringed lucine western ringed lucine shell: sətsítt.

western yew Pacific yew tree: x̣̌əŋq̓áɬč.

West Saanich the West Saanich reserve, Tsartlip: xʷc̓áɬəlp.

west wind west wind, the wind that brings rain: q̓íxʷ².

wet to be wet: cúʔməŋ. squishy, wet, saturated, muddy, soaking wet: cíqi. to get soaked, completely wet: c̓aʔmúnəq. to get someone or something wet: c̓aʔmúŋət. to get wet, wet oneself: c̓aʔmúŋəct, cc̓aʔmúŋct. to be dipping something to dampen, moisten it, making it partly wet: q̓áʔŋət. to be getting all wet: cəm̓cəm̓úʔəŋ. to be made wet, dampened by someone or something: c̓aʔmúŋətəŋ. to be soaked, completely wet: ɬáyəqəŋ. to be very wet, juicy: cúcaʔməŋ. to be wet (of several): ciyúʔməŋ. to dip something to dampen, moisten it, making it partly wet: q̓áŋaʔt.

whale whale, especially the humpback whale: čxʷə́yuʔ. a group of whales: čaʔyəxʷə́yuʔ. small whale: čaʔčxʷə́yu.

what what, whatever: stáŋ. to say, mean what?: ʔínət. do what with something: ʔístxʷ. what time: kʷín. what did you do? what is the matter?: ʔəstúŋət. to be what kind, which kind: scánəŋ. to be doing what, what's happening, what's going on: ʔaʔstúʔŋət. to be doing what with, what is happening to something: ʔəsʔístxʷ. to be saying, meaning what: ʔeʔéʔnət. what is one saying to someone: ʔaʔnáttxʷ. what to do or prepare, something to do: syáʔyaʔct. maybe, I suppose so, why not, I don't care, might as well, whatever: sxʷə́wəs.

what time what time, when: ʔaʔk̓ʷín. when, what time, what day, sometime, some day: čəntáŋ.

wheel rudder, steering wheel, tiller: ɬxʷə́n. rudder, steering wheel, anything used to keep a conveyance going straight: sxʷiʔɬə́xʷct.

when if, when: húʔ, kʷaʔ¹. if, when, probably: ʔúytxʷ. let's, let me, let us, when I: tuŋɬ. what time, when: ʔaʔk̓ʷín. when, at the time of: ʔiʔ¹. when, what time, what day, sometime, some day: čəntáŋ.

where to be where: ʔəxín. place here where it is: sxʷʔáɬaʔ. place there, where it is, location: sxʷʔiyá. to go where, whither: txʷín. to put something where: ʔəxíntxʷ, txʷxʷəníytxʷ. to take something where: txʷíntxʷ. to be everywhere: x̣ə́nəxin. to be from where: čšaʔəxín. to be going where: txʷiʔtxʷéʔxʷən̓, txʷxʷáʔnəŋ. to be going where, which way: txʷéʔxʷən̓. to get something from where: čšaʔəxíntxʷ. to go where, where it goes, which way, where is it supposed to go: txʷxʷəníŋ.

which which one: taʔxín. to be what kind, which kind: scánəŋ. let it be who, give to who, which is it: cántxʷ. to be going where, which way: txʷéʔxʷən̓.

which way to go where, where it goes, which way, where is it supposed to go: txʷxʷəníŋ.

whiff to get a whiff of something, smell something: súŋnəxʷ.

while ʔəɬ, to do something (for a while) first, before doing something else: txʷ-.. to be later, after a little while, pretty soon: kʷkʷáʔ. every once in a while: húytxʷɬ. once in a while: nəcáxʷ. to be a short time, stay a short time, a little while: qaʔqaʔyís. to let it be one time, once in a while: nəcáxʷtxʷ.

whip to hit, beat, whip someone or something with a hand-held instrument such as a stick: ščə́t. to be hit, whipped: ščə́təŋ.

whipped cream butter, cream, whipped cream, milk: sməcáyŋəxʷ.

whirlpool nəxʷsə́yəct, stə́məŋ.

whirlwind whirlwind, tornado, dust devil: səyəq̓úsəŋ. whirlwind, tornado, waterspout: siqiʔúʔisəŋ.

whiskers beard, mustache, any whiskers: qʷínəcən. to have whiskers all over the face, be bewhiskered,

Whiskey Spit — **wind**

have a beard: *ʔəsqʷaʔnúcən*. lots of whiskers, several people with beards: *qʷənqʷínəcən*.

Whiskey Spit Whiskey Spit, Point Hannon, Hood Head: *nəxʷčsnúʔəŋ*.

whisper to whisper, talk quietly, softly, keep voice low: *sáwqəŋ*. to whisper to someone: *sə́wqt*. to be whispered to: *sə́wqtəŋ*. to be whispering, talking quietly: *sə́wqəŋ*. to be whispering, talking quietly to each other: *sə́wqtiʔ*.

whistle to whistle: *šúpt*. to whistle at or to someone: *šúpttxʷ*. to whistle to or at someone: *šaʔptástxʷ*. to be whistled at by a group: *šišúptəŋ*. to be whistled at by someone: *šúptəŋ*. to be whistling: *šúʔpt*. to be whistling a tune: *nəxʷsaʔskʷiʔúsəŋ, šaʔšpiʔúsəŋ*.

whistle wing common goldeneye, whistle wing duck: *kʷənkʷənšán*.

white *pə́q̓*. a group of white ones: *pipə́q̓*. any white house: *pəq̓áwtxʷ*. small or young and white: *paʔpáq̓ɬ*. small white house: *paʔpq̓áwtxʷ*. small white people, white children: *paʔyaʔpástən*. small white person: *paʔpáʔstən*. small white person, white child: *xʷaʔxʷaʔnéʔtəm*. to be small and white (of several): *paʔyaʔpə́q̓ɬ*. to have a white face: *nəxʷpq̓ús*. to have white heads (as a green sea urchin does): *pq̓iʔéʔqʷ*. to have white on one's feet: *pə́q̓sən*. white color: *pq̓áyəs*. white person, Anglo, person of European descent: *xʷanítəm*.

white fir white pine, white fir: *čšáy̓*.

Whitehouse the Whitehouse in D.C.: *pəq̓áwtxʷ*.

white man white person, Anglo, person of European descent: *xʷanítəm, pástən*. a group of white people: *paʔyástən*. several small white people: *xʷaʔyaʔxʷənítəm*. to be, look, act, seem like a white man: *xʷanitəmúmš*. to be of or belonging to the white man: *xʷanítəməɬ*. to be of or from the white people and their culture, white man style: *sxʷanítəməɬ, sxʷanítəməɬ*. to be speaking the English language, white man's language: *nəxʷpáʔstənqən*. to speak the English language, talk like a white person: *xʷanítəmqən*. white people: *xʷiyanítəm*.

white-neck clam white-neck clam, geoduck, big white horse clam: *tə́məčaʔq*.

white pine white pine, white fir: *čšáy̓*.

White River Stuckamish River, White River, also the name of a tribe: *stə́qəməš*.

whither to go where, whither: *txʷín*.

whittle to get shaved, carved, whittled: *qíx²*. to carve, shave, whittle, plane: *qaʔx̌áyu*. to whittle, shave, scrape, plane the surface of something with a knife or adze: *qíxt*. to be shaving, carving, planing, whittling: *qéʔəx*. to be whittled, shaved, scraped, carved by someone: *qaʔxítəŋ*. to be whittled, shaved with a knife by someone: *qxítəŋ*. to be whittling something, scraping, shaving the surface of something: *qéʔxt*.

who to be who, whom: *cán*. let it be who, give to who, which is it: *cántxʷ, cántxʷ*. who did it come from: *čšaʔcántxʷ*. who (plural): *cáʔniyaʔ*.

whoop to whoop, holler, hoot to someone over distance: *húkʷt²*.

whooping cough whooping cough, pertussis: *xʷə́q̓ʷaʔɬ*.

whose *txʷcán*. whose is something, who does it belong to: *txʷcántxʷ*.

why *ʔəstúŋət*. I suggest..., why don't I/you..., I or you better..., should: *kʷiˡ*. reason for, reason why, thing for: *sxʷ-*. therefore: *kʷaʔčaʔ, kʷaʔčaʔɬ*. why not: *hakʷ*.

why not maybe, I suppose so, why not, I don't care, might as well, whatever: *sxʷə́wəs*.

wide to be wide, broad: *ɬq̓ə́t*. to be broad, wide (of several things): *ɬiɬə́qt*.

wide awake to be awake, wide awake: *čiyáʔwiʔ*.

widow an unmarried grown woman, spinster, widow: *čaʔsɬániʔ*. anyone whose spouse has died, widow, widower: *syáʔtən*. several widows, widowers: *syaʔyáʔtən*. to become a widow or widower: *yaʔtəníyəŋ*.

wiener hot dog: *saʔqáxaʔ*.

wife wife (when possessive affix is attached): *sɬániʔ*. to have a wife: *čɬániʔ*. partner, companion, buddy, spouse, person who accompanies: *sq̓ʷúʔšən*. to be a married couple, be man and wife: *taʔyús, tiyáʔyus*. co-wife: *siyáʔ*.

wild to be skittish, easily startled, untamed, wild and unaccustomed to people (as deer or feral cats, for example): *céʔcq*. to be tame, not wild, friendly (of an animal or person): *q̓ʷə́yq̓ʷi*.

wild celery Indian consumption plant, wild celery (especially the seeds): *q̓əxmín*.

wild man type of tall wild man similar to Sasquatch: *c̓iyátkʷ, tayápš*.

will I will: *caʔn*. to plan, will: *x̌čŋínəŋ*. will, spirit: *x̌čŋín*.

willing to be ambitious, willing, ready, eager: *ʔəsxʷə́y̓xʷiʔ*.

Willoughby Lake Willoughby Lake, Point of Arches: *šášəyəs*.

willow willow tree: *sxʷúyəɬč*.

win to win, be a winner: *c̓əláyuʔ*. to be always winning: *c̓əlc̓əláyuʔ*. to win a game, beat someone (in a contest): *c̓ələ́t*. to beat someone, win against someone, be better than someone: *c̓əlít*. to be trying to beat each other in a contest: *c̓əlc̓əlítiʔ*. to compete against each other, win together against someone: *c̓əlíti*. to tie, both win, beat each other in a contest: *c̓ə́ɬti*. to win, beat (someone) together: *c̓ə́ɬti*.

wind blowing wind: *spxʷə́yu*. the wind (blowing): *scúŋ*. to be blowing (of the wind): *nəxʷspxʷə́yu*.

English-Klallam Index

wind storm: x̣áx̌ct. to be blown by the wind: x̣aʔx̣áʔx̌əŋ, x̣áx̌əŋ. to be blown on or at by someone or something, be driven by the wind: px̌ʷútəŋ. a west wind or any crosswind as it is blowing: sqéʔəx̌ʷ. northeast wind, cold north wind of the winter: sútč. one of the winds: x̌íxʷ. southeast wind, a warm south wind: sqáʔŋət. southwest wind, wind coming down from the hills: tənčáyəqʷ. south wind: q̓ʷə́xʷq. south wind from out of the woods over the hills: sxʷčayčiʔə́qʷtən. the west wind or any crosswind: sqíxʷ. to be going against, bucking the tide, going into the wind or current: paʔšúsəŋ. to drift with wind or current: xʷə́yəq̓ʷ. to go against, buck the tide, go into the wind: pšúsəŋ. to go with the wind or tide: xʷíʔtiʔə́č. west wind, the wind that brings rain: q̓íxʷ². whirlwind, tornado, waterspout: siqiʔúʔisəŋ. to be calm, fine weather, no wind: yéʔyəqʷ. to be calm, good weather, still, no wind: syíq̓ʷi. to be calm, peaceful, quiet, no wind: ʔəsyéʔyəqʷ. to be sheltered, on the lee side, out of the wind: ʔəsqáyč. to go to shelter, go leeward, go out of the wind: q̓áyəčt. to fart, break wind on someone or something: ṭq̓ət.to wind a clock or watch: nəxʷlakəlít. to coil something up (as a rope, hose, etc.), wind something around: q̓áyək̓ʷt.

windfall to fall (of a tree), roots give up, windfall: yəq̓ʷáʔič. to fall (of a group of trees), roots give up, windfall: yiyəq̓ʷáʔič.

window window, mirror, looking glass: sxʷk̓ʷaʔk̓ʷənúsən. curtain, drapes, any window covering: sxʷk̓ʷaʔk̓ʷənáysən. several windows or mirrors: sxʷk̓ʷəyaʔk̓ʷənúsəŋ.

windpipe throat (inside), pharynx, windpipe, trachea: sxʷk̓ʷúŋən.

windy to be windy: x̣áx̌. to be blowing, windy: x̣áxx̌. to get suddenly windy: x̣áx̌ct. to be getting windy: x̣áʔx̌ct.

wine elderberry wine: c̓ík̓ʷik̓ʷ.

wing arm, wing, elbow: ƛ́awiʔ. wing of a bird, airplane, etc.: skʷiʔáxən. wings: skʷik̓ʷiʔáxən. a broken arm or wing: stk̓ʷiyáxən. arms, wings: ɫuʔƛáʔwiʔ. to be a broken arm or wing: ʔəstk̓ʷiʔáxən.

wink to wink: čaʔpayúsəŋ¹. to wink at someone: čpisəŋət, nəxʷčaʔpaʔyúst. being winked at by someone: čaʔpiʔsŋítəŋ. to be winked at by someone: čaʔpayústəŋ, nəxʷčaʔpaʔyústəŋ. to be winking: nəxʷčaʔpaʔyúsəŋ. to be winking at someone: čaʔpiʔsə́ŋət.

winner to win, be a winner: cə́ləyuʔ.

winter winter, the beginning of bad, rainy, cold weather: čənsútč. northeast wind, cold north wind of the winter: sútč.

winter dance traditional winter dance: skʷənúcən. longhouse, winter dance house, big house: čəqáw̓txʷ.

wipe to wipe: ʔáčəŋ. to brush, wipe, erase something: ʔáčt. being wiped: ʔaʔčáʔtəŋ. to be wiped, stroked, petted, brushed by someone or something: ʔəpítəŋ. to be wiping: ʔáʔčəŋ. to be wiping dishes: nəxʷʔaʔčéʔŋəɫ. to be wiping, drying one's body: ʔaʔčíw̓səŋ. to be wiping, drying oneself: ʔaʔčáct. to be wiping one's face: nəxʷʔaʔčúsəŋ. to be wiping one's hands: ʔaʔčísəŋ. to be wiping something: ʔáʔčt. to be wiping the face: ʔaʔčúsəŋ. to be wiping up an area: ʔaʔčéʔŋəɫ. to have one's body wiped by someone or something: ʔəčík̓ʷstəŋ. to have one's face wiped: nəxʷʔčústəŋ. to wipe, clear, blow one's nose: nəxʷɫəŋqsə́nəŋ. to wipe, dry one's body: ʔəčík̓ʷsəŋ. to wipe, mop, clean the floor: ʔačənúk̓ʷəŋ. to wipe one's face: nəxʷʔəčúsəŋ. to wipe one's hands: ʔəčacísəŋ. to wipe one's head: ʔəčéʔq̓ʷəŋ. to wipe someone's face: nəxʷʔəčúst. to wipe something (inside): nəxʷʔáčt. to wipe the face: ʔəčúsəŋ. to wipe the feet: ʔəčsə́nəŋ. to wipe up an area: ʔačíŋəɫ.

wipe out to die (of a group), perish, be wiped out: xʷáy. to kill all of a group of people, massacre, wipe out: xʷixʷáčt. to manage to kill, massacre, wipe out a group: xʷáynəxʷ.

wisdom mind, thought, idea, wisdom, memory, feeling: x̣čŋín.

wise to be wise, knowledgeable, smart, intelligent, have good sense: čx̣čŋín. adviser, wise person, authority: x̣čə́ŋtən.

wish I wish: iq. to covet, desire, admire, wish to have (something, especially something someone else has): šítəŋ. to be coveting, desiring, wishing for: šéʔtəŋ. to be craving (some particular thing): təŋʔáʔəŋət, təŋáʔəŋ. to be craving, wishing for some particular thing: təŋáʔət. to curse, do evil work (on so), wish (a person) to die, do any behavior that might cause someone to die through spirit power: naʔəsáys.

witch a monstrous, old woman witch who steals children and puts them in her basket, Slapu: slapúʔ. a monstrous, old woman witch who steals children and puts them in her basket: sqəléʔ.

with ʔiʔ¹. with, co-, accompany: k̓ʷɫ-. with, together: -tuy. to be part of a group, be with: sq̓ʷúʔ. to be together, along with: k̓ʷəntúy. to be with, accompany someone: sq̓ʷúʔšən. to go, come along with: səwáʔ. to be going along with, accompanying: səwáʔ. to accompany someone, go along with someone: q̓ʷaʔšə́nət. to join, connect something, put something together (with something else): q̓ʷúʔtxʷ.

wobbly to have a wobbly, floppy nose: ɫipə́qsən.

wolf stáʔčəŋ, stqáyuʔ. a group of small wolves: staʔyaʔtáʔčəŋ. a group of wolves: stəyáʔčəŋ. small wolf: staʔtáʔčəŋ. the head of a wolf: staʔčəŋéʔqʷ. wolf hip: staʔčəŋháʔič. wolf pup: staʔčəŋúyəɫ.

Wolfe Island Wolfe Island, the more northern of the two larger islands in Becher Bay, especially the

wolf head wolf head, a large white rock in Becher Bay: *staʔčəŋéʔqʷ*.

woman woman, female: *sɬániʔ*. a group of small young women: *q̓q̓áʔq̓aʔŋiʔ*. a group of women: *sɬənɬániʔ*. all lady, just a woman: *čaʔsɬániʔ*. an unmarried grown woman, spinster, widow: *čaʔsɬániʔ*. girls, maidens, young women: *q̓áyaʔŋi*. several respected ladies, a group of important women: *siʔaɬám̓*. small woman: *sɬaʔɬáʔniʔ*. small women: *sɬaʔyaɬáʔniʔ, sɬn̓ɬáʔniʔ*. small young woman, adolescent girl: *q̓aʔq̓áʔŋiʔ*. to be, look, act like a woman, seem feminine: *sɬaniʔúməš*. to turning into a woman: *sɬáʔniʔct*. to turn into a woman: *sɬániʔct*.

wonder I wonder: *wuʔ*. to be the object of remembering, wondering about, thinking of (something or someone known from the past): *sháhəkʷ*. to be thinking, wondering, deciding: *nəxʷq̓ʷiʔqʷaʔyéʔwən*.

wood =*ay̓*. wood, firewood, driftwood: *sčúɬ*. any stick, piece of wood: *sčáy̓aʔ*. driftwood: *qʷiqʷə́ɬiʔ, q̓ʷɬáy*. plank, board, milled wood, lumber: *ɬícyən*. board, plank of wood, lumber: *ləpláš*. any saw for cutting wood: *ɬcayáʔčən*. boards, planks: *ɬəyícyən*. lots of wood: *sčáʔiɬ*. remnants of wood used for kindling, a snag: *sɬáč*. rotten log, crumbling dry rot wood that turns to dust: *pqʷáy*. to be cutting, chopping or sawing firewood: *ɬaʔcaʔyíwct*. to be sawing wood: *ɬaʔcayíw̓c*. to be splitting, chopping firewood: *čaʔxáyuct*. to be splitting firewood: *čaʔxayíw̓c*. to be taken into the woods by someone or something: *suʔə́təŋ*. to bring in firewood: *čixʷaʔyíw̓c, čixʷayíwc*. to chop firewood: *qəm̓aʔyíw̓c*. to cut, saw (wood for fuel): *ɬəcaʔyíw̓c, ɬəcayíw̓ct*. to fix a fire, add wood to the fire: *hə́wəstʔuc*. to gather firewood (in the bush, not on the beach): *ɬqáčɬ*. to gather short pieces of wood for a fire: *ɬqə́č*. to get firewood, carry firewood: *λ̓kʷayíw̓c*. to go gather short pieces of wood for a fire: *ɬqə́čəŋ*. to saw wood: *ɬcaʔyíw̓c*. to split wood: *čxaʔyíw̓c*. western redcedar wood, cedar shakes: *x̣páy*.

wooden wooden house, any building made of wood: *sčuɬáwtxʷ*.

wooden leg wooden leg, any artificial leg: *sčuɬásən*.

woodpecker *λ̓áʔeʔqʷ, λ̓aʔλ̓əm̓q̓ʷə́yqsən, kʷiʔáʔiʔ*. several woodpeckers: *λ̓aʔyaʔλ̓əm̓q̓ʷə́yqsən*. to peck (of a woodpecker): *λ̓əm̓q̓ʷə́yu*.

woods trees, forest, woods: *sqiqəyáyŋəxʷ*. woods, forest: *čáy̓əqʷ*. brush, thicket, dense woods where there is no trail: *k̓ʷə́y*. the backwoods, forest: *ʔəsčáy̓əqʷ*. to be going into the woods: *sə́wct*. to be in the dense brush, woods: *ʔəssáwəɬ*. to be in the woods, forest, up away from the water: *čáy̓əqʷ*. to be on the woods side, back side, side away from the water: *čayəqʷaʔáwə́ɬ*. to be out of the woods, in a clearing: *sáx̣ʷɬ*. to be taking something into the bush or woods: *sə́wɬ*. to come out of the woods into a clearing: *sə́x̣ʷ*. to get into the bush, in the woods (off the path or out of a clearing): *sə́w̓*. to get something into the woods: *sə́w̓nəs*. to go into the bush, woods, make one's way through the brush without a trail: *səwə́ct*. to (start to) come out of woods, enter a clearing: *sx̣ʷə́ct*. to take or hide someone or something in the bush or woods: *səwə́t*. to take something out of the woods, bring something into a clearing: *sx̣ʷə́t*.

woodshed woodshed, a place to store firewood: *sčuɬáwtxʷ*.

wool mountain goat wool: *swə́k̓ʷaʔɬ*. material to work with such as wool, cloth or split cedar bark: *sčáy*. dog's wool: *sqaxaʔáyəqən*. sheep's wool: *ləmətuháyəqən*. to be spinning (wool): *čúʔλ̓əŋ, siq̓ayáʔnəŋ, sxʷcúcɬ*. to spin (wool): *čúλ̓əŋ, nəxʷcúλ̓s*. any tool used to spin wool: *čúλ̓ən*.

wool carder wool carder: *tšáyəqən*.

word language, word (especially spoken word), speech, voice, story: *sqʷáy*. anything that can hold words such as a dictionary: *sqʷəyáy*. language, words: *sqʷáytən*. language, word, talk, what someone is saying: *sqʷáqʷi*. the written word, any words in print, anything written down: *sx̣áy*. to hear, get word of, catch (through hearing): *č̓ʔiyán*. to tell the news, pass on word to someone: *syəcíct*. word is, they remark, they say, it is said: *ʔunú*.

work to work, build, make: *čáy*. job, one's work: *sčáy*. to work on, fix, do (something) to be owned by someone: *skʷáʔtxʷl*. any tool used for work: *čáytən*. any tool, what one is using to do work: *sxʷiʔčáʔəy*. being built, made fixed, repaired, worked on: *čáʔčaʔtəŋ*. being put to work, given a job: *čáʔitəŋ*. being worked on, made, fixed, built for someone by someone: *čaʔčsítəŋ*. like to work all the time: *ʔəsxʷə́yxʷiʔ*. to be diligent, busy, ambitious, always working, industrious: *čáyci*. to be hiring someone, putting someone to work, giving someone a job: *čáʔitxʷ*. to be made for, fixed for, worked on for by someone: *čaysítəŋ*. to be making something, doing something, working on something: *čáʔčt*. to be put to work, given a job: *čáytəŋ*. to be wanting to work, trying to work: *čaʔyáyŋən*. to be worked on, fixed, made, created by someone: *ččátəŋ*. to be working, building, doing, making: *čáʔiʔ*. to be working on, making, fixing, building something: *čáčt*. to be working on, making, fixing, building (something) for someone: *čaʔčsít*. to be working (on something) together: *čácti*. to build, make, fix something, work on something: *ččát*. to build, make something, work on something: *čáčt*. to fix, repair, prepare, set, work on something: *ʔəxtéʔt*. to go to work: *čáyiɬ*. to hire someone, put someone to work, give someone a job: *čáytxʷ*. to make, work on oneself: *ččáct*. to manage to finally work: *čaynúŋət*. to start to move, start to work or run (of a machine): *kʷə́yəxi*. to use maximum effort, work as hard as

English-Klallam Index   749

workaholic possible: *tíyməct*. to work or do something for each other, work together, share responsibility: *ʔəyŋíti*.

workaholic to be diligent, busy, ambitious, always working, industrious: *čáyči*.

worker *čáyči*. a worker: *sčáy*. several workers: *čáyiči*.

working order to be right, correct, legal, enough, satisfactory, fitting, sufficient, proper, in working order, okay, better (over an illness): *ƛúmʼ*.

workshop *sčayáwtxʷ*.

world world, universe: *skʷáči*.

worm worm, caterpillar, maggot: *scə́kʷ*. maggot: *ʔáčən*. small worm or caterpillar: *scaʔcə́kʷɬ*. a group of worms: *scaʔyə́kʷɬ*.

worn out to be worn out, exhausted, old: *ʔəscáxɬ*.

worry to be troubled, bothered, disturbed, upset, in emotional distress, worried: *táwqən*. to feel worried, uneasy: *cáʔckʷ*, *cáʔikʷ*. to let someone worry: *ccáʔyəkʷtxʷ*. to start to feel uneasy, worried (especially about somebody that is out away from home): *ccáʔyəkʷ*. being in trouble, worried, disturbed: *téʔčaxʷiʔ*.

worse to be made worse (in health): *mánətəŋ*. to let something get worse: *mántxʷ*.

would hypothetical, would, could: *q*.

wound to get hurt, injured, wounded, broken, out of order: *máʔkʷɬ*. wound, injury: *smáʔkʷɬ*. scab, a healing wound: *qʷáqʼʷ*. to be wounded, crippled, moving clumsily (as a duck or deer that has been shot but not killed), sickly, weakened: *sqiʔqáycəm*.

wow gee! oh, my! holy cow! wow!: *húxʷ*.

wrap to get covered, wrapped up: *xʷə́yəkʼʷ*. to go, wrap around, under, encircle (especially vertically): *qtaʔwíyɬ*. to wrap something around a pole or tree: *qə́yəxʷt*. to wrap something up, bandage something: *xʷə́yəkʷt*. head scarf, kerchief, bandanna, anything used to cover, wrap up the head: *xʷikʷéʔqʷən*. to bandage, wrap up: *ʔəsxʷə́ykʷtxʷ*. to be coiling, wrapping something up: *nəxʷqə́ykʼt*. to be getting wrapped: *xʷə́ykʼʷ*. to be wrapped around, encircle horizontally: *qtawyéʔ*. to be wrapped up, bandaged: *ʔəsxʷə́ykʷ*. to be wrapped up, bandaged by someone: *xʷə́ykʷtəŋ*. to be wrapping something: *xʷə́ykʼʷt*. to cover up, wrap oneself: *xʷikʷíct¹*. to cover up, wrap something, spread (something) over something: *xʷikʷíct²*.

wren *ɬaʔɬə́m*. several wrens: *ɬaʔyaʔɬə́m*.

wrench to sprain, wrench a joint in the body: *nəčə́qʼ*.

wrestle to wrestle: *kʷinə́kʷi*. to physically fight, battle, esp. wrestle, grapple: *kʷínti*.

wriggle to squirm, wriggle, twitch, act startled: *cə́yəkʷ*. to be made to shiver, shudder (as from cold or fear, shake (as from nervousness), wriggle: *ɬə́txtəŋ*. to be shivering, wriggling: *ɬə́txct*. to be squirming, wriggling, twitching, antsy (as when tickled): *cə́ykʷ*. to be shivering, wriggling: *ɬə́txct*.

wring to twist, wring something: *xə́yəčt*. to wring, squeeze something: *číctʔ*. to be wringing something out, squeezing something: *čéʔct*. to be wrung out: *ʔəscéʔyəc*, *ccítəŋ*.

wrinkle to be wrinkled, flabby, hanging loose and floppy (as loose, wrinkled skin or clothes): *ʔəsɬə́yp*, *ʔəsɬə́yp*. to be wrinkled, flap, flip (as something hanging loose), loose, floppy, flabby, not stiff: *ɬə́yp*. to be wrinkled, loose, limp, floppy: *ɬə́ypi*. to be curled up, shriveled, shrunken, wrinkled: *ʔəsqə́yp*. to be wrinkled, loose, limp, floppy (of several or a mass): *ɬiɬə́ypi*. to have a wrinkled face: *ʔəsxʷɬə́yps*. to have a wrinkled, flabby mouth: *ɬipúcən*. to wrinkle something, make something loose and floppy: *ɬə́ypt*. wrinkled mouth, flabby mouth: *sɬipúcən*. wrinkled body: *sɬipíkʷən*.

wrist to sprain one's wrist or hand: *nəčqács*.

wristwatch bracelet, wristwatch, anything worn around the wrist or arm: *cúʔməčən*.

write to write: *xiʔə́yu*. to write something down, sign something, mark something: *xiʔə́t*. to write to or for someone: *xiʔsít*. anything to write with, pen, pencil, marker, chalk: *sxʷxə́yəyuʔ*. the written word, any words in print, anything written down: *sxə́y*. to be something drawn or written: *ʔəsxáʔiɬ*. to be writing: *xəyə́yuʔ*. to be writing something: *xə́yt*. to be written by someone: *xəyə́təŋ*. to be written to by someone: *xiʔəsítəŋ*. to write on or tattoo someone's foot or leg: *xiʔsə́nt*.

writing implement any writing implement: *xiʔə́n*.

wrong to make a mistake, err, miss, go the wrong way: *ɬə́x*. to do something wrong, make a mistake: *qíx¹*. to go wrong: *ɬáxɬ*. being made to be wrong, made to make a mistake by someone or something: *ɬə́xtəŋ*. to be mistaken, incorrect, wrong: *ʔəsmaʔmiʔmíy*. to be taken the wrong way: *ṫxə́təŋ*. to be taught right from wrong, be given advice about living: *skʷə́stəŋ*. to be told one is making a mistake, going wrong: *ṫxə́təŋ*. to be unusual, different, abnormal, eccentric, unconventional, wrong: *snačít*. to be wrong, mistaken: *ɬiɬə́x*. to be wrong, mistaken, incorrect: *ʔəsɬáxɬ*. to deviate, go the wrong way, turn off (to another path), go off from the rest of the group: *ṫxə́ct*. to do something differently, do it the wrong way: *naʔcéʔyəŋ*. to make someone go wrong, turn someone off onto another path: *ṫxə́t*. to make something be wrong, make someone make a mistake: *ɬə́xtxʷ*. to tell someone he or she is wrong, mistaken: *ṫxə́t*. to tell (someone) off, tell (someone) they are wrong to their face: *ṫxayúsəŋ*.

wrong side to be wrong side, inside out: *ʔəsxʷcə́yc*.

xiphoid process bottom end of the chest bone, the xiphoid process: *sxʷyənəwsáyə*.

Yakima any of the tribes of the interior, east of the Cascades such as the Yakima: *ɬə́qataʔ*. to be taken to Yakima: *ƛaʔyakəmátəŋ*.

yard a yard (measure): *sčə́ya?*. cemetery, graveyard, grave: *sxʷməkʷá?əyə*. graveyard, cemetery: *sməkʷá?ənəkʷ*.

yardstick measurer, anything used to measure with, tape measure, yardstick, ruler: *yəqə́n*.

yawn to yawn: *wíqs*. to be yawning: *wé?qs, wé?qs*. to make someone yawn: *wíqsstxʷ*. being made to yawn: *wé?qsstəŋ*.

yay yay, a joyful shout: *xʷúy*.

year *či?ánəŋ, sči?ánəŋ, =a?winəxʷ*, season, year: *=aŋ*. last year: *tčánkʷ*. new year: *xə́wəs či?ánəŋ*. to be how old, how many years: *kʷináwinəxʷ*. several years: *sči?či?ánəŋ*. one year: *nəcá?winəxʷ*. two years: *čšá?winəxʷ*. three years: *ɬxʷá?winəxʷ*. four years: *ŋəsá?winəxʷ*. five years: *ɬqčšá?winəxʷ*. six years: *txəŋá?winəxʷ*. seven years: *ca?kʷsá?itx, cu?kʷsá?inəxʷ*. eight years: *ta?csá?itxʷ, ta?csá?winəxʷ*. nine years: *təkʷxʷa?wínəxʷ*. summer: *čən?áyi*. ten years: *?əpəná?itxʷ, ?upəná?winəxʷ*. twenty years: *nəcxʷkʷəsá?winəxʷ*.

yell to yell, shout, holler, call out: *kʷáčəŋ*. to call out to, shout at, yell to, holler at someone: *kʷčáŋət*. to be hollering to someone: *kʷčá?əŋət*. to be hollering to, yelling a little at someone or something: *kʷa?kʷčá?ŋət*. to be yelled at, hollered at, called to by someone: *kʷčáŋətəŋ*. to be yelled for, hollered for by someone: *kʷčaŋəsítəŋ*. to be yelling at each other: *kʷa?kʷčá?ŋíti*. to be yelling, shouting, hollering, calling out: *kʷa?kʷá?čəŋ*. to yell, holler for someone (to get their attention): *kʷčaŋəsít*.

yellow to be green, yellow in color: *?ənəqʷáy*. yellow color: *šəčənáyəs*. yellow, greenish yellow, green, greenish blue, blue, bilious green: *?ənəX̌ə́ɬ*. to be brown, brownish yellow in color: *pqʷáy*.

yellow jacket any small bee, hornet, wasp, bumblebee, yellow jacket, any stinging insect of the order Hymenoptera: *sxʷía?ɬá?kʷəŋ*.

yes *m̓*. yes, go on: *háa?*.

yesterday *či?áqɬ*. the day before yesterday: *sči?əkʷɬnát*.

yet still, yet: *twaw-*. not yet, never yet: *?u?á*. to not yet exist, not yet have: *hu?əhánə*.

yew Pacific yew tree: *X̌əŋqáɬč*.

yo-heave-ho *ša?šúm̓*.

you *nəkʷ*. you and your kind: *nəkʷé?iɬ*. you folks: *ɬnə́kʷ, na?né?kʷiya?, nəháyə*. you folks, all of you: *nəkʷé?əya?*. you folks, yous, y'all: *hay*. me, you, first-person and second-person direct object: *-c, -cəŋ, -ŋə, -ŋəs, -ŋuŋə, -uŋə*. you: *cxʷ*. you, second-person subordinate subject: *-axʷ*. you want, try to be it, important, first, a big shot, push yourself forward: *nəkʷcút*. you are the one to do it, you take over, put yourself into a position or vacancy: *nəkʷtənú?ŋət*. you are wanting, trying to be it, important, first, pushing yourself forward, "you're pushy": *na?kʷcú?ət*. you do it, let it be you: *nəkʷtxʷ*.

young a young adult: *sqʷa?X̌i?áy*. young relative, child, baby: *sčač̓i?áyɬ*. several young relatives, young children, babies: *sča?ya?či?ə́yɬ, sča?ya?či?ə́yɬ*. young boy (up to approximately 8-13 years old): *swi?qú?iɬ*. young boy (up to teenager): *sša?šé?wi*. young girl (approximately 8-13 years old): *sɬna?čúyəɬ*. young girls, baby girls: *sɬnɬná?čúwiɬ*.

younger sibling younger sibling, brother, sister, cousin: *sa?čú?iɬ*. adult younger sibling or child of parent's younger sibling: *sa?áyčən̓*.

youngest the youngest person of a family, youngest child (including sisters, brothers, cousins): *?u?úyč*.

young lady girl, young lady, maiden (approximately age 13-marriage): *qá?ŋi*. small young woman, adolescent girl: *qa?qá?ŋi?*.

young man boy, young man, youth (approximately age 13-marriage): *swé?wəs*. a group of young men, boys: *suwá?wəs, swə́ya?wəs, swíwa?wəs*. boy, young man, youth (approximately age 13-marriage): *swé?wəs*. youngster, youth, a person just grown, especially a young man: *sša?šé?wi*.

youngster child, youngster, kid: *sX̌iX̌á?X̌qɬ, sX̌iX̌əɬqɬ*. child, youngster, kid, especially a child from a high class (si?ám̓) family: *sX̌é?X̌qɬ*. children, kids, young people: *sX̌əyé?X̌qɬ*. youngster, youth, a person just grown, especially a young man: *sša?šé?wi*.

your your, second-person singular possessive (genitive) prefix: *?ən̓-*.

yucky to feel sick, icky, yucky, ill, uncomfortable from eating too much fruit: *xʷəyúc̓əŋ, xʷúc̓əŋ*.

Klallam Affix Index

PREFIXES

ʔaʔ-   〚ʔaʔ-   at-〛   be at a particular place. [creates a verb from a location noun] {**ʔaʔ**héʔuʔ cn. *I'm at the bow.* (TC) | **ʔaʔ**skʷáʔət cn. *I'm in the stern.* (TC) | **ʔaʔ**táwn cn. *I'm in town.* (TC) | ʔu**ʔaʔá**ʔyəŋ kʷaʔ. *It's at home.* (NS,JW) | **ʔaʔ**áʔiŋ u cxʷ? *Are you home?* (AS,BC) | **ʔaʔ**Jamestown cn ʔaʔ kʷi čiʔáqɬ. *I was at Jamestown yesterday.* (MJT) | **ʔaʔ**Jamestown yaʔ kʷi ʔaʔ kʷi kʷɬíc. *She used to be a Jamestown a long time ago.* (MJT) | txʷhúy ʔuʔ **ʔaʔ**Jamestown. *They are the only ones at Jamestown.* (EB) | q̓əyəŋ yaʔ cn **ʔaʔ**sxʷčkʷíyŋ. *I camped at Sequim.* (EPT) | ʔáwə cxʷ c **ʔaʔá**ʔiŋ. *You're not at home.* (TC) | ʔuʔiyá yaʔ u cxʷ **ʔaʔ**mətúliyə? *Were you there at Victoria?* (TC) | txʷʔúxʷ cn **ʔaʔ**čixʷícən. *I'm going towards Port Angeles.* (TC) | ŋə́n u kʷi xʷiyənítəm k̓ʷə́nəxʷ **ʔaʔ**mitúliyə? *Were there many white people that you saw at Victoria?* (EPT) | wiʔšátəŋ cn čšaʔčixʷícən tə nəsʔúxʷ **ʔaʔ**éʔɬxʷaʔ. *I walked from Port Angeles to go to Elwha.* (ES) | štəŋ cn čšaʔčixʷícən ʔúxʷ **ʔaʔ**éʔɬxʷaʔ. *I walked from Port Angeles to Elwha.* (TC) | **ʔaʔ**q̓ʷúʔtəŋ *be joined* | **ʔaʔ**tást *bring next to*}

ʔaw-   〚ʔaw-   because-〛   because. (TC) {ʔíɬən cn; **ʔaw**x̌ʷaʔəm cn. *I ate because I was hungry.* (TC) | **ʔaw**hiyáʔtəŋ cn. *It's because they took me.* (TC) | hiyáʔ cn **ʔaw**ʔáwə c nəsx̌éʔ. *I'm going because I don't like it.* (TC) | nəsx̌éʔ **ʔaw**nəxʷʔiʔáqč. *I like her because she's comical.* (MJT) | hiyáʔ cn ʔítt, **ʔaw**ʔəɬčíw̓s cn. *I went to bed because I was tired.* (LC) | **ʔaw**čaʔiyá ʔaʔ cə north kʷi táns yaʔ. *It's because their mother came from the north.* (TC) | ʔáwə c hiyáʔ **ʔaw**nəsx̌éʔ či ʔənsʔáɬaʔ. *Don't go because I want you to be here.* (TC) | ʔəsqiʔáʔəm či sqʷáys **ʔaw**mán ʔuʔ sáysiʔ. *He couldn't talk because he was so scared.* (ES) | **ʔaw**nɬ cə qʷúʔ xʷə́yəq̓ʷtəŋ. *Because it was the water was being drifted.* (TC) | ʔu**ʔaw**qsə́c caʔn ʔiʔ qsə́təŋ. *I'm going to put you in the water because I was put in the water.* (MJ) | **ʔaw**yaʔyəščənúŋət č. *It was because they were poor people.* (TC) | xʷáhəm **ʔaw**kʷɬhíc ʔəɬ ʔáwəs c ʔíɬən. *He was hungry because it was a long time since he had eaten.* (MJ) | ʔíɬən caʔn, **ʔaw**x̌ʷáʔəm̓ cn. *I'm going to eat because I'm hungry.* (TC) | **ʔaw**ʔáwə cn t hiyáʔtəŋ. *It was because they didn't take me.* (TC) | čŋíkʷs cn; **ʔaw**čŋíkʷs cn. *I don't know how because I don't know how.* (TC) | nsuʔsáysiʔ **ʔaw**čəyáy ʔiʔ qə́s. *I was scared because I almost fell in.* (MJ) | ʔiʔ uʔx̌éʔčiʔ **ʔaw**ʔáwənə ʔáwkʷs ɬəyəmítís. *They were ashamed because they had nothing to wear.* (MJ) | hiyáʔ kʷə ɬúkʷ **ʔaw**qinúŋət cn. *He went home because I got angry.* (MJT) | **ʔaw**kʷɬʔáwə cn c ʔə́y x̌áy ʔaʔ tiə nsx̌ə́ɬ. *It's because I'm not well again due to my sickness.* (EB) | ʔáwə caʔn kʷaʔ ɬúysən **ʔaw**mán ʔuʔ nəsx̌éʔ tiə ʔəns̓ʔə́ŋaʔc. *I am never going to leave it because I very much like this that you gave me.* (TC) | ʔuʔx̌ə́nə kʷə ʔuʔnəsmə́yəq **ʔaw**ʔuʔx̌əná̓ɬ ti nsuʔxʷanítəm ʔəɬ qʷáqʷin. *I forget everything because I always am a white man when I talk.* (TC) | ʔiʔ **ʔaw**mán ʔuʔ nəsx̌éʔ kʷə nəsíyaʔ ʔiʔ x̌kʷət cn cə ɬqíyns ʔiʔ čúk̓s cn. *But because I loved my grandmother very much, I took her power and I used it.* (MJ) | **ʔaw**ʔáwənə sxʷxčtíŋs ʔaʔ tiə sxʷʔáɬaʔs ʔaʔyəcɬtáyŋxʷ. *It's because nobody knows these people here.* (MJ) | mán ʔuʔ nəxʷčiyaʔyéʔwən **ʔaw**suʔmáns ʔuʔ nəxʷsx̌iyʔáməxʷ cə scutáyəɬs swə́yqaʔs cə saʔə́yčəns. *She was very resentful because her brother-in-law, her younger sister's husband, was a good provider.* (AA) | ʔuʔ ɬə́ŋ ʔuʔ x̌ə́n̓ č ʔuʔ syáyact **ʔaw**ʔuʔmán ʔuʔ sáysiʔ cə stitiqéw̓. *The horses just did everything because they were very scared.* (ES) | ɬiɬúyən cn ʔaʔ kʷəsə nəʔiyáʔiŋ **ʔaw**nə́kʷ hay. *I was abandoned by my parents because of you (children).* (MJ)}   VAR: ʔaʔuʔ-   {**ʔaʔuʔ**ɬčíkʷs. *It's because he's tired.* (AS,BC) | **ʔaʔuʔ**ɬčíkʷs cn. *It's because I'm tired.* (AS,BC)}

ʔəɬ-   〚ʔɬ-   part-〛   indicates something apart from something else. {**ʔəɬ**čáx̌ cn nəxʷsx̌áyəm *I am half Klallam.* (RSh) | **ʔəɬ**kʷátə či nəsʔəcɬtáyŋxʷ ʔiʔ ɬíxʷ kʷátə či nspástən. *I'm a quarter Indian and three quarters white.* (MJ) | ʔi**ʔəɬ**cuʔcáw. *He's traveling far off shore.* (TC) | **ʔəɬ**čəčxíkʷs *half-breeds* | **ʔəɬ**čxíkʷs *half-breed*}   VAR: ɬ- {ʔiʔ**ɬ**kʷást *put behind* | ʔiʔ**ɬ**kʷástəŋ *be put behind* | **ɬ**kʷásct *drop back* | **ɬ**kʷə́sən *descendant*}   VAR: ʔɬ-   {ʔi**ʔɬ**čáʔi caʔn. *I'll go first.* (TC) | nɬ ʔi**ʔɬ**kʷáwəs nskʷínti *That was my last fight.* (ES) | ʔi**ʔɬ**kʷáwəs caʔn. *I'll go last.* (TC) | ʔi**ʔɬ**kʷáwəs cə sɬánis. *His wife followed behind.* (ES) | nɬ ʔi**ʔɬ**kʷáwəs k̓ʷə́nəŋs ʔáwə x̌áy c ʔənʔá həwéyŋ. *Then like the one who saw it before, he never came back again.* (ES)}

ʔəɬ-   〚ʔɬ-   consume-〛   consume, eat, drink, smoke. [This is a productive denominal prefix. It can be affixed to any noun X and make a verb with the meaning 'eat X'.] (TC) ⟨⟨TC feels that ʔəɬ- is short for ʔíɬən.⟩⟩ (TC) {ʔáwə u cxʷ **ʔəɬ**tí. *Would you like some tea?* (TC) | **ʔəɬ**sqáx̌aʔ cn. *I ate a dog.* (TC) | **ʔəɬ**saplín cn. *I eat bread.* (TC) | **ʔəɬ**tíy cn. *I'm having tea.* (TC) | hi**ʔəɬ**smá̓nəš. *She's smoking.* (MJT) | **ʔəɬ**kʷápi cn. *I'm having coffee.* (TC) | **ʔəɬ**saʔplín yaʔ cn. *I was eating bread.* (TC) | šaʔšúʔɬ cn ʔaʔ tə nəs**ʔəɬ**coffee. *I'm glad I'm having coffee.* (TC) | qʷánsəŋ caʔ st táči **ʔəɬ**təŋiʔŋínəŋ. *We'll be invited to come eat supper.* (MJ)}   VAR: ɬ- {**ʔəɬ**smanəšáyŋən *want to smoke*}

Klallam Prefix Index   753

ʔənə-

{ʔəɬsqaʔx̣áyu *eating clams* | ʔəɬsqʷúʔŋəɬč *eating alder sap*}

ʔənə- ⟦ʔn- color-⟧ **color.** [This appears on some basic color terms.] {ʔənəcqʷáyəs *red color* | ʔənəƛ̕əɬáyəs *green* | ʔənəq̕xáyəs *black color* | ʔənəq̕xúsən *black face paint*} VAR: ʔən- {ʔənƛ̕łáʔmən *greenish*} VAR: ʔn- {ʔncqʷáʔmən *reddish* | ʔncqʷéʔq̕ *red head* | ʔnəcqʷáwtxʷ *red house*} VAR: n- {ncqʷəɬənɬ *turkey* | ncqʷəys *red face* | nx̣́əɬ skʷáči *St. Patrick's Day*}

ʔən̓- ⟦ʔn̓- 2pos-⟧ **your, second-person singular possessive (genitive) prefix.** (ES) {ʔən̓tán. *Your mother.* (TC) čaʔən̓stákʷəyuʔ. *It's what you just bought.* (TC) | ʔáa, ʔən̓cát cn. *Yes, I'm your father.* (AS,BC)} VAR: n̓- (LC) {níɬ u n̓skʷáʔ n̓ʔáʔyəŋ hay tsə? *Is that you people's house?* (NS,JW)} VAR: ʔn̓- (ES) {ʔn̓sx̣́éʔ u cn? *Do you like me?* (ES)} VAR: ən- {ən̓tán. *Your mother.* (WB)}

ʔəsxʷ- for. See under: sxʷ-

ʔəs- ⟦ʔs- stat-⟧ **stative, indicating a completed state or condition.** {ʔəsx̣̌aʔčám yaʔ st. *We got mussels.* (NS,JW) | ʔəstəŋsuʔéʔč caʔ st kʷi i či skʷíčiʔ, x̣íxʷ, i či ɬəmáq̕s. *We're going to get chitons and urchins and limpets.* (NS,JW) | ʔaʔstástəŋ *being towed* | ʔəɬáŋəɬ *be detached* | ʔəsʔaʔyaʔčxíyɬ *go crabbing* | ʔəsʔáyəxʷct *get old* | ʔəsʔéʔəyuc *river mouth* | ʔəsʔéʔnəŋ *visible* | ʔəsʔəttáwtxʷ *hotel* | ʔəsʔiʔéʔwəs *ready* | ʔəsʔiʔmiʔtánəq *renting* | ʔəsʔístəŋ *be done with* | ʔəsʔistúŋə *happen to me/you* | ʔəsʔistúŋəs *happen to me/you* | ʔəsʔístxʷ *happen to it* | ʔəscáʔnəč *leaning back* | ʔəscáʔnəɬ *leaning* | ʔəscáʔnəɬtxʷ *leaning* | ʔəscáʔyaʔɬ *slow* | ʔəsccáwt *lying down* | ʔəscəɬq̕ʷəŋ *hole* | ʔəscəwísəŋ *proposing* | ʔəscəyq̕ʷəŋ *hole in ground* | ʔəsciyaysə́ntən *mat making* | ʔəsciyəcáwt *lying down (pl)* | ʔəsckʷísəŋ *get spouse* | ʔəscaʔcaʔwáʔč *sitting* | ʔəscáčɬ *awake* | ʔəscáwɬ *invisible* | ʔəscáxɬ *worn out* | ʔəsccx̣áɬč *get nettles* | ʔəscáʔnəxʷ *buried* | ʔəscáʔnɬ *buried* | ʔəscáčɬ *be stuck between* | ʔəscák̕ʷɬ *tight* | ʔəscáŋk̕ʷən *feisty* | ʔəscáxɬ *torn* | ʔəscáyəxʷt *drive crazy* | ʔəscáyəxʷtəŋ *lose mind* | ʔəsčiʔúʔyəs *backwards* | ʔəsčšaʔmáct *double weave* | ʔəsčáqɬ *surprised* | ʔəscáyxʷɬ *inside* | ʔəsháʔməɬ *foggy* | ʔəshaʔqéʔwən *baking* | ʔəshahək̕ʷɬ *be remembered* | ʔəshápsi *go hop picking* | ʔəshəqík̕ʷən *baked* | ʔəshúʔitəŋ *artifact* | ʔəshúccən *be finished eating* | ʔəsiʔəcáwtxʷ *be full house* | ʔəsiq̕əmúʔis *spherical* | ʔəskʷiʔə́yu *rain hard* | ʔəskʷik̕ʷəcáyəɬ *bow-legged* | ʔəskʷaʔsə́ɬnəɬ *scorched throat* | ʔəskʷáčɬ *crooked* | ʔəsk̕ʷást *be counted* | ʔəsk̕ʷáyəɬ *cleared* | ʔəsk̕ʷəyéʔq̕ʷ *bald* | ʔəslakəlín *locked* | ʔəstaʔcúysəŋ *cutting forehead* | ʔəstaʔníct *attached* | ʔəstáčɬ *sick* | ʔəstáxʷɬ *straight* | ʔəstáxʷɬ *definitely* | ʔəstcítəŋ *be cut* | ʔəstéʔɬəntxʷ *be tied up* | ʔəstəŋɬəŋsə́n *barefoot* | ʔəstə́ŋsəŋ *shoeless* | ʔəstiʔəxʷə́nək̕ʷ *frozen ground* | ʔəstik̕ʷáyəs *hanging* | ʔəstiɬq̕ʷéʔq̕

ʔəs-

scalped | ʔəsɬtúʔqʷəŋ *boiling* | ʔəsɬuʔíčaʔ *naked* | ʔəsɬuʔɬuʔáys *hollow eyes* | ʔəsƛ̕aʔméʔwən *pleased* | ʔəsƛ̕áq̕ *stuck* | ʔəsƛ̕əšnək̕ʷ *plowed* | ʔəsmáʔkʷɬ *hurt* | ʔəsmaʔkʷiʔéʔč *piled up* | ʔəsmaʔmək̕ʷúys *small lump on forehead* | ʔəsmácɬ *fat* | ʔəsmák̕ʷɬ *lump* | ʔəsmák̕ʷɬ *pile* | ʔəsmámaʔkʷɬ *crippled* | ʔəsmáq̕ɬ *satiated* | ʔəsmásɬ *folded* | ʔəsmək̕ʷúys *lump on forehead* | ʔəsməx̌ʷáyns *toothless* | ʔəsmimək̕ʷə́nək̕ʷ *uneven ground* | ʔəsnáŋəɬ *folded* | ʔəsnáwəɬ *inside* | ʔəspaʔyúxʷən *sails* | ʔəspácɬ *spread* | ʔəspə́yq̕ʷɬ *powder* | ʔəspúʔxʷən *be sailing* | ʔəspúʔxʷən *sailing* | ʔəspúxʷən *sail* | ʔəspáɬɬ *sober* | ʔəspáɬɬucən *absent-minded* | ʔəsqaʔáwəɬ *outside* | ʔəsqaʔx̣qíŋ *mocked* | ʔəsqásɬ *in the water* | ʔəsqéʔqict *become mean* | ʔəsqəyəm̓cút *hangover* | ʔəsqiʔéʔmət *being unable* | ʔəsqinúŋət *hateful* | ʔəsqáʔməɬ *broken off* | ʔəsqápɬ *gathering* | ʔəsq̕əm̓sən *one-legged* | ʔəsqə́yəŋ *camping* | ʔəsqəyíŋ *camping* | ʔəsqiʔpéʔqʷ *curly hair* | ʔəsq̕wáʔɬiʔ *logging* | ʔəsq̕waʔníws *hairy* | ʔəsq̕waʔnúcən *bewhiskered* | ʔəsq̕waʔqʷaʔyícən *hanging over* | ʔəsq̕wáʔyəɬ *cooked* | ʔəsq̕wáyəɬ *ripe, cooked* | ʔəsq̕wiʔáʔən *deaf* | ʔəsq̕wiʔq̕wéʔsən *hang down* | ʔəssáʔənəxʷ *manage to lift* | ʔəssaʔŋáʔnət *be unanchored* | ʔəssáqɬ *outside* | ʔəssáwəɬ *in the brush* | ʔəsstə́ŋ *be down* | ʔəstaʔxiʔáxən *spread arms* | ʔəstaʔyúxʷsən *hold legs out* | ʔəstákʷɬ *broken* | ʔəstáqɬ *tight* | ʔəstásc *bring me/you close* | ʔəstásɬ *near* | ʔəstásɬtxʷ *bring close* | ʔəstə́k̕ʷəwəč *broken rear* | ʔəstkʷáʔič *limp* | ʔəstkʷiʔáxən *broken arm* | ʔəstáʔŋəɬ *high tide* | ʔəstáʔyəɬ *flat* | ʔəstáʔyəɬtxʷ *flatten* | ʔəstáʔyəŋ *not reach* | ʔəstácɬ *broken* | ʔəstákʷɬ *be stuck* | ʔəstáqɬ *choke* | ʔəstáxɬ *wrong* | ʔəstáyənək̕ʷ *flat ground* | ʔəstə́yəqsən *flat nose* | ʔəsxʷaʔŋáʔɬ *resting* | ʔəsxʷaʔxʷk̕ʷéʔqʷ *crazy a little* | ʔəsxʷáčɬ *in middle* | ʔəsxʷáčɬtxʷ *in middle* | ʔəsxʷak̕ʷéʔqʷ *crazy* | ʔəsxʷáɬ *down* | ʔəsxʷčaʔcaʔwáʔč *sitting* | ʔəsxʷcácaʔk̕ʷs *clean face* | ʔəsxʷčaʔčáyxʷs *a little tipsy* | ʔəsxʷčáyxʷs *tipsy* | ʔəsxʷə́ykʷtxʷ *wrap up* | ʔəsxʷhəm̓həm̓áyəs *hanging over eyes* | ʔəsxʷkʷáqɬ *open* | ʔəsxʷɬáʔŋəɬ *empty* | ʔəsxʷɬáwəɬ *shelled* | ʔəsxʷɬə́k̕ʷəŋ *hollow* | ʔəsxʷɬə́yps *wrinkled* | ʔəsxʷƛ̕áčəŋ *deep hole* | ʔəsxʷnaʔnáʔyaʔŋəs *smiling* | ʔəsxʷnəčáŋəs *smiling* | ʔəsxʷq̕ə́ykʷəŋ *round* | ʔəsxʷsəŋéʔwən *sad* | ʔəsxʷsə́yqən *round* | ʔəsxʷsuʔsiʔə́qsən *swollen nose* | ʔəsxʷšuʔšpíyəŋ *squat down* | ʔəsxʷtáqɬ *closed* | ʔəsxʷtaʔqaʔáys *have black eye* | ʔəsxʷtáŋəɬ *lined up* | ʔəsxʷtčáyən *be in corner* | ʔəsxáʔiɬ *drawn* | ʔəsxáčɬ *dried* | ʔəsxáčɬ *known* | ʔəsxáčɬtxʷ *make known* | ʔəsxáɬɬ *sick* | ʔəsxápɬ *end* | ʔəsxcíws *plucked* | ʔəsxʷaʔnéʔəŋ *how* | ʔəsxʷaʔqéʔwən *roasted* | ʔəsxʷaníŋ *way* | ʔəsxʷáqʷɬ *stick up out of water* | ʔəsxʷənʔáŋ *way* | ʔəsxʷixʷayuʔíyɬ *go reef-netting* | ʔəsyáčɬ *full* | ʔəsyáqɬ *even* |

ʔasyáxʷɬ *free* | ʔəsyəcúcəŋ *mouth full*} {ʔəsyə́qənəkʷ *level ground* | ʔəsyəqənə́wi *even* | ʔəsyə́wəŋ *spirit dancer* | ʔəsyəwíŋ *being seer* | ʔəsyəxʷáyč *unbraided hair* | ʔəsyiyáčɬ *full (pl)*} VAR: ʔs- {ʔsʔúŋəyu *giving* | ʔscáʔyuʔ *hang to dry* | ʔsčixʷəyənč *stupid* | ʔscúʔsəŋ *displeased* | ʔsɬəkʷəwéʔč *shoelaces* | ʔsɬəqʷícən *uncovered* | ʔsx̌ášɬ *plowed* | ʔsx̌iƛ̓qʷáyəs *eyes stuck* | ʔsmaxʷéʔqʷ *haircut* | ʔspáʔcəɬ *be lying down* | ʔsqákʷɬ *tired out* | ʔsqéʔəxtxʷ *shave it* | ʔsqʷáqʷɬ *sore* | ʔsqʷásɬ *adrift* | ʔsqʷáyɬ *be beat up* | ʔstáqɬ *closed*} VAR: s- {nəxʷsqinúŋət *always angry* | nəxʷsxaʔsíkʷən *mean* | scaʔqəmúʔist *control* | scaʔqəmúʔistəŋ *be controlled* | scaʔqmúʔis *controlled* | scáwt *be on ground* | scéʔi *on top* | scuʔíst *propose to* | skʷáʔiɬ *spilled* | skʷaʔwəyéʔqʷ *bald* | skʷikʷəčɬ *crooked* | smiʔməkʷúys *lumps on forehead* | sqáʔməɬ *chopped* | sqiʔáʔəmtxʷ *dislike it* | sqsíkʷs *drown* | sqʷə́mxʷi *thin person* | sqʷaʔháʔuŋəxʷ *amongst* | sxʷáʔkʷiʔ *acting crazy* | sxʷaʔŋáʔɬəŋ *resting* | sxʷaʔxʷáʔkʷiʔ *acting crazy (dimin)* | sxʷákʷiʔ *crazy* | sxaʔsúcən *bad mouth* | sxʷaʔxʷəníŋ *how* | sx̌úʔxʷt *clever* | syáyaʔct *being ready*}

ʔiʔ- *in process. See under:* hiʔ-

ʔɬ- *part. See under:* ʔəɬ-

ʔn- *color. See under:* ʔənə-

ʔṅ- *second-person possessive. See under:* ʔəṅ-

ʔs- *stative. See under:* ʔəs-

ʔuʔ- 〚hw̓- contr-〛 *indicates a situation that the speaker contrasts with some other situation in the shared context. [contrastive prefix]* {ʔuʔšátəŋ cn kʷə. *I walked. (answer to "How did you get here?")* (ES) | ʔuʔšátəŋ cn. *I'm just walking. (answer to "What are you doing?")* (TC) | ʔuʔiʔšátəŋ cn. *I'm just walking. (if someone asks you where you're going and you don't know where)* (TC) | ʔuʔčaʔcə́t. *He's all father.* (TC) | ʔuʔsqáxaʔ. *It's just a dog.* (TC) | ʔuʔmáŋ ʔuʔ čə́q. *It's too big.* (AS) | ʔáwə, ʔuʔcəʔít cn. *No, I'm telling the truth.* (TC) | ƛ̓kʷə́t cn cə ʔuʔčəsaʔ scánnəxʷ. *I took only two of the salmon.* (TC) | kʷə́nnəxʷ cn cə ʔuʔnéʔ sqaʔyáxaʔ. *I saw some of the dogs.* (TC) | kʷə́nnəxʷ cn cə ʔuʔčə́saʔ sqáxaʔ. *I saw only two dogs. (in answer to 'Did you see three dogs?')* (TC)} VAR: huʔ- (ES) {huʔcəʔít. *It's real.* (MJT) | huʔtálə kʷi. *It's money.* (ICT) | huʔtáči caʔn. *I'll be there.* (ICT)} VAR: ʔu- {ʔuʔiyaʔnúŋə cn. *I heard you.* (TC) | suʔmáŋs ʔuʔ ʔuʔə́y ʔuʔ nəxʷsx̌iyʔáməxʷ. *He was a very good provider.* (AA)} VAR: u- (LC; BH) {nəsqaʔyúʔəŋ kʷi; ŋút caʔ st ʔaʔ či uʔtxʷkʷáʔkʷaʔ. *I'm putting it away; we'll eat it later.* (MJT)} VAR: w̓- {čəw̓ʔə́yəs kʷi. *That's just funny.* (MJT)}

ckʷ- 〚ckʷ- spouse-〛 *spouse of.* {ckʷMartha. *That's Martha's husband.* (MJT) | ckʷAgatha. *That's Agatha's husband.* (MJT) | ckʷLouie. *That's Louie's wife.* (MJT) | ckʷJamie. *It's Jamie's husband.* (AS)} VAR: ckʷaʔ- {ckʷaʔLogan kʷsə ʔəɬʔúɬ. *Wendy is Logan's wife.* (AS)}

čaʔ-[1] 〚čaʔ- immed-〛

1. *just now, finally, suddenly. [immediate, usually past]* (LC; ES) {čaʔtə́s kʷi nəsʔúqʷaʔ. *My cousin just got there.* (ES) | čaʔhiyáʔ kʷɬə. *She just left.* (TC) | čaʔínəŋ. *He just now showed up.* (MJT) | čaʔtaʔyáči. *They just now came.* (MJT) | čaʔnəshákʷ. *I just remembered.* (TC) | čaʔínəŋ. *He just showed up.* (TC) | čaʔnəčə́ŋəs. *He suddenly smiled.* (AS) | čaʔkʷə́nnəxʷ cn. *I just now saw it.* (TC,AS,BC; TC) | čaʔínəŋ cn. *I just now showed up.* (TC) | čaʔníɬ ʔuʔ ŋstáči? *Did you just get here?* (EPT) | čaʔéʔɬəŋ st kʷi. *We're just now eating.* (EPT) | čaʔtáči cn. *I just got here. / I finally got here.* (TC) | čaʔhiyáʔ st ƛ̓aʔtáwŋ. *We're just now going to town.* (AS) | čaʔtáči caʔn. *I'm finally going to get there.* (TC) | čaʔhiyáʔ cn. *I'm finally going to go.* (TC; AS,BC) | čaʔiyá yaʔ cn. *I was just there.* (TC) | čaʔxʷítəŋ cn. *I finally jumped.* (TC) | čaʔtákʷs cn tiə ƛ̓ə́qšən. *I just bought these shoes.* (AS) | níɬ nsčaʔʔcítəŋ. *Then I just stood up.* (MJ) | čaʔhiyáʔ yaʔ cn. *I finally went. / I just now went.* (TC) | kʷkʷáʔ caʔ ʔiʔ čaʔhiyáʔ cn. *I'll go later.* (TC) | čaʔcítəŋ cn. *I finally stood up. / I just now stood up.* (TC) | čaʔcítəŋ caʔn. *I'm finally going to stand up.* (TC) | čaʔhúccən cn. *I just got finished eating.* (TC) | čaʔitt cn. *I finally went to sleep.* (TC) | čaʔɬə́məxʷ. *It just started to rain. / It finally rained.* (TC) | čaʔčáqʷɬ. *It's just barely burning.* (ICT) | čaʔsčéʔqʷts. *They immediately clubbed them on the head.* (ES) | čaʔtáči cn čšaʔéʔɬxʷaʔ. *I just arrived from Elwha.* (TC) | čaʔhiyáʔ cn ʔúxʷ ʔaʔ statíɬəm. *I just went to Jamestown. / I finally went to Jamestown.* (TC) | hiʔčáyə tə nskʷə́nəxʷ ʔiʔ čaʔqʷáy. *I saw him before he spoke.* (MJT) | čaʔtákʷs cn cə snə́xʷɬ. *I just bought a canoe.* (TC) | čaʔáwənə nətálə. *I just went broke.* (TC) | čaʔníɬ kʷi nəskʷə́nəxʷ. *It's the first time I saw it.* (TC) | čaʔkʷíy. *He just now showed up.* (TC) | čaʔŋə́ŋ nətálə. *I just recently have lots of money.* (TC) | čaʔxčít cn. *I just recently learned it.* (TC) | čaʔxčnáxʷ cn. *I just found out about it.* (TC) | čaʔkʷə́nəŋ cn. *It just now saw me.* (TC) | čaʔítən cn. *I finally ate.* (TC) | čaʔsʔítən cn. *Something just ate me.* (TC) | níɬ nsčaʔƛ̓kʷnáŋ. *Then they just managed to get me.* (ES) | čaʔxčnáxʷ cn ti sqʷáy. *I'll figure out the language.* (TC) | čaʔtáči cn čšaʔsiʔáɬ. *I just got here from Seattle.* (TC,AS,BC) | čaʔníɬ kʷə nəsxʷčə́məs. *I just met him.* (ES) | čaʔpipihúŋəs tə táči. *Just gray seagulls came.* (MJT) | čaʔnəsƛ̓ə́kʷ. *I just got her.* (MJT) | ʔaʔ kʷi sčaʔtáčiɬ. *when we first got here.* (TC) | kʷɬáč ʔiʔ čaʔčáŋ cn. *It was already dark when he got home.* (TC) | čaʔhákʷs ʔaʔ či ɬqíts. *He just remembered his clothes.* (AA) | čaʔƛ̓áy həwíyŋ cə qʷúʔ. *The water finally went back again.* (ES) | čaʔtáqənəxʷ cn ʔaʔ či sčáŋs ʔaʔ Amy. *I just found out that Amy got home.* (EPT) | čaʔčáŋ tə céʔct hiʔ néʔ tə ŋənaʔs. *The father just got home and his child was born.* (MJT) | čaʔqʷúy

ča?-

kʷłi ntán ʔaʔ kʷi nə́čuʔ sčiʔánəŋ. *My mother had been dead just one year.* (MJ) | ʔiʔ kʷłhíc kʷaʔčaʔ ʔiʔ **čaʔ**xčənáxʷ cn či ʔuʔxə́nəs č ʔuʔʔəsƛ́úʔƛ́əm̓. *And a long time later I finally found out that everything was all right.* (MJ) | **čaʔ**ƛ́kʷə́təŋ ʔiʔ hiyáʔtəŋ cáʔ kʷaʔ cə skʷáči. *They were immediately grabbed and taken up into the sky.* (AA) | txʷaʔyíy̓ č kʷaʔčaʔ ʔiʔ **čaʔ**xčənás ʔaʔ či snítɬ ʔuʔ xʷə́yəq̓ʷtəŋ. *He was drifted far before he figured it out.* (TC) | **čaʔ**štəŋnúŋət cn. *I could just manage to walk. / I finally started to walk.* (ES; TC) | txʷʔúxʷ caʔn ʔaʔčixʷícən ʔiʔ **čaʔ**hiyáʔ cn ʔúxʷ ʔaʔstətíɬəm. *I'll go to Port Angeles before I go to Jamestown.* (TC) | ʔiʔ **čaʔ**hiyáʔ caʔn ʔúxʷ ʔaʔstətíɬəm. *And then I'll go to Jamestown.* (TC) | kʷłhíc ʔiʔ **čaʔ**qʷaynúŋət. *After I long time he could finally talk.* (ES) | kʷłkʷáčəŋ caʔ cxʷ ʔiʔ **čaʔ**xʷítəŋ cn. *When you holler, I'll jump.* (TC) | ʔuʔhúy kʷaʔ hiyáʔən ʔiʔ kʷəyəxcúttxʷ ʔiʔ **čaʔ**kʷánəŋət tə qʷúʔ. *Only when I go shake it will the water run.* (ES) | nuʔ**čaʔ**maʔliyíti. *They're just like newlyweds.* (ES) | nəŋə́t cn tə ʔəliluʔíɬč ʔiʔ **čaʔ**ƛ́kʷnáxʷ cn tə ʔəlíluʔ. *I bent the salmonberry bush down and finally got the salmonberries.* (MJT) | ʔiʔ nít su**čaʔ**hákʷs ʔaʔ či sʔaʔkʷústəŋs qʷiŋítəŋs ʔaʔ či sʔiʔáyəxʷs. *And just then he remembered what he had learned that his elders told him.* (ES) | **čaʔ**ənstákʷəyuʔ. *It's what you just bought.* (TC) | **čaʔ**nəstákʷəyuʔ. *It's what I just bought.* (TC) | ʔúy̓ caʔ **čaʔ**čáŋ cə qayúƛən ʔiʔ yəcústs tə ʔəŋʔíŋəcs ʔaʔ či scəyáys ʔiʔ ʔíŋənəs ʔaʔ Markishtum. *When Slug gets home he will tell his grandchildren that he almost stepped on Markishtum.* (MJ)}
2. all and only, completely, single. {**čaʔ**swə́y̓qaʔ. *bachelor, all man, only a man, men only* (TC; ES,HS; AS,BC) | **čaʔ**sɬáni. *spinster, all lady, only a woman, women only.* (TC; ES) | **čaʔ**cə́t. *He's all father (said admiringly).* (TC) | **čaʔ**cə́t cn. *I'm all father (I take good care of my kids).* (TC) | **čaʔ**tán. *She's all mother (said admiringly).* (TC) | **čaʔ**snə́xʷɬ. *It's all canoe. / It's just a canoe.* (TC) | **čaʔ**áʔyəŋ. *It's all house (said admiringly).* (TC) | **čaʔ**tálə. *It's just money (nothing else).* (TC) | **čaʔ**ŋə́qsən. *He's all nose (said of a person with a very large nose).* (TC) | **čaʔ**ŋə́qsən cə swə́y̓qaʔ. *That man is all nose.* (TC) | **čaʔ**qə́nəxʷ. *He's eating a lot, can't seem to get full (he's all hunger).* (MJT) | ʔuʔ**čaʔ**qə́yəŋ cə ʔəcɬtáyŋx. *That person is staring (he's all eyes).* (TC) | **čaʔ**qʷə́yəŋ. *He's all ears (always listening).* (TC) | **čaʔ**qʷə́yəŋ cə Tim. húy ti suʔyaʔyánəŋs. *Tim's all ears. All he does is listen.* (TC) | **čaʔ**qʷə́yəŋ cn. *I'm all ears.* (TC) | ʔuʔ**čaʔ**scúm̓. *It was only bone.* (ES) | ʔuʔ **čaʔ**xə́n̓ə nətálə. *That's all, entirely my money.* (TC) | ʔuʔ**čaʔ**scúm̓. *There was just bone. / It's got a lot of bones.* (ES; MJT) | **čaʔ**ŋə́scən̓ cn. *I'm full of lice.* (TC) | ʔuʔ**čaʔ**stə́məxʷ ʔaʔ tiə ʔáynəkʷ. *It's all rain today.* (TC) | ʔuʔ**čaʔ**scúm̓ či sʔácss. *Her face was just bone.* (ES) | **čaʔ**iyá ti nsuʔqʷáʔqʷáxʷct. *I was just there suffering.* (ES) | **čaʔ**čə́qʷ cə n̓sʔács. *You've got dirt all over your face.* (EPT) | kʷɬčə́q ʔiʔ ʔáwənə sʔácss

čšaʔ-

ʔuʔ**čaʔ**scúm̓. *She's old and has no face-only bone.* (ES) | ʔáwənə ʔəsʔács ʔuʔ**čaʔ**scúm̓. *There was no face, only bone.* (ES) | nuʔsqáwəc; ʔuʔ**čaʔ**qə́yəŋ, ʔáwənə qʷə́yəŋ. *He's like a potato; he's all eyes and no ears.* (TC) | ʔiʔ huʔáʔis ʔaʔ kʷ ɬxʷɬšáʔ **čaʔ**sčáyəxʷ ʔaʔ cə ƛ́úƛ́aʔ ʔáʔiŋɬ. *There were nearly thirty of us in our little house.* (ES) | **čaʔ**čč́əc *just wake me/you*} VAR: čə- {**čəʔí**ɬən cn. *I just now ate.* (AS,BC) | **čəʔə́ɬən̓** st kʷi. *We're just now eating.* (EPT) | **čəʔ**cəʔkʷúts *they just shot them.* (ES)} VAR: č- {**čəw̓ʔə́yəs** kʷi. *That's just funny.* (MJT) | **čənsháʔkʷ** kʷi kʷə sqʷáyɬ yaʔ. *I finally remember what we said.* (AS)} VAR: č- {ʔiʔ nítɬ kʷaʔčaʔ suʔ**čhá**kʷs ʔaʔ či sqʷiŋítəŋs ʔaʔ či sʔiʔáyəxʷs. *And then he remembered what he had been told by his elders.* (ES) | **čhiyáʔ** cn. *I'm just about to go.* (AS,BC) | **č̓ʔúŋətəŋ** cn. *It was just given to me.* (AS) | **čhiyáʔ** caʔn ƛ́aʔtáwn. *I'm just now going to town.* (AS,BC)}

čaʔ-² *go from.* See under: čšaʔ-

ča- *be from.* See under: č-

čə̓ʔ- *immediate.* See under: čaʔ-

čən̓- [čn̓- *time-*] *time of or for (something).* {**čən̓ʔí**ɬən. *It's time to eat.* (TC) | **čən̓ʔí**ɬən cn. *It's time for me to eat.* (TC) | **čən̓ʔə́yi** *summer* | **čən̓ʔə́yi** skʷáči *first day of summer* | **čən̓háʔnəŋ** *November* | **čən̓syə́wən** *December*}

čə- *immediate.* See under: čaʔ-

čɬ- [čɬ- *impact-*] *to be affected by, be at fault, be to blame, be under the impact of.* [creates a verb when prefixed on a noun] {**čɬ**qə́nxʷ *starve* (LC) | **čɬ**ɬšáʔš. *He died of thirst. / He got hit by thirst.* (TC) | **čɬ**snáyəʔnəkʷ. *Ghosts are after him.* (MJT) | **čɬ**cán č ʔay̓? *Who did it?* (EPT) | **čɬ**sqáxaʔ cn. *A dog attacked me.* (TC; ES) | **čɬ**skʷáči cn. *I got caught in a storm.* (ES; TC) | **čɬ**nə́kʷ kʷi. *You did it.* (AS,BC) | **čɬ**nə́kʷ cn. *You did it to me. / It's your fault. / You're to blame for what happened to me.* (ES) | **čɬ**nə́kʷ nəsx̣ʷhihíyəŋ. *You made me fall. / It's your fault that I fell.* (ES) | **čɬ**ʔə́c. *I did it.* (ES; TC) | ʔuʔ**čɬ**ʔə́c kʷi. *It's my own fault.* (MJT) | **čɬ**ʔə́c kʷi. *I'm the one.* (MJT) | **čɬ**nə́kʷ. *You did it.* (TC) | **čɬ**nítɬ kʷi. *He was the one.* (MJT) | **čɬ**cán? *Who did it?* (TC) | **čɬ**nə́kʷ u? *Were you the one (that did it)?* (MJT) | **čɬ**nətán. *It's my mother's fault.* (MJT) | **čɬ**čáʔsaʔ cn. *Two people attacked me.* (TC) | **čɬ**sqáxaʔ. čŋʔə́təŋ cn. *The dog attacked me. It bit me.* (TC) | **čɬ**nítɬ kʷi nəsx̣ʷqə́s. *He made me fall in.* (MJT) | ʔíyaʔ cə ʔiʔ ʔuʔq̓ʷúy ʔuʔ **čɬ**xʷáhəm. *He was there to die of starvation.* (AA) | **čɬ**snə́kʷ kʷi nəsx̣ʷkʷɬənqə́s. *You're the one that made me fall in.* (MJT) | **čɬ**čxčəŋín *patient* | **čɬ**qə́nəxʷtəŋ *be starved* | **čɬ**qə́nəxʷtxʷ *starve someone* | **čɬ**qə́nxʷtəŋ *being starved*}

čšaʔ- [čšaʔ- *go_from*] *go from, come from.* [creates a verb from a location noun] {**čšaʔ**ʔcixʷícən. *She went from Port Angeles.* (ES) | **čšaʔ**táwn cn. *I came from town.* (TC,AS,BC) | ʔiʔənʔá cn **čšaʔ**táwn. *I'm coming from town.* (TC,AS,BC) | **čšaʔ**ʔə́ɬxʷaʔ st. *We came from Elwha.* (TC) | **čšaʔ**ʔə́ɬxʷaʔ yaʔ cn. *I used to come* *from Elwha.* (TC) | čaʔtáči cn **čšaʔéʔłxʷaʔ**. *I just arrived from Elwha.* (TC) | **čšaʔá**ʔyəŋ cn. *I came from home.* (TC) | hiyáʔ **čšaʔtáwn** kʷsə nʔáyəs. *My sister went from town.* (AS) | ʔáwə c **čšaʔ**əc ʔəł qʷáyəŋ. *It doesn't come from me when I talk.* (MJ) | ʔiʔənʔá st ʔiʔłúłkʷ **čšaʔ**čəčə́qʷ. *We were coming home from Jamestown.* (MJ) | níł suʔkʷáys tə **čšaʔ**nəxʷqíyt. *Then those from Little Boston hid.* (MJ) | štə́ŋ cn **čšaʔ**čixʷícən ʔúxʷ ʔaʔéʔłxʷaʔ. *I walked from Port Angeles to Elwha.* (TC) | štə́ŋ cn **čšaʔ**čixʷícən X̌aʔéʔłxʷaʔ. *I walked from Port Angeles to Elwha.* (TC) | štə́ŋ cn X̌aʔéʔłxʷaʔ **čšaʔ**čixʷícən. *I walked to Elwha from Port Angeles.* (TC) | wiʔšátəŋ cn **čšaʔ**čixʷícən. *I'm walking from Port Angeles.* (ES; TC) | **čšaʔ**Jamestown st ʔiʔ kʷə nəcə́t. *My father and I went from Jamestown.* (MJ) | níł suʔcúnł **čšaʔ**nəxʷqíyət. *Then we went inland from Little Boston.* (MJ) | níł yəxʷ suʔúxʷnəsəŋs ʔaʔ cə **čšaʔ**yək̓ʷə́nən. *The, must be, someone from Songhees came after it.* (MJ) | wiʔšátəŋ cn tə nəsʔənʔá **čšaʔ**čixʷícən tə nəsX̌aʔéʔłxʷaʔ. *I walked coming from Port Angeles to Elwha.* (ES) | wiʔšátəŋ cn **čšaʔ**čixʷícən tə nəsʔúxʷ ʔaʔéʔłxʷaʔ. *I walked from Port Angeles to go to Elwha.* (ES) | níł ʔaʔ Martha John ʔiʔšátəŋ ʔiʔ čəyáy cn ʔiʔ ʔíŋənəxʷ **čšaʔ**Little Boston. *It was Martha John who was walking and I almost stepped on her from Little Boston.* (MJ) | níł č suʔsə́qs xʷítəŋ ʔiʔ hiyáʔ txʷaʔyéʔi t sxʷítəŋs hiyáʔ **čšaʔ**náwəł ʔaʔ cə łəmúʔəč. *Then he jumped out and his jump from inside the barrel went far.* (MJ)} VAR: čšə- {cúŋ **čšə**cácu. *Go up from the beach.* (MJT)} VAR: čaʔ- {**čaʔ**éʔłxʷaʔ cn. *I just came from Elwha.* (NS,JW) | **čaʔ**ʔíŋəs kʷi. *He just came from Port Angeles.* (NS,JW) | **čšaʔ**əxíntxʷ *get from where*} VAR: čš- {**čš**čaycáłč *Marine Drive village*} VAR: č- {**č**ʔałaʔtúŋə *get you from here* | **č**ʔáłaʔtxʷ *bring from here* | **č**ʔəłáʔtəŋ *be brought from here* | čnátəŋ *be named* | čx̌aycáčłč *Marine Drive village*}

čš- *have.* See under: č-

č-¹ 〚č- *have-*〛
1. *have, own.* (TC) [creates a verb when attached to a noun] {**č**ʔiyán *hear* | **č**čsaʔqʷ *wear hat* | **č**łčxčəŋín *patient* | **č**maʔx̌úct *tormenting* | **č**náʔət *naming someone* | **č**náʔətəŋ *being named* | **č**nát *give name* | **č**nəq̓ʷáʔis *one-eyed* | **č**qéʔyəs *getting paid* | **č**qíyaʔyəs *get paid* | **č**q̓úʔšən *have partner* | **č**štaŋúcən *take home* | **č**šyaʔwín *having spirit song* | **č**šyə́wən *have spirit song* | **č**táčšəŋ *have a back* | **č**x̌čŋín *wise* | **č**xʷiʔx̌ʷiʔúcən *Dry Creek* | **č**yáʔwən *spirit dancing* | **č**yə́wən *spirit dance*}
2. *constantly, always, habitually.* {**č**ʔíłəŋ ʔaʔ lám. *He's always drinking liquor.* (AS,BC) | **č**tálə cn. *I have some money.* (TC) | **č**sqáx̌aʔ cn. *I have a dog.* (TC) | **č**x̌ʷúʔŋət cn. *I have oars.* (TC) | **č**q̓ʷínəcən cn. *I have whiskers.* (TC,AS,BC) | **č**ʔáʔyəŋ cn. *I have a house.* (TC,AS,BC) | **č**ŋə́scən cn. *I have lice.* (TC) | ʔuʔ**č**snə́xʷł cn. *I have a boat.* (TC) | **č**púyakʷ u cxʷ? *Do you have a gun?* (NS,JW) | **č**sáʔwən u cxʷ? *Do you have lunch?* (ES) | **č**q̓úʔqʷaʔ cn. *I've got drinks.* (TC) | ʔáwə c **č**tálə. *He has no money.* (TC) | ʔáwə cn c **č**tálə. *I've got no money.* (TC) | **č**sX̌əyéʔX̌qł cn. *I had children.* (TC) | **č**sqáx̌aʔ əw cxʷ? *Do you have a dog?* (MJT) | hiʔ**č**áyaʔ ʔaʔ kʷi **č**stániʔs. *It was before he had a wife.* (MJT) | **čč**əyiʔ u csə ńsq̓ʷúʔšən? *Does that girl with you have fir bark?* (NS,JW) | ʔuʔhúy t nəsʔuʔčkʷəwiʔnúʔŋət. *I was only dreaming.* (EPT) | k̓ʷə́nnəxʷ cn cə swə́yqaʔ **č**scə́saʔqʷ. *I saw the man with a hat.* (TC) | k̓ʷə́nnəxʷ cn cə swə́yqaʔ **č**čə́yah. *I saw the man with a stick.* (TC) | šč́ət cn cə swə́yqaʔ **č**čə́yə. *I hit the man who had a stick.* (TC) | ʔiʔ **č**sʔúq̓ʷaʔ cə słáni. *And the woman had a brother.* (AA) | X̌áy cn ʔuʔ **č**ʔáʔyəŋ. *I also have a house.* (TC) | **č**paypsénts cn. *I have five cents.* (TC) | čəwín či nəsuʔ**č**paypsénts. *I don't even have five cents.* (TC) | čəwín či nəsuʔ**čč**áʔyəŋ. *I don't even have a house.* (TC) | čəwín cn ʔuʔ **č**ʔáʔyəŋ. *Even I have a house. / I even have a house.* (TC) | ʔuʔnéʔ cə suʔwə́yqaʔ **č**snə́xʷł. *Some of the men have canoes.* (TC) | čaʔ**č**ŋə́naʔ ʔaʔ kʷi čiʔáqł kʷsə Lucy. *Lucy just had a baby yesterday.* (EPT) | **č**səsíyaʔ cn ʔiʔ ʔáwənə nəsx̌čít kʷaʔ ʔəx̌ínəs kʷi nəsəsíyaʔ. *I have grandparents but I don't know where my grandparents are.* (MJ) | qʷinə́kʷitəŋ ʔaʔ či cíctsiʔám̓ kʷi **č**naʔátəŋ ʔaʔ či snə́wəs. *The one that was called Noah was spoken to by God.* (ES) | suʔáx̌əŋs cə táns ʔaʔ či s**č**ʔəŋaʔtəŋs ʔaʔ cə cáccs cə scaʔčaʔkʷaʔyúł. *His mother said that he had been given that little boat by his uncle.* (MJ) | **č**ʔiyá ʔaʔ cə tłnáʔəč kʷłi słániʔ **čł**téʔim yaʔ ʔəł čə́ńəŋəs. *The woman who got that song when she was in the Shaker church was from Canada.* (ES)} VAR: čš- {suʔx̌ənəŋs cə **čš**ʔáʔiŋ. *The owner of the house said.* (MJ) | čaʔ**č**ŋə́naʔ cn. *I just had a child.* (MJT) | **č**snə́xʷł cn. *I own a canoe.* (AS) | **čš**ʔáʔiŋ cn. *I own a house.* (AS) | **čš**ʔáʔiŋ cə sX̌əyéʔX̌qł. *The children have a house.* (AS) | **čš**ʔáʔiŋ kʷi kʷsə ntán. *My mother was the owner of the house.* (AS) | x̌ənáł ti nsuʔ**čš**tálə. *I always have money.* (AS) | ʔunú ʔuʔ **čš**nəcq̓ʷéʔis. *Notice he has a red face.* (AS) | **čš**tálə u cxʷ, t̓ə́q̓ʷəm? *Do you have any money, honey?* (MJT) | ʔuʔ**čš**muhúytxʷ kʷi. *She's got to have a basket, too. / Let her own a basket.* (AB,ICT)}

č-² 〚č- *be_from-*〛 *to be from, originate from.* [creates a verb when attached to a location noun] {**č**ʔéʔłxʷaʔ cn. *I am from Elwha.* (TC) | **čč**xʷícən cn. *I'm from Port Angeles.* (TC) | **č**ʔéʔłxʷaʔ st. *We are from Elwha.* (TC) | **č**tə́yi. *He's from upriver.* (AS,BC) | **č**tə́yət cn. *I'm from up river.* (TC) | **č**tə́yət u cxʷ? *Are you from up the river?* (TC) | **č**ʔéʔłxʷaʔ yaʔ cn. *I used to live at Elwha.* (TC) | qʷaʔánsəŋ ʔaʔ či **č**ʔéʔłxʷaʔ kʷaʔ ʔənʔás. *They were being called by the Elwhas to come.* (ES) | nəxčŋín ʔaʔ či sníłs **č**sxʷʔíyas ʔaʔ ʔáʔiŋs ʔaʔ xʷiyanítəm. *I thought there were from the place of the white peoples' house.* (ES) | **č**ʔiyá ʔaʔ cə tłnáʔəč kʷłi słániʔ **čł**téʔim yaʔ ʔəł čə́ńəŋəs. *The woman who got that song when she was in the*

Shaker church was from Canada. (ES)} VAR: ča- {**ča**ʔiyá cn. *I come from there.* (TC) | **ča**nsxʷčámǝs. *I just now met him.* (MJT) | **ča**ʔéʔɬxʷaʔ cn. *I come from Elwha.* (TC) | **ča**ʔéʔɬxʷaʔ st. *We come from Elwha.* (TC) | **ča**sʔiʔkʷáʔqǝŋ kʷsǝ skʷáqǝŋ. *The flower is just beginning to bloom.* (EPT) | **ča**nǝsxʷčámǝs ʔiʔ nǝ́čǝŋ. *Just as I met him, he laughed.* (MJT)}

č-³ immediate. *See under:* čaʔ-

č-⁴ go from. *See under:* čšaʔ-

ǝn- second-person possessive. *See under:* ʔǝń-

hiʔ- [hy̓- proc-] in process. (LC; ES) [This prefix indicates that the activity is viewed as a process. For example, /šátǝŋ cn/ and /ʔiʔšátǝŋ cn/ both mean 'I'm walking.' The former, without the prefix, is simply a statement of what I am doing. The second, with the prefix, tells the listener how the motion is happening viewed as a process. You might, for example, use /ʔiʔšátǝŋ cn/ if you were going to Canada on the ferry and someone asked if you were going in a car or on foot.] {**hi**ʔkʷaʔnéʔŋǝt. *He's running.* (MJT) | **hi**ʔq̓ʷúʔq̓ʷiʔ. *He's dying.* (LC; TC) | **hi**ʔhiʔáyaʔ u cxʷ? *Are you leaving?* (LC) | **hi**ʔƛ̓íƛ̓uʔ tǝsǝ sƛ̓íƛ̓aʔλ̓qɬ. *The child is running away.* (MJT) | **hi**ʔčisáyqǝŋ cn. *I'm following him.* (MJT)} VAR: ʔiʔ- (LC; ES) {**ʔiʔ**šátǝŋ cn. *I'm walking.* (ES; TC) | ʔuʔ**ʔiʔ**šátǝŋ cn. *I'm just walking. (if someone asks you where you're going and you don't know where)* (TC) | **ʔiʔ**šátǝŋ u cxʷ? *Are you walking?* (LC) | kʷɬ**ʔiʔ**šúʔpt. *He's already in the process of whistling.* (LC) | **ʔiʔ**q̓ʷuq̓ʷiʔ. *He's dying.* (ES) | **ʔiʔ**éʔst. *He's paddling.* (TC) | **ʔiʔ**kʷaʔnéʔŋǝt. *He's running.* (ES) | **ʔiʔ**éʔtt cn. *I'm sleeping while in motion.* (TC) | **ʔiʔ**ccítǝŋ cn. *I'm standing (while in motion).* (TC) | **ʔiʔ**xʷaʔxʷk̓ʷátǝŋ cn. *I'm getting drunk.* (ES) | **ʔiʔ**haʔunístxʷ cn. *I'm returning it.* (TC) | **ʔiʔ**nǝxʷsaʔyútǝŋ cn. *I'm beginning to swell up.* (ES) | **ʔiʔ**ɬčqiʔ cn. *I'm getting tired.* (ES) | cán či **ʔiʔ**hiyáʔ. *Who's going?* (TC) | **ʔiʔ**ɬkʷáw̓ǝs cn. *I'm coming behind.* (TC) | **ʔiʔ**hiʔáyaʔ cn. *I'm on my way.* (HS,ES) | **ʔiʔ**ɬác cn. *I'm on my way to the beach.* (ES) | **ʔiʔ**ɬáɬuʔ. *It's healing.* (ES) | **ʔiʔ**ɬxáɬ cn. *I'm getting sick.* (TC) | **ʔiʔ**ɬǝ́xʷct cn. *I'm steering it.* (ES) | suʔxánǝŋs kʷi nǝsíyaʔ. ʔučtǝ **ʔiʔ**ɬxáwǝs. *So my grandfather said it must have been a newdancer.* (MJ) | xáɬ cn ʔiʔ **ʔiʔ**šátǝŋ cn. *I'm sick yet I'm walking.* (TC) | ʔáwǝ cn c **ʔiʔ**ɬíym. *I didn't go along singing.* (TC) | hiyáʔ caʔn **ʔiʔ**ʔiʔáʔiɬ ʔaʔ cǝ nǝsnǝ́xʷɬ. *I'm going aboard my canoe.* (TC) | **ʔiʔ**túʔq̓ʷǝŋ cǝ swǝ́yqaʔ. *That man (moving along there) is coughing.* (TC) | níɬ suʔiʔšátǝŋs kʷɬ**ʔiʔ**ɬáɬčct. *She was walking and it was already getting dark.* (ES) | **ʔiʔ**ʔéʔɬǝn cn ʔaʔ kʷǝ nǝs**ʔiʔ**šátǝŋ. *I was eating while I was walking.* (TC) | **ʔiʔ**ʔéʔɬǝn cn ʔǝɬ **ʔiʔ**šátǝŋǝn. *I'm eating while I'm walking.* (TC) | ʔiʔ níɬ ʔuʔ twǝʔ**ʔiʔ**ččtǝŋ ʔiʔ níɬ suʔtǝ́ss ʔaʔ cǝ saʔsúsɬ. *And then she was still in the process of crawling and she then came to a path.* (MJ) | níɬ suʔǝnʔás kʷi nǝcǝt ʔiʔ xǝnǝŋ, "nǝ́kʷtxʷ kʷi tčǝt ʔiʔ ʔǝc caʔ ʔiyá ʔǝskʷáʔǝt či nǝs**ʔiʔ**kʷǝnít cǝ." *Then my father came and said, "You spear them and I will be in the stern to watch it."* (MJ)} VAR: hi- {**hi**swáʔ u cxʷ. *are you coming along?* (AS,BC) | **hi**yáʔct či kʷánǝŋǝt. *Get ready to run.* (ICT)} VAR: y̓- {čǝy̓ƛ̓áʔpt cn. *I'm feeling it right now.* (MJT)} VAR: ʔi- {ʔuʔkʷǝ́nǝxʷ cn cǝ swǝ́yqaʔ **ʔi**ʔǝnʔáʔǝ. *I saw the man who was coming.* (TC) | **ʔi**ʔǝnʔá ʔaʔ sɬqčšɬnát ʔiʔ ʔǝsqiʔéʔmǝt ʔaʔ či nsɬxʷǝ́t cǝ ntíxʷɬc. *By this coming Friday I won't be able to straighten out my tongue.* (ES)} VAR: iʔ- {sxʷ**iʔ**ƛ̓ácu. *It's for fishing.* (TC) | ʔuʔáw st c **iʔ**ʔšátǝŋ. *We're not walking.* (NS,JW) | ʔáwǝ cn t **iʔ**ʔkʷǝ́nǝxʷ. *I don't see it.* (TC) | kʷɬ**iʔ**hiʔáyaʔ cn. *I'm already going.* (ES) | kʷɬ**iʔ**šáʔšaʔš cn. *I'm getting thirsty.* (MJT) | ʔuʔáw st c **iʔ**ʔšátǝŋ. *We're not walking.* (NS,JW) | kʷɬ**iʔ**ɬaʔčéʔqʷǝŋ cn. *I'm getting cut on the head now.* (MJT) | xʷǝnán ʔaʔ či sxʷ**iʔ**ƛ̓áʔcuʔ. *It's like what they use for trolling.* (AA) | **ʔi**ʔaʔyaʔčštúʔŋǝɬ *Changer* | sxʷ**iʔ**ɬǝ́xʷct *rudder* | **ʔiʔ**ɬkʷást *put behind* | **ʔiʔ**ɬkʷástǝŋ *be put behind* | **ʔi**ʔxiʔxayǝstǝ́nǝq *Great Transformer* | kʷɬ**iʔ**čqéʔyǝŋ *getting old* | sxʷ**ʔiʔ**cǝ́sǝŋ *hammer* | sxʷ**ʔiʔ**cicǝ́sǝŋ *hammers* | sxʷ**ʔiʔ**qʷǝ́yct *bailer* | sxʷ**iʔ**aʔx̌ʷíct *broom* | sxʷ**iʔ**cǝsǝ́yu *hammer* | sxʷ**iʔ**cícaʔyǝŋ *steps* | sxʷ**iʔ**qʷǝ́yǝŋ *roasting stick* | sxʷ**iʔ**xʷiʔxʷǝ́k̓ʷtǝŋct *donkey* | txʷ**iʔ**áxǝŋ *go toward*}

hi- in process. *See under:* hiʔ-

huʔ- contrast. *See under:* ʔuʔ-

kʷɬǝń- [kʷɬǝń- now-] now, turn. {**kʷɬǝń**níɬ. *It's just like him.* (TC) | **kʷɬǝń**sqáxaʔ. *It turned into a dog. / Now it's a dog.* (TC; AS,BC) | **kʷɬǝń**nǝ́kʷ. *It's your turn.* (TC) | **kʷɬǝń**ʔǝc. *It's my turn.* (ES) | **kʷɬǝń**ʔǝc caʔ. *It's my turn.* (TC) | **kʷɬǝń**ʔǝc caʔ kʷaʔčaʔ. *So now it will be my turn.* (TC) | **kʷɬǝń**nǝ́kʷtxʷ. *Let it be your turn.* (TC) | **kʷɬǝń**Tim. *It's Tim's turn.* (TC) | **kʷɬǝń**ʔíɬǝn cn. *Now I'm going to eat.* (TC) | **kʷɬǝń**ʔǝnsƛ̓éʔ. *Now you like it.* (TC) | **kʷɬǝń**húʔǝnǝt cn kʷi. *I'm lighting it now.* (MJT) | sxʷ**kʷɬǝń**táčiɬ. *That's why we got here.* (MJT) | **kʷɬǝń**ŋǝ́ń kʷǝkʷáčǝŋ. *Now many started to holler.* (MJ) | nǝ́kʷ kʷi sxʷ**kʷɬǝń**ʔǝ́yǝcts. *It's you that made him better.* (MJT) | čɬnǝ́kʷ kʷi nǝsxʷ**kʷɬǝń**qǝ́s. *You're the one that made me fall in.* (MJT) | txʷǝsuʔšǝ́wis ʔiʔ **kʷɬǝń**sqáxaʔ. *It grew and turned into a dog.* (AA) | **kʷɬǝń**ʔiʔšátǝŋ ʔiyá ʔaʔ cǝ nsʔiʔšátǝŋ. *Now it was walking where I was walking.* (MJ) | kʷɬníɬ č kʷaʔ kʷi suʔʔáʔčšts ʔiʔ **kʷɬǝń**húʔpt. *Then he was changed and was now a deer.* (MJ) | suʔčáys kʷaʔčaʔ ʔiʔ **kʷɬǝń**mán kʷ u čǝq. *So he worked and became very big.* (AA) | ʔiʔ **kʷɬǝń**kʷáqq cǝ šáwi ʔaʔ cǝ sʔácss. *And then seaweed had grown on her face.* (AA)}

kʷɬ- [kʷɬ- alrdy-] already. (TC; ES) [a prefix indicating a realized state; usually glossed 'already', but often not directly translatable] {**kʷɬ**ʔǝshúʔiʔ. *It's already finished.* (ES) | **kʷɬ**uʔɬáč. *It's already dark.* (TC) | **kʷɬ**ɬáč ʔǝɬ čáŋǝn. *It's already dark when I get home.* (TC) |

kʷɬ-

kʷƛ̓iʔáʔiɬ cə nsɬáni. My wife was already in (the car). (ES)} | kʷɬkʷáyəxt cn cə nscaʔkʷaʔyúɬ. I started my rig already. (ES) | kʷƛ̓ələnísc yaʔ cn. I already fed you. (ES) | kʷɬyəcúsc yaʔ cn. I already told you. (LC) | kʷƛ̓iʔšúʔpt. He's already in the process of whistling. (LC) | kʷɬčáq cə swéʔwəs. The boy is already big. (AS) | kʷƛ̓íɬən cn. I already ate. (TC) | kʷƛ̓éʔɬən cn. I'm already eating. (TC) | kʷɬŋaʔkʷaʔcút cn. I'm waiting right now. (TC) | kʷƛ̓íɬən yaʔ cn. I already ate. (TC) | kʷɬmán̓ cn ʔuʔ ʔáy̓. I'm already very well. (TC) | ʔáwə. kʷɬmán̓ st ʔuʔ ʔəsyácɬ. No. We're already too full. (TC) | kʷƛ̓úynəxʷ cn. I finally finished it. (TC) | kʷƛ̓úynúŋət cn. I finally finished. (TC) | kʷƛ̓áwənə kʷə nətálə. I have no more money. (AS,BC) | níɬ suʔišétəŋs kʷƛ̓iʔɬálčct. She was walking and it was already getting dark. (ES) | kʷƛ̓iʔhiʔáyaʔ cn. I'm already going. (ES) | kʷɬkʷáyxct. It's already started. (ES) | ʔiʔ kʷɬqʷúʔqʷiʔ. And she had already died. (ES) | kʷɬkʷáčəŋ caʔ cxʷ ʔiʔ čaʔxʷítəŋ cn. When you holler, I'll jump. (TC) | ʔiʔ ƛ̓áy ʔuʔ kʷƛ̓uʔɬáč ʔəɬ čán̓əs ʔiʔuʔšétəŋ. And it was also already dark when he came walking home. (ES) | kʷɬčqíyəŋ get old | kʷɬčqiyəŋístxʷ make get old | kʷɬčqíyəŋtxʷ let get old | kʷɬiʔčqéʔyəŋ getting old | kʷɬnáttxʷ let be night time | kʷɬnəɬtíxʷ make now | kʷɬníɬtxʷ make now}

k̓ʷɬ- [k̓ʷɬ- with-] with, co-, accompany.
{q̓ʷq̓ʷúʔəŋ cə k̓ʷɬkʷéʔwənti?s. He was fighting with Kelp. (TC) | ʔác u ʔənk̓ʷɬkʷéʔwəntiʔʔ. Are you fighting with me? (TC) | ʔáwənə k̓ʷɬkʷéʔwəntiʔ. He's got nobody to fight with. (TC) | ʔáwənə k̓ʷɬɬíyəms. He's got nobody to sing with. (TC) | ŋán̓ cə nək̓ʷɬčáʔiʔ. Lots are going to work with me. (TC) | nákʷ caʔ nək̓ʷɬɬíyəm. It'll be you I sing with. (TC) | nək̓ʷɬíɬən u cxʷ? Are you going to eat with me? (TC) | nək̓ʷɬƛ̓xúʔuŋ. My co-mourner. (MJT) | nək̓ʷɬyəščənúŋət. We have a common misery. (MJT) | nək̓ʷɬƛ̓áyəs. We're both happy over it. (MJT) | níɬ nək̓ʷɬqʷin̓áwi. She's the one I'm talking with. (RSh) | ʔáwənə nək̓ʷɬnəxʷsƛ̓ayəmúcən. There's no one to speak Klallam with. (TC) | nək̓ʷɬíɬən cə nəcát. I'm going to eat with my father. (TC) | ʔuʔhúy ʔuʔ nək̓ʷɬíɬən. He's the only one I'm going to eat with. (TC) | ʔáwənə nək̓ʷɬúyɬ. Nobody's boarding with me. (TC) | ʔuʔxán̓ə ʔuʔ nək̓ʷɬúyɬ. They're all getting on with me. (TC) | ʔáwənə nək̓ʷɬúxʷ ʔaʔcxʷícən. I've got nobody to go to Port Angeles with. (TC) | k̓ʷɬəxʷíyŋxʷs. They are his people. (TC) | nək̓ʷɬəxʷíyŋxʷ. They are my people. (TC) | ʔuʔnk̓ʷɬkʷɬčáq. He's my fellow elder. (EJ) | k̓ʷɬsƛ̓ayéʔƛ̓qɬs. They are the ones he was a child with (his age mates). (TC) | ʔáwənə č ʔuʔcán k̓ʷɬqʷiʔnə́wiʔs. She has nobody to talk with. (MJ) | txʷaʔsƛ̓éʔ kʷaʔčaʔ ʔaʔ cə k̓ʷɬəxʷíyŋxʷs, k̓ʷɬsƛ̓ayéʔƛ̓qɬs. He became liked by his fellow villagers and the children of his age. (TC) | suʔkʷáčis ʔiʔ hiyáʔ k̓ʷɬán yaʔ šičaʔpúʔəɬ

ʔəmxʷúcən. So in the morning Jenny went with her mother picking berries. (MJ)}

k̓ʷ- [k̓ʷ- directionless-] directionless. [This prefix goes on manner of motion verbs to indicate that the motion is not directed.] *{k̓ʷɬəŋúʔəŋ. He treaded water. (AS) | k̓ʷɬəŋúʔəŋ kʷi kʷə swáy̓qaʔ. The man treaded water. (AS) | k̓ʷíst. They paddled around. (AS) | níɬ suʔɬəŋúʔəŋs ʔúxʷnəss cə nəcúʔ k̓ʷɬəŋúʔəŋ ʔiyá ʔaʔ cə scaʔkʷaʔyúɬ. Then he swam to the one that was treading water (swimming without direction) there by the boat. (MJ) | k̓ʷštəŋ. He walked around (casually wandered). (AS)}*

ɬ-¹ part. See under: ʔəɬ-

ɬ-² consume. See under: ʔəɬ-

ƛ̓aʔ- [ƛ̓aʔ- go_to-] go to. (RS) [creates a verb from a location noun and marks the endpoint of a path] *{ƛ̓aʔéʔɬxʷaʔ caʔn. I'm going to Elwha. (TC,AS,BC) | ƛ̓aʔtáwn caʔ st. We're going to go to town. (AS,BC) | ʔáwə caʔn c ƛ̓aʔtáwn. I'm not going to go to town. (ES) | ƛ̓aʔtxín cxʷ? Where are you going? (TC) | hiyáʔ cn ƛ̓aʔsxʷimáy. I'm going to the store (LC) | ƛ̓aʔčixʷícən caʔn. I'm going to Port Angeles. (ES) | hiyáʔ cn ƛ̓aʔpástən. I'm going stateside. (TC) | ʔúxʷ či ƛ̓aʔsxʷʔáʔmət ʔiʔ ʔíttt. Go to bed and sleep. (EPT) | ʔistá ƛ̓aʔsxʷimáy. Let's go to the store. (LC) | ʔənʔá štəŋ ƛ̓aʔéʔɬxʷaʔ. She came walking to Elwha. (ES) | ƛ̓aʔpášct sxʷʔiyás či ʔáʔyəŋs. He went to Pysht where his home was. (ES) | suʔƛ̓áys kʷánəŋət ʔənʔá ɬúk̓ʷ ƛ̓aʔéʔɬxʷaʔ. So he again ran back home to Elwha. (ES) | ƛ̓aʔsxʷčkʷíyŋ kʷɬaʔ kʷəsə nəʔíŋəc. My granddaughter went to Sequim. (EPT) | ƛ̓aʔmitúliyə č yaʔ kʷə xʷənítəm. The white man apparently went to Victoria. (EPT) | nsuʔcíɬən ʔiʔ hiyáʔ ƛ̓aʔkitchen ʔiʔ xʷəŋúct I stood up and went to the kitchen and cried. (MJ) | štəŋ cn čšaʔcixʷícən ƛ̓aʔéʔɬxʷaʔ. I walked from Port Angeles to Elwha. (TC) | štəŋ cn ƛ̓aʔéʔɬxʷaʔ čšaʔcixʷícən. I walked to Elwha from Port Angeles. (TC) | wiʔšétəŋ cn tə nəsʔənʔá čšaʔcixʷícən tə nəsƛ̓aʔéʔɬxʷaʔ. I walked coming from Port Angeles to Elwha. (ES) | ɬuʔísti st ʔiʔ kʷə nəswáy̓qaʔ ƛ̓aʔPort Angeles ʔiʔ maliyíti. My husband and I ran away to Port Angeles and got married. (MJ)}* VAR: ƛ̓- *{ʔuʔxənʔátəŋ cn kʷaʔ hiyáʔən ƛ̓k̓ʷənt. I was told to go see him. (MJ) | ƛ̓aʔsxɬáwtxʷt take to hospital | ƛ̓aʔsxɬáwtxʷtəŋ be taken to hospital | ƛ̓aʔtawnístxʷ take to town | ƛ̓aʔtawníyɬ go to town | ƛ̓aʔtáwntəŋ be taken to town | ƛ̓aʔtáwntxʷ take to town | ƛ̓aʔyakəmátəŋ be taken to Yakima}*

na- [na- hey-] [This is probably related to the verb meaning 'come'.] cp. ʔənʔá hey. [prefixed to a statement or command to get someone's attention] ⟪Only MJ used this frequently, though other speakers know it.⟫ *{nanákʷ. Hey, you! (AS) | naqáy či! Well, talk! (MJT) | naʔiʔčqəná?əxʷ cxʷ cə ʔəscɬqʷəŋ. You're making that hole bigger. (MJT) | nasáməxʷ či! Stop talking right now. (MJT) | naʔáwə či c čáčt. Don't bother to*

Klallam Prefix Index 759

nəw̕-

make it. (MJT) | ***na**uʔsəmíxʷ* cn. *I'm keeping quiet.* (MJT)}

nəw̕- ⟦nəw̕- or-⟧ or. [used only to conjoin two yes/no questions] {ʔuʔítt u caʔ cxʷ; ***nəw̕**ʔíłən u caʔ cxʷ*? *Are you going to sleep or are you going to eat?* (TC) | *ʔuʔítt u caʔn;* ***nəw̕**ʔíłən u caʔn. Am I going to sleep or am I going to eat?* (TC) | *ʔuʔaʔáʔiŋ u caʔ cxʷ;* ***nəw̕**hiyáʔ u caʔ cxʷ ƛaʔtáwn. Are you going to stay home or are you going to town?* (TC) | *ʔuʔhiya u cxʷ;* ***nəw̕**ʔáɬa u caʔ cxʷ? Are you going or are you staying here?* (TC) | ***nəw̕**hiyáʔ u caʔ cxʷ? Or are you going to go?* (TC) | ***nəw̕**ʔítt u cxʷ? Are you going to sleep?* (TC) | ***nəw̕**ʔuʔəɬáʔ u caʔ cxʷ? Are you going to be here?* (TC)}

nəxʷ- ⟦nxʷ- loc-⟧ locative prefix, typically making reference to a location. [a few cases clearly show locative semantics] {***nəxʷ**čáʔkʷt wash inside* (TC) | ***nəxʷ**ʔáčt či cə pan. Wipe that pan!* (EPT) | ***nəxʷ**čəŋ́ət cə slapúʔ. Bite Slapu.* (MJ) | ***nəxʷ**čə́snəŋ cn ʔaʔ cə súɬ. I'm knocking on the door.* (AS) | ***nəxʷ**čəm̕əsnə́kʷi st. We met each other.* (ES) | ***nəxʷ**kʷq́ət cə súɬ. Open the door.* (EPT; ES) | ***nəxʷ**kʷáʔnət cn cə tíy. I refilled the tea.* (AS)} [This prefix is often optional.] {***nəxʷ**ʔačúst* cn. *I wiped the baby's face.* (AS) | *ʔačúst cə nŋáʔnaʔ. I wiped his face.* (BC) | ***nəxʷ**łaʔqʷúst. licking face.* (ES) | *łaʔqʷúst. licking face.* (ES; AS) | ***nəxʷ**ləməq́áys. separate fighters* (ES) | *ləməq́áys. separate fighters* (ES; BC)} [occurs frequently on stems with lexical suffixes] {***nəxʷ**ʔačúsəŋ* cn. *I'm wiping my face.* (EPT) | ***nəxʷ**cakʷɬnáʔyəŋ gargling* (ES) | ***nəxʷ**ciʔqʷáyŋəɬ ʔə kʷsə sčtə́ŋxʷən. He dug a big hole in the ground.* (EPT) | ***nəxʷ**čaʔkʷáysəŋ* cn. *I'm washing my eyes.* (AS) | ***nəxʷ**čaʔkʷúsəŋ či. Wash your face!* (ES) | *ʔiʔ níɬ su**nəxʷ**čaʔwáčəŋs. And so that was his chair.* (ES) | ***nəxʷ**čsúsəŋ* cn. *I hit my face.* (MJT) | ***nəxʷ**čaʔčaʔtqín translate* (ES) | ***nəxʷ**čəŋúst* cn. *I bent it over. / I folded it over.* (ES) | *ƛ̕kʷátəŋ ti sxə́naʔs ʔiʔ **nəxʷ**čxícəŋ ti ʔacɬtáyŋxʷ. They would take them by the legs and rip a person in two.* (ES) [Some occurrences add a meaning of completeness or permanence.] {***nəxʷ**tə́q tə súɬ. The road/door is always closed.* (AS,BC) | *tə́q tə súɬ. The door closed.* (AS,BC) | ***nəxʷ**ʔaʔiqáčəŋ humorous* (ES) | ***nəxʷ**ʔiʔíkʷən generous* (ES) | *ʔuʔcəʔítqən. He's telling the truth.* (BC) | ***nəxʷ**cəʔítqən. He's honest.* (AS)} VAR: xʷ- {čaʔhúy cn kʷi ns**xʷ**ʔačúsəŋ. *I just finished wiping my face.* (EPT) | ***xʷ**kʷq́ət cn cə sxʷkʷaʔkʷənúsəŋ. I opened the window.* (AS) | ***xʷ**súʔitəŋ kʷsə nspúsəŋ. My boil it getting swollen.* (AS) | *su**xʷ**yəčáts cə ƛúyəqs ʔaʔ tə síl ʔiʔ čáʔi. So they filled the box with cloth and went to work.* (MJ) | *nəxʷčiččxáys sting eye* | *nəxʷkʷčústəŋ get crooked face* | *nəxʷməkʷúcc kiss me/you* | *nəxʷtqə́təŋ be closed* | *ʔəsxʷƛáčəŋ deep hole* | *ʔəsxʷłaʔqaʔáys have black eye* | *nəxʷʔaʔčéʔŋəɬ wiping dishes* | *nəxʷʔaʔčúsəŋ wiping face* | *nəxʷʔaʔiqáčəŋ humorous* | *nəxʷʔáčt wipe inside* |

nəxʷ-

nəxʷʔčústəŋ have face wiped | *nəxʷʔəčúsəŋ wipe face* | *nəxʷʔəčúst wipe face* | *nəxʷʔəyəqáčc tease me/you* | *nəxʷʔəyəqáčt tease* | *nəxʷʔəyəqáčtəŋ be teased* | *nəxʷʔiʔáqč comical* | *nəxʷʔiʔə́yəŋ clear* | *nəxʷʔiʔíkʷən kind* | *nəxʷcakʷɬnáʔyəŋ gargling* | *nəxʷcəʔítqən honest* | *nəxʷciʔqʷáyŋəɬ digging hole* | *nəxʷčaʔkʷáyəsəŋ wash eyes* | *nəxʷčaʔkʷɬnáyŋ gargle* | *nəxʷčáʔkʷt wash inside* | *nəxʷčaʔkʷúsəŋ wash face* | *nəxʷčaʔsústi boxer* | *nəxʷčaʔwáčəŋ sit down* | *nəxʷččáʔməŋ echo* | *nəxʷčəŋ́ət bite something* | *nəxʷčə́snəŋ knocking* | *nəxʷčsə́nəŋ knock* | *nəxʷčsúsc punch me/you in face* | *nəxʷčsúsənəŋ be hit in face* | *nəxʷčsúsəŋ hit face* | *nəxʷčsúst punch in face* | *nəxʷčsústəŋ get hit face* | *nəxʷčaʔčaʔtqín translate* | *nəxʷčaʔtxaʔŋə́wəč rattlesnake* | *nəxʷčəm̕əsnə́kʷi meet each other* | *nəxʷčəqáʔis big eye* | *nəxʷčiʔqáʔis big eyes* | *nəxʷčšúsnəxʷ hit face* | *nəxʷčšúst throw face* | *nəxʷčšústəŋ be hit face* | *nəxʷčúƛs spin wool* | *nəxʷčxícəŋ rip back* | *nəxʷčxíctəŋ split in two* | *nəxʷčxíkʷt split whole* | *nəxʷčx̌ʷict demolish* | *nəxʷčx̌ʷíctəŋ be demolished* | *nəxʷčaʔpaʔyúsəŋ wink* | *nəxʷčaʔpaʔyúst wink at* | *nəxʷčaʔpaʔyústəŋ be winked at* | *nəxʷčaʔpáys close eyes* | *nəxʷčaʔyəpáyəsəŋ close eyes* | *nəxʷčaʔyíkʷən envious* | *nəxʷčə́nəŋəs shaking face* | *nəxʷčəŋúsəŋ bend over* | *nəxʷčəŋúst bend over* | *nəxʷčə́yəčt turn inside out* | *nəxʷčə́yəčtəŋ be turned inside out* | *nəxʷčə́yćt turning inside out* | *nəxʷčiyaʔyéʔwən envious* | *nəxʷčsnúʔəŋ Whiskey Spit* | *nəxʷhaʔyaʔkʷə́nct save life* | *nəxʷhəqíkʷt bake it* | *nəxʷkʷáčt lock it* | *nəxʷkʷəšqéʔtəŋ choking* | *nəxʷkʷq́ət open it* | *nəxʷkʷq́sic open for me/you* | *nəxʷkʷq́sít open for* | *nəxʷkʷaʔkʷáʔyəɬ stingy* | *nəxʷkʷáʔnət refill* | *nəxʷkʷáʔnətəŋ being refilled* | *nəxʷkʷənəkíyət look inside* | *nəxʷkʷkíyət dirty water* | *nəxʷkʷtúʔəŋ Church Point* | *nəxʷlakəlít wind watch* | *nəxʷłaʔŋənúkʷəŋ clearing land* | *nəxʷłaʔqʷúst licking face* | *nəxʷɬcús cut face* | *nəxʷləməq́áys separate fighters* | *nəxʷləŋáʔəs dismantling* | *nəxʷləŋás dismantle* | *nəxʷləŋənáŋ be emptied* | *nəxʷləŋənáxʷ empty it* | *nəxʷlə́ŋənəxʷ emptying it* | *nəxʷləŋənúkʷəŋ clear land* | *nəxʷləŋənúkʷt clear land* | *nəxʷləŋqéʔnəŋ clearing throat* | *nəxʷləŋqínəŋ clear throat* | *nəxʷləŋsə́nəŋ wipe nose* | *nəxʷɬə́ŋət hollow it* | *nəxʷɬuʔə́t hollow out* | *nəxʷɬuʔə́yuʔ hollowing* | *nəxʷɬúwəŋ hollow out* | *nəxʷɬúwəŋ hollowing out* | *nəxʷɬúwtəŋ be hollowed out* | *nəxʷƛaʔyáqtcs loons* | *nəxʷƛáqtcs loon* | *nəxʷƛəmáyəŋ bump ear* | *nəxʷƛəmáyəs bump eye* | *nəxʷƛəméʔqʷ bump head* | *nəxʷƛəmə́wəč bump rear end* | *nəxʷƛəmuʔéʔč bump back* | *nəxʷƛəmús bump face* | *nəxʷƛəmúst bump face* | *nəxʷƛiʔáʔił look around* | *nəxʷƛiyáʔi looking around* | *nəxʷƛkʷúsəŋ cross oneself* | *nəxʷƛšáxən rupture* | *nəxʷmaʔkʷcíti kissing each other* | *nəxʷmaʔkʷúctəŋ be kissed* |

nəxʷməkʷúct *kiss* | nəxʷməsúst *fold it*} {nəxʷnaʔnə́yəŋəs *smiling* | nəxʷnəčə́ŋəs *smile* | nəxʷnəq̓ʷáwəč *dirty bottom* | nəxʷnuʔás *load* | nəxʷŋiyaʔáwəłč *Dungeness* | nəxʷpáʔstəŋqən *English* | nəxʷpástəŋqən *speak English* | nəxʷpq̓ús *white face* | nəxʷpúx̌ʷt *inflate* | nəxʷqaʔx̣kʷít *hollow it out* | nəxʷqaʔyəx̣úsəŋ *showing off* | nəxʷqáyəx̣s *proud* | nəxʷqəyəx̣úsəŋ *show off* | nəxʷq̓ə́yəkʷct *coil up* | nəxʷq̓ə́ýkʷt *coiling* | nəxʷq̓ʷáqəŋ *muddy water* | nəxʷq̓ʷáyəkʷən *think* | nəxʷq̓ʷiʔq̓ʷaʔyéʔwən *thinking* | nəxʷq̓ʷúʔčkʷən *giving up* | nəxʷq̓ʷúčkʷən *give up* | nəxʷsʔánł *obedient* | nəxʷsaʔitáys *too bright* | nəxʷsaʔskʷiʔúsəŋ *whistling tune* | nəxʷsaʔyútəŋ *getting swollen* | nəxʷsaʔyúytəŋ *swell up (pl)* | nəxʷscáʔcqəŋ *translator* | nəxʷsčáŋkʷən *tough* | nəxʷsčəyčáŋkʷən *mean (pl)* | nəxʷsə́ýəct *whirlpool* | nəxʷskʷáŋŋən *abandoned person* | nəxʷskʷiyánəŋ *abandoned people* | nəxʷskʷəncínəŋ *cook* | nəxʷsƛ̓áʔkʷəŋ *pitch dark* | nəxʷsƛ̓ayəmáwtxʷ *tribal center* | nəxʷsƛ̓ayəmúcən *Klallam language* | nəxʷsƛ̓ayəmúcəŋ *speaking Klallam* | nəxʷsƛ̓əyáýəmš *Klallam people* | nəxʷsƛ̓əyəkʼáʔnəŋ *looking for food* | nəxʷsƛ̓iýʔámax̌ʷ *good provider* | nəxʷsnə́qəŋ *diver* | nəxʷspx̌ə́yu *blowing* | nəxʷsqinúŋət *always angry* | nəxʷsqáʔyix̣s *black people* | nəxʷsqíx̣s *black person* | nəxʷsq̓ʷaʔq̓ʷiʔə́ł *quiet* | nəxʷstəŋúʔəŋ *swimmer* | nəxʷsuʔə́čt *threading it* | nəxʷsuʔúʔiŋ *following path* | nəxʷsúyəŋ *take a path* | nəxʷsúyət *thread it* | nəxʷsúyətəŋ *swell up* | nəxʷsxʷłtə́x̣ʷəŋ *vacuum cleaner* | nəxʷsxaʔsíkʷən *mean* | nəxʷsxaʔyíkʷən *mean* | nəxʷšaʔčúst *slapping face* | nəxʷšaʔƛ̓úsəŋ *brag* | nəxʷšaʔšƛ̓úsəŋ *bragging* | nəxʷščiyáŋkʷən *tough (pl)* | nəxʷščuʔáčt *spank* | nəxʷsčúst *slap someone* | nəxʷščústəŋ *be slapped* | nəxʷšəpúct *squat* | nəxʷšəyčúst *slap in face repeatedly* | nəxʷšiʔšəyčáyəs *little tree people* | nəxʷtaʔiʔítəŋ *being spread* | nəxʷtčács *retaliate* | nəxʷtčács *get sliver* | nəxʷtčácst *retaliate against* | nəxʷtčáys *get eye poked* | nəxʷtčícstəŋ *be retaliated against* | nəxʷtčúc *answer me/you* | nəxʷtčúcən *answer* | nəxʷtčúct *answer* | nəxʷtəmłúsəŋ *paint face* | nəxʷtə́qt *shutting* | nəxʷtkʷáyəŋ *Freshwater Bay* | nəxʷtkʷə́wəč *break tailbone* | nəxʷtkʷícən *break back* | nəxʷtkʷíkʷən *break back* | nəxʷtqə́t *shut* | nəxʷtx̣iʔíyəŋ *spread legs* | nəxʷtx̣ʷíkʷən *half full* | nəxʷƛ̓aʔqaʔáys *get black eye* | nəxʷx̣ʷaʔsúsəŋ *shake head* | nəxʷxaʔčústəŋ *being scratched on face* | nəxʷxáƛ̓əŋ *swift tide* | nəxʷx̣čúst *scratch face* | nəxʷx̣čústəŋ *be scratched on face* | nəxʷx̣əŋŋínəkʷ *all creatures* | nəxʷx̣iʔəsáýs *taking pictures* | nəxʷx̣iʔúʔsəŋ *taking a picture* | nəxʷx̣iʔúʔst *taking picture* | nəxʷx̣iʔúʔstəŋ *getting picture taken* | nəxʷx̣iʔúsəŋ *take picture* | nəxʷx̣iʔúst *take picture* | nəxʷx̣iʔústəŋ *be photographed* | nəxʷyaʔščənʔéʔwən *pity* | nəxʷyéýəč *Pedder Bay*} VAR: xʷ- {ʔəsxʷcaʔcaʔwáʔč *sitting* | ʔəsxʷcácaʔkʷs *clean face* | ʔəsxʷhəmhəmáyəs *hanging over eyes* | ʔəsxʷk̓áq̓ł *open* | ʔəsxʷłáʔŋəł *empty* | ʔəsxʷłáwəł *shelled* | ʔəsxʷłə́kʷəŋ *hollow* | ʔəsxʷłə́yps *wrinkled* | ʔəsxʷnaʔnáʔyaʔŋəs *smiling* | ʔəsxʷnəčáŋəs *smiling* | ʔəsxʷq̓ə́ýkʷəŋ *round* | ʔəsxʷsəŋéʔwən *sad* | ʔəsxʷsə́ýqəŋ *round* | ʔəsxʷsuʔsiʔə́qsən *swollen nose* | ʔəsxʷšuʔšpíyəŋ *squat down* | ʔəsxʷtáqł *closed* | ʔəsxʷtə́nəł *lined up*}

nə- 〚n- 1sgpos-〛 my, first-person singular possessive (genitive) prefix. (ES) [The most common variant is /n-/. Some speakers use this variant exclusively while other use it only in fluent rapid speech.] {ʔáwənə *nə*tálə. *I have no money.* (TC) xčít u cxʷ cə *nə*ŋə́naʔʔ *Do you know my kid?* (LC) | nił kʷi *nə*məhúy̓. *It's my basket.* (NS,JW) | kʷə́nəs ʔaʔ či *nə*swə́ýqaʔ. *He saw that I was a man.* (TC) | *nə*tán. *my mother* (EPT; TC)} VAR: n- (TC; ES) {*n*cə́t. *my father.* (AS,BC) | ʔəx̣ín cə *n*Flora? *Where's my Flora?* (TC)} VAR: ən- {nił *ən*skʷáʔ. *That's mine.* (WB) | nəqʷcáyəsən *my dear* | nəssácəŋ *my breath*}

nuʔ- 〚nw̓- kind_of-〛 kind of, sort of, a little, like, seem, almost. (ES) {hiʔ tawšə́təŋ st ʔiʔ kʷłʔiyáʔnəxʷ či *nuʔ*sčə́yi tákʷł. *We were still walking and we heard something like a stick break.* (ES) | *nuʔ*čaʔmaʔliyíti. *They're just like newlyweds.* (ES) | *nuʔ*číx̣əŋtxʷ cn. *It seems bitter to me.* (MJT) | *nuʔ*sáqʷəŋtxʷ cn. *It seems sweet to me.* (MJT) | *nuʔ*stúyəkʷən kʷi. *It looks like blood.* (MJT) | *nuʔ*áwə kʷi c stúyəkʷən. *It doesn't look like blood.* (MJT) | *nuʔ*kʷə́wiʔ. *It looks like skin.* (MJT) | ʔáwə cn c *nuʔ*ə́ý. *I'm not feeling well.* (LC) | ʔáwə c *nuʔ*qʷáqʷiʔ. *Don't talk too much.* (AS) | *nuʔ*caʔqʷə́y sčəyíqʷł. *It was like just ripe fruit.* (MJ) | *nuʔ*nəxʷsƛ̓ayəmúcən. *It seems like Klallam language.* (TC) | nił č suʔ*nuʔ*nə́čəŋs kʷi wəqínəxən. *Then Boston Charlie kind of laughed.* (AS) | *nuʔ*nəxʷsƛ̓ayəmúcən cə yəkʷəŋéʔnəŋ. *He's talking Cowichan like a Klallam.* (TC) | ʔáwə c *nuʔ*x̣ʷənʔáŋ ʔaʔ tə náʔcuʔ. *He wasn't like the other one.* (AA) | *nuʔ*qínəŋ cn ʔaʔ kʷi nəƛ̓íƛ̓q. *My age-mate almost got mad at me.* (MJ) | *nuʔ*xʷanítəm cə nəxʷsƛ̓ayəmúcən. *That man talking Klallam looks like a white man.* (TC) | *nuʔ*xʷanítəmqən cə nəxʷsƛ̓ayəmúcn. *That man talking Klallam sounds like a white man.* (TC) | nił č suʔkʷə́nəxʷs cənł snaʔáʔwəłč *nuʔ*méʔxʷəŋ. *Then he saw something in the bushes kind of shaking.* (MJ) | *nuʔ*nił kʷi Gypsy. *She looks just like Gypsy.* (MJT) | *nuʔ*ə́ýəct. *Things got better.* (MJT) | *nuʔ*əscaʔyáʔł či. *Slow down!* (ES) | ʔáwə c *nuʔ*łaʔłíqəŋ. *It's not too warm.* (EPT) | ʔə́c kʷi *nuʔ*siʔám. *I'm the one being bossy.* (MJT) | *nuʔ*čə́q. *It looks big.* (TC) | *nuʔ*čə́q cxʷ. *You look big.* (TC) | *nuʔ*kʷłčə́q cxʷ. *You look old.* (TC) | *nuʔ*kʷłčə́q cn. *I look old.* (TC) | *nuʔ*kʷłčayʔéʔq cn. *I look old.* (TC) | *nuʔ*pə́q. *It looks white.* (TC) | *nuʔ*qʷáyqʷi. *It seems like he's talking too much.*

(TC) | ***nu?***čúxʷəŋ. *It's kind of sour.* (TC) | ***nu?***nətálə. *It's like it's my money.* (TC) | ***nu?***swə́y̓qa?. *It's like a man.* (TC) | ***nu?***swə́y̓qa? ta. *I thought it was a man.* (TC) | ***nu?***swə́y̓qa? cxʷ. *You look like a man.* (TC) | n***u?***ənəcə́qʷ. *It's kind of red. / It looks red.* (TC) | ***nu?***kʷə́nəxʷ cn. *I kind of saw it.* (TC) | ***nu?***hiyá? cxʷ ta. *I thought you were going.* (TC) | súsəŋ cxʷ ***nu?***smácən̓. *You stink like a skunk.* (TC,BC) | ***nu?***λ̓kʷə́ts ca? ta ti?ə. *I thought he was going to take it.* (MJT) | k̓ʷə́nəxʷ cn cə ***nu?***sƛ̓áləqəm. *I saw what looked like a monster.* (TC) | tə́s cxʷ ?a? cə bottom ?i? ***nu?***kʷə́y̓əxct. *When you get to the bottom kind of shake yourself.* (TC) | ?i? ná?cu? cə xʷanítəm sƛ̓é?s či s***nu?***hiyá? sqéyŋ ?i? ?əɬsmánəš. *One of the white men wanted to kind of go outside and smoke.* (ES) | ?áw kʷi c ***nu?***u?mán̓ ?u? q̓ʷətxʷct. *Don't make so much noise.* (ES) | ?áwə c ***nu?***šə́təŋ. *I'm not walking much.* (ES) | hú? ti skʷá?ɬ sčə́qʷəwcɬ ?i? ***nu?***ncə́qʷ. *When it's our fire, it's more red.* (ES)} [used in the comparative construction] {?ə́c kʷi ***nu?***čə́q. *I'm bigger / I'm the biggest.* (MJT; ES) | níɬ kʷi ***nu?***čə́q. *That thing is bigger.* (ES) | ?ə́c ***nu?***čə́q ?a? kʷə nəs?úq̓ʷa?. *I'm bigger than my brother.* (ES) | níɬ ***nu?***čə́q kʷ nəs?úq̓ʷa? ?a? ?ə́c. *My brother is bigger than me.* (ES) | təŋú?əŋ qɬ cn ***nu?***ə́y̓ ?a? nə́kʷ. *I could swim better than you.* (MJT) | ?ə́c kʷi ***nu?***čə́q ?a? nə́kʷ. *I'm bigger than you.* (ES) | ?ə́c kʷi ***nu?***čə́q txʷ?úx̣ ?a? nə́kʷ. *I'm bigger than you.* (ES) | níɬ kʷi ***nu?***čə́q ti?ə ščə́y̓a? ?a? tsáyə. *This stick is bigger than that one.* (MJT) | ?ə́c kʷi ***nu?***ƛ̓úƛ̓a? txʷ?úx̣ ?a? nə́kʷ. *I'm smaller than you.* (ES) | nə́kʷ kʷi ***nu?***čə́qíqən ?a? ?ə́c. *Your belly is bigger than mine.* (ES) | nə́kʷ kʷi ***nu?***xʷá?xʷa? ?a? ?ə́c. *You're faster/lighter than me.* (ES) | níɬ ***nu?***síqi ti?ə nəməhúy̓ txʷ?úx̣ ?a? cə n̓skʷá?. *My basket is heavier than yours.* (MJT) | níɬ kʷi ***nu?***čə́q cə sqáx̣a? txʷ?úxʷ ?a? cə pípš. *The dog is bigger than the cat.* (ES) | níɬ kʷi ***nu?***čə́q cə nəsɬáni? txʷ?úx̣ ?a? ?ə́c. *My wife is bigger than me.* (ES) | níɬ kʷi ***nu?***čə́q cə čxʷə́yu? txʷ?úx̣ ?a? cə q̓ɬúməčən. *The whale is bigger than the blackfish.* (ES) | ?ə́c ***nu?***mə́c txʷ?úx̣ ?a? nə́kʷ. *I'm fatter than you.* (ES) | ?ə́c ***nu?***mə́c ?a? nə́kʷ. *I'm fatter than you.* (ES) | níɬ ***nu?***síqi ti?ə. *This one is heavier.* (MJT) | ?ə́c ***nu?***əsqʷə́m̓x̣ txʷ?úx̣ ?a? nə́kʷ. *I'm skinnier than you.* (ES) | ?ə́c ***nu?***əsqʷə́m̓xʷ ?a? nə́kʷ. *I'm skinnier than you.* (ES) | ?ə́c ***nu?***əs?áyəxʷ txʷ?úx̣ ?a? nə́kʷ. *I'm taller than you.* (ES) | níɬ ***nu?***ƛ̓áqt tə nsi?átən ?a? tə cə n̓skʷá?. *My hair is longer than yours.* (ES) | ***nu?***ƛ̓čin̓ístxʷ. *Make it deeper.* (ES) | ?ə́c ***nu?***síqi ?a? nə́kʷ. *I'm heavier than you.* (TC) | níɬ ***nu?***síqi ti?ə nəmuhúy̓ txʷ?úx̣ ?a? cə n̓skʷá?. *My basket is heavier than yours.* (TC) | níɬ ***nu?***pə́q̓ ?a? či xʷanítəm. *He was a white as a white man.* (ES) | ?úy̓ qɬ ŋən̓ q̓ʷú? či nəsq̓ʷú?q̓ʷa? ?i? níɬ ca? ***nu?***ə́ys. *If I'd drink a lot of water, it would be better.* (MJT) | su?x̣ə́nəŋs tə nə́cu? ?a? či s***nu?***ə́ys q̓ʷəyéyəš ?iyá ?a? či creamery. *So one said it would be better to dance at the creamery.* (MJ)}

VAR: nu- {?áw c ***nu***mán̓ ?u? ɬáɬači. *It's not too cold.* (LST)}

nu- *kind of.* See under: nu?-

n-¹ *color.* See under: ?ənə-

n-² *first-person possessive.* See under: nə-

n̓- *second-person possessive.* See under: ?ən̓-

səw̓- *s-contrast-.* See under: su?-

shu?- *s-contrast-.* See under: su?-

si?- ⟦s-hy̓- s-proc-⟧ *contraction of the s-nominalizer and the process prefixes.* (LC) [nominalizer for subjective genitive] {níɬ ***si?***né?s ?i? k̓ʷánts či sƛ̓é?s ?i? ɬk̓ʷíts ?i? q̓ʷiŋəts. *Then he's see there was something he wants he'd hook it and haul it out of the water.* (ES)}

su?- ⟦s-w̓- s-contrast-⟧ *so.* [discourse connective prefix with subjective genitive] [perhaps s-?u?- with s- nominalizer and ?u? contrastive proclitic] {?i? húy ti ***su?***qa?x̣qín̓s. *And they just made fun of him.* (ES)} VAR: səw̓- (TC; MJ) VAR: shu?- {níɬ či ***shu?***húys *Then he was finished.* (ES) | n***shu?***a?á?ənc kʷi ?a? či n***su?***k̓ʷəmk̓ʷa?máyəmš. *I'm acknowledging you for your concern.* (BH)}

sxʷ- ⟦sxʷ- for-⟧ *reason for, reason why, thing for.* (LC; ES) {***sxʷ***i?ƛ̓ácu. *It's for fishing.* (TC) | ***sxʷ***twəw̓ɬa?túqʷəŋ. *That's why it is still boiling.* (MJ) | níɬ kʷa?ča nə***sxʷ***hiyá?. *That's why I went.* (TC) | níɬ kʷi nə***sxʷ***q̓ə́s. *He's the reason I fell in.* (MJT) | stáŋ kʷi nə***sxʷ***ščə́tən? *What was I hit with?* (TC) | mán̓ ?u? ?ən***sxʷ***?ə́y̓. *You're very good at it.* (TC) | nác̓ cn nə***sxʷ***hiyá?. *I'm different is why I went.* (TC) | níɬ nə***sxʷ***ƛ̓ácu?. *That's my fishing area. / That's why I'm fishing.* (TC) | ?áwə c ?ən***sxʷ***?ə́y̓. *It's not good for you.* (TC) | čn̓íɬ kʷi nə***sxʷ***q̓ə́s. *He made me fall in.* (MJT) | ?i?u?***sxʷ***iyá yá? cə təwəwáytəm. *And that's why təwəwáytəm was there.* (MJ) | níɬ kʷa?ča?ɬ ***sxʷ***né?s či ?əcɬtáyŋxʷ kʷə yíy̓. *That's why there are Indians far away.* (ES) | ?áwə nsx̣čít kʷa? ?əstú?ŋəts n***sxʷ***súytəŋs. *I don't know why I got swollen.* (MJ) | ?u?húy ?u? ?ən***sxʷ***?ə́y̓ cə ?ə́y̓ s?íɬən. *The only thing that's good for you is good food.* (TC) | nə***sxʷ***ša?šú?ɬ cə ?əcɬtáyŋxʷ. *That person makes me happy.* (TC) | stáŋ ?ay̓ kʷi ***sxʷ***čqʷácss? *What did he burn his hand on?* (TC) | níɬ kʷa?ča? nə***sxʷ***?ən?á ?a? tiə ?áynəkʷ. *That's why I came today.* (TC) | ?əstú?ŋət kʷa?ča? ?ən***sxʷ***ša?šú?ɬ. *Why are you glad?* (TC) | ?áwənə nə***sxʷ***ša?šú?ɬ. *I've got nothing to be happy for.* (TC) | ?áwənə nə***sxʷ***?íɬən. *I've got nothing to eat with.* (TC) | stáŋ ca? ?uč či ***sxʷ***?é?ɬən̓ɬ? *What are we going to be eating with?* (TC) | níɬ nə***sxʷ***?é?ɬən̓. *It's what I eat with. / That's why I'm eating.* (TC) | čə́sa? či ***sxʷ***?ə́y̓s. *It's good for two things.* (TC) | ?u?húy ?u? ?ən***sxʷ***?ə́y̓. *It's the only thing you're good for.* (TC) | ?u?húy ?u? ?ən***sxʷ***?ə́y̓ tə n̓s?é?ɬən̓. *The only thing you're good for is eating.* (TC) | ?áwənə nə***sxʷ***c̓sə́t. *I've got nothing to hit him with.* (TC) | ƛ̓kʷít cn tiə nə***sxʷ***c̓sə́t. *I'm holding this to hit him with.* (TC) | nə***sxʷ***ša?šú?ɬ cxʷ. *You make me happy.* (TC) | nə***sxʷ***čmə́y̓əq. *That's why I *forgot.* (TC) | stáŋ ʔay̕ kʷi **sx̣ʷk̕ʷ**sácss? *What did he burn his hand on?* (TC) | níɬ č yaʔ kʷaʔčaʔ **sx̣ʷ**say̕siʔŋítəŋs. *That's apparently what they scared them with.* (TC) | níɬ č **sx̣ʷ**ʔəsxʷə́ykʷtxʷs ʔaʔ cə cloth. *That's why he wrapped it in the cloth.* (TC) | **sx̣ʷ**čtátəŋs ʔaʔ cə náʔcuʔ ŋə́naʔs *That's why the one son asked him.* (TC) | níɬ č kʷaʔčaʔ **sx̣ʷ**t̕íyms yaʔ. *So that's why he sang.* (TC) | x̣ʷənáŋ ʔaʔ či **sx̣ʷ**iʔƛ̕áʔcuʔ. *It's like what they use for trolling.* (AA) | húʔ **sx̣ʷ**q̕ʷúčt ti uʔstáŋ ʔiʔ čúkʷss caʔ. *If he has reason to kill something, he will use it.* (MJ) | sx̣áʔəs ix̣ʷ či sʔíɬəns **sx̣ʷ**čaʔyáts. *What he ate must have been bad is why he's throwing up.* (MJT) | níɬ kʷaʔčaʔ sxʷuʔtxʷštəŋə́ṅəkʷs txʷʔáwənə **sx̣ʷ**ʔúx̣ʷs či sx̣ə́nəŋs ʔaʔ či sʔáʔiŋs. *That's why they have become aimless with nowhere to go to call home.* (TC)} VAR: ʔəsxʷ- (MJ) {ʔəsxʷčaʔčə́y̕x̣ʷs *a little tipsy* | ʔəsxʷčə́y̕x̣ʷs *tipsy* | ʔəsxʷt̕cáyəṅ *be in corner* | nəxʷsxʷɬtə́x̣ʷəŋ *vacuum cleaner* | scaʔyaʔčiʔík̕ʷən *seeds* | smaʔyək̕ʷáyə *graves* | sxʷʔaʔčxáy *crab trap* | sxʷʔaʔk̕ʷsáys *teacher* | sxʷʔəččísən *hand towel* | sxʷʔəčúsən *towel* | sxʷʔəmətáwtxʷ *toilet* | sxʷʔəmutən *bow* | sxʷʔiʔčə́səŋ *hammer* | sxʷʔiʔcicə́səŋ *hammers* | sxʷʔíʔíyəŋ *cheeks* | sxʷʔiʔq̕ʷə́yct *bailer* | sxʷʔiɬənáy *food container* | sxʷʔiyáx̣ən *side of body* | sxʷʔíyəṅ *side of head* | sxʷʔuk̕ʷáy *suitcase* | sxʷcaʔcsə́yuʔ *hawk* | sxʷcáʔiy̕sən *canoe mats* | sxʷcaʔq̕ʷiʔáx̣ən *armpit* | sxʷcə́ɬq̕ʷəŋ *hole* | sxʷcə́ɬq̕ʷəyu *bit and brace* | sxʷcəyaʔq̕ʷiʔáx̣ən *armpits* | sxʷcə́y̕q̕ʷəŋ *hole in ground* | sxʷcə́y̕sən *canoe mat* | sxʷcɬə́q̕ʷən *awl* | sxʷcɬə́q̕ʷəŋ *hole* | sxʷčaʔčaʔwáčən *small chair* | sxʷčaʔčiʔík̕ʷən *seed* | sxʷčaʔk̕ʷcísən *hand basin* | sxʷčaʔk̕ʷik̕ʷə́ɬəŋ *washtub* | sxʷčaʔk̕ʷúsən *basin* | sxʷčaʔmé̕č *backbone* | sxʷčaʔməwé̕č *backbone* | sxʷčaʔmə́w̕əč *tailbone* | sxʷčaʔmícən *backbone* | sxʷčaʔmínəs *chest bone* | sxʷčaʔwáčən *chair* | sxʷčaʔwéyŋ *stile* | sxʷčićaʔyəŋ *ladder* | sxʷčq̕ʷə́ynəč *dirt on bottom* | sxʷčq̕ʷús *dirty face* | sxʷcsátən *triton* | sxʷcscsə́ti *boxer* | sxʷću̕ʔməs *cheek bone* | sxʷcútəwəč *heel* | sxʷčaʔčə́y̕x̣ʷs *tipsy* | sxʷčaʔk̕ʷɬáwtxʷ *dam* | sxʷčaʔx̣áyəṅ *earwax* | sxʷčáŋk̕ʷən *mean* | sxʷčayčiʔə́q̕ʷtən *south wind* | sxʷččsə́yuʔ *pitcher* | sxʷčəčíyəɬ *straddling* | sxʷčəmə́sŋíti *meet each other* | sxʷčəṅéʔŋəɬ *garden* | sxʷčə́x̣əŋ *cedar knife* | sxʷčikənáwtxʷ *henhouse* | sxʷcix̣ʷə́ynəč *no sense* | sxʷčiyəṅáwtxʷ *museum* | sxʷčiyəwəsáwtxʷ *archive* | sxʷčk̕ʷíyəŋ *Sequim* | sxʷčq̕ə́yu *flame* | sxʷčq̕uʔcáyə *stove* | sxʷčšə́yuʔ *pitcher* | sxʷčaʔćéʔŋəɬ *sewing machine* | sxʷčaʔcənáyə *sewing box* | sxʷčawaʔčáy *cupboard* | sxʷcixʷík̕ʷən *insides* | sxʷiʔaʔx̣íct *broom* | sxʷiʔcəsə́yu *hammer* | sxʷiʔčəyaʔsə́yuʔ *hammers* | sxʷiʔcə́y̕csitiʔ *boxing gloves* | sxʷiʔćićaʔyəŋ *steps* | sxʷiʔɬə́x̣ʷct *rudder* | sxʷiʔq̕ʷə́yəŋ *roasting stick* | sxʷiʔx̣ʷiʔx̣ʷə́k̕ʷtəŋct *donkey* | sxʷkʷaʔk̕ʷáʔčəŋ *telephone* | sxʷkʷaʔk̕ʷíw̕cct *heater* | sxʷk̕ʷáʔŋənúcən *leave food* | sxʷk̕ʷáns *trash can* | sxʷk̕ʷapiháy *coffee pot* | sxʷk̕ʷənisənáy *button box* | sxʷk̕ʷə́yəŋ *airplane* | sxʷk̕ʷuk̕ʷáwtxʷ *kitchen* | sxʷk̕ʷaʔk̕ʷənáysən *curtain* | sxʷk̕ʷaʔk̕ʷənúsən *window* | sxʷk̕ʷčáʔis *cross-eyed* | sxʷk̕ʷcáyəs *part in hair* | sxʷk̕ʷəṅúɬ *sight* | sxʷk̕ʷəyaʔk̕ʷənúsəŋ *windows* | sxʷk̕ʷtúʔəŋ *Raven Place* | sxʷk̕ʷúŋən *throat* | sxʷk̕ʷuyək̕áy *tackle box* | sxʷləmáy *bottle* | sxʷɬaʔɬq̕íŋəyuʔ *warmer* | sxʷɬaʔyíq̕ʷən *cheeks* | sxʷɬə́k̕ʷəŋ *chisel* | sxʷɬəŋŋín *removed part* | sxʷɬə́yək̕ʷəŋ *chisels* | sxʷɬiʔq̕ʷə́yuʔ *grinder* | sxʷɬiɬq̕ʷáyəqsən *nostrils* | sxʷɬíq̕ʷən *cheek* | sxʷɬtə́x̣ʷəŋ *magnet* | sxʷɬx̣áčən *floor* | sxʷɬx̣aʔmə́ɬəṅt *saliva* | sxʷƛ̕aʔyáy̕s *oar* | sxʷƛ̕áyuči *shortstop* | sxʷƛ̕čáy̕əɬ *underwear* | sxʷƛ̕číkʷən *underwear* | sxʷƛ̕ə́w̕əŋ *horn* | sxʷƛ̕əyəčíkʷən *underwear (pl)* | sxʷƛ̕iƛ̕q̕ʷáyəs *eye mucus* | sxʷƛ̕iyaʔyáy̕s *oars* | sxʷƛ̕k̕ʷnáxʷ *catcher* | sxʷƛ̕pé̕ʔwən *shirt* | sxʷmaʔmaʔhéʔwən *small porpoise* | sxʷmaʔməkʷuʔéʔč *hunchback* | sxʷməkʷuʔéʔč *hunchback* | sxʷməkʷúsŋən *angelica* | sxʷmək̕ʷáʔəyə *cemetery* | sxʷməqáʔsay *doggy bag* | sxʷnəy̕əq̕ʷáyəs *eye mucus* | sxʷnəyṅáčəŋ *helldiver* | sxʷniʔəy̕náčəŋ *helldivers* | sxʷnuʔícaʔ *pocket* | sxʷŋay̕náčəŋ *red-necked grebe* | sxʷŋəcáyətən *brains* | sxʷŋíqən *pole* | sxʷpk̕ʷəŋáy *stovepipe* | sxʷpuyəkháy *holster* | sxʷqaʔx̣̣ə́yu *carving knife* | sxʷqqíkʷən *dancer's belt* | sxʷq̕aʔx̣əyu *clam fork* | sxʷqtaʔyéʔq̕ʷ *top* | sxʷq̕áʔətən *juice* | sxʷq̕áyək̕ʷən *mind* | sxʷq̕áytən *voice* | sxʷq̕áyyu *microphone* | sxʷq̕əčáy *jug* | sxʷq̕ənáyəqsən *nose hair* | sxʷq̕əyaʔčáy *jugs* | sxʷq̕əyúʔus *tears* | sxʷq̕ʷinə́kʷi *telephone* | sxʷq̕ʷúʔəs *baby born at time of a death* | sxʷq̕ʷuʔúyəs *baby born at time of a death* | sxʷq̕ʷúq̕ʷaʔtən *drinking straw* | sxʷq̕ʷúʔkʷɬ *canoe partner* | sxʷsaʔmúst *advertisement* | sxʷsaʔwənáy *lunchbox* | sxʷsqəsaʔčə́yəɬ *aunt/uncle of orphan* | sxʷsqəysaʔčə́yəɬ *aunts/uncles of orphan* | sxʷšaʔšə́tən *narrow path* | sxʷšámənəs *rocky bank* | sxʷščə́yuʔ *batter* | sxʷšə́tən *walking path* | sxʷtaʔx̣áy̕əɬ *spread legs* | sxʷtəláhay *purse* | sxʷtələháy̕əs *glasses* | sxʷtəltəláhay̕əs *glasses* | sxʷtiháy *teapot* | sxʷtitiháyə *teapots* | sxʷtitqə́n *lids* | sxʷtɬə́n *cover, lid* | sxʷtqə́n *lid* | sxʷt̕aʔt̕aʔk̕ʷənáwtxʷ *beehive* | sxʷt̕aʔt̕áʔk̕ʷəŋ *bee* | sxʷt̕ák̕i *bridge* | sxʷt̕cáyəṅ *corner* | sxʷt̕əyaʔt̕ák̕ʷəŋ *bees* | sxʷuʔuʔk̕ʷáyə *suitcases* | sxʷxə́ɬəwəč *sore butt* | sxʷx̣əmúsən *curtain* | sxʷx̣énaʔŋən *tracks* | sxʷx̣əyəyuʔ *pen* | sxʷx̣əyúsən *picture* | sxʷx̣əyx̣əyús *pictures* | sxʷx̣iʔsáy̕s *camera* | sxʷx̣iyúsən *camera* | sxʷx̣ʷaʔq̕ʷəyuʔ *washboard* | sxʷx̣ʷəṅéʔwən̕ *being cared for* | sxʷyaʔčṅéʔwən *pitying* | sxʷyəčtáyə *arrow quiver* | sxʷyənəwsáyə *end of sternum* | sxʷyəščəníkʷən *pity* | šxʷmə́ćcəŋ *brains*}

s-¹ ⟦s- s-⟧ **nominalizer.** [formative of subjective genitive stems] {ʔəɬsmanəšáy̕ŋən *want to smoke* | ʔəɬsqaʔx̣ə́yu *eating clams* | ʔəɬsqʷúʔŋəɬč *eating alder sap* | čənsyə́wən *December* | čštaŋúcən *take home* | čšyaʔwín̕ *having spirit song* | čšyə́wən *have spirit song* | čyáʔwənɬ *dancer* | x̣̌aʔsx̣ɬáwtx̌ʷt *take to hospital* | x̣̌aʔsx̣ɬáwtx̣ʷtəŋ *be taken to hospital* | nəssáčəŋ *my breath* | nəxʷsʔánɬ *obedient* | nəxʷscáʔcqən *translator* | nəxʷsčáŋkʷən *tough* | nəxʷsčəy̕čáŋkʷən *mean (pl)* | nəxʷsk̕ánŋən *abandoned person* | nəxʷsk̕ʷiyánəŋ *abandoned people* | nəxʷsk̕ʷəncínəŋ *cook* | nəxʷsx̣̌áʔkʷən *pitch dark* | nəxʷsx̣̌ayəmáwtx̣ʷ *tribal center* | nəxʷsx̣̌ayəmúcən *Klallam language* | nəxʷsx̣̌ayəmúcən *speaking Klallam* | nəxʷsx̣̌əyáy̕əmš *Klallam people* | nəxʷsx̣̌əy̕əkʷáʔnəŋ *looking for food* | nəxʷsx̣̌iy̕ʔámɘx̣ʷ *good provider* | nəxʷsnə́qəŋ *diver* | nəxʷspxʷə́yu *blowing* | nəxʷsqáʔyixs *black people* | nəxʷsqíxs *black person* | nəxʷsq̕ʷaʔq̕ʷiʔə́ɬ *quiet* | nəxʷsxaʔyíkʷən *mean* | nəxʷščiyáŋkʷən *tough (pl)* | sʔaʔé̓ʔyəqsən *small point of land* | sʔaʔy̕íŋəɬ *put away* | sʔaʔy̕íc *lend me/you* | sʔaʔy̕ístəŋ *be lent* | sʔaʔy̕ístxʷ *lend* | sʔaʔy̕ítəŋ *be lent* | sʔəɬnáwtx̣ʷ *restaurant* | sʔə́ŋaʔc *given me/you* | sʔə́ŋaʔt *be given* | sʔə́ŋaʔtəŋ *be given* | sʔə́ŋaʔtxʷ *give away* | sʔəttúykʷt *nightclothes* | sʔiʔánəŋct *get used to* | sʔiʔíyən *ends* | sʔíčəŋ *clothes* | sʔiɬənúməš *like food* | sʔíycən *edge* | sʔiyə́kʷɬ *side* | sʔíyən *end* | sʔíyəqsən *point of land* | sʔiymíkʷs *right side* | sʔɬnáy *grocery bag* | sʔúŋəyu *gift* | sʔúykʷč *dancer's regalia* | scaʔctúycs *thumb* | scaʔctúysən *big toe* | scánəŋ *what kind* | scəyəɬiqʷáʔsən *put up framework* | scəyəɬúcən *upper lips* | scəyəɬúys *foreheads* | sciʔkʷíyŋət *tidal food* | sciyəctúycs *thumbs* | sciyəctúysən *big toes* | scɬúcən *upper lip* | scɬúys *forehead* | scuʔísəŋtəŋ *be proposed to* | scaʔcə́kʷɬ *small worm* | scáʔəwtx̣ʷ *East Saanich* | scaʔkʷíŋəɬ *laundry* | scaʔméʔqʷ *skull* | scaʔmə́qsən *bridge of nose* | scaʔmiʔáxən *arm bone* | scaʔmínəs *chest bone* | scaʔmúcən *jaw* | scaʔmúɬən *skeleton* | scaʔy̕ə́kʷɬ *worms* | scé̓ʔyəŋ *hill* | sciyaʔméʔqʷ *skulls* | scè̓ʔcəmáwtx̣ʷ *birdhouse* | scáʔčaʔŋ *befriended* | scaʔčaʔkʷaʔyúɬ *small vehicle* | scaʔcaʔqʷíwc *small fire* | scaʔčiʔə́yɬ *young child* | scaʔcqʷáʔič *small bear* | scaʔčúʔyəɬc *small wave* | scaʔkʷaʔyúɬ *conveyance* | scáʔsəŋ *conifer limbs* | scaʔyaʔčiʔə́yɬ *children* | scaʔyaʔkʷaʔyúɬ *conveyances* | scaʔyəqʷáʔič *bears* | scaʔyəqʷáyəɬ *old canoes* | scaʔyəqʷíɬč *fruit plant* | scaʔyətə́ŋxʷən *lands* | scaʔyəxʷáɬc *spit (pl)* | scannəxʷáwtx̣ʷ *fish hatchery* | scay̕aʔcqʷáʔič *small bears* | scayáwtx̣ʷ *workshop* | scəníŋəɬ *plant* | sčáqʷəwc *fire* | scə́saʔqʷ *hat* | scəyaʔčúʔyəɬc *small waves* | scəyəxʷáwtx̣ʷ *insane asylum* | scəyəxʷáy̕nč *dolt* | scəyəyús *elders* | scəyús *elder* | sčiʔáʔyəŋ *upside down* | sčiʔánəŋ *year* | sčiʔčiʔánəŋ *years* | sčiʔčiʔə́y̕əɬ *teenagers* | sčiʔəkʷɬnát *Monday* | sčiʔə́y̕əɬ *teenager* | sčiʔəyəqʷɬíɬč *fruit plants* | sčiʔúʔis *ancestor* | sčičə́saʔqʷ *hats* | sčičiʔásən *have shoe on wrong foot* | sčičiʔúʔis *ancestors* | sčičqʷáwtx̣ *burning building* | sčičúyəɬc *waves* | sčičxács *fingers* | sčičxúysən *toes* | sčqʷáyəɬ *old canoe* | sčqʷáy̕əč *bear* | sčssínkʷɬ *bicycle* | sčšə́yuʔ *knocked down* | sctə́ŋxʷən *land* | sctə́ŋxʷən skʷáči *Earth Day* | sčuɬásən *wooden leg* | scuɬáwtx̣ʷ *woodshed* | sčúyəɬc *wave* | scx̣úycs *finger* | scx̣úysən *toe* | scx̣ʷáɬc *spit* | scaʔyaʔčáʔi *small tree bark* | scaʔyəsúycs *fingernails* | scə́nəŋ *Shaker Church* | scəyəšúysən *toenails* | sčúʔsəŋ *unpleasing* | scúsəŋ *repellent* | shéʔwət *bow of canoe* | shúnuc *cooking fire* | skʷaʔtúŋə *fix for you* | skʷaʔtúŋəs *fix for me* | skʷaʔtúŋɬ *make for us* | skʷáʔtx̣ʷ *let it be own* | skʷáʔtx̣ *make owned* | skʷaʔyáqən *flowers* | skʷaʔyáws *getting murdered* | skʷánəyuʔ *trash* | skʷáqən *flower* | skʷáqən skʷáči *May Day* | skʷáyəkʷs *murdered* | skʷayəksáy̕ŋən *want to murder* | skʷayəqəŋíɬč *flower bed* | skʷéxʷən *cow name* | skʷəccəŋít *send with* | skʷəccəŋítəŋ *be sent to* | skʷəlalháyə *oil drum* | skʷənáŋəɬ *power* | skʷənáŋət *hired* | skʷənəŋə́čɬ *orphan niece/nephew* | skʷənəŋúcən *leftovers* | skʷənəsə́yuʔ *be left* | skʷənúcən *spirit song* | skʷiʔáxən *wing* | skʷikʷiʔáxən *wings* | skʷukʷáwtx̣ *kitchen* | skʷúkʷəltx̣ *teaching* | skʷuláwtx̣ *school* | skʷásct *scald oneself* | skʷásən *toaster* | skʷásəŋ *toast* | skʷcŋíyɬč *cherry tree* | skʷə́stəŋ *be taught* | skʷəyácən *made slave* | skʷəyáɬnəɬ *pneumonia* | skʷə́yəŋ *itch* | skʷə́y̕qsən *Creyke Point* | skʷičiʔúmš *sea-egg like* | skʷsánəq *sermon* | slamáwtx̣ʷ *tavern* | sɬáʔniʔct *turning into woman* | sɬaʔpxáys *blinker* | sɬaʔpxayúsən *blink eyes* | sɬániʔct *turn into woman* | sɬaniʔúməš *woman like* | sɬəməxʷayéʔqʷ *rain hat* | sɬəməxʷúykʷt *raincoat* | sɬícaʔqʷtən *haircut* | sɬiɬipúykʷt *shirts* | sɬipə́qsən *floppy nose* | sɬipə́wəč *flabby rear* | sɬipíkʷən *wrinkled* | sɬipíqən *sloppy belly* | sɬipúcən *lip* | sɬipúykʷt *shirt* | sɬiqʷéʔq *head flesh* | sɬíxʷəŋ *slime* | sɬixʷə́yu *frost* | sɬk̕ʷuʔéʔčən *shoelaces* | sɬnačúyəɬ *young girl* | sɬnɬnáʔcúwiɬ *young girls* | sɬxʷíqən *navel* | sɬxʷnə́səŋ *descendant* | sɬxʷaʔmúcən *saliva (mouth)* | sɬxʷənə́č *side* | sx̣̌aʔnəqáwtx̣ʷ *potlatch house* | sx̣̌cayúsən *fishing line* | sx̣̌cúʔis *sinker* | sx̣̌cúcən *chin* | sx̣̌éʔct *get to like* | sx̣̌eʔéyəŋ *attached (emotionally)* | sx̣̌éʔx̣̌qɬ *child* | sx̣̌éʔtx̣ *cherish* | sx̣̌ə́wən *earring* | sx̣̌əyéʔx̣̌qɬ *children* | sx̣̌əyəčúcən *chins* | sx̣̌iʔx̣̌áʔqɬáwtx̣ *day care* | sx̣̌iʔx̣̌ʷáys *stuck eyes* | sx̣̌iyík̕s *right side* | sx̣̌x̣̌íwən *earrings* | sx̣̌páyqən *down feather* | sx̣̌páyqənəwəč *cushion* | sx̣̌táʔsən *arch of foot* | smaʔəkʷéʔwən *butterball* | smáʔkʷɬ *injury* | smaʔx̣ʷúct *being tormented* | smaʔx̣ʷút *tormenting* | smaʔx̣ʷútəŋ *being tormented* |

smaʔyaʔməkʷéʔwən *butterballs* | smaliyíti *wedding* | smánəšəŋ *tobacco* | smanəšíyɫ *go smoke* | smanəšíyɫtxʷ *let go smoke* | sməcáyŋəxʷ *butter* | sməcéʔqʷ *fat head* | sməcíŋəxʷ *butter* | sməcáys *brains}* {sməkʷə́ɫnɫ *Adam's apple* | smək̓ʷaʔáw̓txʷ *funeral home* | sməkʷ̓aʔə́nəkʷ *graveyard* | smə́k̓ʷəŋ *claimed* | smək̓ʷŋúyɫ *adopted* | sməliyúykʷt *wedding gown* | smə́ɬqsən *snot* | sməx̌ʷə́yu *earthquake* | sməx̌ʷúct *torment* | sməx̌ʷút *torment* | sməyəcásən *elk hoof* | sməyəkʷə́ɫnɫ *Adam's apples* | sməy̓ək̓ʷáyə *graveyard* | sməy̓əqnúŋət *forget* | smə́yst *crowded* | smíx̌i *mud* | smimáʔɬqsən *snot boy* | smiməyəcásən *elk hooves* | snaʔáʔwəɫč *in the bushes* | snaʔniʔtiʔúʔəŋ *laughingstock* | snaʔnúkʷɫ *ghost fire* | snaʔyəčíwəɫ *half-siblings* | snáčəwəč *hundred* | snačít *unusual* | snəčtiʔúʔəŋ *laughingstock* | snəčíwəɫ *half-sibling* | snəčíwəɫ ʔaʔ čisíɫč *fern* | snəčíynəq *sibling-in-law spouse* | snəq̓ʷáwəč *dirty bottom* | snə́q̓ʷsən *step in excrement* | snəxʷɫ́áyɫ *go by canoe* | sninčtiʔúʔəŋ *laughingstock (pl)* | sninə́q̓ʷšən *step in excrement* | snúʔnəkʷ skʷáči *Halloween* | snuʔnəkʷéʔiɫč *waxberry* | sŋáʔəwəɫč *fir* | sŋáʔnətct *turning to stone* | sŋaʔéʔqʷ *schwa* | sŋáŋatxʷ *giving away* | sŋéʔtxʷ *invite* | sŋənáʔəŋ *adopted child* | sŋənəŋəná̓ʔəŋ *adopted children* | sŋəntáw̓txʷ *brick house* | sŋəntéʔqʷ *stone head* | sŋəntúʔiɫ *gravel* | sŋənáyəs *lingcod eggs* | sŋəq̓ʷuʔhúyəɫ *baby heron* | sŋíŋaʔtxʷ *inviting* | sŋiŋiyéʔwən *sad (pl)* | sŋiyáw̓ɫč *firs* | spáʔxʷəŋ *fog* | spaʔyək̓ʷəŋáw̓txʷ *smokehouses* | spaʔyúsəŋ *boils* | spápaʔxʷəŋ *fogginess* | spáq̓ən *flower* | spáyaʔxʷəŋ *fog (pl)* | spcákʷən *tarp* | spə́xʷəŋ *insides* | spə́yəq̓ʷəŋ *dust* | spəy̓q̓ʷúsəŋ *face powder* | spiʔyəq̓ʷúsən *face powder* | spipkʷəŋ *lots of smoke* | spíq̓ʷi *fed up* | spkʷəŋ *smoke* | spkʷəŋáw̓txʷ *smokehouse* | spəq̓éʔqʷ *gray hair* | spúsən *boil* | spxʷə́yu *wind* | spaʔk̓ʷɫə́kʷɫ *racing canoe* | sp̓aʔyaʔqʷɫə́kʷɫ *racing canoes* | spaʔyák̓ʷs *floats* | spúq̓ʷəŋ *foam* | sp̓úq̓ʷənaʔyéʔč *boiling pot* | sp̓úq̓ʷənəyeʔč *frosting* | sqáʔəŋ *defecate* | sqaʔŋə́ynəč *feces on bottom* | sqaʔqiʔáynəxʷ *small tree* | sqaʔqtəmús *ball* | sqaʔqtəmúsəŋ *ball game* | sqaʔq̓ʷúʔŋəɫč *small alder* | sqaʔtiʔúməš *acting crazy* | sqaʔxqíŋ *mocking* | sqaʔyaʔqiyáyŋəx *small trees* | sqatihúmš *act crazy* | sqaxaʔáw̓txʷ *dog house* | sqaxaʔáyəqən *dog wool* | sqáxaʔct *turn into a dog* | sqaxaʔúməš *like dog* | sqsaʔčə́yəɫ *orphan niece/nephew* | sqəyəŋács *palm* | sqəyík̓ʷs *left side* | sqəysaʔčə́yəɫ *orphan nieces/nephews* | sqiʔnúŋət *angry* | sqinúŋət *anger* | sqiyáyŋxʷ *tree* | sqqəyəŋács *palms* | sqqíŋ *toy* | sqqiŋáw̓txʷ *recreation center* | sqqáw̓txʷ *jail* | sqqə́yu *have jailed* | sqq̓əyuʔáw̓txʷ *jail* | sq̓aʔq̓xə́yuʔ *small butter clam* | sq̓aʔyəxə́yuʔ *butter clams* | sq̓əméyu *Saturday* | sq̓ə́yənəč *skirt* | sq̓ə́yəs *pay* | sq̓əyəsə́ɫnəɫ *necklaces* | sq̓əyəwáčən *diaper* | sq̓ipéʔq *hair curl* | sq̓iyuʔáw̓txʷ *smoke house* | sq̓q̓ʷiyyəšáw̓txʷ *dance halls* | sq̓sə́ɫnəɫ *necklace* | sq̓tayéʔqʷ *peak* | sq̓túyəs *headband* | sq̓x́ə́ɫən *scarf* | sq̓xə́yuʔ *butter clam* | sqʷaʔx̌ʔiʔáy *young adult* | sqʷaʔx̌ʔiʔáyay *young adults* | sqʷaʔqʷúʔməš *Skokomish* | sqʷaʔyaʔqʷúʔŋəɫč *small alders* | sqʷay x̌iyúst *television* | sqʷáyək̓ʷs *murdered* | sqʷáytən *language* | sqʷəŋqʷúŋəɫč *alder trees* | sqʷəyáy *word container* | sqʷəyəsáw̓txʷ *cannery* | sq̓ʷiqʷəyaʔúyəs *teardrop* | sq̓ʷɫaʔčáw̓txʷ *log cabin* | sq̓ʷuʔqʷaʔáw̓txʷ *tavern* | sq̓ʷúʔtən *bucket* | sq̓ʷuʔús *teardrop* | sq̓ʷuʔúyəs *teardrop* | sq̓ʷúŋəɫč *alder* | sq̓ʷəʔúʔnəq *pal* | sq̓ʷəyaʔšən *companions* | sq̓ʷəyayŋxʷíɫč *blackberry plant* | sq̓ʷə́yəŋ *roast* | sq̓ʷíŋəyu *borrowed* | sq̓ʷiyáɫnəɫ *fever* | sq̓ʷtxʷə́yu *shivaree* | sq̓ʷúʔšən *companion* | ssaʔyáčən *breaths* | ssáx̌əŋ *one disliked* | staʔčəŋéʔq *wolf head* | staʔčəŋháʔič *wolf hip* | staʔčəŋúyəɫ *wolf pup* | stáʔk̓ʷəyu *light* | staʔyákən *socks* | stáckʷɫ *back* | stákən *sock* | staləháw̓txʷ *bank* | stayə́kʷɫ *racing canoe* | stayəx̌áyəs *big eyes* | stayəx̌áyəsən *open eyes wide* | stcíkʷən *back* | stéʔčax̌ʷiʔ *trouble* | stəŋiŋínəŋ *supper* | stiʔqáyuct *becoming beaver* | stiqáyuʔct *become beaver* | stiqewáyɫ *go by horse* | stiqiwáw̓txʷ *horse barn* | stk̓iyáx̌ən *broken arm* | stúʔq̓ʷəŋ *coughing* | stúqʷəŋ *a cold* | stxʷnaʔéʔč *other side* | stáʔk̓ʷəŋ *bee* | st̓aʔɫáčəŋ *small tide* | st̓áʔiči *snag* | st̓aʔyáčən *tides* | st̓áčəŋ *tide* | st̓aqaʔáys *black eye* | st̓áyŋəx *medicine* | st̓eʔwiʔəɫháw̓txʷ *church* | stəməčúyəɫ *young cormorant* | st̓ə́nəs *set beside* | st̓ə́ŋəsən *braid* | st̓ə́ŋsən *braided hair* | st̓íqiʔ *mud* | stix̌ʷaʔčáw̓txʷ *creek at Becher Bay* | stkʷéʔnəs *choking* | swaʔwiʔqúʔiɫ *small boy* | swəʔwəscút *become young man* | swə́k̓ʷaʔɫ *potlatch blanket* | swə́ytən *fishing gear* | swə́yqact *turned into a man* | swəyqaʔúməš *man like* | swiʔqúʔiɫ *young boy* | swiʔwiʔqúʔiɫ *young boys* | sxʷaʔxʷəníti skʷáqəŋ *swearing flower* | sxʷaʔxʷúpšən *wear long clothes* | sxʷaʔyək̓ʷiʔáx̌ən *elbows* | sxʷakʷihúmš *act stupid* | sxʷanítəməɫ *white man style* | sxʷaŋaʔɫəŋáw̓txʷ *restroom* | sxʷaxʷk̓ʷéʔqʷ *crazy* | sxʷək̓ʷiʔáx̌ən *elbow* | sxʷənaʔəmáw̓txʷ *mysterious place* | sxʷimáy *store* | sxʷixʷimáy *shopping area* | sxʷnéʔiŋ *pregnancy* | sxʷsqəsaʔčə́yəɫ *aunt/uncle of orphan* | sxʷsqəysaʔčə́yəɫ *aunts/uncles of orphan* | sx̌aʔcméʔqʷ *gray hair* | sx̌áʔəstxʷ *dislike* | sx̌aʔik̓ʷəyéʔč *mountains* | sx̌aʔsánkʷs *mean* | sx̌aʔsáyəq̓č *stink* | sx̌caʔəyə́nəkʷ *meadow* | sx̌caʔyáw̓txʷ *hay barn* | sx̌éʔči *ashamed* | sx̌əčəŋáw̓txʷ *drying shed* | sx̌əmx̌éʔqʷ *cut hair* | sx̌ə́nəsən *foot* | sx̌ə́pšən *fish tail* | sx̌əsámənət *make oneself look bad* | sx̌iʔáx̌ən *arm tattoo* | sx̌iʔšən *foot tattoo* | sx̌iʔús *picture* | sx̌íŋi *handful* | sx̌ix̌tšéʔqʷ *hair messed* | sx̌íyəmnəč *stump* | sx̌kʷəyéʔč *mountain* | sx̌ɫáw̓txʷ *hospital* | sx̌ɫéʔqʷ *headache* |

Klallam Prefix Index

sxɬə́kʷɬ *ambulance* | sxpaʔčíyəɬč *cedar boughs* | sxxínəsən *feet* | sxʷiʔamúst *tell a story* | sxʷiʔxʷaʔyəwáčən *lizard* | sxʷixʷiyəwáčən *lizards* | sxʷúŋəs *tears* | syaʔcícəm *gossiper* | syaʔƛ̕áyəŋ *eldest*} {syáʔyaʔct *what to do* | syáyəct *preparing* | syəcíct *tell news* | syə́wən *power song* | syə́wiʔ *cedar bark* | syəwín *blue jay power* | syíq̕ʷi *calm weather* | syiyə́wiʔ *cedar bark (pl)*}

s-² stative. *See under:* ʔəs-

taw̕- still-. *See under:* twaw̕-

tənə- [tənə- child-] child of. ⟪This occurs only once in the corpus and is unknown to other speakers.⟫ {*tənə*Martha. *That's Martha's child.* (MJT)}

təwaw̕- still. *See under:* twaw̕-

tuwaʔ- still. *See under:* twaw̕-

tuwaw̕- still. *See under:* twaw̕-

tuwə- still. *See under:* twaw̕-

twaw̕- [twəw̕- still-] still, yet. (ES) ⟪prefix indicating a continuing state⟫ [This prefix attaches only to a noun, an adjective, or the 'actual' form of a verb.] [This prefix has a wide range of pronunciations.] {*twaw̕*šə́təŋ. *He's still walking.* (TC) | *twaw̕*šə́təŋ cn. *I'm still walking.* (TC) | *twaw̕*ʔéʔɬən cn. *I'm still eating.* (TC) | *twaw̕*hiyí. *It's still alive.* (TC) | *twaw̕*sƛ̕úʔƛ̕əm cn. *I'm still all right.* (EPT) | *twaw̕*cəŋ̕ə́t cn. *I might bite her back.* (MJT) | *twaw̕*nɬ wuʔ. ɬúkʷ cxʷ ʔa? či kʷáči. *Maybe you'll go home tomorrow.* (TC; ES) | *twaw̕*nɬ wuʔ. ɬə́məxʷ. *Maybe it will rain.* (TC) | kʷaʔčíy ti sštəŋs *twaw̕*ɬáč. *Early in the morning he walked when it was still dark.* (TC) | hú? q yaʔ cn q̕ʷúy ʔi? *twaw̕*ŋə́ŋ̕ ŋaʔkʷaʔcút. *If I'd die there were still many waiting.* (TC) | šaʔšúʔɬ cn ʔa? tə nəs*twaw̕*šə́təŋ. *I'm glad I'm still walking.* (TC) | sɬániʔ ʔəɬ *twaw̕*ʔəcɬtáyŋxʷs. *It's a lady when it's still a person.* (TC) | kʷɬ*twaw̕*xčtís ixʷ čtə kʷi nəxʷsƛ̕ay̕əmúcən. *She must still know the Klallam language.* (AC) | txʷxʷəníŋtxʷ? *twaw̕*nə́cuʔ tiə. ʔáwənə nəsxčít kʷaʔ txʷxʷəníŋs. *Where is it to be put? There's still one piece. I don't know where it goes.* (AS,BC) | ʔuʔhúʔ ʔa? kʷi ns*twaw̕*sƛ̕íƛ̕aʔƛ̕qɬ. ʔi ʔuʔyaʔyánəŋ yaʔ cn ʔa? cə ŋə́ŋ̕ sxʷiʔám. *When I was still a child I listened to many stories.* (AC) | ʔi uʔmán cn ʔuʔ šaʔšúʔɬ ʔa? *twaw̕*ʔəsƛ̕úʔƛ̕əm ʔi? nə́kʷə. *And I've very glad that you and I are still all right.* (BH) | nɬ kʷi xənáts kʷi sčiʔúʔisɬ ʔaʔyəcɬtáyŋxʷ ʔa? či snɬs či skʷə́yəxʷ sɬániʔ ʔəɬ *twaw̕*ʔəcɬtáyŋxʷs. *That is what the people who came before us said, that it is the screech owl that was a woman when it was still a human.* (ES) | ʔáxəŋ kʷi sčiʔúʔisɬ ʔa? či snɬ cə čə́ctəŋxʷ swə́yqaʔ ʔa? kʷi s*twaw̕*ʔáɬa?s ʔa? tiə sctəŋxʷən ʔuʔ *twaw̕*hiyí. *Our ancestors said that the great horned owl was a man when he was still alive here on earth.* (ES) | ʔi? wayənəhákʷ nsiʔám saʔə́yčən či ṅsuʔ*twaw̕*ʔiyá, *twaw̕*hiyí ʔuʔ*twaw̕*šə́təŋ. *And it's touching, my dear brother, that you are still there, still alive, still walking.* (RSh) | VAR: təwaw̕- (TC)

{*təwaw̕*híyəy̕ u cxʷ? *Are you still alive?* (EPT)} VAR: tuwaw- (TC) VAR: twəw̕- (TC; ES) {*twəw̕*hiyí. *It's still alive.* (LC) | *twəw̕*ɬáč. *It was still dark.* (ES; MJT) | *twəw̕*pə́q̕. *It's still white.* (AS) | *twəw̕*néʔ. *There's still some more.* (TC) | *twəw̕*nskʷáʔ. *It's still mine.* (AS) | *twəw̕*ʔə́c. *It's still me.* (AS) | *twəw̕*sʔíɬən kʷi. *It's still food.* (AS) | *twəw̕*ʔéʔɬən cn. *I'm still eating.* (AS) | *twəw̕*ʔéʔtt cn. *I was still sleeping.* (AS) | *twəw̕*šə́təŋ cn. *I'm still walking.* (AS) | *twəw̕*hiyí cn. *I'm still alive.* (MJT) | *twəw̕*ʔáɬaʔ. *She's still here.* (MJT) | *twəw̕*xáɬ. *He's still sick.* (MJT) | *twəw̕*čáʔəy. *He is still working.* (MJT) | *twəw̕*hiyí tə sqəy̕áyəŋəxʷ. *The tree is still alive.* (MJT) | *twəw̕*nəxʷʔaʔcúsəŋ cn. *I'm still wiping my face.* (EPT) | sxʷ*twəw̕*ɬaʔtúqʷəŋ. *That's why it is still boiling.* (MJ) | *twəw̕*ʔəsƛ̕áq̕ʷɬ cə čə́yiʔs. *Its bark is still tight on it.* (MJT) | nɬ s*twəw̕*sƛ̕íƛ̕aʔƛ̕qɬs kʷsi ʔiyáʔiŋ. *My mother was still a child.* (MJ) | ʔi? nɬ ʔuʔ *twəw̕*ʔiʔčətəŋ ʔi? nɬ suʔtə́ss ʔa? cə saʔsúsɬ. *And then she was still in the process of crawling and she then came to a path.* (MJ) | ʔáwə yaʔ cxʷ c sáʔsiʔsiʔ ʔəɬ *twəw̕*ʔiyán. *You were not afraid when I was still there.* (MJ) | ʔáwənə nəsxčít kʷaʔ *twəw̕*kʷənáyəs čtə kʷaʔ ʔa? Jamestown yaʔyánəŋ ʔa? tiə nəxʷsƛ̕áyəm sq̕áq̕ʷiʔ. *I don't know how many people still at Jamestown will hear this Klallam message.* (AC) | hú? caʔ cxʷ ʔuʔáwə c ʔuʔcəʔéʔt ʔuʔ maliyíti ʔi? nɬ caʔ ʔənsuʔɬkʷístəŋ ʔawmán cxʷ ʔuʔ *twəw̕*sƛ̕íƛ̕aʔƛ̕qɬ. *If you don't get properly married you will be brought home because you are still very much a child.* (TC) | ʔuʔhíc ʔi? kʷənəs cə sxʷʔiyás yaʔ ʔəɬ qaʔxqíŋs ʔəɬ *twəw̕*sƛ̕íƛ̕aʔƛ̕qɬs. *After a long time she saw where she was playing when she was still a child.* (MJ)} VAR: tuwaʔ- {*tuwaʔ*tq̕ə́təŋ cxʷ ʔa? či smácən. *The skunk might spray you.* (MJT) | *tuwaʔ*mamiʔáʔis. *He's still kicking.* (ES)} VAR: tuwə- {*tuwə*sáʔčəŋ. *He's still breathing.* (ES)} VAR: tuwaw- (BH) {ʔuʔ ʔə́y̕ q kʷaʔ *twəw̕*šə́təŋən. *It would be good if I'm still walking (still alive).* (TC) | ʔuʔ*twəw̕*ʔiʔkʷiyaʔnéʔənt cə stitiqéʷs. *His horses were still running.* (ES) | *twəw̕*háhaʔkʷ u cxʷ ʔa? či ʔəcɬtáyŋxʷ ʔənsqʷáy. *Do you still remember your Indian language?* (MJ)} VAR: təwawə- {*təwawə*pístəŋ cn. *I'm still getting accused.* (AS)} VAR: taw̕- {hiʔ *taw̕*šə́təŋ st ʔi? kʷɬʔiyáʔnəxʷ či nuʔscə́yi tákʷɬ. *We were still walking and we heard something like a stick break.* (ES)} VAR: txʷaw- (AS) {*twaw̕*ʔáxəŋ *suddenly* | *twəw̕*x̣ʷənʔáŋ *as usual*}

twəw̕- still. *See under:* twaw̕-

txʷaʔ- [txʷaʔ- becm-] become..., turn to..., be getting to, begin to, end up. (ES) [verbalizing mutative prefix] {*txʷaʔ*əsxáɬ cn. *I got sick.* (TC) | *txʷaʔ*sʔíɬən. *It became food.* (TC) | *txʷaʔ*čə́q cn. *I got big.* (TC) | *txʷaʔ*súsəŋ. *It got stink.* (TC) | *txʷaʔ*tə́ŋ̕ən. *It turned to evening.* (TC) | ʔuʔ*txʷaʔ*ə́y̕ caʔ cxʷ. *You'll become good.* (TC) | *txʷaʔ*əscə́čaʔ. *He got to the top.* (TC) | *txʷaʔ*kʷənətúy̕. *They got together. / They got* married. (TC) | su*tx̌ʷaʔ*úyɬs cə sqə́čaʔɬ. *So our catch got on board.* (TC) | níɬ su*tx̌ʷaʔ*pə́wis. *Then he became a flounder.* (TC) | ʔáʔčš *tx̌ʷaʔ*húʔpt. *He changed into a deer.* (TC) | *tx̌ʷaʔ*yíy̓ cn ʔaʔ kʷi nəštə́ŋ. *I walked far.* (TC)} {*tx̌ʷaʔ*ɬíx̌ʷuʔtx̌ʷ cn. *I've been to three houses.* (MJT) | *tx̌ʷaʔ*yíy̓ ʔiʔ nít suʔčə́y̓əss yaʔ. *It became far and then she looked back.* (MJ) | su*tx̌ʷaʔ*čífs cə x̌ʷanítəm. *So the white person became chief.* (TC) | nít č su*tx̌ʷaʔ*əscə́y̓x̌ʷ ʔaʔ cə ʔáʔyəŋs. *So he ended up in her house.* (TC) | ʔáwə. x̌ʷə́ŋ cn ʔiʔ *tx̌ʷaʔ*əstákʷɬ kʷaʔ qqíŋən. *No. I might get stuck if I play.* (TC) | nəčtíŋ ʔiʔ *tx̌ʷaʔ*q̓ɬúməčən. *It was changed and became a blackfish.* (ES) | níɬ ti suʔq̓ʷúys *tx̌ʷaʔ*skʷə́y̓əx̌. *Then they die they become a screech owl.* (ES) | ʔiʔ su*tx̌ʷaʔ*pə́wiʔs. *And he became a flounder.* (TC) | nəsuʔx̌áy *tx̌ʷaʔ*áwənəs nəsčáy. *Again I ended up having no job.* (TC) | ŋə́n̓ néʔ kʷi ʔəcɬtáyŋx̌ʷ x̌ʷə́yəq̓ʷ ʔiʔ *tx̌ʷaʔ*náč sčtə́ŋxʷən. *There were many Indians that drifted away to different lands.* (ES) | nít č suʔsə́qs x̌ʷítəŋ ʔiʔ hiyáʔ *tx̌ʷaʔ*yéʔi t sx̌ʷítəŋs hiyáʔ čšaʔnáwəl ʔaʔ cə tamúʔəč. *Then he jumped out and his jump from inside the barrel went far.* (MJ) | ʔiʔ nít ti suʔx̌ə́ps tinu sŋəyaʔŋaʔánt ʔiʔ *tx̌ʷaʔ*smíx̌i kʷaʔ ʔuʔstáŋəs ti sxʷʔiyás ti stáčəŋ. *And then it got to the end of the small rocks and became mud or whatever where it's tide flats.* (ES) | tx̌ʷaʔčqə́qsən *get a big nose*} VAR: tx̌ʷ- {kʷɬmán̓ st kʷaʔ ʔuʔ *tx̌ʷ*x̌aʔpáy̓s. *We are very much feeling around.* (TC) | ʔuʔ*tx̌ʷ*x̌iʔáʔt cn. *I'm looking for it.* (TC) | *tx̌ʷ*níɬ n̓sxʷnáʔəm. *You have become a monster.* (AA) | *tx̌ʷ*sčəyáy ʔiʔ húy. *It's pretty near done.* (MJT) | *tx̌ʷ*uʔáw c ʔuʔŋə́n̓ ti swéʔwəs ʔiʔ swə́yqaʔs. *There had become not many boys and husbands.* (AS) | *tx̌ʷ*ʔáw cn t hiyáʔ. *I'm not going.* (TC) | *tx̌ʷ*ʔáw c ʔuʔŋə́n̓ ti swéʔwəs. *There weren't many boys.* (TC) | *tx̌ʷ*Gene ʔiʔ cə sɬániʔs. *It's Gene's and his wife's.* (MJT) | ʔuʔ*tx̌ʷ*čŋíkʷs cn ʔəɬ qʷáqʷiʔən. *I'm getting to not know how to talk.* (TC) | nəsqaʔyúʔəŋ̓ kʷi; ŋút caʔ st ʔaʔ či uʔ*tx̌ʷ*kʷáʔkʷaʔ. *I'm putting it away; we'll eat it later.* (MJT) | níɬ kʷaʔčaʔ sxʷuʔ*tx̌ʷ*štəŋə́n̓ək̓ʷs txʷʔáwənə sxʷʔúx̌ʷs či sx̌ánəŋs ʔaʔ či sʔáʔiŋs. *That's why they have become aimless with nowhere to go to call home.* (TC) | txʷʔáxəŋ *go toward* | txʷʔúx̌ʷtəŋ *be brought toward* | txʷʔúx̌ʷtx̌ʷ *let go toward* | txʷcáʔx̌ʷəŋ̓ *reluctant* | txʷcántxʷ *who belong* | txʷən̓ʔáxʷ *put that way* | txʷəxʷéʔiŋ *move over* | txʷhéʔwi *go forward* | txʷiʔáxəŋ̓ *go toward* | txʷiscníkʷən *take pity on* | txʷnaʔčéʔyəŋ *becoming different* | txʷnačéyŋ *become strange* | txʷnéʔiŋ *move over* | txʷtúyi *go over deep water* | txʷx̌ʷáʔnəŋ *going where* | txʷx̌ʷənéʔəŋ *going toward* | txʷx̌ʷəníŋ *which way* | txʷx̌ʷəníŋtxʷ *put where* | tx̌ʷíntxʷ *where take* | txʷnúʔəsəŋ *face toward*} VAR: txʷə- {*tx*əsuʔšə́wis ʔiʔ kʷɬən̓sqáx̌aʔ. *It grew and turned into a dog.* (AA) | *tx̌ʷ*əsqáx̌aʔ. *It turned into a dog.* (AS,BC) | ʔuʔ*tx̌ʷ*əʔáwənə ʔiʔánən nəxʷsx̌ay̓əmúcən. *It's getting so that there's no one who knows the Klallam language.* (TC) | txʷənəcáxʷtxʷ *do once more*}

tx̌ʷaw- still. *See under:* twaw-

tx̌ʷ- ⟦tx̌ʷ- first-⟧ to do something (for a while) first, before doing something else. {*tx̌ʷ*ʔíɬən. *Eat first.* (ES) | *tx̌ʷ*ʔíɬən cn. *I'm going to eat first (before I go).* (ES; TC) | *tx̌ʷ*ʔə́mət. *Sit down first.* (ES) | *tx̌ʷ*cíɬəŋ. *Stand up first.* (ES) | *tx̌ʷ*ƛ̓kʷít či. *Hold it for a while (then put it down).* (MJT) | hiyáʔ cn *tx̌ʷ*súkʷəŋ ʔiʔ čaʔx̌ácu. *I'm going to bathe before I go fishing.* (TC) | *tx̌ʷ*hiyáʔ cn x̌aʔcixʷícən. *I'm going to Port Angeles first.* (TC) | *tx̌ʷ*ʔíɬən ʔiʔčáʔyə či n̓shiyáʔ. *Eat first before you go.* (ES) | ʔuʔ*tx̌ʷ*ʔáwənə xčtín̓. *I can't remember.* (TC) | ʔiʔ kʷúkʷ cə nsɬániʔ ʔaʔ tə stəŋiʔŋínəŋ cə ʔuʔx̌ə́n̓ *tx̌ʷ*huʔáʔis ɬʷɬšáʔ ʔəcɬtáyŋəxʷ. *My wife cooked supper for all of those nearly thirty people.* (ES)}

uʔ- contrast. *See under:* ʔuʔ-

wiʔ- ⟦hw̓-hy̓- contr-proc-⟧ ☞ʔuʔ- ☞hiʔ- a contraction of the contrast and process prefixes. {*wiʔ*huʔhúʔi cn. *I'm going alone.* (ES) | *wiʔ*šátəŋ u cxʷ? *Are you walking?* (TC) | *wiʔ*šátəŋ cn. *I'm walking.* (TC) | *wiʔ*šátəŋ cn čšaʔcixʷícən. *I walked from Port Angeles.* (ES) | *wiʔ*šátəŋ cn tə nəsʔən̓ʔá čšaʔcixʷícən tə nəsx̌aʔéʔɬx̌ʷaʔ. *I walked coming from Port Angeles to Elwha.* (ES)}

w̓- contrast. *See under:* ʔuʔ-

xʷ- location. *See under:* nəxʷ-

yuʔ- ⟦y̓-w̓- conj-contr-⟧ ☞ʔiʔ ☞ʔuʔ- contraction of conjunctions. (ES) {*yuʔ*cústəŋ cn kʷi. *She threw it at me.* (AS,BC) | *yuʔ*ɬáʔaʔ cn ʔaʔ tiə súɬ. *I'm coming through this door.* (AS)}

y̓- in process. *See under:* hiʔ-

Suffixes

-ʔəɬ ⟦-ʔəɬ -ext⟧ stem extender. [occurs in one compound] {x̌ə́n̓əʔəɬcan *everyone*}

-ʔú? ⟦-ʔúʔ -ʔ⟧ unknown function. [occurs in only one set of related words] {snaʔniʔtiʔúʔəŋ *laughingstock* | snəčtiʔúʔəŋ *laughingstock* | sninčtiʔúʔəŋ *laughingstock (pl)*}

-a ⟦-a -ext⟧ stem extender. [a suffix with no identifiable meaning that must occur before some other suffixes] {čaʔx̌ásən *boot* | čaʔyəx̌ásən *boots* | scuɬásən *wooden leg* | sməyəcásən *elk hoof* | smiməyəcásən *elk hooves* | tkʷx̌ʷásən *nine points*} VAR: -aʔ {ɬaʔčaʔíw̓s *cutting with saw*}

-aʔ[1] ⟦-aʔ unknown function. [occurs in one word] {ɬə́ŋaʔtəŋ *be inundated*}

-aʔ[2] stem extender. *See under:* -a

-aʔmən ⟦-aʔmən -almost⟧ almost, nearly. [recorded on only a few words] {ʔənƛ̓áʔmən *greenish* | ʔncqʷáʔmən *reddish* | łčáʔmən *murky* | łə́čxʷmən *goofy*}

-aʔy stem extender. *See under:* -ay

-anəŋ 〚-anəŋ -ncontrol〛 non-control. [an uncommon intransitive suffix marking an accidental event] {cicxʷánəŋ *lose* | čqʷánəŋ *burn accidentally* | sṭəŋánəŋ *drop*}

-as 〚-as -ptcaus〛 the "put" causative. [This locative causative is called the 'put causative' because it usually can be translated with 'put', which means 'cause to be at a particular place'.] {ʔaʔćáŋ *being put on* | ʔaʔćás *putting on* | ʔəćás *put on* | caʔáwəs *laying down* | cákʷəŋ *be put down* | cákʷs *put down* | cúŋəs *take inland* | cxʷás *village name* | čaʔáʔnəs *moving it* | čánəc *move me/you* | čánəŋ *be moved* | čánəs *move it* | ččás *run after* | ččásəŋ *be chased* | ččšáyəqəŋ *follow* | čəʔúʔwəŋ *being used* | čəʔúʔwəs *using it* | čənŋíŋə *move me/you* | čiʔás *pursuing* | čiʔásəŋ *being chased* | čiʔástəŋ *be followed* | čiʔčiʔkʷáʔsəŋ *November* | čiʔsáyqəŋ *following* | čiʔsnúʔŋət *chasing* | čičkʷáʔst *put paddle away* | čisáys *following* | čúkʷəŋ *be used* | čúkʷs *use it* | čxʷás *melt it* | čičixʷás *put inside (pl)* | čixʷáʔəŋ *being put inside* | čixʷáŋ *be put inside* | čixʷáŋə *bring you in* | čixʷáŋət *bring in* | čixʷás *put inside* | kʷaʔáʔnəs *throwing it away* | kʷaʔáʔyəŋ *being hidden* | kʷáʔəs *let something go* | kʷaʔáyəs *hiding* | kʷánəŋ *be lost* | kʷánəs *throw it away* | kʷáyəŋ *be hidden* | kʷáyəs *hide it there* | łáyəs *remove from fire* | łəŋáʔəŋ *being detached* | łəŋás *detach* | łiłúyəŋ *abandoned* | łiłúyəs *leave them* | łiŋíŋə *leave you* | łiŋíŋəł *leave us* | łiŋíŋəs *leave me/you* | łŋáʔəs *detaching it* | łŋáŋ *be detached* | łŋłŋáŋ *be detached (pl)* | łuʔúʔiŋ *being left* | łuʔúʔis *leaving it* | łúyəŋ *be left* | łúyəs *leave it* | łúyəsc *leave me/you* | łúyəst *leave behind* | łúyəstəŋ *be left behind* | ƛ̓kʷás *get it* | nəxʷłəŋáʔəs *dismantling* | nəxʷłəŋás *dismantle* | nəxʷnuʔás *load* | nuʔáŋ *be put in* | nuʔás *put in* | nuʔnuʔásəŋ *be put in (pl)* | qáʔməs *break off* | qəyíkʷs *put around* | qʷaʔánsəŋ *being called* | qʷáʔəns *calling to* | qʷánəs *call to* | qʷanəsnúŋə *invite you* | qʷánsəŋ *be called to* | qʷən̓sə́yuʔ *inviting a group* | q̓ʷə́yəs *roast it* | scəyəłiqʷáʔsəŋ *put up framework* | səsqást *start to put outside* | skʷənəsə́yuʔ *be left* | sqáʔəs *putting it outside* | sqáŋ *be put outside* | sqás *put outside* | sqástəŋ *be put outside* | sqʷən̓sə́yuʔ *invitation* | stə́ŋəs *set beside* | sxʷkʷáns *trash can* | taʔáwəŋ *being bought* | taʔáwəs *buying it* | tákʷəŋ *be bought* | tákʷs *buy it* | tkʷsnáyəŋ *buy food* | tsáŋ *be brought* | tsás *bring there* | txʷás *beach canoe* | ƛ̓kʷás *take home* | xʷás *lower it* | xʷkʷáʔəs *lowering* | xʷkʷás *lower* | yəx̣ʷáʔəs *untangling* | yəx̣ʷáŋ *be freed* | yəx̣ʷás *free* | yəx̣ʷəŋíŋə *free you* | yəx̣ʷəŋíŋəs *free me/you* | yəx̣ʷəŋíŋəł *free us*}

-aw̓ 〚-aw̓ -ext〛 stem extender. [a suffix with no identifiable meaning that must occur before some other suffixes] {naʔčáʔuŋəxʷ *foreign* | naʔčáʔuł *foreigner* | nəyaʔčáʔuŋəxʷ *foreigners* | sqʷaʔháʔuŋəxʷ *amongst*}

-ay 〚-ay -ext〛 stem extender. [a suffix with no identifiable meaning that must occur before some other suffixes] {ʔaʔyəłtayéʔčəŋ *loading* | ʔiʔáyəč *taste good* | ʔiyəmáyəmš *strong type* | čiʔqáynəs *big teeth* | čiʔqáyŋəxʷ *big bosom* | čqáyəŋ *big ear* | čaʔčáyŋəxʷ *milking* | ččáyŋəxʷ *milk cow* | čəciŋíxʷt *milk it* | čixʷaʔyéʔč *inside beach* | kuláyns *gold tooth* | kʷəmkʷaʔmáyəmš *concerned* | łəŋayéʔqʷ *remove from head* | łəŋayéʔqʷəŋ *remove hat* | łəŋayéʔqʷt *remove from head* | ƛ̓əmáynəs *bump tooth* | nəqʷcáyəsən *my dear* | nəxʷƛ̓əmáyən *bump ear* | nəxʷtkʷáyən *Freshwater Bay* | ŋənáyəŋəxʷ *much milk* | qaʔqiyamáyaməš *weak kind* | qʷaʔyəcə́yəsən *canes* | sməcáyŋəxʷ *butter* | sqtayéʔqʷ *peak* | sqʷəyayəŋəxʷáyəqsən *likes blackberries* | sxʷčaʔx̣áyən *earwax* | sxʷłiłq̓áyəqsən *nostrils* | sxʷqʷənáyəqsən *nose hair* | sx̣aʔsáyəč *stink* | šukʷaʔáyəqsən *likes sugar* | tkʷáynəs *break tooth* | tkʷáynxʷ *Freshwater Bay* | łiłʔáysən *tingling foot* | łiłiʔáycs *tingling hand* | t̓x̣ayúsən *tell off* | t̓x̣ayúst *tell off* | t̓x̣ayústəŋ *be told off* | xłáynəs *toothache*} VAR: -aʔy {ʔaʔyəłtaʔyéʔč *loading* | q̓ʷiyaʔyéʔčəŋ *go over* | sqaʔyéʔč *outside beach* | q̓taʔyéʔqʷ *top of the head* | sxʷq̓taʔyéʔqʷ *top*} VAR: -aý {ʔéʔəxʷ sčaʔkʷaʔyúł *bulldozer* | ʔəsməxʷáyns *toothless* | čaʔčtx̣áyqsən *small shrew* | čaʔyaʔčtxʷáyqsən *small shrews* | čəyətx̣áyqsən *shrews* | čtxʷáyqsən *shrew* | kʷənáŋəł sčaʔkʷaʔyúł *support boat* | łcayáʔčən *saw* | maʔmxʷáyns *toothless (dimin)* | pxʷayáyəs *gray color* | sčaʔčaʔkʷaʔyúł *small vehicle* | sčaʔčqʷáʔič *small bear* | sčaʔkʷaʔyúł *conveyance* | sčaʔyaʔkʷaʔyúł *conveyances* | sčaʔyəqʷáʔič *bears* | sčayʔaʔčqʷáʔič *small bears* | siqayáʔnəŋ *spinning* | stxʷnaʔyéʔč *other side* | syaʔx̣áyən *eldest* | txʷnaʔyéʔč *other side*} VAR: -ay̓ {ʔəsłikʷə́yəs *hanging* | kʷsə́ynč *burn rump* | sčəyəxʷə́ynč *dolt* | sqatihə́ynč *foolish* | x̣əłə́ynč *hurt rump*} VAR: -əy̓ {x̣ʷaʔq̓ʷəyəłnáyəc *choke me/you* | x̣ʷq̓ʷəyəłnáyət *choke someone* | x̣ʷq̓ʷəyəłnáyətəŋ *be hanged*} VAR: -əý {ʔsčixʷə́yənč *stupid* | ƛ̓aʔƛ̓əmq̓ʷə́yqsən *woodpecker* | ƛ̓aʔyaʔƛ̓əmq̓ʷə́yqsən *woodpeckers* | paʔpxʷə́yqsən *gnat* | paʔyəxʷə́yqsən *mosquitoes* | piq̓ʷəyéʔčən *powdered sugar* | pxʷə́yqsən *mosquito* | sqaʔŋə́ynč *feces on bottom* | sxʷčq̓ʷə́ynč *dirt on bottom* | sxʷčixʷə́ynč *no sense*} VAR: -i {čičéʔŋəxʷt *milking it (pl)* | łtíʔəw̓isən *fishing rod* | sməcíŋəxʷ *butter* | taʔtáʔciŋəxʷ *animals*} VAR: -iʔ {ʔaʔq̓ʷiʔnísəŋ *extracting tooth* | ʔəsmaʔkʷiʔéʔč *piled up* | ʔəstaʔxiʔáxən *spread arms* | ʔəstkʷiʔáxən *broken arm* | ʔiyəmiʔáxən *strong armed* | čaʔkʷiʔəx̣ánəŋ *wash arms* |

čsiʔáxən *get hit on the arm* | čsiʔáxənəŋ *be hit on the arm* | čsiʔáxtəŋ *be hit on arm* | ɬəy̕ɬtiʔúʔis *casting* | ɬčiʔáxən *cut arm* | ƛ̕əmiʔáxən *bump arm* | maʔməkʷiʔúʔyəs *hunched* | mičiʔúʔisəŋ *roll over* | mičiyúʔyəst *roll it* | nəxʷsaʔskʷiʔúsəŋ *whistling tune* | pqiʔéʔqʷ *white head* | pxʷéʔiɬč *red huckleberry bush* | paʔxʷiʔéʔčəŋ *over flowing* | paʔyəxʷiʔéʔčəŋ *overflowing container* | q̕miʔáxt *cut arm off* | q̕tiʔúsəŋ *go around* | scaʔmiʔáxən *arm bone* | snuʔnəkʷéʔiɬč *waxberry* | stəŋiʔŋínəŋ *supper* | šašpiʔúsəŋ *whistling tune* | ščiʔáxən *hit on arm* | ščiʔáxənəŋ *be hit arm accidentally* | ščiʔáxənəxʷ *hit arm accidentally* | ščiʔáxt *hit on arm* | ščiʔáxtəŋ *be hit on arm* | taʔŋiʔŋéʔnəŋ *supper* | təŋiʔŋínəŋ *supper* | tkʷiʔáxən *break arm* | txʷiʔúsəŋ *go ashore* | ƛ̕qéʔiɬč *salal bush* | xɬiʔáxən *hurt arm*} VAR: -iʔa {ʔiyəmiʔásən *strong legged*} VAR: -iy {cə́ɬpiyaʔqʷ *gr-gr-gr-grandparent/child* | cə́yəɬpiyaʔqʷ *gr-gr-gr-grandparents/children* | háʔkʷiyaʔqʷ *great-great-grandparent/child* | hə́yəkʷiyaʔqʷ *great-great-grandparents/children* | ɬčiʔáxt *cutting arm* | ɬčiyəxánt *cut arm* | ɬičiyáxən *cut arm* | ɬxʷéyn *triangle* | paahíyəɬč *pear tree* | pxʷíyəčəŋ *over flow* | stkʷiyáxən *broken arm* | sxpaʔčíyəɬč *cedar boughs*} VAR: -y {maʔkʷaʔyéʔčtəŋ *be piled up* | məkʷəyéʔčt *pile up* | saʔyəxánəŋ *lift arm* | spúq̕ʷəŋəyeʔč *frosting* | sxaʔikʷəyéʔč *mountains* | sxk̕ʷəyéʔč *mountain* | xəy̕k̕ʷəyéʔč *mountains*}

-ayŋən ⟦-ayŋən -want⟧ want to, feel like, desire. [attaches only to verbs] [This is like a suffix in that it is stressed, but like an enclitic in that it follows object inflection.] [The glottalization in the variants is probably do to the 'actual' morphology.] {ɬukʷáyŋən u cxʷ? *Do you want to go home?* (AS,BC) | nsuʔƛ̕kʷətəŋáyŋən ʔaʔ kʷə ncáčc. *My uncle wanted to get me.* (MJ) | ʔíttáyŋən cn. *I want to sleep.* (AS,BC) | ɬúkʷáyŋən cn. *I want to go home.* (AS,BC) | q̕ʷuʔqʷaʔáyŋən cn. *I want to drink.* (AS,BC) | ʔiɬənáyŋən cn. *I want to eat.* (AS,BC) | cəʔitáyŋən. *to want (something) to be true* (AS)} VAR: -áyŋən̕ {hiyaʔáyŋən̕ cn. *I want to go.* (TC) | naʔnə́yəŋáyŋən̕ cn. *I want to laugh.* (MJT) | ƛ̕ə́kʷtáyŋən̕ cn. *I want to take it.* (MJT) | kʷéʔwəntiʔáyŋən̕ cə Gypsy ʔaʔ kʷsə čə́q sqáxaʔ. *Gypsy wanted to fight with that big dog.* (MJT) | ɬúyəs kʷə sxʷiyás kʷəsə snúʔnəkʷ ɬaʔkʷítəŋáyŋən̕ kʷə yəwíntən. *Pysht Jack left the place where the ghost wanted to gaff him.* (ES) | q̕q̕ánítəŋ ʔaʔ či sxiyáʔəs snáyaʔnəkʷ q̕ʷaʔčútəŋayŋən̕. *He was being threatened by the bad ghosts who wanted to kill him.* (ES) | nəčəŋáyŋən̕ *want to laugh* | qʷaʔqʷaʔáyŋən̕ *thirsty* | skʷayəkʷsáyŋən̕ *want to murder* | ɬaʔkʷáyŋən̕ *wanting to go home* | waʔáyŋən̕ *want to go along*} VAR: -ʔáyŋən̕ {smə́y̕əq ti nəsyaʔcúscʔáyŋən̕. *I forgot what I wanted to tell you.* (ES) | cə́ŋtəŋʔáyŋən̕ cn. *It wants to bite me.* (MJT) | ʔəɬsmanəšáyŋən̕ *want to smoke* | waʔwaʔáyŋən̕ *wanting to go along*} VAR: -áyŋən̕ {cəʔitáyŋən̕. *to want (something) to be true* (AS,BC) | cəy̕csitiʔáyŋən̕. *He wants to box.* (MJT) | ʔəxəŋáyŋən̕ *want same* | ʔuxʷəŋáyŋən̕ *want to go there* | čaʔtáyŋən̕ *nauseated* | čaʔyáyŋən̕ *wanting to work* | haʔčáyŋən̕ *pausing* | hiyaʔáyŋən̕ *want to go* | kʷaʔnéʔŋətháyŋən̕ *want to run* | kʷcaciʔáyŋən̕ *want to hitchhike* | kʷəy̕táyŋən̕ *trying to capsize* | ɬəməxʷáyŋən̕ *threaten to rain* | ƛ̕ə́wəŋáyŋən̕ *want to howl* | naʔnəyəŋáyŋən̕ *holding laughter* | naʔnə́yəŋʔáyŋən̕ *wanting to laugh* | puq̕ʷəŋáyŋən̕ *fermenting* | q̕ʷaʔčáyŋən̕ *dying* | q̕ʷaʔctáyŋən̕ *wanting to kill* | səməxʷáyŋən̕ *want to be quiet* | xaɬɬáyŋən̕ *start to hurt* | xʷaʔŋáyŋən̕ *want to cry*} VAR: -háyŋən̕ {kʷaʔnéʔŋətháyŋən̕ cn. *I feel like running.* (ES) | kʷéʔwəntiʔhayŋən̕. *They feel like fighting.* (MJT) | waʔwəsáy̕sháyŋən̕ cə Gypsy. *Gypsy wants to bark.* (MJT) | həčáyŋən̕ *pause* | kʷəy̕təŋáyŋən̕ *trying to be capsized* | ƛ̕acuʔáyŋən̕ *want to fish* | ɬəkʷáyŋən̕ *want to go home*}

-ay̕s ⟦-ay̕s -activ⟧ structured activity, always, regularly. [intransitive verb suffix that indicates a regularly occurring activity] [It is unclear how this is functionally distinct from the other 'structured activity' suffix. This may be the 'actual' form of the suffix, but there is no consistent semantic distinction discernible.] cp. -əyu {ʔaʔaʔkʷsáy̕s *advising* | ʔəxʷʔyáy̕s *move away* | caʔqʷsáy̕s *pointing* | caʔcəm̕əsáy̕s *flirting* | čisáy̕s *following* | čqíyaʔyəs *get paid* | həqʷənáy̕s *bake* | kʷənʔáyst *looking for lice* | kʷənʔáystəŋ *looking for lice* | ɬaʔkʷáy̕s *fishing with a gaff* | ɬčxʷáyəs *act silly* | ɬiʔtsáy̕s *sprinkling* | ɬiʔxʷáy̕s *acting silly* | ɬicáy̕s *spark* | ɬiɬitsáyəs *sprinkling* | ɬitsáyəs *sprinkle* | ƛ̕aʔkʷáy̕s *holding on* | ƛ̕aʔpáʔyəs *feeling around* | ƛ̕aʔyáy̕s *going backward* | ƛ̕kʷáy̕s *get* | maʔmiʔáʔis *kicking* | maʔyáy̕s *kicking* | məyáʔyəs *kick* | miməyáʔyəs *kick (pl)* | naʔsáy̕s *taboo* | nəxʷləməqáy̕s *separate fighters* | nəxʷxiʔəsáy̕s *taking pictures* | pxʷáyəs *blow* | scaʔqəmúʔist *control* | scaʔqəmúʔistəŋ *be controlled* | scaʔqmúʔis *controlled* | sməčáy̕s *brains* | sxʷʔaʔkʷsáy̕s *teacher* | sxʷkʷčáyəs *part in hair* | sxʷƛ̕aʔyáy̕s *oar* | sxʷƛ̕iyaʔyáy̕s *oars* | sxʷxiʔsáy̕s *camera* | šaʔsáy̕s *sneaky* | šaʔsáy̕st *stalk* | šaʔsáy̕stəŋ *be stalked* | ɬamáy̕s *guess* | ɬiqsáy̕s *waving* | ɬiɬiyáʔis *tingling* | waʔwəsáy̕s *barking* | wəsáyəs *bark* | xʷaʔsáy̕s *shaking off* | xʷaʔsáy̕səŋ *delouse* | xaʔxčáy̕s *studying* | xčáy̕s *study* | xiʔsáy̕s *photographing* | xiyusáy̕səŋ *photographing*}

-c ⟦-c -1obj/2obj⟧ me, you, first-person and second-person direct object. [This occurs with the basic and dative transitivizers. The /t/ of these transitivizers always deletes before this suffix. Historically this /c/ arose from /-t-s/, but this is no longer an active process.] {ʔaʔáʔənc *acknowledging me/you* | ʔaʔáʔic *lend me/you* | ʔaʔaʔkʷúsc *teaching me/you* | ʔaʔčsúsc *exchange for me/you* | ʔaʔkʷúsc *teach me/you* | ʔaʔkʷɬníc *protect me/you* | ʔáʔŋaʔc *giving me/you* | ʔaʔŋúsc *giving me/you* | ʔánəc *obey me/you* | ʔəcísc *dress me/you* | ʔəléʔkc *elect me/you* | ʔələnísc *feed me/you* | ʔənʔác *bring me/you* | ʔəŋaʔc *give me/you* | ʔəstásc *bring me/you close* | ʔətútc *put you to sleep* | ʔəxtaʔsíc *fix for me/you* | ʔíŋəc *step on me/you* | ʔiyəmúc *make you/me strong* | ʔíyəwəɬc *put me/you beside* | ʔúŋəsc *give me/you* | ʔúyəxc *lift me/you* | ʔyaʔnəŋíc *listen to me/you* | cə́ŋəc *pack me/you* | cqíc *poke me/you* | cxə́c *shove me/you* | caʔpáʔc *bothering me/you* | ćápc *distract me/you* | ććə́c *wake me/you* | ćələ́c *beat me/you* | cə́ŋəc *bite me/you* | ćə́sc *hitting me/you* | cə́xtəníc *poison me/you* | ćiʔkʷáʔnəc *flirting with me/you* | ćićə́sc *hit you/me* | ćićsúsc *punch face me/you (pl)* | ćsə́c *punch me/you* | ćsúsc *punch me/you in face* | ćaʔććə́c *just wake me/you* | ćaʔćsíc *making for me/you* | ćánəc *move me/you* | ćə́nəc *bury me/you* | ćsúsc *throw to me/you* | ćtác *ask me/you* | ćúʔsc *throwing to me/you* | ćúkʷc *shoot me/you* | ćúsc *throw to me/you* | ćxʷə́c *spit on me/you* | ćxʷúsc *spit on me/you* | ććúsc *hug me/you* | ćəyúsc *take away from me/you* | haʔháʔnəc *thanking me/you* | háʔnəc *good to me/you* | haʔníćc *discussing me/you* | haʔníŋəc *get to thank me/you* | kʷáʔəc *release me/you* | kʷaʔkʷaʔə́c *leave me/you alone* | kʷaʔkʷćáʔŋəc *yelling to me/you* | kʷaʔwəntiʔíc *fighting over me/you* | kʷćáŋəc *yell to me/you* | kʷéʔyəc *peeking at me/you* | kʷənáŋəc *help me/you* | kʷəná̓ʔŋəc *helping me/you* | kʷqsíc *open for me/you* | kʷə́nc *look at me/you* | kʷə́nəsc *show me/you* | kʷəníc *watch me/you* | kʷənsíc *look at for me/you* | kʷə́nc *looking at me/you* | kʷəníc *watch me/you* | kʷə́nsc *showing me/you* | kʷənsíc *looking after from me/you* | kʷə́sc *lecturing me/you* | kʷssíc *count for me/you* | ɬaʔtúqʷc *boiling me/you* | ɬccísc *cut my/your hand* | ɬə́məxʷc *smear me/you* | ɬtə́xʷc *swallow me/you* | ɬuʔćáʔc *undress me/you* | ɬuʔísc *kidnap me/you* | ɬúyəsc *leave me/you* | ɬxʷúsc *reprimand me/you* | ƛiʔáʔc *seeking me/you* | ƛiyáʔc *seek me/you* | ƛ̓kʷcísc *shake hands with me/you* | ƛ̓kʷə́c *take me/you* | ƛ̓kʷíc *hold me/you* | ƛ̓úʔəc *comfort me/you* | máʔkʷəɬc *hurt me/you* | məyaʔc *kick me/you* | məyaʔwáćc *kick me/you rear* | miməyaʔc *kick me/you (pl)* | mísc *choose me/you* | múʔcc *aiming at me/you* | múcc *aim at me/you* | naʔkʷíc *spook me/you* | naʔnéʔnəc *acknowledge me/you* | nanəćə́c *smile at me/you* | nəćəŋísc *make me/you laugh* | nəxʷʔəyə̓qáćc *tease me/you* | nəxʷćsúsc *punch me/you in face* | nəxʷkʷqsíc *open for me/you* | nəxʷməkʷúcc *kiss me/you* | nəxʷtćúc *answer me/you* | nuʔíc *put me/you in* | nunəćsíc *plan to repay me/you* | ŋaʔkʷaʔéʔc *waiting for me/you* | ŋaʔkʷaʔíc *wait for me/you* | ŋə́xc *bawling out me/you* | ŋúc *eat me/you* | páʔəc *try me/you* | qaʔyəsə́ŋəc *look away from me/you* | qáʔyəxc *lying to me/you* | qánəc *rob me/you* | qaníc *steal from me/you* | qəmác *ask for me/you* | qəmsíc *ask me/you for* | qə́sc *putting me/you in water* | qíqc *restrain me/you* | qsə́c *put me/you in water* | qaʔníc *threaten me/you* | qaʔyúsc *pay me/you* | qə́yəćc *shelter me/you* | qʷaʔmíc *blame me/you* | qʷiʔnə́wic *talking to me/you* | qʷúʔəc *get water for me/you* | qʷúʔyaʔməc *hugging me/you* | qʷa̓qʷáysc *deceive me/you* | qʷaʔšə́nəc *go with me/you* | qʷaqʷiʔŋíc *believe me/you* | qʷáyŋəc *believe me/you* | qʷənəyúʔsc *lending me/you* | qʷənəyúsc *lend me/you* | qʷíŋəyuʔsc *lending me/you* | qʷúćc *beat me/you* | sʔaʔyíc *lend me/you* | sʔə́ŋaʔc *given me/you* | saʔác *ordering me/you* | sáʔəc *lift me/you* | sáʔmaʔcc *covering me/you up* | sác *order me/you* | saysiʔŋísc *scare me/you* | sə́məćc *cover me/you* | sə́wqc *whisper to me/you* | sčéʔqʷc *club-head me/you* | sčə́sc *hit me/you* | tčə́c *stab me/you* | tkʷsíc *buy for me/you* | ttaʔkʷác *shining on me/you* | taʔnísc *putting me/you ashore* | taʔwiʔəɬíc *pray for me/you* | tiŋíxʷc *medicate me/you* | tiyəmtásc *sing to me/you* | ɬk̓ʷísc *take me/you across* | ɬk̓ʷísc *bring me/you home* | ɬq̓ʷə́c *choke me/you* | ɬxə́c *make me/you wrong* | waʔwúsc *bark at me/you* | xʷaʔyísc *shaking me/you* | xʷác *lower me/you* | xʷéʔənəc *swear at me/you* | xʷəyísc *shake me/you* | xʷk̓ʷánc *pull my/your ear* | xʷuyəmsíc *sell for me/you* | xčíc *know me/you* | xiʔxaʔyúsc *arguing with me/you* | xtə́c *shoot me/you* | xʷa̓qʷəyəɬnáyəc *choke me/you* | xʷćác *slaughter me/you* | xʷiʔámúsc *tell me/you* | xʷuʔúc *crying for me/you* | xʷúc *cry for me/you* | yaʔáʔc *make me/you a bed* | yaʔcúsc *telling me/you* | yaʔsíc *prepare for me/you* | yaʔyəŋíc *listen to me/you* | yáyaʔc *fixing me/you* | yəcúsc *tell me/you* | yəqə́c *measure me/you* | yúʔyəc *inviting me/you to go* | yúyəc *invite me/you to go*}

-cəŋ ⟦-cəŋ -1obj/2obj⟧ me, you, first-person and second-person direct object. [occurs only with the *-sít* 'benefactive' transitivizer.] {ʔənʔaxʷsícəŋ *bring for me* | ɬxʷuscícəŋ *reprimand for me/you* | kʷćaŋəsícəŋ *yell for me* | kʷxsícəŋ *eject for me/you* | qpsícəŋ *gather for you*} VAR: -səŋ {čxʷsísəŋ *give me/you more*}

-cut ⟦-cut -rflxv⟧ reflexive, self; become. [With highly transitive stems, this indicates action on the self. With other stems, this indicates the idea of becoming, developing into.] [A frequent variant lacks the vowel.] {ʔaʔčšíct *change self* | ʔaʔćáct *wiping self* | ʔaʔnaʔŋíct *showing self* | ʔaʔxʷíct *sweeping* | ʔaʔyaʔnəŋíct *listening* | ʔaʔyaʔyə́mct *making self strong* | ʔaʔyáct *groan* | ʔaʔyáct *store self* | ʔayaʔyə́mćt *strengthening* | ʔáyəct *begin* | ʔəccúʔət *I want to be it* | ʔənəŋíct *show self* | ʔəsʔáyəxʷct *get old* | ʔəsɬaʔníct *attached* | ʔəsqéʔqict *become mean* | ʔəsqəyəm̓cút *hangover* | ʔəɬúct *stretch self* | ʔəxʷíct *sweep* | ʔəyaʔnəŋíct *listen* | ʔə́yəct *getting better* | ʔəyŋíct *do for self* | ʔiʔánəŋct *learn* | ʔiʔcút *get better* | ʔiyə́mact *stronger* | ʔiyəmúct *make self strong* | caʔčáct *move ahead* | caʔčə́ct *continue* | čaʔkʷáct *wash self* | čaʔkʷíct *wash self* | čaʔmúṇəct *get wet* | čaʔṇíct *getting near* | čaʔpáct *getting distracted* | čaʔpúsct *hide behind* | čaʔq̓ʷə́ŋct *rotting* | čaʔxʷíct *complain* | ččaʔmúṇct *get wet* | ččə́ct *wake up* | cə́yəkʷct *twitch* | cə́yct *fasting* | cə́ykʷct *twitching* | cíŋəct *near* | cpáct *get busy* | cq̓ʷáŋəct *rot* | čaʔŋúct *pushing* | ččáct *make self* | čə́ɬtct *thickening* | čə́nəct *bury self* | čiʔəkʷíct *pass by* | čičiʔə́yəct *somersault* | čiqcút *get big (pl)* | čiyáct *advance* | čɬə́tct *get thick* | čɬtúʔəct *getting thick* | čmaʔxʷúct *tormenting* | čqcúʔət *bragging* | čqcút *get big* | čúŋəct *push self* | čúxʷəŋct *turn sour* | čáʔipct *turning around* | čə́ṇčct *squeeze self* | čə́yəpct *turn over* | haʔčúct *forming* | haʔqíct *push canoe off* | həčúct *finish* | híyct *go down* | hiyíct *come to life* | kʷaʔčáct *complaining* | kʷáʔətct *go stern* | kʷaʔkʷiʔə́ct *tip over (dim)* | kʷaʔkʷíwcct *warming self by fire* | kʷantiʔíct *fighting* | kʷənaṇíct *help self* | kʷənaṇíct *helping oneself* | kʷəncút *take turns* | kʷə́yct *limp* | kʷə́yəxct *move oneself* | kʷəyəxcúttxʷ *make it move* | kʷə́yxct *moving* | kʷiʔə́ct *tip over* | kʷikʷiyáyct *become expert* | kʷkʷə́ct *get warm* | kʷšə́ct *go away* | k̓ʷaʔčáʔct *seeking spirit power* | k̓ʷčáct *seek spirit power* | k̓ʷənəcút *look at self* | k̓ʷənsíct *look at for self* | k̓ʷəṇcút *looking at self* | łaʔkʷáct *get away* | łaʔníct *attach* | łaʔṇíct *removing* | łáčct *darken* | łáɬčct *getting dark* | łéʔəxct *stiff* | ɬəmíct *peel off* | ɬəṇíct *come off* | ɬə́txct *shivering* | ɬə́xʷct *going straight* | ɬícct *cut self* | ɬiɬáčct *getting dark* | ɬiɬə́xʷct *straightening* | ɬípct *flopping around* | ɬkʷásct *drop back* | ɬkʷíct *hook self* | ɬpíct *flip self* | ɬxʷaʔmíct *slide* | ɬxʷə́ct *straighten self* | ƛ̓aʔɬáŋəct *getting salty* | ƛ̓aʔmúct *improve* | ƛ̓aʔpcút *control self* | ƛ̓aʔyaʔccút *keeping still* | ƛ̓ccút *get deep* | ƛ̓ɬáŋəct *get salty* | ƛ̓ƛ̓úʔct *comfort self* | ƛ̓qíct *come out of water* | ƛ̓úʔəct *comfort self* | ƛ̓úṃəct *improving* | maʔčúct *aim at self* | maʔxʷíct *stomping* | məccút *get fat* | məqə́ct *get full* | məsíct *choose* | məxʷíct *stomp* | mə́yčct *rolling around* | mimə́yčct *rolling around* | naʔkʷcúʔət *you wanting to be it* | naʔɬcúʔət *being it* | náčct *change self* | nəkʷcút *you want to be it* | nəɬcút *try to be important* | nəxʷhaʔyaʔkʷə́nct *save life* | nəxʷqə́yəkʷct *coil up* | nəxʷsə́yəct *whirlpool* | nəxʷšəpúct *squat* | niʔnaʔcút *protect self* | ŋaʔkʷaʔcút *waiting* | ŋaʔxáʔct *hurrying up* | ŋə́nct *become many* | ŋəxáct *hurry up* | paʔcíct *sliding* | paʔcíctxʷ *smoothing down* | paʔyíšpšct *turn into cats* | pcíct *slide* | pcícttxʷ *smooth down* | péʔšpšct *turning into cat* | pəɬq̓ʷct *slapping water* | pə́ššct *Pysht* | pə́yəq̓ʷct *powder self* | pəyə́ššct *Pysht (pl)* | p̓ɬə́q̓ʷct *slap water* | p̓áʔəct *try* | p̓ɬáct *sober up* | p̓pə́ʔct *training* | p̓sɩ́ct *put together* | qaʔqéʔəct *get loose* | qaʔqiyámct *get weak* | qáyəxct *tell a lie* | qəyə́xct *telling a lie* | qsə́ct *go into water* | qsə́ŋəct *immerse self* | q̓aʔníct *threatening* | q̓aʔwíct *turn corner* | q̓cə́ct *shrink* | q̓ə́mcct *looking around* | q̓ə́txct *rattle* | q̓ə́yəčct *shelter* | q̓ə́yəpct *shrink* | q̓ə́ypct *gather together (pl)* | q̓ə́ypct *gathering together (pl)* | q̓pə́ct *gather together* | qʷáʔqʷaxʷct *suffering* | qʷaʔqʷíxct *moving around* | qʷə́ɬct *waves* | qʷə́yct *bailing* | qʷə́yəct *bail* | qʷíxct *move self* | qʷúʔyiʔct *getting soft* | q̓ʷxʷíct *move away* | q̓ʷaʔɬcút *expecting* | q̓ʷaʔtúxʷct *making noise* | q̓ʷáyaʔct *make friends* | q̓ʷčúct *kill self* | q̓ʷə́səŋct *getting hard* | q̓ʷə́txʷct *make noise* | q̓ʷə́yə́ct *get friendly* | q̓ʷəyúʔəct *join in (pl)* | q̓ʷúʔəct *join in* | sʔiʔánəŋct *get used to* | saʔmə́čct *cover self* | saʔxíct *moving self* | sáyct *scratch oneself* | séʔqiʔct *getting heavy* | sə́ɬct *lying down* | sə́wct *going into woods* | səwə́ct *go into bush* | səwq̓ct *spin* | sə́yəq̓ct *go around* | siʔáʔəmct *being bossy* | siʔámct *get bossy* | siqáyəsct *turn around* | skʷásct *scald oneself* | skʷúct *bathe self* | sɬáʔniʔct *turning into woman* | sɬániʔct *turn into woman* | sɬə́ŋct *go ahead* | sƛ̓éʔct *get to like* | smaʔxʷúct *being tormented* | sməxʷúct *torment* | sṇáʔnətct *turning to stone* | sqáxaʔct *turn into a dog* | sq̓íyəct *get heavy* | stiʔqáyuʔct *becoming beaver* | stiqáyuʔct *become beaver* | stə́ct *lie down* | swəʔwəscút *become young man* | swə́yqaʔct *turned into a man* | sxʷiʔaʔxʷíct *broom* | sxʷiʔɬə́xʷct *rudder* | sxʷiʔxʷiʔxʷə́k̓ʷtəŋct *donkey* | sxʷkʷaʔkʷíwcct *heater* | sxíct *move* | sxʷə́ct *enter clearing* | syáʔyaʔct *what to do* | syáyaʔct *being ready* | syáyəct *preparing* | šaʔsáʔct *sneaking* | ščə́ct *hit self* | šə́nct *separate* | ššáct *sneak* | taʔméʔct *striving* | taʔnáʔct *do best* | tčə́ct *poke self* | təməɬíct *paint body* | tə́sct *getting near* | tíyməct *hard effort* | tsə́ct *get near* | ttaʔnáct *taking care of self* | ṭaʔmáʔct *suspicious* | ṭaʔmáct *suspicious* | ṭéʔwiʔəɬíct *pray for self* | ṭəŋkʷáct *mix together* | ṭəŋkʷáʔct *mixing together* | ṭṭéʔyəmct *beginning to sing* | ṭxə́ct *deviate* | waʔyúct *getting bright* | wayúct *lit up* | wəyəq̓ʷíct *recognized* | xʷaʔisíct *shaking self* | xʷaʔsíct *shiver* | xʷaʔwáwaʔxʷaʔct *getting light weight* | xʷaŋáʔct *resting self* | xʷéʔict *move away* | xʷik̓ʷíct *cover self* | xʷk̓ʷə́ct *drag self* | xʷsíct *shake oneself* | xaʔčáct *drying self* | xáʔƛ̓ct *getting windy* | xaʔsíct *fierce* | xáƛ̓ct *storm* | xčáct *dry self* | x̣ʷaʔq̓íct *spawning* | x̣ʷaʔq̓úct *be poling up* | x̣ʷəŋíct *go fast* | x̣ʷəŋúct *cry for self* | x̣ʷə́pct *make noise* | x̣ʷə́šct *splashing* | x̣ʷq̓ʷíct *scrub oneself* | x̣ʷq̓ʷúct *pole canoe* | yáʔct *begin* | yaʔŋíct *help self* | yaʔq̓ɬcúʔət *obstructing* | yaʔyənəcút *listening* | yaʔyúct *inviting self* | yáyaʔct *doing* | yəhúmact *take care* | yəq̓ɬcút *get in the way*}

-č 〚-č -ʔ〛 unknown function. [occurs in only one word and its plural] {sxʷq̓ʷəčáy *jug* | sxʷq̓ʷəyaʔčáy *jugs*}

-ča ⟦-ča -?⟧ unknown function. [occurs in only one word of doubtful analysis] {łiyəčáti *leave each other*}

-ə? ⟦-ə? -ext⟧ stem extender. [a suffix with no identifiable meaning that must occur before some other suffixes] {tłaʔáyəṅ *this side* | tłaʔáyəs *on visible side* | tłuʔúcən *on this edge* | txʷnáʔəyəṅ *other room*}

-əł ⟦-əł -1pl_subord_subj⟧ we, first-person plural subordinate subject. (ES) {ʔaʔkʷúsc caʔn kʷaʔ čáyəł. *I'll teach you if we work.* (TC) | ʔaʔkʷúsc caʔn ʔəł čáyəł. *I'll teach you while we work.* (TC) | šaʔšúʔł u cxʷ ʔəł kʷənnákʷiəł? *Are you glad when we see each other?* (TC) | níł kʷaʔčaʔ ʔəł nítəł sq̓ʷúʔšənł ʔaʔ tiə ʔáynəkʷ. *That's why we're partners today.* (TC) | ʔuʔtxʷʔáwənə sx̌čítł kʷaʔ ʔuʔeʔéʔntł ʔəł qʷáq̓ʷiʔəł. *It's getting so we don't know what we're saying when we talk.* (TC)} VAR: -ł {hiyáʔ caʔ cxʷ kʷaʔ x̌ənəṅł. *You'll go if we say so.* (TC) | ʔuʔyəcúst caʔ st kʷi kʷaʔ kʷónəxʷł. *We're going to tell him if we see him.* (MJT) | kʷánəṅət qł kʷi kʷaʔ kʷóntł. *He'll run if we look at him.* (MJT) | naʔnóyəṅ st ʔəł ʔuʔłitóx̌ł. *We laugh when we make a mistake.* (TC) | ʔuʔóy̓ caʔ x̌č̓iṅł kʷaʔ kʷónnəxʷł. *We'll be glad to see him.* (AC) | łúis st ʔaʔ ʔuʔmáṅ ʔuʔ yíy̓ ʔəł štáṅł. *We left for a very long walk.* (TC)}

-ən ⟦-ən -1sg_subord_subj⟧ I, first-person subordinate subject. (TC) {x̌čít cn tə cə swóy̓qaʔ csátən. *I know the man that I hit.* (ES,TC) | sátəṅ cn kʷaʔ ƛ̓aʔtáwnən. *He sent me to town.* (TC) | sátəṅ cn kʷaʔ hiyáʔən ƛ̓aʔtáwn. *He told me to go to town.* (TC) | ʔáwənə x̌ʷéʔləm čúkʷən. *There was no rope for me to use.* (TC) | ʔáwə c sóy̓siʔ kʷaʔ kʷónəcən. *Don't be afraid if I look at you.* (MJT) | ʔuʔyəcúst caʔn kʷi kʷaʔ kʷónəxʷən. *I'm going to tell him if I see him.* (MJT) | níł suʔsáy̓siʔs tə xʷanítəm kʷaʔ syócəms kʷaʔ čkʷútəṅən. *Then the white man was afraid that he'd tell if I got shot.* (ES) | ʔuʔ ʔóy̓ q kʷaʔ twawšótəṅən. *It would be good if I'm still walking (still alive).* (TC) | ʔíłən u cxʷ kʷaʔ ʔíłənən? *Will you eat if I eat?* (TC) | ʔuʔq̓ʷáy̓ cn ʔaʔ kʷi nəsx̌ənʔátəṅ kʷaʔ hiyáʔən. *I believe that he told me to go.* (TC) | x̌ənʔátəṅ cn kʷaʔ hiyáʔən. *He said to me to go.* (TC) | yəcústəṅ cn kʷaʔ hiyáʔən. *He told me to go.* (TC) | sác u cxʷ kʷaʔ hiyáʔn ƛ̓acu? *Did you tell me to go fishing?* (TC) | ʔiʔánəṅ cn ʔəł čáyən ʔaʔ ti məhúy̓. *I know how to make a basket.* (MJT) | ʔáwə. x̌ʷəṅ cn ʔiʔ txʷaʔəstákʷł kʷaʔ qqíṅən. *No. I might get stuck if I play.* (TC) | ʔáwənə nəsx̌čít kʷaʔ ʔəstúṅətən caʔ. *I don't know what I'm going to do.* (MJ) | ʔuʔx̌ənʔátəṅ cn kʷaʔ hiyáʔən ʔiʔ kʷónt. *I was told to go and see him.* (AS)} VAR: -n (ES) {ʔáaʔ, ṅóṅ kʷəs xʷiyənítəm kʷónn. *Yes, there were many white people that I saw.* (EPT) | nəx̌číṅin ʔúx̌ caʔn ʔaʔstətíłəm kʷaʔ ʔáwən c ʔúx̌ ʔaʔčix̌ʷícən. *I think I'll go to Jamestown if I don't go to Port Angeles.* (TC)} VAR: -ṅ (TC) {ʔuʔtxʷʔáwənə x̌čtíṅ. *I can't remember.* (TC) | níł kʷaʔčaʔ suʔhúys x̌čtíṅ. *That's all I know.* (TC)}

-ənəq ⟦-ənəq -hab⟧ like to, want to, habitually. [indicates something characterized by a regular or habitual activity] {načtə́nəq *Changer.* (ES) | ʔaʔkʷustáʔnəq *teacher* (AS) | ʔəsʔiʔmiʔtə́nəq *renting* (ES; AS,BC) | caʔmúnəq *soak* (LC) | caʔpáʔnəq *distracting* (ES; TC; AS,BCb; AS) | čaʔqáʔnəq *astounding* (AS) | kʷaʔčáʔnəq *insulting* (HS,ES; AS) | kʷənəstə́nəq *show off* (TC) | kʷə́snəq *preaching* (ES; TC) | maʔkʷáʔənəq *gossiping* (ES) | paʔstə́nəq *accusing* (ES) | qaʔyəxtə́nəq *liar* (ES) | q̓ʷaʔúnəq *relative* (AS) | ʔaʔkʷustáʔnəq *teacher* | ʔəsʔiʔmiʔtə́nəq *renting* | ʔiʔx̌iʔx̌ayəstə́nəq *Great Transformer* | caʔmúnəq *soak* | caʔpáʔnəq *distracting* | čáwnq *tuberculosis* | čaʔqáʔnəq *astounding* | čaʔyáʔnəq *taking away* | čə́qənəq *astound* | kʷaʔčáʔnəq *insulting* | kʷaʔstə́nəq *preacher* | kʷaʔyəskʷsə́nəq *preachers* | kʷənəstə́nəq *show off* | kʷíynəq *advice* | kʷsə́nəq *preach* | kʷskʷsə́nəq *preacher* | łéʔnəq *tied up* | maʔkʷáʔənəq *gossiping* | maʔkʷłə́nəq *hurt habitually* | načtə́nəq *Changer* | ṅəx̌áṅəq *hurry up* | paʔstə́nəq *accusing* | pspstə́nəq *jealous* | pstə́nəq *jealous* | qaʔyəxtə́nəṅ *lying* | qaʔyəxtə́nəq *liar* | qəmáṅəq *asking for* | qiyéy̓ənəq *spoiling* | q̓ʷaʔq̓ʷiʔstə́nəq *lie habitually* | q̓ʷaʔúnəq *relative* | q̓ʷəq̓ʷaʔúnəq *relative (dimin)* | skʷsə́nəq *sermon* | snəčíynəq *sibling-in-law spouse* | sq̓ʷəʔúʔnəq *pal* | taʔčaʔx̌ʷéʔənəq *bothersome*}

-əs[1] ⟦-əs -3subsubj⟧ he, she, they, it, third-person subordinate subject. (LC; ES) ⟪There are many examples under the subordinate clause markers.⟫ cp. kʷaʔ cp. ʔəł ⟪not clear if /ə/ is part of underlying form⟫ {hiyáʔ caʔn kʷaʔ ʔóy̓əs tə skʷáči. *I'll go if it's a good day.* (LC) | ʔiʔ ƛ̓áy ʔuʔ kʷłuʔłáč ʔəł čáṅəs. *And it was also already dark when he came home.* (TC) | hásəṅ kʷaʔ ʔuʔəṅsx̌éʔəs. *Sneeze if you want to.* (EPT) | həwəṅístxʷ kʷaʔ húyəs či nscəʔúʔwəs. *Bring it back when you're finished using it.* (ES) | šátəṅ yaʔ ʔəł hiyáʔəs ʔúxʷ ʔaʔ kʷəsə sxʷʔiyás či sʔúy̓ł ʔaʔ tə scaʔkʷaʔyúł ʔəł hiyáʔəs čáy. *He was walking over to where he got on the crummy to go to work.* (ES)} VAR: -s {ʔncə́q̓ʷ či sčə́q̓ʷəwc ʔiʔ ʔáw c xʷənʔáṅ cə sčə́q̓ʷəwc kʷónts. *A fire is red, but the fire he saw was not like that.* (ES) | húy caʔ ʔuʔ hiyinúṅət kʷaʔ ʔánłs ʔaʔ či nsqʷáq̓ʷiʔ. *Only those who obey what I'm saying will be saved.* (ES) | kʷónəts cə swóy̓qaʔ cə snóxʷł taʔáwəss. *The man looked at the canoe he's buying.* (TC)}

-əs[2] third-person transitive subject. *See under:* -s

-əstʔ ⟦-əstʔ -?⟧ unknown function. [occurs in only one word] {hə́w̓əstʔuc *fix fire*}

-əstxʷ causative. *See under:* -istxʷ

-ət ⟦-ət -?⟧ unknown function. [occurring in one word] {shéʔwət *bow of canoe*} [possibly formed on analogy with skʷáʔət 'stern of canoe']

-əw ⟦-əw -ext⟧ stem extender. [a suffix with no identifiable meaning that occurs before the '=hump' suffix in some words] {ʔsɬəkʷəwéʔč *shoelaces* | ɬəŋsəwéʔč *black chiton* | xaʔxiyuʔéʔč *chipmunk* | xiyaʔxəyuʔéʔč *chipmunks*} VAR: -əw̓ {maʔməkʷuʔéʔč *hunchbacked* | nəxƛ̓əmuʔéʔč *bump back* | sɬk̓ʷuʔéʔčən *shoelaces* {sxʷc̓aməwéʔč *backbone* | sxʷmaʔməkʷuʔéʔč *hunchback* | sxʷməkʷuʔéʔč *hunchback* | tk̓ʷəwéʔč *break back* | ɬaʔɬəŋsuʔéʔč *small black chiton*}

-əxʷ ⟦-əxʷ -2subord_subj⟧ you, second-person subordinate subject. (TC) {kʷaʔ čáŋəxʷ. *when you get home.* (ES) | saʔác cn kʷaʔ hiyáʔəxʷ ƛ̓aʔtáwn. *I told you to go to town.* (TC) | mán cxʷ ʔuʔ xʷə́ŋ ʔəɬ štə́ŋəxʷ. *You walk too fast.* (EPT) | ŋə́n u kʷi xʷiyənítəm k̓ʷə́nəxʷ ʔaʔmitúliyə? *Were there many white people that you saw at Victoria?* (EPT) | ʔənʔaxʷsícəŋ ʔaʔ či sʔíɬən kʷaʔ ʔənʔáʔəxʷ túkʷ. *Bring me some food when you come home.* (ES) | ʔíɬən caʔn kʷaʔ hiyáʔəxʷ. *I'll eat when you go.* (TC) | stáŋ yaʔ kʷi k̓ʷə́nəxʷ? *What did you see?* (TC) | ʔə́y̓ cxʷ ʔəɬ štə́ŋəxʷ. *You walk well.* (TC) | ʔə́y̓ q kʷaʔ hiyáʔəxʷ. *It would be good if you left.* (TC) | ʔáwə cxʷ kʷaʔ hiyáʔəxʷ. *You never go.* (TC) | ɬx̌ʷusít caʔ kʷaʔ k̓ʷə́nəxʷ. *I'm going to tell him off when I see him.* (AS) | nsƛ̓éʔ či nskʷcáci kʷaʔ ƛ̓aʔtáwnəxʷ. *I'd like to get a ride with you when you go to town.* (AS) | ʔáwə c sáʔsiʔsi kʷaʔ k̓ʷənətəŋəxʷ. *Don't be afraid if he looks at you.* (MJT) | qíyŋ{əxʷ}ʔiʔxʷítəŋ} *Then he was told you go outside and jump.* (TC)} VAR: -xʷ (TC) {ʔə́c ʔu k̓ʷə́ntxʷ? *Was it me you saw?* (EPT) | ʔíɬən caʔn kʷaʔ ʔéʔttxʷ. *I'll eat when you're sleeping.* (TC) | ʔáwənə x̌ʷéʔləm čúkʷxʷ. *There was no rope for you to use.* (TC) | stáŋ či csə́txʷ? *What did you hit?* (TC) | k̓ʷə́nəxʷ q cxʷ kʷaʔ hiyáʔxʷ. *You'd see him if you went.* (MJ) | ʔáwə caʔn c ʔiyá či nskʷənáŋət ʔəɬ sáy̓siʔxʷ. *I will not be there to help you when you are afraid.* (MJ) | mán cn ʔuʔ šəy̓šúʔɬ ʔaʔ tə nsʔənʔá k̓ʷənəcxʷ. *I'm glad you came to see me.* (MJT) | nanəɬtíx či tsə qʷiŋítxʷ; ʔáwətxʷ c ʔə́c. *Talk him, not me. / Let it be him that you talk to; don't let it be me.* (MJT)}

-əy stem extender. See under: -ay

-əyu ⟦-əyu -activ⟧ structured activity, always, regularly. (AS,BC) [intransitive verb suffix that indicates a regularly occurring activity] [It is unclear how this is functionally distinct from the other 'structured activity' suffix.] cp. -ay̓s {ʔsʔúŋ*əyu* giving (AS) | čə́s*əyu*ʔ hitting (MJT) | čə́qʷ*əyu* burning (TC; AS,BC) | kʷán*əyu* throw away (ES) | mə́kʷ*əyu*ʔ bundle (ES,HS) | q̓ə́p*əyu*ʔ gathering (ES) | q̓ʷíŋ*əyu* borrow (AS,BC) | sáʔsiʔsi*əyu* always scared (MJ) | sxʷcə́ɬqʷ*əyu* bit and brace (TC) | sčə́yu*ʔ hitting with a stick (AS) | šəwšəw*əyu* grow (AA) | tə́č*əyu*ʔ spearing (MJ) | tákʷ*əyu*ʔ shop, buy (TC) | yə́x̌ʷ*əyu* free (AS) | txʷnačéyŋ*əyu* becoming strange (TC) | ʔəɬsqaʔx̌*əyu* eating clams (ES) | ʔəskʷiʔ*əyu* rain hard (MJT) | ʔəx̌ʷ*əyu* fishing gear (AS,BC) | ciʔqʷ*əyu* digging (ES; BC) | čakʷ*əyu* washing (MJ) | čaʔs*əyu*ʔ pounding (MJT) | čəl*əyu*ʔ win (TC; ES) | čə́yu perch (AS) | čakʷ*əyu*ʔ shooting (EPT) | čaʔŋ*əyu* pushing; rowing forward (ES) | čəq̓*əyu* fell (a tree) (ES) | čə́qʷ*əyu* burning (TC; AS,BC) | čaʔs*əyu*ʔ throwing (TC; ES) | čaʔx̌ʷ*əyu* breaking apart (AS,BC) | čaq*əyu* shoo away (AS) | čaʔč*əyu* sewing (TC; AS,BC) | haʔm*əyu* hammering (HS,ES) | kʷaʔy*əyu* peeking (ES) | k̓ʷəs*əyu* toasting (AS) | ɬaʔkʷ*əyu*ʔ fishing with a gaff hook (ES; TC; AS,BC) | ɬaʔx̌*əyu* spreading disease (ES,HS) | ɬə́p*əyu* flip (AS,BC) | ɬiʔx̌ʷ*əyu* freeze (EPT; AS,BC; ES) | ɬiəqʷ*əyu* grind (MJT) | ƛ̓əmqʷ*əyu* peck (ES) | maʔč*əyu* aiming (ES) | məx̌ʷ*əyu* quaking (TC; AS) | nəxʷspxʷ*əyu* blowing (ES) | ŋaʔkʷ*əyu* chewing (AS) | paʔc*əyu* sliding (AS) | paʔxʷ*əyu* blowing (TC; ES; AS) | qaʔq*əyu*ʔ police (MJ; HS) | qaʔx̌*əyu*ʔ carve (ES) | qəm*əyu* chop (AS) | q̓aʔx̌*əyu* tying up (AS,BC) | qəm*əyu* cut short (ES; AS) | q̓p*əyu* gather (ES; TC) | q̓ʷč*əyu* beat up (ES) | tč*əyu* spear (MJ) | təŋʷ*əyu* spark (ES) | waʔs*əyu* barking (AS,BC) | x̌əp*əyu* ending (AS,BC) | x̌əy*əyu*ʔ writing (MJT; AS,BC,HS,ES,TC; TC) | x̌t*əyu* shoot power (ES) | xʷqʷ*əyu* iron, press (MJT) | ʔaʔqʷ*əyu*ʔ prying up | ʔaʔx̌*əyu*ʔ sweeping | ʔəɬsqaʔx̌*əyu* eating clams | ʔəskʷiʔ*əyu* rain hard | ʔəx̌ʷ*əyu* fishing gear | ʔsʔúŋ*əyu* giving | ʔscá*ʔəyu*ʔ hang to dry | ciʔqʷ*əyu* digging | cqʷs*əyu* point | čakʷ*əyu* washing | čaq*əyu* drawing out | čaʔs*əyu*ʔ pounding | čəl*əyu*ʔ win | čəŋčəŋ*əyu*ʔ biter | čəŋ*əyu* bite | čə́s*əyu*ʔ hitting | čə́yu perch | čəlcəl*əyu*ʔ always winning | čq*əyu* press | čqʷ*əyu* suck | čs*əyu*ʔ punch | čakʷ*əyu*ʔ shooting | čaʔŋ*əyu* pushing | čaʔq*əyu*ʔ felling | čaʔqʷ*əyu*ʔ driving away | čaʔs*əyu*ʔ throwing | čaʔx̌*əyu* splitting | čaʔxʷ*əyu* breaking apart | čən*əyu*ʔ planting | čəq̓*əyu* fell | čə́qʷ*əyu* burning | čk̓ʷ*əyu*ʔ shoot | čq̓*əyu*tən grindstone | čqʷ*əyu* start fire | čs*əyu*ʔ throw | čš*əyu*ʔtxʷ throw it out | čx*əyu* split | čaʔč*əyu* sewing | čaʔč*əyu*ʔ squeezing | čaʔp*əyu*ʔ squeezing | čəč*əyu* squeeze | čəp*əyu* squeeze | čətxʷ*əyu*ʔ gnawing | čix*əyu*ʔ enter | haʔm*əyu* hammering | kʷaʔy*əyu* peeking | kʷán*əyu* throw away | kʷə́y*əyu* pouring | k̓ʷaʔsá*ʔəyu* toasting | k̓ʷč*əyu*ʔ butchering | k̓ʷəs*əyu* toast | ɬaʔcáʔəyu cutting | ɬaʔkʷ*əyu* fishing with a gaff | ɬaɬix̌ʷ*əyu* chilly | ɬaʔqíŋ*əyu*ʔ warming | ɬaʔx̌*əyu* spreading disease | ɬə́kʷ*əyu*ʔ pecking | ɬə́p*əyu* flip | ɬə́x̌ʷ*əyu* steer | ɬiʔqʷ*əyu* grinding | ɬiʔx̌ʷ*əyu* freeze | ɬiəqʷ*əyu* grind | ɬkʷ*əyu* peck | ɬkʷ*əyu* fishing with a gaff | ƛ̓aʔq*əyu*t typing | ƛ̓aʔq*əyu*təŋ being typed | ƛ̓əmqʷ*əyu* peck | ƛ̓iʔq*əyu* typing | maʔč*əyu* aiming | mə́kʷ*əyu*ʔ bundle | məxʷ*əyu* quaking | nəxʷɬu*ʔəyu*ʔ hollowing | nəxʷspxʷ*əyu* blowing | ŋaʔkʷ*əyu* chewing | ŋəs*əyu* dog bark | ŋəs*əyu*ʔ barking | paʔc*əyu* sliding |

paʔpaʔxʷə́yuʔ *breeze* | paʔxʷə́yu *blowing* | piq̓ʷə́yuʔ *powdering* | pxʷə́yu *blow* | qaʔq̓ə́yuʔ *police* | qaʔxə́yu *carve* | qəmə́yu *chop* | qəmə́yu *ask* | qəmə́yuʔ *chopping* | qiyaʔq̓ə́yuʔ *police (pl)* | q̓aʔxʷə́yu *tying up* | q̓aʔxə́yu *digging clams* | q̓əmə́yu *cut short* | q̓ə́məyuʔ *breaking apart* | q̓ə́pəyuʔ *gathering* | q̓iq̓xəyuʔíyɬ *going clam digging* | q̓pə́yu *gather* | q̓pə́yu *spreading disease* | q̓xə́yuʔ *dig clams* | qʷənsə́yuʔ *inviting a group*} {qʷəxə́yu *moving* | q̓ʷaʔčə́yuʔ *killing* | q̓ʷaʔŋə́yuʔ *borrowing* | q̓ʷčə́yuʔ *bird defecate* | q̓ʷčə́yu *beat up* | q̓ʷənəyúsc *lending me/you* | q̓ʷənəyúʔstən *being lent* | q̓ʷənəyúsc *lend me/you* | q̓ʷənəyúst *lend* | q̓ʷə́txʷəyuʔ *rattling* | q̓ʷíŋəyu *borrow* | q̓ʷíŋəyuʔsc *lending me/you* | q̓ʷíŋəyuʔstxʷ *lending* | q̓ʷiŋəyústən *be lent* | sʔúŋəyu *gift* | saʔpə́yuʔ *attracting* | sáʔsiʔsiʔəyu *scared* | sčšə́yuʔ *knocked down* | skʷánəyuʔ *trash* | skʷənəsə́yuʔ *be left* | stixʷə́yuʔ *frost* | sməxʷə́yu *earthquake* | spxʷə́yu *wind* | sqq̓ə́yu *have jailed* | sqq̓əyuʔáwtxʷ *jail* | sq̓aʔq̓xə́yuʔ *small butter clam* | sq̓aʔyəxə́yuʔ *butter clams* | sq̓əmə́yu *Saturday* | sq̓xə́yuʔ *butter clam* | sqʷənsə́yuʔ *invitation* | sqʷíŋəyuʔ *borrowed* | sq̓ʷtxə́yuʔ *shivaree* | stáʔkʷəyu *light* | sxʷcaʔcsə́yuʔ *hawk* | sxʷcə́ɬqʷəyu *bit and brace* | sxʷččsə́yuʔ *pitcher* | sxʷčqʷə́yu *flame* | sxʷčšə́yuʔ *pitcher* | sxʷiʔčəsə́yuʔ *hammer* | sxʷiʔčəyaʔsə́yuʔ *hammers* | sxʷɬaʔɬq̓íŋəyuʔ *warmer* | sxʷɬiʔqʷə́yuʔ *grinder* | sxʷqaʔxə́yu *carving knife* | sxʷq̓aʔxə́yu *clam fork* | sxʷqʷáyyu *microphone* | sxʷščə́yuʔ *batter* | sxʷxə́yəyuʔ *pen* | sxʷxʷaʔqʷə́yuʔ *washboard* | ščə́yuʔ *hitting* | šə́wšəwəyu *grow* | taʔčaʔxʷéʔəyuʔ *bothering* | taʔkʷə́yu *light up* | tákʷəyuʔ *buy* | təwə́yuʔ *buying* | tčə́yu *spear* | tə́čəyuʔ *spearing* | ɬəńqʷə́yuʔ *spark* | waʔsə́yuʔ *barking* | waʔwəsə́yuʔ *barking* | xʷaʔsə́yuʔ *shaking* | xʷəsə́yu *shake off* | x̌aʔxʷə́yuʔ *gnaw* | x̌čə́yuʔ *sizing up* | x̌əŋə́yu *grab* | x̌əpə́yu *ending* | x̌əyə́yuʔ *writing* | x̌iʔə́yu *write* | x̌ɬə́yu *shoot power* | xʷaʔqʷə́yuʔ *ironing* | xʷq̓ə́yu *iron* | yəčə́yuʔ *fill* | yə́xʷəyu *free*}

-əy̓ stem extender. *See under:* -ay

-háy̓ŋəń want. *See under:* -ay̓ŋən

-hən 〚-hən -ʔ〛 unknown function. [occurs in only one word] {takənh́́nəy̓ *put on socks*}

-i[1] 〚-i -persist〛 persistent, resulting state. [This suffix is usually stressed and has the unusual property of being positioned in the rightmost vowel slot that is not occupied by a non-schwa.] {ʔaʔčəńítəŋ *getting maggoty* | ʔaʔčšíct *change self* | ʔaʔčšít *change it* | ʔaʔčšítəŋ *be changed* | ʔaʔŋít *stepping on* | ʔəsq̓əýíŋ *camping* | ʔəsxʷəńéʔəŋ *how* | ʔəsxʷańíŋ *way* | ʔəsyəwíń *being seer* | ckʷíns *stuck in teeth* | cx̌ít *hold away* | cx̌ítəŋ *be held away* | čaʔkʷíct *wash self* | čaʔqʷtíŋ *being stuck on* | čəŋətíŋ *being held in mouth* | čəĺít *win* | čəńít *biting* | čiʔəkʷíct *pass by* | čaʔcstíŋ *being hugged* | čəsít *extinguish* | hiyitíŋ *be revived* | kʷantiʔíct *fighting* | k̓ʷaʔk̓ʷənítəŋ *is watched (dimin)* | k̓ʷənic *watch me/you* | k̓ʷənít *watch it* | k̓ʷənítəŋ *be watched* | k̓ʷəńic *watch me/you* | k̓ʷənít *watching it* | k̓ʷəntíŋ *being watched* | ɬaʔńíct *removing* | ɬəmíct *peel off* | ɬəŋíct *come off* | ɬxʷít *straighten* | ƛ̓aʔyaʔčít *hold steady* | ƛ̓aʔyáʔctíŋ *be held steady* | ƛ̓iʔcíy̓ *keep still* | ƛ̓kʷíc *hold me/you* | ƛ̓kʷíŋət *manage to get hold* | ƛ̓kʷinúŋət *manage to hold* | ƛ̓kʷinít *take and hold* | ƛ̓kʷinítəŋ *be taken and held* | ƛ̓kʷít *hold* | ƛ̓kʷníŋ *manage to be held* | ƛ̓kʷtíŋ *be held* | ƛ̓q̓ʷít *stick it on* | ƛ̓q̓ʷíti *stick to each other* | ƛ̓q̓ʷtíŋ *be stuck it on* | maʔkʷíŋ *have in mouth* | maʔkʷít *hold in mouth* | maʔsít *sorting* | naʔčuʔtxʷíŋ *visit* | naʔnəkʷít *spook someone* | načít *make different* | načítəŋ *be made different* | nəctíŋ *be changed* | nəxʷtčicstəŋ *be retaliated against* | nuʔíc *put me/you in* | nuʔít *put in* | ŋaʔkʷaʔéʔc *waiting for me/you* | ŋaʔkʷaʔéʔt *wait for* | ŋaʔkʷaʔíc *wait for me/you* | ŋaʔkʷaʔít *wait for* | ŋaʔkʷaʔíti *wait for each other* | ŋaʔkʷaʔtíŋ *being waited for* | qańíc *steal from me/you* | qaʔitíŋ *be treated badly* | qańít *steal* | qańítəŋ *be robbed* | qańíti *rob each other* | qiyéy̓t *spoil it* | qqańítəŋ *being robbed* | qʷəyaʔməstíŋ *be hugged* | q̓ʷsəńít *harden* | snačít *unusual* | sx̌aʔxʷəńíŋ *how* | syəwíń *blue jay power* | taʔčaʔxʷít *bother* | tčínəs *arrive for* | tčínəsəŋ *be arrived for* | təməɬíct *paint body* | tkʷínəxʷ *break* | tkʷíns *break tooth* | txʷx̌ʷəńíŋ *which way* | txʷx̌ʷəńíŋtxʷ *put where* | taʔwiɬítəŋ *be prayed for* | təmítəŋ *be put on* | təyəmít *wear* | təyəḿít *wearing* | ɬitəyəmít *wear (pl)* | tiʔíŋ *not reaching* | wəyəq̓ʷíct *recognized* | wəyəq̓ʷít *recognize* | wəyəq̓ʷítəŋ *be recognized* | xʷaʔxʷənaʔmítəŋ *getting buggy* | xʷikʷíct *cover self* | x̌číc *know me/you* | x̌čít *know it* | x̌ctíŋ *be known* | x̌ənəŋtíŋ *be called* | xʷaʔńíŋ *be able* | xʷənəŋtíŋ *how kept* | xʷəńéʔəŋ *way* | xʷəńíct *go fast* | yəq̓ɬtíŋ *be put in way* | yəyq̓ʷít *recognize it*}

-i[2] stem extender. *See under:* -ay

-iʔ stem extender. *See under:* -ay

-iʔa stem extender. *See under:* -ay

-iʔəya 〚-iʔəyaʔ -pl〛 collective plural. [The suffix form appears on very few words.] {nəkʷéʔəyaʔ *you plural*} VAR: -iyaʔ {čáʔniyaʔ *who they* | naʔnéʔkʷiyaʔ *you plural* | naʔnéʔɬiyaʔ *they*}

-ic 〚-ic -about〛 about, over. [This is apparently an applicative suffix that appears on only one stem.] {kʷaʔwəntiʔíc *fighting over me/you* | kʷaʔwəntiʔíct *fighting about*}

-iŋəɬ 〚-iŋɬ -cstm〛 perform a customary activity. [This suffix indicates a customary (transitive, productive) activity. This suffix appears on words indicating: bury, plant, sew, gather, wipe (dishes), grind (food), dry (food, clothes), chew (food), exaggerate (augment), fatten up (an animal), gather seafood, ring (a bell).] {ʔačíŋəɬ *wipe up an area* | cáʔkʷíŋəɬ *wash clothes* | csíŋəɬ *ring a bell* | cpíŋəɬ *squeeze* | xʷaʔčéʔəŋəɬ *slaughtering* | ʔaʔčéʔəŋəɬ *wiping up* | ʔačíŋəɬ *wipe up* | caʔkʷéʔəŋəɬ *washing clothes* | čaʔkʷíŋəɬ *wash clothes* | ččaʔkʷéʔəŋəɬ *washing clothes* | čiyaʔkʷéʔŋɬ *washing clothes (pl)* | čsíŋəɬ *ring bell* | čaʔxʷéʔŋəɬ *adding* | čaʔxʷéʔŋət *thawing* | čəníŋəɬ *plant* | čəŋéʔŋət *planting* | čaʔčéʔəŋət *sewing* | čaʔpéʔŋət *squeezing* | ččíŋəɬ *sew* | kʷaʔŋéʔŋət *pouring* | ɬəyəqʷíŋəɬ *grind* | ɬiʔqʷéʔŋət *grinding* | maʔčéʔŋət *fattening* | maʔkʷéʔŋət *chewing* | məčéʔŋət *fatten* | nəxʷʔaʔčéʔŋət *wiping dishes* | ŋaʔkʷéʔŋət *chewing* | ŋaʔkʷéʔŋət *chewing it* | qaʔpéʔŋət *organizing* | qpéʔŋət *gathering* | qʷəyíŋəɬ *cook* | q̓ʷtxʷéʔŋət *rattling* | q̓ʷtxʷíŋət *rattle* | sʔaʔyíŋət *put away* | scaʔkʷíŋət *laundry* | sčəníŋət *plant* | sxʷčəŋéʔŋət *garden* | sxʷčaʔčéʔŋət *sewing machine* | taʔkʷíŋət *light up* | xaʔčéʔəŋət *drying* | xčíŋət *dry batch*}

-iŋt *success. See under:* -niŋt

-isə 〚-isə -?〛 unknown function. [occurs in only one word] {xaʔičisə́ŋən *Smyth Head spring*}

-istxʷ 〚-istxʷ -caus〛 causative transitivizer. [This suffix indicates that the direct object is an animate, agentive causee.] {ʔaʔyístəŋ *be put away* | ʔaʔyístxʷ *put away* | ʔačístxʷ *bring forward* | ʔəcísc *dress me/you* | ʔəcístəŋ *be dressed* | ʔəcístxʷ *dress someone* | ʔəɬənísc *feed me/you* | ʔəɬənístəŋ *be fed* | ʔəɬənístúŋə *feed you* | ʔəɬənístúŋɬ *feed us* | ʔəɬənístxʷ *feed* | čaʔətístəŋ *be made to vomit* | čaʔtístxʷ *make vomit* | čixʷístxʷ *bring in* | haʔwístəŋ *be put in front* | haʔwístxʷ *put forward* | həčístəŋ *be protruded* | həwístxʷ *put onto fire* | ɬaʔwísti? *eloping* | ɬuʔéʔstəŋ *kidnapping* | ɬuʔísc *kidnap me/you* | ɬuʔístəŋ *run away with* | ɬuʔísti *elope* | ɬuʔístxʷ *kidnap* | ɬxʷístəŋ *be straightened* | ɬxʷístxʷ *straighten* | ƛaʔtawnístxʷ *take to town* | ƛ̓čístúŋə *sink you* | ƛ̓čístxʷ *sink it* | ƛ̓kʷístəŋ *be taken* | ƛ̓kʷístxʷ *take someone* | nəčəŋístxʷ *make laugh* | sʔaʔyístəŋ *be lent* | sʔaʔyístxʷ *lend* | šaʔq̓ístəŋ *being made to open mouth* | šəq̓ístəŋ *be made to open mouth* | šəq̓ístxʷ *make open mouth* | tčístəŋ *be brought here* | tčístxʷ *bring it here* | túyəstəŋ *be taken over water* | túyistxʷ *bring via water* | ɬaʔkʷístəŋ *being taken across* | ɬaʔkʷístxʷ *taking home* | ɬaʔnísc *putting me/you ashore* | ɬaʔnístxʷ *putting ashore* | ɬənístxʷ *put ashore* | ɬəŋkʷístxʷ *mix it in* | ɬkʷísc *take me/you across* | ɬkʷístəŋ *be taken across* | ɬkʷístxʷ *take across* | ɬkʷísc *bring me/you home* | ɬkʷístəŋ *be taken home* | ɬkʷístúŋɬ *bring us home* | ɬkʷístxʷ *take home* | waʔcənístəŋ *be sung with* | waʔcənístxʷ *sing along with* | xaʔixístxʷ *making war* | xɬiyəŋístəŋ *be thrown back* | xʷəŋístəŋ *be made fast* | xʷəŋístxʷ *make fast*} VAR: -əstxʷ {kʷə́nəsc *show me/you* | kʷə́nəstxʷ *show*} VAR: -stxʷ {ʔiyə́m̓stxʷ *make strong* | cɬíŋəstxʷ *make stand* | čaq̓ʷəŋístxʷ *make sweat* | ččŋístəŋ *be scared* | ččŋístxʷ *startle* | čənəŋístəŋ *be shaken over* | čənəŋístxʷ *shake over* | čənəŋístəŋ *being shaken over* | haʔuŋístxʷ *returning it* | həwást *refuse it* | həwástəŋ *be refuse* | həwəŋistúŋə *return you* | huŋístəŋ *be returned* | huŋístxʷ *return it* | kʷɬčqiyəŋístxʷ *make get old* | kʷənəstə́nəq *show off* | kʷə́nəstəŋ *be shown* | kʷə́nsc *showing me/you* | kʷə́nstəŋ *being shown* | kʷə́nstxʷ *showing* | ƛ̓čiŋístxʷ *make deep* | maliyístəŋ *be married* | maliyístxʷ *let marry* | naʔnəyəŋístxʷ *making laugh* | nəčənísc *make me/you laugh* | nəčəŋístəŋ *be made to laugh* | qaʔmaʔstə́ýɬ *nursing baby* | qáʔmuʔstxʷ *nursing* | qaʔqiʔámstəŋ *be weakened* | qaʔqiʔámstxʷ *weaken* | qəmuʔstxʷ *nurse baby* | qəmustúŋə *nurse you* | qʷaʔqʷúʔstxʷ *give drink* | qʷaʔqʷáysc *deceive me/you* | qʷaʔqʷáystəŋ *be fooled* | qʷaʔqʷáystxʷ *fib to someone* | qʷaʔqʷiʔstə́nəq *lie habitually* | saʔčəŋístəŋ *be made to breathe* | saʔčəŋístxʷ *make breath* | sə́ysiʔŋísc *scare me/you* | səysiʔŋístəŋ *be scared* | səysiʔŋístəŋ *being frightened* | səysiʔŋístxʷ *scare* | štəŋístəŋ *be walked* | štəŋístxʷ *walk it* | tiyiŋístxʷ *take upstream* | ɬeʔɬéʔimstxʷ *take along singing* | wéʔqsstəŋ *being made to yawn* | wiqsstxʷ *make yawn* | xʷaʔtəŋístəŋ *being made to jump* | xʷaʔtəŋístxʷ *making jump* | xʷitəŋístəŋ *be made to jump* | xʷitəŋístxʷ *make jump* | xɬiyŋístxʷ *throw back* | xʷaʔŋístəŋ *being made to cry* | xʷaʔŋístxʷ *making cry* | xʷəŋístəŋ *be made cry* | xʷúŋəstxʷ *make cry* | yaʔnəŋístəŋ *make listen* | yaʔnəŋístxʷ *make listen* | yaʔyəŋístxʷ *taking far* | yəyəŋístəŋ *be taken far*}

-ix 〚-ix -ext〛 stem extender. [a suffix with no identifiable meaning recorded in one word] {ʔəsqʷaʔyíxsən *hang legs down*}

-iy¹ 〚-iy -dev〛 developmental. [indicates a situation in ongoing development] {ʔəckʷíyəŋ *go far out* | ʔəčaʔəwíyətəŋ *be flanked* | ʔəčaʔwíyŋ *flank* | ʔəčaʔwíyt *flank* | ʔəpíyəŋ *sit on lap* | ʔəshápsi *go hop picking* | ʔəsxʷšuʔšpíyəŋ *squat down* | ʔúʔti *stretching* | ʔuɬíyŋ *go to harvest* | ʔúti *stretch* | caʔcɬéʔiŋ *going high* | caʔɬaʔŋéʔiɬ *camping* | caʔɬéʔyəŋ *rising* | cəŋéʔiɬ *camping* | ciʔkʷéʔiŋ *gathering seafood* | ciʔkʷéʔiŋət *gathering seafood* | ciʔkʷíyŋət *gather seafood* | ciʔkʷíyŋtəŋ *gathered seafood* | cɬaʔəwíyəŋ *get on top* | cɬaʔwíyət *put atop* | caʔcáʔiŋ *go up (dimin)* | cáʔiŋ *go up* | caʔwéyŋ *go on top* | caʔyéʔiŋ *climbing (pl)* | céʔŋi *getting near* | céʔyəŋ *ascend* | cə́mxi *come to* | čxʷiʔ *stop crying* | čəyəčiŋi? *several nearing* | čəyəkʷi *squirming around* | ciʔíŋt *waking* | čícaʔyəŋ *ascending* | číŋi? *near* | číqi *wet* | číqiʔnəkʷ *muddy ground* | čɬə́pi *submerged* | čɬpiyéʔqʷ *completely submerged* | čáʔni? *moving* | čaʔwíyəŋ *go to other side* | čáni *move* | čánitxʷ *move it* | čéʔxʷi? *breaking* *apart* | čənčáni *move (pl)* | čənʔə́yi *summer* | číx̌ʷi *break apart* | čiyáʔwiʔ *awake* | čqqéʔyəŋ *getting older* | čaʔčəméʔiʔ *thin (layer)* | čaʔčšə́pi *deflate* | čáʔsiʔ *extinguishing* | čaʔyásih *extinguish (pl)* | čási *extinguish* | čiʔpiʔúʔyəsəŋ *rolling* | čipəyúsən *roll over* | čipiʔúysəŋ *roll* | čipiʔúʔis *roll* | čixʷyáʔəwəɬ *on the inside* | čšə́pi *deflate* | čx̌ʷaʔwíyəŋ *go on the inside* | héʔwi *go front* | həwíyəŋ *return* | həwéʔyəŋ *return* | huhəwíyəŋ *back out* | kʷáyi *hide*} {kʷcáci *hitchhike* | kʷcaciʔáyŋən *want to hitchhike* | kʷəyə́čəŋ *hiding (something)* | kʷə́yəxi *move* | kʷkʷáʔiʔ *hiding* | kʷɬčqíyəŋ *get old* | kʷɬčqiyəŋístxʷ *make get old* | kʷɬčqíyəŋtxʷ *let get old* | kʷɬiʔčqéʔyəŋ *getting old* | kʷaʔkʷéʔyəŋ *nasty* | kʷáɬi *set trap* | kʷə́yiʔ *greedy* | kʷiciyéʔqʷ *pass out* | kʷiciyéʔqʷən *pass out* | kʷikʷəəcíyəŋ *turning to slave* | kʷíxʷi *blue* | ɬaʔkʷiʔúst *hanging on hook* | ɬaʔɬiʔpiʔáxən *bat* | ɬaʔɬíʔəwʔis *casting* | ɬčə́qi *tired* | ɬə́čqiʔ *getting tired* | ɬəkʷəyústən *be hung on hook* | ɬəŋíyŋtən *be removed* | ɬə́ypi *loose* | ɬə́yəqʷi *smash* | ɬə́yqʷiʔ *being smashed* | ɬə́yxʷi *icy* | ɬiʔɬə́yəqʷi *smash up* | ɬikʷəyúst *hang on hook* | ɬiɬčə́qi *tired* | ɬiɬə́yəxʷi *frozen (pl)* | ɬiɬə́ypi *loose (pl)* | ɬíxʷi *slippery* | ɬɬiʔúʔis *cast* | ɬɬiʔúʔisən *cast* | ƛaʔčéʔyəŋ *sinking* | ƛaʔičíyəŋ *sink (pl)* | ƛaʔƛéʔqiʔ *near* | ƛaʔyaʔčíy *keep still (pl)* | ƛáʔyučí *stopping* | ƛayséʔiŋ *going backwards* | ƛáyuči *stop* | ƛčaʔəwíyəŋ *get under* | ƛčaʔwíyət *put under* | ƛčaʔwíytəŋ *be put under* | ƛčiŋístxʷ *make deep* | ƛčíyəŋ *sink* | ƛčiyŋítxʷ *sink it* | ƛéʔqiʔ *near* | ƛiƛáyəčiŋ *go blind* | miʔmə́yəqi *forget* | naʔčéʔyəŋ *do differently* | nəwíyŋ *go in* | nəxʷkʷkʷíyət *dirty water* | nəxʷƛiʔáʔiɬ *look around* | nəxʷƛiyáʔi *looking around* | nəxʷsxaʔyíkʷən *mean* | nəxʷtxiʔíyəŋ *spread legs* | ŋéʔčiʔ *pus* | páʔxʷiʔ *gray* | pənpənəxʷí *go do repetitive job* | péʔq̓ʷiʔ *being weary* | p̓əwawkʷɬéyŋ *go canoe racing* | píq̓ʷi *tired of* | qáʔiʔ *spoiling* | qʷáɬiŋ *logging* | qaƛahíyəŋ *go up sound* | qiqə́yʔi *spoiled* | qiyéyənəq *spoiling* | qiyínəŋ *be spoiled* | qqíyŋ *go play* | qqiyŋíɬtxʷ *let go play* | q̓aʔq̓əwéʔiŋ *shallow* | q̓aʔwíct *turn corner* | q̓aʔwíyəŋ *turn* | q̓ičíyŋ *go to shelter* | q̓íxʷi *interlaced* | q̓íxi *get black* | q̓taʔwíyəŋ *go around* | qʷáʔqʷiʔ *going downstream* | qʷaʔyáʔmi *hugging* | qʷáɬiŋ *logging* | qʷə́məxʷi *get skinny* | qʷə́qʷi *go downstream* | qʷəqʷiʔáwəɬ *oriented downstream* | qʷə́yəši *scatter* | qʷiqʷə́yəši *get all scattered* | q̓ʷaʔkʷéʔti *journeying* | q̓ʷaʔkʷíyti *journey* | q̓ʷaʔyíyəŋ *go over* | q̓ʷeʔxʷiʔháyəs *blue* | q̓ʷeʔxʷiháyəs *bluing* | q̓ʷəʔéʔŋiʔ *disembarking* | q̓ʷíŋi *disembark* | q̓ʷə́q̓ʷiyáŋiŋ *going deaf* | q̓ʷúʔiyŋ *go join* | sáʔyaʔq̓ʷiʔ *disturbed* | sayəq̓ʷíyt *disturb* | scéʔi *on top* | sciʔkʷíyŋət *tidal food* | scéʔyəŋ *hill* | səwéʔiŋ *going through woods* | sə́yəq̓ʷíytən *be disturbed* | siqaʔwíyəŋ *go around* | siqíʔúʔis *round* | siqiʔúʔisəŋ *going round* | sƛ̓eʔéyəŋ *attached (emotionally)* | smíƛ̓i *mud* | snəčíynəq *sibling-in-law spouse* | spíq̓ʷi *fed up* | sqaʔwíyəŋ *go on the outside* | sqéʔyəŋ *going outside* | sqíyəŋ *go outside* | sqáʔwi *circle* | sqʷə́məxʷi *thin person* | stéʔčaʔx̌ʷiʔ *trouble* | stáʔɬčiʔ *snag* | stíqiʔ *mud* | sxʷáʔkʷiʔ *acting crazy* | sxʷaʔxʷáʔkʷiʔ *acting crazy (dimin)* | sxʷaʔyəkʷiʔáxən *elbows* | sxʷákʷiʔ *crazy* | sxʷakʷihúmš *act stupid* | sxʷčaʔwéyŋ *stile* | sxʷčíčaʔyəŋ *ladder* | sxʷčkʷíyəŋ *Sequim* | sxʷəkʷiʔáxən *elbow* | sxʷiʔčíčaʔyəŋ *steps* | sxʷƛ̓áyuči *shortstop* | sxʷɬákʷi *bridge* | sx̌éʔči *ashamed* | sx̌íŋi *handful* | syíqʷi *calm weather* | taʔčéʔxʷiʔ *disturbed* | táʔčiʔ *arriving here* | táʔkʷi *coming to light* | taʔtáʔkʷi *bright* | taʔtacinxʷúyɬ *young animals* | taʔyatacinxʷúyɬ *young animals (pl)* | táʔyiʔ *going upstream* | táči *arrive here* | táyi *go upstream* | tčinúŋət *finally get here* | téʔčaʔx̌ʷiʔ *in trouble* | tə́yətxʷ *take upstream* | titə́ŋxʷi *dirty* | titə́yi *go upstream (pl)* | tiyaʔtácinxʷ *animals (pl)* | tiyiŋístxʷ *take upstream* | tɬíyəŋ *stoop down* | ttáʔwiʔ *shining* | ttúʔyiʔ *arriving via water* | túta?mi *warm* | túyi *arrive via water* | txʷhéʔwi *go forward* | txʷnaʔčéʔyəŋ *becoming different* | txʷnačéyŋ *become strange* | txʷtúyi *go over deep water* | txʷxʷənéʔəŋ *going toward* | ɬáʔkʷiʔ *going across* | ɬáʔqʷi *receding* | ɬáʔɬsi *tiptoe* | ɬákʷi *go across* | ɬakʷinúŋət *manage to go across* | ɬáqʷi *recede* | ɬəyəqʷi *foam out* | ɬiɬáʔkʷi *going across (pl)* | ɬkʷísnəxʷ *manage to take across* | xʷaʔčíʔ *stopping raining* | xʷaʔkʷéʔyəŋ *lowering* | xʷísi *shake down* | xʷkʷíyəŋ *lower* | xaʔɬéʔyəŋ *falling backwards* | xaʔséʔyəŋ *get fierce* | xaʔxéʔsiʔ *ugly* | xaʔyéʔsi *fierce (pl)* | xéʔčiʔ *ashamed* | xéʔsiʔ *fierce* | xexéʔčiʔ *ashamed* | xíči *ashamed* | xísi *terrible* | xɬíyəŋ *fall backwards* | xɬiyəŋístən *be thrown back* | xɬiyŋístxʷ *throw back* | x̌ʷaʔx̌ʷə́yq̓ʷi *drifting* | x̌ʷəŋxʷə́ŋiʔ *speedy* | x̌ʷə́q̓ʷi *go downstream* | x̌ʷiʔq̓ʷéʔyəŋ *drifting downstream* | x̌ʷiq̓ʷíyəŋ *fair tide* | yaʔtəníyəŋ *become widow*}

-iy² stem extender. *See under:* -ay

-iyaʔ collective plural. *See under:* -iʔəyaʔ

-iyɬ 〚-iyɬ -go〛 go, especially on a conveyance (by canoe, car, horse, etc.). [typically attached to a verb to indicate going (somewhere) to do the activity referred to in the verb] [This may come from a lexical suffix meaning 'canoe'.]

{kʷənucənhíyɬ *go to spirit dance* (MJ) | ʔəmətíyəɬ *go to sit, go to the toilet* (TC; AS) | pənpənəxʷíyəɬ *going to dig camas* (MJT) | ʔəɬəníyɬ *go out to eat* (TC) | p̓aʔkʷɬíyɬ *go racing* (AS) | q̓taʔwíyɬ *go around* (AS) | ʔəsʔaʔyaʔčxíyɬ *go crabbing* (AS) | sikʷəŋíyɬ *go peeling, skinning* (AS) | ʔəsxʷixʷəyuʔíyɬ *go reef-netting* (MJT) | ʔəmxʷcəníyɬ *going to pick berries* (MJT) | qiqxəyuʔíyɬ *going clam digging* (MJT) | čənčannəxʷíyɬ *going on a fishing trip* (MJT)

ʔələníyɬ *go eat* | ʔəmətíyəɬ *go to sit* | ʔəmx̣ʷcəníyɬ *going to pick berries* | ʔəp̓əčɬíyɬ *go put child on lap* | ʔəsʔaʔyaʔčx̣íyɬ *go crabbing* | ʔəsx̣ʷix̣ʷayuʔíyɬ *go reef-netting* | čáyiɬ *go to work* | čənčannəxʷíyɬ *going fishing* | kʷənucənhíyɬ *go to spirit dance* | ƛ̓aʔkʷəŋíyɬ *getting darker* | ƛ̓aʔtawníyɬ *go to town* | pənpənəxʷíyəɬ *going to dig camas* | p̓ak̓ʷɬíyɬ *go racing* | qqiyŋíɬtxʷ *let go play* | qip̓éʔq̓əŋiyɬ *go to curl hair* | qiq̓x̣əyuʔíyɬ *going clam digging* | q̓taw̓íyɬ *go around* | sikʷəŋíyɬ *go peeling} {smanəšíyɬ *go smoke* | smanəšíyɬtxʷ *let go smoke* | t̓éʔwiʔəɬéyɬ *go to pray}*

-ɬ[1] 〚-ɬ -dur〛 **durative.** [marks an on-going steady state or condition] {ʔaʔáʔiɬ *good-looking* | ʔaʔáʔnəɬ *complying* | ʔaʔčáʔwəɬ *between* | ʔaʔyaʔáʔiɬ *cute (pl)* | ʔánəɬ *comply* | ʔánəɬt *obey* | ʔánəɬtəŋ *be obeyed* | ʔéʔwəɬnəxʷ *manage to bring beside* | ʔəcɬtiŋíxʷɬ *Indian* | ʔəčaʔáwəɬ *be at outside edge* | ʔəɬáŋəɬ *be detached* | ʔəscáʔnəɬ *leaning* | ʔəscáʔnəɬtxʷ *leaning* | ʔəsc̓áɬ *awake* | ʔəsc̓áwɬ *invisible* | ʔəscáx̣ɬ *worn out* | ʔəscáʔnɬ *buried* | ʔəscáčɬ *be stuck between* | ʔəsčákʷɬ *tight* | ʔəsčáx̣ɬ *torn* | ʔəsčáq̓ɬ *surprised* | ʔəsčéyx̣ʷɬ *inside* | ʔəsháʔməɬ *foggy* | ʔəsháhəkʷɬ *be remembered* | ʔəskʷikʷəcáyəɬ *bow-legged* | ʔəskʷáčɬ *crooked* | ʔəskʷásɬ *be counted* | ʔəskʷáyəɬ *cleared* | ʔəstáčɬ *sick* | ʔəsɬáx̣ʷɬ *straight* | ʔəsɬáxʷɬ *definitely* | ʔəsƛ̓áq̓ʷɬ *stuck* | ʔəsmáʔkʷɬ *hurt* | ʔəsmácɬ *fat* | ʔəsmákʷɬ *lump* | ʔəsmákʷɬ *pile* | ʔəsmámaʔkʷɬ *crippled* | ʔəsmáq̓ɬ *satiated* | ʔəsmásɬ *folded* | ʔəsnáŋəɬ *folded* | ʔəsnáwəɬ *inside* | ʔəspácɬ *spread* | ʔəspəyq̓ʷɬ *powder* | ʔəspáɬɬ *sober* | ʔəspáɬɬucən *absent-minded* | ʔəsqaʔáwəɬ *outside* | ʔəsqásɬ *in the water* | ʔəsqáʔməɬ *broken off* | ʔəsqápɬ *gathering* | ʔəsqʷáʔyəɬ *cooked* | ʔəsq̓ʷáyəɬ *ripe, cooked* | ʔəssáq̓ɬ *outside* | ʔəssáwəɬ *in the brush* | ʔəstákʷɬ *broken* | ʔəstáqɬ *tight* | ʔəstásɬ *near* | ʔəstásɬtxʷ *bring close* | ʔəstáʔŋəɬ *high tide* | ʔəstáʔyəɬ *flat* | ʔəstáʔyəɬtəŋ *flatten* | ʔəsťácɬ *broken* | ʔəstákʷɬ *be stuck* | ʔəstáq̓ʷɬ *choke* | ʔəstáx̣ɬ *wrong* | ʔəsxʷáčɬ *in middle* | ʔəsxʷáčɬtxʷ *in middle* | ʔəsxʷáɬ *down* | ʔəsxʷkʷáq̓ɬ *open* | ʔəsxʷɬáʔŋəɬ *empty* | ʔəsxʷɬáwəɬ *shelled* | ʔəsxʷtáqɬ *closed* | ʔəsxʷtáŋəɬ *lined up* | ʔəsx̣áʔiɬ *drawn* | ʔəsx̣áčɬ *dried* | ʔəsx̣áčɬtxʷ *make known* | ʔəsx̣áɬɬ *sick* | ʔəsx̣ápɬ *end* | ʔəsxʷáq̓ʷɬ *stick up out of water* | ʔəsyáčɬ *full* | ʔəsyáq̓ɬ *even* | ʔəsyáxʷɬ *free* | ʔəsyiyáčɬ *full (pl)* | ʔiyáɬ *be there* | ʔíyəwəɬ *beside* | ʔíyəwəɬc *put me/you beside* | ʔiyəwəɬnúŋə *get you beside* | ʔiyəwəɬtəŋ *be put beside* | ʔiyəwəɬtúŋə *put you alongside* | ʔíyəwəɬtxʷ *put beside* | ʔəsƛ̓ášɬ *plowed* | ʔəsqákʷɬ *tired out* | ʔəsq̓ʷáq̓ʷɬ *sore* | ʔəsq̓ʷásɬ *adrift* | ʔəsq̓ʷáyɬ *be beat up* | ʔəstáq̓ɬ *closed* | caʔɬaʔŋéʔiɬ *camping* | cáʔnəɬ *leaning* | cəŋéʔiɬ *camping* | cɬaʔáwəɬ *on top* | cɬaʔáwəɬ *being on top* | c̓áčɬ *awake* | čaʔáwəɬ *other side* | čaʔčáqʷɬ *barely burning* | čačáʔtxɬ *spearing ducks* | čáqɬ *low tide* | čáqʷɬ *burning* | čáx̣ɬ *tear* | čayəqʷaʔáwəɬ *woods side* | čúwəɬ *usual* | čyáʔwənɬ *dancer* | čánəɬ *dirt* | čixʷəyáʔəwəɬ *on the inside* | kʷaʔtáqɬ *farting* | kʷənáŋəɬ *help* | kʷə́yəɬ *spill* | ƛ̓áʔčɬ *give a drink* | ƛ̓aʔƛ̓áčɬ *low* | ƛ̓áčɬ *low* | ƛ̓ákʷɬ *extinguished* | ƛ̓čaʔáwəɬ *being under* | ƛ̓čáwəɬ *underneath* | ƛ̓ɬáɬəŋ *sea* | máʔkʷəɬc *hurt me/you* | maʔkʷəɬnəŋ *be hurt* | maʔkʷəɬnəxʷ *hurt someone* | maʔkʷəɬtəŋ *be hurt* | máʔkʷɬ *hurt* | maʔkʷɬənəq *hurt habitually* | maʔkʷɬnúŋə *hurt me/you* | máʔkʷɬtxʷ *hurt someone* | maʔmácɬ *chubby* | mámaʔkʷɬ *getting hurt* | mámaʔkʷɬnəxʷ *hurting* | máq̓ɬ *satiated* | məkʷéʔəŋəɬ *funeral* | naʔčáʔuɬ *foreigner* | náwəɬ *in* | nəxʷkʷaʔkʷáʔyəɬ *stingy* | nəxʷƛ̓iʔáʔiɬ *look around* | nəxʷsʔánɬ *obedient* | nəxʷsq̓ʷaʔq̓ʷiʔə́ɬ *quiet* | ŋə́čɬ *pus* | paʔpáq̓ɬ *small white* | paʔyaʔpə́q̓ɬ *small white (pl)* | qákʷɬ *aching* | qásɬ *fallen in* | q̓áʔənɬ *going slow* | q̓aʔq̓ánəɬ *slow* | q̓aʔq̓ánəɬtxʷ *make slow* | q̓aʔyaʔq̓ánəɬ *slow (pl)* | q̓ánɬ *go slow* | q̓taʔáwəɬ *lie crosswise* | q̓taʔáwəɬ *go around* | q̓taʔáwəɬtəŋ *be put around* | q̓taʔáwəɬtúŋə *put you around* | q̓taʔáwəɬtxʷ *put around* | qʷəq̓ʷiʔáwəɬ *oriented downstream* | q̓ʷáʔiɬ *get on* | q̓ʷáyəɬ *get ripe* | sáʔŋəɬ *ebbing* | sáxʷɬ *be out of woods* | scaʔcákʷɬ *small worm* | scaʔyákʷɬ *worms* | siqaʔáʔwəɬ *being around* | siqáʔwəɬ *around* | skʷáʔiɬ *spilled* | skʷənáŋəɬ *power* | skʷikʷə́čɬ *crooked* | sƛ̓éʔƛ̓qɬ *child* | sƛ̓əyéʔƛ̓qɬ *children* | smáʔkʷɬ *injury* | snaʔnúkʷɬ *ghost fire* | sqáʔməɬ *chopped* | sxʷčaʔkʷɬáwtxʷ *dam* | sxʷčəčíyəɬ *straddling* | sxʷƛ̓čáyəɬ *underwear* | sxʷtaʔx̣áyəɬ *spread legs* | šaʔšúʔɬ *glad* | šə́wiɬ *grown* | šəyšúʔɬ *glad* | tákʷɬ *breaking* | tákʷɬ *buying* | tásɬ *arrived there* | tɬaʔáwəɬ *nearside* | txʷnaʔáwəɬ *far side* | ɬáʔŋəɬ *tide coming in* | ɬácɬ *break* | ɬánɬ *in a row* | ɬáq̓ʷɬ *out of breath* | ɬáx̣ɬ *go wrong* | t̓qáčɬ *get firewood* | xʷanítəməɬ *of the white man* | x̣áɬɬ *sick* | x̣aɬɬáyŋən *start to hurt* | x̣ənáyɬ *everybody* | xʷáʔŋəɬ *hurry* | xʷaʔx̣ʷáʔyəɬ *thin (diameter)}*

-ɬ[2] 〚-ɬ -1plpos〛 **our, first-person plural possessive (genitive).** (LC; ES) {skʷáʔɬ ʔiʔ Terry. *It's mine and Terry's.* (MJT) | kʷsə cə́tɬ. *our father* (AS,BC) | níɬ suʔhúyɬ. *Then we finished.* (MJ) | níɬ kʷi skʷáʔɬ ʔáʔyəŋɬ tiʔə. *This is our own house.* (NS,JW) | kʷéʔwəntiʔ yaʔ tə ŋənəŋənaʔɬ. *Our kids were fighting.* (LC) | níɬ suʔhúyɬ ʔiʔ q̓pə́təŋ cə scáʔyəm ʔiʔ ʔúŋəst ʔaʔ Gypsy. *Then we finished and gathered the bones and gave them to Gypsy.* (MJ)}

-ɬ[3] **first-person plural subordordinate subject.** *See under:* -əɬ

-m 〚-m -ext〛 **stem extender.** [a suffix with no identifiable meaning that occurs on only two words] {ʔəsčšaʔmáčɬ *double weave* | ʔəsiq̓əmúʔis *spherical}*

Klallam Suffix Index 777

-n¹ 〚-n -ext〛 stem extender. [a suffix with no identifiable meaning that must occur before some other suffixes] {ʔimənánkʷs *strong willed* | c̓əsniʔkʷáʔstəŋ *being hit oarlock socket*}

-n² first-person singular subordinate subject. *See under:* -ən

-naxʷ 〚-naxʷ -nctrns〛 non-control transitivizer. [makes a transitive stem with the agent not in control of the event] [The most common variant has a reduced vowel. The form is /-n/ before object suffixes.] {ʔéʔwəɬnaxʷ *manage to bring beside* | ʔəsčáʔnəxʷ *buried* | ʔəssáʔənəxʷ *manage to lift* | ʔíŋənəŋ *be stepped on* | ʔíŋənəxʷ *manage to step on* | ʔiŋənúŋə *step on you* | ʔiŋənúŋəɬ *step on us* | ʔiyáʔnəŋ *be heard* | ʔiyáʔnəxʷ *hear it* | ʔiyaʔnúŋə *hear you* | ʔiyaʔnúŋəs *hear me/you* | ʔiyəwəɬnúŋə *get you beside* | ʔuʔk̓ʷnáxʷ *finish it up* | ʔúxʷnəxʷ *manage to bring* | ʔuxʷnúŋə *bring you there* | cə́ŋaʔnəxʷ *manage to pack* | cxnáŋ *be hit* | cxnáxʷ *bump into it* | c̓aʔpánəxʷ *bothering* | c̓c̓náŋ *manage to be awakened* | c̓c̓náxʷ *wake someone* | c̓ə́snəŋ *being knocked* | c̓ə́snəxʷ *hitting* | c̓sənáxʷ *hit* | c̓sənúŋə *hit you* | c̓siʔáxənəŋ *be hit on the arm* | c̓snáŋ *be hit* | c̓ssənáŋ *be hit on foot* | čúqʷnəxʷ *manage to suck out* | čənnáxʷ *bury* | čənnəxʷ *burying* | čqənáʔəxʷ *making bigger* | čqənáxʷ *make big* | čq̓ʷənáxʷ *burn by mistake* | čúʔnəxʷ *finding it* | čúkʷnəxʷ *hit it shooting* | čúnəŋ *found* | čúnəxʷ *find it* | čúsnəŋ *be hit (throwing)* | čúsnəŋ *throw and hit (accid.)* | čúsnəxʷ *manage to hit throwing* | čxənáxʷ *manage to rip* | čáŋnəxʷ *get it home* | čc̓éʔnəxʷ *dislike* | c̓óyəq̓ənəxʷ *catch sight of* | čixʷnáxʷ *take in* | čixʷnúŋə *get me/you in* | čixʷnúŋəc *get me in* | háʔnəxʷ *thank* | hiyínəŋ *be saves* | hiyínəxʷ *save life* | híyinəxʷ *knock over* | húhənnəxʷ *managing to ignite* | húhinəxʷ *finishing it* | húnnəxʷ *manage to ignite* | húynəŋ *be finished* | húynəxʷ *finish it* | kʷáʔnəŋ *be dropped* | kʷáʔnəxʷ *drop it* | kʷánnəxʷ *lose it* | kʷənáŋənəŋ *be helped* | kʷənáŋənəxʷ *manage to help* | kʷənaŋənúŋə *manage to help you* | kʷənaŋənúŋəs *manage to help me* | kʷənaŋənúŋɬ *manage to help us* | kʷiʔáʔnəŋ *spilling* | kʷiʔnáʔəxʷ *spilling* | kʷiʔnáxʷ *spill* | k̓ʷə́nəŋ *be seen* | k̓ʷə́nnəxʷ *see it* | k̓ʷə́nnəxʷtxʷ *let see it* | k̓ʷənnúŋə *see you/me* | k̓ʷənnúŋəɬ *see us* | k̓ʷənnúŋəs *see me/you* | k̓ʷə́ŋnəxʷ *seeing it* | ɬaʔčíynəxʷ *cool off* | ɬáčnəxʷ *make dark* | ɬáɬčənəxʷ *making dark* | ɬáwnəxʷ *manage to heal* | ɬc̓ácsnəŋ *be hand cut* | ɬc̓ácsnəxʷ *cut hand* | ɬc̓ínəŋ *manage to be cut* | ɬc̓sənəŋ *be foot cut* | ɬc̓sənnəŋ *cut foot* | ɬc̓úcənnəxʷ *cut mouth* | ɬc̓úsnəxʷ *cut face* | ɬéʔnəxʷ *attach it* | ɬə́məxʷnəŋ *be smeared on* | ɬə́məxʷnəxʷ *smear* | ɬəŋnáxʷ *manage to detach* | ɬə́yəxʷnəxʷ *manage to freeze it* | ɬicánnəŋ *cut ear* | ɬicánnəŋ *being ear cut* | ɬíc̓nəxʷ *cut it* | ɬíkʷnəŋ *be hooked* | ɬíkʷnəxʷ *hook* | ɬíɬcənnəxʷ *cut ear* | ɬtóxʷnəŋ *be swallowed* | ɬúynəŋ *be left* | ɬúynəxʷ *leave behind* | ɬxʷnáxʷ *find there* | λ̓ápnəxʷ *feel it* | λ̓əmnúŋə *make me/you enough* | λ̓ə́mnəxʷ *bump* | λ̓k̓ʷnáʔəŋ *being gotten* | λ̓k̓ʷnáʔəxʷ *getting* | λ̓k̓ʷnáŋ *manage to be taken* | λ̓k̓ʷnáxʷ *get* | λ̓k̓ʷníŋ *manage to be held* | λ̓k̓ʷníxʷ *manage to hold* | λ̓k̓ʷnúŋə *catch you* | λ̓k̓ʷnúŋəs *catch me* | λ̓úmnəŋ *be made enough* | λ̓úmnəxʷ *make enough* | maʔkʷə́ɬnəŋ *be hurt* | maʔkʷə́ɬnəxʷ *hurt someone* | maʔkʷɬnúŋə *hurt me/you* | mámaʔkʷɬnəxʷ *hurting* | məsínəŋ *manage to be sorted* | mə́yaʔnəŋ *be kicked* | mə́yaʔnəxʷ *kick* | mə́yaʔnəxʷ *kicking* | mísnəxʷ *manage to choose* | nəxʷc̓súsənəŋ *be hit in face* | nəxʷčšúsnəxʷ *hit face* | nəxʷɬəŋənáŋ *be emptied* | nəxʷɬəŋənáxʷ *empty it* | nəxʷɬəŋnəxʷ *emptying it* | ŋəq̓ʷsə́nnəxʷ *blow out a tire* | ŋúnəxʷ *get to eat* | pə́yəq̓ʷnəxʷ *made into powder* | pɬnáxʷ *revive* | qaʔqéʔnəŋ *be mad at* | qaʔqéʔnəxʷ *disagree* | qaʔqéʔnuŋə *angry at you* | qaʔqiʔnúʔŋəs *angry at me/you* | qaʔqínəŋ *be angry at* | qaʔqínəxʷ *angry at* | q̓ánəxʷ *manage to steal* | qéʔnəŋ *be mad at* | qéʔnəxʷ *being angry at* | qənqínəxʷ *angry (pl)* | qəqáynəŋ *be scolded* | qə́ynəxʷ *spoil it* | qiʔnúŋəs *angry at me/you* | qínəŋ *be angry at* | qínəxʷ *angry at* | qiqáynəŋ *be angered at* | qiqáynəxʷ *get angry at* | qiyínəŋ *be spoiled* | qqáynəxʷ *scold* | qsnáxʷ *put in water* | q̓əmnáŋ *be caught up to* | q̓əmnáxʷ *break off* | q̓ʷaʔánəxʷ *calling to come* | q̓ʷánəxʷ *manage to call* | q̓ʷaʔánxʷ *calling for rain* | q̓ʷaʔnúŋə *get among you* | q̓ʷáynəxʷ *believe it* | q̓ʷə́ynəxʷ *acquainting* | q̓ʷúʔnəxʷ *join in with* | q̓ʷúynəŋ *be killed* | q̓ʷúynəxʷ *manage to kill* | sáʔənəŋ *manage to be lifted* | sáʔənəxʷ *manage to lift* | sáʔnəxʷ *manage to lift* | saʔsáynəxʷ *scare someone* | síxnəxʷ *move it* | sqənáŋ *be got out* | sqənáxʷ *manage to get out* | stənáxʷ *drop it* | súʔŋnəŋ *being smelled* | súk̓ʷnəxʷ *manage to bathe* | súŋnəŋ *smell* | súŋnəxʷ *smell it* | súsaʔnəŋ *being smelled* | súsəŋnəxʷ *smell something* | sxʷk̓ʷnáxʷ *catcher* | ščiʔáxənəŋ *be hit arm accidentally* | ščiʔáxənəxʷ *hit arm accidentally* | ščnáŋ *manage to be hit* | ščnáxʷ *manage to hit* | taʔqəníxʷ *feel it* | taʔqəníxʷəŋ *sense* | táknəxʷ *finally buy it* | táqənəxʷ *find out* | tátqənəxʷ *finding out* | táxənəŋ *be heard about* | táxənəxʷ *hear about* | tčnáŋ *be poked* | tčnáxʷ *poke* | təkʷnəxʷ *breaking it* | tkʷínəxʷ *break* | tkʷnáŋ *manage to be broken* | tkʷnáxʷ *manage to break it* | tsnáxʷ *arrive at* | tcənáxʷ *break it* | təxnáxʷ *disagree* | t̓kʷísnəxʷ *manage to take across* | xʷánəxʷ *manage to lower* | xáčnəŋ *manage to be dried* | xáčnəxʷ *manage to dry* | xčənáxʷ *figure it out* | xčnáŋ *be figured out* | xčnáwtxʷ *learning house* | xčnúŋə *figure you* | xčnúŋəs *figure me/you* | xéʔnəŋ *be surprised* | xéʔnəxʷ *surprise* | xəɬxɬnáxʷ *hurt people* | xəɬnúŋə *do/say to you* | xíλ̓čnəxʷ *manage to fell a tree* | xɬnáxʷ *hurt someone* | x̌ʷáčnəxʷ *get slaughtered* | x̌ʷáynəxʷ *manage to slaughter* | yaʔnúŋə *fix you up* | yéʔnəxʷ *get ready* | yəc̓náxʷ *manage to fill* | yəx̣ʷnáxʷ *manage to free*}

-**nəs** ⟦-nəs -intent⟧ intent transitivizer. [This applicative marks the direct object as a goal of intent.] [Variants /-nas/ and /-ns/ occur in some words.] {ʔənʔánəs *come after* | ʔənʔánəsəŋ *be come after* | ʔənʔanəsnúŋə *come after me/you* | ʔənʔansəŋúŋɫ *come for us* | ʔúʔx̣ʷnəs *going after* | ʔúʔx̣ʷnəsəŋ *being gone after* | ʔúxʷnəs *go to it* | ʔúxʷnəsəŋ *be gone after* | ʔuxʷnúŋəs *go get you* | čuʔúʔnəs *using it* | čáŋnəs *get home for* | čixʷnás *go in on so* | čixʷnúŋə *go in on me/you* | háhəkʷnəs *remember* | hahəkʷnəsnúʔəŋə *remembering you* | hák̓ʷnəs *remember it* | hák̓ʷnəsəŋ *be remembered* | hiyáʔnəs *go at* | hiyáʔnəsəŋ *be gone after* | kʷənəŋútnəs *run after it* | kʷənəŋútnəsəŋ *be run after it* | ɬxʷnósəŋ *get there after* | nuʔnós *put in* | nuʔnósəŋ *barged in on* | sə́wnəs *get into woods* | sɬxʷnósəŋ *descendant* | tčínəs *arrive for* | tčínəsəŋ *be arrived for* | tsnə́s *get there for* | tsnə́səŋ *be arrived for* | ɫúk̓ʷnəs *go home for* | ɫúk̓ʷnəsəŋ *be gone home for* | wáʔnəs *catch up with* | waʔnəsəŋúŋə *go to with you* | wáʔnsəŋ *catch up with*} VAR: -ní [This may not be a case of the 'intent' morpheme.] {nəc̓əwtxʷnítəŋ *visitor*}

-**nəwəy** ⟦-nəwəy -ncrcprcl⟧ non-control reciprocal. [makes an intransitive verb indicating an accidental event involving two or more participants acting on each other or acting together] {ʔəsyəqənə́wi *even* | ʔiʔnə́kʷi *get along well* | cicxənə́kʷi *push each other* | cxnə́kʷi *bump each other* | cxnə́wi *bumping each other* | čəmc̓əmə́snə́kʷi *meeting* | čəmə́snə́kʷi *meet* | čiʔnə́kʷi *change places* | čənc̓nə́kʷi *squeeze together* | kʷinə́kʷi *wrestle* | k̓ʷənnə́kʷi *see each other* | ɬəŋɬəŋnəkʷə́yət *separate (pl)* | ɬəŋnəkʷáyət *separate* | ɬəŋnəkʷáyt *separating* | x̣aʔnə́kʷi *like each other* | x̣əmnə́kʷi *reconcile* | x̣əm̓x̣əm̓nə́kʷi *bump each other* | x̣əm̓nə́kʷi *bump each other* | x̣k̓ʷnə́kʷi *take each other* | x̣q̓ʷənkʷə́yətxʷ *stick together* | x̣q̓ʷnə́kʷi *stuck together* | naʔɬnə́kʷi *resemble* | nəxčəmə́snə́kʷi *meet each other* | qʷiʔnə́wiʔ *conversing* | qʷiʔnə́wiʔtəŋ *being talked with* | qʷiʔnə́wic *talking to me/you* | qʷiʔnə́witxʷ *talking to* | qʷinə́kʷi *talk together* | qʷinə́kʷitəŋ *be talked with* | qʷinə́kʷitúŋə *talk with you* | qʷinə́kʷitxʷ *talk together with* | qʷinə́kʷitəŋ *be talked to* | q̓ʷəynə́kʷitxʷ *introduce* | q̓ʷiʔnə́wi *getting acquainted* | q̓ʷiʔnə́witxʷ *introducing* | q̓ʷinə́kʷi *get acquainted* | sxʷqʷinə́kʷi *telephone* | štəŋnə́wi *share companionship* | ɬqʷeʔnəkʷáyət *splice together* | xʷəynəkʷə́yŋ *separate* | xʷəynə́kʷi *apart*}

-**ní** intent. See under: -nəs

-**níŋət** success. See under: -niŋt

-**niŋt** ⟦-iŋt -scs⟧ get to, finally, opportunity, able, success, achievement, get a chance. ⟪You almost didn't but you managed to. (AS)⟫ [This meaning and function suffix is similar to that of the non-control transitivizer. The difference is that /-iŋət/ does not have the 'accidental' or 'non-volitional' semantics that /-naxʷ/ does.] {ʔuʔhaʔníŋət cn. *I got to thank him.* (AS,BC; BC) | ʔuʔhaʔníŋət u cxʷ? *Did you get to thank him?* (BC) | ʔuʔmiʔmə́yəq cn či nshaʔníŋət kʷsə. *I forgot to thank him.* (AS) | ʔáwə c čiʔíŋt. *Don't wake him.* (ES) | ʔuʔk̓ʷəníŋət cn. *I got to see it.* (AS) | ʔuʔk̓ʷəníŋət cn cə sk̓ʷaʔk̓ʷátu. *I got to see the crow.* (AS) | ʔuʔx̣číŋət cn či sqʷáys. *I got to understand what he was saying.* (AS) | ʔuʔx̣̓k̓ʷíŋət caʔn cə x̣iyón. *I got to take the pencil.* (AS) | hiyaʔíŋət cn. *I got to bring it. / I finally brought it.* (AS)} ⟪with objects⟫ {ʔuʔhaʔníŋəc u cxʷ? *Did you get to thank me?* (AS,BC) | haʔníŋəc cn. *I got to thank you.* (AS) | tk̓ʷíŋət cn. *I finally broke it.* (AS)} ⟪on transitive stem⟫ {xčnaxʷnúŋət cxʷ. *You finally found out.* (AS,BC)} ⟪with passive⟫ {csíŋtəŋ cn. *They got to punch me.* (AS) | ʔuʔx̣̓k̓ʷíŋətəŋ cn. *He got to take me. / He held me.* (AS) | tk̓ʷíŋətəŋ cə x̣iyón. *The pencil got to be broken.* (AS)} ⟪with actual⟫ {k̓ʷəné ʔŋət cn cə húʔpt. *I'm watching the deer. / I'm getting to see the deer.* (AS)} VAR: -iŋt VAR: -níŋət {ʔuʔx̣̓k̓ʷníŋət cn cə ʔápələs. *I managed to get some apples.* (AS)} VAR: -núŋət {ʔuʔx̣̓k̓ʷnúŋəts yaʔ kʷi sqáwəc. *He managed to get potatoes.* (AS)} VAR: -úŋət {xʷitəŋúŋət *finally jump* (AS,BC) | x̣k̓ʷiníŋət *manage to get hold* | x̣k̓ʷíŋətəŋ *get to be taken* | x̣k̓ʷníŋət *manage to get* | haʔníŋəc *get to thank me/you* | haʔníŋət *get to thank* | hiyaʔíŋət *get to bring* | k̓ʷəné ʔŋət *getting to see* | k̓ʷəníŋət *get to see* | tk̓ʷíŋət *get to break* | tk̓ʷíŋətəŋ *get to be broken* | xčíŋət *get to know* | x̣əníŋt *take all*}

-**nuŋə** first-person and second-person object. See under: -ŋuŋə

-**núŋət** -scs. See under: -niŋt

-**nuŋt** ⟦-nuŋt -ncmdl⟧ non-control middle. [marks an intransitive verb describing an event explicitly not under the control of the subject] {ʔaʔttənúŋət *managing to sleep* | ʔəmətnúŋət *manage to sit* | ʔəsqinúŋət *hateful* | ʔəttnúŋət *manage to sleep* | ʔiɬənnúŋət *finally eat* | cɬəŋnúŋət *manage to stand* | c̓aʔnúŋət *get to top* | čiʔk̓ʷaʔnúŋət *getting to flirt* | čaynúŋət *finally work* | čiʔsnúʔŋət *chasing* | čukʷnúŋət *shoot self accidentally* | čunúŋət *manage to find* | čəŋnúŋət *finally get home* | čixʷnúŋət *get inside* | hiyaʔnúŋət *get to go* | hiyinúŋət *manage to live* | huynúŋət *manage to finish* | kʷəwiʔnúʔŋət *dreaming* | kʷiʔnúŋət *dream* | ɬaw̓núŋət *manage to escape* | ɬcacsənúŋət *cut hand* | ɬəŋnúŋət *get detached* | x̣aʔx̣iwnúŋət *manage to get away* | x̣əm̓núŋət *manage to get well* | x̣iwnúŋət *manage to escape* | x̣k̓ʷinúŋət *manage to hold* | x̣k̓ʷnúŋət *manage to grab* |

nəxʷsqinúŋət *always angry* | ŋəq̕núŋət *swallow accidentally* | qaʔqiʔnúʔŋət *small mad person* | qiʔnúʔŋət *feeling angry* | qinúŋət *angry* | qiqinúŋət *quick tempered* | qʷaynúŋət *mange to talk* | qʷiʔnúʔŋət *manage to talk* | q̕ʷəyq̕ʷəynúŋət *over cook* | sməy̕əqnúŋət *forget* | sqiʔnúŋət *angry* | sqinúŋət *anger* | štəŋnúŋət *mange to walk* | štəŋúʔŋət *manage to be walking* | taxənúŋət *hear rumor* | t̕činúŋət *finally get here* | tsnúŋət *get near* | ƛ̕akʷinúŋət *manage to go across* | ƛ̕annúŋət *manage to get ashore* | xʷitəŋúŋət *finally jump* | x̌čənúŋət *learn self* | xəyəčənúŋət *over dry* | yaʔnúŋət *finally get set* | yaʔyəščənúŋət *poor (pl)* | yəščənúŋət *poor*}

-n̓ first-person subordinate subject. See under: -ən

-ŋ¹ 〚-ŋ -psv〛 passive. [always preceded by one of the transitivizers] ʔaʔaʔkʷústəŋ *being advised* | ʔaʔčáŋ *being put on* | ʔaʔčənítəŋ *getting maggoty* | ʔaʔčšikʷə́ttəŋ *have change clothes* | ʔaʔčšítəŋ *be changed* | ʔaʔčšústəŋ *be exchanged* | ʔaʔčáʔtəŋ *being wiped* | ʔaʔkʷə́ɬtəŋ *be protected* | ʔaʔkʷústəŋ *be advised* | ʔáʔŋaʔtəŋ *being given* | ʔaʔŋítəŋ *being stepped on* | ʔaʔŋústəŋ *being given* | ʔaʔq̕ʷə́təŋ *being extracted* | ʔaʔq̕ʷúʔtəŋ *be joined* | ʔaʔstástəŋ̕ *being towed* | ʔaʔšaʔmənítəŋ *being raided* | ʔaʔtšəmənítəŋ *be raided* | ʔaʔxítəŋ̕ *being scraped* | ʔaʔxtéʔtəŋ *being fixed* | ʔaʔyaʔmútəŋ̕ *being made strong* | ʔaʔyáʔtəŋ *be put away* | ʔaʔyístəŋ *be put away* | ʔaʔyítəŋ *be lent* | ʔánəɬtəŋ *be obeyed* | ʔánətəŋ *be obeyed* | ʔáwətəŋ *be rejected* | ʔáxəntəŋ *be said to* | ʔəcɬtáyŋxʷtəŋ *be made Indian* | ʔəcístəŋ *be dressed* | ʔəčaʔəwíyətəŋ *be flanked* | ʔəčíɬtəŋ *be dipped up* | ʔəčíkʷstəŋ *be wiped* | ʔəkʷɬnítəŋ *be protected* | ʔəléʔktəŋ *be elected* | ʔəɬənínəstəŋ *be burped* | ʔəɬənístəŋ *be fed* | ʔənʔaʔŋítəŋ *being made to appear* | ʔənʔánəsəŋ *be come after* | ʔənʔáxʷtəŋ *be brought* | ʔənáčtəŋ *let take turn* | ʔəŋʔíŋtəŋ *be run over* | ʔəŋaʔtəŋ *be given* | ʔəpítəŋ *be stroked* | ʔəsʔístəŋ *be done with* | ʔəsčáyəx̌təŋ *lose mind* | ʔəshúʔitəŋ *artifact* | ʔəsƛ̕čítəŋ *be cut* | ʔətúttəŋ *be put to sleep* | ʔəɬútəŋ *be stretched* | ʔəxíkʷstəŋ *be scraped* | ʔəxítəŋ *be scraped* | ʔəxtéʔtəŋ *be fixed* | ʔəxʷítəŋ *gathered to clean* | ʔəyəstəŋ *be made happy* | ʔáy̕təŋ *being made good* | ʔiʔáʔtəŋ *made good* | ʔiʔíqtəŋ *cheap* | ʔiʔɬkʷástəŋ *be put behind* | ʔiʔtáʔəŋ *being enjoyed* | ʔiʔtáŋ *be enjoyed* | ʔíčɬtəŋ *being dipped up* | ʔinəŋítəŋ *be revealed* | ʔíŋənəŋ *stepped on* | ʔíŋətəŋ *stepped on* | ʔístəŋ *be done with* | ʔíxʷtəŋ *be gathered to clear* | ʔiyáʔnəŋ *be heard* | ʔiyátəŋ *be put there* | ʔiyəmútəŋ *be made strong* | ʔíyəwəɬtəŋ *be put beside* | ʔúʔx̌ʷnəsəŋ *being gone after* | ʔúŋəstəŋ *be given* | ʔúq̕ʷtəŋ *be extracted* | ʔúx̌ʷnəsəŋ *be gone after* | ʔúxʷtəŋ *be taken to* | ʔúyəɬtəŋ *be loaded on* | ʔúyəxtəŋ *be lifted* | ʔyaʔnəŋítəŋ *be listened to* | caʔciʔáptəŋ *being tickled* | caʔciyáptəŋ *be tickle* | caʔqítəŋ *being poked* | caʔqʷústəŋ *being point at* | cákʷəŋ *be put down* | cáwtəŋ *be brought to beach* | cciʔáptəŋ *being tickled* | céʔyətəŋ *be put on* | cənʔáčtəŋ *be leaned against* | cənʔə́təŋ *be leaned* | cəŋáʔatəŋ *being packed* | cə́ŋatəŋ *be packed* | cə́xtəŋ *being shoved* | cə́y̕əxtəŋ *be stirred* | ciʔkʷíyŋtəŋ *gathered seafood* | cicə́xtəŋ *being shoved around* | cícɬtəŋ *be put high* | cíqtəŋ *be poked* | ciyáptəŋ *be tickled* | cɬə́q̕ʷtəŋ *be put through hole* | cqítəŋ *be poked* | cq̕ʷústəŋ *be pointed at* | cúcəntəŋ *carrying up* | cúŋtəŋ *be carried up* | cúptəŋ *concealed* | cxʷə́təŋ *be disappeared* | cxə́təŋ *be shoved* | cxítəŋ *be held away* | cx̌nə́ŋ *be hit* | c̕aʔcə́ʔptəŋ *be distracted* | c̕ə́ʔatəŋ *be brought up* | c̕aʔkʷə́təŋ *be washed* | c̕aʔpə́təŋ *being bothered* | c̕aʔq̕ʷtíŋ *being stuck on* | c̕aʔsítəŋ *being pounded* | c̕áptəŋ *be bothered* | č̕čə́təŋ *be awakened* | č̕čnə́ŋ *manage to be awakened* | č̕čxə́ɬctəŋ *be stung by nettle* | c̕ələ́təŋ *be beaten* | c̕əŋə́qstəŋ *be bitten on nose* | c̕əŋə́təŋ *bitten* | c̕əŋətíŋ *being held in mouth* | c̕ə́ŋtəŋ *being bitten* | c̕ə́qtəŋ *being dripped on* | c̕ə́snəŋ *being knocked* | c̕əsniʔkʷáʔstəŋ *being hit oarlock socket* | c̕ə́stəŋ *being hit* | c̕ə́xtənítəŋ *be poisoned* | c̕ə́yəkʷtəŋ *be startled* | c̕ič̕ə́kʷtəŋ *be rusted* | c̕ič̕ə́stəŋ *be hit (pl)* | c̕íŋətəŋ *be neared* | c̕lc̕ə́lətəŋ *lose badly* | c̕ɬə́kʷtəŋ *be pinched* | c̕qə́təŋ *be dripped on* | c̕qítəŋ *pressed down on* | c̕q̕ʷútəŋ *being sucked* | c̕q̕áŋətəŋ *be made rotten* | c̕q̕ʷústəŋ *be nodded to* | c̕sə́təŋ *be punched* | c̕siʔáxənəŋ *be hit on the arm* | c̕siʔáxtəŋ *be hit on arm* | c̕síqtəŋ *be hit in belly* | c̕sítəŋ *be nailed* | c̕snə́ŋ *be hit* | c̕snəkʷástəŋ *be hit in stomach* | c̕ssənə́ŋ *be hit on foot* | c̕ssə́ntəŋ *be hit on foot* | cúq̕ʷtəŋ *be sucked out* | c̕úƛ̕təŋ *be nudged* | c̕xə́təŋ *be worn out* | č̕ʔəɬáʔtəŋ *be brought from here* | čáʔčaʔtəŋ *is being made* | čaʔčsítəŋ *being made for* | čaʔətístəŋ *be made to vomit* | čáʔitəŋ *being put to work* | čaʔkʷúʔtəŋ *being shot at* | čaʔŋútəŋ *being pushed* | čaʔsútəŋ *being thrown at* | čaʔxʷútəŋ *being added to* | čánəŋ *be moved* | čánətəŋ *be moved* | čaysítəŋ *be fixed for* | čáytəŋ *be put to work* | čč̕ásəŋ *be chased* | čč̕átəŋ *be fixed* | čč̕nístəŋ *be scared* | čəʔúʔwəŋ *being used* | čənč̕əntəŋ *be buried (pl)* | č̕ánətəŋ *be buried* | č̕ántəŋ *being buried* | čə́q̕ʷtəŋ *being burned* | čə́xtəŋ *being ripped* | čiʔásəŋ *being chased* | čiʔástəŋ *be followed* | čiʔáwtəŋ *be passed* | čiʔáyətəŋ *be turned back* | čiʔčiʔkʷáʔsəŋ *November* | čičə́xtəŋ *being ripped (pl)* | čičə́xʷtəŋ *be split (pl)* | čičxústəŋ *torn face* | č̕íxʷtəŋ *being demolished* | čiyəŋústəŋ *be hung up* | č̕kʷútəŋ *is shot* | č̕ɬq̕ə́nəxʷtəŋ *be starved* | č̕ɬqə́nxʷtəŋ *being starved* | č̕náʔətəŋ *being named* | č̕nátəŋ *be named* | č̕qátəŋ *be made to fall* | č̕q̕ə́təŋ *be burned* | č̕sústəŋ *thrown to* | č̕sútəŋ *be thrown at* | čtáʔtəŋ *being asked* | čtátəŋ *be asked* | čɬítəŋ *be pushed over* | čúkʷəŋ *be used* | čúnəŋ *found* | čúsnəŋ *be hit (throwing)* | čxʷútəŋ *be added to* | čxátəŋ *be knocked down* | čxə́təŋ *be ripped* | čxúʔstəŋ *torn face* | čx̣ústəŋ *be torn face* | čx̣úyəstəŋ *split forehead* | čx̣úýstəŋ *torn forehead* | čx̣ʷə́təŋ *be spit on* | čx̣ʷítəŋ *be demolished* | čx̣ʷúʔstəŋ *being spit on* | čx̣ʷústəŋ *be spit on* | čx̣ʷúystəŋ *be spit on* | čx̣ʷúýstəŋ *being spit on* | čaʔčátəŋ *be sewn* | čaʔčstíŋ *being hugged* | čaʔčústəŋ *getting hugged* | čaʔpútəŋ *being squeezed* | čaʔpayústəŋ *be winked at* | čaʔpiʔsŋítəŋ *being winked at* | čaʔyítəŋ *be taken away* | čáŋtəŋ *be brought home* | čáyəŋtəŋ *be brought home (pl)* | ččítəŋ *be wrung* | ččústəŋ *be hugged* | čənəŋístəŋ *be shaken over* | čə́ńčtəŋ *be squeezed* | čə́ńəŋistəŋ *being shaken over* | čəyaʔyítəŋ *be taken away* | čə́yəq̓təŋ *be looked sideways at* | čə́yəx̣ʷtəŋ *being put inside* | čəypútəŋ *be turned over* | čəyústəŋ *be taken away* | čə́yptəŋ *being turned around* | čə́ýq̓təŋ *being glanced at* | čičq̓ʷnístəŋ *be rotted teeth* | číptəŋ *being squeezed* | čixʷáʔəŋ *being put inside* | čixʷáŋ *be put inside* | čixʷáŋət *bring in* | čixʷtáŋ *be brought inside* | čpítəŋ *be squeezed* | čsátəŋ *be extinguished* | čšə́ptəŋ *be deflated* | haʔnáʔtəŋ *being thanked* | háʔnətəŋ *be thanked* | haʔníčtəŋ *being discussed* | haʔnítəŋ *be thanked* | haʔqítəŋ *being slid* | haʔwístəŋ *be put in front* | hákʷnəsəŋ *be remembered* | həčístəŋ *be protruded* | hə́məntəŋ *be hammered* | həwástəŋ *be refuse* | hihíytəŋ *be pushed off* | híqtəŋ *be slid* | hiyáʔnəsəŋ *be gone after* | hiyáʔtəŋ *be taken* | híyətəŋ *pushed off* | hiyínəŋ *be saves* | hiyítəŋ *save life* | hiyitíŋ *be revived* | huʔáčtəŋ *be raised above* | húkʷtəŋ *be hooked* | húk̓ʷtəŋ *be hollered to* | huŋístəŋ *be returned* | huŋítəŋ *be taken back* | húynəŋ *be finished* | húytəŋ *be made to finish* | kʷaʔáʔyəŋ *being hidden* | kʷaʔčátəŋ *being pried* | kʷáʔstəŋ *be released* | kʷaʔk̓ʷčəŋítəŋ *being yelled at* | kʷáʔnəŋ *be dropped* | kʷaʔʔənə́qʷtəŋ *be blown up* | kʷáʔyətəŋ *being hidden* | kʷaʔyítəŋ *being peeked at* | kʷánəŋ *be lost* | kʷánətəŋ *be thrown away* | kʷáyəŋ *be hidden* | kʷáyətəŋ *be hidden* | kʷccəŋítəŋ *be sent to* | kʷčátəŋ *be pried* | kʷčaŋəsítəŋ *be yelled for* | kʷčáŋətəŋ *be hollered at* | kʷéʔyətəŋ *being peeked at* | kʷənaʔŋítəŋ *being helped* | kʷənáŋənəŋ *be helped* | kʷənáŋətəŋ *be helped* | kʷənəŋútnəsəŋ *be run after it* | kʷənəŋúttəŋ *be taken running* | kʷə́xtəŋ *being ejected* | kʷə́x̣təŋ́ *being ejected* | kʷə́yəxtəŋ *be shaken* | kʷəytəŋáynəŋ *trying to be capsized* | kʷə́ýtəŋ *being spilled* | kʷiʔáʔnəŋ *spilling* | kʷiʔə́təŋ *be spilled* | kʷiʔústəŋ *be spilled on* | kʷikʷə́xtəŋ *be ejected* | kʷik̓ʷiyáytəŋ *be thought expert* | kʷɬáčtəŋ *be made sleep at edge* | kʷq̓ə́təŋ *be opened* | kʷsáčtəŋ *be put aside* | kʷtústəŋ *be turned up* | kʷxə́təŋ *be ejected* | kʷxsítəŋ *be sent away for* | k̓ʷaʔk̓ʷənítəŋ *is watched (dimin)* | k̓ʷaʔnə́təŋ *being poured* | k̓ʷántəŋ *be poured* | k̓ʷástəŋ *toast it* | k̓ʷčátəŋ *be made crooked* | k̓ʷčítəŋ *butchered* | k̓ʷčə́təŋ *be stopped* | k̓ʷčístəŋ *be brought over* | k̓ʷə́nəŋ *be seen* | k̓ʷənəstəŋ *be shown* | k̓ʷənítəŋ *be watched* | k̓ʷənsítəŋ *be looked at for* | k̓ʷə́ntəŋ *be looked at* | k̓ʷənúɬtəŋ *be observed* | k̓ʷənústəŋ *looked at in the face* | k̓ʷə́ństəŋ *being shown* | k̓ʷə́ńtəŋ *being looked at* | k̓ʷəŋtíŋ *being watched* | k̓ʷə́stəŋ *being counted* | k̓ʷəstəŋáwtxʷ *education department* | k̓ʷə́ýtəŋ *being compelled* | k̓ʷik̓ʷə́stəŋ *be preached to (pl)* | k̓ʷsátəŋ *be scorched* | k̓ʷsə́təŋ *be counted* | lakəlítəŋ *be locked* | ɬaʔccístəŋ *being hand cut* | ɬaʔčítəŋ *being cut* | ɬaʔk̓ʷə́təŋ *be cured* | ɬaʔk̓ʷítəŋ *being hooked* | ɬaʔɬə́xʷtəŋ *be straightened (dimin)* | ɬaʔnítəŋ *be attached* | ɬaʔq̓ʷáʔtəŋ *being slurped* | ɬaʔx̣ʷúʔstəŋ *being reprimanded* | ɬaʔyəčiʔítəŋ *being cut up* | ɬáwtəŋ *be healed* | ɬáx̣ʷtəŋ *be removed from mouth* | ɬcútəŋ *be taken to beach* | ɬcácsnəŋ *be hand cut* | ɬccístəŋ *be hand cut* | ɬčínəŋ *manage to be cut* | ɬčítəŋ *be cut* | ɬčsə́nəŋ *be foot cut* | ɬčústəŋ *be cut face* | ɬčátəŋ *be darkened* | ɬéʔəntəŋ *being attached* | ɬə́kʷtəŋ *be pecked* | ɬək̓ʷəyústəŋ *be hung on hook* | ɬə́məčtəŋ *be picked* | ɬə́məq̓təŋ *swarmed on* | ɬəməx̣ʷtástəŋ *be rained on* | ɬəmə́x̣ʷtəŋ *be rained on* | ɬə́məx̣ʷnəŋ *be smeared on* | ɬə́məx̣ʷtəŋ *be smeared on* | ɬəmɬə́məx̣ʷtəŋ *be poured on* | ɬəmx̣ʷtásəŋ *being rained on* | ɬə́mx̣təŋ́ *being rained on* | ɬəŋáʔəŋ *being detached* | ɬəŋéʔq̓təŋ *be decapitated* | ɬəŋíyŋtəŋ *be removed* | ɬə́txtəŋ *be made to shiver* | ɬə́x̣ʷtəŋ *being straightened* | ɬə́ýəq̓ʷtəŋ *be smashed* | ɬə́ýəxtəŋ *be frozen* | ɬə́ýq̓təŋ *being smashed* | ɬə́ýtəŋ *be given* | ɬičáńnəŋ *cut ear* | ɬičáńnəŋ *being ear cut* | ɬík̓ʷnəŋ *be hooked* | ɬik̓ʷústəŋ *be hooked in face* | ɬiɬə́kʷtəŋ *be pecked* | ɬiɬúyəŋ *abandoned* | ɬiq̓ʷúyəstəŋ *be peeled off* | ɬitústəŋ *be sprinkled* | ɬk̓ʷə́təŋ *be pecked* | ɬk̓ʷéʔq̓ʷtəŋ *hook head* | ɬk̓ʷítəŋ *be hooked* | ɬŋáŋ *be detached* | ɬŋɬŋáŋ *be detached (pl)* | ɬq̓átəŋ *be licked* | ɬq̓ʷústəŋ *be face licked* | ɬq̓ʷéʔq̓ʷtəŋ *be scalped* | ɬq̓ʷə́təŋ *be removed* | ɬtə́x̣ʷnəŋ *be swallowed* | ɬtə́x̣ʷtəŋ *be sucked in* | ɬtə́təŋ *be flung* | ɬuʔčáʔtəŋ *be undressed* | ɬuʔéʔstəŋ *kidnapping* | ɬuʔístəŋ *run away with* | ɬuʔúʔiŋ *being left* | ɬúyəŋ *be left* | ɬúyəstəŋ *be left behind* | ɬúynəŋ *be left* | ɬx̣ʷnə́səŋ *get there after* | ɬx̣átəŋ *be laid on* | ɬx̣ə́təŋ *be spread on* | ɬx̣ʷaʔmítəŋ *slip* | ɬx̣ʷə́təŋ *be straightened* | ɬx̣ʷístəŋ *be straightened* | ɬx̣ʷusítəŋ *be reprimanded* | ɬx̣ʷústəŋ *be reprimanded* | x̌aʔpátəŋ *being touched* | x̌aʔq̓əyutəŋ *being typed* | x̌aʔsx̣ɬáwtxʷtəŋ *be taken to hospital* | x̌aʔtáwntəŋ *be taken to town* | x̌aʔyáʔčtíŋ *be held steady* | x̌aʔyakəmátəŋ *be taken to Yakima* | x̌aʔyúčtəŋ *being stopped* | x̌aɬəŋústəŋ *be salted* | x̌áyəstəŋ *be backed up* | x̌áyučtəŋ *be stopped* | x̌čaʔwíytəŋ *be put under* | x̌éʔtəŋ *expensive* | x̌əmə́təŋ *be bumped* | x̌ə́mtəŋ *be eroded* | x̌əmútəŋ *be pushed in* | x̌áq̓ʷtəŋ *being stuck on* | x̌iʔáʔtəŋ *being sought* | x̌ix̌áq̓ʷtəŋ *being stuck on (pl)* | x̌iyáʔtəŋ *being looked for* | x̌k̓ʷcístəŋ *have hand held* | x̌k̓ʷə́təŋ *be taken* | x̌k̓ʷíŋətəŋ *get to be taken* | x̌k̓ʷiŋítəŋ *be taken and held* | x̌k̓ʷístəŋ *be taken*

Klallam Suffix Index

| x̌ʷknáʔəŋ *being gotten* | x̌ʷknáŋ *manage to be taken* | x̌ʷkníŋ *manage to be held* | x̌ʷktíŋ *be held* | x̌łústəŋ *be splashed face* | x̌pátəŋ *be touched* | x̌q́áʔtəŋ *goal* | x̌q́ítəŋ *be pressed* | x̌q̓ʷə́təŋ *be stuck on* | x̌q̓ʷtíŋ *be stuck it on* | x̌úʔətəŋ *be comforted* | x̌úmnəŋ *be made enough* | x̌ʷiyuʔústəŋ *be not cared for* | x̌ʷiyústəŋ *be ignored* | x̌ʷyastíŋ *disrespected* | maʔčútəŋ *being aimed at* | maʔkʷə́łnəŋ *be hurt* | maʔkʷə́łtəŋ *be hurt* | maʔkʷútəŋ *being put in mouth* | maʔkʷaʔyéʔčtəŋ *be piled up* | maʔsítəŋ *being sorted* | maʔyáʔtəŋ *being kicked* | maliyístəŋ *be married* | malyítəŋ *be married* | mánətəŋ *worsen* | məcə́təŋ *be greased* | məčútəŋ *be aimed at* | məkʷə́təŋ *be crumpled* | məkʷúctəŋ *be kissed* | məkʷéʔətəŋ *buried* | məkʷə́təŋ *be claimed* | məsə́təŋ *be folded* | məsínəŋ *manage to be sorted* | məsítəŋ *be sorted* | məxítəŋ *shaken* | mə́yaʔnəŋ *be kicked* | mə́yaʔtəŋ *be kicked* | məyaʔwáčtəŋ *kicked rear* | məyéʔqʷtəŋ *be kicked head* | mə́yč̓təŋ *being mixed* | miʔmə́yč̓təŋ *being mixed* | mimə́stəŋ *messed up* | miməyaʔtəŋ *getting kicked* | míxtəŋ *being shaken* | múkʷtəŋ *be put in mouth* | naʔátəŋ *being named* | naʔhústəŋ *be cursed* | naʔk̓ʷítəŋ *be spooked* | naʔnaʔtíŋ *be honored* | naʔnéʔnətəŋ *being acknowledged* | naʔnəkʷítəŋ *nightmare* | naʔnə́yəŋtəŋ *being made to laugh* | naʔnə́yəŋústəŋ *being made to laugh* | naʔnə́ytəŋ *being laughed at* | naʔnítəŋ *be named* | naʔnunčsítəŋ *be repaid* | naʔtíŋ *respected* | načítəŋ *be made different* | načnəčáʔistəŋ *be not recognized* | náčtəŋ *make different* | nančə́təŋ *be snickered at* | nátəŋ *be named* | náwnəčtəŋ *being repaid* | néʔətəŋ *be given birth* | nəčəwtxʷnítəŋ *visitor* | nəčəŋístəŋ *be made to laugh* | nəčə́təŋ *be smiled at* | nəčtíŋ *be changed* | nə́šaʔtəŋ *be put on edge* | nəxʷʔčústəŋ *have face wiped* | nəxʷʔəyəqáčtəŋ *be teased* | nəxʷc̓súsənəŋ *be hit in face* | nəxʷc̓sústəŋ *get hit face* | nəxʷčšústəŋ *be hit face* | nəxʷčx̌ictəŋ *split in two* | nəxʷčx̌ictəŋ *be demolished* | nəxʷčaʔpáʔyústəŋ *be winked at* | nəxʷčəyə́ctəŋ *be turned inside out* | nəxʷk̓ʷáʔnətəŋ *being refilled* | nəxʷk̓ʷcústəŋ *get crooked face* | nəxʷłəŋənáŋ *be emptied* | nəxʷłúwtəŋ *be hollowed out* | nəxʷmaʔkʷúctəŋ *be kissed* | nəxʷsaʔyútəŋ *getting swollen* | nəxʷsaʔyúytəŋ *swell up (pl)* | nəxʷsúyətəŋ *swell up* | nəxʷščústəŋ *be slapped* | nəxʷtaʔxiʔítəŋ *being spread* | nəxʷtčicstəŋ *be retaliated against* | nəxʷtqə́təŋ *be closed* | nəxʷxaʔcústəŋ *being scratched on face* | nəxʷx̌cústəŋ *be scratched on face* | nəxʷx̌iʔúʔstəŋ *getting picture taken* | nəxʷx̌iʔústəŋ *be photographed* | nə́yətəŋ *be laughed at* | nuʔáŋ *be put in* | nuʔnáčtəŋ *be repaid* | nuʔnə́səŋ *barged in on* | nuʔnuʔásəŋ *be put in (pl)* | ŋáʔətəŋ *be given* | ŋaʔkʷáʔtəŋ *being chewed* | ŋaʔk̓ʷaʔtíŋ *being waited for* | ŋáʔtəŋ *be given to* | ŋaŋútəŋ *be eaten up* | ŋəkʷátəŋ *be chewed* | ŋəńtáŋ *be made lots* | ŋəqə́təŋ *be swallowed* | ŋəq̓ítəŋ *be erected* | ŋəq̓ʷə́təŋ *be burst* | ŋə́q̓ʷtəŋ *being burst* | ŋəsə́təŋ *barked at* | ŋə́stəŋ *being barked at* | ŋəx̌ə́təŋ *be bawled out* | ŋə́x̌təŋ *be hurried* | ŋə́x̌təŋ *being bawled out* | niŋə́q̓ʷtəŋ *burst (pl)* | niŋə́stəŋ *barked at* | niŋə́x̌təŋ *get bawled out* | ŋuʔútəŋ *being eaten* | ŋútəŋ *be eaten* | paʔcáʔtəŋ *being spread* | paʔcítəŋ *being slid* | paʔxʷútəŋ *being blown on* | paysənítəŋ *be poisoned* | pcátəŋ *be spread* | pcítəŋ *be slid* | péʔwəstəŋ *be accused of infidelity* | pístəŋ *be accused* | piyáʔcítəŋ *being slid (pl)* | pxútəŋ *be blown on* | páʔətəŋ *be tried* | płə́təŋ *be made to behave* | qaʔitíŋ *be treated badly* | qaʔqéʔnəŋ *be mad at* | qaʔqiʔámstəŋ *be weakened* | qaʔqínəŋ *be angry at* | qaʔx̌ítəŋ *being whittled* | qaʔyəq̓ítəŋ *be jailed (pl)* | qánətəŋ *be robbed* | qańítəŋ *be robbed* | qéʔnəŋ *be mad at* | qéʔq̓təŋ *being restrained* | qəmə́təŋ *be chopped* | qəmátəŋ *be asked for* | qəmśítəŋ *be asked for* | qəńqańítəŋ *be robbed* | qəqáynəŋ *be scolded* | qəq̓ítəŋ *be restrained* | qə́stəŋ *being put in water* | qəyústəŋ *be looked away from* | qiʔéytəŋ *being spoiled* | qiqáynəŋ *be angered at* | qiqə́yətəŋ *be angered at* | qiyínəŋ *be spoiled* | qqaʔnítəŋ *being robbed* | qqsə́ntəŋ *legs bound* | qsə́təŋ *be put in water* | qx̌ítəŋ *be whittled* | q̓aʔnítəŋ *being threatened* | q̓aʔyústəŋ *be paid* | q̓cə́təŋ *be cramped* | q̓ə́ctəŋ *being cramped* | q̓əḿctəŋ *be searched* | q̓əmə́təŋ *is cut off* | q̓əmńáŋ *be caught up to* | q̓əmq̓ə́mətəŋ *be cut off (pl)* | q̓ə́mtəŋ *being cut off* | q̓əmústəŋ *be cut in on* | q̓ə́ptəŋ *being gathered* | q̓ə́yəčtəŋ *be sheltered* | q̓ínəŋ *be angry at* | q̓ipə́təŋ *be curled* | q̓iq̓əyəqtəŋ *be tangled* | q̓pə́təŋ *be gathered* | q̓psít *gather for* | q̓psítəŋ *gathered for* | q̓qaʔnítəŋ *being threatened* | q̓sínáyətəŋ *be necklaced* | q̓taʔáwəłtəŋ *be put around* | qʷaʔántəŋ *being called* | qʷaʔánsəŋ *being called* | qʷaʔmítəŋ *be blamed* | qʷaʔnítəŋ *being talked to* | qʷaʔqʷaʔnítəŋ *given to drink* | qʷaʔqʷaʔŋítəŋ *being talked to* | qʷaʔútəŋ *be watered* | qʷaʔx̌ítəŋ *being put out of way* | qʷánsəŋ *be called to* | qʷayústəŋ *get talked to* | qʷayaʔmútəŋ *getting hugged* | qʷéʔmətəŋ *being blamed* | qʷə́łtəŋ *being drifted ashore* | qʷəyaʔməstíŋ *be hugged* | qʷəyaʔmústəŋ *be hugged* | qʷəyaʔmútəŋ *hugged* | qʷə́yəctəŋ *be bailed* | qʷə́yəštəŋ *be scattered* | qʷə́yəsnítəŋ *be boiled* | qʷə́yəstəŋ *be boiled* | qʷiʔnə́wiʔtəŋ *being talked with* | qʷinə́kʷitəŋ *be talked with* | qʷinə́kʷitəŋ *be talked to* | qʷinítəŋ *be spoken to* | qʷiŋítəŋ *being talked to* | qʷiqʷáyŋətəŋ *scolded* | qʷíxtəŋ *being moved* | qʷíxtəŋ *be put out of way* | qʷłə́təŋ *be drifted ashore* | qʷúʔqʷaʔtəŋ *be let drink* | qʷx̌ítəŋ *be moved* | q̓ʷaʔátəŋ *be shared* | q̓ʷaʔcútəŋ *being beaten* | q̓ʷaʔq̓ʷáystəŋ *be fooled* | q̓ʷaʔšə́nətəŋ *be accompanied* | q̓ʷaykʷə́nitəŋ *be believed* | q̓ʷcə́təŋ *be defecated on* | q̓ʷčútəŋ *be beat up* | q̓ʷəŋəyúʔstəŋ *being lent* | q̓ʷə́yətəŋ *be cooked* | q̓ʷə́yətəŋ *be tamed* | q̓ʷínətəŋ *be removed* |

q̓ʷiŋəyústəŋ *be lent* | q̓ʷq̓ʷaʔnítəŋ *being agreed with* | q̓ʷq̓ʷay̓ŋítəŋ *being agreed with* | q̓ʷq̓ʷəy̓átəŋ *getting acquainted* | q̓ʷúynəŋ *be killed* | sʔaʔyístəŋ *be lent* | sʔaʔyítəŋ *be lent* | sʔə́ŋaʔtəŋ *be given* | saʔcaʔŋístəŋ *be made to breathe* | sáʔənəŋ *manage to be lifted* | sáʔətəŋ *be lifted* | saʔk̓ʷítəŋ *being peeled* | saʔmústəŋ *be sold to* | saʔpútəŋ *being drawn in* | saʔqəwíntəŋ *be carried* | saʔsáʔtəŋ *being lifted* | saʔxítəŋ *being moved* | sáčtəŋ *be treated cruelly* | sátəŋ *be ordered* | sáwtəŋ *being taken into bush* | say̓siʔŋístəŋ *be scared* | say̓siʔŋítəŋ *be scared* | scaʔqəmúʔistəŋ *be controlled* | scəyəɬiqʷá?səŋ *put up framework* | scuʔísəŋtəŋ *be proposed to* | sək̓ʷítəŋ *be peeled* | səmáʔtəŋ *be covered* | səmústəŋ *be sold to* | səmíxʷtəŋ *be made silent* | sən̓sən̓ík̓ʷstəŋ *passed out* | səwáʔtəŋ *be taken along* | sə́wqtəŋ *be whispered to}* {səy̓əq̓ʷíytəŋ *be disturbed* | səy̓siʔŋístəŋ *being frightened* | siʔámtəŋ *be respected* | sisúytəŋ *be swollen (pl)* | siyátəŋ *be ordered (pl)* | skʷəccəŋítəŋ *be sent to* | sk̓ʷə́stəŋ *be taught* | sk̓ʷútəŋ *be bathed* | stxʷnə́səŋ *descendant* | smaʔx̣ʷútəŋ *being tormented* | sqán *be put outside* | sqástəŋ *be put outside* | sqənáŋ *be got out* | suʔə́təŋ *be taken into woods* | súʔitən̓ *being swollen* | súʔŋ̓nən̓ *being smelled* | súŋ̓nəŋ *smell* | súsaʔnən̓ *being smelled* | súytəŋ *be swollen* | sxʷiʔxʷiʔxʷə́k̓ʷtən̓ct *donkey* | sxítəŋ *be moved* | sxʷiʔamústəŋ *be told a story* | šaʔqístəŋ *being made to open mouth* | šaʔsátən̓ *being stalked* | šaʔsáystəŋ *be stalked* | šáʔšaʔtəŋ *be made thirsty* | šástəŋ *be stalked* | ščə́təŋ *be pulled* | ščéʔqʷtəŋ *be head clubbed* | ščátəŋ *be hit* | ščiʔáxənəŋ *be hit arm accidentally* | ščiʔáxtəŋ *be hit on arm* | ščnáŋ *manage to be hit* | ščústəŋ *be hit in face* | ššə́čtəŋ *being hit* | šəqístəŋ *be made to open mouth* | šəwátəŋ *be grow* | šiʔšúʔɬtəŋ *be made glad* | šišə́čtəŋ *be pulled (pl)* | šišə́čtəŋ *being clubbed (pl)* | šišúptəŋ *be whistled at (pl)* | štəŋístəŋ *be walked* | štəŋústəŋ *be taken for a walk* | šúptəŋ *be whistled at* | taʔáwəŋ *being bought* | taʔčaʔx̣ʷéʔtəŋ̓ *troubled* | taʔčaʔx̣ʷítəŋ *be bothered* | taʔk̓ʷáʔtəŋ *be lit* | taʔkʷátəŋ *being bought* | taʔnáʔtəŋ *be encouraged* | taʔyəkʷátəŋ *be lit up (pl)* | tákʷəŋ *be bought* | táxənəŋ *be heard about* | tčácstəŋ *be retaliated against* | tčátəŋ *be stabbed* | tčínəsəŋ *be arrived for* | tčístəŋ *be brought here* | tčnáŋ *be poked* | tə́čtəŋ *being stabbed* | təyətəŋ *be taken upstream* | təyəkə́təŋ *be broken (pl)* | timítəŋ *be pushed on* | titáčtəŋ *be poked (pl)* | titáqtəŋ *be farted on (pl)* | tíymətəŋ *being pushed hard on* | tkʷátəŋ *be lit up* | tkʷə́təŋ *be broken* | tkʷíŋətəŋ *get to be broken* | tkʷnáŋ *manage to be broken* | tkʷsítəŋ *bought for* | tɬə́təŋ *be covered* | tɬústəŋ *be upside down* | tqə́təŋ *be shut* | tq̓ʷə́təŋ *be tightened* | tsán̓ *be brought* | tsə́təŋ *be arrived at* | tsnə́səŋ *be arrived for* | tšéʔqʷtəŋ *be combed* | túyəstəŋ *be taken over water* | txʷʔúx̣ʷtəŋ *be brought toward* | ƛaʔkʷístəŋ *being taken across* | ƛaʔmáʔtəŋ *being suspected* | ƛaʔq̓ʷɬnáyətəŋ *be choked* | ƛaʔwiɬítəŋ *be prayed for* | ƛántəŋ *be put ashore* | ƛáŋəntəŋ *be made to miss* | ƛáyətəŋ *be flattened* | ƛən̓ə́təŋ *be lined up* | ƛən̓ə́ntəŋ *be lined up (pl)* | ƛə́ŋəstəŋ *be braided* | ƛə́ŋaʔtəŋ *be inundated* | ƛəŋ̓kʷátəŋ *be put among* | ƛə́ŋstəŋ *being braided* | ƛə́q̓ʷtəŋ *being made tired* | ƛə́xtəŋ *being made wrong* | ƛiŋíxʷtəŋ *be medicated* | ƛiqústəŋ *be waved at* | ƛiƛə́kʷtəŋ *be stuck* | ƛiyəmtástəŋ *be sung to* | ƛk̓ʷístəŋ *be taken across* | ƛk̓ʷístəŋ *be taken home* | ƛɬə́təŋ *be bounced* | ƛq̓ə́təŋ *be farted on* | ƛq̓ʷə́təŋ *be made breathless* | ƛtúʔk̓ʷtəŋ *being taken home* | ƛúk̓ʷnəsəŋ *be gone home for* | ƛúk̓ʷtəŋ *be taken home* | ƛxayústəŋ *be told off* | ƛxə́təŋ *be taken wrong* | waʔcənístəŋ *be sung with* | wáʔnsəŋ *catch up with* | waʔwústəŋ *be barked at* | waʔxwəxɬcítəŋ *March* | wéʔqsstəŋ *being made to yawn* | wəyəq̓ʷítəŋ *be recognized* | wə́yəq̓ʷtəŋ *be recognized* | x̣ʷaʔk̓ʷáʔtəŋ *getting crazy* | x̣ʷaʔnítəŋ *being cursed at* | x̣ʷaʔsítəŋ *be shaken down* | x̣ʷaʔtaʔŋístəŋ *being made to jump* | x̣ʷaʔxʷənaʔmítəŋ̓ *getting buggy* | x̣ʷaʔx̣ʷk̓ʷátəŋ *getting drunk* | x̣ʷaʔyaʔməsítəŋ *being sold for* | x̣ʷaʔyəsítəŋ *being shaken up* | x̣ʷátəŋ *be put down* | x̣ʷéʔitəŋ *be put aside* | x̣ʷə́k̓ʷtəŋ *being pulled* | x̣ʷənxʷínətəŋ *be cursed* | x̣ʷəyáʔk̓ʷtəŋ *being dragged (pl)* | x̣ʷəyəmsítəŋ *be sold for* | x̣ʷəyk̓ʷátəŋ *get crazy (pl)* | x̣ʷə́yk̓ʷtəŋ *be wrapped* | x̣ʷíntəŋ *be cursed at* | x̣ʷístəŋ *be shaken* | x̣ʷitəŋístəŋ *be made to jump* | x̣ʷixʷístəŋ *be shaken up* | x̣ʷk̓ʷátəŋ *get crazy* | x̣ʷk̓ʷə́təŋ *be pulled* | x̣ʷk̓ʷústəŋ *be dragged* | x̣ʷtíŋtəŋ *be jump on* | xaʔxə́ttəŋ *be talked loudly to* | xáčnəŋ *manage to be dried* | xáčtəŋ *be dried* | xáɬtəŋ *be made sick* | xáŋətəŋ *be all taken* | xayústəŋ *be argued with* | xayústəŋ̓ *being argued with* | xcə́təŋ *be pluck* | xčə́təŋ *be figured out* | xčnáŋ *be figured out* | xčŋíntəŋ *be made to think* | xčtíŋ *be known* | xčítəŋ *be scratched* | xéʔnəŋ *be surprised* | xéʔtəŋ *be made to appear* | xə́ctəŋ *be pluck* | xə́čtəŋ *being figured out* | xə́ɬtəŋ *being hurt* | xəmx̣ʷéʔqʷtəŋ *get a haircut* | xənʔátəŋ *be told* | xənəŋtíŋ *be called* | xəŋxíŋtəŋ *be grabbed (pl)* | xə́ptəŋ *be ended* | xə́títəŋ *being shot* | xəyčústəŋ *be scratched on face* | xə́yəčtəŋ *be twisted* | xəyə́təŋ *be written* | xəyústəŋ *be drawn* | xiʔəsítəŋ *be written to* | xiʔxayústəŋ *being argued with* | xíŋətəŋ *be grabbed* | xístəŋ *be made ugly* | xix̣ə́čtəŋ *be sized up* | xix̣ə́ɬtəŋ *be stung (pl)* | xɬə́təŋ *be hurt* | xɬiyəŋístəŋ *be thrown back* | xɬtáʔəŋ *being pitied* | xɬtáŋ *be pitied* | xsítəŋ *be moved* | xtə́təŋ *be shot* | x̣ʷaʔčátəŋ *being slaughtered* | x̣ʷaʔŋístəŋ *being made to cry* | x̣ʷaʔx̣ʷáʔtəŋ *being imitated* | x̣ʷaʔx̣ʷúʔəstəŋ *being mocked* | x̣ʷáčnəŋ *get slaughtered* | x̣ʷčátəŋ *be slaughtered* | x̣ʷənəŋtíŋ *how kept* | x̣ʷənúʔəstəŋ *be put facing* | x̣ʷəŋístəŋ *be made cry* | x̣ʷəŋístəŋ *be made fast* | x̣ʷə́štəŋ *being agitated* | x̣ʷəyaʔčátəŋ *being slaughtered (pl)* | x̣ʷəyəčátəŋ *be massacred (pl)* | x̣ʷə́yəq̓ʷtəŋ *be drifted* | x̣ʷə́yq̓ʷtəŋ *being drifted* | x̣ʷixʷə́štəŋ *being agitated* | x̣ʷq̓ʷiʔnáčtəŋ *be put upside down* | x̣ʷq̓ʷítəŋ *be rubbed* | x̣ʷq̓ʷəyəɫnáyətəŋ *be hanged* | x̣ʷuʔútəŋ *be cried for* | x̣ʷútəŋ *be cried for* | yaʔáʔɬtəŋ *have bed made* | yaʔcústəŋ *being told* | yáʔəxtəŋ *poison someone* | yaʔnəŋístəŋ *make listen* | yaʔqítəŋ *be launched* | yaʔsítəŋ *be prepared for* | yáʔtəŋ *be readied* | yaʔyəŋítəŋ *being heard* | yaʔyútəŋ *being invited to go* | yayáʔtəŋ *being made ready* | yéʔtəŋ *be readied* | yéyəq̓ʷtəŋ *be recognized* | yə́ctəŋ *be told* | yəcústəŋ *be told* | yəcátəŋ *be filled* | yə́ctəŋ *being filled* | yəhúmətəŋ *be respected* | yəq̓áɫtəŋ *be put in way* | yəq̓ə́təŋ *be measured* | yəq̓ɫtíŋ *be put in way* | yəq̓ʷə́təŋ *be pried apart* | yəx̣ʷáŋ *be freed* | yəx̣ʷə́təŋ *be freed} {yəyəŋístəŋ *be taken far* | yúytəŋ *be invited to go}*

- -ŋ² ⟦-ŋ -mdl⟧ **middle voice.** [On a two-participant stem this forms an intransitive verb with an indefinite patient. On one-participant stems this typically forms an intransitive verb with a participant that is wholly affected.] {ʔaʔáɬəŋ *fix bed* | ʔaʔcɬtiŋíxʷəŋ *speaking Indian* | ʔaʔčaʔŋə́yɫ *dressing child* | ʔaʔčšikʷə́təŋ *change clothes* | ʔaʔčšikʷə́təŋ *changing clothes* | ʔaʔčšúsəŋ *exchange* | ʔaʔccísəŋ *wiping hands* | ʔáʔčəŋ *wiping* | ʔaʔčíwsəŋ *wiping body* | ʔaʔčúsəŋ *wiping face* | ʔaʔmúxʷəŋ *rumble* | ʔaʔníqəŋ *grunting* | ʔaʔq̓ʷiʔnísəŋ *extracting tooth* | ʔaʔtútəŋ *sleepy* | ʔaʔxənúkʷəŋ *raking* | ʔaʔx̣əwáčəŋ *scraping bottom* | ʔaʔyəɬtayéʔčəŋ *loading* | ʔácəŋ *clothes* | ʔačənúkʷəŋ *wipe floor* | ʔáčəŋ *wipe* | ʔánəŋ *obey* | ʔaɬɬnáʔyəŋ *stretch neck* | ʔáx̣əŋ *say/do* | ʔáx̣əŋtəŋ *be said to* | ʔáx̣əŋtxʷ *say to* | ʔéʔčəŋ *dressing* | ʔéʔnəŋ *appearing* | ʔəckʷíyəŋ *go far out* | ʔəcɬtiŋíxʷəŋ *talk Indian* | ʔəčaʔwíyŋ *flank* | ʔəčéʔqʷəŋ *wipe head* | ʔəčəcísəŋ *wipe hands* | ʔəčíkʷsəŋ *wipe body* | ʔəčsónəŋ *wipe feet* | ʔəčúsəŋ *wipe face* | ʔəkʷə́yəŋ *weave* | ʔəmənéʔəŋ *hunting* | ʔəmxʷɬnáyəŋ *eat berries* | ʔəníqəŋ *grunt* | ʔəpə́čtəŋ *hold baby* | ʔəpíyəŋ *sit on lap* | ʔəsʔéʔnəŋ *visible* | ʔəscə́ɬqʷəŋ *hole* | ʔəscəwísəŋ *proposing* | ʔəscə́yqʷəŋ *hole in ground* | ʔəsckʷísəŋ *get spouse* | ʔəsɫaʔcúysəŋ *cutting forehead* | ʔəsɬtúʔqʷəŋ *boiling* | ʔəspúʔxʷəŋ *sailing* | ʔəspúxʷəŋ *sail* | ʔəsqaʔxqíŋ *mocked* | ʔəsqə́yəŋ *camping* | ʔəsqəyíŋ *camping* | ʔəssaʔŋánət *be unanchored* | ʔəsstə́ŋ *be down* | ʔəsɫáʔyəŋ *not reach* | ʔəsxʷɬə́kʷəŋ *hollow* | ʔəsxʷɬáčəŋ *deep hole* | ʔəsxʷnaʔnáʔyaʔŋəs *smiling* | ʔəsxʷnəčáŋəs *smiling* | ʔəsxʷqə́ykʷəŋ *round* | ʔəsxʷsə́yqəŋ *round* | ʔəsxʷšuʔšpíyəŋ *squat down* | ʔəsxʷaʔnéʔəŋ *how* | ʔəsxʷaŋíŋ *way* | ʔəsxʷəŋʔáŋ *way* | ʔəx̣céʔnəŋ *shaving* | ʔəx̣cínəŋ *shave* | ʔəx̣ənúkʷəŋ *sweep* | ʔəx̣əŋáyŋəŋ *want same* | ʔə́x̣əŋ *saying* | ʔəx̣téʔəŋ *prepare* | ʔəx̣ʷənúkʷəŋ *sweep floor* | ʔəyx̣əwáčəŋ *scraping bottom* | ʔiʔánəŋ *know how* | ʔiʔánəŋct *learn* | ʔiʔánəŋt *learn it* | ʔiʔéʔwəsəŋ *getting ready* | ʔíčəŋ *dress* | ʔiɫənínəŋ *eat meal* | ʔínaʔŋət *make appear* | ʔínəŋ *appear* | ʔíxəŋ *scrape* | ʔíxʷəŋ *sweep* | ʔiyáʔnəŋ *listen* | ʔscúʔsəŋ *displeased* | ʔuɬíyŋ *go to harvest* | ʔútəŋ *stretch* | ʔuxʷəŋáyŋən *want to go there* | ʔxənúkʷəŋ *sweep up* | caʔcɫéʔiŋ *going high* | caʔčáʔɬəŋ *go slow* | caʔɬéʔyəŋ *rising* | cáʔxʷəŋ *lazy* | caʔyíɬəŋ *stand (pl)* | cáxʷəŋ *lazy* | ccíɬəŋ *standing* | céʔisəŋ *turn around* | céʔɬəŋ *standing* | cəʔítəŋ *truly* | cə́ɬqʷəŋ *make hole* | cənáčəŋ *lean back* | cənaʔáʔčɬəŋ *carrying child on back* | cənáʔčɬəŋ *carry child back* | cənáʔəŋ *on the back* | cə́yəqʷəŋ *dig* | cə́yqʷəŋ *digging* | ciʔkʷéʔiŋ *gathering seafood* | ciʔkʷéʔiŋət *gathering seafood* | ciʔkʷíyŋət *gather seafood* | ciʔkʷíyŋtəŋ *gathered seafood* | cickʷáčəŋ *go to Dungeness spit* | cíɬəŋ *stand* | cixsə́nəŋ *kicking* | cɬaʔəwíyəŋ *get on top* | cɬəŋnúŋət *manage to stand* | cɬə́qʷəŋ *go through hole* | cqʷúsəŋ *point* | cxsə́nəŋ *move feet* | c̓aʔčáʔiŋ *go up (dimin)* | c̓aʔcáʔqʷəŋ *glittering* | c̓aʔcéʔxʷəŋ *sandbar* | c̓aʔcúʔqʷəŋ *suck (dim)* | c̓áʔiŋ *go up* | c̓aʔkʷáčəŋ *wash bottom* | c̓aʔkʷcéʔnəŋ *washing mouth* | c̓aʔkʷcínəŋ *wash mouth* | c̓aʔkʷcinísəŋ *clean teeth* | c̓aʔkʷcísəŋ *wash hands* | c̓aʔkʷéʔqʷəŋ *wash head* | c̓aʔkʷənúkʷəŋ *clean floor* | c̓aʔkʷənúkʷəŋ *cleaning floor* | c̓áʔkʷəŋ *washing* | c̓aʔkʷiʔxánəŋ *wash arms* | c̓aʔkʷiʔkʷə́təŋ *washing clothes* | c̓aʔkʷikʷə́təŋ *wash clothes* | c̓aʔkʷíwsəŋ *washing body* | c̓aʔkʷɬnáʔyəŋ *washing neck* | c̓aʔkʷɬnáyəŋ *wash neck* | c̓aʔkʷsə́nəŋ *wash feet* | c̓aʔkʷúsəŋ *wash face* | c̓aʔməŋə́nəkʷ *mud* | c̓aʔmúŋəct *get wet* | c̓aʔmúŋət *wet it* | c̓aʔmúŋətəŋ *get wet* | c̓áʔqʷəŋ *glittering* | c̓aʔqʷə́ŋct *rotting* | c̓aʔqʷúʔəŋ *rotting* | c̓aʔsə́nəŋ *stand on* | c̓aʔwéyəŋ *go on top* | c̓aʔyéʔəŋ *honking* | c̓aʔyéʔiŋ *climbing (pl)* | c̓áqʷəŋ *rotten* | c̓c̓aʔkʷcísəŋ *washing hands* | c̓c̓aʔkʷsə́nəŋ *washing feet* | c̓c̓aʔkʷúsəŋ *washing face* | c̓c̓aʔməŋə́nəkʷ *swampy* | c̓c̓aʔmúŋct *get wet* | c̓c̓aʔwáčəŋ *sit down* | c̓éʔqʷəŋ *shell muscle* | c̓éʔxʷəŋ *chills* | c̓éʔyəŋ *ascend* | c̓əmc̓əmúʔəŋ *getting all wet* | c̓əqəŋ *dripping* | c̓əyək̓ʷəŋ *squirm* | c̓ə́ykʷəŋ *twitching* | ciʔkʷáʔnəŋ *flirting* | c̓ícaʔyəŋ *ascending* | c̓icəyək̓ʷəŋ *squirm (pl)* | c̓ickʷinísəŋ *tooth decay* | c̓íqəŋ *press* | c̓ísəŋ *nail* | c̓íxʷəŋ *chilly* | c̓íxʷəŋ *Deep Creek* | c̓iyúʔməŋ *wet (pl)* | c̓q̓ə́ŋ *drip* | c̓q̓ʷáŋəct *rot* | c̓q̓ʷáŋət *make rot* | c̓q̓ʷáŋətəŋ *be made rotten* | c̓q̓ʷúʔsəŋ *looking down* | c̓q̓ʷúsəŋ *look down* | cúʔməŋ *wet* | cúʔqʷəŋ *sucking* | cúcaʔməŋ *juicy* | cúqʷəŋ *suck* | cxiynísəŋ *show teeth* | čaʔčáwtxʷəŋ *building house* | čaʔčə́yaŋəs *hanging* | čaʔčə́yəŋ *hanging* | čaʔčísəŋ *itch* | čaʔiɫcúŋ *choppy* | čaʔqʷənúkʷəŋ *burning land* | čáʔqʷəŋ *sweating* | čáʔsaʔqʷəŋ *putting hat on* | čaʔtíxəŋ *rattle* |

čaʔtéʔqʷəŋ *wash hair* | čaʔwíyəŋ *go to other side* | čáʔx̣ʷəŋ *thawing* | čačáwtxʷəŋ *build house* | čanəŋáwtxʷ *move house* | čanə́wtxʷəŋ *move house* | čáq̓ʷəŋ *sweat* | čáx̣ʷəŋ *spoil* | čáx̣ʷəŋ *melt* | čáyəŋ *hang* | čaynéʔəŋ *speaking Chinese* | ččšáyəqəŋ *follow* | č̓čtəŋxʷcínəŋ *hoot* | čéʔtəŋ *falling over* | čə́čəŋ *startled* | čə́ṁə̀səŋ *be met* | čənəsə́nəŋ *take step* | čəṅháʔnəŋ *November* | čə́qəŋ *filing* | čə́saʔqʷəŋ *put hat on* | čə́x̣əŋ *tearing* | čəyáʔisəŋ *turn around* | čəyáʔŋəs *hang* | čəyəṅúst *hanging up* | čiʔsáyqəŋ *following* | čiʔúʔsəŋ *looking away* | čiʔúsəŋ *look away* | čičə́čəŋ *startled (pl)* | čičkʷikʷúʔsəŋ *paddle hanger* | čičtáŋ *ask a lot* | čiqéʔəŋ *swoop down* | čitaʔqʷəŋ *wash head* | čítəŋ *fall off* | číx̣əŋ *bitter* | číx̣əŋtxʷ *bitter* | čiyəṅústəŋ *be hung up* | čiyəṅúst *hang up* | čłík̓ʷəŋ *creak* | čqqéʔyəŋ *getting older* | čq̓ə́ŋ *file* | čq̓áwtxʷəŋ *house burning* | čq̓ʷnúk̓ʷəŋ *burn land* | čsə́ŋ *stink* | čtáŋ *ask* | čtáŋ *asking* | čúʔx̣əŋ *spinning* | čúx̣əŋ *spin* | čúṅətəŋ *is pushed* | čúsnəŋ *throw and hit (accidentally)* | čx̣əŋ *tear* | čx̣ʷáwtxʷəŋ *break camp* | čáʔčəŋ *sewing* | čaʔčiʔkʷə́təŋ *sewing clothes* | čaʔkʷə́x̣əŋ *frying* | čaʔƛ̓aʔháysəŋ *hailing* | čaʔpayúsəŋ *blinking* | čaʔpíʔsə́ŋət *winking at* | čáqʷəŋ *moldy* | čə́nəŋ *shake* | čənəŋáwtxʷ *Shaker church* | čə́nəŋ *shaking* | čənəŋéʔqʷ *shaking head* | čənəŋíws *shaking all over* | čə́təŋ *crawling* | čə́txʷəŋ *gnawing* | čəyə́nəŋ *Shakers* | čə́yəŋ *shaking* | čə́yəpəŋ *turn around* | čə́yəqəŋ *look sideways* | čə́yəx̣ʷəŋ *go inside* | čəyítəŋ *fall off (pl)* | čə́ypúsəŋ *turn over* | čə́ypəŋ *turning around* | čə́yqəŋ *looking sideways* | čiʔpiʔúʔyəsəŋ *rolling* | čipəyúsəŋ *roll over* | čipiʔúysəŋ *roll* | čkʷə́x̣əŋ *fry* | čk̓ʷíx̣əŋ *get scorched* | čpáysəŋ *blink* | čpisə́ŋət *wink at* | čtáŋ *crawl* | čúʔsəŋ *being displeased* | čúsəŋ *displeased* | čx̣ʷaʔwíyəŋ *go on the inside* | háʔnəŋ *thank* | haʔníčəŋ *discussing* | háʔsəŋ *sneezing* | háhaʔnəŋ *thanking* | hánəčəŋ *discuss* | hásəŋ *sneeze* | héʔkʷəŋ *flowing* | héʔyəŋ *falling off* | həwíyəŋ *return* | həwéʔyəŋ *return* | hihíyəŋ *falling* | híkʷəŋ *flow* | híyəŋ *fall off* | huʔáčəŋ *raise above* | huhəwíyəŋ *back out* | húyəŋ *finish* | kaʔpúhəŋ *putting on coat* | kapúhəŋ *put a coat on* | kʷaʔčiʔŋéʔnəŋ *breakfasting* | kʷaʔkʷáʔčəŋ *yelling* | kʷaʔkʷə́yəŋ *fly* | kʷaʔkʷxcéʔnəŋ *screaming a little* | kʷaʔkʷxcínəŋ *scream* | kʷáʔqəŋ *blooming* | kʷaʔsíqəŋ *itching* | kʷaʔšə́qəŋ *sighing* | kʷaʔtúsəŋ *looking up* | kʷaʔxcéʔnəŋ *screaming* | kʷáčəŋ *yell* | kʷáqəŋ *bloom* | kʷčáʔəŋət *hollering* | kʷčiʔŋínəŋ *breakfast* | kʷək̓áčəŋ *start to holler* | kʷənísəŋ *button up* | kʷənúcəŋ *sing power song* | kʷə́wəŋ *warm* | kʷə́yəŋ *fly* | kʷə́yəŋ *flying* | kʷəyə́čəŋ *hiding (something)* | kʷə́yx̣əŋ *moving* | kʷiʔəŋ *pour* | kʷiʔxcísəŋ *moving hands* | kʷiʔxsə́nəŋ *moving feet* | kʷikʷəsíqəŋ *itch (pl)* | kʷiyəkʷáčəŋ *start to holler (pl)* | kʷłáčəŋ *sleep at foot* | kʷłčqíyəŋ *get old* | kʷłčqíyəŋtxʷ *let get old* | kʷłiʔčqéʔyəŋ *getting old* | kʷsáčəŋ *go back against* | kʷsíqəŋ *itch* | kʷtúsəŋ *look up* | kʷxʷnə́čəŋ *hide on self* | kʷxcínəŋ *scream* | kʷxə̣ŋ *eject* | k̓ʷaʔčúx̣əŋ *stomach growl* | k̓ʷaʔk̓ʷéʔyəŋ *nasty* | k̓ʷáʔsəŋ *toasting something* | k̓ʷásəŋ *toast* | k̓ʷcəŋ *crooked* | k̓ʷčə́nəŋ *uncover* | k̓ʷənʔáystəŋ *looking for lice* | k̓ʷənaʔwéʔyəŋ *watching out* | k̓ʷənəwíyəŋ *watch out* | k̓ʷəncínəŋ *cook* | k̓ʷənk̓ʷəncínəŋ *cook* | k̓ʷənłnáyəŋ *looking for food* | k̓ʷəncéʔnəŋ *cooking* | k̓ʷə́səŋ *counting* | k̓ʷičiyéʔqʷəŋ *pass out* | k̓ʷikʷəycíyəŋ *turning to slave* | k̓ʷsəŋ *count* | lakəlínəŋ *lock* | ɬʔtq̓íŋət *warm it* | ɬaʔcáʔyəŋ *mowing* | ɬaʔcéʔqʷəŋ *being head cut* | ɬaʔcáx̣əŋ *having trouble* | ɬaʔcéʔyəŋ *cooling* | ɬaʔcíyəŋ *get cold* | ɬaʔɬə́təŋ *bouncing* | ɬaʔłiʔísəŋ *drizzling* | ɬaʔpx̣aʔyúsəŋ *blinking* | ɬaʔq̓císəŋ *lick hand* | ɬaʔq̓ənúkʷəŋ *licking the floor* | ɬáʔqʷəŋ *licking* | ɬaʔq̓sə́nəŋ *licking foot* | ɬaʔtúqʷəŋ *boiling* | ɬaʔtíqəŋ *hot* | ɬaʔtq̓íŋəyuʔ *warming* | ɬákʷəŋ *flavorless* | ɬáqʷəŋ *lick* | ɬáx̣əŋ *lie* | ɬcáʔiŋ *mow grass* | ɬccínəŋ *cut mouth* | ɬcíkʷsəŋ *cut body* | ɬcúyəsəŋ *cut forehead* | ɬéʔk̓ʷəŋ *hooking* | ɬə́kʷəŋ *pecking* | ɬə́kʷəŋt *hollowing it* | ɬəməcínəŋ *lick lips* | ɬə́məčəŋ *pick* | ɬəməxʷéʔqʷəŋ *rub head* | ɬəmíkʷsəŋ *trim down* | ɬəmɬəmcínəŋ *lightning* | ɬə́mčəŋ *harvesting* | ɬəmɬaʔməcéʔnəŋ *licking lips* | ɬəŋayéʔqʷəŋ *remove hat* | ɬəŋcísəŋ *take off gloves* | ɬəŋéʔqʷəŋ *remove head* | ɬəŋiʔíyəŋ *take off pants* | ɬəŋíyŋtəŋ *be removed* | ɬəŋqsə́nəŋ *clear nose* | ɬəŋqsónəŋ *clearing nose* | ɬəŋsə́nəŋ *take off shoes* | ɬəŋ́sə́nəŋ *taking off shoes* | ɬə́pəŋ *slip off* | ɬəpx̣əyúsəŋ *blink* | ɬə́q̓ʷəŋ *peel* | ɬə́təŋ *flipping* | ɬiʔísəŋ *misting* | ɬicáʔəŋ *getting undressed* | ɬícaʔqʷəŋ *cut hair* | ɬicáŋ *undress* | ɬíkʷsənəŋ *trip* | ɬiɬaʔcíyəŋ *get cold* | ɬipəwáčəŋ *flipping tail* | ɬíx̣ʷəŋ *slippery* | ɬiyŋáʔqʷəŋ *take off hat* | ɬkʷáčtəŋ *be pecked bottom* | ɬkʷəŋ *peck* | ɬkʷə́səŋ *descendant* | ɬpcéʔnəŋ *stuttering* | ɬpqsé́ʔnəŋ *blowing water* | ɬqcínəŋ *go to opposite side* | ɬqʷsə́nəŋ *lick foot* | ɬq̓ʷčə́nəŋ *uncover* | ɬq̓ʷsə́nəŋ *uncover* | ɬtə́xʷəŋ *suck in* | ɬtə́xʷəŋ *swallowing* | ɬtúqʷəŋ *boil* | ɬtə́ŋ *fling* | ɬtiʔúʔisəŋ *cast* | ɬtíqəŋ *get hot* | ɬuʔcáʔəŋ *undress* | ɬuʔcáʔəŋ *undressing* | ƛ̓aʔcéʔyəŋ *sinking* | ƛ̓aʔičíyəŋ *sink (pl)* | ƛ̓aʔkʷəŋíyɬ *getting darker* | ƛ̓aʔk̓ʷíqəŋ *sparkle* | ƛ̓aʔɬáŋəct *getting salty* | ƛ̓aʔƛ̓kʷuʔyáʔsəŋ *beat drum* | ƛ̓aʔpsə́nəŋ *feeling with feet* | ƛ̓aʔq̓šə́nəŋ *putting shoes on* | ƛ̓áɬəŋ *salt* | ƛ̓aɬəṅúst *salt it* | ƛ̓aɬəṅústəŋ *be salted* | ƛ̓ayséʔiŋ *going backwards* | ƛ̓čaʔwíyəŋ *get under* | ƛ̓číqəŋ *below* | ƛ̓číyəŋ *sink* | ƛ̓ə́kʷəŋ *extinguishing* | ƛ̓əɬnáyŋ *looking for* | ƛ̓əmáčəŋ *bump back* | ƛ̓əmáčšəŋ *bump neck* | ƛ̓əmṁéʔqʷəŋ *bump one's head* | ƛ̓əmə́ŋ *bump* | ƛ̓əmƛ̓əmcéʔnəŋ *thunder* | ƛ̓əmƛ̓əmcínəŋ *thunder* | ƛ̓əmúsəŋ *bump face* | ƛ̓əpsə́nəŋ *feel with feet* | ƛ̓əwəŋáyŋəŋ *want to howl* | ƛ̓iʔáʔəŋ *searching* | ƛ̓iʔáŋ *seek* | ƛ̓ix̣áyəčiŋ *go blind* | ƛ̓ikʷáʔisəŋ *grab on* |

ƛ̕kʷiʔkʷáʔsəŋ *take paddle* | ƛ̕kʷuʔyáʔsəŋ *beat a drum* | ƛ̕kʷəŋ *extinguish* | ƛ̕łáłəŋ *sea* | ƛ̕łáŋəct *get salty* | ƛ̕qtáčšəŋ *Bedford Is. beach* | ƛ̕qšə́nəŋ *put shoes on* | ƛ̕šnúkʷəŋ *plow* | maʔkʷiŋ *have in mouth* | máʔnəšəŋ *smoking tobacco* | maʔqáʔəŋ *Makah language* | maʔtúʔqʷəŋ *bubbling up* | mánəšəŋ *smoke tobacco* | méʔxʷəŋ *quaking* | məcéʔqʷəŋ *oil hair* | məkʷúyəsəŋ *berry forms* | mə́kʷəŋ *claim* | mə́kʷəŋúył *adopt child* | mə́kʷəŋúyłt *adopt child* | mə́kʷəŋ *claiming* | məkʷéʔəŋəł *funeral* | məłə́ŋ *bend* | məxʷłnáyəŋ *eat from vine* | mə́yčəŋ *rolling* | mičiʔúʔisəŋ *roll over* | miməyačəŋ *roll around* | mísəŋ *sort out* | míxʷəŋ *oscillate* | múʔčəŋ *aiming* | múʔkʷəŋ *putting in mouth* | múčəŋ *cast* | múkʷəŋ *put in mouth* | náʔcəwtxʷəŋ *visiting* | naʔčuʔtxʷiŋ *visit* | naʔčéʔyəŋ *do differently* | naʔnə́yəŋ *laughing* | naʔnə́yəŋáyŋən *holding laughter*} {naʔnə́yəŋéʔwən *hold laughter* | naʔnə́yəŋtəŋ *being made to laugh* | naʔnə́yəŋústəŋ *being made to laugh* | naʔnəyəŋústxʷ *making laugh* | naʔnə́yəŋʔáyŋən *wanting to laugh* | naʔqə́ŋət *diving for it* | naʔqʷúsəŋ *bending down* | néʔnaʔšəŋ *on side* | nə́čəwtxʷəŋ *visit* | nə́čəŋ *laugh* | nəčə́ŋəs *smiling face* | nəčə́ŋət *laugh at* | nəčəŋíkʷən *laugh inside* | nəčəŋáyŋən *want to laugh* | nəhə́čłəŋ *name child* | nəníčəŋ *laugh (pl)* | nə́qəŋ *dive* | nəqə́ŋət *dive for* | nə́qəŋ *diving* | nəqʷúsəŋ *bend down* | nəssáčəŋ *my breath* | nəwíyŋ *go in* | nəxʷʔaʔčúsəŋ *wiping face* | nəxʷʔaʔiqáčəŋ *humorous* | nəxʷʔəčúsəŋ *wipe face* | nəxʷʔiʔə́yəŋ *clear* | nəxʷcakʷłáʔyəŋ *gargling* | nəxʷčaʔkʷáyəsəŋ *wash eyes* | nəxʷčaʔkʷłnáyŋ *gargle* | nəxʷčaʔkʷúsəŋ *wash face* | nəxʷčaʔwáčəŋ *sit down* | nəxʷccáʔməŋ *echo* | nəxʷčə́snəŋ *knocking* | nəxʷčə́nəŋ *knock* | nəxʷčə́súsəŋ *hit face* | nəxʷčaʔtxaʔŋə́wəč *rattlesnake* | nəxʷčxícəŋ *rip back* | nəxʷčaʔpaʔyúsəŋ *wink* | nəxʷčaʔyəpáyəsəŋ *close eyes* | nəxʷčə́nəŋəs *shaking face* | nəxʷčəŋúsəŋ *bend over* | nəxʷčsnúʔəŋ *Whiskey Spit* | nəxʷkʷəšqéʔtəŋ *choking* | nəxʷkʷtúʔəŋ *Church Point* | nəxʷłaʔŋənúkʷəŋ *clearing land* | nəxʷłəŋənúkʷəŋ *clear land* | nəxʷłəŋqéʔnəŋ *clearing throat* | nəxʷłəŋqínəŋ *clear throat* | nəxʷłəŋqsə́nəŋ *wipe nose* | nəxʷłkʷə́ŋət *hollow it* | nəxʷłúwəŋ *hollow out* | nəxʷłúwəŋ *hollowing out* | nəxʷƛ̕kʷúsəŋ *cross oneself* | nəxʷnaʔnə́yəŋəs *smiling* | nəxʷnəčə́ŋəs *smile* | nəxʷqaʔyəxúsəŋ *showing off* | nəxʷqəyəxúsəŋ *show off* | nəxʷqʷáqəŋ *muddy water* | nəxʷsaʔskʷiʔúsəŋ *whistling tune* | nəxʷskʷiyánəŋ *abandoned people* | nəxʷskʷəncínəŋ *cook* | nəxʷsƛ̕áʔkʷəŋ *pitch dark* | nəxʷsƛ̕əyəkʷáʔnəŋ *looking for food* | nəxʷsnə́qəŋ *diver* | nəxʷstəŋúʔəŋ *swimmer* | nəxʷsuʔúʔiŋ *following path* | nəxʷsúyəŋ *take a path* | nəxʷsxʷłtx̣ʷəŋ *vacuum cleaner* | nəxʷšaʔúsəŋ *brag* | nəxʷšaʔšúsəŋ *bragging* | nəxʷtəmłúsəŋ *paint face* | nəxʷtxiʔíyəŋ *spread legs* | nəxʷxʷaʔsúsəŋ *shake head* | nəxʷxáƛ̕əŋ *swift tide* | nəxʷxiʔúʔsəŋ *taking a picture* | nəxʷxiʔúsəŋ *take picture* | nəyaʔnə́yəŋ *laughing* | niʔnaʔčáxəŋ *group laughing* | niyaʔnə́yəŋ *laughing group* | nuʔsə́nəŋ *put pants on* | nuʔsə́nəŋ *putting pants on* | nunáčəŋ *repay* | ŋaʔcúʔyəŋ *oozing pus* | ŋáʔkʷəŋ *chewing* | ŋaʔŋaʔsáʔnəŋ *anchored* | ŋaʔsánəŋ *anchor* | ŋákʷəŋ *chew* | ŋaŋəłə́qəŋ *kneeling down* | ŋáqaʔəŋ *snow* | ŋəłáʔqəŋ *kneel* | ŋə́nəŋ *many* | páʔcałəŋ *spread* | páʔstənəŋ *speaking English* | paʔšúsəŋ *going against* | paʔxʷə́ṅəŋ *sailing* | pacáʔłəŋ *spread out* | pápaʔxʷəŋ *foggy* | páqəŋ *bloom* | pástənəŋ *speak English* | pastənqéʔnəŋ *speaking English* | páyəxʷəŋ *steam* | péʔcəŋ *slippery* | péʔwəsəŋ *accuse* | pə́kʷəŋ *smoking* | pə́yəqʷəŋ *powdery* | pəyúxʷəŋ *steaming* | pə́yqʷəŋ *making into powder* | pícəŋ *slip* | piqʷúsəŋ *powder face* | pkʷəŋ *smoke* | pšúsəŋ *go against* | púxʷəŋ *blow* | pxʷə́nəŋ *put up sail* | pə́ʔəkʷəŋ *smoke a pipe* | pəʔkʷátəŋ *being floated* | pəʔkʷəŋ *floating* | pəʔkʷúsəŋ *fish surfaces* | pəʔpáʔəkʷəŋ *smoking a pipe* | pəʔpáʔkʷəŋ *floating* | pəʔxʷiʔéʔčəŋ *over flowing* | pəʔyáʔkʷłəŋ *racing (pl)* | pəʔyəxʷiʔéʔčəŋ *overflowing container* | pəʔyíxʷəŋ *overflow* | pákʷəŋ *float* | pákʷəŋtən *float* | péʔxʷəŋ *overflowing* | pəwawkʷłéyŋ *go canoe racing* | píxʷəŋ *overflow* | płə́ŋ *behave* | ppákʷəŋ *floating* | púʔqʷəŋ *foaming* | puʔqʷəŋáyŋən *fermenting* | púqʷəŋ *foam* | pxʷíyəčəŋ *over flow* | qáʔəŋ *defecate* | qaʔqtəmúsəŋ *play ball* | qaʔxqíŋ *playing* | qaʔyəsə́ŋəc *look away from me/you* | qaʔyəsə́ŋət *looking away* | qaʔyəxtə́nəŋ *lying* | qaʔyúsəŋ *looking away* | qaƛ̕ahíyəŋ *go up sound* | qayəxúsəŋ *brag* | qəmáŋ *beg* | qəmáŋ *begging* | qəqíŋ *play* | qəyaʔxqíŋ *playing (pl)* | qəyəsə́ŋət *look away from* | qəyúsəŋ *look away* | qqaƛ̕áʔəŋ *speak up sound* | qqíyŋ *go play* | qqiyŋíłtxʷ *let go play* | qsə́ŋəct *immerse self* | qsə́ŋət *put in water* | qxúyəsəŋ *peel fruit* | q̕aʔčíqəŋ *squeaking* | q̕aʔkʷáʔnəŋ *complaining* | q̕aʔqəwéʔiŋ *shallow* | q̕aʔqtiyúsəŋ *go around (dimin)* | q̕aʔtəŋéʔnəŋ *eating dinner* | q̕aʔwíyəŋ *turn* | q̕aʔyíqəŋ *gurgling sound* | q̕aʔyúʔəŋ *storing* | q̕cə́ŋ *cramp* | q̕číqəŋ *squeak* | q̕éʔyəŋ *hang up* | q̕ə́pəŋ *gathering* | q̕ətíxəŋ *rattle* | q̕əwáʔəŋ *eat on beach* | q̕ə́yəŋ *camp out* | q̕əyúʔəŋ *preserve* | q̕əyúsəŋ *pay* | q̕ičíyŋ *go to shelter* | q̕ipéʔqʷəŋ *curl hair* | q̕ipéʔqʷəŋiył *go to curl hair* | q̕ipúysəŋ *curl hair* | q̕itəŋínəŋ *eat dinner* | q̕pə́ŋ *gather* | q̕q̕aʔkʷáʔnəŋ *complaining* | q̕taʔwíyəŋ *go around* | q̕tiʔúsəŋ *go around* | qʷaʔqʷə́yəŋ *sunny* | qʷáyŋ *say* | qʷaʔynúkʷəŋ *proposing marriage* | qʷəwəŋhúcən *warm up* | qʷə́yəŋ *sunshine* | qʷinúkʷəŋ *propose marriage for* | qʷíxəŋ *move* | qʷqʷéʔməŋ *blaming* | qʷqʷə́yəŋ *sunshine* | qʷqʷúʔəŋ *getting water* | qʷúʔəŋ *get water* | qʷúsəŋ *rock* | qʷaʔcínəŋ *share food* | qʷaʔqʷáyəŋ *believing* | qʷaʔtúʔxʷəŋ *making noise* | qʷáʔyəŋ *roasting* |

q̓ʷaʔyíyəŋ *go over* | q̓ʷčə́ŋ *defecate* | q̓ʷéʔyəŋ *go over* | q̓ʷə́səŋct *getting hard* | q̓ʷə́səŋtxʷ *harden* | q̓ʷə́yəŋ *roast* | q̓ʷəyíkʷsəŋ *cook body* | q̓ʷiyaʔyéʔčən *go over* | q̓ʷƛ̓úʔəsən *looking this way* | q̓ʷq̓ʷiyániyŋ *going deaf* | q̓ʷsə́ŋ *hard* | q̓ʷsə́ŋət *harden* | q̓ʷsəŋít *harden* | q̓ʷtúxʷəŋ *make noise* | q̓ʷúʔiyŋ *go join* | q̓ʷúʔyəŋ *tired waiting* | sʔiʔánəŋct *get used to* | sʔíčəŋ *clothes* | saʔánəŋ *lift anchor* | saʔátəŋ *being told* | saʔcísəŋ *lift hand* | sáʔčəŋ *breathing* | sáʔmačəŋ *covering* | saʔŋánət *raise anchor* | saʔqʷáŋt *be sweetening* | saʔsáʔčəŋ *be ornery* | saʔsáʔkʷəŋ *speaking one's language* | saʔsáʔqʷəŋ *little sweet* | saʔsáyəŋ *feel afraid* | saʔsə́nəŋ *lift foot* | saʔsúʔkʷəŋ *bathe a little* | saʔyəxánəŋ *lift arm* | sáčəŋ *cruel* | sáqʷəŋ *sweet* | sáqʷəŋtxʷ *taste sweet* | sáwqəŋ *whisper* | sáw̓suʔqəŋ *one Village Island* | sáxəŋ *bitter* | scánəŋ *what kind* | sciʔkʷíyŋət *tidal food* | scuʔísəŋtəŋ *be proposed to* | scéʔyəŋ *hill* | sčáʔčaʔyəŋ *befriended* | sčáʔsəŋ *conifer limbs* | sčiʔáʔyəŋ *upside down* | sčə́nəŋ *Shaker Church* | sčúsəŋ *unpleasing* | sčúsəŋ *repellent* | séʔkʷəŋ *peeling* | séʔxʷəŋ *wading* | sə́łəŋ *continuously* | sə́łəŋ *continue* | səmaʔčəŋ *cover up* | səŋíkʷsəŋ *faint* | səsáʔŋət *raising anchor* | sə́łəŋ *dropping* | səwéʔiŋ *going through woods* | sə́wqəŋ *whispering* | sə́wq̓əŋ *go around* | sə́wq̓əŋ *going around* | səyəq̓úsəŋ *whirlwind* | səy̓skʷúŋ *bathing (pl)* | siʔéʔqʷəŋ *scratch head* | siʔéw̓səŋ *scratching* | siʔíkʷsəŋ *scratch* | síkʷəŋ *peel* | sikʷəŋíył *go peeling* | siqaʔwíyəŋ *go around* | siqayá?nəŋ *spinning* | siqəyúsəŋ *go around* | sistə́ŋ *drop (pl)* | síxʷəŋ *wade* | skʷaʔyáqəŋ *flowers* | skʷáqəŋ *flower* | skʷayəqəŋíłč *flower bed* | skʷənəŋúcən *leftovers* | skʷásəŋ *toast* | sk̓ʷəŋúykʷł *swim suit* | sk̓ʷəyácəŋ *made slave* | sk̓ʷə́yəŋ *itch* | słaʔpxayúsəŋ *blink eyes* | słə́ŋct *go ahead* | słíxʷəŋ *slime* | sƛ̓eʔéyəŋ *attached (emotionally)* | smánəšəŋ *tobacco* | smə́kʷəŋ *claimed* | smək̓ʷŋúył *adopted* | snaʔniʔtiʔúʔəŋ *laughingstock* | snəčtiʔúʔəŋ *laughingstock* | sninčtiʔúʔəŋ *laughingstock (pl)* | sŋəná?əŋ *adopted child* | sŋənəŋəná?əŋ *adopted children* | spá?xʷəŋ *fog* | spaʔyək̓ʷəŋáw̓txʷ *smokehouses* | spaʔyúsəŋ *boils* | spápaʔxʷəŋ *fogginess* | spáqəŋ *flower* | spáyaʔxʷəŋ *fog (pl)* | spə́xʷəŋ *insides* | spə́yəq̓ʷəŋ *dust* | spəy̓q̓ʷúsəŋ *face powder* | spipk̓ʷə́ŋ *lots of smoke* | spk̓ʷə́ŋ *smoke* | spk̓ʷəŋáwtxʷ *smokehouse* | spúsəŋ *boil* | spúq̓ʷəŋ *foam* | spúq̓ʷəŋaʔyéʔč *boiling pot* | spúq̓ʷəŋəyeʔč *frosting* | sqáʔəŋ *defecate* | sqaʔŋəy̓nəč *feces on bottom* | sqaʔqtəmúsəŋ *ball game* | sqaʔwíyəŋ *go on the outside* | sqaʔxqíŋ *mocking* | sqéʔyəŋ *going outside* | sqíyəŋ *go outside* | sqqíŋ *toy* | sqqiŋáwtxʷ *recreation center* | sqʷáŋət *sweeten* | sq̓ʷə́yəŋ *roast* | ssaʔyácəŋ *breaths* | ssáxəŋ *one disliked* | stayəxáyəsəŋ *open eyes wide* | stəŋiʔŋínəŋ *supper* | stúʔq̓ʷəŋ *coughing* | stúq̓ʷəŋ *a cold* | słáʔkʷəŋ *bee* | słaʔłáʔčəŋ *small tide* | słaʔyácəŋ *tides* | słáčəŋ *tide* | sɬə́ŋ *drop* | sɬəŋánəŋ *drop* | súʔəsəŋ *look up* | súʔkʷəŋ *bathing* | súkʷəŋ *bathe* | sukʷəŋáw̓txʷ *bathroom* | sxʷʔiʔčásəŋ *hammer* | sxʷʔiʔčicásəŋ *hammers* | sxʷaʔŋáʔłəŋ *resting* | sxʷaʔxʷəníti skʷáqən *swearing flower* | sxʷaŋaʔłəŋáw̓txʷ *restroom* | sxʷcə́łqʷəŋ *hole* | sxʷcə́y̓qʷəŋ *hole in ground* | sxʷcłə́qʷəŋ *hole* | sxʷčaʔwéyŋ *stile* | sxʷčícaʔyəŋ *ladder* | sxʷčə́xəŋ *cedar knife* | sxʷčk̓ʷíyəŋ *Sequim* | sxʷiʔčícaʔyəŋ *steps* | sxʷkʷaʔkʷáʔčəŋ *telephone* | sxʷk̓ʷə́yəŋ *airplane* | sxʷk̓ʷəyaʔk̓ʷənúsəŋ *windows* | sxʷk̓ʷtúʔəŋ *Raven Place* | sxʷłaʔłq̓ínəyuʔ *warmer* | sxʷłə́k̓ʷəŋ *chisel* | sxʷłə́yək̓ʷəŋ *chisels* | sxʷłtə́xʷəŋ *magnet* | sxʷƛ̓ə́w̓əŋ *horn* | sxʷnéʔiŋ *pregnancy* | sxʷniʔəy̓náčəŋ *helldivers* | sxʷŋay̓náčəŋ *red-necked grebe* | sxʷpk̓ʷəŋáy *stovepipe* | sxʷšaʔšə́tən *narrow path* | sxʷšə́təŋ *walking path* | sxʷłaʔłaʔk̓ʷəŋáw̓txʷ *beehive* | sxʷłaʔłáʔk̓ʷəŋ *bee* | sxʷłəyaʔłák̓ʷəŋ *bees* | sxʷxiyúsəŋ *camera* | sxəčənáw̓txʷ *drying shed* | sx̣ʷaʔx̣ʷəníŋ *how* | sx̣ʷúŋəs *tears* | šaʔkʷíšəŋ *flowing* | šáʔqəŋ *opening mouth* | šaʔsə́nəŋ *walk softly* | šaʔšə́təŋ *small walking* | šaʔšpiʔúsəŋ *whistling tune* | šaʔštəŋúsəŋ *take a short walk* | šaʔštəŋúsəŋ *take a short walk* | šaʔštə́ŋ *small walk* | šaʔyaʔšə́təŋ *small walking (pl)* | šáqəŋ *open mouth* | šášəŋ *thirsty* | ščéʔqʷəŋ *hit on head* | šéʔtəŋ *coveting* | šáčəŋ *bleed* | šáčəŋ *bleeding* | šáčəŋ *hitting* | šəšƛ̓úsəŋ *proud* | šəštəŋ *start to walk* | šə́təŋ *walking* | šəyəŋúykʷł *Beechey Head* | šítəŋ *covet* | škʷíšəŋ *flow* | štə́ŋ *walk* | štə́ŋəŋən *foot path* | štəŋúŋət *mange to walk* | štəŋúʔŋət *manage to be walking* | štəŋúsəŋ *take a walk* | štəŋúsəŋ *take a walk* | štəŋúst *take for a walk* | štəŋústəŋ *be taken for a walk* | štəŋúył *toddler* | štəŋə́nəkʷ *walking around* | taʔikʷáʔnəŋ *hemorrhage* | taʔŋiʔŋéʔnəŋ *supper* | taʔqəníxʷəŋ *sense* | taʔšéʔqʷəŋ *combing* | taʔyúʔq̓ʷəŋ *coughing (pl)* | takəńhə́nəŋ *put on socks* | tčácsəŋ *retaliate* | tčéʔnəŋ *walking along water* | tčcínəŋ *go along edge* | tčəŋ *poke* | táčəŋ *spearing* | təməłúsəŋ *paint face* | təŋiʔŋínəŋ *supper* | təŋáʔəŋ *craving* | tə́səŋ *come upon* | tiʔkʷáʔnəŋ *vomit blood* | tkʷáčšəŋ *break neck* | tkʷłnáyəŋ *break neck* | tkʷsnáyəŋ *buy food* | tłíyəŋ *stoop down* | tłúsəŋ *face down* | tqʷíkʷsəŋ *pack up* | tqʷíw̓səŋ *packing up* | tšéʔqʷəŋ *comb* | túʔq̓ʷəŋ *coughing* | túq̓ʷəŋ *cough* | twawʔáxəŋ *suddenly* | twəw̓xʷənʔáŋ *as usual* | txʷʔáxəŋ *go toward* | txʷcáʔxʷəŋ *reluctant* | txʷəxéʔiŋ *move over* | txʷiʔáxəŋ *go toward* | txʷnaʔčéʔyəŋ *becoming different* | txʷnaʔyéʔčəŋ *go to other side* | txʷnačéyŋ *become strange* | txʷnéʔiŋ *move over* | txʷx̣ʷáʔnəŋ *going where* | txʷx̣ʷənéʔəŋ *going toward* | txʷx̣ʷəníŋ *which way* | txʷx̣ʷəníŋtxʷ *put where* | txaʔyúsəŋ *face same way* | txə́nəŋ *go a particular way* | txʷiʔúsəŋ *go ashore* | txʷnúʔəsəŋ *face toward* | txʷúsəŋ *beach canoe* | łáʔəŋ *ask for* | łaʔyəm̓císəŋ *clap hands* |

Klallam Suffix Index

ɬáyəqəŋ *soaked* | ɬəmítəŋ *be put on* | ɬənə́qʷəŋ *explode* | ɬə́nəŋ *lining up* | ɬəŋəsánəŋ *braid hair* | ɬə́ŋúʔəŋ *swim* | ɬəŋsánəŋ *braiding hair* | ɬəŋɬəŋúʔəŋ *good swimmer* | ɬəŋúʔəŋtxʷ *help swim* | ɬəŋúʔəŋ *swimming* | ɬə́q̓əŋ *alighting* | ɬə́yəŋ *not reach* | ɬiʔíŋ *not reaching* | ɬiŋíxʷəŋ *medicate* | ɬq̓áčəŋ *gather wood* | ɬxayúsəŋ *tell off* | xʷaʔk̓éʔyəŋ *lowering* | xʷaʔnéʔtaʔməŋ *speaking English* | xʷaʔsáysəŋ *delouse* | xʷaʔsúsəŋ *shaking head* | xʷaʔxʷtəŋyáʔčaʔ *jumping mouse* | xʷáŋ *get down* | xʷáŋaʔɬəŋ *rest* | xʷásəŋ *smell strong* | xʷčə́ŋ *stagger* | xʷeʔéʔyəŋ *going down* | xʷéʔtəŋ *jumping* | xʷéʔyəŋ *going down* | xʷéʔyəŋ *descending* | xʷə́c̓əŋ *staggering* | xʷə́k̓ʷəŋ *dragging* | xʷənítəməŋ *speaking English* | xʷəyəxʷtəmiʔáčə *grasshoppers* | xʷəyítəŋ *jump (pl)*} {xʷəynək̓ʷəyŋ *separate* | xʷəyx̌tíŋ *jumping (pl)* | xʷik̓ʷéʔq̓ʷəŋ *cover head* | xʷísəŋ *shake* | xʷítəŋ *jump* | xʷitəŋúŋət *finally jump* | xʷíyəŋ *descend* | xʷk̓ʷíyəŋ *lower* | xʷnéʔəŋ *pregnant* | xʷséʔq̓ʷəŋ *shake head* | xʷsúsəŋ *shake head* | xʷtíŋət *jump over* | xʷtiŋətúŋɬ *jump at us* | xʷtíŋtəŋ *be jump on* | xaʔcíxʷəŋ *crunch* | x̌áʔčəŋ *drying* | xaʔɬéʔyəŋ *falling backwards* | xaʔpúx̌ʷəŋ *crunch* | xaʔpúx̌ʷəŋ *crunching* | xaʔsáʔnəŋ *sinning* | xaʔséʔyəŋ *get fierce* | x̌áʔšəŋ *trapping* | xaʔtíšəŋ *rattling* | xaʔtúxʷəŋ *small noise* | xaʔx̌áʔƛ̓əŋ *wind blown* | xaʔx̌ə́nəŋ *say (dimin)* | xaʔx̌ə́təŋ *talk loudly* | xaʔx̌əwéʔyəŋ *shallow* | xaʔyáčəŋ *dry (pl)* | x̌áčəŋ *dry* | x̌áƛ̓əŋ *blown* | x̌ášəŋ *trap* | xčə́ŋ̓təŋ *adviser* | xčík̓ʷsəŋ *figure out* | xčíwsəŋ *figuring out* | xčŋínəŋ *plan* | x̌ə́ɬəŋ *hurt* | x̌əmx̌ʷéʔq̓ʷəŋ *haircut* | x̌ə́nəŋ *say* | x̌ənəŋtíŋ *be called* | x̌ə́pəŋ *end* | x̌ə́ɬk̓ʷəŋ *carving* | x̌əyaʔpúx̌ʷəŋ *crunch (pl)* | xičáʔisəŋ *climb with claws* | xiyusáysəŋ *photographing* | xiyúsəŋ *picture* | x̌ɬíyəŋ *fall backwards* | x̌ɬiyəŋístəŋ *be thrown back* | x̌ʷaʔníŋ *be able* | x̌ʷaʔŋáyŋəŋ *want to cry* | x̌ʷaʔx̌úŋ *crybaby* | x̌ʷéʔx̌ʷəŋ *leak* | x̌ʷə́məŋ *buzz* | x̌ʷənʔáŋtxʷ *make it that way* | x̌ʷənʔáŋ *being a way* | x̌ʷənaʔŋús *look like* | x̌ʷənáŋ *manner* | x̌ʷənəŋtíŋ *how kept* | x̌ʷənéʔəŋ *way* | x̌ʷənú̓əsəŋ *facing* | x̌ʷənúct *cry for self* | x̌ʷəyúčəŋ *icky feeling* | x̌ʷəyúq̓ʷəŋ *snore (pl)* | x̌ʷəyúq̓ʷəŋ *snoring* | x̌ʷiʔq̓ʷéʔyəŋ *drifting downstream* | x̌ʷíq̓ʷəŋ *rub* | x̌ʷiq̓ʷíyəŋ *fair tide* | x̌ʷíx̌ʷəŋ *leak* | x̌ʷqʷiʔnáčəŋ *go upside down* | x̌ʷuʔúŋti *crying together* | x̌ʷuʔúŋ *crying* | x̌ʷúčəŋ *sickish* | x̌ʷúŋ *cry* | x̌ʷuŋətástxʷ *cry for* | x̌ʷúq̓ʷəŋ *snort* | yaʔáʔɬəŋ *make bed* | yaʔqínəŋ *get sick* | yaʔščánəŋ *being made pitiful* | yaʔtəníyəŋ *become widow* | yaʔyánəŋ *listening* | yaʔyéʔyəŋ *going far* | yaʔyíyəŋ *go far* | yéʔk̓ʷsəŋ *get ready* | yə́čəŋ *filling* | yək̓ʷəŋéʔnəŋ *Songhees, etc.* | yəq̓əŋ *measure* | yə́q̓əŋ *measuring* | yəx̌ʷáyčəŋ *unbraid hair* | yúʔyəŋ *inviting to go* | yúyŋ *invite to go*} VAR: -ŋ̓ {čúxʷəŋ̓ *sour* | čúxʷəŋ̓ct *turn sour* | k̓ʷə́yəŋ̓ *itch* | ƛ̓áwəŋ̓ *howl* | sáčəŋ̓ *breathe* |

sxʷiʔq̓ʷəyəŋ̓ *roasting stick* | sxʷnəynáčəŋ̓ *helldiver* | ɬq̓əŋ̓ *alight* | x̌áyəŋ̓ *eat seafood* | x̌ʷə́məŋ̓ *humming*}

-ŋə ⟦-ŋə -1obj/2obj⟧ me, you, first-person and second-person direct object. [with -taxʷ 'object of emotion' transitivizer] {ʔiʔtáŋə *enjoy you*} [with the -txʷ 'let causative'] {ʔuyɬtəŋíŋə *board me*} [with the -as 'put causative'] {čixʷáŋə *bring you in*} [with the -as 'put causative' and -ŋi 'relational'] {čənŋíŋə *move me/you* | ɬiŋíŋə *leave you* | yəx̌ʷəŋíŋə *free you*}

-ŋəs ⟦-ŋəs -1obj/2obj⟧ me, you, first-person and second-person direct object. [with the -as 'put causative' and -ŋi 'relational'] {ɬiŋíŋəs *leave me/you* | yəx̌ʷəŋíŋəs *free me/you*} VAR: -ŋəc [with -taxʷ 'object of emotion' transitivizer and -ŋi 'relational'] {x̌ɬtəŋíŋəc *pity me*}

-ŋi ⟦-ŋi -rel⟧ relational applicative. [usually indicates that the direct object has a non-patient, non-recipient, and non-beneficiary relationship to the subject] [preceding the -t transitivizer] {ʔaʔk̓ʷɬníc *protect me/you* | ʔaʔk̓ʷɬnít *protect* | ʔaʔtšaʔmənít *raiding* | ʔaʔtšaʔmənítəŋ *being raided* | ʔaʔtšəmənít *raid* | ʔaʔtšəmənítəŋ *be raided* | ʔək̓ʷɬnítəŋ *be protected* | ʔənʔaʔŋítəŋ *being made to appear* | ʔáyŋət *do for* | ʔinəŋít *reveal* | ʔinəŋítəŋ *be revealed* | ʔiyaʔnəŋít *listen to it* | ʔyaʔnəŋíc *listen to me/you* | ʔyaʔnəŋítəŋ *be listened to* | cəŋaʔnít *carry on back* | cəxtəŋíc *poison me/you* | cəxtəŋít *poison someone* | cəxtəŋítəŋ *be poisoned* | ciʔíŋt *waking* | ččəməsnítəŋ *being met* | čəməsnít *meet someone* | čəməsnítəŋ *be met* | čaʔpiʔsŋítəŋ *being winked at* | haʔnítəŋ *be thanked* | huŋít *take back from* | huŋítəŋ *be taken back* | kʷaʔkʷčáŋəc *yelling to me/you* | kʷaʔkʷčáŋət *yelling at* | kʷaʔkʷčəŋítəŋ *being yelled at* | kʷccəŋítəŋ *be sent to* | kʷčáŋəc *yell to me/you* | kʷčáŋət *yell to* | kʷčáŋətəŋ *be hollered at* | kʷčaŋətúŋəɬ *holler at us* | ɬčáŋət *make dark* | ƛ̓k̓ʷiŋít *take and hold* | ƛ̓k̓ʷiŋítəŋ *be taken and held* | paysəŋítəŋ *be poisoned* | paysŋít *poison it* | qəŋqaŋítəŋ *be robbed* | qʷaʔnít *call to come* | qʷaʔnítəŋ *being talked to* | qʷaʔqʷaʔnít *drink it* | qʷaʔqʷaʔnítəŋ *given to drink* | qʷaʔqʷaʔŋítəŋ *being talked to* | qʷáq̓ʷiʔŋət *talking to someone* | qʷáyŋət *speak to* | qʷəyəsnít *boil it* | qʷəyəsnítəŋ *be boiled* | qʷiŋítəŋ *be spoken to* | qʷiŋít *talking to* | qʷiŋítəŋ *being talked to* | qʷiqʷáyŋət *scold so* | qʷiqʷáyŋətəŋ *be scolded* | qʷúqʷqʷaʔŋət *drinking it* | qʷaʔqʷiŋətúŋəɬ *believe us* | qʷaq̓ʷiʔŋíc *believe me/you* | qʷaq̓ʷiʔŋít *believe him/her* | qʷayk̓ʷəŋít *believe someone* | qʷayk̓ʷəŋítəŋ *be believed* | qʷáyŋəc *believe me/you* | qʷáyŋət *believe him/her* | qʷəyəŋətúŋəɬ *believe us* | q̓ʷq̓ʷaʔŋítəŋ *being agreed with* | q̓ʷq̓ʷaʔŋítəŋ *being agreed with* | saysiʔŋítəŋ *be scared* | skʷəccəŋít *send with* | skʷəccəŋítəŋ *be sent to* | təŋʔáʔəŋət *craving* | yaʔyaʔnít *listening* | yaʔyəŋíc *listen to me/you* |

yaʔəŋítəŋ *being heard* | yaʔəŋitúŋəɬ *hear us*} [preceding the *-ty* 'reciprocal'] {ʔaʔčšíti *exchange* | ʔəýŋiti *do for each other* | cəlíti *compete* | cəýcəlíti *contesting* | cəýcsítiʔ *boxing* | cəlcəlítiʔ *contest* | čəməsníti *meet each other* | kʷaʔkʷčáʔŋiti *yelling at each other* | k̓ʷəníti *look at each other* | qʷiʔníti *quarreling* | qʷiníti *talk together* | sxʷčəmə́sŋíti *meet each other* | sxʷiʔcəýcsíti *boxing gloves* | x̣aʔníti *growling* | x̣aʔx̣ənítiháwtxʷ *blackface dance house* | x̣aníti *growl* | x̣číti *know each other* | x̣ə́nx̣aʔníti *black paint dance* | x̣x̣aníti? *growling* | yəyəq̓ʷíti *recognize each other*} [preceding the *-cut* 'reflexive'] {ʔaʔnaʔŋict *showing self* | ʔaʔyaʔnəŋict *listening* | ʔənəŋict *show self* | ʔəyaʔnəŋict *listen* | ʔəýŋict *do for self* | yaʔŋict *help self* | yaʔyəŋəcút *listening*} [preceding the *-stxʷ* 'causative'] {cɬíŋəstxʷ *make stand* | caq̓ʷəŋístxʷ *make sweat* | ččŋístəŋ *be scared* | ččŋístxʷ *startle* | čənəŋístəŋ *be shaken over* | čə́nəŋistxʷ *shake over* | čə́nəŋistəŋ *being shaken over* | haʔuŋístxʷ *returning it* | həwəŋistúŋə *return you* | huŋístəŋ *be returned* | huŋístxʷ *return it* | kʷɬčqiyəŋístxʷ *make get old* | x̣̓čiŋístxʷ *make deep* | x̣̓čiyŋítxʷ *sink it* | naʔnəyəŋístxʷ *making laugh* | nəčəŋístəŋ *be made to laugh* | nəčəŋísc *make me/you laugh* | nəčəŋístxʷ *make laugh* | saʔcaʔŋístəŋ *be made to breathe* | saʔcaʔŋístxʷ *make breath* | saýsiʔŋísc *scare me/you* | saýsiʔŋístəŋ *be scared* | səýsiʔŋístəŋ *being frightened* | səýsiʔŋístxʷ *scare* | štəŋístəŋ *be walked* | štəŋístxʷ *walk it* | tiyiŋístxʷ *take upstream* | xʷaʔtaʔŋístəŋ *being made to jump* | xʷaʔtaʔŋístxʷ *making jump* | xʷitəŋístəŋ *be made to jump* | xʷitəŋístxʷ *make jump* | x̣ɬiyŋístxʷ *throw back* | x̣ʷaʔŋístəŋ *being made to cry* | x̣ʷaʔŋístxʷ *making cry* | x̣ʷəŋístəŋ *be made cry* | x̣ʷúŋəstxʷ *make cry* | yaʔnəŋístəŋ *make listen* | yaʔnəŋístxʷ *make listen* | yaʔyəŋístxʷ *taking far* | yəyəŋístəŋ *be taken far*} [preceding the *-sit* 'benefactive'] {kʷčaŋəsícəŋ *yell for me* | kʷčaŋəsít *yell for* | kʷčaŋəsítəŋ *be yelled for*} [with the *-as* 'put causative' with first- and second-person objects] [The *-as* morpheme deletes phonologically in this environment.] {čənŋíŋə *move me/you* | ɬiŋíŋə *leave you* | yəxʷəŋíŋə *free you* | ɬiŋíŋəɬ *leave us* | ɬiŋíŋəs *leave me/you* | yəxʷəŋíŋəs *free me/you* | yəxʷəŋíŋɬ *free us*} [following the *-txʷ* 'let causative'] {ʔuýtəŋíŋə *board me*} [Following the *-tax̣ʷ* 'object of emotion' transitivizer] {x̣ɬtəŋíŋəc *pity me*}

-ŋɬ ⟦-ŋɬ -1plobj⟧ us, first-person plural direct object. [occurs following the *-ŋi* 'relational' applicative] {ɬiŋíŋəɬ *leave us* | yəxʷəŋíŋɬ *free us*}

-ŋuŋə ⟦-ŋuŋə -1obj/2obj⟧ me, you, first-person and second-person direct object. [occurs only with the *-nəs* 'intent' transitivizer] {ʔənʔanəsəŋúŋə *come after me/you* | waʔnəsəŋúŋə *go to with you*} VAR: -nuŋə {hahəkʷnəsnúʔəŋ *remembering you* | qʷanəsŋúŋə *invite you*}

-ŋuŋɬ ⟦-ŋuŋɬ -1plobj⟧ us, first-person plural direct object. [occurs only with the *-nəs* 'intent' transitivizer] {ʔənʔansəŋúŋɬ *come for us*}

-s[1] ⟦-s -ord⟧ ordinal. [makes an ordinal when suffixed to a cardinal number] ⟪This occurs only twice in the corpus and both are from the same speaker, LC, who is confident of the form, its meaning and its use. Other speakers are unfamiliar with this use. This may be an instance of a special use of the *-s* third-person possessive.⟫ {čəsaʔs *second*}

-s[2] ⟦-s -?⟧ unknown function. {ɬkʷísnəxʷ *manage to take across*}

-s[3] ⟦-s -3pos⟧ his, her, its, their, third-person possessive (genitive). (LC; ES) {čə́yəxʷ cə táns ʔaʔ cə ʔáʔyəŋs cə sʔúq̓ʷaʔs. *His mother went into his brother's house.* (TC) | čə́yəxʷ cə sʔúq̓ʷaʔs ʔaʔ cə ʔáʔyəŋs cə táns. *His brother went into his mother's house.* (TC) | čə́yəxʷ cə scáʔčaʔs ʔaʔ cə ʔáʔyəŋs cə táns. *His friend went into his mother's house.* ⟪his friend's mother or his mother⟫ (TC) | čə́yəxʷ ʔaʔ cə ʔáʔyəŋs cə sʔúq̓ʷaʔs. *His brother went into his (own) house.* (TC) | čə́yəxʷ cə táns ʔaʔ cə ʔáʔyəŋs. *His mother went into his house.* / *His mother went into her house.* / *He went into his mother's house.* (TC) | čə́yəxʷ ʔaʔ cə ʔáʔyəŋs cə táns. *His mother went into his house.* / *His mother went into her house.* / *He went into his mother's house.* (TC) | ɬə́ýəqʷts cə šéʔuʔs cə snə́xʷɬ. *He smashed the bow of the canoe.* (TC) | tkʷə́ts cə x̣ʷúʔnəts. *He broke his paddle.* (TC) | tkʷə́ts cə x̣ʷúʔnəts cə cə́ts. *He broke his father's paddle.* / *His dad broke his paddle.* (TC)} [third-person possessive (genitive) suffix] {sxʷšáməns *rocky bank*}

-s[4] ⟦-s -3trnssubj⟧ he, she, it, they, third-person transitive subject. [This suffix occurs only when both subject and object are third-person. The order of subject and object is free unless both participants are equally animate and neither is possessed by the other. In those cases the subject must come before the object.] (TC; ES) {tkʷə́ts u caʔʔ *Is she going to break it?* (NS,JW) | kʷɬməýáʔts cawŋiɬ. *He's kicking it now.* (TC) | x̣ʷuʔúts cə swə́ýqaʔ cə ŋə́naʔs. *The man was crying for his child.* (TC) | x̣ʷuʔúts cə sɬániʔ cə ŋə́naʔs. *The woman is crying for her child.* (TC) | x̣ʷuʔúts cə ŋə́naʔs cə sɬániʔ. *The woman is crying for her child.* (TC) | x̣ʷuʔúts cə sɬániʔ cə nəŋə́naʔ. *The woman is crying for my child.* (TC) | x̣ʷuʔúts cə nəŋə́naʔ cə sɬániʔ. *My child is crying for the woman.* (TC) | x̣ʷuʔúts cə sɬániʔ cə sqáx̣aʔs. *The woman is crying for her dog.* (TC) | x̣ʷuʔúts cə sqáx̣aʔs cə sɬániʔ. *The woman is crying for her dog.* (TC) | x̣ʷuʔúts cə sɬániʔ cə húʔpt. *The woman is crying for the deer.* (TC) | x̣ʷuʔúts cə húʔpt cə sɬániʔ. *The deer is crying for the woman (in a fairy tale).* (TC) | x̣̓iʔáʔts ʔiʔ kʷə́ns. *He looked for her and he saw her.* (ES) | ɬúyəss kʷi snáyaʔnəkʷ. *He left the ghosts.* (ES) | ŋəŋúts tə corn. *They ate up the corn.* (MJT) | kʷə́nəts cə swə́y̓qaʔ cə snə́xʷɬ taʔáw̓əss. *The man looked at the canoe he's buying.* (TC) | ɬə́y̓əqʷts cə snə́xʷɬ cə swə́y̓qaʔ. *The man smashed the canoe.* (TC)} *The man smashed the canoe he bought.* (TC) | ɬə́y̓əqʷts cə snə́xʷɬ sʔíɬaʔs yaʔ cə swə́y̓qaʔ. *The man smashed the canoe he bought.* (TC) | čəwín ʔuʔ čsə́ts cə nəcə́t. *He even hit my father.* (TC) | ščə́ts cə sɬániʔ cə swə́y̓qaʔ ʔaʔ cə ščə́y̓aʔ. *The woman hit the man with a stick.* (TC)} VAR: -əs {k̓ʷə́nəs cə sɬániʔ. *He saw the woman.* (TC)}

-s[5] third-person subordinate subject. *See under:* -əs

-səŋ first-person and second-person object. *See under:* -cəŋ

-sít ⟦-sít -bene⟧ for, to. [This is the dative applicative transitivizer. The presence of this suffix indicates that the direct object (or subject in the passive) is the beneficiary of the event.] {ʔənʔaxʷsícəŋ *bring for me* | ʔənʔaxʷsít *bring for* | ʔəxtaʔsíc *fix for me/you* | ʔəxtaʔsít *fix it for* | ʔuxʷtxʷsít *take for* | čačsíc *making for me/you* | čaʔčsít *making it for* | čaʔčsítəŋ *being made for* | čaysít *make for* | čaysítəŋ *be fixed for* | čxʷsísəŋ *give me/you more* | čxʷsít *give more* | kʷčaŋəsícəŋ *yell for me* | kʷčaŋsít *yell for* | kʷčaŋəsítəŋ *be yelled for* | kʷəxsít *send away* | kʷq̓síc *open for me/you* | kʷq̓sít *open for* | kʷxsícəŋ *eject for me/you* | kʷxsítəŋ *be sent away for* | k̓ʷənsíc *look at for me/you* | k̓ʷənsíct *look at for self* | k̓ʷənsít *look at for* | k̓ʷənsítəŋ *be looked at for* | k̓ʷənsíc *looking after from me/you* | k̓ʷssíc *count for me/you* | k̓ʷssít *count for* | k̓ʷssitúŋɬ *count for us* | ɬx̣ʷuscícəŋ *reprimand for me/you* | ɬx̣ʷusít *reprimand* | ɬx̣ʷusítəŋ *be reprimanded* | naʔnunčsít *plan to repay a little* | naʔnunčsítəŋ *be repaid* | nəxʷkʷq̓síc *open for me/you* | nəxʷkʷq̓sít *open for* | nunačsíc *plan to repay me/you* | nunačsít *plan to repay* | qəm̓síc *ask me/you for* | qəm̓sít *beg someone* | qəm̓sítəŋ *be asked for* | qpsícəŋ *gather for you* | qpsít *gather for* | qpsítəŋ *gathered for* | tkʷsíc *buy for me/you* | tkʷsít *buy for* | tkʷsítəŋ *bought for* | ɬaʔwiʔəɬíc *pray for me/you* | ɬaʔwiɬít *pray for* | ɬéʔwiʔəɬíct *pray for self* | xʷaʔyaʔməsítəŋ *being sold for* | xʷəyəməsít *sell for* | xʷəyəmsítəŋ *be sold for* | xʷuyəmsíc *sell for me/you* | x̣iʔəsítəŋ *be written to* | x̣iʔsít *write to* | yaʔsíc *prepare for me/you* | yaʔsít *prepare for* | yaʔsítəŋ *be prepared for*}

-stáxʷ ⟦-stáxʷ -ʔ⟧ unknown function. [occurs in only one word, an interjection; used by one speaker. It may come from English 'stuff'.] {həxʷstáxʷ *big stuff*}

-stuy̓ comitative. *See under:* -tuy̓

-stxʷ causative. *See under:* -istxʷ

-t[1] ⟦-t -trns⟧ basic transitivizer. [The basic transitivizer indicates an event not seen as uncontrolled by an agent.] {ʔaʔáʔənc *acknowledging me/you* | ʔaʔáʔic *lend me/you* | ʔaʔaʔkʷúsc *teaching me/you* | ʔaʔaʔkʷúst *teaching* | ʔaʔaʔkʷústəŋ *being advised* | ʔáʔaʔyət *storing* | ʔaʔánət *agreeing with* | ʔaʔčənítəŋ *getting maggoty* | ʔaʔčšikʷə́ɬt *change clothes* | ʔaʔčšikʷə́ɬtəŋ *have change clothes* | ʔaʔčšít *change it* | ʔaʔčšítəŋ *be changed* | ʔáʔčšt *change it* | ʔaʔčšúsc *exchange for me/you* | ʔaʔčšúst *exchange it* | ʔaʔčšústəŋ *be exchanged* | ʔaʔčáʔtəŋ *being wiped* | ʔáʔčt *wiping it* | ʔaʔíst *doing with it* | ʔaʔkʷə́ɬtəŋ *be protected* | ʔaʔkʷúsc *teach me/you* | ʔaʔkʷúst *advise* | ʔaʔkʷustáʔnəq *teacher* | ʔaʔkʷústəŋ *be advised* | ʔaʔk̓ʷə́ɬt *protect* | ʔaʔk̓ʷɬníc *protect me/you* | ʔaʔk̓ʷɬnít *protect* | ʔáʔŋac *giving me/you* | ʔaʔŋaʔt *giving* | ʔáʔŋaʔtəŋ *being given* | ʔaʔŋít *stepping on* | ʔaʔŋítəŋ *being stepped on* | ʔaʔŋúsc *giving me/you* | ʔaʔŋúst *giving* | ʔaʔŋústəŋ *being given* | ʔaʔq̓ʷə́təŋ *being extracted* | ʔaʔstástəŋ *being towed* | ʔaʔtást *bring next to* | ʔaʔtšaʔmənít *raiding* | ʔaʔtšaʔmənítəŋ *being raided* | ʔaʔtšəmənít *raid* | ʔaʔtšəmənítəŋ *be raided* | ʔaʔxəw̓áčt *scraping bottom* | ʔaʔxítəŋ *being scraped* | ʔaʔxtéʔtəŋ *being fixed* | ʔaʔyaʔmútəŋ *being made strong* | ʔaʔyáʔtəŋ *be put away* | ʔáʔyət *store* | ʔaʔyít *lend it* | ʔaʔyúxt *lifting it* | ʔaʔyítəŋ *be lent* | ʔáčt *wipe it* | ʔánəc *obey me/you* | ʔánəɬt *obey* | ʔánəɬtəŋ *be obeyed* | ʔánət *agree with* | ʔánətəŋ *be obeyed* | ʔáyaʔčšt *change (pl)* | ʔéʔčt *dipping it* | ʔéʔit *lending* | ʔéʔŋət *stepping on it* | ʔéʔpt *be stroking* | ʔéʔxt *scraping it* | ʔéʔx̣ʷt *gathering to clear* | ʔəcɬtáyŋx̣ʷtəŋ *be made Indian* | ʔəčaʔəwíyətəŋ *be flanked* | ʔəčaʔwíyt *flank* | ʔəčíɬtəŋ *be dipped up* | ʔəčíkʷstəŋ *be wiped* | ʔəkʷə́y̓ət *weaving it* | ʔək̓ʷɬnítəŋ *be protected* | ʔəléʔkc *elect me/you* | ʔəléʔkt *elect* | ʔəléʔktəŋ *be elected* | ʔələnínəst *burp baby* | ʔələnínəstəŋ *be burped* | ʔəmxʷúct *harvest fruit* | ʔənʔaʔŋítəŋ *being made to appear* | ʔənətúŋɬ *allow us* | ʔəŋʔíŋtəŋ *be run over* | ʔə́ŋaʔc *give me/you* | ʔə́ŋaʔt *give* | ʔə́ŋaʔtəŋ *be given* | ʔəŋaʔtúŋəɬ *give us* | ʔəpítəŋ *be stroked* | ʔəpə́t *put on lap* | ʔəsʔiʔmiʔtə́nəq *renting* | ʔəsčə́yəxʷt *drive crazy* | ʔəsčə́yəx̣ʷtəŋ *lose mind* | ʔəsčšaʔmáčt *double weave* | ʔəshúʔitəŋ *artifact* | ʔəsɬcítəŋ *be cut* | ʔəssaʔŋánət *be unanchored* | ʔəstásc *bring me/you close* | ʔətútəŋ *be stretched* | ʔəxəw̓áčt *scrape bottom* | ʔəxíkʷst *scrape hide* | ʔəxíkʷstəŋ *be scraped* | ʔəxítəŋ *be scraped* | ʔəxtéʔt *fix it* | ʔəxtéʔtəŋ *be fixed* | ʔəxʷítəŋ *gathered to clean* | ʔəyucə́qst *sharpen point* | ʔə́y̓nət *do for* | ʔə́y̓uct *sharpening* | ʔiʔaʔyaʔčštúʔnəɬ *Changer* | ʔiʔánəŋt *learn it* | ʔiʔɬkʷást *put behind* | ʔiʔɬkʷástəŋ *be put behind* | ʔiʔx̣iʔxayəstónəq *Great Transformer* | ʔíct *wear it* | ʔíčt *dip it up* | ʔíčtəŋ *being dipped up* | ʔínaʔŋət *make appear* | ʔinəŋít *reveal* | ʔinəŋítəŋ *be revealed* | ʔíŋəc *step on me/you* | ʔíŋət *step on* | ʔíŋətəŋ *stepped on* | ʔípt *tap* | ʔístt *paddle* | ʔíxt *scrape it* | ʔíx̣ʷt *gather to clear* | ʔíx̣ʷtəŋ *be gathered to clear* | ʔiyaʔnəŋít *listen to it* | ʔiyəm̓úc *make you/me strong* | ʔiyəm̓út *make* *strong* | ʔiyəmútəŋ *be made strong* | ʔíyəwəɬtəŋ *be put beside* | ʔúʔq̓ʷt *prying* | ʔúʔɬt *stretching it* | ʔúɬt *pick fruit* | ʔúŋəsc *give me/you* | ʔúŋəst *give* | ʔúŋəstəŋ *be given* | ʔúq̓ʷt *pry out* | ʔúq̓ʷtəŋ *be extracted* | ʔúɬt *stretch* | ʔúxʷtəŋ *be taken to* | ʔúyəxc *lift me/you* | ʔúyəxt *lift it* | ʔúyəxtəŋ *be lifted* | ʔyaʔnəŋíc *listen to me/you* | ʔyaʔnəŋítəŋ *be listened to* | caʔciʔápt *tickling* | caʔciʔáptəŋ *being tickled* | caʔciyápt *raise anchor* {saʔŋút *smelling it* | saʔpútəŋ *being drawn in* | saʔq̓əwínt *carry it* | saʔq̓əwíntəŋ *be carried* | saʔq̓ʷáŋt *be sweetening* | saʔsáʔtəŋ *being lifted* | sáʔt *lifting* | saʔtúʔŋɬ *ordering us* | saʔx̣ítəŋ *being moved* | sác *order me/you* | sáčt *be cruel to* | sáčtəŋ *be treated cruelly* | sát *order* | sátəŋ *be ordered* | sáwtəŋ *being taken into bush* | sayəq̓ʷíy̓t *disturb* | saýsiʔŋítəŋ *be scared* | scaʔqəmúʔist *control* | scaʔqəmúʔistəŋ *be controlled* | sciʔk̓ʷíyŋət *tidal food*} {scuʔísəŋtəŋ *be proposed to* | scuʔíst *propose to* | séʔk̓ʷt *peeling it* | séʔx̣t *moving it* | səkʷítəŋ *be peeled* | səmáʔtəŋ *be covered* | səməčc *cover me/you* | səməčt *cover with blanket* | səmúst *sell to* | səmústəŋ *be sold to* | səŋsəŋík̓ʷst *make faint* | səŋsəŋík̓ʷstəŋ *passed out* | səsáʔŋət *raising anchor* | səwáʔt *take along* | səwáʔtəŋ *be taken along* | səwaʔtúŋəɬ *take us along* | səwə́t *take into bush* | sə́wqc *whisper to me/you* | sə́wqt *whisper to* | sə́wqtəŋ *be whispered to* | sə́w̓t *taking into bush* | səy̓əq̓ʷíy̓tən *be disturbed* | siʔámət *well off* | siʔámtəŋ *be respected* | sík̓t *peel it* | siqáyəst *turn it around* | siqúst *turn it around* | sisúytəŋ *be swollen (pl)* | síxt *move it* | siyát *order (pl)* | siyátəŋ *be ordered (pl)* | skʷəccəŋít *send with* | skʷəccəŋítəŋ *be sent to* | skʷənáŋət *hired* | sk̓ʷə́stəŋ *be taught* | sk̓ʷtə́čɬ *bathe child* | sk̓ʷútəŋ *be bathed* | smaʔx̣ʷút *tormenting* | smaʔx̣ʷútəŋ *being tormented* | sməx̣ʷút *torment* | smə́y̓st *crowded* | snačít *unusual* | sqástəŋ *be put outside* | sqʷáŋət *sweeten* | sqʷay x̣iyúst *television* | stə́t *drop it* | stəy̓ínət *tilt* | suʔə́tən *be taken into woods* | súʔk̓ʷt *bathing someone* | súʔpt *drawing in* | súk̓ʷt *bathe someone* | súŋət *smell it* | súpt *draw in* | sxʷʔiʔq̓ʷə́yct *bailer* | sxʷiʔxʷiʔx̣ʷə́k̓ʷtəŋct *donkey* | sxʷsaʔmúst *advertisement* | sxítəŋ *be moved* | sx̣ʷə́t *take out of woods* | sx̣ʷiʔamúst *tell a story* | sx̣ʷiʔamústəŋ *be told a story* | syəcíct *tell news* | šaʔsátəŋ *being stalked* | šaʔsáyst *stalk* | šaʔsáystəŋ *be stalked* | šáʔst *stalking* | šáʔšaʔt *make thirsty* | šáʔšaʔtəŋ *be made thirsty* | šaʔšást *sneak up on* | šást *stalk* | šástəŋ *be stalked* | ščə́t *pull it* | ščə́təŋ *be pulled* | ščéʔqʷc *club-head me/you* | ščéʔqʷt *club head* | ščéʔqʷtəŋ *be head clubbed* | ščə́c *hit me/you* | ščə́t *hit* | ščə́təŋ *be hit* | ščiʔáxt *hit on arm* | ščiʔáxtəŋ *be hit on arm* | ščúst *hit face* | ščústəŋ *be hit in face* | šə́čt *pulling* | šə́čt *be hitting* | šə́čtəŋ *being hit* | šə́nət *separate* | šəwátəŋ *be grow* | šəwáyət *grow it* | šəwáyt *raising* | šiščéʔqʷt *club them on head* | šiščə́t *hit repeatedly* | šiščəwáčt *spank bottom* | šiščík̓ʷst *clobber* | šišə́čtəŋ *be pulled (pl)* | šišə́čt *hitting* | šišə́čtəŋ *being clubbed (pl)* | štəŋúst *take for a walk* | šúk̓ʷaʔt *sugar it* | šušást *stalk (pl)* | taʔčaʔx̣ʷéʔt *upset someone* | taʔčaʔx̣ʷéʔtəŋ *troubled* | taʔčaʔx̣ʷít *bother* | taʔčaʔx̣ʷítəŋ *be bothered* | taʔčéʔx̣t *disturb* | taʔk̓áʔtəŋ *be lit* | taʔkʷát *illuminating* | taʔkʷátəŋ *being bought* | táʔk̓t *illuminate* | taʔnáʔt *encourage* | taʔnáʔtəŋ *be encouraged* | taʔyəkʷátəŋ *be lit up (pl)* | tčácstəŋ *be retaliated against* | tčə́c *stab me/you* | tčə́t *poke* | tčə́təŋ *be stabbed* | tə́čt *poking* | tə́čtəŋ *being stabbed* | tə́k̓ʷt *breaking* | təŋʔáʔənət *craving it* | caʔciyáptəŋ *be tickled* | caʔqítəŋ *being poked* | caʔqʷúst *pointing at* | caʔqʷústəŋ *being point at* | cáwtəŋ *be brought to beach* | cciʔáptəŋ *being tickled* | céʔət *put up* | céʔičt *find it* | céʔqt *poking* | céʔyət *put on* | céʔyətəŋ *be put on* | cə́ɬqʷt *put through hole* | cənʔáčt *lean against* | cənʔáčtəŋ *be leaving* | təŋáʔət *craving it* | tə́qt *be closing* | təy̓əkʷátəŋ *be broken (pl)* | tiʔx̣ʷə́ŋət *startle* | timítəŋ *be pushed on* | titə́čtəŋ *be poked (pl)* | titə́k̓ʷt *breaking* | titə́qt *shut (pl)* | titə́qtəŋ *be farted on (pl)* | tíymət *push hard on* | tíymətəŋ *being pushed hard on* | tkʷátəŋ *be lit up* | tkʷə́t *break it* | tkʷə́təŋ *be broken* | tɬə́t *cover* | tɬə́təŋ *be covered* | tɬúst *upside down* | tɬústəŋ *be upside down* | tqə́t *shut it* | tqə́təŋ *be shut* | tqʷə́t *tighten* | tqʷə́təŋ *be tightened* | tsə́t *take to* | tsə́təŋ *be arrived at* | tšéʔqʷt *comb it* | tšéʔqʷtəŋ *be combed* | tšə́t *comb* | ttaʔkʷác *shining on me/you* | ttaʔkʷát *flashing light* | tx̣ʷúst *beach canoe* | ɬaʔmáʔtəŋ *being suspected* | ɬaʔmát *distrust* | ɬaʔqáxt *sharpening* | ɬaʔqʷéʔt *extend* | ɬaʔq̓ʷɬnáyət *choke someone* | ɬaʔq̓ʷɬnáyətəŋ *be choked* | ɬaʔwiɬtəŋ *be prayed for* | ɬaʔyéʔmət *wearing* | ɬáyət *flatten* | ɬáyətəŋ *be flattened* | ɬáy̓t *flattening* | ɬcə́t *break it* | ɬə́ct *breaking* | ɬəmítəŋ *be put on* | ɬəŋə́t *line up* | ɬəŋə́təŋ *be lined up* | ɬəŋɬə́ŋtəŋ *be lined up (pl)* | ɬəŋəst *braid* | ɬəŋəstəŋ *be braided* | ɬə́ŋaʔtəŋ *be inundated* | ɬəŋk̓ʷátəŋ *be put among* | ɬə́ŋk̓ʷt *put among* | ɬəŋsánət *braiding it* | ɬə́ŋst *braiding it* | ɬə́ŋstəŋ *being braided* | ɬə́qt *farting* | ɬə́q̓ʷt *making tired* | ɬə́q̓ʷtəŋ *being made tired* | ɬəyámət *put on* | ɬəyəmít *wear* | ɬəyəmít *putting on* | ɬəyəqt *bake it* | ɬəyəmít *wearing* | ɬiŋíxʷc *medicate me/you* | ɬiŋíxʷt *medicate* | ɬiŋíxʷtəŋ *be medicated* | ɬiqúst *wave at* | ɬiqústəŋ *be waved at* | ɬiɬə́ct *break it (pl)* | ɬiɬə́k̓ʷt *get stuck* | ɬiɬə́k̓ʷtəŋ *be stuck* | ɬiɬəyəmít *wear (pl)* | ɬɬə́t *bounce it* | ɬɬə́təŋ *be bounced* | ɬqáxt *sharpen* | ɬqxə́qst *sharpen point* | ɬq̓ə́t *fart* | ɬq̓ə́təŋ *be farted on* | ɬq̓ʷeʔnəkʷáyət *splice together* | ɬq̓ʷéʔt *extend* | ɬq̓ʷə́c *choke me/you* | ɬq̓ʷə́t *make tired* | ɬq̓ʷə́təŋ *be made breathless* | ɬtxayúst *tell off* | ɬtxayústəŋ *be told off* | ɬtxə́c *make me/you wrong* | ɬtxə́t *make wrong* | ɬtxə́təŋ *be taken wrong* | waʔwúsc *bark at me/you* | waʔwústəŋ *be barked at* |

Klallam Suffix Index

-t

waʔxwəxɬcítəŋ *March* | wəyəq̕ʷít *recognize* | wəyəq̕ʷítəŋ *be recognized* | wə́yəq̕ʷt *recognize* | wə́yəq̕ʷtəŋ *be recognized* | xʷaʔát *putting it down* | xʷaʔk̕ʷáʔtəŋ *getting crazy* | xʷaʔk̕ʷúst *dragging it* | xʷaʔnít *cursing* | xʷaʔnítəŋ *being cursed at* | xʷaʔsítəŋ *be shaken down* | xʷaʔxʷənaʔmítəŋ *getting buggy* | xʷaʔxʷk̕ʷátəŋ *getting drunk* | xʷaʔyəsítəŋ *being shaken up* | xʷaʔyísc *shaking me/you* | xʷác *lower me/you* | xʷáŋaʔɬt *rest it* | xʷáŋaʔɬt *resting it* | xʷát *put it down* | xʷátəŋ *be put down* | xʷéʔənəc *swear at me/you* | xʷéʔənət *cursing* | xʷéʔst *shaking it* | xʷə́ct *put between* | xʷə́k̕ʷt *dragging it* | xʷə́k̕ʷtəŋ *being pulled* | xʷənxʷínətəŋ *be cursed* | xʷənxʷínt *curse* | xʷəyáʔk̕ʷtəŋ *being dragged (pl)* | xʷəyə́k̕ʷt *dragging (pl)* | xʷə́yək̕ʷt *wrap up* | xʷəyísc *shake me/you* | xʷəyíst *shake it up* | xʷəyk̕ʷátəŋ *get crazy (pl)* | xʷə́yk̕ʷtəŋ *be wrapped* | xʷəyíst *shaking it* | xʷə́yk̕ʷt *wrapping it* | xʷiʔk̕ʷúʔst *dragging them* | xʷik̕ʷíct *cover it* | xʷínt *curse* | xʷíntəŋ *be cursed at* | xʷíst *shake it* | xʷístəŋ *be shaken* | xʷixʷə́st *shake it (pl)* | xʷixʷístəŋ *be shaken up* | xʷk̕ʷánc *pull my/your ear* | xʷk̕ʷánt *pull ear* | xʷk̕ʷát *make someone crazy* | cənʔə́t *lean against* | cənʔə́təŋ *be leaned against* | cəŋáʔat *packing* | cəŋáʔatəŋ *being packed* | cə́ŋaʔc *pack me/you* | cəŋaʔnít *carry on back* | cə́ŋaʔt *pack on back* | cə́ŋaʔtəŋ *be packed* | cə́xʷt *disappearing it* | cə́xt *shoving* | cə́xtəŋ *being shoved* | cə́yəq̕ʷt *dig* | cə́yəxt *stir* | cə́yəxtəŋ *be stirred* | crazy {xʷk̕ʷátəŋ *get crazy* | xʷk̕ʷə́t *drag it* | xʷk̕ʷə́təŋ *be pulled* | xʷk̕ʷúst *drag it* | xʷk̕ʷústəŋ *be dragged* | xʷtíŋət *jump over* | xʷtiŋətúŋɬ *jump at us* | xʷtíŋtəŋ *be jump on* | xʷxʷk̕ʷə́t *dragging* | xaʔcíwst *plucking* | xaʔŋə́t *taking all* | xaʔxə́tt *talk loudly to* | xaʔxə́ttəŋ *be talked loudly to* | xaʔxíŋət *grab (dimin)* | xaʔxíst *make ugly* | xaʔyəxíst *make ugly (pl)* | xáct *dry it* | xáctəŋ *be dried* | xáɬtəŋ *be made sick* | xáŋət *take all* | xáŋətəŋ *be all taken* | xay̓úst *argue with* | xay̓ústəŋ *be argued with* | xay̓ústəŋ *being argued with* | x̣cə́t *pluck it* | x̣cə́təŋ *be pluck* | x̣cíkʷst *pluck a bird* | x̣čə́t *figure out* | x̣čə́təŋ *be figured out* | x̣číc *know me/you* | x̣čít *know it* | x̣čítəŋ *be known* | x̣čít *scratch it* | x̣čítəŋ *be scratched* | x̣éʔčt *scratching it* | x̣éʔqt *scraping it* | x̣éʔt *make appear* | x̣éʔtəŋ *be made to appear* | x̣éʔxʷt *scraping with teeth* | x̣ə́ct *plucking it* | x̣ə́ctəŋ *be pluck* | x̣ə́čt *figuring out* | x̣ə́čtəŋ *being figured out* | x̣ə́ɬt *hurting it* | x̣ə́ɬtəŋ *being hurt* | x̣əmx̣éʔqʷt *cut hair* | x̣əmx̣éʔqʷtəŋ *get a haircut* | x̣ənʔátəŋ *be told* | x̣ənəŋtíŋ *be called* | x̣ə́ńt *take all* | x̣ənxíŋət *grab (pl)* | x̣ənxíŋtəŋ *be grabbed (pl)* | x̣ə́pt *end it* | x̣ə́ptəŋ *be ended* | x̣ə́ɬk̕ʷt *carving it* | x̣ə́ɬt *shooting* | x̣ə́ɬtəŋ *being shot* | x̣əyčústəŋ *be scratched on face* | x̣əyəčt *twist* | x̣əyəčtəŋ *be twisted* | x̣əyə́təŋ *be written* | x̣ə́yt *writing it* | x̣əyúst *draw picture* | x̣əyústəŋ *be drawn* | x̣iʔə́t *write it* | x̣iʔsə́nt *tattoo leg* | x̣iʔxaʔyúsc *arguing with me/you* | x̣iʔxaʔyúst *arguing with* | x̣iʔxaʔyústəŋ *being argued with* | x̣íčt *scratching it* | x̣íƛ̓čt *fell a tree* | x̣íŋət *grab it* | x̣íŋətəŋ *be grabbed* | x̣íqt *scrape it* | x̣íst *make ugly* | x̣ístəŋ *be made ugly* | x̣ix̣ə́čt *figuring it* | x̣ix̣ə́čtəŋ *be sized up* | x̣ix̣ə́ɬtəŋ *be stung (pl)* | x̣ix̣íst *make terrible* | x̣íx̣ʷt *scrape with teeth* | x̣ɬə́t *hurt* | x̣ɬə́təŋ *be hurt* | x̣sít *move it* | x̣sítəŋ *be moved* | x̣tə́c *shoot me/you* | x̣tə́k̕ʷt *carve it* | x̣tə́t *shoot* | x̣tə́təŋ *be shot* | xxayúst *argue* | xʷaʔčátəŋ *being slaughtered* | xʷáʔčt *slaughtering* | xʷaʔq̕ʷəyəɬnáyəc *choke me/you* | xʷaʔxʷáʔt *imitating* | xʷaʔxʷáʔtəŋ *being imitated* | xʷaʔxʷúʔəstəŋ *being mocked* | xʷáčt *slaughter* | xʷčác *slaughter me/you* | xʷčátəŋ *be slaughtered* | xʷéʔq̕t *rubbing* | xʷənəŋtíŋ *how kept* | xʷə́št *agitating* | xʷə́štəŋ *being agitated* | xʷəyaʔčátəŋ *being slaughtered (pl)* | xʷəyəčátəŋ *be massacred (pl)* | xʷə́yəq̕ʷt *set adrift* | xʷə́yəq̕ʷtəŋ *be drifted* | xʷə́ýq̕ʷtəŋ *being drifted* | xʷiʔámúsc *tell me/you* | xʷíq̕ʷt *rub it* | xʷixʷáčt *slaughter (pl)* | xʷixʷə́štəŋ *being agitated* | xʷq̕ʷiʔnáčt *put upside down* | xʷq̕ʷiʔnáčtəŋ *be put upside down* | xʷq̕ʷítəŋ *be rubbed* | xʷq̕ʷəyəɬnáyət *choke someone* | xʷq̕ʷəyəɬnáyətəŋ *be hanged* | xʷšə́t *agitate* | xʷúʔəst *mimic* | xʷuʔúc *crying for me/you* | xʷuʔút *crying for* | xʷuʔútəŋ *be cried for* | xʷuʔutúʔŋəɬ *crying for us* | xʷuʔutúŋəɬ *cry for us* | xʷúc *cry for me/you* | xʷúk̕ʷt *impale* | xʷúq̕ʷt *pole canoe* | xʷút *cry for* | xʷútəŋ *be cried for* | yaʔáʔɬc *make me/you a bed* | yaʔáʔɬt *make bed for* | yaʔáʔɬtəŋ *have bed made* | yaʔcúsc *telling me/you* | yaʔcúst *telling* | yaʔcústəŋ *being told* | yaʔcustúŋəɬ *telling us* | yáʔəxt *poison someone* | yáʔəxtəŋ *poison someone* | yaʔqít *launch* | yaʔqítəŋ *be launched* | cə́y̓q̕ʷt} *digging* | cə́y̓q̕ʷtəŋ *being dug* | ciʔkʷéʔiŋət *gathering seafood* | ciʔkʷíyŋət *gather seafood* | ciʔkʷíyŋtəŋ *gathered seafood* | cicə́xtəŋ *being shoved around* | cíqt *poking* | cíqtəŋ *be poked* | ciyápt *tickle* | ciyáptəŋ *be tickled* | ckʷə́t *lodge in* | ckʷíct *cover it over* | cɬaʔwíyət *put atop* | cɬə́q̕ʷt *put through a hole* | yáʔt *prepare it* | yáʔtəŋ *be readied* | yaʔyaʔŋít *listening* | yaʔyəŋíc *listen to me/you* | yaʔyəŋítəŋ *being heard* | yaʔyíxt *notice* | yaʔyútəŋ *being invited to go* | yáyaʔc *fixing me/you* | yáyaʔt *getting ready* | yayáʔtəŋ *being made ready* | yayəŋitúŋəɬ *hear us* | yéyəq̕ʷt *recognize it* | yéyəq̕ʷtəŋ *be recognized* | yéyq̕ʷt *recognizing it* | yə́ctəŋ *be told* | yəcúsc *tell me/you* | yəcúst *tell* | yəcústəŋ *be told* | yə́cə́t *fill it* | yəcə́təŋ *be filled* | yə́čt *filling it* | yə́čtəŋ *being filled* | yəhúmət *show respect* | yəhúmətəŋ *be respected* | yəqáɬt *put in way* | yəqáɬtəŋ *be put in way* | yəqə́c *measure me/you* | yəqə́t *measure it* | yəqə́təŋ *be measured* | yəq̕ɬtíŋ *be put in way* | yə́q̕t *measuring* | yəq̕ʷə́t *pry it apart* | yəq̕ʷə́təŋ *be pried apart* | yəx̣ʷə́t *free it* | yəx̣ʷə́təŋ *be freed* | yəyq̕ʷít *recognize it* | yúʔyəc *inviting me/you to go* |

yúʔyət *inviting to go* | yúyəc *invite me/you to go* | yúyt *invite to go* | yúytəŋ *be invited to go* | cɬə́qʷtəŋ *be put through hole* | cqíc *poke me/you* | cqít *poke* | cqítəŋ *be poked* | cqʷúst *point at* | cqʷústəŋ *be pointed at* | cúʔipt *hide it* | cúpt *conceal* | cúptəŋ *concealed* | cxʷə́t *make disappear* | cxʷə́təŋ *be disappeared* | cxə́c *shove me/you* | cxə́t *shove* | cxə́təŋ *be shoved* | cxít *hold away* | cxítəŋ *be held away* | čaʔčáʔptəŋ *be distracted* | čáʔčaʔt *taking it up* | čáʔət *bring it up* | čáʔətəŋ *be brought up* | čaʔkʷát *washing it* | čaʔkʷátəŋ *be washed* | čaʔkʷkʷíyət *wash insides* | čáʔkʷt *wash it* | čaʔmúŋət *wet it* | čaʔmúŋətəŋ *get wet* | čaʔpáʔc *bothering me/you* | čaʔpáʔtəŋ *being bothered* | čáʔpt *bothering* | čaʔqʷtíŋ *being stuck on* | čaʔsítəŋ *being pounded* | čápc *distract me/you* | čápt *distract* | čáptəŋ *be bothered* | ččə́c *wake me/you* | ččə́t *wake someone* | ččə́təŋ *be awakened* | ččxáɬčtəŋ *be stung by nettle* | čéʔqt *pressing down* | čéʔst *nailing* | čə́čt *waking* | čələ́c *beat me/you* | čələ́t *win it* | čələ́təŋ *be beaten* | čəɬkʷt *pinching it* | čəŋə́c *bite me/you* | čəŋə́qst *bite on nose* | čəŋə́qstəŋ *be bitten on nose* | čəŋə́t *bite something* | čəŋə́təŋ *bitten* | čəŋə́tíŋ *being held in mouth* | čəŋít *biting* | čə́ŋt *biting* | čə́ŋtəŋ *being bitten* | čə́qt *dripping on* | čə́qtəŋ *being dripped on* | čə́sc *hitting me/you* | čəsniʔkʷáʔstəŋ *being hit oarlock socket* | čə́st *punching* | čə́stəŋ *being hit* | čə́xt *wear it out* | čəxtəníc *poison me/you* | čəxtəníɬ *poison someone* | čəxtənítəŋ *be poisoned* | čə́yəkʷt *cover several* | čə́yəkʷtəŋ *be startled* | čə́ykʷt *startle it* | čəlít *win* | čiʔíŋt *waking* | čiʔkʷáʔnəc *flirting with me/you* | čiʔkʷáʔnət *flirting with someone* | čičə́kʷtəŋ *be rusted* | čičə́sc *hit you/me* | čičə́st *hit (pl)* | čičə́stəŋ *be hit (pl)* | čičəstúŋɬ *hit us* | čičɬə́kʷt *pinch (pl)* | čicsíkʷst *punch several* | čicsúsc *punch face me/you (pl)* | číŋət *near* | číŋətəŋ *be neared* | číqt *push with pole* | číqt *press down* | číst *nail it* | čkʷíct *cover back* | člčə́lətəŋ *lose badly* | čɬə́kʷt *pinch* | čɬə́kʷtəŋ *be pinched* | čqə́t *drip on* | čqə́təŋ *be dripped on* | cqítəŋ *pressed down on* | cqʷútəŋ *being sucked* | cqʷáŋət *make rot* | cqʷáŋətəŋ *be made rotten* | cqʷúst *nod to* | cqʷústəŋ *be nodded to* | csánkʷst *punch body* | csə́c *punch me/you* | csə́qst *punch nose* | csə́t *punch* | csə́təŋ *be punched* | csətúŋɬ *hit us* | csiʔáxtəŋ *be hit on arm* | csíqt *punch belly* | csíqtəŋ *be hit in belly* | csítəŋ *be nailed* | csnəkʷástəŋ *be hit in stomach* | csńkʷást *hitting in stomach* | cssə́nt *hit foot* | cssə́ntəŋ *be hit on foot* | csúsc *punch me/you in face* | cúʔqʷt *sucking* | cúʔɬt *nudging* | cúqʷt *suck out* | cúqʷtəŋ *be sucked out* | cúɬt *nudge* | cúɬtəŋ *be nudged* | cxə́təŋ *be worn out* | čʔəɬáʔtəŋ *be brought from here* | čaʔččə́c *just wake me/you* | čáʔčaʔtəŋ *is being made* | čáʔčt *making it* | čaʔkʷúʔtəŋ *being shot at* | čaʔkʷút *shooting at* | čaʔŋútəŋ *being pushed* | čáʔqʷt *driving away* | čaʔsútəŋ *being thrown at* | čaʔtéʔqʷt *washing head* | čaʔxʷútəŋ *being added to* | čaʔxáyuct *splitting firewood* | čáʔxt *melting it* | čaʔyukʷtúŋəɬ *shoot us all* | čáčt *making it* | čákʷt *fit tight* | čánətəŋ *be moved* | čáqt *make fall* | čáqʷt *drive away* | čáxt *make fall* | čáxʷt *melt it* | čaytúŋəɬ *make us* | ččát *make* | ččátəŋ *be fixed* | ččəməsnítəŋ *being met* | čéʔɬt *pushing off* | čéʔxʷt *breaking it up* | čə́ɬtt *thickening* | čəməsnít *meet someone* | čəməsnítəŋ *be met* | čənčánt *bury (pl)* | čənčántəŋ *be buried (pl)* | čə́nəc *bury me/you* | čə́nət *bury it* | čə́nətəŋ *be buried* | čənúst *throw sand on* | čə́ńt *burying it* | čə́ntəŋ *being buried* | čə́ŋət *not know* | čə́qt *filing* | čə́qʷt *burning it* | čə́qʷtəŋ *being burned* | čə́qʷuct *build fire* | čə́xt *ripping it* | čə́xtəŋ *being ripped* | čə́xʷt *spitting on* | čəýəŋúst *hanging up* | čiʔástəŋ *be followed* | čiʔát *switch* | čiʔáwt *pass by* | čiʔáwtəŋ *be passed* | čiʔáyətəŋ *be turned back* | čiʔáýt *raising a child* | čičə́qʷt *burn them* | čičə́xt *ripping (pl)* | čičə́xtəŋ *being ripped (pl)* | čičə́xʷtəŋ *be split (pl)* | čičkʷáʔst *put paddle away* | čičxústəŋ *torn face* | číɬaʔqʷt *wash head* | číɬt *push off* | číxʷt *breaking it up* | číxʷtəŋ *being demolished* | čiyəŋústəŋ *be hung up* | čiyəŋúst *hang up* | čkʷút *shoot it* | čkʷútəŋ *is shot* | čɬətt *thicken* | čɬqə́nxʷtəŋ *being starved* | čnáʔət *naming someone* | čnáʔətəŋ *being named* | čnát *give name* | čnátəŋ *be named* | čqátəŋ *be made to fall* | čqə́t *file it* | čqʷə́t *burn it* | čqʷə́təŋ *be burned* | čqʷíkʷst *singe skin* | čsúsc *throw to me/you* | čsúst *throw to* | čsústəŋ *be thrown to* | čsút *throw at* | čsútəŋ *be thrown at* | čtáʔt *asking someone* | čtáʔtəŋ *being asked* | čtác *ask me/you* | čtát *ask* | čtátəŋ *be asked* | čɬítəŋ *be pushed over* | čúʔŋət *pushing* | čúʔsc *throwing to me/you* | čúʔst *throwing at* | čúʔxʷt *adding more* | čúkʷc *shoot me/you* | čúkʷt *shooting it* | čukʷtúŋəɬ *shoot us* | čúŋət *push* | čúŋətəŋ *is pushed* | čúsc *throw to me/you* | čúst *throwing at* | čúxʷt *add more* | čxʷútəŋ *be added to* | čxátəŋ *be knocked down* | čxéʔqʷt *split head* | čxə́t *split it* | čxə́təŋ *be ripped* | čxúʔstəŋ *torn face* | čxúst *tear face* | čxústəŋ *be torn face* | čxúyəst *split forehead* | čxúyəstəŋ *split forehead* | čxúýstəŋ *torn forehead* | čxʷáʔyəst *spitting in eye* | čxʷáyəst *spit in eye* | čxʷə́c *spit on me/you* | čxʷə́t *spit on* | čxʷə́təŋ *be spit on* | čxʷíct *demolish* | čxʷít *break it apart* | čxʷítəŋ *be demolished* | čxʷúʔstəŋ *being spit on* | čxʷúsc *spit on me/you* | čxʷúst *spit face* | čxʷústəŋ *be spit on* | čxʷúystəŋ *be spit on* | čxʷúýstəŋ *being spit on* | čaʔčátəŋ *be sewn* | čaʔcstíŋ *being hugged* | čáʔčt *sew it* | čaʔčúst *kiss* | čaʔčústəŋ *getting hugged* | čaʔpútəŋ *being squeezed* | čaʔpayústəŋ *be winked at* | čaʔpiʔsə́ŋət *winking at* | čaʔpiʔsŋítəŋ *being winked at* | čáʔst *extinguishing it* | čáʔyaʔct *sew them* | čaʔyípt *squeeze (pl)* | čaʔyítəŋ *be taken away* | část *extinguish it* | ččítəŋ *be wrung* | ččúsc *hug me/you* | čcúst *hug* | čcústəŋ *be hugged* | čéʔct *wringing* | čéʔpt *squeezing* | čéʔyət *take away* | čəciṇíxʷt *milk it* | čə́ct *wedge in* | čə́nct *squeeze it* | čə́nctəŋ *be squeezed* | čəṇčə́nct *squeezing* | čəṇúst *bend down for* | čəsít *extinguish* | čə́ɬt *putting away* | čəyaʔyítəŋ *be taken away* | čə́yəpt *turn around* | čə́yəqt *look sideways at* | čə́yəqtəŋ *be looked sideways at* | čəypútəŋ *be turned over* | čəyúsc *take away from me/you* | čəyúst *take away* | čəyústəŋ *be taken away* | čə́ypt *turning around* | čə́yptəŋ *being turned around* | čə́yq̓t *glancing at* | čə́yq̓təŋ *being glanced at* | čičéʔŋəxʷt *milking it (pl)* | číct *wring* | čičə́ct *wedge in (pl)* | čicq̓ʷiníst *rot teeth* | čicq̓ʷnístəŋ *be rotted teeth* | čípt *squeeze* | číptəŋ *being squeezed* | čixʷáŋət *bring in* | čiyáʔyət *taking away* | čkʷə́xt *fry it* | čpítəŋ *be squeezed* | čpisə́ŋət *wink at* | cq̓ə́t *surprise* | csátəŋ *be extinguished* | čšə́pt *deflate it* | čšə́ptəŋ *be deflated* | čɬə́t *put away* | čúʔpt *squeezing* | čúcst *hugging* | čúct *squeeze it* | čúpt *squeeze* | haʔháʔnəc *thanking me/you* | haʔháʔnət *thanking* | haʔnáʔtəŋ *being thanked* | háʔnəc *good to me/you* | háʔnət *thank someone* | háʔnətəŋ *be thanked* | haʔníčc *discussing me/you* | haʔníčt *discussing* | haʔníčtəŋ *being discussed* | haʔnítəŋ *be thanked* | haʔqítəŋ *being slid* | háhaʔnət *thank them* | héʔct *protruding* | həčút *load* | hə́mənt *hammer it* | hə́məntəŋ *be hammered* | həqíkʷt *put in oven* | híčt *protrude* | hihíytəŋ *be pushed off* | híqt *slide* | híqtəŋ *be slid* | híyət *push off* | híyətəŋ *pushed off* | hiyít *bring to life* | hiyítəŋ *save life* | hiyitíŋ *be revived* | huʔáčt *raise above* | huʔáčtəŋ *be raised above* | húʔčt *finishing it* | húʔnət *igniting* | húkʷt *whoop* | húkʷt *hook it* | húkʷtəŋ *be hooked* | húkʷtəŋ *be hollered to* | húnt *ignite* | huṇít *take back from* | huṇítəŋ *be taken back* | húyt *finish it* | húytəŋ *be made to finish* | kʷaʔcátəŋ *being pried* | kʷáʔct *prying up* | kʷáʔəc *release me/you* | kʷáʔət *release* | kʷáʔətəŋ *be released* | kʷaʔkʷaʔát *releasing* | kʷaʔkʷaʔə́c *leave me/you alone* | kʷaʔkʷčáʔŋəc *yelling to me/you* | kʷaʔkʷčáʔŋət *yelling at* | kʷaʔkʷčəŋítəŋ *being yelled at* | kʷáʔnət *drop it* | kʷaʔɬənə́qʷt *blow up* | kʷaʔɬənə́qʷtəŋ *be blown up* | kʷaʔwəntiʔíc *fighting over me/you* | kʷaʔwəntiʔíct *fighting about* | kʷáʔyət *hiding it* | kʷáʔyətəŋ *being hidden* | kʷaʔyítəŋ *being peeked at* | kʷáčt *pry up* | kʷánətəŋ *be thrown away* | kʷánt *lose it* | kʷáyət *hide it* | kʷáyətəŋ *be hidden* | kʷccəṇítəŋ *be sent to* | kʷcátəŋ *be pried* | kʷčáʔənət *hollering* | kʷčáṇəc *yell to me/you* | kʷčáṇət *yell to* | kʷčáṇətəŋ *be hollered at* | kʷčaṇətúṇəɬ *holler at us* | kʷéʔyəc *peeking at me/you* | kʷéʔyət *peeking at* | kʷéʔyətəŋ *being peeked at* | kʷənaʔṇítəŋ *being helped* | kʷənáʔnəc *help me/you* | kʷənáʔnət *help* | kʷənáʔnətəŋ *be helped* | kʷənaŋətúṇəɬ *help us* | kʷənčát *divorce someone* | kʷənəŋútc *make me/you run* | kʷənəŋútt *make run* | kʷənəyúst *cull* | kʷəníst *button it* | kʷəṇáʔŋəc *helping me/you* | kʷəṇáʔŋət *helping* | kʷə́xt *ejecting* | kʷə́xtəŋ *being ejected* | kʷə́xtəŋ *being ejected* | kʷəyít *peek at* | kʷə́y̓əxt *move it* | kʷə́y̓əxtəŋ *be shaken* | kʷə́y̓t *spilling it* | kʷəytáy̓ŋən *trying to capsize* | kʷəytəŋáy̓ŋən *trying to be capsized* | kʷə́y̓təŋ *being spilled* | kʷiʔə́t *spill it* | kʷiʔə́təŋ *be spilled* | kʷiʔṇáʔŋət *helping (pl)* | kʷiʔúst *pouring on* | kʷiʔúst *pour on* | kʷiʔústəŋ *be spilled on* | kʷikʷə́xt *eject several* | kʷikʷə́xtəŋ *be ejected* | kʷikʷiyáyt *consider expert* | kʷikʷiyáytəŋ *be thought expert* | kʷkʷə́t *warm it* | kʷɬáčt *on edge* | kʷɬáčtəŋ *be made sleep at edge* | kʷq̓ə́t *open it* | kʷq̓ə́təŋ *be opened* | kʷsáčt *put aside* | kʷsáčtəŋ *be put aside* | kʷšə́t *bar* | kʷtúst *turn up* | kʷtústəŋ *be turned up* | kʷxʷnə́čt *tuck away* | kʷxə́t *eject* | kʷxə́təŋ *be ejected* | k̓waʔk̓wənítəŋ *is watched (dimin)* | k̓ʷáʔnət *pouring liquid* | k̓ʷaʔnə́təŋ *being poured* | k̓ʷaʔstə́nəq *preacher* | k̓ʷánt *pour* | k̓ʷántəŋ *be poured* | k̓ʷást *toast it* | k̓ʷástəŋ *toast it* | k̓ʷčə́t *bend crooked* | k̓ʷčə́təŋ *be made crooked* | k̓ʷčítəŋ *butchered* | k̓ʷčə́t *prevent* | k̓ʷčə́təŋ *be stopped* | k̓ʷčíst *bring over* | k̓ʷčístəŋ *be brought over* | k̓ʷéʔwəct *butchering it* | k̓ʷənʔáyst *looking for lice* | k̓ʷənʔáystəŋ *looking for lice* | k̓ʷə́nc *look at me/you* | k̓ʷənətúṇɬ *look at us* | k̓ʷəníc *watch me/you* | k̓ʷənít *watch it* | k̓ʷənítəŋ *be watched* | k̓ʷə́nt *look at it* | k̓ʷə́ntəŋ *be looked at* | k̓ʷənúɬt *observe it* | k̓ʷənúɬtəŋ *be observed* | k̓ʷənúst *look in the face* | k̓ʷənústəŋ *looked at in the face* | k̓ʷə́nc *looking at me/you* | k̓ʷəníc *watch me/you* | k̓ʷəníit *watching it* | k̓ʷə́nt *looking at* | k̓ʷə́ntəŋ *being looked at* | k̓ʷəntíŋ *being watched* | k̓ʷə́sc *lecturing me/you* | k̓ʷə́st *counting something* | k̓ʷə́stəŋ *being counted* | k̓ʷəstəŋáwtxʷ *education department* | k̓ʷə́yt *preventing* | k̓ʷə́ytəŋ *being compelled* | k̓ʷíčt *butcher* | k̓ʷikʷə́st *advise (pl)* | k̓ʷikʷə́stəŋ *be preached to (pl)* | k̓ʷiyə́nət *look at (pl)* | k̓ʷsácst *burn hand* | k̓ʷsátəŋ *be scorched* | k̓ʷsə́t *count it* | k̓ʷsə́təŋ *be counted* | lakəlít *lock* | lakəlítəŋ *be locked* | ɬʔíqíṇət *warm it* | ɬaʔcaʔyíwct *cutting firewood* | ɬaʔccíst *cutting hand* | ɬaʔccístəŋ *being hand cut* | ɬaʔcéʔq̓ʷt *cutting head* | ɬaʔcítəŋ *being cut* | ɬaʔcúst *cutting face* | ɬaʔcúyst *cutting forehead* | ɬaʔčíyət *cool it* | ɬaʔčíyt *cooling it* | ɬaʔkʷátəŋ *be cured* | ɬáʔkʷt *cure* | ɬaʔk̓ʷiʔúst *hanging on hook* | ɬaʔk̓ʷítəŋ *being hooked* | ɬaʔɬə́xʷt *straighten (dimin)* | ɬaʔɬə́xʷtəŋ *be straightened (dimin)* | ɬáʔɬxt *laying it on* | ɬaʔnítəŋ *be attached* | ɬaʔqʷáʔtəŋ *being slurped* | ɬáʔqʷt *licking* | ɬaʔtúqʷc *boiling me/you* | ɬaʔtúqʷt *boiling it* | ɬáʔxʷt *removing from mouth* | ɬaʔxʷúʔstəŋ *being reprimanded* | ɬaʔyəciʔítəŋ *being cut up* | ɬaʔyíct *butcher* | ɬáqʷt *lick* | ɬáxt *lay on* | ɬáxʷt *removing from mouth* | ɬáxʷtəŋ *be removed from mouth* | ɬcánt *cut ear* | ɬccísc *cut my/your hand* | ɬccíst *cut hand* |

łcćístəŋ *be hand cut* | łcə́qst *cut nose* | łciʔáxt *cutting arm* | łcíkʷst *cut body* | łcítəŋ *be cut* | łcíwst *cutting body* | łciyəx̣ánt *cut arm* | łcsə́nt *cut foot* | łcsə́nt *cutting foot* | łcúst *cut face* | łcústəŋ *be cut face* | łcúyəst *cut forehead* | łcə́ŋət *make dark* | łéʔćt *cutting it* | łéʔəntəŋ *being attached* | łéʔk̓ʷt *hooking it* | łéʔnət *attach it* | łəc̓ayíwct *cut wood* | łə́k̓ʷt *pecking* | łə́k̓ʷtəŋ *be pecked* | łə́k̓ʷəŋt *hollowing it* | łək̓ʷəyústəŋ *be hung on hook* | łə́k̓ʷt *hollowing* | łə́məćt *pick* | łə́məctəŋ *be picked* | łə́məqt *swarm on* | łə́məqtəŋ *swarmed on* | łəmə́x̣ʷtəŋ *be rained on* | łə́məx̣ʷc *smear me/you* | łə́məx̣ʷt *smear* | łə́məx̣ʷtəŋ *be smeared on* | łəmłə́məx̣ʷtəŋ *be poured on* | ləmłík̓ʷst *prune* | ləmłəmík̓ʷst *trim down* | łə́mx̣ʷtəŋ *being rained on* | łə́mx̣ʷt *rubbing it* | ləŋayéʔqʷt *remove from head* | ləŋéʔqʷt *decapitate* | ləŋéʔqʷtəŋ *be decapitated* | ləŋík̓ʷst *remove* | ləŋíyŋtəŋ *be removed* | ləŋłəŋnək̓ʷə́yət *separate (pl)* | ləŋnək̓ʷə́yət *separate* | ləŋnək̓ʷə́yt *separating* | ləŋłəŋík̓ʷst *stripping off* | łə́txt *make shiver* | łə́txtəŋ *be made to shiver* | łə́x̣ʷt *straightening it* | łə́x̣ʷtəŋ *being straightened* | łə́ypt *wrinkle* | łə́yəqʷt *smash it* | łə́yəqʷtəŋ *be smashed* | łə́yəx̣ʷt *freeze something* | łə́yəx̣ʷtəŋ *be frozen* | łə́yqʷt *smashing it* | łə́yqʷtəŋ *being smashed* | łiʔłə́yəqʷt *smash it (pl)* | łiʔłə́yqʷt *smashing it* | łícaʔqʷt *cut hair* | łíćt *cut it* | łik̓ʷəyúst *hang on hook* | łík̓ʷt *hook it* | łik̓ʷúst *hook face* | łik̓ʷústəŋ *be hooked in face* | łíłaʔnət *attaching it* | łiłáʔŋət *untying* | łiłə́k̓ʷtəŋ *be pecked* | łiłiłiłłə́t *fling (pl)* | łípt *flip it* | łiq̓ʷúyəstəŋ *be peeled off* | łitúst *sprinkle it* | łitústəŋ *be sprinkled* | łíxt *spread it* | łk̓ʷáćtəŋ *be pecked bottom* | łk̓ʷə́t *peck on it* | łk̓ʷə́təŋ *be pecked* | łk̓ʷéʔqʷtəŋ *hook head* | łk̓ʷə́t *hollow it* | łk̓ʷítəŋ *be hooked* | łk̓ʷsə́nət *trip* | łṕə́t *flip away* | łq̓ʷátəŋ *be licked* | łq̓ʷúst *lick face* | łq̓ʷústəŋ *be face licked* | łq̓ʷéʔqʷt *scalp* | łq̓ʷéʔqʷtəŋ *be scalped* | łq̓ʷə́t *peel off* | łq̓ʷə́təŋ *be removed* | łq̓ʷíct *uncover* | łq̓ʷúyəst *peel off* | łtə́x̣ʷc *swallow me/you* | łtə́x̣ʷt *suck it in* | łtə́x̣ʷtəŋ *be sucked in* | łtúqʷt *boil it* | łłə́t *flick it* | łłə́təŋ *be flung* | łuʔcáʔc *undress me/you* | łuʔcáʔt *undress* | łuʔcáʔtəŋ *be undressed* | łuʔq̓ʷúyst *peeling it* | łúpt *slurp it* | łuq̓ʷíct *uncover* | łúyəsc *leave me/you* | łúyəst *leave behind* | łúyəstəŋ *be left behind* | łx̣átəŋ *be laid on* | łx̣ə́təŋ *be spread on* | łx̣ʷaʔmítəŋ *slip* | łx̣ʷə́t *remove from mouth* | łx̣ʷə́t *straighten* | łx̣ʷə́təŋ *be straightened* | łx̣ʷít *straighten* | łx̣ʷə́st *reprimanding* | łx̣ʷúsc *reprimand me/you* | łx̣ʷúst *reprimand* | łx̣ʷústəŋ *be reprimanded* | x̌aʔpátəŋ *being touched* | x̌áʔpt *feeling it* | x̌aʔqə́yut *typing* | x̌aʔqə́yutəŋ *being typed* | x̌aʔsx̣łáwtx̣ʷt *take to hospital* | x̌aʔsx̣łáwtx̣ʷtəŋ *be taken to hospital* | x̌aʔyaʔćít *hold steady* | x̌aʔyáʔćtíŋ *be held steady* | x̌aʔyakəmátəŋ *be taken to Yakima* | x̌aʔyúćtəŋ *being stopped* | x̌ałəŋúst *salt it* | x̌ałəŋústəŋ *be salted* | x̌ápt *feel it* | x̌áyəst *back* | x̌áyəstəŋ *be backed up* | x̌áyuct *stop it* | x̌áyuctəŋ *be stopped* | x̌čaʔwíyət *put under* | x̌čaʔwíyətəŋ *be put under* | x̌ə́k̓ʷt *taking it* | x̌ək̓úst *take in* | x̌ə́k̓ʷt *extinguishing* | x̌əméʔqʷt *bump head* | x̌əmə́t *bump it* | x̌ə́mətəŋ *be bumped* | x̌ə́mt *erode* | x̌ə́mtəŋ *be eroded* | x̌əmút *push ins* | x̌əmútəŋ *be pushed in* | x̌ə́qʷt *sticking* | x̌ə́qʷtəŋ *being stuck on* | x̌ə́yəqt *press* | x̌əy̓k̓ʷáʔnət *looking for means* | x̌ə́yqt *pressing* | x̌iʔáʔc *seeking me/you* | x̌iʔáʔt *seeking it* | x̌iʔáʔtəŋ *being sought* | x̌ix̌ə́qʷtəŋ *being stuck on (pl)* | x̌ix̌ə́yəqt *press (pl)* | x̌íqt *press* | x̌iyáʔc *seek me/you* | x̌iyáʔt *seek it* | x̌iyáʔtəŋ *be looked for* | x̌k̓ʷcísc *shake hands with me/you* | x̌k̓ʷcíst *shake hands with* | x̌k̓ʷcístəŋ *have hand held* | x̌k̓ʷə́c *take me/you* | x̌k̓ʷə́t *take it* | x̌k̓ʷə́təŋ *be taken* | x̌k̓ʷíc *hold me/you* | x̌k̓ʷiŋít *take and hold* | x̌k̓ʷiŋítəŋ *be taken and held* | x̌k̓ʷít *hold* | x̌k̓ʷtíŋ *be held* | x̌k̓ʷə́t *extinguish* | x̌łúst *splash face* | x̌łústəŋ *be splashed face* | x̌pátəŋ *be touched* | x̌qáʔtəŋ *goal* | x̌qítəŋ *be pressed* | x̌q̓ʷə́t *stick it on* | x̌q̓ʷə́təŋ *be stuck on* | x̌q̓ʷít *stick it on* | x̌q̓ʷtíŋ *be stuck it on* | x̌šnúk̓ʷt *plow it* | x̌úʔəc *comfort me/you* | x̌úʔət *comfort* | x̌úʔətəŋ *be comforted* | x̌úmət *make right* | x̌xʷaʔyást *waste* | x̌xʷiyúst *ignore* | x̌xʷiyústəŋ *be ignored* | maʔčútəŋ *being aimed at* | maʔk̓ʷít *hold in mouth* | maʔk̓ʷúct *kissing* | maʔk̓ʷútəŋ *being put in mouth* | maʔk̓ʷaʔyéʔčtəŋ *be piled up* | maʔsít *sorting* | maʔsítəŋ *being sorted* | maʔyáʔtəŋ *being kicked* | maʔyúst *treasure* | malyít *marry someone* | malyítəŋ *be married* | méʔst *choosing* | məcə́t *lubricate* | məcə́təŋ *be greased* | mə́ct *fattening it* | məčútəŋ *be aimed at* | mək̓ʷə́t *mold* | mək̓ʷə́təŋ *be crumpled* | mə́k̓ʷt *crumple* | mək̓ʷúct *kiss someone* | mək̓ʷúctəŋ *be kissed* | mək̓ʷéʔət *inter* | mək̓ʷéʔətəŋ *buried* | mək̓ʷəŋúyłt *adopt child* | mək̓ʷə́t *claim it* | mək̓ʷə́təŋ *be claimed* | mək̓ʷəyéʔčt *pile up* | mə́k̓ʷt *picking up* | məsə́t *fold together* | məsə́təŋ *be folded* | məsítəŋ *be sorted* | mə́st *mess it up* | mətə́qʷt *immerse* | mə́tqʷt *immersing* | mətə́t *bend it* | məx̣ʷítəŋ *shaken* | mə́yaʔc *kick me/you* | mə́yaʔt *kick it* | mə́yaʔtəŋ *be kicked* | məyaʔtúŋł *kick me/you* | məyaʔwáćc *kick me/you rear* | məyaʔwáćt *kick rear* | məyaʔwáćtəŋ *be kicked rear* | məyéʔqʷt *kick head* | məyéʔqʷtəŋ *be kicked head* | mə́yəčt *roll around* | məyáʔt *kicking it* | mə́yčt *mixing up* | mə́yčtəŋ *being mixed* | mə́yst *crowd it* | miʔmə́yčtəŋ *being mixed* | mičiyúʔyəst *roll it* | mimə́k̓ʷt *crumple* | mimə́yaʔc *kick me/you (pl)* | mimə́yaʔt *kick (pl)* | mimə́yaʔtəŋ *getting kicked* | miməyaʔtúŋł *kick us* | mimíx̣ʷt *shake it (pl)* | mísc *choose me/you* | míst *choose* | míx̣ʷt *shake it* | míx̣ʷtəŋ *being shaken* | miyaʔéʔqt *kick in belly* | múćc *aiming at me/you* | múʔk̓ʷt *putting in mouth* | múčc *aim at me/you* | múčt *aim at* | múk̓ʷt *put in mouth* | múk̓ʷtəŋ *be put in mouth*

| múst *treasure* | naʔát *naming* | naʔátəŋ *being named* | naʔhúst *howl at* | naʔhústəŋ *be cursed* | naʔkʷíc *spook me/you* | naʔkʷítəŋ *be spooked* | naʔnát *name (dimin)* | naʔnéʔnəc *acknowledge me/you* | naʔnéʔnət *acknowledge* | naʔnéʔnətəŋ *being acknowledged* | naʔnəkʷít *spook someone* | naʔnəkʷítəŋ *nightmare* | naʔnə́yəŋtəŋ *being made to laugh* | naʔnə́yt *laughing at* | naʔnə́ytəŋ *being laughed at* | naʔnítəŋ *be named* | naʔnunáčt *repay slowly* | naʔqə́ŋət *diving for it* | načít *make different* | načítəŋ *be made different* | nančə́t *snicker at* | nančə́təŋ *be snickered at* | nanəčə́c *smile at me/you* | nát *name* | nátəŋ *be named* | náwnəčt *repaying* | náwnəčtəŋ *being repaid* | néʔət *give birth* | néʔətəŋ *be given birth* | nəčəwtxʷnítəŋ *visitor* | nəčə́ŋət *laugh at* | nəčə́t *smile at* | nəčə́təŋ *be smiled at* | nəčtə́nəq *Changer* | nəčtíŋ *be changed* | nəŋə́t *fold it* | nə́ŋt *bending it* | nəqə́ŋət *dive for* | nə́šaʔt *put on edge* | nə́šaʔtəŋ *be put on edge* | nəxʷʔáčt *wipe inside* | nəxʷʔəčústəŋ *have face wiped* | nəxʷʔəčúst *wipe face* | nəxʷʔəyəqáčc *tease me/you* | nəxʷʔəyəqáčt *tease* | nəxʷʔəyəqáčtəŋ *be teased* | nəxʷčáʔkʷt *wash inside* | nəxʷčəŋə́t *bite something* | nəxʷčsúsc *punch me/you in face* | nəxʷčsúst *punch in face* | nəxʷčsústəŋ *get hit face* | nəxʷčšúst *throw face* | nəxʷčšústəŋ *be hit face* | nəxʷčxíctəŋ *split in two* | nəxʷčxíkʷt *split whole* | nəxʷčx̣íct *demolish* | nəxʷčx̣íctəŋ *be demolished* | nəxʷčaʔpaʔyúst *wink at* | nəxʷčaʔpaʔyústəŋ *be winked at* | nəxʷčəŋúst *bend over* | nəxʷčəyəčt *turn inside out* | nəxʷčəyə́čtəŋ *be turned inside out* | nəxʷčə́yčt *turning inside out* | nəxʷhəqíkʷt *bake it* | nəxʷkʷáčt *lock it* | nəxʷkʷqə́t *open it* | nəxʷkʷáʔnət *refill* | nəxʷkʷáʔnətəŋ *being refilled* | nəxʷkʷcústəŋ *get crooked face* | nəxʷkʷənəkʷíyət *look inside* | nəxʷkʷkʷíyət *dirty water* | nəxʷlakəlít *wind watch* | nəxʷlaʔqʷúst *licking face* | nəxʷləŋənúkʷt *clear land* | nəxʷlk̓ʷə́ŋət *hollow it* | nəxʷluʔə́t *hollow out* | nəxʷlúwtəŋ *be hollowed out* | nəxʷƛ̓əmúst *bump face* | nəxʷmaʔkʷúctəŋ *be kissed* | nəxʷməkʷúcc *kiss me/you* | nəxʷməkʷúct *kiss* | nəxʷməsúst *fold it* | nəxʷpúxʷt *inflate* | nəxʷqaʔx̣kʷít *hollow it out* | nəxʷq̓ə́yk̓ʷt *coiling* | nəxʷsaʔyútəŋ *getting swollen* | nəxʷsaʔyúytəŋ *swell up (pl)* | nəxʷsuʔə́čt *threading it* | nəxʷsúyət *thread it* | nəxʷsúyətəŋ *swell up* | nəxʷšaʔčúst *slapping face* | nəxʷščuʔáčt *spank* | nəxʷščúst *slap someone* | nəxʷščústəŋ *be slapped* | nəxʷšəyčúst *slap in face repeatedly* | nəxʷtaʔx̣iʔítəŋ *being spread* | nəxʷtčácst *retaliate against* | nəxʷtčícstəŋ *be retaliated against* | nəxʷtčúc *answer me/you* | nəxʷtčúct *answer* | nəxʷtə́qt *shutting* | nəxʷtqə́t *shut* | nəxʷtqə́təŋ *be closed* | nəxʷxaʔčústəŋ *being scratched on face* | nəxʷx̣čúst *scratch face* | nəxʷx̣čústəŋ *be scratched on face* | nəxʷx̣iʔúʔst *taking picture* | nəxʷx̣iʔúʔstəŋ *getting picture taken* | nəxʷx̣iʔúst *take picture* | nəxʷx̣iʔústəŋ *be photographed* | nə́yət *laugh at* | nə́yətəŋ *be laughed at* | nuʔíc *put me/you in* | nuʔít *put in* | nuʔnáčt *repay* | nuʔnáčtəŋ *be repaid* | nuʔnuʔnáčt *repaying* | ŋáʔət *give* | ŋáʔətəŋ *be given* | ŋáʔəxt *hurrying* | ŋaʔkʷáʔtəŋ *being chewed* | ŋaʔkʷéʔŋət *chewing it* | ŋáʔkʷt *chewing it* | ŋaʔkʷaʔéʔc *waiting for me/you* | ŋaʔkʷaʔéʔt *wait for* | ŋaʔkʷaʔíc *wait for me/you* | ŋaʔkʷaʔít *wait for* | ŋaʔkʷaʔtíŋ *being waited for* | ŋaʔŋáʔt *set bait* | ŋaʔsánət *anchor it* | ŋákʷt *chew it* | ŋaŋút *eat up* | ŋaŋútəŋ *be eaten up* | ŋáxt *hurry someone* | ŋəkʷátəŋ *be chewed* | ŋəqə́t *swallow it* | ŋəqə́təŋ *be swallowed* | ŋəqítəŋ *be erected* | ŋə́qt *swallowing* | ŋəqʷə́t *burst it* | ŋəqʷə́təŋ *be burst* | ŋə́qʷt *bursting it* | ŋə́qʷtəŋ *being burst* | ŋəsə́t *bark at* | ŋəsə́təŋ *barked at* | ŋə́st *barking at* | ŋə́stəŋ *being barked at* | ŋə́xc *bawling out me/you* | ŋəx̣ə́t *bawl out* | ŋəx̣ə́təŋ *be bawled out* | ŋə́xt *bawling out* | ŋə́xtəŋ *be hurried* | ŋə́xtəŋ *being bawled out* | ŋinákʷt *chew up* | ŋiŋə́qʷtəŋ *burst (pl)* | ŋiŋə́st *bark at* | ŋiŋə́stəŋ *barked at* | ŋiŋə́xt *bawling out* | ŋiŋə́xtəŋ *get bawled out* | ŋíqt *erect it* | ŋuʔúc *eating me/you* | ŋuʔút *eating it* | ŋuʔútəŋ *being eaten* | ŋúc *eat me/you* | ŋúŋut *start eating* | ŋút *eat it* | ŋútəŋ *be eaten* | paʔcáʔtəŋ *being spread* | paʔcítəŋ *being slid* | páʔct *spreading out* | paʔstə́nəq *accusing* | paʔxʷútəŋ *being blown on* | páct *spread out* | paysənítəŋ *be poisoned* | paysnít *poison it* | pcátəŋ *be spread* | pcít *slide* | pcítəŋ *be slid* | péʔwəst *accuse of infidelity* | péʔwəstəŋ *be accused of infidelity* | páyəq̓ʷt *powder it* | páyq̓ʷt *powdering* | píct *sliding it* | píst *accuse* | pístəŋ *be accused* | piyáʔcítəŋ *being slid (pl)* | pspstə́nəq *jealous* | pstə́nəq *jealous* | púʔxʷt *blowing on it* | púxʷt *blow on* | pxʷútəŋ *be blown on* | páʔəc *try me/you* | páʔət *try* | páʔətəŋ *be tried* | paʔkʷátəŋ *being floated* | páʔkʷt *making float* | pákʷt *make float* | papáʔt *trying* | płə́t *make behave* | płə́təŋ *be made to behave* | ppáʔt *trying* | psít *put together* | qaʔitíŋ *be treated badly* | qaʔqéʔt *loosen* | qaʔxítəŋ *being whittled* | qaʔyát *treat badly* | qaʔyəqítəŋ *be jailed (pl)* | qaʔyəsə́ŋəc *look away from me/you* | qaʔyəsə́ŋət *looking away* | qáʔyəxc *lying to me/you* | qáʔyəxt *lying to* | qaʔyəxtə́nəŋ *lying* | qaʔyəxtə́nəq *liar* | qánəc *rob me/you* | qánət *rob* | qánətəŋ *be robbed* | qaníc *steal from me/you* | qanít *steal* | qanítəŋ *be robbed* | qéʔqt *restraining it* | qéʔqtəŋ *being restrained* | qéʔxt *whittling* | qəmə́t *chop it* | qəmə́təŋ *be chopped* | qəmə́c *ask for me/you* | qəmə́t *ask for it* | qəmə́təŋ *be asked for* | qə́mt *chopping it* | qənqanítəŋ *be robbed* | qəqítəŋ *be restrained* | qəq̓sə́nt *bind legs* | qə́sc *putting me/you in water* | qə́st *putting in water* | qə́stəŋ *being put in water* | qəyəsə́ŋət *look away from* | qə́yət *be angry at* | qəyúst *look away from* | qəyústəŋ *be looked away from* | qiʔéytəŋ *being*

spoiled | qiʔíyt *spoiling* | qiqə́yət *get angry at* | qiqə́yətəŋ *be angered at* | qíq̓c *restrain me/you* | qíq̓t *restrain it* | qíx̣t *whittle* | qiyáx̣t *rechannel* | qiyéy̓t *spoil it* | qqaʔnítəŋ *being robbed* | qq̓sə́ntəŋ *legs bound* | qsə́c *put me/you in water* | qsə́ŋət *put in water* | qsə́t *put in water* | qsə́tən *be put in water* | qx̣ítən *be whittled* | qx̣úyəst *peel fruit* | q̓aʔníc *threaten me/you* | q̓aʔnít *threaten* | q̓aʔnítən *being threatened* | q̓áʔŋət *dipping* | q̓aʔyúsc *pay me/you* | q̓aʔyúst *pay* | q̓aʔyústəŋ *be paid* | q̓ápt *spread disease* | q̓cə́t *shrink it* | q̓cə́tən *be cramped* | q̓éʔəyət *hang up* | q̓éʔx̣ʷt *tying it* | q̓ə́ctən *being cramped* | q̓əməsə́nət *cut leg off* | q̓əm̓ct *search* | q̓əm̓ctəŋ *be searched* | q̓əmə́t *break off* | q̓əmə́tən *is cut off* | q̓əm̓q̓əmə́tən *be cut off (pl)* | q̓ə́m̓t *breaking* | q̓ə́m̓tən *being cut off* | q̓əmúst *cut in on* | q̓əmústən *be cut in on* | q̓ə́ŋaʔt *dip it* | q̓ə́pt *gathering it* | q̓ə́ptən *being gathered* | q̓ə́yəčc *shelter me/you* | q̓ə́yəčt *shelter* | q̓ə́yəčtən *be sheltered* | q̓ə́yəkʷt *coil it* | q̓ə́yəpt *shrink it* | q̓əyəw̓áčt *diaper* | q̓ə́yəx̣ʷt *wrap it* | q̓ip̓ə́t *curl* | q̓ip̓ə́tən *be curled* | q̓iq̓ə́yəqt *tangle it* | q̓iq̓ə́yəqtən *be tangled* | q̓íwayət *hanging* | q̓íx̣ʷt *tie knot* | q̓miʔáx̣t *cut arm off* | q̓pə́t *gather it* | q̓pə́tən *be gathered* | q̓q̓aʔnítən *being threatened* | q̓q̓aʔyúst *start to pay* | q̓q̓əyəw̓áčt *diapering* | qsɬnáyətən *be necklaced* | qʷaʔántən *being called* | qʷaʔmíc *blame me/you* | qʷaʔmít *blame* | qʷaʔmítən *be blamed* | qʷaʔnít *call to come* | qʷaʔnítən *being talked to* | qʷaʔqʷaʔnít *drink it* | qʷaʔqʷaʔnítən *given to drink* | qʷaʔqʷaʔŋítən *being talked to* | qʷaʔútən *be watered* | qʷaʔx̣ʷítən *being put out of way* | qʷáq̓ʷiʔŋət *talking to someone* | qʷáyŋət *speak to* | qʷayúst *talk to* | qʷayústən *get talked to* | qʷaýaʔmútən *getting hugged* | qʷéʔmətən *being blamed* | qʷə́ɬtən *being drifted ashore* | qʷəyaʔməstíŋ *be hugged* | qʷəyaʔmústən *be hugged* | qʷəyaʔmútən *hugged* | qʷəyəmúst *hug* | qʷə́yəšt *scatter it* | qʷə́yəštən *be scattered* | qʷə́yəsctən *be bailed* | qʷə́yəsnít *boil it* | qʷə́yəsnítən *be boiled* | qʷə́y̓əst *boil it* | qʷə́yəstən *be boiled* | qʷə́y̓ət *bail* | qʷə́y̓št *scattering it* | qʷə́y̓t *bailing* | qʷin̓ə́kʷitən *be talked to* | qʷin̓ítən *be spoken to* | qʷin̓ít *talking to* | qʷin̓ítən *being talked to* | qʷiqʷáyŋət *scold so* | qʷiqʷáyŋətən *be scolded* | qʷíx̣t *moving it* | qʷíx̣tən *being moved* | qʷíx̣ʷt *put out of way* | qʷíx̣ʷtən *be put out of way* | qʷɬə́t *float in water* | qʷɬə́tən *be drifted ashore* | qʷqʷéʔmət *blaming* | qʷúʔəc *get water for me/you* | qʷúʔət *get water for* | qʷúʔqʷaʔt *drink it* | qʷúʔqʷqʷaʔŋət *drinking it* | qʷúʔyaʔməc *hugging me/you* | qʷúʔyaʔmət *hugging someone* | qʷúyaʔmət *hug someone* | qʷx̣ít *move it* | qʷx̣ítən *be moved* | q̓ʷaʔátən *be shared* | q̓ʷaʔčtáyŋən *wanting to kill* | q̓ʷaʔčútən *being beaten* | q̓ʷáʔət *share it* | q̓ʷaʔq̓ʷiŋətúŋəɬ *believe us* | q̓ʷaʔšə́nəc *go with me/you* | q̓ʷaʔšə́nət *accompany* | q̓ʷaʔšə́nətən *be accompanied* | q̓ʷaq̓ʷiʔŋíc *believe me/you* | q̓ʷaq̓ʷiʔŋít *believe him/her* | q̓ʷaýkʷənít *believe someone* | q̓ʷaýkʷənítən *be believed* | q̓ʷáyŋəc *believe me/you* | q̓ʷáyŋət *believe him/her* | q̓ʷčə́t *defecate on* | q̓ʷčə́tən *be defecated on* | q̓ʷčə́t *beat up* | q̓ʷčút *beat up* | q̓ʷčútən *be beat up* | q̓ʷéʔəyət *put over* | q̓ʷéʔŋət *removing* | q̓ʷənəyúʔsc *lending me/you* | q̓ʷənəyúʔstən *being lent* | q̓ʷənəyúsc *lend me/you* | q̓ʷənəyúst *lend* | q̓ʷəyənətúŋəɬ *believe us* | q̓ʷə́yət *cook it* | q̓ʷə́yət *tame it* | q̓ʷə́yətən *be cooked* | q̓ʷə́yətən *be tamed* | q̓ʷə́ýt *cooking it* | q̓ʷíŋət *remove* | q̓ʷíŋətən *be removed* | q̓ʷiŋəyústən *be lent* | q̓ʷq̓ʷaʔnítən *being agreed with* | q̓ʷq̓ʷaýŋítən *being agreed with* | q̓ʷq̓ʷə́ýət *start to tame* | q̓ʷq̓ʷə́yətən *getting acquainted* | q̓ʷsə́ŋət *harden* | q̓ʷsəŋít *harden* | q̓ʷúʔət *let join* | q̓ʷúčc *beat me/you* | q̓ʷúčt *beating up* | sʔaʔýic *lend me/you* | sʔaʔýitən *be lent* | sʔə́ŋaʔc *given me/you* | sʔə́ŋaʔt *be given* | sʔə́ŋaʔtən *be given* | saʔác *ordering me/you* | saʔát *telling to* | saʔátən *being told* | sáʔəc *lift me/you* | sáʔət *lift* | sáʔətən *be lifted* | saʔk̓ʷítən *being peeled* | saʔk̓ʷsúkʷt *bathing someone* | saʔk̓ʷtə́ýɬ *bathing child* | sáʔmaʔčc *covering me/you up* | sáʔmaʔčt *covering it* | saʔmúsc *selling me/you* | saʔmúst *selling to* | saʔmústən *be sold to* | saʔŋə́nət

-t² 〚-t -stat〛 **stative**. [This is a rare and frozen relic of the Salishan -t stative. It occurs only in these six words.] {ʔəsccáwt *lying down* | ʔəsciyəcáwt *lying down (pl)* | ʔəsqiʔéʔmət *being unable* | scáwt *be on ground* | sx̣ʷúʔx̣ʷt *clever* | tə́yət *upstream*}

-tastxʷ 〚-tastxʷ -dirtrns〛 **directional transitivizer**. [This is the directional applicative transitivizer. The presence of this suffix indicates that the direct object (or subject in the passive) in a particular direction.] {čiʔawtástxʷ *let pass* | čixʷtástxʷ *bring in to* | həkʷtásti *holler to one another* | həkʷtástxʷ *holler to* | ɬəməxʷtástən *be rained on* | ɬəm̓xʷtásəŋ *being rained on* | šaʔptástxʷ *whistle to* | ɬaʔyəmtástxʷ *singing to* | ɬiyəmtásc *sing to me/you* | ɬiyəmtástən *be sung to* | ɬiyəmtástxʷ *sing to* | x̣ʷuŋətástxʷ *cry for*}

-taxʷ¹ 〚-taxʷ -emot〛 **object of emotion transitivizer**. [This makes a transitive stem having an object that is the focus of emotion.] {ʔiʔtáʔəŋ *being enjoyed* | ʔiʔtáʔəxʷ *enjoying* | ʔiʔtáŋ *be enjoyed* | ʔiʔtáŋə *enjoy you* | ʔiʔtáxʷ *enjoy* | ŋəntáxʷ *get many* | ŋəntúŋə *get you many* | sáq̓ʷəŋtxʷ *taste sweet* | sx̣áʔəstxʷ *dislike* | x̣ɬtáʔəŋ *being pitied* | x̣ɬtáʔəxʷ *hurt feelings* | x̣ɬtáŋ *be pitied* | x̣ɬtáxʷ *pity* | x̣ɬtəŋíŋəc *pity me* | x̣ɬtúŋə *pity you*}

-taxʷ² **inanimate causative**. *See under:* -txʷ

-tənúʔŋət 〚-tənúʔŋət -contingent〛 [This suffix takes stress independently of the word it is attached to.] **dependent, contingent activity**. [a suffix marking the event as being contingent on

-tuy̓

some other, possibly unstated situation] {ʔəctənúʔŋət *I do it* | nəkʷtənúʔŋət *you do it* | nítɬtənúʔŋət *he did it*}

hiyáʔtənúʔŋət to manage to go along, get a ride (with someone). (TC) {hiyáʔ***tənúʔŋət*** kʷaʔ kʷə nswə́y̓qaʔ. *My husband finally got a ride.* (AS) | čaʔhiyáʔ***tənúʔŋət*** caʔ st. *We're finally going to get to go.* (AS)}

ʔíɬəntənúʔŋət to get to eat (having depended on someone or something for food). {ʔíɬən***tənúʔŋət*** cn. *I finally got to eat.* (AS) | čaʔíɬən***tənúʔŋət*** cn. *I just finally got to eat.* (AS) | ʔíɬən***tənúʔŋət*** yaʔ cn. *I finally got to eat.* (AS) | ʔíɬən***tənúʔŋət*** caʔn. *I'll get to eat.* (AS) | čaʔíɬən***tənúʔŋət*** u cxʷ? *Are you finally going to get something to eat?* (AS)}

nə́kʷtənúʔŋət You finally do it. (AS) VAR: -təná́ʔmət {yaʔščəntənʔáʔmət *pitying oneself* | yəščəntəná́ʔmət *pity oneself*}

-tuy̓ ⟦-tuy̓ -comit⟧ with, together. [The relationship between this comitative suffix and the reciprocal suffix is unclear.] cp. -ty {ʔiʔtúy̓ *get along well* | čxtúy̓ *split half* | kʷənkʷanəŋəttúy̓ *running together* | kʷəńtúy̓ *together* | k̓ʷəńtúy̓ *seeing each other* | x̌q̓ʷtúy̓ *stick together*} {ŋaʔk̓ʷaʔtúy̓ *wait together*} VAR: -stuy̓ {čaʔcstúy̓ *hugging* | hiyaʔstúy̓ *go together*}

-txʷ¹ ⟦-txʷ -letcaus⟧ 'let' causative suffix. {ʔuʔčšmuhúy̓***txʷ*** kʷi. *She's got to have a basket, too. / Let her own a basket.* (AB,ICT) | ʔuʔčšməhúy̓***txʷ*** tuŋɬ kʷi. *Let's have them carry a basket.* (AB,ICT; AS) | ʔaʔáʔməttxʷ *let stay home* | ʔáʔitxʷ *lend* | ʔaʔk̓ʷústxʷ *let know* | ʔáɬatxʷ *let here* | ʔáwətəŋ *be rejected* | ʔawətúŋəs *refuse me* | ʔáwətxʷ *reject* | ʔəctíxʷ *let me* | ʔə́ctxʷ *let me* | ʔəmúttxʷ *sit someone down* | ʔənʔátxʷ *let come* | ʔənáčtəŋ *let take turn* | ʔəsɬéʔəntxʷ *be tied up* | ʔəsx̌áčɬtxʷ *in middle* | ʔəsx̌áčɬtxʷ *make known* | ʔəwətúŋə *refuse you* | ʔáy̓təŋ *being made good* | ʔáytxʷ *make good* | ʔiʔáʔtəŋ *made good* | ʔíɬəntxʷ *let eat* | ʔináčtxʷ *let take turn* | ʔuyɬtəŋíŋə *board me* | cácutxʷ *leave on beach* | cántxʷ *who let* | ccáʔyəkʷtxʷ *let worry* | čáʔitəŋ *being put to work* | čáʔitxʷ *hiring* | čáytəŋ *be put to work* | čəsaʔtxʷ *make two* | čəsčšaʔtxʷ *give two each* | čəwíntxʷ *even it* | čəyáytxʷ *almost do it* | čə́yəstxʷ *let look back* | čiʔáwtxʷ *let pass* | číxəntxʷ *bitter* | čɬqə́nəxʷtəŋ *be starved* | čšaʔcántxʷ *who get from* | čə́yəxʷtəŋ *being put inside* | čə́yəxʷtxʷ *let enter* | háhəkʷtxʷ *remember it* | híctxʷ *make long time* | hiyaʔtúŋəɬ *take us* | húytxʷ *let be done* | kʷaʔkʷaʔáʔtxʷ *leaving it alone* | kʷaʔnaʔŋútxʷ *make running* | kʷənəŋúttxʷ *let run* | kʷəy̓əxcúttxʷ *make it move* | kʷkʷáʔtxʷ *let go* | kʷɬčqíyəŋtxʷ *let get old* | kʷɬnáttxʷ *let be night time* | kʷɬnəɬtíxʷ *make now* | kʷɬníɬtxʷ *make now* | k̓ʷə́nnəxʷtxʷ *let see it* | k̓ʷə́ntxʷ *let see* | k̓ʷíntxʷ *let how many* | ɬéʔntxʷ *tie up* | ɬəmə́xʷtxʷ *let rain* | ɬíxʷɬxʷtxʷ *give three each* | ɬq̓áčstxʷ *make it five* | x̌áytxʷ *do again* | x̌áytxʷ *do also* | x̌čiyŋítxʷ *sink it* | x̌éʔtəŋ *expensive* | x̌əxʷiyaʔstíxʷ *disrespect* | x̌úmtxʷ *let be enough* | x̌xʷyastíŋ *disrespected* | máʔkʷəɬc *hurt me/you* | maʔkʷə́ɬtəŋ *be hurt* | mánətəŋ *worsen* | mántxʷ *let be very* | naʔnaʔtíŋ *be honored* | naʔnaʔtíxʷ *honor someone* | naʔtíŋ *respected* | naʔtíxʷ *respect* | nəcáx̌ʷtxʷ *let be once* | nə́cənəcuʔtxʷ *give one each* | nə́cuʔtxʷ *let be one* | nəkʷtíxʷ *let you* | nə́kʷtxʷ *let you* | nəɬtíxʷ *let it be* | nənəɬtíxʷ *let be the one* | ŋə́ńtxʷ *let be much* | qáqɬtxʷ *let ache* | qqiyŋíɬtxʷ *let go play* | qaʔqánəɬtxʷ *make slow* | qʷúʔqʷaʔtəŋ *be let drink* | qʷúʔqʷaʔtxʷ *let drink* | q̓ʷúytxʷ *let die* | sʔə́ŋaʔtxʷ *give away* | sə́qtxʷ *let exit* | skʷáʔtxʷ *let it be own* | sx̌éʔtxʷ *cherish* | smanəšíyɬtxʷ *let go smoke* | sŋéʔtxʷ *invite* | sŋíŋaʔtxʷ *inviting* | sqiʔáʔəmtxʷ *dislike it* | súytxʷ *let swell* | túx̌ʷtxʷ *let be exactly* | txʷʔúx̌ʷtxʷ *let go toward* | txʷcántxʷ *who belong* | txʷənəcáx̌ʷtxʷ *do once more* | ɬúk̓ʷtxʷ *let go home* | wáʔtxʷ *let go along* | wúʔcəntxʷ *let sing along* | x̌ʷátxʷ *let down* | x̌čŋíntəŋ *made to think* | x̌čŋíntxʷ *decide on* | x̌ʷənʔáŋtxʷ *make it that way* | x̌ʷə́yəq̓ʷtxʷ *let drift* | yə́x̌ʷtxʷ *let free*}

-txʷ² ⟦-txʷ -inancaus⟧ inanimate causative. [indicates that the direct object is inanimate or patient causee] {ʔaʔnáttxʷ *saying what to* | ʔaʔq̓ʷúʔtəŋ *be joined* | ʔaʔtúttxʷ *putting to bed* | ʔaʔyəɬtaʔyéʔč *loading* | ʔaʔyəɬtayéʔčəŋ *loading* | ʔaʔyúɬtxʷ *loading* | ʔáx̌əŋtəŋ *be said to* | ʔáx̌əŋtxʷ *say to* | ʔəsʔístəŋ *be done with* | ʔəsʔistúŋə *happen to me/you* | ʔəsʔistúŋəs *happen to me/you* | ʔəsʔístxʷ *happen to it* | ʔəscáʔnəɬtxʷ *leaning* | ʔəstásɬtxʷ *bring close* | ʔəsɬáʔyəɬtxʷ *flatten* | ʔəsxʷə́yk̓ʷtxʷ *wrap up* | ʔətútc *put you to sleep* | ʔətúttəŋ *be put to sleep* | ʔətúttxʷ *put to sleep* | ʔəx̌íntxʷ *where put* | ʔə́yəstəŋ *be made happy* | ʔə́yəstxʷ *enjoy it* | ʔiʔíqtəŋ *cheap* | ʔístəŋ *be done with* | ʔistúŋə *do what with you* | ʔistúŋəs *do what with me* | ʔistúŋɬ *do what with us* | ʔístxʷ *do what with it* | ʔiyátəŋ *be put there* | ʔiyátxʷ *put there* | ʔíyəwəɬc *put me/you beside* | ʔíyəwəɬtúŋə *put you alongside* | ʔíyəwəɬtxʷ *put beside* | ʔsqéʔəxtxʷ *shave it* | ʔúxʷtxʷ *take it there* | ʔuxʷtxʷsít *take for* | ʔúyəɬtəŋ *be loaded on* | ʔúyəɬtxʷ *lade it* | cáwtxʷ *bring to beach* | cəwnáytxʷ *refuse marriage* | cícɬtəŋ *be put high* | cícɬtxʷ *put high* | cúcəŋtəŋ *carrying up* | cúcəŋtxʷ *carrying up* | cúŋtəŋ *be carried up* | cúŋtxʷ *carry up* | čʔáɬaʔtúŋə *get you from here* | čʔáɬaʔtxʷ *bring from here* | čánitxʷ *move it* | čáytxʷ *hire* | čɬqə́nəxʷtxʷ *starve someone* | čšaʔəx̌íntxʷ *get from where* | čšə́yuʔtxʷ *throw it out* | čáŋtəŋ *be brought home* | čáŋtxʷ *bring home* | čáyəŋtəŋ *be brought home (pl)* | hə́məntxʷ *hammer* | hiyáʔtəŋ *be taken* | hiyaʔtúŋə *take you* | hiyaʔtúŋəs *take me/you* | hiyáʔtxʷ *take* | hiyayáʔtxʷ *take (pl)* | híyətxʷ *push off* | hiyitíxʷ *revive* | hiyitúŋə *save you* |

hiyítxʷ *save life* | kʷənəŋúttəŋ *be taken running* | k̕ʷáytxʷ *mess it* | ɬaʔčítxʷ *cool it off* | ɬáctxʷ *darken* | ɬáw̕təŋ *be healed* | ɬáw̕txʷ *heal someone* | ɬcútəŋ *be taken to beach* | ɬcútxʷ *take to beach* | ɬcnáytxʷ *cut the throat* | ɬčátəŋ *be darkened* | ɬə́ŋtxʷ *remove* | ɬə́ytəŋ *be given* | ɬə́ytxʷ *give* | ƛ̕aʔtáwntxʷ *take to town* | ƛ̕aʔtáwntəŋ *be taken to town* | ƛ̕čtúŋə *make you deep* | ƛ̕áčtxʷ *make deep* | ƛ̕q̕ʷənkʷə́yətxʷ *stick together* | ƛ̕xʷiyuʔústəŋ *be not cared for* | ƛ̕xʷiyuʔustúŋə *not care for you* | ƛ̕xʷiyuʔústxʷ *ignore* | máʔkʷɬtxʷ *hurt someone* | maʔkʷtíxʷ *keep in mouth* | mimə́stəŋ *messed up* | mimə́stxʷ *mess up* | naʔčáʔistxʷ *doing differently* | naʔnéʔtxʷ *give a little more* | naʔnə́yəŋústəŋ *being made to laugh* | naʔnə́yəŋústxʷ *making laugh* | načnəčáʔistəŋ *be not recognized* | načnəčáʔistxʷ *not recognize* | náčtəŋ *make different* | nəčtíxʷ *change it* | náčtxʷ *make different* | néʔtxʷ *make it more* | ŋáʔtəŋ *be given to* | ŋáʔtxʷ *give away* | ŋáŋaʔtxʷ *giving away* | paʔcíctxʷ *smoothing down* | pcícttxʷ *smooth down* | q̕taʔáw̕əɬtəŋ *be put around* | q̕taʔáw̕əɬtúŋə *put you around* | q̕taʔáw̕əɬtxʷ *put around* | q̕tústxʷ *take around* | qʷiʔnə́wiʔtəŋ *being talked with* | qʷiʔnə́wic *talking to me/you* | qʷiʔnə́witxʷ *talking to* | qʷinə́kʷitəŋ *be talked with* | qʷinəkʷitúŋə *talk with you* | qʷinə́kʷitxʷ *talk together with* | q̕ʷáytúŋə *believe you* | q̕ʷáytxʷ *believe someone* | q̕ʷə́səŋtxʷ *harden* | q̕ʷəynə́kʷitxʷ *introduce* | q̕ʷiʔnə́witxʷ *introducing* | q̕ʷíŋəyuʔsc *lending me/you* | q̕ʷíŋəyuʔstxʷ *lending* | q̕ʷúʔtxʷ *join it* | səmíxʷtəŋ *be made silent* | səmíxʷtxʷ *make silent* | skʷaʔtúŋə *fix for you* | skʷaʔtúŋəs *fix for me* | skʷaʔtúŋɬ *make for us* | skʷáʔtxʷ *make owned* | skʷúkʷəltxʷ *teaching* | sŋáŋaʔtxʷ *giving away* | súʔitəŋ *being swollen* | súytəŋ *be swollen* | šiʔšúʔɬtəŋ *be made glad* | šišúptəŋ *be whistled at (pl)* | šúptəŋ *be whistled at* | šupttúŋɬ *whistle at us* | šúpttxʷ *whistle at* | tə́stxʷ *get it there* | tə́yətəŋ *be taken upstream* | tə́yətxʷ *take upstream* | txʷʔúxʷtəŋ *be brought toward* | txʷx̕ə́niŋtxʷ *put where* | txʷíntxʷ *where take* | ṭ̕ántəŋ *be put ashore* | ṭ̕ántxʷ *put ashore* | ṭ̕áŋəntəŋ *be made to miss* | ṭ̕áŋəntxʷ *miss it* | təŋúʔəŋtxʷ *help swim* | tə́xtəŋ *being made wrong* | tə́xtxʷ *make wrong* | ṭṭúʔk̕ʷtəŋ *being taken home* | ṭúk̕ʷtəŋ *be taken home* | wáwaʔtxʷ *taking along* | xʷaʔxʷáʔtxʷ *make light weight* | xʷéʔitəŋ *be put aside* | xʷéʔitxʷ *move it away* | x̣ənətúŋə *say to me/you* | x̣ənúʔəstəŋ *be put facing* | x̣ənúʔəstxʷ *put facing* | xix̣ə́ɬtxʷ *hurt someone (pl)* | yáʔctxʷ *fix it* | yéʔiqtxʷ *make cheap* | yéʔtəŋ *be readied* | yéʔtxʷ *ready it*} VAR: -tax̣ʷ {čqtáʔəxʷ *making bigger* | čqtáx̣ʷ *make big* | čix̣ʷtáŋ *be brought inside* | čix̣ʷtáx̣ʷ *bring it inside* | nəčtáx̣ʷ *make different* | ŋəntáŋ *be made lots*} VAR: -x̣ʷ [occurs with only one root meaning 'come'] cp. ʔənʔá {ʔənʔáʔəx̣ʷ *bringing* | ʔənʔác *bring me/you* | ʔənʔáx̣ʷ *bring it* | ʔənʔax̣ʷsícəŋ *bring for me* | ʔənʔax̣ʷsít *bring for* | tx̣ʷənʔáx̣ʷ *put that way*} VAR: -x̣ʷt [This form occurs with only one root meaning 'come'.] cp. ʔənʔá {ʔənʔáx̣ʷtəŋ *be brought* | ʔənʔax̣ʷtúʔəɬ *bringing us* | ʔənʔax̣ʷtúŋəɬ *bring us*}

-ty ⟦-ty -rcprcl⟧ each other, together. [This is the basic reciprocal suffix. It creates a syntactically intransitive form.] {ʔaʔčšíti *exchange* | ʔəq̕ʷáʔti *together* | ʔəy̕ŋíti *do for each other* | cə́y̕əqti *divide* | cicə́xti *push each other* | čaʔqʷúti *sucking each other* | čaʔsústiʔ *punching each other* | čəlíti *compete* | čə́sti *punching each other* | čəy̕čəlíti *contesting* | čəy̕csítiʔ *boxing* | čəl̕čəlítiʔ *contest* | čicsə́ti *fistfight* | č̕lə́ti *beat each other* | čsə́ti *fistfight* | čsústi *punch each other* | čaʔk̕ʷúti *shooting at each other* | čaʔsúti *throwing at each other* | čáčti *working together* | čəməsŋíti *meet each other* | čə́ŋəti *bury each other* | čəy̕sútiʔ *throwing at each other* | čsúti *throw at each other* | čxə́ti *split* | čxʷíti *break up* | čaʔčústi *hugging each other* | čaʔyíti *fight over* | ččústi *hug each other* | həkʷtásti *holler to one another* | kʷaʔkʷčáʔŋíti *yelling at each other* | kʷaʔnəčáti *divorcing* | kʷaʔwəntiʔíc *fighting over me/you* | kʷaʔwəntiʔíct *fighting about* | kʷantiʔíct *fighting* | kʷéʔwənti *fighting* | kʷənáŋəti *help each other* | kʷənaŋíti *helping each other* | kʷənčáti *divorce* | kʷənkʷínti *fighter* | kʷínti *fight* | kʷə́nəti *look at each other* | k̕ʷəníti *look at each other* | ɬaʔqʷáti *licking each other* | ɬaʔwístiʔ *eloping* | ɬiyəčáti *leave each other* | ɬuʔísti *elope* | ƛ̕aʔk̕ʷcísti *shaking hands* | ƛ̕éʔq̕ʷti *sticking together* | ƛ̕əmƛ̕əmáčti *marry in-law* | ƛ̕iƛ̕áq̕ʷti *sticky* | ƛ̕íqti *press together* | ƛ̕kʷcísti *shake hands* | ƛ̕q̕ʷíti *stick to each other* | maʔliyíti *marrying* | maliyíti *marry* | nəxʷčaʔsústiʔ *boxer* | nəxʷmaʔkʷcíti *kissing each other* | ŋaʔkʷaʔíti *wait for each other* | páʔəti *challenge* | pay̕páʔti *challenging* | pəy̕páʔti *competing* | ppáʔti *challenging* | qaŋíti *rob each other* | q̕ʷaʔyəmúti *hugging each other* | q̕ʷəyəmúti *hug each other* | qʷiʔníti? *quarreling* | qʷiŋíti *talk together* | q̕ʷaʔkʷéʔti *journeying* | q̕ʷaʔk̕ʷíyti *journey* | q̕ʷaʔšŋíti *marry* | sáw̕qtiʔ *whispering to each other* | smaliyíti *wedding* | sxʷcscsə́ti *boxer* | sxʷčəməsŋíti *meet each other* | sxʷiʔčəy̕csítiʔ *boxing gloves* | sxʷiʔamústi *tell each other* | šaʔšəmánti *feuding* | taʔmáti *suspicious of each other* | taʔtənústi *side-by-side* | xʷaʔníti? *cursing at each other* | xʷaʔxʷəníti *swear at each other* | xʷaʔxʷəníti? *swearing at each other* | xʷənxʷínti *cursing at each other* | xʷínti *swear at each other* | xʷk̕ʷústiʔ *dragging each other* | x̣aʔnáti *tell each other* | x̣aʔníti *growling* | x̣aʔŋítiháwtxʷ *blackface dance house* | x̣aníti *growl* | x̣ayústi *argue with each other* | x̣číti *know each other* | x̣ə́ɬti *hurt each other* | x̣ənx̣aʔníti *black paint dance* | x̣əyústi *photo each other* | x̣iʔx̣aʔyústiʔ *arguing* | x̣x̣aníti? *growling* | x̣ʷaʔčátiʔ *killing one another* | x̣ʷaʔyəčáti *kill one another (pl)* |

x̌ʷčáti *kill one another* | x̌ʷuʔúŋti *crying together* | x̌ʷúʔusti *mimic each other* | yəyəq̓ʷíti *recognize each other*}

-u 〚-u -?〛 unknown function. {ʔaʔyaʔmútəŋ *being made strong* | ʔiyəmúc *make you/me strong* | ʔiyəmúct *make self strong* | ʔiyəmút *make strong* | ʔiyəmútəŋ *be made strong* | čánu *go someplace else*}

-uʔə 〚-uʔə -actl〛 a unique marker of actual aspect that, apparently, occurs on only one word. {čɬtúʔəct *getting thick*}

-uɬ 〚-uɬ -compl〛 completely. {čiyáy cn ʔiʔ tk̓ʷúɬ. *I almost broke to pieces.* (AS) | k̓ʷənúɬ k̓ʷi. *Pay attention.* (MJT) | k̓ʷənúɬ k̓ʷi. *Take lessons.* (MJT) | k̓ʷənúɬ *observe* | k̓ʷənúɬt *observe it* | k̓ʷənúɬtəŋ *be observed* | k̓ʷənúɬ *observing* | sx̌ʷk̓ʷənúɬ *sight* | tk̓ʷúɬ *break completely*}

-uŋə 〚-uŋə -1obj/2obj〛 me, you, first-person and second-person direct object. [For some speakers -uŋə marks only the second-person object.] [with the *-nax̌ʷ* 'non-control' transitivizer] {ʔiŋənúŋə *step on you* | ʔiyaʔnúŋə *hear you* | ʔiyəwəɬnúŋə *get you beside* | ʔux̌ʷnúŋə *bring you there* | c̓sənúŋə *hit you* | čix̌ʷnúŋə *get me/you in* | k̓ʷanaŋənúŋə *manage to help you* | k̓ʷənnúŋə *see you/me* | ƛ̓əmnúŋə *make me/you enough* | ƛ̓k̓ʷnúŋə *catch you* | maʔk̓ʷɬnúŋə *hurt me/you* | qaʔqéʔnuŋə *angry at you* | q̓ʷaʔnúŋə *get among you* | x̌čnúŋə *figure you* | x̌əǹnúŋə *do/say to you* | yaʔnúŋə *fix you up*} [with the *-tx̌ʷ* 'causative'] {ʔəsʔistúŋə *happen to me/you* | ʔəwətúŋə *refuse you* | ʔistúŋə *do what with you* | ʔiyəwəɬtúŋə *put you alongside* | č̓aɬaʔtúŋə *get you from here* | hiyaʔtúŋə *take you* | hiyitúŋə *save you* | ƛ̓čtúŋə *make you deep* | ŋəǹtúŋə *get you many* | q̓taʔáẃəɬtúŋə *put you around* | qʷinək̓ʷitúŋə *talk with you* | q̓ʷaytúŋə *believe you* | sk̓ʷaʔtúŋə *fix for you* | x̌ənətúŋə *say to me/you* | x̌ɬtúŋə *pity you*} [with the *-stx̌ʷ* 'causative'] {ʔəɬənistúŋə *feed you* | həwəŋistúŋə *return you* | ƛ̓čistúŋə *sink you* | ƛ̓x̌ʷiyuʔustúŋə *not care for you* | qəmustúŋə *nurse you*} [with the *-nəs* 'intent' transitivizer] {čix̌ʷnúŋə *go in on me/you*} VAR: -uŋəs [For some speakers -uŋəs marks only the first-person object.] [with the *-nax̌ʷ* 'non-control' transitivizer] {ʔiyaʔnúŋəs *hear me/you* | ʔux̌ʷnúŋəs *go get you* | k̓ʷanaŋənúŋəs *manage to help me* | k̓ʷənnúŋəs *see me/you* | ƛ̓k̓ʷnúŋəs *catch me* | qaʔqiʔnúʔŋəs *angry at me/you* | qiʔnúŋəs *angry at me/you* | x̌čnúŋəs *figure me/you*} [with the *-tx̌ʷ* 'causative'] {ʔawətúŋəs *refuse me* | ʔistúŋəs *do what with me* | ʔəsʔistúŋəs *happen to me/you* | hiyaʔtúŋəɬ *take us* | hiyaʔtúŋəs *take me/you* | sk̓ʷaʔtúŋəs *fix for me*} VAR: -uŋəc {čix̌ʷnúŋəc *get me in*}

-úŋət success. *See under:* -niŋt

-uŋɬ 〚-uŋɬ -1plobj〛 us, first-person plural direct object. [with the *-t* basic transitivizer] {ʔənətúŋɬ *allow us* | ʔəŋaʔtúŋəɬ *give us* | ʔiʔaʔyaʔčštúʔŋəɬ *Changer* | c̓ic̓əstúŋɬ *hit us* | c̓sətúŋɬ *hit us* | čaʔyuk̓ʷtúŋɬ *shoot us all* | čaytúŋəɬ *make us* | čuk̓ʷtúŋɬ *shoot us* | k̓ʷčaŋətúŋəɬ *holler at us* | k̓ʷənaŋətúŋɬ *help us* | k̓ʷənətúŋəɬ *look at us* | məyaʔtúŋɬ *kick me/you* | miməyaʔtúŋɬ *kick us* | q̓ʷaʔq̓ʷiŋətúŋəɬ *believe us* | q̓ʷəyəŋətúŋəɬ *believe us* | saʔtúʔŋɬ *ordering us* | səwaʔtúŋəɬ *take us along* | x̌ʷtiŋətúŋɬ *jump at us* | x̌ʷuʔutúʔŋəɬ *crying for us* | x̌ʷuʔutúʔŋəɬ *cry for us* | yaʔcustúŋəɬ *telling us* | yaẏəŋitúŋəɬ *hear us*} [with the *-nax̌ʷ* 'non-control' transitivizer] {ʔiŋənúŋəɬ *step on us* | k̓ʷanaŋənúŋɬ *manage to help us* | k̓ʷənnúŋəɬ *see us*} [with the *-istx̌ʷ* causative] {ʔəɬənistúŋɬ *feed us* | ʔənʔax̌túʔŋəɬ *bringing us* | ʔənʔax̌ʷtúŋəɬ *bring us* | tk̓ʷistúŋəɬ *bring us home*} [with the *-tx̌ʷ* causative] {ʔistúŋɬ *do what with us* | sk̓ʷaʔtúŋɬ *make for us* | šupttúŋəɬ *whistle at us*} [with the *-sit* benefactive transitivizer] {k̓ʷssitúŋɬ *count for us*}

-us 〚-us -rcpnt〛 recipient applicative. [occurs on three participant stems marking the direct object as a recipient] {ʔaʔčšúsc *exchange for me/you* | ʔaʔčšúsəŋ *exchange* | ʔaʔčšúst *exchange it* | ʔaʔčšústəŋ *be exchanged* | ʔaʔŋúsc *giving me/you* | ʔaʔŋúst *giving* | ʔaʔŋústəŋ *being given* | ʔúŋəsc *give me/you* | ʔúŋəst *give* | ʔúŋəstəŋ *be given* | čənúst *throw sand on* | čəyəŋúst *hanging up* | čiyəŋústəŋ *be hung up* | čiyəŋúst *hang up* | čqéʔyəs *getting paid* | čsúsc *throw to me/you* | čsúst *throw to* | čsústəŋ *be thrown to* | čaʔcstíŋ *being hugged* | čaʔcúst *kiss* | čaʔcústəŋ *getting hugged* | čaʔcústi *hugging each other* | ččúst *hug* | ččústəŋ *be hugged* | ččústi *hug each other* | čəŋúst *bend down for* | čəyúsc *take away from me/you* | čəyúst *take away* | čəyústəŋ *be taken away* | čúcst *hugging* | k̓ʷənəyúst *cull* | k̓ʷiʔúʔst *pouring on* | k̓ʷiʔúst *pour on* | k̓ʷiʔústəŋ *be spilled on* | ɬaʔk̓ʷiʔúst *hanging on hook* | ɬək̓ʷəyústəŋ *be hung on hook* | ɬik̓ʷəyúst *hang on hook* | ƛ̓aɬəŋúst *salt it* | ƛ̓aɬəŋústəŋ *be salted* | ƛ̓ək̓ʷúst *take in* | qaʔyəsáyəɬ *pay* | qaʔyúsc *pay me/you* | qaʔyúst *pay* | qaʔyústəŋ *be paid* | qəyús *pay* | qəyúsəŋ *pay* | qqaʔyúst *start to pay* | q̓ʷəŋəyúʔsc *lending me/you* | q̓ʷəŋəyúʔstəŋ *being lent* | q̓ʷəŋəyúsc *lend me/you* | q̓ʷəŋəyúst *lend* | q̓ʷiŋəyúʔsc *lending me/you* | q̓ʷiŋəyúʔstx̌ʷ *lending* | q̓ʷiŋəyústəŋ *be lent* | saʔmúsc *selling me/you* | saʔmúst *selling to* | saʔmústəŋ *be sold to* | səmúst *sell to* | səmústəŋ *be sold to* | sq̓óyəs *pay* | sx̌ʷsaʔmúst *advertisement* | sx̌ʷiʔamúst *tell a story* | sx̌ʷiʔamústəŋ *be told a story* | sx̌ʷiʔamústi *tell each other* | x̌aʔk̓ʷúst *dragging it* | x̌ʷk̓ʷúʔsti *dragging each other* | x̌ʷk̓ʷúst *drag it* | x̌ʷk̓ʷústəŋ *be dragged* | x̌ayúst *argue with* | x̌ayústəŋ *be argued with* | x̌ayústəŋ *being argued with* | x̌ayústi *argue with each other* | x̌iʔx̌aʔyúsc *arguing with me/you* | x̌iʔx̌aʔyúst *arguing with* | x̌iʔx̌aʔyústəŋ *being argued with* | x̌iʔx̌aʔyústi? *arguing* | x̌x̌ayúst *argue* | x̌ʷiʔámúsc *tell me/you* | yaʔcúsc *telling me/you* | yaʔcúst *telling* | yaʔcústəŋ *being told*

| yaʔcustúŋəɬ *telling us* | yəcúsc *tell me/you* | yəcúst *tell* | yəcústəŋ *be told*}

-uy̓ 〚-uy̓ -ʔ〛 unknown function. [occurs in only one word] {ŋaʔcúʔyəŋ *oozing pus*}

-wəṅ 〚-wəṅ -ʔ〛 unknown function. [occurs in only one word, a unique diminutive form] {sx̌ʷmaʔmaʔhéʔwəṅ *small porpoise*}

-xʷ¹ second-person subordinate subject. *See under:* -əxʷ

-xʷ² inanimate causative *See under:* -txʷ

-xʷt inanimate causative *See under:* -txʷ

-x̣ 〚-x̣ -ext〛 stem extender. [a suffix with no identifiable meaning recorded in one word] {x̌ʷəx̣sx̣ə́čɬ *daughter changes*}

-y stem extender. *See under:* -ay

-yiʔčaʔ 〚-yiʔčaʔ -ʔ〛 unknown function. [occurs in only two related words] {x̌ʷaʔx̌ʷtəŋyáʔčaʔ *jumping mouse* | x̌ʷəyəx̌ʷtəmiʔáčə *grasshoppers*}

LEXICAL SUFFIXES

=ʔiɬ =child. *See under:* =əčɬ

=aʔ =wood. *See under:* =ay̓

=aʔč =wood. *See under:* =ay̓

=aʔiɬ =child. *See under:* =əčɬ

=aʔitxʷ dollar. {ʔəpənáʔitxʷ *ten dollars* | čaʔkʷsáʔitxʷ *seven dollars* | čšáʔitxʷ *two dollars* | kʷənáʔitxʷ *how much money* | ɬqčšáʔitxʷ *five dollars* | ɬxʷáʔitxʷ *three dollars* | ɬxʷɬšaʔáytx *thirty dollars* | nəcxʷkʷsáʔitxʷ *twenty dollars* | ŋənáʔitxʷ *many dollars* | ŋəsáʔitxʷ *four dollars* | ŋəsŋəsáʔitxʷ *four dollars each* | taʔcsáʔitxʷ *eight dollars* | tkʷxʷáʔitxʷ *nine dollars* | t̓xəŋáʔitxʷ *six dollars*} VAR: =akʷtxʷ {nəcákʷtxʷ *one dollar*}

=aʔɬ mass, referring to a substantial body of material and in a few words this refers to body fluids tears, sweat, urine. [Minor variants have deleted vowel and/or deleted glottal stop.] {ʔəscáʔyaʔɬ *slow* | ʔəsxʷaʔŋáʔɬ *resting* | ʔspáʔcaʔɬ *be lying down* | caʔčáʔɬəŋ *go slow* | cə́xʷaʔɬ *don't cry* | čáʔkʷaʔɬ *hiccup* | čáʔqʷaʔɬ *sweating* | čqʷáʔɬ *sweat* | čaʔŋáʔɬ *litter* | ƛ̓qtáʔɬ *tall* | páʔcaɬəŋ *spread* | pacáʔɬəŋ *spread out* | sáxʷaʔɬ *urinate (female)* | swə́kʷaʔɬ *potlatch blanket* | sxʷaʔŋáʔɬəŋ *resting* | sxʷaŋaʔɬəŋáwtxʷ *restroom* | xʷáʔkʷaʔɬ *hiccup* | xʷáʔŋaʔɬ *resting* | xʷáŋaʔɬ *rest* | xʷáŋaʔɬəŋ *rest* | xʷáŋaʔɬt *rest it* | xʷaŋáʔɬct *resting self* | xʷáŋaʔɬt *resting it* | xʷə́q̓ʷaʔɬ *whooping cough* | xʷə́ŋaʔɬ *go fast* | yaʔáʔɬc *make me/you a bed* | yaʔáʔɬəŋ *make bed* | yaʔáʔɬt *make bed for* | yaʔáʔɬtəŋ *have bed made* | yaʔq̓ɬcúʔət *obstructing* | yəqáɬ *obstruct* | yəqáɬt *put in way* | yəqáɬtəŋ *be put in way* | yəqɬcút *get in the way* | yəqɬtíŋ *be put in way*}

=aʔqʷ =head. *See under:* =iʔqʷ

=aʔwiṅəxʷ year. [This is used only on numbers.] {ʔupənáʔwiṅəxʷ *ten years* | čuʔkʷsáʔiṅəxʷ *seven years* | kʷiṅáwiṅəxʷ *how old* | ɬqčšáʔwiṅəxʷ *five years* | nəcxʷkʷəsáʔwiṅəxʷ *twenty years* | taʔcsáʔwiṅəxʷ *eight years* | təkʷxʷaʔwíṅəxʷ *nine years* | t̓xəŋáʔwiṅəxʷ *six years*} VAR: =aʔwinəxʷ {čšáʔwinəxʷ *two years* | ɬxʷáʔwinəxʷ *three years* | nəcáʔwinəxʷ *one year* | ŋəsáʔwinəxʷ *four years*}

=aʔy =wood. *See under:* =ay̓

=acis hand. [Variants involve absence of one or both vowels.] {ʔaʔccísəŋ *wiping hands* | ʔəčəcísəŋ *wipe hands* | c̓aʔkʷcísəŋ *wash hands* | čc̓aʔkʷcísəŋ *washing hands* | ciyaʔməcísən *finger* | čiʔqács *big hands* | čičqʷács *burn fingers* | čqács *big arm* | čqʷács *burn hand* | čiʔicísən *poker* | čšúycs *fingernail* | kʷiʔxcísəŋ *moving hands* | kʷaʔisács *burn hand* | kʷsács *scald hand* | kʷsácst *burn hand* | ɬaʔcács *getting hand cut* | ɬaʔccíst *cutting hand* | ɬaʔccístəŋ *being hand cut* | ɬaʔqʷács *lick paw* | ɬaʔqʷcísəŋ *lick hand* | ɬcács *cut hand* | ɬcacsənúṅət *cut hand* | ɬcácsnəŋ *be hand cut* | ɬcácsnəxʷ *cut hand* | ɬccísc *cut my/your hand* | ɬccíst *cut hand* | ɬccístəŋ *be hand cut* | ɬəŋcísəŋ *take off gloves* | ɬpács *slip hand* | ƛ̓aʔkʷcísti *shaking hands* | ƛ̓kʷcísc *shake hands with me/you* | ƛ̓kʷcíst *shake hands with* | ƛ̓kʷcístəŋ *have hand held* | ƛ̓kʷcísti *shake hands* | naʔyəq̓ʷács *get hand in something* | nəčq̓ács *sprain wrist* | nəxʷƛ̓aʔyáqtcs *loons* | nəxʷƛ̓áqtcs *loon* | nəxʷtčács *retaliate* | nəxʷtčács *get sliver* | nəxʷtčácst *retaliate against* | nəxʷtčícstəŋ *be retaliated against* | nuʔəcísən *glove* | qaʔqaʔyács *small starfish* | qaʔq̓ənács *slow hand* | qaʔyaʔq̓ács *small starfish (pl)* | qaʔyaʔq̓ácsɬ *small starfish (pl)* | qəyács *starfish* | qiʔqaʔyács *starfish (pl)* | saʔcísəŋ *lift hand* | scaʔctúycs *thumb* | sciyəctúycs *thumbs* | sčičx̌ács *fingers* | sčx̌úycs *finger* | sčaʔyəsúycs *fingernails* | sqəyəŋács *palm* | sqqəyəŋács *palms* | suʔəcísən *finger ring* | suʔsuwəcísən *rings* | sxʷʔəčcísən *hand towel* | sxʷc̓aʔkʷcísən *hand basin* | tčács *poke hand* | tčácsəŋ *retaliate* | tčácstəŋ *be retaliated against* | tkʷács *break arm* | ɬaʔyəm̓císəŋ *clap hands* | ɬitiʔáycs *tingling hand* | xaʔxɬács *mole* | xaʔyəxɬács *moles* | xʷəŋács *fast hands*}

=ač =clothing. *See under:* =ic̓aʔ

=ač back, usually the bottom or lower back of the body. [variant pronunciations /əč/ and /ač/] {ʔəscáʔnəč *leaning back* | čayəq̓ʷáwəč *Esquimalt Lagoon* | cənʔáč *lean back against* | cənʔáčt *lean against* | cənʔáčtəŋ *be leaned against* | cənáčəŋ *lean back* | ɬaʔyəq̌ʷáčən *dried fish (pl)* | ɬkʷáčtəŋ *be pecked bottom* | ɬq̌áčəŋ *dried fish* | ƛ̓cáčən *belt* | ƛ̓əmáčəŋ *bump back* | ƛ̓əmƛ̓əmáčti *marry in-law* |

naʔčáč *different place* | nəxʷyéy̓əč *Pedder Bay* | q̓ánəč *backwater* | sčaʔčqʷáʔič *small bear* | sčaʔyəqʷáʔič *bears* | sčay̓aʔčqʷáʔič *small bears* | sčq̓áy̓əč *bear* | sxʷɬx̣áčən *floor*}

=**ačqəs** unknown meaning. [occurs in only one word with the root meaning 'flick'] {ɬəɬáčqəs *mating*}

=**ačš** back of the neck. {x̌əmáčšəŋ *bump neck* | x̌qtáčšəŋ *Bedford Is. beach* | tkʷáčšəŋ *break neck*}

=**akʷ** =ground. See under: =ənukʷ

=**akʷɬ** conveyance, canoe. [This suffix has a large number of variant pronunciations. All variants involve a final /ɬ/. Most involve /kʷ/ or /xʷ/.] {ʔáckʷɬ *far out* | ʔəpənákʷɬ *ten conveyances* | čssənkʷɬ *bicycle* | k̓ʷənákʷɬ *how many canoes* | ɬq̓əčšákʷɬ *five canoes* | nəčákʷɬ *one canoe* | ŋəsákʷɬ *four canoes* | ŋuʔŋəsə́kʷɬ *four canoes* | q̓ʷúʔkʷɬ *canoe with* | sʔiyə́kʷɬ *side* | sčssínkʷɬ *bicycle* | spaʔkʷɬə́kʷɬ *racing canoe* | spaʔyaʔqʷɬə́kʷɬ *racing canoes* | stayə́kʷɬ *racing canoe* | sxʷq̓ʷúʔkʷɬ *canoe partner* | sxɬə́kʷɬ *ambulance* | ɬx̣əŋákʷɬ *six canoes* | x̣ix̣ə́kʷɬ *war canoe* | x̣páyəkʷɬ *cedar canoe*} VAR: =əkʷɬ {ɬx̣əŋáʔkʷɬ *six canoes*} VAR: =ukʷɬ {xʷəŋúkʷɬ *fast canoe*} VAR: =kʷɬ {stáckʷɬ *back*} VAR: =axʷɬ {caʔŋáxʷɬ *two canoes* | čaʔkʷsáxʷɬ *seven canoes* | ɬaʔxʷáxʷɬ *three canoes* | ɬxʷáxʷɬ *three canoes* | ŋaʔsáxʷɬ *four canoes* | taʔcsáxʷɬ *eight canoes* | təkʷxʷáxʷɬ *nine canoes*} VAR: =əxʷɬ {k̓ʷaʔnə́xʷɬ *how many canoes*} VAR: =ayəɬ {čikčikháyəɬ *go by wagon* | čq̓ʷáyəɬ *burn canoe* | haʔqáʔiɬ *pushing out* | həqáyəɬ *launch a canoe* | kənimáyəɬ *go by canoe* | nəčxʷk̓ʷsáyəɬ *twenty conveyances* | qaʔyəsáyəɬ *pay* | sčaʔyəqʷáyəɬ *old canoes* | sčq̓áyəɬ *old canoe*} VAR: =ayɬ {snəxʷɬáyɬ *go by canoe* | stiqewáyɬ *go by horse*} VAR: =iyɬ {t̓ukʷéyɬ *go home in vehicle*} VAR: =uɬ {cə́ŋuɬ *two canoes* | sčaʔčaʔkʷaʔyúɬ *small vehicle* | sčaʔkʷaʔyúɬ *conveyance* | sčaʔyaʔkʷaʔyúɬ *conveyances*} VAR: =aɬ {caʔŋáɬ *two canoes*}

=**akʷtxʷ** =dollar. See under: =aʔitxʷ

=**aɬ**¹ times. [This form of the 'times' suffix appears on all numbers except 'one' and 'two'.] {ʔupənáɬ *ten times* | čuʔkʷsáɬ *seven times* | k̓ʷənáɬ *how often* | ɬq̓čšáɬ *five times* | ɬxʷáɬ *three times* | nəčxʷk̓ʷəsáɬ *twenty times* | ŋəṅáɬ *many times* | ŋəsáɬ *four times* | taʔcsáɬ *eight times* | tkʷxʷáɬ *nine times* | ɬx̣əŋáɬ *six times* | x̣əṅáɬ *always*}

=**aɬ**² belonging, characteristic of. [This may be a borrowed usage. This suffix is common in Northern Straits, but most speakers of Klallam do not know it.] {x̌ayəṁáɬ *of Klallam* | sxʷanítəməɬ *white man style*}

=**aɬ**³ =conveyance. See under: =akʷɬ

=**aɬc** water. {čaʔx̣ʷáɬc *spitting* | čxʷáɬc *spit* | x̌ɬáɬc *saltwater* | sčaʔčúʔyəɬc *small wave* | sčaʔyəx̣ʷáɬc *spit (pl)* | sčəyaʔčúʔyəɬc *small waves* | sčičúyəɬc *waves* | sčúyəɬc *wave* | sčx̣ʷáɬc *spit*} VAR: =ɬcu {čaʔiɬcúŋ *choppy*}

=**aɬx̣aʔ** lower leg. [recorded in only one word] {x̌əmáɬx̣aʔ *bump lower leg*}

=**amənət** appearance. [occurring on two words] {ʔiʔámənət *neat* | sx̣əsámənət *make oneself look bad*}

=**aŋkʷs** mid abdomen, solar plexus, pit of the stomach, mind. [Traditionally the solar plexus as seen as the source of thought and emotion.] {ʔiʔáŋkʷs *brave* | ʔimənáŋkʷs *strong willed* | čsáŋkʷs *get hit in diaphragm* | čsáŋkʷst *punch body* | čsnək̓ʷástəŋ *be hit in stomach* | čsńkʷást *hitting in stomach* | čqáŋkʷs *stubborn* | sxaʔsáŋkʷs *mean* | tčáŋkʷs *poke ribs* | x̣ɬáŋkʷs *feel bad*}

=**aŋ** season, year. [occurs in only three related words] {čiʔánəŋ *year* | sčiʔánəŋ *year* | sčiʔčiʔánəŋ *years*}

=**anxʷ** =sky. See under: =aynəxʷ

=**aṅ** ear, corner, angle. [Minor variants have unglottalized /n/ or /ʔn/.] {ʔaʔyaʔnəṅíct *listening* | ʔəsq̓ʷiʔáʔəṅ *deaf* | ʔəssaʔŋánət *be unanchored* | ʔəsyə́wəṅ *spirit dancer* | ʔəyaʔnəṅíct *listen* | ʔəyáṅ *know how* | ʔiʔánəŋ *know how* | ʔiʔánəŋct *learn* | ʔiʔánəŋt *learn it* | ʔiyáʔnəŋ *listen* | ʔiyáʔnəŋ *be heard* | ʔiyaʔnəŋít *listen to it* | ʔiyáʔnəxʷ *hear it* | ʔiyaʔnúŋə *hear you* | ʔiyaʔnúŋəs *hear me/you* | ʔyaʔnəŋíc *listen to me/you* | ʔyaʔnəŋítəŋ *be listened to* | čiʔk̓ʷáʔnəc *flirting with me/you* | čiʔk̓ʷáʔnəŋ *flirting* | čiʔk̓ʷáʔnət *flirting with someone* | čiʔk̓ʷaʔnúŋət *getting to flirt* | čʔiyáṅ *hear* | čiʔqáṅ *big ears* | čqáyəṅ *big ear* | ɬčáṅt *cut ear* | ɬícáṅnəŋ *cut ear* | ɬícaṅnəŋ *being ear cut* | ɬíɬcaṅnəxʷ *cut ear* | ɬxʷéyṅ *triangle* | ɬx̣ə́ṅ *laid out* | ɬx̣ə́ṅtən *rug* | x̌əmáṅ *bump ear* | x̌áyəṅ *surf scoter* | x̌k̓ʷáṅtən *handle* | nəxʷx̌əmáyəṅ *bump ear* | nəxʷtk̓ʷáyəṅ *Freshwater Bay* | ŋaʔŋaʔsáʔnəŋ *anchored* | ŋaʔsáṅəŋ *anchor* | ŋaʔsáṅət *anchor it* | ŋaʔsáṅtən *anchor* | qaʔkʷáʔnəŋ *complaining* | qqaʔkʷáʔnəŋ *complaining* | q̓ʷq̓ʷiyániyŋ *going deaf* | sʔiʔánəŋct *get used to* | sʔiʔíyəṅ *ends* | sʔíyəṅ *end* | saʔánəŋ *lift anchor* | saʔŋánət *raise anchor* | səsáʔŋət *raising anchor* | siqayáʔnəŋ *spinning* | sx̌ə́wəṅ *earring* | sx̌x̌íwəṅ *earrings* | stə́ŋsəṅ *braided hair* | sxʷʔíʔíyəṅ *cheeks* | sxʷʔíyəṅ *side of head* | sxʷčaʔx̣áyəṅ *earwax* | sxʷɬíqʷəṅ *cheek* | syaʔx̌áyəṅ *eldest* | tiʔkʷáʔnəŋ *vomit blood* | təŋəsáṅəŋ *braid hair* | təŋsáṅəŋ *braiding hair* | təŋsáṅət *braiding it* | xʷk̓ʷáṅc *pull my/your ear* | xʷk̓ʷáṅt *pull ear* | xaʔsáʔnəŋ *sinning* | xaʔsáṅ *sin* | yaʔnəŋístəŋ *make listen* | yaʔnəŋístxʷ *make listen* | yaʔyáʔnəŋ *listening*}

=**aqač** taste, odor. [The meaning extension in some words containing this suffix is remote from 'taste' or 'odor.'] {ʔiʔáyəqč *taste good* | nəxʷʔaʔiqáčəŋ *humorous* | nəxʷʔəy̓əqáčc *tease*

=aqɬ

me/you | nəxʷʔəy̓əqáčt *tease* | nəxʷʔəy̓əqáčtəŋ *be teased* | nəxʷʔiʔáqč *comical* | sx̣aʔsáyəqč *stink*}

=**aqɬ** day. [This suffix occurs in only one word.] {čiʔáqɬ *yesterday*}

=**awítxʷ** unknown meaning. [This occurs in only one word with the root meaning 'wood'.] {čuławítxʷ *mountain beaver*}

=**aw̓txʷ** house, building, room. {ʔaʔəncqʷáw̓txʷ *small red house* | ʔaʔyəŋáw̓txʷ *housing department* | ʔəcɬtiŋxʷáw̓txʷ *Indian house* | ʔəmətáw̓txʷ *toilet* | ʔəsʔəttáw̓txʷ *hotel* | ʔəsiʔəčáw̓txʷ *be full house* | ʔnəcqʷáw̓txʷ *red house* | ʔupənáw̓txʷ *ten houses* | cə́ŋuʔtxʷ *two houses* | cikc̓ikáw̓txʷ *wagon house* | cu̓ʔkʷsáw̓txʷ *seven houses* | c̓x̣ṇináw̓txʷ *secondhand store* | čaʔčáw̓txʷəŋ *building house* | čaʔyəq̓áw̓txʷ *back of house* | čačáw̓txʷəŋ *build house* | čanəŋáw̓txʷ *move house* | čanáw̓txʷəŋ *move house* | čəqáw̓txʷ *longhouse* | čičq̓áw̓txʷ *burn building* | čikənáw̓txʷ *chicken house* | čq̓ʷáw̓txʷ *house fire* | čq̓ʷáw̓txʷəŋ *house burning* | čx̣ʷáw̓txʷəŋ *break camp* | c̓ənəŋáw̓txʷ *Shaker church* | kʷənəsáw̓txʷ *Indian dance house* | k̓ʷəc̓aʔčáw̓txʷ *village up Elwha* | k̓ʷənáw̓txʷ *how many houses* | k̓ʷəstəŋáw̓txʷ *education department* | ɬíxʷuʔtxʷ *three houses* | ɬqáčšuʔtxʷ *five houses* | ƛ̓aʔƛ̓aʔáw̓txʷ *small house* | ƛ̓aʔsx̣ɬáw̓txʷt *take to hospital* | ƛ̓aʔsx̣ɬáw̓txʷtəŋ *be taken to hospital* | ƛ̓qtáw̓txʷ *longhouse* | mitaliháw̓txʷ *casino* | musməsáw̓txʷ *barn* | náʔc̓əw̓txʷəŋ *visiting* | naʔc̓uʔtxʷíŋ *visit* | nəc̓áw̓txʷ *one house* | nəc̓əw̓txʷ *neighbor* | nəc̓əw̓txʷəŋ *visit* | nəc̓əw̓txʷnítəŋ *visitor* | nəc̓xʷk̓ʷsáw̓txʷ *twenty houses* | nəxʷsƛ̓ay̓əmáw̓txʷ *tribal center* | ŋúsuʔtxʷ *four houses* | paʔpqáw̓txʷ *small white house* | pəqáw̓txʷ *white house* | qátuʔtxʷ *going around house* | qɬuməčənáw̓txʷ *blackfish home* | qtáw̓txʷ *go around the house* | sʔəɬənáw̓txʷ *restaurant* | scá̓ʔəw̓txʷ *East Saanich* | scèʔcəmáw̓txʷ *birdhouse* | sčannəx̣áw̓txʷ *fish hatchery* | sčayáw̓txʷ *workshop* | sčəyəx̣áw̓txʷ *insane asylum* | sčičq̓ʷáw̓txʷ *burning building* | sčułáw̓txʷ *woodshed* | siláw̓txʷ *tent* | sinəɬqiʔáw̓txʷ *place name* | skʷuk̓ʷáw̓txʷ *kitchen* | skʷuláw̓txʷ *school* | slamáw̓txʷ *tavern* | sƛ̓aʔnəqáw̓txʷ *potlatch house* | sƛ̓iƛ̓aʔƛ̓qɬáw̓txʷ *day care* | smək̓ʷaʔáw̓txʷ *funeral home* | snəntáw̓txʷ *brick house* | spaʔyək̓ʷəŋáw̓txʷ *smokehouses* | spk̓ʷəŋáw̓txʷ *smokehouse* | sqax̣aʔáw̓txʷ *dog house* | sqqiŋáw̓txʷ *recreation center* | sqqáw̓txʷ *jail* | sqqəyuʔáw̓txʷ *jail* | sqiyuʔáw̓txʷ *smoke house* | sqq̓ʷiyyəsáw̓txʷ *dance halls* | sq̓ʷəyəsáw̓txʷ *cannery* | sqʷɬaʔčáw̓txʷ *log cabin* | sqʷuʔqʷaʔáw̓txʷ *tavern* | sq̓ʷəyiyəšáw̓txʷ *dance hall* | staləháw̓txʷ *bank* | stiqiwáw̓txʷ *horse barn* | steʔwiʔəɬháw̓txʷ *church* | stix̣ʷaʔc̓áw̓txʷ *creek at Becher Bay* | suk̓ʷəŋáw̓txʷ *bathroom* |

=ayə

sxʷʔəmətáw̓txʷ *toilet* | sxʷaŋaʔɬənáw̓txʷ *restroom* | sxʷčaʔk̓ʷɬáw̓txʷ *dam* | sxʷčikənáw̓txʷ *henhouse* | sxʷčiyaŋənáw̓txʷ *museum* | sxʷčiyəwəsáw̓txʷ *archive* | sxʷənaʔəmáw̓txʷ *mysterious place* | sxʷk̓ʷuk̓ʷáw̓txʷ *kitchen* | sxʷƛ̓aʔƛ̓aʔk̓ʷənáw̓txʷ *beehive* | sx̣caʔy̓áw̓txʷ *hay barn* | sx̣əčəŋáw̓txʷ *drying shed* | sx̣ɬáw̓txʷ *hospital* | syaʔcicəmáw̓txʷ *newspaper office* | šiwaʔáw̓txʷ *outhouse* | taʔcsáw̓txʷ *eight houses* | təkʷx̣ʷáw̓txʷ *nine houses* | tx̣əŋuʔtxʷ *six houses* | x̣aʔx̣ənitiháw̓txʷ *blackface dance house* | xčnáw̓txʷ *learning house* | xčŋənáw̓txʷ *library* | xpaʔčáw̓txʷ *village up Elwha* | yəcáw̓txʷ *a houseful*}

=**axʷ** times. [This form of the 'times' suffix appears only on the number one.] {nəc̓áxʷ *once* | nəc̓áxʷtxʷ *let be once* | txʷənəc̓áxʷtxʷ *do once more*}

=**axʷɬ** =conveyance. See under: =akʷɬ

=**ax̣** outside. [This has been recorded in only one word. It may be an instance of the 'arm' suffix] {niʔnaʔc̓áx̣əŋ *group laughing*}

=**ax̣an** arm. [variants have stress on first or second vowel and lack the /n/] {ʔəstaʔx̣iʔáx̣ən *spread arms* | ʔəstkʷiʔáx̣ən *broken arm* | ʔiyəmiʔáx̣ən *strong armed* | caʔkʷiʔəx̣ánəŋ *wash arms* | c̓siʔáx̣ən *get hit on the arm* | c̓siʔáx̣ənəŋ *be hit on the arm* | c̓siʔáx̣tən *be hit on arm* | ɬaʔɬiʔpiʔáx̣ən *bat* | ɬc̓iʔáx̣ən *cut arm* | ɬc̓iʔáxt *cutting arm* | ɬc̓iyəx̣ánt *cut arm* | ɬc̓iyáx̣ən *cut arm* | ƛ̓əmiʔáx̣ən *bump arm* | nəxʷƛ̓šáx̣ən *rupture* | qiyáx̣t *rechannel* | qəyáx̣ən *fence* | qi̓ʔəx̣átən *arm band* | q̓miʔáx̣t *cut arm off* | saʔyəx̣ánəŋ *lift arm* | scaʔmiʔáx̣ən *arm bone* | skʷiʔáx̣ən *wing* | skʷikʷiʔáx̣ən *wings* | stkʷiyáx̣ən *broken arm* | sxʷʔiyáx̣ən *side of body* | sxʷaʔyək̓ʷiʔáx̣ən *elbows* | sxʷcaʔq̓ʷiʔáx̣ən *armpit* | sxʷcəyaʔq̓ʷiʔáx̣ən *armpits* | sxʷək̓ʷiʔáx̣ən *elbow* | sx̣iʔáx̣ən *arm tattoo* | ščiʔáx̣ən *hit on arm* | ščiʔáx̣ənəŋ *be hit arm accidentally* | ščiʔáx̣ənəxʷ *hit arm accidentally* | ščiʔáx̣t *hit on arm* | ščiʔáx̣tən *be hit on arm* | tkʷiʔáx̣ən *break arm* | x̣ɬiʔáx̣ən *hurt arm*}

=**ay** =wood. See under: =ay̓

=**ayan̓** room. [possibly related to the 'ear' suffix in its extended meaning of 'corner'] {ʔəsxʷɬc̓áyən *be in corner* | sxʷɬc̓áyən *corner* | ɬaʔáyən *this side* | txʷnáʔəyən *other room*}

=**ayə**[1] container. [Note that this has the same form as the 'person' suffix. A minor variant pronunciation is /=ay/.] {ʔiɬənháynəč *eat bottom* | hunucáy *fireplace* | ɬqáčšáy *five containers* | qʷaʔqʷəháynəč *drinking the bottom* | sʔɬnáy *grocery bag* | skʷəlaháyə *oil drum* | smaʔyək̓áyə *graves* | sməyək̓ʷáyə *graveyard* | sp̓uq̓ʷəŋayéʔč *boiling pot* | sqʷəyáy *word container* | sxʷʔaʔčáy *crab trap* | sxʷʔiɬənáy *food container* | sxʷʔuk̓ʷáy *suitcase* | sxʷá́ʔəy *chamber pot* | sxʷcq̓ʷuʔcáyə *stove* |

=ayə

sx̌ʷčaʔčənáyə *sewing box* | sx̌ʷčawaʔčáy *cupboard* | sxʷimáy *store* | sxʷixʷimáy *shopping area* | sxʷiyəʔáy̓ *chamber pots* | sxʷkʷapiháy *coffee pot* | sxʷk̓ʷənisənáy *button box* | sxʷk̓ʷuyəkʷáy *tackle box* | sxʷləmáy *bottle* | sxʷliyəmáyə *bottles* | sxʷx̌̌čáyəɬ *underwear* | sxʷməḱʷáʔəyə *cemetery* | sxʷməq̓ǎʔsay *doggy bag* | sxʷŋəcáyətən *brains* | sxʷpk̓ʷəŋáy *stovepipe* | sxʷpuyəkháy *holster* | sxʷq̓ʷəčáy *jug* | sxʷq̓ʷəyaʔčáy *jugs* | sxʷsaʔwənáy *lunchbox* | sxʷtaləháy *purse* | sxʷtiháy *teapot* | sxʷtitiháyə *teapots* | sxʷuʔuʔk̓ʷáyə *suitcases* | sxʷyəčtáyə *arrow quiver* | sxʷyənəwsáyə *end of sternum* | šukʷaʔháyə *sugar bowl* | šx̌ʷáy *chamber pot* | x̌čŋináy *computer*}

=**ayə**² person. [Note that this has the same form as the 'container' suffix. A minor variant pronunciation is /=ay/.] {ʔupənáy *ten people* | caʔkʷsáy *seven people* | caʔkʷsayəhə́čɬ *seven children* | cicq̓ʷə́y *dirty (pl)* | cq̓ʷə́y *dirty person* | čiʔáy̓t *raising a child* | čscsáyə *two at a time* | kʷənəyúst *cull* | k̓ʷaʔkʷənáy *be few people* | k̓ʷaʔk̓ʷəná́ʔiʔ *being few people* | k̓ʷənáy *how many people* | k̓ʷənayəhə́čɬ *how many children* | ɬaʔɬxʷéʔi *just three people* | ɬaʔxʷáʔyə *three people* | ɬq̓čšáy *five people* | ɬq̓čšayəhə́čɬ *five children* | ɬq̓ɬq̓čšáy *five at a time* | ɬxʷáy *three people* | ɬxʷayəhə́čɬ *three children* | ɬxʷɬxʷáy *three at a time* | ncxʷk̓ʷsáyə *twenty people* | ŋaʔŋəná́ʔi *many small people* | ŋaʔŋəsá́ʔyə *four people (dimin)* | ŋəńáy *many people* | ŋəńayəhə́čɬ *many children* | ŋəsáy *four people* | ŋəsayəhə́čɬ *four children* | ŋəsŋəsáy *four at a time* | sqʷaʔx̌iʔáy *young adult* | sqʷaʔx̌iʔáyay *young adults* | taʔcsáy *eight people* | tkʷxʷáy *nine people* | t̓xənáy *six people* | t̓xənayəhə́čɬ *six children* | x̌əńáy *all people* | x̌əńáyɬ *everybody* | x̌ə́ńəyaʔ *everyone*}

=**ayəɬ** =conveyance. See under: =akʷɬ

=**ayəq** fish. {ʔəpənáyəq *ten fish* | ččšáyəqəŋ *follow* | čiʔsáyqəŋ *following* | čšáʔyəq *two fish* | ɬxʷáyəq *three fish* | nəcáʔyəq *one fish* | nəcxʷk̓ʷəsáyəq *twenty fish* | ŋəsáyəq *four fish*}

=**ayəs**¹ color. {ʔənəcqʷáyəs *red color* | ʔənəx̌əɬáyəs *green* | ʔənəq̓xáyəs *black color* | pq̓áyəs *white* | pqʷaʔčáyəs *brown* | pxʷayáyəs *gray color* | q̓ʷeʔx̌ʷiʔháyəs *blue* | q̓ʷeʔx̌ʷiháyəs *bluing* | šəčənáyəs *yellow*} VAR: =ayəs {čɬtuyəsháyəs *orange color*} VAR: =uyəs {ʔiʔúyəs *bright colored* | ɬčúyəs *dark colored* | nəčúyəs *variegated*}

=**ayəs**² claw. [variants involve glottal stop and vocalization of /y/] {x̌k̓ʷáʔisəŋ *grab on* | x̌k̓ʷaʔyís *holding on* | x̌k̓ʷáyəs *grab* | x̌iʔčáʔyəs *grab with claws* | x̌iʔčaʔyís *cling with claws* | x̌icáʔisəŋ *climb with claws* | x̌icáys *claw*}

=**aynəxʷ** sky, weather. [recorded in only two related words] {k̓ʷənáynəxʷ *look weather*} VAR: =anxʷ {k̓ʷənánxʷ *watching weather*}

=**ayŋəɬ** hole. [recorded in only one word.] {nəxʷciʔqʷáy̓ŋəɬ *digging hole*}

=**ayqən** fur. {ləmətuháyəqən *sheep's wool* | ɬčáyəqən *shear sheep* | ɬəŋiʔqən *shedding* | sx̌páyqən *down feather* | sx̌páyqənə́wəč *cushion* | sqax̌aʔáyəqən *dog wool* | təməsáyəqən *velvet* | tšáyəqən *wool carder*}

=**ayqn** water. [This occurs on only one word. It may be a stem extender with the 'voice' suffix.] {x̌ʷəŋáyəqən *swift water*}

=**ayus** eye. [Minor variants involve glottalization of the /y/ and deletion or reduction of the vowels.] {ʔəsɬuʔɬuʔáys *hollow eyes* | ʔəsxʷhəmhəmáyəs *hanging over eyes* | ʔəsxʷtaʔqaʔáys *have black eye* | ʔiʔáʔkʷiʔáyəs *weaving basket* | ʔsx̌ix̌q̓ʷáyəs *eyes stuck* | čəyáʔisən *turn around* | čiʔáʔis *look back* | čiqə́ys *big eyes* | čŋəq̓ʷáʔis *one-eyed* | čxʷáʔyəst *spitting in eye* | čxʷáyəst *spit in eye* | čaʔx̌aʔháysən *hailing* | čaʔpayúsən *blinking* | čaʔpayústəŋ *be winked at* | čaʔpiʔsə́ŋət *winking at* | čaʔpiʔsŋítəŋ *being winked at* | čix̌aháysən *hail* | čpáysəŋ *blink* | čpisə́ŋət *wink at* | ɬaʔk̓ʷáyəs *making a fishnet* | ɬaʔpxaʔyúsəŋ *blinking* | ɬaʔpxáys *blink* | ɬəmək̓ʷáyəs *soft basket* | ɬəpxəyúsəŋ *blink* | ɬiyəmək̓ʷáyəs *soft baskets* | ɬk̓ʷáyəs *make net* | x̌aʔx̌aʔáʔis *small eye* | x̌aʔx̌əwáys *Sekiu* | x̌aʔqtáys *oblong* | x̌əmáyəs *bump eye* | x̌əyəx̌aʔáʔis *small eyes* | naʔčáʔistxʷ *doing differently* | naʔq̓ʷáys *eye mucus* | načnəčáʔistən *be not recognized* | načnəčáʔistxʷ *not recognize* | načnəčáʔyəs *not recognize* | ncq̓ʷə́ys *red face* | nčáʔis *stranger* | nəxʷčaʔk̓ʷáyəsəŋ *wash eyes* | nəxʷčiččxáýs *sting eye* | nəxʷčəqáʔis *big eye* | nəxʷčiʔqáʔis *big eyes* | nəxʷčaʔpaʔyúsəŋ *wink* | nəxʷčaʔpaʔyúst *wink at* | nəxʷčaʔpaʔyústəŋ *be winked at* | nəxʷčaʔpáys *close eyes* | nəxʷčaʔyəpáyəsəŋ *close eyes* | nəxʷx̌əmáyəs *bump eye* | nəxʷsaʔitáys *too bright* | nəxʷšiʔšəyčáyəs *little tree people* | nəxʷtčáys *get eye poked* | nəxʷtaʔqaʔáys *get black eye* | pəpqəyús *waxberry* | qaʔqéʔaʔis *land in Becher Bay* | qiʔáyəs *looking away* | qqəyáʔis *looking away* | qaʔqəwaʔkʷáýs *small eyebrow* | qəwək̓áyəs *eyebrow* | qəwq̓əwaʔk̓ʷáyəs *eyebrows* | qəyaʔq̓əwaʔk̓ʷáýs *small eyebrows* | siqáyəsct *turn around* | siqáyəst *turn it around* | siqáys *go around* | siqəyúsəŋ *go around* | sɬaʔpxáys *blinker* | sɬaʔpxayúsəŋ *blink eyes* | sx̌cayúsən *fishing line* | sx̌ix̌q̓ʷáys *stuck eyes* | sŋənáyəs *lingcod eggs* | stayəxáyəs *big eyes* | stayəxáyəsəŋ *open eyes wide* | staqaʔáys *black eye* | sxʷk̓ʷaʔk̓ʷənáysən *curtain* | sxʷk̓ʷčáʔis *cross-eyed* | sxʷx̌ix̌q̓ʷáyəs *eye mucus* | sxʷnəy̓əq̓ʷáyəs *eye mucus* | sxʷtaləháyəs *glasses* | sxʷtəltələháyəs *glasses* | tɬaʔáyəs *on* *visible side* | txaʔyúsəŋ *face same way* | łaqaʔáys *black eye*}

=**ay̓** wood. {čaʔx̣ayíwc *splitting wood* | čaʔx̣áy̓uct *splitting firewood* | čix̌ʷayíwc *bring in wood* | łaʔčáʔyəŋ *mowing* | łəčayíwct *cut wood* | x̌ƛkʷayíwc *get firewood* | pqʷáy̓ *rotten wood* | qʷłáy̓ *log* | qʷłáy̓šən *shoe* | sčqʷáy̓əč *bear* | sləməx̌ʷayéʔqʷ *rain hat* | x̌aʔx̌páy̓ *small cedar* | x̌aʔyəpáy̓ *cedar (pl)* | x̌páy̓ *cedar*} VAR: =aʔy {čx̣aʔyíwc *split wood* | čix̌ʷaʔyíwc *bring in wood* | łaʔčaʔyíwct *cutting firewood* | łčáʔiŋ *mow grass* | łčaʔyíwc *saw wood* | ləčaʔyíwc *cut wood* | qəmaʔyíwc *chop wood* | qʷaʔyəqʷáłiʔ *small logs*} VAR: =ay {čx̣ayčáčłč *Marine Drive village* | x̌páyəkʷł *cedar canoe*} VAR: =aʔč {čiyaʔčíłč *fir* | łčayáʔčən *saw* | nəšaʔč *starter log* | pqʷaʔčáyəs *brown* | sqʷłaʔčáwtxʷ *log cabin* | sx̌paʔčíyəłč *cedar boughs* | x̌aʔx̌čáʔčłč *small cedar tree* | x̌aʔyaʔx̌čáʔčłč *small cedar trees* | x̌aʔyəčáʔčłč *cedar trees* | x̌paʔčáwtxʷ *village up Elwha* | x̌paʔčíłč *cedar tree*} VAR: =aʔ {łaʔčaʔíwc *sawing wood*} VAR: =iʔ {ʔəsqʷáʔłiʔ *logging* | čáyiʔ *tree bark* | qʷiqʷáłiʔ *logs* | syáwiʔ *cedar bark* | syiyáwiʔ *cedar bark (pl)* | x̌aʔyaʔx̌ápiʔ *small cedar (pl)* | x̌ix̌ápiʔ *cedar pole spirit*} VAR: =i {qʷáłi *logging* | sčaʔyaʔčáʔi *small tree bark*}

=**ay̓č** hip. {ʔəstkʷáʔič *limp* | háyič *curse (f.)* | łčáʔič *cut hip* | staʔčəŋháʔič *wolf hip* | x̌łáyəč *hurt hip* | yəq̓ʷáʔič *tree falls* | yiyəq̓ʷáʔič *tree falls*}

=**ay̓č** hair. {ʔəsyəx̌ʷáy̓č *unbraided hair* | čłtáy̓č *thick hair* | x̌ayəqtáy̓č *long hair* | x̌qtáy̓č *long hair* | ŋənáy̓č *much hair* | yəx̌ʷáy̓čən *unbraid hair*}

=**ay̓əs** =color. *See under:* =ayəs

=**ay̓i** leg. {ʔəskʷikʷəčáyəł *bow-legged* | nəx̌taʔx̌iʔítəŋ *being spread* | nəx̌ʷtx̌iʔíyəŋ *spread legs* | sx̌ʷčəčíyəł *straddling* | sx̌ʷtaʔx̌áyəł *spread legs*}

=**cən** =mouth. *See under:* =ucən

=**ci**¹ food. [This occurs in only a few related words. It may be the 'mouth' suffix.] {čaʔcítən *table* | čaʔčaʔcítən *small table* | čayəcítən *tables*}

=**ci**² =mouth. *See under:* =ucən

=**cin** =mouth. *See under:* =ucən

=**č** unknown meaning. {cicákʷč *Dungeness Spit* | cickʷáčəŋ *go to Dungeness spit* | sʔúykʷč *dancer's regalia*}

=**čł** =child. *See under:* =əčł

=**eʔwən** =interior. *See under:* =ikʷən

=**əʔəw** side. {ʔaʔčáʔwəł *between* | ʔéʔwəłnəxʷ *manage to bring beside* | ʔəčaʔáwəł *be at outside edge* | ʔəčaʔwíyətəŋ *be flanked* | ʔəčaʔwíyŋ *flank* | ʔəčaʔwíyt *flank* | ʔəsqaʔáwəł *outside* | ʔíyəwəł *beside* | ʔíyəwəłc *put me/you beside* | ʔíyəwəłnúŋə *get you beside* | ʔíyəwəłtəŋ *be put beside* | ʔíyəwəłtúŋə *put you alongside* | ʔíyəwəłtxʷ *put beside* | cłaʔáwəł *on top* | cłaʔáwəł *being on top* | cłaʔəwíyəŋ *get on top* | cłaʔwíyət *put atop* | čaʔwéyŋ *go on top* | čaʔáwəł *other side* | čaʔwíyəŋ *go to other side* | čayəqʷaʔáwəł *woods side* | čix̌ʷəyáʔəwəł *on the inside* | čx̌ʷaʔwíyəŋ *go on the inside* | kʷənaʔwéʔyəŋ *watching out* | kʷənawíyəŋ *watch out* | x̌čaʔáwəł *being under* | x̌čaʔəwíyəŋ *get under* | x̌čaʔwíyət *put under* | x̌čaʔwíytəŋ *be put under* | x̌čáwəł *underneath* | qłaʔáwəł *lie crosswise* | qtaʔáwəł *go around* | qtaʔáwəłtəŋ *be put around* | qtaʔáwəłtúŋə *put you around* | qtaʔáwəłtxʷ *put around* | qtaʔwíyəŋ *go around* | qtaʔwíyt *go around* | qtawyéʔ *wrap around* | qʷəq̓ʷiʔáwəł *oriented downstream* | siqaʔáʔwəł *being around* | siqáʔwəł *around* | siqaʔwíyəŋ *go around* | sqaʔwíyəŋ *go on the outside* | sqáʔwi *circle* | sx̌ʷčaʔwéyŋ *stile* | titáʔəwəł *behind* | tłaʔáwəł *nearside* | txʷnaʔáwəł *far side* | txʷnáwəcən *on the other edge*}

=**əʔyiʔč** side of a point of land. [found in only one word] {txʷnaʔyéʔčəŋ *go to other side*}

=**əčən** unknown meaning. [occurs on only two related words with the root meaning 'bone'] {čiyúʔməčən *bracelets* | čúʔməčən *copper*}

=**əčł** child, offspring. [This suffix has a large number of variant pronunciations. All variants involve a final /ł/. Most involve /č/ or /y/.] {ʔəpənə́čł *ten children* | ʔəpə́čł *hold baby* | ʔəpə́čłəŋ *hold baby* | ʔəpəčłíyt *go put child on lap* | ʔəttə́čł *put child to sleep* | čaʔkʷsayəhə́čł *seven children* | kʷənayəhə́čł *how many children* | łq̓čsayəhə́čł *five children* | łxʷayəhə́čł *three children* | nəcx̌ʷkʷəsə́čł *twenty children* | nəhə́čłəŋ *name child* | ŋənayəhə́čł *many children* | ŋəsayəhə́čł *four children* | skʷənəŋə́čł *orphan niece/nephew* | skʷtə́čł *bathe child* | taʔcsə́čł *eight children* | tkʷx̌ʷə́čł *nine children* | t̓x̌ənayəhə́čł *six children* | x̌ʷəx̌sx̌ə́čł *daughter changes*} VAR: =čł {ʔiyahə́čł *child there* | cəŋaʔə́čłəŋ *carrying child on back* | cəŋə́čłəŋ *carry child back*} VAR: =əyəł {sčiʔə́yəł *teenager* | sqəsaʔčə́yəł *orphan niece/nephew* | sqəysaʔčə́yəł *orphan nieces/nephews* | sx̌ʷsqəsaʔčə́yəł *aunt/uncle of orphan* | sx̌ʷsqəysaʔčə́yəł *aunts/uncles of orphan*} VAR: =əyəł {sčiʔčiʔə́yəł *teenagers*} VAR: =əyəł {ʔaʔcaʔŋə́yəł *dressing child* | ʔaʔttə́yəł *putting child to sleep* | čaʔsaʔə́yəł *two children* | naʔcuʔə́yəł *one child* | qaʔmaʔstə́yəł *nursing baby* | saʔkʷtə́yəł *bathing child* | sčaʔčiʔə́yəł *young child* | sčaʔyaʔčiʔə́yəł *children*} VAR: =aʔił {čəsáʔił *two living things*} VAR: =iʔił {nəkʷéʔił *your kind* | qiyamiʔił *lose child*} VAR: =ʔił {x̌ƛkʷiʔił *carry baby*} VAR: =ił {cəŋaʔił *carry child on back* | x̌əłił *have sick child*} VAR: =uył {səmaʔcúʔił *baby blanket* | taʔtacinx̌ʷúył *young animals* | taʔyatacinx̌ʷúył *young animals (pl)*} VAR: =uyəł {qaʔŋaʔčúyəł *teenage girl* |

=əkʷɬ

sɬnaʔčúyəɬ *young girl* | snəqʷuʔhúyəɬ *baby heron* | staʔčəŋúyəɬ *wolf pup* | stəməčúyəɬ *young cormorant*} VAR: =uyɬ {məkʷəŋúyɬ *adopt child* | mək̓ʷəŋúyɬ *adopt child* | sməkʷŋúyɬ *adopted* | štəŋúyɬ *toddler* | taʔyəkʷənúyɬ *little nieces/nephews* | tkʷənúyɬ *little niece/nephew*} VAR: =uʔiɬ {snəntúʔiɬ *gravel* | swaʔwiʔqúʔiɬ *small boy* | swiʔqúʔiɬ *young boy* | swiʔwiʔqúʔiɬ *young boys*} VAR: =uwiɬ {sɬnɬnáʔčúwiɬ *young girls*} VAR: =ɬ {q̓aʔyaʔq̓ácsɬ *small starfish (pl)*}

=əkʷɬ =conveyance. See under: =akʷɬ

=əɬəŋ surface. [occurs in only one word] {sxʷčaʔkʷikʷə́ɬəŋ *washtub*}

=əɬnɬ throat, front of the neck. [Minor variants involve deletion of one or both vowels or the final consonant.] {ʔəsk̓ʷaʔsə́ɬnəɬ *scorched throat* | cqʷə́ɬnɬ *red neck* | čqə́ɬnɬ *big neck* | čxʷə́ɬnəɬ *damn!* | k̓ʷəysə́ɬnəɬ *burn throat* | k̓ʷəyk̓ʷəyəsə́ɬnəɬ *burn throat (pl)* | k̓ʷsə́ɬnəɬ *burn throat* | məqʷə́ɬnɬ *thick neck* | ncqʷə́ɬənɬ *turkey* | sk̓ʷəyə́ɬnəɬ *pneumonia* | sməkʷə́ɬənɬ *Adam's apple* | sməyəkʷə́ɬnɬ *Adam's apples* | sq̓əyəsə́ɬnəɬ *necklaces* | sq̓sə́ɬnəɬ *necklace* | sqx̌ə́ɬən *scarf* | sq̓ʷiyáɬnəɬ *fever* | sxʷɬxʷaʔmə́ɬənɬ *saliva* | tkʷə́ɬnɬ *break neck* | xʷáxʷɬnəɬ *cry for dead* | x̌iʔáq̓ɬnɬ *stuck throat* | x̌iʔx̌iʔáʔq̓ɬnɬ *stuck throat*}

=ən =instr. See under: =tən

=ənəqʷ sound. [found only in three related words] {kʷaʔɬəná̓qʷ *explode* | kʷaʔɬəná̓qʷt *blow up* | kʷaʔɬəná̓qʷtən *be blown up*}

=ənukʷ ground, floor, land. {ʔaʔčənúkʷən *mop* | ʔaʔix̌ʷənúkʷən *brooms* | ʔaʔx̌ənúkʷəŋ *raking* | ʔačənúkʷəŋ *wipe floor* | ʔəčnúkʷən *broom* | ʔəstiʔəx̌ʷə́nəkʷ *frozen ground* | ʔəsƛ̓ášnəkʷ *plowed* | ʔəsmiməkʷə́nəkʷ *uneven ground* | ʔəsƛ̓áyənəkʷ *flat ground* | ʔəx̌ənúkʷən *broom* | ʔəx̌ənúkʷəŋ *sweep* | ʔəxʷənúkʷən *broom* | ʔəxʷənúkʷəŋ *sweep floor* | ʔx̌núkʷəŋ *sweep up* | ča̓ʔkʷənúkʷəŋ *clean floor* | ča̓ʔkʷənúkʷəŋ *cleaning floor* | ča̓ʔməŋə́nəkʷ *mud* | ča̓iqiʔə́nəkʷ *muddy ground* | čaʔqʷənúkʷəŋ *burning land* | čqʷnúkʷəŋ *burn land* | ɬaʔčiʔə́nəkʷ *cold ground* | ɬaʔqʷənúkʷəŋ *licking the floor* | ɬxənúkʷən *floor boards* | ƛšnúkʷən *plow* | ƛšnúkʷəŋ *plow* | ƛšnúkʷt *plow it* | nəxʷɬaʔŋənúkʷəŋ *clearing land* | nəxʷɬəŋənúkʷəŋ *clear land* | nəxʷɬəŋənúkʷt *clear land* | qʷa̓ynúkʷəŋ *proposing marriage* | qʷinúkʷəŋ *propose marriage for* | sməkʷa̓ʔnəkʷ *graveyard* | sxcaʔəynəkʷ *meadow*} VAR: =ənəkʷ {ʔəsyə́qənəkʷ *level ground* | čča̓ʔmə́nəkʷ *swamp* | čča̓ʔməŋə́nəkʷ *swampy* | štəŋə́nəkʷ *walking around*} VAR: =uk {pcúkʷən *mat*} VAR: =akʷ {spcákʷən *tarp*}

=əq unknown meaning. [occurs only with the root meaning 'tired'] {ɬčə́qi *tired* | ɬə́čqiʔ *getting tired* | ɬiɬčə́qi *tired*}

=əqsən nose, point, any projection. {ʔəstáyəqsən *flat nose* | ʔəsxʷsuʔsiʔə́qsən *swollen nose* | ʔəyucə́qsən *sharp nose* | ʔiyaʔcə́qsən *sharp point* | čkʷə́qsən *shot nose* | čqə́qsən *big nose* | čšə́qsən *two-pronged spear* | čaʔčtxʷáyqsən *small shrew* | čaʔyaʔčtxʷáyqsən *small shrews* | čəyətxʷáyqsən *shrews* | čtxʷáyqsən *shrew* | k̓ʷaʔk̓ʷə́yqsən *duck sp.* | ɬčə́qsən *cut nose* | ɬəŋə́qsən *remove nose* | ɬəŋqsə́nəŋ *clear nose* | ɬəŋqsə́nəŋ *clearing nose* | ɬkʷə́qsən *hook nose* | ɬxʷə́qsən *three-pronged spear* | ƛaʔƛəmq̓ʷə́yqsən *woodpecker* | ƛaʔyaʔƛəmq̓ʷə́yqsən *woodpeckers* | ƛəƛaʔə́qsən *small nose* | ƛəmqɬčə́qsən *shag* | ƛəmə́qsən *bump nose* | ƛəŋqɬčə́qsən *double-crested cormorant* | ƛšə́qsən *gash nose* | nəxʷɬəŋqsə́nəŋ *wipe nose* | paʔpxʷə́yqsən *gnat* | paʔyəxʷə́yqsən *mosquitoes* | pxʷə́yqsən *mosquito* | qtə́qsən *go around a point* | saʔé̓yəqsən *small point of land* | sʔíyəqsən *point of land* | scaʔmə́qsən *bridge of nose* | skʷə́yqsən *Creyke Point* | sɬipə́qsən *floppy nose* | smə́tqsən *snot* | smimáʔɬqsən *snot boy* | sqʷəyayəŋəxʷáyəqsən *likes blackberries* | sxʷɬiɬqʷáyəqsən *nostrils* | sxʷqʷəná̓yəqsən *nose hair* | šukʷaʔáyəqsən *likes sugar* | taʔté̓ʔnəqsən *small mallard* | taʔyaʔté̓ʔnəqsən *small mallards* | təntínəqsən *mallards* | tínəqsən *mallard* | tkʷə́qsən *break nose* | txʷaʔčqə́qsən *get a big nose* | ɬqxə́qst *sharpen point* | xaʔxcəyə́qsən *island in Freshwater Bay* | xɬə́qsən *hurt nose*} VAR: =əqsin {ɬp̓qsé̓ʔnəŋ *blowing water*} VAR: =əqs {ʔəyucə́qst *sharpen point* | čəŋə́qst *bite on nose* | čəŋə́qstəŋ *be bitten on nose* | csə́qst *punch nose* | ɬčə́qst *cut nose*}

=əwač bottom, rump. {ʔaʔx̌əwáčəŋ *scraping bottom* | ʔaʔx̌əwa̓čt *scraping bottom* | ʔəscaʔca̓ʔwáʔč *sitting* | ʔəstə́kʷəwač *broken rear* | ʔəsxʷčaʔca̓ʔwáʔč *sitting* | ʔəx̌əwáčt *scrape bottom* | ʔəyx̌əwáčəŋ *scraping bottom* | ča̓ʔkʷáčəŋ *wash bottom* | ča̓ʔwáč *sit* | čča̓ʔwáčəŋ *sit down* | čəmé̓ʔxʷəwač *tailbone* | čayəqʷáwač *Esquimalt Lagoon* | čqə́wač *big bottom* | ɬipəwáčəŋ *flipping tail* | ɬqtə́wač *beaver* | ƛəmə́wač *bump butt* | ƛəqtáwač *tall person* | məyaʔwáčc *kick me/you rear* | məyaʔwáčt *kick rear* | məyaʔwáčtəŋ *be kicked rear* | nəxʷča̓wáčəŋ *sit down* | nəxʷčaʔtxaʔŋə́wač *rattlesnake* | nəxʷƛəmə́wač *bump rear end* | nəxʷnəq̓ʷáwač *dirty bottom* | nəxʷtkʷə́wač *break tailbone* | ŋúsəwač *forty* | sɬipə́wač *flabby rear* | sƛpayqənə́wač *cushion* | snáčəwač *hundred* | snəqʷáwač *dirty bottom* | sxʷčaʔca̓ʔwáčən *small chair* | sxʷča̓ʔwáčən *chair* | sxʷčútəwač *heel* | sxʷx̌ə́ɬəwač *sore butt* | sxʷi̓xʷa̓ʔyəwáčən *lizard* | sxʷix̌ʷiyəwáčən *lizards* | taʔcsə́wač *eighty* | tə́kʷəwč *break hip* | xʷik̓ʷə́wač *cover bottom*} VAR: =əwač {nəxʷščuʔáčt *spank* | qcə́wč *dolphin* | q̓əyəwáčt *diaper* | q̓q̓əyəwáčt *diapering* | sq̓əyəwáčən *diaper* | sxʷča̓mə́w̓č *tailbone* | šiščəwáčt *spank bottom* | xʷik̓ʷuʔáčən *diaper*}

=əw̓ unknown meaning. [occurs in only one word] {λ̓a?λ̓á?ču? *riffle*}

=əw̓c =fire. See under: =iwc

=əxʷɬ =conveyance. See under: =akʷɬ

=əyəɬ =child. See under: =əčɬ

=əyin end. [occurs on one word] {sɬəyínət *tilt*}

=əy̓ə?q wave, splash. {či?qəy̓á?q *big waves*} VAR: =iyəq {kʷa?ɬiyə́q *plop*}

=əy̓əɬ =child. See under: =əčɬ

=əy̓ɬ =child. See under: =əčɬ

=i =wood. See under: =ay̓

=i? =wood. See under: =ay̓

=i?č hump, hunched, mounded, raised up. {?a?yəɬtayé?č *loading* | ?a?yəɬtayé?čəŋ *loading* | ?əsma?k̓ʷi?é?č *piled up* | ?əstək̓ʷəwé?č *shoelaces* | čixʷa?yé?č *inside beach* | ma?k̓ʷa?yé?čtəŋ *be piled up* | ma?məkʷu?é?č *hunchbacked* | mək̓ʷəyé?čt *pile up* | nəxʷλ̓əmu?é?č *bump back* | piq̓ʷəyé?čən *powdered sugar* | pa?x̣ʷi?é?čəŋ *over flowing* | pa?yəx̣ʷi?é?čən *overflowing container*} {px̣ʷíyəčən *over flow* | q̓ʷiya?yé?čəŋ *go over* | stk̓ʷu?é?čən *shoelaces* | spuq̓ʷəŋa?yé?č *boiling pot* | spúq̓ʷəŋayé?č *frosting* | sqa?yé?č *outside beach* | stxʷna?yé?č *other side* | sxʷča?mé?č *backbone* | sxʷča?məwé?č *backbone* | sxʷma?məkʷu?é?č *hunchback* | sxʷməkʷu?é?č *hunchback* | sx̣a?ik̓əyé?č *mountains* | sxk̓əyé?č *mountain* | tkʷəwé?č *break back* | tx̣ʷna?yé?č *other side* | ɬa?ɬəŋsu?é?č *small black chiton* | ɬəŋsəwé?č *black chiton* | x̣a?x̣iyu?é?č *chipmunk* | x̣əy̓k̓əyé?č *mountains* | x̣iya?x̣əyu?é?č *chipmunks*}

=i?ɬ =child. See under: =əčɬ

=i?iy pants, trousers. [found in only one word] {ɬəŋi?íyəŋ *take off pants*}

=i?kʷa?s paddle. [occurring on only one word] {λ̓kʷi?kʷá?səŋ *take paddle*}

=i?qʷ head. {?əčé?qʷəŋ *wipe head* | ?əskʷəyé?qʷ *bald* | ?əsɬiɬq̓ʷé?qʷ *scalped* | ?əsqi?pé?qʷ *curly hair* | ?əsxʷa?xʷk̓ʷé?qʷ *crazy a little* | ?əsxʷak̓ʷé?qʷ *crazy* | ?ncqʷé?qʷ *red head* | ?sma?xʷé?qʷ *haircut* | ča?k̓ʷé?qʷəŋ *wash head* | čɬpiyé?qʷ *completely submerged* | ča?té?qʷəŋ *wash hair* | ča?té?qʷt *washing head* | čqé?qʷ *big head* | čxé?qʷ *split head* | čxé?qʷt *split head* | čənəčé?qʷ *head stuck* | čənəŋé?qʷ *shaking head* | čiya?mé?qʷ *great-grandparents* | hé?qʷ *curse (m.)* | k̓ʷəwlé?qʷ *bald* | k̓ʷičiyé?qʷ *pass out* | k̓ʷičiyé?qʷəŋ *pass out* | ɬa?ćé?qʷəŋ *being head cut* | ɬa?ćé?qʷt *cutting head* | ɬa?ɬəqʷé?qʷəŋ *scalped* | ɬćé?qʷ *cut head* | ɬəməxʷé?qʷəŋ *rub head* | ɬəŋayé?qʷ *remove from head* | ɬəŋayé?qʷəŋ *remove hat* | ɬəŋayé?qʷt *remove from head* | ɬəŋé?qʷ *decapitated* | ɬəŋé?qʷəŋ *remove head* | ɬəŋé?qʷt *decapitate* | ɬəŋé?qʷtəŋ *be decapitated* | ɬiɬq̓ʷé?qʷ *scalped (pl)* | ɬk̓ʷé?qʷəŋ *hook head* | ɬq̓ʷé?qʷ *scalped* | ɬq̓ʷé?qʷt *scalp* | ɬq̓ʷé?qʷtəŋ *be scalped* | ɬxʷé?qʷ *three heads* | λ̓á?e?qʷ *woodpecker* | λ̓a?λ̓əmq̓ʷə́yqsən *woodpecker* | λ̓a?ya?λ̓əmq̓ʷə́yqsən *woodpeckers* | λ̓əmé?qʷ *bump head* | λ̓əmé?qʷəŋ *bump one's head* | λ̓əmé?qʷt *bump head* | λ̓əmλ̓əmé?qʷ *bump head* | λ̓əmq̓ʷə́yu *peck* | məcé?qʷəŋ *oil hair* | məyé?qʷt *kick head* | məyé?qʷtəŋ *be kicked head* | nəčé?qʷ *one head* | nəxʷλ̓əmé?qʷ *bump head* | pqi?é?qʷ *white head* | qaqɬé?qʷ *headache* | qipé?qʷəŋ *curl hair* | qipé?qʷəŋiyɬ *go to curl hair* | qtayé?qʷ *top of the head* | q̓ʷλ̓é?qʷsən *pass it* | sćamé?qʷ *skull* | sćiyamé?qʷ *skulls* | si?é?qʷəŋ *scratch head* | sk̓ʷa?wəyé?qʷ *bald* | sɬəməxʷayé?qʷ *rain hat* | sɬiq̓ʷé?qʷ *head flesh* | sməcé?qʷ *fat head* | snaq̓é?qʷ *schwa* | sŋənté?qʷ *stone head* | spq̓é?qʷ *gray hair* | sqipé?qʷ *hair curl* | sqtayé?qʷ *peak* | staččəŋé?qʷ *wolf head* | sxʷax̓k̓ʷé?qʷ *crazy* | sxʷqtayé?qʷ *top* | sx̣a?ćmé?qʷ *gray hair* | sx̣əmxʷé?qʷ *cut hair* | sx̣ixtšé?qʷ *hair messed* | sx̣ɬé?qʷ *headache* | ščé?qʷc *club-head me/you* | ščé?qʷəŋ *billy club* | ščé?qʷəŋ *hit on head* | ščé?qʷt *club head* | ščé?qʷtəŋ *be head clubbed* | šiščé?qʷt *club them on head* | ta?šé?qʷəŋ *combing* | tšé?qʷəŋ *comb* | tšé?qʷəŋ *comb* | tšé?qʷt *comb it* | tšé?qʷtəŋ *be combed* | ɬćé?qʷ *crack skull* | ɬiɬiyé?qʷ *tingling head* | xʷikʷé?qʷəŋ *head scarf* | xʷikʷé?qʷəŋ *cover head* | xʷsé?qʷəŋ *shake head* | x̣əmx̣ʷé?qʷəŋ *haircut* | x̣əmx̣ʷé?qʷt *cut hair* | x̣əmx̣ʷé?qʷtəŋ *get a haircut* | x̣ɬé?qʷ *headache* VAR: =a?qʷ {ćəɬpiya?qʷ *gr-gr-gr-grandparent/child* | ćəyəɬpiya?qʷ *gr-gr-gr-grandparents/children* | čá?sa?qʷəŋ *putting hat on* | ččə́sa?qʷ *wear hat* | čə́sa?qʷəŋ *put hat on* | číta?qʷəŋ *wash head* | číta?qʷt *wash head* | čá?ma?qʷ *great-grandparent/child* | há?k̓ʷiya?qʷ *great-great-grandparent/child* | həyəkʷiya?qʷ *great-great-grandparents/children* | ɬića?qʷəŋ *cut hair* | ɬića?qʷt *cut hair* | ɬiyŋá?qʷəŋ *take off hat* | qá?ma?qʷ *Seabeck* | sá?ya?qʷi? *disturbed* | sayəqʷíyt *disturb* | scəyəɬiqʷá?sən *put up framework* | sčə́sa?qʷ *hat* | sčičə́sa?qʷ *hats* | səyəqʷíytəŋ *be disturbed* | sɬića?qʷtən *haircut*}

=i?xʷ unknown meaning. [occurring in only one word.] {čəmé?xʷəwəč *tailbone*}

=ic[1] =back. See under: =icən

=ic[2] =mouth. See under: =ucən

=icən back, often referring to the back, inland side. {?əsq̓ʷa?q̓ʷa?yícən *hanging over* | ?i?ícən *Morse Creek* | ?iya?cícən *rock cod* | ?sɬəq̓ʷícən *uncovered* | čixʷícən *Port Angeles* | ɬipícən *island near Becher Bay* | ɬq̓ʷcənəŋ *uncover* | nəxʷtkʷícən *break back* | qəmq̓əmícən *bee* | sxʷča?mícən *backbone*} VAR: =ic [This variant occurs before other suffixes.] {ckʷíct *cover it over* | čk̓ʷíct *cover back* | ɬq̓ʷíct *uncover* | nəxʷčx̣ícəŋ *rip back* | xʷik̓ʷíct *cover it*}

=iča? clothing. [This is one of two 'clothing' suffixes. The sense of this one involves the fabric

=ikʷən ... =iws

material of clothing. This suffix is also a commonly occurring ending on women's traditional names.] {ʔəsɫuʔíčaʔ *naked* | ɫəwíčaʔ *undressed* | ɫuʔčáʔc *undress me/you* | ɫuʔčáʔəŋ *undress* | ɫuʔčáʔəŋ *undressing* | ɫuʔčáʔt *undress* | ɫuʔčáʔtəŋ *be undressed* | sxʷnuʔíčaʔ *pocket*} VAR: =ac̓ {ʔəsčšaʔmáct *double weave*}

=ikʷən interior, mind, emotion. {ʔaʔčšíkʷən *change clothes* | ʔəshəqíkʷən *baked* | čic̓ayíkʷən *jealous (pl)* | həyíkʷən *save life* | x̌ix̌q̓ʷíkʷən *hunger pangs* | nəčəŋíkʷən *laugh inside* | nəxʷʔiʔíkʷən *kind* | nəxʷčaʔyíkʷən *envious* | nəxʷsxaʔsíkʷən *mean* | nəxʷsxayíkʷən *mean* | nəxʷtkʷíkʷən *break back* | nəxʷtx̌ʷíkʷən *half full* | sčaʔyaʔčiʔíkʷən *seeds* | stcíkʷən *back* | sxʷčaʔčiʔíkʷən *seed* | sxʷčaʔkʷikʷəɫəŋ *washtub* | sxʷčixʷíkʷən *insides* | sxʷyəščəníkʷən *pity* | txʷisčníkʷən *take pity on*} VAR: =kʷən {ʔəsčáŋkʷən *feisty* | həqkʷənáys *bake* | nəxʷhaʔyaʔkʷə́n̓ct *save life* | nəxʷq̓ʷáyəkʷən *think* | nəxʷq̓ʷúʔčkʷən *giving up* | nəxʷq̓ʷúčkʷən *give up* | nəxʷsčáŋkʷən *tough* | nəxʷsčəyčáŋkʷən *mean (pl)* | nəxʷščiyáŋkʷən *tough (pl)* | q̓ʷaykʷənít *believe someone* | q̓ʷaykʷənítəŋ *be believed* | sxʷčáŋkʷən *mean* | sxʷq̓ʷáyəkʷən *mind*} VAR: =eʔwən {ʔəshaʔqéʔwən *baking* | ʔəsx̌aʔméʔwən̓ *pleased* | ʔəsxʷsəŋéʔwən̓ *sad* | ʔəsx̌ʷaʔqéʔwən̓ *roasted* | k̓ʷaʔčéʔwən̓ *give up* | naʔnáyəŋéʔwən̓ *hold laughter* | nəxʷčiyaʔyéʔwən̓ *envious* | nəxʷq̓ʷiʔq̓ʷaʔyéʔwən̓ *thinking* | nəxʷyaʔščənʔéʔwən̓ *pity* | qaʔqéʔwən̓ *being angry* | smaʔəkʷéʔwən̓ *butterball* | smaʔyaʔməkʷéʔwən̓ *butterballs* | sŋiŋiyéʔwən̓ *sad (pl)* | sxʷx̌ʷənʔéʔwən̓ *being cared for* | sxʷyaʔčšnéʔwən̓ *pitying* | x̌ʷənéʔwən̓ *thinking about*} VAR: =wən {haʔyáʔwən *part*} VAR: =ikʷ {həqíkʷt *put in oven* | nəxʷhəqíkʷt *bake it*}

=iɫ =child. See under: =əčɫ

=iɫč plant, tree, shrub. [Minor variants involve reduction or deletion of the vowel.] {ʔapələsíɫč *apple tree* | ʔəliluʔíɫč *salmonberry bush* | ʔəɫsqʷúʔŋəɫč *eating alder sap* | ʔəsccxáɫč *get nettles* | ʔiyaʔčáɫč *thistle* | ʔiyəcíɫč *brambles* | c̓aʔccxáɫč *small nettle* | c̓aʔyaʔccxáɫč *small nettles* | c̓aʔyəčxáɫč *stinging nettles* | c̓c̓cxáɫč *stinging nettle* | c̓c̓xáɫčtəŋ *be stung by nettle* | čicíɫč *summer ferns* | čisíɫč *summer fern* | čiwəqíɫč *elderberry bush* | čiyaʔčáɫč *thistle* | c̓qʷumaʔíɫč *raspberry plant* | cxʷíɫč *cherry tree* | čqíɫč *thick tree* | čščaycáɫč *Marine Drive village* | čxaycáčɫč *Marine Drive village* | ččáɫč *spruce* | čiyaʔčíɫč *fir* | kʷəníɫč *how many plants* | ɫaʔyəqíyəɫč *thimbleberry sprouts* | ɫqíyəɫč *thimbleberry sprouts* | ɫqəčšíɫč *five plants* | ɫxʷíɫč *three plants* | x̌əŋq̓áɫč *yew* | x̌əŋq̓ɫcáqsən *double-crested cormorant* | x̌ix̌ʷuysíɫč *cranberry plant* | nəxʷŋiyaʔáwəɫč *Dungeness* | ŋəq̓ŋəq̓ʷíɫč *white fir* | páʔqɫč *vine maple* | paahíyəɫč *pear tree* | púʔqʷɫč *devil's club* | pxʷéʔiɫč *red huckleberry bush* | qaʔxʷíɫč *crab apple tree* | q̓áʔc̓ɫč *ironwood* | qaʔyác̓ɫč *ironwood (pl)* | scúʔcɫč *maple* | sčaʔyəqʷíɫč *fruit plant* | sčiʔəyəqʷɫíɫč *fruit plants* | skʷayəqəŋíɫč *flower bed* | skʷčŋíyɫč *cherry tree* | snaʔáʔwəɫč *in the bushes* | snəčíwəɫ ʔaʔ čisíɫč *fern* | snuʔnəkʷéʔiɫč *waxberry* | sŋáʔəwəɫč *fir* | sŋiyáwɫč *firs* | sqaʔqʷúʔŋəɫč *small alder* | sqʷaʔyaʔqʷúʔŋəɫč *small alders* | sqʷəŋqʷúŋəɫč *alder trees* | sqʷúŋəɫč *alder* | sqʷəyayŋxʷíɫč *blackberry plant* | sxpaʔčíyəɫč *cedar boughs* | ščəníɫč *Oregon grape bush* | ɫeʔiqʷíɫč *strawberry plant* | təqʷəmíɫč *thimbleberry bush* | ɫqéʔiɫč *salal bush* | tqáɫč *hemlock* | x̌áʔčxɫč *hemlock* | xaʔxčáʔčɫč *small cedar tree* | xaʔyaʔxčáʔčɫč *small cedar trees* | xaʔyəčáʔčɫč *cedar trees* | xpaʔčíɫč *cedar tree*}

=inəs chest, the front part of the upper torso, any broad waterfront area. {ʔəɫənéʔnəs *burping* | ʔəɫənínəs *burp* | ʔəɫənínəst *burp baby* | ʔəɫənínəstəŋ *be burped* | ʔiʔínəs *Ennis Creek* | čqʷéʔnəs *having heartburn* | čqʷínəs *indigestion* | x̌əmínəs *bump chest* | x̌kʷíns *appetizing* | scaʔmínəs *chest bone* | stkʷéʔnəs *choking* | sxʷčaʔmínəs *chest bone* | ɫiɫkʷéʔnəs *choking* | ɫiɫkʷínəs *choke* | ɫkʷéʔnəs *choking* | ɫkʷíns *choke*}

=iqən belly, lower abdomen. {csíqt *punch belly* | csíqtəŋ *be hit in belly* | čqíqən *big belly* | x̌číqən *below* | x̌əmíqən *bump belly* | miyaʔéʔqt *kick in belly* | pəqíqən *weasel* | sɫipíqən *sloppy belly* | sɫxʷíqən *navel* | xɫíqən *bellyache*}

=iwc fire. {čixʷayíwc *bring in wood* | haʔníwc *making fire* | kʷaʔkʷíwcct *warming self by fire* | ɫaʔčaʔyíwct *cutting firewood* | sčaʔčaʔqʷíwc *small fire* | sxʷkʷaʔkʷíwcct *heater*} VAR: =uc [This variant never occurs stressed.] {čaʔxáyuct *splitting firewood* | cə́qʷuct *build fire* | həwəstʔuc *fix fire* | húnuc *make fire* | hunucáy *fireplace* | šúnuc *cooking fire*} VAR: =iwc {čaʔxayíwc *splitting wood* | čxaʔyíwc *split wood* | čixʷaʔyíwc *bring in wood* | ɫaʔčaʔíwc *sawing wood* | ɫcaʔyíwc *saw wood* | ɫəcaʔyíwc *cut wood* | ɫəcayíwct *cut wood* | x̌kʷayíwc *get firewood* | qəmaʔyíwc *chop wood*} VAR: =əwc {čaʔqʷəwc *making fire* | čə́qʷəwc *make fire* | scə́qʷəwc *fire*} VAR: =uʔc {sxʷčqʷuʔcáyə *stove*}

=iwɫ family. [occurs only on two related words] {snaʔyəčíwəɫ *half-siblings* | snəčíwəɫ *half-sibling*}

=iws body. [major variant is =ikʷs] {ʔaʔčíwsəŋ *wiping body* | ʔəčíkʷsəŋ *wipe body* | ʔəčíkʷstəŋ *be wiped* | ʔəɫcəčxíkʷs *half-breeds* | ʔəɫcxíkʷs *half-breed* | ʔəpəníkʷs *ten of a kind* | ʔəsʔiʔéʔwəs *ready* | ʔəsqʷaʔníws *hairy* | ʔəsxcíws *plucked* | ʔəxíkʷst *scrape hide* | ʔəxíkʷstəŋ *be scraped* | ʔiʔéʔwəs *ready* | ʔiʔéʔwəsəŋ *getting ready* | caʔkʷíwsəŋ *washing*

= iwc

body | čaʔkʷsíkʷs *seven animals* | čəsniʔkʷáʔstəŋ *being hit oarlock socket* | čičsíkʷst *punch several* | čəŋíkʷs *not know how* | čičkʷikʷúʔsəŋ *paddle hanger* | čičqʷíkʷs *burned body* | čqíkʷs *big body* | čqʷíkʷst *singe skin* | čšéʔkʷs *pair* | čšíkʷs *two animals* | čənəŋíws *shaking all over* | k̓ʷáčkʷs *understand* | k̓ʷəníkʷs *how many kind* | k̓ʷiyaʔkʷíkʷs *tree bark* | ɬaʔcaʔíws *cutting with saw* | ɬčíkʷsəŋ *cut body* | ɬčíkʷst *cut body* | ɬčíws *cutting body* | ɬčíkʷs *tired* | ɬčíws *being tired* | ɬəmíkʷsəŋ *trim down* | ɬəmɬəmíkʷs *break off (pl)* | ɬəmíkʷs *break off* | ɬəmíkʷst *prune* | ɬəmɬəmíkʷst *trim down* | ɬəŋíkʷs *come off* | ɬəŋíkʷst *remove* | ɬəŋɬəŋíkʷst *stripping off* | ɬq̓čsíkʷs *five animals* | ɬq̓əčsíkʷs *five canoes* | ɬxʷíkʷs *three of a kind* | ƛ̓aʔqíws *breaking out* | ƛ̓əmíkʷs *bump body* | ncxʷk̓ʷsíkʷs *twenty animals* | nəcíkʷs *one person* | nəčíwəs *stranger* | nəŋíkʷs *legs fold* | nəxʷčxíkʷt *split whole* | ninəŋíkʷs *knees buckle* | ŋəsíkʷs *four of a kind* | qaʔq̓əŋíws *slowpoke* | qaʔyaʔq̓əŋíws *slowpokes* | q̓əyíkʷs *put around* | qʷínəkʷs *body hair* | q̓ʷəyíkʷsəŋ *cook body* | sʔiymíkʷs *right side* | səŋíkʷs *faint* | səŋíkʷsəŋ *faint* | səŋsəŋíkʷs *faint* | səŋsəŋíkʷst *make faint* | səŋsəŋíkʷstəŋ *passed out* | siʔáməwəs *power to discover* | siʔéẃsəŋ *scratching* | siʔíkʷs *itchy* | siʔíkʷsəŋ *scratch* | skʷaʔyáẃs *getting murdered* | skʷáyəkʷs *murdered* | skʷayəksáyŋəŋ *want to murder* | sɬipíkʷən *wrinkled* | sƛ̓iyíkʷs *right side* | sqəyíkʷs *left side* | sqsíkʷs *drown* | sqʷáyəkʷs *murdered* | sxʷx̌číkʷən *underwear* | sxʷƛ̓əyəčíkʷən *underwear (pl)* | sxʷƛ̓péʔwən *shirt* | sxʷqqíkʷən *dancer's belt* | šiščíkʷst *clobber* | taʔcsíkʷs *eight animals* | tkʷxʷíkʷs *nine animals* | tqʷíkʷsəŋ *pack up* | tqʷíẃsəŋ *packing up* | t̓xəŋíkʷs *six animals* | xaʔcíwst *plucking* | xcíkʷs *pluck* | xcíkʷst *pluck a bird* | xčíkʷsəŋ *figure out* | xčíẃsəŋ *figuring out* | x̌əŋíkʷs *all creatures* | x̌ɬíkʷs *hurt* | x̌ɬíws *hurting* | xʷaʔxʷəŋíkʷs *fast* | xʷəŋíkʷs *lively* | yéʔkʷs *ready* | yéʔkʷsəŋ *get ready*}

= iẃc =fire. See under: = iwc

= iyəq =wave. See under: = əyəʔq

= iyɬ =conveyance. See under: = akʷɬ

= kʷaʔn means of subsistence, food. [found only in two related words] {ƛ̓əy̓kʷáʔnət *looking for means* | nəxʷsƛ̓əy̓əkʷáʔnəŋ *looking for food*}

= kʷən =interior. See under: = ikʷən

= kʷiy inside. {čaʔkʷkʷíyət *wash insides* | nəxʷkʷənəkʷíyət *look inside* | nəxʷqaʔx̌kʷít *hollow it out*}

= kʷɬ =conveyance. See under: = akʷɬ

= ɬ =child. See under: = əčɬ

= ɬcu =water. See under: = aɬc

= ɬnat day, night. [used in counting days and in the names of the days of the week] {ʔupənəɬnát *ten nights* | čuʔkʷsɬnát *seven nights* | k̓ʷaʔk̓ʷənɬnát

= ŋin

few days | k̓ʷənɬnát *how many days* | ɬčšɬnát *Friday* | ɬxʷɬnát *Wednesday* | ŋəsɬnát *Thursday* | sčiʔəkʷɬnát *Monday* | taʔcsɬnát *eight nights* | təkʷxʷɬnát *nine nights* | t̓xəŋɬnát *Saturday*}
VAR: = nat {cəŋənát *Tuesday*}

= ɬnay neck, throat. {ʔaɬnáʔyəŋ *stretch neck* | ʔəmxʷnáyəŋ *eat berries* | čaʔkʷnáʔyəŋ *washing neck* | čaʔkʷnáyəŋ *wash neck* | k̓ʷənɬnáyəŋ *looking for food* | ɬcnáytxʷ *cut the throat* | məxʷɬnáyəŋ *eat from vine* | nəxʷcakʷɬnáʔyəŋ *gargling* | nəxʷčaʔkʷɬnáyŋ *gargle* | qsɬnáyətəŋ *be necklaced* | tkʷɬnáyəŋ *break neck* | tkʷsnáyəŋ *buy food* | t̓aʔq̓ʷnáyət *choke someone* | t̓aʔq̓ʷnáyətəŋ *be choked* | x̌ʷaʔq̓ʷəyəɬnáyəc *choke me/you* | x̌ʷq̓ʷəyɬnáyət *choke someone* | x̌ʷq̓ʷəyəɬnáyətəŋ *be hanged*}

= ɬšaʔ multiple of ten. [occurs on numbers from thirty to ninety] {čaʔkʷsɬšaʔ *seventy* | csɬšaʔ *twenty* | ɬq̓čsɬšaʔ *fifty* | ɬxʷɬšaʔ *thirty* | ɬxʷɬšaʔáytxʷ *thirty dollars* | ŋəsɬšaʔ *forty* | taʔcsɬšaʔ *eighty* | tkʷxʷɬšaʔ *ninety* | t̓xəŋɬšaʔ *sixty*}

= məxʷ =being. See under: = ŋixʷ

= nač tail, rump, bottom. [Minor variants involve reduced or missing vowel.] {ʔiɬənháynəč *eat bottom* | ʔscix̌ʷəyənč *stupid* | k̓ʷaʔɬənəč *thud* | k̓ʷsáynč *burn rump* | ƛ̓ápiʔsnəč *tail* | qʷaʔq̓ʷəháynəč *drinking the bottom* | scəyəx̌ʷəynč *dolt* | sɬxʷənəč *side* | sqaʔŋəynəč *feces on bottom* | sqatiháynč *foolish* | sq̓əyənəč *skirt* | sxʷčq̓ʷəynəč *dirt on bottom* | sxʷčixʷəynəč *no sense* | sxʷŋaynáčəŋ *red-necked grebe* | sxíyəmnəč *stump* | x̌əɬəynč *hurt rump* | x̌əyʔámnəč *driftwood* | x̌ʷq̓ʷiʔnáč *be upside down* | x̌ʷq̓ʷiʔnáčəŋ *go upside down* | x̌ʷq̓ʷiʔnáčt *put upside down* | x̌ʷq̓ʷiʔnáčtəŋ *be put upside down*}

= nat =day. See under: = ɬnat

= nis tooth. [Minor variants have reduced or deleted vowel.] {ʔaʔq̓ʷiʔnísəŋ *extracting tooth* | ʔəsməxʷáyns *toothless* | ckʷíns *stuck in teeth* | čaʔkʷcinísəŋ *clean teeth* | čičkʷinísəŋ *tooth decay* | c̓xiʔnís *show teeth* | c̓xiynísəŋ *show teeth* | čiʔqáynəs *big teeth* | čičq̓ʷiníst *rot teeth* | čičq̓ʷnístəŋ *be rotted teeth* | kuláyns *gold tooth* | ƛ̓əmáynəs *bump tooth* | maʔmxʷáyns *toothless (dimin)* | tkʷáynəs *break tooth* | tkʷíns *break tooth* | x̌ɬáynəs *toothache*}

= ŋin a piece, part of some larger object or collection. [Minor variants have reduced vowel or initial /n/ or missing /n/ following a stem-final nasal.] {ʔəxínəŋən *whole body* | ʔiɬənínəŋ *eat meal* | cáwŋən *shore* | c̓x̌nín *secondhand* | c̓x̌ninawtxʷ *secondhand store* | čiʔáŋən *ancestor* | čičiyáŋən *ancestors* | čɬčxčəŋín *patient* | čxčŋín *wise* | kʷaʔčiʔŋéʔnəŋ *breakfasting* | kʷáʔŋən *trash* | kʷanáŋən *lost* | kʷčiʔŋínəŋ *breakfast* | kʷənsíŋən *breakfast* | ɬaʔɬəŋŋín *small piece* | ɬəŋɬəŋŋín *pieces* | ɬəŋŋín *piece* | ɬəyaʔɬəŋŋín *small pieces* | ɬəyíčŋən *boards* | ɬícŋən *plank* | nəxʷskʷánŋən *abandoned person*

| qáyiʔŋən *short mats* | qáy̕ŋən *short mat* | qíxŋən *shavings* | q̕aʔtəŋéʔnəŋ *eating dinner* | q̕átŋən *milt sac* | q̕áy̕ŋən *camp* | q̕itəŋínəŋ *eat dinner* | stəŋiʔŋínəŋ *supper* | sxʷčiyaŋənáwtxʷ *museum* | sxʷkʷáʔŋənúcən *leave food* | sxʷɬəŋŋín *removed part* | sxʷməkʷúsŋən *angelica* | sxʷx̣ánaʔŋən *tracks* | štáŋəŋən *foot path* | taʔŋiʔŋéʔnəŋ *supper* | tə́nčŋən *footstep sound* | təŋiʔŋínəŋ *supper* | titə́nčŋən *footstep sounds* | x̣aʔičisə́ŋən *Smyth Head spring* | x̣čŋənáwtxʷ *library* | x̣čŋín *thought* | x̣čŋináy *computer* | x̣čŋínəŋ *plan* | x̣čŋíntəŋ *be made to think* | x̣čŋíntxʷ *decide on* | x̣ə́naʔŋən *footprints*}

= **ŋinkʷ** creature. [recorded in only one word] {nəxʷx̣əńŋínəkʷ *all creatures*}

= **ŋixʷ**[1] being, having potential spirit power. [Minor variants have reduced or deleted vowel.] {ʔaʔcɬtińíxʷəŋ *speaking Indian* | ʔaʔəcɬtáyŋxʷ *small person* | ʔaʔyəcɬtáyŋxʷ *people* | ʔayx̣ʷíyŋəx̣ *village* | ʔəcɬtáyŋxʷ *person* | ʔəcɬtáyŋxʷtəŋ *be made Indian* | ʔəcɬtińíxʷəŋ *talk Indian* | ʔəcɬtińíxʷɬ *Indian* | ʔəcɬtińxʷáwtxʷ *Indian house* | ʔəxʷíyŋxʷ *village* | naʔčań̕íxʷəŋ *talking foreign language* | naʔčáʔuŋəxʷ *foreign* | nəyaʔčáʔuŋəxʷ *foreigners* | ŋəcáʔiʔŋəxʷ *Nitinaht* | qʷaʔqʷiʔstáyŋəxʷ *dwarf* | sqaʔqiʔáyŋəxʷ *small tree* | sqaʔyaʔqiyáyŋəxʷ *small trees* | sqiqəyáyŋəxʷ *trees* | sqiyáyŋxʷ *tree* | sq̕ʷaʔháʔuńəxʷ *amongst* | stáyŋəxʷ *medicine* | taʔtáʔciŋəxʷ *animals* | taʔtaciŋxʷúyɬ *young animals* | taʔyataciŋxʷúyɬ *young animals (pl)* | tiyaʔtáciŋəxʷ *animals (pl)* | tkʷáyŋxʷ *Freshwater Bay* | ɬińíxʷc *medicate me/you* | ɬińíxʷəŋ *medicate* | ɬińíxʷt *medicate* | ɬińíxʷtəŋ *be medicated*} VAR: =**məxʷ** [This variant occurs in only one word.] {nəxʷsx̣ʷiy̕ʔáməxʷ *good provider*}

= **ŋixʷ**[2] breast. [usually appears unstressed as =ŋəxʷ] {čiʔqáyŋəxʷ *big bosom* | čaʔčáyŋəxʷ *milking* | ččáyŋəxʷ *milk cow* | čəciŋíxʷt *milk it* | čičéʔŋəxʷt *milking it (pl)* | ŋəńáyəŋəxʷ *much milk* | sməcáyŋəxʷ *butter* | sməciŋəxʷ *butter*}

= **qin** voice. [Minor variants have a reduced or deleted vowel.] {nəxʷcəʔítqən *honest* | nəxʷčaʔčaʔtqín *translate* | nəxʷɬəŋqínəŋ *clear throat* | nəxʷɬəŋqéʔnəŋ *clearing throat* | nəxʷpáʔstənqən *English* | nəxʷpástənqən *speak English* | nəxʷscáʔcqən *translator* | pastənqéʔnəŋ *speaking English* | šxʷmáčqən *brains* | xʷaʔnéʔtamqən *speaking English* | xʷanítəmqən *speak English*}

= **s** day. {čə́saʔəs *two days* | kʷáy̕əs *warm* | k̕ʷíns *how long*}

= **sən** foot. {ʔəčsánəŋ *wipe feet* | ʔəsciyaysə́ńtən *mat making* | ʔəstəŋɬənsə́n *barefoot* | ʔəsɬə́ŋsən *shoeless* | ʔəsq̕ə́m̕sən *one-legged* | ʔəsqʷaʔyíxsən *hang legs down* | ʔəsqʷiʔq̕ʷéʔsən *hang down* | ʔəstaʔyúxʷsən *hold legs out* | ʔiyəmiʔásən *strong legged* | ʔiyəmsə́n *strong footed* | caʔyəsə́ntən *mat* | cixsə́nəŋ *kicking* | cúʔisən *toe* | cxsə́nəŋ *move feet* | čaʔkʷsə́nəŋ *wash feet* | čaʔsə́nəŋ *stand on* | ččaʔkʷsə́nəŋ *washing feet* | čssənáŋ *be hit on foot* | čssánt *hit foot* | čssə́ntəŋ *be hit on foot* | čənəsə́nəŋ *take step* | čiqsə́n *big feet* | čqsə́n *large foot* | čssə́nkʷɬ *bicycle* | čaʔx̣ásən *boot* | čaʔyəx̣ásən *boots* | čəysúysən *toenails* | čšúysən *toenail* | húʔptsən *deer hoof* | kʷiʔxsə́nəŋ *moving feet* | k̕ʷássən *scald foot* | k̕ʷəyássən *burn foot* | ɬaʔqʷsə́nəŋ *licking foot* | ɬaʔyík̕ʷsən *trip* | ɬcsə́n *cut foot* | ɬcsə́nəŋ *be foot cut* | ɬcsə́nnəxʷ *cut foot* | ɬcsə́nt *cut foot* | ɬcsə́nt *cutting foot* | ɬéʔxsən *stiff* | ɬəŋsə́n *have shoes off* | ɬəŋsə́nəŋ *take off shoes* | ɬəŋsə́nəŋ *taking off shoes* | ɬəpsə́n *miss step* | ɬícsən *cut foot* | ɬík̕ʷsən *trip* | ɬík̕ʷsənəŋ *trip* | ɬk̕ʷsə́nət *trip* | ɬɬéʔxsən *stiff* | ɬqʷsə́nəŋ *lick foot* | ɬq̕ʷsə́nəŋ *uncover* | x̣̕aʔpsə́nəŋ *feeling with feet* | x̣̕áyucsən *stop feet* | x̣̕əm̕sə́n *bump foot* | x̣̕əpsə́nəŋ *feel with feet* | x̣̕tá́ʔsən *instep* | x̣̕úmsən *shoe fits* | naʔyúq̕ʷsən *step in something* | nəčə́qsən *sprain ankle* | nəqʷčáyəsən *my dear* | nəw̕ə́sə́n *go in foot* | nuʔsə́nəŋ *put pants on* | nuʔsə́nəŋ *putting pants on* | nuʔsə́ntən *pants* | ŋəq̕ʷsə́n *blow out* | ŋəq̕ʷsə́nnəxʷ *blow out a tire* | ŋəyə́q̕ʷsən *step in* | p̕ə́qsən *white foot* | qəqsə́nt *bind legs* | qqsə́ntəŋ *legs bound* | qəməsə́nət *cut leg off* | qəm̕sə́n *cut foot* | qʷaʔyəcə́yəsən *canes* | qʷčáysən *cane* | qʷənq̕ʷínsən *helmet crab* | qʷɬáyšən *shoe* | q̕ʷx̣̕éʔqʷsən *pass it* | saʔsə́nəŋ *lift foot* | scaʔctúysən *big toe* | sciyəctúysən *big toes* | sčičiʔásən *have shoe on wrong foot* | sčičx̣úysən *toes* | sčssínkʷɬ *bicycle* | sčuɬásən *wooden leg* | sčx̣úysən *toe* | sčəyəšúysən *toenails* | sx̣̕tá́ʔsən *arch of foot* | sməyəcásən *elk hoof* | smiməyəcásən *elk hooves* | snə́q̕ʷsən *step in excrement* | sxʷcáʔiy̕sən *canoe mats* | sxʷcə́y̕sən *canoe mat* | sx̣ə́nəsən *foot* | sx̣iʔsə́n *foot tattoo* | sx̣x̣ínəsən *feet* | šaʔsə́nəŋ *walk softly* | šaʔšə́čqsən *swagger* | tčsə́n *poke foot* | tkʷsə́n *break foot* | tkʷxʷásən *nine points* | ɬiɬʔáysən *tingling foot* | xʷáčsən *rain stops* | xʷtə́qsən *fall through with foot* | x̣áx̣sən *Jamestown sandbar* | x̣ə́naʔsən *footprints* | x̣iʔsə́nt *tattoo leg* | xʷəŋsə́n *walk fast*} VAR: =**šən** {čq̕ʷúʔšən *have partner* | kʷaʔkʷáx̣̕šən *red rock crab* | x̣̕aʔqšə́nəŋ *putting shoes on* | x̣̕áyəqšən *shoes* | x̣̕ə́qšən *shoe* | x̣̕qšə́nəŋ *put shoes on* | qʷaʔšənəc *go with me/you* | qʷaʔšənət *accompany* | qʷaʔšə́nətəŋ *be accompanied* | qʷaʔšə́nti *marry* | sninə́q̕ʷšən *step in excrement* | sq̕ʷə́yašən *companions* | sq̕ʷúʔšən *companion* | sxʷaʔxʷúpšən *wear long clothes* | sx̣ə́pšən *fish tail*}

= **sənət** body. [occurs on only one word] {qaqɬsə́nət *ache*}

= **sińʼ** handle. [This occurs on only two related words. It is possibly two lexical suffixes: 'hand' and 'instrument'.] {x̣̕əyəkʷsíń *handles* | x̣̕k̕ʷsíń *handle*}

=**šən** =foot. *See under:* =sən

=**tasəŋ** time. [occurring on only one word] {ʔiʔətásəŋ *good time*}

=**tən** instrument, tool, useful object. {ʔəm̓q̓ʷúʔtən *swing* | ʔəsciyaysə́ntən *mat making* | caʔyəsə́ntən *mat* | cə́ŋaʔtən *tumpline* | cɬə́q̓ʷtən *hole punch* | čaʔcítən *table* | čaʔčaʔcítən *small table* | čáŋətən *bailer* | čayəcítən *tables* | čéʔtən *table* | čə́stən *hammer* | čístən *horn* | čáytən *tool* | čičəyíq̓ʷtən *Sasquatch* | čq̓áytən̓ *grindstone* | k̓ʷə́čtən *salmon knife* | ɬaʔɬə́ptən *small eyelash* | ɬəyaʔɬə́ptən *small eyelashes* | ɬə́yəptən *eyelashes* | ɬík̓ʷəntən *suspenders* | ɬxə́ntən *rug* | ƛ̓k̓ʷə́ntən *handle* | mímxʷtən *sleeping lady mountains* | nuʔsə́ntən *pants* | ŋaʔsə́ntən *anchor* | pə́k̓ʷəŋtən *float* | qəmtə́n *iron* | qiʔəxátən *arm band* | qʷiʔtə́n *bailer* | sɬícaʔq̓ʷtən *haircut* | sqʷáytən *language* | sqʷúʔtən *bucket* | swə́ytən *fishing gear* | sxʷʔə́mutən *bow* | sxʷčsátən *triton* | sxʷčayčiʔə́q̓ʷtən *south wind* | sxʷŋəcáyətən *brains* | sxʷq̓ʷáʔətən̓ *juice* | sxʷq̓ʷáytən *voice* | sxʷq̓ʷúq̓ʷaʔtən *drinking straw* | xčə́ŋtən̓ *adviser*} VAR: =tən̓ {ɬə́ptən̓ *eyelash*} VAR: =ən {ʔaʔčənúk̓ʷən *mop* | ʔaʔixʷənúk̓ʷən *brooms* | ʔaʔxʷáyən̓ *net fishing* | ʔəčnúk̓ʷən *broom* | ʔənəq̓xúsən *black face paint* | ʔəq̓ʷáyən *dip net* | ʔəslakəlín *locked* | ʔəspaʔyúxʷən *sails* | ʔəspúʔxʷən̓ *be sailing* | ʔəsyəwín̓ *being seer* | ʔəxənúk̓ʷən *broom* | ʔəxʷənúk̓ʷən *broom* | ʔəxʷáyən *net* | caʔyísən *nails* | cíqən *canoe pole* | císən *nail* | ciyaʔməcísən *finger* | čaʔú̓ʷən *thing used* | čən̓syə́wən *December* | čq̓ə́n̓ *file* | čšyaʔwín̓ *having spirit song* | čšyə́wən *have spirit song* | čúƛən *spinning machine* | čyáʔwənɬ *dancer* | čyáʔwən̓ *spirit dancing* | čyə́wən *spirit dance* | č̓áʔcən *needle* | č̓áʔyáʔcən *needles* | č̓ə́ńcən *clothespin* | čiʔicísən *poker* | čiƛaháysən *hail* | čk̓ʷə́xən *frying pan* | hə́mən *hammer* | hə́mənt *hammer it* | hə́məntəŋ *be hammered* | hə́məntxʷ *hammer* | k̓ʷaʔk̓ʷənísən *small button* | k̓ʷaʔk̓ʷúʔxʷən̓ *small dancing pole* | k̓ʷaʔyənísən *buttons* | k̓ʷácən *cant hook* | k̓ʷənísən *button* | k̓ʷəyaʔk̓ʷúʔxʷən *small dancing poles* | k̓ʷə́yəxʷən *dancing poles* | k̓ʷúxʷən *dancing pole* | lakəlínəŋ *lock* | ɬaʔɬúʔpən̓ *small spoon* | ɬaʔyəq̓ʷə́čən̓ *dried fish (pl)* | ɬaʔyúpən *spoons* | ɬcayáʔcən *saw* | ɬcíŋən *comb* | ɬəyəcíŋən *combs* | ɬík̓ʷən *gaff hook* | ɬík̓ʷəntən *suspenders* | ɬqʷə́čən̓ *dried fish* | ɬɬíʔəwʔisən *fishing rod* | ɬúpən *spoon* | ɬxənúk̓ʷən *floor boards* | ɬx̣ə́n *rudder* | ƛaʔƛk̓ʷuʔyáʔsən *small drumstick* | ƛcáčən *belt* | ƛk̓ʷuʔyáʔsən *drumstick* | ƛšnúk̓ʷən *plow* | nəxʷčə́snəŋ *knocking* | nəxʷcə́snəŋ *knock* | nuʔəcísən *glove* | paʔxʷə́nəŋ̓ *sailing* | paʔyúxʷən *sails* | pcúk̓ʷən *mat* | piq̓ʷəyéʔčən *powdered sugar* | púxʷən *sail* | pxə́nəŋ *put up sail* | pə́k̓ʷən *float for fishing* | qaʔyáqən *poles* | qáqən *pole* | q̓čák̓ʷən *scissors* | q̣túysən *band* | qʷíwq̓ən *chimney thimble* | q̓ʷq̓ʷúʔəŋən *kelp* | q̓ʷúk̓ʷən *canoe pole* | scaʔyətə́ŋxʷən *lands* | sctə́ŋxʷən *land* | sk̓ʷéxʷən *cow name* | sk̓ʷásən *toaster* | sɬipík̓ʷən *wrinkled* | stk̓ʷuʔéʔčən *shoelaces* | sƛcayúsən *fishing line* | spcák̓ʷən *tarp* | spiʔəq̓ʷúsən *face powder* | sqəyəwáčən *diaper* | staʔyákən̓ *socks* | stákən *sock* | stə́ŋəsən *braid* | suʔəcísən *finger ring* | suʔsuwəcísən *rings* | sxʷʔəččísən *hand towel* | sxʷʔəčúsən *towel* | sxʷcɬə́q̓ʷən *awl* | sxʷcaʔcaʔwáčən *small chair* | sxʷcaʔkʷcísən *hand basin* | sxʷcaʔk̓ʷúsən *basin* | sxʷcaʔwáčən *chair* | sxʷcaʔčənáyə *sewing box* | sxʷk̓ʷənisənáy *button box* | sxʷk̓ʷaʔk̓ʷənáysən *curtain* | sxʷk̓ʷaʔk̓ʷənúsən *window* | sxʷk̓ʷúŋən *throat* | sxʷɬaʔyíq̓ʷən *cheeks* | sxʷɬxáčən *floor* | sxʷƛ̓čík̓ʷən *underwear* | sxʷƛ̓əyəčík̓ʷən *underwear (pl)* | sxʷƛ̓péʔwən *shirt* | sxʷŋíqən *pole* | sxʷqqík̓ʷən *dancer's belt* | sxʷtitqən *lids* | sxʷtɬə́n *cover, lid* | sxʷtqə́n *lid* | sxʷxəmúsən *curtain* | sxʷxəyúsən *picture* | sxʷiʔxʷaʔyəwáčən *lizard* | sxʷixʷiyəwáčən *lizards* | syə́wən *power song* | syəwín̓ *blue jay power* | šaʔšéʔpən *small knife* | šaʔyípən *knives* | ščéʔq̓ʷən *billy club* | ščə́n *club* | šípən *knife* | taʔyəčən̓ *spears* | takən̓hə́nəŋ *put on socks* | tčən̓ *spear* | təməɬúsən *red face paint* | tqáʔpən *trapping fish* | tqápən *trap fish* | tšéʔq̓ʷən *comb* | xʷik̓éʔq̓ʷən *head scarf* | xʷik̓ʷuʔáčən *diaper* | x̣áƛən *tide* | xčən *authority* | xiʔə́n *pen* | xɬə́n *slingshot* | x̣íq̓ʷən *iron* | x̣úq̓ʷən *canoe pole* | yəq̓ə́n *measurer* | yəyəq̓ə́n *measurers*} VAR: -ən {txə́nəŋ *go a particular way* | x̣ə́šən̓ *trap*}

=**tm̓** ball. [occurs in some words before the face or forehead lexical suffixes] {qaʔqtəmús *play ball* | qaʔqtəmúsəŋ *play ball* | qaqtəmúys *playing ball* | qəyəqtəmús *balls* | sqaʔqtəmús *ball* | sqaʔqtəmúsəŋ *ball game* | təčtəmúys *billiards*}

=**uʔc** =fire. *See under:* =iwc

=**uʔɬ** =child. *See under:* =əčɬ

=**uc**[1] =fire. *See under:* =iwc

=**uc**[2] =mouth. *See under:* =ucən

=**ucən**

1. mouth. [The two meanings 'mouth' and 'edge' are probably related in the view of the body as a container with the mouth as its rim/edge.] {ʔəmxʷúcən *harvest fruit* | ʔəm̓xʷúcən̓ *picking berries* | ʔəspáɬucən *absent-minded* | ʔəsqʷaʔnúcən *bewhiskered* | ʔəsyəcúcən̓ *mouth full* | caʔcəc̓psiʔúcən *small squirrel* | cəc̓psiʔúcən *squirrel* | čaʔčaʔyúcən *talk too much* | čə́nəcən *mouthful of teeth* | čɬtúcən *thick lip* | čqúcən *big mouth* | čštaŋúcən *take home* | čxʷiʔxʷiʔúcən *Dry Creek* | k̓ʷənúcən *sing spirit song* | k̓ʷənucənhíyɬ *go to spirit dance* | k̓ʷiynúcən̓ *spirit songs* | k̓ʷaʔyəsúcən *scorch mouth* | k̓ʷsúcən *burn mouth* | ɬaʔcúcən *cutting mouth* | ɬaʔčiʔúcən *chilly* | ɬcúcən *cut mouth* | ɬcúcənnəxʷ *cut mouth* | ɬəŋúcən *remove mouth*

| łipúcən *wrinkled mouth* | ƛ̕aʔƛ̕aʔúcən *small mouth* | ƛ̕əmúcən *bumped on mouth* | ƛ̕əmúcən *say right* | ƛ̕iyúcən *shut mouth* | maʔk̕ʷúcən *kissing* | məčúcən *Metchosin* | ʔəmx̌ʷcəníył *going to pick berries* | ʔəshúccən *be finished eating* | haʔyúccən *finish eating (pl)* | húʔčcən *finishing eating* | húccən *finish eating* | mək̕ʷúcən *eating leftovers* | nəx̌ʷsx̌ay̕əmúcən *Klallam language* | nəx̌ʷsx̌ay̕əmúcən *speaking Klallam* | nəx̌ʷtčúcən *answer* | qəyəx̌úcən *proudly lie* | qaʔq̕ən̕úcən *eat slow* | qʷənqʷínəcən *whiskers (pl)* | qʷəwəŋhúcən *warm up* | qʷínəcən *whiskers* | scəyəłúcən *upper lips* | scłúcən *upper lip* | sc̕aʔmúcən *jaw* | sən̕úcən *ebb* | skʷənəŋúcən *leftovers* | skʷənúcən *spirit song* | słipúcən *lip* | słx̌ʷaʔmúcən *saliva (mouth)* | sx̌čúcən *chin* | sx̌əyəčúcən *chins* | sxʷkʷáʔŋənúcən *leave food* | sxaʔsúcən *bad mouth* | taʔŋənúcən *eating supper* | táyəcən *respond* | tayúcən *answering* | titáyəcən *respond (pl)* | titkʷúcən *break jaw* | tən̕úcən *flow* | tiłiyúcən *tingling mouth* | xʷanitəmúcən *speak English* | x̌ʷəŋúcən *eat/talk fast* | yəcúcən *full mouth*} VAR: =cin {ʔəxcéʔnəŋ *shaving* | ʔəxcínəŋ *shave*} {c̕aʔk̕ʷcéʔnəŋ *washing mouth* | c̕aʔk̕ʷcínəŋ *wash mouth* | c̕aʔk̕ʷcinísəŋ *clean teeth* | ččtəŋxʷcínəŋ *hoot* | kʷaʔk̕ʷxcéʔnəŋ *screaming a little* | kʷaʔk̕ʷxcínəŋ *scream* | kʷaʔxcéʔnəŋ *screaming* | kʷxcínəŋ *scream* | k̕ʷəncínəŋ *cook* | k̕ʷənk̕ʷəncínəŋ *cook* | k̕ʷəncéʔnəŋ *cooking* | łccínəŋ *cut mouth* | ləməcínəŋ *lick lips* | ləmləmcínəŋ *lightning* | ləmłaʔməcéʔnəŋ *licking lips* | łpcéʔnəŋ *stuttering* | ƛ̕əmƛ̕əmcéʔnəŋ *thunder* | ƛ̕əmƛ̕əmcínəŋ *thunder* | nəx̌ʷsk̕ʷəncínəŋ *cook* | q̕ʷaʔcínəŋ *share food*} VAR: =uc {ʔəmx̌ʷúct *harvest fruit* | k̕ʷənúcən *sing power song* | maʔk̕ʷúct *kissing* | mək̕ʷúct *kiss someone* | mək̕ʷúctəŋ *be kissed* | nəx̌ʷmaʔk̕ʷcíti *kissing each other* | nəx̌ʷmaʔk̕ʷúctəŋ *be kissed* | nəx̌ʷmək̕ʷúcc *kiss me/you* | nəx̌ʷmək̕ʷúct *kiss* | nəx̌ʷtčúc *answer me/you* | nəx̌ʷtčúct *answer*} VAR: =ci {waʔxwəxłcítəŋ *March*}
2. edge. {q̕túcən *follow the beach* | tłuʔúcən *on this edge*} VAR: =cin̕ {łq̕cín̕ *opposite side*} VAR: =cin {łq̕cínəŋ *go to opposite side* | tccéʔnəŋ *walking along water* | tccínəŋ *go along edge*} VAR: =cən {ʔíyəcən *edge* | ləŋácən *go along edge* | nəẃəcən *be across* | sʔíycən *edge* | txʷnəẃəcən *on the other edge*} VAR: =ic {čx̌íct *demolish* | łuq̕ʷíct *uncover* | nəx̌ʷčx̌íctəŋ *split in two* | nəx̌ʷčx̌íct *demolish* | nəx̌ʷčx̌íctəŋ *be demolished*} VAR: =uc {ʔəsʔéʔəyuc *river mouth* | ʔəyuc *sharp* | ʔəyucəqsən *sharp nose* | ʔəyucəqst *sharpen point* | ʔəyuct *sharpening* | ʔiyaʔcəqsən *sharp point* | ʔiyəcícən *rock cod* | ʔiyəcíłč *brambles*}

=**uk** =ground. See under: =ənukʷ

=**ukʷł** =conveyance. See under: =akʷł

=**uł** =conveyance. See under: =akʷł

=**ułən** rib. {sc̕aʔmúłən *skeleton* | titkʷúłən *break ribs* | tkʷúłən *break rib*}

=**uməš** type, kind, like. [Minor variants have reduced or deleted vowels.] {ʔəyúməš *good like* | ʔiyəmáyəmš *strong type* | cicaʔcəm̕úməš *like bird* | k̕ʷəmk̕ʷaʔmáyəmš *concerned* | nəx̌ʷsx̌əyáyəmš *Klallam people* | qaʔqiyəmáyəmš *weak kind* | sʔiłənúməš *like food* | skʷičiʔúmš *sea-egg like* | staniʔúməš *woman like* | sqaʔtiʔúməš *acting crazy* | sqatihúmš *act crazy* | sqaxaʔúməš *like dog* | sqʷaʔqʷúʔməš *Skokomish* | sẃəyqaʔúməš *man like* | sxʷak̕ʷihúmš *act stupid* | xʷanitəmúmš *looks white*}

=**unəqʷ** weather. [This is recorded in just one word. It may be a variant of the 'sky' suffix.] {łaʔcihúnəqʷ *cold weather*}

=**uŋt** place. [found in only one word] {ʔaʔčšúŋət *change places*}

=**us** face. [Minor variants involve the reduction or deletion of the vowel.] {ʔaʔčúsəŋ *wiping face* | ʔəčúsəŋ *wipe face* | ʔənəq̕xúsən *black face paint* | ʔəstik̕ʷáy̕əs *hanging* | ʔəsxʷcácaʔk̕ʷs *clean face* | ʔəsxʷčəʔčáy̕xʷs *a little tipsy* | ʔəsxʷčáy̕x̌ʷs *tipsy* | ʔəsxʷłáyps *wrinkled* | ʔəsxʷnaʔnáʔyaʔŋəs *smiling* | ʔəsxʷnəčáŋəs *smiling* | c̕ac̕əməsáy̕s *flirting* | c̕aʔk̕ʷúsəŋ *wash face* | c̕aʔpúsct *hide behind* | c̕aʔsústiʔ *punching each other* | c̕c̕aʔk̕ʷúsəŋ *washing face* | cicsúsc *punch face me/you (pl)* | cq̕ʷúʔsəŋ *looking down* | cq̕ʷús *head hanging down* | cq̕ʷúsəŋ *look down* | cq̕ʷúst *nod to* | cq̕ʷústəŋ *be nodded to* | csúsc *punch me/you in face* | csústi *punch each other* | caʔčyaŋəs *hanging* | cəyáʔŋəs *hang* | čáy̕əs *look back* | čáy̕əstxʷ *let look back* | čáy̕s *looking back* | čiʔúʔsəŋ *looking away* | čiʔús *looking back* | čiʔúsəŋ *look away* | čičk̕ʷikʷúʔsəŋ *paddle hanger* | čicxústəŋ *torn face* | čx̌úʔstəŋ *torn face* | čx̌ús *tear face* | čx̌úst *tear face* | čx̌ústəŋ *be torn face* | čx̌ʷúʔstəŋ *being spit on* | čx̌ʷúsc *spit on me/you* | čx̌ʷúst *spit face* | čx̌ʷústəŋ *be spit on* | ččúsc *hug me/you* | čəypúsəŋ *turn over* | čipəyúsəŋ *roll over* | kʷaʔtúsəŋ *looking up* | kʷək̕əmús *confused* | kʷənəsáẃtxʷ *Indian dance house* | kʷtús *look up* | kʷtúsəŋ *look up* | kʷtúst *turn up* | kʷtústəŋ *be turned up* | k̕ʷənúʔəs *looking* | k̕ʷənús *look* | k̕ʷənúst *look in the face* | k̕ʷənústəŋ *looked at in the face* | łaʔcúst *cutting face* | łaʔx̌ʷúʔstəŋ *being reprimanded* | łcús *cut face* | łcúsnəxʷ *cut face* | łcúst *cut face* | łcústəŋ *be cut face* | łikʷúst *hook face* | łikʷústəŋ *be hooked in face* | łqʷúst *lick face* | łqʷústəŋ *be face licked* | łx̌ʷúʔst *reprimanding* | łx̌ʷúsc *reprimand me/you* | łx̌ʷuscícəŋ *reprimand for me/you* | łx̌ʷusít *reprimand* | łx̌ʷusítəŋ *be reprimanded* | łx̌ʷúst *reprimand* | łx̌ʷústəŋ *be reprimanded* | ƛ̕əmúsəŋ *bump face* | ƛ̕tús *arrogant* | ƛ̕túst *splash face* | ƛ̕tústəŋ *be splashed face* |

= **uwíɬ**

naʔnə́yəŋústəŋ *being made to laugh* | naʔnəyəŋústxʷ *making laugh* | naʔqʷúsəŋ *bending down* | nəqʷúsəŋ *bend down* | nəxʷʔaʔcúsəŋ *wiping face* | nəxʷʔcústəŋ *have face wiped* | nəxʷʔəčúsəŋ *wipe face* | nəxʷʔəčúst *wipe face* | nəxʷčaʔkʷúsəŋ *wash face* | nəxʷčaʔsústiʔ *boxer* | nəxʷc̓súsc *punch me/you in face* | nəxʷc̓súsənəŋ *be hit in face* | nəxʷc̓súsəŋ *hit face* | nəxʷc̓súst *punch in face* | nəxʷc̓sústəŋ *get hit face* | nəxʷčšúsnəxʷ *hit face* | nəxʷčšúst *throw face* | nəxʷčšústəŋ *be hit face* | nəxʷčúƛ̓s *spin wool* | nəxʷc̓ə́nəŋəs *shaking face* | nəxʷc̓əŋúsəŋ *bend over* | nəxʷc̓əŋúst *bend over* | nəxʷk̓ʷcústəŋ *get crooked face* | nəxʷɬaʔqʷúst *licking face* | nəxʷɬcús *cut face* | nəxʷƛ̓əmús *bump face* | nəxʷƛ̓əmúst *bump face* | nəxʷƛ̓kʷúsəŋ *cross oneself* | nəxʷməsúst *fold it* | nəxʷnaʔnə́yəŋəs *smiling* | nəxʷnəčə́ŋəs *smile* | nəxʷpqús *white face* | nəxʷqaʔyəxúsəŋ *showing off* | nəxʷqáyəxs *proud* | nəxʷqəyəxúsəŋ *show off* | nəxʷsaʔskʷiʔúsəŋ *whistling tune* | nəxʷsqáʔyixs *black people* | nəxʷsqíxs *black person* | nəxʷšaʔcúst *slapping face* | nəxʷšaʔƛúsəŋ *brag* | nəxʷšaʔšƛúsəŋ *bragging* | nəxʷščúst *slap someone*} {nəxʷščústəŋ *be slapped* | nəxʷšəycúst *slap in face repeatedly* | nəxʷtəmɬúsəŋ *paint face* | nəxʷx̌aʔsúsəŋ *shake head* | nəxʷx̌aʔcústəŋ *being scratched on face* | nəxʷx̌cúst *scratch face* | nəxʷx̌cústəŋ *be scratched on face* | nəxʷx̌iʔəsáys *taking pictures* | nəxʷx̌iʔúʔsəŋ *taking a picture* | nəxʷx̌iʔúʔst *taking picture* | nəxʷx̌iʔúʔstəŋ *getting picture taken* | nəxʷx̌iʔúsəŋ *take picture* | nəxʷx̌iʔúst *take picture* | nəxʷx̌iʔústəŋ *be photographed* | paʔsúsəŋ *going against* | piq̓ʷúsəŋ *powder face* | pšús *head tide* | pšúsəŋ *go against* | paʔkʷúsəŋ *fish surfaces* | qaʔqtəmús *play ball* | qaʔqtəmúsəŋ *play ball* | qaʔyəsə́ŋəc *look away from me/you* | qaʔyəsə́ŋət *looking away* | qaʔyúsəŋ *looking away* | qayəxúsəŋ *brag* | qáyxs *falsely proud* | qəyəqtəmús *balls* | qəyəsə́ŋət *look away from* | qəyús *look away* | qəyúsəŋ *look away* | qəyúst *look away from* | qəyústəŋ *be looked away from* | qəy̓ús *looking away* | qqaʔáʔyəs *looking away* | qqáyxs *little liar* | qəmúst *cut in on* | qəmústəŋ *be cut in on* | qtiʔúsəŋ *go around* | qtústxʷ *take around* | qʷáqʷiʔ x̌iyús *television* | qʷayúst *talk to* | qʷayústəŋ *get talked to* | qʷəyaʔməstín *be hugged* | qʷəyaʔmústəŋ *be hugged* | qʷəyəmúst *hug* | q̓ʷƛ̓úʔəsəŋ *looking this way* | scə́yəyús *elders* | scə́yús *elder* | səyəq̓úsəŋ *whirlwind* | siq̓úst *turn it around* | spəyq̓ʷúsəŋ *face powder* | spiʔyəq̓ʷúsən *face powder* | spaʔyák̓ʷs *floats* | sqaʔqtəmús *ball* | sqaʔqtəmúsəŋ *ball game* | sqʷay x̌iyúst *television* | sqʷuʔús *teardrop* | sx̌ʷʔəcúsən *towel* | sx̌ʷčaʔkʷúsəŋ *basin* | sx̌ʷc̓q̓ús *dirty face* | sx̌ʷc̓úʔməs *cheek bone* | sx̌ʷčaʔčə́yx̌ʷs *tipsy* | sx̌ʷk̓ʷaʔk̓ʷənúsən *window* | sx̌ʷk̓ʷəyaʔk̓ʷənúsən *windows* | sx̌ʷməkʷúsŋən

= **uyəs**

angelica | sx̌ʷqʷəyúʔus *tears* | sx̌ʷqʷúʔəs *baby born at time of a death* | sx̌ʷx̌əmúsən *curtain* | sx̌ʷx̌əyúsən *picture* | sx̌ʷx̌əyx̌əyús *pictures* | sx̌ʷx̌iʔsáys *camera* | sx̌ʷx̌iyúsəŋ *camera* | sx̌iʔús *picture* | sx̌ʷúŋəs *tears* | šaʔšpiʔúsəŋ *whistling tune* | šaʔštəŋúsəŋ *take a short walk* | ščúst *hit face* | ščústəŋ *be hit in face* | štəŋúsəŋ *take a walk* | štəŋúst *take for a walk* | štəŋústəŋ *be taken for a walk* | taʔáʔyəs *going upstream* | taʔtəmɬs *Wolfe Island* | təməɬúsən *red face paint* | təməɬúsəŋ *paint face* | tɬús *lie on stomach* | tɬúsəŋ *face down* | tɬúst *upside down* | tɬústəŋ *be upside down* | txʷiʔúsəŋ *go ashore* | txʷnúʔəsəŋ *face toward* | txʷúsəŋ *beach canoe* | txʷúst *beach canoe* | taʔtənústi *side-by-side* | tə́ńəs *sit beside* | tiqsáys *waving* | tiqúst *wave at* | tiqústəŋ *be waved at* | txayúsəŋ *tell off* | txayúst *tell off* | txayústəŋ *be told off* | xʷaʔsúsəŋ *shaking head* | xʷiʔk̓ʷúʔst *dragging them* | xʷsúsəŋ *shake head* | xəycústəŋ *be scratched on face* | xəyúst *draw picture* | xəyústəŋ *be drawn* | xəyústi *photo each other* | xiʔsáys *photographing* | xiyusáysəŋ *photographing* | xiyúsəŋ *picture* | xʷaʔxʷúʔəstəŋ *being mocked* | xʷənaʔŋús *look like* | xʷənúʔəs *facing* | xʷənúʔəsəŋ *facing* | xʷənúʔəstəŋ *be put facing* | xʷənúʔəstxʷ *put facing* | xʷiynúʔəs *facing (pl)* | xʷúʔəst *mimic* | xʷúʔusti *mimic each other*}

= **uwíɬ** =child. *See under:* =əčɬ

= **uy** digit, finger, toe. [always precedes the 'hand' or 'foot' suffix] {scaʔctúycs *thumb* | scaʔctúysən *big toe* | sciyəctúycs *thumbs* | sciyəctúysən *big toes* | sčičxúysən *toes* | scxúycs *finger* | scxúysən *toe*}

= **uyəɬ** =child. *See under:* =əčɬ

= **uyəs**[1] forehead, round, ball-shaped object. {ʔəsčiʔúʔyəs *backwards* | ʔəsiqəmúʔis *spherical* | čɬtúyəs *orange* | čɬtuyəsháyəs *orange color* | čxúyəst *split forehead* | čxúyəstəŋ *split forehead* | čxúystəŋ *torn forehead* | čxʷúystəŋ *be spit on* | čxʷúystəŋ *being spit on* | čipiʔúʔyəsəŋ *rolling* | čipiʔúysəŋ *roll* | čipiʔúʔis *roll* | ɬaʔcúyst *cutting forehead* | ɬaʔɬtíʔəwʔis *casting* | ɬcúyəs *cut forehead* | ɬcúyəsəŋ *cut forehead* | ɬcúyəst *cut forehead* | ɬəytiʔúʔis *casting* | ɬiqʷúyəstəŋ *be peeled off* | ɬqʷúyəst *peel off* | ɬtiʔúʔis *cast* | ɬtiʔúʔisəŋ *cast* | ɬuʔqʷúyst *peeling it* | ƛ̓əmúyəs *bump forehead* | ƛ̓iʔxʷúys *cranberry* | ƛ̓ixʷúysíɬč *cranberry plant* | maʔməkʷiʔúʔyəs *hunched* | məkʷúyəsəŋ *berry forms* | mičiʔúʔisəŋ *roll over* | mičiyúʔyəst *roll it* | qaʔxúys *peeling* | qaqtəmúys *playing ball* | qxúyəsəŋ *peel fruit* | qxúyəst *peel fruit* | qipúysəŋ *curl hair* | qtúysən *band* | scəyəɬúys *foreheads* | scɬúys *forehead* | sčiʔúʔis *ancestor* | sčičiʔúʔis *ancestors* | siqiʔúʔis *round* | siqiʔúʔisəŋ *go round* | sƛ̓cúʔis *sinker* | sqtúyəs *headband* | sqʷiqʷəyaʔúyəs *teardrop* | sqʷuʔúyəs *teardrop* | sx̌ʷčiyəwəsáwtxʷ *archive* | sx̌ʷqʷuʔúyəs *baby born at time of a death* |

=**uyəs** təčtəmúy̓s *billiards*} VAR: =uy̓s {ʔəsɬaʔćúy̓səŋ *cutting forehead* | ʔəsmaʔməkʷúy̓s *small lump on forehead* | ʔəsməkʷúy̓s *lump on forehead* | smiʔməkʷúy̓s *lumps on forehead*}

=**uyəs²** =color. *See under:* =ayəs

=**uykʷət** clothing. [This is one of two 'clothing' suffixes. The sense of this one involves the 'outfit' or items of dress aspect of 'clothing'.] {ʔaʔčšikʷə́tən *change clothes* | ʔaʔčšikʷə́təŋ *changing clothes* | ʔaʔčšikʷə́tt *change clothes* | ʔaʔčšikʷə́ttən *have change clothes* | ċaʔkʷiʔkʷə́təŋ *washing clothes* | ċaʔkʷikʷə́təŋ *wash clothes* | ċaʔčiʔkʷə́təŋ *sewing clothes* | sʔəttúykʷt *nightclothes* | sɬəməxʷúykʷt *raincoat* | sɬiɬipúykʷt *shirts* | sɬipúykʷt *shirt* | sməliyúykʷt *wedding gown*}

=**uykʷɬ** side of the body. {čiʔúykʷɬ *change to other side* | x̌əm̓úykʷɬ *bump the side* | x̌qtúykʷɬ *long dress* | saʔyúy̓kʷɬ *moving* | sk̓ʷəŋúykʷɬ *swim suit* | šəyəŋ̓úykʷɬ *Beechey Head* | tkʷúykʷɬ *break rib* | x̣əw̓əsúykʷɬ *new dancer* | x̣əw̓x̣əw̓əsúykʷɬ *new dancers*}

=**uyɬ** =child. *See under:* =əčɬ

=**uy̓ɬ** =child. *See under:* =əčɬ

=**uy̓s** =forehead. *See under:* =uyəs

=**wən** =interior. *See under:* =ikʷən

=**w̓yaʔs** stick, rod. {ɬtíʔəwʔisən *fishing rod* | x̌aʔx̌kʷuʔyáʔsən *small drumstick* | x̌aʔx̌kʷuʔyáʔsəŋ *beat drum* | x̌kʷuʔyáʔsən *drumstick* | x̌kʷuʔyáʔsəŋ *beat a drum*}

Klallam Root Index

√**ʔaʔał** √fix_bed.
  ʔaʔáłəŋ prepare a bed. ⟦√ʔaʔał-ŋ √fix_bed-mdl⟧
√**ʔaʔaŋí** √oldsquaw.
  ʔaʔaŋí oldsquaw. ⟦√ʔaʔaŋí √oldsquaw⟧
√**ʔaʔcaʔkʷł** √thunder.
  ʔaʔcáʔkʷł thunder. ⟦√ʔaʔcaʔkʷł √thunder⟧
√**ʔaʔčš** √change.
  ʔáʔčš change. ⟦√ʔaʔčš √change⟧
    ʔaʔyáʔčš change (pl). ⟦√ʔ<əʔy>aʔčš √change<pl>⟧
    ʔáʔčšt change it. ⟦√ʔaʔčš-t √change-trns⟧
      ʔáyaʔčšt change it (pl). ⟦√ʔ<ay>aʔčš-t √change<pl>-trns⟧
    ʔaʔčšúsəŋ exchange. ⟦√ʔaʔčš-us-ŋ √change-rcpnt-mdl⟧
    ʔaʔčšúst exchange it. ⟦√ʔaʔčš-us-t √change-rcpnt-trns⟧
      ʔaʔčšúsc exchange for me/you. ⟦√ʔaʔčš-us-t-c √change-rcpnt-trns-1obj/2obj⟧
      ʔaʔčšústəŋ be exchanged. ⟦√ʔaʔčš-us-t-ŋ √change-rcpnt-trns-psv⟧
    ʔaʔčšít change it. ⟦√ʔaʔčš-í-t √change-pers-trns⟧
      ʔaʔčšítəŋ be changed. ⟦√ʔaʔčš-í-t-ŋ √change-pers-trns-psv⟧
    ʔaʔčšíti exchange. ⟦√ʔaʔčš-ŋí-ty √change-rel-rcprcl⟧
    ʔaʔčšíct change self. ⟦√ʔaʔčš-í-cut √change-pers-rflxv⟧
    ʔaʔčšúŋət change places. ⟦√ʔaʔčš=uŋt √change=place⟧
    ʔaʔčšíkʷən change clothes. ⟦√ʔaʔčš=iwən √change=interior⟧
    ʔaʔčšikʷátəŋ change clothes. ⟦√ʔaʔčš=uykʷət-ŋ √change=clothing-mdl⟧
      ʔaʔčšikʷátt change clothes. ⟦√ʔaʔčš=uykʷət-t √change=clothing-trns⟧
        ʔaʔčšikʷáttəŋ have change clothes. ⟦√ʔaʔčš=uykʷət-t-ŋ √change=clothing-trns-psv⟧
          ʔaʔčšikʷátəŋ̓ changing clothes. ⟦√ʔaʔčš=uykʷət-ŋ<ʔ> √change=clothing-mdl<actual>⟧
    ʔiʔaʔyaʔčštúʔŋəł Changer. ⟦hy̓-√ʔ<əʔy>aʔčš-t-u<ʔ>ŋł proc-√change<pl>-trans-1plobj<actl>⟧
√**ʔaʔčx̣** √crab.
  ʔáʔčx̣ crab. ⟦√ʔaʔčx̣ √crab⟧
    ʔáyaʔčx̣ crabs. ⟦√ʔ<əy>aʔčx̣ √crab<pl>⟧
    ʔaʔáʔčx̣ small crab. ⟦ʔa+√ʔaʔčx̣ dim+√crab⟧
    ʔəsʔaʔyáʔčx̣ crabbing. ⟦ʔs-√ʔ<əʔy>aʔčx̣ stat-√crab<pl>⟧
      ʔəsʔaʔyaʔčx̣íył go crabbing. ⟦ʔs-√ʔ<əʔy>aʔčx̣-iył stat-√crab<pl>-go⟧
    sx̣ʷʔaʔčx̣áy crab trap. ⟦sx̣ʷ-√ʔaʔčx̣=ayə for-√crab=container⟧
√**ʔaʔkʷus** √teach.
  ʔaʔaʔkʷsáy̓s advising. ⟦ʔa+√ʔaʔkʷus-ay̓s actl+√teach-activ⟧
  sx̣ʷʔaʔkʷsáy̓s teacher. ⟦sx̣ʷ-√ʔaʔkʷus-ay̓s for-√teach-activ⟧
  ʔaʔkʷúst teach someone. ⟦√ʔaʔkʷus-t √teach-trns⟧
    ʔaʔaʔkʷúst teaching someone. ⟦ʔa+√ʔaʔkʷus-t actl+√teach-trns⟧
    ʔaʔkʷúsc teach me/you. ⟦√ʔaʔkʷus-t-c √teach-trns-1obj/2obj⟧
      ʔaʔaʔkʷúsc teaching me/you. ⟦ʔa+√ʔaʔkʷus-t-c actl+√teach-trns-1obj/2obj⟧
    ʔaʔkʷústəŋ be advised. ⟦√ʔaʔkʷus-t-ŋ √teach-trns-psv⟧
      ʔaʔaʔkʷústəŋ̓ being advised. ⟦ʔa+√ʔaʔkʷus-t-ŋ<ʔ> actual+√teach-trans-psv<actual>⟧
  ʔaʔkʷústxʷ let know. ⟦√ʔaʔkʷus-txʷ √teach-letcaus⟧
  ʔaʔkʷustáʔnəq teacher. ⟦ʔa+√ʔaʔkʷus-t-ən<ʔ>əq actual+√teach-trans-habit<actual>⟧
√**ʔaʔk̓ʷł** √protect.
  ʔáʔk̓ʷł protect. ⟦√ʔaʔk̓ʷł √protect⟧
    ʔaʔk̓ʷáłt protect it. ⟦√ʔaʔk̓ʷł-t √protect-trns⟧
      ʔaʔk̓ʷáłtəŋ be protected. ⟦√ʔaʔk̓ʷł-t-ŋ √protect-trns-psv⟧
    ʔaʔk̓ʷłnít protect it. ⟦√ʔaʔk̓ʷł-ŋí-t √protect-rel-trns⟧
      ʔək̓ʷłníc protect me/you. ⟦√ʔaʔk̓ʷł-ŋí-t-c √protect-rel-trns-1obj/2obj⟧
      ʔək̓ʷłnítəŋ be protected. ⟦√ʔaʔk̓ʷł-ŋí-t-ŋ √protect-rel-trns-psv⟧
√**ʔaʔł** √hurry.
  ʔáʔəł hurry. ⟦√ʔaʔł √hurry⟧
√**ʔaʔtšənman** raid.
  ʔaʔtšánəmən ⟦√ʔaʔtšənman √raid⟧
    ʔəyətšánəmən raid (pl). ⟦√ʔ<əy>ətšánəmən √raid<pl>⟧

√ʔaʔy √ʔač'

ʔaʔtšəmənít raid someone. ⟦√ʔaʔtšəman-ŋí-t √raid-rel-trns⟧
  ʔaʔtšaʔmənit raiding someone. ⟦√ʔa<ʔ>tša<ʔ>mn-ŋí-t √raid<actl>-rel-trns⟧
  ʔaʔtšəmənítəŋ be raided. ⟦√ʔaʔtšəman-ŋí-t-ŋ √raid-rel-trns-psv⟧
  ʔaʔtšaʔmənítəŋ being raided. ⟦√ʔaʔtša<ʔ>man-ŋí-t-ŋ<ʔ> √raid<actual>-rel-trans-psv<actual>⟧
√ʔaʔy √imitate.
  ʔáʔi imitate. ⟦√ʔaʔy √imitate⟧
    nəxʷsʔáʔi imitate. ⟦nxʷ-s-√ʔaʔy loc-s-√imitate⟧
√ʔaʔy √groan.
  ʔaʔyáct groan. ⟦√ʔaʔy-cut √groan-rflxv⟧
√ʔaʔy √put_away.
  ʔáʔyət put it away. ⟦√ʔaʔy-t √put_away-trns⟧
    ʔáʔaʔyət storing. ⟦ʔá+√ʔaʔy-t actl+√put_away-trns⟧
  ʔaʔyáʔtəŋ be put away. ⟦√ʔaʔy-t-ŋ √put_away-trns-psv⟧
  ʔəsʔáʔəy̓ stored. ⟦ʔs-√ʔaʔy̓ stat-√put_away⟧
  ʔaʔyístxʷ put away. ⟦√ʔaʔy̓-istxʷ √put_away-caus⟧
    ʔaʔyístəŋ be put away. ⟦√ʔaʔy̓-istxʷ-ŋ √put_away-caus-psv⟧
  ʔaʔyáct store self. ⟦√ʔaʔy-cut √put_away-rflxv⟧
  sʔaʔyíŋəɬ put away. ⟦s-√ʔaʔy-iŋɬ s-√put_away-cstm⟧
√ʔaʔyŋ √house.
  ʔáʔyəŋ house. ⟦√ʔaʔyŋ √house⟧
    ʔáʔyaʔyəŋ houses. ⟦√ʔá<ʔə>ʔyŋ √house<pl>⟧
    ʔaʔáʔyəŋ small house. ⟦ʔa+√ʔaʔyŋ<ʔ> dimin+√house<dimin>⟧
    ʔaʔáʔyəŋ at home. ⟦ʔaʔ-√ʔaʔyŋ at-√home⟧
    ʔaʔyəŋáw̓txʷ housing department. ⟦√ʔaʔyŋ=aw̓txʷ √house=house⟧
√ʔaʔy̓ √continue.
  ʔáʔiʔ continue. ⟦√ʔaʔy̓ √continue⟧
  ʔáyəct begin. ⟦√ʔaʔy̓-cut √continue-rflxv⟧
√ʔaatətáa √my_goodness.
  ʔaatətáa my goodness. ⟦√ʔaatətáa √my_goodness⟧
  šatatá oh no. ⟦√šatatá √my_goodness⟧
√ʔac √ʔ.
  ʔáckʷɬ far out. ⟦√ʔac=akʷɬ √ʔ=conveyance⟧
√ʔacs √face.
  sʔács face. ⟦s-√ʔacs s-√face⟧
    sʔaʔyács faces. ⟦s-√ʔ<əʔy>acs s-√face<pl>⟧
    ʔəsʔács have face. ⟦ʔs-√ʔacs stat-√face⟧
√ʔač √clothes.
  ʔáčəŋ clothes. ⟦√ʔač-ŋ √clothes-mdl⟧
√ʔáčəna √my_goodness.
  ʔáčəna my goodness. ⟦√ʔáčəna √my_goodness⟧
√ʔačn̓ √maggot.
  ʔáčən̓ maggot. ⟦√ʔačn̓ √maggot⟧
    ʔaʔyáčən̓ maggots. ⟦√ʔ<əʔy>ačən̓ √maggot<pl>⟧
    ʔaʔáʔčən̓ small maggot. ⟦ʔa+√ʔa<ʔ>čn̓ dimin+√maggot<dimin>⟧
      ʔaʔyaʔáʔčən̓ small maggots. ⟦ʔ<əʔy>a+√ʔa<ʔ>čn̓ dimin<pl>+√maggot<dimin>⟧
    ʔaʔčənítəŋ getting maggoty. ⟦√ʔa<ʔ>čn̓-í-t-ŋ √maggot<actl>-pers-trns-psv⟧
√ʔačt √lingcod.
  ʔáčt lingcod. ⟦√ʔačt √lingcod⟧
    ʔaʔyáčt lingcod (pl). ⟦√ʔ<əʔy>ačt √lingcod<pl>⟧
    ʔačtéʔqʷ dog's name. ⟦√ʔačt=iʔqʷ √lingcod=head⟧
√ʔač̓ √wipe.
  ʔáč̓əŋ wipe. ⟦√ʔač̓-ŋ √wipe-mdl⟧
    ʔáʔč̓əŋ wiping. ⟦√ʔa<ʔ>č̓-ŋ<ʔ> √wipe<actual>-mdl<actual>⟧
  ʔáč̓t wipe it. ⟦√ʔač̓-t √wipe-trns⟧
    nəxʷʔáč̓t wipe it inside. ⟦nxʷ-√ʔač̓-t loc-√wipe-trns⟧
    ʔáʔč̓t wiping it. ⟦√ʔa<ʔ>č̓-t √wipe<actl>-trns⟧
      ʔaʔč̓áʔtəŋ being wiped. ⟦√ʔ<ʔ>č̓<aʔ>-t-ŋ<ʔ> √wipe<actual>-trans-psv<actual>⟧
    ʔaʔč̓áct wiping self. ⟦√ʔa<ʔ>č̓-cut √wipe<actl>-rflxv⟧
    sxʷʔač̓císən hand towel. ⟦sxʷ-√ʔač̓=acis=ən for-√wipe=hand=instr⟧
  ʔəč̓úsəŋ wipe face. ⟦√ʔač̓=us-ŋ √wipe=face-mdl⟧
    ʔaʔč̓úsəŋ wiping face. ⟦√ʔa<ʔ>č̓=us-ŋ<ʔ> √wipe<actual>=face-mdl<actual>⟧

√ʔałqə   √ʔaxə

      nəxʷʔəčúsəŋ wipe face. ⟦nxʷ-√ʔač=us-ŋ loc-√wipe=face-mdl⟧
          nəxʷʔaʔčúsəŋ wiping face. ⟦nxʷ-√ʔa<ʔ>č=us-ŋ loc-√wipe<actl>=face-mdl⟧
      nəxʷʔəčúst wipe face. ⟦nxʷ-√ʔač=us-t loc-√wipe=face-trns⟧
      nəxʷʔəčústəŋ have face wiped. ⟦nxʷ-√ʔač=us-t-ŋ loc-√wipe=face-trns-psv⟧
      sxʷʔəčúsən towel. ⟦sxʷ-√ʔač=us=ən for-√wipe=face=instr⟧
      nəxʷʔaʔčéʔŋəł wiping dishes. ⟦nxʷ-√ʔa<ʔ>č-i<ʔ>ŋł loc-√wipe<actual>-custom<actual>⟧
      ʔəčsánəŋ wipe feet. ⟦√ʔač=sən-ŋ √wipe=foot-mdl⟧
      ʔəčənúkʷəŋ wipe floor. ⟦√ʔač=ənukʷ-ŋ √wipe=ground-mdl⟧
      ʔəčnúkʷən broom. ⟦√ʔač=ənukʷ=ən √wipe=ground=instr⟧
      ʔəčéʔqʷəŋ wipe head. ⟦√ʔač=iʔqʷ-ŋ √wipe=head-mdl⟧
      ʔəčíkʷsəŋ wipe body. ⟦√ʔač=iws-ŋ √wipe=body-mdl⟧
          ʔaʔčíwsəŋ wiping body. ⟦√ʔa<ʔ>č=iw<ʔ>s-ŋ √wipe<actl>=body<actl>-mdl⟧
      ʔəčíkʷstəŋ be wiped. ⟦√ʔač=iws-t-ŋ √wipe=body-trns-psv⟧
      ʔəčəcísəŋ wipe hands. ⟦√ʔač=acis-ŋ √wipe=hand-mdl⟧
          ʔaʔčcísəŋ wiping hands. ⟦√ʔa<ʔ>č=acis-ŋ<ʔ> √wipe<actl>=hand-mdl⟧
      ʔəčíŋəł wipe up. ⟦√ʔač-iŋł √wipe-cstm⟧
          ʔaʔčéʔŋəł wiping up. ⟦√ʔa<ʔ>č-i<ʔ>ŋł √wipe<actual>-custom<actual>⟧
√ʔałqə √snake.
      sʔáłqə snake. ⟦s-√ʔałqə s-√snake⟧
√ʔan √comply.
      ʔánəŋ obey, comply. ⟦√ʔan-ŋ √comply-mdl⟧
      ʔánət agree with someone. ⟦√ʔan-t √comply-trns⟧
          ʔaʔánət agreeing with someone. ⟦ʔa+√ʔan<ʔ>-t actl+√comply<actl>-trns⟧
              ʔaʔáʔnc acknowledging me/you. ⟦ʔa+√ʔa<ʔ>n-t-c actl+√comply<actl>-trns-1obj/2obj⟧
      ʔánəc obey me/you. ⟦√ʔan-t-c √comply-trns-1obj/2obj⟧
      ʔənətúŋł allow us. ⟦√ʔan-t-uŋł √comply-trns-1plobj⟧
      ʔánətəŋ be obeyed. ⟦√ʔan-t-ŋ √comply-trns-psv⟧
      ʔánəł comply. ⟦√ʔan-ł √comply-dur⟧
          nəxʷsʔánł obedient. ⟦nxʷ-s-√ʔan-ł loc-s-√comply-dur⟧
          ʔaʔáʔnəł complying. ⟦ʔa+√ʔa<ʔ>n-ł actl+√comply<actl>-dur⟧
          ʔánəłt obey someone. ⟦√ʔan-ł-t √comply-dur-trns⟧
              ʔánəłtəŋ be obeyed. ⟦√ʔan-ł-t-ŋ √comply-dur-trns-psv⟧
√ʔanəná √oh_no.
      ʔanəná oh no. ⟦√ʔanəná √oh_no⟧
√ʔapls √apple.
      ʔápələs apple. ⟦√ʔapls √apple⟧
          ʔapələsíłč apple tree. ⟦√ʔapls=iłč √apple=plant⟧
          ʔaʔyápələs apples. ⟦√ʔ<əʔy>apləs √apple<pl>⟧
√ʔasxʷ √seal.
      ʔásxʷ seal. ⟦√ʔasxʷ √seal⟧
      ʔaʔyásxʷ seals. ⟦√ʔ<əʔy>asxʷ √seal<pl>⟧
      ʔaʔáʔsxʷ small seal. ⟦ʔa+√ʔa<ʔ>sxʷ dimin+√seal<dimin>⟧
          ʔaʔyaʔáʔsxʷ small seals. ⟦ʔ<əʔy>a+√ʔa<ʔ>sxʷ dimin<pl>+√seal<dimin>⟧
√ʔawk̓ʷ √belongings.
      ʔáwk̓ʷ belongings. ⟦√ʔawk̓ʷ √belongings⟧
      ʔaʔáwk̓ʷ small belongings. ⟦ʔa+√ʔawk̓ʷ dim+√belongings⟧
      ʔaʔáʔawk̓ʷ little belongings. ⟦ʔa+ʔá+√ʔaw<ʔ>k̓ʷ dimin+pl+√belongings<dimin>⟧
      sxʷʔuk̓ʷáy suitcase. ⟦sxʷ-√ʔawk̓ʷ=ayə for-√belongings=container⟧
      sxʷuʔuʔk̓ʷáyə suitcases. ⟦sxʷ-ʔw+√ʔawk̓ʷ=ayə for-pl+√belongings=container⟧
√ʔaxə √do/say.
      ʔáxə do/say. ⟦√ʔaxə √do/say⟧
          ʔáxəŋ say/do. ⟦√ʔaxə-ŋ √do/say-mdl⟧
              ʔáxəŋ saying. ⟦√ʔaxə-ŋ<ʔ> √do/say-mdl<actual>⟧
          ʔəxənáyŋən want same. ⟦√ʔaxə-ŋ-ayŋən √do/say-mdl-want⟧
          ʔáxəŋtxʷ say to. ⟦√ʔaxə-ŋ-txʷ √do/say-mdl-caus⟧
              ʔáxəŋtəŋ be said to. ⟦√ʔaxə-ŋ-txʷ-əŋ √do/say-mdl-caus-psv⟧
          txʷʔáxəŋ go toward. ⟦txʷ-√ʔaxə-ŋ becm-√do/say-mdl⟧
              txʷiʔáxəŋ go toward. ⟦txʷ-hy-√ʔaxə-ŋ becm-proc-√do/say-mdl⟧
          twəwʔáxəŋ suddenly. ⟦twəw-√ʔaxə-ŋ still-√do/say-mdl⟧

Klallam Root Index

√ʔaxə̣ʔ √here.
    ʔáx̣aʔ here. 〚√ʔax̣əʔ √here〛
        stxʷʔáx̣aʔ direction. 〚s-txʷ-√ʔax̣əʔ s-becm-√here〛
√ʔaynač √take_turn.
    ʔáynəč take turn. 〚√ʔaynač √take_turn〛
        ʔináčtxʷ let take turn. 〚√ʔaynač-txʷ √take_turn-letcaus〛
            ʔənáčtən let take turn. 〚√ʔaynač-txʷ-ŋ √take_turn-letcaus-psv〛
√ʔaynkʷ √today.
    ʔáynəkʷ today. 〚√ʔaynkʷ √today〛
√ʔayŋ √eye.
    ʔáyəŋ eye. 〚√ʔayŋ √eye〛
√ʔays √sister.
    ʔáyəs sister. 〚√ʔays √sister〛
        ʔiʔáyəs cross-sibs. 〚ʔy+√ʔays pl+√sister〛
        ʔaʔáʔyəs little sister. 〚ʔa+√ʔa<ʔ>ys dimin+√sister<dimin>〛
            ʔaʔyaʔáʔyəs little sisters. 〚ʔ<əʔy>a+√ʔa<ʔ>ys〛
        sxʷʔáyəs sibling-in-law. 〚sxʷ-√ʔays for-√sister〛
            sxʷʔiʔáyəs siblings-in-law. 〚sxʷ-ʔy+√ʔays for-pl+√sister〛 dimin<pl>+√sister<dimin>〛
√ʔayxʷ √elder.
    ʔəsʔáyəxʷ elder. 〚ʔs-√ʔayxʷ stat-√elder〛
    ʔəsʔiʔáyəxʷ elders. 〚ʔs-ʔy+√ʔayxʷ stat-pl+√elder〛
    sʔəsʔáyəxʷ elder. 〚s-ʔs-√ʔayxʷ s-stat-√elder〛
    ʔəsʔáyəxʷct get old. 〚ʔs-√ʔayxʷ-cut stat-√elder-rflxv〛
√ʔckʷ √far.
    ʔəckʷíyəŋ go far out. 〚√ʔckʷ-iy-ŋ √far-dev-mdl〛
√ʔcłtay √person.
    ʔəcłtáyŋxʷ person, Indian. 〚√ʔcłtay=ŋixʷ √person=being〛
        ʔaʔyəcłtáyŋxʷ people. 〚√ʔ<əʔy>cłtay=ŋixʷ √person<pl>=being〛
        ʔaʔəcłtáyŋəxʷ small person. 〚ʔa+√ʔəcłtay<ʔ>=ŋixʷ dim+√person<dim>=being〛
    ʔəcłtiŋxʷáwtxʷ Indian house. 〚√ʔcłtay=ŋixʷ=awtxʷ √person=being=house〛
    ʔəcłtiŋíxʷł Indian. 〚√ʔcłtay=ŋixʷ-ł √person=being-dur〛
    ʔəcłtiŋíxʷəŋ talk Indian. 〚√ʔcłtay=ŋixʷ-ŋ √person=being-mdl〛
        ʔaʔcłtiŋíxʷəŋ speaking Indian. 〚√ʔ<əʔ>cłtay=ŋ<ʔ>ixʷ-ŋ<ʔ> √Indian<actual>=tribe<actual>-mdl<actual>〛
    ʔəcłtáyŋxʷtəŋ be made Indian. 〚√ʔcłtay=ŋixʷ-t-ŋ √person=being-trns-psv〛
√ʔctuŋn √middle.
    ʔəctúŋən middle. 〚√ʔctuŋn √middle〛
√ʔəʔmux̣ʷ √rumble.
    ʔaʔmúx̣ʷəŋ rumble. 〚√ʔəʔmux̣ʷ-ŋ √rumble-mdl〛
√ʔəʔutx̣s √freight_canoe.
    ʔuʔútx̣s freight canoe. 〚√ʔəʔutx̣s √freight_canoe〛
    ʔəyaʔúʔtx̣s canoes. 〚√ʔ<əy>uʔu<ʔ>tx̣s √freight_canoe<pl>〛
    ʔaʔaʔúʔtx̣s small canoe. 〚ʔa+√ʔəʔutx̣s dim+√freight_canoe〛
√ʔəʔy̓i √borrow.
    ʔáʔiʔ borrow. 〚√ʔəʔy̓i √borrow〛
    ʔaʔáʔiʔ borrowing. 〚ʔa+√ʔəʔy̓i actl+√borrow〛
    sʔáʔiʔ lend. 〚s-√ʔəʔy̓i s-√borrow〛
    ʔaʔyít lend it. 〚√ʔəʔy̓i-t √borrow-trns〛
        ʔéʔit lending it. 〚√ʔə<í>ʔy̓i-t √borrow<actl>-trns〛
            ʔaʔáʔic lend me/you. 〚ʔa+√ʔəʔy̓i-t-c actl+√borrow-trns-1obj/2obj〛
        sʔaʔy̓íc lend me/you. 〚s-√ʔəʔy̓i-t-c s-√borrow-trns-1obj/2obj〛
    ʔaʔyítəŋ be lent. 〚√ʔəʔy̓i-t-ŋ √borrow-trns-psv〛
        sʔaʔy̓ítəŋ be lent. 〚s-√ʔəʔy̓i-t-ŋ s-√borrow-trns-psv〛
    sʔaʔy̓ístxʷ lend. 〚s-√ʔəʔy̓i-istxʷ s-√borrow-caus〛
        sʔaʔy̓ístəŋ be lent. 〚s-√ʔəʔy̓i-istxʷ-ŋ s-√borrow-caus-psv〛
    ʔáʔitxʷ lend. 〚√ʔəʔy̓i-txʷ √borrow-caus〛
√ʔəc I, me, first person focus.
    ʔə́c 〚√ʔəc √1focus〛
        ʔə́ctxʷ let me. 〚√ʔəc-txʷ √1focus-letcaus〛
        ʔəctíxʷ let me. 〚√ʔəc-t<í>xʷ √1focus-letcaus<persist>〛

√ʔəč								√ʔəŋaʔ

ʔəctənúʔŋət I do it.   〚√ʔəc-tənuʔŋət √1focus-contingent〛
ʔəccúʔət I want to be it.   〚√ʔəc-cu<ʔə>t √1focus-reflexive<actual>〛
√ʔəč √flank.
   ʔəčaʔwíyŋ flank.   〚√ʔəč=əʔəw-iy-ŋ √flank=side-dev-mdl〛
   ʔəčaʔwíyt flank it.   〚√ʔəč=əʔəw-iy-t √flank=side-dev-trns〛
      ʔəčaʔəwíyətəŋ be flanked.   〚√ʔəč=əʔəw-iy-t-ŋ √flank=side-dev-trns-psv〛
   ʔəčaʔáw̕əɬ be at outside edge.   〚√ʔəč=əʔəw<ʔ>-ɬ √flank=side<actl>-dur〛
√ʔə̌č √between.
   ʔaʔčáʔwəɬ between.   〚√ʔə<ʔ>č=əʔəw<ʔ>-ɬ √between<actl>=side<actl>-dur〛
√ʔəkʷəy √weave.
   ʔəkʷə́yəŋ weave.   〚√ʔəkʷəy-ŋ √weave-mdl〛
   ʔáʔkʷiʔ weaving.   〚√ʔə<ʔ>kʷəy<ʔ> √weave<actual>〛
   ʔəkʷə́y̕ət weaving it.   〚√ʔəkʷəy<ʔ>-t √weave<actl>-trns〛
   ʔiʔáʔkʷiʔáy̕əs weaving basket.   〚ʔy+√ʔə<ʔ>kʷəy<ʔ>=ay<ʔ>us pl+√weave<actual>=eye<actual>〛
√ʔəliʔk √elect.
   ʔəléʔkt elect someone.   〚√ʔəliʔk-t √elect-trns〛
   ʔəléʔkc elect me/you.   〚√ʔəliʔk-t-c √elect-trns-1obj/2obj〛
   ʔəléʔktəŋ be elected.   〚√ʔəliʔk-t-ŋ √elect-trns-psv〛
√ʔəməqʷəm̕əxʷ √dull.
   ʔəməqʷə́m̕əxʷ dull.   〚√ʔəməqʷəm̕əxʷ √dull〛
√ʔəmut √sit.
   ʔə́mət sit.   〚√ʔəmut √sit〛
   ʔaʔá̕mət sitting.   〚ʔə+√ʔə<ʔ>mut actual+√sit<actual>〛
      ʔəyə́m̕t sitting (pl).   〚√ʔ<əy>əm<ʔ>ut √sit<pl><actual>〛
   ʔəmúttxʷ sit someone down.   〚√ʔəmut-txʷ √sit-letcaus〛
   ʔəmətnúŋət manage to sit.   〚√ʔəmut-nuŋt √sit-ncmdl〛
   ʔəmətíyəɬ go to sit.   〚√ʔəmut-iyɬ √sit-go〛
   ʔaʔá̕məttxʷ let stay home.   〚ʔə+√ʔə<ʔ>mut-txʷ actl+√sit<actl>-letcaus〛
   ʔəmətáw̕txʷ toilet.   〚√ʔəmut=aw̕txʷ √sit=house〛
   sxʷʔəmətáw̕txʷ toilet.   〚sxʷ-√ʔəmut=aw̕txʷ for-√sit-house〛
   sxʷʔá̕mət bed.   〚sxʷ-√ʔə<ʔ>mut for-√sit<actual>〛
   sxʷʔə́yamət beds.   〚sxʷ-√ʔ<əy>əm<ʔ>ut for-√sit<pl><actual>〛
   sxʷʔəyá̕mət beds.   〚sxʷ-√ʔ<əy>ə<ʔ>mut for-√sit<pl><actual>〛
   sxʷʔaʔá̕mət small bed.   〚sxʷ-ʔa+√ʔə<ʔ>mut for-dimin+√sit<actual>〛
√ʔəmxʷ √harvest.
   ʔə́məxʷ harvest.   〚√ʔəmxʷ √harvest〛
   ʔəmxʷúcən harvest fruit.   〚√ʔəmxʷ=ucin √harvest=mouth〛
      ʔəm̕xʷúcən̕ picking berries.   〚√ʔm<ʔ>xʷ=ucin<ʔ> √harvest<actual>=mouth<actual>〛
   ʔəm̕xʷúct harvest fruit.   〚√ʔəmxʷ=ucin-t √harvest=mouth-trns〛
   ʔəm̕xʷcən̕íyɬ going to pick berries.   〚√ʔm<ʔ>xʷ=ucin<ʔ>-iyɬ √harvest<actl>=mouth<actl>-go〛
   ʔəmxʷɬnáyəŋ eat berries.   〚√ʔəmxʷ=ɬnay-ŋ √harvest=neck-mdl〛
√ʔəm̕šact √sun.
   sʔəm̕šácət sun.   〚s-√ʔəm̕šact s-√sun〛
√ʔəniq √grunt.
   ʔəníqəŋ grunt.   〚√ʔəniq-ŋ √grunt-mdl〛
   ʔaʔníqəŋ̕ grunting.   〚√ʔə<ʔ>niq-ŋ<ʔ> √grunt<actual>-mdl<actual>〛
√ʔənxʷ √stop.
   ʔə́nəxʷ stop.   〚√ʔənxʷ √stop〛
   ʔən̕níxʷ not moving.   〚√ʔə<n̕>n<í>xʷ √stop<actual><persist>〛
   ʔə́nəxʷ snát midnight.   〚√ʔənxʷ ʔs-√nat √stop stat-√night〛
√ʔəŋaʔ √give.
   ʔəŋaʔt give to someone.   〚√ʔəŋaʔ-t √give-trns〛
   ʔá̕ŋaʔt giving to someone.   〚√ʔə<ʔ>ŋaʔ-t √give<actl>-trns〛
      ʔá̕ŋaʔc giving me/you.   〚√ʔə<ʔ>ŋaʔ-t-c √give<actl>-trns-1obj/2obj〛
   ʔə́ŋaʔc give me/you.   〚√ʔəŋaʔ-t-c √give-trns-1obj/2obj〛
   ʔə́ŋaʔtúŋəɬ give us.   〚√ʔəŋaʔ-t-uŋɬ √give-trns-1plobj〛
   ʔə́ŋaʔtəŋ be given.   〚√ʔəŋaʔ-t-ŋ √give-trns-psv〛
      ʔá̕ŋaʔtəŋ̕ being given.   〚√ʔə<ʔ>ŋaʔ-t-ŋ<ʔ> √give<actual>-trans-psv<actual>〛
   sʔə́ŋa̕ʔt be given.   〚s-√ʔəŋaʔ-t s-√give-trns〛
   sʔə́ŋaʔc given me/you.   〚s-√ʔəŋaʔ-t-c s-√give-trns-1obj/2obj〛

√ʔəqʷaʔ   √ʔəy̓

      sʔə́ŋaʔtəŋ be given. 〚s-√ʔəŋaʔ-t-ŋ s-√give-trns-psv〛
    sʔə́ŋaʔtxʷ give away. 〚s-√ʔəŋaʔ-txʷ s-√give-letcaus〛

√ʔəq̓ʷaʔ √share.
    ʔəq̓ʷáʔti share. 〚√ʔəq̓ʷaʔ-ty √share-rcprcl〛

√ʔəq̓ʷay √net.
    ʔəq̓ʷáyən net. 〚√ʔəq̓ʷay=ən √net=instr〛

√ʔəstuŋt √do_what.
    ʔəstúŋət do what. 〚√ʔəstuŋt √do_what〛
      ʔaʔstúʔŋət doing what. 〚√ʔə<ʔ>stu<ʔ>ŋt √do_what<actual>〛

√ʔəš √ugh.
    ʔə́š ugh. 〚√ʔəš √ugh〛

√ʔəwə √no.
    ʔáwə no. 〚√ʔəwə √no〛
      ʔáwətxʷ reject. 〚√ʔəwə-txʷ √no-letcaus〛
        ʔəwətúŋə refuse you. 〚√ʔəwə-txʷ-uŋə √no-letcaus-2obj〛
        ʔawətúŋəs refuse me. 〚√ʔəwə-txʷ-uŋəs √no-letcaus-1obj〛
        ʔáwətəŋ be rejected. 〚√ʔəwə-txʷ-ŋ √no-letcaus-psv〛
      ʔáwənə not exist. 〚√ʔəwəʔniʔ √no√exist〛

√ʔəw̓k̓ʷ √depleted.
    ʔə́w̓k̓ʷ depleted. 〚√ʔəw̓k̓ʷ √depleted〛
      ʔuʔk̓ʷnáxʷ finish it up. 〚√ʔəw̓k̓ʷ-naxʷ √depleted-nctrns〛

√ʔəx̣ʷəy √net.
    ʔəx̣ʷə́yən net. 〚√ʔəx̣ʷəy=ən √net=instr〛
      ʔaʔx̣ʷə́yən̓ net fishing. 〚√ʔə<ʔ>x̣ʷəy=ən<ˀ> √net<actual>=instr<actual>〛

√ʔəys √happy.
    ʔə́yəs happy. 〚√ʔəys √happy〛
      ʔə́yəstxʷ enjoy it. 〚√ʔəys-txʷ √happy-caus〛
      ʔə́yəstəŋ be made happy. 〚√ʔəys-txʷ-ŋ √happy-caus-psv〛

√ʔəy̓ √good.
    ʔə́y̓ good. 〚√ʔəy̓ √good〛
      ʔáʔiʔ nice. 〚ʔə+√ʔəy̓ rslt+√good〛
      ʔaʔáʔił good-looking. 〚ʔa+√ʔəy̓-ł dimutive+√good-dur〛
      ʔaʔyaʔáʔił cute (pl). 〚ʔa<ʔyə>+√ʔəy̓-ł dimutive<pl>+√good-dur〛
      nəxʷʔiʔə́yəŋ clear. 〚nxʷ-ʔy+√ʔəy̓-ŋ loc-pl+√good-mdl〛
      ʔə́y̓txʷ make good. 〚√ʔəy̓-txʷ √good-letcaus〛
        ʔiʔá́ʔtəŋ made good. 〚√ʔəy̓-txʷ-ŋ √good-letcaus-psv〛
        ʔə́y̓ətəŋ is made good. 〚√ʔ<ə́>y̓-txʷ-ŋ √good<actl>-caus-psv〛
      ʔiʔtáxʷ enjoy. 〚√ʔəy̓-taxʷ √good-emot〛
        ʔiʔtáʔəxʷ enjoying. 〚√ʔəy̓-ta<ʔə>xʷ √good-emot<actual>〛
        ʔiʔtáŋə enjoy you. 〚√ʔəy̓-taxʷ-ŋə √good-emot-2obj〛
        ʔiʔtáŋ be enjoyed. 〚√ʔəy̓-taxʷ-ŋ √good-emot-psv〛
        ʔiʔtáʔəŋ being enjoyed. 〚√ʔəy̓-ta<ʔə>xʷ-ŋ √good-emot<actl>-psv〛
      ʔiʔətásəŋ good time. 〚√ʔəy̓=tasəŋ √good=time〛
      ʔiʔcút get better. 〚√ʔəy̓-cut √good-rflxv〛
        ʔə́y̓əct getting better. 〚√ʔə<ə́>y̓-cut √good<actl>-rflxv〛
      ʔiʔtúy̓ get along well. 〚√ʔəy̓-tuy̓ √good-comit〛
      ʔiʔnə́kʷi get along well. 〚√ʔəy̓-nəwəy √good-ncrcprcl〛
      ʔə́y̓ŋət do for someone. 〚√ʔəy̓-ŋí-t √good-rel-trns〛
        ʔə́y̓ŋíti do for each other. 〚√ʔəy̓-ŋí-ty √good-rel-rcprcl〛
        ʔə́y̓ŋíct do for self. 〚√ʔəy̓-ŋí-cut √good-rel-rflxv〛
      ʔəyán̓ know how. 〚√ʔəy̓=an̓ √good=ear〛
        ʔiʔánəŋ know how. 〚√ʔəy̓=an̓-ŋ √good=ear-mdl〛
        čʔiyán̓ hear. 〚č-√ʔəy̓=an̓ have-√good=ear〛
        ʔiyán̓əŋ listen. 〚√ʔəy̓=an̓-ŋ √good=ear-mdl〛
          yaʔyán̓əŋ listening. 〚ʔy̓+√ʔəy̓=an̓-ŋ<ˀ> actual+√good=ear-mdl<actual>〛
          ʔiʔánəŋt learn it. 〚√ʔəy̓=an̓-ŋ-t √good=ear-mdl-trns〛
          ʔiʔánəŋct learn. 〚√ʔəy̓=an̓-ŋ-cut √good=ear-mdl-rflxv〛
            sʔiʔánəŋct get used to. 〚s-√ʔəy̓=an-ŋ-cut s-√good=ear-mdl-rflxv〛
        ʔiyán̓əxʷ hear it. 〚√ʔəy̓=an̓-naxʷ √good=ear-nctrns〛
          ʔiyaʔnúŋə hear you. 〚√ʔəy̓=an̓-naxʷ-uŋə √good=ear-nctrns-2obj〛

√ʔiʔɬx̣ʷəʔ   √ʔiɬaʔ

ʔiyaʔnúŋəs **hear me/you.** ⟦√ʔəy̓=an̓-naxʷ-uŋəs √good=ear-nctrns-1obj/2obj⟧
ʔiyáʔnəŋ **be heard.** ⟦√ʔəy̓=an̓-naxʷ-ŋ √good=ear-nctrns-psv⟧
ʔiyaʔnəŋít **listen to it.** ⟦√ʔəy̓=an̓-ŋí-t √good=ear-rel-trns⟧
ʔyaʔnəŋíc **listen to me/you.** ⟦√ʔəy̓=an̓-ŋí-t-c √good=ear-rel-trns-1obj/2obj⟧
ʔyaʔnəŋítəŋ **be listened to.** ⟦√ʔəy̓=an̓-ŋí-t-ŋ √good=ear-rel-trns-psv⟧
ʔəyaʔnəŋíct **listen.** ⟦√ʔəy̓=an̓-ŋí-cut √good=ear-rel-rflxv⟧
ʔaʔyaʔnəŋíct **listening.** ⟦√ʔə<ʔ>y̓=an̓-<ʔ>ŋí-cut √good<actl>=ear-rel-rflxv⟧
yaʔnəŋístxʷ **make listen.** ⟦√ʔəy̓=an̓-ŋí-stxʷ √good=ear-rel-caus⟧
yaʔnəŋístəŋ **be made listen.** ⟦√ʔəy̓=an̓-ŋí-stxʷ-əŋ √good=ear-rel-caus-psv⟧
ʔə́yuc **sharp.** ⟦√ʔəy̓=uc √good=edge⟧
ʔə́yuct **sharpening it.** ⟦√ʔəy̓=uc-t √good=edge-trns⟧
ʔəyucə́qsən **sharp nose.** ⟦√ʔəy̓=uc=əqsən √good=edge=nose⟧
ʔiyaʔcə́qsən **sharp point.** ⟦√ʔəy̓=u<ʔ>c=əqsən √good=edge<actl>=nose⟧
ʔəyucə́qst **sharpen point.** ⟦√ʔəy̓=uc=əqsən-t √good=edge=nose-trns⟧
ʔiyəcíɬč **brambles.** ⟦√ʔəy̓=uc=iɬč √good=edge=plant⟧
ʔiyaʔcícən **rock cod.** ⟦√ʔəy̓=u<ʔ>c=icən √good=edge<actl>=back⟧
nəxʷʔiʔáqč **comical.** ⟦nxʷ-√ʔəy̓=aqač loc-√good=taste⟧
nəxʷʔaʔiqáčəŋ **humorous.** ⟦nxʷ-√ʔəy̓=aqač-ŋ<ʔ> loc-√good=taste-mdl<actual>⟧
nəxʷʔəy̓əqáčt **tease someone.** ⟦nxʷ-√ʔəy̓=aqač-t loc-√good=taste-trns⟧
nəxʷʔəy̓əqáčc **tease me/you.** ⟦nxʷ-√ʔəy̓=aqač-t-c loc-√good=taste-trns-1obj/2obj⟧
nəxʷʔəy̓əqáčtəŋ **be teased.** ⟦nxʷ-√ʔəy̓=aqač-t-ŋ loc-√good=taste-trns-psv⟧
ʔiʔúyəs **bright colored.** ⟦√ʔəy̓=uyəs √good=color⟧
ʔiʔínəs **Ennis Creek.** ⟦√ʔəy̓=inəs √good=chest⟧
ʔiʔáyəqč **taste good.** ⟦√ʔəy̓-ay=aqč √good-ext=taste⟧
ʔiʔánkʷs **brave.** ⟦√ʔəy̓=ankʷs √good=mind⟧
ʔiʔámənət **net.** ⟦√ʔəy̓=amnt √good=appearance⟧
ʔəyúməš **good like.** ⟦√ʔəy̓=umš √good=type⟧
ʔiʔícən **Morris Creek.** ⟦√ʔəy̓=icən √good=back⟧
nəxʷʔiʔíkʷən **kind.** ⟦nxʷ-√ʔəy̓=iwən loc-√good=interior⟧
čənʔə́yi **summer.** ⟦čn-√ʔəy̓-iy time-√good-dev⟧

√**ʔiʔɬx̣ʷəʔ** √Elwha.
ʔéʔɬx̣ʷaʔ **Elwha.** ⟦√ʔiʔɬx̣ʷəʔ √Elwha⟧

√**ʔiʔps** √blow_back.
ʔəsʔéʔps **blown back.** ⟦ʔs-√ʔiʔps stat-√blow_back⟧

√**ʔič** √dress.
ʔíčəŋ **dress.** ⟦√ʔič-ŋ √dress-mdl⟧
ʔéʔčəŋ **dressing.** ⟦√ʔi<ʔ>č-ŋ<ʔ> √dress<actual>-mdl<actual>⟧
sʔíčəŋ **clothes.** ⟦s-√ʔič-ŋ s-√dress-mdl⟧
ʔíčt **wear it.** ⟦√ʔič-t √dress-trns⟧
ʔəčístxʷ **dress someone.** ⟦√ʔič-istxʷ √dress-caus⟧
ʔəčístəŋ **be dressed.** ⟦√ʔič-istxʷ-ŋ √dress-caus-psv⟧
ʔəčísc **dress me/you.** ⟦√ʔič-istxʷ-c √dress-caus-1obj/2obj⟧
ʔəčás **put on.** ⟦√ʔič-as √dress-ptcaus⟧
ʔaʔčás **putting on.** ⟦√ʔi<ʔ>ča-as √dress<actl>-ptcaus⟧
ʔaʔčáŋ **being put on.** ⟦√ʔi<ʔ>č-as-ŋ √dress<actl>-ptcaus-psv⟧
ʔaʔčaʔŋə́y̓ɬ **dressing child.** ⟦√ʔi<ʔ>č<ʔ>-ŋ=əy̓ɬ √dress<actl>-mdl=child⟧

√**ʔičənə** √hey.
ʔíčənə **hey.** ⟦√ʔičənə √hey⟧

√**ʔičɬ** √dip.
ʔíčɬ **dip.** ⟦√ʔičɬ √dip⟧
ʔéʔčɬ **dipping up.** ⟦√ʔi<ʔ>čɬ √dip<actual>⟧
sxʷʔéʔčɬ **dipper.** ⟦sxʷ-√ʔi<ʔ>čɬ for-√dip<actual>⟧
ʔíčɬt **dip it up.** ⟦√ʔičɬ-t √dip-trns⟧
ʔéʔčt **dipping it.** ⟦√ʔi<ʔ>čɬ-t √dip<actl>-trns⟧
ʔəčíɬtəŋ **be dipped up for.** ⟦√ʔičɬ-t-ŋ √dip-trns-psv⟧
ʔíčɬtəŋ **being dipped up.** ⟦√ʔ<í>čɬ-t-ŋ √dip<actl>-trns-psv⟧

√**ʔiɬaʔ** √bought.
sʔíɬaʔ **purchased.** ⟦s-√ʔiɬaʔ s-√bought⟧
čʔíɬaʔ **buy.** ⟦č-√ʔiɬaʔ have-√bought⟧

√ʔiɬn √eat.
    ʔíɬən eat. 〚√ʔiɬn √eat〛
        ʔéʔɬən̓ eating. 〚√ʔi<ʔ>ɬn<ˀ> √eat<actual>〛
        ʔeʔéʔɬən̓ small eating. 〚ʔə+√ʔi<ʔ>ɬn<ˀ> dimin+√eat<actual>〛
            ʔaʔeʔéʔɬən eating. 〚ʔa+ʔi+√ʔi<ʔ>ɬn dimin+affect+√eat<actual>〛
                ʔaʔyaʔeʔéʔɬən eating (pl). 〚ʔ<əʔy>+ʔi+√ʔi<ʔ>ɬn dimin<pl>+affect+√eat<actual>〛
        ʔəyʔíɬən eat (pl). 〚√ʔ<əyʔ>iɬn √eat<pl>〛
        ʔəɬʔíɬən̓ eat (pl). 〚ʔɬ+√ʔiɬn<ˀ> plural+√eat<pl>〛
        ʔələníyɬ go eat. 〚√ʔiɬn-iyɬ √eat-go〛
        ʔəsʔíɬən get food. 〚ʔs-s-√ʔiɬn stat-s-√eat〛
        ʔələnístxʷ feed. 〚√ʔiɬn-istxʷ √eat-caus〛
            ʔələnísc feed me/you. 〚√ʔiɬn-istxʷ-c √eat-caus-1obj/2obj〛
            ʔələnistúŋə feed you. 〚√ʔiɬn-istxʷ-uŋə √eat-caus-2obj〛
            ʔələnístəŋ be fed. 〚√ʔiɬn-istxʷ-ŋ √eat-caus-psv〛
            ʔələnistúŋɬ feed us. 〚√ʔiɬn-istxʷ-uŋɬ √eat-caus-1plobj〛
        ʔíɬəntxʷ let eat. 〚√ʔiɬn-txʷ √eat-letcaus〛
        sʔíɬən food. 〚s-√ʔiɬn s-√eat〛
            sʔaʔyíɬən food (pl). 〚s-√ʔ<aʔy>iɬn s-√eat<pl>〛
            sʔɬnáy grocery bag. 〚s-√ʔiɬn=ayə s-√eat=container〛
            sxʷʔiɬənáy food container. 〚sxʷ-√ʔiɬn=ayə for-√eat=container〛
            sʔiɬənúməš like food. 〚s-√ʔiɬn=umš s-√eat=type〛
            sʔələnáw̓txʷ restaurant. 〚s-√ʔiɬn=aw̓txʷ s-√eat=house〛
        čənʔíɬən time to eat. 〚čn-√ʔiɬn time-√eat〛
        čʔíɬən consume habitually. 〚č-√ʔiɬn have-√eat〛
            čʔɬʔíɬən consume habitually (pl). 〚č-ʔɬ+√ʔiɬn have-pl+√eat〛
        ʔiɬənnúŋət finally eat. 〚√ʔiɬn-nuŋt √eat-ncmdl〛
        ʔiɬənínəŋ eat meal. 〚√ʔiɬn=ŋin-ŋ √eat=piece-mdl〛
        ʔiɬənháynəč eat bottom. 〚√ʔiɬn=ay<ʔ>ə=nač √eat=container<actl>=tail〛
        ʔələnínəs burp. 〚√ʔiɬn=inəs √eat=chest〛
            ʔələnéʔnəs burping. 〚√ʔɬn=i<ʔ>nəs √eat=chest<actual>〛
            ʔələnínəst burp baby. 〚√ʔiɬn=inəs-t √eat=chest-trns〛
                ʔələnínəstəŋ be burped. 〚√ʔiɬn=inəs-t-ŋ √eat=chest-trns-psv〛

√ʔin √appear.
    ʔínəŋ appear. 〚√ʔin-ŋ √appear-mdl〛
        ʔéʔnəŋ appearing. 〚√ʔi<ʔ>n-ŋ √appear<actl>-mdl〛
            ʔəsʔéʔnəŋ̓ visible. 〚ʔs-√ʔi<ʔ>n-ŋ<ˀ> stat-√appear<actual>-mdl<actual>〛
        ʔinəŋít reveal it. 〚√ʔin-ŋí-t √appear-rel-trns〛
            ʔinəŋítəŋ be revealed. 〚√ʔin-ŋí-t-ŋ √appear-rel-trns-psv〛
                ʔənʔəŋítəŋ being made to appear. 〚√ʔin<ʔə>-ŋí-t-ŋ √appear<actl>-rel-trns-psv〛
        ʔínaʔŋət make it appear. 〚√ʔin<aʔ>-ŋ-t √appear-mdl-trns〛
        ʔənəŋíct show self. 〚√ʔin-ŋí-cut √appear-rel-rflxv〛
            ʔaʔnaʔŋíct showing self. 〚√ʔ<aʔ>in<aʔ>-ŋí-cut √appear<actl>-rel-rflxv〛

√ʔinat √say_what.
    ʔínət say what. 〚√ʔinat √say_what〛
        ʔəʔéʔn̓t meaning it. 〚ʔ+√ʔi<ʔ>n<ˀ>t actual+√say_what<actual>〛
        ʔeʔéʔnət saying what. 〚ʔi+√ʔi<ʔ>nt actual+√say_what<actual>〛
        ʔaʔnáttxʷ saying what to. 〚√ʔi<ʔ>nat-txʷ √say_what<actl>-caus〛

√ʔiŋ √step_on.
    ʔíŋət step on it. 〚√ʔiŋ-t √step_on-trns〛
        ʔíŋəc step on me/you. 〚√ʔiŋ-t-c √step_on-trns-1obj/2obj〛
        ʔéʔŋət stepping on it. 〚√ʔi<ʔ>ŋ-t √step_on<actl>-trns〛
            ʔaʔŋít stepping on it. 〚√ʔi<ʔ>ŋ-í-t √step_on<actl>-pers-trns〛
        ʔíŋətəŋ stepped on. 〚√ʔiŋ-t-ŋ √step_on-trns-psv〛
            ʔaʔŋítəŋ being stepped on. 〚√ʔi<ʔ>ŋ-t-ŋ<ˀ> √step_on-trns-psv〛
            ʔəŋʔíŋtəŋ be run over. 〚ʔəŋ+√ʔiŋ-t-ŋ pl+√step_on-trns-psv〛
    ʔíŋənəxʷ manage to step on. 〚√ʔiŋ-naxʷ √step_on-nctrns〛
        ʔiŋənúŋə step on you. 〚√ʔiŋ-naxʷ-uŋə √step_on-nctrns-2obj〛
        ʔiŋənúŋəɬ step on us. 〚√ʔiŋ-naxʷ-uŋɬ √step_on-nctrns-1plobj〛
        ʔíŋənəŋ be stepped on. 〚√ʔiŋ-naxʷ-ŋ √step_on-nctrns-psv〛

√ʔiŋc √grandchild.
    ʔíŋəc grandchild. 〚√ʔiŋc √grandchild〛
        ʔəŋʔíŋəc grandchildren. 〚ʔəŋ+√ʔiŋc pl+√grandchild〛
        sxʷʔíŋəc grand-child's spouse. 〚sxʷ-√ʔiŋc for-√grandchild〛
√ʔip √tap.
    ʔípt tap it. 〚√ʔip-t √tap-trns〛
        ʔéʔpt stroking something. 〚√ʔi<ʔ>p-t √tap<actl>-trns〛
        ʔəpítəŋ be stroked. 〚√ʔip-t-ŋ √tap-trns-psv〛
√ʔipn √apron.
    ʔípən apron. 〚√ʔipn √apron〛
        ʔeʔéʔpən̓ small apron. 〚ʔə+√ʔi<ʔ>pn<ˀ> dimin+√apron<dimin>〛
√ʔis √do_with.
    ʔístxʷ do with. 〚√ʔis-txʷ √do_with-caus〛
        ʔistúŋəs do what with me. 〚√ʔis-txʷ-uŋəs √do_with-caus-1obj〛
        ʔistúŋə do what with you. 〚√ʔis-txʷ-uŋə √do_with-caus-2obj〛
        ʔistúŋɬ do what with us. 〚√ʔis-txʷ-uŋɬ √do_with-caus-1plobj〛
        ʔístəŋ be done with. 〚√ʔis-txʷ-ŋ √do_with-caus-psv〛
        ʔəsʔístxʷ happen to it. 〚ʔs-√ʔis-txʷ stat-√do_with-caus〛
            ʔəsʔistúŋəs happen to me/you. 〚ʔs-√ʔis-txʷ-uŋəs stat-√do_with-caus-1obj/2obj〛
            ʔəsʔistúŋə happen to me/you. 〚ʔs-√ʔis-txʷ-uŋə stat-√do_with-caus-1obj/2obj〛
            ʔəsʔístəŋ be done with. 〚ʔs-√ʔis-txʷ-ŋ stat-√do_with-caus-psv〛
    ʔaʔíst doing with it. 〚ʔa+√ʔis-t actl+√do_with-trns〛
√ʔist √paddle_canoe.
    ʔíst paddle canoe. 〚√ʔist √paddle_canoe〛
        ʔéʔst paddling. 〚√ʔi<ʔ>st √paddle_canoe<actual>〛
        ʔístt paddle it. 〚√ʔist-t √paddle_canoe-trns〛
√ʔiš √gosh.
    ʔíš gosh. 〚√ʔiš √gosh〛
√ʔitut √sleep.
    ʔítt sleep. 〚√ʔitut √sleep〛
        ʔéʔtt sleeping. 〚√ʔi<ʔ>tut √sleep<actual>〛
            ʔəsʔéʔtt asleep. 〚ʔs-√ʔi<ʔ>tut stat-√sleep<actual>〛
        ʔətʔítt sleep (pl). 〚ʔət+√ʔitut pl+√sleep〛
        ʔaʔtútəŋ sleepy. 〚√ʔi<ʔ>tut-ŋ √sleep<actl>-mdl〛
        ʔətúttxʷ put to sleep. 〚√ʔitut-txʷ √sleep-incaus〛
            ʔaʔtúttxʷ putting to bed. 〚√ʔi<ʔ>tut-txʷ √sleep<actl>-caus〛
            ʔətútc put you to sleep. 〚√ʔitut-txʷ-c √sleep-incaus-1obj/2obj〛
            ʔətúttəŋ be put to sleep. 〚√ʔitut-txʷ-ŋ √sleep-incaus-psv〛
        ʔəttnúŋət manage to sleep. 〚√ʔitut-nuŋt √sleep-ncmdl〛
            ʔaʔttənúʔŋət managing to sleep. 〚√ʔi<ʔ>tut-nu<ʔ>ŋt √sleep<actual>-ncmiddle<actual>〛
        ʔəttə́čɬ put child to sleep. 〚√ʔitut=əyəɬ √sleep=child〛
            ʔaʔttə́y̓ɬ putting child to sleep. 〚√ʔi<ʔ>tut=əy<ˀ>ɬ √sleep<actual>=child<actual>〛
        ʔəsʔəttáwtxʷ hotel. 〚ʔs-√ʔitut=awtxʷ stat-√sleep=house〛
        sʔəttúykʷt nightclothes. 〚s-√ʔitut=uykʷət s-√sleep=clothing〛
√ʔix̣ √scrape.
    ʔíx̣əŋ scrape. 〚√ʔix̣-ŋ √scrape-mdl〛
    ʔíx̣t scrape it. 〚√ʔix̣-t √scrape-trns〛
        ʔéʔx̣t scraping it. 〚√ʔi<ʔ>x̣-t √scrape<actl>-trns〛
    ʔəx̣ítəŋ be scraped. 〚√ʔix̣-t-ŋ √scrape-trns-psv〛
        ʔaʔx̣ítəŋ̓ being scraped. 〚√ʔi<ʔ>x̣-t-ŋ<ˀ> √scrape<actual>-trans-psv<actual>〛
    ʔəx̣íkʷst scrape hide. 〚√ʔix̣=iws-t √scrape=body-trns〛
        ʔəx̣íkʷstəŋ be scraped. 〚√ʔix̣=iws-t-ŋ √scrape=body-trns-psv〛
    ʔx̣ənúkʷəŋ sweep up. 〚√ʔix̣=ənukʷ-ŋ √scrape=ground-mdl〛
        ʔaʔx̣ənúkʷəŋ̓ raking. 〚√ʔi<ʔ>x̣=ənukʷ-ŋ<ˀ> √scrape<actual>=ground-mdl<actual>〛
    ʔəx̣ənúkʷən broom. 〚√ʔix̣=ənukʷ=ən √scrape=ground=instr〛
    ʔəx̣cínəŋ shave. 〚√ʔix̣=ucin-ŋ √scrape=mouth-mdl〛
        ʔəx̣céʔnəŋ̓ shaving. 〚√ʔix̣=uci<ʔ>n-ŋ<ˀ> √scrape=mouth<actual>-mdl<actual>〛
    ʔəyx̣əwáčəŋ scraping bottom. 〚√ʔi<y>x̣=əwač-ŋ √scrape<pl>=bottom-mdl〛
        ʔaʔx̣əw̓áčəŋ scraping bottom. 〚√ʔi<ʔ>x̣=əw<ˀ>ač-ŋ √scrape<actl>=bottom<actl>-mdl〛

Klallam Root Index

ʔəxəwáč̕t scrape bottom. ⟦√ʔix̣=əwač-t √scrape=bottom-trns⟧
　　ʔaʔx̣əẃáč̕t scraping bottom. ⟦√ʔi<ʔ>x̣=əw<ˀ>ač-t √scrape<actl>=bottom<actl>-trns⟧

√ʔix̣ʷ √gather_up.

ʔíx̣ʷ gathered up. ⟦√ʔix̣ʷ √gather_up⟧
　ʔéʔəx̣ʷ scraping. ⟦ʔi+√ʔix̣ʷ actl+√gather_up⟧
　ʔíx̣ʷəŋ sweep. ⟦√ʔix̣ʷ-ŋ √gather_up-mdl⟧
　ʔəx̣ʷə́yu fishing gear. ⟦√ʔix̣ʷ-əyu √gather_up-activ⟧
　　ʔaʔx̣ʷə́yuʔ sweeping. ⟦√ʔi<ʔ>x̣ʷ-əyu<ʔ> √gather_up<actual>-activity<actual>⟧
　ʔəsʔéʔəx̣ʷ swept off. ⟦ʔs-ʔi+√ʔix̣ʷ stat-actl+√sweep⟧
　ʔíx̣ʷt gather it to clear. ⟦√ʔix̣ʷ-t √gather_up-trns⟧
　　ʔéʔx̣ʷt gathering it to clear. ⟦√ʔi<ʔ>x̣ʷ-t √gather_up<actl>-trns⟧
　ʔíx̣ʷtəŋ be gathered to clear. ⟦√ʔix̣ʷ-t-ŋ √gather_up-trns-psv⟧
　ʔəx̣ʷítəŋ gathered to clean. ⟦√ʔix̣ʷ-t-ŋ √gather_up-trns-psv⟧
　ʔəx̣ʷíct sweep. ⟦√ʔix̣ʷ-cut √gather_up-rflxv⟧
　　ʔaʔx̣ʷíct sweeping. ⟦√ʔi<ʔ>x̣ʷ-cut √gather_up<actl>-rflxv⟧
　　　sx̣ʷiʔaʔx̣ʷíct broom. ⟦sx̣ʷ-hy̓-√ʔi<ʔ>x̣ʷ-cut for-proc-√sweep<actl>-rflxv⟧
　ʔəx̣ʷənúkʷəŋ sweep floor. ⟦√ʔix̣ʷ=ənukʷ-ŋ √gather_up=ground-mdl⟧
　ʔəx̣ʷənúkʷən broom. ⟦√ʔix̣ʷ=ənukʷ=ən √gather_up=ground=instr⟧
　　ʔaʔix̣ʷənúkʷən brooms. ⟦√ʔ<aʔy>ix̣ʷ=ənukʷ=ən √gather_up<pl>=ground=instr⟧
　ʔéʔəx̣ʷ sčaʔkʷaʔyúɬ bulldozer. ⟦ʔi+√ʔix̣ʷ s-√čəʔkʷ-ay̓=uɬ actl+√gather_up s-√conveyance-ext=conveyance⟧

√ʔiy √beside.

ʔíyəwəɬ beside. ⟦√ʔiy=əʔəw-ɬ √beside=side-dur⟧
ʔíyəwəɬtxʷ put beside. ⟦√ʔiy=əʔəw-ɬ-txʷ √beside=side-dur-incaus⟧
　ʔíyəwəɬc put me/you beside. ⟦√ʔiy=əʔəw-ɬ-txʷ-c √beside=side-dur-inancuas-1obj/2obj⟧
　ʔiyəwəɬtúŋə put you alongside. ⟦√ʔiy=əʔəw-ɬ-txʷ-uŋə √beside=side-dur-incaus-2obj⟧
　ʔíyəwəɬtəŋ be put beside. ⟦√ʔiy=əʔəw-ɬ-t-ŋ √beside=side-dur-trns-psv⟧
ʔéʔwəɬnəxʷ manage to bring beside. ⟦√ʔiy=əʔəw-ɬ-naxʷ √beside=side-dur-nctrns⟧
　ʔiyəwəɬnúŋə get you beside. ⟦√ʔiy=əʔəw-ɬ-naxʷ-uŋə √beside=side-dur-nctrns-2obj⟧
ʔíyəcən edge. ⟦√ʔiy=ucin √beside=mouth⟧
sʔíycən edge. ⟦s-√ʔiy=ucin s-√beside=mouth⟧
ʔəsʔéʔəyuc river mouth. ⟦ʔs-ʔi+√ʔiy=uc stat-rslt+√beside=edge⟧
sʔiyə́kʷɬ side of the body. ⟦s-√ʔiy=akʷɬ s-√beside=conveyance⟧   √beside.
sʔíyən̓ beside. ⟦s-√ʔiy=an̓ s-√beside=ear⟧
　sʔiʔíyən ends. ⟦s-ʔy+√ʔiy=an̓ s-pl+√beside=ear⟧
　sxʷʔíyən̓ side of head. ⟦sxʷ-√ʔiy=an̓ for-√beside=ear⟧
　　sxʷʔíʔíyən̓ cheeks. ⟦sxʷ-ʔy+√ʔiy=an̓ for-pl+√beside=ear⟧
　sxʷʔiyáx̣ən side of body. ⟦sxʷ-√ʔiy=ax̣ən for-√beside=arm⟧
sʔíyəqsən point of land. ⟦s-√ʔiy=əqsən s-√beside=nose⟧
　sʔaʔéʔyəqsən small point of land. ⟦s-ʔa+√ʔ<ʔ>iy=əqsən s-dim+√beside<dim>=nose⟧

√ʔiyʔɬ √thigh.

sxʷʔíyʔɬ thigh. ⟦sxʷ-√ʔiyʔɬ for-√thigh⟧
　sxʷʔiʔíyʔɬ thighs. ⟦sxʷ-ʔy+√ʔiyʔɬ for-pl+√thigh⟧

√ʔiyaʔča √thistle.

ʔiyaʔčáɬč thistle. ⟦√ʔiyaʔča=iɬč √thistle=plant⟧

√ʔlilw̓ √salmonberry.

ʔəlíluʔ salmonberry. ⟦√ʔlilw̓ √salmonberry⟧
　ʔaʔyəlíluʔ salmonberries. ⟦√ʔ<əʔyə>lilw̓ √salmonberry<pl>⟧
　ʔəliluʔíɬč salmonberry bush. ⟦√ʔəliluʔ=iɬč √salmonberry=plant⟧
　čən̓líluʔ May. ⟦čn̓-√liluʔ time-√salmonberry⟧

√ʔɬaʔ √here.

ʔəɬáʔ here. ⟦√ʔɬaʔ √here⟧
　ʔáɬaʔ here. ⟦√ʔ<á>ɬaʔ √here<actual>⟧
　　ʔəsʔáɬaʔ be here. ⟦ʔs-√ʔ<á>ɬaʔ stat-√here<actual>⟧
　　sxʷʔáɬaʔ where it is. ⟦sxʷ-√ʔ<á>ɬaʔ for-√here<actual>⟧
　　čʔáɬaʔ from here. ⟦č-√ʔ<á>ɬaʔ from-√here<actual>⟧
　　　čʔáɬaʔtxʷ bring from here. ⟦č-√ʔ<á>ɬaʔ-txʷ from-√here<actl>-incaus⟧
　　　čʔəɬáʔtəŋ be brought from here. ⟦č-√ʔɬaʔ-t-ŋ from-√here-trns-psv⟧
　　　čʔəɬaʔtúŋə get you from here. ⟦č-√ʔɬaʔ-txʷ-uŋə from-√here-incaus-2obj⟧
　kʷɬáʔ be here already. ⟦kʷɬ-√ʔɬaʔ alrdy-√here⟧
　ʔáɬaʔtxʷ let here. ⟦√ʔ<á>ɬaʔ-txʷ √here<actl>-letcaus⟧

√ʔmqʷuʔ √swing.
  ʔəmqʷúʔ swing. 〚√ʔmqʷuʔ √swing〛
    ʔámˑqʷuʔ swinging. 〚√ʔ<á>m<ˀ>qʷuʔ √swing<actual>〛
  ʔəmˑqʷúʔtən swing. 〚√ʔm<ˀ>qʷuʔ=tən √swing<actl>=instr〛
√ʔmw √bow.
  sxʷʔə́mutən bow. 〚sxʷ-√ʔmw=tən for-√bow=instr〛
√ʔnʔa √come.
  ʔənʔá come. 〚√ʔnʔa √come〛
    ʔənʔáʔə coming. 〚√ʔnʔa<ʔə> √come<actual>〛
    ʔənʔənʔá come (pl). 〚ʔn+√ʔnʔa pl+√come〛
    ʔənʔáxʷ bring it. 〚√ʔnʔa-xʷ √come-caus〛
      ʔənʔáʔəxʷ bringing. 〚√ʔnʔa<ʔə>-xʷ √come<actl>-caus〛
      ʔənʔác bring me/you. 〚√ʔnʔa-xʷ-c √come-caus-1obj/2obj〛
      ʔənʔaxʷtúŋəɬ bring us. 〚√ʔnʔa-xʷt-uŋɬ √come-caus-1plobj〛
        ʔənʔaxʷtúʔŋəɬ bringing us. 〚√ʔnʔa-xʷt-u<ʔ>ŋɬ √come-caus-1plobj<actual>〛
      ʔənʔáxʷtəŋ be brought. 〚√ʔnʔa-xʷt-ŋ √come-caus-psv〛
      ʔənʔaxʷsít bring for. 〚√ʔnʔa-xʷ-sít-cəŋ √come-caus-bene-1obj〛
        ʔənʔaxʷsícəŋ bring for me. 〚√ʔnʔa-xʷ-sít-cəŋ √come-caus-bene-1obj〛
    txʷənʔá come toward. 〚txʷ-√ʔnʔa becm-√come〛
      txʷənʔáxʷ put that way. 〚txʷ-√ʔnʔa-xʷ becm-√come-caus〛
    ʔənʔátxʷ let come. 〚√ʔnʔa-txʷ √come-letcaus〛
    ʔənʔánəs come after. 〚√ʔnʔa-nəs √come-intent〛
      ʔənʔansəŋúŋɬ come for us. 〚√ʔnʔa-nəs-ŋuŋɬ √come-intent-1plobj〛
      ʔənʔanəsŋúŋə come after me/you. 〚√ʔnʔa-nəs-ŋuŋə √come-intent-1obj/2obj〛
      ʔənʔánəsəŋ be come after. 〚√ʔnʔa-nəs-ŋ √come-intent-psv〛
√ʔnxʷiq̓ √slim.
  ʔənəxʷíq̓ slim. 〚√ʔnxʷiq̓ √slim〛
√ʔp̓ √lap.
  ʔəp̓íyəŋ sit on lap. 〚√ʔp̓-iy-ŋ √lap-dev-mdl〛
  ʔəp̓ə́t put it on lap. 〚√ʔp̓-t √lap-trns〛
  ʔəp̓ə́čɬ hold baby. 〚√ʔp̓=əčɬ √lap=child〛
    ʔəp̓əčɬíyɬ go put child on lap. 〚√ʔp̓=əčɬ-iyɬ √lap=child-go〛
    ʔəp̓ə́čɬəŋ hold baby. 〚√ʔp̓=əčɬ-ŋ √lap=child-mdl〛
√ʔšas √sea_lion.
  ʔəšás sea lion. 〚√ʔšas √sea_lion〛
    ʔaʔyəšás sea lions. 〚√ʔ<əy̓>əšas √sea_lion<pl>〛
√ʔuʔah √not_yet.
  ʔuʔá not yet. 〚√ʔuʔah √not_yet〛
  huʔəhánə not yet exist. 〚√huʔəhə√niʔ √not_yet√exist〛
√ʔuʔú? √begin.
  ʔuʔúʔ begin. 〚√ʔuʔúʔ √begin〛
√ʔuʔúy̓č √youngest.
  ʔuʔúy̓č youngest. 〚√ʔuʔúy̓č √youngest〛
√ʔuk̓ʷɬ √take_care.
  ʔúk̓ʷɬ take care. 〚√ʔuk̓ʷɬ √take_care〛
  sʔúk̓ʷɬ babysittee. 〚s-√ʔuk̓ʷɬ s-√take_care〛
  sxʷsʔúk̓ʷɬ step-parent. 〚sxʷ-s-√ʔuk̓ʷɬ for-√take_care〛
    sxʷsʔaʔyúk̓ʷɬ step-parents. 〚sxʷ-s-√ʔ<əy>uk̓ʷɬ for-√take_care<pl>〛
√ʔuk̓ʷs √chiton.
  ʔúk̓ʷs chiton. 〚√ʔuk̓ʷs √chiton〛
    ʔaʔyúk̓ʷs giant chitons. 〚√ʔ<əy>uk̓ʷs √chiton<pl>〛
    ʔuʔúʔk̓ʷs small chiton. 〚ʔu+√ʔu<ʔ>k̓ʷs dimin+√chiton<dimin>〛
    ʔaʔyaʔúʔk̓ʷs small giant chitons. 〚ʔ<əy>a+√ʔu<ʔ>k̓ʷs dimin<pl>+√chiton<dimin>〛
√ʔuɬ √pick.
  ʔúɬt pick fruit. 〚√ʔuɬ-t √pick-trns〛
  ʔuɬíyŋ go to harvest. 〚√ʔuɬ-iy-ŋ √pick-dev-mdl〛
√ʔuməniʔ √hunt.
  ʔəsʔúmənəʔ hunt. 〚ʔs-√ʔuməniʔ stat-√hunt〛
    ʔaʔmáʔnaʔ hunting. 〚√ʔu<ʔ>mə<ʔ>niʔ √hunt<actual>〛
    ʔəsʔəmʔúmənəʔ hunter. 〚ʔəs-ʔm+√ʔuməniʔ stat-char+√hunt〛

ʔəsʔaʔmáʔnaʔ hunting. 〚ʔs-√ʔu<ʔ>mə<ʔ́>niʔ stat-√hunt<actual>〛
ʔəmənéʔəŋ hunting. 〚√ʔuməniʔ-ŋ<ʔ́> √hunt<actual>-mdl<actual>〛

√**ʔunu** √notice.
   ʔunú notice. 〚√ʔunu √notice〛

√**ʔunuʔ** √tallow.
   ʔúnuʔ tallow. 〚√ʔunuʔ √tallow〛
     ʔəyúnuʔ tallow (pl). 〚√ʔ<əy>unuʔ √tallow<pl>〛
     ʔuʔúʔnuʔ tallow (dimin). 〚ʔə+√ʔu<ʔ>nuʔ dimin+√tallow<dimin>〛
      ʔaʔyaʔúʔnuʔ tallow (dimin). 〚ʔ<əʔy>aʔ+√ʔu<ʔ>nuʔ dimin<pl>+√tallow<dimin>〛

√**ʔuŋ** √give.
   ʔúŋəst give to someone. 〚√ʔuŋ-us-t √give-rcpnt-trns〛
     ʔaʔŋúst giving to someone. 〚√ʔu<ʔ>ŋ-us-t √give<actl>-rcpnt-trns〛
      ʔaʔŋúsc giving me/you. 〚√ʔu<ʔ>ŋ-us-t-c √give<actl>-rcpnt-trns-1obj/2obj〛
   ʔúŋəsc give me/you. 〚√ʔuŋ-us-t-c √give-rcpnt-trns-1obj/2obj〛
   ʔúŋəstəŋ be given. 〚√ʔuŋ-us-t-ŋ √give-rcpnt-trns-psv〛
     ʔaʔŋústəŋ being given. 〚√ʔu<ʔ>ŋ-us-t-ŋ √give<actl>-rcpnt-trns-psv〛
   ʔsʔúŋəyu giving. 〚ʔs-√ʔuŋ-əyu stat-√give-activ〛
   sʔúŋəyu gift. 〚s-√ʔuŋ-əyu s-√give-activ〛

√**ʔupn** √ten.
   ʔúpən ten. 〚√ʔupn √ten〛
     ʔupənəɬnát ten nights. 〚√ʔupn=ɬnat √ten=day〛
     ʔupənáy ten people. 〚√ʔupn=ayə √ten=person〛
     ʔupənáw̓txʷ ten houses. 〚√ʔupn=aw̓txʷ √ten=house〛
     ʔupənáɬ ten times. 〚√ʔupn=aɬ √ten=times〛
     ʔupənáʔwiṅəxʷ ten years. 〚√ʔupn=aʔwiṅəxʷ √ten=year〛
     ʔəpəníkʷs ten of a kind. 〚√ʔupn=iws √ten=body〛
     ʔəpənə́kʷɬ ten conveyances. 〚√ʔupn=akʷɬ √ten=conveyance〛
     ʔəpənə́čɬ ten children. 〚√ʔupn=əčɬ √ten=child〛
     ʔəpənáyəq ten fish. 〚√ʔupn=ayəq √ten=fish〛
     ʔəpənáʔitxʷ ten dollars. 〚√ʔupn=aʔitxʷ √ten=dollar〛

√**ʔuq̓ʷ** √extract.
   ʔúq̓ʷ extract. 〚√ʔuq̓ʷ √extract〛
     ʔaʔq̓ʷə́yuʔ prying up. 〚√ʔu<ʔ>q̓ʷ-əyu<ʔ> √extract<actual>-activity<actual>〛
   ʔúq̓ʷt pry it out. 〚√ʔuq̓ʷ-t √extract-trns〛
     ʔúʔq̓ʷt prying it. 〚√ʔu<ʔ>q̓ʷ-t √extract<actl>-trns〛
   ʔúq̓ʷtəŋ be extracted. 〚√ʔuq̓ʷ-t-ŋ √extract-trns-psv〛
     ʔaʔq̓ʷə́təŋ being extracted. 〚√ʔu<ʔ>q̓ʷ<ə́>-t-ŋ √extract<actl>-trns-psv〛
   ʔaʔq̓ʷiʔnísəŋ extracting tooth. 〚√ʔu<ʔ>q̓ʷ-y<ʔ>=nis-ŋ<ʔ́> √extract<actual>-ext<actual>=tooth-mdl<actual>〛

√**ʔuq̓ʷəʔ** √sibling.
   sʔúq̓ʷəʔ sibling. 〚s-√ʔuq̓ʷəʔ s-√sibling〛
     sʔəýúq̓ʷəʔ siblings. 〚s-√ʔ<əý>uq̓ʷəʔ s-√sibling<actual>〛

√**ʔuɬ** √stretch.
   ʔúɬ stretched. 〚√ʔuɬ √stretch〛
   ʔúɬəŋ stretch. 〚√ʔuɬ-ŋ √stretch-mdl〛
   ʔəsʔúʔəɬ stretched. 〚ʔs-√ʔu<ʔə>ɬ stat-√stretch<actual>〛
   ʔúɬt stretch it. 〚√ʔuɬ-t √stretch-trns〛
     ʔúʔɬt stretching it. 〚√ʔu<ʔ>ɬ-t √stretch<actl>-trns〛
   ʔəɬútəŋ be stretched. 〚√ʔuɬ-t-ŋ √stretch-trns-psv〛
   ʔəɬúct stretch self. 〚√ʔuɬ-cut √stretch-rflxv〛
   ʔúɬi stretch. 〚√ʔuɬ-iy √stretch-dev〛
     ʔúʔɬi stretching. 〚√ʔu<ʔ>ɬ-iy √stretch<actl>-dev〛
   ʔaɬɬnáʔyəŋ stretch neck. 〚√ʔuɬ=ɬnay<ʔ́>-ŋ √stretch=neck<actl>-mdl〛

√**ʔuxʷ** √go_to.
   ʔúxʷ go to. 〚√ʔuxʷ √go_to〛
     ʔúʔuxʷ going to. 〚ʔu+√ʔuxʷ actl+√go_to〛
     txʷʔúxʷ go toward. 〚txʷ-√ʔuxʷ becm-√go_to〛
      txʷʔúʔuxʷ going toward. 〚txʷ-ʔu+√ʔuxʷ becm-actl+√go_to〛
      txʷʔúxʷtxʷ let go toward. 〚txʷ-√ʔuxʷ-txʷ becm-√go_to-letcaus〛
       txʷʔúxʷtəŋ be brought toward. 〚txʷ-√ʔuxʷ-txʷ-ŋ becm-√go_to-caus-psv〛

ʔúxʷtxʷ take it there.　〖√ʔuxʷ-txʷ √go_to-caus〗
　　ʔúxʷtəŋ be taken to.　〖√ʔuxʷ-t-ŋ √go_to-trns-psv〗
ʔuxʷtxʷsít take for.　〖√ʔuxʷ-txʷ-sít √go_to-caus-bene〗
ʔúxʷnəxʷ manage to bring.　〖√ʔuxʷ-naxʷ √go_to-nctrns〗
　　ʔuxʷnúŋə bring you there.　〖√ʔuxʷ-naxʷ-uŋə √go_to-nctrns-2obj〗
ʔúxʷnəs go to it.　〖√ʔuxʷ-nəs √go_to-intent〗
　　ʔúʔxʷnəs going after.　〖√ʔu<ʔ>xʷ-nəs √go_to<actl>-intent〗
　　ʔuxʷnúŋəs go get you.　〖√ʔuxʷ-nəs-uŋəs √go_to-intent-2obj〗
　　ʔúxʷnəsəŋ be gone after.　〖√ʔuxʷ-nəs-ŋ √go_to-intent-psv〗
　　　　ʔúʔxʷnəsəŋ being gone after.　〖√ʔu<ʔ>xʷ-nəs-ŋ √go_to<actl>-intent-psv〗
ʔuxʷəŋáy̓ŋən want to go there.　〖√ʔuxʷ-ŋ-ay̓ŋən √go_to-mdl-want〗

√**ʔuykʷtxʷ** √outfit.
　ʔúykʷtxʷ outfit.　〖√ʔuykʷtxʷ √outfit〗
　　sʔúykʷč dancer's regalia.　〖s-√ʔuykʷ=č s-√outfit=ʔ〗

√**ʔuyɬ** √go_aboard.
　ʔúyɬ go aboard.　〖√ʔuyɬ √go_aboard〗
　　ʔúy̓əɬ going aboard.　〖√ʔuy<ʔ>ɬ √go_aboard<actual>〗
　　　ʔiʔáʔiɬ being aboard.　〖√ʔu<yʔ><áʔ>yɬ √go_aboard<pl><actual>〗
　ʔúyəɬtxʷ lade it.　〖√ʔuyɬ-txʷ √go_aboard-caus〗
　　ʔaʔyúɬtxʷ lading.　〖√ʔu<ʔ>yɬ-txʷ √go_aboard-caus〗
　　ʔuyɬtəŋíŋə board me.　〖√ʔuyɬ-txʷ-ŋiŋə √go_aboard-letcaus-1obj〗
　　ʔúyəɬtəŋ be loaded on.　〖√ʔuyɬ-txʷ-ŋ √go_aboard-caus-psv〗
　　ʔaʔyəɬtaʔyéʔč loading.　〖√ʔu<ʔ>yɬ-txʷ-aʔy=iʔč √go_board<actl>-incaus-ext=back〗
　　　ʔaʔyəɬtayéʔčəŋ loading.　〖√ʔu<ʔ>yɬ-txʷ-ay=iʔč-ŋ √go_board<actl>-incaus-ext=back-mdl〗
　sxʷʔúyəɬ conveyance.　〖sxʷ-√ʔuyɬ for-√go_aboard〗
　　sxʷʔiʔiʔúyəɬ conveyances.　〖sxʷ-ʔy+√ʔ<yʔ>uyɬ for-plural+√go_aboard<pl>〗

√**ʔuyq** √oar.
　ʔúyəq oar.　〖√ʔuyq √oar〗
　　ʔúyəqs flat boat.　〖√ʔuyq=s √oar=ʔ〗

√**ʔuytxʷ** √if/when.
　ʔúytxʷ if/when.　〖√ʔuytxʷ √if/when〗

√**ʔuyx̱** √lift.
　ʔúyəx̱t lift it carefully.　〖√ʔuyx̱-t √lift-trns〗
　　ʔúyəx̱c lift me/you.　〖√ʔuyx̱-t-c √lift-trns-1obj/2obj〗
　　ʔaʔyúx̱t lifting it.　〖√ʔu<ʔ>yx̱-t √lift<actl>-trns〗
　　ʔúyəx̱təŋ be lifted.　〖√ʔuyx̱-t-ŋ √lift-trns-psv〗
　sʔúyəx̱ souvenir.　〖s-√ʔuyx̱ s-√lift〗

√**ʔwʔšact** √sun.
　sʔuʔšáct sun.　〖s-√ʔwʔšact s-√sun〗
　　sʔuʔuʔšáct sun (pl).　〖s-ʔw+√ʔwʔšact s-pl+√sun〗

√**ʔxʷiʔy** √apart.
　ʔəxʷéʔi apart.　〖√ʔxʷiʔy √apart〗
　　ʔəxʷʔyáy̓s move away.　〖√ʔxʷiʔy-ay̓s √apart-activ〗
　　xʷəy̓nə́kʷi apart.　〖√ʔxʷiʔy-nəwəy √apart-ncrcprcl〗
　　　xʷəy̓nəkʷə́yŋ separate.　〖√ʔxʷiʔy-nəwəy-ŋ √apart-ncrcprcl-mdl〗
　　xʷéʔitxʷ move it away.　〖√ʔxʷiʔy-txʷ √apart-incaus〗
　　　xʷéʔitəŋ be put aside.　〖√ʔxʷiʔy-txʷ-ŋ √apart-incaus-psv〗
　　xʷéʔict move away.　〖√ʔxʷiʔy-cut √apart-rflxv〗
　txʷaʔxʷéʔi get away.　〖txʷaʔ-√ʔxʷiʔy becm-√apart〗

√**ʔxʷiy** √person.
　ʔəxʷíyŋxʷ person.　〖√ʔxʷiy=ŋixʷ √person=being〗
　　ʔay̓xʷíyŋəxʷ village.　〖√ʔə<y>xʷiy=ŋixʷ √person<pl>=being〗

√**ʔx̣in** √where.
　ʔəx̣ín where.　〖√ʔx̣in √where〗
　　ʔəx̣íntxʷ where put.　〖√ʔx̣in-txʷ √where-incaus〗
　　čšaʔəx̣ín from where.　〖čšaʔ-√ʔx̣in from-√where〗
　　　čaʔəx̣éntxʷ get from where.　〖čšaʔ-√ʔx̣in-txʷ from-√where-incaus〗
　　ʔəx̣ínəŋən whole body.　〖√ʔx̣in=ŋin √where=piece〗
　　tx̱ʷín　〖tx̱ʷ-√ʔx̣in becm-√where〗
　　　tx̱ʷíntxʷ where take.　〖tx̱ʷ-√ʔx̣in-txʷ becm-√where-incaus〗

√ʔxtiʔ √ʔit

  txʷéʔxʷəṅ going where. 〚txʷ-xiʔ+√ʔxin<ʔ> becm-actl+√where〛
  txʷiʔtxʷéʔxʷəṅ going where. 〚txʷ-hy̓-txʷ-xi<ʔ>+√ʔxin<ʔ> become-proc-become-actual+√where<actual>〛
  txʷnúʔəsəŋ face toward. 〚txʷ-√ʔxin=u<ʔə>s-ŋ becm-√where=face<actl>-mdl〛

√ʔxtiʔ √fix.
 ʔəxtéʔəŋ prepare. 〚√ʔxtiʔ-ŋ √fix-mdl〛
 ʔəxtéʔt fix it. 〚√ʔxtiʔ-t √fix-trns〛
  ʔəxtéʔtəŋ be fixed. 〚√ʔxtiʔ-t-ŋ √fix-trns-psv〛
   ʔaʔxtéʔtəŋ being fixed. 〚√ʔ<aʔ>xtiʔ-t-ŋ<ʔ> √fix<actual>-trans-psv<actual>〛
 ʔəxtaʔsít fix it for. 〚√ʔxtiʔ-sít √fix-bene〛
  ʔəxtaʔsíc fix for me/you. 〚√ʔxtiʔ-sít-c √fix-bene-1obj/2obj〛

√ʔya √there.
 ʔiyá there. 〚√ʔya √there〛
  ʔəsʔiyá be there. 〚ʔs-√ʔya stat-√there〛
 ʔiyáɬ be there. 〚√ʔya-ɬ √there-dur〛
 ʔiyátxʷ put there. 〚√ʔya-txʷ √there-incaus〛
  ʔiyátəŋ be put there. 〚√ʔya-txʷ-ŋ √there-incaus-psv〛
 txʷʔiyá stay. 〚txʷ-√ʔya becm-√there〛
 sxʷʔiyá where it is. 〚sxʷ-√ʔya for-√there〛
 čʔiyá from there. 〚č-√ʔya be_from-√there〛
 ʔiyaháčɬ child there. 〚√ʔiya=čɬ √there=child〛

√ʔyay̓ŋ √parent.
 ʔiyáy̓əŋ parent. 〚√ʔyay̓ŋ √parent〛
  ʔiʔiyáy̓əŋ parents. 〚ʔy+√ʔyay̓ŋ pl+√parent〛
 sxʷʔiyáy̓əŋ aunt-in-law. 〚sxʷ-√ʔyay̓ŋ for-√parent〛
  sxʷʔiyiyáy̓əŋ aunts-in-law. 〚sxʷ-√ʔy<y>ay̓ŋ for-√parent<pl>〛
 ʔəsxʷʔiyáʔyəŋ step-parent. 〚ʔs-xʷ-√ʔyay̓ŋ stat-loc-√parent〛

√ʔyəm̓ √strong.
 ʔiyə́m̓ strong. 〚√ʔyəm̓ √strong〛
  ʔiʔiyiyə́m strong (pl). 〚ʔy+√ʔ<yi>yəm̓ plural+√strong<pl>〛
  ʔəyaʔiyiyə́m small strong (pl). 〚ʔ<əy>aʔ+√ʔy<y>əm̓ dimin<plural>+√strong<pl>〛
 ʔiʔiyə́m̓ strong. 〚ʔy+√ʔyəm̓ char+√strong〛
 ʔiyə́m̓stxʷ make strong. 〚√ʔyəm̓-stxʷ √strong-caus〛
 ʔiyə́mə̓ct stronger. 〚√ʔyəm̓-cut √strong-rflxv〛
  ʔaʔyaʔyə́mct making self strong. 〚√ʔ<əʔ>ya<ʔ>m̓-cut √strong<actl>-rflxv〛
  ʔayaʔyə́m̓ct strengthening. 〚ʔy+√ʔyəm̓-cut char+√strong-rflxv〛
 ʔiyəmút make someone strong. 〚√ʔyəm̓-u-t √strong-?-trns〛
  ʔiyəm̓úc make you/me strong. 〚√ʔyəm̓-u-t-c √strong-?-trns-1obj/2obj〛
  ʔiyəmútəŋ be made strong. 〚√ʔyəm̓-u-t-ŋ √strong-?-trns-psv〛
   ʔaʔyaʔmútəŋ being made strong. 〚√ʔ<əʔ>ya<ʔ>m̓-u-t-ŋ<ʔ> √strong<actual>-?-trans-psv<actual>〛
 ʔiyəmúct make self strong. 〚√ʔyəm̓-u-cut √strong-?-rflxv〛
 sʔiymíkʷs right side. 〚s-√ʔyəm̓=iws s-√strong=body〛
 ʔiyəmsə́n strong footed. 〚√ʔyəm̓=sən √strong=foot〛
 ʔiyəmiʔáxən strong armed. 〚√ʔyəm̓-y̓=axən √strong-ext=arm〛
 ʔiyəmiʔásən strong legged. 〚√ʔyəm̓-y̓a=sən √strong-ext=foot〛
 ʔiyəmáyəmš strong type. 〚√ʔyəm̓-ay=umš √strong-ext=type〛
 ʔimənánkʷs strong willed. 〚√ʔyəm̓-n=ankʷs √strong-ext=mind〛

√ʔysta √let's.
 ʔistá let's. 〚√ʔysta √let's〛

√ʔym̓ay̓ √rent.
 ʔiʔmáy̓ rent. 〚√ʔy̓may̓ √rent〛
  ʔəsʔiʔmiʔtə́nəq renting. 〚ʔs-√ʔy̓may̓-t-ənəq stat-√rent-trns-hab〛

√cʔit √true.
 cəʔít true. 〚√cʔit √true〛
  cəʔéʔt truly. 〚√cʔi<ʔ>t √true<actual>〛
  cəʔítəŋ truly. 〚√cʔit-əŋ √true-mdl〛
  ʔəscəʔít sincere. 〚ʔs-√cʔit stat-√true〛
   ʔəscəʔéʔt being sincere. 〚ʔs-√cʔi<ʔ>t stat-√true<actual>〛
  nəxʷcəʔítqən honest. 〚nxʷ-√cʔit=qin loc-√true=voice〛

√caʔc √ʔ.
   nəxʷscáʔcqən translator.   ⟦nxʷ-s-√caʔc=qin loc-s-√ʔ=voice⟧
√caʔč √move_ahead.
   caʔčáct move ahead.   ⟦√caʔč-cut √move_ahead-rflxv⟧
√caʔqmu √dominate.
   scaʔqmúʔis controlled, dominated.   ⟦ʔs-√caʔqmu-ay̓s stat-√dominate-activ⟧
      scaʔqəmúʔist control, dominate someone.   ⟦ʔs-√caʔqmu-ay̓s-t stat-√dominate-activ-trns⟧
         scaʔqəmúʔistəŋ be controlled.   ⟦ʔs-√caʔqmu-ay̓s-t-ŋ stat-√dominate-activ-trns-psv⟧
√caʔqʷiʔ √hole.
   sxʷcaʔqʷiʔáxən armpit.   ⟦sxʷ-√caʔqʷiʔ=axən for-√hole=arm⟧
   sxʷcəyaʔqʷiʔáxən armpits.   ⟦sxʷ-√c<əy>aʔqʷiʔ=axən for-√hole<pl>=arm⟧
√caʔyəʔ √delay.
   scáʔi delay.   ⟦s-√caʔyəʔ s-√delay⟧
   caʔčáʔɬəŋ go slow.   ⟦√caʔyəʔ-ɬ-ŋ √delay-dur-mdl⟧
   ʔəscáʔyaʔɬ slow.   ⟦ʔs-√caʔyəʔ-ɬ stat-√delay-dur⟧
√cacqy √sprout.
   scácqi sprout.   ⟦s-√cacqy s-√sprout⟧
   scáyaʔcqiʔ sprouts (pl).   ⟦s-√ca<ya>ʔcqy s-√sprouts<pl>⟧
√cačc √aunt/uncle.
   cáčc aunt/uncle.   ⟦√cačc √aunt/uncle⟧
   caʔyáčc aunts/uncles.   ⟦√c<əʔy>ačc √aunt/uncle<pl>⟧
   caʔcáʔčc small aunt/uncle.   ⟦caʔ+√caʔčc dim+√aunt/uncle⟧
√can √who.
   cán who.   ⟦√can √who⟧
   cáʔniyaʔ who they.   ⟦√ca<ʔ>n-iyaʔ √who<pl>-pl⟧
   txʷcán whose.   ⟦txʷ-√can becm-√who⟧
      txʷcántxʷ who belong.   ⟦txʷ-√can-txʷ becm-√who-letcaus⟧
   cántxʷ who let.   ⟦√can-txʷ √who-letcaus⟧
      čšaʔcántxʷ who get from.   ⟦čšaʔ-√can-txʷ go_from-√who-letcaus⟧
   scánəŋ what kind.   ⟦s-√can-ŋ s-√who-mdl⟧
√caw1 √lay.
   cákʷ put down.   ⟦√caw √lay⟧
   cákʷəŋ be put down.   ⟦√caw-as-ŋ √lay-ptcaus-psv⟧
   scáwt on the ground.   ⟦ʔs-√cawt stat-√lay-stat⟧
      ʔəsccáwt lying down.   ⟦ʔs-c+√caw-t stat-actl+√lay-stat⟧
         ʔəsciyəcáwt lying down (pl).   ⟦ʔs-c<iyə>+√caw-t stat-actl<pl>+√lay-stat⟧
   cákʷs put down.   ⟦√caw-as √lay-ptcaus⟧
   caʔáw̓əs laying down.   ⟦√c<əʔ>aw<ʔ>-as √lay<actl>-ptcaus⟧
   ckʷíct cover it over.   ⟦√caw=ic-t √lay=back-trns⟧
√caw2 √be_on_beach.
   cáw be on beach.   ⟦√caw √beach⟧
   cuʔcáw̓ being off shore.   ⟦caw<ʔ>+√caw<ʔ> actl+√beach⟧
   cáwcu way out.   ⟦cáw+√caw char+√beach⟧
      cáw̓cuʔ being off shore.   ⟦cáw<ʔ>+√caw<ʔ> char<actual>+√beach<actual>⟧
   cácu on beach.   ⟦ca+√caw rslt+√beach⟧
      cácutxʷ leave on beach.   ⟦ca+√caw-txʷ rslt+√beach-letcaus⟧
   cáwtxʷ bring to beach.   ⟦√caw-txʷ √beach-incaus⟧
      cáwtəŋ be brought to beach.   ⟦√caw-t-ŋ √beach-trns-psv⟧
   cáwŋən shore.   ⟦√caw=ŋin √beach=piece⟧
√caxʷ √lazy.
   cáxʷəŋ lazy.   ⟦√caxʷ-ŋ √lazy-mdl⟧
   cáʔx̌ʷəŋ lazy.   ⟦√ca<ʔ>xʷ-ŋ<ʔ> √lazy<actual>-mdl<actual>⟧
   txʷcáʔx̌ʷəŋ reluctant.   ⟦txʷ-√ca<ʔ>xʷ-ŋ<ʔ> become-√reluctant<actual>-mdl<actual>⟧
   ʔəscáxʷcxʷ lazy.   ⟦ʔs-cáxʷ+√caxʷ stat-char+√lazy⟧
√cay √lie_down.
   cáy lie down.   ⟦√cay √lie_down⟧
   sxʷcəy̓sən canoe mat.   ⟦sxʷ-√cay<ʔ>=sən for-√lie_down<actl>=foot⟧
   sxʷcáʔiy̓sən canoe mats.   ⟦sxʷ-√cə<ʔi>y=sən for-√lie_down<pl>=foot⟧
   caʔyəsə́ntən mat.   ⟦√cay<ʔ>=sən=tən √lie_down<actl>=foot=instr⟧

         ʔəsciyay̓sə́ṅtəṅ mat making.   〚ʔs-√c<iy>ay<ʔ>=sən<ʔ>=tən<ʔ> stat-√lie_down<pl><actual>=foot<actual>=instr<actual>〛
√**cays** √hand.
   cáys hand.   〚√cays √hand〛
    cicáys hands.   〚cy+√cays pl+√hand〛
√**cəʔyiɬṅ** √upper_mouth.
   sxʷcaʔyíɬəṅ upper mouth.   〚sxʷ-√cəʔyiɬṅ for-√upper_mouth〛
√**cəɬmt** √Crescent_Lake.
   cə́ɬmət Crescent Lake.   〚√cəɬmt √Crescent_Lake〛
√**cəmuʔnə** √halibut_hook.
   cəmúʔnə halibut hook.   〚√cəmuʔnə √halibut_hook〛
   caʔyəmúʔnə halibut hooks.   〚√c<aʔy>əmuʔnə √halibut_hook<pl>〛
√**cənaʔxʷ** √tule.
   cə́naʔxʷ tule.   〚√cənaʔxʷ √tule〛
   ciyaʔyánəxʷ tules.   〚√c<iyaʔy>ə<ʔ>naʔxʷ √tule<pl>〛
√**cəṅ** √lean_against.
   cə́ṅ lean against.   〚√cəṅ √lean_against〛
    cáʔnəɬ leaning.   〚√cə<á>ṅ-ɬ √against<rslt>-dur〛
     ʔəscáʔnəɬ leaning.   〚ʔs-√cə<á>ṅ-ɬ stat-√lean_against<rslt>-dur〛
      ʔəscáʔnəɬtxʷ leaning.   〚ʔs-√cə<á>ṅ-ɬ-txʷ stat-√lean<rslt>-dur-caus〛
   cənʔə́t lean against it.   〚√cəṅ-t √lean_against-trns〛
   cənʔə́tən be leaned.   〚√cəṅ-t-ŋ √lean_against-trns-psv〛
   cənʔáč lean back against.   〚√cəṅ=ač √lean_against=back〛
   cənáčəŋ lean back.   〚√cəṅ=ač-ŋ √lean_against=back-mdl〛
    ʔəscáʔnəč leaning back.   〚ʔs-√ca<ʔ>ṅ=ač stat-√lean_against<actl>=back〛
   cənʔáčt lean against it.   〚√cəṅ=ač-t √lean_against=back-trns〛
   cənʔáčtən be leaned against.   〚√cəṅ=ač-t-ŋ √lean_against=back-trns-psv〛
√**cəŋ1** √camp.
   cəŋéʔiɬ camp.   〚√cəŋ-i<ʔ>y-ɬ √camp-dev<actl>-dur〛
   caʔɬaʔŋéʔiɬ camping.   〚√caʔɬaʔŋ-i<ʔ>y-ɬ √camp-dev<actl>-dur〛
√**cəŋ2** √two.
   cəŋcáŋ twice.   〚cŋ+√cəŋ pl+√two〛
   cə́ŋuɬ two canoes.   〚√cəŋ=uɬ √two=conveyance〛
   caʔŋáɬ two canoes.   〚√cə<ʔ>ŋ=aɬ √two<actl>=conveyance〛
   cə́ŋuʔtxʷ two houses.   〚√cəŋ=aw̓txʷ √two=house〛
   cəŋənát Tuesday.   〚√cəŋ=nat √two=day〛
√**cəŋaʔ** √pack_on_back.
   cəŋáʔəṅ carry on back.   〚√cəŋaʔ-ŋ<ʔ> √pack_on_back-mdl<actual>〛
   cə́ŋaʔt pack it on back.   〚√cəŋaʔ-t √pack-trns〛
   cə́ŋaʔc pack me/you.   〚√cəŋaʔ-t-c √pack-trns-1obj/2obj〛
   cəŋáʔaʔt packing it.   〚√cəŋ<aʔ>aʔ-t √pack<actl>-trns〛
   cə́ŋaʔtəŋ be packed.   〚√cəŋaʔ-t-ŋ √pack-trns-psv〛
   cəŋáʔaʔtəŋ being packed.   〚√cəŋ<aʔ>aʔ-t-ŋ √pack<actl>-trns-psv〛
   cəŋaʔnít carry it on back.   〚√cəŋaʔ-ṅí-t √pack-rel-trns〛
   cə́ŋaʔnəxʷ manage to pack.   〚√cəŋaʔ-naxʷ √pack-nctrns〛
   cə́ŋaʔtən tumpline.   〚√cəŋaʔ=tən √pack=instr〛
   cəŋaʔíɬ carry child on back.   〚√cəŋaʔ=iɬ √pack=child〛
   cəŋáʔčɬəŋ carry child back.   〚√cəŋaʔ=čɬ-ŋ √pack=child-mdl〛
    cəŋaʔáʔčɬəŋ carrying child on back.   〚√cəŋa<ʔá>ʔ=čɬ-ŋ √pack<actl>=child-mdl〛
√**cəqy̓** √sockeye.
   scə́qiʔ sockeye.   〚s-√cəqy̓ s-√sockeye〛
   scaʔyáʔqiʔ sockeyes.   〚s-√cə<ʔyəʔ>qy̓ s-√sockeye<pl>〛
   scaʔcáʔqiʔ small sockeye.   〚s-caʔ+√cə<ʔ>qy̓ s-dimin+√sockeye<dimin>〛
    scaʔyaʔcáʔqiʔ small sockeyes.   〚s-c<əʔy>aʔ+√cə<ʔ>qy̓ s-dimin<pl>+√sockeye<actual>〛
√**cəqʷ** √red.
   ʔənəcə́qʷ red.   〚ʔn-√cəqʷ color-√red〛
   ʔncqʷáʔmən reddish.   〚ʔn-√cəqʷ-aʔmən color-√red-almost〛
   ʔənəcqʷáyəs red color.   〚ʔn-√cəqʷ=ayəs color-√red=color〛
   ncqʷə́ys red face.   〚ʔn-√cəqʷ=ayus color-√red=eye〛
   ncqʷə́ɬənɬ turkey.   〚ʔn-√cəqʷ=əlnɬ color-√red=throat〛

cqʷə́ɬənɬ red neck. ⟦√cəqʷ=əɬnɬ √red=throat⟧
ʔəncqʷáw̓txʷ red house. ⟦ʔn-√cəqʷ=aw̓txʷ color-√red=house⟧
ʔaʔəncqʷáw̓txʷ small red house. ⟦ʔa+√ʔn<ˀ>cəqʷ=aw̓txʷ dim+√red<dim>=house⟧
ʔncqʷéʔqʷ red head. ⟦ʔn-√cəqʷ=iʔqʷ color-√red=head⟧

√cət √father.
cə́t father. ⟦√cət √father⟧
cicə́t fathers. ⟦cy+√cət pl+√father⟧
céʔt daddy. ⟦√c<iʔ>t √father<affect>⟧
céʔct parent. ⟦ciʔ+√cət actl+√father⟧
scaʔctúysən big toe. ⟦s-caʔ+√cət-uy=sən s-dim+√father-ext=foot⟧
sciyəctúysən big toes. ⟦s-c<iy>aʔ+√cət-uy=sən s-dim<pl>+√father-ext=foot⟧
scaʔctúycs thumb. ⟦s-caʔ+√cət-uy=acis s-dim+√father-ext=hand⟧
sciyəctúycs thumbs. ⟦s-c<iy>aʔ+√cət-uy=acis s-dim<pl>+√father-ext=hand⟧

√cəwnáy √refuse_marriage.
cəwnáytxʷ refuse marriage. ⟦√cəwnáy-txʷ √refuse_marriage-caus⟧

√cəxʷ √disappear.
cə́xʷ disappear. ⟦√cxʷ √disappear⟧
cicə́xʷ missing. ⟦cy+√cxʷ pl+√disappear⟧
cxʷə́t make it disappear. ⟦√cxʷ-t √disappear-trns⟧
cə́xʷt disappearing it. ⟦√c<ə́>xʷ-t √disappear<actl>-trns⟧
cxʷə́tən be disappeared. ⟦√cxʷ-t-ŋ √disappear-trns-psv⟧
cxʷás village name. ⟦√cxʷ-as √disappear-ptcaus⟧
cicxʷánən lose. ⟦cy+√cxʷ-anən pl+√disappear-ncontrol⟧

√cəyqʷ √dig.
cə́yəqʷ dig. ⟦√cəyqʷ √dig⟧
cə́yqʷ digging. ⟦√cəy<ˀ>qʷ √dig<actual>⟧
cə́yəqʷəŋ dig. ⟦√cəyqʷ-ŋ √dig-mdl⟧
cə́yq̓ʷəŋ digging. ⟦√cəy<ˀ>qʷ-ŋ<ˀ> √dig<actual>-mdl<actual>⟧
sxʷcə́yq̓ʷəŋ hole in ground. ⟦sxʷ-√cəy<ˀ>qʷ-ŋ<ˀ> for-√dig<actual>-mdl<actual>⟧
ciʔqʷə́yu digging. ⟦√cy<ʔ>qʷ-əyu √dig<actl>-activ⟧
ʔəscə́yq̓ʷ hole in ground. ⟦ʔs-√cəy<ˀ>qʷ stat-√dig<actual>⟧
ʔəscə́yq̓ʷəŋ hole in ground. ⟦ʔs-√cəy<ˀ>qʷ-ŋ<ˀ> stat-√dig<actual>-mdl<actual>⟧
ʔəsxʷcə́yq̓ʷ hollow. ⟦ʔs-xʷ-√cəy<ˀ>qʷ stat-loc-√dig<actual>⟧
cə́yəqʷt dig it. ⟦√cəyqʷ-t √dig-trns⟧
cə́yq̓ʷt digging it. ⟦√cəy<ˀ>qʷ-t √dig<actl>-trns⟧
cə́yq̓ʷtəŋ being dug. ⟦√cəy<ˀ>qʷ-t-ŋ √dig<actl>-trns-psv⟧
nəxʷciʔqʷáyŋəɬ digging hole. ⟦nxʷ-√cəy<ʔ>qʷ=ay<ˀ>ŋəɬ loc-√dig<actual>=hole<actual>⟧

√cəy̓əɬ √lake.
cə́y̓əɬ lake. ⟦√cəy̓əɬ √lake⟧
ccéʔy̓əɬ lakes. ⟦c+√cə<iʔ>y̓əɬ plural+√lake<pl>⟧
caʔcə́y̓əɬ small lake. ⟦caʔ+√cəy̓əɬ dim+√lake⟧

√cəy̓əq √share.
cə́y̓əqti share. ⟦√cəy̓əq-ty √share-rcprcl⟧

√cəy̓x̣ √stir.
cə́y̓əx̣ stir. ⟦√cəy̓əx̣ √stir⟧
cə́y̓əx̣t stir it. ⟦√cəy̓əx̣-t √stir-trns⟧
cə́y̓əx̣təŋ be stirred. ⟦√cəy̓əx̣-t-ŋ √stir-trns-psv⟧
cix̣sə́nəŋ kicking. ⟦√cəy̓əx̣=sən-ŋ √stir=foot-mdl⟧

√ciʔ √up.
céʔət put it up. ⟦√ciʔ-t √up-trns⟧
scéʔi on top. ⟦ʔs-√ciʔ-iy stat-√up-dev⟧

√ciʔy √on_top.
cé˚y̓ on top. ⟦√ciʔy √on_top⟧
céʔyət put it on. ⟦√ciʔy-t √on_top-trns⟧
céʔyətəŋ be put on. ⟦√ciʔy-t-ŋ √on_top-trns-psv⟧

√ciʔyq √push_off.
cé˚yəq push off. ⟦√ciʔyq √push_off⟧

√ciʔys √rotate.
céʔis rotate. ⟦√ciʔys √rotate⟧
céʔisəŋ turn around. ⟦√ciʔys-ŋ √rotate-mdl⟧

√cikʷt √sea_cucumber.
 cíkʷt sea cucumber. 〚√cikʷt √sea_cucumber〛
  caʔyéʔkʷt sea cucumbers. 〚√c<aʔy>i<ʔ>kʷt √sea_cucumber<pl>〛
  caʔcéʔkʷt small sea cucumber. 〚caʔ+√ci<ʔ>kʷt dimin+√sea_cucumber<dimin>〛
   caʔyaʔcíkʷt small sea cucumbers. 〚c<əʔy>aʔ+√cikʷt dim<pl>+√sea_cucumber〛
√ciɬ √up.
 cíɬəŋ stand up. 〚√ciɬ-ŋ √up-mdl〛
  céʔɬəŋ̓ standing. 〚√ci<ʔ>ɬ-ŋ<ˀ> √high<actual>-mdl<actual>〛
  ccíɬəŋ standing. 〚c+√ciɬ-ŋ<ˀ> actual+√high-mdl<actual>〛
  caʔyíɬəŋ stand (pl). 〚√c<əʔy>iɬ-ŋ √high<pl>-mdl〛
  caʔɬéʔyəŋ rising. 〚√ci<ʔ>ɬ-i<ʔ>y-ŋ √high<actl>-dev<actl>-mdl〛
   caʔcɬéʔiŋ going high. 〚caʔ+√ciɬ-i<ʔ>y-ŋ dim+√high-dev<actl>-mdl〛
 cícɬ high. 〚ci+√ciɬ actl+√high〛
  cícɬtxʷ put high. 〚ci+√ciɬ-txʷ actl+√high-incaus〛
   cícɬtəŋ be put high. 〚ci+√ciɬ-txʷ-ŋ actl+√high-incaus-psv〛
  cɬíŋəstxʷ make stand. 〚√ciɬ-ŋí-stxʷ √high-rel-caus〛
  cɬəŋnúŋət manage to stand. 〚√ciɬ-ŋ-nuŋt √high-mdl-ncmdl〛
  scɬúys forehead. 〚s-√ciɬ=uyəs s-√high=forehead〛
   scəyəɬúys foreheads. 〚s-√c<šy>iɬ=uyəs s-√high=forehead〛
  scɬúcən upper lip. 〚s-√ciɬ=ucin s-√high=mouth〛
   scəyəɬúcən upper lips. 〚s-√c<əy>iɬ=ucin s-√high<pl>=mouth〛
   scəyəɬiqʷáʔsəŋ put up framework. 〚s-√c<əy>iɬ=iʔqʷ-a<ʔ>s-ŋ s-√high<pl>=head-ptcaus<actl>-psv〛
  cɬaʔáwəɬ on top. 〚√ciɬ=əʔəw-ɬ √high=side-dur〛
   cɬaʔáw̓əɬ being on top. 〚√ciɬ=əʔəw<ˀ>-ɬ √high=side<actl>-dur〛
  cɬaʔəwíyəŋ get on top. 〚√ciɬ=əʔəw-iy-ŋ √high=side-dev-mdl〛
  cɬaʔwíyət put it atop. 〚√ciɬ=əʔəw-iy-t √high=side-dev-trns〛
√ciq √poke.
 cíq poke. 〚√ciq √poke〛
  céʔcq skittish. 〚ciʔ+√ciq rslt+√poke〛
 cqít poke it. 〚√ciq-t √poke-trns〛
  cíqt poking it, poke it. 〚√ciq-t √poke-trns〛
  céʔqt poking it. 〚√ci<ʔ>q-t √poke<actl>-trns〛
  cqíc poke me/you. 〚√ciq-t-c √poke-trns-1obj/2obj〛
  cíqtəŋ be poked. 〚√c<í>q-t-ŋ √poke<actl>-trns-psv〛
  cqítəŋ be poked. 〚√ciq-t-ŋ √poke-trns-psv〛
   caʔqítəŋ̓ being poked. 〚√ci<ʔ>q-t-ŋ<ˀ> √poke<actl>-trns-psv〛
√ciy̓č √find.
 céʔič find. 〚√ciy̓č √find〛
  céʔičt find it. 〚√ciy̓č-t √find-trns〛
√ckʷ √lodge.
 ckʷə́t lodge it. 〚√ckʷ-t √lodge-trns〛
  ckʷíns stuck in teeth. 〚√ckʷ-í=nis √lodged-pers=tooth〛
√cɬəqʷ √hole.
 cɬə́qʷ pass through a hole. 〚√cɬəqʷ √pass_through〛
  có́ɬqʷ making hole. 〚√c<ó>ɬəqʷ √pass_through<actual>〛
  cɬə́qʷəŋ go through hole. 〚√cɬəqʷ-ŋ √pass_through-mdl〛
   có́ɬqʷəŋ make hole. 〚√c<ó>ɬəqʷ-ŋ √pass_through<actl>-mdl〛
  ʔəscó́ɬqʷ have a hole. 〚ʔs-√c<ó>ɬəqʷ stat-√pass_through<actual>〛
   ʔəscó́ɬqʷəŋ hole. 〚ʔs-√c<ó>ɬəqʷ-ŋ stat-√pass_through<actl>-mdl〛
  cɬə́qʷt put it through a hole. 〚√cɬəqʷ-t √pass_through-trns〛
   có́ɬqʷt put it through a hole. 〚√c<ó>ɬəqʷ-t √pass_through<actl>-trns〛
  cɬə́qʷtəŋ be put through hole. 〚√cɬəqʷ-t-ŋ √pass_through-trns-psv〛
  sxʷcɬə́qʷəŋ hole. 〚sxʷ-√cɬəqʷ-ŋ for-√pass_through-mdl〛
   sxʷcó́ɬqʷəŋ̓ hole. 〚sxʷ-√c<ó>ɬəqʷ-ŋ<ˀ> for-√pass_through<actual>-mdl<actual>〛
  scɬə́qʷ hole. 〚s-√cɬəqʷ s-√pass_through〛
  sxʷcɬə́qʷən awl. 〚sxʷ-√cɬəqʷ=ən for-√pass_through=instr〛
  cɬə́qʷtən hole punch. 〚√cɬəqʷ=tən √pass_through=instr〛
  sxʷcó́ɬqʷəyu bit and brace. 〚sxʷ-√cɬəqʷ-əyu for-√pass_through-activ〛
√cmuʔəs √halibut_hook.
 cəmúʔəs halibut hook. 〚√cmuʔəs √halibut_hook〛

√cqʷus √point.
    cqʷús point. 〚√cqʷus √point〛
        cqʷúsəŋ point. 〚√cqʷus-ŋ √point-mdl〛
        cqʷsə́yə point. 〚√cqʷus-əyu √point-activ〛
        caʔqʷsáys pointing. 〚√c‹aʔ›qʷus-ays √point‹actl›-activ〛
        cqʷúst point at it. 〚√cqʷus-t √point-trns〛
            caʔqʷúst pointing at it. 〚√c‹əʔ›qʷus-t √point‹actl›-trns〛
            cqʷústəŋ be pointed at. 〚√cqʷus-t-ŋ √point-trns-psv〛
                caʔqʷústəŋ being point at. 〚√c‹əʔ›qʷus-t-ŋ √point‹actl›-trns-psv〛
√cs √?.
    sxʷcaʔcsə́yuʔ hawk. 〚sxʷ-caʔ+√cs-əyu for-dim+√?-activ〛
√csx̣ʷy̓am̓ √high_class.
    csx̣ʷiʔám̓ high class. 〚√csx̣ʷy̓am̓ √noble〛
√cuʔtx̣ √halibut.
    scúʔtx̣ halibut. 〚s-√cuʔtx̣ s-√halibut〛
        scəyáʔtx̣ halibut (pl). 〚s-√c‹əy›uʔtx̣ s-√halibut‹pl›〛
        scaʔcúcaʔtx̣ small halibut. 〚s-caʔ+cú+√cuʔtx̣ s-dim+dim+√halibut〛
            scaʔyaʔcucáʔtx̣ small halibuts. 〚s-c‹əʔy›aʔ+cú+√cuʔtx̣ s-dim+dim+√halibut〛
√cuʔyp √obscured.
    cúʔip obscured. 〚√cuʔyp √obscured〛
        ʔəscúʔyəp hidden. 〚ʔs-√cuʔyp stat-√obscured〛
        cúʔipt hide it. 〚√cuʔyp-t √obscured-trns〛
√cucn √mouth.
    cúcən mouth. 〚√cucn √mouth〛
        caʔyúcən mouths. 〚√c‹əʔy›ucn √mouth‹pl›〛
        caʔcúʔcən small mouth. 〚caʔ+√cu‹ʔ›cn dimin+√mouth‹dimin›〛
            cəyaʔcúʔcən small mouths. 〚c‹əy›aʔ+√cu‹ʔ›cn dimin‹pl›+√mouth‹dimin›〛
√cuŋ √go_inland.
    cúŋ go inland. 〚√cuŋ √go_inland〛
        cúcəŋ going inland. 〚cú+√cuŋ‹ʼ› actl+√go_inland〛
        cúŋ̓əs take inland. 〚√cuŋ‹ʼ›-as √go_inland‹actl›-ptcaus〛
        cúŋtxʷ carry up. 〚√cuŋ-txʷ √go_inland-incaus〛
            cúcəŋtxʷ carrying up. 〚cú+√cuŋ-txʷ actl+√go_inland-incaus〛
            cúŋtəŋ be carried up. 〚√cuŋ-txʷ-ŋ √go_inland-incaus-psv〛
                cúcəŋtəŋ carrying up. 〚cú+√cuŋ-txʷ-ŋ actl+√go_inland-incaus-psv〛
√cup √conceal.
    cúpt conceal it. 〚√cup-t √conceal-trns〛
        cúptəŋ concealed. 〚√cup-t-ŋ √conceal-trns-psv〛
√cut √in_case.
    cút in case. 〚√cut √in_case〛
√cuy̓s √toe.
    cúʔis toe. 〚√cuy̓s √toe〛
        cúʔisən toe. 〚√cuy̓=sən √toe=foot〛
√cwis √propose.
    ʔəsckʷísəŋ propose. 〚ʔs-√cwis-ŋ stat-√propose-mdl〛
        ʔəscəwísəŋ proposing. 〚ʔs-√cw‹ʼ›is-ŋ‹ʼ› stat-√propose‹actual›-mdl‹actual›〛
        scuʔíst propose to someone. 〚ʔs-√cw‹ʼ›is-t stat-√propose‹actl›-trns〛
            scuʔísəŋtəŋ be proposed to. 〚s-√cw‹ʼ›is-ŋ-t-ŋ s-√propose‹actl›-mdl-trns-psv〛
√cx̣ √shove.
    cə́x̣ shove. 〚√cx̣ √shove〛
        cx̣ə́t shove it. 〚√cx̣-t √shove-trns〛
            cə́x̣t shoving it. 〚√c‹ə́›x̣-t √shove‹actl›-trns〛
            cx̣ə́c shove me/you. 〚√cx̣-t-c √shove-trns-1obj/2obj〛
            cx̣ə́təŋ be shoved. 〚√cx̣-t-ŋ √shove-trns-psv〛
                cə́x̣təŋ being shoved. 〚√c‹ə́›x̣-t-ŋ √shove‹actl›-trns-psv〛
                    cicə́x̣təŋ being shoved around. 〚cy+√c‹ə́›x̣-t-ŋ pl+√shove‹actl›-trns-psv〛
            cx̣ít hold it away. 〚√cx̣-í-t √shove-pers-trns〛
                cx̣ítəŋ be held away. 〚√cx̣-í-t-ŋ √shove-pers-trns-psv〛
            cicə́x̣ti push each other. 〚cy+√cx̣-ty pl+√shove-rcprcl〛
            cx̣náxʷ bump into it. 〚√cx̣-naxʷ √shove-nctrns〛

√cx̣ač

        cx̣nə́kʷi bump each other. 〚√cx̣-nəwəy √shove-ncrcprcl〛
            cx̣nə́wi bumping each other. 〚√cx̣-nəw<ʔ>əy √shove-ncreciprocal<actual>〛
        cicx̣ənə́kʷi push each other. 〚cy+√cx̣-nəwəy pl+√shove-ncrcprcl〛
        cx̣náŋ be hit. 〚√cx̣-naxʷ-ŋ √shove-nctrns-psv〛
        cx̣sə́nəŋ move feet. 〚√cx̣=sən-ŋ √shove=foot-mdl〛

√cx̣ač √hip.
    scx̣áč hip. 〚s-√cx̣ač s-√hip〛
        scaʔyəx̣áč hips. 〚s-√c<aʔy>x̣ač s-√hip<pl>〛

√cx̣ayəm̓ √sword_fern.
    scx̣áyəm̓ sword fern. 〚s-√cx̣ayəm̓ s-√sword_fern〛

√cyap √tickle.
    ciyápt tickle someone. 〚√cyap-t √tickle-trns〛
        ciyáptəŋ be tickled. 〚√cyap-t-ŋ √tickle-trns-psv〛
            cciʔáptəŋ being tickled. 〚c+√cy<ʔ>ap-t-ŋ<ʔ> inceptive+√tickle<actual>-trns-psv<actual>〛
        caʔciyápt tickle someone. 〚caʔ+√cyap-t dim+√tickle-trns〛
            caʔciʔápt tickling someone. 〚caʔ+√cy<ʔ>ap-t dim+√tickle<actl>-trns〛
            caʔciyáptəŋ be tickle. 〚caʔ+√cyap-t-ŋ dim+√tickle-trns-psv〛
                caʔciʔáptəŋ being tickled. 〚caʔ+√cy<ʔ>ap-t-ŋ<ʔ> dim+√tickle<actl>-trns-psv〛

√cykʷ √gather_seafood.
    ciʔkʷéʔiŋ gather seafood. 〚√cy̓kʷ-i<ʔ>y-ŋ √gather_seafood-dev<actl>-mdl〛
        ciʔkʷíyŋət gather seafood. 〚√cy̓kʷ-iy-ŋ-t √gather_seafood-dev-mdl-trns〛
            ciʔkʷéʔiŋət gathering seafood. 〚√cykʷ-i<ʔ>y-ŋ-t √gather_seafood-dev<actl>-mdl-trns〛
            ciʔkʷíyŋtəŋ gathered seafood. 〚√cy̓kʷ-iy-ŋ-t-ŋ √gather_seafood-dev-mdl-trns-psv〛
            sciʔkʷíyŋət tidal food. 〚s-√cy̓kʷ-iy-ŋ-t s-√gather_seafood-dev-mdl-trns〛

√čaʔ √upon.
    čáʔ upon. 〚√čaʔ √upon〛
    čáʔiŋ go up. 〚√čaʔ-iy-ŋ √upon-dev-mdl〛
    čaʔčáʔiŋ go up (dimin). 〚čaʔ+√čaʔ-iy-ŋ dim+√upon-dev-mdl〛
    čə́yu perch. 〚√čaʔ-əyu √upon-activ〛
        ʔscáʔyuʔ hang to dry. 〚ʔs-√čaʔ-əyu stat-√upon-activ〛
    čáʔčaʔ on top. 〚čáʔ+√čaʔ char+√upon〛
        ʔəscáʔcaʔ on top. 〚ʔs-čáʔ+√čaʔ stat-char+√upon〛
    čáʔət bring it up. 〚√čaʔ-t √upon-trns〛
        čáʔčaʔt taking it up. 〚čáʔ+√čaʔ-t actl+√upon-trns〛
        čáʔətəŋ be brought up. 〚√čaʔ-t-ŋ √upon-trns-psv〛
    čaʔnúŋət get to top. 〚√čaʔ-nuŋt √upon-ncmdl〛
    čaʔwáč sit down. 〚√čaʔ=əwač √upon=bottom〛
        nəxʷčaʔwáčəŋ sit down. 〚nxʷ-√čaʔ=əwač-ŋ loc-√upon=bottom-mdl〛
        ččaʔwáčəŋ sit down. 〚č+√čaʔ=əwač-ŋ<ʔ> inceptive+√upon=bottom-mdl<actual>〛
    čaʔwéyŋ go on top. 〚√čaʔ=əʔəw-iy-ŋ √upon=side-dev-mdl〛
        sxʷčaʔwéyŋ stile. 〚sxʷ-√čaʔ=əʔəw-iy-ŋ for-√upon=side-dev-mdl〛
        ʔəsčaʔčaʔwáʔč sitting. 〚ʔs-čəʔ+√čaʔ=əwa<ʔ>č stat-actual+√upon=bottom<actual>〛
        ʔəsxʷčaʔčaʔwáʔč sitting. 〚ʔs-xʷ-čaʔ+√čaʔ=əwa<ʔ>č stat-loc-actual+√upon=bottom<actual>〛
    čaʔsə́nəŋ stand on. 〚√čaʔ=sən-ŋ √upon=foot-mdl〛
    scáʔəwtxʷ East Saanich. 〚s-√čaʔ=aw̓txʷ s-√upon=house〛

√čaʔqʷ √glitter.
    čáʔqʷ glitter. 〚√čaʔqʷ √glitter〛
    čáʔqʷəŋ glittering. 〚√čaʔqʷ-ŋ<ʔ> √glitter-mdl<actual>〛
    čáʔčaʔqʷ shady place. 〚čáʔ+√čaʔqʷ char+√glitter〛
    čaʔčáʔqʷəŋ glittering. 〚čaʔ+√čaʔqʷ-ŋ char+√glitter-mdl〛

√čaʔxʷi √pity.
    čaʔxʷíct pity. 〚√čaʔxʷi-cut √pity-rflxv〛

√čaŋ √bail.
    čáŋətən bail. 〚√čaŋ=tən √bail=instr〛

√čap √interfere.
    čácp busy. 〚čá+√čap actl+√interfere〛
    čápt interfere with someone. 〚√čap-t √interfere-trns〛
        čáʔpt bothering someone. 〚√ča<ʔ>p-t √interfere<actl>-trns〛
            čaʔpáʔc bothering me/you. 〚√ča<ʔ>p<ʔ>-t-c √interfere<actl>-trns-1ob/2obj〛
        čápc distract me/you. 〚√čap-t-c √interfere-trns-1obj/2obj〛

cáptəŋ be bothered. 〚√čap-t-ŋ √interfere-trns-psv〛
  ča?pá?təŋ being bothered. 〚√ča<?>p<?>-t-ŋ<ˀ> √interfere<actual>-trns-psv<actual>〛
  ča?čá?ptəŋ be distracted. 〚ča? + √ča<?>p-t-ŋ dim + √bother<dim>-trns-psv〛
cpáct get busy. 〚√čap-cut √interfere-rflxv〛
  ča?pá?ct getting distracted. 〚√ča<?>pa<?>-cut √interfere<actl>-rflxv〛
ča?pánəxʷ bothering. 〚√ča<?>p-naxʷ √interfere<actl>-nctrns〛
ča?púsct hide behind. 〚√ča<?>p=us-cut √interfere<actl>=face-rflxv〛
ča?pá?nəq distracting. 〚√ča<?>p-ə<?>nəq √interfere<actual>-habit<actual>〛

√čaq̓ʷ √rot.
čáq̓ʷəŋ rot. 〚√čaq̓ʷ-ŋ √rot-mdl〛
  ča?q̓ʷú?əŋ rotting. 〚√ča<?>q̓ʷ<u?>-ŋ<ˀ> √rot<actual>-mdl<actual>〛
cq̓ʷáŋət make it rot. 〚√čaq̓ʷ-ŋ-t √rot-mdl-trns〛
cq̓ʷáŋətəŋ be made rotten. 〚√čaq̓ʷ-ŋ-t-ŋ √rot-mdl-trns-psv〛
cq̓ʷáŋəct rot. 〚√čaq̓ʷ-ŋ-cut √rot-mdl-rflxv〛
  ča?q̓ʷə́ŋct rotting. 〚√ča<?>q̓ʷ-ŋ<ˀ>-cut √rot<actl>-mdl<actl>-rflxv〛

√čaw √deep.
čáw deep. 〚√čaw √deep-water_fish〛
  čáyəw deep-water fish (pl). 〚√ča<yə>w √deep-water<pl>_fish〛

√čaw̓ √wash.
čáw̓ washed. 〚√čaw̓ √wash〛
ča?k̓ʷəŋ washing. 〚√čaw̓-ŋ<ˀ> √wash-mdl<actual>〛
ča?kʷəyu washing. 〚√čaw̓-əyu √wash-activity<actual>〛
?əscá?čəw̓ washed. 〚?s-čá? + √čaw̓ stat-rslt + √wash〛
čá?kʷt wash it. 〚√čaw̓-t √wash-trns〛
  nəxʷčá?kʷt wash it inside. 〚nxʷ-√ča?kʷ-t loc-√wash-trns〛
ča?kʷát washing it. 〚√čaw̓-t √wash-trns〛
ča?kʷátəŋ be washed. 〚√čaw̓-t-ŋ √wash-trns-psv〛
ča?kʷíct wash self. 〚√čaw̓-i-cut √wash-pers-rflxv〛
ča?kʷkʷíyət wash insides. 〚√čaw̓=kʷiy-t √wash=inside-trns〛
ča?kʷíŋəɬ wash clothes. 〚√čaw̓-iŋɬ √wash-cstm〛
  ča?kʷé?ŋəɬ washing clothes. 〚√čaw̓-i<?>ŋɬ √wash-custom<actual>〛
  čča?kʷé?əŋəɬ washing clothes. 〚č + √čaw̓-i<?>ŋɬ actual + √wash-custom<actual>〛
  čiyačkʷé?ŋɬ washing clothes (pl). 〚√č<iy>aw̓-i<?>ŋɬ √wash<pl>-custom<actual>〛
sča?kʷíŋəɬ laundry. 〚s- √čaw̓-iŋɬ s-√wash-cstm〛
nəxʷča?kʷáyəsəŋ wash eyes. 〚nxʷ-√čaw̓=ayus-ŋ loc-√wash=eye-mdl〛
ča?kʷúsəŋ wash face. 〚√čaw̓=us-ŋ √wash=face-mdl〛
  nəxʷča?kʷúsəŋ wash face. 〚nxʷ-√čaw̓=us-ŋ loc-√wash=face-mdl〛
  čča?kʷúsəŋ washing face. 〚č + √čaw̓=us-ŋ<ˀ> inceptive + √wash=face-mdl<actual>〛
?əsxʷčáča?kʷs clean face. 〚?s-xʷ-čá + √čaw̓=us stat-loc-rslt + √wash=face〛
ča?kʷsə́nəŋ wash feet. 〚√čaw̓=sən-ŋ √wash=foot-mdl〛
  čča?kʷsə́nəŋ washing feet. 〚č + √čaw̓=sən-ŋ<ˀ> inceptive + √wash=foot-mdl<actual>〛
ča?kʷɬnáyəŋ wash neck. 〚√čaw̓=ɬnay-ŋ √wash=neck-mdl〛
  ča?kʷɬná?yəŋ washing neck. 〚√čaw̓=ɬna<?>y-ŋ<ˀ> √wash=neck<actual>-mdl<actual>〛
  nəxʷča?kʷɬnáyŋ gargle. 〚nxʷ-√čaw̓=ɬnay-ŋ loc-√wash=neck-mdl〛
    nəxʷčakʷɬná?yəŋ gargling. 〚nxʷ-√čaw̓=ɬna<?>y-ŋ loc-√wash=neck<actl>-mdl〛
ča?kʷíw̓səŋ washing body. 〚√čaw̓=iw<ˀ>s-ŋ √clean=body<actl>-mdl〛
ča?kʷikʷə́təŋ wash clothes. 〚√čaw̓=uykʷət-ŋ √wash=clothing-mdl〛
  ča?kʷi?kʷə́təŋ washing clothes. 〚√čaw̓=uy<?>kʷət-ŋ<ˀ> √wash=clothing<actual>-mdl<actual>〛
ča?kʷənúkʷəŋ clean floor. 〚√čaw̓=ənukʷ-ŋ √wash=ground-mdl〛
  ča?kʷənúkʷəŋ cleaning floor. 〚√čaw̓=ən<?>ukʷ-ŋ<ˀ> √wash=floor<actual>-mdl<actual>〛
ča?kʷcísəŋ wash hands. 〚√čaw̓=acis-ŋ √wash=hand-mdl〛
  čča?kʷcísəŋ washing hands. 〚č + √čaw̓=acis-ŋ<ˀ> inceptive + √wash=hand-mdl<actual>〛
sxʷča?kʷcísən hand basin. 〚sxʷ-√čaw̓=acis=ən for-√wash=hand=instr〛
ča?kʷáčəŋ wash bottom. 〚√čaw̓=əwač-ŋ √wash=bottom-mdl〛
ča?kʷcinísəŋ clean teeth. 〚√čaw̓=ucin=nis-ŋ √wash=mouth=tooth-mdl〛
ča?kʷé?qʷəŋ wash head. 〚√čaw̓=i?qʷ-ŋ √wash=head-mdl〛
ča?kʷcínəŋ wash mouth. 〚√čaw̓=ucin-ŋ √wash=mouth-mdl〛
  ča?kʷcé?nəŋ washing mouth. 〚√čaw̓=uci<?>n-ŋ<ˀ> √wash=mouth<actual>-mdl<actual>〛
sxʷča?kʷikʷə́ɬəŋ washtub. 〚sxʷ-√čaw̓=iwən=əɬəŋ for-√wash=interior=surface〛

√c̓ayiʔ √honk.
    c̓aʔyéʔəŋ honk. 〚√c̓a<ʔ>yiʔ-ŋ<ʼ> √honk<actual>-mdl<actual>〛
√čč̓áʔm √echo.
    nəxʷčč̓áʔməŋ echo. 〚nxʷ-√čč̓áʔm-ŋ loc-√echo-mdl〛
√ččx̌a √nettle.
    c̓ič̓čx̌ stung by nettle. 〚c̓y+√ččx̌a pl+√sting〛
    ččx̌áɬč stinging nettle. 〚c̓+√ččx̌a=iɬč incep+√nettle=plant〛
        c̓aʔyəčx̌áɬč stinging nettles. 〚√c̓<əʔyə>čx̌a=iɬč √nettle<pl>=plant〛
        c̓aʔččx̌áɬč small nettle. 〚c̓aʔ+√ččx̌a=iɬč dim+√nettle=plant〛
        c̓aʔyaʔččx̌áɬč small nettles. 〚c̓<əʼy>aʔ+√ččx̌a=iɬč dim<pl>+√nettle=plant〛
    ʔəsččx̌áɬč get nettles. 〚ʔs-√ččx̌a=iɬč stat-√nettle=plant〛
    nəxʷc̓ič̓čx̌áys sting eye. 〚nəxʷ-c̓y+√ččx̌a=ay<ʼ>us loc-pl+√nettle=eye<actual>〛
    ččx̌áɬčtəŋ be stung by nettle. 〚√ččx̌a=iɬč-t-ŋ √nettle=plant-trns-psv〛
√c̓əc̓psiʔ √squirrel.
    c̓əc̓psiʔúcən squirrel. 〚√c̓əc̓psiʔ=ucin √squirrel=mouth〛
    c̓aʔyaʔc̓pisiʔúcən squirrels. 〚√c̓<əʼy>aʔc̓psiʔucən √squirrel<pl>〛
    c̓aʔc̓əc̓psiʔúcən small squirrel. 〚c̓aʔ+√c̓əc̓psiʔ=ucin dim+√squirrel=mouth〛
√c̓ək̓ʷ √decay.
    c̓ə́k̓ʷ decay. 〚√c̓ək̓ʷ √decay〛
        c̓ic̓ə́k̓ʷ rusty. 〚c̓y+√c̓ək̓ʷ pl+√decay〛
        c̓ic̓ə́k̓ʷtəŋ be rusted. 〚c̓y+√c̓ək̓ʷ-t-ŋ pl+√decay-trns-psv〛
        c̓ic̓k̓ʷinísəŋ tooth decay. 〚c̓y+√c̓ək̓ʷ=nis-ŋ pl+√decay=tooth-mdl〛
    sc̓ə́k̓ʷ worm. 〚s-√c̓ək̓ʷ s-√decay〛
        sc̓aʔyə́k̓ʷɬ worms. 〚s-√c̓<əʼy>ək̓ʷ-ɬ s-√decay<pl>-dur〛
        sc̓aʔc̓ə́k̓ʷɬ small worm. 〚s-c̓aʔ+√c̓ək̓ʷ-ɬ s-dim+√decay-dur〛
√c̓əmt √table_mat.
    c̓ə́mət table mat. 〚√c̓əmt √table_mat〛
    c̓iyə́mət table mats. 〚√c̓<iy>əmt √table_mat<pl>〛
√c̓əmx̌ √come_to.
    c̓ə́mx̌i come to, sober up. 〚√c̓əmx̌-iy √come_to-dev〛
√c̓ənəqʷaʔ √rockfish.
    c̓ə́nəqʷaʔ rockfish. 〚√c̓ənəqʷaʔ √rockfish〛
    c̓əyə́nəqʷaʔ rockfish (pl). 〚√c̓<əy>nəqʷaʔ √rockfish<pl>〛
√c̓ənkʷəʔ √tomcod.
    c̓ə́nəkʷaʔ tomcod. 〚√c̓ənkʷəʔ √tomcod〛
√c̓əŋɬ √chest.
    c̓ə́ŋəɬ chest. 〚√c̓əŋɬ √chest〛
√c̓əw̓ √disappear.
    c̓ə́w̓ disappear. 〚√c̓əw̓ √disappear〛
    ʔəsc̓áw̓ɬ invisible. 〚ʔs-√c̓<á>w̓-ɬ stat-√disappear<rslt>-dur〛
    c̓áw̓nq tuberculosis. 〚√c̓əw̓-ənəq √disappear-hab〛
√c̓əxʷ √stop_crying.
    c̓ə́xʷiʔ stop crying. 〚√c̓əxʷ-iy √stop_crying-dev〛
    c̓ə́xʷaʔɬ don't cry. 〚√c̓əxʷ=aʔɬ √stop_crying=body〛
√c̓əx̌ √worn_out.
    c̓ə́x̌ worn out. 〚√c̓əx̌ √wear_out〛
        c̓ic̓ə́x̌ wear out. 〚c̓y+√c̓əx̌ pl+√wear_out〛
    ʔəsc̓áx̌ɬ worn out. 〚ʔs-√c̓ə<á>x̌-ɬ stat-√wear_out<rslt>-dur〛
    c̓ə́x̌t wear it out. 〚√c̓əx̌-t √wear_out-trns〛
    c̓x̌ə́təŋ be worn out. 〚√c̓əx̌-t-ŋ √wear_out-trns-psv〛
    c̓x̌ŋín secondhand. 〚√c̓əx̌=ŋin √wear_out=piece〛
    c̓x̌ŋináw̓txʷ secondhand store. 〚√c̓əx̌=ŋin=aw̓txʷ √wear_out=piece=house〛
√c̓əx̌tan √heritage.
    c̓əx̌tán heritage. 〚√c̓əx̌tan √heritage〛
√c̓əx̌tn √poison.
    c̓ə́x̌tən poison. 〚√c̓əx̌tn √poison〛
    c̓əyə́x̌tən poisons. 〚√c̓<əy>əx̌tn √poison<pl>〛
    c̓əx̌tənít poison someone. 〚√c̓əx̌tn-ŋí-t √poison-rel-trns〛
        c̓əx̌təníc poison me/you. 〚√c̓əx̌tn-ŋí-t-c √poison-rel-trns-1obj/2obj〛
        c̓əx̌təníteŋ be poisoned. 〚√c̓əx̌tn-ŋí-t-ŋ √poison-rel-trns-psv〛

√čəyi √elephant_seal.
   čə́yi elephant seal. 〚√čəyi √elephant_seal〛
√čə́ykʷ √twitch.
   čə́yəkʷ twitch, squirm. 〚√čə́ykʷ √twitch〛
    čə́ýkʷ squirming. 〚√čəy<ʔ>kʷ √twitch<actual>〛
   čə́yəkʷəŋ squirm. 〚√čə́ykʷ-ŋ √twitch-mdl〛
    čičə́ykʷəŋ squirm (pl). 〚čy+√čə́ykʷ-ŋ pl+√twitch-mdl〛
    čə́ýkʷəŋ twitching. 〚√čəy<ʔ>kʷ-ŋ<ʔ> √twitch<actual>-mdl<actual>〛
   čə́yəkʷi squirming around. 〚√čə́ykʷ-iy √twitch-dev〛
   čə́ykʷt startle it. 〚√čə́ykʷ-t √twitch-trns〛
    čə́yəkʷtəŋ be startled. 〚√čə́ykʷ-t-ŋ √twitch-trns-psv〛
   čə́yəkʷct twitch. 〚√čə́ykʷ-cut √twitch-rflxv〛
    čə́ýkʷct twitching. 〚√čəy<ʔ>kʷ-cut √twitch<actl>-rflxv〛
   čiʔk̓ʷáʔnəŋ flirting. 〚√čay<ʔ>k̓ʷ=an̓-ŋ √twitch<actl>=ear-mdl〛
   čiʔk̓ʷaʔnúŋət getting to flirt. 〚√čay<ʔ>k̓ʷ=an̓-nuŋt √twitch<actl>=ear-ncmdl〛
   čiʔk̓ʷáʔnət flirting with someone. 〚√čay<ʔ>k̓ʷ=an̓-t √twitch<actl>=ear-trns〛
   čiʔk̓ʷáʔnəc flirting with me/you. 〚√čay<ʔ>k̓ʷ=an̓-t-c √twitch<actl>=ear-trns-1obj/2obj〛
√čə́ý √starve.
   čə́yct starve. 〚√čə́ý-cut √starve-rflxv〛
√čiʔ √upon.
   čéʔ upon. 〚√čiʔ √upon〛
   čéʔyəŋ ascend. 〚√čiʔ-iy-ŋ √upon-dev-mdl〛
    čícaʔyəŋ ascending. 〚čí+√čiʔ-iy-ŋ<ʔ> actual+√upon-develop-mdl<actual>〛
    čaʔyéʔiŋ climbing (pl). 〚√č<aʔy>iʔ-iy-ŋ<ʔ> √upon<pl>-develop-mdl<actual>〛
    sčéʔyəŋ hill. 〚s-√čiʔ-iy-ŋ s-√upon-dev-mdl〛
    sxʷiʔčícaʔyəŋ steps. 〚sxʷ-hy-čí+√čiʔ-iy-ŋ<ʔ> for-proc-actual+√upon-develop-mdl<actual>〛
   ʔəsčéʔči on top. 〚ʔs-čiʔ+√čiʔ stat-rslt+√upon〛
   čéʔtən table. 〚√čiʔ=tən √upon=instr〛
    čaʔcítən table. 〚√čiʔ=ci=tən √upon=food=instr〛
    čayəcítən tables. 〚√č<əy>iʔ=ci=tən √upon<pl>=food=instr〛
    čaʔčaʔcítən small table. 〚čaʔ+√čiʔ=ci=tən dim+√upon=food=instr〛
   sxʷčaʔwáčən chair. 〚sxʷ-√čiʔ=əwač=ən for-√upon=bottom=instr〛
    sxʷčaʔčaʔwáčən small chair. 〚sxʷ-čaʔ+√čiʔ=əwač=ən for-dim+√upon=bottom=instr〛
   sxʷčícaʔyəŋ ladder. 〚sxʷ-čí+√čiʔ-iy-ŋ<ʔ> for-actual+√upon-develop-mdl<actual>〛
√čiʔčm̓ √bird.
   čéʔčəm̓ bird. 〚čiʔ+√čim̓ aff+√bird〛
    čícaʔčəm̓ small bird. 〚čí+čiʔ+√čim̓ dim+aff+√bird〛
     ččícaʔčəm̓ small birds. 〚č+či+čiʔ+√čim̓ pl+dim+aff+√bird〛
     čə́yəčičéʔčəm̓ small birds. 〚čəý+či+čiʔ+√čim̓ pl+dim+aff+√bird〛
    čicaʔčəm̓úməš like bird. 〚čí+čiʔ+√čim̓=umš dim+aff+√bird=type〛
   čéʔčəm̓háwtxʷ birdhouse. 〚čiʔ+√čim̓=awtxʷ aff+√bird=house〛
   sčèʔčəmáwtxʷ bird house. 〚s-čiʔ+√čim=awtxʷ s-aff+√bird=house〛
   čaʔčəm̓əsáýs flirting. 〚čiʔ+√čim̓=us-ays̓ aff+√bird=face-activ〛
√čiʔqʷ √shell_muscle.
   čéʔqʷəŋ shell muscle. 〚√čiʔqʷ-ŋ √shell_muscle-mdl〛
√čicy √sliver.
   sčíci sliver. 〚s-√čicy s-√sliver〛
√číkčək √wagon.
   číkčik wagon. 〚√číkčək √wagon〛
    čikčikháyəł go by wagon. 〚√čikčik=ayl √wagon=conveyance〛
    čikčikáwtxʷ wagon house. 〚√čikčik=awtxʷ √wagon=house〛
√čík̓ʷik̓ʷ √elderberry_wine.
   čík̓ʷik̓ʷ elderberry wine. 〚√čík̓ʷik̓ʷ √elderberry_wine〛
√čiŋ √near.
   číŋiʔ near. 〚√čiŋ-iy √near-dev〛
    čéʔŋi getting near. 〚√či<ʔ>ŋ-iy √near<actl>-dev〛
    čəyəčíŋiʔ several nearing. 〚č<y>+√čiŋ-iy incep<pl>+√near-dev〛
   čéʔčəŋ near. 〚čiʔ+√čiŋ<ʔ> actual+√near<actual>〛
    ʔəsčéʔčəŋ near. 〚ʔs-čiʔ+√čiŋ<ʔ> stat-actual+√near<actual>〛
   číŋət get near it. 〚√čiŋ-t √near-trns〛

cíŋətəŋ be neared. 〚√ciŋ-t-ŋ √near-trns-psv〛
cíŋəct near. 〚√ciŋ-cut √near-rflxv〛
caʔŋíct getting near. 〚√ci<ʔ>ŋ-cut √near<actl>-rflxv〛

√ciq √push.
cíqt push it. 〚√ciq-t √push-trns〛
cíqən canoe pole. 〚√ciq=ən √push=instr〛

√ciq̓1 √press_down.
cíq̓ press down. 〚√ciq̓ √press_down〛
cq̓əyu press. 〚√ciq̓-əyu √press_down-activ〛
cíq̓əŋ press. 〚√ciq̓-əŋ √press_down-mdl〛
cíq̓t press it down. 〚√ciq̓-t √press_down-trns〛
céʔq̓t pressing it down. 〚√ci<ʔ>q̓-t √press_down<actl>-trns〛
cq̓ítəŋ pressed down on. 〚√ciq̓-t-ŋ √press_down-trns-psv〛

√ciq̓2 √wet.
cíq̓i wet. 〚√ciq̓-iy √mud-dev〛
stíq̓iʔ mud. 〚s-√ciq̓-iy s-√mud-dev〛
ciq̓iʔə́nəkʷ muddy ground. 〚√ciq̓-iy=ənukʷ √mud-dev=ground〛

√ciq̓ʷn √shoulder.
cíq̓ʷən shoulder. 〚√ciq̓ʷn √shoulder〛
caʔyíq̓ʷən shoulders. 〚√c<aʔy>iq̓ʷn √shoulder<pl>〛

√cis √nail.
císəŋ nail. 〚√cis-ŋ √nail-mdl〛
caʔsə́yuʔ pounding. 〚√ci<ʔ>s-əyu<ʔ> √nail<actual>-activity<actual>〛
sxʷiʔcəsə́yu hammer. 〚sxʷ-hy̓-√cis-əyu for-proc-√nail-activ〛
sxʷiʔcəyaʔsə́yuʔ hammers. 〚sxʷ-hy̓+√c<y>ə<ʔ>s-əyu<ʔ> for-process+√nail<pl><actual>-activity<actual>〛
císt nail it. 〚√cis-t √nail-trns〛
céʔst nailng it. 〚√ci<ʔ>s-t √nail<actl>-trns〛
csítəŋ be nailed. 〚√cis-t-ŋ √nail-trns-psv〛
caʔsítəŋ being pounded. 〚√ci<ʔ>s-t-ŋ<ʔ> √nail<actual>-trans-psv<actual>〛
cístən horn. 〚√cis=tən √nail=instr〛
císən nail. 〚√cis=ən √nail=instr〛
caʔyísən nails. 〚√c<əʔy>is=ən √nail<pl>=instr〛
cisíɬč summer fern. 〚√cis=iɬč √nail=plant〛
cicíɬč summer ferns. 〚[cy+√cis=iɬč pl+√nail=plant〛

√cixʷ √chilly.
cíxʷəŋ chilly. 〚√cixʷ-ŋ √chilly-mdl〛
céʔxʷəŋ̓ chills. 〚√ci<ʔ>xʷ-ŋ<ʔ> √chilly<actual>-mdl<actual>〛

√cíxʷcixʷ √osprey.
cíxʷcxʷ osprey. 〚√cíxʷcixʷ √osprey〛

√cixʷ √sandbar.
cíxʷəŋ sand spit, sandbar. 〚√cixʷ-ŋ √sandbar-mdl〛
caʔcéʔxʷəŋ̓ sandbar. 〚caʔ+√ci<ʔ>xʷ-ŋ<ʔ> dimin+√sandbar<dimin>-mdl<dimin>〛

√ciyaʔča √thistle.
ciyaʔčáɬč thistle. 〚√ciyaʔča=iɬč √thistle=plant〛

√ciywq̓ √elderberry.
scíyuq̓ elderberry. 〚s-√ciywq̓ s-√elderberry〛
sciyáʔiyəq̓ elderberries. 〚s-√ciy<əʔiy>wq̓ s-√elderberry<pl>〛
ciwəq̓íɬč elderberry bush. 〚√ciywq̓=iɬč √elderberry=plant〛

√ckʷ1 √worry.
cáʔckʷ worry. 〚[cáʔ+√ckʷ rslt+√worry〛
cáʔikʷ worry. 〚√c<əʔy>kʷ √worry<pl>〛
ccáʔyəkʷ worry. 〚[c+√c<əʔy>kʷ inceptive+√worry<pl>〛
ccáʔyəkʷtxʷ let worry. 〚[c+√c<əʔy>kʷ-txʷ actl+√worry<pl>-letcaus〛

√ckʷ2 √cover.
cə́yəkʷt cover several. 〚√c<əy>kʷ-t √cover<pl>-trns〛
ckʷíct cover back. 〚√ckʷ=ic-t √cover=back-trns〛

√cl √win/lose.
cə́l lose. 〚√cl √win/lose〛
cələ́yuʔ win. 〚√cl-əyu √win/lose-activ〛

√čłkʷ   √čq̓ʷ

　　　　　čəľčəľə́yuʔ always winning.　[[čl<ʔ> + √čl<ʔ>-əyu<ʔ> pl<actual> + √win/lose<actual>-activity<actual>]]
　　　čələ́t beat someone.　[√čl-t √win/lose-trns]
　　　　čələ́c beat me/you.　[√čl-t-c √win/lose-trns-1obj/2obj]
　　　　čələ́təŋ be beaten.　[√čl-t-ŋ √win/lose-trns-psv]
　　　　　člčə́lətəŋ lose badly.　[[čl + √čl-t-ŋ pl + √win/lose-trns-psv]]
　　　čəlít win it.　[√čl<ʔ>-i-t √win/lose<actl>-pers-trns]
　　člə́ti beat each other.　[√čl-ty √win/lose-rcprcl]
　　　čəlíti compete.　[√čl-ŋi-ty √win/lose-rel-rcprcl]
　　　　čəyčəlíti contesting.　[[čəy + √čl-ŋi-ty pl + √win-rel-rcprcl]]
　　　　　čəľčəľíti? contest.　[[čl<ʔ> + √čl<ʔ>-ŋi-ty<ʔ> pl<actual> + √win/lose<actual>-rel-reciprocal<actual>]]
√čłəkʷ √pinch.
　　čłə́kʷt pinch it.　[√čłəkʷ-t √pinch-trns]
　　　čičłə́kʷt pinch it (pl).　[čy + √čłəkʷ-t pl + √pinch-trns]
　　　čə́łkʷt pinching it.　[√č<ə́>łkʷ-t √pinch<actl>-trns]
　　čłə́kʷtəŋ be pinched.　[√čłəkʷ-t-ŋ √pinch-trns-psv]
√čłəp̓ √submerged.
　　čłə́p̓ submerged.　[√čłəp̓ √submerge]
　　　čłə́p̓i submerged.　[√čłəp̓-iy √submerge-dev]
　　　　čłp̓iyéʔqʷ completely submerged.　[√čłəp̓-iy=iʔqʷ √submerge-dev=head]
　　　čə́łp̓iyaʔqʷ gr-gr-gr-grandparent/child.　[√č<ə́>łəp̓-iy=iʔqʷ √submerge<actl>-ext=head]
　　　　čə́yəłp̓iyaʔqʷ gr-gr-gr-grandparents/children.　[√č<ə́><yə>łp̓-iy=iʔqʷ √submerge<actl><pl>-ext=head]
√čŋ̓ √bite.
　　čə́ŋ̓ bite.　[√čŋ̓ √bite]
　　　čəŋ̓ə́yu bite.　[√čŋ̓-əyu √bite-activ]
　　　　čəŋ̓čəŋ̓ə́yuʔ biter.　[čŋ̓ + √čŋ̓-əyu char + √bite-activ]
　　　čəŋ̓ə́t bite something.　[√čŋ̓-t √bite-trns]
　　　　čə́ŋ̓t biting it.　[√č<ə́>ŋ̓-t √bite<actl>-trns]
　　　čəŋ̓ə́c bite me/you.　[√čŋ̓-t-c √bite-trns-1obj/2obj]
　　　nəxʷčəŋ̓ə́t bite something.　[nxʷ-√čŋ̓-t loc-√bite-trns]
　　　čəŋ̓ə́təŋ bitten.　[√čŋ̓-t-ŋ √bite-trns-psv]
　　　　čə́ŋ̓təŋ being bitten.　[√č<ə́>ŋ̓-t-ŋ √bite<actl>-trns-psv]
　　　čəŋ̓ít biting it.　[√čŋ̓-í-t √bite-pers-trns]
　　　　čəŋ̓ətíŋ being held in mouth.　[√čŋ̓-t-i-ŋ<ʔ> √bite-trans-persist-psv<actual>]
　　　čəŋ̓ə́qst bite it on the nose.　[√čŋ̓=əqsən-t √bite=nose-trns]
　　　　čəŋ̓ə́qstəŋ be bitten on nose.　[√čŋ̓=əqsən-t-ŋ √bite=nose-trns-psv]
√čq̓ √drip.
　　čə́q̓ drip.　[√čq̓ √drip]
　　　čq̓ə́ŋ drip.　[√čq̓-ŋ √drip-mdl]
　　　　čə́q̓əŋ dripping.　[√č<ə́>q̓-ŋ<ʔ> √drip<actual>-mdl<actual>]
　　　čq̓ə́t drip on it.　[√čq̓-t √drip-trns]
　　　　čə́q̓t dripping on it.　[√č<ə́>q̓-t √drip<actl>-trns]
　　　čq̓ə́təŋ be dripped on.　[√čq̓-t-ŋ √drip-trns-psv]
　　　　čə́q̓təŋ being dripped on.　[√č<ə́>q̓-t-ŋ √drip<actl>-trns-psv]
√čq̓ʷ √dirt.
　　čə́q̓ʷ dirt.　[√čq̓ʷ √dirt]
　　　čičq̓ʷə́y dirty (pl).　[čy + √čq̓ʷ=ayə pl + √dirt=person]
　　　čə́q̓ʷčq̓ʷ dirty.　[čə́q̓ʷ + √čq̓ʷ char + √dirt]
　　　čq̓ʷə́y dirty person.　[√čq̓ʷ=ayə √dirt=person]
　　　sxʷčq̓ʷús dirty face.　[sxʷ-√čq̓ʷ=us for-√dirt=face]
　　　sxʷčq̓ʷə́ynəč dirt on bottom.　[sxʷ-√čq̓ʷ-əy̓=nəč for-√dirt-ext=tail]
　　　čičə́q̓ʷ Dungeness.　[čy + √čq̓ʷ pl + √dirt]
　　　čščə́q̓ʷ Jamestown.　[čš-√čq̓ʷ from-√dirt]
√čq̓ʷ √look_down.
　　čq̓ʷús look down.　[√čq̓ʷ=us √look_down=face]
　　　čq̓ʷúsəŋ look down.　[√čq̓ʷ=us-ŋ √look_down=face-mdl]
　　　　čq̓ʷúʔsəŋ looking down.　[√čq̓ʷ=u<ʔ>s-ŋ<ʔ> √look_down=face<actual>-mdl<actual>]
　　　čq̓ʷúst nod to someone.　[√čq̓ʷ=us-t √look_down=face-trns]
　　　　čq̓ʷústəŋ be nodded to.　[√čq̓ʷ=us-t-ŋ √look_down=face-trns-psv]

√č̓q̓ʷuʔməh √raspberry.
    č̓q̓ʷúmah raspberry. 〚√č̓q̓ʷuʔməh √raspberry〛
      č̓q̓ʷumaʔíɫč raspberry plant. 〚√č̓q̓ʷuməh=iɫč √raspberry=plant〛

√c̓s √punch.
    c̓ə́s get punched. 〚√c̓s √punch〛
      c̓sə́yuʔ punch. 〚√c̓s-əyu √punch-activ〛
        c̓ə́səyuʔ hitting. 〚√c̓<ə́>s-əyu<ʔ> √punch<actual>-activity<actual>〛
      c̓sə́t punch it. 〚√c̓s-t √punch-trns〛
        c̓sə́c punch me/you. 〚√c̓s-t-c √punch-trns-1obj/2obj〛
        c̓ic̓ə́st hit it (pl). 〚c̓y+√c̓s-t pl+√punch-trns〛
          c̓ic̓ə́sc hit you/me. 〚c̓y+√c̓s-t-c pl+√punch-trns-1obj/2obj〛
          c̓ic̓əstúŋɫ hit us. 〚c̓y+√c̓s-t-uŋɫ pl+√punch-trns-1plobj〛
        c̓ə́st punching it. 〚√c̓<ə́>s-t √punch<actl>-trns〛
          c̓ə́sc hitting me/you. 〚√c̓<ə>s-t-c √punch<actl>-trns-1obj/2obj〛
        c̓sətúŋɫ hit us. 〚√c̓s-t-uŋɫ √punch-trns-1plobj〛
      c̓sə́təŋ be punched. 〚√c̓s-t-ŋ √punch-trns-psv〛
        c̓ə́stəŋ being hit. 〚√c̓<ə́>s-t-ŋ<ʔ> √punch<actual>-trans-psv<actual>〛
        c̓ic̓ə́stəŋ be hit (pl). 〚c̓y+√c̓s-t-ŋ pl+√punch-trns-psv〛
      c̓sə́ti fistfight. 〚√c̓s-ty √punch-rcprcl〛
        c̓ic̓sə́ti fistfight. 〚c̓y+√c̓s-ty pl+√punch-rcprcl〛
        c̓ə́sti punching each other. 〚√c̓<ə́>s-ty √punch<actl>-rcprcl〛
          c̓əyc̓síti̓ʔ boxing. 〚c̓<əy̓>+√c̓s-ŋí-ty<ʔ> inceptive<pl>+√punch-rel-reciprocal<actual>〛
            sxʷʔic̓əyc̓sítiʔ boxing gloves. 〚sxʷ-c̓<əy̓>+√c̓s-ŋí-ty<ʔ> for-inceptive<pl>+√punch-rel-reciprocal<actual>〛
        sxʷc̓sc̓sə́ti boxer. 〚sxʷ-c̓s+√c̓s-ty for-char+√punch-rcprcl〛
      c̓sənáxʷ hit. 〚√c̓s-naxʷ √punch-nctrns〛
        c̓sənúŋə hit you. 〚√c̓s-naxʷ-uŋə √punch-nctrns-2obj〛
        c̓ə́snəxʷ hitting. 〚√c̓<ə́>s-naxʷ √punch<actl>-nctrns〛
        c̓snáŋ be hit. 〚√c̓s-naxʷ-ŋ √punch-nctrns-psv〛
          c̓ə́snəŋ being knocked. 〚√c̓<ə́>s-naxʷ-ŋ<ʔ> √punch<actual>-nctrans-psv<actual>〛
      nəxʷc̓súsəŋ hit face. 〚nxʷ-√c̓s=us-ŋ loc-√punch=face-mdl〛
        nəxʷc̓súst punch someone in face. 〚nxʷ-√c̓s=us-t loc-√punch=face-trns〛
          c̓súsc punch me/you in face. 〚√c̓s=us-t-c √punch=face-trns-1obj/2obj〛
            c̓ic̓súsc punch face me/you (pl). 〚c̓y+√c̓s=us-t-c pl+√punch=face-trns-1obj/2obj〛
            nəxʷc̓súsc punch me/you in face. 〚nxʷ-√c̓s=us-t-c loc-√punch=face-trns-1obj/2obj〛
          nəxʷc̓sústəŋ get hit face. 〚nxʷ-√c̓s=us-t-ŋ loc-√punch=face-trns-psv〛
        c̓sústi punch each other. 〚√c̓s=us-ty √punch=face-rcprcl〛
          c̓aʔsústiʔ punching each other. 〚√c̓<ʔ>s=us-ty<ʔ> √punch<actual>=face-reciprocal<actual>〛
          nəxʷc̓aʔsústiʔ boxer. 〚nxʷ-√c̓<ʔ>s=us-ty<ʔ> loc-√punch<actual>=face-reciprocal<actual>〛
        nəxʷc̓súsənəŋ be hit in face. 〚nxʷ-√c̓s=us-naxʷ-ŋ loc-√punch=face-nctrns-psv〛
      c̓ssənáŋ be hit on foot. 〚√c̓s=sən-naxʷ-ŋ √punch=foot-nctrns-psv〛
      c̓ssə́nt hit foot. 〚√c̓s=sən-t √punch=foot-trns〛
        c̓ssə́ntəŋ be hit on foot. 〚√c̓s=sən-t-ŋ √punch=foot-trns-psv〛
      c̓siʔáx̣ən get hit on the arm. 〚√c̓s-y̓=ax̣ən √punch-ext=arm〛
        c̓siʔáx̣təŋ be hit on arm. 〚√c̓s-y̓=ax̣ən-t-ŋ √punch-ext=arm-trns-psv〛
        c̓siʔáx̣ənəŋ be hit on the arm. 〚√c̓s-y̓=ax̣ən-naxʷ-ŋ √punch-ext=arm-nctrns-psv〛
      c̓síqt punch belly. 〚√c̓s=iqən-t √punch=abdomen-trns〛
        c̓síqtəŋ be hit in belly. 〚√c̓s=iqən-t-ŋ √punch=abdomen-trns-psv〛
      nəxʷc̓sə́nəŋ knock. 〚nxʷ-√c̓s=ən-ŋ loc-√punch=instr-mdl〛
        nəxʷc̓ə́snəŋ knocking. 〚nxʷ-√c̓<ə́>s=ən-ŋ loc-√punch<actl>=instr-mdl〛
      c̓ə́stən hammer. 〚√c̓s=tən √punch=instr〛
      sxʷʔiʔc̓ə́səŋ hammer. 〚sxʷ-hy̓-√c̓s-ŋ for-proc-√punch-mdl〛
      sxʷʔiʔc̓ic̓ə́səŋ hammers. 〚sxʷ-hy̓-c̓y+√c̓s-ŋ for-proc-pl+√punch-mdl〛
    c̓ic̓síkʷst punch several. 〚c̓y+√c̓s=iws-t pl+√punch=body-trns〛
    c̓sə́qst punch nose. 〚√c̓s=əqsən-t √punch=nose-trns〛
      c̓sánkʷs get hit in diaphragm. 〚√c̓s=ankʷs √punch=interior〛
        c̓sánkʷst punch body. 〚√c̓s=ankʷs-t √punch=interior-trns〛
          c̓snk̓ʷást hitting in stomach. 〚√c̓s=an<ʔ>kʷ<ə́>s-t √punch=interior<actl>-trns-psv〛
            c̓snəkʷástəŋ be hit in stomach. 〚√c̓s=ankʷs-t-ŋ √punch=interior-trns-psv〛
      c̓əsniʔk̓ʷáʔstəŋ being hit oarlock socket. 〚√c̓s-n=i<ʔ>w<a>ʔs-t-ŋ √punch-ext=body<actl>-trns-psv〛

čsíŋəɬ ring bell. 〚√čs-iŋɬ √punch-cstm〛
sxʷčsátən triton. 〚sxʷ-√čs=tən for-√punch=instr〛

√čsuʔ √intestines.
čsúʔ intestines. 〚√čsuʔ √intestines〛

√čuʔčɬaʔ √leaf.
sčúʔčɬaʔ leaf. 〚s-√čuʔčɬaʔ s-√leaf〛

√čuʔkʷs √seven.
čúʔkʷs seven. 〚√čuʔkʷs √seven〛
čuʔkʷsɬnát seven nights. 〚√čuʔkʷs=ɬnat √seven=day〛
čuʔkʷsáwtxʷ seven houses. 〚√čuʔkʷs=awtxʷ √seven=house〛
čuʔkʷsáɬ seven times. 〚√čuʔkʷs=aɬ √seven=times〛
čuʔkʷsáʔinəxʷ seven years. 〚√čuʔkʷs=aʔwinəxʷ √seven=year〛
čaʔkʷsɬšáʔ seventy. 〚√čuʔkʷs=ɬšaʔ √seven=ten〛
čaʔkʷsíkʷs seven animals. 〚√čuʔkʷs=iws √seven=body〛
čaʔkʷsáy seven people. 〚√čuʔkʷs=ayə √seven=person〛
čaʔkʷsayəhə́čɬ seven children. 〚√čuʔkʷs=ayə=əčɬ √seven=person=child〛
čaʔkʷsáxʷɬ seven canoess. 〚√čuʔkʷs=axʷɬ √seven=conveyance〛
čaʔkʷsáʔitxʷ seven dollars. 〚√čuʔkʷs=aʔitxʷ √seven=dollar〛

√čuʔm √wet.
čúʔməŋ wet. 〚√čuʔm-ŋ √wet-mdl〛
čúčaʔməŋ juicy. 〚čú+√čuʔm-ŋ<ʔ> result+√wet-mdl<actual>〛
čiyúʔməŋ wet (pl). 〚√č<iy>uʔm-ŋ √wet<pl>-mdl〛
čəmčəmúʔəŋ getting all wet. 〚čm̓+√čuʔm<ú?>-ŋ<ʔ> pl+√wet<actual>-mdl<actual>〛
čaʔmúŋət wet it. 〚√čuʔm-ŋ-t √wet-mdl-trns〛
čaʔmúŋətəŋ get it wet. 〚√čuʔm-ŋ-t √wet-mdl-trns〛
čaʔmúŋəct get wet. 〚√čuʔm-ŋ-cut √wet-mdl-rflxv〛
ččaʔmúŋct get wet. 〚č+√čuʔm-ŋ<ʔ>-cut incep+√wet-mdl<actl>-rflxv〛
čaʔmúnəq soak. 〚√čuʔm-ənəq √wet-hab〛
čaʔməŋə́nəkʷ mud. 〚√čuʔm-ŋ=ənukʷ √wet-mdl=ground〛
ččaʔmə́nəkʷ swamp. 〚č+√čuʔm=ən<ʔ>əkʷ inceptive+√wet=land<actual>〛
ččaʔməŋə́nəkʷ swampy. 〚č+√čuʔm-ŋ=ən<ʔ>əkʷ inceptive+√wet-mdl=land<actual>〛

√čucɬ √spin.
sxʷčúcɬ spin. 〚sxʷ-√čucɬ for-√spin〛

√čuč √maple.
sčúʔčɬč maple. 〚√čuč=iɬč √maple=plant〛

√čukʷayaʔčx̣ √pitlamp.
čukʷáyaʔčx̣ pitlamp. 〚√čukʷayaʔčx̣ √pitlamp〛
čaʔčkʷayáyx̣ pitlamping. 〚√čukʷay<ʔ>ayx̣ √pitlamp<actual>〛

√čum̓ √bone.
sčúm̓ bone. 〚s-√čum̓ s-√bone〛
sčáʔyəm̓ bones. 〚s-√č<aʔy>um̓ s-√bone<pl>〛
sčaʔmúɬən skeleton. 〚s-√čum̓=uɬən s-√bone=rib〛
sxʷčúʔməs cheek bone. 〚sxʷ-√čum̓=us for-√bone=face〛
sxʷčaʔmé?č backbone. 〚sxʷ-√čum̓=iʔč for-√bone=back〛
sčaʔmínəs chest bone. 〚s-√čum̓=inəs s-√bone=chest〛
sxʷčaʔmínəs chest bone. 〚sxʷ-√čum̓=inəs for-√bone=chest〛
čəméʔxʷəwəč tailbone. 〚√čum̓=iʔxʷ=əw<ʔ>əč √bone=?=bottom<actual>〛
sxʷčaʔmə́wəč tailbone. 〚sxʷ-√čum̓=əwač for-√bone=bottom〛
sxʷčaʔmícən backbone. 〚sxʷ-√čum̓=icən for-√bone=back〛
sxʷčaʔməwéʔč backbone. 〚sxʷ-√čum̓=əwiʔč for-√bone=back〛
sčaʔmúcən jaw. 〚s-√čum̓=ucin s-√bone=mouth〛
sčaʔmiʔáx̣ən arm bone. 〚s-√čum̓-y̓=ax̣ən s-√bone-ext=arm〛
sčaʔmə́qsən bridge of nose. 〚s-√čum̓=əqsən s-√bone=nose〛
sčaʔméʔqʷ skull. 〚s-√čum̓=iʔqʷ s-√bone=head〛
sčiyaʔméʔqʷ skulls. 〚s-√č<iyaʔ>um̓=iʔqʷ s-√bone=head〛
čúʔməčən copper. 〚√čum̓=əčən √bone=?〛
čiyúʔməčən bracelets. 〚√č<iy>um̓=əčən<ʔ> √bone<plural>=?<pl>〛
čiyaʔməcísən finger. 〚√č<y>um̓=acis=ən √bone<pl>=hand=instr〛

√čuṅčəŋ √acorn_barnacle.
čúṅčəŋ acorn barnacle. 〚√čúṅčəŋ √acorn_barnacle〛

čaʔyúŋ̊cəŋ acorn barnacles. 〚√č<əʔy>uŋ̊cəŋ √acorn_barnacle<pl>〛
čaʔcúŋ̊cəŋ small acorn barnacle. 〚čaʔ+√cuŋ̊cəŋ dim+√acorn_barnacle〛
čaʔyaʔcúŋ̊cəŋ small acorn barnacles. 〚č<əʔy>aʔ+√cuŋ̊cəŋ dim<pl>+√acorn_barnacle〛

√c̓uqʷ √suck.
c̓úqʷ suck. 〚√c̓uqʷ √suck〛
  c̓úqʷəŋ suck. 〚√c̓uqʷ-ŋ √suck-mdl〛
    c̓úʔqʷəŋ sucking. 〚√c̓u<ʔ>qʷ-ŋ √suck<actl>-mdl〛
    čaʔc̓úʔqʷəŋ suck (dim). 〚čaʔ+√c̓u<ʔ>qʷ-ŋ dim+√suck<dim>-mdl〛
  c̓qʷə́yuʔ suck. 〚√c̓uqʷ-əyu √suck-activ〛
    čaʔqʷə́yuʔ drawing out. 〚√c̓u<ʔ>qʷ-əyu<ʔ> √suck<actual>-activity<actual>〛
  c̓úqʷt suck it out. 〚√c̓uqʷ-t √suck-trns〛
    c̓úʔqʷt sucking it. 〚√c̓u<ʔ>qʷ-t √suck<actl>-trns〛
    c̓úqʷtəŋ be sucked out. 〚√c̓uqʷ-t-ŋ √suck-trns-psv〛
      c̓qʷútəŋ being sucked. 〚√c̓uqʷ-t-ŋ √suck-trns-psv〛
  čaʔqʷúti sucking each other. 〚√c̓u<ʔ>qʷ-ty √suck<actl>-rcprcl〛
  čaʔqʷtíŋ being stuck on. 〚√c̓u<ʔ>qʷ-t-i-ŋ<ˀ> √suck<actual>-trans-persist-psv<actual>〛
  c̓úqʷnəxʷ manage to suck out. 〚√c̓uqʷ-naxʷ √suck-nctrns〛

√c̓ut √heel.
sxʷc̓útəwəč heel of foot. 〚sxʷ-√c̓ut=əwəč for-√heel=bottom〛

√c̓uƛ̓ √nudge.
c̓úƛ̓t nudge it. 〚√c̓uƛ̓-t √nudge-trns〛
  c̓úʔƛ̓t nudging it. 〚√c̓u<ʔ>ƛ̓-t √nudge<actl>-trns〛
  c̓úƛ̓təŋ be nudged. 〚√c̓uƛ̓-t-ŋ √nudge-trns-psv〛

√c̓xʷ √cherry.
c̓xʷíɫč cherry. 〚√c̓xʷ=iɫč √cherry=plant〛

√c̓xʷas √cook_on_rocks.
c̓xʷás cook on rocks. 〚√c̓xʷas √cook_on_rocks〛
  sc̓xʷás cooked on rocks. 〚s-√c̓xʷas s-√cook_on_rocks〛

√c̓xy̓ √bare.
c̓xi̓ʔnís bare teeth. 〚√c̓xy̓=nis √bare=tooth〛
c̓xiynísəŋ show teeth. 〚√c̓xy̓=nis-ŋ √bare=tooth-mdl〛

√c̓y √wake.
c̓ə́č wake. 〚√c̓y √wake〛
  čaʔc̓ə́č just woke. 〚čaʔ-√c̓y immed-√wake〛
  c̓áčɫ awake. 〚√c̓<á>y-ɫ √wake<rslt>-dur〛
    ʔəsc̓áčɫ awake. 〚ʔs-√c̓<á>y-ɫ stat-√wake<rslt>-dur〛
  c̓čə́t wake someone. 〚√c̓y-t √wake-trns〛
    c̓áčt waking someone. 〚√c̓<á>y-t √wake-trns〛
    c̓čə́c wake me/you. 〚√c̓y-t-c √wake-trns-1obj/2obj〛
      čaʔc̓čə́c just wake me/you. 〚čaʔ-√c̓y-t-c immed-√wake-trns-1obj/2obj〛
    c̓čə́təŋ be awakened. 〚√c̓y-t-ŋ √wake-trns-psv〛
  c̓čə́ct wake up. 〚√c̓y-cut √wake-rflxv〛
    čaʔc̓ə́ct continue. 〚√c̓ə<ʔ>y-cut √wake<actl>-rflxv〛
  c̓čnáxʷ wake someone. 〚√c̓y-naxʷ √wake-nctrns〛
    c̓čnáŋ manage to be awakened. 〚√c̓y-naxʷ-ŋ √wake-nctrns-psv〛
  c̓iʔíŋt waking someone. 〚√c̓y<ʔ>-iy-ŋí-t √wake<actl>-dev-rel-trns〛

√c̓y̓ʔ √seed.
sxʷc̓aʔc̓iʔíkʷən seed. 〚sxʷ-c̓aʔ+√c̓y̓ʔ=iwən for-dim+√seed=interior〛
sc̓aʔyaʔc̓iʔíkʷən̓ seeds. 〚sxʷ-c̓<əʔy>aʔ+√c̓y̓ʔ=iwən for-dim<pl>+√seed=interior〛

√c̓yatkʷ √wild_man.
c̓iyátkʷ wild man. 〚√c̓yatkʷ √wild_man〛

√c̓y̓sup √sole.
c̓iʔsúp sole fish. 〚√c̓y̓sup √sole〛

√č √other.
čaʔwíyəŋ other. 〚√č=əʔəw-iy-ŋ √other=side-dev-mdl〛
čaʔáw̓əɫ other side. 〚√č=əʔəw<ˀ>-ɫ √other=side<actl>-dur〛

√čaʔč √brother.
sčáʔč brother. 〚s-√čaʔč s-√brother〛

√čaʔčaʔ √friend.
sčáʔčaʔ friend. 〚s-√čaʔčaʔ s-√friend〛

√ča?s   √čaqʷ

        sčə́ya?ča? friends. 〚s-√č<ə́y>a?ča? s-√friend<pl>〛
        sčá?ča?əŋ befriended. 〚s-√ča?ča?-ŋ s-√friend-mdl〛
        sxʷsčá?ča? in-law. 〚sxʷ-s-√ča?ča? for-s-√friend〛
           sxʷsčəyá?ča? in-laws. 〚sxʷ-s-√č<əy>a?ča? for-s-√friend<pl>〛
√ča?s √conifer_limb.
     sčá?səŋ conifer limbs. 〚s-√ča?s-ŋ s-√conifer_limb-mdl〛
√ča?sy̓ √marshmallow.
    čá?si? marshmallow. 〚√ča?sy̓ √marshmallow〛
√ča?x̣ √wax.
    sxʷča?x̣áyən̓ wax. 〚sxʷ-√ča?x̣-ay=an̓ for-√wax-ext=ear〛
√čak̓ʷ √tight.
    čák̓ʷ tight. 〚√čak̓ʷ √tight〛
      čičə́k̓ʷ too tight. 〚čy+√čak̓ʷ pl+√tight〛
    ?əsčák̓ʷɬ tight. 〚?s-√čak̓ʷ-ɬ stat-√tight-dur〛
    ?əsčá?ək̓ʷ stuck. 〚?s-√ča<?ə>k̓ʷ stat-√tight<actual>〛
    čák̓ʷt fit it tight. 〚√čak̓ʷ-t √tight-trns〛
    čičk̓ʷá?st put paddle away. 〚čy+√čak̓ʷ-a<?>s-t pl+√tight-ptcaus<actl>-trns〛
    čičk̓ʷik̓ʷú?səŋ paddle hanger. 〚čy+√čak̓ʷ=iws=u<?>s-ŋ pl+√hang_paddle=body=face<actl>-mdl〛
    či?čči?k̓ʷá?səŋ November. 〚čy?+√ča<y̓>k̓ʷ-a<?>s-ŋ pl+√tight<pl>-ptcaus<actl>-psv〛
      čá?k̓ʷa?ɬ hiccup. 〚√ča<?>k̓ʷ=a?ɬ √tight<actl>=live〛
    sxʷča?k̓ʷɬáw̓txʷ dam. 〚sxʷ-√ča<?>k̓ʷ-ɬ=aw̓txʷ for-√tight<actl>-dur=house〛
√čan √move.
    čáni move. 〚√čan-iy √move-dev〛
      čá?ni? moving. 〚√ča<?>n-iy<?> √move<actual>-develop<actual>〛
    čənčáni move (pl). 〚čn+√čan-iy pl+√move-dev〛
    čánitxʷ move it. 〚√čan-iy-txʷ √move-dev-incaus〛
    čánəŋ be moved. 〚√čan-as-ŋ √move-ptcaus-psv〛
      čanəŋáw̓txʷ move house. 〚√čan-ŋ=aw̓txʷ √move-mdl=house〛
    čánəs move it. 〚√čan-as √move-ptcaus〛
      ča?ánəs moving it. 〚√č<?>a<?>n-as √move<actl>-ptcaus〛
    čánəc move me/you. 〚√čan-as-c √move-ptcaus-1obj/2obj〛
    čənŋíŋə move me/you. 〚√čan-as-ŋiŋə √move-ptcaus-2obj〛
    čánətəŋ be moved. 〚√čan-t-ŋ √move-trns-psv〛
    čənəsónəŋ take step. 〚√čan=sən-ŋ √move=foot-mdl〛
    čánu go some place else. 〚√čan-u √move-?〛
    čanáw̓txʷən move house. 〚√čan=aw̓txʷ-ŋ √move=house-mdl〛
√čannəxʷ √salmon.
    ča?nán̓xʷ fishing. 〚√ča<?>n<á>n<ʔ>əxʷ √salmon<actual>〛
    čənčánnəxʷ go fishing. 〚čn+√čannəxʷ ?+√salmon〛
    sčánnəxʷ salmon. 〚s-√čannəxʷ s-√salmon〛
      sčənčánnəxʷ salmon (pl). 〚s-čn+√čannəxʷ s-pl+√salmon〛
    sča?ča?nán̓xʷ small salmon. 〚s-ča?+√ča<?>nn<ʔ>əxʷ s-dimin+√salmon<dimin>〛
    sčannəxʷáw̓txʷ fish hatchery. 〚s-√čannəxʷ=aw̓txʷ s-√salmon=house〛
      čənčannəxʷíyɬ going fishing. 〚čn+√čannəxʷ-iyɬ ?+√salmon-go〛
    čiyánəxʷ Becher Bay. 〚√č<y̓>annəxʷ √salmon<pl>〛
      xʷčiyánəxʷ Becher Bay. 〚xʷ-√č<iy>annəxʷ loc-√salmon<pl>〛
√čaŋ √feisty.
    ?əsčáŋkʷən feisty. 〚?s-√čaŋ=iwən stat-√feisty=interior〛
    sxʷčáŋkʷən mean. 〚sxʷ-√čaŋ=iwən for-√feisty=interior〛
    nəxʷsčáŋkʷən tough, feisty. 〚nxʷ-s-√čaŋ=iwən loc-s-√feisty=interior〛
      nəxʷsčiyáŋkʷən tough (pl). 〚nxʷ-s-√č<iy>aŋ=iwən loc-s-√feisty<pl>=interior〛
      nəxʷsčəyčáŋkʷən mean (pl). 〚nxʷ-s-čəy+√čaŋ=iwən loc-s-pl+√feisty=interior〛
√čaqʷ √drive_away.
    čáqʷt drive it away. 〚√čaqʷ-t √drive_away-trns〛
      čá?qʷt driving it away. 〚√ča<?>qʷ-t √chase_away<actl>-trns〛
    ča?qʷáyu? driving away. 〚√ča<?>qʷ-a<?>yu<?> √drive_away<actual>-activity<actual>〛
√čaq̓ʷ √sweat.
    čáq̓ʷəŋ sweat. 〚√čaq̓ʷ-ŋ √sweat-mdl〛
      čá?q̓ʷəŋ sweating. 〚√ča<?>q̓ʷ-ŋ<?> √sweat<actual>-mdl<actual>〛
    čaq̓ʷəŋístxʷ make sweat. 〚√čaq̓ʷ-ŋí-stxʷ √sweat-rel-caus〛

√čatx̣ √spear_duck.
　čačáʔtx̣ɬ spear duck.　 ⟦ča+√ča<ʔ>tx̣-ɬ actl+√spear_duck<actl>-dur⟧
√čaxʷ √spoil.
　čáxʷəŋ spoil.　 ⟦√čaxʷ-ŋ √spoil-mdl⟧
čax̣ √fall_over.
　čáx̣t knock it over.　 ⟦√čax̣-t √fall_over-trns⟧
　　čx̣átəŋ be knocked down.　 ⟦√čax̣-t-ŋ √fall-trns-psv⟧
√čax̣ʷ √melt.
　čáx̣ʷəŋ melt.　 ⟦√čax̣ʷ-ŋ √melt-mdl⟧
　　čáʔx̣ʷəŋ thawing.　 ⟦√ča<ʔ>x̣ʷ-ŋ<ʔ> √melt<actual>-mdl<actual>⟧
　čaʔx̣ʷéʔŋəɬ thawing.　 ⟦√ča<ʔ>x̣ʷ-i<ʔ>ŋɬ √melt<actual>-custom<actual>⟧
　čáx̣ʷt melt it.　 ⟦√čax̣ʷ-t √melt-trns⟧
　　čáʔx̣ʷt melting it.　 ⟦√ča<ʔ>x̣ʷ-t √melt<actl>-trns⟧
　čx̣ʷás melt it.　 ⟦√čax̣ʷ-as √melt-ptcaus⟧
√čay1 √work.
　čáy work.　 ⟦√čay √work⟧
　　čáʔiʔ working.　 ⟦√ča<ʔ>y<ʔ> √work<actual>⟧
　　sxʷiʔčáʔəy̓ tool.　 ⟦sxʷ-hy̓-√ča<ʔ>y<ʔ> for-proc-√work<actual>⟧
　　čáyiyɬ go to work.　 ⟦√čay-iyɬ √work-go⟧
　　ʔəsčáʔiʔ job.　 ⟦ʔs-√ča<ʔ>y<ʔ> stat-√work<actual>⟧
　　sčáy job.　 ⟦s-√čay s-√work⟧
　　čáyči busy.　 ⟦čáy+√čay char+√work⟧
　　　čáyiči workers.　 ⟦ča<y>y+√čay char<pl>+√work⟧
　　ččát make it.　 ⟦√čay-t √work-trns⟧
　　　čáčt making it.　 ⟦√č<á>y-t √work<actl>-trns⟧
　　　čáʔčt making it.　 ⟦√ča<ʔ>y-t √work<actl>-trns⟧
　　　ččátəŋ be fixed.　 ⟦√čay-t-ŋ √work-trns-psv⟧
　　　　čáʔčaʔtəŋ is being made.　 ⟦√ča<ʔ>y<aʔ>-t-ŋ<ʔ> √work<actual>-trans-psv<actual>⟧
　　čáčti working together.　 ⟦√č<á>y-ty √work<actl>-rcprcl⟧
　　ččáct make self.　 ⟦√čay-cut √work-rflxv⟧
　　čaysít make for.　 ⟦√čay-sít √work-bene⟧
　　　čaytúŋəɬ make us.　 ⟦√čay-t-uŋɬ √work-trns-1plobj⟧
　　　čaʔčsít making it for.　 ⟦√čay-sít √work<actl>-bene⟧
　　　　čaʔčsíc making for me/you.　 ⟦√čay-sít-c √work<actl>-bene-1obj/2obj⟧
　　　čaysítəŋ be fixed for.　 ⟦√čay-sít-ŋ √work-bene-psv⟧
　　　čaʔčsítəŋ being made for.　 ⟦√čay-sít-ŋ √work<actl>-bene-psv⟧
　　čáytxʷ hire.　 ⟦√čay-txʷ √work-incaus⟧
　　　čáʔitxʷ hiring.　 ⟦√ča<ʔ>y-txʷ √work<actl>-letcaus⟧
　　　čáytəŋ be put to work.　 ⟦√čay-txʷ-ŋ √work-letcaus-psv⟧
　　　　čáʔitəŋ being put to work.　 ⟦√ča<ʔ>y-txʷ-ŋ<ʔ> √work<actual>-letcaus-psv<actual>⟧
　　čáytən tool.　 ⟦√čay=tən √work=instr⟧
　　čaynúŋət finally work.　 ⟦√čay-nuŋt √work-ncmdl⟧
　　čačáw̓txʷəŋ build house.　 ⟦√čay=aw̓txʷ-ŋ √work=house-mdl⟧
　　　čaʔčáw̓txʷəŋ building house.　 ⟦√ča<ʔ>y=aw̓txʷ-ŋ<ʔ> √work<actual>=house-mdl<actual>⟧
　　čaʔyáy̓ŋən wanting to work.　 ⟦√ča<ʔ>y-ay̓ŋən √work<actl>-want⟧
　　čaʔčaʔyúcən talk too much.　 ⟦čaʔ+√ča<ʔ>y=ucin dim+√work<dim>=mouth⟧
√čay2 √hang.
　čáyəŋ hang.　 ⟦√čay-ŋ √hang-mdl⟧
　　čaʔčáyəŋ hanging.　 ⟦čaʔ+√čay-ŋ<ʔ> actual+√hang-mdl<actual>⟧
　　čəyáʔŋəs hang.　 ⟦√čay<ə?>-ŋ=us √hang<actl>-mdl=face⟧
　　　čaʔčáyaŋəs hanging.　 ⟦čaʔ+√čay-ŋ<ʔ>=us actl+√hang-mdl<actl>=face⟧
　　čiyəŋ̓úst hang it up.　 ⟦√čay-ŋ-us-t √hang-mdl-rcpnt-trns⟧
　　čəy̓əŋ̓úst hanging it up.　 ⟦√čay<ʔ>-ŋ<ʔ>-us-t √hang<actl>-mdl<actl>-rcpnt-trns⟧
　　čiyəŋústəŋ be hung up.　 ⟦√čay-ŋ-us-t-ŋ √hang-mdl-rcpnt-trns-psv⟧
√čay̓a √first.
　ɬčáʔi first.　 ⟦ʔɬ-√čay̓a part-√first⟧
　　ʔiʔčáʔyə before.　 ⟦hy̓-√čay̓a proc-√first⟧
　　　ʔiʔɬčáʔi go first.　 ⟦hy̓-ʔɬ-√čay̓a proc-part-√first⟧
　　　sčiʔúʔis ancestor.　 ⟦s-√čay̓a=uy<ʔ>əs s-√first=forehead⟧
　　　　sčičiʔúʔis ancestors.　 ⟦s-čy+√čay̓a=uy<ʔ>əs s-pl+√first=forehead<actual>⟧

√čayíqʷ · √čən

        sxʷčiyəwəsáwtxʷ archive. 〚sxʷ-√čaya=uy<ʔ>əs=awtxʷ for-√first=forehead=house〛
    sčəyús elder. 〚s-√čaya=us s-√first=face〛
        sčəyəyús elders. 〚s-√č<əy>aya=us s-√first<pl>=face〛
    čiʔáŋən ancestor. 〚√čaya=ŋin √first=piece〛
        čičiyáŋən ancestors. 〚čy+√čaya=ŋin pl+√first=piece〛
        sxʷčiyaŋənáwtxʷ museum. 〚sxʷ-√čaya=ŋin=awtxʷ √first=piece=house〛

√čayiqʷ √backwoods.
    čáyəqʷ backwoods. 〚√čayiqʷ √backwoods〛
        ʔəsčáyəqʷ in the backwoods. 〚ʔəs-√čayiqʷ stat-√backwoods〛
    čičəyíqʷtən Sasquatch. 〚čay+√čayiqʷ=tən char+√backwoods=instr〛
        sxʷčayčiʔáqʷtən south wind. 〚sxʷ-čay+√čayiqʷ=tən for-char+√backwoods=instr〛
    čayəqʷaʔáwəɬ woods side. 〚√čayiqʷ=əʔəw<ʔ>-ɬ √backwoods=side<actl>-dur〛
    čaʔyəqʷáwtxʷ back of house. 〚√čayiqʷ=awtxʷ √backwoods=house〛

√čaʔkʷ √conveyance.
    sčaʔkʷaʔyúɬ conveyance. 〚s-√čəʔkʷ-ay̓=uɬ s-√conveyance-ext=conveyance〛
    sčaʔyaʔkʷaʔyúɬ conveyances. 〚s-√č<əʔy>əʔkʷ-ay̓=uɬ s-√conveyance<pl>-ext=conveyance〛
    sčaʔčaʔkʷaʔyúɬ small vehicle. 〚s-čaʔ+√čəʔkʷ-ay̓=uɬ s-dim+√conveyance-ext=conveyance〛

√čaʔnuʔ √extremely.
    čaʔnúʔ extremely. 〚√čaʔnuʔ √extremely〛

√čaʔtix̣ √clink.
    čaʔtíx̣əŋ clinking, rattling sound. 〚√čaʔtix̣-ŋ √clink-mdl〛
    nəxʷčaʔtx̣aʔŋə́wəč rattlesnake. 〚nxʷ-√čaʔtix̣<aʔ>-ŋ=əw<ʔ>əč loc-√clink<actual>-mdl=bottom<actual>〛

√čaʔyiqʷɬ √fruit.
    sčaʔyíqʷɬ fruit. 〚s-√čaʔyiqʷɬ s-√fruit〛
    sčiʔčaʔyíqʷɬ fruit (pl). 〚s-čyʔ+√čaʔyiqʷɬ s-pl+√fruit〛
    sčaʔyəqʷíɬč fruit plant. 〚s-√čaʔyiqʷɬ=iɬč s-√fruit=plant〛
        sčiʔəyəqʷíɬč fruit plants. 〚s-√č<yə>aʔyiqʷɬ=iɬč s-√fruit<pl>=plant〛

√čəcɬ √gravel.
    sčə́cɬ gravel. 〚s-√čəcɬ s-√gravel〛

√čəčtŋxʷ √owl.
    čə́čtəŋxʷ owl. 〚√čəčtŋxʷ √owl〛
    čáʔyəčtəŋxʷ great horned owls. 〚√č<əʔy>əčtŋxʷ √owl<pl>〛
    čaʔčə́čtəŋxʷ small owl. 〚čaʔ+√čəčtŋxʷ dim+√owl〛
    čaʔyaʔčə́čtəŋxʷ small owls. 〚č<əʔy>aʔ+√čəčtŋxʷ dim<pl>+√owl〛
    čč̓təŋxʷcínəŋ hoot. 〚√čəčtŋxʷ=ucin-ŋ √owl=mouth-mdl〛

√čəmiəs √meet.
    čə́miəs meet. 〚√čəmiəs √meet-ptcaus〛
        číčəmiəs meet. 〚čí+√čəmiəs aff+√meet〛
        sxʷčə́miəs meet. 〚sxʷ-√čəmiəs for-√meet〛
    čə́miəsəŋ be met. 〚√čəmiəs-ŋ √meet-mdl〛
    sxʷčəmiəsŋíti meet each other. 〚sxʷ-√čəmiəs-ŋí-ty for-√meet-rel-rcprcl〛
    čəməsnə́kʷi meet. 〚√čəmiəs-nəwəy √meet-ncrcprcl〛
        čəmčəməsnə́kʷi meeting. 〚čəmi+√čəmiəs-nəwəy pl+√meet-ncrcprcl〛
        nəxʷčəməsnə́kʷi meet each other. 〚nxʷ-√čəmiəs-nəwəy loc-√meet-ncrcprcl〛
    čəməsnít meet someone. 〚√čəmiəs-ŋí-t √meet-rel-trns〛
        čəməsnítəŋ be met. 〚√čəmiəs-ŋí-t-ŋ √meet-rel-trns-psv〛
            ččəməsnítəŋ being met. 〚č+√čəmiəs-ŋí-t-ŋ incep+√meet-rel-trns-psv〛
    čəməsníti meet each other. 〚√čəmiəs-ŋí-ty √meet-rel-rcprcl〛

√čən √bury.
    čə́n buried. 〚√čən √bury〛
    čənə́yuʔ planting. 〚√čən-əyu √bury-activ〛
    ʔəsčə́n cooked in sand. 〚ʔs-√čən stat-√bury〛
    ʔəsčáʔnɬ buried. 〚ʔs-√čə<ʔ>n-ɬ stat-√bury<actl>-dur〛
    čə́nət bury it. 〚√čən-t √bury-trns〛
        čə́nəc bury me/you. 〚√čən-t-c √bury-trns-1obj/2obj〛
        čə́ńt burying it. 〚√čən<ʔ>-t √bury<actl>-trns〛
        čənčə́nt bury it (pl). 〚čən+√čən-t pl+√bury-trns〛
    čə́nətəŋ be buried. 〚√čən-t-ŋ √bury-trns-psv〛
        čə́ńtəŋ being buried. 〚√čən<ʔ>-t-ŋ<ʔ> √bury<actual>-trans-psv<actual>〛
        čənčə́ntəŋ bury it (pl). 〚čən+√čən-t pl+√bury-trns〛

čənúst throw sand on it. 〚√čən-us-t √bury-rcpnt-trns〛
čə́nəct bury self. 〚√čən-cut √bury-rflxv〛
čə́nəti bury each other. 〚√čən-ty √bury-rcprcl〛
čənnáxʷ bury. 〚√čən-naxʷ √bury-nctrns〛
čə́nnəxʷ burying. 〚√č<ə́>n-naxʷ √bury<actl>-nctrns〛
ʔəsčáʔnəxʷ buried. 〚ʔs-√čə<ʔ>n-naxʷ stat-√bury<actl>-nctrns〛
čənínəɬ plant. 〚√čən-inɬ √bury-cstm〛
čəńéʔŋəɬ planting. 〚√čən<ʔ>-i<ʔ>ŋɬ √bury<actual>-custom<actual>〛
sčənínəɬ plant. 〚s-√čən-inɬ s-√bury-cstm〛
sxʷčəńéʔŋəɬ garden. 〚sxʷ-√čən<ʔ>-i<ʔ>ŋɬ for-√bury<actual>-custom<actual>〛

√čəná √my_goodness.
čəná my goodness. 〚√čəná √my_goodness〛

√čəns √tooth.
čə́nəs tooth. 〚√čəns √tooth〛
ččínəs teeth. 〚č+√čə<í>ns plural+√tooth<pl>〛
čə́nəcən mouthful of teeth. 〚√čəns=ucin √tooth=mouth〛

√čəŋ √not_know.
čə́ŋət not know it. 〚√čəŋ-t √not_know-trns〛
čəŋíkʷs not know how. 〚√čəŋ=iws √not_know=body〛

√čəqʷɬn √mouth_full.
sčə́qʷɬən mouth full. 〚s-√čəqʷɬn √mouth_full〛

√čəs √hat.
sčə́saʔqʷ hat. 〚s-√čəs=iʔqʷ s-√hat=head〛
sčičə́saʔqʷ hats. 〚s-čy+√čəs=iʔqʷ s-pl+√hat=head〛
ččə́saʔqʷ wear hat. 〚č-√čəs=iʔqʷ have-√hat=head〛
čə́saʔqʷəŋ put hat on. 〚√čəs=iʔqʷ-ŋ √hat=head-mdl〛
čáʔsaʔqʷəŋ́ putting hat on. 〚√čə<ʔ>s=iʔqʷ-ŋ<ʔ> √hat<actual>=head-mdl<actual>〛

√čəsəʔ √two.
čə́saʔ two. 〚√čəsəʔ √two〛
čaʔčə́saʔ two small. 〚čaʔ+√čəsəʔ dim+√two〛
čə́saʔtxʷ make two. 〚√čəsəʔ-txʷ √two-letcaus〛
čə́sčšaʔtxʷ give two each. 〚čə́s+√čəsəʔ-txʷ distr+√two-letcaus〛
čə́saʔs second. 〚√čəsəʔ-s √two-ord〛
čáʔsaʔ two people. 〚√čə<áʔ>səʔ √two<pl>〛
čaʔčáʔsaʔ just two people. 〚čaʔ+√čə<ʔ>səʔ dimin+√two<people>〛
čsčsáy̓ə two at a time. 〚čs+√čəsəʔ=ay<ʔ>ə distribute+√two=person<actual>〛
čaʔsaʔə́y̓ɬ two children. 〚√čə<ʔ>səʔ=əy̓ɬ √two<person>=child〛
čšíkʷs two animals. 〚√čəšəʔ=iws √two=body〛
čšə́qsən two-pronged spear. 〚√čəsəʔ=əqsən √two=nose〛
čšéʔkʷs pair. 〚√čəsəʔ=iws √two=body〛
čšáʔyəq two fish. 〚√čəsəʔ=ayəq √two=fish〛
čšáʔwinəxʷ two years. 〚√čəsəʔ=aʔwinəxʷ √two=year〛
čšáʔitxʷ two dollars. 〚√čəsəʔ=aʔitxʷ √two=dollar〛
čssə́nkʷɬ bicycle. 〚√čəsəʔ=sən=akʷɬ √two=foot=conveyance〛
sčssínkʷɬ bicycle. 〚s-√čəsəʔ=sən=akʷɬ s-√two=foot=conveyance〛
čsɬšáʔ twenty. 〚√čəsəʔ=ɬšaʔ √two=ten〛
čəsáʔiɬ two living things. 〚√čəsəʔ=aʔiɬ √two=child〛
čə́saʔəs two days. 〚√čəsəʔ=s √two=day〛
ʔəsčšaʔmác̓t double weave. 〚ʔs-√čəsəʔ-m=ac̓-t stat-√two-ext=clothing-trns〛

√čəy √startle.
čə́čəŋ startle. 〚√čəy-ŋ √startle-mdl〛
čičə́čəŋ startled (pl). 〚čy+√čəy-ŋ √startle-mdl〛
ččŋístxʷ startle. 〚√čəy-ŋí-stxʷ √startle-rel-caus〛
ččŋístəŋ be scared. 〚√čəy-ŋí-stxʷ-ŋ √startle-rel-caus-psv〛

√čəyaɬ √chowder.
sčəyáɬ chowder. 〚s-√čəyaɬ s-√chowder〛

√čəyx̱ √spear_fish.
čə́yəx̱ spear fish. 〚√čəyx̱ √spear_fish〛
čə́y̓x̱ spearing fish. 〚√čəy<ʔ>x̱ √spear_fish<actual>〛

√čəyx̣ʷ √crazy.
　ʔəsčáyəx̣ʷ goofy.　⟦ʔs-√čəyx̣ʷ stat-√crazy⟧
　　ʔəsčáyəx̣ʷt drive someone crazy.　⟦ʔs-√čəyx̣ʷ-t stat-√crazy-trns⟧
　　　ʔəsčáyəx̣ʷtəŋ lose mind.　⟦ʔs-√čəyx̣ʷ-t-ŋ stat-√crazy-trns-psv⟧
　　ʔsčix̣ʷáyənč stupid.　⟦ʔs-√čəyx̣ʷ-əy̓=nač stat-√crazy-ext=tail⟧
　　sxʷčix̣ʷáynəč no sense.　⟦sxʷ-√čəyx̣ʷ-əy̓=nač for-√crazy-ext=tail⟧
　　sčəyəx̣ʷáwtxʷ insane asylum.　⟦s-√čəyx̣ʷ=awtxʷ s-√crazy=house⟧
　　sxʷčaʔčáyx̣ʷs tipsy.　⟦sxʷ-čaʔ+√čəy<ʔ>x̣ʷ=us for-dim+√crazy<actl>=face⟧
　　　ʔəsxʷčáyx̣ʷs tipsy.　⟦ʔs-sxʷ-√čəy<ʔ>x̣ʷ=us stat-for-√crazy<actl>=face⟧
　　　ʔəsxʷčaʔčáyx̣ʷs a little tipsy.　⟦ʔs-sxʷ-čaʔ+√čəy<ʔ>x̣ʷ=us stat-for-dim+√crazy<dim>=face⟧
　　sčəyəx̣ʷáynč dolt.　⟦s-√čəyx̣ʷ-əy=nač s-√crazy-ext=tail⟧
√čəy̓ √turn.
　čáy̓əs turn.　⟦√čəy̓=us √turn=face⟧
　　čáy̓s looking back.　⟦√č<á>y̓=us √turn<actl>=face⟧
　　čiʔús looking back.　⟦√čəy̓=us √turn=face<actual>⟧
　　čiʔúsəŋ look away.　⟦√čəy̓=us-ŋ √turn=face-mdl⟧
　　　čiʔúʔsəŋ looking away.　⟦√čəy̓=u<ʔ>s-ŋ<ʔ> √turn=face<actual>-mdl<actual>⟧
　　čáy̓əstxʷ let look back.　⟦√čəy̓=us-txʷ √turn=face-letcaus⟧
　čičiʔáy̓əct somersault.　⟦čy+√čəy̓<áyə>-cut pl+√turn<pl>-rflxv⟧
　sčiʔáʔyəŋ upside down.　⟦s-√čəy̓<aʔy>-ŋ<ʔ> s-√turn<pl>-mdl<actual>⟧
　　čiʔáyətəŋ be turned back.　⟦√čəy̓-ay-t-ŋ √turn-ʔ-trns-psv⟧
　čiʔáʔis look back.　⟦√čəy̓=a<ʔ>yus √turn=eye<actual>⟧
　　čəyáʔisəŋ turn around.　⟦√čəy̓=a<ʔ>yus-ŋ √turn=eye<actl>-mdl⟧
　　ʔəsčiʔúʔyəs backwards.　⟦ʔs-√čəy̓=u<ʔ>yəs stat-√turn=forehead<actual>⟧
　čiʔáqɬ yesterday.　⟦√čəy̓=aqɬ √turn=day⟧
　čiʔánəŋ year.　⟦√čəy̓=aŋ √turn=season⟧
　　sčiʔánəŋ year.　⟦s-√čy̓=aŋ s-√turn=season⟧
　　sčiʔčiʔánəŋ years.　⟦s-čy̓+√čəy̓=aŋ s-pl+√turn=season⟧
√čiʔščinč √bitter_cherry.
　čéʔčšinč bitter cherry.　⟦√čiʔščinč √bitter_cherry⟧
√čis √itch.
　čaʔčísəŋ feel itchy.　⟦čaʔ+√čis-ŋ dim+√itch-mdl⟧
√čiɬ √fall_off.
　číɬəŋ fall off in pieces.　⟦√čiɬ-ŋ √fall_off-mdl⟧
　　čéʔɬəŋ falling over.　⟦√či<ʔ>ɬ-ŋ<ʔ> √fall_off<actual>-mdl<actual>⟧
　　čəyíɬəŋ fall off (pl).　⟦√č<əy>iɬ-ŋ √fall_off<pl>-mdl⟧
　číɬt push it off.　⟦√čiɬ-t √fall_off-trns⟧
　　čéʔɬt pushing it off.　⟦√či<ʔ>ɬ-t √fall_off<actl>-trns⟧
　　čɬítəŋ be pushed over.　⟦√čiɬ-t-ŋ √fall_off-trns-psv⟧
　čaʔɬéʔqʷəŋ wash hair.　⟦√či<ʔ>ɬ=iʔqʷ-ŋ √fall_off<actl>=head-mdl⟧
　číɬaʔqʷt wash head.　⟦√čiɬ=iʔqʷ-t √fall_off=head-trns⟧
　　čaʔɬéʔqʷt washing head.　⟦√či<ʔ>ɬ=iʔqʷ-t √fall_off<actl>=head-trns⟧
　　číɬaʔqʷəŋ wash head.　⟦√čiɬ=iʔqʷ-ŋ √fall_off=head-mdl⟧
√čix̣ √bitter.
　číx̣əŋ bitter.　⟦√čix̣-ŋ √bitter-mdl⟧
　　číx̣əŋtxʷ bitter.　⟦√čix̣-ŋ-txʷ √bitter-mdl-letcaus⟧
√čix̣ʷ √demolish.
　číx̣ʷ break apart, be demolished.　⟦√čix̣ʷ √demolish⟧
　　číx̣ʷi break apart.　⟦√čix̣ʷ-iy √demolish-dev⟧
　　　čéʔx̣ʷiʔ breaking apart.　⟦√či<ʔ>x̣ʷ-iy<ʔ> √demolish<actual>-develop<actual>⟧
　　čaʔx̣ʷáyu breaking apart.　⟦√či<ʔ>x̣ʷ-əyu √demolish-activ⟧
　　ʔəsčéʔyəx̣ʷ broken.　⟦ʔs-√či<ʔyə>x̣ʷ stat-√demolish<pl>⟧
　　čx̣ʷít break it apart.　⟦√čx̣ʷi-t √demolish-trns⟧
　　　číx̣ʷt breaking it up.　⟦√č<í>x̣ʷ-t √demolish<actl>-trns⟧
　　　čéʔx̣ʷt breaking it up.　⟦√či<ʔ>x̣ʷ-t √demolish<actl>-trns⟧
　　　čx̣ʷítəŋ be demolished.　⟦√čix̣ʷ-t-ŋ √demolish-trns-psv⟧
　　　　číx̣ʷtəŋ being demolished.　⟦√č<í>x̣ʷ-t-ŋ √demolish<actl>-trns-psv⟧
　　　čx̣ʷíti break up.　⟦√čx̣ʷi-ty √demolish-rcprcl⟧
　　čx̣ʷíct demolish it.　⟦√čix̣ʷ=ic-t √demolish=edge-trns⟧
　　　nəxʷčx̣ʷíct demolish it.　⟦nxʷ-√čix̣ʷ=ic-t loc-√demolish=edge-trns⟧

Klallam Root Index　　847

nəxʷčxʷíctəŋ be demolished. 〖nxʷ-√čix̣ʷ=ic-t-ŋ loc-√demolish=edge-trns-psv〗
čx̣ʷáw̕txʷəŋ break camp. 〖√čix̣ʷ=aw̕txʷ-ŋ √break_apart=house-mdl〗

√čkʷu √shoot.
čkʷə́yuʔ shoot. 〖√čkʷu-əyu √shoot-activ〗
čaʔkʷə́yuʔ shooting. 〖√č<aʔ>kʷu-əyu<ʔ> √shoot<actual>-activity<actual>〗
čkʷút shoot it. 〖√čkʷu-t √shoot-trns〗
čúkʷt shooting it. 〖√č<ú>kʷu-t √shoot<actl>-trns〗
čaʔkʷút shooting at it. 〖√č<aʔ>kʷu-t √shoot<actl>-trns〗
čúkʷc shoot me/you. 〖√čkʷu-t-c √shoot-trns-1obj/2obj〗
čukʷtúŋəɬ shoot us. 〖√čkʷu-t-uŋɬ √shoot-trns-1plobj〗
čaʔyukʷtúŋəɬ shoot us all. 〖√č<əy̕>kʷu-t-uŋɬ √shoot<pl>-trns-1plobj〗
čkʷútəŋ is shot. 〖√čkʷu-t-ŋ √shoot-trns-psv〗
čaʔkʷúʔtəŋ being shot at. 〖√č<aʔ>kʷu<ʔ>-t-ŋ √shoot<actl>-trns-psv〗
čaʔkʷúti shooting at each other. 〖√č<aʔ>kʷu-ty √shoot<actl>-rcprcl〗
čúkʷnəxʷ hit it shooting. 〖√čkʷu-naxʷ √shoot-nctrns〗
čukʷnúŋət shoot self accidentally. 〖√čukʷ-nuŋt √shoot-ncmdl〗
čkʷə́qsən shot nose. 〖√čkʷu=əqsən √shoot=nose〗
sxʷčkʷíyəŋ Sequim, Washington. 〖sxʷ-√čkʷu-iy-ŋ for-√shoot-dev-mdl〗

√čɬət √thick.
čɬə́t thick. 〖√čɬət √thick〗
čičə́ɬt thick (pl). 〖čy+√č<ə́>ɬt pl+√thick<actual>〗
čaʔčə́ɬt thick (dimin). 〖čaʔ+√č<ə́>ɬt dimin+√thick<actual>〗
čaʔyaʔčə́ɬt thick (dimin, pl). 〖č<əʔy>aʔ+√č<ə́>ɬt dimin<pl>+√thick<actual>〗
čɬə́tt thicken it. 〖√čɬət-t √thick-trns〗
čə́ɬtt thickening it. 〖√č<ə́>ɬət-t √thick<actl>-trns〗
čɬə́tct get thick. 〖√čɬət-cut √thick-rflxv〗
čə́ɬtct thickening. 〖√č<ə́>ɬət-cut √thick<actl>-rflxv〗
čɬtúʔəct getting thick. 〖√čɬət-uʔə-cut √thick-actl-rflxv〗
čɬtúyəs orange. 〖√čɬət=uyəs √thick=forehead〗
čɬtuyəshá y̕əs orange color. 〖√čɬət=uyəs=ay̕əs √thick=forehead=color〗
čɬtúcən thick lip. 〖√čɬət=ucin √thick=mouth〗
čɬtə́y̕č thick hair. 〖√čɬət=ay̕č √thick=hair〗

√čɬikʷ̕ √creak.
čɬík̕ʷəŋ creak. 〖√čɬik̕ʷ-ŋ √creak-mdl〗

√čq √big.
čə́q be big. 〖√čq √big〗
čə́y̕q big (pl). 〖√č<y̕>q √big<pl>〗
ʔəsčə́q be big. 〖ʔs-√čq stat-√big〗
sčə́q big one. 〖s-√čq s-√big〗
čáqɬ low tide. 〖√č<á>q-ɬ √big<rslt>-dur〗
čqtáxʷ make big. 〖√čq-taxʷ √big-incaus〗
čqtáʔəxʷ making bigger. 〖√čq-ta<ʔə>xʷ √big-caus<actual>〗
čqcút get big. 〖√čq-cut √big-rflxv〗
čiqcút get big (pl). 〖√č<y>q-cut √big<pl>-rflxv〗
čqcúʔət bragging. 〖√čq-cu<ʔə>t √big-reflexive<actual>〗
čqənáxʷ make big. 〖√čq-naxʷ √big-nctrns〗
čqəná ʔəxʷ making bigger. 〖√čq-na<ʔə>xʷ √big-nctrans<actual>〗
čiqə́ys big eyes. 〖√č<y>q=ayus √big<pl>=eye〗
nəxʷčəqáʔis big eye. 〖nxʷ-√čq=ay<ʔ>us loc-√big=eye<actual>〗
nəxʷčiʔqáʔis big eyes. 〖nxʷ-√č<y>q=ay<ʔ>us loc-√big<pl>=eye<actual>〗
čqúcən big mouth. 〖√čq=ucin √big=mouth〗
čqsə́n large foot. 〖√čq=sən √big=foot〗
čiqsə́n big feet. 〖√č<y>q=sən<ʔ> √big<pl>=foot<actual>〗
čqíqən big belly. 〖√čq=iqən √big=abdomen〗
čqíɬč thick tree. 〖√čq=iɬč √big=plant〗
čqíkʷs big body. 〖√čq=iws √big=body〗
čqə́wəč big bottom. 〖√čq=əwač √big=bottom〗
čqə́qsən big nose. 〖√čq=əqsən √big=nose〗
txʷaʔčqə́qsən get a big nose. 〖txʷaʔ-√čq=əqsən becm-√big=nose〗
čqə́ɬnɬ big neck. 〖√čq=əɬnɬ √big=throat〗

čqéʔqʷ big head. 〚√čq=iʔqʷ √big=head〛
čqáyəṅ big ear. 〚√čq-ay=an̓ √big=ear〛
čqánkʷs stubborn. 〚√čq=ankʷs √big=interior〛
čqács big arm. 〚√čq=acis √big=hand〛
čiʔqəy̓áʔq big waves. 〚√č<y̓>q=əy̓əʔq √big<pl>=wave〛
čiʔqáy̓ŋəxʷ big bosom. 〚√č<y̓>q-ay<ʔ>=ŋixʷ √big<pl>-ext=breast<actual>〛
čiʔqáy̓nəs big teeth. 〚√č<y̓>q-ay<ʔ>=nis √big<pl>-ext<actl>=tooth〛
čiʔqán̓ big ears. 〚√č<y̓>q=an̓ √big<pl>=ear〛
čiʔqács big hands. 〚√č<y̓>q=acis √big<pl>=hand〛
čəqáw̓txʷ longhouse. 〚√čq=aw̓txʷ √big=house〛
kʷɬčə́q old. 〚kʷɬ-√čq alrdy-√big〛
  kʷɬčə́y̓q old people. 〚kʷɬ-√č<əy̓>q already-√big<pl>〛
    kʷɬčəy̓éʔq ancient. 〚kʷɬ-√č<əy̓iʔ>q already-√big<ʔ>〛
  kʷɬčaʔčə́q small old person. 〚kʷɬ-čaʔ+√čq alrdy-dim+√big〛
  kʷɬčqíyəŋ get old. 〚kʷɬ-√čq-iy-ŋ alrdy-√big-dev-mdl〛
    čqqéʔyəŋ getting older. 〚√čq+q-i<ʔ>y-ŋ<ʔ> √big+actual-develop<actual>-mdl<actual>〛
    kʷɬiʔčqéʔyəŋ getting old. 〚kʷɬ-hy̓-√čq-iy-ŋ alrdy-proc-√big-dev-mdl〛
    kʷɬčqíyəŋtxʷ let get old. 〚kʷɬ-√čq-iy-ŋ-txʷ alrdy-√big-dev-mdl-letcaus〛
    kʷɬčqiyəŋístxʷ make get old. 〚kʷɬ-√čq-iy-ŋí-stxʷ alrdy-√big-dev-rel-caus〛

√čq̓ √grind.
čq̓ə́ŋ grind. 〚√čq̓-ŋ √grind-mdl〛
  čə́q̓əŋ filing. 〚√č<ə́>q̓-ŋ<ʔ> √grind<actual>-mdl<actual>〛
čq̓ə́t file it. 〚√čq̓-t √grind-trns〛
  čə́q̓t filing it. 〚√č<ə́>q̓-t √grind<actl>-trns〛
čq̓ə́n̓ file. 〚√čq̓=ən √grind=instr〛
  čq̓ə́ytən̓ grindstone. 〚√čq̓-əyu=tən √grind-activ=instr〛

√čqʷ √burn.
čə́qʷ burn. 〚√čqʷ √burn〛
čičə́qʷ on fire. 〚čy+√čqʷ pl+√burn〛
čqʷə́yu start fire. 〚√čqʷ-əyu √burn-activ〛
  čə́qʷəyu burning. 〚√č<ə́>qʷ-əyu √burn<actl>-activ〛
    sxʷčqʷə́yu flame. 〚sxʷ-√čqʷ-əyu for-√burn-activ〛
čáqʷɬ burning. 〚√č<á>qʷ-ɬ √burn<rslt>-dur〛
  čaʔčáqʷɬ barely burning. 〚čaʔ+√č<á>qʷ-ɬ dim+√burn<rslt>-dur〛
čqʷə́t burn it. 〚√čqʷ-t √burn-trns〛
  čə́qʷt burning it. 〚√č<ə́>qʷ-t √burn<actl>-trns〛
    čičə́qʷt burn them. 〚čy+√čqʷ-t pl+√burn-trns〛
  čqʷə́təŋ be burned. 〚√čqʷ-t-ŋ √burn-trns-psv〛
  čə́qʷtəŋ being burned. 〚√č<ə́>qʷ-t-ŋ √burn<actl>-trns-psv〛
čqʷənáxʷ burn by mistake. 〚√čqʷ-naxʷ √burn-nctrns〛
čqʷánəŋ burn accidentally. 〚√čqʷ-anəŋ √burn-ncontrol〛
čə́qʷəw̓c make fire. 〚√čqʷ=iw̓c √burn=fire〛
  čaʔqʷə́w̓c making fire. 〚√č<ʔ>qʷ=<ə́>iw̓c √burn<actual>=fire<actual>〛
    sčə́qʷəwc fire. 〚s-√čqʷ=iw̓c s-√burn=fire〛
      sčaʔčaqʷíwc small fire. 〚s-čaʔ+√č<ʔ>qʷ=iwc s-dim+√burn<dim>=fire〛
  čə́qʷuct build fire. 〚√čqʷ=iwc-t √burn=fire-trns〛
  sxʷčqʷuʔcáyə stove. 〚sxʷ-√čqʷ=iw̓c=ayə for-√burn=fire=container〛
čqʷnúkʷəŋ burn land. 〚√čqʷ=ənukʷ-ŋ √burn=ground-mdl〛
  čaʔqʷənúkʷəŋ burning land. 〚√č<ʔ>qʷ=ənukʷ-ŋ<ʔ> √burn<actual>=ground-mdl<actual>〛
čqʷínəs indigestion. 〚√čqʷ=inəs √burn=chest〛
  čqʷéʔnəs having heartburn. 〚√čqʷ=i<ʔ>nəs √burn=chest<actual>〛
čqʷíkʷst singe skin. 〚√čqʷ=iws-t √burn=body-trns〛
čqʷáyəɬ burn canoe. 〚√čqʷ-ay̓=uɬ √burn-ext=conveyance〛
  sčqʷáyəɬ old canoe. 〚s-√čqʷ=ayɬ s-√burn=conveyance〛
    sčaʔyəqʷáyəɬ old canoes. 〚s-√č<əʔyə>qʷ=ayɬ s-√burn<pl>=conveyance〛
čqʷács burn hand. 〚√čqʷ=acis √burn=hand〛
  čičqʷács burn fingers. 〚čy+√čqʷ=acis pl+√burn=hand〛
čqʷáw̓txʷ house fire. 〚√čqʷ=aw̓txʷ √burn=house〛
  čqʷáw̓txʷəŋ house burning. 〚√čqʷ=aw̓txʷ-ŋ √burn=house-mdl〛
  čičqʷáw̓txʷ burn building. 〚čy+√čqʷ=aw̓txʷ pl+√burn=building〛

Klallam Root Index   849

sčičqʷáw̓txʷ burning building.   〚s-čy+√čqʷ=aw̓txʷ s-pl+√burn=house〛
čičqʷík̓ʷs burned body.   〚čy+√čqʷ=iws pl+√burn=body〛
čqʷáʔɬ sweat.   〚√čqʷ=aʔɬ √burn=body〛
čáʔqʷaʔɬ sweating.   〚√č<ʔ>qʷ=aʔɬ √burn<actl>=body〛
sčqʷáy̓əč bear.   〚s-√čqʷ=ay̓=ač s-√burn=wood=back〛
sčaʔyəqʷáʔič bears.   〚s-√č<əy̓>qʷ-ay̓=ač s-√burn<pl>-ext=back〛
sčaʔčqʷáʔič small bear.   〚s-čaʔ+√čqʷ-ay̓=ač s-dim+√burn-ext=back〛
sčay̓ʔaʔčqʷáʔič small bears.   〚s-č<əʔy>aʔ+√čqʷ-ay̓=ač s-dim<pl>+√burn-ext=back〛

√čs √stink.
čsə́ŋ stink.   〚√čs-ŋ √stink-mdl〛

√čšay̓č √stump.
sčšáʔič stump.   〚s-√čšay̓č s-√stump〛

√čta √ask.
čtáŋ ask.   〚√čta-ŋ √ask-mdl〛
čtáŋ̓ asking.   〚√čta-ŋ<ʔ> √ask-mdl<actual>〛
čičtáŋ ask a lot.   〚čy+√čta-ŋ pl+√ask-mdl〛
čtát ask someone.   〚√čta-t √ask-trns〛
čtáʔt asking someone.   〚√čta<ʔ>-t √ask<actl>-trns〛
čtác ask me/you.   〚√čta-t-c √ask-trns-1obj/2obj〛
čtátəŋ be asked.   〚√čta-t-ŋ √ask-trns-psv〛
čtáʔtəŋ̓ being asked.   〚√čta<ʔ>-t-ŋ<ʔ> √ask<actual>-trans-psv<actual>〛

√čtaʔ √recent.
čaʔčtáʔ recent.   〚čaʔ+√čtaʔ dim+√recent〛

√ču √find.
čúnəxʷ manage to find it.   〚√ču-naxʷ √find-nctrns〛
čúʔnəxʷ finding it.   〚√ču<ʔ>-naxʷ √find<actl>-nctrns〛
čúnəŋ found.   〚√ču-naxʷ-ŋ √find-nctrns-psv〛
čunúŋ̓ət manage to find.   〚√ču-nuŋt √find-ncmdl〛

√čuɬ √wood.
sčúɬ wood.   〚s-√čuɬ s-√wood〛
sčáʔiɬ wood (pl).   〚s-√č<áʔy>uɬ s-√wood<pl>〛
sčuɬáw̓txʷ woodshed.   〚s-√čuɬ=aw̓txʷ s-√wood=house〛
sčuɬásən wooden leg.   〚s-√čuɬ-a=sən s-√wood-ext=foot〛
čuɬawítxʷ mountain beaver.   〚√čuɬ=awitxʷ √wood=?〛
sčáyəɬ Green Point.   〚s-√č<áy>uɬ s-√wood<pl>〛

√čuX̣ √spin.
čúX̣əŋ spin.   〚√čuX̣-ŋ √spin-mdl〛
čúʔX̣əŋ̓ spinning.   〚√ču<ʔ>-X̣-ŋ<ʔ> √spin<actl>-mdl〛
nəxʷčúX̣s spin wool.   〚nxʷ-√čuX̣=us loc-√spin=face〛
čúX̣ən spinning machine.   〚√čuX̣=ən √spin=instr〛

√čuŋ √push.
čaʔŋə́yu pushing.   〚√ču<ʔ>ŋ-əyu √push<actl>-activ〛
čúŋət push it.   〚√čuŋ-t √push-trns〛
čúʔŋət pushing it.   〚√ču<ʔ>ŋ-t √push<actl>-trns〛
čúŋətəŋ is pushed.   〚√čuŋ-t-ŋ √push-trns-mdl〛
čaʔŋútəŋ being pushed.   〚√č<aʔ>uŋ-t-ŋ<ʔ> √push<actual>-trans-psv<actual>〛
čúŋəct push self.   〚√čuŋ-cut √push-rflxv〛
čaʔŋúct pushing.   〚√ču<ʔ>ŋ-cut √push<actl>-rflxv〛
sčúŋ the wind.   〚s-√čuŋ s-√push〛

√čus cp. √čsu √throw.
čús hit with something thrown.   〚√čus √throw〛
čsə́yuʔ throw.   〚√čsu-əyu √throw-activ〛
čaʔsə́yuʔ throwing.   〚√č<əʔ>su-əyu<ʔ> √throw<actual>-activity<actual>〛
sxʷčšə́yuʔ pitcher.   〚sxʷ-√čsu-əyu for-√throw-activ〛
sxʷččsə́yuʔ pitcher.   〚sxʷ-č+√čs-əyu for-incep+√throw-activ〛
čšə́yuʔtxʷ throw it out.   〚√čsu-əyu-txʷ √throw-activ-caus〛
sčšə́yuʔ knocked down.   〚s-√čus-əyu s-√throw-activ〛
čsút throw at it.   〚√čsu-t √throw-trns〛
čúsc throw to me/you.   〚√čus-t-c √throw-trns-1obj/2obj〛
čúst throwing at it.   〚√čus-t √throw-trns〛

čúʔst throwing at it. 〚√ču<ʔ>s-t √throw<actl>-trns〛
čúʔsc throwing to me/you. 〚√č<ú><ʔ>s-t-c √throw<actl>-trns-1obj/2obj〛
čsútəŋ be thrown at. 〚√čsu-t-ŋ √throw-trns-psv〛
čaʔsútəŋ̓ being thrown at. 〚√č<aʔ>su-t-ŋ<ʔ> √throw<actual>-trans-psv<actual>〛
čsúti throw at each other. 〚√čsu-ty √throw-rcprcl〛
čúsnəxʷ manage to hit throwing. 〚√čus-naxʷ √hit_throwing-nctrns〛
čúsnəŋ be hit (throwing). 〚√čus-naxʷ-ŋ √throw-nctrns-psv〛
čúsnəŋ̓ throw and hit (accidentally). 〚√čus-naxʷ-ŋ<ʔ> √throw-nctrans-mdl<actual>〛
čsúst throw to someone. 〚√čsu-us-t √throw-rcpnt-trns〛
čsúsc throw to me/you. 〚√čsu-us-t-c √throw-rcpnt-trns-1obj/2obj〛
nəxʷčšúst throw face. 〚nxʷ-√čus=us-t loc-√throw=face-trns〛
nəxʷčšústəŋ be hit face. 〚nxʷ-√čus=us-t-ŋ loc-√throw=face-trns-psv〛
čsústəŋ be thrown to. 〚√čsu-us-t-ŋ √throw-rcpnt-trns-psv〛
čaʔsúti throwing at each other. 〚√č<aʔ>su-ty √throw<actl>-rcprcl〛
čəy̓súti? throwing at each other. 〚√ču<əy̓>s-ty<ʔ> √throw<pl>-reciprocal<actual>〛
nəxʷčšúsnəxʷ hit face. 〚nxʷ-√čus=us-naxʷ loc-√throw=face-nctrns〛

√čuw √use.
čúw̓əł usual. 〚√čuw<ʔ>-ł √use<actl>-dur〛
čúkʷs use it. 〚√čuw-as √use-ptcaus〛
čəʔúʔwəs using it. 〚√č<əʔ>u<ʔ>w-as √use<actl>-ptcaus〛
čúkʷəŋ be used. 〚√čuw-as-ŋ √use-ptcaus-psv〛
čəʔúʔwəŋ̓ being used. 〚√č<əʔ>u<ʔ>w-as-ŋ<ʔ> √use<actual>-putcaus-psv<actual>〛
čuʔúʔnəs using it. 〚√čuw<ʔ>-n<ʔ>əs √use<actl>-intent〛
čaʔúʔwən thing used. 〚√č<əʔ>u<ʔ>w=ən √use<actl>=instr〛

√čuxʷ1 √sour.
čúxʷəŋ̓ sour. 〚√čuxʷ-ŋ̓ √sour-mdl〛
čúxʷəŋ̓ct turn sour. 〚√čuxʷ-ŋ̓-cut √sour-mdl-rflxv〛

√čuxʷ2 √add.
ʔəsčúʔyəxʷ more. 〚ʔs-√ču<ʔyə>xʷ stat-√add<pl>〛
čúxʷt add to it. 〚√čuxʷ-t √add-trns〛
čúʔxʷt adding more. 〚√ču<ʔ>xʷ-t √add<actl>-trns〛
čxʷútəŋ be added to. 〚√čuxʷ-t-ŋ √add-trns-psv〛
čaʔxʷútəŋ̓ being added to. 〚√ču<ʔ>xʷ-t-ŋ<ʔ> √add<actual>-trans-psv<actual>〛
čxʷsít 〚√čuxʷ-sít √add-bene〛
čxʷsísəŋ give me/you more. 〚√čuxʷ-sít-səŋ √add-bene-1obj/2obj〛
čaʔxʷéʔŋəł adding. 〚√ču<ʔ>xʷ-i<ʔ>ŋł √add<actual>-custom<actual>〛

√čuy √wave.
sčúyəłc wave. 〚s-√čuy=əłc s-√wave=water〛
sčičúyəłc waves. 〚s-čy+√čuy=əłc s-pl+√wave=water〛
sčaʔčúʔyəłc small wave. 〚s-čaʔ+√ču<ʔ>y=əłc s-dim+√wave<dim>=water〛
sčəyaʔčúʔyəłc small waves. 〚s-č<əy>aʔ+√ču<ʔ>y=əłc s-dim<pl>+√wave<dim>=water〛
čaʔiłcún choppy. 〚√čuy<ʔ>=łcu-ŋ √wave<actl>=water-mdl〛

√čwtay̓ł √child_inlaw.
sčutáy̓əł child in-law. 〚s-√čwtay̓ł s-√child_inlaw〛
sčučutáy̓əł in-laws. 〚s-ču+√čutayəł s-pl+√child_inlaw〛
sčaʔəwtáʔił son-/daughter-in-law (pl). 〚s-√č<aʔ>wtay̓ł s-√child_inlaw<pl>〛

√čw̓iṅ √moreover.
čəw̓iṅ moreover, even so. 〚√čw̓iṅ √moreover〛
čəw̓iṅtxʷ even it. 〚√čw̓iṅ-txʷ √moreover-letcaus〛

√čxʷəyuʔ √whale.
čxʷə́yuʔ whale. 〚√čxʷəyuʔ √whale〛
čaʔyəxʷə́yuʔ whales. 〚√č<əʔy>xʷəyuʔ √whale<pl>〛
čaʔčxʷə́yu small whale. 〚čaʔ-√čxʷəyuʔ dim-√whale〛

√čx̣ √split.
čə́x̣ split. 〚√čx̣ √split〛
čx̣əŋ tear. 〚√čx̣-ŋ √split-mdl〛
čə́x̣əŋ̓ tearing. 〚√č<ə́>x̣-əŋ<ʔ> √split<actual>-mdl<actual>〛
sxʷčə́x̣əŋ̓ cedar knife. 〚sxʷ-√č<ə́>x̣-ŋ<ʔ> for-√split<actual>-mdl<actual>〛
čx̣ə́yu split. 〚√čx̣-əyu √split-activ〛
čaʔx̣ə́yuʔ splitting. 〚√č<aʔ>x̣-əyu<ʔ> √split<actual>-activity<actual>〛

čičə́x̣ ripped (pl). 〚čy+√čx̣ pl+√split〛
  sx̣ʷčičə́x̣ shredder. 〚sxʷ-čy+√čx̣ for-pl+√split〛
čáx̣ɬ tear. 〚√č<á>x̣-ɬ √split<rslt>-dur〛
  ʔəsčáx̣ɬ torn. 〚ʔs-√č<á>x̣-ɬ stat-√split<rslt>-dur〛
ʔəɬčə́x̣ half. 〚ʔɬ-√čx̣ part-√split〛
  ɬčəx̣mít nickel. 〚ʔɬ-√čx̣√mit part-√split√dime〛
  ʔəɬčx̣íkʷs half-breed. 〚ʔɬ-√čx̣=iws part-√split=body〛
    ʔəɬčəčx̣íkʷs half-breeds. 〚ʔɬ-čə+√čx̣=iws part-pl+√split=body〛
čx̣ə́t split it. 〚√čx̣-t √split-trns〛
  čə́x̣t ripping it. 〚√č<ə́>x̣-t √split<actl>-trns〛
    čičə́x̣t ripping it (pl). 〚čy+√č<ə́>x̣-t pl+√split<actl>-trns〛
      čičə́x̣tən being ripped (pl). 〚čy+√č<ə́>x̣-t-ŋ pl+√split<actl>-trns-psv〛
  čx̣ə́tən be ripped. 〚√čx̣-t-ŋ √split-trns-psv〛
    čə́x̣tən being ripped. 〚√č<ə́>x̣-t-ŋ √split<actl>-trns-psv〛
  čičə́x̣ʷtən be split (pl). 〚čy+√čx̣-t-ŋ pl+√split-trns-psv〛
čx̣ə́ti split. 〚√čx̣-ty √split-rcprcl〛
čx̣túy̓ split half. 〚√čx̣-tuy̓ √split-comit〛
čx̣ənáx̣ʷ manage to rip. 〚√čx̣-naxʷ √split-nctrns〛
sčx̣úysən toe. 〚s-√čx̣-uy=sən s-√split-ext=foot〛
  sčičx̣úysən toes. 〚s-čy+√čx̣-uy=sən s-pl+√split-ext=foot〛
sčx̣úycs finger. 〚s-√čx̣-uy=acis s-√split-ext=hand〛
  sčičx̣ács fingers. 〚s-čy+√čx̣=acis s-pl+√split=hand〛
čx̣ús tear face. 〚√čx̣=us √split=face〛
  čx̣úst tear face. 〚√čx̣=us-t √split=face-trns〛
    čx̣ústən be torn face. 〚√čx̣=us-t-ŋ √split=face-trns-psv〛
      čičx̣ústən torn face. 〚čy+√čx̣=us-t-ŋ pl+√split=face-trns-psv〛
      čx̣ú?stən̓ torn face. 〚√čx̣=u<ʔ>s-t-ŋ<ʔ> √split=face<actual>-trans-psv<actual>〛
  nəxʷčx̣ícən rip back. 〚nxʷ-√čx̣=ic-ŋ loc-√split=back-mdl〛
    nəxʷčx̣íctən split in two. 〚nxʷ-√čx̣=ic-t-ŋ loc-√split=?-trns-psv〛
  čx̣úyəst split forehead. 〚√čx̣=uyəs-t √split=forehead-trns〛
    čx̣úyəstən split forehead. 〚√čx̣=uyəs-t-ŋ √split=forehead-trns-psv〛
      čx̣úy̓stən̓ torn forehead. 〚√čx̣=uy<ʔ>əs-t-ŋ<ʔ> √split=forehead<actual>-trans-psv<actual>〛
  čx̣éʔqʷ split head. 〚√čx̣=iʔqʷ √split=head〛
    čx̣éʔqʷt split head. 〚√čx̣=iʔqʷ-t √split=head-trns〛
  nəxʷčx̣íkʷt split whole. 〚nxʷ-√čx̣=iws-t loc-√split=body-trns〛
  čxaʔyíw̓c split wood. 〚√čx̣=ay̓=iw̓c √split=wood=fire〛
    čaʔx̣ayíw̓c splitting wood. 〚√č<ʔ>x̣=ay̓=iw̓c √split<actl>=wood=fire〛
    čaʔx̣áy̓uct splitting firewood. 〚√č<əʔ>x̣=ay̓=iw̓c-t √split<actl>=wood=fire-trns〛
√čx̣ʷ √saliva.
  čə́x̣ʷ saliva. 〚√čx̣ʷ √saliva〛
    čx̣ʷə́t spit on it. 〚√čx̣ʷ-t √saliva-trns〛
      čx̣ʷə́c spit on me/you. 〚√čx̣ʷ-t-c √saliva-trns-1obj/2obj〛
      čə́x̣ʷt spitting on it. 〚√č<ə́>x̣ʷ-t √saliva<actl>-trns〛
      čx̣ʷə́tən be spit on. 〚√čx̣ʷ-t-ŋ √saliva-trns-psv〛
    čx̣ʷúst spit face. 〚√čx̣ʷ=us-t √saliva=face-trns〛
      čx̣ʷúsc spit on me/you. 〚√čx̣ʷ=us-t-c √saliva=face-trns-1obj/2obj〛
      čx̣ʷústən be spit on. 〚√čx̣ʷ=us-t-ŋ √saliva=face-trns-psv〛
      čx̣ʷúʔstən̓ being spit on. 〚√čx̣ʷ=u<ʔ>s-t-ŋ<ʔ> √saliva=face<actual>-trans-psv<actual>〛
    čx̣ʷáyəst spit in eye. 〚√čx̣ʷ=ayus-t √saliva=eye-trns〛
      čx̣ʷáʔyəst spitting in eye. 〚√čx̣ʷ=a<ʔ>yus-t √spit=eye<actl>-trns〛
      čx̣ʷúystən be spit on. 〚√čx̣ʷ=uyəs-t-ŋ √saliva=forehead-trns-psv〛
      čx̣ʷúy̓stən̓ being spit on. 〚√čx̣ʷ=uy<ʔ>əs-t-ŋ<ʔ> √saliva=forehead<actual>-trans-psv<actual>〛
    čx̣ʷə́ɬnəɬ damn!. 〚√čx̣ʷ=əɬnɬ √saliva=throat〛
    čx̣ʷáɬc spit. 〚√čx̣ʷ=aɬc √saliva=water〛
      čaʔx̣ʷáɬc spitting. 〚√č<aʔ>x̣ʷ=aɬc √saliva<actl>=water〛
      sčx̣ʷáɬc spit. 〚s-√čx̣ʷ=aɬc s-√saliva=water〛
      sčaʔyəx̣ʷáɬc spit (pl). 〚s-√č<əʔyə>x̣ʷ=aɬc s-√saliva<pl>=water〛
√čy √chase.
  ččásən be chased. 〚√čy-as-ŋ √chase-ptcaus-psv〛
  ččás chase it. 〚√čy-as √chase-ptcaus〛

čiʔás pursuing it.   〚√čy‹ʔ›-as √chase‹actl›-ptcaus〛
   čiʔástəŋ be followed.   〚√čy‹ʔ›-as-t-ŋ √chase‹actl›-ptcaus-trns-psv〛
     čiʔásəŋ̓ being chased.   〚√čy‹ʔ›-as-ŋ‹ʔ› √chase‹actual›-putcaus-psv‹actual›〛
 čisáy̓s following.   〚√čy-as-ay̓s √chase-ptcaus-activ〛
   čiʔsnúʔŋət chasing.   〚√čy‹ʔ›-as-nu‹ʔ›ŋt √chase‹actual›-putcaus-ncmiddle‹actual›〛
čiʔáy̓t raising a child.   〚√čy‹ʔ›=ay‹ʔ›ə-t √chase=person-trns〛
čč̓šáyəqəŋ follow.   〚√čč-as=ayəq-ŋ √chase-ptcaus=fish-mdl〛
 čiʔsáy̓qəŋ̓ following.   〚√čy‹ʔ›-as=ay‹ʔ›q-ŋ‹ʔ› √chase‹actual›-putcaus=fish-mdl‹actual›〛

√čyáw √awake.
čiy̓áʔwiʔ awake.   〚√čy‹ʔ›á‹ʔ›w-iy‹ʔ› √awake‹actual›-develop‹actual›〛

√čyay √almost.
čəyáy almost.   〚√čyay √almost〛
 čičəyáy almost (pl).   〚čy+√čyay pl+√almost〛
 čəyáytxʷ almost do it.   〚√čyay-txʷ √almost-letcaus〛
 txʷčičəyáy almost.   〚txʷ-či+√čyay becm-aff+√almost〛
 kʷɬčəyáy soon.   〚kʷɬ-√čyay alrdy-√almost〛

√čyqiʔ √swoop.
čiqéʔəŋ swoop.   〚√čyqiʔ-ŋ √swoop-mdl〛

√čy̓ √relative.
sčiʔáy̓əɬ relative.   〚s-√čy̓=əyəɬ s-√relative=child〛
 sčičiʔáy̓əɬ teenagers.   〚s-čy̓+√čy̓=əyəɬ s-pl+√relative=child〛
 sčaʔčiʔáy̓ɬ young child.   〚s-čaʔ+√čy̓=əyəɬ s-dim+√relative=child〛
  sčaʔyaʔčiʔáy̓ɬ children.   〚s-č‹əʔy›aʔ+√čy̓=əyəɬ s-dim‹pl›+√relative=child〛

√čy̓a √switch.
čiʔát switch it.   〚√čy̓a-t √switch-trns〛
 čiyáct advance.   〚√čy̓a-cut √switch-rflxv〛
 čiʔnəkʷi change places.   〚√čy̓a-nəwəy √switch-ncrcprcl〛
 čiʔúykʷɬ change to other side.   〚√čy̓a=uykʷɬ √switch=bodyside〛
 sčičiʔásən have shoe on wrong foot.   〚s-čy̓+√čy̓a=sən s-pl+√switch=foot〛

√čy̓aw √pass.
čiʔáw pass.   〚√čy̓aw √pass〛
 čiʔáʔəw̓ passing.   〚√čy̓a‹ʔ›w‹ʔ› √pass‹actual›〛
 čiʔáwt pass by it.   〚√čy̓aw-t √pass-trns〛
  čiʔáwtəŋ be passed.   〚√čy̓aw-t-ŋ √pass-trns-psv〛
 čiʔəkʷíct pass by.   〚√čy̓aw-í-cut √pass-pers-rflxv〛
 čiʔáwtxʷ let pass.   〚√čy̓aw-txʷ √pass-letcaus〛
 čiʔawtástxʷ let pass.   〚√čy̓aw-tastxʷ √pass-dirtrns〛
 sčiʔəkʷɬnát Monday.   〚s-√čy̓aw=ɬnat s-√pass=day〛

√čy̓ayu √many.
čiʔáyu many.   〚√čy̓ayu √many〛

√čaʔč √sew.
čáʔč sew.   〚√čaʔč √sew〛
 čáʔčəŋ̓ sewing.   〚√čaʔč-ŋ‹ʔ› √sew-mdl‹actual›〛
 čaʔčáyu sewing.   〚√čaʔč-əyu √sew-activ〛
 ččínəɬ sew.   〚√čaʔč-inɬ √sew-cstm〛
  čaʔčéʔəŋəɬ sewing.   〚√čaʔč-i‹ʔ›ŋɬ √sew-custom‹actual›〛
   sxʷčaʔčéʔŋəɬ sewing machine.   〚sxʷ-√čaʔč-i‹ʔ›ŋɬ for-√sew-custom‹actual›〛
 čáʔčt sew it.   〚√čaʔč-t √sew-trns〛
  čáʔyaʔčt sew them.   〚√ča‹ʔyə›ʔč-t √sew‹pl›-trns〛
  čaʔčátəŋ be sewn.   〚√čaʔč-t-ŋ √sew-trns-psv〛
 čaʔčiʔkʷátəŋ̓ sewing clothes.   〚√čaʔč=uy‹ʔ›kʷət-ŋ‹ʔ› √sew=clothing‹actual›-mdl‹actual›〛
 čáʔčən needle.   〚√čaʔč=ən √sew=instr〛
  čáʔyáʔčən needles.   〚√č‹aʔy›aʔč=ən √sew‹pl›=instr〛
  sxʷčaʔčənáyə sewing box.   〚sxʷ-√čaʔč=ən=ayə for-√sew=instr=container〛

√čaʔm √greatgrandparent/child.
čáʔmaʔqʷ great-grandparent/child.   〚√čaʔm=iʔqʷ √greatgrandparent/child=head〛
 čiyaʔméʔqʷ great-grandparents.   〚√č‹iy›aʔm=iʔqʷ √greatgrandparent/child‹pl›=head〛

√čaʔmus √otter.
čaʔmús otter.   〚√čaʔmus √otter〛

√ča?x̣ √cover.
    ča?x̣ásən boot. 〚√ča?x̣-a=sən √cover-ext=foot〛
        ča?yəx̣ásən boots. 〚√č<ə?y>a?x̣-a=sən √cover<pl>-ext=foot〛
√čačuxa?yəč √brown_creeper.
    čačuxá?yəč brown creeper. 〚√čačuxá?yəč √brown_creeper〛
√čaŋ √litter.
    čáŋəł litter, trash. 〚√čaŋ-ł √litter-dur〛
    ča?ŋáʔł litter. 〚√ča<?>ŋ=aʔł √litter<actl>=live〛
√čaŋ̇ √arrive_home.
    čáŋ̇ arrive home. 〚√čaŋ̇ √arrive_home〛
        čá?čəŋ̇ arriving home. 〚čá? + √čaŋ̇ actl + √arrive_home〛
        čáyəŋ̇ arrive home (pl). 〚√ča<yə>ŋ̇ √arrive_home<pl>〛
        čáŋ̇txʷ bring home. 〚√čaŋ̇-txʷ √arrive_home-incaus〛
            čáŋ̇tən be brought home. 〚√čaŋ̇-txʷ-ŋ √arrive_home-caus-psv〛
                čáyəŋ̇tən be brought home (pl). 〚√ča<yə>ŋ̇-t-ŋ √arrive_home<pl>-caus-psv〛
        čáŋ̇nəxʷ get it home. 〚√čaŋ̇-naxʷ √arrive_home-nctrns〛
        čáŋ̇nəs get home for. 〚√čaŋ̇-nəs √arrive_home-intent〛
        čəŋ̇núŋət finally get home. 〚√čaŋ̇-nuŋt √arrive_home-ncmdl〛
√čaq̇ʷ √moldy.
    čáq̇ʷ moldy. 〚√čaq̇ʷ √moldy〛
        čáq̇ʷəŋ moldy. 〚√čaq̇ʷ-ŋ √moldy-mdl〛
        čičq̇ʷiníst rot teeth. 〚čy + √čaq̇ʷ=nis-t pl + √moldy=tooth-trns〛
            čičq̇ʷnístəŋ be rotted teeth. 〚čy + √čaq̇ʷ=nis-t-ŋ pl + √moldy=tooth-trns-psv〛
√čas √extinguish.
    čási extinguish. 〚√čas-iy √extinguish-dev〛
        ča?yásih extinguish (pl). 〚√č<ə?y>as-iy √extinguish<pl>-dev〛
        čá?si? extinguishing. 〚√ča<?>s-y<?> √extinguish<actual>-develop<actual>〛
    část extinguish it. 〚√čas-t √extinguish-trns〛
        čá?st extinguishing it. 〚√ča<?>si-t √extinguish<actl>-trns〛
        čsátəŋ be extinguished. 〚√čas-t-ŋ √extinguish-trns-psv〛
        čəsít extinguish it. 〚√čas-í-t √extinguish-pers-trns〛
√čaẇy̌ √dish.
    čáẇi? dish. 〚√čaẇy̌ √dish〛
        sxʷčaẇa?čáy cupboard. 〚sxʷ-√čaẇy̌=ayə for-√dish=container〛
        čəyá?wi dishes. 〚√č<əy>aẇy̌ √dish<pl>〛
√čáy?ə √exinlaw.
    čáy?ə spouse of deceased sibling. 〚√čáy?ə √exinlaw〛
√čay̌xʷ √slack.
    čáy̌či?xʷ slack. 〚čáy̌ + √čay̌xʷ char + √slack〛
√čča √spruce.
    ččáłč spruce. 〚√čča=iłč √spruce=plant〛
    čščayčáłč Marine Drive village. 〚čš-√č<ay>ča=iłč from-√spruce<pl>=plant〛
√čəč √stuck.
    čə́č stuck. 〚√čəč √stuck_between〛
        čičə́č stuck. 〚čy + √čəč pl + √stuck_between〛
        ?əsčáčł be stuck between. 〚?s-√č<á>č-ł stat-√stuck_between<rslt>-dur〛
    čə́čt wedge it in. 〚√čəč-t √stuck_between-trns〛
        čičə́čt wedge it in (pl). 〚čy + √čəč-t pl + √stuck_between-trns〛
        sxʷčəčíyəł straddling. 〚sxʷ-√čəč=ayi-ł for-√stuck_between=leg-dur〛
√čəƛ̣ə √hail.
    čiƛ̣aháysən hail. 〚√čəƛ̣ə=ay<ˀ>us=ən √hail=eye<actl>=instr〛
    ča?ƛ̣a?háysəŋ hailing. 〚√čə<?>ƛ̣ə<?>=ay<ˀ>us-ŋ √hail<actl>=eye<actl>-mdl〛
√čəmčnə? √ant.
    čə́mčnə? ant. 〚√čəmčnə? √ant〛
        čičə́mčnə? ants. 〚čy + √čəmčnə? pl + √ant〛
        ča?čə́mčənə? ant. 〚ča? + √čəmčnə? dim + √narrow_waist〛
            ča?yačə́məčənə? ants. 〚č<ə?y>a? + √čəmčnə? dim<pl> + √ant〛
√čəmə?š √herring_eggs.
    čə́ma?š herring eggs. 〚√čəmə?š √herring_eggs〛

√čəmkʷ √bullhead.
   sčə́məkʷ a small bullhead fish. [s-√čəmkʷ s-√bullhead]
   sčéʔəmkʷ small bullhead (dimin). [s-√č<iʔ>əmkʷ s-√bullhead<dimin>]
   sčiʔyə́məkʷ small bullheads. [s-√č<iy>əmkʷ s-√bullhead<pl>]
√čən √shake.
   čə́nəŋ shake. [√čən-ŋ √shake-mdl]
      čánəŋ shaking. [√čən-ŋ<ʔ> √shake-mdl<actual>]
      sčə́nəŋ Shaker Church. [s-√čən-ŋ s-√shake-mdl]
      čəyə́nəŋ Shakers. [√č<əy>ən-ŋ √shake<pl>-mdl]
      čənəŋístxʷ shake over. [√čən-ŋí-stxʷ √shake-rel-caus]
         čənəŋístəŋ be shaken over. [√čən-ŋí-stxʷ-ŋ √shake-rel-caus-psv]
            čánəŋistəŋ being shaken over. [√čən<ʔ>-ŋ<ʔ>í-stxʷ-ŋ<ʔ> √shake<actual>-rel<actual>-caus-psv<actual>]
      čənəŋíw̓s shaking all over. [√čən-ŋ<ʔ>=iw<ʔ>s √shake-mdl<actual>=body<actual>]
         nəxʷčə́nəŋəs shaking face. [nxʷ-√čən-ŋ<ʔ>=us loc-√shake-mdl<actl>=face]
         čənəŋéʔqʷ shaking head. [√čən-ŋ<ʔ>=iʔqʷ √shake-mdl<actl>=head]
      čənəŋáw̓txʷ Shaker church. [√čən-ŋ=aw̓txʷ √shake-mdl=house]
√čənč̓ √pinch.
   čə́nč̓ pinched, squeezed. [√čənč̓ √pinch]
   čənč̓ə́nč̓ stuck. [čən+√čənč̓ pl+√pinch]
   ʔəsčə́nč̓ be squeezed in. [ʔs-√čənč̓ stat-√pinch]
   čə́nč̓t squeeze it. [√čənč̓-t √pinch-trns]
      čənč̓ə́nč̓t squeezing it. [čən+√čənč̓-t pl+√pinch-trns]
      čə́nč̓təŋ be squeezed. [√čənč̓-t-ŋ √pinch-trns-psv]
   čə́nč̓ct squeeze self. [√čənč̓-cut √pinch-rflxv]
   čənč̓nə́kʷi squeeze together. [√čənč̓-nəwəy √pinch-ncrcprcl]
   čə́nč̓ən clothespin. [√čənč̓=ən √pinch=instr]
   čənəč̓éʔqʷ head stuck. [√čənč̓=iʔqʷ √pinch=head]
      sčə́nəč̓ Village Islands. [s-√čənč̓ s-√pinch]
√čənkʷs √step_sibling.
   čə́nkʷs step-sibling. [√čənkʷs √step_sibling]
      čiyə́nəkʷs step-siblings. [√č<iy>ənkʷs √step-sibling<pl>]
      čənčə́nəkʷs double step-siblings. [čən+√čənkʷs pl+√step_sibling]
      čéʔyənəkʷs little step-sibling. [√č<iʔy>ənkʷs √step-sibling]
      čaʔyaʔčéʔyənəkʷs little step-siblings. [č<əʔy>aʔ+√č<iʔy>ənkʷs dim<pl>+√step_sibling]
√čəns √bake.
   čə́nəs bake with steam in a pit. [√čəns √steam_bake]
      ʔəsčə́nəs baked. [ʔs-√čəns stat-√steam_bake]
      sčə́nəs baked. [s-√čəns s-√steam_bake]
√čəŋ √bend.
   nəxʷčəŋúsəŋ bend over. [nxʷ-√čəŋ=us-ŋ loc-√bend=face-mdl]
   čəŋúst bend it over. [√čəŋ-us-t √bend-rcpnt-trns]
      nəxʷčəŋúst bend it over. [nxʷ-√čəŋ=us-t loc-√bend=face-trns]
√čəpxʷy̓ √wart.
   sčə́pxʷiʔ wart. [s-√čəpxʷy̓ s-√wart]
√čəq̓ √surprised.
   čə́q̓ surprised. [√čəq̓ √surprised]
   ʔəsčáq̓ɬ surprised. [ʔs-√č<á>q̓-ɬ stat-√surprised<rslt>-dur]
   čə́q̓t surprise someone. [√čəq̓-t √surprise-trns]
   čə́q̓ənəq astound. [√čəq̓-ənəq √surprised-hab]
      čaʔq̓áʔnəq astounding. [√č<əʔ>q̓-ə<ʔ>nəq √surprised<actual>-habit<actual>]
√čətxʷ √gnaw.
   čə́txʷəŋ gnaw. [√čətxʷ-ŋ<ʔ> √gnaw-mdl<actual>]
   čə́txʷəyuʔ gnawing. [√čətxʷ-əyu<ʔ> √gnaw-activity<actual>]
√čəwəʔčaxn √scoter.
   čəwaʔčáxən common scoter. [√čəwəʔčaxn √scoter]
   čaʔyuwaʔčáxən common scoters. [√č<əʔy>əwəʔčaxn √scoter<pl>]
√čəy1 √shake.
   čə́yəŋ shake. [√čəy-ŋ √shake-mdl]

√čəy2 √tree_bark.
　　čáyiʔ tree bark.　〚√čəy=aу̓ √tree_bark=wood〛
　　　scaʔyaʔčáʔi small tree bark.　〚s-č̓<əʔy>aʔ+√čə<ʔ>y=aу̓ s-dim<pl>+√tree_bark<dim>=wood〛
　　čiyaʔčíɬč fir.　〚√čəy=aу̓=iɬč √tree_bark=wood=plant〛
√čəy̓č̓ √inside_out.
　　č̓áу̓č̓ inside out.　〚√čəy<ʔ>č̓ √inside_out<actual>〛
　　　ʔəsxʷč̓áу̓č̓ inside out.　〚ʔs-xʷ-√čəy<ʔ>č̓ stat-loc-√inside_out<actual>〛
　　nəxʷč̓áyəč̓t turn it inside out.　〚nxʷ-√čəyč̓-t loc-√inside_out-trns〛
　　　nəxʷč̓áу̓č̓t turning it inside out.　〚nxʷ-√čəy<ʔ>č̓-t loc-√inside_out<actl>-trns〛
　　　　nəxʷč̓əyáč̓təŋ be turned inside out.　〚nxʷ-√čəyč̓-t-ŋ loc-√inside_out-trns-psv〛
√čəyq̓ √look_sideways.
　　čáyəq̓ look sideways.　〚√čəyq̓ √look_sideways〛
　　　čáyəq̓əŋ look sideways.　〚√čəyq̓-ŋ √look_sideways-mdl〛
　　　　čáу̓q̓əŋ looking sideways.　〚√čəy<ʔ>q̓-ŋ<ʔ> √look_sideways<actual>-mdl<actual>〛
　　　čáyəq̓t look sideways at it.　〚√čəyq̓-t √look_sideways-trns〛
　　　　čáу̓q̓t glancing at it.　〚√čəy<ʔ>q̓-t √look_sideways<actl>-trns〛
　　　čáyəq̓təŋ be looked sideways at.　〚√čəyq̓-t-ŋ √look_sideways-trns-psv〛
　　　　čáу̓q̓təŋ being glanced at.　〚√čəy<ʔ>q̓-t-ŋ √look_sideways<actl>-trns-psv〛
　　čáyəq̓ənəxʷ catch sight of.　〚√čəyq̓-naxʷ √look_sideways-nctrns〛
√čəyup̓ √rotate.
　　čáyəp̓ rotate, turn around, turn over.　〚√čəyup̓ √turn_over〛
　　　čáyəp̓əŋ turn around.　〚√čəyup̓-ŋ √turn_over-mdl〛
　　　　čáу̓p̓əŋ turning around.　〚√čəy<ʔ>up̓-ŋ<ʔ> √turn_over<actual>-mdl<actual>〛
　　　čáyəp̓t turn it around.　〚√čəyup̓-t √turn_over-trns〛
　　　　čáу̓p̓t turning it around.　〚√čəy<ʔ>up̓-t √turn_over<actl>-trns〛
　　　čáyp̓útəŋ be turned over.　〚√čəyup̓-t-ŋ √turn_over-trns-psv〛
　　　　čáу̓p̓təŋ being turned around.　〚√čəyup̓-t-ŋ √turn_over-trns-psv〛
　　　čáyəp̓ct turn over.　〚√čəyup̓-cut √turn_over-rflxv〛
　　　　čáʔip̓ct turning around.　〚√čə<ʔ>yup̓-cut √turn_over<actl>-rflxv〛
　　čipiʔúʔis roll.　〚√čəyup̓-iy<ʔ>=uy<ʔ>əs √turn_over-develop<actual>=forehead<actual>〛
　　　čipiʔúysəŋ roll.　〚√čəyup̓-iy=uyəs-ŋ √turn_over-dev=forehead-mdl〛
　　　　čiʔpiʔúу̓əsəŋ rolling.　〚√čəyup̓-iy<ʔ>=uy<ʔ>əs-ŋ<ʔ> √turn_over-develop<actual>=forehead<actual>-mdl<actual>〛
　　　čáyp̓úsəŋ turn over.　〚√čəyup̓=us-ŋ √turn_over=face-mdl〛
　　　čipəyúsəŋ roll over.　〚√čəyup̓-iy=us-ŋ √turn_over-dev=face-mdl〛
√čəyxʷ √enter.
　　čáyəxʷ enter.　〚√čəyxʷ √enter〛
　　　čáу̓xʷ entering.　〚√čəy<ʔ>xʷ √enter<actual>〛
　　　čičéʔyəxʷ being inside (pl).　〚čy+√čə<í><ʔ>yxʷ plural+√enter<pl><actual>〛
　　　čáyəxʷəŋ go inside.　〚√čəyxʷ-ŋ √enter-mdl〛
　　　ʔəsčáyəxʷ inside.　〚ʔs-√čəyxʷ stat-√enter〛
　　　　ʔəsčáу̓xʷ inside.　〚ʔs-√čəy<ʔ>xʷ stat-√enter<actual>〛
　　　　　ʔəsčáу̓xʷɬ inside.　〚ʔs-√čəy<ʔ>xʷ-ɬ stat-√enter<actl>-dur〛
　　　scáyəxʷ bay.　〚s-√čəyxʷ s-√enter〛
　　　　sččíyəxʷ bays.　〚s-č+√čə<í>əyxʷ s-plural+√enter<pl>〛
　　　　scéʔəу̓əxʷ small bay.　〚s-√čə<iʔ>əy<ʔ>xʷ s-√enter<dimin>〛
　　čixʷáyuʔ enter.　〚√čəyxʷ-əyu √enter-activ〛
　　čixʷás put inside.　〚√čəyxʷ-as √enter-ptcaus〛
　　　čixʷáŋə bring you in.　〚√čəyxʷ-as-ŋə √enter-ptcaus-2obj〛
　　　čičixʷás put inside (pl).　〚čy+√čəyxʷ-as pl+√enter-ptcaus〛
　　　čixʷáŋ be put inside.　〚√čəyxʷ-as-ŋ √enter-ptcaus-psv〛
　　čixʷtáxʷ bring it inside.　〚√čəyxʷ-taxʷ √enter-incaus〛
　　　čixʷtáŋ be brought inside.　〚√čəyxʷ-taxʷ-ŋ √enter-incaus-psv〛
　　čixʷnáxʷ take in.　〚√čəyxʷ-naxʷ √enter-nctrns〛
　　　čixʷnúŋəc get me in.　〚√čəyxʷ-naxʷ-úŋəc √enter-nctrns-1obj〛
　　　čixʷnúŋə get me/you in.　〚√čəyxʷ-naxʷ-úŋə √enter-nctrns-1obj/2obj〛
　　čixʷnúŋət get inside.　〚√čəyxʷ-nuŋt √enter-ncmdl〛
　　čixʷnás go in on so.　〚√čəyxʷ-nəs √enter-intent〛
　　　čixʷnúŋə go in on me/you.　〚√čəyxʷ-nəs-úŋə √enter-intent-1obj/2obj〛
　　　čixʷáʔəŋ being put inside.　〚√čəyxʷ-a<ʔə>s-ŋ<ʔ> √enter-ptcaus-psv〛

√čəyəʔ √čip

    čixʷánət bring it in. 〚√čəyxʷ-as-ŋ-t √enter-ptcaus-psv-trns〛
    čixʷístxʷ bring it in. 〚√čəyxʷ-istxʷ √enter-caus〛
    čə́yəxʷtxʷ let enter. 〚√čəyxʷ-txʷ √enter-letcaus〛
    čə́yəxʷtəŋ being put inside. 〚√čə<ə́>yxʷ-txʷ-ŋ √enter<actl>-letcaus-psv〛
    čxʷaʔwíyəŋ go on the inside. 〚√čəyxʷ=əʔəw-iy-ŋ √enter=side-dev-mdl〛
    čixʷəyáʔəwəɬ on the inside. 〚√čəyxʷ-iy=əʔəw-ɬ √enter-dev=side-dur〛
    čixʷayíwc bring in wood. 〚√čəyxʷ=ay̓=iwc √enter=wood=fire〛
    sxʷčixʷíkʷən insides. 〚sxʷ-√čəyxʷ=iwən for-√enter=interior〛
    čixʷaʔyíwc bring in wood. 〚√čəyxʷ=ay̓=iwc √enter=wood=fire〛
    čixʷaʔyéʔč inside beach. 〚√čəyxʷ-a<ʔ>y=i<ʔ>č √enter-ext=back〛
    čixʷícən Port Angeles. 〚√čəyxʷ=icən √enter=back〛

√čəy̓əʔ √stick.
    ščə́y̓aʔ stick. 〚s-√čəy̓əʔ s-√stick〛
    ščəyéʔyə sticks. 〚s-√čə<yi>y̓əʔ s-√stick<pl>〛
    čiʔicísən poker. 〚√čəy̓əʔ=acis=ən √stick=hand=instr〛

√čiʔəx̣ √pitch.
    čéʔəx̣ pitch. 〚√čiʔəx̣ √pitch〛
    čiyéʔəx̣ pitch (pl). 〚√č<iy>iʔəx̣ √pitch<pl>〛

√čiʔy √take_away.
    čéʔyət take it away. 〚√čiʔy-t √take_away-trns〛
    čiyáʔyət taking it away. 〚√č<ʔə>iʔy-t take_away<pl>-trns〛
    čaʔyítəŋ be taken away. 〚√čiʔy-t-ŋ √take_away-trns-psv〛
        čəyaʔyítəŋ be taken away. 〚√č<əy>iʔy-t-ŋ √take_away<pl>-trns-psv〛
    čaʔyíti fight over. 〚√čiʔy-ty √take_away-rcprcl〛
    čəyúst take it away. 〚√čiʔy-us-t √take_away-rcpnt-trns〛
    čəyúsc take away from me/you. 〚√čiʔy-us-t-c √take_away-rcpnt-trns-1obj/2obj〛
    čəyústəŋ be taken away. 〚√čiʔy-us-t-ŋ √take_away-rcpnt-trns-psv〛
    čaʔyáʔnəq taking away. 〚√čiʔy-ə<ʔ>nəq √take_away<actual>-habit<actual>〛
    nəxʷčaʔyíkʷən envious. 〚nxʷ-√čiʔy=iwən loc-√take_away=interior〛
        čičaʔyíkʷən jealous (pl). 〚čy+√čiʔy=iwən pl+√take_away=interior〛
    nəxʷčiyaʔyéʔwən envious. 〚nxʷ-√či<ya>ʔy=i<ʔ>wən loc-√take_away<pl><actual>=interior<actual>〛
    sčáʔi taking away. 〚s-√čiʔy s-√take_away<actual>〛

√čič̓ √wring.
    ʔəsčéʔyəč̓ wrung out. 〚ʔs-√či<ʔ><yə>č̓ stat-√wring<actual><pl>〛
    číč̓t wring it. 〚√čič̓-t √wring-trns〛
    čéʔč̓t wringing it. 〚√či<ʔ>č̓-t √wring<actl>-trns〛
    ččítəŋ be wrung. 〚√čič̓-t-ŋ √wring-trns-psv〛

√čič̓t √ashes.
    číč̓t ashes. 〚√čič̓t √ashes〛
    čaʔyíč̓t ashes (pl). 〚√č<əʔy>ič̓t √ashes<pl>〛

√činkʷəʔ √two_headed_snake.
    čínəkʷaʔ two-headed snake monster. 〚√činkʷəʔ √two_headed_snake〛

√činw̓ √bothered.
    čínuʔ bothered. 〚√činw̓ √bothered〛
    čéʔnuʔ bothered. 〚√či<ʔ>nw<ʾ> √bothered<actual>〛
    ččínəw̓ bothered. 〚č+√činw̓ incep+√bothered〛
    ččéʔnuʔ bothered. 〚č+√či<ʔ>nw̓ inceptive+√bothered<actual>〛
    ččéʔnəxʷ dislike. 〚č+√či<ʔ>nw̓-naxʷ incep+√bothered<actl>-nctrns〛

√čip √squeeze.
    číp get squeezed. 〚√čip √squeeze〛
    čəpə́yu squeeze. 〚√čip-əyu √squeeze-activ〛
    čaʔpə́yuʔ squeezing. 〚√čip-əyu √squeeze-activ〛
    ʔəsčéʔip̓ squeezed together. 〚ʔs-√či<ʔ><y>p̓ stat-√squeeze<actual><pl>〛
    čpíŋəɬ squeeze. 〚√čip-iŋ<ʾ>əɬ √squeeze-custom<actual>〛
        čaʔpéʔŋəɬ squeezing. 〚√či<ʔ>p-i<ʔ>ŋɬ √squeeze<actual>-custom<actual>〛
    čípt squeeze it. 〚√čip-t √squeeze-trns〛
    čéʔpt squeezing it. 〚√či<ʔ>p-t √squeeze<actl>-trns〛
    čaʔyípt squeeze it (pl). 〚√č<əʔy>ip-t √squeeze<pl>-trns〛
    čpítəŋ be squeezed. 〚√čip-t-ŋ √squeeze-trns-psv〛
        číptəŋ being squeezed. 〚√č<í>p-t-ŋ √squeeze<actl>-trns-psv〛

Klallam Root Index

nəxʷčaʔpáys close eyes. 〚nxʷ-√či<ʔ>p̕=ayus loc-√squeeze<actl>=eye〛
ʔəsxʷčəyəpáyəs closed eyes. 〚ʔs-xʷ-√č<əy>ip̕=ayus stat-loc-√squeeze<pl>=eye〛
čpáysəŋ blink. 〚√čip̕=ayus-ŋ √squeeze=eye-mdl〛
čaʔpayúsəŋ blinking. 〚√či<ʔ>p̕=ayus-ŋ √squeeze<actl>=eye-mdl〛
nəxʷčaʔyəpáyəsəŋ close eyes. 〚nxʷ-√či<ʔyə>p̕=ayus-ŋ loc-√squeeze<pl>=eye-mdl〛
nəxʷčaʔpaʔyúsəŋ wink. 〚nxʷ-√či<ʔ>p̕=a<ʔ>yus-ŋ<ʔ> loc-√squeeze<actual>=eye<actual>-mdl<actual>〛
čpisə́ŋət wink at it. 〚√čip̕=ayus-əŋ-t √squeeze=eye-mdl-trns〛
čaʔpiʔsə́ŋət winking at it. 〚√či<ʔ>p̕=ay<ʔ>us-əŋ-t √squeeze<actl>=eye<actl>-mdl-trns〛
nəxʷčaʔpaʔyúst wink at it. 〚nxʷ-√č<əʔ>ip̕=a<ʔ>yus-t loc-√squeeze<actl>=eye<actl>-trns〛
čaʔpayústəŋ be winked at. 〚√č<əʔ>ip̕=ayus-t-ŋ √squeeze<actl>=eye-trns-psv〛
čaʔpiʔsŋítəŋ being winked at. 〚√či<ʔ>p̕=ay<ʔ>us-ŋí-t-ŋ<ʔ> √squeeze<actual>=eye<actual>-rel-trans-psv<actual>〛
nəxʷčaʔpaʔyústəŋ be winked at. 〚nxʷ-√č<əʔ>ip̕=a<ʔ>yus-t-ŋ<ʔ> loc-√squeeze<actual>=eye<actual>-trans-psv<actual>〛

√čkʷəx̣ √fry.
čkʷə́x̣əŋ fry, scorch. 〚√čkʷəx̣-ŋ √fry-mdl〛
čaʔkʷə́x̣əŋ frying. 〚√č<aʔ>kʷəx̣-ŋ<ʔ> √fry<actual>-mdl<actual>〛
čkʷíx̣əŋ get scorched. 〚√čkʷ<í>x̣-ŋ √fry<pers>-mdl〛
ʔəsčə́kʷx̣ fried. 〚ʔs-√čkʷəx̣ stat-√fry<actual>〛
čkʷə́x̣t fry it. 〚√čkʷəx̣-t √fry-trns〛
čkʷə́x̣ən frying pan. 〚√čkʷə=ən √fry=instr〛

√čm̕i √thin.
čaʔčəmé̕ʔiʔ thin layer. 〚čəʔ+√čm̕i-iy dim+√thin-dev〛

√čsnuʔ √?.
nəxʷčsnúʔəŋ Whiskey Spit. 〚nxʷ-√čsnuʔ-ŋ loc-√?-mdl〛

√čsuy √nail.
čšúycs fingernail. 〚√čsuy=acis √nail=hand〛
scaʔyəsúycs fingernails. 〚s-√č<aʔy>suy=acis √nail<pl>=hand〛
čšúysən toenail. 〚√čsuy=sən √nail=foot〛
čəysúysən toenails. 〚√č<əy>suy=sən √nail<pl>=foot〛
scəyəšúysən toenails. 〚s-√č<əyə>suy=sən s-√nail<pl>=foot〛

√čšəp̕ √deflate.
čšə́p̕ deflate. 〚√čšəp̕ √deflate〛
čšə́p̕i deflate. 〚√čšəp̕-iy √deflate-dev〛
čaʔčšə́p̕i deflate. 〚čaʔ+√čšəp̕-iy dim+√deflate-dev〛
čšə́p̕t deflate it. 〚√čšəp̕-t √deflate-trns〛
čšə́p̕təŋ be deflated. 〚√čšəp̕-t-ŋ √deflate-trns-psv〛

√čšəy̕ √kingfisher.
čšə́y̕ kingfisher. 〚√čšəy̕ √kingfisher〛
čaʔčšə́y̕ small kingfisher. 〚čaʔ+√čšəy̕ dim+√kingfisher〛

√čtə √crawl.
čtə́ŋ crawl. 〚√čtə-ŋ √crawl-mdl〛
čə́təŋ crawling. 〚√č<ə́>tə-ŋ<ʔ> √crawl<actual>-mdl<actual>〛

√čtxʷ √gnaw.
čtxʷáy̕qsən gnaw. 〚√čtxʷ-ay̕=əqsən √gnaw-ext=nose〛
čəyətxʷáy̕qsən shrews. 〚√č<əyə>txʷ-ay̕=əqsən √gnaw<pl>-ext=nose〛
čaʔčtxʷáy̕qsən small shrew. 〚čaʔ+√čtxʷ-ay̕=əqsən dim+√gnaw-ext=nose〛
čaʔyaʔčtxʷáy̕qsən small shrews. 〚čaʔ+√čtxʷ-ay̕=əqsən dim+√gnaw-ext=nose〛

√čt̕ √put_away.
čt̕ə́t put it away. 〚√čt̕-t √put_away-trns〛
čə́t̕t putting it away. 〚√č<ə́>t̕-t √put_away<actl>-trns〛

čuʔys √not_want.
čúʔis dislike, not want. 〚√čuʔys √not_want〛
ʔsčúʔis be disliked. 〚ʔs-√čuʔys stat-√not_want〛

√čuc̕ √squeeze.
čúc̕ get squeezed. 〚√čuc̕ √squeeze〛
cəc̕áyu squeeze. 〚√čuc̕-əyu √squeeze-activ〛
čaʔc̕áyuʔ squeezing. 〚√ču<ʔ>c̕-əyu<ʔ> √squeeze<actual>-activity<actual>〛
čúc̕t squeeze it. 〚√čuc̕-t √squeeze-trns〛

ččúst hug someone. 〖√čuč-us-t √squeeze-rcpnt-trns〗
  čaʔčúst kiss someone. 〖√ču<ʔ>č-us-t √squeeze<actl>-rcpnt-trns〗
  čúčst hugging someone. 〖√č<ú>č-us-t √squeeze-rcpnt-trns〗
  ččúsc hug me/you. 〖√čuč=us-t-c √squeeze=face-trns-1obj/2obj〗
  ččústəŋ be hugged. 〖√čuč-us-t-ŋ √squeeze-rcpnt-trns-psv〗
    čaʔčústəŋ getting hugged. 〖√ču<ʔ>č-us-t-ŋ<ʔ> √squeeze<actl>-rcpnt-trns-psv〗
    čaʔčstíŋ being hugged. 〖√ču<ʔ>č-us-t-í-ŋ √squeeze-rcpnt-trns-pers-psv〗
  ččústi hug each other. 〖√čuč-us-ty √squeeze-rcpnt-rcprcl〗
    čaʔčústi hugging each other. 〖√ču<ʔ>č-us-ty √squeeze<actl>-rcpnt-rcprcl〗
  čaʔčstúy̓ hugging. 〖√čuč-stuy̓ √squeeze-comit〗
ččáyŋəxʷ milk cow. 〖√čuč-ay=ŋixʷ √squeeze-ext=breast〗
  čaʔčáyŋəxʷ milking. 〖√ču<ʔ>č-ay<ʔ>=ŋixʷ √squeeze<actual>-ext=breast<actual>〗
  čəciŋíxʷt milk it. 〖√čuč-ay=ŋixʷ-t √squeeze-ext=breast-trns〗
    čicéʔŋəxʷt milking it (pl). 〖√ču<y>č-i<ʔ>=ŋixʷ-t √squeeze<pl>-ext=breast<actl>-trns〗

√čučɬ √cedar_rope.
  čúčɬ cedar rope. 〖√čučɬ √cedar_rope〗
  čaʔyúčɬ rope (pl). 〖√č<əʔy>učɬ √cedar_rope<pl>〗
  čaʔčúčɬ small rope. 〖čaʔ+√čučɬ dim+√cedar_rope〗
  čaʔyačúčɬ small ropes. 〖č<əʔy>aʔ+√čučɬ dim<pl>+√cedar_rope〗

√čukʷiʔ √skunk_cabbage.
  čúkʷiʔ skunk cabbage. 〖√čukʷiʔ √skunk_cabbage〗
  čaʔyúkʷiʔ skunk cabbage (pl). 〖√č<əʔy>ukʷiʔ √skunk_cabbage<pl>〗

√čup √squeeze.
  čúpt squeeze something. 〖√čup-t √squeeze-trns〗
  čúʔpt squeezing it. 〖√ču<ʔ>p-t √squeeze<actl>-trns〗
    čaʔpútəŋ being squeezed. 〖√ču<ʔ>p-t-ŋ √squeeze<actl>-trns-psv〗

√čus √displeased.
  čúsəŋ displeased. 〖√čus-ŋ √displeased-mdl〗
  čúʔsəŋ being displeased. 〖√ču<ʔ>s-ŋ<ʔ> √displeased<actual>-mdl<actual>〗
  ʔsčúʔsəŋ displeased. 〖ʔs-√ču<ʔ>s-ŋ<ʔ> stat-√displeased<actual>-mdl<actual>〗
  sčúsəŋ repellent. 〖s-√čus-ŋ s-√displeased-mdl〗
    sčúʔsəŋ unpleasing. 〖s-√ču<ʔ>s-ŋ<ʔ> s-√displeased<actual>-mdl<actual>〗

√čxeʔys √Chehalis.
  čxéʔyəs Chehalis. 〖√čxeʔys √Chehalis〗

√čyuwy √twin.
  čiyúwi twin. 〖√čyuwy √twin〗

√haʔɬ √good.
  háʔɬ good. 〖√haʔɬ √good〗
  hə́yaʔɬ good (pl). 〖√h<śy>aʔɬ √good<pl>〗
  hayəháhaʔɬ cute (pl). 〖h<əy>ə+há+√haʔɬ dim<pl>+dim+√good〗

√haʔn √thank.
  háʔnəŋ thank. 〖√haʔn-ŋ √thank-mdl〗
  háhaʔnəŋ̓ thanking. 〖ha+√haʔn-ŋ<ʔ> actual+√thank-mdl<actual>〗
  háʔnət thank someone. 〖√haʔn-t √thank-trns〗
    haʔháʔnət thanking someone. 〖haʔ+√haʔn-t actl+√thank-trns〗
  háʔnəc good to me/you. 〖√haʔn-t-c √thank-trns-1obj/2obj〗
    haʔháʔnəc thanking me/you. 〖haʔ+√haʔn-t-c actl+√thank-trns-1obj/2obj〗
  háhaʔnət thank them. 〖há+√haʔn-t pl+√thank-trns〗
  háʔnətəŋ be thanked. 〖√haʔn-t-ŋ √thank-trns-psv〗
    haʔnítəŋ be thanked. 〖√haʔn-ŋí-t-ŋ √thank-rel-trns-psv〗
    haʔnáʔtəŋ being thanked. 〖√haʔn<ʔ>-t-ŋ √thank<actl>-trns-psv〗
  haʔníŋət get to thank. 〖√haʔn-iŋt √thank-scs〗
    haʔníŋəc get to thank me/you. 〖√haʔn-iŋt-c √thank-scs-1obj/2obj〗
  háʔnəxʷ thank. 〖√haʔn-naxʷ √thank-nctrns〗
  čəṅháʔnəŋ November. 〖čṅ-√haʔn-ŋ time-√thank-mdl〗

√haʔpiʔ √sad.
  háʔpiʔ sad. 〖√haʔpiʔ √sad〗

√haʔw √away.
  háʔəw away. 〖√haʔw √away〗
  háʔəw̓ being away. 〖√haʔw<ʔ> √away<actual>〗

√haa? √yes.
    háa? yes. 〚√haa? √yes〛
√hacqs √Point_No_Point.
    hácqs Point No Point. 〚√hacqs √Point_No_Point〛
√hak̓ʷ √remember.
    hák̓ʷ remember. 〚√hak̓ʷ √remember〛
        háhək̓ʷ remembering. 〚há+√hak̓ʷ rslt+√remember〛
            ʔəsháhək̓ʷɬ be remembered. 〚ʔs-ha+√hak̓ʷ-ɬ stat-rslt+√remember-dur〛
            shák̓ʷ remembering. 〚s-há+√hak̓ʷ s-rslt+√remember〛
        háhək̓ʷtxʷ remember it. 〚há+√hak̓ʷ-txʷ rslt+√remember-letcaus〛
        hák̓ʷnəs remember it. 〚√hak̓ʷ-nəs √remember-intent〛
            háhək̓ʷnəs remember. 〚ha+√hak̓ʷ-nəs rslt+√remember-intent〛
                hahək̓ʷnəsnúʔəŋə remembering you. 〚ha+√hak̓ʷ-nəs-nuʔəŋə rslt+√remember-intent-2obj〛
            hák̓ʷnəsəŋ be remembered. 〚√hak̓ʷ-nəs-ŋ √remember-intent-psv〛
√hanič √discuss.
    hánəčəŋ discuss. 〚√hanič-ŋ √discuss-mdl〛
        haʔníčəŋ discussing. 〚√ha<ʔ>nič-ŋ<ʔ> √discuss<actual>-mdl<actual>〛
        haʔníčt discussing it. 〚√ha<ʔ>nič-t √discuss<actl>-trns〛
        haʔníčc discussing me/you. 〚√ha<ʔ>nič-t-c √discuss<actl>-trns-1obj/2obj〛
        haʔníčtəŋ being discussed. 〚√ha<ʔ>nič-t-ŋ √discuss<actl>-trns-psv〛
√hank̓ʷs √solar_plexus.
    hánk̓ʷs solar plexus. 〚√hank̓ʷs √solar_plexus〛
√haps √hops.
    háps hops. 〚√haps √hops〛
        ʔəsháps hop picking. 〚ʔs-√haps stat-√hops〛
            ʔəshápsi go hop picking. 〚ʔs-√haps-iy stat-√hops-dev〛
√has √sneeze.
    hásəŋ sneeze. 〚√has-ŋ √sneeze-mdl〛
        háʔsəŋ sneezing. 〚√ha<ʔ>s-ŋ<ʔ> √sneeze<actl>-mdl〛
√haytá √Haida.
    haytá Haida. 〚√haytá √Haida〛
√hay̓əč √damn.
    háy̓əč damn. 〚√hay̓əč √damn〛
hču √load.
    həčút load it. 〚√hču-t √load-trns〛
√həʔk̓ʷ √greatgreatgrandparent/child.
    háʔk̓ʷiyaʔqʷ great-great-grandparent/child. 〚√həʔk̓ʷ-iy=iʔqʷ √greatgreatgrandparent/child-ext=head〛
        həyək̓ʷiyaʔqʷ great-great-grandparents/children. 〚√h<əyə>ʔk̓ʷ-iy=iʔqʷ √greatgreatgrandparent/child<pl>-ext=head〛
√həlqəmíʔnəŋ √Halkomelem.
    həlqəmé̓ʔnəŋ Halkomelem. 〚√həlqəmíʔnəŋ √Halkomelem〛
√həɬnɬ √damn.
    hə́ɬnɬ damn. 〚√həɬnɬ √damn〛
√həm1 √hammer.
    haʔmə́yu hammering. 〚√hə<ʔ>m-əyu<ʔ> √hammer<actual>-activity<actual>〛
        hə́mən hammer-activity. 〚√həm=ən √hammer=instr〛
            hə́mənt hammer it. 〚√həm=ən-t √hammer=instr-trns〛
                hə́məntəŋ be hammered. 〚√həm=ən-t-ŋ √hammer=instr-trns-psv〛
            hə́məntxʷ hammer. 〚√həm=ən-txʷ √hammer=instr-incaus〛
√həm2 √grouse.
    həmhəm grouse. 〚hə́m+√həm char+√grouse〛
√həm̓ √thick_fog.
    hə́m̓ thick fog. 〚√həm̓ √thick_fog〛
        ʔəsháʔm̓əɬ foggy. 〚ʔs-√hə<ʔ>m̓-ɬ stat-√thick_fog<actl>-dur〛
        ʔəsxʷhəm̓həmáyəs hanging over eyes. 〚ʔs-xʷ-həm̓+√həm̓=ayus stat-loc-char+√thick_fog=eye〛
√hənn̓ √humpback_salmon.
    hə́nn̓ humpback salmon. 〚√hənn̓ √humpback_salmon〛
        hihínn̓ humpies. 〚hy+√hə<í>nn̓ plural+√humpback_salmon<pl>〛
        haʔháʔnn̓ small humpback. 〚haʔ+√hə<ʔ>nn̓ dimin+√humpback_salmon<dimin>〛

haʔyaʔhə́nʼənʼ small humpies. 〚h<əʔy>aʔ+√hən<ʔ>nʼ dimin<pl>+√humpback_salmon<dimin>〛
čənʼhə́nənʼ September. 〚čnʼ-√hənʼnʼ time-√humpback_salmon〛

√həwa √return.
    hə́wə return. 〚√həwa √return〛
        həwíyəŋ return. 〚√həwa-iy-ŋ √return-dev-mdl〛
            həwéʔyəŋ return. 〚√həw<ʔ>a-i<ʔ>y<ʔ>-ŋ<ʔ> √return<actual>-develop<actual>-mdl<actual>〛
            huhəwíyəŋ back out. 〚hw+√həw-iy-ŋ char+√return-dev-mdl〛
    huŋít take it back from. 〚√həwa-ŋí-t √return-rel-trns〛
        huŋítəŋ be taken back. 〚√həwa-ŋí-t-ŋ √return-rel-trns-psv〛
    huŋístxʷ return it. 〚√həwa-ŋí-stxʷ √return-rel-caus〛
        haʔuŋístxʷ returning it. 〚√hə<ʔ>w-ŋí-stxʷ √return<actl>-rel-caus〛
        həwəŋistúŋə return you. 〚√həwa-ŋí-stxʷ-uŋə √return-rel-caus-2obj〛
        huŋístəŋ be returned. 〚√həwa-ŋí-stxʷ-ŋ √return-rel-caus-psv〛
    həwást refuse it. 〚√həwa-stxʷ √return-caus〛
        həwástəŋ be refuse. 〚√həwa-stxʷ-ŋ √return-caus-psv〛

√həwš √thank.
    həhə́wəš thank. 〚hə+√həwš actl+√thank〛

√həxʷ √big_deal.
    hə́xʷ big deal. 〚√həxʷ √big_deal〛
        həxʷstáxʷ big stuff. 〚√həxʷ-stáxʷ √big_deal-?〛

√həy √?.
    hə́yič a curse, damn. 〚√həy=ayʼč √?=hip〛

√hic √long_time.
    híc long time. 〚√hic √long_time〛
        kʷɬhíc long time ago. 〚kʷɬ-√hic alrdy-√long_time〛
        híctxʷ make long time. 〚√hic-txʷ √long_time-letcaus〛

√hič √protrude.
    ʔəshéheʔč protruding. 〚ʔs-hi+√hi<ʔ>č stat-actl+√protrude〛
    híčt make it protrude. 〚√hič-t √protrude-trns〛
        héʔčt protruding it. 〚√hi<ʔ>č-t √protrude<actl>-trns〛
    ʔačístxʷ protrude. 〚√hič-istxʷ √protrude-caus〛
        həčístəŋ be protruded. 〚√hič-istxʷ-ŋ √protrude-caus-psv〛

√hih √hey.
    héh hey. 〚√hih √hey〛

√hikʼʷ √flow.
    híkʼʷ flow. 〚√hikʼʷ √flow〛
        héʔkʼʷ flowing. 〚√hi<ʔ>kʼʷ √flow<actual>〛
        híkʼʷəŋ flow. 〚√hikʼʷ-ŋ √flow-mdl〛
            héʔkʼʷəŋʼ flowing. 〚√hi<ʔ>kʼʷ-ŋ<ʔ> √flow<actual>-mdl<actual>〛

√hiq √push_off.
    híqt slide it, push it off. 〚√hiq-t √push_off-trns〛
        híqtəŋ be slid. 〚√hiq-t-ŋ √push_off-trns-psv〛
        haʔqítəŋ being slid. 〚√hi<j>q-t-ŋ √push_off<actl>-trns-psv〛
    haʔqíct push canoe off. 〚√hiq-cut √push_off-rflxv〛
    həqkʷənáys bake. 〚√hiq=iwən-ayʼs √push_off=interior-activ〛
        həqíkʷt put it in oven. 〚√hiq=iwən-t √push_off=interior-trns〛
            nəxʷhəqíkʷt bake it. 〚nxʷ-√hiq=iwən-t loc-√push_off=interior-trns〛
        ʔəshəqíkʷən baked. 〚ʔs-√hiq=iwən stat-√push_off=interior〛
            ʔəshaʔqéʔwən baking. 〚ʔs-√hi<ʔ>q=i<ʔ>wən stat-√slide=interior〛
    həqáyəɬ launch a canoe. 〚√hiq=ayɬ √push_off=conveyance〛
        haʔqáʔiɬ pushing out. 〚√hi<ʔ>q=aʔyɬ √push_off=conveyance〛

√hiwʼ √front.
    híwʼ front. 〚√hiwʼ √front〛
        héʔuʔ being front. 〚√hi<ʔ>wʼ √front<actual>〛
        héʔwi go front. 〚√hiwʼ-iy √front-dev〛
            txʷhéʔwi go forward. 〚txʷ-√hiwʼ-iy becm-√front-dev〛
        shéʔwət bow of canoe. 〚s-√hiwʼ-ət s-√front-?〛
        shéʔu front. 〚s-√hiwʼ s-√front〛
    haʔwístxʷ put forward. 〚√hiwʼ-istxʷ √front-caus〛
        haʔwístəŋ be put in front. 〚√hiwʼ-istxʷ-ŋ √front-caus-psv〛

√**hiy** √fall_down.
    híyəŋ fall down. 〚√hiy-ŋ √fall_down-mdl〛
        héʔyəŋ falling off. 〚√hi<ʔ>y-ŋ<ˀ> √fall_down<actual>-mdl<actual>〛
        hihíyəŋ falling. 〚hə+√hiy-ŋ incep+√fall_down-mdl〛
    híyət push it off. 〚√hiy-t √fall_down-trns〛
        híyətəŋ pushed off. 〚√hiy-t-ŋ √fall_down-trns-psv〛
            hihíytəŋ be pushed off. 〚hə+√hiy-t-ŋ incep+√fall_down-trns-psv〛
    híyct go down. 〚√hiy-cut √fall_down-rflxv〛
    híyinəxʷ knock over. 〚√hiy-naxʷ √fall_down-nctrns〛
    híyətxʷ push off. 〚√hiy-txʷ √fall_down-incaus〛

√**hm̓u** √pigeon.
    həm̓ú pigeon. 〚√hm̓u √pigeon〛
        haʔəm̓ʔú pigeons. 〚√h<aʔy>m̓u √pigeons<pl>〛
        haʔhəm̓ú small pigeon. 〚haʔ+√hm̓u dim+√pigeon〛
            haʔyaʔhəm̓ú small pigeons. 〚h<əʔy>aʔ+√hm̓u dim<pl>+√pigeon〛

√**huʔ** √if/when.
    húʔ if/when. 〚√huʔ √if/when〛

√**huʔpt** √deer.
    húʔpt deer. 〚√huʔpt √deer〛
        hayáʔpt deer (pl). 〚√h<əy>uʔpt √deer<pl>〛
        huʔhúʔpt small deer. 〚huʔ+√huʔpt dim+√deer〛
        húhaʔpt fawn. 〚hu+√huʔpt dim+√deer〛
            haʔyaʔhúhaʔpt fawns. 〚h<əʔy>aʔ+hu+√huʔpt dim<pl>+dim+√deer〛
        húʔptsən deer hoof. 〚√huʔpt=sən √deer=foot〛

√**huʔquʔ** √Hoko.
    húʔquʔ Hoko. 〚√huʔquʔ √Hoko〛

√**huhuʔŋ** √bullfrog.
    huhúʔəŋ bullfrog. 〚√huhuʔŋ √bullfrog〛

√**hukʷ1** √whoop.
    húkʷt whoop to someone. 〚√hukʷ-t √whoop-trns〛
        húkʷtəŋ be hollered to. 〚√hukʷ-t-əŋ √whoop-trns-psv〛
    həkʷtástxʷ holler to. 〚√hukʷ-tastxʷ √whoop-dirtrns〛
        həkʷtásti holler to one another. 〚√hukʷ-tastxʷ-ty √whoop-dirtrns-rcprcl〛

√**hukʷ2** √hook.
    húkʷt hook it. 〚√hukʷ-t √hook-trns〛
        húkʷtəŋ be hooked. 〚√hukʷ-t-ŋ √hook-trns-psv〛

√**hun** √burn.
    hún burn. 〚√hun √burn〛
        húʔən̓ burning. 〚√hu<ʔə>n<ˀ> √burn<actual>〛
        húhən igniting. 〚hú+√hun incep+√burn〛
    húnt ignite it. 〚√hun-t √burn-trns〛
        húʔənət igniting it. 〚√hu<ʔə>n-t √burn<actl>-trns〛
    húnnəxʷ manage to ignite. 〚√hun-naxʷ √burn-nctrns〛
        húhənnəxʷ managing to ignite. 〚hú+√hun-naxʷ rslt+√burn-nctrns〛
    húnuc make fire. 〚√hun=iwc √burn=fire〛
        haʔníw̓c making fire. 〚√hu<ʔ>n=iwc √burn<actl>=fire〛
        shúnuc cooking fire. 〚s-√hun=iwc s-√burn=fire〛
        hunucáy fireplace. 〚√hun=iwc=ayə √burn=fire=container〛

√**huxʷ** √wow.
    húxʷ wow. 〚√huxʷ √wow〛

√**huxʷiy** √hey.
    huxʷéy hey. 〚√huxʷiy √hey〛

√**huy1** √finish.
    húy quit, finish. 〚√huy √finish〛
        húhiʔ finishing. 〚hú+√huy<ʔ> actual+√finish<actual>〛
        húyəŋ finish. 〚√huy-ŋ √finish-mdl〛
    ʔəshúʔiʔ finished. 〚ʔs-√hu<ʔ>y stat-√finish<actual>〛
    kʷɬúy past. 〚kʷɬ-√huy alrdy-√finish〛
    húyt finish it. 〚√huy-t √finish-trns〛
        húʔčt finishing it. 〚√hu<ʔ>y-t √finish<actl>-trns〛

√huy2

 húytəŋ be made to finish. 〚√huy-t-ŋ √finish-trns-psv〛
  ʔəshúʔitəŋ artifact. 〚ʔs-√hu<ʔ>y-t-ŋ<ʼ> stat-√finish<actual>-trans-psv<actual>〛
 həčúct finish. 〚√huy-cut √finish-rflxv〛
  haʔčúct forming. 〚√hu<ʔ>y-cut √finish<actl>-rflxv〛
 húytxʷ let be done. 〚√huy-txʷ √finish-letcaus〛
 húynəxʷ finish it. 〚√huy-naxʷ √finish-nctrns〛
  húhinəxʷ finishing it. 〚hú+√huy-naxʷ actl+√finish-nctrns〛
  húynəŋ be finished. 〚√huy-naxʷ-ŋ √finish-nctrns-psv〛
 huynúŋət manage to finish. 〚√huy-nuŋt √finish-ncmdl〛
 húccən finish eating. 〚√huy=ucin √finish=mouth〛
  húʔccən finishing eating. 〚√huy<ʼ>=ucin √finish<actl>=mouth〛
  haʔyúccən finish eating (pl). 〚√h<əʔy>uy=ucin √finish<pl>=mouth〛
 həčáyŋən pause. 〚√huy-ayŋən √finish-want〛
  haʔčáyŋən pausing. 〚√hu<ʔ>y-ayŋən √finish<actl>-want〛
 nəxʷshúyhi puberty. 〚nxʷ-s-húy+√huy loc-s-char+√finish〛

√huy2 √only.
 húy only. 〚√huy √only〛
 húʔiʔ alone. 〚√hu<ʔ>y<ʔ> √only<actual>〛
 huʔhúʔi alone. 〚huʔ+√hu<ʔ>y result+√only<actual>〛
 haʔyahúʔəy̓ alone (pl). 〚h<əʔy>uʔ+√hu<ʔ>y actual<pl>+√only<actual>〛
 húʔhuʔhiʔ all alone. 〚húʔ+huʔ+√huy<ʔ> char+actual+√only<actual>〛
 txʷúy become alone. 〚txʷ-√huy becm-√only〛
  txʷhúʔi becoming alone. 〚txʷ-√hu<ʔ>y become-√only<actual>〛

√huy̓1 √please.
 húy̓ please. 〚√huy̓ √please〛
 čən̓húy̓ quitting time. 〚čn̓-√huy̓<ʼ> time-√finish<actual>〛

húy̓2 √goodbye.
 húy̓ goodbye. 〚√huy̓ √goodbye〛

√huy̓3 √probably.
 húy̓ probably. 〚√huy̓ √probably〛

√huy̓akʷ √goodbye.
 húy̓akʷ goodbye. 〚√huy̓akʷ √goodbye〛

√húy̓sta √hey.
 húy̓sta hey. 〚√húy̓sta √hey〛

√hw √put_onto_fire.
 həwístxʷ put onto fire. 〚√hw-istxʷ √put_onto_fire-caus〛
 háw̓əstʔuc fix fire. 〚√həw̓-əstʔ=iwc √put_onto_fire-ʔ=fire〛

√hw̓ač √raise.
 huʔáčəŋ raise. 〚√hw̓ač-ŋ √raise-mdl〛
 huʔáʔič over (pl). 〚√hw̓a<í>č √raise<pl>〛
 huʔáčt raise it above. 〚√hw̓ač-t √raise-trns〛
  huʔáčtəŋ be raised above. 〚√hw̓ač-t-ŋ √raise-trns-psv〛

√hyaʔ √go.
 hiyáʔ go. 〚√hyaʔ √go〛
 hiʔáyaʔ going. 〚√hy<ʔáy>aʔ √go<actual>〛
 čaʔhiyáʔ just go. 〚čaʔ-√hyaʔ immed-√go〛
 hiyáʔtxʷ take. 〚√hyaʔ-txʷ √go-incaus〛
  hiyayáʔtxʷ take (pl). 〚√h<ya>yaʔ-txʷ √go<pl>-incaus〛
  hiyaʔtúŋə take you. 〚√hyaʔ-txʷ-uŋə √go-incaus-2obj〛
  hiyaʔtúŋəs take me/you. 〚√hyaʔ-txʷ-uŋəs √go-incaus-1obj/2obj〛
  hiyaʔtúŋəɬ take us. 〚√hyaʔ-txʷ-uŋəs √go-letcaus-1obj/2obj〛
  hiyáʔtəŋ be taken. 〚√hyaʔ-txʷ-ŋ √go-incaus-psv〛
 hiyaʔstúy̓ go together. 〚√hyaʔ-stuy̓ √go-comit〛
 hiyaʔnúŋət get to go. 〚√hyaʔ-nuŋt √go-ncmdl〛
 hiyáʔnəs go at. 〚√hyaʔ-nəs √go-intent〛
  hiyáʔnəsəŋ be gone after. 〚√hyaʔ-nəs-ŋ √go-intent-psv〛
 hiyaʔíŋət get to bring. 〚√hyaʔ-iŋt √go-scs〛
 hiyaʔáy̓ŋən want to go. 〚√hyaʔ-ay̓ŋən √go-want〛
 haʔyáʔwən part. 〚√h<əʔ>yaʔ=iwən √go<actl>=interior〛

√**hyi** √live.
    hiyí live. 〚√hyi √live〛
        sxʷhiyí for living. 〚sxʷ-√hyi for-√live〛
            nəsxʷhiyí my dear. 〚nə-sxʷ-√hyi 1pos-for-√live〛
        shəyí life. 〚s-√hyi s-√live〛
        hiyít bring it to life. 〚√hyi-t √live-trns〛
            hiyítəŋ save life. 〚√hyi-t-ŋ √live-trns-psv〛
        hiyíct come to life. 〚√hyi-cut √live-rflxv〛
        hiyítxʷ save life. 〚√hyi-txʷ √live-caus〛
            hiyitúŋə save you. 〚√hyi-txʷ-uŋə √live-caus-2obj〛
            hiyitíxʷ revive. 〚√hyi-t<í>xʷ √live-caus<persist>〛
                hiyitíŋ be revived. 〚√hyi-t-í-ŋ √live-trns-pers-psv〛
        hiyínəxʷ save life. 〚√hyi-naxʷ √live-nctrns〛
            hiyínəŋ be saved. 〚√hyi-naxʷ-ŋ √live-nctrns-psv〛
        hiyinúŋət manage to live. 〚√hyi-nuŋt √live-ncmdl〛
        həyíkʷən save life. 〚√hiyi=iwən √live=interior〛
            nəxʷhaʔyaʔkʷə́nct save life. 〚nxʷ-√hi<ʔ>y=i<ʔ>wən<ʼ>-cut loc-√live<actl>=interior<actl>-rflxv〛
        čəṅshəyí December. 〚čṅ-s-√hyi time-s-√live〛
√**fišn** √fish.
    féʔšəṅ fishing from shore. 〚√fi<ʔ>šn<ʼ> √fish<actual>〛
√**kapú** √coat.
    kapú coat. 〚√kapú √coat〛
        kiyapú coats. 〚√k<iy>apu √coat<pl>〛
        kaʔkaʔpú small coat. 〚kaʔ+√ká<ʔ>pu dimin+√coat<diminutive>〛
        kapúhəŋ put a coat on. 〚√kapú-ŋ √coat-mdl〛
            kaʔpúhəŋ putting on coat. 〚√ka<ʔ>pu-ŋ<ʼ> √coat<actual>-mdl<actual>〛
√**kawaʔ** √dear.
    nəkáwaʔ my dear. 〚nə-√kawaʔ 1pos-√dear〛
√**knim** √canoe.
    kəním canoe. 〚√knim √canoe〛
        kənimáyəɬ go by canoe. 〚√knim=ayɬ √canoe=conveyance〛
√**kul** √gold.
    kúl gold. 〚√kul √gold〛
        kuláyns gold tooth. 〚√kul-ay=nis √gold-ext=tooth〛
√**kʷaʔ** √release.
    kʷkʷáʔ later. 〚kʷ+√kʷaʔ incep+√release〛
        kʷkʷáʔtxʷ let go. 〚kʷ+√kʷaʔ-txʷ incep+√release-letcaus〛
            kʷaʔkʷaʔáʔtxʷ leaving it alone. 〚kʷaʔ+√kʷ<ə>aʔ-txʷ dim+√release<actl>-letcaus〛
        kʷáʔət let it go. 〚√kʷaʔ-t √release-trns〛
            kʷaʔkʷaʔát releasing it. 〚kʷaʔ+√kʷaʔ<á>-t dim+√release<actl>-trns〛
            kʷaʔkʷaʔə́c leave me/you alone. 〚kʷaʔ+√kʷaʔə-t-c dim+√release-trns-1obj/2obj〛
        kʷáʔəc release me/you. 〚√kʷaʔ-t-c √release-trns-1obj/2obj〛
        kʷáʔətəŋ be released. 〚√kʷaʔ-t-ŋ √release-trns-psv〛
        kʷáʔnəxʷ drop it. 〚√kʷaʔ-naxʷ √release-nctrns〛
        kʷáʔnəŋ be dropped. 〚√kʷaʔ-naxʷ-ŋ √release-nctrns-psv〛
        kʷáʔəs let something go. 〚√kʷaʔ-as √release-ptcaus〛
        kʷáʔŋən trash. 〚√kʷaʔ=ŋin √release=piece〛
            sxʷkʷáʔŋənúcən leave food. 〚sxʷ-√kʷaʔ=ŋin=ucin for-√release=piece=mouth〛
√**kʷaʔət** √stern.
    skʷáʔət stern. 〚s-√kʷaʔət s-√stern〛
    ʔəskʷáʔət in the stern. 〚ʔs-√kʷaʔət stat-√stern〛
    kʷáʔətct go stern. 〚√kʷaʔət-cut √stern-rflxv〛
√**kʷaʔn** √let_go.
    kʷáʔnət let it go. 〚√kʷaʔn-t √let_go-trns〛
√**kʷaʔtuš** √kitten.
    kʷaʔtúš kitten. 〚√kʷaʔtuš √kitten〛
        qiʔatúš kittens. 〚√q<yʔ>atuš √kitten<pl>〛
√**kʷaʔt̓** √plop.
    kʷaʔt̓ənáč thud. 〚√kʷaʔt̓=nač √plop=tail〛
    kʷaʔt̓ənáqʷ explode. 〚√kʷaʔt̓=ənəqʷ √plop=sound〛

√kʷač   √kʷaq

kʷaʔɬənə́qʷt blow it up.   〚√kʷaʔɬ=ənəqʷ-t √plop=sound-trns〛
   kʷaʔɬənə́qʷtəŋ be blown up.   〚√kʷaʔɬ=ənəqʷ-t-ŋ √plop=sound-trns-psv〛
kʷaʔɬiyə́q plop into water.   〚√kʷaʔɬ=iyəq √plop=water〛

√kʷač √yell.
   kʷáčəŋ yell.   〚√kʷač-ŋ √yell-mdl〛
      kʷaʔkʷáʔčəŋ yelling.   〚kʷaʔ+√kʷa<ʔ>č-ŋ<ʔ> actual+√yell<actual>-mdl<actual>〛
      kʷəkʷáčəŋ start to holler.   〚kʷə+√kʷač-ŋ incep+√yell-mdl〛
         kʷiyəkʷáčəŋ start to holler (pl).   〚kʷ<iy>ə+√kʷač-ŋ incep<pl>+√yell-mdl〛
      sxʷkʷaʔkʷáʔčəŋ telephone.   〚sxʷ-kʷaʔ+√kʷa<ʔ>č-ŋ for-dimutive+√yell<dim>-mdl〛
   kʷčáŋət yell to someone.   〚√kʷač-ŋi-t √yell-rel-trns〛
      kʷčáʔəŋət hollering to someone.   〚√kʷa<ʔʔ>č-ŋi-t √yell<actl>-rel-trns〛
      kʷaʔkʷčáʔŋət yelling at someone.   〚kʷaʔ+√kʷač<ʔ>-ŋi-t dim+√yell<actl>-rel-trns〛
         kʷaʔkʷčəŋítəŋ being yelled at.   〚kʷaʔ+√kʷač<ʔ>-ŋi-t-ŋ<ʔ> dimin+√yell<actual>-rel-trans-psv<actual>〛
         kʷaʔkʷčáʔŋəc yelling to me/you.   〚kʷaʔ+√kʷač<ʔ>-ŋi-t-c dim+√yell<actl>-rel-trns-1obj/2obj〛
         kʷaʔkʷčáʔŋíti yelling at each other.   〚kʷaʔ+√kʷač<ʔ>-ŋí-ty dim+√yell<actl>-rel-rcprcl〛
      kʷčáŋəc yell to me/you.   〚√kʷač-ŋi-t-c √yell-rel-trns-1ob/2obj〛
      kʷčaŋətúŋəɬ holler at us.   〚√kʷač-ŋi-t-uŋɬ √yell-rel-trns-1plobj〛
      kʷčáŋətəŋ be hollered at.   〚√kʷač-ŋi-t-ŋ √yell-rel-trns-psv〛
   kʷčaŋəsít yell for.   〚√kʷač-ŋi-sít √yell-rel-bene〛
      kʷčaŋəsícəŋ yell for me.   〚√kʷač-ŋi-sít-cəŋ √yell-rel-bene-1obj/2obj〛
      kʷčaŋəsítəŋ be yelled for.   〚√kʷač-ŋi-sít-ŋ √yell-rel-bene-psv〛

√kʷačy √day.
   kʷáči day.   〚√kʷačy √day〛
      kʷaʔčíy̓ early morning.   〚√kʷa<ʔ>yiy<ʔ> √day<actual>〛
      kʷkʷáʔyiʔ daybreak.   〚kʷ+√kʷa<ʔ>yiy<ʔ> inceptive+√day<actual>〛
   skʷáči day.   〚ʔs-√kʷayiy stat-√day〛
      skʷikʷáči days.   〚s-kʷy+√kʷayiy stat-pl+√day〛
   kʷɬkʷáči next day.   〚kʷɬ-√kʷayiy alrdy-√day〛
   kʷčiʔŋínəŋ breakfast.   〚√kʷayiy<ʔ>=ŋin-ŋ √day=piece-mdl〛
      kʷaʔčiʔŋéʔnəŋ breakfasting.   〚√kʷa<ʔ>yiy<ʔ>=ŋi<ʔ>n-ŋ √day<actl>=piece<actl>-mdl〛

√kʷaƛ̓ √?.
   kʷaʔkʷáƛ̓šən red rock crab.   〚kʷaʔ+√kʷaƛ̓=šən dim+√?=foot〛

√kʷaməh √ratfish.
   skʷúmah ratfish.   〚s-√kʷaməh s-√ratfish〛

√kʷaniŋut √run.
   kʷánəŋət run.   〚√kʷaniŋut √run〛
      kʷənkʷánəŋət run (pl).   〚kʷn+√kʷaniŋut pl+√run〛
      kʷaʔnéʔŋət running.   〚√kʷa<ʔ>ni<ʔ>ŋut √run<actual>〛
         kʷiyaʔnéʔəŋt running (pl).   〚√kʷ<iy>a<ʔ>ni<ʔ>ŋut √run<pl><actual>〛
      kʷaʔkʷaʔnéʔŋət running (dimin).   〚kʷaʔ+√kʷa<ʔ>ni<ʔ>ŋut dimin+√run<actual>〛
         kʷaʔyaʔkʷəńéʔŋət small running (pl).   〚kʷ<əʔy>aʔ+√kʷan<ʔ>i<ʔ>ŋut dimin<pl>+√run<actual>〛
      nəxʷskʷánəŋət runner.   〚nxʷ-s-√kʷaniŋut loc-s-√run〛
      sxʷkʷənkʷánəŋət runner.   〚sxʷ-kʷən+√kʷaniŋut for-char+√run〛
         nəxʷskʷənkʷánəŋət foot race.   〚nxʷ-s-kʷən+√kʷaniŋut loc-s-pl+√run〛
      kʷənkʷanəŋəttúy̓ running together.   〚kʷn+√kʷaniŋut-tuy̓ pl+√run-comit〛
   kʷənəŋútt make it run.   〚√kʷaniŋut-t √run-trns〛
      kʷənəŋútc make me/you run.   〚√kʷaniŋut-t √run-trns〛
   kʷənəŋúttxʷ let run.   〚√kʷaniŋut-txʷ √run-letcaus〛
      kʷaʔnaʔŋútxʷ make running.   〚√kʷa<ʔ>ni<ʔ>ŋut-txʷ √run<actl>-letcaus〛
      kʷənəŋúttəŋ be taken running.   〚√kʷaniŋut-txʷ-ŋ √run-caus-psv〛
   kʷənəŋútnəs run after it.   〚√kʷaniŋut-nəs √run-intent〛
      kʷənəŋútnəsəŋ be run after it.   〚√kʷaniŋut-nəs-ŋ √run-intent-psv〛
   kʷaʔnéʔŋəthay̓ŋən̓ want to run.   〚√kʷa<ʔ>ni<ʔ>ŋut-ay̓ŋən √run<actl>-want〛

√kʷapi √coffee.
   kʷápi coffee.   〚√kʷapi √coffee〛
   sxʷkʷapiháy coffee pot.   〚sxʷ-√kʷapi=ayə for-√coffee=container〛

√kʷaq √flower.
   kʷáqəŋ bloom.   〚√kʷaq-ŋ √flower-mdl〛
      kʷáʔqəŋ̓ blooming.   〚√kʷa<ʔ>q-ŋ<ʔ> √flower<actual>-mdl<actual>〛
   skʷáqəŋ flower.   〚s-√kʷaq-ŋ s-√flower-mdl〛

√kʷašu

skʷaʔyáqəŋ flowers. 〚s-√kʷ‹əʔy›aq-ŋ s-√flower‹pl›-mdl〛
skʷayəqəŋíɬč flower bed. 〚s-√kʷa‹yə›q-ŋ=iɬč s-√flower‹pl›-mdl=plant〛

√kʷašu √pig.
kʷašú pig. 〚√kʷašu √pig〛
kʷiyašú pigs. 〚√kʷ‹əy›ašú √pig‹pl›〛
kʷaʔkʷaʔšú small pig. 〚kʷaʔ+√kʷa‹ʔ›šu dimin+√pig‹dimin›〛
kʷaʔyaʔkʷaʔšú small pigs. 〚kʷ‹əʔy›aʔ+√kʷa‹ʔ›šu dimin‹pl›+√pig‹dimin›〛

√kʷatə √quarter.
kʷátə quarter. 〚√kʷatə √quarter〛
ʔəɬkʷátə quarter. 〚ʔɬ-√kʷatə part-√quarter〛

√kʷay √hide.
kʷáy hidden. 〚√kʷay √hide〛
kʷáyi hide. 〚√kʷay-iy √hide-dev〛
kʷəʔáʔi hiding. 〚√kʷ‹əʔ›a‹ʔ›y √hide‹actual›〛
kʷkʷáʔiʔ hiding. 〚kʷ+√kʷa‹ʔ›y-iy‹ʔ› inceptive+√hide‹actual›-develop‹actual›〛
kʷəýə́čəŋ hiding (something). 〚√kʷaý‹ə́›-iy-ŋ √hide‹actl›-dev-mdl〛
ʔəskʷáʔkʷiʔ hidden. 〚ʔs-kʷáʔ+√kʷay‹ʔ› stat-actual+√hide‹actual›〛
kʷáyət hide it. 〚√kʷay-t √hide-trns〛
kʷáʔyət hiding it. 〚√kʷa‹ʔ›y-t √hide‹actl›-trns〛
kʷáyətəŋ be hidden. 〚√kʷay-t-ŋ √hide-trns-psv〛
kʷáʔyətəŋ́ being hidden. 〚√kʷa‹ʔ›y-t-ŋ‹ʔ› √hide‹actual›-trans-psv‹actual›〛
kʷáyəs hide it there. 〚√kʷay-as √hide-ptcaus〛
kʷaʔáyəs hiding. 〚√kʷa‹ʔə›y‹ʔ›-as √hide‹actl›-ptcaus〛
kʷáyəŋ be hidden. 〚√kʷay-as-ŋ √hide-ptcaus-psv〛
kʷaʔáʔyəŋ́ being hidden. 〚√kʷ‹əʔ›a‹ʔ›y-as-ŋ‹ʔ› √hide‹actual›-putcaus-psv‹actual›〛
skʷáyəkʷs murdered. 〚s-√kʷay=iws s-√hide=body〛
skʷayəkʷsáýŋəŋ́ want to murder. 〚s-√kʷay=iws-aýŋən s-√hide=body-want〛
skʷaʔyáws getting murdered. 〚s-√kʷa‹ʔ›y=iw‹ʔ›s s-√hide‹actual›=body‹actual›〛

√kʷcac √get_ride.
kʷcác get a ride with someone. 〚√kʷcac √get_ride〛
kʷcáci hitchhike. 〚√kʷcac-iy √get_ride-dev〛
kʷcaciʔáýŋəŋ́ want to hitchhike. 〚√kʷcac-iy‹ʔ›-aýŋən √get_ride‹actl›-dev-want〛

√kʷčmin √dancer's_rattle.
kʷčmín dancer's rattle. 〚√kʷčmin √dancer's_rattle〛

√kʷəcc √send.
kʷə́cc send. 〚√kʷəcc √send〛
skʷə́cc send. 〚s-√kʷəcc s-√send〛
skʷəccəŋít send with someone. 〚s-√kʷəcc-ŋí-t s-√send-rel-trns〛
skʷəccəŋítəŋ be sent to. 〚s-√kʷəcc-ŋí-t-ŋ s-√send-rel-trns-psv〛
kʷccəŋítəŋ be sent to. 〚√kʷəcc-ŋí-t-ŋ √send-rel-trns-psv〛

√kʷə́lal √kerosene.
kʷə́lal kerosene. 〚√kʷə́lal √kerosine〛
skʷəlalháyə oil drum. 〚s-√kʷəlal=ayə s-√kerosine=container〛

√kʷələwaʔ √shore_crab.
kʷaʔkʷə́ləwaʔ shore crab. 〚kʷaʔ+√kʷələwaʔ dim+√shore_crab〛

√kʷəm √confuse.
kʷəkʷəmús confused. 〚kʷə+√kʷəm=us incep+√confuse=face〛

√kʷən √enrapture.
kʷə́n enrapture. 〚√kʷən √enrapture〛
kʷənúcəŋ sing power song. 〚√kʷən=uc-ŋ √enrapture=mouth-mdl〛
kʷənúcən sing spirit song. 〚√kʷən=ucin √enrapture=mouth〛
skʷənúcən spirit song. 〚s-√kʷən=ucin s-√enrapture=mouth〛
kʷiyńúčəŋ́ spirit songs. 〚√kʷ‹iy›ən=ucin √enrapture‹pl›=mouth〛
kʷənucənhíyɬ go to spirit dance. 〚√kʷən=ucin-iyɬ √enrapture=mouth-go〛
kʷənəsáẃtxʷ Indian dance house. 〚√kʷən=us=aẃtxʷ √enrapture=face=house〛

kʷənča √divorce.
kʷənčát divorce someone. 〚√kənča-t √divorce-trns〛
kʷənčáti divorce. 〚√kʷənča-ty √divorce-rcprcl〛
kʷaʔnəčáti divorcing. 〚√kʷə‹ʔ›nča-ty √divorce‹actl›-rcprcl〛

√kʷəniləč √cedar_ring_dance.
    skʷəníləč cedar ring dance. 〚s-√kʷəniləč s-√cedar_ring_dance〛
√kʷəniyə́ctx̣ √Quileute.
    kʷəniyə́ctx̣ Quileute. 〚√kʷəniyə́ctx̣ √Quileute〛
√kʷənŋ √orphan.
    skʷənəŋə́čɬ orphan. 〚s-√kʷənŋ=əčɬ s-√orphan=child〛
√kʷən̓ √alternate.
    kʷən̓cút take turns. 〚√kʷən̓-cut √alternate-rflxv〛 √together.
    kʷən̓túy̓ be together. 〚√kʷən̓-tuy̓ √alternate-comit〛
√kʷən̓kʷən̓šán √goldeneye.
    kʷən̓kʷən̓šán goldeneye duck. 〚√kʷən̓kʷən̓šán √goldeneye〛
√kʷə́škʷəš √blue_jay.
    kʷə́škʷš blue jay. 〚√kʷə́škʷəš √bluejay〛
      kʷə́yəškʷš blue jays. 〚√kʷə́<yə>škʷš √bluejay<pl>〛
√kʷəšqit √choke.
    kʷəšqé?t choking. 〚√kʷəšqi<?>t √choke<actual>〛
    nəxʷkʷəšqé?təŋ choking. 〚nxʷ-√kʷəšqi<?>t-ŋ loc-√choke<actl>-mdl〛
√kʷəw √warm.
    kʷə́wəŋ warm. 〚√kʷəw-ŋ √warm-mdl〛
    kʷkʷə́t warm it. 〚√kʷəw-t √warm-trns〛
    kʷkʷə́ct get warm. 〚√kʷəw-cut √warm-rflxv〛
      kʷa?kʷíw̓cct warming self by fire. 〚√kʷə<?>w=iw<ʔ>c-cut √warm=fire-rflxv〛
      sxʷkʷa?kʷíw̓cct heater. 〚sxʷ-√kʷə<?>w=iw<ʔ>c-cut for-√warm=fire-rflxv〛
    qʷəwəŋhúcən warm up. 〚√kʷəw-ŋ=ucin √warm-mdl=mouth〛
√kʷəy √fly.
    kʷə́yəŋ fly. 〚√kʷəy-ŋ √fly-mdl〛
    kʷə́yəŋ̓ flying. 〚√kʷəy-ŋ<ʔ> √fly-mdl<actual>〛
    kʷa?kʷə́yəŋ fly. 〚kʷa?+√kʷəy-ŋ dim+√fly-mdl〛
    sxʷkʷə́yəŋ airplane. 〚sxʷ-√kʷəy-ŋ for-√fly-mdl〛
    skʷi?áxən wing. 〚s-√kʷəy<?>=axən s-√fly<actl>=arm〛
    skʷikʷi?áxən wings. 〚s-kʷy+√kʷəy<?>=axən s-pl+√fly<actl>=arm〛
√kʷəy̓əx̣ √move.
    kʷə́y̓əx̣ move. 〚√kʷəy̓əx̣ √move〛
    kʷə́y̓əx̣i move. 〚√kʷəy̓əx̣-iy √move-dev〛
    kʷə́y̓x̣əŋ moving. 〚√kʷ<ə́>y̓əx̣-ŋ √move<actl>-mdl〛
    kʷə́y̓əx̣t move it. 〚√kʷəy̓əx̣-t √move-trns〛
      kʷə́y̓əx̣təŋ be shaken. 〚√kʷəy̓əx̣-t-ŋ √move-trns-psv〛
      kʷə́y̓əx̣ct move oneself. 〚√kʷəy̓əx̣-cut √move<actl>-rflxv〛
        kʷə́y̓x̣ct moving. 〚√kʷ<ə́>y̓əx̣-cut √move-rflxv〛
        kʷə́y̓əx̣cúttxʷ make it move. 〚√kʷəy̓əx̣-cut-txʷ √move-rflxv-letcaus〛
    kʷi?x̣sə́nəŋ̓ moving feet. 〚√kʷəy̓əx̣=sən-ŋ<ʔ> √move<actual>=foot-mdl<actual>〛
    kʷi?x̣císəŋ̓ moving hands. 〚√kʷəy̓əx̣=acis-ŋ<ʔ> √move<actual>=hand-mdl<actual>〛
√kʷi?əxʷ √fern_root.
    skʷé?əxʷ fern root. 〚s-√kʷi?əxʷ s-√fern_root〛
    skʷiyé?əxʷ summer fern roots. 〚s-√kʷ<iy>i?əxʷ s-√fern_root<pl>〛
√kʷinayɬ √Quinault.
    kʷənáyɬ Quinault. 〚√kʷinayɬ √Quinault〛
    kʷa?yənáyəɬ Quinault canoes. 〚√kʷ<a?y>inayɬ √Quinault<pl>〛
      kʷa?kʷi?náy̓ɬ small Quinault canoe. 〚kʷa?+√kʷi<?>nay<ʔ>ɬ dimin+√Quinault<dimin>〛
        kʷəya?kʷi?náy̓ɬ small Quinault canoes. 〚kʷ<əy>a?+√kʷi<?>nay<ʔ>ɬ dimin<pl>+√Quinault<dimin>〛
√kʷitšn √spring_salmon.
    kʷítšən spring salmon. 〚√kʷitšn √spring_salmon〛
    kʷa?yítšən spring salmon (pl). 〚√kʷ<ə?y>itšn √spring_salmon<pl>〛
    kʷa?kʷé?tšən̓ small spring salmon. 〚kʷa?+√kʷi<?>tšn dimin+√spring_salmon<dimin>〛
    kʷa?ya?kʷé?tšən̓ small spring salmon (pl). 〚kʷ<ə?y>a?+√kʷi<?>tšn dimin<pl>+√spring_salmon<dimin>〛
    čən̓kʷítšən June. 〚čn̓-√kʷitšn time-√spring_salmon〛
√kʷɬač √on_edge.
    kʷɬáč be on the edge. 〚√kʷɬač √on_edge〛

kʷɬáčəŋ sleep at foot. 〚√kʷɬač-ŋ √on_edge-mdl〛
kʷɬáčt put it on edge. 〚√kʷɬač-t √on_edge-trns〛
kʷɬáčtəŋ be made sleep at edge. 〚√kʷɬač-t-ŋ √on_edge-trns-psv〛

√kʷnaŋi √help.
kʷənáŋət help someone. 〚√kʷnaŋi-t √help-trns〛
kʷənáŋəc help me/you. 〚√kʷnaŋi-t-c √help-trns-1obj/2obj〛
kʷəná̓ʔŋəc helping me/you. 〚√kʷn<ʔ>a<ʔ>ŋi-t-c √help<actl>-trns-1obj/2obj〛
kʷənaŋətúŋɬ help us. 〚√kʷnaŋi-t-uŋɬ √help-trns-1plobj〛
kʷəná̓ʔŋət helping someone. 〚√kʷn<ʔ>a<ʔ>ŋi-t √help<actl>-trns〛
kʷi̓ʔná̓ʔŋət helping someone (pl). 〚√kʷ<ʔy̓>n<ʔ>a<ʔ>ŋ-t √help<pl><actl>-trns〛
kʷənáŋətəŋ be helped. 〚√kʷnaŋi-t-ŋ √help-trns-psv〛
kʷəna̓ʔŋítəŋ̓ being helped. 〚√kʷna<ʔ>ŋi-t-ŋ<ʔ> √help<actual>-trans-psv<actual>〛
kʷənáŋəti help each other. 〚√kʷnaŋi-ty √help-rcprcl〛
kʷənaŋ̓íti helping each other. 〚√kʷnaŋ<ʔ>i-ty √help<actl>-rcprcl〛
kʷənaŋíct help self. 〚√kʷnaŋi-cut √help-rflxv〛
kʷənaŋ̓íct helping oneself. 〚√kʷnaŋ<ʔ>i-cut √help<actl>-rflxv〛
skʷənáŋət hired. 〚s-√kʷnaŋi-t s-√help-trns〛
kʷənáŋənəxʷ manage to help. 〚√kʷnaŋi-naxʷ √help-nctrns〛
kʷənaŋənúŋɬ manage to help us. 〚√kʷnaŋi-naxʷ-uŋɬ √help-nctrns-1plobj〛
kʷənaŋənúŋəs manage to help me. 〚√kʷnaŋi-naxʷ-uŋəs √help-nctrns-1obj〛
kʷənaŋənúŋə manage to help you. 〚√kʷnaŋi-naxʷ-uŋə √help-nctrns-2obj〛
kʷənáŋənəŋ be helped. 〚√kʷnaŋi-naxʷ-ŋ √help-nctrns-psv〛
kʷənáŋəɬ help. 〚√kʷnaŋi-ɬ √help-dur〛
skʷənáŋəɬ power. 〚s-√kʷnaŋi-ɬ s-√help-dur〛

√kʷnis √button.
kʷənísəŋ button. 〚√kʷnis-ŋ √button-mdl〛
kʷəníst button it. 〚√kʷnis-t √button-trns〛
kʷənísən button. 〚√kʷnis=ən √button=instr〛
sxʷkʷənisənáy button box. 〚sxʷ-√kʷənis=ən=ayə for-√button=instr=container〛
kʷaʔkʷənísən small button. 〚kʷaʔ+√kʷnis=ən dim+√button=instr〛
kʷaʔyənísən buttons. 〚√kʷ<əʔyə>nis=ən √button<pl>=instr〛

√kʷn̓axʷ √bullhead.
skʷən̓áxʷ bullhead fish. 〚s-√kʷn̓axʷ s-√bullhead〛

√kʷq̓ √open.
kʷə́q̓ opened. 〚√kʷq̓ √open〛
ʔəsxʷkʷáq̓ɬ open. 〚ʔs-xʷ-√kʷ<á>q̓-ɬ stat-loc-√open<rslt>-dur〛
kʷq̓ə́t open it. 〚√kʷq̓-t √open-trns〛
kʷq̓ə́təŋ be opened. 〚√kʷq̓-t-ŋ √open-trns-psv〛
nəxʷkʷq̓ə́t open it. 〚nxʷ-√kʷq̓-t loc-√open-trns〛
kʷq̓sít open for. 〚√kʷq̓-sít √open-bene〛
kʷq̓síc open for me/you. 〚√kʷq̓-sít-c √open-bene-1obj/2obj〛
nəxʷkʷq̓sít open for. 〚nxʷ-√kʷq̓-sít loc-√open-bene〛
nəxʷkʷq̓síc open for me/you. 〚nxʷ-√kʷq̓-sít-c loc-√open-bene-1obj/2obj〛

√kʷsač √back_against.
kʷsáčəŋ back against. 〚√kʷsač-ŋ √back_against-mdl〛
kʷsáčt put it aside. 〚√kʷsač-t √back_against-trns〛
kʷsáčtəŋ be put aside. 〚√kʷsač-t-ŋ √back_against-trns-psv〛
kʷsáʔič back against. 〚√kʷsa<ʔi>č √back_against<ʔ>〛

√kʷsiq √itch.
kʷsíqəŋ itch. 〚√kʷsiq-ŋ √itch-mdl〛
kʷaʔsíqəŋ̓ itching. 〚√kʷ<ʔ>siq-ŋ<ʔ> √itch<actual>-mdl<actual>〛
kʷikʷəsíqəŋ itch (pl). 〚kʷy+√kʷsiq-ŋ pl+√itch-mdl〛

√kʷš √eject.
kʷšə́t eject it. 〚√kʷšə-t √eject-trns〛
kʷšə́ct go away. 〚√kʷšə-cut √eject-rflxv〛

√kʷšəčn √blue_jay.
kʷaʔkʷšə́čən blue jay. 〚kʷə+√kʷšəčn dim+√bluejay〛

√kʷšəq √sigh.
kʷšə́q sigh. 〚√kʷšəq √sigh〛

kʷaʔšə́q sighing. 〚√kʷ<əʔ>šəq √sigh<actual>〛
    kʷaʔšə́qəŋ̓ sighing. 〚√kʷ<əʔ>šəq-ŋ<ʔ> √sigh<actual>-mdl<actual>〛

√kʷt √look_up.
kʷtús look up. 〚√kʷt=us √look_up=face〛
    kʷtúsəŋ look up. 〚√kʷt=us-ŋ √look_up=face-mdl〛
        kʷaʔtúsəŋ looking up. 〚√kʷ<ʔ>t=us-ŋ √look_up<actl>=face-mdl〛
    kʷtúst turn it up. 〚√kʷt=us-t √look_up=face-trns〛
        kʷtústəŋ be turned up. 〚√kʷt=us-t-ŋ √look_up=face-trns-psv〛

√kʷtəq̓ √fart.
kʷətə́q̓ fart. 〚√kʷtəq̓ √fart〛
    kʷaʔtáq̓ɬ farting. 〚√kʷə<ʔ>təq̓-ɬ √fart<actl>-dur〛

√kʷuʔət √cattail.
kʷúʔət cattail. 〚√kʷuʔət √cattail〛
    kʷəyúʔət cattails. 〚√kʷ<əy>uʔət √cattail<pl>〛

√kʷukʷ √cook.
kʷúkʷ cook. 〚√kʷukʷ √cook〛
    sxʷkʷukʷáw̓txʷ kitchen. 〚sxʷ-√kʷukʷ=aw̓txʷ for-√cook=house〛
    skʷukʷáw̓txʷ kitchen. 〚s-√kʷukʷ=aw̓txʷ s-√cook=house〛

√kʷukʷm √strong.
skʷúkʷm strong. 〚s-√kʷukʷm s-√strong〛

√kʷul √school.
skʷúl school. 〚s-√kʷul s-√school〛
    skʷuláw̓txʷ school. 〚s-√kʷul=aw̓txʷ s-√school=house〛
    skʷúkʷəl going to school. 〚s-kʷú+√kʷul s-actl+√school〛
        skʷúkʷəltxʷ teaching. 〚s-kʷu+√kʷul-txʷ s-actl+√school-caus〛
    ʔəskʷúl school. 〚ʔs-√kʷul stat-√school〛
        ʔəskʷúkʷəl learning. 〚ʔs-kʷu+√kʷul stat-actl+√school〛

√kʷuxʷ √dancing_pole.
kʷúxʷən dancing pole. 〚√kʷuxʷ=ən √dancing_pole=instr〛
    kʷə́yəxʷən dancing poles. 〚√kʷ<əy>uxʷ=ən √dancing_pole<pl>=instr〛
    kʷaʔkʷúʔxʷən̓ small dancing pole. 〚kʷaʔ+√kʷu<ʔ>xʷ=ən<ʔ> dimin+√dancing_pole<dimin>=instr<actual>〛
    kʷəyaʔkʷúʔxʷən̓ small dancing poles. 〚kʷ<əy>aʔ+√kʷu<ʔ>xʷ=ən<ʔ> dimin<pl>+√dancing_pole<dimin>=instr<actual>〛

√kʷxʷnəč √tuck_away.
kʷxʷnə́čəŋ tuck away. 〚√kʷxʷnəč-ŋ √tuck_away-mdl〛
    kʷxʷnə́čt tuck it away. 〚√kʷxʷnəč-t √tuck_away-trns〛

√kʷx̣ √eject.
kʷə́x̣ ejected. 〚√kʷx̣ √eject〛
    kʷx̣ə́ŋ eject. 〚√kʷx̣-ŋ √eject-mdl〛
    kʷx̣ə́t eject it. 〚√kʷx̣-t √eject-trns〛
        kʷə́x̣t ejecting it. 〚√kʷ<ə́>x̣-t √eject<actl>-trns〛
        kʷikʷə́x̣t eject several. 〚kʷy+√kʷx̣-t pl+√eject-trns〛
        kʷx̣ə́təŋ be ejected. 〚√kʷx̣-t-ŋ √eject-trns-psv〛
            kʷə́x̣təŋ being ejected. 〚√kʷ<ə́>x̣-t-ŋ<ʔ> √eject<actual>-trans-psv<actual>〛
            kʷikʷə́x̣təŋ be ejected. 〚kʷy+√kʷx̣-t-ŋ pl+√eject-trns-psv〛
            kʷə́x̣təŋ being ejected. 〚√kʷ<ə́>x̣-t-ŋ √eject<actl>-trns-psv〛
    kʷəx̣sít send away for someone. 〚√kʷx̣-sít √eject-bene〛
        kʷx̣síкəŋ eject for me/you. 〚√kʷx̣-sít-cəŋ √eject-bene-1obj/2obj〛
        kʷx̣sítəŋ be sent away for. 〚√kʷx̣-sít-ŋ √eject-bene-psv〛
    kʷx̣cínəŋ scream. 〚√kʷx̣=ucin-ŋ √eject=mouth-mdl〛
        kʷaʔkʷx̣cínəŋ scream a little. 〚kʷaʔ+√kʷx̣=ucin-ŋ dim+√eject=mouth-mdl〛
            kʷaʔkʷx̣cé?nəŋ̓ screaming a little. 〚kʷaʔ+√kʷx̣=uci<ʔ>n-ŋ<ʔ> dimin+√eject=mouth<actual>-mdl<actual>〛
        kʷaʔx̣cé?nəŋ̓ screaming. 〚√kʷ<əʔ>x̣=uci<ʔ>n-ŋ<ʔ> √eject<actual>=mouth<actual>-mdl<actual>〛

√kʷykʷyay √expert.
kʷikʷiyáy expert. 〚√kʷykʷyay √expert〛
    kʷikʷiyáyt consider someone expert. 〚√kʷykʷyay-t √expert-trns〛
        kʷikʷiyáytəŋ be thought expert. 〚√kʷykʷyay-t-ŋ √expert-trns-psv〛
    kʷikʷiyáyct become expert. 〚√kʷykʷyay-cut √expert-rflxv〛

Klallam Root Index

√kʷy̓ √spill.
    kʷə́y̓ get spilled. 〚√kʷy̓ √spill〛
        kʷəkʷə́y̓ spilling. 〚kʷə+√kʷy̓ actl+√spill〛
        kʷiʔə́ŋ pour. 〚√kʷy̓-ŋ √spill-mdl〛
        ʔəskʷiʔə́yu rain hard. 〚ʔəs-√kʷy̓-əyu stat-√spill-activ〛
        kʷə́y̓əɬ spill. 〚√kʷy̓-ɬ √spill-dur〛
            skʷáʔiɬ spilled. 〚ʔs-√kʷ<á>y̓-ɬ stat-√spill<rslt>-dur〛
        kʷə́y̓kʷiʔ capsized. 〚kʷə́y̓+√kʷy̓ char+√spill〛
        kʷə́y̓əyuʔ pouring. 〚√kʷy̓-əyu<ʔ> √spill-activity<actual>〛
        kʷiʔə́t spill it. 〚√kʷy̓-t √spill-trns〛
            kʷə́y̓t spilling it. 〚√kʷ<ə́>y̓-t √spill<actl>-trns〛
            kʷiʔə́tən be spilled. 〚√kʷy̓-t-ŋ √spill-trns-psv〛
                kʷə́y̓tən being spilled. 〚√kʷ<ə́>y̓-t-ŋ<ʔ> √spill<actual>-trans-psv<actual>〛
                    kʷəy̓táy̓ŋən trying to capsize. 〚√kʷy̓-t-ayŋən √spill-trns-want〛
                        kʷəy̓təŋáyŋən trying to be capsized. 〚√kʷy̓-t-ŋ-ayŋən √spill-trns-psv-want〛
        kʷiʔə́ct tip over. 〚√kʷy̓-cut √spill-rflxv〛
            kʷə́y̓ct limp. 〚√kʷ<ə́>y̓-cut √spill<actl>-rflxv〛
            kʷaʔkʷiʔə́ct tip over (dim). 〚kʷaʔ+√kʷy̓-cut dim+√spill-rflxv〛
        kʷiʔúst pour on it. 〚√kʷy̓-us-t √spill-rcpnt-trns〛
            kʷiʔúʔst pouring on it. 〚√kʷy̓-u<ʔ>s-t √spill-rcpnt<actl>-trns〛
            kʷiʔústən be spilled on. 〚√kʷy̓-us-t-ŋ √spill-rcpnt-trns-psv〛
        kʷiʔnáxʷ spill. 〚√kʷy̓-naxʷ √spill-nctrns〛
            kʷiʔnáʔəxʷ spilling. 〚√kʷy̓-na<ʔə>xʷ √spill-nctrans<actual>〛
            kʷiʔáʔnəŋ spilling. 〚√kʷy̓<əʔ>-naxʷ-ŋ<ʔ> √spill<actual>-nctrans-psv<actual>〛
√kʷy̓aʔy̓ √woodpecker.
    kʷiʔáʔiʔ woodpecker. 〚√kʷy̓aʔy̓ √woodpecker〛
√k̓ʷaʔkʷ √unpleasant.
    k̓ʷaʔkʷéʔyəŋ unpleasant. 〚√k̓ʷaʔkʷ-i<ʔ>y-ŋ √unpleasant-dev<actl>-mdl〛
    nəxʷk̓ʷkʷíyət make water dirty. 〚nxʷ-√k̓ʷaʔkʷ-iy-t loc-√unpleasant-dev-trns〛
√k̓ʷaʔk̓ʷy √pregnant.
    ʔəsk̓ʷáʔk̓ʷi pregnant. 〚ʔs-√k̓ʷaʔk̓ʷy stat-√pregnant〛
    ʔəsk̓ʷaʔk̓ʷák̓ʷiʔ pregnant (dim.). 〚ʔs-k̓ʷaʔ+√k̓ʷaʔk̓ʷy stat-dimutive+√pregnant〛
√k̓ʷaʔws √hot.
    k̓ʷáʔus hot. 〚√k̓ʷaʔws √hot〛
√k̓ʷaɬ √net_fish.
    k̓ʷáɬ net, trap fish. 〚√k̓ʷaɬ √net_fish〛
        k̓ʷáɬi set net. 〚√k̓ʷaɬ-iy √net_fish-dev〛
√k̓ʷaƛ̓ √copulate.
    k̓ʷáƛ̓ copulate. 〚√k̓ʷaƛ̓ √copulate〛
√k̓ʷan √pour.
    k̓ʷánt pour it. 〚√k̓ʷan-t √pour-trns〛
        k̓ʷáʔnət pouring liquid. 〚√k̓ʷa<ʔ>n-t √pour<actl>-trns〛
            nəxʷk̓ʷáʔnət refill it. 〚nxʷ-√k̓ʷa<ʔ>n-t loc-√pour<actl>-trns〛
        k̓ʷántəŋ be poured. 〚√k̓ʷan-t-ŋ √pour-trns-psv〛
            k̓ʷaʔnə́təŋ being poured. 〚√k̓ʷa<ʔ>n-t-ŋ √pour-trns-psv〛
                nəxʷk̓ʷáʔnətəŋ being refilled. 〚nxʷ-√k̓ʷa<ʔ>n-t-ŋ loc-√pour<actl>-trns-psv〛
        k̓ʷaʔnéʔŋəɬ pouring. 〚√k̓ʷa<ʔ>n-i<ʔ>ŋɬ √pour<actual>-custom<actual>〛
√k̓ʷanəɬ √porpoise.
    k̓ʷánəɬ porpoise. 〚√k̓ʷanəɬ √porpoise〛
    k̓ʷiyánəɬ porpoises. 〚√k̓ʷ<iy>anəɬ √porpoise<pl>〛
√k̓ʷaqq √seaweed.
    k̓ʷáqq seaweed. 〚√k̓ʷaqq √seaweed〛
√k̓ʷas √scorch.
    k̓ʷás get scorched. 〚√k̓ʷas √scorch〛
        k̓ʷə́yəs scorch (pl). 〚√k̓ʷ<əy>as √scorch<pl>〛
            k̓ʷáyk̓ʷay̓əs burn all over. 〚k̓ʷáy+√k̓ʷa<y̓ə>s pl+√scorch<actual>〛
        k̓ʷə́yk̓ʷəyəs get burned. 〚k̓ʷə́y+√k̓ʷ<əy>as char+√scorch<pl>〛
        k̓ʷásəŋ toast. 〚√k̓ʷas-ŋ √scorch-mdl〛
            k̓ʷáʔsəŋ toasting something. 〚√k̓ʷa<ʔ>s-ŋ<ʔ> √scorch<actual>-mdl<actual>〛
            sk̓ʷásəŋ toast. 〚s-√k̓ʷas-ŋ s-√scorch-mdl〛

k̓ʷəsə́yu toast. 〚√k̓ʷas-əyu √scorch-activ〛
 k̓ʷaʔsáʔyuʔ toasting. 〚√k̓ʷa<ʔ>s-a<ʔ>yu<ʔ> √scorch<actual>-activity<actual><actual>〛
ʔəsk̓ʷás toasted. 〚ʔs-√k̓ʷas stat-√scorch〛
k̓ʷást toast it. 〚√k̓ʷas-t √scorch-trns〛
 k̓ʷsátəŋ be scorched. 〚√k̓ʷas-t-ŋ √scorch-trns-psv〛
  k̓ʷástəŋ toast it. 〚√k̓ʷ<á>s-t-ŋ √scorch<actl>-trns-psv〛
sk̓ʷásct scald oneself. 〚s-√k̓ʷas-cut s-√scorch-rflxv〛
k̓ʷsúcən burn mouth. 〚√k̓ʷas=ucin √scorch=mouth〛
 k̓ʷaʔyəsúcən scorch mouth. 〚√k̓ʷ<əʔy>as=ucin √scorch<pl>=mouth〛
k̓ʷsə́ynč burn rump. 〚√k̓ʷas-əy=nač √scorch-ext=tail〛
k̓ʷsə́łnəł burn throat. 〚√k̓ʷas=əłnł √scorch=throat〛
 ʔəsk̓ʷaʔsə́łnəł scorched throat. 〚ʔs-√k̓ʷa<ʔ>s=əłnł stat-√scorch<actl>=throat〛
 k̓ʷəysə́łnəł burn throat. 〚√k̓ʷ<əy>as=əłnł √scorch<pl>=throat〛
  k̓ʷəyk̓ʷəysə́łnəł burn throat (pl). 〚k̓ʷəy+√k̓ʷəyəs=əłnł pl+√scorch=throat〛
k̓ʷsács scald hand. 〚√k̓ʷas=acis √scorch=hand〛
 k̓ʷaʔisács burn hands. 〚√k̓ʷa<y̓>s=acis √scorch<pl>=hand〛
k̓ʷsácst burn hand. 〚√k̓ʷas=acis-t √scorch=hand-trns〛
k̓ʷássən scald foot. 〚√k̓ʷas=sən √scorch=foot〛
 k̓ʷəyássən burn foot. 〚√k̓ʷ<əy̓>as=sən √scorch<pl>=foot〛
čənk̓ʷáʔyəs summer. 〚čn̓-√k̓ʷa<y̓>s time-√scorch<pl>〛
sk̓ʷás toast. 〚s-√k̓ʷas s-√scorch〛
 sk̓ʷásən toaster. 〚s-√k̓ʷas=ən s-√scorch=instr〛

√k̓ʷaćn √rat.
 k̓ʷáćən rat. 〚√k̓ʷaćn √rat〛
 k̓ʷaʔyáćən rats. 〚√k̓ʷ<aʔy>aćn √rat<pl>〛
 k̓ʷaʔk̓ʷáʔćən̓ mouse. 〚k̓ʷaʔ+√k̓ʷa<ʔ>ćn<ʼ> dimin+√rat<dimin>〛
 k̓ʷaʔyaʔk̓ʷáʔćən̓ mice. 〚k̓ʷ<əʔy>aʔ+√k̓ʷa<ʔ>ćn<ʼ> dimin<pl>+√rat<dimin>〛

√k̓ʷayək̓ʷs √grebe.
 k̓ʷáyək̓ʷs grebe. 〚√k̓ʷayək̓ʷs √grebe〛

√k̓ʷć √crooked.
 k̓ʷćə́ŋ crooked. 〚√k̓ʷć-ŋ √crooked-mdl〛
 ʔəsk̓ʷik̓ʷə́ć crooked. 〚ʔs-k̓ʷy+√k̓ʷəć stat-pl+√crooked〛
 ʔəsk̓ʷáćł crooked. 〚ʔs-√k̓ʷ<á>ć-ł stat-√crooked<rslt>-dur〛
  sk̓ʷik̓ʷə́ćł crooked. 〚ʔs-k̓ʷy+√k̓ʷəć-ł stat-pl+√crooked-dur〛
 k̓ʷćə́t bend it. 〚√k̓ʷć-t √crooked-trns〛
  k̓ʷćə́təŋ be made crooked. 〚√k̓ʷć-t-ŋ √crooked-trns-psv〛
 nəxʷk̓ʷcústəŋ get crooked face. 〚nəxʷ-√k̓ʷć=us-t-ŋ loc-√crooked=face-trns-psv〛
 ʔəsk̓ʷik̓ʷəćáyəł bow-legged. 〚ʔs-k̓ʷy+√k̓ʷć=ay̓i-ł stat-pl+√crooked=leg-dur〛
 sxʷk̓ʷćáʔis cross-eyed. 〚sxʷ-√k̓ʷć=a<ʔ>yus for-√crooked=eye<actual>〛

√k̓ʷčŋiy √cherry.
 sk̓ʷčŋíyłč wild cherry tree. 〚s-√k̓ʷčŋiy=iłč s-√cherry=plant〛

√k̓ʷčən √uncover.
 k̓ʷčə́nəŋ uncover. 〚√k̓ʷčən-ŋ √uncover-mdl〛

√k̓ʷčis √bring_over.
 k̓ʷčíst bring it over. 〚√k̓ʷčis-t √bring_over-trns〛
 k̓ʷčístəŋ be brought over. 〚√k̓ʷčis-t-ŋ √bring_over-trns-psv〛

√k̓ʷəʔćəńtč √shark.
 k̓ʷaʔćə́ńtč shark. 〚√k̓ʷəʔćəńtč √shark〛
 k̓ʷəyaʔćə́ńtč sharks. 〚√k̓ʷ<əy>əʔćəńtč √shark<pl>〛
 k̓ʷaʔk̓ʷaʔćə́ńtč small shark. 〚k̓ʷaʔ+√k̓ʷəʔćəńtč dim+√shark〛
  k̓ʷaʔyaʔk̓ʷaʔćə́ńtč small sharks. 〚k̓ʷ<əy̓>aʔ+√k̓ʷəʔćəńtč dim+√shark〛

√k̓ʷəʔčuxʷ √stomach_growl.
 k̓ʷaʔčúxʷəŋ stomach growl. 〚√k̓ʷəʔčuxʷ-ŋ √stomach_growl-mdl〛

√k̓ʷəč̓ √butcher.
 k̓ʷəč̓tən butcher. 〚√k̓ʷəč̓=tən √butcher=instr〛

√k̓ʷəčaʔč √flea.
 k̓ʷə́čaʔč flea. 〚√k̓ʷəčaʔč √flea〛
 k̓ʷəčaʔčáwtxʷ village up Elwha. 〚√k̓ʷəčaʔč=awtxʷ √flea=house〛

√k̓ʷəčtn √tin.
 k̓ʷə́čtən tin. 〚√k̓ʷəčtn √tin〛

√kʷəmʼ √lonesome.
   kʷámkʷəmʼ lonesome. 〚kʷámʼ + √kʷəmʼ char + √lonesome〛
     kʷəmkʷaʔmáyəmš concerned. 〚kʷm + √kʷə<ʔ>m-ay=umš char + √lonesome-ext=type〛
√kʷən √see.
   kʷaʔkʷíńʼ expecting. 〚kʷaʔ + √kʷə<í>n<ʔ> dimin + √see<persist><actual>〛
   čkʷə́n catch a glimpse. 〚č-√kʷən have-√see〛
   kʷə́nt look at it. 〚√kʷən-t √see-trns〛
     kʷə́nc look at me/you. 〚√kʷən-t-c √see-trns-1obj/2obj〛
     kʷənətúŋɬ look at us. 〚√kʷən-t-uŋɬ √see-trns-1plobj〛
     kʷə́ńt looking at it. 〚√kʷən<ʔ>-t √see<actl>-trns〛
       kʷə́ńc looking at me/you. 〚√kʷən<ʔ>-t-c √see<actl>-trns-1obj/2obj〛
     kʷiyə́nət look at it (pl). 〚√kʷ<iy>ən-t √see<pl>-trns〛
     kʷə́ntəŋ be looked at. 〚√kʷən-t-ŋ √see-trns-psv〛
       kʷə́ńtəŋ being looked at. 〚√kʷən<ʔ>-t-ŋ<ʔ> √see<actual>-trans-psv<actual>〛
     kʷənəcút look at self. 〚√kʷən-cut √see-rflxv〛
       kʷə́ńcút looking at self. 〚√kʷən<ʔ>-cut √see<actual>-reflexive<actual>〛
     kʷə́nəti look at each other. 〚√kʷən-ty √see-rcprcl〛
     kʷə́ńtúyʼ seeing each other. 〚√kʷən<ʔ>-tuyʼ √see<actl>-comit〛
   kʷə́ntxʷ let see. 〚√kʷən-txʷ √see-letcaus〛
   kʷənsít look at for. 〚√kʷən-sít √see-bene〛
     kʷənsíc look at for me/you. 〚√kʷən-sít-c √see-bene-1obj/2obj〛
       kʷə́ńsíc looking after from me/you. 〚√kʷən<ʔ>-sít-c √see<actl>-bene-1obj/2obj〛
     kʷənsítəŋ be looked at for. 〚√kʷən-sít-ŋ √see-bene-psv〛
     kʷənsíct look at for self. 〚√kʷən-sít-cut √see-bene-rflxv〛
   kʷə́nnəxʷ see it. 〚√kʷən-naxʷ √see-nctrns〛
     kʷə́ńnəxʷ seeing it. 〚√kʷən<ʔ>-naxʷ √see<actl>-nctrns〛
     kʷənənúŋəs see me/you. 〚√kʷən-naxʷ-uŋəs √see-nctrns-1obj/2obj〛
     kʷənnúŋəs see me/you. 〚√kʷən-naxʷ-úŋəs √see-nctrns-1obj〛
     kʷənnúŋəɬ see us. 〚√kʷən-naxʷ-uŋɬ √see-nctrns-1plobj〛
     kʷənnúŋə see you/me. 〚√kʷən-naxʷ-úŋə √see-nctrns-2obj〛
     kʷə́nəŋ be seen. 〚√kʷən-naxʷ-ŋ √see-nctrns-psv〛
     kʷə́nnəxʷtxʷ let see it. 〚√kʷən-naxʷ-txʷ √see-nctrns-letcaus〛
     kʷə́nnə́kʷi see each other. 〚√kʷən-nəwəy √see-ncrcprcl〛
   kʷə́nít watch it. 〚√kʷən-í-t √see-pers-trns〛
       kʷə́ńít watching it. 〚√kʷən<ʔ>-í-t √see<actl>-pers-trns〛
       kʷə́níc watch me/you. 〚√kʷən-í-t-c √see-pers-trns-1obj/2obj〛
         kʷə́ńíc watching me/you. 〚√kʷən<ʔ>-í-t-c √see<actl>-pers-trns-1obj/2obj〛
       kʷə́níti look at each other. 〚√kʷən-ŋí-ty √see-rel-rcprcl〛
       kʷə́nítəŋ be watched. 〚√kʷən-í-t-ŋ √see-pers-trns-psv〛
         kʷə́ńtíŋ being watched. 〚√kʷən<ʔ>-t-í-ŋ<ʔ> √see<actual>-trans-persist-psv<actual>〛
   kʷaʔkʷənítəŋ is watched (dimin). 〚kʷaʔ + √kʷən<ʔ>-í-t-ŋ dim + √see-pers<dim>-trns-psv〛
   kʷəníŋət get to see. 〚√kʷən-iŋt √see-scs〛
     kʷənéʔŋət getting to see. 〚√kʷən-i<ʔ>ŋt √see-success<actual>〛
   kʷə́nəstxʷ show. 〚√kʷən-stxʷ √see-caus〛
     kʷə́nəsc show me/you. 〚√kʷən-əstxʷ-c √see-caus-1obj/2obj〛
     kʷə́ństxʷ showing. 〚√kʷən<ʔ>-stxʷ √see<actl>-caus〛
       kʷə́ńsc showing me/you. 〚√kʷən<ʔ>-stxʷ-c √see<actl>-caus-1obj/2obj〛
     kʷə́nəstəŋ be shown. 〚√kʷən-əstxʷ-ŋ √see-caus-psv〛
       kʷə́ństəŋ being shown. 〚√kʷən<ʔ>-stxʷ-ŋ<ʔ> √see<actual>-caus-psv<actual>〛
   kʷənəstə́nəq show off. 〚√kʷən-stxʷ-ənəq √see-caus-hab〛
   kʷənúɬ observe. 〚√kʷən-uɬ √see-compl〛
     kʷə́núɬ observing. 〚√kʷən<ʔ>-uɬ √see<actl>-compl〛
     sxʷkʷə́ńuɬ sight. 〚sxʷ-√kʷəńʼ-uɬ for-√see-compl〛
     kʷənúɬt observe it. 〚√kʷən-uɬ-t √see-compl-trns〛
       kʷənúɬtəŋ be observed. 〚√kʷən-uɬ-t-ŋ √see-compl-trns-psv〛
   kʷənús look. 〚√kʷən=us √see=face〛
     kʷənúʔəs looking. 〚√kʷən=u<ʔə>s √see=face<actual>〛
     kʷənúst look at someone in the face. 〚√kʷən=us-t √see=face-trns〛
       kʷənústəŋ looked at in the face. 〚√kʷən=us-t-ŋ √see=face-trns-psv〛
   kʷənawíyəŋ watch out. 〚√kʷən=awʼiy-ŋ √see=around-mdl〛

k̕ʷənaʔwéʔyəŋ watching out.   ⟦√k̕ʷən = aw̕i<ʔ>y-ŋ √see = around <actl>-mdl⟧
k̕ʷənáynəxʷ look weather.   ⟦√k̕ʷən = aynəxʷ √see = sky⟧
k̕ʷənán̕x̕ʷ watching weather.   ⟦√k̕ʷən<ʔ> = an<ʔ>xʷ √see<actual> = weather<actual>⟧
k̕ʷənɬnáyəŋ looking for food.   ⟦√k̕ʷən = ɬnay-ŋ √see = neck-mdl⟧
k̕ʷənʔáy̕st looking for lice.   ⟦√k̕ʷən<ʔ>-ay̕s-t √see<actl>-activ-trns⟧
  k̕ʷənʔáy̕stəŋ looking for lice.   ⟦√k̕ʷən<ʔ>-ay̕s-t-ŋ<ʔ> √see<actual>-activity-trans-mdl<actual>⟧
sxʷk̕ʷaʔk̕ʷənúsən window.   ⟦sxʷ-k̕ʷaʔ + √k̕ʷən = us = ən for-dim + √see = face = instr⟧
  sxʷk̕ʷəyaʔk̕ʷənúsəŋ windows.   ⟦sxʷ-k̕ʷ<əy>aʔ + √k̕ʷən = us-ŋ for-dim + √see = face-mdl⟧
sk̕ʷə́n̕ appearance.   ⟦s-√k̕ʷən<ʔ> s-√see<actual>⟧
sxʷk̕ʷaʔk̕ʷənáysən curtain.   ⟦sxʷ-k̕ʷaʔ + √k̕ʷən = ayus = ən for-dim + √see = eye = instr⟧
nəxʷk̕ʷənəkʷíyət look inside it.   ⟦nxʷ-√k̕ʷən = kʷiy-t loc-√see = inside-trns⟧
k̕ʷəncínəŋ   ⟦√k̕ʷən = ucin-ŋ √see = mouth-mdl⟧
nəxʷsk̕ʷəncínəŋ cook.   ⟦nxʷ-s-√k̕ʷn = ucin-ŋ loc-s-√see = mouth-mdl⟧
k̕ʷəncéʔnəŋ cooking.   ⟦√k̕ʷən<ʔ> = uci<ʔ>n-ŋ<ʔ> √see<actual> = mouth<actual>-mdl<actual>⟧
k̕ʷənk̕ʷəncínəŋ cook.   ⟦k̕ʷən + √k̕ʷən = ucin-ŋ char + √see = mouth-mdl⟧

√**k̕ʷənsiʔ** √breakfast.
  k̕ʷənsíŋən breakfast.   ⟦√k̕ʷənsiʔ = ŋin √breakfast = piece⟧

√**k̕ʷəsqq** √robin.
  sk̕ʷə́sqq robin.   ⟦s-√k̕ʷəsqq s-√robin⟧
    sk̕ʷaʔk̕ʷátɬqɬ small robin.   ⟦s-k̕ʷaʔ + √k̕ʷatɬqɬ s-dim + √robin⟧
      sk̕ʷaʔyaʔk̕ʷə́sqq small robins.   ⟦s-k̕ʷ<əʔy>aʔ + √k̕ʷəsqq s-dim<pl> + √robin⟧
    k̕ʷə́yəsqq robins.   ⟦√k̕ʷə<yə>sqq √robin<pl>⟧

√**k̕ʷəwyʔ** √skin.
  k̕ʷə́wiʔ skin.   ⟦√k̕ʷəwyʔ √skin⟧
    k̕ʷik̕ʷə́wi skins.   ⟦k̕ʷy + √k̕ʷəwiʔ pl + √skin⟧
  k̕ʷəwléʔqʷ bald.   ⟦√k̕ʷəwy̕ = iʔqʷ √skin = head⟧
    sk̕ʷaʔwəy̕éʔqʷ bald.   ⟦ʔs-√k̕ʷəwy̕ = iʔqʷ stat-√skin = head⟧
  k̕ʷiyaʔkʷíkʷs tree bark.   ⟦√k̕ʷəwyʔ = iws √skin = body⟧

√**k̕ʷəy** √itch.
  k̕ʷə́yəŋ̕ itch.   ⟦√k̕ʷəy-ŋ̕ √itch-mdl⟧
  sk̕ʷə́yəŋ itch.   ⟦s-√k̕ʷəy-ŋ s-√itch-mdl⟧
  sk̕ʷəyə́ɬnəɬ pneumonia.   ⟦s-√k̕ʷəy = əɬnɬ s-√itch = throat⟧

√**k̕ʷəy** √control.
  k̕ʷə́y control.   ⟦√k̕ʷəy √control⟧
  ʔəsk̕ʷáy̕əɬ cleared.   ⟦ʔs-√k̕ʷə<á>y<ʔ>-ɬ stat-√control<rslt><actl>-dur⟧
  k̕ʷə́yiʔ greedy.   ⟦√k̕ʷəy-iy √control-dev⟧
  k̕ʷčə́t prevent it.   ⟦√k̕ʷəy-t √control-trns⟧
    k̕ʷə́y̕t preventing it.   ⟦√k̕ʷəy<ʔ>-t √control<actl>-trns⟧
    k̕ʷčə́təŋ be stopped.   ⟦√k̕ʷəy-t-ŋ √control-trns-psv⟧
      k̕ʷə́y̕təŋ̕ being compelled.   ⟦√k̕ʷy<ʔ>-t-ŋ<ʔ> √control<actual>-trans-psv<actual>⟧
    k̕ʷčáct seek spirit power.   ⟦√k̕ʷy-cut √control-rflxv⟧
      k̕ʷaʔčáʔct seeking spirit power.   ⟦√k̕ʷ<əʔ>ča<ʔ>-cut √control<actl>-rflxv⟧
  k̕ʷáytxʷ mess it.   ⟦√k̕ʷəy-txʷ √thicket-caus⟧
  sk̕ʷə́y̕qsən Creyke Point.   ⟦s-√k̕ʷəy̕ = əqsən s-√control = nose⟧
  ʔəsk̕ʷəyéʔqʷ bald.   ⟦ʔs-√k̕ʷəy<ʔ> = iʔqʷ stat-√control<actl> = head⟧
  k̕ʷáčkʷs understand.   ⟦√k̕ʷəy = iws √control = body⟧
  k̕ʷaʔčéʔwən̕ give up.   ⟦√k̕ʷə<ʔ>y = i<ʔ>wən<ʔ> √control = interior<actual>⟧
  sxʷk̕ʷčáy̕əs part in hair.   ⟦sxʷ-√k̕ʷəy-ay̕s for-√control-activ⟧
  nəxʷk̕ʷaʔk̕ʷá̕ʔyəɬ stingy.   ⟦nxʷ-k̕ʷaʔ + √k̕ʷə<ʔ>y-ɬ loc-dim + √control<actl>-dur⟧

√**k̕ʷəyac** √slave.
  sk̕ʷə́yac slave.   ⟦s-√k̕ʷəyac s-√slave⟧
    sk̕ʷəyácəŋ made slave.   ⟦s-√k̕ʷəyac-ŋ s-√slave-mdl⟧
    sk̕ʷik̕ʷə́yəc slaves.   ⟦s-k̕ʷy + √k̕ʷəyac s-pl + √slave⟧
    k̕ʷik̕ʷəyacíyəŋ turning to slave.   ⟦k̕ʷy + √k̕ʷəyac-iy-ŋ char + √slave-dev-mdl⟧

√**k̕ʷəyičən** √grizzly.
  k̕ʷə́yəčən grizzly.   ⟦√k̕ʷəyəčən √grizzly⟧
    k̕ʷəyə́yəčən grizzlies.   ⟦√k̕ʷ<əy>ə́yəčən √grizzly<pl>⟧

√**k̕ʷəyič̕** √filleted_herring.
  sk̕ʷə́yič̕ filleted herring.   ⟦s-√k̕ʷəyič̕ s-√filleted_herring⟧

√kʷəy̓ŋsən √eagle.
    k̓ʷə́y̓ŋsən eagle. ⟦√kʷəy̓ŋsən √eagle⟧
        k̓ʷiy̓ə́y̓ŋəsən eagles. ⟦√kʷ<əy>əy̓ŋsən √eagle<pl>⟧
        k̓ʷaʔk̓ʷə́y̓ŋsən̓ small eagle. ⟦k̓ʷaʔ+√kʷəy̓<ʔ>ŋsən<ʔ> dimin+√eagle<dimin>⟧
            k̓ʷaʔyaʔk̓ʷə́y̓ŋsən̓ small eagles. ⟦kʷ<əʔy>aʔ+√kʷay̓<ʔ>ŋsən<ʔ> dimin<pl>+√eagle<dimin>⟧
√kʷəy̓xʷ √screech_owl.
    sk̓ʷə́y̓əxʷ screech owl. ⟦s-√kʷəy̓xʷ s-√screech_owl⟧
        sk̓ʷk̓ʷə́y̓əxʷ screech owls. ⟦s-k̓ʷ+√kʷəy̓xʷ s-pl+√screech_owl⟧
        sk̓ʷaʔk̓ʷə́y̓xʷ small screech owl. ⟦s-k̓ʷaʔ+√kʷəy̓xʷ s-dim+√screech_owl⟧
            sk̓ʷaʔyaʔk̓ʷə́y̓xʷ small screech owls. ⟦s-k̓ʷ<əʔy>aʔ+√kʷəy̓xʷ s-dim<pl>+√screech_owl⟧
√kʷəy̓ √warm.
    k̓ʷaʔk̓ʷə́y̓qsən species of duck. ⟦k̓ʷaʔ+√kʷəy̓=əqsən dim+√warm=nose⟧
    k̓ʷə́y̓əs ⟦√kʷəy̓=s √warm=day⟧
√kʷiʔam √hold_dear.
    sk̓ʷiʔá́ʔəm̓ cherish, hold dear. ⟦s-√kʷiʔa<ʔə>m<ʔ> s-√hold_dear<actual>⟧
√kʷic̓y̓ √small_urchin.
    sk̓ʷíc̓iʔ small urchin. ⟦s-√kʷic̓y̓ s-√small_urchin⟧
        sk̓ʷic̓iʔúmš sea-egg like. ⟦s-√kʷic̓y̓=umš s-√small_urchin=type⟧
        sk̓ʷaʔyíc̓iʔ green urchins. ⟦s-√kʷ<əʔy>ic̓y̓ s-√small_urchin<pl>⟧
√kʷiɬuʔ √stay_with_inlaw.
    k̓ʷíɬuʔ stay with in-laws. ⟦√kʷiɬuʔ √stay_with_inlaw⟧
        k̓ʷiʔk̓ʷaʔɬú staying with in-laws. ⟦k̓ʷy̓+√kʷiɬu pl+√stay_with_inlaw⟧
√kʷin √how_many.
    k̓ʷín how many, how much. ⟦√kʷin √how_many⟧
        k̓ʷík̓ʷən̓ how many. ⟦k̓ʷí+√kʷin<ʔ> actual+√how_many<actual>⟧
        k̓ʷaʔk̓ʷín few. ⟦k̓ʷaʔ+√kʷin dim+√how_many⟧
        ʔaʔk̓ʷín what time. ⟦ʔaʔ-√kʷin at-√how_many⟧
        k̓ʷíntxʷ let how many. ⟦√kʷin-txʷ √how_many-letcaus⟧
        k̓ʷíns how long. ⟦√kʷin=s √how_many=day⟧
        k̓ʷənɬnát how many days. ⟦√kʷin=ɬnat √how_many=day⟧
            k̓ʷaʔk̓ʷənɬnát few days. ⟦k̓ʷaʔ+√kʷin=ɬnat dim+√how_many=day⟧
        k̓ʷənáy how many people. ⟦√kʷin=ayə √how_many=person⟧
            k̓ʷaʔk̓ʷənáy be few people. ⟦k̓ʷaʔ+√kʷin=ayə dim+√how_many=person⟧
                k̓ʷaʔk̓ʷəná́ʔiʔ being few people. ⟦k̓ʷaʔ+√kʷin<ʔ>=ay<ʔ>ə dimin+√how_many<actual>=person<actual>⟧
        k̓ʷináwin̓əxʷ how old. ⟦√kʷin=aʔwin̓əxʷ √how_many=year⟧
        k̓ʷəníɬč how many plants. ⟦√kʷin=iɬč √how_many=plant⟧
        k̓ʷəníkʷs how many kind. ⟦√kʷin=iws √how_many=body⟧
        k̓ʷənayəhə́čɬ how many children. ⟦√kʷin=ayə=əčɬ √how_many=person=child⟧
        k̓ʷənáw̓txʷ how many houses. ⟦√kʷin=aw̓txʷ √how_many=house⟧
        k̓ʷənáɬ how often. ⟦√kʷin=aɬ √how_many=times⟧
        k̓ʷənákʷɬ how many canoes. ⟦√kʷin=akʷɬ √how_many=conveyance⟧
        k̓ʷənáʔitxʷ how much money. ⟦√kʷin=aʔitxʷ √how_many=dollar⟧
        k̓ʷaʔnə́xʷɬ how many canoes. ⟦√kʷi<ʔ>n=əxʷɬ √how_many<actl>=conveyance⟧
√kʷiqʷəm √chop.
    sxʷk̓ʷqʷə́m chop. ⟦sxʷ-√kʷiqʷəm for-√chop⟧
        sk̓ʷik̓ʷqʷə́m axes. ⟦s-k̓ʷy+√kʷiqʷəm for-pl+√chop⟧
        sxʷk̓ʷaʔk̓ʷéʔqʷəm hatchet. ⟦sxʷ-k̓ʷaʔ+√kʷi<ʔ>qʷəm for-dimin+√chop<dimin>⟧
        sk̓ʷaʔk̓ʷéʔqʷəm hatchet. ⟦s-k̓ʷaʔ+√kʷi<ʔ>qʷəm s-dimin+√chop<dimin>⟧
√kʷixʷ √blue.
    k̓ʷíxʷi blue. ⟦√kʷixʷ-iy √blue-dev⟧
        q̓ʷex̣ʷiʔháyəs blue. ⟦√q̓ʷiʔx̣ʷ-iy=ayəs √blue-dev=color⟧
        q̓ʷex̣ʷiháy̓əs bluing. ⟦√q̓ʷiʔx̣ʷ-iy=ay<ʔ>əs √blue-develop=color<actual>⟧
√kʷiy̓ √advise.
    k̓ʷíy̓nəq advise. ⟦√kʷiy̓-ənəq √advise-hab⟧
√kʷɬaʔy̓ √littleneck.
    sk̓ʷɬáʔiʔ littleneck clam. ⟦s-√kʷɬaʔy̓ s-√littleneck⟧
√kʷmaməh √trout.
    k̓ʷəmámah trout. ⟦√kʷmaməh √trout⟧
        k̓ʷəyəmámaʔ trout (pl). ⟦√kʷ<əy>maməh √trout<pl>⟧

√kʷs   √lam

    k̓ʷaʔk̓ʷəmáʔmaʔ small trout. 〚k̓ʷaʔ+√k̓ʷmaməh dim+√trout〛
      k̓ʷaʔyaʔk̓ʷəmáʔmaʔ small trout (pl). 〚k̓ʷ<əʔy>aʔ+√k̓ʷmaməh dim<pl>+√trout〛

√k̓ʷs √count.
  k̓ʷə́s count. 〚√k̓ʷs √count〛
    k̓ʷsə́ŋ count. 〚√k̓ʷs-ŋ √count-mdl〛
      k̓ʷə́səŋ̓ counting. 〚√k̓ʷ<ə́>s-ŋ<ʔ> √count<actual>-mdl<actual>〛
    sk̓ʷə́s advice. 〚s-√k̓ʷs s-√count〛
    ʔəsk̓ʷásɬ be counted. 〚ʔs-√k̓ʷ<á>s-ɬ stat-√count<rslt>-dur〛
    k̓ʷsə́t count it. 〚√k̓ʷs-t √count-trns〛
      k̓ʷə́st counting it. 〚√k̓ʷ<ə́>s-t √count<actl>-trns〛
        k̓ʷə́sc lecturing me/you. 〚√k̓ʷ<ə́>s-t-c √count<actl>-trns-1obj/2obj〛
      k̓ʷik̓ʷə́st advise someone (pl). 〚k̓ʷy+√k̓ʷs-t pl+√count-trns〛
      k̓ʷsə́təŋ be counted. 〚√k̓ʷs-t-ŋ √count-trns-psv〛
        k̓ʷik̓ʷə́stəŋ be preached to (pl). 〚k̓ʷy+√k̓ʷs-t-ŋ pl+√advise-trns-psv〛
        k̓ʷə́stəŋ being counted. 〚√k̓ʷ<ə́>s-t-ŋ √count<actl>-trns-psv〛
          k̓ʷəstəŋáwtxʷ education department. 〚√k̓ʷ<ə́>s-t-ŋ<ʔ>=awtxʷ √count<actl>-trns-psv<actl>=house〛
      sk̓ʷə́stəŋ be taught. 〚s-√k̓ʷs-t-əŋ s-√count-trns-psv〛
    k̓ʷssít count for. 〚√k̓ʷs-sít √count-bene〛
      k̓ʷssíc count for me/you. 〚√k̓ʷs-sít-c √count-bene-1obj/2obj〛
      k̓ʷssitúŋɬ count for us. 〚√k̓ʷs-sít-uŋɬ √count-bene-1plobj〛
    k̓ʷsə́nəq preach. 〚√k̓ʷs-ənəq √count-hab〛
      k̓ʷə́snəq preaching. 〚√k̓ʷ<ə́>s-ənəq √count<actl>-hab〛
      sk̓ʷə́nəq sermon. 〚s-√k̓ʷs-ənəq s-√count-hab〛
      k̓ʷsk̓ʷə́nəq preacher. 〚k̓ʷs+√k̓ʷs-ənəq char+√count-hab〛
      k̓ʷaʔstə́nəq preacher. 〚√k̓ʷ<əʔ>s-t-ənəq √count<actl>-trns-hab〛
      k̓ʷaʔyask̓ʷsə́nəq preachers. 〚k̓ʷ<əʔyə>s+√k̓ʷs-ənəq char<pl>+√count-hab〛

√k̓ʷtuʔ √raven.
  sk̓ʷtúʔ raven. 〚s-√k̓ʷtuʔ s-√raven〛
    sk̓ʷik̓ʷə́tuʔ ravens. 〚s-k̓ʷy+√k̓ʷtuʔ s-pl+√raven〛
    sk̓ʷaʔk̓ʷtúʔ small raven. 〚s-k̓ʷaʔ+√k̓ʷtuʔ s-dim+√raven〛
    sk̓ʷaʔk̓ʷátuʔ crow. 〚s-k̓ʷaʔ+√k̓ʷ<ə>tuʔ s-dimin+√raven<dimin>〛
      sk̓ʷəyaʔk̓ʷáʔtuʔ crows. 〚s-k̓ʷ<əy>aʔ+√k̓ʷ<əʔ>tuʔ s-dimin<pl>+√raven<dimin>〛
    sxʷk̓ʷtúʔəŋ Raven Place. 〚sxʷ-√k̓ʷtuʔ-ŋ for-√raven-mdl〛
    nəxʷk̓ʷtúʔəŋ Church Point. 〚nxʷ-√k̓ʷtuʔ-ŋ loc-√raven-mdl〛

√k̓ʷuŋ √ʔ.
  sxʷk̓ʷúŋən̓ throat. 〚sxʷ-√k̓ʷuŋ=ən for-√ʔ=instr〛

√k̓ʷutuw̓əɬ √fowl_backbone.
  sk̓ʷútuw̓əɬ cooked duck backbone. 〚s-√k̓ʷutuw̓əɬ s-√fowl_backbone〛

√k̓ʷuwʔys √child's_inlaw.
  sk̓ʷúwʔis child's in-law. 〚s-√k̓ʷuwʔys s-√child's_inlaw〛
    sk̓ʷuwk̓ʷúwyəs in-laws. 〚s-k̓ʷuw+√k̓ʷuwʔys s-pl+√child's_inlaw〛
    sk̓ʷaʔk̓ʷúwyəs in-law (dimin.). 〚s-k̓ʷaʔ+√k̓ʷuwʔys s-dim+√child's_inlaw〛

√k̓ʷuyəkʷ √fishhook.
  k̓ʷúyəkʷ fishhook. 〚√k̓ʷuyəkʷ √fishhook〛
    k̓ʷaʔk̓ʷúyəkʷ small fishhook. 〚k̓ʷaʔ+√k̓ʷuyəkʷ dim+√fishhook〛
    sxʷk̓ʷuyəkʷáy tackle box. 〚sxʷ-√k̓ʷuyəkʷ=ayə for-√fishhook=container〛

√laklí √key.
  laklí key. 〚√laklí √key〛
    lakəlít lock it. 〚√lakli-t √key-trns〛
      nəxʷlakəlít wind watch. 〚nxʷ-√laklí-t loc-√key-trns〛
      lakəlítəŋ be locked. 〚√lakli-t-ŋ √key-trns-psv〛
    lakəlínəŋ lock. 〚√laklí=ən-ŋ √key=instr-mdl〛
    ʔəslakəlín locked. 〚ʔs-√laklí=ən stat-√key=instr〛

√lakʷamíŋəɬ √salmon_soup.
  slakʷamíŋəɬ salmon soup. 〚s-√lakʷamíŋəɬ s-√salmon_soup〛

√lam √liquor.
  lám liquor. 〚√lam √liquor〛
    sxʷləmáy bottle. 〚sxʷ-√lam=ayə for-√liquor=container〛

Klallam Root Index

sxʷliyəmáyə bottles. ⟦sxʷ+√l‹iy›am=ayə for+√liquor‹pl›=container⟧
slamáwtxʷ tavern. ⟦s-√lam=awtxʷ s-√liquor=house⟧

√lapuʔnə √useless.
  slapúʔnə small chiton. ⟦s-√lapuʔnə s-√useless⟧

√ləhal √bone_game.
  ləhál play slahal. ⟦√ləhal √bone_game⟧
    slahál bone game. ⟦s-√ləhal s-√bone_game⟧

√ləmətú √sheep.
  ləmətú sheep. ⟦√ləmətú √sheep⟧
    ləmləmətú sheep (pl). ⟦ləm+√ləmtu pl+√sheep⟧
    laʔləm̓tú small sheep. ⟦laʔ+√ləm‹ʼ›tu dimin+√sheep‹dimin›⟧
      laʔyaʔləm̓tú small sheep (pl). ⟦l‹aʔy›aʔ+√ləm‹ʼ›tu dimin‹pl›+√sheep‹dimin›⟧
    ləmətuháyəqən sheep's wool. ⟦√ləmətu=ayqən √sheep=fur⟧

√lilut √train.
  lilút train. ⟦√lilut √train⟧
    lilúʔət train passing. ⟦√lilu‹ʔə›t √train‹actual›⟧

√lisák √sack.
  lisák sack. ⟦√lisák √sack⟧
    laʔyísak sacks. ⟦√l‹əʔy›isak √sack‹pl›⟧
    laʔléʔsak small sack. ⟦laʔ+√li‹ʔ›sak dimin+√sack‹dimin›⟧
      laʔyaʔléʔsak small sacks. ⟦l‹əʔy›aʔ+√li‹ʔ›sak dimin‹pl›+√sack‹dimin›⟧
    ʔəslisák in a bag. ⟦ʔs-√lisák stat-√sack⟧

√łaʔ √go_via.
  łáʔ go via. ⟦√łaʔ √go_via⟧
    łáʔaʔ going via. ⟦√ła‹ʔ›ʔ √go_via‹actual›⟧

√łaʔčiy √cold.
  łáʔčiʔ cold. ⟦√łaʔčiy √cold⟧
    łáʔłaʔči chilly. ⟦łáʔ+√łaʔčiy char+√cold⟧
    łaʔčíyəŋ get cold. ⟦√łaʔčiy-ŋ √cold-mdl⟧
      łaʔčéʔyəŋ cooling. ⟦√łaʔči‹ʔ›y-ŋ √cold‹actl›-mdl⟧
      łiłaʔčíyəŋ get cold. ⟦ły+√łaʔčiy-ŋ incep+√cold-mdl⟧
    łaʔčíyət cool it. ⟦√łaʔčiy-t √cold-trns⟧
      łaʔčíyt cooling it. ⟦√łaʔčiy‹ʼ›-t √cold‹actl›-trns⟧
    łaʔčíynəxʷ cool off. ⟦√łaʔčiy-naxʷ √cold-nctrns⟧
    łaʔčítxʷ cool it off. ⟦√łaʔčiy-txʷ √cold-incaus⟧
    łaʔčihúnəqʷ cold weather. ⟦√łaʔčiy=unəqʷ √cold=weather⟧
    łaʔčiʔúcən chilly. ⟦√łaʔčiy=ucin √cold=mouth⟧
    łaʔčiʔə́nəkʷ cold ground. ⟦√łaʔčiy=ənukʷ √cold=ground⟧

√łaʔys √anchovy.
  łáʔyəs anchovy. ⟦√łaʔys √anchovy⟧
łác going to beach. ⟦√łac √go_to_water⟧

√łač √dark.
  łáč dark. ⟦√łač √dark⟧
    ʔəsłáčł sick. ⟦ʔs-√łač-ł stat-√dark-dur⟧
    łčə́ŋət make it dark. ⟦√łač-ŋí-t √dark-rel-trns⟧
    łčáʔmən murky. ⟦√łač-min √dark-almost⟧
    łáłcct getting dark. ⟦łá+√łač-cut rslt+√dark-rflxv⟧
    łáčtxʷ darken. ⟦√łač-txʷ √dark-incaus⟧
      łčátəŋ be darkened. ⟦√łač-txʷ-ŋ √dark-incaus-psv⟧
    łáčnəxʷ make dark. ⟦√łač-naxʷ √dark-nctrns⟧
      łáłčənəxʷ making dark. ⟦łá+√łač-naxʷ rslt+√dark-nctrns⟧
    łáčct darken. ⟦√łač-cut √dark-rflxv⟧
      łiłáčct getting dark. ⟦ły+√łač-cut pl+√dark-rflxv⟧
    łčúyəs dark colored. ⟦√łač=uyəs √dark=color⟧

√łakʷ √flavorless.
  łákʷəŋ flavorless. ⟦√łakʷ-ŋ √flavorless-mdl⟧

√łany̓ √female.
  słániʔ woman. ⟦s-√łany̓ s-√female⟧
    słənłániʔ women. ⟦s-łan+√łany̓ s-pl+√female⟧
    słaʔłáʔniʔ small woman. ⟦s-łaʔ+√ła‹ʔ›ny̓ s-dimin+√female‹dimin›⟧

słaʔyaʔłáʔniʔ small women. 〚s-ł<ə?y>aʔ+√ła<ʔ>nẏ s-dimin<pl>+√female<dimin>〛
słńłáʔniʔ small women. 〚s-łn<ʔ>+√ła<ʔ>nẏ s-pl<actual>+√female<actual>〛
słłániʔ little girl. 〚s-ł+√łan<ʔ>ẏ s-inceptive+√female<actual>〛
słániʔct turn into woman. 〚s-√łanẏ-cut s-√female-rflxv〛
słáʔniʔct turning into woman. 〚s-√ła<ʔ>nẏ-cut s-√female<actl>-rflxv〛
słnačúyəł young girl. 〚s-√łanẏ=uył s-√female=child〛
słńłnáʔčúwił young girls. 〚s-łn+√ła<ʔ>nẏ=uył s-pl+√female<pl>=child〛
słaniʔúməš woman like. 〚s-√łanẏ=umš s-√female=type〛
čłániʔ have a wife. 〚č-√łanẏ have-√female〛
čaʔsłániʔ spinster. 〚čaʔ-s-√łanẏ immed-s-√female〛

√łaqʷ √lick.
  łáqʷ lick. 〚√łaqʷ √lick〛
  łáqʷəŋ lick. 〚√łaqʷ-ŋ √lick-mdl〛
  łáʔqʷəŋ́ licking. 〚√ła<ʔ>qʷ-ŋ<ʔ> √lick<actual>-mdl<actual>〛
  łáqʷt lick it. 〚√łaqʷ-t √lick-trns〛
  łáʔqʷt licking it. 〚√ła<ʔ>qʷ-t √lick<actl>-trns〛
  łqʷátəŋ be licked. 〚√łaqʷ-t-ŋ √lick-trns-psv〛
  łaʔqʷáʔtəŋ́ being slurped. 〚√ła<ʔ>qʷa<ʔ>-t-ŋ<ʔ> √lick<actual>-trans-psv<actual>〛
  łaʔqʷáti licking each other. 〚√ła<ʔ>qʷ-ty √lick<actl>-rcprcl〛
  łaʔqʷács licking paw. 〚√ła<ʔ>qʷ=acis √lick<actl>=hand〛
  łaʔqʷcísəŋ lick hand. 〚√ła<ʔ>qʷ=acis-ŋ √lick<actl>=hand-mdl〛
  łqʷúst lick face. 〚√łaqʷ=us-t √lick=face-trns〛
  nəxʷłaʔqʷúst licking face. 〚nxʷ-√ła<ʔ>qʷ=us-t loc-√lick<actl>=face-trns〛
  łqʷústəŋ be face licked. 〚√łaqʷ=us-t-ŋ √lick=face-trns-psv〛
  łqʷsánəŋ lick foot. 〚√łaqʷ=sən-ŋ √lick=foot-mdl〛
  łaʔqʷsánəŋ́ licking foot. 〚√ła<ʔ>qʷ=sən-ŋ<ʔ> √lick<actual>=foot-mdl<actual>〛
  łaʔqʷənúkʷəŋ́ licking the floor. 〚√ła<ʔ>qʷ=ən<ʔ>ukʷ-ŋ<ʔ> √lick<actual>=floor<actual>-mdl<actual>〛

√ław̓1 √flee.
  łáw̓ flee. 〚√ław̓ √flee〛
  ław̓núŋət manage to escape. 〚√ław̓-nuŋt √flee-ncmdl〛
  łaʔkʷáct get away. 〚√ław̓-cut √flee-rflxv〛
  łuʔístxʷ kidnap. 〚√ław̓-istxʷ √flee-caus〛
  łuʔísc kidnap me/you. 〚√ław̓-istxʷ-c √flee-caus-1obj/2obj〛
  łuʔístəŋ be run away with. 〚√ław̓-istxʷ-ŋ √flee-caus-psv〛
  łuʔéʔstəŋ́ being run away with. 〚√ław̓-i<ʔ>stxʷ-ŋ<ʔ> √flee-caus<actual>-psv<actual>〛
  łuʔísti elope. 〚√ław̓-istxʷ-ty √flee-caus-rcprcl〛
  łaʔwísti? eloping. 〚√ła<ʔ>w̓-istxʷ-ty<ʔ> √flee<actual>-caus-reciprocal<actual>〛

√ław̓2 √heal.
  łáw̓ heal. 〚√ław̓ √heal〛
  łáłuʔ healing. 〚łá+√ław̓ rslt+√heal〛
  ʔəsłáʔłuʔ well. 〚ʔs-łáʔ+√ław̓ stat-rslt+√heal〛
  łáʔkʷt cure someone. 〚√ław̓-t √heal-trns〛
  łaʔkʷátəŋ be cured. 〚√ław̓-t-ŋ √heal-trns-psv〛
  łáw̓txʷ heal someone. 〚√ław̓-txʷ √heal-incaus〛
  łáw̓təŋ be healed. 〚√ław̓-txʷ-ŋ √heal-incaus-psv〛
  łáw̓nəxʷ manage to heal. 〚√ław̓-naxʷ √heal-nctrns〛

√ław̓qm √mussel.
  łáw̓qəm mussel. 〚√ław̓qm √mussel〛

√łax̣ √lie_flat.
  łáx̣ lie flat. 〚√łax̣ √lie_flat〛
  łáx̣əŋ lie. 〚√łax̣-ŋ √lie_flat-mdl〛
  ʔəsłáʔłx̣ being atop. 〚ʔs-łaʔ+√łax̣ stat-rslt+√lie_flat〛
  łáx̣t lay it on. 〚√łax̣-t √lie_flat-trns〛
  łáʔłx̣t laying it on. 〚łaʔ+√łax̣-t actl+√lie_flat-trns〛
  łx̣átəŋ be laid on. 〚√łax̣-t-ŋ √lie_flat-trns-psv〛
  łx̣ənúkʷən floor boards. 〚√łax̣=ənukʷ=ən √lie_flat=ground=instr〛
  sxʷłx̣áčən floor. 〚sxʷ-√łax̣=ač=ən for-√lie_flat=bottom=instr〛
  łx̣ən̓ laid out open. 〚√łax̣=ən̓ √lie_flat=?〛
  łx̣ən̓tən rug. 〚√łx̣=ən̓=tən √lie_flat=?=instr〛

√ɬax̣ʷ √jellyfish.
  sxʷɬáx̣ʷ jellyfish. 〚sxʷ-√ɬax̣ʷ for-√jellyfish〛
    sxʷɬaʔyaʔɬáx̣ʷ small jellyfish (pl). 〚sxʷ-ɬ<əʔy>aʔ+√ɬax̣ʷ for-dim<pl>+√jellyfish〛
√ɬay √remove.
  ɬáyəs remove. 〚√ɬay-as √remove-ptcaus〛
√ɬcu √at_beach.
  ɬcú at beach. 〚√ɬcu √at_beach〛
    ɬcútxʷ take to beach. 〚√ɬcu-txʷ √at_beach-incaus〛
      ɬcútəŋ be taken to beach. 〚√ɬcu-txʷ-ŋ √at_beach-incaus-psv〛
√ɬčiŋ √comb.
  ɬčíŋən comb. 〚√ɬčiŋ=ən √comb=instr〛
    ɬəyəčíŋən combs. 〚√ɬ<əyə>čiŋ=ən √comb<pl>=instr〛
√ɬč √tired.
  ɬčíkʷs tired. 〚√ɬč=iws √tired=body〛
    ɬčíw̓s being tired. 〚√ɬč=iw<ʔ>s √tired=body<actual>〛
  ɬčə́qi tired. 〚√ɬč=əq-iy √tired=ʔ-dev〛
    ɬiɬčə́qi tired. 〚ɬy+√ɬč=əq-iy pl+√tired=ʔ-dev〛
    ɬə́čqiʔ getting tired. 〚√ɬ<ə́>č=əq-iy √tired<actual>=ʔ-develop<actual>〛
√ɬəʔp̣x √blink.
  ɬaʔp̣xáys blink. 〚√ɬəʔp̣x=ayus √blink=eye〛
    ɬəp̣xəyúsəŋ blink. 〚√ɬəʔp̣x=ayus-ŋ √blink=eye-mdl〛
      ɬaʔp̣xaʔyúsəŋ̓ blinking. 〚√ɬə<ʔ>p̣x=ay<ʔ>us-ŋ<ʔ> √blink<actual>=eye<actual>-mdl<actual>〛
    sɬaʔp̣xáys blinker. 〚s-√ɬəʔp̣x=ayus s-√blink=eye〛
    sɬaʔp̣xayúsəŋ blink eyes. 〚s-√ɬəʔp̣x=ayus-ŋ s-√blink=eye-mdl〛
√ɬəčax̣ʷ √trouble.
  ɬaʔčáx̣ʷəŋ̓ trouble. 〚√ɬə<ʔ>čax̣ʷ-ŋ<ʔ> √trouble<actual>-mdl<actual>〛
√ɬəčšn √steelhead.
  ɬə́čšən steelhead. 〚√ɬəčšn √steelhead〛
    ɬəyə́čšən steelheads. 〚√ɬ<əy>əčšn √steelhead<pl>〛
    ɬaʔɬə́čsən small steelhead. 〚ɬaʔ+√ɬəčšn dim+√steelhead〛
      ɬaʔyaʔɬə́čšəŋ̓ small steelheads. 〚ɬ<əʔy>aʔ+√ɬəčšn<ʔ> dim<pl>+√steelhead〛
√ɬəm √lick.
  ɬəməcínəŋ lick. 〚√ɬəm=ucin-ŋ √lick=mouth-mdl〛
    ɬəmɬəmcínəŋ lightning. 〚ɬəm+√ɬəm=ucin-ŋ pl+√lick=mouth-mdl〛
      ɬəm̓ɬaʔməcéʔnəŋ̓ licking lips. 〚ɬəm̓+√ɬə<ʔ>m=uci<ʔ>n-ŋ<ʔ> pl+√lick<actual>=mouth<actual>-mdl<actual>〛
√ɬəmc̣ √harvest.
  ɬə́məc̣əŋ harvest. 〚√ɬəmc̣-ŋ √harvest-mdl〛
    ɬə́m̓c̣əŋ̓ harvesting. 〚√ɬəm<ʔ>c̣-ŋ<ʔ> √harvest<actual>-mdl<actual>〛
  ɬə́məc̣t pick it. 〚√ɬəmc̣-t √harvest-trns〛
    ɬə́məc̣təŋ be picked. 〚√ɬəmc̣-t-ŋ √harvest-trns-psv〛
√ɬəməkʷ √soft.
  ɬəməkʷə́y̓əs soft. 〚√ɬəməkʷ=ay<ʔ>us √soft=eye<actual>〛
    ɬiyəməkʷə́y̓əs soft baskets. 〚√ɬ<iy>əməkʷə́y̓əs √soft_basket<pl>〛
√ɬəmq̇ √swarm.
  ɬə́məq̇ swarm. 〚√ɬəmq̇ √swarm〛
    ɬə́məq̇t swarm on it. 〚√ɬəmq̇-t √swarm-trns〛
      ɬə́məq̇təŋ swarmed on. 〚√ɬəmq̇-t-ŋ √swarm-trns-psv〛
    nəxʷɬəməq̇áy̓s separate fighters. 〚nxʷ-√ɬəmq̇-ay̓s loc-√swarm-activ〛
√ɬəmxʷ √rain.
  ɬə́məxʷ rain. 〚√ɬəmxʷ √rain〛
    ɬə́m̓xʷ raining. 〚√ɬəm<ʔ>xʷ √rain<actual>〛
    ɬəməxʷáy̓ŋən threaten to rain. 〚√ɬəmxʷ-ay̓ŋən √rain-want〛
    ɬəmə́xʷtxʷ let rain. 〚√ɬəmxʷ-txʷ √rain-letcaus〛
      ɬəmə́xʷtəŋ be rained on. 〚√ɬəmxʷ-t-ŋ √rain-trns-psv〛
      ɬə́m̓xʷtəŋ̓ being rained on. 〚√ɬəm<ʔ>xʷ-t-ŋ<ʔ> √rain<actual>-trans-psv<actual>〛
      ɬəmɬəməxʷtəŋ be poured on. 〚ɬəm+√ɬəmxʷ-t-ŋ pl+√rain-trns-psv〛
    ɬəməxʷtástəŋ be rained on. 〚√ɬəmxʷ-tastxʷ-ŋ √rain-dirtrns-psv〛
      ɬə́m̓xʷtásəŋ̓ being rained on. 〚√ɬəm<ʔ>xʷ-tastxʷ-ŋ<ʔ> √rain<actual>-dirtrans-psv<actual>〛
    sɬə́məxʷ rain. 〚s-√ɬəmxʷ s-√rain〛

√ɬəmxʷ

sɬəməxʷúykʷt raincoat. ⟦s-√ɬəmxʷ=uykʷət s-√rain=clothing⟧
sɬəməxʷayéʔqʷ rain hat. ⟦s-√ɬəmxʷ=ayʔ=iʔqʷ s-√rain=wood=head⟧
čənsɬə́məxʷ September. ⟦čn-s-√ɬəmxʷ time-s-√rain⟧

√ɬəmxʷ √smear.

ɬə́məx̣ʷ smear. ⟦√ɬəmxʷ √smear⟧
sɬə́mx̣ʷ smeared. ⟦ʔs-√ɬəm<ʔ>x̣ʷ stat-√smear<actual>⟧
ɬə́məx̣ʷt smear it. ⟦√ɬəmxʷ-t √smear-trns⟧
ɬə́mx̣ʷt rubbing it. ⟦√ɬəm<ʔ>x̣ʷ-t √smear<actl>-trns⟧
ɬə́məx̣ʷc smear me/you. ⟦√ɬəmxʷ-t-c √smear-trns-1obj/2obj⟧
ɬə́məx̣ʷtəŋ be smeared on. ⟦√ɬəmxʷ-t-ŋ √smear-trns-psv⟧
ɬə́məx̣ʷnəxʷ smear. ⟦√ɬəmxʷ-naxʷ √smear-nctrns⟧
ɬə́məx̣ʷnəŋ be smeared on. ⟦√ɬəmxʷ-naxʷ-ŋ √smear-nctrns-psv⟧
ɬəməx̣ʷéʔqʷəŋ rub head. ⟦√ɬəmxʷ=iʔqʷ-ŋ √smear=head-mdl⟧

√ɬəm̓ √strip_off.

ɬə́m̓ strip off. ⟦√ɬəm̓ √strip_off⟧
ɬəm̓íkʷs break off. ⟦√ɬəm̓=iws √strip_off=body⟧
ɬəmɬəm̓íkʷs break off (pl). ⟦ɬəm̓+√ɬəm̓=iws
ɬəm̓íkʷsəŋ trim down. ⟦√ɬəm̓=iws-ŋ √strip_off=body-mdl⟧
ɬəm̓íkʷst prune it. ⟦√ɬəm̓=iws-t √strip_off=body-trns⟧
ɬəm̓ɬəm̓íkʷst trim it down. ⟦ɬəm̓+√ɬəm̓=iws-t pl+√strip_off=body-trns⟧
ɬəm̓íct peel off. ⟦√ɬəm̓-i-cut √strip_off-pers-rflxv⟧

√ɬəŋ1 √detach.

ɬə́ŋ detach. ⟦√ɬŋ √detach⟧
ʔəɬáŋəɬ be detached. ⟦ʔs-√ɬ<á>ŋ<ʔ>-ɬ stat-√detach<rslt>-dur⟧
nəxʷɬə́ŋ clear. ⟦nxʷ-√ɬŋ loc-√detach⟧
ʔəsxʷɬáʔŋəɬ empty. ⟦ʔs-xʷ-√ɬ<əʔ>ŋ-ɬ stat-loc-√detach<actl>-dur⟧
ʔəsɬə́yəŋɬəŋ unattached. ⟦ʔs-ɬ<əy>ŋ+√ɬəŋ stat-char<pl>+√detach⟧
ɬiɬáʔŋət untying it. ⟦ɬy+√ɬ<əʔ>ŋ-t pl+√detach<actl>-trns⟧
ɬə́ŋtxʷ remove it. ⟦√ɬŋ-txʷ √detach-caus⟧
ɬəŋás detach. ⟦√ɬŋ-as √detach-ptcaus⟧
ɬŋáʔəs detaching it. ⟦√ɬŋ-a<ʔə>s √detach-putcaus<actual>⟧
ɬŋán be detached. ⟦√ɬŋ-as-ŋ √detach-ptcaus-psv⟧
ɬəŋáʔəŋ being detached. ⟦√ɬŋ<áʔ>-as-ŋ √detach<actl>-ptcaus-psv⟧
ɬŋɬŋán be detached (pl). ⟦ɬŋ+√ɬŋ-as-ŋ pl+√detach-ptcaus-psv⟧
nəxʷɬəŋás dismantle. ⟦nxʷ-√ɬŋ-as loc-√detach-ptcaus⟧
nəxʷɬəŋáʔəs dismantling. ⟦nxʷ-√ɬŋ-a<ʔ>s loc-√detach-putcaus<actual>⟧
nəxʷɬəŋənáxʷ empty it. ⟦nxʷ-√ɬŋ-naxʷ loc-√detach-nctrns⟧
nəxʷɬə́ŋənəxʷ emptying it. ⟦nxʷ-√ɬ<ə́>ŋ-naxʷ loc-√detach<actl>-nctrns⟧
nəxʷɬəŋənáŋ be emptied. ⟦nxʷ-√ɬŋ-naxʷ-ŋ loc-√detach-nctrns-psv⟧
ɬəŋnúŋət get detached. ⟦√ɬŋ-nuŋt √detach-ncmdl⟧
ɬəŋnəkʷáyət separate it. ⟦√ɬŋ-nəwəy-t √detach-ncrcprcl-trns⟧
ɬəŋnəkʷáyt separating it. ⟦√ɬŋ-nəwəy<ʔ>-t √detach-ncrcprcl<actl>-trns⟧
ɬəŋɬəŋnəkʷáyət separate it (pl). ⟦ɬŋ+√ɬŋ-nəwəy-t pl+√detach-ncrcprcl-trns⟧
ɬəŋnáxʷ manage to detach. ⟦√ɬŋ-naxʷ √detach-nctrns⟧
ɬəŋíyŋtəŋ be removed. ⟦√ɬŋ-iy-ŋ-t-ŋ √detach-dev-mdl-trns-psv⟧
ɬəŋíct come off. ⟦√ɬŋ-í-cut √detach-pers-rflxv⟧
ɬaʔŋíct removing. ⟦√ɬ<əʔ>ŋ-í-cut √detach<actl>-pers-rflxv⟧
ɬəŋsə́nəŋ take off shoes. ⟦√ɬŋ=sən-ŋ √detach=foot-mdl⟧
ɬəŋsə́nəŋ taking off shoes. ⟦√ɬŋ<ʔ>=sən<ʔ>-ŋ<ʔ> √detach<actual>=foot<actual>-mdl<actual>⟧
ɬəŋqsə́nəŋ clear nose. ⟦√ɬŋ=əqsən-ŋ √detach=nose-mdl⟧
ɬəŋqsə́nəŋ clearing nose. ⟦√ɬŋ=əqsən-ŋ<ʔ> √detach=nose-mdl<actual>⟧
ɬəŋŋín piece. ⟦√ɬŋ=ŋin √detach=piece⟧
ɬəŋɬəŋŋín pieces. ⟦ɬŋ+√ɬŋ=ŋin pl+√detach=piece⟧
ɬaʔɬəŋŋín small piece. ⟦ɬaʔ+√ɬŋ<ʔ>=ŋin<ʔ> dimin+√detach<dimin>=piece<dimin>⟧
ɬəyaʔɬəŋŋín small pieces. ⟦ɬ<əy>aʔ+√ɬŋ<ʔ>=ŋ<ʔ>in<ʔ> dimin<pl>+√detach<dimin>=piece<dimin>⟧
sxʷɬəŋŋín removed part. ⟦sxʷ-√ɬŋ=ŋin for-√detach=piece⟧
ɬəŋúcən remove mouth. ⟦√ɬŋ=ucin √detach=mouth⟧
ɬəŋíkʷs come off. ⟦√ɬŋ=iws √detach=body⟧
ɬəŋíkʷst remove it. ⟦√ɬŋ=iws-t √detach=body-trns⟧

ɬənɬəŋíkʷst stripping it off. ⟦ɬŋ<ʔ> + √ɬŋ<ʔ> = iws-t pl<actl> + √detach<actl> = body-trns⟧
ɬə́ŋiʔqən shedding. ⟦√ɬŋ = ay<ʔ>qən<ʔ> √detach = fur<actual>⟧
ɬəŋiʔíyəŋ take off pants. ⟦√ɬŋ = iʔiy-ŋ √detach = pants-mdl⟧
ɬəŋə́qsən remove nose. ⟦√ɬŋ = əqsən √detach = nose⟧
   nəxʷɬəŋqsə́nəŋ wipe nose. ⟦nxʷ-√ɬŋ = əqsən-ŋ loc-√detach = nose-mdl⟧
ɬəŋə́ʔqʷ decapitated. ⟦√ɬŋ = iʔqʷ √detach = head⟧
   ɬəŋayə́ʔqʷ remove from head. ⟦√ɬŋ-ay = iʔqʷ √detach-ext = head⟧
      ɬəŋayə́ʔqʷt remove it from head. ⟦√ɬŋ-ay = iʔqʷ-t √detach-ext = head-trns⟧
   ɬəŋə́ʔqʷəŋ remove head. ⟦√ɬŋ = iʔqʷ-ŋ √detach = head-mdl⟧
      ɬəŋayə́ʔqʷəŋ remove hat. ⟦√ɬŋ-ay = iʔqʷ-ŋ √detach-ext = head-mdl⟧
      ɬiyŋáʔqʷəŋ take off hats. ⟦√ɬ<iy>ŋ = aʔqʷ-ŋ √detach<pl> = head-mdl⟧
   ɬəŋə́ʔqʷt decapitate it. ⟦√ɬŋ = iʔqʷ-t √detach = head-trns⟧
      ɬəŋə́ʔqʷtəŋ be decapitated. ⟦√ɬŋ = iʔqʷ-t-ŋ √detach = head-trns-psv⟧
ɬəŋcísəŋ take off gloves. ⟦√ɬŋ = acis-ŋ √detach = hand-mdl⟧
ʔəsɬəŋɬənsə́n barefoot. ⟦ʔs-ɬŋ + √ɬŋ = sən stat-char + √detach = foot⟧
ʔəsɬə́ŋsən shoeless. ⟦ʔs-√ɬŋ<ʔ> = sən<ʔ> stat-√detach<actual> = foot<actual>⟧
nəxʷɬəŋqínəŋ clear throat. ⟦nxʷ-√ɬŋ = qin-ŋ loc-√detach = vioce-mdl⟧
nəxʷɬəŋqə́ʔnəŋ clearing throat. ⟦nxʷ-√ɬŋ = qi<ʔ>n-ŋ loc-√detach = throat<actl>-mdl⟧
nəxʷɬəŋənúkʷəŋ clear land. ⟦nxʷ-√ɬŋ = ənukʷ-ŋ loc-√detach = ground-mdl⟧
nəxʷɬaʔŋənúkʷəŋ clearing land. ⟦nxʷ-√ɬ<əʔ>ŋ = ən<ʔ>ukʷ-ŋ<ʔ> loc-√detach<actual> = ground<actual>-mdl<actual>⟧
   nəxʷɬəŋənúkʷt clear land. ⟦nxʷ-√ɬŋ = ənukʷ-t loc-√detach = ground-trns⟧

√ɬəŋ2 √completely.
ɬə́ŋ completely. ⟦√ɬəŋ √complly⟧

√ɬəp √blink.
ɬə́ptən blink. ⟦√ɬəp = tən √blink = instr⟧
ɬə́yəptən eyelashes. ⟦√ɬə<yə>p = tən √blink<pl> = instr⟧
ɬaʔɬə́ptən small eyelash. ⟦ɬaʔ + √ɬəp = tən dim + √blink = instr⟧
ɬəyaʔɬə́ptən small eyelashes. ⟦ɬ<əʔy>aʔ + √ɬəp = tən dim<pl> + √blink = instr⟧

√ɬəp̓ √slip_off.
ɬə́p̓ slip off. ⟦√ɬəp̓ √slip_off⟧
ɬə́p̓əŋ slipping. ⟦√ɬəp̓-ŋ √slip_off-mdl⟧
ɬəp̓ə́yu flip. ⟦√ɬəp̓-əyu √slip_off-activ⟧
ɬp̓ə́t flip it away. ⟦√ɬəp̓-t √slip_off-trns⟧
ɬp̓cə́ʔnəŋ stuttering. ⟦√ɬəp̓ = uci<ʔ>n-ŋ<ʔ> √slip_off = mouth<actual>-mdl<actual>⟧
ɬp̓ács slip hand. ⟦√ɬəp̓ = acis √slip_off = hand⟧
ɬəp̓sə́n miss step. ⟦√ɬəp̓ = sən √slip_off = foot⟧
ɬp̓qsə́ʔnəŋ blowing water. ⟦√ɬəp̓ = əqsi<ʔ>n-ŋ<ʔ> √slip_off = nose<actual>-mdl<actual>⟧

√ɬəq̓əs √sea_lettuce.
ɬə́q̓əs sea lettuce. ⟦√ɬəq̓əs √sea_lettuce⟧

√ɬə́q̓ətaʔ √interior_tribe.
ɬə́q̓ətaʔ interior tribe. ⟦√ɬə́q̓ətaʔ √interior_tribe⟧

√ɬətx̱ √shiver.
ɬə́tx̱t make it shiver. ⟦√ɬətx̱-t √shiver-trns⟧
ɬə́tx̱təŋ be made to shiver. ⟦√ɬətx̱-t-ŋ √shiver-trns-psv⟧
ɬə́tx̱ct shivering. ⟦√ɬətx̱-cut √shiver-rflxv⟧

√ɬətm̓ √herring_rake.
ɬə́tm̓ herring rake. ⟦√ɬətm̓ √herring_rake⟧

√ɬəyp̓ √flap.
ɬə́yp̓ flap. ⟦√ɬəyp̓ √flap⟧
ɬə́yp̓i loose. ⟦√ɬəyp̓-iy √flap-dev⟧
   ɬiɬə́yp̓i loose (pl). ⟦ɬy + √ɬəyp̓-iy pl + √flap-dev⟧
ʔəsɬə́yp̓ wrinkled. ⟦ʔs-√ɬəyp̓ stat-√flap⟧
ɬə́yp̓t wrinkle it. ⟦√ɬəyp̓-t √flap-trns⟧
sɬip̓ə́wəč flabby rear. ⟦s-√ɬəyp̓ = əwəč s-√flap = bottom⟧
ɬip̓úcən wrinkled mouth. ⟦√ɬəyp̓ = ucin √flap = mouth⟧
sɬip̓úcən lip. ⟦s-√ɬəyp̓ = ucin s-√flap = mouth⟧
sɬip̓úykʷt shirt. ⟦s-√ɬəyp̓ = uykʷət s-√flap = clothing⟧
   sɬiɬip̓úykʷt shirts. ⟦s-ɬy + √ɬəyp̓ = uykʷət s-pl + √flap = clothing⟧
sɬip̓íqən sloppy belly. ⟦s-√ɬiyp̓ = iqən s-√flap = abdomen⟧

√ɬəyx̣ʷ   √ɬi?x̣

      sɬipə́qsən floppy nose. 〚s-√ɬəyp̓=əqsən s-√flap=nose〛
      ɬipícən island near Becher Bay. 〚√ɬəyp̓=icən √flap=back〛
      ɬipəwáčəŋ flipping tail. 〚√ɬəyp̓=wač-ŋ<ʔ> √flap=tail-mdl<actual>〛
      ɬaʔɬiʔpiʔáxən bat. 〚ɬaʔ+√ɬəy<ʔ>p̓-iy=axən dim+√flap<dim>-dev=arm〛
      ʔəsxʷɬə́yp̓s wrinkled. 〚ʔs-xʷ-√ɬəyp̓=us stat-loc-√flap=face〛
      sɬipíkʷən wrinkled. 〚s-√ɬiyp̓=iws=ən s-√flap=body=instr〛
√ɬəyx̣ʷ √nonsense.
      ɬə́čx̣ʷmən nonsense. 〚√ɬəyx̣ʷ-mən √nonsense-almost〛
      ɬčx̣ʷáys act silly. 〚√ɬəyx̣ʷ-ays √nonsense-activ〛
      ɬiʔx̣ʷáys acting silly. 〚√ɬəy<ʔ>x̣ʷ-ays √nonsense<actl>-activ〛
√ɬəy̓ √given.
      ɬə́y̓ be given. 〚√ɬəy̓ √given〛
      ɬíɬiʔ giving. 〚ɬi+√ɬy̓ actl+√give〛
      ɬə́y̓txʷ give someone. 〚√ɬəy̓-txʷ √given-caus〛
      ɬə́y̓təŋ be given. 〚√ɬəy̓-txʷ-ŋ √given-caus-psv〛
√ɬəy̓qʷ √smash.
      ɬə́y̓əqʷ smash. 〚√ɬəy̓qʷ √smash〛
      ɬiəqʷə́yu grind. 〚√ɬəy̓qʷ-əyu √smash-activ〛
      ɬiʔqʷə́yuʔ grinding. 〚√ɬəy̓qʷ-əyu<ʔ> √smash-activity<actual>〛
      sxʷɬiʔqʷə́yuʔ grinder. 〚sxʷ-√ɬəy̓qʷ-əyu for-√smash-activ〛
      ɬə́y̓əqʷi smash. 〚√ɬəy̓qʷ-iy √smash-dev〛
      ɬə́y̓qʷiʔ being smashed. 〚√ɬ<ə́>y̓qʷ-iy<ʔ> √smash<actl>-dev〛
      ɬiʔɬə́y̓əqʷi smash up. 〚ɬy̓+√ɬəy̓qʷ-iy pl+√smash-dev〛
      ʔəsɬə́y̓qʷ smashed. 〚ʔs-√ɬ<ə́>y̓qʷ stat-√smash<actual>〛
      ɬə́y̓əqʷt smash it. 〚√ɬəy̓qʷ-t √smash-trns〛
      ɬə́y̓qʷt smashing it. 〚√ɬ<ə́>y̓qʷ-t √smash<actl>-trns〛
      ɬiʔɬə́y̓əqʷt smash it (pl). 〚ɬy̓+√ɬəy̓qʷ-t pl+√smash-trns〛
      ɬiʔɬə́y̓qʷt smashing it. 〚ɬy̓+√ɬ<ə́>y̓qʷ-t pl+√smash<actl>-trns〛
      ɬə́y̓əqʷtəŋ be smashed. 〚√ɬəy̓qʷ-t-ŋ √smash-trns-psv〛
      ɬə́y̓qʷtəŋ being smashed. 〚√ɬəy̓qʷ-t-ŋ<ʔ> √smash-trans-psv<actual>〛
      ɬəyəqʷíŋəɬ grind. 〚√ɬəy̓qʷ-iŋɬ √smash-cstm〛
      ɬiʔqʷé?ŋəɬ grinding. 〚√ɬəy̓qʷ-i<ʔ>ŋɬ √smash-custom<actual>〛
√ɬəy̓x̣ʷ √freeze.
      ɬə́y̓əx̣ʷ freeze. 〚√ɬəy̓x̣ʷ √freeze〛
      ɬiɬə́yəx̣ʷi frozen (pl). 〚ɬy+√ɬəy̓x̣ʷ-iy pl+√freeze-dev〛
      ɬiʔx̣ʷə́yu freeze. 〚√ɬəy̓x̣ʷ-əyu √freeze-activ〛
      sɬix̣ʷə́yu frost. 〚s-√ɬəy̓x̣ʷ-əyu s-√freeze-activ〛
      ɬaʔɬix̣ʷə́yu chilly. 〚ɬaʔ+√ɬəy̓x̣ʷ-əyu dim+√freeze-activ〛
      ʔəsɬáy̓x̣ʷ frozen. 〚ʔs-√ɬə<á>y̓x̣ʷ stat-√freeze<result><actual>〛
      ɬə́y̓əx̣ʷt freeze it. 〚√ɬəy̓x̣ʷ-t √freeze-trns〛
      ɬə́y̓əx̣ʷtəŋ be frozen. 〚√ɬəy̓x̣ʷ-t-ŋ √freeze-trns-psv〛
      ɬə́y̓əx̣ʷnəxʷ manage to freeze it. 〚√ɬəy̓x̣ʷ-naxʷ √freeze-nctrns〛
      sɬə́y̓əx̣ʷ ice. 〚s-√ɬəy̓x̣ʷ s-√freeze〛
      sɬiyə́y̓əx̣ʷ ice (pl). 〚s-√ɬ<iy>əy̓x̣ʷ s-√freeze<pl>〛
      ʔəsɬiʔəx̣ʷə́nəkʷ frozen ground. 〚ʔs-√ɬəy̓x̣ʷ=ənukʷ stat-√freeze<actl>=ground〛
√ɬi?n √attach.
      ʔəsɬéʔɬən tied up. 〚ʔs-ɬiʔ+√ɬiʔn stat-rslt+√attach〛
      ɬéʔnət attach it. 〚√ɬiʔn-t √attach-trns〛
      ɬíɬaʔnət attaching it. 〚ɬí+√ɬiʔn-t actl+√attach-trns〛
      ɬaʔnítəŋ be attached. 〚√ɬiʔn-t-ŋ √attach-trns-psv〛
      ɬéʔəntəŋ being attached. 〚√ɬ<í>ʔn-t-ŋ √attach<actl>-trns-psv〛
      ɬaʔníct attach. 〚√ɬiʔn-cut √attach-rflxv〛
      ʔəsɬaʔníct attached. 〚ʔs-√ɬi<ʔ>n-cut stat-√attach<actl>-rflxv〛
      ɬéʔntxʷ tie up. 〚√ɬiʔn-txʷ √attach-letcaus〛
      ʔəsɬéʔɬəntxʷ be tied up. 〚ʔs-ɬiʔ+√ɬiʔn-txʷ stat-rslt+√attach-letcaus〛
      ɬéʔnəxʷ attach it. 〚√ɬiʔn-naxʷ √attach-nctrns〛
      ɬéʔnəq tied up. 〚√ɬiʔn-əq √attach-?〛
√ɬi?x̣ √stiff.
      ɬéʔəx̣ct stiffen. 〚√ɬiʔx̣-cut √stiff-rflxv〛

Klallam Root Index

łéʔxsən stiff. 〚√łiʔx̣=sən √stiff=foot〛
łłéʔxsən stiff. 〚ł+√łiʔx̣=sən incep+√stiff=foot〛

√łicʼ √cut.
   łícʼ cut. 〚√łicʼ √cut〛
      łaʔcʼáʔyu cutting. 〚√łi<ʔ>cʼ-ə<ʔ>yu √cut<actual>-activity<actual>〛
      ʔəsłaʔłaʔyícʼ butchered. 〚ʔs-łaʔ+√ł<aʔy>icʼ stat-dimin+√cut<pl>〛
      łícʼt cut it. 〚√łicʼ-t √cut-trns〛
         łéʔcʼt cutting it. 〚√łi<ʔ>cʼ-t √cut<actl>-trns〛
         łaʔyícʼt butcher it. 〚√ł<əy>icʼ-t √cut<pl>-trns〛
         łcʼítəŋ be cut. 〚√łicʼ-t-ŋ √cut-trns-psv〛
            ʔəsłcʼítəŋ be cut. 〚ʔs-√łicʼ-t-ŋ stat-√cut-trns-psv〛
            łaʔcʼítəŋ being cut. 〚√łi<ʔ>cʼ-t-ŋ<ʔ> √cut<actual>-trans-psv<actual>〛
               łaʔyəcʼiʔítəŋ being cut up. 〚√ł<əʔyə>i<ʔ>cʼ-t-ŋ<ʔ> √cut<pl><actual>-trans-psv<actual>〛
      łícʼct cut self. 〚√łicʼ-cut √cut-rflxv〛
      łícʼnəxʷ manage to cut it. 〚√łicʼ-naxʷ √cut-nctrns〛
         łcʼínəŋ manage to be cut. 〚√łicʼ-naxʷ-ŋ √cut-nctrns-psv〛
      łcʼnáytxʷ cut the throat. 〚√łicʼ-łnay-txʷ √cut=neck-incaus〛
      łícʼsən cut foot. 〚√łicʼ=sən √cut=foot〛
         łcʼsánt cut foot. 〚√łicʼ=sən-t √cut=foot-trns〛
            łcʼsánt cutting foot. 〚√łicʼ=sən<ʔ>-t √cut=foot<actl>-trns〛
         łcʼsánnəxʷ cut foot. 〚√łicʼ=sən-naxʷ √cut=foot-nctrns〛
         łcʼsánəŋ be foot cut. 〚√łicʼ=sən-naxʷ-ŋ √cut=foot-nctrns-psv〛
      łícʼŋən plank. 〚√łicʼ=ŋin √cut=piece〛
         łəyícʼŋən boards. 〚√ł<y>icʼ=ŋin √cut<pl>=piece〛
      łicʼiyáx̣ən cut arm. 〚√łicʼ-iy=ax̣ən √cut-ext=arm〛
         łcʼiyəx̣ánt cut arm. 〚√łicʼ-iy=ax̣ən-t √cut-ext=arm-trns〛
            łcʼiʔáx̣t cutting arm. 〚√łicʼ-iy=<á>x̣ən-t √cut-ext=arm<actl>-trns〛
      łcʼánt cut ear. 〚√łicʼ=añ-t √cut=ear-trns〛
         łíłcʼaññəxʷ cut ear. 〚łí+√łicʼ=añ-naxʷ rslt+√cut=ear-nctrns〛
         łicʼáññəŋ cut ear. 〚√łicʼ=añ-naxʷ-ŋ √cut=ear-nctrns-psv〛
            łícʼaññəŋ being ear cut. 〚√ł<í>cʼ=añ-naxʷ-ŋ<ʔ> √cut<actual>=ear-nctrans-psv<actual>〛
      łcʼéʔqʷ cut head. 〚√łicʼ=iʔqʷ √cut=head〛
         łícʼaʔqʷəŋ cut hair. 〚√łicʼ=iʔqʷ-ŋ √cut=head-mdl〛
            łaʔcʼéʔqʷəŋ being head cut. 〚√łi<ʔ>cʼ=iʔqʷ-ŋ<ʔ> √cut<actual>=head-mdl<actual>〛
         łícʼaʔqʷt cut hair. 〚√łicʼ=iʔqʷ-t √cut=head-trns〛
            łaʔcʼéʔqʷt cutting head. 〚√łi<ʔ>cʼ=iʔqʷ-t √cut<actl>=head-trns〛
            słícʼaʔqʷtən haircut. 〚s-√łicʼ=iʔqʷ=tən s-√cut=head=instr〛
      łəcʼaʔyíwc cut wood. 〚√łicʼ=ay̓=iwc √cut=wood=fire〛
         łəcʼayíwct cut wood. 〚√łicʼ=ay̓=iwc-t √cut=wood=fire-trns〛
      łcʼúyəs cut forehead. 〚√łicʼ=uyəs √cut=forehead〛
         łcʼúyəsəŋ cut forehead. 〚√łicʼ=uyəs-ŋ √cut=forehead-mdl〛
         łcʼúyəst cut forehead. 〚√łicʼ=uyəs-t √cut=forehead-trns〛
            łaʔcʼúyst cutting forehead. 〚√łi<ʔ>cʼ=uy<ʔ>əs-t √cut=forehead-trns〛
         ʔəsłaʔcʼúysəŋ cutting forehead. 〚ʔs-√łi<ʔ>cʼ=uy̓s-ŋ<ʔ> stat-√cut<actual>=forehead-mdl<actual>〛
      łcʼús cut face. 〚√łicʼ=us √cut=face〛
         nəxʷłcʼús cut face. 〚nxʷ-√łicʼ=us loc-√cut=face〛
         łcʼúst cut face. 〚√łicʼ=us-t √cut=face-trns〛
            łaʔcʼúst cutting face. 〚√łi<ʔ>cʼ=us-t √cut<actl>=face-trns〛
            łcʼústəŋ be cut face. 〚√łicʼ=us-t-ŋ √cut=face-trns-psv〛
         łcʼúsnəxʷ cut face. 〚√łicʼ=us-naxʷ √cut=face-nctrns〛
      łcʼúcən cut mouth. 〚√łicʼ=ucin √cut=mouth〛
         łaʔcʼúcən cutting mouth. 〚√łi<ʔ>cʼ=ucin √cut<actl>=mouth〛
         łcʼcínəŋ cut mouth. 〚√łicʼ=ucin-ŋ √cut=mouth-mdl〛
         łcʼúcənnəxʷ cut mouth. 〚√łicʼ=ucin-naxʷ √cut=mouth-nctrns〛
      łcʼsə́n cut foot. 〚√łicʼ=sən √cut=foot〛
      łaʔcʼaʔíw̓s cutting with saw. 〚√łi<ʔ>cʼ-a<ʔ>-iw<ʔ>s √cut<actual>-ext=body<actual>〛
      łcʼíkʷst cut body. 〚√łicʼ=iws-t √cut=body-trns〛
         łcʼíwst cutting body. 〚√łicʼ=iw<ʔ>s-t √cut=body<actl>-trns〛
      łcʼíkʷsəŋ cut body. 〚√łicʼ=iws-ŋ √cut=body-mdl〛
      łcʼiʔáx̣ən cut arm. 〚√łicʼ-y̓=ax̣ən √cut-ext=arm〛

ɬcə́qsən cut nose. 〚√ɬič=əqsən √cut=nose〛
　ɬcə́qst cut nose. 〚√ɬič=əqsən-t √cut=nose-trns〛
ɬcayáʔčən saw. 〚√ɬič-ay̓=ay̓=ən √cut-ext=wood=instr〛
ɬcáyəqən shear sheep. 〚√ɬič=ayqən √cut=fur〛
ɬcács cut hand. 〚√ɬič=acis √cut=hand〛
　ɬaʔcács getting hand cut. 〚√ɬi<ʔ>č=acis √cut<actl>=hand〛
　ɬccíst cut hand. 〚√ɬič=acis-t √cut=hand-trns〛
　　ɬccísc cut my/your hand. 〚√ɬič=acis-t-c √cut=hand-trns-1obj/2obj〛
　　ɬccístəŋ be hand cut. 〚√ɬič=acis-t-ŋ √cut=hand-trns-psv〛
　　　ɬaʔccístəŋ being hand cut. 〚√ɬi<ʔ>č=acis-t-ŋ<ʔ> √cut<actual>=hand-trans-psv<actual>〛
　　ɬaʔccíst cutting hand. 〚√ɬi<ʔ>č=acis-t √cut<actl>=hand-trns〛
　ɬcácsnəxʷ cut hand. 〚√ɬič=acis-naxʷ √cut=hand-nctrns〛
　　ɬcácsnəŋ be hand cut. 〚√ɬič=acis-naxʷ-ŋ √cut=hand-nctrns-psv〛
　ɬcacsənúŋət cut hand. 〚√ɬič=acis-nuŋt √cut=hand-ncmdl〛
ɬcaʔyíw̓c saw wood. 〚√ɬič=ay̓=iw̓c √cut=wood=fire〛
ɬcáʔiŋ mow grass. 〚√ɬič=ay̓-ŋ √cut=wood-mdl〛
　ɬaʔcáʔy̓əŋ mowing. 〚√ɬi<ʔ>č=a<ʔ>y̓-ŋ<ʔ> √cut<actual>=wood<actual>-mdl<actual>〛
　ɬaʔcaʔíw̓c sawing firewood. 〚√ɬi<ʔ>č=ay̓=iw̓c √cut<actl>=wood=fire〛
　ɬaʔcaʔíw̓ct cutting firewood. 〚√ɬi<ʔ>č=ay̓=iwc-t √cut<actl>=wood=fire-trns〛
ɬcáʔič cut hip. 〚√ɬič=ay̓č √cut=hip〛

√ɬičm √cut.
　ɬíčəm cut. 〚√ɬičm √cut〛

√ɬik̓ʷ √hook.
　ɬík̓ʷ get hooked. 〚√ɬik̓ʷ √hook〛
　ɬk̓ʷə́yu fishing with a gaff. 〚√ɬik̓ʷ-əyu √hook-activ〛
　　ɬaʔk̓ʷə́yuʔ fishing with a gaff. 〚√ɬi<ʔ>k̓ʷ-əyu<ʔ> √hook<actual>-activity<actual>〛
　ɬéʔk̓ʷəŋ hooking. 〚√ɬi<ʔ>k̓ʷ-ŋ √hook<actl>-mdl〛
　ɬaʔk̓ʷáy̓s fishing with a gaff. 〚√ɬi<ʔ>k̓ʷ-ay̓s √hook<actl>-activ〛
　ʔəsɬéʔyək̓ʷ hooked. 〚ʔs-√ɬi<ʔyə>k̓ʷ stat-√hook<pl>〛
　ɬík̓ʷt hook it. 〚√ɬik̓ʷ-t √hook-trns〛
　　ɬéʔk̓ʷt hooking it. 〚√ɬi<ʔ>k̓ʷ-t √hook<actl>-trns〛
　ɬk̓ʷítəŋ be hooked. 〚√ɬik̓ʷ-t-ŋ √hook-trns-psv〛
　　ɬaʔk̓ʷítəŋ being hooked. 〚√ɬi<ʔ>k̓ʷ-t-ŋ<ʔ> √hook<actual>-trans-psv<actual>〛
　ɬk̓ʷíct hook self. 〚√ɬik̓ʷ-cut √hook-rflxv〛
　ɬík̓ʷnəxʷ hook. 〚√ɬik̓ʷ-naxʷ √hook-nctrns〛
　　ɬík̓ʷnəŋ be hooked. 〚√ɬik̓ʷ-naxʷ-ŋ √hook-nctrns-psv〛
　ɬík̓ʷəyúst hang it on hook. 〚√ɬik̓ʷ-iy-us-t √hook-dev-rcpnt-trns〛
　　ɬaʔk̓ʷiʔúst hanging it on hook. 〚√ɬi<ʔ>k̓ʷ-iy<ʔ>-us-t √hook<actl>-dev<actl>-rcpnt-trns〛
　　ɬək̓ʷəyústəŋ be hung on hook. 〚√ɬik̓ʷ-iy-us-t-ŋ √hook-dev-rcpnt-trns-psv〛
　ɬk̓ʷə́qsən hook nose. 〚√ɬik̓ʷ=əqsən √hook=nose〛
　ɬik̓ʷúst hook face. 〚√ɬik̓ʷ=us-t √hook=face-trns〛
　　ɬik̓ʷústəŋ be hooked in face. 〚√ɬik̓ʷ=us-t-ŋ √hook=face-trns-psv〛
　ʔəsɬik̓ʷə́y̓əs hanging. 〚ʔs-√ɬik̓ʷ-əy<ʔ>=us stat-√hook-ext<actl>=face〛
　ɬk̓ʷéʔqʷtəŋ hook head. 〚√ɬik̓ʷ=iʔqʷ-t-ŋ √hook=head-trns-psv〛
　ɬík̓ʷən gaff hook. 〚√ɬik̓ʷ=ən √hook=instr〛
　　ɬík̓ʷəntən suspenders. 〚√ɬik̓ʷ=ən=tən √hook=instr=instr〛
　ɬík̓ʷsən trip. 〚√ɬik̓ʷ=sən √hook=foot〛
　　ɬík̓ʷsənəŋ trip. 〚√ɬik̓ʷ=sən-ŋ √hook=foot-mdl〛
　　ɬaʔyík̓ʷsən trip. 〚√ɬ<aʔy>ík̓ʷ=sən √hook<pl>=foot〛
　　ɬk̓ʷsə́nət trip someone. 〚√ɬik̓ʷ=sən-t √hook=foot-trns〛
　ʔsɬək̓ʷəwéʔč shoelaces. 〚ʔs-√ɬik̓ʷ=əwiʔč stat-√hook=back〛
　　sɬk̓ʷuʔéʔčən shoelaces. 〚s-√ɬik̓ʷ=əwiʔč=ən s-√hook=back=instr〛
　ɬaʔk̓ʷáy̓əs making a fishnet. 〚√ɬi<ʔ>k̓ʷ=ay<ʔ>us √hook<actual>=eye<actual>〛

√ɬip̓ √flip.
　ɬíp̓t flip it. 〚√ɬip̓-t √flip-trns〛
　ɬp̓íct flip self. 〚√ɬip̓-cut √flip-rflxv〛
　　ɬíp̓ct flopping around. 〚√ɬ<í>p̓-cut √flip<actl>-rflxv〛

√ɬiqʷ √flesh.
　ɬíʔɬaʔqʷ fleshy. 〚ɬiʔ+√ɬi<ʔ>qʷ actual+√flesh<actual>〛
　sɬíqʷ 〚s-√ɬiqʷ s-√flesh〛

Klallam Root Index

sxʷɬíqʷən̓ cheek. 〚sxʷ-√ɬiqʷ=an̓ for-√flesh=ear〛
 sxʷɬaʔyíqʷən cheeks. 〚sxʷ-√ɬ<əʔy>iqʷ=ən for-√flesh<pl>=instr〛
sɬiqʷéʔqʷ head flesh. 〚s-√ɬiqʷ=iʔqʷ s-√flesh=head〛
ɬqʷóčən̓ dried fish. 〚√ɬiqʷ=ač=ən √flesh=back=instr〛
 ɬaʔyəqʷóčən̓ dried fish (pl). 〚√ɬ<əʔy>iqʷ=ač=ən √flesh<pl>=back=instr〛

√ɬixʷ √three.
 ɬíxʷ three. 〚√ɬixʷ √three〛
  ɬíɬxʷ being three. 〚ɬí+√ɬixʷ actl+√three〛
  ɬíxʷɬxʷtxʷ give three each. 〚ɬíxʷ+√ɬixʷ-txʷ distr+√three-letcaus〛
  ɬxʷɬšáʔ thirty. 〚√ɬixʷ=ɬšaʔ √three=ten〛
   ɬxʷɬšaʔáytxʷ thirty dollars. 〚√ɬixʷ=ɬšaʔ=aʔitxʷ √three=ten=dollar〛
  ɬxʷáɬ three times. 〚√ɬixʷ=aɬ √three=times〛
  ɬxʷɬnát Wednesday. 〚√ɬixʷ=ɬnat √three=day〛
  ɬxʷíɬč three plants. 〚√ɬixʷ=iɬč √three=plant〛
  ɬxʷíkʷs three of a kind. 〚√ɬixʷ=iws √three=body〛
  ɬxʷóqsən three-pronged spear. 〚√ɬixʷ=əqsən √three=nose〛
  ɬxʷéyn̓ triangle. 〚√ɬixʷ-iy=an̓ √three-ext=ear〛
  ɬxʷéʔqʷ three heads. 〚√ɬixʷ=iʔqʷ √three=head〛
  ɬxʷáyəq three fish. 〚√ɬixʷ=ayəq √three=fish〛
  ɬxʷáy three people. 〚√ɬixʷ=ayə √three=person〛
   ɬxʷɬxʷáy three at at time. 〚ɬxʷ-√ɬixʷ=ayə three-√three=person〛
   ɬaʔɬxʷéʔi just three people. 〚ɬaʔ+√ɬixʷ<ʔ>ə dimin+√three=person<dimin>〛
   ɬaʔxʷáʔyə three people. 〚√ɬi<ʔ>xʷ=a<ʔ>y √three<actual>=person<actual>〛
  ɬxʷayəhóčɬ three children. 〚√ɬixʷ=ayə=ačɬ √three=person=child〛
  ɬxʷáxʷɬ three canoes. 〚√ɬixʷ=axʷɬ √three=conveyance〛
   ɬaʔxʷáxʷɬ three canoes. 〚√ɬi<ʔ>xʷ=axʷɬ √three<actl>=conveyance〛
  ɬíxʷuʔtxʷ three houses. 〚√ɬixʷ=awtxʷ √three=house〛
  ɬxʷáʔwinəxʷ three years. 〚√ɬixʷ=aʔwinəxʷ √three=year〛
  ɬxʷáʔitxʷ three dollars. 〚√ɬixʷ=aʔitxʷ √three=dollar〛

√ɬix̱ √spread_on.
 ɬíx̱ spread on. 〚√ɬix̱ √spread_on〛
 ɬaʔx̱óyu spreading disease. 〚√ɬi<ʔ>x̱-əyu √spread_on<actl>-activ〛
 ʔsɬéʔəx̱ spread out. 〚ʔs-√ɬi<ʔə>x̱ stat-√spread_on<actual>〛
 ɬíx̱t spread it. 〚√ɬix̱-t √spread_on-trns〛
  ɬx̱ótəŋ be spread on. 〚√ɬix̱-t-ŋ √spread_on-trns-psv〛

√ɬix̣ʷ √slippery.
 ɬíx̣ʷəŋ slippery. 〚√ɬix̣ʷ-ŋ √slippery-mdl〛
 sɬíx̣ʷəŋ slime. 〚s-√ɬix̣ʷ-ŋ s-√slippery-mdl〛
 ɬíx̣ʷi slippery. 〚√ɬix̣ʷ-iy √slippery-dev〛
 ɬx̣ʷaʔmítəŋ slip. 〚√ɬix̣ʷ-əʔm-t-ŋ √slippery-?-trns-psv〛
 ɬx̣ʷaʔmíct slide. 〚√ɬix̣ʷ-əʔm-cut √slippery-?-rflxv〛

√ɬkʷ √peck.
 ɬkʷóŋ peck. 〚√ɬkʷ-ŋ √peck-mdl〛
 ɬókʷəŋ̓ pecking. 〚√ɬəkʷ-ŋ<ʔ> √peck-mdl<actual>〛
 ɬkʷóyu peck. 〚√ɬkʷ-əyu √peck-activ〛
 ɬókʷəyuʔ pecking. 〚√ɬ<ó>kʷ-əyu<ʔ> √peck<actual>-activity<actual>〛
 ɬkʷót peck on it. 〚√ɬkʷ-t √peck-trns〛
  ɬókʷt pecking it. 〚√ɬ<ó>kʷ-t √peck<actl>-trns〛
  ɬkʷótəŋ be pecked. 〚√ɬəkʷ-t-ŋ √peck-trns-psv〛
   ɬókʷtəŋ be pecked. 〚√ɬ<ó>kʷ-t-ŋ √peck<actl>-trns-psv〛
    ɬiɬókʷtəŋ be pecked. 〚ɬy+√ɬəkʷ-t-ŋ pl+√peck-trns-psv〛
 ɬkʷáčtəŋ be pecked bottom. 〚√ɬkʷ=ač-t-ŋ √peck=back-trns-mdl〛

√ɬk̓ʷ √hollow.
 ʔəsxʷɬók̓ʷəŋ̓ hollow. 〚ʔs-xʷ-√ɬ<ó>k̓ʷ-ŋ<ʔ> stat-loc-√hollow<actual>-mdl<actual>〛
 ɬk̓ʷót hollow it. 〚√ɬk̓ʷ-t √hollow-trns〛
  ɬók̓ʷt hollowing it. 〚√ɬ<ó>k̓ʷ-t √hollow<actl>-trns〛
  nəxʷɬk̓ʷóŋət hollow it. 〚nxʷ-√ɬk̓ʷ-ŋ-t loc-√hollow-mdl-trns〛
   ɬók̓ʷəŋ̓t hollowing it. 〚√ɬ<ó>k̓ʷ-ŋ<ʔ>-t √hollow<actl>-mdl<actl>-trns〛
 ɬk̓ʷáyəs make net. 〚√ɬk̓ʷ=ayus √hollow=eye〛
 sxʷɬók̓ʷəŋ̓ chisel. 〚sxʷ-√ɬ<ó>k̓ʷ-ŋ<ʔ> for-√hollow<actual>-mdl<actual>〛

sxʷɬə́yəkʷəŋ chisels. ⟦sxʷ-√ɬ<ə́><yə>kʷ-ŋ<ʔ> for-√hollow<actual><pl>-mdl<actual>⟧ √ɬmáq̓s
√ɬmáq̓s √limpet.
    ɬəmáq̓əs limpet. ⟦√ɬmáq̓s √limpet⟧
        ɬaʔyaʔɬəmáq̓s small limpets. ⟦ɬ<əʔy>aʔ+√ɬmáq̓s dim<pl>+√limpet⟧
√ɬniŋɬ √we.
    ɬníŋɬ we. ⟦√ɬniŋɬ √we⟧
√ɬŋa √go_along_beach.
    ɬəŋá go along beach. ⟦√ɬŋa √go_along_beach⟧
        ɬəŋácən go along edge. ⟦√ɬŋa=ucin √go_along_beach=edge⟧
√ɬqay̓ √meat_fat.
    ɬqáy̓ meat fat. ⟦√ɬqay̓ √meat_fat⟧
        sɬqáy̓ fat on meat. ⟦s-√ɬqəy̓ s-√meat_fat⟧
√ɬqay̓č √moon.
    ɬqáy̓č moon. ⟦√ɬqay̓č √moon⟧
        sɬqáy̓č month. ⟦s-√ɬqay̓č s-√moon⟧
√ɬqit √clothing.
    ɬqít clothing. ⟦√ɬqit √clothing⟧
        ɬaʔyíqt clothing (pl). ⟦√ɬ<aʔy>iqt √clothing<pl>⟧
√ɬqiy √thimbleberry_sprout.
    ɬqíyəɬč thimbleberry sprout. ⟦√ɬqiy=iɬč √thimbleberry_sprout=plant⟧
        ɬaʔyəqíyəɬč thimbleberry sprouts. ⟦√ɬ<əʔyə>qiy=iɬč √thimbleberry_sprout<pl>=plant⟧
√ɬq̓ √opposite.
    ɬq̓cín opposite. ⟦√ɬq̓=ucin √opposite=edge⟧
        ɬq̓cínəŋ go to opposite side. ⟦√ɬq̓=cin-ŋ √opposite=edge-mdl⟧
√ɬq̓áčš √five.
    ɬq̓áčš five. ⟦√ɬq̓áčš √five⟧
        ɬq̓áčštxʷ make it five. ⟦√ɬq̓áčš-txʷ √five-letcaus⟧
        ɬq̓čšɬšáʔ fifty. ⟦√ɬq̓áčš=ɬšaʔ √five=ten⟧
        ɬq̓čšáɬ five times. ⟦√ɬq̓áčš=aɬ √five=times⟧
        ɬq̓čšáy five people. ⟦√ɬq̓áčš=ayə √five=person⟧
        ɬq̓ɬq̓čšáy five at a time. ⟦ɬq̓+√ɬq̓áčš=ayə distr+√five=person⟧
        ɬq̓əčšíkʷs five canoes. ⟦√ɬq̓áčš=iws √five=body⟧
        ɬq̓əčšáy five containers. ⟦√ɬq̓áčš=ayə √five=container⟧
        ɬq̓əčšákʷɬ five canoes. ⟦√ɬq̓áčš=akʷɬ √five=conveyance⟧
        ɬq̓čšɬnát Friday. ⟦√ɬq̓áčš=ɬnat √five=day⟧
        ɬq̓čšíkʷs five animals. ⟦√ɬq̓áčš=iws √five=body⟧
        ɬq̓čšayəháčɬ five children. ⟦√ɬq̓áčš=ayə=əčɬ √five=person=child⟧
        ɬq̓čšáʔwiṅəxʷ five years. ⟦√ɬq̓áčš=aʔwiṅəxʷ √five=year⟧
        ɬq̓čšáʔitxʷ five dollars. ⟦√ɬq̓áčš=aʔitxʷ √five=dollar⟧
        ɬq̓áčšuʔtxʷ five houses. ⟦√ɬq̓áčš=awtxʷ √five=house⟧
        ɬq̓əčšíɬč five plants. ⟦√ɬq̓áčš=iɬč √five=plant⟧
√ɬq̓aw̓c √love_potion.
    ɬq̓áw̓c love potion. ⟦√ɬq̓aw̓c √love_potion⟧
√ɬq̓ət √wide.
    ɬq̓ə́t wide. ⟦√ɬq̓ət √wide⟧
        ɬiɬə́q̓t wide (pl). ⟦ɬy+√ɬ<ə́>q̓t pl+√wide<actual>⟧
        ɬq̓təw̓əč beaver. ⟦√ɬq̓t=əw<ʔ>ač √wide=bottom<actual>⟧
√ɬq̓iyn √spirit_power.
    ɬq̓íyən spirit power. ⟦√ɬq̓iyn √spirit_power⟧
        ɬaʔyəqíyən spirit powers. ⟦√ɬ<əʔy>əqiyn √spirit_power<pl>⟧
√ɬqʷaxən̓ √cheek.
    sɬqʷáxən̓ cheek. ⟦s-√ɬqʷaxən̓ s-√cheek⟧
√ɬq̓ʷ √uncover.
    ɬə́q̓ʷ uncover. ⟦√ɬq̓ʷ √uncover⟧
        ɬə́q̓ʷəŋ peel. ⟦√ɬq̓ʷ-ŋ √uncover-mdl⟧
        ɬq̓ʷə́t peel it off. ⟦√ɬq̓ʷ-t √peel-trns⟧
        ɬq̓ʷə́tən be removed. ⟦√ɬq̓ʷ-t-ŋ √uncover-trns-psv⟧
        ɬq̓ʷúyəst peel it off. ⟦√ɬq̓ʷ=uyəs-t √uncover=forehead-trns⟧
        ɬuʔq̓ʷúy̓st peeling it. ⟦√ɬ<əʔ>q̓ʷ=uy<ʔ>əs-t √uncover<actl>=forehead<actl>-trns⟧
        ɬiq̓ʷúyəstəŋ be peeled off. ⟦√ɬq̓ʷ=uyəs-t-ŋ √come_off=forehead-trns-psv⟧

√ɬtəxʷ   √ɬup'

    ɬq̕ʷsənəŋ uncover. 〚√ɬq̕ʷ=sən-ŋ √uncover=foot-mdl〛
    ɬq̕ʷíct uncover it. 〚√ɬq̕ʷ=ic-t √uncover=back-trns〛
    ɬq̕ʷéʔqʷ scalped. 〚√ɬq̕ʷ=iʔqʷ √uncover=head〛
      ʔəsɬiɬq̕ʷéʔqʷ scalped. 〚ʔs-ɬy+√ɬq̕ʷ=iʔqʷ stat-pl+√uncover=head〛
      ɬaʔəq̕ʷéʔqʷ scalped. 〚ɬaʔ+√ɬq̕ʷ=iʔqʷ dim+√uncover=head〛
      ɬiɬq̕ʷéʔqʷ scalped (pl). 〚ɬy+√ɬq̕ʷ=iʔqʷ pl+√uncover=head〛
    ɬq̕ʷéʔqʷt scalp it. 〚√ɬq̕ʷ=iʔqʷ-t √uncover=head-trns〛
      ɬq̕ʷéʔqʷtəŋ be scalped. 〚√ɬq̕ʷ=iʔqʷ-t-ŋ √uncover=head-trns-psv〛
    ɬq̕ʷcénəŋ uncover. 〚√ɬq̕ʷ=icən-ŋ √uncover=back-mdl〛
    ʔsɬəq̕ʷícən uncovered. 〚ʔs-√ɬq̕ʷ=icən stat-√uncover=back〛
√ɬtəxʷ √suck_in.
    ɬtə́xʷəŋ suck in. 〚√ɬtəxʷ-ŋ √suck_in-mdl〛
      ɬtə́xʷəŋ̕ swallowing. 〚√ɬtəxʷ-ŋ<ʔ> √suck_in-mdl<actual>〛
    ɬtə́xʷt suck it in. 〚√ɬtəxʷ-t √suck_in-trns〛
      ɬtə́xʷc swallow me/you. 〚√ɬtəxʷ-t-c √suck_in-trns-1obj/2obj〛
      ɬtə́xʷtəŋ be sucked in. 〚√ɬtəxʷ-t-ŋ √suck_in-trns-psv〛
    ɬtə́xʷnəŋ be swallowed. 〚√ɬtəxʷ-nax-ŋ √suck_in-nctrns-psv〛
    sxʷɬtə́xʷəŋ magnet. 〚sxʷ-√ɬtəxʷ-ŋ for-√suck_in-mdl〛
    nəxʷsxʷɬtə́xʷəŋ vacuum cleaner. 〚nxʷ-sxʷ-√ɬtəxʷ-ŋ loc-for-√suck_in-mdl〛
√ɬtuqʷ √boil.
    ɬtúqʷ boil. 〚√ɬtuqʷ √boil〛
    ɬtúqʷəŋ boil. 〚√ɬtuqʷ-ŋ √boil-mdl〛
      ɬaʔtúqʷəŋ̕ boiling. 〚√ɬ<aʔ>tuqʷ-ŋ<ʔ>〛
      ʔəsɬtúʔqʷəŋ̕ boiling. 〚ʔs-√ɬtu<ʔ>qʷ-ŋ<ʔ> stat-√boil<actual>-mdl<actual>〛
    ɬtúqʷt boil it. 〚√ɬtuqʷ-t √boil-trns〛
      ɬaʔtúqʷt boiling it. 〚√ɬ<aʔ>tuqʷ-t √boil<actl>-trns〛
      ɬaʔtúqʷc boiling me/you. 〚√ɬaʔtuqʷ-t-c √boil-trns-1obj/2obj〛 √boil<actual>-mdl<actual>〛
√ɬt̕ √flick.
    ɬə́t̕ get flicked. 〚√ɬt̕ √flick〛
      ɬt̕əŋ fling. 〚√ɬt̕-ŋ √flick-mdl〛
      ɬə́t̕əŋ flipping. 〚√ɬ<ə́>t̕-ŋ √flick<actl>-mdl〛
      ɬaʔɬə́t̕əŋ bouncing. 〚ɬaʔ+√ɬ<ə́>t̕-ŋ dim+√flick<actl>-mdl〛
    ɬə́t̕t flick it. 〚√ɬt̕-t √flick-trns〛
      ɬə́t̕təŋ be flung. 〚√ɬt̕-t-ŋ √flick-trns-psv〛
      ɬiɬiɬiɬt̕ə́t fling it (pl). 〚ɬy+ɬy+ɬy+√ɬt̕-t pl+pl+pl+√flick-trns〛
    ɬtiʔúʔis cast. 〚√ɬt̕-iy=u<ʔ>yəs √flick-dev=forehead〛
      ɬaʔɬtíʔəw̕ʔis casting. 〚ɬaʔ+√ɬt̕-iy=u<ʔ>yəs dimin+√flick-develop=forehead<actual>〛
      ɬəy̕ɬtiʔúʔis casting. 〚ɬəy̕+√ɬt̕-iy=u<ʔ>yəs actual<pl>+√flick=forehead<actual>〛
    ɬtiʔúʔisəŋ cast. 〚√ɬt̕-iy=u<ʔ>yəs-ŋ √flick-dev=forehead<actl>-mdl〛
    ɬtíʔəw̕ʔisən fishing rod. 〚√ɬt̕-i=w̕yaʔs=ən √flick=stick=instr〛
    ɬəɬáčqəs mating. 〚√ɬt̕=ačqəs √flick=?〛
√ɬtiq̕ √hot.
    ɬtíq̕əŋ hot. 〚√ɬtiq̕-ŋ √warm_up-mdl〛
      ɬaʔtíq̕əŋ̕ hot. 〚√ɬ<əʔ>tiq̕-ŋ<ʔ> √warm_up<actual>-mdl<actual>〛
      ɬaʔtq̕ínəyuʔ warming. 〚√ɬ<əʔ>tiq̕-ŋ-əyu<ʔ> √warm_up<actual>-mdl-activity<actual>〛
      sxʷɬaʔtq̕ínəyuʔ warmer. 〚sxʷ-√ɬ<əʔ>tiq̕-ŋ-əyu<ʔ> for-√warm_up<actual>-mdl<actual>-activity<actual>〛
    ɬʔtq̕ínət warm it. 〚√ɬtiq̕-ŋ-t √warm_up-mdl-trns〛
√ɬuʔŋt √herring.
    sɬúʔŋət herring. 〚s-√ɬuʔŋt s-√herring〛
      sɬúŋ̕ɬaʔŋət herrings. 〚s-ɬúŋ̕+√ɬuʔŋt s-pl+√herring〛
      sɬaʔɬúʔŋət small herring. 〚s-ɬaʔ+√ɬuʔŋt s-dim+√herring〛
      sɬaʔyaʔɬə́ŋət small herrings. 〚s-ɬ<əʔy>aʔ+√ɬuʔŋt s-dim<pl>+√herring〛
√ɬup' √slurp.
    ɬúp' slurp. 〚√ɬup' √slurp〛
      ɬúɬp' slurping. 〚ɬú+√ɬup' actl+√slurp〛
    sɬúp' soup. 〚s-√ɬup' s-√slurp〛
    ɬúp't slurp it. 〚√ɬup'-t √slurp-trns〛
      ɬúʔp't slurping it. 〚√ɬu<ʔ>p'-t √slurp<actl>-trns〛
    ɬúp'ən spoon. 〚√ɬup'=ən √slurp=instr〛

    ɬaʔɬúʔpənʼ small spoon. ⟦ɬaʔ+√ɬu<ʔ>pʼ=ənʼ<ˀ> dimin+√slurp<dimin>=instr<dimin>⟧
    ɬaʔyúpən spoons. ⟦√ɬ<əʔy>upʼ=ən √slurp<pl>=instr⟧
√ɬuqəmən √crazy.
  sɬúqəmən crazy person. ⟦s-√ɬuqəmən s-√crazy⟧
√ɬuw √hollow.
  nəxʷɬúwəŋ hollow out. ⟦nxʷ-√ɬuw-ŋ loc-√hollow-mdl⟧
   nəxʷɬuʔə́yuʔ hollowing. ⟦nxʷ-√ɬuw̓-əyu<ʔ> loc-√hollow<actual>-activity<actual>⟧
   ʔəsɬuʔɬuʔáys hollow eyes. ⟦ʔs-ɬuw̓+√ɬuw̓=ayus stat-char+√hollow=eye⟧
   nəxʷɬúw̓əŋ hollowing out. ⟦nxʷ-√ɬuw̓-ŋ<ˀ> loc-√hollow-mdl<actual>⟧
  nəxʷɬuʔə́t hollow it out. ⟦nxʷ-√ɬuw̓-t loc-√hollow-trns⟧
   nəxʷɬúw̓təŋ̓ be hollowed out. ⟦nxʷ-√ɬuw̓-t-ŋ<ˀ> loc-√hollow-trans-psv<actual>⟧
√ɬuy √abandon.
√ɬuy √abandon.
  ɬúy get left. ⟦√ɬuy √abandon⟧
   ɬiɬúʔi leaving (pl). ⟦ɬy+√ɬu<ʔ>y pl+√leave<actual>⟧
  ɬúyəs leave it. ⟦√ɬuy-as √abandon-ptcaus⟧
   ɬiŋínə leave you. ⟦√ɬuy-as-ŋiŋə √abandon-ptcaus-2object⟧
   ɬiŋínəs leave me/you. ⟦√ɬuy-as-ŋiŋəs √abandon-ptcaus-1/2object⟧
   ɬiŋínəɬ leave us. ⟦√ɬuy-as-ŋiŋɬ √abandon-ptcaus-1plobject⟧
   ɬuʔúʔis leaving it. ⟦√ɬ<əʔ>uy<ˀ>-as √abandon-ptcaus⟧
   ɬiɬúyəs leave them. ⟦ɬy+√ɬuy-as pl+√abandon-ptcaus⟧
   ɬúyəŋ be left. ⟦√ɬuy-as-ŋ √abandon-ptcaus-psv⟧
   ɬuʔúʔiŋ̓ being left. ⟦√ɬ<ʔ>u<ʔ>y-as-ŋ √abandon<actl>-ptcaus-psv⟧
   ɬiɬúyəŋ abandoned. ⟦ɬy+√ɬuy-as-ŋ rslt+√abandon-ptcaus-psv⟧
  ɬúyəst leave it behind. ⟦√ɬuy-as-t √abandon-ptcaus-trns⟧
   ɬúyəsc leave me/you. ⟦√ɬuy-as-t-c √abandon-ptcaus-trns-1obj/2obj⟧
   ɬúyəstəŋ be left behind. ⟦√ɬuy-as-t-ŋ √abandon-ptcaus-trns-psv⟧
  ɬúynəxʷ leave behind. ⟦√ɬuy-naxʷ √abandon-nctrns⟧
   ɬúynəŋ be left. ⟦√ɬuy-naxʷ-ŋ √abandon-nctrns-psv⟧
  ɬiyəčáti leave each other. ⟦√ɬuy=ča-ty √abandon=ʔ-rcprcl⟧
√ɬuq̓ʷ √uncover.
  ɬuq̓ʷíct uncover a surface. ⟦√ɬq̓ʷ=ic-t √uncover=edge-trns⟧
√ɬw̓ √remove_layer.
  ɬə́w̓ remove layer. ⟦√ɬəw̓ √remove_layer⟧
   ʔəsxʷɬáw̓əɬ shelled. ⟦ʔs-xʷ-√ɬ<a>w̓-ɬ stat-loc-√remove_layer<rslt>-dur⟧
   ɬəwíčaʔ undressed. ⟦√ɬw̓=ičaʔ √remove_layer=clothing⟧
    ɬuʔčáʔəŋ undress. ⟦√ɬw̓=ičaʔ-ŋ √remove_layer=clothing-mdl⟧
     ɬuʔčáʔəŋ̓ undressing. ⟦√ɬw̓=ičaʔ-ŋ<ˀ> √remove_layer=clothing-mdl<actual>⟧
    ʔəsɬuʔíčaʔ naked. ⟦ʔs-√ɬw̓=ičaʔ stat-√remove_layer=clothing⟧
    ɬuʔčáʔt undress someone. ⟦√ɬw̓=ičaʔ-t √remove_layer=clothing-trns⟧
     ɬuʔčáʔc undress me/you. ⟦√ɬw̓=ičaʔ-t-c √remove_layer=clothing-trns-1obj/2obj⟧
     ɬuʔčáʔtəŋ be undressed. ⟦√ɬw̓=ičaʔ-t-ŋ √remove_layer=clothing-trns-psv⟧
√ɬw̓ʼəs √spray.
  ɬuʔɬə́s spray. ⟦√ɬw̓ʼəs √spray⟧
√ɬxʷ √arrive_find.
  ɬxʷnáxʷ arrive find. ⟦√ɬxʷ-naxʷ √arrive_find-nctrns⟧
   ɬxʷnə́səŋ get there after. ⟦√ɬxʷ-nəs-ŋ √arrive_find-intent-psv⟧
    sɬxʷnə́səŋ descendant. ⟦s-√ɬxʷ-nəs-ŋ s-√arrive_find-intent-psv⟧
√ɬxʷ √?.
  sɬxʷíqən navel. ⟦s-√ɬxʷ=iqən s-√?=abdomen⟧
√ɬx̣ʷ √straight.
  ɬə́x̣ʷ straight. ⟦√ɬx̣ʷ √straight⟧
   ɬə́x̣ʷəyu steer. ⟦√ɬ<ə́>x̣ʷ-əyu √straight-activ⟧
   ʔəsɬáx̣ʷɬ definitely. ⟦ʔs-√ɬ<á>x̣ʷ-ɬ stat-√straight<rslt>-dur⟧
   ʔəsɬáx̣ʷɬ straight. ⟦ʔs-√ɬ<á>x̣ʷ-ɬ stat-√straight<rslt>-dur⟧
  ɬx̣ʷə́t straighten it. ⟦√ɬx̣ʷ-t √straight-trns⟧
   ɬə́x̣ʷt straightening it. ⟦√ɬ<ə́>x̣ʷ-t √straight<actl>-trns⟧
    ɬaʔɬə́x̣ʷt straighten it (dimin). ⟦ɬaʔ+√ɬx̣ʷ-t dim+√straight-trns⟧
   ɬx̣ʷə́təŋ be straightened. ⟦√ɬx̣ʷ-t-ŋ √straight-trns-psv⟧
    ɬaʔɬə́x̣ʷtəŋ be straightened (dimin). ⟦ɬaʔ+√ɬx̣ʷ-t-ŋ dim+√straight-trns-psv⟧

√ɬxʷa   √ƛ̕ac

        ɬə́xʷtəŋ being straightened. 〖√ɬ‹ə́›xʷ-t-ŋ‹ˀ› √straight‹actual›-trans-psv‹actual›〗
   ɬxʷə́ct straighten self. 〖√ɬxʷ-cut √straight-rflxv〗
     ɬiɬə́xʷct straightening. 〖ɬy+√ɬxʷ-cut pl+√straight-rflxv〗
     ɬə́xʷct going straight. 〖√ɬ‹ə́›xʷ-cut √straight‹actl›-rflxv〗
     sxʷiʔɬə́xʷct rudder. 〖sxʷ-ʔiʔ-√ɬ‹ə́›xʷ-cut for-proc-√straight‹actl›-rflxv〗
   ɬxʷístxʷ straighten. 〖√ɬxʷ-istxʷ √straight-caus〗
     ɬxʷístəŋ be straightened. 〖√ɬxʷ-istxʷ-ŋ √straight-caus-psv〗
   ɬxʷúst reprimand someone. 〖√ɬxʷ=us-t √straight=face-trns〗
     ɬxʷúsc reprimand me/you. 〖√ɬxʷ=us-t-c √straight=face-trns-1obj/2obj〗
     ɬxʷúʔst reprimanding someone. 〖√ɬxʷ=u‹ʔ›s-t √straight=face‹actl›-trns〗
     ɬxʷústəŋ be reprimanded. 〖√ɬxʷ=us-t-ŋ √straight=face-trns-psv〗
       ɬaʔxʷúʔstəŋ being reprimanded. 〖√ɬ‹aʔ›xʷ=u‹ʔ›s-t-ŋ‹ˀ› √straight‹actual›=face‹actual›-trans-psv‹actual›〗
     ɬxʷusít reprimand. 〖√ɬxʷ=us-sít √straight=face-bene〗
       ɬxʷuscícəŋ reprimand for me/you. 〖√ɬxʷ=us-sít-cəŋ √straight=face-bene-1obj/3obj〗
       ɬxʷusítəŋ be reprimanded. 〖√ɬxʷ=us-sít-ŋ √straight=face-bene-psv〗
   ɬxʷít straighten it. 〖√ɬxʷ-í-t √straight-pers-trns〗
   ɬxʷə́n rudder. 〖√ɬxʷ=ən √straight=instr〗
   sɬxʷənə́č side. 〖s-√ɬxʷ=nač s-√straight=tail〗
√ɬxʷa √remove_from_mouth.
   ʔəsɬáʔɬxʷ out of mouth. 〖ʔs-ɬáʔ+√ɬaxʷ stat-rslt+√remove_from_mouth〗
   ɬxʷát remove it from mouth. 〖√ɬxʷa-t √remove_from_mouth-trns〗
     ɬáxʷt removing it from mouth. 〖√ɬ‹á›xʷ-t √remove_from_mouth‹actl›-trns〗
     ɬáʔxʷt removing it from mouth. 〖√ɬa‹ʔ›xʷ-t √remove_from_mouth‹actl›-trns〗
     ɬáxʷtəŋ be removed from mouth. 〖√ɬaxʷ-t-ŋ √remove_from_mouth-trns-psv〗
√ɬxʷaʔm √mucus.
   sɬxʷaʔmúcən saliva, mucus in the mouth. 〖s-√ɬxʷaʔm=ucin s-√mucus=mouth〗
   sxʷɬxʷaʔmə́ɬənɬ saliva, phlegm. 〖sxʷ-√ɬxʷaʔm=əɬnɬ for-√mucus=throat〗
√ɬyʔis √sprinkle.
   ɬiʔísəŋ sprinkle. 〖√ɬyʔis-ŋ‹ˀ› √sprinkle-mdl‹actual›〗
     ɬaʔɬiʔísəŋ drizzling. 〖ɬaʔ+√ɬyʔis-ŋ‹ˀ› dimin+√sprinkle-mdl‹dimin›〗
√ɬyč̕ √spark.
   ɬič̕áys spark. 〖√ɬyč̕-ays √spark-activ〗
√ɬyc̕a √undress.
   ɬic̕áŋ undress. 〖√ɬyc̕a-ŋ √undress-mdl〗
     ɬic̕áʔəŋ getting undressed. 〖√ɬyc̕a‹ʔ›-ŋ √undress‹actl›-mdl〗
√ɬytus √sprinkle.
   ɬitsáyəs sprinkle. 〖√ɬytus-ays √sprinkle-activ〗
     ɬiʔtsáys sprinkling. 〖√ɬy‹ʔ›tus-ays √sprinkle‹actl›-activ〗
     ɬiɬitsáyəs sprinkling. 〖ɬy+√ɬytus-ays pl+√sprinkle-activ〗
     ʔəsɬiʔtúʔəs sprinkled. 〖ʔs-√ɬy‹ʔ›tu‹ʔə›s stat-√sprinkle‹actual›〗
   ɬitúst sprinkle it. 〖√ɬytus-t √sprinkle-trns〗
     ɬitústəŋ be sprinkled. 〖√ɬytus-t-ŋ √sprinkle-trns-psv〗
√ƛ̕aʔ √?.
   ƛ̕áʔeʔqʷ woodpecker. 〖√ƛ̕aʔ=iʔqʷ √?=head〗
√ƛ̕aʔašn √invite_to_eat.
   sƛ̕aʔášən invite to eat. 〖s-√ƛ̕aʔašn s-√invite_to_eat〗
√ƛ̕aʔk̕ʷiq̕ √sparkle.
   ƛ̕aʔk̕ʷíq̕əŋ sparkle. 〖√ƛ̕aʔk̕ʷiq̕-ŋ √sparkle-mdl〗
√ƛ̕aʔnəq √potlatch.
   ƛ̕áʔnəq potlatch. 〖√ƛ̕aʔnəq √potlatch〗
     ƛ̕áʔƛ̕aʔnəq having a potlatch. 〖ƛ̕áʔ+√ƛ̕aʔnəq actl+√potlatch〗
     sƛ̕aʔnəqáwtxʷ potlatch house. 〖s-√ƛ̕aʔnəq=awtxʷ s-√potlatch=house〗
√ƛ̕aʔp √control.
   ƛ̕aʔpcút control oneself. 〖√ƛ̕aʔp-cut √control-rflxv〗
√ƛ̕aʔq √?.
   ƛ̕aʔqíw̕s breaking out with disease. 〖√ƛ̕aʔq=iw‹ˀ›s √?=body‹actual›〗
√ƛ̕ac √belly.
   ƛ̕ác belly. 〖√ƛ̕ac √belly〗
     ƛ̕cáčən belt. 〖√ƛ̕ac=ač=ən √belly=back=instr〗

√ƛ́acu √troll.
    ƛ́ácu troll. 〖√ƛ́acu √troll〗
        ƛ́áʔcuʔ trolling. 〖√ƛ́a<ʔ>cu<ʔ>〗
    sƛ́cúʔis sinker. 〖s-√ƛ́acu=uy<ʔ>əs s-√troll=forehead<actual>〗
    sƛ́cayúsən fishing line. 〖s-√ƛ́acu=ayus=ən s-√troll=eye=instr〗
    ƛ́acuʔáyŋən want to fish. 〖√ƛ́acu-ayŋən √troll-want〗 √troll<actual>〗
√ƛ́ak̓ʷxn √goose.
    ƛ́ák̓ʷxən goose. 〖√ƛ́ak̓ʷxn √goose〗
        ƛ́aʔyák̓ʷxən geese. 〖√ƛ́<əʔy>ak̓ʷxən √goose<pl>〗
√ƛ́aləp √pot.
    sxʷƛ́áləp cooking pot. 〖sxʷ-√ƛ́aləp for-√pot〗
        sxʷƛ́iyáləp pots. 〖sxʷ-√ƛ́<iy>aləp for-√pot<pl>〗
√ƛ́ał √salt.
    ƛ́áłəŋ salt. 〖√ƛ́ał-ŋ √salt-mdl〗
    ƛ́łáŋəct get salty. 〖√ƛ́ał-ŋ-cut √salt-mdl-rflxv〗
    ƛ́aʔłáŋəct getting salty. 〖√ƛ́a<ʔ>ł-ŋ<ʔ>-cut √salt<actl>-mdl<actl>-rflxv〗
    ƛ́łáłəŋ sea. 〖√ƛ́ał-ł-ŋ √salt-dur-mdl〗
    ƛ́łáłc saltwater. 〖√ƛ́ał=ałc √salt=water〗
    ƛ́ałəŋúst salt it. 〖√ƛ́ał-ŋ-us-t √salt-mdl-rcpnt-trns〗
        ƛ́ałəŋústəŋ be salted. 〖√ƛ́ał-ŋ-us-t-ŋ √salt-mdl-rcpnt-trns-psv〗
√ƛ́apt √butterfly.
    ƛ́aʔƛ́ápt butterfly. 〖ƛ́aʔ+√ƛ́apt dim+√butterfly〗
    ƛ́əyaʔƛ́ápt bats, butterflies. 〖ƛ́<əy>aʔ+√ƛ́apt dim<pl>+√bat〗
√ƛ́ap̓ √feel.
    ƛ́ap̓áys feel around. 〖√ƛ́ap̓-ays √feel-activ〗
    ƛ́aʔp̓áʔyəs feeling around. 〖√ƛ́a<ʔ>p̓-a<ʔ>ys √feel<actual>-activity<actual>〗
    ƛ́áp̓t feel it. 〖√ƛ́ap̓-t √feel-trns〗
    ƛ́áʔp̓t feeling it. 〖√ƛ́a<ʔ>p̓-t √feel<actl>-trns〗
    ƛ́p̓átəŋ be touched. 〖√ƛ́ap̓-t-ŋ √feel-trns-psv〗
        ƛ́aʔp̓átəŋ being touched. 〖√ƛ́a<ʔ>p̓-t-ŋ<ʔ> √feel<actl>-trns-psv〗
    ƛ́əp̓sónəŋ feel with feet. 〖√ƛ́ap̓=sən-ŋ √feel=foot-mdl〗
    ƛ́aʔp̓sónəŋ feeling with feet. 〖√ƛ́a<ʔ>p̓=sən-ŋ<ʔ> √feel<actual>=foot-mdl<actual>〗
    ƛ́áp̓nəxʷ manage to feel it. 〖√ƛ́ap̓-naxʷ √feel-nctrns〗
√ƛ́aqt √long.
    ƛ́áqt long. 〖√ƛ́aqt √long〗
    ƛ́qtáʔł tall. 〖√ƛ́aqt<ʔ>-ł √long<actl>-dur〗
    ƛ́qtúykʷł long dress. 〖√ƛ́aqt=uykʷł √long=bodyside〗
    ƛ́qtáyč long hair. 〖√ƛ́aqt=ayč √long=hair〗
    ƛ́qtáwtxʷ longhouse. 〖√ƛ́aqt=awtxʷ √long=house〗
    ƛ́qtáčšəŋ Bedford Is. beach. 〖√ƛ́aqt=ačš-ŋ √long=back_of_neck-mdl〗
    ƛ́əqtáwəč tall person. 〖√ƛ́aqt=əwač √long=bottom〗
    ƛ́ayəqtáyč long hair. 〖√ƛ́a<yə>qt=ayč √long<pl>=hair〗
    ƛ́aʔqtáys oblong. 〖√ƛ́a<ʔ>qt=ayus √long<actl>=eye〗
    nəxʷƛ́áqtcs loon. 〖nxʷ-√ƛ́aqt=acis loc-√long=hand〗
        nəxʷƛ́aʔyáqtcs loons. 〖nxʷ-√ƛ́<aʔy>aqt=acis loc-√long<pl>=hand〗
√ƛ́ay √also.
    ƛ́áy also. 〖√ƛ́ay √also〗
    ƛ́áytxʷ do also. 〖√ƛ́ay-txʷ √also-letcaus〗
√ƛ́ay √again.
    ƛ́áy again. 〖√ƛ́ay √again〗
    ƛ́áytxʷ do again. 〖√ƛ́ay-txʷ √again-letcaus〗
    ƛ́aynát next night. 〖√ƛ́ay√nat √again√night〗
√ƛ́ayqm √monster.
    sƛ́áyəqəm monster. 〖s-√ƛ́ayqm s-√monster〗
√ƛ́ays √go_backwards.
    ƛ́áyəs go backwards. 〖√ƛ́ays √go_backwards〗
    ƛ́əy̓áys backing up. 〖√ƛ́<y><ʔ>ay<ʔ>s √go_backwards<pl><actual>〗
    ƛ́aʔyáys going backward. 〖√ƛ́a<ʔ>ys-ays √go_backwards<actl>-activ〗
    ƛ́ayséʔiŋ going backwards. 〖√ƛ́ays-i<ʔ>y-ŋ √go_backwards-dev<actl>-mdl〗
    ƛ́áyəst back it up. 〖√ƛ́ays-t √go_backwards-trns〗

√λ̕ayuc̕

λ̕áyəstəŋ be backed up. ⟦√λ̕ays-t-ŋ √go_backwards-trns-psv⟧
sxʷλ̕aʔyáy̕s oar. ⟦sxʷ-√λ̕a<ʔ>ys-ay̕s for-√go_backwards<actl>-activ⟧
sxʷλ̕iyaʔyáy̕s oars. ⟦sxʷ-√λ̕<iy>a<ʔ>ys-ay̕s for-√go_backwards<pl><actl>-activ⟧

√λ̕ayuc̕ √stop.
λ̕áyuc̕ get still. ⟦√λ̕ayuc̕ √stop⟧
λ̕áyuc̕i stop. ⟦√λ̕ayuc̕-iy √stop-dev⟧
λ̕áʔyuʔc̕iʔ stopping. ⟦√λ̕a<ʔ>yu<ʔ>c̕-iy<ʔ> √stop<actual>-develop<actual>⟧
sxʷλ̕áyuc̕i shortstop. ⟦sxʷ-√λ̕ayuc̕-iy so-√stop-dev⟧
λ̕iʔc̕íy̕ keep still. ⟦√λ̕ay<ʔ>c̕-í<ʔ> √stop<actual>-persist<actual>⟧
λ̕aʔyaʔc̕íy̕ keep still (pl). ⟦√λ̕<aʔy>i<ʔ>c̕-iy<ʔ> √still<pl><actual>-develop<actual>⟧
λ̕aʔyaʔc̕ít hold it steady. ⟦√λ̕a<ʔ>yu<ʔ>c̕-í-t √stop<actl>-pers-trns⟧
λ̕aʔyáʔc̕tíŋ be held steady. ⟦√λ̕a<ʔ>yu<ʔ>c̕-í-t-ŋ √stop<actl>-pers-trns-psv⟧
λ̕áyuc̕t stop it. ⟦√λ̕ayuc̕-t √stop-trns⟧
λ̕áyuc̕təŋ be stopped. ⟦√λ̕ayuc̕-t-ŋ √stop-trns-psv⟧
λ̕aʔyúc̕təŋ being stopped. ⟦√λ̕a<ʔ>yuc̕-t-ŋ<ʔ> √stop<actual>-trans-psv<actual>⟧
λ̕áyuc̕sən stop feet. ⟦√λ̕ayuc̕=sən √stop=foot⟧
λ̕aʔyaʔc̕cút keeping still. ⟦√λ̕a<ʔ>yu<ʔ>c̕-cut √stop<actl>-rflxv⟧

√λ̕ayč̕ √blind.
λ̕áʔič̕ blind. ⟦√λ̕ayč̕ √blind⟧
λ̕iλ̕aʔič̕íyŋ go blind. ⟦λ̕y+√λ̕ayč̕-iy-ŋ pl+√blind-dev-mdl⟧

√λ̕aym̕ √Klallam.
nəxʷsλ̕áyəm̕ Klallam. ⟦nxʷ-s-√λ̕aym̕ loc-s-√Klallam⟧
nəxʷsλ̕əyáyəm̕š Klallam people. ⟦nxʷ-s-√λ̕<əy>aym̕=umš loc-s-√Klallam=type⟧
nəxʷsλ̕ayəm̕úcən Klallam language. ⟦nxʷ-s-√λ̕aym̕=ucin loc-s-√Klallam=mouth⟧
nəxʷsλ̕ayəm̕úcən speaking Klallam. ⟦nxʷ-s-√λ̕aym̕=ucin<ʔ> loc-s-√Klallam=mouth<actual>⟧
nəxʷsλ̕ayəm̕áwtxʷ Klallam tribal center. ⟦nxʷ-s-√λ̕aym̕-awtxʷ loc-s-√Klallam-house⟧
λ̕ayəm̕áɬ of Klallam. ⟦√λ̕aym̕=aɬ √Klallam=belonging⟧

√λ̕ayqn √murre.
λ̕áyqən murre. ⟦√λ̕ayqn √murre⟧

√λ̕cənt √Agate_Beach.
λ̕cónt Agate Beach. ⟦√λ̕cənt √Agate_Beach⟧

√λ̕č̃ √under.
λ̕óč̃ under. ⟦√λ̕č̃ √under⟧
λ̕áč̃ɬ low. ⟦√λ̕<á>č̃-ɬ √under<rslt>-dur⟧
λ̕áʔč̃ɬ give a drink. ⟦√λ̕<ə̕>č̃-ɬ √under<actl>-dur⟧
λ̕aʔλ̕áč̃ɬ low. ⟦λ̕aʔ+√λ̕<á>č̃-ɬ dim+√under<rslt>-dur⟧
λ̕č̃íyəŋ sink. ⟦√λ̕č̃-iy-ŋ √under-dev-mdl⟧
λ̕aʔč̃éʔyəŋ sinking. ⟦√λ̕<ə̕>č̃-i<ʔ>y-ŋ<ʔ> √under<actual>-develop<actual>-mdl<actual>⟧
λ̕aʔič̃íyəŋ sink (pl). ⟦√λ̕<ay>č̃-iy-ŋ √under<pl>-dev-mdl⟧
λ̕óč̃txʷ make deep. ⟦√λ̕č̃-txʷ √under-incaus⟧
λ̕č̃túŋə make you deep. ⟦√λ̕č̃-txʷ-uŋə √under-incaus-2obj⟧
λ̕č̃ístxʷ sink it. ⟦√λ̕č̃-istxʷ √under-caus⟧
λ̕č̃iŋístxʷ make deep. ⟦√λ̕č̃-iy-ŋí-stxʷ √under-dev-rel-caus⟧
λ̕č̃istúŋə sink you. ⟦√λ̕č̃-istxʷ-uŋə √under-caus-2obj⟧
λ̕č̃iyŋítxʷ sink it. ⟦√λ̕č̃-iy-ŋí-txʷ √under-dev-rel-letcaus⟧
λ̕č̃cút get deep. ⟦√λ̕č̃-cut √under-rflxv⟧
λ̕č̃íqən below. ⟦√λ̕č̃=iqən-ŋ √under=abdomen-mdl⟧
λ̕č̃áw̕əɬ underneath. ⟦√λ̕č̃=əʔəw-ɬ √under=side-dur⟧
λ̕č̃aʔáw̕əɬ being under. ⟦√λ̕č̃=əʔəw<ʔ>-ɬ √under=side<actl>-dur⟧
λ̕č̃aʔəwíyəŋ get under. ⟦√λ̕č̃=əʔəw-iy-ŋ √under=side-dev-mdl⟧
λ̕č̃aʔwíyət put it under. ⟦√λ̕č̃=əʔəw-iy-t √under=side-dev-trns⟧
λ̕č̃aʔwíytəŋ be put under. ⟦√λ̕č̃=əʔəw-iy-t-ŋ √under=side-dev-trns-psv⟧
λ̕aʔλ̕áʔč̃uʔ riffle. ⟦λ̕aʔ+√λ̕<ə̕>č̃=əw̕ dimin+√under=?⟧
ʔəsxʷλ̕óč̃əŋ deep hole. ⟦ʔs-nxʷ-√λ̕<ó>č̃-ŋ<ʔ> stat-loc-√under-mdl<actual>⟧
sxʷλ̕č̃íkʷən underwear. ⟦sxʷ-√λ̕č̃=iws=ən for-√under=body=instr⟧
sxʷλ̕əyəč̃íkʷən underwear (pl). ⟦sxʷ-√λ̕<əyə>č̃=iws=ən for-√under<pl>=body=instr⟧
sxʷλ̕č̃áyəɬ underwear. ⟦sxʷ-√λ̕č̃=ay<ʔ>ə-ɬ for-√under=container<actl>-dur⟧
sλ̕č̃úcən chin. ⟦s-√λ̕č̃=ucin s-√under=mouth⟧
sλ̕əyəč̃úcən chins. ⟦s-√λ̕<əyə>č̃=ucin s-√under<pl>=mouth⟧

√ƛ̕čas √island.
　ƛ̕čás island. 〚√ƛ̕čas √island〛
　　ƛ̕ayčás islands. 〚√ƛ̕<əy>čas √island<pl>〛
　　ƛ̕aʔƛ̕áʔčs small island. 〚ƛ̕aʔ+√ƛ̕<ʔ>čas dimin+√island<dimin>〛
√ƛ̕əʔčam̕ √mussel.
　ƛ̕aʔčám̕ mussel. 〚√ƛ̕əʔčam̕ √mussel〛
√ƛ̕əɬ √bile.
　ƛ̕ə́ɬ bile. 〚√ƛ̕əɬ √bile〛
　　ʔənəƛ̕ə́ɬ green, yellow, jaundice. 〚ʔn-√ƛ̕əɬ color-√bile〛
　　　ʔənƛ̕ɬáʔmən greenish. 〚ʔn-√ƛ̕əɬ-aʔmən color-√bile-almost〛
　　　ʔənəƛ̕əɬáyəs green. 〚ʔn-√ƛ̕əɬ=ayəs color-√bile=color〛
√ƛ̕əƛ̕ √bear_grass.
　ƛ̕ə́ƛ̕ bear grass. 〚√ƛ̕əƛ̕ √bear_grass〛
√ƛ̕əməqɬč √?.
　ƛ̕əməqɬčə́qsən shag or loon. 〚√ƛ̕əməqɬč=əqsən √?=nose〛
√ƛ̕əmk̕ʷ √salmon_eggs.
　sƛ̕ə́mək̕ʷ salmon eggs. 〚s-√ƛ̕əmk̕ʷ √salmon_eggs〛
√ƛ̕əm̕ √erode.
　ƛ̕ə́m̕ erode. 〚√ƛ̕əm̕ √erode〛
　　ƛ̕ə́m̕t erode it. 〚√ƛ̕əm̕-t √erode-trns〛
　　　ƛ̕ə́m̕təŋ be eroded. 〚√ƛ̕əm̕-t-ŋ √erode-trns-psv〛
√ƛ̕əpy̕s √?.
　ƛ̕ə́piʔsnəč tail. 〚√ƛ̕əpy̕s=nač √?=tail〛
√ƛ̕əqɬ √child.
　sƛ̕iƛ̕áʔƛ̕qɬ child. 〚s-ƛ̕i+ƛ̕aʔ+√ƛ̕əqɬ s-aff+dim+√child〛
　　sƛ̕aʔƛ̕íƛ̕aʔqɬ small child. 〚s-ƛ̕aʔ+ƛ̕i+√ƛ̕ə<ʔ>qɬ s-dimin+affect+√child<dimin>〛
　　sƛ̕iƛ̕aʔƛ̕qɬáw̕tx̌ʷ day care. 〚s-ƛ̕i+√ƛ̕aʔ+√ƛ̕əqɬ=aw̕tx̌ʷ s-aff+dim+√child=house〛
√ƛ̕əq̕šən √shoe.
　ƛ̕ə́q̕šən shoe. 〚√ƛ̕əq̕=šən √shoe=foot〛
　　ƛ̕áyəq̕šən shoes. 〚√ƛ̕ə<yə>q̕=šən √shoe<pl>=foot〛
　　ƛ̕q̕šə́nəŋ put shoes on. 〚√ƛ̕əq̕=šən-ŋ √shoe=foot-mdl〛
　　　ƛ̕aʔq̕šə́nəŋ putting shoes on. 〚√ƛ̕ə<ʔ>q̕=šən-ŋ<ˀ> √shoe<actual>=foot-mdl<actual>〛
√ƛ̕əw1 √howl.
　ƛ̕ə́wəŋ howl. 〚√ƛ̕əw-ŋ √howl-mdl〛
　　sx̌ʷƛ̕ə́w̕əŋ horn. 〚sx̌ʷ-√ƛ̕əw<ˀ>-ŋ<ˀ> for-√howl<actual>-mdl<actual>〛
　　ƛ̕ə́wəŋáy̕ŋən want to howl. 〚√ƛ̕əw-ŋ<ˀ>-ay̕ŋən √howl-mdl<actl>-want〛
√ƛ̕əw2 √earring.
　sƛ̕ə́wən̕ earring. 〚s-√ƛ̕əw=an̕ s-√earring=instr=ear〛
　　sƛ̕ƛ̕íwən̕ earrings. 〚s-ƛ̕+√ƛ̕<í>w=an̕ s-pl+√earring<pl>=ear〛
√ƛ̕əwəq̕ √anus.
　ƛ̕ə́wəq̕ anus. 〚√ƛ̕əwəq̕ √anus〛
√ƛ̕əx̌ʷ √hard.
　ƛ̕ə́x̌ʷƛ̕x̌ʷ oyster. 〚ƛ̕əx̌ʷ+√ƛ̕əx̌ʷ char+√hard〛
　　ƛ̕əyə́x̌ʷƛ̕x̌ʷ oysters. 〚ƛ̕<əy>əx̌ʷ+√ƛ̕əx̌ʷ char<pl>+√hard〛
√ƛ̕əy √quiet.
　nəx̌ʷsƛ̕ə́y quiet. 〚nx̌ʷ-s-√ƛ̕əy loc-s-√quiet〛
　ƛ̕ə́yən̕ surf scoter. 〚√ƛ̕əy=an̕ √quiet=ear〛
　ƛ̕iyúcən keep mouth shut. 〚√ƛ̕əy=ucin √quiet=mouth〛
√ƛ̕iʔ √want.
　ƛ̕éʔ difficult, expensive. 〚√ƛ̕iʔ √want〛
　　ƛ̕éʔtəŋ expensive. 〚√ƛ̕iʔ-tx̌ʷ-ŋ √want-letcaus-psv〛
　　　sƛ̕éʔ want. 〚s-√ƛ̕iʔ s-√want〛
　　　　sƛ̕éʔtx̌ʷ cherish. 〚s-√ƛ̕iʔ-tx̌ʷ s-√want-letcaus〛
　　　　sƛ̕eʔéyəŋ attached (emotionally). 〚s-√ƛ̕iʔ-iy-ŋ s-√want-dev-mdl〛
　　　　sƛ̕éʔct get to like. 〚s-√ƛ̕iʔ-cut s-√want-rflxv〛
　　čƛ̕éʔ want to have. 〚č-√ƛ̕iʔ have-√like〛
　　ƛ̕aʔnə́k̕ʷi like each other. 〚√ƛ̕iʔ-nəwəy √like-ncrcprcl〛
√ƛ̕iʔnah √eulachon_oil.
　ƛ̕éʔnah eulachon oil. 〚√ƛ̕iʔnah √eulachon_oil〛

Klallam Root Index

√λ̣i?ŋn √tendon.
    λ̣é?ŋən tendon. 〚√λ̣i?ŋn √tendon〛
        λ̣iyé?ŋən tendons. 〚√λ̣<iy>i?ŋn √tendon<pl>〛
√λ̣ikʷən̓ √pea.
    λ̣íkʷən̓ pea, seed. 〚√λ̣ikʷən̓ √pea〛
√λ̣iλ̣əɬqɬ √child.
    sλ̣íλ̣əɬqɬ child. 〚s-√λ̣iλ̣əɬqɬ s-√child〛
√λ̣iλ̣q √young.
    λ̣íλ̣q age mate. 〚√λ̣iλ̣q √young〛
        sλ̣é?λ̣qɬ child relative. 〚s-√λ̣i<?>λ̣q-ɬ s-√young<actl>-dur〛
        sλ̣əyé?λ̣qɬ children. 〚s-√λ̣<əy>i?λ̣q-ɬ s-√young<pl>-dur〛
√λ̣iq √out_of_water.
    λ̣íq out of water. 〚√λ̣iq √out_of_water〛
    λ̣qíct come out of water. 〚√λ̣iq-cut √out_of_water-rflxv〛
√λ̣iq̓ √press.
    λ̣íq̓ pressed close. 〚√λ̣iq̓ √press〛
        λ̣é?q̓i? near. 〚√λ̣i<?>q̓i<?> √press<actual>〛
        λ̣a?λ̣é?q̓i? near. 〚λ̣a?+√λ̣i<?>q̓-iy<ʔ> dimin+√press<actual>-develop<actual>〛
    λ̣íq̓t press it. 〚√λ̣iq̓-t √press-trns〛
        λ̣q̓ítəŋ be pressed. 〚√λ̣iq̓-t-ŋ √press-trns-psv〛
    λ̣íq̓ti press together. 〚√λ̣iq̓-ty √press-rcprcl〛
    λ̣a?q̓əyut typing it. 〚√λ̣i<?>q̓-əyu-t √press<actl>-activ-trns〛
        λ̣a?q̓əyutəŋ being typed. 〚√λ̣i<?>q̓-əyu-t-ŋ √press<actl>-activ-trns-psv〛
√λ̣iw̓ √escape.
    λ̣íw̓ escape. 〚√λ̣iw̓ √escape〛
    λ̣íλ̣əw̓ escaping. 〚λ̣í+√λ̣iw̓ actl+√escape〛
    λ̣iw̓núŋət manage to escape. 〚√λ̣iw̓-nuŋt √escape-ncmdl〛
    λ̣a?λ̣iw̓núŋət manage to get away. 〚λ̣a?+√λ̣iw̓-nuŋt dim+√escape-ncmdl〛
√λ̣ixʷ √wind.
    λ̣íxʷ wind. 〚√λ̣ixʷ √wind〛
√λ̣kʷ √take.
    λ̣ə́kʷ get. 〚√λ̣kʷ √take〛
        λ̣kʷáy̓s get. 〚√λ̣kʷ-ay̓s √take-activ〛
        λ̣a?λ̣kʷáy̓s holding on. 〚λ̣a?+√λ̣kʷ-ay̓s dim+√take-activ〛
    λ̣kʷə́t take it. 〚√λ̣kʷ-t √take-trns〛
        λ̣ə́kʷt taking it. 〚√λ̣<ə́>kʷ-t √take<actl>-trns〛
        λ̣kʷə́c take me/you. 〚√λ̣kʷ-t-c √take-trns-1obj/2obj〛
        λ̣kʷə́təŋ be taken. 〚√λ̣kʷ-t-ŋ √take-trns-psv〛
    λ̣kʷnáxʷ get. 〚√λ̣kʷ-naxʷ √take-nctrns〛
        λ̣kʷná?əxʷ getting. 〚√λ̣kʷ-na<?ə>xʷ √take-nctrans<actual>〛
        λ̣kʷnúŋəs catch me. 〚√λ̣kʷ-naxʷ-uŋəs √take-nctrns-1obj〛
        λ̣kʷnúŋə catch you. 〚√λ̣kʷ-naxʷ-uŋə √take-nctrns-2obj〛
        λ̣kʷnáŋ manage to be taken. 〚√λ̣kʷ-naxʷ-ŋ √take-nctrns-psv〛
            λ̣kʷná?əŋ being gotten. 〚√λ̣kʷ-na<?ə>xʷ-ŋ<ʔ> √take-nctrans<actual>-psv<actual>〛
        λ̣kʷníxʷ manage to hold. 〚√λ̣kʷ-na<í>xʷ √take-nctrans<persist>〛
            λ̣kʷníŋ manage to be held. 〚√λ̣kʷ-naxʷ-í-ŋ √take-nctrns-pers-psv〛
        sxʷλ̣kʷnáxʷ catcher. 〚sxʷ-√λ̣kʷ-naxʷ for-√take-nctrns〛
    λ̣kʷnə́kʷi take each other. 〚√λ̣kʷ-nəwəy √take-ncrcprcl〛
    λ̣kʷnúŋət manage to grab. 〚√λ̣kʷ-nuŋt √take-ncmdl〛
    λ̣kʷinúŋət manage to hold. 〚√λ̣kʷ-i-nuŋt √take-pers-ncmdl〛
    λ̣kʷístxʷ take someone. 〚√λ̣kʷ-istxʷ √take-caus〛
        λ̣kʷístəŋ be taken. 〚√λ̣kʷ-istxʷ-ŋ √take-caus-psv〛
    λ̣kʷít hold it. 〚√λ̣kʷ-í-t √take-pers-trns〛
        λ̣kʷíc hold me/you. 〚√λ̣kʷ-í-t-c √take-pers-trns-1obj/2obj〛
        λ̣kʷtíŋ be held. 〚√λ̣kʷ-t-í-ŋ √take-trns-pers-psv〛
    λ̣kʷiŋít take and hold it. 〚√λ̣kʷ-i-ŋí-t √take-pers-rel-trns〛
        λ̣kʷiŋítəŋ be taken and held. 〚√λ̣kʷ-i-ŋí-t-ŋ √take-pers-rel-trns-psv〛
    λ̣kʷníŋət manage to get. 〚√λ̣kʷ-niŋt √take-scs〛
        λ̣kʷiníŋət manage to get hold. 〚√λ̣kʷ-i-niŋt √take-pers-scs〛
        λ̣kʷíŋətəŋ get to be taken. 〚√λ̣kʷ-niŋt-ŋ √take-scs-psv〛

ƛ̕ək̕ʷúst take it in. 〚√ƛ̕k̕ʷ-us-t √take-rcpnt-trns〛
ƛ̕k̕ʷás get it. 〚√ƛ̕k̕ʷ-as √take-ptcaus〛
ƛ̕k̕ʷay̕íw̕c get firewood. 〚√ƛ̕k̕ʷ=ay̕=iw̕c √take=wood=fire〛
ƛ̕k̕ʷíns appetizing. 〚√ƛ̕k̕ʷ=inəs √take=chest〛
ƛ̕k̕ʷáyəs grab. 〚√ƛ̕k̕ʷ=ayəs √take=claw〛
  ƛ̕k̕ʷaʔyís holding on. 〚√ƛ̕k̕ʷ=ay<ʔ><í>s √take=claw<actual><persist>〛
  ƛ̕k̕ʷáʔisəŋ grab on. 〚√ƛ̕k̕ʷ=aʔys-ŋ √take=claw-mdl〛
ƛ̕k̕ʷcíst shake hands with someone. 〚√ƛ̕k̕ʷ=acis-t √take=hand-trns〛
  ƛ̕k̕ʷcísc shake hands with me/you. 〚√ƛ̕k̕ʷ=acis-t-c √take=hand-trns-1obj/2obj〛
  ƛ̕k̕ʷcísti shake hands. 〚√ƛ̕k̕ʷ=acis-ty √take=hand-rcprcl〛
    ƛ̕aʔk̕ʷcísti shaking hands. 〚√ƛ̕<aʔ>k̕ʷ=acis-ty √take<actl>=hand-rcprcl〛
  ƛ̕k̕ʷcístəŋ have hand held. 〚√ƛ̕k̕ʷ=acis-t-ŋ √take=hand-trns-psv〛
ƛ̕aʔƛ̕k̕ʷuʔyáʔsəŋ beat drum. 〚ƛ̕aʔ+√ƛ̕k̕ʷ=w̕yaʔs-ŋ<ʔ> dimin+√take=stick-mdl<dimin>〛
ƛ̕k̕ʷuʔyáʔsəŋ beat a drum. 〚√ƛ̕k̕ʷ=w̕yaʔs-ŋ √take=stick-mdl〛
  ƛ̕k̕ʷuʔyáʔsən drumstick. 〚√ƛ̕k̕ʷ=w̕yaʔs=ən √take=stick=instr〛
    ƛ̕aʔƛ̕k̕ʷuʔyáʔsən small drumstick. 〚ƛ̕aʔ+√ƛ̕k̕ʷ=w̕yaʔs=ən dim+√take=stick=instr〛
ƛ̕k̕ʷsín̕ handle. 〚√ƛ̕k̕ʷ=sin̕ √take=handle〛
  ƛ̕əyək̕ʷsín̕ handles. 〚√ƛ̕<əyə>k̕ʷ=sin̕ √take<pl>=handle〛
ƛ̕k̕ʷán̕tən handle. 〚√ƛ̕k̕ʷ=an̕-tən √take=ear=instr〛
ƛ̕k̕ʷiʔk̕ʷáʔsəŋ̕ take paddle. 〚√ƛ̕k̕ʷ=iʔkʷaʔs-ŋ<ʔ> √take=paddle-mdl<actual>〛
ƛ̕k̕ʷiʔíɬ carry baby. 〚√ƛ̕k̕ʷ=iy̕iɬ √take=child〛
nəxʷƛ̕k̕ʷúsəŋ cross oneself. 〚nxʷ-√ƛ̕k̕ʷ=us-ŋ loc-√take=face-mdl〛
nəxʷsƛ̕ə́k̕ʷ find lover. 〚nxʷ-s-√ƛ̕k̕ʷ loc-s-√take〛
čƛ̕ə́k̕ʷ paired up. 〚č-√ƛ̕k̕ʷ have-√take〛
čsƛ̕ə́k̕ʷ get. 〚č-s-√ƛ̕k̕ʷ have-s-√take〛

√ƛ̕k̕ʷaʔli √lacrosse.
  ƛ̕k̕ʷáʔli lacrosse. 〚√ƛ̕k̕ʷaʔli √lacrosse〛

√ƛ̕k̕̕ʷ √extinguish.
  ƛ̕ə́k̕̕ʷ extinguish. 〚√ƛ̕k̕̕ʷ √extinguish〛
    ƛ̕iƛ̕ə́k̕̕ʷ extinguished (pl). 〚ƛ̕y+√ƛ̕k̕̕ʷ pl+√extinguish〛
  ƛ̕k̕̕ʷə́ŋ extinguish. 〚√ƛ̕k̕̕ʷ-ŋ √extinguish-mdl〛
    ƛ̕ə́k̕̕ʷəŋ extinguishing. 〚√ƛ̕<ə́>k̕̕ʷ-ŋ √extinguish<actl>-mdl〛
    nəxʷsƛ̕áʔk̕̕ʷəŋ pitch dark. 〚nxʷ-s-√ƛ̕<əʔ>k̕̕ʷ-ŋ loc-s-√extinguish<actl>-mdl〛
  ƛ̕ák̕̕ʷɬ extinguished. 〚√ƛ̕<á>k̕̕ʷ-ɬ √extinguish<rslt>-dur〛
  ƛ̕k̕̕ʷə́t extinguish it. 〚√ƛ̕k̕̕ʷ-t √extinguish-trns〛
    ƛ̕ə́k̕̕ʷt extinguishing it. 〚√ƛ̕<ə́>k̕̕ʷ-t √extinguish<actl>-trns〛
    ƛ̕aʔk̕̕ʷəŋíyɬ getting darker. 〚√ƛ̕<əʔ>k̕̕ʷ-ŋ-iyɬ √extinguish<actl>-mdl-go〛

√ƛ̕ɬ √splash.
  ƛ̕ɬús arrogant. 〚√ƛ̕ɬ=us √splash=face〛
  ƛ̕ɬúst splash face. 〚√ƛ̕ɬ=us-t √splash=face-trns〛
    ƛ̕ɬústəŋ be splashed face. 〚√ƛ̕ɬ=us-t-ŋ √splash=face-trns-psv〛

√ƛ̕ɬeʔŋən √muscle.
  ƛ̕ɬéʔŋən muscle. 〚√ƛ̕ɬeʔŋən √muscle〛

√ƛ̕ɬnay √look_for.
  ƛ̕əɬnáyŋ look for. 〚√ƛ̕ɬnay-ŋ √look_for-mdl〛

√ƛ̕m̕ √bump.
  ƛ̕ə́m̕ get bumped. 〚√ƛ̕m̕ √bump〛
  ƛ̕əmə́ŋ bump. 〚√ƛ̕m̕-ŋ √bump-mdl〛
  ƛ̕əmə́t bump it. 〚√ƛ̕m̕-t √bump-trns〛
    ƛ̕əmə́tən be bumped. 〚√ƛ̕m̕-t-ŋ √bump-trns-psv〛
  ƛ̕ə́m̕nəxʷ bump it accidentally. 〚√ƛ̕əm̕-naxʷ √bump-nctrns〛
  ƛ̕əm̕nə́k̕ʷi bump each other. 〚√ƛ̕m̕-nəwəy √bump-ncrcprcl〛
    ƛ̕əm̕ƛ̕əm̕nə́k̕ʷi bump each other. 〚ƛ̕m̕+√ƛ̕m̕-nəwəy pl+√bump-ncrcprcl〛
  ƛ̕əmə́qsən bump nose. 〚√ƛ̕m̕=əqsən √bump=nose〛
  nəxʷƛ̕əmús bump face. 〚nxʷ-√ƛ̕əm̕=us loc-√bump=face〛
    nəxʷƛ̕əm̕úst bump face. 〚nxʷ-√ƛ̕m̕=us-t loc-√bump=face-trns〛
  ƛ̕əm̕úykʷɬ bump the side. 〚√ƛ̕m̕=uykʷɬ √bump=bodyside〛
  ƛ̕əm̕úyəs bump forehead. 〚√ƛ̕m̕=uyəs √bump=forehead〛
  ƛ̕əm̕úsəŋ bump face. 〚√ƛ̕m̕=us-ŋ √bump=face-mdl〛
  ƛ̕əm̕sə́n bump foot. 〚√ƛ̕m̕=sən √bump=foot〛

Klallam Root Index

ƛ̕əmƛ̕əméʔqʷ bump head. ⟦ƛ̕m̕ + √ƛ̕m̕ = iʔqʷ pl + √bump = head⟧
ƛ̕əmúcən bumped on mouth. ⟦√ƛ̕m̕ = ucin √bump = mouth⟧
    ƛ̕əmƛ̕əmcínəŋ thunder. ⟦ƛ̕m̕ + √ƛ̕m̕ = ucin-ŋ pl + √bump = mouth-mdl⟧
    ƛ̕əmƛ̕əmcéʔnəŋ thunder. ⟦ƛ̕m̕ + √ƛ̕m̕ = uci<ʔ>n-ŋ pl + √bump = mouth<actl>-mdl⟧
ƛ̕əmíqən bump belly. ⟦√ƛ̕m̕ = iqən √bump = abdomen⟧
ƛ̕əmínəs bump chest. ⟦√ƛ̕m̕ = inəs √bump = chest⟧
ƛ̕əmíkʷs bump body. ⟦√ƛ̕m̕ = iws √bump = body⟧
ƛ̕əmiʔáx̣ən bump arm. ⟦√ƛ̕m̕-y̕ = ax̣ən √bump-ext = arm⟧
ƛ̕əmówəč bump butt. ⟦√ƛ̕m̕ = əwəč √bump = bottom⟧
    nəxʷƛ̕əmówəč bump butt. ⟦nxʷ-√ƛ̕m̕ = əwəč loc-√bump = bottom⟧
ƛ̕əméʔqʷ bump head. ⟦√ƛ̕m̕ = iʔqʷ √bump = head⟧
    nəxʷƛ̕əméʔqʷ bump head. ⟦nxʷ-√ƛ̕m̕ = iʔqʷ loc-√bump = head⟧
ƛ̕əméʔqʷt bump head. ⟦√ƛ̕m̕ = iʔqʷ-t √bump = head-trns⟧
ƛ̕əméʔqʷəŋ bump one's head. ⟦√ƛ̕m̕ = iʔqʷ-ŋ √bump = head-mdl⟧
ƛ̕əmqʷéyu peck. ⟦√ƛ̕m̕ = iʔqʷ-əyu √bump = head-activ⟧
    ƛ̕aʔƛ̕əmqʷéy̕qsən woodpecker. ⟦ƛ̕aʔ + √ƛ̕əm̕ = iʔqʷ-əy̕ = əqsən dim + √bump = head-ext = nose⟧
    ƛ̕aʔyaʔƛ̕əmqʷéy̕qsən woodpeckers. ⟦ƛ̕<əʔy>aʔ + √ƛ̕əm̕ = iʔqʷ-əy̕ = əqsən dim + √bump = head-ext = nose⟧
ƛ̕əmáynəs bump tooth. ⟦√ƛ̕m̕-ay = nis √bump-ext = tooth⟧
ƛ̕əmáyəs bump eye. ⟦√ƛ̕m̕ = ayus √bump = eye⟧
    nəxʷƛ̕əmáyəs bump eye. ⟦nxʷ-√ƛ̕m̕ = ayus loc-√bump = eye⟧
ƛ̕əmáṅ bump ear. ⟦√ƛ̕m̕ = aṅ √bump = ear⟧
    nəxʷƛ̕əmáyən bump ear. ⟦nxʷ-√ƛ̕m̕-ay = aṅ loc-√bump-ext = ear⟧
ƛ̕əmáɬxaʔ bump lower leg. ⟦√ƛ̕m̕ = aɬxaʔ √bump = lower_leg⟧
ƛ̕əmáčšəŋ bump neck. ⟦√ƛ̕m̕ = ačš-ŋ √bump = neck-mdl⟧
nəxʷƛ̕əm̕uʔéʔč bump back. ⟦nxʷ-√ƛ̕m̕ = wiʔč loc-√bump = back⟧
ƛ̕əmáčəŋ bump back. ⟦√ƛ̕m̕ = ač-ŋ √bump = back-mdl⟧
    ƛ̕əmƛ̕əmáčti marry in-law. ⟦ƛ̕m̕ + √ƛ̕m̕ = ač-ty char + √bump = back-rcprcl⟧

√ƛ̕m̕u √push_into.
ƛ̕əmút push it into. ⟦√ƛ̕m̕u-t √push_into-trns⟧
ƛ̕əmútəŋ be pushed in. ⟦√ƛ̕m̕u-t-ŋ √push_into-trns-psv⟧

√ƛ̕ŋ̕qa √yew.
ƛ̕əŋ̕qáɬč yew tree. ⟦√ƛ̕ŋ̕qa = iɬč √yew = plant⟧
ƛ̕əŋ̕q̕ɬčáqsən double-crested cormorant. ⟦√ƛ̕ŋ̕ = iɬč = əqsən √yew = plant = nose⟧

√ƛ̕p √feather.
sƛ̕páy̕qən down feather. ⟦s-√ƛ̕p = ay<ʔ>qən s-√feather = fur<actual>⟧
sƛ̕payqənówəč cushion. ⟦s-√ƛ̕p = ayqən = əwəč s-√feather = fur = bottom⟧
sxʷƛ̕péʔwən shirt. ⟦sxʷ-√ƛ̕p = i<ʔ>ws = ən for-√feather = body<actl> = instr⟧

√ƛ̕qacs √limb.
sƛ̕qács tree limb. ⟦s-√ƛ̕qacs √limb⟧

√ƛ̕qaɬ √brood.
ƛ̕qáɬ brood. ⟦√ƛ̕qaɬ √brood⟧
ƛ̕áqɬ brooding. ⟦√ƛ̕<á>qɬ √brood<actual>⟧

√ƛ̕qaʔ √goal.
ƛ̕qáʔtəŋ to be gone after. ⟦√ƛ̕qaʔ-t-ŋ<ʔ> √goal-trns-psv⟧

√ƛ̕qaʔy √feather.
sƛ̕qáʔi feather. ⟦s-√ƛ̕qaʔy s-√feather⟧
sƛ̕aʔyəqáʔəy̕ feathers. ⟦s-√ƛ̕<aʔyə>qaʔy s-√feather<pl>⟧

√ƛ̕q̕ʷ √stuck.
ƛ̕áq̕ʷ get stuck on. ⟦√ƛ̕q̕ʷ √stuck⟧
ƛ̕iƛ̕áq̕ʷ stuck (pl). ⟦ƛ̕y + √ƛ̕q̕ʷ pl + √stuck⟧
ʔəsƛ̕áq̕ʷɬ stuck. ⟦ʔs-√ƛ̕<á>q̕ʷ-ɬ stat-√stuck<rslt>-dur⟧
ƛ̕q̕ʷə́t stick it on. ⟦√ƛ̕q̕ʷ-t √stuck-trns⟧
ƛ̕áq̕ʷt sticking it on. ⟦√ƛ̕<á>q̕ʷ-t √stuck<actl>-trns⟧
ƛ̕q̕ʷə́təŋ be stuck on. ⟦√ƛ̕q̕ʷ-t-ŋ √stuck-trns-psv⟧
ƛ̕áq̕ʷtəŋ being stuck on. ⟦√ƛ̕<á>q̕ʷ-t-ŋ<ʔ> √stuck<actual>-trans-psv<actual>⟧
ƛ̕iƛ̕áq̕ʷtəŋ being stuck on (pl). ⟦ƛ̕y + √ƛ̕<á>q̕ʷ-t-ŋ<ʔ> pl + √stuck<actual>-trans-psv<actual>⟧
ƛ̕q̕ʷtúy̕ stick together. ⟦√ƛ̕q̕ʷ-tuy̕ √stuck-comit⟧
ƛ̕iƛ̕áq̕ʷti sticky. ⟦ƛ̕y + √ƛ̕q̕ʷ-ty pl + √stuck-rcprcl⟧
ƛ̕q̕ʷnə́kʷi stuck together. ⟦√ƛ̕q̕ʷ-nəwəy √stuck-ncrcprcl⟧

λ̕q̕ʷənkʷə́yətxʷ stick together. 〚√λ̕q̕ʷ-nəwəy-txʷ √stuck-ncrcprcl-incaus〛
λ̕íq̕ʷ stuck on. 〚√λ̕<í>q̕ʷ √stuck<persist>〛
　λ̕q̕ʷít stick it on. 〚√λ̕q̕ʷ-i-t √stuck-pers-trns〛
　　λ̕q̕ʷtíŋ be stuck it on. 〚√λ̕q̕ʷ-i-t-ŋ √stuck-pers-trns-psv〛
　λ̕q̕ʷíti stick to each other. 〚√λ̕q̕ʷ-i-ty √stuck-pers-rcprcl〛
λ̕éʔq̕ʷti sticking together. 〚√λ̕<í><ʔ>q̕ʷ-ty √stuck<pers><actl>-rcprcl〛
λ̕iλ̕q̕ʷíkʷən hunger pangs. 〚λ̕y+√λ̕q̕ʷ=iwən pl+√stuck=interior〛
λ̕ə́q̕ʷλ̕q̕ʷ sticky. 〚λ̕ə́q̕ʷ+√λ̕q̕ʷ char+√stuck〛
sλ̕iλ̕q̕ʷáys stuck eyes. 〚s-λ̕y+√λ̕q̕ʷ=ayus s-pl+√stuck=eye〛
　sxʷλ̕iλ̕q̕ʷáyəs eye mucus. 〚sxʷ-λ̕y+√λ̕q̕ʷ=ayus for-pl+√stuck=eye〛
　ʔsλ̕iλ̕q̕ʷáyəs eyes stuck. 〚ʔs-λ̕y+√λ̕q̕ʷ=ayus stat-pl+√stuck=eye〛

√λ̕š √gash.
　λ̕ə́š gash. 〚√λ̕š √gash〛
　ʔsλ̕ášɬ plowed. 〚ʔs-√λ̕<á>š-ɬ stat-√gash<rslt>-dur〛
　nəxʷλ̕šáxən rupture. 〚nxʷ-√λ̕š=axən loc-√gash=arm〛
　λ̕šnúkʷəŋ plow. 〚√λ̕š=ənukʷ-ŋ √gash=ground-mdl〛
　　λ̕šnúkʷt plow it. 〚√λ̕š=ənukʷ-t √gash=ground-trns〛
　　ʔəsλ̕ə́šnəkʷ plowed. 〚ʔs-√λ̕<ə́>š=ənukʷ stat-√gash<rslt>=ground〛
　λ̕šnúkʷən plow. 〚√λ̕š=ənukʷ=ən √gash=ground=instr〛
　λ̕šə́qsən gash nose. 〚√λ̕š=əqsən √gash=nose〛

√λ̕taʔ √arch.
　λ̕táʔsən instep. 〚√λ̕taʔ=sən √arch=foot〛
　sλ̕táʔsən arch of foot. 〚s-√λ̕táʔ=sən s-√arch=foot〛

√λ̕uʔ √comfort.
　λ̕úʔət comfort someone. 〚√λ̕uʔ-t √comfort-trns〛
　　λ̕úʔəc comfort me/you. 〚√λ̕uʔ-t-c √comfort-trns-1obj/2obj〛
　　λ̕úʔətəŋ be comforted. 〚√λ̕uʔ-t-ŋ √comfort-trns-psv〛
　λ̕úʔəct comfort self. 〚√λ̕uʔ-cut √comfort-rflxv〛
　λ̕λ̕úʔct comfort self. 〚λ̕+√λ̕uʔ-cut incep+√comfort-rflxv〛

√λ̕uʔɬi √green.
　λ̕úʔɬi green. 〚√λ̕uʔɬi √green〛

√λ̕uλ̕aʔ √small.
　λ̕úλ̕aʔ small. 〚√λ̕uλ̕aʔ √small〛
　λ̕aʔλ̕úλ̕aʔ small. 〚λ̕aʔ+√λ̕uλ̕aʔ dim+√small〛
　　sλ̕aʔλ̕úλ̕aʔ little one. 〚s-λ̕aʔ+√λ̕uλ̕aʔ s-dim+√small〛
　　λ̕aʔyaʔλ̕úλ̕aʔ small (pl). 〚λ̕<əʔy>aʔ+√λ̕uλ̕aʔ dim<pl>+√small〛
　λ̕əλ̕aʔə́qsən small nose. 〚√λ̕uλ̕aʔ=əqsən √small=nose〛
　λ̕aʔλ̕aʔúcən small mouth. 〚√λ̕uλ̕aʔ=ucin √small=mouth〛
　λ̕aʔλ̕aʔáwtxʷ small house. 〚√λ̕uλ̕aʔ=awtxʷ √small=house〛
　λ̕aʔλ̕aʔáʔis small eye. 〚√λ̕uλ̕aʔ=a<ʔ>yus √small=eye<dimin>〛
　　λ̕əyəλ̕aʔáʔis small eyes. 〚√λ̕<əy>uλ̕aʔ=a<ʔ>yus √small<pl>=eye<dimin>〛
　λ̕aʔλ̕əwáys Sekiu. 〚λ̕aʔ+√λ̕u=ayus dimutive+√small=eye〛

√λ̕um̕ √correct.
　λ̕úm̕ correct. 〚√λ̕um̕ √correct〛
　ʔəsλ̕úʔλ̕əm̕ correct. 〚ʔs-λ̕úʔ+√λ̕um̕ stat-actl+√correct〛
　　sλ̕aʔλ̕úʔλ̕əm̕ okay. 〚ʔs-λ̕aʔ+λ̕úʔ+√λ̕um̕ stat-dim+actl+√correct〛
　　　ʔəsλ̕aʔλ̕úʔλ̕əm̕ okay. 〚ʔs-λ̕aʔ+λ̕úʔ+√λ̕um̕ stat-dim+actl+√correct〛
　λ̕úmət make it right. 〚√λ̕um-t √correct-trns〛
　λ̕aʔmúct improve. 〚√λ̕um̕-cut √correct-rflxv〛
　　λ̕úm̕əct improving. 〚√λ̕um̕-cut √correct-rflxv〛
　λ̕úmtxʷ let be enough. 〚√λ̕um-txʷ √correct-letcaus〛
　λ̕úmnəxʷ make enough. 〚√λ̕um-naxʷ √correct-nctrns〛
　　λ̕əmnúŋə make me/you enough. 〚√λ̕um-naxʷ-uŋə √correct-nctrns-1obj/2obj〛
　　λ̕úmnəŋ be made enough. 〚√λ̕um-naxʷ-ŋ √correct-nctrns-psv〛
　λ̕əm̕núŋət manage to get well. 〚√λ̕um̕-nuŋt √correct-ncmdl〛
　λ̕əm̕nə́kʷi reconcile. 〚√λ̕um-nəwəy √correct-ncrcprcl〛
　ʔəsλ̕aʔméʔwən̕ pleased. 〚ʔs-√λ̕um̕=i<ʔ>wən<ʼ> stat-√correct=interior<actual>〛
　λ̕úm̕sən shoe fits. 〚√λ̕um̕=sən √correct=foot〛
　λ̕əm̕úcən say right. 〚√λ̕um̕=ucin √correct=mouth〛

√ƛ́uta? √pan.
 ƛ́úta? pan. ⟦√ƛ́uta? √pan⟧
  ƛ́a?ƛ́úta? small pan. ⟦ƛ́a? + √ƛ́uta? dim + √pan⟧
√ƛ́uy √right.
 ƛ́úy right. ⟦√ƛ́uy √right⟧
  sƛ́iyíkʷs right side. ⟦s-√ƛ́uy=iws s-√right=body⟧
√ƛ́uyqs √box.
 ƛ́úyəqs box, drum. ⟦√ƛ́uyqs √box⟧
  ƛ́iƛ́úyəqs boxes. ⟦ƛ́y + √ƛ́uyqs pl + √box⟧
  ƛ́a?ƛ́a?yá?qs small box. ⟦ƛ́a? + √ƛ́u<?>yə<?>qs dimin + √box<dimin>⟧
√ƛ́xʷiyus √unnecessary.
 ƛ́xʷiyús unnecessary. ⟦√ƛ́xʷyus √unnecessary⟧
 ƛ́xʷiyu?ús unnecessary. ⟦√ƛ́xʷy<ə?>us √unnecessary<actual>⟧
 ƛ́xʷiyúst ignore, waste it. ⟦√ƛ́xʷyus-t √unnecessary-trns⟧
  ƛ́xʷa?yást ignoring, wasting it. ⟦√ƛ́xʷy<ə?>us-t √unnecessary<actl>-trns⟧
  ƛ́xʷiyústəŋ be ignored. ⟦√ƛ́xʷyus-t-ŋ √unnecessary-trns-psv⟧
  ƛ́xʷiyu?ústxʷ ignore. ⟦√ƛ́xʷy<ə?>us-txʷ √unnecessary<actl>-incaus⟧
   ƛ́xʷiyu?ustúŋə not care for you. ⟦√ƛ́xʷy<ə?>us-txʷ-uŋə √unnecessary<actl>-incaus-2obj⟧
   ƛ́xʷiyu?ústəŋ be not cared for. ⟦√ƛ́xʷy<ə?>us-txʷ-ŋ √unnecessary<actl>-incaus-psv⟧
  ƛ́əxʷiya?stíxʷ disrespect. ⟦√ƛ́xʷy<ə?>us-t<í>xʷ √unnecessary<actual>-letcaus<persist>⟧
  ƛ́xʷyastíŋ disrespected. ⟦√ƛ́xʷy<ə?>us-t<í>xʷ-ŋ √unnecessary<actl>-letcaus<pers>-psv⟧
√ƛ́x̣ʷay̓ √dog_salmon.
 ƛ́x̣ʷáy̓ dog salmon. ⟦√ƛ́x̣ʷay̓ √dog_salmon⟧
  ƛ́iƛ́əx̣ʷi? dog salmon (pl). ⟦ƛ́y + √ƛ́x̣ʷay̓ pl + √dog_salmon⟧
  ƛ́a?ƛ́áx̣ʷi? small dog salmon. ⟦ƛ́a? + √ƛ́a<?>x̣ʷay̓ dimin + √dog_salmon<dimin>⟧
  ƛ́a?yaƛ́əx̣ʷi? small dog salmon (pl). ⟦ƛ́<a?y>a? + √ƛ́əx̣ʷay̓ dim<pl> + √dog_salmon⟧
√ƛ́ya? √seek.
 ƛ́i?áŋ seek. ⟦√ƛ́ya?-ŋ √seek-mdl⟧
  ƛ́i?á?əŋ̓ searching. ⟦√ƛ́y<?>a?-ŋ<ˀ> √seek<actual>-mdl<actual>⟧
 ƛ́iyá?t seek it. ⟦√ƛ́ya?-t √seek-trns⟧
  ƛ́iyá?c seek me/you. ⟦√ƛ́ya?-t-c √seek-trns-1obj/2obj⟧
  ƛ́iyá?təŋ be looked for. ⟦√ƛ́ya?-t-ŋ √seek-trns-psv⟧
  ƛ́i?á?təŋ being sought. ⟦√ƛ́y<?>a?-t-ŋ √seek<actl>-trns-psv⟧
  ƛ́i?á?t seeking it. ⟦√ƛ́y<?>a?-t √seek<actl>-trns⟧
  ƛ́i?á?c seeking me/you. ⟦√ƛ́y<?>a?-t-c √seek<actl>-trns-1obj/2obj⟧
 ƛ́əy̓kʷá?nət looking it for means. ⟦√ƛ́ya?=kʷa?n-t √seek=means-trns⟧
 nəxʷsƛ́əy̓əkʷá?nəŋ looking for food. ⟦nxʷ-s-√ƛ́ya?=kʷa?n-ŋ loc-s-√seek=means-mdl⟧
 nəxʷsƛ́iy?ámɜxʷ good provider. ⟦nxʷ-s-√ƛ́ya?=məxʷ loc-s-√seek=being⟧
 nəxʷƛ́iyá?i look around. ⟦nxʷ-√ƛ́ya?-iy loc-√seek-dev⟧
 nəxʷƛ́i?á?ił looking around. ⟦nxʷ-√√ƛ́ya?-iy-ł loc-√seek-dev-dur⟧
√ƛ́əyəq̓ √press.
 ƛ́i?q̓əyu? typing. ⟦√ƛ́əy<?>q̓-əyu<?> √press<actual>-activity<actual><actual>⟧
 ƛ́əyəq̓t press it. ⟦√ƛ́əyq̓-t √press-trns⟧
  ƛ́əy̓q̓t pressing it. ⟦√ƛ́əy<ˀ>q̓-t √press<actl>-trns⟧
  ƛ́iƛ́əyəq̓t press it (pl). ⟦ƛ́y + √ƛ́əyq̓-t pl + √press<pl>-trns⟧
√ƛ́yu?m √cockle.
 sƛ́əyú?əm̓ cockle. ⟦s-√ƛ́yu?m √cockle⟧
√ƛ́yx̣ʷ √?.
 ƛ́i?x̣ʷúys cranberry. ⟦√ƛ́yx̣ʷ=uyəs √?=forehead⟧
 ƛ́ix̣ʷuysíłč cranberry plant. ⟦√ƛ́yx̣ʷ=uyəs=iłč √?=forehead=plant⟧
√ma?xʷ √horsetail.
 má?əxʷ horsetail. ⟦√ma?xʷ √horsetail⟧
  čəṅmá?əxʷ April. ⟦čṅ-√ma?xʷ time-√horsetail⟧
√ma?kʷ √injure.
 má?kʷł hurt. ⟦√ma?kʷ-ł √injure-dur⟧
  máma?kʷł getting hurt. ⟦má + √ma?kʷ-ł actl + √injure-dur⟧
  ?əsmá?kʷł hurt. ⟦?s-√ma?kʷ-ł stat-√injure-dur⟧
   ?əsmáma?kʷł crippled. ⟦?s-má + √ma?kʷ-ł stat-rslt + √injure-dur⟧
  smá?kʷł injury. ⟦s-√ma?kʷ-ł s-√injure-dur⟧
  má?kʷłtxʷ hurt someone. ⟦√ma?kʷ-ł-txʷ √injure-dur-caus⟧

√maʔkʷaʔ   √manấyəɬ

    máʔkʷəɬc hurt me/you. 〚√maʔkʷ-ɬ-txʷ-c √injure-dur-letcaus-1obj/2obj〛
    maʔkʷə́ɬtəŋ be hurt. 〚√maʔkʷ-ɬ-txʷ-ŋ √injure-dur-letcaus-psv〛
    maʔkʷɬə́nəq hurt habitually. 〚√maʔkʷ-ɬ-ənəq √injure-dur-hab〛
    maʔkʷə́ɬnəxʷ hurt someone. 〚√maʔkʷ-ɬ-naxʷ √injure-dur-nctrns〛
    mámaʔkʷɬnəxʷ hurting. 〚má+√maʔkʷ-ɬ-naxʷ actl+√injure-dur-nctrns〛
    maʔkʷɬnúŋə hurt me/you. 〚√maʔkʷ-ɬ-naxʷ-uŋə √injure-dur-nctrns-2obj〛
    maʔkʷə́ɬnəŋ be hurt. 〚√maʔkʷ-ɬ-naxʷ-ŋ √injure-dur-nctrns-psv〛
√**maʔkʷaʔ** √gossip.
    maʔkʷáʔənəq gossip. 〚√maʔkʷaʔ-ənəq √gossip-hab〛
√**máʔmən̓** √little_too_much.
    máʔmən̓ little too much. 〚√máʔmən̓ √little_too_much〛
√**maʔqʷəs** √drown.
    smaʔqʷə́s drown. 〚s-√maʔqʷəs s-√drown〛
maʔtúʔqʷ bubble up.
    maʔtúʔqʷəŋ̓ bubbling up. 〚√mə<ʔ>tu<ʔ>qʷ-ŋ<ˀ> √bubble<actual>-mdl<actual>〛
√**mac̓n̓** √skunk.
    smác̓ən̓ skunk. 〚s-√mac̓n̓ s-√skunk〛
    smaʔyác̓ən̓ skunks. 〚s-√m<əy̓>ac̓n̓ s-√skunk<pl>〛
    smaʔmáʔc̓ən̓ small skunk. 〚s-maʔ+√ma<ʔ>c̓n̓ s-dimin+√skunk<dimin>〛
    smaʔyaʔmáʔc̓ən̓ small skunks. 〚s-m<əy̓>aʔ+√ma<ʔ>c̓n̓ s-dimin<pl>+√skunk<dimin>〛
√**mak̓ʷiʔ** √grave.
    mák̓ʷaʔ grave. 〚√mak̓ʷiʔ √grave〛
    mək̓ʷéʔət inter someone. 〚√mak̓ʷiʔ-t √grave-trns〛
    mək̓ʷéʔətəŋ buried. 〚√mak̓ʷiʔ-t-ŋ √grave-trns-psv〛
    sxʷmək̓ʷáʔəyə cemetery. 〚sxʷ-√mak̓ʷiʔ=ayə for-√grave=container〛
    smaʔyək̓ʷáyə graves. 〚sxʷ-√m<əy̓>ak̓ʷiʔ=ayə for-√grave<pl>=container〛
    sməy̓ək̓ʷáyə graveyard. 〚s-√m<əy̓>ak̓ʷiʔ=ayə s-√grave<pl>=container〛
    smək̓ʷaʔə́nək̓ʷ graveyard. 〚s-√mak̓ʷiʔ=ənukʷ s-√grave=ground〛
    smək̓ʷaʔáw̓txʷ funeral home. 〚s-√mak̓ʷiʔ=aw̓txʷ s-√grave=house〛
    mək̓ʷéʔəŋəɬ funeral. 〚√mak̓ʷiʔ=iʔəŋɬ for-√grave=cstm〛
√**malyli** √marry.
    malyít marry someone. 〚√malyí-t √marry-trns〛
    malyítəŋ be married. 〚√malyí-t-ŋ √marry-trns-psv〛
    maliyíti marry. 〚√malyí-ty √marry-rcprcl〛
    maʔliyíti marrying. 〚√ma<ʔ>ly<ˀ>í-ty √marry<actl>-rcprcl〛
    smaliyíti wedding. 〚s-√malyí-ty s-√marry-rcprcl〛
    sməliyúykʷt wedding gown. 〚s-√malyí=uykʷət s-√marry=clothing〛
    maliyístxʷ let marry. 〚√malyí-stxʷ √marry-caus〛
    maliyístəŋ be married. 〚√malyí-stxʷ-ŋ √marry-caus-psv〛
√**man** √father.
    mán father. 〚√man √father〛
√**manəš** √tobacco.
    mánəšəŋ smoke tobacco. 〚√manəš-ŋ √tobacco-mdl〛
    máʔnəšəŋ̓ smoking tobacco. 〚√ma<ʔ>nəš-ŋ √tobacco<actl>-mdl〛
    smánəš tobacco. 〚s-√manəš s-√tobacco〛
    smáʔnəš smoking. 〚s-√ma<ʔ>nəš s-√tobacco<actual>〛
    smiyánəš tobacco (pl). 〚s-√m<iy>anəš s-√tobacco<pl>〛
    smanəšíyɬ go smoke. 〚s-√manəš-iyɬ s-√tobacco-go〛
    smanəšíyɬtxʷ let go smoke. 〚s-√manəš-iyɬ-txʷ s-√tobacco-go-letcaus〛
    smánəšəŋ tobacco. 〚s-√manəš-ŋ s-√tobacco-mdl〛
    ʔəɬsmánəš have tobacco. 〚ʔɬ-s-√manəš consume-s-√tobacco〛
    ʔəɬsmáʔnəš smoking. 〚ʔɬ-s-√ma<ʔ>nəš consume-s-√tobacco<actual>〛
    ʔəɬsmanəšáy̓ŋən want to smoke. 〚ʔɬ-s-√manəš=ay̓ŋn consume-s-√tobacco=desire〛
    ʔəɬsmaʔmáʔnəš smoke a little. 〚ʔɬ-s-maʔ+√ma<ʔ>nəš consume-s-dimin+√tobacco<dimin>〛
√**man̓** √very.
    mán̓ very. 〚√man̓ √very〛
    mán̓txʷ let be very. 〚√man̓-txʷ √very-letcaus〛
    mán̓ətəŋ worsen. 〚√man̓-txʷ-ŋ √very-letcaus-psv〛
√**man̓ấyəɬ** √sickness.
    sman̓ấyəɬ sickness. 〚s-√man̓ấyəɬ s-√sickness〛

√**mayucn** √in.
    smáyəcən in. 〚s-√mayucn s-√in-law〛
        smiʔmáyəcən ex-in-laws. 〚s-mẏ+√mayucn s-pl+√in-law〛
        smaʔyúcən ex-in-law (dimin). 〚s-√ma<ʔ>yucn s-√in-law<dimin>〛
        smaʔmaʔyúcən ex-in-laws (dimin). 〚s-maʔ+√ma<ʔ>yucn s-dimin+√in-law<dimin>〛
√**məc** √fat.
    mə́c fat. 〚√mc √fat〛
        smə́cíŋəxʷ butter. 〚s-√mc-i=ŋixʷ s-√fat-ext=breast〛
        mimə́c fat (pl). 〚my+√mc pl+√fat〛
        maʔmácɬ chubby. 〚maʔ+√m<á>c-ɬ dim+√fat<rslt>-dur〛
        ʔəsmácɬ fat. 〚ʔs-√m<á>c-ɬ stat-√fat<rslt>-dur〛
        məcə́t lubricate it, fatten it. 〚√mc-t √fat-trns〛
            mə́ct fattening it. 〚√m<ə́>c-t √fat<actl>-trns〛
            məcə́təŋ be greased. 〚√mc-t-ŋ √fat-trns-psv〛
        məccút get fat. 〚√mc-cut √fat-rflxv〛
        məcə́ʔŋəɬ fatten. 〚√mc-i<ʔ>ŋɬ √fat-custom<actual>〛
            maʔcə́ʔŋəɬ fattening. 〚√m<əʔ>c-i<ʔ>ŋɬ √fat<actual>-custom<actual>〛
        smə́c fat. 〚s-√mc s-√fat〛
        sməcéʔqʷ fat head. 〚s-√mc-iʔqʷ s-√fat=head〛
        məcéʔqʷəŋ oil hair. 〚√mc=iʔqʷ-ŋ √fat=head-mdl〛
        sməcáyŋəxʷ butter. 〚s-√mc-ay=ŋixʷ s-√fat-ext=breast〛
√**məč̓** √brain.
    sməč̓áẏs brain. 〚s-√məč̓-aẏs s-√brain-activ〛
    šxʷmə́č̓qən brains. 〚sxʷ-√məč̓=qin for-√brains=voice〛
√**məč** √drool.
    məčúcən drool. 〚√məč=ucin √drool=mouth〛
√**məč̓t** √struggle_to_get_up.
    mə́č̓t struggle to get up. 〚√məč̓t √struggle_to_get_up〛
√**məhiʔns** √porpoise.
    sxʷməhéʔənəs porpoise, dolphin. 〚sxʷ-√məhiʔns for-√porpoise〛
        sxʷmaʔmaʔhéʔwəṅ small porpoise. 〚sxʷ-maʔ+√ma<ʔ>hiʔ-wəṅ for-dimin+√porpoise<dimin>〛
            sxʷmaʔyaʔmahúʔnəs small porpoises. 〚sxʷ-m<əʔy>aʔ+√mhiʔns for-dim<pl>+√porpoise〛
√**məɬac** √summer_dog_salmon.
    məɬác summer dog salmon. 〚√məɬac √summer_dog_salmon〛
        maʔyəɬéʔcs summer dog salmon. 〚√m<aʔy>əɬiʔc √summer_dog_salmon<pl>〛
√**məq̓** √satiated.
    mə́q̓ satiated. 〚√məq̓ √satiated〛
        mimə́q̓ full belly (pl). 〚my+√məq̓ pl+√satiated〛
        ʔəsmimə́q̓ full belly (pl). 〚ʔs-my+√məq̓ stat-pl+√satiated〛
        máq̓ɬ satiated. 〚√mə<á>q̓-ɬ √satiated<rslt>-dur〛
            ʔəsmáq̓ɬ satiated. 〚ʔs-√mə<á>q̓-ɬ stat-√satiated<rslt>-dur〛
            ʔəsmaʔmə́q̓ full. 〚ʔs-maʔ+√məq̓ stat-dim+√satiated〛
        məq̓ə́ct get full. 〚√məq̓-cut √satiated-rflxv〛
√**məqʷ** √thick.
    mə́qʷ thick. 〚√məqʷ √thick〛
        məqʷə́ɬnɬ thick neck. 〚√mqʷ=əɬnɬ √thick=throat〛
√**məs** √mess.
    mə́st mess it. 〚√məs-t √mess-trns〛
        mimə́stxʷ mess up. 〚my+√məs-txʷ pl+√mess-incaus〛
            mimə́stəŋ messed up. 〚my+√məs-txʷ-ŋ pl+√mess-incaus-psv〛
√**məsn** √old_person.
    ʔəsmə́sən old person. 〚ʔs-√məsn stat-√old_person〛
    ʔəsmáyəsən old people. 〚ʔs-√mə<yə>sn stat-√old_person<pl>〛
√**məščw** √mink.
    mə́šču mink. 〚√məščw √mink〛
        mimə́šču Mink. 〚mi+√məščw aff+√mink〛
        maʔyəščú minks. 〚√m<aʔy>əščw √mink<pl>〛
        maʔmá́šču small mink. 〚maʔ+√ma<ʔ>ščw dimin+√mink<dimin>〛
            maʔyaʔmə́šču small minks. 〚m<əʔy>aʔ+√məščw dim<pl>+√mink〛

√**məɬ** √mucus.
- smə́ɬqsən mucus. 〚s-√məɬ=əqsən s-√mucus=nose〛
  - smimáʔɬqsən snot boy. 〚s-mi+√mə<ʔ>ɬ=əqsən s-aff+√mucus<aff>=nose〛

√**məṭŋ** √muddy.
- mə́ṭŋ muddy. 〚√məṭŋ √muddy〛

√**məx̣ʷ** √cut.
- ʔsmaʔx̣ʷéʔqʷ haircut. 〚ʔs-√mə<ʔ>x̣ʷ=iʔqʷ stat-√cut<actl>=head〛

√**məx̣ʷəyəʔ** √navel.
- mə́x̣ʷəyəʔ navel. 〚√məx̣ʷəyəʔ √navel〛

√**məx̣ʷu** √torment.
- sməx̣ʷút torment someone. 〚s-√məx̣ʷu-t s-√torment-trns〛
  - smaʔx̣ʷút tormenting someone. 〚s-√mə<ʔ>x̣ʷu-t s-√torment<actl>-trns〛
    - smaʔx̣ʷútəŋ being tormented. 〚s-√mə<ʔ>x̣ʷu-t-ŋ〛
  - sməx̣ʷúct torment. 〚s-√məx̣ʷu-cut s-√torment-rflxv〛
    - smaʔx̣ʷúct being tormented. 〚s-√mə<ʔ>x̣ʷu-cut s-√torment<actl>-rflxv〛
      - čmaʔx̣ʷúct tormenting. 〚č-√mə<ʔ>x̣ʷu-cut have-√torment<actl>-rflxv〛 s-√torment-trns-psv〛

√**məyaʔ** √kick.
- məyáʔyəs kick. 〚√məyaʔ-ays √kick-activ〛
  - miməyáʔyəs kick (pl). 〚my+√məyaʔ-ays pl+√kick-activ〛
  - maʔyáys kicking. 〚√mə<ʔ>ya-ays √kick<actl>-activ〛
  - maʔmiʔáʔis kicking. 〚maʔ+√my<ʔ>-ays dim+√kick<actl>-activ〛
- məyaʔt kick it. 〚√məyaʔ-t √kick-trns〛
  - məyáʔt kicking it. 〚√məy<ʔ>aʔ-t √kick<actl>-trns〛
  - məyaʔc kick me/you. 〚√məyaʔ-t-c √kick-trns-1ob/2obj〛
  - məyaʔtúŋɬ kick me/you. 〚√məyaʔ-t-uŋɬ √kick-trns-1plobj〛
  - məyáʔtəŋ be kicked. 〚√məyaʔ-t-ŋ √kick-trns-psv〛
    - maʔyáʔtəŋ being kicked. 〚√mə<ʔ>ya-t-ŋ<ʔ> √kick<actl>-trns-psv〛
    - miməyaʔtəŋ getting kicked. 〚my+√məyaʔ-t-ŋ pl+√kick-trns-psv〛
  - miməyaʔt kick it (pl). 〚my+√məyaʔ-t pl+√kick-trns〛
  - miməyaʔtúŋɬ kick us. 〚my+√məyaʔ-t-uŋɬ pl+√kick-trns-1plobj〛
  - miməyaʔc kick me/you (pl). 〚my+√məyaʔ-t-c pl+√kick-trns-1obj/2obj〛
  - məyéʔqʷt kick head. 〚√məyaʔ=iʔqʷ-t √kick=head-trns〛
    - məyéʔqʷtəŋ be kicked head. 〚√məyaʔ=iʔqʷ-t-ŋ √kick=head-trns-psv〛
  - miyaʔéʔqt kick it in belly. 〚√məyaʔ=i<ʔ>qən-t √kick=abdomen<actl>-trns〛
  - məyaʔwáčt kick rear. 〚√məyaʔ=əwač-t √kick=bottom-trns〛
    - məyaʔwáčtəŋ be kicked rear. 〚√məyaʔ=əwač-t-ŋ √kick=bottom-trns-psv〛
    - məyaʔwáčc kick me/you rear. 〚√məyaʔ=əwač-t-c √kick=bottom-trns-1obj/2obj〛
  - məyaʔnəx̣ʷ kick accidentally. 〚√məyaʔ-nəx̣ʷ √kick-nctrns〛
    - məyaʔnəx̣ʷ kicking. 〚√məy<ʔ>aʔ-nəx̣ʷ √kick<actl>-nctrns〛
    - məyaʔnəŋ be kicked. 〚√məyaʔ-nəx̣ʷ-ŋ √kick-nctrns-psv〛

√**məyc** √elk.
- sməyəc elk. 〚s-√məyc s-√elk〛
  - smiyə́yc elk (pl). 〚s-√məy<əy>c s-√elk<pl>〛
  - sməyəcásən elk hoof. 〚s-√məyc-a=sən s-√elk-ext=foot〛
    - smiməyəcásən elk hooves. 〚s-my+√məyc-a=sən s-pl+√elk-ext=foot〛
  - smáʔyəʔc small elk. 〚s-√mə<ʔ>y<ʔə>c s-√elk<dimin>〛

√**məyč** √roll.
- məyč roll. 〚√məyč √roll〛
  - mimíyč confused. 〚my+√m<í>əyč plural+√roll<pl>〛
  - məyčəŋ rolling. 〚√məy<ʔ>č-ŋ √roll<actl>-mdl〛
    - miməyəčəŋ roll around. 〚my+√məyč-ŋ pl+√roll-mdl〛
  - məyəčt roll it around. 〚√məyč-t √roll-trns〛
    - məyčt mixing it up. 〚√məy<ʔ>č-t √roll<actl>-trns〛
      - məyčtəŋ being mixed. 〚√məy<ʔ>č-t-ŋ √roll<actl>-trns-psv〛
        - miməyčtəŋ being mixed. 〚my+√məy<ʔ>č-t-ŋ pl+√roll<actl>-trns-psv〛
    - məyčct rolling around. 〚√məy<ʔ>č-cut √roll<actl>-rflxv〛
      - miməyčct rolling around. 〚my+√məy<ʔ>č-cut pl+√roll<actl>-rflxv〛
  - ʔəsmiməyč mixed up. 〚ʔs-my+√məyč stat-pl+√roll〛
  - mičiʔúʔisən roll over. 〚√məyč-i?=u<ʔ>yəs-ŋ √roll-ext=forehead<actl>-mdl〛
    - mičiyúʔyəst roll it. 〚√məyč-i?=u<ʔ>yəs-t √roll-ext=forehead<actl>-trns〛

√**məyəš** √female_crab.
  sméyəš female crab. 〚s-√məyəš s-√female_crab〛
√**məy̓s** √crowd.
  ʔəsmə́y̓s crowd. 〚ʔs-√məy̓s stat-√crowd〛
    mə́y̓st crowd it. 〚√məy̓s-t √crowd-trns〛
    smə́y̓st crowded. 〚s-√məy̓s-t s-√crowd-trns〛
√**mhuy̓** √basket.
  məhúy̓ basket. 〚√mhuy̓ √basket〛
    miyəhúy̓ baskets. 〚√m<iy>huy̓ √basket<pl>〛
    maʔmuhúy̓ small basket. 〚maʔ+√mhuy̓ dim+√basket〛
√**miʔláləm** √confess.
  miʔláləm confess. 〚√miʔláləm √confess〛
    miʔláʔləm̓ confessing. 〚√miʔla<ʔ>ləm<ˀ> √confess<actual>〛
√**miʔtqʷ** √cup.
  méʔtqʷ cup. 〚√miʔtqʷ √cup〛
    maʔyátqʷ cups. 〚√m<əʔy>itqʷ √cup<pl>〛
√**miƛ̓** √mud.
  smíƛ̓i mud. 〚s-√miƛ̓-iy s-√mud-dev〛
√**mis** √choose.
  mísəŋ choose. 〚√mis-ŋ √choose-mdl〛
  míst choose it. 〚√mis-t √choose-trns〛
    məsítəŋ be sorted. 〚√mis-t-ŋ √choose-trns-psv〛
      maʔsítəŋ̓ being sorted. 〚√mi<ʔ>s-t-ŋ<ˀ> √choose<actual>-trans-psv<actual>〛
    mísc choose me/you. 〚√mis-t-c √choose-trns-1obj/2obj〛
    méʔst choosing it. 〚√mi<ʔ>s-t √choose<actl>-trns〛
      maʔsít sorting it. 〚√mi<ʔ>s-í-t √choose<actl>-pers-trns〛
  məsíct choose. 〚√mis-cut √choose-rflxv〛
  mísnəxʷ manage to choose. 〚√mis-naxʷ √choose-nctrns〛
    məsínəŋ manage to be sorted. 〚√mis-naxʷ-ŋ √choose-nctrns-psv〛
√**mitáli** √gamble.
  mitáli gamble. 〚√mitáli √gamble〛
    miʔtáʔli gambling. 〚√mi<ʔ>tá<ʔ>ly √gamble<actual>〛
  smitáli cards. 〚s-√mitáli s-√gamble〛
  ʔəssmitáli gamble. 〚ʔs-s-√mitáli stat-s-√gamble〛
  mitalihə́w̓txʷ casino. 〚√mitáli=aw̓txʷ √gamble=house〛
√**mixʷ** √quake.
  míxʷəŋ quake. 〚√mixʷ-ŋ √quake-mdl〛
    méʔxʷəŋ quaking. 〚√mi<ʔ>xʷ-ŋ √quake<actl>-mdl〛
  məxʷə́yu quaking. 〚√mixʷ-əyu √quake-activ〛
    sməxʷə́yu earthquake. 〚s-√mixʷ-əyu s-√quake-activ〛
  míxʷt shake it. 〚√mixʷ-t √quake-trns〛
    məxʷítəŋ shaken. 〚√mixʷ-t-ŋ √quake-trns-psv〛
      míxʷtəŋ̓ being shaken. 〚√m<í>xʷ-t-ŋ<ˀ> √quake<actual>-trans-psv<actual>〛
    mimíxʷt shake it (pl). 〚my+√mixʷ-t pl+√quake-trns〛
  məxʷíct stomp. 〚√mixʷ-cut √quake-rflxv〛
    maʔxʷíct stomping. 〚√mi<ʔ>xʷ-cut √quake<actl>-rflxv〛
    məxʷɬnáyəŋ eat from vine. 〚√mixʷ=ɬnay-ŋ √quake=neck-mdl〛
  mímxʷtən sleeping lady mountains. 〚mi+√mixʷ-tən aff+√quake=instr〛
  ʔəsməxʷáy̓ns toothless. 〚ʔs-√mixʷ-ay̓=nis stat-√quake-ext=tooth〛
    maʔmxʷáy̓ns toothless (dimin). 〚maʔ+√mixʷ-ay̓=nis dim+√quake-ext=tooth〛
√**mix̣ʷy̓** √dipper.
  maʔmix̣ʷə́y̓ dipper. 〚maʔ+√mix̣ʷy̓ dim+√dipper〛
√**miyšan** √mountain.
  smiyšán mountain. 〚s-√miyšan s-√mountain〛
  smimiyšán rocky mountains. 〚s-my+√miyšan s-pl+√mountain〛
√**mkʷ** √lump.
  mə́kʷ lump. 〚√mkʷ √lump〛
    máʔəkʷ lumpy. 〚√m<əʔə>kʷ √lump<actual>〛
  mə́kʷəyuʔ bundle. 〚√mkʷ-əyu √lump-activ〛
  ʔəsmákʷɬ lump. 〚ʔs-√m<á>kʷ-ɬ stat-√lump<rslt>-dur〛

√mkʷ

ʔəsmimə́kʷ lumpy. 〚ʔs-my + √mkʷ stat-pl + √lump〛
ʔəsmiməkʷə́nəkʷ uneven ground. 〚ʔs-my + √mkʷ = ənukʷ stat-pl + √lump = ground〛
smə́kʷ ball, lump. 〚s-√mkʷ s-√lump〛
məkʷə́t mold it. 〚√mkʷ-t √lump-trns〛
mə́kʷt crumple it. 〚√m<ə́>kʷ-t √lump-trns〛
mimə́kʷt crumple it. 〚my + √mkʷ-t pl + √lump-trns〛
məkʷə́təŋ be crumpled. 〚√mkʷ-t-ŋ √lump-trns-psv〛
sməkʷə́łnł Adam's apple. 〚s-√mkʷ = əłnł s-√lump = throat〛
sməyəkʷə́łnł Adam's apples. 〚s-√m<əʔy>kʷ = əłnł s-√lump<pl> = throat〛
smaʔkʷéʔwən butterball duck. 〚s-√m<əʔ>k̓ʷ = i<ʔ>wən s-√lump<actual> = interior<actual>〛
smaʔyaʔməkʷéʔwən butterball ducks. 〚s-√m<əʔy>a<ʔ>k̓ʷ = i<ʔ>wən s-√lump<pl><actual> = interior<actual>〛
məkʷúyəsəŋ berry forms. 〚√mkʷ = uyəs-ŋ √lump = forehead-mdl〛
maʔməkʷuʔéʔč hunchbacked. 〚maʔ + √mkʷ = w̓iʔč dim + √lump = back〛
sxʷmaʔməkʷuʔéʔč hunchback. 〚sxʷ-maʔ + √mkʷ = əw̓iʔč for-dim + √lump = back〛
sxʷməkʷuʔéʔč hunchback. 〚sxʷ-√mkʷ = əw̓iʔč for-√lump = back〛
maʔməkʷiʔúʔyəs hunched. 〚maʔ + √mkʷ-y̓ = u<ʔ>yəs dimin + √lump-ext = forehead<actual>〛
ʔəsməkʷúy̓s lump on forehead. 〚ʔs-√mkʷ = uy̓s stat-√lump = forehead〛
smiʔməkʷúy̓s lumps on forehead. 〚ʔs-my̓ + √mkʷ = uy̓s stat-pl + √lump = forehead〛
ʔəsmaʔməkʷúy̓s small lump on forehead. 〚ʔs-maʔ + √mkʷ = uy̓s stat-dim + √lump = forehead〛
maʔkʷúcən kissing. 〚√m<ə>kʷ = ucin √lump<actl> = mouth〛
məkʷúct kiss someone. 〚√mkʷ = ucin-t √lump = mouth-trns〛
maʔkʷúct kissing someone. 〚√m<ə>kʷ = ucin-t √lump<actl> = mouth-trns〛
məkʷúctəŋ be kissed. 〚√mkʷ = ucin-t-ŋ √lump = mouth-trns-psv〛
nəxʷməkʷúct kiss someone. 〚nxʷ-√mkʷ = ucin-t loc-√lump = mouth-trns〛
nəxʷmaʔkʷcíti kissing each other. 〚nxʷ-√m<ə>kʷ = ucin-ty loc-√lump<actl> = mouth-rcprcl〛
nəxʷməkʷúcc kiss me/you. 〚nəxʷ-√mkʷ = uc-t-c loc-√lump = mouth-trns-1obj/2obj〛
nəxʷmaʔkʷúctəŋ be kissed. 〚nxʷ-√m<ə>kʷ = ucin-t-ŋ loc-√lump<actl> = mouth-trns-psv〛
sxʷməkʷúsŋən angelica. 〚sxʷ-√mkʷ = us = ŋin for-√lump = face = piece〛

√mk̓ʷ √claim.

mə́k̓ʷ claim. 〚√mk̓ʷ √claim〛
mə́k̓ʷəŋ claim. 〚√mk̓ʷ-ŋ √claim-mdl〛
mə́k̓ʷəŋ̓ claiming. 〚√m<ə́>k̓ʷ-ŋ<ʔ> √claim<actual>-mdl<actual>〛
smə́k̓ʷəŋ claimed. 〚s-√mk̓ʷ-ŋ s-√claim-mdl〛
mək̓ʷə́t claim it. 〚√mk̓ʷ-t √claim-trns〛
mə́k̓ʷt picking it up. 〚√m<ə́>k̓ʷ-t √claim<actl>-trns〛
mək̓ʷə́təŋ be claimed. 〚√mk̓ʷ-t-ŋ √claim-trns-psv〛
mək̓ʷəŋúyɬ adopt child. 〚√mk̓ʷ-ŋ = uyɬ √claim-mdl = child〛
smək̓ʷŋúyɬ adopted. 〚s-√mk̓ʷ-ŋ = uyɬ s-√claim-mdl = child〛
mək̓ʷəŋúyɬt adopt child. 〚√mk̓ʷ-ŋ = uyɬ-t √claim-mdl = child-trns〛
mək̓ʷúcən eating leftovers. 〚√mk̓ʷ = ucin<ʔ> √claim = mouth<actual>〛

√mk̓ʷ √pile.

ʔəsmák̓ʷɬ pile. 〚ʔs-√m<á>k̓ʷ-ɬ stat-√pile<rslt>-dur〛
mək̓ʷəyéʔčt pile it up. 〚√mək̓ʷ-y = iʔč-t √pile-ext = back-trns〛
maʔk̓ʷaʔyéʔčtəŋ̓ be piled up. 〚√mə<ʔ>k̓ʷ-y = iʔč-t-ŋ<ʔ> √pile<actual>-ext = back-trans-psv<actual>〛
ʔəsmaʔk̓ʷiʔéʔč piled up. 〚ʔs-√ma<ʔ>k̓ʷ-y<ʔ> = iʔč stat-√pile<actl>-ext = back〛

√mqəc √ʔ.

sxʷməqə́c sacred duck rattle. 〚sxʷ-√mqəc for-√ʔ〛

√mq̓áʔəʔ √Makah.

məq̓áʔaʔ Makah. 〚√mq̓aʔəʔ √Makah〛
miyəq̓áʔaʔ Makahs. 〚√m<iy>q̓aʔəʔ √Makah<pl>〛
maʔq̓áʔəŋ Makah language. 〚√m<əʔə>q̓aʔəʔ-ŋ √Makah<actl>-mdl〛

√mq̓aʔs √food_gift.

məq̓áʔs food gift. 〚√mq̓aʔs √food_gift〛
sxʷməq̓áʔsay doggy bag. 〚sxʷ-√mq̓aʔs = ayə for-√food_gift = container〛

√ms √fold.

məsə́t fold it. 〚√ms-t √fold-trns〛
nəxʷməsúst fold it. 〚nxʷ-√ms = us-t loc-√fold = face-trns〛
məsə́təŋ be folded. 〚√ms-t-ŋ √fold-trns-psv〛
ʔəsmásɬ folded. 〚ʔs-√m<á>s-ɬ stat-√fold-dur〛

√**mtəqʷ** √immerse.
    mətə́qʷt immerse it. 〚√mtəqʷ-t √immerse-trns〛
      mə́tqʷt immersing it. 〚√m<ə́>təqʷ-t √immerse-trns〛
√**mɬ̕** √bend.
    mə́ɬ̕ bent. 〚√mɬ̕ √bend〛
      mətə́ɬ̕ŋ bend. 〚√mɬ̕-ŋ √bend-mdl〛
      mətə́ɬ̕t bend it. 〚√mɬ̕-t √bend-trns〛
      mə́ɬ̕məɬ̕ flexible. 〚mə́ɬ̕ + √mɬ̕ char + √bend〛
√**muʔəqʷ** √duck.
    mú?uqʷ duck. 〚√muʔəqʷ √duck〛
      míyaʔəqʷ ducks. 〚√m<iy>uʔəqʷ √duck<pl>〛
      maʔməʔúʔəqʷ small duck. 〚maʔ + √m<əʔ>uʔəqʷ dimin + √duck<dimin>〛
        maʔyaʔməʔúʔəqʷ small ducks. 〚m<əʔy>aʔ + √m<əʔ>uʔəqʷ dimin<pl> + √duck<dimin>〛
√**muč** √aim.
    múčəŋ cast. 〚√muč-ŋ √aim-mdl〛
      múʔčəŋ aiming. 〚√mu<ʔ>č-ŋ<ʔ> √aim<actual>-mdl<actual>〛
    maʔčə́yu aiming. 〚√mu<ʔ>č-əyu √aim<actl>-activ〛
    múčt aim it. 〚√muč-t √aim-trns〛
      múčc aim at me/you. 〚√muč-t-c √aim-trns-1obj/2obj〛
        múʔčc aiming at me/you. 〚√mu<ʔ>č-t-c √aim<actl>-trns-1obj/2obj〛
      məčútəŋ be aimed at. 〚√muč-t-ŋ √aim-trns-psv〛
        maʔčútəŋ being aimed at. 〚√mu<ʔ>č-t-ŋ<ʔ> √aim<actl>-trns-psv〛
    maʔčúct aim at self. 〚√muč-cut √aim-rflxv〛
√**mukʷ** √put_in_mouth.
    múkʷəŋ put in mouth. 〚√mukʷ-ŋ √put_in_mouth-mdl〛
      múʔkʷəŋ putting in mouth. 〚√mu<ʔ>kʷ-ŋ √put_in_mouth<actl>-mdl〛
    maʔkʷíŋ have in mouth. 〚√mu<ʔ>kʷ-i-ŋ<ʔ> √put_in_mouth<actual>-persist-mdl<actual>〛
    múkʷt put it in mouth. 〚√mukʷ-t √put_in_mouth-trns〛
      múʔkʷt putting it in mouth. 〚√mu<ʔ>kʷ-t √put_in_mouth<actl>-trns〛
    múkʷtəŋ be put in mouth. 〚√mukʷ-t-ŋ √put_in_mouth-trns-psv〛
      maʔkʷútəŋ being put in mouth. 〚√mu<ʔ>kʷ-t-ŋ √put_in_mouth<actual>〛
    maʔkʷít hold it in mouth. 〚√mu<ʔ>kʷ-i-t √put_in_mouth<actl>-pers-trns〛
    maʔkʷéʔŋəɬ chewing. 〚√mu<ʔ>kʷ-i<ʔ>ŋɬ √put_in_mouth<actual>-custom<actual>〛
    maʔkʷtíxʷ keep in mouth. 〚√mu<ʔ>kʷ-t<í>xʷ √put_in_mouth<actual>-caus<persist>〛
√**mus** √treasure.
    múst treasure it. 〚√mus-t √treasure-trns〛
    maʔyúst treasure it. 〚√m<aʔy>us-t √treasure<pl>-trns〛
√**musmus** √cow.
    músmus cow. 〚√musmus √cow〛
    musməsáw̕txʷ barn. 〚√musmus=aw̕txʷ √cow=house〛
    maʔyúsməs cows. 〚m<əy̕>us + √mus char<pl> + √cow〛
    maʔmúʔsmus small cow. 〚maʔ + mu<ʔ>s + √mus dim + char<dim> + √cow〛
      maʔyaʔmúʔsməs calves. 〚m<əy>aʔ + mu<ʔ>s + √mus dim<pl> + char<dim> + √cow〛
√**musta** √beauty.
    músta beauty. 〚√musta √beauty〛
√**mutčw̕** √spring.
    mútčuʔ spring. 〚√mutčw̕ √spring〛
    maʔyútčuʔ springs. 〚√m<əʔy>utčw̕ √spring<pl>〛
√**my̕q** √forget.
    mə́y̕əq forget. 〚√məy̕q √forget〛
      məʔə́y̕q forgetting. 〚√m<əʔ>əy̕q √forget<actual>〛
      miʔmə́y̕əq forgetting. 〚my̕ + √məy̕q aff + √forget〛
        miʔmə́y̕əqi forget. 〚my̕ + √məy̕q-iy aff + √forget-dev〛
      smə́y̕əq forget. 〚s-√məy̕q s-√forget〛
        smaʔy̕ə́y̕əq forgetting. 〚s-√m<aʔy>əy̕q s-√forget<pl>〛
      mə́y̕miʔ 〚mə́y̕-√məy̕q char-√forget〛
        ʔəsmaʔmiʔmíy̕ mistaken. 〚ʔs-maʔ + my̕ + √məy̕q stat-dim + actl + √forget〛
      smə́y̕əqnúŋət forget. 〚s-√məy̕q-nuŋt s-√forget-ncmdl〛
      nəxʷsmiʔmə́y̕əq forgetful. 〚nxʷ-s-my̕ + √məy̕q loc-s-actl + √forget〛

√na √name.
    sná name. 〚s-√na s-√name〛
        snínənə names. 〚s-ní+nə+√na s-pl+pl+√name〛
        nəhíymət ancestral name. 〚√na=iymət √name=?〛
        nəhácłəŋ name child. 〚√na=əcł-ŋ √name=child-mdl〛
        nát name someone. 〚√na-t √name-trns〛
            naʔát naming someone. 〚√n<aʔ>a-t √name<actl>-trns〛
            naʔnát name someone (dimin). 〚naʔ+√na-t dim+√name-trns〛
            nátəŋ be named. 〚√na-t-ŋ √name-trns-psv〛
                naʔátəŋ being named. 〚√n<əʔ>a-t-ŋ<ʔ> √name<actual>-trans-psv<actual>〛
                naʔnítəŋ be named. 〚naʔ+√na<í>-t-ŋ pl+√name<pl>-trns-psv〛
        čná have a name. 〚č-√na have-√name〛
            čnát give someone a name. 〚č-√na-t have-√name-trns〛
            čnáʔət naming someone. 〚č-√na<ʔ>-t have-√name<actl>-trns〛
            čnátəŋ be named. 〚č-√na-t-ŋ from-√name-trns-psv〛
                čnáʔətəŋ being named. 〚č-√na<ʔ>-t-ŋ have-√name<actl>-trns-psv〛
√naʔhus √curse.
    naʔhúst curse it. 〚√naʔhus-t √curse-trns〛
    naʔhústəŋ be cursed. 〚√naʔhus-t-ŋ √curse-trns-psv〛
    naʔəsáys taboo. 〚√naʔhus-ays √curse-activ〛
√nacqʷəys √loon.
    nacqʷə́ys loon. 〚√nacqʷəys √loon〛
√nač √different.
    náč different. 〚√nač √different〛
    naʔyáč different (pl). 〚√n<əʔy>ač √different<pl>〛
    náčnəč different kinds. 〚náč+√nač char+√different〛
    náčct change self. 〚√nač-cut √different-rflxv〛
    nəčúyəs variegated. 〚√nač=uyəs √different=color〛
    nəčtáxʷ make different. 〚√nač-taxʷ √different-incaus〛
    náčtxʷ let be different. 〚√nač-txʷ √different-caus〛
        náčtəŋ make different. 〚√nač-txʷ-ŋ √different-caus-psv〛
        nəčtíxʷ change it. 〚√nač-t<í>xʷ √different-inancaus<persist>〛
    načít make it different. 〚√nač-í-t √different-pers-trns〛
        načítəŋ be made different. 〚√nač-í-t-ŋ √different-pers-trns-psv〛
    nəčtíŋ be changed. 〚√nač-t-í-ŋ √different-trns-pers-psv〛
    snačít unusual. 〚s-√nač-í-t s-√different-pers-trns〛
    naʔčéʔyəŋ do differently. 〚√na<ʔ>č-i<ʔ>y-ŋ √different<actl>-dev<actl>-mdl〛
        txʷnačéyŋ become strange. 〚txʷ-√nač-iy-ŋ becm-√different-dev-mdl〛
        txʷnaʔčéʔyəŋ becoming different. 〚txʷ-√na<ʔ>č-i<ʔ>y-ŋ becm-√different<actl>-dev<actl>-mdl〛
    nčáʔis stranger. 〚√nač=a<ʔ>yus √different=eye<actual>〛
    naʔčáʔistxʷ doing differently. 〚√na<ʔ>č=a<ʔ>yus-txʷ √different<actl>=eye<actl>-caus〛
    načnəčáʔyəs not recognize. 〚nač+√nač=a<ʔ>yus char+√different=eye<actual>〛
        načnəčáʔistxʷ not recognize. 〚nač+√nač=a<ʔ>yus-txʷ char+√different=eye<actl>-caus〛
        načnəčáʔistəŋ be not recognized. 〚nač+√nač=a<ʔ>yus-txʷ-ŋ char+√different=eye<actl>-caus-psv〛
    snəčíynəq sibling-in-law spouse. 〚s-√nač-iy-ənəq s-√different-dev-hab〛
    snəčíwəł half-sibling. 〚s-√nač=iwł s-√different=family〛
        snaʔyəčíwəł half-siblings. 〚s-√n<əʔy>ač=iwł s-√different<pl>=family〛
    nəčíwəs stranger. 〚√nač=iws √different=body〛
    nəčtə́nəq Changer. 〚√nač-t-ən<ʔ>əq √different-trans-habit<actual>〛
    snáčəwəč hundred. 〚s-√nač=əwəč s-√different=bottom〛
√nał √?.
    nəxʷsnaʔnáł Port Ludlow. 〚nxʷ-s-naʔ+√nał loc-s-dimin+√?〛
√nanəč √pay.
    sxʷnánəč pay. 〚sxʷ-√nanəč for-√pay〛
√nas √fat.
    snás fat. 〚s-√nas s-√fat〛
√nat √night.
    ʔəsnát night. 〚ʔs-√nat stat-√night〛
        sninát nights. 〚s-ny+√nat s-pl+√night〛
    náʔnət getting night. 〚náʔ+√nat actl+√night〛

√ncx̣ʷk̯ʷəs   √nəkʷ

    kʷɬnát night time. 〚kʷɬ-√nat alrdy-√night〛
      kʷɬnáttxʷ let be night time. 〚kʷɬ-√nat-txʷ alrdy-√night-letcaus〛
√**nc̣ʷk̯ʷəs** √twenty.
    nəc̣xʷk̯ʷəs twenty. 〚√ncx̣ʷk̯ʷəs √twenty〛
      nəc̣xʷk̯ʷəsáyəɬ twenty conveyances. 〚√ncx̣ʷk̯ʷəs=ayɬ √twenty=conveyance〛
      nəc̣xʷk̯ʷəsáwtxʷ twenty houses. 〚√ncx̣ʷk̯ʷəs=awtxʷ √twenty=house〛
      nəc̣xʷk̯ʷəsáʔitxʷ twenty dollars. 〚√ncx̣ʷk̯ʷəs=aʔitxʷ √twenty=dollar〛
      nəc̣xʷk̯ʷəsə́čɬ twenty children. 〚√ncx̣ʷk̯ʷəs=əčɬ √twenty=child〛
      nəc̣xʷk̯ʷəsáyəq twenty fish. 〚√ncx̣ʷk̯ʷəs=ayəq √twenty=fish〛
      nəc̣xʷk̯ʷəsáɬ twenty times. 〚√ncx̣ʷk̯ʷəs=aɬ √twenty=times〛
      nəc̣xʷk̯ʷəsáʔwinəxʷ twenty years. 〚√ncx̣ʷk̯ʷəs=aʔwinəxʷ √twenty=year〛
      nc̣xʷk̯ʷsíkʷs twenty animals. 〚√ncx̣ʷk̯ʷəs=iws √twenty=body〛
      nc̣xʷk̯ʷsáyə twenty people. 〚√ncx̣ʷk̯ʷəs=ayə √twenty=person〛
√**nəc̣uʔ** √one.
    nə́c̣uʔ one. 〚√nəc̣uʔ √one〛
      náʔc̣uʔ one person. 〚√n<áʔ>əc̣uʔ √one<person>〛
      naʔnáʔc̣uʔ just one person. 〚naʔ-√n<aʔ>əc̣uʔ dimin-√one<person>〛
      naʔyaʔnáʔc̣uʔ one here and there. 〚n<əʔy>aʔ+√nə<ʔ>c̣uʔ distrib<pl>+√one<actual>〛
      nənə́c̣uʔ one at a time. 〚nə+√nəc̣uʔ incep+√one〛
      nəc̣nə́c̣uʔ one at a time. 〚nəc̣+√nəc̣uʔ distr+√one〛
      náʔc̣ənc̣uʔ one at a time. 〚n<aʔ>əc̣+√n<ʔ>əc̣uʔ distrib<person>+√one<actual>〛
      nə́c̣uʔtxʷ let be one. 〚√nəc̣uʔ-txʷ √one-letcaus〛
      nə́c̣əwtxʷ neighbor. 〚√nəc̣uʔ=awtxʷ √one=house〛
        nə́c̣əwtxʷəŋ visit. 〚√nəc̣=awtxʷ-ŋ √one=house-mdl〛
          náʔc̣əwtxʷəŋ visiting. 〚√nə<ʔ>c̣=awtxʷ-ŋ<ʔ> √one<actual>=house-mdl<actual>〛
        nəc̣əwtxʷnítəŋ visitor. 〚√nəc̣uʔ=awtxʷ-ní-t-ŋ √one=house-intent-trns-psv〛
          naʔc̣uʔtxʷíŋ visit. 〚√nə<ʔ>c̣=awtxʷ-í-ŋ<ʔ> √one<actual>=house-persist-mdl<actual>〛
      nə́c̣ənəc̣uʔtxʷ give one each. 〚nə́c̣+√nəc̣uʔ-txʷ distr+√one-letcaus〛
      nəc̣áxʷ once. 〚√nəc̣uʔ=axʷ √one=times〛
      nəc̣áxʷtxʷ let be once. 〚√nəc̣uʔ=axʷ-txʷ √one=times-letcaus〛
        txʷənəc̣áxʷtxʷ do once more. 〚txʷə-√nəc̣uʔ=axʷ-txʷ becm-√one=time=letcaus〛
      nəc̣íkʷs one person. 〚√nəc̣uʔ=iws √one=body〛
      nəc̣éʔqʷ one head. 〚√nəc̣uʔ=iʔqʷ √one=head〛
      nəc̣áwtxʷ one house. 〚√nəc̣uʔ=awtxʷ √one=house〛
      nəc̣ákʷtxʷ one dollar. 〚√nc̣uʔ=akʷtxʷ √one=dollar〛
      nəc̣ákʷɬ one canoe. 〚√nəc̣uʔ=akʷɬ √one=conveyance〛
      nəc̣áʔyəq one fish. 〚√nəc̣uʔ=ayəq √one=fish〛
      nəc̣áʔwinəxʷ one year. 〚√nəc̣uʔ=aʔwinəxʷ √one=year〛
      naʔc̣uʔə́yɬ one child. 〚√nə<ʔ>c̣uʔ=əyɬ √one<person>=child〛
      naʔc̣áč different place. 〚√nə<ʔ>c̣uʔ=ač √one=back〛
      naʔc̣áʔuʔŋəxʷ foreign. 〚√nəʔc̣uʔ-aw=ŋixʷ √one-ext=being〛
        nəyaʔc̣áʔuŋəxʷ foreigners. 〚√n<əy><aʔ>c̣-aw=ŋ<ʔ>ixʷ √one<pl><actual>-ext=being<actual>〛
          naʔc̣aŋíxʷəŋ talking foreign language. 〚√nə<ʔ>c̣aw=ŋixʷ √one<actl>=being〛
      naʔc̣áʔuɬ foreigner. 〚√n<aʔ>c̣uʔ-awɬ √one<person>-ext-dur〛
√**nəč̣əq̇** √sprain.
    nəč̣ə́q̇ sprain. 〚√nəč̣əq̇ √sprain〛
      nəč̣q̇ács sprain wrist. 〚√nəč̣əq̇=acis √sprain=hand〛
      nəč̣ə́q̇sən sprain ankle. 〚√nəč̣əq̇=sən √sprain=foot〛
√**nəháyə** √you_plural.
    nəháyə you (pl direct address). 〚√nəháyə √you_pl〛
√**nəkʷ** √2focus.
    nə́kʷ 2focus. 〚√nəkʷ √2focus〛
      nə́kʷtxʷ let you. 〚√nəkʷ-txʷ √2focus-letcaus〛
        nəkʷtíxʷ let you. 〚√nəkʷ-t<í>xʷ √2focus-letcaus<persist>〛
      nəkʷtənúʔŋət you do it. 〚√nəkʷ-tənuʔŋət √2focus-contingent〛
      nəkʷéʔiɬ your kind. 〚√nəkʷ=iʔiɬ √2focus=child〛
      nəkʷéʔəyaʔ you plural. 〚√nəkʷ-iʔəyaʔ √2focus-pl〛
        naʔnéʔkʷiyaʔ you plural. 〚naʔ+√n<iʔ>kʷ-iyaʔ pl+√2focus<pl>-pl〛
      nəkʷcút you want to be it. 〚√nəkʷ-cut √2focus-rflxv〛

√nəq   √nəy

        naʔkʷcúʔət you wanting to be it. 〚√nə<ʔ>kʷ-cu<ʔə>t √2focus<actual>-reflexive<actual>〛
        ɬnə́kʷ you (pl). 〚ɬ-√nəkʷ ʔ-√2focus〛
√nəq √dive.
        nə́qəŋ dive. 〚√nəq-ŋ √dive-mdl〛
            nə́qəŋ̓ diving. 〚√nəq-ŋ<ʔ> √dive-mdl<actual>〛
        nəqə́ŋət dive for it. 〚√nəq-ŋ-t √dive-mdl-trns〛
            naʔqə́ŋət diving for it. 〚√nə<ʔ>q-ŋ-t √dive<actl>-mdl-trns〛
        nəxʷsnə́qəŋ diver. 〚nxʷ-s-√nəq-ŋ loc-s-√dive-mdl〛
√nəq̓y̓ √old_thing.
        snə́q̓iʔ old thing. 〚s-√nəq̓y̓ s-√old_thing〛
        snaʔyə́q̓iʔ old things. 〚s-√n<əʔy>əq̓y̓ s-√old_thing<pl>〛
√nəq̓ʷ ~ √nuq̓ʷ √excrement.
        nə́q̓ʷ excrement. 〚√nəq̓ʷ √excrement〛
        ʔəsnúʔnəq̓ʷ nasty smear. 〚ʔs-núʔ+√nuq̓ʷ stat-rslt+√excrement〛
        naʔyúq̓ʷsən step in something. 〚√n<əʔy>uq̓ʷ=sən √excrement<pl>=foot〛
        snə́q̓ʷsən step in excrement. 〚s-√nəq̓ʷ=sən s-√excrement=foot〛
        sninə́q̓ʷšən step in excrement. 〚s-ny+√nəq̓ʷ=šən s-pl+√excrement=foot〛
        nəxʷnəq̓ʷáwəč dirty bottom. 〚nxʷ-√nq̓ʷ=əwač loc-√excrement=bottom〛
            snəq̓ʷáwəč dirty bottom. 〚s-√nəq̓ʷ=əwač s-√excrement=bottom〛
        naʔyəq̓ʷács get hand in something. 〚√n<əy̓>uq̓ʷ=acis √excrement<pl>=hand〛
        naʔq̓ʷáy̓s eye mucus. 〚√nu<ʔ>q̓ʷ=ay<ʔ>us √excrement<actual>=eye<actual>〛
        sxʷnəy̓əq̓ʷáyəs eye mucus. 〚sxʷ-√nu<y̓ə>q̓ʷ=ayus for-√excrement<pl>=eye〛
√nəšaʔ √on_edge.
        nə́šaʔt put it on edge. 〚√nəšaʔ-t √on_edge-trns〛
        nə́šaʔtəŋ be put on edge. 〚√nəšaʔ-t-ŋ √on_edge-trns-psv〛
        nə́šaʔč starter log. 〚√nəšaʔ=ay̓ √on_edge=wood〛
√nəw̓ √in.
        nə́w̓ in. 〚√nəw̓ √in〛
        náw̓əɬ in. 〚√n<á>w̓-ɬ √in<rslt>-dur〛
        ʔəsnáw̓əɬ inside. 〚ʔs-√n<á>w̓-ɬ stat-√in<rslt>-dur〛
        nəw̓íyŋ go in. 〚√nəw̓-iy-ŋ √in-dev-mdl〛
        nuʔíyŋ go inside. 〚√nw̓-iy-ŋ √in-dev-mdl〛
        nuʔnə́s barge in on. 〚√nw̓-nəs √in-intent〛
            nuʔnə́səŋ barged in on. 〚√nw̓-nəs-ŋ √in-intent-psv〛
        nuʔít put it in. 〚√nw̓-í-t √in-pers-trns〛
            nuʔíc put me/you in. 〚√nw̓-í-t-c √in-pers-trns-1obj/2obj〛
        nuʔəcísən glove. 〚√nw̓=acis=ən √in=hand=instr〛
        nuʔás put in. 〚√nw̓-as √in-ptcaus〛
            nuʔnuʔásəŋ be put in (pl). 〚nw̓+√nw̓-as-ŋ pl+√in-ptcaus-psv〛
            nuʔáŋ be put in. 〚√nw̓-as-ŋ √in-ptcaus-psv〛
            nəxʷnuʔás load. 〚nxʷ-√nw̓-as loc-√in-ptcaus〛
        nəw̓əsə́n go in foot. 〚√nəw̓=sən √in=foot〛
        √nə́w̓əcən be across. 〚√nəw̓=ucin √on=edge〛
        nuʔsə́ńtən pants. 〚√nw̓=sən<ʔ>-tən √in=foot<actl>=instr〛
        nuʔsə́nəŋ put pants on. 〚√nw̓=sən-ŋ √in=foot-mdl〛
            nuʔsə́nəŋ̓ putting pants on. 〚√nw̓=sən-ŋ<ʔ> √in=foot-mdl<actual>〛
        sxʷnuʔíc̓aʔ pocket. 〚sxʷ-√nw̓=ic̓aʔ for-√in=clothing〛
        snaʔáʔwəɬč in the bushes. 〚s-√n<á>w̓=iɬč √in<rslt>=plant〛
√nəw̓əs √cloud.
        sxʷnə́w̓əs cloud. 〚sxʷ-√nəw̓əs for-√cloud〛
        snaʔnə́w̓əs small cloud. 〚s-naʔ+√nəw̓əs s-dim+√cloud〛
        ʔəsxʷəná̓ʔwəs cloudy. 〚ʔs-sxʷ-√nəw̓əs stat-for-√cloud〛
√nəxʷɬ √canoe.
        snə́xʷɬ canoe. 〚s-√nəxʷɬ s-√canoe〛
        sninə́xʷɬ canoes. 〚s-ny+√nəxʷɬ s-pl+√canoe〛
        snəxʷɬáyɬ go by canoe. 〚s-√nəxʷɬ=ayɬ s-√canoe=conveyance〛
        snaʔná̓ʔxʷɬ small canoe. 〚s-naʔ+√nə<ʔ>xʷɬ s-dimin+√canoe<dimin>〛
            snəyaʔná̓ʔxʷɬ small canoes. 〚s-n<əy>aʔ+√nə<ʔ>xʷɬ s-dimin<pl>+√canoe<dimin>〛
√nəy √laugh.
        nə́čəŋ laugh. 〚√nəy-ŋ √laugh-mdl〛

nəníčəŋ laugh (pl). 〚nə+√n<í>y-ŋ incep+√laugh<pl>-mdl〛
  naʔnə́yəŋ laughing. 〚naʔ+√nəy-ŋ<ʔ> actual+√laugh-mdl<actual>〛
    niyaʔnə́yəŋ laughing group. 〚n<y>aʔ+√nəy-ŋ<ʔ> actual<pl>+√laugh-mdl<actual>〛
      nəyaʔnə́yəŋ laughing. 〚n<əy>aʔ+√nəy-ŋ<ʔ> dimin<pl>+√laugh-mdl<actual>〛
  nəčəŋáy̓ŋən want to laugh. 〚√nəy-ŋ<ʔ>-ay̓ŋən √laugh-mdl<actl>-want〛
    naʔnə́yəŋʔáy̓ŋən wanting to laugh. 〚naʔ+√nəy<ʔ>-ŋ<ʔ>-ay̓ŋən actl+√laugh-mdl<actl>-want〛
  nəčəŋík̓ʷən laugh inside. 〚√nəy-ŋ=iwən √laugh-mdl=interior〛
  nəxʷnəčə́ŋəs smile. 〚nxʷ-√nčə-ŋ=us loc-√laugh-mdl=face〛
    ʔəsxʷnəčáŋ̓əs smiling. 〚ʔs-xʷ-√nčə-ŋ<ʔ>=us stat-loc-√laugh-mdl=face〛
nə́yət laugh at it. 〚√nəy-t √laugh-trns〛
  nə́yətəŋ be laughed at. 〚√nəy-t-ŋ √laugh-trns-psv〛
  naʔnə́y̓t laughing at it. 〚naʔ+√nəy<ʔ>-t actl+√laugh<actl>-trns〛
    naʔnə́y̓təŋ being laughed at. 〚naʔ+√nəy<ʔ>-t-ŋ<ʔ> actual+√laugh<actual>-trans-psv<actual>〛
nəčə́t smile at it. 〚√nəy-t √laugh-trns〛
  nəčə́təŋ be smiled at. 〚√nəy-t-ŋ √laugh-trns-psv〛
nančə́t snicker at it. 〚na+√nəy-t dim+√laugh-trns〛
  nanəčə́c smile at me/you. 〚na+√nəy-t-c dim+√laugh-trns-1obj/2obj〛
  nančə́təŋ be snickered at. 〚na+√nəy-t-ŋ dim+√laugh-trns-psv〛
nəčə́ŋət laugh at it. 〚√nəy-ŋ-t √laugh-mdl-trns〛
nəčəŋístxʷ make laugh. 〚√nəy-ŋí-istxʷ √laugh-rel-caus〛
  nəčəŋísc make me/you laugh. 〚√nəy-ŋí-stxʷ-c √laugh-rel-caus-1obj/2obj〛
  nəčəŋístəŋ be made to laugh. 〚√nəy-ŋí-stxʷ-ŋ √laugh-rel-caus-psv〛
    naʔnə́yəŋ̓təŋ being made to laugh. 〚naʔ+√nəy-ŋ<ʔ>-t-ŋ<ʔ> actual+√laugh-mdl<actual>-trans-psv<actual>〛
  naʔnə́yəŋ̓ístxʷ making laugh. 〚naʔ+√nəy-ŋ<ʔ>í-stxʷ actl+√laugh-rel<actl>-caus〛
  naʔnə́yəŋ̓ústxʷ making laugh. 〚naʔ+√nəy-ŋ<ʔ>=us-txʷ actl+√laugh-mdl<actl>=face-caus〛
  naʔnə́yəŋ̓ústəŋ being made to laugh. 〚naʔ+√nəy-ŋ<ʔ>=us-txʷ-ŋ<ʔ> actual+√laugh-mdl<actual>=face-caus-psv<actual>〛
nəčə́ŋəs smiling face. 〚√nəy-ŋ=us √laugh-mdl=face〛
niʔnaʔčáx̣əŋ̓ group laughing. 〚ny̓+√nə<ʔ>y=ax̣-ŋ<ʔ> pl+√laugh<actual>=outside-mdl<actual>〛
snə́y̓niʔ giggly. 〚s-nə́y<ʔ>+√nəy<ʔ> s-char<actual>+√laugh<actual>〛
nəxʷnaʔnə́yəŋ̓əs smiling. 〚nxʷ-naʔ+√nəy-ŋ<ʔ>=us loc-dim+√laugh-mdl<actl>=face〛
ʔəsxʷnaʔná̓ʔyaŋ̓əs smiling. 〚ʔs-xʷ-naʔ+√nə<ʔ>y-<ʔ>ŋ=us stat-loc-dim+√laugh<actl>-mdl<actl>=face〛
naʔnə́yəŋ̓éʔwən̓ hold laughter. 〚naʔ+√nəy-ŋ<ʔ>=i<ʔ>wən<ʔ> actual+√laugh-mdl<actual>=interior<actual>〛
  naʔnəyəŋ̓áy̓ŋən̓ holding laughter. 〚naʔ+√nəy-ŋ<ʔ>-ay̓ŋən actl+√laugh-mdl<actl>-want〛
snəčtiʔú̓ʔəŋ laughingstock. 〚s-√nəy-tiʔú̓ʔ-ŋ s-√laugh-?-mdl〛
sninčtiʔú̓ʔəŋ laughingstock (pl). 〚s-ny+√nəy-tiʔú̓ʔ-ŋ s-pl+√laugh-?-mdl〛
snaʔni̓ʔtiʔú̓ʔəŋ̓ laughingstock. 〚s-naʔ+√nəy<ʔ>-tiʔú̓ʔ-ŋ<ʔ> s-dimin+√laugh<dimin>-?-mdl<dimin>〛
sxʷnəy̓náčəŋ̓ helldiver. 〚sxʷ-nəy̓+√nəy-ŋ̓ for-pl+√laugh-mdl〛
sxʷniʔəy̓náčəŋ̓ helldivers. 〚sxʷ-n<iy>ay<ʔ>+√nač-ŋ<ʔ> for-char<pl><actual>+√laugh-mdl<actual>〛

√niʔ √exist.
  néʔ be born. 〚√niʔ √exist〛
  sxʷnéʔ origin. 〚sxʷ-√niʔ for-√exist〛
  néʔtxʷ make it more. 〚√niʔ-txʷ √exist-caus〛
    naʔnéʔtxʷ give a little more. 〚naʔ+√niʔ-txʷ dim+√exist-caus〛
  néʔət give birth to someone. 〚√niʔ-t √exist-trns〛
    néʔətəŋ be given birth. 〚√niʔ-t-ŋ √exist-trns-psv〛
  naʔtíxʷ respect. 〚√niʔ-t<í>xʷ √exist-letcaus<persist>〛
    naʔtíŋ respected. 〚√niʔ-t<í>xʷ-ŋ √exist-letcaus<pers>-psv〛
    naʔnaʔtíxʷ honor someone. 〚naʔ+√niʔ-t<í>xʷ actual+√name-letcaus<persist>〛
      naʔnaʔtíŋ be honored. 〚naʔ+√niʔ-t<í>xʷ-ŋ actl+√exist-letcaus<pers>-psv〛
  čaʔnéʔ newborn. 〚čaʔ-√niʔ immed-√exist〛
  stáŋənə thing. 〚s-√taŋ√niʔ s-√thing√exist〛
  huʔəhánə not yet exist. 〚√huʔəhə√niʔ √not_yet√exist〛
  ʔáwənə not exist. 〚√ʔəwə√niʔ √no√exist〛

niʔn √acknowledge.
  naʔnéʔnət acknowledge someone. 〚naʔ+√niʔn-t actl+√acknowledge-trns〛
    naʔnéʔnəc acknowledge me/you. 〚naʔ+√niʔn-t-c dim+√acknowledge-trns-1obj/2obj〛
    naʔnéʔnətəŋ being acknowledged. 〚naʔ+√niʔn-t-ŋ actl+√acknowledge-trns-psv〛

√**niʔnaʔ** √protect.
    niʔnaʔcút protect. 〚√niʔnaʔ-cut √protect-rflxv〛

√**niʔš** √on_side.
    néʔnaʔšəŋ on side. 〚niʔ+√niʔš-ŋ char+√on_side-mdl〛

√**nił** √3focus.
    níł 3focus. 〚√nił √3focus〛
        nəłtíx^w let it be. 〚√nił-tx^w √3focus-letcaus〛
            nənəłtíx^w let be the one. 〚n+√nił-tx^w incep+√3focus-letcaus〛
        nəłcút try to be important. 〚√nił-cut √3focus-rflxv〛
        naʔłcúʔət busybody. 〚√ni<ʔ>ł-cu<ʔə>t √3focus<actual>-reflexive<actual>〛
        néʔənł become. 〚niʔ+√nił rslt+√3focus〛
        náʔyəł they. 〚√n<áʔy>ił √3focus<pl>〛
        naʔnéʔłiyaʔ they. 〚naʔ+√ni<ʔ>ł-iyaʔ pl+√3focus<pl>-pl〛
        naʔníł it is (dimin). 〚naʔ+√nił dim+√3focus〛
        naʔłnək^{w}i resemble. 〚√ni<ʔ>ł-nəwəy √3focus<actl>-ncrcprcl〛
        níłtənúʔŋət he did it. 〚√nił-tənuʔŋət √3focus-contingent〛
        k^{w}łníł now. 〚k^{w}ł-√nił alrdy-√3focus〛
            k^{w}łníłtx^w make now. 〚k^{w}ł-√nił-tx^w alrdy-√3focus-letcaus〛
            k^{w}łnəłtíx^w make now. 〚k^{w}ł-√nił-t<í>x^w already-√3focus-letcaus<persist>〛
        k^{w}łəṅníł just like him. 〚k^{w}łəṅ-√nił now-√it_is〛
        čłníł he did it. 〚čł-√nił impact-√3focus〛
        čaʔníł first time. 〚čaʔ-√nił immed-√it_is〛

√**niy** √move_aside.
    tx^{w}néʔiŋ move aside. 〚tx^w-√ni<ʔ>y-ŋ becm-√move_aside<actl>-mdl〛

√**nŋ̇** √fold.
    nə́ŋ̇ fold. 〚√nŋ̇ √fold〛
        nəŋ̇ə́t fold it. 〚√nŋ̇-t √fold-trns〛
            nə́ŋ̇t bending it. 〚√n<ə́>ŋ̇-t √fold<actl>-trns〛
        naʔə́ŋnəŋ̇ pocket knife. 〚n<aʔ>ə́ŋ+√nŋ̇ char<actl>+√fold〛
        ʔəsnáŋ̇əł folded. 〚ʔs-√n<á>ŋ̇-ł stat-√fold<rslt>-dur〛
        nəŋ̇ík^{w}s legs fold. 〚√nŋ̇=iws √fold=body〛
            ninəŋ̇ík^{w}s knees buckle. 〚ny+√nŋ̇=iws pl+√fold=body〛

√**nq^w** √bend.
    nəq^{w}úsəŋ bend. 〚√nq^w=us-ŋ √bend=face-mdl〛
    naʔq^{w}úsəŋ bending down. 〚√n<əʔ>q^w=us-ŋ<ˀ> √bend<actual>=face-mdl<actual>〛

√**nq^{w}siʔi** √gooseneck_barnacle.
    nəq^{w}siʔí gooseneck barnacle. 〚√nq^{w}siʔi √gooseneck_barnacle〛

√**nuʔnuk^w** √ghost.
    naʔnək^{w}ít haunt someone. 〚√nuʔnk^w-i-t √ghost-pers-trns〛
        naʔk^{w}ítəŋ be spooked. 〚√naʔk^{w}i-t-ŋ √ghost-trns-psv〛
            naʔnək^{w}ítəŋ nightmare. 〚naʔ+√naʔk^{w}i-t-ŋ dim+√ghost-trns-psv〛
        naʔk^{w}íc spook me/you. 〚√naʔk^{w}i-t-c √ghost-trns-1obj/2obj〛
    snúʔnək^w ghost. 〚s-√nuʔnuk^w s-√ghost〛
    snáyaʔnək^w ghosts. 〚s-√nu<yə>ʔnk^w s-√ghost<pl>〛
    snuʔnək^{w}éʔiłč waxberry. 〚s-√nuʔnək^w-iʔ=iłč s-√ghost-ext=plant〛
    snúʔnaʔnək^w moth. 〚s-núʔ+√nuʔnək^w s-dim+√ghost〛
    snaʔnúk^{w}ł ghost fire. 〚s-naʔ+√nuk^w-ł s-dim+√ghost-dur〛
    k^{w}łsnúʔnək^w corpse. 〚k^{w}ł-s-√nuʔnək^w alrdy-s-√ghost〛

√**nẇnač** √repay.
    nunáč repay. 〚√nẇnač √repay〛
        náẇnəč repaying. 〚√n<ə́>ẇnač √repay<actual>〛
        nunačsít plan to repay. 〚√nẇnač-sít √repay-bene〛
        naʔnunčsít plan to repay a little. 〚naʔ+√nẇnač-sít dim+√repay-bene〛
            naʔnunčsítəŋ be repaid. 〚naʔ+√nẇnač-sít-ŋ dim+√repay-bene-psv〛
        nunačsíc plan to repay me/you. 〚√nẇnač-sít-c √repay-bene-1obj/2obj〛
        nunáčəŋ repay. 〚√nẇnač-ŋ √repay-mdl〛
            nuʔnáčt repay someone. 〚√nẇnač-t √repay-trns〛
                náẇnəčt repaying someone. 〚√n<ə́>ẇnač-t √repay<actl>-trns〛
                nuʔnuʔnáčt repaying someone. 〚nẇ+√nẇnač-t distr+√repay-trns〛
                nuʔnáčtəŋ be repaid. 〚√nẇnač-t-ŋ √repay-trns-psv〛

√ŋaʔ   √ŋatxʷn

        náw̓nəčtəŋ being repaid. 〚√n<á>w̓nač-t-ŋ √repay<actl>-trns-psv〛
        naʔnunáčt repay someone slowly. 〚naʔ+√nw̓n<ʼ>ač-t dim+√repay-trns〛

√ŋaʔ √give.
   ŋáʔ give. 〚√ŋaʔ √give〛
      ŋíŋaʔ giving. 〚ŋí+√ŋaʔ pl+√give〛
      ŋáʔtxʷ give away. 〚√ŋaʔ-txʷ √give-incaus〛
         ŋáŋaʔtxʷ giving away. 〚ŋa+√ŋaʔ-txʷ actl+√give-incaus〛
            sŋáŋaʔtxʷ giving away. 〚s-ŋa+√ŋaʔ-txʷ s-actl+√give-incaus〛
         ŋáʔtəŋ be given to. 〚√ŋaʔ-txʷ-ŋ √give-incaus-psv〛
      ŋáʔət give to someone. 〚√ŋaʔ-t √give-trns〛
         ŋáʔətəŋ be given. 〚√ŋaʔ-t-ŋ √give-trns-psv〛
      ŋáʔŋaʔ bait, horse clam. 〚ŋá+√ŋaʔ char+√give〛
         ŋáyaʔŋaʔ horse clams. 〚ŋá<ya>ʔ+√ŋaʔ char<pl>+√give〛
         ŋaʔŋáʔt set bait. 〚ŋaʔ+√ŋaʔ-t char+√give-trns〛
      sxʷŋaynáčəŋ red-necked grebe. 〚sxʷ-√ŋa<y>ʔ=nač-ŋ for-√give<pl>=tail-mdl〛

√ŋaʔčč √bay.
   sxʷŋáʔčč bay. 〚sxʷ-√ŋaʔčč for-√ʔ〛

√ŋaʔəq √torch.
   ŋáʔəq light, torch. 〚√ŋaʔəq √torch〛
      ŋiyáʔəq torches. 〚√ŋ<iy>aʔəq √torch<pl>〛

√ŋaʔk̓ʷaʔ √wait.
   ŋaʔk̓ʷaʔít wait for someone. 〚√ŋaʔk̓ʷaʔ-í-t √wait-pers-trns〛
   ŋaʔk̓ʷaʔíc wait for me/you. 〚√ŋaʔk̓ʷaʔ-í-t-c √wait-pers-trns-1obj/2obj〛
   ŋaʔk̓ʷaʔéʔt wait for someone. 〚√ŋaʔk̓ʷəʔ-i<ʔ>-t √wait-pers<actl>-trns〛
      ŋaʔk̓ʷaʔéʔc waiting for me/you. 〚√ŋaʔk̓ʷaʔ-í<ʔ>-t-c √wait-pers<actl>-trns-1obj/2obj〛
   ŋaʔk̓ʷaʔtíŋ being waited for. 〚√ŋaʔk̓ʷaʔ-t-í-ŋ<ʼ> √wait-trans-persist-psv<actual>〛
   ŋaʔk̓ʷaʔtúy̓ wait together. 〚√ŋaʔk̓ʷaʔ-tuy̓ √wait-comit〛
   ŋaʔk̓ʷaʔíti wait for each other. 〚√ŋaʔk̓ʷaʔ-í-ty √wait-pers-rcprcl〛
   ŋaʔk̓ʷaʔcút waiting. 〚√ŋaʔk̓ʷəʔ-cut √wait-rflxv〛

√ŋacən √scrotum.
   ŋácən scrotum. 〚√ŋacən √scrotum〛

√ŋakʷ √chew.
   ŋákʷəŋ chew. 〚√ŋakʷ-ŋ √chew-mdl〛
      ŋáʔkʷəŋ̓ chewing. 〚√ŋa<ʔ>kʷ-ŋ<ʼ> √chew<actual>-mdl<actual>〛
   ŋaʔkʷə́yu chewing. 〚√ŋa<ʔ>kʷ-əyu √chew<actl>-activ〛
   ŋákʷt chew it. 〚√ŋakʷ-t √chew-trns〛
      ŋáʔkʷt chewing it. 〚√ŋa<ʔ>kʷ-t √chew<actl>-trns〛
      ŋiŋákʷt chew it up. 〚ŋy+√ŋakʷ-t pl+√chew-trns〛
   ŋəkʷátəŋ be chewed. 〚√ŋakʷ-t-ŋ √chew-trns-psv〛
      ŋaʔkʷáʔtəŋ being chewed. 〚√ŋa<ʔ>kʷ<ʔ>-t-ŋ √chew<actl>-trns-psv〛
   ŋaʔkʷéʔŋɫ chewing. 〚√ŋa<ʔ>kʷ-i<ʔ>ŋɫ √chew<actual>-custom<actual>〛
   ŋaʔkʷéʔŋət chewing it. 〚√ŋa<ʔ>kʷ-i<ʔ>ŋɫ-t √chew<actl>-cstm<actl>-trns〛

√ŋant √stone.
   sŋánt stone. 〚s-√ŋant s-√stone〛
      sŋiyánt rocks. 〚s-√ŋ<y>ant s-√stone<pl>〛
      sŋaʔŋáʔant small rock. 〚s-ŋaʔ+√ŋa<ʔ>nt s-dimin+√stone<dimin>〛
         sŋəyaʔŋáʔant small rocks. 〚s-ŋ<əʔy>aʔ+√ŋa<ʔ>nt s-dimin<pl>+√stone<dimin>〛
   sŋəntúʔiɫ gravel. 〚s-√ŋant=uʔyɫ s-√stone=child〛
   sŋəntéʔqʷ stone head. 〚s-√ŋant=iʔqʷ s-√stone=head〛
   sŋəntáw̓txʷ brick house. 〚s-√ŋant=aw̓txʷ s-√stone=house〛
   sŋáʔnətct turning to stone. 〚s-√ŋa<ʔ>nt-cut s-√stone<actl>-rflxv〛

√ŋaqəʔ √snow.
   ŋáqaʔ snow. 〚√ŋaqəʔ √snow〛
      ŋáqaʔŋ snow. 〚√ŋaqəʔ-ŋ √snow-mdl〛
      ŋaʔyáqaʔ snow (pl). 〚√ŋ<aʔy>aqəʔ √snow<pl>〛

√ŋatšn √hire.
   sŋátšən hire. 〚s-√ŋatšn s-√hire〛

√ŋatxʷn √siblinginlaw.
   sŋátxʷən brother or sister-in-law. 〚s-√ŋatxʷn s-√siblinginlaw〛
      sŋaʔyátxʷən brothers or sisters-in-law. 〚s-√ŋ<aʔy>atxʷn s-√siblinginlaw<pl>〛

√ŋax̣ √hurry.
    ŋáx̣ hurry. 〚√ŋax̣ √hurry〛
        ŋəx̣áṅəq hurry up. 〚√ŋax̣-ən <ʔ> əq √hurry-habit <actual>〛
        ŋáx̣t hurry someone. 〚√ŋax̣-t √hurry-trns〛
            ŋə́x̣təŋ be hurried. 〚√ŋax̣-t-ŋ √hurry-trns-psv〛
            ŋáʔəx̣t hurrying someone. 〚√ŋa <ʔə> x̣-t √hurry <actl> -trns〛
        ŋəx̣áct hurry up. 〚√ŋax̣-cut √hurry-rflxv〛
            ŋaʔx̣áʔct hurrying up. 〚√ŋa <ʔ> x̣ <áʔ> -cut √hurry <actl> -rflxv〛
        ʔəsŋáʔŋəx̣ hurry. 〚ʔs-ŋáʔ + √ŋax̣ stat-rslt + √hurry〛
√ŋayəʔčx̣ √box_crab.
    ŋáyaʔčx̣ box crab. 〚√ŋayəʔčx̣ √box_crab〛
√ŋay̓ √bait.
    ŋáy̓ni? bait. 〚ŋáy̓ + √ŋay̓ char + √bait〛
√ŋəʔaw̓ √fir.
    sŋáʔəw̓əɫč fir. 〚s-√ŋəʔaw̓=iɫč s-√fir=plant〛
        sŋiyáw̓ɫč firs. 〚s-√ŋ <əy> aw̓=iɫč s-√fir <pl> =plant〛
        nəxʷŋiyaʔáwəɫč Dungeness. 〚nxʷ-√ŋ <y> ʔaw̓=iɫč loc-√fir <pl> =plant〛
√ŋəcaʔiʔ √Nitinaht.
    ŋəcáʔiʔŋəxʷ Nitinaht. 〚√ŋəcaʔiʔ=ŋixʷ √Nitinaht=being〛
√ŋəč̓ √pus.
    ŋə́č̓ɫ pus. 〚√ŋəč̓-ɫ √pus-dur〛
    sxʷŋəč̓áyətən brains. 〚sxʷ-√ŋəč̓=ayə-tən for-√pus=container=instr〛
    ŋaʔcúʔyəŋ oozing pus. 〚√ŋə <ʔ> č̓-uy̓-ŋ √pus <actl> -?-mdl〛
√ŋəči?nəč √blueberry.
    ŋə́čiʔnəč blueberry. 〚√ŋəči?nəč √blueberry〛
√ŋənəʔ √offspring.
    ŋə́naʔ offspring. 〚√ŋənəʔ √offspring〛
        ŋə́nəŋənaʔ sons/daughters. 〚ŋən + √ŋənəʔ pl + √offspring〛
        ŋáʔnaʔ baby. 〚√ŋə <ʔ> nəʔ √offspring <actual>〛
            ŋaʔánəŋənaʔ children. 〚ŋə <ʔəʔ> n + √ŋənəʔ pl <dim> + √offspring〛
            ŋaʔŋánaʔ infant. 〚ŋaʔ + √ŋə <ʔ> nəʔ dimin + √offspring <actual>〛
            ŋaʔŋéʔŋənaʔ baby. 〚ŋaʔ + ŋiʔ + √ŋənəʔ dim + aff + √offspring〛
                ŋaʔyaʔŋáʔnaʔ infants. 〚ŋ <əy> aʔ + √ŋə <ʔ> nəʔ dimin <pl> + √offspring <actual>〛
        sŋənáʔəŋ adopted child. 〚s-√ŋənəʔ-ŋ s-√offspring-mdl〛
        sŋənəŋənáʔəŋ adopted children. 〚s-ŋən + √ŋənəʔ-ŋ s-pl + √offspring-mdl〛
        čŋə́naʔ give birth. 〚č-√ŋənəʔ have-√offspring〛
        sŋənáyəs lingcod eggs. 〚s-√ŋənəʔ=ay <ʔ> us s-√offspring=eye <actual>〛
√ŋəṅ √many.
    ŋə́ṅ many. 〚√ŋəṅ √many〛
        ŋə́ṅəŋ many. 〚√ŋəṅ-ŋ √many-mdl〛
        ŋə́ṅtxʷ let be much. 〚√ŋəṅ-txʷ √much-letcaus〛
        ŋə́ṅtáxʷ get many. 〚√ŋəṅ-taxʷ √many-emot〛
            ŋə́ṅtúŋə get you many. 〚√ŋəṅ-taxʷ-uŋə √many-emot-2obj〛
            ŋə́ṅtáŋ be made lots. 〚√ŋəṅ-taxʷ-ŋ √many-incaus-psv〛
        ŋə́ṅct become many. 〚√ŋəṅ-cut √many-rflxv〛
        ŋəṅə́yč much hair. 〚√ŋəṅ=ay̓č √many=hair〛
        ŋəṅáyəŋəxʷ much milk. 〚√ŋəṅ-ay=ŋixʷ √many-ext=breast〛
        ŋəṅáy many people. 〚√ŋəṅ=ayə √many=person〛
            ŋəṅayəhə́čɫ many children. 〚√ŋəṅ=ayə=əčɫ √many=person=child〛
        ŋaʔŋəṅáʔi many small people. 〚ŋaʔ + √ŋəṅ=a <ʔ> yə dimin + √many=person <dimin>〛
        ŋəṅáɫ many times. 〚√ŋəṅ=aɫ √many=times〛
        ŋəṅáʔitxʷ many dollars. 〚√ŋəṅ=aʔitxʷ √many=dollar〛
√ŋəqsn √nose.
    ŋə́qsən nose. 〚√ŋəqsn √nose〛
        ŋəyə́qsən noses. 〚√ŋ <əy> əqsn √nose <pl>〛
        ŋaʔŋə́qsən small nose. 〚ŋaʔ + √ŋəqsn dim + √nose〛
        ŋiŋə́qsən cute nose. 〚ŋi + √ŋəqsn aff + √nose〛
            ŋaʔŋiŋə́qsən cute little nose. 〚ŋaʔ + ŋi + √ŋəqsn dim + aff + √nose〛
√ŋəq̓ʷwʔ √heron.
    sŋə́q̓ʷuʔ heron. 〚s-√ŋəq̓ʷwʔ s-√heron〛

snə́yəq̓ʷuʔ herons. 〚s-√ŋə<yə>q̓ʷwʔ s-√heron<pl>〛
snaʔŋáʔq̓ʷuʔ small heron. 〚s-ŋaʔ+√ŋə<ʔ>q̓ʷwʔ s-dimin+√heron<dimin>〛
snaʔyaʔŋáʔq̓əuʔ small herons. 〚s-ŋ<əʔy>aʔ+√ŋə<ʔ>q̓ʷwʔ s-dimin<pl>+√heron<dimin>〛
snəq̓ʷuʔhúyəɬ baby heron. 〚s-√ŋəq̓ʷwʔ=uyɬ s-√heron=child〛

√**ŋəs** √bark.
ŋəsə́yuʔ bark. 〚√ŋs-əyu √bark-activ〛
ŋə́syuʔ barking. 〚√ŋ<ə́>s-əyu<ʔ> √bark<actual>-activity<actual>〛
ŋəsə́t bark at it. 〚√ŋs-t √bark-trns〛
ŋəsə́təŋ barked at. 〚√ŋs-t-ŋ √bark-trns-psv〛
ŋə́st barking at it. 〚√ŋ<ə́>s-t √bark<actl>-trns〛
ŋə́stəŋ being barked at. 〚√ŋ<ə́>s-t-ŋ<ʔ> √bark<actual>-trans-psv<actual>〛
ŋiŋə́st bark at it. 〚ŋy+√ŋs-t pl+√bark-trns〛
ŋiŋə́stəŋ barked at. 〚ŋy+√ŋs-t-ŋ pl+√bark-trns-psv〛

√**ŋəscn̓** √louse.
ŋə́scn̓ louse. 〚√ŋəscn̓ √louse〛
ŋaʔyə́scn̓ lice. 〚√ŋ<aʔy>əscn̓ √louse<pl>〛
čaʔŋə́scən lousy. 〚čaʔ-√ŋəscn̓ immed-√louse〛

√**ŋəwy̓** √navel.
ŋə́wiʔ navel. 〚√ŋəwy̓ √navel〛

√**ŋiʔ** √invite.
sŋéʔ invite. 〚s-√ŋiʔ s-√invite〛
sŋíŋaʔ inviting. 〚s-ŋi+√ŋiʔ s-actl+√invite〛
sŋíŋaʔtxʷ inviting. 〚s-ŋi+√ŋiʔ-txʷ s-actl+√invite-letcaus〛
sŋéʔtxʷ invite. 〚s-√ŋiʔ-txʷ s-√invite-letcaus〛

√**ŋiʔč̓** √pus.
ŋéʔc̓iʔ pus. 〚√ŋiʔč̓-y̓ √pus〛

√**ŋiʔyqʷ** √uvula.
sŋéʔyəqʷ uvula. 〚s-√ŋiʔyqʷ s-√uvula〛
sŋaʔyéʔəy̓əqʷ uvulas. 〚s-√ŋ<əʔy>iʔy<ʔ>qʷ s-√uvula<pl>〛

√**ŋiq̓** √erect.
ŋíq̓ erect. 〚√ŋiq̓ √erect〛
ŋíq̓t erect it. 〚√ŋiq̓-t √erect-trns〛
ŋəq̓ítəŋ be erected. 〚√ŋiq̓-t-ŋ √erect-trns-psv〛
sxʷŋíq̓ən pole. 〚sxʷ-√ŋiq̓=ən for-√erect=instr〛

√**ŋisuŋəs** √stubborn.
ŋisúŋəs stubborn. 〚√ŋisuŋəs √stubborn〛

√**ŋɬaʔq** √kneel.
ŋəɬáʔqəŋ kneel. 〚√ŋɬaʔq-ŋ √kneel-mdl〛
ŋaŋəɬə́qəŋ kneeling down. 〚ŋa+√ŋɬaʔq-ŋ actl+√kneel-mdl〛
ŋaʔŋəɬaʔáq kneeling. 〚ŋaʔ+√ŋɬəʔ<á>q actual+√kneel<actual>〛

√**ŋq̓** √swallow.
ŋəq̓ə́t swallow it. 〚√ŋq̓-t √swallow-trns〛
ŋə́q̓t swallowing it. 〚√ŋ<ə́>q̓-t √swallow-trns〛
ŋq̓ə́təŋ be swallowed. 〚√ŋq̓-t-ŋ √swallow-trns-psv〛
ŋəq̓núŋət swallow accidentally. 〚√ŋq̓-nuŋt √swallow-ncmdl〛
snaʔq̓éʔqʷ head down, schwa. 〚s-√ŋ<əʔ>q̓=iʔqʷ s-√swallow<actl>=head〛

√**ŋq̓ʷ** √burst.
ŋə́q̓ʷ burst. 〚√ŋq̓ʷ √burst〛
ŋəyə́q̓ʷ burst. 〚√ŋ<əyə>q̓ʷ √burst<pl>〛
ŋáq̓ʷ blow up. 〚√ŋ<á>q̓ʷ √burst<result>〛
ŋəq̓ʷə́t burst it. 〚√ŋq̓ʷ-t √burst-trns〛
ŋə́q̓ʷt bursting it. 〚√ŋ<ə́>q̓ʷ-t √burst<actl>-trns〛
ŋəq̓ʷə́təŋ be burst. 〚√ŋq̓ʷ-t-ŋ √burst-trns-psv〛
ŋiŋə́q̓ʷtəŋ burst (pl). 〚ŋy+√ŋq̓ʷ-t-ŋ pl+√burst-trns-psv〛
ŋə́q̓ʷtəŋ being burst. 〚√ŋ<ə́>q̓ʷ-t-ŋ √burst<actl>-trns-psv〛
ŋəq̓ʷsə́n blow out. 〚√ŋq̓ʷ=sən √burst=foot〛
ŋəyə́q̓ʷsən step in. 〚√ŋ<əyə>q̓ʷ=sən √burst<pl>=foot〛
ŋəq̓ʷsə́nnəxʷ blow out a tire. 〚√ŋq̓ʷ=sən-naxʷ √burst=foot-nctrns〛
ŋəq̓ʷŋəq̓ʷíɬč white fir. 〚ŋq̓ʷ+√ŋq̓ʷ=iɬč char+√burst=plant〛
čŋəq̓ʷáʔis one-eyed. 〚č-√ŋq̓ʷ=a<ʔ>yus have-√burst=eye<actual>〛

√ŋu √eat.
    ŋút eat something. [√ŋu-t √eat-trns]
        ŋútəŋ be eaten. [√ŋu-t-ŋ √eat-trns-psv]
        ŋúŋut start eating something. [ŋú + √ŋu-t incep + √eat-trns]
        ŋúc eat me/you. [√ŋu-t-c √eat-trns-1obj/2obj]
        ŋuʔút eating it. [√ŋ<ə?>u-t √eat<actl>-trns]
            ŋuʔútəŋ being eaten. [√ŋ<ə?>u-t-ŋ √eat<actl>-trns-psv]
            ŋuʔúc eating me/you. [√ŋ<ə?>u-t √eat<actl>-trns]
        ŋaŋút eat it up. [ŋa + √ŋu-t rslt + √eat-trns]
            ŋaŋútəŋ be eaten up. [ŋa + √ŋu-t-ŋ rslt + √eat-trns-psv]
    ŋúnəxʷ get to eat. [√ŋu-naxʷ √eat-nctrns]
√ŋus √four.
    ŋús four. [√ŋus √four]
        ŋúʔŋəs being four. [ŋúʔ + √ŋus actl + √four]
        ŋúsuʔtxʷ four houses. [√ŋus=aw̓txʷ √four=house]
        ŋúsəwəč forty. [√ŋus=əwəč √four=bottom]
            ŋuʔŋəsákʷɬ four canoes. [ŋuʔ + √ŋus=akʷɬ actl + √four=conveyance]
        ŋəsɬšáʔ forty. [√ŋus=ɬšaʔ √four=ten]
        ŋəsɬnát Thursday. [√ŋus=ɬnat √four=day]
        ŋəsíkʷs four of a kind. [√ŋus=iws √four=body]
        ŋəsáyəq four fish. [√ŋus=ayəq √four=fish]
        ŋəsáy four people. [√ŋus=ayə √four=person]
            ŋaʔŋəsáʔyə four people (dimin). [ŋaʔ + √ŋus=a<ʔ>yə dimin + √four=person<dimin>]
            ŋəsŋəsáy four at a time. [ŋs + √ŋus=ayə distr + √four=person]
            ŋəsayəháčɬ four children. [√ŋus=ayə=əčɬ √four=person=child]
        ŋəsáɬ four times. [√ŋus=aɬ √four=times]
        ŋəsákʷɬ four canoes. [√ŋus=akʷɬ √four=conveyance]
        ŋaʔsáxʷɬ four canoes. [√ŋa<ʔ>s=axʷɬ √four<actl>=conveyance]
        ŋəsáʔwinəxʷ four years. [√ŋus=aʔwinəxʷ √four=year]
        ŋəsáʔitxʷ four dollars. [√ŋus=aʔitxʷ √four=dollar]
            ŋəsŋəsáʔitxʷ four dollars each. [ŋus + √ŋus=aʔitxʷ distr + √four=dollar]
        ŋaʔsán̓əŋ anchoring. [√ŋu<ʔ>s=an̓-ŋ √four<actl>=ear-mdl]
        ŋaʔŋaʔsán̓əŋ anchored. [ŋaʔ + √ŋu<ʔ>s=an̓-ŋ dim + √four<dim>=ear-mdl]
        ŋaʔsán̓tən anchor. [√ŋu<ʔ>s=an̓-tən √four<actl>=ear=instr]
        ŋaʔsán̓ət anchor it. [√ŋu<ʔ>s=an̓-t √four<actl>=ear-trns]
√ŋus √intestines.
    sŋús intestines. [s-√ŋus s-√intestines]
√ŋx̣ √bawl_out.
    ŋəx̣ə́t bawl out someone. [√ŋx̣-t √bawl_out-trns]
        ŋə́x̣t bawling out someone. [√ŋ<ə́>x̣-t √bawl_out<actl>-trns]
            ŋiŋə́x̣t bawling out someone. [ŋ<y> + √ŋx̣-t incep<pl> + √bawl_out-trns]
            ŋiŋə́x̣təŋ get bawled out. [ŋ<y> + √ŋx̣-t-ŋ incep<pl> + √bawl_out-trns-psv]
        ŋə́x̣c bawling out me/you. [√ŋ<ə́>x̣-t-c √bawl_out<actl>-trns-1obj/2obj]
        ŋəx̣ə́təŋ be bawled out. [√ŋx̣-t-ŋ √bawl_out-trns-psv]
        ŋə́x̣tən̓ being bawled out. [√ŋ<ə́>x̣-t-ŋ<ʔ> √bawl_out<actual>-trans-psv<actual>]
√paʔxʷ √fog.
    spáʔxʷəŋ fog. [s-√paʔxʷ-ŋ s-√fog-mdl]
        spáyaʔxʷəŋ fog (pl). [s-√p<ay>aʔxʷ-ŋ s-√fog<pl>-mdl]
    pxʷayáyəs gray color. [√paʔxʷ-ay̓=ayəs √fog-ext=color]
    pápaʔxʷəŋ foggy. [pá + √paʔxʷ-ŋ rslt + √fog-mdl]
        spápaʔxʷəŋ fogginess. [s-pá + √paʔxʷ-ŋ s-rslt + √fog-mdl]
    páʔxʷiʔ gray. [√paʔxʷ-iy √fog-dev]
    ʔənəpə́xʷ gray. [ʔn-√pəxʷ color-√fog]
√paas √pear.
    páas pear. [√paas √pear]
        paahíyəɬč pear tree. [√paas-iy=iɬč √pear-ext=plant]
√pac √spread_out.
    páct spread it out. [√pac-t √spread_out-trns]
        pcátəŋ be spread. [√pac-t-ŋ √spread_out-trns-psv]
        paʔcátəŋ̓ being spread. [√pa<ʔ>c<ʔ>-t-ŋ<ʔ> √spread_out<actual>-trans-psv<actual>]

Klallam Root Index

√**pačuʔ**　　　　　　　　　　　　　　　　　　　　　　　　　　　　　　　　　　　　　　√**pəq̕**

  páʔct spreading it out.　〚√pa<ʔ>c-t √spread_out<actl>-trns〛
  pacáʔɬəŋ spread out.　〚√pac=aʔɬ-ŋ √spread_out=body-mdl〛
   páʔcaɬəŋ spread.　〚√pa<ʔ>c=əʔɬ-ŋ √spread_out<actl>=body-mdl〛
  ʔəspácɬ spread out.　〚ʔs-√pac-ɬ stat-√spread_out<rslt>-dur〛
   ʔspáʔcaʔɬ be lying down.　〚ʔs-√pa<ʔ>c=aʔɬ stat-√spread_out<actl>=body〛
   ʔəspáʔpc spread.　〚ʔs-páʔ+√pac stat-rslt+√spread_out〛
  spcákʷən tarp.　〚s-√pac=akʷ=ən s-√spread_out=ground=instr〛
  pcúkʷən mat.　〚√pac=ukʷ=ən √spread_out=floor=instr〛
√**pačuʔ** √basket.
  spčúʔ basket.　〚s-√pačuʔ s-√basket〛
   spipə́čuʔ baskets.　〚s-py+√pačuʔ s-pl+√basket〛
   spaʔpáčuʔ small basket.　〚s-paʔ+√pačuʔ s-dim+√basket〛
    spaʔyaʔpáčuʔ small baskets.　〚s-p<əʔy>aʔ+√pačuʔ s-dim<pl>+√basket〛
√**paɬəč** √potlatch.
  páɬəč potlatch.　〚√paɬəč √potlatch〛
√**papəʔ** √defecate.
  pápaʔ defecate.　〚√papəʔ √defecate〛
√**paq̕** √bloom.
  páq̕əŋ bloom.　〚√paq̕-ŋ √bloom-mdl〛
  spáq̕əŋ flower.　〚s-√paq̕-ŋ s-√bloom-mdl〛
√**pastn** √white_person.
  pástən white person.　〚√pastn √white_person〛
  paʔyástən white men.　〚√p<əʔy>astn √white_man<pl>〛
  paʔpáʔstən small white person.　〚paʔ+√pa<ʔ>stn dimin+√white_person<dimin>〛
   paʔyaʔpástən small white people.　〚p<əʔy>aʔ+√pastn dim<pl>+√white_person〛
  pástənəŋ speak English.　〚√pastn-ŋ √white-mdl〛
   páʔstənŋ̕ speaking English.　〚√pa<ʔ>stn-ŋ<ˀ> √white_man<actual>-mdl<actual>〛
   pastənqéʔnəŋ speaking English.　〚√pastn=qi<ʔ>n-ŋ √white_person=voice<actl>-mdl〛
  nəxʷpástənqən speak English.　〚nxʷ-√pastn=qin loc-√white_person=voice〛
   nəxʷpáʔstənq̕ən̕ English language.　〚nxʷ-√pa<ʔ>stn<ˀ>=qin<ˀ> loc-√white_man<actual>=voice<actual>〛
√**payuxʷ** √steam.
  páyəxʷəŋ steam.　〚√payuxʷ-ŋ √steam-mdl〛
  pəyúxʷəŋ̕ steaming.　〚√payuxʷ-ŋ<ˀ> √steam<actual>-mdl<actual>〛
√**pcayah** √Nootka.
  pcáyah Nootka.　〚√pcayah √Nootka〛
√**pəhuŋ̕əs** √gull.
  puhúŋ̕əs gull.　〚√pəhuŋ̕əs √gull〛
  pipihúŋ̕əs Heermann's gulls.　〚py+√pəhuŋ̕əs pl+√gull〛
√**pəɬx̣n** √field.
  spə́ɬx̣ən field.　〚s-√pəɬx̣n s-√field〛
√**pənəxʷ** √do_repeatedly.
  páʔnəxʷ do repeatedly.　〚√pə<ʔ>nəxʷ √do_repeatedly<actual>〛
  pənpənəxʷí go do repetitive job.　〚pən+√pənxʷ-iy pl+√do_repeatedly-dev〛
  pənpánnəxʷ digging camas.　〚pən+√pa<ʔ>nəxʷ pl+√do_repeatedly<actual>〛
   pənpənəxʷíyəɬ going to dig camas.　〚pən+√pa<ʔ>nəxʷ-iyɬ pl+√do_repeatedly<actl>-go〛
√**pəq̕** √white.
  pə́q̕ white.　〚√pəq̕ √white〛
  pipə́q̕ white (pl).　〚py+√pəq̕ pl+√white〛
  pq̕áyəs white.　〚√pəq̕=ayəs √white=color〛
  paʔpáq̕ɬ small white.　〚paʔ+√p<á>əq̕-ɬ dim+√white<rslt>-dur〛
   paʔyaʔpə́q̕ɬ small white (pl).　〚p<əʔy>aʔ+√pəq̕-ɬ dim<pl>+√white-dur〛
  spq̕éʔqʷ gray hair.　〚s-√pəq̕=iʔqʷ s-√white=head〛
   pq̕iʔéʔqʷ white head.　〚√pəq̕-y̕=iʔqʷ √white-ext=head〛
  pə́q̕sən white foot.　〚√pəq̕=sən √white=foot〛
  pəq̕íqən mink.　〚√pəq̕=iqən √white=abdomen〛
  pəq̕áw̕txʷ white house.　〚√pəq̕=aw̕txʷ √white=house〛
   paʔpq̕áw̕txʷ small white house.　〚paʔ+√pəq̕=aw̕txʷ dim+√white=house〛
  nəxʷpq̕ús white face.　〚nxʷ-√pəq̕=us loc-√white=face〛

pəpq̓əy̓ús waxberry. ⟦pə + √pəq̓ = ay <ʔ> us dimin + √white = eye <dimin>⟧
páʔq̓ɫč vine maple. ⟦√pə <ʔ> q̓ = iɫč √white <actl> = plant⟧
√pə́skət √hardtack.
pə́skət hardtack. ⟦√pə́skət √hardtack⟧
paʔpəyə́skət small crackers. ⟦paʔ + √p <əy> əskət dimin + √hardtack <pl>⟧
√pəš √against.
pšús against. ⟦√pəš = us √against = face⟧
pšúsəŋ go against. ⟦√pəš = us-ŋ √against = face-mdl⟧
paʔšúsəŋ going against. ⟦√pə <ʔ> š = us-əŋ <ʔ> √against = face⟧
pə́šct Pysht. ⟦√pəš-cut √against-rflxv⟧
pəyə́šct Pysht (pl). ⟦√p <əy> əš-cut √against <pl> -rflxv⟧
√pəxʷ √tripe.
spə́xʷ tripe. ⟦s-√pəxʷ s-√tripe⟧
spə́xʷəŋ insides. ⟦s-√pəxʷ-ŋ s-√tripe-mdl⟧
√pəyq̓ʷ √powder.
pə́yəq̓ʷ powder. ⟦√pəyq̓ʷ √powder⟧
pə́yəq̓ʷəŋ powdery. ⟦√pəyq̓ʷ-ŋ √powder-mdl⟧
pə́yq̓ʷəŋ making into powder. ⟦√pəy <ʔ> q̓ʷ-ŋ <ʔ> √powder <actual> -mdl <actual>⟧
spə́yəq̓ʷəŋ dust. ⟦s-√pəyq̓ʷ-ŋ s-√powder-mdl⟧
piq̓ʷə́yuʔ powdering. ⟦√pəyəq̓ʷ-əyu <ʔ> √powder-activity <actual>⟧
ʔəspə́yq̓ʷ powdered. ⟦ʔs-√pəy <ʔ> q̓ʷ stat-√powder <actual>⟧
ʔəspə́yq̓ʷɫ powder. ⟦ʔs-√pəy <ʔ> q̓ʷ-ɫ stat-√powder <actl> -dur⟧
spə́yəq̓ʷ powder. ⟦s-√pəyq̓ʷ s-√powder⟧
pə́yəq̓ʷt powder it. ⟦√pəyq̓ʷ-t √powder-trns⟧
pə́yq̓ʷt powdering it. ⟦√pəy <ʔ> q̓ʷ-t √powder <actl> -trns⟧
pə́yəq̓ʷct powder self. ⟦√pəyq̓ʷ-cut √powder-rflxv⟧
pə́yəq̓ʷnəxʷ made into powder. ⟦√pəyəq̓ʷ-nəxʷ √powder-nctrns⟧
piq̓ʷúsəŋ powder face. ⟦√pəyəq̓ʷ = us-ŋ √powder = face-mdl⟧
spəyq̓ʷúsəŋ face powder. ⟦s-√pəyq̓ʷ = us-ŋ s-√powder = face-mdl⟧
spiʔyəq̓ʷúsən face powder. ⟦s-√pə <ʔ> yq̓ʷ = us = ən s-√powder <actl> = face = instr⟧
piq̓ʷəyéʔčən powdered sugar. ⟦√pyq̓ʷ-əy̓ = iʔč = ən √powder-ext = back = instr⟧
ʔəspə́yq̓ʷ saplín flour. ⟦ʔs-√pəy <ʔ> q̓ʷ √saplin stat-√powder <actl> √bread⟧
√piʔtšn √salamander.
péʔtšən salamander. ⟦√piʔtšn √salamander⟧
√piʔws √accuse.
péʔwəs accuse. ⟦√piʔws √accuse⟧
péʔwəsəŋ ⟦√piʔws-ŋ √accuse-mdl⟧
péʔwəst accuse someone of infidelity. ⟦√piʔws-t √accuse-trns⟧
péʔwəstəŋ be accused of infidelity. ⟦√piʔws-t-ŋ √accuse-trns-psv⟧
√pic √slip.
píc slip. ⟦√pic √slip⟧
pícəŋ slip. ⟦√pic-ŋ √slip-mdl⟧
péʔcəŋ slippery. ⟦√pi <ʔ> c-ŋ <ʔ> √slip <actual> -mdl <actual>⟧
paʔcə́yu sliding. ⟦√pi <ʔ> c-əyu √slip <actl> -activ⟧
pcít slide it. ⟦√pic-t √slip-trns⟧
píct sliding it. ⟦√p <í> c-t √slip <actl> -trns⟧
pcítəŋ be slid. ⟦√pic-t-ŋ √slip-trns-psv⟧
paʔcítəŋ being slid. ⟦√pi <ʔ> c-t-ŋ √slip <actl> -trns-psv⟧
piyáʔcítəŋ being slid (pl). ⟦√pi <yə> <ʔ> c-t-ŋ √slip <pl> <actl> -trns-psv⟧
pcíct slide. ⟦√pic-cut √slip-rflxv⟧
paʔcíct sliding. ⟦√pi <ʔ> c-cut √slip <actl> -rflxv⟧
pcícttxʷ smooth down. ⟦√pic-cut-txʷ √slip-rflxv-caus⟧
paʔcíctxʷ smoothing down. ⟦√pi <ʔ> c-cut-txʷ √slip <actl> -rflxv-caus⟧
√pikʷuŋəs √clown.
pikʷúŋəs clown. ⟦√pikʷuŋəs √clown⟧
pipikʷúŋəs clowns. ⟦py + √pikʷuŋəs pl + √clown⟧
pikʷúʔŋəs clowning. ⟦√pikʷu <ʔ> ŋəs √clown <actual>⟧
paʔpiʔk̓ʷúʔŋəs small clown. ⟦paʔ + √pi <ʔ> k̓ʷu <ʔ> ŋəs dimin + √clown <dimin>⟧
paʔyaʔpiʔk̓ʷúʔŋəs small clowns. ⟦p <əʔy> aʔ + √pi <ʔ> k̓ʷu <ʔ> ŋəs dimin <pl> + √clown <dimin>⟧

Klallam Root Index

√**pípə** √paper.
    pípə paper. 〚√pípə √paper〛
        paʔyípə paper (pl). 〚√p<əʔy>ipə √paper<pl>〛
√**pipíhəq̕** √nighthawk.
    pipíhəq̕ nighthawk. 〚√pipíhəq̕ √nighthawk〛
√**pis** √accuse.
    píst accuse someone. 〚√pis-t √accuse-trns〛
      pístəŋ be accused. 〚√pis-t-ŋ √accuse-trns-psv〛
    pstə́nəq jealous. 〚√pist-ənəq √accuse-hab〛
      paʔstə́nəq accusing. 〚√pi<ʔ>st-ən<ʾ>əq √accuse<actual>-habit<actual>〛
    pspstə́nəq jealous. 〚pis+√pist-ənəq char+√accuse-hab〛
√**piš** √cat.
    píšpš cat. 〚píš+√piš char+√cat〛
      paʔyíšpš cats. 〚p<əʔy>íš+√piš char<pl>+√cat〛
        péʔšpšct turning into cat. 〚pí<ʔ>š+√piš-cut char<actl>+√cat-rflxv〛
          paʔyíšpšct turn into cats. 〚p<əʔy>íš+√piš-cut char<pl>+√cat-rflxv〛
      paʔpéʔš kitten. 〚paʔ+√pi<ʔ>š dimin+√cat<dimin>〛
        paʔyaʔpéʔš kittens. 〚p<əʔy>aʔ+√pi<ʔ>š dimin<pl>+√cat<dimin>〛
√**pišmən** √fisherman.
    píšmən fisherman. 〚√pišmən √fisherman〛
    péʔšman fishing. 〚√pi<ʔ>šman √fish<actual>〛
√**pixʷ** √red_huckleberry.
    píxʷ red huckleberry. 〚√pixʷ √red_huckleberry〛
    pxʷéʔiɬč red huckleberry bush. 〚√pixʷ-iʔ=iɬč √red_huckleberry-ext=plant〛
√**pk̕ʷ** √smoke.
    pk̕ʷə́ŋ smoke. 〚√pk̕ʷ-ŋ √smoke-mdl〛
      pə́k̕ʷəŋ̕ smoking. 〚√p<ə́>k̕ʷ-ŋ<ʾ> √smoke<actual>-mdl<actual>〛
    spk̕ʷə́ŋ smoke. 〚s-√pk̕ʷ-ŋ s-√smoke-mdl〛
      spipk̕ʷə́ŋ lots of smoke. 〚s-py+√pk̕ʷŋ s-pl+√smoke-mdl〛
      spk̕ʷəŋáwtxʷ smokehouse. 〚s-√pk̕ʷ-ŋ=awtxʷ s-√smoke-mdl=house〛
        spaʔyək̕ʷəŋáwtxʷ smokehouses. 〚s-√p<əʔy>k̕ʷ-ŋ=awtxʷ s-√smoke<pl>-mdl=house〛
      sxʷpk̕ʷəŋáy stovepipe. 〚sxʷ-√pk̕ʷ-ŋ=ayə for-√smoke-mdl=container〛
√**pɬəqʷ** √slap_water.
    pɬə́qʷct slap water. 〚√pɬəqʷ-cut √slap_water-rflxv〛
    pə́ɬqʷct slapping water. 〚√p<ə́>ɬqʷ-cut √slap_water<actl>-rflxv〛
√**pqʷ** √rot.
    pqʷáy̕ rot. 〚√pqʷ=ay̕ √rot=wood〛
    pqʷaʔčáyəs brown. 〚√pqʷ=ay̕=ayəs √rot=wood=color〛
√**pqʷəčn** √sand.
    pqʷə́čən sand. 〚√pqʷəčn √sand〛
√**puʔ** √defecate.
    púʔ defecate. 〚√puʔ √defecate〛
    spúʔ feces. 〚s-√puʔ s-√feces〛
√**puʔqʷ** √devil's_club.
    púʔqʷɬč devil's club. 〚√puʔqʷ=iɬč √devil's_club=plant〛
√**pukʷ** √book.
    púkʷ book. 〚√pukʷ √book〛
    paʔpúʔkʷ small book. 〚paʔ+√pu<ʔ>kʷ dimin+√book<dimin>〛
√**pun** √spoon.
    spún spoon. 〚s-√pun s-√spoon〛
    spáʔyən spoons. 〚s-√pa<ʔyə>n s-√spoon<pl>〛
√**pus** √furuncle.
    spúsəŋ boil, abscess. 〚s-√pus-ŋ s-√furuncle-mdl〛
    spaʔyúsəŋ boils. 〚s-√p<aʔy>us-ŋ s-√furuncle<pl>-mdl〛
√**put** √boat.
    pút boat. 〚√put √boat〛
    páʔyət boats. 〚√pu<aʔy>t √boat<pl>〛
    paʔpúpt small boat. 〚paʔ+pu+√put dim+ʔ+√boat〛
√**puxʷ** √blow.
    púxʷ blow. 〚√puxʷ √blow〛

√**puyək**   √**p̓akʷ**

    púxʷəŋ blow. 〚√puxʷ-ŋ √blow-mdl〛
    pxʷə́yu blow. 〚√puxʷ-əyu √blow-activ〛
      pa?xʷə́yu blowing. 〚√pu<?>xʷ-əyu √blow<actl>-activ〛
        pa?pa?xʷə́yu? breeze. 〚pa?+√pu<?>xʷ-əyu<?> dimin+√blow<actual>-activity<actual>〛
      spxʷə́yu wind. 〚s-√puxʷ-əyu s-√blow-activ〛
        nəxʷspxʷə́yu blowing. 〚nxʷ-s-√puxʷ-əyu loc-s-√blow-activ〛
    pxʷáyəs blow. 〚√puxʷ-ay̓s √blow-activ〛
    púxʷt blow on it. 〚√puxʷ-t √blow-trns〛
      pú?xʷt blowing on it. 〚√pu<?>xʷ-t √blow<actl>-trns〛
      pxʷútəŋ be blown on. 〚√puxʷ-t-ŋ √blow-trns-psv〛
        pa?xʷútəŋ being blown on. 〚√pu<?>xʷ-t-ŋ<ʔ> √blow<actual>-trans-psv<actual>〛
      nəxʷpúxʷt inflate it. 〚nxʷ-√puxʷ-t loc-√blow-trns〛
    púxʷən sail. 〚√puxʷ=ən √blow=instr〛
      pa?yúxʷən sails. 〚√p<a?y>uxʷ=ən √blow<pl>=instr〛
      pxʷə́nəŋ put up sail. 〚√puxʷ=ən-ŋ √blow=instr-mdl〛
        pa?xʷə́n̓əŋ sailing. 〚√pu<?>xʷ=ən<ʔ>-ŋ<ʔ> √blow<actual>=instr<actual>-mdl<actual>〛
      ?əspú?xʷən̓ be sailing. 〚?s-√pu<?>xʷ=ən<ʔ> stat-√blow<actual>=instr<actual>〛
        ?əspa?yúxʷən sails. 〚?s-√p<ə?y>uxʷ=ən stat-√blow<pl>=instr〛
      ?əspúxʷəŋ sail. 〚?s-√puxʷ-ŋ stat-√blow-mdl〛
        ?əspú?xʷən̓ sailing. 〚?s-√pu<?>xʷ-ŋ<ʔ> stat-√blow<actual>-mdl<actual>〛
    pxʷə́yqsən mosquito. 〚√puxʷ-ə́y̓=əqsən √blow-ext=nose〛
      pa?yəxʷə́y̓qsən mosquitoes. 〚√p<a?y>uxʷ-ə́y̓=əqsən √blow<pl>-ext=nose〛
      pa?pxʷə́y̓qsən gnat. 〚pa?+√puxʷ-ə́y̓=əqsən dim+√blow-ext=nose〛

√**puyək** √gun.
    púyək gun. 〚√puyək √gun〛
    sxʷpuyəkháy holster. 〚sxʷ-√puya?k=ayə for-√gun=container〛

√**px̣ʷi?** √just_now.
    pəxʷé? just now. 〚√px̣ʷi? √just_now〛

√**p̓a?** √try.
    p̓á?ət try it. 〚√p̓a?-t √try-trns〛
      p̓á?əc try me/you. 〚√p̓a?-t-c √try-trns-1obj/2obj〛
      p̓á?ətəŋ be tried. 〚√p̓a?-t-ŋ √try-trns-psv〛
      p̓p̓á?t trying it. 〚p̓+√p̓a?-t incep+√try-trns〛
    p̓á?əct try. 〚√p̓a?-cut √try-rflxv〛
      p̓p̓á?ct training. 〚p̓+√p̓a?-cut incep+√try-rflxv〛
      p̓ap̓á?t trying it. 〚p̓a+√p̓a?-t actl+√try-trns〛
    p̓á?əti challenge. 〚√p̓a?-ty √try-rcprcl〛
      p̓ay̓p̓á?ti challenging. 〚p̓a<y̓>+√p̓a?-ty actl<actl>+√try-rcprcl〛
      p̓p̓á?ti challenging. 〚p̓+√p̓a?-ty incep+√try-rcprcl〛
      p̓əy̓p̓á?ti competing. 〚p̓<əy̓>+√p̓a?-ty incep<pl>+√try-rcprcl〛

√**p̓a?ək̓ʷ** √pipe.
    p̓á?ək̓ʷ pipe. 〚√p̓a?ək̓ʷ √pipe〛
    pi?yá?ək̓ʷ pipes. 〚√p̓<ə?y>a?ək̓ʷ √pipe<pl>〛
    p̓á?ək̓ʷəŋ smoke a pipe. 〚√p̓a?ək̓ʷ-ŋ √pipe-mdl〛
      p̓a?p̓á?ək̓ʷəŋ̓ smoking a pipe. 〚p̓a?+√p̓a?ək̓ʷ-ŋ<ʔ> actual+√pipe-mdl<actual>〛

√**p̓a?ɬi?q̓** √against.
    sp̓a?ɬé?q̓ against. 〚s-√p̓a?ɬi?q̓ s-√against〛

√**p̓ak̓ʷ** √float.
    p̓ə́k̓ʷ float. 〚√p̓ak̓ʷ √float〛
      p̓ák̓ʷəŋ float. 〚√p̓ak̓ʷ-ŋ √float-mdl〛
        p̓á?k̓ʷəŋ̓ floating. 〚√p̓a<?>k̓ʷ-ŋ<ʔ> √float<actual>-mdl<actual>〛
        p̓a?p̓á?k̓ʷəŋ̓ floating. 〚p̓a?+√p̓a<?>k̓ʷ-ŋ<ʔ> dimin+√float<actual>-mdl<actual>〛
        p̓p̓ák̓ʷəŋ floating. 〚p̓+√p̓ak̓ʷ-ŋ incep+√float-mdl〛
      p̓ák̓ʷəŋtən float. 〚√p̓ak̓ʷ-ŋ<ʔ>-tən √float-mdl<actl>=instr〛
      p̓ák̓ʷt make it float. 〚√p̓ak̓ʷ-t √float-trns〛
        p̓á?k̓ʷt making it float. 〚√p̓a<?>k̓ʷ-t √float<actl>-trns〛
        p̓a?k̓ʷátəŋ being floated. 〚√p̓a<?>k̓ʷ-t-ŋ √float<actl>-trns-mdl〛
      p̓ák̓ʷən float for fishing. 〚√p̓ak̓ʷ=ən √float=instr〛
      p̓a?k̓ʷúsəŋ̓ fish surfaces. 〚√p̓a<?>k̓ʷ=us-ŋ<ʔ> √float<actual>=face-mdl<actual>〛
      sp̓a?yák̓ʷs floats. 〚s-√p̓<ə?y>ak̓ʷ=us s-√float<pl>=face〛

Klallam Root Index

√páp̓a̓ √excrement.
    sp̓áp̓a excrement. 〚s-√páp̓a̓ s-√excrement〛
páwakʷɬ √race. 〚√páwakʷɬ √race〛
    pəwáwkʷɬ racing. 〚√pəwawkʷɬ √racing〛
    páʔwaʔkʷɬ racing (pl). 〚√pa<ʔwa><ʔ>kʷɬ √race<pl><actual>〛
      sp̓áʔwaʔkʷɬ races. 〚s-√pa<ʔwa><ʔ>kʷɬ s-√race<pl><actual>〛
    pəwawk̓ʷɬéyŋ go canoe racing. 〚√pəwawk̓ʷɬ-iy-ŋ √racing-dev-mdl〛
√p̓ə́c̓ √excrement.
    sp̓ə́c̓ excrement. 〚s-√p̓ə́c̓ s-√excrement〛
√p̓ə́kʷɬ √race.
    p̓ə́kʷɬ race. 〚√p̓akʷɬ √race〛
      p̓áʔkʷɬ racing. 〚√pa<ʔ>kʷɬ √race<actual>〛
      p̓aʔkʷɬíyɬ go racing. 〚√p̓a<ʔ>kʷɬ-iyɬ √race<actl>-go〛
      sp̓aʔkʷɬə́kʷɬ racing canoe. 〚s-√p̓a<ʔ>kʷɬ=akʷɬ s-√race<actl>=conveyance〛
        sp̓aʔyaʔqʷɬə́kʷɬ racing canoes. 〚s-√p̓a<aʔy>a<ʔ>kʷɬ=akʷɬ s-√race<pl><actl>=conveyance〛
      sp̓áʔkʷɬ a race. 〚s-√p̓a<ʔ>kʷɬ s-√race<actual>〛
      p̓p̓áʔkʷɬ starting to race. 〚p̓+√p̓a<ʔ>kʷɬ inceptive+√race<actual>〛
      p̓ayáʔkʷɬ races. 〚√p̓a<ʔ>kʷɬ √race<actual>〛
        p̓aʔyáʔkʷɬəŋ racing (pl). 〚√p̓<əʔy>a<ʔ>kʷɬ-ŋ √race<pl><actl>-mdl〛
√p̓əwy̓ √flounder.
    p̓əwiʔ flounder. 〚√p̓əwy̓ √flounder〛
    p̓p̓íwiʔ flounders. 〚p̓+√p̓ə<í>wiʔ plural+√flounder<pl>〛
    p̓aʔp̓áʔwiʔ small flounder. 〚p̓aʔ+√p̓ə<ʔ>wiʔ dimin+√flounder<dimin>〛
      p̓aʔyaʔp̓éʔwiʔ small flounders. 〚p̓<əʔy>aʔ+√p̓ə<í><ʔ>wiʔ dimin<plural>+√flounder<pl><dimin>〛
√p̓íq̓ʷ √tired_of.
    p̓íq̓ʷi tired of. 〚√p̓íq̓ʷ-iy √tired_of-dev〛
      sp̓íq̓ʷi fed up. 〚s-√p̓iq̓ʷ-iy s-√fed_up-dev〛
    p̓éʔq̓ʷiʔ being weary. 〚√p̓i<ʔ>q̓ʷ-iy<ʔ> √tired_of<actual>-develop<actual>〛
√p̓ix̣ʷ √overflow.
    p̓íx̣ʷəŋ overflow. 〚√p̓ix̣ʷ-ŋ √overflow-mdl〛
    p̓aʔyíx̣ʷəŋ overflow. 〚√p̓<aʔy>ix̣ʷ-ŋ √overflow<pl>-mdl〛
    p̓éʔx̣ʷəŋ overflowing. 〚√p̓i<ʔ>x̣ʷ-ŋ<ʔ> √overflow<actual>-mdl<actual>〛
    p̓x̣ʷíyəčəŋ over flow. 〚√p̓ix̣ʷ-iy=ič-ŋ √overflow-ext=back-mdl〛
      p̓aʔyəx̣ʷiʔéʔčəŋ overflowing container. 〚√p̓<aʔy>ix̣ʷ-y<ʔ>=iʔč-ŋ √overflow<pl>-ext<actl>=back<actl>-mdl〛
      p̓aʔx̣ʷiʔéʔčəŋ over flowing. 〚√p̓i<ʔ>x̣ʷ-y<ʔ>=iʔč-ŋ<ʔ> √overflow<actual>-ext<actual>=back<actual>-mdl<actual>〛
√p̓ɬ √sober.
    p̓ə́ɬ sober. 〚√p̓ɬ √sober〛
    p̓ip̓ə́ɬ sober (pl). 〚p̓y+√p̓əɬ pl+√sober〛
    p̓ɬə́ŋ behave. 〚√p̓ɬ-ŋ √sober-mdl〛
    p̓ɬnáxʷ revive. 〚√p̓ɬ-naxʷ √sober-nctrns〛
    p̓ɬə́t make someone behave. 〚√p̓ɬ-t √sober-trns〛
      p̓ɬə́tən be made to behave. 〚√p̓ɬ-t-ŋ √sober-trns-psv〛
    p̓ɬə́ct sober up. 〚√p̓ɬə-cut √sober-rflxv〛
    ʔəsp̓áɬɬ sober. 〚ʔs-√p̓<á>ɬ-ɬ stat-√sober<rslt>-dur〛
      ʔəsp̓áɬɬucən absent-minded. 〚ʔs-√p̓<á>ɬ-ɬ=ucin stat-√sober<rslt>-dur=mouth〛
√p̓si √gather.
    p̓sít gather it. 〚√p̓si-t √gather-trns〛
    p̓síct put together. 〚√p̓si-cut √gather-rflxv〛
√p̓uc̓s √cradle.
    p̓úʔc̓s cradle. 〚√p̓uc̓s √cradle〛
√p̓uqʷs √bluff.
    sxʷp̓úqʷs bluff. 〚sxʷ-√p̓uqʷs for-√bluff〛
      sxʷp̓aʔyúqʷs bluffs. 〚sxʷ-√p̓<əy̓>uqʷs for-√bluff<pl>〛
      sxʷp̓aʔp̓úʔqʷs small bluff. 〚sxʷ-p̓aʔ+√p̓uqʷs for-dim+√bluff〛
√p̓uq̓ʷ √foam.
    p̓úq̓ʷ foam. 〚√p̓uq̓ʷ √foam〛
      p̓úq̓ʷəŋ foam. 〚√p̓uq̓ʷ-ŋ √foam-mdl〛
        p̓úʔq̓ʷəŋ foaming. 〚√p̓u<ʔ>q̓ʷ-ŋ<ʔ> √foam<actual>-mdl<actual>〛

√qa? √qatáy

spúq̓ʷəŋ foam. ⟦s-√púq̓ʷ-ŋ s-√foam-mdl⟧
  spúq̓ʷəŋəyeʔč frosting. ⟦s-√púq̓ʷ-ŋ-y=iʔč s-√foam-mdl-ext=back⟧
  spúq̓ʷəŋaʔyéʔč boiling pot. ⟦s-√púq̓ʷ-ŋ=ay<ʔ>ə=iʔč s-√foam-mdl=container=back⟧
  puʔq̓ʷəŋáyŋən fermenting. ⟦√pu<ʔ>q̓ʷ-ŋ<ʔ>-ayŋən √foam<actl>-mdl<actl>-want⟧

√qaʔ √defecate.
  qáʔəŋ defecate. ⟦√qaʔ-ŋ √defecate-mdl⟧
    sqáʔəŋ defecate. ⟦s-√qaʔ-ŋ s-√defecate-mdl⟧
    sqaʔŋóynəč feces on bottom. ⟦s-√qaʔ-ŋ-əy=nač s-√defecate-mdl-ext=tail⟧

√qaʔawc √back_basket.
  qaʔáwəc back basket. ⟦√qaʔawc √back_basket⟧

√qaʔəxʷ √crab_apple.
  qáʔəxʷ crab apple. ⟦√qaʔəxʷ √crab_apple⟧
    qəyáʔəxʷ crab apples. ⟦√q<əy>aʔəxʷ √crab_apple<pl>⟧
    qaʔxʷíɬč crab apple tree. ⟦√qəʔxʷ=iɬč √crab_apple=plant⟧

√qaʔiʔŋxʷ √Frazer_Island.
  qaʔéʔŋəxʷ Frazer Island. ⟦√qaʔiʔŋxʷ √Frazer_Island⟧

√qaʔm √?.
  qáʔmaʔqʷ Seabeck. ⟦√qaʔm=iʔqʷ √?=head⟧

√qaʔmən √juice.
  qáʔmən juice. ⟦√qaʔmən √juice⟧

√qaʔŋt √south_wind.
  sqáʔŋət south wind. ⟦s-√qaʔŋt s-√south_wind⟧

√qaʔyaɬ √noise.
  nəxʷsqaʔyáɬ noise. ⟦nxʷ-s-√qaʔyaɬ loc-s-√noise⟧

√qaʔyis √period.
  qaʔqaʔyís short time. ⟦qaʔ+√qaʔyis dim+√period⟧

√qálsn √wild_person.
  sqáləsən wild person. ⟦s-√qálsn s-√wild_person⟧

√qaƛ̓a √up_sound.
  qaƛ̓ahíyəŋ up sound. ⟦√qaƛ̓a-iy-ŋ √up_sound-dev-mdl⟧
  qqaƛ̓áʔəŋ speak up sound. ⟦q+√qaƛ̓a-ŋ incep+√up_sound-mdl⟧

√qam̓qəm̓ √Point_Hudson.
  qám̓qəm̓ Point Hudson. ⟦√qam̓qəm̓ √Point_Hudson⟧

√qan̓ √steal.
  qán̓ steal. ⟦√qan̓ √steal⟧
    qáqən̓ stealing. ⟦qá+√qan̓ actl+√steal⟧
    sqán̓ steal. ⟦s-√qan̓ s-√steal⟧
    sčqán̓ stolen. ⟦s-č-√qan̓ s-have-√steal⟧
    qán̓qən̓ thief. ⟦qán̓+√qan̓ char+√steal⟧
      qáyən̓qən̓ thieves. ⟦qá<yə>n̓+√qan̓ char<pl>+√steal⟧
  qan̓íti rob each other. ⟦√qan̓-i-ty √steal-pers-rcprcl⟧
  qán̓əxʷ manage to steal. ⟦√qan̓-naxʷ √steal-nctrns⟧
  qán̓ət rob someone. ⟦√qan̓-t √steal-trns⟧
    qán̓əc rob me/you. ⟦√qan̓-t-c √steal-trns-1obj/2obj⟧
    qán̓ətəŋ be robbed. ⟦√qan̓-t-ŋ √steal-trns-psv⟧
  qan̓ít steal from someone. ⟦√qan̓-í-t √steal-pers-trns⟧
    qan̓íc steal from me/you. ⟦√qan̓-i-t-c √steal-pers-trns-1obj/2obj⟧
    qan̓ítəŋ be robbed. ⟦√qan̓-i-t-ŋ √steal-pers-trns-psv⟧
      qqaʔnítəŋ being robbed. ⟦q+√qan̓-i-t-ŋ<ʔ> inceptive+√steal-persist-trans-psv<actual>⟧
    qən̓qan̓ítəŋ be robbed. ⟦qən̓+√qan̓-ŋí-t-ŋ pl+√steal-rel-trns-psv⟧

√qaq √pole.
  qáqən pole. ⟦√qaq=ən √pole=instr⟧
    qaʔyáqən poles. ⟦√q<əʔy>aq=ən √pole=instr⟧

√qaqɬ √ache.
  qáqɬ ache. ⟦√qaqɬ √ache⟧
    qáqɬtxʷ let ache. ⟦√qaqɬ-txʷ √ache-letcaus⟧
    qaqɬsónət ache. ⟦√qaqɬ=sənət √ache=body⟧
    qaqɬéʔqʷ headache. ⟦√qaqɬ=iʔqʷ √ache=head⟧

√qatáy √Port_Townsend.
  qatáy Port Townsend. ⟦√qatáy √Port_Townsend⟧

√**qaty** √foolish.
    sqáti foolish. 〚s-√qaty s-√foolish〛
        sqatihúmš act crazy. 〚s-√qaty=umš s-√crazy=type〛
            sqaʔtiʔúməš acting crazy. 〚s-√qa<ʔ>ty=umš s-√crazy<actl>=type〛
        sqatihə́ynč foolish. 〚√sqaty-əy=nač √foolish-ext=tail〛

√**qawc** √potato.
    sqáwc potato. 〚s-√qawc s-√potato〛
        sqəyáwəc potatoes. 〚s-√q<əy>awc s-√potato<pl>〛

√**qax̣aʔ** √dog.
    sqáxạʔ dog. 〚s-√qaxạʔ s-√dog〛
        sqaʔyáxạʔ dogs. 〚s-√q<əy̓>axạʔ s-√dog<pl>〛
        sqaʔqáxạʔ puppy. 〚s-qaʔ+√qaxạʔ s-dim+√dog〛
            sqaʔyaʔqáxạʔ puppies. 〚s-q<əʔy>aʔ+√qaxəʔ s-dim<pl>+√dog〛
        sqaxạʔúməš like dog. 〚s-√qaxạʔ=umš s-√dog=type〛
        sqáxạʔct turn into a dog. 〚s-√qaxạʔ-cut s-√dog-rflxv〛
        sqaxạʔáyəqən dog wool. 〚s-√qaxạʔ=ayqən s-√dog=fur〛
        sqaxạʔáw̓txʷ dog house. 〚s-√qaxạʔ=aw̓txʷ s-√dog=house〛
        sqáxạʔƛ̓čás Guemes Island. 〚s-√qaxəʔ √ƛ̓čás s-√dog-√island〛

√**qayx̣** √lie.
    qáyəx̣ lie. 〚√qayx̣ √lie〛
        qáʔyəx̣ lying. 〚√qa<ʔ>yx̣ √lie<actual>〛
        qáʔyəx̣t lying to someone. 〚√qə<ʔ>yx̣-t √lie<actl>-trns〛
        qáʔyəx̣c lying to me/you. 〚√qə<ʔ>yx̣-t-c √lie<actl>-trns-1obj/2obj〛
        qáyəx̣ct tell a lie. 〚√qayx̣-cut √lie-rflxv〛
            qəyáx̣ct telling a lie. 〚√qay<ʔ>x̣-cut √lie<actl>-rflxv〛
        qaʔyəx̣tə́ṅəq liar. 〚√qa<ʔ>yx̣-t-ən<ʔ>əq √lie<actual>-trans-habit<actual>〛
        qaʔyəx̣tə́nəŋ lying. 〚√qayx̣-t-ənəq-ŋ √lie-trns-hab-mdl〛
        qáyx̣s falsely proud. 〚√qayx̣=us √lie=face〛
        qqáy̓x̣s little liar. 〚q+√qay̓x̣=us aff+√lie=face〛
        qayəx̣úsəŋ brag. 〚nxʷ-√qayx̣=us-ŋ loc-√lie=face-mdl〛
        nəxʷqáyəx̣s proud. 〚nxʷ-√qayx̣=us loc-√lie=face〛
            nəxʷqəyəx̣úsəŋ show off. 〚nxʷ-√qayx̣=us-ŋ loc-√lie=face-mdl〛
            nəxʷqaʔyəx̣úsəŋ̓ showing off. 〚nxʷ-√qa<ʔ>yx̣=us-ŋ<ʔ> loc-√lie<actual>=face-mdl<actual>〛
        qəyəx̣úcən proudly lie. 〚√qayx̣=ucin √lie=mouth〛

√**qayx̣** √digging_stick.
    sqáyəx̣ digging stick. 〚s-√qayx̣ s-√digging_stick〛

√**qay̓** √short_mat.
    qáy̓ŋən short mat. 〚√qay̓=ŋin √short_mat=piece〛
        qáyiʔŋən short mats. 〚√qa<y>y̓=ŋin √short_mat<pl>=piece〛

√**qc̓əkʷ** √scissors.
    q̓c̓ə́kʷən scissors. 〚√qc̓əkʷ=ən √scissors=instr〛

√**qəčəʔ** √catch.
    sqə́čəʔ catch. 〚s-√qəčəʔ s-√catch〛
        sqáʔčəʔ catching. 〚s-√qə<ʔ>čə s-√catch<actual>〛
        čqə́čəʔ catch. 〚č-√qəčəʔ have-√catch〛
            čqáʔčəʔ catching. 〚č-√qə<ʔ>čəʔ have-√catch<actual>〛

√**qəkʷ** √fatigued.
    qə́kʷ sore, tired out. 〚√qəkʷ √sore〛
        qiqə́kʷ tired. 〚qy+√qə́kʷ pl+√fatigued〛
        qákʷɬ aching. 〚√q<á>kʷ-ɬ √fatigued<rslt>-dur〛
        ʔsqákʷɬ tired out. 〚ʔs-√q<á>kʷ-ɬ stat-√fatigued<rslt>-dur〛
        čqə́kʷ get bored. 〚č-√qəkʷ have-√fatigued〛

√**qələwəʔ** √?.
    qaʔqə́ləwaʔ tiny crabs. 〚qaʔ+√qələwəʔ dimin+√?〛

√**qəm** √chop.
    qəmə́yu chop. 〚√qəm-əyu √chop-activ〛
        qəməyuʔ chopping. 〚√qəm<ʔ>-əyu<ʔ> √chop<actual>-activity<actual>〛
        qəmə́t chop it. 〚√qm-t √chop-trns〛
            qə́m̓t chopping it. 〚√q<ə́>m<ʔ>-t √chop<actl>-trns〛
        qəmə́təŋ be chopped. 〚√qm-t-ŋ √chop-trns-psv〛

sqáʔməɬ chopped. 〚ʔs-√qə<ʔ>m-ɬ stat-√chop<actl>-dur〛
qəmáʔyíw̓c chop wood. 〚√qəm<ʔ>=ay̓=iw̓c √chop<actl>=wood=fire〛
qəmtán iron. 〚√qm-tən √chop=instr〛

√qəmuʔ √nurse.
qə́muʔ nurse baby. 〚√qəmuʔ √nurse〛
qáʔmuʔ nursing. 〚√qə<ʔ>muʔ √nurse<actual>〛
qə́muʔstxʷ nurse baby. 〚√qəmuʔ-stxʷ √nurse-caus〛
qáʔmuʔstxʷ nursing. 〚√qa<ʔ>muʔ-stxʷ √nurse<actl>-caus〛
qaʔmaʔstə́y̓ɬ nursing baby. 〚√qə<ʔ>mu<ʔ>-stxʷ=əy̓ɬ √nurse<actl>-caus=child〛
qəmustúŋə nurse you. 〚√qəmuʔ-stxʷ-uŋə √nurse-caus-2obj〛
sqə́muʔ breast, milk. 〚s-√qəmuʔ s-√nurse〛
qqímuʔ Pillar Point. 〚q+√q<í>mw̓ plural+√nurse<pl>〛

√qənxʷ √starvation.
qə́nxʷ starvation. 〚√qənxʷ √starvation〛
sqə́nəxʷ glutton. 〚s-√qənxʷ s-√starvation〛
čaʔqə́nəxʷ very hungry. 〚čaʔ-√qənxʷ immed-√starvation〛
čɬqə́nəxʷ starve. 〚čɬ-√qənxʷ impact-√starvation〛
čɬqə́n̓xʷ starving. 〚čɬ-√qən<ʔ>xʷ impact-√starvation<actual>〛
čɬqə́nəxʷtxʷ starve someone. 〚čɬ-√qənxʷ-txʷ impact-√starvation-caus〛
čɬqə́nəxʷtəŋ be starved. 〚čɬ-√qənxʷ-txʷ-ŋ impact-√starvation-letcaus-psv〛
čɬqə́n̓xʷtəŋ being starved. 〚čɬ-√qən<ʔ>xʷ-t-ŋ impact-√starvation<actl>-trns-psv〛
ʔəsqə́nəxʷ greedy for food. 〚ʔs-√qənxʷ stat-√starve〛

√qəsaʔč √orphan.
sqəsaʔčə́yəɬ orphan child. 〚s-√qəsaʔč=əyəɬ s-√orphan=child〛
sxʷsqəsaʔčə́yəɬ aunt/uncle of orphan. 〚sxʷ-s-√qəsaʔč=əyəɬ for-s-√orphan=child〛
sxʷsqəysaʔčə́yəɬ aunts/uncles of orphan. 〚sxʷ-s-√qə<y>saʔč=əyəɬ for-s-√orphan<pl>=child〛
sqəysaʔčə́yəɬ orphan nieces/nephews. 〚s-√qə<y>saʔč=əyəɬ s-√orphan<pl>=child〛

√qəw √bread.
sqə́w bread. 〚s-√qəw s-√bread〛

√qəy1 √turn.
qə́y spoiled. 〚√qəy √turn〛
qəqə́y̓ spoiling. 〚qə+√qəy<ʔ> actual+√turn<actual>〛
qaʔə́y̓ʔi spoiling (pl). 〚√qə<ʔə́y̓><ʔ>y √turn<pl><actual>〛
qiʔíyt spoiling it. 〚√qə<ʔi>y-t √turn-trns〛
qiyéy̓t spoil it. 〚√qəy-i<ʔ>-t √turn-pers<actl>-trns〛
qiʔéy̓təŋ̓ being spoiled. 〚√qə<ʔ>y<ʔ>-t-ŋ<ʔ> √turn<actual>-trans-psv<actual>〛
qiyéy̓ənəq spoiling. 〚√qəy-iy<ʔ>-ənəq √turn-dev<actl>-hab〛
qiyáx̣t rechannel it. 〚√qəy=ax̣ən-t √turn=arm-trns〛
qiqə́y sorry. 〚qy+√qəy aff+√turn〛
qə́ynəxʷ spoil it. 〚√qəy<ʔ>-nax̣ʷ √turn<actl>-nctrns〛
qiyínəŋ be spoiled. 〚√qəy-iy-nax̣ʷ-ŋ √turn-dev-nctrns-psv〛
qiʔáyəs looking away. 〚√qəy<ʔ>=ayus √turn=eye〛
qqəyáʔis looking away. 〚q+√qy̓=a<ʔ>yus inceptive+√turn=eye<actual>〛
qəyús look away. 〚√qəy=us √turn=face〛
qəy̓ús looking away. 〚√qəy̓=us √turn=face〛
qəyúsəŋ look away. 〚√qəy=us-ŋ √turn=face-mdl〛
qaʔyúsəŋ looking away. 〚√qə<ʔ>y=us-ŋ √turn<actl>=face-mdl〛
qəyúst look away from it. 〚√qəyus-t √turn-trns〛
qəyústəŋ be looked away from. 〚√qəyus-t-ŋ √turn-trns-psv〛
qqaʔáʔyəs looking away. 〚q+√qə<ʔaʔ>y=us incep+√turn<actl>=face〛
qəyəsə́ŋət look away from it. 〚√qəy=us-ŋ-t √turn=face-mdl-trns〛
qaʔyəsə́ŋət looking away from it. 〚√qə<ʔ>y=us-ŋ-t √turn<actl>=face-mdl-trns〛
qaʔyəsə́ŋəc look away from me/you. 〚√qə<ʔ>y=us-ŋ-t-c √turn<actl>=face-mdl-trns-1obj/2obj〛
qə́yi spoil (pl). 〚√qə<y>y √turn<pl>〛
qaʔyát treat it badly. 〚√qə<ʔ>y-t √turn<actl>-trns〛
qaʔitíŋ be treated badly. 〚√qə<ʔ>y-t-í-ŋ √turn-trns-pers-psv〛
qáʔiʔ spoiling. 〚√qəy<ʔ>-iy √turn<actl>-dev〛
qiqə́y̓ʔi spoiled. 〚qy+√qəy<ʔ>-iy pl+√turn<actl>-dev〛

√qəy2 √angry.
qə́yət angry at someone. 〚√qəy-t √angry-trns〛

qiqə́yət angry at someone (pl). ⟦qy + √qəy-t pl + √angry-trns⟧
  qiqə́yətəŋ be angered at. ⟦qy + √qəy-t-ŋ pl + √angry-trns-psv⟧
qiqə́ynəxʷ get angry at. ⟦qy + √qəy-naxʷ pl + √angry-nctrns⟧
  qiqáynəŋ be angered at. ⟦qy + √qəy-naxʷ-ŋ pl + √angry-nctrns-psv⟧
qinúŋət angry. ⟦√qəy-nuŋt √angry-ncmdl⟧
  qiʔnúʔŋət feeling angry. ⟦√qəy<ʔ>-nu<ʔ>ŋt √angry-ncmiddle<actual>⟧
sqinúŋət anger. ⟦s-√qəy-nuŋt s-√angry-ncmdl⟧
  nəxʷsqinúŋət always angry. ⟦nxʷ-ʔs-√qəy-nuŋt loc-stat-√angry-ncmdl⟧
  sqiʔnúŋət angry. ⟦s-√qəy<ʔ>-nuŋ<ʔ>t s-√angry<actual>-ncmiddle<actual>⟧
qiqinúŋət quick tempered. ⟦qəy + √qəy-nuŋt char + √angry-ncmdl⟧
ʔəsqinúŋət hateful. ⟦ʔs-√qəy-nuŋt stat-√angry-ncmdl⟧

√qəyəx̱ənaʔ √fly.
qaʔqə́yəx̱ənaʔ fly. ⟦qaʔ + √qəyəx̱ənaʔ dim + √fly⟧
qəyaʔqə́yəx̱ənaʔ flies (insect). ⟦q<əy>aʔ + √qəyəx̱ənaʔ dim<pl> + √fly⟧

√qəyŋ √eye.
qə́yəŋ eye. ⟦√qəyŋ √eye⟧
  qqə́yəŋ eyes. ⟦q + √qəyŋ pl + √eye⟧
sqəyəŋács palm. ⟦s-√qəyəŋ=acis s-√eye=hand⟧
  sqqəyəŋács palms. ⟦s-q + √qəyŋ=acis s-pl + √eye=hand⟧

√qəyp √red_paint_power.
sqə́yəp red paint power. ⟦s-√qəyp s-√red_paint_power⟧

√qəyx̱ √roe.
qə́yəx̱ roe. ⟦√qəyx̱ √roe⟧

√qəẏcṁ √wounded.
sqiʔqə́ẏcṁ wounded. ⟦s-qẏ + √qəẏcṁ s-actl + √wounded⟧

√qi √angry.
qínəxʷ be angry at. ⟦√qi-naxʷ √angry-nctrns⟧
  qéʔnəxʷ being angry at. ⟦√qi<ʔ>-naxʷ √angry<actl>-nctrns⟧
  qiʔnúŋəs angry at me/you. ⟦√qi<ʔ>-naxʷ-uŋ<ʔ>əs √angry<actl>-nctrns-1obj/2obj⟧
qínəŋ be angred at. ⟦√qi-naxʷ-əŋ √angry-nctrns-psv⟧
  qéʔnəŋ be mad at. ⟦√qi<ʔ>-naxʷ-ŋ √angry<actl>-nctrns-psv⟧
qənqínəxʷ angry (pl). ⟦qən + √qi-naxʷ pl + √angry-nctrns⟧
qaʔqínəxʷ angry at. ⟦qaʔ + √qi-naxʷ dim + √angry-nctrns⟧
  qaʔqínəŋ be angred at. ⟦qaʔ + √qi-naxʷ-ŋ dim + √angry-nctrns-psv⟧
  qaʔqéʔnəxʷ disagree. ⟦qaʔ + √qi<ʔ>-naxʷ dim + √angry<dim>-nctrns⟧
  qaʔqéʔnúŋə angry at you. ⟦qaʔ + √qi<ʔ>-naxʷ-uŋ<ʔ>ə dimin + √angry<dimin>-nctrans-2obj<dimin>⟧
  qaʔqiʔnúʔŋəs angry at me/you. ⟦qaʔ + √qi<ʔ>-naxʷ-ú<ʔ>ŋəs dimin + √angry-nctrans-1obj/2obj<actual>⟧
  qaʔqéʔnəŋ be mad at. ⟦qaʔ + √qi<ʔ>-naxʷ-ŋ dim + √angry<dim>-nctrns-psv⟧
qaʔqéʔwən being angry. ⟦qaʔ + √qi<ʔ>=iwən actl + √angry<actl>=interior⟧
ʔəsqéʔqi mean. ⟦ʔs-qiʔ + √qi stat-rslt + √angry⟧
ʔəsqéʔqict become mean. ⟦ʔs-qiʔ + √qi-cut stat-rslt + √angry-rflxv⟧
qaʔqiʔnúʔŋət small mad person. ⟦qaʔ + √qi<ʔ>-nu<ʔ>ŋt dimin + √angry<dimin>-ncmiddle<actual>⟧

√qiʔ √loose.
qéʔqaʔ loose. ⟦qiʔ + √qiʔ char + √loose⟧
qaʔqéʔət loosen it. ⟦qaʔ + √qiʔ-t dim + √loose-trns⟧
qaʔqéʔəct get loose. ⟦qaʔ + √qiʔ-cut dim + √loose-rflxv⟧
qaʔqéʔaʔis land in Becher Bay. ⟦qaʔ + √qiʔ=ay<ʔ>us dimin + √loose=eye<dimin>⟧

√qiʔəxʷ √tied.
qéʔəxʷ tied. ⟦√qiʔəxʷ √tied⟧
  sqéʔyəxʷ seat belt. ⟦s-√qiʔyəxʷ s-√tied⟧

√qiʔməq̇ √octopus.
sqéʔməq̇ octopus. ⟦s-√qiʔməq̇ s-√octopus⟧

√qiʔqəwəc √sand_flea.
qéʔqəwəc sand flea. ⟦√qiʔqəwəc √sand_flea⟧

√qiʔqs √snipe.
sqéʔqs snipe. ⟦s-√qiʔqs s-√snipe⟧

√qiq̇ √restrain.
qíq̇ bound. ⟦√qiq̇ √restrain⟧
  qéʔəq̇ binding. ⟦√qi<ʔə>q̇ √restrain<actual>⟧

√qix̣1   √qqi

    qíq̕t restrain it. 〚√qiq̕-t √restrain-trns〛
      qíq̕c restrain me/you. 〚√qiq̕-t-c √restrain-trns-1obj/2obj〛
      qéʔq̕t restraining it. 〚√qi<ʔ>q̕-t √restrain<actl>-trns〛
      qəq̕ítəŋ be restrained. 〚√qiq̕-t-ŋ √restrain-trns-psv〛
        qéʔq̕təŋ being restrained. 〚√qi<ʔ>q̕-t-ŋ √restrain<actl>-trns-psv〛
        qaʔyəq̕ítəŋ be jailed (pl). 〚√q<əʔy>iq̕-t-ŋ √restrain<pl>-trns-psv〛
      qəq̕sə́nt bind legs. 〚√qiq̕=sən-t √restrain=foot-trns〛
      qq̕sə́ntəŋ legs bound. 〚√qiq̕=sən-t-ŋ √restrain=foot-trns-psv〛
      sqq̕ə́yu have jailed. 〚s-√qiq̕-əyu s-√restrain-activ〛
      qaʔq̕ə́yuʔ police. 〚√qi<ʔ>q̕-əyu<ʔ> √restrain<actual>-activity<actual>〛
        qiyaʔq̕ə́yuʔ police (pl). 〚√qi<y><ʔ>q̕-əyu<ʔ> √restrain<actual>-activity<actual>〛
      ʔəsqéʔəq̕ in jail. 〚ʔs-√qi<ʔə>q̕ stat-√restrain<result>〛
      sqq̕əyuʔáw̓txʷ jail. 〚s-√qiq̕-əyu=aw̓txʷ s-√restrain-activ=house〛
      sqq̕áw̓txʷ jail. 〚s-√qiq̕=aw̓txʷ s-√restrain=house〛
      sxʷqq̕ík̓ʷən dancer's belt. 〚sxʷ-√qiq̕=iws=ən for-√restrain=body=instr〛
√qix̣1 √shave.
    qíx̣ shave. 〚√qix̣ √shave〛
      qéʔəx̣ carving. 〚√qi<ʔə>x̣ √shave<actual>〛
      qíx̣t whittle it. 〚√qix̣-t √shave-trns〛
        qéʔx̣t whittling it. 〚√qi<ʔ>x̣-t √shave<actl>-trns〛
        qx̣ítəŋ be whittled. 〚√qix̣-t-ŋ √shave-trns-psv〛
          qaʔx̣ítəŋ being whittled. 〚√qiʔx̣-t-ŋ<ʔ> √shave<actual>-trans-psv<actual>〛
      nəxʷqaʔx̣kʷít hollow it out. 〚nxʷ-√qiʔx̣=kʷiy-t loc-√shave=inside-trns〛
      qaʔx̣ə́yuʔ carve. 〚√qiʔx̣-əyu √shave-activ〛
        sxʷqaʔx̣ə́yu carving knife. 〚sxʷ-√qaʔx̣-əyu for-√shave-activ〛
      qaʔx̣úys peeling. 〚√qiʔx̣=uy<ʔ>əs √shave=forehead〛
      qx̣úyəsəŋ peel fruit. 〚√qix̣=uyəs-ŋ √shave=forehead-mdl〛
      qx̣úyəst peel fruit. 〚√qix̣=uyəs-t √shave=forehead-trns〛
      qíx̣ŋən shavings. 〚√qix̣=ŋin √shave=piece〛
      ʔsqéʔəx̣ shaved. 〚ʔs-√qi<ʔə>x̣ stat-√shave<actual>〛
      ʔsqéʔəx̣txʷ shave it. 〚ʔs-√qi<ʔə>x̣-txʷ stat-√shave<actl>-caus〛
√qix̣2 √err.
    qíx̣ err. 〚√qix̣ √err〛
√qliʔ √witch.
    sqəléʔ witch. 〚s-√qliʔ s-√witch〛
√qmanəʔ √moon_shell.
    qəmánaʔ moon shell. 〚√qmanəʔ √moon_shell〛
      qəyumánaʔ moon shells. 〚√qmanəʔ √moon_shell<pl>〛
√qm̓a √beg.
    qəm̓áŋ beg. 〚√qm̓a-ŋ √beg-mdl〛
      qəm̓áŋ begging. 〚√qm̓a-ŋ<ʔ> √beg-mdl<actual>〛
      qəm̓áyu begging. 〚√qm̓a-əyu √beg-activ〛
    qəm̓át ask for it. 〚√qm̓a-t √beg-trns〛
      qəm̓ác ask for me/you. 〚√qm̓a-t-c √beg-trns-1obj/2obj〛
      qəm̓átəŋ be asked for. 〚√qm̓a-t-ŋ √beg-trns-psv〛
    qəm̓sít beg someone. 〚√qm̓a-sít √beg-bene〛
      qəm̓sítəŋ be asked for. 〚√qm̓a-sít-ŋ √beg-bene-psv〛
      qəm̓síc ask me/you for. 〚√qm̓a-sít-c √ask-bene-1obj/2obj〛
    qəm̓áńəq asking for. 〚√qm̓a-ən<ʔ>əq √beg-habit<actual>〛
√qqayn √scold.
    qqáyn be scolded. 〚√qqayn √scold〛
      qqáynəxʷ 〚√qqayn-naxʷ √scold-nctrns〛
        qəqáynəŋ be scolded. 〚√qqayn-naxʷ-ŋ √scold-nctrns-psv〛
√qqi √play.
    qəqíŋ play. 〚√qqi-ŋ √play-mdl〛
      qaʔxqíŋ playing. 〚√q<ʔ>qi-ŋ<ʔ> √play<actual>-mdl<actual>〛
        sqaʔxqíŋ mocking. 〚s-√q<ʔ>qi-ŋ s-√play<actl>-mdl〛
        qəyaʔxqíŋ playing (pl). 〚√q<aʔy><ʔ>qi-ŋ<ʔ> √play<pl><actual>-mdl<actual>〛
      ʔəsqaʔxqíŋ mocked. 〚ʔs-√q<ʔ>qi-ŋ<ʔ> stat-√play<actual>-mdl<actual>〛
      sqqíŋ toy. 〚s-√qqi-ŋ s-√play-mdl〛

Klallam Root Index

sqqiŋáw̓tx̌ʷ recreation center. 〚s-√qqi-ŋ=aw̓tx̌ʷ s-√play-mdl=house〛
qqíyŋ go play. 〚√qqi-iy-ŋ √play-dev-mdl〛
qqiyŋíɬtx̌ʷ let go play. 〚√qqi-iy-ŋ-iyɬ-tx̌ʷ √play-dev-mdl-go-letcaus〛
qaʔqtəmús play ball. 〚√q<ə?>qi-tm̓=us √play<actl>-?=face〛
qaqtəmúys playing ball. 〚√q<ə?>qi-tm̓=uy<ˀ>əs √play<actual>-?=forehead<actual>〛
qaʔqtəmúsəŋ play ball. 〚√q<ə?>qi-tm̓=us-ŋ √play<actl>-?=face-mdl〛
sqaʔqtəmúsəŋ ball game. 〚s-√q<ə?>qi-tm̓=us-ŋ s-√play<actl>-?=face-mdl〛
sqaʔqtəmús ball. 〚s-√q<ə?>qi-tm̓=us s-√play<actl>-?=face〛
qəyəqtəmús balls. 〚√q<əy><ə?>qi-tm̓=us √play<pl><actl>-?=face〛

√qs √dunk.
qə́s fall into water. 〚√qs √dunk〛
qiqə́s immerse (pl). 〚qy+√qs pl+√dunk〛
qásɬ fallen in. 〚√q<á>s-ɬ √dunk<rslt>-dur〛
ʔəsqásɬ in the water. 〚ʔs-√q<á>s-ɬ stat-√dunk<rslt>-dur〛
qsə́t put it in water. 〚√qs-t √dunk-trns〛
qsə́c put me/you in water. 〚√qs-t-c √dunk-trns-1obj/2obj〛
qsə́tən be put in water. 〚√qsə-t-ŋ √dunk-trns-psv〛
qə́stən̓ being put in water. 〚√q<ə́>s-t-ŋ<ˀ> √dunk<actual>-trans-psv<actual>〛
qə́st putting it in water. 〚√q<ə́>s-t √dunk<actl>-trns〛
qə́sc putting me/you in water. 〚√q<ə́>s-t-c √dunk<actl>-trns-1obj/2obj〛
qsnáx̌ʷ put in water. 〚√qs-nax̌ʷ √dunk-nctrns〛
qsə́ct go into water. 〚√qs-cut √dunk-rflxv〛
qsə́ŋət put it in water. 〚√qs-ŋ-t √dunk-mdl-trns〛
qsə́ŋəct immerse self. 〚√qs-ŋ-cut √dunk-mdl-rflxv〛
sqsík̓ʷs drown. 〚ʔs-√qs=iws stat-√dunk=body〛

√qy √weak.
sqəyík̓ʷs weak. 〚s-√qy=iws s-√weak=body〛

√qyay √tree.
sqiyáyŋx̌ʷ tree. 〚s-√qyay=ŋix̌ʷ s-√tree=being〛
sqiqəyáyŋəx̌ʷ trees. 〚qy+√qyay=ŋix̌ʷ pl+√tree=being〛
sqaʔqiʔáyŋəx̌ʷ small tree. 〚s-qaʔ+√qy<ʔ>ay<ˀ>=ŋix̌ʷ s-dim+√tree<dim>=being〛
sqaʔyaʔqiyáyŋəx̌ʷ small trees. 〚s-q<əʔy>aʔ+√qyay<ˀ>=ŋix̌ʷ s-dimin<pl>+√tree=being<dimin>〛

√qy̓cəy̓ √rabbit.
qiʔcíy̓ rabbit. 〚√qy̓cəy̓ √rabbit〛
qaʔqiʔcə́y̓ rabbit. 〚qaʔ+√qy̓cəy̓ dim+√rabbit〛
qaʔyaʔqiʔcíy̓ rabbits. 〚q<aʔy>aʔ+√qy̓cəy̓ dim<pl>+√rabbit〛

√qy̓əm̓ √weak.
qiyám̓ weak. 〚√qy̓əm̓ √weak〛
qiʔqiʔím̓ weakened. 〚qy̓+√qy̓ə<í>m̓ char+√weak<persist>〛
qaʔqiyám̓ weak. 〚qaʔ+√qy̓əm̓ dim+√weak〛
qaʔqiyám̓ct get weak. 〚qaʔ+√qy̓əm̓-cut dim+√weak-rflxv〛
qaʔqiyamáyaməš weak kind. 〚qaʔ+√qy̓əm̓-ay=umš dim+√weak-ext=type〛
qaʔqiʔám̓stx̌ʷ weaken. 〚qaʔ+√qy̓əm̓-stx̌ʷ dim+√weak-caus〛
qaʔqiʔám̓stəŋ be weakened. 〚qaʔ+√qy̓əm̓-stx̌ʷ-ŋ dim+√weak-caus-psv〛
ʔəsqiʔám̓ unable. 〚ʔs-√qy̓əm̓ stat-√weak〛
sqiʔáʔəm̓tx̌ʷ dislike it. 〚ʔs-√qy̓əm̓-tx̌ʷ stat-√weak-letcaus〛
ʔəsqəy̓əm̓cút hangover. 〚ʔs-√qy̓əm̓-cut stat-√weak-rflxv〛
sqiyím 〚s-√qy̓<í>m̓ s-√weak<persist>〛
ʔəsqiʔéʔmət being unable. 〚ʔs-√qy̓<í><ʔ>m̓-t stat-√weak<pers><actl>-stat〛
qiyami?íɬ lose child. 〚√qy̓əm̓=iʔiɬ √weak=child〛

√qy̓uyc √toe.
sqaʔqiʔúyc toe. 〚s-qaʔ+√qy̓uyc s-dim+√toe〛

√q̓aʔč √ironwood.
q̓áʔčtč ironwood. 〚√q̓aʔč=iɬč √ironwood=plant〛
q̓aʔyáčtč ironwood (pl). 〚√q̓<əy>aʔč=iɬč √ironwood<pl>=plant〛

√q̓aʔəwčən̓ √dorsal_fin.
q̓áʔəwčən̓ dorsal fin. 〚√q̓aʔəwčən̓ √dorsal_fin〛

√q̓aʔƛ̓əʔq √shadow.
q̓áʔƛ̓əʔq shadow. 〚√q̓aʔƛ̓əʔq √shadow〛

√q̓aʔni   √q̓əčqs

√**q̓aʔni** √threaten.
  q̓aʔnít threaten someone. 〚√q̓aʔni-t √threaten-trns〛
    q̓aʔníc threaten me/you. 〚√q̓aʔni-t-c √threaten-trns-1obj/2obj〛
    q̓aʔnítəŋ be threatened. 〚√q̓aʔni-t-ŋ √threaten-trns-psv〛
      q̓q̓aʔnítəŋ being threatened. 〚q̓+√q̓aʔni-t-ŋ<ʔ> inceptive+√threaten-trans-psv<actual>〛
    q̓aʔníct threatening. 〚√q̓aʔni-cut √threaten-rflxv〛
√**q̓aʔŋy** √girl.
  q̓áʔŋi girl. 〚√q̓aʔŋy √girl〛
    q̓áyaʔŋi girls. 〚√q̓a<yə>ʔŋi √girl<pl>〛
    q̓aʔq̓áʔŋiʔ small girl. 〚q̓aʔ+√q̓aʔŋiʔ dim+√girl〛
      q̓q̓aʔq̓áʔŋiʔ small girls. 〚q̓+q̓aʔ+√q̓aʔŋiʔ pl+dim+√girl〛
    q̓aʔŋaʔčúyəɬ teenage girl. 〚√q̓aʔŋy=uyɬ √girl=child〛
√**q̓aʔw** √turn_corner.
  q̓aʔwíyəŋ turn corner. 〚√q̓aʔw-iy-ŋ √turn_corner-dev-mdl〛
  q̓aʔwíct turn corner. 〚√q̓aʔw-iy-cut √turn_corner-dev-rflxv〛
√**q̓aʔyƛ̓** √scar.
  sq̓áʔiƛ̓ scar. 〚s-√q̓aʔyƛ̓ s-√scar〛
√**q̓an̓** √slow.
  q̓án̓ɬ slow. 〚√q̓an̓-ɬ √slow-dur〛
    q̓áʔən̓ɬ going slow. 〚√q̓a<ʔə>n̓-ɬ √slow<actl>-dur〛
      q̓aʔq̓án̓əɬ slow. 〚q̓aʔ+√q̓an̓-ɬ dim+√slow-dur〛
        q̓aʔyaʔq̓án̓əɬ slow (pl). 〚q̓<əʔy>aʔ+√q̓an̓-ɬ dim<pl>+√slow-dur〛
    q̓án̓əč backwater. 〚√q̓an̓=ač √slow=back〛
    q̓aʔq̓ən̓úcən eat slow. 〚q̓aʔ+√q̓an̓=ucin dim+√slow=mouth〛
    q̓aʔq̓ən̓íw̓s slowpoke. 〚q̓aʔ+√q̓an̓=iw<ʔ>s dimin+√slow=body<actual>〛
      q̓aʔyaʔq̓ən̓íw̓s slowpokes. 〚q̓<əʔy>aʔ+√q̓an̓=iw<ʔ>s dimin<pl>+√slow=body<actual>〛
    q̓aʔq̓ən̓ács slow hand. 〚q̓aʔ+√q̓an̓=acis dim+√slow=hand〛
    q̓aʔq̓án̓əɬtxʷ make slow. 〚q̓aʔ+√q̓an̓-ɬ-txʷ dim+√slow-dur-letcaus〛
√**q̓ap̓** √contagion.
  q̓áp̓ catch anything contagious. 〚√q̓ap̓ √contagion〛
    q̓p̓əyu spreading disease. 〚√q̓ap̓-əyu √contagion-activ〛
    q̓áp̓t spread disease. 〚√q̓ap̓-t √contagion-trns〛
    q̓aʔp̓éʔŋəɬ organizing. 〚√q̓a<ʔ>p̓-i<ʔ>ŋɬ √contagion<actual>-custom<actual>〛
√**q̓aqu?** √skate.
  q̓áq̓uʔ skate, ray fish. 〚√q̓aq̓uʔ √skate〛
    q̓aʔyáq̓uʔ skates. 〚√q̓<əʔy>aq̓uʔ √skate<pl>〛
√**q̓at** √milt_sac.
  q̓átŋən milt sac. 〚√q̓at=ŋin √milt_sac=piece〛
√**q̓ayuƛ̓ən̓** √slug.
  q̓ayúƛ̓ən̓ slug. 〚√q̓ayuƛ̓ən̓ √slug〛
    q̓əyəyúƛ̓ən slugs. 〚√q̓<əy>ayuƛ̓ən̓ √slug<pl>〛
√**q̓c** √short.
  q̓cə́w̓əč short. 〚√q̓c=əw̓ač √short=bottom〛
√**q̓c** √shrink.
  q̓ə́c shrink. 〚√q̓c √shrink〛
    q̓cə́t shrink it. 〚√q̓c-t √shrink-trns〛
      q̓cə́təŋ be cramped. 〚√q̓c-t-ŋ √shrink-trns-psv〛
        q̓ə́ctəŋ being cramped. 〚√q̓<ə́>c-t-ŋ<ʔ> √shrink<actual>-trans-psv<actual>〛
    q̓cə́ŋ cramp. 〚√q̓c-ŋ √shrink-mdl〛
    q̓cə́ct shrink. 〚√q̓c-cut √shrink-rflxv〛
√**q̓čiq̓** √squeak.
  q̓číq̓əŋ squeak. 〚√q̓čiq̓-ŋ √squeak-mdl〛
    q̓aʔčíq̓əŋ squeaking. 〚√q̓<ʔ>čiq̓-ŋ<ʔ> √squeak<actual>-mdl<actual>〛
√**q̓əčqs** √coho.
  q̓ə́čqs coho salmon. 〚√q̓əčqs √coho〛
    q̓ə́yčqs cohos. 〚√q̓ə<y>čqs √coho<pl>〛
    q̓aʔq̓ə́čqs small coho. 〚q̓aʔ+√q̓əčqs dim+√coho〛
      q̓aʔyaʔq̓ə́čqs small cohos. 〚q̓<əʔy>aʔ+√q̓ə<ʔ>čqs dimin<pl>+√coho<dimin>〛
    čənq̓ə́čqs July. 〚čn̓-√q̓əčqs time-√coho〛

Klallam Root Index

√q̓əč̓y̓ √moss.
   sq̓əč̓iʔ moss. 〚s-√q̓əč̓y̓ s-√moss〛
√q̓əkʷ √complain.
   qaʔkʷáʔnəṅ complain. 〚√q̓ə<ʔ>kʷ=an̓-ŋ<ʔ> √complain<actual>=ear-mdl<actual>〛
    q̓q̓aʔkʷáʔnəṅ complaining. 〚q̓+√q̓ə<ʔ>kʷ=an̓-ŋ<ʔ> inceptive+√complain<actual>=ear-mdl<actual>〛
√q̓əm̓c √search.
   q̓ə́m̓c search. 〚√q̓əm̓c √search〛
    q̓ə́m̓ct search it. 〚√q̓əm̓c-t √search-trns〛
     q̓ə́m̓ctəŋ be searched. 〚√q̓əm̓c-t-ŋ √search-trns-psv〛
    q̓ə́m̓cct looking around. 〚√q̓əm̓c-cut √search-rflxv〛
√q̓əŋ √moisten.
   q̓ə́ŋət dip it in water to moisten. 〚√q̓əŋ-t √moisten-trns〛
    q̓áʔŋət dipping it. 〚√q̓ə<ʔ>ŋ-t √moisten<actl>-trns〛
√q̓əp √gather.
   q̓ə́p gather. 〚√q̓əp √gather〛
    q̓iq̓ə́p gather (pl). 〚q̓y+√q̓p pl+√gather〛
   q̓pə́ŋ gather. 〚√q̓p-ŋ √gather-mdl〛
    q̓ə́pəŋ gathering. 〚√q̓<ə́>p-ŋ<ʔ> √gather<actual>-mdl<actual>〛
   q̓pə́yu gather. 〚√q̓p-əyu √gather-activ〛
    q̓ə́pəyuʔ gathering. 〚√q̓<ə́>p-əyu<ʔ> √gather<actual>-activity<actual>〛
   q̓pə́t gather it. 〚√q̓p-t √gather-trns〛
    q̓ə́pt gathering it. 〚√q̓<ə́>p-t √gather<actl>-trns〛
   q̓pə́təŋ be gathered. 〚√q̓p-t-ŋ √gather-trns-psv〛
    q̓ə́ptəŋ being gathered. 〚√q̓<ə́>p-t-ŋ<ʔ> √gather<actual>-trans-psv<actual>〛
   q̓psít gather for. 〚√q̓p-sít-ŋ √gather-bene-psv〛
    q̓psícəŋ gather for you. 〚√q̓p-sít-cəŋ √gather-bene-2obj〛
    q̓psítəŋ gathered for. 〚√q̓p-sít-ŋ √gather-bene-psv〛
   ʔəsq̓ápł gathering. 〚ʔs-√q̓<á>p-ł stat-√gather<rslt>-dur〛
   q̓pə́ct gather together. 〚√q̓p-cut √gather-rflxv〛
    q̓ə́ypct gather together (pl). 〚√q̓<əy>p-cut √gather<pl>-rflxv〛
    q̓ə́ypct gathering together (pl). 〚√q̓<əy><ʔ>p-cut √gather<pl><actl>-rflxv〛
   q̓péʔŋəł gathering. 〚√q̓p-i<ʔ>ŋł √gather-custom<actual>〛
   q̓ə́yp bunch up. 〚√q̓<y>p √gather<pl>〛
√q̓ətix √rattle.
   q̓ətíxəŋ rattle. 〚√q̓ətix-ŋ √rattle-mdl〛
   q̓ə́txct rattle. 〚√q̓ətix-cut √rattle-rflxv〛
√q̓əwkʷ √brow.
   q̓əwəkʷáyəs brow. 〚√q̓əwkʷ=ayus √brow=eye〛
    q̓əw̓q̓əwaʔkʷáyəs eyebrows. 〚q̓əw+√q̓əwkʷ=ayus pl+√brow=eye〛
    q̓aʔq̓əwaʔkʷáy̓s small eyebrow. 〚q̓aʔ+√q̓əwkʷ=ay<ʔ>us dimin+√brow=eye<dimin>〛
    q̓əyaʔq̓əwaʔkʷáy̓s small eyebrows. 〚q̓<əʔy>aʔ+√q̓əwkʷ=ay<ʔ>us dimin<pl>+√brow=eye<dimin>〛
√q̓əwy̓čəp √cougar.
   q̓əwič̓əp cougar. 〚√q̓əwy̓čəp √cougar〛
    q̓aʔyəwíč̓əp cougars. 〚√q̓<əʔy>əwy̓čəp √cougar<pl>〛
    q̓aʔq̓ə́wíč̓əp small cougar. 〚q̓aʔ+√q̓əwy̓čəp dim+√cougar〛
    q̓aʔyaʔq̓əwíč̓əp small cougars. 〚q̓<əʔy>aʔ+√q̓əwy̓čəp dim<pl>+√cougar〛
√q̓əw̓ √shallow.
   q̓aʔq̓əwéʔiŋ shallow. 〚q̓aʔ+√q̓əw̓-i<ʔ>y-ŋ<ʔ> dim+√shallow-dev<actl>-mdl〛
√q̓əy1 √camp.
   q̓ə́yəŋ camp. 〚√q̓əy-ŋ √camp-mdl〛
    q̓ə́y̓ŋən camp. 〚√q̓əy̓=ŋin √camp=piece〛
    ʔəsq̓əýíŋ camping. 〚ʔs-√q̓əy<ʔ>-í-ŋ<ʔ> stat-√camp<actual>-persist-mdl<actual>〛
    ʔəsq̓ə́yəŋ camping. 〚ʔs-√q̓əy<ʔ>-ŋ<ʔ> stat-√camp<actual>-mdl<actual>〛
√q̓əy2 √encircle.
   q̓əyəw̓áčt encircle it. 〚√q̓əy=əwač-t √encircle=bottom-trns〛
    q̓q̓əyəw̓áčt diapering it. 〚q̓+√q̓əy=əwač-t incep+√encircle=bottom-trns〛
   sq̓əyəw̓áčən diaper. 〚s-√q̓əy=əwač=ən s-√encircle=bottom=instr〛
   sq̓ə́yənəč skirt. 〚s-√q̓əy=nəč s-√encircle=tail〛
   q̓əyács sea star. 〚√q̓əy<ʔ>=acis √encircle<actl>=hand〛
    q̓iʔq̓aʔyács starfish (pl). 〚q̓y̓+√q̓əy<ʔ>=acis pl+√encircle<actl>=hand〛

√qʼəyčʼ   √qix̣

    q̓aʔq̓aʔyács small starfish. ⟦q̓aʔ + √q̓ə<ʔ>y = acis dim + √encircle<dim> = hand⟧
      q̓aʔyaʔq̓aʔyács small starfish (pl). ⟦q̓<əʔy>aʔ + √q̓ə<ʔ>y = acis dim<pl> + √encircle<dim> = hand⟧
        q̓aʔyaʔq̓ácsɬ baby starfish (pl). ⟦q̓<əʔy>aʔ + √q̓əy = acis = ɬ dim<pl> + √encircle = hand = child⟧
    q̓əyáxən fence. ⟦√q̓əy = axən √encircle = arm⟧
    qiʔəx̣átən arm band. ⟦√q̓əy = axən-tən √encircle = arm = instr⟧
    q̓əyíkʷs put around. ⟦√q̓əy = iws-as √encircle = body-ptcaus⟧
√q̓əyčʼ √shelter.
    qičʼíyŋ go to shelter. ⟦√q̓əyčʼ-iy-ŋ √shelter-dev-mdl⟧
    q̓əyəčʼt shelter it. ⟦√q̓əyčʼ-t √shelter-trns⟧
      q̓əyəčʼc shelter me/you. ⟦√q̓əyčʼ-t-c √shelter-trns-1obj/2obj⟧
      q̓əyəčʼtəŋ be sheltered. ⟦√q̓əyčʼ-t-ŋ √shelter-trns-psv⟧
    q̓əyəčʼct shelter. ⟦√q̓əyčʼ-cut √shelter-rflxv⟧
    ʔəsq̓əyčʼ sheltered. ⟦ʔs-√q̓əy<ʔ>čʼ stat-√shelter<actual>⟧
√q̓əyčʼt √squirm.
    q̓əyčʼt squirm. ⟦√q̓əyčʼt √squirm⟧
      qiq̓əyčʼt squirming (pl). ⟦q̓y + √q̓əyčʼt pl + √squirm⟧
√q̓əyəq √tangle.
    ʔəsq̓əyaʔq tangle. ⟦ʔs-√q̓əy<ʔ>əq stat-√tangle<actual>⟧
      ʔəsqiq̓əyəq tangled. ⟦ʔs-q̓y + √q̓əyəq stat-pl + √tangle⟧
      qiq̓əyəq tangled. ⟦q̓y + √q̓əyq pl + √tangle⟧
        qiq̓əyəqt tangle it. ⟦q̓y + √q̓əyq-t pl + √tangle-trns⟧
          qiq̓əyəqtəŋ be tangled. ⟦q̓y + √q̓əyq-t-ŋ pl + √tangle-trns-psv⟧
√q̓əykʷ √coil.
    q̓əykʷt coil it. ⟦√q̓əykʷ-t √coil-trns⟧
    nəxʷq̓əykʷt coiling it. ⟦nxʷ-√q̓əy<ʔ>kʷ-t loc-√coil<actl>-trns⟧
    nəxʷq̓əykʷct coil up. ⟦nxʷ-√q̓əykʷ-cut loc-√coil-rflxv⟧
    ʔəsq̓əykʷ coiled up. ⟦ʔs-√q̓əy<ʔ>kʷ stat-√coil<actual>⟧
    ʔəsxʷq̓əykʷ coiled. ⟦ʔs-xʷ-√q̓əy<ʔ>kʷ stat-loc-√coil<actual>⟧
      ʔəsxʷq̓əykʷəŋ round. ⟦ʔs-xʷ-√q̓əykʷ-ŋ stat-loc-√coil-mdl⟧
√q̓əyq̓ √gurgling_sound.
    q̓əyəq̓ gurgling sound. ⟦√q̓əyq̓ √gurgling_sound⟧
    q̓aʔyíq̓əŋ gurgling sound. ⟦√q̓<ʔ>yiq̓-ŋ<ʔ> √gurgle<actual>-mdl<actual>⟧
√q̓əyxʷ √wrap_around.
    q̓əyəxʷt wrap it around. ⟦√q̓əyxʷ-t √wrap_around-trns⟧
√q̓əyx̣ √tangle.
    qiq̓əyx̣ tangle. ⟦q̓y + √q̓əyx̣ pl + √tangle⟧
√qiʔ √guts.
    qéʔ guts. ⟦√qiʔ √guts⟧
√q̓iʔy √drape.
    q̓éʔyəŋ hang, drape. ⟦√q̓iʔy-ŋ √drape-mdl⟧
    q̓éʔyət hang it up. ⟦√q̓iʔy-t √drape-trns⟧
    ʔəsq̓éʔq̓iʔ hanging up. ⟦ʔs-q̓iʔ + √q̓iʔy stat-char + √drape⟧
q̓íway √hanging.
    q̓íwayət hanging it. ⟦√q̓iway-t √hanging-trns⟧
√qixʷ √west_wind.
    qíxʷ west wind. ⟦√qixʷ √west_wind⟧
    sqíxʷ crosswind. ⟦s-√qixʷ s-√west_wind⟧
      sqéʔxʷ crosswind. ⟦s-√qi<ʔə>xʷ s-√west_wind<actual>⟧
√q̓ixʷ √knot.
    q̓íxʷ knot. ⟦√q̓ixʷ √knot⟧
    q̓íxʷt tie knot in it. ⟦√q̓ixʷ-t √knot-trns⟧
      q̓éʔxʷt tying it. ⟦√q̓i<ʔ>xʷ-t √knot<actl>-trns⟧
    q̓aʔxʷəyu tying up. ⟦√q̓i<ʔ>xʷ-əyu √knot<actl>-activ⟧
    q̓íxʷi interlaced. ⟦√q̓ixʷ-iy √knot-dev⟧
    ʔəsq̓éʔxʷ knotted up. ⟦ʔs-√q̓i<ʔə>xʷ stat-√knot<actual>⟧
      ʔəsq̓əyq̓əyxʷ tied in knots. ⟦ʔs-q̓əy + √q̓<əy>ixʷ stat-char + √knot<pl>⟧
√qix̣ √black.
    ʔənəqíx̣ black. ⟦ʔn-√qix̣ color-√black⟧
      ʔəyənəqíx̣ black (pl). ⟦√ʔ<əy>nqix̣ √black<pl>⟧
      ʔənəqáʔyəx̣ black (pl). ⟦ʔn-√q<áʔy>ix̣ √black<pl>⟧

Klallam Root Index

√q̕iy

ʔənəq̕x̣úsən black face paint. 〚ʔn-√q̕ix̣=us=ən color-√black=face=instr〛
ʔənəq̕x̣áyəs black color. 〚ʔn-√q̕ix̣=ayəs color-√black=color〛
q̕íx̣i get black. 〚√q̕ix̣-iy √black-dev〛
nəxʷsq̕íx̣s black person. 〚nxʷ-s-√q̕ix̣=us loc-s-√black=face〛
nəxʷsq̕áʔyix̣s black people. 〚nxʷ-s-√q̕<aʔy>ix̣=us loc-s-√black<pl>=face〛

√q̕iy √pay.

q̕əyús pay. 〚√q̕iy-us √pay-rcpnt〛
sq̕əyəs pay. 〚s-√q̕iy-us s-√pay-rcpnt〛
q̕əyúsəŋ pay. 〚√q̕iy-us-ŋ √pay-rcpnt-mdl〛
q̕aʔyúst paying someone. 〚√q̕i<ʔ>y-us-t √pay<actl>-rcpnt-trns〛
q̕aʔyúsc pay me/you. 〚√q̕i<ʔ>y-us-t-c √pay<actl>-rcpnt-trns-1obj/2obj〛
q̕q̕aʔyúst start to pay someone. 〚q̕+√q̕i<ʔ>y-us-t incep+√pay<actl>-rcpnt-trns〛
q̕aʔyústəŋ be paid. 〚√q̕i<ʔ>y-us-t-ŋ √pay<actl>-rcpnt-trns-psv〛
q̕aʔyəsáyəɬ pay. 〚√q̕i<ʔ>y-us-ayɬ √pay<actl>-rcpnt=conveyance〛
čq̕íyaʔyəs get paid. 〚č-√q̕iy-ays have-√pay-activ〛
čq̕éʔyəs getting paid. 〚č-√q̕i<ʔ>y-us have-√pay<actl>-rcpnt〛

√q̕íyt √noon.

q̕íyt noon. 〚√q̕íyt √noon〛
q̕itəŋínəŋ eat dinner. 〚√q̕iyt=ŋin-ŋ √noon=piece-mdl〛
q̕aʔtəŋéʔnəŋ eating dinner. 〚√q̕i<ʔ>yt=ŋi<ʔ>n-ŋ<ʔ> √noon<actual>=piece<actual>-mdl<actual>〛
nəxʷq̕íyt Little Boston. 〚nxʷ-√q̕iyt loc-√noon〛

√q̕iyuʔ √preserve.

q̕éʔyuʔ preserve food. 〚√q̕i<ʔ>yuʔ √preserve<actual>〛
sq̕íyuʔ food for later. 〚s-√q̕iyuʔ s-√preserve〛
sq̕iq̕íyuʔ foods for later. 〚s-q̕y+√q̕iyuʔ s-pl+√preserve〛
ʔɬsq̕íyuʔ rat. 〚ʔɬ-s-√q̕iyuʔ consume-s-√preserve〛
sq̕iyuʔáwtxʷ smoke house. 〚s-√q̕iyuʔ=awtxʷ s-√preserve=house〛
q̕əyúʔəŋ preserve. 〚√q̕iyuʔ-ŋ √preserve-mdl〛
q̕aʔyúʔəŋ storing. 〚√q̕i<ʔ>yuʔ-ŋ<ʔ> √preserve<actual>-mdl<actual>〛

√q̕ɬ √lie_across.

q̕ɬaʔáw̕əɬ be lying crosswise. 〚√q̕ɬ=əʔəw<ʔ>-ɬ √lie_across=side<actl>-dur〛

√q̕ɬumčn √orca.

q̕ɬúməčən orca. 〚√q̕ɬumčn √orca〛
q̕aʔyəɬúməčən orcas. 〚√q̕<aʔy>ɬumčn √orca<pl>〛
q̕aʔq̕ɬúʔməčən small orca. 〚q̕aʔ+√q̕ɬu<ʔ>mčn dimin+√orca<dimin>〛
q̕aʔyaʔq̕ɬúʔməčn̕ small orcas. 〚q̕<əʔy>aʔ+√q̕ɬu<ʔ>mčn<ʔ> dimin<pl>+√orca<dimin>〛
q̕ɬuməčənáwtxʷ blackfish home. 〚√q̕ɬuməčən=awtxʷ √orca=house〛

√q̕m̕ √break_off.

q̕ə́m̕ break off. 〚√q̕m̕ √break_off〛
q̕əmə́yu cut short. 〚√q̕m-əyu √break_off-activ〛
q̕ə́m̕əyuʔ breaking apart. 〚√q̕<ə́>m̕-əyu<ʔ> √break_off<actual>-activity<actual>〛
q̕á́ʔməs break off. 〚√q̕əm̕-as √break_off-ptcaus〛
q̕əm̕náxʷ break off. 〚√q̕m̕-naxʷ √break_off-nctrns〛
q̕əm̕náŋ be caught up to. 〚√q̕m̕-naxʷ-ŋ √break_off-nctrns-psv〛
q̕əmə́t break it off. 〚√q̕m̕-t √break_off-trns〛
q̕ə́m̕t breaking it. 〚√q̕<ə́>m̕-t √break_off<actl>-trns〛
q̕əmə́təŋ is cut off. 〚√q̕m̕-t-ŋ √break_off-trns-psv〛
q̕ə́m̕təŋ being cut off. 〚√q̕<ə́>m̕-t-ŋ<ʔ> √break_off<actual>-trans-psv<actual>〛
q̕əm̕q̕ə́m̕ətəŋ be cut off (pl). 〚q̕m̕+√q̕m̕-t-ŋ pl+√break_off-trns-psv〛
q̕əm̕úst cut in on someone. 〚√q̕m̕=us-t √break_off=face-trns〛
q̕əm̕ústəŋ be cut in on. 〚√q̕m̕=us-t-ŋ √break_off=face-trns-psv〛
ʔəsq̕ə́m̕sən̕ one-legged. 〚ʔs-√q̕əm̕=sən<ʔ> stat-√break_off=foot<actual>〛
q̕əm̕əsə́nət cut someone's leg off. 〚√q̕m̕=sən-t √break_off=foot-trns〛
ʔəsq̕á́ʔməɬ broken off. 〚ʔs-√q̕<á>m̕-ɬ stat-√break_off<rslt>-dur〛
sq̕əm̕ə́yu Saturday. 〚s-√q̕əm̕-əyu s-√break_off-activ〛
q̕əm̕sə́n cut foot. 〚√q̕m̕=sən √break_off=foot〛
q̕m̕iʔáxt cut someone's arm off. 〚√q̕əm̕-y̕=axən-t √break_off-ext=arm-trns〛
q̕əm̕q̕əm̕ícən bee. 〚q̕m̕+√q̕m̕=icən char+√break_off=back〛

√q̕s √ʔ.

q̕sɬnáyətəŋ 〚√q̕s=ɬnay-t-ŋ √ʔ=neck-trns-psv〛

sq̓sə́łnəł necklace. ⟦s-√q̓s=əłnł s-√ʔ=throat⟧
   sq̓əyəsə́łnəł necklaces. ⟦s-√q̓<əyə>s=əłnł s-√ʔ<pl>=throat⟧

√q̓t √around.
q̓taʔáw̓əł around. ⟦√q̓t=əʔəw<ˀ>-ł √around=side<actl>-dur⟧
  q̓taʔáw̓əłtxʷ put around. ⟦√q̓t=əʔəw<ˀ>-ł-txʷ √around=side<actl>-dur-incaus⟧
   q̓taʔáw̓əłtúŋə put you around. ⟦√q̓t=əʔəw<ˀ>-ł-txʷ-uŋə √around=side<actl>-dur-incaus-2obj⟧
   q̓taʔáw̓əłtəŋ be put around. ⟦√q̓t=əʔəw<ˀ>-ł-txʷ-ŋ √around=side<actl>-dur-incaus-psv⟧
q̓taʔwíyəŋ go around. ⟦√q̓t=əʔəw-iy-ŋ √around=side-dev-mdl⟧
q̓taʔwíyɬ go around. ⟦√q̓t=əʔəw-iyɬ √around=side-go⟧
q̓taʔyéʔqʷ top of the head. ⟦√q̓t-əʔy=iʔqʷ √around-ext=head⟧
  sxʷq̓taʔyéʔqʷ top. ⟦sxʷ-√q̓t-əʔy=iʔqʷ for-√edge-ext=head⟧
  sq̓tayéʔqʷ peak. ⟦s-√q̓t-ay=iʔqʷ s-√edge-ext=head⟧
q̓tawyéʔ wrap around. ⟦√q̓t=awyiʔ √around=horizontal⟧
q̓táw̓txʷ go around the house. ⟦√q̓t=aw̓txʷ √around=house⟧
  q̓átuʔtxʷ going around house. ⟦√q̓<á>t=aw̓txʷ √around<actl>=house⟧
q̓təqsən go around a point. ⟦√q̓t=əqsən √around=nose⟧
q̓tiʔúsəŋ go around. ⟦√q̓t-y̓=us-ŋ √around-ext=face-mdl⟧
  q̓aʔq̓tiyúsəŋ go around (dimin). ⟦qaʔ+√q̓ty̓us-ŋ dim+√go_around-mdl⟧
sq̓túyəs headband. ⟦s-√q̓t=uyəs s-√around=forehead⟧
q̓túysən band. ⟦√q̓t=uyəs=ən √around=forehead=instr⟧
q̓túcən follow the beach. ⟦√q̓t=ucin √around=mouth⟧
q̓tústxʷ take around. ⟦√q̓t=us-txʷ √around=face-caus⟧

√q̓uwaʔ √eat_raw.
q̓əwáʔəŋ eat raw. ⟦√q̓uwaʔ-ŋ √eat_raw-mdl⟧

√q̓x √clam.
q̓xə́yuʔ dig clams. ⟦√q̓x-əyu √clam-activ⟧
  q̓aʔxə́yu digging clams. ⟦√q̓<aʔ>x-əyu √clam<actl>-activ⟧
  sq̓xə́yuʔ butter clam. ⟦s-√q̓x-əyu s-√clam-activ⟧
   sq̓aʔq̓xə́yuʔ small butter clam. ⟦s-q̓aʔ+√q̓x-əyu s-dim+√clam-activ⟧
   sq̓aʔyəxə́yuʔ butter clams. ⟦s-√q̓<əʔy>x-əyu s-√clam<pl>-activ⟧
  ʔəɬsq̓aʔxə́yu eating clams. ⟦ʔɬ-s-√q̓<əʔ>x-əyu consume-s-√clam<actl>-activ⟧
  q̓iq̓xəyuʔíyɬ going clam digging. ⟦q̓y+√q̓x-əyu-iyɬ pl+√clam-activ-go⟧
  sxʷq̓aʔxə́yu clam fork. ⟦sxʷ-√q̓<əʔ>x-əyu for-√clam<actl>-activ⟧

√q̓x √ʔ.
sq̓xə́łən scarf. ⟦s-√q̓x=əłnł s-√ʔ=throat⟧

√q̓xmin √Indian_consumption_plant.
q̓əxmín Indian consumption plant. ⟦√q̓xmin √Indian_consumption_plant⟧

√q̓yákʷŋ √knee.
sq̓iyákʷəŋ knee. ⟦s-√q̓yákʷŋ s-√knee⟧
  sq̓iq̓iyákʷəŋ knees. ⟦s-q̓y+√q̓yakʷŋ s-pl+√knee⟧

√q̓yaw̓ √beaver.
sq̓iyáw̓ beaver. ⟦s-√q̓yaw̓ s-√beaver⟧

√q̓yiʔəč √elk.
q̓əyéʔəč elk. ⟦√q̓yiʔəč √elk⟧
  q̓aʔyəyéʔəč elk (pl). ⟦√q̓<əʔy>yiʔəč √elk<pl>⟧

√q̓yp̓ √curl.
q̓ip̓ə́t curl it. ⟦√q̓yp̓-t √curl-trns⟧
  q̓ə́yəp̓t shrink it. ⟦√q̓<ə́>yp̓-t √curl<actl>-trns⟧
  q̓ip̓ə́tən be curled. ⟦√q̓yp̓-t-ŋ √curl-trns-psv⟧
ʔəsq̓ə́yp̓ curled. ⟦ʔs-√q̓əy<ˀ>p̓ stat-√curl<actual>⟧
  q̓ə́yəp̓ct shrink. ⟦√q̓<ə́>yp̓-cut √curl<actl>-rflxv⟧
q̓ip̓éʔqʷəŋ curl hair. ⟦√q̓yp̓=iʔqʷ-ŋ √curl=head-mdl⟧
sq̓ip̓éʔqʷ hair curl. ⟦s-√q̓yp̓=iʔqʷ s-√curl=head⟧
q̓ip̓éʔqʷəŋiyɬ go to curl hair. ⟦√q̓yp̓=iʔqʷ-ŋ-iyɬ √curl=head-mdl-go⟧
ʔəsq̓iʔp̓éʔqʷ curly hair. ⟦ʔs-√q̓y<ˀ>p̓=iʔqʷ stat-√curl<pl>=head⟧
  q̓ip̓úysən curl hair. ⟦√q̓yp̓=uyəs-ŋ √curl=forehead-mdl⟧

√qʷaʔ √ʔ.
sxʷqʷáʔətən̓ juice. ⟦sxʷ-√qʷaʔ-tən for-√ʔ=instr⟧

√qʷaʔx̣̌y̓ √?.
   sqʷaʔx̣̌iʔáy young adult. 〚s-√qʷaʔx̣̌y̓ = ayə s-√? = person〛
      sqʷaʔx̣̌iʔáy̓ay young adults. 〚s-√qʷaʔx̣̌y̓ = <ay̓> ay s-√? = person <pl>〛

√qʷaʔn √mosquito.
   qʷáʔən mosquito. 〚√qʷaʔn √mosquito〛

√qʷaʔqʷəč̓ √auklet.
   qʷaʔqʷə́č̓ auklet. 〚√qʷaʔqʷəč̓ √auklet〛

√qʷač̓ay √?.
   qʷčáysən walking stick. 〚√qʷač̓ay = sən √? = foot〛
   qʷaʔyəcáyəsən canes. 〚√qʷ<əʔy>ač̓-ay = sən √lever<pl>-ext = foot〛
   nəqʷčáyəsən my dear. 〚nə-√qʷač̓-ay = sən 1pos-√lever-ext = foot〛

√qʷačy √pale.
   qʷáči pale. 〚√qʷačy √pale〛

√qʷan √call.
   qʷánəs call. 〚√qʷan-as √call-ptcaus〛
     qʷáʔəns calling to. 〚√qʷa<ʔə>n-as √call<actl>-ptcaus〛
     qʷánsəŋ be called to. 〚√qʷan-as-ŋ √call-ptcaus-psv〛
       qʷaʔánsəŋ being called. 〚√qʷ<aʔ>an<ˀ>-as-ŋ<ˀ> √call<actual>-putcaus-psv<actual>〛
       qʷaʔántəŋ being called. 〚√qʷ<əʔ>an-t-ŋ √call<actl>-trns-psv〛
     qʷənsə́yuʔ inviting a group. 〚√qʷan<ˀ>-as-əyu<ʔ> √call<actual>-putcaus-activity<actual>〛
     sqʷənsə́yuʔ invitation. 〚√qʷan<ˀ>-as-əyu<ʔ> √call<actual>-putcaus-activity<actual>〛
   qʷánəxʷ manage to call. 〚√qʷan-naxʷ √call-nctrns〛
   qʷanəsnúŋə invite you. 〚√qʷan-as-nuŋə √call-ptcaus-2obj〛
   qʷaʔánəxʷ calling to come. 〚√qʷ<əʔ>an-naxʷ √call<actl>-nctrns〛
   qʷaʔnít call someone to come. 〚√qʷa<ʔ>n-ŋí-t √call<actl>-rel-trns〛
   qʷaʔnítəŋ being talked to. 〚√qʷa<ʔ>n-ŋí-t-ŋ √call<actl>-rel-trns-psv〛
     qʷaʔqʷaʔnítəŋ being talked to. 〚qʷaʔ+√qʷa<ʔ>n-ŋí-t-ŋ dim+√call<actl>-rel-trns-psv〛
   qʷqʷaʔánxʷ calling for rain. 〚qʷ+√qʷ<əʔ>an<ˀ>-naxʷ incep+√call<actl>-nctrns〛

√qʷaq √muddy.
   nəxʷqʷáqəŋ muddy. 〚nxʷ-√qʷaq-ŋ loc-√muddy-mdl〛

√qʷaq̓ʷ √scab.
   qʷáq̓ʷ scab. 〚√qʷaq̓ʷ √scab〛
   ʔsqʷáq̓ʷɬ sore. 〚ʔs-√qʷaq̓ʷ-ɬ stat-√sore-dur〛

√qʷax̣ʷ √suffer.
   qʷáʔqʷax̣ʷct suffer. 〚qʷáʔ+√qʷax̣ʷ-cut actl+√suffer-rflxv〛

√qʷay √talk.
   qʷáy talk. 〚√qʷay √talk〛
     qʷáqʷiʔ talking. 〚qʷa+√qʷay<ʔ> actual+√talk<actual>〛
       sqʷáqʷi language. 〚s-qʷá+√qʷy s-actl+√talk〛
       sxʷqʷáqʷiʔ recorder. 〚sxʷ-qʷa+√qʷay<ʔ> for-actual+√talk<actual>〛
   qʷáyŋ say. 〚√qʷay-ŋ √talk-mdl〛
   sqʷáy language. 〚s-√qʷay s-√talk〛
     sqʷáytən language. 〚s-√qʷay-tən s-√talk=instr〛
     sxʷqʷáytən voice. 〚sxʷ-√qʷay-tən for-√talk=instr〛
   qʷáyqʷi talkative. 〚qʷáy+√qʷay char+√talk〛
     sqʷáy̓qʷiʔ conversation. 〚s-qʷáy<ˀ>+√qʷay<ˀ> s-char<actual>+√talk<actual>〛
   qʷáyŋət speak to someone. 〚√qʷay-ŋí-t √talk-rel-trns〛
   qʷáqʷiʔŋət talking to someone. 〚qʷá+√qʷay<ʔ>-ŋí-t actl+√talk-rel-trns〛
   qʷiŋít talking to someone. 〚√qʷay-ŋ<ˀ>í-t √talk-rel<actl>-trns〛
   qʷiŋítəŋ be spoken to. 〚√qʷy-ŋí-t-ŋ √talk-rel-trns-psv〛
     qʷiŋítəŋ being talked to. 〚√qʷay-ŋ<ˀ>í-t-ŋ<ˀ> √talk-rel<actual>-trans-psv<actual>〛
     qʷiqʷáyŋət scold someone. 〚qʷay+√qʷay-ŋí-t pl+√talk-rel-trns〛
       qʷiqʷáyŋətəŋ be scolded. 〚qʷay+√qʷay-ŋí-t-ŋ pl+√talk-rel-trns-psv〛
   qʷiníti talk together. 〚√qʷay-ŋí-ty √talk-rel-rcprcl〛
     qʷiʔnítiʔ quarreling. 〚√qʷay<ʔ>-ŋí-ty<ʔ> √talk<actual>-rel-reciprocal<actual>〛
   qʷinə́kʷi talk together. 〚√qʷay-nəwəy √talk-ncrprcl〛
     qʷiʔnə́w̓iʔ conversing. 〚√qʷay<ʔ>-nə<ʔ>wəy<ʔ> √talk<actual>-nreciprocal<actual>〛
   qʷinə́kʷitxʷ talk together with. 〚√qʷay-nəwəy-txʷ √talk-ncrprcl-caus〛
     qʷiʔnə́w̓itxʷ talk to. 〚√qʷay<ʔ>-nəw<ˀ>əy-txʷ √talk-ncrprcl-caus〛
       qʷiʔnə́w̓ic talking to me/you. 〚√qʷay<ʔ>-nəw<ˀ>əy-txʷ-c √talk<actl>-ncrprcl<actl>-caus

√qʷəlístiyuʔ   √qʷəy

-1obj/2obj⟧

    qʷinəkʷitúŋə talk with you. ⟦√qʷay-nəwəy-txʷ-uŋə √talk-ncrcprcl-caus-2obj⟧
    qʷinə́kʷitəŋ be talked with. ⟦√qʷay-nəwəy-txʷ-ŋ √talk-ncrcprcl-caus-psv⟧
    qʷinə́kʷitəŋ be talked to. ⟦√qʷay-nəwəy-t-ŋ √talk-ncrcprcl-trns-psv⟧
      qʷiʔnə́wiʔtəŋ being talked with. ⟦√qʷay<ʔ>-nəw<ʔ>əy<ʔ>-txʷ-ŋ<actual> √talk<actual>-ncreciprocal<actual>-caus-psv<actual>⟧
    sxʷqʷinə́kʷi telephone. ⟦sxʷ-√qʷay-nəwəy for-√talk-ncrcprcl⟧
    qʷiʔnúʔŋət manage to talk. ⟦√qʷay<ʔ>-nu<ʔ>ŋt √talk<actual>-ncmiddle<actual>⟧
    qʷayúst talk to someone. ⟦√qʷay=us-t √talk=face-trns⟧
    qʷayústəŋ get talked to. ⟦√qʷay=us-t-ŋ √talk=face-trns-psv⟧
    qʷaynúŋət mange to talk. ⟦√qʷay-nuŋt √talk-ncmdl⟧
    nəxʷqʷáyəkʷən think. ⟦nxʷ-√qʷay=iwən loc-√talk=interior⟧
    sxʷqʷáyəkʷən mind. ⟦sxʷ-√qʷay=iwən for-√talk=interior⟧
    nəxʷqʷiʔqʷaʔyéʔwən thinking. ⟦nxʷ-qʷy̓+√qʷay<ʔ>=i<ʔ>wən<ʔ> loc-actual+√talk<actual>=interior<actual>⟧
    qʷinúkʷəŋ propose marriage for. ⟦√qʷay=ənukʷ-ŋ √talk=ground-mdl⟧
    qʷay̓núkʷəŋ̓ proposing marriage. ⟦√qʷay<ʔ>=ənukʷ-ŋ<ʔ> √talk<actual>=ground-mdl<actual>⟧
    sxʷqʷáyyu microphone. ⟦sxʷ-√qʷay-əyu for-√talk-activ⟧

√qʷəlístiyuʔ √eulachon.
    qʷəlístiyuʔ eulachon. ⟦√qʷəlístiyuʔ √eulachon⟧

√qʷəɬ √drift_ashore.
    qʷə́ɬ drift ashore. ⟦√qʷɬ √drift_ashore⟧
    ʔsqʷásɬ adrift. ⟦ʔs-√qʷ<á>ɬ-ɬ stat-√drift_ashore<rslt>-dur⟧
    qʷɬə́t float it in water. ⟦√qʷɬ-t √drift_ashore-trns⟧
    qʷɬə́təŋ be drifted ashore. ⟦√qʷɬ-t-ŋ √drift_ashore-trns-psv⟧
    qʷə́ɬtəŋ̓ being drifted ashore. ⟦√qʷ<ə́>ɬ-t-ŋ<ʔ> √drift_ashore<actual>-trans-psv<actual>⟧
    ʔəsqʷáɬ on beach. ⟦ʔs-√qʷ<á>ɬ stat-√drift_ashore<result>⟧
    qʷɬáy̓ log. ⟦√qʷɬ=ay̓ √drift_ashore=wood⟧
    qʷiqʷə́ɬiʔ logs. ⟦qʷy+√qʷ<ə́>ɬ=ay̓ pl+√drift_ashore<actl>=wood⟧
    qʷaʔyəqʷáɬiʔ small logs. ⟦qʷaʔ<yə>+√qʷ<á>ɬ=ay̓ dim<pl>+√drift_ashore<rslt>=wood⟧
    sqʷɬaʔčáwtxʷ log cabin. ⟦s-√qʷɬ=ay̓=awtxʷ s-√drift_ashore=wood=house⟧
    qʷɬáy̓šən shoe. ⟦√qʷɬ=ay̓=sən √drift_ashore=wood=foot⟧
    qʷə́ɬi logging. ⟦√qʷ<ə́>ɬ=ay̓ √drift_ashore<actl>=wood⟧
    qʷáɬiŋ logging. ⟦√qʷ<á>ɬ-iy-ŋ √drift-ashore<rslt>-dev-mdl⟧
    ʔəsqʷáʔɬiʔ logging. ⟦ʔs-√qʷ<á><ʔ>ɬ=ay̓ stat-√drift_ashore<rslt><actl>=wood⟧
    qʷə́ɬct waves. ⟦√qʷ<ə́>ɬ-cut √drift_ashore<actl>-rflxv⟧

√qʷəɬs √smelt.
    qʷə́ɬs smelt. ⟦√qʷəɬs √smelt⟧
    qʷáyəɬs smelts. ⟦√qʷ<áy>əɬs √smelt<pl>⟧
    qʷaʔqʷáʔɬs small smelt. ⟦qʷaʔ+√qʷə<ʔ>ɬs dim+√smelt⟧

√qʷəmus √bewildered.
    qʷaqʷəmús bewildered. ⟦qʷa+√qʷəmus dim+√bewildered⟧

√qʷəm̓xʷ √dull.
    ʔəsqʷə́m̓xʷ dull. ⟦ʔs-√qʷəm̓xʷ stat-√dull⟧

√qʷəm̓xʷ √skinny.
    qʷə́m̓əxʷ skinny. ⟦√qʷəm̓xʷ √skinny⟧
    ʔəsqʷə́m̓xʷ thin. ⟦ʔs-√qʷəm<ʔ>x̣ʷ stat-√thin<actual>⟧
    sqʷə́m̓x̣ʷi thin person. ⟦ʔs-√qʷəm<ʔ>x̣ʷ-iy stat-√thin<actl>-dev⟧
    sqʷaʔqʷə́m̓xʷ skinny. ⟦s-qʷaʔ+√qʷəm̓xʷ s-dim+√thin⟧

√qʷəqʷac̓ √mud_hen.
    qʷə́qʷaʔc̓ mud hen. ⟦√qʷəqʷac̓ √mud_hen⟧
    qʷiʔyəqʷaʔc̓ mud hens. ⟦√qʷ<iʔy>əqʷac̓ √mud_hen<pl>⟧

√qʷəq̓ʷ √downstream.
    qʷə́q̓ʷ downstream. ⟦√qʷəq̓ʷ √downstream⟧
    qʷə́q̓ʷi go downstream. ⟦√qʷəq̓ʷ-iy √downstream-dev⟧
    qʷáʔq̓ʷiʔ going downstream. ⟦√qʷə<ʔ>q̓ʷ-iy<ʔ> √downstream<actual>-develop<actual>⟧
    qʷəq̓ʷiʔáw̓əɬ oriented downstream. ⟦√qʷəq̓ʷ-iy=əʔəw<ʔ>-ɬ √downstream-dev=side<actl>-dur⟧

√qʷəy √sun.
    qʷə́yəŋ sun. ⟦√qʷəy-ŋ √sun-mdl⟧
    qʷqʷə́yəŋ sunshine. ⟦qʷ+√qʷəy<ʔ>-ŋ incep+√sun<actl>-mdl⟧
    qʷaʔqʷə́yəŋ̓ sunny. ⟦qʷaʔ+√qʷəy<ʔ>-ŋ dim+√sun<dim>-mdl⟧

Klallam Root Index

√qʷəyš   √qʷix̣ʷ

    sqʷqʷə́y̓ sun. [s-qʷ + √qʷəy̓ s-incep + √sun]
    qʷə́yqʷi bead. [qʷə́y + √qʷəy char + √shine]
    ʔənəqʷáy yellow-green. [ʔn-√qʷə<á>y color-√sun<result>]
√**qʷəyš** √scatter.
    qʷə́yəš scatter. [√qʷəyš √scatter]
        qʷəyə́y̓š scatter (pl). [√qʷ<əy>əy<ʔ>š √scatter<pl><actual>]
      ʔəsqʷə́y̓š scattered. [ʔs-√qʷəy<ʔ>š stat-√scatter<actual>]
      qʷə́yəši scatter around. [√qʷəyš-iy √scatter-dev]
        qʷiqʷə́yəši get all scattered. [qʷy + √qʷəyš-iy pl + √scatter-dev]
      qʷə́yəšt scatter it. [√qʷəyš-t √scatter-trns]
        qʷə́y̓št scattering it. [√qʷəy<ʔ>š-t √scatter<actl>-trns]
      qʷə́yəštəŋ be scattered. [√qʷəyš-t-ŋ √scatter-trns-psv]
√**qʷəy̓** √bail.
    qʷə́y̓ət bail it. [√qʷəy̓-t √bail-trns]
      qʷə́y̓t bailing it. [√qʷ<ə́>y̓-t √bail<actl>-trns]
    qʷə́y̓əct bail. [√qʷəy̓-cut √bail-rflxv]
      qʷə́y̓ct bailing. [√qʷəy̓-cut √bail<actl>-rflxv]
    sxʷʔiʔqʷə́y̓ct bailer. [sxʷ-hy̓-√qʷəy̓c-t for-proc-√bail-trns]
    qʷiʔtə́n bailer. [√qʷəy̓-tən √bail=instr]
√**qʷəy̓c** √bail.
    qʷə́y̓əc bail. [√qʷəy̓c √bail]
      qʷə́y̓əct bail it. [√qʷəy̓c-t √bail-trns]
        qʷə́y̓əctəŋ be bailed. [√qʷəy̓c-t-ŋ √bail-trns-psv]
√**qʷəy̓s** √boil_food.
    qʷə́y̓əs boil to cook. [√qʷəy̓s √boil_food]
      qʷə́y̓s boiling. [√qʷ<ə́>y̓s √boil_food<actual>]
    sxʷqʷə́y̓s pot. [sxʷ-√qʷəy̓s for-√boil_food]
    sqʷəy̓əsáwtxʷ cannery. [s-√qʷəy̓əs=awtxʷ s-√boil_food=house]
    qʷə́y̓əst boil it. [√qʷəy̓s-t √boil_food-trns]
      qʷə́y̓əstəŋ be boiled. [√qʷəy̓s-t-ŋ √boil_food-trns-psv]
    qʷə́y̓əsnít boil it. [√qʷəy̓s-ŋí-t √boil_food-rel-trns]
      qʷə́y̓əsnítəŋ be boiled. [√qʷəy̓s-ŋí-t-ŋ √boil_food-rel-trns-psv]
    ʔəsqʷə́y̓s boiled. [ʔs-√qʷəy̓s stat-√boil_food<actual>]
√**qʷiʔstay̓** √?.
    qʷaʔqʷiʔstáy̓nəxʷ dwarf. [qʷaʔ + √qʷiʔstay̓=ŋixʷ dim + √?=being]
√**qʷin** √hair.
    qʷínəcən whiskers. [√qʷin=ucin √hair=mouth]
      qʷənqʷínəcən whiskers (pl). [qʷən + √qʷin=ucin pl + √hair=mouth]
    ʔəsqʷaʔnúcən bewhiskered. [ʔs-√qʷi<ʔ>n=ucin stat-√whisker<actl>=mouth]
    sxʷqʷənáyəqsən nose hair. [sxʷ-√qʷin-ay=əqsən for-√hair-ext=nose]
    qʷínəkʷs body hair. [√qʷin=iws √hair=body]
    ʔəsqʷaʔníw̓s hairy. [ʔs-√qʷi<ʔ>n=iw<ʔ>s stat-√hair<actual>=body<actual>]
    qʷənqʷínsən helmet crab. [qʷən + √qʷin=sən char + √hair=foot]
√**qʷiw̓q** √?.
    qʷíw̓qən chimney thimble. [√qʷiw̓q=ən √?=instr]
√**qʷix̣** √move.
    qʷíx̣ move. [√qʷix̣ √move]
    qʷíx̣əŋ move. [√qʷix̣-ŋ √move-mdl]
    qʷəx̣ə́yu moving. [√qʷix̣-əyu √move-activ]
    qʷx̣ít move it. [√qʷix̣-t √move-trns]
      qʷíx̣t moving it. [√qʷ<í>x̣-t √move<actl>-trns]
      qʷx̣ítəŋ be moved. [√qʷix̣-t-ŋ √move-trns-psv]
        qʷíx̣təŋ being moved. [√qʷ<í>x̣-t-ŋ √move<actl>-trns-psv]
    qʷíx̣ct move self. [√qʷix̣-cut √move-rflxv]
      qʷaʔqʷíx̣ct moving around. [qʷaʔ + √qʷix̣-cut actl + √move-rflxv]
√**qʷix̣ʷ** √away.
    qʷíx̣ʷ away. [√qʷix̣ʷ √away]
      qʷíx̣ʷt put it out of the way. [√qʷix̣ʷ-t √away-trns]
        qʷíx̣ʷtəŋ be put out of way. [√qʷix̣ʷ-t-ŋ √away-trns-psv]
          qʷaʔx̣ʷítəŋ being put out of way. [√qʷi<ʔ>x̣ʷ-t-ŋ<ʔ> √away<actual>-trans-psv<actual>]

√qʷɬuʔy   √qʷuʔ

    qʷx̣ʷíct move away. 〚√qʷix̣ʷ-cut √move-rflxv〛
    ʔəsqʷéʔəx̣ʷ out of the way. 〚ʔs-√qʷi<ʔə>x̣ʷ stat-√away<actual>〛

√qʷɬuʔy √camas.
    qʷɬúʔi camas. 〚√qʷɬuʔy √camas〛
    qʷaʔyəɬúʔi camas (pl). 〚√qʷ<əʔyə>ɬuʔy √camas<pl>〛

√qʷməy̓ √dog.
    sqʷəmə́y̓ dog. 〚s-√qʷməy̓ s-√dog〛
    sqʷaʔqʷəmə́y̓ small dog. 〚s-qʷaʔ+√qʷməy̓ s-dim+√dog〛
    qʷəmqʷəmə́y̓ little dog. 〚qʷəm+√qʷməy̓ dim+√dog〛

√qʷmi √blame.
    qʷqʷéʔməŋ blaming. 〚qʷ+√qʷmi-ŋ<ʔ> inceptive+√blame<actual>-mdl<actual>〛
    qʷaʔmít blame someone. 〚√qʷmi-t √blame-trns〛
    qʷqʷéʔmət blaming someone. 〚qʷ+√qʷmi-t incep+√blame<actl>-trns〛
    qʷaʔmíc blame me/you. 〚√qʷmi-t-c √blame-trns-1obj/2obj〛
    qʷaʔmítəŋ be blamed. 〚√qʷmi-t-ŋ √blame-trns-psv〛
    qʷéʔmətəŋ being blamed. 〚√qʷ<í>m-t-ŋ √blame<actl>-trns-psv〛

√qʷni √gull.
    qʷəní gull. 〚√qʷni √gull〛
    qʷaʔiní gulls. 〚√qʷ<aʔy>ni √gull<pl>〛

√qʷqʷayiqʷy̓ √brant.
    qʷqʷáʔyəqʷiʔ brant. 〚√qʷqʷaʔyəqʷy̓ √brant〛
    qʷiyəqʷáyəqʷiʔ brants. 〚√qʷ<iyə>qʷaʔyəqʷy̓ √brant<pl>〛

√qʷqʷəʔiys √knife.
    qʷqʷaʔéyəs knife. 〚√qʷqʷəʔiys √knife〛
    qʷiyaʔqʷiʔéyəs knives. 〚√qʷ<iyəʔ>qʷəʔiys √knife<pl>〛

√qʷuʔ √water.
    qʷúʔ water. 〚√qʷuʔ √water〛
    qʷúʔəŋ get water. 〚√qʷuʔ-ŋ √water-mdl〛
    qʷqʷúʔəŋ getting water. 〚qʷ+√qʷuʔ-ŋ<ʔ> inceptive+√water-mdl<actual>〛
    qʷúʔət get water for it. 〚√qʷuʔ-t √water-trns〛
    qʷúʔəc get water for me/you. 〚√qʷuʔ-t-c √water-trns-1obj/2obj〛
    qʷaʔútəŋ be watered. 〚√qʷuʔ-t-ŋ √water-trns-psv〛
    qʷúʔqʷaʔ drink. 〚qʷuʔ+√qʷuʔ char+√water〛
    qʷúʔqʷaʔqʷaʔ drinking. 〚qʷúʔ+qʷuʔ+√qʷuʔ actl+char+√water〛
    sxʷqʷúqʷaʔtən drinking straw. 〚sxʷ-qʷú+√qʷuʔ-tən for-char+√water=instr〛
    sqʷúʔqʷaʔ a drink. 〚s-qʷúʔ+√qʷuʔ s-char+√water〛
    sqʷuʔqʷaʔáw̓txʷ tavern. 〚s-qʷúʔ+√qʷuʔ=aw̓txʷ s-char+√water=house〛
    qʷúʔqʷqʷaʔ drinking. 〚qʷuʔ+qʷ+√qʷuʔ actl+incep+√water〛
    qʷúʔqʷqʷaʔŋət drinking it. 〚qʷuʔ+qʷ+√qʷuʔ-ŋí-t actl+incep+√water-rel-trns〛
    qʷúʔqʷaʔtxʷ let drink. 〚qʷuʔ+√qʷuʔ-txʷ char+√water-letcaus〛
    qʷúʔqʷaʔtəŋ be allowed to drink. 〚qʷuʔ+√qʷuʔ-txʷ-ŋ char+√water-letcaus-psv〛
    qʷúʔqʷaʔt drink it. 〚qʷúʔ+√qʷuʔ-t char+√water-trns〛
    nəxʷsqʷúʔqʷaʔ drinker. 〚nxʷ-s-qʷúʔ+√qʷuʔ loc-s-char+√water〛
    nəxʷsqʷúʔqʷqʷaʔ drinker (actl). 〚nxʷ-s-qʷúʔ+qʷ+√qʷuʔ loc-s-char+actl+√water〛
    qʷaʔqʷaʔáy̓ŋən thirsty. 〚qʷuʔ+√qʷuʔ-ay̓ŋən char+√water-want〛
    qʷaʔqʷaʔnít drink it. 〚qʷuʔ+√qʷuʔ-ŋí-t char+√water-rel-trns〛
    qʷaʔqʷaʔnítəŋ given to drink. 〚qʷuʔ+√qʷuʔ-ŋí-t-ŋ char+√water-rel-trns-psv〛
    qʷaʔqʷəháy̓nəč drinking the bottom. 〚qʷuʔ+√qʷuʔ=ay<ʔ>ə=nač char+√water=container<actl>=tail〛
    qʷaʔqʷúʔstxʷ give drink. 〚qʷuʔ+√qʷuʔ-stxʷ char+√water-caus〛
    sqʷuʔúyəs teardrop. 〚s-√qʷuʔ=uyəs s-√water=forehead〛
    sqʷiqʷəyaʔúyəs teardrops. 〚s-qʷy+√qʷ<əy>uʔ=uyəs s-pl+√water<pl>=forehead〛
    sxʷqʷuʔúyəs baby born at time of a death. 〚sxʷ-√qʷuʔ=uyəs for-√water=forehead〛
    sqʷuʔús teardrop. 〚s-√qʷuʔ=us s-√water=face〛
    sxʷqʷəyúʔus tears. 〚sxʷ-√qʷ<əy>uʔ=us for-√water<pl>=face〛
    sxʷqʷúʔəs baby born at time of a death. 〚sxʷ-√qʷuʔ=us for-√water=face〛
    sqʷúʔtən bucket. 〚s-√qʷuʔ-tən s-√water=instr〛
    sqʷúqʷaʔtən small bucket. 〚s-qʷú+√qʷuʔtən s-dim+√bucket〛
    sqʷaʔqʷúʔməš Skokomish. 〚s-qʷaʔ+√qʷuʔ=umš s-dim+√water=type〛
    čšqʷáyaʔ have water (pl). 〚č-s-√qʷ<áy>uʔ have-s-√water<pl>〛

√qʷuŋ   √qʷayx̣

        sxʷqʷəčáy jug. 〚sxʷ-√qʷu?-č=ayə for-√water-?=container〛
          sxʷqʷəya?čáy jugs. 〚sxʷ-√qʷ<əy>ə?-č=ayə for-√water<pl>-?=container〛

√qʷuŋ √alder.
        sqʷúŋəɬč alder. 〚s-√qʷuŋ=iɬč s-√alder=plant〛
        sqʷəŋqʷúŋəɬč alder trees. 〚s-qʷəŋ+√qʷuŋ=iɬč s-pl+√alder=plant〛
        sqa?qʷú?ŋəɬč small alder. 〚s-qʷa?+√qʷuŋ=iɬč s-dim+√alder=plant〛
          sqʷa?ya?qʷú?ŋəɬč small alders. 〚s-qʷ<ə?y>a?+√qʷuŋ=iɬč s-dim<pl>+√alder=plant〛
        ʔəɬsqʷú?ŋəɬč eating alder sap. 〚ʔɬ-s-√qʷu<?>ŋ=iɬč consume-s-√alder<actl>=plant〛

√qʷus √rock.
        qʷúsəŋ rock back and forth. 〚√qʷus-ŋ √rock-mdl〛

√qʷuyəmˀu √hug.
        qʷa?yáʔmi hugging. 〚√qʷu<?>yə<?>mˀ-iy √hug<actl>-dev〛
        qʷúya?mət hug someone. 〚√qʷuyəmˀu-t √hug-trns〛
          qʷúʔya?mət hugging someone. 〚√qʷuy<ˀ>əmˀu-t √hug<actl>-trns〛
          qʷúʔya?məc hugging me/you. 〚√qʷuy<ˀ>əmˀu-t-c √hug<actl>-trns-1obj/2obj〛
        qʷəya?mútəŋ be hugged. 〚√qʷuyəmˀ-t-ŋ √hug-trns-psv〛
          qʷaya?mútəŋ getting hugged. 〚√qʷuy<ˀ>əmˀ-t-ŋ √hug<actl>-trns-psv〛
        qʷəyəmúti hug each other. 〚√qʷuyəmˀ-ty √hug-rcprcl〛
          qʷa?yəmúti hugging each other. 〚√qʷu<?>yəmˀ-ty √hug<actl>-rcprcl〛
        qʷəyəmúst hug someone. 〚√qʷuyəmˀ=us-t √hug=face-trns〛
          qʷəya?mústəŋ be hugged. 〚√qʷuyəmˀ=us-t-ŋ √hug=face-trns-psv〛
           qʷəya?məstíŋ be hugged. 〚√qʷuyəmˀ=us-t-í-ŋ √hug=face-trns-pers-psv〛

√qʷuyi? √soft.
        qʷúyi? soft. 〚√qʷuyi? √soft〛
        qʷúʔyi?ct getting soft. 〚√qʷu<?>yi?-cut √soft<actl>-rflxv〛

√q̓ʷa? √share.
        q̓ʷá?ət share it. 〚√q̓ʷa?-t √share-trns〛
        q̓ʷa?átəŋ be shared. 〚√q̓ʷa?-t-ŋ √share-trns-psv〛
        q̓ʷa?cínəŋ share food. 〚√q̓ʷa?=ucin-ŋ √share=mouth-mdl〛

√q̓ʷa?č̓ √dogfish.
        sq̓ʷá?č̓ dogfish. 〚s-√q̓ʷa?č̓ s-√dogfish〛
        sq̓ʷa?q̓ʷá?č̓ small dogfish. 〚s-q̓ʷa?+√q̓ʷa?č̓ s-dim+√dogfish〛
        sq̓ʷa?yaq̓ʷá?č̓ small dogfish (pl). 〚s-q̓ʷ<a?y>a+√q̓ʷa?č̓ s-dim<pl>+√dogfish〛

√q̓ʷa?əlxʷ √chum_salmon.
        q̓ʷa?əlxʷ chum salmon. 〚√q̓ʷa?əlxʷ √chum_salmon〛

√q̓ʷa?kʷ √journey.
        q̓ʷa?kʷíyti journey. 〚√q̓ʷa?kʷ-iy-ty √journey-dev-rcprcl〛
        q̓ʷa?kʷéʔti journeying. 〚√q̓ʷa?kʷ-i<?>y-ty √journey-dev<actl>-rcprcl〛

√q̓ʷa?ɬ √expect.
        q̓ʷá?əɬ expect. 〚√q̓ʷa?ɬ √expect〛
        q̓ʷa?ɬcút expecting. 〚√q̓ʷa?ɬ-cut √expect-rflxv〛

√q̓ʷa?qʷi?əɬ √Port_Discovery.
        sq̓ʷa?qʷéʔəɬ Port Discovery. 〚s-√q̓ʷa?qʷi?əɬ √Port_Discovery〛

√q̓ʷa?y √board.
        q̓ʷá?iɬ board. 〚√q̓ʷa?y-ɬ √board-dur〛

√q̓ʷaɬc √gunpowder.
        q̓ʷáɬc gunpowder. 〚√q̓ʷaɬc √gunpowder〛

√q̓ʷaq̓ʷ √bladder.
        sq̓ʷáq̓ʷ bladder. 〚s-√q̓ʷaq̓ʷ s-√bladder〛

√q̓ʷay √bruise_up.
        q̓ʷáy bruise up. 〚√q̓ʷay √bruise_up〛
        q̓ʷčát beat up someone. 〚√q̓ʷay-t √bruise_up-trns〛
        ʔsq̓ʷáy bruised up. 〚ʔs-√q̓ʷay stat-√bruise_up〛
          sq̓ʷáʔi being bruised up. 〚ʔs-√q̓ʷa<?>y stat-√bruise_up<actual>〛
          ʔsq̓ʷáyɬ be beat up. 〚ʔs-√q̓ʷay-ɬ stat-√bruise_up<rslt>-dur〛

√q̓ʷayx̣ √look_out.
        q̓ʷáyəx̣ look out. 〚√q̓ʷayəx̣ √look_out〛
        q̓ʷá?yəx̣ looking out. 〚√q̓ʷa<?>yəx̣ √look_out<actual>〛
        q̓ʷa?q̓ʷá?yəx̣ look out. 〚q̓ʷa?+√q̓ʷa<?>yəx̣ dimin+√look_out<actual>〛

√qʷay̓ √believe.
    qʷáy̓ believe. 〚√qʷay̓ √believe〛
        qʷáq̓ʷi? believing. 〚q̓ʷá + √qʷay̓ actl + √believe〛
        qʷa?q̓ʷáy̓əŋ believing. 〚qʷa? + √qʷay̓-ŋ actl + √believe-mdl〛
    qʷáy̓txʷ believe someone. 〚√qʷay̓-txʷ √believe-caus〛
        qʷay̓túŋə believe you. 〚√qʷay̓-txʷ-uŋə √believe-caus-2obj〛
    qʷáy̓ŋət believe him/her. 〚√qʷay̓-ŋí-t √believe-rel-trns〛
        qʷəyənətúŋəɬ believe us. 〚√qʷay̓-ŋí-t-uŋɬ √believe-rel-trns-1plobj〛
        qʷáy̓ŋəc believe me/you. 〚√qʷay̓-ŋí-t-c √believe-rel-trns-1obj/2obj〛
        q̓ʷq̓ʷay̓ŋítəŋ being agreed with. 〚q̓ʷ + √qʷay̓-ŋí-t-ŋ <ʔ> inceptive + √believe-rel-trans-psv <actual>〛
    qʷáy̓nəxʷ believe it. 〚√qʷay̓-naxʷ √believe-nctrns〛
    qʷay̓k̓ʷənít believe someone. 〚√qʷay̓=iwən-ŋí-t √believe=interior-rel-trns〛
        qʷay̓k̓ʷənítəŋ be believed. 〚√qʷay̓=iwən-ŋí-t-ŋ √believe=interior-rel-trns-psv〛
    qʷáya?ct make friends. 〚√qʷay̓-cut √believe-rflxv〛
    qʷaq̓ʷi?ŋít believe him/her. 〚q̓ʷa + √qʷay̓-ŋí-t actl + √believe-rel-trns〛
        qʷa?q̓ʷiŋətúŋəɬ believe us. 〚q̓ʷa? + √qʷay̓-ŋí-t-uŋɬ dim + √believe-rel-trns-1plobj〛
        qʷaq̓ʷi?ŋíc believe me/you. 〚q̓ʷa + √qʷay̓-ŋí-t-c actl + √believe-rel-trns-1obj/2obj〛
    qʷa?q̓ʷáystxʷ fib to someone. 〚q̓ʷa? + √qʷay̓-stxʷ dim + √believe-caus〛
        qʷa?q̓ʷáysc deceive me/you. 〚q̓ʷa? + √qʷay̓-stxʷ-c dim + √believe-caus-1obj/2obj〛
        qʷa?q̓ʷáystəŋ be fooled. 〚q̓ʷa? + √qʷay̓-stxʷ-ŋ dim + √believe-caus-psv〛
        qʷa?q̓ʷi?stə́ŋəq lie habitually. 〚q̓ʷa? + √qʷay̓-stxʷ-ən <ʔ> əq dimin + √believe-caus-habit <dimin>〛
√qʷc̓ √defecate.
    qʷə́c̓ defecate. 〚√qʷc̓ √defecate〛
    qʷc̓áŋ defecate. 〚√qʷc̓ə-ŋ √defecate-mdl〛
    qʷc̓áyu? bird defecate. 〚√qʷc̓-əyu √defecate-activ〛
    qʷc̓ə́t defecate on it. 〚√qʷc̓-t √defecate-trns〛
        qʷc̓ə́təŋ be defecated on. 〚√qʷc̓-t-ŋ √defecate-trns-psv〛
√qʷčəŋ √root.
    qʷčə́ŋ root. 〚√qʷčəŋ √root〛
    qʷa?yəčə́ŋ roots. 〚√qʷ<ə?yə>čəŋ √root<pl>〛
√qʷə?y √over.
    qʷé?yəŋ go over. 〚√qʷi?y-ŋ √over-mdl〛
    qʷa?yíyəŋ go over. 〚√qʷə?y-iy-ŋ √over-dev-mdl〛
    sqʷé?qʷi? draped over. 〚?s-qʷi? + √qʷiy̓ stat-rslt + √over〛
    ?əsqʷa?qʷa?yícən hanging over. 〚?s-qʷa? + √qʷi?y=icn stat-rslt + √hang=back〛
    qʷiya?yé?čəŋ go over. 〚√qʷi?y-a?y=i?č-ŋ √over-ext=back-mdl〛
    qʷəyəqʷá?i going over (pl). 〚qʷ<əy>ə + √qʷi?i incep<pl> + √over〛
    qʷé?əyət put it over. 〚√qʷi?y-t √over-trns〛
    ?əsqʷa?yíxsən hang legs down. 〚?s-√qʷi?y-ix=sən stat-√over-ext=foot〛
    ?əsqʷi?qʷé?sən hang down. 〚?s-qʷy? + √qʷi?y=sən stat-pl + √over=foot〛
√qʷə́ŋəs √forehead.
    sqʷə́ŋəs forehead. 〚s-√qʷəŋəs s-√forehead〛
√qʷəq̓q̓ √kelp.
    qʷə́q̓q̓ kelp. 〚√qʷəq̓q̓ √kelp〛
√qʷətuxʷ √grumble.
    qʷə́txʷ grumble. 〚√qʷətuxʷ √grumble〛
    qʷa?túxʷ noisy. 〚√qʷə<?>tuxʷ √grumble<actual>〛
    qʷtúxʷəŋ make noise. 〚√qʷətuxʷ-ŋ √grumble<actl>-mdl〛
        qʷa?tú?xʷəŋ making noise. 〚√qʷə?tu<?>xʷ-ŋ<ʔ> √grumble<actual>-mdl<actual>〛
    qʷə́txʷct make noise. 〚√qʷətuxʷ-cut √grumble-rflxv〛
        qʷa?túxʷct making noise. 〚√qʷə<?>tuxʷ-cut √grumble<actl>-rflxv〛
    qʷtxʷíŋəɬ rattle. 〚√qʷətxʷ-iŋɬ √grumble-cstm〛
        qʷtxʷé?ŋəɬ rattling. 〚√qʷətxʷ-i<?>ŋɬ √grumble-custom<actual>〛
    qʷə́txʷəyu? rattling. 〚√qʷətuxʷ-əyu<?> √grumble-activity<actual>〛
    sqʷ́txʷəyu? shivaree. 〚s-√qʷətuxʷ-əyu s-√grumble-activ〛
√qʷəxʷmn √Quilcene.
    qʷə́xʷmən Quilcene. 〚√qʷəxʷmn √Quilcene〛
√qʷəxʷq √south_wind.
    qʷə́xʷq south wind. 〚√qʷəxʷq〛

Klallam Root Index   933

√qʷəx̣ʷqs √bird_power⟧
    q̓ʷəx̣ʷqs type of power. ⟦√q̓ʷəx̣ʷqs √bird_power⟧

√q̓ʷəy1 √cooked/ripe.
    q̓ʷə́y cooked, ripe. ⟦√q̓ʷəy √cooked/ripe⟧
        q̓ʷə́yəŋ roast. ⟦√q̓ʷəy-ŋ √cooked/ripe-mdl⟧
            q̓ʷáʔyəŋ roasting. ⟦√q̓ʷə<ʔ>y-ŋ<ʼ> √cooked/ripe<actual>-mdl<actual>⟧
            sxʷiʔq̓ʷə́yəŋ roasting stick. ⟦sxʷ-hy̓-√q̓ʷəy-ŋ for-proc-√cooked/ripe-mdl⟧
            sq̓ʷə́yəŋ roast. ⟦s-√q̓ʷəy-ŋ s-√cooked/ripe-mdl⟧
        q̓ʷəq̓ʷəynúŋət over cook. ⟦q̓ʷəy+√q̓ʷəy-nuŋt pl+√cooked/ripe-ncmdl⟧
        q̓ʷəyíŋəɬ cook. ⟦√q̓ʷəy-iŋɬ √cooked/ripe-cstm⟧
        q̓ʷəyíkʷsəŋ cook body. ⟦√q̓ʷəy=iws-ŋ √cooked/ripe=body-mdl⟧
        q̓ʷə́yəs roast it. ⟦√q̓ʷəy-as √cooked/ripe-ptcaus⟧
        q̓ʷə́yət cook it. ⟦√q̓ʷəy-t √cooked/ripe-trns⟧
            q̓ʷə́y̓t cooking it. ⟦√q̓ʷəy<ʼ>-t √cooked/ripe<actl>-trns⟧
            q̓ʷə́yətəŋ be cooked. ⟦√q̓ʷəy-t-ŋ √cooked/ripe-trns-psv⟧
        ʔəsq̓ʷə́y barbecue. ⟦ʔs-√q̓ʷəy stat-√cooked/ripe⟧
        q̓ʷáyəɬ get ripe. ⟦√q̓ʷə<á>y̓-ɬ √cooked/ripe<rslt>-dur⟧
        ʔəsq̓ʷáyəɬ ripe, cooked. ⟦ʔs-√q̓ʷə<á>y̓-ɬ stat-√cooked/ripe<rslt>-dur⟧
        ʔəsq̓ʷáʔyəɬ cooked. ⟦ʔs-√q̓ʷə<á><ʔ>y-ɬ stat-√cooked/ripe<rslt><actl>-dur⟧
        sq̓ʷiyáɬnəɬ fever. ⟦s-√q̓ʷəy=əɬnɬ s-√cooked/ripe=throat⟧

√q̓ʷəy2 √acquaint.
    q̓ʷə́y acquaint. ⟦√q̓ʷəy √acquaint⟧
        q̓ʷáʔi getting acquainted. ⟦√q̓ʷə<ʔ>y √acquaint<actual>⟧
        q̓ʷə́yq̓ʷi tame. ⟦q̓ʷəy+√q̓ʷəy char+√acquaint⟧
        q̓ʷə́yət tame it. ⟦√q̓ʷəy-t √acquaint-trns⟧
            q̓ʷə́yətəŋ be tamed. ⟦√q̓ʷəy-t-ŋ √acquaint-trns-psv⟧
        q̓ʷəq̓ʷə́y̓ət start to tame it. ⟦q̓ʷ+√q̓ʷəy<ʼ>-t incep+√acquaint<actl>-trns⟧
        q̓ʷəq̓ʷəy̓ə́tən̓ getting acquainted. ⟦q̓ʷ+√q̓ʷəy<ʼ>-t-ŋ<ʼ> inceptive+√acquaint<actual>-trans-psv<actual>⟧
        q̓ʷəyə́ct get friendly. ⟦√q̓ʷəy-cut √acquaint-rflxv⟧
        q̓ʷinə́kʷi get acquainted. ⟦√q̓ʷəy-nəwəy √acquaint-ncrcprcl⟧
            q̓ʷiʔnə́wi getting acquainted. ⟦√q̓ʷəy<ʼ>-nəw<ʼ>əy √acquaint<actual>-ncreciprocal<actual>⟧
        q̓ʷənə́kʷitxʷ introduce. ⟦√q̓ʷəy-nəwəy-txʷ √acquaint-ncrcprcl-caus⟧
            q̓ʷiʔnə́witxʷ introducing. ⟦√q̓ʷəy<ʼ>-nəw<ʼ>əy-txʷ √acquaint<actl>-ncrcprcl<actl>-caus⟧
        q̓ʷə́ynəxʷ acquainting. ⟦√q̓ʷəy<ʼ>-naxʷ √acquaint<actl>-nctrns⟧
        nəxʷsq̓ʷaʔq̓ʷiʔə́ɬ quiet. ⟦nxʷ-s-q̓ʷaʔ+√q̓ʷəy̓-ɬ loc-s-dim+√acquaint-dur⟧

√q̓ʷəyən̓ √ear.
    q̓ʷə́yən̓ ear. ⟦√q̓ʷəyən̓ √ear⟧
        q̓ʷəq̓ʷə́yən̓ ears. ⟦q̓ʷ+√q̓ʷəyən̓ pl+√ear⟧
        q̓ʷaʔq̓ʷə́yən̓ small ear. ⟦q̓ʷaʔ+√q̓ʷəyən̓ dim+√ear⟧
            q̓ʷaʔyaq̓ʷə́yən̓ small ears. ⟦q̓ʷ<əʔy>aʔ+√q̓ʷəyən̓ dim<pl>+√ear⟧

√q̓ʷəyəqʷúliʔ √Kingston.
    q̓ʷəyəqʷúliʔ Kingston. ⟦√q̓ʷəyəqʷúliʔ √Kingston⟧

√qʷiŋ1 √disembark.
    qʷíŋ disembark. ⟦√qʷiŋ √disembark⟧
        qʷíŋi disembark. ⟦√qʷiŋ-iy √disembark-dev⟧
        qʷəʔéʔŋiʔ disembarking. ⟦√qʷ<əʔ>i<ʔ>ŋ-iy<ʔ> √disembark<actual>-develop<actual>⟧
        qʷíŋət remove it. ⟦√qʷiŋ-t √disembark-trns⟧
            qʷéʔŋət removing it. ⟦√qʷi<ʔ>ŋ-t √disembark<actl>-trns⟧
        qʷíŋətəŋ be removed. ⟦√qʷiŋ-t-ŋ √disembark-trns-psv⟧

√q̓ʷiŋ2 √borrow.
    q̓ʷíŋəyu borrow. ⟦√q̓ʷiŋ-əyu √borrow-activ⟧
        q̓ʷaʔŋəyuʔ borrowing. ⟦√q̓ʷi<ʔ>ŋ-əyu<ʔ> √borrow<actual>-activity<actual><actual>⟧
        sq̓ʷíŋəyuʔ borrowed. ⟦s-√q̓ʷiŋ-əyu s-√borrow-activ⟧
        q̓ʷəŋəyúst lend. ⟦√q̓ʷiŋ-əyu-us-t √borrow-activ-trns-rcpnt⟧
            q̓ʷəŋəyúsc lend me/you. ⟦√q̓ʷiŋ-əyu-us-t-c √borrow-activ-rcpnt-trns-1obj/2obj⟧
            q̓ʷəŋəyúʔsc lending me/you. ⟦√q̓ʷiŋ-əyu-<ʔ>s-t-c √borrow-activ-rcpnt<actl>-trns-1obj/2obj⟧
        q̓ʷiŋəyústəŋ be lent. ⟦√q̓ʷiŋ-əyu-us-t-ŋ √borrow-activ-rcpnt-trns-psv⟧
            q̓ʷəŋəyúʔstəŋ being lent. ⟦√q̓ʷiŋ-əyu-<ʔ>s-t-ŋ √borrow-activ-rcpnt<actl>-trns-psv⟧
        q̓ʷíŋəyuʔstxʷ lending. ⟦√q̓ʷiŋ-əyu-<ʔ>s-txʷ √borrow-activ-rcpnt<actl>-caus⟧
            q̓ʷíŋəyuʔsc lending me/you. ⟦√q̓ʷiŋ-əyu-<ʔ>s-txʷ-c √borrow-activ-rcpnt<actl>-caus-1obj/2obj⟧

√**q̓ʷƛ̓** √this_way.
   q̓ʷƛ̓úʔəsŋ looking this way.　〚√q̓ʷƛ̓=u<ʔə>s-ŋ √this_way=face<actl>-mdl〛
   q̓ʷƛ̓éʔqʷsən pass this way.　〚√q̓ʷƛ̓=iʔqʷ=sən √this_way=head=foot〛
√**q̓ʷq̓ʷuʔŋ** √kelp.
   q̓ʷq̓ʷúʔəŋ kelp.　〚√q̓ʷq̓ʷuʔŋ √kelp〛
    q̓ʷq̓ʷúʔəŋən bunch of kelp.　〚√q̓ʷq̓ʷuʔŋ=ən √kelp=instr〛
   q̓ʷiq̓ʷúʔəŋ kelp (pl).　〚√q̓ʷ<y>q̓ʷuʔŋ √kelp<pl>〛
√**q̓ʷs** √hard.
   q̓ʷsə́ŋ hard.　〚√q̓ʷs-ŋ √hard-mdl〛
    q̓ʷsə́ŋət harden it.　〚√q̓ʷs-ŋ-t √hard-mdl-trns〛
    q̓ʷsəŋít harden it.　〚√q̓ʷs-ŋ-i-t √hard-mdl-pers-trns〛
   q̓ʷə́səŋtxʷ harden.　〚√q̓ʷ<ə́>s-ŋ<ʔ>-txʷ √hard<actl>-mdl<actl>-caus〛
   q̓ʷə́səŋct getting hard.　〚√q̓ʷ<ə́>s-ŋ<ʔ>-cut √hard<actual>-mdl-reflexive<actual>〛
√**q̓ʷsəč̓ŋ** √swallow_bird.
   q̓ʷsə́čŋ̓ swallow bird.　〚√q̓ʷsəč̓ŋ √swallow_bird〛
   q̓ʷəyq̓ʷsə́čən swallows.　〚q̓əy+√q̓ʷsəč̓ŋ pl+√swallow_bird〛
√**q̓ʷuʔ** √join.
   q̓ʷúʔ join.　〚√q̓ʷuʔ √join〛
    q̓ʷúʔiyŋ go join.　〚√q̓ʷuʔ-iy-ŋ √join-dev-mdl〛
    q̓ʷúʔət let someone join.　〚√q̓ʷuʔ-t √join-trns〛
    q̓ʷúʔəct join in.　〚√q̓ʷuʔ-cut √join-rflxv〛
     q̓ʷəyúʔəct join in (pl).　〚√q̓ʷ<əy>uʔ-cut √join<pl>-rflxv〛
    q̓ʷúʔnəxʷ join in with.　〚√q̓ʷuʔ-naxʷ √join-nctrns〛
     q̓ʷaʔnúŋə get among you.　〚√q̓ʷuʔ-naxʷ-uŋə √join-nctrns-2obj〛
    q̓ʷúʔtxʷ join it.　〚√q̓ʷuʔ-txʷ √join-caus〛
    ʔaʔq̓ʷúʔtəŋ be joined.　〚ʔaʔ-√q̓ʷuʔ-txʷ-ŋ at-√join-caus-psv〛
    q̓ʷq̓ʷaʔnítəŋ being agreed with.　〚q̓ʷ+√q̓ʷuʔ-ŋí-t-ŋ<ʔ> inceptive+√join-rel-trans-psv<actual>〛
   sq̓ʷúʔ part of.　〚s-√q̓ʷuʔ s-√join〛
   q̓ʷaʔšə́nət accompany someone.　〚√q̓ʷuʔ=šən-t √join=foot-trns〛
    q̓ʷaʔšə́nəc go with me/you.　〚√q̓ʷuʔ=šən-t-c √join=foot-trns-1obj/2obj〛
    q̓ʷaʔšə́nətəŋ be accompanied.　〚√q̓ʷuʔ=šən-t-ŋ √join=foot-trns-psv〛
   sq̓ʷúʔšən companion.　〚s-√q̓ʷuʔ=šən s-√join=foot〛
    sq̓ʷəyaʔšən companions.　〚s-√q̓ʷ<y>aʔ=šən s-√join<pl>=foot〛
    čq̓ʷúʔšən have partner.　〚č-√q̓ʷuʔ=šən have-√join=foot〛
    q̓ʷaʔšə́ṅti marry.　〚√q̓ʷuʔ=šən<ʔ>-ty √join=foot<actl>-rcprcl〛
   q̓ʷaʔúnəq relative.　〚√q̓ʷuʔ-ənəq √join-hab〛
    q̓ʷəq̓ʷaʔúnəq relative (dimin).　〚q̓ʷaʔ+√q̓ʷuʔ-ənəq dim+√join-hab〛
   sq̓ʷəʔúʔnəq pal.　〚s-√q̓ʷ<əʔ>úʔ-ənəq s-√join<actl>-hab〛
   sq̓ʷaʔháʔuŋəxʷ amongst.　〚ʔs-√q̓ʷuʔ-awˀ=ŋixʷ stat-√join-ext=being〛
   q̓ʷúʔkʷɬ canoe with.　〚√q̓ʷuʔ=akʷɬ √join=conveyance〛
    sxʷq̓ʷúʔkʷɬ canoe partner.　〚sxʷ-√q̓ʷuʔ=akʷɬ for-√join=conveyance〛
√**q̓ʷuʔy** √tired.
   q̓ʷúʔyəŋ tired waiting.　〚√q̓ʷuʔy-ŋ √tired-mdl〛
√**q̓ʷuč** √give_up.
   q̓ʷúč admit defeat.　〚√q̓ʷuč √give_up〛
   nəxʷq̓ʷúčkʷən give up.　〚nxʷ-√q̓ʷuč=iwən loc-√give_up=interior〛
   nəxʷq̓ʷúʔčkʷən giving up.　〚nxʷ-√q̓ʷu<ʔ>č=iwən loc-√give_up<actl>=interior〛
√**q̓ʷukʷ** √digging_stick.
   q̓ʷúkʷ digging stick.　〚√q̓ʷukʷ √digging_stick〛
   q̓ʷúkʷən canoe pole.　〚√q̓ʷukʷ=ən √digging_stick=instr〛
√**q̓ʷuŋʔ** √head.
   sq̓ʷúŋiʔ head.　〚s-√q̓ʷuŋʔ s-√head〛
    sq̓ʷəyúŋiʔ heads.　〚s-√q̓ʷ<əy>uŋʔ s-√head<pl>〛
    sq̓ʷaʔq̓ʷúʔŋiʔ small head.　〚s-q̓ʷaʔ+√q̓ʷu<ʔ>ŋʔ s-dimin+√head<dimin>〛
     sq̓ʷəyaʔq̓ʷúʔŋiʔ small heads.　〚s-q̓ʷ<əy>aʔ+√q̓ʷu<ʔ>ŋʔ s-dimin<pl>+√head<dimin>〛
   ʔəɬsq̓ʷuʔúʔŋiʔ eating fish heads.　〚ʔɬ-s-√q̓ʷ<əʔ>u<ʔ>ŋʔ consume-s-√head<actual>〛
√**q̓ʷuy** √die.
   q̓ʷúy die.　〚√q̓ʷuy √die〛
    q̓ʷúq̓ʷiʔ dying.　〚q̓ʷú+√q̓ʷuy<ʔ> result+√die<actual>〛
    q̓ʷúʔq̓ʷiʔ dead.　〚q̓ʷú<ʔ>+√q̓ʷuy<ʔ> result<actual>+√die<actual>〛

Klallam Root Index

√qʷx̣ə́mʼ   √saʔ

    ʔəsq̓ʷúʔq̓ʷiʔ dead. 〚ʔs-q̓ʷúʔ+√q̓ʷuy<ʼ> stat-result+√die<actual>〛
    q̓ʷčə́yu beat up. 〚√q̓ʷuy-əyu √die-activ〛
    q̓ʷúytxʷ let die. 〚√q̓ʷuy-txʷ √die-letcaus〛
    q̓ʷúynəxʷ manage to kill. 〚√q̓ʷuy-naxʷ √die-nctrns〛
      q̓ʷúynəŋ be killed. 〚√q̓ʷuy-naxʷ-ŋ √die-nctrns-psv〛
    q̓ʷčút beat up someone. 〚√q̓ʷuy-t √die-trns〛
      q̓ʷúčt beating up someone. 〚√q̓ʷ<ú>y-t √die<actl>-trns〛
      q̓ʷúčc beat me/you. 〚√q̓ʷuy-t-c √die-trns-1obj/2obj〛
      q̓ʷčútəŋ be beat up. 〚√q̓ʷyu-t-ŋ √die-trns-psv〛
        q̓ʷaʔčútəŋ being beaten. 〚√q̓ʷ<ʔ>yu-t-ŋ √die<actl>-trns-psv〛
      q̓ʷaʔčtáyŋən wanting to kill. 〚√q̓ʷu<ʔ>y-t-ayŋən √die<actl>-trns-want〛
    q̓ʷaʔčə́yuʔ killing. 〚√q̓ʷu<ʔ>č-əyu<ʔ> √die<actual>-activity<actual>〛
    q̓ʷčúct kill oneself. 〚√q̓ʷuč-cut √die-rflxv〛
    q̓ʷaʔčáyŋən dying. 〚√q̓ʷu<ʔ>y-ayŋən √die<actl>-want〛
    sq̓ʷáyəkʷs murdered. 〚s-√q̓ʷuy=iws s-√die=body〛
√q̓ʷx̣ə́mʼ √unskilled.
    q̓ʷaʔq̓ʷx̣ə́mʼ unskilled. 〚q̓ʷaʔ+√q̓ʷx̣ə́mʼ dim+√unskilled〛
√q̓ʷx̣ʷəńəq̓ʷ √purple_urchin.
    q̓ʷx̣ʷəńəq̓ʷ purple urchin. 〚√q̓ʷx̣ʷəńəq̓ʷ √purple_urchin〛
    q̓əyəx̣ʷəńəq̓ʷ purple urchins. 〚√q̓ʷ<əyə>x̣ʷəńəq̓ʷ √purple_urchin<pl>〛
√q̓ʷy √deaf.
    ʔəsq̓ʷiʔáʔəńʼ deaf. 〚ʔs-√q̓ʷy<ʔ>=a<ʔ>ń stat-√deaf<actual>=ear<actual>〛
      q̓ʷq̓ʷiyániyŋ going deaf. 〚q̓ʷ+√q̓ʷy=ań-iy-ŋ incep+√deaf=ear-dev-mdl〛
√q̓ʷyačy √open_eyes.
    q̓ʷiyáči open eyes. 〚√q̓ʷyačy √open_eyes〛
√q̓ʷyayŋxʷ √blackberry.
    sq̓ʷəyáyŋxʷ blackberry. 〚s-√q̓ʷyayŋxʷ s-√blackberry〛
    sq̓ʷaʔiyáyŋxʷ blackberries. 〚s-√q̓ʷ<aʔy>yayŋxʷ s-√blackberry<pl>〛
    sq̓ʷəyayŋxʷíɬč blackberry plant. 〚s-√q̓ʷyayŋxʷ=iɬč s-√blackberry=plant〛
    sq̓ʷəyayəŋəxʷáyəqsən likes blackberries. 〚√sq̓ʷyayŋxʷ-ay=əqsən √blackberry-ext=nose〛
√q̓ʷyiyš √dance.
    q̓ʷəyíyəš dance. 〚√q̓ʷyiyš √dance〛
    q̓ʷəyéʔyəš dancing. 〚√q̓ʷyi<ʔ>yš √dance<actual>〛
      q̓ʷəq̓ʷəyéʔyəš dancing (pl). 〚q̓ʷə+√q̓ʷyi<ʔ>yš pl+√dance<actual>〛
    sq̓ʷəyéyəš a dance. 〚s-√q̓ʷyiyš s-√dance〛
    q̓ʷiq̓ʷiyíyəš dancer. 〚q̓ʷy+√q̓ʷyiyš char+√dance〛
    sq̓ʷəyiyəšáw̓txʷ dance hall. 〚√q̓ʷyi<ʔ>yš=aw̓txʷ √dance<actl>=house〛
      sq̓q̓ʷiyyəšáw̓txʷ dance halls. 〚s-q̓ʷ+√q̓ʷ<í>yiyš=aw̓txʷ s-pl+√dance<pl>=house〛
√sa √order.
    sát order someone. 〚√sa-t √order-trns〛
    sác order me/you. 〚√sa-t-c √order-trns-1obj/2obj〛
    saʔát telling someone to. 〚√s<əʔ>a-t √order<actl>-trns〛
      saʔác ordering me/you. 〚√s<əʔ>a-t-c √order<actl>-trns-1obj/2obj〛
    saʔtúʔnɬ ordering us. 〚√sa<ʔ>-t-u<ʔ>nɬ √order<actual>-trans-1plobj<actual>〛
    siyát order someone (pl). 〚√s<əy>a-t √order<pl>-trns〛
    sátəŋ be ordered. 〚√sa-t-ŋ √order-trns-psv〛
      siyátəŋ be ordered (pl). 〚√s<əy>a-t-ŋ √order<pl>-trns-psv〛
    saʔátəŋ being told. 〚√s<əʔ>a-t-ŋ √order<actl>-trns-mdl〛
√saʔ √lift.
    sáʔət lift it. 〚√saʔ-t √lift-trns〛
    sáʔəc lift me/you. 〚√saʔ-t-c √lift-trns-1obj/2obj〛
    sáʔt lifting. 〚√saʔ-t √lift-trans<actual>〛
    sáʔətəŋ be lifted. 〚√saʔ-t-ŋ √lift-trns-psv〛
      saʔsáʔtəŋʼ being lifted. 〚saʔ+√saʔ-t-ŋ<ʼ> actual+√lift-trans-psv<actual>〛
    sáʔənəxʷ manage to lift. 〚√saʔ-naxʷ √lift-nctrns〛
    sáʔnəxʷ manage to lift. 〚√saʔ-naxʷ √lift-nctrns〛
      ʔəssáʔənəxʷ manage to lift. 〚ʔs-√saʔ-naxʷ stat-√lift-nctrns〛
      sáʔənəŋ manage to be lifted. 〚√saʔ-naxʷ-ŋ √lift-nctrns-psv〛
    saʔcísəŋ lift hand. 〚√saʔ=acis-ŋ √lift=hand-mdl〛
    saʔyəx̣ánəŋ lift arm. 〚√saʔ-y=ax̣ən-ŋ √lift-ext=arm-mdl〛

√sa?čúyɬ   √say'

    sa?sánəŋ lift foot. 〚√sa?=sən-ŋ √lift=foot-mdl〛
    sa?áṅəŋ lift anchor. 〚√sa?=aṅ-ŋ √lift=ear-mdl〛
      sa?ŋáṅət raise anchor. 〚√sa?-ŋ=aṅ-t √lift-ext=ear-trns〛
        səsá?ŋət raising anchor. 〚sə+√sa?-ŋ=aṅ-t incep+√lift-ext=ear-trns〛
        ?əssa?ŋáṅət be unanchored. 〚?s-√sa?-ŋ=aṅ-t stat-√lift-ext=ear-trns〛
√sa?čúyɬ √younger_sibling.
    sa?čú?iɬ younger sibling. 〚√sa?ču?yɬ √younger_sibling〛
      siya?čú?iɬ younger siblings. 〚√s<iy>a?ču?yɬ √younger_sibling<pl>〛
√sa?kʷq √carrot.
    sá?kʷq carrot. 〚√sa?kʷq √carrot〛
      sa?yá?kʷq carrots. 〚√s<ə?y>a?kʷq √carrot<pl>〛
√sa?q̓əẃiṅ √carry.
    sa?q̓əẃíṅ carry. 〚√sa?q̓əẃiṅ √carrying〛
      sa?q̓əẃíṅt carry it. 〚√sa?q̓əẃiṅ-t √carry-trns〛
        sa?q̓əẃíṅtəŋ be carried. 〚√sa?q̓əẃiṅ-t-ŋ √carry-trns-psv〛
√sa?wn √lunch.
    sá?wən lunch. 〚√sa?wn √lunch〛
      sxʷsa?wənáy lunchbox. 〚sxʷ-√sa?wn=ayə for-√lunch=container〛
√sač̓ √breathe.
    sáč̓əŋ breathe. 〚√sač̓-ŋ √breathe-mdl〛
      sá?č̓əŋ breathing. 〚√sa<?>č̓-ŋ<ʔ> √breathe<actual>-mdl<actual>〛
      ssa?yáč̓əŋ breaths. 〚s-√s<ə?y>ač̓-ŋ s-√breathe<pl>-mdl〛
      nəssáč̓əŋ my breath, my dear. 〚nə-s-√sač̓-ŋ 1pos-s-√breathe-mdl〛
    sa?č̓a?ŋístxʷ make breath. 〚√sa<?>č̓ə<?>-ŋí-stxʷ √breathe<actl>-rel<actl>-caus〛
      sa?č̓a?ŋístəṅ be made to breathe. 〚√sa<?>č̓ə<?>-ŋí-stxʷ-ŋ<ʔ> √breathe<actual>-rel-caus-psv<actual>〛
√sač √cruel.
    sáčəŋ cruel. 〚√sač-ŋ √cruel-mdl〛
      sa?sá?čəŋ be ornery. 〚sa?+√sa<?>č-ŋ dim+√cruel<dim>-mdl〛
    sáčt be cruel to someone. 〚√sač-t √cruel-trns〛
      sáčtəŋ be treated cruelly. 〚√sač-t-ŋ √cruel-trns-psv〛
√sakʷ √talk.
    sa?sá?kʷəŋ speaking own language. 〚sa?+√sa<?>kʷ-ŋ<ʔ> actual+√speak<actual>-mdl<actual>〛
√saɬáṁ √lady.
    saɬáṁ lady. 〚√saɬáṁ √lady〛
      si?aɬáṁ ladies. 〚√s<y>aɬáṁ √lady<pl>〛
√samən √salmon.
    səyámən salmon. 〚√s<əy>amən √salmon<pl>〛
√sanəč √Saanich.
    sxʷsánəč Saanich. 〚sxʷ-√sanəč for-√Saanich〛
      sxʷsiyánəč Saanich (pl). 〚sxʷ-√s<iy>anəč for-√Saanich<pl>〛
√saqʷ √sweet.
    sáqʷəŋ sweet. 〚√saqʷ-ŋ √sweet-mdl〛
      sa?sáʔqʷəŋ little sweet. 〚sa?+√sa<?>qʷ-ŋ dim+√sweet<dim>-mdl〛
    sqʷáṅət sweeten it. 〚√saqʷ-ŋ-t √sweet-mdl-trns〛
      sa?qʷáṅt be sweetening it. 〚√sa<?>qʷ-ŋ-t √sweet-mdl-trns〛
    sáqʷəŋtxʷ taste sweet. 〚√saqʷ-ŋ-taxʷ √sweet-mdl-emot〛
√saxʷə? √urinate_fem.
    sáxʷa?ɬ urinate (fem). 〚√saxʷə?=aʔɬ √urinate_fem=body〛
      sxʷá?əy chamber pot. 〚√saxʷə?=ayə √urinate_fem=container〛
        sxʷiyə?áy chamber pots. 〚√saxʷə<iy>?=ayə √urinate_fem<pl>=container〛
√sax̣ √bitter.
    sáxəŋ bitter. 〚√saxɣ-ŋ √bitter-mdl〛
      ssáxəŋ one disliked. 〚s-√saxɣ-ŋ s-√bitter-mdl〛
√say √move.
    sa?yúy̓kʷɬ moving to different house. 〚√sa<?>y=uykʷɬ √change_residence<actl>=bodyside〛
√say' √scratch_itch.
    sáy̓ct scratch oneself. 〚√say̓-cut √scratch_itch-rflxv〛
      si?íkʷs itchy. 〚√say̓=iws √scratch_itch=body〛
        si?íkʷsəŋ scratch. 〚√say̓=iws-ŋ √scratch_itch=body-mdl〛

Klallam Root Index

√say̓   √sənaʔkʷ

      siʔéw̓səŋ scratching. ⟦√say̓=iw<ʔ>s-ŋ √scratch_itch=body<actl>-mdl⟧
    siʔéʔqʷəŋ scratch head. ⟦√say̓=iʔqʷ-ŋ √scratch_itch=head-mdl⟧
√say̓ √afraid.
   saʔsáy̓əŋ feel afraid. ⟦saʔ+√say̓-ŋ dim+√afraid-mdl⟧
   sáy̓siʔ ⟦say̓+√say̓ char+√afraid⟧
    sáʔsiʔsiʔ scared. ⟦sáʔ+say̓+√say̓ actl+char+√afraid⟧
     sáʔsiʔsiʔəyu scared. ⟦sáʔ+say̓+√say̓-əyu actl+char+√afraid-activ⟧
    səy̓siʔŋístxʷ scare. ⟦say̓+√say̓-ŋí-stxʷ char+√afraid-rel-caus⟧
     say̓siʔŋísc scare me/you. ⟦say̓+√say̓-ŋí-stxʷ-c char+√afraid-rel-caus-1obj/2obj⟧
     say̓siʔŋítəŋ be scared. ⟦say̓+√say̓-ŋí-t-ŋ char+√afraid-rel-trns-psv⟧
     say̓siʔŋístəŋ be scared. ⟦say̓+√say̓-ŋí-stxʷ-ŋ char+√afraid-rel-caus-psv⟧
      səy̓siʔŋístəŋ being frightened. ⟦say̓+√say̓-ŋí-stxʷ-ŋ char+√afraid-rel-caus-psv⟧
   sáʔyaʔqʷiʔ disturbed. ⟦√say̓=iʔqʷ-iy √afraid=head-dev⟧
    say̓əqʷíy̓t disturb someone. ⟦√say̓=iʔqʷ-iy-t √afraid=head-dev-trns⟧
     səy̓əqʷíy̓təŋ be disturbed. ⟦√say̓=iʔqʷ-iy-t-ŋ √afraid=head-dev-trns-psv⟧
   saʔsáynəxʷ scare someone. ⟦saʔ+√say̓-naxʷ dim+√afraid-nctrns⟧
   nəxʷsáy̓siʔ scarecrow. ⟦nxʷ-say̓+√say̓ loc-char+√afraid⟧
   ʔəsáy̓siʔ afraid. ⟦ʔs-say̓+√say̓ stat-char+√afraid⟧
√say̓t √bright.
   nəxʷsaʔitáys too bright. ⟦nxʷ-√say̓t=ayus loc-√bright=eye⟧
√səʔəy̓čn̓ √younger_adult_sibling.
   saʔəy̓čən̓ younger adult sibling. ⟦√səʔəy̓čn̓ √younger_adult_sibling⟧
   səy̓əy̓čən younger siblings. ⟦√s<əy>əʔəy̓čn̓ √younger_adult_sibling<pl>⟧
√səɬ √continue.
   sə́ɬəŋ continue. ⟦√səɬ-ŋ √continue-mdl⟧
   sə́ɬəŋ̓ continuing. ⟦√səɬ-ŋ<ʔ> √continue-mdl<actual>⟧
   sɬə́ŋct go ahead. ⟦√səɬ-ŋ-cut √continue-mdl-rflxv⟧
√səm √sell.
   səmúst sell to someone. ⟦√səm-us-t √sell-rcpnt-trns⟧
    saʔmúst selling to someone. ⟦√sə<ʔ>m-us-t √sell<actl>-rcpnt-trns⟧
     saʔmúsc selling me/you. ⟦√sə<ʔ>m-us-t √sell<actl>-rcpnt-trns⟧
   səmústəŋ be sold to. ⟦√səm-us-t-ŋ √sell-rcpnt-trns-psv⟧
    saʔmústəŋ̓ be sold to. ⟦√sə<ʔ>m-us-t-ŋ<ʔ> √sell<actual>-recipient-trans-psv<actual>⟧
   sxʷsaʔmúst advertisement. ⟦sxʷ-√sə<ʔ>m-us-t for-√sell<actl>-rcpnt-trns⟧
√səmšə́sət √sun.
   səmšə́sət sun. ⟦√səmšə́sət √sun⟧
√səmxʷ √quiet.
   sə́məxʷ stop talking. ⟦√səmxʷ √quiet⟧
   səm̓íxʷ silent. ⟦√səm<ʔ><í>xʷ √quiet<actual><persist>⟧
    səm̓íxʷtxʷ make silent. ⟦√səm<ʔ><í>xʷ-txʷ √quiet<actl><pers>-incaus⟧
     səm̓íxʷtəŋ be made silent. ⟦√səm<ʔ><í>xʷ-txʷ-ŋ √quiet<actl><pers>-incaus-psv⟧
   səməxʷáy̓ŋən want to be quiet. ⟦√səmxʷ-ay̓ŋən √quiet-want⟧
√səmy̓ √blanket.
   sə́miʔ blanket. ⟦√səmy̓ √blanket⟧
    sisə́miʔ blankets. ⟦sy+√səmy̓ pl+√blanket⟧
    saʔsáʔmiʔ small blanket. ⟦saʔ+√sə<ʔ>my̓ dimin+√blanket<dimin>⟧
     saʔyaʔsáʔmiʔ small blankets. ⟦s<əyaʔ>aʔ+√sə<ʔ>my̓ dimin<pl>+√blanket<dimin>⟧
   səmaʔčəŋ cover up. ⟦√səmy̓-ŋ √blanket-mdl⟧
    sáʔmaʔčəŋ̓ covering. ⟦√səmy̓-ŋ √blanket-mdl⟧
   sə́məčt cover it with blanket. ⟦√səmy̓-t √blanket-trns⟧
    sə́məčc cover me/you. ⟦√səmy̓-t-c √blanket-trns-1obj/2obj⟧
    səmáʔtəŋ be covered. ⟦√səmy̓-t-ŋ √blanket-trns-psv⟧
    sáʔmaʔčt covering it. ⟦√sə<ʔ>m<ə>y̓-t √blanket<actl>-trns⟧
     sáʔmaʔčc covering me/you up. ⟦√sə<ʔ>m<ə>y̓-t-c √blanket<actl>-trns-1obj/2obj⟧
   saʔmə́čct cover self. ⟦√sə<ʔ>my̓-cut √blanket<actl>-rflxv⟧
   ʔəssáʔmiʔ covered. ⟦ʔs-√sə<ʔ>miʔ stat-√blanket<actual>⟧
   səmaʔčúʔiɬ baby blanket. ⟦√səmy̓=uyɬ √blanket=child⟧
√sənaʔkʷ √bed_partner.
   sə́naʔkʷ bed partner. ⟦√sənaʔkʷ √bed_partner⟧
    siyə́naʔkʷ bed partners. ⟦√s<iy>ənaʔkʷ √bed_partner<pl>⟧

√**səŋ̕** √ebb.
    sə́ŋ̕ faint. 〚√səŋ̕ √ebb〛
        səŋúcən ebb tide. 〚√səŋ̕=ucin √ebb=mouth〛
        səŋíkʷs faint. 〚√səŋ̕=iws √ebb=body〛
            səŋ̕səŋíkʷs faint. 〚səŋ̕+√səŋ̕=iws char+√ebb=body〛
                səŋíkʷsəŋ faint. 〚√səŋ̕=iws-ŋ √ebb=body-mdl〛
                    səŋ̕səŋíkʷst make someone faint. 〚səŋ̕+√səŋ̕=iws-t char+√ebb=body-trns〛
                        səŋ̕səŋíkʷstəŋ passed out. 〚səŋ̕+√səŋ̕=iws-t-ŋ char+√ebb=body-trns-psv〛
        sáʔŋ̕əɬ ebbing. 〚√sə<ʔ>ŋ̕-ɬ √ebb<actl>-dur〛
        ʔəsxʷsəŋ̕éʔwən sad. 〚ʔs-xʷ-√səŋ̕=i<ʔ>wən<ʔ> stat-loc-√ebb=interior<actual>〛

√**səq** √outside.
    sə́q outside. 〚√səq √outside〛
        sqíyəŋ go outside. 〚√sq-iy-ŋ √outside-dev-mdl〛
            sqéʔyəŋ̕ going outside. 〚√sq-i<ʔ>y-ŋ<ʔ> √outside-develop<actual>-mdl<actual>〛
        sqənáxʷ manage to get out. 〚√sq-naxʷ √outside-nctrns〛
            sqənáŋ be got out. 〚√sq-naxʷ-ŋ √outside-nctrns-psv〛
        sqás put outside. 〚√sq-as √outside-ptcaus〛
            sqáʔəs putting it outside. 〚√sq-a<ʔə>s √outside-putcaus<actual>〛
            sqáŋ be put outside. 〚√sq-as-ŋ √outside-ptcaus-psv〛
            sqástəŋ be put outside. 〚√sq-as-t-ŋ √outside-ptcaus-trns-psv〛
            səsqást start to put outside. 〚s+√sq-as incep+√outside-ptcaus〛
        sqaʔwíyəŋ go on the outside. 〚√sq=əʔəw-iy-ŋ √outside=side-dev-mdl〛
        sə́qtxʷ let exit. 〚√səq-txʷ √outside-letcaus〛
        ʔəssáqɬ outside. 〚ʔs-√s<a>q-ɬ stat-√out<rslt>-dur〛
        ʔəsqaʔáw̕əɬ outside. 〚ʔs-√sq=əʔəw<ʔ>-ɬ stat-√outside=side<actl>-dur〛
        sqaʔyéʔč outside beach. 〚√sq-aʔy=iʔč √outside-ext=back〛

√**səq̓ʷámš** √Suquamish.
    səq̓ʷámš Suquamish. 〚√səq̓ʷámš √Suquamish〛

√**sətsitt** √sleepyhead.
    sətsítt sleepyhead. 〚√sətsitt √sleepyhead〛

√**səwq** √whisper.
    sə́wqəŋ whisper. 〚√səwq-ŋ √whisper-mdl〛
        sə́w̕qəŋ̕ whispering. 〚√səw<ʔ>q-ŋ<ʔ> √whisper<actual>-mdl<actual>〛
        sə́w̕qt whisper to someone. 〚√səw̕q-t √whisper-trns〛
        sə́w̕qc whisper to me/you. 〚√səw̕q-t-c √whisper-trns-1obj/2obj〛
        sə́w̕qtəŋ be whispered to. 〚√səw̕q-t-ŋ √whisper-trns-psv〛
        sə́wqtiʔ whispering to each other. 〚√saw<ʔ>q-ty<ʔ> √whisper<actual>-reciprocal<actual>〛
        sə́w̕suʔqəŋ one Village Island. 〚sə́w̕+√səwq-ŋ char+√whisper-mdl〛

√**səw̕q̓** √round.
    sə́w̕q̓əŋ round. 〚√səw̕q̓-ŋ √round-mdl〛
        sə́w̕q̓əŋ̕ going around. 〚√səw̕q̓-ŋ<ʔ> √round-mdl<actual>〛
    sə́w̕q̓ct spin. 〚√səw̕q̓-cut √around-rflxv〛
    ʔəsxʷsə́w̕q̓ round. 〚ʔs-sxʷ-√səw̕q̓ stat-for-√round〛
        ʔəsxʷsaʔsə́w̕q̓ small round. 〚ʔs-sxʷ-saʔ+√səw̕q̓ stat-for-dim+√round〛
        ʔəsxʷsaʔyaʔsə́w̕q̓ small round (pl). 〚ʔs-sxʷ-s<əʔy>aʔ+√səw̕q̓ stat-for-dim<pl>+√round〛

√**səyq̓** √circle.
    sə́yəq̓ circle. 〚√səyq̓ √circle〛
        sə́yəq̓ct go around. 〚√səyq̓-cut √circle-rflxv〛
        siq̓úst turn it around. 〚√səyq̓=us-t √circle=face-trns〛
        siq̓áys go around. 〚√səyq̓=ayus √circle=eye〛
            siq̓əyúsəŋ go around. 〚√səyq̓=ayus-ŋ √circle=eye-mdl〛
            siq̓áyəst turn it around. 〚√səyq̓=ayus-t √circle=eye-trns〛
            siq̓áyəsct turn around. 〚√səyq̓=ayus-cut √circle=eye-rflxv〛
        siq̓iʔúʔis round. 〚√səyq̓-iy=uy<ʔ>əs √circle-develop=forehead<actual>〛
            siq̓iʔúʔisəŋ go round. 〚√səyq̓-y̕=uy<ʔ>əs √circle-develop=forehead<actual>〛
        siq̓áʔwəɬ around. 〚√səyq̓=əʔəw-ɬ √circle=side-dur〛
            siq̓aʔáʔwəɬ being around. 〚√səyq̓=əʔəw<ʔ>-ɬ √circle=side<actl>-dur〛
        sq̓áʔwi circle. 〚√səyq̓=əʔəw-iy √circle=side-dev〛
            siq̓aʔwíyəŋ go around. 〚√səyq̓=əʔəw-iy-ŋ √circle=side-dev-mdl〛
        səyəq̓úsəŋ whirlwind. 〚√səyq̓=us-ŋ √circle=face-mdl〛

nəxʷsə́y̓əct whirlpool. 〚nxʷ-√səy̓əq̓-cut loc-√circle-rflxv〛
siq̓ayá?nəŋ spinning. 〚√səy̓q̓-ay̓=an̓-ŋ<ʔ> √circle-ext=ear-mdl<actual>〛
ʔəsxʷsə́y̓q̓əŋ round. 〚ʔs-xʷ-√s<ə́>y̓q̓-ŋ stat-loc-√circle<actl>-mdl〛

√səyw̓ √sweetheart.
  sə́yuʔ sweetheart. 〚√səyw̓ √sweetheart〛
  sisə́yuʔ rivals. 〚sy+√səyw̓ pl+√sweetheart〛

√səyx̣ʷ √dodge.
  sə́yəx̣ʷ dodge. 〚√səyx̣ʷ √dodge〛

√səy̓p √half_smoke.
  sə́y̓p half smoke. 〚√səy̓p √half_smoke〛
  ʔəsxʷsə́y̓p half-smoked salmon. 〚ʔs-xʷ-√səy̓p stat-for-√half_smoke〛

√sik̓ʷ √peel.
  sík̓ʷ peel. 〚√sik̓ʷ √peel〛
    sík̓ʷəŋ peel. 〚√sik̓ʷ-ŋ √peel-mdl〛
      séʔk̓ʷəŋ peeling. 〚√si<ʔ>k̓ʷ-ŋ<ʔ> √peel<actual>-mdl<actual>〛
    sík̓ʷt peel it. 〚√sik̓ʷ-t √peel-trns〛
      séʔk̓ʷt peeling it. 〚√si<ʔ>k̓ʷ-t √peel<actl>-trns〛
    sək̓ʷítəŋ be peeled. 〚√sik̓ʷ-t-ŋ √peel-trns-psv〛
      saʔk̓ʷítəŋ being peeled. 〚√si<ʔ>k̓ʷ-t-ŋ √peel<actl>-trns-psv〛
    sik̓ʷəŋíyɬ go peeling. 〚√sik̓ʷ-ŋ-iyɬ √peel-mdl-go〛

√sil √cloth.
  síl cloth. 〚√sil √cloth〛
    siláw̓txʷ tent. 〚√sil=aw̓txʷ √cloth=house〛
    saʔsísəl small rag. 〚saʔ+si+√sil dim+aff+√cloth〛
      saʔyaʔsísəlʔ small rags. 〚s<əʔy>aʔ+√sisl<ʔ> dim<pl>+√cloth〛

√sim̓əc √mud_hen.
  saʔsím̓əc mud hen. 〚saʔ+√sim̓əc dim+√mud_hen〛
  saʔyaʔsím̓əc mud hens. 〚s<aʔy>aʔ+√sim̓əc dim<pl>+√mud_hen〛

√sinɬqi √tempter_spirit.
  sínəɬqi changeable spirit power/monster. 〚√sinɬqi √tempter_spirit〛
  sinəɬqiʔáw̓txʷ lake on Discovery Island. 〚√sinəɬqiʔ=aw̓txʷ √tempter_spirit=house〛

√siq̓y √heavy.
  síq̓i heavy. 〚√siq̓y √heavy〛
  sq̓íyəct get heavy. 〚√siq̓y-cut √heavy-dev-rflxv〛
  séʔq̓iʔct getting heavy. 〚√si<ʔ>q̓<ʔ>-cut √heavy<actl>-rflxv〛

√six̣ √move_over.
  síx̣ move over. 〚√six̣ √move_over〛
    séʔx̣ moving. 〚√si<ʔə>x̣ √move_over<actual>〛
      ʔəsséʔx̣ be moved over. 〚ʔs-√si<ʔə>x̣ stat-√move_over<actual>〛
    síx̣t move it. 〚√six̣-t √move_over-trns〛
      séʔx̣t moving it. 〚√si<ʔ>x̣-t √move_over<actl>-trns〛
    sx̣ítəŋ be moved. 〚√six̣-t-ŋ √move_over-trns-psv〛
      saʔx̣ítəŋ being moved. 〚√si<ʔ>x̣-t-ŋ √move_over<actl>-trns-psv〛
    sx̣íct move. 〚√six̣-cut √move_over-rflxv〛
      saʔx̣íct moving self. 〚√si<ʔ>x̣-cut √move_over<actl>-rflxv〛
    síx̣nəxʷ move it. 〚√six̣-naxʷ √move_over-nctrns〛

√six̣ʷ √wade.
  síx̣ʷəŋ wade. 〚√six̣ʷ-ŋ √wade-mdl〛
  séʔx̣ʷəŋ wading. 〚√si<ʔ>x̣ʷ-ŋ<ʔ> √wade<actual>-mdl<actual>〛

√siyatkʷ √giant_monster.
  siyátkʷ giant monster. 〚√siyatkʷ giant_monster〛

√siyəʔ √grandparent.
  síyaʔ grandparent. 〚√siyəʔ √grandparent〛
  sséʔyaʔ grandparent. 〚s+√si<ʔ>yaʔ affect+√grandparent<dimin>〛
  səsíyaʔ grandparents. 〚sə+√siyəʔ pl+√grandparent〛

√skʷ √whistle_tune.
  nəxʷsaʔskʷiʔúsəŋ whistling a tune. 〚nxʷ-saʔ+√skʷ-y̓=us-ŋ<ʔ> loc-dimin+√whistle_tune-ext=face-mdl<actual>〛

√skʷə́šy̓ √too_old.
  skʷə́šiʔ too old. 〚√skʷə́šy̓ √too_old〛

√**slapuʔ** √witch.
    slapúʔ witch. 〚√slapuʔ √witch〛
√**sɬ** √drop.
    sɬə́ŋ drop. 〚√sɬ-ŋ √drop-mdl〛
        sisɬə́ŋ drop (pl). 〚sy+√sɬ-ŋ pl+√drop-mdl〛
        sə́ɬəŋ dropping. 〚√s<ə́>ɬ-ŋ<ʔ> √drop<actual>-mdl<actual>〛
        ʔəssɬə́ŋ be down. 〚ʔs-√sɬ-ŋ stat-√drop-mdl〛
    sɬə́t drop it. 〚√sɬ-t √drop-trns〛
    sɬənáxʷ drop it. 〚√sɬ-naxʷ √drop-nctrns〛
    sɬə́ct lie down. 〚√sɬə-cut √drop-rflxv〛
        sə́ɬct lying down. 〚√s<ə́>ɬ-cut √drop<actl>-rflxv〛
    sɬəŋánəŋ drop. 〚√sɬ-ŋ-anəŋ √drop-mdl-ncontrol〛
    sɬəyínət tilt it. 〚√sɬ=əyin-t √drop=end-trns〛
√**sɬəcŋ** √Butler_Cove.
    sɬə́cəŋ Butler Cove. 〚√sɬəcŋ √Butler_Cove〛
√**suʔəkʷ** √Sooke.
    súʔəkʷ Sooke. 〚√suʔəkʷ √Sooke〛
        siyúʔuq̓ʷ Sooke (pl). 〚√s<iy>uʔəkʷ √Sooke<pl>〛
√**suʔs** √look_up.
    súʔəsəŋ look up. 〚√suʔs-ŋ √look_up-mdl〛
√**suk̓ʷ** √bathe.
    súʔsk̓ʷ bathing. 〚suʔ+√suk̓ʷ rslt+√bathe〛
    súk̓ʷəŋ 〚√suk̓ʷ-ŋ √bathe-mdl〛
        súʔk̓ʷəŋ bathing. 〚√su<ʔ>k̓ʷ-ŋ<ʔ> √bathe<actual>-mdl<actual>〛
        səýsk̓ʷúŋ bathing (pl). 〚səý+√suk̓ʷ-ŋ<ʔ> pl+√bathe-mdl〛
        saʔsúʔk̓ʷəŋ bathe a little. 〚saʔ+√su<ʔ>k̓ʷ-ŋ dim+√bathe<dim>-mdl〛
        suk̓ʷəŋáw̓txʷ bathroom. 〚√suk̓ʷ-ŋ=aw̓txʷ √bathe-mdl=house〛
        sk̓ʷəŋúykʷɬ swim suit. 〚√suk̓ʷ-ŋ=uykʷɬ √bathe-mdl=bodyside〛
    súk̓ʷt bathe someone. 〚√suk̓ʷ-t √bathe-trns〛
        súʔk̓ʷt bathing someone. 〚√su<ʔ>k̓ʷ-t √bathe<actl>-trns〛
        sk̓ʷútəŋ be bathed. 〚√suk̓ʷ-t-ŋ √bathe-trns-psv〛
        saʔk̓ʷsúk̓ʷət bathing someone. 〚s<aʔ>k̓ʷ+√suk̓ʷ-t distr<actl>+√bathe-trns〛
    sk̓ʷúct bathe self. 〚√suk̓ʷ-cut √bathe-rflxv〛
    súk̓ʷnəxʷ manage to bathe. 〚√suk̓ʷ-naxʷ √bathe-nctrns〛
        ʔəssúʔsk̓ʷ be bathed. 〚ʔs-súʔ+√suk̓ʷ stat-rslt+√bathe〛
    sk̓ʷtə́čɬ bathe child. 〚√suk̓ʷ-t=əyəɬ √bathe-trns=child〛
        saʔk̓ʷtəýɬ bathing child. 〚√su<ʔ>k̓ʷ-t=əy<ʔ>ɬ √bathe<actual>-trans=child<actual>〛
√**suɬ** √door/road.
    súɬ door/road. 〚√suɬ √door/road〛
        sá̓yəɬ doors/roads. 〚√su<ʔyə>ɬ √door/road<pl>〛
    saʔsúɬ path. 〚saʔ+√suɬ dim+√door/road〛
        saʔyaʔsúɬ paths. 〚s<əʔy>aʔ+√suɬ dim<pl>+√door/road〛
√**suŋ̓** √smell.
    súŋ̓ smell. 〚√suŋ̓ √smell〛
        súsəŋ̓ stinking. 〚sú+√suŋ̓ actl+√smell〛
        ʔəssúsəŋ̓ stink. 〚ʔs-sú+√suŋ̓ staitve-rslt+√smell〛
        saʔsúsəŋ̓ stinky. 〚saʔ+su+√suŋ̓ dim+actl+√smell〛
    súŋ̓ət smell it. 〚√suŋ̓-t √smell-trns〛
        saʔŋút smelling it. 〚√su<ʔ>ŋ̓-t √smell<actl>-trns〛
    súŋ̓nəxʷ smell it. 〚√suŋ̓-naxʷ √smell-nctrns〛
        súŋ̓nəŋ smell. 〚√suŋ̓-naxʷ-ŋ √smell-nctrns-psv〛
            súʔŋ̓nəŋ being smelled. 〚√su<ʔ>ŋ̓-naxʷ-ŋ<ʔ> √smell<actual>-nctrans-psv<actual>〛
        súsəŋ̓nəxʷ smell something. 〚sú+√suŋ̓-naxʷ actl+√smell-nctrns〛
            súsaʔnəŋ̓ be smelled. 〚sú+√su<ʔ>ŋ̓-naxʷ-ŋ<ʔ> actual+√smell<actual>-nctrans-psv<actual>〛
    ssúŋ̓ a stink. 〚s-√suŋ̓ s-√smell〛
    čsúŋ̓ smell. 〚č-√suŋ̓ have-√smell〛
√**supʼ** √draw_in.
    súpʼt draw it in. 〚√supʼ-t √draw_in-trns〛
        súʔpʼt drawing it in. 〚√su<ʔ>pʼ-t √draw_in<actl>-trns〛

Klallam Root Index

√sutč   √sx̣ʷ

saʔṗútəŋ being drawn in. 〚√su<ʔ>ṗ-t-ŋ<ʔ> √draw_in<actl>-trns-psv〛
saʔṗəyuʔ attracting. 〚√su<ʔ>ṗ-əyu<ʔ> √draw_in<actual>-activity<actual>〛
√sutč √north_wind.
   sútč north wind. 〚√sutč √north_wind〛
      čəṅsútč winter. 〚čṅ-√sutč time-√winter〛
√suy1 √follow_path.
   nəxʷsúyəŋ follow a path. 〚nxʷ-√suy-ŋ loc-√follow_path-mdl〛
   nəxʷsuʔúʔiŋ following a path. 〚nxʷ-√s<əʔ>u<ʔ>y-ŋ loc-√follow_path<actl>-mdl〛
   nəxʷsúyət thread it. 〚nxʷ-√suy-t loc-√follow_path-trns〛
   nəxʷsuʔə́čt threading it. 〚nxʷ-√su<ʔə>y-t loc-√follow_path<actl>-trns〛
√suy2 √swell.
   súy swell. 〚√suy √swell〛
      súytxʷ let swell. 〚√suy-txʷ √swell-letcaus〛
      nəxʷsúyətəŋ swell up. 〚nxʷ-√suy-t-ŋ loc-√swell-trns-psv〛
      nəxʷsaʔyútəŋ getting swollen. 〚nxʷ-√su<ʔ>y-t-ŋ<ʔ> loc-√swell<actual>-trans-psv<actual>〛
         nəxʷsaʔyúytəŋ swell up (pl). 〚nxʷ-√s<aʔy>uy-t-ŋ<ʔ> loc-√swell<plural>-trans-psv<pl>〛
      súʔsiʔ swollen. 〚sú+√suy<ʔ> result+√swell<actual>〛
      ʔəsxʷsúʔsi swollen. 〚ʔs-xʷ-súʔ+√suy stat-loc-rslt+√swell〛
         ʔəsxʷsuʔsiʔə́qsən swollen nose. 〚ʔs-xʷ-suʔ+√suy<ʔ>=əqsən stat-loc-rslt+√swell<actl>=nose〛
      súytəŋ be swollen. 〚√suy-txʷ-ŋ √swell-caus-psv〛
         sisúytəŋ be swollen (pl). 〚sy+√suy-t-ŋ pl+√swell-trns-psv〛
         súʔitəŋ being swollen. 〚√su<ʔ>y-txʷ-ŋ<ʔ> √swell<actual>-caus-psv<actual>〛
√suyaʔəy √bed_mat.
   súyaʔəč bed mat. 〚√suyaʔəy √bed_mat〛
      sisúyəʔəč bed mats. 〚sy+√suyaʔəy pl+√bed_mat〛
√suyq √gill_net.
   súyəq gill net. 〚√suyq √gill_net〛
   suʔúyq net fishing. 〚√s<ə>uy<ʔ>q √gill_net<actual>〛
   siyúyəq nets. 〚√s<iy>uyq √gill_net<pl>〛
√swaʔ ~ √waʔ √accompany.
   səwáʔ go with. 〚√swaʔ √accompany〛
      səẃaʔ going with. 〚√sw<ʔ>áʔ √accompany<actual>〛
      wáʔwaʔ going along. 〚wáʔ+√waʔ char+√accompany〛
      wáʔtxʷ let go along. 〚√waʔ-txʷ √accompany-letcaus〛
         wáwaʔtxʷ taking along. 〚wá+√waʔ-txʷ actl+√along-caus〛
      wáʔnəs catch up with. 〚√waʔ-nəs √accompany-intent〛
         waʔnəsəŋúŋə go to with you. 〚√waʔ-nəs-ŋuŋə √accompany-intent-2obj〛
      səẃáʔt take someone along. 〚√swaʔ-t √accompany-trns〛
         səwaʔtúŋəɬ take us along. 〚√swaʔ-t-uŋɬ √accompany-trns-1plobj〛
         səẃáʔtəŋ be taken along. 〚√swaʔ-t-ŋ √accompany-trns-psv〛
      waʔáyŋəṅ want to go along. 〚√waʔ-ayŋəṅ √accompany-want〛
         waʔwaʔáyŋən wanting to go along. 〚waʔ+√waʔ-ay<ʔ>ŋn char+√accompany-desire<actual>〛
√sw̓1 √enter_bush.
   sə́w̓ enter bush. 〚√sw̓ √enter_bush〛
      səẃ̓ət take it into bush. 〚√sw̓-t √enter_bush-trns〛
         sə́w̓t taking it into bush. 〚√s<ə́>w̓-t √enter_bush<actl>-trns〛
         suʔə́təŋ be taken into woods. 〚√sw̓-t-ŋ √enter_bush-trns-psv〛
         sáw̓təŋ being taken into bush. 〚√s<á>w̓-t-ŋ √enter_bush<actl>-trns-psv〛
      səẃə́ct go into bush. 〚√səw̓-cut √enter_bush-rflxv〛
         sə́w̓ct going into woods. 〚√s<ə́>w̓-cut √enter_bush<actl>-rflxv〛
      sə́w̓nəs get into woods. 〚√səw̓-nəs √enter_bush-intent〛
      səwéʔiŋ going through woods. 〚√sw̓-i<ʔ>y-ŋ √enter_bush-dev<actl>-mdl〛
      ʔəssáw̓əɬ in the brush. 〚ʔs-√s<á>w̓-ɬ stat-√enter_bush<rslt>-dur〛
√sw̓2 √around.
   suʔəcísən finger ring. 〚√sw̓=acis=ən √around=hand=instr〛
   suʔsuwəcísən rings. 〚sw̓+√sw̓=acis=ən pl+√around=hand=instr〛
√sxʷx̣čə́q̓ʷ √joint.
   sxʷx̣čə́q̓ʷ joint. 〚√sxʷx̣čə́q̓ʷ √joint〛
√sx̣ʷ √enter_clearing.
   sə́x̣ʷ enter clearing. 〚√sx̣ʷ √enter_clearing〛

sx̣ʷə́t take it out of woods. 〚√sx̣ʷ-t √enter_clearing-trns〛
sx̣ʷə́ct enter clearing. 〚√sx̣ʷ-cut √enter_clearing-rflxv〛
sáx̣ʷɬ be out of woods. 〚√s<á>x̣ʷ-ɬ √enter_clearing<rslt>-dur〛

√sx̣ʷus ~ √sx̣ʷiy̓us √springtime.
sx̣ʷús springtime. 〚√sx̣ʷus √springtime〛
čəńsx̣ʷús springtime. 〚čń-√sx̣ʷus time-√springtime〛
čəńsx̣ʷiy̓ús springtime. 〚čən-√sx̣ʷiy̓us time-√springtime〛

√syʔatn √hair.
siʔátən hair. 〚√syʔatn √hair〛

√syaʔ √sweetheart.
siyáʔ sweetheart. 〚√syaʔ √sweetheart〛

√syaʔɬ √parent_in_law.
siyáʔiɬ in-law of preceding generation. 〚√syaʔɬ √parent_in_law〛
sisiyáʔiɬ in-laws. 〚sy+√syaʔɬ pl+√parent_in_law〛

√sy̓am̓ √high_class.
siʔám̓ high class. 〚√sy̓am̓ √high_class〛
siʔiʔám̓ high class (pl). 〚√s<y̓>y̓am̓ √high_class<pl>〛
siʔám̓ət make someone well off. 〚√sy̓am̓-t √high_class-trns〛
siʔám̓təŋ be respected. 〚√sy̓am̓-t-ŋ √high_class-trns-psv〛
siʔám̓əct get bossy. 〚√sy̓am̓-cut √high_class-rflxv〛
siʔáʔəm̓ct being bossy. 〚√sy̓a<ʔə>m̓-cut √high_class<actl>-rflxv〛
ssiʔám̓ master. 〚s-√sy̓am̓ s-√high_class〛
siʔám̓əwəs power to discover. 〚√sy̓am̓=iws √high_class=body〛
saʔsiʔáhəm̓ noble child. 〚saʔ+√sy̓a<h>m̓ dimin+√high_class<dimin>〛
saʔyaʔsiyáhəm̓ noble children. 〚s<əy>aʔ+√sy̓a<h>m̓ dimin<pl>+√high_class<dimin>〛

√ša √darn!.
šá darn!. 〚√ša √darn!〛

√šaʔƛ̓ √brag.
nəxʷšaʔƛ̓úsəŋ brag. 〚nxʷ-√šaʔƛ̓=us-ŋ loc-√brag=face-mdl〛
nəxʷšaʔšƛ̓úsəŋ bragging. 〚nxʷ-ša+√šaʔƛ̓=us-ŋ<ʔ> loc-dimin+√brag=face-mdl<actual>〛

√šaʔnc̓ √apron.
šáʔnəc̓ apron. 〚√šaʔnc̓ √apron〛
šiyáʔnəc̓ aprons. 〚√š<iy>aʔnc̓ √apron<pl>〛

√šaʔš ~ √šaʔ √thirsty.
šáʔš thirsty. 〚√šaʔš √thirsty〛
šášəŋ thirsty. 〚√šaš-ŋ √thirsty-mdl〛
šáʔšaʔš being thirsty. 〚šáʔ+√šaʔš char+√thirst〛
šaʔyášaš thirsty (pl). 〚š<aʔy>aʔ+√šaš dim<pl>+√thirsty〛
šáʔšaʔt make someone thirsty. 〚šáʔ+√šaʔ-t char+√thirst-trns〛
šáʔšaʔtəŋ be made thirsty. 〚šáʔ+√šaʔ-t-ŋ char+√thirst-trns-psv〛

√šaʔyaʔk̓ʷ √twist.
ʔəsxʷšáʔyaʔk̓ʷ twist. 〚ʔs-xʷ-√šaʔyaʔk̓ʷ stat-loc-√twist〛

√šam √dried_berries.
šám dried berries. 〚√šam √dried_berries〛

√šaq̓ √open_mouth.
šáq̓əŋ open mouth. 〚√šaq̓-ŋ √open_mouth-mdl〛
šáʔq̓əŋ opening mouth. 〚√ša<ʔ>q̓-ŋ<ʔ> √open_mouth<actual>-mdl<actual>〛
šəq̓ístxʷ make open mouth. 〚√šaq̓-istxʷ √open_mouth-caus〛
šəq̓ístəŋ be made to open mouth. 〚√šaq̓-istxʷ-ŋ √open_mouth-caus-psv〛
šaʔq̓ístəŋ being made to open mouth. 〚√ša<ʔ>q̓-istxʷ-ŋ<ʔ> √open_mouth<actual>-mdl<actual>〛

√šas √sneak.
šást sneak up on it. 〚√šas-t √sneak-trns〛
šáʔst stalking it. 〚√ša<ʔ>s-t √sneak<actl>-trns〛
šušást stalk it (pl). 〚šu+√šas-t pl+√sneak-trns〛
šástəŋ be stalked. 〚√šas-t-ŋ √sneak-trns-psv〛
šaʔsátəŋ being stalked. 〚√ša<ʔ>s-t-ŋ<ʔ> √sneakʷ<actual>-trans-psv<actual>〛
ššáct sneak. 〚√šas-cut √sneak-rflxv〛
šaʔšáʔct sneaking. 〚√ša<ʔ>s<ʔ><á>-cut √sneak<actl>-rflxv〛
šaʔšás sneak. 〚šaʔ+√šas dim+√sneak〛
šaʔšást sneak up on it. 〚šaʔ+√šas-t dim+√sneak-trns〛

Klallam Root Index

√sč   √šən

    šaʔsə́nəŋ walk softly. 〚√ša<ʔ>s=sən-ŋ √sneak<actl>=foot-mdl〛
    šaʔsáy̕s sneaky. 〚√ša<ʔ>s-ay̕s √sneak<actl>-activ〛
      šaʔsáy̕st stalk it. 〚√ša<ʔ>s-ay̕s-t √sneak<actl>-activ-trns〛
        šaʔsáy̕stəŋ be stalked. 〚√ša<ʔ>s-ay̕s-t-ŋ √sneak<actl>-activ-trns-psv〛
√sč √pull.
    sčə́t pull it. 〚√sč-t √pull-trns〛
    sə́čt pulling it. 〚√s<ə́>č-t √pull<actl>-trns〛
    sčə́təŋ be pulled. 〚√sč-t-ŋ √pull-trns-psv〛
      šišə́čtəŋ be pulled (pl). 〚šy+√sč-t-ŋ pl+√pull-trns-psv〛
√šč √hit.
    šə́č hit. 〚√šč √hit〛
    šə́čəŋ hitting. 〚√š<ə́>č-ŋ<ʔ> √hit<actual>-mdl<actual>〛
    ščə́yuʔ hitting. 〚√šč-əyu<ʔ> √hit-activity<actual>〛
      sxʷščə́yuʔ batter. 〚sxʷ-√šč-əyu for-√hit-activ〛
    ščə́t hit it. 〚√šč-t √hit-trns〛
    ščə́c hit me/you. 〚√šč-t-c √hit-trns-1obj/2obj〛
      šiščə́t hit it repeatedly. 〚šy+√šč-t pl+√hit-trns〛
    šə́čt hitting it. 〚√š<ə́>č-t √hit<actl>-trns〛
    ščə́təŋ be hit. 〚√šč-t-ŋ √hit-trns-psv〛
      šə́čtəŋ being hit. 〚√š<ə́>č-t-ŋ<ʔ> √hit<actual>-trns-psv<actual>〛
        šišə́čt hitting it (pl). 〚šy+√š<ə́>č-t pl+√hit<actl>-trns〛
          šišə́čtəŋ being clubbed (pl). 〚šy+√š<ə́>č-t-ŋ pl+√hit<actl>-trns-psv〛
    ščə́ct hit self. 〚√šč-cut √hit-rflxv〛
    ščnáxʷ manage to hit. 〚√šč-naxʷ √hit-nctrns〛
      ščnáŋ manage to be hit. 〚√šč-naxʷ-ŋ √hit-nctrns-psv〛
    ščiʔáxən hit on arm. 〚√šč-y̕=axən √hit-ext=arm〛
      ščiʔáxt hit someone on arm. 〚√šč-y̕=axən-t √hit-ext=arm-trns〛
        ščiʔáxtəŋ be hit on arm. 〚√šč-y̕=axən-t-ŋ √hit-ext=arm-trns-psv〛
      ščiʔáxənəxʷ hit arm accidentally. 〚√šč-y̕=axən-naxʷ √hit-ext=arm-nctrns〛
        ščiʔáxənəŋ be hit arm accidentally. 〚√šč-y̕=axən-naxʷ-ŋ √hit-ext=arm-nctrns-psv〛
    šiščíkʷst clobber it. 〚šy+√šč=iws-t pl+√hit=body-trns〛
    ščéʔqʷəŋ hit on head. 〚√šč=iʔqʷ-ŋ √hit=head-mdl〛
    ščéʔqʷən billy club. 〚√šč=iʔqʷ=ən √hit=head=instr〛
    ščéʔqʷt club it on head. 〚√šč=iʔqʷ-t √hit=head-trns〛
      ščéʔqʷc club-head me/you. 〚√šč=iʔqʷ-t-c √hit=head-trns-1obj/2obj〛
      šiščéʔqʷt club them on head. 〚šy+√šč=iʔqʷ-t pl+√hit=head-trns〛
      ščéʔqʷtəŋ be head clubbed. 〚√šč=iʔqʷ-t-ŋ √hit=head-trns-psv〛
    ščúst hit someone in face. 〚√šč=us-t √hit=face-trns〛
      ščústəŋ be hit in face. 〚√šč=us-t-ŋ √hit=face-trns-psv〛
      nəxʷščúst slap someone. 〚nxʷ-√šč=us-t loc-√hit=face-trns〛
        nəxʷšaʔčúst slapping someone's face. 〚nxʷ-√š<ʔ>č=us-t loc-√hit<actl>=face-trns〛
        nəxʷščústəŋ be slapped. 〚nxʷ-√šč=us-t-ŋ loc-√hit=face-trns-psv〛
        nəxʷšəyčúst slap in face repeatedly. 〚nxʷ-√š<əy>č=us-t loc-√hit<pl>=face-trns〛
      nəxʷščuʔáčt spank someone. 〚nxʷ-√šč=əw̕ač-t loc-√hit=bottom-trns〛
        šiščəw̕áčt spank bottom. 〚šy+√šč=əw̕ač-t pl+√hit=bottom-trns〛
    ščə́n club. 〚√šč=ən √hit=instr〛
    nəxʷšiʔšəy̕čáyəs little tree people. 〚nxʷ-ši?+√š<əy>č=ayus loc-aff+√hit<pl>=eye〛
√šəčn √Oregon.
    šə́čən Oregon grape. 〚√šəčn √Oregon_grape〛
    šəčənáyəs yellow. 〚√šəčn=ayəs √Oregon_grape=color〛
    šəčníɬč Oregon grape bush. 〚√šəčn=iɬč √Oregon_grape=plant〛
√šəčń̕aʔ √littleneck.
    šəčń̕aʔ littleneck. 〚√šəčń̕aʔ √littleneck〛
      šiyáčn̕ə littleneck clams. 〚√š<iy>əčń̕aʔ √littleneck<pl>〛
√šəčq √sway.
    šaʔšə́čqsən walk with sway or swagger. 〚šaʔ+√šəčq=sən dim+√ʔ=foot〛
√šən √separate.
    šə́nət separate it. 〚√šən-t √separate-trns〛
      šə́nct separate. 〚√šən-cut √separate-rflxv〛

√šəway √grow.
  šə́wi grow. 〚√šəway √grow〛
    šáʔwiʔ growing. 〚√šə<ʔ>way<ʔ> √grow<actual>〛
    šə́wił grown. 〚√šəway-ł √grow-dur〛
    ʔəsšə́wi grown. 〚ʔs-√šəway stat-√grow〛
    šə́wšəwəyu grow. 〚šə́w+√šəway-əyu char+√grow-activ〛
    šəwáyət grow it. 〚√šəway-t √grow-trns〛
      šəwáy̓t raising it. 〚√šəw<ʔ>ay<ʔ>-t √grow<actl>-trns〛
      šəwátəŋ be grow. 〚√šəway-t-ŋ √grow-trns-psv〛
    šaʔšə́ʔwiʔ young man. 〚šaʔ+√šə<ʔ>way<ʔ> dimin+√grow<actual>〛
      sšaʔšə́ʔwi youngster. 〚s-šaʔ+√š<iʔ>way s-dimin+√grow<pl>〛
    čənšə́wi growing time. 〚čn̓-√šəway time-√grow〛
√šəy √bleed.
  šə́čəŋ bleed. 〚√šəy-ŋ √bleed-mdl〛
    šə́čəŋ̓ bleeding. 〚√šəy-ŋ<ʔ> √bleed-mdl<actual>〛
    šəyəŋ̓úykʷł Beechey Head. 〚√šy-ŋ<ʔ>=uykʷł √bleed-mdl<actl>=bodyside〛
√šics √meat.
  šícs meat. 〚√šics √meat〛
√šip √knife.
  šípən knife. 〚√šip=ən √knife=instr〛
    šaʔyípən knives. 〚√š<əʔy>ip=ən √knife<pl>=instr〛
    šaʔšə́ʔpən small knife. 〚šaʔ+√ši<ʔ>p=ən dim+√knife<dim>=instr〛
√šit √covet.
  šítəŋ covet. 〚√šit-ŋ √covet-mdl〛
    šéʔtəŋ̓ coveting. 〚√ši<ʔ>t-ŋ<ʔ> √covet<actual>-mdl<actual>〛
√šiwəʔ √urinate_m.
  šíwaʔ urinate (m). 〚√šiwəʔ √urinate_m〛
    šiwaʔáw̓txʷ outhouse. 〚√šiwəʔ=aw̓txʷ √urinate_m=house〛
    sšíwaʔ urine. 〚s-√šiwəʔ s-√urinate_m〛
√šix̣ʷaʔ √urinate_fem.
  šíx̣ʷaʔ urinate fem. 〚√šix̣ʷəʔ √urinate_fem〛
    šx̣ʷáy chamber pot. 〚√šix̣ʷəʔ=ayə √urinate_fem=container〛
√šiyay̓əs √stubborn.
  šíyaʔy̓əs stubborn. 〚√šiyay̓əs √stubborn〛
    ʔəsšíyay̓əs stubborn. 〚ʔs-√šiyay̓s stat-√stubborn〛
    ʔəsšiʔšíyay̓əs stubborn (pl). 〚ʔs-šy̓+√šiyay̓s stat-pl+√stubborn〛
√škʷiš √flow.
  škʷíšəŋ flow. 〚√škʷiš-ŋ √flow-mdl〛
    šaʔkʷíšəŋ̓ flowing. 〚√š<əʔ>kʷiš-ŋ<ʔ> √flow<actual>-mdl<actual>〛
√šƛ̓us √pleased.
  šəšƛ̓úsəŋ̓ pleased. 〚šə+√šƛ̓us-ŋ<ʔ> inceptive+√pleased-mdl<actual>〛
√šman √enemy.
  šəmán enemy. 〚√šman √enemy〛
    šaʔyəmán enemies. 〚√š<ʔy>man √enemy<pl>〛
    šaʔšəmán̓ti feuding. 〚šaʔ+√šman<ʔ>-ty dim+√enemy<dim>-rcprcl〛
    sxʷšáməns rocky bank. 〚sxʷ-√šamn-s for-√enemy-3pos〛
√št √walk.
  štə́ŋ walk. 〚√št-ŋ √walk-mdl〛
    šə́təŋ̓ walking. 〚√š<ə́>t-ŋ<ʔ> √walk<actual>-mdl<actual>〛
    šəštə́ŋ start to walk. 〚šə+√št-ŋ incep+√walk-mdl〛
    šaʔštə́ŋ̓ small walk. 〚šaʔ+√št-ŋ<ʔ> dimin+√walk-mdl<dimin>〛
      šaʔšə́təŋ̓ small walking. 〚šaʔ+√š<ə́>t-ŋ<ʔ> dimin+√walk<actual>〛
        šaʔyaʔšə́təŋ̓ small walking (pl). 〚š<əʔy>aʔ+√š<ə>t-ŋ<ʔ> dimin<pl>+√walk<actual>-mdl<actual>〛
    štəŋúsəŋ take a walk. 〚√št-ŋ=us-ŋ √walk-mdl=face-mdl〛
      štəŋúst take it for a walk. 〚√št-ŋ=us-t √walk-mdl=face-trns〛
      štəŋústəŋ be taken for a walk. 〚√št-ŋ=us-t-ŋ √walk-mdl=face-mdl-trns-psv〛
    šaʔštəŋúsəŋ take a short walk. 〚šaʔ+√št-ŋ=us-ŋ dim+√walk-mdl=face-mdl〛
    štəŋnúŋət mange to walk. 〚√št-ŋ-nuŋt √walk-mdl-ncmdl〛
    štəŋúʔŋət manage to be walking. 〚√št-ŋ-nu<ʔ>ŋt √walk-mdl-ncmiddle<actual>〛

Klallam Root Index

√šuʔ   √taʔnaʔ

    štəŋnə́w̓i share companionship. 〚√štəŋ-nəw<ʔ>əy √walk-ncreciprocal<actual>〛
    štəŋístxʷ walk it. 〚√št-ŋí-stxʷ √walk-rel-caus〛
      štəŋístəŋ be walked. 〚√št-ŋí-stxʷ-ŋ √walk-rel-caus-psv〛
    štə́ŋəŋən foot path. 〚√št-ŋ=ŋin √walk-mdl=piece〛
    sxʷšaʔšə́təŋ narrow path. 〚sxʷ-šaʔ+√š<ə́>t-ŋ for-dim+√walk<actl>-mdl〛
    sxʷšə́təŋ walking path. 〚sxʷ-√š<ə́>t-ŋ for-√walk<actl>-mdl〛
    štəŋə́n̓əkʷ walking around. 〚√št-ŋ<ʔ>=ən<ʔ>ukʷ √walk-mdl-<actual>=ground<actual>〛
    štəŋúył toddler. 〚√št-ŋ=uył √walk-mdl=child〛
√šuʔ √glad.
    šaʔšúʔł glad. 〚šaʔ+√šuʔ-ł dim+√glad-dur〛
    šəy̓šúʔł glad. 〚šə<y̓>+√šuʔ-ł dim<pl>+√glad-dur〛
    šiʔšúʔłtəŋ be made glad. 〚š<y>+√šuʔł-txʷ-ŋ dim<pl>+√happy-caus-psv〛
√šukʷəʔ √sugar.
    šúkʷaʔ sugar. 〚√šukʷəʔ √sugar〛
    šaʔšúʔkʷaʔ little sugar. 〚šaʔ+√šu<ʔ>kʷəʔ dimin+√sugar<dimin>〛
    ʔəsšúkʷaʔ sugared. 〚ʔs-√šukʷəʔ stat-√sugar〛
    šúkʷaʔt sugar it. 〚√šukʷəʔ-t √sugar-trns〛
    šukʷaʔháyə sugar bowl. 〚√šukʷəʔ=ayə √sugar=container〛
    šukʷaʔáyəqsən likes sugar. 〚√šukʷəʔ-ay=əqsən √sugar-ext=nose〛
√šupt √whistle.
    šúpt whistle. 〚√šupt √whistle〛
    šúʔpt whistling. 〚√šu<ʔ>pt √whistle<actual>〛
    šúpttxʷ whistle at. 〚√šupt-txʷ √whistle-caus〛
    šúpttúŋəł whistle at us. 〚√šupt-txʷ-uŋł √whistle-caus-1plobj〛
    šúptəŋ be whistled at. 〚√šupt-txʷ-ŋ √whistle-caus-psv〛
      šišúptəŋ be whistled at (pl). 〚šy+√šupt-txʷ-ŋ pl+√whistle-caus-psv〛
    šaʔptástxʷ whistle to. 〚√šupt-tastxʷ √whistle-dirtrns〛
    šúpšupt little people. 〚šúp+√šupt char+√whistle〛
    šaʔšpiʔúsəŋ̓ whistling tune. 〚šaʔ+√šupt-y̓=us-ŋ<ʔ> dimin+√whistle-ext=face-mdl<actual>〛
√šup̓ √squat.
    ʔəsxʷšúʔšp̓ squat. 〚ʔs-xʷ-šuʔ+√šup̓ stat-loc-rslt+√squat〛
    ʔəsxʷšuʔšp̓íyəŋ squat down. 〚ʔs-xʷ-šuʔ+√šup̓-iy-ŋ stat-loc-rslt+√squat-dev-mdl〛
    nəxʷšəp̓úct squat. 〚nxʷ-√šup̓-cut loc-√squat-rflxv〛
√taʔ √back.
    titáʔəw̓əł back. 〚ty+√taʔ-əw̓əł pl+√back-side〛
√taʔcs √eight.
    táʔcs eight. 〚√taʔcs √eight〛
    taʔcsłšáʔ eighty. 〚√taʔcs=łšaʔ √eight=ten〛
    taʔcsə́wəč eighty. 〚√taʔcs=əwač √eight=bottom〛
    taʔcsłnát eight nights. 〚√taʔcs=łnat √eight=day〛
    taʔcsíkʷs eight animals. 〚√taʔcs=iws √eight=body〛
    taʔcsə́čł eight children. 〚√taʔcs=əčł √eight=child〛
    taʔcsáy eight people. 〚√taʔcs=ayə √eight=person〛
    taʔcsáxʷł eight canoes. 〚√taʔcs=axʷł √eight=conveyance〛
    taʔcsáw̓txʷ eight houses. 〚√taʔcs=aw̓txʷ √eight=house〛
    taʔcsáł eight times. 〚√taʔcs=ał √eight=times〛
    taʔcsáʔwin̓əxʷ eight years. 〚√taʔcs=aʔwin̓əxʷ √eight=year〛
    taʔcsáʔitxʷ eight dollars. 〚√taʔcs=aʔitxʷ √eight=dollar〛
√taʔčŋ √wolf.
    stáʔčəŋ wolf. 〚s-√taʔčŋ s-√wolf〛
    stəyáʔčəŋ̓ wolves. 〚s-√t<əy>aʔčŋ<ʔ> s-√wolf<pl>〛
    staʔtáʔčəŋ small wolf. 〚s-taʔ+√taʔčŋ<ʔ> s-dimin+√wolf<dimin>〛
      staʔyaʔtáʔčəŋ small wolves. 〚s-t<əʔy>aʔ+√taʔčŋ<ʔ> s-dimin<pl>+√wolf<dimin>〛
    staʔčəŋúyəł wolf pup. 〚s-√taʔčŋ=uył s-√wolf=child〛
    staʔčəŋháʔič wolf hip. 〚s-√taʔčŋ=ayč s-√wolf=hip〛
    staʔčəŋéʔqʷ wolf head. 〚s-√taʔčŋ=iʔqʷ s-√wolf=head〛
√taʔnaʔ √do_best.
    taʔnáʔt make someone do best. 〚√taʔnaʔ-t √do_best-trns〛
      taʔnáʔtəŋ be encouraged. 〚√taʔnaʔ-t-ŋ √do_best-trns-psv〛

√ta?q   √talə

    ta?ná?ct do best. 〚√ta?na?-cut √do_best-rflxv〛
        tta?náct taking care of self. 〚t+√ta?na?-cut incep+√do_best-rflxv〛
√ta?q √sense.
    táqənəxʷ find out. 〚√ta?q-naxʷ √sense-nctrns〛
        tátqənəxʷ finding out. 〚tá+√ta?q-naxʷ rslt+√sense-nctrns〛
        ta?qəníxʷ feel it. 〚√ta?q-na<í>xʷ √sense-nctrans<persist>〛
            ta?qəníxʷəŋ sense. 〚√ta?q-na<í>xʷ-ŋ √sense-nctrns<pers>-mdl〛
√ta?qm √bird_net.
    tá?qəm bird net. 〚√ta?qm √bird_net〛
    sxʷtqtáqəm species of spider. 〚sxʷ-tq+√ta?qm for-char+√bird_net〛
√ta?w √light.
    tá?kʷi get light. 〚√ta?w-iy √light-dev〛
        ta?tá?kʷi bright. 〚ta?+√ta?w-iy actl+√light-dev〛
            ttá?wi? shining. 〚t+√ta?w-iy<?> pl+√light-develop<actual>〛
    ta?kʷə́yu light up. 〚√ta?w-əyu √light-activ〛
        stá?kʷəyu light. 〚s-√ta?w-əyu s-√light-activ〛
    tá?kʷt illuminate it. 〚√ta?w-t √light-trns〛
        ta?kʷát illuminating it. 〚√ta?kʷ<á>-t √light<actl>-trns〛
            tkʷátəŋ be lit up. 〚√ta?w-t-ŋ √light-trns-psv〛
                ta?kʷá?təŋ be lit. 〚√ta?w<a?>-t-ŋ √light<actl>-trns-psv〛
                ta?yəkʷátəŋ be lit up (pl). 〚√t<ə?y>a?w-t-ŋ √light<pl>-trns-psv〛
        tta?kʷát flashing light. 〚t+√ta?w<á>-t incep+√light<actl>-trns〛
        tta?kʷác shining on me/you. 〚t+√ta?w<á>-t-c incep+√light<actl>-trns-1obj/2obj〛
            ta?kʷíŋəɬ light up. 〚√ta?w-iŋɬ √light-cstm〛
√ta?x̣ √spread.
    nəxʷtx̣i?íyəŋ spread legs. 〚nxʷ-√ta?x̣=ayi-iy-ŋ loc-√spread=leg-dev-mdl〛
    sxʷta?x̣áyəɬ spread legs. 〚sxʷ-√ta?x̣=ayi-ɬ for-√spread=leg-dur〛
    nəxʷta?x̣i?ítəŋ having legs spread. 〚nxʷ-√ta?x̣=ayi-t-ŋ<ˀ> loc-√spread<actual>=leg<actual>-trans-psv<actual>〛
    ?əsta?x̣i?áx̣ən spread arms. 〚?s-√ta?x̣-y̌=ax̣ən stat-√spread-ext=arm〛
√ta?x̣in √which.
    ta?x̣ín which one. 〚√ta?x̣in √which〛
√tac √animal.
    ta?tá?ciŋəxʷ animal. 〚ta?+√ta<?>c-y=ŋ<ˀ>ixʷ dimin+√animal<dimin>-ext=being<dimin>〛
        tiya?táciŋəxʷ animals (pl). 〚t<iy>a?+√ta<?>c-iy=ŋixʷ dim<pl>+√animal<dim>-dev=being〛
        ta?taciŋxʷúy̓ɬ young animals. 〚ta?+√ta<?>c-iy=ŋixʷ=iy̓ɬ dim+√animal<dim>-dev=being=child〛
            ta?yataciŋxʷúy̓ɬ young animals (pl). 〚t<ə?y>a?+√ta<?>c-iy=ŋixʷ=iy̓ɬ dim<pl>+√animal<dim>-dev=being=child〛
√tac √back.
    stáckʷɬ back of body. 〚s-√tac=kʷɬ s-√back=conveyance〛
    táčšəŋ 〚√tac=šŋ √back=neck〛
        čtáčšəŋ have a back. 〚č-√tac=šŋ have-√back=neck〛
    stcíkʷən lower back. 〚s-√tac=iwən s-√back=interior〛
√tač √arrive_here.
    táči arrive here. 〚√tač-iy √arrive_here-dev〛
        tá?či? arriving here. 〚√ta<?>č-iy<ˀ> √arrive_here<actual>-develop<actual>〛
    ta?yáči arrive here (pl). 〚√t<ə?y>ači √arrive_here<pl>〛
    ča?táči just arrived. 〚ča?-√tačy immed-√arrive_here〛
    tčinúŋət finally get here. 〚√tač-iy-nuŋt √arrive_here-dev-ncmdl〛
    tčístxʷ bring it here. 〚√tač-istxʷ √arrive_here-caus〛
        tčístəŋ be brought here. 〚√tč-istxʷ-ŋ √arrive_here-caus-psv〛
    tčínəs arrive for. 〚√tač-i-nəs √arrive_here-pers-intent〛
        tčínəsəŋ be arrived for. 〚√tač-i-nəs-ŋ √arrive_here-pers-intent-psv〛
√tak √sock.
    stákən sock. 〚s-√tak=ən s-√sock=instr〛
        sta?yákən̓ socks. 〚s-√t<ə?y>ak=ən s-√sock<pl>=instr〛
    takən̓hə́nəŋ̓ put on socks. 〚√tak=ən<ˀ>-hən-ŋ<ˀ> √sock=instr<actual>-?-mdl<actual>〛
√talə √money.
    tálə money. 〚√talə √money〛
        təltálə money (pl). 〚təl+√talə pl+√money〛

sxʷtəláháyʼəs glasses. ⟦sxʷ-√talə=ay<ʔ>us for-√money=eye<actual>⟧
    sxʷtəltəláháyʼəs glasses. ⟦sxʷ-təl+√talə=ay<ʔ>us for-pl+√money=eye<actual>⟧
sxʷtaláháy purse. ⟦sxʷ-√talə=ayə for-√money=container⟧
staláháw̓txʷ bank. ⟦s-√talə=aw̓txʷ s-√money=house⟧

√tamx̣ √eel_grass.
  táməx̣ eel grass. ⟦√tamx̣ √eel_grass⟧

√tan √mother.
  tán mother. ⟦√tan √mother⟧
    titán mothers. ⟦ty+√tan pl+√mother⟧
    tátən̓ mommy. ⟦ta+√tan<ʔ> dimin+√mother<dimin>⟧

√taŋ √who.
  stáŋ who. ⟦s-√taŋ s-√who⟧
    stáŋənə thing. ⟦s-√taŋ√niʔ s-√thing√exist⟧
    čstáŋ̓ have food left. ⟦č-s-√taŋ<ʔ> have-s-√thing<actual>⟧
      čstaŋ̓úcən take home. ⟦č-s-√taŋ<ʔ>=ucin have-s-√thing<actl>=mouth⟧
    ʔəstáŋ something. ⟦ʔs-√taŋ stat-√what⟧
    čən̓táŋ when. ⟦čn̓-√taŋ time_of-√what⟧

√taŋn √evening.
  táŋən evening. ⟦√taŋn √evening⟧
    ttáŋən start evening. ⟦t+√taŋn incep+√evening⟧
      ttáʔŋən getting evening. ⟦t+√ta<ʔ>ŋn inceptive+√evening<actual>⟧
    təŋiʔŋínəŋ supper. ⟦√taŋn-iʔ=ŋin-ŋ √evening-ext=piece-mdl⟧
      stəŋiʔŋínəŋ supper. ⟦s-√taŋn-iʔ=ŋin-ŋ s-√evening-ext=piece-mdl⟧
    taʔŋiʔŋéʔnəŋ supper. ⟦√t<ʔ>ŋn-iʔ=ŋi<ʔ>n-ŋ √evening<actl>-ext=piece<actl>-mdl⟧
    taʔŋənúcən eating supper. ⟦√ta<ʔ>ŋn=ucin √evening<actl>=mouth⟧

√taw √buy.
  tákʷəŋ be bought. ⟦√taw-as-ŋ √buy-ptcaus-psv⟧
    taʔkʷátəŋ being bought. ⟦√ta<ʔ>kʷ-t-ŋ √buy<actl>-trns-psv⟧
  tákʷɬ buying. ⟦√taw-ɬ √buy-dur⟧
  tákʷəyuʔ buy. ⟦√taw-əyu √buy-activ⟧
    taw̓əyuʔ buying. ⟦√taw<ʔ>-əyu<ʔ> √buy<actual>-activity<actual>⟧
  tákʷs buy it. ⟦√taw-as √buy-ptcaus⟧
    taʔáw̓əs buying it. ⟦√t<ʔ>aw<ʔ>-as √buy<actl>-ptcaus⟧
    taʔáw̓əŋ being bought. ⟦√t<ʔ>aw<ʔ>-as-əŋ √buy<actl>-ptcaus-psv⟧
  tkʷsít buy for. ⟦√taw-sít √buy-bene⟧
    tkʷsíc buy for me/you. ⟦√taw-sít-c √buy-bene-1obj/2obj⟧
    tkʷsítəŋ bought for. ⟦√taw-sít-ŋ √buy-bene-psv⟧
  tákʷnəxʷ finally buy it. ⟦√taw-naxʷ √buy-nctrns⟧
    tkʷsnáyəŋ buy food. ⟦√taw-as=ɬnay-ŋ √buy-ptcaus=neck-mdl⟧

√tawn √town.
  táwn town. ⟦√tawn √town⟧
    ƛ̓aʔtáwn go to town. ⟦ƛ̓aʔ-√tawn go_to-√town⟧
      ƛ̓aʔttáʔwən going to town. ⟦ƛ̓aʔ-t+√ta<ʔ>wn go_to-inceptive+√town<actual>⟧
    ƛ̓aʔtáwntxʷ take to town. ⟦ƛ̓aʔ-√tawn-txʷ go_to-√town-incaus⟧
      ƛ̓aʔtáwntəŋ be taken to town. ⟦ƛ̓aʔ-√tawn-txʷ-ŋ go_to-√town-caus-psv⟧
    ƛ̓aʔtawníyɬ go to town. ⟦ƛ̓aʔ-√tawn-iyɬ go_to-√town-go⟧
    ƛ̓aʔtawnístxʷ take to town. ⟦ƛ̓aʔ-√tawn-istxʷ go_to-√town-caus⟧

√tawnq ~ √tunq √older_sibling.
  sxʷtáwnq older sibling. ⟦sxʷ-√tawnq for-√older_sibling⟧
  sxʷtúnəq older sibling. ⟦sxʷ-√tunq for-√older_sibling⟧
    sxʷtáwinəq older siblings. ⟦sxʷ-√taw<í>nq for-√older_sibling<pl>⟧

√taw̓qn √troubled.
  táw̓qən troubled. ⟦√taw̓qn √troubled⟧
    titáw̓qən troubled. ⟦ty+√taw̓qn pl+√troubled⟧

√tax̣ √rumor.
  táx̣ hear rumor. ⟦√tax̣ √rumor⟧
    táx̣ənəxʷ hear about. ⟦√tax̣-naxʷ √rumor-ntrns⟧
      táx̣ənəŋ be heard about. ⟦√tax̣-naxʷ-ŋ √rumor-ntrns-psv⟧
    tax̣ənúŋət hear rumor. ⟦√tax̣-nuŋt √rumor-ncmdl⟧

√**tay1** canoe_race.
    táy race canoes. 〚√tay canoe_race〛
        táti canoe racing. 〚ta + √tay actl + √canoe_race〛
        stáy canoe race. 〚s-√tay s-canoe_race〛
            stayə́kʷɬ racing canoe. 〚s-√tay = akʷɬ s-√canoe_race = conveyance〛
        nəxʷstáy canoe racer. 〚nxʷ-s-√tay loc-s-√canoe_race〛
    táyəs paddle in race. 〚√tay-s √canoe_race-ʔ〛
√**tay2** √respond.
    táyəcən respond. 〚√tay = ucin √respond = mouth〛
        titáyəcən respond (pl). 〚ty + √tay = ucin pl + √respond = mouth〛
        tayúcən answering. 〚√tay = <ú>cin √respond = mouth<actual>〛
            nəxʷtčúcən answer. 〚nxʷ-√tay = ucin loc-√respond = mouth〛
                nəxʷtčúct answer someone. 〚nxʷ-√tay = ucin-t loc-√respond = mouth-trns〛
                    nəxʷtčúc answer me/you. 〚nxʷ-√tč = ucin-t-c loc-√answer = mouth-trns-1obj/2obj〛
        nəxʷtčács retaliate. 〚nxʷ-√tay = acis loc-√respond = hand〛
        tčácsəŋ retaliate. 〚√tay = acis-ŋ √respond = hand-mdl〛
        nəxʷtčácst retaliate against someone. 〚nxʷ-√tay = acis-t loc-√respond = hand-trns〛
            tčácstəŋ be retaliated against. 〚nxʷ-√tay = acis-t-ŋ loc-√respond = hand-trns-psv〛
                nəxʷtčícstəŋ be retaliated against. 〚nxʷ-√tay-í = acis-t-ŋ loc-√respond-pers = hand-trns-psv〛
√**tayapš** √wild_man.
    tayápš wild man. 〚√tayapš √wild_man〛
√**tayəx̣** √wide.
    stayəx̣áyəs wide. 〚s-√tayəx̣ = ayus s-√wide = eye〛
        stayəx̣áyəsəŋ open eyes wide. 〚s-√tayəx̣ = ayus-ŋ s-√wide = eye-mdl〛
√**tč** √?.
    tčcínəŋ go along edge. 〚√tč = ucin-ŋ √? = mouth-mdl〛
    tčcéʔnəŋ walking along water. 〚√tč = uci<ʔ>n-ŋ<ˀ> √? = mouth<actual>-mdl<actual>〛
√**tč** √stab.
    tə́č stab. 〚√tč √stab〛
        tčə́ŋ poke. 〚√tč-ŋ √stab-mdl〛
            tə́čəŋ̇ spearing. 〚√t<ə́>č-ŋ<ˀ> √stab<actual>-mdl<actual>〛
        tčə́yu spear. 〚√tč-əyu √stab-activ〛
            tə́čəyuʔ spearing. 〚√t<ə́>č-əyu<ʔ> √stab<actual>-activity<actual>〛
        tčə́t poke it. 〚√tč-t √stab-trns〛
            tčə́c stab me/you. 〚√tč-t-c √stab-trns-1obj/2obj〛
            tə́čt poking it. 〚√t<ə́>č-t √stab<actl>-trns〛
            tčə́təŋ be stabbed. 〚√tč-t-ŋ √stab-trns-psv〛
                titə́čtəŋ be poked (pl). 〚ty + √tč-t-ŋ pl + √stab-trns-psv〛
                tə́čtəŋ̇ being stabbed. 〚√t<ə́>č-t-ŋ<ˀ> √stab<actual>-trans-psv<actual>〛
        tčə́ct poke self. 〚√tč-cut √stab-rflxv〛
        tčnáxʷ poke. 〚√tč-naxʷ √stab-nctrns〛
            tčnáŋ be poked. 〚√tč-naxʷ-ŋ √stab-nctrns-psv〛
        tčə́n a spear. 〚√tč = ən √stab = instr〛
            taʔyəčə́n spears. 〚√t<əʔyə>č = ən √stab<pl> = instr〛
        tčánkʷs poke ribs. 〚√tč = ankʷs √stab = interior〛
        tčács poke hand. 〚√tč = acis √stab = hand〛
            nəxʷtčács get sliver. 〚nxʷ-√tč = acis loc-√stab = hand〛
        nəxʷtčáys get eye poked. 〚nxʷ-√tč = ayus loc-√stab = eye〛
        tčsə́n poke foot. 〚√tč = sən √stab = foot〛
        təčtəmúẏs billiards. 〚√tč-tm̓ = uy<ˀ>əs √stab-? = forehead<actual>〛
√**tčankʷ** √last_year.
    tčánkʷ last year. 〚√tčankʷ √last_year〛
√**təʔčiʔx̣ʷ** √disturb.
    taʔčéʔx̣ʷiʔ disturb. 〚√təʔčiʔx̣ʷ-iy √disturb-dev〛
        stéʔčaʔx̣ʷiʔ trouble. 〚s-√tə<í>ʔčiʔx̣ʷ-iy<ʔ> s-√disturb<actual>-develop<actual>〛
        téʔčaʔx̣ʷiʔ in trouble. 〚√tə<í>ʔčiʔx̣ʷ-iy<ʔ> √disturb<actual>-develop<actual>〛
    taʔčéʔx̣ʷt disturb someone. 〚√təʔčiʔx̣ʷ-t √disturb-trns〛
        taʔčaʔx̣ʷéʔt upset someone. 〚√təʔčiʔx̣ʷ<iʔ>-t √disturb<actl>-trns〛
        taʔčaʔx̣ʷít bother someone. 〚√təʔčiʔx̣ʷ-i-t √disturb-pers-trns〛
        taʔčaʔx̣ʷítəŋ be bothered. 〚√təʔčiʔx̣ʷ-t-ŋ √disturb-trns-psv〛

Klallam Root Index

taʔčaʔx̣ʷéʔtəŋ troubled. 〚√taʔčiʔxʷ<iʔ>-t-ŋ<ʔ> √disturb<actual>-trans-psv<actual>〛
taʔčaʔx̣ʷéʔənəq bothersome. 〚√taʔčiʔxʷ<iʔ>-ənəq √disturb<actl>-hab〛
taʔčaʔx̣ʷéʔəyuʔ bothering. 〚√taʔčiʔxʷ<iʔ>-əyu<ʔ> √disturb<actual>-activity<actual>〛

√təʔyus √married_couple.
    taʔyús married couple. 〚√təʔyus √married_couple〛
      tiyáʔyus married couples. 〚√t<iy>əʔyus √married_couple<pl>〛

√təki √turkey.
    tə́ki turkey. 〚√təki √turkey〛
      taʔyə́ki turkeys. 〚√t<əʔy>əki √turkey<pl>〛
      taʔtáʔki small turkey. 〚taʔ+√tə<ʔ>ki dimin+√turkey<actual>〛
      taʔyatáʔki small turkeys. 〚t<əʔy>aʔ+√tə<ʔ>ki dimin<pl>+√turkey<actual>〛

√təkʷxʷ √nine.
    tə́kʷxʷ nine. 〚√təkʷxʷ √nine〛
      tkʷxʷɬšáʔ ninety. 〚√təkʷxʷ=ɬšaʔ √nine=ten〛
      tkʷxʷíkʷs nine animals. 〚√təkʷxʷ=iws √nine=body〛
      tkʷxʷáy nine people. 〚√təkʷxʷ=ayə √nine=person〛
      tkʷxʷásən nine points. 〚√təkʷxʷ-a=sən √nine-ext=foot〛
      tkʷxʷáɬ nine times. 〚√təkʷxʷ=aɬ √nine=times〛
      tkʷxʷáčɬ nine children. 〚√təkʷxʷ=əčɬ √nine=child〛
      tkʷxʷáʔitxʷ nine dollars. 〚√təkʷxʷ=aʔitxʷ √nine=dollar〛
      təkʷxʷɬnát nine nights. 〚√təkʷxʷ=ɬnat √nine=day〛
      təkʷxʷáxʷɬ nine canoes. 〚√təkʷxʷ=axʷɬ √nine=conveyance〛
      təkʷxʷáw̓txʷ nine houses. 〚√təkʷxʷ=aw̓txʷ √nine=house〛
      təkʷxʷaʔwin̓əxʷ nine years. 〚√təkʷxʷ=aʔwin̓əxʷ √nine=year〛

√təməs √velvet.
    təməsáyəqən velvet. 〚√təməs=ayqən √velvet=fur〛

√təmɬ √ocher.
    tə́məɬ ocher. 〚√təmɬ √ocher〛
      təməɬúsəŋ paint face. 〚√təmɬ=us-ŋ √ocher=face-mdl〛
      nəxʷtəmɬúsəŋ paint face. 〚nxʷ-√təmɬ=us-ŋ loc-√ocher=face-mdl〛
      təməɬúsən red face paint. 〚√təmɬ=us=ən √ocher=face=instr〛
      təməɬíct paint body. 〚√təmɬ-í-cut √ocher-pers-rflxv〛
      taʔtə́m̓ɬs Wolfe Island. 〚taʔ+√təm<ʔ>ɬ=us dim+√ocher<dim>=face〛

√təmŋ √good_tide.
    stə́məŋ good tide. 〚s-√təmŋ s-√good_tide〛

√təmqʷ √gumberry.
    tə́m̓əqʷ gumberry. 〚√təmqʷ √gumberry〛

√tənč √thump.
    tə́nčŋən thump. 〚√tənč=ŋin √thump=piece〛
      titə́nčŋən footstep sounds. 〚ty+√tənč=ŋin pl+√ʔ=piece〛

√təŋ √surprise.
    ʔəstə́ŋ surprise. 〚ʔs-√təŋ stat-√surprise〛

√təŋxʷ ~ √čtə́ŋxʷ √land.
    tə́ŋəxʷ land. 〚√təŋxʷ √land〛
      titə́ŋxʷi dirty. 〚ty+√təŋxʷ-iy pl+√land-dev〛
    sčtə́ŋxʷən land. 〚s-√čtəŋxʷ=ən s-√land=instr〛
      sčaʔyətə́ŋxʷən lands. 〚s-√č<aʔy>təŋxʷ=ən s-√land<pl>=instr〛

√təq √shut.
    tə́q shut. 〚√təq √shut〛
      ʔstáqɬ closed. 〚ʔs-√t<á>q-ɬ stat-√shut<rslt>-dur〛
        ʔəsxʷtáqɬ closed. 〚ʔs-xʷ-√t<á>q-ɬ stat-loc-√shut<rslt>-dur〛
    tqə́t shut it. 〚√tq-t √shut-trns〛
      titə́qt shut it (pl). 〚ty+√tq-t pl+√shut-trns〛
      tə́qt be closing it. 〚√t<ə́>q-t √shut<actl>-trns〛
      tqə́təŋ be shut. 〚√tq-t-ŋ √shut-trns-psv〛
    nəxʷtə́q shut. 〚nxʷ-√tq loc-√shut〛
      nəxʷtqə́t shut it. 〚nxʷ-√tqə-t loc-√shut-trns〛
        nəxʷtə́qt shutting it. 〚nxʷ-√t<ə́>q-t loc-√shut<actl>-trns〛
        nəxʷtqə́təŋ be closed. 〚nəxʷ-√tqə-t-ŋ loc-√shut-trns-psv〛

√təqʷm̓   √tiy

      sxʷtqə́n lid. 〚sxʷ-√tq=ən for-√shut=instr〛
          sxʷtitqə́n lids. 〚sxʷ-ty+√tq=ən for-pl+√shut=instr〛
√təqʷm̓ √gooseberry.
      tə́qʷəm̓ gooseberry. 〚√təqʷm̓ √gooseberry〛
√tətiɬm √Jamestown.
      stətíɬəm Jamestown. 〚s-√tətiɬm s-√Jamestown〛
√təw̓ánəxʷ √Skokomish.
      təw̓ánəxʷ Skokomish. 〚√təw̓ánəxʷ √Skokomish〛
√təy √upstream.
      táyi go upstream. 〚√təy-iy √upstream-dev〛
          táʔyiʔ going upstream. 〚√ta<ʔ>y-iy<ʔ> √go_upstream<actual>-develop<actual>〛
          taʔáʔyəs going upstream. 〚√t<əʔ>a<ʔ>y-əs √go_upstream<actual>-ʔ〛
      tə́yət be upstream. 〚√təy-t √upstream-stat〛 take upstream. 〚√təy-iy-ŋí-stxʷ √upstream-dev-rel-caus〛
      titə́yi go upstream (pl). 〚ty+√təy-iy pl+√upstream-dev〛
      tə́yətxʷ take upstream. 〚√təy-iy-txʷ √upstream-dev-incaus〛
          tə́yətəŋ be taken upstream. 〚√təy-txʷ-ŋ √upstream-incaus-psv〛
√təyxʷŋ √ptarmigan.
      stə́yəxʷəŋ ptarmigan. 〚s-√təyxʷŋ s-√ptarmigan〛
      sttíyəxʷəŋ ptarmigans. 〚s-t+√tə<í>yxʷŋ s-plural+√ptarmigan<pl>〛
      staʔtə́y̓xʷəŋ̓ small ptarmigan. 〚s-taʔ+√təy<ʔ>xʷŋ<ʔ> s-dimin+√ptarmigan<dimin>〛
      staʔyaʔtə́y̓xʷəŋ̓ small ptarmigans. 〚s-t<əʔy>aʔ+√təy<ʔ>xʷŋ<ʔ> s-dimin+√ptarmigan<dimin>〛
√tiʔəx̣ʷ √fish_spear.
      sté̓ʔəx̣ʷ fish spear. 〚s-√tiʔəx̣ʷ s-√fish_spear〛
      stiʔé̓ʔəx̣ʷ fish spears. 〚s-√t<y?>iʔəx̣ʷ s-√fish_spear<pl>〛
√timə √ship.
      stímə ship. 〚s-√timə s-√ship〛
      staʔtím̓ə motorboat. 〚s-taʔ+√tim<ʔ>ə s-dimin+√ship<dimin>〛
√tin √ʔ.
      tínəqsən mallard. 〚√tin=əqsən √ʔ=nose〛
      təntínəqsən mallards. 〚tən+√tin=əqsən pl+√ʔ=nose〛
      taʔté̓ʔnəqsən small mallard. 〚taʔ+√ti<ʔ>n=əqsən dim+√ʔ<dim>=nose〛
      taʔyaʔté̓ʔnəqsən small mallards. 〚t<aʔy>aʔ+√ti<ʔ>n=əqsən dim<pl>+√ʔ<dim>=nose〛
√tiqayuʔ √beaver.
      stəqáyuʔ beaver. 〚s-√tiqayuʔ s-√beaver〛
      staʔyəqáyuʔ beavers. 〚s-√t<əʔy>iqayuʔ s-√beaver<pl>〛
      stiqáyuʔct become beaver. 〚s-√tiqayuʔ-cut s-√beaver-rflxv〛
      stiʔqáyuʔct becoming beaver. 〚s-√ti<ʔ>qayuʔ-cut s-√beaver<actl>-rflxv〛
√tiqiw̓ √horse.
      stiqéw̓ horse. 〚s-√tiqiw̓ s-√horse〛
      stitiqéw̓ horses. 〚s-ty+√tiqiw̓ s-pl+√horse〛
      staʔtiʔqéw̓ small horse. 〚s-taʔ+√ti<ʔ>qiw̓ s-dimin+√horse<dimin>〛
      staʔyaʔtiqéw̓ small horses. 〚s-t<əʔy>aʔ+√ti<ʔ>qiw̓ s-dimin<pl>+√horse<dimin>〛
      stiqewáyɬ go by horse. 〚s-√tiqiw̓=ayɬ s-√horse=conveyance〛
      stiqiwáw̓txʷ horse barn. 〚s-√tiqiw̓=aw̓txʷ s-√horse=house〛
√titiʔəɬ √Indian_Valley.
      tiʔtiʔə́ɬ Indian Valley. 〚√titiʔəɬ √Indian_Valley〛
√tiwən √niece/nephew.
      stíkʷən niece/nephew. 〚s-√tiwən s-√niece/nephew〛
      sttíkʷən nieces/nephews. 〚s-t+√tiwən s-pl+√niece/nephew〛
      stíw̓ən nephew. 〚s-√tiw<ʔ>ən s-√niece/nephew<actual>〛
      tkʷənúyɬ little niece/nephew. 〚√tiwən=uyɬ √niece/nephew=child〛
      taʔyəkʷənúyɬ little nieces/nephews. 〚√t<aʔy>iwən=uyɬ √niece/nephew<pl>=child〛
      sxʷstíkʷən niece/nephew-in-law. 〚sxʷ-s-√tiwən for-s-√niece/nephew〛
      sxʷsttíkʷən niece/nephew-in-law (pl). 〚sxʷ-s-t+√tiwən for-s-pl+√niece/nephew〛
√tixʷɬc √tongue.
      tíxʷɬc tongue. 〚√tixʷɬc √tongue〛
      taʔyíxʷɬc tongues. 〚√t<aʔy>ixʷɬc √tongue<pl>〛
√tiy √tea.
      tíy tea. 〚√tiy √tea〛

Klallam Root Index

√**tiym**

　　　　sxʷtiháy teapot. 〚sxʷ-√tiy=ayə for-√tea=container〛
　　　　　　sxʷtitiháyə teapots. 〚sxʷ-ty+√tiy=ayə for-pl+√tea=container〛
√**tiym** √hard_force.
　　　　tíymət force it. 〚√tiym-t √hard_force-trns〛
　　　　　timítəŋ be pushed on. 〚√tiym-t-ŋ √hard_force-trns-psv〛
　　　　　　tíymətəŋ being pushed hard on. 〚√t<í>ym-t-ŋ √hard_force<actl>-trns-psv〛
　　　　tíyməct hard effort. 〚√tiym-cut √hard_force-rflxv〛
　　　　taʔméʔct striving. 〚√tiym<ʔ>-cut √hard_force<actl>-rflxv〛
　　　　ʔəstéʔtəm̓ steady and strong. 〚ʔs-ti<ʔ>+√tiym<ˀ> stat-result<actual>+√hard_force<actual>〛
√**tkʷ** √break.
　　　　tə́kʷ broken (long object). 〚√tkʷ √break〛
　　　　titə́kʷ break (pl). 〚ty+√tkʷ pl+√break〛
　　　　tákʷɬ breaking. 〚√t<á>kʷ-ɬ √break<rslt>-dur〛
　　　　ʔəstákʷɬ broken. 〚ʔs-√t<á>kʷ-ɬ stat-√break<rslt>-dur〛
　　　　tkʷúɬ break completely. 〚√tkʷ-uɬ √break-compl〛
　　　　tkʷə́t break it. 〚√tkʷ-t √break-trns〛
　　　　tə́kʷt breaking it. 〚√t<ə́>kʷ-t √break<actl>-trns〛
　　　　　titə́kʷt breaking it. 〚ty+√t<ə́>kʷ-t pl+√break<actl>-trns〛
　　　　　tkʷə́təŋ be broken. 〚√tkʷ-t-ŋ √break-trns-psv〛
　　　　　　təy̓əkʷə́təŋ be broken (pl). 〚√t<əʔy>kʷ-t-ŋ √break<pl>-trns-psv〛
　　　　tkʷnáxʷ manage to break it. 〚√tkʷ-naxʷ √break-nctrns〛
　　　　tə́kʷnəxʷ breaking it. 〚√t<ə́>kʷ-naxʷ √break<actl>-nctrns〛
　　　　tkʷínəxʷ break. 〚√tkʷ-i-naxʷ √break-pers-nctrns〛
　　　　tkʷnáŋ manage to be broken. 〚√tkʷ-naxʷ-ŋ √break-nctrns-psv〛
　　　　tkʷíŋət get to break. 〚√tkʷ-iŋt √break-scs〛
　　　　　tkʷíŋətəŋ get to be broken. 〚√tkʷ-iŋt-ŋ √break-scs-psv〛
　　　　titkʷúcən break jaw. 〚ty+√tkʷ=ucin pl+√break=mouth〛
　　　　tkʷúykʷɬ break rib. 〚√tkʷ=uykʷɬ √break=bodyside〛
　　　　tkʷúɬən break rib. 〚√tkʷ=uɬən √break=rib〛
　　　　　titkʷúɬən break ribs. 〚ty+√tkʷ=uɬən pl+√break=rib〛
　　　　tkʷsə́n break foot. 〚√tkʷ=sən √break=foot〛
　　　　tkʷáynəs break tooth. 〚√tkʷ-ay=nis √break-ext=tooth〛
　　　　　tkʷíns tooth broken. 〚√tkʷ-í=nis √break-pers=tooth〛
　　　　tkʷiʔáx̣ən break arm. 〚√tkʷ-y̓=ax̣ən √break-ext=arm〛
　　　　　stkʷiyáx̣ən broken arm. 〚s-√tkʷ-iy=ax̣ən s-√break-ext=arm〛
　　　　　ʔəstkʷiʔáx̣ən broken arm. 〚ʔs-√tkʷ-y̓=ax̣ən stat-√break-ext=arm〛
　　　　nəxʷtkʷíkʷən break back. 〚nxʷ-√tkʷ=iwən loc-√break=interior〛
　　　　tkʷəwéʔč break back. 〚√tkʷ=əwiʔč √break=back〛
　　　　nəxʷtkʷícən break back. 〚nxʷ-√tkʷ=icən loc-√break=back〛
　　　　tkʷə́qsən break nose. 〚√tkʷ=əqsən √break=nose〛
　　　　tkʷə́ɬnɬ break neck. 〚√tkʷ=əɬnɬ √break=throat〛
　　　　tkʷɬnáyəŋ break neck. 〚√tkʷ=ɬnay-ŋ √break=neck-mdl〛
　　　　tkʷáčšəŋ break neck. 〚√tkʷ=ačš-ŋ √break=neck-middle〛
　　　　tkʷács break hand. 〚√tkʷ=acis √break=hand〛
　　　　tə́kʷəwč break hip. 〚√təkʷ=əwač √break=bottom〛
　　　　　nəxʷtkʷə́wəč break tailbone. 〚nxʷ-√tkʷ=əwač loc-√break_long=bottom〛
　　　　　ʔəstə́kʷəwəč broken rear. 〚ʔs-√təkʷ=əwač stat-√break=bottom〛
　　　　ʔəstkʷáʔič limp. 〚ʔs-√tkʷ=ay̓č stat-√break=hip〛
　　　　tiʔkʷáʔnəŋ vomit blood. 〚√t<y̓>kʷ=an̓-ŋ √break<pl>=ear-mdl〛
　　　　nəxʷtkʷáyən Freshwater Bay. 〚nxʷ-√tkʷ-ay=an̓ loc-√break-ext=ear〛
　　　　tkʷáyŋxʷ Freshwater Bay. 〚√tkʷ-ay=ŋixʷ √break-ext=being〛
√**tɬ** √near_side.
　　　　tɬaʔáwəɬ near side. 〚√tɬ=əʔəw-ɬ √near_side=side-dur〛
√**tɬ** √near_side.
　　　　tɬə́t cover it with lid. 〚√tɬ-t √near_side-trns〛
　　　　　tɬə́təŋ be covered. 〚√tɬ-t-ŋ √near_side-trns-psv〛
　　　　sxʷtɬə́n cover, lid. 〚sxʷ-√tɬ=ən for-√cover=instr〛
　　　　tɬíyəŋ stoop down. 〚√tɬ-iy-ŋ √near_side-dev-mdl〛
　　　　tɬús lie face-down. 〚√tɬ=us √near_side=face〛
　　　　　tɬúsəŋ face down. 〚√tɬ=us-ŋ √near_side=face-mdl〛

tɬúst put it upside down. 〚√tɬ=us-t √near_side=face-trns〛
    tɬústəŋ be upside down. 〚√tɬ=us-t-ŋ √near_side=face-trns-psv〛
tɬaʔáyəṅ this side, inside. 〚√tɬ-əʔ=ayaṅ √near_side-ext=ear〛
tɬaʔáyəs on visible side. 〚√tɬ-əʔ=ayus √near_side-ext=eye〛
tɬuʔúcən on this near edge. 〚√tɬ-əʔ=ucin √near_side-ext=edge〛

√tɬnaʔəč √across.
  tɬnáʔəč across. 〚√tɬnaʔəč √across〛
  čaʔtɬnáʔəč from Canada. 〚čaʔ-√tɬnaʔəč from-√across〛

√tnčəẏəqʷ √southwest_wind.
  tənčə́ẏəqʷ southwest wind. 〚√tnčəẏəqʷ √southwest_wind〛

√tn̓a √crave.
  tən̓áʔəŋ̓ crave. 〚√tn̓a<ʔ>-ŋ<ʼ> √crave<actual>-mdl<actual>〛
  tən̓áʔət craving it. 〚√tn̓aʔ-t √crave-trns〛
  təŋʔáʔəŋət craving it. 〚√tn̓a<ʔ>-ŋi-t √crave<actl>-rel-trns〛

√tqap √trap_fish.
  tqápən trap fish. 〚√tqap=ən √trap_fish=instr〛
  tqáʔpəṅ trapping fish. 〚√tqa<ʔ>p=ən<ʼ> √trap_fish<actual>=instr<actual>〛

√tqayw̓ √wolf.
  stqáyuʔ wolf. 〚s-√tqayw̓ s-√wolf〛

√tqə́ćaʔ √Seabeck.
  tqə́ćaʔ Seabeck. 〚√tqə́ćaʔ √Seabeck〛

√tqʷ √tight.
  tə́qʷ tight. 〚√tqʷ √tight〛
  ʔəstáqʷɬ tight. 〚ʔs-√t<á>qʷ-ɬ stat-√tight<rslt>-dur〛
  tqʷə́t tighten it. 〚√tqʷ-t √tight-trns〛
    tqʷə́təŋ be tightened. 〚√tqʷ-t-ŋ √tight-trns-psv〛
  tqʷíkʷsəŋ pack up. 〚√tqʷ=iws-ŋ √tight=body-mdl〛
    tqʷíw̓səŋ packing up. 〚√tqʷ=iw<ʼ>s-ŋ<ʼ> √tight=body<actual>-mdl<actual>〛
  tə́qʷtqʷ red snapper. 〚tə́qʷ+√təqʷ char+√tight〛
  tə́yəqʷtqʷ red snappers. 〚tə́<yə>qʷ+√təqʷ char<pl>+√tight〛

√tqʷuʔməʔ √Mt_Rainier.
  təqʷúʔməʔ Mt Rainier. 〚√tqʷuʔməʔ √Mt_Rainier〛

√ts √arrive_there.
  tə́s arrive there. 〚√ts √arrive_there〛
  titə́s arrive (pl). 〚ty+√ts pl+√arrive_there〛
  tətə́s arriving. 〚tə+√ts actl+√arrive_there〛
  tə́səŋ come upon. 〚√ts-ŋ √arrive_there-mdl〛
  tásɬ arrived there. 〚√t<á>s-ɬ √arrive_there<rslt>-dur〛
  ʔəstásɬ near. 〚ʔs-√t<á>s-ɬ stat-√arrive_there<rslt>-dur〛
    ʔəstásɬtxʷ bring close. 〚ʔs-√t<á>s-ɬ-txʷ stat-√arrive_there<rslt>-dur-caus〛
    ʔəstásc bring me/you close. 〚ʔs-√t<a>s-t-c stat-√arrive_there<rslt>-trns-1obj/2obj〛
    ʔaʔstástəŋ being towed. 〚ʔ<aʔ>s-√t<á>s-t-ŋ<ʼ> stat<actual>-√arrive_there<result>-trans-psv<actual>〛
  tsnə́s get there for. 〚√ts-nəs √arrive_there-intent〛
    tsnə́səŋ be arrived for. 〚√ts-nəs-ŋ √arrive_there-intent-psv〛
  tsnáxʷ 〚√ts-naxʷ √arrive_there-nctrns〛
  tsə́t take it to. 〚√ts-t √arrive_there-trns〛
    tsə́təŋ be arrived at. 〚√ts-t-ŋ √arrive_there-trns-psv〛
    ʔaʔtást bring it next to. 〚ʔaʔ-√t<á>s-t at-√arrive_there<rslt>-trns〛
  tsə́ct get near. 〚√ts-cut √arrive_there-rflxv〛
    tə́sct getting near. 〚√t<ə́>s-cut √arrive_there<actl>-rflxv〛
  tsás bring there. 〚√ts-as √arrive_there-ptcaus〛
    tsáṅ be brought. 〚√ts-as-ŋ √arrive_there-ptcaus-psv〛
  tə́stxʷ get it there. 〚√ts-txʷ √arrive_there-caus〛
  tsnúŋət get near. 〚√ts-nuŋt √arrive_there-ncmdl〛

√tsus √pitiful.
  tsús pitiful. 〚√tsus √pitiful〛

√tsyqʷəẏ √Ediz_Hook.
  tsiqʷə́ẏ Ediz Hook. 〚√tsyqʷəẏ √Ediz_Hook〛

Klallam Root Index

√**tš** √comb.
    tšə́t comb it. 〚√tš-t √comb-trns〛
        tšéʔqʷəŋ comb. 〚√tš=iʔqʷ-ŋ √comb=head-mdl〛
            taʔšéʔqʷəŋ̓ combing. 〚√t<ə?>š=iʔqʷ-ŋ<ˀ> √comb<actual>=head-mdl<actual>〛
        tšéʔqʷt comb it. 〚√tš=iʔqʷ-t √comb=head-trns〛
            tšéʔqʷtəŋ be combed. 〚√tš=iʔqʷ-t-ŋ √comb=head-trns-psv〛
        tšéʔqʷən comb. 〚√tš=iʔqʷ=ən √comb=head=instr〛
    tšáyəqən wool carder. 〚√tš=ayqən √comb=fur〛
    sx̣ix̣tšéʔqʷ hair messed. 〚s-xy+√x̣aʔəs√tš=iʔqʷ s-pl+√mess√comb=head〛
√**tuʔwy̓** √river.
    stúʔwiʔ river. 〚s-√tuʔwy̓ s-√river〛
        stúyaʔwiʔ rivers. 〚s-√tu<yə>ʔwy̓ s-√river<pl>〛
        stútaʔwiʔ creek. 〚s-tú+√tuʔwy̓ s-dim+√river〛
            stayaʔtúʔwiʔ creeks. 〚s-ta<ya>ʔ+√tuʔwy̓ s-dim<pl>+√river〛
√**tuʔyəqʷ** √small_mussel.
    túʔyəqʷ small mussel. 〚√tuʔyəqʷ √small_mussel〛
        tiyúʔyəqʷ small mussels. 〚√t<iy>uʔyəqʷ √small_mussel<pl>〛
√**tuq̓ʷ** √cough.
    túq̓ʷəŋ cough. 〚√tuq̓ʷ-ŋ √cough-mdl〛
        túʔq̓ʷəŋ̓ coughing. 〚√tu<ʔ>q̓ʷ-ŋ<ˀ> √cough<actual>-mdl<actual>〛
            taʔyúʔq̓ʷəŋ̓ coughing (pl). 〚√t<əʔ>u<ʔ>q̓ʷ-ŋ<ˀ> √cough<pl><actual>-mdl<actual>〛
        stúq̓ʷəŋ a cold. 〚s-√tuq̓ʷ-ŋ s-√cough-mdl〛
            stúʔq̓ʷəŋ̓ coughing. 〚s-√tu<ʔ>q̓ʷ-ŋ<ˀ> s-√cough<actual>-mdl<actual>〛
√**tutaʔm** √warm.
    tútaʔmiʔ warm. 〚√tutaʔm-iy √warm-dev〛
√**tux̣ʷ** √exactly.
    túx̣ʷ exactly. 〚√tux̣ʷ √exactly〛
        túx̣ʷtx̣ʷ let be exactly. 〚√tux̣ʷ-tx̣ʷ √exactly-letcaus〛
        ʔəstaʔyúx̣ʷsən hold legs out. 〚ʔs-√t<aʔy>ux̣ʷ=sən stat-√exacty<pl>=foot〛
        nəx̣ʷtx̣ʷík̓ʷən half full. 〚nx̣ʷ-√tux̣ʷ=iwən loc-√exactly=interior〛
√**tuy** √over_water.
    túyi arrive via water. 〚√tuy-iy √over_water-dev〛
        túʔi arriving via water. 〚√tu<ʔ>y √over_water<actual>〛
            ttúʔyiʔ arriving via water. 〚t+√tu<ʔ>y-iy<ˀ> inceptive+√over_water<actual>-develop<actual>〛
        tx̣ʷtúyi go over deep water. 〚tx̣ʷ-√tuy-iy becm-√over_water-dev〛
        túyistx̣ʷ bring via water. 〚√tuy-istx̣ʷ √over_water-caus〛
            túyəstəŋ be taken over water. 〚√tuy-istx̣ʷ-ŋ √over_water-caus-psv〛
√**tuykʷən** √blood.
    stúyəkʷən blood. 〚s-√tuykʷən s-√blood〛
        stitúykʷən blood (pl). 〚s-ty+√tuykʷən s-pl+√blood〛
        taʔikʷáʔnəŋ hemorrhage. 〚√tu<ʔ>ykʷə<ʔ>n-ŋ √blood<actl>-mdl〛
√**twʔánxʷ** √Twana.
    tuʔánxʷ Twana. 〚√twʔánxʷ √Twana〛
√**tx̣ʷn** √far_side.
    tx̣ʷnaʔáwəɬ far side. 〚√tx̣ʷn=əʔəw-ɬ √far_side=side-dur〛
    tx̣ʷnáʔəyən̓ in other room. 〚√tx̣ʷn-əʔay=an̓ √far_side-ext=ear〛
    tx̣ʷnaʔyéʔč on the other side. 〚√tx̣ʷn-ay̓=iʔč √far_side-ext=back〛
        stx̣ʷnaʔyéʔč the far side. 〚s-√tx̣ʷn-ay̓=iʔč s-√far_side-ext=back〛
    tx̣ʷnaʔyéʔčəŋ go to other side. 〚√tx̣ʷn=əʔyiʔč-ŋ √far_side=point_side-mdl〛
    tx̣ʷnə́w̓əcən on other edge. 〚√tx̣ʷn=əʔəw=ucin √far_side=side=edge〛
√**tx̣** √direction.
    tx̣aʔyúsəŋ face same way. 〚√tx̣=a<ʔ>yus-ŋ √direction=eye<actl>-mdl〛
    tx̣ə́n̓əŋ go particular way. 〚√tx̣=ən̓-ŋ √direction=instr-mdl〛
√**tx̣ʷ** √hit_shore.
    tə́x̣ʷ hit shore. 〚√tx̣ʷ √hit_shore〛
        tx̣ʷúsəŋ beach canoe. 〚√tx̣ʷ=us-ŋ √hit_shore=face-mdl〛
            tx̣ʷúst beach canoe. 〚√tx̣ʷ=us-t √hit_shore=face-trns〛
            tx̣ʷiʔúsəŋ go ashore. 〚√tx̣ʷ-y̓=us-ŋ √hit_shore-ext=face-mdl〛
        tx̣ʷás beach canoe. 〚√tx̣ʷ-as √hit_shore-ptcaus〛

√ty̕x̣ʷəŋ √startle.
   tiʔx̣ʷə́ŋət startle someone. 〚√ty̕x̣ʷəŋ-t √startle-trns〛
√ƛ̕aʔ √ask_for.
   ƛ̕áʔəŋ ask for. 〚√ƛ̕aʔ-ŋ √ask_for-mdl〛
√ƛ̕aʔčaʔs √Olympia.
   sƛ̕áʔčaʔs Olympia. 〚s-√ƛ̕aʔčaʔs s-√Olympia〛
√ƛ̕aʔči √spider.
   sƛ̕aʔƛ̕áʔči spider. 〚s-ƛ̕aʔ+√ƛ̕aʔči s-dim+√spider〛
     sƛ̕əyaʔƛ̕áʔči spiders. 〚s-ƛ̕<əy>aʔ+√ƛ̕əčy s-dim<pl>+√spider〛
√ƛ̕aʔma √suspect.
   ƛ̕aʔmát suspect someone. 〚√ƛ̕aʔma-t √suspect-trns〛
    ƛ̕aʔmáʔtəŋ being suspected. 〚√ƛ̕aʔma<ʔ>-t-ŋ √suspect<actl>-trns-psv〛
   ƛ̕aʔmáti suspicious of each other. 〚√ƛ̕aʔma-ty √suspect-rcprcl〛
   ƛ̕aʔmáct suspicious. 〚√ƛ̕aʔma-cut √suspect-rflxv〛
    ƛ̕aʔmáʔct suspicious. 〚√ƛ̕aʔma<ʔ>-cut √suspect<actl>-rflxv〛
√ƛ̕ač √snag.
   sƛ̕áč standing dead tree. 〚s-√ƛ̕ač s-√snag〛
    sƛ̕áʔči? snag. 〚s-ƛ̕á?+√ƛ̕ač-iy s-rslt+√snag-dev〛
√ƛ̕ač √tide.
   sƛ̕áčəŋ tide. 〚s-√ƛ̕ač-ŋ s-√tide-mdl〛
    sƛ̕aʔyáčəŋ tides. 〚s-√ƛ̕<əy̕>ač-ŋ s-√tide<pl>-mdl〛
    sƛ̕aʔƛ̕áʔčəŋ small tide. 〚s-ƛ̕aʔ+√ƛ̕a<ʔ>č-ŋ<ʔ> s-dimin+√tide<dimin>-mdl<dimin>〛
√ƛ̕akʷ √go_across.
   ƛ̕ákʷi go across. 〚√ƛ̕akʷ-iy √go_across-dev〛
    ƛ̕áʔkʷiʔ going across. 〚√ƛ̕a<ʔ>kʷ-iy<ʔ> √go_across<actual>-develop<actual>〛
     ƛ̕iƛ̕áʔkʷi going across (pl). 〚ƛ̕y+√ƛ̕a<ʔ>kʷ-iy pl+√go_across<actl>-dev〛
   sxʷƛ̕ákʷi bridge. 〚sxʷ-√ƛ̕akʷ-iy for-√go_across-dev〛
   ƛ̕kʷístxʷ take across. 〚√ƛ̕akʷ-istxʷ √go_across-caus〛
    ƛ̕kʷísc take me/you across. 〚√ƛ̕akʷ-istxʷ-c √go_across-caus-1obj/2obj〛
    ƛ̕kʷístəŋ be taken across. 〚√ƛ̕akʷ-istxʷ-ŋ √go_across-caus-psv〛
    ƛ̕aʔkʷístəŋ being taken across. 〚√ƛ̕a<ʔ>kʷ-istxʷ-ŋ<ʔ> √go_across<actual>-caus-psv<actual>〛
   ƛ̕kʷísnəxʷ manage to take across. 〚√ƛ̕akʷ-iy-s-naxʷ √go_across-dev-?-nctrns〛
   ƛ̕akʷinúŋət manage to go across. 〚√ƛ̕akʷ-iy-nuŋt √go_across-dev-ncmdl〛
√ƛ̕akʷ √beesting.
   sƛ̕áʔk̕ʷəŋ beesting. 〚s-√ƛ̕a<ʔ>k̕ʷ-ŋ<ʔ> s-√beesting<actual>-mdl<actual>〛
   sxʷƛ̕aʔƛ̕ák̕ʷəŋ bee. 〚sxʷ-ƛ̕aʔ+√ƛ̕a<ʔ>k̕ʷ-ŋ<ʔ> for-dimin+√beesting<actual>-mdl<actual>〛
   sxʷƛ̕əyaʔƛ̕ák̕ʷəŋ bees. 〚sxʷ-ƛ̕<əy>aʔ+√ƛ̕ák̕ʷ-ŋ for-dimin<pl>+√beesting<actual>-mdl<actual>〛
   sxʷƛ̕aʔƛ̕aʔk̕ʷəŋáw̕txʷ beehive. 〚sxʷ-ƛ̕aʔ+√ƛ̕a<ʔ>k̕ʷ-ŋ=aw̕txʷ for-dim+√beesting<actl>-mdl=house〛
√ƛ̕am̕ √guess.
   ƛ̕am̕áys guess. 〚√ƛ̕am̕-ays √guess-activ〛
   sƛ̕am̕áys guess. 〚s-√ƛ̕am̕ay<ʔ>s s-√guess<actual>〛
√ƛ̕am̕uʔləč √barrel.
   ƛ̕am̕úʔləč barrel. 〚√ƛ̕am̕uʔləč √barrel〛
   ƛ̕iyam̕úʔləč barrels. 〚√ƛ̕<iy>am̕uʔləč √barrel〛
√ƛ̕an √go_ashore.
   ƛ̕án go ashore. 〚√ƛ̕an √go_ashore〛
   ƛ̕áyən several go ashore. 〚√ƛ̕a<y>n √go_ashore<pl>〛
   ƛ̕átən going ashore. 〚ƛ̕á+√ƛ̕an<ʔ> actual+√go_ashore<actual>〛
    ʔəsƛ̕átən be ashore. 〚ʔs-ƛ̕á+√ƛ̕an stat-rslt+√go_ashore〛
   ƛ̕ənístxʷ put ashore. 〚√ƛ̕an-istxʷ √go_ashore-caus〛
    ƛ̕aʔnístxʷ putting ashore. 〚√ƛ̕a<ʔ>n-istxʷ √go_ashore<actl>-caus〛
     ƛ̕aʔnísc putting me/you ashore. 〚√ƛ̕a<ʔ>n-istxʷ-c √go_ashore<actl>-caus-1obj/2obj〛
   ƛ̕ántxʷ put ashore. 〚√ƛ̕an-txʷ √go_ashore-incaus〛
    ƛ̕ántəŋ be put ashore. 〚√ƛ̕an-txʷ-ŋ √go_ashore-incaus-psv〛
   ƛ̕annúŋət manage to get ashore. 〚√ƛ̕an-nuŋt √go_ashore-ncmdl〛
√ƛ̕aŋn √miss.
   ƛ̕áŋən miss. 〚√ƛ̕aŋn √miss〛
   ƛ̕aʔƛ̕áʔŋən barely miss. 〚ƛ̕aʔ+√ƛ̕a<ʔ>ŋn dimin+√miss<dimin>〛
   ƛ̕aʔáŋən̕ missing. 〚√ƛ̕<ə>ʔaŋ<ʔ>n<ʔ> √miss<actual>〛
   ƛ̕áŋəntxʷ miss it. 〚√ƛ̕aŋn-txʷ √miss-caus〛

táŋəntəŋ be made to miss. ⟦√taŋn-txʷ-ŋ √miss-incaus-psv⟧
stáŋən be missed. ⟦s-√taŋn s-√miss⟧

√taqəʔ1 √liver.
táqaʔ liver. ⟦s-√taqəʔ s-√liver⟧
staʔyáqaʔ livers. ⟦s-√t<aʔy>aqəʔ s-√liver<pl>⟧
staʔtáʔqaʔ little liver. ⟦s-taʔ+√ta<ʔ>qəʔ s-dimin+√liver<dimin>⟧

√taqəʔ2 √salal.
táqaʔ salal. ⟦√taqəʔ √salal⟧
taʔyáqaʔ salal berries. ⟦√t<aʔy>aqəʔ √salal<pl>⟧
tqéʔitč salal bush. ⟦√taq-iʔ=itč √salal-ext=plant⟧
taqaʔáys black eye. ⟦√taqʔ=ay<ʔ>us √salal=eye<actual>⟧
staqaʔáys black eye. ⟦s-√taqaʔ=ay<ʔ>us s-√salal=eye<actual>⟧
nəxʷtaʔqaʔáys get black eye. ⟦nxʷ-√ta<ʔ>qaʔ=ayus loc-√salal<actl>=eye⟧
ʔəsxʷtaʔqaʔáys have black eye. ⟦ʔs-nxʷ-√ta<ʔ>qaʔ=ayus stat-loc-√salal<actl>=eye⟧
čəńtáqaʔ August. ⟦čń-√taqaʔ time-√salal⟧

√taqʷ √recede.
táqʷi recede, reduce. ⟦√taqʷ-iy √recede-dev⟧
táʔqʷi receding. ⟦√ta<ʔ>qʷ-iy √recede<actl>-dev⟧

√tas √tiptoe.
táʔtsi tiptoe. ⟦taʔ+√tas-iy actl+√tiptoe-dev⟧

√tawy √arm.
táwiʔ arm, wing, fin. ⟦√tawy √arm⟧
tuʔtáʔwiʔ arms. ⟦tw+√ta<ʔ>wy pl+√arm<actual>⟧
taʔyaʔtáʔwiʔ pectoral fins. ⟦t<əʔy>aʔ+√ta<ʔ>wy dimin<pl>+√arm<dimin>⟧

√tay1 √flat.
ʔəstáʔyəɬ flat. ⟦ʔs-√ta<ʔ>y-ɬ stat-√flat<actl>-dur⟧
ʔəstáʔyəɬtxʷ flatten. ⟦ʔs-√ta<ʔ>y-ɬ-txʷ stat-√flat<actl>-dur-caus⟧
táyət flatten it. ⟦√tay-t √flat-trns⟧
táyt flattening it. ⟦√tay<ʔ>-t √flat<actl>-trns⟧
táyətəŋ be flattened. ⟦√tay-t-ŋ √flat-trns-psv⟧
ʔəstáyəqsən flat nose. ⟦ʔs-√tay<ʔ>=əqsən stat-√flat<actl>=nose⟧
ʔəstáyənəkʷ flat ground. ⟦ʔs-√tay=ən<ʔ>ukʷ stat-√flat=ground<actual>⟧

√tay2 √medicine.
tiníxʷən medicine. ⟦√tay=nixʷ-n √medicine=being-mdl⟧
tiníxʷt medicate someone. ⟦√tay=nixʷ-t √medicine=being-trns⟧
tiníxʷc medicate me/you. ⟦√tay=nixʷ-t-c √medicine=being-trns-1obj/2obj⟧
tiníxʷtəŋ be medicated. ⟦√tay=nixʷ-t-ŋ √medicine=being-trns-psv⟧
stáynəxʷ medicine. ⟦s-√tay=nixʷ s-√medicine=being⟧
titiyáʔis tingling, numb. ⟦ty+√tay-ays pl+√medicine-activ⟧
titiyúcən tingling mouth. ⟦ty+√tay=ucin pl+√medicine=mouth⟧
titiyéʔqʷ tingling head. ⟦ty+√tay=iʔqʷ pl+√medicine=head⟧
titʔáysən tingling foot. ⟦ty+√tay-ay=sən pl+√medicine-ext=foot⟧
titiʔáycs tingling hand. ⟦ty+√tay-ay=acis pl+√medicine-ext=hand⟧

√tayq √soak.
táyəqəŋ soak. ⟦√tayq-ŋ √soak-mdl⟧

√tayq̓ √angry.
táčq̓ angry. ⟦√tayq̓ √angry⟧
ttáʔiq̓ acting angry. ⟦t+√ta<ʔ>yq̓ inceptive+√angry<actual>⟧

√tc √break.
tác break broad surface. ⟦√tc √break⟧
titác broken (pl). ⟦ty+√tc pl+√break⟧
tácɬ break. ⟦√t<á>c-ɬ √break<rslt>-dur⟧
ʔəstácɬ broken. ⟦ʔs-√t<á>c-ɬ stat-√break<rslt>-dur⟧
tcə́t break it. ⟦√tc-t √break-trns⟧
táct breaking it. ⟦√t<á>c-t √break<actl>-trns⟧
titáct break it (pl). ⟦ty+√tc-t pl+√break-trns⟧
tcənáxʷ break it. ⟦√tc-naxʷ √break-nctrns⟧
tcéʔqʷ crack skull. ⟦√tc=iʔqʷ √break=head⟧

√tə́č √corner.
   sxʷtčáyəṅ any corner. ⟦sxʷ-√tə́č=ayaṅ for-√corner=ear⟧
      ʔəsxʷtčáyəṅ be in corner. ⟦ʔs-sxʷ-√tə́č=ayaṅ stat-for-√corner=ear⟧
√təc √middle.
   tə́c middle. ⟦√təc √middle⟧
   tə́c snát midnight. ⟦√təc ʔs-√nat √middle stat-√night⟧
√təc̓mn √barbecue_stake.
   tə́c̓mən barbecue stake. ⟦√təc̓mn √barbecue_stake⟧
   tə́yc̓əmən barbecue stakes. ⟦√t<əy>əc̓mn √barbecue_stake<pl>⟧
√təc̓y̓ √buttocks.
   stə́c̓iʔ buttocks. ⟦s-√təc̓y̓ s-√buttocks⟧
√tə́kʷ √stuck_in.
   tə́kʷ stuck in. ⟦√təkʷ √stuck_in⟧
   titə́kʷ get stuck. ⟦ty+√təkʷ pl+√stuck_in⟧
      titə́kʷt get it stuck. ⟦ty+√təkʷ-t pl+√stuck_in-trns⟧
         titə́kʷtəŋ be stuck. ⟦ty+√təkʷ-t-ŋ pl+√stuck_in-trns-psv⟧
      tkʷíns choke. ⟦√təkʷ=inəs √stuck_in=chest⟧
         tkʷéʔnəs choking. ⟦√təkʷ=i<ʔ>nəs √stuck_in=chest<actual>⟧
         titkʷínəs choke. ⟦ty+√təkʷ=inəs pl+√stuck_in=chest⟧
         titkʷéʔnəs choking. ⟦ty+√təkʷ=i<ʔ>nəs pl+√stuck_in=chest<actual>⟧
         stkʷéʔnəs choking. ⟦s-√təkʷ=i<ʔ>nəs s-√stuck_in=chest<actual>⟧
      ʔəstákʷɬ be stuck. ⟦ʔs-√tə<á>kʷ-ɬ stat-√stuck_in<rslt>-dur⟧
√təlum̓ √smoked_salmon.
   təlúm̓ smoked salmon. ⟦√təlum̓ √smoked_salmon⟧
√təməč √cormorant.
   stə́məč cormorant. ⟦s-√təməč s-√cormorant⟧
      stiyaʔyə́məč cormorants. ⟦s-√t<yaʔy>əməč s-√cormorant<pl>⟧
      stəməčúyəɬ young cormorant. ⟦s-√təməč=uyəɬ s-√cormorant=child⟧
      staʔyaʔtə́məč small cormorants. ⟦s-t<əʔy>aʔ+√təməč s-dim<pl>+√cormorant⟧
√təməčaʔq √geoduck.
   tə́məčaʔq geoduck. ⟦√təməčaʔq √geoduck⟧
√təm̓ √wren.
   taʔtə́m̓ wren. ⟦taʔ+√təm̓ dim+√wren⟧
   taʔyaʔtə́m̓ wrens. ⟦t<əʔy>aʔ+√təm̓ dim<pl>+√wren⟧
√təm̓əxʷ √gooseberry.
   tə́m̓əxʷ gooseberry. ⟦√təm̓əxʷ √gooseberry⟧
   tiyə́m̓əxʷ gooseberries. ⟦√t<iy>əm̓əxʷ √gooseberry<pl>⟧
√təŋs √braid.
   ʔəstə́ŋs braided. ⟦ʔs-√təŋ<ʔ>s stat-√braid<actual>⟧
   tə́ŋəst braid it. ⟦√təŋs-t √braid-trns⟧
      tə́ŋ̓st braiding it. ⟦√təŋ<ʔ>s-t √braid<actl>-trns⟧
         tə́ŋəstəŋ be braided. ⟦√təŋs-t-ŋ √braid-trns-psv⟧
         tə́ŋ̓stəŋ being braided. ⟦√təŋ<ʔ>s-t-ŋ √braid<actl>-trns-psv⟧
      təŋəsánəŋ braid hair. ⟦√təŋs=an̓-ŋ √braid=ear-mdl⟧
         təŋ̓sán̓əŋ braiding hair. ⟦√təŋ<ʔ>s=an̓-ŋ<ʔ> √braid<actual>=ear-mdl<actual>⟧
      təŋ̓sán̓ət braiding it. ⟦√təŋ<ʔ>s=an̓-t √braid<actl>=ear-trns⟧
      stə́ŋ̓sən braided hair. ⟦s-√təŋ<ʔ>s=an̓ s-√braid<actl>=ear⟧
      stə́ŋəsən braid. ⟦s-√təŋs=ən s-√braid=instr⟧
   təŋsəwéʔč black chiton. ⟦√təŋs=əwiʔč √braid=back⟧
      taʔtəŋ̓suʔéʔč small black chiton. ⟦taʔ+√təŋs=əwiʔč dim+√braid=back⟧
√təŋ̓ √flood.
   tə́ŋ̓ flood. ⟦√təŋ̓ √flood⟧
   tə́yəŋtəŋ̓ flooding. ⟦t<əy>əŋ+√təŋ̓ char<pl>+√flood⟧
   tá́ʔŋəɬ tide coming in. ⟦√tə<ʔ>ŋ-ɬ √flood<actl>-dur⟧
      ʔəstá́ʔŋəɬ high tide. ⟦ʔs-√tə<ʔ>ŋ-ɬ stat-√flood<actl>-dur⟧
   təŋ̓úcən flow. ⟦√təŋ̓=ucin √flood=mouth⟧
   tə́ŋ̓aʔtəŋ be inundated. ⟦√təŋ̓-aʔ-t-ŋ √flood-?-trns-psv⟧
√təŋkʷ √among.
   tə́ŋkʷ among. ⟦√təŋkʷ √among⟧
   ʔəstáŋkʷ be mixed in. ⟦ʔs-√tə<a>ŋkʷ stat-√among<result>⟧

Klallam Root Index

  təŋk̓ʷt put it among. 〚√təŋk̓ʷ-t √among-trns〛
   təŋk̓ʷátəŋ be put among. 〚√təŋk̓ʷ-t-ŋ √among-trns-psv〛
  təŋkʷáct mix together. 〚√təŋk̓ʷ-cut √among-rflxv〛
   təŋk̓ʷáʔct mixing together. 〚√tən<ʔ>k̓ʷ<ʔ>-cut √among<actl>-rflxv〛
  təŋk̓ʷístxʷ mix it in. 〚√təŋk̓ʷ-istxʷ √among-caus〛
√təq̓ʷm̓ √thimbleberry.
  táq̓ʷəm̓ thimbleberry. 〚√təq̓ʷm̓ √thimbleberry〛
  təq̓ʷəm̓íɬč thimbleberry bush. 〚√təq̓ʷm̓=iɬč √thimbleberry=plant〛
  taʔyáq̓ʷəm̓ thimbleberries. 〚√tə<əʔyə>q̓ʷm̓ √thimbleberry<pl>〛
√t̓əwsnəʔ √star.
  taʔt̓áwəsnaʔ star. 〚t̓aʔ+√t̓əwsnəʔ dim+√star〛
   tiyaʔt̓áwəsnaʔ stars. 〚t̓<iy>aʔ+√t̓əwsnəʔ dim<pl>+√star〛
√t̓əy √not_reach.
  t̓áyəŋ not reach. 〚√t̓əyi-ŋ √not_reach-mdl〛
  tiʔíŋ not reaching. 〚√t̓əy<ʔ>-í-ŋ<ʔ> √not_reach<actual>-persist-mdl<actual>〛
  ʔəstáʔyəŋ not reach. 〚ʔs-√t̓ə<ʔ>y-ŋ<ʔ> stat-√not_reach<actual>-mdl<actual>〛
√t̓əyam √put_on.
  t̓áyəm put on. 〚√t̓əyam √put_on〛
   t̓áym̓ putting on. 〚√t̓əy<ʔ>am<ʔ> √wear<actual>〛
  t̓əyámət put it on. 〚√t̓əyam-t √wear-trns〛
   t̓áyəm̓t putting it on. 〚√t̓<ə́>yam<ʔ>-t √wear<actl>-trns〛
    taʔyéʔmət wearing it. 〚√t̓əy<i><ʔ>m-t √wear<pl><actl>-trns〛
  t̓əmítəŋ be put on. 〚√t̓m-í-t-ŋ √wear-pers-trns-mdl〛
  t̓əyəmít wear it. 〚√t̓əyam-i-t √wear-pers-trns〛
   tit̓əyəmít wear it (pl). 〚t̓y+√t̓əyam-i-t pl+√wear-pers-trns〛
   t̓əyəm̓ít wearing it. 〚√t̓əy<ʔ>am<ʔ>-i-t √wear<actl>-pers<actl>-trns〛
√t̓əyəq √bake.
  t̓áyəq bake. 〚√t̓əyəq √bake〛
  ʔəst̓áyaʔq baked. 〚ʔs-√t̓əyə<ʔ>q stat-√bake<actual>〛
  t̓áyəqt bake it. 〚√t̓əyəq-t √bake〛
  stit̓áyəq spotted. 〚s-t̓y+√t̓əyəq s-pl+√spot〛
  st̓áyəq baked food. 〚s-√t̓əyəq s-√bake〛
√t̓əyq̓ʷ √foam.
  t̓áyəq̓ʷ foam. 〚√t̓əyq̓ʷ √foam〛
  t̓áyəq̓ʷi foam out. 〚√t̓əyq̓ʷ-iy √foam-dev〛
√tiʔwy̓əɬ √pray.
  téʔwiʔəɬ pray. 〚√tiʔwy̓əɬ √pray〛
  t̓téʔwiʔəɬ praying. 〚t̓+√tiʔwy̓əɬ incep+√pray〛
  téʔwiʔəɬéyɬ going to pray. 〚√tiʔwy̓əɬ-iyɬ √pray-go〛
  taʔwiɬít pray for. 〚√tiʔwy̓əɬ-sít √pray-bene〛
   taʔwiʔəɬíc pray for me/you. 〚√tiʔwy̓əɬ-sít-c √pray-bene-1obj/2obj〛
   taʔwiɬítəŋ be prayed for. 〚√tiʔwy̓əɬ-i-t-ŋ √pray-pers-trns-psv〛
  téʔwiʔəɬíct pray for self. 〚√tiʔwy̓əɬ-sít-cut √pray-bene-rflxv〛
  steʔwiʔəɬháw̓txʷ church. 〚s-√tiʔwy̓əɬ=aw̓txʷ s-√pray=house〛
  stéʔwiʔəɬ prayer. 〚s-√tiʔwy̓əɬ s-√pray〛
  nəxʷstéʔwiʔəɬ religious. 〚nxʷ-s-√tiʔwy̓əɬ loc-s-√pray〛
  čəntéʔwiʔəɬ December. 〚čn-√tiʔwy̓əɬ time-√pray〛
√tiʔyq̓ʷ √strawberry.
  téʔyəq̓ʷ strawberry. 〚√tiʔyq̓ʷ √strawberry〛
  tiʔt̓áʔyəq̓ʷ strawberries. 〚t̓iʔ+√t̓<aʔy>iʔyq̓ʷ pl+√strawberry〛
  teʔiq̓ʷíɬč strawberry plant. 〚√tiʔyq̓ʷ=iɬč √strawberry=plant〛
√tix̌ʷaʔč √octopus.
  stíx̌ʷaʔč octopus. 〚s-√tix̌ʷaʔč s-√octopus〛
  staʔyíx̌ʷaʔč octopuses. 〚s-√t<əʔy>ix̌ʷaʔč s-√octopus<pl>〛
  staʔtéʔx̌ʷaʔč small octopus. 〚s-taʔ+√ti<ʔ>x̌ʷaʔč s-dimin+√octopus<dimin>〛
  stix̌ʷaʔčáw̓txʷ creek at Becher Bay. 〚s-√tix̌ʷaʔč=aw̓txʷ s-√octopus=house〛
√tiym √sing.
  tíym sing. 〚√tiym √sing-mdl〛
  t̓téʔyəm̓ singing. 〚t̓+√ti<ʔ>ym<ʔ> inceptive+√sing<actual>〛
  taʔtéʔyəm̓ sing (dimin). 〚taʔ+√ti<ʔ>ym<ʔ> dimin+√sing<dimin>〛

ta?t̕é?im start singing (dimin). [[ta?+t̕+√ti<?>ym<ˀ> dimin+inceptive+√sing<actual>]]
t̕iyəté?yəm̕ singing (pl). [[t̕<iyə>+√ti<?>ym<ˀ> inceptive<pl>+√sing<actual>]]
t̕te?t̕é?im go along singing. [[t̕+ti?+t̕+√ti<?>ym actual+pl+actual+√sing<actual>]]
t̕te?t̕é?imstxʷ take along singing. [[t̕+ti?+t̕+√ti<?>ym-stxʷ actl+pl+actl+√sing<actl>-caus]]
t̕iyəmtástxʷ sing to. [[√t̕iym-tastxʷ √sing-dirtrns]]
t̕iyəmtásc sing to me/you. [[√t̕iym-tastxʷ-c √sing-dirtrns-1obj/2obj]]
ta?yəm̕tástxʷ singing to. [[√t̕i<?>ym<ˀ>-tastxʷ √sing<actl>-dirtrns]]
t̕iyəmtástəŋ be sung to. [[√t̕iym-tastxʷ-ŋ √sing-dirtrns-psv]]
t̕té?yəm̕ct beginning to sing. [[t̕+√ti<?>ym<ˀ>-cut incep+√sing<actl>-rflxv]]
ta?yəm̕císəŋ clap hands. [[√t̕iym̕=acis-ŋ √sing=hand-mdl]]
st̕íym song. [[s-√t̕iym s-√sing]]
sta?yíyəm songs. [[s-√t̕<ə?y>iym s-√sing<pl>]]
st̕əýti? singer. [[s-t̕əy<ˀ>+√t̕əy<ˀ> s-char<actual>+√sing<actual>]]

√t̕ɬ √bounce.
t̕ɬát bounce it. [[√t̕ɬ-t √bounce-trns]]
t̕ɬátəŋ be bounced. [[√t̕ɬ-t-ŋ √bounce-trns-psv]]

√t̕ɬəč √crack.
t̕ɬə́č cracked, split. [[√t̕ɬəč √crack]]
?st̕ə́ɬč split. [[?s-√t̕əɬč stat-√crack]]

√t̕nəqʷ √explode.
t̕ənə́qʷ explode. [[√t̕nəqʷ √explode]]
t̕ə́nqʷ exploding. [[√t̕<ə́>nəqʷ √explode<actual>]]
t̕ənə́qʷəŋ explode. [[√t̕nəqʷ-ŋ √explode-mdl]]
t̕ə́nqʷəyu? spark. [[√t̕n<ˀ>əqʷ-əyu<?> √explode<actual>-activity<actual>]]

√t̕ń √line_up.
t̕ə́ńəŋ line up. [[√t̕<ə́>ń-ŋ<ˀ> √line_up<actual>-mdl<actual>]]
t̕ánɬ in a row. [[√t̕<á>ń-ɬ √line_up<rslt>-dur]]
?əsxʷt̕áńəɬ lined up. [[?s-xʷ-√t̕<á>ń-ɬ stat-loc-√line_up<rslt>-dur]]
t̕əńát line it up. [[√t̕ń-t √line_up-trns]]
t̕əńátəŋ be lined up. [[√t̕ń-t-ŋ √line_up-trns-psv]]
t̕əńt̕áńtəŋ be lined up (pl). [[t̕ń+√t̕ń-t-ŋ pl+√line_up-trns-psv]]
t̕áńəs sit beside. [[√t̕ń=us √line_up=face]]
st̕áńəs set beside. [[s-√t̕əń-as s-√set-ptcaus]]
ta?t̕əńústi side-by-side. [[ta?+√t̕əń=us-ty actl+√?=face-rcprcl]]

√t̕ŋu? √swim.
t̕əŋú?əŋ swim. [[√t̕ŋu?-ŋ √swim-mdl]]
t̕əŋú?əŋ swimming. [[√t̕ŋ<ˀ>u?-ŋ<ˀ> √swim<actual>-mdl<actual>]]
t̕əŋú?əŋtxʷ help swim. [[√t̕ŋ<ˀ>u?-ŋ<ˀ>-txʷ √swim<actl>-mdl-caus]]
t̕əŋt̕əŋú?əŋ good swimmer. [[t̕əŋ+√t̕ŋ<ˀ>u?-ŋ char+√swim<actl>-mdl]]
nəxʷst̕əŋú?əŋ swimmer. [[nxʷ-√t̕ŋu?-ŋ loc-√swim-mdl]]

√t̕qax̣ √sharpen.
t̕qáx̣t sharpen it. [[√t̕qax̣-t √sharpen-trns]]
ta?qáx̣t sharpening it. [[√t̕<ə?>qax̣-t √sharpen<actl>-trns]]
t̕qx̣ə́qst sharpen point. [[√t̕qax̣=əqsən-t √sharpen=nose-trns]]

√t̕q̕1 √alight.
t̕q̕ə́ŋ alight. [[√t̕q̕-ŋ √alight-mdl]]
t̕ə́q̕əŋ alighting. [[√t̕<ə́>q-ŋ<ˀ> √alight<actual>-mdl<actual>]]

√t̕q̕2 √fart.
t̕q̕ə́t fart on it. [[√t̕q̕-t √fart-trns]]
t̕ə́q̕t farting on it. [[√t̕<ə́>q̕-t √fart-trns]]
t̕q̕ə́təŋ be farted on. [[√t̕q̕-t-ŋ √fart-trns-psv]]
tit̕ə́q̕təŋ be farted on (pl). [[ty+√t̕<ə́>q̕-t-ŋ pl+√fart<actl>-trns-psv]]

√t̕q̕a √hemlock.
t̕q̕áɬč hemlock tree. [[√t̕q̕a=iɬč √hemlock=plant]]

√t̕q̕əč √gather_wood.
t̕q̕ə́č gather wood. [[√t̕q̕əč √gather_wood]]
t̕q̕ə́čəŋ gather wood. [[√t̕q̕əč-ŋ √gather_wood-mdl]]
t̕q̕áčɬ get firewood. [[√t̕q̕ə<a>č-ɬ √gather_wood<rslt>-dur]]
st̕q̕áč snag. [[s-√t̕q̕ə<á>č s-√gather_wood<result>]]

Klallam Root Index

√t̕q̕us √greenling.
  t̕q̕ús greenling. 〚√t̕q̕us √greenling〛
    t̕aʔt̕q̕ús small greenling. 〚t̕aʔ+√t̕q̕us dim+√greenling〛
      t̕aʔyaʔt̕áʔq̕s small greenling s. 〚t̕<əʔy>aʔ+√t̕<ʔ>q̕us dimin<pl>+√greenling<dimin>〛
√t̕q̕ʷiʔ √extend.
  t̕q̕ʷéʔt extend it. 〚√t̕q̕ʷiʔ-t √extend-trns〛
    t̕aʔq̕ʷéʔt extending it. 〚√t̕<əʔ>q̕ʷiʔ-t √extend<actl>-trns〛
  t̕q̕ʷeʔnəkʷáyət splice it together. 〚√t̕q̕ʷiʔ-nəwəy-t √extend-ncrecip-trns〛
√t̕q̕ʷ √breathless.
  t̕áq̕ʷ breathless. 〚√t̕q̕ʷ √breathless〛
    t̕it̕áq̕ʷ out of breath. 〚t̕y+√t̕q̕ʷ pl+√breathless〛
    t̕q̕ʷə́t make someone tired. 〚√t̕q̕ʷ-t √breathless-trns〛
    t̕áq̕ʷt making someone tired. 〚√t̕<á>q̕ʷ-t √breathless<actl>-trns〛
    t̕áq̕ʷc choke me/you. 〚√t̕q̕ʷ-t-c √breathless-trns-1obj/2obj〛
      t̕q̕ʷə́tən be made breathless. 〚√t̕q̕ʷ-t-ŋ √breathless-trns-psv〛
        t̕áq̕ʷtən being made tired. 〚√t̕<á>q̕ʷ-t-ŋ<ʔ> √breathless<actual>-trans-psv<actual>〛
    t̕áq̕ʷɬ out of breath. 〚√t̕<á>q̕ʷ-ɬ √breathless<rslt>-dur〛
    ʔəst̕áq̕ʷɬ choke. 〚ʔs-√t̕<á>q̕ʷ-ɬ stat-√breathless<rslt>-dur〛
    t̕aʔq̕ʷɬnáyət choke someone. 〚√t̕<əʔ>q̕ʷ=ɬnay-t √breathless=neck-trns〛
      t̕aʔq̕ʷɬnáyətən be choked. 〚√t̕<əʔ>q̕ʷ=ɬnay-t-ŋ √breathless=neck-trns-psv〛
√t̕ɬuc̕ √horsetail.
  t̕ɬúc̕ horsetail. 〚√t̕ɬuc̕ √horsetail〛
√t̕ukʷ √go_home.
  t̕úkʷ go home. 〚√t̕ukʷ √go_home〛
    t̕út̕kʷ going home. 〚t̕ú+√t̕ukʷ actl+√go_home〛
    t̕t̕úkʷ start to go home. 〚t̕+√t̕ukʷ incep+√go_home〛
    t̕úkʷtxʷ let go home. 〚√t̕ukʷ-txʷ √go_home-letcaus〛
      t̕úkʷtən be taken home. 〚√t̕ukʷ-txʷ-ŋ √go_home-caus-psv〛
        t̕t̕úʔkʷtən being taken home. 〚t̕+√t̕u<ʔ>kʷ-txʷ-ŋ incep+√go_home<actl>-caus-psv〛
    t̕úkʷnəs go home for. 〚√t̕ukʷ-nəs √go_home-intent〛
      t̕úkʷnəsən be gone home for. 〚√t̕ukʷ-nəs-ŋ √go_home-intent-psv〛
    t̕k̕ʷístxʷ take home. 〚√t̕ukʷ-istxʷ √go_home-caus〛
      t̕aʔk̕ʷístxʷ taking home. 〚√t̕ukʷ-istxʷ √go_home-caus〛
      t̕k̕ʷísc bring me/you home. 〚√t̕ukʷ-istxʷ-c √go_home-caus-1obj/2obj〛
      t̕k̕ʷistúŋəɬ bring us home. 〚√t̕ukʷ-istxʷ-uŋɬ √go_home-caus-1plobj〛
      t̕k̕ʷístən be taken home. 〚√t̕ukʷ-istxʷ-ŋ √go_home-caus-psv〛
    t̕k̕ʷás take home. 〚√t̕ukʷ-as √go_home-ptcaus〛
    t̕ək̕ʷáy̕ŋən want to go home. 〚√t̕ukʷ-ayŋən √go_home-want〛
      t̕aʔk̕ʷáy̕ŋən̕ wanting to go home. 〚√t̕u<ʔ>k̕ʷ-ay̕ŋən̕ √go_home<actl>-want〛
    ʔəst̕úʔək̕ʷ be home. 〚ʔs-√t̕u<ʔə>k̕ʷ stat-√go_home<actual>〛
    t̕ukʷéyɬ go home in vehicle. 〚√t̕ukʷ=iyɬ √go_home=conveyance〛
√t̕uŋn √wall.
  t̕úŋən wall. 〚√t̕uŋn √wall〛
√t̕x̣ √deviate.
  t̕ə́x̣ err. 〚√t̕x̣ √deviate〛
    t̕áx̣ɬ go wrong. 〚√t̕<á>x̣-ɬ √deviate<rslt>-dur〛
    ʔəst̕áx̣ɬ be wrong. 〚ʔs-√t̕<á>x̣-ɬ stat-√deviate<rslt>-dur〛
    t̕it̕ə́x̣ wrong. 〚t̕i+√t̕x̣ aff+√deviate〛
    t̕x̣ə́t make it wrong. 〚√t̕x̣-t √deviate-trns〛
      t̕x̣ə́c make me/you wrong. 〚√t̕x̣-t-c √deviate-trns-1obj/2obj〛
      t̕x̣ə́tən be taken wrong. 〚√t̕x̣-t-ŋ √deviate-trns-psv〛
        t̕ə́x̣tən being made wrong. 〚√t̕<ə́>x̣-tx̣ʷ-ŋ √deviate<actl>-incaus-psv〛
    t̕x̣ə́ct deviate. 〚√t̕x̣-cut √deviate-rflxv〛
    t̕x̣ayúsən tell off. 〚√t̕x̣-ay=us-ŋ √deviate-ext=face-mdl〛
      t̕x̣ayúst tell someone off. 〚√t̕x̣-ay=us-t √deviate-ext=face-trns〛
        t̕x̣ayústən be told off. 〚√t̕x̣-ay=us-t-ŋ √deviate-ext=face-trns-psv〛
    t̕ə́x̣tx̣ʷ make wrong. 〚√t̕x̣-tx̣ʷ √deviate-incaus〛
    t̕əx̣náx̣ʷ disagree. 〚√t̕x̣-nax̣ʷ √deviate-nctrns〛
√t̕x̣əŋ √six.
  t̕x̣ə́ŋ six. 〚√t̕x̣əŋ √six〛

√t̕yq̕   √wan

    t̕x̣əŋɬšáʔ sixty. 〚√t̕x̣əŋ = ɬšaʔ √six = ten〛
    t̕x̣əŋáɬ six times. 〚√t̕x̣əŋ = aɬ √six = times〛
    t̕x̣əŋáy six people. 〚√t̕x̣əŋ = ayə √six = person〛
    t̕x̣əŋúʔtxʷ six houses. 〚√t̕x̣əŋ = awtxʷ √six = house〛
    t̕x̣əŋɬnát Saturday. 〚√t̕x̣əŋ = ɬnat √six = day〛
    t̕x̣əŋíkʷs six animals. 〚√t̕x̣əŋ = iws √six = body〛
      t̕x̣əŋayəhə́čɬ six children. 〚√t̕x̣əŋ = ayə = əčɬ √six = person = child〛
    t̕x̣əŋákʷɬ six canoes. 〚√t̕x̣əŋ = akʷɬ √six = conveyance〛
      t̕x̣əŋáʔkʷɬ six canoes. 〚√t̕x̣əŋ < ʔ > = ə < ʔ > kʷɬ √six < actual > = conveyance < actual > 〛
    t̕x̣əŋáʔwiṅəxʷ six years. 〚√t̕x̣əŋ = aʔwiṅəxʷ √six = year〛
    t̕x̣əŋáʔitxʷ six dollars. 〚√t̕x̣əŋ = aʔitxʷ √six = dollar〛
√t̕yq̕ √wave_hand.
    t̕iq̕úst wave hand to someone. 〚√t̕yq̕ = us-t √wave_hand = face-trns〛
    t̕iq̕ústəŋ be waved at. 〚√t̕yq̕ = us-t-ŋ √wave_hand = face-trns-psv〛
    t̕iq̕sáy̕s waving. 〚√t̕yq̕ = us-ay̕s √wave_hand = face-activ〛
√waʔ √own.
    skʷáʔ own. 〚s-√waʔ s-√own〛
      skʷáʔwaʔ owning. 〚s-wáʔ + √waʔ s-actl + √own〛
        sxʷkʷáw̕aʔ dear one. 〚sxʷ-wáʔ + √waʔ for-actl + √own〛
          sxʷskʷáwaʔ countryman. 〚sxʷ-s-wa + √waʔ for-s-actl + √own〛
      sxʷskʷáʔ adviser. 〚sxʷ-s-√waʔ for-s-√own〛
        nəsxʷskʷáʔ my dear one. 〚nə-sxʷ-s-√waʔ 1pos-for-s-√own〛
          nəsxʷkʷə́yaʔ my dear ones. 〚nə-sxʷ-√w < əy > aʔ 1pos-for-√own < pl >〛
      nəkʷáyaʔ dear (pl). 〚nə-√wa < yə > ʔ 1pos-√own < pl >〛
      sxʷskʷáyaʔ advisers. 〚sxʷ-s-√wa < ya > ʔ for-s-√own < pl >〛
    skʷáʔtxʷ make owned. 〚s-√waʔ-txʷ s-√own-incaus〛
    skʷaʔtúŋə fix for you. 〚s-√waʔ-txʷ-uŋə s-√own-incaus-2obj〛
    skʷaʔtúŋɬ make for us. 〚s-√waʔ-txʷ-uŋɬ s-√own-incaus-1plobj〛
    skʷaʔtúŋəs fix for me. 〚s-√waʔ-txʷ-uŋəs s-√own-incaus-1obj〛
    skʷáʔtxʷ let it be own. 〚s-√waʔ-txʷ s-√own-letcaus〛
    čkʷáʔ own. 〚č-√waʔ have-√own〛
    sčkʷáʔ owner. 〚s-č-√waʔ have-s-√own〛
√waʔwəšəli √grebe.
    waʔwəšəlí grebe. 〚√waʔwəšəli √grebe〛
√wac̕ √pry.
    kʷác̕ pry. 〚√wac̕ √pry〛
      kʷáʔəwc̕ prying. 〚wáʔ + √wac̕ actl + √pry〛
        ʔəskʷáʔəwc̕ pried. 〚ʔs-wáʔ + √wac̕ stat-rslt + √pry〛
          ʔəsxʷkʷáʔəwc̕ locked. 〚ʔs-xʷ-wáʔ + √wac̕ stat-loc-rslt + √pry〛
      kʷác̕t pry it up. 〚√wac̕-t √pry-trns〛
        kʷáʔc̕t prying it up. 〚√wa < ʔ > c̕-t √pry < actl > -trns〛
        nəxʷkʷác̕t lock it. 〚nxʷ-√wac̕-t loc-√pry-trns〛
      kʷc̕átəŋ be pried. 〚√wac̕-t-ŋ √pry-trns-psv〛
        kʷaʔc̕átəŋ being pried. 〚√wa < ʔ > c̕-t-ŋ < ʔ > √pry < actual > -trans-psv < actual >〛
      kʷác̕ən cant hook. 〚√wac̕ = ən √pry = instr〛
      kʷaʔc̕áct complaining. 〚√wa < ʔ > c̕-cut √pry < actl > -rflxv〛
      kʷaʔc̕áʔnəq insulting. 〚√wa < ʔ > c̕-ən < ʔ > əq √pry < actual > -habit < actual >〛
√wačíʔ √perch.
    wačíʔ perch. 〚√wačíʔ √perch〛
√wahəm √horse_clam.
    swáhəm horse clam. 〚s-√wahəm s-√horse_clam〛
      swaʔyáhəm horse clams. 〚s-√w < əʔy > ahəm s-√horse_clam < pl >〛
      swaʔwáʔhəm̕ small horse clam. 〚s-waʔ + √wa < ʔ > həm < ʔ > s-dimin + √horse_clam < dimin >〛
√wakʷn √loon.
    swákʷən loon. 〚s-√wakʷn s-√loon〛
√wan √lose.
    kʷán lose. 〚√wan √lose〛
      kʷánəŋ be lost. 〚√wan-as-ŋ √lost-ptcaus-psv〛
        skʷənəŋúcən leftovers. 〚s-√wan-ŋ = ucin s-√lose-mdl = mouth〛
      kʷánəyu throw away. 〚√wan-əyu √lose-activ〛

Klallam Root Index

√was   √wəýqəʔ

skʷánəyuʔ trash. 〚s-√wan-əyu s-√lost-activ〛
ʔəskʷán lost. 〚ʔs-√wan stat-√lost〛
  ʔəskʷáʔwən be lost. 〚ʔs-wáʔ+√wan stat-rslt+√lose〛
kʷánt lose it. 〚√wan-t √lose-trns〛
  kʷánətəŋ be thrown away. 〚√wan-t-ŋ √lose-trns-psv〛
kʷánnəxʷ lose it. 〚√wan-naxʷ √lose-nctrns〛
kʷánəs throw it away. 〚√wan-as √lost-ptcaus〛
  kʷaʔáʔnəs throwing it away. 〚√w<əʔ>a<ʔ>n-as √lose<actl>-ptcaus〛
  skʷənəsə́yuʔ be left. 〚s-√wan-as-əyu s-√lose-ptcaus-activ〛
  sxʷkʷáns trash can. 〚sxʷ-√wan-as for-√lose-ptcaus〛
kʷənəyúst cull it. 〚√wan=ayə-us-t √lose=person-rcpnt-trns〛
kʷanáŋən lost. 〚√wan=ŋin √lose=piece〛
  nəxʷskʷánŋən abandoned person. 〚nxʷ-s-√wan=ŋin loc-s-√lose=piece〛
  nəxʷskʷiyánəŋ abandoned people. 〚nxʷ-s-√w<iy>an-ŋ loc-s-√lose<pl>-mdl〛
√was √behind.
  ʔiʔɬkʷást put it behind. 〚hy̓-ʔɬ-√was-t proc-part-√behind-trns〛
  ʔiʔɬkʷástəŋ be put behind. 〚hy̓-ʔɬ-√was-t-ŋ proc-part-√behind-trns-psv〛
  ɬkʷásct drop back. 〚ʔɬ-√wəs-cut part-√behind-rflxv〛
  ɬkʷáw̓əs behind. 〚ʔɬ-wa+√w<ʔ>as part-actual+√behind<actual>〛
√wayənəhákʷ √alas.
  wayənəhákʷ alas. 〚√wayənəhákʷ √alas〛
√wayu √bright.
  wayú bright. 〚√wayu √bright〛
  waʔyú being lit up. 〚√waʔyu √bright〛
  wayúct bet lit up. 〚√waʔyu-cut √bright-rflxv〛
  waʔyúct getting bright. 〚√wa<ʔ>yu-cut √bright<actl>-rflxv〛
√wək̓ʷaʔɬ √wool.
  swə́k̓ʷaʔɬ wool. 〚s-√wək̓ʷaʔɬ s-√wool〛
√wəq̓əq̓ √small_frog.
  wəq̓ə́q̓ small frog. 〚√wəq̓əq̓ √small_frog〛
  wiyə́q̓əq̓ frogs. 〚√w<iy>əq̓əq̓ √small_frog<pl>〛
√wəs √behind.
  ɬkʷə́s behind. 〚ʔɬ-√wəs part-√behind〛
    ɬkʷə́səŋ descendant. 〚ʔɬ-√wəs-ŋ part-√behind-mdl〛
  sɬkʷə́wəs one left behind. 〚s-ʔɬ-wəs+√wəs s-part-char+√behind〛
√wəw̓əw̓šəlʔi √helldiver.
  wəw̓əw̓šəlʔí helldiver. 〚√wəw̓əw̓šəlʔi √helldiver〛
√wəxəɬ √small_frog.
  wəxə́ɬ small frog. 〚√wəxəɬ √small_frog〛
  waʔwaʔxə́ɬ small frog. 〚waʔ+√wə<ʔ>xəɬ dimin+√small_frog<dimin>〛
  wiyəxə́ɬ frogs. 〚√w<iy>əxəɬ √small_frog<pl>〛
  waʔyaʔwaʔxə́ɬ small frogs. 〚w<əʔy>aʔ+√wə<ʔ>xəɬ dimin<pl>+√small_frog<dimin>〛
  waʔxwəxɬcítəŋ March. 〚wə<ʔ>x+√wəxəɬ=ci-t-ŋ<ʔ> char<actual>+√small_frog=mouth-trans-psv<actual>〛
√wəy √gear.
  swə́ytən fishing gear. 〚s-√wəy-tən s-√gear=instr〛
√wəyəq̓ʷ √recognize.
  wə́yəq̓ʷt recognize it. 〚√wəyəq̓ʷ-t √recognize-trns〛
  wə́yəq̓ʷtəŋ be recognized. 〚√wəyəq̓ʷ-t-ŋ √recognize-trns-psv〛
  wəyəq̓ʷít recognize it. 〚√wəyiq̓ʷ-í-t √recognize-pers-trns〛
    wəyəq̓ʷítəŋ be recognized. 〚√wəyiq̓ʷ-í-t-ŋ √recognize-pers-trns-psv〛
  wəyəq̓ʷíct recognized. 〚√wəyəq̓ʷ-í-cut √recognize-pers-rflxv〛
√wəy̓qəʔ √male.
  swə́y̓qaʔ male. 〚s-√wəy̓qəʔ s-√male〛
  suwə́y̓qaʔ men. 〚s-w+√wəy̓qəʔ s-pl+√male〛
  swəy̓qaʔúməš man like. 〚s-√wəy̓qaʔ=uməš s-√male=type〛
  swə́y̓qaʔct turned into a man. 〚s-√wəy̓qaʔ-cut s-√male-rflxv〛
  čwə́y̓qaʔ get husband. 〚č-√wəy̓qəʔ have-√male〛
  čaʔswə́y̓qaʔ bachelor. 〚čaʔ-s-√wəy̓qəʔ immed-s-√male〛
  swiʔqúʔiɬ young boy. 〚s-√wəy̓q=uʔɬ s-√male=child〛

√wiʔws   √wíc̓

      swaʔwiʔqúʔiɬ small boy. ⟦s-waʔ + √wəẏqʔ = uʔyɬ s-dim + √male = child⟧
      swiʔwiʔqúʔiɬ young boy. ⟦s-wẏ + √wəẏqʔ = uʔyɬ s-pl + √male = child⟧
√**wiʔws** √boy.
    swéʔwəs boy. ⟦s-√wiʔws s-√boy⟧
      swíwaʔwəs young men, small boy. ⟦s-wí + √wiʔws s-pl + √boy or s-dim + √boy⟧
      swə́yaʔwəs young men. ⟦s-√w<ə́y>iʔws s-√boy<pl>⟧
      suwáʔwəs young men. ⟦s-w + √wiʔws s-pl + √boy⟧
      swəʔwəscút become young man. ⟦s-√wiʔws-cut s-√boy-rflxv⟧
      swaʔwéʔwəs small boy. ⟦s-waʔ + √wiʔws s-dim + √boy⟧
√**win** √fight.
    kʷínti fight. ⟦√win-ty √fight-rcprcl⟧
      kʷənkʷínti fighter. ⟦win + √win-ty char + √fight-rcprcl⟧
      kʷéʔwənti̓ʔ fighting. ⟦wiʔ + √wən̓-ty<ʔ> actual + √fight-reciprocal<actual>⟧
      kʷaʔwəntiʔíct fighting about it. ⟦wiʔ + √wən̓-ty<ʔ>-ic-t actl + √fight-rcprcl<actl>-about-trns⟧
        kʷaʔwəntiʔíc fighting over me/you. ⟦wiʔ + √wən̓-ty<ʔ>-ic-t-c actl + √fight-rcprcl<actl>-about-trns-1obj/2obj⟧
      kʷantiʔíct fighting. ⟦√kʷin-ty-í-cut √fight-rcprcl-pers-rflxv⟧
    kʷinə́kʷi wrestle. ⟦√win-nəwəy √fight-ncrcprcl⟧
√**wiqs** √yawn.
    wíqs yawn. ⟦√wiqs √yawn⟧
      wéʔqs yawning. ⟦√wi<ʔ>qs √yawn<actual>⟧
      wíwaʔqs yawning. ⟦wí + √wi<ʔ>qs actual + √yawn<actual>⟧
    wíqsstxʷ make yawn. ⟦√wiqs-stxʷ √yawn-caus⟧
      wéʔqsstən̓ being made to yawn. ⟦√wi<ʔ>qs-stxʷ-ŋ<ʔ> √yawn<actual>-caus-psv<actual>⟧
√**wiy** √peek.
    kʷáʔwiʔ peeking. ⟦waʔ + √wiy<ʔ> actual + √peek<actual>⟧
    kʷaʔkʷáʔwiʔ hide-and-go-seek. ⟦waʔ + waʔ + √wiy<ʔ> dimin + actual + √peek<actual>⟧
    kʷaʔyə́yu peeking. ⟦√wi<ʔ>y-əyu √peek<actl>-activ⟧
    kʷəyít peek at it. ⟦√wiy-t √peek-trns⟧
      kʷéʔyət peeking at it. ⟦√wi<ʔ>y-t √peek<actl>-trns⟧
        kʷéʔyəc peeking at me/you. ⟦√wi<ʔ>y-t-c √peek<actl>-trns-1ob/2obj⟧
        kʷéʔyətəŋ being peeked at. ⟦√wi<ʔ>y-t-ŋ √peek<actl>-trns-psv⟧
        kʷaʔyítən̓ being peeked at. ⟦√wi<ʔ>y-t-ŋ<ʔ> √peek<actual>-trans-psv<actual>⟧
√**wiẏ** √come_into_view.
    kʷíẏ appear, come into view. ⟦√wiẏ √come_into_view⟧
    kʷéʔwi peeking. ⟦wiʔ + √wiẏ actual + √come_into_view<actual>⟧
    kʷiʔnúŋət dream. ⟦√wiẏ-nuŋt √come_into_view-ncmdl⟧
      kʷəwiʔnúʔŋət dreaming. ⟦w + √w<ʔ>iẏ-nu<ʔ>ŋt actual + √come_into_view<actual>-ncmiddle<actual>⟧
√**wu** √hey.
    wú hey. ⟦√wu √hey⟧
√**wuʔcən** √sing_along.
    wúʔcən sing along. ⟦√wuʔcən √sing_along⟧
    wúʔcəntxʷ let sing along. ⟦√wuʔcən-txʷ √sing_along-letcaus⟧
    waʔcənístxʷ sing along with. ⟦√wuʔcən-istxʷ √sing_along-caus⟧
      waʔcənístəŋ be sung with. ⟦√wuʔcən-istxʷ-ŋ √sing_along-caus-psv⟧
√**wus** √bark.
    waʔsə́yu bark. ⟦√wu<ʔ>s-əyu √bark-activ⟧
      waʔwəsə́yuʔ barking. ⟦waʔ + √wus-əyu dim + √bark-activ⟧
    wəsáyəs bark. ⟦√wus-aẏs √bark-activ⟧
      waʔwəsáy̓s barking. ⟦waʔ + √wus-aẏs dim + √bark-activ⟧
    waʔwúsc bark at me/you. ⟦waʔ + √wus-t-c dim + √bark-trns-1obj/2obj⟧
    waʔwústən̓ be barked at. ⟦waʔ + √wus-t-ŋ<ʔ> dimin + √bark-trans-psv<dimin>⟧
√**wíc̓** √butcher.
    k̓ʷíc̓ butcher. ⟦√wíc̓ √butcher⟧
      k̓ʷéʔwəc̓ butchering. ⟦wí<ʔ> + √wíc̓ actl + √butcher⟧
        ʔsk̓ʷéʔwəc̓ butchered. ⟦ʔs-wí + √wíc̓ stat-rslt + √butcher⟧
          ʔsk̓ʷəẏk̓ʷə́yic̓ butchered. ⟦ʔs-w̓əẏ + √w̓<əy>ic̓ stat-actual + √butcher<pl>⟧
      k̓ʷc̓əyuʔ butchering. ⟦√wíc̓-əyu<ʔ> √butcher-activity<actual>⟧
    k̓ʷíc̓t butcher it. ⟦√wíc̓-t √butcher-trns⟧
      k̓ʷéʔwəc̓t butchering it. ⟦wí<ʔ> + √wíc̓-t actl + √butcher-trns⟧
        k̓ʷc̓ítəŋ butchered. ⟦√wíc̓-t-ŋ √butcher-trns-psv⟧

Klallam Root Index

sxʷk̕ʷéʔwəc̕ butcher knife. ⟦sxʷ-wi̕ + √wi̕c̕ for-actl + √butcher⟧
k̕ʷic̕iyéʔqʷ pass out. ⟦√wi̕c̕-iy=iʔqʷ √butcher-dev=head⟧
k̕ʷic̕iyéʔqʷəŋ pass out. ⟦√wi̕c̕-iy=iʔqʷ-ŋ √butcher-dev=head-mdl⟧

√xʷa √down.
  xʷáŋ down. ⟦√xʷa-ŋ √down-mdl⟧
  ʔəsxʷáɬ down. ⟦ʔəs-√xʷa-ɬ stat-√down-dur⟧
  xʷát put it down. ⟦√xʷa-t √down-trns⟧
    xʷác lower me/you. ⟦√xʷa-t-c √down-trns-1obj/2obj⟧
    xʷaʔát putting it down. ⟦√xʷ<əʔ>a-t √down<actl>-trns⟧
    xʷátəŋ be put down. ⟦√xʷa-t-ŋ √down-trns-psv⟧
  xʷátxʷ let down. ⟦√xʷa-txʷ √down-letcaus⟧
  xʷánəxʷ manage to lower. ⟦√xʷa-naxʷ √down-nctrns⟧
  xʷás lower it. ⟦√xʷa-as √down-ptcaus⟧
  xʷáɬnəɬ mourn, cry for deceased. ⟦√xʷa=əɬnɬ √down=throat⟧
    xʷáxʷɬnəɬ cry for dead (pl). ⟦xʷá+√xʷa=əɬnɬ pl+√down=throat⟧

√xʷaʔ √lightweight.
  xʷáʔxʷaʔ lightweight. ⟦xʷáʔ+√xʷaʔ char+√lightweight⟧
  xʷaʔxʷáʔtxʷ make light weight. ⟦xʷaʔ+√xʷaʔ-txʷ char+√lightweight-caus⟧
  xʷaʔwáwaʔxʷaʔ light weight. ⟦xʷaʔ+wáwaʔ-√xʷaʔ (?) √lightweight(?)⟧
    xʷaʔwáwaʔxʷaʔct getting light weight. ⟦√xʷaʔwáwaʔxʷaʔ-cut √lightweight-rflxv⟧

√xʷaʔm √hungry.
  xʷáʔəm hungry. ⟦√xʷaʔm √hungry⟧

√xʷaʔxʷc̕ √aroused.
  xʷáʔxʷc̕ aroused. ⟦√xʷaʔxʷc̕ √aroused⟧
  sxʷáʔxʷc̕ snake. ⟦s-√xʷaʔxʷc̕ s-√aroused⟧
    sxʷaʔyáʔxʷc̕ snakes. ⟦s-√xʷ<əʔy>aʔxʷc̕ s-√aroused<pl>⟧
    sxʷaʔxʷáʔxʷc̕ small snake. ⟦s-xʷaʔ+√xʷaʔxʷc̕ s-dim+√aroused⟧
      sxʷaʔyaʔxʷáʔxʷc̕ small snakes. ⟦s-xʷ<əʔy>aʔ+√xʷaʔxʷc̕ s-dim<pl>+√aroused⟧

√xʷaʔxʷy̕əš √salmonberry_bird.
  xʷaʔxʷiʔə́š salmonberry bird. ⟦√xʷaʔxʷy̕əš √salmonberry_bird⟧

√xʷac̕ √stop_rain.
  xʷác̕ stop raining. ⟦√xʷac̕ √stop_rain⟧
  xʷaʔc̕íʔ stopping raining. ⟦√xʷa<ʔ>c̕-iy<ʔ> √stop_rain<actual>-develop<actual>⟧

√xʷac̕ √stop_rain.
  xʷác̕sən stop raining. ⟦√xʷac̕=sən √stop_rain=foot⟧

√xʷak̕ʷ √crazy.
  sxʷák̕ʷiʔ crazy. ⟦ʔs-√xʷak̕ʷ-iy stat-√crazy-dev⟧
    sxʷáʔk̕ʷiʔ acting crazy. ⟦ʔs-√xʷa<ʔ>k̕ʷ-iy<ʔ> stat-√crazy<actual>-develop<actual>⟧
    ʔəsxʷáʔxʷək̕ʷ drunk. ⟦ʔs-xʷáʔ-√xʷak̕ʷ stat-rslt-√crazy⟧
    sxʷaʔxʷáʔk̕ʷiʔ acting crazy (dimin). ⟦ʔs-xʷaʔ+√xʷa<ʔ>k̕ʷ-iy<ʔ> stat-dimin+√crazy<actual>-develop<actual>⟧
    sxʷak̕ʷihúmš act stupid. ⟦s-√xʷak̕ʷ-iy=umš s-√crazy-dev=type⟧
  xʷk̕ʷát make someone crazy. ⟦√xʷak̕ʷ-t √crazy-trns⟧
    xʷk̕ʷátəŋ get crazy. ⟦√xʷak̕ʷ-t-ŋ √crazy-trns-psv⟧
    xʷaʔk̕ʷáʔtəŋ getting crazy. ⟦√xʷaʔk̕ʷ<ʔ>-t-ŋ √crazy<actl>-trns-psv⟧
    xʷaxʷk̕ʷátəŋ getting drunk. ⟦xʷaʔ+√xʷak̕ʷ-t-ŋ dim+√crazy-trns-psv⟧
    xʷəyk̕ʷátəŋ get crazy (pl). ⟦√xʷa<əy>k̕ʷ-t-ŋ √crazy<pl>-trns-psv⟧
  xʷáʔk̕ʷaʔɬ hiccup. ⟦√xʷa<ʔ>k̕ʷ=aʔɬ √crazy<actl>=live⟧
  sxʷək̕ʷiʔáxən elbow. ⟦s-√xʷak̕ʷ-iy=axən s-√crazy-dev=arm⟧
    sxʷaʔyək̕ʷiʔáxən elbows. ⟦s-√xʷ<əy>ak̕ʷ-iy=axən s-√crazy<pl>-dev=arm⟧
  ʔəsxʷak̕ʷéʔqʷ crazy. ⟦ʔs-√xʷak̕ʷ=iʔqʷ stat-√crazy=head⟧
  sxʷaxk̕ʷéʔqʷ crazy. ⟦s-xʷa+√xʷak̕ʷ=iʔqʷ s-rslt+√crazy=head⟧
  ʔəsxʷaʔxʷk̕ʷéʔqʷ crazy a little. ⟦ʔs-xʷaʔ+√xʷak̕ʷ=iʔqʷ stat-dimutive+√crazy=head⟧

√xʷam̕ √alone.
  xʷám̕xʷəm̕ alone. ⟦xʷám̕+√xʷam̕ char+√alone⟧
  sxʷám̕xʷəm̕ lonesome. ⟦ʔs-xʷám̕+√xʷam̕ stat-char+√alone⟧
  xʷaʔxʷə́m̕xʷəm̕ lonesome. ⟦xʷaʔ+xʷə́m̕+√xʷəm̕ dim+char+√alone⟧

√xʷanitəm √white_man.
  xʷanítəm white person. ⟦√xʷanitəm √white_man⟧
    xʷiyanítəm white people. ⟦√xʷ<y>aniətm √white_man<pl>⟧

xʷaʔxʷaʔnéʔtəm̓ small white man. ⟦xʷaʔ + √xʷa<ʔ>ni<ʔ>təm<ʔ> dimin + √white_man<dimin>⟧
xʷaʔyaʔxʷənítəm small white people. ⟦xʷ<əʔy>aʔ + √xʷan<ʔ>itəm dimin<pl> + √white_man<dimin>⟧
xʷənítəmən̓ speaking English. ⟦√xʷanitəm-ŋ<ʔ> √white_man-mdl<actual>⟧
xʷaʔnéʔtaʔmən̓ speaking English. ⟦√xʷa<ʔ>ni<ʔ>tə<ʔ>m-ŋ<ʔ> √white_man<actual>-mdl<actual>⟧
xʷanitəmúmš looks white. ⟦√xʷanitəm=umš √white_man=type⟧
xʷanitəmúcən speak English. ⟦√xʷanitəm=ucin √white_man=mouth⟧
xʷanítəmqən speak English. ⟦√xʷanitəm=qin √white_man=voice⟧
xʷaʔnéʔtam̓qən speaking English. ⟦√xʷa<ʔ>ni<ʔ>təm<ʔ>=qin<ʔ> √white_man<actual>=voice<actual>⟧
xʷanítəməɬ of the white man. ⟦√xʷanitəm-ɬ √white_man-dur⟧
sxʷanítəməɬ white man style. ⟦s-√xʷanitəm-ɬ s-√white_man-dur⟧

√xʷaŋ √rest.
xʷáŋ rest. ⟦√xʷaŋ √rest⟧
xʷáŋaʔɬ rest. ⟦√xʷaŋ=aʔɬ √rest=body⟧
xʷáʔŋaʔɬ resting. ⟦√xʷa<ʔ>ŋ=aʔɬ √rest<actl>=body⟧
ʔəsxʷaʔŋáʔɬ resting. ⟦ʔs-√xʷa<ʔ>ŋ=aʔɬ stat-√rest<actl>=body⟧
xʷáŋaʔɬəŋ rest. ⟦√xʷaŋ=aʔɬ-ŋ √rest=body-mdl⟧
sxʷaʔŋáʔɬəŋ̓ resting. ⟦ʔs-√xʷa<ʔ>ŋ=aʔɬ-ŋ<ʔ> stat-√rest<actual>=body-mdl-<actual>⟧
xʷáŋaʔɬt rest it. ⟦√xʷaŋ=aʔɬ-t √rest=body-trns⟧
xʷáŋaʔɬt resting it. ⟦√xʷaŋ<ʔ>=aʔɬ-t √rest<actl>=body-trns⟧
xʷaŋ́áʔɬct resting self. ⟦√xʷaŋ<ʔ>=aʔɬ-cut √rest<actl>=body-rflxv⟧
sxʷaŋaʔɬəŋáw̓txʷ restroom. ⟦s-√xʷaŋ=aʔɬ-ŋ=awtxʷ s-√rest=body-mdl=house⟧

√xʷas √smell_strong.
xʷásəŋ smell strong. ⟦√xʷas-ŋ √smell_strong-mdl⟧

√xʷč̓ √stagger.
xʷác̓ stagger. ⟦√xʷč̓ √stagger⟧
xʷč̓áŋ stagger. ⟦√xʷč̓-ŋ √stagger-mdl⟧
xʷác̓əŋ̓ staggering. ⟦√xʷ<á>č̓-ŋ<ʔ> √stumble<actual>-mdl<actual>⟧

√xʷəʔtiń √dislike.
sxʷaʔtíń dislike. ⟦s-√xʷəʔtiń s-√dislike⟧
čxʷaʔtíń dislike. ⟦č-√xʷəʔtiń have-√dislike⟧

√xʷəč̓ √between.
xʷáč̓ between. ⟦√xʷ<á>č̓ √between<result>⟧
ʔəsxʷáč̓ɬ in middle. ⟦ʔs-√xʷ<á>č̓-ɬ stat-√middle<rslt>-dur⟧
ʔəsxʷáč̓ɬtxʷ in middle. ⟦ʔs-√xʷ<á>č̓-ɬ-txʷ stat-√middle<rslt>-dur-letcaus⟧
xʷáč̓t put it between. ⟦√xʷəč̓-t √between-trns⟧

√xʷəkʷ √rump.
sxʷəkʷ rump. ⟦s-√xʷəkʷ s-√rump⟧
sxʷíxʷəkʷ rumps. ⟦s-xʷi + √xʷəkʷ s-pl + √rump⟧

√xʷəƛ̓qən √pillow.
xʷə́ƛ̓qən pillow. ⟦√xʷəƛ̓qən √pillow⟧
xʷáyaʔƛ̓qən pillows. ⟦√xʷə<yəʔ>ƛ̓qən √pillow<pl>⟧
xʷaʔxʷáʔƛ̓qən small pillow. ⟦xʷaʔ + √xʷə<ʔ>ƛ̓qən dimin + √pillow<dimin>⟧
xʷixʷáʔƛ̓qən small pillow. ⟦xʷi + √xʷə<ʔ>ƛ̓qən affect + √pillow<dimin>⟧

√xʷəq̓ʷəʔɬ √whooping_cough.
xʷə́q̓ʷaʔɬ whooping cough. ⟦√xʷəq̓ʷəʔɬ √whooping_cough⟧

√xʷəws √maybe.
sxʷə́wəs maybe. ⟦s-√xʷəws s-√maybe⟧

√xʷəyk̓ʷ √wrap.
xʷə́yək̓ʷ wrap. ⟦√xʷəyk̓ʷ √wrap⟧
xʷə́yk̓ʷ getting wrapped. ⟦√xʷəy<ʔ>k̓ʷ √wrap<actual>⟧
ʔəsxʷə́yk̓ʷ wrapped up. ⟦ʔs-√xʷəyk̓ʷ stat-√wrap⟧
ʔəsxʷə́yk̓ʷtxʷ wrap up. ⟦ʔs-√xʷəyk̓ʷ-txʷ stat-√wrap-caus⟧
xʷə́yək̓ʷt wrap it up. ⟦√xʷəyk̓ʷ-t √wrap-trns⟧
xʷə́yk̓ʷt wrapping it. ⟦√xʷ<á>yk̓ʷ-t √wrap<actl>-trns⟧
xʷə́yk̓ʷtəŋ be wrapped. ⟦√xʷəyk̓ʷ-t-ŋ √wrap-trns-psv⟧
xʷik̓ʷíct cover self. ⟦√xʷəyk̓ʷ-í-cut √wrap-pers-rflxv⟧
xʷik̓ʷə́wəč cover bottom. ⟦√xʷəyk̓ʷ=əwəč √wrap=bottom⟧
xʷik̓ʷə́ʔáčən diaper. ⟦√xʷəyk̓ʷ=əwač=ən √wrap=bottom=instr⟧
xʷik̓ʷéʔqʷəŋ cover head. ⟦√xʷəyk̓ʷ=iʔqʷ-ŋ √wrap=head-mdl⟧

xʷikʼʷéʔqʷən head scarf.   〚√xʷəykʼʷ=iʔqʷ=ən √wrap=head=instr〛
xʷikʼʷíct cover it.   〚√xʷəykʼʷ=ic-t √wrap=back-trns〛

√**xʷikʼʷ** √gray.
ʔənəxʷíkʼʷ gray.   〚ʔn-√xʷikʼʷ color-√gray〛

√**xʷikʼʷs** √loon.
xʷíkʼʷs loon.   〚√xʷikʼʷs √loon〛
xʷaʔyíkʼʷs loons.   〚√xʷ<əʔy>ikʼʷs √loon<pl>〛
xʷaʔxʷíkʼʷs small loon.   〚xʷaʔ+√xʷikʼʷs dim+√loon〛
xʷaʔyaʔxʷíkʼʷs small loons.   〚xʷ<əʔy>aʔ+√xʷikʼʷs dim<pl>+√loon〛

√**xʷin** √swear.
xʷínt swear at it.   〚√xʷin-t √swear-trns〛
xʷéʔənət cursing it.   〚√xʷi<ʔ>n-t √swear<actl>-trns〛
xʷaʔnít cursing it.   〚√xʷi<ʔ>n-t √swear<actl>-trns〛
xʷéʔənəc swear at me/you.   〚√xʷi<ʔ>n-t-c √swear<actl>-trns-1obj/2obj〛
xʷíntəŋ be cursed at.   〚√xʷin-t-ŋ √swear-trns-psv〛
xʷaʔnítəŋ being cursed at.   〚√xʷi<ʔ>n-t-ŋ<ʔ> √swear<actual>-trans-psv<actual>〛
xʷənxʷínt curse it.   〚xʷən+√xʷin-t pl+√swear-trns〛
xʷənxʷínətəŋ be cursed.   〚xʷən+√xʷin-t-ŋ pl+√swear-trns-psv〛
xʷínti swear at each other.   〚√xʷin-ty √swear-rcprcl〛
xʷaʔnítiʔ cursing at each other.   〚√xʷi<ʔ>n-ty<ʔ> √swear<actual>-reciprocal<actual>〛
xʷənxʷínti cursing at each other.   〚xʷən+√xʷin-ty pl+√swear-rcprcl〛
xʷaʔxʷəníti swear at each other.   〚xʷaʔ+√xʷin-ty dim+√swear-rcprcl〛
xʷaʔxʷənítiʔ swearing at each other.   〚xʷaʔ+√xʷin<ʔ>-ty<ʔ> dimin+√swear<actual>-reciprocal<actual>〛
sxʷínxʷən curser.   〚s-xʷín+√xʷin s-char+√swear〛
sxʷaʔxʷəníti skʷáqəŋ swearing flower.   〚s-xʷaʔ+√xʷin-ty s-√kʷaq-ŋ dim+√swear-rcprcl s-√flower-mdl〛

√**xʷis** √shake.
xʷísəŋ shake.   〚√xʷis-ŋ √shake-mdl〛
xʷísi shake down.   〚√xʷis-iy √shake-dev〛
xʷəsə́yu shake off.   〚√xʷis-əyu √shake-activ〛
xʷaʔsə́yuʔ shaking.   〚√xʷi<ʔ>s-əyu<ʔ> √shake<actual>-activity<actual>〛
xʷaʔsáy̓s shaking off.   〚√xʷi<ʔ>s-ay̓s √shake<actl>-activ〛
xʷaʔsáy̓səŋ delouse.   〚√xʷi<ʔ>s-ay̓s-ŋ<ʔ> √shake<actual>-activity-mdl<actual>〛
xʷíst shake it.   〚√xʷis-t √shake-trns〛
xʷəyísc shake me/you.   〚√xʷ<əy>is-t-c √shake<pl>-trns-1obj/2obj〛
xʷéʔst shaking it.   〚√xʷi<ʔ>s-t √shake_out<actl>-trns〛
xʷixʷə́st shake it (pl).   〚xʷy+√xʷis-t pl+√shake-trns〛
xʷəyíst shake it up.   〚√xʷ<əy>is-t √shake<pl>-trns〛
xʷəy̓íst shaking it.   〚√xʷ<əy><ʔ>is-t √shake<pl><actl>-trns〛
xʷaʔy̓ísc shaking me/you.   〚√xʷ<aʔ><y>is-t-c √shake<actl><pl>-trns-1obj/2obj〛
xʷístəŋ be shaken.   〚√xʷis-t-ŋ √shake-trns-psv〛
xʷixʷístəŋ be shaken up.   〚xʷy+√xʷis-t-ŋ pl+√shake-trns-psv〛
xʷaʔyəsítəŋ being shaken up.   〚√xʷ<əy̓>is-t-ŋ √shake<pl>-trns-psv〛
xʷaʔsítəŋ be shaken down.   〚√xʷi<ʔ>s-t-ŋ √shake<actl>-trns-psv〛
xʷsíct shake oneself.   〚√xʷis-cut √shake-rflxv〛
xʷaʔsíct shiver.   〚√xʷi<ʔy>s-cut √shake<pl>-rflxv〛
xʷaʔisíct shaking self.   〚√xʷi<ʔ>s-cut √shake<actl>-rflxv〛
xʷséʔqʷəŋ shake head.   〚√xʷis=iʔqʷ-ŋ √shake=head-mdl〛
xʷsúsəŋ shake head.   〚√xʷis=us-ŋ √shake=face-mdl〛
xʷaʔsúsəŋ shaking head.   〚√xʷi<ʔ>s=us-ŋ<ʔ> √shake<actual>=face-mdl<actual>〛
nəxʷxʷaʔsúsəŋ shake head.   〚nxʷ-√xʷi<ʔ>s=us-ŋ loc-√shake<actl>=face-mdl〛

√**xʷit** √jump.
xʷítəŋ jump.   〚√xʷit-ŋ √jump-mdl〛
xʷəyítəŋ jump (pl).   〚√xʷ<əy>it-ŋ √jump<pl>-mdl〛
xʷéʔtəŋ jumping.   〚√xʷi<ʔ>t-ŋ √jump<actl>-mdl〛
xʷəy̓xʷtíŋ jumping (pl).   〚xʷ<əy̓>+√xʷit<í>-ŋ<ʔ> inceptive<pl>+√jump<actual>-mdl<actual>〛
xʷtíŋət jump over it.   〚√xʷit-ŋ-t √jump-mdl-trns〛
xʷtiŋətúŋɬ jump at us.   〚√xʷit-ŋ-t-uŋɬ √jump-mdl-trns-1plobj〛
xʷtíŋtəŋ be jump on.   〚√xʷit-ŋ-t-ŋ √jump-mdl-trns-psv〛
xʷitəŋístxʷ make jump.   〚√xʷit-ŋí-stxʷ √jump-rel-caus〛

xʷaʔtaʔŋístxʷ **making jump.** 〚√xʷi<ʔ>t<ʔ>-ŋí-stxʷ √jump<actl>-rel-caus〛
xʷitəŋístəŋ **be made to jump.** 〚√xʷit-ŋí-stxʷ-ŋ √jump-rel-caus-psv〛
xʷaʔtaʔŋístəŋ **being made to jump.** 〚√xʷi<ʔ>t<ʔ>-ŋí-stxʷ-ŋ √jump<actl>-rel-caus-psv〛
xʷitəŋúŋət **finally jump.** 〚√xʷit-ŋ-nuŋt √jump-mdl-ncmdl〛
xʷaʔxʷtəŋyáʔčaʔ **jumping mouse.** 〚xʷaʔ+√xʷit-ŋ-yiʔčaʔ dimin+√jump-mdl-?〛
xʷəyəxʷtəmiʔáčə **grasshoppers.** 〚xʷ<əyə>ə+√xʷit-ŋ-yiʔčaʔ dimin<pl>+√jump-mdl-?〛

√xʷiy √descend.
xʷíyəŋ **descend.** 〚√xʷiy-ŋ √descend-mdl〛
xʷéʔyəŋ **descending.** 〚√xʷi<ʔ>y-ŋ<ʔ> √descend<actual>-mdl<actual>〛
xʷéʔyəŋ **going down.** 〚√xʷi<ʔ>y-ŋ √descend<actl>-mdl〛
xʷeʔéyəŋ **going down.** 〚√xʷ<əʔy>iy<ʔ>-ŋ √descend<pl><actl>-mdl〛
txʷəxʷéʔiŋ **move over.** 〚txʷ-√xʷi<ʔ>y-ŋ becm-√descend<actl>-mdl〛

√xʷkʷ √lower.
xʷkʷás **lower.** 〚√xʷkʷ-as √lower-ptcaus〛
xʷkʷáʔəs **lowering.** 〚√xʷkʷ-a<ʔə>s √lower-putcaus<actual>〛
xʷkʷíyəŋ **lower.** 〚√xʷkʷ-iy-ŋ √lower-dev-mdl〛
xʷaʔkʷéʔyəŋ **lowering.** 〚√xʷ<əʔ>kʷ-i<ʔ>y-ŋ √lower<actl>-dev<actl>-mdl〛

√xʷḳʷ √drag.
xʷə́ḳʷ **drag.** 〚√xʷḳʷ √drag〛
xʷə́ḳʷəŋ **dragging.** 〚√xʷ<ə́>ḳʷ-ŋ<ʔ> √drag<actual>-mdl<actual>〛
xʷḳʷə́t **drag it.** 〚√xʷḳʷ-t √drag-trns〛
xʷə́ḳʷt **dragging it.** 〚√xʷ<ə́>ḳʷ-t √drag<actl>-trns〛
xʷəyə́ḳʷt **dragging it (pl).** 〚√xʷ<əy><ə́>ḳʷ-t √drag<pl><actl>-trns〛
xʷəyáʔḳʷtəŋ **being dragged (pl).** 〚√xʷ<əy><əʔ>ḳʷ-t-ŋ √drag<pl><actl>-trns-psv〛
xʷxʷḳʷə́t **dragging it.** 〚xʷ+√xʷḳʷ-t incep+√drag-trns〛
xʷḳʷə́tən **be pulled.** 〚√xʷḳʷ-t-ŋ √drag-trns-psv〛
xʷə́ḳʷtəŋ **being pulled.** 〚√xʷ<ə́>ḳʷ-t-ŋ<ʔ> √drag<actual>-trans-psv<actual>〛
xʷḳʷúst **drag it.** 〚√xʷḳʷ-us-t √drag-rcpnt-trns〛
xʷiʔḳʷúʔst **dragging them.** 〚√xʷ<ý>ḳʷ=u<ʔ>s-t √drag<pl>=face<actl>-trns〛
xʷaʔḳʷúst **dragging it.** 〚√xʷ<əʔ>ḳʷ-us-t〛
xʷḳʷústəŋ **be dragged.** 〚√xʷḳʷ-us-t-ŋ √drag-rcpnt-trns-psv〛
xʷḳʷúʔstiʔ **dragging each other.** 〚√xʷḳʷ-u<ʔ>st-ty<ʔ> √drag-recipient<actual>-reciprocal<actual>〛
xʷḳʷə́ct **drag self.** 〚√xʷḳʷ-cut √drag-rflxv〛
xʷḳʷáñt **pull someone's ear.** 〚√xʷḳʷ=añ-t √drag=ear-trns〛
xʷḳʷáñc **pull my/your ear.** 〚√xʷḳʷ=añ-t-c √drag=ear-trns-1obj/2obj〛
sxʷiʔxʷiʔxʷə́ḳʷtəŋct **mechanical donkey.** 〚sxʷ-hý-xʷý+√xʷ<ə́>ḳʷ-t-ŋ<ʔ>-cut for-proc-pl+√drag<actl>-trns-psv<actl>-rflxv〛

√xʷnaʔm ~ √naʔm √shaman.
sxʷnáʔəm **shaman.** 〚s-√xʷnaʔm s-√shaman〛
sxʷniyáʔəm **Indian doctors.** 〚sxʷ-√n<iy>aʔm for-√shaman<pl>〛
sxʷaʔxʷənáʔəm **bug.** 〚s-xʷaʔ+√xʷna<ʔ>m s-dimin+√shaman<dimin>〛
sxʷəyaʔxʷənáʔəm **little monsters.** 〚s-xʷ<əy>aʔ+√xʷnaʔm s-dim<pl>+√shaman〛
xʷaʔxʷənaʔmítəŋ **getting buggy.** 〚xʷaʔ+√xʷəna<ʔ>m-i-t-ŋ<ʔ> dimin+√shaman<dimin>-persist-trans-psv<actual>〛
sxʷənaʔəmáwtxʷ **mysterious place.** 〚s-√xʷnaʔm=awtxʷ s-√shaman=house〛 s-dimin<pl>+√shaman<dimin>〛
čšxʷnáʔəm **have healing power.** 〚č-s-√xʷnaʔm have-s-√shaman〛

√xʷniʔ √pregnant.
xʷnéʔəŋ **pregnant.** 〚√xʷniʔ-ŋ √pregnant-mdl〛
sxʷnéʔiŋ **pregnancy.** 〚s-√xʷniʔ-ŋ s-√pregnant-mdl〛

√xʷtəq √fall_through.
xʷtə́q **fall through.** 〚√xʷtəq √fall_through〛
xʷtə́qsən **fall through with foot.** 〚√xʷtəq=sən √fall_through=foot〛

√xʷukʷt √loon.
sxʷaʔxʷúkʷt **loon.** 〚s-xʷaʔ+√xʷukʷt s-dim+√loon〛
swəýwəýkʷúkʷt **loons.** 〚s-wəý+√wayḱʷukʷt s-pl+√loon〛

√xʷup̓ √?.
sxʷaʔxʷúp̓šən **wear long clothing.** 〚s-xʷaʔ+√xʷup̓=šən s-dim+√?=foot〛

√xʷuxʷéy √hey.
xʷuxʷéy **used to get attention.** 〚√xʷuxʷéy √hey〛

√xʷuy √yay.
    xʷúy joyful shout. 〚√xʷuy √yay〛

√xʷuym √sell.
    xʷúyəm sell. 〚√xʷuym √sell〛
        xʷxʷúʔyəm̓ selling. 〚xʷ+√xʷu<ʔ>ym<ˀ> inceptive+√sell<actual>〛
        xʷəyəməsít sell for. 〚√xʷuym-sít √sell-bene〛
            xʷuyəmsíc sell for me/you. 〚√xʷuym-sít-c √sell-bene-1obj/2obj〛
            xʷəyəmsítəŋ be sold for. 〚√xʷuym-sít-ŋ √sell-bene-psv〛
            xʷaʔyaʔməsítəŋ being sold for. 〚√xʷu<ʔ>y<ʔ>m-sít-ŋ √sell<actl>-bene-psv〛
        sxʷúyəm precious, sold. 〚s-√xʷuym s-√sell〛
            sxʷúʔyəm̓ selling. 〚s-√xʷu<ʔ>ym<ˀ> s-√sell<actual>〛
        sxʷimáy store. 〚s-√xʷuym=ayə s-√sell=container〛
            sxʷixʷimáy shopping area. 〚s-xʷy+√xʷuym=ayə s-pl+√sell=container〛

√xʷy̓ √ambitious.
    ʔəsxʷəy̓xʷiʔ ambitious, willing, eager. 〚s-xʷəy̓+√xʷy̓ s-char+√ambitious〛

√xʷy̓tyəč √go_with_wind.
    xʷiʔtiʔəč go with wind. 〚√xʷy̓tyəč √go_with_wind〛

√x̱ʔam √driftwood.
    x̱əy̓ʔámnəč driftwood. 〚√x̱<y>ʔam=nəč √driftwood<pl>=tail〛

√x̣aʔc̓m √gray.
    sx̣aʔc̓méʔqʷ gray. 〚s-√x̣aʔc̓m=iʔqʷ s-√gray=head〛

√x̣aʔčx̱ √hemlock.
    x̣áʔčx̱ɬč western hemlock. 〚√x̣aʔčx̱=iɬč √hemlock=plant〛

√x̣aʔpux̱ʷ √crunch.
    x̣aʔpúx̱ʷəŋ crunch. 〚√x̣aʔpux̱ʷ-ŋ √cruch-mdl〛
        x̣əyaʔpúx̱ʷəŋ crunch (pl). 〚√x̣<əy>aʔpux̱ʷ-ŋ √cruch<pl>-mdl〛
        x̣aʔpúx̱ʷəŋ̓ crunching. 〚√x̣aʔpux̱ʷ-ŋ<ˀ> √crunch-mdl<actual>〛

√x̣aʔs √bad.
    sx̣áʔəs bad. 〚ʔs-√x̣aʔs stat-√bad〛
        sx̣əyáʔəs bad ones. 〚s-√x̣<y>aʔs s-√bad<pl>〛
        sx̣aʔx̣áʔəs little bad. 〚s-x̣aʔ+√x̣aʔs s-dim+√bad〛
            ʔəsx̣aʔx̣iyáʔs small bad. 〚ʔs-x̣aʔ+√x̣<y>aʔs stat-dimin+√bad<pl>〛
        sx̣aʔyəx̣iʔáʔs lots of bad. 〚s-x̣<əʔy>ə+√x̣<y̓>aʔs s-dimin<plural>+√bad<pl>〛
        sx̣aʔx̣əyáʔs mean. 〚ʔs-x̣aʔ+√x̣<əy>aʔs stat-dimin+√bad<pl>〛
    x̣aʔx̣iyáʔs ornery. 〚x̣aʔ+√x̣<y>aʔs dimin+√bad<pl>〛
    x̣aʔsán sin. 〚√x̣aʔs=an̓ √bad=ear〛
        x̣aʔsán̓əŋ̓ sinning. 〚√x̣aʔs=an̓-ŋ<ˀ> √bad=ear<actual>-mdl<actual>〛
    sx̣áʔəstx̱ʷ dislike. 〚s-√x̣aʔs-tax̱ʷ s-√bad-emot〛
    sx̣əsámənət make oneself look bad. 〚s-√x̣aʔs=amənt s-√bad=appearance〛
    sx̣aʔsúcən bad mouth. 〚s-√x̣aʔs=ucin s-√bad=mouth〛
    sx̣aʔsáyəqč stink. 〚s-√x̣aʔs-ay=aqč s-√bad-ext=taste〛
    sx̣aʔsánkʷs mean. 〚s-√x̣aʔs=ankʷs s-√bad=mind〛
    nəxʷsx̣aʔyíkʷən mean. 〚nxʷ-s-√x̣aʔ-iy=iwən loc-s-√bad-dev=interior〛
    nəxʷsx̣aʔsíkʷən mean. 〚nxʷ-ʔs-√x̣aʔs=iwən loc-stat-√bad=interior〛

√x̣aʔtux̱ʷ √small_noise.
    x̣aʔtúx̱ʷəŋ small noise. 〚√x̣aʔtux̱ʷ-ŋ √small_noise-mdl〛

√x̣aʔx̱ʷ √gnaw.
    x̣aʔx̱ʷəyuʔ gnaw. 〚√x̣aʔx̱ʷ-əyu √gnaw-activ〛

√x̣aʔyŋ √gill.
    x̣áʔyəŋ gill. 〚√x̣aʔyŋ √gill〛

√x̣ač √dry.
    x̣áčəŋ dry. 〚√x̣ač-ŋ √dry-mdl〛
        x̣aʔyáčəŋ dry (pl). 〚√x̣<əʔy>ač-ŋ √dry<pl>-mdl〛
        x̣áʔčəŋ̓ drying. 〚√x̣a<ʔ>č-ŋ<ˀ> √dry<actual>-mdl<actual>〛
    ʔəsx̣áč dried fish. 〚ʔs-√x̣ač stat-√dry〛
        ʔəsx̣áčɬ dried. 〚ʔs-√x̣ač-ɬ stat-√dry-dur〛
    x̣áčt dry it. 〚√x̣ač-t √dry-trns〛
        x̣áčtəŋ be dried. 〚√x̣ač-t-ŋ √dry-trns-psv〛
    x̣čáct dry self. 〚√x̣ač-cut √dry-rflxv〛
        x̣aʔčáct drying self. 〚√x̣a<ʔ>č-cut √dry<actl>-rflxv〛

x̣áčnəxʷ manage to dry. 〖√x̣ač-naxʷ √dry-nctrns〗
  x̣áčnəŋ manage to be dried. 〖√x̣ač-naxʷ-ŋ √dry-nctrns-psv〗
x̣əyəčənúŋət over dry. 〖√x̣<əy>ač-nuŋt √dry<pl>-ncmdl〗
x̣číŋəɬ dry batch. 〖√x̣ač-iŋɬ √dry-cstm〗
  x̣aʔčéʔəŋəɬ drying. 〖√x̣a<ʔ>č-i<ʔ>ŋɬ √dry<actual>-custom<actual>〗
  sx̣əčəŋáwtxʷ drying shed. 〖s-√x̣ač-ŋ=awtxʷ s-√dry-mdl=house〗

√x̣aƛ̕ √windy.
  x̣áƛ̕ windy. 〖√x̣aƛ̕ √windy〗
    x̣áx̣ƛ̕ blowing. 〖x̣a+√x̣aƛ̕ actl+√windy〗
    x̣áƛ̕əŋ blown. 〖√x̣aƛ̕-ŋ √windy-mdl〗
      x̣aʔx̣áʔƛ̕əŋ wind blown. 〖x̣aʔ+√x̣a<ʔ>ƛ̕-ŋ<ʔ> dimin+√windy<dimin>-mdl<dimin>〗
      nəxʷx̣áƛ̕əŋ swift tide. 〖nxʷ-√x̣aƛ̕-ŋ loc-√windy-mdl〗
    x̣áƛ̕ct storm. 〖√x̣aƛ̕-cut √windy-rflxv〗
      x̣áʔƛ̕ct getting windy. 〖√x̣a<ʔ>ƛ̕-cut √windy<actl>-rflxv〗
    x̣áƛ̕ən tide water. 〖√x̣aƛ̕=ən √windy=instr〗
    x̣áƛ̕sən Jamestown sandbar. 〖√x̣aƛ̕=sən √windy=foot〗

√x̣an √growl.
  x̣aníti growl. 〖√x̣an-ŋí-ty √growl-rel-rcprcl〗
    x̣aʔníti growling. 〖√x̣an<ʔ>-ŋí-ty √growl<actl>-rel-rcprcl〗
      xx̣aníti? start growling. 〖x+√x̣an-ŋí-ty<ʔ> inceptive+√growl-rel-reciprocal<actual>〗
    x̣ənx̣aʔníti black paint dance. 〖x̣ən<ʔ>+√x̣an<ʔ>-ŋí-ty char<actl>+√growl<actl>-rel-rcprcl〗
      x̣aʔx̣ənítiháwtxʷ blackface dance house. 〖x̣aʔ+√x̣an-ŋí-ty=awtxʷ dim+√growl-rel-rcprcl=house〗

√x̣aŋ √all_gone.
  x̣áŋ all gone. 〖√x̣aŋ √all_gone〗
    x̣áŋət take it all. 〖√x̣aŋ-t √all_gone-trns〗
      x̣aʔŋát taking it all. 〖√x̣aŋ-t √all_gone-trns〗
    x̣áŋətəŋ be all taken. 〖√x̣aŋ-t-ŋ √all_gone-trns-psv〗

√x̣aš √trap.
  x̣ášəŋ trap. 〖√x̣aš-ŋ √trap-mdl〗
    x̣áʔšəŋ trapping. 〖√x̣a<ʔ>š-ŋ<ʔ> √trap<actual>-mdl<actual>〗
  x̣ə́šən̕ trap. 〖√x̣aš=ən̕ √trap=instr〗

√x̣atx̣t √mallard.
  x̣átx̣ət mallard. 〖√x̣atx̣t √mallard〗
  x̣ə́yatx̣ət mallards. 〖√x̣<ə́y>atx̣t √mallard<pl>〗

√x̣ay √eat_seafood.
  x̣áyəŋ̕ eat seafood. 〖√x̣ay-ŋ̕ √eat_seafood-mdl〗

√x̣ayk̕ʷs √raccoon.
  x̣áyk̕ʷs raccoon. 〖√x̣ayk̕ʷs √raccoon〗
    xix̣áyk̕ʷs raccoons. 〖x̣y+√x̣ayk̕ʷs pl+√raccoon〗
    x̣aʔx̣áyək̕ʷs small raccoon. 〖x̣aʔ+√x̣ayk̕ʷs dim+√raccoon〗

√x̣ay̕ √argue.
  x̣ay̕úst argue with someone. 〖√x̣ay̕-us-t √argue-rcpnt-trns〗
    xx̣ay̕úst argue with someone. 〖x+√x̣ay̕-us-t incep+√argue-rcpnt-trns〗
    xiʔx̣ay̕úst arguing with someone. 〖xy̕+√x̣ay̕-us-t pl+√argue-rcpnt-trns〗
      xiʔx̣ay̕ústiʔ arguing. 〖xy̕+√x̣ay̕-us-ty<ʔ> pl+√argue-recipient-reciprocal<actual>〗
      xiʔx̣ay̕ústəŋ being argued with. 〖xy̕+√x̣ay̕-us-t-ŋ pl+√argue-rcpnt-trns-psv〗
      xiʔx̣ay̕úsc arguing with me/you. 〖xy̕+√x̣ay̕-us-t-c pl+√argue-rcpnt-trns-1obj/2obj〗
    x̣ay̕ústi argue with each other. 〖√x̣ay̕-us-ty √argue-rcpnt-rcprcl〗
    x̣ay̕ústəŋ̕ being argued with. 〖√x̣ay̕-us-t-ŋ<ʔ> √argue-recipient-trans-psv<actual>〗
    x̣ay̕ústəŋ be argued with. 〖√x̣ay̕-us-t-ŋ √argue-rcpnt-trns-psv〗

√x̣ay̕s √Changer.
  x̣áy̕əs Changer, spirit, god. 〖√x̣ay̕s √Changer〗
  ʔiʔxiʔx̣ay̕əstə́n̕əq Great Transformer. 〖hy̕-xy̕+√x̣ay̕s-t-ən<ʔ>əq proc-char+√changer-trans-habit<actual>〗

√x̣c √pluck.
  x̣ə́c plucked, pulled away. 〖√x̣c √pluck〗
    x̣cə́t pluck it. 〖√x̣c-t √pluck-trns〗
      x̣ə́ct plucking it. 〖√x̣<ə́>c-t √pluck<actl>-trns〗
      x̣cə́təŋ be plucked. 〖√x̣c-t-ŋ √pluck-trns-psv〗
        x̣ə́ctəŋ̕ being pluck. 〖√x̣<ə́>c-t-ŋ<ʔ> √pluck<actual>-trans-psv<actual>〗
    x̣cík̕ʷs pluck bird. 〖√x̣c=iws √pluck=body〗

√xcaʔy̓   √x̣əč ~ √x̣əp

    x̣cík̓ʷst pluck it. 〚√x̣c=iws-t √pluck=body-trns〛
        x̣aʔcíw̓st plucking it. 〚√x̣c=iws-t √pluck=body-trns〛
        ʔəsx̣cíw̓s plucked bird. 〚ʔs-√x̣c=iw<ʔ>s stat-√pluck=body<actual>〛
√x̣caʔy̓ √grass.
    sx̣cáʔəy̓ grass. 〚s-√x̣caʔy̓ s-√grass〛
      sx̣áʔəcáʔəy̓ grass (pl). 〚s-√x̣<aʔə>caʔy̓ s-√grass<pl>〛
    sx̣caʔy̓áw̓tx̌ʷ hay barn. 〚s-√x̣caʔy̓=aw̓tx̌ʷ s-√grass=house〛
    sx̣caʔəy̓ənəkʷ meadow. 〚s-√x̣caʔy̓=ənukʷ s-√grass=ground〛
    x̣aʔx̣cəyə́qsən island in Freshwater Bay. 〚x̣aʔ+√x̣caʔy̓=əqsən dim+√grass=nose〛
√x̣č √know.
    x̣čə́yuʔ sizing up. 〚√x̣č-əyu<ʔ> √figure_out-activity<actual>〛
    x̣čáy̓s study. 〚√x̣č-ay̓s √know-activ〛
      x̣aʔx̣čáy̓s studying. 〚x̣aʔ+√x̣č-ay̓s actl+√know-activ〛
    ʔəsx̣áčɬ known. 〚ʔs-√x̣<á>č-ɬ stat-√know<rslt>-dur〛
    ʔəsx̣áčɬtx̌ʷ make known. 〚ʔs-√x̣<á>č-ɬ-tx̌ʷ stat-√know<rslt>-dur-letcaus〛
    x̣čə́t figure it out. 〚√x̣č-t √know-trns〛
      x̣ə́čt figuring it out. 〚√x̣<ə́>č-t √know<actl>-trns〛
        xix̣ə́čt figuring it. 〚xy+√x̣č-t pl+√know-trns〛
    x̣čə́tən be figured out. 〚√x̣č-t-ŋ √know-trns-psv〛
      x̣ə́čtəŋ being figured out. 〚√x̣<ə́>č-t-ŋ<ʔ> √know<actual>-trans-psv<actual>〛
      xix̣ə́čtəŋ be sized up. 〚xy+√x̣č-t-ŋ pl+√know-trns-psv〛
    x̣čít know it. 〚√x̣č-i-t √know-pers-trns〛
      x̣číc know me/you. 〚√x̣č-í-t-c √know-pers-trns-1obj/2obj〛
      x̣čtíŋ be known. 〚√x̣č-t-í-ŋ √know-trns-pers-psv〛
      x̣číti know each other. 〚√x̣č-ŋí-ty √know-rel-rcprcl〛
    x̣čənáx̌ʷ figure it out. 〚√x̣č-nax̌ʷ √know-nctrns〛
      x̣čnúŋəs figure me/you. 〚√x̣č-nax̌ʷ-uŋəs √know-nctrns-1obj/2obj〛
      x̣čnúŋə figure you. 〚√x̣č-nax̌ʷ-uŋə √know-nctrns-2obj〛
      x̣čnáŋ be figured out. 〚√x̣č-nax̌ʷ-ŋ √know-nctrns-psv〛
      x̣čnáw̓tx̌ʷ learning house, library. 〚√x̣č-nax̌ʷ=aw̓tx̌ʷ √know-nctrns=house〛
      x̣číŋət get to know. 〚√x̣č-iŋt √know-scs〛
    x̣čnúŋət finally figure out. 〚√x̣č-nuŋt √know-ncmdl〛
    x̣čík̓ʷsəŋ figure out what to do. 〚√x̣č=iws-ŋ √know=body-mdl〛
      x̣číw̓səŋ̓ figuring out. 〚√x̣č=iw<ʔ>s-ŋ<ʔ> √know=body<actual>-mdl<actual>〛
    x̣čə́n authority. 〚√x̣č=ən √know=instr〛
    x̣čə́ŋ̓tən̓ adviser. 〚√x̣č-ŋ<ʔ>-tən<ʔ> √know-mdl<actual>=instr<actual>〛
      x̣čŋín thought. 〚√x̣č=ŋin √know=piece〛
        x̣čŋínəŋ plan. 〚√x̣č=ŋin-ŋ √know=piece-mdl〛
        čx̣čŋín wise. 〚č-√x̣č=ŋin have-√know=piece〛
          čɬčx̣čəŋín patient. 〚čɬ-č-√x̣č=ŋin impact-have-√know=piece〛
        x̣čŋíntx̌ʷ decide on. 〚√x̣č=ŋin-tx̌ʷ √know=piece-letcaus〛
      x̣čŋíntəŋ be made to think. 〚√x̣č=ŋin-tx̌ʷ-ŋ √know=piece-letcaus-psv〛
      x̣čŋináy̓ computer. 〚√x̣č=ŋin=ayə √know=piece=container〛
      x̣čŋənáw̓tx̌ʷ library. 〚√x̣č=ŋin=aw̓tx̌ʷ √know=piece=house〛
√x̣əʔanxʷ √bullfrog.
    sx̣aʔánəxʷ bullfrog. 〚s-√x̣əʔanxʷ s-√bullfrog〛
√x̣əʔcixʷ √crunch.
    x̣aʔcíxʷəŋ crunch. 〚√x̣əʔcixʷ-ŋ √crunch-mdl〛
√x̣əč ~ √x̣əp √cedar.
    x̣páy̓ cedar wood. 〚√x̣əp=ay̓ √cedar=wood〛
      x̣aʔəpáy̓ cedar (pl). 〚√x̣<əʔy>əp=ay̓ √cedar<pl>=wood〛
      x̣aʔx̣páy̓ small cedar. 〚x̣aʔ+√x̣əp=ay̓ dim+√cedar=wood〛
        x̣aʔyaʔx̣ə́piʔ small cedar (pl). 〚x̣<əʔy>aʔ+√x̣əp=ay̓ dim<pl>+√cedar=wood〛
      xix̣ə́piʔ cedar pole spirit. 〚xy+√x̣əp=ay̓ aff+√cedar=wood〛
      x̣paʔčíɬč cedar tree. 〚√x̣əp=ay̓=iɬč √cedar=wood=plant〛
        x̣aʔyəčáʔčɬč cedar trees. 〚√x̣<əʔy>əč=ay̓=iɬč √cedar<pl>=wood=plant〛
        x̣aʔx̣čáʔčɬč small cedar tree. 〚x̣aʔ+√x̣əč=ay̓=iɬč dim+√cedar=wood=plant〛
          x̣aʔyax̣čáʔčɬč small cedar trees. 〚x̣<əʔy>aʔ+√x̣əč=ay̓=iɬč dim<pl>+√cedar=wood=plant〛
      x̣páyəkʷɬ cedar canoe. 〚√x̣əp=ay̓=akʷɬ √cedar=wood=conveyance〛
      sx̣paʔčíyəɬč cedar boughs. 〚s-√x̣əp=ay̓-iy=iɬč s-√cedar=wood-ext=plant〛

√xəkʷəʔ   √xəp̕

    čx̣ayčáčɬč Marine Drive village. 〚č-√x̣<ay>əč=aẏ=iɬč from-√cedar<pl>=wood=plant〛
    xpaʔčáwtxʷ village up Elwha. 〚√x̣əp=aẏ=awtxʷ √cedar=wood=house〛
√x̣əkʷəʔ √backbone.
  sx̣ə́kʷaʔ backbone. 〚s-√x̣əkʷəʔ s-√backbone〛
  x̣əẏkʷəyéʔč mountains. 〚√x̣ə<ẏ>kʷəʔ-y=iʔč √backbone<pl>-ext=back〛
  sx̣kʷəyéʔč mountain. 〚s-√x̣əkʷəʔ-y=iʔč s-√backbone-ext=back〛
    sx̣aʔikʷəyéʔč mountains. 〚s-√x̣ə<ʔy>kʷəʔ-y=iʔč s-√backbone<pl>-ext=back〛
√x̣əx̣̕s √seaweed.
  x̣ə́x̣̕s seaweed. 〚√x̣əx̣̕s √seaweed〛
√x̣əmx̣ʷ √cut.
  x̣əmx̣ʷéʔqʷəŋ cut. 〚√x̣əmx̣ʷ=iʔqʷ-ŋ √cut=head-mdl〛
  x̣əmx̣ʷéʔqʷt cut hair. 〚√x̣əmx̣ʷ=iʔqʷ-t √cut=head-trns〛
  x̣əmx̣ʷéʔqʷtəŋ get a haircut. 〚√x̣əmx̣ʷ=iʔqʷ-t-ŋ √cut=head-trns-psv〛
  sx̣əmx̣ʷéʔqʷ cut hair. 〚s-√x̣əmx̣ʷ=iʔqʷ s-√cut=head〛
√x̣əm̕ √?.
  sxʷx̣əm̕úsən curtain. 〚sxʷ-√x̣əm̕=us=ən for-√?=face=instr〛
  sx̣ə́m̕x̣əm̕ fish head. 〚s-x̣ə́m̕+√x̣əm̕ s-char+√?〛
  sx̣ə́m̕x̣əm̕ fern root. 〚s-x̣ə́m̕+√x̣əm̕ s-char+√?〛
√x̣ən √say.
  x̣ə́nəŋ say. 〚√x̣ən-ŋ √say-mdl〛
  x̣aʔx̣ə́nəŋ say (dimin). 〚x̣aʔ+√x̣ən-ŋ dim+√say-mdl〛
  x̣ənəŋtíŋ be called. 〚√x̣ən-ŋ-t-í-ŋ √say-mdl-trns-pers-psv〛
  x̣ənʔáxʷ say to. 〚√x̣ən?axʷ √say:trns〛
  x̣ənʔáʔəxʷ doing/saying. 〚√x̣ənʔa<ʔə>xʷ √say:trans<actual>〛
  x̣ən̕núŋə do/say to you. 〚√x̣nʔaxʷ-naxʷ-uŋə √say-nctrns-2obj〛
  x̣ənʔátəŋ be told. 〚√x̣ənʔaxʷ-t-ŋ √say:trns-trns-psv〛
  x̣ənətúŋə say to me/you. 〚√x̣ən-txʷ-uŋə √say-caus-1obj/2obj〛
  x̣aʔnáti tell each other. 〚√x̣əna-ty √say-rcprcl〛
√x̣ənəʔ √foot.
  sx̣ə́naʔ foot. 〚s-√x̣ənəʔ s-√foot〛
    sx̣x̣ínaʔ feet. 〚s-x̣+√x̣<í>nəʔ s-plural+√foot<pl>〛
  sx̣ə́nəsən foot. 〚s-√x̣ənəʔ=sən s-√foot=foot〛
    sx̣x̣ínəsən feet. 〚s-x̣+√x̣<í>nəʔ=sən s-pl+√foot<pl>=foot〛
  x̣ə́naʔsən footprints. 〚√x̣ənəʔ=sən √foot=foot〛
  x̣ə́naʔŋən footprints. 〚√x̣əna?=ŋin √foot=piece〛
    sxʷx̣ə́naʔŋən tracks. 〚sxʷ-√x̣ənəʔ=ŋin for-√foot=piece〛
√x̣əńə √all.
  x̣ə́ńə all. 〚√x̣əńə √all〛
  x̣ə́ńt take it all. 〚√x̣əńə-t √all-trns〛
  x̣əńíŋt take all. 〚√x̣əńə-iŋt √all-pers-scs〛
  sx̣ə́ńə everything. 〚ʔs-√x̣əńə stat-√all〛
  x̣əńíkʷs all creatures. 〚√x̣əńə=iws √all=body〛
  x̣ə́ńəyaʔ everyone. 〚√x̣əńə=ayə<ʔ> √all=person<actual>〛
  x̣əńáyɬ everybody. 〚√x̣əńə=ayə-ɬ √all=person-dur〛
  x̣əńáy all people. 〚√x̣əńə=ayə √all=person〛
  x̣əńáɬ always. 〚√x̣əńə=aɬ √all=times〛
  nəxʷx̣əńńínəkʷ all creatures. 〚nxʷ-√x̣əńə=ŋinkʷ loc-√all=creature〛
  x̣ə́ńəxin everywhere. 〚√x̣əńə√ʔəxin √all√where〛
  x̣ə́ńəstəŋ everything. 〚√x̣əńə s-√təŋ √all s-√what〛
  x̣ə́ńəʔəɬcan everyone. 〚√x̣əńə-ʔəɬ √can √all-ext √who〛
√x̣əp̕ √end.
  ʔəsx̣ə́p̕ end. 〚ʔs-√x̣əp̕ stat-√end〛
√x̣əp̕ √end.
  x̣ə́p̕ end. 〚√x̣əp̕ √end〛
  x̣ə́p̕əŋ end. 〚√x̣əp̕-ŋ √end-mdl〛
  x̣əp̕áyu ending. 〚√x̣əp̕-əyu √end-activ〛
  ʔəsx̣áp̕ɬ end. 〚ʔs-√x̣<á>p̕-ɬ stat-√end<rslt>-dur〛
  x̣ə́p̕t end it. 〚√x̣əp̕-t √end-trns〛
    x̣ə́p̕təŋ be ended. 〚√x̣əp̕-t-ŋ √end-trns-psv〛
  sx̣ə́p̕šən fish tail. 〚s-√x̣əp̕=šən s-√end=foot〛

√x̣əqʷ √nit.
   x̣aʔx̣ə́qʷ nit. ⟦x̣aʔ + √x̣əqʷ dimn + √nit⟧
√x̣ət √talk_loud.
   x̣aʔx̣ə́tən talk loud. ⟦x̣aʔ + √x̣ət-ŋ dim + √talk_loud-mdl⟧
      x̣aʔx̣ə́tt talk loudly to someone. ⟦x̣aʔ + √x̣ət-t dim + √talk_loud-trns⟧
         x̣aʔx̣ə́ttəŋ be talked loudly to. ⟦x̣aʔ + √x̣ət-t-ŋ dim + √talk_loud-trns-psv⟧
√x̣əẃiy √shallow.
   x̣aʔx̣əẃéʔyəŋ́ shallow. ⟦x̣aʔ + √x̣əẃi<ʔ>y-ŋ dimin + √shallow<actual>-mdl<actual>⟧
√x̣əẃs √new.
   x̣ə́ẃəs new. ⟦√x̣əẃs √new⟧
      x̣əyəx̣éʔẃəs new (pl). ⟦x̣əyə + √x̣<í>ẃəs plural + √new<pl>⟧
      x̣aʔx̣áʔẃəs little new. ⟦x̣aʔ + √x̣ə<ʔ>ẃs dimin + √new<dimin>⟧
      x̣éʔəẃəs small new. ⟦√x̣<iʔ>əẃs √new<affect>⟧
         x̣aʔx̣éʔəẃəs tiny new. ⟦x̣aʔ + √x̣<iʔ>əẃs dimin + √new<affect>⟧
            x̣əyəx̣éʔəẃəs small new (pl). ⟦x̣əyə + √x̣<iʔ>əẃs pl + √new<dimin>⟧
         x̣əẃəsúykʷɬ new-dancer. ⟦√x̣əẃs=uykʷɬ √new=bodyside⟧
         x̣əẃx̣əẃəsúykʷɬ new dancers. ⟦x̣əẃ + √x̣əẃs=uykʷɬ pl + √new=bodyside⟧
      sx̣aʔx̣aʔx̣áʔẃəs newlyweds. ⟦s-x̣aʔ + x̣aʔ + √x̣əẃs s-pl + dim + √new⟧
√x̣əyč̓ √twist.
   x̣ə́yč̓ twist. ⟦√x̣əyč̓ √twist⟧
      ʔəsx̣ə́yč̓ twisted. ⟦ʔs-√x̣əy<ʼ>č̓ stat-√twist<actual>⟧
      x̣ə́yəč̓t twist it. ⟦√x̣əyč̓-t √twist-trns⟧
         x̣ə́yəč̓təŋ be twisted. ⟦√x̣əyč̓-t-ŋ √twist-trns-psv⟧
√x̣iʔ √appear_suddenly.
   x̣éʔ show up suddenly by surprise. ⟦√x̣iʔ √appear_suddenly⟧
      x̣éʔx̣aʔ shy. ⟦x̣iʔ + √x̣iʔ char + √appear_suddenly⟧
      x̣íx̣aʔx̣aʔ ashamed. ⟦x̣i + x̣iʔ + √x̣iʔ aff + char + √appear_suddenly⟧
      x̣éʔt make it appear. ⟦√x̣iʔ-t √appear_suddenly-trns⟧
         x̣éʔtəŋ be made to appear. ⟦√x̣iʔ-t-ŋ √appear_suddenly-trns-psv⟧
      x̣éʔnəxʷ surprise someone. ⟦√x̣iʔ-naxʷ √appear_suddenly-nctrns⟧
         x̣éʔnəŋ be surprised. ⟦√x̣iʔ-naxʷ-ŋ √appear_suddenly-nctrns-psv⟧
√x̣ič̓ √raw.
   x̣íč̓ raw. ⟦√x̣ič̓ √raw⟧
      x̣íč̓i ashamed. ⟦√x̣ič̓-iy √raw-dev⟧
      x̣éʔč̓iʔ ashamed. ⟦√x̣i<ʔ>č̓-iy<ʔ> √raw<actual>-develop<actual>⟧
         x̣eʔx̣éʔč̓iʔ ashamed. ⟦x̣aʔ + √x̣i<ʔ>č̓-iy<ʔ> dimin + √raw<actual>-develop<actual>⟧
         sx̣éʔč̓i ashamed. ⟦s-√x̣i<ʔ>č̓-iy s-√raw<actl>-dev⟧
√x̣ič̓ ~ √x̣č̓i √scratch.
   x̣íč̓ scratch. ⟦√x̣ič̓ √scratch⟧
      x̣iʔč̓áʔyəs grab with claws. ⟦√x̣i<ʔ>č̓=aʔys √scratch<actl>=claw⟧
      x̣č̓ít scratch it. ⟦√x̣č̓i-t √scratch-trns⟧
         x̣íč̓t scratching it. ⟦√x̣<í>č̓-t √scratch<actl>-trns⟧
         x̣éʔč̓t scratching it. ⟦√x̣i<ʔ>č̓-t √scratch<actl>-trns⟧
         x̣č̓ítəŋ be scratched. ⟦√x̣č̓i-t-ŋ √scratch-trns-psv⟧
      x̣ič̓áys claw. ⟦√x̣ič̓=aʔys √scratch=claw⟧
         x̣iʔč̓áʔyís cling with claws. ⟦√x̣i<ʔ>č̓=aʔy<í>s √scratch<actual>=claw<persist>⟧
         x̣ič̓áʔisəŋ climb with claws. ⟦√x̣ič̓=aʔys-ŋ √scratch=claw-mdl⟧
      nəxʷx̣č̓úst scratch face. ⟦nxʷ-√x̣ič̓=us-t loc-√scratch=face-trns⟧
         nəxʷx̣č̓ústəŋ be scratched on face. ⟦nxʷ-√x̣ič̓=us-t-ŋ loc-√scratch=face-trns-psv⟧
         x̣əyč̓ústəŋ be scratched on face. ⟦√x̣i<əy>č̓=us-t-ŋ √scratch<actl>=face-trns-psv⟧
            nəxʷx̣aʔč̓ústəŋ being scratched on face. ⟦nxʷ-√x̣i<ʔ>č̓=us-t-ŋ<ʼ> loc-√scratch<actual>=face-trans-psv<actual>⟧
      x̣aʔič̓isə́ŋən Smyth Head spring. ⟦√x̣<əy>č̓-isə=ŋin √scratch<pl>-?=piece⟧
√x̣iƛ̓č √fell_tree.
   x̣íƛ̓č fell tree. ⟦√x̣iƛ̓č √fell_tree⟧
      x̣éʔƛ̓č felling a tree. ⟦√x̣i<ʔ>ƛ̓č √fell<actual>⟧
      x̣íƛ̓čt fell a tree. ⟦√x̣iƛ̓č-t √fell_tree-trns⟧
      x̣íƛ̓čnəxʷ manage to fell a tree. ⟦√x̣iƛ̓č-naxʷ √fell_tree-nctrns⟧
√x̣inɬ √shell.
   x̣ínɬ shell. ⟦√x̣inɬ √shell⟧

√x̣iŋ √grab.
  x̣əŋə́yu grab. 〖√x̣iŋ-əyu √grab-activ〗
    x̣íŋət grab it. 〖√x̣iŋ-t √grab-trns〗
      x̣aʔx̣íŋət grab it (dimin). 〖x̣aʔ+√x̣iŋ-t dim+√grab-trns〗
      x̣əŋx̣íŋət grab it (pl). 〖x̣əŋ+√x̣iŋ-t pl+√grab-trns〗
      x̣íŋətəŋ be grabbed. 〖√x̣iŋ-t-ŋ √grab-trns-psv〗
        x̣əŋx̣íŋtəŋ be grabbed (pl). 〖x̣əŋ+√x̣iŋ-t-ŋ pl+√grab-trns-psv〗
    sx̣íŋi handful. 〖s-√x̣iŋ-iy s-√grab-dev〗
√x̣iq √scrape.
  x̣íqt scrape it. 〖√x̣iq-t √scrape-trns〗
    x̣éʔqt scraping it. 〖√x̣i<ʔ>q-t √scrape<actl>-trns〗
√x̣is √terrible.
  x̣ísi terrible. 〖√x̣is-iy √terrible-dev〗
    x̣éʔsiʔ fierce. 〖√x̣i<ʔ>s-iy<ʔ> √terrible<actual>-develop<actual>〗
      x̣aʔx̣éʔsiʔ ugly. 〖x̣aʔ+√x̣i<ʔ>s-iy<ʔ> dim+√terrible<actual>-develop<actual>〗
    x̣aʔyéʔsi fierce (pl). 〖√x̣<əʔy>i<ʔ>s-iy √terrible<pl><actl>-dev〗
    x̣aʔséʔyəŋ get fierce. 〖√x̣i<ʔ>s-i<ʔ>y-ŋ √terrible<actl>-dev<actl>-mdl〗
  x̣íst make it ugly. 〖√x̣is-t √terrible-trns〗
    x̣ix̣íst make it terrible. 〖x̣y+√x̣is-t aff+√terrible-trns〗
  x̣ístəŋ be made ugly. 〖√x̣is-t-ŋ √terrible-trns-psv〗
    x̣aʔx̣íst make it ugly. 〖x̣aʔ+√x̣is-t dim+√terrible-trns〗
      x̣aʔyəx̣íst make it ugly (pl). 〖x̣<əʔy>aʔ+√x̣is-t dim<pl>+√terrible-trns〗
    x̣aʔsíct fierce. 〖√x̣i<ʔ>si-cut √terrible<actl>-rflxv〗
√x̣isč √headdress.
  sx̣ísč headdress. 〖s-√x̣isč s-√headdress〗
√x̣ixʷ √red_urchin.
  x̣íxʷ red urchin. 〖√x̣ixʷ √red_urchin〗
    x̣áʔyəxʷ red urchins. 〖√x̣<áʔy>ixʷ √red_urchin<pl>〗
√x̣ixʷ √scrape_with_teeth.
  x̣íxʷt scrape it with teeth. 〖√x̣ixʷ-t √scrape_with_teeth-trns〗
    x̣éʔxʷt scraping it with teeth. 〖√x̣i<ʔ>xʷ-t √scrape_with_teeth<actl>-trns〗
√x̣iym √stump.
  sx̣íyəmnəč stump. 〖s-√x̣iym=nəč s-√stump=tail〗
√x̣iyx̣ √war.
  x̣íyəx̣ war. 〖√x̣iyx̣ √war〗
    x̣éʔyəx̣ warring. 〖√x̣i<ʔ>yx̣ √war<actual>〗
    x̣aʔix̣ístxʷ making war. 〖√x̣i<ʔ>yx̣-istxʷ √war<actl>-caus〗
    x̣ix̣ə́kʷɬ war canoe. 〖√x̣iyx̣=akʷɬ √war=conveyance〗
√x̣ɬ √hurt.
  x̣ə́ɬ hurt. 〖√x̣ɬ √hurt〗
    x̣ɬx̣ə́ɬ hurtful. 〖x̣ɬ+√x̣ɬ char+√hurt〗
    x̣áɬ ill. 〖√x̣<á>ɬ √hurt<result>〗
    x̣áɬɬ sick. 〖√x̣<á>ɬ-ɬ √hurt<rslt>-dur〗
      x̣aɬɬáyŋən start to hurt. 〖√x̣<á>ɬ-ɬ-ayŋən √hurt<rslt>-dur-want〗
      ʔəsx̣áx̣ɬ lying on back. 〖ʔs-x̣á+√x̣ɬ stat-rslt+√hurt〗
        ʔəsx̣áɬɬ sick. 〖ʔs-√x̣<á>ɬ-ɬ stat-√hurt<rslt>-dur〗
      x̣áɬtəŋ be made sick. 〖√x̣<a>ɬ-t-ŋ √hurt<rslt>-trns-psv〗
    x̣ə́ɬəŋ hurt. 〖√x̣<ə́>ɬ-ŋ √hurt<actl>-mdl〗
    x̣ɬə́t hurt it. 〖√x̣ɬ-t √hurt-trns〗
      x̣ə́ɬt hurting it. 〖√x̣<ə́>ɬ-t √hurt<actl>-trns〗
      x̣ix̣ə́ɬtxʷ hurt someone (pl). 〖x̣y+√x̣ɬ-txʷ pl+√hurt-caus〗
      x̣ɬə́təŋ be hurt. 〖√x̣ɬ-t-ŋ √hurt-trns-psv〗
        x̣ə́ɬtəŋ being hurt. 〖√x̣<ə́>ɬ-t-ŋ √hurt<actl>-trns-psv〗
    x̣ɬtáxʷ pity. 〖√x̣ɬ-taxʷ √hurt-emot〗
      x̣ɬtúŋə pity you. 〖√x̣ɬ-taxʷ-uŋə √hurt-emot-2obj〗
      x̣ɬtəŋíŋəc pity me. 〖√x̣ɬ-taxʷ-ŋiŋəc √hurt-emot-1obj〗
      x̣ɬtáŋ be pitied. 〖√x̣ɬ-taxʷ-ŋ √hurt-emot-psv〗
        x̣ɬtáʔəŋ being pitied. 〖√x̣ɬ-taxʷ<ʔ>-ŋ √hurt-emot<actl>-psv〗
      x̣ɬtáʔəxʷ hurt feelings. 〖√x̣ɬ-ta<ʔə>xʷ √hurt-emot<actual>〗
    x̣ɬnáxʷ hurt someone. 〖√x̣ɬ-naxʷ √hurt-nctrns〗

√x̱ɫam̓   √x̱y̓

    x̱əɫx̱náxʷ hurt people. ⟦x̱ɫ + √x̱ɫ-naxʷ pl + √hurt-nctrns⟧
    x̱ə́ɫti hurt each other. ⟦√x̱ɫ-ty √hurt-rcprcl⟧
    sx̱ə́ɫ sickness. ⟦s-√x̱ɫ s-√hurt⟧
        sx̱ix̱ə́ɫ sick ones. ⟦s-x̱y + √x̱ɫ s-pl + √hurt⟧
    sx̱ɫəkʷɫ ambulance. ⟦s-√x̱ɫ = akʷɫ s-√hurt = conveyance⟧
    sx̱ɫáw̓txʷ hospital. ⟦s-√x̱ɫ = aw̓txʷ s-√hurt = house⟧
        ƛ̓aʔsx̱ɫáw̓txʷt take someone to hospital. ⟦ƛ̓aʔ-s-√x̱ɫ = aw̓txʷ-t go_to-s-√hurt = house-trns⟧
            ƛ̓aʔsx̱ɫáw̓txʷtəŋ be taken to hospital. ⟦ƛ̓aʔ-s-√x̱ɫ = aw̓txʷ-t-ŋ go_to-s-√hurt = house-trns-psv⟧
    x̱ə́ɫiɫ have sick child. ⟦√x̱ɫ = yɫ √hurt = child⟧
    sx̱ɫéʔqʷ headache. ⟦s-√x̱ɫ = iʔqʷ s-√ache = head⟧
    x̱əɫə́ynč hurt rump. ⟦√x̱ɫ-əy = nač √hurt-ext = tail⟧
    sxʷx̱ə́ɫəwač sore butt. ⟦sxʷ-√x̱<ə́>ɫ = əwač for-√hurt<actl> = bottom⟧
    x̱ɫə́qsən hurt nose. ⟦√x̱ɫ = əqsən √hurt = nose⟧
    x̱ɫéʔqʷ headache. ⟦√x̱ɫ = iʔqʷ √hurt = head⟧
    x̱ɫáynəs toothache. ⟦√x̱ɫ-ay<ʔ> = nis √hurt-ext<actl> = tooth⟧
    x̱ɫáy̓əč hurt hip. ⟦√x̱ɫ = ay̓č √hurt = hip⟧
    x̱ɫánkʷs feel bad. ⟦√x̱ɫ = ankʷs √hurt = mind⟧
    x̱ɫíqən bellyache. ⟦√x̱ɫ = iqən √hurt = abdomen⟧
    x̱ɫíkʷs hurt. ⟦√x̱ɫ = iws √hurt = body⟧
        x̱ɫíw̓s hurting. ⟦√x̱ɫ = iw<ʔ>s √hurt = body<actual>⟧
    x̱ɫiʔáx̱ən hurt arm. ⟦√x̱ɫ-y̓ = ax̱ən √hurt-ext = arm⟧
    x̱aʔx̱ɫács mole (animal). ⟦x̱aʔ + √x̱ɫ = acis dim + √hurt = hand⟧
        x̱aʔyəx̱ɫács moles. ⟦x̱aʔ<yə> + √x̱ɫ = acis dim<pl> + √hurt = hand⟧
    x̱ɫíyəŋ fall backwards. ⟦√x̱ɫ-iy-ŋ √hurt-dev-mdl⟧
        x̱aʔɫéʔyəŋ falling backwards. ⟦√x̱<ʔ>ɫ-i<ʔ>y-ŋ<ʔ> √hurt<actual>-develop<actual>-mdl<actual>⟧
    x̱ɫiyŋístxʷ throw back. ⟦√x̱ɫ-iy-ŋí-stxʷ √hurt-dev-rel-caus⟧
        x̱ɫiyəŋístəŋ be thrown back. ⟦√x̱ɫ-iy-ŋ-ístxʷ-ŋ √hurt-dev-mdl-caus-psv⟧
√x̱ɫam̓ √watch.
    x̱ɫám̓ watch. ⟦√x̱ɫam̓ √watch⟧
    x̱aʔx̱ɫám̓ watching. ⟦x̱aʔ + √x̱ɫam̓ actl + √watch⟧
    sx̱aʔx̱ɫám̓ show. ⟦s-x̱aʔ + √x̱ɫam̓ s-dim + √watch⟧
√x̱ŋint √Clallam_Bay.
    x̱ŋínt Clallam Bay. ⟦√x̱ŋint √Clallam_Bay⟧
√x̱si √move.
    x̱sít move it. ⟦√x̱si-t √move-trns⟧
    x̱sítəŋ be moved. ⟦√x̱si-t-ŋ √move-trns-psv⟧
√x̱tiš √rattle.
    x̱aʔtíšəŋ rattle. ⟦√x̱<əʔ>tiš-ŋ<ʔ> √rattle<actual>-mdl<actual>⟧
√x̱t̓ √sting.
    x̱t̓əyu sting. ⟦√x̱t̓-əyu √sting-activ⟧
    x̱t̓ə́t shoot it. ⟦√x̱t̓-t √sting-trns⟧
    x̱t̓ə́c shoot me/you. ⟦√x̱t̓-t-c √sting-trns-1obj/2obj⟧
    x̱ə́t̓t shooting it. ⟦√x̱<ə́>t̓-t √sting<actl>-trns⟧
    x̱t̓ə́təŋ be shot. ⟦√x̱t̓-t-ŋ √sting-trns-psv⟧
        x̱ə́t̓təŋ being shot. ⟦√x̱<ə́>t̓-t-ŋ<ʔ> √sting<actual>-trans-psv<actual>⟧
            x̱ix̱ə́t̓təŋ be stung (pl). ⟦x̱y + √x̱t̓-t-ŋ pl + ʔsting-trns-psv⟧
    x̱t̓ə́n slingshot. ⟦√x̱t̓ = ən √sting = instr⟧
√x̱t̓cay̓s √lingcod_eggs.
    x̱t̓cáʔyəs lingcod eggs. ⟦√x̱t̓cay̓s √lingcod_eggs⟧
√x̱tək̓ʷ √carve.
    x̱ə́tk̓ʷəŋ carving. ⟦√x̱<ə́>tk̓ʷ-ŋ<ʔ> √carve<actual>-mdl<actual>⟧
    x̱tə́k̓ʷt carve it. ⟦√x̱tək̓ʷ-t √carve-trns⟧
    x̱ə́tk̓ʷt carving it. ⟦√x̱<ə́>tk̓ʷ-t √carve<actl>-trns⟧
√x̱y̓ √mark.
    x̱iʔə́yu mark. ⟦√x̱y̓-əyu √mark-activ⟧
    x̱əy̓ə́yuʔ writing. ⟦√x̱y̓-əyu<ʔ> √mark-activity<actual>⟧
    sxʷx̱ə́yəyuʔ pen. ⟦sxʷ-√x̱əy-əyu for-√mark-activ⟧
    sx̱ə́y̓ written word. ⟦s-√x̱y̓ s-√mark⟧
    ʔəsx̱á ʔiɫ drawn. ⟦ʔs-√x̱<aʔ>y̓-ɫ stat-√mark<actl>-dur⟧
    x̱iʔə́t write it. ⟦√x̱y̓-t √mark-trns⟧

x̣ə́y̓t writing it. 〚√x̣<ə́>y̓-t √mark<actl>-trns〛
x̣əy̓átəŋ be written. 〚√x̣y̓-t-ŋ √mark-trns-psv〛
x̣iʔsít write to. 〚√x̣y̓-sít √mark-bene〛
x̣iʔəsítəŋ be written to. 〚√x̣y̓-sít-ŋ √mark-bene-psv〛
x̣iyúsəŋ picture. 〚√x̣y̓=us-ŋ √mark=face-mdl〛
nəxʷx̣iʔúsəŋ take picture. 〚nxʷ-√x̣y̓=us-ŋ loc-√mark=face-mdl〛
nəxʷx̣iʔúʔsəŋ taking a picture. 〚nxʷ-√x̣y̓=u<ʔ>s-ŋ loc-√mark=face<actl>-mdl〛
sxʷx̣iyúsəŋ camera. 〚sxʷ-√x̣y=us-ŋ for-√mark=face-mdl〛
x̣iʔsáy̓s photographing. 〚√x̣y̓=us-ay̓s √mark=face-activ〛
nəxʷx̣iʔəsáy̓s taking pictures. 〚nxʷ-√x̣y̓=us-ay̓s loc-√mark=face=activ〛
x̣iyusáy̓səŋ photographing. 〚√x̣y̓=us-ay̓s-ŋ √mark=face-activ-mdl〛
sxʷx̣iʔsáy̓s camera. 〚sxʷ-√x̣y̓=us-ay̓s for-√mark=face-activ〛
x̣əy̓úst draw picture. 〚√x̣y̓=us-t √mark=face-trns〛
x̣əy̓ústəŋ be drawn. 〚√x̣y̓=us-t-ŋ √mark=face-trns-psv〛
nəxʷx̣iʔúst take picture of it. 〚nxʷ-√x̣y̓=us-t loc-√mark=face-trns〛
nəxʷx̣iʔúʔst taking picture of it. 〚nxʷ-√x̣y<ʔ>=u<ʔ>s-t loc-√mark<actl>=face<actl>-trns〛
nəxʷx̣iʔústəŋ be photoed. 〚nxʷ-√x̣y̓=us-t-ŋ loc-√mark=face-trns-psv〛
nəxʷx̣iʔúʔstəŋ getting picture taken. 〚nxʷ-√x̣y̓=u<ʔ>s-t-ŋ<ʔ> loc-√mark=face<actual>-trans-psv<actual>〛
x̣əy̓ústi photo each other. 〚√x̣y̓=us-ty √mark=face-rcprcl〛
sx̣iʔús picture. 〚s-√x̣y̓=us s-√mark=face〛
sxʷx̣əy̓x̣əy̓ús pictures. 〚sxʷ-x̣əy̓+√x̣y̓=us for-pl+√mark=face〛
sxʷx̣əy̓úsən picture. 〚sxʷ-√x̣y̓=us=ən for-√mark=face=instr〛
sx̣iʔáx̣ən arm tattoo. 〚s-√x̣y̓=ax̣ən s-√mark=arm〛
sx̣iʔsə́n foot tattoo. 〚s-√x̣y̓=sən s-√mark=foot〛
x̣iʔsə́nt tattoo leg. 〚√x̣y̓=sən-t √mark=foot-trns〛
x̣iʔə́n pen. 〚√x̣y̓=ən √mark=instr〛
x̣aʔx̣iyuʔéʔč chipmunk. 〚x̣aʔ+√x̣y̓=əw<ʔ>iʔč dimin+√mark=back<actual>〛
x̣iyaʔx̣əyuʔéʔč chipmunks. 〚x̣<iy>aʔ+√x̣y̓=əw<ʔ>iʔč dimin+√mark=bottom<actual>〛

√x̣y̓aq̓ √crosswise.
x̣iʔáq̓ crosswise. 〚√x̣y̓aq̓ √crosswise〛
x̣iʔáq̓łnł stuck throat. 〚√x̣y̓aq̓=əłnł √crosswise=throat〛
x̣iʔx̣iʔáʔq̓łnł being stuck crosswise in throat. 〚x̣y̓+√x̣y̓a<ʔ>q̓=əłnł pl+√crosswise<actl>=throat〛

√x̣ʷaʔ √imitate.
x̣ʷaʔx̣ʷáʔt imitate it. 〚x̣ʷaʔ+√x̣ʷaʔ-t actl+√imitate-trns〛
x̣ʷaʔx̣ʷáʔtəŋ being imitated. 〚x̣ʷaʔ+√x̣ʷaʔ-t-ŋ<ʔ> actual+√imitate-trans-psv<actual>〛

√x̣ʷaʔənə √go_toward.
tx̣ʷáʔənə going toward. 〚tx̣ʷ-√x̣ʷaʔənə becm-√go_toward〛

√x̣ʷaʔnł √bullhead.
sx̣ʷáʔnəł bullhead. 〚s-√x̣ʷaʔnł s-√bullhead〛

√x̣ʷaʔq √roast.
ʔəsx̣ʷaʔqéʔwən̓ roast. 〚ʔs-√x̣ʷaʔq=i<ʔ>wən<ʔ> stat-√roast=interior<actual>〛

√x̣ʷaĺəp √red_paint_power.
x̣ʷáĺəp red paint power. 〚√x̣ʷaĺəp √red_paint_power〛

√x̣ʷaq̓ʷəʔł √whooping_cough.
x̣ʷáq̓ʷəʔł whooping cough. 〚√x̣ʷaq̓ʷəʔł √whooping_cough〛

√x̣ʷasm √soapberry.
sx̣ʷásəm soapberry. 〚s-√x̣ʷasm s-√soapberry〛
sx̣ʷaʔyásəm soapberries. 〚s-√x̣ʷ<əʔy>asm s-√soapberry<pl>〛

√x̣ʷay √slim.
x̣ʷaʔx̣ʷáʔyəł slim. 〚x̣ʷaʔ+√x̣ʷa<ʔ>y-ł dim+√slim<dim>-dur〛

√x̣ʷay √perish.
x̣ʷáy perish. 〚√x̣ʷay √perish〛
x̣ʷáčt slaughter it. 〚√x̣ʷay-t √perish-trns〛
x̣ʷáʔčt slaughtering it. 〚√x̣ʷa<ʔ>y-t √perish<actl>-trns〛
x̣ʷčác slaughter me/you. 〚√x̣ʷay-t-c √perish-trns-1obj/2obj〛
x̣ʷix̣ʷáčt slaughter it (pl). 〚x̣ʷy+√x̣ʷay-t pl+√perish-trns〛
x̣ʷčátəŋ be slaughtered. 〚√x̣ʷay-t-ŋ √perish-trns-psv〛
x̣ʷaʔčátəŋ being slaughtered. 〚√x̣ʷa<ʔ>y-t-ŋ √perish<actl>-trns-psv〛
x̣ʷəyəčátəŋ be massacred (pl). 〚√x̣ʷ<əy>ay-t-ŋ √perish<pl>-trns-psv〛

Klallam Root Index

√x̣ʷayŋ   √x̣ʷəy

    x̣ʷəyaʔčátəŋ being slaughtered (pl). 〚√x̣ʷ<əy>a<ʔ>y-t-ŋ<ʔ> √perish<pl><actl>-trns-psv〛
    x̣ʷáynəx̣ʷ manage to slaughter. 〚√x̣ʷay-nəx̣ʷ √perish-nctrns〛
      x̣ʷáčnəŋ get slaughtered. 〚√x̣ʷač-nəx̣ʷ-ŋ √perish-nctrns-psv〛
    x̣ʷčáti kill one another. 〚√x̣ʷay-ty √perish-rcprcl〛
    x̣ʷaʔčátiʔ killing one another. 〚√x̣ʷa<ʔ>y-ty<ʔ> √perish<actual>-reciprocal<actual>〛
    x̣ʷaʔyəčáti kill one another (pl). 〚√x̣ʷ<əʔy>ay-ty √perish<pl>-rcprcl〛
    x̣ʷaʔčéʔəŋɬ slaughtering. 〚√x̣ʷa<ʔ>y-i<ʔ>ŋ<ʔ>əɬ √perish<actual>-custom<actual>〛
    x̣ʷáčx̣ʷč cow parsnip. 〚x̣ʷay + √x̣ʷay char + √perish〛
    sx̣ʷiʔx̣ʷaʔyəwáčən lizard. 〚s-x̣ʷy<ʔ> + √x̣ʷay<ʔ> =əw<ʔ>ač=ən<ʔ>
char<actual> + √perish<actual> =bottom<actual> =instr<actual>〛
      sx̣ʷix̣ʷiyəwáčən lizards. 〚s-x̣ʷy̌ + √x̣ʷ<y>y̌=əwač=ən char + √perish<pl> =bottom=instr〛

√x̣ʷayŋ √Bentinck_Island.
    x̣ʷáyəŋ Bentinck Island. 〚√x̣ʷayŋ √Bentinck_Island〛

√x̣ʷayŋ √Jim_Creek.
    x̣ʷáyəŋ Jim Creek. 〚√x̣ʷayŋ √Jim_Creek〛

√x̣ʷayuʔ √reef_net.
    sx̣ʷáyuʔ reef net. 〚s-√x̣ʷayuʔ s-√reef_net〛
    ʔəsx̣ʷix̣ʷayuʔíyɬ go reef-netting. 〚ʔs-x̣ʷy + √x̣ʷayuʔ-iyɬ stat-pl + √reef_net-go〛

√x̣ʷəčt √sculpin.
    x̣ʷə́čt sculpin. 〚√x̣ʷəčt √sculpin〛
      x̣ʷə́yəčt grunt-fish (pl). 〚√x̣ʷə<yə>čt √sculpin<pl>〛

√x̣ʷəƛ̓s √menstruation.
    x̣ʷə́ƛ̓s menstruation. 〚√x̣ʷəƛ̓s √menstruation〛
    x̣ʷə́x̣ʷƛ̓ɬ first menstruation. 〚x̣ʷə́ + √x̣ʷəƛ̓s actl + √menstruation〛
    x̣ʷəƛ̓sx̣ə́čɬ daughter changes. 〚√x̣ʷəƛ̓s-x̣=əčɬ √menstruation-ext=child〛

√x̣ʷəm √hum.
    x̣ʷə́məŋ hum. 〚√x̣ʷəm-ŋ √hum-mdl〛
    x̣ʷə́mə́ŋ humming. 〚√x̣ʷəm-ŋ̣ √hum-mdl〛

√x̣ʷəŋ √fast.
    x̣ʷə́ŋ fast. 〚√x̣ʷəŋ √fast〛
    x̣ʷaʔx̣ʷə́ŋ̌ a little fast. 〚x̣ʷaʔ + √x̣ʷəŋ<ʔ> dimin + √fast<dimin>〛
    x̣ʷəŋ̌x̣ʷə́ŋiʔ speedy. 〚x̣ʷəŋ<ʔ> + √x̣ʷəŋ-iy<ʔ> char<actual> + √fast-develop<actual>〛
    x̣ʷáʔŋəɬ hurry. 〚√x̣ʷə<ʔ>ŋ-ɬ √fast<actl>-dur〛
    x̣ʷəŋístx̣ʷ make fast. 〚√x̣ʷəŋ-istx̣ʷ √fast-caus〛
      x̣ʷəŋístəŋ be made fast. 〚√x̣ʷəŋ-istx̣ʷ-ŋ √fast-caus-psv〛
    x̣ʷəŋíct go fast. 〚√x̣ʷəŋ-í-cut √fast-pers-rflxv〛
    x̣ʷəŋúkʷɬ fast canoe. 〚√x̣ʷəŋ=ukʷɬ √fast=conveyance〛
    x̣ʷəŋúcən eat/talk fast. 〚√x̣ʷəŋ=ucin √fast=mouth〛
    x̣ʷəŋsə́n walk fast. 〚√x̣ʷəŋ=sən √fast=foot〛
    x̣ʷəŋíkʷs lively. 〚√x̣ʷəŋ=iws √fast=body〛
      x̣ʷaʔx̣ʷəŋíkʷs fast. 〚x̣ʷaʔ + √x̣ʷəŋ=iws dim + √fast=body〛
    x̣ʷəŋáyəqən swift water. 〚√x̣ʷəŋ=ayqn √fast=water〛
    x̣ʷəŋács fast hands. 〚√x̣ʷəŋ=acis √fast=hand〛
    x̣ʷə́ŋaʔɬ go fast. 〚√x̣ʷəŋ=aʔɬ √fast=body〛

√x̣ʷəŋ √might/can.
    x̣ʷə́ŋ might/can. 〚√x̣ʷəŋ √might/can〛

√x̣ʷəp √noise.
    x̣ʷə́pct make noise. 〚√x̣ʷəp-cut √noise-rflxv〛

√x̣ʷəq̓ʷ √downstream.
    x̣ʷə́q̓ʷ downstream area. 〚√x̣ʷəq̓ʷ √downstream〛
    x̣ʷə́q̓ʷi go downstream. 〚√x̣ʷəq̓ʷ-iy √downstream-dev〛

√x̣ʷə́ɬaʔšən √rainbow.
    x̣ʷə́ɬaʔšən rainbow. 〚√x̣ʷə́ɬaʔšən √rainbow〛

√x̣ʷəxim̓ √grunter_fish.
    x̣ʷəxím̓ grunter fish. 〚√x̣ʷəxim̓ √grunter_fish〛
    x̣ʷəyəxím̓ grunter fish (pl). 〚√x̣ʷ<əy>əxim̓ √grunter_fish<pl>〛

√x̣ʷəy √?.
    sx̣ʷə́yx̣ʷi masked dance. 〚s-x̣ʷəy + √x̣ʷəy s-char + √?〛

√x̣ʷəyəw̓əč √cabezon.
    x̣ʷəyəw̓əč cabezon fish. 〚√x̣ʷəyəw̓əč √cabezon〛
    x̣ʷix̣ʷə́yuʔəč cabezon (pl). 〚x̣ʷy + √x̣ʷəyəw̓əč pl + √cabezon〛
√x̣ʷəyq̓ʷ √drift.
    x̣ʷəyq̓ʷ drift. 〚√x̣ʷəyq̓ʷ √drift〛
    x̣ʷix̣ʷə́yəq̓ʷ drifting. 〚x̣ʷy + √x̣ʷəyəq̓ʷ pl + √drift〛
    x̣ʷiq̓ʷíyəŋ fair tide. 〚√x̣ʷyq̓ʷ-iy-ŋ √drift-dev-mdl〛
    x̣ʷiʔq̓ʷéʔyəŋ drifting downstream. 〚√x̣ʷy<ʔ>q̓ʷ-i<ʔ>y-ŋ<ʔ> √drift<actual>-develop<actual>-mdl<actual>〛
        x̣ʷə́yq̓ʷ drifting. 〚√x̣ʷəy<ʔ>əq̓ʷ √drift<actual>〛
        x̣ʷə́yəq̓ʷtxʷ let drift. 〚√x̣ʷəyq̓ʷ-txʷ √drift-letcaus〛
        x̣ʷə́yəq̓ʷt set it adrift. 〚√x̣ʷəyq̓ʷ-t √drift-trns〛
            x̣ʷə́yəq̓ʷtəŋ be drifted. 〚√x̣ʷəyq̓ʷ-t-ŋ √drift-trns-psv〛
            x̣ʷə́yq̓ʷtəŋ being drifted. 〚√x̣ʷəy<ʔ>q̓ʷ-t-ŋ<ʔ> √drift<actual>-trans-psv<actual>〛
    x̣ʷaʔx̣ʷə́yq̓ʷi drifting. 〚x̣ʷaʔ + √x̣ʷəy<ʔ>q̓ʷ-iy dim + √drift<actl>-dev〛
√x̣ʷəy̓ √divorce.
    x̣ʷə́y̓x̣ʷiʔ leave spouse. 〚x̣ʷə́y̓ + √x̣ʷəy̓ char + √divorce〛
√x̣ʷəy̓aʔms √cod.
    sx̣ʷə́y̓aʔməs Pacific cod. 〚s-√x̣ʷəy̓aʔms s-√cod〛
    sqʷəm̓qʷéʔməs Pacific cods. 〚s-qʷəm̓ + √qʷims s-pl + √cod〛
√x̣ʷiʔlm √rope.
    x̣ʷéʔləm rope. 〚√x̣ʷiʔlm √rope〛
    x̣ʷx̣ʷéʔləm string. 〚x̣ʷ + √x̣ʷiʔləm<ʔ> dimin + √rope<dimin>〛
    x̣ʷíx̣ʷaʔləm thread. 〚x̣ʷí + √x̣ʷiʔləm dim + √rope〛
√x̣ʷiƛ̓y̓ √mountain_sheep.
    sx̣ʷíƛ̓iʔ mountain sheep. 〚s-√x̣ʷiƛ̓y̓ s-√mountain_sheep〛
√x̣ʷiqʷ √rub.
    x̣ʷíqʷəŋ rub. 〚√x̣ʷiqʷ-ŋ √rub-mdl〛
    x̣ʷqʷə́yu iron. 〚√x̣ʷiqʷ-əyu √rub-activ〛
        x̣ʷaʔqʷə́yuʔ ironing. 〚√x̣ʷi<ʔ>qʷ-əyu<ʔ> √rub<actual>-activity<actual>〛
        sx̣ʷx̣ʷaʔqʷə́yuʔ washboard. 〚sx̣ʷ-√x̣ʷ<əʔ>qʷ-əyu<ʔ> for-√rub<actual>-activity<actual>〛
    x̣ʷíqʷt rub it. 〚√x̣ʷiqʷ-t √rub-trns〛
        x̣ʷéʔqʷt rubbing it. 〚√x̣ʷi<ʔ>qʷ-t √rub<actl>-trns〛
        x̣ʷqʷítəŋ be rubbed. 〚√x̣ʷiqʷ-t-ŋ √rub-trns-psv〛
    x̣ʷqʷíct scrub oneself. 〚√x̣ʷiqʷ-cut √rub-rflxv〛
        x̣ʷaʔqʷíct spawning (salmon). 〚√x̣ʷi<ʔ>qʷ-cut √rub<actl>-rflxv〛
    x̣ʷíqʷən iron (for clothes). 〚√x̣ʷiqʷ=ən √rub=instr〛
√x̣ʷix̣ʷ √leak.
    x̣ʷíx̣ʷ leak. 〚√x̣ʷix̣ʷ √leak〛
    x̣ʷíx̣ʷəŋ leak. 〚√x̣ʷix̣ʷ-ŋ √leak-mdl〛
    x̣ʷéʔx̣ʷəŋ̓ leak. 〚√x̣ʷi<ʔ>x̣ʷ-ŋ<ʔ> √leak_in<actual>-mdl<actual>〛
√x̣ʷn̓a √way.
    x̣ʷənáŋ way. 〚√x̣ʷn̓a-ŋ √way-mdl〛
    x̣ʷənʔáŋ̓ being a way. 〚√x̣ʷn̓a-ŋ<ʔ> √way-mdl<actual>〛
        ʔəsx̣ʷənʔáŋ̓ way. 〚ʔs-√x̣ʷn̓a-ŋ<ʔ> stat-√way-mdl<actual>〛
        x̣ʷənéʔəŋ way. 〚√x̣ʷn̓a-i<ʔ>-ŋ √way-pers<actl>-mdl〛
    x̣ʷaʔníŋ̓ be able. 〚√x̣ʷ<əʔ>n̓a-í-ŋ<ʔ> √way<actual>-persist-mdl<actual>〛
        ʔəsx̣ʷaníŋ way. 〚ʔs-√x̣ʷn̓a-i-ŋ stat-√way-pers-mdl〛
            ʔəsx̣ʷaʔnéʔəŋ how. 〚ʔs-√x̣ʷn̓a-i<ʔ>-ŋ stat-√way-pers<actl>-mdl〛
            sx̣ʷaʔx̣ʷəníŋ how. 〚ʔs-x̣ʷaʔ + √x̣ʷn̓a-i-ŋ stat-dim + √way-pers-mdl〛
    x̣ʷənʔáŋtxʷ make it that way. 〚√x̣ʷn̓a-ŋ-txʷ √way-mdl-letcaus〛
    x̣ʷənəŋtíŋ how kept. 〚√x̣ʷn̓a-ŋ-t-í-ŋ √way-mdl-trns-pers-psv〛
    twəw̓x̣ʷənʔáŋ as usual. 〚twəw̓-√x̣ʷn̓a-ŋ<ʔ> still-√way-mdl<actual>〛
    txʷx̣ʷáʔnəŋ going where. 〚txʷ-√x̣ʷ<á>n̓a-ŋ becm-√way<actl>-mdl〛
    txʷx̣ʷəníŋ which way. 〚txʷ-√x̣ʷn̓a-í-ŋ becm-√way-pers-mdl〛
        txʷx̣ʷənéʔəŋ̓ going toward. 〚txʷ-√x̣ʷn̓a-i<ʔ>-y-ŋ<ʔ> become-√way-develop<actual>-mdl<actual>〛
    txʷx̣ʷəníŋtxʷ put where. 〚txʷ-√x̣ʷn̓a-í-ŋ-txʷ becm-√way-pers-mdl-incaus〛
    x̣ʷənaʔŋús look like. 〚√x̣ʷn̓a<ʔ>-ŋ=us √way<actl>-mdl=face〛
    x̣ʷənúʔəs facing. 〚√x̣ʷn̓a=u<ʔə>s √way=face<actual>〛
    x̣ʷiynúʔəs facing (pl). 〚√x̣ʷ<iy>n̓a=u<ʔə>s √way<pl>=face<actual>〛

Klallam Root Index   977

√x̣ʷqʷy̓

xʷəṅúʔəsəŋ facing. 〚√x̣ʷṅa=u<ʔə>s-ŋ √way=face<actl>-mdl〛
xʷəṅúʔəstxʷ put facing. 〚√x̣ʷṅa=u<ʔə>s-txʷ √way=face<actl>-incaus〛
xʷəṅúʔəstəŋ be put facing. 〚√x̣ʷṅa=u<ʔə>s-txʷ-ŋ √way=face<actl>-incaus-psv〛
xʷəné̓ʔwəṅ thinking about. 〚√x̣ʷṅa=i<ʔ>wən<ˀ> √way=interior<actual>〛
sxʷx̣ʷənʔé̓ʔwəṅ being cared for. 〚sxʷ-√x̣ʷṅa=i<ʔ>wən<ˀ> for-√way=interior<actual>〛

√x̣ʷqʷy̓ √upside_down.

x̣ʷqʷiʔnáč be upside down. 〚√x̣ʷqʷy̓=nač √upside_down=tail〛
x̣ʷqʷiʔnáčəŋ go upside down. 〚√x̣ʷqʷy̓=nač-ŋ √upside_down=tail-mdl〛
x̣ʷqʷiʔnáčt put it upside down. 〚√x̣ʷqʷy̓=nač-t √upside_down=tail-trns〛
x̣ʷqʷiʔnáčtəŋ be put upside down. 〚√x̣ʷqʷy̓=nač-t-ŋ √upside_down=tail-trns-psv〛

√x̣ʷq̓ʷ √strangle.

ʔəsx̣ʷáq̓ʷɬ strangle. 〚ʔs-√x̣ʷ<á>q̓ʷ-ɬ stat-√strangle<rslt>-dur〛
x̣ʷq̓ʷəyəɬnáyət choke someone. 〚√x̣ʷq̓ʷ-əyə=ɬnay-t √strangle-ext=neck-trns〛
x̣ʷaʔq̓ʷəyəɬnáyəc choke me/you. 〚√x̣ʷ<əʔ>q̓ʷ-əyə=ɬnay-t-c √strangle<actl>-ext=neck-trns-1obj/2obj〛
x̣ʷq̓ʷəyəɬnáyətəŋ be hanged. 〚√x̣ʷq̓ʷ-əyə=ɬnay-t-ŋ √strangle-ext=neck-trns-psv〛

√x̣ʷš √move_water.

x̣ʷšə́t move water. 〚√x̣ʷš-t √move_water-trns〛
x̣ʷə́št agitating it. 〚√x̣ʷ<ə́>š-t √move_water<actl>-trns〛
x̣ʷə́štəŋ be agitated, have diarrhea. 〚√x̣ʷ<ə́>š-t-ŋ √move_water<actl>-trns-psv〛
x̣ʷix̣ʷə́štəŋ being agitated to clean. 〚x̣ʷy+√x̣ʷ<ə́>š-t-ŋ pl+√move_water<actl>-trns-psv〛
x̣ʷə́šct splashing. 〚√x̣ʷ<ə́>š-cut √move_water<actl>-rflxv〛

√x̣ʷtči̓ʔí √hummingbird.

x̣ʷaʔx̣ʷtči̓ʔí hummingbird. 〚x̣ʷaʔ+√x̣ʷtči̓ʔí dim+√hummingbird〛

√x̣ʷu √cry.

x̣ʷúŋ cry. 〚√x̣ʷu-ŋ √cry-mdl〛
x̣ʷuʔúŋ crying. 〚√x̣ʷ<əʔ>u-ŋ<ˀ> √cry<actual>-mdl<actual>〛
k̓ʷɬx̣ʷúʔuŋ co-mourner. 〚k̓ʷɬ-√x̣ʷu<ʔə>ŋ<ˀ> with-√cry<actual>〛
k̓ʷɬx̣ʷiyúʔəŋ co-mourners. 〚k̓ʷɬ-√x̣ʷ<iy>u<ʔə>ŋ<ˀ> with-√cry<pl><actual>〛
x̣ʷuʔúŋti crying together. 〚√x̣ʷ<əʔ>u-ŋ<ˀ>-ty √cry<actl>-mdl<actl>-rcprcl〛
x̣ʷaʔx̣ʷúŋ crybaby. 〚x̣ʷaʔ+√x̣ʷu-ŋ dim+√cry-mdl〛
x̣ʷaʔŋáy̓ŋən want to cry. 〚√x̣ʷu<ʔ>-ŋ-ay̓ŋən √cry<actl>-mdl-want〛
sx̣ʷúŋəs tears. 〚s-√x̣ʷu-ŋ=us s-√cry-mdl=face〛
x̣ʷəŋúct cry for self. 〚√x̣ʷu-ŋ-cut √cry-mdl-rflxv〛
x̣ʷúŋəstxʷ make cry. 〚√x̣ʷu-ŋí-stxʷ √cry-rel-caus〛
x̣ʷaʔŋístxʷ making cry. 〚√x̣ʷu<ʔ>-ŋí-stxʷ √cry<actl>-rel-caus〛
x̣ʷəŋístəŋ be made cry. 〚√x̣ʷu-ŋí-stxʷ-ŋ √cry-rel-caus-psv〛
x̣ʷaʔŋístəŋ being made to cry. 〚√x̣ʷu<ʔ>-ŋí-stxʷ-ŋ<ˀ> √cry<actual>-rel-caus-psv<actual>〛
x̣ʷuŋətástxʷ cry for. 〚√x̣ʷu-ŋ-tastxʷ √cry-mdl-dirtrns〛
x̣ʷút cry for someone. 〚√x̣ʷu-t √cry-trns〛
x̣ʷuʔút crying for someone. 〚√x̣ʷ<əʔ>u-t √cry<actl>-trns〛
x̣ʷúc cry for me/you. 〚√x̣ʷu-t-c √cry-trns-1obj/2obj〛
x̣ʷuʔúc crying for me/you. 〚√x̣ʷ<əʔ>u-t-c √cry<actl>-trns-1obj/2obj〛
x̣ʷuʔutúŋəɬ cry for us. 〚√x̣ʷ<əʔ>u-t-úŋɬ √cry<actl>-trns-1plobj〛
x̣ʷuʔutúʔŋəɬ crying for us. 〚√x̣ʷ<əʔ>u-t-ú<ʔ>ŋɬ √cry<actual>-trans-1plobj<actual>〛
x̣ʷútəŋ be cried for. 〚√x̣ʷu-t-ŋ √cry-trns-psv〛
x̣ʷuʔútəŋ being cried for. 〚√x̣ʷ<əʔ>u-t-ŋ<ˀ> √cry<actual>-trans-psv<actual>〛

√x̣ʷuʔ √mimic.

x̣ʷúʔəst mimic someone. 〚√x̣ʷuʔ=us-t √mimic=face-trns〛
x̣ʷaʔx̣ʷúʔəstəŋ being mocked. 〚x̣ʷaʔ+√x̣ʷuʔ=us-t-ŋ dim+√mimic=face-trns-psv〛
x̣ʷúʔusti mimic each other. 〚√x̣ʷuʔ=us-ty √mimic=face-rcprcl〛

√x̣ʷuʔəq̓ʷ √sawbill.

x̣ʷúʔuq̓ʷ sawbill. 〚√x̣ʷuʔəq̓ʷ √sawbill〛

√x̣ʷuʔŋt √canoe_paddle.

x̣ʷúʔŋət canoe paddle. 〚√x̣ʷuʔŋt √canoe_paddle〛
x̣ʷaʔyáʔŋət paddles. 〚√x̣ʷ<əʔy>uʔŋt √canoe_paddle<pl>〛
x̣ʷaʔx̣ʷúʔŋət small paddle. 〚x̣ʷaʔ+√x̣ʷuʔŋt dim+√canoe_paddle〛
x̣ʷaʔyaʔx̣ʷúʔŋət small paddles. 〚x̣ʷ<əʔy>aʔ+√x̣ʷuʔŋt dim<pl>+√canoe_paddle〛

√x̣ʷuʔx̣t √handsome.

ʔəsx̣ʷúʔx̣t handsome. 〚ʔs-√x̣ʷuʔx̣t stat-√handsome〛

√x̣ʷuc̓ √fruit_sick.
    x̣ʷúc̓əŋ ill from too much fruit. 〚√x̣ʷuc̓-ŋ √fruit_sick-mdl〛
      x̣ʷəyúc̓əŋ icky feeling. 〚√x̣ʷ<əy>uc̓-ŋ √fruit_sick<pl>-mdl〛

√x̣ʷuk̓ʷ √impale.
    x̣ʷúk̓ʷt impale it. 〚√x̣ʷuk̓ʷ-t √impale-trns〛

x̣ʷúŋən neck. 〚√x̣ʷu-ŋ=ən √cry-mdl=instr〛
    x̣ʷiʔx̣ʷúʔŋən necks. 〚x̣ʷy<ʔ>+√x̣ʷu<ʔ>ŋən pl<actual>+√neck<actual>〛

√x̣ʷupč √old_salmon.
    sx̣ʷúpč old salmon. 〚s-√x̣ʷupč s-√old_salmon〛

√x̣ʷuq̓ʷ √go_upriver.
    x̣ʷúʔəq̓ʷ going upriver. 〚√x̣ʷu<ʔə>q̓ʷ<actual> √go_upriver〛
    x̣ʷúq̓ʷt pole canoe. 〚√x̣ʷuq̓ʷ-t √go_upriver-trns〛
    x̣ʷq̓ʷúct pole canoe. 〚√x̣ʷuq̓ʷ-cut〛
      x̣ʷaʔq̓ʷúct be poling up. 〚√x̣ʷu<ʔ>q̓ʷ-cut √pole<actl>-rflxv √go_upriver-rflxv〛
    x̣ʷúq̓ʷən canoe pole. 〚√x̣ʷuq̓ʷ=ən √pole=instr〛

√x̣ʷuq̓ʷ √snore.
    x̣ʷúq̓ʷəŋ snore. 〚√x̣ʷuq̓ʷ-ŋ √snore-mdl〛
    x̣ʷəyúq̓ʷəŋ snore (pl). 〚√x̣ʷ<əy>uq̓ʷ-ŋ √snore<pl>-mdl〛
      x̣ʷəyúq̓ʷəŋ snoring. 〚√x̣ʷ<əy̓>uq̓ʷ-ŋ<ʔ> √snore<pl>-mdl<actual>〛

√x̣ʷuxʷ √smart.
    x̣ʷúxʷ smart. 〚√x̣ʷuxʷ √smart〛
    sx̣ʷúʔxʷt clever. 〚ʔs-√x̣ʷu<ʔ>xʷ-t stat-√smart<actl>-stat〛

√x̣ʷymał √Esquimalt.
    sx̣ʷimáł Esquimalt. 〚s-√x̣ʷymał s-√Esquimalt〛

√x̣ʷy̓am̓ √story.
    x̣ʷiʔám̓ tell a story. 〚√x̣ʷy̓am̓ √story〛
    x̣ʷaʔx̣ʷiʔám̓ telling a story. 〚x̣ʷaʔ+√x̣ʷy̓am̓ actl+√story〛
    sx̣ʷiʔám̓ story. 〚s-√x̣ʷy̓am̓ s-√story〛
      sx̣ʷiʔam̓úst tell someone a story. 〚s-√x̣ʷy̓am̓-us-t s-√story-rcpnt-trns〛
        x̣ʷiʔám̓úsc tell me/you. 〚√x̣ʷy̓am̓-us-t-c √story-rcpnt-trns-1obj/2obj〛
        sx̣ʷiʔam̓ústəŋ be told a story. 〚√x̣ʷy̓am̓-us-t-ŋ √story-rcpnt-trns-psv〛
        sx̣ʷiʔam̓ústi tell each other. 〚√x̣ʷy̓am̓-us-ty √story-rcpnt-rcprcl〛

√yaʔ √prepare.
    ʔəsyáyaʔ ready. 〚ʔs-yá+√yaʔ stat-rslt+√prepare〛
    yáʔt prepare it. 〚√yaʔ-t √prepare-trns〛
      yáʔtəŋ be readied. 〚√yaʔ-t-ŋ √prepare-trns-psv〛
      yáyaʔt getting it ready. 〚yá+√yaʔ-t actl+√prepare-trns〛
      yáyaʔc fixing me/you. 〚yá+√yaʔ-t-c actl+√prepare-trns-1obj/2obj〛
        yayáʔtəŋ being made ready. 〚ya+√yaʔ-t-ŋ<ʔ> actual+√prepare-trans-psv<actual>〛
      yáyaʔct doing. 〚yá+√yaʔ-cut actl+√prepare-rflxv〛
        syáyəct preparing. 〚s-ya+√yaʔ-cut s-actl+√prepare-rflxv〛
        syáyaʔct being ready. 〚ʔs-yá+√yaʔ-cut stat-actl+√prepare-rflxv〛
    yaʔsít prepare for. 〚√yaʔ-sít √prepare-bene〛
      yaʔsíc prepare for me/you. 〚√yaʔ-sít-c √prepare-bene-1obj/2obj〛
      yaʔsítəŋ be prepared for. 〚√yaʔ-sít-ŋ √prepare-bene-psv〛
    yáʔct begin. 〚√yaʔ-cut √prepare-rflxv〛
      syáʔyaʔct what to do. 〚s-yáʔ+√yaʔ-cut s-char+√prepare-rflxv〛
    yaʔŋíct help self. 〚√yaʔ-ŋí-cut √prepare-rel-rflxv〛
    yaʔnúŋət finally get set. 〚√yaʔ-nuŋt √prepare-ncmdl〛
    yaʔnúŋə fix you up. 〚√yaʔ-naxʷ-uŋə √prepare-nctrns-2obj〛
    yaʔáʔłəŋ make a bed. 〚√yaʔ=aʔł-ŋ √prepare=body-mdl〛
      yaʔáʔłt make bed for someone. 〚√yaʔ=aʔł-t √prepare=body-trns〛
        yaʔáʔłc make me/you a bed. 〚√yaʔ=aʔł-t-c √prepare=body-trns-1obj/2obj〛
        yaʔáʔłtəŋ have bed made. 〚√yaʔ=aʔł-t-ŋ √prepare=body-trns-psv〛

√yaʔc √repair.
    yáʔctxʷ repair. 〚√yaʔc-txʷ √repair-caus〛

√yaʔx̣ √poison.
    yáʔəx̣t poison someone. 〚√yaʔx̣-t √poison-trns〛
      yáʔəx̣təŋ poison someone. 〚√yaʔx̣-t-ŋ √poison-trns-psv〛

syáʔəx̣ poison. 〚s-√yaʔəx̣ s-√poison〛
    syiʔyáʔəx̣ lots of poison. 〚s-√y<əy̓>aʔəx̣ s-√poison<pl>〛

√yaʔqi √launch.
    yaʔqít launch it. 〚√yaʔqi-t √launch-trns〛
    yaʔqítəŋ be launched. 〚√yaʔqi-t-ŋ √launch-trns-psv〛

√yaʔqin √sick.
    yaʔqínəŋ sick. 〚√yaʔqin-ŋ √sick-mdl〛

√yaʔt √vomit.
    čáʔət vomit. 〚√yaʔt √vomit〛
    čaʔyáʔt vomiting. 〚yəʔ+√yaʔt actl+√vomit〛
    čaʔtístxʷ make vomit. 〚√yaʔt-istxʷ √vomit-caus〛
        čaʔətístəŋ be made to vomit. 〚√yaʔt-istxʷ-ŋ √vomit-caus-psv〛
    čaʔtáy̓ŋən nauseated. 〚√yaʔt-ay̓ŋən √vomit-want〛
    nəxʷčaʔčaʔtqín translate. 〚nxʷ-yaʔ+√yaʔt=qin loc-dim+√vomit=voice〛

√yaʔtn √widow.
    syáʔtən widow. 〚s-√yaʔtn s-√widow〛
    syaʔyáʔtən widows. 〚s-√y<əʔy>aʔtn s-√widow<pl>〛
    yaʔtəníyəŋ become widow. 〚√yaʔtn-iy-ŋ √widow-dev-mdl〛

√yaʔyə √listen.
    yaʔyaʔŋít listen to it. 〚√yaʔyə<ʔ>-ní-t √listen<actl>-rel-trns〛
    yaʔyəŋíc listen to me/you. 〚√yaʔyə-ŋí-t-c √listen-rel-trns-1obj/2obj〛
    yay̓əŋitúŋəɬ hear us. 〚√yaʔyə-ŋ<ʔ>í-t-uŋɬ √hear-rel<actl>-trns-1plobj〛
    yaʔyəŋítəŋ being heard. 〚√yaʔyə<ʔ>-ŋ<ʔ>í-t-ŋ<ʔ> √listen<actual>-rel<actual>-trans-psv<actual>〛
    yaʔyəŋəcút listening. 〚√yaʔyə-ŋí-cut √listen-rel-rflxv〛

√yaq̓ √fall_over.
    čáq̓ fall over. 〚√yaq̓ √fall_over〛
    čəq̓əyu 〚√yaq̓-əyu √fall_over-activ〛
        čaʔq̓áʔyuʔ felling. 〚√ya<ʔ>q̓-əyu<ʔ> √fall_over<actual>-activity<actual>〛
    čáy̓əq̓ falling. 〚yá+√y<ʔ>aq̓ actual+√fall_over<actual>〛
    ʔəsčáy̓əq̓ fallen (pl). 〚ʔs-√ya<y̓ə>q̓ stat-√fall_over<pl>〛
    čáq̓t make it fall. 〚√yaq̓-t √fall_over-trns〛
        čq̓átəŋ be made to fall. 〚√yaq̓-t-ŋ √fall_over-trns-psv〛

√yaws √jig_deep.
    yáwəs jig deep. 〚√yaws √jig_deep〛
    yáʔwəs jigging. 〚√ya<ʔ>ws √jig<actual>〛

√yay̓ √near.
    txʷyáy̓ get near. 〚txʷ-√yay̓ becm-√near〛

√yc̓ √fill.
    yác̓ full. 〚√yc̓ √fill〛
    yác̓əŋ filling. 〚√yc̓-ŋ<ʔ> √fill-mdl<actual>〛
    yəc̓áyuʔ fill. 〚√yc̓-əyu √fill-activ〛
    ʔəsyiyác̓ full (pl). 〚ʔs-√y<əy>c̓ stat-√fill<pl>〛
    ʔəsyác̓ɬ full. 〚ʔs-√y<á>c̓-ɬ stat-√fill<rslt>-dur〛
        ʔəsyiyác̓ɬ full (pl). 〚ʔs-√y<əy><á>c̓-ɬ stat-√fill<pl><rslt>-dur〛
    yəc̓át fill it. 〚√yc̓-t √fill-trns〛
        yác̓t filling it. 〚√y<á>c̓-t √fill<actl>-trns〛
        yəc̓átəŋ be filled. 〚√yc̓-t-ŋ √fill-trns-psv〛
        yác̓təŋ being filled. 〚√y<á>c̓-t-ŋ √fill<actl>-trns-psv〛
    yəc̓náxʷ manage to fill. 〚√yc̓-naxʷ √fill-nctrns〛
    yəc̓úcən full mouth. 〚√yc̓=ucin √fill=mouth〛
        ʔəsyəc̓úcən mouth full. 〚ʔs-√yc̓=ucin stat-√fill=mouth〛
    yəc̓áw̓txʷ a house full. 〚√yc̓=aw̓txʷ √fill=house〛
        ʔəsiʔəc̓áw̓txʷ be full house. 〚ʔs-√y<ʔə>c̓=aw̓txʷ stat-√fill<actl>=house〛

√yəc ~ √yəcm √tell.
    yə́cəm tell. 〚√yəcm √tell〛
        yə́ctəŋ be told. 〚√yəc-t-ŋ<ʔ> √tell-trans-psv<actual>〛
    yə́cyəcəm tattletale. 〚yə́c+√yəcm char+√tell〛
    syə́cic tattletale. 〚s-yə́c+√yəc s-char+√tell〛
        syəcíct tell someone news. 〚s-yə́c+√yəc-t s-char+√tell-trns〛
    syə́cəm news. 〚s-√yəcm s-√tell〛

√yəčt   √yəwəh

      syáyəcəm news (pl). 〚s-√y<ay>əcm s-√tell<pl>〛
      yaʔcícəm̓ telling. 〚√ya<ʔ>cícm<ʔ> √tell<actual>〛
        syaʔcícəm gossiper. 〚s-√ya<ʔ>cicm s-√tell<actual>〛
          syaʔcicamáw̓txʷ newspaper office. 〚√ya<ʔ>cicm<ʔ>=aw̓txʷ √tell<actl>=house〛
    yəcúst tell someone. 〚√yəc-us-t √tell-rcpnt-trns〛
      yaʔcúst telling someone. 〚√yə<ʔ>c-us-t √tell<actl>-rcpnt-trns〛
      yaʔcúsc telling me/you. 〚√y<ʔ>cus-t-c √tell<actl>-trns-1obj/2obj〛
      yaʔcustúŋəɬ telling us. 〚√yə<ʔ>c-us-t-uŋɬ √tell<actl>-rcpnt-trns-1plobj〛
    yəcúsc tell me/you. 〚√yəc=us-t-c √tell=face-trns-1objr/2obj〛
    yəcústəŋ be told. 〚√yəc-us-t-ŋ √tell-rcpnt-trns-psv〛
      yaʔcústəŋ being told. 〚√ya<ʔ>c=us-t-ŋ<ʔ> √tell<actual>=face-trans-psv<actual>〛

√yəčt √arrow.
    yə́čt arrow. 〚√yəčt √arrow〛
      yáʔičt arrows. 〚√yə<ʔi>čt √arrow<pl>〛
    sxʷyəčtáyə arrow quiver. 〚sxʷ-√yəčt=ayə for-√arrow=container〛

√yəhum √respect.
    yəhúmət respect someone. 〚√yəhum-t √respect-trns〛
      yəhúmətəŋ be respected. 〚√yəhum-t-ŋ √respect-trns-psv〛
    yəhúməct take care. 〚√yəhum-cut √respect-rflxv〛

√yə́kʷɬtaʔx̣ √Haida.
    yə́kʷɬtaʔx̣ Haida. 〚√yə́kʷɬtaʔx̣ √Haida〛

√yəkʷx̣ √rib.
    yə́kʷx̣ rib. 〚√yəkʷx̣ √rib〛

√yəmi √Lummi.
    nəxʷyə́mi Lummi. 〚nxʷ-√yəmi loc-√Lummi〛

√yənws √heart.
    yə́nəwəs heart. 〚√yənws √heart〛
      yiyə́nwəs hearts. 〚√y<iy>ənws √heart<pl>〛
    sxʷyənəwsáyə end of sternum. 〚sxʷ-√yənws=ayə for-√heart=container〛
    nəyə́nəwəs my dear. 〚nə-√yənws 1pos-√heart〛

√yəq √sold.
    yə́q sold. 〚√yəq √sold〛

√yəsčn √poor.
    yə́sčən poor. 〚√yəsčn √poor〛
      yə́yəsčən orphans. 〚√yə<yə>sčn √poor<pl>〛
      yaʔščə́n̓əŋ being made pitiful. 〚√yə<ʔ>sčn<ʔ>-ŋ √poor<actl>-mdl〛
      ʔəsyáʔiščən poor. 〚ʔs-yáʔ+√yəsčn stat-rslt+√poor〛
        ʔəsyáʔəščən̓ pitiful. 〚ʔs-√yə<ʔ>sčn<ʔ> stat-√poor<actual>〛
      syaʔyáʔiščən poor thing. 〚s-yaʔ+yáʔ+√yəsčn s-dim+rslt+√poor〛
    yəščənúŋət poor. 〚√yəsčn-nuŋt √poor-ncmdl〛
      yaʔyəščənúŋət poor (pl). 〚√y<əʔy>əsčn-nuŋt √poor<pl>-ncmdl〛
    yəščəntəná?mət pity oneself. 〚√yəsčn-tənaʔŋt √poor-contingent〛
      yaʔščəntən?á?mət pitying oneself. 〚√yə<ʔ>sčən<ʔ>-tən<ʔ>aʔŋt √poor<actual>-contingent<actual>〛
    txʷiščníkʷən take pity on. 〚txʷ-√yəsčn=iwən becm-√poor=interior〛
    sxʷyəščəníkʷən pity. 〚sxʷ-√yəsčn=iwən for-√poor=interior〛
      sxʷyaʔčšńéʔwən̓ pitying. 〚sxʷ-√yə<ʔ>sčən<ʔ>=i<ʔ>wən<ʔ> for-√poor<actual>=interior<actual>〛
    nəxʷyaʔščən?éʔwən pity. 〚nxʷ-√yə?sčn<ʔ>=i<ʔ>wən loc-√poor=interior〛

√yəw √cedar_bark.
    syə́wiʔ cedar bark. 〚s-√yəw=ay̓ s-√cedar_bark=wood〛
    syiyə́wiʔ cedar bark (pl). 〚s-√y<iy>əw=ay̓ s-√cedar_bark<pl>=wood〛

√yəwəh √power.
    ʔəsyə́w̓ə power. 〚ʔs-√yəw<ʔ>əh stat-√power<actual>〛
    čsyə́w̓ə have seer power. 〚č-s-√yəw<ʔ>əh have-s-√power<actual>〛
    ʔəsyəw̓ín̓ being seer. 〚ʔs-√yəw<ʔ>əh-i=ən<ʔ> stat-√power<actual>-persist=instr<actual>〛
    syə́wən power song. 〚s-√yəwəh=ən s-√power=instr〛
      čən̓syə́wən December. 〚čn̓-s-√yəwəh=ən time-s-√power=instr〛
    čyə́wən spirit dance. 〚č-√yəwəh=ən have-√power=instr〛
      čyáʔwən̓ spirit dancing. 〚č-√yə<ʔ>wəh=ən<ʔ> have-√power<actual>=instr<actual>〛
      čyáʔwənɬ dancer. 〚s-√yə<ʔ>wəh=ən-ɬ s-√power<actl>=instr-dur〛
    čsyə́wən have spirit song. 〚č-s-√yəwəh=ən have-s-√power=instr〛

čšyaʔwíń having spirit song. 〚č-s-√yə<ʔ>wəh=ən<ʔ> have-s-√power<actual>=instr<actual>〛
syəwíń blue jay power. 〚s-√yəw<ʔ>əh-í=ən<ʔ> s-√power<actual>-persist=instr<actual>〛

√yəx̣ʷnaʔ √goose.
yə́x̣ʷənaʔ goose. 〚√yəx̣ʷnaʔ √goose〛
yəyə́x̣ʷənaʔ geese. 〚√y<əy>əx̣ʷnaʔ √goose<pl>〛

√yiʔ √ready.
yéʔtxʷ ready it. 〚√yiʔ-txʷ √ready-incaus〛
yéʔtəŋ be readied. 〚√yiʔ-txʷ-ŋ √ready-incaus-psv〛
yéʔnəxʷ get ready. 〚√yiʔ-naxʷ √ready-nctrns〛
yéʔkʷs ready. 〚√yiʔ=iws √ready=body〛
ʔiʔéʔwəs ready. 〚√y<ʔ>iʔ=iws √ready<actl>=body〛
ʔəsʔiʔéʔwəs ready. 〚ʔs-√y<ʔ>iʔ=iws stat-√ready<actl>=body〛
yéʔkʷsəŋ get ready. 〚√yiʔ=iws-ŋ √ready=body-mdl〛
ʔiʔéʔwəsəŋ getting ready. 〚√y<ʔ>iʔ=iws-ŋ<ʔ> √ready<actual>=body-mdl<actual>〛
ʔiʔéʔwəst getting it ready. 〚y<ʔ>iʔ=iws-t √ready<actl>=body-trns〛

√yiʔx̣m √huckleberry.
yéʔx̣əm huckleberry. 〚√yiʔx̣m √huckleberry〛
yaʔyéʔx̣əḿ huckleberries. 〚√y<əʔy>iʔx̣m √huckleberry<pl>〛

√yiq √cheap.
yéʔyəq cheap. 〚yiʔ+√yiq actl+√cheap〛
yéʔiqtxʷ make cheap. 〚yiʔ+√yiq-txʷ actl+√cheap-incaus〛
ʔiʔíqtəŋ cheap. 〚yiʔ+√yiq-txʷ-ŋ actl+√easy-caus-psv〛

√yiq √snowfall.
číq snowfall. 〚√yiq √snowfall〛
čéʔyəq snowing. 〚yi+√y<ʔ>iq actual+√snowfall<actual>〛

√yiq̓ʷ √good_weather.
yéʔyəqʷ calm. 〚yiʔ+√yiqʷ actl+√calm〛
ʔəsyéʔyəqʷ calm. 〚ʔs-yiʔ+√yiqʷ stat-rslt+√calm〛
syíq̓ʷi 〚s-√yiq̓ʷ-iy s-√good_weather-dev〛

√yix̣ √pay_attention.
yaʔyíx̣t pay attention to someone. 〚yaʔ+√yix̣-t dim+√pay_attention-trns〛

√yiyq̓ʷ √recognize.
yéyəq̓ʷ recognize. 〚√yiyq̓ʷ √recognize〛
yéyəq̓ʷt recognize it. 〚√yiyq̓ʷ-t √recognize-trns〛
yéyq̓ʷt recognizing it. 〚√yiy<ʔ>q̓ʷ-t √recognize<actl>-trns〛
yéyəq̓ʷtəŋ be recognized. 〚√yiyq̓ʷ-t-ŋ √recognize-trns-psv〛
yəyq̓ʷít recognize it. 〚√yiyq̓ʷ-í-t √recognize-pers-trns〛
yəyəq̓ʷíti recognize each other. 〚√yiyq̓ʷ-ní-ty √recognize-rel-rcprcl〛

√yiy̓ √far.
yíy̓ far. 〚√yiy̓ √far〛
yaʔyíy̓ far. 〚yaʔ+√yiy<ʔ> dimin+√far<dimin>〛
yaʔyíyəŋ go far. 〚yaʔ+√yiy-ŋ dim+√far-mdl〛
yaʔyéʔyəŋ going far. 〚yaʔ+√yi<ʔ>y-ŋ<ʔ> dimin+√far<actual>-mdl<actual>〛
yaʔyəńístxʷ taking far. 〚√yi<ʔ>y-ŋ<ʔ>í-stxʷ √far<actl>-rel<actl>-caus〛
yəyəńístəŋ be taken far. 〚√yiy-ní-stxʷ-ŋ √far-rel-caus-psv〛
nəxʷyéy̓əč Pedder Bay. 〚nxʷ-√yiy̓=ač loc-√far=back〛

√yk̓ʷəŋn √Songhees.
yək̓ʷə́ŋən Songhees. 〚√yk̓ʷəŋn √Songhees〛
yək̓ʷəŋéʔnəŋ Songhees, etc.. 〚√yək̓ʷŋiʔn-ŋ √Songhees-mdl〛
yaʔyək̓ʷə́ŋən Songhees (pl). 〚√y<əʔyə>k̓ʷəŋn √Songhees<pl>〛

√yq̓ √even.
yə́q̓ even. 〚√yq̓ √even〛
yəq̓ə́ŋ measure. 〚√yq̓-ŋ √even-mdl〛
yə́q̓əŋ measuring. 〚√y<ə́>q̓-ŋ √even<actl>-mdl〛
ʔəsyáq̓ɬ even. 〚ʔs-√y<á>q̓-ɬ stat-√even<rslt>-dur〛
yəq̓ə́t measure it. 〚√yq̓-t √even-trns〛
yəq̓ə́c measure me/you. 〚√yq̓-t-c √even-trns-1obj/2obj〛
yə́q̓t measuring it. 〚√y<ə́>q̓-t √even<actl>-trns〛
yəq̓ə́təŋ be measured. 〚√yq̓-t-ŋ √even-trns-psv〛
yəq̓ə́n measurer. 〚√yq̓=ən √even=instr〛

√yqʷ   √y̓iy̓x̣̓

    yəyəq̓ə́n measurers. 〚√yq̓=ən √even=instr〛
    ʔəsyəq̓ənə́wi even. 〚ʔs-√yq̓-nəwəy stat-√even-ncrcprcl〛
    ʔəsyə́q̓ənəkʷ level ground. 〚ʔs-√yq̓=ənkʷ stat-√even=land〛
    ʔəsiq̓əmúʔis spherical. 〚ʔs-√yq̓-əm=uy<ʔ>əs stat-√even-?=forehead<actual>〛
    yəq̓áɫ obstruct. 〚√yq̓=aʔɫ √even=body〛
      yəq̓áɫt put it in the way. 〚√yq̓=aʔɫ-t √even=body-trns〛
        yəq̓áɫtəŋ be put in way. 〚√yq̓=aʔɫ-t-ŋ √even=body-trns-psv〛
        yəq̓ɫtíŋ be put in way. 〚√yq̓=aʔɫ-t-i-ŋ √even=body-trns-pers-psv〛
      yəq̓ɫcút get in the way. 〚√yq̓=aʔɫ-cut √even=body-rflxv〛
      yaʔq̓ɫcúʔət obstructing. 〚√y<ə?>q̓=aʔɫ-cu<ʔ>t √even<actual>=body-reflexive<actual>〛

√yq̓ʷ √pry_apart.
    yə́q̓ʷ pry apart. 〚√yq̓ʷ √pry_apart〛
      yəq̓ʷə́t pry it apart. 〚√yq̓ʷ-t √pry_apart-trns〛
      yəq̓ʷə́tən be pried apart. 〚√yq̓ʷ-t-ŋ √pry_apart-trns-psv〛
    yəq̓ʷáʔič tree falls. 〚√yq̓ʷ=ayč √pry_apart=hip〛
      yiyəq̓ʷáʔič tree falls. 〚yi+√yəq̓ʷ=ayč pl+√fall_over=hip〛

√yux̌ √eldest.
    yúx̌ eldest. 〚√yux̌ √eldest〛
    syaʔx̌áy̓ən̓ eldest. 〚s-√yu<ʔ>x̌-ay̓=an̓ s-√eldest<actl>-ext=ear〛

√yuŋ̓ √skunked.
    yúŋ̓ skunked. 〚√yuŋ̓ √skunked〛

√yuxʷ √good_looking.
    yúxʷ good looking. 〚√yuxʷ √good_looking〛

√yuy √intend.
    syúy intend. 〚s-√yuy s-√intend〛

√yuy √invite_along.
    yúyŋ invite to go. 〚√yuy-ŋ √invite_along-mdl〛
      yúʔyəŋ inviting to go. 〚√yu<ʔ>y-ŋ √invite_along<actl>-mdl〛
    yúyt invite someone to go. 〚√yuy-t √invite_along-trns〛
      yúyəc invite me/you to go. 〚√yuy-t-c √invite_along-trns-1obj/2obj〛
      yúʔyət inviting someone to go. 〚√yu<ʔ>y-t √invite_along<actl>-trns〛
        yúʔyəc inviting me/you to go. 〚√yu<ʔ>y-t-c √invite_along<actl>-trns-1obj/2obj〛
      yúytən be invited to go. 〚√yuy-t-ŋ √invite_along-trns-psv〛
        yaʔyútən being invited to go. 〚√yu<ʔ>y-t-ŋ √invite_along<actl>-trns-psv〛
    yaʔyúct inviting self. 〚√yu<ʔ>y-cut √invite_along<actl>-rflxv〛

√yx̣ʷ √free.
    yə́x̣ʷ free. 〚√yx̣ʷ √free〛
      yə́x̣ʷəyu free. 〚√yx̣ʷ-əyu √free-activ〛
      ʔəsyáx̣ʷɫ free. 〚ʔs-√y<á>x̣ʷ-ɫ stat-√free<rslt>-dur〛
    yəx̣ʷə́t free it. 〚√yx̣ʷə-t √free-trns〛
      yəx̣ʷə́tən be freed. 〚√yx̣ʷ-t-ŋ √free-trns-psv〛
    yəx̣ʷás free. 〚√yx̣ʷ-as √free-ptcaus〛
      yəx̣ʷáʔəs untangling. 〚√yx̣ʷ-a<ʔə>s √free-putcaus<actual>〛
      yəx̣ʷəŋíŋɫ free us. 〚√yx̣ʷ-as-ŋiŋɫ √free-ptcaus-1plobj〛
      yəx̣ʷəŋíŋəs free me/you. 〚√yx̣ʷ-as-ŋiŋəs √free-ptcaus-1obj/2obj〛
      yəx̣ʷəŋíŋə free you. 〚√yx̣ʷ-as-ŋiŋə √free-ptcaus-2obj〛
      yəx̣ʷáŋ be freed. 〚√yx̣ʷ-as-ŋ √free-ptcaus-psv〛
    yə́x̣ʷtxʷ let free. 〚√yx̣ʷ-txʷ √free-letcaus〛
    yəx̣ʷnáxʷ manage to free. 〚√yx̣ʷ-naxʷ √free-nctrns〛
    yəx̣ʷáy̓čəŋ unbraid hair. 〚√yx̣ʷ=ay̓č-ŋ √free=hair-mdl〛
    ʔəsyəx̣ʷáy̓č unbraided hair. 〚ʔs-√yəx̣ʷ=ay̓č stat-√free=hair〛

√y̓iy̓x̣̓ √short.
    čaʔyéʔix̣̓ short. 〚y̓aʔ+√y̓i<ʔ>y̓x̣̓ dimin+√short<dimin>〛
    čaʔčaʔyéʔix̣̓ short. 〚y̓aʔ+y̓aʔ+√y̓i<ʔ>y̓x̣̓ dimin+dimin+√short<dimin>〛